DICTIONNAIRE
FRANÇAIS-ITALIEN
ITALIEN-FRANÇAIS

DIZIONARIO
FRANCESE-ITALIANO
ITALIANO-FRANCESE

ROBERT
&
SIGNORELLI

DICTIONNAIRE
FRANÇAIS-ITALIEN
ITALIEN-FRANÇAIS

Comité du 'Robert'
sous la présidence de Paul Robert

Dictionnaires Le Robert
Paris

ROBERT
&
SIGNORELLI

DIZIONARIO
FRANCESE-ITALIANO
ITALIANO-FRANCESE

Comitato di redazione
diretto da Augusto Arizzi

Signorelli
Milano

Imprimé en Italie

Dictionnaires Le Robert, Paris
ISBN 2-85036-216-6

Comité du 'Robert'

Président
PAUL ROBERT

Secrétaire générale de la rédaction
MME JOSETTE REY-DEBOVE

Directeur des collections
ALAIN REY

Réviseurs
pour la partie 'français-italien'
MME MYLÈNE GESULFO

pour la langue française de la partie 'italien-français'
PAUL MOUSSET

pour l'ensemble
ROBERT MENGIN

Secrétaire permanent de la rédaction
JACQUES MENGIN

Comitato di redazione

diretto da
AUGUSTO ARIZZI

La redazione della parte 'francese-italiano' è stata effettuata sulla base del 'Petit Robert' e del 'Micro Robert'.

Per la redazione della base 'italiano-francese'
Luigi Pala, Fernando Pauselli, Dante Latini, Anna Maria Portas, Tiziana Fantoni Taravella, Luciana Gandossi.

Altri redattori
Nathalie Pillods Garufi, Catherine Santelli Ferrarese, Martine Carrara, Rosangela Molinari, Cecilia Massi Malaguti, Ornella Remuzzi Perricone, Fausto Ghilardi, Donatella Buzzetti Carminati.

Per la revisione italiana
Maria Grazia Vacca Arizzi

Hanno parzialmente collaborato
Maria Clementina Berruti, Marisa Brecciaroli Pauselli, Silvia Calvi, Benito Caserta, Catherine Colombo, Marina Filardi, Luciana Frattesi, Cecilia Grena Fassi, Rita Gulli, Patrice Laboué, Orietta Maninetti, Luciana Marchesi, Armando Mazzanobile, Marie Samanna Mazzanobile, Giuseppe Setaro, Rita Szokoll, Rino Tiani, Natale Verdina.

Lettura e controllo redazionale delle bozze
Mariangela Pappini Fontanelli (*coordinamento*), Daniela Pappini Escobar, Graziella Perucca Marucci, Lucilla Ubertalli Ciani, Brunella Bonicelli Benussi.
Inoltre: Rossana Bianchi, Elisabetta Biella.

Table des matières/Indice

I. FRANÇAIS-ITALIEN

II. ITALIANO-FRANCESE

Préfaces

□

Ces lignes pourraient porter le titre de 'préface d'outre-tombe', tant Paul Robert m'a parlé souvent de ce qu'il aurait voulu dire, en tête de cette œuvre commune, réalisée entre la maison Signorelli, de Milan, et celle que lui-même a fondée à Paris.
Il aurait dit, dans cette préface, son amour profond pour l'Italie, pour les Italiens et pour la langue italienne: et que ce fut pour cela qu'il voulut, par un dictionnaire basé, pour le français, sur le sien, rendre plus souple, plus aisée, plus précise la communication entre deux langues originales et apparentées: celle née du latin sur le sol de l'Italie, et celle qui nous est en majeure partie venue d'Ausonie.
En octobre 1972, Paul Robert vint en Italie avec ce projet de dictionnaire en tête. Il se définissait lui-même comme un monomane: signifiant par là que, lorsqu'il avait une idée, il la suivait jusqu'au bout. A Milan, il s'entendit avec le Dr. Mario De Maio, qui dirigeait les éditions Signorelli; il fit ses suggestions au professeur Augusto Arizzi, qui allait être le rédacteur en chef du bilingue. Puis il vint à Rome, et se montra à ce point persuasif qu'il me décida à abandonner des projets bien établis pour me consacrer entièrement à la révision de dictionnaires bilingues; entraînant aussi mon frère pour diriger l'ensemble du secrétariat de la rédaction. Ce fut au bilingue italien-français que Paul Robert s'intéressa d'abord, suggérant, corrigeant et donnant, semaine après semaine, mois après mois, des directives qui ont pu être intégralement respectées: quand Paul Robert nous quitta, le 11 août 1980, le manuscrit du dictionnaire était terminé.
Ces directives peuvent être ramenées à trois principales:
Exactitude scrupuleuse: ne pas hésiter à consacrer des heures et des heures à la recherche du nom exact d'une fleur, d'un insecte, d'un ustensile; car c'est par le flou, par l'à-peu-près que pèchent trop souvent les dictionnaires antérieurs.
Clarté parfaite: Paul Robert avait lui-même le don du langage clair, de la définition concise, de l'emploi des termes propres. Il en avait l'amour, comme il avait la haine des termes et des phrases obscurs.
Respect du génie des langues: chacune des deux langues a son génie personnel: il ne s'agit donc point d'offrir à l'usager de simples traductions, de simples calques; il faut largement ouvrir devant lui le riche éventail des locutions, des façons de dire, des manières de construire la phrase authentiquement italienne, authentiquement française.
Nous nous y sommes efforcés. Avons-nous réussi? Généreusement, dans son livre de souvenirs, il a écrit: 'J'avais tout lieu d'être optimiste quant à l'avenir du bilingue franco-italien'.

Robert Mengin

Tout dictionnaire bilingue répond à un besoin fondamental: améliorer la communication en détruisant, au moins en entamant la barrière des langues. Pour mettre en rapport deux systèmes linguistiques, encore faut-il les analyser, dans leurs différences certes, mais aussi dans leurs ressemblances, et d'autant plus qu'il s'agit de langues sœurs ou cousines.
En mettant à la disposition des spécialistes italiens l'analyse interne du français que mènent depuis plus de vingt ans ses chercheurs, la maison d'édition créée par Paul Robert a voulu atteindre plusieurs objectifs. D'abord, rendre possible l'élaboration d'un meilleur instrument de travail et stimuler l'apprentissage réciproque des deux langues. En effet, n'est-il pas scandaleux que des Italiens et des Français, si proches par la sensibilité et la culture, en arrivent, comme on le voit dans mainte réunion scientifique, à s'entendre, à se mésentendre en anglais? N'est-il pas absurde que l'enseignement de l'italien en France (comme celui de tout idiome hormis l'anglais) soit si discret, pour ne pas dire si précaire?
Puis, par diverses innovations, on a voulu rendre plus explicite l'information, plus systématique l'apprentissage, plus complète l'appréhension de chaque langue par les locuteurs de l'autre. Grâce à la description, parallèle à celle du 'Robert' en français, que l'équipe lexicographique de 'Signorelli' a faite de sa langue, le présent dictionnaire fournit les linéaments d'une analyse immanente de l'italien comme du français, et déploie des possibilités d'expression équivalentes. Pour celui qui parle chaque langue, les dictionnaires bilingues ont l'habitude de sous-entendre une partie des informations, ce qui est dangereux. En effet, si l'on utilise un tel ouvrage pour améliorer ses connaissances dans 'l'autre' langue, on est loin de maîtriser parfaitement 'la sienne'. Cette conception exigeante du dictionnaire bilingue commence d'ailleurs à se répandre lorsque les langues et les cultures mises en relation sont éloignées: on en verra pour preuve de récents dictionnaires franco-chinois et anglo-japonais extrêmement enrichissants. Or, même pour des langues considérées comme proches, les difficultés d'acquisition sont immenses, en partie parce que l'outil même d'acquisition — la langue maternelle — est toujours incomplet et imparfait, surtout lexicalement et sémantiquement.
Certes, les difficultés d'exécution sont alors plus grandes. Nous avons le sentiment que, grâce au patient travail et à la compétence de l'équipe de 'Signorelli', grâce aussi, peut-être, aux conseils et aux relectures attentives de l'équipe du 'Robert', le résultat n'est pas indigne de l'effort. S'il en était ainsi, un pas en avant dans la lexicographie bilingue aurait été franchi. Aux utilisateurs d'en juger.

Alain Rey

Objectifs et mode d'emploi du dictionnaire

A - Les objectifs

Notre premier objectif a été de mettre à la disposition du public un instrument savant, certes, mais aussi très commode. Un outil qui doit permettre à l'usager de passer avec facilité, avec rapidité, avec exactitude d'une langue dans l'autre; et ceci tant dans le domaine des objets les plus concrets de la vie courante que dans celui des concepts les plus abstraits des sciences, des philosophies ou des religions.
Nous avons voulu aussi que ce dictionnaire puisse, en dépit de son volume, être à la portée du débutant, comme il doit cependant être indispensable à l'étudiant français qui prépare l'agrégation d'italien, à l'étudiant italien qui prépare un doctorat en français.

B - Les méthodes suivies

Ce dictionnaire, tout en suivant les méthodes éprouvées, quand elles donnent satisfaction, présente nombre d'originalités.

1. Le sens

Au lieu d'analyser chaque mot d'une langue selon les différences de traduction dans l'autre, nous nous sommes basés sur l'analyse interne pour chaque langue, comme dans un dictionnaire unilingue. Cette analyse peut correspondre soit à une même traduction pour plusieurs sens, soit à des équivalences différentes.
Comme dans tout dictionnaire analytique, l'ordre des acceptions n'est pas quelconque: le dictionnaire va du plus au moins fréquent, du sens primitif aux valeurs dérivées. Ainsi pour le mot français **verre**, nous donnons en premier lieu la traduction du sens premier: 'vetro'; puis le sens métonymique de récipient en verre pour boire: 'bicchiere'.

2. Les définitions

Comment aider le lecteur à trouver rapidement le sens qui lui convient? A choisir entre 'vetro'et 'bicchiere'? Ou, si l'usager est l'italien, entre 'voiture' et 'machine'?
Nous avons, pour cela, fait précéder chaque traduction proposée d'une brève définition; définition rédigée dans la même langue que le mot dont on cherche la traduction: dans ce que les lexicologues appellent la langue de départ, ou source, par opposition à ce qu'ils appellent la langue d'arrivée, ou cible. On obtient ainsi deux avantages. Le premier: l'usager est tiré du doute qu'il pouvait éprouver quant au sens à choisir; les lexicologues disent que le sens est alors désambiguïsé. Second avantage: la définition dans la langue étrangère apprend à l'usager, dont ce n'est pas la langue maternelle, un emploi et une construction correctes. Le profit pédagogique est évident.
La plupart des brèves définitions qui distinguent ainsi le 'Robert & Signorelli' de tous les dictionnaires habituels ont été prises, pour le français, dans le 'Micro Robert' ou dans le 'Petit Robert'. Pour les définitions en italien, une équipe de professeurs de lettres a été réunie, pour le compte de 'Signorelli', par le Professeur Augusto Arizzi. Ce fut un travail considérable. Ainsi se trouve constituée, dans la partie 'italien-français' du dictionnaire, une sorte de 'Micro Signorelli', contenant une brève définition des mots italiens, en italien.
Quand un mot n'a qu'un seul sens dans une des deux langues, la définition n'est pas donnée si le mot est homographe dans l'autre.
Quand un mot a plusieurs sens, nous nous sommes bornés à donner les définitions pour les sens les plus usuels.
Les équivalences données pour les mots complexes sont dans toute la mesure du possible utilisées dans des exemples, leur emploi étant commandé par les éléments composant la phrase.
De simples renvois à la définition remplacent celle-ci pour les adjectifs se terminant par '-able' en français, '-abile' en italien, d'origine verbale; exemple: **pensable**, en français, renvoie à PENSER; **pensabile**, en italien, renvoie à PENSARE. De même pour les substantifs se terminant par '-(a)tion' ou par '-ement' en français, par '- zione' ou par '- mento' en italien; exemple: **destruction** renvoie à DÉTRUIRE; **remboursement** à REMBOURSER. Pareillement, en italien, **confutazione** renvoie à CONFUTARE; **raggiungimento** renvoie à RAGGIUNGERE. Le même procédé est utilisé pour les adverbes en '-ment' en français et '-mente' en italien; exemple: **diligemment** renvoie à DILIGENT; **diligentemente** renvoie à DILIGENTE.

3. Les niveaux de langue

On sait que l'on peut distinguer la langue noble du langage administratif, du langage familier, du langage populaire, du langage grossier, etc. C'est ce que les lexicographes appellent les divers niveaux de langue. Il y a là un piège pour le traducteur, car il arrive qu'un mot ayant un certain niveau dans une langue n'a pas le même, dans sa traduction littérale, dans l'autre langue.
Pour permettre à l'usager de ne pas tomber dans ce piège, nous avons adopté une règle: quand le mot de la langue source et le mot de la langue cible sont de même niveau, nous ne donnons aucune indication. S'ils sont d'un niveau différent, nous indiquons cette différence en faisant suivre celui qui est d'un niveau différent par l'abréviation *fam.* pour familier, *pop.* pour populaire, etc.

4. Informations supplémentaires

Les changements d'*aux*iliaire des *v*erbes *intr*ansitifs, lorsqu'on passe d'une langue à l'autre, ont toujours été signalés. Il en va de même pour tout changement de catégorie grammaticale, ainsi que pour le caractère *var*iable, ou *inv*ariable des *subst*antifs et des *loc*utions.

Après certains exemples, nous avons indiqué les cas où un synonyme de la traduction littérale est d'un usage plus fréquent que ce mot.

Nous avons signalé, pour un mot donné, celui qui, par le sens, s'y oppose directement: les antonymes ou contraires (abréviation ©). C'est enrichir d'autant, et automatiquement, le vocabulaire de l'usager.

Les *loc*utions n'ont pas été massées à la fin des articles: elles sont réparties au voisinage du sens du mot auquel elles se réfèrent.

Les emprunts aux langues étrangères, dans la partie 'italien-français', ont toujours été considérés comme *inv*ariables. C'est, à notre sens, la seule manière de remplacer par une règle l'anarchie qui règne actuellement en la matière. Pour le français nous avons suivi les solutions du 'Robert', l'usage étant parfois hésitant.

Les noms propres, à l'exception de ceux des espèces et de leur classification — ou taxonomie — sont donnés dans les annexes.
Nous avons particulièrement soigné l'exactitude des noms de botanique et de zoologie et avons ainsi corrigé un très grand nombre d'erreurs qui existaient et se perpétuaient dans les bilingues antérieurs au 'Robert & Signorelli'.

5. Langue archaïque

En règle générale, nous avons donné la primauté à la langue qui se parle et qui s'écrit, aujourd'hui, en France et en Italie. Toutefois, cette langue courante est riche de citations anciennes; enfin, il est nécessaire aux étudiants comme aux amateurs de littérature classique de comprendre une partie au moins des textes anciens. Nous n'avons pas voulu négliger cette partie vieillie de nos deux langues. Mais nous avons mis en garde contre leur usage actuel par les abréviations *arc.* pour 'arcaico', en italien; *vx* ou *vieilli*, en français.

6. Langue technique ou didactique

En principe, les entrées de la langue technique ou de la langue didactique ne comportent pas de définitions; mais elles sont suivies d'abréviations indiquant le champ spécial qu'elles recouvrent; soit que le mot s'écrive pareillement dans l'une et l'autre langue (mots homographes) soit qu'il s'écrive très différemment.

C - Mode d'emploi du dictionnaire

Nous souhaitons que l'usager se reporte constamment d'une partie à l'autre. C'est ainsi qu'il fera le plus rapidement des progrès; c'est ainsi qu'il pourra vérifier l'exactitude de ce qu'il aura d'abord trouvé dans l'une des parties.
Ce souhait, nous le savons, n'est pas sans danger pour nous, auteurs de l'ouvrage: l'usager pourra découvrir non une confirmation, mais une incohérence. Nous prétendons que ce dictionnaire est le meilleur actuellement sur le marché; mais nous sommes certains qu'il peut, qu'il doit être perfectionné.

D - Lecture des signes graphiques

1. La numérotation en chiffres romains **I, II, III,** etc. indique les catégories grammaticales du mot qui figurent dans un article polysémique; elle signale par exemple la subdivision des articles dont l'entrée est à la fois un *adj*ectif et un *s*ubstantif.
Cette numérotation correspond aussi aux grandes valeurs fonctionnelles (les prépositions, par exemple) ou de sens général.
A ce propos, il est opportun de préciser que, dans la partie 'français-italien', afin de respecter les principes lexicographiques du 'Petit Robert' (ou du 'Micro Robert'), nous avons conservé la distribution sémantique de celui-ci.
Au contraire, en ce qui concerne la partie 'italien-français', connaissant l'attitude de l'usager italien, nous avons eu recours à un plus grand nombre d'entrées pour des articles homographes mais de sens différent.

2. La numérotation en chiffres arabes **1, 2, 3,** etc. correspond à une simple différence de signification ou à une opposition grammaticale simple.

3. Les lettres **A, B, C,** etc. indiquent la distribution grammaticale du *v*erbe: *t*ransitif, *intr*ansitif, *imperso*nnel, *pron*ominal. Le *v*erbe *pron*ominal — subdivisé en *intr*ansitif, *réfl*échi, *récipr*oque, passif — occupe toujours la dernière place dans l'article pour une plus grande facilité de repérage; des signes comme [→ *tr.* 1], [→ *intr.* 1] doivent se lire comme: pour la définition (de ce sens) voir au transitif 1, à l'intransitif 1.

4. Le signe □ qui précède une phrase signale un faux pronominal à l'intérieur du *tr*ansitif (ex.: se laver les mains). Cette forme verbale est en général indiquée aussi à l'intérieur du *pron*ominal.

5. Le signe ◇ introduit une subdivision minimale de sens, les *loc*utions, les *prov*erbes. Quand les locutions sont d'usage très fréquent (et dans ce cas elles sont toujours suivies d'un exemple) elles sont imprimées en petites capitales.

6. Le signe ♦ introduit un changement accidentel, non systématique, de la catégorie de l'entrée. Ce signe indique donc les *v*erbes accidentellement *intr*ansitifs ou *pron*ominaux à l'intérieur du *tr*ansitif ou de l'*intr*ansitif; les emplois absolus du verbe; les emplois accidentels de l'*adj*ectif employé comme *adv*erbe ou comme *subst*antif. Si le *subst*antif est des deux genres (ex.: **ouvrier, ouvrière** en français; **operaio, operaia** en italien) l'indication est *s.*; dans le cas contraire, c'est *s.m.* ou *s.f.*

7. Le signe ~ sépare généralement une *loc*ution d'une autre, un *prov*erbe d'un autre.

8. Le numéro indiqué entre parenthèses après un verbe irrégulier renvoie à la liste des verbes dans les annexes données en appendice de chaque partie du dictionnaire.

9. L'astérisque (*):

a) après un *v*erbe, indique que le verbe est défectif et renvoie pour les formes d'usage à l'entrée de l'autre partie du dictionnaire;

b) après un *adj*ectif ou un *subst*antif, indique qu'ils sont irréguliers quant à la formation du *f*éminin ou du *pl*uriel et invite l'usager à consulter ce mot dans l'autre partie du dictionnaire;

c) dans la partie 'italien-français' l'astérisque mis avant un mot commençant par un 'h' signale qu'il s'agit d'un 'h' aspiré (pas de liaison, pas d'élision);

d) dans la partie 'français-italien' l'astérisque mis avant l'entrée qui commence par un 'h' signale qu'il s'agit d'un 'h' aspiré.

10. La virgule (,) située entre deux traductions indique qu'elles sont interchangeables, en tant que synonymes, dans la traduction des exemples analogues. Cette synonymie est en effet toujours partielle, compte tenu des nuances ou des niveaux de langue.

11. Le point-virgule (;) situé entre deux traductions indique que chacune d'elles couvre un contenu sémantique limité; qu'elles ne sont pas synonymes et qu'elles ne sont donc pas interchangeables dans la traduction des exemples donnés ou possibles.

12. Le signe || sépare entre eux les exemples de traductions non synonymes.

13. Le signe # précède les exemples qui ne sont plus traduits avec la traduction signalée, afin de donner pour cet emploi la traduction la plus normale. Après ce signe, nous n'avons plus donné d'indications, ni grammaticales, ni fonctionnelles.

14. Le signe ⊠ indique que dans la langue cible il n'existe pas de traduction à cause de traits différents de civilisation. Dans certains cas, en effet, surtout pour les produits culturels typiques, par exemple pour la cuisine d'un pays, la traduction ne serait qu'une périphrase en langue cible ou la répétition de l'article de l'entrée. Ex.: **cassoulet, camembert** en français; **tortellini, mozzarella** en italien.

15. Les guillemets (' ') qui renferment une entrée dans la partie 'italien-français' indiquent qu'il s'agit d'un emprunt français en italien (Ex.: **'cachet'**, **'pied-à-terre'**).

16. La prononciation est celle de l'Association Phonétique Internationale (A.P.I.). Dans la partie 'français-italien', la prononciation des emprunts étrangers est presque toujours francisée.
Dans la partie 'italien-français', la prononciation des emprunts français est celle du français. Pour les emprunts d'autres langues la prononciation est italianisée si le mot en question est désormais entré dans la langue courante italienne; dans le cas contraire, elle est celle de la langue d'origine, plus ou moins neutralisée.

Obiettivi e modo d'uso del dizionario

Nel presentare quest'opera, riteniamo doveroso segnalare che, per la sezione 'francese-italiano', la scelta del 'Petit Robert', senza dubbio il più prestigioso dizionario monolingue francese, non costituisce soltanto un omaggio a Paul Robert e alla preziosa collaborazione di Alain Rey e di Josette Rey-Debove, ma assegna altresì un giusto posto in Italia al 'Petit Robert' medesimo.

* * * * * *

Questo dizionario è indirizzato in special modo agli studenti della scuola superiore. Il nostro principale sforzo è stato quindi rivolto alla trattazione della lingua corrente, laddove con questo termine si intende principalmente la lingua parlata (ogni esempio o frase del dizionario è, o può essere, una 'performance' dell'utente comune, nelle due lingue) pur non trascurando la lingua scritta, soprattutto quella dei giornali o dei romanzi moderni.
Non è stata invece privilegiata la lingua tecnica, o specialistica in genere, che ci avrebbe portati troppo lontano dal nostro intento, anche se pensiamo di aver presentato i termini necessari per soddisfare le esigenze dell'utente a cui il dizionario è destinato. Per lo stesso motivo, per certe famiglie di parole di recente formazione o di uso scientifico o forbito, abbiamo segnalato soltanto un lemma, lasciando all'utente la possibilità di derivare gli altri da questo, grazie anche alla presenza nella nostra opera dei relativi suffissi.

A - Caratteristiche generali dell'opera

Riteniamo che questo dizionario sia totalmente nuovo e diverso da quelli in commercio in Italia. Sono parecchi, a nostro avviso, i motivi che giustificano la pubblicazione di quest'opera:

1. A differenza dei dizionari in commercio che imperniano la distribuzione di ogni singola parola sul traducente di lingua 'cible' (**chien, voiture** in 'italiano-francese'; **cane, macchina** in 'francese-italiano'), il nostro è impostato sulla distribuzione semantica, nel rispetto pur soggettivo della frequenza in lingua 'source' (**cane, macchina** in 'italiano-francese'; **chien, voiture** in 'francese-italiano').

2. Nel nostro dizionario, la fraseologia, come già accennato, è sempre presente per offrire all'utente le 'performance' più frequenti.

3. È stato introdotto nell'opera un elemento fondamentale quale la definizione dei singoli lemmi, sia nella sezione 'francese-italiano', sulla base del 'Petit Robert' e del 'Micro Robert', sia nella sezione 'italiano-francese', ad opera di nostri redattori.

Per esigenze di spazio, l'uso di questi elementi di definizione, che è forse meglio chiamare 'microdefinizione' (= indicazione dei tratti semantici fondamentali di un lemma) è stato adottato solo per le parole di lingua corrente, eccezion fatta per i verbi per i quali si è abbozzata una microdefinizione anche per quelli di lingua specialistica.

La definizione dei lemmi, o parole, di lingua corrente ha almeno due intenti precisi:

a) 'desambiguizzare' (= togliere ogni ambiguità, ogni ambivalenza o polivalenza a una parola) la lingua 'source', soprattutto per i lemmi polisemici (= con più accezioni) e proporre così una scelta appropriata e corretta del 'traducente' (= parola che ne traduce un'altra di lingua 'cible'). Nel medesimo intento, abbiamo limitato generalmente il numero dei traducenti a due, al fine di semplificarne la scelta;

b) dare all'utente degli elementi di sinonimia perifrastica (= termine sinonimico espresso da una perifrasi, anziché da un lemma) tendente ad arricchire la conoscenza sia della lingua 'source' che di quella 'cible'. È infatti questo uno dei mezzi pedagogici più efficaci nella moderna educazione linguistica.

4. La definizione è espressa con un rinvio nei seguenti casi:

a) aggettivi terminanti in '-abile' e in '-ibile' (di origine verbale), dove il rinvio è da leggere 'che si può...' Es.: **pensabile** *agg.* [→ PENSARE = che si può pensare]. Lo stesso vale per il francese **pensable** da PENSER;
b) sostantivi per la maggior parte terminanti in '-zione' e in '-mento', dove il rinvio si deve leggere 'atto, effetto del...' Es.: **confutazione** *s.f.* [→ CONFUTARE = atto, effetto del confutare]; **raggiungimento** *s.m.* [→ RAGGIUNGERE = atto, effetto del raggiungere]. Lo stesso vale per il francese **destruction** e **remboursement,** rispettivamente da DÉTRUIRE e REMBOURSER;
c) avverbi terminanti in '-mente', dove il rinvio si deve leggere 'in modo...' Es.: **diligentemente** *avv.* [→ DILIGENTE = in modo diligente]. Lo stesso vale per il francese **diligemment** da DILIGENT.

5. I traducenti segnalati per ogni singolo lemma vengono usati nella traduzione delle frasi, o esempi, citate allo scopo di dimostrare che il loro esatto significato, e quindi la loro scelta, dipende dal rapporto di senso dei termini che compongono la frase.

6. I livelli di lingua, sia quelli di lingua 'source' che quelli di lingua 'cible' sono sempre indicati. Quando una parola è di uso *fam*iliare o *pop*olare, abbiamo cercato di darle come traducente un lemma dello stesso livello, almeno quando ciò è possibile. L'utente può così fare una scelta appropriata dei termini in base alla lingua che ritiene di dover usare.
In ogni caso, ogni cambiamento di livello di lingua è segnalato.

7. È sempre segnalato il cambio di *aus*iliare in lingua 'cible' rispetto alla lingua 'source' per i *v*erbi *intr*ansitivi.
È sempre segnalato ogni cambio di categoria grammaticale del traducente rispetto all'entrata, anche per i verbi. È segnalata altresì la *var*iabilità o l'*inv*ariabilità dei *sost*antivi, delle *loc*uzioni.
Quando dopo il traducente non è segnalato alcun cambiamento di categoria grammaticale o funzionale, si intende che lo stesso appartiene alla stessa categoria del termine.

8. All'interno della fraseologia, o esempi, abbiamo talvolta indicato dei rinvii sinonimici quando il loro valore d'uso è più frequente di quello della voce trattata.

9. Sono stati segnalati gli antonimi o contrari (= termine di senso contrario a quello dell'entrata), preceduti da ©, quando questi possono contribuire alla migliore individuazione e comprensione della parola in questione.

10. In entrambe le sezioni, e nei limiti del possibile, abbiamo evitato di dare come traducente un termine considerato come *arc*aico (*vx.* o *vieilli* in 'francese-italiano') nella lingua 'cible'.

11. Nell'articolazione di ogni singolo lemma, specie per le entrate polisemiche, è stato seguito un criterio di frequenza, pur nella soggettività che caratterizza tale scelta.
Le *loc*uzioni, nel senso più ampio del termine, sono inserite nell'area di pertinenza e non raggruppate in un'unica collocazione all'interno del vocabolo.

12. I nomi propri (di persona, geografici, storici, ecc.), eccettuati quelli di tassonomia (= classificazione sistematica delle specie animali e vegetali) *zool*ogica o *bot*anica, sono dati in appendice.

13. In ogni lemma e in ogni singola accezione, gli esempi senza verbo precedono di solito quelli con il verbo. Ne consegue una maggiore facilità di consultazione del dizionario e di reperimento degli 'esempi' medesimi.

14. I prestiti stranieri, nella sezione 'italiano-francese', sono sempre considerati come *inv*ariabili. Ci siamo permessi di assumere un tale atteggiamento di fronte alla confusione che regna in Italia al proposito. Lo stesso vale anche quando questi prestiti sono traducenti nella sezione 'francese-italiano'.

15. Nella sezione 'italiano-francese' non sono in genere riportati i nomi alterati (diminutivi, accrescitivi, ecc.) dei sostantivi, salvo i rari casi in cui questi contengano un'accezione di valore semantico diverso dal lemma di base; oppure nel caso in cui il traducente francese sia una voce di uso frequente.

16. Nel dizionario, la lingua 'source' è in corsivo (comprese le *abbrev*iazioni); la lingua 'cible' in tondo.

B - Lingua arcaica

Le voci considerate come *arc*aiche (in 'francese-italiano' *vx.* o talvolta *vieilli*) sono state quasi sempre rinviate, per esigenze di spazio, a voci più correnti.
La loro presenza nel dizionario è essenzialmente giustificata, per quanto riguarda il 'francese-italiano', dalla possibilità di lettura di opere letterarie classiche e, per quanto riguarda l''italiano-francese', dall'uso assai frequente di arcaismi nella moderna letteratura.

C - Lingua specialistica

In linea di massima le entrate di lingua specialistica non portano definizione, ma soltanto delle abbreviazioni indicanti il campo di pertinenza, sia in caso di omografia (= grafia di una parola comune alle due lingue) che non.
Un lemma che abbia due accezioni inerenti allo stesso campo specialistico porta un elemento desambiguizzante.

D - Caratteristiche particolari della lingua corrente

1. Il termine monosemico (= che ha un solo significato) non porta definizione se è omografo. Es.: vedere le entrate **democrazia/démocratie**; o, in 'francese-italiano', **maman/mamma**.

2. Nel termine polisemico, l'accezione più frequente non porta definizione se il traducente è omografo con l'entrata. Tutte le altre accezioni portano una microdefinizione o un selettore formato talvolta da uno o più sinonimi. Es.: **carnevale**; **cascade.**

3. Il verbo, considerato nel dizionario l'elemento linguistico centrale, porta sempre una definizione.

4. La definizione non è data, oltre che nei casi già citati, quando il traducente è una perifrasi o quando si dovrebbero dare definizioni di carattere enciclopedico. Es.: **campana**; 1 **cloche.**

E - Lingua corrente e lingua specialistica

In linea di massima l'articolazione della lingua corrente precede quella di lingua specialistica. Rispettando tuttavia il criterio della frequenza, accade che la lingua specialistica occupi la prima posizione.

F - Lettura dei segni grafici

1. La numerazione romana **I, II, III,** ecc. indica le categorie grammaticali di cui è composto un lemma polisemico; indica la suddivisione dei lemmi che siano contemporaneamente *agg*ettivi e *s*ostantivi o, più in in generale, che appartengono a due categorie grammaticali diverse.
Tale numerazione corrisponde altresì ai grandi valori funzionali (ad esempio nelle *prep*osizioni) o di significato.
A questo proposito è opportuno notare che nella sezione 'francese-italiano', nell'intento di adottare i princìpi lessicografici del 'Petit Robert' (o del 'Micro Robert'), abbiamo rispettato la distribuzione semantica di quest'ultimo.
Per quanto concerne invece la sezione 'italiano-francese', conoscendo l'attitudine dell'utente italiano, abbiamo fatto ricorso a un numero maggiore di entrate per lemmi omografi ma di senso diverso, invece di sottodividerne i significati con la numerazione romana.

2. La numerazione araba **1, 2, 3,** ecc. corrisponde a una semplice differenza di significato o a una semplice opposizione grammaticale.

3. Le lettere **A, B, C,** ecc. indicano la distribuzione

grammaticale del *v*erbo: *tr*ansitivo, *intr*ansitivo, *imper*sonale, *pron*ominale. Il *v*erbo *pron*ominale — suddiviso in *intr*ansitivo, *rifl*essivo, *recipr*oco, *pass*ivo — occupa sempre l'ultimo posto per maggiore facilità di reperimento; segni come [→ *tr.* 1], [→ *intr.* 1], ecc. sono da leggersi come: per la definizione (di questo significato) vedi al transitivo 1, all'intransitivo 1.

4. Il segno □ che precede una frase, segnala un *v*erbo *rifl*essivo apparente all'interno del *tr*ansitivo (es.: lavarsi le mani). Lo stesso è richiamato quasi sempre anche all'interno del *pron*ominale.

5. Il segno ◇ introduce ogni suddivisione minima di senso, le *loc*uzioni, i *prov*erbi. Quando le *loc*uzioni sono di uso molto frequente sono stampate in maiuscoletto seguite da un esempio esplicito.

6. Il segno ✦ introduce un cambio accidentale, non sistematico, di categoria del lemma in trattazione. È quindi usato per i *v*erbi accidentalmente *intr*ansitivi o *pron*ominali all'interno del *tr*ansitivo o dell'*intr*ansitivo; per gli usi *ass*oluti del *v*erbo; per gli usi accidentali dell'*agg*ettivo usato come *avv*erbio o dell'*agg*ettivo come *sost*antivo. Se in quest'ultima funzione la parola è bigenere (es.: **operaio, operaia**; **ouvrier, ouvrière**) l'indicazione è *s.*; in caso contrario, è *s.m.* o *s.f.*

7. Il segno ~ separa, in genere, una *loc*uzione dall'altra, un *prov*erbio dall'altro.

8. Il numero tra parentesi che segue un verbo irregolare rimanda alla tavola di coniugazione dei verbi in appendice alla relativa sezione.

9. L'asterisco (*):

a) posto dopo un traducente verbale indica che questo è difettivo e rimanda per le indicazioni d'uso alla entrata della sezione opposta;

b) posto dopo un traducente *agg*ettivo o *sost*antivo indica che questo è anomalo nella formazione del *f*emminile o del *plur*ale e invita a consultare la parola nella sezione opposta;

c) nella sezione 'italiano-francese', posto davanti al traducente iniziante per 'h', indica che trattasi di 'h' aspirata;

d) nella sezione 'francese-italiano', posto davanti al lemma iniziante per 'h', indica che trattasi di 'h' aspirata.

10. La virgola (,) posta fra due traducenti indica che gli stessi sono intercambiabili, in quanto sinonimi, nella traduzione degli esempi dati o virtuali, ma analoghi. Tale sinonimia è in effetti sempre parziale, tenuto conto delle sfumature o dei livelli di lingua.

11. Il punto e virgola (;) posto fra due traducenti indica che ognuno di essi copre un contenuto semantico limitato, che non sono sinonimi e che quindi non sono intercambiabili nella traduzione degli esempi dati o possibili.

12. Il segno || separa fra loro gli esempi di traducenti non sinonimi di cui si è detto al numero 11.

13. Il segno # precede gli esempi che non sono più tradotti con il traducente segnalato, per coprire la più alta frequenza possibile di traduzioni. Dopo tale segno, non è più data alcuna indicazione, né grammaticale né funzionale.

14. Il segno ⊠ indica che il traducente in lingua 'cible' non esiste per motivi dovuti a differente tratto di civiltà. In alcuni casi infatti, soprattutto per i prodotti culturali tipici, per esempio per la 'cucina' di un paese, il traducente non sarebbe altro che una perifrasi in lingua 'cible' o la ripetizione del lemma medesimo dell'entrata. Es.: **tortellini, mozzarella**; **cassoulet, camembert.**

15. Le virgolette (' ') che racchiudono un termine in entrata nella sezione 'italiano-francese' indicano che trattasi di un prestito francese. Es.: **'cachet'**, **'pied-à-terre'**.

16. La pronunzia è quella dell'Associazione Fonetica Internazionale (A.F.I.).
Nella sezione 'francese-italiano', la pronunzia dei prestiti stranieri è sempre, o quasi, francesizzata.
Nella sezione 'italiano-francese', la pronunzia dei prestiti francesi è quella del francese. Per i prestiti da altre lingue la pronunzia è italianizzata se il termine è ormai entrato a far parte della lingua *corr*ente italiana; nel caso contrario, è quella del paese di pertinenza, più o meno neutralizzata.

entrée

entrata

traduction

traduzione

bétonnière |betɔnjɛʀ| *s.f.* betoniera.
bette |bɛt| *s.f.* (*mar.*) betta.
bette |bɛt|, **blette** |blɛt| *s.f.* (*t.bot.*) bietola.
betterave |bɛtʀav| *s.f.* (*t.bot.*) barbabietola, bietola: *betterave fourragère* barbabietola da foraggio; *betterave sucrière* barbabietola da zucchero # *culture de la betterave* bieticoltura; *betterave rouge, potagère* rapa rossa.

transcription phonétique

trascrizione fonetica

chiffres arabes marquant une opposition grammaticale *simple*

numeri arabi indicanti una *semplice* opposizione grammaticale

betteravier, ière |bɛtʀavje, jɛʀ| **1** *adj.* (*agric.*) della (barba)bietola *loc.*; bieticolo: *culture betteravière* coltura della barbabietola, bieticoltura *s.f.* ‖ *secteur betteravier* settore bieticolo, bieticoltura **2** *s.m.* (*agric.*) bieticoltore* *s.*
Bétulacées |betylase| *s.f.pl.* (*t. bot.*) Betulacee.
beuglant |bøglɑ̃| *s.m.* (*pop.*) caffè concerto popolare (della fine dell'800).
beuglante |bøglɑ̃t| *s.f.* (*pop.*) [*chanson criée à tue-tête*] canzone urlata ◇ (*par ext.*) protesta rumorosa.
beuglement |bøgləmɑ̃| *s.m.* **1** [*cri des bovins*] muggito, mugghio* → **mugissement, meuglement** **2** (*par anal.*) [*son puissant et prolongé*] urlo: *le beuglement d'un chanteur* l'urlo di un cantante.
beugler |bøgle| **A** *v.intr.* **1** (*bovins*) [*pousser des beuglements*] muggire (197), mugghiare → **meugler, mugir** **2** [*pousser des hurlements*] sbraitare, urlare: *ne beuglez pas comme ça!* non sbraitate, non urlate in quel modo! → **hurler** **B** *v.tr.* [→ *intr.* 2] urlare: *le chanteur se mit à beugler une chanson* il cantante si mise a urlare una canzone.

lettres de l'alphabet marquant la distribution grammaticale du verbe

lettere dell'alfabeto indicanti la distribuzione grammaticale del verbo

beurre |bœʀ| *s.m.* **1** burro: *beurre frais, rance* burro fresco, rancido; *motte de beurre* pane(tto) di burro; *morceau de beurre* pezzo di burro; *beurre noir* burro bruciato # *pot à beurre* burriera, portaburro; *tartine de beurre* tartina imburrata ◇ (*loc. fig., fam.*) *œil au beurre noir* [*poché*] occhio pesto ~ *ça entre comme dans du beurre* entra facilmente ~ (*pop.*) *c'est du beurre* è (un'impresa) facile ~ *mettre du beurre dans les épinards* migliorare la (propria) situazione ~ *faire son beurre* [*s'enrichir*] arricchirsi ~ (*iron.*) *cela compte pour du beurre* (questo) non conta proprio niente ◇ *loc.* BEURRE-FRAIS [*de la couleur du beurre*] color panna: *des gants beurre-frais* guanti color panna **2** (*par anal.*) *beurre d'anchois* pasta di acciughe; *beurre de cacao, de noix de coco* burro di cacao, di cocco **3** (*vx., chim.*) burro: *beurre d'antimoine* burro d'antimonio.

chiffres arabes marquant une *simple* différence de sens

numeri arabi indicanti una *semplice* differenza di significato

beurré |bœʀe| *s.m.* [*sorte de poire*] pera *f.* butirra, burrona: *beurré blanc* pera butirra bianca.
beurrée |bœʀe| *s.f.* (*région., vx.*) tartina imburrata (*cour.*).
beurrer |bœʀe| *v.tr.* [*recouvrir, enduire de beurre*] imburrare: *beurrer du pain* imburrare del pane ◇ (*loc. pop.*) *être beurré* → **ivre**.
beurrerie |bœʀʀi| *s.f.* **1** [*lieu où l'on fait le beurre*] burrificio* *m.* → **laiterie** **2** industria del burro.
beurrier, ière |bœʀje, jɛʀ| **I** *s.* **1** *s.* (*vx.*) [*personne qui vend du beurre*] burraio* → **crémier** **2** *s.m.* [*récipient dans lequel on conserve le beurre*] burriera *f.* **II** *adj.* [*qui a rapport au beurre*] del burro (*loc. inv.*): *industrie beurrière* industria del burro.
beuverie |bœvʀi|, **buverie** |by-

chiffres romains marquant une opposition grammaticale dans un article polysémique

numeri romani indicanti un'opposizione grammaticale in lemma polisemico

définition avec renvoi

definizione mediante rinvio

définition

definizione

indique un emprunt français

indica un prestito francese

renvoi aux tableaux des conjugaisons

rinvio alle tavole di coniugazione

synonyme

sinonimo

antonymes ou contraires

antonimi o contrari

indique le changement de l'auxiliaire

indica il cambio di ausiliare

indique un faux pronominal, cité aussi à l'intérieur du pronominal

indica un riflessivo apparente; lo stesso è richiamato nel pronominale

indique le changement de genre

indica il cambio di genere

struire un condotto désobstruer, déboucher une conduite.
depauperaménto |depaupera'mento| *s.m.* [→ DEPAUPERARE] appauvrissement: *il depauperamento del suolo, della flora* l'appauvrissement du sol, de la flore.
depauperàre |depaupe'rare| *v.tr.* [*impoverire, sottraendo risorse, energie*] appauvrir: *depauperare il suolo, l'ambiente* appauvrir le sol, le milieu; *depauperare l'erario* appauvrir le trésor public; *depauperare un organismo* appauvrir un organisme.
depauperazióne |depauperat'tsjone| *s.f.* → **depauperamento.**
'dépendance' |depɑ̃dɑ̃s| *s.f.inv.* dépendance *var.*, annexe *var.*
depennàre |depen'nare| *v.tr.* (*bur.*) [*cancellare, togliere*] rayer (9), biffer: *depennare una cifra da un conto* rayer, biffer un chiffre d'un compte; *depennare un nome da una lista, da una graduatoria* rayer un nom d'une liste, d'un classement.
deperibile |depe'ribile| *agg.* [→ DEPERIRE 2] périssable: *merce deperibile* marchandise périssable.
deperibilità |deperibili'ta| *s.f.inv.* nature *var.* périssable.
deperiménto |deperi'mento| *s.m.* [→ DEPERIRE] dépérissement: *deperimento dovuto alla mancanza di sonno* dépérissement dû au manque de sommeil **→ indebolimento** # *il deperimento di una merce* la détérioration d'une marchandise **C accrescimento, sviluppo.**
deperire |depe'rire| (197) *v.intr.* (*aus. 'essere'*) **1** (*persone*) [*indebolirsi, perdere vigore, bellezza e sim.*] dépérir (*aus. avoir*): *deperire per una grave malattia* dépérir à cause d'une grave maladie; *quel bambino continua a deperire* cet enfant continue à dépérir **2** (*raro, cose*) [*deteriorarsi, guastarsi*] se détériorer *pron.* (*corr.*): *la merce è deperita durante il viaggio* la marchandise s'est détériorée pendant le voyage.
deperito |depe'rito| *agg.* **1** (*persone*) [*sciupato, smagrito*] affaibli; amaigri: *un ragazzo molto deperito* un garçon très affaibli ‖ *avere un volto deperito* avoir le visage amaigri **2** (*cose*) [*deteriorato, avariato*] détérioré, avarié: *una merce deperita* une marchandise détériorée, avariée.
depersonalizzazióne |depersonaliddzat'tsjone| *s.f.* (*med., psicol.*) dépersonnalisation.
depicciolàre |depittʃo'lare| *v.tr.* (*raro*) [*privare del picciolo*] équeuter.
depilàre |depi'lare| **A** *v.tr.* [*privare dei peli*] épiler; dépiler: *depilare le sopracciglia, le ascelle* épiler les sourcils, les aisselles ‖ *depilare le pelli prima della concia* dépiler les peaux avant le tannage □ *depilarsi le gambe* s'épiler les jambes **B** *v.pron.rifl.* DEPILARSI [→ *tr.*] s'épiler: *depilarsi sotto le ascelle* s'épiler sous les aisselles ◆ → *tr.* □.
depilatóre |depila'tore| *agg. e s.m.* dépilatoire.
depilatòrio, i |depila'tɔrjo, i| *agg.* dépilatoire: *crema depilatoria* crème dépilatoire ◆ (*s.m.*) *un depilatorio* un dépilatoire.
depilazióne |depilat'tsjone| *s.f.* [→ DEPILARE] épilation; dépilage (*m.*): *la depilazione delle gambe* l'épilation des jambes ‖ *la depilazione delle pelli*

invecchiato nel mestiere **3** (*techn.*) licci *pl.* # *harnais d'engrenage* serie, coppia d'ingranaggi.

marque du 'h' aspiré

indice di 'h' aspirata

***haro** |aRo| (*loc.*) *crier haro sur* (*qqn.*, *qqch.*) [*dénoncer à l'indignation de tous*] inveire, scagliarsi pubblicamente contro qc., q.c.

harpagon |aRpagɔ̃| *s.m.* [*homme d'une grande avarice*] avaro, spilorcio*.

entrées homographes

entrate omografe

① ***harpe** |aRp(ə)| *s.f.* **1** arpa: *la harpe de David* l'arpa di Davide **2** (*t. zool.*) arpa.

② ***harpe** |aRp(ə)| *s.f.* **1** (*maçonn.*) addentellato *m.*, ammorsato *m.* **2** (*vén.*) unghia di cane **3** (*dial.*) [*nom d'instruments en forme de griffe, de croc*] uncino *m.*

***harpie** |aRpi| *s.f.* **1** (*mythol.*) arpia ◇ (*fig.*) *une vieille harpie* una vecchia arpia → **mégère** **2** (*t.zool.*) arpia.

les deux traductions sont interchangeables

i due traducenti sono intercambiabili

***harpiste** |aRpist(ə)| *s.* arpista.

***harpon** |aRpɔ̃| *s.m.* **1** (*pêche*) arpione, fiocina (*f.*): *fusil à harpon pour la pêche sous-marine* fucile ad arpione per la pesca subacquea; *pêche au harpon* pesca con l'arpione **2** (*techn.*) arpese.

***harponnage** |aRpɔnaʒ|, ***harponnement** |aRpɔnmɑ̃| *s.m.* [→ HARPONNER 1] l'arpionare *inv.*, il fiocinare *inv.*

***harponner** |aRpɔne| *v.tr.* **1** [*atteindre, accrocher avec un harpon ou un instrument du même genre*] arpionare, fiocinare: *harponner une baleine* arpionare, fiocinare una balena **2** (*fam.*) [*arrêter, saisir brutalement*] agguantare: *harponner un malfaiteur* agguantare un malfattore.

niveau de langue

livello di lingua

***harponneur** |aRpɔnœR| *s.m.* [*matelot qui lance le harpon*] fiociniere, ramponiere.

***hart** |aR| *s.m.* (*vx.*) **1** [*lien d'osier, de bois flexible pour attacher les fagots, etc.*] ritorta *f.* (*cour.*) **2** [*corde avec laquelle on pendait les condamnés*] capestro ◇ [*la pendaison elle-même*] impiccagione *f.* (*cour.*).

limite d'emploi de sens

limite d'uso di significato

haruspice |aRyspis| *s.m.* → **aruspice.**

***hasard** |azaR| *s.m.* **I** **1** LE HASARD [*cause fictive d'événements apparemment inexplicables*] il caso, la sorte (*f.*): *caprices du hasard* capricci del caso, della sorte; *lois du hasard* leggi del caso → **destin, sort** # *faire la part du hasard dans une prévision* valutare il rischio, tener conto dell'imponderabile in una previsione **2** *loc.adv.* AU HASARD [*n'importe où, sans réflexion*] a caso, a casaccio: *coups tirés au hasard* colpi sparati a caso; *conseils donnés au hasard* consigli dati a caso, a casaccio → **bonheur (au petit)** ~ À TOUT HASARD [*en prévision ou dans l'attente de toute espèce d'événements possibles*] per ogni evenienza; ad ogni buon conto: *il était venu là à tout hasard* era venuto per ogni evenienza ‖ *à tout hasard, essayez* ad ogni buon conto, provi pure ~ PAR HASARD per caso, per combinazione: *comme par hasard* come per caso, per combinazione; *une fois par hasard* una volta per caso; *si par hasard* se per caso; *rencontrer par hasard* incontrare per caso ◇ *loc.prép.* AU HASARD DE... [*selon les hasards de*] **secondo...**, a seconda di...: *au hasard des rencontres* secondo gli incontri, a seconda degli incontri. **3** *jeu de hasard* gioco d'azzardo **II** **1** [*événement fortuit; concours de circonstances inattendu et inexplica-*

indique les exemples qui ne sont pas traduits par les traductions signalées

precede gli esempi non più tradotti coi traducenti segnalati

chiffres romains marquant une opposition de sens

numeri romani indicanti un'opposizione di significato

les deux traductions ne sont pas interchangeables

i due traducenti non sono intercambiabili

sépare deux traductions qui ne sont pas interchangeables

separa due traducenti non intercambiabili

solutamente no, non; in nessun caso] non plus: *non viene neanche Maria* Maria non plus ne viendra pas; *non sono andata con lui e non vengo neanche con voi* je ne suis pas allée avec lui et je ne viens pas non plus avec vous; *non l'ho visto neanch'io* je ne l'ai pas vu non plus # *'partite?' 'non ci penso neanche'* 'vous partez?' 'je n'y pense même pas' ◇ (*loc.*) *'scherzi?' 'ma neanche per idea!'* 'tu plaisantes?' 'pas le moins du monde!' ~ *'gli telefonerai?' 'neanche per sogno!'* 'tu lui téléphoneras?' 'jamais de la vie!' ~ *'tu non vieni, e tuo fratello?' 'neanche'* 'toi, tu ne viens pas: mais ton frère?' 'non plus' ~ *neanche uno rispose esaurientemente* pas un seul ne répondit à tout **2** (*con valore raff. di una neg.*) même: *non ho in tasca neanche una lira* je n'ai même pas un sou en poche; *non ci posso neanche pensare* je ne peux même pas y penser; *se ne andò senza neanche salutare* il partit sans même saluer **3** [*persino, non*] *neanche un bambino lo farebbe* même un enfant ne le ferait pas; *non aveva scritto neanche a suo marito* elle n'avait pas non plus écrit à son mari **II** *cong.* [*non anche, se pure non*] même si (+ *indic.*): *neanche pagandolo a peso d'oro, farebbe un piacere* même si on lui donnait son pesant d'or, il ne rendrait pas un service; *neanche se venisse con me accetterei* même s'il m'accompagnait je n'accepterais pas.

sépare une locution d'une autre

separa una locuzione da un'altra

neandertaliàno |neanderta'ljano| *agg.* (*antrop.*) néandertalien*.

indique la formation irrégulière du féminin ou du pluriel

indica l'anomalia nella formazione del femminile o del plurale

nébbia |'nebbja| *s.f.* **1** (*meteor.*) brouillard (*m.*): *nebbia fitta, densa, rada* brouillard épais, dense, peu épais; *un banco di nebbia* un banc de brouillard ◇ (*loc.*) *c'era una nebbia da tagliare col coltello* il y avait un brouillard à couper au couteau ~ *si è dileguato come nebbia al sole* il s'est évanoui comme la brume au soleil **2** (*chim.*) brouillard: *nebbia artificiale* brouillard artificiel, rideau fumigène.

nebbiàccia, ce |neb'bjattʃa, tʃe| *s.f.* (*pegg.*) brouillard *m.* très épais, brouillard à couper au couteau.

nebbiògeno |neb'bjɔdʒeno| *agg.* [*che produce nebbia artificiale*] fumigène: *sostanze, candele nebbiogene* substances, bougies fumigènes ◆ (*s.m.*) *un nebbiogeno* un fumigène.

indique le changement accidentel de la catégorie grammaticale

indica un cambio accidentale della categoria grammaticale

nebbiòlo |neb'bjɔlo| *s.m.* [*vitigno, uva, vino tipici del Piemonte*] ⊠.

indique le manque de traduction

indica la mancanza di traducente

nebbióne |neb'bjone| *s.m.* → **nebbiaccia.**

nebbiosità |nebbjosi'ta| *s.f. inv.* **1** [*l'essere nebbioso*] nébulosité (*var.*): *la nebbiosità di una regione, di un paese* la nébulosité d'une région, d'un pays **2** (*fig.*) [*mancanza di chiarezza*] nébulosité: *la nebbiosità delle tue idee mi lascia poco tranquillo* la nébulosité de tes idées me préoccupe.

indique l'invariabilité et la variabilité

indica l'invariabilità e la variabilità

nebbióso |neb'bjoso| *agg.* **1** [*coperto, pieno di nebbia*] nébuleux*, brumeux*: *un cielo nebbioso* un ciel nébuleux, brumeux; *una città nebbiosa* une ville nébuleuse **2** (*fig.*) [*non chiaro e distinto*] nébuleux: *immagini nebbiose* images nébuleuses; *ho un ricordo un po' nebbioso di quel fatto* j'ai un souvenir un peu nébuleux de cette histoire C 2 **chiaro.**

nebulàre |nebu'lare| *agg.* (*astron.*) nébulaire.

In questo dizionario i brevetti o i marchi non sempre sono segnalati come tali. Ciò non giustifica tuttavia la supposizione che la denominazione di tutti i prodotti indicati sia libera.

I
FRANÇAIS-ITALIEN

TABLEAU DES ABRÉVIATIONS FRANÇAISES

abrév(iation)
absolt. (absolument)
abusiv(ement)
adapt(é, ation)
adj(ectif, ectivement)
admin(istration)
adv(erbe, erbial)
agric(ulture)
alch(imie, imistes)
all(emand)
amér(icanisme, icain)
anal(ogie)
anat(omie)
anc(ien)
ancienn(ement)
angl(icisme, ais)
anthrop(ologie)
antiq(uité)
apic(ulture)
appos(ition)
ar(abe)
arbor(iculture)
archéol(ogie)
archit(ecture)
arg(ot, otique)
arithm(étique)
art(icle)
artill(erie)
astrol(ogie)
astron(omie)
at(omique)
auto(mobile, mobilisme)
aux(iliaire)
aviat(ion)

bactér(iologie)
balist(ique)
bijout(erie)
biol(ogie)
blas(on)
bot(anique)
bouch(erie)
bret(on)
bx-arts (beaux-arts)

can(on, droit)
caractériol(ogie)
cathol(ique, icisme)
celt(ique)
charcut(erie)
charpent(erie)
ch. de fer (chemin de fer)
chim(ie)
chir(urgie)
chorégr(aphie)
chrét(ien)
ciné(ma)
civ(il)
comm(erce, ercial)
comp(osé)
compl(ément)
compt(abilité)
condit(ionnel)
conj(onction, onctif)
constr(uctions)
cour(ant)
cout(ure)

cuis(ine)

dém(onstratif)
démogr(aphie)
déterm(inatif)
dial(ectal, ecte)
dr(oit)

Eaux et For. (Eaux et Forêts)
ecclés(iastique)
écon(omie)
égypt(ien)
électr(icité)
électron(ique)
ellipt(iquement)
embryol(ogie)
équit(ation)
esp(agnol)
etc. (et cætera)
ethnogr(aphie)
exagér(ation)
exclam(atif, ation)
express(ion)
ext(ension)

f(éminin)
fam(ilier)
faucon(nerie)
féod(alité)
fig(uré)
fin(ances)
fortif(ications)
fr(ançais)
fut(ur)

génér(al)
généralt. (généralement)
géod(ésie)
géogr(aphie)
géol(ogie)
géom(étrie)
germ(anique)
got(ique)
gr(ec)
gram(maire)

hébr(aïque, eu)
hippol(ogie)
hist(oire)
holl(andais)
hongr(ois)
hortic(ulture)
hyperb(ole)

imp(arfait)
impér(atif)
impers(onnel, onnellement)
imprim(erie)
ind(icatif)
indéf(ini)
inf(initif)
interj(ection)
internat(ional)
intr(ansitif)

inv(ariable)
iron(ique, iquement)
it(alien)

jap(onais)
jard(inage)
jud(aïque)
jurid(ique)

lat(in)
ling(uistique)
litt(éraires, études)
littér(aire, langue)
liturg(ie)
loc(ution)
log(ique)

m(asculin)
maçonn(erie)
mar(ine, itime)
math(ématiques)
mécan(ique)
méd(ecine)
médiév(al)
menuis(erie)
métall(urgie)
métaph(ore)
météo(rologie)
métrol(ogie)
milit(aire)
minér(alogie)
mus(ique)
mythol(ogie)

norm(and)
norv(égien)
numér(al)
numism(atique)

onomat(opée)
opt(ique)

p(articipe)
p(assé)
paléont(ologie)
pathol(ogie)
pâtiss(erie)
peint(ure)
péj(oratif)
pén(al)
pers(onnel, 1re personne)
pharm(acie)
philo(sophie)
phonét(ique)
photo(graphie)
phys(ique)
physiol(ogie)
pl(uriel)
plais(ant)
plur(iel)
poét(ique)
polit(ique)
pop(ulaire)

port(ugais)
poss(essif)
pr(opre)
préf(ixe)
préhist(oire)
prép(osition)
prés(ent)
procéd(ure)
pron(om, ominal)
propos(ition)
prov(erbe)
psychan(alyse)
psychiatr(ie)
psycho(logie)
publ(ique)

qqch. (quelque chose)
qqn. (quelqu'un)

récipr(oque)
recomm(andé)
réfl(échi)
région(al)
relig(ion)
rem(arque)
rom(ain)

s(ubstantif)
s(iècle)
sc(ientifique)
sc. nat. (sciences naturelles)
scol(aire)
sing(ulier)
sociol(ogie)
spécialt. (spécialement)
sténo(graphie)
styl(istique)
subj(onctif)
subst(antif, antivé)
suéd(ois)
suff(ixe)
sylvic(ulture)
symb(ole)

t(erme)
taurom(achie)
techn(ologie, ologique)
télécom(munications)
télév(ision)
théât(re)
théol(ogie)
tr(ansitif)
tr. pub. (travaux publics)
typogr(aphie)

v(erbe)
var(iable)
vén(erie)
verb(al)
versif(ication)
vétér(inaire)
vulg(aire)
vx. (vieux, mot)

zool(ogie, ogique)

TRANSCRIPTION PHONÉTIQUE DU FRANÇAIS

Alphabet phonétique et valeur des signes

Voyelles

[i]	il, vie, lyre
[e]	blé, jouer
[ɛ]	lait, jouet, merci
[a]	plat, patte
[ɑ]	bas, pâte
[ɔ]	mort, donner
[o]	mot, dôme, eau, gauche
[u]	genou, roue
[y]	rue, vêtu
[ø]	peu, deux
[œ]	peur, meuble
[ə]	le, premier
[ɛ̃]	matin, plein
[ɑ̃]	sans, vent
[ɔ̃]	bon, ombre
[œ̃]	lundi, brun

Semi-consonnes

[j]	yeux, paille, pied
[w]	oui, nouer
[ɥ]	huile, lui

Consonnes

[p]	père, soupe
[t]	terre, vite
[k]	cou, qui, sac, képi
[b]	bon, robe
[d]	dans, aide
[g]	gare, bague
[f]	feu, neuf, photo
[s]	sale, celui, ça, dessous, tasse, nation
[ʃ]	chat, tache
[v]	vous, rêve
[z]	zéro, maison, rose
[ʒ]	je, gilet, geôle
[l]	lent, sol
[ʀ]	rue, venir
[m]	main, femme
[n]	nous, tonne, animal
[ɲ]	agneau, vigne
[h]	hop! (exclamatif)
[ŋ]	camping (mots empruntés à l'anglais)

A

a |ɑ| *s.m.* [*première lettre de l'alphabet*] a (*m. ou f.*): *a minuscule* a minuscolo; *A majuscule* A maiuscola ◇ (*loc.*) *depuis 'a' jusqu'à 'z'* dalla 'a' alla 'z'; *ne savoir ni a ni b* essere analfabeta ◇ (*télécom.*): (*en France*) *A comme Anatole*; (*en Belgique*) *A comme Arthur* A come Ancona ◇ (*employé par abrév.*): (*ampère*) A; (*are*) a; (*argon*) A.

a- |a| *préf.* (*marquant 'le but à atteindre', correspond généralt. à*) a: *abaisser* abbassare; *accourir* accorrere.

a-, an- |a, an| *préf.* (*exprimant 'la négation ou la privation', correspond généralt. à*) a: *apolitique* apolitico; *anallergique* anallergico; *anorganique* anorganico.

à |a| *prép.* (*formes, contractées ou non, possibles*):

m.sing.	(1) [~~*à + le*~~]	→ *au* **al**	→ (1) *prép.* **a** (*it.*)	[*devant une consonne ou un 'h' aspiré*]
	(2) '	→ *au* **allo**	→ (2) ' ' '	[*dans les cas de* (1)]
	(3)	*à l'* **all'**	→ (3) ' ' '	[*devant une voyelle ou un 'h' muet*]
m.pl.	(4) [~~*à + les*~~]	→ *aux* **ai**	→ (4) ' ' '	[*devant une consonne, une voyelle, un 'h' aspiré ou un 'h' muet*] *REM. la liaison devant une voyelle ou un 'h' muet est obligatoire*
	(5) '	→ *aux* **agli**	→ (5) ' ' '	[*dans les cas de* (4)]
f.sing.	(6)	*à la* **alla**	→ (6) ' ' '	[*dans les cas de* (1)]
	(7)	*à l'* **all'**	→ (7) ' ' '	[*dans les cas de* (3)]
f.pl.	(8) [~~*à + les*~~]	→ *aux* **alle**	→ (8) ' ' '	[*dans les cas de* (4)] *REM. la liaison devant une voyelle ou un 'h' muet est obligatoire*

I (*introduit un compl. de*) **1** (*objet indirect*) a: *il a parlé au directeur* ha parlato al direttore; *ils l'ont rendu au professeur* l'hanno restituito al professore; *elle a téléphoné à l'ami de Pierre* ha telefonato all'amico di Pietro; *ils ont écrit aux amis américains* hanno scritto agli amici americani; *cela nuit à sa santé* nuoce alla sua salute; *faire recours à la force* ricorrere alla forza; *il a parlé à l'amie de Marc* ha parlato all'amica di Marco; *vous n'avez pas répondu aux questions* non avete risposto alle domande ◇ *loc.* À CE QUE, POUR QUE (+ *subj.*): *je consens (à ce) que vous partiez* acconsento a che partiate, vi consento di partire **2** (*lieu*) a; in*: *il vit à Paris* vive a Parigi; *un séjour à la mer* un soggiorno al mare || *ils se sont installés aux Indes* si sono insediati in India → **en** ◇ (*position dans une situation*) a: *se mettre au travail* mettersi al lavoro; *il est à travailler* è a lavorare; *j'ai été le premier à faire cela* sono stato il primo a farlo ◇ (*destination*) a; in: *ils vont à Paris* vanno a Parigi; *à la porte!* alla porta! ||*je viens de faire un voyage aux États-Unis* ho appena fatto un viaggio negli Stati Uniti ◇ *loc.* DE... À da... a: *du Nord au Sud* da Nord a Sud **3** (*cause, hypothèse*) À (+ *inf.*) (*en it. se traduit par un gérondif*): *à vous priver ainsi, vous tomberez malade* sacrificandosi in questo modo lei si ammalerà; *à le voir si pâle on dirait qu'il est malade* vedendolo così pallido si direbbe che è ammalato → 1 **en** **4** (*temps*) a: *il est parti à cinq heures* è partito alle cinque; *à ces mots, il se fâcha* a queste parole, si arrabbiò; *emprisonnement à perpétuité* prigione a vita **5** (*appartenance, avec un v.*) di*: *à qui sont cès gants?* di chi sono questi guanti? # *ce livre appartient à Paul* questo libro appartiene a Paolo, è di Paolo; *ceci est à moi* è mio, mi appartiene → **de** ◇ *loc.* C'EST À... DE (+ *inf.*) [*il appartient à... de*] spetta, tocca a (+ *inf.*): *c'est à moi de l'aider* spetta, tocca a me aiutarlo ~ C'EST (+ *adj.*) À: *c'est gentil à vous d'accepter* è gentile da parte sua accettare **6** (*moyen, instrument*) a: *bateau à vapeur* battello a vapore; *aller à pied* andare a piedi → **par, avec** **7** (*manière*) a: *tissu à fleurs* tessuto a fiori; *on ne vend pas à crédit* non si vende a credito # *il vit à l'aise* vive comodamente ◇ *loc.* À LA... (+ *adj., subst., loc.*): *parler toujours à la légère* parlare sempre alla leggera; *ils vendent à la sauvette* vendono clandestinamente; *victoire à la Pyrrhus* vittoria di Pirro **8** (*prix*) per*; da*: *je vous le vends (à) dix francs* ve lo vendo per dieci franchi; *je vous le laisse à dix francs* glielo lascio per, a dieci franchi → **pour** || *un cigare à, de deux francs* un sigaro da due franchi → **de** **9** (*accompagnement*) con*, da: *sauce aux câpres* salsa con, ai capperi; *l'homme au chapeau rond* l'uomo dal cappello rotondo → **avec** **II** (*marque des rapports de*) **1** (*progression*) a: *du premier au dernier* dal primo all'ultimo; *le médecin reçoit de quatre à six (heures)* il medico riceve dalle 4 alle 6; *des groupes de quatre à dix personnes* gruppi da quattro a dieci persone **2** (*aboutissement à un point extrême*) a; da: *il court à perdre haleine* corre a perdifiato → **jusque** || *il est fou à lier* è pazzo da legare **3** (*destination des choses*) da; a: *il m'a donné une lettre à poster* mi ha dato una lettera da imbucare; *une fille à marier* una ragazza da marito; *un verre à liqueur* un bicchiere da liquore || *il n'est bon à rien* non è buono a nulla ◇ (*devant un inf., pour 'qqch. à'*) *nous avons à manger* abbiamo da mangiare; *ce travail laisse à désirer* è un lavoro che lascia a desiderare **4** (*destination de personnes, attribution*) a: *salut à tous* ciao a tutti; *il faut donner de l'argent aux pauvres* bisogna dare un po' di denaro ai poveri **5** (*association numérique*) *ils sont venus à dix, à plusieurs* sono venuti in dieci, in parecchi; *deux à deux* (a) due a due, due per volta.

abacule |abakyl| *s.m.* abaculo.

abaissable |abɛsabl(ə)| *adj.* [→ ABAISSER A 1; B 1] abbassabile.

abaissant, ante |abɛsɑ̃, ɑ̃t| *adj.* → **humiliant.**

abaisse |abɛs| *s.f.* [*pâte amincie sous le rouleau*] sfoglia.

abaisse-langue |abɛslɑ̃g| *s.m. inv.* abbassalingua.

abaissement |abɛsmɑ̃| *s.m.* **1** [→ ABAISSER A 1] abbassamento: *l'abaissement d'un store, des paupières* l'abbassamento di una tenda, delle palpebre ◇ (*géom.*) *l'abaissement d'une perpendiculaire* l'abbassamento di una perpendicolare ◇ (*phys.*) *l'abaissement du niveau d'un liquide* l'abbassamento del livello di un liquido **2** [→ ABAISSER A 2] abbassamento, diminuzione (*f.*): *abaissement de la température* abbassamento, diminuzione della temperatura; *abaissement du taux de natalité* abbassamento, diminuzione del tasso di natalità; *abaissement du pouvoir d'achat* diminuzione del potere d'acquisto → **diminution** 3 (*vieilli*) [→ ABAISSER A 3] avvilimento, degradazione (*f.*): *tant d'abaissement m'indigne* tanto avvilimento, tanta degradazione mi indigna → **avilissement, humiliation.**

abaisser |abɛse| **A** *v.tr.* **1** [*faire descendre à un niveau plus bas*] abbassare: *abaisser une vitre* abbassare un vetro → **baisser** ◇ (*géom.*) *abaisser une perpendiculaire* abbassare una perpendicolare ◇ (*math.*) *abaisser un chiffre* abbassare una cifra **2** [*diminuer la quantité*] abbassare, diminuire (197): *abaisser la température* abbassare la temperatura; *abaisser les impôts* diminuire le imposte ◇ [*faire baisser*] abbassare, fare (103) *intr.* abbassare: *le progrès de la science médicale a baissé le taux de mortalité* il progresso della scienza medica ha abbassato, fatto abbassare il tasso di mortalità **3** *abaisser qqn.* [*l'humilier*] umiliare qc. → **rabaisser** # *la douleur abaisse l'homme* il dolore avvilisce l'uomo **B** *v.pron.* S'ABAISSER **1** *intr.* [→ *tr.* 1] abbassarsi: *rideau qui s'abaisse* sipario che si abbassa; *vitre qui s'abaisse* vetro che si abbassa ◇ [*descendre à un niveau inférieur*] digradare (*intr.*): *le terrain s'abaisse vers la rivière* il terreno digrada verso il fiume → **descendre** **2** *intr.* [→ *tr.* 2] diminuire (197) (*intr.*): *le taux d'expansion industrielle s'est abaissé* il tasso di espansione industriale è diminuito **3** *réfl.* [*perdre sa dignité, sa fierté*] abbassarsi: *il s'abaisse à des compromissions* si abbassa a compromessi; *elle s'était abaissée à lui demander pardon* si era abbassata a chiedergli scusa → **avilir (s')** ⓒ A 1 **relever,** 3 **exalter, glorifier.**

abaisseur |abɛsœʀ| *adj. et s.m.* (*anat.*) depressore.

abandon |abɑ̃dɔ̃| *s.m.* **1** [→ ABANDONNER A] abbandono: *abandon d'un bien* abbandono di un bene; *abandon de famille* abbandono della famiglia; *abandon d'un projet* abbandono di, rinuncia a un progetto ◇ (*dr.*) *abandon du domicile conjugal* abbandono del tetto coniugale ◇ *loc. adv.* À L'ABANDON in abbandono: *le jardin est à l'abandon* il giardino è in abbandono **2** (*sport*) ritiro: *les abandons ont été nombreux pendant la dernière étape* nell'ultima tappa ci sono stati numerosi ritiri **3** [→ ABANDONNER B 2] abbandono: *renversée dans son fauteuil, avec abandon* sdraiata sulla poltrona, con abbandono → **nonchalance** ◇ (*par ext.*) *s'épancher avec abandon* [*calme confiant*] aprirsi con abbandono ⓒ 1 **maintien;** 3 **raideur, méfiance.**

abandonné, ée |abɑ̃dɔne| *adj.* abbandonato: *enfants abandonnés* fanciulli abbandonati; *village abandonné* villaggio abbandonato.

abandonner |abɑ̃dɔne| **A** *v.tr.* **1** [*ne plus vouloir* (*d'un bien, d'un droit*)] abbandonare, lasciare: *abandonner le pouvoir, une charge* abbandonare il potere, una carica; *abandonner sa fortune à qqn.* lasciare i propri beni a qc. → **léguer** ◇ (*par ext.*) *abandonner à qqn. le soin de faire qqch.* lasciare, affidare a qc. il compito di fare q.c. **2** [*laisser au pouvoir de qqch.*] abbandonare: *abandonner une ville au pillage* abbandonare una città al saccheggio; *vous m'abandonnez à mon triste sort* mi abbandonate alla mia triste sorte **3** [*laisser, quitter définitivement* (*qqn.*)] abbandonare: *abandonner ses enfants* abbandonare i propri figli → **délaisser** **4** [*quitter définitivement* (*un lieu*)] abbandonare: *il avait abandonné sa maison natale* aveva abbandonato la casa natale; *les paysans abandonnent les campagnes* i contadini abbandonano le campagne **5** [*renoncer à* (*une action difficile*)] abbandonare, rinunciare *intr.* a: *abandonner la lutte* abbandonare la lotta, rinunciare alla lotta; *abandonner une hypothèse, un procédé* abbandonare un'ipotesi, un procedimento ♦ (*absolt.*) *j'abandonne* (ci) rinuncio → **démissionner;** *athlète qui abandonne* atleta che abbandona, che si ritira **B** *v.pron. réfl.* S'ABANDONNER **1** [*se laisser aller à* (*un état, un sentiment*)] abbandonarsi: *s'abandonner au désespoir* abbandonarsi alla disperazione → **livrer (se)** **2** *absolt.* [*se détendre, se laisser aller physiquement*] lasciarsi andare: *après le gros effort elle s'est abandonnée* dopo quel grande sforzo si è lasciata andare **3** [*se livrer en toute confiance*] confidarsi, aprirsi (186): *il s'abandonna à son ami* si confidò, si aprì al suo amico.

abaque |abak| *s.m.* **1** abaco* ◇ [*boulier-compteur*] pallottoliere **2** (*archit.*) abaco.

abasie |abazi| *s.f.* (*méd.*) abasia.

abasourdi, ie |abazuʀdi| *adj.* **1** [*étourdi par un grand bruit*] assordato; sordo **2** [*étourdi par ce qui surprend*] sbalordito → **hébété.**

abasourdir |abazuʀdiʀ| *v.tr.* **1** [*étourdir par un grand bruit*] assordare **2** [*étourdir de surprise*] sbalordire (197): *cette nouvelle m'a abasourdie* questa notizia mi ha sbalordita → **hébéter, stupéfier** ♦ (*au p.p.*) *je suis tout abasourdi* sono tutto sbalordito.

abasourdissant, ante |abazuʀdisɑ̃, ɑ̃t| *adj.* [*assourdissant*] assordante: *bruit abasourdissant* rumore assordante ◇ [*stupéfiant*] sbalorditivo: *nouvelle abasourdissante* notizia sbalorditiva.

abasourdissement |abazuʀdismɑ̃| *s.m.* **1** [→ ABASOURDIR 1] assordamento **2** [→ ABASOURDIR 2] sbalordimento.

abâtardir |abɑtaʀdiʀ| **A** *v.tr.* (*littér.*) [*faire perdre sa vigueur, ses qualités à*] imbastardire (197) **B** *v.pron. intr.* S'ABÂTARDIR [*dégénérer*] imbastardirsi: *race qui s'est abâtardie* razza che si è imbastardita.

abat-jour |abaʒuʀ| *s.m.inv.* **1** [*réflecteur qui rabat la lumière d'une lampe*] paralume (*var.*): *abat-jour de métal, de tissu, de papier* paralume di metallo, di stoffa, di carta **2** (*archit.*) finestra *f. var.* a strombatura.

abats |aba| *s.m.pl.* [*parties accessoires d'animaux tués pour la consommation*] frattaglie *f.*

abat-son |abasɔ̃| *s.m.inv.* [*ensemble de lames inclinées sur un clocher pour renvoyer vers le sol le son des cloches*] schermo *var.* acustico*; lente *f. var.* acustica.

abattage, (*vx.*) **abatage** |abataʒ| *s.m.* **1** [→ ABATTRE A 1] abbattimento: *l'abattage d'un sapin à la scie* l'abbattimento di un abete con la sega **2** [*action d'abattre, de tuer un animal de boucherie*] macellazione *f.* **3** (*mar.*) *abattage d'un navire en carène* abbattuta *f.* di una nave in carenaggio **4** (*minér.*) abbattimento.

abattage |abataʒ| *s.m.* (*dans la loc.*) AVOIR DE L'ABATTAGE [*avoir du brio, de l'entrain; tenir son public en haleine*] avere presa *f.*, trascinare (*v.tr.*): *actrice qui a de l'abattage* attrice che ha presa sul pubblico, che trascina il pubblico.

abattant |abatɑ̃| *s.m.* [*pièce d'un meuble que l'on peut lever ou abaisser à volonté*] ribalta *f.*, piano ribaltabile: *secrétaire à abattant* (scrivania a) ribalta; *l'abattant d'un secrétaire* la ribalta di una scrivania.

abattée |abate| *s.f.* **1** (*mar.*) abbattuta **2** (*aviat.*) caduta in picchiata.

1 **abattement** |abatmɑ̃| *s.m.* [*retranchement, rabais sur une somme à payer*] riduzione (*f.*): *un abattement de 10%* una riduzione del 10% → 1 **déduction** ◇ [*fraction de la matière imposable exemptée de l'impôt*] abbattimento, franchigia* (*f.*): *abattement à la base* abbattimento alla base.

2 **abattement** |abatmɑ̃| *s.m.* **1** [*grande diminution des forces physiques*] spossatezza *f.*, prostrazione (*f.*): *il était dans un tel état d'abattement* era in un tale stato di spossatezza, di prostrazione → **épuisement, fatigue** **2** [*dépression morale*] abbattimento, prostrazione: *l'abattement du parti vaincu était extrême* l'abbattimento del partito vinto era enorme → **découragement.**

abatteur |abatœʀ| *s.m.* abbattitore ◇ (*loc.*) *un grand abatteur de travail* [*celui qui travaille beaucoup et efficacement*] uno stacanovista.

abattis |abati| *s.m.* **1** [*amas de bois abattu*] abbattuta *f.* **2** *au plur.* [*abats de volaille*] rigaglie *f.* **3** *au plur.* (*fam.*) [*bras et jambes*] zampe *f.*

abattoir |abatwaʀ| *s.m.* **1** [*lieu destiné à l'abattage des animaux de boucherie*] mattatoio*, macello **2** (*fig.*) *envoyer des soldats à l'abattoir* mandare dei soldati al macello.

abattre |abatʀ(ə)| (76) **A** *v.tr.* **1** [*faire tomber*] abbattere: *abattre un arbre* abbattere un albero; *abattre un mur, une maison, une forteresse* abbattere un muro, una casa, una fortezza → **démolir;** *abattre un avion* abbattere un aereo ◇ (*loc.*) *petite pluie abat grand vent:* (*pr.*) basta un po' di pioggia per far cessare il vento; (*fig.*) basta un nonnulla per calmare una grande ira ◇ (*par ext.*) *abattre un cheval blessé* abbattere un cavallo ferito → **tuer;** *abattre qqn.* abbattere qc. **2** (*loc.*) *abattre son jeu:* (*pr.*) [*déposer, étaler ses cartes avant la fin du jeu*] gettare le carte; (*fig.*) [*dévoiler ses desseins et passer à l'action*] scoprire (186) le carte, scoprire il proprio gioco **3** (*loc. fig.*) *abattre de la besogne* [*en faire beaucoup*] lavorar sodo **4** [*rendre faible*] abbattere: *cette grosse fièvre l'a abattu* questo febbrone lo ha abbattuto, prostrato → **épuiser, fatiguer;** *se laisser abattre* lasciarsi abbattere **5** (*littér., vx.*) *abattre l'orgueil, le courage* [*détruire*] atterrare, fiaccare l'orgoglio, il coraggio **B** *v.pron.intr.* S'ABATTRE (SUR) **1** [*tomber tout d'un coup*] abbattersi: *le grand mât s'abattit sur le pont* l'albero maestro si abbatté sul ponte

→ **affaisser (s')**, **écrouler (s')**, **effondrer (s')** **2** [*tomber brutalement*] abbattersi: *une grosse pluie s'est abattue sur le village* un acquazzone si è abbattuto sul villaggio **3** [*se laisser tomber (sur) en volant*] piombare *intr.* addosso a: *aigle qui s'abat sur sa proie* aquila che piomba addosso alla preda → 2 **fondre**.

abattu, ue |abaty| *adj.* **1** [*qui n'a plus de force (en parlant d'un malade)*] prostrato, debole: *le convalescent est encore très abattu* il convalescente è ancora molto prostrato, debole → **faible** **2** [*triste et découragé*] abbattuto: *elle est très abattue depuis la mort de son mari* è molto abbattuta dopo la morte del marito **3** (*loc.*) *à bride abattue* a briglia sciolta.

abat-vent |abavɑ̃| *s.m.inv.* (*techn.*) cappello *var.*; riparo *var.*

abat-voix |abavwa| *s.m.inv.* [*dais au-dessus d'une chaire pour rabattre la voix*] paracielo *var.*, cielo *var.* (di pulpito, di baldacchino).

abbatial, ale, aux |abasjal, o| *adj.* abbaziale: *église abbatiale* chiesa abbaziale.

abbaye |abei| *s.f.* [*monastère dirigé par un abbé, une abbesse*] abbazia: *abbaye gothique* abbazia gotica.

abbé |abe| *s.m.* **1** [*supérieur d'un monastère d'hommes érigé en abbaye*] abate **2** [*titre donné à un prêtre séculier*] don *inv.*, reverendo: *l'abbé X* don X, il reverendo X.

abbesse |abɛs| *s.f.* [*supérieure d'un couvent de religieuses érigé en abbaye*] badessa.

abbevillien, ienne |abviljɛ̃, jɛn| *adj. et s.m.* (*géol., paléont.*) abbevilliano.

abc |abese| *s.m. inv.* [*petit livre pour apprendre l'alphabet*] abbecedario* *var.*, abbiccì ◇ (*fig.*) *l'abc du métier* l'abbiccì del mestiere.

abcès |apsɛ| *s.m.* **1** (*méd., cour.*) ascesso: *abcès qui mûrit* ascesso che matura; *inciser un abcès* incidere un ascesso **2** (*fig.*) *crever, vider l'abcès* [*extirper un mal, une cause de discorde*] togliere il marcio, estirpare il bubbone.

abdicataire |abdikatɛʀ| *adj. et s.* abdicatario*.

abdication |abdikɑsjɔ̃| *s.f.* **1** [→ ABDIQUER 1] rinuncia*, abdicazione: *l'abdication de la raison* la rinuncia alla ragione **2** [→ ABDIQUER 2] abdicazione: *l'abdication de la couronne* l'abdicazione al trono.

abdiquer |abdike| *v.tr.* **1** [*renoncer à (une chose)*] rinunciare *intr.* a, abdicare *intr.* a: *abdiquer sa liberté, son autorité* rinunciare, abdicare alla propria libertà, alla propria autorità **2** [*renoncer au pouvoir suprême*] abdicare a: *Dioclétien abdiqua l'empire* Diocleziano abdicò all'impero ◆ (*absolt.*) *le roi abdiqua* il re abdicò.

abdomen |abdɔmɛn| *s.m.* (*anat., cour.*) addome.

abdominal, ale, aux |abdɔminal, o| *adj.* addominale: *muscles abdominaux* muscoli addominali ◆ (*s.*) *les abdominaux* gli addominali.

abducteur |abdyktœʀ| *adj.* (*anat.*) abduttore: *muscle abducteur* muscolo abduttore ◆ (*s.m.*) *l'abducteur du gros orteil* l'abduttore dell'alluce.

abduction |abdyksjɔ̃| *s.f.* (*physiol.*) abduzione.

abécédaire |abesedɛʀ| *s.m.* abbecedario*, abbiccì *inv.* → **abc**.

abeille |abɛj| *s.f.* **1** (*t.zool.*) ape: ~ *abeille travailleuse* ape operaia ◇ (*cour.*) *il a été piqué par une abeille* è stato punto da un'ape **2** *nid d'abeille* → **nid**.

abélien, ienne |abeljɛ̃, jɛn| *adj.* (*math.*) abeliano: *équation abélienne* equazione abeliana; *intégrale abélienne* integrale abeliana.

aber |abɛʀ| *s.m.* [*profond estuaire de rivière en Bretagne*] ⊠.

aberrance |abɛʀɑ̃s| *s.f.* aberranza.

aberrant, ante |abɛʀɑ̃, ɑ̃t| *adj.* **1** aberrante: *une idée aberrante* un'idea aberrante → **absurde, insensé** **2** (*biol.*) aberrante: *espèce aberrante* specie aberrante ⓒ 2 **normal**.

aberration |abɛʀɑsjɔ̃| *s.f.* **1** aberrazione, smarrimento (*m.*): *dans un moment d'aberration, il lui reprocha sa gentillesse* in un momento di aberrazione, di smarrimento gli rimproverò la sua gentilezza → **égarement, folie** **2** [*idée, conduite aberrante*] aberrazione: *c'est une aberration !* è un'aberrazione! **3** (*astron., opt.*) aberrazione: *aberration chromatique* aberrazione cromatica; *aberration de sphéricité* aberrazione sferica.

abêtir |abetiʀ| **A** *v.tr.* [*rendre bête, stupide*] istupidire (197), inebetire (197): *l'oisiveté complète abêtit l'esprit* l'ozio totale istupidisce lo spirito → **abrutir** **B** *v.pron. intr.* S'ABÊTIR [→ *tr.*] istupidirsi, inebetirsi: *elle s'est abêtie dans ce milieu* in questo ambiente si è istupidita.

abêtissant, ante |abetisɑ̃, ɑ̃t| *adj.* che istupidisce *loc.*, che incretinisce *loc.* # *travaux abêtissants* lavori che abbrutiscono.

abêtissement |abetismɑ̃| *s.m.* [→ ABÊTIR] abbrutimento, incretinimento → **abrutissement, crétinisme**.

abhorrer |abɔʀe| *v.tr.* (*littér.*) [*avoir en horreur*] aborrire (197): *il abhorre la cruauté* aborrisce la crudeltà → **exécrer, haïr**.

Abiétacées |abjetase| *s.f.pl.* (*t. bot.*) Pinacee.

abîme |abim| *s.m.* **1** [*gouffre dont la profondeur est insondable*] abisso: *les abîmes sous-marins* gli abissi sottomarini → **précipice** ◇ (*fig.*) *entre un croyant et un athée il y a un abîme* tra un credente e un ateo c'è un abisso **2** (*se dit d'une situation morale ou matérielle très mauvaise*) precipizio*, abisso: *être au bord de l'abîme* essere sull'orlo del precipizio; *toucher le fond de l'abîme* toccare il fondo dell'abisso → **perte, ruine** # *course à l'abîme* corsa verso la rovina **3** *loc.* UN ABÎME DE un pozzo di: *un abîme de science* un pozzo di scienza **4** (*blas.*) abisso.

abîmé, ée |abime| *adj.* [*ruiné*] rovinato: *objets abîmés* oggetti rovinati # *peinture abîmée* pittura deteriorata; *une route abîmée par la pluie* una strada danneggiata, dissestata dalla pioggia.

abîmer |abime| **A** *v.tr.* **1** [*mettre hors de service*] rovinare: *abîmer un meuble, un livre* rovinare un mobile, un libro → **casser, détériorer** **2** (*pop.*) *abîmer qqn.* [*le meurtrir, le blesser par des coups*] conciare per le feste qc. # *ce boxeur a abîmé son adversaire* quel pugile ha massacrato il suo avversario **B** *v.pron.intr.* S'ABÎMER [*se détériorer, se salir*] rovinarsi: *range ces photos, elles vont s'abîmer* metti a posto quelle fotografie, (altrimenti) si rovineranno; *certaines étoffes s'abîment au soleil* certe stoffe si rovinano al sole.

ab intestat |abɛ̃tɛsta| *loc.* (*lat.*) (*dr.*) ab intestato: *succession ab intestat* successione ab intestato.

abiotique |abjɔtik| *adj.* (*biol.*) abiotico*.

abject, ecte |abʒɛkt| *adj.* ab(b)ietto, spregevole: *c'est un être abject* è un'essere ab(b)ietto, spregevole → **ignoble, infâme, vil** # *un procédé abject* un procedimento ignobile.

abjection |abʒɛksjɔ̃| *s.f.* ab(b)iezione: *il vécut dans l'abjection* visse nell'ab(b)iezione → **indignité, infamie**.

abjuration |abʒyʀɑsjɔ̃| *s.f.* [→ ABJURER] abiura: *l'abjuration d'Henri IV* l'abiura di Enrico IV.

abjurer |abʒyʀe| *v.tr.* (*relig.*) [*renoncer solennellement à (sa religion)*] abiurare: *abjurer un culte profane* abiurare un culto profano → **renier**.

ablater |ablate| *v.tr.* (*géol., sc., techn.*) [*produire une ablation*] produrre (108) l'ablazione; asportare.

ablatif |ablatif| **1** *s.m.* (*gram.*) ablativo: *ablatif absolu* ablativo assoluto; *mettre un mot à l'ablatif* mettere una parola all'ablativo **2** *adj.* [*propre à l'ablation (2)*] ablativo.

ablation |ablɑsjɔ̃| *s.f.* **1** (*chir.*) ablazione, asportazione (*cour.*): *pratiquer l'ablation d'un rein* praticare l'asportazione di un rene **2** (*géol., sc., techn.*) ablazione.

-able |abl(ə)| *suff.* (*signifiant 'qui peut être', correspond généralt. à*) abile: *récupérable* recuperabile.

ablégat |ablega| *s.m.* ablegato.

ablette |ablɛt| *s.f.* (*t.zool.*) alborella, avola.

ablutions |ablysjɔ̃| *s.f.pl.* **1** (*relig.*) abluzioni: *les ablutions des Musulmans* le abluzioni dei Musulmani **2** (*fam.*) *faire ses ablutions* [*se laver*] fare le proprie abluzioni (*plais.*).

abnégation |abnegɑsjɔ̃| *s.f.* abnegazione: *un acte d'abnégation* un atto di abnegazione → **dévouement, sacrifice** ⓒ **égoïsme**.

aboiement |abwamɑ̃| *s.m.* **1** [→ ABOYER 1] latrato; l'abbaiare (*inv.*): *les aboiements des chiens ont réveillé les habitants de la maison* i latrati dei cani hanno svegliato gli inquilini, l'abbaiare dei cani ha svegliato gli inquilini **2** [→ ABOYER 2] canea (*f.*): *les aboiements de la critique* la canea della critica.

abois |abwa| *s.m.pl.* (*dans la loc.*) AUX ABOIS (*se dit de la bête chassée entourée par les chiens*) stremato *adj.*, allo stremo: *un cerf aux abois* un cervo stremato, allo stremo ◇ (*fig.*) [*dans une situation désespérée*] agli estremi, allo stremo.

abolir |abɔliʀ| *v.tr.* [*annuler, supprimer (ce qui a un effet juridique)*] abolire (197): *pétition pour abolir la peine de mort* petizione per abolire la pena di morte; *abolir une loi* abolire una legge → **abroger**.

abolition |abɔlisjɔ̃| *s.f.* [→ ABOLIR] abolizione: *l'abolition des privilèges* l'abolizione dei privilegi; *l'abolition d'une peine* l'abolizione di una pena → **suppression, abrogation**.

abolitionnisme |abɔlisjɔnism(ə)| *s.m.* abolizionismo.

abolitionniste |abɔlisjɔnist(ə)| *adj.* abolizionistico*: *une campagne abolitionniste* una campagna abolizionistica ✦ (*s.*) *un abolitionniste* un abolizionista.

abomasus |abɔmazys|, **abomasum** |abɔmazɔm| *s.m.* (*anat.*, *zool.*) abomaso.

abominable |abɔminabl(ə)| *adj.* **1** abominevole: *un crime abominable* un delitto abominevole → **affreux, atroce, horrible, monstrueux** **2** [*très mauvais*] orribile, pessimo: *il fait un temps abominable* c'è un tempo orribile → **détestable, exécrable.**

abominablement |abɔminabləmɑ̃| *adv.* [→ ABOMINABLE 1] terribilmente, abominevolmente: *il est abominablement laid* è terribilmente brutto.

abomination |abɔminɑsjɔ̃| *s.f.* **1** (*loc.*) *avoir qqch. en abomination* [*en horreur*] aborrire (197) *v.tr.* q.c. **2** [*ce qui inspire de l'horreur*] abominio* *m.*, abominazione: *ce chantage est une abomination* questo ricatto è un abominio.

abominer |abɔmine| *v.tr.* (*littér.*) [*avoir en abomination*] abominare, aborrire (197) → **abhorrer, exécrer, détester.**

abondamment |abɔ̃damɑ̃| *adv.* [→ ABONDANT] abbondantemente: *boire abondamment* bere abbondantemente → **beaucoup, largement.**

abondance |abɔ̃dɑ̃s| *s.f.* abbondanza: *l'abondance des légumes sur le marché* l'abbondanza degli ortaggi sul mercato → **profusion** # *corne d'abondance* cornucopia ◇ *loc.* EN ABONDANCE in abbondanza: *il y en a en abondance* ce n'è in abbondanza → **foison (à)** ~ *vivre dans l'abondance* vivere nell'abbondanza, negli agi → **aisance, opulence** ~ (*loc. littér.*) *parler avec abondance* parlare con ricchezza di eloquio ~ *parler d'abondance* improvvisare ~ *parler d'abondance de cœur* parlare a cuore aperto ◇ (*prov.*) *abondance de biens ne nuit pas* il superfluo non guasta, non storpia Ⓒ **rareté.**

abondant, ante |abɔ̃dɑ̃, ɑ̃t| *adj.* abbondante: *récolte abondante* raccolto abbondante; *abondante nourriture* cibo abbondante → **copieux** # *style abondant* stile ridondante Ⓒ **rare, insuffisant.**

abonder |abɔ̃de| *v.intr.* **1** [*être en abondance*] abbondare (*aux.* essere, avere): *les marchandises abondent* le merci abbondano; *les fautes abondent dans ce texte* in questo testo abbondano gli errori → **foisonner** **2** *loc.* ABONDER EN abbondare (*aux.* essere) di: *abonder en paroles inutiles* abbondare di parole inutili; *ce texte abonde en citations* questo testo abbonda di citazioni **3** *abonder dans le sens de qqn.* [*être tout à fait de son avis*] essere (96) (*aux.* essere) completamente d'accordo con qc.

abonné, ée |abɔne| *adj.* **1** abbonato: *lecteurs abonnés* lettori abbonati ✦ (*s.*) *liste des abonnés du téléphone* elenco degli abbonati del telefono **2** (*fam.*) ÊTRE ABONNÉ À essere abituato (*cour.*) a: *il a subi de nouveaux échecs*; *il y est abonné* ha subito nuovi smacchi; ci è abituato.

abonnement |abɔnmɑ̃| *s.m.* abbonamento: *abonnement de chemin de fer* abbonamento ferroviario; *carte d'abonnement* tessera d'abbonamento; *prendre, souscrire un abonnement à un journal* fare, sottoscrivere un abbonamento a un giornale.

abonner |abɔne| **A** *v.tr.* [*prendre un abonnement pour* (*qqn.*)] abbonare: *abonner un ami à un journal* abbonare un amico a un giornale **B** *v.pron. réfl.* S'ABONNER [→ *tr.*] abbonarsi # *s'abonner à un théâtre* fare l'abbonamento a un teatro Ⓒ **désabonner.**

abonnir |abɔniʀ| **A** *v.tr.* [*amender, bonifier*] abbonire (197): *abonnir une terre* abbonire un terreno; *les caves fraîches abonnissent le vin* le cantine fresche abboniscono il vino **B** *v.pron. intr.* S'ABONNIR [*devenir bon*] migliorare (*intr.*): *le vin s'abonnit en vieillissant* il vino migliora invecchiando.

abonnissement |abɔnismɑ̃| *s.m.* (*rare*) [→ ABONNIR] abbonimento: *l'abonnissement du vin* l'abbonimento del vino.

1 **abord** |abɔʀ| *s.m.* **1** [→ ABORDER B 4] approccio*: *notre abord a été pathétique* il nostro approccio è stato patetico # *être d'un abord facile* essere facilmente accessibile; *cette personne est d'un abord difficile* è una persona poco accessibile, poco abbordabile ◇ *loc.* AU PREMIER ABORD, DE PRIME ABORD [*à première vue*] a prima vista, di primo acchito: *au premier abord, je le trouve assez timide* a prima vista, di primo acchito lo trovo abbastanza timido ~ (*mar.*) *en abord* sul fianco **2** (*s.m. pl.*) *les abords d'un lieu* [*ce qui y donne accès, l'entoure immédiatement*] le adiacenze *f.*, le immediate vicinanze *f.* di un luogo: *les abords de la cathédrale sont bien laids* le immediate vicinanze della cattedrale sono veramente brutte → **alentours, environs** # *les abords de Paris, de Rome* i dintorni di Parigi, di Roma.

2 **abord (d')** |dabɔʀ| *adv.* [*en premier lieu* (*dans le temps*)] dapprima, per prima cosa (*loc.*): *demandons-lui d'abord son avis, nous déciderons ensuite* chiediamogli dapprima (prima) il suo parere, decideremo in seguito; *tout d'abord* innanzi tutto, prima di tutto ◇ [*avant toute chose* (*pour l'importance*)] innanzi tutto: *l'homme est d'abord un animal* l'uomo è innanzi tutto un animale.

abordable |abɔʀdabl(ə)| *adj.* **1** abbordabile, accessibile: *les prix de ce magasin sont abordables* i prezzi di questo negozio sono abbordabili, accessibili **2** (*personnes*) [→ ABORDER B 4] abbordabile, accessibile: *c'est un homme abordable* è un uomo abbordabile Ⓒ 1 **cher, inabordable.**

abordage |abɔʀdaʒ| *s.m.* **1** [→ ABORDER B 1] arrembaggio*: *l'équipage se prépare à l'abordage* l'equipaggio si prepara all'arrembaggio; *à l'abordage!* all'arrembaggio! **2** [→ ABORDER B 2] collisione *f.*, speronamento.

aborder |abɔʀde| **A** *v.intr.* [*arriver au rivage*] approdare (*aux.* essere, avere): *aborder dans une île, au port* approdare su un'isola, in un porto **B** *v.tr.* **1** [*accrocher* (*un navire*) *pour le prendre à l'abordage*] arrembare: *aborder un vaisseau* arrembare un vascello **2** [*heurter accidentellement* (*un navire*)] speronare: *un bateau à vapeur a abordé une barque de pêcheurs* un vapore ha speronato una barca di pescatori **3** [*arriver à* (*un lieu qui présente des difficultés*)] abbordare: *aborder un virage* abbordare una curva **4** *aborder qqn.* [*aller à qqn. pour lui adresser la parole*] abbordare, avvicinare qc.: *il fut abordé par un inconnu* fu abbordato, avvicinato da uno sconosciuto → **accoster** ◇ [*arriver au bord* (*d'une situation, d'un état*)] affrontare: *on n'aborde pas un travail sans en être capable* non si affronta un lavoro senza esserne capaci **5** [*en venir à... pour en parler*] affrontare, abbordare: *aborder un sujet, une question* affrontare, abbordare un argomento, una questione → **entamer.**

aborigène |abɔʀiʒɛn| *s.m.* aborigeno → **indigène** ✦ (*adj.*) *population aborigène* popolazione aborigena.

abortif, ive |abɔʀtif, iv| *adj. et s.m.* abortivo.

abot |abo| *s.m.* [*entrave qu'on attache aux pieds d'un cheval pour le retenir*] pastoia *f.*

abouchement |abuʃmɑ̃| *s.m.* (*méd. techn.*) abboccamento.

aboucher |abuʃe| **A** *v.tr.* [*faire communiquer les ouvertures de deux conduits*] abboccare, congiungere (150): *aboucher deux tubes* congiungere due tubi **B** *v.pron.réfl.* S'ABOUCHER *avec qqn.* [*se mettre en rapport avec lui*] entrare *intr.* in rapporto con qc., avere (97) *tr.* un abboccamento con qc. ◇ (*dans une affaire suspecte, une intrigue*) entrare *intr.* in combutta con qc.: *ils se sont abouchés avec un receleur* sono entrati in combutta con un ricettatore.

abouler |abule| *v.tr.* (*arg.*) [*donner*] sganciare: *aboule le fric!* (sgancia) la grana!

aboulie |abuli| *s.f.* (*méd.*, *cour.*) abulia → **apathie.**

aboulique |abulik| *adj.* abulico* ✦ (*s.*) *un aboulique* un abulico.

about |abu| *s.m.* (*techn.*) testa *f.* (di giunto).

aboutement |abutmɑ̃| *s.m.* [→ ABOUTER] attestatura *f.*

abouter |abute| *v.tr.* [*mettre bout à bout*] attestare.

aboutir |abutiʀ| **A** *v.intr.* ABOUTIR À, DANS **1** (*concret*) [*se terminer, tomber dans*] terminare (*aux.* essere); sboccare (*aux.* essere), sfociare (*aux.* essere): *couloir qui aboutit dans une chambre* corridoio che termina in una camera ‖ *à ce carrefour aboutissent plusieurs chemins* in questo incrocio sboccano parecchie strade **2** (*fig.*) [*conduire à..., en s'achevant dans*] portare (a), condurre (108) (a): *une vie si déréglée aboutira à la ruine de sa santé* una vita così sregolata porterà, condurrà alla rovina della sua salute → **mener (à)** # *le mouvement allait aboutir à une sédition* il movimento stava per sfociare in una sedizione; *voyons où aboutira tout ceci* vediamo come si concluderà, come andrà a finire tutto ciò **B** *v.intr.* **1** [*avoir finalement un résultat*] avere (97) *tr.* (buon) esito: *les recherches, l'enquête ont abouti* le ricerche, l'inchiesta hanno avuto (buon) esito → **réussir** **2** (*méd.*) (*se dit d'un abcès qui suppure*) suppurare (*aux.* essere, avere).

aboutissant |abutisɑ̃| (*s.m.*) *les tenants et les aboutissants* (*d'une affaire*) [*tout ce à quoi elle tient et se rapporte*] gli annessi e i connessi (di una questione): *il connaît les tenants et les aboutissants de ce scandale* conosce gli annessi e i connessi di questo scandalo ◇ (*dr.*) *les tenants et les aboutissants* *d'une pièce de terre* i fondi limitrofi.

aboutissement |abutismɑ̃| *s.m.* **1** [→ ABOUTIR B 1] esito: *voilà l'aboutissement de ses recherches* ecco l'esito delle sue ricerche → **résultat** ◇ [*ce à quoi une chose aboutit*] risultato: *l'aboutissement de plusieurs années de privations* il risultato di parecchi anni di privazioni **2** (*méd.*) [→ ABOUTIR B 2] suppurazione (*f.*): *l'aboutissement d'un abcès* la suppurazione di un ascesso.

aboyer |abwaje| (10) *v.intr.* **1** (*en parlant du chien*) [*donner de la voix*] abbaiare: *le chien aboie quand un visiteur arrive* il cane abbaia quando arriva un visitatore ◇ (*prov.*) *tous les chiens qui aboient ne mordent pas* can(e) che abbaia non morde **2** (*fig., littér.*) [*crier contre qqn.*] urlare, inveire (197): *aboyer contre, après qqn.* urlare, inveire contro qc. ♦ (*absolt.*) *ce n'est pas la peine d'aboyer comme ça!* non è il caso di urlare tanto!

aboyeur, euse |abwajœʀ, øz| *s.* **1** *s.m.* (*chasse*) cane che abbaia senza attaccare la selvaggina **2** *s.m.* (*ancienn.*) [*crieur à la porte d'un théâtre*] chiamavetture *inv.* **3** *s.* persona che inveisce contro qc.

abracadabrant, ante |abʀakadabʀɑ̃, ɑ̃t| *adj.* [*extraordinaire et incohérent*] incredibile: *une histoire abracadabrante* una storia incredibile.

abraser |abʀaze| *v.tr.* [*user par abrasion, par frottement*] abradere* (153).

abrasif, ive |abʀazif, iv| *adj. et s.m.* abrasivo: *abrasifs siliceux* abrasivi a base di carburo di silicio.

abrasion |abʀazjɔ̃| *s.f.* (*géol., techn.*) abrasione.

abréaction |abʀeaksjɔ̃| *s.f.* (*psychan.*) abreazione.

abrégé |abʀeʒe| *s.m.* [→ ABRÉGER 2] compendio*, riassunto: *l'abrégé d'un livre, d'une conférence* il compendio, il riassunto di un libro, di una conferenza → **résumé** ◇ *loc.* EN ABRÉGÉ in breve: *voilà en abrégé toute l'histoire* ecco in breve tutta la storia 🄲 **détail.**

abrégement |abʀɛʒmɑ̃| *s.m.* [→ ABRÉGER] accorciamento, abbreviamento → **raccourcissement.**

abréger |abʀeʒe| (8) (3) *v.tr.* **1** [*rendre bref*] accorciare, abbreviare: *il a abrégé son voyage* ha accorciato il viaggio; *abréger sa vie* abbreviare, accorciare la propria vita; *abréger une distance* accorciare una distanza **2** [*diminuer la matière d'un discours, d'un écrit*] riassumere (118), compendiare: *abrégez ce texte!* riassuma questo testo!; *abréger un discours* compendiare un discorso → **raccourcir, résumer** # *abrégeons! au fait!* tagliamo corto! veniamo ai fatti! ◇ (*loc.*) *pour abréger* per farla breve; *en abrégeant* in breve **3** (*ling.*) *abréger un mot* [*supprimer une partie des lettres*] abbreviare una parola 🄲 1; 2 **allonger.**

abreuvement |abʀœvmɑ̃| *s.m.* [→ ABREUVER A 1] abbeverata *f.*

abreuver |abʀœve| **A** *v.tr.* **1** [*faire boire abondamment un animal*] abbeverare: *abreuver un troupeau* abbeverare un gregge **2** [*donner abondamment (à)*] riempire, colmare: *abreuver qqn. de compliments* riempire, colmare qc. di complimenti; *il l'a abreuvé d'injures* lo ha colmato di ingiurie → **accabler, combler** **3** (*techn.*) [*mettre une première couche d'enduit, de peinture*] passare la prima mano (di intonaco, di pittura) **B** *v.pron.réfl.* S'ABREUVER [*boire abondamment*] abbeverarsi.

abreuvoir |abʀœvwaʀ| *s.m.* [*lieu aménagé pour faire boire les animaux*] abbeveratoio*: *mener les bêtes à l'abreuvoir* condurre le bestie all'abbeveratoio.

abréviateur |abʀevjatœʀ| *s.* (*eccles.*) abbreviatore.

abréviatif, ive |abʀevjatif, iv| *adj.* abbreviativo, di abbreviazione (*loc. inv.*): *signes abréviatifs* segni di abbreviazione.

abréviation |abʀevjɑsjɔ̃| *s.f.* abbreviazione: *liste des abréviations* elenco delle abbreviazioni.

abri |abʀi| *s.m.* **1** [*lieu où l'on est à couvert des intempéries, du danger*] riparo: *un abri contre la pluie* un riparo dalla, contro la pioggia; *chercher un abri sous un arbre* cercar riparo sotto un albero **2** [*habitation, construction rudimentaire ou provisoire*] baracca* *f.* → **cabane, hutte, tente** # *gagner un abri en montagne* raggiungere un rifugio in montagna → **refuge** ◇ [*aux arrêts de train, d'autobus*] pensilina *f.* **3** (*milit., cour.*) rifugio*, ricovero: *abri souterrain* rifugio sotterraneo; *l'alerte invite les civils à descendre à l'abri* l'allarme invita i civili a scendere nel rifugio, nel ricovero → **fortification** **4** *loc. adv.* À L'ABRI al riparo: *se mettre à l'abri* mettersi al riparo, ripararsi **5** *loc. prép.* À L'ABRI DE al riparo da, di: *se mettre à l'abri du vent* mettersi al riparo dal vento; *se mettre à l'abri du feuillage* mettersi al riparo del fogliame ◇ (*fig.*) *il est à l'abri de tout soupçon* è al disopra di ogni sospetto.

abribus |abʀibys| *s.m.* → **aubette** (*t.recomm.*).

abricot |abʀiko| *s.m.* **1** [*fruit de l'abricotier*] albicocca* (*f.*): *abricots frais, secs* albicocche fresche, secche **2** *inv.* (*couleur*) *abricot* (color) albicocca: *des bas abricot* calze (color) albicocca.

abricoté, ée |abʀikɔte| *adj.* [*qui tient de l'abricot*] (tipo) albicocca (*inv.*): *pêche, prune abricotée* pesca, prugna albicocca # *gâteau abricoté* dolce di albicocche.

abricotier |abʀikɔtje| *s.m.* (*t.bot.*) albicocco*.

abrité, ée |abʀite| *adj.* [*qui est à l'abri du vent*] riparato: *une terrasse bien abritée* una terrazza ben riparata.

abriter |abʀite| **A** *v.tr.* **1** (*personnes*) [*mettre à l'abri*] riparare: *abriter qqn. sous son parapluie* riparare qc. sotto il proprio ombrello **2** [*protéger, en parlant d'un abri*] proteggere (154): *un grand parasol qui abrite du soleil* un grande ombrellone che protegge dal sole → **protéger** **3** [*recevoir (des occupants), en parlant d'une maison*] ospitare, dare (102) alloggio a: *hôtel qui peut abriter deux cents personnes* albergo che può ospitare duecento persone → **héberger, loger** **B** *v.pron. réfl.* S'ABRITER **1** [→ *tr.* 1] ripararsi: *s'abriter sous un arbre* ripararsi sotto un albero → **protéger (se)** **2** (*fig.*) *s'abriter derrière qqn.* [*faire assumer par une personne plus puissante une responsabilité, une initiative*] farsi (103) schermo di qc.: *s'abriter derrière la loi* farsi schermo della legge, trincerarsi dietro la legge.

abrivent |abʀivɑ̃| *s.m.* [*paillasson vertical pour protéger les cultures du vent*] cannicciata *f.*

abrogatif, ive |abʀɔgatif, iv| *adj.* → **abrogatoire.**

abrogation |abʀɔgɑsjɔ̃| *s.f.* (*dr.*) abrogazione: *l'abrogation d'un décret* l'abrogazione di un decreto.

abrogatoire |abʀɔgatwaʀ| *adj.* (*dr.*) abrogatorio*, abrogativo: *loi abrogatoire* legge abrogatoria, abrogativa.

abrogeable |abʀɔʒabl(ə)| *adj.* [→ ABROGER] abrogabile.

abroger |abʀɔʒe| (3) *v.tr.* (*dr.*) [*déclarer nul (ce qui avait été établi, institué)*] abrogare: *abroger une loi, une disposition* abrogare una legge, una disposizione → **abolir, annuler.**

abrupt, e |abʀypt, pt(ə)| *adj.* **1** [*dont la pente est quasi verticale*] scosceso, ripido: *versant abrupt d'une montagne* versante scosceso di una montagna; *sentier abrupt* sentiero ripido → **raide, escarpé** ♦ *s.m.* (*rare*) *un abrupt* un dirupo, uno scoscendimento **2** (*fig.*) (*se dit d'une personne trop directe, presque brutale*) rude, brusco*: *il a un caractère abrupt* ha un carattere rude.

abruptement |abʀyptəmɑ̃| *adv.* [→ ABRUPT 2] bruscamente, aspramente.

abruti, ie |abʀyti| *adj.* (*fam.*) [*sans intelligence*] cretino, idiota: *cet enfant est complètement abruti* questo ragazzo è completamente cretino; *il a un air abruti* ha un'espressione idiota → **idiot, stupide** ♦ *s.* (*t. d'injure*) *espèce d'abruti!* razza d'idiota!

abrutir |abʀytiʀ| *v.tr.* **1** [*rendre stupide*] istupidire (197), inebetire (197): *une propagande qui abrutit les masses* una propaganda che istupidisce le masse → **abêtir** **2** [*fatiguer l'esprit*] rimbecillire (197): *ce vacarme nous abrutit* questo baccano ci rimbecillisce → **assourdir, étourdir** ♦ (*au p.p.*) *je suis abruti* sono rimbecillito.

abrutissant, ante |abʀytisɑ̃, ɑ̃t| *adj.* [*qui abrutit (2)*] che rimbecillisce (*loc.*): *un vacarme abrutissant* un baccano che rimbecillisce.

abrutissement |abʀytismɑ̃| *s.m.* [→ ABRUTIR 1] istupidimento.

abruzzain, aine |abʀyzɛ̃, ɛn| *adj.* [*des Abruzzes*] abruzzese: *dialecte abruzzain* dialetto abruzzese.

abscisse |apsis| *s.f.* (*math.*) ascissa.

abscons, onse |apskɔ̃, ɔ̃s| *adj.* (*littér.*) [*difficile à comprendre*] astruso (*cour.*).

absence |apsɑ̃s| *s.f.* **1** assenza: *on a remarqué l'absence de Monsieur X* abbiamo notato l'assenza del signor X ◇ (*par ext.*) *les absences de cet élève sont trop nombreuses* le assenze di questo allievo sono troppo numerose **2** [*le fait pour une chose de ne pas se trouver (là ou on s'attend à la trouver)*] mancanza, assenza: *l'absence de feuilles aux arbres* la mancanza, l'assenza di foglie sugli alberi → 2 **manque** ◇ (*par ext.*) *l'absence du père est néfaste à un enfant* la mancanza del padre è nefasta per un bambino **3** [*absence (de mémoire)*] (momento *m.* di) amnesia: *avoir des absences* avere momenti di amnesia, delle amnesie **4** *loc.* EN L'ABSENCE DE in assenza di, in mancanza di: *en l'absence du directeur* in assenza del direttore # *il est plus expansif en l'absence de ses parents* è più espansivo quando i genitori sono assenti.

absent, ente |apsɑ̃, ɑ̃t| **I** *adj.* **1** assente: *le chef est absent aujourd'hui* il capo è assente oggi; *il est absent de son bureau* è assente dall'ufficio # *il est absent de Paris* è fuori Parigi; *un texte où la ponctuation est absente* un testo in cui manca la punteggiatura **2** (*absolt.*) *être porté absent* risultare assente, mancare **3** (*fig.*) assente: *un air absent* un'espressione assente **II** *s.* assente: *dire du mal des absents* parlar male degli assenti ◇ (*prov.*) *les absents ont toujours tort* gli assenti hanno sempre torto ◇ (*dr.*) *les héritiers de l'absent* gli eredi dell'assente 🄲 I 1, 2 **présent,** 3 **attentif**; II **présent.**

absentéisme |apsɑ̃teism(ə)| *s.m.* assenteismo: *on reproche aux travailleuses leur absentéisme* alle lavoratrici viene rimproverato il loro assenteismo.

absentéiste |apsɑ̃teist(ə)| *adj. et s.* assenteista.

absenter (s') |apsɑ̃te| *v.pron.intr.* [*s'éloigner momentanément*] allontanarsi, assentarsi: *s'absenter de son domicile* allontanarsi dalla propria abitazione; *il s'est absenté quelques instants* si è assentato (per) qualche minuto.

abside |apsid| *s.f.* (*archit.*, *cour.*) abside.

absidial, iale, iaux |apsidjal, jo| *adj.* absidale.

absidiole |apsidjɔl| *s.f.* (*archit.*) absidiola.

absinthe |apsɛ̃t| *s.f.* (*t.bot.*) assenzio* *m.* ◇ [*la liqueur*] assenzio.

absolu, ue |apsɔly| **I** *adj.* **1** assoluto: *impossibilité absolue* impossibilità assoluta; *silence absolu* silenzio assoluto; *pouvoir absolu* potere assoluto → **intégral, total** ◇ (*par ext.*) *majorité absolue* maggioranza assoluta ◇ (*gram.*) *ablatif absolu* ablativo assoluto ◇ (*math.*) *valeur absolue d'un nombre* valore assoluto di un numero ◇ (*sc.*) *température absolue* temperatura assoluta; *zéro absolu* zero assoluto **2** (*personnes*) [*qui ne fait aucune concession, ne supporte ni la critique ni la contradiction*] assolutistico*, tirannico* **II** *s.m.* **1** (*philo.*) assoluto: *la recherche de l'absolu* la ricerca dell'assoluto **2** *loc.* DANS L'ABSOLU in assoluto: *on ne peut juger de cela dans l'absolu* non si può giudicare (ciò) in assoluto.

absoluité |apsɔlɥite| *s.f.* (*philo.*) assolutezza.

absolument |apsɔlymɑ̃| *adv.* **1** [→ ABSOLU I 1] assolutamente: *il refuse absolument votre offre* rifiuta assolutamente la vostra offerta; *il veut absolument vous voir* vuole vedervi assolutamente # '*c'est mieux ainsi*'.'*Absolument*'.'è meglio così'. 'Certamente, senz'altro'. → **oui 2** (*avec un adj.*) completamente: *c'est absolument faux* è completamente falso → **totalement 3** (*gram.*) *verbe employé absolument* verbo usato in modo assoluto.

absolution |apsɔlysjɔ̃| *s.f.* assoluzione: *donner l'absolution à un pécheur* dare l'assoluzione a un peccatore ◇ (*dr.*) *prononcer l'absolution de l'accusé* pronunciare l'assoluzione dell'imputato.

absolutisme |apsɔlytism(ə)| *s.m.* assolutismo → **autocratie, despotisme.**

absolutiste |apsɔlytist(ə)| *adj.* assolutistico* ✦ (*s.*) *un absolutiste* un assolutista.

absolutoire |apsɔlytwaʀ| *adj.* (*dr.*) assolutorio: *sentence absolutoire* verdetto assolutorio.

absorbant, ante |apsɔʀbɑ̃, ɑ̃t| *adj.* **1** assorbente: *la gaze est un tissu absorbant* la garza è un tessuto assorbente ✦ (*s.m.*) *un absorbant* un assorbente **2** (*fig.*) [*qui occupe qqn. tout entier*] *un travail absorbant* un lavoro che assorbe *loc.*, impegnativo.

absorbé, ée |apsɔʀbe| *adj.* [*dont l'esprit est tout entier occupé à qqch.*] assorto: *un air absorbé* un'aria assorta.

absorber |apsɔʀbe| **A** *v.tr.* **1** [*laisser pénétrer et retenir dans sa substance*] assorbire (204): *le sable absorbe l'eau* la sabbia assorbe l'acqua; *les racines absorbent les éléments nutritifs de la terre* le radici assorbono le sostanze nutritive della terra **2** [*boire, manger*] ingerire (197), prendere (105): *il n'a rien absorbé depuis hier* non ha ingerito, preso nulla da ieri → 1 **prendre 3** (*fig.*) [*faire disparaître en soi*] assorbire, divorare: *toutes mes économies ont été absorbées par cette dépense* tutti i miei risparmi sono stati assorbiti da quella spesa; *les procès ont absorbé son patrimoine* le cause hanno divorato il suo patrimonio → **dévorer 4** [*annexer*] assorbire; annettere (112): *cette entreprise en a absorbé une autre* questa impresa ne ha assorbita un'altra **5** [*occuper tout entier*] assorbire: *ce travail l'absorbe beaucoup* questo lavoro l'assorbe molto **B** *v.pron. réfl.* S'ABSORBER [→ *tr.* 5] immergersi (114), essere (96) *intr.* assorto: *s'absorber dans son travail* immergersi, essere assorto nel proprio lavoro 🄲 A 1, 2 **dégorger, rejeter.**

absorption |apsɔʀpsjɔ̃| *s.f.* **1** [→ ABSORBER A 1] assorbimento (*m.*): *l'absorption de l'eau par les terrains perméables* l'assorbimento dell'acqua da parte dei terreni permeabili **2** [→ ABSORBER A 2] ingerimento *m.*, ingestione: *absorption d'une dose de somnifère* ingerimento di una dose di sonnifero; *absorption de gaz toxiques* ingestione di gas tossici **3** (*fig.*) [→ ABSORBER A 3] assimilazione: *absorption d'un individu dans le groupe* assimilazione di un individuo nel gruppo **4** [→ ABSORBER A 4] assorbimento: *l'absorption d'une entreprise par une autre* l'assorbimento di un'impresa da parte di un'altra.

absorptivité |apsɔʀptivite| *s.f.* (*chim.*, *phys.*) assorbività *inv.*

absoudre |apsudʀ(ə)| (63) *v.tr.* **1** [*remettre les péchés* (*d'un chrétien*)] assolvere (117): *absoudre un pénitent* assolvere un penitente **2** (*plais.*) [*pardonner à*] assolvere, scusare: *je vous absous!* vi assolvo!, siete scusati! **3** (*dr.*) [*déclarer non coupable*] assolvere 🄲 **condamner.**

absoute |apsut| *s.f.* (*liturg. cathol.*) assoluzione, benedizione del feretro.

abstenir (s') |apstəniʀ| (27) *v. pron.réfl.* **1** *s'abstenir de faire* [*ne pas faire volontairement*] astenersi (188) dal fare: *nous nous sommes abstenus de toute hostilité* ci siamo astenuti da ogni ostilità; *s'abstenir de manger* astenersi dal mangiare → **empêcher (s'), éviter 2** (*absolt.*) *de nombreux électeurs se sont abstenus* numerosi elettori si sono astenuti ◇ (*prov.*) *dans le doute, abstiens-toi* nel dubbio, astieniti **3** [*s'abstenir d'une chose*] astenersi: *s'abstenir de vin* astenersi dal vino; *les journaux s'abstiennent de tout commentaire* i giornali si astengono dal fare qualsiasi commento → **renoncer (à).**

abstention |apstɑ̃sjɔ̃| *s.f.* astensione: *la motion a été adoptée par vingt voix et deux abstentions* la mozione è stata approvata con venti voti favorevoli e due astensioni.

abstentionnisme |apstɑ̃sjɔnism(ə)| *s.m.* astensionismo.

abstentionniste |apstɑ̃sjɔnist(ə)| *s.m. et adj.* astensionista *s.* 🄲 **votant.**

abstinence |apstinɑ̃s| *s.f.* **1** astinenza: *faire abstinence le vendredi* fare astinenza il (di) venerdì → **maigre 2** → **sobriété 3** (*euphémisme*) → **continence.**

abstinent, ente |apstinɑ̃, ɑ̃t| *adj.* astinente.

abstracteur |apstʀaktœʀ| *s.m.* chi ama le astrazioni *loc.* # *abstracteur de quintessence* ragionatore sottile.

abstraction |apstʀaksjɔ̃| *s.f.* **1** (*philo.*, *cour.*) astrazione: *l'homme est capable d'abstraction et de généralisation* l'uomo è capace di astrazione e di generalizzazione; *la couleur, la forme sont des abstractions* il colore, la forma sono delle astrazioni **2** [*idée abstraite*] astrazione: *il se perd dans des abstractions* si perde in astrazioni, astrattezze → **chimère 3** *loc.* FAIRE ABSTRACTION DE prescindere da, fare astrazione da: *je fais abstraction des difficultés* prescindo dalle difficoltà ◇ *loc.* ABSTRACTION FAITE DE a prescindere da, prescindendo da: *abstraction faite de son âge* a prescindere dalla sua età.

abstraire |apstʀɛʀ| (62) **A** *v.tr.* [*isoler par la pensée* (*un objet, une personne*); *considérer par abstraction*] astrarre (190) **B** *v.pron.réfl.* S'ABSTRAIRE [→ *tr.*] astrarsi: *il arrive à s'abstraire complètement au milieu de cette agitation* riesce ad astrarsi completamente in mezzo a questa agitazione.

abstrait, aite |apstʀɛ, ɛt| *adj.* astratto: *pensée abstraite* pensiero astratto; *un texte trop abstrait* un testo troppo astratto ◇ (*bx-arts*) *peinture abstraite* pittura astratta ✦ (*s.m.*) *l'abstrait* l'astratto ◇ *loc.* DANS L'ABSTRAIT in astratto: *tout cela est bien joli dans l'abstrait* tutto ciò è molto bello in astratto.

abstraitement |apstʀɛtmɑ̃| *adv.* [→ ABSTRAIT] astrattamente # *s'exprimer trop abstraitement* esprimersi in modo troppo astratto ◇ [*dans l'abstrait*] in astratto *loc. inv.*

abstrus, use |apstʀy, yz| *adj.* astruso.

absurde |apsyʀd(ə)| **1** *adj.* (*choses*) assurdo: *réponse absurde* risposta assurda; *il a agi d'une façon absurde* ha agito in modo assurdo → **déraisonnable, insensé, stupide** ◇ (*personnes*) *c'est un homme absurde!* è un uomo assurdo!; *vous êtes absurde!* lei sragiona! **2** *s.m.* assurdo: *philosophie de l'absurde* filosofia dell'assurdo; *démonstration, raisonnement par l'absurde* dimostrazione, ragionamento per assurdo 🄲 1 **sensé.**

absurdement |apsyʀdəmɑ̃| *adv.* [→ ABSURDE 1] assurdamente.

absurdité |apsyʀdite| *s.f.* assurdità (*inv.*): *l'absurdité de sa conduite* l'assurdità del suo comportamento; *dire des absurdités* dire (delle) assurdità → **ineptie, sottise.**

abus |aby| *s.m.* **1** [→ ABUSER A] abuso: *l'abus des alcools* l'abuso dell'alcool ◇ (*dr.*) *abus d'autorité* abuso d'autorità; *abus de pouvoir* abuso di potere; *abus de droit* abuso di diritto; *abus de jouissance du détenteur d'une chose* abusi dell'usufruttuario # *abus de confiance* appropriazione indebita ◇ (*fam.*) *il y a de l'abus* si esagera, c'è dell'esagerazione (in tutto questo) **2** [*coutume mauvaise*] sopruso: *tolérer un abus* tollerare un sopruso.

abuser |abyze| **A** *v.intr.* ABUSER DE [*user mal, avec excès*] abusare di; fare (103) *tr.* abuso di: *abuser de ses forces* abusare delle proprie forze ‖ *n'abusez pas de somnifères* non fate abuso di sonniferi ◇ (*par ext.*) *abuser d'une femme* abusare di una donna **B** *v.tr.* (*littér.*) [*tromper qqn. en abusant de sa crédulité*] ingannare (*cour.*): *chercher à abuser qqn.* cercare di ingannare qc.; *se laisser abuser* lasciarsi ingannare → **duper, leurrer, mystifier** **C** *v.pron. intr.* S'ABUSER [→ *tr.*] sbagliarsi, sbagliare (*intr.*): *il s'abuse quand il pense que...* (si) sbaglia se pensa che...; *si je ne m'abuse* [*sauf erreur*] se non (mi) sbaglio, se non vado errato.

abusif, ive |abyzif, iv| *adj.* abusivo: *l'usage abusif d'un médicament* l'uso abusivo di una medicina → **excessif** # *emploi abusif d'un mot* uso improprio di una parola.

abusivement |abyzivmɑ̃| *adv.* [→ ABUSIF] abusivamente # *mot employé abusivement* parola usata impropriamente.

abyssal, ale, aux |abisal, o| *adj.* (*géogr.*) abissale: *fosses abyssales* fosse abissali; *faune abyssale* fauna abissale.

abysse |abis| *s.m.* (*géogr.*) abisso.

abyssinien, ienne |abisinjɛ̃, jɛn|, **abyssin, ine** |abisɛ̃, in| (*rare au f.*) *adj.* [*de l'Abyssinie*] abissino ♦ *s.* (*hist.*) *les Abyssiniens, les Abyssins* gli Abissini.

acabit |akabi| *s.m.* (*loc. péj.*) DE CET ACABIT, DU MÊME ACABIT [*de cette nature, de même nature*] di questo (quello) stampo, dello stesso stampo, della stessa risma (*f.*): *ces deux livres sont du même acabit, très mauvais l'un et l'autre* questi due libri sono dello stesso stampo, pessimi l'uno e l'altro; *ce sont des gens du même acabit* è gente della stessa risma.

acacia |akasja| *s.m.* **1** (*t.bot.*) acacia* *f.* **2** → **robinier.**

académicien, ienne |akademisjɛ̃, jɛn| *s.* accademico*.

académie |akademi| *s.f.* **1** accademia: *académie de médecine, de musique* accademia di medicina, di musica ◇ (*spécialt.*) L'ACADÉMIE [*l'Académie française*] l'Accademia di Francia, francese: *siège à l'Académie* seggio all'Accademia di Francia; *être reçu à l'Académie* entrare a far parte dell'Accademia di Francia **2** [*circonscription universitaire*; *les bureaux et les services administratifs qui la concernent*] ⊠.

académique |akademik| *adj.* accademico*: *discours académique* discorso accademico; *style académique* stile accademico → **froid, plat** ◇ (*Belgique, Canada*) *année académique* anno accademico, anno scolastico*.

académiquement |akademikmɑ̃| *adv.* [→ ACADÉMIQUE] accademicamente.

académisme |akademism(ə)| *s.m.* accademismo.

acadien, ienne |akadjɛ̃, jɛn| *adj.* **1** [*d'Acadie*] acadiano **2** (*géol.*) acadiano.

acajou |akaʒu| *s.m.* (*t.bot.*) mogano ◇ (*cour.*) *un mobilier en acajou* mobili in mogano ♦ (*adj. inv.*) *des cheveux acajou* capelli color mogano.

Acanthacées |akɑ̃tase| *s.f.pl.* (*t. bot.*) Acantacee.

acanthe |akɑ̃t| *s.f.* (*t.bot.*) acanto *m.* ◇ (*archit.*) *feuille d'acanthe* foglia di acanto.

acanthocéphale |akɑ̃tɔsefal| *s.m.* (*t.zool.*) acantocefalo.

a cappella |akapɛlla| *loc. adj., adv.* (*mus.*) a cappella: *chœur a cappella* coro a cappella.

acariâtre |akaʀjɑtʀ(ə)| *adj.* [*d'un caractère désagréable*] scontroso, ombroso: *caractère acariâtre* carattere scontroso, ombroso → **grincheux, hargneux** # *une femme acariâtre* una donna bisbetica.

Acariens |akaʀjɛ̃| *s.m.pl.* (*t.zool.*) Acari.

acariose |akaʀjoz| *s.f.* acariasi *inv.*

acarpe |akaʀp(ə)| *adj.* (*bot.*) acarpo.

acarus |akaʀys| *s.m.* (*t.zool.*) acaro.

acaule |akol| *adj.* (*bot.*) acaule.

accablant, ante |akɑblɑ̃, ɑ̃t| *adj.* [*qui accable*] gravoso; opprimente: *tâche accablante* compito gravoso → **écrasant** ‖ *chaleur accablante* caldo opprimente, soffocante → **étouffant** # *témoignage accablant* testimonianza schiacciante; *douleur, peine accablante* dolore, pena insopportabile; *une nouvelle accablante* una notizia sconfortante.

accablement |akɑbləmɑ̃| *s.m.* [→ ACCABLER 1] prostrazione (*f.*): *plonger dans l'accablement* piombare in uno stato di prostrazione → 2 **abattement** # *son accablement est extrême* è estremamente depresso, abbattuto.

accabler |akɑble| *v.tr.* **1** [*faire supporter une chose pénible*] prostrare, opprimere (124); sovraccaricare: *cette maladie l'accable* questa malattia lo prostra → **écraser, opprimer** ‖ *il nous accable de travail* ci sovraccarica, ci sommerge di lavoro → **surcharger** ♦ (*au p.p.*) *accablé de fatigue* prostrato, spossato dalla fatica ◇ (*fig.*) sconfortare, accasciare: *la peur l'accable* la paura lo opprime; *cette triste nouvelle nous accable* questa triste notizia ci sconforta, ci accascia **2** [*combler*] colmare: *accabler de cadeaux* colmare, sommergere di regali **3** [*attaquer par la parole*] coprire (186), subissare: *accabler d'injures, de reproches* coprire di ingiurie, subissare di rimproveri.

accalmie |akalmi| *s.f.* **1** (*mar.*) bonaccia* → **bonace** **2** [*repos qui survient après l'agitation*] calma, stasi (*inv.*): *moment d'accalmie* momento di calma.

accaparement |akapaʀmɑ̃| *s.m.* [→ ACCAPARER 1] accaparramento, incetta (*f.*): *l'accaparement des richesses* l'accaparramento delle ricchezze; *accaparement de blé* incetta di grano.

accaparer |akapaʀe| *v.tr.* **1** (*écon.*) [*acheter qqch. afin d'en faire monter le prix*] accaparrare, incettare: *accaparer le blé, le beurre* accaparrare, incettare il grano, il burro **2** [*prendre, retenir en entier*] accaparrarsi; assorbire: *accaparer le pouvoir* accaparrarsi il potere; *accaparer les voix des électeurs* accaparrarsi i voti degli elettori ‖ *le travail l'accapare tout entier* il lavoro lo assorbe interamente → 2 **occuper** **3** *accaparer qqn.* [*le retenir*] requisire (197) qc.: *cet invité a accaparé la maîtresse de maison* quell'ospite ha requisito la padrona di casa.

accapareur, euse |akapaʀœʀ, øz| *s. et adj.* accaparratore* *s.*, incettatore* *s.* → **monopolisateur.**

accastillage |akastijaʒ| *s.m.* (*mar.*) **1** [*ensemble des pièces de quincaillerie marine utilisées sur les superstructures des bateaux*] incastellatura *f.* **2** (*vx.*) [*partie du navire qui reste hors de l'eau*] accastellamento.

accéder |aksede| (8) *v.intr.* **1** [*avoir accès*] accedere (*aux.* essere): *par cette cour on accède à l'appartement du patron* attraverso questo cortile si accede all'appartamento del padrone ◇ (*fig.*) [*parvenir (à une fonction supérieure)*] *concours qui permet d'accéder à ce poste* concorso che permette di accedere a quel posto **2** [*accepter*] accedere (*aux.* avere), aderire (197): *j'accède à votre proposition* accedo, aderisco alla vostra proposta; *accéder aux prières de qqn.* aderire alle preghiere di qc.

accelerando |akseleʀɑ̃do| *adv. et s.m.* (*mus.*) accelerando *inv.*

accélérateur, trice |akseleʀatœʀ, tʀis| **1** *adj.* acceleratore*: *un effet accélérateur* un effetto acceleratore **2** *s.m.* (*mécan., cour.*) acceleratore: *appuyer sur l'accélérateur* premere l'acceleratore, sull'acceleratore; *lâcher l'accélérateur* mollare l'acceleratore ◇ (*photo., sc.*) *accélérateurs de particules* acceleratori di particelle; *accélérateurs linéaires* acceleratori lineari.

accélération |akseleʀasjɔ̃| *s.f.* **1** [→ ACCÉLÉRER A 1] accelerazione: *l'accélération d'un mouvement* l'accelerazione di un movimento ◇ [→ ACCÉLÉRER B] *l'accélération d'un véhicule* l'accelerazione di un veicolo; *cette voiture a des accélérations foudroyantes* questa macchina ha un'accelerazione fantastica ◇ (*fig.*) *l'accélération du pouls, de la respiration* l'accelerazione del polso, della respirazione; *l'accélération des travaux* l'accelerazione dei lavori **2** (*mécan.*) accelerazione: *accélération tangentielle, d'entraînement, complémentaire* accelerazione tangenziale, di trascinamento, complementare; *accélération de la pesanteur* accelerazione di gravità ◇ (*écon.*) *principe de accélération* principio di accelerazione.

accéléré, ée |akseleʀe| **1** *s.m.* (*ciné.*) accelerazione (*f.*): *passer un film en accéléré* proiettare un film in accelerazione **2** *adj.* accelerato: *mouvement uniformément accéléré* movimento uniformemente accelerato # *respiration accélérée* respiro affannoso.

accélérer |akseleʀe| (8) **A** *v.tr.* **1** [*rendre plus rapide*] accelerare: *accélérer l'allure* accelerare l'andatura → **hâter, presser** ♦ (*au p.p.*) *service accéléré* servizio accelerato **2** (*fig.*) [*rendre plus prompt*] accelerare: *il faut accélérer les travaux* bisogna accelerare i lavori → **activer, avancer** **B** *v.intr.* [*augmenter la vitesse d'une voiture, d'un moteur*] accelerare: *accélérez, changez de vitesse* acceleri, cambi (la) marcia 🄲 A 1 **ralentir**, 2 **retarder**; B **freiner.**

accélérographe |akseleʀɔgʀaf| *s.m.* accelerografo.

accéléromètre |akseleRɔmɛtR(ə)| *s.m.* (*techn.*) accelerometro.
accent |aksɑ̃| *s.m.* **1** (*ling.*) accento: *accent d'intensité* accento intensivo; *accent tonique* accento tonico; *accent aigu, grave, circonflexe* accento acuto, grave, circonflesso **2** [*inflexions de la voix, exprimant un sentiment*] accento, tono: *un accent plaintif* un accento lamentoso; *d'un accent amer* con un accento, un tono amaro; *un accent de sincérité* un accento, un tono di sincerità → **inflexion, intonation** **3** [*caractères phonétiques distinctifs d'une communauté linguistique*] accento, inflessione (*f.*): *l'accent marseillais* l'accento, l'inflessione marsigliese; *avoir un accent* avere un accento particolare (straniero o dialettale) **4** *loc.fig.* METTRE L'ACCENT SUR mettere, porre l'accento su: *le ministre a mis l'accent sur les problèmes sociaux* il ministro ha messo l'accento sui problemi sociali.
accentuation |aksɑ̃tɥɑsjɔ̃| *s.f.* **1** (*ling.*) accentazione, accentatura: *fautes d'accentuation* errori d'accentazione **2** [→ ACCENTUER A 3] accentuazione: *l'accentuation de cette évolution* l'accentuazione di questa evoluzione.
accentué, ée |aksɑ̃tɥe| *adj.* **1** (*ling.*) accentato **2** (*fig.*) [*fort, marqué*] accentuato: *des traits accentués* lineamenti accentuati, marcati.
accentuel, elle |aksɑ̃tɥɛl| *adj.* (*ling.*) accentuale.
accentuer |aksɑ̃tɥe| **A** *v.tr.* **1** (*ling.*) [*élever ou intensifier la voix sur* (*un son, dans la parole*)] accentare: *accentuer la voyelle finale* accentare la vocale finale **2** [*tracer un accent sur* (*une lettre*)] accentare; mettere (155) l'accento su: *accentuer un 'a'* mettere l'accento sulla 'a' **3** (*fig.*) [*augmenter, intensifier* (*qqch.*)] accentuare, intensificare: *accentuer l'opposition des couleurs* accentuare l'opposizione dei colori; *accentuer son effort* intensificare lo sforzo **B** *v.pron.intr.* S'ACCENTUER [→ *tr.* 3] accentuarsi, aumentare (*intr.*): *le froid s'accentue* il freddo si accentua, aumenta **C** A 3; B **diminuer.**
acceptabilité |aksɛptabilite| *s.f.* accettabilità *inv.*
acceptable |aksɛptabl(ə)| *adj.* [→ ACCEPTER] accettabile: *une paix acceptable* una pace accettabile; *offres acceptables* offerte accettabili.
acceptant, ante |aksɛptɑ̃, ɑ̃t| *adj. et s.* (*dr.*) accettante.
acceptation |aksɛptɑsjɔ̃| *s.f.* [→ ACCEPTER A 1] accettazione: *l'acceptation d'un don* l'accettazione di un dono # *il faut l'acceptation du conjoint* è necessario il consenso del coniuge; *donner son acceptation* dare il proprio consenso ◇ (*fig.*) *l'acceptation des conventions communes* l'accettazione delle convenzioni comuni ◇ (*comm., dr.*) *l'acceptation d'une traite* l'accettazione di una tratta **C** **refus.**
accepter |aksɛpte| **A** *v.tr.* ACCEPTER QQN., QQCH. **1** [*recevoir, prendre volontiers*] accettare qc., q.c.: *accepter un cadeau, une invitation* accettare un regalo, un invito ♦ (*absolt.*) *j'accepte volontiers* accetto volontieri ◇ (*dr.*) *accepter un contrat, une succession* accettare un contratto, una successione ◇ (*comm.*) *accepter une lettre de change* accettare una cambiale **2** ACCEPTER QQN. [*l'admettre auprès de soi ou dans tel rôle*] accettare qc.: *accepter pour époux* accettare come sposo **3** [*se soumettre à une épreuve; ne pas refuser*] accettare: *accepter le danger* accettare il pericolo → **subir, supporter** **B** *v.intr.* **1** ACCEPTER DE... (+ *inf.*) [*bien vouloir*] accettare di (+ *inf.*): *il a accepté de venir, de nous aider* ha accettato di venire, di aiutarci → **consentir (à)** **2** ACCEPTER QUE (+ *subj.*) [*supporter*] accettare, sopportare (+ *subj.*): *je n'accepte pas qu'on me parle sur ce ton* non accetto, non sopporto che mi si parli con questo tono **C** A **refuser.**
accepteur |aksɛptœR| *s.m.* **1** [*celui qui accepte une traite*] accettante **2** (*chim.*) accettore: *accepteur d'oxygène* accettore di ossigeno.
acception |aksɛpsjɔ̃| *s.f.* accezione, senso (*m.*): *acception propre, figurée* accezione propria, senso figurato; *dans quelle acception le mot est-il employé?* in quale accezione, in quale senso è usata la parola? → **signification.**
1 **accès** |aksɛ| *s.m.* **1** [→ ACCÉDER 1] accesso; ingresso: *les accès de la maison sont surveillés* gli accessi alla casa sono sorvegliati; *l'accès est interdit* è vietato l'accesso, l'ingresso → 1 **entrée** **2** [*possibilité d'approcher* (*qqn.*)] accesso: *il est d'un accès difficile* è di difficile accesso; *avoir accès auprès de qqn.* avere accesso presso qc. **3** *loc. fig.* DONNER ACCÈS À dare accesso a: *diplôme qui donne accès à une carrière* diploma che dà accesso a una carriera.
2 **accès** |aksɛ| *s.m.* **1** (*méd., cour.*) accesso, attacco*: *accès de fièvre* accesso, attacco febbrile → **poussée**; *accès de folie* accesso di follia → **crise** **2** [*émotion vive et passagère*] accesso: *accès de colère* accesso di collera.
accessibilité |aksesibilite| *s.f.* accessibilità *inv.*
accessible |aksesibl(ə)| *adj.* **1** [→ ACCÉDER 1] accessibile, raggiungibile: *cette région est difficilement accessible* questa regione è difficilmente accessibile; *ce lieu n'est accessible que par avion* questo luogo è raggiungibile soltanto con l'aereo ◇ (*fig.*) *la vertu est accessible à tous* la virtù è accessibile a tutti **2** (*personnes*) alla mano *loc. inv.*, accessibile: *il est peu accessible* è poco alla mano **3** (*fig.*) [*sensible* (*à*)] sensibile, aperto: *il est accessible à la flatterie* è sensibile all'adulazione.
accession |aksɛsjɔ̃| (*s.f.*) *accession d'un État à l'indépendance* raggiungimento *m.*, conquista dell'indipendenza da parte di uno Stato; *l'accession d'un État à un traité* l'adesione di uno Stato a un trattato; *l'accession au trône* l'avvento *m.* al trono ◇ (*dr.*) *droit d'accession* diritto di accessione; *accession naturelle* accessione naturale.
accessit |aksesit| *s.m.* accessit *inv.*
1 **accessoire** |akseswaR| *adj.* accessorio*; secondario*: *une idée accessoire* un'idea accessoria; *les frais accessoires* le spese accessorie → **secondaire** ‖ *ces arguments ne présentent qu'un intérêt accessoire* queste argomentazioni presentano soltanto un interesse secondario; *c'est tout à fait accessoire* è del tutto secondario → **négligeable.**
2 **accessoire** |akseswaR| *s.m.* **1** accessorio*: *accessoires d'automobile* accessori per auto, autoaccessori **2** *accessoire de théâtre* [*petit objet nécessaire à une représentation théâtrale, un déguisement*] attrezzo, arredo teatrale.
accessoirement |akseswaRmɑ̃| *adv.* [→ 1 ACCESSOIRE] accessoriamente, in via subordinata *loc. inv.*
accessoiriste |akseswaRist(ə)| *s.* (*ciné., théât.*) trovarobe *inv.*
accident |aksidɑ̃| *s.m.* **1** [*événement fortuit, non essentiel*] caso, accidente: *les accidents de l'existence* i casi, gli accidenti della vita ◇ (*loc.*) *par accident* per accidente, per caso ◇ (*philo.*) accidente ◇ (*mus.*) accidente **2** [*événement malheureux*] incidente: *c'est un petit accident* è un piccolo incidente; *accident d'avion* incidente aereo; *accident de voiture* incidente d'auto # *accidents du travail* infortuni sul lavoro **3** *accidents de terrain* irregolarità *f.inv.*, asperità *f.inv.* del terreno → **aspérité.**
accidenté, ée |aksidɑ̃te| *adj.* **1** accidentato: *région accidentée* regione accidentata **2** (*fam.*) [*qui a subi un accident*] sinistrato, infortunato: *voiture accidentée* auto sinistrata **C** 1 **plat.**
accidentel, elle |aksidɑ̃tɛl| *adj.* **1** casuale, accidentale: *une erreur accidentelle* un errore casuale, accidentale → **fortuit, imprévu** **2** *mort accidentelle* morte accidentale **3** (*mus.*) *signes accidentels* segni accidentali **C** 1 **normal.**
accidentellement |aksidɑ̃tɛlmɑ̃| *adv.* [→ ACCIDENTEL 1] accidentalmente, casualmente.
acclamation |aklamɑsjɔ̃| *s.f.* [→ ACCLAMER] acclamazione: *élire par acclamation* eleggere per acclamazione.
acclamer |aklame| *v.tr.* [*saluer par des cris d'approbation*] acclamare: *la foule acclama le triomphateur* la folla acclamò il trionfatore → **applaudir** **C** **huer.**
acclimatable |aklimatabl(ə)| *adj.* [→ ACCLIMATER] che si può acclimatare (*loc.*): *cette plante n'est pas acclimatable en France* questa pianta non si può acclimatare in Francia.
acclimatation |aklimatɑsjɔ̃| *s.f.* (*rare*) [→ ACCLIMATER] acclimatazione: *acclimatation des végétaux à un milieu* acclimatazione dei vegetali a un ambiente → **acclimatement** ◇ (*par ext.*) *jardin d'acclimatation* giardino d'acclimatazione.
acclimatement |aklimatmɑ̃| *s.m.* [→ ACCLIMATER] acclimatazione *f.*, acclimazione *f.*
acclimater |aklimate| **A** *v.tr.* **1** [*habituer à un milieu géographique différent*] acclimatare, acclimare: *acclimater une plante tropicale en pays tempéré* acclimatare, acclimare una pianta tropicale in un paese temperato **2** (*fig.*) [*introduire quelque part* (*une idée, un usage*)] introdurre (108), adottare: *acclimater un usage étranger* introdurre, adottare un'usanza straniera **B** *v.pron. réfl.* S'ACCLIMATER [→ *tr.*] (*personnes*) ambientarsi, acclimatarsi: *ils se sont vite acclimatés en Europe* si sono ambientati, acclimatati presto in Europa.
accointance |akwɛ̃tɑ̃s| (*s.f.*) *avoir des accointances* [*avoir des relations, des amis*] avere delle conoscenze, delle relazioni; *il a des accointances dans la police* ha delle conoscenze nella polizia.
accolade |akɔlad| *s.f.* **I** **1** [→ ACCOLER 2] abbraccio* (*m.*): *donner, recevoir l'accolade* dare, ricevere un abbraccio → **embrassade** **2** (*hist. médiév.*) accollata **II** **1** [*signe graphique à double*

courbe ({)] (parentesi) *inv.* graffa **2** (*archit.*) arco* *m.* a carena di nave.
accolage |akɔlaʒ| *s.m.* (*agric.*) accollamento.
accoler |akɔle| *v.tr.* **1** [*joindre ou fixer de manière à faire toucher, à mettre contre*] accostare, giustapporre (168): *accoler deux mots* accostare, giustapporre due parole ◇ (*agric.*) *accoler la vigne* accollare la vite **2** (*vx.*) [*embrasser en jetant les bras autour du cou*] gettare le braccia al collo di (qc.).
accommodant, ante |akɔmɔdɑ̃, ɑ̃t| *adj.* accomodante: *il est très accommodant* è molto accomodante → **conciliant, sociable, facile.**
accommodation |akɔmɔdɑsjɔ̃| *s.f.* **1** [→ ACCOMMODER A 1] adattamento *m.*, adeguamento *m.* **2** [→ ACCOMMODER A 2] preparazione: *l'accommodation d'un plat* la preparazione di un piatto **3** (*méd.*) *accommodation visuelle* accomodazione della vista.
accommodement |akɔmɔdmɑ̃| *s.m.* accomodamento: *il y eut entre eux des tentatives d'accommodement* ci furono tra loro dei tentativi di accomodamento → **conciliation.**
accommoder |akɔmɔde| **A** *v.tr.* **1** ACCOMMODER À [*disposer ou modifier de manière à faire convenir à*] adattare, adeguare a: *il faut accommoder votre projet aux circonstances* bisogna adattare, adeguare il vostro progetto alle circostanze → **adapter, ajuster 2** [*préparer des aliments pour la consommation*] preparare, condire (197): *accommoder du poisson avec une sauce* preparare, condire del pesce con una salsa → **apprêter, assaisonner, cuisiner B** *v. pron.* S'ACCOMMODER **1** *réfl.* S'ACCOMMODER À [→ *tr.* 1] adattarsi a: *nous nous accommodons à notre nouvelle vie* ci adattiamo alla nostra nuova vita **2** *intr.* S'ACCOMMODER DE [*accepter comme pouvant convenir*] adattarsi a, accontentarsi di: *il s'accommode de tout* si adatta a tutto; *il a dû s'accommoder de cette petite chambre* ha dovuto accontentarsi di quella stanzetta → **contenter (se).**
accompagnateur, trice |akɔ̃paɲatœʀ, tʀis| *s.* accompagnatore* → 1 **guide** ◇ (*mus.*) *cette pianiste est l'accompagnatrice du violiniste* quella pianista è l'accompagnatrice del violinista.
accompagnement |akɔ̃paɲmɑ̃| *s.m.* **1** (*mus., cour.*) accompagnamento: *chanter sans accompagnement* cantare senza accompagnamento **2** [*légumes qui accompagnent une viande*] contorno: *l'accompagnement d'un plat* il contorno di un piatto → **garniture 3** (*rare*) [→ ACCOMPAGNER A 1] accompagnamento, seguito: *la voiture présidentielle était sans aucun accompagnement* l'auto presidenziale era senza alcun accompagnamento, alcun seguito.
accompagner |akɔ̃paɲe| **A** *v.tr.* **1** [*se joindre à (qqn.) pour aller où il va, en même temps que lui*] accompagnare: *se faire accompagner* farsi accompagnare; *accompagnez-moi jusqu'à la gare* mi accompagni fino alla stazione ◇ (*par ext.*) *tous nos vœux l'accompagnent* con i nostri voti augurali **2** [*s'ajouter à, se joindre à (autre chose)*] accompagnare: *l'adjectif qui accompagne le nom* l'aggettivo che accompagna il nome; *accompagner une viande de légumes* accompagnare, guarnire la carne con verdura **3** ACCOMPAGNER QQN., QQCH. DE [*ajouter à*] accompagnare qc., q.c. con: *accompagner ses paroles d'un geste de menace* accompagnare le (proprie) parole con un gesto minaccioso **4** (*mus.*) [*ajouter à la partie principale que fait un musicien, une partie accessoire*] accompagnare: *accompagner un violiniste au piano* accompagnare un violinista al piano **5** [*survenir en même temps, avoir pour effet simultané*] accompagnare: *l'angoisse qui accompagne la nécessité de choisir* l'angoscia che accompagna la necessità di scegliere **B** *v. pron.* S'ACCOMPAGNER DE **1** (*sens passif*) (*sujet de choses*) [*être joint à*] accompagnarsi a, essere (96) accompagnato da: *une défaite s'accompagne toujours de quelque humiliation* una sconfitta si accompagna sempre a, è accompagnata sempre da un'umiliazione **2** *réfl.* [→ *tr.* 3] accompagnarsi a, con: *s'accompagner de la guitare* accompagnarsi alla, con la chitarra.
accompli, ie |akɔ̃pli| *adj.* **1** (*après le nom*) [*qui est parfait en son genre*] perfetto, completo: *un homme du monde accompli* un perfetto uomo di mondo → **incomparable, parfait 2** [*terminé*] compiuto: *le fait accompli* il fatto compiuto; *il a dû céder devant le fait accompli* ha dovuto cedere davanti al fatto compiuto.
accomplir |akɔ̃pliʀ| **A** *v.tr.* **1** [*faire en effet ce qui était préparé, projeté*] compiere (140): *rien ne peut l'empêcher d'accomplir ce qu'il a résolu* niente può trattenerlo dal compiere ciò che ha deciso → **effectuer, exécuter, 1 réaliser 2** [*faire (ce qui est demandé, ordonné, proposé)*] adempiere (140), compiere: *accomplir un ordre* adempiere un comando; *accomplir un devoir* compiere, adempiere un dovere → **2 remplir, satisfaire (à) B** *v.pron. intr.* S'ACCOMPLIR [→ *tr.* 1] compiersi, realizzarsi: *son souhait s'est accompli* il suo desiderio si è compiuto, si è realizzato → **arriver.**
accomplissement |akɔ̃plismɑ̃| *s.m.* [→ ACCOMPLIR] compimento, adempimento; realizzazione (*f.*): *jusqu'à l'accomplissement de votre tâche* fino al compimento, all'adempimento del vostro compito → **exécution, réalisation** || *l'accomplissement de ses désirs* la realizzazione dei suoi desideri.
ac(c)on |akɔ̃| *s.m.* (*mar.*) chiatta *f.*
ac(c)onnage |akɔnaʒ| *s.m.* (*mar.*) carico*, scarico* (delle merci di una nave) mediante chiatte.
1 **accord** |akɔʀ| *s.m.* **1** accordo: *l'accord est unanime* l'accordo è unanime → **entente, 1 union 2** *loc.* EN ACCORD in accordo: *vivre en parfait accord* vivere in perfetto accordo; andare d'amore e d'accordo ~ *faire qqch. en accord avec qqn.* fare q.c. d'accordo, d'intesa con qc. **3** *loc.* D'ACCORD d'accordo: *être d'accord (avec qqn.)* essere d'accordo (con qc.); *ils se sont mis d'accord* si sono messi d'accordo; *tomber d'accord* trovarsi d'accordo; *ils sont tombés d'accord que...* si sono trovati d'accordo, hanno convenuto che... ~ *d'un commun accord* di comune accordo ~ *d'accord!* d'accordo! **4** [→ 2 ACCORDER B 1] accordo: *accord à l'amiable* accordo amichevole; *négocier un accord* negoziare, trattare un accordo; *nous sommes arrivés à un accord* siamo giunti a un accordo → **compromis 5** [→ 1 ACCORDER A 1] consenso: *donner son accord* dare il proprio consenso → **acceptation, autorisation, permission 6** (*choses*) ÊTRE EN ACCORD AVEC accordarsi *v.pron.* con, concordare *v.intr.* con: *ses opinions ne sont pas en accord avec ses actes* le sue opinioni non si accordano, non concordano con i suoi atti **C** 1 **désaccord, mésentente.**
2 **accord** |akɔʀ| *s.m.* **1** (*mus.*) accordo: *accords dissonants* accordi dissonanti; *frapper un accord au piano* fare un accordo al pianoforte **2** (*gram.*) accordo, concordanza (*f.*): *accord de l'adjectif et du substantif* accordo dell'aggettivo e del sostantivo.
accordage |akɔʀdaʒ|, **accordement** |akɔʀdəmɑ̃| *s.m.* (*mus.*) [→ 2 ACCORDER A 1] accordatura *f.*
accordailles |akɔʀdɑj| *s.f.pl.* (*vx.*) → **fiançailles.**
accordé, ée |akɔʀde| *adj. et s.m.* (*vx.*) → **fiancé.**
accordéon |akɔʀdeɔ̃| *s.m.* [*instrument de musique à soufflet*] fisarmonica* (*f.*): *jouer de l'accordéon dans un bal populaire* suonare la fisarmonica in una balera ◇ *loc.* EN ACCORDÉON [*qui forme des plis parallèles*] a fisarmonica: *chaussettes en accordéon* calze a fisarmonica.
accordéoniste |akɔʀdeɔnist(ə)| *s.* [*personne qui joue de l'accordéon*] fisarmonicista.
1 **accorder** |akɔʀde| **A** *v.tr.* **1** [*consentir à donner, à laisser ou à permettre*] concedere (125), accordare: *accorder un crédit* concedere un credito: *il lui a accordé la main de sa fille* gli ha concesso la mano di sua figlia # *accorder une faveur* fare un favore □ *s'accorder un peu de répit* concedersi un po' di respiro **2** [*attribuer*] attribuire (197): *accorder de l'importance à qqn., à qqch.* attribuire importanza a qc., a q.c. → **attacher 3** [*consentir à admettre, à tenir pour vrai*] concedere: *je vous accorde que j'ai eu tort* vi concedo che ho avuto torto → **admettre B** *v.pron. réfl.* S'ACCORDER [→ *tr.* 1] concedersi → *tr.* 1 □.
2 **accorder** |akɔʀde| **A** *v.tr.* **1** (*mus.*) [*mettre (un ou plusieurs instruments) au même diapason*] accordare: *accorder un piano, un violon* accordare un pianoforte, un violino ◇ (*fig.*) *accordez vos violons* [*mettez-vous d'accord*] mettetevi d'accordo **2** (*ling.*) [*mettre les mots en concordance*] accordare, concordare: *accorder le verbe avec le sujet de la phrase* accordare, concordare il verbo col soggetto della frase **B** *v.pron.* S'ACCORDER **1** *récipr.* (*personnes*) [*se mettre d'accord*] accordarsi, mettersi (155) d'accordo: *ils ne peuvent s'accorder* non possono accordarsi, mettersi d'accordo ◇ (*choses*) [*se concilier*] conciliarsi, andare (101) *intr.* d'accordo: *leurs caractères ne s'accordent pas* i loro caratteri non si conciliano, non vanno d'accordo **2** (*sens passif*) [→ *tr.* 2] *le verbe s'accorde avec son sujet* il verbo si accorda con il soggetto.
accordeur |akɔʀdœʀ| *s.m.* accordatore.
accore |akɔʀ| *adj.* [*escarpé*] scosceso, ripido: *côte accore* costa scoscesa.
accort, orte |akɔʀt, ɔʀt(ə)| *adj.* (*littér.*) *une accorte servante* [*gracieuse et vive*] una serva avvenente → **agréable, aimable.**

accostable |akɔstabl(ə)| *adj.* [→ ACCOSTER 2] accostabile: *rivage accostable* riva accostabile.

accostage |akɔstaʒ| *s.m.* **1** (*astronautique, mar.*) attracco*, accostamento **2** (*fam.*) [*action d'aborder qqn.*] abbordaggio*

accoster |akɔste| *v.tr.* **1** [*aborder qqn. de façon cavalière*] abbordare, avvicinare: *il a été accosté par un inconnu* è stato abbordato, avvicinato da uno sconosciuto; *il accoste les jolies filles* abborda le belle ragazze → **draguer** **2** (*astronautique, mar.*) [*se mettre bord à bord avec, s'approcher contre*] accostare *intr.* a: *le remorqueur a accosté le cargo* il rimorchiatore ha accostato al cargo ◆ (*absolt.*) *le navire a accosté* la nave ha accostato, attraccato; *l'astronef a accosté* l'astronave ha accostato, attraccato.

accotement |akɔtmɑ̃| *s.m.* [*espace aménagé entre la chaussée et le fossé*] banchina (*f.*): *stationner sur l'accotement* sostare sulla banchina; *accotement non stabilisé* banchina non percorribile, ciglio cedevole → **bas-côté.**

accoter |akɔte| **A** *v.tr.* [*appuyer d'un côté*] appoggiare: *il a accoté sa tête sur le fauteuil* ha appoggiato la testa sulla poltrona **B** *v.pron. réfl.* S'ACCOTER [→ *tr.*] appoggiarsi: *s'accoter contre une muraille* appoggiarsi contro un muro.

accotoir |akɔtwaʀ| *s.m.* [*saillie d'un dossier où l'on peut appuyer sa tête*] (ap)poggiatesta *inv.*

accouchée |akuʃe| *s.f.* [*femme qui vient d'accoucher*] puerpera.

accouchement |akuʃmɑ̃| *s.m.* [→ ACCOUCHER A 1] parto: *elle a eu un accouchement prématuré* ha avuto un parto prematuro → **couches, enfantement** ◇ [→ ACCOUCHER B] assistenza *f.* al parto # *ce médecin a fait des centaines d'accouchements* questo medico ha assistito al parto di centinaia di donne.

accoucher |akuʃe| **A** *v.intr.* **1** ACCOUCHER DE [*donner naissance à*] partorire (197) (*tr.*): *elle a accouché d'un garçon* ha partorito un maschietto ◆ (*absolt.*) *elle accouchera dans un mois* partorirà fra un mese **2** (*plais.*) [*élaborer péniblement*] partorire ◇ (*pop.*) [*s'expliquer, parler*] *alors, tu accouches?* allora, sputi fuori il rospo? **B** *v.tr.* [*aider (une femme) à mettre un enfant au monde*] fare (103) *intr.* partorire: *la sage-femme qui l'a accouchée* la levatrice che l'ha fatta partorire, l'ha assistita durante il parto.

accoucheur, euse |akuʃœʀ, øz| *s.* [*personne qui fait des accouchements*] ostetrico* → **médecin, sage-femme.**

accouder (s') |akude| *v.pron. réfl.* [*s'appuyer sur le(s) coude(s)*] appoggiarsi con i gomiti # *s'accouder à, sur une table* appoggiare i gomiti su un tavolo.

accoudoir |akudwaʀ| *s.m.* [*appui pour s'accouder*] bracciolo, (ap)poggiagomiti (*inv.*): *l'accoudoir d'une portière d'automobile* il bracciolo, l'appoggiagomiti, il poggiagomiti della portiera di un'auto; *l'accoudoir d'un fauteuil* il bracciolo di una poltrona.

accouplé, ée |akuple| *adj.* accoppiato ◇ (*techn.*) *roues accouplées* ruote accoppiate; *piles électriques accouplées* pile elettriche accoppiate; *colonnes accouplées* colonne accoppiate, binate.

accouplement |akupləmɑ̃| *s.m.* **1** (*techn.*) accoppiamento: *bielle d'accouplement* biella di accoppiamento; *accouplement élastique* accoppiamento elastico ◇ (*fig.*) [→ ACCOUPLER A 2] accostamento: *un étrange accouplement de mots* uno strano accostamento di parole **2** [→ ACCOUPLER A 3; B] accoppiamento.

accoupler |akuple| **A** *v.tr.* **1** [*joindre, réunir par deux*] accoppiare, abbinare: *accoupler deux choses, deux objets* accoppiare, abbinare due cose, due oggetti # *accoupler des bœufs à la charrue* aggiogare una coppia di buoi all'aratro ◇ (*techn.*) *accoupler des générateurs électriques* accoppiare dei generatori elettrici **2** (*fig.*) [*réunir (deux choses qui jurent entre elles)*] mettere (155) insieme, accostare: *accoupler deux idées disparates* mettere insieme due idee contrastanti; *accoupler deux mots de sens opposé* accostare due parole di significato opposto **3** [*procéder à l'accouplement d'animaux*] accoppiare: *accoupler un chien loup et (à) une chienne* accoppiare un cane lupo e una cagna **B** *v.pron. réfl.* S'ACCOUPLER (*animaux*) [*s'unir sexuellement*] accoppiarsi.

accourcir |akuʀsiʀ| **A** *v.tr.* (*vx.*) [*rendre plus court*] accorciare → **raccourcir** **B** *v.intr.* (*littér.*) [*devenir plus court*] accorciarsi *pron.* (*cour.*): *les jours ont accourci* le giornate si sono accorciate Ⓒ **allonger.**

accourcissement |akuʀsismɑ̃| *s.m.* (*littér.*) [*le fait de devenir plus court (dans le temps)*] l'accorciarsi *inv.* (*cour.*): *l'accourcissement des jours* l'accorciarsi delle giornate.

accourir |akuʀiʀ| (17) *v.intr.* (*aux.* 'être, avoir') [*venir en courant*] accorrere (127) (*aux.* essere): *elle est vite accourue* è accorsa alla svelta; *nous avons accouru l'aider* siamo accorsi in suo aiuto.

accoutrement |akutʀəmɑ̃| *s.m.* [→ ACCOUTRER] abbigliamento ridicolo, strano modo di vestirsi → **affublement** # *elle est arrivée dans un accoutrement indescriptible* è arrivata vestita, conciata in modo indescrivibile.

accoutrer |akutʀe| **A** *v.tr.* [*habiller ridiculement*] vestire (*péj.*) (in modo ridicolo, strano), conciare (*au p.p.*): *elle est bizarrement accoutrée* è vestita, è conciata in modo bizzarro **B** *v.pron. réfl.* S'ACCOUTRER [→ *tr.*] vestirsi, conciarsi: *il s'accoutre d'une manière ridicule* si veste, si concia in modo ridicolo.

accoutumance |akutymɑ̃s| *s.f.* **1** [→ ACCOUTUMER] abitudine → **adaptation, habitude** **2** (*méd., cour.*) assuefazione: *accoutumance à un poison, à la drogue* assuefazione a un veleno, alla droga.

accoutumé, ée |akutyme| *adj.* [*ordinaire, habituel*] abituale, solito: *cérémonies accoutumées* cerimonie abituali; *à l'heure accoutumée* all'ora solita ◇ *loc. adv.* COMME À L'ACCOUTUMÉE come al solito: *il est passé à huit heures, comme à l'accoutumée* è passato alle otto, come al solito.

accoutumer |akutyme| **A** *v.tr.* **1** [*faire prendre l'habitude de*] abituare, avvezzare: *on ne l'a pas accoutumé à travailler* non l'hanno abituato a lavorare → **habituer** **2** ÊTRE ACCOUTUMÉ À essere abituato, avvezzo a, aver l'abitudine di: *j'étais accoutumé à la voir* ero abituato a vederla; *je ne suis pas accoutumé à ce genre de remarques* non sono avvezzo a questo genere di osservazioni **B** *v.pron. réfl.* S'ACCOUTUMER À [→ *tr.* 1] abituarsi, assuefarsi (103) a: *on s'accoutume à tout* ci si abitua a tutto.

accouvage |akuvaʒ| *s.m.* cova *f.* artificiale, incubazione *f.* artificiale (di polli).

accréditation |akʀeditɑsjɔ̃| *s.f.* [→ ACCRÉDITER A 1] accreditamento *m.*

accrédité |akʀedite| *s.m.* accreditato.

accréditer |akʀedite| **A** *v.tr.* **1** (*personnes*) [*donner l'autorité nécessaire pour agir en qualité de*] accreditare: *accréditer un ambassadeur auprès d'un chef d'État* accreditare un ambasciatore presso un capo di Stato # *accréditer un client auprès d'une banque* aprire un credito a un cliente presso una banca **2** (*choses*) [*rendre croyable, plausible*] accreditare, avvalorare: *accréditer une opinion* accreditare, avvalorare un'opinione; *cette nouvelle est accréditée dans de nombreux journaux* questa notizia è accreditata in parecchi giornali **B** *v.pron. réfl.* S'ACCRÉDITER [→ *tr.* 2] accreditarsi, trovar *tr.* credito: *les bruits d'une guerre imminente s'accréditaient de plus en plus* si accreditavano sempre più, trovavano sempre più credito le voci di una guerra imminente.

accréditeur |akʀeditœʀ| *s.m.* [*personne qui donne sa garantie en faveur d'un tiers*] accreditante.

accréditif, ive |akʀeditif, iv| **1** *adj.* di accreditamento (*loc. inv.*): *lettre accréditive* lettera di accredito **2** *s.m.* (*comm.*) lettera *f.* di accredito ◇ [*le crédit lui-même*] accredito, accreditamento

accrétion |akʀesjɔ̃| *s.f.* (*géol.*) concrezione.

accroc |akʀo| *s.m.* **1** [*déchirure faite par ce qui accroche*] strappo: *faire un accroc à son pantalon* farsi uno strappo ai pantaloni ◇ (*fig.*) *un accroc à la règle* uno strappo alla regola **2** [*difficulté qui arrête*] ostacolo, inciampo: *nous n'avons rencontré aucun accroc* non abbiamo incontrato nessun ostacolo → **contretemps, obstacle.**

accrochage |akʀɔʃaʒ| *s.m.* **1** [→ ACCROCHER A 2] scontro: *il y a eu de nombreux accrochages dans cette rue* ci sono stati parecchi scontri in questa strada → **accident** **2** [→ ACCROCHER A 3] l'attaccare *inv.*, l'appendere (*inv.*): *l'accrochage d'un tableau* l'attaccare, l'appendere un quadro **3** (*milit.*) scontro, fatto d'armi: *accrochage entre deux patrouilles* scontro fra due pattuglie **4** (*fam.*) [*dispute*] battibecco* (*cour.*), litigio* (*cour.*): *on a eu un accrochage avec notre voisin* abbiamo avuto un battibecco, un litigio col vicino.

accroche |akʀɔʃ| *s.f.* [*dessin, slogan destiné à accrocher l'attention*] aggancio* *m.* pubblicitario*.

accroche-cœur |akʀɔʃkœʀ| *s.m.* [*mèche de cheveux en croc*] tirabaci *inv.*

accrocher |akʀɔʃe| **A** *v.tr.* **1** [*retenir, arrêter par un crochet, une chose pointue*] impigliarsi *pron.*, agganciare: *accrocher son bas* impigliarsi una calza # *être accroché par une ronce* rimanere impigliato in un rovo **2** [*heurter (un véhicule)*] investire, sbattere *intr.* contro: *ce camion a accroché ma voiture* quel camion ha investito la mia auto, ha sbattuto contro la mia auto ♦ (*absolt.*) *on accroche souvent dans cette rue* succedono spesso scontri, incidenti in quella strada **3** [*suspendre à un crochet*] appendere (105), attaccare: *accrocher son manteau* appendere il cappotto; *accrocher un tableau au mur* appendere, attaccare un quadro al muro ◇ (*par ext.*) *accrocher une remorque à sa voiture* agganciare un rimorchio alla propria auto; *accrocher un vagon, un bateau* agganciare un vagone, una nave ◇ (*loc. fig.*) *avoir le cœur bien accroché* [*avoir du courage*] avere fegato, i nervi saldi; [*ne pas être sujet aux maux de cœur*] non patire la nausea **4** *accrocher qqn.* [*retenir son attention*] attirare l'attenzione di qc. ♦ (*absolt.*) *une affiche qui accroche* un manifesto che attira lo sguardo, che colpisce **B** *v.pron.* S'ACCROCHER **1** *réfl.* [*se tenir avec force*] aggrapparsi, attaccarsi: *accrochez-vous à la rampe* aggrappatevi alla ringhiera → **cramponner (se)** ◇ (*fig.*) *s'accrocher à son passé, à ses illusions* aggrapparsi al passato, alle illusioni ◇ (*fam.*) *s'accrocher à qqn.* [*l'importuner*] appiccicarsi a qc. **2** *intr.* [*ne pas céder*] tenere (188) duro, resistere (116): *ils s'accrochaient avec l'énergie du désespoir* tenevano duro, resistevano con la forza della disperazione → **tenir** **3** (*loc. pop.*) *tu peux te l'accrocher* puoi farci una croce sopra.

accrocheur, euse |akʀɔʃœʀ, øz| *adj.* **1** (*personnes*) [*qui accroche, retient*] tenace, combattivo: *c'est un garçon accrocheur* è un ragazzo tenace; *un footballeur accrocheur* un calciatore combattivo # *le vendeur de ce magasin est très accrocheur* il commesso di quel negozio è molto persuasivo ♦ (*s.*) *un accrocheur* un uomo tenace *adj.* **2** [*qui retient l'attention*] *une publicité accrocheuse* una pubblicità aggressiva, che colpisce.

accroire |akʀwaʀ| *v.tr.* (*seulement inf.*) **1** *faire, laisser accroire qqch.* [*faire, laisser croire une chose fausse*] fare (103) *intr.* credere, dare (102) *intr.* a intendere q.c.: *il veut nous faire accroire que...* ci vuole far credere, dare a intendere che... **2** *loc.* EN FAIRE ACCROIRE À QQN. [*le tromper, lui mentir*] darla a bere, darla a intendere a qc.: *il voudrait nous en faire accroire* vorrebbe darcela a bere.

accroissement |akʀwasmɑ̃| *s.m.* **1** [→ ACCROÎTRE] accrescimento, incremento: *l'accroissement des richesses* l'accrescimento delle ricchezze; *l'accroissement de la production industrielle* l'incremento, l'aumento della produzione industriale → **augmentation** **2** (*vieilli*) [*le fait de se développer*] crescita *f.*, sviluppo: *période d'accroissement* periodo di crescita, di sviluppo.

accroître |akʀwatʀ(ə)| (70) (*sauf p.p.* 'accru') **A** *v.tr.* [*rendre plus grand, plus important*] accrescere (128), aumentare: *accroître son patrimoine* accrescere il proprio patrimonio; *accroître la production* aumentare la produzione → **augmenter** **B** *v.pron. intr.* S'ACCROÎTRE [→ *tr.*] crescere (128) *intr.*, aumentare (*intr.*): *la production industrielle s'est accrue ces derniers mois* la produzione industriale è cresciuta, è aumentata in questi ultimi mesi Ⓒ B **diminuer.**

accroupir (s') |akʀupiʀ| *v.pron. réfl.* [*s'asseoir les jambes repliées, sur ses talons*] accoccolarsi, accosciarsi.

accroupissement |akʀupismɑ̃| *s.m.* [→ ACCROUPIR (S')] l'accovacciarsi *inv.*, l'accoccolarsi *inv.*

accrue |akʀy| *s.f.* [*augmentation de surface par le retrait des eaux; extension d'un bois par rejets naturels*] espansione, accrescimento *m.*

accu |aky| *s.m.* (*pop.*) → **accumulateur.**

accueil |akœj| *s.m.* **1** [→ ACCUEILLIR] accoglienza *f.*; ospitalità (*f.inv.*): *accueil aimable, chaleureux* accoglienza gentile, calorosa ◇ (*loc.*) *faire bon, mauvais accueil à qqn.* riservare una buona, una cattiva accoglienza a qc.; accogliere bene, male qc. ~ *faire bon, mauvais accueil à qqch.* accogliere bene, male q.c.; *le public a fait un accueil enthousiaste à ce film* il pubblico ha accolto con entusiasmo questo film **2** *centre d'accueil* [*chargé de recevoir des voyageurs, des réfugiés*] centro di raccolta, di assistenza.

accueillant, ante |akœjɑ̃, ɑ̃t| *adj.* [*qui fait bon accueil*] accogliente, ospitale: *un hôte accueillant et généreux* un ospite accogliente e generoso; *maison accueillante* casa accogliente, ospitale.

accueillir |akœjiʀ| (18) *v.tr.* [*se comporter d'une certaine manière avec (une personne qui se présente)*] accogliere (123): *accueillir un ami chaleureusement* accogliere calorosamente un amico; *accueillir aimablement qqn.* accogliere gentilmente qc.; *ils furent accueillis par des coups de fusils* furono accolti a fucilate ◇ (*par ext.*) *il nous a accueillis chez lui* ci ha accolto, ospitato in casa sua ◇ (*choses*) *ce projet a été bien accueilli, a été accueilli par des applaudissements* il progetto è stato bene accolto, è stato accolto con applausi.

acculer |akyle| *v.tr.* **1** [*pousser dans un endroit où tout recul est impossible*] spingere (119), fare (103) *intr.* indietreggiare: *acculer l'ennemi à la mer* spingere il nemico in mare, fare indietreggiare il nemico fino al mare; *acculer qqn. contre le mur* spingere qc. contro il muro **2** *acculer qqn. à une chose, à faire qqch.* [*le contraindre*] costringere (131) qc. a una cosa, a fare q.c.; *être acculé à la faillite* essere costretto, ridotto al fallimento.

acculturation |akyltyʀɑsjɔ̃| *s.f.* (*ethnogr., sociol.*) acculturazione.

acculturer (s') |akyltyʀe| *v.pron. intr.* [*assimiler les éléments culturels d'une autre société*] acculturarsi.

accumulateur |akymylatœʀ| *s.m.* (*techn.*) accumulatore ◇ (*abrév. fam.*) *les accus* gli accumulatori (*cour.*).

accumulation |akymylɑsjɔ̃| *s.f.* [→ ACCUMULER] accumulazione, accumulo (*m.*): *l'accumulation des stocks* l'accumulazione, l'accumularsi delle scorte; *une accumulation de preuves accablantes* un accumulo di prove schiaccianti ◇ [*emmagasinage d'énergie électrique*] *chauffage par accumulation* riscaldamento per accumulazione.

accumuler |akymyle| *v.tr.* **1** [*mettre ensemble en grand nombre*] accumulare: *les capitalistes accumulent les richesses* i capitalisti accumulano ricchezze → **amasser, entasser** **2** (*fig.*) accumulare: *accumuler des preuves* accumulare prove; *accumuler faute sur faute* accumulare errori su errori.

accusateur, trice |akyzatœʀ, tʀis| *s.* (*dr., cour.*) accusatore*: *accusateur public* pubblico accusatore ♦ *adj.* accusatore, accusatorio*: *documents accusateurs* documenti accusatori; *un regard accusateur* sguardo accusatore.

accusatif |akyzatif| *s.m.* (*ling.*) accusativo.

accusation |akyzɑsjɔ̃| *s.f.* **1** [→ 1 ACCUSER A] accusa: *accusations fausses* false accuse; *faire une accusation* muovere un'accusa **2** (*dr., cour.*) accusa: *chef d'accusation* capo d'accusa; *acte d'accusation* atto di accusa; *mettre en accusation* mettere in stato d'accusa; incolpare → **plainte, poursuite.**

accusatoire |akyzatwaʀ| *adj.* (*dr.*) accusatorio*.

accusé, ée |akyze| *s.* **1** *s.* imputato, accusato: *l'accusé a été interrogé par le juge d'instruction* l'imputato è stato interrogato dal giudice istruttore; *l'accusé a bénéficié d'un non-lieu* l'accusato ha beneficiato di un non luogo a procedere → **inculpé, prévenu** **2** (*s.m.*) *accusé de réception* [*avis informant qu'une chose a été reçue*] ricevuta *f.* di ritorno, avviso di ricevimento.

1 **accuser** |akyze| **A** *v.tr.* [*signaler ou présenter* (*qqn.*) *comme coupable*] accusare, incolpare: *ne l'accusez pas sans preuves* non accusatelo, non incolpatelo senza (averne le) prove; *accuser qqn. de...* accusare qc. di...; *on l'accuse d'un crime, d'avoir tué sa femme* è accusato di un delitto, di aver ucciso sua moglie → **attaquer, 1 charger, incriminer** ◇ (*choses*) *accuser le sort, les événements* accusare la sorte, gli eventi **B** *v. pron. réfl.* S'ACCUSER [→ *tr.* 1] accusarsi, incolparsi: *elle s'est accusée de cette faute* si è accusata, incolpata di quell'errore.

2 **accuser** |akyze| *v.tr.* **1** [*faire ressortir, faire sentir avec force*] rivelare; accusare: *vêtement qui accuse les lignes du corps* abito che rivela, sottolinea le forme del corpo ‖ *son visage accuse de la fatigue, son âge* il suo viso accusa, rivela la stanchezza, l'età → **marquer** **2** ACCUSER RÉCEPTION DE... [*donner avis qu'on a reçu*] accusare ricevuta di...: *j'accuse réception de votre lettre du 12 courant* accuso ricevuta, ricezione della sua del 12 corrente.

acéphale |asefal| *adj.* acefalo ♦ *s.m.* (*t. zool.*) *les Acéphales* gli Acefali.

acerbe |asɛʀb(ə)| *adj.* **1** → **âpre** **2** (*fig.*) [*qui cherche à blesser; qui critique avec méchanceté*] acerbo, aspro: *critiques acerbes* critiche acerbe, aspre; *répondre d'une manière acerbe* rispondere in modo aspro.

acéré, ée |aseʀe| *adj.* **1** [*dur, tranchant, pointu*] affilato; appuntito: *lames acérées* lame affilate ‖ *griffes acérées* artigli appuntiti **2** (*fig.*) [*intentionnellement blessant, mordant*] tagliente, caustico*: *langue acérée* lingua tagliente; *un style acéré* uno stile caustico, mordace.

acérer |aseʀe| (8) *v.tr.* (*rare*) → **aiguiser.**

acescence |asesɑ̃s| *s.f.* acescenza.

acescent, ente |asesɑ̃, ɑ̃t| *adj.* acescente.

acétate |asetat| *s.m.* (*chim.*) acetato: *acétate de cellulose* acetato di cellulosa.
acétification |asetifikɑsjɔ̃| *s.f.* acetificazione.
acétifier |asetifje| *v.tr.* [*effectuer l'acétification de* (*qqch.*)] acetificare.
acétimètre |asetimɛtʀ(ə)|, **acétomètre** |asetɔmɛtʀ(ə)| *s.m.* (*techn.*) acetimetro.
acétique |asetik| *adj.* (*chim.*) acetico*: *acide acétique* acido acetico; *fermentation acétique* fermentazione acetica.
acétobacter |asetɔbaktɛʀ| *s.m.* (*chim.*) acetobatterio*.
acétone |asetɔn| *s.f.* (*chim.*) acetone *m.*
acétonémie |asetɔnemi| *s.f.* (*méd.*) acetonemia.
acétonurie |asetɔnyʀi| *s.f.* (*méd.*) acetonuria.
acétyle |asetil| *s.m.* (*chim.*) acetile.
acétylène |asetilɛn| *s.m.* (*chim.*) acetilene: *lampes à acétylène* lampade ad acetilene.
acétylénique |asetilenik| *adj.* acetilenico*.
achalandage |aʃalɑ̃daʒ| *s.m.* (*dr. comm.*) avviamento (commerciale).
achalandé, ée |aʃalɑ̃de| (*adj.*) *une épicerie bien achalandée* [*qui a de nombreux clients*] una drogheria molto frequentata ◇ (*abusiv.*) [*qui a beaucoup de marchandises*] una drogheria ben fornita.
achalander |aʃalɑ̃de| *v.tr.* (*rare*) [*procurer des clients à*] procurare clienti a.
acharné, ée |aʃaʀne| *adj.* [*qui fait preuve d'acharnement*] accanito: *un joueur, un adversaire acharné* un giocatore, un avversario accanito → **enragé** ◇ (*choses*) furioso: *un combat acharné* un combattimento furioso.
acharnement |aʃaʀnəmɑ̃| *s.m.* [*ardeur furieuse et opiniâtre dans la lutte*] accanimento: *l'ennemi résistait avec acharnement* il nemico resisteva con accanimento; *travailler avec acharnement* lavorare con accanimento → **opiniâtreté.**
acharner (s') |aʃaʀne| *v.pron. intr.* [*combattre ou poursuivre avec fureur*] accanirsi (197): *il s'acharne contre sa victime* si accanisce contro la sua vittima # *tout s'acharne contre lui* tutto congiura contro di lui.
achat |aʃa| *s.m.* **1** [→ ACHETER] acquisto: *achat au comptant, à crédit* acquisto in contanti, a credito (a rate); *prix d'achat* prezzo d'acquisto → **acquisition** # *faire l'achat de...* acquistare, comp(e)rare ◇ (*écon.*) *pouvoir d'achat* potere d'acquisto **2** [*ce qu'on a acheté*] acquisto, compera (*f.*): *montre-moi un peu tes achats* fammi un po' vedere i tuoi acquisti, le tue compere; *faire des achats* fare compere.
achéen, éenne |akeɛ̃, eɛn| *s.* **1** (*hist. gr.*) acheo ♦ (*adj.*) *soldats achéens* soldati achei **2** *les Achéens* [*les Grecs*] gli Achei.
acheminement |aʃminmɑ̃| *s.m.* [→ ACHEMINER A] inoltro; istradamento: *l'acheminement des colis, du courrier* l'inoltro dei pacchi postali, della posta → **acheminer.**
acheminer |aʃmine| **A** *v.tr.* [*diriger vers un lieu déterminé*] inoltrare, istradare: *acheminer la correspondance* inoltrare, istradare la corrispondenza; *acheminer un train sur Dijon* istradare un treno verso Digione **B** *v.pron. intr.* S'ACHEMINER [→ *tr.*] incamminarsi, avviarsi: *il s'était acheminé pour aller au théâtre* si era incamminato, avviato verso il teatro; *nous nous acheminons vers la ville* ci incamminiamo verso la città.
achetable |aʃtabl(ə)| *adj.* [→ ACHETER A 1] acquistabile, comp(e)rabile.
acheter |aʃte| (7) **A** *v.tr.* **1** [*acquérir* (*qqch.*) *contre paiement*] acquistare, comp(e)rare: *acheter au comptant, à crédit* comperare in contanti, a credito; *acheter d'occasion* acquistare d'occasione; *je lui ai acheté un jouet* gli ho comperato un giocattolo ♦ (*absolt.*) *elle adore acheter* adora fare acquisti **2** (*péj.*) [*obtenir à prix d'argent* (*qqch. qui n'est pas proprement vénal*)] comp(e)rare: *acheter la complicité de qqn.* comperare la complicità di qc. ◇ [*corrompre*] comprare, corrompere (176): *elle s'est laissé acheter* si è lasciata comprare, corrompere **3** [*obtenir* (*un avantage*) *au prix d'un sacrifice*] pagare ◇ (*pop.*) *vous achetez bien cher votre tranquillité* lei paga ben caro (cara) la sua tranquillità → **payer B** *v.pron.* (*sens passif*) S'ACHETER [*être acheté*] comprarsi: *ce ne sont pas des choses qui s'achètent* non sono cose che si comprano.
acheteur, euse |aʃtœʀ, øz| *s.* **1** [*personne qui achète*] compratore*, acquirente: *un lot de produits qui n'a pas pu trouver acheteur* una partita di merce che non ha potuto trovare compratori, acquirenti → **acquéreur, client** # *je suis acheteur* [*je me propose d'acheter*] ho (l')intenzione di comprare **2** [*agent chargé d'effectuer les achats pour le compte d'un employeur*] commissionario*: *les acheteurs d'un grand magasin* i commissionari di un grande magazzino.
achevé, ée |aʃve| *adj.* (*littér.*) [*parfait en son genre*] compiuto (*cour.*), finito (*cour.*): *un modèle achevé* un modello compiuto, finito → **accompli.**
achèvement |aʃɛvmɑ̃| *s.m.* [→ ACHEVER 1] completamento, ultimazione (*f.*): *la station sera fermée jusqu'à l'achèvement des travaux* la stazione rimarrà chiusa fino al completamento, all'ultimazione dei lavori.
achever |aʃve| (6) *v.tr.* **1** [*finir en menant à bonne fin*] terminare, finire (197): *il est mort sans avoir achevé son roman* è morto senza aver terminato il suo romanzo; *achever ses jours dans la retraite* finire i propri giorni in solitudine → **terminer** ◇ (*spécialt.*) *en achevant ces mots, il se leva* [*en les disant pour finir*] dopo aver pronunciato quelle parole, si alzò **2** ACHEVER DE (+ *inf.*) [*finir l'action de*] finire di (+ *inf.*): *j'ai achevé de ranger mes papiers* ho finito di mettere a posto le mie carte; (*sujet de chose*) [*apporter le dernier élément nécessaire pour que se réalise un fait*] finire completamente, del tutto di...: *ses remarques achevèrent d'indisposer contre lui ses élèves* le sue osservazioni finirono di indispettire completamente, del tutto i suoi allievi nei suoi confronti **3** [*porter le coup de grâce à* (*qqn.*)] finire, dare (102) il colpo di grazia a: *achever un blessé* finire un ferito, dare il colpo di grazia a un ferito ◇ [*ruiner définitivement la santé ou la fortune* (*de qqn.*)] dare il colpo di grazia a: *ce deuil l'a achevé* questo lutto gli ha dato il colpo di grazia.
achillée |akile| *s.f.* (*t.bot.*) achillea.
acholie |akɔli| *s.f.* (*méd.*) acolia: *acholie pigmentaire* acolia pigmentaria.
achoppement |aʃɔpmɑ̃| (*s.m.*) *pierre d'achoppement* [*obstacle, écueil*] pietra *f.* d'inciampo; intoppo, scoglio*.
achopper |aʃɔpe| **A** *v.intr.* (*littér.*) [*buter du pied contre un obstacle*] incespicare (*cour.*), inciampare (*aux.* avere, essere) (*cour.*) **B** *v.pron. intr.* S'ACHOPPER (*fig.*) [*se heurter*] inciampare (*intr.*): *il s'est achoppé à une situation sans issue* è (ha) inciampato in una situazione senza via d'uscita.
achromatique |akʀɔmatik| *adj.* (*opt.*) acromatico*: *objectif photographique achromatique* obiettivo fotografico acromatico.
achromatisme |akʀɔmatism(ə)| *s.m.* (*opt.*) acromatismo.
achromatopsie |akʀɔmatɔpsi| *s.f.* acromatopsia.
achromie |akʀɔmi| *s.f.* (*méd.*) acromia.
aciculaire |asikylɛʀ| *adj.* (*bot., minér.*) aciculare.
1 **acide** |asid| *s.m.* (*chim. génér.*) acido: *acide acétique, chlorhydrique* acido acetico, cloridrico ◇ (*chim. organique*) *acides gras* grassi; *acides aromatiques, nucléiques* acidi aromatici, nucleici.
2 **acide** |asid| *adj.* **1** [*qui est piquant au goût*] aspro, agro: *fruit encore acide* frutto ancora aspro, agro → **aigre** **2** (*fig.*) [*acerbe, désagréable*] acido: *des propos acides* parole acide **3** (*chim.*) acido: *solution acide* soluzione acida; *réactions en milieu acide* reazioni in ambiente acido.
acidification |asidifikɑsjɔ̃| *s.f.* (*sc.*) acidificazione.
acidifier |asidifje| **A** *v.tr.* [*rendre acide, transformer en acide*] acidificare **B** *v.pron. intr.* S'ACIDIFIER [*devenir acide*] acidificare (*intr.*): *matière qui s'acidifie* materia che acidifica.
acidimétrie |asidimetʀi| *s.f.* acidimetria.
acidité |asidite| *s.f.* **1** [*saveur acide*] asprezza, agro (*m.*): *l'acidité du citron* l'asprezza, l'agro del limone **2** [*qualité acide d'une substance*] acidità: *l'acidité d'une solution aqueuse* l'acidità di una soluzione acquosa; *acidité gastrique* acidità gastrica **3** (*fig.*) [*caractère mordant, causticité*] acidità *inv.*, asprezza: *l'acidité de sa remarque* l'acidità, l'asprezza della sua osservazione.
acidophile |asidɔfil| *adj.* (*biol.*) acidofilo.
acidose |asidoz| *s.f.* (*méd.*) acidosi *inv.*
acidulé, ée |asidyle| *adj.* [*légèrement acide*] acidulo → **aigrelet** ◇ [*qu'on a acidulé*] acidulato: *boissons acidulées* bevande acidulate.
aciduler |asidyle| *v.tr.* [*rendre légèrement acide*] acidulare: *aciduler un liquide* acidulare un liquido.
acier |asje| *s.m.* **1** (*métall., cour.*) acciaio*: *couteau en acier inoxydable* coltello d'acciaio inossidabile; *acier doux, dur* acciaio dolce, duro # *la Communauté charbon-acier* [*la CECA*] la Comunità carbosiderurgica **2** *loc. fig.* D'ACIER d'acciaio: *des muscles d'acier* muscoli d'acciaio; *un regard*

d'acier uno sguardo d'acciaio # *un cœur d'acier* un cuore di pietra.

aciérage |asjeʀaʒ| *s.m.* (*techn.*) acciaiatura *f.*

aciérer |asjeʀe| (8) *v.tr.* [*procéder à l'aciérage de*] acciaiare ♦ (*au p.p.*) *fonte aciérée* ghisa acciaiata.

aciérie |asjeʀi| *s.f.* (*métall., cour.*) acciaieria.

acinus |asinys| *s.m.* (*anat.*) acino.

acmé |akme| *s.f.* **1** (*méd.*) acme **2** [*apogée*] acme.

acné |akne| *s.f.* (*méd.*) acne: *acné juvénile* acne giovanile; *acné rosacée* → **couperose.**

acnéique |akneik| *adj.* acneico*: *peau acnéique* pelle acneica.

acolytat |akɔlita| *s.m.* (*relig. cathol.*) accolitato.

acolyte |akɔlit| *s.m.* **1** (*péj.*) accolito: *il était flanqué de ses deux acolytes* era fiancheggiato dai suoi due accoliti **2** (*relig. cathol.*) accolito.

acompte |akɔ̃t| *s.m.* **1** (*comm.*) acconto: *verser un acompte* versare un acconto **2** (*fam.*) [*petit avantage qu'on reçoit ou prend, en attendant mieux*] anticipo.

aconit |akɔnit| *s.m.* (*t.bot.*) aconito.

aconitine |akɔnitin| *s.f.* aconitina.

acoquinement |akɔkinmɑ̃| *s.m.* [*liaison peu honorable*] comunella *f.*

acoquiner (s') |akɔkine| *v.pron. intr.* [*se lier à une personne peu recommandable*] far (103) *tr.* comunella, mettersi (155) in combutta: *il s'acoquine avec le premier venu* fa comunella col primo venuto; *il s'était acoquiné à des fripons* si era messo in combutta con dei bricconi.

acore |akɔʀ| *s.m.* (*t. bot.*) acoro.

à-côté |akote| *s.m.* [*point, problème accessoire*] aspetto secondario*: *ce n'est qu'un à-côté de la question* non è che un aspetto secondario del problema ◇ [*gain d'appoint*] extra (*inv.*): *il gagne tant, sans compter les à-côtés* guadagna tot, senza contare gli extra.

acotylédone |akɔtiledɔn| *adj.* (*bot.*) acotiledone.

acoumètre |akumɛtʀ(ə)| *s.m.* acumetro → **audiomètre.**

à-coup |aku| *s.m.* **1** [*discontinuité de mouvement provoquant des secousses*] sobbalzo, scossa (*f.*): *le moteur a eu quelques à-coups* il motore ha avuto qualche sobbalzo, qualche scossa **2** *loc.* PAR À-COUPS [*de façon irrégulière, intermittente*] saltuariamente (*adv.*): *travailler par à-coups* lavorare saltuariamente.

acousticien, ienne |akustisjɛ̃, jɛn| *s.* esperto di acustica.

acoustique |akustik| **I** *adj.* **1** acustico*: *nerf acoustique* nervo acustico; *cornet acoustique* cornetto acustico **2** [*relatif au son, du domaine de l'acoustique*] acustico: *les phénomènes acoustiques* i fenomeni acustici → **sonore** **II** *s.f.* **1** (*phys.*) acustica* **2** [*qualité d'un local au point de vue de la propagation des sons*] acustica: *cette salle a une bonne, une mauvaise acoustique* questa sala ha una buona, una cattiva acustica.

acquéreur, euse |akeʀœʀ, øz| *s.* (*le f. appartient à la langue jurid.*) [*personne qui acquiert un bien*] acquirente, compratore*: *ce tableau n'a pas trouvé acquéreur* questo quadro non ha trovato acquirenti, compratori; *madame X est l'acquéreur* l'acquirente è la signora X → **acheteur.**

acquérir |akeʀiʀ| (26) **A** *v.tr.* **1** [*devenir propriétaire de* (*un bien, etc.*), *par achat, échange, succession*] acquistare; acquisire (197): *acquérir des manuscrits* acquistare dei manoscritti ◇ (*prov.*) *bien mal acquis ne profite jamais* la farina del diavolo (se ne) va tutta in crusca **2** [*arriver à posséder* (*un avantage*)] acquistare, acquisire: *acquérir de la gloire, de la notoriété* acquistare gloria, notorietà; *acquérir une habitude* acquisire un'abitudine → **gagner, obtenir** ♦ (*au p.p.*) *l'expérience acquise* l'esperienza acquisita ◇ (*sujet de chose*) [*arriver à avoir* (*une qualité*)] *ces tableaux ont acquis beaucoup de valeur* questi quadri hanno acquistato molto valore → 1 **prendre** **3** [*procurer* (*la possession, la disposition de*)] procurare, acquistare: *l'aisance que ses efforts lui ont acquise* l'agiatezza che gli hanno procurato i suoi sforzi → **valoir** □ *elle s'est acquis l'estime de ses chefs* si è acquistata, guadagnata la stima dei suoi superiori **B** *v. pron.* S'ACQUÉRIR **1** (*sens passif*) [→ *tr.* 1] acquisirsi: *une habitude qui s'acquiert difficilement* un'abitudine che si acquisisce difficilmente **2** *réfl.* [→ *tr.* 3] acquistarsi, procurarsi → *tr.* □ 🄲 A 2 **perdre.**

acquêt |akɛ| *s.m.* (*dr.*) acquisti *pl.*

acquiescement |akjɛsmɑ̃| *s.m.* **1** [*consentement, acceptation*] consenso, assenso: *donner son acquiescement* dare il proprio consenso, assenso **2** (*dr.*) consenso: *acquiescement tacite* tacito consenso, acquiescenza (*f.*): *acquiescement exprès* espresso consenso 🄲 1 **refus.**

acquiescer |akjese| (2) *v.intr.* [*donner son entier consentement à*] acconsentire: *nous acquiesçons à votre demande* acconsentiamo alla vostra richiesta; *il acquiesça d'un signe de tête* acconsentì con un cenno del capo, annuì → **accepter** 🄲 **refuser.**

acquis |aki| *s.m.* [*savoir acquis, expérience acquise*] esperienza (*f.*): *il est jeune, mais il a beaucoup d'acquis* è giovane, ma ha molta esperienza.

acquis, ise |aki, iz| *adj.* **1** acquisito: *les qualités acquises* le qualità acquisite ◇ (*biol.*) *caractères acquis* caratteri acquisiti ◇ (*phys.*) *vitesse acquise* velocità acquisita **2** ACQUIS À (QQN.) [*dont il peut disposer d'une façon définitive et sûre*] *mon soutien vous est acquis* vi garantisco il mio appoggio; *ce droit lui est acquis* questo diritto gli spetta **3** [*reconnu sans contestation*] scontato: *nous pouvons considérer comme acquis ce premier point* possiamo dare per scontato questo primo punto **4** ACQUIS À (*une idée, un parti*) [*définitivement partisan de*] conquistato a: *il est acquis à notre projet* è conquistato al nostro progetto.

acquisitif, ive |akizitif, iv| *adj.* (*dr.*) acquisitivo.

acquisition |akizisjɔ̃| *s.f.* **1** [→ ACQUÉRIR] acquisto *m.* # *faire l'acquisition d'un terrain* acquistare un terreno → **achat** ◇ (*dr.*) *acquisition à titre onéreux, à titre gratuit* acquisto a titolo oneroso, a titolo gratuito **2** [*bien acquis*] acquisto: *voici ma dernière acquisition* ecco il mio ultimo acquisto **3** [*fait d'arriver à posséder*] acquisizione, conseguimento (*m.*): *le temps nécessaire à l'acquisition de ces connaissances* il tempo necessario all'acquisizione, al conseguimento di queste conoscenze.

acquit |aki| *s.m.* **1** [*reconnaissance écrite d'un paiement*] quietanza (*f.*): *acquit de paiement* quietanza di pagamento; *pour acquit* per quietanza **2** *loc. fig.* PAR ACQUIT DE CONSCIENCE [*pour décharger entièrement sa conscience*] per scrupolo, per sgravio di coscienza: *je lui ai donné de l'argent par acquit de conscience* per scrupolo, sgravio di coscienza gli ho dato del denaro.

acquit-à-caution |akitakosjɔ̃| *s.m.* (*comm.*) bolletta *f.* di cauzione; bolletta di temporanea importazione (esportazione).

1 **acquittement** |akitmɑ̃| *s.m.* [→ 1 ACQUITTER A 1] pagamento; adempimento (di un obbligo).

2 **acquittement** |akitmɑ̃| *s.m.* [→ 2 ACQUITTER] assoluzione *f.*, proscioglimento → **absolution.**

1 **acquitter** |akite| **A** *v.tr.* **1** [*libérer d'une obligation, d'une dette*] liberare, sciogliere (123): *ce dernier versement m'acquitte envers vous* quest'ultimo versamento mi libera (dal debito) nei vostri confronti **2** [*payer* (*ce qu'on doit*)] pagare: *acquitter ses impôts* pagare le tasse → **régler** **3** [*revêtir de la mention 'pour acquit' et de sa signature*] quietanzare: *acquitter une facture* quietanzare una fattura **B** *v.pron. réfl.* S'ACQUITTER DE [→ *tr.* 1] liberarsi da; adempiere (140) (*tr.*): *s'acquitter d'une dette* liberarsi da un debito ‖ *s'acquitter d'un devoir* adempiere, assolvere un dovere → **remplir.**

2 **acquitter** |akite| *v.tr.* [*déclarer un accusé non coupable*] assolvere (117), prosciogliere (123): *la mise en liberté du prévenu acquitté* la scarcerazione dell'imputato assolto, prosciolto.

acre |akʀ(ə)| *s.f.* acro *m.*

âcre |ɑkʀ(ə)| *adj.* acre: *une saveur, une odeur âcre* un sapore, un odore acre ◇ (*fig.*) → **âpre.**

âcreté |ɑkʀəte| *s.f.* [*qualité de ce qui est âcre*] asprezza ◇ (*fig.*) acredine.

Acridiens |akʀidjɛ̃| *s.m.pl.* (*t. zool.*) Acridi.

acrimonie |akʀimɔni| *s.f.* acrimonia → **aigreur, hargne.**

acrimonieux, euse |akʀimɔnjø, øz| *adj.* (*littér.*) acrimonioso: *ton acrimonieux* tono acrimonioso → **hargneux.**

acritique |akʀitik| *adj.* acritico*: *une attitude acritique* un atteggiamento acritico.

acrobate |akʀɔbat| *s.* **1** *s.* acrobata ◇ (*fig., péj.*) [*spécialiste extrêmement adroit*] funambolo, virtuoso: *c'est un acrobate de la récitation* è un funambolo, un virtuoso della recitazione **2** *s.m.* (*t. zool.*) acrobate.

acrobatie |akʀɔbasi| *s.f.* acrobazia: *acrobatie aérienne* acrobazia aerea; *faire des acrobaties* fare delle acrobazie ◇ (*fig.*) [*virtuosité qui se déploie dans la difficulté*] virtuosismo (*m.*): *ce n'est plus du piano, c'est de l'acrobatie* questo non è suonare il piano, è fare del virtuosismo.

acrobatique |akʀɔbatik| *adj.* acrobatico*: *exercice acrobatique* esercizio acrobatico.

acrocéphale |akʀɔsefal| *adj.* (*méd.*) acrocefalo.

acrocéphalie |akʀɔsefali| *s.f.* (*méd.*) acrocefalia.

acrocyanose |akRɔsjanoz| *s.f.* (*méd.*) acrocianosi *inv.*
acromégalie |akRɔmegali| *s.f.* (*méd.*) acromegalia.
acronyme |akRɔnim| *s.m.* (*ling.*) acronimo.
acropole |akRɔpɔl| *s.f.* acropoli *inv.* ✦ (*absolt.*) *l'Acropole* [*l'acropole d'Athènes*] l'Acropoli.
acrostiche |akRɔstiʃ| *s.m.* acrostico*.
acrylique |akRilik| *adj. et s.m.* acrilico*.
1 **acte** |akt(ə)| *s.m.* **1** (*dr.*) atto: *acte de vente* atto di vendita; *dresser, établir un acte* stendere, redigere un atto # *acte sous seing privé* scrittura privata ◇ (*loc.*) *donner, prendre acte d'une chose* dare, prendere atto di una cosa: *je prends acte de votre promesse* prendo atto della vostra promessa **2** *au plur.* [*recueil de procès-verbaux*] atti: *actes des conciles, des apôtres* atti dei concili, degli apostoli.
2 **acte** |akt(ə)| *s.m.* **1** [*action humaine*] atto: *un acte de courage, de bonté* un atto di coraggio, di bontà; *vous êtes responsable de vos actes* lei è responsabile dei suoi atti ◇ (*biol., philo., psycho.*) atto **2** (*relig.*) atto: *acte de foi* atto di fede ◇ [*formule, prière*] *réciter un acte de contriction* recitare un atto di dolore **3** (*dr.*) atto: *acte de commerce* atto commerciale; *acte administratif* atto amministrativo; *acte de naissance, de décès* atto di nascita, di morte ◇ (*loc.*) FAIRE ACTE DE [*manifester, donner preuve de*] dare prova di: *faire acte de bonne volonté* dar prova di buona volontà # *faire acte de présence* fare atto di presenza.
3 **acte** |akt(ə)| *s.m.* **1** (*théât.*) atto: *les tragédies classiques en cinq actes* le tragedie classiche in cinque atti; *une pièce en un acte* un atto unico **2** (*fig.*) [*moment, époque d'une vie*] atto: *le dernier acte du conflit risque d'être sanglant* l'ultimo atto del conflitto rischia di essere sanguinoso.
actée |akte| *s.f.* (*t.bot.*) actea.
acteur, trice |aktœR, tRis| *s.* attore*: *acteur célèbre* attore famoso ◇ (*fig.*) protagonista, attore: *les acteurs et les témoins de ce drame* i protagonisti e gli spettatori di quel dramma → **protagoniste.**
actif |aktif| *s.m.* **1** (*comm., cour.*) attivo: *l'actif d'un bilan, d'une société* l'attivo di un bilancio, di una società; *l'actif et le passif* l'attivo e il passivo, le attività *f.pl.* e le passività *f.pl.* **2** (*loc. fig.*) *avoir à son actif* avere al proprio attivo ◇ (*par plais.*) *un individu qui a plusieurs vols à son actif* un individuo che ha parecchi furti al suo attivo **3** (*gram.*) attivo.
actif, ive |aktif, iv| *adj.* **1** attivo: *service actif* servizio attivo; *vie active* vita attiva; *méthode active* metodo attivo; *population active* popolazione attiva **2** [*qui aime à agir, à se dépenser en travaux, en entreprises*] attivo, dinamico*: *un secrétaire actif* un segretario attivo, dinamico → **dynamique, entreprenant, travailleur** ✦ (*s.*) *un actif* una persona *f.* attiva *adj.*, un tipo *m.* attivo *adj.* ◇ (*caractérol.*) attivo **3** (*choses*) [*qui agit avec force*] efficace, energico*: *un remède particulièrement actif* una medicina particolarmente efficace, energica → **énergique** **4** (*gram.*) *forme verbale active* forma verbale attiva **5** (*phys.*) *charbon actif* carbone attivo.
actinie |aktini| *s.f.* (*t.zool.*) attinia.
actinique |aktinik| *adj.* attinico*.
actinium |aktinjɔm| *s.m.* (*chim.*) attinio*.
actinologie |aktinɔlɔʒi| *s.f.* actinologia*, attinologia*.
actinomètre |aktinɔmɛtR(ə)| *s.m.* (*phys.*) actinometro, attinometro.
actinométrie |aktinɔmetRi| *s.f.* (*phys.*) actinometria, attinometria.
actinomycète |aktinɔmisɛt| *s.m.* (*biol.*) actinomiceto, attinomiceto.
actinote |aktinɔt| *s.f.* actinoto *m.*, actinolite.
actinothérapie |aktinɔteRapi| *s.f.* (*méd.*) actinoterapia, attinoterapia.
1 **action** |aksjɔ̃| *s.f.* **I** **1** azione, atto (*m.*): *commettre une mauvaise action* commettere una cattiva azione; *vos actions sont irréfléchies* i vostri atti sono inconsulti → 2 **acte, fait** # *action d'éclat* prodezza, impresa **2** [*fait de produire un effet, manière d'agir sur qqn. ou qqch.*] azione: *l'action du remède se fait sentir* l'azione della medicina si fa sentire; *changement de politique dû à l'action personnelle d'un ministre* cambiamento di politica dovuto all'azione personale di un ministro → **influence** ◇ *loc.* EN ACTION in azione: *être en action* essere in azione # *mettre en action* mettere in atto ◇ (*mécan.*) azione **3** [*exercice de la faculté d'agir*] azione: *un homme d'action* un uomo d'azione; *passer à l'action* passare all'azione → **activité, effort, travail** **4** [*combat, lutte*] battaglia; azione: *engager l'action* ingaggiare battaglia ‖ *une action revendicative, politique* un'azione rivendicativa, politica; *dans le feu de l'action* nella foga dell'azione **II** (*dr., cour.*) azione: *action personnelle* azione personale; *intenter une action en diffamation* intentare un'azione (legale), far causa per diffamazione **III** **1** [*suite de faits et d'actes constituant le sujet d'une œuvre dramatique ou narrative*] azione: *unité d'action* unità d'azione; *action dramatique* azione drammatica; *l'action du film se passe en Italie* l'azione del film si svolge in Italia → **intrigue** **2** [*animation tenant aux faits et aux actes représentés ou racontés*] azione: *film d'action* film d'azione Ⓒ I 2, 3 **inaction.**
2 **action** |aksjɔ̃| *s.f.* (*comm., cour.*) azione: *action nominative* azione nominativa; *cote des actions en Bourse* quotazione delle azioni in Borsa; *hausse des actions* rialzo delle azioni ◇ (*fig., fam.*) *ses actions montent, baissent* le sue azioni sono in rialzo, in ribasso.
actionnaire |aksjɔnɛR| *s.* azionista: *l'assemblée des actionnaires* l'assemblea degli azionisti.
actionnariat |aksjɔnaRja| *s.m.* azionariato: *actionnariat ouvrier* azionariato operaio.
actionnement |aksjɔnmɑ̃| *s.m.* [→ ACTIONNER 1] azionamento.
actionner |aksjɔne| *v.tr.* **1** [*mettre en mouvement*] azionare: *actionner le dispositif de départ d'un moteur* azionare il dispositivo d'avviamento di un motore **2** (*dr.*) [*poursuivre en justice*] intentare un'azione (contro qc.), fare (103) causa (a qc.).
activateur, trice |aktivatœR, tRis| *s.m. et adj.* (*chim.*) attivatore*.
activation |aktivɑsjɔ̃| *s.f.* **1** [*le fait de rendre actif, de devenir actif*] attivazione **2** (*biol., chim., phys.*) attivazione.
activement |aktivmɑ̃| *adv.* [→ ACTIF 1, 2, 3] attivamente: *il s'en occupe activement* se ne occupa attivamente.
activer |aktive| **A** *v.tr.* **1** [*rendre plus prompt*] accelerare, attivare: *activer les travaux* accelerare i lavori; *activer la circulation du sang* attivare la circolazione del sangue → **accélérer** ◇ (*loc. fam.*) *allons, activons!* su, sbrighiamoci! **2** [*rendre plus vif*] ravvivare: *le vent activait l'incendie* il vento ravvivava l'incendio ◇ (*chim.*) *charbon activé* carbone attivato **B** *v.pron. réfl.* S'ACTIVER [*déployer une grande activité*] affaccendarsi: *elle s'active à préparer le repas* si affaccenda a, si dà da fare per preparare il pasto.
activeur |aktivœR| *s.m.* (*chim.*) attivatore.
activisme |aktivism(ə)| *s.m.* (*philo., polit.*) attivismo.
activiste |aktivist(ə)| *s.* attivista.
activité |aktivite| *s.f.* **1** attività (*inv.*): *une activité prodigieuse* un'attività prodigiosa → **dynamisme, énergie** **2** [*actes coordonnés; travaux de l'être humain*] attività: *les produits de l'activité humaine* i prodotti dell'attività umana; *activité économique, intellectuelle* attività economica, intellettuale; *j'ignore tout de ses activités* non so niente delle sue attività → 2 **occupation** ◇ (*biol., psycho.*) attività ◇ (*dans le monde inorganique*) *volcan en activité* vulcano in attività; *activité solaire* attività solare **3** [*situation d'une personne qui exerce son emploi*] attività (di servizio): *fonctionnaire en activité* funzionario in attività di servizio, in servizio # *le passage de l'activité à la retraite* il passaggio dalla vita attiva alla pensione ◇ (*par anal.*) *industries, affaires en pleine activité* industrie, affari in piena attività Ⓒ 1 **inactivité.**
actuaire |aktɥɛR| *s.* attuario*.
actualisation |aktɥalizɑsjɔ̃| *s.f.* **1** (*philo.*) attualizzazione **2** [*passage de l'état virtuel à l'état réel*] attuazione **3** (*écon.*) rivalutazione **4** [*mise à jour*] aggiornamento (*m.*): *l'actualisation du 'programme commun'* l'aggiornamento del 'programma comune'.
actualiser |aktɥalize| *v.tr.* **1** (*philo., cour.*) [*opérer l'actualisation de*] attualizzare; attuare **2** [*donner un caractère d'actualité à, moderniser* (*qqch.*)] aggiornare, attualizzare: *actualiser ses méthodes de travail* aggiornare, attualizzare i (propri) metodi di lavoro.
actualisme |aktɥalism(ə)| *s.m.* (*géol., philo.*) attualismo.
actualité |aktɥalite| *s.f.* **1** attualità (*inv.*): *souligner l'actualité d'un problème* sottolineare l'attualità di un problema; *ce livre n'est plus d'actualité* questo libro non è più d'attualità **2** [*événements actuels, faits tout récents*] attualità: *s'intéresser à l'actualité politique, sportive* interessarsi all'attualità politica, sportiva **3** (*philo.*) attualità **4** *au plur.* LES ACTUALITÉS [*informations, nouvelles du moment*] (*presse*) le informazioni; (*ciné.*) cinegiornale *m. sing.*; (*télév.*) telegiornale *m. sing.*
actuariel, ielle |aktɥaRjɛl| *adj.* (*math., statistique*) attuariale: *calculs actuariels* calcoli attuariali.
actuel, elle |aktɥɛl| *adj.* **1** attuale: *à l'heure actuelle* al momento attuale,

attualmente; *à l'époque actuelle* nell'attuale epoca → **présent** # *le monde actuel* il mondo d'oggi **2** [*qui intéresse notre époque, se trouve au goût du jour*] attuale: *une grande œuvre toujours actuelle* una grande opera sempre attuale, d'attualità **3** (*philo.*) attuale → **effectif** ◇ (*théol.*) *péché actuel* peccato attuale.

actuellement |aktɥɛlmɑ̃| *adv.* [*dans les circonstances actuelles, à l'heure actuelle*] attualmente: *il n'est pas actuellement en fonction* attualmente non è in servizio → **1 présent (à).**

acuité |akɥite| *s.f.* **1** acuità *inv.*, acutezza: *les oppositions sociales gardent leur acuité* i conflitti sociali mantengono la loro acuità → **intensité** **2** [*degré de sensibilité d'un sens*] acuità: *acuité visuelle* acuità visiva.

Aculéates |akyleat| *s.m. pl.* (*t. zool.*) Aculeati.

aculéiforme |akyleifɔʀm(ə)| *agg.* aculeiforme.

acuminé, ée |akymine| *adj.* (*bot.*) acuminato.

acupuncteur, acuponcteur |akypɔ̃ktœʀ| *s.m.* specialista in agopuntura.

acupuncture, acuponcture |akypɔ̃ktyʀ| *s.f.* (*méd.*) agopuntura: *l'acupuncture chinoise* l'agopuntura cinese.

acutangle |akytɑ̃gl(ə)| *adj.* (*géom.*) acutangolo: *triangle acutangle* triangolo acutangolo.

acyclique |asiklik| *adj.* (*chim., géol.*) aciclico*.

adage |adaʒ| *s.m.* adagio*: *ce vieil adage a reçu une nouvelle confirmation* quel vecchio adagio ha ottenuto una nuova conferma.

adagio |ada(d)ʒjo| *adv. et s.m.* (*mus.*) adagio*.

adamantin, ine |adamɑ̃tɛ̃, in| *adj.* (*littér.*) adamantino.

adamique |adamik| *adj.* [*d'Adam*] adamitico*: *innocence adamique* innocenza adamitica.

adaptabilité |adaptabilite| *s.f.* adattabilità *inv.*

adaptable |adaptabl(ə)| *adj.* [→ ADAPTER A 1] adattabile.

adaptateur, trice |adaptatœʀ, tʀis| *s.* adattatore*.

adaptation |adaptɑsjɔ̃| *s.f.* **1** [→ ADAPTER A 1; B] adattamento (*m.*): *un effort d'adaptation* uno sforzo d'adattamento; *adaptation d'un enseignement à l'âge des élèves* adattamento di un insegnamento all'età degli allievi **2** (*biol.*) adattamento **3** [→ ADAPTER A 3] adattamento; riduzione: *les nombreuses adaptations de Shakespeare* i numerosi adattamenti (dell'opera) di Shakespeare || *adaptation cinématographique* riduzione cinematografica ◇ (*mus.*) arrangiamento *m.*

adapter |adapte| **A** *v.tr.* **1** [*réunir, appliquer après ajustement*] adattare: *adapter un robinet à un tuyau* adattare un rubinetto a un tubo **2** [*approprier, mettre en harmonie avec*] adeguare: *adaptez vos dépenses à votre situation* adeguate le spese alla vostra situazione economica → **2 accorder** **3** [*faire l'adaptation de*] adattare, ridurre (108): *adapter un roman pour le théâtre* adattare un romanzo per il teatro **B** *v.pron. réfl.* S'ADAPTER [*se mettre en harmonie avec; réaliser son adaptation biologique*] adattarsi: *l'art s'adapte aux circonstances* l'arte si adatta, si adegua alle circostanze; *l'organisme s'adapte aux bactéries* l'organismo si adatta ai batteri → **acclimater (s'), habituer (s')** ◆ (*absolt.*) *il faut savoir s'adapter* bisogna sapersi adattare.

addendum |adɛ̃dɔm|, *pl.* **addenda** |adɛ̃da| *s.m.* addendum, aggiunta (*f.*): *des addenda* degli addenda.

additif, ive |aditif, iv| **1** *adj.* (*math.*) additivo **2** *s.m.* (*chim.*) additivo ◇ [*supplément, article additionnel*] aggiunta *f.*

addition |adisjɔ̃| *s.f.* **1** [*action d'ajouter en incorporant*] aggiunta: *liqueur composée par addition d'un sirop à une eau-de-vie* liquore ottenuto coll'aggiunta di uno sciroppo a un'acquavite → **adjonction** ◇ (*chim.*) *composé d'addition* composto di addizione **2** [*écrit ajouté*] aggiunta: *les notes et additions d'un livre* le note e le aggiunte di un libro → **addendum, 2 annexe** **3** (*math., cour.*) addizione → **1 somme** ◇ (*psycho.*) sommazione **4** [*note présentant le total des dépenses effectuées au restaurant ou au café*] conto (*m.*): *garçon, l'addition !* cameriere, il conto!; *régler l'addition* pagare il conto.

additionnel, elle |adisjɔnɛl| *adj.* aggiuntivo, addizionale ◇ (*spécialt.*) *centimes additionnels* addizionale *s.f.*, sopra(t)tassa *s.f.*

additionner |adisjɔne| *v.tr.* **1** [*enrichir par l'addition d'un élément*] aggiungere (150): *additionner d'eau le vin* aggiungere acqua al vino # *jus de fruit additionné de sucre* succo di frutta con aggiunta di zucchero **2** [*faire l'addition de*] addizionare: *additionner trois nombres* addizionare tre numeri.

additionneuse |adisjɔnøz| *s.f.* (*techn.*) addizionatrice.

adducteur |adyktœʀ| *adj.m.* (*anat.*) adduttore: *muscle adducteur* muscolo adduttore ◇ (*techn.*) *canal adducteur* canale adduttore, di alimentazione ◆ (*s.m.*) *un adducteur* un adduttore.

adduction |adyksjɔ̃| *s.f.* **1** (*anat.*) adduzione **2** [*action de dériver les eaux d'un lieu pour les amener dans un autre*] derivazione: *travaux d'adduction d'eau* lavori di derivazione delle acque, di approvvigionamento idrico # *une adduction d'eau* un acquedotto; *réseau d'adduction d'eau* rete idrica.

adénine |adenin| *s.f.* (*biol., chim.*) adenina.

adénite |adenit| *s.f.* (*méd.*) adenite.

adénocarcinome |adenokaʀsinɔm| *s.m.* (*méd.*) adenocarcinoma.

adénoïde |adenɔid| *adj.* (*méd.*) adenoide: *végétations adénoïdes* adenoidi *s.f.pl.*

adénoïdien, ienne |adenoidjɛ̃, jɛn| *agg.* (*méd.*) adenoideo.

adénome |adenɔm| *s.m.* (*méd.*) adenoma.

adénopathie |adenɔpati| *s.f.* (*méd.*) adenopatia.

adénosine |adenɔzin| *s.f.* (*biol., chim.*) adenosina.

adepte |adɛpt(ə)| *s.* adepto, seguace.

adéquat, ate |adekwa, at| *adj.* adeguato, adatto: *c'est la réponse adéquate* è la risposta adeguata; *nous avons trouvé l'endroit adéquat* abbiamo trovato il luogo adatto → **approprié, convenable, juste.**

adéquatement |adekwatmɑ̃| *adv.* [→ ADÉQUAT] adeguatamente.

adéquation |adekwɑsjɔ̃| *s.f.* [*rapport de convenance parfaite*] adeguatezza; adeguamento *m.*

adhérence |adeʀɑ̃s| *s.f.* **1** aderenza: *l'adhérence des pneus au sol* l'aderenza dei pneumatici al terreno; *coefficient d'adhérence* coefficiente di aderenza **2** (*méd.*) *adhérence pleurale* aderenza pleurica.

1 **adhérent, ente** |adeʀɑ̃, ɑ̃t| *adj.* aderente: *matière adhérente à la peau* materiale aderente alla pelle ◇ (*mécan.*) *poids adhérent* peso aderente ◇ (*bot.*) *ovaire adhérent* ovario aderente.

2 **adhérent, ente** |adeʀɑ̃, ɑ̃t| *s.* aderente, iscritto: *les adhérents d'un syndicat* gli iscritti, gli aderenti a un sindacato; *carte d'adhérent* tessera di iscritto, di socio → **membre.**

adhérer |adeʀe| (8) *v.intr.* **1** [*tenir fortement par un contact étroit*] aderire (197): *le sparadrap adhérait à son doigt* il cerotto gli aderiva al dito → **coller** **2** (*fig.*) [*se déclarer d'accord avec, partisan de*] aderire (197): *j'adhère à ton point de vue* aderisco al tuo punto di vista ◇ [*s'inscrire à* (*une association, une organisation*)] aderire: *adhérer à un parti* aderire a un partito.

adhésif, ive |adezif, iv| *adj.* adesivo: *ruban adhésif* nastro adesivo → **collant** ◆ (*s.m.*) *un adhésif* un adesivo.

adhésion |adezjɔ̃| *s.f.* **1** adesione: *donner son adhésion à un projet* dare la propria adesione a un progetto → **1 accord, assentiment** ◇ (*dr. internat.*) *l'adhésion d'un nouveau pays à un traité* l'adesione di un nuovo paese a un trattato **2** (*phys.*) adesione **3** [→ ADHÉRER 2] adesione: *le parti a enregistré des adhésions massives* il partito ha registrato massicce adesioni.

ad hoc |adɔk| *loc. adj.* (*lat.*) ad hoc (*loc. adj. et adv.*): *c'est l'homme ad hoc* è l'uomo, il tipo ad hoc; *création d'un comité ad hoc* creazione di un comitato ad hoc, di un apposito comitato.

adiabatique |adjabatik| *adj.* (*météo., phys.*) adiabatico*.

adiabatisme |adjabatism(ə)| *s.m.* adiabatismo.

adiante |adjɑ̃t| *s.m.* (*t. bot.*) adianto.

adieu |adjø| **I** *interj.* **1** addio: *adieu, les amis !* addio, amici!; *dire adieu à qqn.* dire addio a qc.; salutare qc. **2** (*en parlant d'une chose perdue*) addio: *adieu, la belle vie !* addio, vita beata! ◇ (*loc.*) *dire adieu à la tranquillité, à la jeunesse* dire addio alla tranquillità, alla giovinezza **II** *s.m.* [*fait de prendre congé, de se séparer de qqn.*] addio*: *le moment des adieux* il momento degli addii # *faire ses adieux à qqn.* prendere commiato, accomiatarsi da qc.

à-Dieu-va(t) |adjøva(t)| *loc. interj.* [*à la grâce de Dieu ! advienne que pourra !*] vada come vada!

adipeux, euse |adipø, øz| *adj.* adiposo: *tissu adipeux* tessuto adiposo.

adipique |adipik| *adj.* (*chim.*) adipico*.

adipolyse |adipɔliz| *s.f.* (*physiol.*) adipolisi *inv.*

adipose |adipoz| *s.f.* (*pathol.*) adiposi *inv.*

adiposité |adipozite| *s.f.* adiposità *inv.*

adipsie |adipsi| *s.f.* (*méd.*) adipsia.

adjacent, ente |adʒasɑ̃, ɑ̃t| *adj.*

1 adiacente: *les rues adjacentes* le vie adiacenti **2** (*géom.*) *angles adjacents* angoli adiacenti.

adjectif |adʒɛktif| *s.m.* (*gram.*) aggettivo: *adjectif possessif, qualificatif* aggettivo possessivo, qualificativo; *adjectif substantivé, verbal* aggettivo sostantivato, verbale.

adjectif, ive |adʒɛktif, iv| *adj.* [*qui a une valeur d'adjectif*] aggettivale: *locution adjective* locuzione aggettivale.

adjectival, ale, aux |adʒɛktival, o| *adj.* (*gram.*) aggettivale → **adjectif.**

adjectivation |adʒɛktivasjɔ̃| *s.f.* [→ ADJECTIVER] aggettivazione.

adjectivement |adʒɛktivmɑ̃| *adv.* [*dans un emploi d'adj.*] aggettivamente.

adjectiver |adʒɛtive| *v.tr.* [*employer comme adj.*] aggettivare: *participe présent adjectivé* participio presente aggettivato.

adjoindre |adʒwɛ̃dʀ(ə)| (61) **A** *v.tr.* **1** [*associer* (*une personne*) *pour aider, contrôler qqn.*] affiancare: *on lui a adjoint des gens capables* gli hanno affiancato delle persone capaci **2** [*ajouter une chose à une autre*] aggiungere (150): *adjoindre un réservoir spécial à une voiture de course* aggiungere un serbatoio speciale a una macchina da corsa **B** *v. pron. réfl.* S'ADJOINDRE [→ *tr.* 1] prendere (105) (*tr.*): *elle s'est adjoint deux collaborateurs* si è presa due collaboratori, si è fatta affiancare da due collaboratori.

adjoint, ointe |adʒwɛ̃, wɛ̃t| *s.* [*personne associée à une autre pour l'aider dans ses fonctions*] *l'adjoint au maire* il vicesindaco*, il prosindaco*; *les adjoints au maire* gli assessori (comunali); *adressez-vous à mon adjoint* si rivolga al mio assistente, al mio vice → 2 **aide,** 2 **assistant** ✦ (*en appos.*) *directeur adjoint* direttore aggiunto.

adjonction |adʒɔ̃ksjɔ̃| *s.f.* [→ ADJOINDRE A] (*personnes*) ammissione: *l'adjonction de deux nouveaux membres au comité directeur* l'ammissione di due nuovi membri al comitato direttivo ◇ (*choses*) aggiunta: *une adjonction à un texte* un'aggiunta a un testo.

adjudant |adʒydɑ̃| *s.m.* **1** [*sous-officier venant, dans la hiérarchie des grades, au-dessus du sergent-major*] ⊠ **2** (*fig., péj.*) *un adjudant* [*un chef autoritaire et borné*] un caporale.

adjudicataire |adʒydikatɛʀ| *s.* (*dr.*) aggiudicatario*; appaltatore* → **acquéreur.**

adjudicateur, trice |adʒydikatœʀ, tʀis| *s.* (*dr.*) aggiudicante; ente *m.*, stazione *f.* appaltante.

adjudicatif, ive |adʒydikatif, iv| *adj.* (*dr.*) aggiudicativo.

adjudication |adʒydikasjɔ̃| *s.f.* aggiudicazione; appalto (*m.*): *adjudication au plus offrant* aggiudicazione al miglior offerente.

adjuger |adʒyʒe| (3) **A** *v.tr.* **1** [*décerner, attribuer*] aggiudicare: *adjuger un prix, une récompense* aggiudicare un premio, una ricompensa □ *elles se sont adjugé la meilleure part* si sono appropriate della parte migliore; *s'adjuger la première place* aggiudicarsi il primo posto **2** [*attribuer par adjudication*] aggiudicare; appaltare: *une fois, deux fois, trois fois, adjugé* uno, due, tre, aggiudicato; *le tableau a été adjugé pour 800.000 lires* il quadro è stato aggiudicato per 800.000 lire **B** *v.pron. réfl.* S'ADJUGER [→ *tr.* 1] aggiudicarsi → *tr.* 1 □.

adjuration |adʒyʀasjɔ̃| *s.f.* [*prière instante, supplication*] supplica*: *il s'entêtait, malgré les adjurations de sa famille* si intestardiva, malgrado le suppliche della famiglia ◇ (*théol.*) scongiuro (*m.*): *l'exorcisme est une des formes de l'adjuration* l'esorcismo è una forma di scongiuro.

adjurer |adʒyʀe| *v.tr.* [*commander ou demander* (*à qqn.*) *en adressant une adjuration*] scongiurare, supplicare: *je vous adjure de dire la vérité* vi scongiuro, vi supplico di dire la verità; *il l'adjurait de revenir* la scongiurava di ritornare → **supplier.**

adjuvant |adʒyvɑ̃| *s.m.* **1** (*méd., cour.*) coadiuvante **2** (*fig.*) [*auxiliaire, stimulant*] ausilio*, contributo: *un précieux adjuvant* un prezioso ausilio, contributo.

ad libitum |adlibitɔm| *loc. adv.* (*lat.*) (*mus.*) ad libitum.

admettre |admɛtʀ(ə)| (71) *v.tr.* **1** [*accepter de recevoir* (*qqn.*)] ammettere (155), accogliere (123): *admettre qqn. à sa table* ammettere, accogliere qc. alla propria tavola; *il a été admis à l'Académie* è stato ammesso all'Accademia (di Francia) → **accueillir, agréer** # *admettre qqn. à siéger* concedere a qc. di sedere → **autoriser** **2** [*considérer comme acceptable par l'esprit*] ammettere, accettare: *je n'admets pas vos raisons* non ammetto, non accetto le vostre ragioni; *je l'admets volontiers* lo posso ammettere **3** [*accepter à titre de simple hypothèse provisoire*] ammettere, supporre (168): *en admettant que cela soit vrai* ammettendo (ammesso), supponendo che ciò sia vero → **supposer** **4** (*surtout en phrase négative*) [*accepter, permettre*] ammettere: *il n'admet pas la discussion* non ammette discussioni; *cette règle n'admet aucune exception* questa regola non ammette eccezioni **5** [*laisser entrer*] ammettere: *les voitures ne sont pas admises dans cette rue* le macchine non sono ammesse in questa via **6** (*dr.*) [*déclarer recevable en justice*] accogliere: *admettre une requête* accogliere una richiesta.

administrateur, trice |administʀatœʀ, tʀis| *s.* amministratore*: *administrateur judiciaire* amministratore giudiziario; *administrateur de société* amministratore di una società; *un bon administrateur* un buon amministratore.

administratif, ive |administʀatif, iv| *adj.* amministrativo: *acte administratif* atto amministrativo; *droit administratif* diritto amministrativo ◇ (*personnes*) *directeur administratif* direttore amministrativo.

administration |administʀasjɔ̃| *s.f.* **1** [→ ADMINISTRER 1] amministrazione: *l'administration d'une société* l'amministrazione di una grande società **2** [→ ADMINISTRER 2] amministrazione: *l'administration des départements est confiée aux préfets* l'amministrazione dei dipartimenti è affidata ai prefetti; *l'administration des douanes* l'amministrazione delle dogane ◇ (*par ext.*) *entrer dans l'administration* entrare nella pubblica amministrazione → **service (public)** **3** [*action de conférer* (*un sacrement*), *d'administrer* (*un remède*)] somministrazione: *l'administration du dernier sacrement* la somministrazione, l'amministrazione dell'estrema unzione.

administrativement |administʀativmɑ̃| *adv.* [→ ADMINISTRATIF] amministrativamente.

administré, ée |administʀe| *s.* amministrato.

administrer |administʀe| *v.tr.* **1** [*gérer en faisant valoir, en défendant les intérêts*] amministrare: *il administre les biens de la communauté* amministra i beni della comunità **2** [*assurer l'administration* (*d'un pays, d'une circonscription*)] amministrare: *le maire administre la commune* il sindaco amministra il comune **3** [*faire prendre* (*un remède*)] somministrare: *administrer un antidote* somministrare un antidoto ◇ (*par ext., relig. cathol.*) *administrer le baptême* somministrare, amministrare il battesimo → 1 **conférer** **4** (*dr.*) [*produire* (*une preuve*) *en justice*] produrre (108) (una prova) al giudice **5** (*fam.*) [*donner, flanquer* (*des coups*)] dare (102), somministrare: *sa mère lui a administré une bonne fessée* sua madre gli ha dato una bella sculacciata.

admirable |admiʀabl(ə)| *adj.* [*digne d'admiration*] mirabile, stupendo: *une statue d'un travail admirable* una statua di mirabile fattura; *cette femme a des yeux admirables* quella donna ha degli occhi stupendi → **merveilleux** # *un homme admirable* un uomo straordinario → **remarquable.**

admirablement |admiʀabləmɑ̃| *adv.* [→ ADMIRABLE] mirabilmente, stupendamente.

admirateur, trice |admiʀatœʀ, tʀis| *s.* ammiratore*: *c'est encore une de vos admiratrices* è un'altra vostra ammiratrice.

admiratif, ive |admiʀatif, iv| *adj.* **1** (*personnes*) [*qui est en admiration* (*devant qqn., un spectacle*)] ammirato, in ammirazione (*loc. inv.*): *les touristes s'arrêtaient admiratifs* i turisti si fermavano ammirati, in ammirazione **2** (*choses*) [*qui marque l'admiration*] ammirativo, di ammirazione (*loc. inv.*): *regard admiratif* sguardo ammirativo, di ammirazione.

admiration |admiʀasjɔ̃| *s.f.* ammirazione: *exciter l'admiration* suscitare l'ammirazione; *son courage fait l'admiration de tout le monde* il suo coraggio riscuote l'ammirazione di tutti; *il était en admiration devant ce tableau* era in ammirazione davanti a quel quadro → **émerveillement, ravissement.**

admirativement |admiʀativmɑ̃| *adv.* [*avec admiration, d'un air admiratif*] ammirativamente.

admirer |admiʀe| *v.tr.* [*contempler avec admiration*] ammirare: *le voyageur admirait la mer* il viaggiatore ammirava il mare; *j'admire son courage* ammiro il suo coraggio ◇ (*iron.*) *j'admire votre confiance* ammiro la vostra fiducia 🄲 **mépriser.**

admis, ise |admi, iz| *s.* ammesso: *les admis à un examen* gli ammessi a un esame.

admissibilité |admisibilite| *s.f.* ammissibilità *inv.* # *liste d'admissibilité* elenco degli ammessi.

admissible |admisibl(ə)| *adj.* **1** [→ ADMETTRE 2] ammissibile: *cela n'est pas admissible* ciò non è ammissibile **2** (*personnes*) [*qui peut être admis* (*à un emploi*)] *tous les citoyens sont admissibles* *aux emplois publics* tutti i cittadini possono essere ammessi ai pubblici impieghi **3** [*admis à subir les épreuves définitives*] ammesso: *candidats admissibles* candidati ammessi ♦ (*s.*) *liste des admissibles* elenco degli ammessi **C** 1 **inadmissible.**

admission |admisjɔ̃| *s.f.* **1** [→ ADMETTRE 1] ammissione: *j'ai envoyé au président du club ma demande d'admission* ho inoltrato al presidente del club la mia domanda di ammissione ◇ (*douanes*) *admission en franchise* introduzione, importazione (di merci) in franchigia **2** [→ ADMETTRE 5] immissione: *régler l'admission de la vapeur* regolare l'immissione del vapore.

admittance |admitɑ̃s| *s.f.* (*électr.*) ammettenza.

admonestation |admɔnɛstasjɔ̃| *s.f.* [→ ADMONESTER] ammonimento *m.*, ammonizione → **réprimande, remontrance.**

admonester |admɔnɛste| *v.tr.* [*réprimander sévèrement*] ammonire (197): *le juge s'est contenté d'admonester le prévenu* il giudice si è accontentato di ammonire l'imputato.

admonition |admɔnisjɔ̃| *s.f.* **1** (*littér.*) [*réprimande*] ammonimento *m.* (*cour.*) → **admonestation 2** (*dr.*) ammonizione.

adolescence |adɔlesɑ̃s| *s.f.* adolescenza: *dès l'adolescence* fin dall'adolescenza.

adolescent, ente |adɔlesɑ̃, ɑ̃t| *s. et adj.* adolescente; ragazzo *s.*

adonis |adɔnis| *s.m.* adone.

1 **adonner** |adɔne| *v.intr.* (*mar.*, *en parlant du vent*) [*tourner en permettant au bateau d'adopter une allure plus arrivée sans changer de cap*] ridondare.

2 **adonner (s')** |adɔne| *v. pron. réfl.* [*s'appliquer avec constance* (*à qqch.*)] dedicarsi, darsi (102): *elle s'était adonnée complètement à l'étude* si era dedicata, data completamente allo studio ♦ *au p.p.* dedito: *un individu adonné à la boisson* un individuo dedito all'alcool.

adoptant, ante |adɔptɑ̃, ɑ̃t| *adj. e s.* (*dr.*) adottante.

adopté, ée |adɔpte| *s.* (*dr.*) adottato.

adopter |adɔpte| *v.tr.* **1** [*prendre légalement pour fils ou pour fille*] adottare: *c'est l'enfant qu'ils ont adopté* è il bambino che hanno adottato ◇ (*par ext.*) *la bonne avait été vite adoptée par les enfants* la domestica era stata accettata, trattata subito come una persona di famiglia dai bambini **2** (*fig.*) [*faire sien en choisissant, en décidant de suivre*] adottare: *adopter une opinion, une mode* adottare un'opinione, una moda; *adopter les coutumes d'un pays* adottare le usanze di un paese → **suivre** # *adopter un parti* sposare un partito, aderire a un partito ◇ (*spécialt.*) *l'Assemblée a adopté le projet de loi* l'Assemblea ha adottato, approvato il progetto di legge **C** 2 **rejeter.**

adoptif, ive |adɔptif, iv| *adj.* adottivo: *père, fils adoptif* padre, figlio adottivo; *famille adoptive* famiglia adottiva ◇ (*par ext.*) *c'est sa patrie adoptive* è la sua patria adottiva.

adoption |adɔpsjɔ̃| *s.f.* **1** [→ ADOPTER 1] adozione: *l'adoption d'un enfant* l'adozione di un bambino ◇ *loc. fig.* D'ADOPTION d'adozione: *la France est devenue sa patrie d'adoption* la Francia è diventata la sua patria d'adozione **2** [→ ADOPTER 2] adozione: *l'Angleterre s'est prononcée pour l'adoption du système métrique* l'Inghilterra si è pronunciata per l'adozione del sistema metrico ◇ (*spécialt.*) *l'adoption d'une résolution, d'un projet de loi* l'adozione, l'approvazione di una mozione, di un disegno di legge.

adorable |adɔRabl(ə)| *adj.* **1** (*personnes, animaux*) adorabile, delizioso: *une adorable petite fille* una ragazzina adorabile; *un adorable petit chien* un adorabile cagnolino → **charmant, exquis** ◇ (*fam.*) *vous êtes adorable* lei è una persona adorabile (*cour.*) **2** (*choses*) [*très joli*] delizioso: *ils habitent une maison adorable* abitano in una casa deliziosa.

adorablement |adɔRabləmɑ̃| *adv.* [→ ADORABLE] adorabilmente, deliziosamente.

adorateur, trice |adɔRatœR, tRis| *s.* **1** adoratore*: *les Incas étaient des adorateurs du Soleil* gli Incas adoravano il Sole **2** [*amoureux empressé*] adoratore, ammiratore*.

adoration |adɔRasjɔ̃| *s.f.* **1** [→ ADORER 1] adorazione: *l'adoration de Dieu* l'adorazione di Dio → **culte 2** [→ ADORER 2] adorazione: *il est en adoration devant elle* è in adorazione davanti a lei.

adorer |adɔRe| *v.tr.* **1** [*rendre un culte à* (*un dieu*)] adorare: *adorer le veau d'or* adorare il vitello d'oro **2** [*aimer d'un amour passionné*] adorare: *il adore sa fille* adora sua figlia ◇ (*fam.*) [*avoir un goût très vif pour* (*qqch.*)] andare (101) *intr.* matto per: *il adore la musique* va matto per la musica # *des fraises à la crème! j'adore ça* le fragole con la panna! mi piacciono da morire.

adossement |adosmɑ̃| *s.m.* [→ ADOSSER] addossamento.

adosser |adose| **A** *v.tr.* [*appuyer en mettant le dos contre*] addossare, appoggiare **B** *v.pron. réfl.* S'ADOSSER [→ *tr.*] addossarsi, appoggiarsi: *il s'assied par terre et s'adosse au mur* si siede per terra e si addossa, si appoggia alla parete.

adoubement |adubmɑ̃| *s.m.* (*féod.*) vestizione *f.* (del cavaliere).

adouber |adube| *v.tr.* **1** (*féod.*) [*armer chevalier par la cérémonie de l'adoubement*] armare cavaliere **2** (*par ext.*) [*aux échecs, aux dames*] *j'adoube!* aggiusto!

adoucir |adusiR| **A** *v.tr.* **1** [*rendre plus doux*] addolcire (197); moderare: *adoucir une sauce* addolcire una salsa → **édulcorer** || *adoucir le ton de sa voix* moderare il tono della propria voce # *produits pour adoucir la peau* prodotti per ammorbidire la pelle; *la pluie a adouci la température* la pioggia ha reso la temperatura più mite ◇ (*techn.*) *adoucir une eau dure* addolcire un'acqua dura **2** (*fig.*) [*rendre moins rude*] mitigare, attenuare: *adoucir une douleur* mitigare un dolore; *il a adouci la dureté de ses critiques* ha mitigato, attenuato la durezza delle sue critiche # *la musique adoucit les mœurs* la musica ingentilisce i costumi **B** *v.pron. intr.* S'ADOUCIR [*devenir plus doux, plus supportable*] diventare *intr.* più mite, mitigarsi: *la température s'adoucit* la temperatura diventa più mite.

adoucissage |adusisaʒ| *s.m.* **1** (*techn.*) levigatura *f.* **2** (*tissage*) smorzamento (dei colori).

adoucissant, ante |adusisɑ̃, ɑ̃t| *adj. et s.m.* (*pharm.*) lenitivo; emolliente.

adoucissement |adusismɑ̃| *s.m.* [→ ADOUCIR] addolcimento; mitigazione (*f.*): *adoucissement de l'eau* addolcimento dell'acqua || *l'adoucissement du climat* la mitigazione del clima; *l'adoucissement d'une peine, d'une condamnation* la mitigazione, l'attenuazione di una pena, di una condanna # *l'adoucissement de la peau* l'ammorbidimento della pelle ◇ (*fig.*) *l'adoucissement d'une douleur* la mitigazione, il lenimento di un dolore.

adoucisseur |adusisœR| *s.m.* (*chim.*) addolcitore (per acqua).

ad patres |adpatRes| *loc. adv.* (*lat.*) (*fam.*) *envoyer ad patres* [*envoyer dans l'autre monde*] mandare a Patrasso.

adragante |adRagɑ̃t| *s.f.* adragante ♦ (*adj.f.*) *gomme adragante* gomma adragante.

adrénaline |adRenalin| *s.f.* adrenalina.

adressage |adRɛsaʒ| *s.m.* (*informatique*) indirizzamento.

1 **adresse** |adRɛs| *s.f.* **1** indirizzo *m.*, recapito (*m.*): *écrivez lisiblement votre adresse* scrivere l'indirizzo in maniera leggibile; *elle est partie sans même laisser d'adresse* è partita senza lasciare nemmeno l'indirizzo, il recapito **2** *loc.* À L'ADRESSE DE all'indirizzo di: *une remarque à l'adresse de son père* un'osservazione rivolta a suo padre **3** *l'adresse d'une assemblée au souverain* l'esposto *m.*, la petizione di una assemblea al sovrano.

2 **adresse** |adRɛs| *s.f.* **1** [*habileté dans les mouvements du corps*] destrezza, abilità (*inv.*): *l'adresse d'un jongleur* la destrezza di un giocoliere; *manier un instrument avec adresse* maneggiare uno strumento con abilità, con destrezza → **habileté** # *jeux, tours d'adresse* giochi di mano, di prestigio **2** [*ingéniosité, savoir-faire*] accortezza, avvedutezza: *elle avait eu l'adresse de ne déranger personne* aveva avuto l'accortezza di non disturbare nessuno.

adresser |adRese| **A** *v.tr.* **1** [*émettre* (*des paroles*) *en direction de qqn.*] rivolgere (196), indirizzare: *ils ne m'ont jamais adressé la parole* non mi hanno mai rivolto la parola; *adresser une critique à qqn.* indirizzare, rivolgere una critica a qc. **2** [*envoyer en direction de qqn.*] spedire (197), mandare: *la dernière lettre que vous m'avez adressée* l'ultima lettera che mi avete spedito, mandato **3** *loc.* ADRESSER À [*diriger qqn. vers la personne qui convient*] mandare da: *le médecin m'a adressé à un spécialiste* il medico mi ha mandato da uno specialista **B** *v.pron. réfl.* S'ADRESSER À [→ *tr.* 1] rivolgersi a: *adressez-vous à la concierge* rivolgetevi alla portinaia ◇ (*sujet de chose*) essere (96) destinato: *le public auquel ce livre s'adresse* il pubblico al quale questo libro è destinato.

adret |adRɛ| *s.m.* (*géogr.*) versante solatio.

adroit, oite |adRwa, wat| *adj.* **1** [*qui a de l'adresse dans ses activités physiques*] abile, destro: *tireur, ouvrier adroit* tiratore, operaio abile **2** [*qui se conduit avec adresse*] accorto, avveduto:

un négociateur adroit un negoziatore accorto, avveduto → **rusé** [C] **1 gauche 2.**

adroitement |adʀwatmɑ̃| *adv.* [→ ADROIT] abilmente; accortamente.

adsorbant |atsɔʀbɑ̃| *s.m.* (*sc.*) adsorbente.

adsorber |atsɔʀbe| *v.tr.* (*sc.*) [*retenir, fixer par adsorption*] adsorbire (197).

adsorption |atsɔʀpsjɔ̃| *s.f.* (*sc.*) adsorbimento *m.*

adstrat |adstʀa| *s.m.* (*ling.*) adstrato.

adulateur, trice |adylatœʀ, tʀis| *s.* (*littér.*) adulatore* (*cour.*) → **flagorneur, flatteur** ◆ *adj.* (*rare*) adulatorio*.

adulation |adylɑsjɔ̃| *s.f.* (*vieilli*) adulazione (*cour.*) → **flagornerie.**

aduler |adyle| *v.tr.* (*vieilli*) [*flatter bassement*] adulare (*cour.*) → **encenser, flagorner** ◇ (*par ext.*) [*combler de louanges*] vezzeggiare → **choyer, fêter.**

adulte |adylt(ə)| **1** *adj.* adulto: *animal adulte* animale adulto; *âge adulte* età adulta → **mûr 2** *s.m.* adulto: *cours d'adultes* corsi per adulti.

adultération |adylteʀɑsjɔ̃| *s.f.* (*vx.*) → **falsification, altération.**

1 **adultère** |adyltɛʀ| *s.m.* adulterio*: *demander le divorce pour cause d'adultère* chiedere il divorzio per adulterio → **infidélité.**

2 **adultère** |adyltɛʀ| *adj.* adultero: *une femme adultère* una donna adultera → **1 infidèle.**

adultérer |adylteʀe| (8) *v.tr.* (*vx.*) [*altérer, falsifier*] adulterare, alterare.

adultérin, ine |adylteʀɛ̃, in| *adj.* (*dr.*) adulterino: *enfants adultérins* figli adulterini.

adultisme |adyltism(ə)| *s.m.* (*psycho.*) adultismo.

ad usum delphini |adyzɔmdɛlfini| *loc. adj.* (*lat.*) ad usum delphini.

ad valorem |advalɔʀɛm| *loc. adj.* (*lat.*) ad valorem.

advection |advɛksjɔ̃| *s.f.* avvezione.

advenir |advəniʀ| (27) *v. impers.* (*aux.* 'être') [*arriver, survenir*] accadere (121), succedere (125): *quoi qu'il advienne, je partirai* qualunque cosa accada, partirò; *ne perdez pas votre calme, quoi qu'il advienne* non perdete la calma, qualunque cosa succeda ◇ (*loc. prov.*) *advienne que pourra* succeda quel che succeda!, accada quel che accada!

adventice |advɑ̃tis| *adj.* **1** avventizio*, provvisorio*: *ce sont des circonstances adventices* sono circostanze provvisorie **2** (*bot.*) avventizio: *plantes adventices* piante avventizie.

adventif, ive |advɑ̃tif, iv| *adj.* **1** (*bot.*) avventizio*: *racines adventives* radici avventizie **2** (*géol.*) *cône adventif* cono avventizio.

adventiste |advɑ̃tist(ə)| *s.* (*relig.*) avventista ◆ (*adj.*) *l'Église adventiste du septième jour* la Chiesa avventista del settimo giorno.

adverbe |advɛʀb(ə)| *s.m.* (*gram.*) avverbio*: *adverbes de lieu, de temps, de manière* avverbi di luogo, di tempo, di modo (di maniera).

adverbial, ale, aux |advɛʀbjal, o| *adj.* (*gram.*) avverbiale: *locution adverbiale* locuzione avverbiale.

adverbialement |advɛʀbjalmɑ̃| *adv.* [→ ADVERBIAL] avverbialmente.

adversaire |advɛʀsɛʀ| *s.* avversario*, nemico* → **ennemi, rival** [C] **ami, partisan.**

adversatif, ive |advɛʀsatif, iv| *adj.* (*ling.*) avversativo: *conjonction adversative* congiunzione avversativa.

adverse |advɛʀs(ə)| *adj.* (*littér.*) avverso, contrapposto (*cour.*): *le pays est divisé en deux blocs adverses* il paese è diviso in due blocchi avversi, contrapposti ◇ (*dr.*) *partie adverse* parte avversa [C] **allié.**

adversité |advɛʀsite| *s.f.* (*littér.*) avversità *inv.* (*cour.*): *ce sont les grandes adversités qui forment les hommes* sono le grandi avversità che formano gli uomini → **malheur.**

ad vitam æternam |advitametɛʀnam| *loc. adv.* (*lat.*) (*fam.*) [*pour toujours*] vita natural durante: *on ne restera pas ici ad vitam æternam* non si resterà qui vita natural durante.

adynamie |adinami| *s.f.* (*méd.*) adinamia.

aède |aɛd| *s.m.* (*littér.*) aedo, vate → **poète.**

aepyornis |epjɔʀnis| *s.m.* (*paléont.*) epiornite.

aérage |aeʀaʒ| *s.m.* [*circulation de l'air renouvelé dans les galeries souterraines*] aerazione *f.*, ventilazione *f.* → **ventilation.**

aérateur |aeʀatœʀ| *s.m.* aeratore → **ventilateur.**

aération |aeʀɑsjɔ̃| *s.f.* aer(e)azione: *conduits d'aération* condotti di aerazione.

aéré, ée |aeʀe| *adj.* aer(e)ato, arieggiato.

aérer |aeʀe| (8) **A** *v.tr.* **1** [*faire entrer de l'air dans* (*un lieu clos*)] arieggiare, aer(e)are: *aérer une chambre* arieggiare una stanza → **1 ventiler** ◇ (*par ext.*) *aérer une robe* [*l'exposer à l'air*] arieggiare un vestito **2** [*rendre moins dense, touffu*] sfoltire (197): *aérer un exposé* sfoltire una relazione **B** *v.pron. réfl.* (*fam.*) S'AÉRER [*prendre l'air*] prendere (105) *tr.* aria: *il faut vous aérer un peu* bisogna che prendiate un po' d'aria.

aéricole |aeʀikɔl| *adj.* (*bot.*) aericolo.

aérien, ienne |aeʀjɛ̃, jɛn| *adj.* **1** aereo: *navigation aérienne* navigazione aerea; *transport aérien* trasporto aereo; *forces aériennes* forze aeree; *attaque aérienne* attacco aereo ◇ (*fig.*) *elle a une grâce aérienne* ha una grazia aerea → **immatériel 2** (*télécom.*) aereo: *télégraphe, câble aérien* telegrafo, cavo aereo ◆ *s.m.* (*radio*) aereo, antenna *f.*

aérifère |aeʀifɛʀ| *adj.* (*physiol.*) aerifero.

aérium |aeʀjɔm| *s.m.* [*établissement pour les convalescents, les enfants menacés de tuberculose*] sanatorio*.

aéro- |aeʀɔ| *préf.* (*signifiant 'air', correspond généralt. à*) aero: *aérologie* aerologia.

aérobie |aeʀɔbi| *adj. et s.m.* (*biol.*) aerobio* [C] **anaérobie.**

aérobiose |aeʀɔbjoz| *s.f.* (*biol.*) aerobiosi *inv.*

aérobus |aeʀɔbys| *s.m.* aerobus *inv.*

aéro(-)club |aeʀɔklœb| *s.m.* aeroclub *inv.*

aérodrome |aeʀɔdʀom| *s.m.* aerodromo, aeroporto.

aérodynamique |aeʀɔdinamik| **1** *s.f.* aerodinamica*: *aérodynamique expérimentale* aerodinamica sperimentale **2** *adj.* aerodinamico*: *profil aérodynamique* profilo aerodinamico; *ligne, carrosserie aérodynamique* linea, carrozzeria aerodinamica.

aérodyne |aeʀɔdin| *s.m.* aerodina *f.*

aérofrein |aeʀɔfʀɛ̃| *s.m.* (*aviat.*) aerofreno.

aérogare |aeʀɔgaʀ| *s.f.* aerostazione ◇ (*en ville*) [*gare desservant un aéroport*] air terminal *m.inv.*

aérogastrie |aeʀɔgastʀi| *s.f.* (*méd.*) aerogastria.

aéroglisseur |aeʀɔglisœʀ| *s.m.* veicolo a cuscino d'aria; hovercraft *inv.*

aérogramme |aeʀogʀam| *s.m.* aerogramma.

aérographe |aeʀɔgʀaf| *s.m.* aerografo, pistola *f.* a spruzzo.

aérolit(h)e |aeʀɔlit| *s.m.* aerolito.

aérologie |aeʀɔlɔʒi| *s.f.* aerologia*.

aéromodélisme |aeʀɔmɔdelism(ə)| *s.m.* aeromodellismo.

aéromodéliste |aeʀɔmɔdelist| *s.* aeromodellista.

aéromoteur |aeʀɔmɔtœʀ| *s.m.* aeromotore.

aéronaute |aeʀɔnot| *s.m.* aeronauta.

aéronautique |aeʀɔnotik| **1** *adj.* aeronautico*: *constructions aéronautiques* costruzioni aeronautiche **2** *s.f.* aeronautica*: *école nationale supérieure de l'aéronautique* accademia aeronautica *adj.* → **aviation.**

aéronaval, ale, als |aeʀɔnaval| **1** *adj.* aeronavale: *forces aéronavales* forze aeronavali; *bataille aéronavale* battaglia aeronavale **2** *s.f.* (*milit.*) *l'aéronavale* l'aviazione navale.

aéronef |aeʀɔnɛf| *s.m.* (*techn.*) aeromobile.

aéronomie |aeʀɔnomi| *s.f.* (*sc.*) aeronomia.

aérophagie |aeʀɔfaʒi| *s.f.* (*méd.*) aerofagia.

aérophobie |aeʀɔfɔbi| *s.f.* (*pathol.*) aerofobia.

aéroplane |aeʀɔplan| *s.m.* (*vx.*) aeroplano (*cour.*) → **avion.**

aéroport |aeʀɔpɔʀ| *s.m.* aeroporto.

aéroporté, ée |aeʀɔpɔʀte| *adj.* (*milit.*) aerotrasportato: *troupes aéroportées* truppe aerotrasportate.

aéroportuaire |aeʀɔpɔʀtyɛʀ| *adj.* aeroportuale.

aéropostal, ale, aux |aeʀɔpɔstal, o| *adj.* aeropostale.

aéroscope |aeʀɔskɔp| *s.m.* (*phys.*) aeroscopio*.

aérosol |aeʀɔsɔl| **1** *s.m.* (*phys.*) aerosol *inv.* **2** (*adj. inv.*) *bombes aérosol* bombolette aerosol, bombolette spray.

aérosondage |aeʀɔsɔ̃daʒ| *s.m.* aerosondaggio*.

aérospatial, ale, aux |aeʀɔspasjal, o| *adj.* aerospaziale ◆ (*s.f.*) *l'aérospatiale* l'industria aerospaziale.

aérostat |aeʀɔsta| *s.m.* aerostato.

aérostatique |aeʀɔstatik| **1** *adj.* aerostatico* **2** *s.f.* (*phys., techn.*) aerostatica*.

aérostier |aeʀɔstje| *s.m.* aerostiere.

aérotechnique |aeʀɔtɛknik| **1** *adj.* aerotecnico* **2** *s.f.* aerotecnica*.

aéroterrestre |aeʀɔteʀɛstʀ(ə)| *adj.* aeroterrestre.

aérothérapie |aeʀɔteʀapi| *s.f.* (*méd.*) aeroterapia.

aérothermique |aeʀɔtɛʀmik| *adj.* aerotermico*.

aérotrain |aeʀɔtʀɛ̃| *s.m.* aerotreno.

affabilité |afabilite| *s.f.* affabilità *inv.*, gentilezza → **amabilité, politesse.**

affable |afabl(ə)| *adj.* affabile, gentile: *le ministre a été très affable avec nous au cours de l'audience* il ministro è stato molto affabile con noi durante l'udienza → **accueillant, aimable.**
affablement |afabləmɑ̃| *adv.* [→ AFFABLE] affabilmente, gentilmente.
affabulation |afabylɑsjɔ̃| *s.f.* **1** [*l'arrangement des faits constituant la trame d'un roman, etc.*] intreccio* *m.*, trama (di un romanzo, di un'opera) **2** (*psychan., psycho.*) → **fabulation.**
affacturage |afaktyʀaʒ| *s.m.* (*écon.*) riscossione *f.* crediti, factoring *inv.*
affadir |afadiʀ| **A** *v.tr.* [*rendre fade*] rendere (105) insulso; rendere insipido: *affadir un sujet, un conte* rendere insulso un argomento, un racconto ‖ *affadir une sauce* rendere insipida una salsa # *affadir un mets* far perdere sapore a una pietanza **B** *v.pron. intr.* S'AFFADIR [→ *tr.*] diventare *intr.* insipido, perdere (163) *tr.* (il) sapore: *cette sauce s'est affadie* questa salsa è diventata insipida, ha perduto (il) sapore.
affadissement |afadismɑ̃| *s.m.* [→ AFFADIR] insipidezza *f.*; insulsaggine (*f.*): *l'affadissement d'un plat* l'insipidezza di una portata ‖ *l'affadissement d'un sujet* l'insulsaggine di un argomento.
affaiblir |afebliʀ| **A** *v.tr.* **1** [*rendre physiquement faible*] indebolire (197): *la maladie l'a affaibli* la malattia lo ha indebolito → **abattre, débiliter 2** [*priver moralement d'une partie de sa force*] indebolire: *la crise économique a affaibli l'autorité du gouvernement* la crisi economica ha indebolito l'autorità del governo → **diminuer** # *affaiblir le courage* fiaccare il coraggio **3** [*priver d'une partie de sa valeur expressive*] attenuare: *affaiblir une expression, un trait* attenuare un'espressione, un tratto # *ce peintre a dû affaiblir les couleurs de son tableau* quel pittore ha dovuto smorzare i colori del suo quadro → **atténuer B** *v.pron. intr.* S'AFFAIBLIR **1** [→ *tr.* 1] indebolirsi: *il s'affaiblissait davantage* si indeboliva sempre più → **2 décliner, dépérir 2** [→ *tr.* 3] attenuarsi: *le sens de cette expression s'est affaibli* il significato di questa espressione si è attenuato.
affaiblissant, ante |afeblisɑ̃, ɑ̃t| *adj.* [*qui affaiblit*] debilitante: *un régime affaiblissant* una dieta debilitante → **débilitant, déprimant.**
affaiblissement |afeblismɑ̃| *s.m.* [→ AFFAIBLIR A 1, 2; B 1] indebolimento: *il s'inquiète de l'affaiblissement de sa vue* si preoccupa per l'indebolimento della vista; *l'affaiblissement d'un parti politique* l'indebolimento di un partito politico ◇ [→ AFFAIBLIR A 3; B 2] attenuazione (*f.*): *ce mot a subi un affaiblissement de sens* questa parola ha subito un'attenuazione di significato.
affaire |afɛʀ| *s.f.* **I 1** affare *m.*, fatto (*m.*): *c'est mon affaire* è affar mio; *occupez-vous de vos affaires* occupatevi dei fatti vostri # *j'en fais mon affaire* me ne occupo io; *j'ai là votre affaire* ho quello che fa al caso vostro; *cela devrait faire l'affaire* dovrebbe fare al caso, dovrebbe andare bene **2** *loc. fam.* FAIRE SON AFFAIRE À QQN. [*le corriger, le tuer*] fare la festa a qc.: *je vais lui faire son affaire* gli faccio la festa **3** (*spécialt.*) AFFAIRE DE... questione, faccenda di...: *une affaire d'honneur* una questione d'onore; *c'est une affaire de goût* è questione di gusto → **question** ✦ (*absolt.*) *c'est une autre affaire* è un'altra faccenda, un altro paio di maniche **4** [*ce qui occupe de façon embarrassante, qui crée une situation compliquée*] faccenda: *c'est toute une affaire* non è una faccenda da poco, è affare serio; *une sale affaire* una brutta faccenda; *c'est une affaire délicate* è una faccenda delicata → **difficulté, ennui** # *c'est l'affaire d'une seconde* è questione di un attimo; *on a voulu étouffer l'affaire* si è voluto mettere a tacere la cosa ◇ [*danger*] *se tirer d'affaire* trarsi d'impaccio; *il est maintenant hors d'affaire* adesso è fuori pericolo ◇ (*iron.*) *la belle affaire!* [*ce n'est pas si difficile*] quante storie! ◇ [*événement, crime posant une énigme judiciaire*] affare: *l'affaire de la rue X* l'affare di via X **5** [*procès, objet d'un débat judiciaire*] processo *m.*, caso (*m.*): *instruire une affaire civile* istruire un processo civile; *l'affaire Dreyfus* il caso Dreyfus **6** [*marché conclu ou à conclure avec qqn.*] affare: *vous avez fait une affaire d'or* avete fatto un affare d'oro ✦ (*absolt.*) *faire une affaire* fare un (buon) affare; *faire affaire avec qqn.* trattare un affare con qc.; *chiffre d'affaires* giro d'affari, fatturato **7** [*entreprise comm. ou industrielle*] azienda, ditta: *être à la tête d'une grosse affaire* essere a capo di una grossa azienda, di una grossa ditta **8** *loc.* AVOIR AFFAIRE À avere a che fare con: *j'ai eu affaire à lui* ho avuto a che fare con lui # *vous aurez affaire à moi!* ve la vedrete con me! ◇ (*loc.*) *avoir affaire à forte partie* trovare pane per i propri denti **II** *au plur. seulement* **1** affari: *les affaires publiques* gli affari pubblici; *Ministère des Affaires étrangères* Ministero degli (Affari) Esteri; *chargé d'affaires* incaricato d'affari **2** [*situation matérielle d'un particulier*] faccende: *mettre de l'ordre dans ses affaires* mettere a posto le proprie faccende ◇ (*fam.*) *où en sont tes affaires?* [*tes aventures amoureuses, tes intrigues*] come vanno le tue cose?, come vanno i tuoi amori? **3** [*activités économiques (comm. et financières)*] affari: *être dans les affaires* essere in affari; *c'est un homme d'affaires* è un uomo d'affari; *les affaires sont les affaires* gli affari sono affari; *lettre d'affaires* lettera d'affari # *centre d'affaires* centro direzionale **4** [*objets ou effets personnels*] roba *sing.*, cose: *cet enfant ne range jamais ses affaires* quel bambino non mette mai a posto la sua roba, le sue cose; *il perd toujours ses affaires* perde sempre la sua roba, le sue cose.
affairé, ée |afeʀe| *adj.* [*qui est ou paraît occupé*] indaffarato, affaccendato: *la maîtresse de maison était très affairée* la padrona di casa era molto indaffarata.
affairement |afɛʀmɑ̃| *s.m.* [*état, comportement d'une personne affairée*] l'affaccendarsi *inv.*, affaccendamento: *son affairement autour de ces enfants était touchant* il suo affaccendarsi attorno a quei bambini era commovente.
affairer (s') |afeʀe| *v.pron. réfl.* [*se montrer actif, s'occuper activement*] affaccendarsi, darsi (102) da fare: *le portier s'affairait autour des voitures des clients* il portiere si affaccendava, si dava da fare intorno alle macchine dei clienti.
affairisme |afeʀism(ə)| *s.m.* affarismo.
affairiste |afeʀist(ə)| *s.* affarista.
affaissement |afɛsmɑ̃| *s.m.* [→ AFFAISSER B 1] cedimento, affossamento: *affaissement de terrain* cedimento del terreno → 1 **dépression, tassement.**
affaisser |afese| **A** *v.tr.* (*rare*) [*faire plier, baisser de niveau sous le poids*] far (103) *intr.* cedere: *les pluies ont affaissé la route* le piogge hanno fatto cedere la strada **B** *v.pron. intr.* S'AFFAISSER **1** [→ *tr.*] cedere *intr.*, abbassarsi: *le sol s'est affaissé* il suolo ha ceduto → **effondrer (s') 2** [*tomber en pliant sur ses jambes*] accasciarsi: *elle perdit connaissance et s'affaissa* perse conoscenza e si accasciò → **abattre (s'), écrouler (s')** 🄲 B 2 **redresser (se).**
affaitage |afɛtaʒ|, **affaitement** |afɛtmɑ̃| *s.m.* addestramento (dei falconi per la caccia).
affaler |afale| **A** *v.tr.* (*mar.*) [*faire descendre en tirant*] calare, calumare: *affaler un chalut* calare una sciabica **B** *v.pron.* S'AFFALER **1** *réfl.* (*mar.*) [→ *tr.*] calumarsi **2** *intr.* [*se laisser tomber*] accasciarsi, lasciarsi cadere: *s'affaler sur le divan* accasciarsi, lasciarsi cadere sul divano.
affamé, ée |afame| *adj.* **1** affamato: *je suis affamé* sono affamato ✦ (*s.*) *des affamés* degli affamati **2** (*fig.*) [*avide, passionné (de)*] assetato, avido: *affamé de gloire* assetato di gloria → **assoiffé.**
affamer |afame| *v.tr.* [*faire souffrir de la faim*] affamare, ridurre (108) alla fame: *les assiégeants pensaient d'affamer la population* gli assedianti pensavano di affamare, ridurre alla fame la popolazione.
affameur |afamœʀ| *s.m.* [*celui qui affame le peuple*] affamatore* *s.*
affect |afɛkt| *s.m.* (*psycho.*) affetto; stato affettivo elementare.
1 **affectation** |afɛktɑsjɔ̃| *s.f.* **1** [*destination (d'une chose) à un usage déterminé*] destinazione: *l'affectation d'un immeuble à un service public* la destinazione di un immobile a un servizio pubblico; *l'affectation d'une somme* la destinazione, lo stanziamento di una somma **2** [*désignation (de qqn.) à une unité milit., à un poste, à une fonction*] destinazione: *rejoindre son affectation* raggiungere la propria destinazione ◇ (*spécialt.*) *affectation de défense* [*affectation dans un emploi civil*] servizio* *m.* civile.
2 **affectation** |afɛktɑsjɔ̃| *s.f.* **1** [→ 2 AFFECTER 1] ostentazione → **comédie, simulation** # *une affectation de désintéressement* un disinteresse ostentato **2** [*manque de sincérité et de naturel*] affettazione: *un style plein d'affectation* uno stile pieno d'affettazione → **pose, recherche.**
affecté, ée |afɛkte| *adj.* [*qui manque de sincérité ou de naturel*] affettato: *des manières affectées* modi affettati; *il est trop affecté* è troppo affettato → **étudié, feint** 🄲 **simple.**
1 **affecter** |afɛkte| *v.tr.* **1** [*destiner, réserver à un usage ou à un usager déterminé*] destinare, stanziare: *les crédits que le budget a affectés à l'Éducation*

nationale i crediti che il bilancio ha destinato alla Pubblica Istruzione, ha stanziato per la Pubblica Istruzione **2** [*procéder à l'affectation de* (*qqn.*)] destinare, assegnare: *il s'est fait affecter à notre bureau* si è fatto destinare al nostro ufficio → **désigner, nommer.**

2 **affecter** |afɛkte| *v.tr.* **1** [*prendre, adopter* (*une manière d'être*) *de façon ostentatoire, sans que l'intérieur réponde à l'extérieur*] affettare, simulare: *quoique très triste, il affecta la plus grande gaieté* per quanto molto triste, affettò, simulò una grande gaiezza → **feindre** # *il affecte de l'ignorer* finge di ignorarlo **2** (*choses*) [*revêtir volontiers, habituellement* (*une forme*)] assumere (118): *fièvre affectant le type intermittent* febbre che assume carattere intermittente.

3 **affecter** |afɛkte| **A** *v.tr.* [*toucher en faisant une impression pénible*] affliggere (110): *son échec l'a beaucoup affecté* l'insuccesso lo ha afflitto molto → **frapper** **B** *v.pron. intr.* S'AFFECTER [*s'affliger, souffrir*] soffrire (186) *intr.*, affliggersi: *il s'affecte de votre silence* soffre, si affligge per il vostro silenzio.

affectif, ive |afɛktif, iv| *adj.* affettivo: *la vie affective* la vita affettiva ◇ (*psycho.*) *états affectifs* stati affettivi; *conscience affective* coscienza affettiva.

1 **affection** |afɛksjɔ̃| *s.f.* **1** [*sentiment tendre qui attache à qqn.*] affetto *m.*, affezione: *j'ai de l'affection pour elle* nutro dell'affetto per lei → **attachement, tendresse** # *il m'a pris en affection* mi ha preso a benvolere, ha preso a volermi bene **2** (*psycho.*) fenomeno *m.* affettivo.

2 **affection** |afɛksjɔ̃| *s.f.* [*maladie considérée dans ses manifestations actuelles*] affezione: *affection aiguë* affezione acuta.

affectionné, ée |afɛksjɔne| *adj.* (*dans une lettre*) *votre affectionné* vostro (suo) affezionatissimo; *votre fille affectionnée* la vostra affezionatissima figlia.

affectionner |afɛksjɔne| *v.tr.* **1** [*être attaché à, aimer* (*qqn.*)] essere (96) *intr.* affezionato a: *il affectionne beaucoup sa vieille grand-mère* è molto affezionato alla vecchia nonna **2** [*avoir une prédilection pour* (*qqch.*)] preferire (197), prediligere (170): *le genre de robe qu'elle affectionne* il genere di vestito che preferisce, che predilige Ⓒ **détester.**

affectivité |afɛktivite| *s.f.* affettività *inv.*

affectueusement |afɛktɥøzmɑ̃| *adv.* [→ AFFECTUEUX] affettuosamente: *elle l'embrassa affectueusement* lo baciò affettuosamente ◇ (*dans une lettre*) *affectueusement vôtre* affettuosamente vostro (suo).

affectueux, euse |afɛktɥø, øz| *adj.* affettuoso: *un enfant très affectueux* un bambino molto affettuoso; *paroles affectueuses* parole affettuose → 2 **tendre** Ⓒ **froid.**

affenage |afnaʒ| *s.m.* [*alimentation du bétail en fourrage*] affienatura *f.*

1 **afférent, ente** |aferɑ̃, ɑ̃t| *adj.* (*vieilli*) [*qui se rapporte à*] concernente, riguardante: *renseignements afférents à une affaire* ragguagli concernenti, riguardanti una questione; *la part afférente à cet héritier* la parte spettante a questo erede.

2 **afférent, ente** |aferɑ̃, ɑ̃t| *adj.* (*anat.*) afferente: *vaisseaux afférents* vasi afferenti Ⓒ **efférent.**

affermage |afɛrmaʒ| *s.m.* **1** [*location d'un bien rural moyennant paiement d'un fermage*] affitto **2** [*location* (*d'emplacements, de pages de journaux, en vue d'affichages publicitaires*)] affitto.

affermer |afɛrme| *v.tr.* [*louer, céder par affermage*] affittare, dare (102) in affitto.

affermir |afɛrmir| *v.tr.* **1** (*concret*) [*raffermir*] rassodare: *un traitement qui affermit les chairs* una cura che rassoda le carni **2** (*abstrait*) [*rendre plus assuré, plus fort*] consolidare, rafforzare: *affermir son pouvoir, son autorité* consolidare, rafforzare il proprio potere, la propria autorità; *cela n'a fait que l'affermir dans sa résolution* questo l'ha solo rafforzato nella sua decisione → **fortifier.**

affermissement |afɛrmismɑ̃| *s.m.* [→ AFFERMIR 2] consolidamento, rafforzamento: *l'affermissement de l'État* il consolidamento dello Stato.

afféterie |afetri| *s.f.* (*littér.*) [*abus du gracieux, du maniéré dans l'attitude, le langage*] leziosaggine, affettazione → **préciosité** Ⓒ **naturel, simplicité.**

affichage |afiʃaʒ| *s.m.* [→ AFFICHER A 2] affissione (*f.*): *affichage interdit* divieto d'affissione; *affichage électoral* affissione, manifesto elettorale; *l'Assemblée a voté l'affichage de ce discours* l'Assemblea ha votato l'affissione di questo discorso ◇ (*sur un hippodrome, un stade*) *tableau d'affichage* [*où s'inscrivent les résultats*] tabellone ◇ (*électron., informatique*) visualizzazione *f.*

affiche |afiʃ| *s.f.* [*feuille imprimée destinée à porter qqch. à la connaissance du public et placardée sur les murs*] cartellone *m.*, manifesto (*m.*): *affiches publicitaires* cartelloni, manifesti pubblicitari; *affiche de théâtre* cartellone teatrale; *mettre une pièce à l'affiche* mettere una rappresentazione in cartellone; *spectacle qui reste à l'affiche* spettacolo che tiene il cartellone.

afficher |afiʃe| **A** *v.tr.* **1** [*faire connaître par voie d'affiches*] bandire (197): *afficher une vente aux enchères* bandire una vendita all'asta **2** [*poser des affiches*] affiggere (109) # *défense d'afficher* divieto d'affissione **3** [*montrer publiquement et avec ostentation*] ostentare: *il affiche son mépris pour l'argent* ostenta il suo disprezzo per il denaro **4** (*électron., informatique*) visualizzare **B** *v.pron. réfl.* S'AFFICHER AVEC QQN. [*se montrer en public accompagné de qqn.* (*avec qui on est lié*)] farsi (103) vedere in pubblico con qc.: *il s'affiche avec sa maîtresse* si fa vedere in pubblico con l'amante.

affichette |afiʃɛt| *s.f.* [*petite affiche*] locandina.

afficheur |afiʃœr| *s.m.* [*celui qui colle, pose des affiches*] attacchino.

affichiste |afiʃist(ə)| *s.* [*dessinateur publicitaire spécialisé dans la création des affiches*] cartellonista.

afficionado |afisjɔnado| *s.m.* → **aficionado.**

affidavit |afidavit| *s.m.* (*dr. angl., comm.*) affidavit *inv.*

affidé, ée |afide| *adj.* (*péj.*) [*qui se prête en agent sûr à tous les mauvais coups*] fidato, fedele ◆ (*s.*) *un de ses affidés* un suo accolito.

affilage |afilaʒ| *s.m.* [→ AFFILER 1] affilatura *f.*, arrotatura *f.*

affilée (d') |dafile| *loc. adv.* [*sans interruption*] di fila, di seguito: *ils ont bavardé trois heures d'affilée* hanno chiacchierato per tre ore di fila, di seguito; *il a plu six heures d'affilée* ha piovuto (per) sei ore di fila → **suite (de).**

affiler |afile| *v.tr.* **1** [*rendre parfaitement tranchant* (*un instrument*)] affilare, arrotare: *affiler un couteau* affilare, arrotare un coltello → **aiguiser** **2** (*loc. fig.*) *avoir la langue bien affilée* [*être bavard, médisant*] avere la lingua lunga, tagliente.

affiliation |afiljasjɔ̃| *s.f.* [→ AFFILIER] affiliazione, iscrizione: *l'affiliation à un club* l'affiliazione, l'iscrizione a un club; *le club local a demandé son affiliation à la Fédération* il club locale ha fatto domanda di affiliazione alla Federazione.

affilié |afilje| *s.* affiliato, iscritto: *cette association a convoqué ses affiliés* quell'associazione ha convocato i suoi affiliati, i suoi iscritti.

affilier |afilje| **A** *v.tr.* [*faire entrer dans une association; rattacher à une société mère*] affiliare, associare: *affilier une société à une autre* affiliare una società a un'altra **B** *v.pron. réfl.* S'AFFILIER [*adhérer, s'inscrire à une association*] affiliarsi, iscriversi (182): *il s'est affilié à beaucoup de sociétés* si è affiliato, si è iscritto a molte società.

affiloir |afilwar| *s.m.* (*techn.*) acciaiolo.

affin, ine |afɛ̃, in| *adj.* **1** affine **2** (*biol.*) *formes affines* forme affini ◇ (*ling.*) *langues affines* lingue affini ◇ (*math.*) affine: *propriétés affines* proprietà affini; *géométrie affine* geometria affine; *espace affine* spazio affine.

affinage |afinaʒ| *s.m.* **1** (*techn.*) affinazione (*f.*): *affinage des métaux* affinazione dei metalli **2** *l'affinage des fromages* [→ AFFINER A 2] la stagionatura *f.*, la maturazione *f.* dei formaggi.

affinement |afinmɑ̃| *s.m.* [→ AFFINER A 3, B] affinamento: *tout ce qui contribue à l'affinement du goût* tutto quanto contribuisce all'affinamento del gusto.

affiner |afine| **A** *v.tr.* **1** [*purifier, procéder à l'affinage de* (*un métal, le verre*)] affinare: *affiner un métal* affinare un metallo ◇ (*par ext.*) *affiner du sucre* raffinare lo zucchero → **raffiner** **2** *affiner les fromages* [*en achever la maturation*] fare (103) *intr.* stagionare i formaggi, curare la maturazione dei formaggi **3** (*fig.*) [*rendre plus fin, plus délicat*] affinare: *la lecture a affiné son esprit* la lettura gli ha affinato lo spirito **B** *v.pron. intr.* S'AFFINER [→ *tr.* 3] affinarsi: *il s'est affiné avec l'âge* si è affinato con l'età; *son goût s'est affiné* il suo gusto si è affinato.

affineur, euse |afinœr, øz| *s.* [*professionnel chargé de l'affinage* (*des métaux*)] affinatore*.

affinité |afinite| *s.f.* **1** affinità (*inv.*): *affinités de goût* affinità di gusto; *les affinités électives* le affinità elettive **2** (*dr., ling., sc.*) affinità.

affirmatif, ive |afirmatif, iv| **I** *adj.* **1** (*personnes*) [*qui affirme, ne laisse planer aucun doute*] categorico*, chiaro: *il a été très affirmatif, sa sœur ne viendra pas* è stato molto categorico, sua sorella non verrà; *parler d'un ton affirmatif* parlare con un tono chiaro, categorico → **net** **2** (*choses*) affermativo: *réponse affirmative* risposta affermativa; *un geste affirmatif* un gesto affermativo ◇ (*gram.*) *proposition, phrase affirmative* proposizione, frase affermativa **II** (*s.f.*) *répondre par l'affirmative* rispondere affermativamente (*adv.*); *pencher pour l'affirmative* propendere per il sì; *dans l'affirmative* in caso affermativo *adj.*

affirmation |afiʀmɑsjɔ̃| *s.f.* **1** [→ AFFIRMER A 1] affermazione, asserzione: *en dépit de vos affirmations, je n'en crois rien* malgrado le vostre affermazioni, non credo a una parola; *je ne mets pas en doute votre affirmation* non metto in dubbio la sua affermazione; *ses affirmations ne nous ont pas convaincus* le sue asserzioni non ci hanno convinti → **assertion** ◇ (*dr.*) *affirmation de compte* benestare *m.inv.* a un conto; *affirmation sous serment* dichiarazione giurata **2** (*gram.*) affermazione # *adverbes d'affirmation* avverbi affermativi **3** [→ AFFIRMER A 2; B] affermazione, l'affermarsi (*m.inv.*): *avec ce nouveau livre, on assiste à l'affirmation de sa personnalité* con questo nuovo libro assistiamo all'affermazione, all'affermarsi della sua personalità.

affirmativement |afiʀmativmɑ̃| *adv.* [→ AFFIRMATIF I 2] affermativamente: *il a répondu affirmativement* ha risposto affermativamente 🄲 **négativement.**

affirmer |afiʀme| **A** *v.tr.* **1** [*donner une chose pour vraie, énoncer un jugement comme vrai*] affermare, sostenere (188): *affirmer une chose* affermare una cosa; *je n'affirme rien* non sostengo niente; *j'affirme que les choses se sont passées ainsi* sostengo che le cose sono andate così; *il affirme les avoir rencontrés ce jour là* sostiene, asserisce di averli incontrati quel giorno → **déclarer** # *on ne peut rien affirmer* non si può dire niente **2** [*manifester de façon indiscutable*] affermare: *le droit d'affirmer sa personnalité* il diritto di affermare la propria personalità; *le ministre a affirmé sa volonté d'en finir avec les abus* il ministro ha affermato la volontà di farla finita coi soprusi **B** *v.pron. intr.* S'AFFIRMER [→ *tr.* 2] affermarsi, imporsi (168): *son talent s'affirme* il suo talento si afferma, si impone.

affixal, ale, aux |afiksal, o| (*adj.*) *élément affixal* affisso *s.m.*

affixe |afiks(ə)| *s.m.* (*ling.*) affisso.

affleurement |aflœʀmɑ̃| *s.m.* **1** (*techn.*) livellamento **2** (*géol.*) affioramento: *affleurement d'un filon géologique* affioramento di un filone geologico.

affleurer |aflœʀe| **A** *v.tr.* (*techn.*) [*mettre au même niveau*] livellare: *affleurer au grattoir les joints d'un parquet* livellare con il raschiatoio le connessure di un 'parquet' **B** *v.intr.* [*apparaître à la surface du sol*] affiorare: (*aux.* essere): *roc qui affleure* roccia che affiora ◇ (*fig.*) *son mépris affleurait parfois* il suo disprezzo affiorava talvolta.

afflictif, ive |afliktif, iv| *adj.* (*dr.*) corporale, afflittivo (*vx.*): *peines afflictives* pene corporali, afflittive.

affliction |afliksjɔ̃| *s.f.* afflizione.

affligé, ée |afliʒe| *adj.* [*qui exprime l'affliction*] afflitto ✦ (*s.*) *un affligé* un afflitto; *consoler les affligés* consolare gli afflitti.

affligeant, ante |afliʒɑ̃, ɑ̃t| *adj.* affliggente; angoscioso: *une nouvelle affligeante* una notizia affliggente, desolante ‖ *il est dans une situation affligeante* si trova in una situazione angosciosa ◇ [*pénible, de faible valeur*] *un film affligeant* un film penoso → **lamentable.**

affliger |afliʒe| (3) **A** *v.tr.* **1** ÊTRE AFFLIGÉ DE [*posséder qqch. d'affligeant*] essere (96) afflitto da: *elle est affligée d'une grave malformation* è afflitta da una grave malformazione; *il est affligé d'une mère possessive* è afflitto da una madre possessiva **2** [*attrister profondément*] affliggere (110), addolorare: *c'est une nouvelle qui m'afflige* è una notizia che mi affligge, mi addolora → 1 **chagriner, peiner** ✦ (*au p.p.*) *je suis affligée* sono afflitta → **affligé** **3** (*littér.*) [*frapper durement, accabler* (*d'un mal*)] affliggere: *les maux qui affligent la terre* i mali che affliggono la terra **B** *v.pron. intr.* S'AFFLIGER [→ *tr.* 2] affliggersi: *s'affliger en apprenant une triste nouvelle* affliggersi nell'apprendere una triste notizia 🄲 B **se réjouir(se).**

afflouer |aflue| *v.tr.* [*renflouer* (*un bateau*)] disincagliare, rimettere (155) a galla.

affluence |aflyɑ̃s| *s.f.* afflusso *m.*, affluenza: *l'affluence des eaux a fait déborder le fleuve* l'afflusso, l'affluenza delle acque ha fatto straripare il fiume; *l'affluence des clients, des spectateurs* l'afflusso, l'affluenza dei clienti, degli spettatori # *éviter de prendre le métro aux heures d'affluence* evitare di prendere la metropolitana nelle ore di punta.

affluent |aflyɑ̃| *s.m.* affluente: *les affluents de la Seine* gli affluenti della Senna.

affluer |aflye| *v.intr.* **1** [*couler en abondance vers*] affluire (197) (*aux.* essere): *la colère fait affluer le sang à la tête* la collera fa affluire il sangue alla testa **2** [*arriver en foule*] affluire: *les étrangers affluent à l'exposition* gli stranieri affluiscono alla mostra.

afflux |afly| *s.m.* **1** [→ AFFLUER 1] afflusso: *afflux de sang à la face* afflusso di sangue al viso ◇ (*électr.*) *afflux cathodique* afflusso catodico **2** [*arrivée massive*] afflusso: *il y a eu un afflux de visiteurs* c'è stato un afflusso di visitatori → **affluence.**

affolant, ante |afɔlɑ̃, ɑ̃t| *adj.* **1** (*fam.*) [*très inquiétant*] pazzesco*: *la vie augmente tous les jours, c'est affolant* la vita aumenta tutti i giorni, è pazzesco **2** [*qui trouble fortement*] sconvolgente: *une nouvelle affolante* una notizia sconvolgente.

affolé, ée |afɔle| *adj.* [*qui a perdu son calme, son sang-froid*] sconvolto: *elle se mit à crier, affolée par ce spectacle cruel* si mise a gridare, sconvolta da quello spettacolo crudele; *il était affolé de peur* era sconvolto, fuori di sé dalla paura → **effaré** # *elles étaient complètement affolées* avevano perso completamente la testa ◇ (*fig.*) *boussole affolée* bussola impazzita 🄲 **calme** 2.

affolement |afɔlmɑ̃| *s.m.* [*état d'une personne affolée*] sgomento, panico*: *j'ai eu un moment d'affolement* ho avuto un momento di sgomento, di panico ◇ (*fig.*) *l'affolement d'une boussole* l'impazzimento di una bussola.

affoler |afɔle| **A** *v.tr.* **1** [*rendre comme fou, sous l'effet d'une émotion violente*] sconvolgere (196), far (103) *intr.* perdere la testa (a): *ce genre de beauté l'affole* quel tipo di bellezza lo sconvolge, gli fa perdere la testa → **bouleverser** **2** [*rendre fou d'inquiétude*] spaventare → **effrayer** **3** (*mécan.*) [*rendre indépendante du mouvement une partie d'un mécanisme*] mettere (155) in folle **B** *v.pron. intr.* S'AFFOLER [*perdre la tête par affolement*] perdere (163) *tr.* la testa: *ne vous affolez pas!* non perdete la testa! 🄲 A 2 **calmer, rassurer.**

affouage |afwaʒ| *s.m.* (*dr.*) legnatico*.

affouillement |afujmɑ̃| *s.m.* (*géol.*) erosione *f.*, scalzamento.

affouiller |afuje| *v.tr.* → **creuser, excaver.**

affouragement |afuʀaʒmɑ̃| *s.m.* [*approvisionnement, globalement calculé, des animaux d'une ferme*] foraggiamento.

affourcher |afuʀʃe| *v.tr.* (*mar.*) [*mouiller sur deux ancres dont les lignes de mouillage sont disposées en V*] afforcare.

affranchi, ie |afʀɑ̃ʃi| *adj.* **1** [*qui a été rendu libre*] affrancato, liberato: *esclave affranchi* schiavo affrancato **2** [*intellectuellement libéré*] libero, affrancato ✦ (*s.*) *un affranchi* un affrancato, un liberto ◇ (*pop.*) *un affranchi* un libertino (*cour.*) **3** (*du courrier*) affrancato.

1 **affranchir** |afʀɑ̃ʃiʀ| **A** *v.tr.* **1** [*rendre libre*] affrancare: *affranchir un esclave* affrancare uno schiavo; *affranchir un peuple, un pays* affrancare un popolo, un paese **2** (*fig.*) [*délivrer de tout ce qui gêne*] liberare: *affranchir qqn. d'une obligation* liberare qc. da un obbligo **3** (*pop.*) [*éclairer, mettre au courant*] rendere (105) edotto (*cour.*): *il ne paraît pas connaître leurs intentions; affranchissons-le* sembra che non conosca le loro intenzioni; rendiamolo edotto **B** *v.pron. réfl.* S'AFFRANCHIR DE [→ *tr.* 2] affrancarsi da, liberarsi da: *peuple qui s'affranchit de ses traditions* popolo che si affranca, si libera dalle tradizioni; *s'affranchir de la timidité* liberarsi dalla timidezza 🄲 A 1 **asservir.**

2 **affranchir** |afʀɑ̃ʃiʀ| *v.tr.* [*mettre les timbres nécessaires sur* (*une lettre, un envoi*)] affrancare: *lettre insuffisamment affranchie* lettera non sufficientemente affrancata.

1 **affranchissement** |afʀɑ̃ʃismɑ̃| *s.m.* **1** [→ 1 AFFRANCHIR A 1] affrancamento, affrancazione (*f.*): *l'affranchissement des esclaves, d'un peuple* l'affrancamento, l'affrancazione degli schiavi, di un popolo **2** [→ 1 AFFRANCHIR A 2] affrancamento, liberazione (*f.*): *l'affranchissement de l'esprit* l'affrancamento, la liberazione dello spirito.

2 **affranchissement** |afʀɑ̃ʃismɑ̃| *s.m.* [→ 2 AFFRANCHIR] affrancatura *f.* # *tarifs d'affranchissement pour la France, pour l'étranger* tariffe postali per la Francia, per l'estero.

affres |afʀ(ə)| *s.f.pl.* (*littér.*) [*tourment*] tormenti *m.* (*cour.*): *les affres de la mort* i tormenti della morte.

affrètement |afʀɛtmɑ̃| *s.m.* [→ AFFRÉTER] noleggio*: *affrètement à temps, au voyage* noleggio a tempo, a viaggio.

affréter |afʀete| (8) *v.tr.* [*prendre (un navire, un avion) en location*] noleggiare.

affréteur |afʀetœʀ| *s.m.* [*celui qui affrète (un navire, un avion)*] noleggiatore* *s.*

affreusement |afʀøzmɑ̃| *adv.* **1** [→ AFFREUX 1] orribilmente: *elle a été affreusement torturée* è stata orribilmente torturata **2** [*extrêmement*] terribilmente, tremendamente: *un plat affreusement salé* un piatto terribilmente, tremendamente salato; *je suis affreusement en retard* sono terribilmente in ritardo.

affreux, euse |afʀø, øz| *adj.* **1** [*qui provoque une réaction d'effroi et de dégoût*] orrendo, orribile: *un crime affreux* un delitto orrendo, orribile; *une vision affreuse* una visione orrenda, raccapricciante; *un cauchemar affreux* un incubo orribile, terrificante → **effrayant, horrible, monstrueux** # *un affreux bonhomme* un individuo insopportabile ♦ *s.* (*fam.*) *un affreux* un mostro *m.* **2** [*qui est extrêmement laid*] orrendo, orribile: *elle est affreuse avec ce chapeau* è orrenda, orribile con quel cappello → **hideux, repoussant** **3** [*tout à fait désagréable*] terribile, orribile: *nous avons fait un voyage affreux* abbiamo fatto un viaggio terribile, orribile; *c'est un affreux malentendu* è un terribile malinteso; *il fait un temps affreux* fa, c'è un tempo orribile → **détestable** ♦ (*s.m.*) *l'affreux de la vie en ville* il lato sgradevole della vita in città.

affriander |afʀijɑ̃de| *v.tr.* (*littér.*) → **allécher, attirer.**

affriolant, ante |afʀijɔlɑ̃, ɑ̃t| *adj.* [*excitant, séduisant*] allettante: *un programme qui n'a rien d'affriolant* un programma per nulla allettante # *c'est une fille affriolante* è una ragazza appetitosa.

affrioler |afʀijɔle| *v.tr.* (*rare*) → **allécher.**

affriquée |afʀike| *adj.f.* (*phonét.*) (consonante) affricata.

affront |afʀɔ̃| *s.m.* affronto: *faire un affront à qqn.* fare un affronto a qc. → **outrage.**

affrontement |afʀɔ̃tmɑ̃| *s.m.* **1** [→ AFFRONTER A 1; B] l'affrontare *inv.*; scontro: *l'affrontement du péril* l'affrontare il pericolo ‖ *l'affrontement des deux grandes puissances* lo scontro fra le due grandi potenze; *affrontement entre policiers et manifestants* scontro tra polizia e manifestanti **2** (*méd.*) *l'affrontement des lèvres d'une plaie* l'accostamento dei labbri di una ferita.

affronter |afʀɔ̃te| **A** *v.tr.* **1** [*aller hardiment au-devant de*] affrontare (coraggiosamente): *affronter le danger* affrontare (coraggiosamente) il pericolo → **braver** **2** (*méd.*) [*mettre de front*] accostare: *affronter les lèvres d'une plaie* accostare i labbri di una ferita **3** (*blas.*) *animaux affrontés* animali affrontati **B** *v. pron. récipr.* S'AFFRONTER [→ *tr.* 1] affrontarsi, scontrarsi: *les deux armées se sont affrontées* i due eserciti si sono affrontati, si sono scontrati ◇ (*fig.*) *deux thèses qui s'affrontent* due tesi che si scontrano, contrastanti.

affublement |afybləmɑ̃| *s.m.* (*rare*) → **accoutrement.**

affubler |afyble| **A** *v.tr.* [*habiller bizarrement*] vestire, conciare in modo ridicolo, bizzarro → **accoutrer** # *on m'avait affublé d'un chapeau ridicule* mi avevano messo in testa un cappello ridicolo **B** *v.pron. réfl.* *s'affabler* [→ *tr.*] conciarsi: *il faut voir comment elle s'est affublée* bisogna vedere come si è conciata → **accoutrer (s').**

affusion |afyzjɔ̃| *s.f.* affusione.

affût |afy| *s.m.* **1** affusto, cavalletto **2** [*endroit où l'on s'embusque pour attendre le gibier*] posta (*f.*): *être, se mettre à l'affût* stare, mettersi alla posta ◇ (*fig.*) *être à l'affût des changements de la mode* spiare i cambiamenti della moda.

affûtage |afytaʒ| *s.m.* **1** [*assortiment d'outils nécessaires à un ouvrier*] utensileria *f.*, attrezzi *pl.* **2** [→ AFFÛTER] affilatura *f.*

affûter |afyte| *v.tr.* [*aiguiser un outil tranchant*] affilare: *affûter des couteaux* affilare coltelli Ⓒ **émousser.**

affûteur, euse |afytœʀ, øz| *s.* **1** *s.m.* [*ouvrier spécialisé dans l'affûtage des outils*] affilatore → **aiguiseur** **2** *s.f.* (*techn.*) affilatrice.

affûtiaux |afytjo| *s.m.pl.* **1** [*objets de parure sans valeur*] cianfrusaglie *f.*, fronzoli **2** (*pop.*) [*outils (de travail)*] attrezzi (*cour.*) (da lavoro); armamentario* *sing.*

afghan, ane |afgɑ̃, an| *adj.* **1** [*de l'Afghanistan*] afgano **2** (*s.m.*) *l'afghan* [*la langue*] l'afgano.

aficionado |afisjɔnado| *s.m.* aficionado *inv.*, appassionato.

afin de |afɛ̃d(ə)| *loc. prép.* (+ *inf.*) (*marque 'l'intention, le but'*) per, allo scopo di (+ *inf.*): *il prit son carnet afin d'y noter une adresse* prese il taccuino per annotarvi un indirizzo → **pour.**

afin que |afɛ̃k(ə)| *loc. conj.* (+ *subj.*) (*marque 'l'intention, le but'*) affinché, perché (+ *subj.*): *je vous dis cela afin que vous sachiez la vérité* vi dico questo affinché sappiate la verità → **pour.**

afocal, ale, aux |afɔkal, o| *adj.* (*phys.*) afocale.

a fortiori |afɔʀsjɔʀi| *loc. adv.* (*lat.*) a fortiori, a maggior ragione.

africain, aine |afʀikɛ̃, ɛn| *adj.* [*de l'Afrique*] africano: *langues africaines* lingue africane.

africanisation |afʀikanizasjɔ̃| *s.f.* africanizzazione.

africaniser |afʀikanize| *v.tr.* [*rendre africain*] africanizzare.

africaniste |afʀikanist(ə)| *s.* africanista.

afrika(a)ns |afʀikɑ̃| *adj. et s.m.* (*holl.*) afrika(a)ns *inv.*

afrikaner |afʀikanɛʀ|, **afrikander** |afʀikɑ̃dɛʀ| *adj. et s.* africander, afrikander *inv.*

afro- |afʀɔ| *préf.* (*signifiant 'africain', correspond généralt. à*) afro: *afro-asiatique* afroasiatico.

afro-américain, aine |afʀoameʀikɛ̃, ɛn| *adj.* afroamericano.

afro-asiatique |afʀɔazjatik| *adj. et s.* afroasiatico*.

afro-cubain, aine |afʀokybɛ̃, ɛn| *adj. et s.* afrocubano.

after-shave |aftœʀʃɛv| *s.m. et adj.* (*angl.*) [*lotion après-rasage*] dopobarba *inv.*, after shave *inv.*

agaçant, ante |agasɑ̃, ɑ̃t| *adj.* **1** [*qui agace, énerve*] seccante, irritante: *ce bruit est agaçant* questo rumore è seccante, irritante → **énervant, irritant** **2** (*rare*) provocante.

agace, agasse |agas| *s.f.* (*dial.*) → **pie.**

agacement |agasmɑ̃| *s.m.* [*énervement fait d'impatience et de mécontentement*] irritazione (*f.*): *manifester son agacement* manifestare la propria irritazione.

agacer |agase| (2) *v.tr.* **1** [*mettre dans un état d'agacement*] dare (102) *intr.* ai nervi: *ce bruit m'agace!* questo rumore mi dà ai nervi!; *tu m'agaces avec ton bavardage* mi dài ai nervi con le tue chiacchiere → **1 énerver, irriter** ◇ [*provoquer par des taquineries, des agaceries*] stuzzicare: *arrête d'agacer ton frère!* smettila di stuzzicare tuo fratello! **2** [*affecter d'une sensation d'irritation*] allegare, allappare: *les acides agacent les dents* gli acidi allegano i denti **3** (*rare*) [*provoquer*] provocare: *coquette qui agace les garçons* civetta che provoca i maschi.

agacerie |agasʀi| *s.f.* [*mines ou paroles d'une coquetterie un peu provocante*] moina, smanceria: *elle m'a fait des agaceries* mi ha fatto delle moine, delle smancerie → **avance, minauderie.**

agalactie |agalakti| *s.f.* (*méd.*) agalassia, agalattia.

agamète |agamɛt| *s.f.* (*biol.*) agamete *m.*

agamie |agami| *s.f.* (*biol.*) agamia.

agape |agap| *s.f.* **1** (*hist. ecclés.*) agape **2** *au plur.* (*plais.*) [*festin*] festino *m.sing.*, banchetto *m.sing.*

agar-agar |agaʀagaʀ| *s.m.* **1** (*bot.*) agar-agar *inv.* **2** (*chim.*) agar-agar.

agaric |agaʀik| *s.m.* (*bot.*) agarico* # *agaric champêtre* prataiolo.

Agaricacées |agaʀikase| *s.f.pl.* (*t.bot.*) Agaricacee.

agate |agat| *s.f.* (*minér.*) agata.

agavé |agave|, **agave** |agav| *s.m.* (*t.bot.*) agave *f.*

age |aʒ| *s.m.* [*longue pièce horizontale de la charrue*] bure *f.*

âge |ɑʒ| *s.m.* **1** [*temps écoulé depuis qu'un homme est en vie*] età (*f.inv.*): *une personne d'un certain âge, d'un âge avancé* una persona di una certa età, in età avanzata; *l'âge de la raison* l'età della ragione; *âge scolaire* età scolare; *il est mort à l'âge de 55 ans* è morto all'età di 55 anni; *ils ont le (ils sont du) même âge* hanno la stessa età, sono coetanei; *il ne paraît pas son âge* non dimostra la sua età; *il n'a pas été embauché en raison de son âge* non è stato assunto a causa dell'età; *j'ai passé l'âge de m'occuper de ces choses-là* non ho più l'età per occuparmi di certe cose; *c'est un homme sans âge, qui n'a pas d'âge* è un uomo senza età, che non ha età; *il a atteint la limite d'âge* ha raggiunto i limiti d'età # *cacher son âge* nascondersi gli anni; *à la fleur de l'âge* nel fiore degli anni; *quel âge as-tu?* quanti anni hai?; *un homme vieux avant l'âge* un uomo invecchiato anzitempo ◇ (*par anal.*) *l'âge d'un animal, d'un arbre* l'età di un animale, di un albero; *détermination de l'âge des roches, de la Terre* determinazione dell'età delle rocce, della Terra ◇ (*démogr.*) *pyramide des âges* piramide delle età, delle popolazioni **2** [*période de la vie*] età: *le premier âge, l'âge tendre* la prima, la tenera età; *l'âge mûr* l'età matura; *l'âge critique* l'età critica; *c'est une femme entre deux âges* è una donna di mezza età **3** [*grande période de l'his-*

toire] epoca* *f.*; tempo: *l'âge actuel, notre âge* l'epoca attuale, la nostra epoca; *d'âge en âge* di epoca in epoca ‖ *il faut être de son âge* bisogna vivere nel proprio tempo, al passo col proprio tempo ◇ [*grande division de la préhistoire*] età: *l'âge de la pierre* l'età della pietra; *l'âge du bronze* l'età del bronzo **4** ÂGE D'OR [*époque prospère, favorable*] epoca d'oro: *c'était l'âge d'or du cinéma* era l'epoca d'oro del cinema.

âgé, ée |ɑʒe| *adj.* **1** [*qui est d'un âge avancé*] anziano: *les personnes âgées* le persone anziane, gli anziani; *il est très âgé* è molto anziano **2** [*qui a tel ou tel âge*] *un homme âgé de trente ans* un uomo di trent'anni, un trentenne; *elle est plus âgée que moi* è più vecchia di me; *le plus âgé, le moins âgé de mes deux enfants* il maggiore (il più grande), il minore (il più piccolo) dei miei due figli.

agence |aʒɑ̃s| *s.f.* **1** agenzia: *agence de presse* agenzia di stampa, d'informazioni; *agence de placement* agenzia di collocamento; *agence matrimoniale* agenzia matrimoniale; *agence théâtrale, de voyages, immobilière* agenzia teatrale, di viaggi, immobiliare → **bureau** **2** [*succursale bancaire*] agenzia.

agencement |aʒɑ̃smɑ̃| *s.m.* [→ AGENCER] disposizione *f.*; sistemazione (*f.*): *agencement des pièces dans un appartement* disposizione delle stanze in un appartamento ‖ *l'agencement très moderne d'un living* la sistemazione molto moderna di un soggiorno → **aménagement, disposition, organisation** # *l'agencement d'un récit* la struttura di un racconto.

agencer |aʒɑ̃se| (2) *v.tr.* [*disposer en combinant les éléments*] disporre (168), sistemare; congegnare: *son appartement est bien agencé* il suo appartamento è disposto, sistemato bene → **arranger, ordonner** ‖ *l'art d'agencer les scènes d'une pièce* l'arte di congegnare le scene di un'opera teatrale; *un roman bien agencé* un romanzo ben congegnato, ben strutturato.

agenda |aʒɛ̃da| *s.m.* agenda (*f.*): *agenda de poche* agenda tascabile.

agénésie |aʒenezi| *s.f.* agenesia.

agenouillement |aʒnujmɑ̃| *s.m.* [→ AGENOUILLER (s')] inginocchiamento; genuflessione *f.* → **génuflexion.**

agenouiller (s') |aʒnuje| *v.pron. intr.* [*se mettre à genoux*] inginocchiarsi; genuflettersi (145): *s'agenouiller pour nettoyer le parquet* inginocchiarsi per pulire il pavimento ‖ *s'agenouiller pour prier* genuflettersi, inginocchiarsi per pregare ◇ (*fig.*) *s'agenouiller devant le pouvoir* piegare *tr.* il ginocchio davanti al potere.

agenouilloir |aʒnujwaʀ| *s.m.* [*petit prie-Dieu*] inginocchiatoio*.

1 **agent** |aʒɑ̃| *s.m.* **1** agente: *agents atmosphériques* agenti atmosferici **2** [*celui qui agit*] agente: *complément d'agent* complemento di agente.

2 **agent** |aʒɑ̃| *s.m.* **1** (*surtout péj.*) agente: *un agent de l'ennemi* un agente del nemico → 1 **émissaire, représentant** **2** [*intermédiaire de services publics ou d'entreprises privées*] agente: *agent de change, d'assurances* agente di cambio, di assicurazioni; *agent commercial* agente di commercio; *agent maritime* agente marittimo; *agent diplomatique, consulaire* agente diplomatico, consolare ◇ (*milit.*) *agent de liaison* ufficiale di collegamento ◇ (*spécialt.*) *un agent* (*de police*) un agente (di polizia), un poliziotto; *agent de police judiciaire* agente di polizia giudiziaria; *agent du service des mœurs* agente della buoncostume; *agent secret* agente segreto; *agent provocateur* agente provocatore.

agérate |aʒeʀat|, **agératum** |aʒeʀatɔm| *s.m.* (*t. bot.*) agerato.

agglomérat |aglɔmeʀa| *s.m.* (*minér.*) agglomerato: *agglomérats volcaniques* agglomerati vulcanici.

agglomération |aglɔmeʀɑsjɔ̃| *s.f.* **1** agglomerazione: *agglomération à chaud, sous pression* agglomerazione per sinterizzazione, per compressione **2** (*fig.*) [*union*] agglomerazione: *une agglomération de peuples* un'agglomerazione di popoli **3** [*concentration d'habitations*] agglomerato *m.*; centro *m.* abitato: *une petite agglomération d'une dizaine de maisons* un piccolo agglomerato di una decina di case ‖ *limite de vitesse dans une agglomération* limite di velocità in un centro abitato # *l'agglomération parisienne comprend Paris et sa banlieue* la conurbazione parigina comprende Parigi e la periferia.

aggloméré |aglɔmeʀe| *s.m.* agglomerato: *aggloméré de liège* agglomerato di sughero ◇ [*boulet ou briquette de poussier aggloméré*] mattonella *f.* (di agglomerato).

agglomérer |aglɔmeʀe| (8) *v.tr.* **1** (*techn.*) [*unir en un bloc cohérent*] agglomerare **2** (*rare*) [*unir en masse compacte*] agglomerare, ammassare: *population agglomérée dans la banlieue* popolazione agglomerata, ammassata in periferia → **agglutiner, entasser.**

agglutinant, ante |aglytinɑ̃, ɑ̃t| *adj.* **1** (*chim.*) agglutinante: *substances agglutinantes* sostanze agglutinanti ♦ (*s.m.*) *un agglutinant* un agglutinante ◇ (*biol.*) agglutinante **2** (*ling.*) agglutinante: *langues agglutinantes* lingue agglutinanti.

agglutination |aglytinɑsjɔ̃| *s.f.* (*biol., chim., ling.*) agglutinazione.

agglutiner |aglytine| **A** *v.tr.* [*réunir de manière à former une masse compacte*] agglutinare: *sérum qui agglutine les germes* siero che agglutina i germi, che provoca l'agglutinazione dei germi → **agglomérer** **B** *v.pron. intr.* S'AGGLUTINER [→ *tr.*] agglutinarsi: *globules rouges qui s'agglutinent* globuli rossi che si agglutinano # *les passants s'agglutinaient devant la vitrine* i passanti si accalcavano davanti alla vetrina.

agglutinine |aglytinin| *s.f.* agglutinina.

agglutinogène |aglytinɔʒɛn| *s.m.* agglutinogeno.

aggravant, ante |agʀavɑ̃, ɑ̃t| *adj.* aggravante: *circonstance aggravante* circostanza aggravante Ⓒ **atténuant.**

aggravation |agʀavasjɔ̃| *s.f.* **1** [→ AGGRAVER B] aggravamento *m.*, l'aggravarsi (*inv.*): *l'aggravation du mal* l'aggravamento, l'aggravarsi del male; *l'aggravation de l'état du malade* l'aggravamento delle condizioni del malato; *l'aggravation de la crise économique* l'aggravarsi della crisi economica → **recrudescence, redoublement** **2** [*augmentation* (*d'une peine*)] aggravamento Ⓒ **amélioration.**

aggraver |agʀave| **A** *v.tr.* **1** [*rendre plus grave, plus condamnable*] aggravare: *il a aggravé son cas* ha aggravato la propria situazione **2** [*rendre plus grave, plus dangereux*] aggravare: *cette imprudence a contribué à aggraver le mal* quell'imprudenza ha contribuito ad aggravare il male **3** [*rendre plus violent, plus profond*] aggravare; esasperare: *les décisions des politiciens ont aggravé le conflit* le decisioni dei politici hanno aggravato il conflitto ‖ *ces mesures ont aggravé le mécontentement* questi provvedimenti hanno esasperato il malcontento **B** *v.pron. intr.* S'AGGRAVER [→ *tr.* 2] aggravarsi, peggiorare (*intr.*): *l'état du malade s'est aggravé dans la nuit* le condizioni dell'ammalato si sono aggravate, sono peggiorate durante la notte → **empirer.**

agile |aʒil| *adj.* agile: *les doigts agiles du pianiste* le agili dita del pianista → **leste, vif** ◇ (*fig.*) *un esprit agile* una intelligenza agile.

agilement |aʒilmɑ̃| *adv.* [→ AGILE] agilmente.

agilité |aʒilite| *s.f.* agilità (*inv.*): *il grimpe avec agilité* si arrampica con agilità → **souplesse, légèreté** ◇ (*fig.*) *agilité d'esprit* agilità di mente.

agio |aʒjo| *s.m.* (*fin.*) aggio*.

à giorno |adʒɔʀno, aʒjɔʀno| *loc. inv.* → **giorno** (**à**).

agiotage |aʒjɔtaʒ| *s.m.* (*écon.*) aggiotaggio*.

agioteur |aʒjɔtœʀ| *s.m.* (*hist.*) aggiotatore.

1 **agir** |aʒiʀ| *v.intr.* **1** [*faire qqch., s'occuper de qqch.*] agire (197): *le moment est venu d'agir* è giunto il momento di agire **2** [*se comporter de telle ou telle manière*] agire, comportarsi (*pron.*): *manière d'agir* modo d'agire, di comportarsi; *agir à la légère* agire alla leggera; *agir par calcul, par intérêt* agire per calcolo, per interesse; *agir en honnête homme* agire, comportarsi da galantuono; *il a bien, mal agi envers eux* si è comportato bene, male nei loro confronti; *je n'ai agi que pour vous* ho agito solo nel vostro interesse # *essayez d'agir auprès du ministre* cercate di intervenire, di adoperarvi presso il ministro; *c'est l'intérêt qui le fait agir* è spinto, mosso (solo) dall'interesse **3** [*produire un effet sensible*] agire, avere (97) *tr.* effetto: *le remède n'agit plus* la medicina non agisce più, non ha più effetto → **influer, opérer** **4** [*poursuivre en justice*] agire.

2 **agir (s')** |aʒiʀ| *v.pron. impers.* **1** (*marquant ce qui est en question*) [*être question de*] trattarsi: *de quoi s'agit-il?* di che si tratta?; *c'est de vous qu'il s'agit* si tratta di voi; *il ne s'agit pas de ça* non si tratta di questo; *quand il s'agit de se mettre à table, il est toujours le premier* quando si tratta di mettersi a tavola, è sempre il primo **2** (*marquant ce qui est le point important*) trattarsi: *il ne s'agit plus de discourir, il faut agir* non si tratta (più) di discutere, bisogna agire # *il s'agit maintenant d'être sérieux* adesso occorre, bisogna essere seri ◇ (*fam.*) *il s'agit que vous le retrouviez, et rapidement!* bisogna che lo ritroviate, e alla svelta! **3** *loc.* S'AGISSANT DE trattandosi di; per quanto riguarda: *s'agissant de lui, ils ont fait une exception* trattandosi di lui, hanno fatto un'eccezione.

agissant, ante |aʒisɑ̃, ɑ̃t| *adj.*

[*actif, efficace*] attivo; efficace: *un homme agissant* un uomo attivo || *un remède agissant* una medicina efficace # *une solidarité agissante* una solidarietà operante.

agissements |aʒismɑ̃| *s.m.pl.* [*suite de procédés et de manœuvres condamnables*] maneggi, intrighi: *les agissements de la diplomatie* i maneggi, gli intrighi della diplomazia → **machination, manigance.**

agitateur, trice |aʒitatœʀ, tʀis| *s.* **1** *s.* agitatore*: *la police a expulsé les agitateurs* la polizia ha espulso gli agitatori → **factieux, meneur** **2** *s.m.* (*techn.*) agitatore.

agitation |aʒitɑsjɔ̃| *s.f.* **1** agitazione; animazione: *l'agitation des eaux, de la mer* l'agitazione delle acque, del mare || *l'agitation de la rue, de la ville* l'animazione della strada, della città → **grouillement, remue-ménage** **2** [*tourment, inquiétude*] agitazione: *il est dans un état d'agitation indescriptible* è in uno stato di agitazione indescrivibile **3** [*mécontentement d'ordre politique ou social*] agitazione: *l'agitation paysanne inquiète le gouvernement* l'agitazione dei contadini preoccupa il governo Ⓒ 1 **calme** 1.

agitato |aʒitato| *adv. et s.m.* (*mus.*) agitato.

agité, ée |aʒite| *adj.* agitato: *une vie agitée* una vita agitata → **mouvementé**; *une mer agitée* un mare agitato → **houleux**; *il a eu un sommeil agité* ha avuto un sonno agitato; *le malade est très agité* il malato è molto agitato; *les esprits étaient agités* gli animi erano agitati → **inquiet** ✦ (*s.*) *un agité* un agitato: *le pavillon des agités dans un asile psychiatrique* il reparto agitati di un ospedale psichiatrico Ⓒ **calme** 2.

agiter |aʒite| **A** *v.tr.* **1** [*remuer vivement en divers sens*] agitare: *agiter un mouchoir en signe d'adieu* agitare il fazzoletto in segno di saluto; *agiter avant de s'en servir* agitare prima dell'uso **2** [*troubler* (*qqn.*) *en déterminant un état d'agitation*] agitare, mettere (155) in agitazione: *la perspective de cette rencontre l'agite* la prospettiva di quell'incontro lo mette in agitazione → **émouvoir, inquiéter** **3** [*examiner et débattre*] dibattere: *nous avons longuement agité la question* abbiamo dibattuto a lungo la questione **B** *v.pron. intr.* S'AGITER [*aller et venir en tout sens*] agitarsi: *ne t'agite pas comme ça!* non agitarti così! → **démener (se).**

agit-prop |aʒitpʀɔp| *s.f.* [*agitation et propagande politique*] ⊠.

aglyphe |aglif| *adj. et s.m.* (*zool.*) aglifo.

agnat |agna| *s.m.* (*dr. rom.*) agnato.

agneau |aɲo|, **agnelle** |aɲɛl| *s.* **1** [*petit de la brebis*] agnello (*m.*): *agneau de lait* agnello di latte ◇ (*fig.*) *c'est un agneau, il est doux comme un agneau* è docile come un agnello ◇ (*relig.*) *l'Agneau de Dieu* l'Agnello di Dio ◇ (*hist. juive*) *agneau pascal* agnello pasquale **2** [*viande d'agneau*] agnello: *côtelettes d'agneau* costolette d'agnello **3** [*fourrure d'agneau*] agnello: *manteau d'agneau* pelliccia di agnello.

agnelage |aɲlaʒ| *s.m.* [*mise bas, chez la brebis; époque de cette mise bas*] agnellatura *f.*

agneler |aɲle| (6) *v. intr.* [*mettre bas, de la brebis*] figliare.

agnelet |aɲle| *s.m.* [*petit agneau*] agnellino.

agnelin |aɲlɛ̃| *s.m.* pelle *f.* di agnello.

agneline |aɲlin| *s.f.* lana di agnello.

agnelle |aɲɛl| *s.f.* → **agneau.**

agnosticisme |agnɔstisism(ə)| *s.m.* (*philo.*) agnosticismo.

agnostique |agnɔstik| *adj. et s.* agnostico*.

agnus-castus |agnyskastys| *s.m.* (*t. bot.*) agnocasto.

agnus-dei |agnysdei| *s.m.inv.* (*liturg. cathol.*) agnus dei.

agonie |agɔni| *s.f.* (*méd., cour.*) agonia: *entrer en agonie, être à l'agonie* entrare, essere in agonia ◇ (*fig.*) *l'agonie d'un règne* l'agonia di un regno.

agonir |agɔniʀ| *v.tr.* **1** (*rare*) [*injurer, insulter*] insultare: *il s'est fait agonir* si è fatto insultare **2** [*accabler*] coprire (186), subissare: *agonir qqn. d'insultes* coprire, subissare qc. d'insulti; *elle m'a agoni de sottises* mi ha subissato di stupidaggini.

agonisant, ante |agɔnizɑ̃, ɑ̃t| *adj. et s.* agonizzante → **moribond.**

agoniser |agɔnize| *v.intr.* **1** [*être à l'agonie*] agonizzare: *les blessés agonisaient* i feriti agonizzavano → **éteindre (s')** **2** [*être près de sa fin*] agonizzare: *c'est un régime qui agonise* è un regime che agonizza → 2 **décliner, effondrer (s').**

agonistique |agɔnistik| **1** *s.f.* agonistica* **2** *adj.* agonistico*.

agora |agɔʀa| *s.f.* (*antiq. gr.*) agora, agorà *inv.*

agoraphobie |agɔʀafɔbi| *s.f.* (*psycho.*) agorafobia.

agrafage |agʀafaʒ| *s.m.* **1** [→ AGRAFER 1] agganciamento; aggraffatura *f.*; cucitura *f.* **2** (*chir.*) sutura *f.* ossea (con grappette) **3** (*métall.*) aggraffatura.

agrafe |agʀaf| *s.f.* **1** [*attache formée d'un crochet*] gancio* (*m.*): *jupe fermée par des agrafes* gonna chiusa da ganci ◇ [*bijou servant d'agrafe, broche*] fermaglio* *m.*, spilla **2** [*fil ou lamelle métallique recourbé(e) servant à assembler des papiers, etc.*] graffa; fermaglio ◇ [*pour l'agrafeuse*] punto *m.* (metallico*) ◇ (*chir.*) grappetta, 'agrafe' (*inv.*): *pince à agrafe* pinza per grappette, per 'agrafe' **3** [*crampon de métal servant à relier des pierres, etc.*] grappa.

agrafer |agʀafe| *v.tr.* **1** [*attacher avec des agrafes*] agganciare: *elle n'arrive pas à agrafer son soutien-gorge* non riesce ad agganciare il reggiseno ◇ [*assembler à l'aide d'une agrafeuse*] cucire (203) **2** (*pop.*) [*prendre au collet; arrêter*] pizzicare, acciuffare (*cour.*): *il s'est fait agrafer par les flics* si è fatto pizzicare, acciuffare dai poliziotti.

agrafeuse |agʀaføz| *s.f.* (*techn.*) aggraffatrice; cucitrice.

agraire |agʀɛʀ| *adj.* agrario*: *réforme agraire* riforma agraria; *mesures agraires* misure agrarie.

agrammatical, ale, aux |agʀam(m)atikal, o| *adj.* (*ling.*) agrammaticale.

agrammatisme |agʀamatism(ə)| *s.m.* agrammatismo.

agrandir |agʀɑ̃diʀ| **A** *v.tr.* **1** [*rendre plus grand*] ingrandire (197): *agrandir une maison* ingrandire una casa; *agrandir une photographie* ingrandire una fotografia # *agrandir une ouverture* allargare una apertura **2** [*rendre plus important*] ingrandire, ampliare: *agrandir son entreprise* ingrandire la propria azienda → **développer** **B** *v.pron.* S'AGRANDIR [*devenir plus grand*] **1** *intr.* ingrandirsi, estendersi: *la ville s'est agrandie depuis la guerre* la città si è ingrandita, si è estesa dopo la guerra **2** *réfl.* ingrandirsi: *le propriétaire du restaurant veut s'agrandir* il proprietario del ristorante vuole ingrandirsi Ⓒ A 1 **réduire.**

agrandissement |agʀɑ̃dismɑ̃| *s.m.* [→ AGRANDIR] ingrandimento; ampliamento: *l'agrandissement d'une maison* l'ingrandimento di una casa; *agrandissement photographique* ingrandimento fotografico → 1 **élargissement, extension** || *restaurant fermé pour cause d'agrandissement* ristorante chiuso per lavori di ampliamento # *l'agrandissement continuel de Paris* il continuo estendersi di Parigi.

agrandisseur |agʀɑ̃disœʀ| *s.m.* (*photo.*) ingranditore.

agranulocytose |agʀanylositoz| *s.f.* (*pathol.*) agranulocitosi *inv.*

agraphie |agʀafi| *s.f.* agrafia.

agrarien, ienne |agʀaʀjɛ̃, jɛn| **1** *s.* (*hist. écon.*) sostenitore* delle leggi agrarie **2** *adj.* agrario*: *parti agrarien* partito agrario.

agréable |agʀeabl(ə)| *adj.* **1** AGRÉABLE À (QQN.) [*qui fait plaisir à (qqn.)*] gradito a (qc.): *il me serait agréable de vous rencontrer* mi sarebbe gradito, gradirei vederla # *si cela vous est agréable* se le fa piacere **2** [*qu'on voit, entend, sent avec plaisir*] gradevole, piacevole: *une musique agréable* una musica gradevole; *un séjour, une compagnie agréable* un soggiorno, una compagnia piacevole; *agréable à voir, à entendre* piacevole a vedersi (da vedere), a sentirsi (da sentire) # *il a une maison bien agréable* ha una casa molto accogliente; *c'est agréable de ne rien faire* è bello non far niente; *ce sont des gens agréables* sono persone simpatiche → **gentil** ✦ (*s.m.*) *l'agréable* l'aspetto, il lato gradevole *adj.* # *joindre l'utile à l'agréable* unire l'utile al dilettevole.

agréablement |agʀeabləmɑ̃| *adv.* [→ AGRÉABLE 2] gradevolmente, piacevolmente: *j'en ai été agréablement surpris* ne sono stato piacevolmente sorpreso.

agréé |agʀee| *s.m.* (*dr.*) procuratore (presso i tribunali di commercio).

agréer |agʀee| **A** *v.tr.* [*accueillir avec faveur*] gradire (197): *veuillez agréer mes salutations distinguées* vogliate gradire i miei distinti saluti; distinti saluti # *il s'est chargé de faire agréer sa demande* si è incaricato di fare accogliere favorevolmente la sua domanda ✦ *au p.p.* (*dr.*) *fournisseur agréé* fornitore autorizzato, accreditato **B** *v.intr.* (*littér.*) AGRÉER À (QQN.) [*être au gré de*] essere (96) gradito a, piacere (149) a (qc.) → **convenir** # *si cela vous agrée* se le fa piacere.

agrégat |agʀega| *s.m.* (*constr.*) inerte ◇ (*écon.*) aggregato ◇ (*minér.*) aggregato → **aggloméra**t.

agrégatif, ive |agʀegatif, iv| *s.* [*étudiant préparant l'agrégation*] ⊠.

agrégation |agʀegɑsjɔ̃| *s.f.* **1** [*admission, concours, titre d'agrégé*] ⊠ **2** (*phys.*) aggregazione.

agrégé, ée |agʀeʒe| *s.* [*personne apte à être titulaire d'un poste de pro-*

fesseur de lycée ou de certaines Facultés] ⊠.

agréger |agʀeʒe| (8) (3) **A** *v.tr.* **1** [*unir en un tout*] aggregare ♦ (*au p.p.*) *molécules agrégées* molecole aggregate **2** [*adjoindre, rattacher* (*qqn.*)] aggregare: *agréger qqn. à une société* aggregare qc. a una società → **admettre B** *v.pron.* S'AGRÉGER **1** *intr.* [→ *tr.* 1] aggregarsi: *les cristaux se sont agrégés* i cristalli si sono aggregati **2** *réfl.* aggregarsi: *elle s'est agrégée à un groupe plus sympathique* si è aggregata a una comitiva più simpatica.

1 **agrément** |agʀemɑ̃| *s.m.* [*permission, approbation émanant d'une autorité*] consenso, autorizzazione *f.*; nullaosta (*inv.*): *sous-louer avec l'agrément du propriétaire* subaffittare con il consenso del proprietario → **consentement.**

2 **agrément** |agʀemɑ̃| *s.m.* **1** [*qualité agréable d'une chose, d'un être*] attrattiva *f.*, fascino: *l'agrément d'une maison de campagne* l'attrattiva, il fascino di una casa di campagna → 2 **grâce** ◇ (*mus.*) abbellimento **2** (*dans certaines expressions*) *jardin d'agrément* giardino ornamentale; *voyage d'agrément* viaggio di piacere.

agrémenter |agʀemɑ̃te| *v.tr.* [*rendre agréable, moins monotone*] abbellire (197), ornare: *une nappe agrémentée de broderies* una tovaglia ornata di ricami; *il a agrémenté d'anecdotes son exposé* ha abbellito con aneddotti la sua esposizione ◇ (*iron.*) *une dispute agrémentée de coups de poing* una lite con contorno di pugni.

agrès |agʀɛ| *s.m.pl.* [*appareils utilisés pour divers exercices de gymnastique*] attrezzi: *exercices aux agrès* esercizi agli attrezzi ◇ (*mar.*) sartiame *sing.*

agresser |agʀese| *v.tr.* [*commettre une agression*] aggredire (197): *elle a été agressée par deux individus* è stata aggredita da due individui → **assaillir** ♦ *au p.p.* (*psycho.*) *se sentir agressé* sentirsi aggredito.

agresseur |agʀɛsœʀ| *s.m.* **1** aggressore: *elle a pu reconnaître son agresseur* è riuscita a riconoscere il suo aggressore **2** (*dr. internat.*) aggressore: *on ne sait, dans ce conflit, qui a été l'agresseur* in quel conflitto non si sa chi è stato l'aggressore.

agressif, ive |agʀesif, iv| *adj.* aggressivo: *un garçon agressif* un ragazzo aggressivo; *attitude agressive* atteggiamento aggressivo; *prononcer un discours agressif* pronunciare un discorso aggressivo; *il lui posa la question sur un ton agressif* gli fece la domanda con un tono aggressivo ♦ (*s.*) *c'est un agressif* è un aggressivo ◇ (*psycho.*) *impulsions agressives* impulsi aggressivi; *tempérament agressif* temperamento aggressivo Ⓒ **doux.**

agression |agʀɛsjɔ̃| *s.f.* **1** aggressione: *l'agression hitlérienne contre la Pologne* l'aggressione hitleriana contro la Polonia **2** [*attaque violente contre une personne*] aggressione: *agression à main armée* aggressione a mano armata; *il a été victime d'une agression* è stato vittima di un'aggressione **3** (*psycho.*) *instinct d'agression* istinto d'aggressività *inv.*

agressivement |agʀɛsivmɑ̃| *adv.* [→ AGRESSIF] in modo aggressivo *loc. inv.*

agressivité |agʀesivite| *s.f.* aggressività *inv.*

agreste |agʀɛst(ə)| *adj.* (*littér.*) agreste; rustico*: *vie, paysage agreste* vita, paesaggio agreste || *des manières agrestes* dei modi rustici ◇ (*bot.*) *plantes agrestes* piante agresti.

agricole |agʀikɔl| *adj.* **1** agricolo: *produits agricoles* prodotti agricoli; *travaux agricoles* lavori agricoli; *outillage agricole* attrezzi agricoli; *exploitation agricole* azienda agricola → **rural** # *ouvrier agricole* bracciante; *ingénieur agricole* perito agrario **2** (*pays, peuple*) agricolo: *la France est un pays agricole* la Francia è un paese agricolo.

agriculteur |agʀikyltœʀ| *s.m.* agricoltore.

agriculture |agʀikyltyʀ| *s.f.* agricoltura.

agrigentin, ine |agʀiʒɑ̃tɛ̃, in| *adj.* [*d'Agrigente*] agrigentino.

agriote |agʀijɔt| *s.m.* (*t. zool.*) agriote.

agripper |agʀipe| **A** *v.tr.* [*saisir en serrant* (*pour s'accrocher*)] afferrare: *il agrippait la rampe pour ne pas tomber* afferrava la ringhiera per non cadere; *agripper qqn. par la manche* afferrare qc. per la manica **B** *v.pron. réfl.* S'AGRIPPER [*s'accrocher en serrant les doigts*] aggrapparsi: *s'agripper à qqch., à qqn.* aggrapparsi a q.c., a qc.; *elle s'était agrippée d'une main à la barrière* si era aggrappata con una mano allo steccato.

agro- |agʀɔ| *préf.* (*signifiant 'champ', correspond généralt. à*) agro: *agronome* agronomo.

agrochimie |agʀɔʃimi| *s.f.* agrochimica*, chimica* agraria.

agronome |agʀɔnɔm| *s.m.* agronomo # *ingénieur agronome* dottore in agraria.

agronomie |agʀɔnɔmi| *s.f.* agronomia.

agronomique |agʀɔnɔmik| *adj.* agronomico*.

agro-pastoral, ale, aux |agʀɔpastɔʀal,o| *adj.* agropastorale.

agrostide |agʀɔstid|, **agrostis** |agʀɔstis| *s.f.* (*t. bot.*) agrostide.

agrotis |agʀɔtis| *s.m.* (*t. zool.*) agrotide *f.*

agrotourisme |agʀɔtuʀism(ə)| *s.m.* agriturismo.

agrumes |agʀym| *s.m.pl.* agrumi: *culture des agrumes* coltivazione degli agrumi, agrumicoltura.

agrumiculture |agʀymikyltyʀ| *s.f.* agrumicoltura.

aguerrir |ageʀiʀ| **A** *v.tr.* **1** [*habituer aux dangers de la guerre*] agguerrire (197): *aguerrir une armée* agguerrire un esercito ♦ (*au p.p.*) *troupes aguerries* truppe agguerrite → 2 **entraîner** **2** (*fig.*) [*habituer à des choses pénibles, difficiles*] agguerrire: *les malheurs aguerrissent les âmes* le disgrazie agguerriscono gli animi **B** *v.pron. réfl.* S'AGUERRIR [→ *tr.* 2] agguerrirsi: *s'aguerrir à la douleur* agguerrirsi contro il dolore.

aguets (aux) |ozagɛ| *loc. adv.* (ÊTRE) AUX AGUETS [*en position de guetteur, d'observateur en éveil et sur ses gardes*] (stare) in agguato; (stare) all'erta: *le chausseur était aux aguets derrière la haie* il cacciatore stava in agguato dietro la siepe || *il pensait qu'on le dénoncerait et était aux aguets* pensava che lo avrebbero denunciato e stava all'erta.

agueusie |agøzi| *s.f.* (*méd.*) ageusia.

aguichant, ante |agiʃɑ̃, ɑ̃t| *adj.* [*provocant, attirant*] provocante: *une femme aguichante* una donna provocante; *un sourire aguichant* un sorriso provocante.

aguicher |agiʃe| *v.tr.* [*exciter, attirer par des manières provocantes*] provocare: *elle aime aguicher ses amis par des décolletés audacieux* le piace provocare i suoi amici con scollature audaci # *aguicher les passants* adescare i passanti.

aguicheur, euse |agiʃœʀ, øz| *adj.* [*provocant*] provocante ♦ (*s.*) *une petite aguicheuse* una piccola seduttrice.

ah! |ɑ| *interj.* **1** (*marquant 'un sentiment vif'*) ah!: *ah, qu'il fait beau aujourd'hui!* ah, che bel tempo oggi! **2** (*marquant 'l'insistance, le renforcement'*) ah!: *ah! j'y pense, pouvez-vous venir demain?* ah! ora che ci penso, potete venire domani? **3** (*redoublé marque la surprise*) *ah! ah! c'est ennuyeux* ah! ah! è (una cosa) seccante! **4** (*dans la composition de certaines loc.*) *ah! bon!* bene!; *ah, mais!* ah, ma!; *ah, non alors!* ah, questa poi no!; *ah oui?* ah sì?

ahan |aɑ̃| *s.m.* (*littér.*) [*effort pénible*] affanno, travaglio*.

ahaner |aane| *v.intr.* (*vx.*) → **peiner.**

ahuri, ie |ayʀi| *adj.* [*surpris et déconcerté*] attonito, stupito: *elle est restée ahurie devant ce spectacle* è rimasta attonita davanti a quello spettacolo # *regarder d'un air ahuri* guardare con aria allocchita; *il est ahuri par vos reproches* è sconcertato dai vostri rimproveri ♦ (*s.*) *un ahuri* un imbecille, un allocco*: *une espèce d'ahuri qui j'ai failli écraser* un pezzo di imbecille che stavo per investire → **abruti.**

ahurir |ayʀiʀ| *v.tr.* [*déconcerter; faire perdre la tête*] sbalordire (197); confondere (146): *sa réponse nous a ahuris* la sua risposta ci ha sbalordito || *vous ahurissez ce pauvre enfant avec vos questions* state confondendo quel povero bambino con le vostre domande.

ahurissant, ante |ayʀisɑ̃, ɑ̃t| *adj.* **1** [*qui ahurit*] sbalorditivo: *une nouvelle ahurissante* una notizia sbalorditiva → **étonnant, stupéfiant** **2** [*scandaleux, excessif*] spaventoso, scandaloso: *il a un culot ahurissant* ha una sfacciataggine spaventosa, scandalosa.

ahurissement |ayʀismɑ̃| *s.m.* [*état d'une personne ahurie*] sbalordimento, sbigottimento: *son regard exprimait un profond ahurissement* il suo sguardo esprimeva un profondo sbalordimento, sbigottimento.

aiche |ɛʃ| *s.f.* → **èche.**

1 **aide** |ɛd| *s.f.* **I** [→ AIDER A] **1** [*action d'intervenir en faveur d'une personne pour lui être d'une certaine utilité*] aiuto (*m.*): *j'ai réussi avec l'aide de mon frère* sono riuscito con l'aiuto di mio fratello; *j'ai besoin de votre aide* ho bisogno del vostro aiuto; *demander, recevoir de l'aide* chiedere, ricevere aiuto; *venir en aide à qqn.* venire in aiuto di qc.; *appeler qqn. à son aide* chiamare qc. in aiuto ◇ (*exclam.*) *à l'aide!* aiuto! ◇ *loc. prép.* À L'AIDE DE (QQCH.) servendosi di q.c., (aiutandosi) con q.c.: *il a coupé les tiges à l'aide de ciseaux* ha tagliato i gambi servendosi delle forbici, con le forbici; *il marche à l'aide*

de béquilles cammina (aiutandosi) con le stampelle → **avec** **2** (*spécialt.*) [*secours financier, économique à des gens sans ressources*] aiuto, soccorso (*m.*): *venir en aide aux malheureux* venire in aiuto, in soccorso dei più sfortunati # *aide sociale* assistenza sociale **II** *au plur.* (*équit.*) aiuti.
2 **aide** |ɛd| *s.* **1** [*personne qui en aide une autre*] aiuto *m.*; assistente: *aide-comptable* aiuto-contabile ‖ *aide de laboratoire* assistente di laboratorio # *aide familiale* collaboratrice familiare ('colf') **2** (*milit.*) *aide de camp* aiutante di campo.
aide-mémoire |ɛdmemwaʀ| *s.m. inv.* [*abrégé aidant la mémoire et ne présentant que l'essentiel des connaissances*] tavola *f.var.* sinottica* ◇ (*par ext.*) promemoria.
aider |ede| **A** *v.tr.* [*appuyer qqn. en apportant son aide*] aiutare: *sa femme l'a aidé dans ses travaux* sua moglie lo ha aiutato nei suoi lavori; *je lui tendis la main pour l'aider à se lever* gli tesi la mano per aiutarlo a rialzarsi; *que Dieu vous aide!* Dio vi aiuti! ◇ (*sujet de chose*) *cela m'a beaucoup aidé* (ciò) mi ha molto aiutato, mi è molto servito ◆ (*au p.prés.*) *la fatigue aidant, je ne pus dormir* [*la fatigue y concourant aussi*] non potei dormire, anche a causa della stanchezza; *le temps aidant* col passare del tempo **B** *v.intr.* AIDER À (QQCH.) [*faciliter, contribuer à*] favorire (197) *tr.*, contribuire (197) a (q.c.): *ces mesures pourront aider au rétablissement de l'économie* questi provvedimenti potranno favorire il, contribuire al riassestamento dell'economia # *ces notes aident à la compréhension du texte* quelle note agevolano la comprensione del testo **C** *v.pron.* S'AIDER **1** *réfl.* S'AIDER DE [*se servir de (qqch.)*] aiutarsi (con), servirsi (di): *j'ai dû m'aider du dictionnaire pour traduire ce texte* mi sono dovuto servire del dizionario per tradurre questo testo; *s'aider des pieds et des mains pour grimper* aiutarsi coi piedi e con le mani per arrampicarsi **2** (*absolt.*) *aide-toi, le Ciel t'aidera* aiutati che il Ciel t'aiuta **3** *récipr.* [*s'entraider*] aiutarsi (a vicenda): *ils se sont aidés mutuellement* si sono aiutati a vicenda © A; B **nuire.**
aïe! |aj| *interj.* (*exprimant 'la douleur, une surprise désagréable'*) ahi!
aïeul, eule |ajœl| *s.* **1** (*pl. 'aïeux'*) (*littér.*) [*ancêtres*] avi, maggiori: *l'archéologie nous aide à connaître la vie de nos aïeux* l'archeologia ci aiuta a conoscere la vita dei nostri avi, maggiori ◇ (*fam.*) *mes aïeux!* (*s'emploie comme si l'on prenait ses ancêtres à témoin d'une chose remarquable*) santi numi! (*cour.*): *celui-là, mes aïeux, il n'y a pas moyen de s'en débarrasser!* santi numi, ma non c'è proprio modo di liberarsi di quello là! **2** (*pl. 'aïeuls, aïeules'*) (*vx.*) → **grand-père, grand-mère.**
aigle |ɛgl(ə)| **I** *s.m.* **1** (*t.zool.*) aquila (*f.*): *aigle royal* aquila reale; *aigle de mer* aquila di mare # *aigle jean-le-blanc* biancone ◇ (*fig.*) *des yeux d'aigle* occhi d'aquila, acutissimi; *coup d'œil, regard d'aigle* sguardo d'aquila; *crier comme un aigle* strillare come un'aquila **2** (*fam.*) *ce n'est pas un aigle* non è un'aquila, non è un genio **3** (*par ext.*) [*figure représentant un aigle*] aquila: *l'aigle noir de Prusse* l'aquila nera di Prussia **II** *s.f.* **1** [*femelle de l'aigle*] aquila (femmina): *une aigle et ses aiglons* un'aquila (femmina) con i suoi aquilotti **2** (*par ext.*) [*figure héraldique*] aquila: *aigle éployée* aquila spiegata ◇ [*enseigne milit. en forme d'aigle*] *les aigles romaines* le aquile romane; *aigle impériale* aquila imperiale.
aiglefin |ɛgləfɛ̃| *s.m.* → **églefin.**
aiglon, onne |ɛglɔ̃, ɔn| *s.* [*petit de l'aigle*] aquilotto ◇ (*fig.*) *l'Aiglon* [*nom donné à Napoléon II*] ⊠.
aigre |ɛgʀ(ə)| **I** *adj.* **1** agro, aspro: *saveur aigre* sapore agro, aspro; *vin aigre* vino aspro # *ces fruits sont encore un peu aigres* questa frutta è ancora un po' acerba; *cerise aigre* visciola; *odeur aigre* odore acre ◇ [*devenu acide en se corrompant*] acido: *vin, lait aigre* vino, latte acido **2** [*aigu, perçant*] stridente, stridulo: *une petite voix aigre* una vocetta stridente, stridula ◇ [*vif, froid*] pungente: *un vent aigre* un vento pungente **3** (*fig.*) [*plein d'aigreur*] acido, aspro: *caractère, humeur, ton aigre* carattere, umore, tono acido, aspro; *ses paroles aigres m'ont blessé* le sue aspre parole mi hanno ferito → **acerbe, mordant** **II** *s.m.* **1** [*saveur, odeur aigre*] acido: *le vin sent l'aigre* il vino sa di acido; *le lait tourne à l'aigre* il latte diventa acido *adj.* **2** (*fig.*) *la discussion tourne à l'aigre* [*s'envenime*] la discussione sta degenerando.
aigre-doux, -douce |ɛgʀədu, dus| *adj.* [*à la fois aigre et doux*] agrodolce: *oranges, cerises aigres-douces* arance, ciliegie agrodolci ◇ (*fig.*) *un échange de propos aigres-doux* uno scambio di parole agrodolci.
aigrefin |ɛgʀəfɛ̃| *s.m.* [*homme qui vit d'escroqueries*] imbroglione *s.*, truffatore* (*s.*): *il est resté victime d'un aigrefin qui a volé ses économies* è rimasto vittima di un imbroglione, di un truffatore che lo ha derubato dei suoi risparmi → **escroc, filou.**
aigrelet, ette |ɛgʀəlɛ, ɛt| *adj.* acidulo, asprigno: [*légèrement aigre*] *un petit vin aigrelet* un vinello asprigno ◇ (*fig.*) *une voix aigrelette* una voce stridula.
aigrement |ɛgʀəmɑ̃| *adv.* [→ AIGRE I 3] aspramente: *il lui reprochait aigrement sa négligence* gli rimproverava aspramente la sua negligenza.
aigremoine |ɛgʀəmwan| *s.f.* (*t. bot.*) agrimonia.
aigrette |ɛgʀɛt| *s.f.* **1** (*t.zool.*) egretta **2** (*oiseaux*) [*faisceau de plumes*] 'aigrette' (*inv.*): *l'aigrette du paon* l' 'aigrette' del pavone ◇ [*ornement fait d'un bouquet de plumes*] egretta, asprì (*m. inv.*): *turban à aigrette* turbante con egretta → **plumet** **3** (*bot.*) pappo *m.* **4** (*phys.*) scintillazione → **étincelle.**
aigreur |ɛgʀœʀ| *s.f.* **1** [*saveur aigre*] acidità *inv.*, asprezza: *l'aigreur du lait qui a tourné* l'acidità del latte che è andato a male; *l'aigreur d'une pomme verte* l'asprezza di una mela acerba → **acidité** **2** (*au plur.*) *des aigreurs* [*sensation d'acidité*] acidità (*sing.*): *avoir des aigreurs (d'estomac)* avere acidità di stomaco **3** (*fig.*) [*mauvaise humeur*] asprezza, astio* (*m.*): *l'aigreur d'une critique* l'asprezza di una critica; *répliquer avec aigreur* rispondere con astio © 3 **douceur.**
aigri, ie |egʀi| *adj.* [*irritable, agressif*] inasprito: *caractère aigri par la douleur* carattere inasprito dal dolore.
aigrir |egʀiʀ| **A** *v.tr.* **1** [*rendre aigre*] inacidire (197): *la chaleur a aigri le lait* il caldo ha inacidito il latte **2** (*fig.*) [*remplir d'aigreur*] inasprire (197): *les malheurs l'ont aigri* le disgrazie lo hanno inasprito **B** *v.intr.* [*devenir aigre*] inacidire (*aux.* essere): *le vin commence à aigrir* il vino comincia a inacidire **C** *v.pron. intr.* S'AIGRIR [→ *tr.* 2] inasprirsi: *son caractère s'est aigri* il suo carattere si è inasprito.
aigrissement |egʀismɑ̃| *s.m.* [→ AIGRIR B] inacidimento, infortimento: *aigrissement du vin* inacidimento del vino.
aigu, uë |egy| **I** *adj.* **1** [*terminé en pointe ou en tranchant*] aguzzo, acuminato: *oiseau au bec aigu* uccello dal becco aguzzo; *la pointe aiguë d'un couteau* la punta aguzza, acuminata di un coltello; *une flèche aiguë* una freccia acuminata → **coupant, pointu** ◇ (*géom.*) *angle aigu* angolo acuto **2** (*son*) [*d'une fréquence élevée*] acuto: *des voix aiguës* delle voci acute; *une note aiguë* una nota acuta → **perçant** ◇ (*phonét.*) *accent aigu* accento acuto **3** *douleur aiguë* [*intense et pénétrante*] dolore acuto → **vif, violent** **4** [*à apparition brusque et évolution rapide*] acuto: *crise aiguë* crisi acuta; *maladie dans sa phase aiguë* malattia nella fase acuta ◇ (*par anal.*) *conflit aigu entre deux États* conflitto acuto fra due Stati; *tension aiguë au Moyen-Orient* acuta tensione in Medio Oriente **5** (*fig.*) [*vif et pénétrant dans le domaine de l'esprit*] acuto: *une intelligence aiguë* un'intelligenza acuta; *il a un sens aigu des réalités, des responsabilités* ha un acuto senso della realtà, della responsabilità → **incisif, perçant, subtil** **II** *s.m.* L'AIGU [*le registre supérieur d'un instrument ou d'une voix*] acuto: *sa voix passe sans difficulté du grave à l'aigu* la sua voce passa dal grave all'acuto senza problema © I 2 **grave.**
aiguade |ɛgad| *s.f.* [*lieu où un navire s'approvisionne en eau douce*] acquata.
aiguail |ɛgaj| *s.m.* (*dial.*) → **rosée.**
aigue-marine |ɛgmaʀin| *s.f.* (*minér.*) acquamarina.
aiguière |ɛgjɛʀ| *s.f.* [*ancien vase à eau*] acquamanile *m.*
aiguillage |egɥijaʒ| *s.m.* **1** (*ch. de fer*) scambio*, deviatoio* # *poste, cabine d'aiguillage* cabina di manovra ◇ [*appareil permettant les changements de voie*] (ago* di) scambio, (ago del) deviatoio: *aiguillage de bifurcation* scambio di biforcazione **2** (*fig.*) [*orientation d'une voie qu'on suit*] orientamento, indirizzo: *erreur d'aiguillage* errore di orientamento, d'indirizzo; *le bon aiguillage d'un élève* il buon orientamento di un allievo.
aiguillat |egɥija| *s.m.* (*t. zool.*) spinarolo.
aiguille |egɥij| *s.f.* **1** ago* (*m.*): *aiguille à coudre, à broder* ago per cucire, da ricamo; *le chas d'une aiguille* la cruna d'un ago; *aiguille de machine à coudre* ago da macchina; *enfiler une aiguille* infilare un ago # *tirer l'aiguille* cucire ◇ (*loc. fig.*) *de fil en aiguille* di argomento in argomento; *chercher une aiguille dans une botte de foin* cercare un ago in un pagliaio ◇ (*par ext.*) *aiguille à tricoter* ferro *m.* da calza ◇ (*chir.*) *aiguille hypodermique* ago ipo-

dermico **2** [*tige ou lame métallique terminée en pointe*] ago: *l'aiguille d'une balance* ago di una bilancia; *l'aiguille aimantée de la boussole* l'ago calamitato della bussola # *les aiguilles d'une montre* le lancette di un orologio; (*aiguille*) *trotteuse* lancetta dei secondi **3** (*ch. de fer*) (ago di) scambio, (ago del) deviatoio **4** [*sommet effilé d'une montagne*] guglia, picco* *m.* → 3 **pic** ◇ (*archit.*) *l'aiguille d'un clocher* la guglia di un campanile **5** (*bot.*) *aiguilles de pin* aghi di pino ◇ (*t. zool.*) aguglia.

aiguillée |egɥije| *s.f.* [*longueur de fil nécessaire pour coudre*] gugliata.

aiguiller |egɥije| *v.tr.* **1** (*ch. de fer*) [*diriger un train d'une voie sur une autre*] deviare **2** (*fig.*) [*orienter, diriger*] deviare; indirizzare: *aiguiller la conversation sur un sujet plus intéressant* deviare la conversazione su un argomento più interessante ‖ *ce n'est pas moi qu'il faut voir, on vous a mal aiguillé* vi hanno indirizzato male, non è da me che dovete venire.

1 **aiguillette** |egɥijɛt| *s.f.* [*ornement milit. fait de cordons tressés*] aghetto *m.*, cordellina ◇ (*mar.*) amarra.

2 **aiguillette** |egɥijɛt| *s.f.* **1** filetto *m.* d'anatra **2** (*cuis.*) [*partie du romsteck*] lombo *m.* di manzo.

aiguilleur |egɥijœʀ| *s.m.* [*agent chargé de l'entretien d'un poste d'aiguillage*] deviatore, scambista ◇ (*aviat.*) *aiguilleur du ciel* controllore del traffico aereo.

aiguillier |egɥije| *s.m.* [*étui à aiguilles*] agoraio*.

aiguillon |egɥijɔ̃| *s.m.* **1** [*bâton pointu pour piquer les bœufs*] pungolo **2** (*fig.*) [*stimulant*] stimolo, sprone: *le besoin de célébrité est l'aiguillon de ses activités* il bisogno di celebrità è lo stimolo, lo sprone di ogni sua attività **3** (*bot.*) aculeo ◇ (*zool.*) aculeo, pungiglione.

aiguillonner |egɥijɔne| *v.tr.* **1** [*piquer avec l'aiguillon*] pungolare **2** (*fig.*) [*animer, stimuler*] spronare, pungolare: *c'est un élève qu'il faut toujours aiguillonner* è un allievo da spronare in continuazione; *aiguillonner l'amour propre de qqn.* pungolare l'amor proprio di qc.

aiguillot |egɥijo| *s.m.* (*mar.*) agugliotto.

aiguisage |eg(ɥ)izaʒ|, **aiguisement** |eg(ɥ)izmɑ̃| *s.m.* [→ AIGUISER 1] affilatura *f.*, arrotatura (*f.*): *l'aiguisage d'un rasoir* l'affilatura di un rasoio; *l'aiguisage d'un couteau* l'arrotatura di un coltello.

aiguiser |eg(ɥ)ize| *v.tr.* **1** [*rendre tranchant ou pointu*] affilare, arrotare: *aiguiser un rasoir* affilare un rasoio; *aiguiser une faux, un couteau* arrotare una falce, un coltello; *pierre à aiguiser* pietra per affilare; cote → **affiler, affûter** **2** [*rendre plus vif, plus pénétrant*] acuire (197): *aiguiser la douleur, un désir* acuire il dolore, un desiderio # *aiguiser l'appétit* stuzzicare l'appetito **3** (*littér.*) [*affiner, polir*] affinare (*cour.*): *aiguiser son style* affinare il proprio stile Ⓒ 1 **émousser.**

aiguiseur |eg(ɥ)izœʀ| *s.m.* [*ouvrier qui aiguise les couteaux, les ciseaux, etc.*] arrotino.

aiguisoir |eg(ɥ)izwaʀ| *s.m.* [*outil à aiguiser*] affilatoio*.

ail, ails, aulx |aj, o| *s.m.* (*t.bot.*) aglio* ◇ (*cour.*) *tête d'ail* testa d'aglio; *mayonnaise à l'ail* maionese all'aglio; *des ails, des aulx* (*vieilli*) degli agli.

aile |ɛl| *s.f.* **I** **1** ala*: *coup d'aile* colpo d'ala; *un battement d'aile* un batter d'ali; *ailes déployées* ali spiegate; *l'oiseau bat ses ailes* l'uccello batte le ali, vola ◇ (*loc.*) *battre de l'aile*: (*pr.*) (*se dit d'un oiseau blessé*) muovere solo un'ala; (*fig.*) [*être mal en point*] essere in difficoltà, in cattive condizioni ~ *avoir du plomb dans l'aile*: (*pr.*) (*se dit de l'oiseau touché par le chasseur*) essere ferito (a un'ala); (*fig.*) [*être dans une mauvaise situation*] essere compromesso ◇ (*loc. fig.*) *avoir des ailes* avere le ali ai piedi ~ *la peur lui a donné les ailes* la paura gli ha messo le ali ai piedi ~ *voler de ses propres ailes* rendersi indipendente, mettere le ali ~ *se réfugier sous l'aile de qqn.* rifugiarsi sotto le ali, sotto la protezione di qc. **2** (*cuis.*) ala: *il dîna d'une aile de poulet* cenò con un'ala di pollo # *aile ou cuisse?* petto o coscia? **3** (*aviat.*) *aile en delta* ala a delta **4** *les ailes des moulins à vent* le ali, le pale dei mulini a vento **II** [*chacune des deux parties latérales de diverses choses*] **1** (*milit., cour.*) *aile gauche, droite de l'armée* ala sinistra, destra di un esercito → **flanc** ◇ (*fig.*) *aile marchante d'un parti* ala marciante di un partito ◇ (*sport*) ala **2** [*partie latérale d'une construction*] ala: *les deux ailes d'un château* le due ali di un castello ◇ (*auto.*) parafango* (*m.*): *il a embouti son aile avant droite* ha ammaccato il parafango anteriore destro **3** (*anat.*) pinna: *ailes du nez* ali, pinne del naso **4** (*bot.*) ala.

ailé, ée |ele| *adj.* [*pourvu d'ailes*] alato: *insecte ailé* insetto alato ◇ (*bot.*) alato ◇ (*fig.*) *rêve ailé* sogno alato.

aileron |ɛlʀɔ̃| *s.m.* **1** punta *f.*, estremità *f. inv.* dell'ala ◇ (*zool.*) pinna (*f.*): *ailerons d'un requin* pinne di un pescecane **2** (*aviat., mar.*) alettone **3** (*archit.*) aletta *f.* **4** (*anat.*) *aileron du sacrum* ala *f.* del sacro.

ailetage |ɛltaʒ| *s.m.* (*techn.*) alettatura *f.*

aileter |ɛlte| (5) *v.tr.* (*techn.*) [*munir d'ailettes*] alettare.

ailette |ɛlɛt| *s.f.* (*techn.*) aletta: *radiateur à ailettes* radiatore a alette; *obus de mortier à ailettes* proiettile di mortaio a alette.

ailier |elje| *s.m.* (*football*) *ailier droit, gauche* ala *f.* destra, sinistra.

aillade |ajad| *s.f.* (*cuis.*) **1** [*sauce vinaigrette à l'ail*] agliata **2** [*croûton de pain grillé, frotté d'ail et arrosé d'huile d'olive*] bruschetta.

-aille |aj| *suff.* (*ajoutant une valeur péjorative aux subst., correspond généralt. à*) aglia: *canaille* canaglia.

-ailler |aje| *suff.* (*ajoutant une valeur péjorative aux formes verb., correspond généralt. à*) acchiare: *criailler* gridacchiare.

ailler |aje| *v.tr.* [*piquer, frotter d'ail* (*un mets*)] aromatizzare con aglio.

ailleurs |ajœʀ| *adv.* **1** [*dans un autre lieu que celui où l'on est, dont on parle*] altrove, in un altro posto (*loc. inv.*): *allons ailleurs, nous sommes mal ici* andiamo altrove, qui si sta male; *vous ne trouvez cette marque nulle part ailleurs* non troverete questa marca in nessun altro posto # *partout ailleurs* in qualsiasi altro luogo; *des émigrants venus d'ailleurs* emigranti giunti da un altro paese ◇ (*fig.*) *il est ailleurs, son esprit est ailleurs* ha la testa altrove → **absent** **2** *loc. adv.* D'AILLEURS [*d'autre part, d'un autre point de vue, du reste*] del resto, d'altronde: *tu as assez regardé la télévision, d'ailleurs il est l'heure de te coucher* hai guardato abbastanza la televisione, d'altronde, del resto è ora che tu vada a letto; *je ne connais pas l'auteur de cette musique, fort belle d'ailleurs* non conosco l'autore di questa musica, (che) del resto (è) molto bella ~ PAR AILLEURS [*en d'autres circonstances, à un autre point de vue*] d'altra parte, peraltro (*adv.*): *cette ville me déplaisait et par ailleurs le climat ne me convenait pas* quella città non mi piaceva, e d'altra parte, per di più il clima non mi si addiceva # *je la trouve jolie; elle m'est par ailleurs indifférente* la trovo graziosa, per il resto mi è indifferente.

ailloli |ajɔli| *s.m.* [*mayonnaise à l'ail*] aïoli *inv.*

aimable |ɛmabl(ə)| **1** *adj.* [*qui cherche à faire plaisir*] gentile, cortese: *il est aimable avec tout le monde* è gentile, cortese con tutti; *je vous remercie, vous êtes très aimable* la ringrazio, lei è molto gentile; *jamais un mot aimable, quel ours!* mai una parola gentile, che orso!; *soyez assez aimable pour me passer ce livre* sia così gentile da passarmi quel libro → **affable, sociable** **2** (*s.*) *faire l'aimable avec qqn.* [*affecter l'amabilité*] mostrarsi gentile *adj.*, carino *adj.* con qc. Ⓒ 1 **désagréable.**

aimablement |ɛmabləmɑ̃| *adv.* [→ AIMABLE 1] gentilmente, cortesemente: *recevoir aimablement qqn.* ricevere qc. gentilmente, cortesemente; *il en met aimablement deux autres à notre disposition* ne mette gentilmente altri due a nostra disposizione.

aimant |ɛmɑ̃| *s.m.* **1** [*corps ou substance qui a la propriété d'attirer le fer*] calamita (*f.*): *les deux pôles d'un aimant* i due poli di una calamita **2** (*fig.*) calamita: *attiré par un invisible aimant* attirato da una calamita invisibile.

aimant, ante |ɛmɑ̃, ɑ̃t| *adj.* [*naturellement porté à aimer*] affettuoso: *une nature, une personne aimante* une natura, una persona affettuosa → **affectueux, 2 tendre.**

aimantation |ɛmɑ̃tɑsjɔ̃| *s.f.* [→ AIMANTER] calamitazione, magnetizzazione: *aimantation temporaire, permanente* calamitazione, magnetizzazione temporanea, permanente.

aimanter |ɛmɑ̃te| *v.tr.* [*douer un métal de la propriété de l'aimant*] calamitare, magnetizzare: *aimanter un barreau de fer* calamitare, magnetizzare una sbarra di ferro ◆ (*au p.p.*) *aiguille aimantée de la boussole* ago calamitato della bussola.

aimer |eme| **A** *v.tr.* **I** AIMER QQN. **1** [*éprouver de l'affection pour*] voler (195) bene a qc.; amare qc.: *un vieil ami que j'aime beaucoup* un vecchio amico a cui voglio molto bene ‖ *aimer sa mère, ses enfants* amare la propria madre, i propri figli # *aimer bien qqn.* essere affezionato a qc. ◇ (*prov.*) *qui m'aime me suive!* chi mi ama mi segua! **2** [*éprouver de l'amour, de la passion pour*] amare qc.: *il l'a aimée à la folie, de tout son cœur* l'ha amata alla follia, con tutto il cuore; *elle a aimé deux hommes dans sa vie* in vita sua ha amato due uomini **II 1** [*avoir du goût pour qqch.*] amare, piacere (149) (*intr.*): *aimer la musique, le sport* amare la musica, lo sport; *il aime ta manière de parler* gli piace il tuo modo di parlare; *il aime les fleurs* gli piacciono i fiori → 1 **goûter** ◇ [*être friand de*] *il aime la viande bien cuite* gli piace la carne ben cotta; *il aime beaucoup les fruits de mer* gli piacciono molto i frutti di mare **2** AIMER (+ *inf.*) [*être content de*] piacere (+ *inf.*): *j'aime me promener avec lui* mi piace passeggiare con lui; *il aime ne rien faire le dimanche* gli piace non fare niente di domenica ◇ (*littér.*) *j'aime à croire que* oso sperare che **3** AIMER (+ *subj.*) [*désirer, souhaiter que*] piacere *intr.*, fare (103) piacere: *j'aimerais que vous soyez des nôtres* mi piacerebbe che foste dei nostri; *j'aime (à ce) que l'on soit gentil avec moi* mi fa piacere che gli altri siano gentili con me **4** *loc.* AIMER MIEUX [*préférer*] preferire (197): *j'aime mieux son premier livre* preferisco, mi piace di più il suo primo libro; *il aime mieux s'amuser que travailler* preferisce divertirsi (piuttosto) che lavorare ~ *j'aime autant ça* preferisco questo **B** *v.pron.* S'AIMER **1** *réfl.* [*se plaire, se trouver bien*] piacersi: *je ne m'aime pas dans cette robe* non mi piaccio con questo vestito; *je ne m'aime pas beaucoup avec cette coiffure* non mi piaccio molto con questa pettinatura **2** *récipr.* [*être mutuellement attachés par l'affection*] volersi bene: *nous nous aimons beaucoup, ma sœur et moi* mia sorella e io ci vogliamo molto bene ◇ [*par l'amour*] amarsi: *il s'aimaient d'amour tendre* si amavano teneramente; *on s'aime plus quand on se connaît mieux* ci si ama di più quando ci si conosce meglio **3** (*récipr., littér.*) [*faire l'amour*] amarsi: *ils se sont aimés toute la nuit* si sono amati tutta la notte ⓒ A I, II 1, 2 **détester.**

aine |ɛn| *s.f.* (*anat.*) inguine *m.* # *hernie de l'aine* ernia inguinale.

aîné, ée |ene| **1** *adj.* [*qui est né le premier*] primogenito, maggiore: *leur fils aîné est passé les voir* il loro figlio primogenito, maggiore è passato a trovarli; *mon frère aîné* mio fratello maggiore ♦ (*s.*) *c'est moi l'aîné* il primogenito sono io **2** *s.* [*personne plus âgée que telle autre*] più vecchio* (*adj.*): *elle doit être mon aînée de deux ans* deve essere più vecchia di me di due anni, deve avere due anni più di me ◇ (*par ext., littér.*) *nos aînés* i nostri antenati (*cour.*).

aînesse |ɛnɛs| *s.f.* (*hist.*) *droit d'aînesse* diritto di primogenitura, del primogenito.

ainsi |ɛ̃si| *adv.* **1** (*manière*) [*de cette façon*] così: *vous auriez tort d'agir ainsi* avreste torto a comportarvi così; *c'est ainsi qu'il faut lui parler* è così che bisogna parlargli; *c'est ainsi et pas autrement* è così e basta; *puisqu'il en est ainsi, je m'en vais* stando così le cose, me ne vado; *s'il en est ainsi* se le cose stanno così; *ainsi soit-il* così sia; *pour ainsi dire* per così dire; *et ainsi de suite* e così via ◇ (*loc.*) *ainsi dit, ainsi fait* detto, fatto **2** (*conclusion*) [*comme vous venez de le voir*] (e) così: *ainsi rien n'a changé depuis mon départ* (e) così non è cambiato niente dalla mia partenza; *ainsi tu n'iras pas au cinéma* e così non andrai al cinema ◇ (*renforcé*) *ainsi donc vous ne viendrez pas?* e così, e allora non verrete? **3** (*comparaison*) *ainsi que* [*de même*] (così) come: *ainsi qu'il a été dit plus haut* (così) come si è detto sopra; *je partirai ainsi que vous me l'avez conseillé* partirò come voi mi avete consigliato → **comme** ◇ (*coordination*) *les garçons, ainsi que les filles* i ragazzi, come (pure) le ragazze → **et.**

1 **air** |ɛʀ| *s.m.* **1** [*fluide gazeux*] aria (*f.*): *air froid, vif, tiède, doux* aria fredda, frizzante, tiepida, mite; *air vicié, renfermé, surchauffé* aria viziata, chiusa, surriscaldata; *air libre* aria aperta; *l'air de la mer, de la campagne* l'aria del mare, della campagna; *on manque d'air ici* qui non c'è aria; *j'ai besoin de prendre l'air* ho bisogno di prendere (un po' d') aria; *le médecin lui a recommandé de changer d'air* il medico gli ha raccomandato di cambiare aria; *donner de l'air à une pièce* dare aria a una stanza ◇ (*chim., phys.*) *air liquide, comprimé* aria liquida, compressa ◇ (*loc. fig.*) *vivre de l'air du temps* vivere d'aria; *prendre l'air* svignarsela; *libre comme l'air* libero come l'aria **2** AIR CONDITIONNÉ aria condizionata: *nous avons l'air conditionné chez nous* a casa abbiamo l'aria condizionata **3** [*ce fluide en mouvement*] aria, vento: *un déplacement d'air* uno spostamento d'aria; *un courant d'air* una corrente d'aria; *il y a, il fait de l'air aujourd'hui* c'è aria, vento oggi → **vent** ◇ *loc.* EN PLEIN AIR [*au dehors*] all'aria aperta; all'aperto: *vivre en plein air* vivere all'aria aperta ‖ *théâtre, cinéma en plein air* teatro, cinema all'aperto **4** [*espace rempli par ce fluide au-dessus de la terre*] aria: *s'élever dans l'air, dans les airs* librarsi in aria; *regarder en l'air* guardare in aria → **haut (en)** ◇ (*aviat.*) *armée de l'air* aeronautica militare; *transports par air* trasporti aerei; *hôtesse de l'air* hostess, assistente di volo; *mal de l'air* mal d'aria; *l'avion a pris l'air* l'aereo ha decollato **5** *loc. adv.* EN L'AIR [*sans appui sur terre, sans fondement*] campato *adj.* in aria: *paroles, promesses en l'air* parole, promesse campate in aria; *parler en l'air* far discorsi campati in aria # *c'est une tête en l'air* è uno sventato; [*loin de soi*] *il a envie de tout ficher en l'air* ha voglia di buttare tutto all'aria; *je vais flanquer tout ça en l'air* butterò via tutto ◇ [*en désordre*] *il a mis toute la pièce en l'air* ha buttato all'aria tutta la stanza **6** (*fig.*) [*atmosphère, ambiance*] aria, atmosfera (*f.*): *ces idées étaient dans l'air* quelle idee erano nell'aria; *il y avait un air de fête* c'era un'atmosfera festosa; *prendre l'air du bureau* informarsi sull'aria che tira in ufficio; *il y a de l'orage dans l'air* c'è aria di tempesta ◇ [*milieu*] ambiente: *ne pas supporter l'air de la province* non sopportare l'ambiente provinciale.

2 **air** |ɛʀ| *s.m.* **1** [*apparence génér. habituelle à une personne*] aria *f.*, aspetto: *avoir l'air comme il faut* avere una aria come si deve, per bene; *il a un drôle d'air* ha un'aria strana, un aspetto strano; *prendre de grands airs* darsi delle arie → **allure, façon** # *il a grand air* è un gran signore; *il y a entre eux un air de famille* c'è una certa rassomiglianza tra loro; *avoir un faux air de qqn.* [*une ressemblance illusoire avec*] ricordare vagamente qc. **2** [*apparence expressive plus au moins durable*] aria, espressione (*f.*): *un petit air de doute* un'aria, un'espressione un po' dubbiosa; *des airs entendus* un'aria complice; *il le regardait d'un air indifférent* lo guardava con aria indifferente; *elle a un air pincé* ha un'aria sostenuta # *prendre des airs penchés* assumere un atteggiamento pensieroso **3** *loc.* AVOIR L'AIR DE (+ *sost.*) sembrare (*v.intr.*): *il a l'air d'une fille* sembra una ragazza; *cette maison a l'air du château* questa casa sembra un castello ~ (+ *inf.*) sembrare *impers.* (+ *subj.*): *tu m'as l'air de le détester* mi sembra, ho l'impressione che tu lo detesti; *il a l'air de me le reprocher* sembra, ho l'impressione che me lo rimproveri ~ *loc. verb.* (*entraînant l'accord de l'attribut*) *elle a l'air sérieuse, intelligente* ha un'aria seria, intelligente; sembra seria, intelligente; *ces fruits ont l'air mûrs* questa frutta sembra matura **4** *loc.* N'AVOIR L'AIR DE RIEN [*avoir l'air sans valeur, insignifiant*] *cette maison n'a l'air de rien, mais elle est très confortable* non sembra, ma questa casa è molto comoda; *il n'a l'air de rien, mais il pense à tout* fa finta di niente, ma pensa a tutto ◇ (*personnes*) SANS AVOIR L'AIR DE RIEN [*discrètement*] facendo finta di niente: *sans avoir l'air de rien il a écouté notre conversation* facendo finta di niente, ha ascoltato la nostra conversazione.

3 **air** |ɛʀ| *s.m.* (*mus., cour.*) aria *f.*; motivo: *un air d'opéra* un'aria d'opera ‖ *fredonner un air à la mode* canticchiare un motivo di moda ◇ (*loc. prov.*) *l'air ne fait pas la chanson* l'apparenza inganna.

airain |ɛʀɛ̃| *s.m.* (*vx.*) → **bronze** ◇ *loc. fig.* D'AIRAIN di, del bronzo: *l'âge d'airain* l'età del bronzo; *cœur d'airain* cuore di bronzo.

airbus, air-bus |ɛʀbys| *s.m.* 'airbus' *inv.*

aire |ɛʀ| *s.f.* **1** [*toute surface plane*] area: *aire d'atterrissage, de manœuvre* area di atterraggio, di manovra ◇ (*astronautique*) *aire de lancement* piattaforma di lancio ◇ (*maçonn.*) *aire d'un plancher, d'un bassin* caldana di un pavimento, di una vasca ◇ (*autoroutes*) *aire de repos* area di parcheggio; *aire de service* area di servizio ◇ (*géol.*) *aires continentales* aree continentali **2** (*ancienn.*) [*terrain où l'on battait le grain*] aia **3** (*géom., cour.*) area: *l'aire d'un carré* l'area di un quadrato → **superficie** ◇ (*astron.*) *loi des aires* legge delle aree ◇ (*mar.*) *aire de vent* rombo *m.* **4** [*domaine, zone*] area: *aire linguistique* area linguistica; *aire de répartition d'une espèce animale* area di distribuzione di una specie animale # *aire d'influence, d'activité* sfera d'influenza, di attività ◇ (*anat.*) *aire germinative, embryonnaire* area germinativa, embrionale **5** [*espace où nichent les oiseaux de proie*] nido *m.* (di rapaci).

airelle |ɛʀɛl| *s.f.* → **myrtille.**

airer |ɛʀe| *v.intr.* (*oiseaux de proie*) [*faire son nid, nicher*] nidificare.

ais |ɛ| *s.m.* (*ancienn.*) [*planche*] asse *f.*, tavola *f.*

aisance |ɛzɑ̃s| *s.f.* **1** [*situation de fortune qui assure une vie facile*] agiatezza: *vivre dans l'aisance* vivere nell'agiatezza; *jouir d'une certaine aisance* godere di una certa agiatezza # *aisance matérielle* sicurezza economica **2** [*facilité naturelle qui ne donne aucune impression d'effort*] facilità *inv.*, spigliatezza: *il s'exprime avec (beaucoup d') aisance* c'è molta spigliatezza, disinvoltura in lui → 2 **grâce, naturel** **3** (*au plur.*) *cabinets, lieux d'aisances* gabinetti, luoghi di decenza; *fosse d'aisances* pozzo nero ◇ (*dr.*) *aisances de voirie* diritti *m.* dei frontisti.

1 **aise** |ɛz| *s.f.* **1** [*état d'une personne que rien ne gêne*] agio* (*m.*): *être à l'aise* essere a proprio agio; *se sentir à son aise* sentirsi a proprio agio; *se mettre à son aise* mettersi a proprio agio; *mettez-vous à l'aise* mettetevi a vostro agio; *je suis à l'aise, à mon aise dans ce costume* mi sento a mio agio con questo vestito ◇ (*au plur.*) *aimer ses aises* amare il proprio 'confort', il proprio comodo; *il aime ses aises* gli piacciono le comodità; *prendre ses aises* mettersi comodo, in libertà **2** (*loc. fig.*) *être mal à l'aise, être mal à son aise* essere a disagio, non essere a proprio agio ~ *mettre qqn. à l'aise, à son aise* mettere qc. a proprio agio ~ *en prendre à son aise* fare i propri comodi ~ *vous en prenez à votre aise avec le règlement* non vi preoccupate molto del regolamento, ve la prendete comoda col regolamento ~ *vous en parlez à votre aise* fa presto lei a dire!, è facile a dirsi! ~ *il est à son aise* vive nell'agiatezza ~ *à votre aise!* come vorrete!, come preferite!

2 **aise** |ɛz| *adj.* (*littér.*) ÊTRE BIEN AISE, TOUT AISE DE (+ *inf.*), QUE (+*subj.*) [*être heureux de, que*] essere lieto (*cour.*) di (+ *inf.*), che (+ *subj.*): *je suis bien aise de vous inviter chez moi* sono lieto di invitarvi a casa mia; *nous sommes bien aises que vous soyez venus* siamo lieti che siate venuti.

aisé, ée |eze| *adj.* **1** [*qui vit dans l'aisance*] agiato: *une famille aisée* una famiglia agiata **2** [*qui n'a rien de gêné*] disinvolto, sciolto: *un air aisé* un'aria disinvolta; *mouvements aisés* movimenti sciolti → **naturel, souple** **3** (*littér.*) [*qui se fait sans peine*] agevole (*cour.*), facile (*cour.*): *route aisée* strada agevole; *un livre aisé à consulter* un libro di facile consultazione # *des souliers aisés* delle scarpe comode.

aisément |ezemɑ̃| *adv.* [→ AISÉ 3] facilmente, agevolmente: *il peut aisément réussir* può riuscire facilmente.

aisselle |ɛsɛl| *s.f.* (*anat.*, *bot.*) ascella.

ajointer |aʒwɛ̃te| *v.tr.* → **abouter.**

ajonc |aʒɔ̃| *s.m.* (*t.bot.*) ginestrone.

ajour |aʒuʀ| *s.m.* **1** (*archit.*) traforo **2** (*broderie*) 'a jour' *inv.*, a giorno *loc.inv.*

ajouré, ée |aʒuʀe| *adj.* **1** (*blas.*) finestrato **2** (*bx-arts*) traforato: *une cathédrale aux aiguilles ajourées* una cattedrale dalle guglie traforate ◇ (*broderie*) *draps ajourés* lenzuola ricamate a giorno.

ajournable |aʒuʀnabl(ə)| *adj.* [→ AJOURNER 1] aggiornabile, rinviabile.

ajournement |aʒuʀnəmɑ̃| *s.m.* **1** [→ AJOURNER 1] aggiornamento, rinvio*: *le ministre a demandé l'ajournement du débat* il ministro ha chiesto l'aggiornamento del dibattito; *ajournement d'un procès* aggiornamento, rinvio di un processo ◇ (*dr.*) citazione *f.* (a comparire) **2** [*renvoi d'un conscrit*] rivedibilità *f. inv.* ◇ [*d'un candidat*] rinvio **3** [→ AJOURNER 4] rinvio: *l'ajournement d'un voyage, d'un projet* il rinvio di un viaggio, di un progetto.

ajourner |aʒuʀne| *v.tr.* **1** [*renvoyer à un autre jour ou à une date indéterminée*] aggiornare, rinviare: *ajourner un débat, un procès* aggiornare un dibattito, un processo; *on a ajourné les élections* le elezioni sono state rinviate **2** (*compl. de personne*) [*renvoyer un conscrit*] dichiarare rivedibile; [*un candidat*] rimandare → **refuser** ✦ (*au p.p.*) *les ajournés* le reclute rivedibili *adj.*; i rimandati **3** (*dr.*) [*assigner par exploit d'ajournement*] citare (a data fissa) **4** [*remettre, retarder*] rimandare, rinviare: *ajourner la réalisation de qqch.* rimandare, rinviare la realizzazione di q.c.

ajout |aʒu| *s.m.* [*élément ajouté à l'original*] aggiunta (*f.*): *manuscrits surchargés d'ajouts* manoscritti sovraccarichi di aggiunte → **addition** # *édifice gâté par des ajouts* edificio deturpato da elementi aggiunti.

ajouter |aʒute| **A** *v.tr.* **1** [*mettre en plus ou à côté*] aggiungere (150): *ajoutez quelques petits oignons* aggiungete qualche cipollina; *ajouter un nombre à un autre* aggiungere un numero a un altro; *sans rien ajouter ni retrancher* senza aggiungere né togliere nulla; *c'est ce qu'il raconte, mais il y ajoute du sien* è quanto racconta, ma vi aggiunge del suo; *permettez-moi d'ajouter un mot* permettetemi di aggiungere una parola; *il faut ajouter que le temps a été exceptionnel* bisogna aggiungere che il tempo è stato eccezionale # *'eh bien', ajouta-t-il* 'ebbene', soggiunse **2** [*considérer en outre*] aggiungere: *ajoutez à cela son mauvais caractère* aggiungete a questo il suo brutto carattere **3** *loc.* AJOUTER FOI À [*croire à*] prestar fede a: *il n'ajoutait aucune foi à ces nouvelles* non prestava affatto fede a quelle notizie **B** *v.intr.* [*augmenter, accroître*] aumentare *tr.*, accrescere (128) (*tr.*): *en intervenant il ne fait qu'ajouter à la pagaille* intervenendo non fa che aumentare il caos; *le brouillard ajoute aux difficultés de la circulation* la nebbia aumenta, accresce i problemi del traffico **C** *v.pron. intr.* S'AJOUTER [→ *tr.* 1] aggiungersi: *au salaire s'ajoutent, viennent s'ajouter diverses primes* allo stipendio si aggiungono, vengono ad aggiungersi diversi premi.

ajustage |aʒystaʒ| *s.m.* (*techn.*) aggiustaggio*.

ajustement |aʒystəmɑ̃| *s.m.* **1** [→ AJUSTER A 1, 3] aggiustamento: *ajustement libre, bloqué* aggiustamento libero, bloccato **2** (*fig.*) [→ AJUSTER A 4] adattamento, adeguamento: *le choix et l'ajustement des termes* la scelta e l'adattamento dei termini # *le projet de loi a subi quelques ajustements* il progetto di legge ha subito qualche ritocco.

ajuster |aʒyste| **A** *v.tr.* **1** [*mettre aux dimensions convenables*] aggiustare, regolare: *ajuster une pièce mécanique* aggiustare, regolare un pezzo meccanico; *ajuster un tir* aggiustare il tiro **2** [*viser*] mirare *intr.* a: *le chasseur ajuste les grives* il cacciatore mira ai tordi ◇ (*fig.*) *ajuster son coup* [*bien combiner son coup*] aggiustare il colpo **3** [*mettre en état d'être joint à*] applicare, adattare: *ajuster un manche à un outil* applicare, adattare un manico a un utensile; *ajuster un tuyau à un robinet* applicare un tubo a un rubinetto # *il a fait ajuster à sa taille le costume de son frère aîné* ha fatto riadattare per sé il vestito del fratello maggiore **4** (*fig.*) [*mettre en conformité, adapter*] adeguare, adattare: *il veut ajuster les faits à sa théorie* vuole adeguare, adattare i fatti alla sua teoria **B** *v.pron. intr.* S'AJUSTER [→ *tr.* 3] adattarsi: *couvercle qui s'ajuste mal au récipient* coperchio che mal si adatta al recipiente.

ajusteur |aʒystœʀ| *s.m.* aggiustatore: *ajusteur mécanicien* aggiustatore meccanico; *ajusteur outilleur* aggiustatore attrezzista.

ajutage |aʒytaʒ| *s.m.* (*techn.*) regolatore (di flusso).

akène |akɛn| *s.m.* achenio*.

akinésie |akinezi| *s.f.* (*pathol.*) acinesia.

alabastrite |alabastʀit| *s.f.* alabastrite, alabastro *m.* calcareo (orientale).

alacrité |alakʀite| *s.f.* (*rare*) → **entrain.**

alaire |alɛʀ| *adj.* alare.

alaise, alèse |alɛz| *s.f.* [*drap imperméable qui protège le drap de dessous du lit*] traversa, incerata.

alambic |alɑ̃bik| *s.m.* alambicco* ◇ (*fig.*) *un raisonnement tiré à l'alambic, passé par l'alambic* un ragionamento lambiccato.

alambiqué, ée |alɑ̃bike| *adj.* [*exagérément compliqué*] lambiccato, contorto: *un style alambiqué* uno stile lambiccato, contorto; *un esprit alambiqué* uno spirito contorto.

alanguir |alɑ̃giʀ| **A** *v.tr.* [*rendre languissant*] illanguidire (197), infiacchire (197): *la chaleur l'alanguissait* il caldo lo illanguidiva, lo infiacchiva; ✦ (*au p.p.*) *un air alangui* un'aria languida → **nonchalant** **B** *v.pron. intr.* S'ALANGUIR [*tomber dans un état de langueur*] illanguidirsi, infiacchirsi: *elle s'alanguissait et perdait ses forces* si illanguidiva, si infiacchiva e perdeva le forze.

alanguissement |alɑ̃gismɑ̃| *s.m.* [*état d'une personne qui s'alanguit*] languore, languidezza (*f.*): *cet alanguissement me rend incapable de toute décision* questo languore, questa languidezza mi rende incapace di prendere qualsiasi decisione → **langueur.**

alarmant, ante |alaʀmɑ̃, ɑ̃t| *adj.* allarmante, preoccupante: *nouvelles allarmantes* notizie allarmanti → **inquiétant.**

alarme |alaʀm(ə)| *s.f.* **1** allarme (*m.*): *sirène, sonnette d'alarme* sirena, campanello d'allarme; *signal d'alarme* segnale d'allarme; *le guetteur a donné l'alarme* la sentinella ha dato l'allarme; *sonner, donner l'alarme* suonare, dare l'allarme **2** (*fig.*) allarme: *à la première alarme* al primo allarme; *ce n'était qu'une fausse alarme* era soltanto un falso allarme; *la nouvelle jeta l'alarme dans la ville* la notizia gettò l'allarme nella città.

alarmer |alaʀme| **A** *v.tr.* [*inquiéter en faisant pressentir un danger*] allarmare, preoccupare: *il a eu une rechute*

qui a alarmé son entourage ha avuto una ricaduta che ha allarmato i suoi familiari **B** *v.pron. intr.* S'ALARMER [→ *tr.*] allarmarsi, preoccuparsi: *elle s'alarme pour un rien* si allarma, si preoccupa per niente; *il ne faut pas que tu t'alarmes de son retard* non devi preoccuparti per il suo ritardo.
alarmiste |alaʀmist(ə)| **1** *s.* allarmista → **défaitiste, pessimiste** **2** *adj.* allarmistico*: *article, communiqué alarmiste* articolo, comunicato allarmistico.
alastrim |alastʀim| *s.m.* (*pathol.*) alastrim *inv.*
alaterne |alatɛʀn(ə)| *s.m.* (*t. bot.*) alaterno.
albanais, aise |albanɛ, ɛz| **1** *adj.* [*de l'Albanie*] albanese **2** (*s.m.*) *l'albanais* [*la langue*] l'albanese.
albâtre |albɑtʀ(ə)| *s.m.* (*minér.*) alabastro: *l'albâtre calcaire, gypseux* l'alabastro calcareo, gessoso.
albatros |albatʀos| *s.m.* (*t.zool.*) albatro(s).
albédo |albedo| *s.m.* (*astron., phys.*) albedine *f.*, albedo.
albigeois, oise |albiʒwa, waz| *adj.* [*d'Albi*] albigese ◆ *s.* (*hist.*) *les Albigeois* gli Albigesi.
albinisme |albinism(ə)| *s.m.* albinismo.
albinos |albinos| *s. et adj.* albino.
albite |albit| *s.f.* (*minér.*) albite.
albuginée |albyʒine| *s.f.* (*anat.*) albuginea.
albugo |albygo| *s.m.* [*tache blanche de la cornée*] albugine *f.*
album |albɔm| *s.m.* album *inv.*; albo: *un album de timbres, de photos* un album di francobolli, di fotografie ‖ *un album illustré* un albo.
albumen |albymɛn| *s.m.* albume ◇ (*biol., bot.*) albume.
albumine |albymin| *s.f.* albumina.
albuminé, ée |albymine| *adj.* [*pourvu d'albumen*] albuminoso, albuminato.
albumineux, euse |albyminø, øz| *adj.* albuminoso.
albuminoïde |albyminɔid| *adj. et s.m.* (*chim.*) albuminoide.
albuminurie |albyminyʀi| *s.f.* (*méd.*) albuminuria.
albumose |albymoz| *s.f.* albumosa.
alcaïque |alkaik| *adj.* (*versif. anc.*) alcaico*: *vers alcaïque* verso alcaico.
alcalescence |alkalesɑ̃s| *s.f.* alcalescenza.
alcalescent, ente |alkalesɑ̃, ɑ̃t| *adj.* alcalescente.
alcali |alkali| *s.m.* (*chim.*) alcali (*inv.*): *alcalis caustiques* alcali caustici; *alcali végétal* alcali vegetale.
alcalifiant, ante |alkalifjɑ̃, ɑ̃t| *adj.* (*chim.*) alcalinizzante.
alcalimètre |alkalimɛtʀ(ə)| *s.m.* alcalimetro.
alcalin, ine |alkalɛ̃, in| *adj.* (*chim.*) alcalino: *solution alcaline* soluzione alcalina; *terres alcalines* terre alcaline.
alcaliniser |alkalinize| *v.tr.* [*rendre alcalin*] alcalinizzare.
alcalinité |alkalinite| *s.f.* (*chim.*) alcalinità *inv.*
alcaloïde |alkalɔid| *s.m.* (*chim.*) alcaloide.
alcalose |alkaloz| *s.f.* (*méd.*) alcalosi *inv.*
alcane |alkan| *s.m.* (*chim.*) alcani *pl.*
alcène |alsɛn| *s.m.* (*chim.*) alchene.
alchémille |alkemij| *s.f.* (*t.bot.*) alchimilla.
alchimie |alʃimi| *s.f.* alchimia.
alchimique |alʃimik| *adj.* alchimistico*.
alchimiste |alʃimist(ə)| *s.m.* alchimista.
alcool |alkɔl| *s.m.* **1** (*chim., cour.*) alco(o)l *inv.*, alcole: *alcool absolu, éthylique* alcool assoluto, etilico; *alcool à 60, à 95 degrés* alcool a 60, a 95 gradi; *alcool dénaturé* alcool denaturato; *réchauds, lampes à alcool* fornelli, lampade ad alcool, a spirito # *teneur en alcool d'un vin, d'une liqueur* gradazione alco(o)lica di un vino, di un liquore **2** *un alcool* [*eau-de-vie, spiritueux*] un alcolico* # *prendre un petit alcool* bere un bicchierino.
alcoolat |alkɔ(ɔ)la| *s.m.* alcolato.
alcoolémie |alkɔ(ɔ)lemi| *s.f.* (*méd.*) alcolemia.
alcoolification |alkɔ(ɔ)lifikɑsjɔ̃| *s.f.* alcolificazione, fermentazione alcolica.
alcoolique |alkɔ(ɔ)lik| *adj.* **1** alco(o)lico*: *boissons alcooliques* bevande alco(o)liche; *fermentation alcoolique* fermentazione alco(o)lica **2** [*qui boit trop d'alcool*] alco(o)lizzato, alco(o)lista: *il est alcoolique* è alco(o)lizzato ◆ (*s.*) *un alcoolique* un alcoolizzato, un alc(o)olista.
alcoolisation |alkɔ(ɔ)lizasjɔ̃| *s.f.* alcolizzazione.
alcooliser |alkɔ(ɔ)lize| **A** *v.tr.* [*additionner d'alcool*] alco(o)lizzare: *alcooliser un vin* alco(o)lizzare un vino ◆ (*au p.p.*) alco(o)lico* (*adj.*): *boisson alcoolisée* bevanda alco(o)lica; *boisson non alcoolisée* bevanda analcolica **B** *v.pron. réfl.* S'ALCOOLISER [*abuser des boissons alcooliques*] alco(o)lizzarsi: *il s'alcoolise petit à petit* si alco(o)lizza a poco a poco.
alcoolisme |alkɔ(ɔ)lism(ə)| *s.m.* (*méd.*) alco(o)lismo.
alcoomètre |alkɔ(ɔ)mɛtʀ(ə)| *s.m.* (*chim.*) alco(o)lometro.
alcoométrie |alkɔ(ɔ)metʀi| *s.f.* (*chim.*) alco(o)lometria.
alcootest |alkotɛst|, **alcool-test** |alkɔltɛst| *s.m.* test *inv.* alcolometrico*.
alcoran |alkɔʀɑ̃| *s.m.* → **coran.**
alcôve |alkov| *s.f.* alcova: *les secrets de l'alcôve* i segreti d'alcova.
alcyon |alsjɔ̃| *s.m.* **1** (*mythol.*) alcione **2** (*t.zool.*) alcionio*.
aldéhyde |aldeid| *s.m.* (*chim.*) aldeide (*f.*): *aldéhyde formique, benzoïque* aldeide formica, benzoica.
aldéhydique |aldeidik| *adj.* (*chim.*) aldeidico*.
aldin, ine |aldɛ̃, in| *adj.* (*typogr.*) aldino: *caractères aldins* caratteri aldini.
aldion |aldjɔ̃| *s.m.* (*hist. germ.*) aldio*, aldione.
aldostérone |aldɔsteʀɔn| *s.f.* (*biol., chim.*) aldosterone *m.*
ale |ɛl| *s.f.* (*angl.*) ale *inv.*
aléa |alea| *s.m.* rischio*, alea (*f.*): *les aléas du métier* i rischi del mestiere; *il faut compter avec les aléas de l'examen* bisogna tener conto dell'alea, dei rischi dell'esame.
aléatoire |aleatwaʀ| *adj.* (*dr., cour.*) aleatorio*: *contrat aléatoire* contratto aleatorio; *des prévisions aléatoires* previsioni aleatorie; *son succès est bien aléatoire* il suo successo è molto aleatorio → **problématique** ◇ (*log., math.*) *grandeur aléatoire* grandezza aleatoria # *fonction, variable aléatoire* funzione, variabile casuale **C** **certain.**
alémanique |alemanik| **1** *adj.* [*propre à la Suisse de langue all.*] alemanno, svizzero tedesco* **2** (*s.m.*) *l'alémanique* [*le parler du haut all.*] l'alemanno.
alêne |alɛn| *s.f.* [*poinçon effilé servant à percer les cuirs*] lesina.
alentour |alɑ̃tuʀ| *adv.* (*littér.*) [*tout autour*] (tutt')intorno (*cour.*): *je ne voyais rien alentour* intorno non vedevo nulla; *la plaine s'étendait tout alentour* la piana si stendeva tutt'intorno ◇ (*loc. prép.*) *alentour de* intorno a.
alentours |alɑ̃tuʀ| *s.m.pl.* **1** [*environs*] dintorni, paraggi: *les alentours de la ville* i dintorni della città; *il n'y a personne aux alentours* non c'è nessuno nei paraggi ◇ (*tapisserie*) bordura *f.sing.* ◇ (*fig.*) *les alentours du problème* gli annessi e (i) connessi del problema **2** *loc.* AUX ALENTOURS DE (*indique une approximation dans l'espace*) dalle parti di: *ce soir nous serons aux alentours de Marseille* questa sera saremo dalle parti di Marsiglia; (*indique une approximation dans le temps*) verso (*prép.*): *je passerai chez toi aux alentours de dix heures* passerò da te verso le dieci → **1 vers.**
aleph |alɛf| *s.m.* (*ling., math.*) alef *inv.*
1 **alerte** |alɛʀt(ə)| *s.f.* **1** [*signal d'alarme*] allarme (*m.*): *alerte aérienne* allarme aereo; *systèmes d'alerte* sistemi d'allarme; *en cas d'alerte* in caso d'allarme; *troupes en état d'alerte* truppe in stato d'allarme; *donner l'alerte* dare l'allarme; *ce n'était qu'une fausse alerte* era soltanto un falso allarme **2** [*situation grave et inquiétante*] allarme: *rappelle-moi à la première alerte* richiamami al primo allarme.
2 **alerte** |alɛʀt(ə)| *adj.* [*vif, leste*] arzillo, vivace: *un petit vieux alerte et gai* un vecchietto arzillo e allegro; *son esprit est encore alerte* la sua mente è ancora vivace # *une démarche alerte* un'andatura spedita; *avoir les jambes alertes* aver le gambe scattanti.
alerter |alɛʀte| *v.tr.* [*avertir en cas de danger pour que des mesures soient prises*] avvertire; mettere (155) in allarme, in guardia: *il faut alerter la police* bisogna avvertire la polizia ‖ *le voleur (alerté par le bruit) s'enfuit* il ladro, messo in allarme dal rumore, fuggì.
alésage |alezaʒ| *s.m.* (*mécan.*) alesatura *f.*, alesaggio* ◇ (*auto.*) alesaggio.
alèse |alɛz| *s.f.* → **alaise.**
aléser |aleze| (8) *v.tr.* (*mécan.*) [*procéder à l'alésage* (*d'une pièce métallique*)] alesare.
aléseur |alezœʀ| *s.m.* alesatore.
aléseuse |alezøz| *s.f.* (*mécan.*) alesatrice.
alésoir |alezwaʀ| *s.m.* (*mécan.*) alesatoio*, alesatore.
aleurite |aløʀit| *s.f.* (*t. bot.*) aleurite.
aleurode |aløʀɔd| *s.m.* (*t.zool.*) aleurode.
aleurone |aløʀɔn| *s.f.* (*bot.*) aleurone *m.*
alevin |alvɛ̃| *s.m.* (*zool.*) avannotto.
alevinage |alvinaʒ| *s.m.* [*pêche*] ripopolamento (delle acque); piscicoltura *f.*
aleviner |alvine| *v.tr.* [*peupler d'ale-*

vins] ripopolare (di avannotti) → **empoissonner.**

alevinier |alvinje| *s.m.*, **alevinière** |alvinjɛʀ| *s.f.* vivaio* *m.* di avannotti.

alexandra |alɛksɑ̃dʀa| *s.m.* (*angl.*) (cocktail) alexander *inv.*

alexandrin, ine |alɛksɑ̃dʀɛ̃, in| *adj.* **1** alessandrino: *poètes alexandrins* poeti alessandrini; *vers alexandrin* verso alessandrino ◆ *s.m.* (*versif.*) alessandrino **2** [*d'Alexandrie d'Égypte*] alessandrino.

alexie |alɛksi| *s.f.* (*méd.*) alessia.

alezan, ane |alzɑ̃, ɑn| (*hippol.*) *adj.* sauro ◆ (*s.*) *un alezan* un sauro.

alfa |alfa| *s.m.* (*t.bot.*) alfa *f.* ◇ [*papier d'alfa*] carta d'alfa.

algarade |algaʀad| *s.f.* [*réprimande*] ramanzina, paternale: *il se moque des algarades de son père* se ne infischia delle ramanzine di suo padre ◇ [*dispute*] *avoir une algarade avec qqn.* avere un battibecco* *m.*, un alterco* *m.* con qc.

algazelle |algazɛl| *s.f.* (*t. zool.*) algazella.

algèbre |alʒɛbʀ(ə)| *s.f.* algebra ◇ (*fig.*) [*chose difficile à comprendre*] *c'est de l'algèbre pour moi* per me è algebra.

algébrique |alʒebʀik| *adj.* (*math.*) algebrico*: *nombre algébrique* numero algebrico; *calcul algébrique* calcolo algebrico.

algébriquement |alʒebʀikmɑ̃| *adv.* [→ ALGÉBRIQUE] algebricamente.

algébriste |alʒebʀist(ə)| *s.* algebrista.

algérien, ienne |alʒeʀjɛ̃, jɛn| *adj.* [*de l'Algérie*] algerino.

algérois, oise |alʒeʀwa(ɑ), wa(ɑ)z| *adj.* [*d'Alger*] algerese.

algide |alʒid| *adj.* algido.

algidité |alʒidite| *s.f.* algidismo *m.*

-algie |alʒi| *suff.* (*signifiant 'douleur', correspond généralt. à*) algia: *névralgie* nevralgia.

algie |alʒi| *s.f.* (*méd.*) algia*.

algine |alʒin| *s.f.* (*chim.*) algina.

algique |alʒik| *adj.* algico*.

algol |algɔl| *s.m.* (*informatique*) algol *inv.*

algorithme |algɔʀitm(ə)| *s.m.* algoritmo.

algorithmique |algɔʀitmik| *adj.* (*math.*) algoritmico*.

algue |alg(ə)| *s.f.* (*t. bot.*) alga*: *algues vertes, rouges* alghe verdi, rosse; *algues unicellulaires, pluricellulaires* alghe unicellulari, pluricellulari.

alias |aljas| *adv.* alias.

alibi |alibi| *s.m.* (*dr.*) alibi (*inv.*): *fournir un alibi* fornire un alibi ◇ (*fig.*) *son comportement ne peut avoir aucun alibi moral* il suo comportamento non può avere nessun alibi morale.

alidade |alidad| *s.f.* alidada.

aliénabilité |aljenabilite| *s.f.* alienabilità *inv.*

aliénable |aljenabl(ə)| *adj.* [→ ALIÉNER A 1] alienabile.

aliénant, ante |aljenɑ̃, ɑ̃t| *adj.* alienante.

aliénateur, trice |aljenatœʀ, tʀis| *s.* (*dr.*) alienante.

aliénation |aljenɑsjɔ̃| *s.f.* **1** (*dr.*) alienazione: *aliénation à titre particulier, universel* alienazione a titolo particolare, universale **2** (*fig.*) [*fait de céder un droit*] rinuncia*, rinunzia: *ce serait une aliénation de ma liberté* sarebbe una rinuncia alla mia libertà **3** (*philo., cour.*) alienazione **4** (*méd., cour.*) alienazione: *aliénation mentale* alienazione mentale → **démence, folie.**

aliéné, ée |aljene| *s.* (*méd., psycho.*) alienato # *asile d'aliénés* manicomio.

aliéner |aljene| (8) **A** *v.tr.* **1** (*dr.*) [*céder par aliénation*] alienare: *aliéner un bien a fonds perdu* alienare un bene a fondo perduto **2** [*perdre* (*un droit naturel*)] rinunciare *intr.* a, rinunziare *intr.* a: *aliéner son indépendance* rinunciare alla propria indipendenza **3** [*éloigner; rendre hostile*] alienare: *sa conduite lui a aliéné la sympathie de ses collègues* il suo comportamento gli ha alienato la simpatia dei colleghi □ *s'aliéner la sympathie de la population* alienarsi la simpatia della popolazione **4** (*philo.*) [*entraîner l'aliénation de*] alienare **B** *v. pron. réfl.* S'ALIÉNER → *tr.* 3 □.

aliéniste |aljenist(ə)| *s.* alienista.

aliforme |alifɔʀm(ə)| *adj.* (*zool.*) aliforme.

alignement |aliɲmɑ̃| *s.m.* **1** [*fait d'aligner, d'être aligné*] allineamento: *alignement des maisons dans une rue* allineamento delle case in una strada; *à droite, alignement!* allineamento a destra! # *soldat qui se met à l'alignement* soldato che si mette in riga **2** (*fig.*) [*fait de s'aligner*] allineamento: *l'alignement d'un parti sur la politique d'un État* l'allineamento di un partito con la politica di uno Stato ◇ (*écon. polit.*) *alignement monétaire* allineamento monetario → **dévaluation.**

aligner |aliɲe| **A** *v.tr.* **1** [*ranger sur une ligne droite*] allineare: *aligner des chaises* allineare delle sedie ◇ (*écon. polit.*) *aligner une monnaie sur une autre* allineare una moneta a un'altra **2** [*inscrire ou prononcer à la suite*] allineare: *aligner des chiffres, des phrases* allineare cifre, frasi ◇ (*pop.*) *il les a alignés sans discuter* [*il a payé*] ha sganciato la grana senza discutere **B** *v.pron. réfl.* S'ALIGNER [*se mettre sur la même ligne*] allinearsi: *alignez-vous!* allineatevi! ◇ (*fig.*) *s'aligner sur la ligne politique de qqn.* allinearsi alla linea politica di qc. ◇ (*pop.*) *tu peux toujours t'aligner* [*tu seras battu*] e provaci!

aligoté |aligɔte| *s.m.* [*cépage blanc de Bourgogne; vin produit par ce cépage*] ⊠.

aliment |alimɑ̃| *s.m.* alimento, cibo: *aliments naturels* alimenti, cibi naturali; *aliment complet* alimento completo → **nourriture** ◇ *au plur.* (*dr.*) alimenti ◇ (*fig.*) *c'est un scandale qui a fourni un aliment à la curiosité du public* è uno scandalo che ha alimentato la curiosità del pubblico.

alimentaire |alimɑ̃tɛʀ| *adj.* alimentare: *denrées alimentaires* prodotti, generi alimentari; *régime alimentaire* regime alimentare ◇ (*spécialt.*) *pâtes alimentaires* pasta *s.f.* ◇ (*dr.*) *obligation alimentaire* obbligazione alimentare, obbligo degli alimenti.

alimentateur |alimɑ̃tatœʀ| *s.m.* (*électr.*) alimentatore.

alimentation |alimɑ̃tasjɔ̃| *s.f.* **1** alimentazione: *une mauvaise alimentation* una cattiva alimentazione # *magasin d'alimentation* negozio di generi alimentari; *alimentation des troupes* vettovagliamento della truppa → **ravitaillement 2** *alimentation d'une chaudière, d'un moteur, d'un ordinateur* alimentazione di una caldaia, di un motore, di un elaboratore elettronico.

alimenter |alimɑ̃te| **A** *v.tr.* **1** [*fournir une certaine alimentation à*] alimentare, nutrire (204): *alimenter un malade* alimentare un malato **2** [*approvisionner*] alimentare: *alimenter une chaudière* alimentare una caldaia ◇ (*fig.*) *ce sujet a suffi à alimenter la conversation* quell'argomento è bastato ad alimentare, a tener viva la conversazione **B** *v.pron. réfl.* S'ALIMENTER [→ *tr.* 1] nutrirsi, alimentarsi: *il a recommencé à s'alimenter* ha ripreso a nutrirsi.

alimenteur |alimɑ̃tœʀ| *s.m.* (*techn.*) alimentatore (termico*).

alinéa |alinea| *s.m.* [*renfoncement de la première ligne du texte, d'un paragraphe; passage compris entre deux de ces lignes*] capoverso, comma.

aliphatique |alifatik| *adj.* (*chim.*) alifatico*.

aliquote |alikɔt| *adj.f.* (*math.*) *partie aliquote* aliquota *s.f.*

alitement |alitmɑ̃| *s.m.* lo stare *inv.* a letto; il mettersi *inv.* a letto.

aliter |alite| **A** *v.tr.* [*faire prendre le lit à* (*un malade*)] costringere (131) a letto, allettare (*raro*) ◆ (*au p.p.*) *un infirme alité depuis des années* un infermo costretto a letto da anni **B** *v.pron. réfl.* S'ALITER [*se coucher*] mettersi (155) a letto: *il a dû s'aliter* ha dovuto mettersi a letto.

alizarine |alizaʀin| *s.f.* alizarina.

alizé |alize| *s.m.* aliseo ◆ (*adj.*) *le vent alizé* il vento aliseo.

alkermès |alkɛʀmɛs| *s.m.* alchermes *inv.*

allaitement |alɛtmɑ̃| *s.m.* [→ ALLAITER] allattamento: *allaitement maternel, artificiel, mixte* allattamento materno, artificiale, misto.

allaiter |alete| *v.tr.* [*nourrir de lait* (*un enfant*)] allattare: *allaiter au biberon* allattare col biberon.

allant, ante |alɑ̃, ɑ̃t| **1** *s.m.* [*ardeur de celui qui va de l'avant*] vitalità *f.inv.*, brio*: *il n'a plus l'allant d'autrefois* non ha più la vitalità, il brio di un tempo → **entrain** # *c'est une femme pleine d'allant* è una donna molto dinamica ◇ (*au plur.*) *allants et venants* [*personnes qui vont et viennent*] viavai *sing. inv.*, andirivieni *sing. inv.* **2** *adj.* (*littér.*) [*plein d'activité, de vigueur*] attivo (*cour.*), in gamba *loc. inv.* (*cour.*): *il est encore fort allant pour son âge* è ancora molto attivo, in gamba per la sua età.

allantoïde |alɑ̃tɔid| *s.f.* (*embryol.*) allantoide.

alléchant, ante |a(l)leʃɑ̃, ɑ̃t| *adj.* [*qui allèche*] allettante; invitante: *une proposition alléchante* una proposta allettante ‖ *une odeur alléchante* un odorino invitante → **appétissant.**

allèchement |a(l)ɛʃmɑ̃| *s.m.* (*rare*) → **appât, attrait.**

allécher |a(l)leʃe| (8) *v.tr.* [*attirer par la promesse de quelque plaisir*] allettare, attirare: *on l'avait alléché par la promesse d'une bonne place* lo avevano allettato con la promessa di un posto importante → **appâter** # *il a choisi ce titre pour allécher les lecteurs* ha scelto quel titolo per stuzzicare la curiosità dei lettori.

allée |ale| *s.f.* **1** [*chemin bordé d'arbres, de massifs*] viale (*m.*): *les allées* *d'un parc* i viali di un parco ◇ [*promenade plantée d'arbres dans une ville*] viale → **avenue, 3 cours, mail** **2** ALLÉE ET VENUE [*mouvement de gens qui vont et viennent*] viavai *m.inv.*, andirivieni (*m.inv.*): *c'était une allée et venue continuelle* era un continuo viavai, un continuo andirivieni ◇ *au plur.* [*démarches et déplacements divers*] *j'ai perdu une matinée en allées et venues pour m'inscrire à l'université* ho perso una mattinata in andirivieni per iscrivermi all'università.

allégation |a(l)legɑsjɔ̃| *s.f.* allegazione ◇ [*affirmation quelconque*] affermazione, asserzione (gratuita): *il faudra prouver vos allégations* bisognerà provare le vostre asserzioni.

allège |a(l)lɛʒ| *s.f.* **1** (*maçonn.*) davanzale *m.* **2** (*mar.*) alleggio* *m.*

1 **allégeance** |a(l)leʒɑ̃s| *s.f.* (*vx.*) → **soulagement.**

2 **allégeance** |a(l)leʒɑ̃s| *s.f.* **1** (*hist.*) assoggettamento *m.*, fedeltà *inv.* (al signore feudale): *serment d'allégeance* giuramento di fedeltà **2** [*nationalité*] cittadinanza, nazionalità (*inv.*): *double allégeance* doppia cittadinanza.

allégement |a(l)lɛʒmɑ̃| *s.m.* [*fait, moyen d'alléger*] alleggerimento: *demander l'allégement des programmes scolaires* chiedere l'alleggerimento dei programmi scolastici.

alléger |a(l)leʒe| (8) (3) **1** [*rendre moins lourd*] alleggerire (197): *alléger un fardeau* alleggerire un fardello **2** [*rendre moins pesant, moins pénible*] alleviare: *alléger les souffrances, la douleur de qqn.* alleviare le sofferenze, il dolore di qc. ◇ (*par ext.*) ridurre (108); sgravare: *alléger les charges fiscales* ridurre gli oneri fiscali ‖ *allegér les contribuables d'un impôt* sgravare, esonerare i contribuenti da un'imposta.

allégorie |a(l)legɔʀi| *s.f.* allegoria.

allégorique |a(l)legɔʀik| *adj.* allegorico*: *roman, tableau allégorique* romanzo, quadro allegorico.

allégoriquement |a(l)legɔʀikmɑ̃| *adv.* [→ ALLÉGORIQUE] allegoricamente.

allégoriser |alegɔʀize| *v.tr.* [*expliquer allégoriquement*] allegorizzare.

allègre |a(l)lɛʀ(ə)| *adj.* [*plein d'entrain, vif*] allegro; vivace: *tu n'es pas très allègre aujourd'hui* non sei molto allegro oggi # *marcher d'un pas allègre* camminare di buon passo.

allègrement |a(l)lɛgʀəmɑ̃| *adv.* [→ ALLÈGRE] di buona lena, allegramente → **vivement**: *travailler allègrement* lavorare di buona lena ◇ (*péj.*) *il nous a allègrement ruinés* ridendo e scherzando ci ha rovinato.

allégresse |a(l)legʀɛs| *s.f.* [*joie très vive*] esultanza, tripudio* (*m.*): *au milieu de l'allégresse générale* fra l'esultanza generale.

allegretto |a(l)legʀe(ɛt)to| *adv. et s.m.* (*mus.*) allegretto.

allegro |a(l)legʀo| *adv. et s.m.* (*mus.*) allegro.

alléguer |a(l)lege| (8) *v.tr.* **1** [*citer comme autorité, pour sa justification*] allegare; citare: *alléguer un texte de loi* allegare un testo di legge ‖ *alléguer un auteur* citare un autore **2** [*invoquer* (*pour se justifier*)] addurre (108), allegare: *alléguer une excuse valable* addurre una valida scusa; *il a allégué une excuse pour ne pas venir à la réunion* ha addotto, ha preso una scusa per non venire alla riunione.

allèle |al(l)ɛl| *s.m.* allelo.

allélomorphe |al(l)elɔmɔʀf(ə)| *adj.* (*biol.*) allelomorfo.

alléluia |a(l)leluja| *s.m.* **1** (*liturg.*) alleluia *inv.* ◇ (*poét.*) [*chant de joie*] alleluia **2** → **oxalide.**

allemand, ande |almɑ̃, ɑ̃d| **I** *adj.* [*de l'Allemagne*] tedesco* → **germanique** **II** *s.* **1** (*s.m.*) *l'allemand* [*la langue*] il tedesco **2** *s.f.* [*danse d'origine all.*] allemanda ◇ (*mus.*) allemanda.

allène |alɛn| *s.m.* (*chim.*) allene.

1 **aller** |ale| (13) **A** *v. intr.* (*aux.* 'être') **I** (*marquant 'le mouvement'*) **1** [*se déplacer*] andare (101): *allons à pied* andiamo a piedi; *aller à cheval, en voiture, à bicyclette* andare a cavallo, in auto, in bicicletta; *il se mit à aller et venir dans la chambre* si mise ad andare su e giù per la camera ◇ (*sujet de chose*) *c'est une voiture qui va vite* è una macchina che va forte ◇ (*fig.*) *votre lettre m'est allée au cœur* la vostra lettera mi ha toccato il cuore ◇ (*loc.*) *aller son* (*petit bonhomme de*) *chemin* tirare diritto (per la propria strada) **2** (*compl. de destination*) andare: *aller à la mer, à la campagne, à la montagne* andare al mare, in campagna, in montagna; *aller à l'école, au théâtre, à l'église* andare a scuola, a teatro, in chiesa; *aller au lit, à la cuisine, au jardin* andare a letto, in cucina, in giardino; *aller à la messe* andare a messa; *je pense aller à Paris* penso di andare a Parigi; *nous y allons nous aussi* ci andiamo anche noi; *l'avion qui va à Rome* l'aereo che va a Roma; *il faut que j'aille chez le coiffeur* bisogna che vada dal parrucchiere; *allez devant, je vous rejoindrai* andate avanti, vi raggiungo; *je suis allé à sa rencontre* gli sono andato incontro # *j'irai jusqu'au ministre, s'il le faut* se occorre, arriverò fino al ministro ◇ (*fig.*) *vous allez trop loin* state (oltre)passando il segno; *il est allé jusqu'à lui dire...* è arrivato al punto di dirgli, (fino) a dirgli... → **rendre (se)** **3** (*compl. de but*) andare: *je vais à mon travail* vado al lavoro; *aller aux nouvelles* andare in cerca di notizie; *aller à la chasse, à la pêche* andare a caccia, a pesca ◇ (*fig.*) *allons au fait* veniamo al fatto, al punto ◇ ALLER (+ *inf.*) andare a (+ *inf.*): *je suis allé me promener, travailler* sono andato a passeggiare, a lavorare; *allez le voir* andate a trovarlo # *n'allez surtout pas croire que...* soprattutto non crediate che... **4** Y ALLER andarci: *peux-tu y aller à ma place?* puoi andarci al posto mio?; *je ne peux pas y aller* non posso andarci; *je n'y suis jamais allée* non ci sono mai andata ◇ (*fam.*) *alors, on y va?* allora, si va?, andiamo? ◇ (*cris d'encouragement*) *vas-y!, allons-y!, allez-y!* dài!, forza!, coraggio! ◇ (*fig.*) *allez-y doucement* andateci piano; calma, calma!; *vous y allez un peu fort!* esagerate un po', no? ◇ (*loc.*) *ne pas y aller de main morte*: (*pr.*) [*frapper rudement*] avere la mano pesante; (*fig.*) [*exagérer*] calcare la mano ~ *ne pas y aller par quatre chemins* andare diritto allo scopo ◇ (*au jeu*) *j'y vais* ci sto, vedo; *j'y vais de cent francs* punto cento franchi ◇ (*par ext.*) *j'ai dû y aller de toutes mes économies* ho dovuto dar fondo a tutti i miei risparmi **5** ALLER (+ *inf.*) (*marquant un futur proche*) [*être sur le point de*] stare (104) per (+ *inf.*), essere (96) sul punto di (+ *inf.*): *il va neiger* sta per nevicare; *nous allions commencer* stavamo per cominciare; *j'allais lui rire au nez* stavo per ridegli in faccia # *il va arriver* (*d'un moment à l'autre*) arriverà da un momento all'altro; (*marquant une éventualité*) *si elle allait ne pas venir!* e se (poi) non venisse? **6** (*interj.*) *allons!, allez!* su!, dài!: *allons, dépêche-toi!* su, sbrigati! *allez, un peu de courage!* dài, coraggio!; *allons, allons, ne dites pas de bêtises!* su, non dite sciocchezze! # *allons donc!* suvvia!; (*marquant une évidence*) *je te connais bien, va!* ti conosco bene, va!; *allez, ça ne vaut pas la peine de pleurer!* su, suvvia non vale la pena di piangere! **II** (*marquant 'une évolution ou un fonctionnement'*) **1** [*être dans tel ou tel état de santé*] stare: *comment allez-vous?* come state?; *je vais bien, mieux* sto bene, meglio → **porter (se)** # *ça va?* come va?; *ça va, merci* bene, grazie **2** (*choses*) [*se trouver amené à tel état d'une évolution*] andare: *les affaires vont bien* gli affari vanno bene; *cela va de soi, sans dire* (questo) va da sé; *ça ira tout seul!* andrà tutto bene!; *ça n'ira pas tout seul* (la cosa) non andrà liscia ◆ (*impers.*) *il n'en va pas de même pour moi* per me non è lo stesso, è diverso; *il y va de notre réputation* ne va della nostra reputazione, è in gioco la nostra reputazione **3** *loc.* LAISSER ALLER [*laisser évoluer sans intervenir*] trascurare: *laisser aller ses affaires* trascurare i propri affari ~ *se laisser aller* lasciarsi andare; *se laisser aller au désespoir* lasciarsi andare, abbandonarsi alla disperazione **4** [*fonctionner*] andare, funzionare: *le courant fait aller la roue du moulin* la corrente fa andare, fa funzionare la ruota del mulino; *ma montre ne va pas* il mio orologio non funziona → **marcher** **5** [*être adapté*] stare (bene); donare, addirsi (132) (*pron.*): *ce costume lui va bien* quel vestito gli sta bene ‖ *c'est une couleur qui lui va bien* è un colore che le dona, che le si addice # *ce n'est pas la clé qui va à cette serrure* non è la chiave adatta a questa serratura ◇ [*convenir*] *est-ce que ça va?* va bene (così)?; *ça ne* (*me*) *va pas du tout* non (mi) va affatto **6** ALLER (+ *p.prés.*) (*marquant 'la progression'*) andare (+ *gérondif*): *l'inquiétude allait croissant* l'inquietudine andava aumentando; *son mal va en empirant* la sua malattia va peggiorando **B** *v.pron. intr.* S'EN ALLER **1** [*partir du lieu où l'on est*] andarsene: *je m'en vais* me ne vado; *va-t'en* vattene; *allez-vous-en* andatevene; *il veut s'en aller* vuole andarsene ◇ (*par euphém.*) *il s'en est allé* [*il est mort*] se n'è andato, ci ha lasciato ◇ (*avec un compl. de destination*) *je m'en vais au marché, au stade* vado al mercato, allo stadio **2** (*choses*) [*disparaître*] andar *intr.* via, andarsene, sparire (197) (*intr.*): *les taches d'encre s'en vont avec ce produit* le macchie d'inchiostro vanno via, spariscono con questo prodotto **3** S'EN ALLER (+ *inf.*) [*aller en partant*] andare a (+ *inf.*): *va-t'en voir un peu ce que font les enfants* va un po' a vedere che cosa fanno i bambini ◇ (*marquant 'un futur', seulement à la 1ère personne du*

prés.) *je m'en vais tout vous raconter* vi racconterò tutto.

2 **aller** |ale| *s.m.* **1** [*trajet fait en allant à un endroit déterminé*] andata (*f.*): *l'aller a été plus facile que le retour* l'andata è stata più facile del ritorno; *à l'aller j'ai mis deux heures* all'andata ci ho messo due ore **2** [*billet de ch. de fer, d'avion, etc. valable pour l'aller*] (biglietto di) andata: *un aller simple pour Marseille* un biglietto di (sola) andata per Marsiglia; *un aller (et) retour* un biglietto di andata e ritorno, un'andata e ritorno **3** *pis-aller* → **pis.**

allergène |alɛʀʒɛn| *s.m.* allergene.

allergie |alɛʀʒi| *s.f.* (*méd.*, *cour.*) allergia*.

allergique |alɛʀʒik| *adj.* allergico*: *il est allergique à la poussière* è allergico alla polvere ◇ (*fig.*) *il est allergique à la grande musique* è allergico alla musica classica.

allergologie |a(l)lɛʀgɔlɔʒi| *s.f.* (*méd.*) allergologia*.

allergologiste |alɛʀgɔlɔʒist(ə)|, **allergologue** |alɛʀgɔlɔg| *s.* allergologo*.

alliacé, ée |aljase| *adj.* [*propre à l'ail*] agliaceo.

alliage |aljaʒ| *s.m.* (*métall.*, *cour.*) lega* (*f.*): *l'acier est un alliage de fer et de carbone* l'acciaio è una lega di ferro e carbonio.

alliance |aljɑ̃s| *s.f.* **1** alleanza: *alliance entre deux partis politiques* alleanza fra due partiti politici **2** (*dr. internat.*, *cour.*) alleanza: *alliance défensive* alleanza difensiva; *conclure, rompre une alliance* concludere, rompere un'alleanza; *la Sainte-Alliance* la Santa Alleanza; *la Triple-Alliance* la Triplice Alleanza → **coalition, entente, pacte** ◇ (*théol.*) *l'arche d'alliance* l'arca dell'alleanza **3** (*dr.*, *cour.*) affinità *inv.* → **parenté** # *neveu par alliance* nipote acquisito **4** [*anneau nuptial*] fede, vera (*région.*) **5** [*union, accord*] intesa, accordo (*m.*): *établir une alliance* arrivare a un'intesa, un accordo.

allié, ée |alje| *adj.* [*uni par un traité d'alliance*] alleato: *les pays alliés* i paesi alleati ♦ (*s.*) *un allié* un alleato ◇ (*par anal.*) *j'ai trouvé en lui un allié* ho trovato in lui un alleato → **ami** ◇ (*dr.*) affine: *les parents et alliés* i parenti e gli affini **C** **ennemi.**

allier |alje| **A** *v.tr.* **1** [*associer (des éléments dissemblables)*] unire (197): *c'est une femme qui sait allier la gentillesse avec la fermeté* è una donna che sa unire la gentilezza alla fermezza **2** [*combiner dans un alliage*] legare: *allier l'or avec l'argent* legare l'oro con l'argento **B** *v.pron.* S'ALLIER **1** *intr.* [*se combiner*] unirsi, accompagnarsi: *chez elle la beauté s'allie à l'intelligence* in lei la bellezza si accompagna all'intelligenza **2** *réfl.* [*s'unir par alliance*] allearsi: *s'allier avec, à une grande puissance* allearsi con, a una grande potenza.

alligator |a(l)ligatɔʀ| *s.m.* (*t.zool.*) alligatore.

allitération |a(l)liteʀɑsjɔ̃| *s.f.* (*ling.*, *mus.*) allitterazione.

allivrement |a(l)livʀəmɑ̃| *s.m.* (*dr.*) allibramento.

allivrer |a(l)livʀe| *v.tr.* (*dr.*) [*imposer les biens fonciers suivant leur revenu net*] allibrare.

allo- |alɔ| *préf.* (*signifiant 'différent'*, *correspond généralt. à*) allo: *allogène* allogeno.

allô! |alo| *interj.* (*dans les communications téléphoniques*) pronto!

allocataire |al(l)ɔkatɛʀ| *s.* [*bénéficiaire d'une allocation*] beneficiario*.

allocation |a(l)lɔkɑsjɔ̃| *s.f.* [*somme allouée*] indennità* *inv.*, sussidio* (*m.*): *allocations de chômage* indennità, sussidio di disoccupazione ◇ ALLOCATIONS FAMILIALES assegni *m.* familiari: *il touche les allocations familiales pour ses trois enfants* percepisce gli assegni (familiari) per i tre figli.

allocutaire |a(l)lɔkytɛʀ| *s.* (*ling.*) ascoltatore*.

allocutif, ive |al(l)ɔkytif, iv| *adj.* (*ling.*) allocutivo.

allocution |a(l)lɔkysjɔ̃| *s.f.* allocuzione, discorso (*m.*): *une allocution radiophonique du chef de l'État* un'allocuzione radiofonica del capo dello Stato → **discours.**

allodial, ale, aux |al(l)ɔdjal, o| *adj.* (*dr. féod.*) allodiale.

allogamie |a(l)lɔgami| *s.f.* (*bot.*) allogamia.

allogène |a(l)lɔʒɛn| *adj.* allogeno: *minorité allogène* minoranza allogena.

allonge |alɔ̃ʒ| *s.f.* **1** (*techn.*) prolunga*, allunga* → **rallonge** ◇ [*crochet de boucherie*] gancio* *m.*, uncino *m.* **2** (*boxe*) allungo* *m.* **3** (*chim.*, *comm.*) allunga.

allongé, ée |alɔ̃ʒe| *adj.* allungato: *un objet de forme allongée* un oggetto di forma allungata ◇ (*fig.*) *avoir une mine allongée* [*longue*] avere il muso lungo.

allongeable |alɔ̃ʒabl| *adj.* [→ ALLONGER A 1] allungabile.

allongement |alɔ̃ʒmɑ̃| *s.m.* [→ ALLONGER A 1] allungamento.

allonger |alɔ̃ʒe| (3) **A** *v.tr.* **1** [*rendre plus long*] allungare: *allonger une jupe de quelques centimètres* allungare una gonna di qualche centimetro ◇ (*par anal.*) allungare, diluire (197): *allonger une sauce* allungare, diluire una salsa **2** [*étendre (un membre)*] allungare: *allonger le bras* allungare il braccio ◇ (*par ext.*) *allonger le pas* allungare il passo ◇ (*fam.*) assestare: *allonger un coup de poing, un coup de pied* allungare un pugno, una pedata # *je vais t'allonger une gifle* ora ti dò un ceffone ◇ (*pop.*) *il l'a allongé au tapis* l'ha steso al tappeto **B** *v.intr.* [*devenir plus long dans le temps*] allungarsi (*pron.*): *les jours commencent à allonger* le giornate cominciano ad allungarsi **C** *v.pron. intr.* S'ALLONGER **1** [*devenir plus long*] allungarsi: *matière qui peut s'allonger* materia che può allungarsi **2** [*s'étendre de tout son long*] stendersi (105), allungarsi: *je vais m'allonger un peu* vado a stendermi un po' → 1 **coucher (se)** ♦ (*au p.p.*) *restez allongé* stia disteso ◇ (*pop.*) *le boulevard des allongés* [*le cimetière*] il cimitero (*cour.*), il camposanto (*cour.*).

allopathie |a(l)lɔpati| *s.f.* (*méd.*) allopatia.

allopathique |al(l)ɔpatik| *adj.* (*méd.*) allopatico*.

allotropie |al(l)ɔtʀɔpi| *s.f.* allotropia.

allotropique |al(l)ɔtʀɔpik| *adj.* allotropico*.

allouer |alwe| *v.tr.* [*attribuer*] assegnare, attribuire (197): *on lui a alloué une indemnité de chômage* gli hanno assegnato un'indennità di disoccupazione ◇ [*accorder (un temps déterminé)*] dare (102), concedere (125): *on m'a alloué trois jours pour finir ce travail* mi hanno dato, concesso tre giorni di tempo per finire questo lavoro.

allumage |alymaʒ| *s.m.* **1** [→ ALLUMER A 1] accensione *f.* # *le concierge est chargé de l'allumage du chauffage* il portinaio ha l'incarico di accendere il riscaldamento **2** [→ ALLUMER A 2] accensione: *l'allumage des phares* l'accensione dei fari **3** (*techn.*) accensione: *bougies d'allumage* candele d'accensione **C** 1; 2 **extinction.**

allumé, ée |alyme| *adj.* **1** [*rouge et luisant*] acceso: *un teint allumé* un colorito acceso **2** (*blas.*) illuminato.

allume-cigare(s) |alymsigaʀ| *s.m.* (*auto.*) accendisigaro: *des allume-cigare(s)* degli accendisigari.

allume-feu |alymfø| *s.m. inv.* [*petite bûche enduite de résine*] accenditoio* *var.*, accenditore *var.*

allume-gaz |alymgɑz| *s.m. inv.* accendigas.

allumer |alyme| **A** *v.tr.* **1** [*enflammer; mettre le feu à*] accendere (105): *allumer le gaz* accendere il gas; *allumer une cigarette* accendere una sigaretta; *allumer le poêle, une pipe* accendere la stufa, la pipa; *allumer le feu* accendere il fuoco ◇ (*fig.*) *allumer le désir, la colère de qqn.* accendere il desiderio, la collera di qc. ◇ (*fam.*) *elle s'amuse à allumer les hommes* [*à les enflammer de désir*] si diverte a provocare (*cour.*) gli uomini **2** [*rendre lumineux*] accendere: *allumer une bougie, une lampe* accendere una candela, una lampada ◇ (*fam.*) *allumer la radio* accendere (*cour.*) la radio **B** *v.pron. intr.* S'ALLUMER **1** [*prendre feu, s'enflammer*] accendersi: *le bois sec s'allume aisément* la legna secca si accende facilmente **2** [*devenir lumineux*] accendersi; illuminarsi: *les phares s'allument en appuyant sur ce bouton* i fari si accendono premendo questo pulsante || *les fenêtres s'allumaient* le finestre si illuminavano ◇ (*fig.*) accendersi: *ses yeux s'allumèrent de joie* gli occhi gli si accesero di gioia **C** **éteindre.**

allumette |alymɛt| *s.f.* **1** fiammifero (*m.*): *allumettes de cuisine* fiammiferi da cucina; *boîte d'allumettes* scatola di fiammiferi; *frotter, allumer une allumette* sfregare, accendere un fiammifero ◇ (*fam.*) *une fillette qui a des jambes comme des allumettes* una ragazzina che ha le gambe magre come due stecchi **2** [*gâteau sec en pâte feuilletée*] sfogliata.

allumeur |alymœʀ| *s.m.* **1** (*électr.*, *cour.*) spinterogeno **2** (*techn.*) *allumeur du chalumeau* accenditore per cannello **3** (*ancienn.*) [*personne chargée de l'allumage des appareils d'éclairage public*] lampionaio*.

allumeuse |alymøz| *s.f.* [*femme aguichante, qui allume le désir des hommes*] civetta.

allumoir |alymwaʀ| *s.m.* [*appareil servant à allumer*] accenditoio*, accenditore.

allure |alyʀ| *s.f.* **1** [*vitesse de déplacement*] andatura; velocità (*inv.*): *allure lente, rapide* andatura lenta, veloce; *accélérer, ralentir son allure* accelerare, rallentare l'andatura || *à toute allure* a tutta velocità; *le train traversa la gare à une allure réduite* il treno attraversò la stazione a velocità ridotta # *à cette allure, tu ne finiras jamais* con questo ritmo, di questo passo non finirai mai **2** [*manière d'aller, de se déplacer*] passo (*m.*): *avoir une allure légère, lourde* avere un passo leggero, pesante → **1 démarche** ◇ (*spécialt.*) *allure naturelle, défectueuse, acquise d'un cheval* andatura naturale, difettosa, artificiale di un cavallo ◇ (*mar.*) andatura: *allure vent arrière* andatura in poppa; a fil di ruota; *allure vent debout* andatura prora al vento **3** [*manière de se tenir*] portamento *m.*, andatura: *une allure dégagée, altière* un portamento disinvolto, altero → **maintien** ◆ (*absolt.*) *avoir de l'allure* [*de la distinction*] avere stile ◇ (*fig.*) [*manière de se comporter*] comportamento *m.*, modo *m.* di comportarsi: *cet individu a une drôle d'allure* questo individuo ha uno strano modo di comportarsi ◇ (*au plur.*) *elle a pris des allures de grande dame* ha assunto atteggiamenti, arie da gran signora **4** (*fam.*) [*apparence générale d'une chose*] aspetto *m.* (*cour.*): *elle a une drôle d'allure, cette maison* ha uno strano aspetto questa casa ◇ (*fig.*) *cette affaire prend une mauvaise allure* questa faccenda sta prendendo una cattiva piega → **tournure.**

alluré, ée |alyʀe| *adj.* (*fam.*) → **chic.**

allusif, ive |a(l)lyzif, iv| *adj.* allusivo: *une phrase allusive* una frase allusiva ◇ (*personnes*) *vous êtes trop allusif* lei è troppo allusivo.

allusion |a(l)lyzjɔ̃| *s.f.* allusione: *l'allusion est claire* l'allusione è chiara ◇ (*loc.*) *faire allusion à* accennare a.

alluvial, ale, aux |a(l)lyvjal, o| *adj.* alluvionale: *terrains alluviaux* terreni alluvionali.

alluvion |a(l)lyvjɔ̃| *s.f.* **1** *au plur.* (*géol.*) alluvioni: *delta formé par les alluvions d'un fleuve* delta formato dalle alluvioni di un fiume ◇ (*par anal.*) *alluvions glaciaires* sedimenti *m.*, depositi *m.* glaciali **2** (*dr.*) alluvione **3** (*vieilli*) → **alluvionnement.**

alluvionnaire |a(l)lyvjɔnɛʀ| *adj.* (*géol.*) alluvionale.

alluvionnement |a(l)lyvjɔnmɑ̃| *s.m.* alluvionamento.

alluvionner |a(l)lyvjɔne| *v.intr.* (*en parlant d'un cours d'eau*) [*déposer des alluvions*] depositare *tr.* alluvioni, detriti.

allyle |alil| *s.m.* (*chim.*) allile.

alma mater |almamatɛʀ| *loc. subst. f.* (*lat.*) [*l'Université*] alma mater *inv.*

almanach |almana| *s.m.* almanacco*.

aloès |alɔɛs| *s.m.* **1** (*t.bot.*) aloe, aloè *inv.* **2** (*pharm.*) aloe.

alogie |alɔʒi| *s.f.* (*psychiatr.*) alogia*.

alogique |alɔʒik| *adj.* (*philo.*) alogico*.

aloi |alwa| *s.m.* **1** *loc.* DE BON, DE MAUVAIS ALOI [*de bonne, de mauvaise qualité*] di buona, di cattiva qualità: *marchandise de bon aloi* merce di buona qualità **2** [*titre légal* (*d'une monnaie, etc.*)] titolo legale (di una moneta); lega* (*f.*): *monnaie de mauvais aloi* moneta di bassa lega ◇ (*vx.*) → **alliage** ◇ (*fig.*) *plaisanterie de mauvais aloi* scherzo di cattivo gusto ◇ (*loc.*) *un homme de bas aloi* [*de basse condition, méprisable par lui-même*] un uomo di bassa estrazione, di bassa lega.

alopécie |alɔpesi| *s.f.* (*méd.*) alopecia*.

alors |alɔʀ| *adv.* **1** [*à ce moment-là*] allora: *alors seulement je remarquai sa présence* soltanto allora notai la sua presenza ◇ [*à cette époque*] *il était alors très actif* allora era molto attivo; *jusqu'alors il n'avait pas parlé* finò (ad) allora non aveva parlato **2** [*dans ce cas*] allora: *alors, n'en parlons plus* allora, non parliamone più; (*et*) *alors?* (e) allora? ◇ (*fam.*) *non, mais alors?* (ma) insomma!; *ça alors, il n'est pas encore arrivé?* questa poi! non è ancora arrivato?

alors que |alɔʀk(ə)| *loc. conj.* **1** (*vieilli, temporel*) [*lorsque*] quando *conj.*, allorquando *conj.* (*littér.*): *je l'ai connu alors que j'habitais à Paris* l'ho conosciuto quando abitavo a Parigi → **quand 2** (*adversatif*) [*tandis que*] mentre (*conj.*): *tu as renoncé, alors qu'il fallait insister* hai rinunciato, mentre (invece) bisognava insistere.

alose |aloz| *s.f.* (*t.zool.*) alosa.

alouette |alwɛt| *s.f.* (*t.zool.*) allodola ◇ (*cour.*) *miroir aux alouettes* specchietto per le allodole ◇ (*prov.*) *il attend que les alouettes lui tombent toutes rôties* aspetta che la manna gli cada dal cielo; vuole la pappa fatta.

alourdir |aluʀdiʀ| **A** *v.tr.* [*rendre* (*plus*) *lourd*] appesantire (197): *ces bagages alourdissent la voiture* questi bagagli appesantiscono la macchina ◇ [*appesantir*] *ce vin m'a alourdi la tête* questo vino mi ha appesantito la testa ◆ (*au p.p.*) *tête alourdie par le sommeil* testa appesantita dal sonno; *une taille alourdie par l'âge* una figura appesantita dagli anni ◇ (*fig.*) *cette tournure alourdit la phrase* questa costruzione appesantisce la frase; *alourdir les impôts* aumentare le tasse **B** *v.pron. intr.* S'ALOURDIR [*devenir lourd, pesant*] appesantirsi: *sa démarche s'est alourdie* il suo passo si è appesantito [C] **alléger.**

alourdissement |aluʀdismɑ̃| *s.m.* [→ ALOURDIR] appesantimento, pesantezza (*f.*): *éprouver une sensation d'alourdissement* provare un senso di pesantezza # *alourdissement des impôts* aggravio fiscale.

aloyau |alwajo| *s.m.* (*bouch.*) lombo, lombata *f.*

alpaga |alpaga| *s.m.* **1** (*t.zool.*) alpaca *inv.* **2** [*tissu mixte*] alpaca: *veste d'alpaga* giacca d'alpaca.

alpage |alpaʒ| *s.m.* [*paturage de haute montagne*] alpeggio*.

alpaguer |alpage| *v.tr.* (*arg.*) → **1 appréhender, arrêter, épingler** (*pop.*).

alpax |alpaks| *s.m.inv.* (*techn.*) alpax.

alpe |alp(ə)| *s.f.* alpe.

alpenstock |alpɛnstɔk| *s.m.* (*vieilli*) alpenstock *inv.*

alpestre |alpɛstʀ(ə)| *adj.* alpestre: *les paysages alpestres* i paesaggi alpestri ◇ (*bot.*) *plantes alpestres* piante alpestri.

alpha |alfa| *s.m.* **1** alfa (*m. ou f. inv.*): *alpha privatif* alfa privativo ◇ (*fig.*) *l'alpha et l'oméga* l'alfa e l'omega, il principio e la fine **2** (*phys.*) alfa: *particules alpha* particelle alfa.

alphabet |alfabɛ| *s.m.* **1** alfabeto: *alphabet phonétique* alfabeto fonetico; *alphabet morse* alfabeto morse **2** [*livre contenant les premiers éléments de la lecture*] sillabario*, abbecedario*.

alphabétique |alfabetik| *adj.* alfabetico*: *écriture alphabétique* scrittura alfabetica; *par ordre alphabétique* in ordine alfabetico; *table alphabétique des matières* indice alfabetico.

alphabétiquement |alfabetikmɑ̃| *adv.* [→ ALPHABÉTIQUE] alfabeticamente, in ordine alfabetico (*loc. inv.*): *ranger des fiches alphabétiquement* disporre delle schede in ordine alfabetico.

alphabétisation |alfabetizɑsjɔ̃| *s.f.* alfabetizzazione.

alphabétiser |alfabetize| *v.tr.* [*apprendre à lire et à écrire à* (*un groupe social partiellement analphabète*)] alfabetizzare.

alphanumérique |alfanymeʀik| *adj.* alfanumerico*.

alpin, ine |alpɛ̃, in| *adj.* **1** alpino: *la chaîne alpine* la catena alpina ◇ (*anthrop.*) *race alpine* razza alpina ◇ (*milit.*) *les chasseurs alpins* gli alpini (*s.*); *troupes alpines* truppe alpine **2** (*bot.*) alpino: *plantes alpines* piante alpine **3** [*d'alpinisme*] alpino: *club alpin* club alpino.

alpinisme |alpinism(ə)| *s.m.* alpinismo.

alpiniste |alpinist(ə)| *s.* alpinista: *cordée d'alpinistes* cordata di alpinisti.

alsacien, ienne |alzasjɛ̃, jɛn| **1** *adj.* [*de l'Alsace*] alsaziano: *la plaine alsacienne* la pianura alsaziana **2** (*s.m.*) *l'alsacien* [*ensemble des parlers germ. de l'Alsace*] l'alsaziano.

altaïque |altaik| *adj.* altaico*: *race altaïque* razza altaica.

altérabilité |alteʀabilite| *s.f.* alterabilità *inv.*

altérable |alteʀabl(ə)| *adj.* [→ 1 ALTÉRER] alterabile [C] **inaltérable.**

altéragène |alteʀaʒɛn| *adj.* alterageno.

altérant, ante |alteʀɑ̃, ɑ̃t| *adj.* **1** che provoca sete *loc.* **2** (*méd.*) alterante.

alterateur, trice |alteʀatœʀ, tʀis| *s. et adj.* [*personne qui altère* (*qqch.*)] manipolatore*.

altération |alteʀɑsjɔ̃| *s.f.* **1** alterazione: *altération d'un aliment* alterazione di un alimento; *ce texte ancien a subi de nombreuses altérations* questo testo antico ha subìto numerose alterazioni → **1 dégradation, détérioration** **2** (*dr.*) alterazione, falsificazione: *altération d'un document* alterazione di un documento # *altération de la vérité dans un écrit* falso in atti **3** (*mus., phys.*) alterazione.

altercation |altɛʀkɑsjɔ̃| *s.f.* alterco* *m.*, altercazione → **dispute.**

alter ego |altɛʀego| *s.m. inv.* (*lat.*) alter ego: *voilà mon alter ego* ecco il mio alter ego.

1 **altérer** |alteʀe| (8) **A** *v.tr.* **1** [*changer en mal*] alterare: *la chaleur altère les denrées périssables* il calore altera le derrate deperibili → **détériorer, 1 gâter** ◇ (*fig.*) *l'émotion altérait ses traits* l'emozione alterava i suoi lineamenti; *elle m'a remercié d'une voix altérée* [*émue*] mi ha ringraziato con voce alterata (dall'emozione) **2** [*falsifier, fausser*] alterare: *altérer un texte* alterare un testo; *altérer les monnaies* alterare le monete **3** (*phys.*) [*changer la nature, la composition*] alterare **B** *v.pron. intr.*

S'ALTÉRER **1** [→ *tr.* 1] alterarsi: *les couleurs de cette toile se sont altérées* i colori di questa tela si sono alterati ◇ (*fig.*) *à cette nouvelle son visage s'altéra* a quella notizia si alterò in viso **2** (*phys.*) [*changer de nature, de composition*] alterarsi: *les minéraux riches en fer s'altèrent rapidement* i minerali ricchi di ferro si alterano rapidamente.

2 **altérer** |alteRe| (8) *v.tr.* [*exciter la soif de*] far (103) venir sete: *cette promenade m'a altéré* questa passeggiata mi ha fatto venir sete ♦ *au p.p.* (*fig.*) ALTÉRÉ DE [*avide de*] assetato di: *il est altéré de gloire* è assetato di gloria.

altérité |alteRite| *s.f.* (*philo.*) alterità *inv.*

alternance |altɛRnɑ̃s| *s.f.* **1** l'alternarsi *m.inv.*, alternanza: *l'alternance des saisons* l'alternarsi delle stagioni; *alternance des cultures* alternanza, avvicendamento *m.* delle colture ◇ (*biol.*) *alternance des générations* alternanza di generazioni, generazioni alternate **2** (*ling.*) alternanza: *alternance vocalique* alternanza vocalica.

alternant, ante |altɛRnɑ̃, ɑ̃t| *adj.* alternante, alterno: *pouls alternant* polso alternante # *cultures alternantes* colture a rotazione, avvicendate 🄲 **continu.**

alternat |altɛRna| *s.m.* **1** [*rotation* (*des cultures*)] rotazione *f.* agraria, vicenda *f.* **2** (*polit.*) avvicendamento, rotazione.

alternateur |altɛRnatœR| *s.m.* (*électr.*) alternatore.

alternatif, ive |altɛRnatif, iv| *adj.* alternativo: *mouvement alternatif* moto alternativo ◇ (*électr.*) *courant alternatif* corrente alternata ◇ (*dr.*) *obligation alternative* obbligazione alternativa.

alternative |altɛRnativ| *s.f.* alternativa: *donner, proposer une alternative à qqn.* dare, proporre un'alternativa a qc.; *placer qqn. devant une alternative* mettere qc. davanti a un'alternativa; *il n'y a pas d'alternative* non ci sono alternative; *il ne lui reste qu'une alternative* gli rimane una sola alternativa; *je me trouve devant cette alternative: rester ou partir* mi trovo dinanzi a questa alternativa: restare o partire ◇ (*philo.*) alternativa ◇ (*au plur.*) *des alternatives d'exaltation et d'abattement* un alternarsi *m.sing.* di esaltazione e abbattimento.

alternativement |altɛRnativmɑ̃| *adv.* [→ ALTERNATIF] alternativamente.

alterne |altɛRn(ə)| *adj.* **1** (*bot.*) alterno: *feuilles alternes* foglie alterne **2** (*géom.*) alterno: *angles alternes* angoli alterni.

alterné, ée |altɛRne| *adj.* (*versif.*) alternato: *rimes alternées* rime alternate ◇ (*math.*) *série alternée* serie alternata.

alterner |altɛRne| **A** *v.intr.* [*se succéder en alternance*] alternarsi (*pron.*): *les beaux jours ont alterné avec les jours de pluie* le belle giornate si sono alternate alle giornate di pioggia **B** *v.tr.* (*agric.*) [*faire succéder alternativement* (*les cultures*) *par rotation*] avvicendare: *alterner les cultures* avvicendare le colture.

altesse |altɛs| *s.f.* altezza: *Son Altesse Royale le prince de...* Sua Altezza Reale il principe di...; *Altesse Sérénissime* Altezza Serenissima.

altier, ière |altje, jɛR| *adj.* [*qui a ou marque la hauteur du noble*] altero: *démarche altière* portamento altero → **hautain.**

altièrement |altjɛRmɑ̃| *adv.* [→ ALTIER] alteramente.

altimètre |altimɛtR(ə)| *s.m.* (*techn.*) altimetro.

altimétrie |altimetRi| *s.f.* altimetria.

altimétrique |altimetRik| *adj.* altimetrico*: *sonde altimétrique* sonda altimetrica.

altiport |altipɔR| *s.m.* altiporto.

altiste |altist(ə)| *s.* [*joueur d'alto*] violista → **violoniste.**

altitude |altityd| *s.f.* (*géogr.*, *cour.*) altitudine, altezza ◇ (*loc.*) *en altitude* a grande altezza, ad alta quota (in quota) ◇ (*méd.*) *mal d'altitude* malattia delle altitudini ◇ (*topographie*) quota.

alto |alto| (*mus.*) *s.* **1** *s.f.* contralto *m.* **2** *s.m.* viola *f.*

altocumulus |altɔkymylys| *s.m.* altocumulo.

altostratus |altɔstRatys| *s.m.* altostrato.

altruisme |altRɥism(ə)| *s.m.* altruismo 🄲 **égoïsme.**

altruiste |altRɥist(ə)| *adj.* altruistico*: *des sentiments altruistes* sentimenti altruistici ♦ (*s.*) *un altruiste* un altruista.

altuglas |altyglas| *s.m.* → **plexiglas.**

alumine |alymin| *s.f.* (*chim.*) allumina.

aluminer |alymine| *v.tr.* [*recouvrir d'aluminium*] alluminare, ricoprire (186) d'alluminio.

aluminiage |alyminjaʒ| *s.m.* (*techn.*) alluminatura *f.*

aluminium |alyminjɔm| *s.m.* (*chim.*, *métall.*) alluminio*.

alun |alœ̃| *s.m.* (*chim.*) allume.

alunage |alynaʒ| *s.m.* (*techn.*) alluda *f.*

alunir |alyniR| *v.intr.* [*aborder sur la lune*] allunare → **atterrir** (*t.recomm.*).

alunissage |alynisaʒ| *s.m.* [*fait d'alunir*] allunaggio* → **atterrissage** (*t. recomm.*).

alvéolaire |alveɔlɛR| *adj.* (*anat.*) alveolare: *arcade alvéolaire* arcata alveolare ◇ (*ling.*) *consonnes alvéolaires* consonanti alveolari.

alvéole |alveɔl| *s.m. ou f.* **1** [*cellule de cire que fait l'abeille*] alveolo *m.* **2** (*anat.*) alveolo: *alvéoles dentaires* alveoli dentari: *alvéoles pulmonaires* alveoli polmonari **3** (*géol.*) alveolo.

alvéolé, ée |alveɔle| *adj.* alveolato, alveolare.

alvéolite |alveɔlit| *s.f.* (*méd.*) alveolite.

alvin, ine |alvɛ̃, in| *adj.* (*méd.*) alvino.

amabilité |amabilite| *s.f.* gentilezza, amabilità (*inv.*): *veuillez avoir l'amabilité de le prévenir* vogliate avere la gentilezza, la cortesia di avvisarlo → **affabilité, gentillesse.**

amadou |amadu| *s.m.* [*substance spongieuse préparée pour être inflammable*] esca* *f.* ◇ (*loc. fig.*) *prendre feu comme de l'amadou* [*être prompt à s'emporter*] infiammarsi facilmente.

amadouer |amadwe| *v.tr.* [*apaiser par de petites flatteries*] rabbonire (197), ammansire (197): *je vais essayer de l'amadouer* tenterò di rabbonirlo.

amaigrir |amegRiR| **A** *v.tr.* **1** [*rendre maigre, plus maigre*] fare (103) *intr.* dimagrire, smagrire (197): *le régime qu'il a suivi l'a amaigri* la dieta che ha seguito lo ha fatto dimagrire, l'ha smagrito ♦ (*au p.p.*) *le visage amaigri d'un malade* il viso smagrito di un malato **2** (*techn.*) *amaigrir une pierre* [*en diminuer l'épaisseur*] digrossare, sgrossare una pietra **B** *v. pron. intr.* S'AMAIGRIR [*devenir maigre*] dimagrire (197) (*intr.*): *il s'amaigrit de jour en jour* dimagrisce di giorno in giorno.

amaigrissant, ante |amegRisɑ̃, ɑ̃t| *adj.* [*qui fait maigrir*] dimagrante: *elle suit un régime amaigrissant* segue una dieta dimagrante.

amaigrissement |amegRismɑ̃| *s.m.* [*fait de maigrir*] dimagrimento.

amalfitain, aine |amalfitɛ̃, ɛn| *adj.* [*d'Amalfi*] amalfitano.

amalgamation |amalgamasjɔ̃| *s.f.* (*métall.*) amalgamazione.

amalgame |amalgam| *s.m.* **1** (*chim.*, *cour.*) amalgama **2** (*fig.*) [*mélange d'éléments différents*] miscuglio*, amalgama: *un singulier amalgame de timidité et de hardiesse* un singolare miscuglio di timidezza e sfacciataggine.

amalgamer |amalgame| **A** *v.tr.* **1** [*unir dans un mélange*] amalgamare: *amalgamer les œufs et la farine* amalgamare le uova e la farina **2** (*fig.*) [*mêler des éléments différents*] amalgamare, unire (197): *amalgamer des idées anciennes avec des idées nouvelles* unire idee vecchie e idee nuove **B** *v.pron. intr.* S'AMALGAMER **1** [→ *tr.* 1] amalgamarsi: *ces ingrédients ne s'amalgament pas bien* questi ingredienti non si amalgamano facilmente **2** (*fig.*) [→ *tr.* 2] amalgamarsi: *nature et civilisation s'amalgament rarement* natura e civiltà raramente si amalgamano.

amandaie |amɑ̃dɛ| *s.f.* [*plantation d'amandiers*] mandorleto *m.*

amande |amɑ̃d| *s.f.* **1** [*fruit de l'amandier*] mandorla: *amandes amères* mandorle amare; *amandes salées* mandorle salate; *pâte d'amandes* pasta di mandorle; *lait d'amandes* latte di mandorla ◇ *loc.* EN AMANDE a mandorla: *des yeux en amande* occhi a mandorla **2** (*par anal.*) [*graine d'un fruit à noyau*] mandorla, seme (*m.*): *l'amande de l'abricot, de la prune* la mandorla, il seme dell'albicocca, della prugna **3** (*archit.*) mandorla.

amandier |amɑ̃dje| *s.m.* (*t.bot.*) mandorlo.

amandine |amɑ̃din| *s.f.* amandina.

amanite |amanit| *s.f.* (*t.bot.*) amanita.

amant, ante |amɑ̃, ɑ̃t| *s.* **1** *s.m.* amante: *elle a pris un amant* si è fatta, presa un amante ◇ (*au plur.*) *les amants* [*l'amant et sa maîtresse*] gli amanti **2** *s.m.* (*littér.*) [*personne éprise de qqch.*] amante (*cour.*): *un amant de la nature* un amante della natura **3** *s.* (*vx.*) [*amoureux*] amante.

Amarantacées |amaRɑ̃tase| *s.f. pl.* (*t. bot.*) Amarantacee.

amarante |amaRɑ̃t| *s.m.* (*t.bot.*) amaranto ♦ (*adj. inv.*) *des blouses amarante* camicette amaranto.

amareyeur |amaRɛjœR| *s.m.* [*ouvrier qui travaille dans les parcs à huitres*] ostricoltore.

amariner |amaRine| *v.tr.* **1** (*mar.*) [*faire occuper par un équipage* (*un navire pris à l'ennemi*)] ammarinare **2** [*ha-*

bituer à la mer] abituare al mare, alla vita di bordo.

amarrage |amaʀaʒ| *s.m.* [→ AMARRER 1] ormeggio*.

amarre |amaʀ| *s.f.* (*mar.*) ormeggio* *m.*, amarra.

amarrer |amaʀe| *v.tr.* **1** [*maintenir, retenir avec des amarres* (*un bâteau, un ballon*)] ormeggiare, ammarrare ♦ (*au p.p.*) *barque amarrée au rivage* barca ormeggiata a riva **2** [*fixer, attacher*] assicurare: *amarrer des caisses sur un camion* assicurare delle casse su un camion.

Amaryllidacées |amaʀil(l)idase| *s.f.pl.* (*t.bot.*) Amarillidacee.

amaryllis |amaʀi(l)lis| *s.f.* (*t.bot.*) amarilli *inv.*, amarillide.

amas |amɑ| *s.m.* **1** [*réunion d'objets*] ammasso, cumulo: *un amas de ruines* un ammasso, un cumulo di macerie; *un amas de paperasses encombrait la table* un cumulo di scartoffie ingombrava il tavolo → **entassement, tas** ◇ (*fig.*) mucchio*: *je fus envahi par un amas de souvenirs* fui sommerso da un mucchio di ricordi **2** (*astron.*) ammasso: *amas globulaire* ammasso globulare.

amasser |amɑse| **A** *v.tr.* **1** [*réunir en quantité considérable*] ammassare, accumulare: *amasser des provisions* ammassare, accumulare provviste; *amasser de l'argent* accumulare denaro → **amonceler, entasser** **2** [*rassembler, recueillir*] raccogliere (123), ammassare: *amasser des documents, des preuves* raccogliere documenti, prove **B** *v.pron. intr.* S'AMASSER [*se rassembler en grand nombre*] ammassarsi: *la foule s'est amassée devant l'immeuble* la folla si è ammassata davanti al palazzo Ⓒ **disperser.**

amateur |amatœʀ| *s.m.* **1** [*personne qui aime, cultive, recherche*] appassionato *s.*, amatore* (*s.*): *un amateur de musique* un appassionato di musica; *la collection d'un amateur d'objets d'art* la collezione di un appassionato di oggetti d'arte # *c'est un amateur de bonne cuisine* è amante della buona tavola ◇ (*fam.*) *je ne suis pas amateur* [*je ne suis pas acheteur*] non m'interessa, non fa per me; *ce tableau n'a pas trouvé d'amateurs* quel quadro non ha trovato acquirenti **2** [*personne qui cultive un art, une science pour son seul plaisir*] dilettante *s.*, amatore: *je ne suis qu'un amateur, mais j'adore peindre* sono soltanto un dilettante, ma mi piace moltissimo dipingere ◇ (*péj.*) *faire un travail en amateur* [*de façon négligente*] fare un lavoro da dilettante **3** (*sport*) dilettante.

amateurisme |amatœʀism(ə)| *s.m.* **1** (*sport*) dilettantismo **2** (*fig., péj.*) [*caractère d'un travail d'amateur*] dilettantismo: *c'est de l'amateurisme!* questo è dilettantismo!

amaurose |amɔʀoz| *s.f.* (*méd.*) amaurosi *inv.*

amazone |amazɔn| **I** *s.f.* **1** [*femme qui monte à cheval*] amazzone: *monter en amazone* cavalcare all'amazzone ◇ (*ancienn.*) [*femme virile*] amazzone **2** [*jupe longue et ample*] amazzone **II** *adj.* (*zool.*) *fourmi amazone* formica amazzone.

ambages |ɑ̃baʒ| *s.f.pl.* ambagi: *sans ambages* senza ambagi.

ambassade |ɑ̃basad| *s.f.* **1** (*dr. internat., cour.*) ambasciata: *attaché d'ambassade* addetto d'ambasciata **2** [*mission délicate auprès d'un particulier*] ambasciata; delegazione: *il a été chargé d'une ambassade auprès de lui* è stato incaricato di fargli un'ambasciata ‖ *ils sont allés en ambassade chez le directeur* sono andati in delegazione dal direttore.

ambassadeur, drice |ɑ̃basadœʀ, dʀis| *s.* (*dr. internat., cour.*) ambasciatore*: *nommer, accréditer un ambassadeur* nominare, accreditare un ambasciatore ◇ [*personne chargée d'une mission*] *je serai votre ambassadeur dans cette négociation* le farò da ambasciatore in questa trattativa; *les ambassadrices de la mode française* le ambasciatrici della moda francese ♦ (*s.f.*) *ambassadrice* [*épouse d'un ambassadeur*] ambasciatrice.

ambe |ɑ̃b(ə)| *s.m.* ambo.

ambi- |ɑ̃bi| *préf.* (*signifiant 'tous les deux', correspond généralt. à*) ambi: *ambidextre* ambidestro.

ambiance |ɑ̃bjɑ̃s| *s.f.* [*atmosphère matérielle ou morale qui environne une personne*] ambiente *m.*; atmosfera: *il est très sensible à l'ambiance où il vit* è molto sensibile all'ambiente in cui vive → 2 **milieu** ‖ *une ambiance de cordialité régnait dans la salle* una atmosfera cordiale regnava nella sala ◇ (*fam.*) *il y a de l'ambiance dans ce petit restaurant* c'è un'atmosfera simpatica in quel ristorantino; *il a mis de l'ambiance avec ses chansons* con le sue canzoni ha creato un'atmosfera di allegria ◇ (*ciné., télév.*) *lumière d'ambiance* [*éclairage général diffus d'un champ de prise de vue, évitant toute ombre forte*] luce ambiente *adj.* ◇ (*mus.*) *musique d'ambiance* musica di atmosfera, in sottofondo.

ambiant, ante |ɑ̃bjɑ̃, ɑ̃t| *adj.* ambiente, ambientale: *air, température ambiante* aria, temperatura ambiente; *conditions ambiantes* condizioni ambientali.

ambidextre |ɑ̃bidɛkstʀ(ə)| *adj.* ambidestro.

ambigu, uë |ɑ̃bigy| *adj.* ambiguo: *il m'a donné une réponse ambiguë* mi ha dato una risposta ambigua; *le terme est ambigu* il termine è ambiguo → **équivoque, ambivalent.**

ambiguïté |ɑ̃bigɥite| *s.f.* ambiguità (*inv.*): *l'ambiguïté d'une situation, d'une phrase* l'ambiguità di una situazione, di una frase → **ambivalence** ◇ [*expression ambigue*] *son discours était plein d'ambiguïtés* il suo discorso era pieno di ambiguità.

ambigument |ɑ̃bigymɑ̃| *adv.* [→ AMBIGU] ambiguamente.

ambisexué, ée |ɑ̃bisɛksɥe| *adj.* **1** → **bisexué** **2** (*psycho.*) bisessuale, bisessuato.

ambitieusement |ɑ̃bisjøzmɑ̃| *adv.* [→ AMBITIEUX 1] ambiziosamente.

ambitieux, euse |ɑ̃bisjø, øz| *adj.* **1** (*personnes*) ambizioso: *une femme ambiteuse* una donna ambiziosa ♦ (*s.*) *un ambitieux* un ambizioso: *l'ambitieux n'est jamais satisfait* l'ambizioso non è mai soddisfatto **2** (*choses*) ambizioso: *c'est un projet ambitieux* è un progetto ambizioso.

ambition |ɑ̃bisjɔ̃| *s.f.* **1** ambizione: *il manque d'ambition* manca di ambizione **2** [*désir, souhait quant à l'avenir personnel*] ambizione, aspirazione: *toute mon ambition est maintenant de me retirer à la campagne* adesso la mia più grande ambizione, aspirazione è di ritirarmi in campagna.

ambitionner |ɑ̃bisjɔne| *v.tr.* [*rechercher par ambition*] ambire (197): *ambitionner les dignités, une charge* ambire gli onori, una carica → **briguer.**

ambivalence |ɑ̃bivalɑ̃s| *s.f.* ambivalenza: *l'ambivalence d'un problème* l'ambivalenza di un problema ◇ (*psycho.*) *ambivalence affective* ambivalenza affettiva.

ambivalent, ente |ɑ̃bivalɑ̃, ɑ̃t| *adj.* ambivalente.

amble |ɑ̃bl(ə)| *s.m.* (*allure d'un quadrupède*) ambio*.

ambler |ɑ̃ble| *v.intr.* (*équit.*) [*aller l'amble*] ambiare (*littér.*), andare (101) (*aux.* essere) col passo dell'ambio.

amblyopie |ɑ̃blijɔpi| *s.f.* ambliopia.

amblystome |ɑ̃blistɔm| *s.m.* (*t. zool.*) amblistoma.

ambon |ɑ̃bɔ̃| *s.m.* (*archit.*) ambone.

ambre |ɑ̃bʀ(ə)| *s.m.* **1** AMBRE (JAUNE) [*résine dure, jaune, transparente*] ambra (*f.*): *collier, fume-cigarette d'ambre* collana, bocchino d'ambra; *peau* (*couleur*) *d'ambre* pelle d'ambra, ambrata **2** AMBRE GRIS [*substance parfumée*] ambra grigia ◇ (*par ext.*) *ambre* [*parfum extrait de cette substance*] ambra.

ambré, ée |ɑ̃bʀe| *adj.* ambrato.

ambrette |ɑ̃bʀɛt| *s.f.* ambretta.

ambroisie |ɑ̃bʀwazi| *s.f.* (*mythol.*) ambrosia → **nectar.**

ambrosiaque |ɑ̃bʀɔzjak| *adj.* [*qui a une odeur d'ambroisie*] ambrosio* (*littér.*).

ambrosien, ienne |ɑ̃bʀɔzjɛ̃, jɛn| *adj.* (*liturg. cathol.*) ambrosiano: *rite ambrosien* (*milanais*) rito ambrosiano.

ambulance |ɑ̃bylɑ̃s| *s.f.* **1** (auto)ambulanza, autolettiga*: *appelez l'ambulance!* chiamate l'ambulanza! **2** (*ancienn. milit.*) ambulanza.

ambulancier, ière |ɑ̃bylɑ̃sje, jɛʀ| *s.* [*personne qui conduit une ambulance*] autista di ambulanza ◇ [*infirmier d'une voiture d'ambulance*] barelliere *m.*

ambulant, ante |ɑ̃bylɑ̃, ɑ̃t| *adj.* ambulante: *musiciens ambulants* suonatori ambulanti; *marchand ambulant* venditore ambulante ◇ (*fig., fam.*) *c'est un cadavre ambulant* è un cadavere ambulante.

ambulatoire |ɑ̃bylatwaʀ| *adj.* ambulatorio* ◇ (*méd.*) *traitement ambulatoire* cura ambulatoriale.

âme |ɑm| *s.f.* **1** (*relig.*) anima: *sauver, perdre son âme* salvarsi, dannarsi l'anima; *prier pour l'âme de qqn.* pregare per l'anima di qc.; *il est comme une âme en peine* è un'anima in pena # *Dieu ait son âme!* Dio lo abbia in gloria! ◇ (*loc.*) *vendre son âme au diable* vendere l'anima al diavolo ~ *rendre l'âme* rendere l'anima (a Dio) ♦ (*au p.p.*) *âme damnée* anima dannata **2** [*ensemble de la sensibilité et de la pensée*] anima: *aimer qqn. de toute son âme* amare qc. con tutta l'anima, con tutto il cuore; *se donner corps et âme à qqn.* darsi anima e corpo a qc. ~ *être l'âme damnée de qqn.* essere l'anima dannata di qc. **3** [*conscience morale*] animo (*m.*): *une âme noble, sensible* un animo nobile, sensibile; *force, grandeur d'âme* forza, grandezza d'animo ◇ (*loc. prov.*) *les yeux sont le miroir de l'âme* gli occhi sono lo specchio dell'animo

4 [*psychisme, esprit*] animo: *état d'âme* stato d'animo ◇ (*loc.*) *avoir la mort dans l'âme* avere la morte nel cuore ~ *chanter avec âme* cantare con sentimento **5** [*être vivant*] anima: *je n'ai pas rencontré âme qui vive* non ho incontrato anima viva; *une ville de plus de dix mille âmes* una città che conta più di diecimila anime; *il a rencontré son âme sœur* ha incontrato l'anima gemella ◇ (*loc.*) *avoir charge d'âme* [*la responsabilité morale de qqn.*] avere degli obblighi morali ◇ (*t. d'affection*) *mon âme!* anima mia! **6** [*personne qui anime une entreprise*] anima: *il a été l'âme de la conjuration* è stato l'anima della congiura **7** [*evidement intérieur d'une bouche à feu*] anima: *l'âme d'un canon* l'anima del cannone ◇ [*noyau d'une statue*] anima ◇ (*mus., techn.*) anima.

améliorable |ameljɔʀabl(ə)| *adj.* [→ AMÉLIORER] migliorabile.

améliorant, ante |ameljɔʀɑ̃, ɑ̃t| *adj.* [*qui améliore le sol*] miglioratore*.

amélioration |ameljɔʀɑsjɔ̃| *s.f.* **1** [→ AMÉLIORER B] miglioramento (*m.*): *l'amélioration de son état de santé* il miglioramento delle sue condizioni di salute; *il s'est produit une amélioration dans les relations de ces deux pays* c'è stato un miglioramento nelle relazioni fra i due paesi; *aucune amélioration du temps en perspective* non si prevede nessun miglioramento del tempo → **progrès** **2** (*agric.*) miglioramento, miglioria **3** *au plur.* (*dr.*) miglioramenti, migliorie: *faire des améliorations dans une maison* apportare (dei) miglioramenti in una casa.

améliorer |ameljɔʀe| **A** *v.tr.* **1** [*rendre meilleur*] migliorare: *il veut améliorer sa situation* vuole migliorare la propria situazione → **perfectionner** **2** [*apporter des améliorations*] migliorare: *améliorer un fonds* migliorare un fondo (agricolo) **B** *v.pron. intr.* S'AMÉLIORER [*devenir meilleur*] migliorare (*intr.*): *sa santé s'améliore de jour en jour* la sua salute migliora di giorno in giorno; *les conditions atmosphériques se sont améliorées* le condizioni atmosferiche sono migliorate; *ce vin s'améliore avec l'âge* questo vino migliora con l'invecchiamento Ⓒ **détériorer.**

amen |amɛn| *adv. et s.m.inv.* (*ecclés., cour.*) amen *interj. et s.m. inv.* ◇ (*fig.*) *il dit amen à tout ce qu'elle dit et à tout ce qu'elle fait* [*il l'approuve religieusement*] qualsiasi cosa lei dica o faccia dice sempre di sì.

aménageable |amenaʒabl(ə)| *adj.* [→ AMÉNAGER 1] adattabile: *appartement aménageable en laboratoire* appartamento adattabile a laboratorio.

aménagement |amenaʒmɑ̃| *s.m.* **1** [→ AMÉNAGER 1] sistemazione (*f.*): *l'aménagement d'un appartement* la sistemazione di un appartamento → **agencement, arrangement** **2** (*sylvic.*) governo (dei boschi) **3** (*admin., écon.*) pianificazione (*f.*): *aménagement du territoire* pianificazione regionale, rurale, urbana (urbanistica *s.f.*).

aménager |amenaʒe| (3) *v.tr.* **1** [*disposer en vue d'un usage déterminé*] sistemare; ordinare, pianificare: *il a fini d'aménager sa cave* ha finito di sistemare la cantina # *le débarras avait été aménagé en chambre noire* il ripostiglio era stato trasformato in, adattato a camera oscura **2** (*sylvic.*) [*régler l'exploitation d'une forêt*] governare (un bosco).

aménageur, euse |amenaʒœʀ, øs| *s.* **1** [*celui, celle qui aménage*] ambientatore* **2** [*spécialiste de l'aménagement*] pianificatore*, urbanista.

amendable |amɑ̃dabl(ə)| *adj.* [→ AMENDER A] emendabile.

amende |amɑ̃d| *s.f.* **1** (*dr., cour.*) ammenda, multa: *encourir une amende* incorrere in un'ammenda, in una multa; *on lui a donné une amende* gli hanno fatto una multa → **contravention** ◇ (*fam.*) *vous serez mis à l'amende* avrete la punizione che vi meritate **2** (*fig.*) *faire amende honorable* fare ammenda, riconoscere i propri torti.

amendement |amɑ̃dmɑ̃| *s.m.* **1** (*agric.*) ammendamento, emendamento **2** (*polit.*) emendamento: *proposer un amendement à un projet de loi* proporre un emendamento a un progetto di legge.

amender |amɑ̃de| **A** *v.tr.* **1** [*améliorer, corriger*] correggere (154), emendare: *c'est un mauvais sujet, rien ne l'amende* è un cattivo soggetto, niente riesce a correggerlo # *cette punition ne l'a guère amendé* questa punizione non lo ha molto migliorato **2** (*agric.*) [*améliorer par des amendements* (1)] ammendare, emendare **3** (*polit.*) [*modifier par des amendements* (2)] emendare: *amender un projet de loi* emendare un progetto di legge **B** *v.pron. réfl.* S'AMENDER [→ *tr.* 1] emendarsi, correggersi: *elle n'arrive pas à s'amender* non riesce a correggersi # *elle s'est amendée en vieillissant* invecchiando è migliorata.

amène |amɛn| *adj.* (*littér.*) ameno (*cour.*): *des propos amènes* discorsi ameni # *un caractère amène* un carattere allegro → **aimable, courtois.**

amener |amne| (6) **A** *v.tr.* **1** [*mener* (*qqn.*) *à un endroit ou auprès d'une personne*] condurre (108), portare (con sé): *amener qqn. à, chez qqn.* condurre, portare qc. da qc., a casa di qc.; *amenez votre sœur* porti (con lei) sua sorella; *quel bon vent vous amène?* qual buon vento vi porta? ◆ (*absolt.*) *mandat d'amener* mandato di comparizione, d'accompagnamento (coattivo) **2** (*fig.*) [*entraîner petit à petit*] indurre (108), convertire: *il l'a amené à résipiscence* lo ha indotto a pentirsi; *je l'amènerai à partager nos convictions* lo indurrò a condividere le nostre convinzioni; *amener qqn. à ses idées* convertire qc. alle proprie idee **3** (*fig.*) [*diriger, conduire*] portare, condurre: *n'amenons pas la conversation sur ce sujet* non portiamo il discorso su questo argomento; *savoir amener une comparaison* saper condurre, guidare un confronto; *c'est bien amené* è ben condotto **4** (*sujet de chose*) [*avoir pour suite assez proche*] causare, arrecare: *cela pourrait t'amener des ennuis* (ciò) potrebbe anche causarti, arrecarti delle noie → **occasionner** **5** [*tirer à soi*] tirare (a sé), trarre (190) (a sé): *pêcheur qui amène son filet* pescatore che tira la rete ◇ (*mar.*) *amener les voiles, le pavillon* [*les abaisser*] ammainare le vele, la bandiera **B** *v.pron. intr.* S'AMENER (*pop.*) [*venir, arriver*] venire (202) *intr.* (avanti) (*cour.*), arrivare *intr.* (*cour.*): *amène-toi ici!* vieni qui!; *des barques s'amènent sur le fleuve* alcune barche vengono avanti sul fiume.

aménité |amenite| *s.f.* **1** [*amabilité pleine de charme*] affabilità *inv.* # *traiter qqn. sans aménité* trattare qc. duramente ◇ (*au plur., iron.*) *dire des aménités* [*paroles blessantes et injurieuses*] dire delle piacevolezze **2** (*vx.*) [*agrément d'un lieu*] amenità (*inv.*): *l'aménité de ces lieux* l'amenità di quei posti.

aménorrhée |amenɔʀe| *s.f.* (*méd.*) amenorrea.

amentifère |amɑ̃tifɛʀ| *adj. et s.* amentifero.

amenuisement |amənɥizmɑ̃| *s.m.* [→ AMENUISER] assottigliamento → **amincissement** Ⓒ **épaississement.**

amenuiser |amənɥize| **A** *v.tr.* [*rendre plus mince*] assottigliare → **amincir** **B** *v.pron. intr.* S'AMENUISER [*devenir plus petit*] assottigliarsi: *ses ressources se sont amenuisées* le sue risorse si sono assottigliate Ⓒ **épaissir, grossir.**

1 **amer** |amɛʀ| *s.m.* **1** [*liqueur d'herbes*] amaro: *prendre un amer* bere un amaro **2** (*vx.*) → **fiel.**

2 **amer** |amɛʀ| *s.m.* (*mar.*) meda *f.*

amer, ère |amɛʀ| *adj.* **1** amaro: *c'est amer comme chicotin* è amaro come il fiele; *confiture d'oranges amères* marmellata di arance amare; *j'ai la bouche amère* ho la bocca amara **2** (*fig.*) [*qui engendre, marque l'amertume*] amaro: *souvenirs amers* ricordi amari; *larmes amères* lacrime amare; *une ironie, une déception amère* un'ironia amara, un'amara delusione → **douloureux, pénible, triste** # *il m'a fait d'amers reproches* mi ha fatto duri rimproveri ◇ (*fam.*) *il a été très amer* è stato molto duro (*cour.*).

amèrement |amɛʀmɑ̃| *adv.* [→ AMER 2] amaramente.

américain, aine |ameʀikɛ̃, ɛn| **I** *adj.* **1** [*de l'Amérique*] americano: *le continent américain* il continente americano **2** [*des États-Unis d'Amérique*] americano, statunitense: *une voiture américaine* una macchina americana ◇ *loc.* À L'AMÉRICAINE all'americana: *vol à l'américaine* truffa all'americana **II** (*s.m.*) *l'américain* [*la langue*] l'americano.

américaniser |ameʀikanize| *v.tr.* [*revêtir, marquer d'un caractère américain* (I 2)] americanizzare.

américanisme |ameʀikanism(ə)| *s.m.* americanismo.

américaniste |ameʀikanist| *adj. et s.* americanista.

américium |ameʀisjɔm| *s.m.* (*chim.*) americio*.

amerlo(t) |amɛʀlo|, **amerloque** |amɛʀlɔk| *s.* (*pop.*) → **américain.**

amerrir |ameʀiʀ| *v.intr.* [*se poser à la surface de l'eau*] ammarare: *l'hydravion a amerri* l'idrovolante ha ammarato.

amerrissage |ameʀisaʒ| *s.m.* [→ AMERRIR] ammaraggio*.

amertume |amɛʀtym| *s.f.* **1** [*saveur amère*] amaro *m.*, amarezza ◇ [*maladie des vins*] amaro, amarore *m.* **2** (*fig.*) amarezza: *il pensait avec amertume aux années perdues* pensava con amarezza agli anni persi; *il est pleine d'amertume* è pieno d'amarezza → **découragement, mélancolie.**

améthyste |ametist(ə)| *s.f.* (*minér.*) ametista.

amétropie |ametʀɔpi| *s.f.* (*méd.*) ametropia.
ameublement |amœbləmɑ̃| *s.m.* [*les meubles d'un logement*] mobilia *f. inv.*, arredamento ◇ (*spécialt.*) *tissus d'ameublement* tessuti d'arredamento, per tappezzeria.
ameublir |amœbliʀ| *v.tr.* **1** (*dr.*) [*faire entrer dans la communauté des immeubles propres à un des époux*] costituire (197) in dote beni immobili **2** (*agric.*) [*rendre meuble* (*le sol*)] dissodare.
ameublissement |amœblismɑ̃| *s.m.* **1** (*dr.*) il costituire *inv.* in dote beni immobili **2** (*agric.*) dissodamento.
ameuter |amøte| **A** *v.tr.* **1** (*vén.*) [*assembler en meute pour la chasse*] riunire (197) (i cani) in muta **2** [*attrouper dans une intention de soulèvement ou de manifestation hostile*] aizzare, sollevare: *ameuter la foule* aizzare, sollevare la folla **B** *v.pron. intr.* S'AMEUTER [→ *tr.* 2] affollarsi, ammassarsi: *la foule s'est ameutée devant la préfecture* la folla si è ammassata davanti alla prefettura.
amharique |amaʀik| **1** *adj.* amarico* **2** (*s.m.*) *l'amharique* [*la langue*] l'amarico.
ami, ie |ami| **I** *s.* **1** amico*: *mon meilleur ami* il mio migliore amico; *ma plus chère amie* la mia più cara amica; *nous étions entre amis* eravamo tra amici; *un ami d'enfance* un amico d'infanzia; *l'ami de la maison* l'amico di casa; *un de mes vieux amis* un mio amico, uno dei miei vecchi amici # *un ami de pension* un compagno di collegio ◇ (*par ext.*) *je viens en ami et non en ennemi* vengo da amico e non come nemico; *nos amis et alliés* i nostri amici e alleati ◇ (*fig.*) *les amis du livre* gli amici del libro **2** (*par euphém.*) [*amant, maîtresse*] amico; amante: *il est venu avec son amie* è venuto con l'amica, con l'amante **II** *adj.* [*d'un ami*] amico: *une main amie* una mano amica; *une maison amie* una casa amica → **accueillant, amical** ◇ [*allié*] alleato: *les troupes amies* le truppe alleate **C** I 1 **ennemi**; II **hostile.**
amiable |amjabl(ə)| *adj.* (*dr., cour.*) amichevole: *amiable composition* amichevole composizione ◇ *loc. adv.* À L'AMIABLE in via amichevole: *un arrangement à l'amiable serait préférable* sarebbe preferibile una soluzione in via amichevole.
amiante |amjɑ̃t| *s.m.* amianto: *fils d'amiante* fili d'amianto.
amibe |amib| *s.f.* ameba.
amibiase |amibjaz| *s.f.* (*méd.*) amebiasi *inv.*
amibien, ienne |amibjɛ̃, jɛn| *adj.* (*méd.*) amebico*: *dysenterie amibienne* dissenteria amebica.
Amibiens |amibjɛ̃| *s.m. pl.* (*t.zool.*) Amebini.
amiboïde |amibɔid| *adj.* ameboide.
amical, ale, aux |amikal, o| **1** *adj.* [*qui marque de l'amitié*] amichevole: *nos relations sont amicales* le nostre relazioni sono amichevoli; *il l'a saluée d'un ton amical* l'ha salutata con tono amichevole ◇ (*sport*) *match amical, rencontre amicale* partita, incontro amichevole **2** *s.f.* (ASSOCIATION) AMICALE [*association de personnes ayant une même profession, une même activité*] associazione: *l'Amicale des anciens élèves de l'École de...* l'Associazione degli ex alunni della Scuola di...
amicalement |amikalmɑ̃| *adv.* [→ AMICAL 1] amichevolmente.
amict |ami| *s.m.* (*liturg. cathol.*) amitto.
amide |amid| *s.m.* (*chim.*) ammide *f.*
amidon |amidɔ̃| *s.m.* (*chim., cour.*) amido # *empeser à l'amidon* inamidare → **amidonner.**
amidonnage |amidɔnaʒ| *s.m.* (*tissage*) inamidatura *f.*, amidatura *f.*
amidonner |amidɔne| *v.tr.* [*enduire d'amidon*] inamidare ✦ (*au p.p.*) *col amidonné* colletto inamidato.
amidonnier |amidɔnje| *s.m.* [*ouvrier procédant aux différentes opérations de la fabrication de l'amidon*] amidatore* *s.*
amincir |amɛ̃siʀ| **A** *v.tr.* **1** [*rendre plus mince*] assottigliare: *amincir une poutre* assottigliare una trave → **amaigrir** **2** [*faire paraître plus mince*] snellire (197): *cette robe noire t'amincit* questo vestito nero ti snellisce **B** *v. intr.* (*fam.*) → **mincir** **C** *v.pron. intr.* [*devenir plus mince*] snellirsi, dimagrire (197) *intr.* **C** A 2 **épaissir.**
amincissement |amɛ̃sismɑ̃| *s.m.* [→ AMINCIR A; C] assottigliamento; snellimento.
amine |amin| *s.f.* (*chim.*) ammina, amina: *amine de réveil* ammina del risveglio.
aminé, ée |amine| *adj.* (*chim.*) am(m)inico* # *acides aminés* amminoacidi.
aminoacide |aminoasid| *s.m.* (*chim.*) amminoacido, aminoacido.
aminoplaste |aminɔplast(ə)| *s.m.* amminoplasto.
amiral, aux |amiʀal, o| **1** *s.m.* (*mar. milit.*) ammiraglio* ◇ *au f.* (*fam.*) *Madame l'amirale* [*la femme de l'amiral*] la moglie dell'ammiraglio **2** (*adj.*) *vaisseau amiral* nave ammiraglia.
amirauté |amiʀote| *s.f.* (*mar. milit.*) ammiragliato *m.*
amitié |amitje| *s.f.* **1** amicizia: *une solide, une ancienne amitié* una solida, una vecchia amicizia; *l'amitié entre deux pays* l'amicizia fra due nazioni; *se lier d'amitié avec qqn.* stringere amicizia con qc. → **entente** # *se prendre d'amitié pour qqn.* prendere a ben volere qc. **2** [*marque d'affection*] piacere *m.*, cortesia: *j'espère que vous nous ferez l'amitié de venir* spero che ci farete il piacere, la cortesia di venire; *faites-moi l'amitié de...* fatemi la cortesia, il piacere di... ◇ (*spécialt. au plur.*) saluti (*m.*): *faites-lui toutes mes amitiés* portategli i miei saluti **C** **inimitié.**
amitose |amitoz| *s.f.* (*biol.*) amitosi *inv.*
ammoniac |amɔnjak| *s.m.* (*chim.*) ammoniaca* *f.* ✦ (*adj.*) *sel ammoniac* sale ammoniaco*, cloruro d'ammonio.
ammoniacal, ale, aux |amɔnjakal, o| *adj.* ammoniacale, ammoniacato: *odeur ammoniacale* odore ammoniacale.
ammoniacate |amɔnjakat| *s.m.* (*chim.*) ammoniacato.
ammoniaque |amɔnjak| *s.f.* (*chim., cour.*) ammoniaca*.
ammonium |amɔnjɔm| *s.m.* (*chim.*) ammonio*.
ammophile |amɔfil| *adj.* (*zool.*) ammofilo.
amnesie |amnezi| *s.f.* (*méd., cour.*) amnesia.
amnésique |amnezik| *adj.* amnesico*, colpito da amnesia ✦ (*s.*) *un amnésique* una persona *f.* colpita da amnesia.
amnios |amnjos| *s.m.* amnio*, amnios *inv.*
amniotique |amnjɔtik| *adj.* (*biol.*) amniotico*.
amnistiant, ante |amnistjɑ̃, ɑ̃t| *adj.* (*dr.*) *grâce amnistiante* grazia (*s.f.*): *le président de la République a accordé la grâce amnistiante* il presidente della Repubblica ha concesso la grazia.
amnistie |amnisti| *s.f.* (*dr., cour.*) amnistia.
amnistié, ée |amnistje| *adj. et s.* (*dr.*) amnistiato.
amnistier |amnistje| *v.tr.* (*dr.*) [*faire bénéficier d'une amnistie* (*des délinquants, des délits*)] amnistiare ◇ (*littér.*) → **pardonner, excuser.**
amocher |amɔʃe| **A** *v.tr.* (*pop.*) [*abîmer, blesser*] malmenare (*cour.*), conciare (*cour.*) **B** *v.pron. réfl.* S'AMOCHER [→ *tr.*] conciarsi: *il s'est bien amoché* si è conciato proprio bene.
amoindrir |amwɛ̃dʀiʀ| **A** *v.tr.* [*diminuer* (*la valeur, la force, l'importance*)] sminuire (197), diminuire (197): *amoindrir le mérite de qqn.* sminuire i meriti di qc.; *amoindrir la valeur de qqch.* sminuire il valore di q.c. → **réduire** **B** *v.pron. intr.* S'AMOINDRIR [→ *tr.*] diminuire *intr.*, ridursi (108): *sa fortune s'est amoindrie* la sua fortuna è diminuita, si è ridotta **C** **accroître, augmenter.**
amoindrissement |amwɛ̃dʀismɑ̃| *s.m.* [*diminution, réduction*] diminuzione *f.*, riduzione *f.* ◇ (*fig.*) indebolimento: *l'amoindrissement des facultés* l'indebolimento delle facoltà mentali **C** **accroissement, augmentation.**
amollir |amɔliʀ| **A** *v.tr.* **1** [*rendre mou*] (r)ammollire (197): *l'asphalte était amolli par la chaleur* l'asfalto era (r)ammollito, reso molle dal calore → **ramollir** **2** (*fig.*) rammollire, infiacchire (197) → **affaiblir, alanguir** **B** *v.pron. intr.* S'AMOLLIR **1** [*devenir mou*] ammollirsi **2** (*fig.*) rammollirsi, infiacchirsi → **faiblir, fléchir** **C** A 1 **durcir.**
amollissant, ante |amɔlisɑ̃, ɑ̃t| *adj.* → **affaiblissant.**
amollissement |amɔlismɑ̃| *s.m.* **1** [→ AMOLLIR A 1; B 1] (r)ammollimento **2** (*fig.*) rammollimento, infiacchimento → **affaiblissement, relâchement.**
amonceler |amɔ̃sle| (4) **A** *v.tr.* [*réunir en monceau; accumuler*] ammucchiare, accumulare: *amonceler des feuilles mortes* ammucchiare delle foglie morte; *il amoncelle des documents, des preuves* accumula documenti, prove → **entasser** **B** *v.pron. intr.* S'AMONCELER [→ *tr.*] accumularsi: *les nuages s'amoncellent à l'horizon* le nubi si accumulano all'orizzonte → **amasser (s').**
amoncellement |amɔ̃sɛlmɑ̃| *s.m.* [*entassement, accumulation*] ammucchiamento, accumulamento; mucchio*, cumulo: *amoncellement des sables* ammucchiamento delle sabbie ‖ *un amoncellement de lettres* un mucchio di lettere # *un amoncellement de rochers* un ammasso di rocce (roccioso).
amont |amɔ̃| *s.m.* tratto (di un corso d'acqua) a monte ◇ (*loc. prép.*) *en amont de* a monte di ◇ (*par ext.*) *vent d'amont* brezza di monte ◇ (*ski*) il lato a monte ✦ (*adj. inv.*) *le ski amont*

lo sci a monte *loc.* ◇ (*fig.*) *les produits d'amont* i prodotti a monte Ⓒ **aval.**

amoral, ale, aux |amɔʀal, o| *adj.* amorale.

amoralisme |amɔʀalism(ə)| *s.m.* amoralismo.

amoralité |amɔʀalite| *s.f.* amoralità *inv.*

amorçage |amɔʀsaʒ| *s.m.* (*techn.*) innescamento; innesco*: *amorçage d'un obus, d'une cartouche* innesco di una granata, di una cartuccia ◇ (*par anal.*) *amorçage d'une pompe* adescamento di una pompa.

amorce |amɔʀs(ə)| *s.f.* **I 1** (*pêche*) esca*: *le pain, les vers blancs servent d'amorces* il pane, i vermi bianchi servono da esca **2** (*vx., fig.*) → **appât II** (*par ext.*) **1** [*petite masse de matière détonante servant à provoquer l'explosion d'une charge*] detonatore *m.*, innesco* *m.* → **tonateur** ◇ (*loc.*) *sans brûler une amorce* senza colpo ferire ◇ (*bande-*) *amorce* [*ruban coloré qu'on colle à l'extrémité d'un film pour protéger le pourtour extérieur du rouleau*] coda **2** (*fig.*) [*manière d'entamer, de commencer*] avvio* *m.*, inizio* (*m.*): *cette rencontre pourrait être l'amorce d'une négociation véritable* questo incontro potrebbe essere l'inizio di un negoziato vero e proprio → **commencement, début, ébauche.**

amorcer |amɔʀse| (2) *v.tr.* **1** (*pêche*) [*garnir d'un appât*] innescare: *amorcer l'hameçon, la ligne* innescare l'amo, la lenza **2** [*attirer le poisson, le gibier en répandant des amorces*] adescare ◇ (*fig., vx.*) → **attirer, séduire 3** [*garnir d'une amorce* (*une charge explosive*)] innescare: *l'obus est encore amorcé* la granata è ancora innescata **4** *amorcer une pompe* [*la mettre en état de fonctionner*] adescare una pompa **5** [*commencer à percer* (*une voie*)] iniziare i lavori ◇ (*fig.*) [*ouvrir la voie à, mettre en train*] avviare, intavolare: *amorcer une conversation, des négociations* avviare, intavolare una conversazione, dei negoziati ◇ [*entamer, ébaucher* (*un mouvement*)] abbozzare, accennare: *j'amorçai un geste de refus* abbozzai un gesto di rifiuto.

amoroso |amɔʀozo| *adv.* (*mus.*) amoroso *adj.*

amorphe |amɔʀf(ə)| *adj.* **1** (*chim., phys.*) amorfo: *état amorphe* stato amorfo **2** (*personnes*) amorfo: *elle est amorphe* è amorfa; *l'opinion publique est amorphe* l'opinione pubblica è amorfa.

amorti |amɔʀti| *s.m.* (*football*) stop *inv.*, stoppata *f.* ◇ (*tennis*) smorzata *f.*

amortir |amɔʀtiʀ| *v.tr.* **1** [*rendre moins violent*] smorzare, attutire (197): *amortir un choc* smorzare, attutire un colpo; *le tapis amortit le bruit des pas* il tappeto attutisce il rumore dei passi ♦ (*au p.p.*) *couleurs amorties* colori smorzati ♦ *p.p. subst.* (*pop.*) [*homme, femme d'âge mûr*] matusa *s.inv.* **2** (*écon.*) [*éteindre* (*une dette*) *par amortissement* (*financier*)] ammortare, ammortizzare, estinguere (135): *amortir une dette* ammortare, estinguere un debito **3** [*maintenir en état* (*un capital*) *par des mesures d'amortissement* (3)] ammortare Ⓒ **1 aviver.**

amortissable |amɔʀtisabl(ə)| *adj.* (*écon.*) ammortizzabile, estinguibile: *emprunt amortissable* prestito ammortizzabile, estinguibile.

amortissement |amɔʀtismɑ̃| *s.m.* **1** [→ AMORTIR 1] ammortizzamento, smorzamento, l'attutire (*inv.*): *l'amortissement d'un choc* l'attutire, l'ammortizzamento di un colpo **2** (*écon.*) ammortamento: *amortissement financier* ammortamento finanziario; *amortissement d'un emprunt* ammortamento di un prestito; *amortissement des actions d'une société* ammortamento delle azioni di una società **3** [→ AMORTIR 3] ammortamento: *l'amortissement d'une voiture, d'un réfrigérateur* l'ammortamento di un'automobile, di un frigorifero **4** (*archit.*) coronamento, motivo terminale: *le pinacle sert d'amortissement à un contrefort* il pinnacolo serve da coronamento a un contrafforte **5** (*phys.*) smorzamento, attenuazione *f.*

amortisseur |amɔʀtisœʀ| *s.m.* (*mécan.*) ammortizzatore: *amortisseur à huile, hydraulique* ammortizzatore a olio, idraulico; *l'amortisseur d'une voiture* l'ammortizzatore di un'automobile.

amour |amuʀ| *s.m.* **1** [*inclination, envers une personne d'un autre sexe*] amore: *chagrins d'amour* pene d'amore; *fou d'amour* pazzo d'amore; *un mariage d'amour* un matrimonio d'amore; *filer le parfait amour* filare il perfetto amore ◇ *au plur.* [*aventure amoureuse*] *comment vont tes amours?* come vanno i tuoi amori? **2** [*relations sexuelles*] amore: *faire l'amour* fare (al)l'amore **3** [*personne aimée*] amore: *tu es mon amour* sei il mio amore; *mon amour!* amore mio! **4** (*mythol.*) Amore, Eros *inv.* # *peindre des petits Amours* dipingere degli amorini, dei puttini ◇ (*par comparaison*) *c'est un amour* è un amore; *un amour d'enfant* un amore di bambino ◇ (*fam.*) *un amour de petit chapeau* un amore di cappellino **5** [*disposition à vouloir le bien d'un autre que soi*] *l'amour de l'homme pour Dieu* l'amore dell'uomo verso Dio → **adoration, charité**; *l'amour du prochain, d'autrui* l'amore per il prossimo, per gli altri ◇ (*loc.*) *pour l'amour de Dieu* per l'amor di Dio **6** [*affection entre les membres d'une famille*] amore: *l'amour maternel, paternel, fraternel* l'amore materno, paterno, fraterno **7** [*attachement désintéressé et profond à quelque valeur*] amore: *l'amour de la justice, de la vérité* l'amore della giustizia, della verità; *faire une chose avec amour* fare una cosa con amore **8** [*goût très vif pour une chose*] amore, passione (*f.*): *l'amour de la nature* l'amore per la natura; *l'amour des voyages* la passione per i viaggi → **passion** Ⓒ 5 **haine.**

amouracher (s') |amuʀaʃe| *v. pron. intr.* (*péj.*) [*tomber amoureux*] incapricciarsi, infatuarsi: *il s'est amouraché d'une petite actrice* si è infatuato di un'attricetta.

1 **amourette** |amuʀɛt| *s.f.* [*amour passager*] amoretto *m.* → **flirt, caprice, béguin.**

2 **amourette** |amuʀɛt| *s.f.* (*bot.*) amorino *m.*

amourettes |amuʀɛt| *s.f.pl.* (*cuis.*) midollo *m.sing.*, schienale *m.sing.*

amoureusement |amuʀøzmɑ̃| *adv.* [→ AMOUREUX 2] amorosamente, con amore *loc. inv.*

amoureux, euse |amuʀø, øz| *adj.* **1** [*qui éprouve de l'amour*] innamorato: *être follement amoureux* essere pazzamente innamorato → **épris** # *devenir, tomber amoureux* innamorarsi ♦ *s.* innamorato: *les deux amoureux se prenaient par la main* i due innamorati si tenevano per mano # *un amoureux transi* un cascamorto ◇ (*théât.*) *elle joue les amoureuses* recita la parte di amorosa **2** [*porté à l'amour, surtout physique*] passionale, amoroso: *un tempérament amoureux* un temperamento passionale # *il est amoureux des onze* (*cent*) *mille vierges* è innamorato di tutte ◇ [*propre à l'amour*] amoroso: *des regards amoureux* sguardi amorosi **3** [*qui a un goût très vif* (*pour qqch.*)] amatore, appassionato: *être amoureux de la peinture, de la musique* essere appassionato di pittura, di musica # *amoureux de la gloire* amante della gloria → **fou, fervent, passionné.**

amour-propre |amuʀpʀɔpʀ(ə)| *s.m.sing.* amor proprio: *des blessures de l'amour-propre* ferite all'amor proprio; *un garçon pétri d'amour-propre* un ragazzo pieno d'amor proprio; *blesser, chatouiller l'amour-propre de qqn.* ferire, stuzzicare l'amor proprio di qc.; *ménager l'amour-propre de qqn.* cercare di non urtare l'amor proprio, la suscettibilità di qc. # *il a trop d'amour-propre* è troppo suscettibile.

amovibilité |amɔvibilite| *s.f.* amovibilità *inv.*; estraibilità *inv.*

amovible |amɔvibl(ə)| *adj.* **1** (*dr.*) amovibile: *fonctionnaire amovible* funzionario amovibile, trasferibile **2** [*qu'on peut enlever ou remettre à volonté*] amovibile, staccabile: *imperméable à doublure amovible* impermeabile con l'interno staccabile # *un autoradio amovible* una autoradio estraibile Ⓒ 1 **inamovible.**

Ampélidacées |ɑ̃pelidase| *s.f.pl.* (*t.bot.*) Ampelidacee.

ampélographie |ɑ̃pelɔgʀafi| *s.f.* ampelografia.

ampélopsis |ɑ̃pelɔpsis| *s.m.* (*t. bot.*) ampelopsis *f.inv.*

ampérage |ɑ̃peʀaʒ| *s.m.* (*électr.*) amperaggio*.

ampère |ɑ̃pɛʀ| *s.m.* (*électr.*) 'ampère' *inv.*

ampère-heure |ɑ̃pɛʀœʀ| *s.m.* (*électr.*) amperora *inv.*

ampèremètre |ɑ̃pɛʀmɛtʀ(ə)| *s.m.* (*électr.*) amperometro.

amphétamine |ɑ̃fetamin| *s.f.* (*pharm.*) anfetamina.

amphi- |ɑ̃fi| *préf.* (*signifiant 'autour, des deux côtés, en double', correspond généralt. à*) anfi: *amphithéâtre* anfiteatro; *amphibie* anfibio.

amphiarthrose |ɑ̃fiaʀtʀoz| *s.f.* anfiartrosi *inv.*

amphibie |ɑ̃fibi| *adj.* anfibio*: *la grenouille est amphibie* la rana è anfibia ♦ (*s.m.*) *un amphibie* un anfibio ◇ (*par anal.*) *voiture, char amphibie* macchina anfibia, carro armato anfibio; *opérations amphibies* operazioni anfibie.

Amphibiens |ɑ̃fibjɛ̃| *s.m.pl.* (*t. zool.*) Anfibi.

amphibole |ɑ̃fibɔl| *s.f.* (*minér.*) anfibolo *m.*

amphibolique |ɑ̃fibɔlik| *adj.* (*minér.*) anfibolico*.

amphibologie |ɑ̃fibɔlɔʒi| *s.f.* (*philo.*) anfibologia*.

amphibologique |ɑ̃fibɔlɔʒik| *adj.* (*philo.*) anfibologico*.

amphictyon |ɑ̃fiktjɔ̃| *s.m.* (*hist. gr.*) anfizioni *pl.*

amphictyonie |ɑ̃fiktjɔni| *s.f.* (*hist. gr.*) anfizionia.
amphigourique |ɑ̃figuʀik| *adj.* (*se dit d'un discours plein de galimatias*) oscuro, confuso: *style amphigourique* stile oscuro → **embrouillé, incompréhensible.**
amphimixie |ɑ̃fimiksi| *s.f.* (*biol.*) anfimissi *inv*.
Amphineures |ɑ̃finœʀ| *s.m.pl.* (*t. zool.*) Anfineuri.
Amphipodes |ɑ̃fipɔd| *s.m.pl.* (*t. zool.*) Anfipodi.
amphithéâtre |ɑ̃fiteɑtʀ(ə)| *s.m.* **1** (*hist. rom.*) anfiteatro ◇ (*géol.*) *amphithéâtre morainique* anfiteatro morenico **2** [(*dans certains théât.*) *l'étage supérieur*] anfiteatro, piccionaia *f.* → **poulailler 3** [*salle de cours en gradins dans les universités*] anfiteatro ◇ (*abrév. fam., arg.*) 'amphi': *suivre un amphi* [*un cours*] seguire una lezione *f.* (*cour.*).
amphitryon |ɑ̃fitʀijɔ̃| *s.m.* anfitrione.
amphore |ɑ̃fɔʀ| *s.f.* anfora.
ample |ɑ̃pl(ə)| *adj.* **1** ampio*: *un manteau ample* un cappotto ampio **2** (*fig.*) [*qui se développe largement*] ampio, vasto: *c'est un sujet très ample* è un argomento molto ampio, molto vasto; *on m'a donné ample satisfaction* mi è stata data ampia soddisfazione # *un ample récit* un racconto esauriente ◇ (*dr.*) *un plus ample informé* un supplemento d'istruttoria © **étroit, restreint.**
amplement |ɑ̃pləmɑ̃| *adv.* **1** [→ AMPLE 2] ampiamente, esaurientemente: *il m'a amplement exposé toute l'affaire* mi ha esaurientemente esposto tutta la faccenda # *je vous écrirai plus amplement la prochaine fois* vi scriverò più a lungo la prossima volta **2** [*d'une manière plus que suffisante*] abbondantemente: *je lui ai amplement rendu ce que je lui devais* gli ho restituito abbondantemente quel che gli dovevo → **largement.**
ampleur |ɑ̃plœʀ| *s.f.* **1** [*largeur étendue au-delà du nécessaire*] ampiezza: *donner plus ou moins d'ampleur à une jupe* dare più o meno ampiezza a una gonna; *ampleur de la voix* ampiezza della voce **2** [*caractère de ce qui est abondant*] ampiezza, vastità (*inv.*): *devant l'ampleur du désastre* davanti all'ampiezza, alla vastità del disastro # *la manifestation a pris de l'ampleur* la manifestazione ha assunto un'importanza notevole; *l'ampleur de moyens* l'abbondanza di mezzi → **abondance.**
ampli |ɑ̃pli| *s.m.* (*abrév. fam.*) [*amplificateur*] amplificatore (*cour.*) # *ampli-tuner* sintoamplificatore.
ampliatif, ive |ɑ̃plijatif, iv| *adj.* (*dr.*) ampliativo.
ampliation |ɑ̃plijɑsjɔ̃| *s.f.* (*dans la loc.*) *pour ampliation* [*duplicata authentifié*] per copia conforme.
amplificateur |ɑ̃plifikatœʀ| *s.m.* **1** (*électr.*) amplificatore: *amplificateur magnétique* amplificatore magnetico **2** (*abrév. fam.* 'ampli') [*élément d'une chaîne acoustique*] amplificatore.
amplification |ɑ̃plifikɑsjɔ̃| *s.f.* **1** [→ AMPLIFIER A 3] amplificazione **2** [*opération consistant à accroître l'amplitude à l'aide d'un amplificateur*] amplificazione ◇ (*opt.*) ingrandimento *m.*
amplifier |ɑ̃plifje| **A** *v.tr.* **1** [*agrandir, augmenter l'intensité, les dimensions de*] amplificare; ingrandire (197): *amplifier un courant* amplificare una corrente ‖ *amplifier une image* ingrandire un'immagine **2** [*développer par amplification*] incrementare, aumentare: *il faut amplifier les échanges commerciaux entre nos deux pays* bisogna incrementare gli scambi commerciali fra i nostri due paesi **3** (*péj.*) [*embellir, exagérer*] amplificare: *amplifier son mérite* amplificare i propri meriti **B** *v.pron. intr.* S'AMPLIFIER [*prendre plus d'amplitude*] amplificarsi: *les oscillations s'amplifient* le oscillazioni si amplificano.
amplitude |ɑ̃plityd| *s.f.* **1** (*astron.*) amplitudine: *amplitude ortive, occase* amplitudine ortiva, occasa ◇ (*géom.*) ampiezza **2** (*phys.*) amplitudine, ampiezza: *amplitude des marées* amplitudine delle maree; *amplitude d'une onde* ampiezza di un'onda **3** [*écart entre deux valeurs extrêmes de la température*] escursione, amplitudine: *amplitude diurne* escursione diurna; *amplitude moyenne annuelle* escursione media annua.
ampoule |ɑ̃pul| *s.f.* **1** [*petite fiole à col long et à ventre renflé*] ampolla: *la sainte ampoule* la santa ampolla # *ampoules de laboratoire* provette **2** [*tube de verre destiné à la conservation d'un médicament liquide*] fiala: *prenez-en une ampoule matin et soir* ne prenda una fiala mattina e sera **3** (*électr., cour.*) lampadina, lampada: *ampoule électrique* lampadina elettrica; *l'ampoule est grillée, il faut la changer* la lampadina è bruciata, bisogna cambiarla **4** [*cloque de la peau formée par une accumulation de sérosité*] vescica*: *avoir des ampoules aux mains, aux pieds* avere delle vesciche alle mani, ai piedi **5** (*sc.*) ampolla ◇ (*anat.*) *ampoule rectale* ampolla rettale.
ampoulé, ée |ɑ̃pule| *adj.* [*emphatique, boursouflé*] ampolloso: *style ampoulé* stile ampolloso © **simple.**
amputation |ɑ̃pytɑsjɔ̃| *s.f.* **1** (*chir., cour.*) amputazione: *l'amputation d'un bras* l'amputazione di un braccio **2** (*fig.*) *amputation d'un texte, d'un discours* amputazione, mutilazione di un testo, di un discorso # *ce serait une amputation de son capital* sarebbe una decurtazione del suo capitale.
amputé, ée |ɑ̃pyte| *s.* [*personne qui a subi une amputation*] mutilato.
amputer |ɑ̃pyte| *v.tr.* **1** [*faire l'amputation de*] amputare: *amputer un membre* amputare un arto → **couper** ◇ (*par ext.*) *amputer qqn.* amputare qc. **2** (*fig.*) [*retrancher, couper*] amputare, mutilare: *la pièce a été amputée de plusieurs scènes* la commedia è stata mutilata di parecchie scene.
amulette |amylɛt| *s.f.* amuleto *m.*
amure |amyʀ| *s.f.* (*mar.*) mura: *tribord, bâbord amures* mure a destra, a sinistra.
amurer |amyʀe| *v.tr.* (*mar.*) [*tendre la voile en raidissant l'amure*] murare.
amusant, ante |amyzɑ̃, ɑ̃t| **1** *adj.* [*qui amuse*] divertente, spassoso: *un jeu amusant* un gioco divertente → **comique, plaisant**; *un homme amusant* un uomo spassoso; *il n'est pas amusant de...* non è divertente... → **drôle 2** *s.m.* [→ *adj.*] il divertente, il ridicolo: *l'amusant de l'affaire* il divertente, il ridicolo della faccenda © **ennuyeux, triste.**
amuse-gueule |amyzgœl| *s.m. inv.* (*fam.*) [*petit sandwich, biscuit salé, etc., servi avec l'apéritif*] salatino, stuzzichino.
amusement |amyzmɑ̃| *s.m.* **1** [*divertissement, distraction agréable*] divertimento: *les amusements des enfants* i divertimenti dei bambini # *c'est un amusement de le tromper* ci si prende gusto a ingannarlo **2** (*vx.*) → **diversion, tromperie.**
amuser |amyze| **A** *v.tr.* **1** [*distraire agréablement*] divertire, svagare: *un rien l'amuse* un nonnulla lo diverte → **divertir 2** [*retenir l'attention pour empêcher de surveiller*] distrarre (190): *tu amuseras le caissier pendant qu'on ouvrira le coffre* distrarrai, terrai occupato il cassiere mentre apriremo la cassaforte ◇ (*loc.*) *amuser le tapis* [*l'assemblée*] intrattenere la compagnia **B** *v. pron.* S'AMUSER **1** *réfl.* [*se distraire agréablement*] divertirsi, svagarsi: *je me suis bien amusé pendant les vacances* mi sono divertito molto durante le vacanze; *il s'amuse avec son chien* si diverte, gioca col cane; *ils se sont amusés à découper des photos* si sono divertiti a ritagliare delle foto → **divertir (se)** # *les enfants s'amusent* i bambini giocano **2** *intr.* [*perdre son temps à des riens*] perdere (163) tempo, indugiare: *l'étape est longue, il ne faudra pas s'amuser en route* il tragitto è lungo, non c'è tempo da perdere per strada **3** *intr.* (*péj.*) [*mener une vie de plaisirs*] far (103) *tr.* baldoria, bisbocciare *intr.* © B 1 **s'ennuyer.**
amusette |amyzɛt| *s.f.* [*distraction sans importance*] distrazione, passatempo *m.* # *c'est une amusette!* è un giochetto, è roba da ridere!
amuseur, euse |amyzœʀ,øz| *s.* persona *f.* che diverte, distrae *loc.* # *c'est un amuseur* è un tipo spassoso.
amygdale |ami(g)dal| *s.f.* (*anat.*) amigdala, tonsilla (*cour.*): *être opéré des amygdales* essere operato di tonsille.
amygdalectomie |ami(g)dalɛktɔmi| *s.f.* (*chir.*) amigdalectomia, tonsillectomia.
amygdalite |ami(g)dalit| *s.f.* (*méd.*) amigdalite, tonsillite (*cour.*)
amylacé, ée |amilase| *adj.* amilaceo.
amylase |amilɑz| *s.f.* (*biol., chim.*) amilasi *inv.*
amyle |amil| *s.m.* (*chim.*) amile.
amylène |amilɛn| *s.m.* (*chim.*) amilene.
amylique |amilik| *adj.* (*chim.*) amilico*.
amylobacter |amilɔbaktɛʀ| *s.m.* amilobatterio*.
an- |an| *préf.* → **a-, an-.**
an |ɑ̃| *s.m.* **1** [*année en tant qu'espace de temps*] anno: *en dix ans* in dieci anni; *dans* (*au bout de*) *dix ans* fra dieci anni; *il y a dix ans* dieci anni fa; *vingt ans après* vent'anni dopo; *trois fois l'an* tre volte (al)l'anno; *tous les ans* tutti gli anni, ogni anno; *il gagne tant par an* guadagna (un) tanto all'anno; *il a cinquante ans sonnés* ha cinquant'anni suonati; *il aura bientôt trente ans* compirà trent'anni fra poco; *jusqu'à l'âge de quinze ans* fino all'età di quindici anni; *il a commencé à travailler dès l'âge de quatorze ans* ha cominciato a lavorare dall'età di quattordici anni ◇ (*fam.*) *il va sur ses soixante ans* va per i sessant'anni ◇ (*poét.*) *les ans* [*le temps qui passe*] gli anni, il tempo ◇ *loc.* BON AN, MAL

AN [*en moyenne*] in media: *bon an, mal an on gagne deux mille francs par mois* in media si guadagnano duemila franchi al mese **2** [*année en tant que point du temps*] anno: *l'an dernier, prochain* l'anno scorso (passato), prossimo (venturo); *le premier, le jour de l'an* il primo giorno dell'anno, il capodanno; *l'an 250 avant Jésus-Christ* (*av. J.-C.*) l'anno 250 avanti Cristo (a.C.) ◇ (*loc.*) *en l'an de grâce...* nell'anno di grazia...; *en l'an* (*de grâce*) *1945* nell'anno (di grazia) 1945, nel 1945 ~ *je m'en moque comme de l'an quarante* me ne infischio completamente.

ana- |ana| *préf.* (*signifiant 'de bas en haut, en arrière, à rebours, de nouveau', correspond généralt. à*) ana: *anaglyphe* anaglifo; *anachorète* anacoreta; *anaphylaxie* anafilassi; *anabaptiste* anabattista.

ana |ana| *s.m.* raccolta *f.* di pensieri, di aneddoti.

anabaptisme |anabatism(ə)| *s.m.* anabattismo.

anabaptiste |anabatist(ə)| *s.* (*rélig.*) anabattista.

anabolique |anabɔlik| *adj.* (*physiol.*) anabolico*.

anabolisant, ante |anabɔlizɑ̃, ɑ̃t| *s.m.* (*méd.*) anabolizzante.

anabolisme |anabɔlism(ə)| *s.m.* (*physiol.*) anabolismo [C] **catabolisme.**

anacardier |anakaʀdje| *s.m.* (*t. bot.*) anacardio.

anachorète |anakɔʀɛt| *s.m.* anacoreta: *mener une vie d'anachorète* condurre una vita da anacoreta.

anachorétique |anakɔʀetik| *adj.* anacoretico*.

anachorétisme |anakɔʀetism(ə)| *s.m.* anacoretismo.

anachronique |anakʀɔnik| *adj.* anacronistico*.

anachronisme |anakʀɔnism(ə)| *s.m.* anacronismo.

anacoluthe |anakɔlyt| *s.f.* (*ling.*) anacoluto *m.*

anaconda |anakɔ̃da| *s.m.* (*t.zool.*) anaconda *inv.*

anacréontique |anakʀeɔ̃tik| *adj. et s.m.* anacreontico*.

anacrouse |anakʀuz| *s.f.* (*versif. anc.*) anacrusi *inv.*

anaérobie |anaeʀɔbi| *adj.* (*astronautique, biol.*) anaerobio*, anaerobico* [C] **aérobie.**

anaérobiose |anaeʀɔbjoz| *s.f.* anaerobiosi *inv.*

anaglyphe |anaglif| *s.m.* anaglifo.

anagrammatique |anagʀamatik| *adj.* anagrammatico*.

anagramme |anagʀam| *s.f.* anagramma (*m.*): *faire une anagramme* fare un anagramma.

anal, ale, aux |anal, o| *adj.* anale: *sphincter anal* sfintere anale ◇ (*psychan.*) *stade anal* fase anale.

analecta |analɛkta|, (*vx.*) **analectes** |analɛkt(ə)| *s.m.pl.* analecta.

analeptique |analɛptik| *adj.* (*méd.*) analettico*.

analgésie |analʒezi| *s.f.* (*méd.*) analgesia.

analgésique |analʒezik| *adj. et s.m.* (*méd., pharm.*) analgesico*.

anallergique |anal(l)ɛʀʒik| *adj.* anallergico*: *crème de beauté anallergique* crema di bellezza anallergica.

analogie |analɔʒi| *s.f.* **1** analogia*: *raisonnement par analogie* ragionamento per analogia; *il y a une analogie entre ces deux situations* c'è un'analogia tra le due situazioni → **rapport, association 2** (*biol., ling., math.*) analogia.

analogique |analɔʒik| *adj.* **1** analogico* **2** (*log.*) *raisonnement analogique* ragionamento analogico **3** (*ling.*) analogico **4** (*sc.*) *appareil, calculateur analògique* apparecchio, calcolatore analogico.

analogiquement |analɔʒikmɑ̃| *adv.* [→ ANALOGIQUE 1] analogicamente.

analogisme |analɔʒism| *s.m.* analogismo.

analogue |analɔg| *adj.* analogo*: *j'ai eu une idée analogue* ho avuto una idea analoga → **comparable, semblable** ♦ *s.m.* [*être ou objet analogue à un autre*] corrispondente, equivalente: *ce terme n'a point d'analogue en français* questo termine non ha un corrispondente, un equivalente in francese → 1 **correspondant, équivalent** [C] **différent, opposé.**

analphabète |analfabɛt| *adj. et s.* analfabeta → **illettré.**

analphabétisme |analfabetism(ə)| *s.m.* analfabetismo: *taux d'analphabétisme* tasso di analfabetismo.

analycité |analisite| *s.f.* (*log.*) analiticità *inv.*

analysable |analizabl(ə)| *adj.* [→ ANALYSER] analizzabile.

analyse |analiz| *s.f.* **1** analisi *inv.* ◇ (*écon.*) *analyse des tâches* analisi delle mansioni; *analyse économique* analisi economica → **économétrie** ◇ (*ling., philo.*) *analyse grammaticale, logique* analisi grammaticale, logica; *analyse sémique, componentielle* analisi semica, componenziale **2** (*chim., sc.*) analisi: *analyse qualitative, quantitative* analisi qualitativa, quantitativa ◇ (*math.*) *analyse matricielle* analisi matriciale; *analyse fonctionnelle* analisi funzionale # *analyse vectorielle, tensorielle* calcolo vettoriale, tensoriale; *analyse combinatoire* calcolo combinatorio ◇ (*méd.*) *analyse du sang* analisi del sangue; *laboratoire d'analyses* laboratorio di analisi ◇ (*phys.*) *analyse spectrale* analisi spettrale **3** (*par anal.*) analisi: *analyse des sentiments* analisi dei sentimenti: *roman d'analyse* romanzo d'analisi ◇ (*loc.*) *en dernière analyse* in ultima analisi **4** (*psychan.*) analisi → **psychanalyse** [C] **1 synthèse.**

analyser |analize| *v.tr.* [*faire l'analyse de*] analizzare: *analyser l'eau d'une source* analizzare l'acqua di una sorgente; *il est difficile d'analyser un tel roman* è difficile analizzare un simile romanzo; *il analyse tout ce qu'il éprouve* analizza tutto quanto prova.

analyseur |analizœʀ| *s.m.* analizzatore.

analyste |analist(ə)| *s.* analista: *mathématicien analyste* matematico analista; *chimiste analyste* chimico analista; *analyste-programmeur* analista programmatore.

1 **analytique** |analitik| *s.f.* (*philo.*) analitica*.

2 **analytique** |analitik| *adj.* **1** (*chim., log., math.*) analitico*: *esprit analytique* mente analitica; *jugement analytique* giudizio analitico; *géométrie analytique* geometria analitica; *fonction analytique* funzione analitica ♦ (*s.m.*) *l'analytique* l'analitica* *f.* **2** [*qui constitue une analyse, un sommaire*] analitico: *table analytique* indice analitico **3** (*psychan.*) analitico → **psychanalytique** [C] **synthétique.**

analytiquement |analitikmɑ̃| *adv.* [→ 2 ANALYTIQUE] analiticamente.

anamnèse |anamnɛz| *s.f.* (*méd., psycho.*) anamnesi *inv.*

anamnestique |anamnɛstik| *adj.* anamnestico*: *donnés anamnestiques d'un malade* dati anamnestici di un malato.

anamorphose |anamɔʀfoz| *s.f.* anamorfosi *inv.*

ananas |anana(s)| *s.m.* (*t. bot.*) ananas *inv.*, ananasso ◇ (*cour.*) *jus d'ananas* succo d'ananas.

anapeste |anapɛst(ə)| *s.m.* (*versif. anc.*) anapesto.

anaphase |anafɑz| *s.f.* anafase.

anaphore |anafɔʀ| *s.f.* anafora, iterazione.

anaphorèse |anafɔʀɛz| *s.f.* (*phys.*) anaforesi *inv.*

anaphrodisiaque |anafʀɔdizjak| *adj.* anafrodisiaco*.

anaphrodisie |anafʀɔdizi| *s.f.* anafrodisia.

anaphylactique |anafilaktik| *adj.* (*méd.*) anafilattico*: *choc anaphylactique* shock anafilattico.

anaphylaxie |anafilaksi| *s.f.* (*méd.*) anafilassi *inv.*

anar |anaʀ| *s.* (*abrév. pop.*) → **anarchiste.**

anarchie |anaʀʃi| *s.f.* anarchia [C] **despotisme; 1 ordre.**

anarchique |anaʀʃik| *adj.* anarchico* [C] **despotique, ordonné.**

anarchiquement |anaʀʃikmɑ̃| *adv.* [→ ANARCHIQUE] anarchicamente.

anarchisant, ante |anaʀʃizɑ̃, ɑ̃t| *adj. et s.* [*qui tend à l'anarchisme*] anarcoide.

anarchisme |anaʀʃism(ə)| *s.m.* anarchismo.

anarchiste |anaʀʃist(ə)| *s. et adj.* anarchico*: *parti anarchiste* partito anarchico.

anarthrie |anaʀtʀi| *s.f.* (*pathol.*) anartria.

anasarque |anazaʀk(ə)| *s.f.* anasarca* *m.*

anastigmat(e) |anastigmat| *adj. m.* (*opt.*) anastigmatico*.

anastomose |anastɔmoz| *s.f.* (*anat., chir.*) anastomosi *inv.*

anastomoser |anastɔmoze| *v.tr.* [*réunir par anastomose*] anastomizzare.

anastrophe |anastʀɔf| *s.f.* anastrofe.

anathematiser |anatematize| *v.tr.* [*frapper d'anathème*] anatematizzare.

anathème |anatɛm| *s.m.* (*rélig., fig.*) anatema: *prononcer, lancer un anathème contre qqn., jeter un anathème sur qqn.* pronunciare, scagliare un anatema contro qc. ◇ (*par ext.*) scomunica *s.*

Anatidés |anatide| *s.m.pl.* (*t.zool.*) Anatidi.

anatocisme |anatɔsism(ə)| *s.m.* anatocismo.

anatomie |anatɔmi| *s.f.* **1** anatomia: *anatomie humaine, animale, végétale* anatomia umana, animale, vegetale; *anatomie comparée* anatomia comparata ◇ (*fam.*) *elle a une belle anatomie* ha una bella anatomia **2** [*dissection*] anatomia: *amphithéâtre d'anatomie* anfiteatro di anatomia # *pièce d'anatomie* reperto anatomico.

anatomique |anatɔmik| *adj.* anatomico*: *pièce anatomique* pezzo anatomico; *planche anatomique* tavolo anatomico.
anatomiquement |anatɔmikmɑ̃| *adv.* [→ ANATOMIQUE] anatomicamente.
anatomiste |anatɔmist(ə)| *s.* anatomista, anatomico*.
anatoxine |anatɔksin| *s.f.* (*pharm.*) anatossina: *anatoxine diphtérique* anatossina difterica.
ancestral, ale, aux |ɑ̃sɛstʀal, o| *adj.* ancestrale, atavico*.
ancêtre |ɑ̃sɛtʀ(ə)| *s.m.* **1** [*personne qui est à l'origine d'une famille*] antenato, avo **2** (*fig.*) [*devancier*] precursore: *il faut considérer Lautréamont comme un ancêtre du surréalisme* Lautréamont è da considerare un precursore del surrealismo **3** *au plur.* [*les hommes des siècles passés*] antenati **4** (*fam.*) [*vieillard*] matusa *inv.*, vecchio* (*cour.*).
anche |ɑ̃ʃ| *s.f.* [*languette mobile de certains instruments*] ancia*.
anchois |ɑ̃ʃwa| *s.m.* (*t.zool.*) acciuga* *f.*, alice *f.* ◇ (*cour.*) *filets d'anchois à l'huile* filetti d'acciuga sott'olio; *beurre d'anchois* pasta d'acciughe.
ancien, ienne |ɑ̃sjɛ̃, jɛn| **I** *adj.* **1** [*qui existe depuis longtemps*] antico*, vecchio*: *un meuble ancien* un mobile antico; *livres anciens* libri antichi; *librairie ancienne* libreria antica; *une coutume très ancienne* un'usanza molto antica, vecchia; *l'Ancien et le Nouveau Testament* l'Antico, il Vecchio e il Nuovo Testamento; *cette partie de l'église est plus ancienne que le reste* questa parte della chiesa è più antica del resto → **vieux, séculaire** **2** (*personnes*) [*qui a de l'ancienneté*] anziano, vecchio: *il est plus ancien que moi dans le métier* è più vecchio di me del mestiere **3** (*devant le nom*) [*qui a été autrefois tel et ne l'est plus*] ex (*inv.*): *l'ancien préfet de la Seine* l'ex-prefetto della Senna; *l'ancien président* l'ex presidente; *l'association des anciens élèves de l'école* l'associazione degli ex allievi della scuola **4** [*qui a existé il y a longtemps et n'existe plus*] antico: *les peuples anciens* i popoli antichi; *l'histoire ancienne* la storia antica → **antique, passé** **II** *s.m.* **1** [*les meubles, les objets d'art anciens*] antichità (*f.pl.*): *aimer l'ancien* apprezzare, amare le antichità **2** (*personnes*) [*qui a un certain âge*] anziano, vecchio: *les anciens du village* i vecchi, gli anziani del villaggio; *il est mon ancien* è più vecchio, più grande di me; *le Conseil des Anciens* il Consiglio degli Anziani; *les anciens du régiment* gli anziani del reggimento → **aîné** **3** [*qui a existé depuis longtemps*] antico: *les anciens* [*les peuples anciens*] gli antichi ◇ (*hist. litt.*) classico*: *partisans des anciens, des modernes* sostenitori dei classici, dei moderni ⊡ I 1 **récent, moderne,** 3 **nouveau,** 4 **actuel.**
anciennement |ɑ̃sjɛnmɑ̃| *adv.* [*dans les temps anciens*] anticamente ⊡ **récemment.**
ancienneté |ɑ̃sjɛnte| *s.f.* **1** [*caractère de ce qui existe depuis longtemps*] antichità (*inv.*): *l'ancienneté d'un titre nobiliaire* l'antichità di un titolo nobiliare ◇ (*loc.*) *de toute ancienneté* da tempo immemorabile, da sempre **2** [*temps passé dans une fonction*] anzianità (*inv.*): *avancement à l'ancienneté* promozione per anzianità; *ancienneté de service* anzianità di servizio; *par rang d'ancienneté* per ordine di anzianità; *droit d'ancienneté* diritto di anzianità.
ancillaire |ɑ̃sil(l)ɛʀ| *adj.* ancillare.
ancolie |ɑ̃kɔli| *s.f.* (*t.bot.*) aquilegia*.
anconitain, aine |ɑ̃kɔnitɛ̃, ɛn| *adj.* [*d'Ancône*] anconitano: *dialecte anconitain* dialetto anconitano.
ancrage |ɑ̃kʀaʒ| *s.m.* **1** (*mar.*) ancoraggio* → **mouillage** ◇ [*redevance payée pour mouiller*] tassa *f.* di ancoraggio **2** [→ ANCRER A 1] ancoraggio: *ancrage des câbles d'un pont suspendu* ancoraggio dei cavi di un ponte sospeso → **fixation** ◇ (*fig.*) [*implantation*] inserimento: *l'ancrage d'un parti dans la société politique d'un pays* l'inserimento di un partito nella società politica di un paese.
ancre |ɑ̃kʀ(ə)| *s.f.* **1** (*mar., cour.*) ancora: *jeter, lever l'ancre* gettare, levare l'ancora; *ancres de bossoir, de touée* ancore di posta, di tonneggio; *le navire est à l'ancre, chasse sur son ancre* la nave è ancorata, è alla fonda # *ancre à jet* ancorotto ◇ (*fig.*) *ancre de salut* ancora di salvezza **2** (*par anal.*) [*barre de fer, destinée à empêcher l'écartement d'un mur*] catena **3** (*techn.*) *l'ancre d'une horloge* l'ancora di un orologio.
ancrer |ɑ̃kʀe| **A** *v.tr.* **1** (*fig.*) [*fixer solidement*] ancorare ◇ (*fig.*) [*enraciner*] *la vanité est ancrée dans le cœur de l'homme* la vanità è radicata nel cuore dell'uomo ◇ (*techn.*) *ancrer un câble* ancorare un cavo **2** (*vx., mar.*) [*retenir un navire en jetant l'ancre*] ancorare **B** *v.pron. réfl.* S'ANCRER [→ *tr.* 1] ancorarsi: *s'ancrer dans une idée* ancorarsi a un'idea.
andain |ɑ̃dɛ̃| *s.m.* (*agric.*) andana *f.*
andalou, ouse |ɑ̃dalu, uz| *adj.* [*d'Andalousie*] andaluso: *musique andalouse* musica andalusa.
andante |ɑ̃dɑ̃t, andante| *adv. et s.m.* (*mus.*) andante.
andantino |ɑ̃dɑ̃tino, andantino| *adv. et s.m.* (*mus.*) andantino.
andésite |ɑ̃dezit| *s.f.* andesite.
andin, ine |ɑ̃dɛ̃, in| *adj.* [*des Andes*] andino: *les populations andines* le popolazioni andine.
andorran, ane |ɑ̃dɔʀɑ̃, an| *adj.* [*d'Andorre*] andorrano.
andouille |ɑ̃duj| *s.f.* **1** [*charcuterie à base de boyaux de porc ou de veau*] ⊠ **2** (*pop.*) [*niais*] salame (*m.*): *quelle andouille, ce garçon!* che salame quel ragazzo!
andouillette |ɑ̃dujɛt| *s.f.* [*petite andouille*] ⊠.
-andre, -andrie |ɑ̃dʀ(ə), ɑ̃dʀi(ə)| *suff.* (*signifiant 'homme, mâle', correspondent généralt. à*) andro; andria: *scaphandre* scafandro ‖ *polyandrie* poliandria.
andro- |ɑ̃dʀɔ| *préf.* (*signifiant 'homme, mâle', correspond généralt. à*) andro: *androgène* androgeno.
androcée |ɑ̃dʀɔse| *s.m.* (*bot.*) androceo.
androcéphale |ɑ̃dʀɔsefal| *adj.* androcefalo.
androgène |ɑ̃dʀɔʒɛn| *adj. et s.m.* (*physiol.*) androgeno.
androgenèse |ɑ̃dʀɔʒənɛz| *s.f.* (*biol., chim.*) androgenesi *inv.*
androgyne |ɑ̃dʀɔʒin| *adj.* (*physiol.*) androgino, androginico* ♦ (*s.*) *un androgyne* un androgino.
androïde |ɑ̃dʀɔid| *s.m.* androide.
andron |ɑ̃dʀɔ̃| *s.m.* **1** (*archit. gr.*) androne **2** (*hist. gr.*) androceo.
andropause |ɑ̃dʀɔpoz| *s.f.* (*méd.*) andropausa.
androphobie |ɑ̃dʀɔfɔbi| *s.f.* (*psycho.*) androfobia.
androstérone |ɑ̃dʀɔ(o)steʀɔn| *s.f.* (*biol., chim.*) androsterone *m.*
âne |ɑn| *s.m.* **1** (*t.zool.*) asino ◇ (*cour.*) *l'âne brait* l'asino raglia ◇ (*loc. fig.*) *têtu comme un âne* testardo come un mulo; *le coup de pied de l'âne* il calcio dell'asino; *être comme l'âne de Buridan* essere come l'asino di Buridano **2** *dos d'âne* [*bosse sur une route*] dosso **3** (*fig.*) [*individu à l'esprit borné*] asino → **ignorant,** 2 **bête** ◇ (*loc.*) *un âne bâté* un asino calzato e vestito; *c'est le pont aux ânes* qui casca l'asino; *faire l'âne pour avoir du son* fare lo sciocco per non pagar gabella **4** *bonnet d'âne* [*bonnet figurant une tête d'âne dont on affublait les cancres*] berretto d'asino.
anéantir |aneɑ̃tiʀ| **A** *v.tr.* **1** [*détruire au point qu'il ne reste rien*] annientare: *anéantir des troupes* annientare delle truppe → **exterminer, ruiner** **2** (*fig.*) [*plonger dans un abattement total*] annientare: *la nouvelle l'avait anéantie* la notizia l'aveva annientata → **abattre** ◇ (*par exagér.*) *je suis anéanti* sono distrutto **B** *v.pron.* S'ANÉANTIR **1** *intr.* [*disparaître complètement*] crollare *intr.*, annientarsi: *mes espoirs se sont anéantis* le mie speranze sono crollate → **écrouler (s'), sombrer** **2** *réfl.* [*s'humilier*] annientarsi, umiliarsi: *s'anéantir devant Dieu* annientarsi, umiliarsi davanti a Dio.
anéantissement |aneɑ̃tismɑ̃| *s.m.* **1** [*destruction complète*] annientamento: *l'anéantissement de l'ennemi* l'annientamento del nemico **2** (*fig.*) → **accablement, prostration.**
anecdote |anɛkdɔt| *s.f.* aneddoto *m.* ◇ [*historiette*] storiella: *un récit plein d'anecdotes* un racconto pieno di storielle.
anecdotier, ière |anɛkdɔtje, jɛʀ| *s.* [*conteur d'anecdotes*] aneddotista.
anecdotique |anɛkdɔtik| *adj.* aneddotico*: *l'histoire anecdotique* la storia aneddotica.
anémie |anemi| *s.f.* (*méd., cour.*) anemia: *anémi pernicieuse* anemia perniciosa ◇ (*fig.*) *l'anémie de la production* l'anemia della produzione.
anémier |anemje| *v.tr.* [*rendre anémique*] anemizzare, rendere (105) anemico*: *ce régime l'a beaucoup anémiée* questa dieta l'ha molto anemizzata, l'ha resa molto anemica.
anémique |anemik| *adj.* anemico*: *une petite fille pâle et anémique* una bambina pallida e anemica ◇ (*fig.*) anemico, fiacco*: *un style anémique* uno stile anemico.
anémo- |anemɔ| *préf.* (*signifiant 'vent', correspond généralt. à*) anemo: *anémographe* anemografo.
anémographe |anemɔgʀaf| *s.m.* anemografo.
anémomètre |anemɔmɛtʀ(ə)| *s.m.* anemometro: *anémomètre à fil chaud* anemometro a filo caldo.
anémone |anemɔn| *s.f.* **1** (*t.bot.*) anemone *m.* ~ *anémone des fleuristes*

anemone dei fiorai **2** (*par anal.*) *anémone de mer* → **actinie.**

anémophile |anemɔfil| *adj.* (*bot.*) anemofilo.

anencéphale |anɑ̃sefal| *adj. et s.m.* anencefalo.

anencéphalie |anɑ̃sefali| *s.f.* anencefalia.

anergie |anɛʀʒi| *s.f.* (*méd.*) anergia*.

anergisant, ante |anɛʀʒizɑ̃, ɑ̃t| *adj.* (*méd.*) anergizzante.

ânerie |ɑnʀi| *s.f.* [*propos, acte stupide*] asineria, asinità (*inv.*): *il est d'une ânerie!* è di un'asineria! → **bêtise, sottise** ◇ [*ignorance grossière*] asinaggine, asinità.

anéroïde |aneʀɔid| *adj.m.* aneroide: *baromètre anéroïde* barometro aneroide.

ânesse |ɑnɛs| *s.f.* [*femelle de l'âne*] asina: *lait d'ânesse* latte d'asina.

anesthésiant, ante |anɛstezjɑ̃, ɑ̃t| *adj.* → **anesthésique.**

anesthésie |anɛstezi| *s.f.* (*méd., cour.*) anestesia: *anesthésie visuelle, algique* anestesia visiva, algica; *anesthésie générale, locale* anestesia totale, locale → **insensibilisation.**

anesthésier |anɛstezje| *v.tr.* (*méd.*) [*provoquer l'anesthésie*] anestetizzare.

anesthésiologie |anɛstezjɔlɔʒi| *s.f.* anestesiologia*.

anesthésiologiste |anɛstezjɔlɔʒist| *s.* anestesiologo*, anestesista.

anesthésique |anɛstezik| *adj. et s.m.* (*méd., pharm.*) anestetico*.

anesthésiste |anɛstezist(ə)| *s.* anestesista.

aneth |anɛt| *s.m.* → **fenouil.**

anévrismal, ale, aux |anevʀismal, o| *adj.* aneurismatico*.

anévrisme |anevʀism(ə)| *s.m.* (*méd.*) aneurisma: *anévrisme artériel* aneurisma arterioso.

anfractueux, euse |ɑ̃fʀaktɥø, øz| *adj.* anfrattuoso.

anfractuosité |ɑ̃fʀaktɥozite| *s.f.* anfrattuosità *inv.*, anfratto *m.*

angarie |ɑ̃gaʀi| *s.f.* (*dr. médiév.*) angaria.

ange |ɑ̃ʒ| *s.m.* **1** angelo: *bons, mauvais anges* angeli buoni, cattivi; *anges déchus* angeli caduti; *ange gardien* angelo custode ◇ (*par ext.*) *c'est mon ange gardien* è il mio angelo custode # *le bon, le mauvais ange de qqn.* [*qui exerce une bonne, une mauvaise influence sur qqn.*] il buon, il cattivo genio di qc. **2** (*loc.*) *discuter sur le sexe des anges* discutere sul sesso degli angeli ~ *une patience d'ange* la pazienza di Giobbe, una pazienza da certosino ~ *beau comme un ange* bello come un angelo ~ *il travaille comme un ange* lavora in modo divino ~ *être aux anges* toccare il cielo con un dito, essere al settimo cielo ~ *un ange passe* (*dans une conversation, se dit d'un silence gêné*) è nato un frate ◇ (*fam.*) *faiseuse d'anges* [*avorteuse*] praticona ~ *saut de l'ange* volo dell'angelo ~ *cheveux d'anges* [*vermicelle très fin*] capelli d'angelo [*guirlande d'arbre de Noël*] ghirlanda **3** [*personne parfaite*] angelo: *mon ange* angelo mio; *sa femme est un ange* (*de vertu*) sua moglie è un angelo (di virtù) ◇ (*fam.*) *vous seriez un ange si...* lei sarebbe un angelo se...

1 **angélique** |ɑ̃ʒelik| *adj.* **1** [*qui est propre aux anges*] angelico*: *chœur angélique* coro angelico; *salutation angélique* salutazione angelica **2** [*digne d'un ange*] angelico: *une douceur angélique* una dolcezza angelica → **céleste, parfait** 🄲 2 **diabolique.**

2 **angélique** |ɑ̃ʒelik| *s.f.* (*t.bot.*) angelica*.

angéliquement |ɑ̃ʒelikmɑ̃| *adv.* [→ 1 ANGÉLIQUE] angelicamente.

angelot |ɑ̃ʒlo| *s.m.* [*petit ange*] angioletto.

angélus |ɑ̃ʒelys| *s.m.* (*lat.*) (*liturg.*) angelus *inv.*

angine |ɑ̃ʒin| *s.f.* (*méd.*) angina: *angine de poitrine* angina pectoris.

angineux, euse |ɑ̃ʒinø, øz| *adj.* (*méd.*) anginoso ✦ (*s.*) *un angineux* un anginoso.

angi(o)- |ɑ̃ʒjɔ| *préf.* (*signifiant 'capsule, vaisseau', correspond généralt. à*) angi(o): *angiographie* angiografia.

angiocholite |ɑ̃ʒjɔkɔlit| *s.f.* (*méd.*) angiocolite.

angiographie |ɑ̃ʒjɔgʀafi| *s.f.* (*méd.*) angiografia.

angiologie |ɑ̃ʒjɔlɔʒi| *s.f.* angiologia*.

angiome |ɑ̃ʒjom| *s.m.* (*méd.*) angioma.

Angiospermes |ɑ̃ʒjɔspɛʀm(ə)| *s.f. pl.* (*t. bot.*) Angiosperme.

anglais, aise |ɑ̃glɛ, ɛz| **I** *adj.* [*de l'Angleterre*] inglese: *la monarchie, la marine anglaise* la monarchia, la marina inglese; *pur-sang anglais* puro sangue inglese → **britannique II** *s.* **1** (*s.m.*) *l'anglais* [*la langue*] l'inglese **2** *s.f.* (*typogr.*) carattere *m.* inglese **3** *s.f. pl.* [*longues boucles de cheveux verticales en spirale*] boccoli *m.* **III** *loc. adv.* À L'ANGLAISE all'inglese: *s'en aller, filer à l'anglaise* andarsene, filare all'inglese; *pommes* (*de terre*) *à l'anglaise* patate all'inglese.

angle |ɑ̃gl(ə)| *s.m.* **1** angolo: *à l'angle de la maison, de la rue* all'angolo della casa, della strada; *les angles des lèvres, de l'œil* gli angoli delle labbra, dell'occhio → **coin** ◇ (*fig.*) [*aspérité*] *arrondir les angles* smussare gli angoli **2** (*géom.*) angolo: *le sommet et les côtés d'un angle rectiligne* il vertice e i lati di un angolo piatto; *angle droit, aigu, obtus* angolo retto, acuto, ottuso; *angle inscrit à un cercle* angolo inscritto in un cerchio **3** (*opt.*) *angle d'incidence, de réflexion, de réfraction* angolo d'incidenza, di riflessione, di rifrazione; *angle optique, visuel* angolo ottico, visivo ◇ (*fig.*) *voir les choses sous un certain angle* vedere le cose da una certa angolazione, in una certa prospettiva **4** (*anat.*) *angle facial* angolo facciale ◇ (*balist.*) *angle de hausse, de site, de tir* angolo di alzo, di sito, di tiro; *angle mort* angolo morto ◇ (*milit.*) *angle de marche* angolo di marcia.

angledozer |ɑ̃glədozœʀ| *s.m.* (*angl.*) (*techn.*) apripista *inv.* angolabile → **bouteur (biais)** (*t. recomm.*).

anglican, ane |ɑ̃glikɑ̃, an| *adj.* (*relig.*) anglicano: *église anglicane* chiesa anglicana ✦ (*s.*) *un anglican* un anglicano.

anglicanisme |ɑ̃glikanism(ə)| *s.m.* (*relig.*) anglicanesimo.

angliciser |ɑ̃glisize| **A** *v.tr.* [*rendre anglais d'aspect*] anglicizzare **B** *v.pron. réfl.* S'ANGLICISER [*prendre un air anglais*] anglicizzarsi.

anglicisme |ɑ̃glisism(ə)| *s.m.* (*ling.*) anglicismo.

angliciste |ɑ̃glisist(ə)| *s.* anglista.

anglo- |ɑ̃glɔ| *préf.* (*signifiant 'anglais', correspond généralt. à*) anglo-: *anglomane* anglomane; *anglo-arabe* anglo-arabo.

anglo-arabe |ɑ̃glɔaʀab| *adj. et s.* anglo-arabo.

anglomane |ɑ̃glɔman| *s.* anglomane.

anglomanie |ɑ̃glɔmani| *s.f.* anglomania.

anglo-normand, ande |ɑ̃glɔnɔʀmɑ̃, ɑ̃d| *adj.* anglo-normanno.

anglophile |ɑ̃glɔfil| *adj. et s.* anglofilo 🄲 **anglophobe.**

anglophilie |ɑ̃glɔfili| *s.f.* anglofilia 🄲 **anglophobie.**

anglophobe |ɑ̃glɔfɔb| *adj. et s.* anglofobo 🄲 **anglophile.**

anglophobie |ɑ̃glɔfɔbi| *s.f.* anglofobia 🄲 **anglophilie.**

anglophone |ɑ̃glɔfɔn| *adj.* anglofono, di lingua inglese *loc. inv.* ✦ (*s.*) *un anglophone* un anglofono.

anglo-saxon, onne |ɑ̃glɔsaksɔ̃, ɔn| **1** *adj.* anglosassone ✦ *s.* (*hist.*) *les Anglo-Saxons* gli Anglosassoni **2** *adj. et s.* [*relatif aux peuples de civilisation britannique*] anglosassone: *la notion anglo-saxonne de l'État* il concetto anglosassone di Stato.

angoissant, ante |ɑ̃gwasɑ̃, ɑ̃t| *adj.* [*qui cause de l'angoisse*] angoscioso: *la situation est angoissante* la situazione è angosciosa.

angoisse |ɑ̃gwas| *s.f.* angoscia*: *névrose d'angoisse* nevrosi d'angoscia; *l'angoisse de la mort l'a tourturé depuis son enfance* l'angoscia della morte l'ha torturato fin dall'infanzia ◇ (*philo.*) angoscia.

angoissé, ée |ɑ̃gwase| *adj.* [*qui éprouve ou exprime de l'angoisse*] angosciato.

angoisser |ɑ̃gwase| *v.tr.* (*rare*) [*inquiéter au point de faire naître l'angoisse*] angosciare 🄲 **apaiser.**

angolais, aise |ɑ̃gɔlɛ, ɛz|, **angolan, ane** |ɑ̃gɔlɑ̃, an| *adj.* [*de l'Angola*] angolese, angolano.

angora |ɑ̃gɔʀa| *adj.* (*se dit de races d'animaux aux poils longs et soyeux*) angora *inv.* ◇ (*par ext., laine*) angora; lana *s.f.* d'angora: *pullover en angora* pullover d'angora ✦ (*s.m.*) *un angora* un (gatto, coniglio, etc.) angora.

angstrœm, angström |aŋstʀœm| *s.m.* angström *inv.*

anguiforme |ɑ̃gifɔʀm(ə)| *adj.* anguiforme.

anguille |ɑ̃gij| *s.f.* **1** (*t.zool.*) anguilla ◇ (*cuis.*) *matelote d'anguille* anguilla marinata ◇ (*par anal.*) *anguille de mer* → **congre** ◇ (*loc. fig.*) *il glisse, échappe comme une anguille* guizza, sfugge come un'anguilla ~ *il y a anguille sous roche* [*il y a une chose qu'on nous cache*] gatta ci cova **2** (*mar.*) anguilla.

Anguillidés |ɑ̃gijide| *s.m.pl.* (*t. zool.*) Anguillidi.

anguillule |ɑ̃gijyl| *s.f.* (*t. zool.*) anguillula.

angulaire |ɑ̃gylɛʀ| *adj.* angolare: *pierre angulaire* pietra angolare ◇ (*anat.*) *artère angulaire* arteria angolare ◇ (*mécan.*) *vitesse angulaire* velocità angolare ◇ (*opt.*) *distance angulaire de deux points* distanza angolare di due punti; *grand angulaire* (obiettivo) grandangolare.

anguleux, euse |ɑ̃gylø, øz| *adj.*

angoloso: *il a une figure anguleuse* ha una faccia angolosa ◇ (*fig.*) angoloso, spigoloso: *un caractère anguleux* un carattere angoloso, spigoloso.
angusture, angustura |ɑ̃gystyʀ(a)| *s.f.* ango(u)stura.
anharmonique |anaʀmɔnik| *adj.* anarmonico*.
an(h)idrose |anidʀoz| *s.f.* (*méd.*) anidrosi *inv.*
anhydre |anidʀ(ə)| *adj.* (*chim.*) anidro.
anhydride |anidʀid| *s.m.* (*chim.*) anidride *f.*
anhydrite |anidʀit| *s.f.* (*chim.*) anidrite.
anicroche |anikʀɔʃ| *s.f.* [*petite difficulté qui fait obstacle à un projet*] contrattempo *m.*, intoppo (*m.*): *tout s'est bien passé à part quelques petites anicroches* tutto è andato bene a parte qualche piccolo contrattempo, intoppo.
ânier, ière |ɑnje, jɛʀ| *s.* [*conducteur d'ânes*] asinaio* *m.*
aniline |anilin| *s.f.* (*chim.*) anilina.
anilisme |anilism(ə)| *s.m.* anilismo.
animadversion |animadvɛʀsjɔ̃| *s.f.* (*littér.*) **1** [*antipathie, blâme*] animadversione **2** (*vx.*) [*blâme d'une autorité publique*] pubblico* biasimo *m.*
animal, aux |animal, o| *s.m.* **1** animale: *animaux sauvages, domestiques* animali selvatici, domestici; *animaux fossiles* animali fossili **2** (*t. d'injure*) [*personne grossière, stupide, brutale*] animale, idiota: *quel animal!* che animale!; *rien à faire avec cet animal-là!* niente da fare con quell'idiota!
animal, ale, aux |animal, o| *adj.* **1** animale: *règne animal* regno animale; *chaleur animale* calore animale **2** [*qui en l'homme est propre à l'animal*] animale → **bestial, physique** **3** [*qui est propre à l'animal (à l'exclusion de l'homme)*] animale: *anatomie animale* anatomia animale; *charbon, noir animal* carbone, nero animale 🄲 1 **végétal**; 2 **spirituel.**
animalcule |animalkyl| *s.m.* animale microscopico*.
animalier |animalje| *s.m.* [*peintre, sculpteur d'animaux*] animalista ♦ (*en appos.*) *un peintre animalier* un animalista *s.m.*
animalité |animalite| *s.f.* animalità *inv.* → **bestialité.**
animateur, trice |animatœʀ, tʀis| **I** *adj.* animatore*: *le principe animateur* il principio animatore **II** *s.* **1** animatore: *animateur d'une entreprise, d'une société* animatore di un'impresa, di una società ◇ (*ciné.*) animatore ◇ (*spectacle, télév.*) *un animateur de spectacles* un presentatore*, un animatore (di spettacoli) ◇ (*par ext.*) *elle fut l'animatrice de la soirée* è stata l'animatrice della serata **2** [*spécialiste de l'animation des groupes humains*] animatore.
animation |animɑsjɔ̃| *s.f.* **1** animazione: *discuter avec animation* discutere con animazione → **chaleur, vivacité**; *il y a beaucoup d'animation dans ce quartier* c'è molta animazione in questo quartiere → **mouvement** **2** (*rare*) [→ ANIMER A 1] animazione ◇ (*spécialt.*) *cinéma d'animation* cinema d'animazione **3** [*méthodes de conduite d'un groupe qui favorisent l'intégration de ses membres à la vie collective*] animazione.
animato |animato| *adv.* (*mus.*) animato.
animé, ée |anime| *adj.* **1** animato: *les êtres animés* gli esseri animati → **vivant** **2** [*qui est plein de mouvement*] animato: *des rues très animées* strade molto movimentate → **agité** **3** [*doué de mouvement*] *dessins animés* disegni animati, cartoni animati **4** (*fig.*) animato, vivace: *une conversation animée* una conversazione animata 🄲 1 **inanimé.**
animer |anime| **A** *v.tr.* **1** [*douer de vie*] animare ◇ [*douer de mouvement*] *les nouveaux arrivants ont animé le vieux quartier* i nuovi arrivati hanno animato il vecchio quartiere ◇ (*fig.*) *animer la conversation, la soirée* animare la conversazione, la serata → **égayer** **2** [*donner l'impulsion à*] animare: *animer une entreprise* animare un'impresa; *animer un spectacle* presentare, animare uno spettacolo ♦ (*au p.p.*) *animé des meilleures intentions* animato dalle migliori intenzioni **B** *v.pron. intr.* S'ANIMER [→ *tr.* 1] animarsi: *dans son rêve, la statue s'animait* nel suo sogno la statua si animava → **mouvoir (se)**; *la rue s'anime le soir* la strada si anima di sera ◇ [*prendre de la vivacité*] *la conversation s'animait* la conversazione si animava.
animisme |animism(ə)| *s.m.* (*ethnogr., philo.*) animismo.
animiste |animist(ə)| *s.* (*ethnogr., philo.*) animista ♦ *adj.* animistico*.
animosité |animozite| *s.f.* animosità (*inv.*): *je le dis sans animosité* lo dico senza animosità 🄲 **bienveillance.**
anion |anjɔ̃| *s.m.* (*chim.*) anione 🄲 **cation.**
anis |ani(s)| *s.m.* (*t.bot.*) anice ◇ (*cour.*): *liqueur d'anis* liquore all'anice, anisetta → **anisette**; *bonbons à l'anis* caramelle all'anice; *anis étoilé* anice stellato # *faux anis* cumino → **cumin.**
aniser |anize| *v.tr.* [*parfumer à l'anis*] aromatizzare all'anice.
anisette |anizɛt| *s.f.* anisetta.
anisogamie |anizɔgami| *s.f.* → **hétérogamie.**
anisotrope |anizɔtʀɔp| *adj.* anisotropo.
anisotropie |anizɔtʀɔpi| *s.f.* (*minér.*) anisotropia.
ankylose |ɑ̃kiloz| *s.f.* (*méd.*) anchilosi *inv.*
ankylosé, ée |ɑ̃kiloze| *adj.* anchilosato.
ankyloser |ɑ̃kiloze| **A** *v.tr.* [*paralyser par ankylose*] anchilosare: *une arthrite lui a ankylosé le genou* un'artrite gli ha anchilosato il ginocchio **B** *v.pron. intr.* S'ANKYLOSER [→ *tr.*] anchilosarsi ◇ (*par ext.*) [*perdre de sa rapidité de réaction, de mouvement*] arrugginirsi (197), intorpidirsi (197).
ankylostome |ɑ̃kilɔstɔm| *s.m.* anchilostoma.
annal, ale, aux |an(n)al, o| *adj.* (*dr.*) annuale, annuo.
annales |anal| *s.f.pl.* **1** annali *m.* → **chronique** ◇ (*par ext.*) [*histoire*] annali: *un fait célèbre dans les annales du crime* un fatto celebre negli annali del crimine **2** [*titre de revues*] *annales politiques, littéraires* annali politici, letterari.
annaliste |analist(ə)| *s.m.* annalista → **mémorialiste.**
annalité |an(n)alite| *s.f.* (*dr.*) annualità *inv.*
annamite |anamit| **1** *adj.* [*relatif à l'Annam*] annamita → **vietnamien** **2** (*s.m.*) *l'annamite* [*la langue*] l'annamita.
anneau |ano| *s.m.* **1** anello: *anneaux de rideau* anelli da tenda; *l'anneau d'une ancre, d'un piton, d'un porte-clefs* l'anello di un'ancora, di un chiodo, di un portachiavi; *anneau de suspension* anello mobile di sospensione ◇ *les anneaux d'une chaîne*: (*pr., fig.*) gli anelli di una catena ◇ (*bijout.*) *anneau nuptial, de mariage* anello nuziale, fede; *anneau pastoral, épiscopal* anello pastorale, episcopale; *anneau sigillaire* anello sigillo; *mettre, passer* (*pop.*) *un anneau à son doigt* mettere un anello al dito → **bague** **2** (*gymnastique*) *exercices aux anneaux* esercizi agli anelli ◇ (*mar.*) *anneau de cordage* anello d'ormeggio **3** (*astron.*) *anneau de Saturne* anello (gli anelli) di Saturno ◇ (*géom.*) *anneau sphérique* anello sferico ◇ (*zool.*) anello.
année |ane| *s.f.* **1** anno (*m.*): *année civile* anno civile; *année ecclésiastique* anno ecclesiastico; *année tropique* anno tropico; *année astronomique* anno astronomico ◇ (*astron.*) *année lunaire* anno lunare ◇ (*loc.*) *en fin d'année* a fine anno; *d'année en année* di anno in anno; *l'année 1900* l'anno 1900; *l'année sainte* l'anno santo; *l'année dernière* (*passée*), *prochaine* l'anno scorso (passato), prossimo (venturo); *souhaiter à qqn. la bonne année* augurare, dare il buon anno a qc.; *les années '30* gli anni '30 # *c'est une bonne année pour le vin* è una buona annata per il vino **2** [*période égale, considérée dans sa durée seulement*] anno: *il y a bien deux années que je ne l'ai pas rencontré* sono almeno due anni che non lo incontro; *il me doit une année de loyer* mi deve pagare un anno di affitto; *il est dans sa dix-huitième année* è nel diciottesimo anno di età → **an** **3** [*période d'activité d'une durée inférieure à un an*] anno, annata: *année scolaire* anno scolastico; *année universitaire* anno accademico; *année littéraire* annata letteraria.
année-lumière |anelymjɛʀ| *s.f.* anno luce *m.*
annelé, ée |anle| *adj.* [*disposé en anneaux*] (in)anellato ◇ (*bot.*) *vaisseaux annelés* canali anellati ◇ (*zool.*) *vers annelés* → **Annélides.**
anneler |anle| (4) *v.tr.* (*rare*) → **boucler.**
Annélides |anelid| *s.m.pl.* (*t.zool.*) Anellidi.
1 **annexe** |anɛks(ə)| *adj.* annesso; allegato: *bâtiment annexe* edificio annesso, dipendenza → 1 **accessoire** ‖ *les pièces annexes d'un dossier* i documenti allegati a una pratica 🄲 **principal.**
2 **annexe** |anɛks(ə)| *s.f.* **1** [*bâtiment annexe*] dipendenza, annessi (*m.pl.*): *loger à l'annexe de l'hôtel* alloggiare nella dipendenza, nella 'dépendance' *inv.* dell'albergo **2** [*pièce annexe*] allegato (*m.*): *les annexes d'un dossier* gli allegati a (di) una pratica **3** [*chapelle dépendant de l'église paroissiale*] succursale **4** (*anat.*) *les annexes de l'œil, de l'utérus* gli annessi oculari, uterini ◇ (*biol.*) *annexes embryonnaires* annessi embrionali.
annexer |anɛkse| **A** *v.tr.* **1** [*joindre à un objet principal une chose qui en devient la dépendance*] annettere (112), allegare: *annexer des pièces à un dossier*

allegare documenti a una pratica → **incorporer, rattacher** **2** [*faire passer sous la souveraineté d'un État*] annettere: *annexer un territoire* annettere un territorio **3** [*attribuer*] accaparrare: *elle s'est annexé la meilleure place* si è accaparrata il posto migliore **B** *v.pron. réfl.* (*fam.*) S'ANNEXER [→ *tr.* 3] accaparrarsi → *tr.* 3 □ ⓒ A 1, 2 **détacher** 1, **séparer.**

annexion |anɛksjɔ̃| *s.f.* (*polit.*) annessione: *l'annexion de la Savoie à la France* l'annessione della Savoia alla Francia → **incorporation.**

annexionnisme |anɛksjɔnism(ə)| *s.m.* annessionismo.

annexionniste |anɛksjɔnist(ə)| *adj.* annessionistico*: *politique annexionniste* politica annessionistica ✦ (*s.*) *un annexionniste* un annessionista.

annihilation |anijlɑsjɔ̃| *s.f.* **1** (*phys. at.*) annichilazione **2** (*vx.*) → **anéantissement, annulation.**

annihiler |anijle| **A** *v.tr.* **1** [*réduire à rien*] annichilire (197), annichilare: *le destin a annihilé ses efforts* il destino ha annichilito, annientato i suoi sforzi → **anéantir, annuler** **2** [*briser la volonté de qqn.*] annichilire: *l'émotion l'annihile* l'emozione lo annichilisce **B** *v.pron. réfl.* S'ANNIHILER [→ *tr.* 1] annichilarsi, annichilirsi: *deux forces égales s'annihilent en s'opposant* due forze uguali si annichilano opponendosi.

anniversaire |anivɛʀsɛʀ| **1** *adj.* anniversario*: *jour anniversaire* giorno anniversario → **commémoratif** **2** *s.m.* [*jour anniversaire*] anniversario: *célébrer l'anniversaire d'un événement, d'une victoire* celebrare l'anniversario di un avvenimento, di una vittoria ◇ (*spécialt.*) [*anniversaire de la naissance de qqn.*] compleanno: *aujourd'hui, c'est son anniversaire* oggi è il suo compleanno; *il fête son anniversaire le 22 janvier* festeggia il (suo) compleanno il 22 gennaio.

annonce |anɔ̃s| *s.f.* **1** annuncio* (*m.*): *l'annonce de sa mort l'a étonné* l'annuncio della sua morte lo ha sorpreso → **communication,** 1 **nouvelle** ◇ (*spécialt.*) *annonces publicitaires* annunci pubblicitari, inserzioni pubblicitarie; *annonces judiciaires* annunci giudiziari; *les petites annonces* gli annunci economici, la piccola pubblicità; *annonce de décès* annuncio mortuario; *insérer, mettre une annonce dans un journal* pubblicare, mettere un annuncio in un giornale → 2 **réclame** ◇ (*ciné.*) *bande annonce* prossimamente *m.inv.* ◇ (*cartes*) dichiarazione → **enchère** **2** (*fig.*) [*ce qui annonce une chose*] annuncio, presagio* *m.* → **indice, présage, signe.**

annoncer |anɔ̃se| (2) **A** *v.tr.* **1** [*faire savoir, porter à la connaissance*] annunciare: *annoncer une bonne, une mauvaise nouvelle* annunciare una buona, una cattiva notizia; *on lui a annoncé qu'elle était partie* gli hanno annunciato che lei era partita → **apprendre, communiquer** ◇ (*cartes*) dichiarare, accusare: *annoncer deux sans atout* dichiarare due senza (atout) ◇ [*publier par un avis verbal ou écrit*] annunciare: *les journaux ont annoncé son mariage* i giornali hanno annunciato il suo matrimonio **2** [*signaler* (*qqn.*) *comme arrivant, se présentant*] annunciare: *veuillez m'annoncer à Madame* vogliate annunciarmi alla signora; *se faire annoncer* farsi annunciare **3** [*prédire*] annunciare, predire (132): *les prophètes annonçaient la venue du Messie* i profeti annunciavano la venuta del Messia **4** (*sujet de chose*) [*indiquer comme devant prochainement arriver*] annunciare, preannunciare: *cette petite fleur annonce le printemps* questo fiorellino annuncia la primavera **B** *v. pron.* S'ANNONCER **1** *intr.* [*apparaître comme devant prochainement se produire*] annunciarsi, preannunciarsi: *la crise s'annonce très longue* la crisi si annuncia molto lunga **2** *réfl.* [*se présenter comme un bon ou mauvais début*] annunciarsi, presentarsi: *ça s'annonce plutôt mal* si annuncia piuttosto male ⓒ A 1 **cacher, taire.**

annonceur |anɔ̃sœʀ| *s.m.* **1** [*personne qui fait une insertion dans un journal*] inserzionista **2** → **speaker.**

annonciateur, trice |anɔ̃sjatœʀ, tʀis| *s.* (*rare*) annunciatore* ✦ *adj.* [*qui présage, avant-coureur*] foriero: *ce calme est annonciateur de tempête* questa calma è foriera di tempesta.

annonciation |anɔ̃sjɑsjɔ̃| *s.f.* annunciazione: *fête de l'Annonciation* festa dell'Annunciazione.

annoncier, ière |anɔ̃sje, jɛʀ| *s.* [*personne chargée de la composition et de l'insertion des annonces dans un journal*] inserzionista.

annone |anɔn| *s.f.* (*antiq. rom.*) annona.

annotateur, trice |anɔtatœʀ, tʀis| *s.* annotatore* → **commentateur.**

annotation |anɔtɑsjɔ̃| *s.f.* annotazione: *faire des annotations dans un texte* fare annotazioni su un testo.

annoter |anɔte| *v.tr.* [*mettre des notes personnelles*] annotare ✦ (*au p.p.*) *exemplaire annoté par l'auteur* esemplare annotato dall'autore.

annuaire |anɥɛʀ| *s.m.* annuario* # *l'annuaire des téléphones* elenco telefonico.

annualité |anɥalite| *s.f.* carattere *m.* annuale: *l'annualité du budget* il carattere annuale del bilancio.

annuel, elle |anɥɛl| *adj.* annuale, annuo: *contrat annuel* contratto annuale, annuo; *rente annuelle* rendita annua; *plantes annuelles* piante annue.

annuellement |anɥɛlmɑ̃| *adv.* [→ ANNUEL] annualmente.

annuité |anɥite| *s.f.* annualità *inv.*; pensione annua.

1 **annulaire** |anylɛʀ| *s.m.* anulare.

2 **annulaire** |anylɛʀ| *adj.* anulare ◇ (*anat.*) *protubérance, ligament annulaire* protuberanza, legamento anulare ◇ (*archit.*) *voûte annulaire* volta anulare ◇ (*astron.*) *éclipse annulaire* eclisse anulare.

annulation |anylɑsjɔ̃| *s.f.* (*dr.*) annullamento *m.* → **révocation** ◇ (*par ext.*) *l'annulation d'une commande, d'une réservation* l'annullamento di una ordinazione, di una prenotazione.

annuler |anyle| **A** *v.tr.* (*dr.*) [*déclarer ou rendre nul, sans effet*] annullare: *annuler un mariage* annullare un matrimonio; *la cour a annulé le premier jugement* la corte ha annullato la prima sentenza; *mon dernier versement annule ma dette* il mio ultimo versamento annulla, estingue il mio debito → **abroger, casser, dissoudre, éteindre** ◇ (*par ext.*) *annuler une commande, une réservation* annullare un'ordinazione, una prenotazione **B** *v.pron. réfl., récipr.* S'ANNULER [→ *tr.*] annullarsi: *ces deux forces s'annulent* le due forze si annullano.

anobie |anɔbi| *s.m.* anobio*.

anobium |anɔbjɔm| *s.m.* → **anobie.**

anoblir |anɔbliʀ| *v.tr.* [*faire noble, et ennoblir*] nobilitare.

anoblissement |anɔblismɑ| *s.m.* [→ ANOBLIR] nobilitazione *f.* # *lettres d'anoblissement* patenti di nobiltà.

anode |anɔd| *s.f.* (*phys.*) anodo *m.*

anodin, ine |anɔdɛ̃,in| *adj.* **1** (*choses*) [*inoffensif, sans importance*] insignificante, anodino: *une blessure tout à fait anodine* una ferita del tutto insignificante ◇ (*personnes*) *un personnage anodin* un personaggio insignificante, anodino **2** (*vx., méd.*) anodino.

anodique |anɔdik| *adj.* (*phys.*) anodico*.

anodisation |anɔdizɑsjɔ̃| *s.f.* (*techn.*) anodizzazione.

anodiser |anɔdize| *v.tr.* (*techn.*) [*faire subir une oxydation anodique à un métal pour en améliorer les propriétés superficielles*] anodizzare.

anomal, ale, aux |anɔmal, o| *adj.* (*gram.*) anomalo → **irrégulier.**

anomala, anomale |anɔmal(a)| *s.m.* (*t.zool.*) anomala *f.*

anomalie |anɔmali| *s.f.* (*astron., biol., gram., sc.*) anomalia → **difformité** ◇ [*bizarrerie, singularité*] bizzarria, stranezza.

ânon |ɑnɔ̃| *s.m.* [*petit de l'âne*] asinello, somarello.

anone |anɔn| *s.f.* (*t.bot.*) anona.

ânonnement |ɑnɔnmɑ̃| *s.m.* [→ ÂNONNER] lettura, recitazione stentata.

ânonner |ɑnɔne| *v.intr.* [*lire, parler, réciter d'une manière pénible*] recitare (una lezione, un testo) stentatamente, a pappagallo.

anonymat |anɔnima| *s.m.* anonimato: *il a voulu garder l'anonymat* ha voluto mantenere l'anonimato, l'incognito.

anonyme |anɔnim| *adj.* **1** anonimo: *auteur anonyme* autore anonimo; *une foule anonyme* una folla anonima; *écrits, lettres anonymes* lettere anonime; *société anonyme* società anonima **2** (*fig.*) [*impersonnel*] anonimo, impersonale: *elle porte toujours des vêtements anonymes* porta sempre vestiti anonimi, impersonali; *une maison anonyme* una casa impersonale ⓒ **connu.**

anonymement |anɔnimmɑ̃| *adv.* [*en gardant l'anonymat*] anonimamente.

anonymie |anɔnimi| *s.f.* anonimia.

anophèle |anɔfɛl| *s.m.* (*t.zool.*) anofele.

anoplothérium |anɔplɔteʀiɔm| *s.m.* (*t.zool.*) anoploterio*.

anorak |anɔʀak| *s.m.* [*veste à capuchon, imperméable*] giacca* *f.* a vento, 'anorak' *inv.*

anorexie |anɔʀɛksi| *s.f.* (*méd.*) anoressia.

anorganique |anɔʀganik| *adj.* anorganico*.

anormal, ale, aux |anɔʀmal, o| *adj.* **1** anormale, abnorme: *l'évolution de la maladie est anormale* il decorso della malattia è anormale, anomalo; *enfants anormaux* bambini anormali → **irrégulier, singulier** ✦ (*fam.*) *un anormal* un anormale **2** [*qui n'est pas habituel*] anormale: *il fait une chaleur anormale* fa un caldo anormale → ex-

ceptionnel, inhabituel, insolite [C] **normal.**

anormalement |anɔʀmalmɑ̃| *adv.* [→ ANORMAL] in modo anormale *loc. inv.*, anormalmente.

anormalité |anɔʀmalite| *s.f.* anormalità *inv.*

anosmie |anɔsmi| *s.f.* (*méd.*) anosmia.

anoure |anuʀ| *adj.* anuro.

Anoures |anuʀ| *s.m. pl.* (*t.zool.*) Anuri.

anovulatoire |anɔvylatwaʀ| *adj.* anovulatorio*.

anoxémie |anɔksemi| *s.f.* (*méd.*) anossiemia.

anse |ɑ̃s| *s.f.* **1** ansa, manico* (*m.*): *anse d'un panier, d'une tasse* ansa, manico di un paniere, di una tazza ◇ (*loc. fig.*) *faire danser l'anse du panier* [*majorer le prix des achats faits pour qqn.*] fare la cresta sulla spesa **2** (*anat.*) ansa: *anse intestinale* ansa intestinale **3** (*mar.*) insenatura, ansa.

Ansériformes |ɑ̃seʀifɔʀm(ə)| *s.m. pl.* (*t. zool.*) Anseriformi.

antagonique |ɑ̃tagɔnik| *adj.* antagonistico*.

antagonisme |ɑ̃tagɔnism(ə)| *s.m.* antagonismo: *antagonisme de deux systèmes* l'antagonismo di due sistemi; *antagonisme de puissances* antagonismo di potenze → **conflit, opposition, rivalité** ◇ (*méd.*) antagonismo.

antagoniste |ɑ̃tagɔnist(ə)| *adj.* **1** (*physiol.*) antagonista: *muscles, substances antagonistes* muscoli, sostanze antagoniste **2** (*fig.*) antagonistico*: *les idées les plus antagonistes* le idee più antagonistiche → **opposé, rival** ✦ (*s.*) *un antagoniste* un antagonista, un rivale: *cette femme est une dangereuse antagoniste* questa donna è una pericolosa rivale → **adversaire, concurrent.**

antalgique |ɑ̃talʒik| *adj.* (*méd.*) antalgico* → **analgésique, calmant.**

antan (d') |dɑ̃tɑ̃| *loc. adj.* (*littér.*) [*d'autrefois; du temps passé*] di una volta (*cour.*), di un tempo (*cour.*).

antarctique |ɑ̃taʀktik| *adj.* antartico*: *faune antarctique* fauna antartica.

ante |ɑ̃t| *s.f.* (*archit., archéol.*) anta.

anté- |ɑ̃te| *préf.* (*signifiant 'avant', correspond généralt. à*) ante; anti: *antécédence* antecedenza || *antédiluvien* antidiluviano.

antécédence |ɑ̃tesedɑ̃s| *s.f.* (*rare*) → **antériorité** ◇ (*géol.*) antecedenza.

antécédent, ente |ɑ̃tesedɑ̃, ɑ̃t| **I** *adj.* (*rare*) → **antérieur** ◇ (*géogr.*) antecedente **II** *s.m.* **1** (*gram., log., math., méd.*) antecedente **2** [*chacun des actes appartenant au passé de qqn.*] precedente: *les mauvais antécédents de l'accusé* i brutti precedenti dell'imputato [C] I; II 1 **conséquent.**

antéchrist |ɑ̃tekʀist| *s.m.* (*relig.*) anticristo.

antédiluvien, ienne |ɑ̃tedilyvjɛ̃, jɛn| *adj.* antidiluviano: *animal antédiluvien* animale antidiluviano ◇ (*fig., fam.*) *nous avons une voiture antédiluvienne* abbiamo una macchina antidiluviana.

antenne |ɑ̃tɛn| *s.f.* **1** antenna: *antenne de télévision* antenna della televisione → **aérien** ◇ (*fig., radio, télév.*) *nous gardons l'antenne pour annoncer une nouvelle de dernière heure* teniamo la linea per annunciare una notizia dell'ultimo minuto; *passer l'antenne à qqn.* cedere la linea a qc.; *être sur l'antenne, passer à l'antenne* essere, andare in onda ◇ (*par ext.*) *antenne chirurgicale* [*unité avancée du service de santé milit.*] avamposto (medico) ◇ [*tout poste avancé en liaison avec un centre*] sede distaccata ◇ (*autoroute*) raccordo *m.*, bretella **2** (*mar.*) antenna **3** (*zool.*) antenna: *les antennes des insectes* le antenne degli insetti **4** (*loc. fig.*) *avoir des antennes* [*de l'intuition*] avere le antenne.

antennifère |ɑ̃tenifɛʀ| *adj.* antennato.

Antennifères |ɑ̃tɛnifɛʀ| *s.m. pl.* (*t.zool.*) Antennati.

antépénultième |ɑ̃tepenyltjɛm| *adj.* [*qui précède la pénultième*] terzultimo ✦ (*s.f.*) *l'antépénultième* [*la syllabe antépénultième*] la terzultima (sillaba).

antéposer |ɑ̃tepoze| *v.tr.* (*ling.*) [*poser devant, à gauche de* (*un autre élément de la phrase*)] anteporre (168).

antérieur, eure |ɑ̃teʀjœʀ| *adj.* **1** (*temps*) anteriore, precedente: *rétablir l'état de chose antérieur* ripristinare la situazione precedente → **précédent 2** (*gram.*) anteriore: *futur antérieur* futuro anteriore ◇ (*phonét.*) *voyelle antérieure* vocale anteriore **3** [*placé en avant*] anteriore: *les pattes antérieures d'un cheval* le zampe anteriori di un cavallo; *les membres antérieurs* gli arti anteriori [C] **postérieur.**

antérieurement |ɑ̃teʀjœʀmɑ̃| *adv.* **1** [→ ANTÉRIEUR 1] anteriormente → **auparavant, précédemment 2** *loc. prép.* ANTÉRIEUREMENT À prima di: *antérieurement à la mort de son père* prima della morte di suo padre → **avant** [C] **postérieurement, après.**

antériorité |ɑ̃teʀjɔʀite| *s.f.* **1** (*temps*) anteriorità (*inv.*): *l'antériorité d'un droit* l'anteriorità di un diritto → **priorité 2** (*gram.*) anteriorità: *l'expression de l'antériorité* l'espressione dell'anteriorità [C] **postériorité.**

antérograde |ɑ̃teʀɔgʀad| *adj.* (*méd.*) *amnésie antérograde* amnesia anterograda.

antéversion |ɑ̃tevɛʀsjɔ̃| *s.f.* (*anat.*) *antéversion de l'utérus* antiversione dell'utero.

anthère |ɑ̃tɛʀ| *s.f.* (*bot.*) antera.

anthéridie |ɑ̃teʀidi| *s.f.* (*bot.*) anteridio* *m.*

anthérozoïde |ɑ̃teʀɔzɔid| *s.m.* (*bot.*) anterozoo.

anthèse |ɑ̃tɛz| *s.f.* (*bot.*) antesi *inv.*

anth(o)- |ɑ̃t(o)| *préf.* (*signifiant 'fleur', correspond généralt. à*) anto: *anthonome* antonomo.

anthologie |ɑ̃tɔlɔʒi| *s.f.* antologia, florilegio* (*m.*): *un morceau d'anthologie* un pezzo d'antologia → **florilège.**

anthracène |ɑ̃tʀasɛn| *s.m.* (*chim.*) antracene.

anthracite |ɑ̃tʀasit| *s.m.* (*minér.*) antracite *f.* ✦ *adj. inv.* (color) antracite, grigio fumo: *des vestes* (*gris*) *anthracite* giacche (color) antracite, grigio fumo.

anthracnose |ɑ̃tʀaknoz| *s.f.* (*bot.*) antracnosi *inv.*

anthracose |ɑ̃tʀakoz| *s.f.* (*méd.*) antracosi *inv.*

anthrax |ɑ̃tʀaks| *s.m.* (*méd.*) antrace.

anthrène |ɑ̃tʀɛn| *s.m.* (*t. zool.*) antreno.

-anthrope, ie, ique |ɑ̃tʀɔp, i, ik| *suff.* (*signifiant 'homme', correspondent généralt. à*) antropo; antropia; antropico: *sinanthrope* sinantropo || *philanthropie* filantropia || *philanthropique* filantropico.

anthropo- |ɑ̃tʀɔpɔ| *préf.* (*signifiant 'homme', correspond généralt. à*) antropo: *anthropocentrique* antropocentrico; *anthropologie* antropologia.

anthropocentrique |ɑ̃tʀɔpɔsɑ̃tʀik| *adj.* (*philo.*) antropocentrico*.

anthropocentrisme |ɑ̃tʀɔpɔsɑ̃tʀism(ə)| *s.m.* (*philo.*) antropocentrismo.

anthropoïde |ɑ̃tʀɔpɔid| *adj.* antropoide: *singe anthropoïde* scimmia antropoide ✦ (*s.m.*) *un anthropoïde* un antropoide.

anthropologie |ɑ̃tʀɔpɔlɔʒi| *s.f.* antropologia*: *anthropologie sociale, culturelle* antropologia sociale, culturale.

anthropologique |ɑ̃tʀɔpɔlɔʒik| *adj.* antropologico*.

anthropologiste |ɑ̃tʀɔpɔlɔʒist(ə)|, **anthropologue** |ɑ̃tʀɔpɔlɔg| *s.m.* antropologo*.

anthropométrie |ɑ̃tʀɔpɔmetʀi| *s.f.* antropometria: *anthropométrie judiciaire* antropometria giudiziaria.

anthropométrique |ɑ̃tʀɔpɔmetʀik| *adj.* antropometrico*: *fiche anthropométrique* scheda antropometrica.

anthropomorphe |ɑ̃tʀɔpɔmɔʀf(ə)| *adj.* antropomorfo ◇ (*zool.*) → **anthropoïde.**

anthropomorphique |ɑ̃tʀɔpɔmɔʀfik| *adj.* antropomorfico*.

anthropomorphisme |ɑ̃tʀɔpɔmɔʀfism(ə)| *s.m.* antropomorfismo.

anthroponymie |ɑ̃tʀɔpɔnimi| *s.f.* antroponimia.

anthropophage |ɑ̃tʀɔpɔfaʒ| *adj.* antropofago*: *tribu anthropophage* tribù antropofoga ✦ (*s.m.*) *un anthropophage* un antropofago → **cannibale.**

anthropophagie |ɑ̃tʀɔpɔfaʒi| *s.f.* antropofagia*.

anthropophile |ɑ̃tʀɔpɔfil| *adj.* antropofilo.

anthropopithèque |ɑ̃tʀɔpɔpitɛk| *s.m.* antropopiteco*.

anthropozoïque |ɑ̃tʀɔpɔzɔik| *adj.* (*géol.*) antropozoico*: *l'ère anthropozoïque* l'era antropozoica.

anti- |ɑ̃ti| *préf.* **1** (*signifiant 'contre', correspond généralt. à*) anti: *antidémocratique* antidemocratico; *antiaérien* antiaereo **2** (*signifiant 'avant', correspond généralt. à*) anti: *antidater* antidatare.

antiacide |ɑ̃tiasid| *s.m. et adj.* antiacido.

antiaérien, ienne |ɑ̃tiaeʀjɛ̃, jɛn| *adj.* antiaereo: *artillerie antiaérienne* artiglieria antiaerea.

antialcoolique |ɑ̃tialkɔlik| *adj.* antialcoolico*: *ligue antialcoolique* lega antialcoolica.

antiatomique |ɑ̃tiatɔmik| *adj.* antiatomico*: *abri antiatomique* rifugio antiatomico.

antibiotique |ɑ̃tibjɔtik| *adj.* (*pharm.*) antibiotico*: *propriétés antibiotiques de la pénicilline* proprietà antibiotiche della penicilina ✦ (*s.m.*) *un antibiotique* un antibiotico.

antibourgeois, oise |ɑ̃tibuʀʒwa, waz| *adj.* antiborghese.

antibrouillard |ɑ̃tibʀujaʀ| *adj.* antinebbia (*inv.*): *phares antibrouillards* [*qui éclairent en cas de brouillard*] fari antinebbia *inv.* ✦ (*s.m.pl.*) *des antibrouillards* degli antinebbia *inv.*

antibruit |ɑ̃tibʀɥi| *adj. inv.* [*destiné*

à protéger du bruit] antirumore # *lutte antibruit* lotta contro i rumori.

anticancéreux, euse |ɑ̃tikɑ̃seʀø, øz| *adj.* anticanceroso # *centres anticancéreux* centri per la lotta contro il cancro.

anticapitaliste |ɑ̃tikapitalist(ə)| *adj.* anticapitalistico*, anticapitalista.

anticasseur(s) |ɑ̃tikɑsœʀ| *adj.* *loi anticasseur(s)* [*loi visant à réprimer les délits commis, à l'occasion de manifestations, contre l'ordre public et l'intégrité des biens*] ⊠.

antichambre |ɑ̃tiʃɑ̃bʀ(ə)| *s.f.* anticamera: *je t'attends dans l'antichambre* ti aspetto in anticamera ◇ (*loc. fig.*) *faire antichambre* fare anticamera; *courir les antichambres* essere assiduo frequentatore delle anticamere (di un ministro, ecc.).

antichar |ɑ̃tiʃaʀ| *adj.* (*milit.*) anticarro (*inv.*): *mines antichars* mine anticarro.

antichoc |ɑ̃tiʃɔk| *adj.inv.* antiurto.

anticipation |ɑ̃tisipɑsjɔ̃| *s.f.* **1** (*comm.*) anticipazione → **avance** # *régler une dette par anticipation* saldare un debito prima della scadenza ◇ (*écon.*) anticipazione **2** (*mus.*) anticipazione ◇ (*rhét.*) anticipazione → **prolepse** **3** *littérature d'anticipation* [*dont le fantastique est emprunté aux réalités supposés de l'avenir*] letteratura avveniristica, fantascientifica → **science-fiction.**

anticipé, ée |ɑ̃tisipe| *adj.* anticipato: *remboursement anticipé* rimborso anticipato.

anticiper |ɑ̃tisipe| **A** *v.tr.* **1** [*exécuter avant le temps déterminé*] anticipare: *anticiper un paiement* anticipare un pagamento **2** [*imaginer et éprouver à l'avance*] prevedere (192), anticipare: *anticiper l'avenir* precedere, anticipare il futuro ♦ (*absolt.*) *n'anticipons pas* non anticipiamo i tempi ◇ (*sport*) anticipare: *anticiper un adversaire* anticipare un avversario **B** *v.intr.* ANTICIPER SUR fare (103) *tr.* anticipazioni su: *je ne veux pas anticiper sur le récit que j'écrirai plus tard* non voglio fare anticipazioni sul racconto che scriverò più tardi.

anticlérical, ale, aux |ɑ̃tikleʀikal, o| *adj. et s.* anticlericale.

anticléricalisme |ɑ̃tikleʀikalism(ə)| *s.m.* anticlericalismo.

anticlinal, ale, aux |ɑ̃tiklinal, o| *adj.* (*géol.*) anticlinale ♦ *s.m.* anticlinale *f.*

anticoagulant, ante |ɑ̃tikɔagylɑ̃t| *adj. et s.m.* (*pharm.*) anticoagulante ♦ (*s.m.*) *un anticoagulant* un anticoagulante.

anticolonialisme |ɑ̃tikɔlɔnjalism(ə)| *s.m.* anticolonialismo.

anticolonialiste |ɑ̃tikɔlɔnjalist(ə)| *adj.* anticolonialistico*, anticolonialista ♦ (*s.*) *un anticolonialiste* un anticolonialista.

anticommunisme |ɑ̃tikɔmynism(ə)| *s.m.* anticomunismo.

anticommuniste |ɑ̃tikɔmynist(ə)| *adj. et s.* anticomunista.

anticonceptionnel, elle |ɑ̃tikɔ̃sɛpsjɔnɛl| *adj.* anticoncezionale, antifecondativo: *un produit anticonceptionnel* un anticoncezionale *s.m.*, un antifecondativo *s.m.*

anticonfessionnel, elle |ɑ̃tikɔ̃fɛsjɔnɛl| *adj.* anticonfessionale.

anticonformiste |ɑ̃tikɔ̃fɔʀmist(ə)| *adj.* anticonformista, anticonformistico*: *attitude anticonformiste* atteggiamento anticonformista → **non-conformiste** ♦ (*s.*) *un anticonformiste* un anticonformista Ⓒ **conformiste.**

anticonjoncturel, elle |ɑ̃tikɔ̃ʒɔ̃ktyʀɛl| *adj.* (*écon.*) anticongiunturale.

anticonstitutionnel, elle |ɑ̃tikɔ̃stitysjɔnɛl| *adj.* anticostituzionale: *mesure anticonstitutionnelle* provvedimento anticostituzionale.

anticonstitutionnellement |ɑ̃tikɔ̃stitysjɔnɛlmɑ̃| *adv.* [→ ANTICONSTITUTIONNEL] in modo anticostituzionale *loc. inv.*

anticorps |ɑ̃tikɔʀ| *s.m.* anticorpo → **antitoxine.**

anticorrosif, ive |ɑ̃tikɔʀ(ʀ)ozif, iv| *adj. et s.m.* anticorrosivo.

anticrise |ɑ̃tikʀiz| *adj. inv. et s.f. inv.* anticrisi.

anticryptogamique |ɑ̃tikʀiptɔgamik| *adj.* (*chim.*) anticrittogamico*.

anticulture |ɑ̃tikyltyʀ| *s.f.* anticultura.

anticyclonal, ale, aux |ɑ̃tisiklonal, o|, **anticyclonique** |ɑ̃tisiklonik| *adj.* (*météo.*) anticiclonico*.

anticyclone |ɑ̃tisiklon| *s.m.* (*météo.*) anticiclone.

antidater |ɑ̃tidate| *v.tr.* [*affecter d'une date antérieure à la date réelle*] antidatare: *antidater une lettre, un contrat* antidatare una lettera, un contratto Ⓒ **postdater.**

antidémocratique |ɑ̃tidemɔkʀatik| *adj.* antidemocratico*: *mesures antidémocratiques* provvedimenti antidemocratici.

antidépresseur |ɑ̃tidepʀɛsœʀ|, **antidépressif** |ɑ̃tidepʀɛsif| *adj. et s.m.* (*méd.*) antidepressivo *var.*

antidérapant, ante |ɑ̃tideʀapɑ̃, ɑ̃t| *adj.* antiderapante: *pneus antidérapants* pneumatici antiderapanti, antislittamento.

antidétonant, ante |ɑ̃tidetɔnɑ̃, ɑ̃t| *adj.* antidetonante: *produit antidétonant* prodotto antidetonante ♦ (*s.m.*) *un antidétonant* un antidetonante.

antidiarrhée |ɑ̃tidjaʀe| *adj. inv.* (*méd.*) antidiarroico* *var.*

antidiphtérique |ɑ̃tidifteʀik| *adj.* (*méd.*) antidifterico*: *sérum antidiphtérique* siero antidifterico.

antidiurétique |ɑ̃tidjyʀetik| *adj. et s.m.* (*méd.*) antidiuretico*.

antidogmatisme |ɑ̃tidɔgmatism(ə)| *s.m.* antidogmatismo.

antidopage |ɑ̃tidɔpaʒ|, **antidoping** |ɑ̃tidɔpiŋ| *adj.* antidoping *adj. inv. et s.m. inv.*

antidote |ɑ̃tidɔt| *s.m.* antidoto ◇ (*fig.*) antidoto, rimedio*: *le travail est un excellent antidote contre l'ennui* il lavoro è un eccellente antidoto, rimedio contro la noia.

antidrogue |ɑ̃tidʀɔg| *adj. inv.* antidroga.

antiéconomique |ɑ̃tiekɔnɔmik| *adj.* antieconomico*.

antieffraction |ɑ̃tiefʀaksjɔ̃| *adj. inv.* antiscasso, antifurto.

antienne |ɑ̃tjɛn| *s.f.* (*liturg.*) antifona ◇ (*fig.*) [*chose que l'on répète sans cesse*] *chanter toujours la même antienne* ripetere sempre la stessa antifona, lo stesso ritornello → **refrain.**

antiesclavagiste |ɑ̃tiɛsklavaʒist(ə)| *adj.* antischiavista.

antieuropéen, éenne |ɑ̃tiøʀɔpeɛ̃, eɛn| *adj.* antieuropeo; antieuropeistico* ♦ (*s.*) *un antieuropéen* un antieuropeista.

antifascisme |ɑ̃tifaʃism(ə)| *s.m.* antifascismo.

antifasciste |ɑ̃tifaʃist(ə)| *adj.* antifascista.

anti-froiss |ɑ̃tifʀwas| *adj. inv.* (*nom déposé*) (*se dit d'un traitement qui vise à rendre infroissables les tissus*) antipiega: *traitement anti-froiss* trattamento antipiega.

antigang |ɑ̃tigɑ̃g| *s.m. inv. et adj. inv.* anticrimine.

antigel |ɑ̃tiʒɛl| *s.m.* antigelo *inv.*, anticongelante: *antigel pour radiateurs d'automobiles* antigelo per radiatori di automobili.

antigène |ɑ̃tiʒɛn| *s.m.* (*biol.*) antigene: *antigènes microbiens* antigeni microbici.

antiglisse |ɑ̃tiglis| (*adj. inv.*) *vêtements antiglisse* indumenti antiscivolo.

antigouvernemental, ale, aux |ɑ̃tiguvɛʀnəmɑ̃tal, o| *adj.* antigovernativo.

antigravitation |ɑ̃tigʀavitɑsjɔ̃| *s.f.* antigravitazione.

antigrève |ɑ̃tigʀɛv| *adj.* [*qui s'oppose à une grève*] antisciopero (*inv.*): *des lois antigrève(s)* delle leggi antisciopero.

antigrippe |ɑ̃tigʀip| *adj. inv.* (*méd.*) antinfluenzale *var.*

antihausse |ɑ̃tios| *adj. inv.* calmieratore*, contro il carovita (*loc. inv.*): *une politique antihausse* una politica calmieratrice, contro il carovita.

antihémorragique |ɑ̃tiemɔʀaʒik| *adj. et s.m.* (*méd.*) antiemorragico*.

antihéros |ɑ̃tieʀo| *s.m.* antieroe.

antihistaminique |ɑ̃tiistaminik| *adj. et s.m.* (*méd.*) antistaminico*.

antihygiénique |ɑ̃tiiʒjenik| *adj.* antigienico*.

anti-impérialisme |ɑ̃tiɛ̃peʀjalism(ə)| *s.m.* antimperialismo.

anti-impérialiste |ɑ̃tiɛ̃peʀjalist(ə)| *adj.* antimperialistico*, antimperialista ♦ (*s.*) *un anti-impérialiste* un antimperialista.

anti-infectieux, euse |ɑ̃tiɛ̃fɛksjø, øz| *adj.* (*méd.*) antinfettivo.

anti-inflammatoire |ɑ̃tiɛ̃flamatwaʀ| *adj. et s.m.* (*méd.*) antinfiammatorio*, antiflogistico*.

anti-inflationniste |ɑ̃tiɛ̃flɑsjɔnist(ə)| *adj.* antinflazionistico*.

antillais, aise |ɑ̃tijɛ, ɛz| *adj.* [*des Antilles*] antillano: *le rhum antillais* il rum antillano.

antilogarithme |ɑ̃tilɔgaʀitm(ə)| *s.m.* antilogaritmo.

antilogie |ɑ̃tilɔʒi| *s.f.* antilogia*.

antilope |ɑ̃tilɔp| *s.f.* (*t.zool.*) antilope.

antimatière |ɑ̃timatjɛʀ| *s.f.* antimateria.

antiméridien |ɑ̃timeʀidjɛ̃| *s.m.* (*géogr.*) antimeridiano.

antimilitarisme |ɑ̃timilitaʀism(ə)| *s.m.* antimilitarismo.

antimilitariste |ɑ̃timilitaʀist(ə)| *adj.* antimilitaristico*, antimilitarista: *propagande antimilitariste* propaganda antimilitaristica ♦ (*s.*) *un antimilitariste* un antimilitarista.

antimissile |ɑ̃timisil| *adj.* antimissile: *fusée, missile antimissile* razzo, missile antimissile.

antimite(s) |ɑ̃timit| *adj.* [*qui protège contre les mites*] antitarmico* ♦ (*s.m.*) *un antimite* un antitarmico.
antimoine |ɑ̃timwan| *s.m.* (*chim.*) antimonio*.
antimonarchique |ɑ̃timɔnaʀʃik| *adj.* antimonarchico*.
antimonarchiste |ɑ̃timɔnaʀʃist(ə)| *s.* antimonarchico*.
antinational, ale, aux |ɑ̃tinasjɔnal, o| *adj.* antinazionale: *discours antinational* discorso antinazionale.
antineutrino |ɑ̃tinøtʀino| *s.m.* (*phys.*) antineutrino.
antineutron |ɑ̃tinøtʀɔ̃| *s.m.* (*phys.*) antineutrone.
antinévralgique |ɑ̃tinevʀalʒik| *adj. et s.m.* (*méd.*) antinevralgico*.
antinomie |ɑ̃tinɔmi| *s.f.* (*philo.*) antinomia ◇ (*par ext.*) [*contradiction, opposition totale*] antinomia, contraddizione: *il y a antinomie entre ces deux façons de voir* c'è antinomia, contraddizione tra questi due modi di vedere.
antinomique |ɑ̃tinɔmik| *adj.* antinomico* → **contradictoire** Ⓒ **concordant.**
antipaludique |ɑ̃tipalydik| *adj. et s.m.* (*méd.*) antimalarico*.
antipape |ɑ̃tipap| *s.m.* antipapa.
antiparasite |ɑ̃tipaʀazit| *adj.* (*électr., radio*) antidisturbo *inv.* # *munir une automobile d'un dispositif antiparasite* schermare l'impianto elettrico di una macchina.
antiparlementaire |ɑ̃tipaʀləmɑ̃tɛʀ| *adj.* antiparlamentare.
antiparlementarisme |ɑ̃tipaʀləmɑ̃taʀism(ə)| *s.m.* antiparlamentarismo.
antiparticule |ɑ̃tipaʀtikyl| *s.f.* (*phys.*) antiparticella.
antipathie |ɑ̃tipati| *s.f.* antipatia: *éprouver de l'antipathie pour qqn.* provare, avere antipatia per qc. Ⓒ **sympathie.**
antipathique |ɑ̃tipatik| *agg.* antipatico*: *il lui est antipathique* gli è antipatico → **déplaisant, désagréable** Ⓒ **sympathique** 1.
antipatriotique |ɑ̃tipatʀijɔtik| *adj.* antipatriottico*.
antipatriotisme |ɑ̃tipatʀijɔtism(ə)| *s.m.* antipatriottismo.
antipelliculaire |ɑ̃tipe(ɛl)likylɛʀ| *adj.* (*méd., cour.*) antiforfora (*inv.*): *shampoing antipelliculaire* sciampo antiforfora.
antipéristaltique |ɑ̃tipeʀistaltik| *adj.* (*méd.*) antiperistaltico*.
antipersonnel |ɑ̃tipɛʀsɔnɛl| *adj. inv.* (*milit.*) antiuomo: *mines antipersonnel* mine antiuomo.
antiphernal, ale, aux |ɑ̃tifɛʀnal, o| *adj.* (*dr.*) sopraddotale.
antiphlogistique |ɑ̃tiflɔʒistik| *adj. et s.m.* (*méd.*) antiflogistico*.
antiphonaire |ɑ̃tifɔnɛʀ| *s.m.* (*liturg.*) antifonario*, antifonale → **antienne.**
antiphrase |ɑ̃tifʀɑz| *s.f.* antifrasi *inv.*
antipode |ɑ̃tipɔd| *s.m.* antipode: *la Nouvelle-Zélande est l'antipode, aux antipodes de la France* la Nuova Zelanda è agli antipodi della Francia ◇ *loc.* (*être*) *aux antipodes* [*très loin*] (essere) agli antipodi ◇ (*fig.*) *cet homme est l'antipode de la bonté* è la cattiveria fatta persona.
antipoétique |ɑ̃tipɔetik| *adj.* antipoetico*.
antipoliomyélitique |ɑ̃tipɔljɔmjelitik| *adj.*, (*abrév., cour.*) **antipolio** |ɑ̃tipɔljo| *adj. inv.* (*méd.*) antipoliomielitico*, antipolio *inv.*
antipolitique |ɑ̃tipɔlitik| *adj.* antipolitico*.
antipollution |ɑ̃tipɔlysjɔ̃| *adj. inv.* [*propre à combattre la pollution*] antinquinamento # *lutte antipollution* lotta contro l'inquinamento.
anti-projectile |ɑ̃tipʀɔʒɛktil| *adj. inv.* antiproiettile.
antiprotectionniste |ɑ̃tipʀɔtɛksjɔnist(ə)| *adj.* antiprotezionistico*, antiprotezionista → 1 **libéral.**
antiproton |ɑ̃tipʀɔtɔ̃| *s.m.* (*phys.*) antiprotone.
antipyrétique |ɑ̃tipiʀetik| *adj.* (*méd.*) antipiretico* → **fébrifuge.**
antipyrine |ɑ̃tipiʀin| *s.f.* (*chim., pharm.*) antipirina.
antiquaille |ɑ̃tikɑj| *s.f.* (*péj.*) anticaglia → **vieillerie.**
antiquaire |ɑ̃tikɛʀ| *s.* antiquario*.
antique |ɑ̃tik| *adj.* **1** [*qui appartient à une époque reculée*] antico*: *une antique tradition* un'antica tradizione → **ancien** **2** [*qui n'est plus à la mode*] antiquato: *un chapeau antique* un cappello antiquato → **démodé** ◇ *loc.* À L'ANTIQUE all'antica: *une femme à l'antique* una donna all'antica **3** [*qui appartient à l'antiquité*] antico: *les monuments antiques* i monumenti antichi, dell'antichità; *les civilisations antiques* le antiche civiltà ♦ (*s.m.*) *l'antique* [*l'art, les œuvres d'art antique*] l'antico: *imiter l'antique* imitare l'antico.
antiquité |ɑ̃tikite| *s.f.* **1** antichità (*inv.*): *l'antiquité d'un monument, d'une tradition* l'antichità di un monumento, di una tradizione → **ancienneté** **2** [*temps très ancien, très reculé*] antichità: *cela remonte à la plus haute antiquité* risale alla più remota antichità **3** L'ANTIQUITÉ [*les plus anciennes civilisations*] l'antichità: *l'antiquité grecque, romaine, orientale* l'antichità greca, romana, orientale **4** *au plur.* LES ANTIQUITÉS [*les monuments qui nous restent de l'antiquité*] le antichità ◇ [*objets d'art, meubles anciens*] antichità: *marchand d'antiquités* mercante di antichità, antiquario.
antirabique |ɑ̃tiʀabik| *adj.* (*méd.*) antirabbico*: *vaccination antirabique* vaccinazione antirabbica.
antirachitique |ɑ̃tiʀaʃitik| *adj.* (*méd.*) antirachitico*.
antiracisme |ɑ̃tiʀasism(ə)| *s.m.* antirazzismo.
antiraciste |ɑ̃tiʀasist(ə)| *adj.* antirazzistico*, antirazzista: *mouvement antiraciste* movimento antirazzistico; *il est antiraciste* è antirazzista ♦ (*s.*) *un antiraciste* un antirazzista.
antiradar |ɑ̃tiʀadaʀ| *adj. et s.m. inv.* antiradar: *des dispositifs antiradar(s)* sistemi antiradar.
antiradiation |ɑ̃tiʀadjɑsjɔ̃| *adj. inv.* antiradiazione.
antirécession |ɑ̃tiʀesesjɔ̃| *s.f.* antirecessione.
antireflet |ɑ̃tiʀ(ə)flɛ| *adj. inv.* antiriflesso: *verres antireflet* lenti antiriflesso.
antireligieux, euse |ɑ̃tiʀ(ə)liʒjø, øz| *adj.* antireligioso.
antirhumatismal, ale, aux |ɑ̃tiʀymatismal, o| *adj.* (*méd.*) antireumatico*.
antirides |ɑ̃tiʀid| *adj. inv.* [*qui prévient ou combat les rides*] antirughe: *crème antirides* crema antirughe.
antirouille |ɑ̃tiʀuj| *adj. inv.* antiruggine: *peinture antirouille* vernice antiruggine.
antiscientifique |ɑ̃tisjɑ̃tifik| *adj.* antiscientifico*.
antiscorbutique |ɑ̃tiskɔʀbytik| *adj.* (*méd.*) antiscorbutico*.
antiségrégationniste |ɑ̃tisegʀegɑsjɔnist(ə)| *adj.* antisegregazionista, antisegregazionistico*: *politique antiségrégationniste* politica antisegregazionista.
antisémite |ɑ̃tisemit| *s. et adj.* antisemita, antisemitico*: *propagande antisémite* propaganda antisemita.
antisémitique |ɑ̃tisemitik| *adj.* antisemitico*, antisemita.
antisémitisme |antisemitism(ə)| *s.m.* antisemitismo.
antisepsie |ɑ̃tisɛpsi| *s.f.* (*méd.*) antisepsi *inv.*
antiseptique |ɑ̃tisɛptik| *adj. et s.m.* (*méd.*) antisettico*.
antisionisme |ɑ̃tisjɔnism(ə)| *s.m.* antisionismo.
antisioniste |ɑ̃tisjɔnist(ə)| *adj. et s.* antisionista.
antisocial, ale, aux |ɑ̃tisɔsjal, o| *adj.* antisociale: *principes antisociaux* princìpi antisociali; *mesure antisociale* provvedimento antisociale.
anti-sous-marin, ine |ɑ̃tisumaʀɛ̃, in| *adj.* (*milit.*) antisommergibile: *grenades anti-sous-marines* bombe antisommergibili.
antispasmodique |ɑ̃tispasmɔdik| *adj. et s.m.* (*méd.*) antispastico*.
antisportif, ive |ɑ̃tispɔʀtif, iv| *adj.* antisportivo.
antistrophe |ɑ̃tistʀɔf| *s.f.* (*versif.*) antistrofe.
antisymétrique |ɑ̃tisimetʀik| *adj.* (*log., math.*) antisimmetrico*.
antisyndical, ale, aux |ɑ̃tisɛ̃dikal, o| *adj.* antisindacale.
antisyphilitique |ɑ̃tisifilitik| *adj. et s.m.* (*méd.*) antiluetico*.
antiterrorisme |ɑ̃titɛʀɔʀism(ə)| *s.m.* antiterrorismo.
antiterroriste |ɑ̃titɛʀɔʀist(ə)| *adj.* antiterroristico*.
antitétanique |ɑ̃titetanik| *adj.* (*méd.*) antitetanico*: *sérum antitétanique* siero antitetanico.
antithermique |ɑ̃titɛʀmik| *adj.* (*méd.*) antitermico* → **antipyrétique.**
antithèse |ɑ̃titɛz| *s.f.* **1** (*philo.*) antitesi *inv.* **2** (*fig.*) [*personne, chose opposée à une autre*] opposto (*m.*): *il est l'antithèse de son frère* è l'opposto di suo fratello.
antithétique |ɑ̃titetik| *adj.* antitetico*: *style antithétique* stile antitetico.
antitoxine |ɑ̃titɔksin| *s.f.* (*biol.*) antitossina.
antitoxique |ɑ̃titɔksik| *adj. et s.m.* (*méd.*) antitossico*.
antitrust |ɑ̃titʀœst| *adj. inv.* (*angl.*) (*écon.*) antitrust.
antituberculeux, euse |ɑ̃titybɛʀkylø, øz| *adj.* (*méd.*) antitubercolare: *vaccin antituberculeux* vaccino antitubercolare.
antivariolique |ɑ̃tivaʀjɔlik| *adj.* (*méd.*) antivaioloso.
antivénérien, ienne |ɑ̃tivenɛʀjɛ̃, jɛn| *adj.* (*méd.*) antivenereo.
antivol |ɑ̃tivɔl| *s.m.* [*qui empêche*

le vol] antifurto (*inv.*): *des antivols* degli antifurto.
antonomase |ɑ̃tɔnɔmaz| *s.f.* antonomasia.
antonyme |ɑ̃tɔnim| *s.m.* antonimo → **contraire** [C] **synonyme.**
antonymie |ɑ̃tɔnimi| *s.f.* antonimia.
antre |ɑ̃tʀ(ə)| *s.m.* **1** (*littér.*) antro → **caverne, grotte** **2** (*fig.*) [*lieu inquiétant et mystérieux*] antro ◇ (*spécialt.*) *l'antre de la chicane* [*le palais de justice*] il palazzaccio* **3** (*anat.*) antro: *antre mastoïdien* antro mastoideo.
anurie |anyʀi| *s.f.* (*méd.*) anuria.
anus |anys| *s.m.* (*anat.*) ano: *les sphincters de l'anus* gli sfinteri dell'ano, anali.
anxiété |ɑ̃ksjete| *s.f.* ansia, ansietà (*inv.*): *il attendait une réponse avec anxiété* aspettava una risposta con ansia [C] **calme** 1, **confiance, sérénité.**
anxieusement |ɑ̃ksjøzmɑ̃| *adv.* [→ ANXIEUX I] ansiosamente [C] **calmement.**
anxieux, euse |ɑ̃ksjø, øz| *adj.* **1** (*choses*) ansioso: *une attente anxieuse* un'attesa ansiosa; *regard anxieux* sguardo ansioso; *état anxieux* stato ansioso **2** (*personnes*) ansioso: *il est anxieux* è ansioso ✦ (*s.*) *un anxieux* un ansioso ◇ (*spécialt.*) ANXIEUX DE ansioso, desideroso di: *il est anxieux de te voir* è ansioso, desideroso di vederti; *je suis anxieux du résultat* sono ansioso di vedere i risultati.
anxiogène |ɑ̃ksjɔʒɛn| *adj.* ansiogeno.
anxiolytique |ɑ̃ksjɔlitik| *adj. et s.m.* ansiolitico*.
aoriste |aɔʀist(ə)| *s.m.* (*gram. gr.*) aoristo.
aorte |aɔʀt(ə)| *s.f.* (*anat.*) aorta: *aorte thoracique* aorta toracica.
aortique |aɔʀtik| *adj.* (*méd.*) aortico*: *crosse aortique* arco aortico.
aortite |aɔʀtit| *s.f.* (*méd.*) aortite.
août |u| *s.m.* **1** [*le huitième mois de l'année*] agosto: *le premier août* il primo agosto; *fin août* a fine agosto; *en août, au mois d'août* in agosto; *en août 1975* nell'agosto 1975; *la mi-août* il 15 agosto, (il) ferragosto; *le quinze-Août* il 15 agosto → **assomption** **2** (*vx.*) [*moisson*] mietitura *f.*
aoûtat |auta| *s.m.* (*dial.*) → **trombidion.**
aoûté, ée |(a)ute| *adj.* [*mûri par la chaleur*] agostano: *fruits aoûtés* frutti agostani.
aoûtien, ienne |autjɛ̃, jɛn| *s.* [*personne qui prend ses vacances en août*] ⊠ ◇ [*personne qui reste à Paris, dans une grande ville en août*] ⊠.
apache |apaʃ| *s.m.* **1** apache *inv.* **2** (*vieilli*) [*malfaiteur*] teppista, malfattore.
apagogie |apagɔʒi| *s.f.* apagogia*, apagoge.
apaisant, ante |apezɑ̃, ɑ̃t| *adj.* [*qui donne de l'apaisement*] tranquillizzante, rassicurante: *prononcer des paroles apaisantes* pronunciare parole tranquillizzanti, rassicuranti.
apaisement |apɛzmɑ̃| *s.m.* **1** [*retour au calme*] quiete (*f.*): *l'apaisement qui suit une dispute* la quiete che segue un litigio → **assoupissement** **2** [*déclaration ou promesse destinée à rassurer*] rassicurazione (*f.*): *donner des apaisements* dare delle rassicurazioni.
apaiser |apeze| **A** *v.tr.* **1** [*amener à des dispositions plus paisibles*] placare: *apaiser les esprits* placare gli spiriti → **calmer** **2** [*rendre* (*qqch.*) *moins violent*] placare: *apaiser sa faim, la colère de qqn.* placare la fame, l'ira di qc. ✦ (*au p.p.*) calmo *adj.*, placato (*adj.*): *une atmosphère apaisée* un'atmosfera calma **B** *v.pron. intr.* S'APAISER [→ *tr.* 2] placarsi, calmarsi.
apanage |apanaʒ| *s.m.* appannaggio* ◇ (*fig.*) appannaggio, prerogativa (*f.*): *l'art ne doit plus être l'apanage d'une élite* l'arte non deve più essere appannaggio, prerogativa di una 'élite' → **lot.**
aparté |apaʀte| *s.m.* **1** [*mot ou parole que l'acteur dit à part soi*] a parte *loc. inv.* ◇ (*loc.*) *en aparté* a parte: *cela doit être dit en aparté* deve essere detto a parte **2** [*entretien particulier, dans une réunion*] conversazione *f.* appartata.
apartheid |apaʀtɛd| *s.m.* (*polit.*) apartheid *inv.*
apathie |apati| *s.f.* apatia: *secouer l'apathie de qqn.* scuotere qc. dall'apatia → **indolence, paresse** ◇ (*philo. anc.*) apatia → **impassibilité, imperturbabilité, ataraxie.**
apathique |apatik| *adj.* apatico*: *il est complètement apathique* è del tutto apatico ◇ (*philo. anc.*) apatico [C] **énergique.**
apatite |apatit| *s.f.* (*minér.*) apatite.
apatride |apatʀid| *s.* [*personne dépourvue de nationalité légale*] apolide.
apepsie |apɛpsi| *s.f.* (*méd.*) apepsia.
aperceptif, ive |apɛʀsɛptif, iv| *adj.* (*philo.*) appercettivo.
aperception |apɛʀsɛpsjɔ̃| *s.f.* (*philo.*) appercezione.
apercevoir |apɛʀsəvwaʀ| (33) **A** *v.tr.* [*voir* (*qu'il y ait eu attention ou non*)] scorgere (167), intravedere (192): *je l'ai aperçu dans la rue* l'ho intravisto per strada; *on apercevait au loin le village* in lontananza si scorgeva il villaggio; *je n'ai fait que l'apercevoir* l'ho appena intravisto → **entrevoir, discerner, distinguer, remarquer** **B** *v. pron.* S'APERCEVOIR **1** *intr.* [*se rendre compte*] accorgersi (107), rendersi (105) conto: *je ne m'en suis pas aperçu* non me ne sono accorto; *elle s'est bien aperçue qu'on la trompe* si è resa conto che la stanno ingannando **2** *récipr.* [*se voir mutuellement*] scorgersi, vedersi (192) (a vicenda, reciprocamente): *ils se sont aperçus dans la rue* si sono scorti, visti per strada **3** (*sens passif*) [*pouvoir être aperçu*] notarsi, scorgersi: *un détail qui s'aperçoit à peine* un particolare che si nota a malapena.
aperçu |apɛʀsy| *s.m.* **1** [*première idée que l'on peut avoir d'une chose vue rapidement*] (prima) idea (*f.*): *par ce tour d'horizon vous aurez un aperçu de la question* con questo giro d'orizzonte avrete una prima idea del problema # *donner un aperçu de la situation* [*en faire un exposé sommaire*] fare un riassunto, tracciare un quadro della situazione **2** [*observation non développée mais qui jette un jour nouveau*] squarcio*: *ce sont des aperçus d'une grande sagacité* sono squarci di grande sagacia.
apériodique |apeʀjɔdik| *adj.* (*math., phys.*) aperiodico*.
apéritif, ive |apeʀitif, iv| **1** *adj.* (*littér.*) aperitivo: *boisson apéritive* bibita aperitiva **2** *s.m.* aperitivo: *offrir, prendre l'apéritif,* (*pop.*) *l'apéro* offrire, prendere l'aperitivo.
aperture |apɛʀtyʀ| *s.f.* (*phonét.*) apertura.
apesanteur |apəzɑ̃tœʀ| *s.f.* (*astronautique, phys.*) assenza di gravità.
apétale |apetal| *adj.* (*bot.*) apetalo.
à(-)peu(-)près |apøpʀɛ| *s.m. inv.* **1** [*approximation grossière, donnée imprécise*] approssimazione (*f. var.*): *répondre par des à peu près* rispondere con approssimazione, in modo impreciso **2** (*vieilli*) [*calembour*] gioco* *var.* di parole.
apeuré, ée |apœʀe| *adj.* [*en proie à la peur*] impaurito, spaventato: *un animal apeuré* un animale spaventato; *un regard apeuré* uno sguardo impaurito, spaventato → **craintif.**
apeurer |apœʀe| *v.tr.* [*effrayer*] impaurire (197), spaventare.
apex |apɛks| *s.m.* **1** (*astron.*) apice **2** (*dans les inscriptions lat.*) [*sorte d'accent*] apice.
aphasie |afazi| *s.f.* (*méd.*) afasia.
aphasique |afazik| *adj.* (*méd.*) afasico*: *un vieillard aphasique* un vecchio afasico ✦ (*s.*) *un aphasique* un afasico.
aphélie |afeli| *s.m.* (*astron.*) afelio*.
aphérèse |afeʀɛz| *s.f.* (*phonét.*) aferesi *inv.*
Aphidiens |afidjɛ̃|, **Aphidés** |afide| *s.m.pl.* (*t.zool.*) Afidi.
aphone |afɔn| *adj.* afono: *l'orateur était à moitié aphone* l'oratore era quasi afono, senza voce.
aphonie |afɔni| *s.f.* (*méd.*) afonia.
aphorisme |afɔʀism(ə)| *s.m.* aforisma.
aphrodisiaque |afʀɔdizjak| *adj. et s.m.* afrodisiaco*.
aphte |aft(ə)| *s.m.* (*méd.*) afta *f.*
aphteux, euse |aftø, øz| *adj.* aftoso: *fièvre aphteuse* febbre aftosa, afta epizootica.
aphylle |afil| *adj.* (*bot.*) afillo.
api (d') |dapi| (*loc. adj.*) *pomme d'api* appiola *s.f.*
à-pic |apik| *s.m. inv.* [*dénivellement naturel important du sol, présentant une paroi verticale*] parete *f.var.* (a picco).
apical, ale, aux |apikal, o| *adj.* (*ling., sc.*) apicale.
apicole |apikɔl| *adj.* [*qui a rapport à l'apiculture*] apistico*: *matériel apicole* materiale apistico.
apiculteur |apikyltœʀ| *s.m.* apicoltore* *s.*
apiculture |apikyltyʀ| *s.f.* apicoltura.
Apidés |apide| *s.m.pl.* (*t.zool.*) Apidi.
apitoiement |apitwamɑ̃| *s.m.* [→ APITOYER B] commozione *f.*, compassione *f.* → **pitié.**
apitoyer |apitwaje| (10) **A** *v.tr.* [*toucher de pitié*] impietosire (197): *il cherche à m'apitoyer* cerca di impietosirmi, di commuovermi → **attendrir** **B** *v.pron. intr.* S'APITOYER [→ *tr.*] impietosirsi, provare *tr.* pietà → **compatir** # *il s'apitoie sur son sort* si affligge per la propria sorte.
aplanir |aplaniʀ| *v.tr.* **1** [*rendre plan ou uni*] spianare, appianare: *aplanir un chemin, un terrain* spianare, appianare una strada, un terreno → **égaliser, niveler** **2** (*fig.*) [*lever* (*une difficulté*)] appianare, spianare: *les difficultés, les obstacles sont maintenant aplanis* le difficoltà, gli ostacoli sono ormai appianati.

aplanissement |aplanismɑ̃| *s.m.* (*rare*) [→ APLANIR] appianamento (*cour.*), spianamento (*cour.*).
aplasie |aplazi| *s.f.* (*pathol.*) aplasia.
aplat |apla| *s.m.* (*peint.*) tinta *f.* piatta.
aplati, ie |aplati| *adj.* [*écrasé*] schiacciato: *la terre est aplatie aux deux pôles* la terra è schiacciata ai due poli; *nez aplati* naso schiacciato → **camus, écrasé.**
aplatir |aplatiʀ| **A** *v.tr.* [*rendre plat*] appiattire (197), schiacciare: *aplatir à coups de marteau* appiattire, spianare a martellate; *aplatir une couture au fer* appiattire una cucitura col ferro (da stiro) → 1 **rabattre**; *aplatir ses cheveux* schiacciarsi i capelli → **écraser B** *v. pron.* S'APLATIR **1** *réfl.* (*fig.*) [*s'humilier, ramper*] strisciare (*intr.*): *s'aplatir devant qqn.* strisciare davanti a qc. **2** *intr.* (*fam.*) [*tomber à plat ventre*] cadere (121) *intr.* lungo disteso → 1 **étaler (s').**
aplatissage |aplatisaʒ| *s.m.* (*techn.*) laminazione *f.* → **compression, laminage.**
aplatissement |aplatismɑ̃| *s.m.* [*état de ce qui est aplati*] schiacciamento, appiattimento: *l'aplatissement de la Terre* lo schiacciamento della Terra ◇ (*fig.*) [*écrasement*] avvilimento, umiliazione *f.*
aplatisseur |aplatisœʀ| *s.m.* [*ouvrier lamineur*] spianatore ◇ (*techn.*) frantoio*.
aplatissoir *s.m.*, **aplatissoire** |aplatiswaʀ| *s.f.* (*techn.*) spianetta *f.*
aplomb |aplɔ̃| **I** *s.m.* **1** appiombo: *le mur a perdu son aplomb* il muro ha perso l'appiombo ◇ (*spécialt. au plur.*) *aplombs du cheval* appiombi del cavallo **2** [*assurance d'une personne que rien ne déconcerte*] sicurezza (*f.*): *un aplomb imperturbable* una sicurezza imperturbabile → **assurance** ◇ (*péj.*) [*audace effrontée*] sfrontatezza *f.* → 2 **culot, toupet** # *vous en avez de l'aplomb!* che faccia di bronzo!, che faccia tosta! **II** *loc. adv.* D'APLOMB [*suivant la verticale*] appiombo *adv.*, a perpendicolo # [*en équilibre stable*] in equilibrio # *bien d'aplomb sur les jambes* ben saldo sulle gambe; (*fig.*) [*en bon état physique et moral*] in forma, in sesto: *ce mois de solitude m'a remis d'aplomb* questo mese di solitudine mi ha rimesso in forma, in sesto Ⓒ 1 1 **déséquilibre,** 2 **timidité.**
apnée |apne| *s.f.* apnea.
apoastre |apoastʀ(ə)| *s.m.* (*astron.*) apoastro.
apocalypse |apɔkalips(ə)| *s.f.* **1** apocalisse: *les quatre cavaliers de l'Apocalypse* i quattro cavalieri dell'Apocalisse ◇ (*par anal.*) *les apocalypses juives* le apocalissi giudaiche **2** (*par ext.*) [*fin du monde*] apocalisse: *une vision d'apocalypse* una visione di apocalisse, apocalittica *adj.*
apocalyptique |apɔkaliptik| *adj.* **1** apocalittico*: *vision apocalyptique* visione apocalittica; *littérature apocalyptique* letteratura apocalittica ◇ (*par ext.*) *style apocalyptique* [*obscur et symbolique*] stile oscuro **2** [*qui évoque la fin du monde*] apocalittico: *un paysage apocalyptique* un paesaggio apocalittico.
apocope |apɔkɔp| *s.f.* (*phonét.*) apocope.
apocryphe |apɔkʀif| *adj.* apocrifo: *évangiles apocryphes* vangeli apocrifi → **controuvé, faux** ✦ (*s.*) *les apocryphes de la Bible* gli apocrifi della Bibbia Ⓒ **authentique.**
Apocynacées |apɔsinase| *s.f.pl.* (*t. bot.*) Apocinacee.
apode |apɔd| *adj.* apodo ✦ *s.m.pl.* (*t.zool.*) *les Apodes* gli Apodi.
apodictique |apɔdiktik| *adj.* apodittico*.
apogée |apɔʒe| *s.m.* **1** (*astron., math.*) apogeo **2** (*fig.*) apogeo, apice: *l'apogée de la gloire, de la carrière* l'apogeo della gloria, della carriera → 2 **comble, sommet** Ⓒ 1 **périgée.**
apolitique |apɔlitik| *adj.* apolitico*.
apolitisme |apɔlitism(ə)| *s.m.* apoliticità *f.inv.*
apollon |apɔlɔ̃| *s.m.* **1** → **parnassien 2** (*fam.*) [*homme d'une grande beauté*] apollo: *ce n'est pas un apollon!* non è certo un apollo! → **adonis, éphèbe.**
apologétique |apɔlɔʒetik| **1** *adj.* apologetico* **2** *s.f.* apologetica*.
apologie |apɔlɔʒi| *s.f.* apologia: *il a fait son apologie* ha fatto la sua apologia ◇ (*dr.*) *apologie d'un crime* apologia di reato.
apologiste |apɔlɔʒist(ə)| *s.* apologista.
apologue |apɔlɔg| *s.m.* apologo*.
apomorphine |apɔmɔʀfin| *s.f.* (*chim., pharm.*) apomorfina.
aponévrose |apɔnevʀoz| *s.f.* (*anat.*) aponeurosi *inv.*
aponévrotique |apɔnevʀɔtik| *adj.* (*anat.*) aponeurotico*.
apophonie |apɔfɔni| *s.f.* (*ling.*) apofonia, alternanza vocalica.
apophtegme |apɔftɛgm(ə)| *s.m.* apoftegma.
apophyse |apɔfiz| *s.f.* (*anat.*) apofisi (*inv.*): *apophyses musculaires* apofisi muscolari → **épine, protubérance.**
apoplectique |apɔplɛktik| *adj.* (*méd.*) apoplettico*: *attaque apoplectique* colpo apoplettico.
apoplexie |apɔplɛksi| *s.f.* (*méd.*) apoplessia: *être frappé d'apoplexie* essere colpito da apoplessia.
apostasie |apɔstazi| *s.f.* (*rélig.*) apostasia ◇ (*fig.*) → **reniement.**
apostasier |apɔstazje| *v.intr.* [*faire acte d'apostasie*] apostatare.
apostat |apɔsta| *s.m.* apostata (*s.*): *Julien l'apostat* Giuliano l'apostata ◇ (*fig.*) → **renégat.**
a posteriori |apɔsteʀjɔʀi| *loc.adv.* (*lat.*) a posteriori ◇ (*adj. inv.*) *notion a posteriori* concetto a posteriori; *raisonner a posteriori* ragionare a posteriori Ⓒ **a priori.**
apostille |apɔstij| *s.f.* postilla.
apostiller |apɔstije| *v.tr.* [*mettre une apostille, des apostilles*] postillare: *apostiller un contrat* postillare un contratto.
apostolat |apɔstɔla| *s.m.* **1** (*relig.*) apostolato: *l'apostolat de St. Paul* l'apostolato di San Paolo **2** [*mission qui requiert les qualités d'un apôtre*] apostolato: *l'enseignement est un apostolat* l'insegnamento è un apostolato.
apostolique |apɔstɔlik| *adj.* apostolico*: *l'Église catholique, apostolique et romaine* la Chiesa cattolica, apostolica romana; *mission apostolique* missione apostolica; *nonce apostolique* nunzio apostolico.
1 **apostrophe** |apɔstʀɔf| *s.f.* **1** (*rhét.*) apostrofe **2** [*interpellation brusque*] apostrofe: *s'échanger des apostrophes* scambiarsi apostrofi, apostrofarsi → **invective.**
2 **apostrophe** |apɔstʀɔf| *s.f.* (*gram.*) apostrofo *m.*
apostropher |apɔstʀɔfe| **A** *v.tr.* [*adresser brusquement la parole à qqn.*] apostrofare: *il l'a apostrophée dans la rue* l'ha apostrofata per la strada **B** *v. pron. réfl.* S'APOSTROPHER [*s'insulter*] apostrofarsi, insultarsi: *ils se sont violemment apostrophés* si sono apostrofati con violenza; *chauffeurs qui s'apostrophent* autisti che s'insultano.
apothème |apɔtɛm| *s.m.* (*géom.*) apotema.
apothéose |apɔteoz| *s.f.* (*antiq.*) apoteosi *inv.* ◇ (*par ext.*) *ce fut pour lui une apothéose* per lui è stata una apoteosi; *faire l'apothéose de qqn.* fare l'apoteosi di qc.
apothicaire |apɔtikɛʀ| *s.m.* **1** (*vx.*) → **pharmacien 2** (*fig.*) *compte d'apothicaire* conto lungo* e complicato.
apôtre |apotʀ(ə)| *s.m.* **1** apostolo: *Actes des apôtres* Atti degli apostoli; *l'apôtre des gentils* l'apostolo delle genti **2** (*fig.*) *se faire l'apôtre d'une idée* farsi apostolo, paladino di una idea ◇ (*par antiphrase*) *faire le bon apôtre* [*contrefaire l'homme de bien pour tromper autrui*] fare la gatta morta.
apparaître |apaʀɛtʀ(ə)| (72) *v.intr.* **1** [*devenir visible*; *se montrer tout à coup aux yeux*] apparire (142) (*aux.* essere): *elle apparut en chemise de nuit* apparve in camicia da notte; *le soleil apparaît à travers les nuages* il sole appare attraverso le nubi; *l'ange Gabriel apparut à la Vierge* l'angelo Gabriele apparve alla Vergine → **manifester (se), montrer (se), paraître, transparaître** ✦ (*impers.*) *il apparaît de temps en temps sur la surface de la terre des hommes rares* di tanto in tanto appaiono sulla terra uomini eccezionali **2** (*fig.*) [*se révéler à l'esprit par quelque manifestation*] apparire, venire (20) (*aux. 'être'*) a galla: *tôt ou tard la vérité apparaît* presto o tardi la verità viene a galla → **dévoiler (se), jaillir** ◇ (*avec un attribut*) apparire, sembrare: *sa résolution lui apparut formidable* la sua decisione gli parve, sembrò formidabile → **sembler, paraître 3** *loc.* APPARAÎTRE COMME apparire come, sembrare: *son rêve lui apparaissait comme impossible* il sogno gli appariva come impossibile, gli sembrava impossibile **4** *loc.* IL APPARAÎT QUE risulta che: *il apparaît, à la lecture des textes, que la loi est pour vous* dalla lettura dei testi risulta che la legge è dalla vostra parte → **apparoir, 1 ressortir.**
apparat |apaʀa| *s.m.* **1** [*éclat pompeux, solennel*] gala *f.*, pompa (*f.*): *costume d'apparat* costume di gala; *venir en grand apparat* venire in pompa magna → **appareil, solennité** # *discours d'apparat* discorso solenne ◇ (*par ext.*) ostentazione (*f.*): *il fait tout avec apparat* fa tutto con ostentazione → 1 **faste 2** *apparat critique* apparato critico → **appareil.**
apparatchik |apaʀatʃik| *s.m.* (*russe*) (*polit.*) apparatchik *inv.*
apparaux |apaʀo| *s.m.pl.* **1** (*mar.*) attrezzatura *f.sing.* (di una nave) **2** [*ensemble des appareils de gymnastique*] attrezzi ginnici.
appareil |apaʀɛj| *s.m.* **1** apparecchio*: *appareil de radio* apparecchio

radio; *appareils orthopédiques* apparecchi ortopedici; *appareils sanitaires* apparecchi sanitari # *appareil-photo* macchina fotografica; *un appareil électrique* un'apparecchiatura elettrica, un dispositivo elettrico; *les appareils de gymnastique* gli attrezzi ginnici ◇ (*aviat.*) *l'appareil décolle* l'apparecchio, l'aeroplano decolla ◇ (*télécom.*) *l'appareil téléphonique* l'apparecchio telefonico; *allô! qui est à l'appareil?* pronto! chi parla?; *on vous demande à l'appareil* la vogliono al telefono **2** [*ensemble d'éléments qui concourent au même but*] apparato: *l'appareil législatif* l'apparato legislativo; *l'appareil d'un parti, d'un syndicat* l'apparato di un partito, di un sindacato; *l'appareil policier d'un gouvernement* l'apparato poliziesco di un governo **3** (*anat.*) apparato: *l'appareil digestif* l'apparato digerente; *l'appareil circulatoire* l'apparato circolatorio **4** (*littér.*) [*déroulement d'un cérémonial aux yeux des spectateurs*] cerimonia *f.* (*cour.*), pompa (*f.*): *funèbre appareil* cerimonia funebre ◇ (*loc.*) *dans le plus simple appareil* [*tout nu*] in costume adamitico.

appareillade |apaʀɛjad| *s.f.* [*formation des couples de perdrix pour la reproduction*] accoppiamento *m.* (di pernici) → **accouplement.**

appareillage |apaʀɛjaʒ| *s.m.* **1** (*mar.*) salpamento → 1 **départ** **2** [*ensemble d'appareil*] apparecchiatura *f.*, attrezzatura (*f.*): *appareillage electrique* apparecchiatura elettrica [C] 1 **mouillage.**

appareillement |apaʀɛjmɑ̃| *s.m.* [*action de réunir deux animaux domestiques pour le travail ou la reproduction*] appaiamento, accoppiamento.

1 **appareiller** |apaʀeje| **A** *v.tr.* **1** *appareiller un filet* [*le disposer pour la pêche*] preparare une rete **2** *appareiller un navire* [*le disposer pour la navigation*] armare una nave → **gréer** **3** *appareiller des pierres* [*les tailler en vue de la construction*] sagomare delle pietre **B** *v.intr.* (*mar.*) [*quitter le port*] salpare (*aux.* essere, avere) [C] A 2 **mouiller.**

2 **appareiller** |apaʀeje| **A** *v.tr.* **1** [*trouver un pareil à qqch.*] appaiare, accompagnare: *appareiller deux candélabres* appaiare due candelabri → **assortir** **2** [*accoupler pour la reproduction*] accoppiare **B** *v. pron. récipr.* S'APPAREILLER (AVEC) [→ *tr.* 2] accoppiarsi (a, con): *animaux qui s'appareillent* animali che si accoppiano.

appareilleur |apaʀɛjœʀ| *s.m.* [*maître-maçon qui surveille la coupe et la pose des pierres de construction*] caposcalpellino.

apparemment |apaʀamɑ̃| *adv.* **1** [*selon toute apparence*] apparentemente: *apparemment, rien n'a pas changé* apparentemente niente è cambiato **2** (*vx.*) → **extérieurement.**

apparence |apaʀɑ̃s| *s.f.* **1** [*aspect qui nous apparaît de qqch., de qqn.*] aspetto (*m.*): *on a repeint la maison pour lui donner une belle apparence* la casa è stata ridipinta per darle un bell'aspetto; *un garçon d'apparence maladive* un ragazzo dall'aspetto malaticcio → 2 **air,** 1 **mine, tournure** **2** [*l'aspect, l'extérieur d'une chose considérés comme différente de cette chose*] apparenza: *c'est une fausse apparence* è una falsa apparenza; *ne vous arrêtez pas à l'apparence* non fermatevi alle apparenze; *on ne doit pas juger sur les apparences* non bisogna giudicare dalle apparenze; *se fier aux apparences* fidarsi delle apparenze → 2 **dehors, façade** ◇ (*au plur.*) *garder, ménager, sauver les apparences* salvare le apparenze; *sacrifier les apparences* sacrificare le apparenze → **bienséance, convenance** **3** *loc.* CONTRE TOUTE APPARENCE contro ogni apparenza **4** *loc. adv.* EN APPARENCE in apparenza, apparentemente (*adv.*): *la situation ne s'améliore qu'en apparence* la situazione non migliora che in apparenza → **apparemment** **5** (*métaph.*) accidente *m.*

apparent, ente |apaʀɑ̃, ɑ̃t| *adj.* **1** [*qui apparaît clairement aux yeux*] appariscente, palese: *grossesse peu apparente* gravidanza poco appariscente → **visible, ostensible** # *c'est très apparent* è molto evidente **2** [*évident, manifeste*] apparente; evidente: *sans cause apparente* senza causa apparente ‖ *une ruse trop apparente* un trucco troppo evidente **3** [*qui n'est pas tel qu'il paraît être*] apparente: *le mouvement apparent du soleil autour de la terre* il movimento apparente del sole intorno alla terra; *une raison apparente* una ragione apparente; *contradictions apparentes* contraddizioni apparenti → **prétendu, supposé** # *sous cet éclat apparent, il n'y a rien de vrai* sotto questo falso splendore non c'è niente di autentico [C] 1 **invisible**; 2 **caché**; 3 **réel.**

apparenté, ée |apaʀɑ̃te| *adj.* **1** [*dans des rapports de parenté*] imparentato, apparentato (*rare*): *elle est apparentée avec mon mari* è imparentata con mio marito **2** [*allié par l'apparentement électoral*] apparentato: *listes apparentées* liste apparentate.

apparentement |apaʀɑ̃tmɑ̃| *s.m.* (*polit.*) apparentamento.

apparenter |apaʀɑ̃te| **A** *v.tr.* (*vx.*) [*rendre parent*] imparentare (*cour.*), apparentare: *son père aurait voulu l'apparenter à une famille noble* suo padre avrebbe voluto imparentarlo con una famiglia nobile → **allier** **B** *v.pron.* S'APPARENTER À **1** *récipr.* [*s'allier par le mariage*] imparentarsi con: *s'apparenter à la bourgeoisie* imparentarsi con la borghesia **2** *récipr.* [*s'allier par l'apparentement électoral*] apparentarsi con **3** *intr.* (*choses*) [*avoir une ressemblance*] essere (96) *intr.* simile a: *le goût de l'orange s'apparente à celui de la mandarine* il gusto dell'arancia è simile a quello del mandarino.

apparier |apaʀje| *v.tr.* → 2 **appareiller** A 2.

appariteur |apaʀitœʀ| *s.m.* **1** [*huissier*] usciere ◇ [*huissier de faculté*] bidello: *les appariteurs de la Sorbonne* i bidelli della Sorbona **2** (*hist. rom., médiév.*) apparitore.

apparition |apaʀisjɔ̃| *s.f.* **1** [→ APPARAÎTRE 1] apparizione, comparsa: *l'apparition d'une comète* l'apparizione di una cometa; *l'apparition des hommes sur la terre* la comparsa degli uomini sulla terra; *l'apparition de boutons sur la peau* la comparsa di foruncoli sulla pelle # *l'apparition d'un phénomène* la manifestazione di un fenomeno; *l'apparition d'une maladie* l'insorgenza di una malattia ◇ (*personnes*) [*le fait d'apparaître dans une compagnie*] apparizione: *il n'a fait qu'une courte apparition* ha fatto solo una breve apparizione **2** [→ APPARAÎTRE 2] apparizione: *l'apparition subite d'une réalité cachée* l'improvvisa apparizione di una realtà nascosta **3** *l'apparition de Jésus-Christ aux apôtres* l'apparizione di Gesù Cristo agli apostoli ◇ (*par ext.*) visione: *avoir des apparitions* avere delle visioni → **vision** **4** [*être imaginaire que le visionnaire croit apercevoir*] apparizione: *une apparition fantastique* un'apparizione fantastica → **fantôme, spectre** [C] 1 **disparition.**

apparoir |apaʀwaʀ| *v.intr.* (*usité seulement à l'inf. et à la 3ᵉ pers. de l'ind. prés.*) (*dr.*) *il appert que...* [*il est évident, manifeste*] risulta che...

appartement |apaʀtəmɑ̃| *s.m.* appartamento: *appartement de deux étages* appartamento a due piani → **duplex**; *appartement meublé* appartamento ammobiliato → **meublé**; *appartement à louer* appartamento da affittare → **logement.**

appartenance |apaʀtənɑ̃s| *s.f.* **1** appartenenza: *l'appartenance à un parti* l'appartenenza a un partito ◇ (*math.*) appartenenza **2** *au plur.* (*rare*) [*ce qui appartient à un immeuble*] dipendenze: *les appartenances d'un château* le dipendenze di un castello → **dépendances.**

appartenir |apaʀtəniʀ| (27) **A** *v. intr.* **1** [*être à qqn. en vertu d'un droit*] appartenere (188) (*aux.* essere): *cela m'appartient* (ciò) m'appartiene; *rendre à Cesar ce qui appartient à César* dare a Cesare quel che appartiene a Cesare, quel che è di Cesare → **être (à)** **2** (*personnes*) APPARTENIR À QQN. appartenere a qc. ◇ [*se donner physiquement*] *elle m'appartenait* lei mi apparteneva **3** [*faire partie de qqch.*] appartenere: *appartenir à une vieille famille du pays* appartenere a un'antica famiglia del paese # *cette question appartient à la philosophie* è un problema di pertinenza della filosofia **B** *v.impers.* [*convenir*] spettare (*aux.* essere), toccare (*aux.* essere) ◇ *loc.* IL APPARTIENT À... (+ *inf.*) tocca, spetta a... (+ *inf.*): *il appartient aux parents d'élever leurs enfants* tocca, spetta ai genitori educare i propri figli; *il ne m'appartient pas d'en décider* non tocca a me, non sta in me decidere **C** *v.pron. intr.* S'APPARTENER [*ne dépendre que de soi-même*] disporre (168) *intr.* di sé: *avec tous ces enfants, je ne m'appartiens plus* con tutti questi bambini non posso più disporre di me.

appas |apɑ| *s.m.pl.* (*vx.*) → 2 **charme, attrait.**

appassionato |apasjɔnato| **1** *adv.* (*mus.*) appassionato: *allegro appassionato* allegro appassionato **2** *adj.* appassionato: *la sonate appassionata, l'Appassionata* [*de Beethoven*] l'Appassionata *s.f.*

appât |apɑ| *s.m.* **1** [*pature qui sert à attirer des animaux pour les prendre*] esca* (*f.*): *mettre l'appât à l'hameçon* mettere l'esca all'amo # *attirer avec de l'appât* adescare → **appâter**; *poisson qui mord à l'appât* pesce che abbocca **2** [*ce qui attire, pousse à faire qqch.*] miraggio*, attrattiva (*f.*): *l'appât du gain* il miraggio, l'attrattiva del guadagno.

appâter |apɑte| *v.tr.* **1** [*attirer avec un appât*] adescare: *appâter des poissons, des oiseaux* adescare pesci, uccelli **2** (*fig.*) [*attirer par des promesses*] allettare, adescare: *appâter qqn. par de belles promesses* allettare, adescare qc. con belle promesse **3** [*nourrir* (*les oiseaux*), *engraisser* (*la volaille*)] ingozzare.

appauvrir |apovRiR| *v.tr.* **1** [*rendre pauvre*] impoverire (197): *la guerre a appauvri le pays* la guerra ha impoverito il paese **2** [*faire perdre sa richesse à* (*qqch.*)] impoverire: *appauvrir un terrain* impoverire un terreno → **épuiser**; *appauvrir le sang* impoverire il sangue → **anémier**; *appauvrir une langue* impoverire una lingua.

appauvrissement |apovRismɑ̃| *s.m.* **1** [→ APPAUVRIR 1] impoverimento: *l'appauvrissement d'une famille, d'un pays* l'impoverimento di una famiglia, di un paese **2** [→ APPAUVRIR 2] impoverimento: *l'appauvrissement du sol* l'impoverimento del terreno → **épuisement**; *l'appauvrissement du sang* l'impoverimento del sangue → **anémie**; *l'appauvrissement d'une langue* l'impoverimento di una lingua © **enrichissement.**

appeau |apo| *s.m.* **1** [*instrument par lequel on imite le cri des oiseaux*] (mezzo di) richiamo → **leurre, pipeau** **2** [*oiseau dressé pour appeler les autres*] (uccello di) richiamo **3** (*fig.*) *se laisser prendre à l'appeau* [*se laisser duper*] cadere in trappola # *servir d'appeau à qqn.* servir da esca a qc.

appel |apɛl| *s.m.* **1** [→ APPELER 1] chiamata *f.*, richiamo: *appel téléphonique* chiamata telefonica; *crions plus fort, ils n'ont pas entendu notre appel* gridiamo più forte, non hanno sentito il nostro richiamo; *accourir à un appel* accorrere a un richiamo, a una chiamata # *appel à l'aide, au secours* invocazione di aiuto ◇ (*par ext.*) *appel de phare* [*pour avertir*] lampeggio* **2** [*action d'appeler à haute voix des personnages par leur nom*] appello: *faire l'appel* fare l'appello; *être présent, répondre à l'appel* essere presente, rispondere all'appello; *être absent, manquer à l'appel* essere assente, mancare all'appello; *appel et contre-appel* appello e contrappello ◇ (*par ext.*) *lancer un appel à la nation* lanciare un appello alla nazione **3** [*action d'appeler sous les drapeaux*] chiamata: *appel du contingent, de la classe* chiamata del contingente, della classe; *appel aux armes* chiamata alle armi # *devancer l'appel* anticipare la ferma **4** (*fin.*) *faire un appel de fonds* fare una richiesta di fondi ◇ (*dr., écon.*) *appel d'offres* bando di gara (d'appalto) **5** *loc.* FAIRE APPEL fare appello, ricorrere (127): *faire appel à la générosité de qqn.* fare appello alla generosità di qc. # *faire appel à ses souvenirs* evocare i propri ricordi **6** (*loc.*) *appel du pied* [*paroles, allusion constituant une demande*] domanda *f.* rivolta indirettamente **7** (*fig.*) *l'appel des sens* il richiamo dei sensi; *l'appel de la conscience* il richiamo della coscienza **8** (*dr.*) appello: *une décision sans appel* una decisione senza appello, inappellabile; *interjeter appel à la Cour* presentare appello, appellarsi alla Corte → **pourvoi**; *se pourvoir en appel* ricorrere in appello; *Cour d'appel* corte d'appello; *juger sans appel* giudicare senza appello, inappellabilmente **9** (*loc.*) *sans appel* senza appello: *vous êtes condamnés sans appel* siete condannati senza appello, irrimediabilmente **10** (*techn.*) *appel d'air* tiraggio* **11** (*sport*) [*départ du saut, après la course d'élan, dans lequel le pied donne l'impulsion nécessaire au sauteur*] battuta *f.*, stacco*: *pied d'appel* piede di battuta; *planche d'appel* pedana (di battuta).

appelant, ante |aplɑ̃, ɑ̃t| *s.m.* **1** (*rare, vén.*) (uccello da) richiamo → **appeau 2** (*dr.*) L'APPELANT l'appellante ♦ (*adj.*) *la partie appelante* la parte appellante.

appelé, ée |aple| **I** *adj.* **1** [*qui est prédestiné à*] chiamato: *il y aura beaucoup d'appelés et peu d'élus* molti saranno i chiamati, pochi gli eletti **2** *loc.* APPELÉ À [*désigné pour*] chiamato, destinato a; [*dans la nécessité de*] indotto a: *si nous étions appelés à partir* se fossimo indotti a partire **II** *s.m.* soldato di leva, coscritto: *les appelés de 1965* i coscritti, la leva del 1965.

appeler |aple| (4) **A** *v.tr.* **1** [*inviter qqn. à venir, par un mot, un cri, un bruit*] chiamare: *appeler de loin* chiamare da lontano → **héler**; *appeler un domestique* chiamare un domestico; *appeler qqn. à son aide, à son secours* chiamare in aiuto qc. ◇ (*par ext.*) *appeler qqn.* (*par téléphone*) chiamare qc. (per telefono): *je vous appellerai tous les jours pour prendre de vos nouvelles* vi chiamerò tutti i giorni per avere vostre notizie ♦ (*absolt.*) *appeler au secours* chiedere (122), invocare aiuto **2** [*inviter qqn. à venir*] chiamare: *appeler le médecin* chiamare il medico; *appeler sous les drapeaux* chiamare alle armi, sotto le armi ◇ (*dr.*) *appeler qqn. en justice* citare qc. in giudizio ◇ (*fig.*) *le devoir nous appelle* il dovere ci chiama **3** *appeler qqn. à une charge, une fonction, un poste* chiamare qc. a una carica, a una mansione, a ricoprire un posto **4** (*choses*) [*demander, exiger, entraîner*] richiedere (122), esigere (141): *ce sujet appelle toute votre attention* questo argomento richiede tutta la vostra attenzione; *cette conduite appelle votre sévérité* questo comportamento richiede, esige severità da parte vostra; *cette injure appelle une réponse* questa ingiuria esige una risposta **5** *loc.* EN APPELER À [*s'en remettre au jugement de*] affidarsi *pron.* a: *j'en appelle à votre bon cœur* mi affido al vostro buon cuore **6** [*donner un nom à* (*qqn., qqch.*)] chiamare: *ils appelleront leur prochaine fille Hélène* la prossima figlia la chiameranno Elena; *appeler les choses par leur nom* chiamare le cose con il loro nome → **nommer** **B** *v.pron. intr.* S'APPELER [→ *tr.* 6] chiamarsi: *comment vous appelez-vous?* come vi chiamate?; *je m'appelle Paul* mi chiamo Paolo ◇ (*loc. fam.*) *cela s'appelle parler, voilà ce qui s'appelle parler* questo sì che è parlare.

appellatif, ive |ape(ɛl)latif, iv| *adj. et s.m.* appellativo.

appellation |ape(ɛl)lɑsjɔ̃| *s.f.* [→ APPELER A 6] denominazione, nome (*m.*): *appellation d'une chose nouvelle* denominazione di una cosa nuova → **dénomination, désignation** ◇ *loc.* APPELLATION D'ORIGINE (CONTROLÉE) (A.O.C.) denominazione d'origine (controllata) (D.O.C.): *vin à appellation d'origine* vino a denominazione d'origine.

appendice |apɛ̃dis| *s.m.* **1** appendice *f.* → **extrémité, prolongement** **2** (*anat.*) *appendice* (*vermiforme*) appendice (vermiforme, cecale) # *appendice du palais* ugola → **luette** **3** [*supplément placé à la fin d'un livre*] appendice → **addition, addendum.**

appendicectomie |apɛ̃disɛktɔmi| *s.f.* (*chir.*) appendicectomia.

appendicite |apɛ̃disit| *s.f.* (*méd., cour.*) appendicite: *être opéré de l'appendicite* essere operato d'appendicite.

appendiculaire |apɛ̃dikylɛR| *adj.* appendicolare.

Appendiculaires |apɛ̃dikylɛR| *s.m. pl.* (*t.zool.*) Appendicularia *f. inv.*

appendre |apɑ̃dR(ə)| (53) *v.tr.* (*vx.*) → **suspendre.**

appentis |apɑ̃ti| *s.m.* **1** [*toit en auvent à une seule pente*] tettoia *f.* **2** [*hangar adossé à un bâtiment plus grand*] capannone, rimessa *f.*

appesantir |ap(ə)zɑ̃tiR| **A** *v.tr.* **1** [*rendre moins agile*; *rendre plus oppressif*] appesantire (197) **2** (*rare*) [*rendre plus lourd à porter*] appesantire **B** *v.pron. intr.* S'APPESANTIR **1** [*devenir pesant, moins agile*] appesantirsi **2** [*devenir plus oppressif*] *s'appesantir sur un sujet* insistere, dilungarsi (troppo) su un argomento; *il s'appesantit sur les détails* insiste troppo, si dilunga troppo sui particolari → **insister** © B 2 **glisser.**

appesantissement |ap(ə)zɑ̃tismɑ̃| *s.m.* **1** (*littér.*) [→ APPESANTIR B 1] appesantimento **2** [*état d'une personne rendue moins agile*] appesantimento, pesantezza *f.* → **engourdissement, lourdeur.**

appétence |apetɑ̃s| *s.f.* (*littér.*) [*désir, envie*] desiderio* (*m.*): *avoir appetence de qqch.* aver desiderio di q.c., desiderare q.c.; *son appétence de nouveauté* il suo desiderio di novità → **appétit, envie.**

appétissant, ante |apetisɑ̃, ɑ̃t| *adj.* **1** [*qu'on a envie de manger*] appetitoso: *un mets appétissant* un piatto appetitoso → **alléchant** **2** [*qui plaît*] appetitoso ◇ (*fam.*) *une femme appétissante* una donna appetitosa → **attirant** © **dégoûtant, repoussant.**

appétit |apeti| *s.m.* **1** appetito: *bon appétit* buon appetito; *avoir beaucoup, peu d'appétit* avere molto, poco appetito; *manger d'un bon appétit* mangiare con appetito, di buon appetito; *manger sans, avec appétit* mangiare senza, con appetito; *donner de l'appétit* dare appetito # *rester sur son appétit* non essere completamente sazio; *un appétit de loup, d'ogre* una fame da lupo, da leone ◇ (*prov.*) *l'appétit vient en mangeant* l'appetito vien mangiando **2** (*par ext.*) APPÉTIT DE desiderio di: *un appétit de savoir* un desiderio di sapere → **soif** **3** *au plur.* [*mouvement qui porte à rechercher ce qui peut satisfaire un instinct*] appetiti, desideri: *appétits sexuels* appetiti sessuali.

applaudimètre |aplodimɛtR(ə)| *s.m.* applausometro.

applaudir |aplodiR| **A** *v.intr.* **1** [*battre des mains en signe d'approbation*] applaudire (203): *le public a applaudi* il pubblico ha applaudito **2** (*littér.*) APPLAUDIR À QQCH. plaudere, plaudire a q.c.: *j'applaudis à votre initiative* plaudo alla vostra iniziativa → **approuver** **B** *v.tr.* [*saluer par des applaudissements*] applaudire: *applaudir un acteur* applaudire un attore **C** *v.pron. intr.* S'APPLAUDIR [*être content de qqch.*] felicitarsi, rallegrarsi → **réjouir** (se).

applaudissement |aplodismɑ̃| *s.m.* **1** [→ APPLAUDIR A 1] applauso: *salve, tonnerre, tempête d'applaudissements* salve, scroscio, uragano di applausi; *discours qui soulève des applaudissements* discorso che suscita applausi; *d'après les applaudissements, il a obtenu un grand succès* a giudicare dagli applausi, ha ottenuto un gran successo **2** (*fig.*, *littér.*) [*témoignage d'approbation*] plauso Ⓒ 1 **huée.**

applaudisseur |aplodisœʀ| *s.m.* [*personne qui applaudit*] applauditore* *s.*

applicabilité |aplikabilite| *s.f.* applicabilità *inv.*; attuabilità *inv.*

applicable |aplikabl(ə)| *adj.* **1** [→ APPLIQUER A] applicabile ◇ (*dr.*) applicabile; attuabile: *cette loi n'est pas applicable aux étrangers* questa legge non è applicabile, non si applica agli stranieri **2** (*géom.*) sovrapponibile → **superposable** Ⓒ 1 **inapplicable.**

applicage |aplikaʒ| *s.m.* (*techn.*) applicazione *f.*

applicateur |aplikatœʀ| *s.m. et adj.* applicatore*.

application |aplikɑsjɔ̃| *s.f.* **1** [→ APPLIQUER A 1] applicazione: *application d'un papier sur un mur* applicazione di carta sul muro; *application d'une pommade sur une blessure* applicazione di una pomata su una ferita ◇ (*cout.*) *des applications de dentelles* applicazioni in pizzo **2** [*action de faire porter sur qqch.*] applicazione: *point d'application d'une force* punto d'applicazione di una forza **3** [*utilisation pour, en*] applicazione: *application d'un traitement à une maladie* applicazione di una terapia a una malattia; *application d'une loi à une catégorie de gens* l'applicazione di una legge a una categoria di persone; *application de la science à l'industrie* applicazione della scienza all'industria # *application d'une somme à une dépense* destinazione, imputazione di una somma a una spesa → 1 **affectation, attribution** **4** [*utilisation possible, cas d'utilisation*] applicazione: *les applications d'un remède* le applicazioni di un farmaco; *les applications d'un théorème, d'une découverte scientifique* le applicazioni di un teorema, di una scoperta scientifica → **destination** **5** [*mise en pratique*] applicazione, attuazione: *application de la loi* applicazione, attuazione della legge; *application de la peine* applicazione della pena # *mettre une idée, une théorie en application* attuare, applicare un'idea, una teoria ◇ (*milit.*) *école d'application* scuola d'applicazione ◇ [*action d'appliquer son esprit, de s'appliquer*] applicazione: *travailler avec application* lavorare con applicazione; *application à l'étude, au travail* applicazione allo studio, al lavoro.

applique |aplik| *s.f.* **1** [*tout ce qui est appliqué sur un objet*] applicazione: *appliques de velours sur un manteau* applicazioni in velluto su un cappotto **2** [*appareil d'éclairage fixé au mur*] 'applique' *inv.*

appliqué, ée |aplike| *adj.* **1** [*qui s'applique* (B 4)] diligente: *un écolier appliqué* uno scolaro diligente → **studieux, travailleur** **2** [*donné franchement, flanqué*] appioppato: *un coup bien appliqué* un colpo ben appioppato Ⓒ 1 **distrait, négligent, inattentif.**

appliquer |aplike| **A** *v.tr.* **1** [*mettre une chose sur une autre de manière qu'elle la recouvre*] applicare, mettere (155): *l'infirmière lui a appliqué une compresse sur le front* l'infermiera gli ha messo un impacco sulla fronte → **mettre, 1 placer, poser** □ *il s'est appliqué un cataplasme sur son dos* si è applicato un cataplasma sulla schiena # *appliquer une couche de peinture sur un mur* dare, stendere una mano di pittura su un muro → **étendre** ◇ (*par ext.*) *appliquer son oreille sur une cloison* accostare, applicare l'orecchio a una parete → **coller**; *appliquer un baiser sur la joue* stampare un bacio sulla guancia; *appliquer une gifle à qqn.* appioppare, affibbiare un ceffone a qc. → **donner, 2 flanquer** ◇ (*fig.*) *appliquer un nom, un surnom, une épithète à qqn.* [*attribuer, donner*] appioppare, affibbiare un nome, un soprannome, un epiteto a qc. **2** [*faire servir pour telle ou telle chose*] applicare: *appliquer un traitement à une maladie* applicare una cura a una malattia; *appliquer un procédé, une règle* applicare un procedimento, una regola; *appliquer l'algèbre à la géométrie* applicare l'algebra alla geometria ◇ (*par ext.*) *appliquer une somme à telle dépense* destinare una somma per una certa spesa → 1 **affecter**; *appliquer son esprit à l'étude* applicarsi *pron.* allo studio **3** [*mettre en pratique*] applicare: *appliquer une méthode, une peine* applicare un metodo, una pena; *appliquer une loi* applicare, attuare una legge; *il faut appliquer le règlement* bisogna applicare il regolamento **B** *v.pron.* S'APPLIQUER **1** *intr.* [→ *tr.* 1] combaciare, applicarsi: *une lame qui s'applique sur une autre* una lamina che combacia con, si applica su un'altra **2** *réfl.* [→ *tr.* 1] → *tr.* 1 □ **3** *intr.* [*être adapté, applicable a*] adattarsi, applicarsi: *cette épigraphe s'applique bien au sujet de l'ouvrage* questa epigrafe si adatta bene al soggetto dell'opera # *cette remarque s'applique à tout le monde* questa osservazione riguarda, interessa tutti → **concerner, intéresser, 1 viser** **4** *réfl.* [*porter beaucoup de soin, d'attention à qqch.*] applicarsi: *s'appliquer à une étude, à un travail* applicarsi a uno studio, a un lavoro ◆ (*absolt.*) *cet écolier s'applique peu* questo alunno si applica poco.

appoggiature |apɔ(d)ʒatyʀ| *s.f.* (*mus.*) appoggiatura.

appoint |apwɛ̃| *s.m.* **1** [*complément d'une somme en petite monnaie*] spiccioli *pl.* ◇ *loc.* FAIRE L'APPOINT [*ajouter le complément en petite monnaie*] completare una somma con gli spiccioli; [*régler exactement la somme due*] presentarsi col denaro contato: *le receveur de l'autobus demande à chacun de faire l'appoint* il bigliettaio dell'autobus chiede a tutti di presentarsi col denaro contato **2** (*fig.*) [*ce qu'on ajoute à qqch. pour la compléter*] integrazione (*f.*): *il a eu un salaire d'appoint* ha avuto una integrazione dello stipendio → **complément, supplément** ◇ (*par ext.*) [*aide qui s'ajoute*] contributo, apporto: *apporter l'appoint de ses connaissances à une entreprise* portare il contributo delle proprie cognizioni in un'impresa → 1 **aide, concours** **3** (*techn.*) *moteur, fusée d'appoint* motore, razzo ausiliario* *adj.*

appointements |apwɛ̃tmɑ̃| *s.m. pl.* [*rétribution fixe qui est attachée à un emploi régulier*] stipendio* *sing.*, retribuzione (*f.sing.*): *recevoir des appointements* ricevere uno stipendio → **salaire.**

1 **appointer** |apwɛ̃te| *v.tr.* [*donner des appointements*] stipendiare.

2 **appointer** |apwɛ̃te| *v.tr.* (*techn.*) [*tailler en pointe*] appuntire (197), acuminare # *appointer un bâton* aguzzare un bastone.

appontage |apɔ̃taʒ| *s.m.* (*aviat.*) appontaggio*.

appontement |apɔ̃tmɑ̃| *s.m.* [*plate-forme le long de laquelle un navire vient s'amarrer*] pontile.

apponter |apɔ̃te| *v.intr.* (*aviat.*) [*se poser sur la plate-forme d'un porte-avions*] appontare (*aux.* essere): *les avions ont apponté* gli aerei sono appontati.

apport |apɔʀ| *s.m.* **1** [→ APPORTER I 2] apporto: *un apport d'argent* un apporto in denaro ◇ (*techn.*) *métal, matériel d'apport* metallo, materiale di apporto **2** (*dr.*) *apports en communauté* apporto *sing.* in comunione; *apports en société* apporto, messa di fondi in una società; *apports en nature* apporti in natura # *apport social* quota sociale ◇ (*fig.*) [*contribution*] apporto, contributo: *nous avons besoin de l'apport de votre expérience* abbiamo bisogno dell'apporto, del contributo della vostra esperienza.

apporter |apɔʀte| *v.tr* **I** (*concret*) **1** APPORTER QQCH. À QQN. [*porter qqch. au lieu où est qqn.*] portare q.c. a qc.: *apportez-moi ce livre* portatemi quel libro ◇ (*specialt.*) APPORTER UNE CHOSE (*quelque part*) [*la porter avec soi en venant*] portare una cosa: *quand vous viendrez, apportez vos outils* quando verrete, portate (portatevi) gli attrezzi **2** [*fournir pour sa part*] apportare, conferire (197): *apporter des capitaux à une entreprise* apportare, conferire capitali in un'impresa ◇ (*fig.*) *apporter sa pierre à l'édifice* portare, dare (102) il proprio contributo a un'opera ◇ (*par ext.*) *apporter des preuves* fornire (197), addurre (108) prove; *apporter des raisons* addurre, allegare ragioni **II** (*fig.*) **1** [*manifester, montrer* (*auprès de qqn., quelque part*)] *apporter du soin, de l'attention à faire qqch.* porre (168), mettere (155) cura, attenzione nel fare q.c. → **mettre** **2** [*donner, fournir* (*à qqn.*) *un élément de connaissance*] portare, dare: *je vous apporte de bonnes nouvelles* vi porto, vi dò buone notizie → **apprendre** ◇ (*par ext.*) *il a apporté du soulagement à ma détresse* ha portato, ha dato sollievo alla mia angoscia **3** (*choses*) [*être la cause de qqch.*] portare, provocare: *les changements que l'automobile a apportés dans la vie quotidienne* i mutamenti che l'automobile ha portato, ha provocato nella vita quotidiana.

apporteur |apɔʀtœʀ| *adj. et s.m.* [*qui apporte*] apportatore* *s.*

apposer |apoze| *v.tr.* **1** [*poser sur qqch.*] apporre (168), affiggere (109): *apposer une affiche* apporre, affiggere un manifesto → **appliquer, mettre** ◇ (*dr.*) *apposer les scellés* apporre i sigilli **2** *apposer sa signature* [*signer*] apporre la propria firma **3** (*dr.*) [*insérer*] inserire (197): *apposer une clause à un acte* inserire una clausola in un atto.

appositif, ive |apozitif, iv| *adj.* (*gram.*) appositivo.

apposition |apozisjɔ̃| *s.f.* **1** [→ APPOSER 1] apposizione: *apposition des scellés* apposizione dei sigilli **2** (*gram.*) apposizione.

appréciable |apʀesjabl(ə)| *adj.* **1** [→ APPRÉCIER A 1, 2, 3] avvertibile, percettibile: *la différence est à peine appréciable* la differenza è appena avvertibile, percettibile → **visible, évaluable** **2** (*par ext.*) [*assez considérable*] discreto, apprezzabile: *un changement appréciable* un discreto cambiamento, un cambiamento apprezzabile → **important, notable.**

appréciateur, trice |apʀesjatœʀ, tʀis| *s.* apprezzatore*.

appréciatif, ive |apʀesjatif, iv| *adj.* apprezzativo.

appréciation |apʀesjɑsjɔ̃| *s.f.* **1** [→ APPRÉCIER A 1, 2] valutazione: *une fausse appréciation de la distance* una errata valutazione della distanza; *appréciation des risques* valutazione dei rischi → **estimation, évaluation** **2** [*jugement, opinion*] giudizio* (*m.*): *son appréciation de la situation s'est révélée fausse* il suo giudizio sulla situazione si è rivelato sbagliato # *il a noté ses appréciations en marge du texte* ha annotato le sue osservazioni in margine al testo → 2 **note, observation** **3** [→ APPRÉCIER B] rivalutazione: *appréciation d'une monnaie* rivalutazione di una moneta.

apprécier |apʀesje| **A** *v.tr.* **1** [*déterminer le prix, la valeur de qqch.*] valutare, stimare: *l'expert a apprécieé le mobilier* l'esperto ha valutato, stimato la mobilia; *apprécier une chose au-dessus, au-dessous de sa valeur* valutare una cosa più, meno di quanto valga → **estimer, évaluer** **2** [*déterminer approximativement, par les sens*] valutare, calcolare: *apprécier une distance, une grandeur, une vitesse* valutare, calcolare una distanza, una grandezza, una velocità; *il apprécie les dimensions avec exactitude* calcola le dimensioni con esattezza → **estimer, juger** **3** (*fig.*) [*sentir, percevoir*] avvertire, percepire (197): *apprécier l'importance d'une chose* avvertire, percepire l'importanza di una cosa; *apprécier une nuance* percepire una sfumatura → **discerner, saisir** **4** [*porter un jugement favorable sur*] apprezzare: *je n'apprécie pas beaucoup son procédé* non apprezzo, non condivido molto il suo modo di fare ◇ (*personnes*) *apprécier qqn.* apprezzare, stimare qc. → **estimer, 1 priser** **B** *v.pron. intr.* S'APPRÉCIER [*augmenter de valeur*] rivalutarsi: *le mark s'est apprécié vis-à-vis du dollar* il marco si è rivalutato nei confronti del dollaro Ⓒ A 4 **mépriser.**

1 **appréhender** |apʀeɑ̃de| *v.tr.* **1** (*dr.*) [*arrêter*] arrestare: *la police a appréhendé le suspect* la polizia ha arrestato l'indiziato **2** (*philo.*) [*saisir par l'esprit*] comprendere (105), afferrare Ⓒ 1 **relâcher** 2.

2 **appréhender** |apʀeɑ̃de| *v.tr.* [*envisager (qqch.) avec crainte, s'en inquiéter par avance*] temere, paventare (*littér.*): *j'appréhende cette entrevue* temo questo colloquio; *il appréhendait qu'il (ne) lui fallût renoncer* temeva di dover rinunciare → **craindre.**

appréhensif, ive |apʀeɑ̃sif, iv| *adj.* **1** [→ 2 APPRÉHENDER] apprensivo, ansioso **2** timoroso.

appréhension |apʀeɑ̃sjɔ̃| *s.f.* [→ 2 APPRÉHENDER] apprensione, timore (*m.*): *j'éprouve de l'appréhension pour sa santé* provo apprensione per la sua salute; *je ne cache pas mes appréhensions devant ces difficultés* non nascondo i miei timori di fronte a queste difficoltà → **anxiété** # *il a de l'appréhension avant son examen* ha un po' di paura prima dell'esame Ⓒ **confiance.**

apprendre |apʀɑ̃dʀ(ə)| (73) *v.tr.* **I** (*sens subjectif*) **1** [*être avisé, informé de (qqch.)*] apprendere (105), sapere (177): *apprendre une nouvelle par la radio, par un ami* apprendere una notizia dalla radio, da un amico; *j'ai appris que vous étiez rentrés de voyage* ho saputo che eravate tornati dal viaggio # *apprendre par hasard un secret* venire a conoscenza di un segreto per caso **2** [*acquérir un ensemble de connaissances par un travail intellectuel ou par l'expérience*] imparare, apprendere: *apprendre l'italien* imparare l'italiano; *apprendre sa leçon* imparare, apprendere la lezione; *apprendre un texte par cœur* imparare un testo a memoria; *il a appris le métier* ha imparato il mestiere ◆ (*absolt.*) *le désir d'apprendre* il desiderio d'imparare **3** *loc.* APPRENDRE À (+*inf.*) imparare a (+ *inf.*): *apprendre à lire, à écrire* imparare a leggere, a scrivere; *apprendre à supporter la douleur* imparare a sopportare il dolore **II** (*sens objectif*) **1** [*porter à la connaissance de qqn.*] comunicare; informare (di): *apprendre qqch., une nouvelle à qqn.* comunicare q.c., una notizia a qc. → **avertir (de)** ‖ *je viens vous apprendre son arrivée, qu'il est arrivé* vengo a informarvi del suo arrivo, che è arrivato **2** [*donner la connaissance de (qqch.)*] insegnare: *le professeur apprend aux élèves les verbes irréguliers français* il professore insegna agli allievi i verbi irregolari francesi; *il m'apprendra à faire du ski, à jouer aux cartes* mi insegnerà a sciare, a giocare a carte; *cette lecture m'a beaucoup appris* questa lettura mi ha insegnato molte cose → **enseigner, expliquer** **3** (*loc.*) *cela lui apprendra à vivre!* gli servirà di lezione!; *je lui apprendrai!* [*je le corrigerai, je le punirai*] gli farò vedere io!

apprenti, ie |apʀɑ̃ti| *s.* **1** apprendista: *l'apprentie d'une couturière* l'apprendista di una sarta **2** [*personne qui a peu de connaissances, d'expérience dans un domaine*] principiante: *pour les affaires, je ne suis qu'un apprenti* in affari sono solo un principiante ◆ (*avec un subst. en appos.*) *un apprenti maçon* un apprendista muratore; *une apprentie couturière* un'apprendista sarta ◇ *loc.* L'APPRENTI SORCIER l'apprendista stregone.

apprentissage |apʀɑ̃tisaʒ| *s.m.* **1** [*le fait d'apprendre un métier*] apprendistato, tirocinio*: *son apprentissage a duré deux ans* il suo apprendistato, il suo tirocinio è durato due anni # *cours, centre, école d'apprentissage* corso, centro, scuola di addestramento professionale ◇ (*loc.*) *mettre un garçon, une fille en apprentissage* mettere un ragazzo, una ragazza a bottega da qc.; *entrer, être en apprentissage* andare, essere a bottega **2** *loc.* FAIRE L'APPRENTISSAGE DE QQCH. fare le prime esperienze di q.c., farsi le ossa a q.c.: *les jeunes nations qui font l'apprentissage de l'indépendance* le giovani nazioni che fanno le prime esperienze dell'indipendenza # *faire l'apprentissage de la vie* formarsi alla scuola, all'esperienza della vita.

apprêt |apʀɛ| *s.m.* **1** (*techn.*) apprettatura *f.*, appretto: *apprêt des tissus* apprettatura, appretto dei tessuti; *apprêt des papiers* appretto, apprettatura della carta ◇ (*tannerie*) *apprêt des cuirs* appretto del cuoio **2** (*chim.*) appretto: *apprêt pour cuir* appretto per cuoio **3** (*peint.*) *l'apprêt d'une toile* l'imprimitura *f.*, l'apparecchiatura *f.* di una tela **4** [*manière d'agir ou de s'exprimer affectée*] ricercatezza *f.* → 2 **affectation** # *sans apprêt* con naturalezza, senza pretese.

apprêté, ée |apʀete| *adj.* [*qui est trop étudié, peu naturel*] ricercato, affettato: *style apprêté* stile ricercato, affettato → **affecté.**

1 **apprêter** |apʀete| *v.tr.* **1** [*préparer (la nourriture)*] preparare: *apprêter un mets* preparare una pietanza **2** (*techn.*) [*soumettre à un apprêt*] apprettare: *apprêter des étoffes, des cuirs, des peaux, du papier* apprettare delle stoffe, il cuoio, delle pelli, la carta.

2 **apprêter(s')** |apʀete| *v.pron. réfl.* **1** [*se préparer (à)*] accingersi (119), apprestarsi: *s'apprêter au départ* accingersi a partire; *je m'apprêtais justement à vous rendre visite* mi accingevo, mi apprestavo appunto a farvi visita → **disposer (se)** **2** [*se préparer, s'habiller*] prepararsi: *ma cousine s'apprêtait pour sortir* mia cugina si preparava per uscire.

apprêteur |apʀɛtœʀ| *s.m.* [*celui qui apprête*] apprettatore.

apprêteuse |apʀɛtøz| *s.f.* **1** [*modiste qui pose les ornements sur les chapeaux*] modista **2** [*ouvrière qui prépare les éléments des pièces de lingerie, etc.*] imbastitrice.

apprivoisement |apʀivwazmɑ̃| *s.m.* [→ APPRIVOISER A 1] addomesticamento: *l'apprivoisement d'un ours* l'addomesticamento di un orso ◇ (*fig.*) *l'apprivoisement d'une personne* l'addomesticamento di una persona.

apprivoiser |apʀivwaze| **A** *v.tr.* **1** (*animaux*) [*rendre moins craintif ou moins dangereux*] addomesticare: *apprivoiser des serpents* addomesticare dei serpenti → **dompter** ◆ (*au p.p.*) *panthère apprivoisée* pantera addomesticata **2** (*personnes*) [*rendre plus docile, plus sociable*] addomesticare, ammansire (197): *apprivoiser un enfant difficile* addomesticare un ragazzo difficile → **adoucir, amadouer** **B** *v.pron.* S'APPRIVOISER **1** *intr.* (*animaux*) [→ *tr.* 1] addomesticarsi: *ce singe s'est vite apprivoisé* questa scimmia si è addomesticata presto **2** *intr.* (*personnes*) [→ *tr.* 2] ammansirsi: *cette femme a réussi à s'apprivoiser* quella donna è riuscita ad ammansirsi **3** *réfl.* S'APPRIVOISER À QQCH. [*s'y accoutumer*] assuefarsi (103) a q.c.: *je commence à m'apprivoiser à cette idée* comincio ad assuefarmi a quest'idea, ad abituarmi all'idea → **familiariser (se).**

apprivoiseur, euse |apʀivwazœʀ, øz| *s.* (*rare*) [*qui apprivoise*] addomesticatore*.

approbateur, trice |apʀɔbatœʀ, tʀis|, **approbatif, ive** |apʀɔbatif, iv| *adj.* approvatore*, approvativo (*rare*): *geste, sourire approbateur* gesto, sorriso approvatore; *un silence approbateur* un silenzio approvatore → **favorable.**

approbation |apʀɔbɑsjɔ̃| *s.f.* **1** [→ APPROUVER 1] approvazione: *soumettre un projet à l'approbation des supérieurs* sottoporre un progetto all'approvazione dei superiori → **assentiment, autorisation 2** [→ APPROUVER 2] approvazione: *sa conduite est digne d'approbation* il suo comportamento è degno di approvazione [C] 1 **refus**; 2 **blâme, critique** 2, **réprobation.**

approchable |apʀɔʃabl(ə)| *adj.* [→ APPROCHER A 2] avvicinabile → **abordable, accessible** # *il est de mauvaise humeur, il n'est pas approchable* è di cattivo umore, è inavvicinabile.

approchant, ante |apʀɔʃɑ̃, ɑ̃t| *adj.* [*qui se rapproche de; qui a du rapport, de la vraisemblance avec*] somigliante, simile: *ce n'est qu'une image de la situation plus ou moins approchante* questa è soltanto un'immagine più o meno somigliante della situazione; *voilà une très belle étoffe et une autre de qualité approchante* ecco una bellissima stoffa e un'altra di qualità simile → **semblable** ◇ (*spécialt.*) QQCH., RIEN D'APPROCHANT qualcosa, niente di simile: *ça vaut dans les cent francs ou quelque chose d'approchant* vale cento franchi o qualcosa di simile, qualcosa del genere.

approche |apʀɔʃ| *s.f.* **1** *loc.* À L'APPROCHE (DE); À MON, SON, LEUR APPROCHE [→ APPROCHER A 2] *je hâte le pas à l'approche de ma maison* allungo il passo avvicinandomi a casa; *à mon, à son approche les pigeons s'envolèrent* quando mi avvicinai, si avvicinò i piccioni volarono via; *le chat ne fuyait pas à mon approche* il gatto non scappava quando mi avvicinavo ◇ D'APPROCHE (+ *adj.*) di accesso *m.* (+ *adj.*): *une personne d'approche difficile* una persona di difficile accesso; *une œuvre d'une approche difficile* un'opera di difficile accesso, difficile da comprendere → 1 **abord,** 1 **accès 2** (*fam.*) *travaux d'approche* [*démarches intéressées, manœuvres pour arriver à un but*] manovre: *il multiple les travaux d'approche pour obtenir une augmentation* fa un sacco di manovre per avere un aumento **3** *au plur.* [*ce qui est près de*] paraggi *m.*, vicinanze: *les approches d'une ville* i paraggi di una città → 1 **abord**; *aux approches de Marseille* nei pressi, nelle vicinanze di Marsiglia **4** (*choses*) [→ APPROCHER B] l'avvicinarsi *m.inv.*, l'approssimarsi (*m.inv.*): *l'approche de la nuit, de l'hiver* l'avvicinarsi della notte, dell'inverno; *à l'approche du danger tout le monde s'enfuit* all'avvicinarsi del pericolo tutti fuggirono → **venue** # *à l'approche, aux approches de la trentaine* sulla soglia, alle soglie della trentina ◇ (*aviat.*) avvicinamento *m.* **5** *lunette d'approche* [*qui fait paraître plus proches les objets*] cannocchiale *m.* **6** [*manière d'aborder l'étude d'une question*] impostazione, approccio* (*m.*): *l'approche sociologique des faits linguistiques* l'approccio sociologico dei fatti linguistici.

approché, ée |apʀɔʃe| *adj.* → **approximatif.**

approcher |apʀɔʃe| **A** *v.tr.* **1** [*mettre près, plus près*] avvicinare, accostare: *approcher un fauteuil de la table* avvicinare, accostare una poltrona al tavolo **2** [*venir près, s'avancer auprès de (qqn.)*] avvicinare, avvicinarsi *pron.* a: *approcher une personne* avvicinare una persona, avvicinarsi a una persona; *ne m'approche pas!* non avvicinarti! ◇ (*fig.*) *c'est un homme qu'on ne peut approcher* è un uomo che non si può avvicinare, è un uomo inavvicinabile → **fréquenter B** *v.intr.* **1** [*venir près, plus près*] avvicinarsi *pron.*, accostarsi (*pron.*): *approchez que je vous regarde* avvicinatevi (in modo) che possa guardarvi; *approcher de qqch.* avvicinarsi a q.c.; *n'approchez pas du feu* non vi avvicinate (non avvicinatevi) al fuoco **2** [*être sur le point d'atteindre*] avvicinarsi (*pron.*): *approcher du but* avvicinarsi alla meta; *approcher de la cinquantaine* avvicinarsi alla cinquantina; *la nuit approche* la notte si avvicina; *le moment approche où il faudra nous quitter* si avvicina il momento in cui dovremo lasciarci **3** (*fig.*) [*être proche de, presque identique à*] avvicinarsi (*pron.*): *approcher de la vérité, de la perfection* avvicinarsi alla verità, alla perfezione **C** *v.pron. intr.* S'APPROCHER [→ *intr.* 1, 2] avvicinarsi: *le navire s'approche de la terre* la nave si avvicina a terra; *approchez-vous de moi* avvicinatevi ◇ (*fig.*) [→ *intr.* 3] *il veut s'approcher le plus près possible de la perfection* vuole avvicinarsi quanto più possibile alla perfezione [C] **éloigner (s').**

approfondir |apʀɔfɔ̃diʀ| *v.tr.* **1** [*rendre plus profond, creuser plus avant*] approfondire (197): *approfondir un canal, un trou* approfondire un canale, un buco; *les eaux ont approfondi le lit du fleuve* le acque hanno approfondito il letto del fiume **2** [*pénétrer plus avant dans une connaissance; étudier à fond*] approfondire: *approfondir une science, une question* approfondire una scienza, una questione ♦ (*au p.p.*) *la connaissance approfondie d'une langue* l'approfondita conoscenza di una lingua.

approfondissement |apʀɔfɔ̃dismɑ̃| *s.m.* [→ APPROFONDIR 1] approfondimento: *approfondissement d'un chenal* approfondimento di un canale → **creusage** ◇ (*fig.*) *approfondissement d'un sujet, d'un problème* approfondimento di un argomento, di un problema; *l'approfondissement d'un sentiment, d'une pensée* l'approfondimento di un sentimento, di un pensiero → **analyse, examen.**

appropriable |apʀɔpʀijabl(ə)| *adj.* [→ APPROPRIER A 2; B] appropriabile.

appropriation |apʀɔpʀijɑsjɔ̃| *s.f.* [→ APPROPRIER A 2; B] appropriazione: *appropriation illicite* appropriazione illecita.

approprié, ée |apʀɔpʀije| *adj.* appropriato, adeguato: *langage approprié aux circonstances* linguaggio appropriato, adeguato alle circostanze → **convenable.**

approprier |apʀɔpʀije| **A** *v.tr.* [*rendre propre à un usage, à une destination*] appropriare, adeguare: *approprier son style au sujet* appropriare, adeguare il proprio stile all'argomento → **adapter** ♦ (*au p.p.*) *rangez cet objet à la place appropriée* mettete quest'oggetto al posto appropriato, giusto **B** *v.pron. intr.* S'APPROPRIER [*faire sien; s'attribuer la propriété de qqch.*] appropriarsi (di), impadronirsi di: *s'approprier les biens d'autrui* appropriarsi i (dei) beni altrui, impadronirsi dei beni altrui; *il s'est approprié les livres qu'on lui avait prêtés* si è appropriato i (dei) libri che gli erano stati prestati → **emparer (s').**

approuvé |apʀuve| *p.p. inv.* (*dr.*) *lu et approuvé* letto e approvato.

approuver |apʀuve| *v.tr.* **1** [*donner son accord à (qqch.)*] approvare: *l'assemblée a approuvé l'ordre du jour* l'assemblea ha approvato l'ordine del giorno → **accepter, ratifier** ◇ (*dr.*) *approuver un contrat* approvare un contratto **2** [*juger bon*] approvare: *nous n'approuvons pas sa conduite* non approviamo la sua condotta → **apprécier** # *je n'approuve pas qu'il ait cette attitude* non mi va, non permetto che si comporti in questo modo ◇ (*spécialt.*) APPROUVER QQN. approvare qc.: *nous l'approuvons dans sa décision, d'en avoir décidé ainsi* l'approviamo nella sua decisione, per aver deciso così [C] 1 **repousser** 1; 2 **blâmer.**

approvisionnement |apʀɔvizjɔnmɑ̃| *s.m.* **1** [→ APPROVISIONNER A] approvvigionamento, rifornimento: *approvisionnement d'une ville en charbon* approvvigionamento di carbone di una città → **ravitaillement**; *approvisionnement d'une armée en munitions* approvvigionamento di munizioni di un esercito **2** [*ensembles des provisions rassemblées*] approvvigionamenti *pl.*, rifornimenti (*pl.*): *la disette d'approvisionnements* la mancanza di approvvigionamenti, di rifornimenti.

approvisionner |apʀɔvizjɔne| **A** *v.tr.* [*fournir de provisions*] approvvigionare, rifornire (197): *approvisionner une ville, un marché, une armée* approvvigionare, rifornire una città, un mercato, un esercito; *l'Angleterre nous approvisionne de houille* l'Inghilterra ci approvvigiona, ci rifornisce di carbon fossile; *approvisionner un magasin de toutes les marchandises nécessaires* rifornire un negozio delle merci necessarie → **ravitailler B** *v.pron. réfl.* S'APPROVISIONNER [→ *tr.*] approvvigionarsi, rifornirsi: *s'approvisionner de bois pour l'hiver* approvvigionarsi, rifornirsi di legna per l'inverno; *s'approvisionner chez l'épicier du quartier* rifornirsi, fare provviste dal droghiere del quartiere → **fournir (se)** [C] A **désapprovisionner, consommer** 1, **dégarnir, vider.**

approvisionneur, euse |apʀɔvisjɔnœʀ, øz| *s. et adj.* → **fournisseur.**

approximatif, ive |apʀɔksimatif, iv| *adj.* approssimativo, approssimato: *nombre approximatif* numero approssimativo ◇ (*par ext.*) *avoir une connaissance approximative de qqch.* avere una conoscenza approssimativa di q.c.; *s'exprimer en termes approximatifs* esprimersi in termini approssimativi → 3 **vague, imprécis** [C] **exact, précis.**

approximation |apʀɔksimɑsjɔ̃| *s.f.* (*math., cour.*) approssimazione: *parvenir au résultat par approximations successives* giungere al risultato per successive approssimazioni; *ce n'est qu'une approximation* è solo un'approssimazione.

approximativement |apʀɔksimativmɑ̃| *adv.* [→ APPROXIMATIF] approssimativamente: *évaluer approximativement* valutare approssimativamente;

cela coûtera approximativement trois cents francs costerà approssimativamente trecento franchi → **environ, près (à peu).**

appui |apɥi| *s.m.* **I 1** [→ APPUYER A 1; B 1; C 1] appoggio*, sostegno: *l'appui du corps sur les jambes* l'appoggio del corpo sulle gambe; *mur d'appui* muro di sostegno, d'appoggio # *prendre appui sur qqch.* appoggiarsi su q.c. ◇ *loc.* HAUTEUR D'APPUI [*hauteur suffisante pour s'appuyer sur le coude*] altezza di gomito: *une fenêtre à hauteur d'appui* una finestra ad altezza di gomito ~ POINT D'APPUI punto d'appoggio: (*pr.*) *point d'appui d'une poutre* punto d'appoggio di una trave, (*fig.*) *chercher un point d'appui* cercare un punto d'appoggio # *point d'appui d'un levier* fulcro di una leva ◇ (*dr.*) *servitude d'appui* servitù di appoggio ◇ (*ling.*) *voyelle d'appui* vocale d'appoggio ◇ (*milit.*) appoggio **2** *loc. prép.* À L'APPUI (DE) a sostegno (di): *à l'appui de ses dires, de sa thèse* a sostegno delle sue affermazioni, della sua tesi # *avec preuves à l'appui* (con) prove alla mano; *pièces à l'appui* pezze d'appoggio, pezze giustificative **II 1** [*ce qui sert à soutenir*] appoggio, sostegno: *il a perdu son appui et il est tombé dans le vide* ha perso l'appoggio, il sostegno ed è caduto nel vuoto → **soutien, support** # *appui d'une fenêtre, d'un balcon* appoggiatoio, davanzale di una finestra, di un balcone; *appui pour le coude* bracciolo; *appui pour la tête* poggiatesta **2** (*fig.*) [*soutien moral ou aide matérielle*] appoggio, sostegno: *chercher, demander l'appui de qqn.* cercare, chiedere l'appoggio, il sostegno di qc.; *s'assurer, gagner un appui, de puissants appuis* assicurarsi, procurarsi un appoggio, potenti appoggi; *accorder, offrir, prêter son appui à qqn.* concedere, offrire, dare il proprio appoggio a qc.; *ce dernier fils est son seul appui* quest'ultimo figlio è il suo unico sostegno; *tu pourras toujours compter sur mon appui* potrai sempre contare sul mio sostegno → 1 **aide**, 2 **assistance, protection** ◇ (*milit.*) *appui tactique* appoggio tattico.

appui-bras *s.m.*, **appuie-bras** |apɥibʀa| *s.m. inv.* [*support pour appuyer les bras*] bracciolo (*var.*): *des appuis-bras, des appuie-bras* dei braccioli.

appui-main *s.m.*, **appuie-main** |apɥimɛ̃| *s.m.inv.* [*baguette sur laquelle le peintre appuie la main qui tient le pinceau*] appoggiamano (*inv.*): *des appuis-main, des appuie-main* degli appoggiamano.

appui-pieds *s.m.*, **appuie-pieds** |apɥipje| *s.m.inv.* [*dispositif, support destiné à soutenir les pieds*] (ap)poggiapiedi *inv.*

appui-tête *s.m.*, **appuie-tête** |apɥitɛt| *s.m.inv.* [*dispositif destiné à soutenir la tête*] appoggiacapo *inv.*, (ap)poggiatesta (*inv.*): *des appuis-tête, des appuie-tête* degli appoggiacapo, dei poggiatesta (degli appoggiatesta) ◇ [*tissu orné qui protège l'étoffe d'un siège à l'emplacement de la tête*] appoggiacapo.

appuyé, ée |apɥije| *adj.* **1** [*insistant*] insistente: *un regard appuyé* uno sguardo insistente **2** [*qui insiste trop*] calcolato *p.p.* # *une politesse trop appuyée* una gentilezza eccessiva, esagerata.

appuyer |apɥije| (11) **A** *v.tr.* **1** [*soutenir ou faire soutenir*] sostenere (188); (ap)poggiare: *appuyer une chose par une autre* sostenere una cosa con una altra; *appuyer un mur par des contreforts* sostenere un muro con contrafforti ‖ *appuyer une échelle contre un mur* appoggiare una scala a un muro → **adosser**; *appuyer sa tête sur le fauteuil* appoggiare la testa sulla poltrona; *appuyer ses coudes sur la table* poggiare i gomiti sul tavolo → **mettre, poser** **2** (*fig.*) [*soutenir, rendre plus ferme, plus sûr*] basare, fondare: *appuyer ses dires sur des preuves* basare, fondare le proprie affermazioni su prove **3** [*fournir un moyen d'action, une protection, un soutien à*] appoggiare, sostenere: *appuyer un candidat à une élection* appoggiare, sostenere un candidato a una elezione → **soutenir**; *appuyer la candidature, la demande de qqn.* appoggiare la candidatura, la domanda di qc. → **aider** ◇ (*milit.*) *appuyer une attaque par un tir d'artillerie* appoggiare l'attacco col fuoco d'artiglieria **4** [*appliquer, presser (une chose) sur, contre une autre*] premere: *appuyer le pied sur la pédale* premere il piede sul pedale; *appuyer le doigt sur le bouton de la sonnette* premere il pulsante del campanello **B** *v.intr.* **1** [*être soutenu; être posé sur*] (ap)poggiare: *la voûte appuie sur les pieds-droits* la volta poggia sui piedritti → 1 **reposer**; *l'armoire n'appuie pas contre le mur* l'armadio non poggia contro il muro **2** [*poser plus ou moins fortement sur*] premere (*tr.*): *appuyez sur le levier* prema la leva → **presser**; *le conducteur appuie sur le frein* il guidatore preme il pedale del freno ◇ (*fig.*) *appuyer sur l'endroit sensible* insistere (116) sul punto vulnerabile **3** (*fig.*) [*insister (avec force) sur*] insistere: *appuyer sur un argument* insistere su un argomento; *l'orateur a appuyé sur la nécessité de s'unir* l'oratore ha insistito sulla necessità d'unirsi; *appuyer sur un mot en parlant* insistere su una parola parlando; *il vaut mieux ne pas appuyer là-dessus* è meglio non insistere su questo argomento ◇ (*loc.*) *glissons, n'appuyons pas* sorvoliamo, lasciamo perdere **4** [*prendre une direction*] dirigersi (133) *pron.*, portarsi (*pron.*): *appuyez sur la droite, à droite* portatevi, dirigetevi sulla destra, a destra → **diriger (se)** # *il a appuyé à gauche pour tourner* si è spostato sulla sinistra per girare **C** *v.pron. réfl.* S'APPUYER **1** [*s'aider, se servir comme d'un appui*] appoggiarsi: *le blessé s'appuie sur ses béquilles* il ferito si appoggia sulle stampelle; *appuyez-vous sur mon bras* si appoggi al mio braccio **2** [*faire fond sur (qqn.)*] fare (103) *tr.* affidamento, contare (*intr.*): *vous pouvez vous appuyer entièrement sur lui* potete fare completo affidamento su di lui → **compter** ◇ [*sur (qqch.)*] basarsi: *il s'appuie sur une documentation solide* si basa su una solida documentazione **3** (*loc. pop.*) *s'appuyer une corvée* [*faire qqch. par obligation*] sobbarcarsi una faticaccia, fare una sfacchinata.

apraxie |apʀaksi| *s.f.* (*méd.*) aprassia.

âpre |ɑpʀ(ə)| *adj.* **1** [*qui a une rudesse désagréable*] rigido; aspro: *un froid, un vent âpre* un freddo, un vento rigido ‖ *une voix âpre* una voce aspra ◇ (*spécialt.*) [*qui a un goût âpre*] aspro: *un vin âpre* un vino aspro **2** [*dur, pénible*] aspro, duro: *lutte âpre* aspra lotta; *vie âpre* vita dura # *une âpre résolution* una difficile risoluzione **3** (*loc.*) *être âpre au gain* [*avide*] essere avido di denaro.

âprement |ɑpʀəmɑ̃| *adv.* [→ ÂPRE 2] aspramente, duramente: *combattre âprement* combattere aspramente, duramente → **farouchement.**

après |apʀɛ| **I** *prép.* **1** (*postérité dans le temps*) dopo: *le printemps vient après l'hiver* la primavera viene dopo l'inverno; *après bien des difficultés il a réussi* dopo molte difficoltà è riuscito; *cela s'est passé après ton départ* è successo dopo la tua partenza; *après ce que j'ai fait pour lui, me traiter de la sorte!* trattarmi in questo modo, dopo quello che ho fatto per lui! ◇ (*suivi d'un pron. pers.*) dopo di: *après toi, après eux* dopo di te, di loro; *après vous, je vous en prie!* prego, dopo di lei! ◇ *loc.* APRÈS QUOI dopo di che: *nous allons déjeuner, après quoi nous nous mettrons en route* andiamo a far colazione, dopo di che ci metteremo in viaggio ~ APRÈS QUE (+ *ind.*) dopo che (+ *ind.*): *il est arrivé après que je suis parti* è arrivato dopo che sono partito ~ APRÈS AVOIR, ÊTRE dopo avere, essere: *après avoir mangé, nous sommes sortis* dopo aver mangiato, siamo usciti; *après être monté, il est redescendu* dopo essere salito, è ridisceso ~ *loc. adv.* APRÈS COUP [*après l'événement*] troppo tardi, a cose fatte: *je n'ai compris qu'après coup* ho capito troppo tardi, l'ho capito dopo; *il est arrivé après coup* è arrivato a cose fatte **2** (*postérité dans l'espace*) [*plus loin*] dopo, dietro: *la maison est après l'église* la casa è dopo, dietro la chiesa; *il y a eu un accident après le carrefour* c'è stato un incidente dopo l'incrocio **3** [*derrière (qqn. qui se déplace)*] dietro di, dopo di: *passez après moi* passate dietro di me, dopo di me **4** (*indique aussi un mouvement de poursuite, de recherche*) *courir après qqn.* correre dietro qc. ◇ *loc.* ÊTRE APRÈS QQN. [*le suivre partout*] stare dietro qc., appresso a qc.: *tu es toujours après lui, après elle* gli stai, le stai sempre dietro **5** (*subordination dans un ordre, une hiérarchie*) dopo: *après le lieutenant vient le sous-lieutenant* dopo il tenente viene il sottotenente → **sous** **6** *loc. adv.* APRÈS TOUT dopo tutto: *après tout, cela m'est égal* dopo tutto, la cosa mi è indifferente **7** *loc. prép.* D'APRÈS secondo *prép.*; in base a: *d'après vous, qui est-ce qui a raison?* secondo voi, chi ha ragione? ‖ *il faut juger d'après l'expérience* bisogna giudicare in base all'esperienza # *d'après ce que disent les journaux, il se serait enfui* stando a quel, da quel che dicono i giornali, sarebbe scappato **II** *adv.* (*temps*) dopo, appresso: *vingt ans après* venti anni dopo, appresso → **tard (plus)**; *les événements qui survinrent après* i fatti che successero dopo → **ensuite**; *aussitôt après* subito dopo; *peu de temps, longtemps après* poco (tempo), molto (tempo) dopo, appresso; *je l'ai revu le mois d'après* l'ho rivisto il mese dopo, appresso ◇ (*espace*) *la page d'après* la pagina dopo, successiva *adj.* ◇ (*loc.*) *ci-après* qui appresso, più avanti [C] **I 1 avant**; **II avant.**

après-demain |apʀɛdmɛ̃| *adv.* dopodomani (*adv. et s.m.inv.*): *l'affaire a été renvoyée à après-demain* l'affare è stato rimandato a dopodomani.
après-dîner |apʀe(ɛ)dine| *s.m.* [*partie de la journée qui suit le dîner*] dopocena (*inv.*): *il passe tous les après-dîners en famille* passa tutti i dopocena in famiglia.
après-guerre |apʀegɛʀ| *s.m.* [*période qui suit une guerre*] dopoguerra (*inv.*): *des après-guerres* dei dopoguerra # *la période de l'après-guerre* il periodo postbellico.
après-midi |apʀe(ɛ)midi| *s.m. et f.inv.* [*partie de la journée de midi jusqu'au soir*] pomeriggio* (*m.var.*): *nous nous reverrons cet après-midi* ci rivedremo oggi pomeriggio, questo pomeriggio ◇ (*loc.*) *de l'après-midi* pomeridiano (*adj.*): *la séance de l'après-midi* la seduta pomeridiana.
après-ski |apʀe(ɛ)ski| *s.m.inv.* [*bottillon, vêtement que l'on met lorsqu'on ne skie pas*] doposci.
après-vente |apʀɛvɑ̃t| *adj.inv.* (*comm.*) *service après-vente* servizio assistenza in garanzia.
âpreté |ɑpʀəte| *s.f.* (*littér.*) [*rudesse désagréable*] asprezza: *l'âpreté de l'hiver dans les montagnes* l'asprezza, il rigore dell'inverno sulle montagne; *l'âpreté d'un vin* l'asprezza di un vino ◇ (*fig.*) asprezza, durezza: *âpreté d'une lutte* asprezza, durezza di una lotta; *l'âpreté de ses reproches* l'asprezza, la durezza dei suoi rimproveri 🄲 **douceur.**
a priori |apʀijɔʀi| **1** *loc. adv.* (*lat.*) a priori, aprioristicamente (*adv.*): *il est dangereux de condamner a priori cette expérience* è pericoloso condannare a priori, aprioristicamente questa esperienza ◇ (*philo.*) *prouver a priori* dimostrare a priori **2** *adj. inv.* a priori *loc.*, aprioristico* (*var.*): *raisonnement a priori* ragionamento a priori, aprioristico 🄲 **a posteriori.**
apriorique |apʀi(j)ɔʀik| *adj.* (*philo.*) aprioristico* → **aprioriste.**
apriorisme |apʀijɔʀism(ə)| *s.m.* (*philo.*) apriorismo.
aprioriste |apʀijɔʀist(ə)| *adj.* aprioristico*.
aprioristique |apʀijɔʀistik| *adj.* (*philo.*) aprioristico*.
à-propos |apʀɔpo| *s.m.* [*ce qui vient à propos*] opportunità (*f.inv.*): *avoir l'esprit d'à-propos* avere il senso dell'opportunità # *il fait preuve d'à-propos* mostra di avere presenza di spirito; *répondre avec à-propos* rispondere a tono; *sa réflexion ne manque pas d'à-propos* la sua riflessione è giusta.
apside |apsid| *s.f.* (*astron.*) abside *m.*
apte |apt(ə)| *adj.* [*qui a des dispositions pour* (*faire qqch.*)] idoneo, capace; adatto: *il est apte à remplir cette tâche* è idoneo a svolgere questo compito; *l'élève a été jugé parfaitement apte à suivre le cours* l'alunno è stato giudicato perfettamente idoneo a, capace di seguire il corso ‖ *apte à un emploi* adatto a un impiego ◇ (*dr.*) *apte à hériter* capace di succedere; *apte à tester* capace di disporre per testamento.
aptère |aptɛʀ| *adj.* **1** (*zool.*) aptero: *insecte aptère* insetto aptero **2** (*bx-arts*) aptero: *la victoire aptère* la vittoria aptera ◇ (*archit.*) *temple aptère* tempio aptero.
aptitude |aptityd| *s.f.* **1** attitudine, disposizione: *avoir une grande aptitude à, pour faire qqch.* avere una grande attitudine a fare q.c. → **disposition, penchant** ◇ (*psycho.*) *test d'aptitude* test attitudinale *adj.* **2** [*capacité acquise*] capacità (*inv.*): *un salaire en rapport avec ses aptitudes* uno stipendio rapportato alle proprie capacità # *brevet d'aptitude* licenza d'idoneità; *certificat d'aptitude professionelle* (*C.A.P.*) certificato di abilitazione professionale.
apurement |apyʀmɑ̃| *s.m.* (*fin.*) appuramento, verifica *f.* (dei conti).
apurer |apyʀe| *v.tr.* (*fin.*) [*reconnaître* (*un compte*) *exact après vérification*] verificare, appurare ✦ (*au p.p.*) *comptes apurés* conti verificati.
apyrétique |apiʀetik| *adj.* (*méd.*) apiretico*.
apyrexie |apiʀɛksi| *s.f.* (*méd.*) apiressia.
aquaculture |akwakyltyʀ| *s.f.* → **aquiculture.**
aquafortiste |akwafɔʀtist(ə)| *s.m.* acquafortista.
aquamanile |akwamanil| *s.m.* acquamanile.
aquanaute |akwanot| *s.m.* acquanauta.
aquaplanage |akwaplanaʒ| *s.m.* [*perte d'adhérence d'une automobile lancée à grande vitesse sur une chaussée couverte d'une pellicule d'eau*] aquaplaning *inv.*
aquaplane |akwaplan| *s.m.* acquaplano.
aqua-plan(n)ing |akwaplaniŋ| *s.m.* → **aquaplanage** (*t. recomm.*).
aquarelle |akwaʀɛl| *s.f.* acquarello (*m.*): *faire de l'aquarelle* dipingere ad acquarello.
aquarelliste |akwaʀelist(ə)| *s.* acquarellista.
aquarium |akwaʀjɔm| *s.m.* acquario*.
aquarius |akwaʀjys| *s.f.* (*astron.*) acquario*.
aquatinte |akwatɛ̃t| *s.f.* (*bx-arts*) acquatinta.
aquatique |akwatik| *adj.* acquatico*: *plantes aquatiques* piante acquatiche.
aqueduc |akdyk| *s.m.* **1** acquedotto **2** (*anat.*) acquedotto: *aqueduc de Fallope* acquedotto di Falloppio; *aqueduc du limaçon* acquedotto della chiocciola.
aqueux, euse |akø, øz| *adj.* acquoso: *fruits aqueux* frutta acquosa, frutti acquosi; *solution aqueuse* soluzione acquosa ◇ (*anat.*) *l'humeur aqueuse de l'œil* l'umore acqueo, vitreo dell'occhio.
aquicole |akɥikɔl| *adj.* acquicolo.
aquiculteur |akɥikyltœʀ| *s.m.* acquicoltore.
aquiculture |akɥikyltyʀ| *s.f.* a(c)quicoltura.
aquifère |akɥifɛʀ| *adj.* acquifero: *nappe, couche aquifère* falda acquifera.
aquilin |akilɛ̃| (*adj.m.*) *nez aquilin* naso aquilino.
aquilon |akilɔ̃| *s.m.* (*littér.*) aquilone.
aquitain, aine |akitɛ̃, ɛn| *adj.* [*de l'Aquitaine*] aquitano.
aquitanien |akitanjɛ̃| *adj. m. et s.m.* (*géol.*) aquitaniano.
aquosité |akozite| *s.f.* acquosità *inv.*
ara |aʀa| *s.m.* (*t.zool.*) ara *f.*
arabe |aʀab| **1** *adj.* [*de l'Arabie ou des peuples islamisés*] arabo: *les peuples arabes* i popoli arabi; *la religion arabe* la religione araba; *chiffres arabes* numeri arabi **2** (*s.m.*) *l'arabe* [*la langue*] l'arabo.
arabesque |aʀabɛsk(ə)| *s.f.* **1** (*bx-arts*) arabesco* *m.* **2** [*ligne sinueuse*] ghirigoro *m.*, voluta: *la fumée d'une cigarette décrit des arabesques* il fumo di una sigaretta descrive dei ghirigori, delle volute → **dessin, broderie.**
arabique |aʀabik| *adj.* arabico*: *gomme arabique* gomma arabica.
arabisant, ante |aʀabizɑ̃, ɑ̃t| *s.* [*spécialiste de la langue et de la littérature arabes*] arabista.
arabisation |aʀabizɑsjɔ̃| *s.f.* arabizzazione.
arabisme |arabism(ə)| *s.m.* arabismo.
arable |aʀabl(ə)| *adj.* arabile: *terres arables* terreni arabili → **labourable.**
arabophone |aʀabɔfɔn| *adj. et s.* arabofono.
arachide |aʀaʃid| *s.f.* (*t.bot.*) arachide ◇ (*cour.*) *huile d'arachide* olio di arachide.
arachnéen, éenne |aʀakneɛ̃, eɛn| *adj.* **1** aracneo (*littér.*) **2** (*littér.*) [*qui a la légèreté de la toile d'araignée*] trasparente (*cour.*), velato (*cour.*).
Arachnides |aʀaknid| *s.m.pl.* (*t. zool.*) Aracnidi.
arachnoïde |aʀaknɔid| *s.f.* (*anat.*) aracnoide.
arachnoïdien, ienne |aʀaknɔidjɛ̃, jɛn| *adj.* aracnoideo.
arack, arac |aʀak| *s.m.* ar(r)ak, arac *inv.*
aragonais, aise |aʀagɔnɛ, ɛz| *adj.* [*d'Aragon*] aragonese.
aragonite |aragɔnit| *s.f.* (*minér.*) aragonite.
araignée |aʀeɲe| *s.f.* **1** (*t.zool.*) ragno (*m.*): *l'araignée tisse sa toile* il ragno tesse la sua tela # *une toile d'araignée* una ragnatela ◇ (*loc. fam.*) *avoir une araignée dans le plafond, au plafond* essere un po' tocco (nel cervello) ◇ (*prov.*) *araignée du matin, chagrin, araignée du soir, espoir* rosso di sera, bel tempo si spera, rosso di mattina, la pioggia si avvicina **2** *araignée de mer, crabe araignée* grancevola **3** (*techn.*) [*crochet de fer à plusieurs branches*] uncino *m.*, graffio* *m.* **4** (*pêche*) [*filet à mailles carrées*] ragno.
araméen, éenne |aʀameɛ̃, eɛn| **1** *adj.* [*des Sémites de Syrie et de haute Mésopotamie*] aramaico* **2** (*s.m.*) *l'araméen* [*la langue*] l'aramaico.
aramon |aʀamɔ̃| *s.m.* [*cépage du Languedoc*] ⊠.
Aranéides |araneid| *s.m.pl.* (*t. zool.*) Araneidi.
arasement |aʀɑzmɑ̃| *s.m.* (*maçonn.*) livellamento, pareggiamento ◇ [*dernière assise d'un mur* (*qui le met de niveau*)] muratto di banchina.
araser |araze| *v.tr.* **1** (*maçonn.*) [*mettre de niveau* (*un mur*), *égaliser les assises*] livellare, pareggiare **2** (*menuis.*) [*allégir la partie d'une pièce qui doit s'emboîter*] eseguire (197) un tenone **3** (*géol.*) [*user* (*un relief*) *jusqu'à le faire disparaître*] erodere (175).
aratoire |aʀatwaʀ| *adj.* aratorio*: *instruments aratoires* arnesi aratori.
araucaria |aʀokaʀja| *s.m.* (*t.bot.*) araucaria *f.*
arbalète |aʀbalɛt| *s.f.* [*ancienne arme de trait*] balestra: *tir à l'arbalète* tiro di balestra.

arbalétrier |aʀbaletʀije| *s.m.* **1** [*soldat armé d'une arbalète*] balestriere **2** [*poutre qui soutient la couverture d'un bâtiment*] puntone.

arbalétrière |aʀbaletʀijɛʀ| *s.f.* (*archéol.*) balestriera, feritoia.

arbi |aʀbi| *s.m.* [*indigène d'Afrique du Nord*] ⊠.

arbitrable |aʀbitʀabl(ə)| *adj.* [→ ARBITRER] arbitrabile.

arbitrage |aʀbitʀaʒ| *s.m.* **1** (*dr.*) arbitrato: *arbitrage international* arbitrato internazionale; *soumettre un différend à l'arbitrage* sottoporre una controversia all'arbitrato **2** (*sport*) [→ ARBITRER 2] arbitraggio*: *une erreur d'arbitrage* un'errore di arbitraggio **3** (*fin.*) arbitraggio.

arbitraire |aʀbitʀɛʀ| *adj.* **1** arbitrario*: *choix arbitraire* scelta arbitraria ◇ (*péj.*) *une interprétation arbitraire* un'interpretazione arbitraria ♦ (*s.m.*) *l'arbitraire de sa classification* l'arbitrarietà *f.inv.* della sua classificazione **2** [*qui dépend du caprice de qqn.*] arbitrario, abusivo: *acte, décision arbitraire* atto arbitrario, decisione arbitraria → **despotique** ♦ (*s.m.*) arbitrio*: *lutter contre l'arbitraire* lottare contro l'arbitrio → **despotisme** Ⓒ 2 **légal.**

arbitrairement |aʀbitʀɛʀmɑ̃| *adv.* [→ ARBITRAIRE] arbitrariamente.

arbitral, ale, aux |aʀbitʀal, o| *adj.* (*dr.*) arbitrale: *jugement arbitral* lodo, sentenza arbitrale.

1 **arbitre** |aʀbitʀ(ə)| *s.m.* arbitro: *prendre pour arbitre* prendere come arbitro; *être l'arbitre d'une situation* essere l'arbitro di una situazione # *exercer un rôle d'arbitre pacificateur* agire come mediatore di pace ◇ (*sport*) *l'arbitre siffle une faute* l'arbitro fischia un fallo.

2 **arbitre** |aʀbitʀ(ə)| *s.m.* → **libre arbitre.**

arbitrer |aʀbitʀe| *v.tr.* **1** [*juger en qualité d'arbitre*] arbitrare, fare (103) *intr.* da arbitro (in): *arbitrer un litige* arbitrare una controversia, fare da arbitro in una controversia **2** (*sport*) [*contrôler la régularité d'une compétition*] arbitrare: *arbitrer un match de boxe, de football* arbitrare un incontro di pugilato, di calcio.

arborer |aʀbɔʀe| *v.tr.* **1** [*dresser, élever* (*droit comme un arbre*)] inalberare, issare: *arborer un drapeau* inalberare, issare una bandiera ◇ (*loc. fig.*) *arborer l'étendard de la révolte* inalberare la bandiera della rivolta **2** [*porter ostensiblement*] sfoggiare: *cette femme arborait un chapeau voyant* quella donna sfoggiava un cappello sgargiante ◇ (*fig.*) *arborer un large sourire* sfoggiare un largo sorriso.

arborescence |aʀbɔʀesɑ̃s| *s.f.* arborescenza ◇ (*fig.*) *les arborescences du givre* le arborescenze della brina.

arborescent, ente |aʀbɔʀesɑ̃, ɑ̃t| *adj.* arborescente; arboreo: *fougères arborescentes* felci arborescenti.

arboretum |aʀbɔʀetɔm| *s.m.* (*bot.*) arboreto.

arbor(i)- |aʀbɔʀ(i)| *préf.* (*signifiant 'arbre', correspond généralt. à*) arbor(i): *arboriculture* arboricoltura.

arboricole |aʀbɔʀikɔl| *adj.* arboricolo.

arboriculteur, trice |aʀbɔʀikyltœʀ, tʀis| *s.* arboricoltore *m.* → **agriculteur, jardinier.**

arboriculture |aʀbɔʀikyltyʀ| *s.f.* arboricoltura: *arboriculture forestière* arboricoltura forestale # *arboriculture fruitière* frutticoltura; *la chaise d'arboriculture* la cattedra di coltivazioni arboree.

arborisation |aʀbɔʀizɑsjɔ̃| *s.f.* arborizzazione.

arborisé, ée |aʀbɔʀize| *adj.* (*minér.*) arborizzato: *agate arborisée* agata arborizzata.

arbouse |aʀbuz| *s.f.* [*fruit rouge et aigrelet d'arbousier*] corbezzola.

arbousier |aʀbuzje| *s.m.* (*t.bot.*) corbezzolo.

arbre |aʀbʀ(ə)| *s.m.* **1** albero: *les racines d'un arbre* le radici di un albero; *arbre à feuilles persistantes* albero sempreverde; *arbre fruitier* albero da frutto; *arbre de haute tige, de haute futaie* albero d'alto fusto; *monter dans un arbre* salire su un albero; *grimper aux arbres* arrampicarsi sugli alberi # *arbre d'agrément, d'ornement* pianta ornamentale; *une allée plantée d'arbres* un viale alberato ◇ (*par ext.*) *arbre de Noël* albero di Natale; *arbre généalogique* albero genealogico ◇ (*loc. prov.*) *c'est au fruit qu'on connaît l'arbre* dal frutto si conosce l'albero ~ *les arbres cachent la forêt* l'apparenza inganna **2** (*techn.*) albero: *arbre moteur* albero motore; *arbre à cames* albero a camme; *arbre de transmission* albero di trasmissione ◇ (*mar.*) *arbre d'hélice d'un navire* albero dell'elica di una nave.

arbrisseau |aʀbʀiso| *s.m.* [*petit arbre dont la tige ramifie dès la base*] arboscello: *arbrisseau épineux* arboscello spinoso.

arbuste |aʀbyst(ə)| *s.m.* arbusto.

arbustif, ive |aʀbystif, iv| *adj.* [*qui se rapporte aux arbustes*] arbustaceo.

arc |aʀk| *s.m.* **1** arco*: *tendre l'arc* tendere l'arco; *tirer à l'arc* tirare con l'arco ◇ (*par anal.*) *arc des sourcils* arco delle sopracciglia; *arc des lèvres* arco delle labbra; *arc des vertèbres* arco delle vertebre ◇ (*loc. fig.*) *avoir plusieurs cordes à son arc* avere molte frecce al proprio arco **2** (*géom.*) arco: *arc de cercle* arco di cerchio; *arc de 45°* arco di 45°; *amplitude d'un arc* ampiezza di un arco ◇ (*loc.*) *en arc de cercle* ad arco: *une voûte en arc de cercle* una volta ad arco ◇ (*phys.*) *arc voltaïque* arco voltaico; *lampe à arc* lampada ad arco ◇ (*physiol.*) *arc réflexe* arco riflesso **3** (*archit.*) arco: *le cintre d'un arc* la curvatura di un arco; *arc en plein cintre* arco a tutto sesto; *arc en ogive* arco a sesto acuto, a ogiva; *arc aigu, brisé* arco acuto, spezzato; *arc en fer à cheval* arco a ferro di cavallo; *arc surbaissé, surhaussé* arco ribassato, rialzato; *arc en accolade* arco inflesso ◇ (*par ext.*) *arc de triomphe* arco di trionfo.

arcade |aʀkad| *s.f.* **1** (*archit.*) arcata; portico* (*m.*): *les arcades d'un aqueduc* le arcate, gli archi di un acquedotto ‖ *se promener sous les arcades* passeggiare sotto i portici # *les arcades d'un cloître* il porticato di un chiostro **2** (*anat.*) arcata: *arcade sourcilière* arcata sopracciliare; *arcade dentaire* arcata dentaria.

arcadien, ienne |aʀkadjɛ̃, jɛn| **1** *adj.* [*de l'Arcadie*] arcadico*, arcade **2** *adj. et s.m.* (*litt.*) arcade.

arcanes |aʀkan| *s.m.pl.* arcani: *les arcanes de la science, de la politique* gli arcani della scienza, della politica → **mystère, secret.**

arcature |aʀkatyʀ| *s.f.* (*archit.*) fuga* di archi.

arc-boutant |aʀkbutɑ̃| *s.m.* (*archit.*) arco* rampante, di sostegno: *les arcs-boutants d'une cathédrale* gli archi rampanti di una cattedrale.

arc-bouter |aʀkbute| **A** *v.tr.* [*soutenir au moyen d'un arc-boutant*] rinforzare (con un arco di sostegno), puntellare → **épauler** ◇ (*par ext.*) *un pilier arc-boute cette construction* un pilastro puntella questa costruzione **B** *v. pron. réfl.* S'ARC-BOUTER [*prendre appui sur une partie du corps pour exercer une poussée*] puntarsi, inarcarsi: *il s'était arc-bouté contre le mur pour retenir la bibliothèque* si era puntato contro il muro per sostenere la libreria.

arc-doubleau |aʀkdublo| *s.m.* (*archit.*) sottarco*.

arceau |aʀso| *s.m.* **1** [*partie cintrée d'une arcade, d'une voûte*] arco* → **arc** **2** (*par ext.*) [*ce qui a la forme d'une petite arche*] archetto: *l'arceau du jeu du croquet* l'archetto del gioco del 'croquet'; *l'arceau d'un berceau* l'archetto di una culla # *l'arceau d'une tonnelle* l'arco di un pergolato.

arc-en-ciel |aʀkɑ̃sjɛl| *s.m.* arcobaleno: *des arcs-en-ciel* degli arcobaleni.

arch- |aʀʃ; aʀk|, **archi-** |aʀʃi| *préf.* (*signifiant 'qui vient avant', correspondent généralt. à*) arc; arci; archi: *archaïque* arcaico ‖ *archevêque* arcivescovo ‖ *archidiocèse* archidiocesi.

archaïque |aʀkaik| *adj.* arcaico*: *tournure archaïque* costruzione arcaica.

archaïsant, ante |aʀkaizɑ̃, ɑ̃t| *adj.* arcaizzante: *écrivain archaïsant* scrittore arcaizzante.

archaïser |aʀkaize| *v.tr.* [*employer des archaïsmes*] arcaizzare.

archaïsme |aʀkaism(ə)| *s.m.* **1** arcaismo: *un archaïsme de syntaxe* un arcaismo sintattico **2** [*caractère d'ancienneté*] arcaicità (*f.inv.*): *l'archaïsme d'un édifice* l'arcaicità di un edificio.

archange |aʀkɑ̃ʒ| *s.m.* arcangelo.

1 **arche** |aʀʃ(ə)| *s.f.* **1** arca*: *arche de Noé* arca di Noè **2** (*relig. juive*) *l'arche sainte* l'arca santa.

2 **arche** |aʀʃ(ə)| *s.f.* [*voûte en forme d'arc*] arcata, arco* (*m.*): *les arches d'un pont* le arcate, gli archi di un ponte.

archégone |aʀkegɔn| *s.m.* (*bot.*) archegonio*.

archéo- |aʀkeɔ| *préf.* (*signifiant 'ancien', correspond généralt. à*) archeo: *archéologue* archeologo.

archéologie |aʀkeɔlɔʒi| *s.f.* archeologia*.

archéologique |aʀkeɔlɔʒik| *adj.* archeologico*: *recherches archéologiques* ricerche archeologiche.

archéologue |aʀkeɔlɔg| *s.* archeologo*.

archer |aʀʃe| *s.m.* **1** [*soldat armé de l'arc*] arciere **2** [*agent de police, sous l'Ancien Régime*] ⊠.

archet |aʀʃɛ| *s.m.* (*mus.*) archetto: *l'archet d'un violon* l'archetto di un violino.

archétype |aʀketip| *s.m.* (*philo.*) archetipo ♦ *adj.* (*littér.*) *idées archétypes* idee archetipe.

archevêché |aʀʃəveʃe| *s.m.* (*ecclés.*) arcivescovado.

archevêque |arʃəvɛk| *s.m.* (*ecclés.*) arcivescovo: *Son Excellence l'archevêque* Sua Eccellenza l'arcivescovo.
archi- |arʃi| *préf.* **1** (*exprimant 'le degré extrême, la prééminence', s'emploie librement pour former des adj. et correspond généralt. à*) arci: *archicomble* arcicolmo **2** → **arch-**.
archiatre |arkjatr(ə)| *s.m.* (*ancienn.*) archiatra: *l'archiatre pontifical* l'archiatra pontificio.
archiconfrérie |arʃikɔ̃frəri| *s.f.* [*confrérie qui groupe des associations pieuses, charitables*] arciconfraternita.
archidiaconat |arʃidjakɔna| *s.m.* (*ecclés.*) arcidiaconato.
archidiacre |arʃidjakr(ə)| *s.m.* (*ecclés.*) arcidiacono.
archidiocésain, aine |arʃidjɔsezɛ̃, ɛn| *adj.* (*ecclés.*) dell'archidiocesi *loc. inv.*
archidiocèse |arʃidjɔsɛz| *s.m.* (*ecclés.*) archidiocesi *f.inv.*
archiduc, archiduchesse |arʃidyk, arʃidyʃɛs| *s.* arciduca* *m.*, arciduchessa *f.*
-archie, |arʃi|, **-arque** |ark(ə)| *suff.* (*signifiant 'commander', correspondent généralt. à*) archia; arca: *anarchie* anarchia ‖ *tétrarque* tetrarca.
archiépiscopal, ale, aux |arʃiepiskɔpal, o| *adj.* (*ecclés.*) arcivescovile, archiepiscopale.
archiépiscopat |arʃiepiskɔpa| *s.m.* (*ecclés.*) arcivescovado.
arch(i)ère |arʃ(j)ɛr| *s.f.* arciera.
archimandrite |arʃimɑ̃drit| *s.m.* (*ecclés.*) archimandrita.
archipel |arʃipɛl| *s.m.* (*géogr. cour.*) arcipelago*.
archiphonème |arʃifɔnɛm| *s.m.* (*ling.*) arcifonema.
archiprêtre |arʃiprɛtr(ə)| *s.m.* (*ecclés.*) arciprete.
Archiptères |arʃiptɛr| *s.m.pl.* → **Pseudonévroptères.**
architecte |arʃitɛkt(ə)| *s.m.* **1** architetto: *plan, devis d'architecte* progetto, preventivo dell'architetto; *cette dame est architecte* quella donna è architetto **2** (*fig.*) [*personne ou entité qui élabore qqch.*] ideatore* *s.*, artefice (*s.*): *elle a été l'architecte de cette réforme* è stata l'ideatrice, l'artefice di questa riforma → **créateur.**
architectonique |arʃitɛktɔnik| **1** *adj.* architettonico*: *conception architectonique* concezione architettonica → **architectural** **2** *s.f.* (*rare*) architettura (*cour.*), architettonica* (*vx.*) → **architecture.**
architectural, ale, aux |arʃitɛktyral, o| *adj.* [*qui a rapport à l'architecture*] architettonico*: *formes architecturales* forme architettoniche.
architecture |arʃitɛktyr| *s.f.* **1** architettura: *ce château est un chef-d'œuvre d'architecture* questo castello è un capolavoro di architettura **2** (*fig.*) [*forme, structure*] conformazione, struttura: *l'architecture du visage* la conformazione del viso; *l'architecture d'un corps* la struttura di un corpo.
architecturer |arʃitɛktyre| *v.tr.* [*construire avec rigueur*] architettare ✦ (*au p.p.*) *roman bien architecturé* romanzo ben architettato.
architrave |arʃitrav| *s.f.* (*archit.*) architrave *m.*
architravé, ée |arʃitrave| *adj.* architravato.
archivage |arʃivaʒ| *s.m.* [→ ARCHIVER] archiviazione *f.*
archiver |arʃive| *v.tr.* (*rare*) [*classer dans les archives*] archiviare (*cour.*).
archives |arʃiv| *s.f.pl.* archivio* (*m. sing.*): *archives notariales* archivio notarile ◇ (*par ext.*) *archives nationales* archivio di Stato.
archiviste |arʃivist(ə)| *s.* archivista.
archivistique |arʃivistik| **1** *adj.* archivistico* **2** *s.f.* archivistica*.
archivolte |arʃivɔlt(ə)| *s.f.* (*archit.*) archivolto *m.*
archonte |arkɔ̃t| *s.m.* (*hist. gr.*) arconte.
arçon |arsɔ̃| *s.m.* **1** [*partie du corps de la selle*] arcione ◇ (*loc.*) *vider les arçons* cadere da cavallo ~ (*fig.*) *être ferme dans, sur ses arçons* essere saldo nei propri principi **2** *cheval d'arçons* [*appareil de gymnastique*] cavallo **3** (*agric.*) tralcio* (di vite) arcuato.
arc-rampant |arkrɑ̃pɑ̃| *s.m.* arco* rampante: *des arcs-rampants* degli archi rampanti.
arctique |arktik| *adj.* (*géogr.*) artico*: *pôle arctique* polo artico; *expédition arctique* spedizione artica.
arcure |arkyr| *s.f.* **1** curvatura ad arco **2** (*agric.*) annoccatura, tralcio* *m.* ricurvo.
-ard |ar| *suff.* (*servant à donner une nuance péj. ou vulg. à un nom ou un adj., correspond quelquefois à*) ardo; one: *gaillard* gagliardo ‖ *froussard* fifone.
ardemment |ardamɑ̃| *adv.* [*avec ardeur*] ardentemente: *désirer ardemment* desiderare ardentemente.
ardent, ente |ardɑ̃, ɑ̃t| **I** *adj.* **1** ardente: *feu ardent* fuoco ardente; *charbons ardents* carboni ardenti → **enflammé, incandescent** ◇ (*loc. fig.*) *être sur des charbons ardents* stare sulle spine, fremere d'impazienza ◇ (*par ext.*) *chapelle ardente* camera ardente **2** [*qui a la couleur ou l'éclat du feu*] scintillante: *des yeux ardents de colère* occhi scintillanti, lucenti di collera **3** [*qui dégage une forte chaleur*] cocente: *soleil ardent* sole cocente → **brûlant** **4** [*qui communique le feu, enflamme, embrase*] incendiario*: *flèches ardentes* frecce incendiarie # *miroir ardent* specchio ustorio ◇ (*par ext.*) [*qui cause une sensation de chaleur, de brûlure*] *une soif ardente* una sete tormentosa, ardente **5** (*fig.*) [*qui a de l'ardeur, prompt à s'enflammer*] focoso, ardente: *une nature ardente* una natura focosa; *tempérament ardent* temperamento focoso, ardente → **fougueux, passionné** **6** [*qui est très vif*] fervido: *une imagination ardente* una fervida fantasia; *une ardente conviction* una fervida, ferma convinzione **II** *s.m.* **1** (*vx.*) *un ardent* [*un feu follet*] un fuoco* fatuo **2** *le mal des ardents* il fuoco di sant'Antonio **C** I 5 **indifférent.**
ardeur |ardœr| *s.f.* **1** (*littér.*) ardore *m.* (*cour.*): *ardeur du soleil* ardore del sole; *les ardeurs de l'été* l'ardore, la calura dell'estate **2** (*fig.*) [*énergie pleine de vivacité dans l'action*] ardore, alacrità (*inv.*): *ardeur juvénile* ardore giovanile; *ardeur au travail* alacrità nel lavoro; *travailler avec ardeur* lavorare con ardore, con alacrità → **énergie** ◇ [*dans les sentiments*] foga*, ardore: *soutenir une opinion avec ardeur* sostenere un'opinione con foga, con ardore → **exaltation, ferveur** ◇ (*fam.*) *modérez vos ardeurs* calmate i vostri bollenti spiriti (*plais.*) **C** 2 **indifférence, indolence, tiédeur.**
ardillon |ardijɔ̃| *s.m.* ardiglione.
ardoise |ardwaz| *s.f.* **1** (*minér., cour.*) ardesia: *carrière d'ardoise* cava d'ardesia; *gisement d'ardoise* giacimento d'ardesia ◇ (*par ext.*) *toit d'ardoises* tetto (di lamine) d'ardesia **2** [*plaque d'ardoise dans un cadre en bois*] lavagna ◇ (*loc. fig.*) *avoir une ardoise chez un commerçant* comprare a credito presso un commerciante; *il a des ardoises partout* ha debiti ovunque **3** [*couleur bleutée*] ardesia: *bleu, gris ardoise* blu, grigio ardesia.
ardoisé, ée |ardwaze| *adj.* [*de la couleur de l'ardoise*] d'ardesia *loc. inv.*, ardesiaco*: *ciel ardoisé* cielo d'ardesia.
ardoisier, ière |ardwazje, jɛr| **1** *adj.* [*qui est de la nature de l'ardoise*] di ardesia (*loc. inv.*): *schiste ardoisier* scisto di ardesia ◇ (*par ext.*) *industrie ardoisière* industria dell'ardesia *loc. inv.* **2** *s.m.* [*qui exploite une carrière d'ardoise*] padrone di una cava d'ardesia ◇ [*qui y travaille*] cavatore di ardesia.
ardoisière |ardwazjɛr| *s.f.* cava di ardesia.
ardu, ue |ardy| *adj.* arduo: *entreprise ardue* impresa ardua; *travail ardu* lavoro arduo → **difficile.**
are |ar| *s.m.* ara (*f.*): *cent ares* cento are → **hectare.**
aréflexie |areflɛksi| *s.f.* (*méd.*) areflessia.
aréique |areik| *adj.* (*géogr.*) areico*.
areligieux, euse |arəliʒjø, øz| *adj.* areligioso.
arénacé, ée |arenase| *adj.* arenaceo.
arène |arɛn| *s.f.* **1** arena: *le taureau entre dans l'arène* il toro entra nell'arena **2** (*fig.*) *l'arène politique, littéraire* [*le terrain où se livrent les luttes politiques, littéraires*] l'agone *m.* politico, letterario ◇ (*loc. fig.*) *descendre dans l'arène* scendere in lizza, nell'arena **3** *au plur.* ARÈNES [*amphithéâtre romain; amphithéâtre où se déroulent des courses de taureaux*] arena (*sing.*): *les arènes de Vérone* l'arena di Verona; *les arènes de Madrid* l'arena di Madrid **4** (*poét., vx.*) [*sable*] arena (*cour.*), sabbia (*cour.*) **5** (*techn.*) sabbia argillosa ◇ (*géol.*) *arène granitique* sabbia granitica.
arénicole |arenikɔl| *adj.* (*biol.*) arenicolo ✦ *s.f.* (*t.zool.*) arenicola.
arénifère *adj.* (*minér.*) arenario*.
aréolaire |areɔlɛr| *adj.* **1** (*anat.*) areolare **2** (*math.*) areolare: *vitesse aréolaire* velocità areolare.
aréole |areɔl| *s.f.* (*anat., méd.*) areola.
aréomètre |areɔmɛtr(ə)| (*s.m.*) areometro.
aréopage |areɔpaʒ| *s.m.* (*hist. gr.*) areopago*.
aréquier |arekje| *s.m.* (*t.bot.*) areca* *f.*
arête |arɛt| *s.f.* **1** [*tige du squelette des poissons osseux*] lisca*: *s'étrangler avec une arête* strozzarsi con una lisca **2** [*ligne d'intersection de deux plans*] spigolo (*m.*): *les arêtes d'un cube* gli spigoli di un cubo # *l'arête d'un toit* il colmo di un tetto; *arête du nez* profilo del naso ◇ (*archit., charpent.*) *une pierre taillée à vive arête* una pietra tagliata a spigolo vivo; *arête d'une voûte*

costolone *m.* di una volta; *voûte d'arête* volta a crociera ◇ (*géogr.*) *arête d'une chaîne de montagnes* crinale *m.* di una catena di montagne.
arêtier |aʀetje| *s.m.* linea *f.* di displuvio; lastra *f.* che copre gli spigoli del tetto.
arêtière |aʀetjɛʀ| *s.f.* (*archit.*) spigolone *m.*
arétin, ine |aʀetɛ̃, in| *adj.* [*d'Arezzo*] aretino.
-arge |aʀʒ(ə)| *suff.* (*signifiant 'blanc', correspond généralt. à*) argirio: *litharge* litargirio.
1 **argent** |aʀʒɑ̃| *s.m.* **1** argento: *alliage d'argent* lega d'argento; *bijoux en argent* gioielli in argento; *fil d'argent* filo d'argento **2** (*vx.*) *vif argent* argento vivo, mercurio (*cour.*) ◇ (*loc.*) *avoir du vif argent dans les veines* avere l'argento vivo addosso **3** *loc.* D'ARGENT [*de la couleur de l'argent*] argenteo *adj.*, d'argento: *cheveux d'argent* capelli argentei, d'argento **4** (*blas.*) argento.
2 **argent** |aʀʒɑ̃| *s.m.* **1** [*toute sorte de monnaie métallique, de papier-monnaie, etc.*] denaro, danaro, soldi (*pl.*): *somme d'argent* somma di denaro; *argent liquide* denaro liquido; *placer son argent* investire il proprio denaro, i propri soldi; *payer en argent* pagare in denaro, in contanti; *déposer son argent en banque* depositare in banca il proprio denaro; *prêter de l'argent à qqn.* prestare del denaro, dei soldi a qc.; *toucher de l'argent* riscuotere dei soldi; *rentrée d'argent* incasso (di denaro); *se vendre pour de l'argent* vendersi per denaro; *entasser de l'argent* accumulare denaro, soldi **2** (*loc.*) *jeter l'argent par les fenêtres* buttare il denaro dalla finestra ~ *l'argent lui fond dans les mains* ha le mani bucate ~ *être à court d'argent* essere a corto di quattrini ~ *en vouloir pour son argent* pretendere per quanto si è pagato, si è speso ~ *il en a eu pour son argent* ha speso bene il suo denaro ~ *prendre les paroles de qqn. pour argent comptant* prendere le parole di qc. per oro colato ◇ (*prov.*) *l'argent est le nerf de la guerre* il denaro è il nerbo della guerra ~ *pas d'argent, pas de Suisse* senza denari non si hanno i paternoster ~ *l'argent ne fait pas le bonheur* il denaro non dà la felicità ~ *le temps c'est de l'argent* il tempo è denaro.
argentan |aʀʒɑ̃tɑ̃|, **argenton** |aʀʒɑ̃tɔ̃| *s.m.* argentana *f.*
1 **argenté, ée** |aʀʒɑ̃te| *adj.* **1** argentato: *métal argenté* metallo argentato **2** [*qui a l'éclat de l'argent*] argenteo, argentato: *cheveux argentés* capelli argentei; *renard argenté* volpe argentata.
2 **argenté, ée** |aʀʒɑ̃te| *adj.* (*fam.*) [*qui a de l'argent*] danaroso ◇ (*loc.*) *n'être pas argenté* essere corto a quattrini, essere a corto di quattrini.
argenter |aʀʒɑ̃te| **A** *v.tr.* **1** [*recouvrir d'une feuille d'argent*] argentare: *argenter une glace* argentare uno specchio **2** (*fig.*) [*donner l'éclat de l'argent*] inargentare: *la lune argentait le feuillage* la luna inargentava le foglie **B** *v. pron. intr.* S'ARGENTER [→ *tr.* 2] inargentarsi: *ses tempes s'argentaient déjà* le sue tempie già si inargentavano.
argenterie |aʀʒɑ̃tʀi| *s.f.* argenteria.
argenteur |aʀʒɑ̃tœʀ| *s.m.* [*ouvrier qui argente*] argentatore.
argentier |aʀʒɑ̃tje| *s.m.* (*hist. fr.*) argentiere ◇ (*fam.*) *le grand argentier* il ministro delle Finanze (*cour.*).
argentifère |aʀʒɑ̃tifɛʀ| *adj.* argentifero: *minerai argentifère* minerale argentifero.
1 **argentin, ine** |aʀʒɑ̃tɛ̃, in| *adj.* argentino: *le son argentin d'une clochette* il suono argentino di un campanello.
2 **argentin, ine** |aʀʒɑ̃tɛ̃, in| *adj.* [*de l'Argentine*] argentino.
argentite |aʀʒɑ̃tit| *s.f.* → **argyrose** 1.
argenture |aʀʒɑ̃tyʀ| *s.f.* argentatura.
argien, ienne |aʀʒjɛ̃, jɛn| *adj.* [*de Argos, de l'Argolide*] argivo.
argilacé, ée |aʀʒilase| *adj.* argillaceo.
argile |aʀʒil| *s.f.* argilla: *argile rouge, jaune* argilla rossa, gialla; *argile réfractaire* argilla refrattaria ◇ (*fig.*) *colosse aux pieds d'argile* colosso dai piedi di argilla.
argileux, euse |aʀʒilø, øz| *adj.* argilloso.
argilo- |aʀʒilo| *préf.* (*signifiant 'argile', correspond généralt. à*) argillo: *argiloschistes* argilloscisti.
argon |aʀgɔ̃| *s.m.* (*chim.*) argo*, argon *inv.*
argonaute |aʀgɔnot| *s.m.* **1** (*hist. gr.*) argonauta **2** (*mar.*) argonauta **3** (*t. zool.*) argonauta.
argot |aʀgo| *s.m.* (*ling.*) 'argot' *inv.*; gergo*: *argot parisien* 'argot' parigino; *parler argot* parlare 'argot' ‖ *argot scolaire, militaire* gergo scolastico, militare; *mot d'argot* parola in gergo, gergale.
argotique |aʀgɔtik| *adj.* [*qui a rapport à l'argot*] gergale.
argotisme |aʀgɔtism(ə)| *s.m.* (*ling.*) gergalismo.
argousier |aʀguzje| *s.m.* (*t.bot.*) olivello spinoso.
argousin |aʀguzɛ̃| *s.m.* **1** (*ancien.*) [*bas officier des galères*] aguzzino **2** (*vx., péj.*) [*agent de police*] sbirro.
arguer |aʀgɥe| **A** *v.tr.* (*littér.*) [*tirer argument, tirer (une conséquence) de quelque fait*] arguire (197) (*cour.*), argomentare (*cour.*): *il argue de ce fait que...* da questo fatto argomenta, arguisce che... → **conclure,** 2 **déduire** ◇ (*dr.*) *arguer une pièce de faux* impugnare un documento di falso **B** *v.intr.* ARGUER DE QQCH. [*la mettre en avant, en tirer argumentation ou prétexte*] invocare *tr.*, addurre (108) *tr.* q.c. (a pretesto, a discolpa): *il argua de sa jeunesse pour demander à être acquitté* invocò, addusse (a discolpa) la sua giovane età per chiedere l'assoluzione → **alléguer.**
argument |aʀgymɑ̃| *s.m.* **1** argomento, argomentazione (*f.*): *démontrer par des arguments la fausseté d'une théorie* dimostrare con argomenti la falsità di una teoria; *apporter, fournir des arguments* portare, fornire argomenti, argomentazioni; *force, poids, portée d'un argument* forza, peso, portata di un'argomentazione; *être à court d'arguments* essere a corto d'argomenti → **raisonnement, argumentation** ◇ (*loc.*) TIRER ARGUMENT DE allegare, addurre come, a pretesto: *il tirait argument de sa mauvaise santé pour abandonner toute activité* adduceva come, a pretesto il suo cattivo stato di salute per abbandonare ogni attività **2** [*exposé sommaire du sujet que l'on va développer*] argomento: *argument d'un livre, d'une pièce de théâtre* argomento di un libro, di un'opera teatrale.
argumentaire |aʀgymɑ̃tɛʀ| *adj.* *liste argumentaire* elenco di argomenti propagandistici (per la vendita) ♦ (*s.m.*) *rédiger un argumentaire* redigere un elenco* di argomenti propagandistici (per la vendita).
argumentant |aʀgymɑ̃tɑ̃| *s.m.* (*vx.*) argomentante.
argumentateur |aʀgymɑ̃tatœʀ| *s.m.* argomentatore → **raisonneur, ergoteur.**
argumentation |aʀgymɑ̃tasjɔ̃| *s.f.* argomentazione: *une argumentation serrée* una serrata argomentazione; *son argumentation est convaincante* la sua argomentazione è convincente.
argumenter |aʀgymɑ̃te| *v.intr.* [*faire présenter des arguments; prouver par arguments*] argomentare: *argumenter contre qqn.* argomentare contro qc. ♦ (*au p.p.*) *un article solidement argumenté* un articolo corredato da una solida argomentazione ◇ (*loc.*) *argumenter de qqch.* trarre delle conclusioni da q.c. → **conclure.**
argus |aʀgys| *s.m.* **1** (*mythol.*) Argo **2** [*publication qui fournit des renseignements spécialisés*] ⊠ ◇ (*auto.*) *prix de l'argus* prezzo dell'usato **3** (*t.zool.*) argo.
argutie |aʀgysi| *s.f.* [*raisonnement pointilleux, subtilité de langage*] sottigliezza: *des arguties juridiques* sottigliezze giuridiche, cavilli giuridici; *ne perdons pas notre temps en arguties* non perdiamoci in sottigliezze.
argyrie |aʀʒiʀi| *s.f.* (*méd.*) argiriasi *inv.*
argyrisme |aʀʒiʀism(ə)| *s.m.* → argyrose 2.
argyr(o)- |aʀʒiʀ(ɔ)| *préf.* (*signifiant 'argent', correspond généralt. à*) argir(o): *argyronète* argironeta.
argyrose |aʀʒiʀoz| *s.f.* **1** (*minér.*) argentite **2** (*méd.*) argirismo *m.*
1 **aria** |aʀja| *s.m.* (*vieilli*) [*embarras, tracas*] seccatura *f.*, scocciatura, *f.* (*fam.*): *que d'arias!* quante scocciature!
2 **aria** |aʀja| *s.f.* (*mus.*) aria: *une aria de Bach* un'aria di Bach.
arianisme |aʀjanism(ə)| *s.m.* (*relig.*) arianesimo.
aride |aʀid| *adj.* **1** arido: *une région, une terre aride* una regione, una terra arida → **stérile** **2** (*fig., littér.*) [*dépourvu de sensibilité*] arido: *cœur aride* cuore arido → **stérile** ◇ [*dépourvu d'attrait*] arido, noioso: *sujet aride* argomento arido, noioso → **ingrat, rébarbatif.**
aridité |aʀidite| *s.f.* aridità (*inv.*): *aridité du sol* aridità del terreno → **stérilité** ◇ (*fig.*) *aridité d'un sujet* aridità di un argomento → **sévérité.**
arien, ienne |aʀjɛ̃, jɛn| *adj.* (*relig.*) ariano: *l'hérésie arienne* l'eresia ariana ♦ (*s.*) *des ariens* degli ariani.
ariette |aʀjɛt| *s.f.* (*mus.*) arietta: *une ariette de Haydn* un'arietta di Haydn.
arioso |aʀjozo| *s.m.* (*mus.*) arioso.
aristé, ée |aʀiste| *adj.* (*bot.*) aristato.
aristocrate |aʀistɔkʀat| *s.* aristocratico* → **noble.**
aristocratie |aʀistɔkʀasi| *s.f.* aristocrazia → **noblesse** ◇ (*fig.*) *une aristocratie d'écrivains* un'aristocrazia di scrittori → **élite.**

aristocratique |aRistɔkRatik| *adj.* aristocratico*: *gouvernement aristocratique* governo aristocratico; *manières aristocratiques* modi aristocratici → **élégant, distingué.**

aristocratiquement |aRistɔkRatikmɑ̃| *adv.* [→ ARISTOCRATIQUE] aristocraticamente.

aristoloche |aRistɔlɔʃ| *s.f.* (*t.bot.*) aristolochia.

aristotélicien, ienne |aRistɔtelisjɛ̃, jɛn| *adj.* (*philo.*) aristotelico*: *philosophie aristotélicienne* filosofia aristotelica ◆ (*s.*) *un aristotélicien* un aristotelico.

aristotélique |aRistɔtelik| *adj.* (*philo.*) aristotelico*.

aristotélisme |aRistɔtelism(ə)| *s.m.* (*philo.*) aristotelismo.

arithméticien, ienne |aRitmetisjɛ̃, jɛn| *s.* (*rare*) aritmetico*.

1 **arithmétique** |aRitmetik| *adj.* aritmetico*: *calcul arithmétique* calcolo aritmetico; *nombres arithmétiques* numeri aritmetici.

2 **arithmétique** |aRitmetik| *s.f.* **1** aritmetica*: *être meilleur en arithmétique qu'en algèbre* essere più bravo in aritmetica che in algebra → 1 **calcul** **2** [*livre qui en traite*] manuale *m.*, testo *m.* di aritmetica: *acheter une arithmétique* comperare un manuale di aritmetica.

arithmographe |aRitmɔgRaf| *s.m.* aritmografo.

arithmologie |aRitmɔlɔʒi| *s.f.* aritmologia*.

arithmomètre |aRitmɔmɛtR(ə)| *s.m.* aritmometro.

arlequin |aRləkɛ̃| *s.m.* arlecchino.

arlequinade |aRləkinad| *s.f.* arlecchinata.

armada |aRmada| *s.f.* armata (*inv.*): *l'invincible armada* l'invincibile armata.

armagnac |aRmaɲak| *s.m.* 'armagnac' *inv.*

armateur |aRmatœR| *s.m.* (*mar.*) armatore.

armature |aRmatyR| *s.f.* **1** armatura: *armature d'un vitrail* armatura di una vetrata; *armature du béton* armatura del cemento armato → **charpente, carcasse** **2** (*fig.*) [*ce qui sert à maintenir, à soutenir*] ossatura, struttura (portante): *l'armature d'un parti politique* l'ossatura, la struttura (portante) di un partito politico # *la vieille armature morale* i vecchi schemi morali.

arme |aRm(ə)| *s.f.* **1** arma: *armes de guerre* armi da guerra; *armes de chasse* armi da caccia; *armes blanches* armi bianche; *armes à feu* armi da fuoco; *armes antichars, antiaériennes* armi anticarro, antiaeree; *l'arme du crime est un couteau* l'arma del delitto è un coltello ◇ (*spécialt.*) *présenter les armes* presentare le armi; *port d'armes* porto d'armi; *prendre les armes* prendere le armi; *un peuple en armes* un popolo in armi; *déposer, rendre les armes* deporre, rendere le armi; *passer par les armes* passare per le armi ◇ (*au plur.*) *les armes* [*l'épée, le fleuret, le sabre*]: *salle d'armes* sala d'armi, di scherma; *maître d'armes* maestro d'armi, di scherma **2** (*par ext.*) [*un des corps de l'armée*] arma: *l'arme de l'infanterie, de l'artillerie* l'arma della fanteria, dell'artigliera; *compagnons d'armes* compagni d'armi; *la carrière des armes* la carriera militare delle armi ◇ [*combat, guerre*] *régler un différend par les armes* risolvere una controversia con le armi ◇ (*loc. pr., fig.*) *faire ses premières armes* essere alle prime armi **3** (*fig.*) [*ce qui peut agir contre un adversaire*] arma: *l'arme de la patience* l'arma della pazienza; *une arme à double tranchant* un'arma a doppio taglio # *donner des armes contre soi-même* fornire argomenti a proprio sfavore **4** *au plur.* (*blas.*) arme (*sing.*): *les armes d'une famille* l'arme di una famiglia → **armoiries.**

armé |aRme| *s.m.* [*position d'une arme prête à tirer*] posizione *f.* di tiro.

armé, ée |aRme| *adj.* **1** armato: *troupes armées* truppe armate; *armé jusqu'aux dents* armato fino ai denti; *vol à main armée* rapina a mano armata ◇ (*par ext.*) *conflit armé* conflitto armato **2** [*garni, pourvu*] provvisto, fornito: *épi armé de piquants* spiga provvista di aculei **3** (*personnes*) *il est bien armé dans la lutte pour la vie* [*pourvu de moyens de défense*] è ben agguerrito nella lotta per la vita **4** *béton, ciment armé* [*renforcé de métal*] cemento, calcestruzzo armato.

armée |aRme| *s.f.* **1** [*forces militaires d'un pays ou d'un groupe de pays*] esercito *m.*; armata: *armée de libération* esercito di liberazione; *l'avant-garde, les arrières d'une armée* l'avanguardia, le retrovie di un esercito; *former, recruter une armée* formare, reclutare un esercito; *être dans l'armée* essere nell'esercito; *les armées alliées* gli eserciti alleati ‖ *armée de mer* armata navale, marina militare; *armée de l'air* armata aerea, aeronautica militare **2** [*grande unité réunissant plusieurs divisions*] armata: *un corps d'armée* un corpo d'armata; *la 5e armée* la Va armata **3** (*fig.*) [*grande quantité*] esercito, schiera: *une armée de domestiques* un esercito, una schiera di domestici; *une armée de sauterelles* un esercito di cavallette → **troupe, multitude.**

armeline |aRməlin| *s.f.* → **hermine.**

armement |aRməmɑ̃| *s.m.* **1** [→ ARMER A 1] armamento: *l'armement d'un soldat, d'une place* l'armamento di un soldato, di una piazzaforte **2** [*ensemble des moyens de guerre*] armamento: *des troupes dotées d'un armement moderne* truppe dotate di un armamento moderno → **arme, équipement** ◇ (*au plur.*) *course aux armements* corsa agli armamenti; *réduction des armements* riduzione degli armamenti **3** [→ ARMER A 4] armamento: *l'armement d'un navire* l'armamento di una nave # *société d'armement* società armatrice.

arménien, ienne |aRmenjɛ̃, jɛn| **1** *adj.* [*de l'Arménie*] armeno **2** (*s.m.*) *l'arménien* [*la langue*] l'armeno.

armer |aRme| **A** *v.tr.* **1** [*pourvoir d'armes*] armare: *armer les recrues* armare le reclute; *armer une place* armare una piazzaforte → **fortifier** ◇ (*féod.*) *armer qqn. chevalier* armare qc. cavaliere → **adouber** **2** (*fig.*) ARMER (QQN.) DE [*lui donner comme arme, comme moyen de défense*] *armer le gouvernement des pouvoirs nécessaires pour réprimer l'agitation* fornire (197) al governo i poteri necessari per reprimere l'agitazione; *il est armé de sa seule bonne volonté* è armato soltanto della sua buona volontà **3** [*garnir d'une sorte d'armure, d'armature*] armare: *armer le béton* armare il cemento **4** (*mar.*) *armer un navire* [*l'équiper de tout ce qu'il faut pour prendre la mer*] armare una nave **5** [*rendre* (*une arme à feu*) *prête à tirer*] armare: *armer un fusil, un pistolet* armare un fucile, una pistola **6** [*tendre le ressort d'un mécanisme de déclenchement*] caricare: *armer un appareil de photo* caricare una macchina fotografica **B** *v.pron. réfl.* S'ARMER [→ *tr.* 1] armarsi: *s'armer d'un fusil* armarsi di un fucile ◇ (*fig.*) *s'armer de patience, de courage* armarsi di pazienza, di coraggio.

armilles |aRmij| *s.f.pl.* (*archit.*) armilla *sing.*

armistice |aRmistis| *s.m.* armistizio*: *conclure un armistice* concludere un armistizio.

armoire |aRmwaR| *s.f.* armadio* (*m.*): *armoire à linge* armadio per la biancheria; *armoire-penderie* armadio guardaroba; *armoire à un, à plusieurs corps* armadio a uno, a più corpi; *armoire à glace* armadio a specchio ◇ (*par ext.*) *armoire à pharmacie* armadio, armadietto farmaceutico; *armoire frigorifique* armadio frigorifero ◇ (*fig., fam.*) *c'est une armoire à glace* [*une personne de carrure impressionnante*] è un armadio, un corazziere.

armoiries |aRmwaRi| *s.f.pl.* (*blas.*) arme *sing.*, stemma *m.sing.* (*cour.*).

armoise |aRmwaz| *s.f.* (*t.bot.*) artemisia ~ *armoise des glaciers* → **génépi** ~ *armoise absinthe* → **absinthe.**

armorial, ale, aux |aRmɔRjal, o| **1** *adj.* (*blas.*) araldico*, relativo all'arme (*loc.*): *écu armorial* scudo araldico **2** *s.m.* [*recueil d'armoiries*] armerista, stemmario*.

armoricain, aine |aRmɔRikɛ̃, ɛn| *adj.* [*de l'Armorique*] armoricano: *chaîne armoricaine* catena armoricana.

armorier |aRmɔRje| *v.tr.* [*orner d'armoiries*] ornare d'armi ◇ [*peindre des armoiries sur* (*qqch.*)] dipingere (119) scudi o stemmi gentilizi (su).

1 **armure** |aRmyR| *s.f.* armatura: *l'armure d'un chevalier* l'armatura di un cavaliere.

2 **armure** |aRmyR| *s.f.* **1** (*phys.*) armatura: *armure de l'aimant* armatura del magnete → **armature** **2** (*tissage*) armatura # *armure toile* intreccio tela.

armurerie |aRmyRRi| *s.f.* **1** [*profession d'armurier*] attività *inv.* dell'armaiolo **2** fabbrica*, commercio* *m.* di armi.

armurier |aRmyRje| *s.m.* **1** [*fabricant, vendeur d'armes*] armaiolo **2** (*milit.*) armiere.

arnaque |aRnak| *s.m.* (*pop.*) → **escroquerie,** 2 **vol.**

arnaquer |aRnake| *v.tr.* (*pop.*) → **escroquer,** 2 **voler, arrêter,** 1 **prendre.**

arnica |aRnika| *s.f.* **1** (*t.bot.*) arnica* **2** (*méd.*) arnicina.

aromate |aRɔmat| *s.m.* aroma (di cucina), spezie *f.pl.*

aromatique |aRɔmatik| *adj.* aromatico*: *plante, herbe aromatique* pianta, erba aromatica; *saveur aromatique* sapore aromatico ◇ (*chim.*) *série aromatique* serie aromatica.

aromatisant |aRɔmatizɑ̃| *s.m.* aromatizzante.

aromatisation |aRɔmatizɑsjɔ̃| *s.f.* [→ AROMATISER] aromatizzazione.

aromatiser |aRɔmatize| *v.tr.* [*par-*

fumer avec une substance aromatique] aromatizzare: *aromatiser une boisson* aromatizzare una bevanda.

arôme, arome |aRom| *s.m.* aroma: *un arôme de café* un aroma di caffè → **odeur, parfum.**

aronde |aRɔ̃d| *s.f.* [*anc. nom de l'hirondelle*] rondine ◇ (*loc. techn.*) *à queue d'aronde* a coda di rondine.

arpège |aRpɛʒ| *s.m.* (*mus.*) arpeggio*.

arpéger |aRpeʒe| (8) (3) *v.tr.* [*exécuter (un passage) en arpèges*] arpeggiare.

arpent |aRpɑ̃| *s.m.* arpento.

arpentage |aRpɑ̃taʒ| *s.m.* **1** [→ ARPENTER 1] misurazione *f.* di un terreno **2** [*ensemble des techniques de l'arpenteur*] agrimensura (*f.*): *instruments d'arpentage* strumenti d'agrimensura.

arpenter |aRpɑ̃te| *v.tr.* **1** [*mesurer la superficie des terres par toute mesure agraire*] misurare i terreni **2** [*parcourir à grands pas*] misurare, percorrere (127) (a grandi passi): *arpenter le trottoir* misurare il marciapiede; *il arpentait le salon en jurant* misurava il salotto, andava su e giù per il salotto bestemmiando.

arpenteur |aRpɑ̃tœR| *s.m.* [*professionnel des techniques de calcul et mesure des surfaces et des relèvements de terrains*] agrimensore → **géomètre.**

arpenteuse |aRpɑ̃tøz| *s.f.* → **géomètre** (*t.zool.*).

arpion |aRpjɔ̃| *s.m.* (*pop.*) [*pied*] fetta *f.* (*région.*).

-arque |aRk| *suff.* → **-archie.**

arqué, ée |aRke| *adj.* [*courbé en arc*] arcuato: *jambes arquées* gambe arcuate; *sourcils arqués* sopracciglia arcuate; *nez arqué* naso arcuato.

arquebuse |aRkəbyz| *s.f.* archibugio* *m.*

arquebusier |aRkəbyzje| *s.m.* (*ancienn.*) archibugiere.

arquer |aRke| **A** *v.tr.* [*courber en arc*] arcuare, inarcare: *arquer une pièce de fer* arcuare, inarcare un pezzo di ferro; *arquer le dos* arcuare la schiena **B** *v.intr.* [*devenir courbe*] inarcarsi (*pron.*): *cette poutre commence à arquer* questa trave comincia a inarcarsi, imbarcarsi ◇ (*pop.*) [*marcher*] *il (ne) peut plus arquer* non riesce più a muoversi (*cour.*), a fare un passo (*cour.*) **C** *v.pron. intr.* S'ARQUER [→ *tr.*] inarcarsi: *les jambes de cette petite fille se sont arquées* le gambe di quella ragazzina si sono inarcate.

arrachage |aRaʃaʒ| *s.m.* **1** [→ ARRACHER A 1] estirpazione *f.*, sradicamento: *arrachage des mauvaises herbes* estirpazione delle erbacce # *arrachage des carottes, des pommes de terre* raccolta delle carote, delle patate **2** (*fam.*) *arrachage d'une dent* [→ ARRACHER A 2] estrazione *f.* di un dente (*cour.*) → **extraction.**

arraché |aRaʃe| **1** *s.m.* (*poids et haltères*) strappo **2** *loc. adv.* À L'ARRACHÉ [*par un effort violent*] *obtenir qqch. à l'arraché* ottenere q.c. strappandola con i denti; *c'est à l'arraché qu'il a obtenu cette concession* ha dovuto sudare (sette camicie) per ottenere questa concessione.

arrache-clou |aRaʃklu| *s.m.* [*instrument pour arracher les clous*] cacciachiodi (*inv.*:) *des arrache-clous* dei cacciachiodi.

arrachement |aRaʃmɑ̃| *s.m.* **1** [→ ARRACHER A 1, 2] sradicamento, estrazione (*f.*): *arrachement d'un arbre* sradicamento di un albero → **arrachage**; *arrachement d'une dent* estrazione di un dente → **extraction 2** (*fig.*) [*affliction que cause une séparation*] strazio, lacerazione (*f.*): *l'arrachement des adieux* lo strazio dell'addio → **déchirement.**

arrache-pied (d') |daRaʃpje| *adv.* [*sans désemparer, en soutenant un effort pénible*] indefessamente, senza posa (*loc. inv.*): *travailler d'arrache-pied* lavorare indefessamente.

arracher |aRaʃe| **A** *v.tr.* **1** [*enlever de terre (une plante)*] estirpare, sradicare: *arracher les mauvaises herbes* estirpare le erbacce → **déraciner** # *arracher les pommes de terre* raccogliere le patate **2** [*détacher avec effort (une chose qui adhère à une autre)*] estrarre (190), strappare: *arracher un clou avec des tenailles* estrarre un chiodo con le tenaglie; *arracher une dent* strappare un dente; *arracher le masque, le voile à qqn.* strappare la maschera, il velo a qc.; *un obus lui a arraché le bras* una granata gli ha strappato via il braccio → **extraire 3** (*fig.*) □ *s'arracher les cheveux* [*être désespéré*] strapparsi i capelli **4** [*enlever de force*] strappare: *arracher une arme des mains de qqn.* strappare un'arma dalle mani di qc. **5** [*obtenir qqch. de qqn. avec peine*] strappare: *arracher un secret, une promesse, un consentement* strappare un segreto, una promessa, un assenso **6** ARRACHER QQN. DE [*faire quitter un lieu à qqn. par force*] scacciare: *arracher qqn. de sa place* scacciare qc. dal suo posto; *arracher qqn. de sa maison* scacciare qc. dalla propria casa **7** ARRACHER QQN. À (*un état, une situation*) [*l'en faire sortir*] togliere (123) qc. da (uno stato, una situazione): *arracher qqn. à ses habitudes* distogliere qc. dalle proprie abitudini **B** *v.pron.* S'ARRACHER **1** *intr.* S'ARRACHER DE, S'ARRACHER À [→ *tr.* 6, 7] staccarsi da: *s'arracher des bras d'une personne* staccarsi dall'abbraccio di una persona; *je ne pouvais pas m'arracher à ce souvenir* non riuscivo a staccarmi, a liberarmi da quel ricordo; *s'arracher à une, d'une habitude* staccarsi, liberarsi da un'abitudine # *on m'a arraché de mon lit* mi hanno fatto saltare giù, tirato giù dal letto; *je m'arrache au charme de cette conversation* rinuncio mio malgrado a questa piacevole conversazione **2** *récipr.* S'ARRACHER QQN. [*se disputer la présence de qqn.*] contendersi (105) qc.: *on se l'arrache* (tutti) se lo contendono, tutti lo vogliono **3** *réfl.* → *tr.* 3 □.

arrache-racine(s) |aRaʃRasin| *s.m.* [*instrument pour arracher les racines*] cavatuberi (*inv.*): *des arrache-racines* dei cavatuberi.

arracheur, euse |aRaʃœR, øz| *s.* **1** *s.m.* (*vx.*) *arracheur de dents* cavadenti *inv.* ◇ (*prov.*) *mentir comme un arracheur de dents* mentire spudoratamente **2** *s.f.* (*agric.*) cavatuberi *m.inv.*

arrachis |aRaʃi| *s.m.* (*Eaux et For.*) **1** [*arrachage des arbres*] sradicamento **2** pianticella *f.* sradicata.

arraisonnement |aRɛzɔnmɑ̃| *s.m.* (*mar.*) ispezione *f.* di una nave.

arraisonner |aRɛzɔne| *v.tr.* (*mar.*) *arraisonner un navire* [*procéder à un interrogatoire, à une visite*] ispezionare una nave → **aborder.**

arrangeable |aRɑ̃ʒabl(ə)| *adj.* [→ ARRANGER A 4] riparabile, aggiustabile: *cette montre est arrangeable* l'orologio è riparabile → **réparable** ◇ [→ ARRANGER A 5] componibile: *leur différend n'est pas arrangeable* la loro disputa non è componibile.

arrangeant, ante |aRɑ̃ʒɑ̃, ɑ̃t| *adj.* [*qui est disposé à aplanir toute difficulté*] accomodante, conciliante → **accommodant, complaisant.**

arrangement |aRɑ̃ʒmɑ̃| *s.m.* **1** [→ ARRANGER A 1] sistemazione *f.*, disposizione (*f.*): *arrangement d'une maison* sistemazione di una casa; *arrangement des fiches dans un classeur* sistemazione, disposizione delle schede nello schedario → **disposition** ◇ (*mus.*) arrangiamento: *arrangement pour piano* arrangiamento per piano **2** [→ ARRANGER B 4] arrangiamento, accordo: *arrangement diplomatique* accordo, arrangiamento diplomatico; *un arrangement a mis fin à leur différend* un arrangiamento ha posto fine alla loro disputa → **l accord, compromis.**

arranger |aRɑ̃ʒe| (3) **A** *v.tr.* **1** [*disposer de la manière correcte ou préférée*] sistemare, mettere (155) in ordine: *arranger des fleurs dans un vase* sistemare dei fiori in un vaso; *arranger des livres* mettere in ordine dei libri; *arranger son appartement, le salon* sistemare il proprio appartamento, il salotto # *arranger sa coiffure* aggiustarsi i capelli, mettersi a posto i capelli ◇ (*mus.*) *arranger un morceau pour l'orchestre* arrangiare un pezzo per l'orchestra **2** [*mettre sur pied, préparer*] organizzare: *arranger un voyage* organizzare un viaggio; *arranger un pique-nique* organizzare un picnic; *arranger ses affaires* organizzare i propri affari **3** (*fam.*) [*donner mauvaise apparence à (qqn.)*] conciare (*cour.*), aggiustare (per le feste): *le voilà bien arrangé!* eccolo conciato per le feste!; *arranger qqn. de belle manière* aggiustare qc. per le feste ◇ (*pop.*) [*maltraiter (qqn.), en dire du mal*] strapazzare (*cour.*), bistrattare (*cour.*): *il l'a bien arrangé dans la description qu'il en a fait* l'ha strapazzato ben bene nella descrizione che ha fatto di lui **4** [*remettre en état*] aggiustare, mettere a posto: *j'ai fait arranger ma voiture* ho fatto aggiustare l'automobile; *il y a des fautes dans votre copie, il faut l'arranger* nel (suo) compito ci sono degli errori, bisogna metterlo a posto → **réparer 5** [*régler par un accord mutuel*] sistemare: *essayons d'arranger cette affaire* cerchiamo di sistemare questa faccenda; *on va arranger cela* sistemeremo la cosa # *arranger les parties* conciliare le parti **6** [*être utile, pratique pour (qqn.)*] andare (101) *intr.* bene a, fare (103) *tr.* comodo a: *cela m'arrange à bien des égards* mi fa comodo sotto molti aspetti; *si vous pouviez venir, cela m'arrangerait* se poteste venire, mi farebbe comodo → **convenir B** *v.pron.* S'ARRANGER **1** *réfl.* [*ajuster sa toilette*] prepararsi, mettersi in ordine: *elle est allée s'arranger* è andata a prepararsi, a mettersi in ordine **2** (*sens passif*) [→ *tr.* 4] aggiustarsi: *ce mécanisme peut s'arranger* questo meccanismo si può aggiustare, può essere riparato ◇ [*aller mieux*] *les choses se sont arrangées* le cose si sono aggiustate; *tout s'arrange* tutto si aggiusta **3** *intr.* [*prendre ses dispositions, ses mesures en vue de*] arrangiarsi, organizzarsi: *arrangez-vous, comme vous l'entendez* arrangiatevi, organizzatevi come volete → 1 **faire** ◇ *loc.* S'ARRANGER POUR fare in modo da: *arrangez-vous pour rester avec nous* fate in modo da restare con noi **4** *intr.* [*se mettre d'accord*] mettersi d'accordo, accordarsi: *s'arranger à l'amiable* mettersi d'accordo amichevolmente → **entendre (s')** **5** *réfl.* S'ARRANGER DE QQCH. adattarsi a: *ne vous inquiétez pas, je m'en arrangerai* non preoccupatevi, mi ci adatterò; *il faut bien s'arranger de ce que l'on a* bisogna pure adattarsi a, accontentarsi di quello che si ha → **accommoder (s')**.

arrangeur |aʀɑ̃ʒœʀ| *s.m.* arrangiatore.

arrérager |aʀeʀaʒe| (3) **A** *v.intr.* (*dr.*) [*être en retard de paiement, rester dû*] essere (96) in debito (di) **B** *v.pron.intr.* S'ARRÉRAGER [→ *intr.*] rimanere (174) *intr.* in arretrato.

arrérages |aʀeʀaʒ| *s.m.pl.* [*toute redevance périodique dont l'échéance est passée*] arretrati: *percevoir les arrérages* percepire gli arretrati.

arrestation |aʀɛstɑsjɔ̃| *s.f.* [→ ARRÊTER A 4] arresto *m.*, fermo (*m.*): *arrestation illégale* arresto, fermo illegale; *mettre qqn. en état d'arrestation* mettere qc. in stato di arresto # *ordre d'arrestation* ordine di cattura; *arrestation préventive* custodia preventiva, fermo di polizia.

arrêt |aʀɛ| *s.m.* **1** [→ ARRÊTER A 1] fermata *f.*, sosta (*f.*): *faire quelques arrêts* fare qualche fermata, qualche sosta; *voitures à l'arrêt* automobili in sosta ◇ (*chasse*) *chien à l'arrêt* cane in ferma **2** [*fin d'un fonctionnement*] arresto: *arrêt d'un moteur* arresto di un motore; *arrêt du cœur* arresto cardiaco **3** [*fin ou interruption d'une activité*] sospensione (*f.*): *arrêt du travail, des hostilités* sospensione del lavoro, delle ostilità **4** (*loc.*) SANS ARRÊT ininterrottamente *adv.*, senza sosta: *il pleut sans arrêt depuis trois jours* piove ininterrottamente da tre giorni ◇ *loc.* TEMPS D'ARRÊT battuta d'arresto: *marquer un temps d'arrêt* segnare una battuta d'arresto; *l'expansion économique a subi un temps d'arrêt* l'espansione economica ha subito una battuta d'arresto **5** [*endroit où doit s'arrêter un véhicule*] fermata: *arrêt facultatif* fermata facoltativa; *attendre à l'arrêt d'autobus* aspettare alla fermata dell'autobus **6** (*dr.*) *mandat d'arrêt* mandato di cattura *f.*, di arresto; *maison d'arrêt* prigione *f.*; carcere giudiziario* ◇ *au plur.* (*milit.*) ARRÊTS arresti: *arrêts de rigueur* arresti di rigore; *mettre qqn. aux arrêts* mettere qc. agli arresti **7** [*décision d'une cour souveraine*] sentenza (*f.*): *arrêt de la Cour de cassation* sentenza della Corte di cassazione → **jugement** # *arrêt du Conseil d'État* deliberazione del Consiglio di Stato ◇ (*littér.*) *les arrêts du destin, de la Providence* i decreti del destino, della Provvidenza.

arrêté |aʀete| *s.m.* **1** [*règlement définitif*] liquidazione *f.*, chiusura (*f.*): *arrêté de compte* liquidazione, chiusura di un conto **2** (*dr.*) decreto, ordinanza (*f.*): *arrêté ministériel* decreto ministeriale; *arrêté du maire* ordinanza del sindaco.

arrêté, ée |aʀete| *adj.* **1** [*convenu, décidé*] deciso, definito: *c'est une chose arrêtée* è cosa decisa **2** [*inébranlable, irrévocable*] risoluto, fermo: *idée arrêtée* idea risoluta; *volonté arrêtée* ferma volontà.

arrête-bœuf |aʀɛtbœf| *s.m.inv.* → **bugrane.**

arrêter |aʀete| **A** *v.tr.* **1** [*empêcher* (*qqn., qqch.*) *d'avancer*] fermare: *arrêter un passant pour lui parler* fermare un passante per parlargli; *arrêter sa voiture* fermare la propria auto → **retenir** ◇ (*par ext.*) *arrêter un mécanisme, une machine* bloccare un meccanismo, fermare una macchina **2** [*interrompre ou faire finir* (*une activité, un processus*)] fermare, bloccare: *arrêter une action, un projet* fermare, bloccare un'azione, un progetto; *arrêter le cours de qqch.* fermare il corso di q.c.; *arrêter un complot* fermare un complotto **3** [*empêcher d'agir*] fermare, frenare: *rien ne l'arrête quand il a choisi* niente lo ferma quando ha deciso; *quelque chose l'arrête* qualcosa lo frena → **entraver** ◇ (*dans la conversation*) *ici je vous arrête* a questo punto la interrompo **4** [*faire prisonnier*] arrestare: *arrêter qqn.* arrestare qc.; *les gendarmes ont arrêté le voleur* i poliziotti hanno arrestato il ladro **5** [*tenir fixé sur*] fissare, fermare: *arrêter ses yeux, ses regards sur qqch.* fissare gli occhi, lo sguardo su q.c. ◇ (*fig.*) *arrêter son attention* fissare la propria attenzione **6** [*fixer par un choix*] fissare, stabilire (197): *arrêter le lieu, le jour d'un rendez-vous* fissare il luogo, il giorno di un appuntamento; *les organisateurs ont arrêté le programme de la fête* gli organizzatori hanno stabilito il programma della festa → **fixer** # *arrêter un marché* concludere un affare; *arrêter de faire qqch.* decidere di fare q.c. ◇ (*spécialt.*) *le ministre arrête que...* [*décrète*] il ministro decreta che... **B** *v.intr.* **1** [*cesser d'avancer*] fermarsi (*pron.*): *dites au chauffeur d'arrêter* dica all'autista di fermarsi; *voulez-vous arrêter?* vuole fermarsi? **2** [*cesser de parler ou d'agir*] smettere (155) (smetterla): *arrêtez! n'en dites pas plus* la smetta, non dica altro; *il n'arrête pas de parler* non la smette di parlare; *nous avons arrêté de lire* abbiamo smesso di leggere # *il travaille sans cesse, il n'arrête pas* lavora senza sosta, non si ferma un istante **C** *v.pron. intr.* S'ARRÊTER **1** [→ *tr.* 1; *intr.* 1] fermarsi: *s'arrêter en chemin* fermarsi per strada; *passer sans s'arrêter* passare senza fermarsi; *s'arrêter pour se reposer* fermarsi per riposarsi ◇ (*mécanisme*) *ma montre s'est arrêtée* il mio orologio si è fermato **2** (*choses*) [*s'interrompre ou finir*] cessare *intr.*, fermarsi: *le bruit s'est arrêté* il rumore è cessato, è finito; *l'hémorragie s'est arrêtée* l'emorragia si è fermata, è cessata ◇ (*personnes*) [→ *intr.* 2] smettere (*intr.*): *il ne veut pas s'arrêter* non vuol smettere; *s'arrêter de faire qqch.* smettere di fare q.c. **3** [*fixer son attention sur*] fermarsi: *il ne faut pas s'arrêter aux apparences* non bisogna fermarsi alle apparenze.

arrêtoir |aʀetwaʀ| *s.m.* (*techn.*) dente d'arresto, arresto.

arrhes |aʀ| *s.f.pl.* [*somme d'argent que l'on donne à la conclusion d'un contrat*] caparra (*sing.*): *verser des arrhes* versare la caparra; *perdre ses arrhes* perdere la caparra.

arriération |aʀjeʀɑsjɔ̃| *s.f.* (*psycho.*) arretratezza: *arriération mentale, affective* arretratezza mentale, affettiva.

1 **arrière** |aʀjɛʀ| **I** *s.m.* **1** [*la partie postérieure d'une chose*] parte *f.* posteriore: *l'arrière d'une voiture* la parte posteriore di un'automobile → 2 **derrière, dos** # *l'arrière d'un navire* la poppa di una nave; *vous serez mieux à l'arrière* starete meglio dietro **2** *au plur.* (*milit.*) retrovie (*f.*): *les arrières d'une armée* le retrovie di un esercito; *protéger ses arrières* proteggere le (proprie) retrovie **3** (*football, water-polo*) terzino *s.* ◇ (*rugby*) trequarti *inv.* ◇ (*volley-ball*) giocatore* *s.* di appoggio **II** *adj. inv.* [*qui est à l'arrière*] posteriore (*var.*): *les feux arrière d'une auto* le luci posteriori di un'automobile.

2 **arrière (en)** |ɑ̃naʀjɛʀ| *loc. adv.* **1** [*vers le lieu, le côté qui est derrière*] indietro *adv.*, all'indietro: *faire un pas en arrière* fare un passo indietro; *tirer en arrière* tirare indietro; *un mouvement en arrière* un movimento all'indietro; *renverser la tête en arrière* rovesciare all'indietro la testa; *marcher en arrière* camminare all'indietro ◇ (*loc.*) *faire machine, marche* (*en*) *arrière* fare macchina, marcia indietro **2** [*à une certaine distance derrière*] indietro: *rester en arrière* restare indietro **3** *loc. prép.* EN ARRIÈRE DE dietro (*prép.*): *se tenir en arrière de qqn.* stare dietro qc.

arriéré |aʀjeʀe| *s.m.* [*dette échue qui reste due*] arretrato, arretrati (*pl.*) → **arrérages.**

arriéré, ée |aʀjeʀe| *adj.* **1** (*péj.*) [*qui appartient au temps passé*] arretrato: *un homme aux idées arriérées* un uomo dalle idee arretrate; *ils sont un peu arriérés dans ce pays* in questo paese sono un po' arretrati → **rétrograde** **2** [*qui est en retard dans son développement mental*] ritardato: *un enfant arriéré* un bambino ritardato → **attardé** ◆ (*s.*) *un arriéré* un ritardato (mentale).

arrière-ban |aʀjɛʀbɑ̃| *s.m.* (*féod.*) *publier l'arrière-ban* [*la convocation par le roi de tous ses vassaux pour le service armé*] convocare vassalli e valvassori per il servizio armato ◇ (*fig.*) *il avait convoqué le ban et l'arrière-ban de ses amis* aveva convocato tutta la schiera dei suoi amici.

arrière-bec |aʀjɛʀbɛk| *s.m.* (*archit.*) retrobecco (*inv.*): *des arrière-becs* dei retrobecco.

arrière-bouche |aʀjɛʀbuʃ| *s.f.* [*partie postérieure de la bouche*] retrobocca (*m.inv.*): *des arrière-bouches* dei retrobocca.

arrière-boutique |aʀjɛʀbutik| *s.f.* [*pièce située en arrière d'un boutique*] retrobottega (*m.inv.*): *des arrière-boutiques* dei retrobottega.

arrière-cour |aʀjɛʀkuʀ| *s.f.* [*cour sur l'arrière d'un bâtiment*] cortile *m.* di servizio, di sgombero: *des arrière-cours* dei cortili di servizio, di sgombero.

arrière-cuisine |aʀjɛʀkɥizin| *s.f.* [*pièce qui donne dans la cuisine et qui est réservée aux gros travaux*] retrocucina (*m.inv.*): *les arrière-cuisines* i retrocucina.

arrière-garde |aʀjɛʀgaʀd(ə)| *s.f.* (*milit.*) retroguardia: *des combats d'arrière-garde* scontri di retroguardia ◇ (*fig.*) *les professeurs d'arrière-garde* i professori che costituiscono la retroguardia, che sono alla retroguardia.

arrière-gorge |aʀjɛʀgɔʀʒ(ə)| *s.f.* [*fond de la gorge*] retrobocca (*m.inv.*): *des arrière-gorges* dei retrobocca.

arrière-goût |aʀjɛʀgu| *s.m.* **1** [*goût qui reste dans la bouche après l'absorption de certains aliments*] sapore: *ces champignons m'ont laissé un arrière-goût désagréable* questi funghi mi hanno lasciato in bocca un sapore sgradevole ◇ (*spécialt.*) *l'arrière-goût d'un vin* il retrogusto di un vino **2** (*fig.*) [*état affectif qui subsiste après le fait qui l'a provoqué*] fondo: *un arrière-goût de tristesse* un fondo di tristezza → 2 **souvenir.**

arrière-grand-mère |aʀjɛʀgʀɑ̃mɛʀ| *s.f.*, **arrière-grand-père** |aʀjɛʀgʀɑ̃pɛʀ| *s.m.* bisnonna *f.*, bisnonno (*m.*): *les arrière-grand-mères, les arrière-grands-pères* le bisnonne, i bisnonni → **bisaïeul.**

arrière-grand-oncle |aʀjɛʀgʀɑ̃tɔ̃kl(ə)| *s.m.*, **arrière-grand-tante** *s.f.* |aʀjɛʀgʀɑ̃tɑ̃t| fratello *m.*, sorella *f.* del bisnonno (o della bisnonna): *les arrière-grands-oncles, les arrière-grand-tantes* i fratelli, le sorelle del bisnonno (o della bisnonna).

arrière-main |aʀjɛʀmɛ̃| *s.m.* [*partie postérieure du cheval*] treno posteriore.

arrière-neveu |aʀjɛʀnəvø| *s.m.* [*descendant du neveu ou de la nièce, par rapport à l'oncle ou à la tante*] pronipote *s.* ◇ *au plur.* (*littér.*) *les arrière-neveux* [*les descendants*] i posteri.

arrière-pays |aʀjɛʀpei| *s.m.inv.* [*région située en arrière d'une région côtière*] entroterra, retroterra: *résider dans l'arrière-pays* abitare nell'entroterra.

arrière-pensée |aʀjɛʀpɑ̃se| *s.f.* [*pensée, intention qu'on dissimule*] secondo fine *m.*; pensiero *m.* recondito: *sans arrière-pensée* senza secondo fine (secondi fini) ‖ *des arrière-pensées* dei pensieri reconditi.

arrière-petit-fils |aʀjɛʀpətifis| *s.m.*, **arrière-petite-fille** |aʀjɛʀpətitfij| *s.f.* [*le fils, la fille du petit-fils, de la petite-fille*] pronipote *s.* (dei bisnonni): *des arrière-petits-fils, des arrière-petites-filles* dei pronipoti, delle pronipoti.

arrière-petit-neveu |aʀjɛʀpətinvø| *s.m.*, **arrière-petite-nièce** |aʀjɛʀpətitnjɛs| *s.f.* [*fils, fille d'un petit-neveu ou d'une petite-nièce*] pronipote *s.* (degli zii).

arrière-petits-enfants |aʀjɛʀpətizɑ̃fɑ̃| *s.m.pl.* [*les descendants du petit-fils, de la petite-fille*] pronipoti (dei bisnonni).

arrière-plan |aʀjɛʀplɑ̃| *s.m.* **1** [*le plan le plus éloigné de l'œil du spectateur*] sfondo: *des arrière-plans* degli sfondi **2** (*fig.*) *être à l'arrière-plan* essere in secondo piano.

arrière-port |aʀjɛʀpɔʀ| *s.m.* (*mar.*) porto interno.

arriérer |aʀjeʀe| (8) **A** (*v.tr.*) *arriérer un paiement* [*le différer*] differire (197), ritardare un pagamento **B** *v.pron. intr.* S'ARRIÉRER [*laisser en retard des paiements échus*] rimanere (174) *intr.*, restare *intr.* in arretrato (con i pagamenti): *notre locataire s'est arriéré de plusieurs termes* il nostro inquilino è rimasto in arretrato coi pagamenti di parecchie scadenze, è moroso *adj.* da parecchi mesi.

arrière-saison |aʀjɛʀsɛzɔ̃| *s.f.* [(*la fin de*) *l'automne*; *la fin d'une saison de production*] fine stagione: *le prix des fruits augmente dans l'arrière-saison* il prezzo della frutta aumenta a fine stagione ◇ (*tourisme*) *prix d'arrière-saison* prezzi di bassa stagione.

arrière-salle |aʀjɛʀsal| *s.f.* sala interna.

arrière-train |aʀjɛʀtʀɛ̃| *s.m.* **1** [*partie postérieure du corps d'un quadrupède*] treno posteriore **2** (*fam.*) [*fesses d'une personne*] didietro *inv.*, deretano: *donner un coup de pied dans l'arrière-train* dare una pedata nel didietro, nel deretano → **postérieur 3** (*rare*) [*partie postérieure d'un véhicule à quatre roues*] retrotreno.

arrimage |aʀimaʒ| *s.m.* **1** [→ ARRIMER 1] stivaggio* **2** [→ ARRIMER 2] sistemazione *f.* (di un carico, di pacchi).

arrimer |aʀime| *v.tr.* **1** (*mar.*) [*ranger* (*la cargaison*) *dans la cale d'un navire*] stivare **2** [*caler, fixer avec des cordes* (*un chargement*)] sistemare (un carico, dei pacchi).

arrimeur |aʀimœʀ| *s.m.* [*ouvrier qui arrime les marchandises à bord d'un navire*] stivatore → **chargeur, docker.**

ar(r)iser |aʀize| *v.tr.* (*mar.*) [*diminuer la surface d'une voile en repliant le ris sur la vergue*] terzarolare.

arrivage |aʀivaʒ| *s.m.* [*arrivée de marchandises*; *les marchandises elles-mêmes*] arrivi *pl.* (di merci): *il y a eu un grand arrivage de fruits aux halles* ci sono stati grossi arrivi di frutta ai mercati generali ◇ (*plais.*) *un arrivage de touristes* un grosso arrivo di turisti.

arrivant, ante |aʀivɑ̃, ɑ̃t| *s.* colui *m.*, colei *f.* che arriva: *les arrivants et les partants* coloro che arrivano e coloro che partono.

arrivé, ée |aʀive| *adj.* **1** arrivato: *premier, dernier arrivé* primo, ultimo arrivato **2** [*qui a réussi* (*socialement, professionnellement*)] arrivato: *c'est un homme arrivé* è un uomo arrivato.

arrivée |aʀive| *s.f.* **1** [→ ARRIVER I 1] arrivo (*m.*): *l'arrivée du bateau, du train* l'arrivo della nave, del treno; *gare d'arrivée* stazione d'arrivo; *il m'a annoncé son arrivée* mi ha annunciato il suo arrivo ◇ (*fig.*) *l'arrivée du printemps* l'arrivo, l'inizio* *m.* della primavera → **apparition, début** ◇ (*sport*) *ligne d'arrivée* traguardo *m.*, (linea d')arrivo; *juge d'arrivée* giudice d'arrivo ◇ (*choses, marchandises*) *l'arrivée du poisson* gli arrivi *pl.* di pesce ◇ (*techn.*) *arrivée d'essence, du gaz* arrivo di benzina, di gas **2** [*lieu où arrivent les voyageurs*] lato *m.* arrivi [C] **départ 1, sortie.**

arriver |aʀive| *v.intr.* (*aux.* 'être') **I 1** [*parvenir au lieu où l'on voulait aller*] arrivare, giungere (150): *arriver à destination* arrivare, giungere a destinazione; *nous arriverons à Paris à midi* arriveremo a Parigi a mezzogiorno; *voilà le train qui arrive de Rome* ecco il treno che arriva da Roma → **venir;** *arriver chez soi* arrivare a casa; *on y arrive par une rue étroite* ci si arriva per una strada stretta ◇ (*loc. fig.*) *l'affaire est arrivée à bon port* l'affare è giunto in porto ◆ (*absolt.*) *nous voici, nous voilà arrivés* eccoci arrivati; *arriver par le train, en auto* arrivare in treno, in auto; *arriver de bonne heure, en retard, tard* arrivare presto, in ritardo, tardi; *arriver le premier, le dernier* arrivare per primo, per ultimo; *je suis arrivé devant, derrière lui* sono arrivato prima, dopo di lui; *il est arrivé à propos, mal à propos* è giunto, è capitato a proposito, a sproposito ◇ (*loc.*) *arriver à l'improviste* arrivare, giungere all'improvviso ~ *arriver comme un chien dans un jeu de quilles* arrivare a sproposito, come un cane in chiesa ◆ (*impers.*) *il est arrivé un agent* è arrivato un poliziotto; *il est arrivé une personne que je ne connais pas* è arrivata una persona che non conosco; *il est arrivé des visites* sono arrivate visite ◇ (*par ext.*) [*venir vers qqn.*] *le voici qui arrive* eccolo che arriva **2** [*atteindre à une certaine taille*] arrivare: *son fils lui arrive déjà à l'épaule* suo figlio gli (le) arriva già alla spalla ◇ (*loc. fig.*) *il ne lui arrive pas à la cheville, à la ceinture* non è degno di lustrargli le scarpe **3** [*atteindre, parvenir à un état*] arrivare, giungere: *arriver à un certain âge* arrivare a una certa età; *arriver au bout, à la fin de son existence* giungere al termine, alla fine della propria esistenza; *arriver au but qu'on s'est proposé* arrivare allo scopo che ci si è prefissi # *arriver à ses fins* raggiungere il proprio scopo; *n'arriver à rien* non concludere niente ◇ *loc.* ARRIVER À (+ *inf.*) riuscire (201), arrivare a (+ *inf.*): *je n'arrive pas à faire des économies* non riesco a mettere soldi da parte; *je pense arriver à finir ce travail avant demain* penso di riuscire a finire questo lavoro prima di domani # *tu n'y arriveras pas* non ce la farai **4** *absolt.* [*réussir*] arrivare, riuscire: *c'est un individu qui veut arriver à tout prix* è un individuo che vuole arrivare a tutti i costi **5** [*aborder* (*un sujet*)] arrivare: *arriver à la conclusion de son discours* arrivare alla conclusione del discorso; *un instant, j'y arrive* un momento, ci sto arrivando **6** *loc.* EN ARRIVER À [*en venir à*; *être sur le point de*] arrivare a, giungere a; arrivare, giungere al punto di: *j'en étais arrivé à la fin de mon discours, lorsque...* ero arrivato alla fine del discorso, quando...; *comment peut-on en arriver là?* come si può giungere a questo punto?; *il faudra bien en arriver là* bisognerà pure che si arrivi a questo punto ‖ *il en est arrivé à douter de tout* è arrivato al punto di dubitare di tutto; *j'en arrive à me demander s'il croit vraiment à ce qu'il dit* sono giunto al punto di chiedermi se crede davvero a quello che dice **II** (*choses*) **1** [*parvenir à destination*] arrivare: *un télégramme est arrivé pour vous* è arrivato un telegramma per voi; *ces marchandises arrivent par mer, par avion* queste merci arrivano via mare, per via aerea ◆ (*impers.*) *il est arrivé une lettre* è arrivata una lettera; *il est arrivé un gros colis* è arrivato un grosso pacco; *il est arrivé des marchandises* sono arrivate delle merci; *il est arrivé des journaux* sono arrivati dei giornali **2** [*arriver jusqu'à qqn.*] arrivare, giungere: *le bruit est arrivé jusqu'à ses oreilles* la notizia è giunta fino alle sue orecchie **3** [*atteindre un certain niveau*] arrivare: *l'eau lui arrive à la ceinture* l'acqua gli arriva alla cintola **4** [*venir, être sur le point d'être*] venire (202): *le moment est arrivé d'agir* è venuto, è giunto il momento di agire; *un jour arrivera où tu comprendras* verrà il giorno in cui capirai **5** (*en parlant d'un événement*) succedere (125), accadere (121): *si le cas arrive, je sais ce que je dois faire* se dovesse succedere, accadere, so quello che devo fare; *cela peut arriver à tout le monde* può succedere a tutti; *que cela ne vous arrive plus!* che non accada, succeda più!; *cela ne m'arrivera plus, je vous le promets* non mi succederà più, (ve) lo prometto; *un malheur est vite arrivé* una disgrazia fa presto a succedere, a capitare ◇ (*prov.*) *un malheur n'arrive jamais seul* le disgrazie non vengono mai sole ♦ (*impers.*) *quoi qu'il arrive* qualunque cosa accada; il *lui est arrivé un malheur* gli è successa una disgrazia; *il va lui arriver qqch. de grave* gli succederà q.c. di grave; *il m'est arrivé des ennuis* ho avuto delle noie ◇ *loc.* IL ARRIVE QUE (+ *subj.*) capita, succede che (+ *subj.*), di (+ *inf.*): *il arrive que l'on fasse un poker* capita che si faccia un pocherino; *il arrive souvent que l'on se promène* ci capita spesso di farci una passeggiata ~ IL ARRIVE (À QQN.) DE (+ *inf.*) capita (a qc.) di (+ *inf.*): *il nous arrive de sortir après dîner* (a volte) ci capita di uscire dopo cena; *il arrive à chacun de se tromper* capita a tutti di sbagliare.

arrivisme |aʀivism(ə)| *s.m.* arrivismo.

arriviste |aʀivist(ə)| *s.* arrivista.

arrogamment |aʀɔgamɑ̃| *adv.* [→ ARROGANT] con arroganza *loc. inv.*, arrogantemente.

arrogance |aʀɔgɑ̃s| *s.f.* arroganza: *répondre avec arrogance* rispondere con arroganza.

arrogant, ante |aʀɔgɑ̃, ɑ̃t| *adj.* arrogante: *air, ton arrogant* aria, tono arrogante 🄲 **déférent, humble.**

arroger (s') |aʀɔʒe| (3) *v.pron.réfl.* [*s'attribuer (un droit, une qualité) sans y avoir droit*] arrogarsi: *elle s'était arrogé le droit de critiquer les autres* si era arrogata il diritto di criticare gli altri → **attribuer (s').**

arroi |aʀwa| *s.m.* (*vx.*) [*équipage accompagnant un personnage*] corte *f.*, seguito.

arrondi, ie |aʀɔ̃di| **1** *adj.* [*à peu près rond*] arrotondato: *visage arrondi* viso arrotondato **2** *s.m.* L'ARRONDI [*le contour arrondi*] *l'arrondi du visage* il contorno del viso; *l'arrondi de ses épaules* la rotondità *f. inv.* delle sue spalle.

arrondir |aʀɔ̃diʀ| **A** *v.tr.* **1** [*rendre rond*] arrotondare: *arrondir les arêtes* arrotondare gli spigoli; *arrondir une pièce de bois au tour* arrotondare un pezzo di legno al tornio ◇ (*fig.*) *arrondir les angles* smussare gli angoli ◇ (*spécialt.*) *arrondir une jupe* [*en coudre l'ourlet de façon à ce que sa distance du sol soit égale en tous points*] fare (103) l'orlo a una gonna **2** [*rendre plus complet*] arrotondare; aumentare, accrescere (128): *arrondir une somme* arrotondare una somma; *arrondir au franc supérieur, inférieur* arrotondare, fare cifra tonda (per eccesso, per difetto) ‖ *arrondir sa fortune* aumentare, accrescere il proprio patrimonio → **augmenter** **3** (*mar.*) *arrondir un cap, une pointe* [*passer au large*] doppiare un capo, una punta **B** *v.pron. intr.* S'ARRONDIR [→ *tr.* 1] arrotondarsi: *son ventre s'arrondit* la sua pancia si arrotonda.

arrondissage |aʀɔ̃disaʒ| *s.m.* (*techn.*) arrotondamento.

arrondissement |aʀɔ̃dismɑ̃| *s.m.* [*circonscription administrative*] circondario*, distretto → **sous-préfecture** ◇ (*à Paris, Lyon, Marseille*) 'arrondissement' (*inv.*): *le Ve, le XVIe arrondissement* il V, il XVI 'arrondissement'.

arrosable |aʀozabl(ə)| *adj.* [→ ARROSER 1, 2] irrigabile.

arrosage |aʀozaʒ| *s.m.* [→ ARROSER 1] annaffiatura *f.*, innaffiatura *f.*; irrigazione (*f.*): *arrosage d'un jardin* annaffiatura di un giardino ‖ *canal, pompe, tuyau d'arrosage* canale, pompa, canna (tubo) per l'irrigazione.

arrosé, ée |aʀoze| *adj.* [*qui reçoit des précipitations*] piovoso: *une région bien arrosée* una regione piovosa.

arroser |aʀoze| *v.tr.* **1** [*mouiller en versant un liquide, de l'eau sur*] annaffiare, inaffiare, bagnare ◇ (*fam.*) *il s'est fait arroser* [*mouiller par la pluie*] ha fatto la doccia, si è inzuppato ◇ (*littér.*) *arroser de larmes* bagnare (*cour.*) di lacrime **2** [*couler à travers*] bagnare, irrigare: *la Seine arrose Paris* la Senna bagna Parigi → **traverser** **3** *arroser son repas de bon vin* [*l'accompagner d'un bon vin en mangeant*] annaffiare il pasto con un buon vino ◇ (*fam.*) bagnare: *arroser ses galons* bagnare i galloni **4** (*fam.*) *arroser qqn.* [*lui donner de l'argent*] mollare la grana a qc. **5** *arroser son café* [*y verser de l'alcool*] correggere (154) il caffè.

arroseur, euse |aʀozœʀ, øz| *s.* **1** *s.* [*personne qui arrose (spécialt. les voies publiques)*] annaffiatore*, innaffiatore* **2** *s.m.* [*appareil d'arrosage*] irrigatore **3** *s.f.* (*techn.*) annaffiatrice, innaffiatrice # *une arroseuse automobile* un'autoinnaffiatrice.

arrosoir |aʀozwaʀ| *s.m.* [*ustensile destiné à l'arrosage*] annaffiatoio*, innaffiatoio*.

arsenal, aux |aʀsənal, o| *s.m.* **1** *arsenal de la marine* arsenale marittimo → **atelier, chantier** **2** [*dépôts d'armes et de munitions*] armeria *f.* **3** (*fam.*) [*matériel compliqué*] armamentario*: *l'arsenal d'un photographe* l'armamentario di un fotografo ◇ [*grande quantité de matériel varié*] arsenale: *ce pêcheur transporte un véritable arsenal* quel pescatore si trascina dietro un vero e proprio arsenale.

arséniate |aʀsenjat| *s.m.* (*chim.*) arseniato.

arsenic |aʀsənik| *s.m.* (*chim.*) arsenico *inv.*

arsenical, ale, aux |aʀsənikal, o| *adj.* (*chim.*) arsenicale.

arsénieux |aʀsenjø| *adj. m.* (*chim.*) arsenioso.

arsouille |aʀsuj| **1** *s.* [*voyou*] mascalzone # *un petit arsouille* un mascalzoncello **2** (*adj.*) *un air arsouille* [*vulgaire, canaille*] un'aria canagliesca*.

art |aʀ| *s.m.* **1** [*moyens d'obtenir quelques résultats; adresse, habileté*] arte (*f.*): *l'art de faire qqch.* l'arte di fare q.c. → **façon, manière**; *elle a l'art de plaire* ha l'arte di piacere; *faire qqch. avec art* fare qualcosa con arte → **2 adresse, habileté, savoir-faire** ◇ (*plais.*) *il a l'art d'ennuyer tout le monde* ha il potere, il dono di seccare tutti **2** [*ensemble de connaissances et de règles d'action, dans un domaine particulier*] arte: *l'art culinaire, militaire* l'arte culinaria, militare; *l'art d'aimer* l'arte di amare; *l'art de vivre* l'arte di vivere; *les règles d'un art* le regole di un'arte ◇ *loc.* DANS (TOUTES) LES RÈGLES DE L'ART a regola d'arte: *faire qqch. dans toutes les règles de l'art* fare q.c. a regola d'arte **3** [*conception d'un idéal de beauté et manière de le représenter*] arte: *critique d'art* critico d'arte; *œuvre d'art* opera d'arte; *ville d'art* città d'arte; *livre d'art* libro d'arte; *histoire de l'art* storia dell'arte; *étudier l'art égyptien, l'art italien* studiare l'arte egiziana, l'arte italiana; *musée national d'art moderne* museo nazionale d'arte moderna; *art abstrait, figuratif* arte astratta, figurativa; *les beaux-arts* le belle arti; *les arts plastiques* le arti figurative; *le septième art* la decima arte, la cinematografia # *le huitième art* la televisione; *le neuvième art* i fumetti; *l'art nouveau* lo stile liberty ◇ (*constr.*) *ouvrage d'art* opera d'arte.

artefact |aʀtefakt| *s.m.* (*méd., sc.*) artefatto.

artel |aʀtɛl| *s.f.* (*russe*) artel *m. inv.*

artère |aʀtɛʀ| *s.f.* **1** (*anat., cour.*) arteria: *artère pulmonaire, aorte, carotide* arteria polmonare, aorta, carotide **2** [*rue importante d'une ville*] arteria: *évitez les grandes artères qui sont embouteillées* evitate le grandi arterie che sono intasate.

artériectomie |aʀteʀjɛktɔmi| *s.f.* (*chir.*) arteriectomia.

artériel, ielle |aʀteʀjɛl| *adj.* (*anat., méd.*) arterioso: *sang artériel* sangue arterioso.

artéri(o)- |aʀteʀj(ɔ)| *préf.* (*signifiant 'artère', correspond généralt. à*) arteri(o): *artériosclérose* arteriosclerosi.

artériographie |aʀteʀjɔgʀafi| *s.f.* arteriografia.

artériole |aʀteʀjɔl| *s.f.* (*anat.*) arteriola.

artérioscléreux, euse |aʀteʀjɔskleʀø, øz| *adj. et s.* (*méd.*) arteriosclerotico*.

artériosclérose |aʀteʀjɔskleʀoz| *s.f.* (*méd., cour.*) arteriosclerosi *inv.*

artériotomie |aʀteʀjɔtɔmi| *s.f.* (*chir.*) arteriotomia.

artérite |aʀteʀit| *s.f.* (*méd.*) arterite.

artésien |aʀtezjɛ̃| (*adj.*) *puits artésien* pozzo artesiano.

arthralgie |aʀtʀalʒi| *s.f.* (*méd.*) artralgia*.

arthrite |aʀtʀit| *s.f.* (*méd., cour.*) artrite: *arthrite déformante* artrite deformante → **rhumatisme.**

arthritique |aʀtʀitik| *adj.* (*méd.*) artritico*♦ (*s.*) *un arthritique* un artritico.

arthritisme |aʀtʀitism(ə)| *s.m.* (*méd.*) artritismo.

arthr(o)- |aʀtʀ(ɔ)| *préf.* (*signifiant 'articulation', correspond généralt. à*) artr(o): *Arthropodes* Artropodi.

arthropathie |aʀtʀɔpati| *s.f.* (*méd.*) artropatia.

Arthropodes |aʀtʀɔpɔd| *s.m.pl.* (*t.zool.*) Artropodi.

arthrose |aʀtʀoz| *s.f.* (*méd., cour.*) artrosi *inv.*

artichaut |aʀtiʃo| *s.m.* **1** (*t.bot.*) carciofo ◇ (*loc. fam.*) *il (elle) a un cœur d'artichaut* [*un cœur volage*] è un farfallone, è una farfalla **2** (*techn.*) *les* *artichauts d'une grille* gli spuntoni di un'inferriata.

article |aRtikl(ə)| *s.m.* **I** **1** [*partie qui forme une division d'un texte légal, officiel*] articolo: *article de loi* articolo di legge ◇ (*loc. fig.*) *prendre qqch. pour article de foi* prendere q.c. per articolo di fede, per vangelo ◇ (*par ext.*) [*partie d'un écrit*] punto: *je passe à un autre article de votre lettre* passo a un altro punto della vostra lettera **2** (*loc.*) *à l'article de la mort* in punto di morte, in articulo mortis; *être à l'article de la mort* essere in punto di morte **3** (*presse*) *article d'un journal* articolo di un giornale ◇ (*par ext.*) *article d'un dictionnaire, d'une encyclopédie* voce *f.* di un dizionario, di un'enciclopedia **II** (*comm.*) articolo: *nous n'avons pas cet article en magasin* non abbiamo questo articolo in negozio, non disponiamo di questo articolo; *articles de voyage* articoli da viaggio; *articles de luxe* articoli di lusso ◇ (*loc.*) *faire l'article* [*vanter sa marchandise pour la vendre*] vantare, decantare la propria merce **III** (*gram.*) articolo: *article défini, indéfini, partitif* articolo determinativo, indeterminativo, partitivo; *article élidé* articolo apostrofato # *article contracté* preposizione articolata.

articulaire |aRtikylɛR| *adj.* (*anat., méd.*) articolare: *ligament articulaire* legamento articolare.

articulation |aRtikylɑsjɔ̃| *s.f.* **1** (*anat.*) [→ ARTICULER B 1] articolazione: *articulation du coude, du genou* articolazione del gomito, del ginocchio **2** (*phonét.*) articolazione: *point d'articulation d'un phonème* punto d'articolazione di un fonema; *son articulation est peu nette* la sua articolazione è poco chiara → **prononciation** **3** (*dr.*) articolazione: *les articulations du demandeur* le articolazioni dell'attore in giudizio.

articulatoire |aRtikylatwaR| *adj.* (*ling.*) articolatorio*.

articulé, ée |aRtikyle| **1** *adj.* (*phonét.*) articolato: *langage articulé* linguaggio articolato ◇ [*construit de manière à s'articuler*] *poupée articulée* bambola snodata **2** *s.m.pl.* (*t.zool.*) *les Articulés* gli Articolati → **Arthropodes.**

articuler |aRtikyle| **A** *v.tr.* **1** (*personnes*) [*émettre* (*des sons*)] articolare ✦ (*absolt.*) *bien, mal articuler* articolare bene, male ◇ (*par ext.*) [*dire*] proferire (197): *il n'a pas articulé un seul mot* non ha proferito sillaba → **prononcer** **2** (*dr.*) [*énoncer article par article*] enunciare: *articuler des faits* enunciare dei fatti **B** *v.pron. intr.* S'ARTICULER **1** (*anat.*) [*former une articulation* (*os*)] articolarsi: *la manière dont deux os s'articulent* il modo in cui si articolano due ossa ◇ (*mécan.*) *l'organe de transmission s'articule sur l'arbre* l'organo di trasmissione si articola sull'albero **2** [*se succéder comme éléments distincts d'un tout*] articolarsi: *les chapitres de ce livre s'articulent bien* i capitoli di questo libro si articolano bene, sono ben articolati.

articulet |aRtikylɛ| *s.m.* (*fam.*) [*petit article* (*de journal*); *article insignifiant*] articoletto (*cour., péj.*).

artifice |aRtifis| *s.m.* **1** artificio*: *les artifices d'un style* gli artifici di uno stile; *avoir recours à un artifice pour résoudre un problème* ricorrere a un artificio per risolvere un problema ◇ *loc.* USER D'ARTIFICE ricorrere ad artifici: *cet homme use d'artifice pour atteindre son but* quell'uomo ricorre ad artifici per raggiungere il suo scopo → **ruse, subterfuge** **2** FEU D'ARTIFICE fuoco* d'artificio, artificiale: *on a donné un feu d'artifice sur la mer* hanno fatto dei fuochi *pl.* d'artificio, artificiali sul mare ◇ (*fig.*) *ses déclarations: un vrai feu d'artifice!* le sue dichiarazioni: un vero fuoco d'artificio!

artificiel, elle |aRtifisjɛl| *adj.* **1** artificiale: *lac artificiel* lago artificiale; *lumière artificielle* luce artificiale; *fleurs artificielles* fiori artificiali; *soie artificielle* seta artificiale ◇ (*par ext.*) *classification artificielle* classificazione artificiale; *langue artificielle* lingua artificiale **2** [*qui manque de naturel*] artificioso, artefatto: *style artificiel* stile artificioso; *sa façon de parler est très artificielle* il suo modo di parlare è molto artefatto → **affecté, forcé** # *un enthousiasme artificiel* un entusiasmo fittizio ⓒ **naturel.**

artificiellement |aRtifisjɛlmɑ̃| *adv.* [→ ARTIFICIEL] artificialmente; artificiosamente.

artificier |aRtifisje| *s.m.* artificiere.

artificieusement |aRtifisjøzmɑ̃| *adv.* (*littér.*) [→ ARTIFICIEUX] artificiosamente (*cour.*).

artificieux, ieuse |aRtifisjø, jøz| *adj.* (*littér.*) artificioso (*cour.*): *une femme artificieuse* una donna artificiosa; *paroles artificieuses* parole artificiose → **rusé** ⓒ **sincère.**

artillerie |aRtijRi| *s.f.* artiglieria: *artillerie légère* artiglieria leggera; *tir d'artillerie* tiro d'artiglieria ◇ (*par ext.*) *bataillon d'artillerie* battaglione d'artiglieria.

artilleur |aRtijœR| *s.m.* (*milit.*) artigliere.

artimon |aRtimɔ̃| *s.m.* (*mar.*) artimone # *mât d'artimon* albero di mezzana.

Artiodactyles |aRtjɔdaktil| *s.m. pl.* (*t.zool.*) Artiodattili.

artisan, ane |aRtizɑ̃, an| *s.* **1** artigiano **2** (*fig.*) [*auteur, cause d'une chose*] artefice: *c'est lui l'artisan du succès* è lui l'artefice del successo # *tu es le seul artisan de ta ruine* sei il solo responsabile della tua rovina.

artisanal, ale, aux |aRtizanal, o| *adj.* artigianale, artigiano: *une exploitation artisanale* un'azienda artigianale, artigiana; *exercer un métier artisanal* svolgere un lavoro artigianale.

artisanalement |aRtizanalmɑ̃| *adv.* [→ ARTISANAL] artigianalmente.

artisanat |aRtizana| *s.m.* artigianato: *l'artisanat d'art* l'artigianato artistico.

artiste |aRtist(ə)| *s.* artista: *cette pianiste est une grande artiste* questa pianista è una grande artista ◇ (*par ext.*) *les artistes du cinéma, de la télévision* gli artisti del cinema, della televisione → **acteur.**

artistement |aRtistəmɑ̃| *adv.* [→ ARTISTE] con gusto *loc. inv.*, artisticamente: *des fleurs artistement disposées* dei fiori disposti con gusto; *un salon artistement décoré* un salotto arredato artisticamente → **artistiquement.**

artistique |aRtistik| *adj.* artistico*: *les richesses artistiques d'un pays* le ricchezze artistiche di un paese ◇ (*par ext.*) *une décoration artistique* una decorazione artistica.

artistiquement |aRtistikmɑ̃| *adv.* [*avec goût; avec sens esthétique*] artisticamente; con (notevole) senso estetico *loc. inv.*

artocarpe |aRtɔkaRp(ə)| *s.m.* (*t. bot.*) artocarpo, albero del pane (*cour.*).

arum |arɔm| *s.m.* (*t.bot.*) aro, gigaro.

aruspice |aRyspis| *s.m.* (*antiq. rom.*) aruspice.

aryen, yenne |aRjɛ̃, jɛn| *s.* ariano ✦ (*adj.*) *race aryenne* razza ariana.

aryle |aRil| *s.m.* (*chim.*) arile.

arythmie |aRitmi| *s.f.* (*méd.*) aritmia.

arythmique |aRitmik| *adj.* **1** aritmico*: *son arythmique* suono aritmico **2** (*méd.*) aritmico: *respiration arythmique* respiro aritmico.

as |ɑs| *s.m.* asso: *as de carreau, de pique* asso di quadri, di picche ◇ (*loc. fam.*) *être ficelé, fichu comme l'as de pique* [*être mal habillé ou mal fait*] essere conciato male, malfatto ~ (*pop.*) *être aux as, plein aux as* essere pieno di grana ~ *passer qqch. à l'as* [*l'escamoter*] fare sparire q.c. ◇ (*fig.*) *un as de l'aviation* un asso dell'aviazione; *c'est un as* è un asso → **champion.**

asbeste |asbɛst(ə)| *s.m.* (*minér.*) asbesto, amianto.

asbestose |asbɛstoz| *s.f.* (*méd.*) asbestosi *inv.*

ascaride |askaRid|, **ascaris** |askaRis| *s.m.* (*t.zool.*) ascaride.

ascaridiose |askaRidjoz| *s.f.* (*méd.*) ascaridiasi *inv.*

ascendance |asɑ̃dɑ̃s| *s.f.* **1** ascendenza: *ascendance paternelle, maternelle* ascendenza paterna, materna ◇ (*par ext.*) *il est d'ascendance bretonne* è di origine bretone **2** (*astron.*) ascendente *m.*

ascendant |asɑ̃dɑ̃| *s.m.* **1** ascendente: *avoir de l'ascendant sur qqn.* avere ascendente su qc.; *subir l'ascendant de qqn.* subire l'ascendente di qc. → **autorité, influence,** 2 **charme** **2** *au plur.* (*dr.*) *les ascendants* gli ascendenti ⓒ 2 **descendant.**

ascendant, ante |asɑ̃dɑ̃, ɑ̃t| *adj.* ascendente: *mouvement ascendant* movimento ascendente ◇ (*fig.*) *marche ascendante* marcia ascendente.

ascenseur |asɑ̃sœR| *s.m.* ascensore: *la cage de l'ascenseur* la cabina dell'ascensore; *appeler l'ascenseur* chiamare l'ascensore ◇ (*loc. fam.*) *renvoyer l'ascenseur* [*rendre la pareille à qqn.*] rendere la pariglia (*cour.*).

ascension |asɑ̃sjɔ̃| *s.f.* **1** (*relig.*) ascensione **2** [*action de gravir une montagne*] ascensione, scalata: *la première ascension du mont Blanc* la prima (ascensione) del Monte Bianco; *faire une ascension* fare una scalata ◇ (*par ext.*) *ascension d'un ballon, d'une fusée* ascensione di un pallone, di un razzo **3** (*fig.*) [*montée vers un idéal ou une réussite sociale*] ascesa: *l'ascension de Bonaparte* l'ascesa di Bonaparte → **montée** ⓒ 3 **chute** 2.

ascensionnel, elle |asɑ̃sjɔnɛl| *adj.* ascensionale: *force ascensionnelle* forza ascensionale.

ascensionner |asɑ̃sjɔne| *v.intr.* (*alpinisme*) [*faire une ascension*] fare (103) *tr.* un'ascensione, una scalata.

ascensionniste |asɑ̃sjɔnist(ə)| *s.* [*personne qui fait une ascension en montagne*] alpinista, scalatore*: *cordée d'ascensionnistes* cordata d'alpinisti, di scalatori.

ascèse |asɛz| *s.f.* ascesi *inv.*
ascète |asɛt| *s.* asceta: *mener une vie d'ascète* condurre una vita da asceta → **ermite.**
ascétique |asetik| **1** *adj.* ascetico*: *un visage ascetique* un viso ascetico **2** *s.f.* (*théol.*) ascetica*.
ascétiquement |asetikmɑ̃| *adv.* [→ ASCÉTIQUE 1] asceticamente.
ascétisme |asetism(ə)| *s.m.* ascetismo.
Asclépiadacées |asklepjadase| *s.f.pl.* (*t.bot.*) Asclepiadacee.
1 **asclépiade** |asklepjad| *s.f.* (*t. bot.*) asclepiade.
2 **asclépiade** |asklepjad| *adj. et s.m.* (*versif.*) asclepiadeo.
Ascomycètes |askɔmisɛt| *s.m.pl.* (*t. bot.*) Ascomiceti.
ascorbique |askɔʀbik| *adj.* ascorbico*: *acide ascorbique* acido ascorbico.
asdic |asdik| *s.m.* (*mar.*) ecogoniometro → **sonar.**
asémantique |asemɑ̃tik| *adj.* (*ling.*) asemantico*.
asepsie |asɛpsi| *s.f.* (*méd.*) asepsi *inv.*
aseptique |asɛptik| *adj.* (*méd.*) asettico*: *pansement aseptique* medicazione asettica.
aseptisation |asɛptizɑsjɔ̃| *s.f.* (*méd.*) asepsi *inv.*, disinfezione.
aseptiser |asɛptize| *v.tr.* (*méd.*) [*rendre aseptique*] disinfettare, sterilizzare → **désinfecter, stériliser** ✦ *au p.p.* (*fig.*) *aseptisé* asettico* *adj.*
asexualité |asɛksɥalite| *s.f.* (*biol.*) asessualità *inv.*
asexué, ée |asɛksɥe| *adj.* (*biol.*) asessuato: *multiplication asexuée* moltiplicazione asessuata.
asexuel, elle |asɛksɥɛl| *adj.* **1** (*biol.*) asessuale **2** (*vx.*) → **asexué.**
asialie |asjali| *s.f.* (*méd.*) asialia.
asiate |azjat| *s.* → **asiatique.**
asiatique |azjatik| *adj. et s.* asiatico*.
asile |azil| *s.m.* **1** asilo, rifugio*: *droit d'asile* diritto d'asilo; *asile politique* asilo politico; *chercher, trouver asile* cercare, trovare asilo; *offrir un asile à qqn.* dare asilo a qc. → **abri, refuge** ◇ (*par anal.*) *un asile de paix* un'oasi *f.inv.* di pace; *le dernier asile* [*la tombe*] l'ultima, l'estrema dimora *f.* **2** (*spécialt.*) *asile de vieillards* ospizio*, asilo di mendicità; *asile de nuit* asilo notturno, dormitorio* pubblico; *asile (d'aliénés)* ospedale psichiatrico*, manicomio* ◇ (*fam.*) *à l'asile!* [*il est fou*] ma va al manicomio!
asociabilité |asɔsjabilite| *s.f.* [*inaptitude à vivre en société*] asocialità *inv.*
asocial, ale, aux |asɔsjal, o| *adj.* asociale Ⓒ **sociable.**
asparagine |aspaʀaʒin| *s.f.* (*chim.*) asparagina.
asparagus |aspaʀagys| *s.m.* (*t.bot.*) asparago*.
aspe |asp(ə)|, **asple** |aspl(ə)| *s.m.* (*techn.*) aspo.
aspect |aspɛ| *s.m.* **1** aspetto: *un homme d'aspect misérable* un uomo dall'aspetto miserabile; *avoir, offrir, présenter l'aspect de* avere l'aspetto di, sembrare; *donner, prendre l'aspect de* dare, assumere l'aspetto di → **apparence, 2 air** ◇ (*par ext.*) *vous ne considérez qu'un seul aspect de la question!* voi prendete in considerazione un solo aspetto della questione! **2** (*gram.*) aspetto: *aspect duratif de l'imparfait* aspetto durativo dell'imperfetto **3** (*littér.*, *vx.*) [*le fait de s'offrir aux yeux*] aspetto, vista *f.* (*cour.*): *l'aspect de ces merveilles l'exaltait* l'aspetto, la vista di quelle meraviglie lo esaltava → **vue, spectacle.**
asperge |aspɛʀʒ(ə)| *s.f.* **1** (*t.bot.*) asparago* *m.* ◇ (*cour.*) *botte d'asperges* mazzo d'asparagi **2** (*fig.*, *fam.*) [*personne grande et maigre*] pertica*, spilungone (*s.*): *quelle asperge!* che spilungone! (che spilungona!).
asperger |aspɛʀʒe| (3) *v.tr.* **1** [*projeter un liquide en forme de pluie sur*] aspergere (114), spruzzare: *asperger d'eau une substance* aspergere, spruzzare di acqua una sostanza **2** (*fam.*) [*mouiller par la projection d'un jet d'eau*] fare (103) la doccia, spruzzare (*cour.*): *la voiture m'a aspergé* la macchina mi ha fatto la doccia, mi ha spruzzato.
aspergès |aspɛʀʒɛs| *s.m.* (*liturg. cathol.*) asperges *inv.*
aspergille |aspɛʀʒil| *s.f.* (*biol.*) aspergillo *m.*
aspergillose |aspɛʀʒiloz| *s.f.* (*méd.*) aspergillosi *inv.*
aspérité |aspeʀite| *s.f.* asperità (*inv.*): *les aspérités du sol* le asperità del terreno → **saillie** ◇ (*fig.*, *littér.*) asprezza: *l'aspérité d'un caractère* l'asprezza di un carattere.
aspermatisme |aspɛʀmatism(ə)| *s.m.*, **aspermie** |aspɛʀmi| *s.f.* (*méd.*) aspermatismo, *m.*, aspermia *f.*
aspersion |aspɛʀsjɔ̃| *s.f.* [→ ASPERGER 1] aspersione, spruzzata.
aspersoir |aspɛʀswaʀ| *s.m.* aspersorio*.
asphaltage |asfaltaʒ| *s.m.* [→ ASPHALTER] asfaltatura *f.*
asphalte |asfalt(ə)| *s.m.* (*minér.*, *cour.*) asfalto ◇ (*loc. fam.*) *arpenter l'asphalte* misurare la strada in lungo e in largo.
asphalter |asfalte| *v.tr.* [*revêtir d'asphalte*] asfaltare → **bitumer.**
asphodèle |asfɔdɛl| *s.m.* (*t.bot.*) asfodelo.
asphyxiant, ante |asfiksjɑ̃, ɑ̃t| *adj.* **1** asfissiante: *gaz asphyxiant* gas asfissiante; *fumée asphyxiante* fumo asfissiante → **suffocant** **2** (*fig.*) *une atmosphère asphyxiante* un'atmosfera asfissiante, irrespirabile.
asphyxie |asfiksi| *s.f.* (*méd.*, *cour.*) asfissia: *asphyxie par submersion* asfissia per annegamento ◇ (*fig.*) *asphyxie morale* asfissia morale # *l'asphyxie de l'économie* il soffocamento, lo stato asfittico dell'economia.
asphyxié, ée |asfiksje| *adj.* **1** asfissiato ✦ (*s.*) *soins à donner aux asphyxiés* cure da prestare agli asfissiati **2** (*fig.*) [*qui est étouffé par une contrainte*] oppresso, soffocato: *une nation asphyxiée par la tyrannie* una nazione oppressa, soffocata dalla tirannia.
asphyxier |asfiksje| **A** *v.tr.* [*causer l'asphyxie*] asfissiare: *asphyxier par les gaz asphyxiants* asfissiare con i gas asfissianti **B** *v.pron. réfl.* S'ASPHYXIER [→ *tr.*] asfissiarsi: *il s'est asphyxié au gaz* si è asfissiato col gas.
asphyxique |asfiksik| *adj.* asfittico*.
aspi |aspi| *s.* (*abrév. arg.*) → **aspirant.**
1 **aspic** |aspik| *s.m.* (*t.zool.*) *aspic (de Cléopâtre)* aspide (di Cleopatra) ◇ (*loc. fig.*) *c'est une langue d'aspic* è una lingua di vipera.
2 **aspic** |aspik| *s.m.* (*t.bot.*) spigo*.
3 **aspic** |aspik| *s.m.* (*cuis.*) 'aspic' *f.inv.*
aspidistra |aspidistʀa| *s.m.* (*t.bot.*) aspidistra *f.*
aspirant |aspiʀɑ̃| *s.* **1** *s.* aspirante: *un aspirant ministre* un aspirante ministro **2** *s.m.* (*milit.*) aspirante ufficiale.
aspirant, ante |aspiʀɑ̃, ɑ̃t| *adj.* aspirante: *pompe aspirante* pompa aspirante.
aspirateur |aspiʀatœʀ| *s.m.* aspiratore ◇ (*spécialt.*) aspirapolvere (*inv.*): *passer l'aspirateur* passare l'aspirapolvere.
aspiration |aspiʀɑsjɔ̃| *s.f.* **1** [→ ASPIRER A 1] aspirazione: *l'aspiration et l'expiration de l'air dans les poumons* l'aspirazione e l'espirazione dell'aria nei polmoni → 2 **inspiration** **2** [→ ASPIRER A 3] aspirazione: *soupape, pompe d'aspiration* valvola, pompa di aspirazione **3** (*fig.*) [→ ASPIRER B] aspirazione: *avoir de nobles aspirations* avere nobili aspirazioni **4** (*phonét.*) aspirazione: *l'aspiration du 'h'* l'aspirazione della 'h'.
aspirer |aspiʀe| **A** *v.tr.* **1** [*attirer (l'air) dans ses poumons*] aspirare: *aspirer et expirer* aspirare ed espirare → 2 **inspirer** **2** [*attirer (un fluide) dans le nez, la bouche*] aspirare, sorbire (197): *aspirer une boisson avec une paille* sorbire una bibita con la cannuccia **3** [*attirer (les fluides) en faisant le vide*] aspirare: *les pompes aspirent l'eau* le pompe aspirano l'acqua → **absorber, pomper** **4** (*phonét.*) [*émettre (un son) avec une aspiration*] aspirare: *aspirer un 'h' anglais* aspirare una 'h' inglese **B** *v.intr.* ASPIRER À [*porter ses désirs vers un objet*] aspirare a: *aspirer à un titre* aspirare a un titolo; *je n'aspire plus qu'à me reposer* non aspiro ad altro se non a riposarmi, desidero solo riposarmi.
aspirine |aspiʀin| *s.f.* aspirina: *cachet d'aspirine* compressa di aspirina ◇ (*fam.*) *blanc comme un cachet d'aspirine* bianco come il latte.
assa-foetida |asafetida| *s.f.* assafetida.
assagir |asaʒiʀ| **A** *v.tr.* (*personnes*) [*rendre sage*] rendere (105) saggio*, fare (103) *intr.* rinsavire: *le malheur assagit les hommes* la sfortuna rende saggi, fa rinsavire gli uomini # *assagir une personne* ammansire (197) una persona ◇ (*par ext.*) (*choses*) [*rendre plus calme*] acquietare, placare: *le temps assagit les passions* il tempo acquieta, placa le passioni → **calmer, modérer** **B** *v.pron. intr.* S'ASSAGIR (*personnes*) [→ *tr.*] rinsavire (197) *intr.*, mettere (155) *tr.* giudizio: *elle s'est bien assagie depuis son mariage* è rinsavita, ha messo giudizio dopo il matrimonio ◇ (*choses*) *le style de ce peintre s'est assagi* lo stile di quel pittore è diventato sobrio.
assagissement |asaʒismɑ̃| *s.m.* [→ ASSAGIR] acquietamento.
assai |asaj| *adv.* (*mus.*) assai.
assaillant, ante |asajɑ̃, ɑ̃t| **1** *adj.* [*qui assaille*] attaccante: *l'armée assaillante* l'esercito attaccante **2** *s.* [→ *adj.*] assalitore*: *elle s'est défendue contre ses assaillants* si è difesa contro i suoi assalitori, aggressori → **attaquant.**
assaillir |asajiʀ| (19) *v.tr.* **1** [*se*

jeter sur (*qqn.*, *pour l'attaquer*)] assalire (199): *être assailli par des malfaiteurs* essere assalito da malfattori → 2 **fondre (sur), attaquer** ◇ (*par ext.*) *le ministre était assailli par des journalistes* il ministro era assalito, assediato dai giornalisti ◇ (*par anal.*) *assaillir qqn. de questions* [*le harceler, l'accabler*] tempestare, subissare qc. di domande **2** (*sujet de chose*) [*attaquer brusquement*] assalire: *les difficultés qui l'assaillent de toutes parts* le difficoltà che lo assalgono da ogni parte → **tourmenter.**

assainir |asenir| *v.tr.* **1** [*rendre sain*] risanare; disinfettare: *assainir le quartier d'une ville* risanare il quartiere di una città; *assainir une région marécageuse* risanare, bonificare una zona paludosa ‖ *assainir une plaie* disinfettare una piaga → **désinfecter** ◇ (*par ext.*) *assainir l'eau* depurare, purificare l'acqua → **purifier** **2** (*écon.*) *assainir une monnaie* [*la rendre plus stable*] risanare una moneta ◇ (*par ext.*) *assainir un marché* risanare un mercato.

assainissement |asenismɑ̃| *s.m.* **1** [→ ASSAINIR 1] risanamento, bonifica* *f.*; disinfestazione (*f.*): *travaux d'assainissement* lavori di risanamento, di bonifica ‖ *assainissement d'un local* disinfestazione di un locale → **désinfection** **2** [→ ASSAINIR 2] risanamento: *assainissement d'une monnaie* risanamento di una moneta.

assainisseur |asenisœr| *s.m.* (*techn.*) **1** [*appareil pour détruire les mauvaises odeurs*] depuratore d'aria ◇ [*appareil portatif produisant de l'ozone*] ozonizzatore **2** [*produit désodorisant*] deodorante.

assaisonnement |asɛzɔnmɑ̃| *s.m.* [→ ASSAISONNER 1] condimento, il condire (*inv.*): *l'assaisonnement d'un mets* il condimento di, il condire una pietanza ◇ (*par ext.*) *le sel, le citron, le vinaigre sont des assaisonnements* il sale, il limone, l'aceto sono dei condimenti.

assaisonner |asɛzɔne| *v.tr.* **1** [*accommoder un mets avec des ingrédients*] condire (197): *assaisonner la salade* condire l'insalata ◇ (*fig.*) *assaisonner une conversation de quelques mots plaisants* condire una conversazione con battute spiritose **2** (*fam.*) [*rudoyer*] strapazzare: *il s'est fait assaisonner par son directeur* si è fatto strapazzare dal (suo) direttore.

assassin |asasɛ̃| *s.m.* assassino → **meurtrier,** 1 **homicide** ◇ (*par ext.*) *ce médecin est un assassin* questo medico è un assassino ✦ *adj.* (*plais.*) *œillade assassine* sguardo assassino.

assassinat |asasina| *s.m.* [*meurtre commis avec préméditation*] assassinio*: *l'assassinat du président Kennedy* l'assassinio del presidente Kennedy.

assassiner |asasine| *v.tr.* **1** [*tuer par assassinat*] assassinare: *il a été assassiné par des bandits* è stato assassinato da alcuni banditi **2** (*fam.*) [*demander à* (*qqn.*) *des sommes fabuleuses en paiement de qqch.*] rovinare, mandare in rovina: *je suis raisonnable, je ne veux pas vous assassiner* sono una persona ragionevole, non voglio rovinarla, mandarla in rovina.

assaut |aso| *s.m.* **1** [→ ASSAILLIR] assalto: *donner l'assaut à une forteresse* dar l'assalto a una fortezza; *aller, monter à l'assaut* andare, muovere all'assalto; *prendre une tranchée d'assaut* prendere d'assalto una trincea → **attaque, offensive** ◇ (*par ext.*) *les pâtisseries étaient prises d'assaut* le pasticcerie erano prese d'assalto # *les microbes donnent l'assaut à notre organisme* i microbi attaccano il nostro organismo **2** (*fig.*) [*lutte d'émulation*] *elles font assaut d'élégance* gareggiano in eleganza; *quel assaut de zèle!* che accesso di zelo!

-asse |as| *suff.* (*servant à former des noms et des adjectifs à valeur péjorative, correspond parfois à*) accio, astro: *blondasse* biondaccio, biondastro.

asseau |aso| *s.m.* martello da muratore.

assèchement |asɛʃmɑ̃| *s.m.* [→ ASSÉCHER] prosciugamento: *assèchement d'un marais* prosciugamento di una palude.

assécher |aseʃe| (8) *v.tr.* [*enlever de l'eau, l'humidité*] prosciugare: *assécher un terrain marécageux* prosciugare una terra paludosa → **assainir, drainer** ◇ (*par ext.*) *assécher une citerne* prosciugare una cisterna.

assemblage |asɑ̃blaʒ| *s.m.* **1** [→ ASSEMBLER A 2] riunione *f.*, raccolta (*f.*): *assemblage des feuillets d'un livre* riunione, raccolta dei fogli di un libro; *assemblage de choses liées ensemble* riunione di cose legate insieme # *assemblage des parties d'une robe* l'unione, la cucitura delle parti di un vestito ◇ (*techn.*) *assemblage des pièces d'une machine* assemblaggio*, assiematura *f.* dei pezzi di una macchina; *assemblage d'une voiture* montaggio* di un'auto; *assemblage par soudure, par emboîtement* collegamento a saldatura, a incastro; *assemblage à chevilles, à vis* collegamento a perno, a vite; *assemblage étanche* collegamento stagno; *assemblage en croix* giunto a croce; *assemblage bout à bout* giunto di testa; *assemblage par articulation* giunto a cerniera; *assemblage par tenon et mortaise* giunto a tenone e mortasa **2** [*réunion de choses assemblées*] insieme: *assemblage de pièces pour soutenir qqch.* insieme di pezzi per sostenere q.c.; *un cahier est un assemblage de feuilles* un quaderno è (formato da) un insieme di fogli → 2 **ensemble, réunion.**

assemblé |asɑ̃ble| *s.m.* (*danse*) 'assemblé' *inv.*

assemblée |asɑ̃ble| *s.f.* **1** assemblea: *l'association a tenu son assemblée annuelle* l'associazione ha tenuto la sua assemblea annuale; *assemblée extraordinaire* assemblea straordinaria; *délibérations d'une assemblée* deliberazioni di un'assemblea; *convoquer une assemblée* convocare un'assemblea **2** [*les personnes réunies en un même lieu*] riunione: *une assemblée d'amis* una riunione di amici # *en présence d'une nombreuse assemblée* alla presenza di un folto pubblico; *l'assemblée des fidèles* l'assemblea dei fedeli → 1 **assistance, auditoire.**

assembler |asɑ̃ble| **A** *v.tr.* **1** [*mettre des choses ensemble*] mettere (155) insieme, riunire (197): *assembler les différentes pièces d'un objet* mettere insieme, riunire i diversi pezzi di un oggetto; *assembler des papiers, des documents* riunire delle carte, dei documenti # *assembler des sons, des couleurs* accostare suoni, colori; *je ne peux plus assembler deux idées* non riesco più a connettere due idee → **unir** **2** [*faire tenir ensemble*] *assembler les feuilles d'un livre* raccogliere (123) i fogli di un libro; *assembler les parties d'une robe* cucire (205) le parti di un vestito; *assembler des pièces de métal, de bois* connettere (112), collegare pezzi di metallo, di legno; *assembler une voiture, un meuble* montare una macchina, un mobile → 2 **monter** **3** (*vieilli*) *assembler des personnes* radunare, riunire delle persone → **rassembler** **B** *v.pron. intr.* S'ASSEMBLER [*se réunir*] radunarsi, ammassarsi: *la foule s'est assemblée sur la place* la folla si è radunata in piazza Ⓒ B **séparer (se).**

assembleur, euse |asɑ̃blœr, øz| *s.* **1** *s.* montatore*; assemblatore* **2** *s.f.* (*techn.*) rilegatrice.

assener |asəne| (6) (*v.tr.*) *assener un coup* [*donner un coup violent bien appliqué*] assestare, appioppare un colpo: *il lui a assené un coup sur la tête* gli ha assestato una botta in testa ◇ (*fig.*) *assener la verité a qqn.* spiattellare la verità in faccia a qc.; *il lui a assené une réponse méchante* gli ha dato una rispostaccia.

assentiment |asɑ̃timɑ̃| *s.m.* [*acte par lequel on acquiesce* (*à une opinion*)] assenso, consenso: *donner son assentiment a qqch.* dare il proprio assenso, consenso a q.c. → 1 **accord, approbation, consentement** Ⓒ **désapprobation.**

asseoir |aswar| (30) **A** *v.tr.* **1** [*mettre* (*qqn.*) *dans la posture d'appui sur le derrière*] mettere (155) a sedere, far (103) *intr.* sedere: *asseoir un enfant sur une chaise* mettere a sedere un bambino su una sedia; *je l'ai assis sur mes genoux* l'ho fatto sedere sulle mie ginocchia **2** (*fig.*) [*fonder sur une base solide*] consolidare, rafforzare: *asseoir son autorité* consolidare, rafforzare la propria autorità # *asseoir son opinion sur des preuves* fondare, basare la propria opinione su delle prove **3** (*dr.*) *asseoir un impôt* imporre (168) un tributo, fissare la base imponibile **B** *v.pron. intr.* S'ASSEOIR [→ *tr.* 1] sedersi (183): *s'asseoir sur une chaise, un fauteuil* sedersi su una sedia, una poltrona; *s'asseoir à califourchon* sedersi a cavalcioni; *s'asseoir à une table* sedersi a tavola Ⓒ B **lever (se)** 1.

assermenté, ée |asɛrmɑ̃te| (*adj.*) *témoin assermenté* [*qui a prêté serment devant le tribunal*] testimone che ha prestato giuramento ◇ (*par ext.*) *gardes, traducteurs assermentés* guardie giurate, traduttori giurati ◇ (*hist.*, *en 1790*) *prêtres assermentés* preti che prestarono il giuramento di fedeltà alla Costituzione Civile.

assertion |asɛrsjɔ̃| *s.f.* asserzione: *assertion vraie ou fausse* asserzione vera o falsa → **affirmation.**

asservir |asɛrvir| (21) *v.tr.* **1** [*réduire à la servitude*] asservire, assoggettare: *asservir des hommes, un pays* asservire degli uomini, un paese → **assujettir** **2** [*maîtriser*] dominare, asservire: *asservir ses passions* dominare le proprie passioni; *asservir les forces de la nature* asservire, imbrigliare le forze della natura ✦ *au p.p.* (*techn.*, *auto.*) *direction asservie* servosterzo Ⓒ 1 **affranchir** 1.

asservissant, ante |asɛrvisɑ̃,

ɑ̃t| *adj.* [*qui asservit* (1)] opprimente: *travail asservissant* lavoro opprimente.

asservissement |asɛʀvismɑ̃| *s.m.* **1** [→ ASSERVIR 1] asservimento, schiavitù (*f.inv.*): *l'asservissement de la presse* l'asservimento della stampa; *tenir les hommes dans l'asservissement* tenere gli uomini in schiavitù → **servitude** ◇ (*par ext.*) *l'asservissement à la mode* l'asservimento alla moda, la schiavitù alla moda **2** (*sc.*, *techn.*) asservimento: *dispositif d'asservissement* dispositivo d'asservimento, servocomando [C] 1 **affranchissement** 1, **libération.**

asservisseur |asɛʀvisœʀ| *s.m.* **1** (*vx.*) [*celui qui asservit*] assoggettatore (*littér.*) **2** (*sc.*, *techn.*) dispositivo di asservimento, servocomando [C] **libérateur.**

assesseur |asesœʀ| *s.m.* (*dr.*) assessore → **adjoint.**

assette |asɛt| *s.f.*, **asseau** |aso| *s.m.* martello *m.* da muratore.

assez |ase| *adv.* **1** [*en suffisance*] abbastanza: *pas assez* non abbastanza; *plus qu'assez* più che abbastanza, più che a sufficienza; *assez rarement* abbastanza, piuttosto di rado; *être assez intelligent* essere abbastanza, piuttosto intelligente; *vous avez assez travaillé* avete lavorato abbastanza → **suffisamment** # *c'est assez de deux* ne bastano due (due bastano); *assez!* basta!; *c'en est assez!* e adesso basta! **2** *loc.* ASSEZ DE abbastanza *adv.*, *adj. inv.*, a sufficienza: *il est tombé assez de pluie* è piovuto abbastanza; *il y a assez de provisions pour aujourd'hui* ci sono abbastanza provviste, ci sono provviste a sufficienza per oggi; *avez-vous assez d'argent?* avete abbastanza denaro?; *il n'en a jamais assez* non ne ha mai abbastanza; *avoir assez d'une chose* averne abbastanza di una cosa; *j'en ai assez de ce roman* ne ho abbastanza di questo romanzo, questo romanzo mi ha stufato; *j'aurai assez de deux couvertures* due coperte mi basteranno ~ ASSEZ... POUR abbastanza... per: *avoir assez de place pour écrire* avere abbastanza posto per scrivere **3** (*marque une atténuation*) abbastanza: *elle est assez jolie* è abbastanza carina → **passablement, plutôt** [C] **guère.**

assibilation |asibilɑsjɔ̃| *s.f.* (*phonét.*) assibilazione.

assidu, ue |asidy| *adj.* assiduo: *c'est un élève assidu* è un alunno assiduo → **exact,** 1 **ponctuel** ◇ (*loc.*) *être assidu à sa tâche* essere ligio*, attaccato al proprio dovere ◇ (*par ext.*) *il était devenu l'hôte assidu de cette famille* era diventato frequentatore assiduo di quella famiglia; *travail assidu* lavoro assiduo; *soins assidus* cure assidue.

assiduité |asidɥite| *s.f.* assiduità (*inv.*): *assiduité d'un élève* assiduità di un allievo; *assiduité d'un médecin auprès d'un malade* assiduità di un medico al capezzale di un malato; *assiduité à l'étude* assiduità nello studio ◇ *au plur.* ASSIDUITÉS [*manifestation d'empressement auprès d'une femme, souvent péj.*] premure: *ses assiduités m'importunent* le sue premure m'infastidiscono.

assidûment |asidymɑ̃| *adv.* [→ ASSIDU] assiduamente: *fréquenter assidûment une personne, un lieu* frequentare assiduamente una persona, un luogo → **régulièrement.**

assiégé, ée |asjeʒe| *adj. et s.* [*qui subit un siège*] assediato [C] **assiégeant.**

assiégeant, ante |asjeʒɑ̃, ɑ̃t| *adj. et s.* [*qui assiège*] assediante, assediatore* (*littér.*).

assiéger |asjeʒe| (8) (3) *v.tr.* **1** [*mettre le siège devant*] assediare: *assiéger une ville* assediare una città → **encercler** ◇ (*par ext.*) *assiéger une armée* circondare un esercito **2** [*tenir enfermé dans*] assediare, bloccare: *les flammes les assiègent depuis deux heures* da due ore sono bloccati dalle fiamme ◇ (*d'une masse de gens*) *les clients assiégeaient les guichets* i clienti assediavano gli sportelli **3** (*fig.*) *assiéger qqn.* [*le fatiguer de ses assiduités*] assediare, assillare qc. ◇ (*choses*) *les maux qui nous assiègent* i mali che ci assillano → **accabler, tourmenter.**

1 **assiette** |asjɛt| *s.f.* piatto (*m.*): *assiette plate* piatto piano; *assiette creuse, à soupe* piatto fondo, scodella; *assiette à dessert* piatto da 'dessert' ◇ [*contenu d'une assiette*] *une assiette de potage* un piatto di minestra → **assiettée** ◇ (*spécialt.*) *assiette anglaise* [*assortiment de viandes froides*] (piatto di) carne fredda ◇ (*loc. fam.*) *l'assiette au beurre* [*place lucrative*] la mangiatoia (*cour.*).

2 **assiette** |asjɛt| *s.f.* **1** *avoir une bonne assiette* [*bien monter à cheval*] stare bene in sella, in arcione ◇ (*loc. fig.*) *ne pas être dans son assiette* [*ne pas se sentir bien* (*physiquement*)] non sentirsi (tanto) bene **2** (*aviat.*, *mar.*) assetto *m.* **3** (*dr.*) fondamento *m.* # *assiette d'un impôt* base imponibile.

assiettée |asjete| *s.f.* [*ce que contient une assiette*] piatto *m.*, scodellata: *une assiettée de soupe* un piatto di minestra.

assignable |asiɲabl(ə)| *adj.* assegnabile.

assignat |asiɲa| *s.m.* (*hist.*) assegnato.

assignation |asiɲɑsjɔ̃| *s.f.* **1** (*dr.*, *fin.*) assegnazione: *assignation de parts par le testateur* assegnazione di quote da parte del testatore → **attribution** **2** (*dr.*) citazione: *assignation en appel* citazione in appello; *assignation comme témoin* citazione come testimone → **citation.**

assigner |asiɲe| *v.tr.* **1** [*attribuer* (*un bien*) *à qqn. pour sa part*] assegnare: *assigner une part dans un legs* assegnare una quota di un lascito ◇ [*destiner ou donner à qqn.*] *assigner un travail à qqn.* assegnare, affidare un lavoro a qc. → 1 **affecter** ◇ (*dr.*) [*affecter* (*une somme*) *à un emploi, un paiement*] destinare **2** [*déterminer, fixer*] assegnare, fissare: *assigner un terme, des limites à qqch.* assegnare, fissare un termine, dei limiti a q.c. **3** [*donner, conférer* (*un caractère, une propriété*)] attribuire (197): *assigner une origine commune à deux faits* attribuire un'origine comune a due fatti **4** (*dr.*) [*convoquer*] citare.

assimilable |asimilabl(ə)| *adj.* **1** [→ ASSIMILER A 1] assimilabile, equiparabile: *l'aliéné est assimilable à un mineur* l'alienato è assimilabile, equiparabile a un minorenne → **comparable, semblable** **2** [*qui est susceptible d'assimilation*] assimilabile: *nourriture assimilable* alimento assimilabile ◇ (*fig.*) *ce ne sont pas des connaissances assimilables par un enfant de son âge* non sono nozioni assimilabili da un bambino della sua età.

assimilateur, trice |asimilatœʀ, tʀis| *adj.* [*qui opère l'assimilation*] assimilatore*, di assimilazione (*loc.inv.*): *fonctions assimilatrices* funzioni di assimilazione ◇ (*fig.*) *il ne travaille guère, mais il a une grande capacité assimilatrice* non studia molto, ma ha una grande capacità di assimilazione ♦ (*s.*) *un assimilateur* una persona *f.* che assimila (facilmente).

assimilation |asimilɑsjɔ̃| *s.f.* **1** [→ ASSIMILER A 1] equiparazione, assimilazione (*littér.*) → **identification** **2** (*fig.*) [→ ASSIMILER A 3] assimilazione: *l'assimilation d'une discipline* l'assimilazione di una materia **3** [→ ASSIMILER A 4] integrazione: *politique d'assimilation* politica d'integrazione; *le gouvernement a favorisé l'assimilation des immigrants* il governo ha favorito l'integrazione degli immigrati **4** (*ling.*, *philo.*) assimilazione ◇ (*bot.*, *physiol.*) assimilazione [C] 1 **distinction.**

assimilé, ée |asimile| **1** *adj.* [*considéré comme semblable*] affine, similare: *les farines et les produits assimilés* le farine e i prodotti affini, similari **2** *s.m.* (*milit.*) assimilato.

assimiler |asimile| **A** *v.tr.* **1** ASSIMILER (QQN., QQCH.) À [*considérer comme semblable à*] paragonare, equiparare qc., q.c. a: *on ne peut assimiler le manœuvre à l'ouvrier qualifié* non si può paragonare il manovale all'operaio specializzato **2** (*physiol.*) [*transformer en sa propre substance*] assimilare: *il assimile mal les graisses* assimila male i grassi **3** (*fig.*) [*faire sien*] assimilare: *assimiler ce qu'on apprend* assimilare ciò che si impara **4** [*rendre semblable au reste de la communauté*] integrare: *assimiler des étrangers, des immigrants* integrare gli stranieri, gli immigrati **B** *v.pron.* S'ASSIMILER **1** (*sens passif*) [*devenir, être considéré* (*comme*) *semblable*] essere (96) paragonato, paragonarsi: *ce sont deux choses qui ne peuvent s'assimiler* sono due cose che non possono essere paragonate (tra loro) **2** (*sens passif*) (*des aliments*) [*être assimilé*] assimilarsi: *il est des aliments qui s'assimilent plus ou moins facilement* sono alimenti che si assimilano più o meno facilmente **3** *réfl.* [*devenir semblable aux citoyens d'un pays*] integrarsi: *les immigrants ont souvent du mal à s'assimiler* gli immigrati spesso stentano a integrarsi.

assis, ise |asi, iz| *adj.* **1** [*appuyé sur son séant*] seduto: *être assis sur une chaise, dans un fauteuil* essere seduto su una sedia, in poltrona **2** (*spécialt.*) *places assises* [*où l'on peut s'asseoir*] posti a sedere **3** (*dr.*) *magistrature assise* magistratura giudicante; *jurisprudence bien assise* giurisprudenza consolidata; *voter par assis et levés* votare per alzata e seduta **4** (*fig.*) [*affermi, assuré*] stabile, fermo: *un gouvernement bien assis* un governo stabile; *caractère assis* carattere fermo # *c'est une maison qui a une réputation bien assise* è una ditta che ha una solida reputazione.

assise |asiz| *s.f.* **1** (*maçonn.*) assisa, corso *m.* **2** (*fig.*) [*base*] fondamento *m.*, base: *les assises d'une doctrine* i fondamenti, le basi di una dottrina **3** (*biol.*, *bot.*) assisa **4** *au plur.* (*géol.*) assisa *sing.* geologica*.

assises |asiz| *s.f.pl.* **1** (*dr.*) assise: *cour d'assises* corte d'assise **2** [*réunion d'un parti politique*] assise → **congrès.**

assistanat |asistana| *s.m.* [*fonctions d'assistant, dans l'enseignement supérieur*] assistentato.

1 **assistance** |asistɑ̃s| *s.f.* [*personnes réunies pour assister à qqch.*] astanti *m.pl.*, presenti (*m.pl.*): *son discours a enthousiasmé l'assistance* il suo discorso ha entusiasmato gli astanti, i presenti → **auditoire, public** # *une nombreuse assistance* un folto pubblico.

2 **assistance** |asistɑ̃s| *s.f.* **1** [*secours donné ou reçu*] assistenza: *donner, prêter son assistance* dare, prestare assistenza; *demander l'assistance de qqn.* chiedere l'assistenza di qc. **2** [*le fait de seconder qqn. en tant qu'assistant*] assistenza: *il a fait ces recherches avec l'assistance d'un autre médecin* ha fatto queste ricerche con l'assistenza di un altro medico ◇ (*dr.*) rappresentanza (legale) **3** (*sociol., cour.*) assistenza: *assistance sociale, médicale* assistenza sociale, medica; *assistance technique* assistenza tecnica ◇ (*ancienn.*) *assistance* (*publique*) ente *m.* assistenziale (pubblico); *un enfant de l'Assistance* [*un enfant trouvé*] un trovatello, un bambino del brefotrofio ◇ (*dr.*) *assistance judiciaire* gratuito patrocinio* *m.*

1 **assistant, ante** |asistɑ̃, ɑ̃t| *s.* (*au plur.*) *les assistants* [*les personnes présentes*] gli astanti, i presenti: *l'un des assistants se leva pour protester* uno degli astanti si alzò per protestare → **auditeur, spectateur.**

2 **assistant, ante** |asistɑ̃, ɑ̃t| *s.* assistente, aiuto (*m.*): *les assistants d'un chirurgien* gli assistenti, gli aiuti di un chirurgo; *l'assistant du metteur en scène* l'aiuto regista; *assistante sociale* assistente sociale → 2 **aide, adjoint** ◇ (*dans l'enseignement supérieur*) assistente; *maître assistant* [*titre supérieur à assistant*] ⊠.

assisté, ée |asiste| *adj. et s.* assistito.

assister |asiste| **A** *v.intr.* ASSISTER À QQCH. [*être présent pour voir, entendre*] assistere (116) a q.c.: *assister à une conférence, à un match de tennis* assistere a una conferenza, a una partita di tennis; *assister à une dispute* assistere a una lite **B** *v.tr.* **1** [*se tenir auprès de* (*qqn.*) *pour le seconder*] assistere: *assister qqn. dans son travail* assistere qc. nel suo lavoro **2** (*vieilli*) [*aider, secourir*] assistere: *Dieu vous assiste!* (che) Dio vi assista! **3** [*être aux côtés d'un mourant*] assistere: *je n'ai pas pu l'assister dans ses derniers moments* non ho potuto assisterlo negli ultimi istanti.

associabilité |asɔsjabilite| *s.f.* associabilità *inv.*

associable |asɔsjabl(ə)| *adj.* [→ ASSOCIER] associabile.

associatif, ive |asɔsjatif, iv| *adj.* **1** [*qui procède par association*] associativo: *mémoire associative* memoria associativa **2** (*math.*) associativo: *opération associative* operazione associativa.

association |asɔsjasjɔ̃| *s.f.* **1** [*action d'associer qqn. à qqch.*] associazione, partecipazione: *l'association des ouvriers aux bénéfices de leur entreprise* la partecipazione degli operai agli utili dell'azienda **2** [*réunion durable, surtout dans les affaires*] associazione: *leur association est ancienne* la loro associazione, il loro sodalizio è di lunga data → **alliance** ◇ (*biol.*) associazione **3** [*groupement de personnes qui s'unissent en vue d'un but déterminé*] associazione, società (*inv.*): *former une association* fondare un'associazione, una società; *une association politique, professionelle, sportive* un'associazione politica, professionale, sportiva **4** (*psycho., cour.*) associazione ◇ (*spécialt.*) *une association d'idées* un'associazione di idee.

associationnisme |asɔsjasjɔnism(ə)| *s.m.* associazionismo.

associationniste |asɔsjasjɔnist(ə)| *adj.* associazionistico*, associazionista.

associativité |asɔsjativite| *s.f.* (*log., math.*) associatività *inv.*

associé, ée |asɔsje| *s.* (*dr., cour.*) socio* → **collaborateur, partenaire.**

associer |asɔsje| **A** *v.tr.* **1** (*personnes*) [*mettre ensemble, réunir*] riunire (197), raggruppare: *c'est le syndicat qui associe la plupart des ouvriers* è il sindacato che raggruppa la maggior parte degli operai ◇ (*choses*) (*fig.*) *associer deux idées, deux noms* associare, collegare due idee, due nomi; *ils ont associé leurs destinées* hanno unito i loro destini **2** ASSOCIER QQN. À QQCH. [*le faire participer à*] associare qc. a, in q.c.; far (103) partecipare qc. a q.c.: *associer qqn. à son travail, à ses affaires* associare q.c. al proprio lavoro, negli affari; *associer les travailleurs aux profits* far partecipare i lavoratori agli utili (dell'impresa) □ *s'associer qqn.* [*l'associer à soi*] prendere (105) qc. come socio* **3** ASSOCIER UNE CHOSE À UNE AUTRE [*allier*] unire (197) una cosa a una altra: *il associait le courage à la prudence* univa il coraggio alla prudenza **B** *v.pron.* S'ASSOCIER **1** *réfl.* [*s'allier, s'unir*] associarsi: *s'associer à qqn., avec qqn. pour une affaire* associarsi a qc., con qc. in un affare ◇ (*fig.*) *s'associer au chagrin, au deuil de qqn.* associarsi al dolore, al lutto di qc.; *je m'associe à ses revendications* mi associo alle sue rivendicazioni; *s'associer aux vues de qqn.* associarsi, aderire (197) *intr.* alle opinioni di qc. → **participer, adhérer** ♦ → *tr.* 2 □ **2** *intr.* (*choses*) [*s'allier à, avec*] unirsi, combinarsi: *c'est une personne dont la beauté s'associe à l'intelligence* è una persona in cui la bellezza si unisce all'intelligenza → **accorder (s'), marier (se).**

assoiffé, ée |aswafe| *adj.* [*qui a soif*] assetato: *les enfants sont assoiffés* i bambini sono assetati ◇ (*fig.*) *être assoiffé d'argent, de gloire* essere assetato di denaro, di gloria → **affamé, avide** ◇ (*poét.*) *assoiffé de sang* assetato di sangue ♦ (*s.*) *un assoiffé* un assetato.

assolement |asɔlmɑ̃| *s.m.* (*agric.*) avvicendamento (colturale) → **rotation.**

assoler |asɔle| *v.tr.* (*agric.*) [*partager en surfaces régulières afin d'y faire succéder les cultures dans un ordre déterminé*] avvicendare.

assombrir |asɔ̃bʀiʀ| **A** *v.tr.* **1** [*rendre* (*plus*) *sombre*] oscurare: *les nuages assombrissent le ciel* le nuvole oscurano il cielo → **obscurcir 2** (*fig.*) [*rendre triste*] amareggiare: *cette nouvelle l'a assombri* questa notizia lo ha amareggiato **B** *v.pron. intr.* S'ASSOMBRIR [*devenir plus sombre*] oscurarsi, rabbuiarsi: *le ciel s'est assombri subitement* il cielo si è oscurato improvvisamente ◇ (*fig.*) [*devenir triste*; *plus sombre*] *son visage s'assombrit* si rabbuiò in viso, si fece scuro in volto; *l'horizon politique s'est assombri* l'orizzonte politico si è oscurato ⓒ A 1 **éclaircir.**

assombrissement |asɔ̃bʀismɑ̃| *s.m.* [*fait de s'assombrir*] oscuramento, annuvolamento: *l'assombrissement du ciel* l'oscuramento, l'annuvolamento del cielo → **obscurcissement** ◇ (*fig.*) *l'assombrissement de l'humeur* l'incupimento dell'umore → **tristesse, mélancolie.**

assommant, ante |asɔmɑ̃, ɑ̃t| *adj.* (*fam.*) [*qui ennuie*] barboso (*cour.*); asfissiante (*cour.*): *un discours assommant* un discorso barboso ‖ *elle m'exaspère, elle est assommante* mi esaspera, è proprio asfissiante, scocciante.

assommer |asɔme| *v.tr.* **1** [*tuer à l'aide d'un coup violent sur la tête*] accoppare: *on l'a assommé d'un coup de matraque* l'hanno accoppato con una manganellata # *assommer un bœuf avec un merlin* abbattere un bue con un mazzapicchio **2** [*battre, frapper sur* (*qqn.*) *de manière à étourdir*] stordire (197), tramortire (197): *le voleur a assommé le gardien de nuit* il ladro ha stordito il guardiano notturno **3** (*fig.*) [*accabler sous le poids de l'ennui*] seccare, scocciare (*fam.*): *il m'a assommé avec ses histoires* mi ha seccato, scocciato con le sue storie → **ennuyer, fatiguer, raser** (*fam.*).

assommeur |asɔmœʀ| *s.m.* [*celui qui tue en assommant*] mattatore: *un assommeur de bœufs* un mattatore di buoi.

assommoir |asɔmwaʀ| *s.m.* **1** (*vx.*) [*instrument qui sert à assommer*] manganello, randello **2** (*vx.*) [*cabaret où l'on s'assomme d'alcool*] osteria *f.*, bettola *f.*

assomption |asɔ̃psjɔ̃| *s.f.* (*relig. cathol., philo.*) assunzione.

assonance |asɔnɑ̃s| *s.f.* (*ling.*) assonanza.

assonancé, ée |asɔnɑ̃se| *adj.* (*ling.*) assonanzato: *vers assonancés* versi assonanzati.

assonant, ante |asɔnɑ̃, ɑ̃t| *adj.* assonante.

assoner |asɔne| *v.intr.* (*ling.*) [*produire une assonance*] assonare.

assorti, ie |asɔʀti| *adj.* **1** [*qui est en harmonie*] (bene) assortito, intonato: *couleurs assorties* colori ben assortiti, colori intonati; *ce sac n'est pas bien assorti aux chaussures* questa borsa non è intonata alle scarpe # *c'est un couple bien assorti* fanno una bella coppia, è una coppia ben assortita **2** [*bien pourvu de marchandises*] fornito: *magasin bien assorti* negozio ben fornito **3** [*varié*] assortito ◇ (*spécialt. au plur.*) *fromages assortis* formaggi assortiti; *hors-d'œuvre assortis* antipasto *sing.* misto.

assortiment |asɔʀtimɑ̃| *s.m.* **1** assortimento: *un assortiment de vaisselle, de linge* un assortimento di piatti, di biancheria; *ce magasin a un grand assortiment d'articles de sport* questo negozio ha un vasto assortimento di articoli sportivi **2** [*manière dont sont assemblées des choses*] accostamento: *un heureux assortiment de couleurs* un felice accostamento di colori.

assortir |asɔʀtiʀ| **A** *v.tr.* **1** [*mettre ensemble* (*des choses qui se conviennent*)] assortire (197), intonare: *assortir des couleurs* assortire dei colori; *assortir des chaussures à une robe* assortire, intonare delle scarpe a un vestito **2** [*fournir des choses nécessaires*] assortire; rifornire (197): *assortir un magasin d'articles variés* assortire, rifornire un negozio di articoli vari → **approvisionner** **B** *v.pron. intr.* S'ASSORTIR **1** [*être en accord, en harmonie*] intonarsi: *ces couleurs s'assortissent bien* questi colori s'intonano (bene) # *nos caractères ne s'assortissent pas* i nostri caratteri non vanno d'accordo → 2 **accorder (s')** **2** (*sens passif., veilli*) [*s'accompagner*] essere (96) arricchito (*cour.*): *ce texte s'assortit de belles enluminures* questo testo è arricchito da belle miniature.

assoupi, ie |asupi| *adj.* **1** [*à demi endormi*] assopito → **somnolent** **2** (*fig.*) [*affaibli, apaisé*] sopito, assopito: *passions assoupies* passioni sopite.

assoupir |asupiʀ| **A** *v.tr.* [*porter à un demi-sommeil*] fare (103) *intr.* assopire: *cette douce musique l'assoupit aussitôt* quella dolce musica lo fece subito assopire → **endormir** ◇ (*fig.*) *assoupir une douleur, un remords* [*l'affaiblir momentanément*] sopire (197) un dolore, un rimorso # *assoupir une querelle* placare una lite → **apaiser, étouffer** **B** *v.pron. intr.* S'ASSOUPIR [*s'endormir à demi*] assopirsi (197): *il s'est assis dans son fauteuil et il s'est assoupi* si è seduto in poltrona e si è assopito → **somnoler** ◇ (*fig.*) *sa douleur s'est assoupie* il suo dolore si è assopito, si è placato.

assoupissant, ante |asupisɑ̃, ɑ̃t| *adj.* che assopisce *loc.*, soporifero: *un remède assoupissant* una medicina che assopisce, soporifera → **soporifique.**

assoupissement |asupismɑ̃| *s.m.* [→ ASSOUPIR] assopimento, sonnolenza (*f.*): *cette maladie s'accompagne d'un assoupissement profond* questa malattia è accompagnata da una profonda sonnolenza ◇ (*fig.*) *assoupissement d'une douleur, d'un chagrin* assopimento di un dolore, di una pena → **apaisement,** 1 **calme** ◇ (*vieilli*) *le peuple est sorti de son assoupissement, de son indifférence* il popolo si è scosso dal suo sonno (*cour.*), dal suo torpore (*cour.*).

assouplir |asupliʀ| **A** *v.tr.* **1** [*rendre (plus) souple*] ammorbidire (197): *tremper du cuir dans l'eau pour l'assouplir* immergere il cuoio in acqua per ammorbidirlo # *ils ont fait de la gymnastique pour assouplir les muscles avant le match* hanno fatto un po' di ginnastica per sciogliere i muscoli prima della partita **2** (*fig.*) [*rendre (plus) malléable*] ammorbidire; mitigare: *assouplir le caractère d'un enfant* ammorbidire il carattere di un bambino → **adoucir** ‖ *assouplir la discipline* mitigare la disciplina; *assouplir des règles trop strictes* mitigare, snellire dei regolamenti troppo rigidi **B** *v.pron. intr.* S'ASSOUPLIR **1** [*devenir (plus) souple*] ammorbidirsi: *la cire s'assouplit facilement* la cera si ammorbidisce facilmente ◇ (*personnes*) snellirsi (197) **2** (*fig.*) [*devenir (plus) malléable*] ammorbidirsi: *son caractère s'est assoupli avec l'âge* con gli anni il suo carattere si è ammorbidito.

assouplissement |asuplismɑ̃| *s.m.* **1** [→ ASSOUPLIR A 1; B 1] ammorbidimento # *exercices d'assouplissement* esercizi di scioltezza **2** (*fig.*) [→ ASSOUPLIR A 2; B 2] ammorbidimento: *l'assouplissement d'un système trop rigide* l'ammorbidimento, lo snellimento di un sistema troppo rigido.

assourdir |asuʀdiʀ| **A** *v.tr.* **1** [*rendre comme sourd en fatiguant par trop de bruit*] assordare, assordire (197) (*rare*): *le bruit de ces marteaux piqueurs nous a assourdis* il rumore di quei martelli pneumatici ci ha assordato; *allez jouer plus loin, vous nous assourdissez* andate a giocare più in là, ci state assordando, ci state rompendo i timpani **2** [*rendre moins sonore*] attutire (197), smorzare: *le tapis assourdit les pas* il tappeto attutisce, smorza il rumore dei passi → **amortir** # *les sons me parviennent assourdis* i suoni mi giungono ovattati **B** *v.pron. intr.* (*phonét.*) S'ASSOURDIR (*d'une consonne*) [*devenir sourde*] assordire *intr.*

assourdissant, ante |asuʀdisɑ̃, ɑ̃t| *adj.* assordante → **étourdissant.**

assourdissement |asuʀdismɑ̃| *s.m.* **1** [→ ASSOURDIR A 1] assordamento, assordimento (*rare*) # *mon assourdissement dura plusieurs minutes* rimasi assordato per diversi minuti; *l'assourdissement des camions* il rumore assordante dei camion **2** [→ ASSOURDIR A 2] attutimento: *l'assourdissement des bruits* l'attutimento dei rumori ◇ (*phonét.*) assordimento.

assouvir |asuviʀ| **A** *v.tr.* **1** [*calmer complètement (un violent appétit)*] saziare: *il y a de quoi assouvir sa faim* c'è di che saziarsi, c'è da mangiare a sazietà → **apaiser, satisfaire** **2** (*fig.*) [*satisfaire pleinement (un désir, une passion)*] saziare, appagare; *assouvir sa curiosité* saziare, appagare la propria curiosità ♦ (*au p.p.*) *un désir assouvi* un desiderio appagato **B** *v.pron.* S'ASSOUVIR **1** (*sens passif*) [→ *tr.* 1] essere (96) saziato: *sa faim s'est enfin assouvie* la sua fame è stata finalmente saziata **2** *intr.* (*fig.*) [*être satisfait*] essere appagato: *son ambition ne s'assouvira jamais* la sua ambizione non sarà mai appagata.

assouvissement |asuvismɑ̃| *s.m.* **1** [→ ASSOUVIR] appagamento, soddisfacimento: *l'assouvissement de ses désirs* l'appagamento dei propri desideri **2** [*état d'une personne assouvie*] sazietà (*f.inv.*): *éprouver un profond assouvissement* provare un profondo senso di sazietà, sentirsi pienamente appagato → **apaisement, satisfaction.**

assuétude |asɥ(y)etyd| *s.f.* [*accoutumance de l'organisme aux modifications du milieu, à des substances toxiques*] assuefazione: *assuétude climatologique* assuefazione a un clima; *assuétude médicamenteuse* assuefazione a un farmaco.

assujetti, ie |asyʒeti| **I** *adj.* **1** [*soumis*] assoggettato, sottomesso **2** [*fixé, maintenu*] assicurato, fissato: *amarre bien assujettie* gomena bene assicurata **II** *s.* [*personne soumise au paiement d'un impôt*] soggetto *m.* passivo, soggetto d'imposta → **contribuable.**

assujettir |asyʒetiʀ| **A** *v.tr.* **1** ASSUJETTIR QQN. À QQCH. [*soumettre à*] assoggettare, sottomettere (155) qc. a q.c.: *assujettir qqn. à des règles* assoggettare, sottomettere qc. a delle regole; *assujettir à l'impôt* assoggettare all'imposta **2** (*littér.*) [*rendre sujet*] assoggettare (*cour.*): *assujettir un pays, un peuple* assoggettare un paese, un popolo → **asservir, soumettre** □ *s'assujettir qqn.* [*l'assujettir à soi*] assoggettare qc. → **dompter** **3** [*rendre qqch. fixe, immobile*] assicurare: *assujettir un cordage* assicurare una fune → **fixer** **B** *v. pron. réfl.* S'ASSUJETTIR [*se soumettre à*] assoggettarsi, sottomettersi: *s'assujettir à une loi* assoggettarsi, sottomettersi a una legge ♦ → *tr.* 2 □ ▣ A 1 **affranchir** 1.

assujettissant, ante |asyʒetisɑ̃, ɑ̃t| *adj.* [*qui assujettit* (A 1)] impegnativo, arduo: *un travail assujettissant* un lavoro impegnativo.

assujettissement |asyʒetismɑ̃| *s.m.* **1** (*vieilli*) [→ ASSUJETTIR A 2] assoggettamento (*cour.*): *l'assoujettissement de la Grèce par les Romains* l'assoggettamento della Grecia da parte dei Romani → **conquête** ◇ [*état de dépendance*] asservimento (*cour.*), sottomissione *f.* (*cour.*): *l'assujettissement d'un peuple à un autre* l'asservimento, la sottomissione di un popolo a un altro → **sujétion** **2** [*état résultant de la répétition des mêmes contraintes*] costrizione *f.*, schiavitù (*f.inv.*): *ses commodités sont devenues un véritable assujettissement* i suoi agi sono diventati una vera e propria schiavitù → **contrainte, sujétion.**

assumer |asyme| **A** *v.tr.* **1** [*prendre à son compte; se charger de*] assumere (118): *assumer une tâche, une responsabilité* assumere (assumersi) un incarico, una responsabilità; *il a assumé un rôle de premier plan* ha assunto un ruolo di primo piano **2** [*accepter consciemment (une situation et ses conséquences)*] accettare (consapevolmente): *assumer sa condition* accettare la propria condizione **B** *v.pron. réfl.* S'ASSUMER [→ *tr.* 2] accettarsi: *il n'arrive pas à s'assumer* non riesce ad accettarsi ▣ A **refuser.**

assurable |asyʀabl(ə)| *adj.* [→ ASSURER A II 4] assicurabile.

assurance |asyʀɑ̃s| *s.f.* **1** [*confiance en soi-même*] sicurezza: *parler avec assurance* parlare con sicurezza; *donner, montrer de l'assurance* ispirare, mostrare sicurezza; *il commence à prendre de l'assurance* comincia ad acquistare sicurezza → **aisance, aplomb** # *il a perdu toute son assurance* ha perso tutta la (sua) baldanza ◇ (*vieilli*) *vivre dans l'assurance de la réussite* vivere nella certezza del successo **2** [*promesse ou garantie qui rend certain de qqch.*] assicurazione; garanzia: *donner, recevoir des assurances* dare, ricevere delle assicurazioni ‖ *demander des assurances* chiedere garanzie; *il m'a donné des assurances sur ce point* mi ha dato delle garanzie su questo punto # *veuillez agréer l'assurance de ma considération distinguée* gradisca l'espressione della mia profonda stima **3** (*dr., cour.*) assicurazione: *compagnie d'assurances* compagnia (società) di assicurazioni, impresa assicurativa; *assurance obligatoire* assicurazione obbligatoria; *contrat, police d'assurance* contratto di assicurazione, polizza di assicurazione, assicurativa; *assurance contre les accidents* assicurazione contro gli infortuni; *assurance contre l'incendie, le vol* assicurazione contro l'incendio, il furto; *assurance sur la vie, assurance-vie* assicurazione sulla vita; *assurance tous ris-*

ques assicurazione contro tutti i rischi, multirischio; *assurance maritime* assicurazione marittima; *assurances sociales* assicurazioni sociali → **sécurité (sociale)**; *assurance invalidité-vieillesse* assicurazione per l'invalidità e la vecchiaia; *assurance maladie* assicurazione contro le malattie ◇ *au plur.* (*fam.*) *les assurances* le assicurazioni [C] 1 **timidité.**

assuré, ée |asyʀe| **I** *adj.* **1** (*choses*) [*qui est certain*] assicurato: *succès assuré* successo assicurato, garantito → **indubitable, sûr** # *tenez pour assuré qu'il viendra* siate certi che verrà **2** (*personnes*) [*qui a de l'assurance*] sicuro: *il a un air assuré* sembra sicuro di sé, sembra che sappia il fatto suo **II** *s.* (*dr., cour.*) *un assuré* un assicurato.

assurément |asyʀemɑ̃| *adv.* [→ ASSURÉ I 1] sicuramente, certamente: *il viendra assurément* verrà sicuramente, certamente.

assurer |asyʀe| **A** *v.tr.* **I 1** ASSURER (À QQN.) QUE [*lui affirmer, lui garantir que*] assicurare, garantire (197) (a qc. che): *je vous assure que je suis sincère* vi assicuro che sono sincero; *il m'a assuré qu'il m'écrirait à ce sujet* mi ha assicurato che mi avrebbe scritto a tal riguardo ✦ (*absolt.*) *cela en vaut la peine, je vous assure* ne vale la pena, ve lo assicuro **2** ASSURER QQN. DE QQCH. [*lui donner pour sûr*] assicurare, garantire a qc. q.c.: *je puis vous assurer de sa bonne foi* posso assicurarvi, garantirvi la sua buona fede; *on m'en a assuré* me lo hanno assicurato → **attester, certifier** # *j'en suis assuré* ne sono certo → **certain, sûr** ◇ (*choses*) [*permettre* (*à qqn.*) *de croire*] rassicurare (di, circa): *cet accueil l'a assuré des bonnes dispositions du public* quell'accoglienza l'ha rassicurato circa la buona disposizione del pubblico **II 1** [*rendre sûr; mettre à l'abri du danger*] assicurare: *la prévoyance assure l'avenir* l'essere previdenti assicura l'avvenire # *assurer son pouvoir* consolidare il proprio potere; *assurer ses frontières contre l'ennemi* proteggere le frontiere dal nemico; *assurer ses arrières* proteggere le retrovie ◇ (*par ext.*) ASSURER QQCH. À QQN. garantire, assicurare q.c. a qc.: *l'État assure une retraite aux travailleurs* lo Stato garantisce una pensione ai lavoratori **2** [*mettre* (*une chose*) *dans une position stable, empêcher de bouger*] assicurare; fissare: *assurer un volet* assicurare un'imposta → **assujettir, immobiliser** ‖ *assurer un cordage* fissare una fune # *assurer sa contenance* assumere un contegno sicuro ◇ (*mar.*) *assurer le pavillon* assicurare la bandiera **3** [*faire qu'une chose fonctionne, ne s'arrête pas*] assicurare, garantire: *assurer le fonctionnement d'un service* assicurare il funzionamento di un servizio; *pendant la grève les hôpitaux ont assuré le service des urgences* durante lo sciopero gli ospedali hanno assicurato il servizio d'urgenza **4** [*garantir par un contrat d'assurance*] assicurare: *assurer contre l'incendie* assicurare contro l'incendio; *assurer sa voiture contre le vol* assicurare l'automobile contro il furto **5** (*alpinisme, dans une cordée*) [*garantir la sécurité, empêcher la chute de* (*un alpiniste*)] assicurare **B** *v.pron. réfl.* S'ASSURER **1** [*devenir sûr* (*de, que*)] assicurarsi (di, che), accertarsi (di, che): *assurez-vous de l'exactitude de cette nouvelle* assicuratevi della veridicità di questa notizia; *je vais m'en assurer* me ne accerterò; *assure-toi que la porte soit bien fermée* assicurati che la porta sia ben chiusa → **vérifier, voir** **2** S'ASSURER CONTRE [*contracter une assurance*] assicurarsi contro: *s'assurer contre les accidents* assicurarsi contro gli infortuni ◇ [*se défendre de, se mettre en sûreté*] *s'assurer contre les incursions de l'ennemi* difendersi dalle incursioni nemiche → **protéger (se)** **3** [*prendre une position ferme, solide, stable*] assicurarsi: *s'assurer en selle* assicurarsi in sella.

assureur |asyʀœʀ| *s.m.* [*celui qui assure*] assicuratore → **agent.**

assyrien, ienne |asiʀjɛ̃, jɛn| **1** *adj.* [*de l'Assyrie*] assiro ✦ *s.* (*hist.*) *les Assyriens* gli Assiri **2** (*s.m.*) *l'assyrien* [*la langue*] l'assiro.

assyriologie |asiʀjɔlɔʒi| *s.f.* assiriologia*.

assyriologue |asiʀjɔlɔg| *s.* assiriologo*.

astasie |astazi| *s.f.* (*méd.*) astasia.

astate |astat| *s.m.* (*chim.*) astato.

astatique |astatik| *adj.* (*phys.*) astatico*.

aster |astɛʀ| *s.m.* **1** (*t.bot.*) aster *inv.* **2** (*biol.*) aster.

astérie |asteʀi| *s.f.* (*t. zool.*) asteria, stella di mare (*cour.*).

astérisque |asteʀisk(ə)| *s.m.* asterisco*.

astéroïde |asteʀɔid| *s.m.* (*astron.*) asteroide.

asthénie |asteni| *s.f.* (*méd.*) astenia.

asthénique |astenik| *adj.* (*méd.*) astenico* ✦ (*s.*) *un asthénique* un astenico.

asthmatique |asmatik| *adj.* (*méd.*) asmatico* ✦ (*s.*) *un asthmatique* un asmatico.

asthme |asm(ə)| *s.m.* (*méd., cour.*) asma *f.*

asticot |astiko| *s.m.* **1** (*fig., fam.*) → **type, homme** **2** → **ver (blanc).**

asticoter |astikɔte| *v.tr.* (*fam.*) [*agacer*] stuzzicare (*cour.*), punzecchiare (*cour.*): *quand auras-tu fini d'asticoter ton frère?* quando la smetterai di stuzzicare, punzecchiare tuo fratello?

astigmate |astigmat| *adj.* (*méd., opt.*) astigmatico*: *œil astigmate* occhio astigmatico ✦ (*s.*) *un astigmate* un astigmatico.

astigmatisme |astigmatism(ə)| *s.m.* (*méd., opt.*) astigmatismo.

astiquage |astikaʒ| *s.m.* [→ ASTIQUER] lucidatura *f.*, lustratura *f.*

astiquer |astike| *v.tr.* [*faire briller en frottant*] lucidare, lustrare: *astiquer les cuivres* lucidare i rami; *astiquer des meubles, le parquet* lucidare, lustrare i mobili, il pavimento → **frotter, polir** ✦ (*au p.p.*) *un parquet bien astiqué* un pavimento ben lustro *adj.*, lucidato.

astragale |astʀagal| *s.m.* **1** (*anat., archit.*) astragalo **2** (*t.bot.*) astragalo.

astrakan |astʀakɑ̃| *s.m.* astrakan (*inv.*): *col d'astrakan* collo di astrakan.

astral, ale, aux |astʀal, o| *adj.* astrale: *corps astral* corpo astrale; *influences astrales* influssi astrali.

astre |astʀ(ə)| *s.m.* **1** astro → 1 **étoile, planète** ◇ (*poét.*) *l'astre du jour* [*le soleil*] l'astro del giorno ◇ *loc. fig.* (*souvent iron.*) *il est beau comme un astre* è bello come il sole ~ *être né sous un astre favorable* essere nato sotto una buona stella **2** (*fig., vx.*) → 2 **étoile, star.**

astreignant, ante |astʀɛɲɑ̃, ɑ̃t| *adj.* [*qui astreint*] impegnativo, arduo: *une tâche astreignante* un compito impegnativo, arduo → **assujettissant.**

astreindre |astʀɛ̃dʀ(ə)| (65) **A** *v.tr.* [*obliger strictement* (*qqn. à qqch.*)] sottoporre (168), assoggettare: *astreindre qqn. à une discipline de fer* sottoporre, assoggettare qc. a una ferrea disciplina; *il astreint ses ouvriers à un rythme de travail insupportable* sottopone gli operai a un ritmo di lavoro insopportabile → **contraindre, forcer** **B** *v.pron. réfl.* S'ASTREINDRE [→ *tr.*] sottoporsi, assoggettarsi: *s'astreindre à des règles* sottoporsi, assoggettarsi a delle regole # *je me suis astreint à me lever tôt* mi sono imposto di alzarmi presto.

astreinte |astʀɛ̃t| *s.f.* **1** (*dr.*) (indennità *inv.* di) mora → **amende** **2** (*par ext.*) [*obligation rigoureuse*] costrizione: *la ponctualité est pour lui une astreinte* per lui la puntualità è una costrizione.

astringence |astʀɛ̃ʒɑ̃s| *s.f.* (*méd.*) potere *m.* astringente.

astringent, ente |astʀɛ̃ʒɑ̃, ɑ̃t| (*méd., cour.*) astringente: *remède astringent* medicina astringente; *lotion astringente* lozione astringente ✦ (*s.m.*) *un astringent* un astringente.

astro- |astʀɔ| *préf.* (*signifiant 'astre', correspond généralt. à*) astro: *astrologie* astrologia.

astrolabe |astʀɔlab| *s.m.* (*astron.*) astrolabio*.

astrolâtrie |astʀɔlɑtʀi| *s.f.* astrolatria.

astrologie |astʀɔlɔʒi| *s.f.* astrologia*.

astrologique |astʀɔlɔʒik| *adj.* astrologico*.

astrologiquement |astʀɔlɔʒikmɑ̃| *adv.* [→ ASTROLOGIQUE] astrologicamente.

astrologue |astʀɔlɔg| *s.* astrologo*.

astrométrie |astʀɔmetʀi| *s.f.* astrometria.

astronaute |astʀɔnot| *s.* astronauta.

astronauticien, ienne |astʀɔnotisjɛ̃, jɛn| *s.* studioso di astronautica.

astronautique |astʀɔnotik| *s.f.* astronautica*.

astronef |astʀɔnɛf| *s.m.* astronave *f.*

astronome |astʀɔnɔm| *s.* astronomo.

astronomie |astʀɔnɔmi| *s.f.* astronomia.

astronomique |astʀɔnɔmik| *adj.* **1** astronomico*: *observations astronomiques* osservazioni astronomiche; *lunette astronomique* cannocchiale astronomico; *année astronomique* anno astronomico **2** (*fig.*) [*très long, très grand; exagéré*] astronomico: *chiffres astronomiques* cifre astronomiche; *prix astronomique* prezzo astronomico.

astronomiquement |astʀɔnɔmikmɑ̃| *adv.* [→ ASTRONOMIQUE] astronomicamente.

astrophotographie |astʀɔfɔtɔgʀafi| *s.f.* astrofotografia.

astrophysicien, ienne |astʀɔfizisjɛ̃, jɛn| *s.* astrofisico* *m.*

astrophysique |astʀɔfizik| *s.f.* astrofisica* ✦ *adj.* astrofisico*.

astuce |astys| *s.f.* **1** [*petite invention qui suppose de l'ingéniosité*] astuzia, stratagemma (*m.*): *user de petites astuces* ricorrere a piccole astuzie, a piccoli stratagemmi → **artifice** # *les astuces du métier* i trucchi del mestiere; *les astuces perfectionnant un dispositif* gli accorgimenti che perfezionano un apparecchio **2** (*fam.*) [*plaisanterie*] battuta (*cour.*): *il fait toujours des astuces* fa sempre delle battute; *astuce vaseuse!* (è) un po' fiacca, come battuta! **3** (*vieilli*) [*ruse*] astuzia (*cour.*) → **finesse, malice.**

astucieusement |astysjøzmɑ̃| *adv.* [→ ASTUCIEUX 1] astutamente; ingeniosamente.

astucieux, ieuse |astysjø, jøz| *adj.* **1** [*qui a ou dénote une habileté fine*] astuto, scaltro: *c'est un homme très astucieux* è un uomo molto astuto; *réponse astucieuse* risposta astuta → **adroit,** 2 **malin 2** (*vx.*) [*rusé et perfide*] astuto (*cour.*), perfido.

asturien, ienne |astyʀjɛ̃, jɛn| *adj.* [*des Asturies*] asturiano.

asyllabique |asil(l)abik| *adj.* (*gram.*) asillabico*.

asymbolie |asɛ̃bɔli| *s.f.* (*méd.*) asimbolia.

asymétrie |asimetʀi| *s.f.* asimmetria Ⓒ **symétrie.**

asymétrique |asimetʀik| *adj.* asimmetrico* Ⓒ **symétrique.**

asymptote |asɛ̃ptɔt| (*math.*) **1** *s.f.* asintoto *m.* **2** *adj.* asintotico*.

asynchrone |asɛ̃kʀɔ(o)n| *adj.* asincrono.

asyndète |asɛ̃dɛt| *s.f.* (*gram.*) asindeto *m.*

asynergie |asinɛʀʒi| *s.f.* (*méd.*) asinergia*.

ataraxie |ataʀaksi| *s.f.* (*philo.*) atarassia.

atavique |atavik| *adj.* atavico*.

atavisme |atavism(ə)| *s.m.* (*biol.*) atavismo.

ataxie |ataksi| *s.f.* (*méd.*) atassia.

ataxique |ataksik| *adj. et s.* (*méd.*) atassico*.

atèle |atɛl| *s.m.* (*t.zool.*) atele.

atelier |atəlje| *s.m.* **1** [*lieu où des artisans, des ouvriers travaillent en commun*] officina *f.*, laboratorio*: *atelier de mécanicien* officina meccanica; *l'atelier d'un menuisier* il laboratorio, la bottega* del falegname # *ouvrir un atelier de couture* aprire una sartoria, un 'atelier'; *ateliers de la marine* arsenale militare → **arsenal 2** [*section d'une usine où des ouvriers travaillent au même ouvrage*] officina; reparto: *atelier de réparations* officina di riparazioni ‖ *atelier de montage* reparto montaggio # *chef d'atelier* capo(o)fficina, caporeparto ◇ [*l'ensemble des ouvriers qui travaillent dans un atelier*] maestranze *f.pl.* ◇ (*par anal.*) gruppo di lavoro **3** [*lieu où travaille un artiste*] studio*, 'atelier' *inv.* ◇ [*artistes travaillant sous la direction d'un maître*] (*ancienn.*) bottega* *f.*; (*mod.*) allievi *pl.* **4** [*compagnie et loge de francs-maçons*] loggia* *f.* → **loge.**

atemporel, elle |atɑ̃pɔʀɛl| *adj.* atemporale ◇ (*ling.*) *présent atemporel* presente atemporale.

atermoiement |atɛʀmwamɑ̃| *s.m.* **1** [→ ATERMOYER A] indugio*, rinvio*: *après bien des atermoiements, il a fini par accepter* dopo molti indugi ha finito per accettare → **ajournement, délai 2** (*dr.*) dilazione *f.* (di pagamento); moratoria *f.*

atermoyer |atɛʀmwaje| (10) **A** *v. intr.* [*différer de délai en délai*] indugiare, temporeggiare: *il n'y a plus à atermoyer, il faut agir* non si può più indugiare, bando agli indugi, bisogna agire **B** *v.tr.* (*vieilli, dr.*) [*renvoyer un paiement à un terme plus éloigné*] dilazionare (*cour.*), prorogare (*cour.*).

-ateur, -atrice |atœʀ, atʀis| *suff.* (*servant à former des noms d'agent et des adj., correspondent généralt. à*) atore, atrice: *calomniateur* calunniatore; *salvatrice* salvatrice.

athée |ate| *s. et adj.* ateo.

athéisme |ateism(ə)| *s.m.* ateismo.

athématique |atematik| *adj.* (*ling.*) atematico*.

athénée |atene| *s.m.* **1** [*établissement destiné à des leçons publiques en Suisse et en Belgique*] ⊠ **2** (*Belgique*) scuola *f.* secondaria.

athénien, ienne |atenjɛ̃, jɛn| *adj.* [*d'Athènes*] ateniese.

athermane |atɛʀman| *adj.* (*phys.*) atermano.

athermique |atɛʀmik| *adj.* (*phys.*) atermico* Ⓒ **thermique.**

athérome |aterɔm| *s.m.* (*méd.*) ateroma.

athlète |atlɛt| *s.* atleta: *un corps d'athlète* un fisico da atleta.

athlétique |atletik| *adj.* **1** atletico*: *un corps athlétique* un fisico atletico **2** [*qui a rapport aux athlètes*] atletico: *exercices athlétiques* esercizi atletici.

athlétiquement |atletikmɑ̃| *adv.* [→ ATHLÉTIQUE] atleticamente.

athlétisme |atletism(ə)| *s.m.* atletismo; atletica* *f.*

athrepsie |atʀɛpsi| *s.f.* (*méd.*) atrepsia.

atlante |atlɑ̃t| *s.m.* (*archit.*) atlante → **télamon.**

atlantique |atlɑ̃tik| *adj.* [*qui a rapport à l'océan Atlantique*] atlantico*: *la côte atlantique de la France* la costa atlantica della Francia ◇ (*polit.*) *l'alliance atlantique, le Pacte atlantique* l'alleanza atlantica, il patto atlantico.

atlantisme |atlɑ̃tism| *s.m.* (*polit.*) atlantismo.

atlas |atlɑs| *s.m.* **1** [*recueil de cartes géographiques*] atlante **2** (*anat.*) atlante.

atmosphère |atmɔsfɛʀ| *s.f.* **1** atmosfera: *couches de l'atmosphère* strati dell'atmosfera **2** (*fig.*) *l'atmosphère d'une personne, d'une chose* [*ce qui l'environne, emane d'elle*] atmosfera # *vivre dans l'atmosphère de qqn.* [*auprès de lui*] vivere nella sfera di qc. **3** [*milieu*] atmosfera, aria: *une atmosphère lugubre* un'atmosfera lugubre; *une atmosphère de vacances* un'aria di vacanze → **ambiance, climat** ◇ (*loc. fam.*) *changer d'atmosphère* cambiare aria **4** [*unité de mesure de la pression des gaz*] atmosfera: *une pression de dix atmosphères* una pressione di dieci atmosfere.

atmosphérique |atmɔsfeʀik| *adj.* atmosferico*: *phénomène atmosphérique* fenomeno atmosferico; *pression atmosphérique* pressione atmosferica.

atoll |atɔl| *s.m.* atollo.

atome |atom| *s.m.* **1** (*chim., cour.*) atomo: *atome d'hydrogène* atomo di idrogeno **2** (*phys. nucléaire*) atomo: *atome radioactif* atomo radioattivo **3** (*fig.*) *il n'a pas un atome de bon sens* non ha un briciolo di buon senso → **brin, grain 4** (*philo.*) atomo.

atome-gramme |atomgʀam| *s.m.* (*phys.*) grammo atomo.

atomicité |atɔmisite| *s.f.* (*chim.*) atomicità *inv.*

atomique |atɔmik| *adj.* **1** (*chim.*) atomico*: *poids atomique* peso atomico; *nombre, numéro atomique* numero atomico **2** (*phys. nucléaire*) atomico: *énergie atomique* energia atomica; *bombe atomique* bomba atomica; *la guerre atomique* la guerra atomica; *l'époque atomique* l'era atomica.

atomisation |atɔmizɑsjɔ̃| *s.f.* [→ 1 ATOMISER] atomizzazione, nebulizzazione.

1 **atomiser** |atɔmize| **A** *v.tr.* [*réduire un corps en particules très ténues*] atomizzare, nebulizzare → **pulvériser, vaporiser B** *v.pron. intr.* S'ATOMISER [*se diviser en parties très petites*] atomizzarsi.

2 **atomiser** |atɔmize| *v.tr.* [*détruire par les armes atomiques*] atomizzare.

atomiseur |atɔmizœʀ| *s.m.* atomizzatore, nebulizzatore.

atomisme |atɔmism(ə)| *s.m.* (*philo.*) atomismo.

atomiste |atɔmist(ə)| *s.* **1** [*savant qui s'occupe de physique atomique*] fisico* atomico* **2** (*philo.*) atomista.

atomistique |atɔmistik| (*chim., phys.*) **1** *adj.* atomistico* **2** *s.f.* atomistica*.

atonal, ale, als |atɔnal| *adj.* (*mus.*) atonale Ⓒ **tonal.**

atonalité |atɔnalite| *s.f.* (*mus.*) atonalità *inv.*

atone |atɔn| *adj.* **1** (*méd.*) atonico*: *intestin atone* intestino atonico **2** (*par ext.*) [*qui manque de vitalité*] amorfo, inespressivo: *un être atone* un essere amorfo → **éteint 3** (*phonét.*) atono: *syllabe atone* sillaba atona Ⓒ 2 **dynamique.**

atonie |atɔni| *s.f.* **1** (*méd.*) atonia: *atonie musculaire* atonia muscolare **2** (*par ext.*) [*manque de vitalité*] fiacchezza, debolezza: *atonie intellectuelle* fiacchezza intellettuale.

atonique |atɔnik| *adj.* (*méd.*) atonico*.

atours |atuʀ| *s.m.pl.* (*plais., vx.*) [*tout ce qui sert à la parure des femmes*] fronzoli (*cour.*), ghingheri (*cour.*): *elle s'est parée de ses plus beaux atours* si è messa (tutta) in ghingheri.

atout |atu| *s.m.* (*cartes*) 'atout' *inv.* ◇ (*fig.*) *avoir tous les atouts dans son jeu* avere l'asso nella manica.

atoxique |atɔksik| *adj.* (*méd.*) atossico* Ⓒ **toxique.**

atrabilaire |atʀabilɛʀ| *adj.* **1** (*méd. anc.*) atrabiliare **2** (*vx., fig.*) → **bilieux.**

-âtre |ɑtʀ(ə)| *suff.* (*marquant un caractère approchant; exprimant une idée péj., correspond généralt. à*) astro: *blanchâtre* biancastro # *gentillâtre* poco gentile.

âtre |ɑtʀ(ə)| *s.m.* [*partie de la cheminée où l'on fait le feu*] focolare → **foyer.**

atrium |atʀijɔm| *s.m.* (*antiq.*) atrio*.

atroce |atʀɔs| *adj.* **1** atroce: *crime, vengeance atroce* delitto, vendetta atroce → **abominable, affreux** ◇ [*insupportable*] *souffrances atroces* sofferenze atroci **2** (*fam.*) [*très désagréable*] pauroso, orribile: *il est d'une atroce bêtise* è di una stupidità paurosa; *elle est d'une laideur atroce* è di una bruttezza paurosa; *un temps atroce* un tempo orribile.

atrocement |atʀɔsmɑ̃| *adv.* **1** [→ ATROCE 1] atrocemente: *il souffre atrocement* soffre atrocemente **2** (*fam.*) [→ ATROCE 2] tremendamente, terribilmente: *ce livre est atrocement ennuyeux* questo libro è tremendamente noioso.

atrocité |atʀɔsite| *s.f.* **1** atrocità (*inv.*): *l'atrocité d'une action, d'un crime* l'atrocità di un'azione, di un delitto → **cruauté** **2** [*action atroce*] atrocità: *les atrocités commises dans les camps de concentration* le atrocità commesse nei campi di concentramento ◇ [*imputation calomnieuse*] (ignobile) calunnia: *il a répandu des atrocités sur son compte* ha divulgato delle ignobili calunnie sul suo conto.

atrophie |atʀɔfi| *s.f.* (*méd., cour.*) atrofia: *atrophie musculaire* atrofia muscolare ◇ (*fig.*) *atrophie intellectuelle* fiacchezza intellettuale → **atonie.**

atrophié, ée |atʀɔfje| *adj.* (*méd.*) atrofico* [C] **hypertrophié.**

atrophier |atʀɔfje| **A** *v.tr.* [*faire dépérir par atrophie*] atrofizzare ◇ (*fig.*) atrofizzare **B** *v.pron. intr.* S'ATROPHIER [*dépérir par atrophie*] atrofizzarsi: *les membres immobilisés s'atrophient* gli arti immobilizzati si atrofizzano ◇ (*fig.*) scemare (*intr.*): *avec le temps sa passion s'est atrophiée* col tempo la sua passione è scemata [C] **développer.**

atropine |atʀɔpin| *s.f.* (*chim.*) atropina.

attabler (s') |atable| *v. pron. intr.* [*s'asseoir à table*] mettersi (155), sedersi (183) a tavola: *il s'est attablé sans se laver les mains* si è messo, si è seduto a tavola senza lavarsi le mani; *je venais de m'attabler quand j'ai reçu son coup de téléphone* mi ero appena messo a tavola quando ho ricevuto la sua telefonata.

attachant, ante |ataʃɑ̃, ɑ̃t| *adj.* [*qui attache, retient en touchant la sensibilité*] avvincente: *un roman attachant, une conversation attachante* un romanzo, una conversazione avvincente → **intéressant, passionnant** # *c'est un enfant très attachant* è un bambino che si fa voler bene → **attirant, séduisant.**

attache |ataʃ| *s.f.* **1** [→ ATTACHER A 1] attacco* (*m.*): *point d'attache d'un muscle* punto di attacco, inserzione di un muscolo → **insertion** # *tenir un chien à l'attache* tenere un cane alla catena ◇ (*mar.*) *port d'attache d'un bateau* porto di immatricolazione di un battello **2** [*objet servant à attacher*] fermaglio* *m.*, graffa: *réunir deux lettres par une attache* unire due lettere con un fermaglio, con una graffa ◇ (*bot.*) viticcio*: *les attaches d'une plante grimpante* i viticci di un rampicante → **crampon, vrille** **3** *au plur.* [*le poignet e la cheville*] *avoir des attaches fines* avere polsi e caviglie sottili **4** *au plur.* (*fig.*) ATTACHES [*rapports affectifs ou relations d'habitude qui nous attachent à qqn. ou à qqch.*] legami *m.*, relazioni: *conserver des attaches avec son pays natal* mantenere legami col paese natale; *il a des attaches au Ministère* ha relazioni, appoggi al Ministero → **lien, accointance** **5** (*vx., fig.*) → **attachement.**

attaché, ée |ataʃe| **I** *adj.* **1** [*lié*] legato: *cheval attaché à un poteau* cavallo legato a un palo **2** [*qui est fermé par une attache*] *porter une veste attachée* portare una giacca abbottonata **3** (*choses*) ATTACHÉ À [*qui fait corps avec*] connesso a: *les avantages attachés à cette situation* i vantaggi connessi a, insiti in questa situazione → **inhérent** ◇ (*personnes*) [*lié par un sentiment, un besoin, un goût*] attaccato: *elle lui est très attachée* gli è molto attaccata; *il est très attaché à ses habitudes* è molto attaccato alle sue abitudini **II** *s.* [*personne attachée à un service*] addetto: *attaché de presse* addetto stampa; *attaché militaire* addetto militare; *attaché commercial* addetto commerciale; *attaché d'ambassade* addetto d'ambasciata.

attaché-case |ataʃekɛ(a)z| *s.m.* [*mallette rectangulaire plate qui sert de porte-documents*] valigetta *f.*, (valigetta) diplomatica*; (valigetta) ventiquattr'ore *inv.*

attachement |ataʃmɑ̃| *s.m.* [*sentiment qui nous unit aux personnes ou aux choses*] attaccamento: *démontrer un profond attachement pour qqn.* dimostrare un profondo attaccamento a (per) qc.; *son attachement à l'argent est excessif* il suo attaccamento al denaro è eccessivo.

attacher |ataʃe| **A** *v.tr.* **1** [*faire tenir au moyen d'un lien*] attaccare; legare: *attacher des bœufs à une charrette* attaccare i buoi al carro → **atteler** || *il a attaché son cheval à la palissade* ha legato il cavallo alla staccionata **2** [*joindre par une attache*] attaccare, unire (197); legare: *attacher deux ou plusieurs choses ensemble* attaccare insieme, unire due o più cose || *attacher les mains d'un prisonnier* legare le mani di un prigioniero; *attacher un paquet avec une ficelle* legare un pacco con uno spago → **ficeler** # *attacher son tablier* allacciarsi il grembiule; *attacher sa veste* abbottonarsi la giacca **3** [*faire tenir, fermer, en parlant de l'attache*] legare: *la corde qui attachait le chien s'est cassée* la corda che legava, che tratteneva il cane si è rotta; *la ficelle qui attache le paquet n'est pas assez résistante* lo spago che lega il pacco non è abbastanza resistente **4** (*fig.*) (*se dit d'un lien qui unit à qqn., à qqch.*) legare: *les sentiments qui m'attachent à vous* i sentimenti che mi legano a voi; *beaucoup de souvenirs l'attachent à sa maison* molti ricordi lo legano alla sua casa **5** [*mettre* (*une personne*) *au service d'une autre*] destinare, assegnare; assumere (118): *il l'a attaché à son bureau* l'ha destinato, assegnato al suo ufficio || *attacher un domestique à son service* assumere un domestico al proprio servizio **6** *attacher son regard, les yeux sur* [*regarder avec insistance*] fissare lo sguardo, gli occhi su: *il continuait d'attacher sur elle son regard* continuava a fissare lo sguardo su di lei, a guardarla con insistenza **7** [*adjoindre par l'esprit*] attribuire (197), dare (102): *attacher un sens à un mot* attribuire, dare un significato a una parola ◇ [*attribuer* (*une qualité*) *à qqch.*] *attacher de l'importance, de la valeur à qqch.* attribuire, dare importanza, valore a q.c.: *il ne faut pas attacher trop d'importance à ce qu'il dit* non bisogna dare troppa importanza a quello che dice → 1 **accorder** **B** *v.intr.* (*fam.*) [*coller au fond de la casserole, du plat*] attaccarsi (*pron.*): *le ragoût a attaché* lo stufato si è attaccato **C** *v.pron. intr.* S'ATTACHER **1** [*être attaché* (*à qqch.*)] attaccarsi: *le lierre s'est attaché au balcon du premier étage* l'edera si è attaccata al balcone del primo piano ◇ [*se fixer, se coller*] *la terre qui s'attache aux chaussures* la terra che si attacca alle scarpe **2** [*se fermer, s'ajuster*] allacciarsi; chiudersi (106): *ce corset s'attache avec des agrafes* questo busto si allaccia con dei ganci → **fermer (se)** || *collier qui s'attache par un fermoir* collana che si chiude con un fermaglio **3** (*fig.*) [*être uni à*] connettersi (112) (a), derivare *intr.* (da): *les avantages qui s'attachent à ce poste* i vantaggi connessi a, che derivano da questo incarico **4** [*prendre de l'attachement pour*] attaccarsi, affezionarsi: *je me suis attaché à elle sans même m'en apercevoir* mi sono attaccato, affezionato a lei senza nemmeno accorgermene; *je me suis beaucoup attaché à ce pays* mi sono molto affezionato a questo paese **5** [*s'appliquer avec constance* (*à qqch.*)] applicarsi: *s'attacher à une étude, à son travail* applicarsi a uno studio, al proprio lavoro → 2 **adonner (s'), consacrer (se)** ◇ [(*à faire qqch.*)] *s'attacher à rendre qqn. heureux* sforzarsi di rendere felice qc. → **chercher (à), efforcer (s')** [C] A 1, 2, 3, 4, 6 **détacher** 1; C 1, 4 **détacher (se)** 1.

attagène |ataʒɛn| *s.m.* (*t. zool.*) attageno.

attaquable |atakabl(ə)| *adj.* [→ ATTAQUER A I 1, 4, 5; B 1] attaccabile # *la ville n'est attaquable que d'un seul côté* la città può essere attaccata da un solo lato → **vulnérable** ◇ (*fig.*) *c'est un raisonnement attaquable* è un ragionamento contestabile, discutibile; *ce testament est attaquable* questo testamento è impugnabile.

attaquant, ante |atakɑ̃, ɑ̃t| *s.* [*personne qui attaque*] attaccante, assalitore*: *les attaquants furent repoussés* gli attaccanti furono respinti → **agresseur** ◇ (*sport*) attaccante [C] **défenseur.**

attaque |atak| *s.f.* **1** [→ ATTAQUER A I 1] attacco* (*m.*): *passer à l'attaque* passare all'attacco; *donner le signal d'attaque* dare il segnale d'attacco; *déclencher l'attaque* sferrare l'attacco → **offensive** **2** (*sport*) attacco ◇ (*par ext.*) *l'attaque et la défense* l'attacco e la difesa ◇ (*escrime*) assalto *m.* ◇ (*loc. fig., fam.*) *être d'attaque* [*en pleine forme*] essere in (piena) forma (*cour.*) **3** [*acte de violence*] aggressione: *attaque à main armée* aggressione a mano armata **4** (*fig.*) [*paroles qui critiquent durement*] attacco: *les attaques de la critique* gli attacchi della critica; *les attaques de l'opposition contre la politique du gouvernement* gli attacchi dell'opposizione alla politica del governo → **accusation,** 2 **critique** **5** (*méd., cour.*) attacco; colpo (*m.*): *avoir une attaque d'épilepsie* avere un attacco epilettico → **crise** || *il a eu une attaque d'apoplexie* ha avuto un colpo apoplettico ✦ (*absolt.*) *elle a eu une attaque il y a quelques jours* ha avuto un attacco qualche giorno fa **6** (*mus.*) attacco.

attaquer |atake| **A** *v.tr.* **I** **1** [*porter les premiers coups à* (*l'adversaire*)] attaccare: *les ennemis nous attaquaient de toutes parts* i nemici ci attaccavano da ogni parte ✦ (*absolt.*) *l'armée ennemie attaqua à l'aube* l'esercito nemico attaccò all'alba; *attaquer brusquement,* *à l'improviste, par surprise* attaccare inaspettatamente, all'improvviso, di sorpresa; *attaquer de front* attaccare frontalmente **2** [*tomber sur* (*qqn.*) *pour le battre, le voler ou le tuer*] aggredire (197): *un passant a été attaqué par un malfaiteur* un passante è stato aggredito da un furfante → **assaillir** # *attaquer qqn. à coups de poings, de bâton* prendere qc. a pugni, a bastonate **3** (*sport*) [*faire une attaque*] attaccare **4** (*fig., dr.*) *attaquer qqn. en justice* [*lui intenter une action*] intentare causa contro qc., convenire (202) qc. in giudizio **5** [*émettre des jugements qui nuisent à* (*qqn.*)] attaccare: *attaquer une politique, une opinion* attaccare una politica, un'opinione → I **accuser, critiquer** # *attaquer la réputation de qqn.* intaccare la reputazione di qc. ◇ (*sujet de chose*) *dans le journal il y a un article qui attaque le ministre* sul giornale c'è un articolo che attacca il ministro ◇ (*dr.*) *attaquer l'authenticité d'un acte* [*en contester la validité*] impugnare la validità di un atto **6** [*s'adresser avec vivacité à* (*qqn.*) *pour obtenir une réponse*] interrogare, interpellare: *attaquer qqn. sur un sujet* interrogare qc. su un argomento **7** [*chercher à surmonter*] affrontare: *attaquer une difficulté* affrontare una difficoltà **II** [*détruire la substance* (*d'une matière*)] intaccare, corrodere (175): *substance corrosive qui attaque le cuivre* sostanza corrosiva che intacca il rame **III 1** [*aborder sans hésitation*] attaccare; affrontare: *attaquer un discours* attaccare un discorso → **commencer** ‖ *attaquer un sujet* affrontare un argomento **2** (*fam.*) [*commencer à manger*] cominciare (a mangiare) (*cour.*): *attaque le poulet* comincia (a mangiare) il pollo → **entamer** ◇ (*mus.*) *attaquer un morceau de musique* [*en commencer l'exécution*] attaccare un brano musicale **B** *v.pron. intr.* S'ATTAQUER À **1** [*diriger une attaque* (4) *contre qqn.* (*matériellement ou moralement*)] attaccare (*tr.*): *il est dangereux de s'attaquer à lui, il a des connaissances en haut lieu* è pericoloso attaccarlo, ha conoscenze in alto loco; *s'attaquer à la politique du gouvernement* attaccare la politica del governo → **combattre, critiquer 2** [*chercher à résoudre*] affrontare (*tr.*): *les plus grands savants se sont attaqués à ce problème* i più grandi scienziati hanno affrontato questo problema.

attardé, ée |ataʀde| *adj.* **1** [*qui est en retard*] ritardatario*, attardato (*littér.*): *quelques passants attardés* alcuni passanti ritardatari **2** [*qui est en retard dans sa croissance, son évolution*] ritardato: *un enfant attardé* un bambino ritardato → **arriéré** ◆ (*s.*) *un attardé* un ritardato **3** [*qui appartient au temps passé*] retrogrado, superato: *je ne veux pas discuter avec une personne si attardée* non mi va di discutere con una persona così retrograda, arretrata; *ce sont là des conceptions attardées!* (queste) sono concezioni retrograde, superate!

attarder |ataʀde| **A** (*v.tr.*) *attarder qqn.* [*le mettre en retard*] far (103) *intr.* ritardare qc. # *la neige nous a attardés* abbiamo (ri)tardato a causa della neve **B** *v.pron. intr.* S'ATTARDER **1** [*se mettre en retard*] attardarsi; trattenersi (188): *s'attarder en chemin* attardarsi per strada; *s'attarder au travail* attardarsi sul lavoro ‖ *s'attarder chez qqn.* trattenersi a casa di qc.; *s'attarder à parler avec qqn.* trattenersi a parlare con qc. # *ne vous attardez pas* non fate tardi **2** (*fig.*) [*ne pas avancer*] dilungarsi: *s'attarder sur un sujet* dilungarsi, soffermarsi su un argomento → **arrêter (s'), insister.**

atteindre |atɛ̃dʀ(ə)| (66) **A** *v.tr.* **I** [*parvenir au niveau de*] **1** [*parvenir à rattraper* (*qqn.*)] raggiungere (150): *je suis arrivé à l'atteindre après une longue course* sono riuscito a raggiungerlo dopo una lunga corsa **2** [*parvenir à* (*un lieu*)] arrivare (a), giungere (150) (a): *nous atteindrons Paris avant la nuit* arriveremo, giungeremo a Parigi prima di notte → **gagner** # *ils ont atteint la frontière à l'aube* hanno raggiunto il confine all'alba **3** [*parvenir à prendre* (*qqch.*)] prendere (105): *pouvez-vous atteindre ce livre sans vous déranger?* riesce a prendere quel libro senza scomodarsi? ◇ (*fig.*) *atteindre un but* raggiungere, conseguire uno scopo: *atteindre l'objectif qu'on s'était assigné* raggiungere l'obbiettivo che ci si era prefissi; *atteindre 70 ans* raggiungere i 70 anni **4** (*choses*) [*parvenir à* (*un lieu, une hauteur, une grandeur*)] raggiungere: *la rivière a atteint la cote d'alerte* il fiume ha raggiunto il livello di guardia; *atteindre une limite, un maximum* raggiungere un limite, un massimo; *atteindre un certain prix, une certaine valeur* raggiungere un certo prezzo, un certo valore; *ce sommet atteint les mille mètres* quella cima raggiunge i mille metri; *sa douleur a atteint son paroxysme* il suo dolore ha raggiunto il parossismo → **élever (s') II** [*parvenir à frapper*] **1** [*toucher, blesser* (*qqn.*) *au moyen d'une arme, d'un projectile*] colpire (197): *il l'a atteint au front d'un coup de pierre* l'ha colpito alla fronte con una sassata; *les éclats d'obus l'ont atteint à la jambe droite* le schegge della granata l'hanno colpito, l'hanno raggiunto alla gamba destra ◇ (*choses*) *atteindre la cible, l'objectif* raggiungere il bersaglio, l'obbiettivo **2** [*avoir un effet nuisible sur* (*qqn.*)] colpire: *le mal, le malheur qui l'a atteint* la malattia, la disgrazia che l'ha colpito # *rien ne l'atteint* [*il est indifférent*] niente lo turba, lo tocca → **émouvoir**; *vos méchancetés ne l'atteignent pas* le vostre cattiverie non lo toccano **B** *v.intr.* (*littér.*) ATTEINDRE À [*parvenir* (*avec effort*)] raggiungere *tr.* (*cour.*): *atteindre à la perfection* raggiungere la perfezione.

atteint, einte |atɛ̃, ɛ̃t| *adj.* [*touché* (*par un mal*)] affetto, colpito ◇ (*fam.*) *il est bien atteint* [*de folie*] è proprio tocco! (*cour.*).

atteinte |atɛ̃t| *s.f.* **1** (*après 'hors de'*) [*possibilité d'atteindre*] tiro (*m.*): *les fuyards sont hors de votre atteinte* i fuggitivi sono fuori tiro; *se mettre hors d'atteinte* mettersi fuori tiro → **portée** ◇ (*fig.*) *sa réputation est hors de toute atteinte* la sua reputazione è al di sopra di ogni sospetto → **inattaquable 2** (*fig.*) [*dommage matériel ou moral*] offesa, oltraggio* (*m.*): *atteinte à la pudeur* offesa, oltraggio al pudore # *cette loi est une atteinte à la liberté* questa legge è un attentato alla libertà ◇ *loc.* PORTER ATTEINTE À [*attaquer, atteindre*] attaccare *v.tr.*; colpire (*v.tr.*): *porter atteinte à la religion* attaccare la religione ‖ *mesures qui portent atteinte aux libertés démocratiques* misure che colpiscono, intaccano le libertà democratiche # *ses paroles portent atteinte à ma réputation* le sue parole recano pregiudizio alla mia reputazione; *cet article porte atteinte au crédit du ministre* questo articolo getta il discredito sul ministro.

attelage |atlaʒ| *s.m.* **1** [→ ATTELER A 1] attacco*, aggiogamento **2** [*les bêtes attelées ensemble*] tiro, attacco: *un attelage de chevaux* un tiro di cavalli; *un attelage à deux, à quatre* un tiro a due, a quattro **3** [*ce qui sert à atteler*] traino: *crochet d'attelage d'une voiture* gancio da traino di una automobile.

atteler |atle| (4) **A** *v.tr.* **1** [*attacher* (*des bêtes*) *à une voiture, une charrue*] attaccare; aggiogare: *atteler des chevaux à une voiture* attaccare i cavalli alla carrozza ‖ *atteler des bœufs à la charrue* aggiogare i buoi all'aratro **2** (*fig.*) *atteler qqn. à un travail, à une tâche* [*l'y mettre*] affibbiare, appioppare (*fam.*) a qc. un lavoro, un incarico **B** *v.pron. réfl.* (*fig.*) S'ATTELER À [*s'appliquer à*] impegnarsi in: *s'atteler à un long travail* impegnarsi in un lungo lavoro.

attelle |atɛl| *s.f.* **1** [*partie du collier des chevaux*] portatirelle *m.inv.* **2** (*chir.*) stecca* → **éclisse.**

attenant, ante |atnɑ̃, ɑ̃t| *adj.* [*qui tient, touche à* (*une autre construction*)] attiguo, contiguo: *la maison attenante à la ferme* la casa attigua alla fattoria → **adjacent.**

attendre |atɑ̃dʀ(ə)| (53) **A** *v.tr.* **1** ATTENDRE QQN. [*se tenir en un lieu et y rester jusqu'à son arrivée*] aspettare, attendere (105) qc.: *je vous attendrai chez moi jusqu'à midi* vi aspetterò a casa mia fino a mezzogiorno; *j'irai vous attendre à la gare, à la sortie* verrò ad aspettarvi alla stazione, all'uscita; *attendre qqn. au tournant, à son passage* aspettare qc. al varco → **guetter** ◇ (*loc.*) *attendre qqn. de pied ferme* aspettare qc. a piè fermo ~ (*iron.*) *attendez-moi sous l'orme* [*vous pouvez m'attendre, je ne viendrai pas*] aspetta e spera **2** ATTENDRE QQCH. aspettare, attendere q.c.: *attendre le bus, le train* aspettare l'autobus, il treno; *attendre le moment, l'occasion favorable* aspettare il momento, l'occasione favorevole; *attendre son tour* aspettare il proprio turno; *qu'attendez-vous pour agir?* che cosa aspettate ad agire? **3** *loc.* ATTENDRE QUE (+ *subj.*) aspettare che (+ *subj.*): *nous attendons qu'il revienne pour nous en aller* aspettiamo che ritorni per andarcene; *j'attends que le film soit fini* aspetto che il film sia finito **4** *loc.* ATTENDRE DE (+ *inf.*) aspettare di (+ *inf.*): *attendez d'être informé avant de vous prononcer* aspetti di essere informato prima di pronunciarsi **5** (*absolt.*) *attendre longtemps* aspettare a lungo; *perdre son temps à attendre* perdere il proprio tempo ad aspettare; *je suis resté deux heures à attendre* sono rimasto due ore ad aspettare; *je ne puis attendre plus longtemps* non posso aspettare oltre; *faire attendre qqn., se faire attendre* fare aspettare qc., farsi aspettare; *il vaut mieux attendre avant d'agir* è meglio aspettare prima di agire ◆ *interj.*

ATTENDS!, ATTENDEZ! aspetta!, aspettate! (aspetti!); *attends, je vais t'expliquer* aspetta, ora ti spiego; *attendez un peu, je n'ai pas fini* aspettate un momento, non ho finito ◇ (*prov.*) *tout vient à point à qui sait attendre* col tempo e con la paglia maturano le nespole **6** (*choses*) [*être prêt pour* (*qqn.*)] aspettare: *la voiture vous attend* la macchina vi aspetta; *tu connais le sort qui t'attend* conosci la sorte che ti aspetta; *de cruelles déceptions l'attendent* l'aspettano crudeli delusioni ♦ (*absolt.*) *le train n'attend pas* il treno non aspetta **7** [*compter sur* (*qqn. ou qqch.*)] *prévoir* (*un événement*)] aspettare: *vous êtes en retard: on ne vous attendait plus* siete in ritardo: non vi aspettavamo più; *c'est le contraire de ce qu'on attendait* è il contrario di quanto ci si aspettava; *il lui a fait attendre longtemps sa récompense* gli ha fatto aspettare a lungo la sua ricompensa; *attendre qqn. comme le Messie* aspettare qc. come il Messia → **désirer** ◇ *loc.* ATTENDRE QQCH. DE QQN. aspettarsi q.c. da qc.: *qu'attendez-vous de moi?* che cosa vi aspettate da me? ~ *loc. adv.* EN ATTENDANT [*jusqu'à tel moment*] nell'attesa: *en attendant, il aurait pu accepter ce travail* nell'attesa avrebbe potuto accettare quel lavoro → **provisoirement** ~ *loc. conj.* EN ATTENDANT QUE (+ *subj.*) [*jusqu'à ce que*] nell'attesa, in attesa che (+ *subj.*), finché (+ *subj.*, *ind.*): *je l'aide dans son travail en attendant qu'il puisse le faire tout seul* lo aiuto nel suo lavoro nell'attesa che possa farlo da solo ~ *loc. prép.* EN ATTENDANT DE (+ *inf.*) in attesa, nell'attesa di (+ *inf.*): *ils ont loué un appartement en attendant de pouvoir en acheter un* hanno affittato un appartamento in attesa di poterne comprare uno **B** *v.intr.* **1** ATTENDRE APRÈS QQN. [*l'attendre avec impatience*] aspettare *tr.* con ansia qc. **2** ATTENDRE APRÈS QQCH. [*en avoir besoin*] avere (97) *tr.* bisogno di q.c.: *je n'attends pas après votre aide* non ho bisogno del vostro aiuto **C** *v.pron. intr.* S'ATTENDRE À QQCH. [*penser que cette chose arrivera*] aspettarsi, attendersi q.c.: *il faut s'attendre à tout* bisogna aspettarsi di tutto; *on l'a pris au moment où il s'y attendait le moins* l'hanno preso quando meno se l'aspettava → **imaginer, prévoir** ◇ *loc.* S'ATTENDRE À (+ *inf.*),(*vx.*) S'ATTENDRE DE (+ *inf.*) aspettarsi di (+ *inf.*): *on s'attendait à (de) te voir* ci si aspettava di vederti, di incontrarti ~ S'ATTENDRE À CE QUE (+ *subj.*) aspettarsi che (+ *subj.*): *on s'attend à ce qu'il vienne* ci si aspetta che venga.

attendrir |atɑ̃dʀiʀ| **A** *v.tr.* **1** [*rendre plus tendre*] rendere (105) più tenero: *faire mariner une viande pour l'attendrir* far marinare della carne per renderla più tenera **2** (*fig.*) [*rendre plus sensible*] intenerire (197), commuovere (157): *il s'est laissé attendrir par ses larmes* si è lasciato intenerire, commuovere dalle sue lacrime → 1 **toucher** ♦ *au p.p.* commosso: *il la regarda d'un air attendri* la guardò con aria commossa → **ému** **B** *v.pron. intr.* S'ATTENDRIR [*devenir plus sensible*] intenerirsi, commuoversi: *s'attendrir sur le sort des autres* intenerirsi, commuoversi sulle disgrazie altrui → **apitoyer (s')** # *s'attendrir sur soi-même* compiangersi.

attendrissant, ante |atɑ̃dʀisɑ̃, ɑ̃t| *adj.* [*qui attendrit* (A 2)] commovente: *il est d'une naïveté attendrissante* è di un'ingenuità commovente → **touchant.**

attendrissement |atɑ̃dʀismɑ̃| *s.m.* [*fait de s'attendrir*] commozione (*f.*): *larmes d'attendrissement* lacrime di commozione → **émotion.**

attendrisseur |atɑ̃dʀisœʀ| *s.m.* [*appareil* (*de boucherie*) *pour attendrir la viande*] batticarne *inv.*

attendu, ue |atɑ̃dy| **1** *adj.* [*qu'on attend, qu'on a attendu*] atteso: *la lettre attendue n'est pas arrivée* la lettera attesa non è arrivata **2** *prép.* ATTENDU *inv.* [*étant donné*] visto *var.*, dato (*var.*): *attendu les circonstances atténuantes...* viste le circostanze attenuanti... ◇ *loc. conj.* ATTENDU QUE visto, dato, considerato che: *cette statistique n'a aucune valeur, attendu que les données sont incomplètes* questa statistica non ha nessun valore, visto che i dati sono incompleti → **comme, puisque** ◇ (*dr.*) considerato, atteso che **3** (*s.m.pl.*) *les attendus d'un jugement* la motivazione *f. sing.* di una sentenza.

attentat |atɑ̃ta| *s.m.* **1** attentato: *préparer un attentat* preparare un attentato ◇ (*fig., dr., littér.*) *attentat à la liberté* attentato (*cour.*) alla libertà; *attentat à la pudeur* oltraggio* (*cour.*) al pudore **2** (*fig.*) [*acte qui heurte un principe*] offesa (*f.*): *un attentat contre le bon goût* un'offesa al buon gusto.

attentatoire |atɑ̃tatwaʀ| *adj.* [*qui attente*] che attenta (*loc.*): *une mesure attentatoire à la liberté* un provvedimento che attenta alla libertà → **contraire, préjudiciable.**

attente |atɑ̃t| *s.f.* **1** [*le fait d'attendre*] attesa: *une attente prolongée* un'attesa prolungata; *salle, salon d'attente* sala d'attesa, d'aspetto; *l'attente n'a pas été longue* l'attesa non è stata lunga; *passer de longues heures dans l'attente de qqn. ou de qqch.* passare lunghe ore in attesa di qc. o di q.c. ◇ (*comm.*) *dans l'attente d'une réponse...* in attesa di una risposta... **2** [*état de conscience de celui qui attend*] attesa: *une attente pénible, cruelle* un'attesa penosa, crudele **3** [*le fait de compter sur qqch. ou sur qqn.*] aspettativa: *contre toute attente* contrariamente a (contro) ogni aspettativa.

attenter |atɑ̃te| *v.intr.* ATTENTER À [*faire une tentative criminelle contre* (*qqn.*)] attentare a: *attenter à la vie de qqn.* attentare alla vita di qc. ◇ (*fig.*) *attenter à la sûreté de l'État, aux libertés politiques* attentare alla sicurezza dello Stato, alle libertà politiche.

attentif, ive |atɑ̃tif, iv| *adj.* **1** [*qui écoute, regarde, agit avec attention*] attento: *spectateur attentif* spettatore attento; *être très attentif* stare, essere molto attento **2** [*qui marque des attentions*] premuroso: *des soins attentifs* cure premurose → **assidu, zélé** **3** (*littér.*) ATTENTIF À [*qui se préoccupe avec soin de*] sollecito nel: *un homme très attentif à ses devoirs* un uomo molto sollecito nel fare il proprio dovere → **appliqué, empressé.**

attention |atɑ̃sjɔ̃| *s.f.* **1** attenzione: *regarder, examiner avec attention* guardare, esaminare con attenzione; *écouter avec attention* ascoltare con attenzione; *attirer, éveiller l'attention de qqn.* attirare, destare l'attenzione di qc.; *permettez-moi d'attirer votre attention sur ce détail* mi permetta di attirare, di richiamare la sua attenzione su questo particolare; *détourner l'attention de qqn.* sviare l'attenzione di qc.; *c'est un ouvrage qui mérite toute votre attention* è un'opera che merita tutta la vostra attenzione; *tu n'as prêté aucune attention à ce que je viens de dire* non hai prestato nessuna attenzione a quello che ho appena detto ◇ *loc.* FAIRE ATTENTION À (QQCH.) fare attenzione a (q.c.): *faites bien attention, très attention à ma question* fate bene attenzione, molta attenzione alla mia domanda; *fais attention!* (stai) attento!, fai attenzione! ~ FAIRE ATTENTION QUE (+ *subj.*) fare attenzione che (+ *subj.*): *faites attention que personne ne vous voie* fate attenzione, badate che nessuno vi veda ◇ (*ellipt.*) *attention à la voiture!* attenzione, attento(i) alla macchina! → 2 **gare** **2** *au plur.* [*soins attentifs*] attenzioni, premure: *entourer qqn. d'attentions* circondare qc. di attenzioni, di premure → **égard(s)** ◇ *au sing.* (*littér., vx.*) [*disposition aux soins attentifs*] *être plein d'attention pour qqn.* essere pieno di attenzioni *pl.* (*cour.*) per qc.

attentionné, ée |atɑ̃sjɔne| *adj.* [*qui est plein d'attentions pour qqn.*] premuroso, pieno di attenzioni: *il est très attentionné avec de sa femme* è molto premuroso con sua moglie.

attentisme |atɑ̃tism(ə)| *s.m.* (*polit.*) attendismo, attesismo.

attentiste |atɑ̃tist(ə)| *adj. et s.* attendista, attesista.

attentivement |atɑ̃tivmɑ̃| *adv.* [→ ATTENTIF] attentamente: *regarder, écouter, lire attentivement* guardare, ascoltare, leggere attentamente.

atténuant, ante |atenɥɑ̃, ɑ̃t| *adj.* (*dr.*) attenuante: *circonstances atténuantes* (circostanze) attenuanti 🄲 **aggravant.**

atténuateur |atenɥatœʀ| *s.m.* (*techn.*) attenuatore.

atténuation |atenɥasjɔ̃| *s.f.* attenuazione; diminuzione: *atténuation d'une douleur* attenuazione del dolore ‖ *atténuation des forces* diminuzione delle forze ◇ (*dr.*) *atténuation de peine* riduzione della pena.

atténuer |atenɥe| **A** *v.tr.* [*rendre moins grave, moins vif, moins violent*] attenuare, mitigare: *les calmants atténuent les douleurs* i calmanti attenuano, mitigano i dolori → **diminuer** ◇ (*fig.*) *il faut atténuer cette expression* bisogna addolcire quest'espressione; *cette lettre est trop brutale, il faut en atténuer les termes* questa lettera è troppo violenta, bisogna moderarne i termini **B** *v.pron. intr.* S'ATTÉNUER [*devenir moins grave, moins vif, moins violent*] attenuarsi, mitigarsi: *le mauvais temps s'est atténué* il cattivo tempo si è un po' attenuato ◇ (*fig.*) *avec le temps sa douleur s'est atténuée* col tempo il suo dolore si è attenuato 🄲 **aggraver, augmenter, exagérer.**

atterrage |atɛʀaʒ| *s.m.* (*mar.*) atterraggio*.

atterrant, ante |atɛʀɑ̃, ɑ̃t| *adj.* (*littér.*) [*qui jette dans la consternation*] sconvolgente (*cour.*): *une nouvelle atterrante* una notizia sconvolgente → **accablant.**

atterrer |atɛʀe| *v.tr.* [*jeter dans la*

consternation] sconvolgere (196): *je suis atterré par cette nouvelle* sono sconvolto da questa notizia → **consterner, stupéfier.**

atterrir |ateʀiʀ| *v.intr.* [*reprendre terre*] atterrare (*aux.* avere, essere): *l'avion vient d'atterrir* l'aereo ha (è) appena atterrato ◇ (*par ext.*) *atterrir sur la lune* allunare, posarsi sulla luna.

atterrissage |ateʀisaʒ| *s.m.* **1** [→ ATTERRIR] atterraggio*: *l'atterrissage d'un avion* l'atterraggio di un aereo; *atterrissage forcé* atterraggio forzato; *atterrissage de fortune* atterraggio di fortuna; *train d'atterrissage* carrello d'atterraggio; *atterrissage au radar, aux instruments* atterraggio strumentale **2** (*mar.*) atterraggio.

atterrissement |ateʀismɑ̃| *s.m.* (*vx., dr.*) interrimento → **alluvion.**

attestation |atɛstɑsjɔ̃| *s.f.* [→ ATTESTER 1] attestato *m.*, certificato (*m.*): *une attestation de bonne conduite* un attestato, un certificato di buona condotta.

attesté, ée |atɛste| *adj.* [*qu'un témoignage rend assuré*] accertato, comprovato: *c'est un fait attesté* è un fatto accertato, comprovato → **avéré** ◇ (*spécialt.*) [*dont il existe des exemples connus*] *expression attestée* espressione di uso (corrente); *emploi attesté* uso comprovato, attestato.

attester |atɛste| *v.tr.* **1** [*rendre témoignage de*] garantire (197), attestare: *j'atteste que cet homme est innocent* garantisco, attesto che questa persona è innocente → **assurer, certifier** # *le fait est attesté par tous les témoins* il fatto è confermato da tutti i testimoni **2** [*servir de témoignage*] provare, attestare: *ce fait atteste son innocence* questo fatto prova, attesta la sua innocenza; *c'est une étude qui atteste sa compétence* è uno studio che prova, attesta la sua competenza → **témoigner (de)** **3** (*vx.*) *j'en atteste le ciel* [*je le prends à témoin*] il cielo mi è testimone.

atticisme |a(t)tisism(ə)| *s.m.* atticismo.

attiédir |atjediʀ| **A** *v.tr.* (*littér.*) **1** [*rendre tiède*] int(i)epidire (197) (*cour.*): *le soleil a attiédi l'eau* il sole ha intiepidito l'acqua **2** (*fig.*) [*rendre moins vif*] intiepidire, raffreddare (*cour.*): *le temps a attiédi son amour* il tempo ha intiepidito il suo amore; *ces échecs ont attiédi son zèle* questi insuccessi hanno intiepidito, raffreddato il suo zelo **B** *v. pron. intr.* S'ATTIÉDIR **1** [*devenir tiède*] intiepidirsi: *ton café est trop chaud, laisse-le s'attiédir* il tuo caffè è troppo caldo, lascia che s'intiepidisca, lascialo intiepidire **2** [*devenir moins vif*] intiepidirsi: *son désir s'est vite attiédi* il suo desiderio si è presto intiepidito.

attiédissement |atjedismɑ̃| *s.m.* (*littér.*) → **affaiblissement, refroidissement.**

attifement |atifmɑ̃| *s.m.* (*fam.*) → **accoutrement.**

attifer |atife| **A** *v.tr.* (*fam.*) [*habiller, parer d'une manière ridicule*] conciare, agghindare (*cour.*) → **accoutrer** ♦ (*au p.p.*) *tu ne peux pas sortir attifée comme ça!* non puoi uscire così conciata! **B** *v.pron. réfl.* S'ATTIFER [→ *tr.*] agghindarsi: *elle passe chaque matin une heure à s'attifer* ogni mattina passa un'ora ad agghindarsi.

attiger |atiʒe| (3) *v.intr.* (*pop.*) → **exagérer.**

attique |a(t)tik| **I** *adj.* [*qui a rapport à l'Attique*] attico*: *le dialecte attique* il dialetto attico **II** *s.m.* **1** [*étage placé au sommet d'une construction*] attico **2** (*anat.*) attico.

attirable |atiʀabl(ə)| *adj.* [→ ATTIRER] attirabile.

attirail |atiʀaj| *s.m.* (*fam.*) [*équipement compliqué, encombrant ou ridicule*] armamentario* (*cour.*): *fourrer tout son attirail dans une malle* ficcare tutto il proprio armamentario in un baule.

attirance |atiʀɑ̃s| *s.f.* [*force qui attire vers qqn. ou qqch.*] attrattiva, fascino (*m.*): *les attirances du plaisir* le attrattive, il fascino del piacere # *éprouver une certaine attirance pour, envers qqn.* provare un certo interesse per qc.

attirant, ante |atiʀɑ̃, ɑ̃t| *adj.* [*qui exerce un attrait*] attraente: *c'est une personne fort attirante* è una persona molto attraente → **attachant, séduisant** # *cet endroit est très attirant* questo posto è incantevole; *sa proposition n'a rien d'attirant* la sua proposta non è per niente allettante.

attirer |atiʀe| **A** *v.tr.* **1** [*tirer à soi par une action matérielle*] attirare, attrarre (190): *l'aimant attire le fer* la calamita attira, attrae il ferro ◇ [*aspirer, pomper*] *attirer un fluide* aspirare, pompare un fluido **2** [*inciter, inviter à venir*] attirare: *la lumière attire les papillons* la luce attira le farfalle; *attirer au moyen d'un appât* attirare con una lusinga; *attirer qqn. dans un guet-apens* attirare qc. in una imboscata, in un tranello # *ce spectacle attire tout Paris* questo spettacolo fa accorrere tutta Parigi **3** [*solliciter* (*le regard, l'attention*)] attirare; richiamare: *c'est une fille qui attire le regard* è una ragazza che attira gli sguardi ‖ *je voudrais attirer votre attention sur ce point* vorrei richiamare la vostra attenzione su questo punto **4** [*inspirer à qqn. un sentiment agréable*] attirare, allettare: *attirer qqn. par des promesses* attirare, allettare qc. con promesse; *c'est un projet qui m'attire toujours davantage* è un progetto che mi alletta sempre (di) più → **plaire, tenter** **5** ATTIRER QQCH. À, SUR QQN. [*lui faire avoir qqch. d'heureux ou de fâcheux*] attirare q.c. a, su qc.: *sa bonne humeur lui attira la bienveillance de l'auditoire* il suo buon umore gli attirò la simpatia degli astanti → **procurer, valoir**; *attirer sur sa tête, sur soi la haine de tout un peuple* attirare su di sé l'odio di tutto un popolo → **exciter, provoquer** # *ses procédés lui attireront des ennuis* il suo modo di fare gli causerà, gli procurerà delle noie □ *il s'est attiré l'antipathie de tous ses collègues* si è attirato l'antipatia di tutti i suoi colleghi; *ils se sont attiré beaucoup de critiques* si sono tirati addosso molte critiche; *elle s'est attiré beaucoup d'ennemis* si è creata molti nemici **B** *v.pron.* S'ATTIRER [*l'attirer à soi, sur soi*] attirarsi → *tr.* 5 □ ⓒ A 1 **repousser** 1.

attisement |atizmɑ̃| *s.m.* (*rare*) [→ ATTISER 1, 2] attizzamento.

attiser |atize| *v.tr.* **1** [*aviver, ranimer* (*un feu*)] attizzare **2** (*fig.*) [*rendre plus vif*] attizzare: *attiser les haines, la discorde* attizzare gli odi, la discordia → **exciter, enflammer** ⓒ 2 **étouffer.**

attisoir |atizwaʀ| *s.m.* [*ustensile au moyen duquel on attise le feu*] attizzatoio*.

attitré, ée |atitʀe| *adj.* [*qui est chargé par un titre de telle ou telle fonction*] autorizzato, accreditato: *représentant attitré* rappresentante autorizzato **2** [*habituel*] abituale: *marchand attitré* fornitore abituale.

attitude |atityd| *s.f.* **1** [*manière de tenir son corps*] atteggiamento (*m.*): *attitude naturelle, gracieuse* atteggiamento naturale, elegante **2** [*disposition psychologique manifestant certains sentiments*] atteggiamento: *attitude arrogante, décidée* atteggiamento arrogante, deciso ◇ (*péj.*) [*affectation de ce qu'on n'éprouve pas*] *il a pris une attitude pensive* ha assunto un atteggiamento pensoso # *ce n'est qu'une attitude* è tutta una posa **3** [*disposition à l'égard de qqn. ou qqch.*] atteggiamento: *adopter une attitude intransigeante, critique* assumere un atteggiamento intransigente, critico; *il a changé d'attitude* ha cambiato atteggiamento; *quelle est son attitude à l'égard de ce problème?* qual è il suo atteggiamento rispetto a questo problema? → **disposition, position.**

attouchement |atuʃmɑ̃| *s.m.* [*action de toucher avec la main*] (*vx.*) toccamento, carezza *f.* (*cour.*) → **caresse.**

attractif, ive |atʀaktif, iv| *adj.* **1** di attrazione *loc. inv.*, attrattivo: *la force attractive de l'aimant* la forza di attrazione della calamita **2** (*fig., littér.*) [*qui attire*] attraente (*cour.*), attrattivo: *la beauté attractive d'une sculpture ancienne* l'attraente bellezza di un'antica scultura → **attachant, captivant.**

attraction |atʀaksjɔ̃| *s.f.* **I** **1** attrazione; attrattiva: *l'attraction mutuelle de deux êtres* la reciproca attrazione di due esseri → **attirance, attrait** ‖ *c'est une idéologie qui exerce une grande attraction sur les jeunes* è una ideologia che esercita una forte attrattiva sui giovani **2** (*phys.*) attrazione: *attraction magnétique, électrique* attrazione magnetica, elettrica; *attraction universelle* attrazione universale **3** (*gram.*) attrazione **II** **1** [*ce qui attire le public*] attrattiva: *la tour Eiffel est une des principales attractions de Paris* la torre Eiffel è una delle principali attrattive di Parigi **2** [*spectacle de variétés, au cours d'un autre spectacle*] attrazione: *son numéro est la principale attraction du spectacle* il suo numero è la principale attrazione dello spettacolo; *les attractions d'une boîte de nuit* le attrazioni di un locale notturno.

attrait |atʀɛ| *s.m.* **1** [*ce qui charme, séduit*] fascino, attrattiva (*f.*): *l'attrait de l'aventure, de la nouveauté* il fascino dell'avventura, della novità → **séduction, 2 charme** **2** *au plur.* (*littér.*) *les attraits d'une femme* le attrattive di una donna **3** [*le fait d'être, de se sentir attiré*] attrazione *f.* → **attirance** # *il éprouve un vif attrait pour la peinture moderne* è fortemente attratto dalla pittura moderna.

attrapade |atʀapad| *s.f.*, **attrapage** |atʀapaʒ| *s.m.* **1** (*fam.*) [*gronderie*] lavata *f.* di capo, ramanzina *f.* (*cour.*): *il lui a passé une attrapade en règle* gli ha dato una bella lavata di capo, gli ha fatto una ramanzina in piena regola → **engueulade** **2** [*querelle soudaine*] litigata *f.*, alterco* (*m.*): *ils ont eu une sérieuse attrapade* hanno fatto una bella litigata, hanno avuto un violento alterco.

attrape |atʀap| *s.f.* **1** [*duperie, mystification*] presa in giro, fregatura (*pop.*): *ce remède n'est qu'une attrape* questa medicina è una presa in giro, una fregatura # *se laisser séduire par une attrape* farsi abbindolare **2** [*objet destiné à tromper qqn. par amusement*] scherzi (*m.pl.*): *farces et attrapes* negozio di scherzi.

attrape-mouche |atʀapmuʃ| *s.m.* (*bot.*) acchiappamosche *inv.*, pigliamosche *inv.*

attrape-nigaud |atʀapnigo| *s.m.* [*procédé destiné à tromper les gens simples*] specchietto per le allodole: *cette publicité n'est qu'un attrape-nigaud* questa pubblicità è soltanto uno specchietto per le allodole; *ses belles paroles ne sont que des attrape-nigaud(s)* le sue belle parole non sono altro che uno specchietto per le allodole.

attraper |atʀape| **A** *v.tr.* **I** **1** [*rejoindre* (*qqn.*) *et s'en saisir*] acciuffare, acchiappare: *la police a fini par attraper le voleur* la polizia ha finito coll'acciuffare il ladro; *gare à toi si je t'attrape!* guai a te se ti acchiappo! **2** [*tromper par une ruse*] infinocchiare (*fam.*): *il s'est fait attraper comme un sot* si è fatto infinocchiare come uno stupido # *de plus fins s'y sont laissé attraper* tipi ben più furbi ci sono cascati; *c'est un moyen pour attraper les nigauds* è un sistema per gabbare i gonzi ◇ *loc.* ÊTRE (BIEN) ATTRAPÉ [*subir une déception* (*qu'on ait été trompé ou non*)] rimanere (174) fregato (*pop.*) **3** ATTRAPER QQN. (+ *inf.*) [*le prendre sur le fait*] sorprendere (105) qc. a (+ *inf.*), beccare (*fam.*) qc. mentre (+ *ind.*): *je l'ai attrapé à voler* l'ho sorpreso a rubare, l'ho beccato mentre rubava # *que je t'y attrape!* se ti pesco! **4** [*faire des reproches à*] rimproverare, riprendere (105): *il s'est fait attraper par ses parents* si è fatto rimproverare dai suoi genitori # **gronder, réprimander** **II** **1** [*arriver à prendre, à saisir* (*une chose, un animal*)] afferrare, prendere (105): *il attrape avidement tout ce qu'il voit* afferra avidamente tutto ciò che vede; *attraper une balle à la volée* prendere una palla al volo ◇ (*fig.*) *attraper quelques bribes de conversation* cogliere dei frammenti di conversazione **2** [*recevoir*] ricevere, beccarsi (*fam.*): *attraper un coup de poing* ricevere, beccarsi un pugno ◇ (*fig.*) *attraper une maladie* [*la contracter*] prendersi, buscarsi (*fam.*) una malattia: *attraper un rhume* prendersi, buscarsi un raffreddore; *attraper froid* prendere freddo **3** *attraper le train, l'autobus* [*réussir à l'atteindre*] riuscire (201) a prendere il treno, l'autobus: *j'ai dû courir pour attraper le bus* ho dovuto correre per riuscire a prendere l'autobus **4** [*arriver à saisir par l'esprit*] impadronirsi (197) (*pron.*): *attraper un style* impadronirsi di uno stile → **rendre, reproduire** **5** (*fam.*) [*atteindre* (*un but*)] centrare (*cour.*), cogliere (123) (*cour.*): *il a attrapé le but en plein* ha colto in pieno il bersaglio **B** *v.pron.* S'ATTRAPER **1** (*sens passif*) [→ *tr.* II 2] prendersi: *c'est une maladie qui s'attrape facilement* è una malattia che si prende, si contrae facilmente **2** *récipr.* [*se disputer*] bisticciarsi, litigare (*intr.*): *ils se sont attrapés* si sono bisticciati, hanno litigato.

attrayant, ante |atʀɛjɑ̃, ɑ̃t| *adj.* (*spectacle, situation*) [*qui a de l'attrait*] attraente, piacevole: *c'est une perspective peu attrayante* è una prospettiva poco attraente, poco piacevole; *ce n'est pas un spectacle très attrayant* non è uno spettacolo molto piacevole → **attirant.**

attribuable |atʀibɥabl(ə)| *adj.* [→ ATTRIBUER A 3] attribuibile, imputabile: *c'est un accident attribuable à sa distraction* è un incidente attribuibile, imputabile alla sua distrazione.

attribuer |atʀibɥe| **A** *v.tr.* **1** [*allouer* (*qqch. à qqn.*)] assegnare: *attribuer une part à un héritier* assegnare una quota (d'eredità) a un erede; *attribuer à chacun son dû* assegnare, dare a ciascuno il dovuto → **adjuger, allouer** ◇ (*par ext.*) [*accorder* (*un avantage à qqn.*)] concedere (125); conferire (197): *de nombreux avantages lui ont été attribués* gli sono stati concessi numerosi vantaggi → **octroyer** ‖ *attribuer une dignité à qqn.* conferire una dignità a qc. **2** [*considérer comme propre* (*à qqn.*)] attribuire: *attribuer aux autres ses propres défauts* attribuire agli altri i propri difetti; *on m'attribue une sagesse que je n'ai pas* mi si attribuisce una saggezza che non ho → 1 **prêter, reconnaître** **3** [*rapporter* (*qqch.*) *à un auteur, à une cause*] attribuire: *à quoi attribuez-vous ce phénomène, ce changement?* a che cosa attribuite questo fenomeno, questo cambiamento?; *attribuer à qqn. tout le mérite d'un succès* attribuire a qc. tutto il merito di un successo; *on lui a attribué la responsabilité de l'accident* gli hanno attribuito la responsabilità dell'incidente; *ce tableau a été attribué à un peintre hollandais* questo quadro è stato attribuito a un pittore olandese; *c'est à X qu'on attribue cette invention* quest'invenzione è attribuita a X → 1 **accuser, imputer** □ *s'attribuer un titre auquel on n'a pas droit* attribuirsi un titolo al quale non si ha diritto: *il s'est attribué tout le mérite de l'entreprise* si è attribuito tutto il merito dell'impresa → **approprier (s'), arroger (s')** **B** *v.pron. réfl.* S'ATTRIBUER QQCH. [*se donner qqch.*] attribuirsi q.c. ✦ → *tr.* 3 □.

attribut |atʀiby| *s.m.* **1** attributo → **caractère, qualité** ◇ (*philo.*) attributo ◇ (*par ext.*) *le caducée est l'attribut de Mercure* il caduceo è l'attributo di Mercurio → **emblème, symbole** **2** (*log.*) attributo → **prédicat** **3** (*ling.*) predicato nominale ✦ (*par appos.*) *adjectif attribut* predicato nominale **4** (*blas.*) attributo.

attributaire |atʀibytɛʀ| *s.m.* (*dr.*) assegnatario* → **bénéficiaire.**

attributif, ive |atʀibytif, iv| *adj. et s.m.* (*dr.*, *log.*) attributivo.

attribution |atʀibysjɔ̃| *s.f.* **1** [→ ATTRIBUER A 1] assegnazione: *l'attribution d'un prix* l'assegnazione di un premio → **distribution, 1 remise** ◇ (*dr.*) *l'attribution d'une part* l'assegnazione di una quota **2** (*gram.*) *complément d'attribution* complemento di termine *m.* **3** *au plur.* [*pouvoirs attribués au titulaire d'une fonction*] attribuzioni, competenze: *déterminer les attributions d'un fonctionnaire* stabilire le attribuzioni, le competenze di un funzionario; *cela n'entre pas dans ses attributions* (questo) non rientra nelle sue attribuzioni, non è di sua competenza *sing.* → 2 **pouvoir, prérogative.**

attristant, ante |atʀistɑ̃, ɑ̃t| *adj.* [*qui attriste*] rattristante; triste: *une nouvelle attristante* una notizia rattristante → **affligeant, désolant** ‖ *un spectacle attristant* un triste spettacolo → **pénible, triste** # *une attristante médiocrité* un'affliggente mediocrità → **déplorable.**

attrister |atʀiste| **A** *v.tr.* [*rendre triste*] rattristare: *la nouvelle de sa mort nous a profondément attristés* la notizia della sua morte ci ha profondamente rattristati → 1 **chagriner, désoler** **B** *v. pron. intr.* S'ATTRISTER [*devenir triste*] rattristarsi: *ta mère s'attriste de te voir si malheureux* tua madre si rattrista nel vederti così infelice ⓒ A **consoler, égayer, réjouir.**

attrition |atʀisjɔ̃| *s.f.* (*chir.*, *méd.*, *théol.*) attrizione.

attroupement |atʀupmɑ̃| *s.m.* **1** [*réunion de personnes sur la voie publique*] assembramento: *le service d'ordre a dispersé l'attroupement* il servizio d'ordine ha disperso l'assembramento → **manifestation, rassemblement** ◇ (*dr.*) *attroupement séditieux* adunata *f.* sediziosa **2** [→ ATTROUPER B] assembramento: *empêcher l'attroupement des badauds* impedire l'assembramento dei curiosi.

attrouper |atʀupe| **A** *v.tr.* [*assembler en troupe* (*de manière à troubler l'ordre public*)] radunare, riunire (197): *il ne suffit pas d'attrouper quelques exaltés pour faire une révolution* non basta radunare quattro esaltati per fare la rivoluzione → **assembler, ameuter** **B** *v.pron. intr.* S'ATTROUPER [→ *tr.*] radunarsi, assembrarsi: *les manifestants commencèrent à s'attrouper devant la mairie* i dimostranti cominciarono a radunarsi, ad assembrarsi davanti al municipio ⓒ A **disperser.**

atymie |atimi| *s.f.* atimia.

atypique |atipik| *adj.* atipico* ⓒ **typique.**

au, aux |o| → **à** *et* **le.**

aubade |obad| *s.f.* [*air chanté ou joué sous les fenêtres de qqn.*] mattinata.

aubage |obaʒ| *s.m.* (*techn.*) palettatura *f.*

aubaine |obɛn| *s.f.* **1** [*avantage inespéré*] fortuna insperata; bazza: *il faut profiter de l'aubaine* bisogna approfittare di questa fortuna insperata ‖ *quelle (bonne) aubaine!* che bazza! → **chance, occasion** **2** (*dr. anc.*) *droit d'aubaine* albinaggio* *m.*

1 **aube** |ob| *s.f.* **1** alba: *à l'aube* all'alba; *l'aube se lève* spunta l'alba ◇ (*loc.*) *dès l'aube* [*de très bonne heure*] di prima mattina **2** (*fig.*, *littér.*) [*début*] alba, albori (*m.pl.*): *l'aube de la Révolution* l'alba, gli albori della Rivoluzione; *l'aube d'une civilisation* l'alba, gli albori di una civiltà; *l'aube de la vie* gli albori della vita → **commencement.**

2 **aube** |ob| *s.f.* [*palette d'une roue hydraulique, d'une turbine*] pala, paletta: *les aubes d'une roue de moulin* le pale di una ruota di mulino.

3 **aube** |ob| *s.f.* [*vêtement ecclés. de lin blanc*] camice *m.*

4 **aube** |ob| *s.f.* [*thème traditionnel de la chanson des troubadours et des trouvères*] alba.

aubépine |obepin| *s.f.* (*t.bot.*) biancospino *m.*

aubère |obɛʀ| (*adj.*) *un cheval, une jument aubère* [*dont la robe est mélan-*

gée de poils blancs et de poils rouges] un cavallo, una giumenta dal mantello ubero *loc. inv.* ✦ *s.m.* [*cette couleur de robe*] color ubero.

auberge |obɛʀʒ(ə)| *s.f.* **1** [*petit hôtel et restaurant* (*généralt. de campagne*)] locanda: *l'enseigne d'une auberge* l'insegna di una locanda; *tenir auberge* gestire una locanda ◇ (*loc. fig.*) *prendre la maison de qqn. pour une auberge* prendere la casa di qc. per un albergo ~ *on n'est pas sorti de l'auberge* [*les difficultés augmentent, vont nous retarder*] e (ancora) non è finita! **2** *auberge de jeunesse* (*A.J.*) [*centre d'accueil économique pour les jeunes*] ostello *m.*, albergo* *m.* della gioventù.

aubergine |obɛʀʒin| *s.f.* **1** (*t.bot.*) melanzana ◇ [*fruit de cette plante*] *aubergines farcies* melanzane ripiene ✦ *adj. inv.* [*de la couleur violet foncé de l'aubergine*] color melanzana *loc. inv.*, viola **2** (*fam.*) [*auxiliaire féminine* (*vêtue d'un uniforme aubergine*) *de la police parisienne*] donna poliziotto, poliziotta (*plais.*): *des aubergines* delle donne poliziotto, delle poliziotte.

aubergiste |obɛʀʒist(ə)| *s.* [*personne qui tient auberge*] locandiere.

aubette |obɛt| *s.f.* (*région.*) [*abri édifié sur la voie publique*] pensilina, chiosco* *m.*

aubier |obje| *s.m.* (*bot.*) alburno.

aubin |obɛ̃| *s.m.* [*allure défectueuse d'un cheval*] traina *f.*

auburn |obœʀn| *adj. inv.* (*angl.*) *cheveux auburn* [*châtains roux aux reflets cuivrés*] capelli (color) mogano.

aucuba |okyba| *s.m.* (*t.bot.*) aucuba *f.*

aucun, une |okœ̃, yn| **I** *adj.* **1** (*accompagné de 'ne' ou de 'sans'*) (*valeur négative*) nessuno, alcuno: *il n'y a plus aucun remède* non c'è più nessun, alcun rimedio; *'avez-vous des nouvelles?' 'aucune'* 'avete notizie?' 'nessuna' → **2 pas (un)** ◇ (*ellipt.*) *aucun autre* nessun altro ◇ (*loc.*) *en aucune façon* in nessun modo, assolutamente *adv.* ~ *sans aucun doute* senza (alcun) dubbio, certamente *adv.* ◇ *au plur.* (*avec des noms sans singulier*) AUCUNS, AUCUNES nessun(o) *sing.*, nessuna (*sing.*): *aucunes funérailles n'ont attiré autant de monde* nessun funerale ha attirato tanta gente **2** (*littér.*) (*valeur positive* [*quelque*] qualunque *inv.* (*cour.*), qualsiasi *inv.* (*cour.*): *il l'aime plus qu'aucune autre* ama lei più di qualunque altra **II** *pron.* **1** (*valeur positive*) *aucun de* [*quiconque parmi*] qualunque, ogni (altro); qualcuno di: *il travaille plus qu'aucun de ses collègues* lavora più di qualunque altro suo collega || *je doute qu'aucun d'eux réussisse à l'examen* dubito che qualcuno di loro superi l'esame ◇ (*littér.*, *vx.*) D'AUCUNS taluni, alcuni (*cour.*): *d'aucuns pourront critiquer cette attitude* taluni, alcuni potranno criticare questo comportamento **2** (*valeur négative*) (*accompagné de 'ne' ou de 'sans'*) nessuno: *je ne connais aucun de ses amis, aucune d'elles* non conosco nessuno dei suoi amici, nessuna di loro; *il n'en est venu aucun* non ne è venuto nessuno; *je n'en ai encore aucune de terminée* non ne ho ancora finita nessuna; *il a parlé sans qu'aucun le contredit* ha parlato senza che nessuno lo contraddicesse ◇ (*ellipt.*) *'lequel préférez-vous?' 'aucun'* 'quale preferite?' 'nessuno'.

aucunement |okynmɑ̃| *adv.* [*en aucune façon, pas du tout*] per niente *loc. adv.*, affatto: *il n'est aucunement responsable de cet accident* non è per niente, affatto responsabile di quest'incidente → **nullement** ◇ (*ellipt.*) *'est-ce votre avis?' 'aucunement'* 'siete di questo parere?' 'niente affatto'.

audace |odas| *s.f.* **1** audacia*: *une folle audace* un'incredibile audacia; *affronter le danger avec audace* affrontare con audacia il pericolo → **hardiesse** **2** [*procédé qui brave les habitudes*] audacia, ardimento (*m.*): *les audaces de la mode* le audacie della moda → **innovation** **3** (*péj.*) [*hardiesse impudente*] audacia; coraggio* *m.*, ardire (*m.inv.*): *cet individu ne manque pas d'audace* quest'individuo non manca d'audacia → **aplomb, insolence, 2 culot** (*fam.*) || *il a eu l'audace de me contredire* ha avuto il coraggio, l'ardire di contraddirmi.

audacieusement |odasjøzmɑ̃| *adv.* [→ AUDACIEUX 1] audacemente: *se lancer audacieusement à l'attaque* lanciarsi audacemente all'attacco.

audacieux, ieuse |odasjø, jøz| **1** *adj.* (*choses*) [*qui dénote de l'audace*] audace: *un audacieux cambriolage* una audace rapina ◇ [*qui s'écarte des règles, des voies ordinaires*] ardito: *pour l'époque, c'était une conception très audacieuse* per quell'epoca era una concezione molto ardita **2** *s.* [*personne audacieuse*] audace: *la fortune sourit aux audacieux* la fortuna arride agli audaci 🄲 **timide.**

au-deçà |odəsa|, **au-dedans** |od(ə)dɑ̃|, **au-dehors** |odəɔʀ|, **au-delà** |odəlɑ̃|, **au-dessous** |od(ə)su|, **au-dessus** |od(ə)sy|, **au-devant** |od(ə)vɑ̃| *loc. adv.* → **deçà, dedans,** *etc.*

au-delà |odla| *s.m.* [*le monde supraterrestre*] aldilà *inv.*, oltretomba (*inv.*): *des au-delàs* degli aldilà.

audibilité |odibilite| *s.f.* udibilità *inv.*

audible |odibl(ə)| *adj.* udibile: *sons à peine audibles* suoni appena udibili 🄲 **inaudible.**

audience |odjɑ̃s| *s.f.* **1** [*réception où l'on admet qqn. pour l'écouter*] udienza: *l'ambassadeur a été reçu en audience particulière* l'ambasciatore è stato ricevuto in udienza privata → **2 entretien** **2** [*séance d'un tribunal*] udienza: *audience à huis clos* udienza a porte chiuse **3** (*par ext.*) [*ceux qui assistent à une audience*] uditorio* *m.*, astanti *m.pl.* → **auditoire, 1 assistance** **4** (*littér.*) [*intérêt porté à qqch. par le public*] attenzione: *cet ouvrage a l'audience des lecteurs les plus exigeants* quest'opera ha riscosso l'attenzione dei lettori più esigenti → **attention.**

audiencier |odjɑ̃sje| *adj.m.* (*dr.*) *huissier audiencier* [*chargé du service de l'audience* (2)] usciere di tribunale.

audio- |odjɔ| *préf.* (*signifiant 'entendre', correspond généralt. à*) audio: *audiogramme* audiogramma; *audio-visuel* audiovisivo.

audiofréquence |odjɔfʀekɑ̃s| *s.f.* audiofrequenza.

audiogramme |odjɔgʀam| *s.m.* audiogramma.

audiologie |odjɔlɔʒi| *s.f.* audiologia.

audiomètre |odjɔmɛtʀ(ə)| *s.m.* audiometro.

audiométrie |odjɔmetʀi| *s.f.* (*méd.*) audiometria.

audiophone |odjɔfɔn| *s.m.* apparecchio* acustico*.

audioprothésiste |odjɔpʀɔtezist(ə)| *s.* audioprotesista.

audio-visuel, elle |odjɔvizɥɛl| *adj.* audiovisivo ✦ (*s.m.*) *l'audio-visuel* i mezzi audiovisivi *pl.*, le tecniche *f.pl.* audiovisive.

auditeur, trice |oditœʀ, tʀis| *s.* **1** [*personne qui écoute*] uditore*, ascoltatore*: *les auditeurs d'un conférencier* gli uditori, gli ascoltatori di un conferenziere; *les auditeurs d'une émission de radio* gli ascoltatori di una trasmissione radiofonica, i radioascoltatori → **auditoire, public** ◇ (*ling.*) uditore **2** *auditeur libre* [*personne admise à assister à un cours* (*de faculté*) *sans y être inscrite*] uditore **3** *auditeur au Conseil d'État, à la Cour des comptes* uditore al Consiglio di Stato, alla Corte dei conti.

auditif, ive |oditif, iv| *adj.* uditivo, auditivo (*rare*): *appareil auditif* apparato uditivo; *conduit auditif externe* condotto uditivo esterno; *mémoire auditive* memoria uditiva.

audition |odisjɔ̃| *s.f.* **1** [*fonction du sens de l'ouïe*] udito (*m.*): *troubles de l'audition* disturbi dell'udito **2** [*action d'entendre ou d'être entendu*] audizione, ascolto *m.* ◇ (*dr.*) *procéder à l'audition des témoins* procedere all'audizione, all'escussione dei testimoni **3** (*mus.*) audizione: *demander une audition* chiedere un'audizione → **essai.**

auditionner |odisjɔne| **A** *v.intr.* [*donner une audition pour obtenir un engagement*] dare (102) un'audizione **B** *v.tr.* [*écouter un artiste qui donne une audition en vue de l'engager*] concedere (125) un'audizione.

auditoire |oditwaʀ| *s.m.* uditorio*, pubblico*: *émouvoir, toucher son auditoire* commuovere l'uditorio; *il a joué devant un nombreux auditoire* si è esibito davanti a un numeroso pubblico → **auditeur, public.**

auditorat |oditɔʀa| *s.m.* (*dr.*) uditorato.

auditorium |oditɔʀjɔm| *s.m.* auditorio*.

auge |oʒ| *s.f.* **1** [*bassin qui sert à donner à boire* (*aux animaux*)] abbeveratoio* *m.* → **abreuvoir**; [*qui sert à donner à manger* (*aux animaux*)] mangiatoia; [(*aux porcs*)] tr(u)ogolo (*m.*): *les auges d'une porcherie* i trogoli di un porcile **2** [*récipient en bois dans lequel les maçons délaient le plâtre*] trogolo dei muratori, bagnolo *m.* **3** (*techn.*) [*godet d'une roue hydraulique*] tazza, cucchiaia: *roue à auges* ruota a tazze, cucchiaie → **auget** ◇ [*bassin circulaire dans lequel se meut une meule*] tramoggia*: *l'auge du concasseur, du moulin* la tramoggia del frantoio, del mulino → **trémie.**

auget |oʒɛ| *s.m.* **1** [*petite auge pour oiseaux*] beccatoio* **2** (*techn.*) tazza *f.*, cucchiaia (*f.*): *roue à augets* ruota a tazze, cucchiaie → **auge, godet.**

augment |ɔ(o)gmɑ̃| *s.m.* (*gram. gr.*) aumento.

augmentable |ɔ(o)gmɑ̃tabl(ə)| [→ AUGMENTER A 1; B] *adj.* aumentabile.

augmentatif, ive |ɔ(o)gmɑ̃tatif, iv| *adj. et s.m.* (*ling.*) accrescitivo 🄲 **diminutif.**

augmentation |ɔ(o)gmɑ̃tɑsjɔ̃| *s.f.* **1** [→ AUGMENTER A 1] aumento (*m.*): *augmentation de volume* aumento di volume; *augmentation de poids, de hauteur* aumento di peso, di altezza; *augmentation de prix* aumento di prezzo → **accroissement, hausse** **2** [*accroissement d'appointements*] aumento (di stipendio): *demander, obtenir une augmentation* chiedere, ottenere un aumento **3** [*ce que l'on ajoute à l'édition nouvelle d'un ouvrage*] aggiunta → **addition** Ⓒ 1 **diminution.**

augmenter |ɔ(o)gmɑ̃te| **A** *v.tr.* **1** [*rendre plus grand, plus considérable*] aumentare: *augmenter le volume, la quantité, la longueur* aumentare il volume, la quantità; *augmenter les prix, les salaires* aumentare i prezzi, gli stipendi → **hausser, allonger, prolonger** ♦ (*au p.p.*) *édition revue et augmentée* edizione rivista e aumentata **2** AUGMENTER QQN. [*augmenter son salaire*] aumentare (lo stipendio) a qc.: *j'ai été augmenté ce mois-ci* questo mese mi hanno aumentato (lo stipendio) **B** *v.intr.* [*devenir plus grand, plus considérable*] aumentare (*aux.* essere), crescere (128) (*aux.* essere): *la population augmente chaque année* la popolazione aumenta, cresce ogni anno; *augmenter à vue d'œil* crescere a vista d'occhio; *augmenter de volume* aumentare, crescere di volume; *les décès vont en augmentant* i decessi vanno aumentando, sono in aumento; *les prix ont augmenté de 15%* i prezzi sono aumentati, cresciuti del 15% → **croître** Ⓒ A 1 **diminuer.**

augural, ale, aux |ɔ(o)gyʀal, o| *adj.* (*antiq.*) augurale: *science augurale* scienza augurale.

1 **augure** |ɔ(o)gyʀ| *s.m.* (*antiq.*) augure.

2 **augure** |ɔ(o)gyʀ| *s.m.* **1** (*antiq.*) [*observation et interprétation des signes par les augures*] augurio*, auspicio* **2** [*tout ce qui semble présager qqch.*] augurio, auspicio: *oiseau de bon, de mauvais augure* uccello di buon, di cattivo augurio → **prédiction, présage.**

augurer |ɔ(o)gyʀe| *v.tr.* **1** (*antiq.*) (*en parlant des augures* (1)) [*observer les signes pour en tirer des présages*] augurare *intr.* **2** → **présager.**

auguste |ɔ(o)gyst(ə)| **1** *adj.* (*littér.*) augusto: *une auguste assemblée* un augusto consesso → **vénérable** **2** *s.m.* [*type de clown*] augusto Ⓒ 1 **bas, méprisable.**

augustinien, ienne |ɔ(o)gystinjɛ̃, jɛn| *adj. et s.m.* [*de Saint Augustin*] agostiniano.

aujourd'hui |oʒuʀdɥi| **1** *adv.* oggi: *il part aujourd'hui* parte oggi; *l'affaire a été renvoyée à aujourd'hui après-midi* l'affare è stato rimandato a oggi pomeriggio; *d'aujourd'hui en huit, en quinze* oggi a otto, oggi a quindici; *jusqu'à aujourd'hui* fino a oggi; *il y a huit jours aujourd'hui qu'il est arrivé* oggi sono, fanno otto giorni che è arrivato ◇ (*pop.*) *au jour d'aujourd'hui* al giorno d'oggi (*cour.*) **2** *s.m.* oggi: *les États-Unis d'aujourd'hui* gli Stati Uniti d'oggi # *les générations d'aujourd'hui* le odierne generazioni.

aulique |olik| *adj.* aulico*: *conseil aulique* consiglio aulico.

aulnaie, aunaie |onɛ| *s.f.* ontaneto *m.*, ontaneta.

aulne, aune |on| *s.m.* (*t.bot.*) ontano.

aulof(f)ée |olɔfe| *s.f.* (*mar.*) orzata.

aulx |o| *s.m.pl.* → **ail.**

aumône |ɔ(o)mon| *s.f.* [*don charitable fait aux pauvres*] elemosina: *demander l'aumône* chiedere l'elemosina; *la misère l'a réduit à vivre d'aumône* la miseria l'ha ridotto a vivere di elemosina; *faire l'aumône à un mendiant* fare l'elemosina a un mendicante → **charité.**

aumônerie |ɔ(o)monʀi| *s.f.* [*charge d'aumônier*] cappellanato (*rare*).

aumônier |ɔ(o)monje| *s.m.* **1** (*ancienn.*) elemosiniere: *grand aumônier de France* grande elemosiniere di Francia → **chapelain** **2** [*ecclésiastique chargé de l'instruction religieuse dans un établissement, un corps*] *aumônier d'un lycée* insegnante di religione di un liceo; *aumônier militaire* cappellano militare; *aumônier dans un pensionnat religieux* padre spirituale di un collegio religioso.

aumônière |ɔ(o)monjɛʀ| *s.f.* [*bourse à coulant qu'on portait autrefois à la ceinture*] scarsella.

aunaie |onɛ| *s.f.* → **aulnaie.**

1 **aune** |on| *s.f.* [*ancienne mesure de longueur*] auna ◇ (*fig.*) *mesurer les autres à son aune* giudicare gli altri col proprio metro.

2 **aune** |on| *s.m.* → **aulne.**

aunée |one| *s.f.* (*t.bot.*) inula.

auparavant |opaʀavɑ̃| *adv.* [*avant tel événement* (*priorité dans le temps*)] prima: *un mois auparavant* un mese prima → 1 **avant** Ⓒ **après.**

auprès de |opʀɛd(ə)| *loc. prép.* **1** [*tout près de*] vicino a: *venez vous asseoir auprès de moi* venite a sedervi vicino a me → **côté (à) de, près (de)** **2** (*fig.*) (*rapports que l'on a avec une personne*) presso (*prép.*): *l'ambassadeur de Sa Majesté britannique auprès de la République française* l'ambasciatore di Sua Maestà britannica presso la Repubblica francese **3** (*point de vue*) *il passe pour un impoli auprès de ma camarade, auprès d'elle* [*à ses yeux, dans son esprit*] passa per un maleducato agli occhi della mia compagna, ai suoi occhi **4** [*en comparaison de*] in confronto a: *ce service n'est rien auprès de ce qu'il a fait pour moi* questo piacere non è nulla in confronto a quello che ha fatto per me.

auquel |okɛl| *pron. rélatif* → **lequel.**

aura |ɔ(o)ʀa| *s.f.* **1** (*littér.*) aura **2** (*méd.*) aura.

aurélie |ɔ(o)ʀeli| *s.f.* (*t. zool.*) aurelia.

auréole |ɔ(o)ʀeɔl| *s.f.* **1** *l'auréole de la Vierge, des saints* l'aureola della Madonna, dei santi → **nimbe** ◇ (*par ext.*) *auréole de la Lune* aureola della Luna → **halo** ◇ (*fig.*) *l'auréole du martyre* l'aureola del martirio → **couronne** **2** [*trace laissée par une tache qui a été nettoyée*] alone (*m.*): *produit qui détache sans laisser d'auréoles* prodotto che smacchia senza lasciare alone.

auréoler |ɔ(o)ʀeɔle| *v.tr.* [*entourer d'une auréole*] aureolare (*littér.*) ♦ (*au p.p.*) *auréolé de gloire* aureolato di gloria.

auréomycine |ɔ(o)ʀeɔmisin| *s.f.* aureomicina.

auriculaire |ɔ(o)ʀikylɛʀ| **I** *adj.* **1** auricolare: *témoin auriculaire* testimone auricolare **2** (*anat.*) auricolare: *pavillon auriculaire* padiglione auricolare; *conduit auriculaire* condotto auricolare **II** *s.m.* [*le petit doigt de la main*] mignolo.

auricule |ɔ(o)ʀikyl| *s.f.* (*anat.*) auricola, orecchietta.

aurifère |ɔ(o)ʀifɛʀ| *adj.* aurifero.

aurifier |ɔ(o)ʀifje| *v.tr.* [*obturer (une dent) avec de l'or*] otturare con oro.

aurige |ɔ(o)ʀiʒ| *s.m.* (*antiq.*) [*conducteur de char, dans les courses*] auriga*.

1 **aurique** |ɔ(o)ʀik| *adj. et s.f.* (*mar.*) aurica*.

2 **aurique** |ɔ(o)ʀik| *adj.* aurico*: *chlorure aurique* cloruro aurico.

aurochs |ɔ(o)ʀɔk(s)| *s.m.* (*t.zool.*) uro.

auroral, ale, aux |ɔ(o)ʀɔʀal, o| *adj.* aurorale: *radiations aurorales* radiazioni aurorali.

aurore |ɔ(o)ʀɔʀ| *s.f.* **1** aurora: *lumière de l'aurore* luce dell'aurora; *à l'aurore* all'aurora → 1 **aube** # *dès l'aurore* sin dall'alba, sin dalle prime luci del mattino ◇ (*fig.*) *l'aurore de la civilisation* l'aurora, l'alba della civiltà → 1 **aube** **2** (*géophysique*) *aurore boréale, australe* aurora boreale, australe.

auscultation |ɔ(o)skyltɑsjɔ̃| *s.f.* (*méd.*) auscultazione: *auscultation médiate, immédiate* auscultazione mediata, immediata → **exploration, percussion.**

ausculter |ɔ(o)skylte| *v.tr.* (*méd.*) [*explorer les bruits de l'organisme par l'auscultation*] auscultare: *ausculter un malade* auscultare un malato.

ausonien, ienne |ɔ(o)zɔnjɛ̃, jɛn|,
ausone |ozɔn| *adj.* ausonio* ♦ *s.* (*hist.*) *les Ausoniens* gli Ausoni.

auspice |ɔ(o)spis| *s.m.* **1** (*antiq. rom.*) auspicio* → 2 **augure, présage** **2** *au plur.* (*fig.*) auspici: *sous de favorables, d'heureux auspices* sotto buoni auspici; *faire, entreprendre une chose sous les auspices de qqn.* fare, intraprendere una cosa sotto gli auspici, sotto l'egida di qc. → **appui, égide.**

aussi |osi| **I** *adv.* **1** (*terme de comparaison accompagnant un adj. ou un adv., exprimant un rapport d'égalité*) AUSSI... QUE (tanto)... quanto, (così)... come: *il est aussi grand que beau* è (tanto) alto quanto bello; *il est aussi grand que vous* è alto come voi # *aussi vite que vous le pourrez, que possible* più presto possibile, quanto più rapidamente possibile ◇ (*avec ellipse du second terme de comparaison*) così: *je n'ai jamais rien vu d'aussi joli (que cela)* non ho mai visto niente di così grazioso; *je ne pensais pas qu'il était aussi vieux* non credevo fosse così vecchio → 2 **si** ◇ (*avant le v. au sens de 'bien que'*) per quanto: *aussi invraisemblable que cela paraisse* per quanto inverosimile sembri; *aussi riche soit-il* per quanto ricco sia → 1 **pour, quelque,** 2 **si** **2** [*de la même façon*] anche, pure: *c'est aussi mon avis* è anche, pure il mio parere; *'portez-vous bien' 'vous aussi'* 'stia bene' 'anche lei' → **même (de), pareillement, également** ◇ (*loc.*) *aussi bien que* (così) come, come anche (come pure) → **autant (que), comme** **3** [*pareillement et de plus*] anche, pure: *non seulement... mais aussi* non solo... ma anche, ma pure; *il parle l'anglais et aussi l'allemand* parla l'inglese e anche il tedesco → **encore, outre (en)** **II** *conj.* (*marque un rapport de conséquence avec la propos. qui précède*) quindi, perciò: *ces étoffes sont très belles, aussi coûtent-elles cher* quelle stoffe sono molto belle, quindi, perciò costano care → **pourquoi (c'est).**

aussière |osjɛʀ| *s.f.* → **haussière.**

aussitôt |osito| **1** *adv.* [*dans le moment même, au même instant*] subito: *j'ai compris aussitôt ce qu'il voulait* ho capito subito ciò che voleva; *aussitôt après son départ* subito dopo la sua partenza → **immédiatement** **2** *loc. conj.* AUSSITÔT QUE (non) appena: *il le reconnut aussitôt qu'il le vit* lo riconobbe (non) appena lo vide; *aussitôt qu'il fut parti, l'autre arriva* era appena andato via quando arrivò l'altro; *aussitôt arrivé, il se coucha* appena arrivato, andò a letto → **sitôt, dès** ◇ (*loc.*) *aussitôt dit, aussitôt fait* detto, fatto.

austénite |ostenit| *s.f.* (*métall.*) austenite.

austère |ɔ(o)stɛʀ| *adj.* austero: *une femme austère* una donna austera → **puritain** ◇ (*par ext.*) *il a une vie très austère* conduce una vita molto austera; *morale, discipline austère* morale, disciplina austera ◇ (*choses*) *cette robe est un peu austère* questo vestito è un po' austero; *style austère* stile austero → **sévère.**

austèrement |ɔ(o)stɛʀmɑ̃| *adv.* [→ AUSTÈRE] austeramente.

austérité |ɔ(o)steʀite| *s.f.* austerità (*inv.*): *l'austérité du puritain* l'austerità del puritano; *austérité d'une vie, d'une morale* austerità di vita, di morale; *l'austérité d'un style* l'austerità di uno stile; *un programme d'austérité économique* un programma di austerità economica, di austerity.

austral, ale, als |ɔ(o)stʀal| *adj.* australe: *hémisphère austral* emisfero australe; *terres australes* terre australi.

australien, ienne |ɔ(o)stʀaljɛ̃, jɛn| *adj.* [*de l'Australie*] australiano.

australienne |ɔ(o)stʀaljɛn| *s.f.* (*cyclisme*) australiana.

australopithèque |ɔ(o)stʀalɔpitɛk| *s.m.* australopiteco*.

austro-hongrois |ɔ(o)stʀoɔ̃gʀwa| *adj.* [*relatif à l'anc. empire d'Autriche-Hongrie*] austroungarico* ✦ *s.* (*hist.*) *les Austro-hongrois* gli Austroungarici.

autan |otɑ̃| *s.m.* [*vent soufflant du Sud ou du Sud-Ouest de la France*] altano.

autant |otɑ̃| *adv.* **1** AUTANT QUE [*marque une relation d'égalité entre deux termes de comparaison* (*verbes*)] tanto... quanto, sia... sia (che): *je lis des journaux autant que des romans* leggo sia giornali sia (che) romanzi, tanto giornali, quanto romanzi → **aussi (bien)** ◇ [*en même quantité, au même degré*] (tanto) quanto: *j'en souffre autant que vous* ne soffro (tanto) quanto voi; *il travaille autant qu'il peut* lavora quanto può → **comme** # *autant qu'il est possible, autant que possible* il più possibile, per quanto possibile; *autant que je sache* per quanto (io ne) sappia, da quanto mi risulta **2** AUTANT DE (+ *s.*) [*la même quantité, le même nombre de*] tanto *adj.*... quanto (*adj.*): *il est né autant de garçons que de filles* sono nati tanti maschi quante femmine ◇ (*prov.*) *autant d'hommes, autant d'avis* tante teste tante idee; tante persone, tante opinioni; tot capita, tot sententiæ ◇ (*avec 'en'*) [*la même chose*] altrettanto ◇ *loc.* POUR AUTANT per questo, tuttavia: *il a fait un effort, mais il n'en est pas moins paresseux pour autant* ha fatto uno sforzo, ma non per questo è meno pigro; *il a beaucoup travaillé, il n'a pas réussi pour autant* ha lavorato molto, tuttavia non ha sfondato **3** [*une telle quantité, un tel nombre de*] tanto (*adj.*): *je ne pensais pas qu'il aurait autant de patience* non credevo che avrebbe avuto tanta pazienza → **tant** **4** AUTANT... AUTANT... (*introduisant les éléments d'une comparaison*) tanto... quanto, quanto... tanto: *autant il est charmant avec elle, autant il est désagréable avec nous* tanto è carino con lei, quanto è scorbutico con noi **5** *loc. adv.* D'AUTANT [*à proportion*] proporzionalmente *adv.*, in proporzione: *cela a fait augmenter d'autant son profit* ciò ha fatto aumentare proporzionalmente, in proporzione il suo profitto ◇ *loc. conj.* D'AUTANT QUE [*vu, attendu que*] dato che, visto che: *je ne comprends pas ses protestations, d'autant qu'il aurait pu refuser nos conditions* non capisco le sue proteste dato che, visto che avrebbe potuto respingere le nostre condizioni ~ D'AUTANT PLUS QUE tanto più che: *vous ne pouvez pas l'inculper, d'autant plus que personne ne l'avait averti* non potete incolparlo, tanto più che nessuno lo aveva avvertito ~ D'AUTANT MOINS... QUE tanto meno... in quanto: *il mérite d'autant moins votre reproche qu'il a agi sur votre ordre* merita tanto meno il vostro rimprovero in quanto ha agito dietro vostro ordine ~ D'AUTANT PLUS... QUE tanto più... in quanto: *il est d'autant plus responsable de ses actes qu'il a agi en mauvaise foi* è tanto più responsabile dei suoi atti in quanto ha agito in malafede ◇ (*loc. adv.*) *d'autant plus!* a maggior ragione!

autarcie |otaʀsi| *s.f.* (*écon., polit.*) autarchia: *politique d'autarcie* politica di autarchia, autarchica.

autarcique |otaʀsik| *adj.* (*écon., polit.*) autarchico*: *politique autarcique* politica autarchica.

autel |ɔ(o)tɛl| *s.m.* **1** (*antiq.*) altare, ara *f.*(*littér.*) ◇ (*loc. fig.*) *dresser, élever des autels à qqn.* mettere qc. sugli altari **2** (*liturg.*) altare: *l'autel d'une chapelle* l'altare di una cappella ◇ (*loc.*) *s'approcher de l'autel* accostarsi all'altare; *aller à l'autel* andare all'altare; *conduire une personne à l'autel* condurre una persona all'altare **3** (*fig.*) *l'autel* [*la religion, l'Église*] l'altare: *le trône et l'autel* il trono e l'altare.

auteur |otœʀ| *s.m.* **1** autore* (*s.*): *l'auteur d'une découverte* l'autore di una scoperta; *il nie être l'auteur du crime* nega di essere l'autore del reato **2** *l'auteur d'un livre, d'un tableau* l'autore di un libro, di un quadro ◇ (*spécialt.*) *un auteur* [*écrivain; homme, femme de lettres*] un autore (un'autrice *f.*), uno scrittore (una scrittrice *f.*): *Colette est un auteur célèbre* Colette è un'autrice, una scrittrice celebre; *étudier les œuvres d'auteurs célèbres* studiare le opere di autori celebri ◇ (*par ext.*) *droits d'auteur* diritti d'autore.

authenticité |ɔ(o)tɑ̃tisite| *s.f.* **1** (*dr., cour.*) autenticità (*inv.*): *vérifier l'authenticité d'un document* accertare l'autenticità di un documento ◇ (*par ext.*) *l'authenticité d'un fait historique* l'autenticità di un avvenimento storico → **véracité** **2** *l'authenticité d'une personne* [*sincérité*] la sincerità *inv.* di una persona; *l'authenticité d'un sentiment* la sincerità, la genuinità *inv.* di un sentimento → **sincérité.**

authentification |ɔ(o)tɑ̃tifikɑsjɔ̃| *s.f.* autenticazione.

authentifier |ɔ(o)tɑ̃tifje| *v.tr.* [*rendre authentique*] autenticare: *authentifier un testament* autenticare un testamento → **certifier, constater, légaliser.**

authentique |ɔ(o)tɑ̃tik| *adj.* **1** (*dr., cour.*) autentico*: *acte authentique* atto autentico → **notarié** # *copie authentique* copia conforme (all'originale) **2** [*qui est véritablement de l'auteur*] autentico: *un Rembrandt authentique* un Rembrandt autentico # *Évangiles authentiques* Vangeli canonici ◇ (*par ext.*) *histoire authentique* storia autentica; *fait authentique* fatto autentico → **véridique, réel** **3** [*qui indique une vérité profonde de l'individu*] autentico, genuino: *une personnalité authentique* una personalità autentica; *un sentiment authentique* un sentimento autentico, genuino; *les sentiments authentiques sont extrêmement rares* i sentimenti genuini sono rarissimi Ⓒ 3 **conventionnel.**

authentiquement |ɔ(o)tɑ̃tikmɑ̃| *adv.* [→ AUTHENTIQUE] autenticamente; genuinamente.

autisme |ɔ(o)tism(ə)| *s.m.* (*psychiatr.*) autismo.

autistique |ɔ(o)tistik|, **autiste** |ɔ(o)tist(ə)| *adj.* autistico*.

auto- |ɔ(o)tɔ| *préf.* (*signifiant 'soi-même, lui-même', correspond généralt. à*) auto: *auto-allumage* autoaccensione; *autofécondation* autofecondazione Ⓒ **hétéro-; allo-.**

1 **auto** |ɔ(o)to| *s.f.* auto *inv.*, macchina → **automobile** ◇ (*spécialt.*) *auto tamponneuse* autoscontro *m.*

2 **auto** |awto| *s.m.* (*littér.*) [*drame religieux esp.*] auto *inv.*

auto-accusation |ɔ(o)tɔakyzɑsjɔ̃| *s.f.* autoaccusa.

auto-allumage |ɔ(o)tɔalymaʒ| *s.m.* [*allumage spontané anormal du carburant*] autoaccensione *f.*

auto-amorçage |ɔ(o)tɔamɔʀsaʒ| *s.m.* (*techn.*) autoinnesco*.

autoberge |ɔ(o)tɔbɛʀʒ(ə)| *s.f.* [*voie sur berge pour les automobiles*] strada a scorrimento veloce, autostrada urbana (sull'argine di un fiume).

autobétonnière |ɔ(o)tɔbetɔnjɛʀ| *s.f.* (*techn., constr.*) autobetoniera.

autobiographie |ɔ(o)tɔbjɔgʀafi| *s.f.* autobiografia.

autobiographique |ɔ(o)tɔbjɔgʀafik| *adj.* autobiografico*.

autobus |ɔ(o)tɔbys| *s.m.* autobus *inv.*

autocar |ɔ(o)tɔkaʀ| *s.m.* [*véhicule pour le transport en commun des voyageurs*] (auto)corriera *f.*, torpedone → 2 **car** # *autocar d'excursion* (auto)pullman.

autocastration |ɔ(o)tɔkastʀɑsjɔ̃| *s.f.* autocastrazione.

autocensure |ɔ(o)tɔ(o)sɑ̃syʀ| *s.f.* autocensura.

autochenille |ɔ(o)tɔʃnij| *s.f.* [*véhicule monté sur chenilles*] autocingolato *m.*

autochrome |ɔ(o)tɔkʀom| *adj.* autocromo.

autochtone |ɔ(o)tɔktɔn| *adj.* au-

toctono: *race autochtone* razza autoctona ♦ (*s.*) *les autochtones* gli autoctoni, gli indigeni.
autoclave |ɔ(o)tɔklav| *s.m.* autoclave *f.*
autocollant, ante |ɔ(o)tɔ(o)kɔlɑ̃, ɑ̃t| *adj.* [*qui adhère sans être humecté*] autoadesivo: *enveloppes autocollantes* buste autoadesive ♦ (*s.m.*) *un autocollant* un autoadesivo.
autoconsommation |ɔ(o)tɔ(o)kɔ̃sɔmɑsjɔ̃| *s.f.* (*écon.*) autoconsumo *m.*
autocopiant, ante |ɔ(o)tɔkɔpjɑ̃, ɑ̃t| *adj.* (*techn.*) *papier autocopiant* carta autocopiante.
autocopie |ɔ(o)tɔkɔpi| *s.f.* [*procédé par lequel on reproduit un écrit, un dessin à un certain nombre d'exemplaires*] poligrafia.
autocrate |ɔ(o)tɔkʀat| *s.m.* autocrate → **despote.**
autocratie |ɔ(o)tɔkʀasi| *s.f.* autocrazia Ⓒ **démocratie.**
autocratique |ɔ(o)tɔkʀatik| *adj.* autocratico* → **absolu, despotique** Ⓒ **constitutionnel** 2, **démocratique.**
autocritique |ɔ(o)tɔkʀitik| *s.f.* autocritica*.
autocuiseur |ɔ(o)tɔkɥizœʀ| *s.m.* pentola *f.* a pressione.
autodafé |ɔ(o)tɔdafe| *s.m.* autodafé *inv.*
autodéfense |ɔ(o)tɔdefɑ̃s| *s.f.* autodifesa.
autodestruction |ɔ(o)tɔdɛstʀyksjɔ̃| *s.f.* autodistruzione.
autodétermination |ɔ(o)tɔdetɛʀminɑsjɔ̃| *s.f.* autodecisione, autodeterminazione.
autodidacte |ɔ(o)tɔdidakt(ə)| *adj. et s.* autodidatta.
autodidactisme |ɔ(o)tɔdidaktism(ə)| *s.m.* autodidattismo.
autodiscipline |ɔ(o)tɔ(o)disiplin| *s.f.* autodisciplina.
autodiscipliner (s') |ɔ(o)tɔ(o)disipline| *v.pron. réfl.* [*imposer (à soi-même) une discipline*] autodisciplinarsi.
autodrome |ɔ(o)tɔdʀom| *s.m.* autodromo.
auto-école |ɔ(o)tɔekɔl| *s.f.* autoscuola, scuola guida: *des auto-écoles* delle autoscuole, delle scuole guida.
auto-éducation |ɔ(o)tɔedykɑsjɔ̃| *s.f.* autoeducazione.
auto-érotique |ɔ(o)tɔ(o)eʀɔtik| *adj.* (*psychan.*) autoerotico*.
auto-érotisme |ɔ(o)tɔ(o)eʀɔtism(ə)| *s.m.* (*psychan.*) autoerotismo.
auto-excitateur, trice |ɔ(o)tɔɛksitatœʀ, tʀis| *adj.* (*électr.*) *machine auto-excitatrice* autoeccitatrice *s.f.*
auto-excitation |ɔ(o)tɔɛksitɑsjɔ̃| *s.f.* (*électr.*) autoeccitazione.
autofécondation |ɔ(o)tɔfekɔ̃dɑsjɔ̃| *s.f.* (*bot., zool.*) autofecondazione, autogamia.
autofinancement |ɔ(o)tɔfinɑ̃smɑ̃| *s.m.* autofinanziamento.
autogame |ɔ(o)tɔ(o)gam| *adj.* (*bot.*) autogamico*.
autogamie |ɔ(o)tɔ(o)gami| *s.f.* (*bot.*) autogamia.
autogène |ɔ(o)tɔ(o)ʒɛn| *adj.* **1** (*techn.*) *soudure autogène* saldatura autogena **2** (*philo., physiol.*) autogeno.
autogéré, ée |ɔ(o)tɔ(o)ʒeʀe| *adj.* [*géré par le personnel d'une entreprise, d'une collectivité*] autogestito: *usine autogérée* fabbrica autogestita.
autogérer |ɔ(o)tɔ(o)ʒeʀe| (8) **A** *v.tr.* [*administrer ses propres affaires, ses intérêts*] autogestire (197) **B** *v.pron. réfl.* S'AUTOGÉRER [→ *tr.*] autogestirsi.
autogestion |ɔ(o)tɔ(o)ʒɛstjɔ̃| *s.f.* autogestione.
autogire |ɔ(o)tɔʒiʀ| *s.m.* (*aviat.*) autogiro.
autographe |ɔ(o)tɔgʀaf| *adj.* autografo: *manuscrit autographe* manoscritto autografo ♦ (*s.m.*) *une collection d'autographes* una collezione di autografi.
autographie |ɔ(o)tɔgʀafi| *s.f.* autografia.
autographier |ɔ(o)tɔgʀafje| *v.tr.* [*reproduire un manuscrit, un dessin par l'autographie*] autografare.
autographique |ɔ(o)tɔgʀafik| *adj.* autografico*.
autogreffe |ɔ(o)tɔgʀɛf| *s.f.* autoinnesto *m.* → **autoplastie.**
autoguidage |ɔ(o)tɔgidaʒ| *s.m.* (*techn.*) autoguida *f.*
autoguidé, ée |ɔ(o)tɔgide| *adj.* autoguidato: *missile autoguidé* missile autoguidato.
auto-immunisation |ɔ(o)tɔim(m)ynizɑsjɔ̃| *s.f.* autoimmunizzazione.
auto-inductance |ɔ(o)tɔɛ̃dyktɑ̃s| *s.f.* → **self-inductance.**
auto-induction |ɔ(o)tɔ(o)ɛ̃dyksjɔ̃| *s.f.* (*électr.*) autoinduzione.
auto-infection |ɔ(o)tɔɛ̃fɛksjɔ̃| *s.f.* (*méd.*) autoinfezione.
auto-intoxication |ɔ(o)tɔɛ̃tɔksikɑsjɔ̃| *s.f.* autointossicazione: *des auto-intoxications* delle autointossicazioni.
autolâtre |ɔ(o)tɔlɑtʀ(ə)| *s.* autolatra.
autolyse |ɔ(o)tɔliz| *s.f.* (*biol.*) autolisi *inv.*
automate |ɔ(o)tɔmat| *s.m.* automa ◇ (*fig.*) *agir comme un automate* agire come un automa.
automaticité |ɔ(o)tɔmatisite| *s.f.* automaticità *inv.* → **automatisme.**
automation |ɔ(o)tɔmɑsjɔ̃| *s.f.* automazione → **automatisation** (*t.recomm.*).
automatique |ɔ(o)tɔmatik| **I** *adj.* automatico*: *distributeur automatique* distributore automatico; *téléphone automatique* telefono automatico, a selezione automatica; *arme automatique* arma automatica ◇ (*fig.*) *une conséquence automatique* una conseguenza automatica → **forcé, sûr** ◇ (*physiol., cour.*) *réflexe automatique* riflesso condizionato → **inconscient, involontaire** **II** *s.* **1** *s.m.* (*arme*) pistola *f.* automatica* ◇ (*télécom.*) telefono automatico # *appeler une autre ville en, par l'automatique* chiamare un'altra città in teleselezione **2** *s.f.* (*sc.*) → **informatique, cybernétique.**
automatiquement |ɔ(o)tɔmatikmɑ̃| *adv.* [→ AUTOMATIQUE] automaticamente.
automatisation |ɔ(o)tɔmatizɑsjɔ̃| *s.f.* automatizzazione; automazione.
automatiser |ɔ(o)tɔmatize| *v.tr.* [*rendre automatique*] automatizzare.
automatisme |ɔ(o)tɔmatism(ə)| *s.m.* automatismo.
automédon |ɔ(o)tɔmedɔ̃| *s.m.* (*plais.*) automedonte → **2 cocher.**
automitrailleuse |ɔ(o)tɔmitʀɑjøz| *s.f.* autoblindo-mitragliatrice, autoblindo *inv.*
automnal, ale, aux |ɔ(o)tɔ(m)nal, o| *adj.* autunnale.
automne |ɔ(o)tɔn| *s.m.* autunno: *en automne* in autunno.
automobile |ɔ(o)tɔmɔbil| **I** *adj.* **1** automobile: *voiture automobile* vettura automobile, autovettura **2** [*relatif aux véhicules à moteur*] automobilistico*: *industrie automobile* industria automobilistica; *course automobile* corsa automobilistica; *assurances automobiles* assicurazioni automobilistiche **II** *s.f.* automobile: *modèle, type d'automobile* modello, tipo di automobile; *marques d'automobiles* marche di automobili; *salon de l'automobile* salone dell'automobile; *automobile de petite, grosse cylindrée* automobile di piccola, grossa cilindrata; *panne d'automobile* guasto all'automobile; *conduire un'automobile* guidare un'automobile → **véhicule, voiture.**
automobilisme |ɔ(o)tɔmɔbilism(ə)| *s.m.* automobilismo.
automobiliste |ɔ(o)tɔmɔbilist(ə)| *s.* automobilista.
automorphisme |ɔ(o)tɔmɔʀfism(ə)| *s.m.* (*math.*) automorfismo.
automoteur, trice |ɔ(o)tɔmɔtœʀ, tʀis| **I** *adj.* [*qui produit son propre mouvement*] semovente: *pièce d'artillerie automotrice* pezzo di artiglieria semovente ♦ *s.m.* (*milit.*) *un automoteur* un semovente **II** *s.* **1** *s.m.* [*péniche à moteur*] chiatta *f.* automotrice **2** *s.f.* [*autorail*] automotrice.
automotrice |ɔ(o)tɔmɔtʀis| *s.f.* automotrice → **autorail.**
automutilation |ɔ(o)tɔmytilɑsjɔ̃| *s.f.* automutilazione.
autoneige |ɔ(o)tɔ(o)nɛʒ| *s.f.* [*véhicule conçu pour se déplacer sur des terrains enneigés*] gatto *m.* (delle nevi).
autonettoyant, ante |ɔ(o)tɔ(o)nɛtwajɑ̃, ɑ̃t| (*adj.*) *four autonettoyant* forno autopulente.
autonome |ɔ(o)tɔnɔm| *adj.* autonomo: *gouvernement autonome* governo autonomo; *individu, volonté autonome* individuo autonomo, volontà autonoma → **libre, indépendant** ◇ (*informatique*) autonomo.
autonomie |ɔ(o)tɔnɔmi| *s.f.* autonomia: *autonomie administrative, communale* autonomia amministrativa, comunale → **indépendance** ◇ (*par ext.*) *ce camion a une autonomie de deux cents kilomètres* questo camion ha una autonomia di duecento chilometri ◇ (*philo.*) *l'autonomie de la volonté* l'autonomia della volontà.
autonomiste |ɔ(o)tɔnɔmist(ə)| **1** *s.* autonomista: *les autonomistes basques* gli autonomisti baschi **2** *adj.* autonomistico*: *mouvements autonomistes* movimenti autonomistici.
autonyme |ɔ(o)tɔ(o)nim| *adj.* (*ling., log.*) autonimo.
autoplastie |ɔ(o)tɔ(o)plasti| *s.f.* (*méd.*) autoplastica*, autoinnesto *m.*
autopompe |ɔ(o)tɔpɔ̃p| *s.f.* autopompa.
autoportant, ante |ɔ(o)tɔpɔʀtɑ̃, ɑ̃t|, **autoporteur, euse** |ɔ(o)tɔpɔʀtœʀ, øz| *adj.* autoportante.
autoportrait |ɔ(o)tɔpɔʀtʀɛ| *s.m.* [*portrait* (*d'un peintre*) *exécuté par lui-même*] autoritratto.
autopropulsé, ée |ɔ(o)tɔpʀɔpylse| *adj.* autopropulso.
autopropulsion |ɔ(o)tɔpʀɔpylsjɔ̃| *s.f.* autopropulsione.

autopsie |ɔ(o)tɔpsi| *s.f.* (*méd., cour.*) autopsia: *faire l'autopsie d'un cadavre* fare l'autopsia di un cadavere.
autopunition |ɔ(o)tɔpynisjɔ̃| *s.f.* (*psycho.*) autopunizione.
autoradio |ɔ(o)tɔ(o)ʀadjo| *s.m.* autoradio (*f.inv.*): *un autoradio-lecteur de cassettes* un'autoradio mangianastri ✦ (*adj. inv.*) *des postes autoradio* delle autoradio *s.f.*
autoradiographie |ɔ(o)tɔʀadjɔgʀafi| *s.f.* (*sc.*) autoradiografia.
autorail |ɔ(o)tɔʀɑj| *s.m.* [*véhicule automoteur sur rail*] automotrice *f.*, littorina *f.* (*vx.*).
autoréglage |ɔ(o)tɔʀeglaʒ| *s.m.* (*techn.*) autoregolazione *f.* → **autorégulation.**
autorégulateur, trice |ɔ(o)tɔ(o)ʀegylatœʀ, tʀis| *adj.* autoregolatore*: *mécanismes biologiques autorégulateurs* meccanismi biologici autoregolatori.
autorégulation |ɔ(o)tɔʀegylɑsjɔ̃| *s.f.* (*techn.*) autoregolazione.
autorisation |ɔ(o)tɔʀizɑsjɔ̃| *s.f.* [→ AUTORISER A] autorizzazione: *demander, obtenir une autorisation* chiedere, ottenere un'autorizzazione → **consentement, permission** ◇ (*par ext.*) *montrer une autorisation* presentare un'autorizzazione scritta, un nullaosta *m.inv.* [C] **défense 2, interdiction.**
autorisé, ée |ɔ(o)tɔʀize| *adj.* **1** autorizzato: *je me crois autorisé à dire* mi ritengo autorizzato a dire ◇ (*par ext., ling.*) *tournure autorisée par l'usage* costruzione consacrata dall'uso → **permis** **2** [*qui est digne de créance, qui fait autorité*] autorevole, qualificato: *personne autorisée* persona autorevole, qualificata; *des milieux autorisés démentent la nouvelle* ambienti autorevoli smentiscono la notizia.
autoriser |ɔ(o)tɔʀize| **A** *v.tr.* **1** AUTORISER QQN. À [*accorder à qqn.* (*un droit, une permission*)] autorizzare qc. a: *un décret l'a autorisé à exploiter cette mine* un decreto l'ha autorizzato a coltivare questa miniera; *je vous autorise à ne pas y aller* vi autorizzo a non andarci → **dispenser, exempter** ◇ (*sujet de chose*) *rien ne nous autorise à dire que...* nulla ci autorizza a dire che... → **permettre** **2** AUTORISER QQCH. [*rendre licite*] autorizzare: *autoriser l'entrée d'une marchandise* autorizzare l'ingresso di una merce → **permettre** # *autoriser les sorties* dare il permesso di uscire **B** *v.pron. intr.* S'AUTORISER DE [*s'appuyer sur une autorité, un droit pour faire qqch.*] basarsi su: *il a donné cet avis en s'autorisant d'une longue expérience* ha espresso questo parere basandosi su una lunga esperienza [C] A **défendre 2, interdire.**
autoritaire |ɔ(o)tɔʀitɛʀ| *adj.* autoritario*: *régime autoritaire* regime autoritario ◇ (*par ext.*) *homme, caractère autoritaire* uomo, carattere autoritario; *ton autoritaire* tono autoritario → **dur, intransigeant** [C] **doux, libéral** 1.
autoritairement |ɔ(o)tɔʀitɛʀmɑ̃| *adv.* (*rare*) [→ AUTORITAIRE] autoritariamente.
autoritarisme |ɔ(o)tɔʀitaʀism(ə)| *s.m.* autoritarismo.
autorité |ɔ(o)tɔʀite| *s.f.* **1** autorità (*inv.*): *l'autorité suprême* la suprema autorità; *l'autorité du souverain, du chef de l'État* l'autorità del sovrano, del capo dello Stato; *avoir autorité sur qqn.* avere autorità su qc.; *d'autorité* d'autorità # *de sa propre autorité* di proprio arbitrio; *de pleine autorité* di pieno diritto ◇ (*dr.*) *par autorité de justice* vendita giudiziaria **2** [*les organes du pouvoir*] *les actes, les décisions de l'autorité* gli atti, le decisioni dei pubblici poteri, delle pubbliche autorità; *les agents de l'autorité* gli agenti di polizia; *les représentants de l'autorité* i rappresentanti del governo; *l'autorité militaire* l'autorità militare ◇ (*au plur.*) *les autorités civiles, militaires, religieuses* le autorità civili, militari, ecclesiastiche (religiose) **3** [*pouvoir de se faire obéir*] autorità: *ce professeur n'a aucune autorité sur ses élèves* quel professore non ha nessuna autorità sui suoi allievi **4** [*supériorité qui impose respect ou confiance*] prestigio* *m.*, ascendente (*m.*): *cet homme a une grande autorité* quest'uomo ha un grande ascendente; *l'autorité dont il jouit lui donne voix au chapitre* il prestigio di cui gode gli permette di avere voce in capitolo → **ascendant, crédit, prestige** ◇ (*loc.*) *avoir de l'autorité sur qqn.* avere ascendente su qc. ◇ (*choses*) *invoquerai-je contre vous l'autorité de la loi?* debbo invocare contro di voi l'autorità della legge? ◇ *loc.* FAIRE AUTORITÉ far testo: *un historien, un savant, un ouvrage qui fait autorité* uno storico, uno scienziato, un'opera che fa testo ◇ [*personne qui fait autorité*] autorità: *invoquer une autorité à l'appui de sa thèse* invocare un'autorità a sostegno della propria tesi.
autoroute |ɔ(o)tɔʀut| *s.f.* autostrada: *autoroute urbaine, en rase campagne* autostrada urbana, extraurbana.
autoroutier, ière |ɔ(o)tɔʀutje, jɛʀ| *adj.* autostradale.
autosatisfaction |ɔ(o)tɔsatisfaksjɔ̃| *s.f.* (*psycho.*) autosoddisfazione, autocompiacimento *m.*
autoscopie |ɔ(o)tɔskɔpi| *s.f.* (*psycho.*) autoscopia.
auto-stop, autostop |ɔ(o)tɔstɔp| *s.m.* autostop *inv.*
auto-stoppeur, euse |ɔ(o)tɔstɔpœʀ, øz| *s.* autostoppista: *des auto-stoppeurs* degli autostoppisti.
autostrade |ɔ(o)tɔstʀad| *s.f.* (*vx.*) → **autoroute.**
auto-suggestion |ɔ(o)tɔsygʒɛstjɔ̃| *s.f.* autosuggestione.
autosuggestionner (s') |ɔ(o)tɔsygʒɛstjɔne| *v.pron. réfl.* [*suggestionner soi-même*] autosuggestionarsi.
autotaraudeur, euse |ɔ(o)tɔtaʀodœʀ, øz| *adj.* (*techn.*) autofilettante.
auto-taxation |ɔ(o)tɔtaksɑsjɔ̃| *s.f.* [→ AUTO-TAXER (S')] autotassazione.
auto-taxer (s') |ɔ(o)tɔtakse| *v. pron. réfl.* [*payer directement et spontanément les impôts sur les revenus*] autotassarsi.
autotomie |ɔ(o)tɔtɔmi| *s.f.* autotomia.
autotrophe |ɔ(o)tɔtʀɔf| *adj.* (*biol.*) autotrofo [C] **hétérotrophe.**
1 **autour** |otuʀ| **1** *loc. prép.* AUTOUR DE [*dans l'espace qui environne* (*qqn., qqch.*)] attorno a, intorno a: *tout autour de* tutt'intorno a; *faire cercle autour de qqn., qqch.* fare cerchio attorno a qc., a q.c.; *les planètes gravitent autour du soleil* i pianeti gravitano intorno al sole; *regarder autour de soi avec circonspection* guardarsi intorno con circospezione; *tourner autour de qqn.* girare intorno a qc. # *l'espace qui est autour d'un lieu* lo spazio circostante un luogo ◇ [*environ*] circa: *il a autour de cinquante ans* ha circa cinquant'anni **2** *adv.* AUTOUR intorno: *mettez du papier autour* mettete(ci) un po' di carta intorno, avvolgetelo(la) con un po' di carta.
2 **autour** |otuʀ| *s.m.* (*t.zool.*) astore.
autovaccin |ɔ(o)tɔvaksɛ̃| *s.m.* (*méd.*) autovaccino.
autre |otʀ(ə)| **I** *adj.* **1** (*épithète avant le nom*) altro: *une autre fois, un autre jour* un'altra volta, un altro giorno; *d'autres fois* altre volte; *sans autres indications* senza altra indicazione; *j'ai une autre idée* ho un'altra idea, una idea diversa; *j'ai lu un autre livre, d'autres livres* ho letto un altro libro, altri libri; *c'est une autre affaire, une autre paire de manches* è un'altra faccenda, un altro paio di maniche; *je ne vois aucun autre moyen* non vedo (nessun')altra possibilità; *il faut écarter toute autre considération* bisogna mettere da parte ogni altra considerazione; *il est d'une autre classe* è di un'altra levatura **2** AUTRE CHOSE (*sans article*) (un')altra cosa, altro (*pron. m.*): *c'est autre chose* è un'altra cosa, è diverso; *c'est tout autre chose* è tutt'altra cosa; *parlons d'autre chose* parliamo d'altro # *c'est cela et pas autre chose* è così e basta ◇ (*littér.*) AUTRE CHOSE... AUTRE CHOSE una cosa è... tutt'altra cosa è (*cour.*), un conto è... un conto è (*cour.*): *autre chose de parler, autre chose d'agir* una cosa, un conto è parlare, tutt'altra cosa, un conto è agire ◇ (*loc. adv.*) *autre part* altrove *adv.* → **ailleurs** ~ *d'autre part* d'altra parte, d'altronde ~ *d'une part... d'autre part* da un lato... d'altro lato (dall'altro) **3** (*après le nom ou le pron.*) [*qui est devenu différent de ce qu'il était*] un altro, diverso: *il est devenu autre* è diventato un altro, è diventato diverso ◇ (*loc.*) *nous autres, vous autres* noialtri, voialtri; *nous autres, nous partons* noialtri partiamo **II** *pron.* (*nominal ou représentant un nom*) **1** altro, altri (*sing. inv.*): *prendre qqn. pour un autre, une chose pour une autre* prendere uno per un altro, una cosa per un'altra; *de l'un à l'autre* dall'uno all'altro; *il faut penser aux autres* bisogna pensare agli altri; *je respecte l'opinion des autres* rispetto l'opinione degli altri; *j'en veux d'autres* ne voglio altri; *aucun autre, personne d'autre ne peut faire cela* nessun altro può fare ciò; *qui d'autre, quel autre proposez-vous?* chi altro, chi altri proponete?; *quelqu'un d'autre* qualcun altro; *tout autre* qualsiasi altro, chiunque altro → **autrui** ◇ UN AUTRE QUE... D'AUTRES QUE... una persona diversa da..., persone diverse da...: *je le donnerai à un autre que vous* lo darò a una persona diversa da voi, a qualcun altro ~ ENTRE AUTRES fra gli altri (le altre), fra l'altro, fra cui: *il y avait entre autres deux enfants* c'erano, fra l'altro, fra gli altri, due bambini; *j'ai visité les cathédrales d'Espagne, entre autres celle de Tolède* ho visitato le cattedrali della Spagna, fra cui quella di Toledo ~ RIEN D'AUTRE (nient')altro, (null')altro: *il n'y a rien d'autre* non c'è (nient')altro; *ce n'est rien d'autre qu'un escroc* non è altro che un truffatore

◇ (*loc.*) *d'un bout à l'autre* da un capo all'altro, dall'inizio alla fine, da cima a fondo ~ *d'un jour à l'autre* da un giorno all'altro ~ *de temps à autre* di tanto in tanto, di quando in quando ~ *comme dirait l'autre, comme dit l'autre* come si dice, come si suol dire ~ *à d'autres* [*allez dire cela à des gens plus crédules*] datela (dàlla) a bere a un altro ~ *j'en ai vu bien d'autres!* ne ho viste di belle! ~ *parler de choses et d'autres* parlare del più e del meno ~ *il n'en fait jamais d'autres!* [*erreurs, bêtises*] siamo alle solite!; non ne combina mai una giusta! **2** L'UN... L'AUTRE; LES UNS... LES AUTRES uno... l'altro; gli uni... gli altri; L'UN ET L'AUTRE entrambi, tutti e due: *l'un est riche, l'autre est pauvre* uno è ricco, l'altro è povero; *l'un et l'autre sont venus, est venu* sono venuti entrambi, tutti e due; *les uns les autres sont partis* sono partiti gli uni e gli altri; *ni l'un ni l'autre* né l'uno né l'altro, nessuno dei due ◇ (*récipr.*) *aimez-vous, les uns les autres* amatevi l'un l'altro ◇ (*avec une prép.*) *il aurait dû nous présenter l'un à l'autre* avrebbe dovuto presentarci (l'un l'altro); *ils marchent l'un à côté de l'autre, l'un après l'autre, l'un derrière l'autre* camminano uno accanto all'altro, uno dietro l'altro; *nous dépendons l'un de l'autre* dipendiamo (l')uno dall'altro; *ils vivent l'un pour l'autre* vivono l'uno per l'altro # *être toujours chez l'un ou chez l'autre* essere sempre (in visita) da questo o da quello.

autrefois |otʀəfwa| *adv.* [*dans un temps passé*] una volta, un tempo: *les mœurs d'autrefois* le usanze di una volta, di un tempo → **jadis** # *cela s'est passé autrefois* ciò è successo tempo addietro, in altri tempi Ⓒ **aujourd'hui.**

autrement |otʀəmɑ̃| *adv.* **1** [*d'une manière différente*] diversamente; altrimenti: *il faut agir autrement, tout autrement* bisogna agire diversamente, in modo completamente diverso → **différemment** ‖ *nous n'avons pas pu faire autrement* non abbiamo potuto fare altrimenti, diversamente # *autrement dit...* in altri termini, in altre parole...; *je n'ai pas pu faire autrement que d'y aller* non ho potuto fare altro che andarci **2** [*dans un autre cas, dans le cas contraire*] altrimenti: *faites attention, autrement vous aurez affaire à moi* fate attenzione, altrimenti avrete a che fare con me → **sinon** **3** PAS AUTREMENT [*pas beaucoup*] non... molto: *je ne m'en étonne pas autrement* non me ne stupisco molto → **guère** **4** (*comparatif de supériorité*) AUTREMENT molto: *elle est autrement mieux que sa sœur* è molto più carina, ben più carina di sua sorella; è tutta un'altra cosa rispetto alla sorella → **plus.**

autrichien, ienne |otʀiʃjɛ̃, jɛn| *adj.* [*de l'Autriche*] austriaco*: *la domination autrichienne* la dominazione austriaca.

autruche |otʀyʃ| *s.f.* (*t.zool.*) struzzo *m.* (*cour.*): *plumes d'autruche* penne di struzzo ◇ (*loc.*) *avoir un estomac d'autruche* avere uno stomaco di struzzo ~ (*fig.*) *pratiquer la politique de l'autruche* fare la politica dello struzzo.

autrui |otʀɥi| *pron. indéf. inv.* (*rare comme sujet ou comme objet direct*) (*littér.*) [*un autre, les autres hommes*] altri *pl.* (*cour.*), altrui *adj. inv.* (*cour.*): *les intérêts d'autrui* gli interessi degli altri, gli interessi altrui; *agir pour le compte d'autrui* agire per conto d'altri, per conto altrui; *exposer ses idées à autrui* esporre ad altri le proprie idee ◇ (*loc.*) *ne fais pas à autrui ce que tu ne voudrais pas qu'on te fît* non fare ad altri quel che non vorresti fosse fatto a te.

autunite |otynit| *s.f.* (*minér.*) autunite.

auvent |ovɑ̃| *s.m.* [*petit toit en saillie*] pensilina *f.*, tettoia *f.* # *toit en auvent* tetto a gronda.

auvergnat, ate |ɔ(o)vɛʀɲa, at| *adj.* [*d'Auvergne*] alverniate: *accent auvergnat* accento alverniate.

auxiliaire |ɔ(o)ksiljɛʀ| **I** *adj.* **1** ausiliario*, ausiliare: *secours, moyen, organe auxiliaire* soccorso, mezzo, organo ausiliario; *force auxiliaire* forza ausiliaria; *troupes, services auxiliaires* truppe ausiliarie (ausiliari), servizi ausiliari; *le service auxiliaire d'une armée* il servizio ausiliario di un esercito; *moteur auxiliaire* motore ausiliario → 1 **accessoire,** 1 **annexe** **2** (*gram.*) ausiliare: *verbe auxiliaire* verbo ausiliare **II** *s.* **1** *s.* collaboratore*, aiutante: *se servir d'auxiliaires pour la préparation de son travail* ricorrere a dei collaboratori per la preparazione del proprio lavoro; *ce jeune homme est pour moi un auxiliaire précieux* questo giovane è per me un prezioso collaboratore, è per me di un ausilio prezioso → 2 **aide** ◇ (*milit.*) *auxiliaires d'une armée* ausiliari di un esercito ♦ (*s.m.*) *l'auxiliaire* il servizio ausiliario (*adj.*): *il a été versé dans l'auxiliaire* è stato assegnato al servizio ausiliario ◇ [*employé recruté à titre provisoire*] avventizio*, impiegato fuori ruolo ◇ (*spécialt.*) *les auxiliaires médicaux* il personale *sing.* paramedico **2** *s.m.* (*gram.*) ausiliare: *les auxiliaires 'être' et 'avoir'* gli ausiliari 'essere' e 'avere' # *les semi-auxiliaires* (*'venir, aller, devoir, faire, laisser'*) i verbi servili.

auxiliairement |ɔ(o)ksiljɛʀmɑ̃| *adv.* (*rare*) [→ AUXILIAIRE I] in modo ausiliario *loc. inv.*, in via accessoria *loc. inv.*

auxiliateur, trice |ɔ(o)ksiljatœʀ, tʀis| *s. et adj.* ausiliatore* ◇ (*spécialt. relig.*) *Marie Auxiliatrice* Maria Ausiliatrice.

auxine |ɔ(o)ksin| *s.f.* (*biol.*) auxina.

avachi, ie |avaʃi| *adj.* **1** (*choses*) [*déformé et flasque*] sformato; afflosciato, flaccido: *chaussures avachies* scarpe sformate, scalcagnate **2** (*personnes*) [*sans aucune énergie, sans fermeté*] rammollito, fiacco*: *un être avachi* un rammollito (*s.m.*); *je l'ai trouvé complètement avachi* l'ho trovato completamente fiacco.

avachir |avaʃiʀ| **A** *v.tr.* **1** *avachir qqch.* [*la rendre molle, flasque*] sformare; afflosciare: *il a avachi ses chaussures* ha sformato le sue scarpe **2** *avachir qqn.* [*lui faire perdre son énergie, sa volonté*] rammollire (197), infiacchire (197) qc.: *cette vie d'inaction a fini par l'avachir* questa vita oziosa ha finito col rammollirlo, coll'infiacchirlo **B** *v.pron. intr.* S'AVACHIR **1** [→ *tr.* 1] sformarsi; afflosciarsi: *ces souliers commencent à s'avachir* queste scarpe cominciano a sformarsi ‖ *le corps de cette femme s'est avachi* il corpo di questa donna si è afflosciato **2** (*fig.*) (*personnes*) [*se laisser aller*] infiacchirsi, rammollirsi: *il s'est avachi à ne rien faire* si è infiacchito a forza di non far nulla.

avachissement |avaʃismɑ̃| *s.m.* **1** [→ AVACHIR A 1; B 1] afflosciamento **2** (*fig.*) [→ AVACHIR A 2; B 2] infiacchimento, rammollimento.

aval |aval| *s.m. sing.* [*le côté vers lequel descend un cours d'eau*] tratto a valle: *la rivière est plus belle vers l'aval* il fiume è più bello nel tratto a valle ◇ (*ski*) il lato a valle ♦ (*adj.*) *le ski aval* lo sci a valle ◇ *loc. prép.* EN AVAL DE a valle di: *en aval du pont, de la ville* a valle del ponte, della città Ⓒ **amont.**

aval, als |aval| *s.m.* (*dr., cour.*) avallo: *donner son aval* prestare avallo # *donneur d'aval* avallante ◇ (*fig.*) *donner son aval à une politique* dare il proprio avallo a una politica, avallare una politica.

avalanche |avalɑ̃ʃ| *s.f.* [*masse de neige qui se détache d'une montagne*] valanga* ◇ (*fig.*) *une avalanche d'injures* una valanga di ingiurie; *j'ai reçu une avalanche de lettres* ho avuto una valanga di lettere → **pluie.**

avalancheux, euse |avalɑ̃ʃø, øz| *adj.* [*susceptible de provoquer une avalanche; qui peut être parcouru par des avalanches*] franoso: *amas avalancheux* ammassi franosi.

avalant, ante |avalɑ̃, ɑ̃t| *adj.* avvallante: *les péniches avalantes* le chiatte avvallanti ♦ (*s.m.*) *les avalants* gli avvallanti.

avalé, ée |avale| *adj.* **1** [*pincé*] serrato: *lèvres avalées* labbra serrate; *bouche pincée et avalée* bocca stretta e serrata **2** (*vx.*) [*qui tombe*] pendente (*cour.*): *des oreilles avalées* delle orecchie pendenti → **pendant, tombant.**

avaler |avale| *v.tr.* **1** [*faire descendre par le gosier*] inghiottire (197), mandar giù: *avaler une gorgée d'eau* inghiottire una sorsata d'acqua; *avaler d'un trait, d'un seul coup* mandar giù tutto d'un fiato, ingoiare; *avaler un plat de pommes de terre* mandar giù un piatto di patate → **engloutir, gober** # *je n'ai rien avalé depuis vingt-quatre heures* non ho toccato cibo da ventiquattro ore ♦ (*absolt.*) *il a une forte angine, et il avale avec peine* ha un forte mal di gola e inghiottisce, deglutisce a fatica; *j'ai avalé de travers* mi è andata di traverso **2** (*loc.*) *avaler sa langue* perdere la lingua ~ *avaler sa salive* [*taire ce qu'on est tenté de dire*] mordersi la lingua, le labbra ~ *il a l'air d'avoir avalé sa canne, son parapluie* sembra che abbia mangiato il manico della scopa ~ *avaler la pilule, le morceau* inghiottire, mandar giù la pillola ~ *avaler des couleuvres* [*subir un affront*] mandare giù, ingoiare un rospo ~ *avaler sa rage* ingoiare la (propria) rabbia ~ *avaler un livre, un roman* divorare un libro, un romanzo ~ *avaler ses mots en parlant* mangiarsi le parole parlando ~ *il veut tout avaler* (*se dit d'un homme avide, arrogant*) vuole arraffare tutto ~ *avaler l'obstacle* bruciare l'ostacolo ~ (*fam.*) *j'ai cru qu'il allait m'avaler, m'avaler tout cru* ho creduto che volesse divorarmi, mangiarmi vivo ~ (*pop.*) *avaler son acte, son bulletin de naissance* [*mourir*] tirare le cuoia **3** [*supporter ou croire*] mandar giù: *c'est une histoire difficile à avaler* è una storia difficile da mandar giù # *on peut vous faire avaler n'importe quoi* vi si può dare a bere qualsiasi cosa.

avaleur |avalœʀ| *s.m.* (*dans la loc.*) *avaleur de sabres* mangiatore di spade.

avaliser |avalize| *v.tr.* [*donner son* (2) *aval*] avallare: *avaliser un effet de commerce* avallare un effetto commerciale ◇ (*fig.*) *avaliser la décision de qqn.* avallare la decisione di qc.

avaliseur |avalizœʀ|, **avaliste** |avalist(ə)| *adj. et s.m.* (*dr.*) avallante.

à-valoir |avalwaʀ| *s.m. inv.* [*paiement partiel*] acconto *var.* → **acompte.**

avaloir, *f.* **avaloire** |avalwaʀ| *s.m.* [*gosier d'un glouton*] gola *f.*, canna *f.* # *quel avaloir!* che forchetta!

avaloire |avalwaʀ| *s.f.* (*bourrellerie*) imbraca*.

avance |avɑ̃s| *s.f.* **1** [→ AVANCER B 1] avanzata: *l'avance d'une armée* l'avanzata di un esercito → **marche, progression** **2** [*espace qu'on a parcouru avant qqn.*] vantaggio* *m.*, distacco* (*m.*): *accentuer, perdre son avance* accentuare, perdere il proprio vantaggio, distacco # *le coureur a pris de l'avance sur les autres concurrents* il corridore ha distaccato gli altri concorrenti **3** [*anticipation sur un moment prévu*] anticipo *m.*, vantaggio: *une avance d'un quart d'heure sur l'horaire* un anticipo di un quarto d'ora sull'orario; *avoir une avance d'une heure* avere un'ora di vantaggio ◇ (*techn.*) *avance à l'allumage* anticipo d'accensione **4** *loc. adv.* À L'AVANCE in anticipo, anticipatamente (*adv.*): *tout a été préparé à l'avance* tutto è stato preparato in anticipo ~ D'AVANCE in anticipo, anticipatamente: *payer d'avance* pagare in anticipo, anticipatamente; *on connaît d'avance le résultat* il risultato si conosce in anticipo ~ EN AVANCE in anticipo: *il est en avance, en avance d'une heure* è in anticipo, in anticipo sull'orario ~ (*littér.*) *partir en avance, en avance sur l'horaire* essere, arrivare, andar via in anticipo, in anticipo sull'orario ~ (*littér.*) PAR AVANCE in anticipo (*cour.*,) anticipatamente (*cour.*): *je connais par avance les difficultés de l'entreprise* conosco in anticipo le difficoltà dell'impresa # *payer par avance un trimestre de loyer* pagare un trimestre di affitto anticipato **5** *une avance* [*une somme que l'on paye par anticipation*] anticipo: *faire une avance à un employé* dare un anticipo a un impiegato → **acompte, provision** # *avance à titre de provision* acconto a titolo di cauzione; *avance bancaire* anticipazione bancaria, prestito bancario → **prêt, crédit**; *récupérer ses avances* recuperare il proprio capitale, la propria quota; *avance sur titres* anticipazione sui titoli **6** *au plur.* AVANCES proposte, 'avances': *il lui a fait des avances* le ha fatto delle proposte, delle 'avances'.

avancé, ée |avɑ̃se| *adj.* **1** avanzato: *poste avancé* postazione avanzata, avamposto **2** (*temps*) inoltrato, avanzato: *la saison est déjà bien avancée* la stagione è già molto inoltrata; *à une heure avancée de la nuit* a un'ora avanzata della notte → **tardif**; *il est d'un âge très avancé* è molto avanzato negli anni **3** [*qui est en avance sur les autres*] *un enfant avancé pour son âge* un bambino precoce per la sua età; *civilisation avancée* civiltà progredita; *idées avancées* idee avanzate → **précoce** **4** [*qui se rapproche du terme, touche à sa fin*] *son ouvrage est déjà très avancé* la sua opera è già a buon punto **5** (*personnes*) (*iron.*) *vous voilà bien avancé!* [*ce que vous avez fait ne vous a servi à rien*] (avete fatto un) bel guadagno! **6** [*qui commence à se gâter*] passato: *viande avancée* carne passata.

avancée |avɑ̃se| *s.f.* **1** [*ce qui forme saillie*] aggetto *m.*, sporgenza: *le portique constitue une avancée sur la façade de cet édifice* il portico costituisce un aggetto, una sporgenza sulla facciata di quell'edificio **2** [*partie de la canne à pêche qui est près de l'hameçon*] punta del cimino.

avancement |avɑ̃smɑ̃| *s.m.* **1** [→ AVANCER A 4; B 3] avanzamento, progresso: *l'avancement des travaux* l'avanzamento dei lavori; *l'avancement des connaissances* il progresso delle conoscenze → **progrès** **2** [*le fait de s'élever dans la voie hiérarchique*] avanzamento: *avoir de l'avancement* ottenere un avanzamento → **promotion** **3** (*dr.*) *avancement d'hoirie* anticipo su legato.

avancer |avɑ̃se| (2) **A** *v.tr.* **1** [*pousser, porter en avant*] spostare (in) avanti, avanzare: *avancer une chaise* spostare (in) avanti una sedia # *avancer la main vers un objet* allungare, tendere la mano verso un oggetto; *avancer le cou pour mieux voir* allungare il collo per vedere meglio **2** (*fig.*) [*mettre en avant*] avanzare, presentare: *avancer une proposition* avanzare una proposta; *avancer une thèse* presentare una tesi # *il faut prouver ce que vous avancez* bisogna provare ciò che affermate, asserite → **affirmer, alléguer, prétendre** **3** [*faire arriver avant le temps prévu*] anticipare: *avancer le dîner* anticipare il pranzo; *il a avancé la date de son retour* ha anticipato la data del suo ritorno → **hâter, accélérer, anticiper;** *avancer une montre, une pendule* [*lui faire marquer une heure plus tardive*] mettere avanti un orologio, un pendolo **4** [*faire progresser* (*qqch.*)] portare avanti, far (103) *intr.* progredire: *avancer son travail, son ouvrage* portare avanti, far progredire il proprio lavoro, la propria opera # *à quoi cela vous avancera-t-il?* a che vi gioverà? **5** [*payer par avance*] anticipare: *avancer une somme d'argent à qqn.* anticipare una somma di denaro a qc.; *j'ai avancé ces fonds sur son compte* ho anticipato io questi fondi sul suo conto **B** *v.intr.* **1** [*aller, se porter en avant*] avanzare (*aux.* essere), andare (101) (*aux.* essere) avanti: *avancer lentement, rapidement* avanzare lentamente, rapidamente; *l'armée avait avancé* l'esercito era avanzato # *avancez vers moi, avancez!* venite avanti! ◇ (*par ext.*) *avancer en grade* avanzare di grado **2** [*être placé en avant*] avanzare, sporgere (167) (*aux.* essere) (in fuori): *ce promontoire, ce môle avance vers la mer* questo promontorio, questo molo avanza, si protende (*littér.*) in mare; *le balcon avance d'un mètre sur le mur* il balcone sporge di un metro dal muro # *la lèvre inférieure avançait légèrement* il labbro inferiore era leggermente sporgente **3** [*avoir déjà fait beaucoup*] andare avanti, progredire (197): *avancer dans son travail* andare avanti, progredire nel proprio lavoro → **progresser** ◇ (*choses*) *les travaux n'avancent pas* i lavori non vanno avanti, non progrediscono **4** [*s'écouler, être en train de passer* (*temps*)] (tra)scorrere (127) (*aux.* essere): *la nuit avance* la notte (tra)scorre # *avancer en âge* avanzare in età, andare avanti negli anni → **vieillir** **5** [*être en avance*] andare avanti: *ma montre avance* il mio orologio va avanti **C** *v.pron. intr.* S'AVANCER **1** [*aller, se porter en avant*] avanzare (*intr.*): *le voici qui s'avance vers nous* eccolo che avanza, viene avanti verso di noi → **approcher, venir** **2** (*fig.*) S'AVANCER TROP esporsi (168) troppo: *on s'était trop avancé pour reculer* ci si era esposti troppo per tornare indietro # *ne vous avancez pas trop, vous ne pourriez tenir votre parole* non vi esponete troppo, non potreste mantenere la parola **3** (*temps*) [*s'écouler*] scorrere *intr.*, passare (*intr.*): *la nuit s'avance* la notte scorre © B 1 **reculer,** 5 **retarder.**

avanie |avani| *s.f.* [*traitement humiliant*] sopruso *m.*, avania (*vx.*).

1 **avant** |avɑ̃| **I** *prép.* **1** (*priorité de temps, antériorité*) prima di (*loc. prép.*): *il est arrivé avant moi* è arrivato prima di me; *dès avant la fin de l'année* già prima della fine dell'anno; *il est arrivé avant le déjeuner* è arrivato prima di pranzo; *avant demain* prima di domani # *avant peu* (*de temps*) fra poco, poco tempo dopo; *avant la lettre* ante litteram; *avant Jésus-Christ* (*a. J.-C.*) avanti Cristo (a. C.) ◇ *loc.* AVANT DE (+ *inf.*) prima di (+ *inf.*): *réfléchissez bien avant de vous décider* riflettete bene prima di decidervi ~ (*littér.*) *avant que de...* prima di... (*cour.*) ~ AVANT QUE (+ *subj.*) prima che (+ *subj.*): *ne parlez pas avant qu'il ait fini* (*qu'il n'ait fini*) non parlate prima che egli abbia finito **2** (*antériorité dans l'espace; priorité de situation ou d'ordre*) prima di: *ma maison est juste avant le pont* la mia casa è proprio prima del ponte; *faire passer qqn. avant les autres* far passare qc. prima degli altri ◇ *loc.* AVANT TOUT prima di tutto, per prima cosa: *avant tout, il faut éviter la guerre* prima di tutto, per prima cosa, bisogna evitare la guerra → 2 **abord (d')** **II** *adv.* **1** (*temps*) prima: *quelques jours avant* alcuni giorni prima → **auparavant**; *le jour, la nuit d'avant* il giorno, la notte prima, precedente; *réfléchissez avant, vous parlerez après* riflettete prima, parlerete dopo → 2 **abord (d')** **2** (*espace*) avanti, davanti: *allez un peu plus avant* andate un po' più avanti; *creusez plus avant* scavate più avanti; *lequel des deux doit-on mettre avant?* dei due quale bisogna mettere davanti? → **tête (en)** **3** (*littér.*) AVANT (*précédé de 'assez, bien, trop, plus, si'*): *le fer n'avait pas pénétré bien avant* il ferro non era penetrato molto (in profondità); *s'enfoncer trop avant dans la forêt* inoltrarsi troppo nella foresta → **loin, profondément**; *je me suis engagé trop avant* mi sono impegnato un po' troppo; *bien avant dans la nuit* a notte molto inoltrata → **tard**; *je n'irai plus avant* non andrò oltre **4** *loc. adv.* EN AVANT avanti, davanti: *marchez en avant* camminate avanti, davanti; *placez-vous en avant* mettetevi davanti; *aller, se porter en avant* andare avanti, portarsi avanti; *en avant, march!* avanti, marsc'! # *se pencher en avant* sporgersi, affacciarsi ◇ (*auto.*) *marche en avant* marcia avanti

◇ (*loc.*) *regarder en avant* guardare al futuro ~ METTRE QQCH. EN AVANT [*produire comme autorité, alléguer*] addurre (108): *il met en avant, pour se défendre, la situation dans laquelle il se trouvait alors* per difendersi adduce la situazione in cui si trovava allora → **avancer** ~ *mettre qqn. en avant* [*s'abriter derrière son autorité*] farsi scudo dell'autorità di qc. ~ SE METTRE EN AVANT [*parler avantageusement de soi-même*] mettersi in mostra, in evidenza: *il profite de toutes les circonstances pour se mettre en avant* approfitta di tutte le occasioni per mettersi in mostra, in evidenza ~ *loc. prép.* EN AVANT DE in testa a: *il marche en avant de la foule* cammina in testa alla folla → 1 **devant** [C] I; II 1 **après**, 4 **arrière (en)** 2.

2 **avant** |avɑ̃| *s.m.* **1** [*partie antérieure*] parte *f.* anteriore, davanti (*inv.*): *l'avant d'une voiture* la parte anteriore, il davanti di un'auto; *vous serez mieux à l'avant* starete meglio davanti *adv.* **2** *loc.* ALLER DE L'AVANT [*faire du chemin en avançant*] avanzare; andare avanti ◇ (*fig.*) [*s'engager résolument dans une affaire*] procedere, agire con risolutezza **3** (*sport*) attaccante: *la ligne des avants* la linea degli attaccanti, l'attacco # *l'avant-centre* il centr(o)avanti, il centr(o)attacco; *des avant-centres* dei centr(o)avanti, dei centr(o)attacchi **4** *adj. inv.* anteriore (*var.*): *les roues, les places avant d'une voiture* le ruote, i posti anteriori di un'auto [C] 1; 4 **arrière** 1.

avantage |avɑ̃taʒ| *s.m.* **1** vantaggio*: *avantage naturel* vantaggio naturale; *l'avantage de la fortune, de l'expérience* il vantaggio della fortuna, della esperienza; *les défenseurs avaient l'avantage du nombre* i difensori avevano il vantaggio del numero ◇ (*dr.*) *avantage au profit d'un associé, d'un créancier* preferenza verso un socio, verso un creditore ◇ (*tennis*) *avantage au service* vantaggio alla battuta; *avantage dedans, dehors* vantaggio interno, esterno ◇ (*loc.*) *à l'avantage de qqn.* a (tutto) vantaggio di qc. ~ ÊTRE À SON AVANTAGE [*être momentanément supérieur à ce qu'on est d'habitude*] attraversare un momento favorevole # *elle est à son avantage, avec cette robe* questo vestito le dona ~ *perdre l'avantage* perdere il vantaggio ~ *prendre l'avantage* avere il sopravvento, la meglio ~ *ressaisir l'avantage* riconquistare il vantaggio → 2 **dessus** **2** [*ce qui est profitable, utile*] vantaggio: *un avantage appréciable* un vantaggio notevole; *cette solution présente, offre de grands avantages* questa soluzione presenta, offre grandi vantaggi; *procurer, garantir de notables avantages à qqn.* procurare, garantire notevoli vantaggi a qc.; *avantages pécuniaires* vantaggi economici ◇ (*politesse*) *à quoi dois-je l'avantage de votre visite?* [*le plaisir*] a che debbo il piacere della vostra visita? ◇ *loc.* AVOIR AVANTAGE À (FAIRE QQCH.): *vous auriez avantage à vous taire* vi converrebbe tacere, fareste meglio a tacere [C] 2 **inconvénient, désavantage.**

avantager |avɑ̃taʒe| (3) *v.tr.* **1** [*accorder l'avantage à qqn., le doter d'un bien*] avvantaggiare, favorire (197): *je ne veux pas l'avantager au détriment des autres* non voglio avvantaggiarlo, favorirlo a discapito degli altri **2** [*faire valoir les avantages naturels*] donare *intr.* a, far (103) *intr.* figurare: *cette coiffure l'avantage* questa pettinatura le (gli) dona, la (lo) fa figurare.

avantageusement |avɑ̃taʒøzmɑ̃| *adv.* [→ AVANTAGEUX 1, 2] vantaggiosamente; favorevolmente.

avantageux, euse |avɑ̃taʒø, øz| *adj.* **1** vantaggioso, conveniente: *prix avantageux* prezzi vantaggiosi, convenienti; *l'affaire est avantageuse* l'affare è vantaggioso → **fructueux, profitable** **2** [*qui est à l'avantage de qqn.*] favorevole, lusinghiero: *il a une idée assez avantageuse de lui-même* ha un'idea piuttosto favorevole, lusinghiera di sé stesso **3** [*qui tire vanité des avantages qu'il possède*] vanesio*, vanitoso: *il fait l'avantageux en présence des autres* fa il vanesio davanti agli altri → **présomptueux** # *un air, un ton avantageux* un'aria, un tono di sufficienza.

avant-bras |avɑ̃bʀa| *s.m.* avambraccio*: *des avant-bras* degli avambracci.

avant-cale |avɑ̃kal| *s.f.* (*mar.*) antiscalo (*m.*): *des avant-cales* degli antiscali.

avant-centre |avɑ̃sɑ̃tʀ(ə)| *s.m.* → 2 **avant** 3.

avant-corps |avɑ̃kɔʀ| *s.m.* (*archit.*) avancorpo: *des avant-corps* degli avancorpi.

avant-cour |avɑ̃kuʀ| *s.f.* primo cortile *m.*

avant-coureur |avɑ̃kuʀœʀ| *adj.* [*annonciateur, précurseur*] premonitore*: *les signes avant-coureurs du changement* i segni premonitori, forieri del cambiamento # *un malaise avant-coureur de la grippe* un malessere che annuncia l'influenza.

avant-courrier, ière |avɑ̃kuʀje, jɛʀ| *s.* (*littér.*) → **avant-coureur.**

avant-dernier, ière |avɑ̃dɛʀnje, jɛʀ| *adj.* penultimo: *l'avant-dernière syllabe d'un mot* la penultima sillaba di una parola → **pénultième** ♦ (*s.*) *il est l'avant-dernier au classement général* è (il) penultimo in classifica.

avant-garde |avɑ̃gaʀd(ə)| *s.f.* **1** avanguardia: *l'avant-garde est tombée dans une embuscade* l'avanguardia è caduta in un'imboscata **2** (*fig.*) avanguardia: *l'avant-garde de la science, de la littérature* l'avanguardia della scienza, della letteratura; *être à l'avant-garde du progrès technique* essere all'avanguardia del progresso tecnico ◇ *loc.* D'AVANT-GARDE di avanguardia: *littérature d'avant-garde* letteratura di avanguardia [C] 1 **arrière-garde.**

avant-gardisme |avɑ̃gaʀdism(ə)| *s.m.* avanguardismo.

avant-gardiste |avɑ̃gaʀdist(ə)| *s. et adj.* avanguardista: *des avant-gardistes* degli avanguardisti.

avant-goût |avɑ̃gu| *s.m.* [*sensation que procure l'idée d'un bien, d'un mal futur*] assaggio*: *un avant-goût des vacances* un assaggio delle vacanze.

avant-guerre |avɑ̃gɛʀ| *s.m. ou f.* anteguerra *m.inv.* # *la période de l'avant-guerre* il periodo prebellico.

avant-hier |avɑ̃tjɛʀ| *adv.* avantieri, l'altro ieri, ieri l'altro: *il est parti avant-hier* è partito avantieri, l'altro ieri.

avant-main |avɑ̃mɛ̃| *s.f.* [*partie antérieure du cheval*] treno *m.* anteriore.

avant-midi |avɑ̃midi| *s.m. et f. inv.* → **matin, matinée.**

avant-mont |avɑ̃mɔ̃| *s.m.* (*géogr.*) contrafforte: *des avant-monts* dei contrafforti.

avant-mur |avɑ̃myʀ| *s.m.* **1** [*mur adossé à un autre mur*] antimuro → **rempart** **2** (*anat.*) antimuro, claustro.

avant-port |avɑ̃pɔʀ| *s.m.* avamporto: *des avant-ports* degli avamporti.

avant-poste |avɑ̃pɔst(ə)| *s.m.* (*milit.*) avamposto: *des avant-postes* degli avamposti.

avant-première |avɑ̃pʀəmjɛʀ| *s.f.* anteprima: *des avant-premières* delle anteprime; *l'avant-première d'une pièce de théâtre* l'anteprima di un'opera teatrale ◇ (*loc.*) *présenter un film en avant-première* presentare un film in anteprima.

avant-projet |avɑ̃pʀɔʒɛ| *s.m.* [*rédaction provisoire d'un projet (de loi, de contrat, de construction, etc.)*] progetto di massima, preliminare: *des avant-projets* dei progetti di massima, preliminari.

avant-propos |avɑ̃pʀɔpo| *s.m.* [*courte introduction, préface d'un livre*] prefazione *f.*, avvertenza *f.* (ai lettori) → **introduction, avertissement.**

avant-scène |avɑ̃sɛn| *s.f.* [*loge placée près de la scène*] palco* *m.* di proscenio: *des avant-scènes* dei palchi di proscenio ◇ (*spécialt.*) *l'avant-scène* [*le devant de la scène*] il proscenio* *m.*

avant-toit |avɑ̃twa| *s.m.* [*saillie d'un toit*] gronda (*f.*): *des avant-toits* delle gronde → **auvent.**

avant-train |avɑ̃tʀɛ̃| *s.m.* **1** avantreno: *des avant-trains* degli avantreni **2** [*partie antérieure du corps d'un quadrupède*] treno anteriore.

avant-veille |avɑ̃vɛj| *s.f.* [*jour qui précède la veille*] antivigilia: *des avant-veilles* delle antivigilie.

avare |avaʀ| **1** *adj.* avaro: *elle est économe sans être avare* è economa senza essere avara ◇ (*loc.*) *il est assez avare de compliments* è parco, avaro di complimenti ◇ (*prov.*) *à père avare, fils prodigue* a padre avaro, figlio prodigo **2** *s.* avaro, spilorcio* (*fam.*): *un vieil avare* un vecchio avaro, spilorcio; *son avare de père ne lui donne pas un sou* quello spilorcio, quel tirchio di suo padre non gli dà un centesimo [C] 1 **généreux, dépensier.**

avarice |avaʀis| *s.f.* avarizia: *une avarice sordide* una sordida avarizia → **pingrerie** [C] **prodigalité, générosité.**

avaricieux, ieuse |avaʀisjø, jøz| *adj.* (*plais., vx.*) [*qui se montre d'une avarice mesquine*] spilorcio*, tirchio* → **avare** ♦ (*s.*) *un avaricieux* uno spilorcio.

avarie |avaʀi| *s.f.* avaria: *la cargaison a subi des avaries* il carico ha subito della avarie; *réparer les avaries* riparare le avarie.

avarié, ée |avaʀje| *adj.* avariato, guasto: *marchandises avariées* merci avariate; *de la viande avariée* carne avariata, guasta → **pourri** # *navire avarié* nave in avaria.

avarier |avaʀje| *v.tr.* [*causer une avarie*] avariare: *avarier des denrées* avariare delle derrate → **endommager.**

avatar |avataʀ| *s.m.* **1** (*littér.*) [*modification profonde, transformation*] metamorfosi *f. inv.*, trasformazione *f.* (*cour.*): *ce projet a subi un nouvel avatar* questo progetto ha subito una nuova metamorfosi **2** [*mésaventure, malheur*] disavventura *f.*, guaio*: *il a subi bien des avatars au cours de son existence* ha avuto molte disavventure, ha passato molti guai nel corso della sua esistenza **3** (*relig. hindoue*) avatara *f.*

à vau-l'eau |avolo| *loc. adv.* **1** [*en se laissant aller au courant de l'eau*] alla deriva **2** *loc.* S'EN ALLER À VAU-L'EAU [*se perdre*] andare in fumo: *voilà tous mes projets à vau-l'eau!* ecco tutti i miei progetti andati in fumo!

avé |ave|, **avé Maria** |ave maʀja| *s.m.* ave *f. inv.*, ave Maria *f. inv.*, (avemmaria) *f. var.*

avec |avɛk| *prép. REM. 'avec' ne se contracte jamais avec l'art.*; *voir aussi la prép. it. 'con'* **I** (*introduit un compl. de*) **1** (*compagnie*) (insieme) con: *elle vit avec sa grand-mère* vive (insieme) con sua nonna # *ils sont toujours l'un avec l'autre* stanno sempre insieme ◇ (*accompagnement*) *une robe avec des dentelles* un vestito con merletti; *une chambre avec vue sur la mer* una camera con vista sul mare ~ (*dans un magasin*) *et avec ceci?* [*voulez-vous autre chose?*] (desidera) altro? **2** (*moyen*) con: *couper avec un couteau* tagliare col coltello; *il se ruine avec ces dépenses folles* si rovina con queste spese folli; *tout s'arrange avec le temps* tutto si aggiusta col tempo; *faire des pâtes alimentaires avec de la farine* preparare la pasta con la farina **3** (*manière*) con: *j'accepte avec plaisir* accetto con piacere; *agir avec prudence* agire con prudenza **II** (*marque des rapports de*): **1** (*association, avec des v.*) con: *je suis d'accord avec toi* sono d'accordo con te; *il s'est fiancé avec une telle* si è fidanzato con una tale; *en accord avec, de concert avec* d'accordo con, di concerto con ◇ *loc.* D'AVEC da: *séparer l'ivraie d'avec le grain* separare il grano dal loglio; *il a divorcé d'avec elle* ha divorziato da lei **2** (*opposition*) con, contro: *la guerre avec l'Allemagne* la guerra con, contro la Germania; *se battre avec plusieurs ennemis* battersi con, contro parecchi avversari → **contre** **3** (*simultanéité*) con: *se lever avec le jour* alzarsi col giorno ◇ (*concomitance*) *ces symptômes apparaissent avec cette maladie* questi sintomi compaiono con quella malattia **4** (*en tête de phrase*) pur con, malgrado: *avec tant de qualités, il n'a pas réussi* pur con tante qualità, non ce l'ha fatta; *avec tout cet argent il n'est pas heureux* malgrado tutto il denaro che possiede non è felice ~ per; con: *avec vous, il n'y a que l'argent qui compte* per voi conta solo il denaro || *avec ce gaillard-là, on ne sait jamais* con quel tipo, non si sa mai **5** (*relations quelconques*) con: *faire connaissance avec qqn.* fare conoscenza con qc.; *comment se comporte-t-il avec vous?* come si comporta con voi?; *être bien, mal avec qqn.* essere in buoni, cattivi rapporti con qc. **III** *adv.* (*fam.*) (*choses*) *il a pris son manteau et il est parti avec* ha preso il cappotto ed è uscito ◇ (*fam., région.*) (*personnes*) *tu viens avec?* vieni con me? Ⓒ **I sans.**

aveline |avlin| *s.f.* [*fruit de l'avelinier*] avellana.

avelinier |avlinje| *s.m.* (*t.bot.*) avellano.

aven |avɛn| *s.m.* (*géogr., géol.*) dolina *f.*

1 **avenant** |avnɑ̃| *s.m.* (*dr.*) clausola *f.* aggiuntiva.

2 **avenant (à l')** |alavnɑ̃| *loc. adv.* [*en accord, en conformité, en rapport*] in conformità, conforme *adj.* (al resto) # *la maison était misérable et le mobilier était à l'avenant* la casa era misera e la mobilia non era da meno; *le début du livre est confus, et le reste à l'avenant* l'inizio del libro è confuso, il resto non è diverso, non è da meno ◇ *loc. prep.* À L'AVENANT DE in armonia con: *le chapeau était à l'avenant de la robe* il cappello era in armonia col vestito, si armonizzava col vestito # *le résultat a été à l'avenant des efforts* il risultato è (stato) proporzionato agli sforzi compiuti.

avenant, ante |avnɑ̃, ɑ̃t| *adj.* [*qui plaît par son bon air, sa bonne grâce*] grazioso, simpatico*: *ces vendeuses sont avenantes* queste commesse sono graziose, simpatiche → **agréable, aimable, gracieux** ◇ (*choses*) *des maisons très avenantes* delle case molto graziose; *manières avenantes* modi affabili.

avènement |avɛnmɑ̃| *s.m.* **1** [*accession au trône*] ascesa *f.* al trono, avvento al trono: *l'avènement de Louis XIV* l'ascesa, l'avvento al trono di Luigi XIV **2** (*fig.*) *l'avènement de la liberté* l'avvento della libertà **3** (*relig. chrét.*) *l'avènement du Messie* l'avvento, la venuta *f.* del Messia → **venue.**

1 **avenir** |avniʀ| *s.m.* **1** avvenire *inv.*, futuro: *dans un proche avenir* in un prossimo avvenire, in un prossimo futuro; *calculs, projets d'avenir* progetti per l'avvenire, per il futuro; *prédire l'avenir* predire il futuro; *penser, songer à l'avenir* pensare all'avvenire, al futuro; *perspectives d'avenir* prospettive future # *il vaut mieux ne pas interroger l'avenir* è meglio non conoscere il proprio destino; *préparer l'avenir* preparare il domani; *espérer en l'avenir* aver fiducia nel domani ◇ (*loc.*) *l'avenir est à Dieu* il futuro è nelle mani di Dio, sulle ginocchia di Giove ◇ *loc. adv.* À L'AVENIR in avvenire, (per l'avvenire), in futuro (per il futuro): *à l'avenir soyez plus prudent* in avvenire, in futuro sia più prudente → **désormais, dorénavant** **2** L'AVENIR (DE QQN.) l'avvenire (di qc.): *assurer son avenir* assicurarsi l'avvenire; *assurer l'avenir de ses enfants* assicurare l'avvenire dei propri figli → **2 carrière, destinée** ◇ *loc.* D'AVENIR di sicuro avvenire: *une jeune médecin d'avenir* un giovane medico di sicuro avvenire, che farà strada ◇ (*choses*) *ce projet n'a aucun avenir* questo progetto non ha alcuna prospettiva *f.*

2 **avenir** |avniʀ| *s.m.* (*dr.*) citazione *f.*

avent |avɑ̃| *s.m.* (*relig.*) avvento.

aventure |avɑ̃tyʀ| *s.f.* **1** avventura: *une drôle d'aventure* una strana avventura; *raconter les aventures d'un héros* raccontare le avventure di un eroe; *roman, film d'aventures* romanzo, film di avventure; *l'attrait de l'aventure* il fascino dell'avventura; *l'esprit d'aventure* lo spirito d'avventura ◇ (*par ext.*) *avoir une aventure (sentimentale, amoureuse)* avere un'avventura (sentimentale, amorosa) ◇ (*loc.*) *il faut tenter l'aventure* bisogna tentare la ventura, la sorte **2** *loc. adv.* À L'AVENTURE alla ventura, a casaccio: *je marchais à l'aventure* camminavo alla ventura ◇ (*littér.*) D'AVENTURE, PAR AVENTURE per caso (*cour.*), per avventura: *si d'aventure vous le voyez, dites-lui ceci de ma part* se per caso lo vedete ditegli questo da parte mai **3** *dire la bonne aventure à qqn.* [*lui prédire son avenir*] predire la ventura a qc.; *diseuse de bonne aventure* indovina.

aventuré, ée |avɑ̃tyʀe| *adj.* (*choses*) [*exposé avec risque*] azzardato: *des affirmations aventurées* delle affermazioni azzardate → **hasardeux.**

aventurer |avɑ̃tyʀe| **A** *v.tr.* [*exposer avec un certain risque*] (ar)rischiare: *aventurer sa réputation* rischiare la propria reputazione; *aventurer une grosse somme* arrischiare una grossa somma → **hasarder, risquer B** *v.pron. réfl.* S'AVENTURER [*se risquer, aller avec un certain risque*] avventurarsi: *s'aventurer la nuit sur une route peu sûre* avventurarsi di notte su una strada poco sicura; *s'aventurer trop loin* avventurarsi, spingersi troppo lontano ◇ *loc.* S'AVENTURER À (+ *inf.*) avventurarsi, azzardarsi a (+ *inf.*): *s'aventurer à dire qqch.* avventurarsi, azzardarsi a dire q.c. ~ S'AVENTURER DANS QQCH. avventurarsi in q.c.: *s'aventurer dans une affaire dangereuse* avventurarsi in un affare rischioso.

aventureusement |avɑ̃tyʀøzmɑ̃| *adv.* [→ AVENTUREUX] avventurosamente.

aventureux, euse |avɑ̃tyʀø, øz| *adj.* avventuroso: *homme aventureux* uomo avventuroso; *vie aventureuse* vita avventurosa; *une entreprise aventureuse* un'impresa avventurosa → **audacieux, hardi, téméraire, risqué.**

aventurier, ière |avɑ̃tyʀje, jɛʀ| *s.* (*péj.*) avventuriero: *une dangereuse aventurière* una pericolosa avventuriera; *être la victime d'un aventurier* essere vittima di un avventuriero.

aventurine |avɑ̃tyʀin| *s.f.* (*minér.*) avventurina.

aventurisme |avɑ̃tyʀism(ə)| *s.m.* (*polit.*) avventurismo.

avenu, ue |avny| *adj.* (*dans la loc.*) *nul et non avenu* [*inexistant*] nullo: *veuillez considérer ma précédente demande comme nulle et non avenue* vogliate considerare nulla la mia precedente domanda.

avenue |avny| *s.f.* **1** [*voie plantée d'arbres*; *large voie urbaine*] viale *m.* → **allée, boulevard** **2** (*fig., littér.*) [*voie d'accès*] strada (che conduce a) (*cour.*): *les avenues de la fortune* le strade della fortuna; *les avenues du pouvoir* le strade che conducono, che portano al potere.

avéré, ée |aveʀe| *adj.* [*reconnu vrai*] accertato, indubbio*: *c'est un fait avéré* è un fatto accertato; *il est avéré que...* è indubbio che... → **certain.**

avérer (s') |aveʀe| (8) *v.pron. intr.* [*être avéré, confirmé*] (+ *adj.*) dimostrarsi, rivelarsi (+ *adj.*): *ce raisonnement s'est avéré juste* questo ragionamento si è dimostrato giusto; *ce médicament s'avère dangereux* questo farmaco si dimostra, si rivela pericoloso → **montrer (se), révéler (se).**

averroïsme |aveʀɔism(ə)| *s.m.* (*philo.*) averroismo.

averroïste |aveʀɔist(ə)| *adj.* (*philo.*) averroistico* ♦ (*s.*) *un averroïste* un averroista.

avers |aveʀ| *s.m.* diritto, faccia* *f.*

di una moneta, di una medaglia © **envers 2.**

averse |avɛʀs(ə)| *s.f.* [*pluie soudaine et abondante*] acquazzone *m.*, rovescio* *m.* (di pioggia): *recevoir une averse* prendersi un acquazzone ◇ *loc. fam.* DE LA DERNIÈRE AVERSE [*tout récent, tout récemment*] della nuova leva; dell'ultima ora: *les stars nées de la dernière averse* le dive della nuova leva, dell'ultima leva ‖ *les nouvelles de la dernière averse* le notizie dell'ultima ora (dell'ultim'ora).

aversion |avɛʀsjɔ̃| *s.f.* avversione, antipatia: *avoir de l'aversion pour, contre qqn.* provare avversione per qc.; *avoir qqn. en aversion* avere qc. in antipatia, avere antipatia per qc.; *inspirer de l'aversion* ispirare antipatia © **amour, goût, sympathie.**

averti, ie |avɛʀti| *adj.* [*qui connaît bien, qui est au courant*] avveduto, accorto: *un public averti* un pubblico avveduto, preparato; *un critique averti* un critico accorto ◇ *loc.* SE TENIR POUR AVERTI considerarsi avvertito, avvisato: *tiens-toi pour averti!* considerati (sei) avvertito, avvisato! ◇ (*prov.*) *un homme averti en vaut deux* uomo avvisato mezzo salvato © **ignorant.**

avertir |avɛʀtiʀ| *v.tr.* [*informer (qqn.) de qqch., afin qu'il prenne garde*] avvertire, avvisare: *avvertir qqn. d'un danger* avvertire, avvisare qc. di un pericolo; *je vous avertis qu'il faudra changer de conduite!* vi avverto che bisogna cambiare modo di comportarsi! # *son instinct l'avertissait de se méfier* il suo istinto lo ammoniva, gli suggeriva di non fidarsi.

avertissement |avɛʀtismɑ̃| *s.m.* **1** [→ AVERTIR] avvertimento; ammonimento: *suivre un avertissement* seguire un avvertimento → **avis 2** [*petite préface pour attirer l'attention du lecteur*] avvertenza (*f.*): *avertissement au lecteur* avvertenza al lettore → **introduction 3** (*dr.*) avviso, preavviso: *les contribuables ont reçu un avertissement du percepteur* i contribuenti hanno avuto un avviso da parte dell'esattore delle tasse **4** [*réprimande*] ammonizione *f.*, ammonimento: *donner un avertissement à un élève* fare un'ammonizione a un alunno.

avertisseur, euse |avɛʀtisœʀ, øz| **1** *s.m.* [*appareil destiné à donner un signal*] avvisatore: *avertisseur d'incendie* avvisatore d'incendio; *avertisseur d'automobile* avvisatore acustico → **klaxon 2** *adj.* [*qui avertit*] *panneau avertisseur* cartello segnaletico; *une petite toux avertisseuse* una tossettina premonitrice.

aveu |avø| *s.m.* **1** [→ AVOUER A 1] confessione (*f.*): *un aveu franc, sincère* una confessione franca, sincera # *il faut que je vous fasse un aveu: je n'aime pas Paris* vi devo confessare, dire una cosa: Parigi non mi piace; *faire l'aveu d'un secret* confessare un segreto; *faire l'aveu d'une faute* ammettere una colpa **2** *au plur.* AVEUX [→ AVOUER A 2] confessione (*sing.*): *arracher des aveux à un suspect* strappare una confessione a un indiziato ◇ (*loc.*) *faire des aveux complets* rendere piena confessione ◇ (*dr.*) *aveu judiciaire, extrajudiciaire* confessione giudiziale, extragiudiziale **3** *loc.* DE L'AVEU DE stando a quel che dice (dicono), secondo la testimonianza (le testimonianze) di: *de l'aveu du témoin, des témoins, cet homme est responsable de l'accident* stando a quel che dice il testimone, che dicono i testimoni, quest'uomo è responsabile dell'incidente **4** (*littér.*, *vx.*) [*action de déclarer qu'on agrée*] consenso (*cour.*), approvazione *f.* (*cour.*): *je ne veux rien faire sans votre aveu* non voglio fare nulla senza il vostro consenso → 1 **agrément 5** (*au moyen âge*) HOMME SANS AVEU uomo non legato a un signore ◇ (*mod.*) vagabondo; [*homme sans scrupules*] mascalzone, farabutto.

aveuglant, ante |avœglɑ̃, ɑ̃t| *adj.* [*qui éblouit*] accecante, abbagliante: *un soleil aveuglant* un sole accecante, abbagliante → **éblouissant** ◇ (*fig.*) *une vérité aveuglante* una verità lampante.

aveugle |avœgl(ə)| **I** *adj.* **1** [*qui est privé du sens de la vue*] cieco*: *devenir aveugle* diventar cieco; *être aveugle de naissance* essere cieco dalla nascita ◇ (*fig.*) *passion aveugle* passione cieca; *une soumission, une obéissance, une confiance aveugle* una sottomissione, un'obbedienza, una fiducia cieca # *la passion le rend aveugle* la passione lo acceca **2** [*qui ne laisse pas passer le jour*] cieco: *arcade, fenêtre aveugle* arco cieco, finestra cieca **II** *s.* **1** [→ *adj.* 1] cieco: *un aveugle-né* un cieco nato, dalla nascita; *les aveugles* i ciechi, i non vedenti ◇ (*prov.*) *au royaume des aveugles, les borgnes sont rois* in terra di ciechi chi ha un occhio è re **2** *loc. adv.* EN AVEUGLE alla cieca, sconsideratamente (*adv.*): *agir en aveugle* agire alla cieca; *juger en aveugle* giudicare alla cieca → **aveuglette** © II 1 **voyant 1.**

aveuglement |avœgləmɑ̃| *s.m.* **1** (*vieilli*) [*privation du sens de la vue*] cecità *f.inv.* → **cécité 2** (*fig.*) [*état de celui dont la raison est obscurcie*] accecamento, ottenebramento: *l'aveuglement de la passion, de la colère* l'accecamento della passione, della rabbia → **égarement** © 2 **clairvoyance, lucidité.**

aveuglément |avœglemɑ̃| *adv.* [*sans réflexion*] ciecamente: *obéir aveuglément* obbedire ciecamente; *se lancer aveuglément dans une entreprise folle* lanciarsi ciecamente in una folle impresa.

aveugler |avœgle| **A** *v.tr.* **1** [*rendre aveugle*] accecare: *on l'aveugla en lui crevant les yeux* lo accecarono cavandogli gli occhi **2** [*gêner la vue, éblouir*] abbagliare, accecare: *le soleil m'aveugle* il sole mi abbaglia; *cet éblouissement m'aveuglait* quel bagliore mi accecava **3** (*fig.*) [*priver de l'usage de la raison*] accecare, ottenebrare: *la passion vous aveugle* la passione vi acceca; *il est complètement aveuglé par ses préjugés* è letteralmente ottenebrato dai suoi pregiudizi → **égarer 4** [*boucher (une ouverture)*] accecare, ostruire (197): *aveugler une fenêtre* accecare una finestra; *aveugler une voie d'eau* ostruire una falla **B** *v.pron. réfl.* S'AVEUGLER [*se cacher la vérité*] illudersi (106), farsi (103) *tr.* illusioni: *il ne s'aveuglait pas sur les défauts de ses amis* non si illudeva, non si faceva illusioni sui difetti degli amici.

aveuglette (à l') |alavœglɛt| *loc. adv.* **1** [*sans y voir clair*] a tentoni: *chercher qqch. à l'aveuglette* cercare q.c. a tentoni → **tâtons (à) 2** [*au hasard, sans prendre de précautions*] alla cieca: *agir à l'aveuglette* agire alla cieca → **aveuglément.**

aviaire |avjɛʀ| *adj.* aviario*.

aviateur, trice |avjatœʀ, tʀis| *s.* aviatore* # *brevet de pilote aviateur* brevetto di pilota.

aviation |avjɑsjɔ̃| *s.f.* aviazione: *aviation civile, postale* aviazione civile, postale; *terrain d'aviation* campo d'aviazione # *compagnie d'aviation* compagnia aerea; *lignes d'aviation* linee aeree ◇ (*par ext.*) [*les avions*] *aviation de chasse, de bombardement* aviazione da caccia, da bombardamento.

avicole |avikɔl| *adj.* avicolo.

aviculteur, trice |avikyltœʀ, tʀis| *s.* [*éleveur d'oiseaux*] avicoltore *s.m.*; [*de volailles*] pollicoltore *s.m.*

aviculture |avikyltyʀ| *s.f.* [*élevage des oiseaux*] avicoltura; [*des volailles*] pollicoltura.

avide |avid| *adj.* avido, bramoso: *être avide de richesses* essere avido, bramoso di ricchezze; *être avide d'apprendre* essere avido di apprendere → **anxieux, désireux** ◇ (*poét.*) *être avide de sang* essere avido, assetato di sangue ◇ (*choses*) *yeux, regards avides* occhi, sguardi avidi, bramosi.

avidement |avidmɑ̃| *adv.* [→ AVIDE] avidamente: *manger avidement* mangiare avidamente.

avidité |avidite| *s.f.* avidità *inv.*, bramosia: *manger avec avidité* mangiare con avidità → **voracité**; *son avidité pour l'argent* la sua avidità, la sua bramosia di denaro; *l'avidité des richesses, pour les richesses* la bramosia di ricchezze.

avifaune |avifon| *s.f.* avifauna.

avignonnais, aise |avinɔnɛ, ɛz| *adj.* [*d'Avignon*] avignonese.

avili, ie |avili| *adj.* avvilito.

avilir |aviliʀ| **A** *v.tr.* **1** [*rendre vil, méprisable*] avvilire (197), (di)screditare: *on cherche à l'avilir par des calomnies* cercano di avvilirlo, di (di)screditarlo con delle calunnie → **abaisser, dégrader, rabaisser 2** (*littér.*) [*faire perdre de sa valeur, de son prix*] svilire (197) (*cour.*), svalutare (*cour.*): *la surproduction risque d'avilir les prix* la sovrapproduzione rischia di svilire i prezzi; *avilir une marchandise* svalutare, deprezzare una merce; *l'inflation avilit la monnaie* l'inflazione svaluta, fa svalutare la moneta **B** *v.pron. intr.* S'AVILIR [→ *tr.* 1] svilirsi, degradarsi: *il s'avilit par sa lâcheté* si svilisce con la sua vigliaccheria © A 1 **élever, honorer,** 2 **valoriser.**

avilissant, ante |avilisɑ̃, ɑ̃t| *adj.* [*qui avilit* (A 1)] avvilente, degradante: *un travail avilissant* un lavoro avvilente → **abaissant** © **honorable.**

avilissement |avilismɑ̃| *s.m.* **1** (*littér.*) [→ AVILIR A 1] avvilimento (*cour.*): *tomber dans l'avilissement* cadere in uno stato di avvilimento → **abaissement, abjection 2** [*le fait de se déprécier*] svilimento, svalutazione (*f.*): *l'avilissement des prix* lo svilimento dei prezzi; *l'avilissement d'une marchandise* la svalutazione, il deprezzamento di una merce; *l'avilissement de la monnaie* la svalutazione della moneta → **baisse** © 2 **hausse.**

aviné, ée |avine| *adj.* [*qui a trop bu de vin*] avvinazzato ◇ (*par ext.*) *une haleine avinée* un alito che puzza di vino.

aviner |avine| *v.tr.* [*imbiber de vin*] avvinare: *aviner une barrique* avvinare una botte.

avion |avjɔ̃| *s.m.* [*appareil de locomotion aérienne*] aereo, aeroplano: *avion monomoteur, bimoteur* aereo monomotore, bimotore; *avion à hélices, à réaction* aeroplano a elica, a reazione; *avion de ligne, de transport* aereo di linea, da trasporto; *avion de chasse, de bombardement* (aereo da) caccia, aereo da bombardamento # *défense contre avions* (*D.C.A.*) (difesa, artiglieria) contraerea; *avion nolisé* charter ◇ *loc.* PAR AVION per via aerea; in aereo: *lettre par avion* lettera per via aerea || *partir par avion* partire in aereo.

avion-citerne |avjɔ̃sitɛRn(ə)| *s.m.* aerocisterna *f.*

avionique |avjɔnik| *s.f.* [*électronique appliquée à l'aviation*] avionica*, aeroelettronica*.

avionnette |avjɔnɛt| *s.f.* [*petit avion*] velivolo *m.* leggero.

avionneur |avjɔnœR| *s.m.* costruttore di aerei, costruttore aeronautico*.

avion-taxi |avjɔ̃taksi| *s.m.* aerotassì *inv.*, aerotaxi *inv.*

aviron |aviRɔ̃| *s.m.* **1** [*rame*] remo **2** (*sport*) canottaggio*: *faire de l'aviron* praticare il canottaggio.

avironnier |aviRɔnje| *s.m.* [*fabricant, marchand d'avirons*] remaio*.

avis |avi| *s.m.* **1** avviso, parere: *à mon avis* a mio avviso, secondo me; *à mon humble avis* a mio modesto avviso; *être du même avis que qqn.* essere dello stesso avviso, parere di qc.; *je suis de votre avis* sono del vostro avviso, parere; *je partage votre avis* condivido il vostro parere, la vostra opinione; *les avis sont partagés* i pareri son discordi; *changer d'avis* cambiare parere, idea; *faire changer d'avis à qqn.* far cambiare parere, idea a qc.; *être d'avis de faire, qu'on fasse qqch.* essere del parere di fare q.c., che si faccia q.c.; *de l'avis de tous* secondo il parere di tutti; *émettre un avis* esprimere un parere, un'opinione → **opinion, jugement, point de vue** **2** [*opinion exprimée dans une délibération*] voto; parere: *tous les membres ont émis un avis, leur avis* tutti i membri hanno espresso un voto, il loro voto → **voix, vote** || *avis consultatif* parere consultivo; *avis du Conseil d'État* parere del Consiglio di Stato **3** [*ce que l'on porte à la connaissance de qqn.*] avviso, annuncio*, annunzio*: *avis au public* avviso al pubblico; *avis important* annuncio importante; *avis de décès* annuncio, avviso di decesso; *avis de disposition* avviso di emissione di tratta; *partir au premier avis* partire al primo annunzio; *sauf avis contraire* salvo avviso contrario, salvo contraria indicazione → **information** # *jusqu'à nouvel avis* fino a nuovo ordine; *donner avis que* avvisare che; *avis de concours* bando di concorso; *avis de réception* ricevuta di ritorno; *avis de crédit, de débit* nota di credito, di debito; *avis de virement* nota di accredito; *avis d'expert* relazione peritale, parere del perito; *avis au lecteur* avvertenza al lettore → **préface, introduction** **4** (*littér.*) [*avertissement*] presagio*: *quel funeste avis!* che funesto presagio!

avisé, ée |avize| *adj.* [*qui agit avec à-propos et intelligence*] accorto, avveduto: *un homme avisé* un uomo accorto, avveduto # *vous avez été bien avisés de venir ici* avete avuto una saggia idea venendo qui, avete fatto bene a venir qui.

1 **aviser** |avize| **A** *v.tr.* [*apercevoir inopinément* (*qqch.*)] scorgere (167), adocchiare: *il avise un portefeuille oublié, il le ramasse* scorge, adocchia un portafogli dimenticato e lo raccoglie **B** *v.intr.* AVISER À [*réfléchir, songer à*] riflettere (179), badare a: *j'aviserai à la situation, à ce qu'il faut faire* rifletterò sulla situazione, sul da farsi; *il faut aviser au plus pressé* bisogna badare a ciò che è più urgente # *il est temps d'aviser* è ora di pensarci **C** *v. pron. intr.* S'AVISER **1** [*prendre conscience de qqch., le remarquer soudain*] rendersi (105) conto, accorgersi (167): *je me suis brusquement avisé de cela* mi sono bruscamente reso conto della cosa; *il s'est avisé qu'il avait oublié son portefeuille* si è accorto di aver dimenticato il portafoglio → **apercevoir(s')** **2** S'AVISER DE (+ *inf.*) [*être assez audacieux pour*] osare *intr.* (+ *inf.*), permettersi (155) di (+ *inf.*): *il s'est avisé de lui faire une remarque* ha osato fargli un'osservazione; *prends! et ne t'avise pas de refuser* prendi! e non ti permettere di rifiutare → **essayer.**

2 **aviser** |avize| *v.tr.* (*littér., admin.*) [*avertir par un avis*] avvisare (*cour.*): *elle avait été avisée du mariage de son frère* era stata avvisata del matrimonio di suo fratello → **avertir, informer.**

aviso |avizo| *s.m.* (*mar.*) avviso; avviso scorta.

avitaillement |avitajmɑ̃| *s.m.* [→ AVITAILLER] approvvigionamento; rifornimento.

avitailler |avitaje| *v.tr.* [*fournir* (*un navire, un avion*) *en matériel, en vivres, en combustible*] approvvigionare; rifornire (197).

avitailleur |avitajœR| *s.m.* (*aviat.*) rifornitore.

avitaminose |avitaminoz| *s.f.* (*méd.*) avitaminosi *inv.*

avivage |avivaʒ| *s.m.* [→ AVIVER 1] (r)avvivamento: *l'avivage des couleurs* il ravvivamento dei colori.

aviver |avive| *v.tr.* **1** [*rendre plus vif*] (r)avvivare: *aviver le feu* ravvivare il fuoco → **animer** **2** (*fig.*) [*rendre plus fort*] inasprire (197), ravvivare: *aviver une douleur* inasprire un dolore; *aviver une querelle* inasprire una disputa; *aviver des regrets* ravvivare dei rimpianti **3** (*méd.*) [*mettre* (*une plaie*) *à vif*] cruentare: *aviver une plaie* cruentare una piaga **4** (*techn.*) *aviver le bronze* [*le gratter avant de le dorer*] raschiare il bronzo; *aviver une poutre* [*la tailler à vive arête*] tagliare a spigolo vivo una trave.

avocaillon |avɔkajɔ̃| *s.m.* (*fam., péj.*) [*petit, piètre avocat*] leguleio*, avvocatucolo; azzeccagarbugli *inv.* (*littér.*).

avocasserie |avɔkasRi| *s.f.* (*péj.*) [*mauvaise chicane d'avocat*] capziosità *inv.* (*cour.*), cavillosità *inv.* da leguleio.

avocassier, ière |avɔkasje, jɛR| **1** *adj.* (*fam., péj.*) [*qui concerne les avocats*] avvocatesco* **2** *s.m.* [*mauvais avocat*] leguleio*, avvocatucolo; azzeccagarbugli *inv.* (*littér.*).

avocat |avɔka| *s.m.* [*fruit de l'avocatier*] avocado *inv.*

avocat, ate |avɔka, at| *s.* avvocato *m.*, legale (*m.*): *consulter un avocat* consultare un avvocato, un legale # *commettre un avocat d'office* nominare un difensore d'ufficio; *avocat-conseil* consulente legale; *avocat général* sostituto procuratore generale ◇ (*fig.*) *se faire l'avocat d'une bonne cause* farsi avvocato di una buona causa ◇ (*loc.*) *avocat du diable* avvocato del diavolo.

avocatier |avɔkatje| *s.m.* (*t.bot.*) avocado *inv.*

avocette |avɔsɛt| *s.f.* (*t.zool.*) avocetta.

avoine |avwan| *s.f.* (*t.bot.*) avena.

1 **avoir** |avwaR| (28) **A** *v.tr.* **I** (*possession*) **1** [*être en possession*] avere (97): *quelle voiture as-tu?* che macchina hai?; *avoir de l'argent, de quoi vivre* avere denaro, di che vivere; *j'en ai encore* ne ho ancora; *je n'en ai plus* non ne ho più → **posséder** ◇ (*par ext.*) *avez-vous du feu?* ha da accendere?, mi fa accendere?; *nous avons eu du beau temps, de la pluie* abbiamo avuto bel tempo, pioggia; *avoir de la chance* avere fortuna; *avoir un métier, une occupation* avere un mestiere, un'occupazione; *avoir le droit de..* avere il diritto di..., potere...; *avoir les moyens pour...* avere i mezzi per...; *je n'ai pas le temps* non ho tempo → **disposer** ◇ (*par anal.*) *j'ai du monde à dîner* ho gente a cena ◇ *loc.* EN AVOIR POUR costare: *j'en ai eu pour cent francs* [*j'ai payé cent francs*] mi è costato cento franchi ~ *en avoir pour son argent* fare un buon affare ~ *j'en ai encore pour cinq minutes* ne ho (ancora) per cinque minuti ◇ (*prov.*) *un tiens vaut mieux que deux tu l'auras* meglio un uovo oggi che una gallina domani **2** (*se dit des relations de parenté*) avere: *avoir une femme et des enfants* avere moglie e figli; *je n'ai que vous* ho soltanto voi; *il a encore son père* ha ancora suo, il padre # *je l'ai pour ami* lo considero un amico **3** [*entrer en possession*] avere: *il est devenu difficile d'avoir un logement* è diventato difficile avere un alloggio; *j'ai eu ce livre pour presque rien* ho avuto questo libro quasi per niente → **obtenir, procurer, acheter, acquérir**; *avoir un prix* avere, ricevere un premio → **recevoir, remporter** # *il a eu son bachot* ha preso la maturità ◇ [*attraper* (*qqch., qqn.*)] prendere (105): *j'ai eu mon train de justesse* ho preso il treno per un pelo # *je l'ai eu* l'ho colpito ◇ (*télécom.*) *avoir une communication téléphonique* avere una comunicazione telefonica; (*ellipt.*) *avoir Paris, Milan* (riuscire a) parlare con Parigi, Milano; avere Parigi, Milano in linea **4** [*posséder physiquement* (*une femme*)] possedere (183) **5** (*fig., fam.*) *avoir qqn.* [*le duper, le tromper*] abbindolare qc.: *il nous a bien eus* ci ha abbindolati ben bene; *se laisser, se faire avoir* lasciarsi, farsi abbindolare → **posséder, rouler** **II** [*présenter en soi*] (+ *attribut ou subst.*) avere: *avoir les cheveux blancs, les yeux bleus* avere i capelli bianchi, gli occhi azzurri; *il a les mains dans les poches* ha le mani in tasca; *elle avait un chapeau* aveva un cappello (in testa); *avoir la parole facile* avere facilità di parola; *il a l'esprit ailleurs* ha la testa altrove; *cette voiture a le moteur à l'avant* questa macchina ha il motore davanti; *les arbres commencent à avoir des feuilles* gli alberi cominciano ad avere le foglie; *avoir vingt ans* avere vent'anni; *quel âge avez-vous?* quanti anni avete?; *cela n'a rien d'extraordinaire* non ha (non c'è) nulla di straordinario # *ce*

mur a deux mètres de haut questo muro è alto due metri; *avoir de l'esprit, du charme, du courage* essere intelligente, affascinante, coraggioso ◇ (*vulg.*) *il n'en a pas, ce type-là* [*il n'est pas courageux*] è un fifone, quello! **III** [*éprouver*] **1** (*dans son corps*) avere: *avoir mal à la tête* avere mal di testa; *avoir soif, faim* avere sete, fame; *avoir la fièvre* avere la febbre **2** (*dans sa conscience, son âme*) avere: *avoir des soucis* avere delle preoccupazioni; *avoir le pressentiment de qqch.* avere il presentimento di q.c. # *avoir de la peine* essere triste; *avoir le cafard* essere giù di corda; *avoir de l'amitié pour qqn.* provare amicizia per qc. ◇ *loc.* EN AVOIR À, CONTRE (*fam.*), APRÈS QQN. avercela con qc.: *à qui en avez-vous?* con chi ce l'ha (ce l'avete)?; *je ne sais pas contre, après qui il en a* non so proprio con chi ce l'abbia (l'ha) ~ AVOIR QQCH. avere q.c.: *je ne sais pas ce qu'il a à pleurer* non so cosa abbia (ha) da piangere → **pourquoi** **IV** *loc.* AVOIR À (+ *inf.*) avere da (+ *inf.*): *j'ai des lettres à écrire* ho delle lettere da scrivere; *j'ai à faire* ho da fare; *je n'ai rien à faire* non ho niente da fare; *j'ai à lui parler* ho da parlargli; *il a sa famille à nourrir* ha una famiglia da mantenere → 1 **devoir** ◇ (*en phrase négative*) *il n'a pas à se plaindre* non ha di che lamentarsi; *vous n'avez qu'à tourner le bouton* non avete che da girare, basta girare la manopola; ◇ (*pop.*) *tu n'as qu'à, t'as qu'à t'en aller, si ça te plaît pas* non hai che da andartene, se non ti va **B** *v.impers.* Y AVOIR esserci (96), esservi: *il y a de l'argent dans le portefeuille* c'è del denaro nel portafogli; *il y a des livres partout* ci sono libri dappertutto; *hier il y avait du brouillard* ieri c'era nebbia; *il n'y en a pas* non ce n'è, non ce ne sono; *il pourrait y en avoir beaucoup* potrebbe essercene molto, potrebbero essercene molti; *combien de personnes y aura-t-il dans cette salle?* quante persone ci saranno in questa sala?; *il y a cinq kilomètres d'ici au village* ci sono cinque chilometri da qui al paese; *il n'y a pas que lui* non c'è soltanto lui, non è il solo # *il y a deux ans qu'il est parti* sono due anni che è partito, è partito due anni fa → **voilà** ◇ (*loc.*) *il y a champagne et champagne* c'è 'champagne' e 'champagne' ~ *il n'y a pas de quoi* non c'è di che, prego ~ *qu'est-ce qu'il y a?* (che) cosa c'è?, che succede? → 2 **passer (se)** ~ *il y a que tout le monde proteste* c'è, gli è che tutti protestano ~ IL N'Y À QU'À (+ *inf.*) non c'è che da (+ *inf.*), non rimane che da (+ *inf.*): *il n'y a qu'à les ramasser* non c'è, non rimane che (da) raccoglierle; *il n'y a qu'à attendre* non c'è che da aspettare **C** (*aux.: servant à former les temps composés des v. tr., de la plupart des intr. et de ceux de 'être' et 'avoir'*) *j'ai écrit* ho scritto; *quand il eut terminé* quando ebbe finito; *sans l'avoir voulu* senza volerlo; *il dit ne pas les avoir vus, ne les avoir pas vus* dice di non averli visti; *ils ont réussi à...* sono riusciti a...; *il a été blessé* è stato ferito; *il a eu son prix* ha avuto il premio.

2 **avoir** |avwaR| *s.m.* **1** [*ce que l'on possède*] averi (*pl.*): *il dilapide son avoir* dilapida i suoi averi → 2 **bien, fortune, richesse** **2** (*compt.*) avere: *le doit et l'avoir* il dare e l'avere → **actif, crédit** # *l'avoir fiscal* il credito d'imposta **3** [*papier attestant qu'on doit de l'argent*] ricevuta *f.* di credito: *se faire faire un avoir* farsi rilasciare una ricevuta di credito Ⓒ 2 **débit** 2, **doit, passif.**

avoisinant, ante |avwazinɑ̃, ɑ̃t| *adj.* [*qui est voisin, dans le voisinage*] vicino, attiguo: *les rues avoisinantes* le strade vicine, attigue Ⓒ **lointain.**

avoisiner |avwazine| *v.tr.* **1** [*être dans le voisinage, à proximité d'un lieu*] essere (96) *intr.* (*aux.* essere) vicino, attiguo a: *les villages qui avoisinent la forêt* i villaggi (che sono) vicini, attigui alla foresta **2** (*fig.*) [*être proche de*] sfiorare, rasentare: *la population de cette ville avoisine le million* la popolazione di questa città sfiora, rasenta il milione; *son mutisme avoisine l'insolence* il suo mutismo rasenta l'insolenza.

avortement |avɔRtəmɑ̃| *s.m.* **1** [→ AVORTER 1] aborto: *avortement spontané* aborto spontaneo; *avortement provoqué* aborto provocato **2** [→ AVORTER 2] aborto: *avortement d'une fleur* aborto di un fiore **3** [→ AVORTER 3] fallimento: *l'avortement d'un projet de réforme* il fallimento di un progetto di riforma → 1 **échec.**

avorter |avɔRte| *v.intr.* **1** (*méd., cour.*) [*accoucher avant terme d'un fœtus*] abortire (197): *cette femme a avorté* quella donna ha abortito; *un remède qui fait avorter* un farmaco che fa abortire **2** (*agric.*) [*ne pas arriver à son plein développement*] abortire: *la gelée a fait avorter les fruits* la gelata ha fatto abortire i frutti **3** (*fig.*) [*être arrêté dans son développement*] abortire (*aux.* essere), fallire (197) (*aux.* essere): *la révolte a avorté* la rivolta è abortita, è fallita.

avorteur, euse |avɔRtœR, øz| *s.* chi pratica aborti clandestini *loc.*

avorton |avɔRtɔ̃| *s.m.* aborto.

avouable |avwabl(ə)| *adj.* [*qui peut être avoué sans honte*] degno: *des motifs honorables et avouables* motivi onorevoli e degni → **honnête** Ⓒ **inavouable.**

avoué |avwe| *s.m.* procuratore legale: *avoué plaidant* procuratore (legale) ammesso a patrocinare davanti a un tribunale.

avouer |avwe| **A** *v.tr.* **1** [*reconnaître pour vrai*] riconoscere (126), ammettere (155); confessare: *j'avoue qu'il a raison* riconosco che ha ragione; *il faut avouer que c'est bien difficile* bisogna riconoscere, ammettere che è molto difficile → **admettre** ‖ *je vous avoue mon ignorance* vi confesso la mia ignoranza; *avouer une faute, un péché* confessare una colpa, un peccato → **confesser** ◇ (*prov.*) *faute avouée est à moitié pardonnée* peccato confessato è mezzo perdonato **2** [*faire des aveux*] confessare: *l'assassin a avoué son crime* l'assassino ha confessato il delitto ◆ (*absolt.*) *l'assassin vient d'avouer* l'assassino ha (appena) confessato **B** *v.pron. réfl.* S'AVOUER [*reconnaître qu'on est*] riconoscersi, confessarsi: *s'avouer coupable* riconoscersi colpevole, ammettere *tr.* la propria colpevolezza # *s'avouer vaincu* darsi per vinto Ⓒ A 2 **nier.**

avoyer |avwaje| *v.tr.* (*techn.*) [*donner de la voie à (une scie) afin d'éviter le frottement*] allicciare.

avril |avRil| *s.m.* [*le quatrième mois de l'année*] aprile: *au mois d'avril, en avril* nel mese di aprile, in aprile; *poisson d'avril* pesce d'aprile ◇ (*prov.*) *en avril ne te découvre pas d'un fil* (di) aprile non ti scoprire.

avulsion |avylsjɔ̃| *s.f.* avulsione: *l'avulsion d'un dent* l'avulsione di un dente → **arrachement** ◇ (*dr.*) avulsione.

avunculaire |avɔ̃kylɛR| *adj.* [*qui a rapport à un oncle ou une tante*] di zio *loc.*, di zia *loc.*

axe |aks(ə)| *s.m.* asse: *l'axe d'une roue* l'asse di una routa; *l'axe d'une rue* l'asse di una strada → **essieu, pivot** ◇ (*anat.*) *axe cérébro-spinal* asse cerebrospinale, epistrofeo ◇ (*géom.*) *l'axe d'un cylindre, d'un cône* l'asse di un cilindro, di un cono ◇ (*polit.*) *axe Rome-Berlin* asse Roma-Berlino; *les puissances de l'Axe* le potenze dell'Asse ◇ (*sc.*) *axe de symétrie* asse di simmetria; *axe optique* asse ottico.

axer |akse| *v.tr.* **1** [*diriger, orienter suivant un axe*] disporre (168), orientare (lungo un asse): *axer une construction sur telle ou telle ligne* disporre, orientare una costruzione lungo una certa linea **2** (*fig.*) *axer sa vie sur qqch.* [*l'organiser autour de qqch.*] imperniare la propria vita su q.c. # *il est axé sur* [*son esprit est dirigé vers*] è concentrato su...

axial, iale, iaux |aksjal, jo| *adj.* assiale: *direction axiale* direzione assiale.

axile |aksil| *adj.* (*bot., sc.*) assile.

axillaire |aksil(l)ɛR| *adj.* (*anat., bot.*) ascellare.

axiologie |aksjɔlɔʒi| *s.f.* (*philo.*) axiologia*, assiologia*.

axiologique |aksjɔlɔʒik| *adj.* (*philo.*) axiologico*, assiologico*.

axiomatique |aksjɔmatik| **1** *adj.* assiomatico*: *base axiomatique* base assiomatica **2** *s.f.* (*philo.*) assiomatica*: *l'axiomatique d'une science* l'assiomatica di una scienza.

axiomatisation |aksjɔmatizasjɔ̃| *s.f.* assiomatizzazione: *l'axiomatisation des phénomènes physiques* l'assiomatizzazione dei fenomeni fisici.

axiomatiser |aksjɔmatize| *v.tr.* [*organiser sous forme axiomatique*] assiomatizzare.

axiome |aksjom| *s.m.* (*philo., cour.*) assioma → **postulat.**

axis |aksis| *s.m.* (*anat.*) asse, epistrofeo.

axisymétrique |aksisimetRik| *adj.* assisimetrico*.

axonométrie |aksɔ(o)nɔ(o)metRi| *s.f.* (*géol.*) assonometria.

axonométrique |aksɔ(o)nɔ(o)metRik| *adj.* (*géom.*) assonometrico*.

ayant |ɛjɑ̃| (*p.prés. de*) *'avoir'*.

ayant cause |ɛjɑ̃koz| *s.m.* (*dr.*) avente causa.

ayant droit |ɛjɑ̃dRwa| *s.m.* (*dr.*) avente diritto: *les ayants droit* gli aventi diritto.

aye-aye |ajaj| *s.m.* (*t.zool.*) aye-aye (*inv.*): *des ayes-ayes* degli aye-aye.

azalée |azale| *s.f.* (*t.bot.*) azalea.

azéotrope |azeɔtRɔp|, **azéotropique** |azeɔtRɔpik| (*adj.*) *mélange azéotrope, azéotropique* miscela azeotropica.

azimut |azimyt| *s.m.* **1** (*astron.*) azimut *inv.* **2** (*loc. fam.*) *dans tous les azimuts* in tutti i sensi (*cour.*), in ogni direzione (*cour.*) ◇ (*loc. milit.*) *défense tous azimuts* difesa su tutti i fronti.

azimutal, ale, aux |azimytal, o| *adj.* (*astron.*) azimutale: *plan azimutal* piano azimutale.
azimuté, ée |azimyte| *adj.* (*fam.*) [*qui est fou*] picchiato, suonato.
1 **azoïque** |azɔik| *adj.* [*privé de vie animale*] azoico*.
2 **azoïque** |azɔik| *adj.* (*chim.*) azoico*.
azoospermie |azɔɔspɛrmi| *s.f.* (*méd.*) azoospermia.
azote |azɔt| *s.m.* azoto: *peroxyde d'azote* perossido d'azoto.
azoté, ée |azɔte| *adj.* azotato: *engrais azotés* concimi azotati.
azotémie |azɔtemi| *s.f.* (*méd.*) azotemia: *augmentation de l'azotémie* aumento dell'azotemia.
azotémique |azɔtemik| *adj.* (*méd.*) azotemico*.
azoteux |azɔtø| *adj. m.* (*chim.*) azotato.
azoture |azɔtyʀ| *s.m.* (*chim.*) azoturo.
azoturie |azɔtyʀi| *s.f.* (*méd.*) azoturia.
aztèque |aztɛk| *adj.* azteco*: *art aztèque* arte azteca ♦ *s.* (*hist.*) *les Aztèques* gli Aztechi.
azur |azyʀ| *s.m.* (*littér.*) azzurro (*cour.*): *l'azur du ciel, des océans* l'azzurro del cielo, degli oceani ◇ (*loc.*) *un ciel d'azur* un cielo azzurro *adj.*
azurage |azyʀaʒ| *s.m.* [*opération de blanchiment* (*du linge*)] candeggiamento.
azuré, ée |azyʀe| *adj.* [*qui est de couleur d'azur*] azzurro: *une teinte azurée* una tinta azzurra, azzurrata.
azurer |azyʀe| *v.tr.* [*teindre en couleur d'azur*] azzurrare.
azygos |azigos| *adj. et s.f.* (*anat.*) (*veine*) *azygos* (vena) azigos *inv.*
azyme |azim| *adj. et s.m.* azzimo: *pain azyme* pane azzimo.

B

b |be| *s.m.* **1** [*deuxième lettre de l'alphabet*] b (*m. ou f.*): *b minuscule* b minuscolo; *B majuscule* B maiuscola ◇ (*télécom.*): (*en France*) *B comme Berthe* B come Bologna **2** (*employé par abrév.*): (*symb. du 'bore'*) b ◇ (*phys., symb. de bougie nouvelle*) b nuova ◇ (*symb. du 'degré Baumé'*) B, Bé ◇ (*symb. du Bel*) B ◇ (*désignation de l'induction magnétique*) B.

b.a.-ba |beaba| *s.m. sing.* [*première connaissance élémentaire*] abbicì *inv.*, ABC *inv.*

1 **baba** |baba| *adj. inv.* (*fam.*) [*frappé d'étonnement*] stupefatto *var.*, di stucco (*loc. inv.*): *il en est resté baba* (ne) è rimasto stupefatto, di stucco.

2 **baba** |baba| *s.m.* (*pâtiss.*) babà (*inv.*): *j'ai mangé des babas au rhum* ho mangiato dei babà al rum.

Babel |babɛl| *s.f.* babele: *une* (*tour de*) *Babel*, una (torre di) Babele.

babélique |babelik(ə)| *adj.* babelico*, di Babele *loc. inv.*

babeurre |babœʀ| *s.m.* [*lait de beurre*] latticello.

babil |babi(l)| *s.m.* (*littér., vx.*) → **babillage** ◇ (*par anal.*) cinguettio* (degli uccelli); mormorio* (di un ruscello).

babillage |babijaʒ| *s.m.* [→ BABILLER] cicaleccio*, chiacchierio* ◇ (*psycho.*) → **lallation.**

babillard, arde |babijaʀ, aʀd(ə)| **1** *adj.* (*littér., vx.*) → **bavard** ◇ (*par anal.*) *oiseau babillard* uccello garrulo → **jaseur** ✦ (*s.*) *une incorrigible babillarde* una irriducibile chiacchierona **2** *s.f.* (*arg.*) *une babillarde* → 2 **lettre.**

babiller |babije| *v.intr.* [*parler beaucoup, d'une manière inutile, enfantine*] cianciare, ciarlare → **bavarder** ◇ (*par anal.*) *oiseaux qui babillent* uccelli che cinguettano.

babines |babin| *s.f.pl.* [*lèvres pendantes de certains animaux*] labbra cascanti ◇ (*personnes*) (*fam.*) labbra: *se lécher les babines* leccarsi le labbra ◇ (*loc.*) *s'en lécher les babines* leccarsi i baffi.

babiole |babjɔl| *s.f.* **1** [*objet de peu de valeur*] balocco* *m.*, ninnolo (*m.*): *tu commences à t'attacher à des babioles* cominci ad affezionarti a dei ninnoli → **bibelot 2** (*fig.*) [*chose sans importance*] bazzecola → **bagatelle.**

bâbord |babɔʀ| *s.m.* (*mar.*) sinistra *f.*, babordo (*littér., vx.*): *barre à bâbord* barra a sinistra!; *nous laissions l'île à bâbord* lasciavamo l'isola a sinistra [C] **tribord.**

bâbordais |babɔʀdɛ| *s.m.* (*mar.*) guardia *f.* di sinistra.

babouche |babuʃ| *s.f.* babbuccia.*

babouin |babwɛ̃| *s.m.* (*t. zool.*) babbuino.

baby |bebi| *s.m.* (*angl.*) baby (*inv.*): *des babys, des babies* dei baby ✦ (*adj. inv.*) *taille baby* taglia baby.

baby-foot |babifut| *s.m.inv.* [*football de table; la table de jeu*] calcio-balilla, calcetto (*var.*): *partie de baby-foot* partita a calcio-balilla, a calcetto; *jouer au baby-foot* giocare a calcio-balilla.

babylonien, ienne |babilɔnjɛ̃, jɛn| *adj.* [*de Babylone*] babilonese: *la population babylonienne* la popolazione babilonese ✦ *s.* (*hist.*) *les Babyloniens* i Babilonesi.

baby-sitter |ba(e)bisitœʀ| *s.* (*angl.*) baby-sitter (*inv.*): *des baby-sitters* dei, delle baby-sitter.

baby-sitting |ba(e)bisitiŋ| *s.m.* (*angl.*) [*garde de jeunes enfants par un(e) baby-sitter*] il fare *inv.* da baby-sitter.

1 **bac** |bak| *s.m.* **I 1** [*bateau à fond plat*] traghetto, burchiello # *le passeur du bac* il traghettatore **2** *bac aérien* [*avion qui transporte des voitures avec leurs passagers*] air ferry *inv.* **II 1** [*récipient*] tinozza (*f.*): *bac à laver* tinozza (per lavare) # *bac à glace* vaschetta per il ghiaccio; *bac à légumes d'un réfrigérateur* cestello, cassetto della verdura di un frigorifero **2** [*tiroir, petit meuble métallique servant au classement de documents*] schedario*: *un bac à cartes perforées* schedario per schede perforate.

2 **bac** |bak| *s.m.* (*fam.*) → **baccalauréat.**

baccalauréat |bakalɔʀea| *s.m.* licenza *f.* liceale, maturità *f.*; baccalaureato.

baccara |bakaʀa| *s.m.* (*cartes*) baccarà *inv.*

baccarat |bakaʀa| *s.m.* 'baccarat': *cristal de baccarat* cristallo 'baccarat'.

bacchanale |bakanal| *s.f.* **1** baccanale *m.* **2** (*littér.*) → **orgie.**

1 **bacchante** |bakɑ̃t| *s.f.* baccante: *danse des bacchantes* danza delle baccanti.

2 **bacchante** |bakɑ̃t| *s.f.* (*pop.*) [*moustache*] baffi *m. pl.* (*cour.*), baffoni *m. pl.* (*cour.*): *tu as de belles bacchantes* (*bacantes*) hai dei bei baffoni.

bacchée |bake|, **bacchius** |bakjus| *s.m.* (*versif. anc.*) baccheo.

bâchage |bɑʃaʒ| *s.m.* [→ BÂCHER] copertura *f.* (con telone impermeabile).

bâche |bɑʃ| *s.f.* **1** (*mar., techn.*) serbatoio* *m.* (per l'acqua dolce) **2** (*hortic.*) cassone *m.* **3** [*pièce de toile imperméabilisée pour préserver les marchandises des intempéries*] telone *m.* (impermeabile), copertone *m.* **4** (*pop.*) [*drap de lit*] lenzuolo* (*cour.*).

bachelier, ière |baʃəlje, jɛʀ| *s.* (*hist. médiév.*) baccelliere *m.* ◇ [*titulaire du baccalauréat*] diplomato di scuola media superiore.

bâcher |bɑʃe| *v.tr.* [*couvrir, recouvrir d'une bâche*] coprire (186) (con un telone impermeabile).

bachique |baʃik| *adj.* bacchico*.

1 **bachot** |baʃo| *s.m.* [*petit bac*] burchiello.

2 **bachot** |baʃo| *s.m.* → **baccalauréat** ◇ (*péj.*) *boîte à bachot* [*école libre qui prépare au bachot*] scuola *f.* privata (per la preparazione alla licenza liceale).

bachotage |baʃɔtaʒ| *s.m.* [→ BACHOTER] preparazione *f.* affrettata (a un esame).

bachoter |baʃɔte| *v.intr.* [*préparer hâtivement un examen*] prepararsi *pron.* affrettatamente (a un esame).

bacillaire |basi(l)lɛʀ| *adj.* (*méd.*) bacillare: *maladie bacillaire* malattia bacillare ✦ (*s.*) *un bacillaire* [*tuberculeux contagieux*] un tubercoloso, un tubercolotico* contagioso.

bacille |basil| *s.m.* (*biol.*) bacillo: *bacille de Koch* bacillo di Kock; *bacille du charbon* bacillo del carbonchio.

back(-)ground |bakgʀawnd| *s.m.* (*angl.*) background *inv.*, contesto, retroterra *inv.*

bâclage |bɑklaʒ| *s.m.* [→ BACLER] abborracciamento: *le bâclage d'un travail* l'abborracciamento di un lavoro.

bâcle |bɑkl(ə)| *s.f.* [*barre de bois ou de fer avec laquelle on ferme de l'intérieur une porte, une fenêtre*] sbarra, spranga* (di legno, di ferro).

bâcler |bɑkle| *v.tr.* **1** [*expédier* (*un travail*) *sans soins*] abborracciare ✦ (*au p.p.*) *c'est du travail bâclé* è un lavoro abborracciato **2** (*vx.*) [*fermer au moyen d'une barre*] sprangare (*cour.*).

bacon |bekɔn| *s.m.* (*angl.*) **1** [*lard fumé*] pancetta *f.* affumicata, bacon (*inv.*): *œufs au bacon* uova al bacon **2** filetto di maiale affumicato.

bactéricide |bakteʀisid| *adj. et s.m.* battericida: *produit bactéricide* prodotto battericida.

bactérie |bakteʀi| *s.f.* (*biol.*) batterio* *m.* → **bacille.**

bactérien, ienne |bakteʀjɛ̃, jɛn| *adj.* batterico*.

bacteri(o)- |bakteʀi(ɔ)| *préf.* (*signifiant 'bactérie', correspond généralt. à*) batterio: *bactériologie* batteriologia.

bactériologie |bakteʀjɔlɔʒi| *s.f.* batteriologia*.

bactériologique |bakteʀjɔlɔʒik| *adj.* batteriologico*: *analyse bactériologique* analisi batteriologica; *guerre bactériologique* guerra batteriologica.

bactériologiste |bakteʀjɔlɔʒist(ə)| *s.* batteriologo*.

bactériose |bakteʀjoz| *s.f.* (*biol.*) batteriosi *inv.*

badaboum |badabum| *interj.* (*onomat. évoquant le bruit d'une chute suivie de roulement*) patapum, patatrac.

badaud, aude |bado, od| *adj.* [*curieux qui s'attarde à flâner dans les rues*] curioso ◆ (*s.*) *un badaud* un bighellone, un perdigiorno.

badauderie |badodʀi| *s.f.* [*comportement de badaud*] il bighellonare *m.inv.*

baderne |badɛʀn(ə)| *s.f.* **1** (*mar.*) baderna **2** (*fam.*) *vieille baderne* [*homme âgé et borné*] vecchio rimbambito *m.*, rudere *m.*

badiane |badjan| *s.f.* (*t.bot.*) badiana.

badigeon |badiʒɔ̃| *s.m.* tinta *f.* (per muri): *cette façade a besoin d'un coup de badigeon* questa facciata ha bisogno di una mano di tinta.

badigeonnage |badiʒɔnaʒ| *s.m.* **1** [→ BADIGEONNER 1] imbiancatura *f.*, tinteggiatura (*f.*): *le badigeonnage d'un mur* l'imbiancatura, la tinteggiatura di un muro **2** [→ BADIGEONNER 2] *badigeonnage de la gorge* (s)pennellatura della gola.

badigeonner |badiʒɔne| *v.tr.* **1** [*enduire d'un badigeon*] imbiancare, tinteggiare: *badigeonner un mur* imbiancare, tinteggiare un muro **2** [*enduire d'une préparation pharmaceutique*] (s)pennellare: *badigeonner la gorge d'iode* pennellare la gola con tintura di iodio.

badigeonneur |badiʒɔnœʀ| *s.m.* **1** [*ouvrier qui badigeonne*] imbianchino **2** (*péj.*) [*mauvais peintre*] imbrattamuri *s.inv.*, imbrattatele *s.inv.*

badigoinces |badigwɛ̃s| *s.f.pl.* (*fam., plais.*) [*lèvres*] labbra # *il se lèche les badigoinces* si lecca i baffi → **babines.**

badin |badɛ̃| *s.m.* indicatore di velocità (relativa).

badin, ine |badɛ̃, in| *adj.* [*qui aime à plaisanter*] scherzoso, faceto: *ton badin* tono scherzoso; *humeur badine* umore faceto ⓒ **sérieux.**

badinage |badinaʒ| *s.m.* [→ BADINER] scherzo → 1 **jeu, plaisanterie** # *sur un ton de badinage* in tono scherzoso ⓒ **sérieux.**

badine |badin| *s.f.* [*baguette mince et souple*] giannetta.

badiner |badine| *v.intr.* [*plaisanter avec enjouement et légèreté*] scherzare: *c'est un homme qui ne badine pas* è un uomo (uno) che non scherza; *on ne badine pas avec l'amour* con l'amore non si scherza.

badinerie |badinʀi| *s.f.* [*ce qu'on dit ou qu'on fait en badinant*] scherzo *m.* → **plaisanterie.**

badminton |badmintɔn| *s.m.* (*jeu*) volano.

baffe |baf| *s.f.* (*pop.*) [*gifle*] sventola, scapaccione (*m.*): *je vais te donner une paire de baffes* ti do un paio di sventole, di scapaccioni.

baffle |bɑfl(ə)| *s.m.* (*angl.*) (*électron.*) schermo acustico* → **écran** ◇ [*enceinte acoustique*] cassa *f.* acustica.

bafouer |bafwe| *v.tr.* [*traiter avec mépris; tourner en ridicule*] beffeggiare, schernire (197): *il l'avait bafoué devant tout le monde* lo aveva beffeggiato davanti a tutti → **moquer (se), ridiculiser** ⓒ **exalter.**

bafouillage |bafujaʒ| *s.m.* (*fam.*) [→ BAFOUILLER] il farfugliare *inv.*, balbettamento ◇ (*par ext.*) [*propos incohérents*] discorsi *pl.* sconnessi.

bafouille |bafuj| *s.f.* (*arg.*) → 2 **lettre.**

bafouiller |bafuje| *v.intr.* [*parler d'une façon incohérente*] farfugliare ◇ (*fam.*) (*se dit du moteur*) [*avoir des ratés*] perdere (163) colpi (*cour.*).

bafouilleur, euse |bafujœʀ, øz| *s. et adj.* [*personne qui bafouille*] farfuglione (*fam.*).

bâfrer |bɑfʀe| **A** *v.tr.* (*pop.*) [*manger gloutonnement et avec excès*] sbafare, abbuffarsi *pron.* → **empiffrer(s'),** 2 **bouffer** **B** *v.intr.* [→ *tr.*] sbafare, rimpinzarsi (*pron.*): *on va bâfrer* andiamo a sbafare.

bagage |bagaʒ| *s.m.* **1** bagaglio*: *enregistrement des bagages* accettazione dei bagagli appresso; *consigne des bagages* deposito bagagli; *bagages à main* bagaglio a mano; *elle avait pour tout bagage un sac et un parapluie* tutto il suo bagaglio consisteva in una borsa e un ombrello; *nous mettons nos bagages sur le porte-bagages* mettiamo il nostro bagaglio, i nostri bagagli sul portabagagli # *soute à bagages* bagagliaio ◇ *loc.* (*pr., fig.*) *plier bagage* far fagotto, far le valigie ◇ (*milit.*) equipaggiamento: *les soldats s'étaient rendus avec armes et bagages* i soldati si erano arresi con armi e bagagli **2** (*fig.*) [*ensemble de connaissances acquises*] bagaglio (di cognizioni): *son bagage scientifique est quasi nul* il suo bagaglio scientifico è pressoché inesistente.

bagagerie |bagaʒʀi| *s.f.* [(*entreprise spécialisée dans la*) *fabrication de bagages*] valigeria.

bagagiste |bagaʒist| *s.m.* [*employé préposé à la manutention des bagages dans un hôtel, une gare, un aéroport*] portabagagli *inv.*

bagarre |bagaʀ| *s.f.* **1** [*mêlée de gens qui se battent*] rissa, tafferuglio* (*m.*): *je me suis trouvé pris dans la bagarre* mi sono trovato nel bel mezzo di un tafferuglio → **rixe** **2** [*échange de coups*] lite → **bataille** # *chercher la bagarre* cercar, attaccar briga.

bagarrer |bagaʀe| **A** *v.intr.* (*pop.*) [*lutter* (*pour*)] lottare (*cour.*), battersi *pron.* (*cour.*): *il va falloir bagarrer pour l'obtenir* bisognerà lottare per ottenerlo **B** *v.pron. récipr.* SE BAGARRER [*se battre, se quereller*] azzuffarsi; litigare (*intr.*): *nous nous sommes bagarrés* ci siamo azzuffati, abbiamo litigato.

bagarreur, euse |bagaʀœʀ, øz| *s.* (*fam.*) [*qui aime la bagarre*] attaccabrighe *inv.* → **batailleur** ◆ (*adj.*) *un type bagarreur* un tipo rissoso, litigioso.

bagasse |bagas| *s.f.* bagassa.

bagatelle |bagatɛl| *s.f.* **1** [*somme d'argent peu importante*] inezia, sciocchezza: *j'ai acheté ma montre pour une bagatelle* ho comprato il mio orologio per un'inezia, una sciocchezza ◇ (*par antiphrase*) [*grosse somme*] *il a dépensé en une soirée la bagatelle de 1000 francs* in una sera ha speso la bellezza di 1000 franchi **2** (*fig.*) [*chose frivole, sans importance*] bagatella, bazzecola: *tu perds ton temps à des bagatelles* perdi il tempo in bazzecole; *ils se sont brouillés pour une bagatelle* hanno litigato per una bazzecola **3** (*plais.*) LA BAGATELLE l'amore *m.* fisico* (*cour.*).

bagnard |baɲaʀ| *s.m.* [*forçat interné dans un bagne*] ergastolano, forzato.

bagne |baɲ| *s.m.* **1** bagno (penale), ergastolo ◇ (*par ext.*) penitenziario*: *bagnes coloniaux* penitenziari delle colonie **2** [*séjour où l'on fait un travail pénible*] inferno: *quel bagne!* che inferno! → **enfer.**

bagnole |baɲɔl| *s.f.* **1** (*fam.*) [*mauvaise voiture*] vecchia automobile, bagnarola → **tacot** **2** (*pop.*) [*automobile*] macchina (*cour.*): *une belle bagnole* una bella macchina.

bagou, bagout |bagu| *s.m.* (*fam.*) [*loquacité effrontée tendant à duper*] parlantina (*f.*): *il a du bagou!* ha una parlantina!

baguage |bagaʒ| *s.m.* **1** [→ 1 BAGUER 1] (in)anellamento: *baguage des pigeons voyageurs* (in)anellamento dei piccioni viaggiatori **2** (*arbor.*) anellazione *f.*

bague |bag| *s.f.* **1** [*anneau que l'on met au doigt*] anello (*m.*): *bague de fiançailles* anello di fidanzamento ◇ (*loc.*) *avoir la bague au doigt* avere l'anello al dito, essere fidanzato **2** [*tout objet de forme annulaire*] anello.

baguenaude |bagnod| *s.f.* **1** [*fruit du baguenaudier*] frutto *m.* della colutea, della vescicaria **2** (*pop.*) [*promenade où l'on flâne*] l'andare *m.inv.* a zonzo.

baguenauder |bagnode| **A** *v.intr.* **1** [*se promener en flânant*] bighellonare, andare (101) a zonzo → **balader** **2** (*vx.*) [*s'amuser à des choses frivoles*] gingillarsi *pron.*, baloccarsi *pron.* **B** *v. pron. intr.* SE BAGUENAUDER [→ *intr.* 1] bighellonare *intr.*

baguenaudier |bagnodje| *s.m.* (*t. bot.*) colutea *f.*, vescicaria *f.*

1 **baguer** |bage| *v.tr.* **1** [*garnir d'une bague, de bagues*] inanellare: *baguer un pigeon voyageur* inanellare un piccione viaggiatore **2** (*arbor.*) [*inciser* (*un arbre*) *en enlevant un anneau d'écorce*] anellare → **incision.**

2 **baguer** |bage| *v.tr.* (*cout.*) [*maintenir* (*deux épaisseurs de tissu*) *à grands points*] cucire (203) a soppunto.

baguette |bagɛt| *s.f.* **1** bacchetta: *baguette magique, de fée* bacchetta magica; *baguette de chef d'orchestre* bacchetta di direttore d'orchestra # *baguettes de tambour* mazzuoli di tamburo ◇ (*loc. fig.*) *d'un coup de baguette* con un colpo di bacchetta magica, per incanto ~ *commander, mener les gens à la baguette* comandare qc. a bacchetta **2** (*archit., menuis.*) astragalo *m.*, tondino *m.* **3** [*pain long et mince*] sfilatino *m.* di pane → 1 **flûte** **4** [*ornament vertical sur un bas, une chaussette*] baghetta.

baguier |bagje| *s.m.* [*coffret renfermant des bijoux*] portagioie *inv.*

bah! |ba| *interj.* (*exprimant 'l'insouciance, l'indifférence'*) bah!

bahut |bay| *s.m.* **1** [*buffet rustique*] madia *f.*, credenza *f.* **2** (*arg. scol.*) collegio* (*cour.*): *il a fait trois ans de bahut* ha fatto tre anni di collegio.

bai, baie |bɛ| *adj.* (*en parlant de la robe d'un cheval*) [*d'un brun rouge*] baio*: *une jument baie* una giumenta baia.

1 **baie** |bɛ| *s.f.* (*géogr., cour.*) baia, insenatura: *une petite baie* una piccola baia, una piccola insenatura ◇ (*par ext.*) [*nom de certains golfes*] *la baie de Hudson* la baia di Hudson # *la baie de Naples* il golfo di Napoli.

2 **baie** |bɛ| *s.f.* **1** [*ouverture pratiquée* (*dans un mur*) *pour faire une porte, une fenêtre*] vano *m.* # *baie vitrée*

vetrata **2** (*techn.*) 'châssis' *inv.*, telaio* *m.*, armadio* *m.*
3 **baie** |bɛ| *s.f.* (*bot.*) bacca*: *baies de la groseille* bacche del ribes # *baies du raisin* acini dell'uva.
baignade |bɛɲad| *s.f.* **1** [→ BAIGNER C 2] bagno (*m.*): *à l'heure de la baignade* all'ora del bagno → **bain** # *baignade interdite* divieto di balneazione **2** [*endroit d'un cours d'eau où l'on peut se baigner*] lido *m.*
baigner |beɲe| **A** *v.tr.* **1** [*mettre dans l'eau ou autre liquide*] bagnare, mettere (155) a bagno: *il baigne ses pieds dans l'eau* bagna, mette i piedi nell'acqua ◇ [*faire prendre un bain* (*à qqn.*) *pour le laver*] fare (103) il bagno (a qc.): *baigner un enfant* fare il bagno a un bambino **2** (*en parlant de la mer*) [*toucher, entourer*] bagnare: *la mer qui baigne cette côte* il mare che bagna questa costa ◇ (*fig., littér.*) inondare: *la lumière qui baignait son visage* la luce che inondava il suo viso **3** [*mouiller*] bagnare: *visage baigné de pleurs, de sueur* viso bagnato di lacrime, di sudore → **inonder** **B** *v.intr.* [*être plongé dans un liquide*] essere (96) (*aux.* essere) immerso: *les cornichons baignent dans le vinaigre* i cetrioli sono immersi nell'aceto → **tremper** ◇ (*fig.*) *le blessé baignait dans son sang* il ferito era in una pozza di sangue **C** *v.pron. réfl.* SE BAIGNER **1** [*prendre un bain dans la baignoire*] fare *tr.* il bagno **2** [*prendre un bain dans la mer, dans une piscine, etc.*] fare il bagno, bagnarsi.
baigneur, euse |bɛɲœʀ, øz| *s.* **1** [*personne qui se baigne*] bagnante: *une baigneuse en bikini* una bagnante in bikini **2** [*poupée de celluloïd*] bambolotto *m.* (di celluloide).
1 **baignoire** |bɛɲwaʀ| *s.f.* [*cuve où l'on peut se baigner* (C 1)] vasca* (da bagno): *baignoire encastrée* vasca incassata # *baignoire sabot* semicupio.
2 **baignoire** |bɛɲwaʀ| *s.f.* **1** [*loge de rez-de-chaussée, dans une salle de spectacle*] palco* *m.* di platea, barcaccia* **2** (*mar.*) *baignoire d'un sous-marin* torretta di un sottomarino **3** (*alpinisme, ski*) gradino *m.*
bail, baux |baj, bo| *s.m.* (*dr., cour.*) affitto, locazione (*f.*): *bail à ferme* affitto di fondo rustico; *bail à loyer* locazione; *terme, expiration d'un bail* scadenza di un affitto; *bail emphytéotique* affitto enfiteutico, enfiteusi (*f. inv.*); *donner, prendre à bail une maison* dare, prendere in affitto una casa; affittare una casa → **loyer** ◇ (*fig., fam.*) *c'est un bail* è una cosa lunga # *cela fait, il y a un bail que...* è da un pezzo che...
baille |bɑj| *s.f.* **1** (*mar.*) baia **2** (*arg. marit.*) [*eau*] acqua (*cour.*) ◇ (*arg.*) [*surnom de l'École navale*] Accademia Navale (*cour.*).
bâillement |bɑjmɑ̃| *s.m.* [→ BÂILLER 1] sbadiglio*: *étouffer un bâillement d'ennui* soffocare uno sbadiglio di noia → **bâiller.**
bailler |baje| *v.tr.* **1** (*vx.*) → **donner** **2** (*loc.*) *vous me la baillez belle, vous me la baillez bonne* [*vous vous moquez de moi*] me la volete dare a bere, a intendere.
bâiller |bɑje| *v.intr.* **1** [*ouvrir la bouche involontairement par un mouvement d'inspiration*] sbadigliare: *bâiller de sommeil, de fatigue, de faim* sbadigliare di (per il) sonno, di (per la) stanchezza, di (per la) fame; *c'est un spectacle qui fait bâiller* è uno spettacolo che fa sbadigliare **2** (*par anal.*) [*être entrouvert, mal fermé*] *des portes qui bâillent* porte che sbadigliano, socchiuse.
bailleur, bailleresse |bajœʀ, bajʀɛs| *s.* **1** (*dr.*) locatore*: *le bailleur et le preneur* il locatore e l'affittuario **2** *bailleur de fonds* finanziatore*, investitore* → **commanditaire.**
bailli |baji| *s.m.* (*hist.*) balì *inv.*, balivo.
bailliage |bajaʒ| *s.m.* (*hist.*) baliato.
bâillon |bɑjɔ̃| *s.m.* [*morceau d'étoffe qui empêche qqn. de parler, de crier*] bavaglio* ◇ *loc.*: (*pr., fig.*) *mettre un bâillon à qqn.* mettere il bavaglio a qc.
bâillonner |bɑjɔne| *v.tr.* **1** [*mettre un bâillon à*] imbavagliare: *les voleurs ont bâillonné leur victime* i ladri hanno imbavagliato la vittima **2** (*fig.*) [*empêcher la liberté d'expression*] *bâillonner la presse* imbavagliare la stampa → **museler.**
bain |bɛ̃| *s.m.* **1** [→ BAIGNER A 1; B] bagno: *salle de bains* (stanza da) bagno; *bain de vapeur, bain turc* bagno di vapore, bagno turco; *bain de mousse* bagno di schiuma; *bain de mer* bagno di mare; *bain de soleil* bagno di sole; *bain en piscine* bagno in piscina # *bain de pieds* pediluvio; *bain de siège* semicupio ◇ (*habillement*) *sortie de bain* accappatoio; *maillot, slip de bain* costume da bagno; *robe bain de soleil* [*sans manches avec le dos nu*] copricostume, prendisole; *bain de soleil* [*corsage à dos nu*] top ◇ (*loc. fam.*) *je l'ai envoyé au bain* l'ho mandato a quel paese ~ *être dans le bain* essere introdotto, essere addentro in q.c. ~ *être dans le même bain* essere sulla stessa barca ~ METTRE DANS LE MÊME BAIN mettere sullo stesso piano: *je vous mets dans le même bain* vi metto sullo stesso piano; per me, voi due siete sullo stesso piano ◇ (*fig.*) *le président a pris un bain de foule* [*s'est mêlé à la foule*] il presidente è sceso tra la folla **2** (*récipient*) vasca* *f.* da bagno: *j'ai rempli le bain* ho riempito la vasca da bagno **3** *au plur.* [*eaux thermales*] terme *f.*, bagni (termali): *l'été prochain nous irons aux bains de ...* l'estate prossima andremo alle terme di ... # *prendre des bains de boue* fare i fanghi **4** (*chim.*) bagno: *un bain de mercure* un bagno di mercurio ◇ (*photo.*) *bain révélateur, fixateur* bagno di sviluppo, di fissaggio.
bain-marie |bɛ̃maʀi| *s.m.* bagnomaria (*inv.*): *j'ai fait prendre la crème au bain-marie* ho fatto rapprendere la crema a bagnomaria.
baïonnette |bajɔnɛt| *s.f.* baionetta: *charge à la baïonnette* carica alla baionetta; *douille à baïonnette* portalampada (con attacco) a baionetta.
baïoque |bajɔk| *s.f.* baiocco* *m.*
baisemain |bɛzmɛ̃| *s.m.* [*le geste de baiser la main d'une femme*] baciamano: *il lui a fait le baisemain* le ha fatto il baciamano.
1 **baiser** |beze| *v.tr.* **1** [*donner un baiser à ...*] baciare: *baiser qqn. au front* baciare qc. in fronte; *baiser un crucifix, la main d'une dame* baciare il crocefisso, la mano di una signora → **embrasser** **2** (*vulg.*) [*posséder sexuellement*] fottere, scopare ✦ *absolt.* [*faire l'amour*] scopare ◇ (*fig., pop.*) [*posséder, avoir*] fottere, fregare: *dans cette affaire, il est baisé* in quell'affare è (rimasto) fottuto, fregato.
2 **baiser** |beze| *s.m.* [→ 1 BAISER 1] bacio*: *petit, gros baiser* piccolo, grosso bacio; *baiser d'oiseau* bacino; *il lui a donné un baiser sur la joue* le ha dato un bacio sulla guancia; *recevoir, prendre un baiser* ricevere, prendere un bacio → 2 **bise, bécot** ◇ (*relig.*) *baiser de paix* abbraccio, bacio di pace; *baiser de Judas* bacio di Giuda.
baisoter |bɛzɔte| *v.tr.* (*fam., vieilli*) → **bécoter.**
baisse |bɛs| *s.f.* **1** [→ BAISSER B 1] abbassamento (*m.*): *la baisse de niveau des eaux, de la marée* l'abbassamento del livello delle acque, della marea → **diminution**; *baisse de température, de pression* abbassamento di temperatura, di pressione → 1 **chute** ◇ (*fig.*) [*affaiblissement*] *baisse d'autorité, d'influence* perdita d'autorità, d'influenza → **perte** **2** [*diminution de prix, de valeur*] ribasso (*m.*): *la baisse des actions, du blé* il ribasso delle azioni, del grano ◇ (*Bourse*) *jouer à la baisse* giocare al ribasso **3** *loc.* EN BAISSE in ribasso ◇ (*fig., fam.*) *ses actions sont en baisse* le sue azioni sono in ribasso [C] 1 **augmentation, montée**; 2 **hausse.**
baisser |bese| **A** *v.tr.* **1** [*mettre plus bas; diminuer la hauteur de*] abbassare: *il faut baisser les stores* bisogna abbassare le tapparelle ◇ (*loc.*) *baisser pavillon devant qqn.*: (*pr., fig.*) ammainare la bandiera **2** (*surtout au fig.*) [*incliner vers la terre* (*une partie du corps*)] abbassare: *il a baissé la tête* ha abbassato il capo; *baisser les yeux* abbassare gli occhi # *baisser le nez* essere confuso; *ce coureur a baissé les bras* quel corridore ha abbandonato (la corsa) **3** [*diminuer la force, l'intensité de*] abbassare: *nous avons baissé la voix* abbiamo abbassato il tono della voce; *baisse la radio, s'il te plaît* abbassa la radio, per favore; *baisser le ton* abbassare il tono, abbassare la cresta **4** [*diminuer* (*un prix*)] ribassare: *le boucher a baissé le prix de la viande* il macellaio ha ribassato il prezzo della carne **B** *v.intr.* **1** [*diminuer de hauteur*] diminuire (197) (*aux.* essere), calare (*aux.* essere): *le niveau de l'eau a baissé* la marea sta calando; *il a baissé dans mon estime* è calato nella mia stima **2** [*diminuer d'intensité*] calare: *le jour baisse* la luce del giorno sta calando; *le ton de la conversation a baissé* il tono della conversazione è calato # *ses forces baissent* le sue forze stanno scemando; *sa vue baisse* la sua vista si indebolisce **3** (*personnes*) [*perdre sa vigueur*] perdere (163) *tr.* vigore, peggiorare (*aux.* essere) # *il a beaucoup baissé depuis cinq ans* è invecchiato parecchio da cinque anni a questa parte **4** [*diminuer de valeur, de prix*] ribassare (*aux.* essere): *le vin a baissé* il vino è ribassato; *les prix ont considérablement baissé* i prezzi sono ribassati notevolmente # *ses actions baissent* le sue azioni sono in ribasso **C** *v.pron. réfl.* SE BAISSER [→ *tr.* 2] abbassarsi, chinarsi: *il faut se baisser pour passer sous cette voûte* bisogna abbassarsi, chinarsi per passare sotto questa volta → **courber (se)** ◇ (*loc.*) *il n'y a qu'à*

se baisser pour les ramasser [*il y en a en grande quantité*] ce n'è a bizzeffe 🄲 A 1 **lever** 1; B 4 **augmenter.**

baissier |besje| *s.m.* [*spéculateur qui joue à la baisse sur les valeurs*] ribassista 🄲 **haussier.**

bajoue |baʒu| *s.f.* **1** [*partie de la tête de certains animaux*] guancia*: *bajoue de porc, de veau* guancia di maiale, di vitello **2** (*par ext.*) [*joue pendante*] guancia cascante.

bakélite |bakelit| *s.f.* (*chim.*) bachelite.

bal, bals |bal| *s.m.* **1** ballo: *bal masqué* ballo in costume, in maschera; *robe de bal* abito da ballo; *ils vont au bal* vanno al ballo, a ballare; *ouvrir le bal* aprire il ballo; *donner un grand bal* dare una gran festa da ballo **2** [*lieu*] sala *f.* da ballo # *un petit bal musette* una piccola balera → **bastringue, guinguette.**

balade |balad| *s.f.* (*fam.*) [→ BALADER B] gita (*cour.*), passeggiata (*cour.*): *faire une balade* fare una gita; *être en balade* essere in gita → **promenade** ◇ (*par ext.*) *une belle balade* una bella gita → **excursion, voyage.**

balader |balade| **A** *v.tr.* (*fam.*) [*promener sans but précis*] portare in giro, portare a spasso: *elle balade ses enfants* porta a spasso i bambini ◇ (*par ext.*) portare con sé: *une fille qu'il balade partout* una ragazza che (lui) porta con sé dappertutto **B** *v.pron. intr.* (*fam.*) SE BALADER [→ *tr.*] andare (101) *intr.* a spasso, andare in giro → **baguenauder, flâner.**

baladeur, euse |baladœʀ, øz| (*adj.*) *avoir l'humeur baladeuse* [*aimer se promener*] aver voglia di andare a spasso, a zonzo ◇ (*auto.*) *train baladeur* ruotismo *s.m.* ◇ (*techn.*) *micro baladeur* microfono volante.

baladeuse |baladøz| *s.f.* **1** rimorchio* *m.* tranviario* → **remorque** **2** lampada portatile.

baladin, ine |baladɛ̃, in| *s.* (*vx.*) → **saltimbanque.**

balafre |bala(ɑ)fʀ(ə)| *s.f.* [*longue entaille faite par une arme tranchante*] sfregio* *m.* → **coupure, estafilade.**

balafrer |bala(ɑ)fʀe| *v.tr.* [*blesser par un balafre*] sfregiare ♦ (*au p.p.*) *un visage balafré* un viso sfregiato, una faccia sfregiata.

balai |balɛ| *s.m.* **1** scopa (*f.*): *balai de bruyère, de crin, de soies, de nylon* scopa di erica, di crine, di setola, di nylon; *manche à balai* manico di scopa; *passer le balai* passare la scopa # *petit balai* scopino; *j'ai donné un coup de balai à la pièce* ho dato una scopata, una spazzata alla stanza ◇ (*loc. fig.*) *cette jeune fille est un vrai manche à balai* quella ragazza è magra come un manico di scopa ~ *donner un coup de balai* [*licencier du personnel d'une maison, d'une administration*] fare una ripulita **2** *balai mécanique* scopa meccanica ◇ (*aviat.*) *manche à balai* barra (di comando) ad asta, 'cloche' *inv.* **3** (*électr.*) spazzola (*f.*): *balais de dynamo* spazzole della dinamo **4** (*fam.*) [*dernier métro ou autobus de la journée*] ultima corsa *f.* (*cour.*) ◇ (*par anal.*) *voiture balai* vettura scopa.

balai-brosse |balɛbʀɔs| *s.m.* [*brosse montée sur un manche à balai*] spazzolone.

balais |balɛ| *adj. m.* (*minér.*) balascio*: *rubis balais* rubino balascio.

balalaïka |balalaika| *s.f.* balalaica*.

balance |balɑ̃s| *s.f.* **I 1** [*instrument servant à peser*] bilancia*: *une balance juste, sensible* una bilancia precisa, sensibile; *balance automatique à un plateau* bilancia automatica a un piatto; *le contrôle, le poinçonnage des balances* il controllo, la taratura delle bilance; *balance de précision* bilancia di precisione; *faire pencher la balance* far pendere la bilancia # *balance à bascule* bascu(l)la → **bascule**; *balance romaine* stadera ◇ (*fig.*) *la balance, symbole de la justice* la bilancia, simbolo della giustizia **2** (*pêche*) bilancia **3** (*constellation*) bilancia **II** *fig.* **1** (*loc. fig.*) *mettre dans la balance* porre sulla bilancia (i vantaggi e gli svantaggi) ~ *mettre en balance* (*deux choses*) vagliare, esaminare il pro e il contro (di due cose) ~ *tenir la balance égale entre deux personnes, deux opinions* essere imparziale; non favorire nessuno, nessuna delle due opinioni ~ *faire pencher la balance* [*favoriser qqn., un parti*] dare il tratto, il tracollo alla bilancia; far traboccare la bilancia **2** [*état d'équilibre*] equilibrio* (*m.*): *la balance des forces* l'equilibrio delle forze ◇ (*comm., écon.*) bilancia; pareggio* (*m.*): *la balance commerciale* la bilancia commerciale || *balance des comptes* pareggio dei conti.

balancé, ée |balɑ̃se| *adj.* (*fam.*) (*personnes*) [*bâti*] fatto: *une femme bien balancée* una donna ben fatta.

1 **balancelle** |balɑ̃sɛl| *s.f.* (*mar.*) bilancella.

2 **balancelle** |balɑ̃sɛl| *s.f.* dondolo *m.* (da giardino).

balancement |balɑ̃smɑ̃| *s.m.* **1** [*mouvement alternatif et lent d'un corps*] dondolio*, oscillazione (*f.*): *un balancement continuel de la tête* un continuo dondolio della testa → **oscillation** # *le balancement d'un navire* il rollio di una nave → **roulis, tangage** **2** (*fig.*) [*état d'équilibre, disposition symétrique*] equilibrio*: *le balancement d'une période* l'equilibrio di un periodo → **balance, équilibre** **3** (*mar.*) bilanciamento.

balancer |balɑ̃se| (2) **A** *v.tr.* **1** [*mouvoir lentement* (*un corps*) *tantôt d'un côté, tantôt d'un autre*] dondolare, fare (103) *intr.* oscillare: *balancer les bras* dondolare le braccia; *l'enfant de chœur balance l'encensoir* il chierichetto fa oscillare l'incensiere # *balancer les hanches en marchant* ancheggiare camminando ◇ [*bercer*] cullare: *balancer un enfant pour l'endormir* cullare un bambino per addormentarlo; *les vagues balancent les navires à l'ancre* le onde cullano le navi alla fonda **2** (*fam.*) [*jeter*] gettare, scaraventare: *balancez ça par la fenêtre* gettatelo, lo getti dalla finestra ◇ (*par ext.*) [*se débarrasser de*] sbarazzarsi *pron.* di: *il veut balancer son employé* vuole sbarazzarsi del suo impiegato **3** [*équilibrer*] equilibrare, bilanciare: *balancer une phrase* equilibrare una frase ◇ (*comm.*) *balancer un compte* bilanciare, pareggiare un conto **4** (*littér.*) *balancer le pour et le contre* soppesare, valutare il pro e il contro **B** *v.intr.* [*être incertain*] esitare, essere (96) (*aux.* essere) incerto: *je l'ai fait sans balancer* l'ho fatto senza esitare; *entre les deux mon cœur balance* sono incerto tra l'una o l'altra cosa **C** *v. pron.* SE BALANCER **1** *réfl.* [→ *tr.* 1] dondolarsi, cullarsi: *ne te balance pas sur ta chaise* non dondolarti sulla sedia; *un navire qui se balance sur ses ancres* una nave che si dondola, si culla sull'ancora → **1 flotter, osciller** ◇ [*être sur une balançoire en marche*] dondolarsi **2** *intr.* (*pop.*) *s'en balancer* [*s'en moquer*] infischiarsene, fregarsene (*vulg.*): *je m'en balance éperdument* me ne infischio, me ne frego altamente.

balancier |balɑ̃sje| *s.m.* **1** *le balancier d'une horloge* il bilanciere di un orologio; *une montre à balancier compensateur* un orologio a bilanciere compensato **2** (*par anal.*) *balancier des danseurs de corde* bilanciere da funamboli **3** (*zool.*) bilanciere, antera *f.*

balancine |balɑ̃sin| *s.f.* (*mar.*) amantiglio* *m.* ◇ (*aviat.*) equilibratore *m.*

balançoire |balɑ̃swaʀ| *s.f.* **1** [*pièce en équilibre sur un point d'appui et sur laquelle on se balance*] altalena **2** [*planchette suspendue entre deux cordes*] altalena.

balanin |balanɛ̃| *s.m.* (*t. zool.*) balanino.

balayage |balɛjaʒ| *s.m.* [→ BALAYER I 1] scopatura (*f.*): *le balayage d'une chambre, des voies publiques* la scopatura di una camera, delle strade → **nettoyage** ◇ (*sc.*) [→ BALAYER II 2] esplorazione *f.* a fascio radente ◇ (*électron., télévision*) esplorazione, analisi *f.inv.*, scansione *f.*

balayer |baleje| (9) *v.tr.* **I** [*ôter*] **1** [*pousser, enlever avec un balai*] spazzare (via): *balayer les ordures, la neige* spazzar via le immondizie, la neve # *balayer la poussière* togliere la polvere ◇ (*par anal.*) *le vent balaye les nuages* il vento spazza (via) le nuvole; *le torrent a tout balayé sur son passage* il torrente ha spazzato via tutto **2** [*faire disparaître*] spazzar (via): *l'armée a balayé toute résistance* l'esercito ha spazzato (via) ogni resistenza **II 1** [*nettoyer* (*un lieu*) *avec un balai*] scopare, spazzare: *balayer le trottoir* scopare, spazzare il marciapiede **2** (*par anal.*) [*passer sur* (*comme le fait un balai*)] *son manteau balaie le sol* il suo cappotto scopa il pavimento; *des faisceaux lumineux balayaient le terrain d'aviation* fasci luminosi esploravano (a fascio radente) il campo d'aviazione ◇ (*électron., télévision*) esplorare, analizzare, scandire (197).

balayette |balɛjɛt| *s.f.* [*petit balai*] scopino *m.*

balayeur, euse |balɛjœʀ, øz| *s.* **1** *s.* [*employé de la voirie qui balaie les rues*] spazzino, netturbino *m.* **2** *s.f.* (*techn.*) spazzatrice: *une arroseuse-balayeuse* un'(auto)innaffiatrice-spazzatrice automatica.

balayures |balɛjyʀ| *s.f.pl.*, [*ce que l'on ramasse avec un balai*] spazzatura *sing.*, immondizia *sing.* → **ordure, détritus.**

balbutiant, ante |balbysjɑ̃, ɑ̃t| *adj.* balbuziente, balbettante.

balbutiement |balbysimɑ̃| *s.m.* [→ BALBUTIER A] balbettamento: *le balbutiement d'une personne émue* il balbettamento di una persona emozionata # *le balbutiement d'un ivrogne* il farfugliare di un ubriaco → **bredouil-**

lement ◇ *spécialt. au plur.* (*fig.*) [*première tentative maladroite dans un art*] inizi → **commencement.**

balbutier |balbysje| **A** *v.intr.* [*articuler d'une manière imparfaite et titubante les mots qui l'on veut prononcer*] balbettare: *j'hésite à chaque mot, je balbutie* esito a ogni parola, balbetto → **bafouiller, bégayer, bredouiller B** *v.tr.* [*dire en balbutiant*] balbettare: *balbutier quelques excuses* balbettare delle scuse # *balbutier une prière* biascicare una preghiera → **marmotter.**

balcon |balkɔ̃| *s.m.* **1** balcone: *la balustrade d'un balcon* la balaustra di un balcone; *se mettre au balcon* affacciarsi al balcone **2** [*balustrade d'un balcon*] balaustra *f.* (di un balcone): *balcon en fer forgé* balaustra in ferro battuto; *s'accouder au balcon* appoggiarsi alla balaustra **3** [*galerie d'une salle de spectacle*] balconata *f.*, galleria (*f.*): *fauteuils, loges de balcon* poltrone, palchi di galleria.

balconnet |balkɔnɛ| *s.m.* **1** [*soutien-gorge découvrant largement le haut de la poitrine*] reggiseno a balconcino **2** [*étagère, amovible ou non, dans la porte d'un réfrigérateur*] balconcino.

baldaquin |baldakɛ̃| *s.m.* baldacchino: *lit à baldaquin* letto a baldacchino.

baleine |balɛn| **1** *s.f.* (*t.zool.*) balena ◇ (*cour.*) *pêche à la baleine* pesca della balena ◇ (*loc. fam.*) *rire comme une baleine* sganasciarsi dalle, per le risa **2** [*fanon pour la garniture des corsets*] stecca* (di balena) ◇ (*par ext.*) *baleines d'acier, de matière plastique* stecche d'acciaio, di plastica; *les baleines du parapluie* le stecche dell'ombrello.

baleiné, ée |balene| (*adj.*) *soutien-gorge, col baleiné* reggiseno, colletto sostenuto da stecche (di balena).

baleineau |balɛno| *s.m.* [*petit de baleine*] balenotto.

baleinier |balenje| *s.m.* → **baleinière.**

baleinier, ière |balenje, jɛʀ| *adj.* baleniero: *port baleinier* porto baleniero; *l'industrie baleinière* l'industria baleniera.

baleinière |balɛnjɛʀ| *s.f.* baleniera.

balès |balɛs|, **balèze** |balɛz| *adj. et s.* (*pop.*) [*grand et fort*] forzuto.

balisage |balizaʒ| *s.m.* (*aviat., mar.*) posa *f.* di boe, segnaletica* (*f.*): *le balisage d'un port, d'un chenal, d'un aérodrome* la segnaletica di un porto, di un canale, di un aerodromo ◇ (*par ext.*) segnaletica di una strada, di una ferrovia.

1 **balise** |baliz| *s.f.* (*aviat., mar.*) segnalazione di rotta, segnale *m.* → **balisage** ◇ (*par ext.*) [*émetteur radioélectrique permettant au pilote de se diriger*] radiotrasmittente.

2 **balise** |baliz| *s.f.* frutto *m.* della canna d'India.

baliser |balize| (*v.tr.*) *baliser un port, une route* [*les garnir, les jalloner de balises*] porre (168) la segnaletica in un porto, su una strada.

balisier |balizje| *s.m.* (*t. bot.*) canna d'India *f.*

baliste |balist(ə)| *s.* **1** *s.f.* (*antiq.*) balista → **1 onagre 2** *s.m.* (*t. zool.*) pesce balestra.

balisticien |balistisjɛ̃| *s.m.* esperto di balistica, balistico*.

balistique |balistik| **1** *adj.* balistico*: *machines balistiques* macchine balistiche; *engin balistique* missile balistico **2** *s.f.* balistica*.

baliveau |balivo| *s.m.* (*arbor.*) matricina *f.*

baliverne |balivɛʀn(ə)| *s.f.* [*propos futile*] stupidaggine, sciocchezza: *débiter, dire des balivernes* raccontare, sballare (*pop.*) stupidaggini → **faribole, sornette.**

balkanique |balkanik| *adj.* [*des Balkans*] balcanico*: *péninsule balkanique* penisola balcanica.

balkanisation |balkanizɑsjɔ̃| *s.f.* [*morcellement polit. d'un pays, d'un empire*] balcanizzazione: *la balkanisation du continent noir* la balcanizzazione del continente nero ◇ (*fig.*) [*émiettement*] smembramento *m.*, sfaldatura.

ballade |balad| *s.f.* **1** ballata: *la ballade des pendus* la ballata degli impiccati **2** (*mus.*) ballata: *une ballade de Chopin* una ballata di Chopin.

ballant, ante |balɑ̃, ɑ̃t| **1** *adj.* [*qui se balance, se remue*] penzolante, ciondolante: *je restais là, bras ballants et bouche bée* restavo lì, con le braccia ciondoloni e la bocca aperta **2** *s.m.* [*mouvement d'oscillation*] oscillazione *f.* # *une voiture chargée en hauteur a du ballant* una macchina con il carico troppo alto oscilla.

ballast |balast| *s.m.* **1** (*mar.*) zavorra *f.* **2** (*ch. de fer*) massicciata *f.*

1 **balle** |bal| *s.f.* **1** palla, pallina: *balle à jouer* palla da gioco; *balle de ping-pong, de tennis* pallina da ping-pong, da tennis; *jouer à la balle* giocare a palla # *faire des balles, quelques balles* fare un po' di palleggio; *balle de set, de match* set ball, match ball; *enfant de la balle* figlio d'arte ◇ (*loc. fig.*) *prendre la balle au bond* prendere, cogliere la palla al balzo; *se renvoyer la balle* rispondere per le rime, rimbeccare; fare a scaricabarile **2** [*petit projectile métallique*] pallottola, proiettile (*m.*): *balle de revolver, de mitrailleuse, de fusil* pallottola, proiettile di rivoltella, di mitragliatrice, di fucile → **plomb**; *balle dum-dum* pallottola dum-dum; *balle traçante* proiettile tracciante # *petites balles* pallettoni; *son corps était criblé de balles* aveva il corpo crivellato di colpi (di arma da fuoco) ◇ (*fam.*) *recevoir douze balles dans la peau* essere giustiziato dal plotone di esecuzione.

2 **balle** |bal| *s.f.* **1** [*gros paquet de marchandises*] balla: *une balle de café* una balla di caffè → **1 ballot**; *faire, défaire une balle de coton* fare, disfare una balla di cotone **2** (*fam.*) [*figure*] faccia* (*cour.*): *il a une grosse, une bonne balle* ha un bel faccione → **1 bille 3** (*fam.*) *toujours au plur. et avec un nombre* [*franc*] franchi (*cour.*): *deux cents balles* duecento franchi.

balle, bale |bal| *s.f.* [*enveloppe des graines de céréales*] pula.

baller |bale| *v.intr.* **1** [*balancer, osciller*] penzolare, ciondolare **2** (*vx.*) → **danser.**

ballerine |balʀin| *s.f.* **1** (*danseuse*) ballerina: *les ballerines de l'Opéra* le ballerine dell'Opera di Parigi **2** [*chaussure de femme*] ballerina.

ballet |balɛ| *s.m.* **1** balletto: *le corps de ballet de l'Opéra* il balletto dell'Opera di Parigi # *un maître de ballet* un coreografo **2** (*fig.*) [*activité intense accompagnée de changements, d'échanges*] altalena (*f.*): *un ballet de ministres* un'altalena di ministri.

ballet(t)omane |balɛtɔman| *s.* appassionato di balletti.

1 **ballon** |balɔ̃| *s.m.* **1** pallone: *jouer au ballon* giocare a pallone → **1 balle, football** # *le ballon d'entraînement des boxeurs* il punching-ball **2** (*jouet d'enfant*) pallone, palloncino: *ballon qui s'envole* palloncino che vola via ◇ (*par anal.*) *pneu ballon* pneumatico a bassa pressione → **1 pneu 3** [*aérostat*] pallone: *ballon d'essai* pallone stratosferico; (*fig.*) sondaggio; *ballon captif* pallone frenato; *ballon sonde* pallone sonda → **montgolfière** # *ballon dirigeable* dirigibile → **dirigeable 4** (*chim.*) pallone, matraccio* **5** (*appos.*) *manches ballon* maniche a palloncino; *verre ballon* bicchiere a pancia tonda **6** (*méd.*) *ballon d'oxygène* bombola d'ossigeno; *ballon d'alcootest* alcoolimetro, alcolometro **7** (*dans les bandes dessinées*) fumetto.

2 **ballon** |balɔ̃| *s.m.* (*géogr.*) *ballon d'Alsace* il 'Ballon' d'Alsazia.

ballonné, ée |balɔne| (*adj.*) *jupe ballonnée* gonna a palloncino ◇ (*méd.*) gonfio*: *avoir le ventre ballonné* avere il ventre gonfio → **météorisme.**

ballonnement |balɔnmɑ̃| *s.m.* (*méd.*) meteorismo.

ballonner |balɔne| *v.tr.* **1** [*gonfler comme un ballon*] gonfiare **2** (*méd.*) [*produire le ballonnement*] produrre (108) meteorismo.

ballonnet |balɔnɛ| *s.m.* [*petit ballon*] palloncino.

ballon-sonde |balɔ̃sɔ̃d| *s.m.* pallone-sonda.

1 **ballot** |balo| *s.m.* [*petite balle de marchandises; paquet*] pacco*, fagotto: *un ballot d'effets* un pacco di effetti; *l'oreille d'un ballot* la cocca di un fagotto.

2 **ballot** |balo| *s.m.* (*fam.*) [*imbécile; idiot*] imbecille, stupido: *et qu'est-ce que tu veux faire d'autre, ballot?* che altro vuoi fare, imbecille? ♦ (*adj.*) *ça, c'est ballot!* è (una cosa) idiota!

ballotade |balɔtad| *s.f.* (*équit.*) ballottata.

ballottage |balɔtaʒ| *s.m.* ballottaggio*: *scrutin de ballottage* scrutinio di ballottaggio.

ballottement |balɔtmɑ̃| *s.m.* [*mouvement de ce qui ballotte*] sballottamento.

ballotter |balɔte| **A** *v.tr.* **1** [*faire aller alternativement dans un sens et dans l'autre*] sballottare: *nous avons été bien ballottés dans cette vieille voiture* siamo stati ben sballottati in quella vecchia macchina → **cahoter, agiter, secouer 2** (*fig.*) *être ballotté entre des sentiments contraires* [*tiraillé*] essere combattuto tra sentimenti opposti → **indécis B** *v.intr.* [*être agité, secoué en tous sens*] ballonzolare: *poitrine qui ballotte* petto ballonzolante → **baller, remuer.**

ballottine |balɔtin| *s.f.* [*pièce de viande désossée, roulée et ficelée*] galantina: *ballottine de volaille* galantina di pollo.

ball-trap |baltʀap| *s.m.* (*angl.*) [*appareil à ressort qui lance une cible simulant un oiseau en plein vol*] lancia-piattello (*inv.*): *des ball-traps* dei lancia-piattello.

ba(l)luchon |balyʃɔ̃| *s.m.* (*fam.*)

[*petit paquet d'effets*] fagotto: *faire son balluchon* [*partir*] fare fagotto.
balnéaire |balneɛʀ| *adj.* balneare: *station balnéaire* stazione balneare.
balnéation |balneɑsjɔ̃| *s.f.* (*méd.*) balneoterapia.
balnéothérapie |balneoteʀapi| *s.f.* (*méd.*) balneoterapia.
balourd, ourde |baluʀ, uʀd(ə)| *adj.* [*maladroit et sans délicatesse*] goffo, zotico*: *il est un peu balourd* è un po' goffo ♦ (*s.*) *quel balourd!* che zoticone! ⓒ **adroit, délicat.**
balourdise |baluʀdiz| *s.f.* [*propos de balourd*] balordaggine: *il est d'une balourdise étonnante* è di una balordaggine sconcertante ⓒ **délicatesse.**
balsa |balza| *s.m.* balsa *f.*
balsamine |balzamin| *s.f.* (*t. bot.*) balsamina.
Balsaminées |balzamine| *s.f. pl.* (*t. bot.*) Balsaminacee.
balsamique |balzamik| *adj.* balsamico*: *drogue, pilule balsamique* droga, pillola balsamica ♦ (*s.m.*) *un balsamique* un balsamico.
balte |balt|, **baltique** |baltik| *adj.* [*de la mer Baltique*] baltico*.
balthazar, balthasar |baltazaʀ| *s.m.* [*grosse bouteille de champagne équivalent à 16 bouteilles normales*] ⊠.
baltique |baltik| *adj.* → **balte.**
balustrade |balystʀad| *s.f.* **1** balaustra, balaustrata: *balustrade d'une terrasse* balaustrata di un terrazzo **2** [*clôture à hauteur d'appui et à jour*] parapetto *m.*; ringhiera: *la balustrade d'une passerelle* il parapetto di una passerella; *la balustrade d'un pont* il parapetto di un ponte → **garde-fou, parapet** ‖ *la balustrade d'un balcon* la ringhiera di un balcone; *la balustrade d'un escalier* la ringhiera di una scala → 2 **rampe** **3** *la balustrade d'une plate-forme de camion* la sponda di un camion → **ridelle.**
balustre |balystʀ(ə)| *s.m.* **1** balaustro **2** [*colonnette ornant le dos d'un siège*] colonnina *f.*
balzan |balzɑ̃| (*adj. m.*) *cheval balzan* [*qui a des balzanes*] cavallo balzano.
balzane |balzan| *s.f.* balza(na).
bambin, ine |bɑ̃bɛ̃, in| *s.* → **enfant.**
bambochade |bɑ̃bɔʃad| *s.f.* (*peint.*) bambocciata.
bamboche |bɑ̃bɔʃ| *s.f.* **1** (*ancienn.*) [*marionnette*] pupazzo *m.* **2** (*fam.*) [*petite débauche*] bisboccia*: *faire bamboche* fare bisboccia.
bambocher |bɑ̃bɔʃe| *v.intr.* [*faire bamboche, la noce*] bisbocciare, gozzovigliare.
bambocheur, euse |bɑ̃bɔʃœʀ, øz| *s.* [*personne qui bamboche*] bisboccione → **noceur.**
bambou |bɑ̃bu| *s.m.* **1** (*bot.*) bambù *inv.* ◇ (*cour.*) *une canne de bambou* una canna di bambù ◇ (*cuis. chinoise*) *pousses de bambou* germogli di bambù # *plantation de bambous* bambusaia **2** (*fam.*) *attraper un coup de bambou* [*une insolation*] prendere un'insolazione ◇ (*pop.*) *il a eu le coup de bambou* gli ha dato di volta il cervello.
bamboula |bɑ̃bula| *s.* **1** *s.f.* (*pop.*) *faire la bamboula* [*la noce*] fare bisboccia, baldoria **2** *s.m.* (*vx.*) tamburo africano → **tam-tam.**
1 **ban** |bɑ̃| *s.m.* **1** (*ancienn.*) bando, pubblico* annuncio* **2** [*proclamation d'un futur mariage à l'église*] pubblicazioni (*f.pl.*): *on a publié les bans* si sono fatte le pubblicazioni **3** [*roulement de tambour précédant la proclamation d'un ordre*] rullo (di tamburo) # *ouvrir, fermer le ban* aprire, chiudere un bando ◇ (*fam.*) applauso (ritmato): *un ban pour le vainqueur!* un applauso per il vincitore **4** (*féod.*) i vassalli *pl.* ◇ (*fig.*) *le ban et l'arrière-ban* tutta la cricca **5** [*exil*] bando: *être en rupture de ban* rompere il bando **6** *mettre qqn. au ban de la société* mettere qc. al bando della società; (*fig.*) additare qc. al pubblico disprezzo → **bannissement** **7** *ban d'expropriation* avviso di esproprio.
2 **ban** |bɑ̃| *s.m.* (*hist.*) bano.
banal, ale, als |banal| *adj.* banale: *un cas assez banal* un caso abbastanza banale; *quoi de plus banal!* una cosa banalissima!; *propos banals* discorsi banali; *une plaisanterie banale* uno scherzo banale → **ordinaire** ♦ (*s.m.*) *le banal* il banale: *avoir (l')horreur du banal* avere orrore del, aborrire il banale ⓒ **curieux, original.**
banal, ale, aux |banal, o| *adj.* → **communal.**
banalement |banalmɑ̃| *adv.* [→ BANAL] banalmente.
banalisation |banalisɑsjɔ̃| *s.f.* **1** [*action de rendre banal, généralisation*] banalizzazione (*rare*) **2** [*suppression de toutes marques distinctives*] camuffamento (*m.*): *la banalisation des voitures de police* il camuffamento delle auto della polizia **3** (*ch. de fer*) banalizzazione.
banalisé, ée |banalize| *adj.* [*dépourvu de ses signes distinctifs*] camuffato: *une voiture de police banalisée* un'auto della polizia camuffata, una auto-civetta.
banaliser |banalize| **A** *v.tr.* **1** [*rendre banal*] banalizzare, rendere (105) banale: *cette coiffure la banalise* questa pettinatura la rende un po' banale **2** (*ch. de fer*) [*équiper et mettre en circulation une voie dans un sens et dans l'autre*] banalizzare **B** *v.pron. intr.* SE BANALISER [*devenir banal*] banalizzarsi: *langue qui se banalise* lingua che si banalizza.
1 **banalité** |banalite| *s.f.* (*hist. médiév.*) bannalità *inv.*
2 **banalité** |banalite| *s.f.* **1** banalità (*inv.*): *la banalité de la vie* la banalità della vita **2** [*propos, écrit banal*] banalità: *ce livre est un tissu de banalités* questo libro è intessuto di banalità; *il ne débite que des banalités* non dice che banalità → 1 **lieu (commun)** ⓒ **originalité.**
banane |banan| *s.f.* **1** [*le fruit*] banana: *glisser sur une peau de banane* scivolare su una buccia di banana → 2 **régime** **2** (*par anal., fam.*) [*décoration milit.*] patacca*.
bananeraie |bananʀɛ| *s.f.* [*plantation de bananiers*] bananeto *m.*
bananier |bananje| *s.m.* **1** (*t. bot.*) banano **2** [*cargo*] bananiera *f.*
1 **banc** |bɑ̃| *s.m.* [*siège*] panca* *f.*; banco*: *banc de pierre, de bois, de fer* panca di pietra, di legno, di ferro ‖ *banc d'école* banco di scuola; *banc des accusés* banco degli imputati; *le banc des ministres à l'Assemblée nationale* il banco del governo all'Assemblea nazionale # *banc de jardin, banc public* panchina.
2 **banc** |bɑ̃| *s.m.* (*techn.*) banco*: *un banc de tourneur, de menuisier* un banco di tornitore, di falegname → **établi, table**; *banc à broches* banco a fusi; *banc d'essai* banco di prova ◇ (*fig.*) prova, esame.
3 **banc** |bɑ̃| *s.m.* **1** [*amas de diverses matières*] banco*: *banc de sable* banco di sabbia, secca; *banc de vase, de rochers* banco di melma, di scogli; *banc de glace* banco di ghiaccio; *banc de coraux* banco corallino **2** [*grande quantité*] banco: *banc de poissons, de harengs* un banco di pesci, di aringhe **3** (*géol.*) strato: *banc de pierre* strato di pietra.
bancabilité, banquabilité |bɑ̃kabilite| *s.f.* bancabilità *inv.*
bancable, banquable |bɑ̃kabl(ə)| *adj.* (*comm.*) bancabile.
bancaire |bɑ̃kɛʀ| *adj.* (*comm.*) bancario*: *opérations bancaires* operazioni bancarie; *chèques bancaires* assegni bancari.
bancal, ale, als |bɑ̃kal| *adj.* **1** (*personnes*) → **boiteux** **2** (*choses*) *une table bancale* [*qui n'est pas d'aplomb*] un tavolo sbilenco*.
banche |bɑ̃ʃ| *s.f.* (*maçonn.*) antone *m.*
banco |bɑ̃ko| *s.m.* (*jeux*) banco*: *faire banco* avere il banco; *un banco de 50.000 francs* un banco di 50.000 franchi.
bandage |bɑ̃daʒ| *s.m.* **1** [*bandes de tissus appliquées sur une partie du corps*] bendaggio*, fasciatura (*f.*): *bandage en T, croisé* bendaggio a T, incrociato; *enrouler, défaire un bandage* avvolgere, disfare una fasciatura # *bandage herniaire* cinto erniario **2** (*techn.*) cerchione (di ruota).
1 **bande** |bɑ̃d| *s.f.* **1** [*morceau (d'étoffe, de papier, etc.) servant à lier, orner, etc.*] fascia*; striscia*; fascetta: *bande Velpeau* fascia per medicazioni ‖ *manteau rallongé d'une bande de fourrure* cappotto allungato con una striscia di pelliccia ‖ *bande de journal* fascetta di giornale; *journal sous bande* giornale sotto fascetta # *bande mollettière* mollettiera ◇ [*film cinématographique*] pellicola (cinematografica): *la bande a sauté à la projection* la pellicola si è rotta durante la proiezione → **pellicule** # *bande sonore* colonna sonora; *bande magnétique* (*d'un magnétophone, d'un ordinateur*) nastro magnetico (di magnetofono, di elaboratore elettronico); *bande vidéo* videocassetta; *bande de mitrailleuse* caricatore a nastro di mitragliatrice **2** [*partie étroite et allongée de qqch.*] striscia: *bande de terrain* striscia di terra; *tissus à bandes bleues* tessuto a strisce blu; *les bandes d'un drapeau* le strisce, le bande di una bandiera # *chaussée à trois bandes* carreggiata a tre corsie ◇ (*blas.*) banda ◇ (*spécialt.*) BANDE DESSINÉE fumetto ◇ (*phys.*) *bande d'absorption d'un spectre* banda di assorbimento di uno spettro; *bande de fréquence* banda di frequenza ◇ (*math.*) *la bande de Mobius* il nastro di Mobius **3** (*billard*) sponda: *toucher la bande* toccare la sponda; *jouer par la bande* giocare di sponda ◇ (*fig.*) *prendre qqn., faire qqch. par la bande* [*par des moyens indirects*] prendere qc., fare q.c. per vie traverse.
2 **bande** |bɑ̃d| *s.f.* **1** [*groupe d'hommes qui combattent ensemble sous un*

même chef] banda: *bandes armées, rebelles* bande armate, ribelli → **troupe**; *une bande de voleurs* una banda di ladri → **gang**; *une dangereuse bande* una banda pericolosa # *je ne suis pas de leur bande* non sono del loro giro → **clan, coterie** **2** [*groupe de personnes, d'animaux*] banda, brigata; gruppo (*m.*): *une bande joyeuse* un'allegra brigata || *ils font bande à part* fanno gruppo a parte; *aller en bande* andare in gruppo # *bande d'idiots!* massa di imbecilli! → **tas.**
3 **bande** |bɑ̃d| *s.f.* (*mar.*) *donner de la bande* andare alla banda.
1 **bandé, ée** |bɑ̃de| *adj.* (*blas.*) *écu bandé* bandato *s.m.*
2 **bandé, ée** |bɑ̃de| *adj.* **1** [*couvert d'un bandeau*] bendato: *les yeux bandés* gli occhi bendati **2** [*entouré d'un bandage*] bendato, fasciato.
bandeau |bɑ̃do| *s.m.* **1** [*bande qui sert à ceindre le front, à couvrir les yeux*] benda (*f.*): *avoir un bandeau sur les yeux* avere una benda sugli occhi **2** (*coiffure*) 'bandeau' *inv.* **3** (*archit.*) cornice *f.*, cornicione.
bander |bɑ̃de| **A** *v.tr.* **1** [*entourer d'une bande; couvrir d'un bandeau*] bendare: *bander le front d'un blessé* bendare, fasciare la fronte di un ferito; *bander les yeux de qqn.* bendare gli occhi a qc. **2** [*tendre avec effort*] tendere: *bander la corde d'un arc* tendere la corda di un arco ◇ (*fig.*) → **tendre B** *v.intr.* **1** [*être tendu*] essere (96) teso **2** (*vulg.*) [*être en état d'érection*] tirare.
banderillero |bɑ̃deʀijeʀo| *s.m.* (*taurom.*) banderillero *inv.*
banderole |bɑ̃dʀɔl| *s.f.* banderuola; striscione *m.*
bandit |bɑ̃di| *s.m.* **1** bandito, brigante **2** (*par ext.*) [*homme avide et sans scrupules*] ladro, uomo senza scrupoli; *ce commerçant est un bandit* questo commerciante è un ladro ◇ (*par exagér., fam.*) (piccola) peste (*f.*): *ce petit bandit a cassé ma montre* quella piccola peste mi ha rotto l'orologio.
banditisme |bɑ̃ditism(ə)| *s.m.* banditismo.
bandonéon |bɑ̃dɔneɔ̃| *s.m.* bandoneon *inv.*
bandothèque |bɑ̃dɔtɛk| *s.f.* [*collection de bandes magnétiques*] nastroteca*.
bandoulière |bɑ̃duljɛʀ| *s.f.* bandoliera ◇ *loc.* EN BANDOULIÈRE a tracolla, a bandoliera: *fusil en bandoulière* fucile a bandoliera.
bandoura |bɑ̃duʀa| *s.f.* (*mus.*) bandura.
bang |bɑ̃ŋ| **1** *interj.* (*onomat., exprimant 'le bruit d'une explosion violente'*) bang **2** *s.m. inv.* [*déflagration accompagnant le franchissement du mur du son*] bang sonico*.
banjo |bɑ̃(d)ʒo| *s.m.* (*mus.*) banjo *inv.*
banjoïste |bɑ̃dʒɔist| *s.* suonatore* di banjo.
banlieue |bɑ̃ljø| *s.f.* [*ensemble des agglomérations qui entourent une grande ville*] periferia: *la banlieue de Paris, de Londres* la periferia di Parigi, di Londra; *une maison en banlieue* una casa in periferia; *la grande banlieue* l'estrema periferia → **environ.**
banlieusard, arde |bɑ̃ljøzaʀ, aʀd(ə)| *s.* (*fam.*) abitante della periferia (*spécialt.*) di Parigi (*cour.*) # *les trains des banlieusards* i treni dei pendolari.
banneret |banʀɛ| *s.m.* (*féod.*) banderese.
banni, ie |bani| *adj.* bandito, proscritto ◆ (*s.*) *un banni* [*exilé*] un proscritto, un esule.
bannière |banjɛʀ| *s.f.* **1** (*féod.*) insegna ◇ (*fig.*) *combattre sous la bannière de qqn.* militare sotto le insegne di qc.; *marcher sous la bannière de qqn.* marciare all'insegna di qc. # *se ranger sous la bannière de qqn.* parteggiare per qc. **2** [*étendard que l'on porte en procession*] stendardo *m.* ◇ (*fig., fam.*) *c'est la croix et la bannière* [*c'est toute une affaire*] non è una faccenda da niente → **difficile**; *c'est la croix et la bannière pour le convaincre* occorre del bello e del buono, ce ne vuole per convincerlo **3** (*mar.*) *voile en bannière* vela a stendardo **4** (*pop.*) → 1 **chemise.**
bannir |baniʀ| *v.tr.* **1** [*condamner (qqn.) à quitter un pays*] bandire (197) → **exiler, expulser** ◇ (*littér.*) [*éloigner, chasser*] bandire, espellere (143) # *je l'ai banni de ma maison* l'ho messo alla porta **2** (*fig.*) (*choses*) [*écarter, supprimer*] bandire: *bannir complètement le café* bandire del tutto il caffè.
bannissement |banismɑ̃| *s.m.* [→ BANNIR 1] bando → 1 **ban.**
banque |bɑ̃k| *s.f.* **1** banca*: *les caisses, les guichets de la banque* le casse, gli sportelli della banca; *employé de banque* impiegato di banca, bancario; *j'ai un compte en banque* ho un conto in banca # *billet de banque* banconota, biglietto di banca; *chèque de banque* assegno bancario **2** (*jeu*) banco*: *tenir la banque* tenere il banco; *faire sauter la banque* far saltare il banco **3** *banque du sang, des yeux* banca del sangue, degli occhi ◇ (*spécialt.*) *banque d'organes* banca di organi; *banque de données* banca di dati.
banqueroute |bɑ̃kʀut| *s.f.* **1** (*dr.*) bancarotta: *faire banqueroute* far bancarotta → **krach** **2** (*fig., littér.*) rovina, sfacelo *m.*
banqueroutier, ière |bɑ̃kʀutje, jɛʀ| *s.* (*dr.*) bancarottiere *m.*
banquet |bɑ̃kɛ| *s.m.* banchetto.
banqueter |bɑ̃kte| (5) *v.intr.* **1** [*prendre part à un banquet*] banchettare **2** (*par ext.*) → **festoyer.**
banquette |bɑ̃kɛt| *s.f.* **1** [*petit banc*] sedile *m.*; sgabello (*m.*): *les banquettes d'un wagon, d'une voiture* i sedili di un vagone, di un'automobile || *la banquette du piano* lo sgabello del piano ◇ (*loc.*) *jouer devant les banquettes* recitare a sala vuota **2** [*plate-forme à couvert*] banchina: *banquette de tir* banchina di tiro **3** *banquette de sûreté* banchina stradale **4** [*petit chemin pour les piétons*] banchina (pedonale) → **trottoir.**
banquier |bɑ̃kje| *s.m.* **1** (*comm.*) banchiere → **financier** **2** [*personne qui tient le banc dans certains jeux*] banco*.
banquise |bɑ̃kiz| *s.f.* banchisa → **iceberg.**
banquiste |bɑ̃kist| *s.m.* (*dans les cirques et les spectacles forains*) [*celui qui présente et vante le spectacle*] presentatore* *s.*, imbonitore.
bantou |bɑ̃tu| *adj. et s.* (*ethnogr.*) bantù *inv.*, bantu *inv.*
baobab |baɔbab| *s.m.* (*t. bot.*) baobab *inv.*
baptême |batɛm| *s.m.* **1** (*relig.*) battesimo: *nom de baptême* nome di battesimo; *extrait de baptême* estratto dell'atto di battesimo; *j'ai tenu cet enfant sur les fonts du baptême* ho tenuto a battesimo questo bambino; *conférer, recevoir le baptême* amministrare, ricevere il battesimo # *les fonts du baptême* il fonte battesimale **2** (*par ext.*) battesimo: *le baptême d'une cloche, d'un navire* il battesimo di una campana, di una nave → **bénédiction**; *baptême de l'air, du feu* battesimo dell'aria, del fuoco.
baptiser |batize| *v.tr.* **1** [*administrer le baptême à*] battezzare: (*faire*) *baptiser un nouveau-né* (far) battezzare un neonato; *je te baptise au nom du Père, du Fils et du Saint-Esprit* ti battezzo nel nome del Padre, del Figlio e dello Spirito Santo **2** (*par ext.*) *baptiser une cloche, un navire* battezzare una campana, una nave **3** (*fig., fam.*) *baptiser du vin* [*y mettre de l'eau*] battezzare il vino **4** [*donner un sobriquet à qqn., une appellation à qqch.*] soprannominare, chiamare: *on l'a baptisé le boiteux* lo hanno soprannominato lo zoppo.
baptismal, ale, aux |batismal, o| *adj.* battesimale: *l'eau baptismal* l'acqua battesimale; *les fonts baptismaux* il fonte battesimale → **fonts.**
baptiste |batist(ə)| *adj. et s.* (*relig.*) battista.
baptistère |batistɛʀ| *s.m.* battistero ◇ (*par ext.*) [*chapelle des fonts baptismaux*] fonte battesimale.
baquet |bakɛ| *s.m.* **1** [*cuvier*] mastello, tinozza *f.* **2** (*dans les mines*) gabbia *f.* **3** (*mécan.*) benna *f.* → **cuve** **4** [*siège bas et très enveloppant des voitures de sport et de course*] sedile avvolgente.
1 **bar** |baʀ| *s.m.* bar *inv.*, caffè *inv.*
2 **bar** |baʀ| *s.m.* (*t. zool.*) branzino, spigola *f.* → **loup.**
3 **bar** |baʀ| *s.m.* (*phys.*) bar *inv.*
baragouin |baʀagwɛ̃| *s.m.* [*langage incorrect*] linguaggio*, parlata *f.* incomprensibile ◇ (*par ext.*) [*langue qu'on ne comprend pas*] arabo, ostrogoto: *on ne comprend rien à son baragouin* parla arabo, ostrogoto → 1 **jargon, charabia.**
baragouinage |baʀagwinaʒ| *s.m.* [→ BARAGOUINER] biascicamento.
baragouiner |baʀagwine| **A** *v.tr.* (*fam.*) [*parler une langue en l'estropiant*] biascicare, masticare: *je baragouine un peu d'espagnol* mastico un po' di spagnolo **B** *v.intr.* [*parler une langue qui paraît barbare à ceux qui ne la comprennent pas*] farfugliare: *ces étrangers baragouinent entre eux* questi stranieri farfugliano tra (di) loro.
baragouineur, euse |baʀagwinœʀ, øz| *s.* [*qui baragouine*] farfuglione, barbuglione.
baraka |baʀaka| *s.f.* → **chance.**
baraque |baʀak| *s.f.* **1** baracca* → **cabane, hutte** # *des baraques de forains* baracconi da fiera **2** (*fam.*) [*maison mal bâtie*] baracca: *cette baraque commence à s'écrouler* questa baracca comincia a cadere → **bicoque** ◇ (*péj.*) [*maison où l'on ne se trouve pas bien*] *on gèle dans cette baraque* si gela in questa baracca → **boîte, boutique.**
baraqué, ée |baʀake| *adj.* (*pop.*) (*personnes*) [*fait, bâti*] ben messo, ben piantato: *il est bien baraqué* è ben messo, ben piantato.

baraquement |baʀakmɑ̃| *s.m.* baraccamento # *les baraquements des sinistrés du séisme* le baracche dei terremotati.

baraterie |baʀatʀi| *s.f.* (*dr. mar.*) baratteria.

baratin |baʀatɛ̃| *s.m.* (*pop.*) [*discours abondant qui tend à tromper*] chiacchiere *f.pl.* (*cour.*): *assez de baratin!* basta con le chiacchiere!; *faire du baratin à qqn.* raccontare frottole a qc. → **boniment.**

baratiner |baʀatine| *v.tr.* [*essayer d'abuser* (*qqn.*) *par un baratin*] imbonire (197): *baratiner un client, une femme* imbonire un cliente, una donna.

baratineur, euse |baʀatinœʀ, øz| *s. et adj.* (*pop.*) [*personne qui baratine, a du bagou*] imbonitore *m.* (*cour.*).

barattage |baʀataʒ| *s.m.* [→ BARATTER] burrificazione *f.*

baratte |baʀat| *s.f.* [*instrument à battre le lait pour en tirer le beurre*] zangola.

baratter |baʀate| *v.tr.* [*battre* (*la crème*) *dans une baratte*] burrificare.

barbacane |baʀbakan| *s.f.* (*fortif.*) barbacane *m.* ◇ (*par ext.*) feritoia: *les barbacanes des tours* le feritoie delle torri ◇ (*archit.*) barbacane.

barbant, ante |baʀbɑ̃, ɑ̃t| *adj.* (*fam.*) [*ennuyeux*] barboso → **barbifiant, rasant.**

barbaque |baʀbak| *s.f.* (*pop.*) → **viande.**

barbare |baʀbaʀ| *adj.* **1** [*étranger, pour les Grecs et les Romains; puis pour la chrétienté*] barbarico*: *les invasions barbares* le invasioni barbariche ✦ (*s.*) *les barbares* i barbari **2** [*qui choque, qui est contraire aux règles*] barbaro: *manières barbares* modi barbari → **grossier**; *une façon de parler barbare* un modo barbaro di parlare → **incorrect;** *c'est une musique barbare* è una musica barbara ✦ (*s.*) *c'est un barbare* è un barbaro **3** (*choses*) [*cruel, sauvage*] barbaro, efferato: *un crime barbare* un efferato delitto → **cruel, féroce.**

barbarement |baʀbaʀmɑ̃| *adv.* [→ BARBARE 2, 3] barbaramente.

barbaresque |baʀbaʀɛsk(ə)| *adj. et s.m.* barbaresco* → **berbère.**

barbarie |baʀbaʀi| *s.f.* **1** (*littér.*) barbarie (*inv.*): *tirer un peuple de la barbarie* liberare un popolo dallo stato di barbarie **2** [*absence de goût, grossièreté de barbare*] barbarie **3** [*cruauté sauvage*] barbarie, efferatezza: *commettre des actes de barbarie* commettere atti di barbarie, di efferatezza Ⓒ 1 **civilisation**; 2 **raffinement**; 3 **bonté.**

barbarisme |baʀbaʀizm(ə)| *s.m.* (*ling.*) barbarismo.

1 **barbe** |baʀb(ə)| *s.f.* **1** barba: *savon à barbe* sapone da barba; *avoir la barbe dure* avere la barba dura → **barbiche, collier** # *visage sans barbe* viso imberbe → **glabre, imberbe**; *se faire la barbe* farsi sbarbare, farsi fare la barba ◇ (*loc. fig.*) *rire dans sa barbe* ridere sotto i baffi; *faire qqch. à la barbe de qqn.* fare q.c. in barba a qc. **2** *une vieille barbe* [*un vieil homme qui n'est pas à la page*] un vecchio barbogio **3** BARBE À PAPA zucchero *m.* filato **4** (*fig., pop.*) *la barbe!* [*cela suffit*] basta!, piantala! (piantatela!); *quelle barbe!* che barba! **5** (*par ext.*) (*animaux*) barba: *la barbe des chèvres* la barba delle capre ◇ (*par anal., bot.*) *la barbe des épis* la testa delle spighe **6** (*au plur.*) *les barbes d'une page* [*les bavures*] le sbavature di un foglio.

2 **barbe** |baʀb(ə)| *s.m.* (cavallo) berbero, barbaresco.

1 **barbeau** |baʀbo| *s.m.* (*t. zool.*) barbo.

2 **barbeau** |baʀbo| *s.m.* (*pop.*) [*souteneur*] ruffiano *s.*, magnaccia *inv.* → **maquereau.**

barbecue |baʀbəkju(ky)| *s.m.* barbecue *inv.*, graticola *f.*

barbelé, ée |baʀbəle| *adj.* [*garni de pointes disposés comme les barbes d'un épi*] spinato: *fil de fer barbelé* fil(o) (di ferro) spinato ✦ (*s.m.*) (*réseaux de*) *barbelés* reticolati.

barbelure |baʀbəlyʀ| *s.f.* [*réseau de pointes disposées en barbes d'épi*] spuntoni (*m.pl.*): *les barbelures des grilles d'un parc* gli spuntoni delle cancellate di un parco.

barber |baʀbe| **A** *v.tr.* (*pop., fam.*) [*ennuyer*] seccare, scocciare: *cela me barbe* la cosa mi secca, mi scoccia; *vous le barbez avec vos histoires* lo seccate con le vostre storie → **raser, assommer B** *v.pron.intr.* SE BARBER [*éprouver de l'ennui*] annoiarsi: *on s'est barbé toute la journée* ci si è, ci siamo annoiati tutto il giorno.

barbet |baʀbɛ| *s.m.* [*chien à poil long et frisé*] spaniel *inv.*

barbiche |baʀbiʃ| *s.f.* [*petite barbe qu'on laisse pousser au menton*] pizzo *m.*, barbetta: *la barbiche de Napoléon III* il pizzo di Napoleone III.

barbichette |baʀbiʃɛt| *s.f.* (*fam.*) [*petite barbiche*] pizzetto *m.*

barbier |baʀbje| *s.m.* (*ancienn.*) barbitonsore (*iron.*), barbiere: *le barbier de Séville* il barbiere di Siviglia.

barbifiant, ante |baʀbifjɑ̃, ɑ̃t| *adj.* (*fam.*) [*ennuyeux*] barboso: *je le trouve très barbifiant* lo trovo barbosissimo → **assommant, barbant, rasant.**

barbifier |baʀbifje| *v.tr.* **1** (*fam.*) [*raser, faire la barbe*] radere (153), far (103) la barba **2** (*fam.*) [*ennuyer*] stufare (103) → **barber, raser.**

barbifique |baʀbifik| *adj.* → **barbifiant.**

barbiturique |baʀbityʀik| *adj.* (*chim.*) barbiturico* ✦ (*s.m.pl.*) *les barbituriques* i barbiturici.

barbiturisme |baʀbityʀism| *s.m.* (*méd.*) barbiturismo.

barbon |baʀbɔ̃| *s.m.* (*plais.*) [*homme d'un âge plus que mûr*] barbogio*, vecchione → **birbe.**

barbotage |baʀbɔtaʒ| *s.m.* **1** [→ 1 BARBOTER 1] diguazzamento **2** (*chim., techn.*) gorgoglio*.

1 **barboter** |baʀbɔte| *v.intr.* **1** [*s'agiter dans l'eau, la boue*] (di)guazzare, sguazzare: *les canards barbotent dans la mare* le anatre guazzano nello stagno; *le jardin est inondé, on y barbote partout* il giardino è allagato, vi si sguazza dappertutto → **patauger 2** (*chim.*) (*se dit d'un gaz qui traverse un liquide*) gorgogliare.

2 **barboter** |baʀbɔte| *v.tr.* (*fam.*) [*voler*] sgraffignare: *on lui a barboté le portefeuille* gli hanno sgraffignato il portafogli.

barboteuse |baʀbɔtøz| *s.f.* [*vêtement d'enfant qui laisse les membres à nu*] pagliaccetto *m.*

barbouillage |baʀbujaʒ| *s.m.* [→ BARBOUILLER 3] sgorbio*, scarabocchio* → **gribouillage, griffonnage** ◇ (*spécialt.*) [*mauvaise peinture*] scarabocchio.

barbouille |baʀbuj| *s.f.* (*fam., péj.*) → **badigeonnage.**

barbouiller |baʀbuje| *v.tr.* **1** [*couvrir d'une substance salissante*] imbrattare, insudiciare: *barbouiller un livre d'encre* imbrattare un libro d'inchiostro; *le visage barbouillé de confiture* il viso imbrattato di marmellata → **salir, maculer, tacher 2** [*étendre grossièrement une couleur*] imbrattare: *barbouiller un mur* imbrattare un muro → **enduire** ◇ (*par ext.*) *un amateur qui barbouille des toiles* un dilettante che imbratta tele → **peinturlurer 3** [*charger de gribouillages*] scarabocchiare: *barbouiller du papier* scarabocchiare della carta → **gribouiller, griffonner 4** (*fig., fam.*) *barbouiller l'estomac, le cœur* [*donner la nausée*] rivoltare, sconvolgere lo stomaco ✦ (*au p.p.*) *avoir l'estomac barbouillé* aver lo stomaco sconvolto.

barbouilleur, euse |baʀbujœʀ, øz| *s.* [*qui barbouille* (3)] imbrattatore* # *barbouilleur de papier* imbrattacarte ◇ (*spécialt.*) [*mauvais peintre*] **imbrattatele.**

barbouze |baʀbuz| *s.* **1** *s.f.* (*pop.*) → **1 barbe 1 2** *s.* [*agent secret*] agente *m.* segreto (*cour.*), spia *f.* (*cour.*).

barbu, ue |baʀby| *adj.* barbuto ✦ (*s.*) *un barbu* un barbuto.

barbue |baʀby| *s.f.* (*t.zool.*) rombo *m.* liscio*.

barcarolle |baʀkaʀɔl| *s.f.* (*mus.*) barcarola.

barcasse |baʀkas| *s.f.* (*mar.*) barcaccia*.

barcelonais, aise |baʀsəlɔnɛ, ɛz| *adj.* [*de Barcelone*] barcellonese: *la population barcelonaise* la popolazione barcellonese.

bard |baʀ| *s.m.* [*grande civière à claire-voie pour transporter des fardeaux*] barella *f.*

barda |baʀda| *s.m.* (*arg. milit.*) equipaggiamento ◇ (*par ext.*) [*bagage*] armamentario*, roba (*f.*): *prends tout ton barda* prendi tutto il tuo armamentario, tutta la tua roba → **attirail.**

bardage |baʀdaʒ| *s.m.* **1** trasporto su barella **2** protezione *f.* (con assi di legno).

bardane |baʀdan| *s.f.* (*t.bot.*) bardana.

1 **barde** |baʀd(ə)| *s.m.* (*hist. celt.*) bardo.

2 **barde** |baʀd(ə)| *s.f.* **1** [*armure qui protégeait le cheval*] barda **2** [*tranche de lard dont on entoure une viande à rôtir*] lardello *m.*

3 **barde** |baʀd(ə)| *s.f.* (*dans la loc. adv. fam.*) *à toute barde* [*à toute allure*] a tutta forza, a tutta velocità (*cour.*).

bardeau |baʀdo| *s.m.* [*petite planche employée dans la construction, la couverture des maisons*] assicella *f.*, tavola *f.* (di copertura): *un toit de bardeaux* un tetto di assicelle, di tavole(tte).

bardée |baʀde| *s.f.* [*matériaux remplissant un bard*] barella(ta): *une bardée de pierres* una barellata di sassi.

1 **barder** |baʀde| *v.tr.* **1** [*couvrir un cheval d'une barde*] mettere (155) la barda (a), bardare ◇ [*couvrir d'une armure*] *un chevalier bardé de fer* un

cavaliere ricoperto da un'armatura → **cuirassé** # *être bardé de décorations* essere carico di decorazioni **2** (*cuis.*) [*entourer de* (2) *bardes* (2)] lardellare: *barder un rôti* lardellare un arrosto **3** [*transporter sur un bard*] barellare.

2 **barder** |baʀde| *v.intr. impers.* (*pop.*) [*prendre une tournure violente*] mettersi (155) *pron.* al peggio, mettersi male: *s'il se met en colère, cela va barder* se si arrabbia, si mette male → **chauffer.**

bardot, bardeau |baʀdo| *s.m.* (*zool.*) bardotto.

-bare |baʀ| *suff.* (*signifiant 'pression', correspond généralt. à*) baro: *isobare* isobara.

barème |baʀɛm| *s.m.* [*recueil de tableaux numériques donnant le résultat de certains calculs*] prontuario*, tabelle (*f.pl.*): *barème des intérêts* prontuario degli interessi; *barème des salaires* tabelle degli stipendi.

baresthésie |baʀɛstezi| *s.f.* (*méd.*) barestesia.

barge |baʀʒ(ə)| *s.f.* [*grande péniche plate*] chiatta.

barguigner |baʀgiɲe| *v.intr.* (*littér.*) → **hésiter.**

barguigneur, euse |baʀgiɲœʀ, øz| *s.* [*qui barguigne*] cacadubbi *inv.* (*pop.*).

baril |baʀi(l)| *s.m.* barile: *baril de harengs* barile di aringhe → **tonnelet**; *baril de poudre* barile di polvere.

barillet |baʀijɛ,-lɛ| *s.m.* **1** [*petit baril*] barilotto, bariletto **2** (*par ext.*) *le barillet d'une montre, d'une pendule* il bariletto di un orologio, di un pendolo; *le barillet d'un revolver* il tamburo di una pistola; *le barillet d'une serrure* il cilindro di una serratura.

bariolage |baʀjɔlaʒ| *s.m.* [→ BARIOLER] accozzaglia *f.* di colori → **bigarrure.**

bariolé, ée |baʀjɔle| *adj.* [*coloré de tons vifs et bizarrement assortis*] variopinto, variegato: *une étoffe bariolée* una stoffa variopinta → **multicolore.**

barioler |baʀjɔle| *v.tr.* [*peindre de diverses couleurs bizarrement assorties*] variegare.

barmaid |baʀmɛd| *s.f.* (*angl.*) [*serveuse d'un bar*] cameriera (di bar).

barman |baʀman| *s.m.* (*angl.*) [*serveur d'un bar*] barista: *des barmen, des barmans* dei baristi.

barnabite |baʀnabit| *s.m.* (*relig.*) barnabita.

baro- |baʀɔ| *préf.* (*signifiant 'pesanteur', correspond généralt. à*) baro: *baromètre* barometro.

barographe |baʀɔgʀaf| *s.m.* (*phys.*) barografo → **altimètre.**

baromètre |baʀɔmɛtʀ(ə)| *s.m.* (*phys.*) barometro: *baromètre à cuvette* barometro a vaschetta; *baromètre à cadran* barometro a quadrante; *le baromètre est au beau fixe, au variable, à la pluie* il barometro segna bel tempo fisso, variabile, pioggia ◇ (*fig.*) *le baromètre de l'opinion publique* il barometro dell'opinione pubblica.

barométrique |baʀɔmetʀik| *adj.* (*phys.*) barometrico*.

1 **baron** |baʀɔ̃| *s.m.* **1** barone ◇ (*iron.*) *les hauts barons de la finance* i baroni della finanza **2** (*arg.*) → **protecteur; complice.**

2 **baron** |baʀɔ̃| *s.m.* (*cuis.*) *le baron d'un agneau* i filetti *plur.* e i cosciotti *plur.* d'agnello.

baronne |baʀɔn| *s.f.* baronessa.

baronnet |ba(ɑ)ʀɔnɛ| *s.m.* (*blas. angl.*) baronetto.

baronnie |ba(ɑ)ʀɔni| *s.f.* baronia, baronato *m.*

baroque |baʀɔk| *adj.* **1** [*qui est irrégulier et bizarre*] stravagante, strambo: *quelle idée baroque!* che idea stravagante, stramba! → 1 **excentrique, étrange** **2** (*archit.*) barocco*: *églises baroques* chiese barocche; *sculpture, peinture, art baroque* scultura, pittura, arte barocca ✦ (*s.m.*) *le baroque* il barocco **3** (*par ext.*) *style baroque en peinture, en musique* stile barocco in pittura, in musica.

baroquisme |baʀɔkism(ə)| *s.m.* barocchismo 🄲 **classicisme.**

baroscope |baʀɔskɔp| *s.m.* baroscopio*.

barostat |baʀɔsta| *s.m.* (*phys.*) barostato.

baroud |baʀud| *s.m.* (*arg. milit.*) → **combat.**

baroudeur |baʀudœʀ| *s.m.* [*celui qui aime le baroud*] lottatore* *s.*

barouf |baʀuf| *s.m.* (*pop.*) → **boucan, tapage.**

barque |baʀk(ə)| *s.f.* barca*: *barque à rames, à voiles* barca a remi, a vela; *barque de pêcheur* barca da pesca; *promenade en barque* gita in barca ◇ (*fig.*) *mener, conduire la barque* mandare avanti la barca, la baracca; *bien mener sa barque* sapersela cavare, riuscire a barcamenarsi.

barquette |baʀkɛt| *s.f.* (*mar.*) barchetta ◇ (*pâtiss.*) *barquette aux fraises* barchetta alle fragole.

barracuda |baʀakyda| *s.m.* (*t. zool.*) barracuda *inv.*

barrage |ba(ɑ)ʀaʒ| *s.m.* **1** [→ BARRER A 1, 2] sbarramento: *un barrage à l'entrée d'une rue* uno sbarramento all'inizio d'una strada → **barricade**; *un barrage de police, d'agents* uno sbarramento di forze di polizia → **cordon**; *franchir le barrage* superare lo sbarramento # *faire barrage à qqn.* impedire a qc. di passare, (*fig.*) di agire → **obstacle** ◇ (*milit.*) *tir de barrage* tiro di sbarramento **2** [*ouvrage hydraulique*] diga* *f.*, sbarramento: *barrage-poids* diga a gravità; *barrage-voûte* diga ad arco; *barrage d'une écluse* sbarramento di una chiusa; *barrage d'une usine hydro-électrique* sbarramento di una centrale idroelettrica # *barrage-réservoir* invaso **3** (*turf*) 'barrage' *inv.*

barranco |baʀɑ̃ko| *s.m.* (*géogr.*) barranco*.

barre |ba(ɑ)ʀ| *s.f.* **1** sbarra, spranga*: *barre de bois, de fer* sbarra di legno, di ferro; *assommer qqn. à coups de barre* accoppare qc. a colpi di sbarra # *une barre d'or* un lingotto d'oro → **lingot** ◇ (*loc. fig., fam.*) *un coup de barre* [*ce qui étourdit*] una mazzata (in testa) ~ *c'est le coup de barre!* [*c'est très cher*] è carissimo, che stangata! ~ *on m'a donné le coup de barre* mi hanno pelato, mi hanno dato una stangata ~ *c'est de l'or en barre* [*une valeur*] è un affare d'oro **2** *barre d'appui* (*d'une fenêtre*) davanzale *m.* ◇ (*gymnastique*) sbarra: *exercices à la barre* esercizi alla sbarra; *barre fixe* sbarra fissa # *barres parallèles* parallele ◇ (*auto.*) *barre d'accouplement des roues* tirante dello sterzo **3** barra: *barre du gouvernail* barra del timone: *être à la barre* essere al timone # *l'homme de barre* il timoniere → **barreur, timonier** ◇ (*loc. fig.*) *prendre la barre, tenir la barre* reggere il timone; *être à la barre* essere al timone; *donner un coup de barre* fare, dare una sterzata **4** *la barre du tribunal* la sbarra (del tribunale) **5** (*mar.*) [*amas de sable qui barre l'entrée d'un port, d'un fleuve*] barra ◇ [*déferlement violent de la houle sur les hauts fonds*] mascheretto *m.* → **mascharet** **6** [*trait allongé*] asta: *cet écolier fait des barres* questo scolaro fa le aste → **bâton** # *la barre d'une soustraction* il meno di una sottrazione; *la barre du t* il taglio della t ◇ (*mus.*) *barre de mesure* stanghetta **7** *au plur.* (*jeu d'enfants*) BARRES bandiera (*sing.*): *enfants qui jouent aux barres* ragazzi che giocano a bandiera **8** *avoir barre(s) sur qqn.* [*avoir l'avantage sur lui*] essere in vantaggio su qc.

barré, ée |ba(ɑ)ʀe| *adj.* **1** [*fermé d'une barre*] sbarrato: *rue barrée* strada sbarrata **2** *chèque barré* assegno sbarrato **3** (*chir.*) barrato: *dent barrée* dente barrato **4** (*blas.*) *écu barré* scudo sbarrato.

barreau |ba(ɑ)ʀo| *s.m.* **1** [*barre servant de clôture ou support*] sbarra *f.*; traversa (*f.*): *les barreaux d'une fenêtre, d'une prison, d'une cage* le sbarre di una finestra, di una prigione, di una gabbia; *les barreaux d'une échelle* le sbarre, i pioli di una scala; *les barreaux d'une ridelle* le sbarre di una sponda → **échelon** ‖ *les barreaux d'une chaise* le traverse di una sedia **2** [*espace reservé au banc des avocats*] banco* (degli avvocati) ◇ (*par ext.*) [*les avocats*] avvocatura *f.*, foro: *c'est un avocat du barreau de Lyon* è un avvocato del foro di Lione → **avocat**; *entrer dans le barreau* darsi all'avvocatura # *l'éloquence du barreau* l'eloquenza forense.

barrement |ba(ɑ)ʀmɑ̃| *s.m.* (*comm.*) [→ BARRER A 4] lo sbarrare (*inv.*): *le barrement d'un chèque* lo sbarrare un assegno.

barrer |ba(ɑ)ʀe| **A** *v.tr.* **1** [*fermer* (*une voie*) *au moyen d'une barre, d'un obstacle*] sbarrare: *barrer une rue, un passage* sbarrare una strada, un passaggio ◇ (*par ext.*) *des rochers barraient la route* alcuni massi sbarravano la strada **2** (*fig.*) *barrer la route, le passage à qqn.* attraversare, tagliare la strada a qc. **3** (*mar.*) [*gouverner* (*une imbarcation*)] manovrare il timone (di un'imbarcazione) **4** [*marquer d'une ou plusieurs barres*] sbarrare: *barrer un chèque* sbarrare un assegno ✦ (*au p.p.*) *chèque barré* assegno sbarrato # *barrer un t* mettere il trattino alla t **5** [*annuler avec une barre*] depennare: *barrer une phrase* depennare una frase → **biffer, rayer** **B** *v.pron.intr.* (*pop.*) SE BARRER [*partir, s'enfuir*] tagliar *tr.* la corda, smammare (*intr.*): *on m'a dit que sa femme s'est barrée* mi han detto che sua moglie ha tagliato la corda; *barre-toi!* smamma! 🄲 A 1 **ouvrir.**

1 **barrette** |ba(ɑ)ʀɛt| *s.f.* (*ecclés.*) berretta.

2 **barrette** |ba(ɑ)ʀɛt| *s.f.* **1** [*pince à cheveux*] fermaglio* *m.* (per capelli) ◇ [*bijou de forme allongée*] spilla: *une barrette de diamants* una spilla di diamanti **2** [*ornement à forme de petite*

barre] la barrette de la Légion d'honneur le insegne *pl.* della Legione d'onore.

barreur, euse |baʀ(ɑ)ʀœʀ, øz| *s.* [*personne qui tient la barre du gouvernail dans une embarcation*] timoniere ◇ *(aviron) un quatre sans barreur, avec barreur* un quattro senza (timoniere), con (timoniere).

barricade |baʀikad| *s.f.* barricata: *dresser, élever des barricades* alzare barricate ◇ *(loc. fig.) être de l'autre côté de la barricade (de la barrière)* essere dall'altra parte della barricata.

barricader |baʀikade| **A** *v.tr.* **1** [*fermer par une barricade*] barricare: *les émeutiers avaient barricadé les rues* gli insorti avevano barricato le strade **2** [*fermer solidement*] sbarrare, sprangare una porta, delle finestre (con una sbarra) → **bâcler** **B** *v.pron. réfl.* SE BARRICADER [*s'enfermer soigneusement quelque part; s'enfermer pour ne voir personne*] barricarsi: *il s'est barricadé chez lui* si è barricato in casa.

barrière |ba(ɑ)ʀjɛʀ| *s.f.* **1** barriera; sbarra: *barrière naturelle* barriera naturale → **palissade** || *les barrières d'un passage à niveau* le sbarre di un passaggio a livello ◇ [*porte de château ou de ville*] porta ◇ *(phys.) barrière du son* barriera del suono **2** *(fig.)* barriera: *barrières douanières* barriere doganali; *barrières sociales* barriere sociali.

barrique |baʀik| *s.f.* [*tonneau (d'environ 200 litres)*] botte: *mettre du vin en barrique* mettere il vino nella botte → 2 **fût** ◇ *(fam.) être gros comme une barrique* essere grasso come una botte → **gros** ◇ *(pop.) il était plein comme une barrique* era pieno come una botte.

barrir |baʀiʀ| *v.intr.* (*en parlant de l'éléphant*) [*pousser un cri*] barrire (197): *les éléphants barrissent* gli elefanti barriscono.

barrissement |baʀismɑ̃|, *(vx.)*

barrit |baʀi| *s.m.* [→ BARRIR] barrito.

barrot |ba(ɑ)ʀo| *s.m.* [*baril à anchois*] barile, barilotto (per acciughe).

bartavelle |baʀtavɛl| *s.f.* *(t. zool.)* pernice rossa.

bary- |baʀi| *préf.* (*signifiant 'lourd, grave', correspond généralt. à*) bari: *barycentre* baricentro.

barycentre |baʀisɑ̃tʀ(ə)| *s.m.* *(phys.)* baricentro.

barycentrique |baʀisɑ̃tʀik| *adj.* *(phys.)* baricentrico*.

barye |baʀi| *s.f.* *(phys.)* baria.

baryon |baʀjɔ̃| *s.m.* *(phys.)* barione.

barysphère |baʀisfɛʀ| *s.f.* *(géogr.)* barisfera.

baryte |baʀit| *s.f.* *(chim.)* barite.

barytine |baʀitin| *s.f.* *(chim.)* baritina.

baryton |baʀitɔ̃| *s.m. et adj.* **1** *(gram. gr.)* baritono **2** *(mus.)* baritono: *une voix de baryton* una voce di baritono, baritonale ◇ *(par anal.) saxophone, trombone baryton* sassofono, trombone baritono.

baryum |baʀjɔm| *s.m.* *(chim.)* bario*.

bas |bɑ| *s.m.* **1** calza *(f.)*: *bas de laine, de coton* calze di lana, di cotone; *une paire de bas* un paio di calze; *pied, semelle, bout, talonnette, tige d'un bas* piede, soletta, punta, calcagno, gamba di una calza; *tricoter des bas* fare la calza ◇ *(spécialt.)* calza (da donna): *bas de nylon* calze di nailon; *bas sans couture* calze senza cucitura; *bas fins* calze velate **2** *(fig.) il a un bon bas de laine* [*argent économisé; petite épargne*] ha da parte un bel gruzzolo.

bas, basse |bɑ, bɑs| **I** *adj.* (*dans l'espace*) **1** [*qui a peu de hauteur*] basso: *un mur bas* un muro basso; *une maison basse* una casa bassa; *un appartement bas de plafond* un appartamento basso di soffitto; *table basse* tavolo basso # *être bas sur pattes* avere le zampe, le gambe corte **2** [*qui se trouve à une faible hauteur*] basso: *plafond bas* soffito basso; *les branches basses d'un arbre* i rami bassi di un albero; *les nuages sont bas* le nuvole sono basse ◇ *(par ext.) soleil, ciel bas* sole, cielo basso; *bas-ventre* basso ventre; *coup bas* colpo basso **3** [*dont le niveau, l'altitude est faible*] basso: *côte basse* costa bassa; *les Pays-Bas* i Paesi Bassi; *le bas Rhin* il basso Reno; *la partie basse d'une ville, la basse ville, les bas quartiers* la parte bassa di una città, la città bassa, i quartieri bassi ◇ *(loc. fig.) s'en aller l'oreille basse* andarsene con la coda fra le gambe **4** [*baissé*] basso: *marcher la tête basse* camminare a testa bassa; *faire main basse sur qqch.* fare man bassa di q.c.; *avoir la vue basse*: *(pr.)* avere la vista debole; *(fig.)* avere la vista corta **5** [*peu élevé dans l'échelle des sons*] basso: *les notes basses* le note basse; *une voix basse* una voce bassa ◇ *(par ext.) clarinette basse* clarinetto basso, clarone; *messe basse* messa bassa, messa letta **6** *(fig.)* [*peu élevé dans un compte, une évaluation*] basso: *basses cartes* carte basse; *bas prix* prezzo basso → **modéré**; *à bas prix* a basso prezzo → **vil** # *un enfant en bas âge* un bambino in tenera età, un bambino piccolo ◇ *(loc.) au bas mot* [*en faisant l'évaluation la plus faible*] a dir poco: *cet appareil vaut un million, au bas mot* questo apparecchio vale un milione a dir poco ◇ *(dans le rang, la hiérarchie) le bas clergé* il basso clero # *le bas peuple* il popolino; *une personne de basse origine, naissance* una persona di umili origini, di umili natali → **inférieur, subalterne** ◇ *(boucherie) bas morceau* carne, tagli di seconda scelta **7** [*moralement méprisable*] *une âme basse* un animo vile; *c'est une basse vengeance* è una ignobile vendetta → **abject, vil, infâme** **II** *adj.* (*dans le temps*) basso: *le Bas-Empire* il basso impero; *le bas latin* il basso latino **III** *s.m.* **1** [*la partie inférieure*] basso: *aller de bas en haut* andare dal basso in alto, verso l'alto # *le bas du visage* la parte inferiore del viso; *le bas d'une montagne* i piedi di una montagna, la zona pedemontana ◇ *loc. prép.* AU BAS DE ... in calce; ai piedi: *il apposa sa signature au bas de la page* appose la sua firma in calce alla pagina, a piè di pagina || *je suis au bas de l'échelle* sono ai piedi della scala **2** *au plur.* *(fig.)* bassi: *des hauts et des bas* (degli) alti e bassi; *un malade, une affaire qui a des hauts et des bas* un malato, un affare che ha degli alti e bassi **IV** *adv.* **1** [*à faible hauteur, à un niveau inférieur*] in basso *(loc. inv.)*: *mettre plus bas* mettere più in basso; *il faut creuser plus bas* bisogna scavare più in basso → **profond**; *il habite deux étages plus bas* abita due piani più in basso, più giù → 2 **dessous** # *les hirondelles volent bas* le rondini volano basse: *bas les pattes!* giù le mani!, giù le zampe!; *chapeau bas!* giù il cappello! ◇ *(loc. fig.) mettre qqn. plus bas que terre* [*le rabaisser en disant du mal*] mettere qc. sotto i piedi ~ TOMBER BAS andar, scender giù; cadere in basso: *les cours sont tombés très bas* le quotazioni sono andate giù di molto; *le thermomètre est tombé très bas* il termometro è sceso giù di molto || *est-il possible de tomber si bas?* è mai possibile cadere così in basso? ~ ÊTRE BAS essere giù: *ce malade est bien bas* quel malato è molto giù; *son moral est très bas* il suo morale è molto giù, a terra ~ METTRE BAS abbandonare, deporre: *mettre bas les armes* deporre le armi; *(fig.)* darsi per vinto ✦ *absolt.* (*animaux*) *mettre bas* figliare: *la brebis a mis bas* la pecora ha figliato **2** PLUS BAS [*plus loin dans un écrit*] più avanti, oltre: *voir plus bas* vedere più avanti, oltre → **ci-dessous** **3** [*en dessous, dans l'échelle des sons*] *parler bas, tout bas* parlare a bassa voce, pianissimo → **chuchoter, murmurer** **4** *loc. adv.* À BAS giù; abbasso: *sauter à bas du lit* saltare giù dal letto || *à bas le ministre!* abbasso il ministro! ◇ *(vx.)* → **abattre, détruire** **5** *loc.* EN BAS in giù, in basso: *la tête en bas* (a) testa in giù; *regarder de haut en bas* guardare dall'alto in basso ◇ [*au-dessous, en dessous*] *il loge en bas* abita di sotto, dabbasso ◇ *loc. prép.* EN BAS DE in fondo a: *en bas de la côte* in fondo alla discesa 🄲 I 1, 2, 3, 4 **haut, 5 aigu, 7 noble.**

basal, ale, aux |bazal, o| *adj.* (*rare au plur.*) *(méd.)* basale: *métabolisme basal* metabolismo basale.

basalte |bazalt(ə)| *s.m.* *(minér.)* basalto.

basaltique |bazaltik| *adj.* *(minér.)* basaltico*.

basane |bazan| *s.f.* bazzana: *livre relié en basane* libro rilegato in bazzana.

basané, ée |bazane| *adj.* (*se dit d'une peau brunie par le soleil*) abbronzato: *peau basanée* pelle abbronzata # *un teint basané* un colorito bruno.

basaner |bazane| *v.tr.* [*donner une couleur de basane*] abbronzare: *basaner la peau* abbronzare la pelle.

bas-bleu |bablø| *s.m.* *(péj.)* [*femme qui a des prétentions littér.*] saccentona *f.*, donna *f.* saccente: *des bas-bleus* delle saccentone.

bas-côté |bakote| *s.m.* **1** *(archit.)* navata *f.* laterale **2** [*côté d'une voie où les piétons peuvent marcher*] banchina *(f.)*: *le bas-côté de la route* la banchina della strada; *les bas-côtés de la voie ferrée* le banchine della ferrovia.

basculant, ante |baskylɑ̃, ɑ̃t| *adj.* [→ BASCULER A] ribaltabile, rovesciabile: *benne basculante* benna ribaltabile # *pont basculant* ponte a bilico.

bascule |baskyl| *s.f.* **1** bascul(l)a → **balance** **2** *(par anal.) fauteuil à bascule* sedia a dondolo; *cheval à bascule* cavallo a dondolo ◇ *(jeu d'enfants)* altalena → **balançoire** ◇ *(techn.) la bascule d'un pont-levis* il bolzone *m.* di un ponte levatoio ◇ *(fig.) politique de bascule* altalena politica.

basculement |baskylmɑ̃| *s.m.* [→ BASCULER] ribaltamento.

basculer |baskyle| **A** *v.intr.* [*faire un mouvement de bascule*] ribaltare, rovesciarsi (*pron.*): *faire basculer un wagonnet à benne mobile* ribaltare un vagoncino a benna mobile → **culbuter** ◇ (*par anal.*) [*tomber*] *il a basculé dans le vide* è caduto, è precipitato nel vuoto **B** *v.tr.* [*faire tomber en déséquilibrant*] rovesciare, ribaltare: *basculer une benne* ribaltare una benna # *basculer qqn. par la fenêtre* far cadere qc. dalla finestra.

basculeur |baskylœʀ| *s.m.* (*techn.*) dispositivo di ribaltamento: *basculeur de wagon* dispositivo di ribaltamento di un vagone → **culbuteur** ◇ (*électr.*) commutatore.

base |bɑz| *s.f.* **I 1** base: *la base d'un édifice, d'un mur, d'une colonne* la base di un edificio, di un muro, di una colonna # *la base d'une montagne* i piedi di una montagna → **1 pied, bas** ◇ (*anat.*) *la base du poumon, du cœur* la base del polmone, del cuore; *à la base des cornes* alla base della corna ◇ [*produit appliqué sous un autre*] fondo *m.* # *base de maquillage* fondotinta **2** (*géom.*) base: *la base d'une pyramide, d'un cube, d'un cône* la base di una piramide, di un cubo, di un cono; *base d'un triangle, d'un trapèze* base di un triangolo, di un trapezio **3** (*milit.*) base: *base d'opérations* base operativa; *base de ravitaillement* base di rifornimento; *base navale, aérienne* base navale, aerea; *base de lancement* base missilistica **4** (*chim., électron., ling., math.*) base **5** *loc.* À BASE DE a base di: *un poison à base d'arsenic* un veleno a base di arsenico; *un repas à base de poisson* un pasto a base di pesce **II** (*abstrait*) base: *les bases d'une science* le basi di una scienza; *donnée qui sert de base à un calcul* dato che serve di base a un calcolo; *être à la base de qqch.* essere alla base di q.c.; *ce raisonnement pèche par la base* è un ragionamento che pecca alla base → **centre, clef (de voûte)** ◇ (*par ext.*) *salaire de base* stipendio base ◇ (*loc.*) *sur la base de* in base a, sulla base di **III** [*ensemble des militants d'un parti politique, d'un syndicat, par rapport aux dirigeants*] base: *un militant de base* un militante di base; *consulter la base* consultare la base **C** **I 1 haut, sommet.**

base-ball |bɛzbol| *s.m.* (*sport*) baseball *inv.*

baselle |bazɛl| *s.f.* (*t. bot.*) basella.

baser |baze| **A** *v.tr.* [*faire reposer sur* (*telle ou telle base*)] basare: *baser un système sur des faits* basare un sistema sui fatti → **appuyer, fonder** # *cette prétention n'est basée sur rien* tale pretesa è infondata → **2 reposer** ♦ *au p.p.* (*milit.*) [*qui a pour base*] di stanza *loc. inv.*, stanziato, dislocato: *les troupes américaines basées en Allemagne* le truppe americane di stanza, stanziate in Germania; *avions basés sur un porte-avions* aerei dislocati su una portaerei **B** *v.pron.réfl.* SE BASER [→ *tr.*] basarsi: *sur quoi vous basez-vous pour affirmer cela?* su cosa si basa per affermarlo?

bas-fond |bafɔ̃| *s.m.* **1** bassofondo, secca* (*f.*): *des bas-fonds* dei bassifondi; *s'échouer sur un bas-fond* incagliarsi su un bassofondo, su una secca → **haut-fond** **2** [*terrain bas*] depressione *f.*, bassura (*f.*): *un bas-fond marécageux* una depressione acquitrinosa **3** *au plur.* (*fig.*) bassifondi: *les bas-fonds de New York* i bassifondi di New York.

Basidiomycètes |bazidjɔmisɛt| *s.m.pl.* (*t. bot.*) Basidiomiceti.

basilaire |ba(ɑ)zilɛʀ| *adj.* (*anat.*) basilare.

1 **basilic** |bazilik| *s.m.* **1** (*mythol.*) basilisco **2** (*t. zool.*) basilisco.

2 **basilic** |bazilik| *s.m.* (*t. bot.*) basilico*.

basilique |bazilik| *s.f.* (*archit., cour.*) basilica* ◇ (*appellation de certains sanctuaires*) *la basilique de Lourdes* la basilica di Lourdes.

basin |bazɛ̃| *s.m.* basino.

1 **basique** |bɑzik| *adj.* **1** (*chim., minér.*) basico* **2** [*fondamental, de base*] basilare.

2 **basique** |bɑzik| *adj.* (*ling.*) di base (*loc. inv.*): *l'anglais, le français basique* l'inglese, il francese di base.

3 **basique** |bɑzik| *adj.* (*chim.*) basico*: *sel basique* sale basico; *oxyde basique* ossido basico ◇ (*minér.*) *roches basiques* rocce basiche.

bas-jointé |bɑʒwɛ̃te| (*adj.*) *cheval bas-jointé* cavallo dai pastorali bassi.

basket-ball |baskɛtbol| *s.m.* (*sport*) (*amér.*) pallacanestro *f.inv.* basket *inv.* ◇ (*ellipt.*) *chaussures de basket* scarpe da basket; *jouer au basket* giocare a pallacanestro.

basketteur, euse |baskɛtœʀ, øz| *s.* (*sport*) giocatore* di pallacanestro, cestista.

basoches |bazɔʃ| *s.f.pl.* (*péj.*) *gens de basoches* [*les gens de justice*] leguleí *m.*, azzeccagarbugli *m.inv.*

basophile |bɑzɔfil| *adj.* (*biol.*) basofilo: *leucocytes basophiles* leucociti basofili.

basquaise |baskɛz| *s.f. et adj. f.* [*du Pays Basque*] basca* ◇ (*cuis.*) *poulet (à la) basquaise* pollo alla basca.

1 **basque** |bask(ə)| *s.f.* baschina, basca*: *les basques d'une jaquette* le baschine di una giacca ◇ (*loc. fig.*) *être toujours pendu aux basques de qqn.* essere, stare alle costole di qc.; stare sempre appiccicato a qc.

2 **basque** |bask(ə)| **1** *adj.* [*du Pays Basque*] basco*: *pelote basque* pelota basca; *béret basque* (berretto) basco # *tambour de basque* tamburello **2** (*s.m.*) *le basque* [*la langue*] il basco.

bas-relief |bɑʀəljɛf| *s.m.* (*archit.*) bassorilievo: *des bas-reliefs* dei bassorilievi.

1 **basse** |bɑs| *s.f.* **1** (*mus., cour.*) basso (*m.*): *basse continue* basso continuo; *jouer la basse d'un quatour* eseguire le parti di basso d'un quartetto # *basse fondamentale* suono, nota fondamentale **2** (*voix de*) *basse* (voce di) basso ◇ (*par ext.*) *une basse de l'Opéra* un basso dell'Opera **3** *au plur.* [*grosses cordes de certains instruments*] bassi: *ce piano a de belles basses* questo pianoforte ha degli ottimi bassi **4** → **contrebasse.**

2 **basse** |bɑs| *s.f.* (*mar.*) bassofondo *m.* (roccioso o corallino).

basse-cour |baskuʀ| *s.f.* **1** [*cour de ferme*] (bassa)corte, cortile (*m.*): *des basses-cours* delle bassecorti, dei cortili; *animaux de basse-cour* animali da cortile **2** (*par ext.*) [*les animaux de la basse-cour*] animali *m.pl.* da cortile.

basse-fosse |bɑsfos| *s.f.* (*vx.*) [*cachot très profond*] segreta: *des basses-fosses* delle segrete.

bassement |bɑsmɑ̃| *adv.* [→ BAS I 7] bassamente, ignobilmente: *se venger bassement* vendicarsi ignobilmente **C** **noblement.**

bassesse |bɑsɛs| *s.f.* **1** bassezza: *la bassesse de ces courtisans* la bassezza di questi cortigiani → **servilité**; *la bassesse d'un flatteur* la bassezza di un adulatore; *la bassesse de certains désirs* la bassezza di certi desideri **2** [*action basse, qui fait honte*] bassezza, azione indegna: *rougir d'une bassesse* arrossire per una bassezza, un'azione indegna → **indignité, lâcheté** ◇ (*spécialt.*) [*action servile*] servilismo (*m.*): *faire des bassesses à qqn.* comportarsi con servilismo nei riguardi di qc. → **platitude, courbette.**

1 **basset** |bɑsɛ| *s.m.* (*t. zool.*) bassotto → **teckel.**

2 **basset** |bɑsɛ| *s.m.* (*mus.*) *cor de basset* clarinetto basso.

bassin |basɛ̃| *s.m.* **1** [*récipient portatif creux, rond ou oval*] catino, bacinella (*f.*): *bassin de métal, de porcelaine* catino di metallo, di porcellana → **bassine, cuvette** # *bassin à laver les mains, les pieds* bacile per lavare le mani, i piedi → **tub** ◇ *bassin* (*hygiénique*) [*où les malades alités font leurs besoins*] padella *f.* ◇ (*par anal.*) *les bassins d'une balance* i due piatti della bilancia **2** [*construction destinée à recevoir de l'eau*] vasca* (*f.*): *bassin d'arrosage* vasca per irrigazione; *le bassin d'une fontaine* la vasca di una fontana **3** (*mar.*) bacino: *bassin d'un port* bacino di un porto; *bassin de radoub* bacino di carenaggio **4** (*géogr.*) bacino: *bassin d'un fleuve* bacino fluviale; *bassin versant, hydrographique* bacino imbrifero, idrografico; *le bassin de la Seine* il bacino della Senna ◇ [*vaste dépression naturelle*] bacino, pianura (*f.*): *bassin parisien* pianura parigina ◇ [*groupement de gisements houillers ou de minerais*] bacino: *bassin houiller* bacino carbonifero; *bassin minier* bacino minerario **5** (*anat.*) bacino, pelvi (*f.inv.*): *os du bassin* ossa del bacino, pelviche.

bassinant, ante |basinɑ̃, ɑ̃t| *adj.* (*pop.*) [*qui bassine, ennuie*] scocciante, seccante → **rasant.**

bassine |basin| *s.f.* [*bassin large et profond servant à divers usages*] bacile *m.*, catino *m.*

1 **bassiner** |basinɛ| *v.tr.* **1** [*humecter doucement* (*une partie du corps*)] inumidire (197): *ma mère me bassinait le visage* la mamma mi inumidiva il viso ◇ (*hortic.*) [*arroser en pluie fine*] irrigare per aspersione **2** *bassiner un lit* [*le chauffer avec une bassinoire*] scaldare un letto con lo scaldaletto.

2 **bassiner** |basinɛ| *v.tr.* (*pop.*) [*ennuyer, importuner*] scocciare (*fam.*), seccare (*fam.*).

bassinet |basinɛ| *s.m.* **1** (*féod.*) bacinetto **2** (*ancienn.*) [*partie de la platine de l'arme à feu où l'on mettait l'amorce*] scodellino **3** (*anat.*) bacinetto.

bassinoire |basinwaʀ| *s.f.* **1** [*bassin à couvercle pour chauffer le lit*] scaldaletto *m.inv.*, scaldino *m.* **2** (*pop.*) [*personne qui ennuie*] rompiscatole *s. inv.*, scocciatore* (*s.*): *quelle bassinoire!* che razza di rompiscatole!

bassiste |basist| *s.m.* → **contrebassiste.**

basson |basɔ̃| *s.m.* **1** (*mus.*) fagotto **2** [*musicien qui joue du basson*] fagottista.

bastide |bastid| *s.f.* **1** (*fortif.*) bastia, bastita **2** (*en Provence*) [*petite maison de campagne*] casetta di campagna → **mas.**

bastille |bastij| *s.f.* (*au moyen âge*) [*fortification, château fort*] bastia ◇ (*spécialt.*) *la Bastille* la Bastiglia: *la prise de la Bastille* la presa della Bastiglia.

bastingage |bastɛ̃gaʒ| *s.m.* (*mar.*) **1** (*ancienn.*) impavesata *f.*, bastingaggio* **2** → **garde-corps.**

bastion |bastjɔ̃| *s.m.* **1** (*milit.*) bastione, baluardo: *les bastions d'un château fort, d'une ligne fortifiée* i bastioni di una roccaforte, di una linea di fortificazioni **2** (*fig.*) [*ce qui défend efficacement*] baluardo, roccaforte (*f.*): *l'Espagne est le bastion du catholicisme* la Spagna è il baluardo, la roccaforte del cattolicesimo.

bastonnade |bastɔnad| *s.f.* [*volée de coups de bâton*] bastonatura: *donner, recevoir la bastonnade* dare, prendere una bella bastonatura.

bastringue |bastʀɛ̃g| *s.m.* **1** (*fam.*) [*bal de guinguette*] balera *f.* **2** (*fam.*) [*orchestre tapageur*] orchestra *f.* rumorosa ◇ (*pop.*) → **tapage 3** (*pop.*) [*appareil, attirail*] armamentario*: *il a emporté tout son bastringue* ha portato (con sé) tutto il suo armamentario.

bas-ventre |bɑvɑ̃tʀ(ə)| *s.m.* (*anat.*) basso ventre: *douleurs dans le bas-ventre* dolori al basso ventre.

bat |bat| *s.m.* → **batte.**

bât |bɑ| *s.m.* [*dispositif que l'on place sur le dos des bêtes de somme*] basto: *mulets de bât* muli da basto ◇ (*loc. fig.*) *c'est là que bât le blesse* [*c'est son point faible*] quello è il suo tallone di Achille; è il suo punto dolente.

bataclan |bataklɑ̃| *s.m.* (*fam.*) [*équipage embarrassant*] armamentario*, carabattole (*f.pl.*): *rangez tout ce bataclan, s'il vous plaît* mettete in ordine tutto questo armamentario, per piacere → **attirail, bazar** ◇ (*loc.*) *et tout le bataclan* [*et tout le reste*] e tutto (quanto) il resto.

bataille |batɑj| *s.f.* **1** battaglia: *bataille terrestre, navale, aérienne* battaglia terrestre, navale, aerea; *dresser un plan de bataille* fare un piano di battaglia; *livrer bataille* dare, attaccare battaglia; *gagner, perdre une bataille* vincere, perdere una battaglia ◇ (*fig.*) *cheval de bataille* cavallo di battaglia **2** [*échange de coups; lutte*] rissa → **bagarre, combat 3** (*loc.*) *en bataille rangée* in ordine di combattimento ◇ (*fig.*) *porter, mettre son chapeau en bataille* [*de travers*] portare, mettere il cappello sulle ventitré ~ *avoir les cheveux en bataille* [*en désordre*] avere i capelli scarmigliati ◇ (*auto.*) *stationnement en bataille* parcheggio a pettine.

batailler |batɑje| *v.intr.* **1** [*contester, disputer pour persuader*] lottare, battagliare: *j'ai dû batailler pour lui faire entendre raison* ho dovuto battagliare per fargli sentire ragione **2** (*fam.*) [*s'évertuer à surmonter un obstacle*] lottare: *il m'a fallu batailler pour gagner ma vie* ho dovuto lottare per guadagnarmi da vivere → **lutter.**

batailleur, euse |batɑjœʀ, øz| *adj.* [*qui aime à se battre, à batailler*] battagliero: *j'ai un tempérament batailleur* ho un temperamento battagliero → **querelleur** ♦ (*s.*) *un batailleur* [*qui recherche les querelles*] un attaccabrighe *inv.* → **bagarreur** Ⓒ **pacifique.**

bataillon |batajɔ̃| *s.m.* **1** (*milit.*) battaglione: *bataillon d'infanterie* battaglione di fanteria; *chef de bataillon* maggiore di fanteria → **commandant 2** (*par ext.*) [*grand nombre* (*de personnes*)] battaglione: *elle a un bataillon d'enfants* ha un battaglione di figli → **troupe.**

bâtard, arde |bɑtaʀ, aʀd(ə)| *adj.* **1** bastardo: *chien bâtard* cane bastardo; *enfant bâtard* bambino bastardo → **illégitime** ♦ (*s.*) *un bâtard* un bastardo **2** (*fig.*) bastardo, spurio*: *une solution bâtarde* una soluzione bastarda, spuria ◇ (*par ext.*) (*écriture*) *bâtarde* bastarda *s.f.*; (*pain*) *bâtard* filone *s.m.* di pane.

batardeau |bɑtaʀdo| *s.m.* [*barrage provisoire sur un cours d'eau pour pouvoir faire des travaux en aval*] avandiga* *f.*, tura *f.* ◇ (*mar.*) tura (idraulica*).

bâtardise |bɑtaʀdiz| *s.f.* [*état de bâtard*] bastardaggine.

batavia |batavja| *s.f.* (*t. bot.*) lattuga* crespa.

bateau |bato| **I** *s.m.* **1** [*nom générique des ouvrages flottants destinés à la navigation*] barca* *f.*; battello; nave (*f.*): *bateau à voiles* barca a vela → **barque, voilier**; *bateau à rames* barca a remi; *aller en bateau* andare in barca ‖ *bateau à vapeur* battello a vapore, piroscafo → **navire, steamer**; *bateau à moteur* battello a motore; *bateau de pêche* battello da pesca, peschereccio ‖ *bateau-citerne* nave cisterna; *bateau de commerce* nave da carico → **cargo** # *bateau de plaisance* imbarcazione da diporto → **yacht**; *bateau-remorqueur* rimorchiatore → **remorqueur**; *bateau-mouche* [*en service sur la Seine à Paris*] vaporetto (turistico); *voyage en bateau* viaggio in nave, per mare **2** *appos.* [*en forme de bateau*] *lit bateau* letto battello; *encolure bateau* scollatura a barchetta ◇ (*méd.*) *ventre en bateau* addome a barca **3** (*loc. fig., pop.*) *monter un bateau à qqn.* [*inventer une histoire pour lui en faire accroire*] darla a bere a qc.; *mener qqn. en bateau* prendere in giro qc. **II** *adj. inv.* (*fam.*) *un sujet bateau* [*banal, rebattu*] un argomento trito e ritrito.

bateau-feu |batofø|, **bateau-phare** |batofaʀ| *s.m.* nave *f.* faro, battello faro: *des bateaux-feux* delle navi faro, dei battelli faro.

bateleur, euse |batlœʀ, øz| *s.* (*vieilli*) → **équilibriste, acrobate.**

batelier, ière |batəlje, jɛʀ| *s.* [*personne chargée de conduire un bateau*] barcaiolo *m.* → **marinier** ◇ (*spécialt.*) [*celui qui transporte des passagers d'une rive à l'autre*] traghettatore* → **passeur.**

batellerie |batɛlʀi| *s.f.* (settore *m.* della) navigazione interna ◇ [*ses bateaux*] flotta per la navigazione interna.

bâter |bɑte| *v.tr.* [*mettre un bât* (*à une bête de somme*)] imbastare, mettere (155) il basto a ◇ (*loc. fig.*) *âne bâté* [*ignorant, lourdaud*] asino calzato e vestito Ⓒ **débâter.**

bat-flanc |batflɑ̃| *s.m. inv.* battifianco* *var.* ◇ (*par ext.*) [*cloison en bois dans un dortoir*] tramezzo *var.*, assito *var.*

bath |bat| *adj. inv.* (*pop.*) [*chic, serviable*] gentile *var.* (*cour.*), simpatico* *var.* (*cour.*): *tu as été bath avec moi* sei stato gentile con me; *un appartement bath* un appartamento 'chic' ◇ [*agréable, beau*] meraviglioso *var.* (*cour.*), stupendo *var.* (*cour.*): *c'est bath!* è meraviglioso! → **2 chouette, épatant.**

batholite |batolit| *s.f.* (*géol.*) batolite.

bathy- |bati| *préf.* (*signifiant 'profond', correspond généralt. à*) bati: *bathysphère* batisfera.

bathymètre |batimɛtʀ(ə)| *s.m.* batimetro.

bathymétrie |batimetʀi| *s.f.* batimetria → **sondage.**

bathymétrique |batimetʀik| *adj.* batimetrico*.

bathyscaphe |batiskaf| *s.m.* batiscafo.

bathysphère |batisfɛʀ| *s.f.* batisfera.

bâti |bɑti| *s.m.* **1** (*menuis.*) telaio*, intelaiatura *f.* **2** (*cout.*) [*couture provisoire à grands points*] imbastitura *f.*

bâti, ie |bɑti| *adj.* **1** [*sur lequel est construit un bâtiment*] edificato: *propriété non bâtie* terreno non edificato **2** (*personnes*) [*fait*] robusto: *être bien, mal bâti* avere un fisico robusto, debole → **balancé, baraqué** ◇ (*loc. fig.*) *être bâti en force, à chaux et à sable* avere un fisico di ferro.

batifolage |batifɔlaʒ| *s.m.* (*fam.*) [→ BATIFOLER] il gingillarsi *inv.* (*cour.*), il divertirsi *inv.* (*cour.*) ◇ [*jeu folâtre*] scherzi (*pl.*): *il se plaît beaucoup au batifolage* gli piacciono molto gli scherzi, gli piace molto scherzare.

batifoler |batifɔle| *v.intr.* (*fam.*) [*s'amuser à des riens*] gingillarsi *pron.* (*cour.*), divertirsi *pron.* (*cour.*) → **folâtrer.**

batifoleur, euse |batifɔlœʀ, øz| *s.* (*fam.*) [*personne qui batifole*] gingillone.

bâtiment |bɑtimɑ̃| *s.m.* **1** [*ensemble des industries et métiers qui concourent à la construction des édifices*] edilizia (*f.*): *la crise du bâtiment* la crisi dell'edilizia # *l'industrie du bâtiment* l'industria edile, l'edilizia; *entreprise, entrepreneur du bâtiment* impresa, imprenditore edile; *ouvrier du bâtiment* operaio edile; *peintre en bâtiment* imbianchino ◇ (*prov.*) *quand le bâtiment va, tout va* (*dans les affaires*) quando l'edilizia va bene, va bene tutto **2** [*construction*] edificio*, fabbricato: *le corps d'un bâtiment* il corpo di un edificio → **bâtisse, édifice, maison 3** (*mar.*) bastimento, nave *f.*

bâtir |bɑtiʀ| *v.tr.* **1** [*élever sur le sol*] costruire (197), edificare: *bâtir une maison, un immeuble* costruire, edificare una casa, uno stabile; *se fair bâtir une ville* farsi costruire una villa → **construire, 1 édifier** # *pierre à bâtir* pietra da costruzione; *terrain, lot à bâtir* terreno, lotto edificabile ◇ (*loc. fig.*) *bâtir des châteaux en Espagne* far castelli in aria ~ *bâtir sur le sable* costruire sulla sabbia ◇ (*en parlant des oiseaux*) *bâtir son nid* costruire, fare il nido **2** [*fonder, établir*] costruire: *bâtir sa fortune sur la misère d'autrui* costruire la propria fortuna sulla miseria altrui; *bâtir une théorie, un plan* costruire, elaborare una teoria, un piano **3** (*cout.*) [*assembler provisoirement à grands points*] imbastire (197): *bâtir une jupe pour l'essayage* imbastire una gonna per la prova Ⓒ **1 démolir, détruire.**

bâtisse |batis| *s.f.* **1** [*la partie en maçonnerie, le gros œuvre d'un bâtiment*] struttura muraria, rustico* *m.* **2** [*bâtiment de grandes dimensions* (*parfois avec l'idée de laideur*)] casermone (*m.*): *une laide bâtisse* un brutto casermone.

bâtisseur, euse |batisœʀ, øz| *s.* [*personne qui bâtit* (1), *fait beaucoup bâtir*] costruttore* → **constructeur** ◇ (*fig.*) edificatore*: *le bâtisseur d'un empire* l'edificatore di un impero ◇ (*péj.*) *des bâtisseurs d'utopies* degli utopisti **C** **démolisseur.**

batiste |batist(ə)| *s.f.* (*tissu*) batista.

bâton |bɑtɔ̃| *s.m.* **1** bastone: *bâton ferré* bastone con puntale di ferro; *bâtons de ski* bastoni, racchette da sci; *escrime au bâton* scherma al bastone; *s'appuyer sur un bâton* appoggiarsi al bastone # *donner, recevoir des coups de bâton* dare, ricevere delle bastonate → **bastonnade** ◇ (*fig.*) *mon bâton de vieillesse* il bastone della mia vecchiaia **2** (*symb. de l'autorité, du commandement*) bastone: *bâton de commandement* bastone del comando; *bâton pastoral* (*de l'évêque*) (bastone) pastorale; *le bâton de Maréchal de France* il bastone di Maresciallo di Francia; (*fig.*) *c'est son bâton de maréchal* è il coronamento della sua carriera # *bâton blanc* (*d'agent de police*) manganello bianco (del vigile) **3** (*loc. fig.*) *mener une vie de bâton de chaise* condurre una vita sregolata, correre la cavallina ~ *mettre des bâtons dans les roues* mettere i bastoni fra le ruote ~ *parler à bâtons rompus* [*en changeant* (*trop*) *souvent de sujet*] saltare di palo in frasca; parlare improvvisando, a braccio **4** [*morceau* (*d'une substance*) *en forme de bâton*] bastoncino: *bâton de réglisse* bastoncino di liquirizia # *bâton de craie* gessetto; *bâton de rouge à lèvres* rossetto (per le labbra) **5** [*trait vertical*] asta (*f.*): *cet enfant fait des bâtons* quel bambino fa le aste → **barre.**

bâtonner |bɑtɔne| *v.tr.* [*frapper de coups de bâton*] bastonare.

bâtonnet |bɑtɔnɛ| *s.m.* **1** [*petit bâton*] bastoncino **2** (*sc.*) bastoncino: *bâtonnets de la rétine* bastoncini della retina.

bâtonnier |bɑtɔnje| *s.m.* **1** presidente del collegio forense, dell'ordine degli avvocati **2** (*ancienn.*) [*porte-bannière d'une confrérie*] mazziere.

Batraciens |batʀasjɛ̃| *s.m.pl.* (*t. zool.*) Batraci.

battage |bataʒ| *s.m.* **1** [→ BATTRE A 3, 5] battitura *f.*, trebbiatura (*f.*): *battage du coton* battitura del cotone; *battage du blé* trebbiatura del grano; *battage au fléau* battitura con il correggiato ◇ (*par anal.*) *le battage des tapis à la fenêtre* la battitura dei tappeti alla finestra # *aire de battage* aia **2** (*fig.*) [*publicité tapageuse, exagérée*] clamore, gran parlare *inv.*, 'battage' (*inv.*): *on fait beaucoup de battage autour de ce livre* si fa un gran parlare di questo libro → **bruit, 2 réclame.**

1 **battant** |batɑ̃| *s.m.* **1** [*pièce métallique suspendue à l'intérieur d'une cloche*] batacchio*, battaglio* **2** [*partie mobile d'une porte, d'une fenêtre, d'un meuble*] battente; anta (*f.*): *armoire à trois battants* armadio a tre ante # *ouvrir une porte à deux battants* spalancare una porta **3** [*nom de diverses pièces d'instruments ou de machines*] *battant de métier* battente di telaio **4** (*mar.*) *battant d'un pavillon* ventame di una bandiera.

2 **battant** |batɑ̃| *s.m.* (*sport*) combattente ◇ (*par ext.*) [*personnalité très combattive*] combattente.

battant, ante |batɑ̃, ɑ̃t| *adj.* [*qui bat*] *pluie battante* pioggia battente, dirotta # *porte battante* porta a battenti; *le cœur battant* col batticuore ◇ (*fig.*) *tambour battant* [*rapidement*] a tamburo battente.

batte |bat| *s.f.* **1** [*instrument servant à battre*] *la batte du tonnelier* il mazzuolo *m.* del bottaio → **maillet**; *la batte du carrier* la mazzeranga*, il mazzapicchio* *m.* del cavapietre → 2 **masse**; *la batte du maçon* la battola del muratore; *la batte pour battre le linge* il battipanni *m.inv.* → **palette, battoir** ◇ (*par ext.*) *batte de blanchisseuse* [*petit banc sur lequel on bat le linge*] asse *m.* (per lavare) ◇ (*sport*) *batte de cricket* mazza da cricket **2** *la batte de l'or* la battitura dell'oro.

1 **battement** |batmɑ̃| *s.m.* **1** [*choc, mouvement ou bruit de ce qui bat*] il battere *inv.*; battito: *le battement du fer sur l'enclume* il battere del ferro sull'incudine; *le battement alternatif des rames* il battere alterno dei remi || *le battement de la pluie contre les vitres* il battito della pioggia sui vetri; *un battement d'ailes* un battito d'ali # *le battement d'une porte* lo sbattere di una porta ◇ (*par anal.*) *battement de mains* applauso → **applaudissement**; *battement des cils* il battito, il batter delle ciglia → **cillement** **2** [*mouvement des pieds ou des jambes*] movimento, battuta (*f.*): *ce nageur a un bon battement de jambes* quel nuotatore ha una buona battuta di gambe **3** [*mouvement alternatif de contraction*] battito: *le battement du cœur* il battito del cuore; *le battement du pouls, des artères* il battito del polso, delle arterie → **pulsation** # *avoir un battement, des battements de cœur* avere il batticuore, i palpiti al cuore → **palpitation** **4** (*radio, phys.*) battimento → **interférence** **5** [*intervalle de temps*] intervallo, pausa (*f.*): *les élèves ont cinq minutes de battement* gli alunni hanno cinque minuti di intervallo, di pausa; *il y a du battement* c'è intervallo # *nous avons un battement de vingt minutes pour changer de train* abbiamo venti minuti di tempo, di margine per cambiare treno.

2 **battement** |batmɑ̃| *s.m.* **1** [*couvre-joint fixé sur l'un des battants*] battuta (*f.*): *battement d'une porte, d'une fenêtre* battuta di una porta, di una finestra **2** [*pièce scellée en dehors de la fenêtre pour l'empêcher de battre*] nottolino: *battement d'une persienne, d'un volet* nottolino di una persiana, di un'imposta.

batterie |batʀi| *s.f.* **1** (*mil.*) batteria: *batterie de canons* batteria di cannoni; *batterie côtière* batteria costiera; *batterie antichars* batteria anticarro; *batterie de D.C.A.* batteria antiaerea ◇ (*loc. fig.*) *dresser ses batteries* preparare i propri piani; *changer de batteries* cambiare i propri piani; *démasquer ses batteries* scoprire le proprie batterie **2** *batterie de cuisine* batteria da cucina **3** (*électr.*) batteria: *batterie d'accumulateurs, de piles* batteria di accumulatori, di pile; *la batterie d'une automobile* la batteria di un'automobile ◇ (*par anal.*) *batterie de chaudières, de laminoirs* batteria di caldaie, di laminatoi; *des batteries de projecteurs* batterie di proiettori **4** [*roulement particulier de tambour*] rullo *m.*, rullio* *m.* di tamburo **5** [*ensemble des instruments à percussion*] batteria: *tenir la batterie* suonare la batteria → **batteur**; *batterie de jazz* batteria di jazz; *solo de batterie* assolo di batteria.

batteur |batœʀ| *s.m.* **1** [*celui qui tient la batterie dans une orchestre*] batterista **2** [*appareil pour battre, mêler*] (*mécan.*) frullino; (*électrique*) frullatore elettrico*, mixer *inv.* ◇ (*agric., techn.*) tamburo, battitore ◇ (*industrie textile*) battitoio* **3** (*professions*) *batteur d'or* battiloro; *batteur d'étain* battistagno; *batteur de cuivre* battirame; *batteur en grange* trebbiatore **4** (*chasse*) *batteur de brousse* battitore **5** (*cricket, hockey, base-ball*) battitore.

batteuse |batøz| *s.f.* **1** (*techn., agric.*) battitrice, trebbiatrice: *moissoneuse-batteuse-lieuse* mietitrebbialegatrice; *batteuse à vapeur* trebbiatrice a vapore → **battage** **2** (*techn., mécan.*) laminatoio* *m.*

battle-dress |batəldrɛs| *s.m.inv.* (*angl.*) [*blouson milit. en toile*] uniforme *f.var.* (da campo).

battoir |batwaʀ| *s.m.* **1** [*instrument pour battre le linge*] mestola *f.* **2** *au plur.* (*fam.*) [*mains larges et fortes*] mestole.

battre |batʀ(ə)| (76) **A** *v.tr.* **1** [*frapper à plusieurs reprises* (*un être vivant*)] battere, picchiare: *elle ne bat jamais ses enfants* (lei) non batte, non picchia mai i figli; *battre qqn. avec un bâton, un fouet* battere qc. con un bastone, con una frusta; *il a été battu à mort* è stato picchiato a morte; *il l'a battu comme plâtre, comme un sourd* l'ha picchiato di santa ragione ◇ (*loc.*) *il a l'air d'un chien battu* sembra un cane bastonato **2** [*avoir le dessus* (*sur un adversaire*)] battere, sconfiggere (110): *battre l'ennemi* battere, sconfiggere il nemico; *battre à plate couture* battere su tutta la linea → **vaincre, écraser**; *il a battu son adversaire aux élections* ha battuto il suo avversario alle elezioni; *nous les battrons, nous les aurons* li batteremo, li avremo in pugno; *se faire battre* farsi battere # *il ne se tient pas pour battu* non si dà per vinto **3** [*frapper* (*un corps solide*) *avec un instrument*] battere: *battre un habit, un tapis* battere un abito, un tappeto; *battre la laine pour la carder* battere la lana per cardarla; *battre le briquet* battere l'acciarino contro la pietra focaia; *battre avec le marteau* battere col martello ◇ (*loc. fig.*) *battre le fer pendant qu'il est chaud* battere il ferro finché è caldo ~ *battre froid à qqn.* trattare qc. con freddezza **4** BATTRE MONNAIE [*la fabriquer*] battere moneta **5** [*frapper sur ou dans* (*qqch.*) *pour remuer, agiter*] sbattere, battere: *battre le beurre* sbattere il burro; *battez deux blancs d'œufs* sbattete due bianchi d'uovo; *battre le blé* battere, trebbiare il grano # *battre les cartes* mescolare le carte; *c'est à vous de battre* tocca a lei fare le carte ◇ (*par ext.*) *battre les buissons* battere i cespugli → 1 **battue**

6 [*parcourir pour rechercher, explorer*] *battre la campagne, le pays* battere la campagna, la regione ◇ (*fig., littér.*) *battre la campagne* divagare, sragionare ~ *battre le pavé* vagabondare → **flâner** **7** *battre la semelle* [*pour se chauffer*] battere i piedi **8** *battre le tambour* battere il tamburo # *battre le rappel* suonare l'adunata ◇ (*fig.*) *battre le tambour, la (grosse) caisse* battere il tamburo, la grancassa **9** (*mus.*) *battre la mesure (avec une baguette)* [*marquer la mesure, le rythme*] battere il tempo (con la bacchetta) **10** [*heurter, frapper (son corps)*] battere: *battre sa poitrine* battersi il petto ◇ (*fig., pop.*) *je m'en bats l'œil* [*je m'en moque*] me ne infischio; *se battre les flancs* [*faire des efforts inutiles*] sforzarsi (inutilmente) **11** [*heurter*] battere: *les vagues battent la falaise* le onde battono sulla scogliera **12** [*frapper de projectiles*] battere: *l'artillerie commença à battre les positions ennemies* l'altiglieria cominciò a battere le posizioni nemiche; *battre (un mur) en brèche* battere in breccia ◇ (*littér.*) *battre en brèche une théorie, une institution, etc.* [*l'attaquer*] battere in breccia, demolire una teoria, un'istituzione, ecc. → **démolir** **13** BATTRE PAVILLON [*naviguer sous un pavillon*] battere bandiera: *le navire battait pavillon britannique* la nave batteva bandiera britannica **B** *v.intr.* **1** BATTRE EN RETRAITE [*reculer, céder*] battere in ritirata **2** *battre des mains, des pieds* battere le mani, i piedi → **applaudir, claquer** **3** *le tambour bat* [*produit des sons*] il tamburo batte **4** [*être animé de mouvements répétés*] battere: *le cœur lui bat* gli (le) batte il cuore; *son pouls bat vite* il polso le (gli) batte veloce **5** BATTRE CONTRE [*frapper, heurter*] battere contro: *la pluie bat contre la vitre* la pioggia batte contro il vetro ♦ (*absolt.*) *la porte bat* la porta (s)batte **C** *v.pron.* SE BATTRE **1** *récipr.* [→ *tr.* 1] battersi, picchiarsi: *ils se sont battus comme des chiffonniers, des furies* si sono battuti, picchiati come facchini, come furie → **bagarrer**; *ils veulent se battre en duel à l'épée* vogliono battersi in duello alla spada # *ils se sont battus à coups de poings* hanno fatto a pugni **2** *intr.* [*combattre*] battersi: *les troupes se sont battues pendant trois jours* le truppe si sono battute per tre giorni → **combattre**; *se battre avec, contre qqn.* battersi con, combattere contro qc. ◇ (*plais.*) *voilà une heure qu'il se bat avec cette serrure* [*qu'il s'acharne à l'ouvrir*] è da un'ora che armeggia, che combatte con quella serratura.

battu, ue |baty| *adj.* **1** [*qui a reçu des coups*] battuto, picchiato ◇ (*fig.*) *il a l'air d'un chien battu* sembra un cane bastonato **2** [*vaincu*] battuto, sconfitto: *une armée battue* un esercito sconfitto; *un général battu* un generale sconfitto; *battu aux échecs, au jeu* battuto, sconfitto agli scacchi, al giuoco → **perdant** ◇ (*loc.*) *ne pas se tenir pour battu* non darsi per vinto **3** (*fig.*) *avoir les yeux battus* [*le tour des yeux bleuâtre*] aver gli occhi pesti → **cerné** **4** (*choses*) battuto: *fer battu* ferro battuto; *tennis en terre battue* campo da tennis in terra battuta; *chemin, sentier battu* strada battuta, sentiero battuto # *feuilles d'or battu* lamine d'oro; *œufs battus en neige* bianchi d'uovo montati a neve ◇ (*fig.*) *suivre les chemins battus* andare per, seguire la vecchia strada.

1 **battue** |baty| *s.f.* (*chasse*) battuta (di caccia): *organiser une battue avec des rabatteurs* organizzare una battuta (di caccia) con battitori.

2 **battue** |baty| *s.f.* (*trot*) battuta → **foulée.**

baud |bo(d)| *s.m.* baud *inv.*

baudet |bodɛ| *s.m.* **1** [*nom fam. de l'âne*] somaro, ciuco* ◇ (*loc. fig.*) *être chargé comme un baudet* essere carico come un somaro **2** (*fig.*) [*tréteau de scieur*] cavalletto.

baudroie |bodʀwa| *s.f.* (*t.zool.*) rana pescatrice.

baudruche |bodʀyʃ| *s.f.* **1** 'baudruche' (*inv.*): *un ballon en baudruche* un pallone di 'baudruche' **2** [*ballon de baudruche*] palloncino (di 'baudruche') ◇ (*fig.*) *c'est une baudruche* [*un homme sans consistance*] è un pallone gonfiato.

bauge |boʒ| *s.f.* **1** [*gîte fangeux de certains animaux*] covo *m.* (fangoso), tana (fangosa): *la bauge du sanglier* il covo, la tana del cinghiale → **souille** # *la bauge du cochon* il porcile → **loge** ◇ (*par anal.*) [*lieu sale*] porcile *m.* ◇ (*fig.*) → **boue** **2** [*mortier de terre et de paille*] impasto *m.* di argilla e di paglia → **pisé.**

baume |bom| *s.m.* **1** [*résine odoriférante de certains plantes*] balsamo: *baume du Pérou* balsamo del Perù **2** [*préparation employée comme calmant*] balsamo ◇ (*fig.*) *c'est du baume pour mon cœur* è un balsamo per me, per il mio cuore; *cela me met du baume dans le cœur* (ciò) mi consola, mi conforta.

bauquière |bokjɛʀ| *s.f.* (*mar.*) dormiente *m.*

bauxite |boksit| *s.f.* (*minér.*) bauxite.

bavard, arde |bavaʀ, aʀd(ə)| *adj.* **1** [*qui aime à parler*] ciarliero, chiacchierone # *il est bavard comme une pie* chiacchiera a tutto spiano, è una gazza → **babillard, loquace** ♦ (*s.*) *un bavard* un chiacchierone; *quelle bavarde !* che chiacchierona! # *il est un intarissable bavard* ha una ciarla inesauribile **2** [*qui parle quand il convient de se taire*] linguacciuto, ciarlone → **cancanier, indiscret** ♦ (*s.*) *un bavard* un ciarlone: *ce bavard n'a pas su tenir sa langue* quel ciarlone non ha saputo tenere la lingua a posto Ⓒ **muet, silencieux.**

bavardage |bavaʀdaʒ| *s.m.* **1** [→ BAVARDER 1] chiacchiera *f.*, parlantina (*f.*): *faites attention à son bavardage* attenti alla sua chiacchiera, alla sua parlantina **2** (*par ext.*) [*discours, propos de bavard*] chiacchiera, ciarla (*f.*): *n'attachez pas trop d'importance à ces bavardages* non date troppo retta a queste chiacchiere; *assez de, trêve de bavardages* basta con le chiacchiere; si è già chiacchierato abbastanza! → **jacasserie**; *pas de bavardages* niente chiacchiere!

bavarder |bavaʀde| *v.intr.* **1** [*parler beaucoup*] chiacchierare, ciarlare: *nous avons bavardé ensemble* abbiamo chiacchierato un po' insieme; *perdre son temps à bavarder* perdere il tempo a chiacchierare, in chiacchiere → **discourir, jacasser, papoter** **2** [*divulguer des choses qu'on devrait taire*] parlare, chiacchierare: *quelqu'un aura bavardé* qualcuno avrà parlato, soffiato (*pop.*); *on bavarde beaucoup sur son compte* si parla, si chiacchiera molto sul suo conto → **jaser.**

bavarois, oise |bavaʀwa, waz| **I** *adj.* [*de la Bavière*] bavarese: *costume bavarois* costume bavarese **II** *s.* **1** (*s.m.*) *le bavarois* [*la langue*] il bavarese **2** *s.f.* (*cuis.*) bavarese.

bave |bav| *s.f.* **1** bava: *essuyer la bave d'un bébé* asciugare la bava di un piccino ◇ (*fig.*) [*propos méchant*] veleno (*m.*): *la bave de la jalousie* il veleno della gelosia → **venin** **2** [*liquide que secrète l'escargot*] bava.

baver |bave| *v.intr.* **1** [*laisser couler de la bave*] sbavare: *un bébé qui bave* un bimbo che sbava # *il en bavait d'admiration* rimaneva a bocca aperta per l'ammirazione; *il en bave* è rimasto a bocca aperta **2** *loc.* EN BAVER [*peiner, souffrir*] *j'en ai bavé après la mort de mon père !* ne ho ingoiati di rospi dopo la morte di mio padre!; *il va vous en faire baver* vi farà veramente soffrire, ve ne farà vedere di tutti i colori **3** *baver sur qqn.* [*le calomnier, le salir*] gettar *tr.* fango su qc.: *baver sur la réputation de qqn.* gettar fango sulla reputazione di qc. → **calomnier** **4** (*par ext.*) (*se dit de la couleur ou de l'encre qui déborde*) sbavare.

1 **bavette** |bavɛt| *s.f.* **1** [*petite serviette de bébé*] bavaglino *m.*, bavagliolo *m.* **2** [*haut d'un tablier qui couvre la poitrine*] pettino *m.* **3** (*fam.*) *tailler une bavette* [*bavarder*] far quattro chiacchiere.

2 **bavette** |bavɛt| *s.f.* (*bouch.*) *bavette d'aloyau* spuntatura di lombo.

baveux, euse |bavø, øz| *adj.* **1** [*qui bave* (1)] bavoso: *bouche baveuse* bocca bavosa ◇ (*par anal.*) *omelette baveuse* [*peu cuite à l'intérieur*] frittata soffice **2** (*typogr.*) sbavato: *lettres baveuses* lettere sbavate.

bavoir |bavwaʀ| *s.m.* → 1 **bavette** 1.

bavolet |bavɔlɛ| *s.m.* (*ancienn.*) [*coiffure de paysanne*] cuffia *f.* (di contadina).

bavure |bavyʀ| *s.f.* **1** (*techn.*) sbavatura → 1 **barbe, ébarbure** **2** (*par anal.*) [*trace d'encre empâtant une écriture*] sbaveggiatura ◇ [*erreur, abus, conséquence fâcheuse*] abuso *m.*, violazione; spiacevole conseguenza **3** (*loc. fam.*) *sans bavure* [*parfaitement exécuté; impeccablement*] impeccabile *adj.*, in modo impeccabile.

bayadère |bajadɛʀ| *s.f.* baiadera.

bayart |bajaʀ| *s.m.* → **bard.**

bayer |baje| *v.intr.* (*dans la loc.*) *bayer aux corneilles* [*perdre son temps en regardant en l'air niaisement*] stare (104) col naso per aria → **rêvasser.**

bazar |bazaʀ| *s.m.* **1** [*marché public en Orient*] bazar *inv.* → **souk** **2** [*lieu, magasin où l'on vend toute sorte d'objets*] bazar ◇ (*fig.*) *de bazar* [*de mauvaise qualité*] da bazar, scadente (*adj.*): *article de bazar* merce scadente **3** [*maison, pièce en désordre*] babele (*f.*): *cette maison est un vrai bazar* questa casa è proprio una babele **4** (*pop.*) [*affaires, attirail*] armamentario* (*cour.*), roba (*f.*): *range ton bazar* metti in ordine il tuo armamentario, la tua roba.

bazarder |bazaʀde| *v.tr.* (*fam.*) [*se débarrasser rapidement de qqch.*] sbarazzarsi *pron.* (di): *il a bazardé même son poste de radio* si è sbarazzato persino della radio.

bazooka |bazuka| *s.m.* (*milit.*) bazooka *inv.*

beagle |bigl(ə)| *s.m.* (*angl.*) [*chien de chasse angl.*] beagle *inv.*, bassotto da muta.
béant, ante |beɑ̃, ɑ̃t| *adj.* **1** [*grand ouvert*] spalancato, aperto: *une fenêtre béante* una finestra spalancata; *une blessure béante* una ferita aperta; *bouche béante* a bocca aperta **2** (*fig.*) *béant d'étonnement, de surprise* a bocca aperta per lo stupore, per la sorpresa **3** (*méd.*) *artères béantes* arterie beanti **4** (*géol.*) beante.
béarnais, aise |bearnɛ, ɛz| *adj.* **1** [*du Béarn*] bearnese **2** (*sauce*) *béarnaise* salsa bearnese; *tournedos béarnaise* medaglione di filetto in salsa bearnese.
beat |bit| *adj. inv.* (*angl.*) beat.
béat, ate |bea, at| *adj.* **1** (*relig.*) beato ♦ (*s.*) *un béat* un beato **2** (*iron.*) [*exagérément satisfait et tranquille*] beato: *un air, un sourire béat* un'aria beata, un sorriso beato 🄲 **inquiet.**
béatement |beatmɑ̃| *adv.* [→ BÉAT] beatamente.
béatification |beatifikɑsjɔ̃| *s.f.* (*relig.*) beatificazione.
béatifier |beatifje| *v.tr.* (*relig.*) [*mettre au nombre des bienheureux*] beatificare.
béatifique |beatifik| *adj.* (*relig.*) beatifico*: *vision béatifique* visione beatifica.
béatitude |beatityd| *s.f.* **1** (*relig.*) beatitudine **2** (*littér.*) [*bonheur parfait*] beatitudine: *un air de béatitude* un'aria di beatitudine **3** *les* (*huit*) *béatitudes* [*du Sermon sur la Montagne*] le (otto) beatitudini.
beatnik |bitnik| *s.* (*angl.*) beatnik *inv.*, hippy *inv.*, capellone.
beau |bo| *s.m.* **1** [→ *adj.* I; II 1] bello: *le culte du beau* il culto del bello → **beauté** **2** [*choses de belle qualité*] bello: *elle n'aime que le beau* non le piace che il bello, che ciò che è bello **3** *un vieux beau* [*un vieil homme trop coquet*] un vecchietto piacente **4** *faire le beau* (*se dit d'un chien qui se tient debout sur les pattes postérieures*) pavoneggiarsi.
beau |bo|, **bel** |bɛl| (*devant un nom commençant par une voyelle ou un 'h' muet et dans quelques loc.*) (*m. pl.*) *beaux*; (*f.*) *belle*; (*f. pl.*) *belles adj.* **I** [*qui plaît à l'œil*] bello: *un beau paysage* un bel paesaggio; *une très belle femme* una bellissima donna; *un beau brin de fille* un bel pezzo di figliola; *il est beau comme un astre* è bello come il sole # *le beau sexe* il gentil sesso ◇ [*bien habillé*] *il s'est fait beau pour sortir* si è fatto bello per uscire **II** **1** [*qui fait naître un sentiment d'admiration, de satisfaction*] bello: *un beau talent* un bel talento → **supérieur**; *un beau geste, une belle action* un bel gesto, una bella azione → **bon, grand, sublime**; *le bel âge* la bella età, la giovinezza ◇ (*fam., langage des enfants*) *ce n'est pas beau de mentir* non è bello dir bugie **2** [*qui est très satisfaisant, très réussi*] bello: *un beau rôti* un bell'arrosto; *un beau match* un bell'incontro; *un beau voyage* un bel viaggio → **agréable**; *un beau coup* un bel colpo; *une belle situation* un bel posto, un bell'impiego; *au plus beau* sul più bello; *il ferait beau voir que* ... sarebbe bello che ...; *ce serait trop beau* sarebbe troppo bello ◇ (*loc.*) *l'échapper belle* scamparla bella: *il l'a échappé belle* l'ha scampata bella ~ *la bailler belle* darla a intendere ◇ (*temps*) [*clair, ensoleillé*] *il fait beau* è bello, fa bello, fa bel tempo; *quel beau temps!* che tempo magnifico! ♦ (*s.m.*) *le baromètre est au beau* il barometro segna bel tempo **3** [*qui est grand, nombreux, important*] bello: *il en reste un beau morceau* ne rimane un bel pezzo → **bon, gros**; *une belle somme* una bella somma → **considérable**; *un beau vacarme* un bel baccano → **grand**; *il y a beau temps de cela* [*longtemps*] è da molto (tempo); *il y a belle lurette* è (da) un bel pezzo ♦ (*s.*) *en dire, en faire de belles* [*des sottises*] dirne, farne delle belle; *j'en ai appris de belles* ne ho sapute di belle; *c'est du beau!*... questa poi (è bella!) ... **4** (*iron.*) *une belle bronchite* una bella bronchite → **bon**; *un bel égoïste* un bell'egoista; *c'est du beau travail!* gran bel lavoro! **5** *loc. v.* AVOIR BEAU (+ *inf.*) [*bien que, quoique* ...] avere un bel... (+ *inf.*), per quanto (+ *v.*): *j'ai beau crier, il n'entend rien* ho un bel gridare (per quanto gridi), non sente (niente); *on a beau dire* ... si ha un bel dire ..., per quanto se ne dica ...; *nous avons beau faire* ... per quanto facciamo ... **6** *loc. adv.* BEL ET BIEN [*véritablement*] veramente, né più né meno: *il s'est bel et bien trompé* si è né più né meno sbagliato ~ DE PLUS BELLE [*de nouveau et encore plus fort*] daccapo; più di prima: *recommencer de plus belle* ricominciare daccapo ~ AU BEAU MILIEU nel bel mezzo.
beaucoup |boku| *adv.* **1** (*avec un v.*) molto: *il parle, il mange beaucoup* parla, mangia molto; *il a beaucoup gagné, perdu* ha guadagnato, perso molto; *il a beaucoup changé* è molto cambiato; *c'est déjà beaucoup* è già molto → **considérablement, énormément** ◇ (*fam.*) *merci beaucoup* grazie mille, mille grazie, molte grazie **2** (*devant un nom*) BEAUCOUP DE molto (*adj. var.*): *avoir beaucoup de travail, d'argent* avere molto lavoro, molto denaro; *il a beaucoup de chance, de peur* ha molta fortuna, molta paura; *il y a beaucoup de risques, de problèmes* ci sono molti rischi, molti problemi; *j'ai encore beaucoup de choses à faire, beaucoup de pages à copier* ho ancora molte cose da fare, molte pagine da copiare → 1 **bien (des), maint, nombre (de), nombreux, plusieurs** # *en avoir beaucoup* averne molti (di soldi) → **foison (à), quantité (en), profusion (à)** **3** (*avec un adj.*) molto: *aimable, il l'est beaucoup* per essere gentile, lo è molto → **très** **4** (*avec un comparatif: v., adv.*) molto, bene: *c'est beaucoup plus rapide* è molto più veloce, è ben più veloce; *beaucoup mieux* molto meglio # *beaucoup trop* veramente troppo → 1 **bien** ◇ *loc.* DE BEAUCOUP di molto, di gran lunga: *il l'a emporté de beaucoup sur son adversaire* ha battuto di molto, di gran lunga il suo avversario; *je suis de beaucoup son cadet* sono di molto più giovane di lui **5** (*nominal*) [*de nombreuses choses, personnes*] molto (*pron., var.*): *beaucoup sont de notre avis* molti sono del nostro parere; *beaucoup l'ont accepté* molti lo hanno accettato 🄲 **1 peu.**
beau-fils |bofis| *s.m.* **1** [*celui dont on a épousé le père ou la mère*] figliastro **2** (*par ext.*) genero: *ses beaux-fils* i suoi generi → **gendre.**
beau-frère |bofʀɛʀ| *s.m.* [*frère du conjoint, pour l'autre conjoint; mari de la soeur ou de la belle-sœur d'une personne*] cognato: *des beaux-frères* dei cognati.
beaujolais |boʒɔlɛ| *s.m.* [*vin du Beaujolais*] ⊠.
beau-père |bopɛʀ| *s.m.* **1** [*père du conjoint, pour l'autre conjoint*] suocero **2** [*le second mari de leur mère, pour les enfants d'un premier lit*] patrigno.
beaupré |bopʀe| *s.m.* (*mar.*) bompresso → **foc.**
beauté |bote| *s.f.* **I** **1** (*choses*) bellezza: *la beauté d'un paysage, d'un tableau* la bellezza di un paesaggio, di un quadro → **harmonie**; *le sentiment de la beauté* il senso della bellezza, del bello ◇ (*loc.*) *de toute beauté* bellissimo: *le pont de Saint-Esprit est de toute beauté* il ponte di Santo Spirito è bellissimo ~ (*fam.*) EN BEAUTÉ in bellezza: *terminer une course en beauté* finire una corsa in bellezza **2** (*personnes*) bellezza: *la beauté d'une femme* la bellezza di una donna; *être d'une beauté classique, sophistiquée* essere d'una bellezza classica, sofisticata; *institut, produits de beauté* istituto, prodotti di bellezza; *dans tout l'éclat de sa beauté* in tutto lo splendore della sua bellezza ◇ (*loc.*) *la beauté du diable* [*de la jeunesse*] la bellezza dell'asino ~ *être en beauté* sembrare più bello del solito ~ (*fam.*) *se faire, se refaire une beauté* [*se coiffer, se farder*] farsi bella, imbellettarsi # *grain de beauté* neo → 1 **grain** **3** UNE BEAUTÉ [*une femme très belle*] una bellezza: *une beauté célèbre* une bellezza celebre **4** *au plur.* BEAUTÉS bellezze: *les beautés artistiques de l'Italie* le bellezze artistiche dell'Italia **II** (*sens moral*) bellezza, grandezza.
beaux-arts |bozaʀ| *s.m.pl.* belle arti *f.*
beaux-parents |bopaʀɑ̃| *s.m.pl.* [*le père et la mère de son conjoint*] suoceri.
bébé |bebe| *s.m.* **1** [*enfant en bas âge*] bebè *inv.*, bimbo: *elle attend un bébé* aspetta un bambino; *c'est un vrai bébé* è proprio un bambinone! → **nouveau-né, poupon** ♦ (*adj.*) *il est resté bébé* è rimasto bambino **2** *bébé en celluloïd* [*poupée*] bambolotto (di celluloide) **3** [*très jeune animal*] cucciolo: *des bébés lions* dei cuccioli di leone.
bébête |bebɛt| *adj.* (*fam.*) sciocchino, stupidino.
be-bop |bibɔp| *s.m.* (*amér.*) be-bop (*inv.*): *des be-bops* dei be-bop.
bec |bɛk| *s.m.* **1** (*des oiseaux*) becco*: *le héron au long bec* l'airone dal lungo becco; *mordiller du bec* mordicchiare col becco ◇ (*par anal.*) [*bouche de certains animaux*] *bec de tortue* becco di tartaruga ◇ (*loc. fig.*) *avoir bec et ongles* [*pour attaquer, défendre*] avere unghie e denti ~ *se défendre bec et ongles* difendersi colle unghie e coi denti ~ *tenir qqn. le bec dans l'eau* [*en suspens, dans l'incertitude, l'attente*] tenere, lasciare qc. sulla corda **2** (*fig., fam.*) [*la bouche de l'homme*] becco: *ouvrir le bec* aprire il becco # *un bec fin* un buongustaio; *une prise de bec* un battibecco → **dispute** ◇ (*loc.*) *avoir bon bec, caquet bon bec* essere chiacchierone, malalingua ~ *donner un coup de bec* lanciare frecciate; *clore, clouer*

le bec à qqn. chiudere, tappare il becco, la bocca a qc. ~ *ferme ton bec!* chiudi il becco! **3** [*extrémité de certains objects terminants en pointe*] beccuccio*, punta (*f.*): *bec de cruche, de casserole* beccuccio della brocca, del tegame; *bec d'une plume* punta di una penna **4** (*par ext.*) *bec de gaz* → **réverbère** ◇ (*loc. pop.*) *il est tombé sur un bec de gaz* ha trovato un ostacolo imprevisto **5** (*géogr.*) punta **6** (*mus.*) (*des instruments à vent*) bocchino, imboccatura *f.*

bécane |bekan| *s.f.* (*fam.*) [*bicyclette*] bici *inv.*

bécarre |bekaʀ| *s.m.* (*mus.*) bequadro ♦ (*adj.*) *mi bécarre* mi bequadro.

bécasse |bekas| *s.f.* **1** (*t. zool.*) beccaccia* **2** (*fam.*) [*sotte*] stupida, oca*: *quelle bécasse* che stupida, che oca!

bécasseau |bekaso| *s.m.* **1** piccolo della beccaccia → **bécasse 2** (*t. zool.*) piovanello.

bécassine |bekasin| *s.f.* **1** (*t. zool.*) beccaccino *m.* **2** (*fig.*) [*jeune fille niaise*] ingenua, sempliciotta.

because, bicause |bikoz| *conj. et prép.* (*fam.*) → **parce que, (à) cause (de).**

bec-croisé |bɛkkʀwaze| *s.m.* (*t. zool.*) crociere, becchincroce: *des becs-croisés* dei crocieri.

bec-de-cane |bɛkdəkan| *s.m.* [*pêne d'une serrure qui rentre lorsqu'on manœuvre le bouton, la poignée*] scatto.

bec-de-lièvre |bɛkdəljɛvʀ(ə)| *s.m.* labbro leporino: *des becs-de-lièvre* labbri leporini.

becfigue |bɛkfig| *s.m.* (*t.zool.*) beccafico*.

bêchage |bɛʃaʒ| *s.m.* [→ 1 BÊCHER] vangatura *f.*

béchamel |beʃamɛl| *s.f.* (*cuis.*) besciamella.

bêche |bɛʃ| *s.f.* **1** [*outil de jardinage à manche*] vanga*, badile *m.* → **pelle** # *labour à la bêche* vangatura → **bêchage 2** (*artill.*) *bêche de crosse* vomere *m.*

1 **bêcher** |bɛʃe| *v.tr.* [*fendre, retourner* (*la terre*) *avec la bêche*] vangare, zappare: *bêcher la terre, son jardin* zappare la terra, il giardino.

2 **bêcher** |bɛʃe| *v.tr.* [*critiquer vivement*] denigrare, criticare aspramente → **1 débiner.**

bêcheur, euse |bɛʃœʀ, øz| *s.* **1** [*personne qui* (2) *bêche*] maldicente, calunniatore* **2** (*fam.*) [*personne prétentieuse et snob*] borioso, vanitoso: *une petite bêcheuse* una vanitosetta.

béchique |beʃik| *adj.* (*méd.*) bechico*.

bécot |beko| *s.m.* (*fam.*) → **2 baiser.**

bécoter |bekɔte| **A** *v.tr.* (*fam.*) [*donner des bécots*] (s)baciucchiare → **embrasser B** *v.pron. récipr.* (*fam.*) SE BÉCOTER [→ *tr.*] (s)baciucchiarsi: *quand aurez-vous fini de vous bécoter?* quando la smettete di sbaciucchiarvi?

becquée, bequée |beke| *s.f.* [*ce qu'un oiseau prend dans son bec pour* (*se*) *nourrir*] imbeccata # *donner la becquée* imbeccare.

becquetance, bectance |bɛktɑ̃s| *s.f.* (*pop.*) [*nourriture*] mangiatoria, pappatoria.

becqueter, béqueter |bɛkte| (5) *v.tr.* **1** [*piquer avec le bec*] beccare, becchettare → **picorer, picoter 2** (*pop.*) [*manger*] beccare, pappare: *il n'y a rien à becqueter ici* non c'è proprio nulla da beccare, da pappare qui.

bedaine |bədɛn| *s.f.* (*fam.*) [*ventre rebondi*] trippa (*vulg., plais.*) → **1 bide.**

bedeau |bədo| *s.m.* [*employé laïque préposé au service matériel et à l'ordre dans une église*] scaccino → **sacristain.**

bedon |bədɔ̃| *s.m.* (*fam.*) → **bedaine.**

bedonnant, ante |bədɔnɑ̃, ɑ̃t| *adj.* (*fam.*) [*qui a un gros ventre*] panciuto: *un vieux monsieur bedonnant* un vecchio (signore) panciuto, un vecchio pancione.

bedonner |bədɔne| *v.intr.* (*fam.*) [*prendre du ventre*] mettere (155) su pancia (*pop., plais.*).

bédouin, ine |bedwɛ̃, in| *s.* beduino.

bée |be| *adj.* (*seulement dans l'expression*) BOUCHE BÉE [*la bouche ouverte d'admiration, d'étonnement*] a bocca aperta → **béant.**

béer |bee| *v.intr.* **1** (*rare*) [*être grand ouvert*] essere (96) (*aux.* essere) spalancato, completamente aperto: *à ses pieds béait la valise* la valigia era ai suoi piedi completamente aperta **2** (*littér., fig.*) *béer d'étonnement, d'admiration* restare (*aux.* essere) a bocca aperta per lo stupore, l'ammirazione ◇ (*par ext.*) → **rêver, rêvasser.**

beffroi |befʀwa| *s.m.* **1** (*ancienn., milit.*) battifredo **2** [*tour d'une ville, d'une église*] torre *f.* (campanaria), campanile → **1 clocher, campanile.**

bégaiement |begɛmɑ̃| *s.m.* **1** [*trouble de la parole*] balbuzie *f. inv.* → **bègue 2** (*par anal.*) [*langage de l'enfant qui commence à parler*] balbettamento → **balbutiement 3** (*fig.*) [*premiers essais; tentative hésitante*] tentativo # *les premiers bégaiements d'une technique nouvelle* i primi passi di una nuova tecnica → **commencement, tâtonnement.**

bégayant, ante |begɛjɑ̃, ɑ̃t| *adj.* **1** [*qui bégaye* (A 1)] balbuziente **2** (*fig.*) [→ BEGAYER A 2] esitante, incerto: *une volonté bégayante* una volontà esitante, incerta.

bégayer |begeje| (9) **A** *v.intr.* **1** [*parler avec difficulté; souffrir de bégaiement*] balbettare **2** (*fig.*) [*s'exprimer d'une manière maladroite, hésitante*] balbettare → **balbutier B** *v.tr.* [→ *tr.* 2] balbettare: *bégayer une excuse* balbettare una scusa.

bégonia |begɔnja| *s.m.* (*t. bot.*) begonia *f.* ◇ (*loc. pop.*) *charrier* (*cherrer*) *dans les bégonias* [*exagérer*] oltrepassare i limiti (*cour.*).

Bégoniacées |begɔnjase| *s.f.pl.* (*t. bot.*) Begoniacee.

bègue |bɛg| *adj. et s.* [*qui bégaye* (*A 1*) *de naissance*] balbuziente.

bégueule |begœl| *adj.* [*personne d'une pruderie affectée*] pudibondo: *elle est un peu bégueule* è piuttosto pudibonda ♦ (*s.f.*) *une bégueule* una madonnina infilzata, una santerella.

béguin |begɛ̃| *s.m.* **1** (*ancienn.*) cuffia *f.* di beghina ◇ (*spécialt.*) [*bonnet pour jeunes enfants*] cuffietta *f.* **2** (*fig., fam.*) [*amour passager*] cotta (*f.*): *avoir le béguin pour qqn.* prendere una cotta per qc. ◇ (*pop.*) [*personne qui est l'objet du béguin*] innamorato, innamorata *f.*, bello, bella (*f.*): *c'est son béguin* è il suo innamorato, il suo bello → **amoureux.**

béguinage |beginaʒ| *s.m.* (*relig.*) [*couvent de béguines*] beghinaggio*.

béguine |begin| *s.f.* (*relig.*) beghina.

behaviorisme |bia(e)vjɔʀism(ə)| *s.m.* (*psycho.*) behaviorismo, comportamentismo.

beige |bɛʒ| *adj.* 'beige' (*inv.*): *un vêtement beige* un vestito 'beige', nocciola chiaro ♦ (*s.m.*) *un beau beige* un bel 'beige'.

beigne |bɛɲ| *s.f.* (*pop.*) → **gifle, coup.**

beignet |bɛɲɛ| *s.m.* (*cuis.*) frittella (*f.*): *beignets aux pommes, aux crevettes* frittelle di mele, di gamberetti.

béjaune |beʒon|, **bec-jaune** |beʒon, bekʒon| *s.m.* **1** (*faucon.*) uccello nidiaceo, nid(i)ace **2** (*fig.*) → **blanc-bec, niais.**

1 **bel** |bɛl| *adj. et adv.* → **beau.**

2 **bel** |bɛl| *s.m.* (*phys.*) bel *inv.* → **décibel.**

bêlant, ante |bɛlɑ̃, ɑ̃t| *adj.* **1** [*qui bêle* (1)] belante: *un troupeau bêlant* un gregge belante **2** (*fig., fam.*) [*qui bêle* (2)] lamentoso, piagnucoloso: *un orateur bêlant* un oratore lamentoso; *un discours bêlant* un discorso lamentoso.

bel canto |bɛlkɑ̃to| *s.m. inv.* (*mus.*) bel canto.

bêlement |bɛlmɑ̃| *s.m.* **1** [*cri du mouton, de la chèvre*] belato **2** (*fig.*) [*plainte niaise*] belato, piagnisteo (*fam.*): *les bêlements de cette femme sont insupportables* i belati, i piagnistei di quella donna sono insopportabili → **jérémiade.**

bêler |bɛle| *v.intr.* **1** [*pousser un bêlement*] belare: *la chèvre, le mouton bêlent* la capra, la pecora belano **2** (*fig., fam.*) [*se plaindre sur un ton niais*] belare, piagnucolare: *elle ne fait que bêler* non fa che belare, piagnucolare.

belette |bəlɛt| *s.f.* (*t. zool.*) donnola.

belge |bɛlʒ(ə)| *agg.* [*de la Belgique*] belga*: *les villes belges* le città belghe → **flamand, wallon.**

belgicisme |bɛlʒisism(ə)| *s.m.* (*ling.*) belgicismo.

bélier |belje| *s.m.* **1** [*mâle de la brebis*] montone, ariete (*littér.*) ◇ [*signe du zodiaque*] ariete **2** [*machine de guerre*] ariete: *donner un coup de bélier* dare un colpo di ariete, arietare *v.tr.* **3** (*techn.*) *bélier hydraulique* ariete idraulico **4** [*machine à enfoncer les pieux*] battipalo, berta *f.*

bélière |beljɛʀ| *s.f.* **1** [*anneau du battant d'une cloche*] asola del battaglio ◇ (*par ext.*) [*médaille*] medaglione *m.* ◇ [*sabre*] sciabola **2** [*clochette du bélier*] campanaccio* *m.*

bélinogramme |belinɔgʀam| *s.m.* telefoto *f.inv.* → **téléphotographie.**

belladone |be(ɛl)ladɔn| *s.f.* (*t. bot.*) belladonna.

bellâtre |bɛlatʀ(ə)| *s.m.* [*bel homme fat et niais*] bellimbusto.

1 **belle** |bɛl| *adj.* → **beau.**

2 **belle** |bɛl| *s.f.* **I** [*belle femme*] bella: *il est avec sa belle* [*son amie*] è con la sua bella; *ma belle* bella mia **II** [*partie qui doit départager deux joueurs à égalité*] bella: *faire, jouer la revanche et la belle* fare, giocare la rivincita e la bella.

belle-de-jour |bɛldəʒuʀ| *s.f.* → **liseron.**

belle-de-nuit |bɛldənɥi| *s.f.* → **mirabilis.**

belle-fille |bɛlfij| *s.f.* **1** [*épouse du fils, bru*] nuora: *des belles-filles* delle nuore **2** [*pour un conjoint, fille que l'autre conjoint a eue d'un précédent mariage*] figliastra.
bellement |bɛlmɑ̃| *adv.* [*bel et bien*] bellamente.
belle-mère |bɛlmɛʀ| *s.f.* **1** [*pour un conjoint, mère de l'autre conjoint*] suocera **2** [*pour les enfants d'un premier lit, la seconde femme de leur père*] matrigna.
belle-sœur |bɛlsœʀ| *s.f.* [*sœur du conjoint, pour l'autre conjoint; femme du frère ou du beau-frère*] cognata.
bellicisme |be(ɛl)lisism(ə)| *s.m.* bellicismo [C] **pacifisme.**
belliciste |be(ɛl)lisist(ə)| *adj.* bellicista, guerrafondaio*: *gouvernement belliciste* governo bellicista, guerrafondaio ✦ (*s.*) *les bellicistes* i bellicisti, i guerrafondai.
bellicosité |be(ɛl)likɔsite| *s.f.* bellicosità *inv.*
belligérance |be(ɛl)liʒeʀɑ̃s| *s.f.* belligeranza → **guerre** [C] **neutralité.**
belligérant, ante |be(ɛl)liʒeʀɑ̃, ɑ̃t| *adj.* belligerante: *puissances belligérantes* potenze belligeranti ✦ (*s.*) *les belligérants* i belligeranti.
belliqueux, euse |be(ɛl)likø, øz| *adj.* **1** bellicoso: *peuple belliqueux* popolo bellicoso; *nation belliqueuse* nazione bellicosa # *esprit belliqueux* spirito battagliero **2** → **agressif** [C] **pacifique.**
bellot, otte |bɛlo, ɔt| *adj.* (*région.*) → **beau, mignon.**
belluaire |be(ɛl)lɥɛʀ| *s.m.* **1** → **gladiateur 2** (*rare*) → **dompteur.**
belote |bəlɔt| *s.f.* (*jeu de cartes*) 'belote' *inv.*
belouga |beluga|, **beluga** |belyga| *s.m.* (*t. zool.*) beluga *inv.*
belvédère |bɛlvedɛʀ| *s.m.* belvedere *inv.*
bémol |bemɔl| *s.m.* **1** (*mus.*) bemolle ✦ (*adj.*) *mi bémol* mi bemolle **2** (*fig., fam.*) *mettre un bémol* [*parler moins fort*] abbassare il tono della voce (*cour.*).
ben |bɛ̃| *adv.* **1** (*rural*) → 1 **bien I 2** (*pop.*) → 1 **bien I 8.**
bénédicité |benedisite| *s.m.* (*relig.*) benedicite *inv.*
bénédictin, ine |benediktɛ̃, in| *s.* **1** *s.* (*relig.*) benedettino ✦ (*adj.*) *bibliothèque bénédictine* biblioteca benedettina ◇ (*fig.*) *travail, patience bénédictine* lavoro, pazienza da certosino **2** *s.f.* (*liqueur*) ⊠.
bénédiction |benediksjɔ̃| *s.f.* **1** (*relig.*) benedizione: *bénédiction nuptiale* benedizione nuziale; *donner, recevoir la bénédiction* impartire, ricevere la benedizione ◇ (*par ext.*) *la bénédiction d'une cloche, d'un bateau* la benedizione di una campana, di una nave → **baptême 2** (*fig.*) *elle avait accueilli mon retour comme une bénédiction du ciel* aveva accolto il mio ritorno come una benedizione del cielo ◇ (*fam.*) *c'est une bénédiction!* è una benedizione! → **bonheur, chance 3** [*expression d'un souhait de réussite, prospérité*] benedizione: *vous avez ma bénédiction* avete la mia benedizione # *il y est allé avec la bénédiction du parti* ci è andato col beneplacito del partito [C] 1 **malédiction.**
bénéfice |benefis| *s.m.* **I 1** beneficio*, vantaggio*: *laissons-lui le bénéfice du doute* concediamogli il beneficio del dubbio; *quel bénéfice avez-vous à mentir?* che vantaggio avete a mentire? # *avoir le bénéfice de l'âge* avere la priorità per motivi di età ◇ *loc.* AU BÉNÉFICE DE a beneficio di, in favore di: *donner un spectacle au bénéfice d'une œuvre* dare uno spettacolo a beneficio di un'opera assistenziale **2** (*dr.*) beneficio: *le bénéfice des circonstances atténuantes* il beneficio delle (circostanze) attenuanti; *le bénéfice du sursis* il beneficio della condizionale; (*accepter une succession*) *sous bénéfice d'inventaire* (accettare un'eredità) con beneficio d'inventario **3** *bénéfice ecclésiastique* beneficio ecclesiastico **4** (*hist. féod.*) beneficio: *jouissance, revenu d'un bénéfice* godimento, provento d'un beneficio **II** (*comm.*) **1** [*gain d'une entreprise*] utile, profitto: *bénéfice net, brut* utile netto, lordo; *bénéfice d'exploitation* utile d'esercizio; *partager les bénéfices* dividere gli utili; *impot sur les bénéfices* imposta sugli utili (delle società) **2** [*différence entre le prix de vente et le prix de revient*] profitto: *bénéfice de guerre* profitto di guerra [C] I 1 **inconvénient, préjudice**; II **perte.**
bénéficiaire |benefisjɛʀ| **1** *s.* beneficiario*, titolare: *j'en suis le bénéficiaire* ne sono io il beneficiario ◇ (*dr.*) *le bénéficiaire d'une créance* il beneficiario di un credito; *le bénéficiaire d'un chèque* il beneficiario di un assegno; *le bénéficiaire d'un brevet* il titolare di un brevetto; *le bénéficiaire d'une licence* il titolare di una licenza **2** *adj.* [*qui a rapport au bénéfice commercial*] di utile (*loc. inv.*): *la part, la marge bénéficiaire d'un commerçant* il margine di utile di un commerciante # *solde, bilan bénéficiaire* saldo, bilancio attivo.
1 **bénéficier** |benefisje| *s.m.* (*rare*) [*possesseur d'un bénéfice ecclés.*] beneficiario*, beneficiato.
2 **bénéficier (de)** |benefisje| *v.intr.* [*profiter* (*d'un avantage*)] beneficiare: *bénéficier des circonstances atténuantes* beneficiare delle (circostanze) attenuanti; *bénéficier d'un non-lieu* beneficiare di un non luogo a procedere [C] **pâtir, souffrir (de).**
bénéfique |benefik| *adj.* **1** benefico*, salutare: *ce séjour lui a été bénéfique* questo soggiorno gli è stato salutare, gli ha fatto bene **2** (*astrol.*) benefico: *une planète bénéfique* un pianeta benefico → **favorable.**
benêt |bənɛ| *s. et adj. m.* [*sot, nigaud*] babbeo, allocco*: *c'est un grand benêt* è un gran babbeo ◇ (*loc. fig.*) *faire le benêt* fare il finto tonto.
bénéventin, ine |benevɑ̃tɛ̃, in| *adj.* [*de Bénévent*] beneventano.
bénévolat |benevɔla| *s.m.* [*situation de celui, celle qui accomplit un travail gratuitement ou sans y être obligé*] volontariato; volontarismo (*spécialt. milit.*).
bénévole |benevɔl| *adj.* **1** (*personnes*) [*qui fait qqch. sans obligation et gratuitement*] volontario*, non retribuito: *une personne bénévole* una persona volontaria, un volontario; *une infirmière bénévole* una infermiera non retribuita **2** (*choses*) volontario, non retribuito: *service bénévole* servizio volontario; *collaboration bénévole* collaborazione non retribuita **3** (*littér.*) → **bienveillant.**
bénévolement |benevɔlmɑ̃| *adv.* **1** [*volontairement et gratuitement*] come volontario *loc.*, senza compenso (*loc.*): *il travaille bénévolement* lavora come volontario, senza compenso **2** (*littér.*) [*de bonne grâce*] benevolmente.
bengale |bɛ̃gal| *s.m.* → 1 **feu 4.**
bengali |bɛ̃gali| *s.m.* **1** (*t. zool.*) bengalino **2** *le bengali* [*la langue du Bengale*] il bengali.
bénignité |beniɲite| *s.f.* **1** benignità (*inv.*): *la bénignité d'une maladie* la benignità di una malattia **2** (*littér.*) → **bienveillance, bonté.**
bénin, igne |benɛ̃, iɲ| *adj.* **1** [*indulgent, bienveillant*] benigno, benevolo: *une critique bénigne* una critica benigna, benevola # *humeur bénigne* indole buona **2** (*méd.*) *un remède bénin* un farmaco anodino → **anodin 3** (*par anal.*) *tumeur bénigne* tumore benigno; *accident bénin* leggero incidente [C] 1 **méchant**; 3 **grave.**
bénir |beniʀ| *v.tr.* **I 1** (*en parlant de Dieu*) [*répandre sa bénédiction*] benedire (132) ◇ (*fam.*) *Dieu vous bénisse* Dio vi benedica → **protéger 2** [*appeler la bénédiction de Dieu sur les hommes*] benedire: *bénir les fidèles* benedire i fedeli; *le prêtre qui a béni leur mariage* il prete che ha benedetto il loro matrimonio **3** (*par anal.*) [*souhaiter solennellement bonheur et prospérité*] benedire: *bénir ses enfants en mourant* benedire i propri figli morendo **II 1** [*louer et glorifier Dieu*] benedire, lodare: *Dieu soit béni!* Dio sia lodato! **2** [*exalter* (*qqn., qqch.*) *pour manifester sa reconnaissance*] benedire: *je bénis le médecin qui m'a sauvé* benedico il medico che mi ha salvato # *vous pouvez bénir le concours de circonstances* dite grazie a tutta una serie di circostanze [C] I 1 **maudire.**
bénisseur, euse |benisœʀ, øz|, **bénissant, ante** |benisɑ̃, ɑ̃t| *adj.* [*qui bénit*] benedicente: *des Jésus bénisseurs* dei Gesù benedicenti ◇ (*plais.*) *un geste bénisseur* un gesto benedicente.
bénit, ite |beni, it| *adj.* (*se dit des choses qui ont reçu la bénédiction du prêtre*) benedetto: *eau bénite* acqua benedetta, santa; *les rameaux bénits* le palme benedette ◇ (*loc. fam.*) *c'est pain bénit* [*c'est bien fait, bien mérité*] ben gli sta!
bénitier |benitje| *s.m.* **1** [*vasque destinée à contenir l'eau bénite*] acquasantiera *f.* ◇ (*loc. fig.*) *se démener, s'agiter comme un diable dans un bénitier* [*être mal à l'aise*] sentirsi come un cane in chiesa ~ (*pop.*) *grenouille de bénitier* bigotta *f.*, baciapile *s.* **2** (*t.zool.*) tridacna *f.*
benjamin, ine |bɛ̃ʒamɛ̃, in| *s.* **1** minore, il più giovane: *la benjamine de la famille* la minore, la più giovane della famiglia → **cadet 2** (*vx.*) [*enfant préféré de ses parents*] beniamino, figlio prediletto [C] 1 **aîné.**
benjoin |bɛ̃ʒwɛ̃| *s.m.* benzoino # *acide du benjoin* acido benzoico.
benne |bɛn| *s.f.* **1** (*dans les mines, les chantiers*) benna; vagonetto *m.*, vagoncino (*m.*): *benne preneuse* benna mordente ‖ *benne roulante* vagonetto; *une benne de charbon* un vagonetto di carbone **2** [*partie basculante d'un camion*] cassone *m.* ribaltabile **3** [*cabine de téléphérique*] (cabina di) funivia.
benoît, oîte |bənwa, wat| *adj.* **1** (*vx.*) [*bon et doux*] mansueto **2** (*iron.*) [*qui prend un air doucereux*] lezioso, sdolcinato.
benoîtement |bənwatmɑ̃| *adv.*

[→ BENOÎT 2] leziosamente, sdolcinatamente.

benthos |bɛ̃tos| *s.m.* (*biol.*) benthos *inv.*

bentonite |bɛ̃tɔnit| *s.f.* bentonite.

benzaldéhyde |bɛ̃zaldeid| *s.m.* (*chim.*) benzaldeide *f.*

benzène |bɛ̃zɛn| *s.m.* (*chim.*) benzene.

benzine |bɛ̃zin| *s.f.* [*mélange d'hydrocarbures employé notamment comme détachant*] benzina (per smacchiare) ◇ (*en Suisse*) [*essence*] benzina.

benzoate |bɛ̃zɔat| *s.m.* (*chim.*) benzoato.

benzoïque |bɛ̃zɔik| *adj.* (*chim.*) benzoico*: *acide benzoïque* acido benzoico.

benzol |bɛ̃zɔl| *s.m.* (*chim.*) benzolo.

benzonaphtol |bɛ̃zɔnaftɔl| *s.m.* (*chim.*) benzonaftolo.

benzyle |bɛ̃zil| *s.m.* (*chim.*) benzile.

benzylique |bɛ̃zilik| *adj.* (*chim.*) benzilico*.

béotien, ienne |beɔsjɛ̃, jɛn| **1** *adj.* [*de la Béotie*] beota **2** *s.* (*fig.*) beota: *c'est un béotien* è un beota → **lourd; grossier.**

béotisme |beɔtism(ə)| *s.m.* [*lourdeur, grossièreté de béotien*] ottusità *f.inv.*, rozzezza *f.*

béquée |beke| *s.f.* → **becquée.**

béquille |bekij| *s.f.* **1** [*bâton surmonté d'une traverse sur laquelle on s'appuie pour se soutenir*] stampella, gruccia*: *il se déplace sur des béquilles* cammina sulle stampelle, sulle grucce → **canne 2** (*techn.*) puntello *m.*, sostegno *m.* → 2 **cale,** 2 **étai** # *béquille de motocyclette* cavalletto della moto; *béquille de fusil mitrailleur* bipede di fucile mitragliatore **3** → **bec-de-cane.**

berbère |bɛʀbɛʀ| **1** *adj.* berbero: *la population berbère* la popolazione berbera ♦ *s.* (*hist.*) *les Berbères* i Berberi **2** (*s.m.*) *le berbère* [*la langue*] il berbero.

Berbéridacées |bɛʀbeʀidase| *s.f.pl.* (*t. bot.*) Berberidacee.

bercail |bɛʀcaj| *s.m.sing.* **1** [*le sein de l'Église*] ovile: *ramener au bercail une brebis égarée* ricondurre all'ovile una pecorella smarrita **2** (*plais.*) [*foyer, maison, pays natal*] ovile, casa (*f.*): *rentrer au bercail* tornare all'ovile, a casa.

berceau |bɛʀso| *s.m.* **1** [*petit lit de bébé qui peut être balancé*] culla *f.*, cuna *f.* (*littér.*): *berceau d'osier* culla di vimini ◇ (*fig.*, *littér.*) *un enfant au berceau* un bambino in fasce; *du berceau à la tombe* dalla culla alla bara, alla tomba **2** (*fig.*) [*le lieu de naissance* (*d'une personne*), *d'origine* (*de qqch.*)] culla: *la Grèce fut le berceau de la civilisation* la Grecia fu la culla della civiltà **3** [*voûte de feuillage*] pergolato, bersò *inv.* → **tonnelle 4** (*archit.*) volta *f.* a botte **5** (*artill.*) culla: *berceau de pointage d'un canon* culla di puntamento di un cannone **6** (*mécan.*) culla: *berceau de moteur* culla (di motore sospeso), incastellatura *f.* (di motore appoggiato).

bercement |bɛʀsəmɑ̃| *s.m.* [→ BERCER A 1] dondolio* → **balancement.**

bercer |bɛʀse| (2) **A** *v.tr.* **1** [*balancer* (*dans un berceau*)] cullare: *bercer un enfant dans ses bras* cullare un bambino tra le braccia ♦ (*au p.p.*) *un canot bercé par les vagues* un canotto cullato dalle onde **2** (*fig.*) → **apaiser, consoler 3** (*littér.*) → **leurrer B** *v.pron. réfl.* SE BERCER [→ *tr.* 1] cullarsi, dondolarsi: *il se berçait sur la balançoire* si cullava sull'altalena ◇ (*fig.*) *se bercer d'illusions* cullarsi nelle illusioni → **illusionner(s').**

berceur, euse |bɛʀsœʀ, øz| *adj.* et *s.m.* [*qui berce*] che, chi culla: *rythme berceur* ritmo che culla.

berceuse |bɛʀsøz| *s.f.* **1** [*chanson pour endormir un enfant*] ninnananna ◇ (*par ext.*, *mus.*) *une berceuse de Schumann* una 'berceuse' *inv.* di Schumann **2** [*siège sur lequel on peut se balancer*] sedia a dondolo, 'berceuse' *inv.*

béret |beʀɛ| *s.m.* basco*, berretto: *béret basque* (berretto) basco; *béret d'étudiant* berretto goliardico; *béret de marin* berretto da marinaio # *béret de chasseur alpin* cappello (da) alpino.

bergamasque |bɛʀgamask(ə)| **I** *adj.* [*de Bergame*] bergamasco* **II** *s.* **1** (*s.m.*) *le bergamasque* [*le dialecte*] il bergamasco **2** *s.f.* (*hist. mus.*, *danse*) bergamasca.

bergamote |bɛʀgamɔt| *s.f.* **1** pera bergamotta **2** [*fruit du bergamotier*] bergamotto (*m.*): *essence de bergamote* essenza di bergamotto.

bergamotier |bɛʀgamɔtje| *s.m.* (*t.bot.*) bergamotto.

1 **berge** |bɛʀʒ(ə)| *s.f.* **1** [*bord exhaussé d'un cours d'eau*] argine (*m.*): *la berge d'un grand fleuve* l'argine di un grande fiume → **rivage, rive 2** [*bord relevé d'un chemin, d'un fossé*] scarpata, rilevato *m.* → 1 **talus.**

2 **berge** |bɛʀʒ(ə)| *s.f.* (*arg.*) (*après un chiffre*) [*année d'âge*] anno (*m.*): *un type de cinquante berges* un tizio di cinquant'anni.

berger, ère |bɛʀʒe, ɛʀ| *s.* **1** [*personne qui garde les moutons*] pastore (*m.*): *bâton de berger* bastone di pastore; *chien de berger* cane da pastore → **gardien** ◇ (*loc.*) *au temps où les rois épousaient les bergères* nei bei tempi antichi; al tempo che Berta filava ~ *l'étoile du berger* [*Vénus*] la stella del pastore, Lucifero (Venere) ~ *la bergère de Domrémy* Giovanna d'Arco **2** (*relig.*) [*pasteur d'âmes, prêtre*] *le bon berger* il buon pastore **3** [*chien de berger*] pastore: *un berger allemand* un pastore tedesco, un cane lupo.

bergère |bɛʀʒɛʀ| *s.f.* 'bergère' (*inv.*): *des bergères Louis XV* delle 'bergère' Luigi XV.

bergerie |bɛʀʒəʀi| *s.f.* **1** [*lieu où l'on abrite les moutons*] ovile *m.* ◇ (*loc. fig.*) *enfermer le loup dans la bergerie* chiudere il lupo nell'ovile **2** (*dans un grand magasin*) [*enceinte de comptoirs où se tient la vendeuse*] cassa **3** *au plur.* (*litt.*) 'bergeries' *inv.*, componimenti *m.* pastorali → **églogue; bucolique, pastorale.**

bergeronnette |bɛʀʒəʀɔnɛt|, **bergerette** |bɛʀʒəʀɛt| *s.f.* (*t.zool.*) cutrettola, ballerina.

béribéri |beʀibeʀi| *s.m.* (*méd.*) beriberi *inv.*

berkélium |bɛʀkeljɔm| *s.m.* (*chim.*) berkelio*, berchelio*.

berline |bɛʀlin| *s.f.* **1** [*voiture anc. automobile*] berlina **2** (*dans les mines*) [*benne roulante*] carrello *m.*, vagonetto *m.*

berlingot |bɛʀlɛ̃go| *s.m.* **1** [*bonbon aux fruits, à la menthe, de forme particulière*] caramella *f.* **2** [*emballage pour le lait*] tetrapak *inv.* (*nom comm.*), contenitore di cartone.

berlinois, oise |bɛʀlinwa, waz| *adj.* [*de Berlin*] berlinese.

berlue |bɛʀly| *s.f.* (*dans la loc.*) *avoir la berlue*: (*pr.*) [*avoir des visions*]; (*fig.*) [*se faire des illusions*] avere le traveggole.

berme |bɛʀm(ə)| *s.f.* **1** [*chemin sur le bord d'un canal ou d'un fossé*] (strada d')argine *m.* **2** (*région.*) (*en Belgique*) *berme centrale* [*terre-plein central d'une auto-route*] spartitraffico *m.inv.*

bermuda |bɛʀmyda| *s.m.* bermuda (*pl.*): *porter un* (*des*) *bermuda*(*s*) portare dei bermuda.

bernardin, ine |bɛʀnaʀdɛ̃, in| *s.* (*relig.*) bernardino.

bernard-l'(h)ermite |bɛʀnaʀlɛʀmit| *s.m.* → **pagure.**

berne |bɛʀn(ə)| *s.f.* (*mar.*) *pavillon en berne* bandiera in derno ◇ (*par ext.*) *drapeau en berne* bandiera a mezza asta.

berner |bɛʀne| *v.tr.* [*tromper en ridiculisant*] prendere (105) in giro: *le gouvernement nous a trop longtemps bernés* il governo ci ha preso in giro fin troppo → **duper, jouer.**

bernicle |bɛʀnikl(ə)|, **bernique** |bɛʀnik| *s.f.* → **patelle** 1.

bernique! |bɛʀnik| *interj.* (*vx.*) → **rien (à faire).**

bernois, oise |bɛʀnwa, waz| *adj.* [*de Berne*] bernese.

bersaglier |bɛʀsalje| *s.m.* (*milit. it.*) bersagliere.

bertha |bɛʀta| *s.f.* (*canon*) berta.

berthe |bɛʀt(ə)| *s.f.* **1** (*cout.*) berta **2** → **bouille.**

béryl |beʀil| *s.m.* (*minér.*) berillo.

béryllium |beʀiljɔm| *s.m.* (*chim.*) berillio*.

besace |bəzas| *s.f.* bisaccia*.

bésef, bézef |bezɛf| *adv.* (*pop.*) [*beaucoup*] a bizzeffe (*loc.adv.*): '*de l'argent? il en a bésef!*' 'denaro? ne ha a bizzeffe'.

besicles |be(ə)zikl(ə)| *s.f.pl.* **1** (*plais.*) [*lunettes*] occhiali *m.* **2** [*anciennes lunettes rondes*] occhiali rotondi e grossi.

bésigue |bezig| *s.m.* (*cartes*) bazzica* *f.*

besogne |bəzɔɲ| *s.f.* [*travail imposé* (*par la profession, etc.*)] lavoro penoso: *une lourde, une rude besogne* un lavoro pesante, faticoso → **ouvrage, tâche** ◇ (*loc.*) *abattre de la besogne* lavorare sodo ~ *aller vite en besogne*: (*pr.*) lavorare rapidamente, sbrigare un bel po' di lavoro; (*fig.*) bruciare le tappe, andar dritto allo scopo ~ *ils ont fait de la belle, de la bonne besogne* hanno fatto un bel, un buon lavoro ~ (*iron.*) *vous avez fait là de la belle besogne* avete proprio fatto un bel lavoro!

besogner |b(ə)zɔɲe| *v.intr.* (*péj.*) [*faire un travail pénible, inintéressant*] sgobbare, sfacchinare → **peiner, trimer.**

besogneux, euse |b(ə)zɔɲø, øz| *adj.* **1** [*qui fait une médiocre besogne mal rétribuée*] povero: *un gratte-papier besogneux* un povero scribacchino ♦ (*s.*) *un besogneux* un poveraccio **2** (*vx.*) → **nécessiteux.**

besoin |bəzwɛ̃| *s.m.* **I** **1** bisogno, esigenza (*f.*): *la satisfaction d'un besoin* il soddisfacimento di un bisogno; *le besoin de nourriture* il bisogno di cibo; *un besoin d'affection, de repos* un bisogno di affetto, di riposo; *un besoin* *pressant, urgent* un bisogno, un'esigenza impellente, urgente; *éprouver le besoin de parler, de crier* provare il bisogno di parlare, di gridare **2** (*au plur.*) *les besoins de qqn.* [*ce qui est nécessaire à son existence*] i bisogni, le necessità *f. inv.* di qc.; *subvenir aux besoins de ses parents* sovvenire ai bisogni dei genitori; *il a de grands, de petits besoins* ha molti, pochi bisogni ◇ *specialt. au plur.* (*comm., écon.*) fabbisogno (*sing.*): *les besoins en énergie, en pétrole de l'Europe* il fabbisogno di energia, di petrolio dell'Europa ◇ (*fam.*) *un besoin naturel, les besoins naturels, ses besoins* [*la nécessité d'uriner, d'aller à la selle*] un bisogno, i bisogni, un bisognino (*plais.*): *aller faire ses petits besoins* andare a fare i propri bisogni, bisognini **3** (*pour*) *le besoin de la cause* [*ce qu'il est nécessaire de dire à l'appui de la cause qu'on défend*] (per) necessità **4** *loc.* AVOIR BESOIN DE (QQN., QQCH.) aver bisogno di: *avoir besoin d'argent* aver bisogno di denaro; *elle a besoin de repos* ha bisogno di riposo → 1 **falloir**; *le malade a besoin d'air* il malato ha bisogno di (prendere) aria; *il a besoin de votre amitié, d'affection* ha bisogno della vostra amicizia, d'affetto; *je n'ai besoin de rien, de personne* non ho bisogno di niente, di nessuno → 1 **vouloir, désirer, envie (avoir)** ◇ *loc.* AVOIR BESOIN DE (+ *inf.*) aver bisogno di (+ *inf.*): *avoir besoin de parler, de gagner sa vie* aver bisogno di parlare, di guadagnarsi da vivere; *je n'ai pas besoin d'ajouter que...* non ho, non c'è bisogno di aggiungere che...; *je n'ai pas besoin de vous le répéter* non ho, non c'è bisogno di ripetervelo ◇ *loc.* AVOIR BESOIN QUE (+ *subj.*) aver bisogno di (+ *inf.*): *il (n')a (pas) besoin qu'on le conseille, qu'on le suive* (non) ha bisogno di essere consigliato, seguito → 1 **falloir** **5** (*impers.*) *point n'est besoin de..., il n'est pas besoin de...* non c'è bisogno di..., non occorre...; *s'il en est besoin, si besoin est* [*si cela est nécessaire*] se ce n'è bisogno, se occorre **6** (*loc. adv.*) *au besoin* [*s'il le faut*] al bisogno, in caso di bisogno; se occorre, all'occorrenza **II** [*état de privation*] bisogno: *être dans le besoin* essere, trovarsi nel bisogno → **gêne, pauvreté.**

bessemer |bɛsmɛʀ| *s.m.* (*techn.*) convertitore bessemer.

besson, onne |besɔ̃, ɔn| *s.* (*dial., vx.*) → **jumeau.**

1 **bestiaire** |bɛstjɛʀ| *s.m.* (*hist. rom.*) bestiario* → **gladiateur.**

2 **bestiaire** |bɛstjɛʀ| *s.m.* (*litt.*) bestiario*.

bestial, ale, aux |bɛstjal, o| *adj.* bestiale: *air bestial* aspetto bestiale; *colère, fureur bestiale* collera, furore bestiale → **brutal, animal.**

bestialement |bɛstjalmɑ̃| *adv.* [→ BESTIAL] bestialmente.

bestialité |bɛstjalite| *s.f.* bestialità *inv.* → **brutalité, animalité.**

bestiaux |bɛstjo| *s.m.pl.* [*animaux qu'on entretien pour la production agricole dans une exploitation*] bestiame *sing.* ◇ *au sing.* (*paysan, plais.*) [*animal, bête*] animale, bestia (*f.*): *qu'est-ce que c'est que ce bestiau?* che cosa è questa bestia?, che bestia è?

bestiole |bɛstjɔl| *s.f.* bestiola ◇ (*spécialt.*) [*insecte*] insetto *m.*

best-seller |bɛstselœʀ| *s.m.* best-seller *inv.*; (grande) successo di vendita, libro più venduto: *des best-sellers* dei best-seller ◇ (*par ext.*, *au plur.*) *les best-sellers* [*les modèles à bas prix* (*d'une auto*)] i modelli economici, i più venduti.

bêta |bɛta| *s.m.inv.* beta ◆ (*adj.*) *rayons bêta* raggi beta.

bêta, asse |bɛta, ɑs| *s. et adj.* (*fam.*) [*personne bête, niaise*] sciocco* (*cour.*), stupido (*cour.*): *c'est un gros bêta* è uno scioccone; *voilà une fille tout à fait bêtasse* ecco una ragazza proprio stupida.

bétail |betaj|, *pl.* **bestiaux** |bɛstjo| *s.m.* [*ensemble des animaux entretenus pour la production agricole*] bestiame: *le gros bétail* [*bovins, chevaux*] il bestiame grosso; *le petit bétail* [*ovins, porcins*] bestiame minuto; *têtes de bétail* capi di bestiame # *bétail de boucherie* bestie, animali da macello → **bestiaux** ◇ (*loc. fig.*) *traiter les hommes comme du bétail* trattare gli uomini come bestie ◇ (*fig., péj.*) *le bétail humain* le bestie umane.

bétaillère |betajɛʀ| *s.f.* carro *m.* bestiame: *transporter des porcs en bétaillère* trasportare dei maiali col carro bestiame.

bétaïne |betain| *s.f.* (*chim.*) betaina.

1 **bête** |bɛt| *s.f.* **I** **1** bestia, animale (*m.*): *bête féroce* bestia feroce, belva; *des peaux de bêtes* pelli di animali; *bête sauvage* animale selvaggio, selvatico; *une bête de somme* un animale da soma; *une bête à poil* un animale da pelliccia → **animal** ◇ (*spécialt.*) *les bêtes* [*les bestiaux*] le bestie, il bestiame (*m. sing.*): *mener les bêtes au pâturage* condurre le bestie al pascolo ◇ [*les insectes*] bestiole *pl.*, insetti (*m.pl.*): *un lit infesté de bêtes* un letto infestato di bestiole, di insetti ◇ [*les animaux féroces de l'arène*] belve *pl.*, bestie *pl.* feroci: *martyr livré aux bêtes* martire dato in pasto alle belve **2** (*loc. fig.*) *être malade comme une bête* sentirsi molto male, male da cane ~ *regarder qqn. comme une bête curieuse* [*avec une insistance déplacée*] guardare qc. come una bestia rara ~ *chercher la petite bête* [*être excessivement méticuleux*] cercare il pelo nell'uovo ~ *c'est sa bête noire* è la sua bestia nera ~ *morte la bête, mort le venin* tolto il dente, tolto il dolore ~ *reprendre du poil de la bête* [*reprendre le dessus*] riprendere il sopravvento **II** **1** *la bête humaine* la bestia umana; *c'est une méchante, une vilaine bête* è una bestia(ccia) **2** *faire la bête* [*l'ignorant, dire des bêtises*] fare lo stupido ◇ (*emplois affecteux*) *grande bête, grosse bête* stupidone, scioccone → 2 **bête.**

2 **bête** |bɛt| *adj.* **1** [*qui manque d'intelligence, de jugement*] stupido, bestia (*s.f.*): *il est bête comme une oie* è stupido come un'oca; *il n'est pas si bête, il est loin d'être bête* non è poi così stupido, tanto stupido; *pas si bête!* mica stupido!; *être bête comme ses pieds, comme un pied, à manger du foin, à pleurer* è una gran bestia, è stupido da far piangere → **idiot, imbecile** # *une idée bête* una trovata balorda ◇ (*loc.*) *c'est bête comme chou* [*facile à faire, à deviner*] è semplicissimo → **enfantin** **2** [*qui manque d'attention, d'à-propos*] sbadato, bestia (*pop.*): *suis-je bête! cela m'avait échappé* che sbadato, che bestia! mi era proprio sfuggito!; *c'est bête, je ne m'en souviens pas* che bestia (che sono), non me lo ricordo proprio → **stupide**; *comme tu es bête, c'est impossible!* è incredibile quanto sei bestia! Ⓒ 1 **intelligent.**

bétel |betɛl| *s.m.* **1** (*t.bot.*) betel *inv.* **2** [*masticatoire tonique*] betel: *mâcher du bétel* masticare betel.

bêtement |bɛtmɑ̃| *adv.* [→ 2 BÊTE] scioccamente, stupidamente: *agir bêtement* agire scioccamente; *il s'est fait tuer bêtement* si è fatto uccidere stupidamente ◇ (*loc.*) *tout bêtement* [*tout simplement*] semplicemente → **bonnement.**

bêtifiant, ante |betifjɑ̃, ɑ̃t| *adj.* [*abêtissant*; *qui n'exprime que des bêtises*] che dice, che racconta stupidaggini (*loc.*): *journal, film bêtifiant* giornale, film che racconta stupidaggini.

bêtifier |betifje| **A** *v.tr.* [*rendre bête*] istupidire (197), inebetire (197) → **abêtir, abrutir** **B** *v.intr.* [*faire la bête*; *dire des bêtises*] fare (103) il cretino; dire (132) *tr.*, fare *tr.* stupidaggini: *père qui bêtifie avec son jeune enfant* padre che fa, dice stupidaggini col figlioletto.

bêtise |betiz| *s.f.* **1** [*défaut d'intelligence et de jugement*] stupidità *inv.*, imbecillità (*inv.*): *faire preuve de bêtise* dare prova di stupidità; *il est d'une bêtise rare* è di una rara stupidità, imbecillità rara → **sottise, idiotie** **2** [*action ou parole sotte ou maladroite*] sciocchezza, corbelleria: *faire des bêtises* fare sciocchezze; *dire des bêtises* dire sciocchezze → **bourde,** 2 **gaffe** **3** [*action, parole, chose sans valeur*] schiocchezza, stupidaggine: *passer son temps à des bêtises* perdere il tempo in schiocchezze, in stupidaggini; *se brouiller pour une bêtise* litigare per delle sciocchezze; *on riait de ses bêtises* si rideva delle sue sciocchezze → **babiole, bagatelle** **4** [*action déraisonnable, imprudente*] sciocchezza, stupidaggine: *il faut l'empêcher de faire des bêtises* bisogna impedirgli di fare sciocchezze, stupidaggini → **folie.**

bétoine |betwan| *s.f.* (*t.bot.*) bettonica*.

bétoire |betwaʀ| *s.f.* (*géol.*) inghiottitoio* *m.*

béton |betɔ̃| *s.m.* beton, calcestruzzo, cemento (*abusiv.*): *un pont en béton* un ponte in calcestruzzo; *béton armé* calcestruzzo, cemento armato; *béton précontraint* calcestruzzo, cemento (armato) precompresso # *béton de ciment* conglomerato cementizio ◇ (*par ext.*) *un revêtement d'autoroute en béton bitumineux* una pavimentazione autostradale in conglomerato bituminoso ◇ (*fig., sport*) *faire le béton* [→ BÉTONNER 2] fare catenaccio, chiudersi in difesa.

bétonnage |betɔnaʒ| *s.m.* **1** getto di calcestruzzo; muratura *f.* in calcestruzzo ◇ (*par ext.*) [*activité excessive de construction*] cementificazione (*f.*): *le bétonnage du litoral méditerranéen* la cementificazione delle coste mediterranee **2** (*football*) catenaccio*, il chiudersi *inv.* in difesa.

bétonner |betɔne| *v.tr.* **1** [*construire avec du béton*] eseguire (197) un getto di calcestruzzo; costruire (197) in calcestruzzo ◇ (*par ext.*) cementificare, coprire (186) di cemento → **bétonnage** 1 **2** (*football*) [*jouer la défense à outrance*] fare (103) catenaccio, chiudersi (106) in difesa.

bétonnière |betɔnjɛʀ| *s.f.* betoniera.
bette |bɛt| *s.f.* (*mar.*) betta.
bette |bɛt|, **blette** |blɛt| *s.f.* (*t.bot.*) bietola.
betterave |bɛtʀav| *s.f.* (*t.bot.*) barbabietola, bietola: *betterave fourragère* barbabietola da foraggio; *betterave sucrière* barbabietola da zucchero # *culture de la betterave* bieticoltura; *betterave rouge, potagère* rapa rossa.
betteravier, ière |bɛtʀavje, jɛʀ| **1** *adj.* (*agric.*) della (barba)bietola *loc.*; bieticolo: *culture betteravière* coltura della barbabietola, bieticoltura *s.f.* || *secteur betteravier* settore bieticolo, bieticoltura **2** *s.m.* (*agric.*) bieticoltore* *s.*
Bétulacées |betylase| *s.f.pl.* (*t. bot.*) Betulacee.
beuglant |bøglɑ̃| *s.m.* (*pop.*) caffè concerto popolare (della fine dell'800).
beuglante |bøglɑ̃t| *s.f.* (*pop.*) [*chanson criée à tue-tête*] canzone urlata ◇ (*par ext.*) protesta rumorosa.
beuglement |bøgləmɑ̃| *s.m.* **1** [*cri des bovins*] muggito, mugghio* → **mugissement, meuglement** **2** (*par anal.*) [*son puissant et prolongé*] urlo: *le beuglement d'un chanteur* l'urlo di un cantante.
beugler |bøgle| **A** *v.intr.* **1** (*bovins*) [*pousser des beuglements*] muggire (197), mugghiare → **meugler, mugir** **2** [*pousser des hurlements*] sbraitare, urlare: *ne beuglez pas comme ça!* non sbraitate, non urlate in quel modo! → **hurler** **B** *v.tr.* [→ *intr.* 2] urlare: *le chanteur se mit à beugler une chanson* il cantante si mise a urlare una canzone.
beurre |bœʀ| *s.m.* **1** burro: *beurre frais, rance* burro fresco, rancido; *motte de beurre* pane(tto) di burro; *morceau de beurre* pezzo di burro; *beurre noir* burro bruciato # *pot à beurre* burriera, portaburro; *tartine de beurre* tartina imburrata ◇ (*loc. fig., fam.*) *œil au beurre noir* [*poché*] occhio pesto ~ *ça entre comme dans du beurre* entra facilmente ~ (*pop.*) *c'est du beurre* è (un'impresa) facile ~ *mettre du beurre dans les épinards* migliorare la (propria) situazione ~ *faire son beurre* [*s'enrichir*] arricchirsi ~ (*iron.*) *cela compte pour du beurre* (questo) non conta proprio niente ◇ *loc.* BEURRE-FRAIS [*de la couleur du beurre*] color panna: *des gants beurre-frais* guanti color panna **2** (*par anal.*) *beurre d'anchois* pasta di acciughe; *beurre de cacao, de noix de coco* burro di cacao, di cocco **3** (*vx., chim.*) burro: *beurre d'antimoine* burro d'antimonio.
beurré |bœʀe| *s.m.* [*sorte de poire*] pera *f.* butirra, burrona: *beurré blanc* pera butirra bianca.
beurrée |bœʀe| *s.f.* (*région., vx.*) tartina imburrata (*cour.*).
beurrer |bœʀe| *v.tr.* [*recouvrir, enduire de beurre*] imburrare: *beurrer du pain* imburrare del pane ◇ (*loc. pop.*) *être beurré* → **ivre.**
beurrerie |bœʀʀi| *s.f.* **1** [*lieu où l'on fait le beurre*] burrificio* *m.* → **laiterie** **2** industria del burro.
beurrier, ière |bœʀje, jɛʀ| **I** *s.* **1** *s.* (*vx.*) [*personne qui vend du beurre*] burraio* → **crémier** **2** *s.m.* [*récipient dans lequel on conserve le beurre*] burriera *f.* **II** *adj.* [*qui a rapport au beurre*] del burro (*loc. inv.*): *industrie beurrière* industria del burro.
beuverie |bœvʀi|, **buverie** |byvʀi| *s.f.* [*partie de plaisir où l'on boit beaucoup*] bevuta, sbevazzata: *le repas dégénéra en beuverie* il pranzo degenerò in una bevuta, in una sbevazzata generale → **orgie, soûlerie.**
bévue |bevy| *s.f.* [*méprise grossière*] cantonata, topica* (*fam.*): *commettre une bévue* prendere una cantonata, fare una topica → **impair,** 2 **gaffe.**
bey |bɛ| *s.m.* (*hist.*) bey *inv.*
beylical, ale, aux |be(ɛ)likal, o| *adj.* (*hist.*) beilicale, del bey *loc.inv.*
beylisme |be(ɛ)lism(ə)| *s.m.* [*attitude des héros de Stendhal*] ⊠.
bézef |bezef| *adv.* → **bésef.**
bi- |bi| *préf.* (*signifiant 'deux, double, redoublement', correspond généralt. à*) bi: *bihebdomadaire* bisettimanale; *bicarbonate* bicarbonato.
biacide |biasid| *s.m. et adj.* biacido.
biais |bjɛ| **I** *s.m.* **1** [*ligne, direction oblique*] linea *f.* obliqua, obliquità (*f. inv.*): *le biais d'un mur* la linea obliqua di un muro **2** [*bande d'étoffe coupée en diagonale*] sbieco*: *tailler dans le biais* tagliare di, per sbieco **3** (*fig.*) [*côté, aspect*] verso, lato: *par quel biais le prendre?* per che verso (bisogna) prenderlo?; *c'est par ce biais qu'il faut considérer le problème* è da questo lato che occorre esaminare la faccenda ◇ (*loc.*) *par le biais de* tramite *prep.*, per il tramite di ◇ [*moyen détourné d'atteindre un but*] scappatoia (*f.*): *c'est un biais ingénieux* è una scappatoia ingegnosa → **détour** **4** (*statistique*) errore sistematico* **II** *adj.* [*oblique par rapport à la direction principale*] sbieco, obliquo: *mur biais* muro sbieco **III** *loc. adv.* DE BIAIS, EN BIAIS di sbieco, in sbieco: *regarder de biais* guardare di sbieco → **obliquement,** 1 **travers (de)** ◇ (*fig.*) indirettamente: *aborder de biais une question* affrontare indirettamente un argomento.
biaiser |bjeze| *v.intr.* **1** (*littér.*) → **obliquer** **2** (*fig.*) [*employer des moyens détournés, artificieux*] tergiversare: *ils biaisent sur beaucoup de sujets* tergiversano su molti argomenti → **tergiverser.**
bibasique |bibazik| *adj.* (*chim.*) bibasico*.
bibelot |biblo| *s.m.* [*petit objet curieux, décoratif*] ninnolo, soprammobile (*fam.*): *une étagère encombrée de bibelots* uno scaffale pieno di ninnoli → **babiole, bricole.**
biberon |bibʀɔ̃| *s.m.* 'biberon' *inv.*, poppatoio*: *nourrir un enfant au biberon* allattare un bambino con il poppatoio.
biberonner |bibʀɔne| *v.intr.* (*fam.*) [*boire avec excès* (*du vin*)] sbevazzare; bere (120) come una spugna.
1 **bibi** |bibi| *s.m.* (*fam.*) [*petit chapeau de femme*] cappellino (*cour.*): *un bibi à plumes* un cappellino di piume.
2 **bibi** |bibi| *s.m.* (*pop.*) [*moi*] me (*cour.*): *c'est pour bibi* è per me # *c'est à bibi!* è mio!
bibine |bibin| *s.f.* (*pop.*) [*mauvaise boisson*; *spécialt. mauvaise bière*] bevanda, birra di pessima qualità.
bible |bibl(ə)| *s.f.* **1** Bibbia: *une Bible illustrée* una Bibbia illustrata; *méditer un passage de la Bible* meditare un brano della Bibbia → **Écriture** **2** (*par ext.*) [*ouvrage faisant autorité*] bibbia: *c'est la bible de leur parti* è la bibbia del loro partito **3** (*imprim.*) *papier bible* carta bibbia, India.
biblio- |biblijɔ| *préf.* (*signifiant 'livre', correspond généralt. à*) biblio: *bibliographie* bibliografia.
bibliobus |biblijɔbys| *s.m.* bibliobus *inv.*
bibliographe |biblijɔgʀaf| *s.m.* bibliografo: *un bibliographe érudit* un dotto bibliografo.
bibliographie |biblijogʀafi| *s.f.* bibliografia: *consulter la bibliographie d'un texte* consultare la bibliografia di un testo.
bibliographique |biblijɔgʀafik| *adj.* bibliografico*: *notice bibliographique* nota bibliografica.
bibliomane |biblijɔman| *s. et adj.* bibliomane.
bibliomanie |biblijɔmani| *s.f.* bibliomania.
bibliophile |biblijɔfil| *s.* bibliofilo.
bibliophilie |biblijɔfili| *s.f.* bibliofilia.
bibliothécaire |biblijɔtekɛʀ| *s.* bibliotecario* → **archiviste.**
bibliothéconomie |biblijotekɔnɔmi| *s.f.* biblioteconomia.
bibliothèque |biblijɔtɛk| *s.f.* **1** (*meuble*) biblioteca*: *les rayons d'une bibliothèque* i ripiani di una biblioteca **2** (*salle, édifice*) biblioteca: *bibliothèque municipale, universitaire* biblioteca comunale, universitaria ◇ (*fig.*) *un rat de bibliothèque* un topo di biblioteca → **chercheur** **3** *bibliothèque de gare* [*librairie, kiosque* (*à journaux*)] chiosco *m.*, rivendita di giornali (della stazione) **4** [*collection de livres*] biblioteca: *un ouvrage de sa bibliothèque personnelle* un'opera della propria biblioteca personale; *bibliothèque rose* [*livres d'enfants*] biblioteca per ragazzi → **collection** ◇ (*fig., fam.*) *c'est une bibliothèque ambulante, vivante* è una biblioteca ambulante, vivente.
biblique |biblik| *adj.* biblico*: *le style biblique* lo stile biblico; *études bibliques* studi biblici.
bic |bik| *s.m.* [*stylo à bille de cette marque et abusiv. stylo à bille*] biro *f.* (*marque déposée*), penna *f.* a sfera: *écrire avec un bic* scrivere con una biro, una penna a sfera ♦ (*adj.*) *une pointe bic* una (penna) biro.
bicaméral, ale, aux |bikameʀal, o| *adj.* bicamerale: *le système bicaméral* il sistema bicamerale.
bicaméralisme |bikameʀalism(ə)|, **bicamérisme** |bikameʀism(ə)| *s.m.* bicameralismo.
bicarbonate |bikaʀbɔnat| *s.m.* (*chim.*) bicarbonato: *bicarbonate de soude* bicarbonato di sodio.
bicarbonaté, ée |bikaʀbɔnate| *adj.* che contiene bicarbonato (*loc.*): *eau bicarbonatée* acqua che contiene, contenente bicarbonato.
bicarré, ée |bikɑʀe| *adj.* (*math.*) biquadratico*.
bicentenaire |bisɑ̃tnɛʀ| *s.m.* bicentenario*.
bicéphale |bisefal| *adj.* [*à deux têtes*] bicefalo: *l'aigle bicéphale* l'aquila bicefala.
bicéphalie |bisefali| *s.f.* (*méd.*) bicefalia.
biceps |bisɛps| *s.m.* **1** (*anat.*) bicipite: *le biceps brachial, crural* il bicipite brachiale, femorale **2** (*fam.*) *avoir des biceps* essere muscoloso (*cour.*), nerboruto (*cour.*).
biche |biʃ| *s.f.* **1** [*femelle du cerf*] cerva ◇ (*terme d'affection*) *ma biche*

mia cara, cocca mia → **bichette** **2** (*par ext.*) *meuble à pieds de biche* mobile a piedi di capra → **pied-de-biche** ◇ (*spécialt.*) *ventre de biche* [*couleur blanc roussâtre*] bianco rossiccio.

bicher |biʃe| *v.intr.* **1** (*fam.*) [*aller bien*] andar (101) (*aux.* essere) bene (*cour.*): *'ça biche?' 'oui, ça biche'* 'come va?' 'va bene' → 1 **aller, marcher** **2** (*pop.*) [*se réjouir*] esser (96) (*aux.* essere) felice (*cour.*), contento (*cour.*): *il biche!* è felice, contento!

bichette |biʃɛt| *s.f.* (*terme d'affection*) cocca*: *ma bichette* cocca mia → **biche** 1.

bichlorure |biklɔʀyʀ| *s.m.* (*chim.*) bicloruro.

bichon, onne |biʃɔ̃, ɔn| *s.* [*petit chien d'appartement*] (cane) maltese ◇ (*terme d'affection*) → **biche** 1, **bichette**.

bichonnage |biʃɔnaʒ| *s.m.* [→ BICHONNER] agghindamento, l'agghindarsi *inv.*

bichonner |biʃɔne| **A** *v.tr.* [*arranger avec soin et coquetterie*] agghindare, acconciare → **pomponner** **B** *v.pron. réfl.* SE BICHONNER [→ *tr.*] agghindarsi, acconciarsi: *elle passe des heures à se bichonner* passa delle ore ad agghindarsi → **soigner**.

bichromate |bikʀɔmat| *s.m.* (*chim.*) bicromato.

bichromatique |bikʀɔmatik| *adj.* bicromatico*.

bichromie |bikʀɔmi| *s.f.* (*imprim.*) bicromia.

bickford |bikfɔʀd| *s.m.* (*angl.*) [*cordon fusant utilisé pour mettre à distance le feu aux mines*] miccia* *f.* (a combustione) lenta.

bicolore |bikɔlɔʀ| *adj.* bicolore: *une écharpe, un drapeau bicolore* una sciarpa, una bandiera bicolore.

biconcave |bikɔ̃kav| *adj.* biconcavo: *lentille biconcave* lente biconcava.

biconvexe |bikɔ̃vɛks| *adj.* biconvesso: *lentille biconvexe* lente biconvessa.

bicoque |bikɔk| *s.f.* bicocca*: *il habite une vieille bicoque* abita in una vecchia bicocca → **cabane**.

bicorne |bikɔʀn(ə)| **1** *adj.* (*rare*) bicorne, bicornuto **2** *s.m.* bicorno, feluca* (*f.*): *un bicorne d'académicien* un bicorno, una feluca da accademico.

1 **bicot** |biko| *s.m.* (*fam.*) [*petit chevreau*] capretto → **biquet**.

2 **bicot** |biko| *s.m.* (*fam., pej.*) [*Nord-africain*] Nordafricano (*cour.*).

biculturalisme |bikyltyʀalism(ə)| *s.m.* biculturalismo.

biculturel, elle |bikyltyʀɛl| *adj.* biculturale.

bicuspide |bikyspid| *adj.* (*anat.*) bicuspide: *valvule bicuspide* valvola bicuspide.

bicuspidé, ée |bikyspide| *adj.* (*bot.*) bicuspide: *pétale bicuspidé* petalo bicuspide.

bicycle |bisikl(ə)| *s.m.* (*ancienn.*) biciclo.

bicyclette |bisiklɛt| *s.f.* bicicletta: *bicyclette à moteur* bicicletta a motore → **vélomoteur**; *une bicyclette de dame, d'homme* una bicicletta da donna, da uomo; *aller à, en* (*fam.*) *bicyclette* andare in bicicletta → **bécane** (*fam.*); **vélo** (*fam.*) # *une course de bicyclettes* una gara ciclistica; *bicyclette double* tandem.

bidasse |bidas| *s.m.* (*pop.*) → **soldat**.

1 **bide** |bid| *s.m.* (*pop.*) [*ventre*] trippa (*vulg., plais.*): *qu'est-ce qu'il tient comme bide!* che trippa che ha!

2 **bide** |bid| *s.m.* **1** (*théât.*) fiasco*: *faire un bide* [*un four*] far fiasco; *ç'a été un bide* è stato un fiasco **2** (*pop.*) [*bidon*] balla (*f.*): *c'est du bide* è una balla.

bidet |bidɛ| *s.m.* **1** bidè *inv.* **2** [*cheval de selle*] ronzino, bidetto (*vx.*): *enfourcher son bidet* inforcare il ronzino.

bidirectionnel, elle |bidiʀɛksjɔnɛl| *adj.* bidirezionale.

bidoche |bidɔʃ| *s.f.* (*pop.*) → **viande**.

1 **bidon** |bidɔ̃| *s.m.* **1** bidone: *bidon de lait, d'essence* bidone di latte, di benzina → **jerrycan** # *bidon de soldat, de campeur* borraccia da soldato, da campeggio → 1 **gourde** **2** (*pop.*) [*ventre*] pancia* (*f.*): *se remplir le bidon* riempirsi la pancia → 1 **bide**.

2 **bidon** |bidɔ̃| *s.m.* (*pop.*) [*mensonge, bluff*] balla *f.*, montatura *f.* (*cour.*): *ce n'est pas du bidon* non è una balla ◆ *adj.* [*simulé*] simulato: *un attentat bidon* un attentato simulato.

bidonnant, ante |bidɔnɑ̃, ɑ̃t| *adj.* (*pop.*) [*très drôle*] comicissimo (*cour.*), spassosissimo (*cour.*) → **marrant, tordant**.

bidonner (se) |bidɔne| *v.pron. intr.* (*pop.*) [*rire beaucoup*] spanciarsi dalle risa → **marrer (se), poiler (se)**.

bidonville |bidɔ̃vil| *s.m.* 'bidonville' *f.inv.*, borgata *f.*

bidule |bidyl| *s.m.* (*pop.*) → **machin, truc**.

-bie |bi| *suff.* (*signifiant 'vie', correspond généralt. à*) bio: *amphibie* anfibio → **bio-**.

bief |bjɛf| *s.m.* **1** [*portion d'un cours d'eau entre deux chutes, d'un canal entre deux écluses*] conca* (*f.*): *le bief d'amont, d'aval* la conca di afflusso, di deflusso **2** [*canal de dérivation d'un cours d'eau*] gora (*f.*): *le bief d'un moulin* la gora di un mulino.

bielle |bjɛl| *s.f.* (*auto., mécan.*) biella: *bielles d'un moteur* bielle di un motore; *les bielles d'une locomotive* le bielle di una locomotiva # *couler une bielle* fondere le bronzine.

biélorusse |bjelɔʀys| **1** *adj.* [*de la Biélorussie*] bielorusso, russo bianco* **2** (*s.m.*) *le biélorusse* [*la langue*] il bielorusso.

1 **bien** |bjɛ̃| **I** *adv.* **1** [*d'une manière satisfaisante*] bene: *une femme bien faite* una donna ben fatta; *ni bien ni mal* né bene né male, così così; *elle danse bien* balla bene; *il a très bien réussi* è riuscito benissimo → **admirablement**; *aller bien* andare, stare bene; *cela commence bien!* comincia(mo) bene! # *tant bien que mal* alla meno peggio **2** [*d'une manière conforme à la raison, à la morale*] bene: *agir, se conduire bien* agire, comportarsi bene → **honnêtement**; *vous avez bien fait* avete fatto bene # *c'est bien fait pour lui* è quel che si merita, ben gli sta ◇ (*loc.*) *vous feriez bien de* (+ *inf.*) dovreste (+ *inf.*), fareste bene a (+ *inf.*) → 1 **devoir** **3** (*indiquant 'le degré, la quantité, l'intensité'*) molto: *bien mieux, bien pire* molto meglio, molto peggio; *nous sommes bien contents* siamo molto contenti, contentissimi → **tout (à fait), très**; *il est bien jeune pour cet emploi* è molto giovane per un simile impiego → **trop**; *nous avons bien ri* abbiamo riso molto → **beaucoup**; *avoir bien soif, faim* avere molta fame, sete # *bien sûr!* certamente!, sicuro!; *bien souvent* spessissimo; *merci bien* grazie mille, molte grazie; *j'espère bien vous voir* spero proprio di vederla (di vedervi) **4** *spécialt.* BIEN DU, DE LA, DES [*beaucoup de*] molto (*adj. var.*): *il y avait bien du monde* c'era molta gente; *vous avez bien de la chance* avete molta fortuna (lei è molto fortunato); *depuis bien des années* da molti anni **5** [*au moins*] almeno, certamente: *j'ai bien appelé vingt fois* ho chiamato almeno venti volte; *cela vaut bien le double* vale almeno, certamente il doppio → **largement** **6** (*renforçant l'affirmation*) bene, proprio: *c'est bien lui* è ben, proprio lui; *nous le savons bien* lo sappiamo bene → **vraiment, réellement** ◇ (*iron.*) BEL ET BIEN proprio: *c'était bel et bien la peine* ne valeva proprio la pena; *il s'agit bel et bien de cela* si tratta proprio di questo ◇ *loc.* OU BIEN o, ovvero, oppure, ossia **7** [*en dépit des difficultés*] bene, proprio: *il faut bien le supporter* bisogna ben, proprio sopportarlo # *attendons, nous verrons bien!* aspettiamo un po', si vedrà!; *cela finira bien un jour* finirà una buona volta, no? ◇ (*avec un condit.*) anche, pure: *j'écrirais bien, mais répondra-t-il?* potrei anche, pure scrivergli, ma risponderà?; *j'irais bien avec vous, mais...* verrei anche con lei, ma... **8** EH BIEN ebbene: *eh bien, qu'en dites-vous?* ebbene, che ne dite?; *eh bien! soit* ebbene, sia! **II** *adj. inv.* **1** [*satisfaisant*] bene (*adv.*): *tout est bien qui finit bien* tutto è bene quel che finisce bene; *ce sera très bien ainsi* andrà bene così → **parfait** ◇ (*ellipt.*) *bien!* bene! → 1 **bravo, bon, parfait** **2** [*en bonne santé*] bene (*adv.*): *je me sens bien* mi sento, sto bene; *il va très bien* sta benissimo ◇ [*juste, moral*] giusto (*var.*): *ce n'est pas bien d'agir ainsi* non è giusto, non è bene *adv.*, comportarsi così; *je ne trouve pas cela bien* non lo trovo giusto ◇ [*capable de faire ce qu'il faut*] bravo (*var.*): *elle est bien, dans ce rôle* è brava in questo ruolo; *il a été très bien* è stato bravissimo ◇ [*beau*] bello (*var.*): *je le trouve bien* lo trovo bello; *la maison a l'air bien* la casa sembra bella ◇ [*à l'aise*] bene (*adv.*): *nous sommes bien ici, chez vous* stiamo bene qui, a casa vostra ◇ *loc.* ÊTRE BIEN AVEC QQN. essere in buoni rapporti con qc. **3** (*fam.*) per bene (*loc.adv.*): *c'est un type bien* è un tipo per bene; *des gens bien* persone per bene; *une fille bien* una ragazza per bene **III** *loc. conj.* (*marquant 'la concession'*) BIEN QUE (+ *subj.*) sebbene, benché, quantunque (+ *subj.*): *j'accepte, bien que rien ne m'y contraigne* accetto, benché, sebbene nulla mi ci costringa; *bien qu'il fût malade, il n'en paraissait rien* benché, quantunque fosse ammalato niente lo dava a vedere ◇ (*p. prés.*) *bien qu'ayant vécu chez eux...* sebbene avesse vissuto in casa loro... ◇ (*avec ellipse du v. et du sujet*) *bien que philosophe...* benché (fosse) filosofo...; *bien que riche...* benché (fosse) ricco...

2 **bien** |bjɛ̃| *s.m.* **I** **1** [*ce qui est avantageux, profitable, favorable*] bene: *ce remède lui a fait grand bien* questa medicina gli ha fatto un gran bene; *cela lui a fait plus de mal que de bien* (questo) gli ha fatto più male che bene;

cela ne fait ni bien ni mal non fa né male né bene; *le bien public, commun* il bene pubblico, comune → **intérêt**; *c'est pour son bien* è per il suo bene; *vouloir le bien de qqn.* volere il bene di qc.; *vouloir du bien à qqn.* volere (del) bene a qc.; *un ami qui vous veut du bien* un amico che vi vuole bene; *dire du bien, parler en bien de qqn., de qqch.* dire bene, parlare bene di qc., di q.c. # *grand bien vous fasse!* buon pro vi faccia!; *changer qqch. en bien* migliorare q.c. → **améliorer**; *mener une affaire, une entreprise à bien* condurre in porto, a buon fine un affare, un'impresa ◇ (*prov.*) *le mieux est l'ennemi du bien* il meglio è nemico del bene **2** [*chose tangible, susceptible d'appropriation*] beni (*pl.*): *avoir du bien* avere, possedere dei beni; *disposer de ses biens* disporre dei propri beni → **capital, fortune, richesse**; *biens meubles, immeubles, publics, privés* beni mobili, immobili, pubblici, privati → **propriété**; *biens dotaux* beni dotali → **dot**; *biens successoraux* beni di successione, asse ereditario; *biens de consommation, de production, d'équipement* beni di consumo, di produzione, strumentali ◇ (*prov.*) *bien mal acquis ne profite jamais* la farina del diavolo va in crusca **II** [*ce qui possède une valeur morale; ce qui est juste, honnête*] bene: *faire le bien* fare il bene; *discerner le bien du mal* distinguere il bene dal male; *le bien suprême* il bene supremo; *faire le bien* [*être charitable*] fare del bene # *un homme de bien* [*qui pratique le bien; honnête*] un uomo caritatevole ◇ (*fam.*) *en tout bien tout honneur* [*sans mauvaise intention*] con la massima onestà, da buoni amici.

bien-aimé, ée |bjɛ̃neme| **1** *adj.* [*qui est aimé d'une affection particulière*] diletto, beneamato: *un fils bien-aimé* un figlio diletto **2** *s.* (*littér.*) [*personne aimée d'amour*] amato: *ma bien-aimée* la mia amata.

bien-dire |bjɛ̃diʀ| *s.m.* (*littér.*) → **éloquence, rhétorique.**

bien-être |bjɛ̃nɛtʀ(ə)| *s.m.* **1** benessere (*inv.*): *une sensation de bien-être* una sensazione di benessere **2** [*situation matérielle qui permet une vie aisée*] benessere → **aisance, confort** © 1 **malaise,** 2 **gêne.**

bienfaisance |bjɛ̃fəzɑ̃s| *s.f.* beneficenza: *association, œuvre de bienfaisance* associazione, opera di beneficenza, benefica → 2 **assistance** © **malfaisance.**

bienfaisant, ante |bjɛ̃fəzɑ̃, ɑ̃t| *adj.* **1** (*vx.*) (*personnes*) [*charitable, généreux*] benefico*, caritatevole → **bon, charitable** **2** (*choses*) [*qui apporte un soulagement, qui fait du bien*] benefico: *l'action bienfaisante d'un climat, d'une cure* l'azione benefica di un clima, di una cura → **salutaire** © 1 **malfaisant,** 2 **pernicieux.**

bienfait |bjɛ̃fɛ| *s.m.* **1** (*littér.*) [*acte de générosité*] beneficio*: *combler de bienfaits* colmare di benefici → 1 **faveur,** 1 **service** ◇ (*prov.*) *un bienfait n'est jamais perdu* chi bene fa, bene aspetti **2** (*choses*) [*avantage procuré*] beneficio, vantaggio*: *les bienfaits de la civilisation et de la science* i benefici della civiltà e della scienza ◇ (*par ext.*) [*action bienfaisante*] *les bienfaits de ce traitement se font sentir* i benefici di questa cura si fanno sentire © 2 **méfait, préjudice.**

bienfaiteur, trice |bjɛ̃fɛtœʀ, tʀis| *s.* benefattore*: *la bienfaitrice d'un orphelin* la benefattrice di un orfano; *membre bienfaiteur d'une association* membro benefattore di un'associazione; *être l'obligé d'un généreux bienfaiteur* essere debitore a un generoso benefattore ◇ (*par ext.*) *bienfaiteur du peuple* benefattore del popolo; *les bienfaiteurs du genre humain* i benefattori del genere umano → **ami** © **ennemi.**

bien-fondé |bjɛ̃fɔ̃de| *s.m.* (*dr.*) fondatezza (*f.*): *examiner, discuter le bien-fondé d'une réclamation* esaminare, discutere la fondatezza di un reclamo → **droit, légitimité** ◇ (*par ext.*) *le bien-fondé d'une opinion* la fondatezza di un'opinione → **pertinence.**

bien-fonds |bjɛ̃fɔ̃| *s.m.* (*dr.*) bene immobile.

bienheureux, euse |bjɛ̃œʀø, øz| *adj. et s.* **1** [*qui jouit d'un grand bonheur*] beato, felice: *bienheureux celui qui vit en paix* beato chi vive in pace; *une vie bienheureuse* una vita beata, felice → **heureux** # *bienheureuse nouvelle* lieta novella, notizia **2** (*théol.*) beato: *bienheureux les pauvres en esprit* beati i poveri di spirito ◆ (*s.*) *les bienheureux* i beati ◇ (*fig., fam.*) *il dort comme un bienheureux* dorme beatamente © 1 **malheureux.**

biennal, ale, aux |bjenal, o| **1** *adj.* biennale: *office, emploi biennal* carica, impiego biennale; *exposition biennal* mostra biennale → **bisannuel** **2** *s.f.* [*manifestation, exposition qui a lieu tous les deux ans*] biennale: *la biennal de Venise* la biennale di Venezia.

bienséant, ante |bjɛ̃seɑ̃, ɑ̃t| *adj.* (*choses*) [*qu'il convient de faire, de dire*] educato → **convenable, correct** ◇ (*loc. verb.*) *il est bienséant de...* (+ *inf.*) è buona creanza (+ *inf.*); *il n'est pas bienséant de...* (+ *inf.*) non sta bene (+ *inf.*), non è buona creanza (+ *inf.*) © **malséant; inconvenant.**

bientôt |bjɛ̃to| *adv.* **1** [*dans peu de temps*] presto: *nous reviendrons bientôt* torneremo presto → **incessamment, prochainement** ◇ (*fam.*) *c'est pour bientôt* [*cela arrivera dans peu de temps*] accadrà presto, è imminente ◇ *loc. adv.* (*se dit en prenant congé de qqn.*) À BIENTÔT a presto **2** [*dans un court espace de temps*] presto: *un travail bientôt fait* un lavoro presto fatto; *ce sera bientôt fait* sarà presto fatto; *cela est bientôt dit* è presto detto, si fa presto a dirlo → **rapidement, tôt, vite.**

bienveillance |bjɛ̃vɛjɑ̃s| *s.f.* [*sentiment, prédisposition favorable envers qqn.*] benevolenza: *montrer de la bienveillance à qqn.* dimostrare benevolenza verso qc. → **bonté, indulgence;** *se concilier la bienveillance de qqn.* cattivarsi la benevolenza di qc. → 1 **faveur,** 1 **grâce** # *je vous remercie de votre bienveillance* la ringrazio della sua cortesia © **malveillance.**

bienveillant, ante |bjɛ̃vɛjɑ̃, ɑ̃t| *adj.* [*qui a ou marque de la bienveillance*] benevolo: *être bienveillant pour, envers, à l'égard de qqn.* essere benevolo verso, nei confronti di qc. → **favorable, indulgent** ◇ (*par ext.*) *critique bienveillante* critica benevola © **désobligeant, malveillant.**

bienvenir |bjɛ̃vniʀ| *v.intr.* (*seulement inf.*) (*rare*) *se faire bienvenir de qqn.* [*se faire accueillir favorablement*] rendersi (105) *pron.* gradito, ben accetto a qc.

bienvenu, ue |bjɛ̃vny| **1** *adj.* [*qui arrive à propos*] opportuno: *remarque bienvenue* osservazione opportuna **2** (*s.*) *le bienvenu, la bienvenue* il benvenuto, la benvenuta; *vous serez toujours le bienvenu* sarà sempre il benvenuto; *soyez la bienvenue* siate la benvenuta; *votre offre est la bienvenue* la vostra offerta è ben accetta, (la) benvenuta © 1 **malvenu.**

bienvenue |bjɛ̃vny| *s.f.* (*dans un souhait*) benvenuto (*m.*): *souhaiter la bienvenue à qqn.* dare, porgere il benvenuto a qc. → **accueil**; *bienvenue à nos hôtes!* benvenuti i nostri ospiti!

1 **bière** |bjɛʀ| *s.f.* **1** birra: *bière brune* birra scura; *bière blonde* birra chiara; *bière forte* birra forte; *bière à la pression, en canettes* birra alla spina, in bottiglia; *mauvaise bière* birra di cattiva qualità → **bibine**; *verres à bière* bicchieri da birra **2** (*fig., fam.*) *c'est* (*ce n'est pas*) *de la petite bière* [*une bagatelle sans importance*] sono (non sono) quisquilie, cose da poco.

2 **bière** |bjɛʀ| *s.f.* [*caisse où l'on enferme un mort*] bara, cassa (da morto): *on effectua la mise en bière* la salma fu composta nella bara → **cercueil.**

biffage |bifaʒ| *s.m.* [→ BIFFER] cancellatura *f.*, depennamento: *le biffage d'un mot* la cancellatura di una parola.

biffe |bif| *s.f.* (*pop.*) [*infanterie*] buffa.

biffer |bife| *v.tr.* [*rayer d'autorité* (*ce qui est écrit*) *pour supprimer*] cancellare, depennare: *biffer une phrase d'un trait de plume* cancellare, depennare una frase → **barrer, rayer.**

biffin |bifɛ̃| *s.m.* **1** (*arg.*) → **chiffonnier** **2** (*arg. milit.*) → **fantassin.**

bifide |bifid| *adj.* bifido, biforcuto: *langue bifide* lingua bifida, biforcuta; *pétale bifide* petalo bifido.

bifilaire |bifilɛʀ| *adj.* bifilare.

bifocal, ale, aux |bifɔkal, o| *adj.* (*opt.*) bifocale: *lunettes bifocales* occhiali bifocali.

bifrons |bifʀɔ̃| *adj.* bifronte.

bifteck |biftɛk| *s.m.* bistecca* (*f.*): *bifteck bleu, saignant, à point, bien cuit* bistecca molto al sangue, al sangue, cotta al punto giusto, ben cotta ◇ (*pop.*) *gagner son bifteck* [*gagner sa vie*] guadagnarsi la pagnotta.

bifurcation |bifyʀkasjɔ̃| *s.f.* **1** biforcazione, bivio* *m.* (di due strade): *bifurcation d'une tige de plante* biforcazione del fusto di una pianta → **embranchement, fourche;** *bifurcation d'une route* biforcazione, bivio di una strada → **carrefour,** 1 **croisement;** *bifurcation d'une voie de chemin de fer* biforcazione, diramazione di un binario → **aiguillage, embranchement** **2** (*fig.*) [*possibilité d'option entre plusieurs voies*] bivio.

bifurquer |bifyʀke| *v.intr.* **1** [*se diviser en deux, en forme de fourche*] biforcarsi (*pron.*): *la voie de chemin de fer bifurque à cet endroit* il binario si biforca in questo punto → **dédoubler (se), diverger** **2** (*par ext.*) [*abandonner une voie pour en suivre une autre*] deviare: *le train a bifurqué sur une voie de garage* il treno ha deviato su un binario morto.

bigame |bigam| *adj. et s.* bigamo.

bigamie |bigami| *s.f.* bigamia © **monogamie.**

bigarade |bigaʀad| *s.f.* [*orange amère*] arancia* amara, melangola.
bigaradier |bigaʀadje| *s.m.* (*t.bot.*) arancio* amaro, melangolo.
bigarré, ée |bigaʀe| *adj.* **1** [*qui a des couleurs variées*] variegato, screziato: *une blouse bigarrée* una camicetta variegata, screziata → **bariolé** **2** (*fig.*) [*disparate, diversifié*] eterogeneo, vario*: *une société bigarrée* una società eterogenea.
bigarreau |bigaʀo| *s.m.* ciliegia* *f.* duracina, durona *f.*
bigarrure |bigaʀyʀ| *s.f.* **1** [*aspect bigarré*] screziatura: *la bigarrure d'une étoffe* la screziatura di una stoffa → **bariolage** **2** (*fig.*) → **disparité, diversité, variété.**
bige |biʒ| *s.m.* (*rare*) biga* *f.*
bigle |bigl(ə)| *adj. et s.* (*vieilli*) → **bigleux, 1 louche.**
bigler |bigle| **A** *v.intr.* (*fam.*) [*loucher*] essere (96) (*aux.* essere) strabico* **B** *v.tr.* (*fam.*) [*regarder du coin de l'œil*] sbirciare.
bigleux, euse |biglø, øz| *adj.* **1** (*fam.*) [*qui louche*] strabico*, guercio* **2** (*pop.*) [*qui voit mal*] orbo, cieco*: *c'est là, devant toi, tu es bigleux!* è lì, davanti a te, sei orbo!, sei cieco!
bignone |biɲɔn| *s.f.*, **bignonia** |biɲɔnja| *s.m.* (*t.bot.*) bignonia *f.*
bigophone |bigɔfɔn| *s.m.* (*fam.*) [*téléphone*] telefono (*cour.*): *je te donnerai un coup de bigophone* ti darò un colpo di telefono.
bigorne |bigɔʀn(ə)| *s.f.* [*petite enclume d'orfèvre*] bigornia.
bigorneau |bigɔʀno| *s.m.* → **littorine, vignot.**
bigorner |bigɔʀne| **A** *v.tr.* **1** [*forger sur la bigorne*] forgiare sulla bigornia **2** (*fam.*) [*abîmer, tordre*] sfasciare: *il a bigorné sa voiture contre un arbre* ha sfasciato l'auto contro un albero → **amocher, esquinter** **B** *v.pron. récipr.* (*pop.*) SE BIGORNER [*se battre*] prendersi (105) a botte, darsele (102) (di santa ragione).
bigot, ote |bigo, ɔt| *adj.* bigotto ♦ (*s.*) *un bigot* un bigotto: *une vieille bigote* una vecchia bigotta.
bigoterie |bigɔtʀi| *s.f.*, **bigotisme** |bigɔtism(ə)| *s.m.* (*vieilli*) bigottismo *m.*
bigouden |bigudɛn| *s.* **1** *s.m.* [*haute coiffe cylindrique portée dans la région de Pont-l'Abbé, en Bretagne*] ⊠ **2** *s.f.* [*femme portant cette coiffe*] ⊠.
bigoudi |bigudi| *s.m.* bigodino: *mettre des bigoudis* mettre i bigodini.
bigre |bigʀ(ə)| *interj.* [*euphémisme pour 'bougre'*] accidenti!, diamine! → **bougre.**
bigrement |bigʀəmɑ̃| *adv.* (*fam.*) [*très*] terribilmente (*cour.*): *il fait bigrement chaud!* fa un caldo terribile, fa terribilmente caldo! → **bougrement.**
bigue |big| *s.f.* (*mar.*) biga*.
biguine |bigin| *s.f.* (*danse*) beguine *inv.*
bihebdomadaire |biɛbdɔmadɛʀ| *adj.* [*qui a lieu, qui paraît deux fois par semaine*] bisettimanale: *revue bihebdomadaire* rivista bisettimanale.
bijectif, ive |biʒɛktif, iv| *adj.* (*math.*) biiettivo.
bijection |biʒɛksjɔ̃| *s.f.* (*math.*) biiezione.
bijou, oux |biʒu| *s.m.* [*petit objet ouvragé et précieux*] gioiello, 'bijou' (*inv.*): *bijou en or, de fantaisie* gioiello d'oro, di fantasia; *faux bijou* gioiello falso; *une femme couverte de bijoux* una donna coperta di gioielli, tutta ingioiellata # *coffret à bijoux* portagioie ◇ (*fig.*) *cette cathédrale est un bijou d'architecture* questa cattedrale è un gioiello d'architettura → **chef-d'œuvre.**
bijouterie |biʒutʀi| *s.f.* [*fabrication, commerce des bijoux; lieu où l'on vend des bijoux*] gioielleria.
bijoutier, ière |biʒutje, jɛʀ| *s.* [*personne qui fabrique, qui vend des bijoux*] gioielliere → **joaillier, orfèvre.**
bikini |bikini| *s.m.* bikini (*inv.*): *elle portait un bikini vert, très exigu* indossava un bikini verde, molto succinto → **deux-pièces.**
bilabiale |bilabjal| *adj. et s.f.* (*phonét.*) bilabiale.
bilan |bilɑ̃| *s.m.* **1** (*compt.*) bilancio* (consuntivo): *le bilan d'une entreprise* il bilancio di una società; *déposer son bilan* depositare il bilancio, dichiarare fallimento **2** (*fig.*) [*état, résultat global*] bilancio: *faire le bilan de la situation* fare il bilancio della situazione **3** (*méd.*) *bilan de santé* esame clinico generale, check-up *inv.*
bilatéral, ale, aux |bilateʀal, o| *adj.* **1** bilaterale: *paralysie bilatérale* paralisi bilaterale **2** (*dr.*) bilaterale: *contrat, accord bilatéral* contratto, accordo bilaterale → **réciproque** 🄲 **unilatéral.**
bilboquet |bilbɔkɛ| *s.m.* **1** [*jouet formé d'un petit bâton pointu et d'une boule qui lui est reliée par une cordelette*] ⊠ **2** [*figurine qui ne peut se tenir que debout*] misirizzi *inv.* → **poussa(h)** **3** (*typogr.*) bottellɔ.
bile |bil| *s.f.* **1** bile → **fiel** **2** (*fig.*) bile, collera ◇ (*loc.*) *échauffer la bile* [*exciter la colère*] eccitare la collera ~ *se faire de la bile* [*s'inquiéter*] farsi cattivo sangue → **biler (se)** **3** (*vx.*) *bile noire* → **mélancolie, hypocondrie.**
biler (se) |bile| *v.pron.intr.* (*fam.*) [*se faire de la bile*] farsi (103) cattivo sangue: *ne vous bilez pas pour si peu!* non si faccia cattivo sangue per così poco!
bileux, euse |bilø, øz| *adj.* (*fam.*) [*qui se fait de la bile*] preoccupato, inquieto # *il n'est pas bileux!* non si fa certo cattivo sangue!, non se la prende di certo!
bilharziose |bilaʀzjoz| *s.f.* (*méd.*) bilharziosi *inv.*
biliaire |biljɛʀ| *adj.* (*méd.*) biliare: *sécrétion biliaire* secrezione biliare; *voies biliaires* vie biliari # *la vésicule biliaire* la cistifellea, la colecisti.
bilieux, ieuse |biljø, jøz| *adj.* **1** bilioso: *tempérament bilieux* temperamento bilioso; *teint bilieux des hépatiques* colorito bilioso degli epatici **2** (*fig., littér.*) [*enclin à la colère, rancunier*] collerico*, irascibile.
bilingue |bilɛ̃g| *adj.* bilingue: *édition bilingue* edizione bilingue; *une région bilingue* una regione bilingue ♦ (*s.*) *un bilingue* un bilingue.
bilinguisme |bilɛ̃gɥism(ə)| *s.m.* bilinguismo.
bilirubine |biliʀybin| *s.f.* (*biol.*) bilirubina.
biliverdine |biliveʀdin| *s.f.* (*biol.*) biliverdina.
billard |bijaʀ| *s.m.* **1** (*jeu*) bi(g)liardo: *boule de billard* bi(g)lia, palla da biliardo; *queue de billard* stecca da biliardo **2** (*table*) biliardo ◇ [*salle de billard*] *passer au billard* passare nella sala da biliardo **3** (*fam.*) [*table d'opération chirurgicale*] tavolo operatorio* (*cour.*) # *monter, passer sur le billard* farsi operare, essere operato **4** (*loc., fig., fam.*) *c'est du billard!* [*très facile*] è facilissimo! ~ *cette route est un vrai billard* questa strada è (liscia come) un biliardo ~ *dévisser son billard* [*mourir*] tirare gli ultimi, le cuoia; andare all'altro mondo.
1 **bille** |bij| *s.f.* **1** (*au billard*) bi(g)lia, palla: *prendre la bille en plein, en dessous, sur le côté, en tête* colpire la bilia in pieno, sotto, di taglio, in testa; *prendre la bille fin* colpire la palla fine **2** [*petite boule servant à des jeux d'enfant*] bilia: *une bille d'agate* una bilia di agata; *une partie de billes* una partita a bilie; *jouer aux billes* giocare a bilie, con le bilie → **2 calot** **3** (*techn.*) sfera: *roulement à billes* cuscinetto a sfera; *un crayon, un stylo à bille, un stylo-bille* una penna a sfera, una (penna) biro (*marque déposée*) **4** (*pop.*) [*figure, face*] faccione (*m.*): *bille de clown* faccione da pagliaccio # *c'est une bille de billard* è calvo come una palla da biliardo.
2 **bille** |bij| *s.f.* **1** [*pièce de bois prise dans la grosseur du tronc ou de grosses branches*] tondo (*m.*): *une bille de chêne* un tondo di quercia **2** (*région.*) *bille de chocolat* stecca* di cioccolato → **barre.**
billet |bijɛ| *s.m.* **1** [*courte lettre*] biglietto: *écrire, envoyer, faire parvenir un billet* scrivere, spedire, far pervenire un biglietto; *billet doux, galant* [*d'amour*] biglietto galante, lettera di amore → **mot** **2** (*comm.*) effetto: *billet de commerce* effetto (commerciale); *billet à vue, au porteur* effetto a vista, al portatore; *billet à ordre* effetto all'ordine, pagherò (cambiario); *escompter un billet* scontare un effetto; *protester un billet* protestare un effetto **3** BILLET (DE BANQUE) biglietto (di banca), banconota (*f.*): *billet de cent francs* biglietto, banconota da cento franchi **4** [*petit écrit, petit imprimé donnant accès quelque part*] biglietto: *billet de théâtre, de concert* biglietto (d'ingresso) del teatro, del concerto; *billet de train, d'avion* biglietto ferroviario, aereo; *billet de faveur* biglietto di favore, biglietto omaggio; *billet à demi-tarif* biglietto a riduzione; *billet de première, deuxième classe* biglietto di prima, di seconda (classe); *billet d'aller, d'aller et retour* biglietto di sola andata, di andata e ritorno; *billet de quai* biglietto di accesso (alla stazione) → **ticket**; *entrer avec un billet, sans billet* entrare con, senza biglietto; *retenir un billet* prenotare un biglietto; *produire son billet* esibire il (proprio) biglietto ◇ (*par anal.*) *billet de loterie* biglietto della lotteria; *billet gagnant* biglietto vincente ◇ (*milit.*) *billet de logement* biglietto d'alloggio **5** [*papier attestant une chose*] scontrino: *billet de bord* scontrino d'imbarco → **certificat, bon** # *billet de livraison* buono (di) consegna ◇ (*fig., fam.*) *je vous donne, je vous fiche mon billet que...* [*je vous certifie que...*] vi assicuro, vi garantisco che... (*cour.*).
billette |bijɛt| *s.f.* **1** [*bois de chauffage fendu*] tondello (*m.*): *un fagot de*

billettes una fascina di tondelli **2** (*techn.*) [*pièce de bois soutenant la voûte d'une galerie de mine*] puntello *m.* ◇ [*lingot d'acier de section carrée*] billetta.
billetterie |bijɛtʀi| *s.f.* biglietteria.
billevesée |bij(l)vəze| *s.f.* [*parole vide de sens, idée creuse*] insulsaggine → **baliverne, sornette.**
billion |biljɔ̃| *s.m.* **1** bilione **2** (*vx.*) → **milliard.**
billonnage |bijɔnaʒ| *s.m.* (*agric.*) aratura *f.* a porche, assolcatura *f.*
billot |bijo| *s.m.* **1** [*tronçon de bois gros et court, dont le dessus est aplani*] ceppo ◇ (*spécialt.*) [*bloc de bois employé pour la décapitation*] ceppo # *périr sur le billot* morire per decapitazione ◇ (*fig., par exagér.*) *j'en mettrais ma tête sur le billot* ci scommetterei la testa **2** (*par anal.*) [*masse de bois ou de métal sur laquelle on fait un ouvrage*] ceppo: *billot supportant une enclume* ceppo di un'incudine → **bloc** ◇ (*mar.*) taccata *f.* → **tin 3** [*bâton pour empêcher les animaux de courir*] pastoia *f.* → **entrave.**
bimane |biman| *adj. et s.* bimano.
bimbeloterie |bɛ̃blɔtʀi| *s.f.* fabbricazione, commercio* *m.* di ninnoli ◇ (*par ext.*) [*les bibelots*] ninnoli *m.pl.*
bimbelotier, ière |bɛ̃blɔtje, jɛʀ| *s.* fabbricante, negoziante di ninnoli.
bimensuel, elle |bimɑ̃sɥɛl| *adj.* [*qui a lieu, qui paraît deux fois par mois*] quindicinale, bimensile: *revue bimensuelle* rivista quindicinale, bimensile.
bimestriel, elle |bimɛstʀijɛl| *adj.* [*qui a lieu, qui paraît tous les deux mois*] bimestrale: *publication bimestrielle* pubblicazione bimestrale.
bimétallique |bimetal(l)ik| *adj.* bimetallico*.
bimétallisme |bimetal(l)ism(ə)| *s.m.* (*écon.*) bimetallismo.
bimillénaire |bimilenɛʀ| *adj.* bimillenario*: *une civilisation bimillénaire* una civiltà bimillenaria ✦ (*s.m.*) *le bimillénaire* il bimillenario.
bimoteur |bimɔtœʀ| *adj.* bimotore: *avion bimoteur* aereo bimotore ✦ (*s.m.*) *un bimoteur* un bimotore.
binage |binaʒ| *s.m.* **1** (*agric.*) sarchiatura *f.* **2** (*liturg.*) binazione *f.* → **biner.**
binaire |binɛʀ| *adj.* **1** (*arithm.*) binario*: *nombre binaire* numero binario ◇ (*informatique*) *code, langage binaire* codice, linguaggio binario ◇ (*log.*) *relation binaire* relazione binaria **2** (*chim.*) *composé binaire* composto binario **3** (*mus.*) *rythme binaire* ritmo binario.
biner |bine| **A** *v.tr.* (*agric.*) [*remuer (la terre) pour l'ameublir, l'aérer, la désherber*] sarchiare # *pioche, charrue à biner* sarchiatrice **B** *v.intr.* (*liturg.*) [*célébrer deux ou plusieurs messes le même jour*] binare (la messa).
1 **binette** |binɛt| *s.f.* (*agric.*) sarchio* *m.*
2 **binette** |binɛt| *s.f.* (*pop.*) [*visage*] faccia* (*cour.*): *une drôle de binette* una strana faccia → **tête.**
bingo |biŋgo| *s.m.* [*jeu de lots, dans les pays anglo-saxons*] bingo *inv.*, tombola *f.*
biniou |binju| *s.m.* **1** [*sorte de cornamuse bretonne*] cornamusa *f.* bretone **2** (*par ext.*) strumento a fiato.
binoclard, arde |binɔklaʀ, aʀd| *adj. et s.* (*péj.*) [*qui porte des lunettes*] occhialuto.
binocle |binɔkl(ə)| *s.m.* occhiali *pl.* a stringinaso → **besicles, pince-nez.**
binoculaire |binɔkylɛʀ| **1** *adj.* (*opt.*) binoculare: *microscope binoculaire* microscopio binoculare **2** *s.f.* binocolo *m.* prismatico.
binôme |binom| *s.m.* (*math.*) binomio*.
binon |binɔ̃| *s.m.* (*informatique*) bit *inv.*, cifra *f.* binaria.
bio- |bjɔ| *préf.* (*signifiant 'vie', correspond généralt. à*) bio: *biochimie* biochimica.
biochimie |bjɔʃimi| *s.f.* biochimica*.
biochimique |bjɔʃimik| *adj.* biochimico*.
biochimiste |bjɔʃimist(ə)| *s.* biochimico*.
bioclimatologie |bjɔklimatɔlɔʒi| *s.f.* bioclimatica*.
biodégradabilité |bjɔdegʀadabilite| *s.f.* biodegradabilità *inv.*
biodégradable |bjɔdegʀadabl(ə)| *adj.* biodegradabile: *matière synthétique biodégradable* materiale sintetico biodegradabile.
biogenèse |bjɔʒə(e)nɛz| *s.f.* (*biol.*) biogenesi *inv.*
biogénétique |bjɔʒenetik| **1** *adj.* (*biol.*) biogenetico* **2** *s.f.* biogenetica*.
biographe |bjɔgʀaf| *s.m.* biografo.
biographie |bjɔgʀafi| *s.f.* biografia.
biographique |bjɔgʀafik| *adj.* biografico*.
biologie |bjɔlɔʒi| *s.f.* biologia*.
biologique |bjɔlɔʒik| *adj.* biologico*.
biologiste |bjɔlɔʒist(ə)| *s.* biologo*.
bioluminescence |bjɔlyminɛsɑ̃s| *s.f.* (*sc.*) bioluminescenza.
biomécanique |bjɔmekanik| *s.f.* biomeccanica*.
bionique |bjɔnik| *s.f.* bionica*.
biophilie |bjɔfili| *s.f.* biofilia.
biophysique |bjɔfizik| *s.f.* biofisica*.
biopsie |bjɔpsi| *s.f.* (*méd.*) biopsia.
biopsique |bjɔpsik| *adj.* (*méd.*) bioptico*.
biorythme |bjɔʀitm(ə)| *s.m.* bioritmo.
bioscope |bjɔskɔp| *s.m.* (*ciné.*) bioscopio*.
biosphère |bjɔsfɛʀ| *s.f.* biosfera.
biosynthèse |bjɔsɛ̃tɛz| *s.f.* biosintesi *inv.*
biothérapie |bjɔteʀapi| *s.f.* (*méd.*) bioterapia.
biotine |bjɔtin| *s.f.* (*chim.*) biotina.
biotique |bjɔtik| *adj.* (*biol.*) biotico.
biotope |bjɔtɔp| *s.m.* biotopo.
biotropisme |bjɔtʀɔpism(ə)| *s.m.* (*bot.*) biotropismo.
biotype |bjɔtip| *s.m.* biotipo.
biotypologie |bjɔtipɔlɔʒi| *s.f.* biotipologia*.
bioxyde |bi(j)ɔksid| *s.m.* (*chim.*) biossido.
biparti, ie |bipaʀti|, **bipartite** |bipaʀtit| *adj.* **1** (*bot.*) bipartito: *feuilles bipartites* foglie bipartite **2** (*polit., cour.*) bipartitico*.
bipartisme |bipaʀtism(ə)| *s.m.* bipartitismo: *bipartisme anglais* bipartitismo inglese.
bipartition |bipaʀtisjɔ̃| *s.f.* bipartizione.
bipasse |bipas| *s.m.* (*techn.*) derivazione *f.*, bipasso, by-pass *inv.* ◇ (*routes*) variante *f.*, circonvallazione *f.* ◇ (*chir.*) by-pass.
bipède |bipɛd| **1** *adj.* bipede ✦ (*s.m.*) *un bipède* un bipede **2** *s.m.* [*deux jambes du cheval*] bipede: *le bipède antérieur* il bipede anteriore.
biphasé, ée |bifaze| *adj.* (*électr.*) bifase *inv.* ✦ (*s.m.*) *du biphasé* corrente *f.* bifase.
biplace |biplas| *adj.* biposto *inv.* ✦ (*s.m.*) *un biplace* un aereo biposto *adj.*
biplan |biplɑ̃| *adj. et s.m.* (*aviat.*) biplano.
bipolaire |bipɔlɛʀ| *adj.* (*math., phys.*) bipolare: *coordonnées bipolaires* coordinate bipolari ◇ (*fig.*) *un monde bipolaire* un mondo bipolare.
bipolarisation |bipɔlaʀizɑsjɔ̃| *s.f.* (*polit.*) bipolarizzazione: *la bipolarisation de la vie politique nationale* la bipolarizzazione della vita politica nazionale.
bipolarité |bipɔlaʀite| *s.f.* bipolarità *inv.*
biquadratique |bikwadʀatik| *adj.* (*math.*) biquadratico* ✦ (*s.f.*) *une biquadratique* [*courbe*] una biquadratica*.
bique |bik| *s.f.* **1** (*fam.*) → 1 **chèvre 2** (*fam., péj.*) *une vieille bique* [*vieille femme*] una vecchia strega*; *une grande bique* [*grande fille*] una spilungona.
biquet, ette |bikɛ, ɛt| *s.* [*petit de la bique*] capretto → **chevreau** ◇ (*terme d'affection*) *mon biquet* micio*; micione.
biquotidien, ienne |bikɔtidjɛ̃, jɛn| *adj.* biquotidiano, bigiornaliero.
birbe |biʀb(ə)| *s.m.* (*fam., péj.*) *un vieux birbe* [*un vieil homme*] un vecchio barbogio*.
biréacteur |biʀeaktœʀ| *s.m.* (*aviat.*) bireattore.
biréfringence |biʀefʀɛ̃ʒɑ̃s| *s.f.* (*phys.*) birifrangenza: *biréfringence magnétique* birifrangenza magnetica.
biréfringent, ente |biʀefʀɛ̃ʒɑ̃, ɑ̃t| *adj.* (*phys.*) birifrangente.
birème |biʀɛm| *s.f.* bireme.
biribi |biʀibi| *s.m.* (*jeu de hasard*) biribissi *inv.*
birman, ane |biʀmɑ̃, an| **1** *adj.* [*de la Birmanie*] birmano **2** (*s.m.*) *le birman* [*la langue*] il birmano.
biroute |biʀut| *s.f.* **1** (*arg.*) → **pénis 2** (*arg. milit.*) manica* a vento.
bis- |bis, biz| *préf.* (*indiquant 'le redoublement', correspond généralt. à*) bis: *bisaïeul* bisavo.
bis |bis| *adv.* **1** bis: *le public frappe des mains en criant: bis, bis* il pubblico batte le mani gridando: bis, bis **2** [*indique la répétition du numéro*] bis: *12 bis, bd. St.-Germain* bd. St.-Germain, 12 bis.
bis, bise |bi, biz| *adj.* [*d'un gris tirant sur le brun*] bigio*: *du pain bis* pane bigio # *un teint bis* un colorito terreo; *une toile bise* una tela grigiastra.
bisaïeul, eule |bizajœl| *s.* (*littér.*) bisavo, bisavolo: *des bisaïeuls* dei bisavoli.
bisannuel, elle |bizanɥɛl| *adj.* **1** [*qui revient tous les deux ans*] biennale **2** (*bot.*) bienne, biennale.
bisbille |bisbij| *s.f.* (*fam.*) [*querelle pour un motif futile*] bega*, bisticcio* (*m.*): *être en bisbille avec qqn.* essere in bega con qc.; begare, bisticciare (*cour.*) con qc.
biscaïen, ienne |biskajɛ̃, jɛn| **1** *adj.* [*de la Biscaye*] biscaglino **2** *s.m.* (*ancienn., armes*) biscaglino.
biscornu, ue |biskɔʀny| *adj.* **1**

[*qui a une forme irrégulière*] sbilenco*, storto **2** (*fig., fam.*) [*compliqué et bizarre*] strambo, strampalato: *quelle idée biscornue!* che idea stramba, strampalata! → **saugrenu.**
biscotin |biskɔtɛ̃| *s.m.* [*petit biscuit*] biscottino.
biscotte |biskɔt| *s.f.* fetta biscottata: *un paquet de biscottes* un pacchetto di fette biscottate.
1 **biscuit** |biskɥi| *s.m.* **1** [*gâteau sec*] biscotto: *biscuit au fromage* biscotto al formaggio # *biscuit à la cuiller* savoiardo **2** [*galette constituant autrefois un aliment pour l'armée*] galletta (*f.*): *ration de biscuit* razione di gallette.
2 **biscuit** |biskɥi| *s.m.* (*céramique*) 'biscuit' *inv.*, biscotto: *une statuette en biscuit* una statuetta in 'biscuit' ◇ (*par ext.*) *biscuits de Sèvres, de Saxe* 'biscuit' di Sèvres, di Sassonia.
biscuiterie |biskɥitʀi| *s.f.* [*fabrique de biscuits; cette fabrication*] biscottificio* *m.*; biscotteria.
1 **bise** |biz| *s.f.* [*vent du Nord*] (vento *m.* di) tramontana.
2 **bise** |biz| *s.f.* (*fam.*) [*baiser*] bacio* *m.* (*cour.*): *faire la bise* dare un bacio # *une grosse bise* un bacione.
biseau |bizo| *s.m.* **1** [*bord taillé obliquement*] ugnatura (*f.*): *le biseau d'une vitre* l'ugnatura di un vetro; *une glace en biseau* uno specchio a ugnatura → **biais, 2 chanfrein 2** [*outil acéré dont le tranchant est ainsi taillé*] scalpello (con smussatura a piano inclinato) **3** [*extrémité d'un tuyau d'orgue; bec de certains instruments à vent*] labbro superiore di una canna d'organo; bocchino, imboccatura *f.* **4** (*archit.*) bisello.
biseautage |bizotaʒ| *s.m.* (*techn.*) taglio* a ugnatura, bisellatura (*f.*): *biseautage d'un verre de montre* taglio a ugnatura del vetro di un orologio.
biseauter |bizote| *v.tr.* **1** [*tailler en biseau*] ugnare, bisellare: *une glace biseautée* uno specchio ugnato **2** *biseauter des cartes* [*les marquer d'un signe quelconque sur le tranche, pour tromper au jeu*] segnare le carte.
biséculaire |bisekylɛʀ| *adj.* bisecolare: *hêtres biséculaires* faggi bisecolari.
1 **biser** |bize| *v.tr.* (*fam.*) [*donner une bise*] dare (102) un bacio a (*cour.*) → **embrasser.**
2 **biser** |bize| *v.intr.* (*agric.*) [*devenir gris noir*] annerire (197) (*aux.* essere): *les graines ont bisé* le sementi sono annerite.
biset |bizɛ| *s.m.* (*t.zool.*) colombo torraiolo ◆ (*adj.*) *un pigeon biset* un colombo torraiolo.
bisexualité |bisɛksɥalite| *s.f.* (*bot., psycho., zool.*) bisessualità *inv.*
bisexué, ée |bisɛksɥe|, (*vieilli*)
bisexuel, elle |bisɛksɥɛl| *adj.* (*biol.*) bisessuato, bisessuale.
bismuth |bismyt| *s.m.* (*chim., pharm.*) bismuto.
bison |bizɔ̃| *s.m.* (*t.zool.*) bisonte.
bisque |bisk(ə)| *s.f.* [*potage fait avec une coulis de crustacés*] ⊠ # *bisque d'écrevisses* passato di gamberi.
bisquer |biske| *v.intr.* (*pop.*) [*éprouver du dépit*] andare (101) (*aux.* essere) in bestia (*cour.*): *ils ont bisqué* sono andati in bestia # *faire bisquer qqn.* mandare in bestia qc.
bissac |bisak| *s.m.* (*vx.*) → **besace.**
bisse |bis| *s.f.* (*blas.*) biscia*(in palo).
bissecter |bisɛkte| *v.tr.* (*géom.*) [*diviser en deux parties égales*] bisecare: *bissecter un angle* bisecare un angolo.
bissecteur, trice |bisɛktœʀ, tʀis| *adj.* (*géom.*) bisettore*, bisecante: *plan bissecteur* piano bisettore; *droite bissectrice* retta bisecante ◆ (*s.f.*) *une bissectrice* una bisettrice, una bisecante.
bissection |bisɛksjɔ̃| *s.f.* (*géom.*) bisezione.
bisser |bise| *v.tr.* [*reprendre* (*un morceau*) *devant le public*] bissare: *bisser un couplet* bissare una strofa ◇ (*par ext.*) *bisser un artiste* [*lui demander de reprendre son morceau*] chiedere (122) il bis a un artista.
bissexte |bisɛkst(ə)| *s.m.* (*vieilli*) bisesto.
bissextile |bisɛkstil| (*adj. f.*) *une année bissextile* un anno bisestile *m.*
bissexualité |bisɛksɥalite| *s.f.* → **bisexualité.**
bissexué, ée |bisɛksɥe|, (*vieilli*)
bissexuel, elle |bisɛksɥɛl| *adj.* → **bisexué, bisexuel.**
bistouri |bistuʀi| *s.m.* (*chir.*) bisturi *inv.*
bistournage |bistuʀnaʒ| *s.m.* [→ BISTOURNER 2] castrazione *f.* (degli animali domestici maschi).
bistourner |bistuʀne| *v.tr.* **1** [*courber un objet de manière à le déformer*] storcere (189) **2** (*vétér.*) [*châtrer un animal en tordant les vaisseux testiculaires*] castrare.
bistre |bistʀ(ə)| *s.m.* bistro: *un dessin au bistre* un disegno a bistro ◆ (*adj. inv.*) *couleur bistre* color bistro.
bistré, ée |bistʀe| *adj.* bistrato # *un teint bistré* un colorito bruno.
bistrer |bistʀe| *v.tr.* [*donner la couleur du bistre à* (*qqch.*)] bistrare.
bistro(t) |bistʀo| *s.m.* **1** (*pop.*) [*marchand de vin tenant café*] oste (*cour.*) **2** (*pop.*) caffè *inv.*, bar *inv.*, osteria *f.* → **troquet** ◇ [*petit restaurant sans prétention*] ristorantino (*fam.*), trattoria *f.* (*cour.*).
bisulfate |bisylfat| *s.m.* (*chim.*) bisolfato.
bisulfite |bisylfit| *s.m.* (*chim.*) bisolfito.
bisulfure |bisylfyʀ| *s.m.* (*chim.*) bisolfuro.
bit |bit| *s.m.* bit *inv.*, cifra *f.* binaria → **binon** (*t. recomm.*).
bitonal, ale, aux |bitɔnal, o| *adj.* (*mus.*) bitonale.
bitord |bitɔʀ| *s.m.* (*mar.*) commando.
bitos |bitos| *s.m.* (*arg.*) → **chapeau.**
bitte |bit| *s.f.* (*mar.*) bitta: *bitte d'amarrage* bitta d'ormeggio.
bitter |bitɛʀ| *s.m.* amaro, bitter *inv.*
bitton |bitɔ̃| *s.m.* (*mar.*) monachetto.
bit(t)ure |bityʀ| *s.f.* **1** (*mar.*) cavo *m.* d'ormeggio abbisciato **2** (*pop.*) *prendre une biture* [*s'enivrer*] prendere una sbronza, una ciucca* **3** (*loc. fam.*) *à toute biture* [*à toute allure*] a tutta birra.
bit(t)urer (se) |bityʀe| *v.pron. intr.* (*pop.*) [*s'enivrer*] prendere (105) *tr.* una sbronza, una ciucca*.
bitumage |bitymaʒ| *s.m.* [→ BITUMER] bitumatura *f.*, asfaltatura *f.*
bitume |bitym| *s.m.* **1** (*minér., cour.*) bitume: *bitumes naturels, artificiels* bitumi naturali, artificiali **2** [*cette substance, utilisée comme revêtement des chaussées*] asfalto: *le bitume des trottoirs* l'asfalto dei marciapiedi → **asphalte, goudron** ◇ (*par ext.*) *rouler sur le bitume* correre sull'asfalto ◇ (*loc. fam.*) *arpenter le bitume* misurare (a grandi passi) il marciapiede, camminare (in) su e (in) giù.
bitumer |bityme|, **bituminer** |bitymine| *v.tr.* [*enduire de bitume*] bitumare, asfaltare ◆ (*au p.p.*) *trottoir bitumé* marciapiede bitumato, asfaltato.
bitumeux, euse |bitymø, øz|,
bitumineux, euse |bityminø, øz| *adj.* bituminoso: *schistes bitumineux* scisti bituminosi; *béton bitumeux* conglomerato bitumoso; *revêtement bitumeux* pavimentazione bitumosa.
bitumier |bitymje| *s.m.* bitumatore.
biture |bityʀ| *s.f.* → **bitture.**
biunivoque |biynivɔk| *adj.* (*log., math.*) biunivoco*: *correspondance biunivoque entre deux ensembles* corrispondenza biunivoca tra due insiemi.
bivalence |bivalɑ̃s| *s.f.* (*chim.*) bivalenza.
bivalent, ente |bivalɑ̃, ɑ̃t| *adj.* (*chim., log.*) bivalente.
bivalve |bivalv(ə)| *adj.* bivalve: *coquille bivalve* conchiglia bivalve; *coquillages bivalves* molluschi bivalvi ◆ (*s.*) *les bivalves* i bivalvi, i Lamellibranchi.
bivouac |bivwak| *s.m.* bivacco*: *feux de bivouac* fuochi di bivacco; *rejoindre le bivouac* raggiungere il bivacco → **campement, cantonnement** # *coucher au bivouac* dormire all'addiaccio.
bivouaquer |bivwake| *v.intr.* [*s'installer en bivouac*] bivaccare → **1 camper.**
bizarre |bizaʀ| *adj.* **1** bizzarro, strano: *formes, vêtements bizarres* forme bizzarre, vestiti bizzarri; *une bizare manie* una strana mania, una mania bizzarra; *il n'écrit pas, c'est bizarre* non scrive, (è) strano → **curieux, étrange 2** (*personnes*) bizzarro, balzano: *c'est un être bizarre* è un tipo bizzarro, balzano → **1 excentrique, original** ⓒ **1 banal, normal.**
bizarrement |bizaʀmɑ̃| *adv.* [→ BIZARRE 1] bizzarramente, stranamente: *parler bizarrement* parlare bizzarramente → **curieusement.**
bizarrerie |bizaʀʀi| *s.f.* **1** bizzarria, stranezza: *la bizarrerie d'une idée* la stranezza di un'idea → **étrangeté, 1 excentricité**; *sa bizarrerie étonne* la sua bizzarria sorprende **2** [*chose, élément bizarre*] bizzarria, stranezza: *les bizarreries de la langue française* le bizzarrie della lingua francese → **anomalie**; *les bizarreries de la mode* le bizzarrie, le stranezze della moda ⓒ **1 banalité 2.**
bizarroïde |bizaʀɔid| *adj.* (*fam.*) [*étrange, bizarre*] mattoide, pazzoide.
bizut, bizuth |bizy| *s.m.* (*arg. scol.*) [*nom donné dans certaines grandes écoles aux élèves de première année*] matricola *f.* → **nouveau, bleu** ⓒ **ancien.**
bizutage |bizytaʒ| *s.m.* (*arg. scol.*) [*cérémonie estudiantine d'initiation des bizuts*] festa *f.* delle matricole.
blablabla |blablabla|, **blabla** |blabla| *s.m.sing.* (*fam.*) blablà, chiacchiere *f.pl.* (*cour.*): *ce n'est que du blabla* (*bla*) sono solo chiacchiere.
blackboulage |blakbulaʒ| *s.m.* **1** [→ BLACKBOULER 1] trombata *f.* (*fam.*), siluramento **2** [→ BLACKBOULER 2] bocciatura *f.*
blackbouler |blakbule| *v.tr.* **1** [*mettre en minorité dans un vote; évincer* (*qqn.*)] trombare (*fam.*), silurare: *il s'est fait blackbouler aux élections* si è fatto

trombare alle elezioni **2** (*fam.*) [*refuser (un candidat) à un examen*] bocciare → **coller.**
black-out |blakawt| *s.m.* **1** [*obscurité totale commandée par la défense passive*] oscuramento **2** (*fig.*) [*silence gardé (sur une nouvelle, une décision officielle)*] silenzio* (di) stampa, riserbo.
blafard, arde |blafaʀ, aʀd(ə)| *adj.* [*d'une teinte pâle et sans éclat*] smorto, livido: *couleur blafarde* colore smorto → **délavé**; *teint blafard* colorito livido → **livide**; *aube, lumière blafarde* alba, luce livida → **blême** Ⓒ **coloré.**
1 **blague** |blag| *s.f.* [*petit sac de poche où les fumeurs mettent leur tabac*] borsa del, da tabacco.
2 **blague** |blag| *s.f.* **1** [*histoire imaginée à laquelle on essaie de faire croire*] frottola, fandonia: *raconter des blagues* raccontare frottole, fandonie → **bobard, craque** # *ne raconte pas de blagues, dis la vérité* non scherzare, non raccontare balle, di' la verità ◇ (*loc.*) *prendre tout à la blague* prendere tutto in scherzo; non prendere nulla sul serio ~ *blague à part* senza scherzi, scherzi a parte ~ *sans blague!* davvero!, sul serio! **2** [*farce, plaisanterie*] scherzo *m.*, burla: *faire une bonne, une sale blague à qqn.* fare un bello, un brutto scherzo a qc. **3** [*erreur, maladresse*] sciocchezza, balordaggine: *faire une blague* fare una sciocchezza, una balordaggine → **boulette.**
blaguer |blage| **A** *v.intr.* (*fam.*) [*dire des blagues*] raccontare frottole (*cour.*), scherzare (*cour.*): *tu blagues!* racconti frottole, scherzi! → **plaisanter B** *v.tr.* (*fam.*) [*railler sans méchanceté*] prendere (105) in giro (*cour.*): *il blaguait son ami* prendeva in giro il suo amico → **taquiner.**
blagueur, euse |blagœʀ, øz| *s.* (*fam.*) [*qui a l'habitude de dire des blagues*] ballista, 'blagueur' (*inv.*): *c'est un blagueur!* è un ballista!; è uno che racconta balle! → **plaisantin** ◆ (*adj.*) *un sourire blagueur* un sorriso beffardo; *d'un air blagueur* con aria scherzosa Ⓒ **sérieux.**
blair |blɛʀ| *s.m.* (*pop.*) **1** → **nez 2** → **visage.**
blaireau |blɛʀo| *s.m.* **I** (*t.zool.*) tasso **II** [*pinceau; brosse pour la barbe*] pennello; pennello da barba.
blairer |bleʀe| *v.tr.* (*pop.*) *je ne peux pas le blairer* [*je le déteste*] non lo digerisco, non lo posso soffrire (*cour.*)
blâmable |blɑmabl(ə)| *adj.* [→ BLÂMER 1] biasimevole: *une action blâmable* un'azione biasimevole → **condamnable, répréhensible** Ⓒ **louable** 1.
blâme |blɑm| *s.m.* **1** [→ BLÂMER 1] biasimo: *s'attirer, encourir le blâme de qqn.* attirarsi il biasimo di qc. → **condamnation, réprobation 2** [→ BLÂMER 2] nota *f.* di biasimo, censura (*f.*): *donner, recevoir un blâme* dare, ricevere una nota di biasimo Ⓒ 1 **approbation, éloge.**
blâmer |blɑme| *v.tr.* **1** [*exprimer un jugement moral défavorable sur (qqn., qqch.)*] biasimare: *il est plus à plaindre qu'à blâmer* è più da compatire che da biasimare → **condamner, critiquer 2** [*punir d'un blâme officiel*] infliggere (110) una nota di biasimo, censurare: *il a été blâmé par le conseil de discipline* ha avuto una nota di biasimo da parte del, è stato censurato dal consiglio di disciplina Ⓒ **1 approuver, féliciter, louer** 1.
blanc |blɑ̃| *s.m.* **I 1** bianco*: *un blanc immaculé* un bianco immacolato ◇ (*par ext.*) *blanc de zinc, d'argent, de plomb* bianco di zinco, d'argento, di piombo; *blanc de chaux* bianco (di) calce **2** *loc.* EN BLANC: *peint en blanc* dipinto di bianco; *il a laissé le nom en blanc* ha lasciato il nome in bianco; *laisser un chèque en blanc* lasciare un assegno in bianco ~ *de but en blanc* di punto in bianco **3** *loc.adv.* À BLANC: *chauffer un métal à blanc* [*de manière à devenir blanc*] portare un metallo a incandescenza ~ *tirer à blanc* sparare a salve ~ (*fig.*) *saigner à blanc* succhiare il sangue (a), salassare; *les impôts saignent à blanc le contribuable* le tasse salassano il contribuente, succhiano il sangue al contribuente **II 1** (*se dit de la partie blanche de certaines choses*) bianco: *blanc d'œuf* bianco, chiara *f.* d'uovo; *le blanc de l'œil* il bianco dell'occhio, la sclerotica, la sclera # *battre des blancs en neige* montare le chiare a neve; *blanc de poulet* petto di pollo ◇ (*loc.*) *regarder qqn. dans le blanc de l'œil* guardare qc. in faccia, guardare qc. dritto negli occhi ~ *rougir jusqu'au blanc des yeux* arrossire fino alle orecchie **2** [*espace libre qu'on laisse dans un écrit*] spazio* (bianco): *laisser des blancs* lasciare degli spazi (bianchi) ◇ (*loc.*) *mettre, écrire noir sur blanc* mettere nero su bianco **3** [*nom de diverses choses caractérisées par la couleur blanche*] bianco ◇ (*bot.*) *blanc des céréales* mal bianco dei cereali **4** [*linge blanc*] *la quinzaine de blanc* la quindicina, la fiera del bianco; *être vêtu de blanc* essere vestito di bianco # *magasin de blanc* negozio di biancheria **5** [*vin blanc*] *préférer le blanc sec* preferire il bianco secco.
blanc, blanche |blɑ̃, blɑ̃ʃ| **I** *adj.* **1** bianco*: *blanc comme la neige* bianco come la neve ◇ (*par ext.*) *race blanche* razza bianca; *cheveux blancs* capelli bianchi; *être blanc* essere pallido, essere sbiancato in volto; *vin, raisin blanc* vino bianco, uva bianca; *arme blanche* arma bianca; *houille blanche* carbone bianco ◇ (*loc.*) *dire tantôt blanc, tantôt noir* dire oggi una cosa, domani un'altra **2** [*qui n'est pas écrit*] bianco: *bulletin blanc* scheda bianca; *page blanche* pagina bianca ◇ (*loc. fig.*) *donner carte blanche* dare carta bianca **3** [*qui n'a pas tous les effets habituels*] bianco, in bianco (*loc. adv.*): *mariage blanc* matrimonio bianco, in bianco; *nuit blanche* notte bianca, in bianco; *voix blanche* voce bianca # *examen blanc* esame preliminare **II** *s.* UN BLANC, UNE BLANCHE un bianco, una bianca: *la traite des blanches* la tratta delle bianche.
blanc-bec |blɑ̃bɛk| *s.m.* [*jeune homme sans expérience et sûr de soi*] pivello, sbarbatello.
blanchaille |blɑ̃ʃaj| *s.f.* [*menu poisson blanc*] bianchetto *m.*
blanchâtre |blɑ̃ʃɑtʀ(ə)| *adj.* biancastro.
blanche |blɑ̃ʃ| *s.f.* (*mus.*) minima.
blancheur |blɑ̃ʃœʀ| *s.f.* bianchezza, biancore (*m.*): *linge d'une blancheur éclatante* biancheria di una bianchezza smagliante.
blanchiment |blɑ̃ʃimɑ̃| *s.m.* **1** [→ BLANCHIR A 2] imbiancatura (*f.*): *le blanchiment d'un mur, d'un plafond* l'imbiancatura di un muro, di un soffitto **2** [*action de décolorer pour rendre blanc*] imbianchimento, sbianca* (*f.*): *blanchiment d'un tissu écru* imbianchimento, sbianca di un tessuto greggio → **décoloration** # *blanchiment au chlore* candeggio al cloro ◇ (*hortic.*) *le blanchiment des légumes* l'imbianchimento degli ortaggi.
blanchir |blɑ̃ʃiʀ| **A** *v.tr.* **1** [*rendre blanc*] schiarire (197), rendere (105) chiaro: *une crème qui blanchit le teint* una crema che schiarisce, che rende chiara la pelle ◇ (*cuis.*) *blanchir des choux* sbianchire (197), scottare dei cavoli ◇ (*typogr.*) *blanchir une page* spaziare una pagina **2** [*couvrir d'une couche blanche*] imbiancare: *la neige blanchit les sommets* la neve imbianca le cime; *blanchir un mur à la chaux* imbiancare un muro con la calce; *la poudre lui blanchit le visage* la cipria le imbianca il viso **3** [*nettoyer (le linge blanc)*] lavare: *blanchir du linge, des draps* lavare la biancheria, delle lenzuola ◆ (*au p.p.*) *un pensionnaire logé, nourri et blanchi* un pensionante cui si dà alloggio, vitto e cui si lava la biancheria **4** [*disculper, innocenter*] scagionare: *on tend à blanchir un personnage illustre* si tende a scagionare una personalità famosa # *il est sorti blanchi de cette affaire* è uscito da questo affare con le mani pulite **B** *v.intr.* [*devenir blanc*] sbiancare (*aux.* essere): *blanchir de rage, de peur* sbiancare (in volto) dalla rabbia, dalla paura → **pâlir** # *ses cheveux ont blanchi* i suoi capelli sono incanutiti, sono diventati bianchi ◇ (*par ext.*) *il a blanchi* è incanutito, è invecchiato ◇ (*loc.*) *blanchir sous le harnais* invecchiare nel mestiere, nel lavoro.
blanchissage |blɑ̃ʃisaʒ| *s.m.* **1** [→ BLANCHIR A 3] lavaggio*: *blanchissage industriel* lavaggio in lavanderia, industriale; *blanchissage au moyen d'une machine à laver* lavaggio in lavatrice # *envoyer du linge au blanchissage* mandare a lavare la biancheria; mandare la biancheria in lavanderia **2** (*techn.*) *le blanchissage du sucre* l'imbianchimento dello zucchero.
blanchissant, ante |blɑ̃ʃisɑ̃, ɑ̃t| *adj.* biancheggiante: *l'aube blanchissante* l'alba biancheggiante.
blanchissement |blɑ̃ʃismɑ̃| *s.m.* [→ BLANCHIR B] incanutimento, imbiancamento: *le blanchissement des cheveux* l'incanutimento, l'imbiancamento dei capelli.
blanchisserie |blɑ̃ʃisʀi| *s.f.* [*établissement où l'on fait le blanchissage du linge*] lavanderia.
blanchisseur, euse |blɑ̃ʃisœʀ, øz| *s.* [*personne dont le métier est de blanchir le linge et de le repasser*] lavandaio*.
blanc-manger |blɑ̃mɑ̃ʒe| *s.m.* [*gelée faite avec du lait, des amandes, du sucre; gelée de viande blanche*] biancomangiare *inv.*
blanc-seing |blɑ̃sɛ̃| *s.m.* (*dr.*) firma *f.* in bianco, biancosegno: *des blancs-seings* dei biancosegni.
blancs-manteaux |blɑ̃mɑ̃to| *s. m.pl.* [*religieux de l'ordre des serviteurs*] serviti ◇ (*au sing.*) *un blanc-manteau* un servita.
blandice |blɑ̃dis| *s.f. surtout au plur.* (*littér.*) blandizia → **2 charme, séduction.**

blanquette |blɑ̃kɛt| *s.f.* **I** [*vin blanc mousseux du Languedoc*] ⊠ **II** [*ragoût de viande blanche*] ⊠.

blase, blaze |blɑz| *s.m.* (*arg.*) **1** → **nom** **2** → **nez.**

blasé, ée |blɑze| *adj.* (*se dit d'une personne qui n'éprouve plus de plaisir à rien*) disgustato, disilluso: *blasé de, sur tout* disgustato, disilluso di tutto → **indifférent, insensible** # *elle est blasée de ce genre de lectures* è stufa di questo genere di letture ♦ (*s.*) *faire le blasé* fare lo scettico*.

blaser |blɑze| *v.tr.* (*littér.*) [*rendre blasé*] rendere (105) indifferente (*cour.*): *ses nombreux succès ont fini par le blaser* i suoi numerosi successi hanno finito col renderlo indifferente # *le spectacle de la misère a fini par le blaser* lo spettacolo della miseria ha finito col renderlo indifferente, disincantarlo → **dégoûter.**

blason |blɑ(a)zɔ̃| *s.m.* **1** blasone, stemma: *blason peint, sculpté* blasone dipinto, scolpito ◇ (*loc.*) *ternir son blason* disonorare il proprio nome, il nome che si porta ~ *redorer son blason* ridar lustro al proprio blasone **2** [*connaissance, art relatif aux armoiries*] araldica* (*f.*): *savoir le blason* conoscere l'araldica → **héraldique.**

blasonner |blɑ(a)zɔne| *v.tr.* [*décrire les armoiries selon les règles du blason*] blasonare.

blasphémateur, trice |blasfematœʀ, tʀis| *s.* bestemmiatore*, blasfemo.

blasphématoire |blasfematwaʀ| *adj.* blasfemo: *écrit blasphématoire* scritto blasfemo → **impie, 2 sacrilège** © **pieux.**

blasphème |blasfɛm| *s.m.* [*parole qui outrage la Divinité, la religion*] bestemmia (*f.*): *dire des blasphèmes* dire delle bestemmie, tirare moccoli.

blasphémer |blasfeme| (8) **A** *v. intr.* [*proférer des blasphèmes, des imprécations*] bestemmiare: *blasphémer contre le ciel* bestemmiare contro il cielo; *taisez-vous, vous blasphémez* tacete, state bestemmiando **B** *v.tr.* (*vx.*) [*outrager en prononçant des blasphèmes*] bestemmiare (*cour.*), oltraggiare (*cour.*): *il blasphème le nom de Dieu* bestemmia il nome di Dio ◇ (*par ext.*) *blasphémer la science, la morale* oltraggiare la scienza, la morale.

-blaste |blast(ə)| *suff.* (*signifiant 'germe', correspond généralt. à*) blasto: *fibroblaste* fibroblasto.

blasto- |blastɔ| *préf.* (*signifiant 'germe', correspond généralt. à*) blasto: *blastoderme* blastoderma.

blastoderme |blastɔdɛʀm(ə)| *s.m.* blastoderma.

blastome |blastom| *s.m.* (*méd.*) blastoma.

blatte |blat| *s.f.* (*t.zool.*) blatta.

blazer |blazœ(ɛ)ʀ| *s.m.* (*angl.*) blazer *inv.*

blé |ble| *s.m.* **1** (*t.bot.*) grano ◇ (*cour.*) *blé commun* grano comune; *blé dur, tendre* grano duro, tenero → **froment** ◇ (*prov.*) *manger son blé en herbe* [*dépenser d'avance son revenu*] vendere la pelle dell'orso prima di averlo ucciso **2** [*le grain seul*] grano: *un quintal de blé* un quintale di grano; *moudre le blé* macinare il grano # *grenier à blé* granaio **3** (*par ext.*) (*se dit de graminées distinctes du froment*) *blé noir* grano saraceno; *blé cornu* segale *f.* cornuta.

blèche |blɛʃ| *adj.* (*arg.*) → **mauvais, laid.**

bled |blɛd| *s.m.* **1** (*en Afrique du Nord*) [*l'intérieur des terres*] retroterra *inv.* **2** (*fam., péj.*) [*lieu, village éloigné, isolé, offrant peu de ressources*] posto, luogo sperduto, dimenticato da Dio e dagli uomini → **trou.**

blême |blɛm| *adj.* (*personnes*) [*d'une blancheur maladive*] livido: *blême de colère* livido di collera; *avoir le visage blême* avere la faccia livida → **blafard** ◇ (*choses*) *une aube blême* un'alba livida; *une lueur blême* una luce livida.

blêmir |blemiʀ| *v.intr.* [*devenir blême*] illividire (197) (*aux.* essere), impallidire (197) (*aux.* essere): *elle a blêmi de peur* è illividita, impallidita per la paura; *blêmir de rage* illividire di rabbia, diventare verde dalla rabbia.

blêmissant, ante |blemisɑ̃, ɑ̃t| *adj.* [*qui blêmit*] che diventa livido, che illividisce.

blêmissement |blemismɑ̃| *s.m.* [→ BLÊMIR] illividimento, impallidimento.

blennorragie |blenɔʀaʒi| *s.f.* (*méd.*) blenorragia*.

blennorragique |blenɔʀaʒik| *adj.* (*méd.*) blenorragico*.

blennorrhée |blenɔʀe| *s.f.* (*méd.*) blenorrea.

blépharite |blefaʀit| *s.f.* (*méd.*) blefarite.

blèse |blɛz| *adj. et s.* bleso: *être blèse* essere bleso.

blèsement |blɛzmɑ̃| *s.m.* [→ BLÉSER] il parlare *inv.* con pronuncia blesa → **zézaiement.**

bléser |bleze| (8) *v.intr.* [*parler avec un vice de prononciation qui consiste à substituer s* [*s*] *à ch* [ʃ], *z* [*z*] *à g ou j* [ʒ]] parlare con pronuncia blesa → **zézayer.**

blessant, ante |blɛsɑ̃, ɑ̃t| *adj.* [*qui blesse*] offensivo, oltraggioso: *procédé blessant* comportamento offensivo, oltraggioso; *paroles blessantes* parole oltraggiose → **désobligeant** © **aimable.**

blessé, ée |blese| **1** *adj.* [*qui a reçu une blessure*] ferito: *soigner un soldat blessé* curare un soldato ferito ◇ (*fig.*) *blessé dans son amour-propre* ferito nel suo amor proprio **2** *s.* [→ *adj.*] ferito: *un blessé grave* un ferito grave; *le transport des blessés* il trasporto dei feriti # *un grand blessé* un grande invalido; *les blessés de guerre* gli invalidi e mutilati di guerra.

blesser |blese| **A** *v.tr.* **1** [*frapper d'un coup qui cause une lésion à l'organisme*] ferire (197): *blesser grièvement, mortellement* ferire gravemente, mortalmente; *blesser à coups de couteau* ferire a coltellate → **contusionner, meurtrir** □ *elle s'est blessé le doigt* si è ferita il dito **2** (*par exagér.*) [*causer une douleur vive*] straziare, massacrare: *j'ai les pieds blessés par mes souliers* ho i piedi straziati, massacrati dalle scarpe ◇ (*par ext.*) *tous ces couacs blessent mes oreilles* tutte queste stonature straziano i miei orecchi; *ces couleurs criardes blessent la vue* questi colori chiassosi offendono la vista → **déchirer** **3** (*fig.*) [*porter un coup pénible à* (*qqn.*); *toucher ou impressionner désagréablement*] *blesser qqn. au vif* toccare, colpire qc. nel vivo; *blesser l'amour-propre de qqn.* offendere l'amor proprio di qc.; *un rien le blesse* si offende per un nonnulla → **offenser, froisser** **4** (*littér.*) [*enfreindre, choquer*] *blesser la pudeur, les goûts de qqn.* offendere (*cour.*) il pudore, i gusti di qc.; *blesser les règles, les principes* infrangere le regole, i princìpi; *blesser les convenances* infrangere le regole della buona creanza **B** *v.pron.réfl.* SE BLESSER [→ *tr.* 1] ferirsi: *elle s'est blessée en tombant* si è ferita cadendo ♦ → *tr.* 1 □.

blessure |blesyʀ| *s.f.* **1** [→ BLESSER A 1] ferita: *blessure grave, mortelle* ferita grave, mortale; *soigner, panser une blessure* curare, medicare una ferita → **plaie** ◇ (*dr.*) *inculpé pour coups et blessures* imputato di lesioni personali **2** [→ BLESSER A 3] ferita: *blessure d'amour* ferita d'amore # *il a subi une blessure d'amour-propre* è stato ferito nel suo amor proprio.

blet, blette |blɛ, blɛt| *adj.* (*se dit des fruits trop mûrs*) vizzo, mezzo: *poire blette* pera vizza, mezza # *les nèfles se mangent blettes* le nespole si mangiano quando sono molto mature.

blette |blɛt| *s.f.* → **bette.**

blettir |bletiʀ| *v.intr.* [*devenir blet*] avvizzire (197) (*aux.* essere), ammezzire (197) (*aux.* essere): *les poires ont bletti* le pere sono avvizzite, sono ammezzite.

bleu, bleue, bleus |blø| **I** *adj.* **1** azzurro, blu (*inv.*): *des yeux bleus* occhi blu, azzurri; *ciel bleu* cielo azzurro, blu ◇ (*par ext., fig.*) *avoir du sang bleu* essere di sangue blu; *menton bleu* [*qui porte la trace d'une barbe très sombre*] mento con un'ombra di barba; *cordon bleu* [*cuisinière très habile*] cuoca provetta; *conte bleu* [*récit fabuleux, discours en l'air*] favola *s.f.*, discorso campato in aria; *bifteck bleu* [*très saignant, à peine grillé*] bistecca molto al sangue, appena passata sulla griglia; *zone bleue* [*à stationnement réglementé*] zona disco **2** (*se dit de la teinte de la peau après une contusion*) blu, livido: *œdème bleu* edema blu ◇ (*méd.*) *maladie bleue* morbo blu ◇ (*par ext.*) *enfant bleu* bambino affetto da morbo blu ◇ (*loc.*) *être bleu de froid* essere livido dal freddo ~ *avoir une peur bleue de qqch.* avere una paura matta di qc. ~ *en être, en rester bleu* [*stupéfait*] restare di stucco **II** *s.m.* **1** [→ *adj.* 1] blu, azzurro: *bleu horizon* blu aviazione; *bleu ciel* azzurro cielo; *bleu lavande* azzurro lavanda; *bleu marine* blu marino; *bleu roi* blu Savoia, reale; *bleu vert* azzurro-verde; *bleu pétrole* blu petrolio # *bleu clair* celeste ◇ (*loc.*) *n'y voir que du bleu* [*ne s'apercevoir de rien, n'y rien comprendre*] non capirci un accidente ◇ (*par ext.*) [*matière colorante bleue*] blu, azzurro: *bleus végétaux* blu vegetali; *bleu de Prusse* blu di Prussia; *bleu de cobalt* blu cobalto; *bleu d'outremer* azzurro, blu oltremarino # *bleu de lessive* turchinetto; *passer le linge au bleu* passare la biancheria al turchinetto **2** [*jeune recrue*] recluta *f.*, burba *f.* (*arg.*): *les bleus et les anciens* le reclute, le burbe e gli anziani → **conscrit, nouveau** ◇ (*par ext.*) [*nouvel élève*] matricola *f.*, novellino → **bizut** ◇ (*loc.*) *tu me prends pour un bleu!* mi prendi per un pivello! **3** [→ *adj.* 2] livido: *il est couvert de bleus* è coperto di lividi → **ecchymose** **4** (*cuis.*) *au bleu* [*façon de préparer certains poissons au court-bouillon de vin rouge*] al blu, alla marinara: *truites* *au bleu* trote al blu **5** [*sorte de fromage à moisissures*] formaggio* con la muffa: *bleu d'Auvergne* ⊠ **6** (*pharm.*) *bleu de méthylène* blu di metilene **7** [*combinaison d'ouvrier*] tuta (*f.*): *un bleu de mécanicien* una tuta da meccanico; *des bleus de travail* delle tute (da lavoro).

bleuâtre |bløɑtʀ(ə)| *adj.* bluastro.

bleuet |bløɛ|, **bluet** |blyɛ| *s.m.* → **centaurée.**

bleuir |bløiʀ| **A** *v.tr.* [*rendre bleu*] illividire (197): *le froid lui bleuit le visage* il freddo gli illividisce il viso **B** *v. intr.* [*devenir bleu*] illividire (*aux.* essere), diventare (*aux.* essere) livido: *elle avait bleui de froid* era illividita, era diventata livida dal freddo # *le tourne sol bleuit sous l'action d'une base* la cartina al tornasole diventa blu per azione di una base; *la côte bleuissait au loin* la costa, in lontananza, sembrava azzurra.

bleuissement |bløismɑ̃| *s.m.* [→ BLEUIR] illividimento, il diventare *inv.* blu.

bleusaille |bløzɑj| *s.f.* (*arg. milit.*) coscritto *m.*, recluta ◇ (*collect.*) *la bleusaille* le reclute *pl.*, i coscritti *pl.*

bleuté, ée |bløte| *adj.* [*qui a une nuance bleue*] azzurrognolo: *reflet bleuté* riflesso azzurrognolo.

bleuter |bløte| *v.tr.* (*techn.*) [*passer légèrement au bleu*] dare (102) il blu # *bleuter le linge* passare la biancheria al turchinetto.

blindage |blɛ̃daʒ| *s.m.* [→ BLINDER 1] blindaggio*, blindamento; corazzatura (*f.*): *le blindage d'un train* il blindaggio, il blindamento di un treno ‖ *le blindage d'un navire* la corazzatura di una nave # *blindage d'une galerie de mine* armatura di una galleria di miniera; *blindage d'un appareil électrique, d'un réacteur nucléaire* schermatura di un apparato elettrico, di un reattore nucleare.

blinde |blɛ̃d| *s.f.* (*ancienn.*) blinda.

blindé, ée |blɛ̃de| *adj.* **1** blindato; corazzato: *véhicule blindé* veicolo blindato ‖ *division blindée, régiment blindé* divisione corazzata, reggimento corazzato # *appareil électrique, réacteur nucléaire blindé* apparato elettrico, reattore nucleare schermato ✦ (*s.f.*) *les blindés* i mezzi corazzati *adj.* **2** (*fig., fam.*) [*endurci*] corazzato (*cour.*), vaccinato (*cour.*): *blindé contre la maladie* corazzato, vaccinato contro la malattia **3** (*pop.*) [*ivre*] sbronzo.

blinder |blɛ̃de| *v.tr.* **1** [*entourer* (*un navire, un véhicule*) *d'une armure de plaques de métal*] blindare; corazzare: *blinder un wagon* blindare un vagone ‖ *blinder un navire* corazzare una nave ◇ [*isoler* (*un appareil électrique, un réacteur ou un engin nucléaire*) *par une protection*] schermare **2** (*fig.*) [*endurcir*] corazzare, vaccinare: *il est blindé contre l'adversité* è corazzato, vaccinato contro l'avversità.

blinis |blinis| *s.m.* [*petite crêpe de sarrazin très épaisse, généralt. servie avec les hors-d'œuvre*] ⊠.

blizzard |blizaʀ| *s.m.* (*amér.*) (*vent*) blizzard *inv.*

bloc |blɔk| *s.m.* **I** **1** blocco*: *un bloc de marbre* un blocco di marmo; *colonne d'un seul bloc, taillé dans un seul bloc* colonna tagliata in un sol blocco, monolitica ◇ (*par anal.*) *bloc de papier à lettres* blocco di carta da lettere; *bloc de bureau, bloc-notes* blocco per appunti, taccuino ◇ (*par anal.*) *bloc d'habitations* isolato ◇ (*électr.*) blocco ◇ (*géol.*) *bloc erratique* blocco erratico **2** *loc. fam.* AU BLOC [*en prison*] al fresco: *passer la nuit au bloc* passare la notte al fresco **3** [*éléments groupés en masse compacte*] blocco: *bloc-cuisine* blocco cucina ◇ (*chir.*) *bloc opératoire* blocco operatorio ◇ (*écon.*) *bloc monétaire* blocco monetario ◇ (*polit.*) *le bloc des gauches* il blocco delle sinistre; *le bloc soviétique* il blocco sovietico; *la politique des blocs* la politica dei blocchi → **coalition** ◇ *loc.* FAIRE BLOC fare blocco: *faire bloc contre l'agresseur* fare blocco contro l'aggressore **4** *loc. adv.* EN BLOC in blocco: *vous repoussez en bloc toutes ses propositions* voi respingete in blocco tutte le sue proposte → 1 **masse (en)** **II** *loc. adv.* À BLOC [*complètement, à fond* (*en bloquant*)] a fondo: *serrer, visser un écrou à bloc* stringere, avvitare a fondo un dado # *serrer les freins à bloc* bloccare i freni; *fermé à bloc* bloccato → **bloquer** ◇ (*loc. fam.*) *travailler à bloc* [*le plus possible*] lavorare a più non posso ~ *être gonflé à bloc* [*plein de vigueur, rempli d'ardeur*] essere su di giri.

1 **blocage** |blɔkaʒ| *s.m.* [*massif de matériaux qui remplit les vides entre les deux parements d'un mur*] pietrisco*.

2 **blocage** |blɔkaʒ| *s.m.* **1** [→ BLOQUER II 1] bloccaggio*: *vis de blocage* vite di bloccaggio; *le blocage des freins* il bloccaggio dei freni ◇ (*écon.*) *le blocage des prix* il blocco* dei prezzi ◇ (*football, boxe*) bloccaggio: *faire un blocage* fare un bloccaggio **2** (*psycho.*) blocco (mentale).

blocaille |blɔkɑj| *s.f.* → 1 **blocage.**

bloc-cylindres |blɔksilɛ̃dʀ(ə)| *s.m.* (*mécan.*) blocco* cilindri: *des blocs-cylindres* dei blocchi cilindri.

blockhaus |blɔkos| *s.m.* (*milit.*) blockhaus *inv.*, casamatta *f.* → **fortin, casemate.**

bloc-moteur |blɔkmɔtœʀ| *s.m.* (*auto.*) blocco* motore: *des blocs-moteurs* dei blocchi motore.

bloc-notes |blɔknɔt| *s.m.* blocco* per appunti, taccuino, bloc-notes *inv.* (*abusiv.*), notes (*inv.*): *des blocs-notes* dei blocchi per appunti, dei taccuini.

bloc-système |blɔksistɛm| *s.m.* (*ch. de fer.*) blocco* automatico.

blocus |blɔkys| *s.m.* [*le fait d'isoler une ville, un port, un pays*] blocco*: *le blocus continental* il blocco continentale.

blond, onde |blɔ̃, ɔ̃d| **1** *adj.* biondo: *cheveux blonds* capelli biondi ◇ (*par ext.* (*personnes*) *il est blond comme les blés* è biondo come il grano ✦ (*s.*) *un blond* un biondo; *les brunes et les blondes* le brune e le bionde ◇ (*choses*) *bière blonde* birra chiara, bionda; *tabac blond* tabacco biondo ✦ (*s.*) *un demi de blonde* un bicchiere di birra chiara *adj.*, bionda *adj.* **2** *s.* [→ *adj.*] biondo: *blond cendré* biondo cenere; *blond doré* biondo oro; *blond fade* biondo slavato 🄲 **brun.**

blondasse |blɔ̃das| *adj.* [*d'un vilain blond*] biondastro: *des cheveux blondasses* capelli biondastri.

blonde |blɔ̃d| *s.f.* bionda.

blondeur |blɔ̃dœʀ| *s.f.* [*qualité de ce qui est blond*] biondezza.

blondin |blɔ̃dɛ̃| *s.m.* (*techn.*) gru *f.inv.* a funi, 'blondin' *inv.*

blondin, ine |blɔ̃dɛ̃, in| *s.* (*plais.*) biondino → **blondinet.**

blondinet, ette |blɔ̃dinɛ, ɛt| *s.* [*enfant blond*] biondino # *une blondinette* una bambina bionda.

blondir |blɔ̃diʀ| **A** *v.intr.* [*devenir blond*] (*aux. 'avoir'*) diventare (*aux.* essere) biondo, imbiondire (197) (*aux.* essere): *elle a blondi au soleil* è diventata bionda stando al sole **B** *v.tr.* (*rare*) [*rendre blond* (*les cheveux*)] imbiondire, schiarire (197): *blondir les cheveux* imbiondire, schiarire i capelli □ *elle s'est blondi les cheveux* si è imbiondita, schiarita i capelli **C** *v.pron.intr.* SE BLONDIR [→ *intr.*] imbiondirsi, schiarirsi → *tr.* □.

blondissant, ante |blɔ̃disɑ̃, ɑ̃t| *adj.* biondeggiante.

bloquer |blɔke| *v.tr.* **I** [*réunir, mettre en bloc*] raggruppare, riunire (197): *bloquer deux paragraphes* raggruppare, riunire due paragrafi; *j'ai bloqué mes jours de congé* ho riunito, messo insieme i miei giorni di ferie → **grouper,** 1 **masser** # *vote bloqué* [*d'un projet de loi*] votazione in blocco **II** **1** [*empêcher de se mouvoir*] bloccare: *bloquer une porte* bloccare una porta; *freinage brutal qui bloque les roues* brusca frenata che blocca le ruote; *le gardien de but n'a pas bloqué le ballon* il portiere non ha bloccato il pallone ◇ (*par ext.*) *bloquer le crédit, les prix, les salaires* bloccare il credito, i prezzi, i salari; *bloquer un compte en banque* bloccare un conto in banca # *compte bloqué* conto vincolato **2** [*boucher, obstruer*] bloccare, ostruire (197): *bloquer le passage* bloccare, ostruire il passaggio ◇ (*psycho., psychan.*) *être bloqué* (*dans ses réactions*) [*être arrêté par une cause perturbante, inconsciente*] essere (96) bloccato 🄲 I **séparer.**

blottir (se) |blɔtiʀ| *v.pron.réfl.* [*se ramasser sur soi-même*] rannicchiarsi, accoccolarsi: *se blottir dans son lit* rannicchiarsi nel (proprio) letto → **pelotonner (se),** 2 **tapir (se)** ◇ (*par ext.*) *l'enfant est venu se blottir entre les bras de sa mère* [*se mettre à l'abri, en sûreté*] il bambino è venuto ad accucciarsi fra le braccia di sua madre → **réfugier (se).**

blousant, ante |bluzɑ̃, ɑ̃t| *adj.* [*qui blouse* (2)] blusante: *robe à dos blousant* vestito con il dietro blusante.

blouse |bluz| *s.f.* **1** blusa; camice (*m.*): *blouse blanche de chirurgien* camice bianco da chirurgo → **bourgeron, sarrau** # *blouse de paysan, d'un ouvrier* camiciotto da contadino, da operaio **2** [*chemisier de femme large au bas*] camicetta, blusa: *une blouse assortie à la jupe* una camicetta intonata alla, ben assortita con la gonna.

1 **blouser** |bluze| *v.tr.* (*fig., fam.*) → **tromper.**

2 **blouser** |bluze| *v.intr.* (*d'un vêtement*) [*bouffer à la taille*] essere (96) (*aux.* essere) blusante.

blouson |bluzɔ̃| *s.m.* **1** [*veste courte et ample, résserrée aux hanches*] giubbotto: *blouson militaire* giubbotto militare; *blouson à fermeture éclair* giubbotto con cerniera lampo **2** (*par ext*) BLOUSONS NOIRS [*jeunes délinquants*] teppisti, teddy boy *inv.*

blue-jean |bludʒin|, **blue-jeans** |bludʒins| *s.m.* (*s'emploie au sing. et au plur. comme 'pantalon'*) blue-jeans (*pl.*): *des blue-jeans* dei blue-jeans → **jean(s).**

blues |bluz| *s.m.* (*angl.*) (*mus.*) blues *inv.*
bluet |blyɛ| *s.m.* → **centaurée.**
bluette |blyɛt| *s.f.* **1** (*vx.*) [*petite étincelle*] favilla **2** (*vx.*, *fig.*) [*petit ouvrage sans prétention*] operetta (*péj.*).
bluff |blœf| *s.m.* **1** (*aux cartes*) bluff *inv.* **2** (*par ext.*) [*toute attitude destinée à intimider l'adversaire*] bluff: *c'est du bluff, ne vous laissez pas prendre* è un bluff, non fatevi incantare.
bluffer |blœfe| **A** *v.intr.* (*fam.*) [*pratiquer le bluff* (1)] bluffare: *il bluffe souvent au poker* giocando a poker bluffa spesso **B** *v.tr.* (*fam.*) [*tenter d'abuser qqn.*] ingannare (*cour.*), imbrogliare (*cour.*): *il nous a bluffés* ci ha ingannati, imbrogliati.
bluffeur, euse |blœfœʀ, øz| *adj. et s.* [*qui bluffe* (B)] bluffatore*.
blutage |blytaʒ| *s.m.* [→ BLUTER] abburattamento: *blutage à la main* abburattamento a mano; *blutage à la machine* abburattamento a macchina, meccanico → **tamisage.**
bluter |blyte| *v.tr.* [*tamiser la farine pour la séparer du son*] abburattare: *tamis à bluter* setaccio per abburattare.
blutoir |blytwaʀ| *s.m.* (*techn.*) buratto: *blutoir à la main, mécanique* buratto a mano, meccanico.
boa |bɔa| *s.m.* **1** (*t.zool.*) boa (*inv.*): *boa constricteur* boa constrictor **2** (*par anal. de forme*) [*tour de cou en fourrure, en plumes*] boa.
bob |bɔb| *s.m.* → **bob(sleigh).**
bobard |bɔbaʀ| *s.m.* (*fam.*) [*mensonge*] frottola *f.*, balla *f.* (*pop.*): *raconter des bobards* raccontare frottole, balle.
bobèche |bɔbɛʃ| *s.f.* [*disque du chandelier destiné à recueillir la cire qui coule*] padellina ◇ (*pop.*) [*tête*] testa (*cour.*), capoccia*: *se monter la bobèche* montarsi la testa.
bobinage |bɔbinaʒ| *s.m.* [→ BOBINER] bobinatura *f.* ◇ (*tissage*) incannatura *f.* ◇ (*électr.*) avvolgimento: *bobinage d'un électro-aimant* avvolgimento di un'elettrocalamita.
bobine |bɔbin| *s.f.* **1** bobina: *bobine de fil* bobina di filo, spagnoletta ◇ (*auto.*) *bobine d'automobile* bobina dell'auto ◇ (*ciné., photo.*) *une bobine de film* una bobina di pellicola; *bobine d'un ruban de machine à écrire* bobina di nastro dattilografico ◇ (*électr.*) *bobine de dérivation* bobina di derivazione; *bobine de self-induction* bobina, rocchetto di induzione ◇ (*tissage*) *les bobines d'un métier à tisser* le bobine di un telaio → **broche,** 1 **navette** **2** (*pop.*, *péj.*) [*figure, tête*] faccia*: *il a fait une drôle de bobine* ha fatto una strana faccia.
bobiner |bɔbine| *v.tr.* (*techn.*) [*dévider* (*un fil*) *et l'enrouler sur une bobine*] bobinare ◇ (*tissage*) incannare ◇ (*électr.*) avvolgere (196).
bobineur, euse |bɔbinœʀ, øz| *s.* **1** *s.* [*personne chargée du bobinage*] bobinatore* **2** *s.f.* (*techn.*) bobinatrice → **bobinoir.**
bobinoir |bɔbinwaʀ| *s.m.* (*techn.*) bobinatrice *f.* avvolgitrice *f.* ◇ (*tissage*) incannatoio*.
bobo |bobo| *s.m.* **1** (*langage des enfants*) [*douleur physique*] bua (*f.*): *avoir bobo* avere la bua; *on lui a fait bobo, du bobo* gli han fatto la bua → 2 **mal** **2** [*petite plaie insignifiante*] dolorino: *il se plaint au moindre bobo* si lamenta al minimo dolorino.
bobonne |bɔbɔn| *s.f.* (*pop.*) (*terme d'affection donné à l'épouse*) vecchia.
bob(sleigh) |bɔb(slɛg)| *s.m.* (*sport*) bob *inv.*
bocage |bɔkaʒ| *s.m.* **1** (*littér.*) [*petit bois*] boschetto: *sous des bocages frais* all'ombra fresca dei boschetti **2** [*type de paysage formé de prés enclos par des levées de terre plantées d'arbres*] ⊠.
bocager, ère |bɔkaʒe, ɛʀ| *adj.* (*littér.*) [*des bocages* (1)] boschereccio*: *oiseux bocagers* uccelli boschereccì ◇ [*boisé*] boscoso: *rives bocagères* rive boscose.
bocal, aux |bɔkal, o| *s.m.* [*récipient à col très court* (*et à large ouverture*)] barattolo, vaso: *un bocal en grès, en verre* un barattolo, un vaso di grès, di vetro; *bocal à poissons rouges* vaso per i pesci rossi; *fruits conservés en bocaux* frutta conservata in barattoli.
boche |bɔʃ| *adj.* (*fam., péj.*) [*allemand*] teutonico*, tedesco* (*cour.*) ✦ (*s.*) *les Boches* i Teutonici, i Tedeschi (*cour., pop.*) → **fridolin, fritz.**
bock |bɔk| *s.m.* **1** [*verre de bière*] boccale di birra: *boire un bock* bere un boccale di birra, una birra **2** [*récipient muni d'un tuyau pour les injections*] irrigatore.
boëte, boëtte, bouette |bwɛt|, **boitte** |bwat| *s.f.* (*pêche*) esca*.
boeuf |bœf|, *pl.* **boeufs** |bø| **I** *s.m.* **1** (*t.zool.*) bue ~ *bœuf musqué* bue muschiato ◇ (*cour.*) *bœuf à l'engrais* bue all'ingrasso; *bœuf de trait* bue da tiro; *bœuf de labour* bue da lavoro; *bœuf de boucherie* bue da macello; *marchand de bœufs* mercante di buoi, bovaro; *gardeur de bœufs* guardiano di buoi, bovaro → **bouvier** ◇ (*relig.*) *bœuf Apis* Bue Api **2** (*loc. fig.*) *travailler comme un bœuf* sgobbare come un mulo ~ *souffler comme un bœuf* soffiare come un mantice ~ *donner un œuf pour avoir un bœuf* dar poco per avere molto; dare un ago per avere un palo ~ *mettre la charrue avant les bœufs* mettere il carro davanti ai buoi ~ *qui vole un œuf vole un bœuf* chi ruba un uovo oggi ruberà una gallina domani ~ *être fort comme un bœuf* essere forte come un toro **3** [*viande de bœuf ou de vache*] manzo, carne *f.* bovina: *bœuf rôti* manzo arrosto, arrosto di manzo; *bœuf à la ficelle* arrotolato di manzo; *bœuf à la mode, bœuf-mode* stufato di manzo; *bœuf braisé* (manzo) brasato; *conserves de bœuf* manzo in scatola → **corned-beef** **4** (*arg. jazz*) improvvisazione *f.* collettiva, jam-session *f.inv.* **II** *adj. inv.* (*fam.*) strepitoso: *un succès bœuf* un successo strepitoso → **monstre, énorme** # *faire un effet bœuf* fare un figurone; *il a eu un toupet bœuf* ha avuto una bella faccia tosta ◇ (*en Suisse*) *c'est bœuf!* [*bête*] è (da) stupido!
bof |bɔf| *interj.* (*exprimant 'le mépris, la lassitude'*) uffa!; mah!
bogie |bɔʒi|, **boggie** |bɔgi; bɔ(g)ʒi| *s.m.* (*ch. de fer*) carrello (ferroviario).
bogue |bɔg| *s.f.* (*bot.*) riccio* *m.*
bohème |bɔɛm| *s.* **1** *s.* (*fig.*) [*personne qui mène une vie vagabonde*] 'bohémien' (*inv.*): *mener une vie de bohème, vivre en bohème* vivere da 'bohémien' ✦ (*adj.*) *il a des mœurs bohèmes* vive da 'bohémien', in modo anticonformista **2** (*s.f.*) *la bohème* [*ensemble des bohèmes*] i 'bohémien' *m. pl. inv.*, la scapigliatura: *la bohème de Montparnasse* i 'bohémien' di Montparnasse.
bohémien, ienne |bɔemjɛ̃, jɛn| **1** *s.* [*membre de tribus vagabondes*] nomade, zingaro → **tsigane** ◇ (*péj.*) *être habillée comme une bohémienne* essere vestita come una zingara ✦ *adj.* [*de bohème*] *mener une vie bohémienne* fare una vita da zingaro, una vita (da) nomade **2** *adj.* [*de la Bohème*] boemo.
Boïdés |boide| *s.m.pl.* (*t.zool.*) Boidi.
1 **boire** |bwaʀ| (67) *v.tr.* **1** [*avaler un liquide*] bere (120): *boire du vin, de l'eau* bere (del) vino, (dell') acqua; *boire un coup* bere qualcosa; *boire un petit verre* bere un bicchierino; *boire une gorgée* bere un sorso; *boire chaud* bere qualcosa di caldo; *boire frais* bere qualcosa di fresco → **absorber, ingurgiter,** 1 **prendre** ◇ (*loc.*) *boire à longs traits* bere a grandi sorsi ~ *boire d'un seul trait, d'un trait* bere tutto d'un fiato ~ *boire à pleins verres* bere un bicchierino dopo l'altro ~ *boire tout son soûl* bere a sazietà, a più non posso ~ *boire comme une éponge, comme un trou* bere come una spugna ~ *boire à petits coups* bere a piccoli sorsi, centellinare → **siroter** ◇ (*fam.*) *boire sec* bere forte ~ *boire à* (*même*) *la bouteille, au goulot* bere (direttamente) dalla bottiglia ~ *boire à la régalade* bere a garganella ◇ (*par ext.*) *offrir à boire* offrire da bere; *chanson à boire* canzone bacchica, canto conviviale; *boire à la santé, en l'honneur de qqn., de qqch.* bere, brindare alla salute, in onore di qc., di q.c. → **toast** ◇ (*loc. fig.*) *boire le coup de l'étrier* bere il bicchiere della staffa ~ *boire un bouillon*: (*pr.*) fare una bevuta; (*fig.*) subire un rovescio di fortuna ◇ (*prov.*) *boire le calice jusqu'à la lie* bere il calice fino alla feccia ◇ (*péj.*) *il y a à boire et à manger* c'è del buono e del cattivo ~ *ce n'est pas la mer à boire* non è poi impossibile ~ *boire du lait, du petit lait* [*se réjouir de qqch.*] gongolare di gioia, andare in brodo di giuggiole ~ *qui a bu boira* [*on ne se corrige pas de ses vieux défauts*] il lupo perde il pelo ma non il vizio ~ *le vin est tiré, il faut le boire* quando si è in ballo bisogna ballare ~ *boire les paroles de qqn.* pendere dalla bocca di qc. ~ *avoir toute honte bue* aver perduto ogni ritegno **2** [*prendre des boissons alcoolisées avec excès*] bere, darsi (102) all'alcool: *un homme qui boit* un uomo che beve, che si dà all'alcool → **picoler** **3** (*par anal.*) [*absorber* (*en parlant d'un corps poreux, perméable*)] bere, assorbire: *la terre boit l'eau* la terra beve, assorbe l'acqua; *papier qui boit l'encre* carta che assorbe l'inchiostro.
2 **boire** |bwaʀ| *s.m.* il bere (*inv.*): *le boire et le manger* il bere e il mangiare ◇ (*fam.*) *il en perd le boire et le manger* [*il est absorbé par une occupation, un souci*] dimentica persino di mangiare; non ci dorme neanche più.
bois |bwa(ɑ)| *s.m.* **I** [*terrain couvert d'arbres*] bosco*: *bois de châtaigniers* bosco di castagni, castagneto; *bois de chênes* bosco di querce, querceto; *un chemin à travers bois* una strada in mezzo al bosco; *aller, se promener au bois, dans le bois* andare, passeggiare nel bosco → **forêt** ◇ (*prov.*) *la faim*

fait sortir le loup du bois la fame caccia il lupo dal bosco **II** [*matière ligneuse*] legno: *bois blanc* legno dolce; *copeaux, sciures de bois* trucioli, segatura di legno; *planche de bois* tavola di legno; *placage de bois* impiallacciatura (di legno) # *bois contre-plaqué* compensato ◇ (*loc.*) *de, en bois* di legno ◇ (*sens collectif*) legname: *bois de menuiserie, d'ébénisterie, de construction* legname per falegnameria, per ebanisteria, da costruzione **III** [*morceaux de bois* (II)] legna (*f.*): *bois vert, sec* legna verde, secca; *bois de chauffage, à brûler* legna da riscaldamento, da ardere; *couper, scier, fendre du bois* tagliare, segare, spaccare la legna **IV** (*choses en bois*) **1** *meubles en bois* mobili di legno **2** *gravure sur bois* incisione *f.* su legno ◇ (*tennis*) *bois de raquette* legno della racchetta; *faire un bois* colpire la palla col legno **3** (*loc. fig.*) *toucher du bois* toccar ferro ~ *on verra de quel bois je me chauffe* farò vedere io chi sono ~ (*fam.*) *être du bois dont on fait les flûtes* [*être très accommodant*] essere tre volte buono; *il est du bois dont on fait les champions* ha la stoffa del campione ~ *je ne suis pas de bois* non sono fatto di marmo ~ *avoir une gueule, un visage de bois* avere una faccia impenetrabile ~ *avoir la gueule de bois* avere la bocca impastata, un cerchio alla testa (dopo una sbornia) **4** (*au plur.*) *les bois* [*instruments à vent*] i legni ◇ (*football*) i pali (della porta) ◇ [*cornes des Cervidés*] palco* (*sing.*): *les bois d'un cerf* i palchi di un cervo.

boisage |bwa(ɑ)zaʒ| *s.m.* **1** [→ BOISER 2] rivestimento in legno, perlinato **2** [*action de consolider avec du bois*] armatura (*f.*): *boisage d'une maison* armatura di una casa; *boisage d'un puits de mine* armatura di un pozzo di miniera ◇ [*ensemble du bois servant à boiser*] *le boisage d'une galerie* l'armatura di una galleria.

boisé, ée |bwa(ɑ)ze| *adj.* [*couvert de bois* (I)] boscoso: *une région boisée* una regione boscosa.

boisement |bwa(ɑ)zmɑ̃| *s.m.* [→ BOISER 1] imboschimento 🄲 **déboisement.**

boiser |bwa(ɑ)ze| *v.tr.* **1** [*planter d'arbres* (*un terrain*)] imboschire (197): *boiser une colline* imboschire una collina **2** (*vx.*) [*garnir avec du bois de menuiserie*] ricoprire (186), rivestire di legno ◇ (*techn.*) [*consolider une mine avec du bois*] armare.

boiserie |bwa(ɑ)zʀi| *s.f.* **1** [*revêtement en bois de menuiserie*] 'boiserie' *inv.*, rivestimento *m.* di legno, perlinato *m.* **2** *au plur.* [*éléments de menuiserie d'une maison, à l'exclusion des parquets*] opere in legno, 'boiserie' (*sing.*): *boiseries peintes* opere in legno dipinte.

boisseau |bwaso| *s.m.* **1** [*ancienne mesure de capacité* (*environ un décalitre*); *récipient de forme cylindrique*] moggio*, staio* ◇ [*mesure de capacité pour les céréales*] bushel *inv.* ◇ (*prov.*) *mettre la lumière sous le boisseau* tenere la fiaccola, la lanterna sotto il moggio **2** (*techn.*) [*tuyaux s'emboîtant les uns dans les autres*] tubatura *f.* a incastro: *boisseaux pour l'écoulement des eaux* tubatura (a incastro) per lo scorrimento delle acque ◇ [*trou de la cannelle d'un robinet*] maschio* di rubinetto.

boisson |bwasɔ̃| *s.f.* **1** [*tout liquide qui se boit*] bevanda, bibita: *boisson froide, chaude* bevanda fredda, calda; *boisson désaltérante* bibita dissetante; *boisson gazeuse, gazifiée* bibita gassata; *boissons alcooliques, alcoolisées* bevande alcooliche → **breuvage** **2** (*spécialt.*) [*boisson alcoolique*] bevanda alcoolica, alcoolico* (*m.*): *débit de boissons* spaccio, mescita (di vini e alcoolici) → **buvette**; *droits sur les boissons* licenza sugli alcoolici # *être pris de boisson* essere ubriaco, brillo ◇ (*par ext.*) [*habitude de boire de l'alcool*] alcool (*m.*): *s'adonner à la boisson* darsi, essere dedito all'alcool; *homme usé par la boisson* uomo consunto dall'alcool.

boîte |bwat| *s.f.* **1** [*récipient rigide*] scatola; barattolo (*m.*): *boîte en carton* scatola di cartone; *boîte d'allumettes, de sardines* scatola di fiammiferi, di sardine ‖ *une boîte en fer* un barattolo di latta, una latta, una lattina; *boîte de confiture, de miel* barattolo di marmellata, di miele ◇ *loc.* BOÎTE À [*destinée à recevoir* (*une chose*)] scatola da: *boîte à ouvrage* scatola da lavoro # *boîte à ordures* pattumiera → **poubelle**; *boîte à bijoux* portagioie → **coffret**; *boîte à outils* cassetta per gli arnesi ~ EN BOÎTE in scatola ◇ (*techn.*) *mise en boîte* inscatolamento ◇ (*loc. fig., fam.*) *mettre qqn. en boîte* [*se moquer de lui*] prendere in giro qc. ~ *une mise en boîte* una presa in giro → **moquerie** **2** (*loc.*) *boîte à surprise(s)* scatola a sorpresa ~ *boîte à musique* 'carillon' ~ *boîte aux lettres* cassetta, buca delle lettere ~ (*fig.*) *servir de boîte aux lettres* [*d'intermédiaire*] fare da messaggero ~ (*fig.*) *boîte à malice* [*les moyens secrets, les ruses dont qqn. dispose*] arma segreta **3** *boîte cranienne* scatola cranica **4** *boîte de vitesses* (*automatique*) cambio* *m.* (automatico) ◇ (*aviat.*) *boîte noire* scatola nera **5** (*péj., pop.*) [*maison*] catapecchia, tugurio* *m.* ◇ [*lieu de travail*] posto *m.* (*cour.*) di lavoro: *il a quitté sa boîte* ha mollato il suo posto (di lavoro) # *il veut changer de boîte* vuol cambiare lavoro ◇ (*arg. scol.*) → **bahut** **6** *boîte de nuit* locale *m.* (notturno).

boiter |bwate| *v.intr.* [*marcher en inclinant le corps d'une côté plus que de l'autre ou alternativement de l'un et de l'autre*] zoppicare, claudicare (*littér.*): *marcher en boitant* camminare zoppicando → **boitiller** ◇ (*fig.*) *un raisonnement qui boite* un ragionamento che zoppica, che non sta in piedi.

boiterie |bwatʀi| *s.f.* [*infirmité, mouvement de celui qui boite*] zoppicamento *m.* (*rare*) → **claudication.**

boiteux, euse |bwatø, øz| *adj.* **1** [*qui boite*] zoppo, claudicante (*littér.*): *un petit garçon boiteux* un ragazzino zoppo ✦ (*s.*) *un boiteux* uno zoppo: *la canne, les béquilles d'un boiteux* il bastone, le grucce di uno zoppo **2** (*par ext.*) (*choses*) [*qui n'est pas d'aplomb sur ses pieds*] che zoppica(no) (*loc.*): *une chaise boiteuse* una sedia che zoppica; *meubles boiteux* mobili che zoppicano → **bancal, branlant** **3** [*qui manque d'équilibre, de solidité*] *un raisonnement boiteux* un ragionamento che zoppica, che non regge; *un projet boiteux* un progetto che non sta (molto) in piedi; *paix boiteuse* pace instabile ◇ (*spécialt.*) *vers boiteux* verso zoppicante; *phrase boiteuse* frase zoppicante.

boîtier |bwatje| *s.m.* [*boîte à compartiments*] cassetta *f.* (a scompartimenti) ◇ (*spécialt.*) *boîtier de montre, de lampe de poche* cassa di orologio, di lampadina tascabile.

boitillant, ante |bwatijɑ̃, ɑ̃t| *adj.* [*qui boitille*] leggermente claudicante, zoppicante: *démarche boitillante* andatura leggermente claudicante.

boitillement |bwatijmɑ̃| *s.m.* [*légère boiterie*] leggera claudicazione *f.*, leggero zoppicamento.

boitiller |bwatije| *v.intr.* [*boiter légèrement*] claudicare leggermente, zoppicare.

boit-sans-soif |bwasɑ̃swaf| *s.inv.* (*fam.*) [*ivrogne*] beone.

boitte |bwat| *s.f.* → **boëte.**

1 **bol** |bɔl| *s.m.* **1** [*pièce de vaisselle*] tazza *f.*, scodella (*f.*): *bol de porcelaine* tazza di porcellana **2** [*son contenu*] *boire un bol de café au lait* bere una tazza di caffellatte ◇ (*loc. fig.*) *prendre un bol d'air* prendere una boccata d'aria ~ (*pop.*) *en avoir ras le bol* averne piena l'anima, piene le scatole.

2 **bol** |bɔl| *s.m.* (*pop.*) [*chance*] fortuna *f.* (*cour.*), culo (*vulg.*): *avoir du bol* avere una gran fortuna, avere culo → **pot** ◇ (*loc.*) *ne te casse pas le bol* [*ne t'en fais pas*] fregatene, non te la prendere (*cour.*).

3 **bol** |bɔl| (*s.m.*) *bol alimentaire* bolo alimentare.

bolchevik |bɔlʃəvik|, **bolcheviste** |bɔlʃəvist(ə)| *s.* (*abrév. fam.* 'bolcho') bolscevico*.

bolchevique |bɔlʃəvik| *adj.* (*vieilli*) bolscevico*.

bolchevisme |bɔlʃəvism(ə)| *s.m.* (*hist., polit.*) bolscevismo.

boldo |bɔldo| *s.m.* (*t.bot.*) boldo.

bolduc |bɔldyk| *s.m.* [*ruban utilisé dans le ficelage des petits paquets*] nastro.

bolée |bɔle| *s.f.* (*région.*) → 1 **bol** 2.

boléro |bɔleʀo| *s.m.* **1** (*mus.*) bolero **2** [*petite veste de femme*] bolero.

bolet |bɔlɛ| *s.m.* (*t.bot.*) boleto ~ *bolet satan* boleto; porcino malefico, velenoso.

bolide |bɔlid| *s.m.* **1** (*astron.*) bolide, aerolito ◇ (*fig.*) *arriver, passer, filer, tomber comme un bolide* arrivare, passare, filare, piombare come un bolide **2** [*voiture de grande vitesse*] bolide: *un bolide de course* un bolide da corsa.

bolivien, ienne |bɔlivjɛ̃, jɛn| *adj.* [*de la Bolivie*] boliviano.

bollard |bɔlaʀ| *s.m.* (*mar.*) bitta *f.* (d'ormeggio).

bolonais, aise |bɔlɔnɛ, ɛz| **1** *adj.* [*de Bologne*] bolognese **2** (*s.m.*) *le bolonais* [*le dialecte*] il bolognese.

bombance |bɔ̃bɑ̃s| *s.f.* [*très bon repas*] bisboccia*: *faire bombance* fare bisboccia.

bombarde |bɔ̃baʀd(ə)| *s.f.* **I** (*au moyen âge*) bombarda **II** (*mus.*) bombarda.

bombardement |bɔ̃baʀdəmɑ̃| *s.m.* [→ BOMBARDER 1] bombardamento: *un bombardement aérien, naval* un bombardamento aereo, navale; *avion de bombardement* aereo da bombardamento, bombardiere ◇ (*phys. at.*) *bombardement atomique* bombardamento atomico.

bombarder |bɔ̃baʀde| *v.tr.* **1** [*attaquer en lançant des bombes*] bombardare ✦ (*au p.p.*) *ville bombardée par* *l'aviation* città bombardata dall'aviazione ◇ (*phys. at.*) [*projecter des particules élémentaires à grande vitesse sur un noyau*] bombardare **2** [*lancer de nombreux projectiles sur* (*qqn., qqch.*)] bersagliare: *les manifestants l'ont bombardé de tomates* i manifestanti lo hanno bersagliato con pomodori ◇ (*fig., fam.*) *bombarder qqn. de lettres, de télégrammes* bombardare qc. di lettere, di telegrammi **3** (*fam.*) [*nommer brusquement* (*qqn.*) *à un poste, un dignité*] nominare inaspettatamente (*cour.*): *on l'a bombardé inspecteur général* è stato nominato inaspettatamente ispettore generale.

bombardier |bɔ̃baʀdje| *s.m.* [*avion*] bombardiere: *bombardier quadrimoteur* bombardiere quadrimotore ✦ (*adj.*) *chasseur bombardier* cacciabombardiere ◇ [*aviateur*] bombardiere.

bombardon |bɔ̃baʀdɔ̃| *s.m.* bombardone.

1 **bombe** |bɔ̃b| *s.f.* **1** bomba: *bombe explosive, incendiaire, au phosphore* bomba esplosiva, incendiaria, al fosforo; *bombe atomique* bomba atomica; *bombe H* bomba H, a idrogeno; *bombe à retardement, au plastic* bomba a scoppio ritardato, al plastico; *lâcher, larguer des bombes sur un objectif* sganciare bombe su un obiettivo # *attentat à la bombe* attentato dinamitardo **2** (*loc. fam.*) *la nouvelle a éclaté comme une bombe* la notizia è scoppiata come una bomba, è stata una bomba ~ *tomber, arriver comme une bombe* [*sans qu'on s'y attende*] capitare, arrivare come un fulmine a ciel sereno **3** (*pâtiss.*) *bombe glacée* bomba **4** (*phys.*) *bombe calorimétrique* bomba calorimetrica ◇ (*géol.*) *bombe volcanique* bomba vulcanica, lavica ◇ (*méd.*) *bombe au cobalt* bomba al cobalto **5** (*équit.*) berretto *m.* da fantino **6** [*atomiseur de grande dimension*] bombola, bomboletta: *bombe à laque pour les cheveux* bombola di lacca per capelli.

2 **bombe** |bɔ̃b| *s.f.* (*fam.*) *faire la bombe* [*faire bombance*] far bisboccia*.

bombé, ée |bɔ̃be| *adj.* bombato, 'bombé' *inv.*, convesso: *une route bombée* una strada bombata → **renflé.**

bomber |bɔ̃be| **A** *v.tr.* [*rendre convexe*] gonfiare: *le vent bombe la voile* il vento gonfia la vela; *bomber la poitrine* gonfiare il petto ◇ (*fig.*) *bomber le torse* [*faire le fier*] gonfiarsi *pron.* **B** *v.intr.* [*devenir convexe, gonfler*] gonfiarsi (*pron.*): *une boiserie qui bombe* un rivestimento in legno che si gonfia Ⓒ A **creuser.**

bombonne |bɔ̃bɔn| *s.f.* → **bonbonne.**

bombyx |bɔ̃biks| *s.m.* (*t.zool.*) bombice.

bôme |bom| *s.f.* (*mar.*) boma *m. inv.*

bon |bɔ̃| *s.m.* buono: *un bon d'essence* un buono benzina; *les bons du Trésor* i buoni del Tesoro.

bon, onne |bɔ̃, ɔn| *adj.* **I** **1** [*qui a les qualités utiles qu'on en attend; qui fonctionne bien*] buono: *avoir une bonne vue* avere una buona vista; *c'est un bon métier* è un buon mestiere; *c'est un bon mariage* è un buon matrimonio; *nous avons de bonnes raisons* abbiamo (delle) buone ragioni → **satisfaisant** ◇ (*loc.*) *à bon marché* a buon mercato, economico* *adj.*, poco caro (*adj.*); (*à*) *meilleur marché* più a buon mercato, più economico, meno caro ◇ *loc.* IL EST BON DE (+ *inf.*), QUE (+ *subj.*) è bene, è opportuno (+ *inf.*), che (+ *subj.*): *il est bon de l'accepter ainsi* è bene accettarlo così com'è; *il est bon que vous sachiez la vérité* è bene, è opportuno che lei sappia la verità # *trouver, juger bon* trovare giusto, ritenere opportuno **2** (*personnes*) [*qui fait bien son métier, son travail*] buono, bravo: *un bon médecin* un buon, un bravo medico; *un bon père* un buon padre; *un bon tailleur* un buon, un bravo sarto ◇ *loc.* ÊTRE BON EN essere bravo in: *il est bon en math* è bravo in matematica **3** *loc.* ÊTRE BON POUR essere buono per: *en cas de danger toutes les armes sont bonnes pour se défendre* in caso di pericolo tutte le armi sono buone per difendersi # *bon pour le service* abile al servizio militare; *remède bon pour la gorge* medicina efficace contro il mal di gola ◇ (*fam.*) *nous sommes bons pour la contravention, pour un rhume* ci becchiamo senz'altro una multa, un raffreddore ~ *on est bon* [*on n'y échappera pas*] (questa volta) ci siamo! ~ BON À (+ *inf. passif*) buono da (+ *inf.*): *une chose bonne à manger* una cosa buona da mangiare # *toute vérité n'est pas bonne à dire* non tutte le verità si possono dire; *c'est bon à savoir* è bene a sapersi ◇ (*personnes*) *il n'est bon à rien, il n'est pas bon à grand-chose* è (proprio) un buono a nulla ✦ (*s.m.*) *bon à tirer* visto, si stampi ~ À QUOI BON? [*à quoi cela sert-il?*] a che pro?: *à quoi bon continuer?* a che pro continuare?; *à quoi bon tous ces efforts?* a che pro (fare) tutti questi sforzi? → **pourquoi** **4** [*qui est bien fait, mérite l'estime*] buono, bello: *un bon film* un bon, un bel film; *c'est du bon travail* è un bel lavoro → **excellent** **5** (*au sens moral*) buono: *une bonne conduite* una buona condotta; *être de bonne famille* appartenere a una buona famiglia → **convenable, honorable** **6** [*agréable au goût ou à l'odorat*] buono: *un très bon plat* un piatto buonissimo → **délicieux, succulent** ✦ (*adv.*) *ça sent bon* ha un buon odore ✦ (*loc. adv.*) *pour de bon* [*véritablement, réellement*] per davvero **7** [*qui donne du plaisir*] bello: *j'ai passé de bonnes vacances* ho trascorso delle belle vacanze; *nous avons fait une bonne promenade* abbiamo fatto una bella passeggiata # *une bonne histoire* una storiella divertente → **drôle** ◇ (*fam.*) *il en a toujours de bonnes* [*il plaisante*] scherza sempre **8** LE BON (+ *subst.*) il (+ *subst.*) giusto: *la bonne route* la strada giusta; *ce n'est pas la bonne clef* non è la chiave giusta; *à la bonne adresse* all'indirizzo giusto **9** *il fait bon* [*on est bien; la température est agréable*] è bello, fa bello, si sta bene (come temperatura) **II** **1** [*qui veut du bien, qui fait du bien à autrui*] buono: *cet homme est bon* (*comme le pain*) quell'uomo è buono (come il pane); *le bon Dieu* il buon Dio → **charitable, généreux** ◇ (*juron*) *bon Dieu!* Dio buono! **2** [*qui entretient avec autrui des relations agréables; qui a de la bonhomie*] buono, bravo: *une bonne fille* una buona, una brava ragazza; *une bonne femme* una buona, una brava moglie; *être bon public* [*au spéctacle, ne pas faire le difficile*] essere accondiscendente # *un bon vivant* un buontempone; *merci, vous êtes bien bon* grazie mille, lei è troppo gentile → **aimable** ◇ (*pour souligner la difficulté de ce qui est proposé*) *demain? vous êtes bon! c'est impossible!* domani? grazie tante, ma è impossibile! **3** [*qui témoigne de bonté*] buono: *faire une bonne action* fare una buona azione ◇ *loc.* AVOIR QQN. À LA BONNE [*le trouver sympathique*] avere qc. in simpatia; prendere qc. in grazia, nelle proprie grazie **III** **1** [*qui atteint largement la mesure exprimée*] buono: *il y a trois bons kilomètres* ci sono tre chilometri buoni; *il en a bu un bon verre* ne ha bevuto un bicchiere buono, un bel bicchiere; *j'en ai fait une bonne partie* ne ho fatto una buona parte → **gros, grand** **2** [*définitif, total*] buono: *finissons-en une bonne fois!* finiamola una buona volta!; *il est arrivé bon premier* è arrivato buon primo **IV** *s.m.* (*loc.*) AVOIR DU BON [*présenter des avantages*] avere del buono, qualche vantaggio: *cette solution a aussi du bon* anche questa soluzione ha del buono, presenta qualche vantaggio ~ Y AVOIR DU BON esserci del buono: *il y a du bon dans cet ouvrage* c'è del buono in quest'opera **V** (*interj.*) *bon!* (*marque la satisfaction*) bene!; (*marque la surprise*) *ah, bon?* ah sì?, ah, davvero?; (*marque le mécontentement*) e dài!, e dagli!: *bon, voilà que ça recommence!* e dai, rieccoci da capo! Ⓒ I 1 **mauvais;** II 1 **méchant.**

bonace |bɔnas| *s.f.* (*mar.*) bonaccia*.

bonapartisme |bɔnapaʀtism(ə)| *s.m.* (*hist., polit.*) bonapartismo.

bonapartiste |bɔnapaʀtist(ə)| *adj. et. s.* (*hist., polit.*) bonapartista.

bonasse |bɔnas| *adj.* [*débonnaire*] debole, bonaccione: *un homme bonasse* un uomo debole, bonaccione → **faible, mou** Ⓒ **énergique.**

bonbon |bɔ̃bɔ̃| *s.m.* [*produit de confiserie*] caramella *f.*, 'bonbon' (*inv.*): *bonbons fondants, fourrés* caramelle fondenti, ripiene.

bonbonne, bombonne |bɔ̃bɔn| *s.f.* [*gros récipient à col étroit et court*] damigiana: *une bonbonne d'huile* una damigiana di olio.

bonbonnière |bɔ̃bɔnjɛʀ| *s.f.* **1** bomboniera **2** [*petit appartement luxueux*] bomboniera.

bond |bɔ̃| *s.m.* **1** [→ BONDIR 1] salto, balzo: *d'un bond, il franchit l'obstacle* con un salto superò l'ostacolo ◇ (*milit.*) *bonds en avant* avanzate, balzi in avanti; *bonds successifs* balzi, avanzamenti successivi ◇ (*loc.*) *ne faire qu'un bond* [*se précipiter*] precipitarsi ~ (*fig.*) *progresser par bonds* avanzare a sbalzi ~ (*choses*) *faire un bond* fare un balzo **2** [*rejaillissement d'un corps inerte qui heurte un obstacle*] rimbalzo: *les bonds d'une balle* i rimbalzi di una palla ◇ (*loc. fig.*) *prendre, saisir la balle au bond* prendere, cogliere la palla al balzo ~ *faire faux bond à qqn.* [*manquer un rendez-vous; se dérober au dernier moment*] fare un bidone a qc.

bonde |bɔ̃d| *s.f.* **1** [*ouverture de fond, destinée à vider l'eau d'un réservoir, etc.*] buco* *m.*, foro *m.* di scarico ◇ [*le système de fermeture de la bonde*] zaffo *m.*, tappo (*m.*): *lâcher, lever la bonde* togliere lo zaffo → **bondon** 1 **2** [*trou dans une douve de tonneau*] cocchiume *m.*

bondé, ée |bɔ̃de| *adj.* [*qui contient le maximum de personnes*] pieno (zeppo), strapieno: *en août les trains sont bondés* in agosto i treni sono pieni zeppi, sono strapieni → 3 **comble, plein** [C] **vide.**

bondieuserie |bɔ̃djøzʀi| *s.f.* **1** → **bigoterie** **2** articoli *m.pl.* religiosi (di cattivo gusto).

bondir |bɔ̃diʀ| *v.intr.* **1** [*s'élever brusquement en l'air par un saut*] balzare (*aux.* essere), saltare (*aux.* essere): *le tigre bondit sur sa proie* la tigre balzò sulla preda ◇ (*fig.*) *bondir de joie* saltare di gioia; *bondir de surprise* fare un balzo per lo stupore; *bondir d'impatience* fremere per l'impazienza; *cela me fait bondir d'indignation* questo fatto mi fa fremere d'indignazione **2** [*s'élancer précipitamment*] precipitarsi (*pron.*): *il bondit à la salle de bains* si precipitò in bagno → **courir.**

bondissant, ante |bɔ̃disɑ̃, ɑ̃t| *adj.* [*qui bondit*] saltellante: *des chevreaux bondissants* capretti saltellanti.

bondissement |bɔ̃dismɑ̃| *s.m.* → **bond** 1.

bondon |bɔ̃dɔ̃| *s.m.* **1** [*bouchon de la bonde d'un tonneau*] zaffo **2** [*petit fromage à pâte molle*] ⊠.

bondrée |bɔ̃dʀe| *s.f.* (*t.zool.*) pecchiaiolo *m.*

bon enfant |bɔnɑ̃fɑ̃| *adj. inv.* [*qui a une gentillesse simple et naïve*] affabile *var.*, bonario* (*var.*): *des manières bon enfant* modi affabili; *son air bon enfant* il suo aspetto bonario, la sua espressione affabile; *elle est bon enfant* è (un tipo) affabile.

bonheur |bɔnœʀ| *s.m.* **I** [*chance*] fortuna (*f.*): *porter bonheur* portare fortuna; *j'ai eu le bonheur de le rencontrer* ho avuto la fortuna di conoscerlo # *il ne connaît pas son bonheur* non sa quanto è fortunato ◇ (*loc.*) *au petit bonheur* [*au hasard*] a caso, a casaccio; *par bonheur* per fortuna, fortunatamente → **heureusement** **II** **1** [*état de conscience*] felicità (*f.inv.*): *le bonheur parfait* la perfetta felicità; *souhaits de bonheur* auguri di felicità; *faire le bonheur de qqn.* fare la felicità di qc.; *il a fait le bonheur de sa femme* ha fatto la felicità di sua moglie → **félicité,** 1 **plaisir** ◇ (*choses*) *l'argent ne fait pas le bonheur* il denaro non dà la felicità ◇ (*fam.*) *si ce crayon peut faire votre bonheur* [*vous être utile*] se questa matita può esservi utile **2** [*ce qui rend heureux*] piacere: *les petits bonheurs* i piccoli piaceri; *c'est un grand bonheur pour moi* è un grande piacere per me ◇ (*prov.*) *le malheur des uns fait le bonheur des autres* mors tua vita mea [C] **I malchance;** II 1 **malheur.**

bonheur-du-jour |bɔnœʀdyʒuʀ| *s.m.* 'bonheur-du-jour' (*inv.*): *des bonheurs-du-jour* dei 'bonheur-du-jour'.

bonhomie |bɔnɔmi| *s.f.* bonomia, bonarietà *inv.* → **bonté, simplicité.**

bonhomme |bɔnɔm|, **bonshommes** |bɔ̃zɔm| **I** *s.m.* **1** (*fam.*) [*homme, monsieur*] tipo: *un drôle de bonhomme* uno strano tipo; *il est sympathique, votre bonhomme!* è simpatico, quel tipo! **2** (*terme d'affection, en parlant à un petit garçon*) ometto: *mon bonhomme* il mio caro ometto; *ce petit bonhomme a déjà cinq ans* quest'ometto ha già cinque anni **3** (*fam.*) [*figure humaine dessinée ou façonnée grossièrement*] pupazzo: *un bonhomme de neige* un pupazzo di neve; *dessiner des bonshommes* disegnare pupazzi, dei buonuomini (*rare*) **4** (*vx.*) [*homme bon*] buonuomo* (*cour.*): *des bonshommes* dei buonuomini **5** (*loc.*) *aller, poursuivre son petit bonhomme de chemin* [*poursuivre ses entreprises sans bruit mais sûrement*] andare per la propria strada, tirare tranquillamente avanti ~ (*fam.*) (*juron*) *nom d'un petit bonhomme!* accipicchia!, acciderba! **II** *adj. inv.* → **bon enfant.**

boni |bɔni| *s.m.* [*excédent d'une somme affectée à une dépense, d'une recette sur les prévisions*] eccedenza *f.*, avanzo, residuo: *boni de caisse* avanzo, residuo di cassa; *mille francs de boni* mille franchi di avanzo; *boni de budget* residuo di bilancio [C] **déficit.**

boniche |bɔniʃ| *s.f.* → **bonniche.**

bonichon |bɔniʃɔ̃| *s.m.* (*fam.*) [*petit bonnet*] berrettino (*cour.*), cuffietta *f.* (*cour.*).

1 **bonification** |bɔnifikɑsjɔ̃| *s.f.* [→ 1 BONIFIER A] bonifica*: *bonification de la terre* bonifica della terra.

2 **bonification** |bɔnifikɑsjɔ̃| *s.f.* [→ 2 BONIFIER] abbuono *m.*, bonifico* (*m.*): *une bonification de mille francs* un abbuono di mille franchi # *prêt avec bonification d'intérêts* prestito (a tasso) agevolato.

1 **bonifier** |bɔnifje| **A** *v.tr.* [*rendre meilleur*] bonificare: *bonifier les terres par l'assolement* bonificare le terre con la rotazione (colturale) **B** *v.pron.intr.* SE BONIFIER [*s'améliorer*] migliorare *intr.* (*aux.* essere): *le vin se bonifie en vieillissant* il vino migliora invecchiando ◇ (*fig.*) *son caractère s'est bonifié* il suo carattere è migliorato.

2 **bonifier** |bɔnifje| *v.tr.* [*donner à titre de boni*] abb(u)onare, bonificare.

boniment |bɔnimɑ̃| *s.m.* **1** [*propos que débitent les camelots pour attirer la clientèle*] imbonimento # *c'est du boniment!* son tutte chiacchiere!; *faire le boniment* imbonire, abbindolare **2** (*fam., péj.*) [*tout propos mensonger*] balla *f.*, frottola (*f.*): *assez de boniments!* basta con le frottole!; *raconter des boniments* raccontar balle → 2 **blague, bobard.**

bonite |bɔnit| *s.m.* (*t.zool.*) palamita *f.*, sarda *f.*

bonjour |bɔ̃ʒuʀ| *s.m.* buongiorno *inv.*, buondì *inv.* (*pop.*): *bonjour, monsieur* buongiorno, signore; *souhaiter le bonjour à qqn.* dare, augurare il buongiorno a qc. # *il m'a dit bonjour* mi ha salutato; *donner le bonjour à qqn. de la part d'une autre personne* portare, porgere i saluti a qc. da parte di un'altra persona ◇ (*fam.*) *bien le bonjour* ciao, tanti saluti → 2 **salut** ◇ (*loc.*) *c'est simple comme bonjour* è semplice come bere un bicchier d'acqua.

bon marché |bɔ̃maʀʃe| *adj. inv.* a buon mercato *loc.*, economico* (*var.*): *des articles bon marché* articoli a buon mercato, economici → 1 **marché** ✦ (*s.m.*) *le bon marché d'un produit* la convenienza *f.* di un prodotto [C] **cher, coûteux.**

1 **bonne** |bɔn| *s.f.* [*servante*] domestica*, cameriera → **domestique** # *bonne d'enfants* bambinaia → **gouvernante, nurse** ✦ (*absolt.*) *bonne* (*à tout faire*) (domestica) tuttofare *inv.*

2 **bonne (à la)** |alabɔn| *loc. adv.* (*pop.*) *avoir qqn. à la bonne* [*le trouver sympathique*] avere qc. in simpatia.

bonne-maman |bɔnmamɑ̃| *s.f.* (*terme d'affection des enfants à leur grand-mère*) nonnina: *des bonnes-mamans* delle nonnine → **grand-mère.**

bonnement |bɔnmɑ̃| *adv.* TOUT BONNEMENT [*franchement, simplement*] francamente, semplicemente: *j'avoue tout bonnement que je n'en sais rien* confesso francamente che non ne so niente; *c'est tout bonnement impossible* è semplicemente impossibile.

bonnet |bɔnɛ| *s.m.* **I** **1** [*coiffure souple sans bord*] berretto; cuffia (*f.*): *bonnet de nuit* berretto da notte; *bonnet d'âne* berretto d'asino || *bonnet de bain* cuffia da bagno # *bonnet de police* bustina → 1 **calot** ◇ (*loc.*) *quel bonnet de nuit!* (*se dit d'une personne triste, ennuyeuse*) che faccia da funerale! ~ *avoir la tête près du bonnet* [*être colérique, prompt à s'emporter*] accendersi come uno zolfanello, arrabbiarsi per un nonnulla ~ *prendre qqch. sous son bonnet* [*faire qqch. de sa propre autorité*] agire, fare di testa propria ~ *c'est blanc bonnet et bonnet blanc* [*cela revient au même*] se non è zuppa è pan bagnato ~ *opiner du bonnet* far cenno di sì (con la testa), annuire **2** *un gros bonnet* [*un personnage éminent*] un pezzo grosso, un alto papavero **II** **1** (*zool.*) reticolo **2** [*chacune des deux poches d'un soutien-gorge*] coppa *f.*

bonneteau |bɔnto| *s.m.* gi(u)oco* delle tre carte.

bonneterie |bɔnɛtʀi| *s.f.* [*fabrication, commerce d'articles d'habillement en tissu à mailles*] maglieria ◇ [*ces articles*] maglieria ◇ [*l'usine qui les fabrique*] maglificio* *m.*

bonnetier, ière |bɔntje, jɛʀ| *s.* [*personne qui fabrique des articles de bonneterie*] maglierista, magliaia *f.* ◇ [*personne qui les vend*] venditore* di articoli di maglieria.

bonnette |bɔnɛt| *s.f.* **1** (*fortif.*) bonetto *m.* **2** (*mar.*) coltellaccio* *m.* # *mettre bonnette sur bonnette* spiegare tutte le vele **3** (*opt.*) lente protettiva ◇ (*photo.*) lente addizionale: *bonnette de mise au point* lente (addizionale) per la messa a fuoco.

bon(n)iche |bɔniʃ| *s.f.* (*péj.*) [*jeune bonne*] servetta.

bon-papa |bɔ̃papa| *s.m.* (*terme enfantin d'affection pour 'grand-père'*) nonnino: *des bons-papas* dei nonnini.

bon sens |bɔ̃sɑ̃s| *s.m.* → 1 **sens.**

bonsoir |bɔ̃swaʀ| *s.m.* buonasera (*f. inv.*): *bonsoir, Madame* buonasera, signora; *souhaiter le bonsoir* augurare, dare la buonasera ◇ (*loc.*) (*le*) *bonsoir à...* i miei saluti a... ~ (*fam.*) *bonsoir!* (*pour marquer qu'une affaire est finie, qu'on s'en désintéresse*) buonanotte (ai) s(u)onatori!

bonté |bɔ̃te| *s.f.* **1** bontà (*inv.*): *il est d'une grande bonté* è (una persona) di rara bontà → **altruisme, bienveillance, humanité** # *traiter qqn. avec bonté* trattare qc. con benevolenza ◇ (*iron.*) *par bonté d'âme* (per) bontà sua, loro... ◇ (*fam.*) *vous avez de la bonté de reste* lei è troppo buono ✦ (*interj.*) *bonté divine!* bontà divina!, buon Dio! **2** [*amabilité, gentillesse*] bontà, cortesia: *il a eu la bonté de m'écrire* ha avuto la bontà di scrivermi; *voulez-vous avoir la bonté de...* abbiate la bontà, la cortesia di... **3** *au plur.* [*acte de bonté, d'amabilité*] cortesia *sing.*, gentilezza (*sing.*): *merci des bontés que vous avez eues pour moi* grazie per tutte le cortesie che mi avete usato [C] 1 **méchanceté.**

bonus malus |bɔnysmalys| *s.m.* [*système d'assurance automobile*] bonus malus *inv.*

bon vivant |bɔ̃vivɑ̃| *adj.m. et s.m.* [*qui est d'humeur joviale et facile*] buontempone: *des bons vivants* dei buontemponi.

bonze |bɔ̃z| *s.m.* **1** bonzo **2** (*fig., fam.*) [*personnage en vue*] (grosso) papavero, padreterno: *les bonzes d'un parti* i grossi papaveri di un partito → **pontife** **3** (*pop.*) → **vieillard** **4** (*arg.*) → **individu.**

bonzesse |bɔ̃zɛs| *s.f.* monaca* buddista.

boogie-woogie |bugiwugi| *s.m.* (*amér.*) (*mus.*) boogie-woogie *inv.*

bookmaker |bukmɛkœʀ| *s.m.* (*angl.*) allibratore, bookmaker *inv.*

boom |bum| *s.m.* **1** (*écon.*) boom *inv.* **2** [*retentissement, forte impression* (*produite sur de nombreuses personnes*)] bomba (*f.*): *cela a fait un boom énorme* è stata una grossa bomba **3** (*arg. scol.*) [*fête annuelle d'une grande école*] [⊠].

boomerang |bumʀɑ̃g| *s.m.* (*angl.*) boomerang *inv.*, bumerang *inv.* ◇ (*fig.*) arma *f.* a doppio taglio: *ça revient comme un boomerang* è un'arma a doppio taglio.

boqueteau |bɔkto| *s.m.* [*petit bois*] boschetto.

bora |bɔʀa| *s.f.* (*vent*) bora.

borasse |bɔʀas| *s.m.* (*t.bot.*) borasso.

borate |bɔʀat| *s.m.* (*chim.*) borato: *borate de sodium* borato di sodio.

borax |bɔʀaks| *s.m.* (*chim.*) borace.

borborygme |bɔʀbɔʀigm(ə)| *s.m.* borborigmo.

bord |bɔʀ| *s.m.* **I** **1** [*contour, limite d'une surface*] bordo; orlo; riva (*f.*): *le bord de la route* il bordo, il ciglio della strada → **bordure** ‖ *verre plein jusqu'au bord* bicchiere colmo fino all'orlo; *le bord d'un vêtement* l'orlo di un vestito; *bord festonné* orlo festonato ‖ *le bord d'une rivière* la riva di un fiume; *le bord de la mer* la riva del mare; *passer ses vacances au bord de la mer* passare le vacanze in riva al mare # *le bord d'un bois* il limitare di un bosco; *le bord des paupières* l'estremità delle palpebre; *les bords d'une plaie* le labbra di una piaga ◇ (*loc.*) *mettre bord à bord* [*l'un contre l'autre*] far combaciare, accostare **2** [*partie circulaire d'un chapeau*] falda *f.*, tesa (*f.*): *chapeau à large bord* cappello a larghe falde, a larghe tese; *chapeau à bord relevé* cappello a tesa rialzata **3** *loc. fig.* ÊTRE AU BORD DE (QQCH.) essere sull'orlo di q.c.); essere sul punto di (+ *inf.*): *être au bord du précipice* essere sull'orlo del precipizio ‖ *être au bord de la tombe* essere sul punto di morire; *être au bord des larmes* essere sul punto di piangere ~ SUR LES BORDS [*légèrement, à l'occasion*] appena appena: *il est un peu escroc sur les bords* è appena appena un po' scroccone **II** **1** (*mar.*) bordo: *navire de haut bord* nave di alto bordo; *virer de bord* virare di bordo # *jeter par-dessus bord* gettare in mare; *tirer des bords* bordeggiare **2** *loc.* À BORD a bordo: *à bord d'une voiture, d'un avion* a bordo di un'auto, di un aereo; *monter à bord* salire a bordo ~ DE, DU BORD di bordo: *journal, livre de bord* diario, libro di bordo; *hommes du bord* uomini di bordo # *tableau de bord* cruscotto; plancia portastrumenti → **tableau** **3** (*fig.*) ÊTRE DU BORD DE QQN. [*de son parti*] essere della stessa parrocchia di qc. (*fam.*): *nous sommes du même bord* siamo della stessa parrocchia.

bordage |bɔʀdaʒ| *s.m.* (*rare*) [→ BORDER 2] bordatura *f.*, orlatura (*f.*): *le bordage d'un vêtement* la bordatura, l'orlatura di un vestito.

bordages |bɔʀdaʒ| *s.m.pl.* (*mar.*) fasciame (*sing.*): *bordages du pont, de la coque* fasciame del ponte, dello scafo → **bordé** 1.

bordé |bɔʀde| *s.m.* **1** (*mar.*) fasciame → **bordages** **2** (*cout.*) bordo, passamano: *garnir des rideaux d'un bordé* guarnire le tende con un bordo, un passamano.

bordeaux |bɔʀdo| **1** *s.m.* [*vin*] bordeaux *inv.* **2** *s.m. et adj. inv.* [*couleur*] 'bordeaux', bordò.

bordée |bɔʀde| *s.f.* **1** [*ligne de canons rangés sur chaque bord d'un vaisseau*] bordata ◇ [*salve de l'artillerie du bord*] *lâcher une bordée* tirare una bordata **2** [*partie de l'équipage de service à bord*] guardia: *bordée de bâbord, de tribord* guardia impari, pari **3** [*route parcourue par un navire qui louvoie sans virer de bord*] bordata # *faire courir, tirer des bordées* bordeggiare **4** (*loc. fig., fam.*) *une bordée d'injures* una bordata di ingiurie ~ *courir, tirer une bordée* [*aller de cabaret en cabaret*] andar gozzovigliando da una bettola all'altra.

bordel |bɔʀdɛl| *s.m.* **1** (*vulg.*) bordello, casino **2** (*fig., pop.*) [*grand désordre*] bordello, casino: *quel bordel!* che casino!, che bordello!; *mettre le bordel dans une pièce* fare casino in una stanza, buttare per aria una stanza ◇ (*employé comme juron*) merda! **3** (*loc.*) *et tout le bordel* [*tout le reste*] e quel che segue.

bordelais, aise |bɔʀdəlɛ, ɛz| *adj.* [*de Bordeaux*] bordolese.

bordelaise |bɔʀdəlɛz| *s.f.* [*futaille*] bordolese *m.* ◇ [*bouteille*] bottiglia bordolese *adj.*

bordéleux, euse |bɔʀdelø, øz|, **bordélique** |bɔʀdelik| *adj.* (*fam.*) [*où il y a du bordel, du désordre*] *une chambre bordélique* una camera che è un vero casino (*pop.*); *c'est passablement bordéleux!* è abbastanza incasinato (*vulg.*).

border |bɔʀde| *v.tr.* **1** [*occuper le bord de* (*qqch.*)] fiancheggiare, delimitare: *les arbres qui bordent la route* gli alberi che fiancheggiano, che delimitano la strada ✦ (*au p.p.*) *route bordée d'arbres* strada alberata ◇ (*mar.*) *border les côtes* [*les longer*] navigare lungo le coste, costeggiare **2** [*garnir* (*un vêtement*) *d'un bord*] bordare, orlare: *border un manteau de fourrure* bordare, orlare un cappotto di pelliccia ✦ (*au p.p.*) *mouchoir bordé de dentelle* fazzoletto bordato (con un bordo) di pizzo ◇ (*par ext.*) *border un lit* [*replier le bord des draps, des couvertures sous le matelas*] rincalzare un letto; *border qqn.* (*dans son lit*) rincalzare il letto a qc. **3** (*mar.*) *border une voile* [*tendre les écoutes pour la raidir*] bordare una vela; *border un navire* [*revêtir la membrure de bordages*] fasciare una nave.

bordereau |bɔʀdəʀo| *s.m.* (*comm.*) bolla *f.*, distinta (*f.*): *bordereau d'achat, de vente* bolla, bolletta d'acquisto, di vendita; *bordereau de caisse* distinta di cassa; *bordereau de paiement* distinta di pagamento; *bordereau de livraison* bolla, bolletta di consegna → 3 **état**, 1 **liste**, 2 **facture** # *bordereau de pièces* elenco di documenti; *bordereau de change* bollettino dell'agente di cambio.

borderie |bɔʀdəʀi| *s.f.* (*dial.*) → 2 **ferme.**

1 **bordier, ière** |bɔʀdje, jɛʀ| *adj.* (*géogr.*) costiero: *mer bordière* mare costiero ✦ *s.* (*région., Suisse*) [*qui habite une rue, riverain*] frontista: *bordiers autorisés* accesso riservato ai frontisti.

2 **bordier, ière** |bɔʀdje, jɛʀ| *s. et adj.* (*dial.*) → **métayer.**

bordigue |bɔʀdig|, **bourdigue** |buʀdig| *s.f.* [*enceinte en clayonnages qui sert au bord de la mer, à prendre ou garder du poisson*] pescaia, chiusa.

bordure |bɔʀdyʀ| *s.f.* **1** [*ce qui borde en servant d'ornement*] bordo *m.*; bordura: *bordure d'une robe* bordo di un vestito; *bordure de chaussée* bordo, cordone di carreggiata ‖ *bordure d'arbres* bordura di alberi; *bordure de gazon* bordura di tappeto erboso; *fleurs pour bordures* fiori per bordure ◇ (*mar.*) *bordure de fond* bordame di fondo **2** *loc.* EN BORDURE [*sur le bord, le long du bord*] ai bordi (di), sul margine (di): *en bordure d'une route* ai bordi, sul margine di una strada; *en bordure de l'aérodrome* ai bordi dell'aerodromo.

bore |bɔʀ| *s.m.* (*chim.*) boro.

boréal, ale, aux |bɔʀeal, o| *adj.* (*géogr.*) boreale: *hémisphère boréal* emisfero boreale, settentrionale; *ciel boréal* cielo boreale; *aurore boréale* aurora boreale; *régions boréales* regioni boreali → **nord, arctique** [C] **austral.**

borgne |bɔʀɲ(ə)| *adj.* **1** [*qui a perdu un œil*] monocolo, cieco* da un occhio: *un homme borgne* un uomo monocolo, cieco da un occhio ✦ (*s.*) *un borgne* un monocolo ◇ (*loc.*) *au royaume des aveugles les borgnes sont rois* beati i monocoli in terra di ciechi, in terra di ciechi chi ha un occhio è re **2** (*par ext.*) *fenêtre borgne* [*donnant du jour, mais aucune vue*] lucernario* *m.* ◇ (*fig.*) [*mal famé*] malfamato: *rue borgne* via malfamata; *hôtel borgne* albergo malfamato.

borique |bɔʀik| *adj.m.* (*chim.*) borico*: *acide borique* acido borico.

boriqué, ée |bɔʀike| *adj.* (*chim.*) borico*: *eau, vaseline boriquée* acqua, vasellina borica.

bornage |bɔʀnaʒ| *s.m.* **1** (*dr.*) picchettamento (di confini) **2** (*mar.*) piccolo cabotaggio*; navigazione *f.* costiera.

borne |bɔʀn(ə)| *s.f.* **1** [*pierre servant à délimiter un champ, une propriété*] cippo *m.* (terminale) → **limite, terme** # *borne kilométrique* pietra miliare; *bornes de protection des murs, des portes* paracarri, scansarote → **chasse-roue** **2** (*pop.*) [*kilomètre*] chilometro *m.* (*cour.*): *il a fallu faire six cents bornes dans la nuit* abbiamo dovuto fare seicento chilometri nel corso della notte ◇ (*loc. fig.*) *rester planté comme une borne* star lì piantato come un piolo, stare impalato **3** (*électr.*) morsetto *m.* **4** *au plur.* [*frontières, limites*] frontiere, confini (*m.*): *les bornes d'un État* i confini di uno Stato ◇ (*fig.*) *les bornes de la connaissance* i limiti della conoscenza ◇ (*loc. fig.*) *vous dépassez les bornes!* oltrepassate i limiti! → **exagérer** ~ SANS BORNE senza limite, senza limiti: *une joie sans borne* una gioia senza limite.

borné, ée |bɔʀne| *adj.* [*qui a des bornes* (4)] limitato: *horizon borné* orizzonte limitato, ristretto ◇ (*fig.*) *esprit borné* [*étroit, limité*] ingegno limitato, ottuso.

bornéol |bɔʀneɔl| *s.m.* (*chim.*) borneolo.

borner |bɔʀne| **A** *v.tr.* **1** [*délimiter*] delimitare: *les montagnes qui bornent l'horizon* le montagne che delimitano l'orizzonte **2** (*abstrait*) [*mettre des bornes à*] limitare, contenere (188): *il faut savoir borner ses désirs, ses aspirations* bisogna saper limitare, contenere i propri desideri, le proprie aspirazioni → **limiter, réduire** **B** *v.pron.réfl.* SE BORNER À [*s'en tenir à*] limitarsi a: *se borner au strict nécessaire* limitarsi allo stretto necessario; *ce critique s'est borné à résumer la pièce* quel critico si è limitato a riassumere la commedia → **contenter (se)** ◇ (*choses*) *l'examen s'est borné à deux questions* l'esame si è ridotto a due domande.

Borraginées, Borraginacées |bɔʀaʒin(as)e| *s.f.pl.* (*t.bot.*) Borraginacee.

boscot, otte |bɔsko, ɔt| *adj. et s.* (*pop., vieilli*) → **bossu.**

bosniaque |bɔsnjak|, **bosnien, ienne** |bɔsnjɛ̃, jɛn| *adj.* [*de la Bosnie*] bosniaco.

bosquet |bɔskɛ| *s.m.* [*petit bois*] boschetto: *les bosquets d'un parc* i boschetti di un parco → 1 **bouquet, boqueteau.**

bossage |bɔsaʒ| *s.m.* (*archit.*) bugnato: *bossage rustique, en pointes de diamant* bugnato rustico, a punta di diamante.

bossa-nova |bɔsanɔva| *s.f.* bossa nova (*inv.*): *des bossas-novas* delle bossa nova.

bosse |bɔs| *s.f.* **I** **1** [*enflure due à un choc sur une région osseuse*] bernoccolo *m.*, bozza: *se faire une bosse au front en se cognant* farsi un bernoccolo sulla fronte urtando contro q.c. **2** [*grosseur dorsale résultant de la déformation du tronc*] gobba ◇ (*par ext.*) (*animaux*) gobba: *la bosse du dromadaire, du chameau* la gobba del dromedario, del cammello ◇ (*loc. fig., fam.*) *rouler sa bosse* [*voyager sans cesse*] vagabondare (*cour.*) **3** (*anat.*) bozza: *les bosses du crâne* le bozze craniche ◇ (*loc. fig., fam.*) *avoir la bosse du commerce, de la musique* avere il bernoccolo del commercio, della musica → **don** **4** [*élévation ou saillie arrondie sur une surface plane*] gibbosità (*inv.*): *terrain qui présente des bosses* terreno che presenta delle gibbosità **II** (*mar.*) bozza, barbetta 🄲 I 4 **creux.**

bosselage |bɔslaʒ| *s.m.* (*orfèvrerie*) [*travail en bosse, en relief*] sbalzo.

bosseler |bɔsle| (4) *v.tr.* **1** (*orfèvrerie*) [*travailler en relief*] sbalzare: *bosseler une cafetière d'argent* sbalzare una caffettiera d'argento **2** [*déformer par des bosses*] ammaccare: *bosseler la carrosserie d'une voiture* ammaccare la carrozzeria della macchina → **cabosser.**

bossellement |bɔsɛlmɑ̃| *s.m.* **1** [→ BOSSELER 1] lavorazione *f.* a sbalzo **2** [→ BOSSELER 2] ammaccatura *f.*

bosselure |bɔslyʀ| *s.f.* **1** [*relief sur une pièce d'argenterie*] sbalzo *m.* **2** [*déformation d'une surface par des bosses*] ammaccatura.

1 **bosser** |bɔse| *v.tr.* (*mar.*) [*fixer avec des bosses* (II)] abbozzare.

2 **bosser** |bɔse| *v.intr.* (*pop.*) [*travailler dur*] sgobbare.

bosseur |bɔsœʀ| *s.m.* (*pop.*) [*gros travailleur*] sgobbone.

bossoir |bɔswaʀ| *s.m.* (*mar.*) gru (*inv.*): *bossoir d'embarcation* gru d'imbarcazione, delle lance.

bossu, ue |bɔsy| *adj.* [*qui a une ou plusieurs bosses* (2)] gobbo ✦ (*s.*) *un bossu* un gobbo ◇ (*loc. fam.*) *rire comme un bossu* [*à gorge déployée*] sganasciarsi dalle risate.

bossuer |bɔsɥe| *v.tr.* [*déformer accidentellement par des bosses*] ammaccare → **bosseler** ✦ (*au p.p.*) *une tôle bossuée* una lamiera ammaccata # *crâne bossué* cranio bitorzoluto.

boston |bɔstɔ̃| *s.m.* (*danse*) boston *inv.* ◇ (*ancien jeu de cartes*) boston.

bostonien, ienne |bɔstɔnjɛ̃, jɛn| *adj.* [*de Boston*] bostoniano.

bostonner |bɔstɔne| *v.intr.* [*danser le boston*] ballare *tr.* il boston.

bostryche |bɔstʀiʃ| *s.m.* (*t.zool.*) bostrico*.

bot, ote |bo, ɔt| *adj.* (*se dit du pied difforme par rétraction de certains tendons et ligaments*) deforme: *avoir un pied bot* avere un piede deforme ◇ (*par ext.*) *main bote* mano vara; *hanche bote* femore varo.

botanique |bɔtanik| **1** *adj.* botanico*: *jardin botanique* giardino botanico **2** *s.f.* botanica*.

botaniste |bɔtanist(ə)| *s.* botanico* *m.*

1 **botte** |bɔt| *s.f.* [*assemblage de végétaux de même nature*] balla; mazzo (*m.*): *botte de foin, de paille* balla di fieno, di paglia; *botte de soie, de chanvre* balla di seta, di canapa ‖ *une botte d'asperges* un mazzo di asparagi; *une botte de fleurs* un mazzo di fiori.

2 **botte** |bɔt| *s.f.* [*chaussure qui enferme le pied et la jambe*] stivale (*m.*): *une paire de bottes* un paio di stivali; *le pied et la tige d'une botte* il piede e il gambale di uno stivale; *bottes de cuir, à éperons* stivali di pelle, con gli speroni; *mettre ses bottes* mettersi gli stivali ◇ (*par anal.*) *la botte de l'Italie* lo Stivale ◇ (*loc. fam.*) *graisser ses bottes* prepararsi a partire, essere sul piede di partenza ~ *cirer, lécher les bottes de qqn.* [*le flatter bassement*] ungere, lustrare gli stivali a qc. ~ *mettre, avoir du foin dans ses bottes* [*amasser beaucoup d'argent*] fare, avere un sacco di soldi ~ À PROPOS DE BOTTES senza motivo: *se quereller à propos de bottes* litigare senza motivo, per un nonnulla ◇ (*vulg.*) *faire dans les bottes de qqn.* [*exagérer, dépasser la mesure*] rompere le palle a qc. ◇ (*fam.*) *en avoir plein les bottes* averne piene le scatole ◇ (*arg. de polytechnique*) [*ensemble des élèves les mieux classés à la sortie de l'école*] ⊠.

3 **botte** |bɔt| *s.f.* (*escrime*) botta: *porter, allonger une botte* portare una botta ◇ (*fig.*) *porter, pousser une botte* [*faire une attaque imprévue; poser une question embarrassante*] sferrare, inferire un colpo.

botteler |bɔtle| (4) *v.tr.* [*lier en bottes*] affastellare: *botteler du bois* affastellare legna.

botteleuse |bɔtløz| *s.f.* (*agric.*) legatrice.

botter |bɔte| *v.tr.* **1** [*pourvoir, chausser de bottes*] mettere (155) gli stivali (a qc.) ✦ (*au p.p.*) *chevalier botté* cavaliere con stivali; *le chat botté* il gatto con gli stivali **2** (*fig., pop.*) *cela me botte* mi va bene, mi va a fagiolo → 1 **convenir,** 1 **aller, plaire** **3** [*donner un coup de botte, de pied à*] prendere (105) a calci: *botter le derrière, les fesses à qqn.* prendere qc. a calci nel sedere ✦ *absolt.* (*football, rugby*) calciare: *botter en touche* calciare in fallo laterale → **shooter.**

bottier |bɔtje| *s.m.* [*artisan qui fabrique et vend des chaussures sur mesure*] calzolaio*.

bottillon |bɔtijɔ̃| *s.m.* [*chaussure montante et confortable*] stivaletto.

bottin |bɔtɛ̃| *s.m.* (*marque déposée*) elenco* (telefonico).

bottine |bɔtin| *s.f.* [*chaussure montante ajustée, à élastiques ou à boutons*] polacchino *m.*, stivaletto *m.* → **brodequin.**

botulisme |bɔtylism(ə)| *s.m.* (*méd.*) botulismo.

bouc |buk| *s.m.* **1** [*mâle de la chèvre*] becco*, capro(ne): *puer comme un bouc* puzzare come un caprone ◇ (*fig.*) *bouc émissaire* [*personne sur laquelle on fait tomber les torts des autres*] capro espiatorio **2** (*fig.*) *porter le bouc* [*ne porter la barbe qu'au menton*] portare il pizzetto → **barbiche.**

boucan |bukɑ̃| *s.m.* (*pop.*) [*grand bruit*] casino, baccano (*cour.*): *un boucan de tous les diables* un casino del diavolo, infernale; *faire du boucan* far casino, fare baccano → **tapage, vacarme.**

boucanage |bukanaʒ| *s.m.* [→ BOUCANER] affumicamento.

boucaner |bukane| *v.tr.* [*faire sécher à la fumée* (*de la viande, du poisson*)] affumicare ◇ (*par anal.*) [*dessécher et colorer* (*la peau*)] abbronzare: *figure boucanée* viso abbronzato, cotto dal sole → **tanner.**

boucanier |bukanje| *s.m.* bucaniere.

bouchage |buʃaʒ| *s.m.* [→ 1 BOUCHER A 1] turamento (*rare*); chiusura (*f.*): *le bouchage des bouteilles* il turamento delle bottiglie → **fermeture** ‖ *bouchage hermétique* chiusura ermetica.

bouche |buʃ| *s.f.* **1** bocca*: *une belle bouche* una bella bocca; *ouvrir, fermer la bouche* aprire, chiudere la bocca; *s'embrasser sur la bouche* baciarsi sulla bocca; *avoir la bouche pleine* avere la bocca piena; *parler la bouche pleine* parlare a bocca piena ◇ (*loc.*) *le bouche (-)à(-)bouche* la respirazione bocca a bocca ~ *faire la petite bouche, la fine bouche* [*le dédaigneux*] fare (le) boccucce ~ *parler la bouche en cœur* [*en minaudant*] parlare in modo lezioso, con leziosaggine ~ *garder qqch. pour la bonne bouche* riservare il meglio per la fine; dulcis in fundo ~ *avoir l'eau à la bouche* avere l'acquolina in bocca ~ *avoir toujours le même mot à la bouche* avere sempre una parola sulla bocca ~ *avoir la bouche pleine d'une chose, en avoir plein la bouche* avere q.c. sempre sulla bocca ~ *être dans, sur toutes les bouches* essere sulla bocca di tutti ~ *rester bouche cousue* rimanere muto ~ *bouche cousue!* [*gardez le secret*] acqua in bocca! ~ *de bouche à oreille* in confidenza, detto fra (di) noi ~ *une fine bouche* un buongustaio ~ *la vérité parle par ta bouche!* sei la bocca della verità! ~ *s'embrasser à bouche que veux-tu* darsi tanti baci ~ *sentir mauvais de la bouche* avere un alito cattivo, cattivo alito ~ *passer, voler de bouche en bouche* volare, passare di bocca in bocca ~ (*fam.*) *faire la bouche en cul de poule* [*prendre un air pincé*] fare una smorfia (di disgusto, di fastidio, di sufficienza) (*cour.*), fare il bocchino **2** [*ouverture, orifice*] bocca: *la bouche d'un volcan* la bocca di un vulcano; *la bouche d'un four* la bocca di un forno; *bouche d'incendie* bocca da incendio; idrante; *bouche à feu* bocca da fuoco # *bouche de métro* entrata della metropolitana; *bouche d'égout* tombino; *bouche d'eau, d'arrosage* presa d'acqua, d'innaffiamento **3** *la bouche d'un fleuve* la bocca, la foce di un fiume: *les Bouches-du-Rhône, du Gange* le bocche, le foci del Rodano, del Gange → 2 **embouchure.**

bouché, ée |buʃe| *adj.* **1** [*fermé, obstrué*] tappato; ostruito: *un trou mal bouché* un buco tappato male; *une bouteille bouchée* una bottiglia tappata || *un chemin bouché* una strada ostruita # *temps bouché* [*couvert*] cielo coperto → **bas, couvert**; *nez bouché* [*par des mucosités*] naso chiuso ◇ (*par ext.*) *du vin, du cidre bouché* vino, sidro in bottiglia, imbottigliato **2** (*personnes*) [*borné, imbécile*] ottuso; stupido: *esprit bouché* mente ottusa || *être bouché* essere stupido → **imbécile, sot** ◇ (*loc.*) *il est bouché à l'émeri* è duro di comprendonio.

bouche(-)à(-)bouche |buʃabuʃ| *s.m.inv.* respirazione *f. var.* bocca a bocca: *pratiquer, faire le bouche à bouche à un noyé* praticare la respirazione bocca a bocca a un annegato.

bouchée |buʃe| *s.f.* **1** [*morceau, quantité d'aliment qu'on met dans la bouche en une seule fois*] boccone (*m.*): *une bouchée de pain* un boccone di pane ◇ (*loc.*) *pour une bouchée de pain* [*pour presque rien*] per un boccone di pane, per un piatto di lenticchie ~ *dès la dernière bouchée* [*aussitôt après le repas*] con il boccone in bocca ◇ (*loc. fig.*) *ne faire qu'une bouchée d'un adversaire* mangiarsi un avversario in tre bocconi ~ *mettre les bouchées doubles* [*aller plus vite* (*dans un travail, etc.*)] darsi da fare, mettercela tutta **2** (*cuis.*) *bouchée à la reine* rustico* *m.* (ripieno di salsa, animelle e funghi); *bouchée* (*de chocolat*) cioccolatino *m.* ripieno.

1 **boucher** |buʃe| **A** *v.tr.* **1** [*fermer* (*une ouverture, un trou*)] tappare, turare: *boucher une bouteille* tappare, turare una bottiglia; *boucher les trous d'un mur* tappare, turare i buchi di un muro; *boucher hermétiquement un vase* tappare ermeticamente un vaso; *boucher une voie d'eau* turare una falla → **fermer, obturer, tamponner, étancher** **2** (*par ext.*) □ *se boucher le nez* [*pour ne pas sentir une odeur*] tapparsi il naso; *se boucher les yeux, les oreilles* tapparsi gli occhi, le orecchie **3** [*obstruer* (*un passage, une porte*)] ostruire (197): *boucher un passage* ostruire un passaggio → **barrer** # *ce mur bouche la vue* questo muro impedisce la vista ◇ (*fig., fam.*) *en boucher un coin à* (*qqn.*) [*le rendre muet d'étonnement*] far restare qc. a bocca aperta **B** *v.pron.* SE BOUCHER **1** *intr.* [→ *tr.* 1] otturarsi, tapparsi: *conduite d'eau qui se bouche* conduttura d'acqua che si ottura **2** *réfl.* tapparsi → *tr.* 2 □ Ⓒ A 1 **déboucher** 1, **ouvrir.**

2 **boucher** |buʃe| *s.m.* **1** [*personne qui tue les bestiaux; marchand de viande*] macellaio*: *garçon boucher* garzone del macellaio; *aller chez le boucher* andare dal macellaio ◇ (*par est.*) *boucher hippophagique* macellaio che vende carne equina **2** (*fig.*) [*homme cruel*] macellaio ◇ (*en parlant d'un chirurgien maladroit*) *c'est un vrai boucher* è un vero macellaio.

bouchère |buʃɛʀ| *s.f.* [*femme du* (2) *boucher; femme qui tient une boucherie*] macellaia.

boucherie |buʃʀi| *s.f.* **1** [*commerce de la viande crue d'animaux; boutique du boucher*] macelleria: *boucherie chevaline* macelleria (di carne) equina **2** *animaux de boucherie* [*élevés pour leur chair*] animali da macello *m.* **3** (*fig.*) [*tuerie, carnage*] macello, carneficina: *il a envoyé ses soldats à la boucherie* ha mandato i (suoi) soldati al macello.

bouche-trou |buʃtʀu| *s.m.* [*personne, objet n'ayant pas d'autre utilité que de combler une place vide*] tappabuchi (*inv.*): *des bouche-trous* dei tappabuchi; *cet acteur n'est qu'un bouche-trou* questo attore non è che un tappabuchi.

bouchon |buʃɔ̃| *s.m.* **1** [*pièce bouchant le goulot de bouteilles, etc.*] tappo, turacciolo: *bouchon de caoutchouc, de verre, de liège* tappo, turacciolo di gomma, di vetro, di sughero; *bouchon à l'émeri* tappo smerigliato, a smeriglio; *ce vin sent le bouchon* questo vino sa di tappo **2** (*loc. fam.*) *c'est plus fort que de jouer au bouchon!* [*c'est extraordinaire*] questa è forte!, incredibile! **3** [*pêche*] *bouchon d'une ligne de pêcheur* sughero, galleggiante di una lenza **4** [*ce qui bouche accidentellement un passage*] ingorgo*: *bouchon de circulation* ingorgo del traffico ◇ (*par ext.*) *un bouchon de brume* [*nappe dense de brouillard*] un banco* di nebbia **5** *bouchon de paille* [*poignée de paille tordue*] tortoro: *frotter un cheval avec un bouchon* strofinare (sfregare) il cavallo con un tortoro ◇ (*par anal.*) [*poignée de qqch.*] *un bouchon de linge* un fagotto di biancheria; *mettre du linge en bouchon* fare un fagotto di biancheria.

bouchonnage |buʃɔnaʒ|, **bouchonnement** |buʃɔnmɑ̃| *s.m.* [→ BOUCHONNER 1] strofinamento.

bouchonner |buʃɔne| *v.tr.* **1** [*frotter vigoureusement*] strofinare, sfregare ◇ (*spécialt.*) *bouchonner un cheval* strofinare, sfregare il cavallo con il tortoro **2** (*fam.*) [*couvrir de caresses, être au petit soin avec* (*qqn.*)] strofinarsi *pron.* a, coccolare → **cajoler, dorloter.**

bouclage |buklaʒ| *s.m.* **1** [*mise sous clés*] il mettere *inv.* al fresco, lo sbattere *inv.* dentro **2** [→ BOUCLER A 4] accerchiamento.

boucle |bukl(ə)| *s.f.* **1** [*sorte d'anneau, rectangle garni d'une ou plusieurs pointes montées sur un axe*] fibbia: *boucle de ceinture, de soulier* fibbia di cintura, di scarpa # *boucle de harnais, de sangle* borchia, boccola di barda, di cinghia; *boucle de bretelle* fermaglio di bretella **2** (*se dit d'objets en forme d'anneau*) *boucle d'oreille* orecchino *m.* ◇ (*mar.*) *boucle d'amarrage* anello *m.* d'ormeggio **3** (*par anal.*) [*ce qui s'enroule en forme d'anneau*] *la boucle du l, du j* l'occhiello *m.* della lettera l, della lettera j; *boucle de cheveux* ricciolo *m.*, boccolo *m.* di capelli; *boucle d'un lacet de soulier* nodo *m.* di una stringa; *boucle de fil, de laine* occhiello, boccola di filo, di lana; *les boucles d'un fleuve* [*les courbes, les méandres*] le anse, i meandri *m.* di un fiume ◇ (*aviat.*) giro *m.* della morte, gran volta: *boucler la boucle* fare il giro della morte, fare la gran volta ◇ (*électron., informatique*) circuito *m.*, ciclo *m.* completo.

boucler |bukle| **A** *v.tr.* **1** [*attacher au moyen d'une boucle*] allacciare: *boucler sa ceinture* allacciarsi la cintura → **attacher** ◇ (*par ext.*) *boucler sa valise, sa malle* [*les fermer*] chiudere la valigia, il baule ◇ (*fig.*) [*s'apprêter à partir*] far (103) fagotto, far le valigie **2** (*pop.*) [*fermer*] chiudere (106) (*cour.*): *il est l'heure de boucler le magasin* è ora di chiudere bottega; *la boucler* chiudere, tappare il becco ◇ (*fig., fam.*) *boucler* (*qqn.*) [*l'enfermer, l'emprisonner*] mettere (155) qc. al fresco, in gattabuia, sbattere dentro qc. ◇ (*par ext.*) *elle s'est bouclée dans sa chambre* si è tappata in camera **3** [*donner la forme d'une boucle*] inanellare, arricciare: *boucler ses cheveux* inanellarsi i capelli ◇ [*parcourir entièrement* (*une boucle qu'on décrit, un circuit*)] percorrere (127): *il a bouclé le second tour en huit minutes* ha percorso, ha chiuso il secondo giro in otto minuti ◇ (*loc. fig.*) *boucler son budget* [*le mettre en équilibre; joindre les deux bouts*] far quadrare il bilancio **4** [*entourer complètement par des troupes ou des forces de police*] circondare, accerchiare **B** *v.intr.* [*avoir, prendre la forme de boucles*] essere (96) (*aux.* essere) riccio, inanellarsi (*pron.*): *ses cheveux bouclent naturellement* i suoi capelli sono ricci per natura Ⓒ A 1 **déboucler.**

bouclette |buklɛt| *s.f.* [*petite boucle*] ricciolino *m.* ✦ (*adj.*) *laine bouclette* lana 'bouclé' *inv.*

bouclier |buklije| *s.m.* **1** [*ancienne arme défensive portée au bras pour se protéger*] scudo: *bouclier de cuir, de bronze* scudo di cuoio, di bronzo → **écu** ◇ (*fig.*) *levée de boucliers* alzata, levata di scudi; *se faire un bouclier de sa pudeur* farsi scudo del proprio pudore **2** [*plaque de blindage d'un canon*] scudo, piastra *f.* (di corazza) ◇ (*techn.*) *bouclier métallique, bouclier mobile* [*pour le creusement des tunnels*] scudo (di avanzamento), talpa (*f.*); *bouclier thermique* scudo termico **3** (*zool.*) *bouclier des crustacées* scudo dei crostacei.

bouddha |buda| *s.m.* budda *inv.*

bouddhique |budik| *adj.* buddistico*: *art bouddhique* arte buddistica.

bouddhisme |budism(ə)| *s.m.* buddismo.

bouddhiste |budist(ə)| *adj.* buddista: *prête bouddhiste* prete buddista, bonzo *s.m.* ✦ (*s.*) *un bouddhiste* un buddista.

bouder |bude| **A** *v.intr.* [*montrer du mécontentement par une attitude renfrognée*] tenere (188) *tr.*, fare (103) *tr.* il broncio **B** *v.tr.* [*montrer du mécontentement à* (*qqn.*) *par une attitude maussade*] tenere il broncio a: *j'ai l'impression que tu me boudes* ho l'impressione che tu mi tenga il broncio ◇ (*par ext.*, *fam.*) [*ne plus rechercher* (*qqch.*)] rifiutare (*cour.*), sfuggire (*cour.*): *il boude maintenant ce genre de distraction* ora rifiuta, sfugge questo genere di distrazione.
bouderie |budʀi| *s.f.* [→ BOUDER] broncio* *m.*; muso *m.* lungo ◇ (*par ext.*) rifiuto *m.*, disinteresse *m.*
boudeur, euse |budœʀ, øz| *adj.* [*qui boude fréquemment*] scontroso, imbronciato: *un enfant boudeur* un bambino imbronciato, scontroso → **grognon, maussade** ◇ (*par ext.*) *un air boudeur* un'aria scontrosa; *visage boudeur* viso imbronciato.
boudin |budɛ̃| *s.m.* **1** [*boyau rempli de sang et de graisse de porc*] sanguinaccio*: *boudin grillé* sanguinaccio alla griglia; *boudin blanc* [*charcuterie faite avec du lait et des viandes blanches*] ⊠ ◇ (*loc. fig.*) *s'en aller en eau de boudin* andare in fumo **2** (*par anal.*) [*bourrelet; gros doigt rond*] salsicciotto ◇ [*longue boucle de cheveux*] ricciolone, boccolo ◇ [*fusée cylindrique avec laquelle on met du feu à une mine*] miccia* *f.* ◇ (*archit.*) toro → **tore** ◇ (*ch. de fer*) *boudin d'une roue* bordino di una ruota ◇ (*mar.*) guardalato, parabordo ◇ (*techn.*) *ressort à boudin* molla *f.* a spirale **3** (*fam.*) [*fille mal faite, petite, grosse et informe*] barile, barilotto.
boudinage |budinaʒ| *s.m.* (*techn.*) torcitura *f.* (del filo di lino).
boudiné, ée |budine| *adj.* **1** [*serré dans un vêtement étriqué*] fasciato: *boudiné dans une veste trop étroite* fasciato in una giacca troppo stretta **2** [*en forme de boudin*] grassoccio*: *doigts boudinés* dita grassocce, a salsicciotto.
boudiner |budine| **A** *v.tr.* **1** (*techn.*) [*tordre des écheveaux de fil, de soie*] torcere (189) **2** (*fam.*) [*serrer*] fasciare, stringere (131) **B** *v.pron.réfl.* SE BOUDINER [→ *tr.* 2] fasciarsi, stringersi: *se boudiner dans un corset* fasciarsi, stringersi in un corsetto.
boudoir |budwaʀ| *s.m.* 'boudoir' *inv.*, salottino.
boue |bu| *s.f.* **1** [*terre, poussière détrempée*] fango* *m.*, melma: *la boue des souliers* il fango delle scarpe; *patauger dans la boue* sguazzare nel fango → **gadoue** ◇ (*fig.*) *traîner qqn. dans la boue* trascinare qc. nel fango; *couvrir qqn. de boue* coprire qc. di fango **2** *au plur.* (*géol.*) [*vases argileuses qui se déposent au fond des mers*] fanghi (abissali, oceanici): *boues à globigérines* fanghi a globigerine; *boues à diatomées* fanghi a diatomee ◇ (*par ext.*) *boue minérale* fango minerale; *prendre des bains de boue* fare i bagni di fango, fare i fanghi **3** [*depôt*] deposito (*m.*): *la boue d'un encrier* il deposito di un calamaio ◇ [*déchet*] fango: *les boues rouges* i fanghi rossi.
bouée |bwe| *s.f.* (*mar.*) boa: *bouée lumineuse* boa luminosa; *bouée soutenant un câble* boa che sostiene un cavo → 1 **balise, flotteur** ◇ (*par ext.*) *bouée de sauvetage* salvagente *m.*
boueur |bwœʀ|, **boueux** |bwø| *s.m.* → **éboueur.**
boueux, euse |bwø, øz| *adj.* [*plein de boue*] fangoso: *chemin boueux* strada fangosa; *eau boueuse* acqua fangosa → **bourbeux** ◇ (*typogr.*) *impression boueuse* stampa con sbavature.
bouffant, ante |bufɑ̃, ɑ̃t| *adj.* [*qui* (1) *bouffe*] vaporoso, gonfio*: *cheveux bouffants* capelli vaporosi # *manches bouffantes* maniche a sbuffo ♦ (*s.m.*) *le bouffant d'une manche* lo sbuffo di una manica.
bouffarde |bufaʀd(ə)| *s.f.* (*fam.*) → **brûle-gueule.**
1 **bouffe** |buf| (*adj.*) *opéra bouffe* opera buffa.
2 **bouffe** |buf| *s.f.* (*pop.*) [→ 2 BOUFFER A 1; B] pappata, abbuffata, mangiata (*cour.*) ◇ [*nourriture*] il mangiare *m. inv.* # *acheter, préparer la bouffe* comprare, preparare da mangiare; *il aime la bonne bouffe* gli piace mangiare bene, gli piace la buona cucina.
bouffée |bufe| *s.f.* **1** [*souffle d'air qui arrive par intermittance*] folata, ondata: *une bouffée de parfum* una folata, una ondata di profumo # *une bouffée d'air frais* una ventata d'aria fresca; *bouffée de chaleur* vampata di calore **2** [*souffle, exhalaison qui sort par intermittence de la bouche*] zaffata, buffata: *bouffées de vin, d'ail* zaffate di vino, di aglio # *tirer des bouffées de sa pipe* tirare delle boccate dalla pipa **3** [*manifestation, mouvement subit, passager*] accesso (*m.*): *des bouffées d'orgueil* accessi di orgoglio → 2 **accès** # *par bouffées* a intervalli, a intermittenza.
1 **bouffer** |bufe| *v.intr.* [*se maintenir de soi-même gonflé, en parlant d'une matière souple, légère*] gonfiarsi *pron.*, rigonfiarsi (*pron.*): *des cheveux qui bouffent* capelli che si gonfiano.
2 **bouffer** |bufe| **A** *v.tr.* (*pop.*) **1** [*manger*] sbafare, pappare: *bouffer un gros bifteck* sbafarsi, papparsi una grossa bistecca; *il a bouffé tous les gâteaux* si è sbafato, si è pappato tutti i dolci ◇ (*loc.*) *bouffer des briques* [*n'avoir rien à manger*] tirare, stringere la cinghia; non avere niente da mettere sotto i denti ~ *se bouffer le nez* [*se disputer*] cavarsi gli occhi, tirarsi i capelli **2** [*consommer*] consumare (*cour.*): *une voiture qui bouffe beaucoup d'huile* una macchina che consuma, beve molto olio ◇ (*par ext.*) *bouffer du kilomètre* [*rouler beaucoup en voiture*] macinare chilometri **3** (*fig.*) *bouffer du curé, du bicot, du bolcho* [*leur être très hostile*] mangiare i preti, i Nordafricani, i comunisti **B** *v. intr.* (*pop.*) [*manger gloutonnement*] sbafare, abbuffarsi (*pron.*): *il ne pense qu'à bouffer* pensa solo a sbafare, ad abbuffarsi; *un restaurant où on bouffe bien* un ristorante dove si mangia bene ◇ [*manger*] mangiare (*cour.*).
bouffetance |buftɑ̃s| *s.f.* (*pop.*) → 2 **bouffe.**
bouffeur, euse |bufœʀ, øz| *s.* (*pop.*) [*personne qui bouffe*] mangiatore*, divoratore*: *un bouffeur de pain* un mangiatore, un divoratore di pane → **mangeur** ◇ (*fig.*) divoratore: *un bouffeur de kilomètres* un divoratore di chilometri # *un bouffeur de curé* un mangiapreti.
bouffi, ie |bufi| *adj.* **1** [*gonflé, enflé de manière disgracieuse*] gonfio*, tumefatto: *des yeux bouffis* occhi gonfi; *je le trouve un peu bouffi* lo trovo un po' gonfio ◇ (*fig.*) *style bouffi* stile ampolloso ◇ (*loc. fam.*) *tu l'as dit, bouffi!* [*tu as raison*] l'hai detto, hai ragione (*cour.*) **2** *loc.* BOUFFI DE gonfio di, pieno di: *il est bouffi d'orgueil, de vanité* è gonfio, pieno di orgoglio, di vanità **3** (*hareng*) *bouffi* aringa affumicata.
bouffir |bufiʀ| **A** *v.tr.* [*déformer par une enflure morbide, disgracieuse*] gonfiare, tumefare (103): *la maladie avait bouffi son visage* la malattia gli aveva gonfiato il viso **B** *v.intr.* [→ *tr.*] gonfiare (*aux.* essere); gonfiarsi *pron.* → **enfler.**
bouffissure |bufisyʀ| *s.f.* [→ BOUFFIR] gonfiore *m.*, tumefazione ◇ (*fig.*) *bouffissure de style* ampollosità *inv.* di stile.
bouffon, onne |bufɔ̃, ɔn| **1** *s.m.* buffone: *bouffon de cour* buffone di corte; *être le bouffon de qqn.* essere il buffone di qc. → **fou, clown, farceur** **2** *adj.* [*qui excite le gros rire*] buffo, comico*: *scène bouffonne* scena buffa; *histoire bouffonne* storia comica → **ridicule.**
bouffonner |bufɔne| *v.intr.* (*littér.*) [*faire ou dire des bouffonneries*] buffoneggiare.
bouffonnerie |bufɔnʀi| *s.f.* **1** [*caractère de ce qui est bouffon*] comicità *inv.* → **drôlerie** **2** buffoneria, buffonata → 2 **farce.**
bougainvillée |bugɛ̃vile| *s.f.*, **bougainvillier** |bugɛ̃vilje| *s.m.* (*t.bot.*) buganvìllea *f.*
bouge |buʒ| *s.m.* **I** **1** [*logement étroit, obscur, malpropre*] tugurio*, buco*: *habiter un bouge* abitare in un tugurio **2** [*café, cabaret mal famé*] bettola (*f.*): *les bouges des grands ports* le bettole dei grandi porti **II** [*partie renflée ou incurvé d'un objet*] rigonfiamento, incurvamento # *le bouge d'un tonneau* la pancia di una botte.
bougeoir |buʒwaʀ| *s.m.* [*chandelier bas*] bugia* *f.*
bougeotte |buʒɔt| *s.f.* (*fam.*) [*manie, envie de bouger, de voyager*] irrequietezza (*cour.*), smania (*cour.*) di muoversi # *avoir la bougeotte* non star mai fermo (*cour.*), avere l'argento vivo addosso.
bouger |buʒe| (3) **A** *v.intr.* **1** [*faire un mouvement*] muoversi (157) (*pron.*): *le blessé ne bouge pas* il ferito non si muove; *vous avez bougé pendant qu'on vous photographiait* vi siete mossi mentre vi facevano la foto → **remuer** ◇ (*négatif*) *je ne bouge pas de chez moi aujourd'hui* non mi muovo di casa oggi ◇ (*fam.*) [*changer, s'altérer*] *un tissu irrétrécissable qui ne bouge pas* un tessuto irrestringibile che non si ritira, non si altera (*cour.*); *les prix n'ont pas bougé* i prezzi hanno tenuto, non sono cambiati (*cour.*) **2** [*s'agiter sous l'effet du mécontentement*] muoversi, agitarsi (*pron.*): *le peuple commence à bouger* il popolo comincia a muoversi, ad agitarsi **B** *v.tr.* (*fam.*) [*remuer, déplacer*] muovere (*cour.*), spostare (*cour.*): *bouger un meuble* muovere, spostare un mobile.
bougie |buʒi| *s.f.* **1** [*appareil d'éclairage formé d'une mèche tressée enveloppée de cire ou de stéarine*] candela: *s'éclairer à la bougie* illuminare, fare luce con la candela → **cierge, chandelle** **2** [*sorte de sonde chirurgicale*] cande-

letta **3** [*ancienne unité de luminescence*] candela: *lampe de 100 bougies* lampada da 100 candele **4** (*auto.*) candela: *changer les bougies d'une voiture* cambiare le candele di un'auto.

bougna(t) |buɲa| *s.m.* (*pop.*) [*marchand de charbon*] carbonaio* (*cour.*).

bougnoul, bougnoule, bounioul |buɲul| *s.m.* **1** (*fam.*) [*nom donné par des Blancs du Sénégal aux Noirs autochtones*] ⊠ **2** (*péj.*) [*appellation injurieuse donnée par les Européens d'Afrique du Nord aux Nord--Africains*] ⊠.

bougon, onne |bugɔ̃, ɔn| *adj.* (*fam.*) [*qui a l'habitude de bougonner*] brontolone (*cour.*) → **grognon, ronchon** ♦ (*s.*) *quel vieux bougon!* che vecchio brontolone!

bougonnement |bugɔnmɑ̃| *s.m.* [→ BOUGONNER] borbottio*, borbottamento.

bougonner |bugɔne| *v.intr.* (*fam.*) [*exprimer pour soi seul, souvent entre les dents, son mécontentement*] brontolare (*cour.*), borbottare (*cour.*) → **grommeler, grogner.**

bougre, esse |bugʀ(ə), ɛs| *s.* **1** (*fam.*) [*drôle, gaillard*] briccone: *il n'a pas froid aux yeux, le bougre* quel briccone non ha paura nemmeno del diavolo ◊ (*par ext.*) [*individu*] tipo # *il est bon bougre!* è un buon diavolo! **2** (*péj., en appos.*) *bougre d'idiot!* pezzo d'idiota! **3** (*interj.*) *bougre!* accidenti!

bougrement |bugʀəmɑ̃| *adv.* (*pop.*) [*beaucoup, très*] maledettamente, tremendamente: *c'est bougrement difficile* è maledettamente difficile → **bigrement, drôlement.**

boui-boui |bwibwi| *s.m.* (*fam.*) [*café de dernier ordre*] bettolaccia* (*f.*): *des bouis-bouis* delle bettolacce.

bouillabaisse |bujabɛs| *s.f.* zuppa di pesce, 'bouillabaisse' *inv.*

bouillant, ante |bujɑ̃, ɑ̃t| *adj.* **1** [*qui bout*] bollente: *eau, huile bouillante* acqua, olio bollente; *plonger dans l'eau bouillante* immergere nell'acqua bollente ◊ (*par exagér.*) *boire son café bouillant* bere il caffè bollente **2** (*littér.*) [*ardent, emporté*] (ri)bollente, ardente: *bouillant de colère, d'impatience* (ri)bollente d'ira, d'impazienza; *ce bouillant jeune homme se calmera* quel giovane ardente, focoso si calmerà.

bouille |buj| *s.f.* **1** [*hotte pour la vendange*] bigoncia* **2** (*fam.*) [*figure, tête*] faccia* (*cour.*): *avoir une bonne bouille* avere una faccia simpatica.

bouilleur |bujœʀ| *s.m.* **1** [*distillateur*] distillatore (d'acquavite): *bouilleur de cru* distillatore in proprio **2** (*techn.*) bollitore.

bouilli, ie |buji| **1** *adj.* [*qu'on a fait bouillir*] bollito, lesso: *pommes de terre bouillies* patate bollite, lesse; *bœuf bouilli* manzo lesso, bollito; *eau bouillie* acqua bollita **2** *s.m.* [*viande bouillie*] bollito: *manger du bouilli* mangiare del bollito → **pot-au-feu.**

bouillie |buji| *s.f.* **1** [*aliment composé de farine et de lait, ou d'un autre liquide, bouillis ensemble*] pappa, poltiglia: *préparer une bouillie pour un enfant* preparare la pappa per un bambino ◊ (*fig.*) *c'est de la bouillie pour les chats* (*se dit d'un texte confus*) è un pasticcio* *m.*, un pastrocchio* *m.* **2** *loc.* EN BOUILLIE [*qui présente la consistance de la bouillie*] in poltiglia: *des haricots trop cuits, en bouillie* fagioli troppo cotti, ridotti in poltiglia ◊ (*fam.*) *mettre qqn. en bouillie* ridurre qc. in poltiglia → **écraser, démolir 3** (*par ext.*) [*liquide pâteux*] poltiglia: *bouillie bordelaise, bourguignonne* poltiglia bordolese, borgognona.

bouillir |bujiʀ| (20) **A** *v.intr.* **1** [*être en ébullition*] bollire (203): *l'eau bout à 100 degrés* l'acqua bolle a 100 gradi; *faire bouillir du lait* far bollire il latte **2** [*faire cuire dans un liquide qui bout*] lessare (*tr.*): *faire bouillir de la viande* lessare della carne ◊ [*stériliser dans l'eau qui bout*] far (103) bollire, sterilizzare (*tr.*): *faire bouillir une seringue, un biberon* far bollire, sterilizzare una siringa, un 'biberon'; *faire bouillir du linge* far bollire della biancheria ◊ (*loc.*) *avoir de quoi faire bouillir la marmite* [*de quoi manger, vivre*] avere di che tirare avanti **3** [*s'impatienter, s'emporter*] *ça me fait bouillir* è una cosa che mi fa ribollire il sangue, mi esaspera; *bouillir de colère, d'impatience* bollire, ribollire di collera, d'impazienza; *il bouillait* bolliva dentro di sé **B** *v.tr.* (*fam.*) [*faire bouillir*] bollire: *bouillir le lait* bollire il latte; *bouillir le linge* bollire la biancheria.

bouilloire |bujwaʀ| *s.f.* [*récipient métallique destiné à faire bouillir de l'eau*] bricco* *m.*, bollitore (*m.*): *bouilloire à lait* bollitore, bollilatte *m.*

bouillon |bujɔ̃| *s.m.* **I 1** (*se dit des bulles qui se forment au sein d'un liquide en ébullition*) bollore: *retirer au premier bouillon* togliere al primo bollore; appena bolle; *bouillir à gros bouillons* bollire molto forte → **bouillonnement 2** [*flot que forme un liquide qui tombe ou jaillit*] fiotto: *l'eau sort à gros bouillons* l'acqua sgorga a grossi fiotti; *vomir le sang à gros bouillons* vomitare sangue a grossi fiotti ◊ (*techn.*) *bouillon dans le verre mal affiné* bolla *f.* d'aria nel vetro lavorato male **3** (*cout.*) sbuffo: *jupe à bouillons* gonna a sbuffi **4** *au plur.* (*imprim.*) [*ensemble des invendus d'une pubblication*] copie *f.* invendute, rese; resa *f.sing.* **II 1** [*liquide dans lequel certaines substances ont bouilli*] brodo: *bouillons alimentaires* brodi alimentari; *bouillon de légumes, gras* brodo vegetale, grasso ◊ (*fam.*) *bouillon d'onze* (*de onze*) *heures* bevanda *f.* avvelenata (*cour.*) **2** *boire un bouillon* [*avaler de l'eau en nageant*] bere (nuotando) ◊ (*fig.*) [*faire une très mauvaise affaire commerciale*] rimetterci un sacco di soldi **3** *bouillon de culture* brodo di coltura ◊ (*fig.*) ambiente favorevole.

bouillon-blanc |bujɔ̃blɑ̃| *s.m.* (*t. bot.*) tassobarbasso.

bouillonnement |bujɔnmɑ̃| *s.m.* **1** [→ BOUILLONNER A 1] ribollimento, ribollio*: *bouillonnement d'une source* ribollimento, ribollio di una sorgente **2** (*fig.*) [→ BOUILLONNER A 2] ribollimento; fermento: *bouillonnement de rage* ribollimento di rabbia ‖ *un bouillonnement de nouvelles idées* un fermento di nuove idee.

bouillonner |bujɔne| **A** *v.intr.* **1** (*en parlant d'un liquide*) [*être agité en formant des bouillons*] ribollire (204): *la source bouillonne* la sorgente ribolle, gorgoglia **2** (*fig.*) [*être en effervescence*] ribollire, fremere: *bouillonner de rage* ribollire di rabbia **3** *journal qui bouillonne* [*qui a beaucoup d'exemplaires invendus*] giornale che ha molta resa **B** (*v.tr.*) *bouillonner une étoffe* [*la froncer en bouillons*] arricciare una stoffa.

bouillotte |bujɔt| *s.f.* borsa dell'acqua calda, 'boule' *inv.*

bouillotter |bujɔte| *v.intr.* [*bouillir doucement*] sobbollire (203), bulicare (*rare*).

boulange |bulɑ̃ʒ| *s.f.* (*fam.*) mestiere *m.*, commercio* *m.* del panettiere (*cour.*): *être dans la boulange* fare il panettiere.

boulanger |bulɑ̃ʒe| (3) *v.tr.* [*travailler la farine pour en faire du pain*] panificare: *boulanger de la farine* panificare la farina.

boulanger, ère |bulɑ̃ʒe, ɛʀ| *s.* [*personne qui fait ou vend du pain*] panettiere, panificatore* # *garçon boulanger* garzone del fornaio.

boulangerie |bulɑ̃ʒʀi| *s.f.* **1** [*fabrication et commerce du pain*] panificazione; panificio* (*m.*): *les différentes opérations de boulangerie* le diverse operazioni della panificazione ‖ *four d'une boulangerie* forno di un panificio **2** [*boutique de boulanger, où l'on vend du pain, des biscuits, etc.*] panetteria, panificio.

bouldozeur |buldozœʀ| *s.m.* → **bouteur** (*t.recomm.*).

boule |bul| *s.f.* **1** [*corps sphérique*] palla: *boule de neige* palla di neve; *rond comme une boule* tondo come una palla # *boule de pain* pallottola di pane; *boule de fil* gomitolo di filo; *boule d'une épée, d'une canne* pomo di una spada, di una canna (da passeggio); *boule de gomme* bolo, pasticca di gomma; *boules Quies* (*marque déposée*) pallina di cera (per le orecchie); *déposer sa boule dans l'urne* deporre la propria pallina nell'urna ◊ (*archit.*) *boule d'amortissement* palla, pomo *m.* ornamentale ◊ (*mar.*) *boule de signaux* pallone *m.* segnaletico ◊ (*méd.*) *boule hystérique* bolo *m.*, nodo *m.* isterico ◊ (*loc.*) *faire boule de neige* [*augmenter de volume en roulant; grossir*] continuare ad aumentare, a crescere: *des capitaux qui font boule de neige* capitali che continuano a crescere, a moltiplicarsi **2** *loc.* EN BOULE come una palla: *un chat roulé en boule* un gatto raggomitolato (come una palla); *tomber en boule* cadere come una palla, come un pallone ◊ (*loc. fam.*) *être, se mettre en boule* [*en colère*] essere arrabbiato, arrabbiarsi: *avoir les nerfs en boule* avere i nervi a pezzi **3** [*corps plein sphérique, dans certains jeux*] boccia*, biglia: *boule de bowling* boccia da bowling; *boule de quille* boccia da birilli; *jeu de boules* gi(u)oco di bocce; *jouer aux boules* gi(u)ocare a bocce → **1 bille 4** (*fig., fam.*) [*tête*] zucca*, testa (*cour.*): *il n'a rien dans la boule* non ha niente nella zucca; *perdre la boule* perdere la testa ◊ (*par ext.*) *il a une bonne boule* [*une bonne figure*] ha una faccia simpatica.

bouleau |bulo| *s.m.* (*t.bot.*) betulla *f.*

boule-de-neige |buldənɛʒ| *s.f.* → **obier.**

bouledogue |buldɔg| *s.m.* [*chien d'agrément*] bulldog *inv.*

bouler |bule| *v.intr.* [*rouler comme une boule*] rotolare (*aux.* essere) ◊ (*loc. fam.*) *envoyer bouler qqn.* mandare qc. a quel paese.

boulet |bulɛ| *s.m.* **1** [*projectile sphérique de métal dont on chargeait les* *canons*] palla *f.* di cannone: *boulet rouge* palla infuocata ◇ (*loc.*) *arriver comme un boulet de canon* arrivare sparato → **trombe (en)**; *tirer à boulets rouges sur qqn.* [*l'attaquer violemment*] sparare a zero su qc. **2** [*boule de métal qu'on attachait aux pieds des forçats*] palla (al piede) ◇ (*loc. fig.*) *c'est un boulet à traîner!*, *quel boulet!* è una palla al piede! **3** [*aggloméré de charbon de forme ovoïde*] ovulo (di carbone) **4** (*zool.*) *boulet du cheval* nodello del cavallo.

boulette |bulɛt| *s.f.* **1** [*petite boule façonnée à la main*] pallina, pallottolina: *boulette de pain, de papier* pallina, pallottolina di pane, di carta ◇ (*cuis.*) polpetta → **croquette** **2** (*fig., fam.*) *faire une boulette* [*une bévue, une gaffe*] prendere una cantonata.

bouleur, euse |bulœʀ, øz| *s.* [*celui qui sait bien jouer aux boules*] bocciatore*.

boulevard |bulvaʀ| *s.m.* **1** [*rue très large, généralt. plantée d'arbres*] viale, corso # *les grands boulevards* [*à Paris*] i 'grands boulevards' **2** *théâtre, pièce de boulevard* [*d'un comique léger, traditionnel*] teatro, commedia di 'boulevard' ◇ (*par ext.*) *le boulevard* [*ce genre*] il genere 'boulevard'.

boulevardier, ière |bulvaʀdje, jɛʀ| *adj.* [*qui a les caractères du théâtre, de l'esprit de boulevard*] mordace, arguto: *un comique boulevardier* un comico mordace.

bouleversant, ante |bulvɛʀsɑ̃, ɑ̃t| *adj.* [*qui bouleverse* (3)] sconvolgente: *un récit bouleversant* un racconto sconvolgente.

bouleversement |bulvɛʀsəmɑ̃| *s.m.* [→ BOULEVERSER] sconvolgimento, rivolgimento: *bouleversements politiques, économiques* sconvolgimenti, rivolgimenti politici, economici → **changement, perturbation.**

bouleverser |bulvɛʀse| *v.tr.* **1** [*mettre en gran désordre, par une action violente*] mettere (155) sottosopra, sconvolgere (196): *chercher, fouiller en bouleversant tout* cercare, frugare mettendo tutto sottosopra → **chambouler, 1 déranger** **2** (*fig.*) [*apporter des changements brutaux dans qqch.*] sconvolgere: *cet événement a bouleversé sa vie* quell'avvenimento ha sconvolto la sua vita **3** [*causer une émotion violente, un grand trouble*] sconvolgere, turbare: *sa fin tragique a bouleversé ses amis* la sua tragica fine ha sconvolto i suoi amici → **émouvoir, secouer** ✦ (*au p.p.*) *un visage bouleversé* un viso sconvolto.

boulier |bulje| *s.m.* [*cadre portant des tringles sur lesquelles sont enfilées des boules*] pallottoliere.

boulimie |bulimi| *s.f.* (*méd.*) bulimia..

boulimique |bulimik| *adj. et s.* (*méd.*) bulimico*.

bouline |bulin| *s.f.* (*mar.*) bolina: *naviguer à la bouline* navigare di bolina.

bouliner |buline| *v.tr.* (*mar.*) [*haler au moyen de la bouline*] bolinare: *bouliner une voile* bolinare una vela.

boulingrin |bulɛ̃gʀɛ̃| *s.m.* [*parterre de gazon généralt. entouré de bordures*] tappeto erboso.

bouliste |bulist(ə)| *s.* giocatore* di bocce, bocciofilo.

boulocher |bulɔʃe| *v.intr.* (*se dit de tricots de laine, de tissus qui, à l'usage, forment de petites boules de fibres en surface*) infeltrire (197) (*aux.* essere), infeltrirsi *pron.*

boulodrome |bulɔdʀom| *s.m.* [*lieu réservé au jeu de boules*] bocciodromo.

boulomane |bulɔman| *s.* [*amateur du jeu de boules*] bocciofilo.

boulon |bulɔ̃| *s.m.* (*techn.*) bullone: *boulon à écrou, à œil* bullone a vite, a occhio.

boulonnage |bulɔnaʒ| *s.m.* [→ BOULONNER 1] (im)bullonatura *f.*, bullonaggio*.

boulonner |bulɔne| *v.tr.* **1** [*fixer au moyen de boulons*] (im)bullonare **2** (*fam.*) [*travailler*] sgobbare: *il boulonne dur* sgobba molto, lavora sodo → 2 **bosser.**

boulonnerie |bulɔnʀi| *s.f.* bulloneria.

boulot |bulo| *s.m.* (*fam.*) [*travail*] lavoro (*cour.*): *au boulot!* al lavoro!; *chercher du boulot* cercare lavoro.

boulot, otte |bulo, ɔt| *adj.* (*personnes*) (*gros et court*) bombolo (*s.m.*): *une femme boulotte* un bombolo ✦ (*s.*) *une boulotte* un bombolo *m.*

boulotter |bulɔte| *v.intr.* (*fam.*) → 2 **bouffer.**

boum |bum| **1** *interj.* (*exprimant 'le bruit de ce qui tombe, explose'*) bum: *ça a fait boum!* ha fatto bum! **2** *s.m.* [*bruit sonore*] botto: *ça a fait un grand boum en tombant* ha fatto un gran botto cadendo ◇ (*fig.*) [*succès brutal, retentissant*] boom *inv.* ◇ (*loc.*) *être en plein boum* [*dans une activité fébrile*] essere in piena attività *f.* **3** *s.f.* [*surprise-partie*] party *m.inv.*

boumer |bume| *v.intr.* (*pop.*) *ça boume* [*ça va bien*] va bene, le cose vanno bene (*cour.*).

1 **bouquet** |bukɛ| *s.m.* **1** [*groupe serré* (*d'arbres*)] boschetto → **boqueteau** **2** [*assemblage de fleurs coupées, disposées dans le même sens*] mazzo, 'bouquet' (*inv.*): *un bouquet de violettes* un mazzo di violette; *faire un bouquet* fare un mazzo, un 'bouquet' → 1 **botte, gerbe** ◇ (*par ext., cuis.*) mazzetto, ciuffo: *bouquet de persil* mazzetto, ciuffo di prezzemolo; *bouquet garni* mazzetto di odori **3** *le bouquet d'un feu d'artifice* [*les plus belles fusées*] la girandola *f.* finale (dei fuochi d'artificio) ◇ (*iron.*) *c'est le bouquet!* [*c'est l'ennui qui vient couronner les autres*] è il colmo!, è il colpo di grazia! **4** [*parfum d'un vin, d'une liqueur*] 'bouquet', aroma.

2 **bouquet** |bukɛ| *s.m.* [*variété de grosse crevette rose*] gamberone → **crevette.**

bouquetière |buktjɛʀ| *s.f.* [*celle qui vend des bouquets de fleurs*] fioraia.

bouquetin |buktɛ̃| *s.m.* (*t.zool.*) stambecco*.

1 **bouquin** |bukɛ̃| *s.m.* (*vx.*) [*vieux bouc*] vecchio* caprone → **bouc** ◇ (*par anal.*) [*lièvre, lapin mâle*] lepre *f.* maschio*, coniglio* → **lièvre, lapin.**

2 **bouquin** |bukɛ̃| *s.m.* (*fam.*) → 1 **livre.**

3 **bouquin** |bukɛ̃| *s.m.* [*sorte de bec adapté à une corne de bœuf, pour en faire une trompe de chasse*] imboccatura *f.* ◇ (*par ext.*) *cornet à bouquin* [*la trompe elle-même*] corno da caccia.

bouquiner |bukine| *v.intr.* **1** [*fouiller dans les livres d'occasion*] andare (101) (*aux.* essere) in cerca di libri usati; girare per le bancarelle (di libri usati) **2** (*fam.*) → 1 **lire.**

bouquineur, euse |bukinœʀ, øz| *s.* **1** [*personne qui aime bouquiner* (1)] amatore* di libri usati **2** [*personne qui aime bouquiner* (2)] → **liseur.**

bouquiniste |bukinist(ə)| *s.* [*marchand de livres d'occasion*] bancarellista; libraio*; antiquario* ◇ (*a Paris, sur les quais de la Seine*) 'bouquiniste' *inv.*

bourbe |buʀb(ə)| *s.f.* [*dépôt qui s'accumule au fond des eaux stagnantes*] fango* *m.*, melma: *bourbe d'un marais* fango, melma di una palude; *ôter la bourbe* togliere il fango.

bourbeux, euse |buʀbø, øz| *adj.* [*qui est plein de bourbe*] fangoso, melmoso: *sentier bourbeux* sentiero fangoso → **boueux** # *eau bourbeuse* acqua stagnante.

bourbier |buʀbje| *s.m.* **1** [*lieu creux plein de bourbe*] pantano: *s'enfoncer dans un bourbier* sprofondare in un pantano **2** (*fig.*) [*situation très embarrassante*] impiccio*, imbroglio*: *comment sortir de ce bourbier?* come cavarsi da questo impiccio?

bourbillon |buʀbijɔ̃| *s.m.* (*méd.*) cencio* necrotico*.

bourbon |buʀbɔ̃| *s.m.* [*whisky*] 'bourbon' *inv.*

bourbonien, ienne |buʀbɔnjɛ̃, jɛn| *adj.* **1** [*qui a rapport à la famille des Bourbons*] borbonico* **2** *nez bourbonien* [*nez long un peu busqué*] naso aquilino → **aquilin.**

bourde |buʀd(ə)| *s.f.* **1** [*faute lourde*] topica*, sproposito *m.* → **bêtise,** 2 **gaffe** **2** [*mensonge pour abuser, jouer qqn.*] frottola, panzana: *tu nous racontes des bourdes!* ci racconti frottole! → **baliverne.**

1 **bourdon** |buʀdɔ̃| *s.m.* [*long bâton de pélerin*] bordone.

2 **bourdon** |buʀdɔ̃| *s.m.* **1** (*t.zool.*) calabrone **2** *faux bourdon* [*mâle de l'abeille*] fuco*.

3 **bourdon** |buʀdɔ̃| *s.m.* **1** (*mus.*) bordone: *bourdon d'orgue* bordone (di organo) **2** [*grosse cloche à son grave*] campanone.

4 **bourdon** |buʀdɔ̃| *s.m.* (*loc. fig., pop.*) *avoir le bourdon* [*avoir le cafard*] essere giù di corda, essere abbacchiato.

5 **bourdon** |buʀdɔ̃| *s.m.* (*typogr.*) lasciatura *f.*

bourdonnant, ante |buʀdɔnɑ̃, ɑ̃t| *adj.* [*qui bourdonne*] ronzante: *mouche bourdonnante* mosca ronzante.

bourdonnement |buʀdɔnmɑ̃| *s.m.* [*bruit sourd et continu que font en volant certains insectes*] ronzio*, brusio*: *le bourdonnement des insectes* il ronzio, il brusio degli insetti; *le bourdonnement de la ruche* il ronzio, il bombo dell'alveare ◇ (*par anal.*) *bourdonnement d'un moteur d'avion* ronzio d'un motore d'aereo, d'aeroplano; *bourdonnement de voix* brusio di voci ◇ (*méd.*) *bourdonnement des oreilles* ronzio negli orecchi.

bourdonner |buʀdɔne| *v.intr.* [*faire entendre un bourdonnement*] ronzare: *une guêpe qui bourdonne* una vespa che ronza ◇ (*fig.*) *oreilles qui bourdonnent* [*qui sont le siège d'un bourdonnement*] orecchi che ronzano.

bourg |buʀ| *s.m.* borgo* → **village.**

bourgade |buʀgad| *s.f.* borgata.

bourgeois, oise |buʀʒwa, waz| *s.* **1** *s.* (*hist.*) borghese **2** *s.* (*dans la société actuelle*) borghese: *petit bourgeois* piccolo borghese; *un riche bourgeois* un ricco borghese ♦ (*adj.*) *éducation, culture bourgeoise* educazione, cultura borghese; *un quartier bourgeois* un quartiere borghese; *les valeurs bourgeoises* i valori borghesi ◇ (*péj.*) *il est devenu bien bourgeois* si è imborghesito molto **3** *s.* (*opposé à 'militaire'*) *sortir en bourgeois* uscire in borghese → 1 **civil 4** *s.f.* (*pop.*) *ma bourgeoise* [*ma femme*] la mia donna.

bourgeoisement |burʒwazmɑ̃| *adv.* [→ BOURGEOIS 2] borghesemente: *vivre bourgeoisement* vivere borghesemente.

bourgeoisie |burʒwazi| *s.f.* **1** (*hist.*) borghesia **2** (*dans la société actuelle*) borghesia: *la petite, la moyenne bourgeoisie* la piccola, la media borghesia; *la grande bourgeoisie* l'alta, la grande, la grossa borghesia.

bourgeoisisme |burʒwazism(ə)| *s.m.* borghesismo.

bourgeon |burʒɔ̃| *s.m.* **1** (*bot.*) gemma (*f.*): *bourgeon à bois* gemma a legno; *bourgeon à feuilles, à fleurs* gemma fogliare, fiorale; *bourgeon à fruits* gemma a frutto; *bourgeon terminal, latéral, axillaire* gemma terminale, laterale, ascellare **2** (*histologie*) *bourgeon gustatif* gemma gustativa ◇ (*biol.*) gemmazione *f.* **3** (*vieilli*) → 1 **bouton.**

bourgeonnement |burʒɔnmɑ̃| *s.m.* **1** [→ BOURGEONNER 1] gemmazione *f.*, germogliazione *f.* **2** (*biol.*) gemmazione.

bourgeonner |burʒɔne| *v.intr.* **1** [*pousser des bourgeons*] germogliare, gemmare: *les arbres bourgeonnent au printemps* gli alberi germogliano in primavera **2** (*fig.*) *son visage bourgeonne* [*il y vient des boutons*] il suo viso è pieno di, fiorisce di foruncoli.

bourgeron |burʒərɔ̃| *s.m.* (*vieilli*) [*courte blouse de travail*] camiciotto.

bourgmestre |burgmɛstr(ə)| *s.m.* borgomastro.

bourgogne |burgɔɲ| *s.m.* (*vin*) borgogna (*inv.*): *un verre de bourgogne* un bicchiere di borgogna.

bourguignon, onne |burgiɲɔ̃, ɔn| *adj.* [*de la Bourgogne*] borgognone.

bourlinguer |burlɛ̃ge| *v.intr.* **1** (*mar.*) [*avancer péniblement contre le vent et la mer*] navigare contro vento → **rouler 2** [*naviguer beaucoup*] navigare, scorrazzare: *il a bourlingué dans toutes les mers* ha navigato in tutti i mari, ha scorrazzato per tutti i mari ◇ [*voyager beaucoup*] vagabondare, scorrazzare.

bourlingueur, euse |burlɛ̃gœr, øz| *adj. et s.* (*fam.*) [*qui voyage beaucoup par goût*] giramondo *s.inv.* (*cour.*).

bourrache |buraʃ| *s.f.* (*t.bot.*) borragine.

bourrade |burad| *s.f.* [*poussée que l'on donne à qqn.*] spintone *m.* # *une bourrade amicale* una pacca amichevole.

bourrage |buraʒ| *s.m.* **1** [→ BOURRER A 1] imbottitura (*f.*): *le bourrage d'un coussin* l'imbottitura di un cuscino ◇ (*par ext.*) *matière dont ont se sert pour bourrer*] imbottitura, borra *f.* **2** (*fig., fam.*) *bourrage de crâne* [*action insistante pour persuader*] montatura *f.*, martellamento.

bourrant, ante |burɑ̃, ɑ̃t| *adj.* → **bourratif.**

bourrasque |burask(ə)| *s.f.* [*coup de vent impétueux, de courte durée*] bufera, burrasca* di vento → **tornade, tourbillon.**

bourratif, ive |buratif, iv| *adj.* (*fam.*) *ces biscuits sont trop bourratifs* [*remplissent trop l'estomac*] questi biscotti rimpinzano troppo.

1 **bourre** |bur| *s.f.* **1** [*amas de poils de certains animaux, servant à garnir les bâts, etc.*] borra **2** [*déchets du peignage de matières textiles*] borra: *bourre de laine* borra di lana; *bourre de soie* borra di seta, spelaia **3** [*duvet qui recouvre les bourgeons de certains arbres*] lanugine (di una gemma) **4** [*corps qui maintient en place la charge d'une arme à feu*] borra: *bourre de cartouche* borra per cartuccia **5** (*pop.*) *de première bourre* [*excellent*] di prima scelta, di prim'ordine **6** (*pop.*) *je suis à la bourre* [*en retard*] sono in ritardo (*cour.*).

2 **bourre** |bur| *s.m.* (*arg.*) [*policier*] piedipiatti *inv.* (*pop.*)

bourré, ée |bure| *adj.* **1** *loc.* BOURRÉ DE... [*entièrement plein de*] imbottito di, pieno di, zeppo di: *portefeuille bourré de billets* portafogli imbottito, pieno di biglietti; *dictée bourrée de fautes* dettato pieno, zeppo, farcito di errori → **truffé 2** [*très plein, trop plein*] stipato: *ma valise est bourrée* la mia valigia è stipata ◇ [*tassé, serré*] stipato, pigiato: *voyageurs bourrés dans le métro* viaggiatori stipati, pigiati nel metrò **3** (*pop.*) → **ivre** [C] 1 **vide.**

bourreau |buro| *s.m.* **1** [*celui qui exécute la peine de mort*] boia *inv.*, carnefice → **exécuteur** ◇ (*par ext.*) [*personne qui martyrise qqn.*] carnefice: *bourreau d'enfants* carnefice di bambini ◇ (*plais.*) *bourreau des cœurs* [*don Juan*] rubacuori *inv.* **2** (*fig.*) *bourreau de travail* [*personne qui abat beaucoup de travail*] lavoratore* *s.* indefesso, stacanovista *s.*

bourrée |bure| *s.f.* **1** (*région.*) [*fagot de menues branches*] fascina **2** (*danse*) 'bourrée' *inv.*

bourrelé, ée |burle| (*adj.*) *bourrelé de remords* [*tourmenté par le remords*] straziato, tormentato dai rimorsi.

bourrelet |burlɛ| *s.m.* **1** [*bande de feutre, etc. pour arrêter les filets d'air aux portes, aux fenêtres*] parafreddo **2** [*coussinet circulaire pour porter un fardeau sur la tête*] cercine, ciambella *f.* **3** (*spécialt.*) *bourrelet de graisse* [*pli arrondi en certains endroits du corps*] cuscinetto (di grasso), pannicolo adiposo.

bourrelier |burəlje| *s.m.* [*celui qui fait, vend des harnais, des sacs, etc.*] sellaio* → **sellier.**

bourrer |bure| **A** *v.tr.* **1** [*emplir de bourre* (*un coussin, etc.*)] imbottire (197), riempire (204) di borra → **matelasser, rembourrer** ◇ (*spécialt.*) *bourrer un fusil* [*y introduire la bourre*] caricare la cartuccia **2** [*remplir complètement en tassant*] stipare; caricare: *bourrer une valise de vêtements* stipare gli abiti in una valigia ‖ *bourrer une pipe, un poêle* caricare una pipa, una stufa **3** [*gaver de nourriture*] rimpinzare ◇ (*fam.*) *un aliment qui bourre* un cibo che rimpinza **4** *bourrer le crâne à qqn.* [*lui raconter des histoires*] imbottire, riempire la testa a qc. (di chiacchiere) **5** *bourrer qqn. de coups* [*le frapper à coups redoublés*] riempire, caricare di botte qc. **6** (*fam.*) [*tasser sans précaution pour faire tenir quelque part*] cacciare: *où as-tu bourré mes papiers?* dove hai cacciato le mie carte? **B** *v.pron.* SE BOURRER **1** *réfl.* [→ *tr.* 3] rimpinzarsi: *se bourrer de gâteaux* rimpinzarsi di dolci ♦ *absolt.* ubriacarsi **2** *récipr.* [*se battre*] darsele (102) di santa ragione (*pop.*), menarsi (*fam.*) [C] A 2 **vider.**

bourriche |buriʃ| *s.f.* [*long panier sans anse*] cesta.

bourrichon |buriʃɔ̃| *s.m.* (*loc.fam.*) *se monter le bourrichon* [*la tête*] montarsi la testa.

bourricot, bourriquot |buriko| *s.m.* [*petit âne*] asinello, somarello.

bourrin |burɛ̃| *s.m.* (*pop.*) → **cheval.**

bourrique |burik| *s.f.* **1** [*ânesse*] asina ◇ (*loc.*) *têtu comme une bourrique* ostinato, testardo come un mulo ~ *faire tourner qqn. en bourrique* [*l'abêtir à force d'exigences, de taquineries*] incretinire, i(n)stupidire qc. **2** (*fam.*) [*personne bête et têtue*] mulo *m.*, somaro (*m.*): *quelle bourrique!* che mulo!, che somaro! **3** (*pop.*) [*agent de police*] piedipiatti *m.inv.*

bourriquet |burikɛ| *s.m.* **1** [*âne de petite espèce*] asinello → **ânon 2** (*techn.*) argano, verricello.

bourru, ue |bury| *adj.* **1** (*choses*) [*qui a la rudesse, la grossièreté de la bourre*] ruvido: *fil bourru* filo ruvido ◇ (*par anal.*) *vin bourru* vino acerbo, asprigno **2** (*personnes*) [*rude, peu aimable*] burbero: *un homme bourru* un uomo burbero.

1 **bourse** |burs(ə)| *s.f.* **1** [*petit sac destiné à contenir des pièces de monnaie*] borsa: *une bourse de peau* una borsa di pelle ◇ (*loc.*) *tenir les cordons de la bourse* [*disposer des finances*] amministrare le finanze ~ *sans bourse délier* [*sans rien débourser*] senza scucire un soldo ~ *ouvrir sa bourse à ses amis* [*les aider financièrement*] essere prodigo di denaro con gli amici **2** [*l'argent lui-même*] borsa ◇ (*loc.*) *faire bourse à part, bourse commune* fare cassa a parte, cassa comune **3** *bourse* (*d'études*) borsa di studio **4** (*anat.*) *bourses séreuses, synoviales* borse sierose, sinoviali ◇ (*spécialt.*) *les bourses* [*l'enveloppe des testicules*] lo scroto *m.sing.*

2 **Bourse** |burs(ə)| *s.f.* **1** (*comm.*) Borsa: *Bourse des valeurs* Borsa valori; *Bourse de marchandises, Bourse de commerce* Borsa merci **2** [*ensemble des opérations traitées à la Bourse* (*des valeurs*)] Borsa: *chute de la Bourse* crollo della Borsa; *valeurs cotées en Bourse* valori quotati in Borsa; *jouer à la Bourse* giocare in Borsa; *la Bourse monte, baisse* la Borsa è in rialzo, in ribasso **3** (*par anal.*) *Bourse du travail* camera del lavoro.

bourse-à-pasteur |bursapastœr| *s.f.* (*t.bot.*) borsa di pastore: *des bourses-à-pasteur* delle borse di pastore.

boursicotage |bursikɔtaʒ| *s.m.* [→ BOURSICOTER] piccola operazione *f.* di Borsa, piccolo gioco* in Borsa.

boursicoter |bursikɔte| *v.intr.* [*faire de petites opérations en Bourse*] fare (103) *tr.* piccole operazioni di Borsa.

boursicotier, ière |bursikɔtje, jɛr|, **boursicoteur, euse** |bursikɔtœr, øz| *s.* [*qui boursicote*] piccolo operatore di Borsa.

1 **boursier, ière** |bursje, jɛr| *s.* [*élève qui a obtenu une bourse d'études*] borsista ♦ (*adj.*) *un élève boursier* un borsista *s.*

2 **boursier, ière** |buRsje, jɛR| **1** *s.m.* [*celui qui exerce sa profession à la* (2) *Bourse*] borsista, operatore di Borsa **2** *adj.* [*relatif à la* (2) *Bourse*] borsistico*.

boursouflage |buRsuflaʒ|, **boursouflement** |buRsufləmɑ̃| *s.m.* [*état de ce qui est boursouflé*] gonfiezza *f.*, gonfiore.

boursouflé, ée |buRsufle| *adj.* [*qui présente des gonflements*] gonfio*: *visage boursouflé* viso gonfio → **bouffi, enflé** ◇ (*fig.*) *style boursouflé* stile ampolloso.

boursoufler |buRsufle| *v.tr.* [*rendre boursouflé*] gonfiare → **enfler.**

boursouflure |buRsuflyR| *s.f.* **1** [*gonflement sur une surface unie*] gonfiore *m.*; rigonfiamento (*m.*): *boursouflure du visage* gonfiore del viso ‖ *boursouflure d'un enduit sur un mur* rigonfiamento dell'intonaco di un muro **2** (*fig.*) *boursouflure du style* ampollosità *inv.*, ridondanza di stile → **emphase, enflure.**

bousculade |buskylad| *s.f.* [*remous de foule*] pigia pigia *m.inv.*, calca*: *la bousculade du métro* il pigia pigia, la calca del metrò; *il s'est produit une bousculade dans la rue* in strada c'è stato un pigia pigia.

bousculer |buskyle| **A** *v.tr.* **1** [*pousser, heurter brutalement par inadvertance*] urtare, spingere (119): *les voyageurs pressés le bousculaient* i viaggiatori frettolosi lo urtavano, lo spingevano **2** [*faire se dépêcher*] far (103) premura (a), far fretta (a): *il n'aime pas qu'on le bouscule* non vuole, non gli piace che gli si faccia fretta ◇ (*par ext.*) *j'ai été tellement bousculé ces jours--ci* [*tellement occupé de choses urgentes*] sono stato così occupato, così preso in questi giorni → **presser** **3** [*mettre en désordre*] mettere (155) sottosopra, a soqquadro: *on a bousculé tous mes livres* hanno messo sottosopra, a soqquadro tutti i miei libri ◇ (*fig.*) [*modifier avec une certaine brusquerie*] sconvolgere (196), sovvertire (203) **B** *v.pron. récipr.* SE BOUSCULER [→ *tr.* 1] spingersi, accalcarsi: *on se bouscule pour entrer* ci si spinge per entrare.

bouse |buz| *s.f.* [*fiente des bovins*] sterco* *m.* (bovino).

bousier |buzje| *s.m.* (*t.zool.*) scarabeo stercorario*.

bousillage |buzijaʒ| *s.m.* **1** [*ouvrage fait précipitamment et mal*] pasticcio*, abborracciatura *f.* → **gâchis** **2** (*techn.*) miscuglio* di fango e paglia.

bousiller |buzije| **A** *v.tr.* **1** [*gâcher* (*un travail*)] abborracciare, acciarpare ◇ (*fam.*) [*rendre inutilisable*] scassare, mettere (155) fuori uso: *il a bousillé son moteur* ha scassato, ha messo fuori uso il motore → **abîmer** **2** (*pop.*) [*tuer*] accoppare (*cour.*) **B** *v.intr.* (*techn.*) [*maçonner en bousillage* (2)] costruire (197) *tr.* con miscuglio di fango e paglia.

bousilleur, euse |buzijœR, øz| *s.* (*fam.*) [*celui qui bousille son travail*] abborraccione, guastamestieri *inv.*

boussole |busɔl| *s.f.* bussola: *boussole de marine* bussola nautica; *s'orienter à l'aide de la boussole* orientarsi con la bussola ◇ (*fig., fam.*) *perdre la boussole* perdere la bussola.

boustifaille |bustifɑj| *s.f.* (*pop.*) [*nourriture, repas*] pappatoria, mangiatoria.

bout |bu| *s.m.* **I** **1** [*extrémité d'un corps*] punta (*f.*): *le bout d'une canne* la punta di una canna; *bout aigu* punta aguzza; *le bout du nez, de la langue, du doigt* la punta del naso, della lingua, del dito; *du bout du pied* con la punta del piede; *ciseaux à bouts ronds* forbici a punte arrotondate # *le bout d'une planche* l'estremità di una tavola; *le bout d'une ficelle* il capo di una cordicella ◇ (*loc.*) *soulever à bout de bras* [*au bout du bras tendu*] sollevare di peso ~ *tirer à bout portant* [*de très près*] sparare a bruciapelo ~ *mettre bout à bout* unire (punta a punta, capo a capo) → **abouter** ◇ (*loc. fig.*) *savoir qqch. sur le bout du doigt* sapere q.c. a menadito ~ *avoir un mot sur le bout de la langue* avere una parola sulla punta della lingua ~ *avoir du mal à joindre les deux bouts* [*parvenir difficilement à équilibrer son budget*] non riuscire a sbarcare il lunario ~ *brûler la chandelle par les deux bouts* [*gaspiller*] spendere e spandere, scialacquare ~ *on ne sait par quel bout le prendre* non si sa da che parte, per quale verso prenderlo ~ *tenir le bon bout* [*être en passe de réussir*] essere quasi in porto **2** [*extrémité* (*d'un espace*)] estremità (*f.inv.*): *le bout de la route* l'estremità della strada ◇ (*abstrait*) *au bout du compte* [*finalement*] in fin dei conti, alla fin fine ~ *de bout en bout* [*d'une extrémité à l'autre*] da cima a fondo, da capo a capo ~ *tout au bout* [*à l'extrême limite*] proprio in fondo ~ *d'un bout à l'autre* [*dans toute l'étendue*] da un capo all'altro ~ *à tout bout de champ* [*à chaque instant, à tout propos*] ad ogni piè sospinto, ad ogni momento ~ *aller jusqu'au bout de ses idées* difendere fino in fondo le proprie idee **3** [*la fin d'une durée, de ce qui s'épuise*] fine (*f.*): *jusqu'au bout* fino alla fine, fino in fondo → **terme** ◇ (*loc.*) *au bout d'un moment, de quelques minutes* [*après*] di lì a un momento, in capo a qualche minuto ~ ÊTRE À BOUT essere al limite: *ma patience est à bout* la mia pazienza è al limite ~ ÊTRE À BOUT DE [*ne plus avoir de*] esser a corto di; essere senza: *être à bout d'arguments* essere a corto di argomenti ‖ *être à bout de forces* essere senza forze ~ ÊTRE AU BOUT DE QQCH. essere alla fine, al termine di q.c.: *il est au bout de sa carrière* è alla fine, al termine della carriera ~ *venir à bout de qqch.* venire a capo di q.c. ~ *venir à bout d'un adversaire* spuntarla con un avversario **II** **1** [*partie, fragment*] pezzo: *un bout de papier, de bois* un pezzo di carta, di legno → **morceau** # *un bout de cigarette* un mozzicone di sigaretta ◇ (*ciné.*) *faire un bout d'essai* fare un provino ◇ [*la partie d'une étendue, d'un espace*] tratto: *faire un bout de chemin* fare un tratto, un pezzo di strada ◇ [*la partie d'une durée*] periodo, lasso: *un bon bout de temps* un lungo periodo, un lasso di tempo **2** (*par anal.*) [*ce qui est petit, incomplet*] *un bout d'homme* un ometto; *écrire un bout de lettre* scrivere due righe, una letterina; *jouer un bout de rôle* avere, interpretare una particina **3** (*loc. pop.*) *mettre les bouts* [*partir*] levare le tende *f.*

boutade |butad| *s.f.* **1** [*trait d'esprit*] battuta (di spirito), 'boutade' (*inv.*): *ce n'est qu'une boutade* non è che una battuta **2** [*caprice*] capriccio* (*m.*): *travailler par boutade* lavorare per, a capriccio; *agir par boutade* agire per, a capriccio.

boutargue |butaRg| *s.f.* bottarga*.

bout-dehors |budəɔR| *s.m.* (*mar.*) buttafuori (*inv.*): *des bouts-dehors* dei buttafuori.

boute-en-train |butɑ̃tRɛ̃| *s.m. inv.* [*personne qui excite à la joie*] allegrone (*s.var.*): *elle était le boute-en--train de la bande* era l'allegrona della compagnia.

boutefeu |butfø| *s.m.* **1** (*ancienn.*) buttafuoco* **2** (*vx., fig.*) [*celui qui excite les discordes*] mettimale (*s.inv.*): *des boutefeux* dei mettimale.

bouteille |butɛj| *s.f.* **1** bottiglia: *une bouteille de vin, de bière* una bottiglia di vino, di birra; *bouteille d'un litre* bottiglia da un litro; *vert bouteille* verde bottiglia # *panier à bouteilles* portabottiglie; *mettre du vin en bouteille* imbottigliare il vino ◇ [*son contenu*] *une bonne bouteille* una buona bottiglia; *boire une bouteille de rouge* bere una bottiglia di rosso # *il aime la bouteille* gli piace bere, alza volentieri il gomito ◇ (*loc.*) *prendre de la bouteille* [*vieillir*] invecchiare ~ *c'est la bouteille à l'encre* [*une situation confuse, obscure*] è un gran pasticcio, non ci si capisce niente **2** [*récipient métallique destiné à contenir un gaz sous pression, de l'air liquide*] bombola: *bouteille d'air comprimé* bombola di aria compressa # *bouteille thermos* thermos; *bouteille de Leyde* bottiglia di Leida.

bouteiller |buteje|, **boutillier** |butije| *s.m.* (*hist.*) bottigliere, coppiere.

bouteillon |butɛjɔ̃| *s.m.* marmitta *f.* da campo.

bouter |bute| *v.tr.* (*vx.*) → 1 **pousser, refouler.**

boute-selle |butsɛl| *s.m.inv.* (*ancienn., milit.*) buttasella.

bouteur |butœR| *s.m.* (*techn.*) [*bulldozer*] apripista *inv.*, bulldozer (*inv.*); *bouteur biais* [*angledozer*] apripista (a lama) angolabile, angledozer *inv.*

boutique |butik| *s.f.* **1** [*lieu où un marchand vend sa marchandise*] bottega*, negozio* (*m.*): *la devanture d'une boutique* la vetrina di una bottega; *boutique de charcuterie* bottega di salumeria; *boutique d'un artisan* bottega di un artigiano, bottega artigiana; *ouvrir, fermer boutique* aprire, chiudere bottega; *tenir boutique* avere negozio # *l'arrière-salle d'une boutique* il retrobottega **2** [*magasin de confection d'un grand couturier; magasin de prêt-à-porter en général*] 'boutique' *inv.* ✦ (*appos.*) *des robes boutique* vestiti di 'boutique' **3** (*fig., fam.*) [*maison, lieu de travail dont on est mécontent*] baracca* → **boîte.**

boutiquier, ière |butikje, jɛR| *s.* (*péj.*) [*personne qui tient boutique*] negoziante, bottegaio* → **marchand, commerçant** ✦ (*adj.*) *un exprit boutiquier* una mentalità bottegaia.

boutoir |butwaR| *s.m.* [*extrémité du groin et canines du sanglier et du porc*] grugno ◇ (*fig.*) *coup de boutoir* [*propos dur et blessant*] frecciata *f.*

1 **bouton** |butɔ̃| *s.m.* [*excroissance d'où naissent les fleurs*] bocciolo, bottone: *bouton de rose* bocciolo di rosa; *rose en bouton* rosa in bocciolo ◇ [*excroissance d'où naissent feuilles, fruits*] gemma (*f.*): *bouton à fleur* gemma a fiore; *bouton à bois, à feuilles, à fruit* gemma a legno, fogliare, a frutto → **bourgeon.**

2 **bouton** |butɔ̃| *s.m.* [*petite tumeur à la surface de la peau*] foruncolo, pedicello (*fam.*): *bouton d'acné* foruncolo da acne; *avoir des boutons* avere dei foruncoli → **pustule, vésicule.**
3 **bouton** |butɔ̃| *s.m.* **1** bottone: *bouton de chemise* bottone di camicia; *recoudre un bouton* riattaccare un bottone # *boutons de manchettes* gemelli ◇ (*spécialt.*) (*bouton*)-*pression* [*qui se fixe en pressant*] (bottone) automatico* **2** [*petite saillie ronde*] bottone: *bouton de fleuret* bottone di fioretto ◇ (*spécialt.*) [*commande d'un mécanisme, d'un appareil*] bottone, pulsante: *appuyer sur le bouton d'une sonnette* premere il bottone, il pulsante di un campanello; *tourner le bouton d'un poste de radio* girare il bottone, la manopola di una radio.
bouton-d'argent |butɔ̃daʀʒɑ̃| *s.m.* (*t.bot.*) bottone d'argento: *des boutons-d'argent* bottoni d'argento.
bouton-d'or |butɔ̃dɔʀ| *s.m.* (*t.bot.*) botton d'oro.
boutonnage |butɔnaʒ| *s.m.* [→ BOUTONNER A 1] abbottonatura *f.*
boutonner |butɔne| **A** *v.tr.* **1** [*fermer, attacher au moyen de boutons*] abbottonare: *boutonner sa veste* abbottonarsi la giacca **2** (*escrime*) *boutonner qqn.* [*lui porter un coup de bouton de fleuret*] portare una stoccata a qc. **B** *v.intr.* **1** (*rare*) → **bourgeonner** **2** [*se fermer au moyen de boutons*] abbottonarsi (*pron.*): *ce corsage boutonne par derrière* questa camicetta si abbottona dietro **C** *v.pron.* SE BOUTONNER **1** *intr.* [→ *tr.* 1] abbottonarsi: *un gilet se boutonnant sur le côté* un gilè che si abbottona sul fianco **2** *réfl.* (*fam.*) *boutonne-toi!* [*boutonne tes vêtements*] abbottonati!
boutonnerie |butɔnʀi| *s.f.* [*fabrique de* (3) *boutons* (1)] bottonificio* *m.*
boutonneux, euse |butɔnø, øz| *adj.* [*qui a des* (2) *boutons sur la peau*] coperto, pieno di foruncoli, foruncoloso: *visage boutonneux* viso pieno di foruncoli, foruncoloso.
boutonnier, ière |butɔnje, jɛʀ| *s.* [*ouvrier, ouvrière qui fait des* (3) *boutons*] bottonaio*.
boutonnière |butɔnjɛʀ| *s.f.* **1** [*petite fente faite à un vêtement pour y passer un* (3) *bouton*] occhiello *m.*, asola: *boutonnière brodée* occhiello ricamato, asola ricamata; *avoir une fleur à la boutonnière* avere un fiore all'occhiello **2** [*incision longue et étroite dans les chairs*] occhiello: *faire une boutonnière à qqn. avec un poignard* fare un occhiello a qc. col pugnale.
bouton-pression |butɔ̃pʀesjɔ̃| *s.m.* [*système de fermeture métallique, qui se fixe en pressant*] automatico*: *corsage fermé par des boutons-pression* camicetta chiusa con automatici.
bouts-rimés |buʀime| (*anciènn.*) *s.m. pl.* **1** [*rimes proposées d'avance*] rime *f.* obbligate **2** (*au sing.*) *un bout-rimé* poesia *f.* a rime obbligate.
bouturage |butyʀaʒ| *s.m.* [→ BOUTURER A] riproduzione *f.* per talea, taleaggio*.
bouture |butyʀ| *s.f.* (*bot.*) talea.
bouturer |butyʀe| **A** *v.tr.* [*reproduire* (*une plante*) *par bouture*] riprodurre (108) per talea **B** *v.intr.* (*plantes*) [*pousser des tiges par le pied*] rampollare, mettere (155) *tr.* polloni.
bouvier, ière |buvje, jɛʀ| *s.* **1** *s.* [*personne qui garde et conduit les bœufs*] bovaro *m.*, bifolco* *m.* **2** *s.m.* (*t.zool.*) *bouvier des Flandres* bovaro delle Fiandre.
bouvillon |buvijɔ̃| *s.m.* [*jeune bœuf châtré*] manzo.
bouvreuil |buvʀœj| *s.m.* (*t.zool.*) ciuffolotto.
bovarysme |bɔvaʀism(ə)| *s.m.* (*littér.*) bovarismo.
Bovidés |bɔvide| *s.m.pl.* (*t.zool.*) Bovidi.
bovin, ine |bɔvɛ̃, in| **1** *adj.* bovino: *races bovines* razze bovine ◇ (*fig., fam.*) (*d'une personne*) *regard, œil bovin* sguardo, occhio bovino **2** *s.m.pl.* (*t.zool.*) *les Bovins* i Bovini → **Bovinés.**
Bovinés |bɔvine| *s.m.pl.* (*t.zool.*) Bovini.
bowling |bɔliŋ| *s.m.* (*angl.*) bowling *inv.*
bow-window |bowindo| *s.m.*(*angl.*) bovindo, bow-window *inv.* → **oriel** (*t. recomm.*).
box, *pl.* **boxes** |bɔks| *s.m.* box (*inv.*): *le box d'une écurie* il box di una scuderia; *l'auto s'est arrêtée au box* l'auto si è fermata ai box.
boxe |bɔks(ə)| *s.f.* (*sport*) pugilato *m.*, 'boxe' (*inv.*): *match, combat de boxe* incontro di pugilato, di 'boxe'.
1 **boxer** |bɔkse| **A** *v.intr.* [*pratiquer la boxe*] boxare: *depuis lors le champion des poids moyens n'a plus boxé* da allora il campione dei pesi medi non ha più boxato **B** *v.tr.* (*fam.*): [*frapper à coups de poing*] prendere (105) a pugni, pestare ◇ [*rencontrer* (*un adversaire*) *dans un combat de boxe*] boxare *intr.*, incontrare.
2 **boxer** |bɔksɛʀ| *s.m.* (*t.zool.*) boxer *inv.*
boxeur |bɔksœʀ| *s.m.* pugile, 'boxeur' (*inv.*): *boxeurs amateurs, professionnels* pugili dilettanti, professionisti → **pugiliste.**
box-office |bɔksɔfis| *s.m.* (*dans le milieu du spectacle*) *arriver en tête du box-office* [*échelle de succès d'après le montant des recettes*] essere in testa alla graduatoria degli incassi.
boy |bɔj| *s.m.* (*angl.*) boy *inv.*
boyard |bɔjaʀ| *s.m* (*hist. russe*) boiaro.
boyau |bwajo| *s.m.* **I 1** [*intestin d'un animal*] budello: *boyaux de porc, de veau* budella di maiale, di vitello → **entrailles, tripe, viscère** ◇ (*loc.*) *rendre tripes et boyaux* [*vomir tout le contenu de l'estomac*] vomitare l'anima ~ *se tordre les boyaux* torcersi le budella (dal ridere) **2** [*mince corde servant à garnir des instruments de musique, à monter des raquettes*] budello **II** [*fossé en zigzag reliant des tranchées, des parallèles*] budello ◇ [*galerie de mine étroite*] cunicolo ◇ [*conduit, tuyau souple*] budello **III** [*pneumatique pour bicyclette de course*] tubolare.
boyauter (se) |bwajo(ɔ)te| *v. pron.réfl.* (*pop.*) [*rire démesurément*] sbudellarsi, spanciarsi dalle risa.
boycott |bɔjkɔt| *s.m.* (*angl.*) → **boycottage.**
boycottage |bɔjkɔtaʒ| *s.m.* boicottaggio*.
boycotter |bɔjkɔte| *v.tr.* [*soumettre au boycottage*] boicottare: *boycotter une marchandise étrangère* boicottare una merce straniera.
boycotteur, euse |bɔjkɔtœʀ, øz| *s.* boicottatore*.
boy-scout |bɔjskut| *s.m.* (*vx.*) → **scout** ◇ (*fam.*) [*idéaliste naïf*] boy-scout (*inv.*): *il est un peu boy-scout* ha (lo spirito) del boy-scout.
brabançon, onne |bʀabɑ̃sɔ̃, ɔn| *adj.* [*du Brabant*] brabantino, del Brabante *loc. inv.* ✦ (*s.f.*) *la Brabançonne* [*hymme national belge*] ⊠.
brabant |bʀabɑ̃| *s.m.* [*charrue métallique à avant-train*] aratro brabantino.
bracelet |bʀaslɛ| *s.m.* braccialetto: *bracelet en or* braccialetto d'oro # *bracelet de force* bracciale; *bracelet d'une montre* cinturino di orologio.
bracelet-montre |bʀaslɛmɔ̃tʀ(ə)| *s.m.* [*montre montée sur un bracelet*] orologio da polso, orologio a bracciale.
brachial, iale, iaux |bʀakjal, jo| *adj.* (*anat.*) brachiale.
brachy- |bʀaki| *préf.* (*signifiant 'court', correspond généralt. à*) brachi: *brachycéphale* brachicefalo.
brachycéphale |bʀakisefal| *adj.* brachicefalo ✦ (*s.*) *un brachycéphale* un brachicefalo.
brachycéphalie |bʀakisefali| *s.f.* (*anthrop.*) brachicefalia.
brachylogie |bʀakilɔʒi| *s.f.* (*ling.*) brachilogia*.
brachylogique |bʀakilɔʒik| *adj.* brachilogico*.
braconnage |bʀakɔnaʒ| *s.m.* [→ BRACONNER] bracconaggio*.
braconner |bʀakɔne| *v.intr.* [*chasser, pêcher sans permis*] cacciare, pescare di frodo ◇ (*fig.*) *braconner sur les terres d'autrui* [*ne pas respecter ce qui est sa propriété*] invadere il campo altrui.
braconnier |bʀakɔnje| *s.m.* bracconiere: *le garde-chasse a surpris des braconniers* il guardacaccia ha sorpreso dei bracconieri.
bractéal, ale, aux |bʀakteal, o| *adj.* (*bot.*) bratteale.
bractéate |bʀakteat| *adj. et s.f.* (*numism.*) bratteato *adj.*
bractée |bʀakte| *s.f.* (*bot.*) brattea.
bractéifère |bʀakteifɛʀ| *adj.* (*bot.*) bratteato.
bractéole |bʀakteɔl| *s.f.* (*bot.*) bratteola.
brader |bʀade| *v.tr.* **1** [*vendre en braderie*] svendere, vendere sottocosto **2** (*par ext.*) [*se débarrasser de* (*quelque bien*) *à n'importe quel prix*] svendere, sbarazzarsi *pron.* di → **liquider, sacrifier.**
braderie |bʀadʀi| *s.f.* mercato *m.* di oggetti usati ◇ (*par ext.*) [*liquidation de soldes en plein air*] liquidazione delle rimanenze (di mercato), svendita sottocosto.
bradeur, euse |bʀadœʀ, øz| *s.* [*personne qui brade, se débarrasse à bas prix de qqch.*] svenditore*.
brady- |bʀadi| *préf.* (*signifiant 'lent', correspond généralt. à*) bradi: *bradycardie* bradicardia.
bradycardie |bʀadikaʀdi| *s.f.* (*méd.*) bradicardia.
braguette |bʀagɛt| *s.f.* brachetta.
brahmane |bʀɑman| *s.m.* brahmano, bramino.
brahmanique |bʀɑ(a)manik| *adj.* brahmanico*.
brahmanisme |bʀɑ(a)manism(ə)| *s.m.* brahmanesimo.
braies |bʀɛ| *s.f.pl.* (*anciènn.*) [*sorte de pantalon ample*] brachessa *sing.*
braillard, arde |bʀɑjaʀ, aʀd(ə)|,

brailleur, euse |bRɑjœR, øz| *adj. et s.* [*personne qui est toujours à brailler*] sbraitone *s.*, bercione *s.*

braille |bRɑj| *s.m.* 'braille' *inv.*

braillement |bRɑjmɑ̃| *s.m.* [*cri de qqn. qui braille*] sbraitamento.

brailler |bRɑje| **A** *v.intr.* [*crier fort, parler ou chanter de façon assourdissante*] strillare, sbraitare ◇ (*enfants*) strillare **B** *v.tr.* [→ *intr.*] urlare: *brailler une chanson* urlare una canzone.

braiment |brɛmɑ̃| *s.m.* [*cri de l'âne*] raglio*.

brain-trust |bRɛntRœst| *s.m.* (*angl.*) brain-trust *inv.*

braire |bRɛR| *v.intr. défectif* (*prés. ind.*: *il brait, ils braient*; *imp.*: *il brayait*; *fut.*: *il braira*; *condit.*: *il brairait*; *p. comp.*: *il a brait*; *p. prés.*: *brayant*) (*se dit de l'âne qui pousse son cri*) ragliare ◇ (*fam.*) [*brailler*] berciare.

braise |bRɛz| *s.f.* [*bois réduit en charbons ardents*] brace: *souffler sur la braise* soffiare sulla brace ◇ (*fig.*) *des yeux de braise* [*ardents*] occhi di brace.

braiser |bReze| *v.tr.* [*faire cuire* (*une viande, etc.*) *à feu doux*] brasare ✦ (*au p.p.*) *bœuf braisé* brasato *s.m.*

bramement |bRɑmmɑ̃| *s.m.* [*cri du cerf*] bramito ◇ (*fig.*) [*hurlement*] urlo.

bramer |bRɑme| *v.intr.* **1** (*se dit du cerf qui pousse son cri*) bramire (197) **2** (*fig.*) [*crier fort*] urlare.

bran |brɑ̃| *s.m.* **1** [*partie la plus grossière du son*] lolla *f.*, pula *f.* ◇ (*par anal.*) *bran de scie* segatura *f.* **2** (*dial.*) [*excrément*] sterco*.

brancard |bRɑ̃kaR| *s.m.* **1** [*civière*] barella (*f.*): *transporter un blessé sur un brancard* trasportare un ferito su una barella **2** [*les deux prolonges de bois entre lesquelles on attache une bête de trait*] stanga* (*f.*): *atteler un cheval dans les brancards* attaccare un cavallo alle stanghe.

brancarder |bRɑ̃kaRde| *v.tr. et intr.* [*transporter sur un brancard d'ambulance*] barellare.

brancardier |bRɑ̃kaRdje| *s.m.* [*porteur de brancard*] barelliere # *brancardiers militaires* portaferiti.

branchage |bRɑ̃ʃaʒ| *s.m.* [*ensemble des branches d'un arbre*] ramificazioni *f.pl.*, ramatura *f.* (*rare*) ◇ *au plur.* [*branches coupées*] ramaglia (*f.sing.*): *branchages assemblés en fagots, en fascines* ramaglia in fascine.

branche |bRɑ̃ʃ| *s.f.* **1** [*ramification latérale de la tige ligneuse de l'arbre*] ramo *m.*, branca* (*rare*): *branche mère, maîtresse branche* ramo principale, primario, maestro; branca madre; *branche à bois* ramo a legno; *branches fruitières* rami a frutto, fruttanti; *branche gourmande* (ramo) succhione; *branche morte* ramo secco, morto; *branches rompues, coupées, cassées* rami rotti, tagliati, spezzati; *secouer les branches d'un arbre* scuotere i rami di un albero # *asperges en branches* asparagi coi gambi; *ensemble des branches d'un arbre* ramificazione di un albero; *dépouiller un arbre de ses branches* mondare un albero ◇ (*loc. fig.*) *être comme l'oiseau sur la branche* [*occuper une position précaire*] stare, essere come l'uccello sulla frasca ~ *scier la branche sur laquelle on est assis* [*compromettre sa position*] darsi la zappa sui piedi **2** (*par anal.*) [*chacune des ramifications* (*d'un organe, d'un appareil, etc.*) *qui partent d'un axe, d'un centre*] *branche d'un arbre généalogique, d'une famille* ramo di un albero genealogico, di una famiglia; *un chandelier à sept branches* un candeliere a sette bracci; *les branches d'un compas* le aste di un compasso; *les branches d'un mors* le branche di una tenaglia; *les branches d'une paire de lunettes* le stanghette di un paio di occhiali ◇ (*anat.*) *branches collatérales, terminales d'un nerf, d'un vaisseau* rami collaterali, terminali di un nervo, di un vaso ◇ (*archit.*) → **nervure** ◇ (*communic.*) → **branchement** ◇ (*math.*) *les branches d'une courbe* i rami di una curva **3** (*abstrait*) [*division d'une œuvre, d'un système complexe*] ramo, branca: *les différentes branches de la science* i vari rami, le varie branche della scienza; *les branches de l'enseignement* i rami, gli indirizzi dell'insegnamento ◇ (*écon.*) settore *m.* **4** (*fig.*) *avoir de la branche* [*être racé, avoir de l'allure, de la distinction*] aver stile **5** (*pop.*) *ma vieille branche* (*se dit en s'adressant à un vieux camarade*) vecchio mio.

branchement |bRɑ̃ʃmɑ̃| *s.m.* **1** [→ BRANCHER A] diramazione *f.*, allacciamento **2** *branchement de voie* [*appareil d'aiguillage*] scambio*, deviatoio*.

brancher |bRɑ̃ʃe| **A** *v.tr.* **1** *brancher* (*sur*) [*mettre en communication* (*un circuit secondaire*) *avec le réseau principal*] collegare, allacciare: *brancher une installation électrique* collegare, allacciare un impianto elettrico; *brancher une lampe sur la prise* collegare una lampada alla presa **2** (*fig.*) *brancher* (*qqn., qqch.*) *sur* [*orienter, diriger*] portare, far (103) cadere (qc., q.c.) su: *brancher la conversation sur tel sujet* portare, far cadere il discorso su un argomento ◇ (*fam.*) *être branché sur* [*être en communication avec* (*qqn., qqch.*)] essere in contatto (*cour.*) con ✦ (*absolt.*) *alors, tu es branché?* [*informé*] allora, ne sei al corrente?, ne sei informato? ◇ [*tu as compris?*] allora, hai afferrato? **B** *v. intr.* [*se percher sur les branches d'un arbre*] appollaiarsi (*pron.*): *le faisan* (*se*) *branche* il fagiano si appollaia **C** *v.pron. réfl.* SE BRANCHER [→ *intr.*] appollaiarsi.

branchial, ale, aux |bRɑ̃ʃjal, o| *adj.* branchiale: *respiration branchiale* respirazione branchiale.

Branchiates |bRɑ̃ʃiat| *s.m.pl.* (*t. zool.*) Branchiati.

branchie |bRɑ̃ʃi| *s.f.* (*anat. animale*) branchia.

Branchiopodes |bRɑ̃ʃ(k)jɔpɔd| *s. m.pl.* (*t.zool.*) Branchiopodi.

branchu, ue |bRɑ̃ʃy| *adj.* [*qui a beaucoup de branches*] ramoso.

brandade |bRɑ̃dad| *s.f.* (*cuis.*) [*morue pochée préparée à la provençale*] merluzzo *m.* alla provenzale.

brande |bRɑ̃d| *s.f.* [*nom collectif de plantes de sous-bois*] sottobosco* *m.* ◇ [*terre infertile où poussent ces plantes*] landa → **lande.**

brandebourg |bRɑ̃dbuR| *s.m.* [*passementerie ornant une boutonnière*] alamaro.

brandebourgeois, oise |bRɑ̃dbuRʒwa, waz| *adj.* [*du Brandebourg*] brandeburghese.

brandir |bRɑ̃diR| *v.tr.* **1** [*agiter en tenant en l'air de façon menaçante*] brandire (197): *brandir un couteau* brandire un coltello **2** [*agiter en élevant pour attirer l'attention*] sventolare: *il brandissait un journal pour signaler sa présence* sventolava un giornale per segnalare la sua presenza.

brandon |bRɑ̃dɔ̃| *s.m.* **1** [*débris enflammé*] tizzone **2** (*fig., littér.*) *brandon de discorde* [*personne, chose qui est source de discorde*] pomo della discordia.

brandy |bRɑ̃di| *s.m.* brandy *inv.*, acquavite *f.* di vino.

branlant, ante |bRɑ̃lɑ̃, ɑ̃t| *adj.* [*instable*] traballante: *table branlant* tavolo traballante; *une chaise branlante* una sedia traballante.

branle |bRɑ̃l| *s.m.* (*vx. ou en loc.*) **1** *mettre en branle une cloche* [*en oscillation*] mettere in movimento una campana; *sonner en branle* suonare a distesa → **volée (à la)** **2** (*fig.*) *se mettre en branle* [*en mouvement, en train*] mettersi in moto: *donner le branle à une affaire* dare il via a un affare **3** [*ancienne danse*] brando.

branle-bas |bRɑ̃lbɑ| *s.m.inv.* **1** (*mar.*) brandabbasso (*var*).: *branle-bas du matin, du soir* brandabbasso del mattino, della sera # *branle-bas de combat* [*ensemble des dispositions prises en vue du combat*] assetto di combattimento **2** (*fig.*) [*préparation agitée*] agitazione *f.var.*, trambusto (*var.*): *le branle-bas des élections* l'agitazione, il trambusto delle elezioni.

branlement |bRɑ̃lmɑ̃| (*s.m.*) *branlement de tête* [→ BRANLER A] sc(u)otimento di testa, lo scuotere *inv.* la testa.

branler |bRɑ̃le| **A** (*v.tr.*) *branler la tête* [*la remuer*] scuotere (162), scrollare la testa → **hocher, secouer** **B** *v.intr.* **1** [*être instable, mal fixé*] traballare: *une chaise qui branle* una sedia che traballa → **chanceler, vaciller** # *une dent qui branle* un dente che dondola **2** (*vulg.*) → 1 **faire, fabriquer** **C** *v.pron.* (*vulg.*) **1** (*réfl.*) *se branler* [*se masturber*] farsi (103) *tr.* una sega* **2** (*intr.*) *s'en branler* [*s'en foutre, s'en moquer*] fregarsene.

braquage |bRakaʒ| *s.m.* **1** [→ BRAQUER A 2] sterzata *f.* # *angle, rayon de braquage* angolo, raggio di sterzo **2** (*arg.*) [*attaque à main armée*] rapina *f.* (*cour.*).

1 **braque** |bRak| *s.m.* [*chien de chasse*] bracco*.

2 **braque** |bRak| *adj.* (*fam.*) [*un peu fou, toqué*] picchiato, bislacco*.

braquer |bRake| **A** *v.tr.* **1** [*tourner* (*une arme à feu, un instrument d'optique*) *dans la direction de l'object*] puntare: *braquer un revolver sur qqn.* puntare, spianare una rivoltella contro qc. → **diriger** ◇ (*par anal.*) *braquer les yeux sur qqn.* [*fixer son regard sur lui*] puntare gli occhi, lo sguardo su qc. ◇ (*arg.*) *braquer une banque* [*attaquer à main armée*] rapinare (*cour.*) una banca **2** [*faire tourner* (*un véhicule*) *en manœuvrant la direction*] sterzare ✦ (*absolt.*) *braquer pour se garer* sterzare per parcheggiare **3** (*fig.*) *braquer qqn. contre qqn., qqch.* [*l'amener à s'opposer obstinément à*] aizzare qc. contro qc., q.c. → 1 **dresser** **B** (*v.intr.*) *voiture qui braque mal* [*qui tourne mal*] automobile che sterza male **C** *v.pron.intr.* SE BRAQUER [*se buter*] impuntarsi, ostinarsi: *il s'est braqué* si è impuntato.

braquet |bRakɛ| *s.m.* [*développement*

d'une bicyclette] cambio* # *changer de braquet* cambiare rapporto.
bras |bRa| *s.m.* **1** [*membre supérieur de l'homme*] braccio*: *bras droit, gauche* braccio destro, sinistro; *muscles du bras* muscoli del braccio; *porter un enfant sur ses bras, dans ses bras* portare un bambino in braccio; *porter, tenir un objet sous les bras* portare, tenere un oggetto sotto braccio; *serrer qqn. dans ses bras* stringere qc. fra le braccia; *en nouant ses bras à mon cou* gettandomi le braccia al collo; *donner, offrir le bras à qqn.* dare, offrire il braccio a qc. # *elle était au bras de son mari* era, andava a braccetto con suo marito; *ils s'en vont bras dessus, bras dessous* se ne vanno a braccetto ◇ (*loc. fig.*) *les bras m'en tombent* [*je suis stupéfait*] rimango a bocca aperta; mi cadono, cascano le braccia ~ *ne vivre que de ses bras* [*que d'un travail manuel*] vivere con il lavoro delle proprie braccia ~ *avoir le bras long* [*de l'influence*] avere le braccia, le mani lunghe ~ AVOIR QQN. SUR LES BRAS [*en être chargé*] avere qc. sulle braccia, sulle spalle, a carico: *j'ai mes parents sur les bras* ho i miei genitori sulle braccia, sulle spalle, a carico ~ *avoir qqn., qqch. sur les bras* [*en être embarrassé*] avere qc., q.c. tra i piedi ~ *se croiser les bras, rester les bras croisés* [*sans rien faire*] restare con le mani in mano ~ *couper bras et jambes à qqn.* [*lui enlever ses moyens d'action*] tagliare, troncare le braccia a qc. ~ *recevoir, accueillir qqn. à bras ouverts* ricevere, accogliere qc. a braccia aperte ~ *tendre, ouvrir les bras à qqn.* [*lui porter secours, lui pardonner*] tendere, aprire le braccia a qc. ~ *tendre les bras vers qqn.* [*implorer son aide*] tendere le braccia verso qc. ~ *se jeter, se réfugier dans les bras de qqn.* [*se mettre sous la protection de qqn.*] mettersi nelle braccia di qc., gettarsi in braccio a qc. ~ *être dans les bras de Morphée* [*dormir*] essere, andare nelle braccia di Morfeo ~ *s'endormir dans les bras du Seigneur* [*mourir*] addormentarsi nel Signore **2** [*symbole de la force, du pouvoir*] braccio: *le bras de la justice* il braccio della legge; *le bras séculier* il braccio secolare # *le bras de Dieu* la mano di Dio ◇ (*loc.*) *avoir un bras de fer* [*une grande autorité*] avere polso ferreo, fermo **3** [*personne qui agit, travaille, combat*] braccia (*f. pl.*): *l'industrie réclame des bras, manque de bras* l'industria ha bisogno di braccia ◇ (*loc.*) *le bras droit de qqn.* il braccio destro di qc. **4** *loc. adv.* À BRAS a braccia: *il a fallu transporter tout cela à bras* abbiamo dovuto trasportare tutto a braccia # *charrette à bras* carretto a mano, carrettino ~ *à tour de bras* [*de toute sa force*] a tutta forza ~ *se jeter sur qqn. à bras raccourcis* [*le frapper avec la plus grande violence*] colpire, picchiare qc. con tutta la forza, selvaggiamente **5** (*chevaux*) braccio ◇ (*mollusques céphalopodes*) tentacolo **6** (*par anal.*) [*cordage servant à orienter les vergues*] braccio ◇ [*accoudoir* (*d'un fauteuil*)] bracciolo: *recouvrir le dossier et les bras* ricoprire lo schienale e i braccioli ◇ [*partie mobile d'une grue, d'un sémaphore, etc.*] braccio: *bras d'une manivelle* braccio di una manovella ◇ (*mécan.*) *bras de levier* braccio di leva **7** (*géogr.*) braccio: *bras principal* braccio principale; *bras secondaires* bracci secondari; *bras mort* braccio morto; *bras de mer* braccio di mare.
brasage |bRɑzaʒ| *s.m.* (*techn.*) brasatura *f.*
braser |bRɑze| *v.tr.* [*assembler* (*des métaux*) *par brasage*] brasare → **souder.**
brasero |bRɑ(a)zeRo| *s.m.* [*bassin de métal, rempli de charbons ardents posé sur un trépied*] braciere, caldano.
brasier |bRɑzje| *s.m.* **1** [*masse d'objets en complète combustion du fait d'un incendie*] rogo*, braciere **2** (*fig.*) [*ardeur du tempérament*] ardore: *le brasier des passions* l'ardore delle passioni # *son corps est un brasier* il suo corpo brucia di febbre.
brasiller |bRa(ɑ)zije| *v.intr.* (*se dit de la mer qui, la nuit, scintille*) scintillare, luccicare (*aux.* essere, avere).
bras-le-corps (à) |abRalkɔR| *loc. adv.* [*avec les bras et par le milieu du corps*] per la vita: *il a saisi son adversaire à bras-le-corps* ha afferrato il suo avversario per la vita.
brasque |bRask(ə)| *s.f.* (*techn.*) brasca*.
1 **brassage** |bRasaʒ| *s.m.* **1** [*ensemble des opérations consistant à brasser la bière*] miscelazione *f.* del malto **2** [*mélange*] mescolanza (*f.*): *brassage des gaz* mescolanza dei gas ◇ (*fig.*) *le brassage des races, des peuples* l'incrocio delle razze, dei popoli.
2 **brassage** |bRasaʒ| *s.m.* (*mar.*) il bracciare *inv.* un pennone.
brassard |bRasaR| *s.m.* **1** [*bande d'étoffe servant d'insigne qu'on porte au bras*] bracciale: *brassard d'infirmier* bracciale d'infermiere; *brassard de deuil* bracciale nero **2** [*pièce d'armure qui couvrait le bras*] bracciale.
brasse |bRas| *s.f.* **I** [*ancienne mesure de longueur; mesure de profondeur*] braccio* *m.* **II** [*nage sur le ventre*] (nuoto *m.* a) rana: *nager la brasse* nuotare a rana # *brasse papillon* (nuoto a) farfalla ◇ [*chacun des espaces ainsi parcourus*] bracciata.
brassée |bRase| *s.f.* [*ce que les bras peuvent contenir*] bracciata: *une brassée de fleurs* una bracciata di fiori.
1 **brasser** |bRase| *v.tr.* **1** *brasser la bière* [*préparer le moût en faisant macérer le malt dans l'eau*] mescolare il malto ◇ [*fabriquer la bière*] fabbricare la birra **2** [*remuer en mêlant*] mescolare: *brasser la salade* mescolare l'insalata; *brasser les cartes avant de donner* mescolare le carte prima di distribuirle ◇ (*pêche*) *brasser l'eau* smuovere (157) l'acqua **3** [*manier* (*beaucoup d'argent*)] maneggiare (molto denaro) ◇ [*traiter* (*beaucoup d'affaires*)] avere (97) un grosso giro d'affari, trattare (molti affari).
2 **brasser** |bRase| *v.tr.* (*mar.*) [*orienter* (*les vergues*) *en agissant sur leurs bras*] bracciare.
brasserie |bRasRi| *s.f.* **1** fabbrica* di birra, industria birraria **2** [*grand café restaurant*] caffè ristorante *loc. m. inv.* ◇ (*anciennn.*) birreria.
1 **brasseur, euse** |bRasœR, øz| *s.* **1** [*personne qui fabrique de la bière*] birraio* *m.* **2** *brasseur d'affaires* [*homme qui s'occupe de nombreuses affaires*] uomo* (*m.*) d'affari, affarista.
2 **brasseur, euse** |bRasœR, øz| *s.* (*sport*) ranista.
brassière |bRasjɛR| *s.f.* **1** *brassière de dessous* [*petite chemise de bébé en toile fine*] camiciola, corpetto *m.* ◇ (*spécialt.*) *brassière de dessus* [*en laine tricotée*] coprifasce *m.inv.* di lana **2** *au plur.* [*bretelles* (*d'une hotte, d'un sac*)] cinghie.
bravache |bRavaʃ| *s.m.* [*faux brave, fanfaron*] spaccone, smargiasso: *faire le bravache* fare lo spaccone ✦ (*adj.*) *un air bravache* un'aria da spaccone *s.*
bravade |bRavad| *s.f.* bravata, spacconata: *c'est une pure bravade* è solamente una bravata, una spacconata; *par bravade, il s'est exposé au danger* per fare una spacconata si è esposto al pericolo.
brave |bRav| *adj.* **1** [*courageux au combat*] coraggioso, valoroso: *un homme brave* un uomo coraggioso, valoroso ✦ (*s.*) *c'est un brave* è un valoroso **2** (*placé devant le nom*) [*honnête et bon*] bravo: *une brave femme* una brava donna; *de braves gens* della brava gente; *c'est un brave garçon* è un bravo ragazzo ◇ (*loc.*) *mon brave!* [*appellation condescendante à l'égard d'un inférieur*] buonuomo, brav'uomo ◇ (*parfois après le nom*) [*d'une bonté, d'une gentillesse un peu naïve*] gentile: *il est bien brave, mais il m'ennuie* è molto gentile, ma mi annoia Ⓒ 1 **lâche** 1.
bravement |bRavmɑ̃| *adv.* **1** [*avec bravoure*] coraggiosamente, valorosamente **2** [*d'une manière décidée, sans hésitation*] risolutamente: *il prit bravement son parti* prese risolutamente la sua decisione.
braver |bRave| *v.tr.* **1** [*défier orgueilleusement en montrant qu'on ne craint pas*] sfidare: *braver les autorités* sfidare le autorità; *braver les ordres de qqn.* sfidare gli ordini di qc. → **opposer(s')** **2** [*se comporter sans crainte devant qqch.*] sfidare: *braver le danger, la mort* sfidare il pericolo, la morte; *braver les lois* sfidare le leggi → **mépriser.**
1 **bravo** |bRavo| **1** *interj.* (*exclamation dont on se sert pour applaudir, pour approuver*) bravo (*var.*): *bravo, mon petit!* bravo, ragazzo mio!; *bravo, les enfants!* bravi, ragazzi! **2** *s.m.* [*applaudissement, marque d'approbation*] applauso: *j'entendais les rires et les bravos* sentivo le risate e gli applausi; *les bravos éclataient dans la salle* gli applausi scrosciavano nella sala.
2 **bravo** |bRavo|, *pl.* **bravi** |bRavi| *s.m.* (*hist. it.*) bravo: *des bravi* dei bravi.
bravoure |bRavuR| *s.f.* **1** [*qualité de celui qui est brave* (1)] bravura, coraggio* *m.* **2** *morceau de bravoure* [*partie d'une œuvre, d'une performance particulièrement brillante*] pezzo di bravura Ⓒ 1 **lâcheté.**
brayer |bRɛje| *s.m.* (*techn.*) ansola *f.* ◇ (*maçonn.*) imbraca* *f.*
break |bRɛk| *s.m.* **1** (*boxe, jazz*) break *inv.* **2** [*automobile avec carrosserie à grande capacité*] familiare *f.*, giardinetta *f.*, station-wagon *f.inv.*
brebis |bRəbi| *s.f.* **1** [*dans l'espèce ovine, femelle adulte*] pecora: *lait de brebis* latte di pecora **2** *brebis galeuse* [*personne dangereuse et indésirable dans un groupe*] pecora nera.
1 **brèche** |bRɛʃ| *s.f.* **1** [*ouverture faite à un mur, et spécialt. dans une enceinte fortifiée*] breccia*: *faire, ouvrir une brèche* fare, aprire una breccia → **trouée** ◇ (*loc. pr., fig.*) *être toujours sur la brèche* essere sempre sulla breccia

~ *mourir sur la brèche* morire sulla breccia ~ *battre en brèche* battere in breccia **2** [*petite entaille sur un objet*] tacca*: *brèches sur une lame d'acier* tacche di una lama d'acciaio ◇ *loc. fig.* FAIRE UNE BRÈCHE À [*entamer, diminuer*] intaccare: *faire une brèche sérieuse à sa fortune* intaccare seriamente il proprio patrimonio.

2 **brèche** |bʀɛʃ| *s.f.* (*géol.*) breccia*.

brèche-dent |bʀɛʃdɑ̃| *adj.* (*vx.*) [*qui a perdu une ou plusieurs dents*] sdentato ◆ (*s.*) *des brèche-dents* degli sdentati.

bréchet |bʀeʃɛ| *s.m.* (*zool.*) carena *f.*

bredouillage |bʀəduja3| *s.m.* → **bredouillement.**

bredouille |bʀəduj| *adj.* (*dans la loc.*) *revenir bredouille* [*sans avoir rien pris, rien obtenu*] ritornare a mani vuote, con le pive nel sacco.

bredouillement |bʀədujmɑ̃| *s.m.* [→ BREDOUILLER] barbugliamento, borbottio*.

bredouiller |bʀəduje| **A** *v.intr.* [*parler d'une manière peu distincte*] borbottare, farfugliare → **bafouiller, balbutier, marmonner B** *v.tr.* [→ *intr.*] balbettare, farfugliare: *bredouiller un compliment, une excuse* balbettare un complimento, una scusa.

bredouilleur, euse |bʀədujœʀ, øz| *s. et adj.* [*personne qui bredouille*] borbottone, farfuglione *s.*

bref |bʀɛf| *s.m.* [*décision du Pape*] breve.

bref, brève |bʀɛf, ɛv| **I** *adj.* **1** [*de peu de durée*] breve: *un bref épisode* un breve episodio; *une brève rencontre* un breve incontro → **court** ◇ *loc.* À BREF DÉLAI [*bientôt*] a breve scadenza, entro breve termine: *nous prendrons une décision à bref délai* prenderemo una decisione a breve scadenza, entro breve termine **2** [*de peu de durée dans l'expression*] breve: *une brève allocution* una breve allocuzione; *soyez bref* sia breve → **concis** # *répondre d'un ton bref* [*tranchant, sec*] rispondere seccamente ◇ (*métr. anc.*) breve ◇ (*phonét.*) breve **II** (*adv.*) *bref* [*pour résumer les choses en peu de mots*] insomma, a farla breve *loc.* → **enfin, résumé (en)** ◇ *loc. adv.* (*littér.*) EN BREF [*en peu de mots*] in breve.

bregma |bʀɛgma| *s.m.* (*anat.*) bregma.

bregmatique |bʀɛgmatik| *adj.* (*anat.*) bregmatico*.

breitschwanz |bʀɛtʃvɑ̃ts| *s.m.* breitschwanz *inv.*

brelan |bʀəlɑ̃| *s.m.* (*cartes*) tris *inv.*, bazzicotto: *avoir un brelan de rois au poker* avere un tris di re al poker.

breloque |bʀəlɔk| *s.f.* **1** [*petit bijou de fantaisie qu'on attache à une chaîne de montre, à un bracelet*] ciondolo *m.* **2** (*loc. fam.*) *battre la breloque* (*se dit de qqn. qui divague*) dare i numeri; (*se dit de qqch. qui fonctionne mal*) andare, funzionare male.

brème |bʀɛm| *s.f.* **1** (*t.zool.*) abramide **2** (*arg.*) carta da gioco (*cour.*).

bren |bʀɛ̃| *s.m.* → **bran.**

brésil |bʀezil| *s.m.* [*bois contenant une matière colorante*] brasile, verzino.

brésilien, ienne |bʀeziljɛ̃, jɛn| **1** *adj.* [*du Brésil*] brasiliano **2** (*s.m.*) *le brésilien* [*la langue*] il (portoghese) brasiliano.

brésiller |bʀezije| *v.tr.* **1** [*teindre avec du brésil*] tingere (119) con il verzino **2** (*littér., techn.*) [*réduire en menus morceaux*] polverizzare.

bretelle |bʀətɛl| *s.f.* **1** [*bande de cuir que l'on passe sur les épaules pour porter un fardeau*] tracolla: *porter l'arme à la bretelle* portare l'arma a tracolla → **bandoulière** # *bretelle d'un fusil* bretella di un fucile **2** *au plur.* [*bandes de tissu qui retiennent les pièces de la lingerie féminine*] bretelle → **épaulette** ◇ [*bandes élastiques servant à retenir un pantalon d'homme*] *une paire de bretelles* un paio di bretelle **3** (*par. anal.*) (*ch. de fer*) bretella ◇ (*milit.*) bretella ◇ (*dans un système routier, sur un aérodrone*) bretella, raccordo (*m.*): *la bretelle d'une autoroute* la bretella, il raccordo autostradale.

breton, onne |bʀətɔ̃, ɔn| **1** *adj.* [*de la Bretagne*] bretone: *la population bretonne* la popolazione bretone **2** (*s.m.*) *le breton* [*la langue*] il bretone.

bretonnant, ante |bʀətɔnɑ̃, ɑ̃t| (*adj.*) *Bretons bretonnants* Bretoni che conservano la lingua e le tradizioni bretoni *loc.*

bretteur |bʀɛtœʀ| *s.m.* [*celui qui aimait se battre à l'épée*] spadaccino, duellista.

breuvage |bʀœva3| *s.m.* [*boisson d'une composition spéciale*] beveraggio*, pozione *f.*

brève |bʀɛv| *s.f.* (*phonét.*) breve.

brevet |bʀəvɛ| *s.m.* **1** (*dr.*) (*acte en*) *brevet* originale di atto notarile **2** [*titre, diplôme délivré par l'État*] brevetto: *brevet d'invention* brevetto d'invenzione; *brevets militaires* brevetti militari ◇ (*par anal.*) (*domaine scol.*): *brevet de capacité* ⊠ *brevet élémentaire* ⊠ *brevet supérieur* ⊠ ◇ (*loc.*) *il n'a même pas son brevet* non ha (fatto) nemmeno la quinta, la licenza elementare **3** [*garantie, assurance*] garanzia (*f.*): *c'est un brevet de moralité* è una garanzia di moralità.

brevetabilité |bʀəvtabilite| *s.f.* brevettabilità *inv.*

brevetable |bʀəvtabl(ə)| *adj.* [→ BREVETER] brevettabile.

breveté, ée |bʀəvte| *adj.* [*qui a obtenu un brevet*] specializzato, diplomato # *officier breveté* ufficiale di stato maggiore ◇ [*garanti par un brevet*] brevettato: *procédé breveté* procedimento brevettato.

breveter |bʀəvte| (7) *v.tr.* [*protéger par un brevet*] brevettare: *faire breveter un invention* far brevettare un'invenzione ◇ (*rare*) [*pourvoir d'un brevet*] brevettare.

bréviaire |bʀevjɛʀ| *s.m.* **1** (*relig.*) breviario*: *le bréviaire romain* il breviario romano **2** (*fig.*) breviario: *bréviaire de style, de politique* breviario di stile, di politica.

bréviligne |bʀeviliɲ| *adj.* brevilineo.

brévirostre |bʀeviʀɔstʀ| *adj.* (*zool.*) brevirostro.

brévité |bʀevite| *s.f.* (*phonét.*) brevità *inv.*

bribe |bʀib| *s.f.* **1** [*petit morceau, fragment*] brandello *m.*, briciola: *saisir au passage des bribes de conversation* cogliere al volo brandelli di conversazione **2** *au plur.* [*restes insignifiants*] briciole: *les dernières bribes de sa fortune* le ultime briciole del suo patrimonio → **débris.**

bric-à-brac |bʀikabʀak| *s.m.inv.* [*amas de vieux objets hétéroclites*] cianfrusaglia *f.var.*, ciarpame *var.*, 'bric-à-brac' # *marchand de bric-à-brac* rigattiere ◇ [*boutique de brocanteur*] bottega* *f.* di rigattiere ◇ (*fig.*) [*amas de vieilleries disparates*] ciarpame: *cette œuvre est encombrée de tout le bric-à-brac romantique* quest'opera è piena di tutto il ciarpame romantico, di romanticume.

bric et de broc (de) |d(ə) bʀikedbʀɔk| *loc. adv.* [*en employant des morceaux de toute provenence, hasard des occasions*] prendendo un po' qua un po' là, come capita # *une chambre meublée de bric et de broc* una camera arredata in qualche modo.

brick |bʀik| *s.m.* (*mar.*) brigantino.

bricolage |bʀikɔla3| *s.m.* [→ BRICOLER A] 'bricolage' *inv.*, fai-da-te *loc. inv.* ◇ (*par ext.*) [*réparation faite tant bien que mal*] riparazione *f.* fatta alla meno peggio ◇ [*travail d'amateur, peu soigné*] lavoro dilettantesco*, abborracciato.

bricole |bʀikɔl| *s.f.* **1** [*courroie qu'on applique sur la poitrine du cheval*] pettorale *m.* ◇ [*bretelle de porteur*] cinghia **2** [*petit accessoire*] inezia, sciocchezza: *je lui offrirai une petite bricole* gli regalerò una sciocchezza → **babiole** ◇ [*chose insignifiante*] inezia: *on a discuté une heure sur des bricoles* si è discusso un'ora su un'inezia.

bricoler |bʀikɔle| **A** *v.intr.* [*gagner sa vie en faisant toutes sortes de petites besognes*] lavoricchiare, lavorare saltuariamente ◇ [*s'occuper chez soi à de petits travaux manuels*] fare (103) *tr.* piccoli lavori manuali; dedicarsi *pron.* al 'bricolage' **B** *v.tr.* [*arranger, réparer tant bien que mal*] riparare alla meno peggio: *bricoler un moteur* riparare un motore alla meno peggio.

bricoleur, euse |bʀikɔlœʀ, øz| *s.* [*personne qui bricole*] chi sa fare un po' di tutto, hobbista; appassionato di 'bricolage'.

bridage |bʀida3| *s.m.* (*techn.*) flangiatura *f.*

bride |bʀid| *s.f.* **1** [*pièce du harnais fixée à la tête du cheval*] briglia ◇ *loc.*: (*pr.*) *tenir son cheval en bride* tenere in briglia il proprio cavallo; (*fig.*) *tenir en bride ses instincts* tenere in briglia, a freno i propri istinti; *tenir qqn. en bride* tenere in briglia, a freno qc- ~ (*pr.*) *tenir la bride haute, courte à un cheval* tenere a briglia, tirare le redini a un cavallo; (*fig.*) *tenir la bride haute à qqn.* tenere a briglia qc. ~ (*pr.*) *rendre, lâcher la bride à son cheval* dare, allentare le briglie, le redini al proprio cavallo; (*fig.*) *rendre, lâcher la bride à qqn.* allentare le briglie, le redini a qc. ◇ (*pr., fig.*) *laisser la bride sur le cou à...* lasciar la briglia sul collo a... ~ *aller, courir à bride abattue, à toute bride* andare, correre a briglia sciolta, a tutta briglia ~ *tourner bride* voltare la briglia **2** (*par anal., cout.*) barretta ◇ (*chir.*) briglia ◇ (*techn.*) flangia*.

bridé, ée |bʀide| *adj.* **1** (*anthrop.*) *yeux bridés* occhi alla cinese *loc. adv.* **2** *oie bridée* oca imbrigliata.

brider |bʀide| *v.tr.* **1** [*mettre la bride à un cheval*] imbrigliare ◇ [*serrer avec une bride*] imbracare: *brider une pierre* imbracare una pietra ◇ (*cuis.*) *brider un poulet* legare un pollo ◇ (*par ext.*) *ce veston me bride* [*me serre trop, me*

gêne] questo vestito mi stringe **2** (*fig., littér.*) → **freiner, réprimer.**
1 **bridge** |bRidʒ(ə)| *s.m.* bridge (*inv.*): *jouer au bridge* giocare a bridge.
2 **bridge** |bRidʒ(ə)| *s.m.* [*appareil de prothèse dentaire*] ponte, protesi *f.inv.* dentaria.
bridger |bRidʒe| (3) *v.intr.* [*jouer au bridge*] giocare a bridge: *ils vont bridger chez des amis* vanno a giocare a bridge in casa di amici.
bridgeur, euse |bRidʒœR, øz| *s.* [*joueur de bridge*] bridgista.
bridon |bRidɔ̃| *s.m.* [*bride légère à mors brisé*] briglietta *f.*, briglia *f.* leggera.
brie |bRi| *s.m.* [*fromage fermenté à pâte molle et croûte moisie*] ⊠ ◇ (*fig., fam.*) *quart de brie* [*grand nez*] nasone.
briefing |bRifiŋ| *s.m.* (*angl.*) (*aviat.*) istruzioni *f.pl.* ◇ (*par ext.*) riunione *f.* informativa; conferenza *f.* stampa.
brièvement |bRijɛvmɑ̃| *adv.* [*en peu de mots*] brevemente → **succinctement.**
brièveté |bRijɛvte| *s.f.* [*courte durée*] brevità *inv.*
brigade |bRigad| *s.f.* **1** [*unité composée de deux régiments*] brigata: *général de brigade* generale di brigata; # *brigade aérienne* aerobrigata **2** [*petit détachement*] brigata: *brigade de gendarmerie* brigata di carabinieri.
brigadier |bRigadje| *s.m.* **1** [*officier supérieur dans certaines armées*] brigadiere **2** [*dans la cavalerie et l'artillerie*] caporale ◇ [*chef d'une brigade de gendarmes*] brigadiere ◇ [*gradé de police*] brigadiere.
brigadiste |bRigadist(ə)| *s.* brigatista.
brigand |bRigɑ̃| *s.m.* brigante *s.* → **bandit, malfaiteur, voleur** # *des histoires de brigand* storie inverosimili; menzogne ◇ (*par exagér.*) [*homme malhonnête*] brigante, furfante ◇ (*plais.*) *petit brigand!* bricconcello!
brigandage |bRigɑ̃daʒ| *s.m.* brigantaggio*: *acte de brigandage* atto di brigantaggio.
brigantin |bRigɑ̃tɛ̃| *s.m.* (*mar.*) brigantino.
brigantine |bRigɑ̃tin| *s.f.* (*mar.*) randa.
brightisme |bRajtism(ə)| *s.m.* (*angl.*) (*vieilli, méd.*) nefrite *f.* cronica.
brigue |bRig| *s.f.* [*série de manœuvres secrètes, d'intrigues*] intrigo* *m.*
briguer |bRige| *v.tr.* [*rechercher avec ardeur*] brigare *intr.* per, sollecitare: *briguer un poste* brigare per un posto → **ambitionner.**
brillamment |bRijamɑ̃| *adv.* [→ BRILLANT 2] brillantemente: *il a passé brillamment son examen* ha superato brillantemente l'esame.
brillance |bRijɑ̃s| *s.f.* **1** (*phys.*) brillanza → **luminance** **2** [*caractère de ce qui est brillant*] lucentezza.
brillant |bRijɑ̃| *s.m.* **1** [*éclat, caractère brillant*] lucentezza *f.*, splendore: *le brillant de l'acier* la lucentezza dell'acciaio **2** [*petit diamant taillé à facettes*] brillante: *tailler une pierre en brillant* tagliare una pietra a brillante.
brillant, ante |bRijɑ̃, ɑ̃t| *adj.* **1** [*qui brille*] brillante: *des cheveux brillants* capelli brillanti; *deux yeux brillants comme l'acier* due occhi brillanti come l'acciaio; *une soie brillante* una seta brillante → **éblouissant, éclatant, lumineux** **2** [*qui sort du commun, s'impose à la vue*] brillante: *faire une brillante carrière, un brillant mariage* fare una brillante carriera, un brillante matrimonio; *le résultat n'est pas brillant* il risultato non è brillante → **magnifique, splendide** # *ses affaires ne sont guère brillantes* i suoi affari non vanno per niente a gonfie vele ◇ (*dans le domaine intellectuel*) *un esprit brillant* una mente brillante; *une conversation brillante* una conversazione brillante; *un brillant élève* un alunno brillante → **remarquable** Ⓒ **1 mat, terne 1; 2 médiocre.**
brillantage |bRijɑ̃taʒ| *s.m.* (*techn.*) brillantatura *f.*
brillanter |bRijɑ̃te| *v.tr.* **1** [*tailler (une pierre précieuse) en brillant*] brillantare, sfaccettare **2** (*littér.*) [*rendre brillant, parsemer de choses brillantes*] rendere (105) brillante, brillantare ◇ (*techn.*) [*revêtir d'un aspect brillant*] lucidare: *brillanter une surface métallique* lucidare une superficie metallica.
brillanteur |bRijɑ̃tœR| *s.m.* (*techn.*) brillantatore.
brillantine |bRijɑ̃tin| *s.f.* **1** brillantina **2** (*tissu*) brillantino *m.*
brillantiner |bRijɑ̃tine| **A** *v.tr.* [*enduire (les cheveux) de brillantine*] imbrillantinare □ *se brillantiner les cheveux* imbrillantinarsi i capelli **B** *v.pron. réfl.* SE BRILLANTINER [→ *tr.*] imbrillantinarsi → *tr.* □.
briller |bRije| *v.intr.* **1** [*émettre ou réfléchir une lumière vive*] brillare: *le soleil brille* il sole brilla, splende; *le diamant qui brille à son doigt* il diamante che brilla al suo dito; *faire briller des chaussures, des meubles* far brillare delle scarpe, dei mobili; *ses yeux brillaient* i suoi occhi brillavano → **étinceler, luire, resplendir** ◇ (*loc. fig.*) *tout ce qui brille n'est pas or* non è tutto oro quel che riluce **2** (*fig.*) [*se manifester avec éclat*] brillare: *briller en société* brillare in società; *briller à un examen* brillare a un esame; *il ne brille pas par le courage, par la modestie* non brilla certo per coraggio, per modestia; *il brillait par son absence* brillava per la sua assenza ◇ (*loc.*) *faire briller qqn.* [*lui donner l'occasion de se faire valoir*] dare a qc. la possibilità di emergere.
brimade |bRimad| *s.f.* [*épreuve vexatoire que les anciens imposent aux nouveaux dans les régiments, les écoles*] scherzo *m.* pesante, di cattivo genere → **bizutage** ◇ (*par ext.*) → **avanie, vexation.**
brimbalement |bRɛ̃balmɑ̃| *s.m.* (*fam.*) → **balancement, agitation.**
brimbaler |bRɛ̃bale|, **bringuebaler** |bRɛ̃gbale|, **brinquebaler** |bRɛ̃kbale| (*fam.*) **A** *v.tr.* → **agiter, secouer** **B** *v.intr.* → **balancer (se), osciller.**
brimborion |bRɛ̃bɔRjɔ̃| *s.m. surtout au plur.* [*petit objet de peu de valeur*] gingillo ◇ [*chose de peu d'importance*] inezia *f.*, bazzecola *f.*
brimer |bRime| *v.tr.* [*soumettre à des brimades*] fare (103) scherzi pesanti, di cattivo gusto a qc.
brin |bRɛ̃| *s.m.* **1** [*filament de chanvre, de lin*] filo: *les brins d'une corde* i fili di una corda ◇ [*tige, jeune pousse (d'un végétal)*] filo; stelo: *un brin d'herbe* un filo d'erba ‖ *un brin de muguet* uno stelo di mughetto ◇ (*loc. fig.*) *un beau brin de fille* [*une fille grande et bien faite*] un bel pezzo, un bel tocco (*pop.*) di ragazza **2** [*petite partie (d'un corps ou objet mince et allongé)*] filo: *un brin de paille* un filo di paglia, una pagliuzza **3** [*parcelle, quantité infime*] filo, pizzico*: *un brin de folie* un pizzico di follia; *faire un brin de cour à une femme* fare un filo di corte a una donna # *faire un brin de causette* fare quattro chiacchere ◇ (*loc. adv.*) *on va s'amuser un brin* andiamo a divertirci un po'.
brindezingue |bRɛ̃dzɛ̃g| *adj.* (*pop.*) **1** [*ivre*] sbronzo **2** → **fou.**
brindille |bRɛ̃dij| *s.f.* (*bot., cour.*) ramoscello *m.*, brindillo *m.*
bringue |bRɛ̃g| *s.f.* **I** (*pop.*) *une grande bringue* [*une grande fille dégingandée*] una spilungona **II** (*pop.*) *faire la bringue* [*la noce*] fare baldoria.
bringuebaler |bRɛ̃gbale|, **brinquebaler** |bRɛ̃kbale| *v.intr.* traballare → **brimbaler.**
brio |bRijo| *s.m.* (*mus.*) brio* ◇ (*fig.*) [*talent brillant, virtuosité*] brio.
brioche |bRijɔʃ| *s.f.* **1** (*gâteau*) 'brioche' *inv.*, pasta **2** (*fig., fam.*) *il a pris de la brioche* [*un peu de ventre*] ha messo su pancia.
brique |bRik| *s.f.* **1** [*pierre artificielle employée à la construction*] mattone (*m.*): *mur de brique(s)* muro di mattoni; *four à briques* forno per mattoni ♦ (*en appos.*) *couleur (de) brique* color mattone **2** [*matériau moulé en forme de brique*] formella, mattonella: *une brique de tourbe* una formella di torba → **briquette** **3** (*arg.*) [*liasse de billets faisant un million d'anciens francs*] milione *m.* (*cour.*) **4** (*pop.*) *bouffer des briques* [*n'avoir rien à manger*] non aver niente da mettere sotto i denti.
briquer |bRike| *v.tr.* [*nettoyer en frottant vigoureusement de façon à faire briller*] lucidare, far (103) brillare: *elle a passé des heures à briquer son appartement* ci ha messo delle ore a lucidare l'appartamento.
1 **briquet** |bRikɛ| *s.m.* **1** [*appareil pouvant produire du feu à répétition*] accendisigaro, accendino (*fam.*): *briquet à essence, à gaz* accendisigaro a benzina, a gas; *pierre à briquet* pietrina per accendisigaro **2** (*vx.*) [*pièce d'acier dont on se servait pour tirer du feu d'un caillou*] acciarino.
2 **briquet** |bRikɛ| *s.m.* [*petit chien de chasse*] bracco* francese (di piccola statura).
briquetage |bRiktaʒ| *s.m.* **1** [*maçonnerie de briques*] muratura *f.* in mattoni **2** [*enduit ayant l'apparence de la brique*] intonaco* imitante la muratura in mattoni.
briqueter |bRikte| (5) *v.tr.* **1** [*peindre en figurant des briques*] decorare imitando la muratura in mattoni **2** [*transformer en briquettes*] trasformare in formelle, in bricchette.
briqueterie |bRikt(ə)Ri, ketRi| *s.f.* [*fabrique de briques*] mattonificio* *m.*, fabbrica* di laterizi → **tuilerie.**
briquette |bRikɛt| *s.f.* bricchetta, formella (di carbone) ◇ (*loc. fam.*) *c'est de la briquette* [*ça n'a pas de valeur, d'intérêt*] (non) vale una cicca.
bris |bRi| *s.m.* (*dr.*) violazione *f.*, rottura (*f.*): *bris de scellés* rottura di sigilli → **effraction** ◇ (*auto.*) *bris de glace* rottura di un vetro, del parabrezza.

brisant, ante |bʀizɑ̃, ɑ̃t| *adj.* (*techn.*) dirompente: *explosif brisant* esplosivo dirompente.

brisants |bʀizɑ̃| *s.m.pl.* [*écume qui se forme sur un écueil*] frangente *sing.*

briscard, brisquard |bʀiskaʀ| *s.m.* (*hist.*) veterano.

brise |bʀiz| *s.f.* [*vent peu violent*] brezza: *brise de mer, de terre* brezza di mare, di terra.

brisé |bʀize| *adj.* (*blas.*) brisato ◇ (*archit.*) *arc brisé* arco spezzato; *comble brisé* colmo spezzato ◇ (*géom.*) *ligne brisée* linea spezzata.

brise-bise |bʀizbiz| *s.m. inv.* [*petit rideau garnissant le bas d'une fenêtre*] tendina *f.var.*

brisées |bʀize| *s.f. pl.* (*vén.*) rami *m.* spezzati dal cacciatore, traccia* *sing.* ◇ (*loc. fig., littér.*) *aller, marcher sur les brisées de qqn.* [*entrer en concurrence avec lui*] rivaleggiare con qc., far concorrenza a qc. ~ *suivre les brisées de qqn.* seguire le tracce di qc.

brise-fer |bʀizfɛʀ| *s.m.inv.* → **brise-tout.**

brise-glace(s) |bʀizglas| *s.m.inv.* (*mar.*) rompighiaccio*.

brise-jet |bʀizʒɛ| *s.m.inv.* [*ajutage que l'on adapte à un robinet pour atténuer la force du jet*] rompigetto.

brise-lames |bʀizlam| *s.m.inv.* [*construction élevée à l'entrée d'un port pour le protéger contre les vagues du large*] frangiflutti.

brise-mottes |bʀizmɔt| *s.m.inv.* (*techn., agric.*) frangizolle.

briser |bʀize| **A** *v.tr.* **1** (*littér.*) [*casser*] rompere (176) (*cour.*), spezzare (*cour.*): *briser la glace* rompere il ghiaccio ◇ (*loc. fig.*) *briser les fers, les liens de qqn.* spezzare le catene di qc. ~ *briser le cœur* spezzare il cuore ♦ (*au p.p.*) *une voix brisée par l'émotion* una voce rotta dall'emozione **2** (*fig.*) [*rendre inefficace par une intervention violente*] stroncare, spezzare: *briser la carrière de qqn.* stroncare la carriera di, a qc.; *le gouvernement veut briser toute résistance* il governo vuole stroncare, spezzare ogni resistenza; *je briserai votre volonté* spezzerò la vostra volontà # *briser une grève* sabotare uno sciopero ◇ (*par ext.*) *briser qqn.* [*le fatiguer au plus haut point*] sfiancare, stroncare qc.: *ce voyage m'a brisé* questo viaggio mi ha sfiancato **3** (*fig.*) [*réduire la résistance, abattre l'orgueil de* (*qqn.*)] stroncare, distruggere (136): *je le briserai!* lo stroncherò!, lo distruggerò! **4** [*interrompre brusquement*] troncare: *je brisai cette conversation* troncai quella conversazione **B** *v.intr.* (*se dit de la mer qui déferle*) (in)frangersi (147) *pron.* **C** *v.pron.intr.* SE BRISER **1** [→ *intr.*] (in)frangersi ◇ [*échouer*] *des espoirs qui se brisent* speranze che si infrangono; *l'assaut vint se briser contre les lignes ennemies* l'assalto s'infranse contro le linee nemiche **2** [→ *tr.* 1] rompersi: *le verre s'est brisé* il bicchiere si è rotto.

brise-soleil |bʀiz(ə)sɔlɛj| *s.m.inv.* [*dispositif fixé contre la façade d'un bâtiment vitré de façon à le protéger du soleil*] frangisole.

brise-tout |bʀiztu| *s.m.inv.* [*personne maladroite qui casse tout*] fracassone *s. var.* (*fam.*) ♦ (*adj.*) *elle est brise-tout* è una fracassona.

briseur, euse |bʀizœʀ, øz| (*s.*) *briseur de grève* [*ouvrier qui ne fait pas la grève lorsqu'elle a été décidée*] crumiro → **jaune**; *briseur d'images* iconoclasta.

brise-vent |bʀizvɑ̃| *s.m.inv.* [*haie, rideau d'arbres abritant les cultures contre le vent*] frangivento.

brisque |bʀisk(ə)| *s.f.* (*jeu de cartes*) briscola → **mariage.**

bristol |bʀistɔl| *s.m.* (cartoncino) bristol *inv.* ◇ (*par ext.*) biglietto da, di visita.

brisure |bʀizyʀ| *s.f.* **1** → **cassure** **2** (*blas.*) brisura.

britannique |bʀitanik| *adj.* [*qui se rapporte au Royaume-Uni*] britannico*.

broc |bʀo| *s.m.* brocca* *f.* ◇ (*par ext.*) *un broc d'eau* una brocca d'acqua.

brocante |bʀɔkɑ̃t| *s.f.* commercio* *m.* di anticaglie.

brocanter |bʀɔkɑ̃te| **A** *v.intr.* [*faire commerce d'objets anciens*] commerciare in anticaglie **B** *v.tr.* [*vendre en tant que brocanteur*] vendere (anticaglie).

brocanteur, euse |bʀɔkɑ̃tœʀ, øz| *s.* [*personne qui brocante*] rigattiere, mercante di anticaglie.

1 **brocard** |bʀɔkaʀ| *s.m.* (*dr.*) broc(c)ardo.

2 **brocard** |bʀɔkaʀ| *s.m.* (*vx.*) → **raillerie.**

brocard, broquard |bʀɔkaʀ| *s.m.* [*chevreuil mâle d'un an environ*] capriolo di circa un anno.

brocarder |bʀɔkaʀde| *v.tr.* (*littér., vx.*) [*railler par des brocards*] motteggiare.

brocart |bʀɔkaʀ| *s.m.* (*tissu*) broccato.

brochage |bʀɔʃaʒ| *s.m.* **1** (*typogr.*) [→ BROCHER 1] brossura *f.* **2** (*tissage*) tessitura *f.* a broccato **3** (*mécan.*) brocciatura *f.*

broche |bʀɔʃ| *s.f.* **1** [*tige de fer pointue qu'on passe au travers d'une pièce de viande à rôtir*] spiedo (*m.*): *mettre, faire cuire à la broche* mettere, far cuocere allo spiedo; *tourner la broche* girare lo spiedo ◇ (*tissage*) fuso (*m.*): *bancs à broches* banchi a fusi ◇ (*chir.*) chiodo *m.* ◇ [*tige de fer d'une serrure*] ago* *m.* ◇ [*tige constituant la partie mâle d'une connexion électrique*] maschio* *m.* ◇ [*partie tournante d'une machine-outil*] mandrino *m.*, 'broche' *inv.* **2** [*bijou de femme*] spilla, 'broche'.

broché |bʀɔʃe| *s.m.* (*tissage*) → **brochage** 2 ◇ [*tissu broché*] broccato.

brocher |bʀɔʃe| *v.tr.* **1** [*relier sommairement*] (ri)legare in brossura ♦ (*au p.p.*) *livre broché* libro rilegato in brossura **2** (*tissage*) [*tisser en entremêlant sur le fond des fils* (*de soie, d'argent, d'or*)] broccare: *on ne brochait autrefois que des étoffes précieuses* un tempo si broccavano solamente le stoffe preziose **3** (*techn.*) [*enfoncer* (*des clous*) *dans le sabot d'un cheval*] ferrare (un cavallo) **4** (*mécan.*) [*usiner* (*un trou*) *à la broche*] praticare un foro con la broccia.

brochet |bʀɔʃɛ| *s.m.* (*t.zool.*) luccio*.

brocheton |bʀɔʃtɔ̃| *s.m.* piccolo luccio*.

brochette |bʀɔʃɛt| *s.f.* **1** [*petite broche servant à faire rôtir ou griller de petites pièces de viande*] spiedo *m.* ◇ (*par ext.*) [*les morceaux embrochés*] spiedini *m.pl.* # *une brochette de cailles* una schidionata di quaglie **2** *brochette de décorations* [*servant à porter sur l'habit plusieurs décorations*] spilla per decorazioni.

brochure |bʀɔʃyʀ| *s.f.* **1** [*décor d'un tissu broché*] (disegno *m.* di un) broccato *m.* **2** [*petit ouvrage broché*] opuscolo *m.*, 'brochure' *inv.* → **opuscule, tract**; *une brochure de propagande* un opuscolo di propaganda.

brocoli |bʀɔkɔli| *s.m.* (*t.bot.*) broccolo.

brodequin |bʀɔdkɛ̃| *s.m.* **1** [*chaussure montante de marche, lacée sur le cou-de-pied*] stivaletto ◇ [*brodequins de soldat*] anfibi, stivali di anfibio **2** (*ancienn.*) [*chaussure à l'usage des personnages de comédie*] socco*.

broder |bʀɔde| **A** *v.tr.* [*orner* (*un tissu*) *de broderies*] ricamare: *broder un napperon* ricamare un centrino; *broder un chiffre sur une chemise* ricamare una cifra su una camicia ♦ (*au p.p.*) *un mouchoir brodé* un fazzoletto ricamato ♦ (*absolt.*) *fil, métier à broder* filo, telaio da ricamo **B** *v.intr.* [*ampliphier, exagérer à plaisir*] ricamare, esagerare: *un petit fait sur lequel l'auteur a brodé* un fatterello sul quale l'autore ha ricamato; *vous brodez, les choses se sont passées autrement* esagerate, le cose sono andate diversamente.

broderie |bʀɔdʀi| *s.f.* [*ouvrage consistant en points qui recouvrent un motif dessiné sur un tissu*] ricamo (*m.*): *broderie blanche, sur métier* ricamo in bianco, su telaio ◇ (*par ext.*) commercio* *m.*, industria del ricamo.

brodeur, euse |bʀɔdœʀ, øz| *s.* **1** *s.* [*ouvrier, ouvrière en broderie*] ricamatore*: *brodeuse à la main* ricamatrice a mano **2** *s.f.* [*métier, machine à broder*] telaio* *m.*, macchina per ricamare.

bromate |bʀɔmat| *s.m.* (*chim.*) bromato.

bromatologie |bʀɔmatɔlɔʒi| *s.f.* bromatologia*.

bromatologique |bʀɔmatɔlɔʒik| *adj.* bromatologico*.

1 **brome** |bʀom| *s.m.* (*t.bot.*) bromo.

2 **brome** |bʀom| *s.m.* (*chim.*) bromo.

bromhydrique |bʀɔmidʀik| *adj.* (*chim.*) bromidrico*.

brom(h)ydrose |bʀɔmidʀoz| *s.f.* (*méd.*) bromidrosi *inv.*

bromique |bʀɔmik| *adj.* (*chim.*) bromico*.

bromoforme |bʀɔmɔfɔʀm| *s.m.* (*chim.*) bromoformio*.

bromure |bʀɔmyʀ| *s.m.* (*chim.*) bromuro: *bromure d'ammonium, de calcium* bromuro di ammonio, di calcio.

bronche |bʀɔ̃ʃ| *s.f.* (*anat.*) bronco* *m.*

bronchectasie |bʀɔ̃ʃɛktazi| *s.f.* (*med.*) bronchiettasia.

broncher |bʀɔ̃ʃe| *v.intr.* **1** (*cheval*) [*faire un faux pas*] inciampare (*aux.* avere, essere) **2** [*réagir*] brontolare, protestare: *il n'a pas bronché* non ha protestato, non ha aperto bocca ◇ *il a accepté sans broncher* [*sans murmurer*] ha accettato senza brontolare, senza reagire **3** (*fig., littér.*) *broncher contre, sur* (*qqch.*) [*buter sur* (*une difficulté*)] impaperarsi *pron.* su (q.c.).

bronchiole |bʀɔ̃ʃjɔl| *s.f.* (*anat.*) bronchiolo *m.*

bronchiolite |bʀɔ̃ʃjolit| *s.f.* (*méd.*) bronchiolite.

bronchique |bʀɔ̃ʃik| *adj.* bronchiale.

bronchite |bʀɔ̃ʃit| *s.f.* (*méd., cour.*) bronchite: *bronchite capillaire* bronchite capillare.

bronchitique |bRɔ̃ʃitik| *adj. et s.* (*méd.*) bronchitico*.
broncho-pneumonie |bRɔ̃kɔpnømɔni| *s.f.* (*méd., cour.*) broncopolmonite.
bronchoscope |bRɔ̃kɔskɔp| *s.m.* broncoscopio*.
bronchoscopie |bRɔ̃kɔskɔpi| *s.f.* (*méd.*) broncoscopia.
brontosaure |bRɔ̃tozɔR| *s.m.* (*paléont.*) brontosauro.
bronzage |bRɔ̃zaʒ| *s.m.* **1** [→ BRONZER A 1] bronzatura *f.* **2** [→ BRONZER B] abbronzatura (*f.*): *un beau bronzage* una bella abbronzatura; *crème permettant un bronzage rapide* crema che permette una rapida abbronzatura.
bronze |bRɔ̃z| *s.m.* **1** bronzo: *statue de bronze* statua di bronzo; *bronze d'aluminium* bronzo d'alluminio; *poudre de bronze* polvere di bronzo ◇ (*préhist.*) *l'âge du bronze* l'età del bronzo **2** [*objet d'art en bronze*] bronzo **3** (*loc.*) *de bronze* bronzeo *adj.*, di bronzo ◇ (*fig., littér.*) [*dur, insensible*] duro *adj.*, di pietra.
bronzé, ée |bRɔ̃ze| *adj.* [*hâlé*] abbronzato: *il est rentré de vacances tout bronzé* è tornato dalle vacanze tutto abbronzato.
bronzer |bRɔ̃ze| **A** *v.tr.* **1** [*recouvrir de substances qui donnent l'aspect du bronze*] bronzare: *bronzer une statue de plâtre* bronzare una statua di gesso **2** [*brunir, hâler* (*qqn.*)] abbronzare: *le soleil a bronzé son visage* il sole ha abbronzato il suo viso **B** *v.intr.* [*devenir bronzé*] abbronzarsi (*pron.*): *prendre un bain de soleil pour bronzer* fare un bagno di sole per abbronzarsi **C** *v.pron. intr.* SE BRONZER [→ *intr.*] abbronzarsi: *elle se bronze au soleil* si abbronza al sole.
bronzeur |bRɔ̃zœR| *s.m.* [*celui qui effectue des opérations de bronzage* (1)] bronzatore* *s.*
brossage |bRɔsaʒ| *s.m.* [→ BROSSER A 1] spazzolata *f.*, spazzolatura *f.*
brosse |bRɔs| *s.f.* **1** [*ustensile de nettoyage*] spazzola: *brosse à habits, à chaussures, à cheveux* spazzola per abiti, da scarpe, per capelli # *brosse à dents, à ongles* spazzolino da denti, per le unghie; *brosse à carrelage* spazzolone; *brosse métallique* striglia; *donner un coup de brosse à son pantalon* spazzolarsi i pantaloni ◇ (*loc. fig., fam.*) *manier la brosse à reluire* [*être servilement à la dévotion de qqn.*] strisciarsi (a qc.) ◇ (*par anal.*) *cheveux en brosse* capelli a spazzola; *porter la brosse* portare i capelli a spazzola **2** [*pinceau de peintre*] pennello *m.* # *brosse de peintre en bâtiment* pennellessa da imbianchino **3** (*zool.*) spazzola.
brosser |bRɔse| **A** *v.tr.* **1** [*nettoyer, frotter avec une brosse*] spazzolare: *brosser ses habits, ses souliers* spazzolarsi i vestiti, le scarpe; *brosser ses cheveux* spazzolarsi i capelli # *brosser un cheval* strigliare un cavallo ◇ (*compl. de personne*) *brosser qqn.* spazzolare i vestiti di qc. **2** (*sport*) [*frapper* (*la balle*) *de manière à lui imprimer un effet particulier*] tagliare, dare (102) effetto a **B** *v.pron.réfl.* SE BROSSER [→ *tr.* 1] darsi una spazzolata, spazzolarsi: *brosse-toi un peu avant de sortir* datti una spazzolata prima di uscire ◇ (*loc. fam.*) *se brosser le ventre* non aver niente da mettere sotto i denti ~ *tu peux toujours te brosser* [*tu n'obtiendras pas ce que tu désires*] puoi farci una croce sopra.
brosserie |bRɔsRi| *s.f.* [*fabrication, commerce des brosses*] spazzolificio* *m.*
brou |bRu| *s.m.* **1** [*enveloppe verte de la noix*] mallo **2** *brou de noix* [*teinture brune de menuisier*] tintura *f.* di mallo di noce ◇ (*liqueur*) nocino.
brouet |bRuɛ| *s.m.* (*vx.*) → **bouillon, potage.**
brouette |bRuɛt| *s.f.* [*petit véhicule à une roue muni de deux brancards*] carriola: *brouette de jardinier* carriola da giardiniere.
brouettée |bRuete| *s.f.* [*contenu d'une brouette*] carriola, carrettata: *une brouettée de cailloux* una carriola, una carrettata di sassi.
brouetter |bRuete| *v.tr.* [*transporter dans une brouette*] trasportare (con la carriola).
brouhaha |bRuaa| *s.m.* [*bruit confus qui s'élève dans une foule*] vocìo*.
brouillage |bRujaʒ| *s.m.* (*radio, télécom.*) disturbo: *le brouillage des émissions clandestines* il disturbo delle trasmissioni clandestine.
brouillamini |bRujamini| *s.m.* [*désordre, confusion extrême*] baraonda *f.*, caos *inv.*
1 **brouillard** |bRujaR| *s.m.* [*phénomène naturel produit par des gouttes d'eau*] nebbia *f.*, foschia (*f.*): *un brouillard épais qui rend la circulation dangereuse* una nebbia fitta, un nebbione che rende pericolosa la circolazione → **brume,** 1 **vapeur** ◇ (*loc. fig.*) *avoir un brouillard devant les yeux, voir à travers un brouillard* avere la vista annebbiata ~ *être dans le brouillard* brancolare nel buio.
2 **brouillard** |bRujaR| *s.m.* [*livre de commerce*] brogliaccio*, prima mano *f.* → 1 **main (courante).**
brouillasse |bRujas| *s.f.* [*bruine*] acquerugiola, pioggerella.
brouillasser |bRujase| *v.intr.impers.* [*bruiner*] piovigginare.
brouille |bRuj| *s.f.* [*mésintelligence survenant entre personnes qui entretenaient des rapports familiers*] disaccordo *m.*, dissapore (*m.*): *leur brouille dure toujours* sono ancora in disaccordo # *une petite brouille* uno screzio.
brouiller |bRuje| **A** *v.tr.* **1** [*mêler en agitant, en dérangeant*] mettere (155) in disordine, fuori posto; confondere (146): *il a brouillé tous mes dossiers* ha messo fuori posto tutti i miei incartamenti || *brouiller les pistes* confondere le piste ◇ (*loc.*) *brouiller les cartes*: (*pr.*) mescolare le carte; (*fig.*) imbrogliare le carte ✦ (*au p.p.*) *œufs brouillés* uova strapazzate **2** [*rendre trouble*] appannare, offuscare: *la buée brouille les verres de mes lunettes* il vapore mi appanna gli occhiali ✦ (*au p.p.*) *des yeux brouillés par les larmes* occhi appannati dalle lacrime ◇ (*par ext.*) *brouiller une émission de radio* disturbare una trasmissione radiofonica **3** [*rendre confus, embrouiller*] confondere: *vous me brouillez les idées* mi confondete le idee; *elle perdait la mémoire, brouillait les époques* perdeva la memoria, confondeva le date **4** [*désunir en provoquant une brouille*] far (103) *intr.* litigare, mettere in disaccordo: *elle l'a brouillé avec sa famille* l'ha fatto litigare con la famiglia # *elle est brouillée avec sa famille* è in rotta con la sua famiglia ◇ (*fam.*) *il est brouillé avec les chiffres, avec la grammaire* non va d'accordo con le cifre, con la grammatica **B** *v.pron.intr.* SE BROUILLER **1** [*devenir trouble, confus*] annebbiarsi, offuscarsi: *sa vue se brouille* gli si annebbia la vista; *le temps se brouille* il tempo si offusca, si guasta **2** [*cesser d'être ami*] litigare (*intr.*): *se brouiller avec ses parents* litigare con i genitori ✦ (*récipr.*) *ils se sont brouillés* hanno litigato *intr.* 🄲 A 4 **réconcilier.**
brouillerie |bRujRi| *s.f.* (*vieilli*) [*brouille passagère*] screzio* *m.* (*cour.*).
brouillon |bRujɔ̃| *s.m.* [*première rédaction d'une lettre, d'un écrit*] brutta copia *f.*, minuta (*f.*): *un cahier de brouillon* un quaderno di brutta (copia) ◇ (*fig.*) abbozzo.
brouillon, onne |bRujɔ̃, ɔn| *adj.* [*qui mêle tout, n'a pas d'ordre*] disordinato, confusionario*: *une activité brouillonne* un'attività disordinata; *c'est un esprit brouillon* è una mente confusionaria → **confus, desordonné** ✦ (*s.*) *un brouillon* un disordinato, un confusionario.
broussaille |bRusɑj| *s.f.* *surtout au plur.* [*végétation touffue des terrains incultes*] sterpaglia (*sing.*): *se frayer un chemin à travers les broussailles* aprirsi un varco in mezzo alla sterpaglia ◇ (*par anal.*) *cheveux en broussaille* capelli cespugliosi, arruffati.
broussailleux, euse |bRusɑjø, øz| *adj.* [*couvert de broussailles*] cespuglioso ◇ (*fig.*) *cheveux broussailleux* capelli cespugliosi, arruffati.
1 **brousse** |bRus| *s.f.* **1** [*région couverte de broussailles*] boscaglia **2** (*géogr.*) savana ◇ [*région africaine inculte, éloignée des centres urbains*] ☒.
2 **brousse** |bRus| *s.f.* (*région.*) [*fromage blanc de Provence*] ☒.
brout |bRu| *s.m.* (*agric., dial.*) → **pousse.**
broutement |bRutmɑ̃| *s.m.* **1** [→ BROUTER A] brucatura *f.* **2** [→ BROUTER B] funzionamento irregolare.
brouter |bRute| **A** *v.tr.* [*manger en arrachant sur place* (*les pousses, les feuilles*)] brucare → **paître** ◇ (*prov.*) *où la chèvre est attachée, il faut qu'elle broute* bisogna pur vivere **B** *v.intr.* (*mécan.*) (*se dit d'un outil tranchant, d'un embrayage qui fonctionne par saccades*) funzionare in modo irregolare.
broutille |bRutij| *s.f.* [*objet, élément sans valeur*] bazzecola, inezia → **babiole, futilité.**
browning |bRo(aw)niŋ| *s.m.* (*angl.*) browning *inv.*
broyage |bRwajaʒ| *s.m.* [→ BROYER] frantumazione *f.*, triturazione (*f.*): *broyage mécanique* frantumazione meccanica # *broyage du lin* gramolatura del lino.
broyer |bRwaje| (10) *v.tr.* **1** [*réduire en parcelles très petites*] frantumare, triturare # *broyer le chanvre, le lin* gramolare la canapa, il lino; *broyer les couleurs* macinare i colori → **concasser, écraser, triturer** ◇ (*fig.*) *broyer du noir* [*s'abandonner à des réflexions tristes*] vedere tutto nero **2** (*par ext.*) [*écraser*] stritolare: *il a eu deux doigts broyés dans l'engrenage* ha avuto due dita stritolate nell'ingranaggio.
broyeur, euse |bRwajœR, øz| **I** *s.* **1** *s.* [*ouvrier chargé du broyage*] frantoista: *broyeur de mineral* frantoista di minerale # *broyeur de lin* gramolista

di lino ◇ (*fig.*) *broyeur de noir* [*celui qui s'abandonne à des réflexions tristes*] pessimista **2** *s.m.* [*machine à broyer*] frantoio*: *broyeur à cylindres, à mâchoires* frantoio a cilindri, a mascelle → **concasseur II** *adj.* [*qui broie*] che frantuma *loc.*, che tritura *loc.*

bru |bʀy| *s.f.* (*région.*) → **belle-fille.**

bruant |bʀyɑ̃| *s.m.* (*t.zool.*) zigolo.

brucella |bʀysɛla| *s.f.* (*biol.*) brucella.

brucellose |bʀyse(ɛl)loz| *s.f.* (*méd.*) brucellosi *inv.*

brugnon |bʀyɲɔ̃| *s.m.* [*variété de pêche*] nocepesca* *f.*, pesca* *f.* liscia*.

bruine |bʀɥin| *s.f.* [*petite pluie très fine et froide*] pioggerella, acquerugiola.

bruiner |bʀɥine| *v.intr. impers.* [*tomber de la bruine*] piovigginare: *il a bruiné toute la journée* ha piovigginato tutto il giorno.

bruineux, euse |bʀɥinø, øz| *adj.* [*relatif à la bruine*] piovigginoso.

bruir |bʀɥiʀ| *v.tr.* (*techn.*) [*imbiber de vapeur* (*une étoffe*)] vaporizzare: *bruir du drap* vaporizzare del panno.

bruire |bʀɥiʀ| *v.intr.* (*défectif*: *ne s'emploie qu'à l'inf.*, *l'ind. prés.*: '*il bruit, ils bruissent*'; *à l'imp.*: '*il bruissait*' *et au p. prés.*: '*bruissant*') (*littér.*) [*rendre un son confus*] frusciare, stormire (197): *les feuilles bruissaient doucement* le foglie frusciavano, stormivano dolcemente → **murmurer.**

bruissement |bʀɥismɑ̃| *s.m.* (*littér.*) [*bruit faible et confus*] fruscio*, lo stormire *inv.* → **frémissement, murmure.**

bruit |bʀɥi| *s.m.* **1** [*phénomène acoustique dû à la superposition de vibrations non harmoniques diverses*] rumore: *les bruits de la rue* i rumori della strada; *bruit de fond* rumore di fondo; *un bruit infernal* un rumore infernale; *la lutte contre le bruit* la lotta contro i rumori; *les nuisances du bruit* le nocività del rumore, l'inquinamento da rumore; *marcher sans* (*faire de*) *bruit* camminare senza (fare) rumore ◇ (*méd.*) *bruits cardiaques, respiratoires* rumori cardiaci, respiratori ◇ (*loc. fig.*) *faire grand bruit, du bruit* [*avoir un grand retentissement*] fare (molto) rumore ~ *faire beaucoup de bruit pour rien* fare molto rumore per niente **2** [*nouvelle répandue*] diceria *f.*, voce (*f.*): *un faux bruit* una diceria falsa; *le bruit court* corre voce # *il n'est bruit que de cela* non si parla d'altro **3** (*sc.*) rumore: *bruit blanc* rumore bianco; *rapport signal-bruit* rapporto segnale-rumore.

bruitage |bʀɥitaʒ| *s.m.* (*ciné.*, *radio, théât.*) rumori *pl.*, effetti *pl.* sonori.

bruiter |bʀɥite| *v.tr.* (*ciné.*, *radio, théât.*) [*faire le bruitage de*] produrre (108) gli effetti sonori.

bruiteur |bʀɥitœʀ| *s.m.* **1** [*spécialiste du bruitage*] rumorista **2** [*émetteur d'un signal sonore, sur un train ou dans une station de métro*] segnale acustico* (di partenza).

brûlage |bʀylaʒ| (*s.m.*) *brûlage des terres* [*opération consistant à brûler les broussailles*] debbio*, abbruciamento delle terre; *brûlage des cheveux* [*traitement consistant à en flamber la pointe*] bruciatura *f.* dei capelli.

brûlant, ante |bʀylɑ̃, ɑ̃t| *adj.* **1** [*qui donne une sensation de chaleur intense*] bollente, scottante: *ne touchez pas le plat, il est brûlant* non toccate il piatto, è bollente; *le sable est brûlant* la sabbia è bollente, scottante → **chaud** # *le soleil est brûlant* il sole è cocente ◇ (*loc. fig.*) *s'engager sur un terrain brûlant* [*très dangereux*] avventurarsi su un terreno che scotta, scottante ~ *c'est une question brûlante* [*qui soulève les passions*] è una questione che scotta, scottante **2** (*personnes*) [*affecté d'une sensation de chaleur intense*] che scotta (*loc.*): *il a les mains brûlantes de fièvre* ha le mani che scottano per la febbre ◇ (*fig.*) [*ardent, passionné*] ardente # *être brûlant d'impatience* bruciare, ardere d'impazienza C 1 **glacé.**

brûlé |bʀyle| *s.m.* [*odeur d'une chose qui brûle*] bruciato: *le rôti sent le brûlé* l'arrosto sa di bruciato ◇ (*fig.*) *ça sent le brûlé* (*se dit quand on pressent quelque danger*) c'è puzza di bruciato.

brûlé, ée |bʀyle| *adj.* **1** [*qui a brûlé*] bruciato: *couleur du pain brûlé* colore del pane bruciato **2** (*fig.*) *une tête brûlée, un cerveau brûlé* [*un individu exalté, épris d'aventures*] una testa calda **3** [*dont l'activité clandestine est connue*] bruciato, smascherato: *notre agent est brûlé* il nostro agente è bruciato, smascherato **4** [*qui a perdu tout crédit*] bruciato: *un homme politique brûlé* un uomo politico bruciato.

brûle-gueule |bʀylgœl| *s.m.inv.* [*pipe à tuyau très court*] pipa *f. var.* corta.

brûle-parfum(s) |bʀylpaʀfœ̃| *s.m.inv.* bruciaprofumi.

brûle-pourpoint (à) |abʀylpuʀpwɛ̃| *loc. adv.* (*après un v. de déclaration* [*sans préparation, brusquement*] a bruciapelo: *il lui dit à brûle-pourpoint...* gli disse a bruciapelo...

brûler |bʀyle| **A** *v.tr.* **1** [*détruire par le feu*] bruciare: *il faut brûler tous ces vieux papiers, ces mauvaises herbes* bisogna bruciare tutte queste vecchie carte, queste erbacce → **consumer, embraser, incendier** # *brûler un cadavre* cremare un cadavere □ *se brûler la cervelle* bruciarsi, farsi saltare le cervella ◇ [*consumer pour le chauffage, l'éclairage*] consumare: *on a brûlé beaucoup de charbon cet hiver* abbiamo consumato molto carbone quest'inverno; *brûler peu d'électricité* consumare poca corrente elettrica # *brûler un cierge à un saint* accendere una candela a un santo ◇ (*loc. fig.*) *brûler les planches* (*se dit d'un acteur qui joue avec une ardeur communicative*) recitare con trasporto, con passione **2** [*altérer par l'action du feu, de la chaleur*] bruciare: *vous allez brûler votre rôti* farete bruciare l'arrosto; *brûler du linge au repassage* bruciare della biancheria stirando **3** [*chauffer au point de donner une sensation de brûlure*; *irriter*] bruciare: *la fumée me brûle les yeux* il fumo mi brucia gli occhi **4** [*passer sans s'arrêter à* (*un point d'arrêt prévu*)] *l'autobus a brûlé l'arrêt* l'autobus ha saltato la fermata; *provoquer un accident en brûlant un feu rouge* provocare un incidente passando col rosso ◇ (*loc. fig.*) *brûler les étapes* bruciare le tappe ~ *brûler la politesse à qqn.* [*le quitter sans prendre congé*] andarsene insalutato ospite **B** *v.intr.* **1** [*se consumer par le feu*] bruciare (*aux.* essere), ardere (113) (*aux.* essere): *un bois qui brûle lentement* un bosco che brucia, arde lentamente ◇ [*être calciné*; *cuire à feu trop vif*] *la soupe a brûlé* la minestra (si) è bruciata ◇ [*flamber*] *le feu brûle dans la cheminée* il fuoco brucia, arde nel caminetto ◇ [*se consumer en éclairant, être allumé*] *la bougie brûle* la candela brucia; *des quinquets à pétrole qui brûlent* lumi a petrolio che bruciano; *laisser brûler la lumière* lasciare la luce accesa **2** [*être brûlant* (2); *avoir très chaud*] bruciare: *il brûle de fièvre* brucia di febbre; *la gorge me brûle* mi brucia la gola ◇ [*être ardent*] *brûler d'impatience* bruciare d'impazienza ◇ *loc.* BRÛLER DE (+ *inf.*) [*avoir un très vif désir de*] morire dalla voglia di (+ *inf.*): *tu brûles de parler* muori dalla voglia di parlare **3** (*à certains jeux ou devinettes*) [*être tout près de découvrir l'objet caché, la solution*] fuoco! (*interj.*): *vous brûlez!* fuoco! **C** *v.pron.* SE BRÛLER **1** *intr.* [*s'infliger une sensation de brûlure*] bruciarsi, scottarsi: *je me suis brûlé en allumant ma cigarette* mi sono bruciato, scottato accendendo la sigaretta; *se brûler en renversant une casserole d'eau chaude* scottarsi rovesciando una pentola d'acqua calda → **ébouillanter (s')** **2** *réfl.* [*se détruire soi-même par le feu*] bruciarsi → *tr.* 1 □.

brûleur |bʀylœʀ| *s.m.* [*appareil où se produit la combustion*] bruciatore: *brûleur à mazout* bruciatore a nafta.

brûlis |bʀyli| *s.m.* [*champ où on a brûlé les herbes, pour améliorer le sol*] terreno debbiato.

brûloir |bʀylwaʀ| *s.m.* [*appareil de torréfaction*] tostacaffè *inv.*

brûlot |bʀylo| *s.m.* (*ancienn.*, *mar.*) brulotto.

brûlure |bʀylyʀ| *s.f.* **1** [*lésion produite sur une partie du corps par l'action de la flamme, de la chaleur, etc.*] scottatura, ustione: *brûlure du premier, du deuxième, du troisième degré* scottatura, ustione di primo, di secondo, di terzo grado ◇ [*tache, trou à l'endroit où un vêtement a brûlé*] bruciatura: *une brûlure de cigarette* una bruciatura di sigaretta **2** [*sensation de chaleur intense, d'irritation dans l'organisme*] bruciore (*m.*): *des brûlures d'estomac* bruciori di stomaco.

brumaire |bʀymɛʀ| *s.m.* (*hist. fr.*) brumaio*.

brumasse |bʀymas| *s.f.* [*petite brume*] nebbiolina.

brumasser |bʀymase| *v.intr. impers.* [*faire un peu de brume*] essere (96) un po' nebbioso: *il brumasse* è un po' nebbioso, c'è un po' di nebbiolina → **brumer.**

brume |bʀym| *s.f.* **1** [*brouillard léger*] foschia, caligine (*littér.*): *la brume du soir* la foschia della sera ◇ [*tout brouillard*] nebbia: *les brumes du Nord* le nebbie del Nord; *signal de brume* segnale di nebbia **2** (*fig.*) [*ce qui est brumeux*] nebbia: *la brume de l'ignorance* la nebbia dell'ignoranza.

brumer |bʀyme| *v.intr.impers.* (*rare*) [*faire de la brume*] esserci (96) nebbia: *il brume ce matin* stamane c'è nebbia.

brumeux, euse |bʀymø, øz| *adj.* **1** [*couvert de brume*] nebbioso, caliginoso (*littér.*): *temps brumeux* tempo nebbioso **2** (*fig.*) → **nébuleux.**

brumisateur |brymizatœr| *s.m.* [*vaporisateur pour les soins de la peau*] vaporizzatore.

brun, une |bʀœ̃, yn| **1** *adj.* [*de couleur sombre*] bruno: *la couleur brune de la châtaigne* il colore bruno della castagna; *des cheveux bruns* capelli bruni → **bistre,** 3 **marron,** 1 **tabac** # *bière brune* birra scura; *tabac brun* tabacco scuro ◇ (*personnes*) [*qui a les cheveux bruns, le teint brun*] bruno ✦ (*s.*) *une petite brune* una brunetta **2** *s.m.* [*cette couleur*] bruno: *cheveux d'un brun roux* capelli di un bruno rossiccio ⓒ 1 **blond.**

brunâtre |bRynɑtR(ə)| *adj.* brunastro.

brune |bRyn| *s.f.* (*vx.*) [*tombée de la nuit*] l'imbrunire *m.inv.* ◇ (*loc. littér.*) *à la brune* [*au crépuscule*] all'imbrunire, sull'imbrunire.

brunette |bRynɛt| *s.f.* brunetta: *une jolie brunette* una graziosa brunetta.

bruni |bRyni| *s.m.* → 2 **poli.**

brunir |bRyniR| **A** *v.tr.* **1** [*rendre brun*] scurire (197), abbronzare: *le soleil brunit la peau* il sole scurisce, abbronza la pelle → **hâler** **2** [*procéder au brunissage de*] brunire (197) **B** *v.intr.* [*devenir brun*] scurirsi *pron.*, abbronzarsi (*pron.*): *brunir au soleil* scurirsi, abbronzarsi stando al sole; *vous avez bruni* vi siete abbronzati → **bronzer.**

brunissage |bRynisaʒ| *s.m.* (*techn.*) brunitura *f.*

brunissement |bRynismɑ̃| *s.m.* → **bronzage.**

brunisseur, euse |bRynisœR, øz| *s.* [*ouvrier chargé des opérations de brunissage*] brunitore *m.*

brunissoir |bRyniswaR| *s.m.* (*techn.*) brunitoio*.

brunissure |bRynisyR| *s.f.* (*techn.*) → **brunissage.**

brushing |bRœʃiŋ| *s.m.* (*angl.*) brushing *inv.*, asciugatura *f.* (col) föhn.

brusque |bRysk(ə)| *adj.* **1** [*qui agit avec une certaine rudesse*] brusco*: *manières brusques* modi bruschi; *vous avez été trop brusque avec lui* (lei) è stato troppo brusco con lui → **brutal, rude, sec** **2** [*qui est soudain, que rien ne laisse prévoir*] brusco: *le brusque arrêt de l'auto* il brusco arresto dell'auto; *le brusque retour du froid* il brusco ritorno del freddo → **inattendu, subit** ⓒ 1 **doux.**

brusquement |bRyskəmɑ̃| *adv.* [→ BRUSQUE 2] bruscamente, all'improvviso (*loc. adv.*): *il me demanda brusquement si...* bruscamente, all'improvviso mi chiese se...; *la crise a éclaté brusquement* la crisi è scoppiata bruscamente, all'improvviso.

brusquer |bRyske| *v.tr.* **1** [*traiter d'une manière brusque*] trattare bruscamente, strapazzare: *vous avez tort de brusquer cet enfant* sbagliate a trattare bruscamente, a strapazzare questo bambino **2** [*précipiter* (*ce dont le cours est normalement lent*)] affrettare: *il faut brusquer le dénouement* bisogna affrettare la soluzione → **hâter** ✦ (*au p.p.*) *une attaque brusquée* un attacco improvviso *adj.*

brusquerie |bRyskəRi| *s.f.* → **rudesse.**

brut, ute |bRyt| *adj.* **1** [*qui est à l'état naturel*] greggio*, grezzo: *mineral, diamant, or brut* minerale, diamante, oro greggio; *soie brute* seta greggia; *pétrole brut* (petrolio) greggio → **naturel, sauvage** ◇ [*qui résulte d'une première élaboration*] *toile brute* tela greggia # *champagne brut* 'champagne brut' **2** (*fig.*) [*sans élaboration intellectuelle*] bruto, grezzo: *fait brut* fatto bruto; *données brutes* dati grezzi **3** [*dont le montant est évalué avant déduction des taxes et frais divers*] lordo: *bénéfice brut* utile lordo; *le traitement brut est de 10 francs* lo stipendio lordo è di 10 franchi ✦ *adv.* al lordo (*loc. inv.*): *l'opération doit produire brut un million* l'operazione deve fruttare al lordo un milione **4** *poids brut* [*poids total*] peso lordo ⓒ 3; 4 **net.**

brutal, ale, aux |bRytal, o| **I** *adj.* **1** [*de tempérament violent*] brutale: *un gardien brutal* un custode brutale → **violent** # *la force brutale* la forza bruta **2** [*qui est sans ménagement*] brutale, risoluto: *une franchise brutale* una franchezza brutale, risoluta **3** (*choses*) [*qui frappe rudement*] *le coup a été brutal* il colpo è stato brutale **II** (*s.*) *un brutal* [*une brute*] un bruto.

brutalement |bRytalmɑ̃| *adv.* [→ BRUTAL I 2, 3] brutalmente → **durement, rudement.**

brutaliser |bRytalize| *v.tr.* [*traiter d'une façon brutale*] maltrattare, brutalizzare (*rare*): *brutaliser un enfant* maltrattare un bambino → **battre, maltraiter** ◇ (*fam.*) *il ne faut pas me brutaliser* non bisogna trattarmi bruscamente, farmi violenza → **brusquer.**

brutalité |bRytalite| *s.f.* **1** brutalità (*inv.*): *il est d'une brutalité révoltante* è di una brutalità rivoltante → **dureté** ◇ [*acte brutal; violence*] *il a été victime des brutalités policières* è stato vittima delle brutalità poliziesche **2** [*acte inattendu et violent*] brutalità: *il était étourdi par la brutalité de la nouvelle* era stordito dalla brutalità della notizia ⓒ 1 **douceur.**

brute |bRyt| *s.f.* **1** (*littér.*) bruto *m.* → 1 **bête** **2** bruto, rozzo *m.* # *il ne comprend rien, c'est une brute* non capisce niente, è una persona rozza *adj.* ◇ [*homme violent*] *une vrai brute* un vero bruto # *frapper comme une brute* picchiare come una bestia.

bruyamment |bRɥijamɑ̃| *adv.* **1** [→ BRUYANT 1] rumorosamente: *se moucher bruyamment* soffiarsi il naso rumorosamente **2** [*en faisant grand bruit*] rumorosamente, chiassosamente: *protester bruyamment* protestare rumorosamente.

bruyance |bRɥijɑ̃s| *s.f.* (*techn.*) rumorosità *inv.*

bruyant, ante |bRɥijɑ̃, ɑ̃t| *adj.* **1** [*qui fait beaucoup de bruit*] rumoroso, chiassoso: *des enfants bruyants* bambini rumorosi, chiassosi → **assourdissant** **2** [*où il y a beaucoup de bruit*] *une rue bruyante* una strada rumorosa ⓒ 1 **silencieux;** 2 **tranquille.**

bruyère |bRy(ɥi)jɛR| *s.f.* **1** (*t.bot.*) erica* ◇ [*racine de cette plante*] *une pipe de bruyère* una pipa di erica **2** [*lieu où pousse la bruyère*] brughiera → **lande.**

Bryophites |bRijɔfit| *s.f.pl.* (*t.bot.*) Briofite.

buanderie |bɥ(y)ɑ̃dRi| *s.f.* [*local réservé aux lavages*] lavanderia.

bubon |bybɔ̃| *s.m.* (*méd.*) bubbone.

bubonique |bybɔnik| *adj.* bubbonico*: *peste bubonique* peste bubbonica.

buccal, ale, aux |bykal, o| *adj.* orale, boccale: *la cavité buccale* il cavo orale, la cavità boccale; *par voie buccale* per via orale.

buccin |byksɛ̃| *s.m.* **1** (*t.zool.*) buccino **2** (*hist. rom.*) buccina *f.*

buccinateur |byksinatœR| **1** *s.m.* (*hist. rom.*) buccinatore **2** *adj.m.* (*anat.*) *muscle buccinateur* muscolo buccinatorio, buccinatore *s.m.*

bucentaure |bysɑ̃tɔR| *s.m.* bucintoro.

1 **bûche** |byʃ| *s.f.* **1** [*morceau de bois de chauffage*] ciocco* *m.*, ceppo (*m.*): *mettre une bûche dans la cheminée* mettere un ciocco nel camino ◇ (*pâtiss.*) *bûche de Noël* [*pâtisserie en forme de bûche faite pour les fêtes de fin d'année*] tronco, ceppo di Natale **2** (*fig.*) (*se dit d'une personne stupide et apathique*) ciocco: *une vraie bûche* un vero ciocco, un vero stupido; *rester là comme une bûche* rimanere, restare come un ciocco.

2 **bûche** |byʃ| *s.f.* (*pop.*) [*chute*] tombola, capitombolo (*m.*): *ramasser une bûche* fare una tombola, un capitombolo.

1 **bûcher** |byʃe| *s.m.* **1** [*local où l'on range le bois à brûler*] legnaia *f.* **2** [*amas de bois sur lequel on brûlait les condamnés, les livres interdits*] rogo*.

2 **bûcher** |byʃe| *v.tr.* **I** (*fam.*) [*étudier, travailler avec acharnement*] sgobbare (*intr.*): *il bûche son livre d'histoire* sgobba sul suo libro di storia ✦ (*absolt.*) *il a bûché ferme* ha sgobbato sodo **II** (*techn.*) [*dégrossir*] sgrossare: *bûcher une pierre* sgrossare una pietra.

bûcheron, onne |byʃRɔ̃, ɔn| *s.* [*personne dont le métier est d'abattre du bois*] boscaiolo, taglialegna *m.inv.*

bûchette |byʃɛt| *s.f.* [*petit morceau de bois sec*] legna minuta, ciocchetto (*m.*): *faire prendre le feu avec des bûchettes* attizzare il fuoco con legna minuta.

bûcheur, euse |byʃœR, øz| *s.* [*personne qui étudie, travaille avec acharnement*] sgobbone ✦ (*adj.*) *un élève bûcheur* un alunno sgobbone → **travailleur** ⓒ **paresseux.**

bucolique |bykɔlik| **1** *s.f.* (*litt.*) bucolica* **2** *adj.* bucolico*: *un paysage bucolique* un paesaggio bucolico.

bucrane |bykRan| *s.m.* (*archit.*) bucranio*.

budget |bydʒɛ| *s.m.* **1** bilancio* (preventivo): *budget de l'État* bilancio statale; *budget ordinaire, extraordinaire* bilancio ordinario, straordinario; *budget annexe* bilancio di un ente autonomo; *budget de report* bilancio di riporto; *budget provisoire* bilancio provvisorio; *les dépenses inscrites au budget* le spese iscritte nel bilancio; *dresser, préparer, voter le budget* elaborare, preparare, votare il bilancio **2** [*revenus et dépenses d'un groupe*] bilancio: *budget familial* bilancio familiare; *arriver à boucler son budget* riuscire a far quadrare il bilancio ◇ (*spécialt.*) [*somme d'argent affectée à une campagne de publicité*] budget *inv.* (pubblicitario*).

budgétaire |bydʒetɛR| *adj.* di, in bilancio *loc.*, budgetario*: *prévision budgétaire* previsione di bilancio; *crédit, dépense budgétaire* stanziamento, spesa in bilancio.

budgétisation |bydʒetisɑsjɔ̃| *s.f.* inscrizione nel bilancio (statale) # *la budgétisation des prestations sociales* la fiscalizzazione degli oneri sociali.

budgétiser |bydʒetize| *v.tr.* (*fin.*) [*inscrire au budget*] inscrivere (182) nel bilancio (statale).

budgétivore |bydʒetivɔR| *adj. et s.* (*plais.*) [*qui vit aux dépens de l'État*] parassitario* *adj.*; parassita *s.* (dello Stato).

buée |bɥe| *s.f.* [*vapeur qui se dépose*

en fines gouttelettes] condensa, vapore *m.* (acqueo): *des vitres couvertes de buée* vetri coperti di condensa, appannati.

buffet |byfɛ| *s.m.* **1** [*meuble de salle à manger*] credenza *f.*, 'buffet' *inv.* ◇ (*loc.*) *danser devant le buffet* saltare il pasto **2** [*table, dressoir où sont servis des plats froids*] 'buffet' ◇ (*spécialt.*) *buffet de gare* 'buffet', bar-ristorante della stazione **3** *buffet d'orgue* [*sa menuiserie*] cassa *f.* dell'organo **4** (*pop.*) [*estomac*] pancia* (*f.*): *il n'avait rien dans le buffet* aveva la pancia vuota.

buffle |byfl(ə)| *s.m.* (*t.zool.*) bufalo ◇ (*cour.*) *valise en (peau de) buffle* valigia di pelle di bufalo.

buffleterie |byflə(ɛ)tRi| *s.f.* (*milit.*) buffetteria.

bufflonne |byflɔn|, **bufflesse** |byflɛs| *s.f.* [*femelle du buffle*] bufala.

bugle |bygl(ə)| *s.m.* (*mus.*) flicorno.

building |bildiŋ| *s.m.* (*angl.*) [*vaste immeuble moderne*] (grande) edificio*, palazzone.

buire |bɥiR| *s.f.* (*archéol.*) bricco* *m.*

buis |bɥi| *s.m.* (*t.bot.*) bosso ◇ (*cour.*) *buis bénit* olivo benedetto.

buisson |bɥisɔ̃| *s.m.* **1** [*bouquet d'arbrisseaux sauvages*] cespuglio* ◇ (*chasse*) *battre les buissons* battere la macchia ◇ (*fig.*) *faire, trouver buisson creux* [*ne pas trouver ce qu'on cherche*] fare un buco nell'acqua **2** [*mets arrangé en forme de pyramide hérissée d'épines*] ⊠.

buissonneux, euse |bɥisɔnø, øz| *adj.* [*couvert, fait de buissons*] cespuglioso.

buissonnier, ière |bɥisɔnje, jɛR| *adj.* (*dans la loc.*) *faire l'école buissonnière* [*flâner, se promener au lieu d'aller en classe*] marinare la scuola ◇ (*ancienn.*) *école buissonière* [*école clandestine qui se tenait en plein champ*] ⊠.

bulbaire |bylbɛR| *adj.* (*bot.*) bulbare.

bulbe |bylb(ə)| *s.m.* **1** (*bot.*) bulbo **2** (*anat.*) bulbo: *bulbe dentaire* bulbo dentario; *bulbe rachidien* bulbo rachidiano **3** (*archit.*) cupola (*f.*): *les bulbes d'une église russe* le cupole di una chiesa russa **4** (*mar.*) (*on écrit aussi 'bulb'*) prua *f.* a bulbo.

bulb(e)-propulseur |bylbpRɔpylsœR| *s.m.* (*mar.*) controelica* *f.*

bulbeux, euse |bylbø, øz| *adj.* (*bot.*) bulboso, bulbiforme.

bulbifère |bylbifɛR| *adj.* (*bot.*) bulbifero.

bulbille |bylbij| *s.f.* (*bot.*) bulbillo *m.*

bulgare |bylgaR| **1** *adj.* [*de la Bulgarie*] bulgaro: *le peuple bulgare* il popolo bulgaro **2** (*s.m.*) *le bulgare* [*la langue*] il bulgaro.

bulldozer |buldozœR| *s.m.* → **bouteur** (*t. recomm.*).

1 **bulle** |byl| *s.f.* (*hist.*) bolla ◇ [*décret du pape*] *bulle d'excommunication* bolla di scomunica.

2 **bulle** |byl| *s.f.* **1** [*petite sphère remplie d'air ou de gaz*] bolla: *les bulles du verre* le bolle del vetro; *niveau à bulle* livella a bolla d'aria; *faire des bulles de savon* fare bolle di sapone **2** (*méd.*) bolla **3** (*bandes dessinées*) fumetto *m.*

3 **bulle** |byl| *s.m.* (*papier*) *bulle* [*papier jaunâtre, de qualité très ordinaire*] carta *f.* da imballaggio.

bulletin |byltɛ̃| *s.m.* **1** bollettino: *bulletin météorologique* bollettino meteorologico; *bulletin de santé* bollettino medico → **communiqué** # *bulletin de naissance* certificato di nascita ◇ (*dans le domaine scol.*) pagella (*f.*): *il a eu un bon bulletin* ha avuto una buona pagella ◇ (*journalisme*) *bulletin de l'étranger* notiziario dall'estero **2** [*certificat ou récépissé délivré à un usager*] *bulletin de livraison* bolla *f.*, bolletta *f.* di consegna; *bullettin d'abonnement* scheda *f.* di abbonamento; *bulletin de bagages, de consigne* scontrino dei bagagli, del deposito bagagli; *bulletin de paye* foglio* paga **3** *bulletin* (*de vote*) [*papier indicatif d'un vote*] scheda elettorale, di votazione: *bulletin nul, blanc* scheda nulla, bianca.

bulleux, euse |bylø, øz| *adj.* (*méd.*) bolloso: *dermatose bulleuse* dermatosi bollosa.

bull-terrier |bultɛRje| *s.m.* (*angl.*) bull-terrier *inv.*

bungalow |bœ̃galo| *s.m.* bungalow *inv.*

bunker |bunkɛR| *s.m.* (*milit.*) bunker *inv.*, casamatta *f.*

buraliste |byRalist(ə)| *s.* [*personne préposée à un bureau de recette, de timbre, de poste*] ricevitore* ◇ (*spécialt.*) [*personne qui tient un bureau de tabac*] tabaccaio*.

burat |byRa| *s.m.* (*étoffe*) buratto.

bure |byR| *s.f.* [*grossière étoffe de laine brune*] bigello *m.* ◇ (*par ext.*) [*vêtement de cette étoffe*] saio* *m.*

bureau |byRo| *s.m.* **I** **1** [*table sur laquelle on écrit, on travaille*] scrittoio*, scrivania (*f.*): *un bureau en acajou* uno scrittoio, una scrivania in mogano # *déposer un projet sur le bureau d'une assemblée* depositare un progetto sul tavolo della presidenza **2** [*pièce où est installé la table de travail*] studio*; ufficio*: *le bureau d'un avocat* lo studio di un avvocato ‖ *le bureau du directeur* l'ufficio del direttore → **cabinet**; *bureau paysagé* ufficio a tramezzi mobili, modanature **3** [*lieu de travail des employés*] ufficio: *les bureaux du ministère* gli uffici del ministero; *les bureaux d'un agence, d'une société* gli uffici di un'agenzia, di una società; *heures de bureau* ore, orario d'ufficio; *ouverture, fermeture des bureaux* apertura, chiusura degli uffici; *aller au bureau, à son bureau* andare in ufficio ◇ [*établissement où s'exerce un service d'intérêt collectif*] *bureau d'enregistrement* ufficio del registro; *bureau de poste* ufficio postale # *bureau de tabac* rivendita di tabacchi ◇ [*guichet*] botteghino: *bureau d'un théâtre* botteghino di un teatro # *jouer à bureaux fermés* recitare davanti a un tutto esaurito **4** [*service (assuré dans un bureau)*] ufficio: *le bureau administratif, commercial* l'ufficio amministrativo, commerciale; *bureau de placement* ufficio di collocamento # *bureau d'études* società di consulenza **II** **1** [*ensemble des employés travaillant dans un bureau*] ufficio: *lenteur des bureaux administratifs* lentezza degli uffici amministrativi **2** [*membres d'une assemblée élus pour diriger les travaux*] ufficio di presidenza: *réunion du bureau* riunione dell'ufficio di presidenza; *élire, renouveler le bureau* eleggere, rinnovare l'ufficio di presidenza # *le bureau politique d'un parti* il direttivo di un partito **3** *bureau de vote* [*section du corps électoral communal*] ufficio elettorale di sezione; *bureau électoral* [*bureau constitué pour recevoir les votes des électeurs*] seggio* elettorale **4** [*groupe de délégués, chargés d'étudier une question*] comitato ◇ (*spécialt.*) *bureau veritas* registro navale.

bureaucrate |byRokRat| *s.m.* burocrate ◇ (*fam.*, *péj.*) burocrate.

bureaucratie |byRokRasi| *s.f.* burocrazia.

bureaucratique |byRokRatik| *adj.* burocratico*.

bureaucratisation |byRokRatizasjɔ̃| *s.f.* (*péj.*) burocratizzazione, burocratismo *m.*

bureaucratiser |byRokRatize| *v. tr.* **1** [*soumettre au régime bureaucratique*] burocratizzare **2** [*transformer par la mise en place d'une bureaucratie*] burocratizzare.

bureaucratisme |byRokRatism| *s.m.* burocratismo.

burette |byRɛt| *s.f.* **1** (*liturg.*) ampollina **2** [*petit flacon à goulot*] ampolla: *burettes d'un huilier* ampolle di un'oliera ◇ (*chim.*) *burette de chimiste* buretta del chimico **3** *au plur.* (*vulg.*) [*testicules*] coglioni *m.* ◇ (*loc. fig.*) *casser les burettes à qqn.* rompere i coglioni a qc.

burgrave |byRgRav| *s.m.* (*hist.*) burgravio*.

burin |byRɛ̃| *s.m.* **1** [*ciseau d'acier qui sert à graver*] bulino: *graver au burin* incidere col bulino ◇ (*par ext.*) [*gravure au burin*] bulino **2** [*ciseau d'acier pour couper les métaux, dégrossir les pièces*] bulino.

burinage |byRinaʒ| *s.m.* (*techn.*) bulinatura *f.*

buriné, ée |byRine| *adj.* [*gravé au burin*] bulinato *p.p.* ◇ (*fig.*) *traits burinés* [*marqués et énergiques*] lineamenti marcati.

buriner |byRine| *v.tr.* [*graver au burin*] bulinare: *buriner le cuivre* bulinare il rame.

burlesque |byRlɛsk(ə)| *adj.* **1** [*d'une comique extravagant*] burlesco*: *farce burlesque* farsa burlesca → **bouffon** ◇ [*tout à fait ridicule*] grottesco*: *quelle idée burlesque!* che idea grottesca! → **grotesque** **2** (*hist. litt.*) *le genre burlesque* il genere burlesco ♦ (*s.m.*) *le burlesque* il 'burlesque' *inv.*

burlingue |byRlɛ̃g| *s.m.* (*arg.*) → **bureau**.

burnous |byRnu(s)| *s.m.* **1** burnus *inv.*, barracano ◇ (*fam.*) *faire suer le burnous* [*exploiter la main-d'œuvre indigène*] sfruttare la manodopera *f.* locale **2** mantellina *f.* (con cappuccio) per neonato.

bursite |byRsit| *s.f.* (*méd.*) borsite.

1 **bus** |bys| *s.m.* (*fam.*) (auto)bus *inv.*

2 **bus** |bys| *s.m.* (*informatique*) via *f.*

busard |byzaR| *s.m.* (*t.zool.*) albanella *f.*

busc |bysk| *s.m.* **1** [*lame de baleine, de métal*] stecca* *f.* **2** [*saillie contre laquelle viennent buter les portes d'une écluse*] battuta *f.*

1 **buse** |byz| *s.f.* **1** (*t.zool.*) poiana, bozzago* *m.* **2** (*fig.*, *fam.*) *une buse* [*personne sotte et ignorante*] un babbeo *m.* → 1 **bête**.

2 **buse** |byz| *s.f.* [*conduit, tuyau*] ugello *m.*; condotto (*m.*): *buse d'injection* ugello iniettore ‖ *buse d'aérage* condotto di ventilazione; *buse de carburateur* condotto del carburatore.

business, bizness |biznɛs| *s.m.* (*fam.*) faccenda *f.* complicata ◇ [*chose*]

coso, affare: *passe-moi ce bizness-là* passami quel coso → **truc, machin.**
busqué, ée |byske| *adj.* [*qui présente une courbure convexe*] arcuato, ad arco *loc.inv.*
busquer |byske| *v.tr.* (*techn.*) [*garnir d'un busc* (*un corset ou un combiné*)] munire (197) di stecche.
busserole |bysʀɔl| *s.f.* (*t.bot.*) uva ursina.
buste |byst(ə)| *s.m.* **1** (*anat.*) busto → **torse** ◇ (*spécialt.*) [*poitrine des femmes*] petto, seni *pl.* **2** [*portrait sculpté*] busto: *buste en piédouche* busto su piedestallo # *buste en hermès* erma.
bustier |bystje| *s.m.* [*sous-vêtement féminin*] bustino.
but |by(t)| *s.m.* **1** [*point visé, objectif*] bersaglio*: *viser le but* mirare al bersaglio; *atteindre, toucher le but* raggiungere il bersaglio; *frapper au but* colpire il bersaglio, nel segno; *manquer le but* fallire il bersaglio # *tir au but* tiro a segno ◇ (*boules*) → **cochonnet** ◇ *loc.* DE BUT EN BLANC di punto in bianco: *on lui a posé la question de but en blanc* glielo hanno chiesto di punto in bianco **2** [*point que l'on se propose d'atteindre*] scopo, mèta (*f.*): *le but d'une expédition* lo scopo di una spedizione; *atteindre le but par petites étapes* raggiungere la meta a piccole tappe → **terme** **3** (*sport*) porta (*f.*): *ligne de but* linea di porta # *gardien de but* portiere ◇ [*point marqué*] rete (*f.*): *gagner par trois buts à un* vincere per tre (reti) a uno; *marquer un but* segnare una rete, un goal ◇ (*rugby*) *transformer un essai en but* trasformare una mèta **4** (*fig.*) [*ce que l'on se propose d'atteindre*] scopo: *le but de la vie* lo scopo della vita; *viser le but* mirare allo scopo; *toucher le but, au but* raggiungere lo scopo; *aller droit au but* andare diritto allo scopo; *nous avons pour but, notre but est de...* (il) nostro scopo è di...; *tous les moyens lui sont bons pour arriver à son but* per lui tutti i mezzi sono buoni per raggiungere lo scopo → **2 fin, dessein, intention, 2 objectif** # *être encore loin du but* essere ancora lontano dalla meta ◇ *loc.* DANS LE BUT DE allo, con lo scopo di: *dans le seul but de réaliser des bénéfices* al, col solo scopo di guadagnare ◇ (*gram.*) *complément de but* complemento di fine, di scopo; *conjoinction de but* congiunzione finale.
butane |bytan| *s.m.* (*chim.*) butano (*appos.*) *gaz butane* gas butano.
buté, ée |byte| *adj.* [*entêté dans son opinion*] cocciuto, ostinato: *buté comme une mule* cocciuto come un mulo; *un visage buté* un'espressione ostinata.
butée |byte| *s.f.* **1** [*massif de pierre destiné à supporter une poussée*; *culée d'un pont*] spalla **2** (*mécan.*) ralla # *palier de butée* cuscinetto di spinta.
butène |bytɛn|, **butylène** |bytilɛn| *s.m.* (*chim.*) butilene.
buter |byte| **A** *v.intr.* [*heurter le pied* (*contre qqch. de saillant*)] inciampare (*aux.* essere, avere): *buter contre une pierre* inciampare in una pietra ◇ (*fig.*) *buter contre une difficulté* inciampare in una difficoltà ◇ [*s'appuyer, être calé*] appoggiarsi (*pron.*): *la poutre bute contre le mur* la trave s'appoggia al muro **B** *v.tr.* [*appuyer, étayer*] puntellare: *buter un mur* puntellare un muro **C** *v.pron.intr.* SE BUTER [*se heurter*] urtarsi: *se buter à qqn.* urtarsi con qc. ◇ [*s'entêter*] incaponirsi (197), intestardirsi (197).
buteur |bytœʀ| *s.m.* (*football*) cannoniere ◇ (*rugby*) trequarti.
butin |bytɛ̃| *s.m.* **1** [*ce qu'on prend aux ennemis*] bottino **2** [*produit d'un vol, d'un pillage*] bottino: *le voleur fut surpris avec son butin* il ladro fu sorpreso con il bottino **3** [*produit, récolte qui résulte d'une recherche*] bottino: *le butin des dernières fouilles est très important* il bottino degli ultimi scavi è assai cospicuo; *notre butin est bien maigre!* il nostro bottino è proprio magro!
butiner |bytine| **A** *v.intr.* (*se dit des abeilles qui cherchent la nourriture*) bottinare **B** *v.tr.* (*fig.*) [*récolter*] raccogliere (123): *butiner quelques renseignements* raccogliere alcune informazioni.
butoir |bytwaʀ| *s.m.* **1** *butoir de chemin de fer* [*placé à l'extrémité d'une voie*] fermacarro; *butoir d'une porte* paracolpi *inv.* **2** [*couteau à racler le cuir*] scarnatoio*.
1 **butor** |bytɔʀ| *s.m.* (*t.zool.*) tarabuso.
2 **butor** |bytɔʀ| *s.m.* [*grossier personnage sans finesse ni délicatesse*] zoticone *s.*, cafone *s.*
buttage |bytaʒ| *s.m.* (*agric.*) rincalzatura (*f.*): *le buttage de la vigne* la rincalzatura della vigna.
butte |byt| *s.f.* **1** [*tertre où l'on adosse la cible*] parapalle (*m. inv.*): *butte de tir* parapalle di tiro ◇ (*fig.*) *être en butte à* [*exposé à*] essere esposto a: *il est en butte aux vexations de tout le monde* è esposto alle angherie di tutti **2** [*petite éminence de terre*] collinetta: *la butte Montmartre*; (*absolt.*) *la Butte* (la collinetta di) Montmartre.
1 **butter** |byte| *v.tr.* (*agric.*) [*garnir* (*une plante*) *de terre qu'on élève autour du pied*] rincalzare: *butter des pommes de terre* rincalzare delle patate.
2 **but(t)er** |byte| *v.tr.* (*pop.*) [*tuer*] accoppare.
buttoir |bytwaʀ| *s.m.* (*agric.*) rincalzatore.
butyle |bytil| *s.m.* (*chim.*) butile.
butylène |bytilɛn| *s.m.* → **butène.**
butylique |bytilik| *adj.* (*chim.*) butilico*.
butyrate |bytiʀat| *s.m.* (*chim.*) butirrato.
butyreux, euse |bytiʀø, øz| *adj.* [*qui a l'apparence, les caractères du beurre*] burroso.
butyrique |bytiʀik| *adj.* (*chim.*) butirrico*.
buvable |byvabl(ə)| *adj.* [→ 1 BOIRE 1] bevibile: *ce vin est à peine buvable* questo vino è appena appena bevibile ◇ (*pharm.*) *ampoule buvable* fiala per via orale.
buvard |byvaʀ| *s.m.* **1** (*papier*) *buvard* [*papier qui boit l'encre*] carta *f.* assorbente **2** [*dispositif muni de ce papier*] sottomano assorbente.
buvetier, ière |byvtje, jɛʀ| *s.* esercente di un chiosco di bibite, di un posto di ristoro.
buvette |byvɛt| *s.f.* **1** chiosco* *m.* di bibite, posto *m.* di ristoro, 'buvette' (*inv.*): *la buvette de la Chambre, du Sénat* la 'buvette' della Camera, del Senato **2** [*dans les stations thermales*] fonte termale, mescita.
buveur, euse |byvœʀ, øz| *s.* **1** [*qui aime boire du vin, des boissons alcoolisées*] bevitore*: *cet homme est un gros buveur* quest'uomo è un gran bevitore **2** [*personne qui a l'habitude de boire* (*telle ou telle boisson*)] bevitore: *un buveur de bière* un bevitore di birra.
by-pass |baipass| *s.m. inv.* (*angl.*) → **bipasse** (*t. recomm.*).
byzantin, ine |bizɑ̃tɛ̃, in| *adj.* **1** [*de Byzance*] bizantino: *empire byzantin* impero bizantino; *littérature byzantine* letteratura bizantina ✦ *s.* (*hist.*) *les Byzantins* i Bizantini **2** (*fig.*) bizantino.
byzantinisme |bizɑ̃tinism(ə)| *s.m.* bizantinismo.
byzantiniste |bizɑ̃tinist(ə)| *s.* bizantinista.

C

c |se| *s.m.* **1** [*troisième lettre de l'alphabet*] c (*m. ou f.*): '*ç*' *avec cédille* 'ç' con cediglia ◇ (*télécom.*): (*en France*) *C comme Célestin*; (*en Belgique*) *C comme Caroline* C come Como **2** (*abrév. du nombre 'cent', en chiffres romains*) C ◇ (*nom de la note 'do'*) C **3** (*emplois conventionnels*) (*symb. chim. du charbone*) C; (*symb. de Coulomb*) C; °*C* [*degré Celsius*] °C.

1 **çà** |sa| **1** *adv.* ÇÀ ET LÀ [*de côté et d'autre*] qua e là: *il a jeté ses livres çà et là dans la chambre* ha gettato i libri qua e là per la camera **2** *interj.* (*vx.*) (*s'emploie pour encourager qqn.*) su! (*cour.*), dài! (*cour.*): *çà, or çà au travail!* su, al lavoro! ◇ (*marquant 'la menace, l'impatience'*) *çà, allez-vous vous taire!* insomma, fate silenzio!

2 **ça** |sa| *pron. dém.* (*fam.*) **1** [*cela, ceci*] questo (*cour.*), ciò (*cour.*): *tout ça* tutto questo, tutto ciò; *il ne manquait plus que ça!* non ci mancava che questo!, non ci mancava altro!; *à part ça* a parte questo; *me faire ça, à moi!* farmi questo, far questo a me!; *et avec ça?* e con questo?; (*dans un magasin*) (desidera) altro? # *donnez-moi ça* datemi quella roba; datemelo; *ça dépend!* dipende!; '*est-ce que ça va?*' '*oui, ça va très bien*' 'come va?' '(va) molto bene'; '*comment allez-vous?*' '*comme ci, comme ça*' 'come sta?' 'così così'; *comme ça, vous ne restez pas?* e così, dunque, non si ferma?; *c'est comme ça* è così → **ainsi** ◇ (*marquant 'l'insistance' dans l'interrogation*) *qui ça?* chi?!; *où ça?* dove?! **2** (*marquant 'l'approbation'*) *c'est ça!* è (proprio) così!, proprio così! ◇ (*marquant 'l'indignation, l'étonnement'*) *ah, ça alors!* ah, questa poi! **3** (*péj.*) (*indiquant des personnes*) (quel) tipo (*s.m.*): *vous invitez ça?* [*celui-là*] invitate un tipo del genere? **4** (*spécialt.*) [*l'acte sexuel*] *ils font ça très naturellement* lo fanno con molta naturalezza.

cab |kab| *s.m.* (*angl.*) (*ancienn.*) cab *inv.*

cabale, kabbale |kabal| *s.f.* **I** cabala **II** (*fig.*) **1** [*manœuvres secrètes concertées contre qqn. ou qqch.*] cabala, complotto *m.* → **intrigue, conspiration** **2** [*ceux qui forment une cabale*] cricca*, combriccola → **clique, faction, ligue.**

cabaliste |kabalist(ə)| *s.m.* cabalista.

cabalistique |kabalistik| *adj.* cabalistico*: *termes cabalistiques* termini cabalistici ◇ (*fig.*) [*incompréhensible*] *signes cabalistiques* segni cabalistici.

caban |kabɑ̃| *s.m.* 'caban' *f. inv.*

cabane |kaban| *s.f.* **1** [*petite habitation grossièrement construite*] capanna: *une cabane couverte de chaume* una capanna coperta di paglia; *cabane de berger, de pêcheur* capanna di pastore, di pescatore → **baraque, bicoque** **2** *cabane à lapins* [*casier en planches pour élever les lapins*] conigliera **3** (*pop.*) *mettre en cabane* [*en prison*] mettere al fresco, in galera (*cour.*) **4** [*case où l'on place les vers à soie pour qu'ils y filent leur cocon*] bosco* *m.*

cabaner |kabane| *v.tr.* → **encabaner.**

cabanon |kabanɔ̃| *s.m.* **1** [*cellule où l'on enferme les fous dangereux*] cella *f.* di isolamento: *mettre qqn. au cabanon* mettere qc. in cella di isolamento ◇ (*fam.*) *il est bon à mettre au cabanon* [*il est fou*] è un tipo da manicomio, è matto da legare **2** (*en Provence*) piccola casa *f.* di campagna ◇ [*chalet de plage*] capanno, casotto da spiaggia.

cabaret |kabaʀɛ| *s.m.* **1** 'cabaret' (*inv.*): *passer la soirée au cabaret* passare la serata al 'cabaret' → **boîte** **2** [*petit meuble ou coffret à liqueurs*] mobiletto bar **3** (*vieilli*) → **bistro(t),** 2 **café** ◇ (*loc.*) *un pilier de cabaret* un ubriacone.

cabaretier, ière |kabaʀtje, jɛʀ| *s.* (*ancienn.*) [*personne qui tenait un cabaret* (3)] bettoliere, taverniere.

cabas |kabɑ| *s.m.* **1** [*panier souple qui sert à mettre des fruits*] canestro: *un cabas de figues* un canestro di fichi **2** [*panier aplati ou sac à provisions que l'on porte au bras*] sporta *f.*, borsa *f.* (della spesa): *faire son marché avec un cabas* fare la spesa con una borsa.

cabèche |kabɛʃ| *s.f.* (*pop.*) [*tête*] zucca*: *couper cabèche* tagliare la zucca.

cabernet |kabɛʀnɛ| *s.m.* cabernet *inv.*

cabestan |kabɛstɑ̃| *s.m.* cabestano.

cabillaud |kabijo| *s.m.* [*mourue fraîche*] merluzzo (bianco*).

cabillot |kabijo| *s.m.* (*mar.*) caviglia (*f.*): *cabillot d'amarrage* caviglia di ormeggio.

cabine |kabin| *s.f.* **1** (*mar.*) cabina: *retenir une cabine à bord d'un paquebot* prenotare una cabina a bordo di un piroscafo ◇ (*aviat.*) *cabine de pilotage* cabina di pilotaggio **2** [*petit reduit*] cabina: *louer une cabine à la piscine, à la plage* affittare una cabina in piscina, in spiaggia; *cabine téléphonique, d'ascenseur* cabina telefonica, di ascensore ◇ (*ch. de fer*) *cabine d'aiguillage, de signaux* cabina di scambio, di manovra.

cabinet |kabinɛ| *s.m.* **I** **1** [*petite pièce située à l'écart*] stanzino: *cabinet attenant à une chambre* stanzino attiguo a una camera → **réduit** # *cabinet de débarras* ripostiglio; (*dans un café, un restaurant*) *cabinet particulier* salottino riservato **2** [*pièce où l'on se retire* (*pour travailler, converser*)] *cabinet de lecture* sala *f.* di lettura; *cabinet de travail, d'étude* studio* → **bureau** ◇ (*loc.*) *un homme de cabinet* [*d'études*] un uomo di studio, uno studioso **3** (*spécialt.*) CABINET (D'AISANCES), LES CABINETS *pl.* gabinetto *sing.* (di decenza): *aller au(x) cabinet(s)* andare al gabinetto (W.C.) → **toilette** ~ CABINET DE TOILETTE [*petite salle d'eau*] bagno, bagnetto (*fam.*) **4** [*pièce dans laquelle un médecin, un avocat reçoivent leurs clients*] gabinetto; studio: *cabinet de dentiste* gabinetto odontoiatrico ‖ *cabinet d'avocat* studio legale **5** [*lieu où l'on place des objets de curiosité, d'étude*] gabinetto, museo: *cabinet d'objets d'art* gabinetto, museo di oggetti d'arte ◇ (*vx.*) *cabinet de physique* gabinetto di fisica (*cour.*) **II** (*polit.*) gabinetto, governo: *le cabinet s'est présenté devant les Chambres* il gabinetto, il governo si è presentato davanti alle Camere → **gouvernement** ◇ [*service d'un ministère*] *le cabinet du ministre* il gabinetto del ministro; *chef de cabinet* capo (di) gabinetto **III** [*meuble pour ranger des objets précieux*] stipo, bacheca* *f.*

câblage |kɑblaʒ| *s.m.* (*techn.*) cablaggio*.

câble |kɑbl(ə)| *s.m.* **1** [*faisceau de fils tressés*] cavo: *câble de funiculaire* cavo di funicolare → **corde** ◇ (*mar.*) cavo, gomena *f.* # *filer, mouiller un câble* mollare una cima ◇ (*mécan.*) *câble de commande, de frein* cavo di comando, del freno **2** (*archit.*) cordone **3** [*fil conducteur métallique protégé par des enveloppes isolantes*] cavo: *câble sous-marin* cavo sottomarino; *câble électrique, coaxial* cavo elettrico, coassiale; *câble télégraphique, téléphonique* cavo telegrafico, telefonico **4** [*câblogramme*] cablogramma, cablo: *envoyer un câble* inviare un cablogramma, un cablo.

câblé, ée |kɑble| *adj.* **1** *fil câblé* [*retordu*] filo ritorto ♦ (*s.m.*) *du câblé six fils* ritorto à sei fili **2** (*archit.*) *moulure câblée* modanatura a forma di cordone *loc. inv.* **3** (*électronique*) *circuit câblé* circuito cablato.

câbler |kɑble| *v.tr.* **1** [*assembler* (*plusieurs torons*) *en les tordant ensemble en un seul câble*] ritorcere (189), intrecciare **2** [*envoyer* (*une dépêche*) *par câble télégraphique*] cablare, inviare un cablo(gramma): *on vous câblera des instructions* vi telegraferemo istruzioni, vi invieremo istruzioni per cablo.

câblerie |kɑbləʀi| *s.f.* fabbrica* di cavi.

câbleur |kɑblœʀ| *s.m.* [*technicien qui effectue la pose et le montage de câbles électriques*] posatore (di cavi).

câblier |kɑblije| *s.m.* (*mar.*) (nave *f.*) posacavi *inv.* ♦ (*adj.*) *un navire câblier* una nave posacavi.

câbliste |kɑblist| *s.m.* [*agent chargé*

de manipuler les câbles d'une caméra, dans une prise de vue] cablatore.
câblodistribution |kablɔdistʀibysjɔ̃| *s.f.* televisione via cavo.
câblogramme |kɑblɔgʀam| *s.m.* cablogramma: *envoyer un câblogramme* spedire un cablogramma.
cabochard, arde |kabɔʃaʀ, aʀd(ə)| *adj. et s.* [*entêté*] testardo, cocciuto: *il est un peu cabochard* è un po' testardo, cocciuto; *quelle cabocharde!* che testarda!, che cocciuta!
caboche |kabɔʃ| *s.f.* **1** (*fam.*) [*tête*] capoccia* # *il a une sacrée caboche* [*il est têtu*] è un testardo → **cabochard 2** [*clou à grosse tête pour ferrer les souliers*] bulletta.
cabochon |kabɔʃɔ̃| *s.m.* **1** [*pierre précieuse*] 'cabochon' (*inv.*): *cabochon de rubis* rubino tagliato a 'cabochon' **2** [*clou à tête décorée*] borchia (*f.*): *cabochon de cuivre* borchia di rame.
cabosser |kabɔse| *v.tr.* [*faire des bosses à*] ammaccare: *cabosser un chapeau, une valise* ammaccare un cappello, una valigia; *l'aile de ma voiture est un peu cabossée* il parafango della mia macchina è un po' ammaccato → **bosseler, déformer.**
1 **cabot** |kabo| *s.m.* (*fam.*) [*chien*] cane (*cour.*): *à la niche, sale cabot!* a cuccia, cagnaccio!
2 **cabot** |kabo| *s.m.* (*fam., arg. milit.*) → **caporal.**
3 **cabot** |kabo| *s.m. et adj.* (*abrév.*) → **cabotin.**
cabotage |kabɔtaʒ| *s.m.* cabotaggio*.
caboteur |kabɔtœʀ| *adj. et s.m.* (*navire*) *caboteur* nave *f.* di piccolo cabotaggio.
cabotin, ine |kabɔtɛ̃, in| *s.* **1** (*fam., péj.*) [*mauvais acteur*] guitto *m.*, gigione **2** [*personne qui cherche à se faire valoir par des manières affectées*] esibizionista, gigione ◆ (*adj.*) *cet enfant est cabotin* questo bambino è un esibizionista *s.m.*
cabotinage |kabɔtinaʒ| *s.m.* [*comportement du cabotin*] gigioneria *f.*, esibizionismo → 2 **affectation.**
cabotiner |kabɔtine| *v.intr.* (*fam.*) [*faire le cabotin*] fare (103) *tr.* il gigione, l'esibizionista (*cour.*).
caboulot |kabulo| *s.m.* (*pop.*) [*café, cabaret mal famé*] bettola *f.* (*cour.*).
cabrage |kɑbʀaʒ| *s.m.* [→ CABRER A 1, 3] impennata *f.*, cabrata *f.*
cabré, ée |kɑbʀe| *adj.* **1** *cheval cabré* [*qui se dresse sur les pieds de derrière*] cavallo impennato **2** (*fig.*) → **agressif, combatif 3** (*aviat.*) *avion cabré* aereo cabrato.
cabrer |kɑbʀe| **A** *v.tr.* **1** [*faire se dresser* (*un animal*)] far (103) *intr.* impennare: *cabrer son cheval* far impennare il (proprio) cavallo **2** (*fig.*) [*révolter* (*qqn.*) *contre, l'inciter à résister*] aizzare: *on l'a cabré contre son père* lo hanno aizzato contro suo padre **3** (*aviat.*) *cabrer un avion* [*redresser l'avant*] cabrare *intr.* **B** *v.pron. intr.* SE CABRER **1** [→ *tr.* 1] impennarsi: *cheval qui se cabre* cavallo che si impenna **2** (*fig.*) [*se dresser contre qqn. ou qqch.*] impennarsi, inalberarsi.
cabri |kabʀi| *s.m.* **1** [*petit de la chèvre*] capretto: *des bonds de cabri* salti da capretto → **chevreau 2** capra *f.* dell'Africa nera.
cabriole |kabʀijɔl| *s.f.* **1** capriola: *faire, exécuter mille cabrioles* fare mille capriole **2** (*danse*) capriola **3** (*fig.*) [*pirouette*] scappatoia: *il s'en est tiré par une cabriole* ha trovato una scappatoia → **échappatoire.**
cabrioler |kabʀijɔle| *v.intr.* [*faire la cabriole ou des cabrioles*] fare (103) *tr.* una capriola, capriole.
cabriolet |kabʀijɔlɛ| *s.m.* [*voiture à cheval*] 'cabriolet' *inv.* ◇ [*automobile décapotable*] 'cabriolet', spider *f. inv.*
cabus |kaby| (*adj. m.*) *chou cabus* cavolo cappuccio*.
caca |kaka| *s.m.* **1** (*fam.*) cacca* *f.* # *faire caca dans sa culotte* farsela addosso ◇ (*par ext.*) → **ordure, saleté 2** *caca d'oie* colore giallo verdastro: *des peintures caca d'oie* tinte color giallo verdastro.
cacade |kakad| *s.f.* [*décharge du ventre*] cacata (*vulg.*).
cacahouète, cacahouette |kakawɛt|, **cacahuète** |kakaɥɛt| *s.f.* [*nom commun du fruit de l'arachide*] arachide, nocciolina (americana): *cacachuètes grillées* noccioline (americane) tostate.
cacao |kakao| *s.m.* [*graine du cacaoyer*] cacao (*inv.*): *beurre de cacao* burro di cacao ◇ [*poudre de cette graine*] cacao ◇ [*boisson*] cioccolata (*f.*): *une tasse de cacao* una tazza di cioccolata → **chocolat.**
cacaoté, ée |kakaɔte| *adj.* contenente cacao *loc.*, con cacao (*loc. inv.*): *café au lait cacaoté* caffelatte con cacao → **chocolaté.**
cacaoyer |kakaɔje|, **cacaotier** |kakaɔtje| *s.m.* (*t.bot.*) cacao *inv.*
cacaoyère |kakaɔjɛʀ|, **cacaotière** |kakaɔtjɛʀ| *s.f.* piantagione di cacao.
cacarder |kakaʀde| *v.intr.* (*en parlant de l'oie*) [*crier*] schiamazzare.
cacatoès |kakatɔɛs| *s.m.* (*t.zool.*) cacatua *inv.*
cacatois |kakatwa| *s.m.* (*mar.*) controvelaccio*: (*mât de*) *cacatois* albero di controvelaccio.
cachalot |kaʃalo| *s.m.* (*t.zool.*) capodoglio*, capidoglio*.
1 **cache** |kaʃ| *s.f.* (*région.*) → **cachette.**
2 **cache** |kaʃ| *s.m.* (*ciné., photo.*) [*papier noir destiné à cacher une partie de la pellicule à impressionner*] maschera *f.*, mascherino.
caché, ée |kaʃe| *adj.* **1** [*qu'on a caché, qui se cache*] nascosto: *trésor caché* tesoro nascosto # *un asile caché* un ritiro segreto ◇ (*prov.*) *pour vivre heureux, vivons cachés* chi vive tranquillo, vive felice **2** [*secret, non exprimé*] nascosto: *sentiments cachés* sentimenti nascosti; *il a peut-être des vertus cachées* forse ha delle virtù nascoste → **profond, intime.**
cache-cache |kaʃkaʃ| *s.m. inv.* (*jeu d'enfants*) nascondino *var.*, rimpiattino (*var.*): *une partie de cache-cache* una partita a nascondino ◇ (*fig.*) *jouer à cache-cache* fare, giocare a nascondino.
cache-col |kaʃkɔl| *s.m. inv.* [*écharpe qui entoure le cou*] sciarpa *f. var.*
cache-corset |kaʃkɔʀsɛ| *s.m. inv.* (*ancienn.*) copribusto.
cachectique |kaʃɛktik| *adj.* (*méd.*) cachettico*: *état cachectique* stato cachettico ◆ (*s.*) *un cachectique* un cachettico.
cachemire |kaʃmiʀ| *s.m.* 'cachemire' (*inv.*): *pull-over en cachemire* pullover di 'cachemire'; *châle de cachemire* scialle di 'cachemire'.
cache-misère |kaʃmizɛʀ| *s.m. inv.* [*vêtement de bonne apparence dissimulant des habits misérables*] coprimiserie, paraguai.
cache-nez |kaʃne| *s.m. inv.* [*écharpe qui entoure le cou*] sciarpa *f. var.*
cache-pot |kaʃpo| *s.m. inv.* portavaso *var.*, 'cache-pot'.
cache-poussière |kaʃpusjɛʀ| *s.m. inv.* (*anciènn.*) [*manteau pour protéger les automobilistes de la poussière*] spolverino *var.*, spolverina *f. var.*
cacher |kaʃe| **A** *v.tr.* **1** [*soustraire à la vue; mettre dans un lieu où on ne peut trouver*] nascondere (159): *il avait caché l'argent dans le siège de la voiture* aveva nascosto il denaro nel sedile della macchina; *pendant la guerre il a caché un déserteur chez lui* durante la guerra ha nascosto un disertore a casa sua **2** (*choses*) [*empêcher de voir*] nascondere, impedire (197): *cet arbre cache le soleil, la vue* quest'albero nasconde il sole, impedisce la vista → 1 **boucher** ◇ (*loc.*) *cacher son jeu*: (*pr.*) nascondere il proprio gioco; (*fig.*) nascondere, mascherare le proprie intenzioni **3** (*fig.*) [*soustraire à la connaissance; ne pas exprimer*] nascondere, celare: *cacher son émotion, ses inquiétudes* nascondere, celare la propria emozione, le proprie preoccupazioni ◆ (*au p.p.*) *sentiments cachés* sentimenti nascosti **4** [*ne pas dire*] nascondere: *je ne te cache pas que je suis très déçu* non ti nascondo che sono molto deluso; *elle cache son âge* si nasconde gli anni **B** *v.pron. réfl.* SE CACHER **1** [*faire en sorte de n'être pas vu, trouvé*] nascondersi: *se cacher derrière un arbre* nascondersi dietro un albero # *va te cacher!* [*va-t'en*] sparisci! ◇ (*choses*) *le soleil s'est caché derrière un nuage* il sole si è nascosto dietro una nuvola **2** (*fig.*) nascondersi, celarsi: *une grande générosité se cache sous son air bourru* una grande generosità si nasconde, si cela sotto la sua aria burbera; quel suo atteggiamento burbero nasconde una grande generosità **3** SE CACHER DE QQN. [*lui cacher ce que l'on fait ou dit*] agire (197) *intr.* di nascosto a qc.: *il s'est caché de ses parents* ha agito di nascosto ai suoi genitori **4** SE CACHER DE QQCH. [*n'en pas convenir*] nascondere (*tr.*): *il n'est pas à la hauteur de ce travail et il ne s'en cache pas* non è all'altezza di questo lavoro e non lo nasconde, e lo riconosce 🄲 A 1, 2 **montrer, découvrir,** 3 **dire** 1, **exprimer.**
cache-radiateur |kaʃʀadjatœʀ| *s.m. inv.* copriradiatore.
cache-sexe |kaʃsɛks| *s.m. inv.* [*petit vêtement couvrant le bas ventre*] perizoma *var.* → **slip.**
cachet |kaʃɛ| *s.m.* **I 1** [*plaque ou cylindre d'une matière dure gravée avec laquelle on imprime une marque*] sigillo → **sceau** ◇ (*anciènn.*) LETTRE DE CACHET [*lettre au cachet du roi, contenant un ordre d'emprisonnement ou d'exil sans jugement*] ⊠ **2** (*par ext.*) [*marque apposée à l'aide d'un cachet, d'un tampon*] timbro, bollo: *cette facture ne porte pas le cachet du fournisseur* questa fattura non porta il timbro del fornitore → **empreinte** # *cachet*

d'oblitération de la poste annullo postale **3** (*fig.*) [*signe caractéristique*] impronta (*f.*): *il a su donner à son style un cachet d'originalité* ha saputo dare al suo stile un'impronta di originalità; *dans cette œuvre on voit le cachet du génie* in quest'opera si vede l'impronta del genio # *c'est une femme qui a du cachet* è una donna che ha molto stile; *c'est un village qui a du cachet* è un villaggio che ha una sua particolare attrattiva **4** (*spécialt.*) [*rétribution d'un artiste*] 'cachet' (*inv.*): *le cachet d'un acteur, d'une vedette de cinéma* il 'cachet' di un attore, di un divo del cinema ◇ (*loc.*) *courir le cachet* [*chercher à donner des leçons à domicile*] darsi da fare per cercare lezioni private **II** (*pharm.*) 'cachet': *j'ai pris un cachet pour mon mal de dents* ho preso un 'cachet' per il mal di denti # *un cachet d'aspirine* una compressa di aspirina → **comprimé.**

cachetage |kaʃtaʒ| *s.m.* [→ CACHETER] sigillatura *f.*

cache-tampon |kaʃtɑ̃pɔ̃| *s.m. inv.* (*jeu d'enfant*) (gioco* *var.* del) fazzoletto: *jouer à cache-tampon* giocare a fazzoletto.

cacheter |kaʃte| (5) *v.tr.* [*fermer avec un cachet*] sigillare: *cacheter une lettre, une enveloppe* sigillare una lettera, una busta # *cire à cacheter* ceralacca ◇ (*spécialt.*) *cacheter une enveloppe* [*la fermer en la collant*] incollare una busta ✦ (*au p.p.*) *bouteille cachetée* (*de vieux vin*) bottiglia sigillata (di vino vecchio).

cachette |kaʃɛt| *s.f.* **1** *loc. adv.* EN CACHETTE [*en se cachant*] di nascosto: *rire en cachette* ridere di nascosto **2**· [*endroit retiré, propice à cacher qqch. ou qqn.*] nascondiglio* (*m.*): *une bonne cachette* un bon nascondiglio Ⓒ 1 **ouvertement.**

cachexie |kaʃɛksi| *s.f.* (*méd.*) cachessia ◇ (*vétér.*) *cachexie aqueuse* cachessia acquosa.

cachot |kaʃo| *s.m.* **1** [*cellule obscure dans une prison*] cella *f.*, segreta (*f.*): *cachot sombre, souterrain* cella oscura, sotterranea; *jeter un prisonnier dans un cachot* gettare un prigioniero in cella → **cellule** ◇ (*par ext.*) [*toute prison*] prigione (*f.*): *être au cachot* essere in prigione, in galera **2** [*punition consistant à être enfermé seul dans une cellule*] cella (di rigore): *trois jours de cachot* tre giorni di cella (di rigore).

cachotterie |kaʃɔtʀi| *s.f.* [*affectation de mystère au sujet de choses sans importance*] mistero (*m.*): *il a la manie de faire des cachotteries* ha il vizio di fare misteri, di fare il misterioso # *ne fais pas de cachotteries* non fare il misterioso.

cachottier, ière |kaʃɔtje, jɛʀ| *s.* [*personne qui aime à faire des cachotteries*] misterioso: *c'est un petit cachottier* gli piace fare il misterioso ✦ (*adj.*) *elle est cachottière* fa la misteriosa *s.f.*

cachou |kaʃu| *s.m.* (*chim.*) catecù *inv.*

cacique |kasik| *s.m.* **1** [*chef indigène des anciens habitants de l'Amérique centrale*] cacicco* **2** [*premier au concours de l'École normale superieure*] ⊠.

caco- |kakɔ| *préf.* (*signifiant 'mauvais', correspond généralt. à*) caco: *cacographie* cacografia.

cacochyme |kakɔʃim| *adj.* (*vx., plais.*) [*d'une constitution débile, d'une santé déficiente*] malaticcio*: *un vieillard cacochyme* un vecchio malaticcio → **maladif, valétudinaire** Ⓒ **vigoureux, valide.**

cacodylate |kakɔdilat| *s.m.* (*chim.*) cacodilato.

cacographie |kakɔgʀafi| *s.f.* cacografia.

cacolet |kakɔlɛ| *s.m.* [*sort de bât qui sert à transporter des voyageurs, des blessés*] basto a spalliera.

cacophonie |kakɔfɔni| *s.f.* cacofonia.

cacophonique |kakɔfɔnik| *adj.* cacofonico*: *sons cacophoniques* suoni cacofonici.

Cactées |kakte|, **Cactacées** |kaktase| *s.f. pl.* (*t.bot.*) Cactacee.

cactus |kaktys| *s.m.* (*t.bot.*) cactus *inv.* ◇ (*fig., fam.*) → **écueil.**

cacuminal, ale, aux |kakyminal, o| *adj.* (*ling.*) cacuminale.

cadastral, ale, aux |kadastʀal, o| *adj.* [*du cadastre*] catastale: *plan cadastral* mappa catastale.

cadastre |kadastʀ(ə)| *s.m.* (*admin.*) catasto.

cadastrer |kadastʀe| *v.tr.* [*mesurer, inscrire au cadastre*] accatastare.

cadavéreux, euse |kadɑ(a)veʀø, øz| *adj.* [*qui tient du cadavre*] cadaverico*: *un teint cadavéreux* un colorito cadaverico.

cadavérique |kadɑ(a)veʀik| *adj.* cadaverico*: *rigidité cadavérique* rigidità cadaverica.

cadavre |kadɑvʀ(ə)| *s.m.* **I** **1** cadavere: *enterrer un cadavre* seppellire un cadavere **2** (*fig.*) *un cadavre ambulant* un cadavere ambulante; *être, rester comme un cadavre* [*rester immobile*] rimanere impalato; *il y a un cadavre entre eux* sono legati da una colpa comune; una colpa (un delitto) li unisce **II** (*pop.*) [*bouteille vidée jusqu'au bout*] bottiglia *f.* scolata (*cour.*).

caddie |kadi| *s.m.* caddie *inv.*, portabastoni *inv.*

caddy |kædi| *s.m.* (*angl.*) [*petit chariot métallique pour transporter les denrées dans les magasins, les bagages dans les gares, etc.*] carrello: *des caddies* dei carrelli.

cade |kad| *s.m.* (*t.bot.*) ginepro rosso ◇ (*pharm.*) *huile de cade* olio di cade.

cadeau |kado| *s.m.* [*objet qu'on offre à qqn.*] regalo, dono: *cadeaux de noce* regali di nozze → **présent** # *son père lui a fait cadeau d'une bicyclette* suo padre gli ha regalato una bicicletta ◇ (*prov.*) *les petits cadeaux entretiennent l'amitié* i piccoli regali tengono viva l'amicizia ◇ (*loc. fam.*) *il ne lui a pas fait de cadeau!* [*il a été dur* (*en affaires, etc.*) *avec lui*] non gli ha certo fatto un regalo, un piacere!; *ce n'est pas un cadeau!* non è certo un regalo! ✦ (*appos.*) *paquet-cadeau* pacchetto regalo; *un cadeau-souvenir* un ricordo.

cadenas |kadnɑ| *s.m.* [*appareil de fermeture, composé d'un boîtier métallique renfermant une serrure*] lucchetto: *clef de cadenas* chiave del lucchetto; *j'ai fermé la porte au cadenas* ho chiuso la porta col lucchetto ◇ (*fig.*) *loi du cadenas* legge, decreto catenaccio *inv.*

cadenasser |kadnase| *v.tr.* [*fermer avec un cadenas*] chiudere (106) con il lucchetto (con un lucchetto).

cadence |kadɑ̃s| *s.f.* **1** cadenza: *cadence harmonieuse d'un poème* cadenza armoniosa di un poema **2** [*rythme*] cadenza: *la cadence d'une danse* la cadenza di un ballo; *suivre, perdre la cadence* tenere, perdere la cadenza; *la cadence du pas d'une troupe en marche* la cadenza (del passo) di una truppa in marcia **3** (*mus.*) cadenza: *cadence parfaite, plagale* cadenza (autentica), plagale **4** *loc.* EN CADENCE a cadenza: *danser en cadence* ballare a cadenza **5** [*répétition régulière de mouvements ou de sons*] cadenza: *cadence de tir d'une arme* cadenza di tiro di un'arma ◇ (*par ext.*) ritmo *m.* (di lavoro): *forcer, accélérer la cadence* forzare, aumentare il ritmo (di lavoro); *on nous oblige à travailler à une cadence infernale* siamo costretti a lavorare a un ritmo infernale.

cadencé, ée |kadɑ̃se| *adj.* **1** [*qui a de la cadence*] cadenzato: *poésie, prose cadencée* poesia, prosa cadenzata **2** [*rythmé*] cadenzato: *marcher au pas cadencé* camminare con passo cadenzato.

cadencer |kadɑ̃se| (2) *v.tr.* **1** [*donner de la cadence à* (*des phrases, des vers*)] cadenzare: *cadencer une phrase, un vers* cadenzare una frase, un verso → **rythmer** **2** [*conformer* (*ses mouvements*) *à un rythme*] cadenzare: *cadencer son pas* cadenzare il passo.

cadet, ette |kadɛ, ɛt| *s.* **1** *s.* [*personne qui, par ordre de naissance, vient après l'aîné*] secondogenito **2** *s.* *le* (*la*) *cadet*(*te*) *de qqn.* [*son frère, sa sœur plus jeune*] il (la) minore, il più piccolo (la più piccola) (*fam.*): *c'est mon cadet* è mio fratello minore ✦ *absolt.* [*le dernier-né des enfants*] *c'est le cadet* è il minore, il più piccolo (della famiglia) ✦ (*adj.*) *frère cadet, sœur cadette* fratello, sorella minore; *branche cadette d'une famille noble* ramo cadetto di una famiglia nobile **3** *s.* (*par ext.*) [*moins âgé, sans relation de parenté*] minore, più piccolo: *il est mon cadet de deux ans* è minore, è più piccolo di me di due anni; ha due anni meno di me ◇ (*loc. fig.*) *c'est le cadet de mes soucis* [*le dernier, le moindre*] è l'ultima delle mie preoccupazioni **4** *s.m.* (*ancienn.*) [*gentilhomme qui servait comme soldat, pour apprendre le métier des armes*] cadetto: *les cadets de Gascogne* i cadetti di Guascogna **5** *s.* [*joueur ou joueuse de 15 à 17 ans, entre les minimes et les juniors*] cadetto **6** *s.m.* → **caddie.**

cadi |kadi| *s.m.* cadì *inv.*

cadmiage |kadmjaʒ| *s.m.* (*techn.*) cadmiatura *f.*

cadmie |kadmi| *s.f.* (*métall.*) cadmia.

cadmier |kadmje| *v.tr.* (*métall.*) [*traiter par cadmiage*] cadmiare.

cadmium |kadmjɔm| *s.m.* (*chim.*) cadmio*.

cadrage |kɑdʀaʒ| *s.m.* (*ciné., photo., télév.*) [*mise en place de l'image*] inquadratura *f.*

cadran |kadʀɑ̃| *s.m.* **1** [*plan où sont indiqués les chiffres des heures*] quadrante: *le cadran d'une montre* il quadrante di un orologio; *le cadran lumineux de la gare* il quadrante luminoso dell'orologio della stazione # *cadran solaire* meridiana ◇ (*loc.*) *faire le tour du cadran*: (*pr.*) tornare al punto di partenza; (*fig.*) dormire dodici ore di fila, dodici ore filate **2** (*par *anal.*) *cadran d'une boussole, d'un compteur* quadrante di una bussola, di un contatore.

cadrature |kadRatyR| *s.f.* [*assemblage des pièces qui meuvent les aiguilles d'une montre, d'une horloge*] r(u)otismo *m.*

cadre |kɑdR(ə)| *s.m.* **I** **1** [*bordure entourant une glace, un tableau*] cornice (*f.*): *cadre rectangulaire, rond, ovale* cornice rettangolare, rotonda, ovale; *cadre en bois, peint, doré* cornice di legno, dipinta, dorata; *mettre une peinture dans un cadre* mettere in cornice, incorniciare un dipinto **2** [*châssis fixe*] telaio*: *le cadre d'une porte, d'une fenêtre* il telaio di una porta, di una finestra → **chambranle**; *cadre de bicyclette* telaio di bicicletta # *cadre de déménagement* gabbia da imballaggio **3** (*mar.*) branda *f.* **4** (*radio*) antenna *f.* a telaio **II** (*fig.*) **1** [*ce qui circonscrit, entoure un espace, une scène*] ambiente: *j'aimerais vivre dans un cadre aussi accueillant* mi piacerebbe vivere in un ambiente così accogliente → **décor, entourage,** 2 **milieu** **2** [*arrangement des parties d'un ouvrage*] struttura *f.*, schema → 2 **plan** **3** *loc.* DANS LE CADRE DE [*dans l'ensemble organisé*] nel quadro, nell'ambito di: *les deux pays ont signé cet accord dans le cadre d'une politique de détente* i due paesi hanno firmato questo accordo nel quadro di una politica di distensione; *il a agi dans le cadre de ses fonctions* ha agito nell'ambito delle sue funzioni **4** (*milit.*) quadri (*pl.*): *les cadres d'un bataillon, d'un régiment* i quadri di un battaglione, di un reggimento; *cadre de réserve* quadri di riserva # *un officier hors cadre* un ufficiale fuori quadro ◇ (*aviat.*) *cadre sédentaire* quadri sedentari, di terra **5** *surtout au plur.* [*tableau des emplois et du personnel qui les remplit*] organico* (*sing.*): *figurer sur les cadres* figurare in organico; *être rayé des cadres* essere radiato dall'organico **6** *au plur.* LES CADRES [*le personnel d'encadrement des entreprises*] i quadri: *les cadres moyens* i quadri, i capi intermedi; gli intermedi; *les cadres supérieurs* i (quadri) dirigenti ◇ (*au sing.*) *jeune cadre* giovane dirigente; *c'est un cadre moyen, supérieur* è un intermedio, un dirigente ✦ (*appos.*) *une femme cadre* una dirigente.

cadrer |kɑdRe| **A** *v.intr.* [*aller bien* (*avec qqch.*)] concordare, collimare: *les dépositions des témoins ne cadrent pas ensemble* le deposizioni dei testimoni non concordano, non collimano → 2 **accorder (s'), assortir (s')** **B** *v.tr.* (*ciné., photo., télév.*) [*disposer, mettre en place* (*les éléments de l'image*)] inquadrare: *bien cadrer le sujet avant de commencer à filmer* inquadrare bene il soggetto prima di cominciare a filmare ✦ (*au p.p.*) *image mal cadrée* immagine inquadrata male 🄲 A **opposer (s')**.

cadreur |kɑdRœR| *s.m.* [*celui qui effectue les cadrages*] cineoperatore, operatore (alla macchina) ◇ (*de télév.*) cameraman*, operatore.

caduc, uque |kadyk| *adj.* **1** [*qui n'a plus cours*] superato, sorpassato: *c'est une théorie désormais caduque* è una teoria ormai superata, sorpassata → **démodé, périmé** ◇ (*dr.*) nullo: *acte juridique caduc* atto giuridico nullo **2** (*bot.*) *organes caducs* organi caduchi ◇ (*anat.*) *membrane caduque* caduca* *s.f.* ✦ (*s.f.*) *la caduque* la caduca 🄲 1 **nouveau.**

caducée |kadyse| *s.m.* caduceo.

caducifolié, ée |kadysifɔlje| *adj.* caducifoglio*.

caducité |kadysite| *s.f.* **1** (*vx.*) → **décrépitude, vieillesse** **2** (*dr.*) *caducité d'une institution, d'un acte juridique* caducità *inv.* di un'istituzione, di un atto giuridico.

caduque |kadyk| *s.f.* (*anat.*) caduca*.

cæcal, ale, aux |sekal, o| *adj.* (*anat.*) cecale.

cæcum |sekɔm| *s.m.* (*anat.*) intestino c(i)eco*: *appendice du cæcum* appendice dell'intestino c(i)eco.

1 **cafard** |kafaR| *s.m.* (*t.zool.*) blatta *f.*, scarafaggio*.

2 **cafard** |kafaR| *s.m.* (*loc.*) *avoir le cafard* [*des idées noires*] essere giù di corda, di umore nero → **tristesse, mélancolie.**

cafard, arde |kafaR, aRd(ə)| *s.* **1** [*personne qui affecte l'apparence de la dévotion*] bacchettone, baciapile *inv.* → **bigot, hypocrite** ✦ (*adj.*) ipocrita: *un air cafard* un'aria ipocrita **2** [*personne qui dénonce surnoisement les autres*] spia *f.*, spione → **délateur, espion, mouchard.**

cafardage |kafaRdaʒ| *s.m.* [*le fait de cafarder, de rapporter*] spiata *f.*, il fare *inv.* la spia.

cafarder |kafaRde| *v.intr.* [*faire le cafard* (2)] fare (103) *tr.* la spia, una spiata → **dénoncer, rapporter.**

cafardeur, euse |kafaRdœR, øz| *s.* [*personne qui cafarde*] spione: *je déteste ce cafardeur* detesto quello spione ✦ *adj.* spione.

cafardeux, euse |kafaRdø, øz| *adj.* [*qui a le* (2) *cafard*] depresso, di umore nero (*loc. inv.*): *il est cafardeux aujourd'hui* oggi è depresso, di umore nero → **triste, mélancolique.**

caf' conc' |kafkɔ̃s| *s.m. inv.* (*abrév. fam., vieillie de 'café-concert'*) caffè-concerto.

1 **café** |kafe| *s.m.* (*t.bot.*) **1** [*graine du caféier*] caffè (*inv.*): *plantation de café* piantagione di caffè; *grain de café* chicco di caffè; *café en grains, en poudre* (*moulu*) caffè in chicchi, macinato; *glace au café* gelato di caffè; *marc de café* fondo di caffè; *griller, brûler, torréfier du café* tostare, abbrustolire, torrefare il caffè **2** [*boisson obtenue par infusion de grains de café torréfiés et moulus*] caffè: *un café express* un (caffè) espresso; *une tasse de café* una tazza di caffè, un caffè; *une tasse, une cuiller à café* una tazza, un cucchiaino da caffè; *un café noir* un caffè nero; *un café froid, glacé* un caffè freddo; *faire le, du café* fare il caffè # *un café crème* un cappuccino; *un café au lait* un caffe(l)latte; *robe couleur café au lait* vestito caffellatte → **brun** ◇ (*pop.*) *c'est fort de café!* questa poi è grossa!

2 **café** |kafe| *s.m.* [*lieu public où l'on consomme des boissons*] caffè, bar (*inv.*): *le patron d'un café* il proprietario di un caffè; *café bar* bar; *café tabac* bar tabacchi → **bistro(t)** (*pop.*); *consommer au comptoir, à la terasse d'un café* consumare al banco di un caffè, al tavolo (fuori dal caffè) # *garçon de café* cameriere ◇ (*loc.*) *des discussions de café du Commerce* [*discussions politiques oiseuses*] chiacchiere, politica da caffè.

café-concert |kafekɔ̃sεR| *s.m.* caffè concerto.

caféier |kafeje| *s.m.* (*t.bot.*) caffè *inv.*

caféière |kafejεR| *s.f.* piantagione di caffè.

caféine |kafein| *s.f.* caffeina.

caféisme |kafeism(ə)| *s.m.* (*méd.*) caffeismo.

caf(e)tan |kaftɑ̃| *s.m.* caffettano.

cafeteria, caféteria, cafétéria |kafeteRja| *s.f.* caffetteria.

café-théâtre |kafeteɑtR(ə)| *s.m.* 'cabaret' (*inv.*): *des cafés-théâtres* dei 'cabaret'.

cafetier, ière |kaftje, jεR| *s.* esercente, gestore di bar, di caffè.

cafetière |kaftjεR| *s.f.* **1** caffettiera: *cafetière d'argent* caffettiera d'argento **2** (*pop.*) [*tête*] zucca*: *il a reçu un coup sur la cafetière* ha ricevuto un colpo sulla zucca.

cafouillage |kafujaʒ| *s.m.* (*pop.*) [→ CAFOUILLER] pasticcio* (*cour.*) ◇ [*mauvais fonctionnement*] cattivo funzionamento (*cour.*).

cafouiller |kafuje| *v.intr.* (*pop.*) [*agir d'une façon désordonnée*] pasticciare (*cour.*) ◇ [*marcher, fonctionner mal*] funzionare male (*cour.*).

cafouillis |kafuji| *s.m.* (*fam.*) → **cafouillage.**

cafre |kafR(ə)| *adj.* [*de la Cafrerie* (*Afrique du Sud*)] cafro.

cage |kaʒ| *s.f.* **I** **1** [*loge garnie de barreaux servant à enfermer des animaux sauvages*] gabbia: *le dompteur est entré dans la cage aux lions* il domatore è entrato nella gabbia dei leoni ◇ (*loc. fig.*) *tourner comme un ours en cage* agitarsi come un leone in gabbia ◇ (*par ext.*) *cage pour oiseaux* gabbia per uccelli, stia; *cage à lapins* conigliera **2** (*fig.*) [*prison*] gabbia, galera: *être, mettre en cage* essere, mettere in gabbia, in galera **3** (*sport*) rete **II** **1** (*techn., cour.*) *cage d'escalier* [*l'espace où est placé l'escalier*] tromba delle scale; *cage d'ascenseur* [*l'espace où fonctionne l'ascenseur*] gabbia dell'ascensore; *cage d'extraction d'une mine* gabbia di estrazione di una miniera; *la cage d'une maison* la gabbia di una casa **2** (*anat.*) *cage thoracique* gabbia toracica **3** (*mar.*) *cage d'hélice* gabbia dell'elica **4** (*sc.*) *cage de Faraday* gabbia di Faraday.

cageot |kaʒo| *s.m.* [*emballage à claire-voie*] cassetta *f.*, gabbietta (*f.*): *un cageot de fruits* una cassetta di frutta.

cagerotte |kaʒRɔt| *s.f.* [*forme d'osier destinée à faire égoutter les fromages*] fiscella.

cagibi |kaʒibi| *s.m.* (*fam.*) sgabuzzino (*cour.*), stanzino (*cour.*): *cagibi servant de débarras* sgabuzzino usato come ripostiglio → 1 **réduit.**

cagna |kaɲa| *s.f.* (*arg. milit.*) gabbia (*cour.*), garitta (*cour.*).

cagnard, arde |kaɲaR, aRd(ə)| *adj.* (*vx.*) → **paresseux.**

cagne, khâgne |ka(ɑ)ɲ| *s.f.* (*fam.*) **1** [*classe des lycées qui prépare à l'École normale supérieure* (*lettres*)] ⊠ **2** *l'hypo-cagne* [*classe précédant la cagne*] ⊠.

cagneux, euse |kaɲø, øz| *adj.* [*qui a les genoux tournés en dedans*] varo (*méd.*), storto: *des jambes cagneuses* gambe vare, storte # *un cheval ca-*

gneux un cavallo cagnolo ◆ (*s.*) *un cagneux, une cagneuse* una persona *f.* affetta da varismo.
cagneux, khâgneux |ka(ɑ)ɲø| *s.m.* [*élève qui prépare l'École normale supérieure*] ⊠.
cagnotte |kaɲɔt| *s.f.* (*jeu, etc.*) [*caisse commune; l'argent de cette caisse*] piatto *m.*, cagnotta.
cagot, ote |kago, ɔt| *s.* [*faux dévot, cigot*] bigotto, bacchettone → **cafard** ◆ (*adj.*) *il a un air cagot* ha un'aria bacchettona → **hypocrite.**
cagoterie |kagɔtʀi| *s.f.* (*vx.*) → **bigoterie.**
cagoulard, arde |kagulaʀ, aʀd(ə)| *s.* (*hist. fr.*) 'cagoulard' *inv.*
cagoule |kagul| *s.f.* **1** [*manteau ou cape sans manches, muni d'un capuchon*] cocolla → 2 **froc** **2** [*capuchon pointu percé à l'endroit des yeux*] cappuccio* *m.*, buffa **3** [*sorte de passe-montagne, porté surtout par les enfants*] buffa.
cahier |kaje| *s.m.* **1** quaderno: *les feuilles d'un cahier* i fogli di un quaderno; *cahier de brouillon, de devoirs* quaderno di brutta (copia), dei compiti; *cahier de chimie* quaderno di chimica; *un cahier rayé, quadrillé* un quaderno a righe, a quadretti **2** (*imprim.*) *cahier d'imprimerie* segnatura *f.*, quaderno; *coudre des cahiers en brochure* cucire quaderni in brossura **3** *les cahiers d'une Assemblée* [*mémoires présentés au chef de l'État*] ⊠ **4** *les cahiers des états généraux* (*sous l'anc. Régime*) [*réclamations et vœux remis aux députés des états généraux par leurs électeurs*] ⊠ **5** (*dr.*) *cahier des charges* capitolato d'oneri, d'appalto.
cahin-caha |kaɛ̃kaa| *adv.* (*fam.*) [*tant bien que mal; péniblement*] alla meno peggio *loc. inv.* (*cour.*): *c'est une affaire qui marche cahin-caha* è una ditta che va avanti alla meno peggio → **clopin-clopant** # *la vie continue, cahin-caha* si tira a campare; si campa © **aisément.**
cahot |kao| *s.m.* [*saut que fait un véhicule en roulant sur un terrain inégal*] sobbalzo, scossa (*f.*): *les cahots du car me rendent malade* i sobbalzi del pullman mi fanno star male → **heurt, secousse.**
cahotant, ante |kaɔtɑ̃, ɑ̃t| *adj.* **1** [*qui fait cahoter*] accidentato, dissestato: *route cahotante* strada accidentata, dissestata → **cahoteux** **2** [*qui cahote*] traballante: *une vieille guimbarde cahotante* un vecchio macinino traballante.
cahotement |kaɔtmɑ̃| *s.m.* → **cahot.**
cahoter |kaɔte| **A** *v.tr.* [*secouer par des cahots*] sballottare: *le tramway cahotait les voyageurs* il tram sballottava i passeggeri ◇ (*fig.*) *la vie l'a cahoté* è stato duramente provato dalla vita → **éprouver** **B** *v.intr.* [*éprouver des cahots, être secoué*] sobbalzare: *la voiture avançait en cahotant* l'auto avanzava sobbalzando → **bringuebaler.**
cahoteux, euse |kaɔtø, øz| *adj.* [*qui fait éprouver des cahots*] accidentato, dissestato: *terrain cahoteux* terreno accidentato.
cahute |kayt| *s.f.* [*mauvaise hutte*] tugurio* *m.*, stamberga*: *il habite dans une cahute de la vieille ville* abita in un tugurio della città vecchia → **cabane, hutte.**
caïd |kaid| *s.m.* **1** caid *inv.* **2** (*pop.*) [*chef d'une bande de mauvais garçons; personnage considérable dans son milieu*] caporione (*cour.*); pezzo grosso **3** (*fam.*) [*homme remarquable*] capoccia *inv.* (*cour.*): *faire le caïd, son caïd* fare il capoccia.
caillage |kajaʒ| *s.m.* → **caillement.**
caillasse |kajas| *s.f.* (*fam.*) [*caillou, pierraille*] pietrisco* (*m.*): *marcher dans la caillasse* camminare sul pietrisco.
caille |kɑj| *s.f.* (*t.zool.*) quaglia: *chasser la caille* cacciare quaglie ◇ (*loc. fam.*) *gras, rond comme une caille* grasso come un tordo, grassottello.
caillé |kɑje| *s.m.* [*lait caillé*] cagliata *f.*
caillebotis |kɑjbɔti| *s.m.* **1** (*mar.*) carabottino **2** [*panneau de lattes ou assemblage de rondins servant de passage*] graticcio*.
caillebotte |kɑjbɔt| *s.f.* [*masse de lait caillé*] cagliata.
caille-lait |kɑjlɛ| *s.m.* *inv.* → **gaillet.**
caillement |kɑjmɑ̃|, **caillage** |kɑjaʒ| *s.m.* [→ CAILLER A; C] cagliatura *f.*
cailler |kɑje| **A** *v.tr.* [*faire prendre en caillots*] cagliare → **coaguler, figer** ◆ (*au p.p.*) *lait caillé* latte cagliato **B** *v.intr.* (*pop.*) [*avoir froid*] avere (97) *tr.* freddo (*cour.*) **C** *v.pron. intr.* SE CAILLER [→ *tr.*] cagliare *intr.*; coagularsi: *le lait se caille* il latte caglia || *le sang se caille* il sangue si coagula.
1 **caillette** |kajɛt| *s.f.* (*anat. animale*) abomaso *m.*
2 **caillette** |kajɛt| *s.f.* (*vieilli*) [*femme frivole et bavarde*] pettegola (*cour.*): *bavardage de caillette* ciarle di pettegola.
caillot |kajo| *s.m.* [*petite masse de liquide caillé*] grumo, coagulo: *caillot de sang* grumo di sangue; *embolie causée par un caillot* embolia causata da un coagulo, un grumo di sangue.
caillou, oux |kaju| *s.m.* **1** [*fragment de pierre, de roche*] sasso, ciottolo: *cailloux arrondis* ciottoli levigati → **gravier** # *cailloux de ballast* pietrisco per massicciata ◇ (*loc.*) *être condamné à casser des cailloux* essere condannato ai lavori forzati ◇ (*fam.*) *c'est du caillou* [*de la roche*] è roccia (*cour.*) **2** [*fragment de cristal de roche, de quartz employé en joaillerie*] pietra *f.* dura ◇ (*pop.*) [*pierre précieuse, diamant*] pietra (*cour.*) **3** (*fig.*) *avoir un cœur de caillou, avoir le cœur dur comme un caillou* avere un cuore di pietra **4** (*pop.*) [*tête* (*chauve*)] zucca* *f.* (*cour.*): *il n'a pas un poil sur le caillou* non ha un capello sulla zucca.
cailloutage |kajutaʒ| *s.m.* **1** [→ CAILLOUTER] acciottolatura *f.*, selciatura *f.*; massicciata *f.* **2** [*ouvrage, pavage fait de cailloux*] acciottolato, selciato; massicciata.
caillouter |kajute| *v.tr.* [*garnir de cailloux*] acciottolare, selciare; massicciare: *caillouter une route* acciottolare, selciare una strada || *caillouter une voie ferrée* massicciare una ferrovia → **empierrer.**
caillouteux, euse |kajutø, øz| *adj.* [*où il y a beaucoup de cailloux*] sassoso, ciottoloso: *terrain caillouteux* terreno sassoso, ciottoloso.
cailloutis |kajuti| *s.m.* **1** [*amas de petits cailloux concassés*] ghiaia *f.*, brecciame: *recouvrir une route de cailloutis* ricoprire una strada di ghiaia, imbrecciare una strada ◇ [*ouvrage de petits cailloux*] massicciata *f.*, inghiaiatura *f.* **2** (*géol.*) *cailloutis glaciaire* detriti *pl.* morenici.
caïman |kaimɑ̃| *s.m.* **1** (*t.zool.*) caimano **2** [*agrégé répétiteur à l'École normale supérieure*] ⊠.
caïque |kaik| *s.m.* caicco*.
cairn |kɛʀn| *s.m.* cairn *inv.*
cairote |keʀɔt| *adj.* [*du Caire*] cairota.
caisse |kɛs| *s.f.* **I** **1** [*grande boîte utilisée pour l'emballage et le transport des marchandises*] cassa, cassetta: *caisse en bois, en métal* cassa di legno, di metallo; *clouer une caisse* inchiodare una cassa; *charger, expédier une caisse* caricare, spedire una cassa; *une caisse d'oranges* una cassetta di arance # *caisse à claire-voie* gabbia (da imballaggio) → **cageot** ◇ (*fig., fam.*) *caisse à savon* [*meuble grossier en bois blanc*] mobilaccio* *m.* (*cour.*) ◇ [*contenu d'une caisse*] cassa **2** [*boîte servant à d'autres usages*] cassetta: *caisse à outils* cassetta degli attrezzi; *caisse à fleurs* cassetta da fiori **3** (*techn.*) cassa: *caisse d'orgue* cassa d'organo; *caisse d'horlogerie* cassa di orologio → **caisson** ◇ (*mar.*) *caisse à eau* cassa d'acqua ◇ (*auto.*) carrozzeria → **carrosserie** **4** (*anat.*) *caisse du tympan* cassa del timpano **5** (*pop.*) [*poitrine*] petto *m.* (*cour.*) ◇ (*loc.*) *partir de la caisse* [*être tuberculeux*] essere malato di petto **II** (*mus.*) cassa: *la caisse du tambour* la cassa del tamburo # *les caisses d'une batterie de jazz* i tamburi di una batteria jazz; *caisse claire* tamburello; *grosse caisse* grancassa ◇ (*loc.*) *battre la caisse*: (*pr.*) [*battre du tambour*] suonare il tamburo; (*fig.*) [*faire du battage, de la réclame*] battere la grancassa, il tamburo **III** **1** [*coffre dans lequel on dépose l'argent, les valeurs*] cassa: *avoir telle somme en caisse, dans sa caisse* avere una certa somma in cassa → **coffre-fort** # *caisse-comptable* registratore di cassa ◇ (*par ext.*) *partir avec la caisse* [*avec l'argent de la caisse*] fuggire con i soldi (della cassa) **2** [*bureau, guichet où se font les paiements*] cassa: *aller, passer à la caisse* andare, passare alla cassa ◇ (*ellipt.*) *caisse, s'il vous plaît* cassa, per favore **3** [*les fonds qui sont en caisse*] cassa: *tenir la caisse* tenere la cassa; *bon, livre de caisse* buono, libro di cassa → **encaisse** ◇ (*loc.*) *faire sa caisse* [*compter l'argent*] contare il denaro in cassa **4** [*établissement où l'on dépose des fonds pour les faire administrer ou valoir*] cassa: *caisse d'amortissement* cassa di ammortamento; *caisse d'épargne* cassa di risparmio; *caisse de compensation* cassa di compensazione.
caissette |kɛsɛt| *s.f.* [*petite caisse* (I 1, 2)] cassetta, cassettina.
caissier, ière |kesje, jɛʀ| *s.* cassiere: *caissier d'une banque* cassiere di una banca; *caissière d'un cinéma* cassiera di un cinema → **comptable, trésorier.**
caisson |kɛsɔ̃| *s.m.* **1** [*chariot de l'armée utilisé pour les transports milit.*] cassone: *caisson de munitions, de vivres* cassone per le munizioni, per i viveri **2** [*caisse métallique pleine d'air permettant d'effectuer des travaux sous l'eau*] cassone: *caisson à air comprimé* cassone di aria compressa ◇ (*méd.*)

maladie des caissons malattia dei cassoni **3** (*archit.*) cassettone: *plafond à caissons* soffitto a cassettoni **4** (*pop.*) *se faire sauter le caisson* [*se brûler la cervelle*] farsi saltare le cervella.

cajoler |kaʒɔle| *v.tr.* **1** [*avoir des manières tendres* (*envers qqn.*)] vezzeggiare, coccolare: *cajoler un enfant* vezzeggiare, coccolare un bambino → **câliner, choyer, dorloter** **2** (*vieilli*) [*chercher à gagner par des attentions aimables*] lusingare (*cour.*), corteggiare (*cour.*) → **amadouer, enjôler.**

cajolerie |kaʒɔlʀi| *s.f.* **1** [*manières, paroles par lesquelles on cajole*] vezzeggiamento *m.*, vezzo (*m.*): *toutes ces cajoleries en ont fait un enfant gâté* tutti questi vezzeggiamenti hanno fatto di lui un bambino viziato → **câlinerie** **2** [*flatterie*] vezzo, moina: *elle a essayé par ses cajoleries d'obtenir ce qu'elle voulait* con i suoi vezzi, con le sue moine ha cercato di ottenere quello che voleva.

cajoleur, euse |kaʒɔlœʀ, øz| *s.* [*personne qui cajole, cherche à séduire*] adulatore*, lusingatore* → **flatteur** ✦ (*adj.*) *parler d'une voix cajoleuse* parlare con voce insinuante ⓒ **bourru, brusque.**

cajou |kaʒu| *s.m.* [*fruit de l'anacardier*] anacardio*.

cake |kɛk| *s.m.* (*angl.*) (*pâtiss.*) [*gâteau garni de raisins secs, de fruits confits*] panfrutto, plum-cake *inv.*

cal, cals |kal| *s.m.* **1** callo: *avoir la plante des pieds pleine de cals* avere la pianta dei piedi piena di calli → **callosité, durillon** **2** (*méd.*) callo osseo: *formation insuffisante du cal* scarsa formazione di callo osseo **3** (*bot.*) callo.

calabrais, aise |kalabʀɛ, ɛz| **1** *adj.* [*de Calabre*] calabrese: *bandit calabrais* brigante calabrese **2** (*s.m.*) *le calabrais* [*le dialecte*] il calabrese.

calage |kalaʒ| *s.m.* **1** (*techn.*) calettatura *f.*, calettamento **2** (*aviat.*) *le calage d'une hélice* l'angolo di calettamento di un'elica.

calament |kalamɑ̃| *s.m.* (*t.bot.*) nepitella *f.*

calamine |kalamin| *s.f.* **1** (*minér.*, *techn.*) calamina **2** [*résidu charbonneux de la combustion d'un carburant dans un moteur à explosion*] calamina.

calaminer (se) |kalamine| *v. pron. intr.* [*se couvrir de calamine*] incrostarsi (di calamina) ✦ (*au p.p.*) *cylindres calaminés* cilindri incrostati (di calamina).

calamistrer |kalamistʀe| *v.tr.* [*friser les cheveux, les onduler*] arricciare (col calamistro) ✦ (*au p.p.*) *cheveux calamistrés* capelli arricciati (col calamistro).

calamite |kalamit| *s.f.* (*vx.*) (ago* *m.* della) bussola (*cour.*).

calamité |kalamite| *s.f.* **1** calamità *inv.* → **catastrophe, désastre, 2 fléau** **2** [*grande infortune*] disgrazia, calamità: *sa mort est une calamité pour la famille* la sua morte è una disgrazia per la famiglia → **malheur** ⓒ **2 bonheur, bénédiction.**

calamiteux, euse |kalamitø, øz| *adj.* (*vx.*, *littér.*) calamitoso → **catastrophique** ⓒ **heureux.**

calancher |kalɑ̃ʃe| *v.intr.* (*pop.*) → **clamser.**

calandrage |kalɑ̃dʀaʒ| *s.m.* (*techn.*) calandratura *f.*

calandre |kalɑ̃dʀ(ə)| *s.f.* **1** (*techn.*) calandra **2** [*garniture métallique verticale sur le devant du radiateur des voitures*] calandra: *calandre nickelée, chromée* calandra nichelata, cromata.

calandrer |kalɑ̃dʀe| *v.tr.* (*techn.*) [*faire passer* (*une étoffe, un papier*) *à la calandre*] calandrare → **lisser, lustrer.**

calanque |kalɑ̃k| *s.f.* (*géogr.*) cala.

calcaire |kalkɛʀ| **I** *adj.* **1** calcareo: *pierre calcaire* pietra calcarea; *terrain calcaire* terreno calcareo **2** (*pathol.*) *dégénérescence calcaire* degenerazione calcarea **3** (*chim.*) *sels calcaires* sali di calcio *loc. inv.* **II** *s.m.* (*minér.*) calcare: *calcaires dolomitiques* calcari dolomitici.

calcanéum |kalkaneɔm| *s.m.* (*anat.*) calcagno.

calcédoine |kalsedwan| *s.f.* (*minér.*) calcedonio* *m.*

calcéolaire |kalseɔlɛʀ| *s.f.* (*t.bot.*) calceolaria.

calcification |kalsifikɑsjɔ̃| *s.f.* (*méd.*) calcificazione.

calcifié, ée |kalsifje| *adj.* calcificato.

calcination |kalsinɑsjɔ̃| *s.f.* calcinazione, carbonizzazione.

calciner |kalsine| *v.tr.* **1** [*transformer en chaux par l'action d'un feu intense*] calcinare **2** [*soumettre* (*un corps*) *à l'action d'une haute température*] calcinare, carbonizzare: *calciner du bois, un métal, de la houille* calcinare, carbonizzare del legno, un metallo, del carbone **3** [*brûler, griller*] bruciare, carbonizzare: *des débris calcinés* dei resti carbonizzati; *le rôti est complètement calciné* l'arrosto è completamente bruciato, carbonizzato.

calcinose |kalsinoz| *s.f.* (*méd.*) calcinosi *inv.*

calcite |kalsit| *s.f.* calcite.

calcium |kalsjɔm| *s.m.* (*chim.*) calcio* ◇ (*fam.*) *prendre du calcium* prendere del calcio.

calciurie |kalsjyʀi| *s.f.* (*méd.*) calciuria.

1 **calcul** |kalkyl| *s.m.* **1** calcolo: *calcul juste, exact* calcolo giusto, esatto; *résultat d'un calcul* risultato di un calcolo; *calcul numérique, algébrique, infinitésimal* calcolo numerico, algebrico, infinitesimale; *calcul mental* calcolo mentale; *faire une erreur de calcul* fare un errore di calcolo ◇ (*spécialt.*) [*opérations numériques*] conto: *il est perdu dans ses calculs* è assorto nei suoi conti → **compte** **2** [*technique des opérations arithmétiques*] aritmetica* (*f.*): *cet enfant est bon en calcul* questo bambino è bravo in aritmetica **3** [*appréciation, estimation*] calcolo: *d'après mes calculs il arrivera demain* secondo i miei calcoli arriverà domani **4** (*fig.*) [*moyens que l'on combine pour arriver à un but*] calcolo: *il a agi par calcul* ha agito per calcolo; *il y a du calcul dans son attitude* c'è un calcolo alla base del suo comportamento.

2 **calcul** |kalkyl| *s.m.* (*méd.*, *cour.*) calcolo: *calcul biliaire, urinaire, rénal* calcolo biliare, urinario, renale.

calculabilité |kalkylabilite| *s.f.* calcolabilità *inv.*, l'essere *m. inv.* calcolabile.

calculable |kalkylabl(ə)| *adj.* [→ CALCULER] calcolabile ⓒ **incalculable.**

calculateur, trice |kalkylatœʀ, tʀis| **1** *s.* calcolatore* ✦ *s.m.* [*machine à calculer*] calcolatore **2** *adj.* [*habile à combiner des projets*] calcolatore: *un esprit calculateur* uno spirito calcolatore ⓒ 2 **spontané.**

calculatrice |kalkylatʀis| *s.f.* (*techn.*) calcolatrice.

calculer |kalkyle| *v.tr.* **1** [*chercher, déterminer par le calcul*] calcolare: *calculer une dépense, un bénéfice* calcolare una spesa, un profitto; *calculer la superficie d'un rectangle* calcolare la superficie di un rettangolo → **chiffrer, compter** ✦ (*absolt.*) *calculer de tête* calcolare a mente; *impossible à calculer* impossibile da calcolare ◇ (*spécialt.*) *machine à calculer* [*instrument faisant automatiquement des calculs*] calcolatrice *s.f.* **2** *absolt.* [*faire des calculs d'argent*] fare (103) conti → **compter** **3** [*déterminer la probabilité d'un événement*] calcolare, valutare: *calculer le pour et le contre* calcolare, valutare il pro e il contro → **estimer** **4** [*décider ou faire après avoir prémédité, réglé*] calcolare, misurare: *calculer ses gestes, ses mots* calcolare, misurare i propri gesti, le proprie parole ✦ (*au p.p.*) *une générosité, une bonté calculée* una generosità, una bontà calcolata, interessata.

calculeux, euse |kalkylø, øz| *adj.* (*méd.*) calcoloso: *affection calculeuse* affezione calcolosa.

caldarium |kaldaʀjɔm| *s.m.* (*lat.*) (*hist. rom.*) calidario*.

1 **cale** |kal| *s.f.* **1** [*espace situé entre le pont et le fond d'un navire*] stiva: *cale avant, arrière* stiva di prua, di poppa; *mettre des marchandises à fond de cale* calare delle merci nella stiva # *cale à charbon* carbonile ◇ (*loc. fig.*) *être à fond de cale* [*dépourvu d'argent*] essere all'asciutto, al verde **2** [*partie en pente d'un quai*] calata: *cale de chargement* calata di carico # *cale de halage* scalo di alaggio **3** (*mar.*) bacino (*m.*): *cale sèche, de radoub* bacino di carenaggio, di raddobbo → **bassin.**

2 **cale** |kal| *s.f.* [*ce que l'on place sous un objet pour lui donner de l'aplomb*] zeppa: *mettre une cale à un meuble boiteux* mettere una zeppa a un mobile zoppicante, inzeppare un mobile zoppicante # *mettre une cale derrière les roues d'un véhicule* calzare le ruote di un veicolo ◇ (*mécan.*) spessore *m.*

calé, ée |kale| *adj.* (*fam.*) **1** [*savant, instruit*] forte (*cour.*), bravo (*cour.*): *il est rudement calé en physique* è molto forte, veramente bravo in fisica → **fort** **2** [*difficile*] arduo (*cour.*), difficile (*cour.*): *c'est un problème calé* è un problema arduo, difficile.

calebasse |kalbɑs| *s.f.* [*fruit du calebassier qui, vidé et séché, peut servir de récipient*] zucca* da vino, a fiasco.

calebassier |kalbɑsje| *s.m.* (*t.bot.*) albero-zucca, crescentia *f.* cujete ~ *faux calebassier* lagenaria *f.* ~ *calebassier du Sénégal* baobab *inv.*

cal(e)bombe |kal(ə)bɔ̃b| *s.f.* (*pop.*, *vieilli*) → **bougie.**

calèche |kalɛʃ| *s.f.* calesse *m.*

caleçon |kalsɔ̃| *s.m.* **1** [*sous-vêtement masculin; culotte*] mutande (*f.pl.*): *être en caleçon* essere in mutande → **slip** **2** (*vieilli*) *caleçon de bain* costume da bagno → **maillot** (**de bain**).

caleçonnade |kalsɔnad| *s.f.* (*péj.*) [*spectacle de boulevard à thème érotique*] ☒.

calédonien, ienne |kaledɔnjɛ̃, jɛn| *adj.* (*géol.*) caledoniano.
caléfaction |kalefaksjɔ̃| *s.f.* (*phys.*) calefazione.
caléidoscope |kaleidɔskɔp| *s.m.* caleidoscopio* → **kaléidoscope.**
calembour |kalɑ̃buʀ| *s.m.* gioco* di parole, 'calembour' (*inv.*): *faire, dire des calembours* fare dei giochi di parole, dei 'calembour'.
calembredaine |kalɑ̃bʀədɛn| *s.f.* → **sottise, sornette.**
calendes |kalɑ̃d| *s.f. pl.* (*hist. rom.*) calende ◇ (*loc. fig.*) *renvoyer aux calendes grecques* rimandare alle calende greche.
calendrier |kalɑ̃dʀije| *s.m.* **1** calendario*: *calendrier julien, grégorien* calendario giuliano, gregoriano; *calendrier républicain* calendario rivoluzionario francese; *calendrier perpétuel* calendario perpetuo **2** (*par ext.*) [*emploi du temps; programme*] calendario: *le calendrier des conseils de classe a été établi* è stato stabilito il calendario dei consigli di classe; *on ne connaît pas encore le calendrier des examens* non si conosce ancora il calendario degli esami **3** [*tableau de la suite des jours de l'année*] calendario: *consulter le calendrier* consultare il calendario; *calendrier à effeuiller* calendario a foglietti → **almanach** # *calendrier de poche* calendarietto (tascabile).
cale-pied |kalpje| *s.m. inv.* [*petit butoir métallique adapté à la pédale de la bicyclette*] fermapiedi (di bicicletta).
calepin |kalpɛ̃| *s.m.* [*petit carnet de poche*] taccuino, agendina (*f.*): *j'ai marqué son adresse sur mon calepin* ho segnato il suo indirizzo sul mio taccuino, sulla mia agendina.
1 **caler** |kale| **A** *v.tr.* [*baisser (un mât, une vergue)*] ammainare **B** *v.intr.* **1** [*enfoncer dans l'eau*] pescare: *ce navire cale six mètres* questa nave pesca sei metri **2** (*fig.*) [*céder, reculer*] arrendersi (105) *pron.*, darsi (102) *pron.* per vinto: *il a calé trop vite* si è arreso, si è dato per vinto troppo presto.
2 **caler** |kale| **A** *v.tr.* **1** [*mettre d'aplomb au moyen d'une cale*] calzare; inzeppare, rincalzare: *caler la roue d'une automobile* calzare la ruota di un'automobile → **assujettir, fixer** ‖ *caler le pied d'une chaise* inzeppare, rincalzare il piede di una sedia ◇ (*par ext.*) [*rendre stable*] poggiare, appoggiare: *caler sa tête sur un oreiller* poggiare la testa su un cuscino; *caler une pile de linge contre le mur* appoggiare una pila di biancheria contro il muro ◇ (*loc. fig., fam.*) *se caler l'estomac, les joues* [*bien manger*] abboffarsi, rimpinzarsi **2** [*rendre fixe ou immobile*] stringere (131): *caler une clavette* stringere una chiavetta → **fixer** # *caler les freins* bloccare i freni **B** *v.pron. réfl.* SE CALER [→ *tr.* 1] appoggiarsi.
3 **caler** |kale| **A** *v.intr.* [*s'arrêter*] spegnersi (185) *pron.*, fermarsi (*pron.*): *le moteur a calé* il motore si è spento ◇ (*fam.*) *j'ai encore calé* mi si è di nuovo spento il motore ◇ (*fig.*) *il voulait tout manger, mais il a calé avant le fromage* voleva mangiare tutto, ma si è arreso, si è dato per vinto prima del formaggio **B** *v.tr.* [*arrêter*] fare (103) *intr.* spegnere: *il a été refusé au permis de conduire pour avoir calé son moteur* è stato bocciato all'esame di guida perché ha fatto spegnere il motore.
caleter |kalte| *v.intr.* (*pop.*) [*s'en aller en courant*] tagliare *tr.* la corda.
calfatage |kalfataʒ| *s.m.* (*mar.*) calafataggio*.
calfater |kalfate| *v.tr.* [*garnir d'étoupe goudronnée les joints et interstices des bordages (de la coque) pour les rendre étanches*] calafatare → **caréner, radouber.**
calfeutrage |kalføtʀaʒ|, **calfeutrement** |kalføtʀəmɑ̃| *s.m.* [→ CALFEUTRER A] il turare *inv.* (fessure, ecc.); turamento (*rare*).
calfeutrer |kalføtʀe| **A** *v.tr.* [*boucher (les fentes) pour empêcher l'air de pénétrer*] turare le fessure (di una finestra, ecc.) **B** *v.pron. réfl.* SE CALFEUTRER [*s'enfermer*] tapparsi, (rin)chiudersi (106): *se calfeutrer chez soi* tapparsi, rinchiudersi in casa.
calibrage |kalibʀaʒ| *s.m.* (*techn.*) calibrazione *f.*
calibre |kalibʀ(ə)| *s.m.* **I** **1** [*diamètre intérieur d'un tube*] diametro: *calibre d'une conduite d'eau* diametro di una conduttura d'acqua **2** [*diamètre du canon, d'une arme à feu*] calibro: *calibre d'un fusil* calibro di un fucile; *pistolet de 7 mm. de calibre* pistola (di) calibro 7; *canon de gros calibre* cannone di grosso calibro ◇ [*grosseur d'un projectile*] *balle de petit, de gros calibre* pallottola di piccolo, di grosso calibro ◇ (*par ext.*) [*diamètre d'un objet sphérique*] *calibre d'une orange, d'un citron* calibro di un'arancia, di un limone → **dimension, grosseur** **3** (*techn.*) calibro → 2 **étalon** # *calibre d'épaisseur* spessimetro **II** (*fig., fam.*) [*importance, grosseur*] specie *f. inv.*, stampo: *je ne veux pas avoir à faire à un escroc de ce calibre* non voglio avere a che fare con un imbroglione di quella specie # *une bêtise de grand calibre* una sciocchezza madornale.
calibrer |kalibʀe| *v.tr.* **1** [*donner le calibre convenable à*] calibrare: *calibrer le canon d'un pistolet* calibrare la canna di una pistola **2** [*mesurer le calibre de*] calibrare: *calibrer un tour* calibrare un tornio ◇ (*par ext.*) *calibrer des fruits* calibrare la frutta.
calibreur, euse |kalibʀœʀ, øz| *s.m. ou f.* (*techn.*) calibratore *m.*
1 **calice** |kalis| *s.m.* **1** calice **2** (*fig., littér.*) *calice d'amertume* calice dell'amarezza ◇ (*loc.*) *boire le calice jusqu'à la lie* bere il calice fino alla feccia.
2 **calice** |kalis| *s.m.* **1** (*bot.*) calice **2** (*anat.*) *calice du rein* calice renale.
calicot |kaliko| *s.m.* [*toile de coton assez grossière*] calicò *inv.*
califat |kalifa| *s.m.* califfato.
calife |kalif| *s.m.* califfo: *le calife de Bagdad* il califfo di Bagdad.
californien, ienne |kalifɔʀnjɛ̃, jɛn| *adj.* [*de la Californie*] californiano: *climat californien* clima californiano.
califourchon (à) |akalifuʀʃɔ̃| *loc. adv.* [*une jambe d'un côté, la deuxième de l'autre*] a cavalcioni: *se mettre, monter à califourchon* mettersi, salire a cavalcioni → **cheval (à).**
câlin, ine |kɑlɛ̃, in| **1** *s.* [*personne qui aime à être caressée, à être traitée avec douceur*] coccolone # *un petit câlin* un coccolino **2** *adj.* [*qui exprime de la tendresse*] affettuoso, tenero: *un enfant câlin* un bambino affettuoso; *un regard câlin* uno sguardo affettuoso, tenero → **caressant, doux** Ⓒ **dur.**
câliner |kɑline| *v.tr.* [*traiter avec douceur, tendresse*] coccolare: *câliner un enfant* coccolare un bambino → **cajoler, dorloter** Ⓒ **brusquer, rudoyer.**
câlinerie |kɑlinʀi| *s.f.* [*manières câlines*] tenerezza, affettuosità *inv.* → **cajolerie.**
calla |kala| *s.f.* (*t.bot.*) calla.
calleux, euse |kalø, øz| *adj.* **1** calloso: *des mains calleuses* mani callose **2** (*anat.*) *corps calleux* corpo calloso.
call-girl |kɔlgœʀl| *s.f.* (*angl.*) ragazza squillo: *des call-girls* delle ragazze squillo.
calli- |kal(l)i| *préf.* (*signifiant 'beauté', correspond généralt. à*) calli: *calligraphie* calligrafia.
calligraphe |kal(l)igʀaf| *s.m.* calligrafo.
calligraphie |kal(l)igʀafi| *s.f.* calligrafia.
calligraphier |kal(l)igʀafje| *v.tr.* [*former avec beaucoup d'application, de soin (les caractères écrits)*] scrivere (182) in bella grafia ✦ (*au p.p.*) *adresse calligraphiée* indirizzo scritto a chiare lettere.
calligraphique |kal(l)igʀafik| *adj.* calligrafico*.
callosité |kalozite| *s.f.* callosità *inv.*; callo (*m.*): *mains couvertes de callosités* mani coperte di callosità, di calli → **cal,** 2 **cor, durillon.**
calluna |kalyna| *s.m.* (*t.bot.*) calluna *f.*
calmant |kalmɑ̃| *adj.* **1** [*qui calme la douleur*] calmante: *remède calmant* medicina calmante → **analgésique, anesthésique** ✦ (*s.m.*) *un calmant* un calmante: *prendre des calmants pour dormir* prendere dei calmanti per dormire → **sédatif, tranquillisant** **2** (*au moral*) [*qui calme*] calmante → **apaisant, lénifiant** Ⓒ 1 **excitant.**
calmar |kalmaʀ| *s.m.* (*t.zool.*) calamaro ◇ (*cuis.*) *calmars frits* calamari fritti.
1 **calme** |kalm(ə)| *s.m.* **1** calma *f.*; quiete (*f.*): *se comporter avec le plus grand calme* comportarsi con la massima calma; *conserver, garder son calme* conservare la calma; *rétablir le calme* ristabilire la calma; *attendre avec calme* aspettare con calma; *perdre, retrouver son calme* perdere, ritrovare la calma; *allons, du calme !* su, calma! ‖ *le calme de la campagne* la quiete della campagna; *troubler le calme* turbare la quiete # *chercher le calme, aspirer au calme* aspirare alla tranquillità **2** [*immobilité de l'atmosphère, de la mer*] calma, quiete: *le calme après la tempête* la calma, la quiete dopo la tempesta ◇ (*mar.*) *calme plat* mare in calma, bonaccia *f.* ◇ (*géogr.*) *calme équatorial* calma equatoriale Ⓒ 1 **agitation, émotion, énervement;** 2 **trouble.**
2 **calme** |kalm(ə)| *adj.* **1** calmo: *un lieu calme et tranquille* un luogo calmo e tranquillo; *caractère, humeur calme* carattere, umore calmo → **impassible, tranquille;** *être calme et résolu* essere calmo e risoluto; *vivre des heures calmes et heureuses* vivere ore calme e felici **2** [*qui a une faible activité*] *marché calme* mercato fiacco*; *les affaires sont calmes* gli affari vanno a rilento;

la Bourse a été calme la seduta in Borsa è stata calma ◻C 1 **agité, désordonné, troublé**; 2 **actif.**

calmement |kalməmɑ̃| *adv.* [→ 2 CALME 1] con calma (*loc. inv.*): *réfléchir calmement* riflettere con calma.

calmer |kalme| **A** *v.tr.* **1** [*rendre calme, en apaisant* (*la douleur, les mouvements de l'âme*)] calmare, placare: *calmer une douleur* calmare, placare un dolore → **apaiser**; *ce remède calme la toux* questo farmaco calma la tosse; *calmer la sédition, une querelle* placare la sedizione, una lite; *calmer ses nerfs, son impatience* calmare i propri nervi, la propria impazienza → **maîtriser, modérer** **2** [*rendre* (*qqn.*) *plus calme*] calmare: *vos bonnes paroles l'ont calmé* le vostre buone parole lo hanno calmato → **apaiser** **B** *v.pron.* SE CALMER **1** *intr.* [→ *tr.* 1] calmarsi: *la tempête, la mer s'est calmée* la tempesta si è calmata, il mare si è calmato **2** *réfl.* (*personnes*) [→ *tr.* 2] calmarsi: *calmez-vous, je vous prie* calmatevi, vi prego ◻C A 1 **agiter, exciter.**

calmir |kalmiʀ| *v.intr.* (*mar.*) [*devenir calme*] calmarsi (*pron.*): *la mer, le vent calmit* il mare, il vento si calma.

calomel |kalɔmɛl| *s.m.* (*pharm.*) calomelano.

calomniateur, trice |kalɔmnjatœʀ, tʀis| *s.* calunniatore* → **accusateur, dénonciateur** ✦ (*adj.*) calunnioso: *propos calomniateurs* frasi calunniose.

calomnie |kalɔmni| *s.f.* calunnia: *une basse, une odieuse calomnie* una bassa, un'odiosa calunnia; *petites calomnies* piccole calunnie, pettegolezzi (*m.*); *se laver d'une calomnie* lavarsi da una calunnia; *être en butte à la calomnie* [*être exposé à*] essere esposto alle calunnie → **accusation, diffamation.**

calomnier |kalɔmnje| *v.tr.* [*attaquer l'honneur, la réputation de* (*qqn.*) *par des mensonges, des calomnies*] calunniare → **attaquer, diffamer.**

calomnieusement |kalɔmnjøzmɑ̃| *adv.* [→ CALOMNIEUX] calunniosamente: *accuser calomnieusement* accusare calunniosamente.

calomnieux, euse |kalɔmnjø, øz| *adj.* calunnioso: *dénonciation calomnieuse* denuncia calunniosa → **diffamatoire** # *libelle calomnieux* libello diffamatorio.

caloporteur |kalɔpɔʀtœʀ| (*adj. m.*) *fluide caloporteur* fluido di raffreddamento *loc. inv.*, refrigerante *s.m.*

calorie |kalɔʀi| *s.f.* (*phys., physiol.*) caloria # *régime basses calories* regime ipocalorico.

calorifère |kalɔʀifɛʀ| *s.m.* calorifero.

calorification |kalɔʀifikɑsjɔ̃| *s.f.* (*physiol.*) calorificazione.

calorifique |kalɔʀifik| *adj.* calorifico*: *rayons calorifiques* raggi calorifici.

calorifuge |kalɔʀifyʒ| *adj. et s.m.* (*phys., techn.*) coibente, isolante termico*.

calorifugeage |kalɔʀifyʒaʒ| *s.m.* [→ CALORIFUGER] coibentazione *f.*, isolamento termico*.

calorifuger |kalɔʀifyʒe| (3) *v.intr.* [*recouvrir d'un calorifuge*] isolare *tr.* termicamente ✦ (*au p.p.*) *conduite de vapeur calorifugée* conduttura di vapore isolata termicamente.

calorimètre |kalɔʀimɛtʀ(ə)| *s.m.* calorimetro.

calorimétrie |kalɔʀimetʀi| *s.f.* (*phys.*) calorimetria.

calorimétrique |kalɔʀimetʀik| *agg.* (*phys.*) calorimetrico*.

calorique |kalɔʀik| *s.m. et adj.* calorico*.

calorisation |kalɔʀizɑsjɔ̃| *s.f.* (*techn.*) calorizzazione.

calosome |kalɔzom| *s.m.* (*t.zool.*) calosoma.

1 **calot** |kalo| *s.m.* [*coiffure milit.*] bustina *f.* → **bonnet.**

2 **calot** |kalo| *s.m.* **1** grossa bi(g)lia *f.* **2** (*pop.*) [*œil*] occhio* (*cour.*): *rouler les calots* sgranare gli occhi.

calotin |kalɔtɛ̃| *s.m.* (*fam., péj.*) [*ecclésiastique; partisan des prêtres*] bacchettone *s.*

1 **calotte** |kalɔt| *s.f.* calotta ◇ (*spécialt.*) *la calotte des ecclésiastiques* lo zucchetto *m.* degli ecclesiastici ◇ (*par ext.*) *la calotte* [*le clergé et leurs partisans*] il clero *m.*, i preti (*m. pl.*): *influence de la calotte* influenza del clero.

2 **calotte** |kalɔt| *s.f.* (*anat.*) *calotte du crâne* calotta cranica ◇ (*géogr.*) *calottes glaciaires de la Terre* calotte glaciali della Terra ◇ (*géom.*) *calotte sphérique* calotta sferica.

3 **calotte** |kalɔt| *s.f.* (*fam.*) [*tape sur la tête, sur la joue*] scappellotto *m.* (*cour.*), scapaccione *m.* (*cour.*): *donner, flanquer une calotte* dare, mollare uno scappellotto, uno scapaccione.

calotter |kalɔte| *v.tr.* (*fam.*) [*donner une gifle, une calotte à*] mollare uno scapaccione (a), prendere (105) a scapaccioni (*cour.*): *calotter un enfant* mollare uno scapaccione a, prendere a scapaccioni un bambino.

calquage |kalkaʒ| *s.m.* [→ CALQUER] ricalcatura *f.*

calque |kalk(ə)| *s.m.* **1** calco*: *prendre un calque* fare un calco # *papier-calque* carta da ricalco **2** (*fig.*) [*imitation étroite*] copia *f.*, imitazione (*f.*): *elle est le calque de sa mère* è tutta sua madre, è la copia di sua madre # *sa chemise est un calque de la vôtre* la sua camicia è in tutto simile alla vostra; *les tragédies classiques ne sont pas de simples calques des tragédies antiques* le tragedie classiche non ricalcano semplicemente le tragedie antiche.

calquer |kalke| *v.tr.* **1** [*copier les traites* (*d'un modèle*) *sur une surface contre laquelle il est appliqué*] ricalcare: *calquer au papier transparent, au papier carbone, à la vitre* ricalcare con carta trasparente, con carta carbone, sul vetro → **décalquer** **2** (*fig.*) [*imiter exactement*] imitare, copiare # *ils ont calqué leur organisation sur celle de leur concurrent* hanno modellato la loro organizzazione su quella del loro concorrente.

calquoir |kalkwaʀ| *s.m.* [*crayon, pointe emoussée pour calquer*] calcatoio*.

calter |kalte| *v.intr.* → **caleter.**

calumet |kalymɛ| *s.m.* calumet *inv.* ◇ (*loc. fig.*) *fumer le calumet de la paix avec qqn.* fumare il calumet della pace con qc.

calvados |kalvados|, (*abrév.*) **calva** |kalva| *s.m.* [*eau-de-vie de cidre*] 'calvados' *inv.*

calvaire |kalvɛʀ| *s.m.* **1** [*représentation de la scène du Calvaire*] stazione *f.* del calvario **2** (*fig.*) [*épreuve longue et douloureuse*] calvario*.

calville |kalvil| *s.f.* [*variété de pomme*] calvilla: *calville blanche, rouge* calvilla bianca, rossa.

calvinisme |kalvinism(ə)| *s.m.* (*relig.*) calvinismo.

calviniste |kalvinist(ə)| *adj.* calvinista, calvinistico*: *doctrine, religion calviniste* dottrina, religione calvinista ✦ (*s.*) *un calviniste* un calvinista.

calvitie |kalvisi| *s.f.* calvizie (*inv.*): *il a un début de calvitie* ha una calvizie incipiente.

calycanthe |kalikɑ̃t| *s.m.* (*t.bot.*) calicanto.

calypso |kalipso| *s.m.* (*danse*) calypso *inv.*

camaïeu |kamajø| *s.m.* **1** [*pierre fine taillée, formée de deux couches de même couleur mais de ton différent*] cammeo **2** [*peinture où l'on n'emploie qu'une couleur, avec des tons différents*] chiaroscuro, dipinto monocromatico*: *peindre en camaïeu* dipingere a chiaroscuro; *un camaïeu* un dipinto monocromatico, monocromo ◇ (*fig.*) *un paysage en camaïeu* un paesaggio a chiaroscuro.

camail |kamaj| *s.m.* **1** (*hist. médiév.*) camaglio* **2** [*courte pèlerine des ecclésiastiques*] mozzetta (*f.*): *camails rouges des cardinaux* mozzette rosse dei cardinali **3** (*zool.*) piume *f. pl.*, penne *f. pl.* del collare (del gallo).

camaldule |kamaldyl| *s.* camaldolese.

camarade |kamaʀad| *s.* **1** [*compagnon de profession ou d'étude*] compagno: *un camarade d'enfance, d'étude* un compagno d'infanzia, di scuola (di università) → **confrère, copain** **2** (*fam.*) *un vrai, un vieux camarade* [*ami*] un vero, un vecchio amico* (*cour.*); *eh, camarade!* ehi, amico! **3** [*appellation dans les partis communistes, socialistes*] compagno: *le camarade Untel* il compagno Tal dei Tali.

camaraderie |kamaʀadʀi| *s.f.* [*relations familières entre camarades*] cameratismo *m.*

camard, arde |kamaʀ, aʀd(ə)| **1** *adj.* (*littér.*) [*qui a le nez plat, écrasé*] camuso (*cour.*): *nez camard* naso camuso → **camus** **2** (*s.*) *un camard, une camarde* un uomo camuso *adj.*, una donna camusa ✦ *s.f.* (*littér.*) *la camarde* [*la mort*] la parca*.

cambial, ale, aux |kɑ̃bjal, o| *adj.* (*fin.*) cambiario*.

cambiste |kɑ̃bist| *s.m.* (*Bourse*) [*celui qui effectue des opérations de change; agent de change*] cambiavalute *inv.*, agente di cambio ✦ (*adj.*) *un banquier cambiste* un banchiere cambiavalute *appos.*

cambium |kɑ̃bjɔm| *s.m.* (*bot.*) cambio*.

cambodgien, ienne |kɑ̃bɔdʒjɛ̃, jɛn| **1** *adj.* [*du Cambodge*] cambogiano **2** (*s.m.*) *le cambodgien* [*la langue*] il cambogiano.

cambouis |kɑ̃bwi| *s.m.* [*graisse, huile noircie par le frottement*] morchia (*f.*): *enlever une tache de cambouis avec de l'essence* togliere una macchia di morchia con la benzina.

cambrage |kɑ̃bʀaʒ|, **cambrement** |kɑ̃bʀəmɑ̃| *s.m.* [*opération par laquelle on cambre*] inarcamento.

cambrai |kɑ̃bʀɛ| *s.m.* [*batiste blanche de Cambrai*] cambrì *inv.*

cambré, ée |kɑ̃bʀe| *adj.* [*qui forme

un arc] inarcato, arcuato: *taille cambrée* dorso inarcato.

cambrer |kɑ̃bʀe| **A** *v.tr.* **1** [*courber légèrement en forme d'arc*] arcuare, inarcare: *cambrer une poutre* arcuare una trave → **arquer, infléchir** **2** *cambrer le buste, la taille* [*les redresser en se penchant légèrement en arrière*] inarcare il busto, il corpo **B** *v.pron. réfl.* SE CAMBRER [→ *tr.* 2] mettersi (155) dritto: *il s'était cambré devant la glace* si era messo, stava dritto davanti allo specchio.

cambrien, ienne |kɑ̃bʀijɛ̃, ijɛn| *adj. et s.m.* (*géol.*) cambrico*, cambriano.

cambriolage |kɑ̃bʀijɔlaʒ| *s.m.* [→ CAMBRIOLER] furto (con scasso), svaligiamento.

cambrioler |kɑ̃bʀijɔle| *v.tr.* [*dévaliser en pénétrant par effraction*] svaligiare: *cambrioler un appartement* svaligiare un appartamento ◇ (*par ext.*) [*voler* (*qqn.*)] derubare: *ils ont été cambriolés* sono stati derubati.

cambrioleur, euse |kɑ̃bʀijɔlœʀ, øz| *s.* [*personne qui pénètre par effraction dans des habitations pour les dévaliser*] scassinatore*, svaligiatore*.

cambrousard |kɑ̃bʀuzaʀ| *s.m.* (*fam.*) → **paysan.**

cambrousse |kɑ̃bʀus| *s.f.* (*fam., péj.*) → 1 **campagne.**

cambrure |kɑ̃bʀyʀ| *s.f.* **1** [→ CAMBRER A 1] incurvamento *m.*, curvatura: *cambrure d'une pièce de bois* l'incurvamento, la curvatura di un pezzo di legno → **cintrage, courbure** # *cambrure des reins* insellatura lombare **2** *cambrure du pied* [*partie courbée entre la cheville et les orteils*] fiosso *m.* ◇ (*par anal.*) *cambrure d'une chaussure* [*partie courbée entre la semelle et le talon*] fiosso **3** (*fig., littér.*) [*apprêt, recherche, manque de simplicité*] ricercatezza, affettazione.

cambuse |kɑ̃byz| *s.f.* **1** (*mar.*) cambusa **2** (*péj.*) [*logis pauvre*] stamberga*, topaia.

cambusier |kɑ̃byzje| *s.m.* cambusiere.

1 **came** |kam| *s.f.* (*techn.*) camma: *arbre à cames* albero a camme; *levée de la came* levata della camma; *came de butée* camma di arresto.

2 **came** |kam| *s.f.* (*arg.*) → **cocaïne.**

camée |kame| *s.m.* **1** cammeo: *camée monté en bague* cammeo montato su anello **2** (*peint.*) dipinto monocromo → **camaïeu.**

caméléon |kameleɔ̃| *s.m.* **1** (*t.zool.*) camaleonte **2** (*fig.*) [*personne qui change de conduite, d'opinion au gré de l'intérêt*] camaleonte → **girouette.**

caméléonesque |kameleɔnɛsk(ə)| *adj.* (*littér.*) camaleontico*.

caméléonisme |kameleɔnism(ə)| *s.m.* (*biol.*) camaleontismo ◇ (*fig.*) *le caméléonisme d'un homme politique* il camaleontismo di un uomo politico.

camélia |kamelja| *s.m.* (*t.bot.*) camelia *f.* ◇ [*la fleur*] camelia.

Camélidés |kamelide| *s.m. pl.* (*t. zool.*) Camelidi.

camelle |kamɛl| *s.f.* cumulo *m.* di sale (in una salina).

camelot |kamlo| *s.m.* **1** [*marchand ambulant qui vend des marchandises à bas prix*] venditore* *s.* ambulante: *boniment de camelot* imbonimento da venditore ambulante **2** [*vendeur de journaux*] strillone *s.*

camelote |kamlɔt| *s.f.* **1** (*fam.*) [*marchandise de mauvaise qualité*] robaccia*, paccottiglia* (*cour.*): *vendre, acheter de la camelote* vendere, comprare della robaccia, della merce scadente; *c'est de la camelote* è paccottiglia → **pacotille, toc** **2** (*pop.*) [*toute marchandise*] roba (*fam.*), merce (*cour.*): *c'est de la bonne camelote* è roba buona.

camembert |kamɑ̃bɛʀ| *s.m.* [*fromage gras, à pâte molle affinée, fait avec du lait de vache*] ⊠.

camer (se) |kame| *v. pron. réfl.* (*arg.*) → 1 **droguer (se).**

caméra |kameʀa| *s.f.* [*appareil cinématographique de prises de vues*] cinepresa: *caméra d'amateur* cinepresa per dilettante # *caméra de télévision* telecamera.

cameraman, men |kameʀaman, mɛn| *s.m.* (*angl.*) → **cadreur.**

camérier |kameʀje| *s.m.* (*ecclés.*) cameriere.

camériste |kameʀist(ə)| *s.f.* **1** camerista **2** (*fam.*) [*femme de chambre*] cameriera.

camerlingue |kamɛʀlɛ̃g| *s.m.* (*ecclés.*) camerlengo*.

1 **camion** |kamjɔ̃| *s.m.* camion *inv.*, autocarro: *camion à remorque* camion con rimorchio, autotreno # *petit camion* camioncino; *camion à semiremorque* autoarticolato; autosnodato; *camion fermé* furgone → **camionnette.**

2 **camion** |kamjɔ̃| *s.m.* (*techn.*) piccolo spillo, spillino.

camion-citerne |kamjɔ̃sitɛʀn(ə)| *s.m.* [*camion pour le transport des liquides en vrac*] autocisterna (*f.*): *des camions-citernes* delle autocisterne.

camionnage |kamjɔnaʒ| *s.m.* **1** [*transport par camion*] autotrasporto: *entreprise de camionnage* ditta di autotrasporti → **roulage** # *camionnage au départ, à l'arrivée* ritiro, consegna a domicilio con autocarro; *camionnage en régie* trasporto a domicilio in proprio **2** [*prix d'un transport par camion*] trasporto: *payer le camionnage* pagare il trasporto.

camionner |kamjɔne| *v.tr.* [*transporter par camion*] autotrasportare, trasportare con autocarro.

camionnette |kamjɔnɛt| *s.f.* [*petit camion automobile*] camioncino *m.*, camionetta.

camionneur |kamjɔnœʀ| *s.m.* **1** [*personne qui conduit un camion*] camionista → **routier** **2** [*personne qui s'occupe de transports par camion*] autotrasportatore, corriere.

camisard |kamizaʀ| *s.m.* [*calviniste cévenol insurgé durant les persécutions qui suivirent la révocation de l'édit de Nantes*] ⊠.

camisole |kamizɔl| *s.f.* **1** *camisole de force* camicia* di forza; *il mérite la camisole de force* merita la camicia di forza **2** (*vieilli*) [*vêtement court, à manches, porté sur la chemise*] casacchina (*cour.*), giubbetto *m.* (*cour.*).

camomille |kamɔmij| *s.f.* (*t.bot.*) camomilla ◇ (*cour.*) [*infusion*] camomilla.

camouflage |kamuflaʒ| *s.m.* **1** [→ CAMOUFLER] mascheramento, mimetizzazione (*f.*): *un camouflage de branchages* un mascheramento di frasche **2** (*fig.*) [*déguisement*] camuffamento, finzione *f.*

camoufler |kamufle| *v.tr.* [*déguiser de façon à rendre méconnaissable ou inapparant*] mimetizzare, camuffare: *matériel de guerre camouflé* materiale militare mimetizzato → **dissimuler, maquiller** ◇ (*fig.*) *camoufler une intention, une faute* dissimulare un'intenzione, nascondere uno sbaglio.

camouflet |kamuflɛ| *s.m.* **1** (*littér.*) [*vexation humiliante*] umiliazione *f.* (*cour.*): *donner, infliger un camouflet* infliggere un'umiliazione → **affront, offense** **2** [*fourneau de mine destiné à détruire une galerie ennemie*] contromina *f.*

camp |kɑ̃| *s.m.* **1** (*milit.*) campo, accampamento: *reconnaissance, choix de l'emplacement d'un camp* ricognizione, scelta del campo; *camp retranché, fortifié* accampamento trincerato, fortificato; *lit de camp* letto da campo, branda; *aide de camp* aiutante di campo → **campement, bivouac** **2** (*spécialt.*) *camp de prisonniers* campo di prigionia; *camp de concentration* campo di concentramento; *camp d'extermination* campo di sterminio **3** [*espace de terrain où s'installent des campeurs*] campeggio*: *faire un camp dans les Alpes* fare un campeggio nelle Alpi → **camping** # *feu de camp* falò **4** CAMP VOLANT campo volante ◇ (*fig.*) *vivre en camp volant* fare, condurre una vita da nomade **5** (*loc. fig.*) *lever, ficher* (*fam.*), *foutre* (*pop.*) *le camp* [*partir*] svignarsela (*cour.*), tagliare la corda (*cour.*) → **décamper** ~ *entrer dans le camp adverse* passare nel campo avverso **6** [*groupes qui s'opposent, se combattent*] *le camp victorieux* la parte *f.*, la compagine *f.* vincente.

campagnard, arde |kɑ̃paɲaʀ, aʀd| **1** *adj.* [*qui vit à la campagne*] di campagna *loc. inv.*, campagnolo: *gentilhomme campagnard* signorotto di campagna ◇ (*par ext.*) *un aspect campagnard* un aspetto contadinesco*, rustico*; *un accent campagnard* un accento campagnolo **2** *s.* [→ *adj.*] *un campagnard* un campagnolo, un villico* → **paysan** Ⓒ **bourgeois, citadin.**

1 **campagne** |kɑ̃paɲ| *s.f.* **1** campagna: *maison de campagne* casa di campagna; *curé de campagne* parroco di campagna; *médecin de campagne* medico di campagna, medico condotto; *partie de campagne* gita in campagna, scampagnata; *je préfère la campagna à la montagne* preferisco la campagna alla montagna ◇ *loc.* EN RASE CAMPAGNE in aperta campagna; extraurbano (*adj.*): *route en rase campagne* strada extraurbana **2** (*loc.*) *battre la campagne*: (*pr.*) battere la campagna; (*fig.*) [*avoir des idées extravagantes, chimériques*] farneticare, vaneggiare **3** (*vx.*) → **plaine.**

2 **campagne** |kɑ̃paɲ| *s.f.* **1** (*milit.*) campagna (di guerra): *les campagnes d'Italie, d'Égypte* le campagne d'Italia, d'Egitto # *les troupes sont en campagne* le truppe sono in guerra ◇ (*loc.*) *faire campagne* partecipare a una campagna (di guerra), fare la guerra ~ SE METTRE EN CAMPAGNE [*commencer des démarches en vue d'une fin précise*] darsi da fare, mettersi in moto: *nous nous sommes mis en campagne pour aider nos amis* ci siamo dati da fare, ci siamo messi in moto per aiutare i nostri amici; *faire campagne pour, contre qqn.* fare una campagna in favore di, contro qc. **2** UNE CAMPAGNE

[*période d'activité, d'affaires, de propagande*] una campagna: *une campagne de presse* una campagna di stampa; *une campagne commerciale* una campagna commerciale; *une campagne publicitaire* una campagna pubblicitaria; *les prix des produits agricoles pour la campagne 1979-80* i prezzi dei prodotti agricoli per la campagna 1979-80.

campagnol |kɑ̃paɲɔl| *s.m.* (*t.zool.*) topo campagnolo.

campane |kɑ̃pan| *s.f.* **1** (*archit.*) campana **2** (*vieilli*) → 1 **cloche** 1.

campanien, ienne |kɑ̃panjɛ̃, jɛn| *adj.* [*de la Campanie*] campano: *vases campaniens* vasi campani.

campaniforme |kɑ̃panifɔʀm| *adj.* (*archéol.*) campanulato.

campanile |kɑ̃panil| *s.m.* **1** campanile: *le campanile de Florence* il campanile di Firenze, di Giotto **2** [*lanterne surmontant le toit de certains édifices civils*] lanterna *f.*

Campanulacées |kɑ̃panylase| *s.f. pl.* (*t.bot.*) Campanulacee.

campanule |kɑ̃panyl| *s.f.* (*t.bot.*) campanula.

campé, ée |kɑ̃pe| *adj.* BIEN CAMPÉ: (*personnes*) [*bien bâti*] ben piantato; (*choses*) [*bien dessiné, représenté ou décrit*] ben costruito, ben delineato: *un récit bien campé* un racconto ben costruito.

campêche |kɑ̃pɛʃ| *s.m.* (*t.bot.*) campeggio*: *bois de campêche* legno di campeggio.

campement |kɑ̃pmɑ̃| *s.m.* **1** [→ 1 CAMPER 1] campeggio*: *matériel de campement* attrezzatura da campeggio → **bivouac, cantonnement** **2** [→ 1 CAMPER 2] accampamento: *un campement de gitans* un accampamento di gitani **3** (*fig.*) *ma chambre est un campement* la mia camera sembra un accampamento; *je suis en campement* sono accampato.

1 **camper** |kɑ̃pe| *v.intr.* **1** [*s'établir, être établi dans un camp*] campeggiare, fare (103) *tr.* il campeggio*: *je campais en montagne* campeggiavo, facevo il campeggio in montagna → **bivouaquer** **2** [*s'installer provisoirement quelque part*] accamparsi (*pron.*): *nous campons dans une petite pièce* ci siamo accampati in un piccolo locale.

2 **camper** |kɑ̃pe| **A** *v.tr.* **1** [*placer, poser hardiment* (*qqch.*)] piazzare, piantare: *camper son chapeau sur sa tête* piantarsi, calcarsi il cappello in testa → **installer** **2** *camper un récit, un portrait, un dessin* [*le mettre en valeur*] far (103) *intr.* risaltare, mettere (155) in risalto un racconto, un ritratto, un disegno; *ce romancier a bien campé ses personnages* quel romanziere ha fatto risaltare, ha messo in risalto i suoi personaggi **B** *v.pron. intr.* SE CAMPER [*se tenir dans une attitude hardie ou provocante*] piazzarsi, piantarsi: *il se campa devant moi* mi si piazzò, mi si piantò davanti → **dresser (se), planter (se).**

campeur, euse |kɑ̃pœʀ, øz| *s.* [*personne qui pratique le camping*] campeggiatore*.

camphre |kɑ̃fʀ(ə)| *s.m.* canfora *f.*

camphré, ée |kɑ̃fʀe| *adj.* (*pharm.*) canforato: *friction à l'huile camphrée* frizione all'olio canforato.

camphrier |kɑ̃fʀije| *s.m.* (*t.bot.*) canforo.

camping |kɑ̃piŋ| *s.m.* campeggio*, camping (*inv.*): *matériel de camping* attrezzatura da campeggio; *faire du camping* andare in campeggio.

camping-car |kɑ̃piŋkaʀ| *s.m.* camper (*inv.*): *des camping-cars* dei camper.

camping-gaz |kɑ̃piŋgaz| *s.m. inv.* (*marque déposée*) fornellino *var.* (a gas) da campeggio.

campos |kɑ̃po| *s.m.* (*fam.*) [*congé, repos accordé aux écoliers, étudiants, etc.*] vacanza *f.* (*cour.*): *donner campos* dare vacanza → **permission, vacance** II.

campus |kɑ̃pys| *s.m.* campus *inv.*

camus, use |kamy, yz| *adj.* camuso: *nez camus* naso camuso → **aplati, écrasé, camard.**

canada |kanada| *s.f.* (*t.bot.*) renetta del Canadà.

canadianisme |kanadjanism(ə)| *s.m.* (*ling.*) canadesismo.

canadien, ienne |kanadjɛ̃, jɛn| *adj.* [*du Canada*] canadese.

canadienne |kanadjɛn| *s.f.* **1** (canoa) canadese **2** [*longue veste doublée de peau de mouton*] canadese, 'canadienne' *inv.*

canaille |kanɑj| **I** *s.f.* **1** [*ramassis de gens méprisables ou considérés comme tels*] gentaglia, teppaglia → **pègre, racaille** **2** [*personne digne de mépris, malhonnête, nuisible*] canaglia, furfante (*m.*): *cette vieille canaille* quella vecchia canaglia → **coquin, fripouille** ◇ (*par exagér.*) (*en parlant d'enfants espiègles*) birbante *s.*, briccone (*s.*): *ah!, petite canaille* ah!, birbantello; ah! bricconcello! **II** *adj.* [*vulgaire, avec une pointe de perversité*] canagliesco*: *des manières canailles* modi canaglieschi.

canaillerie |kanɑjʀi| *s.f.* **1** [*caractère d'une canaille ou d'une action de canaille*] furfanteria, birbanteria: *c'est de la pure canaillerie* è pura furfanteria → **malhonnêteté** **2** *une canaillerie* [*une action malhonnête*] una canagliata.

canal, aux |kanal, o| *s.m.* **I** **1** canale: *canal navigable* canale navigabile; *écluses d'un canal* chiuse di un canale; *canal d'irrigation, de jonction* canale d'irrigazione, di collegamento; *canal de dérivation, maritime* canale di derivazione, marittimo; *canal de Suez* canale di Suez; *le grand canal de Venise* il Canal Grande di Venezia **2** (*géogr.*) canale, stretto: *canal de Mozambique* canale del Mozambico; *entrer dans un canal, en sortir* entrare in uno stretto, uscirne → **détroit** **II** **1** [*conduit permettant le passage d'un liquide, d'un gaz*] canale, condotto → 2 **conduite, tube, tuyau** **2** (*anat., bot.*) canale, condotto, vaso: *canal vertébral* canale vertebrale; *canal cholédoque* condotto coledoco **3** (*fig.*) canale, mezzo, via *f.* **4** (*télécom.*) canale.

canalicule |kanalikyl| *s.m.* (*anat.*) canalicolo.

canalisable |kanalizabl(ə)| *adj.* [→ CANALISER 1] *rivière canalisable* fiume canalizzabile.

canalisation |kanalizɑsjɔ̃| *s.f.* **1** [→ CANALISER] canalizzazione ◇ (*fig.*) incanalamento *m.*, canalizzazione **2** [*réseau de conduites, de tuyaux destinés au transport des fluides, de l'énergie*] conduttura, tubazione: *canalisation de gaz, d'électricité* conduttura del gas, dell'elettricità; *canalisation d'eau potable* conduttura, tubazione di acqua potabile; acquedotto → **tuyauterie** # *canalisation des eaux de rebut* fognatura, rete fognante.

canaliser |kanalize| *v.tr.* **1** [*rendre* (*un cours d'eau*) *navigable, sillonner de canaux*] canalizzare: *canaliser une région* canalizzare una regione **2** (*fig.*) [*empêcher de se disperser; diriger dans un sens déterminé*] incanalare, canalizzare: *canaliser la foule* incanalare la folla; *canaliser le trafic* incanalare, canalizzare il traffico → **centraliser, concentrer** Ⓒ **éparpiller.**

cananéen, éenne |kananeɛ̃, eɛn| **1** *adj.* [*du pays de Canaan*] cananeo **2** (*s.m.*) *le cananéen* [*la langue*] il cananeo.

canapé |kanape| *s.m.* **1** divano, canapè (*inv.*): *canapé à deux places* divano, canapè a due posti → **causeuse, tête-à-tête**; *canapé-lit transformable* divano-letto → **méridienne, ottomane** **2** (*cuis.*) canapè: *œufs sur canapés* uova su canapè.

canard |kanaʀ| *s.m.* **1** (*t.zool.*) anatra *f.*, anitra *f.* ~ *canard sauvage* anatra selvatica ◇ (*cour.*) *femelle du canard* anatra femmina; *mare aux canards* stagno delle anatre ◇ (*cuis.*) *canard rôti* anatra arrosto; *canard à l'orange* anatra all'arancia **2** (*loc.*) *marcher comme un canard* camminare come una papera ~ *mouillé, trempé comme un canard* bagnato come un pulcino ~ *il fait un froid de canard* fa un freddo cane **3** zolletta *f.* di zucchero imbevuta nel liquore, nel caffè **4** [*fausse note*] stecca* (*f.*): *le clairon a fait un canard* il trombettiere ha fatto una stecca → **couac** **5** (*fam.*) 'canard' *inv.*, notizia *f.* falsa (*cour.*): *lancer des canards* diffondere notizie false, fandonie → **bobard, bruit** ◇ (*par ext.*) [*journal de peu de valeur*] giornalucolo, fogliaccio*.

canardeau |kanaʀdo| *s.m.* [*jeune canard*] anatroccolo.

canarder |kanaʀde| **A** *v.tr.* [*faire feu sur*] sparare *intr.* a, su: *on l'a canardé* gli hanno sparato → **tirer** **B** *v. intr.* [*faire une fausse note*] steccare, fare (103) *tr.* una stecca (stecche): *ce clairon canarde* quella tromba stecca.

canardière |kanaʀdjɛʀ| *s.f.* stagno *m.* delle anatre.

canari |kanaʀi| **1** *s.m.* (*t.zool.*) canarino ◇ (*cour.*) *chant du canari* canto del canarino; *canaris en cage* canarini in gabbia **2** (*adj. inv.*) *une robe jaune canari* un vestito giallo canarino.

canasson |kanasɔ̃| *s.m.* (*pop.*) [(*mauvais*) *cheval, rosse*] ronzino (*cour.*).

canasta |kanasta| *s.f.* (*cartes*) canasta.

1 **cancan** |kɑ̃kɑ̃| *s.m.* [*bavardage empreint de médisance*] pettegolezzo, chiacchiera (*f.*): *dire, colporter des cancans sur qqn.* fare, riferire pettegolezzi su qc. → **potin, ragot.**

2 **cancan** |kɑ̃kɑ̃| *s.m.* (*danse*) 'cancan' *inv.*

cancaner |kɑ̃kane| *v.intr.* [*faire des* (1) *cancans*] (s)pettegolare, far (103) *tr.* pettegolezzi.

cancanier, ière |kɑ̃kanje, jɛʀ| *adj.* [*qui fait, rapporte des* (1) *cancans, des ragots*] pettegolo: *des commères cancanières* delle comari pettegole.

cancer |kɑ̃sɛʀ| *s.m.* **1** (*astron.*) Cancro: *tropique du Cancer* tropico del Cancro **2** (*med.*) cancro: *cancer de la langue, du sein* cancro della lingua, della mammella.

cancéreux, euse |kɑ̃seʀø, øz| *adj.* canceroso ✦ (*s.*) *un cancéreux* un canceroso.
cancérigène |kɑ̃seʀiʒɛn| *adj.* cancerogeno.
cancérisation |kɑ̃seʀizɑsjɔ̃| *s.f.* (*méd.*) cancerizzazione.
cancériser (se) |kɑ̃seʀize| *v. pron. intr.* (*méd.*) [*subir une cancérisation*] cancerizzarsi ✦ (*au p.p.*) *tumeur bénigne cancérisée* tumore benigno cancerizzato.
cancérogène |kɑ̃seʀɔʒɛn| *adj.* → **cancérigène.**
cancérologie |kɑ̃seʀɔlɔʒi| *s.f.* cancerologia*.
cancérologique |kɑ̃seʀɔlɔʒik| *adj.* cancerologico*: *études cancérologiques* studi cancerologici.
cancérologue |kɑ̃seʀɔlɔg| *s.* cancerologo*.
cancérophobie |kɑ̃seʀɔfɔbi| *s.f.* cancrofobia.
cancre |kɑ̃kʀ(ə)| *s.m.* **1** (*fam.*) [*écolier paresseux et nul*] zuccone, scaldabanchi *inv.* **2** (*vx.*) → **miséreux.**
cancrelat |kɑ̃kʀəla| *s.m.* (*t.zool.*) blatta *f.* americana.
cancroïde |kɑ̃kʀɔid| *s.m.* (*vieilli, méd.*) cancroide, epitelioma.
candela |kɑ̃dela| *s.f.* (*phys.*) candela (nuova).
candélabre |kɑ̃delabʀ(ə)| *s.m.* **1** candelabro → **flambeau 2** (*archit.*) candelabra *f.*
candeur |kɑ̃dœʀ| *s.f.* candore (*m.*): *plein de candeur* pieno di candore; *s'amuser de la candeur de qqn.* prendersi gioco del candore di qc. → **ingénuité, naïveté, candide** 🄲 **dissimulation, fourberie, ruse.**
candi |kɑ̃di| *adj. m.* candito: *sucre candi* zucchero candito; *fruit candi* frutto candito.
candidat, ate |kɑ̃dida, at| *s.* candidato: *candidat à un examen* candidato a un esame; *poser une colle à un candidat* porre una domanda difficile a un candidato; *se porter candidat à des élections* presentarsi come candidato, candidarsi alle elezioni → **aspirant, prétendant.**
candidature |kɑ̃didatyʀ| *s.f.* candidatura: *poser sa candidature aux élections* presentare la propria candidatura, candidarsi alle elezioni; *retirer sa candidature* ritirare la propria candidatura.
candide |kɑ̃did| *adj.* candido: *un homme candide* un uomo candido; *âme, cœur candide* anima candida, cuore candido; *air candide* aria candida 🄲 **faux, fourbe, rusé.**
candidement |kɑ̃didmɑ̃| *adv.* [→ CANDIDE] candidamente.
candidose |kɑ̃didoz| *s.f.* (*méd.*) candidosi *inv.*
candiote |kɑ̃djɔt| *adj.* [*de Candie*] candioto, candiotto.
candir (se) |kɑ̃diʀ| *v.pron. intr.* (*techn.*) [*se cristalliser*] cristallizzarsi ✦ (*v.intr.*) *faire candir du sucre* candire (197) *tr.* dello zucchero.
cane |kan| *s.f.* [*femelle du canard*] anatra femmina # *petite cane* anatrella.
canepetière |kanpətjɛʀ| *s.f.* (*t. zool.*) fagianella, otarda minore, gallina prataiola.
canéphore |kanefɔʀ| *s.f.* (*antiq. gr.*) canefora.
caner |kane| *v.intr.* (*fam.*) [*reculer devant le danger ou la difficulté*] calarsi *tr.* le brache (*pop.*) → **céder, flancher.**
caneton |kantɔ̃| *s.m.* [*petit du canard*] anatroccolo.
canette |kanɛt| *s.f.* [*petite cane*] anatrella.
canevas |kanva| *s.m.* **1** (*tissage*) canovaccio*: *broderie sur canevas* ricamo su canovaccio **2** [*donnée première d'un ouvrage*] canovaccio: *travailler sur un bon canevas* lavorare su un buon canovaccio; *improviser sur un canevas* improvvisare su un canovaccio → **ébauche, esquisse, 2 plan 3** (*géol.*) triangolazione (*f.*): *canevas trigonométrique* triangolazione trigonometrica.
caniche |kaniʃ| *s.m.* (*t.zool.*) barbone, barboncino: *tondre un caniche* tosare un barboncino ◇ (*loc. fig.*) *suivre qqn. comme un caniche* seguire qc. come un cagnolino.
caniculaire |kanikylɛʀ| *adj.* canicolare: *chaleurs caniculaires* caldo canicolare → **torride.**
canicule |kanikyl| *s.f.* canicola → **chaleur** 🄲 **froid.**
Canidés |kanide| *s.m. pl.* (*t.zool.*) Canidi.
canif |kanif| *s.m.* [*petit couteau de poche à lames qui se replient dans le manche*] temperino, coltellino ◇ (*loc. fig., fam.*) *donner un coup de canif dans le contrat* (*de mariage*) mettere le corna.
canin, ine |kanɛ̃, in| *adj.* **1** canino: *race, espèce canine* razza canina; *exposition canine* mostra canina **2** (*fig.*) *une faim canine* [*dévorante*] una fame canina, da lupi **3** (*vx.*) → **canine.**
canine |kanin| *s.f.* (*anat.*) canino (*m.*): *canines des carnivores* canini dei carnivori # *canines du sanglier* zanne del cinghiale.
canitie |kanisi| *s.f.* (*méd.*) canizie (*inv.*): *canitie précoce* canizie precoce.
caniveau |kanivo| *s.m.* **1** [*pierre creusée en rigole pour faire écouler l'eau*] basto rovescio* **2** [*bordure pavée d'une rue le long d'un trottoir*] cunetta *f.*; canaletto di scolo.
canna |kana| *s.m.* → **balisier.**
Cannabinacées |kanabinase| *s.f. pl.* (*t.bot.*) Cannabacee.
cannabis |kanabis| *s.m.* canapa *f.* indiana, hashish → **haschisch.**
cannabisme |kanabism(ə)| *s.m.* (*méd.*) cannabismo.
cannage |kanaʒ| *s.m.* [→ CANNER] impagliatura *f.*
canne |kan| *s.f.* **1** canna: *canne à sucre* canna da zucchero; *sucre de canne* zucchero di canna **2** [*objet façonné* (*bâton, roseau*) *sur lequel on appuie la main en marchant*] canna, bastone *m.* (da passeggio): *canne blanche d'aveugle* bastone bianco dei ciechi; *se promener la canne à la main* passeggiare con la canna in mano ◇ (*par ext.*) *les cannes blanches* i ciechi *m.* ◇ (*loc. fam.*) *il a l'air d'avoir avalé sa canne* se ne sta rigido come un palo (*cour.*), ha un'aria di sussiego (*cour.*) **3** *canne à pêche* canna da pesca.
canné, ée |kane| *adj.* [*siège dont le fond est garni de brins de jonc, de rotin entrelacés*] impagliato: *chaise cannée* sedia impagliata.
cannelé, ée |kanle| *adj.* [*qui présente des cannelures*] scanalato: *colonne cannelée* colonna scanalata 🄲 **lisse 1.**
canneler |kanle| (4) *v.tr.* [*garnir de cannelures*] scanalare.
1 **cannelle** |kanɛl| *s.f.* [*substance aromatique*] cannella.
2 **cannelle** |kanɛl| *s.f.* (*techn.*) cannella: *cannelle d'une cuve, d'un tonneau* cannella di un tino, di una botte.
cannelloni |kane(ɛl)lɔni| *s.m. pl.* (*cuis.*) cannelloni.
cannelure |kanlyʀ| *s.f.* **1** [*sillon longitudinal creusé dans du bois, de la pierre, du métal*] scanalatura: *les cannelures d'une colonne, d'un vase* le scanalature di una colonna, di un vaso → **moulure, rainure 2** [*strie qui parcourt la tige de certaines plantes*] stria, costa: *les cannelures du céleri* le strie, le coste del sedano **3** (*techn.*) *cannelure de poulie* gola di puleggia; *cannelure d'une vis* passo *m.* di una vite → **2 gorge 4** (*géogr.*) *cannelures glaciaires* striature glaciali.
canner |kane| *v.tr.* [*garnir le fond, le dossier* (*d'un siège*) *avec des tiges de jonc, de rotin entrelacées*] impagliare → **rempailler.**
can(n)etage |kantaʒ| *s.m.* (*tissage*) spolatura *f.*
cannetille |kantij| *s.f.* (*tissage*) canutiglia.
can(n)ette |kanɛt| *s.f.* **1** [*bobine recevant le fil de trame*] spola, spoletta: *canette de machine à coudre* spola di macchina da cucire **2** [*petite bouteille de bière; son contenu*] bottiglietta (di birra).
cannibale |kanibal| *s.m.* cannibale ◇ (*fig.*) *c'est un cannibale* [*un homme cruel*] è un cannibale.
cannibalesque |kannibalɛsk(ə)| *adj.* cannibalesco* ◇ (*fig.*) *cruauté cannibalesque* crudeltà cannibalesca.
cannibalisme |kanibalism(ə)| *s.m.* cannibalismo ◇ (*fig.*) cannibalismo, ferocia* → **cruauté, férocité.**
can(n)isse |kanis| *s.f.* (*région.*) [*canne de Provence longue et flexible*] cannuccia*; incannucciata.
canoë |kanɔe| *s.m.* canoa (*f.*): *faire du canoë* andare in canoa; praticare lo sport della canoa → **pirogue.**
canoéisme |kanɔeism(ə)| *s.m.* sport *inv.* della canoa.
canoéiste |kanɔeist(ə)| *s.* canoista.
1 **canon** |kanɔ̃| *s.m.* **1** cannone: *canon antiaérien* cannone antiaereo; *canon antichar* cannone anticarro → **2 mortier, obusier;** *portée d'un canon* gittata di un cannone; *projectiles de canon* proiettili di cannone ◇ (*loc. fam.*) *chair à canon* carne da macello, da cannone **2** [*tube d'une arme à feu*] canna (*f.*): *canon d'un fusil, d'une carabine, d'un revolver* canna di un fucile, di una carabina, di una rivoltella; *baïonnette au canon* baionetta in canna.
2 **canon** |kanɔ̃| *s.m.* [*au XVIIe s., pièce de toile ornée de dentelle, de ruban qu'on attachait au-dessous du genou*] gala *f.*
3 **canon** |kanɔ̃| *s.m.* **1** (*théol.*) canone: *les canons du Concile Vatican* i canoni del Concilio Vaticano ✦ *adj.* canonico*: *droit canon* diritto canonico **2** (*écriture sainte*) *canon de l'Ancien, du Nouveau Testament* canone del Vecchio, del Nuovo Testamento **3** *canon de la messe* canone della messa **4** [*règles pour déterminer les proportions idéales*] canone: *le canon de la beauté* il canone della bellezza.
4 **canon** |kanɔ̃| *s.m.* (*mus.*) canone:

canon à deux voix canone a due voci; *canon et fugue* canone e fuga.
5 **canon** |kanɔ̃| *s.m.* **1** (*pop.*) [*verre de vin*] bicchiere (di vino) (*cour.*): *boire un canon* bere un bicchiere **2** (*techn.*) *le canon d'une seringue* il corpo di una siringa **3** (*zool.*) stinco* (di un cavallo).
cañon |kaɲɔ̃| *s.m.* cañon (*inv.*): *les cañons du Colorado* i cañon del Colorado ◇ (*océanographie*) depressione *f.* marina, oceanica*.
canonial, ale, aux |kanɔnjal, o| *adj.* **1** [*qui est réglé par les* (3) *canons; conforme à la règle*] canonico*: *heures canoniales* ore canoniche **2** [*qui a rapport au canonicat*] canonico: *office canonial* ufficio canonico.
canonicat |kanɔnika| *s.m.* canonicato.
canonicité |kanɔnisite| *s.f.* canonicità *inv.*
canonique |kanɔnik| *adj.* **1** canonico*: *peines canoniques* pene canoniche; *livres canoniques* libri canonici; *droit canonique* diritto canonico **2** *âge canonique* età canonica ◇ (*loc. fig.*) *être d'un âge canonique* [*respectable*] avere un'età rispettabile, aver raggiunto l'età canonica **3** canonico: *forme canonique et variantes* forma canonica e varianti → **normatif** ♦ (*s.f.*) *la canonique* i canoni (*m. pl.*): *la canonique de la critique* i canoni della critica.
canoniquement |kanɔnikmɑ̃| *adv.* [*conformément aux* (3) *canons*] canonicamente; secondo i sacri canoni *loc. inv.*
canonisable |kanɔnizabl(ə)| *adj.* [→ CANONISER] canonizzabile.
canonisation |kanɔnizɑsjɔ̃| *s.f.* [→ CANONISER] canonizzazione: *procès de canonisation* processo di canonizzazione.
canoniser |kanɔnize| *v.tr.* [*mettre au nombre des saints suivant les règles et les cérémonies prescrites par l'Église*] canonizzare.
canoniste |kanɔnist(ə)| *s.m.* canonista.
canonnade |kanɔnade| *s.f.* [*tir soutenu d'un ou plusieurs canons*] cannoneggiamento *m.*
canonnage |kanɔnaʒ| *s.m.* [*art du canonnier; le fait de canonner*] cannoneggiamento, il cannoneggiare *inv.*
canonner |kanɔne| *v.tr.* [*tirer au canon sur* (*un objectif*)] cannoneggiare: *canonner une position ennemie* cannoneggiare una postazione nemica → **bombarder.**
canonnier |kanɔnje| *s.m.* cannoniere → **artilleur.**
canonnière |kanɔnjɛʀ| *s.f.* **1** (*mar.*) cannoniera ♦ (*adj.*) *chaloupe canonnière* scialuppa cannoniera **2** (*vx.*) → **meurtrière.**
canot |kano| *s.m.* canotto: *canot de sauvetage* canotto di salvataggio; *canot pneumatique* canotto pneumatico, gommone → **barque, chaloupe** # *canot automobile* motoscafo → 1 **vedette.**
canotage |kanɔtaʒ| *s.m.* canottaggio*.
canoter |kanɔte| *v.intr.* [*aller se promener en canot, en barque*] andare (101) (*aux.* essere) in barca; praticare *tr.* il canottaggio → 1 **ramer.**
canoteur |kanɔtœʀ| *s.m.* [*celui qui canote*] canottiere.
canotier |kanɔtje| *s.m.* **1** [*rameur, sur une embarcation*] canottiere **2** [*chapeau*] paglietta *f.*
cantabile |kɑ̃tabile| *s.m.* (*mus.*) cantabile ♦ (*adj.*) *moderato cantabile* moderato cantabile ♦ (*adv.*) *jouer cantabile* suonare in modo cantabile *loc. inv.*
cantal, als |kɑ̃tal| *s.m.* [*fromage fabriqué dans le Cantal, avec du lait de vache et de chèvre*] ⊠.
cantaloup |kɑ̃talu| *s.m.* → **melon.**
cantate |kɑ̃tat| *s.f.* (*mus.*) cantata: *les cantates de Bach* le cantate di Bach.
cantatrice |kɑ̃tatʀis| *s.f.* cantante (lirica*): *grande, célèbre cantatrice* grande, celebre cantante (lirica).
canter |kɑ̃tœʀ| *s.m.* (*angl.*) (*turf*) canter *inv.*
canthare |kɑ̃taʀ| *s.m.* (*archéol.*) cantaro.
canthare |kɑ̃taʀ|, **canthère** |kɑ̃tɛʀ| *s.m.* (*t.zool.*) cantaro.
cantharide |kɑ̃taʀid| *s.f.* (*t.zool.*) cantaride: *poudre de cantharide* cantaride.
cantilène |kɑ̃tilɛn| *s.f.* **1** (*mus.*) cantilena → **chanson** **2** (*littér.*) cantilena: *la cantilène de sainte Eulalie* la cantilena di Sant'Eulalia → **complainte** **3** [*chant monotone, mélancolique*] nenia, cantilena.
cantilever |kɑ̃tilevœʀ| *adj.* (*angl.*) *pont cantilever* ponte a cantilever; *suspension cantilever* sospensione a cantilever ♦ (*s.m.*) *aile d'avion en cantilever* ala d'aereo a sbalzo.
cantine |kɑ̃tin| *s.f.* **1** [*établissement où l'on sert à manger, à boire aux personnes d'une collectivité*] mensa: *cantine d'une école, d'une usine, d'un chantier* mensa di una scuola, di una fabbrica, di un cantiere → **buvette, popote** (*fam.*) **2** (*par ext.*) [*coffre de voyage, malle rudimentaire en bois, en métal*] baule *m.*, cassa # *cantine d'un officier* cassetta d'ordinanza di un ufficiale.
cantiner |kɑ̃tine| *v.intr.* [*acheter* (*des vivres, etc.*) *à la cantine d'une prison*] comp(e)rare *tr.* (viveri, ecc.) allo spaccio di una prigione.
cantinière |kɑ̃tinjɛʀ| *s.f.* (*ancienn.*) [*gérante d'une cantine milit.*] vivandiera: *la cantinière du régiment* la vivandiera del reggimento.
cantique |kɑ̃tik| *s.m.* cantico*: '*le Cantique des Cantiques*' 'il Cantico dei Cantici'.
canton |kɑ̃tɔ̃| *s.m.* **1** *canton de route, de voie ferrée* cantone di strada, di ferrovia **2** [*chacun des États composant la Confédération Helvétique*] cantone: *le canton de Berne* il cantone di Berna **3** (*en France*) [*division territoriale de l'arrondissement*] distretto, cantone: *chef-lieu de canton* capoluogo di distretto.
cantonade |kɑ̃tɔnad| *s.f.* (*théât.*) quinte *pl.* ◇ (*loc.*) *parler à la cantonade*: (*pr.*) parlare dalle quinte; (*fig.*) parlare senza rivolgersi a nessuno in particolare.
cantonal, ale, aux |kɑ̃tɔnal, o| *adj.* cantonale: *les autorités, les lois cantonales* le autorità, le leggi cantonali; *délégué cantonal* delegato cantonale; *élections cantonales* elezioni cantonali.
cantonnement |kɑ̃tɔnmɑ̃| *s.m.* **1** [→ CANTONNER A 1] accantonamento → **bivouac, campement** # *prendre ses cantonnements* accantonarsi, acquartierarsi **2** (*ch. de fer*) delimitazione *f.*, divisione *f.* in sezioni, cantoni **3** (*Eaux et For.*) delimitazione di confini **4** (*dr.*) limitazione *f.*, riduzione *f.* del sequestro (ad una parte della cosa sequestrata).
cantonner |kɑ̃tɔne| **A** *v.tr.* **1** [*établir, faire séjourner* (*des troupes*) *en un lieu déterminé*] accantonare → **camper** **2** (*fig.*) *cantonner qqn.* [*le tenir isolé dans certaines limites*] relegare qc.: *on l'a cantonné dans son bureau* lo hanno relegato nel suo ufficio **B** *v. intr.* [*prendre ses quartiers*] essere (96) (*aux.* essere) acquartierato, accantonato: *l'armée cantonnait sur le fleuve* l'esercito era acquartierato sul fiume **C** *v.pron. réfl.* SE CANTONNER **1** [*se retirer dans un lieu où l'on estime être en sûreté*] chiudersi (106), rifugiarsi: *il se cantonne chez lui* si chiude, si rifugia in casa **2** (*fig.*) *se cantonner dans ses études, dans ses recherches* dedicarsi solo ai propri studi, alle proprie ricerche; *il s'est cantonné dans son travail* si dedica solo, pensa solo al suo lavoro; *je me cantonne dans l'explication de ce fait* mi limito alla spiegazione dei fatti → **borner (se).**
cantonnier, ière |kɑ̃tɔnje, jɛʀ| **1** *s.m.* cantoniere **2** *adj.* cantoniere: *maison cantonnière* casa cantoniera.
cantonnière |kɑ̃tɔnjɛʀ| *s.f.* [*bande qui garnit, encadre une fenêtre, une porte*] mantovana.
canulant, ante |kanylɑ̃, ɑ̃t| *adj.* (*pop.*) [*ennuyeux*] scocciante (*fam.*).
canular |kanylaʀ| *s.m.* (*fam.*) [*blague, farce, fausse nouvelle*] scherzo (*cour.*), burla *f.* (*cour.*).
canularesque |kanylaʀɛsk(ə)| *adj.* (*fam.*) [*qui tient du canular*] burlesco* (*cour.*): *une information canularesque* un'informazione burlesca, data per fare uno scherzo; *une histoire canularesque* una storia burlesca.
canule |kanyl| *s.f.* (*méd.*) cannula.
canuler |kanyle| *v.tr.* (*pop.*) [*ennuyer, importuner*] scocciare (*fam.*), stufare (*fam.*) → **fatiguer.**
canut, use |kany, yz| *s.* [*personne qui travaille dans les industries de la soie à Lyon*] ⊠.
canzone |kantsɔne, kɑ̃dzɔn| *s.f.* (*versif.*) canzone: *les canzones de Pétrarque* le canzoni del Petrarca.
caoutchouc |kautʃu| *s.m.* **1** gomma *f.*, caucciù (*inv.*): *production, industrie du caoutchouc* produzione, industria della gomma; *arbres à caoutchouc* alberi della gomma; *caoutchouc naturel, de plantation* caucciù, gomma naturale, di piantagione → **gomme** # *caoutchouc mousse* gommapiuma **2** *un caoutchouc* [*un vêtement caoutchouté*] un indumento impermeabile, gommato → **impérmeable** ◇ *au plur.* [*chaussures en caoutchouc*] calosce *f.*, galosce *f.*
caoutchouter |kautʃute| *v.tr.* [*enduire de caoutchouc*] gommare, impermeabilizzare: *tissu caoutchouté* tessuto impermeabilizzato, gommato.
caoutchouteux, euse |kautʃutø, øz| *adj.* [*qui a la consistance du caoutchouc*] gommoso: *des champignons trop cuits, caoutchouteux* dei funghi troppo cotti, gommosi.
1 **cap** |kap| *s.m.* (*dans la loc.*) *de pied en cap* dalla testa ai piedi.
2 **cap** |kap| *s.m.* **1** (*géogr.*) capo: *le cap de Bonne Espérance* il capo di

Buona Speranza; *doubler un cap* doppiare un capo → **pointe, promontoire** ◇ *loc. fig.* FRANCHIR, DÉPASSER LE CAP DE superare, varcare: *ils ont déjà franchi, dépassé le cap de la soixantaine* hanno già superato, varcato la sessantina, il traguardo della sessantina; *cette entreprise a dépassé le cap de dix mille employés* questa ditta ha superato il traguardo dei diecimila dipendenti **2** [*direction d'un navire*] rotta (*f.*): *mettre le cap sur* fare rotta verso; *changer de cap* cambiare rotta.

capable |kapabl(ə)| *adj.* capace: *capable d'un acte héroïque* capace di un atto eroico; *capable de tout* capace di tutto ◇ *loc.* CAPABLE DE (+ *inf.*) capace, in grado di (+ *inf.*): *il est capable de réussir* è capace, è in grado di riuscire → **apte, 1 propre** ◇ (*sans compl.*) *c'est un ouvrier très capable* è un operaio molto capace → **adroit, compétent, habile** ◇ (*dr.*) *capable d'ester en justice* capace di stare in giudizio ⒸC **incapable, inapte, incompétent.**

capacitance |kapasitɑ̃s| *s.f.* (*électr.*) capacitanza, capacità *inv.*

capacité |kapasite| *s.f.* **1** capacità *inv.*, capienza: *la capacité d'un récipient* la capacità, la capienza di un recipiente; *récipient d'une grande capacité* recipiente di grande capienza; *mesure de capacité* misura di capacità → **contenance, mesure, 1 volume** **2** [*puissance, pouvoir de faire qqch.*] capacità: *capacité productrice d'une société* capacità produttiva di una società → **aptitude, 1 force** ◇ (*sc.*) *capacité calorifique* capacità termica; *capacité de saturation* capacità di saturazione; *capacité d'un accumulateur* capacità di un accumulatore **3** [*aptitude d'une personne dans tel ou tel domaine*] capacità: *il a une grande capacité professionnelle* ha una grande capacità, competenza professionale; *capacités intellectuelles* capacità intellettuali → **compétence, 1 faculté** **4** (*dr.*) [*aptitude légale*] capacità (giuridica*): *capacité d'exercice* capacità di agire; *capacité de contracter* capacità contrattuale # *capacité d'ester en justice* legittimazione processuale **5** *capacité en droit* [*diplôme délivré aux étudiants en droit non bacheliers* (*deux ans d'études*)] ⊠.

caparaçon |kapaRasɔ̃| *s.m.* [*armure ou harnais d'ornement dont on équipait les chevaux*] gualdrappa *f.*

caparaçonner |kapaRasɔne| *v.tr.* [*revêtir, couvrir d'un caparaçon*] ingualdrappare.

cape |kap| *s.f.* **1** cappa; mantello (*m.*): *la cape des mousquetaires* la cappa dei moschettieri; *roman de cape et d'épée* romanzo di cappa e spada → **houppelande, pèlerine** ‖ *cape d'agent de police* mantello da vigile **2** (*loc.*) *rire sous cape* ridere sotto i baffi → **dérobée (à la).**

capelage |kaplaʒ| *s.m.* (*mar.*) incappellaggio*.

capelan |kaplɑ̃| *s.m.* (*t.zool.*) mormoro cappellano.

capeler |kaple| (4) *v.tr.* (*mar.*) [*entourer d'une boucle de cordage, d'une bague*] incappellare: *capeler une vergue avec une estrope* incappellare un pennone con uno stroppo.

capeline |kaplin| *s.f.* cappellina.

capésien, ienne |kapes(z)jɛ̃, jɛn| *s.* (*arg. universitaire*) [*étudiant qui prépare le C.A.P.E.S.*] ⊠.

capétien, ienne |kapesjɛ̃, jɛn| *adj.* (*hist. fr.*) capetingio* ✦ *s.* (*hist.*) *les Capétiens* i Capetingi.

capharnaüm |kafaRnaɔm| *s.m.* (*fam.*) cafarnao *sing.*, babele *f.* (*cour.*): *la boutique de ce brocanteur est un capharnaüm* il negozio di quel rigattiere è una vera babele → **bric-à-brac.**

1 **capillaire** |kapil(l)ɛR| *adj.* **1** (*anat.*) capillare: *veines, vaisseaux capillaires* vene, vasi capillari ◇ (*bot.*) *racines capillaires* radici capillari ◇ (*phys.*) *tube capillaire* tubo capillare # *phénomènes capillaires* fenomeni di capillarità ✦ *s.m.* (*anat.*) *les capillaires* i capillari: *inflammation des capillaires* infiammazione dei capillari; *examen des capillaires* esame dei capillari **2** (*fig.*) *une diffusion capillaire* una diffusione capillare **3** [*relatif au cheveux, à la chevelure*] *lotion capillaire* lozione per capelli *loc.*; *art capillaire* arte dell'acconciatura *loc.*; *artiste capillaire* artista del capello *loc.*

2 **capillaire** |kapil(l)ɛR| *s.m.* (*t.bot.*) capelvenere.

capillarité |kapil(l)aRite| *s.f.* capillarità *inv.*

capilliculture |kapil(l)ikyltyR| *s.f.* cura dei capelli.

capilotade |kapilɔtad| *s.f.* *dans la loc.* EN CAPILOTADE [*en piteux état, en miettes*] a pezzi: *avoir le dos en capilotade* avere la schiena a pezzi; *mettre en capilotade* ridurre a pezzi, in poltiglia.

capiston |kapistɔ̃| *s.m.* (*arg. milit.*) → **capitaine.**

capitaine |kapitɛn| *s.m.* **1** (*littér.*) [*chef milit.*] condottiere, duce: *les grands capitaines de l'antiquité* i grandi condottieri, duci dell'antichità **2** (*milit.*) capitano: *mon capitaine* signor capitano **3** (*mar.*) *capitaine au long cours* capitano di lungo corso; *capitaine de la marine marchande*, *capitaine marchand* capitano mercantile; *capitaine de corvette, de frégate, de vaisseau* capitano di corvetta, di fregata, di vascello **4** (*sport*) *capitaine d'une équipe de football, de rugby* capitano di una squadra di calcio, di rugby **5** (*souvent péj.*) *capitaine d'industrie* capitano d'industria.

capitainerie |kapitɛnRi| *s.f.* **1** (*vx.*) [*charge de capitaine*] capitaneria **2** (*mar.*) *capitainerie du port* capitaneria di porto.

capital, ale, aux |kapital, o| *adj.* **1** capitale: *cela est d'un intérêt capital, d'une importance capitale* la cosa è di capitale interesse, di fondamentale importanza → **fondamental, primordial, principal** ◇ (*théol.*) *les sept péchés capitaux* i sette peccati capitali **2** *peine capitale* pena capitale, pena di morte ⒸC 1 **accessoire 1, secondaire.**

capital, aux |kapital, o| *s.m.* **1** capitale: *capital social* capitale sociale; *capital en nature* capitale in natura; *augmentation de capital* aumento di capitale; *le capital d'une société* il capitale di una società; *engager, investir un capital dans une affaire* impegnare, investire un capitale in un affare ◇ (*loc.*) *avoir un joli capital* avere un bel gruzzolo → **fortune** **2** *surtout au plur.* (*écon.*) *circulation, fuite des capitaux* circolazione, fuga dei capitali; *les capitaux se font rares* i capitali scarseggiano.

capitale |kapital| *s.f.* **1** capitale: *Rome, capitale d'Italie* Roma, capitale d'Italia **2** [*grande lettre*] maiuscola, lettera capitale # *grande capitale* maiuscola; *petite capitale* maiuscoletto.

capitalisable |kapitalizabl(ə)| *adj.* [→ CAPITALISER A] capitalizzabile: *intérêts capitalisables* interessi capitalizzabili.

capitalisation |kapitalizɑsjɔ̃| *s.f.* [→ CAPITALISER] capitalizzazione: *taux de capitalisation* tasso di capitalizzazione.

capitaliser |kapitalize| **A** *v.tr.* [*transformer en capital*] capitalizzare: *capitaliser des intérêts* capitalizzare degli interessi **B** *v.intr.* [*amasser de l'argent*] accumulare *tr.* denaro, tesaurizzare: *son principal souci est de capitaliser* la sua principale preoccupazione è quella di accumulare denaro.

capitalisme |kapitalism(ə)| *s.m.* capitalismo: *capitalisme libéral* capitalismo liberale; *capitalisme d'État* capitalismo di Stato ⒸC **communisme, socialisme.**

capitaliste |kapitalist(ə)| **1** *s.* capitalista ◇ (*fam.*) [*personne riche*] capitalista # *un gros capitaliste* un riccone **2** *adj.* capitalista, capitalistico*: *doctrine capitaliste* dottrina capitalista; *économie capitaliste* economia capitalista; *société capitaliste* società capitalista ⒸC 2 **prolétaire, communiste.**

capitan |kapitɑ̃| *s.m.* (*vieilli*) [*personnage ridicule, d'une bravoure affectée*] smargiasso (*cour.*), gradasso (*cour.*) → **fanfaron.**

capitane |kapitan| *s.f.* capitana ✦ (*adj.*) *galère capitane* galea capitana.

capité, ée |kapite| *adj.* (*bot.*) capocchiato.

capiteux, euse |kapitø, øz| *adj.* [*qui monte à la tête, qui échauffe les sens*] inebriante, che dà alla testa (*loc.*): *parfum capiteux* profumo inebriante; *vin capiteux* vino che dà alla testa → **enivrant, excitant.**

capitolin, ine |kapitɔlɛ̃, in| *adj.* capitolino.

capiton |kapitɔ̃| *s.m.* borra *f.* di seta, capitone.

capitonnage |kapitɔnaʒ| *s.m.* [→ CAPITONNER] imbottitura (*f.*): *un capitonnage épais* una spessa imbottitura.

capitonner |kapitɔne| *v.tr.* [*rembourrer* (*un siège*) *en piquant d'espace en espace*] imbottire (197) ✦ (*au p.p.*) *fauteuil capitonné* poltrona imbottita; *cercueil capitonné* bara imbottita.

capitulaire |kapitylɛR| **I** *adj.* **1** (*relig.*) capitolare: *salle capitulaire d'un monastère* sala capitolare di un monastero **2** *lettre capitulaire* lettera capitolare **II** *s.m.* (*hist.*) capitolare: *un capitulaire de Charlemagne* un capitolare di Carlomagno.

capitulairement |kapitylɛRmɑ̃| *adv.* [*en chapitre religieux*] collegialmente: *décision prise capitulairement* decisione presa collegialmente.

capitulard, arde |kapitylaR, aRd(ə)| *adj. et s.* (*péj.*) [*personne préconisant la capitulation; homme lâche qui se dérobe*] vigliacco*.

capitulation |kapitylɑsjɔ̃| *s.f.* **1** [→ CAPITULER 1] capitolazione: *capitulation honorable, honteuse* capitolazione onorevole, vergognosa; *capitula-*

tion en rase campagne capitolazione in aperta campagna; *capitulazions sans conditions* capitolazione incondizionata → **reddition**; *négocier, signer une capitulation* negoziare, firmare la capitolazione **2** (*fig.*) [*abandon d'une position que l'on soutenait*] capitolazione, resa **3** (*dr. internat.*) capitolazione ◇ (*hist.*) capitolazione [C] **résistance.**

capitule |kapityl| *s.m.* (*bot.*) capolino.

capituler |kapityle| *v.intr.* **1** [*se rendre à un ennemi par un pacte*] capitolare: *capituler avec les honneurs de la guerre* capitolare con gli onori delle armi → **rendre (se) 2** (*fig.*) [*abandonner sa position*] cedere, arrendersi (105) *pron.* [C] **résister, tenir.**

capoc |kapɔk| *s.m.* → **kapok.**

capon, onne |kapɔ̃, ɔn| *adj. et s.* → **peureux.**

caporal, aux |kapɔRal, o| *s.m* **1** (*milit.*) caporale: *caporal d'ordinaire* caporale di cucina # *caporal-chef* caporalmaggiore; *des caporaux-chefs* dei caporalmaggiori **2** [*tabac juste supérieur au tabac de troupe*] trinciato.

caporalisme |kapɔRalism(ə)| *s.m.* caporalismo.

1 **capot** |kapo| *s.m.* **1** (*mar.*) cappa *f.* # *capot d'échelle* tambucio **2** [*couverture métallique protégeant un moteur*] cofano: *capot d'automobile* cofano di automobile; *regarder sous le capot, ouvrir le capot* guardare sotto il cofano, aprire il cofano.

2 **capot** |kapo| *adj. inv.* (*cartes*) *être capot* subire un cappotto (*s.m. var.*): *elles sont capot* hanno subito un cappotto.

capotage |kapɔtaʒ| *s.m.* [*retournement sens dessus dessous d'un véhicule*] ribaltamento, cappottamento.

capote |kapɔt| *s.f.* **1** [*manteau milit.*] cappotto *m.* (militare): *la capote kaki de l'infanterie* il cappotto cachi della fanteria **2** [*couverture mobile d'un carrosse*] mantice *m.*, 'capote' *inv.* → **soufflet** ◇ [*d'une voiture automobile*] cappotta, 'capote': *abaisser, relever, tendre la capote d'un cabriolet* abbassare, alzare, tendere la cappotta, la 'capote' di una spider **3** [*chapeau de femme en étoffe plissée ou piquée*] cappotta **4** (*vulg.*) *capote anglaise* preservativo *m.* (*cour.*).

1 **capoter** |kapɔte| *v.tr.* [*garnir d'une capote; fermer la capote*] dotare di una cappotta; alzare la cappotta.

2 **capoter** |kapɔte| *v.intr.* [*être renversé* (*navire*); *culbuter, se retourner* (*véhicule*)] capovolgersi (196) *pron.*, ca(p)pottare: *navire, avion, voiture qui capote* nave, aereo, macchina che si capovolge, cappotta.

capouan, ane |kapwɑ̃, an| *adj.* [*de Capoue*] capuano.

câpre |kɑpR(ə)| *s.m.* [*bouton à fleur du câprier*] cappero: *sauce aux câpres* salsa ai capperi.

capricant, ante |kapRikɑ̃, ɑ̃t| *adj.* [*inégal, saccadé, sautillant*] *allure capricante* andatura saltellante; *pouls capricant* polso irregolare.

capriccio |kapRitʃo, kapRisjo| *s.m.* (*mus.*) capriccio*: *capriccio espagnol* capriccio spagnolo.

caprice |kapRis| *s.m.* **1** capriccio*: *suivre son caprice* seguire il proprio capriccio; *faire des caprices* fare i capricci; *passer à un enfant gâté tous ses caprices* assecondare tutti i capricci di un bambino viziato → **désir, lubie 2** [*amour passager*] capriccio, infatuazione *f.* → **béguin, toquade** (*fam.*) **3** *au plur.* (*choses*) [*changements imprévisibles et fréquents*] capricci: *les caprices de la mode, de la fortune* i capricci della moda, della sorte.

capricieusement |kapRisjøzmɑ̃| *adv.* [→ CAPRICIEUX] capricciosamente: *agir capricieusement* agire capricciosamente.

capricieux, ieuse |kapRisjø, jøz| *adj.* **1** (*personnes*) capriccioso: *enfant capricieux* bambino capriccioso; *humeur capricieuse* umore capriccioso → **fantasque, instable** ◆ (*s.*) *un capricieux* un capriccioso **2** (*choses*) capriccioso: *mode capricieuse* moda capricciosa; *un vent capricieux* un vento capriccioso [C] 1 **sage.**

capricorne |kapRikɔRn(ə)| *s.m.* **1** (*astron.*) Capricorno: *tropique du Capricorne* tropico del Capricorno **2** (*t. zool.*) capricorno.

câprier |kɑpRije| *s.m.* (*t.bot.*) cappero.

caprification |kaprifikɑsjɔ̃| *s.f.* (*agric.*) caprificazione.

Caprifoliacées |kapRifɔljase| *s.f. pl.* (*t.bot.*) Caprifogliacee.

caprin, ine |kapRɛ̃, in| *adj.* caprino: *espèces caprines* specie caprine.

Caprinés |kapRine| *s.m. pl.* (*t.zool.*) Caprini.

capriote |kapRijɔt| *adj.* [*de Capri*] caprese.

caprylique |kapRilik| *adj.* (*chim.*) caprilico*.

capron, caperon |kapRɔ̃| *s.m.* (*t.bot.*) fragolone.

capsulage |kapsylaʒ| *s.m.* (*techn.*) incapsulamento: *capsulage à la machine* incapsulamento a macchina.

capsulaire |kapsylɛR| *adj.* (*anat., bot.*) capsulare.

capsulateur |kapsylatœR| *s.m.*, **capsuleuse** |kapsyløz| *s.f.* (*techn.*) capsulatrice *f.*

capsule |kapsyl| *s.f.* **1** (*anat.*) capsula: *capsule synoviale* capsula sinoviale; *capsules surrénales* capsule surrenali ◇ (*bot.*) *capsule de pavot, de tulipe* capsula di papavero, di tulipano **2** (*armes à feu*) capsula: *capsule fulminante* capsula fulminante **3** (*techn., cour.*) *capsule de bouteille* capsula di bottiglia **4** (*pharm.*) capsula → **cachet 5** (*astronautique*) *capsule* (*spatiale*) capsula, veicolo *m.* spaziale: *capsule biplace* capsula spaziale biposto; *larguer une capsule* lanciare un veicolo spaziale.

capsuler |kapsyle| *v.tr.* (*techn.*) [*coiffer d'une capsule*] incapsulare: *capsuler une bouteille* incapsulare una bottiglia.

captage |kaptaʒ| *s.m.* (*techn.*) captazione *f.*

captatif, ive |kaptatif, iv| *adj.* (*psycho.*) captativo → **possessif.**

captation |kaptɑsjɔ̃| *s.f.* (*dr.*) captazione.

captativité |kaptativite| *s.f.* (*psycho.*) captatività *inv.* → **possessivité.**

capter |kapte| *v.tr.* **1** [*chercher à obtenir, à gagner par artifice*] captare: *capter la confiance de qqn.* captare la fiducia di qc.; *capter l'attention* captare, attirare l'attenzione **2** *capter une source, l'eau d'une rivière* [*amener l'eau à un point déterminant*] captare le acque di una sorgente, di un fiume **3** *capter un message, une émission de radio* [*intercepter, recevoir*] captare un messaggio, una trasmissione.

capteur |kaptœR| *s.m.* (*sc., techn.*) sensore.

captieusement |kapsjøzmɑ̃| *adv.* [→ CAPTIEUX] capziosamente.

captieux, euse |kapsjø, øz| *adj.* capzioso: *raisonnement, discours captieux* ragionamento, discorso capzioso → **fallacieux, spécieux** [C] **correct, vrai.**

captif, ive |kaptif, iv| *adj.* **1** (*littér.*) [*qui a été fait prisonnier au cours d'une guerre*] schiavo (*cour.*), captivo (*raro*): *un peuple captif* un popolo schiavo, ridotto in cattività → **prisonnier**; *une ville captive* una città schiava ◆ (*s.*) *captifs réduits en esclavage* prigionieri (*cour.*), ridotti in schiavitù **2** (*aviat., milit.*) *ballon captif* [*retenu par un câble*] pallone frenato **3** (*littér.*) [*soumis à une contrainte*] schiavo: *être captif de ses passions* essere schiavo delle proprie passioni → **esclave** [C] **libre.**

captivant, ante |kaptivɑ̃, ɑ̃t| *adj.* [*qui captive*] avvincente, affascinante: *un film captivant* un film avvincente → **passionnant** [C] **ennuyeux.**

captiver |kaptive| **A** *v.tr.* [*attirer et fixer* (*l'attention*); *retenir en séduisant*] avvincere (193), affascinare: *votre récit me captive* il vostro racconto mi avvince, mi affascina; *il était si captivé par cette femme* era così affascinato da quella donna → **charmer, passionner, séduire** # *captiver l'attention* trattenere, attirare l'attenzione **B** *v.pron. intr.* SE CAPTIVER [→ *tr.*] appassionarsi: *se captiver à une lecture, à un sport* appassionarsi a una lettura, a uno sport.

captivité |kaptivite| *s.f.* cattività *inv.*, prigionia: *durant sa captivité* durante la prigionia; *retour de captivité* ritorno dalla prigionia; *vivre en captivité* vivere in cattività, in prigionia → **emprisonnement** [C] **liberté.**

capture |kaptyR| *s.f.* [→ CAPTURER] cattura: *la capture d'un criminel* la cattura di un criminale; *la capture d'un navire* la cattura di una nave → **arrestation, 1 prise, saisie** ◇ [*ce qui est pris*] preda, bottino (*m.*): *une belle capture* una bella preda, un bel bottino.

capturer |kaptyRe| *v.tr.* [*s'emparer de* (*un être vivant*)] catturare: *capturer un malfaiteur* catturare un malfattore; *capturer un animal féroce* catturare una bestia feroce → **arrêter, 1 prendre** ◇ (*par ext.*) *capturer un navire* catturare, sequestrare una nave [C] **lâcher 1, libérer.**

capuce |kapys| *s.m.* [*capuchon taillé en pointe des capucins*] cappuccio*.

capuche |kapyʃ| *s.f.* [*petit capuchon* (*de poche, amovible*)] cappuccio* *m.*

capuchon |kapyʃɔ̃| *s.m.* **1** cappuccio*: *capuchon des moines* cappuccio dei frati; *imperméable à capuchon* impermeabile col cappuccio → **capuche 2** [*bouchon de stylographe*] cappuccio: *visser le capuchon* avvitare il cappuccio.

capuchonner |kapyʃɔne| *v.tr.* [*couvrir d'un couvercle en capuchon*] incappucciare.

capucin, ine |kapysɛ̃, in| *s.* **1** cappuccino → **franciscain 2** (*t.bot.*) *barbe-de-capucin* barba di cappuccino → **chicorée 3** → **saï, sapajou.**

capucinade |kapysinad| *s.f.* (*vieil-*

li) [*banal discours de morale*] predicozzo *m.* (*fam.*).

capucine |kapysin| *s.f.* (*t.bot.*) cappuccina ~ *grande capucine* nasturzio* *m.* indiano, del Perù.

caque |kak| *s.f.* barile *m.* (per aringhe): *une caque de harengs* un barile di aringhe ◇ (*loc. fig.*) *serrés comme des harengs en caque* stretti come sardine, acciughe.

caquet |kakɛ| *s.m.* **1** [*gloussement de la poule au moment où elle pond*] chiocciolio* **2** (*fig.*) [*bavardage prétentieux ou ennuyeux*] chiacchiere *f. pl.*, ciarle (*f. pl.*): *je ne supporte plus son caquet* non sopporto più le sue chiacchiere → **bail, 2 jactance** ◇ (*loc.*) *rabattre, rabaisser le caquet de qqn.* [*l'obliger à se taire*] chiudere la bocca a qc.

caquetage |kaktaʒ| *s.m.* **1** [→ CAQUETER 1] chiocciolio* **2** (*fig.*) [→ CAQUETER 2] chiacchiere *f. pl.*, ciarle *f. pl.*

caquètement |kakɛtmɑ̃| *s.m.* [→ CAQUETER 1] il chiocciare *inv.*

caqueter |kakte| (5) *v.intr.* **1** (*de la poule*) [*glousser au moment de pondre*] chiocciare: *les poules ont caqueté toute la journée* le galline hanno chiocciato tutto il giorno **2** (*fig.*) [*bavarder d'une façon indiscrète, intempestive*] ciarlare, chiacchierare → **jacasser.**

1 **car** |kaʀ| *conj.* (*conj. de coordination qui introduit une 'explication'*) perché, poiché: *il ne viendra pas aujourd'hui, car il est malade* oggi non verrà perché, poiché è malato → **parce que, puisque.**

2 **car** |kaʀ| *s.m.* [*autocar*] torpedone, (auto)corriera (*f.*): *un car de quarante places* un torpedone, una corriera da quaranta posti; *un car d'excursion* un torpedone da turismo, un pullman; *prendre le car* prendere la corriera # *ligne de cars* autolinea.

carabe |kaʀab| *s.m.* (*t.zool.*) carabo.

carabin |kaʀabɛ̃| *s.m.* (*fam.*) studente di medicina (*cour.*).

carabine |kaʀabin| *s.f.* carabina: *carabine de précision* carabina di precisione; *tir à la carabine* tiro con la carabina; *carabine à air comprimé* carabina ad aria compressa.

carabiné, ée |kaʀabine| *adj.* (*fam.*) [*fort, violent*] terribile (*cour.*): *un orage carabiné* un temporale terribile; *un rhume carabiné* un raffreddore terribile, coi fiocchi (*fam.*).

carabinier |kaʀabinje| *s.m.* **1** (*en Italie*) carabiniere ◇ (*en Espagne*) [*douanier*] carabiniere, carabinero *inv.* **2** (*ancienn.*) carabiniere.

caraco |kaʀako| *s.m.* [*coursage de femme, blouse droite et assez ample*] casacca* *f.* (*cour.*).

caracole |kaʀakɔl| *s.f.* (*milit.*) caracollo *m.* → **volte.**

caracoler |kaʀakɔle| *v.intr.* **1** (*chevaux*) [*faire des voltes, des sauts*] caracollare **2** (*personnes*) [*cabrioler, gambarder*] far (103) *tr.* capriole, saltellare.

caractère |kaʀaktɛʀ| *s.m.* **I** carattere: *caractères hiéroglyphiques* caratteri geroglifici; *caractères romains, gothiques* caratteri romani, gotici; *écrire en gros caractères* scrivere a grandi caratteri → 1 **lettre, signe** ◇ (*imprim.*) *caractères d'imprimerie* caratteri di stampa; *œil, corps d'un caractère* occhio, corpo del carattere → **type II 1** (*fig.*) carattere: *caractères distinctifs, particuliers, individuels* caratteri distintivi, particolari, individuali → **attribut, caractéristique, indice**; *caractères héréditaires, acquis* caratteri ereditari, acquisiti; *cette visite a un caractère officiel* questa visita ha carattere ufficiale; *conférer, revêtir tel ou tel caractère* conferire, rivestire questo o quel carattere # *la simplicité est le caractère de son style* la semplicità è la caratteristica principale del suo stile **2** *absolt.* [*air personnel, original*] personalità (*f. inv.*): *un style plat et sans caractère* uno stile piatto e senza personalità; *cette maison a du caractère* questa casa ha una sua personalità → **originalité, personnalité III 1** [*ensemble des traits psychologiques propres à un individu*] carattere: *caractère froid, exubérant* carattere freddo, esuberante; *caractère flegmatique, pondéré, sérieux, passionné* carattere flemmatico, posato, serio, appassionato; *avoir un mauvais caractère* avere un cattivo carattere, un caratteraccio; *il a un caractère affreux* ha un carattere spaventoso → **individualité, tempérament 2** *avoir du caractère* avere carattere, essere di carattere: *c'est un homme qui manque de caractère, sans caractère* è un uomo privo di carattere, senza carattere → **énergie, fermeté 3** *le caractère d'une nation* il carattere di una nazione → **âme, 1 génie.**

caractériel, ielle |kaʀakteʀjɛl| *adj.* caratteriale: *traits caractériels* aspetti caratteriali; *troubles caractériels* turbe caratteriali ✦ (*s.*) *un caractériel* un caratteriale → **inadapté.**

caractérisation |kaʀakteʀizasjɔ̃| *s.f.* [→ CARACTÉRISER] caratterizzazione.

caractérisé, ée |kaʀakteʀize| *adj.* [*dont le caractère est bien marqué*] tipico*, caratteristico*: *une rougeole caractérisée* un tipico morbillo; *c'est là une erreur caractérisée* è questo un errore tipico, caratteristico # *cette réponse constitue une insolence caractérisée* questa risposta è una vera e propria insolenza.

caractériser |kaʀakteʀize| *v.tr.* **1** [*dépeindre les caractères distinctifs de*] caratterizzare: *caractériser un personnage, un paysage* caratterizzare un personaggio, un paesaggio → **distinguer, marquer 2** [*constituer le caractère, la caractéristique de*] distinguere (135), caratterizzare: *la générosité qui vous caractérise* la generosità che vi distingue, vi caratterizza → **définir, déterminer.**

caractéristique |kaʀakteʀistik| **1** *adj.* caratteristico*: *différence caractéristique* differenza caratteristica; *marque, signe caractéristique* marchio, segno caratteristico **2** *s.f.* caratteristica*: *les caractéristiques d'une machine, d'un avion* le caratteristiche di una macchina, di un aereo → **caractère.**

caractérologie |kaʀakteʀɔlɔʒi| *s.f.* caratterologia*.

caractérologique |kaʀakteʀɔlɔʒik| *adj.* caratterologico*.

caracul |kaʀakyl| *s.m.* (*t. zool.*) caracul *inv.*, karakul *inv.* ◇ (*par ext.*) [*fourrure de cet agneau*] caracul, persian.

carafe |kaʀaf| *s.f.* **1** caraffa: *carafe de cristal* caraffa di cristallo; *carafe d'eau* caraffa d'acqua; *du vin en carafe* vino in caraffa **2** (*loc. fam.*) *rester en carafe* [*être oublié, laissé de côté*] essere piantato in asso, essere lasciato in disparte (*cour.*); [*se trouver dans l'incapacité de continuer à parler*] rimanere senza parola (*cour.*) ~ *sa voiture est restée en carafe* [*en panne*] la sua macchina si è guastata (*cour.*) → **panne 3** (*pop.*) [*tête*] zucca*: *un coup sur la carafe* una botta sulla zucca.

carafon |kaʀafɔ̃| *s.m.* **1** (piccola) caraffa (*f.*): *un carafon de vin* una caraffa di vino **2** (*pop.*) [*tête*] zucca* *f.* → **carafe.**

caraïbe |kaʀaib| **1** *adj.* caraibico*, caribico* **2** (*s.m.*) *le caraïbe* [*la langue*] il caraibico, il caribico.

carambolage |kaʀɑ̃bɔlaʒ| *s.m.* **1** (*billard*) [→ CARAMBOLER A] carambola *f.* **2** [→ CARAMBOLER B; C] carambola: *carambolage d'automobiles sur la route encombrée* carambola di auto, tamponamento a catena sulla strada intasata.

caramboler |kaʀɑ̃bɔle| **A** *v.intr.* (*billard*) [*toucher deux billes avec la sienne*] far (103) *tr.* carambola, carambolare (*rare*) **B** *v.tr.* [*bousculer, heurter*] investire, cozzare *intr.* contro: *il a carambolé ta voiture* ha investito la tua auto, ha cozzato contro la tua auto **C** *v.pron. intr.* SE CARAMBOLER [→ *tr.*] scontrarsi, entrare *intr.* in collisione: *plusieurs voitures se sont carambolées au carrefour* molte auto si sono scontrate all'incrocio.

carambouillage |kaʀɑ̃bujaʒ| *s.m.* alienazione *f.* fraudolenta (di merce acquistata a credito); truffa *f.*

carambouilleur |kaʀɑ̃bujœʀ| *s.m.* [*escroc qui pratique le carambouillage*] truffatore* *s.*

caramel |kaʀamɛl| **I** *s.m.* **1** caramello, zucchero caramellato: *crème au caramel* crema al caramello, 'crème caramel' **2** [*bonbon au caramel*] caramella (*f.*): *caramels mous* caramelle 'mou'; *caramels au lait* caramelle al latte **II** *adj. inv.* [*roux clair*] (color) caramello: *soie caramel* seta (color) caramello.

caramélé, ée |kaʀamele| *adj.* **1** [*qui a le goût du caramel*] caramelloso **2** [*qui à l'apparence, la couleur du caramel*] caramellato, (di) color caramello *loc. inv.*

caraméliser |kaʀamelize| **A** *v.tr.* **1** [*réduire en caramel*] caramellare: *caraméliser le sucre* caramellare lo zucchero **2** [*mêler, enduire de caramel*] caramellare ✦ (*au p.p.*) *eau-de-vie caramélisée* acquavite caramellata **B** *v. pron. intr.* SE CARAMÉLISER [→ *tr.* 1] caramellarsi: *le sucre se caramélise* lo zucchero si caramella.

carapace |kaʀapas| *s.f.* **1** (*zool.*) carapace *m.*, guscio* (*m.*): *carapace des tortues, des crustacés* carapace, guscio delle tartarughe, dei crostacei **2** [*ce qui protège*] corazza: *la carapace d'acier d'un char d'assaut* la corazza di acciaio di un carro armato ◇ (*fig.*) *la carapace de l'égoïsme* la corazza dell'egoismo **3** (*géol.*) carapace: *carapace de latérite* carapace di laterite.

carapater (se) |kaʀapate| *v.pron.* (*pop.*) [*s'enfuir*] svignarsela, tagliare *tr.* la corda → **décamper.**

caraque |kaʀak| **1** *s.f.* (*mar.*) caracca* **2** (*adj.*) *porcelaine caraque* porcellana cinese.

carat |kaʀa| *s.m.* **1** carato: *or à dix-huit carats* oro a diciotto carati

2 [*unité de poids qui sert d'étalon aux joailliers*] carato: *perle, diamant de dix carats* perla, diamante da dieci carati.
caravanage |kaRavanaʒ| *s.m.* [*voyage et séjour en caravane*] caravanning *inv.*
1 **caravane** |kaRavan| *s.f.* carovana: *caravane de nomades* carovana di nomadi; *les caravanes d'Orient* le carovane d'Oriente ◇ (*par ext.*) *une caravane de touristes* una carovana, una comitiva di turisti; *caravane scolaire* comitiva scolastica; *la caravane publicitaire qui suit le tour de France* la carovana pubblicitaria che segue il giro di Francia ◇ (*prov.*) *les chiens aboient, la caravane passe* [*il faut laisser crier les envieux, les médisants*] non ti curar di lor, ma guarda e passa; lascia pure che abbaino.
2 **caravane** |kaRavan| *s.f.* [*remorque d'automobile habitable*] caravan *m. inv.*, 'roulotte' (*inv.*): *le terrain de camping était couvert de caravanes* il campeggio era pieno di caravan, di 'roulotte'.
caravanier |kaRavanje| *s.m.* [*personne qui possède et utilise une* (2) *caravane*] caravanista *s.*, roulottista *s.*
caravanier, ière |kaRavanje, jɛR| *adj.* carovaniere: *chemin caravanier* strada carovaniera ✦ *s.m. un caravanier* un carovaniere.
caravan(n)ing |kaRavaniŋ| *s.m.* (*angl.*) → **caravanage.**
caravansérail |kaRavɑ̃seRaj| *s.m.* 1 caravanserraglio* 2 [*lieu fréquenté par des étrangers de diverses provenances*] caravanserraglio, baraonda (*f.*): *cette ville est un caravansérail* questa città è un vero caravanserraglio, una vera baraonda.
caravelle |kaRavɛl| *s.f.* 1 (*mar., anc.*) caravella 2 (*aviat.*) 'caravelle' *m. inv.*
carbochimie |kaRbɔʃimi| *s.f.* carbochimica*.
carbogène |kaRbɔʒɛn| *s.m.* (*méd.*) carbogeno.
carbonarisme |kaRbɔnaRism(ə)| *s.m.* (*hist.*) carbonarismo.
carbonaro |kaRbɔnaRo| *s.m.* carbonaro: *des carbonari* dei carbonari.
carbonatation |kaRbɔnatɑsjɔ̃| *s.f.* (*chim., techn.*) carbonatazione.
carbonate |kaRbɔnat| *s.m.* (*chim.*) carbonato: *carbonate hydraté* carbonato basico; *carbonate de calcium* carbonato di calcio.
carbone |kaRbɔn| *s.m.* 1 (*chim.*) carbonio*: *carbone 14* carbonio 14; *oxyde de carbone* ossido di carbonio # *hydrates de carbone* carboidrati; *carbone atmosphérique* anidride carbonica 2 *papier carbone* carta carbone: *taper une lettre en six exemplaires avec des carbones* battere (a macchina) una lettera in sei copie con (la) carta carbone.
carbonifère |kaRbɔnifɛR| *adj.* carbonifero ✦ *s.m. et adj.* (*géol.*) carbonifero.
carbonique |kaRbɔnik| *adj.* carbonico*: *anhydride, gaz carbonique* anidride carbonica; *acide carbonique* acido carbonico; *neige carbonique* neve carbonica, ghiaccio secco.
carbonisation |kaRbɔnizɑsjɔ̃| *s.f.* carbonizzazione: *carbonisation du bois* carbonizzazione della legna: *carbonisation de la houille* carbonizzazione del carbon fossile; *carbonisation des os* carbonizzazione delle ossa.
carboniser |kaRbɔnize| *v.tr.* [*réduire en charbon*] carbonizzare: *l'incendie a carbonisé la forêt entière* l'incendio ha carbonizzato tutta la foresta → **brûler, calciner** ◇ (*par ext.*) [*cuire à l'excès*] bruciare, carbonizzare: *le rôti est carbonisé* l'arrosto è bruciato, si è carbonizzato.
carbon(n)ade |kaRbɔnad| *s.f.* [*manière de griller la viande sur des charbons; la viande ainsi apprêtée*] grigliata: *manger une carbonnade* mangiare una grigliata.
carboxyle |kaRbɔksil| *s.m.* (*chim.*) carbossile.
carburant |kaRbyRɑ̃| 1 *adj.* carburante: *mélange carburant* miscela carburante 2 *s.m.* carburante: *indice d'octane d'un carburant* numero di ottani di un carburante; *carburants et comburants* carburanti e comburenti.
carburateur |kaRbyRatœR| *s.m.* (*techn.*) carburatore: *reservoir, flotteur d'un carburateur* serbatoio, galleggiante di un carburatore; *carburateur d'automobile* carburatore di automobile.
carburation |kaRbyRɑsjɔ̃| *s.f.* 1 (*métall.*) carburazione: *carburation du fer* carburazione del ferro 2 [*mélange d'air et de carburant*] carburazione: *carburation de l'essence dans le carburateur d'un moteur à explosion* carburazione della benzina nel carburatore di un motore a scoppio; *la carburation se fait mal* la carburazione non va.
carbure |kaRbyR| *s.m.* 1 (*chim.*) carburo: *carbures d'hydrogène* carburi d'idrogeno, idrocarburi: *carbure fondamental* carburo fondamentale; *carbures acycliques* carburi aciclici, saturi; *carbures métalliques* carburi metallici 2 (*cour.*) carburo (di calcio): *mettre du carbure dans une lampe à acétylène* mettere carburo in una lampada ad acetilene.
carburéacteur |kaRbyReaktœR| *s.m.* (*techn.*) carbureattore.
carburer |kaRbyRe| *v.intr.* 1 [*effectuer la carburation* (2)] carburare: *ce moteur carbure mal* questo motore carbura male 2 (*pop.*) [*marcher, fonctionner*] carburare # *ça carbure!* va tutto bene!
carcailler |kaRkaje| *v.intr.* (*caille*) [*crier*] stridere*.
1 **carcan** |kaRkɑ̃| *s.m.* 1 (*ancienn.*) [*collier de fer fixé à un poteau pour y attacher par le cou un criminel condamné à l'exposition publique*] gogna (*f.*): *être condamné au carcan* essere condannato alla gogna → **pilori** 2 *abstrait* [*assujettissement, contrainte*] costrizione *f.*, giogo*.
2 **carcan** |kaRkɑ̃| *s.m.* (*vieilli, fam.*) → **rosse.**
carcasse |kaRkas| *s.f.* 1 carcassa: *carcasse de cheval* carcassa di cavallo; *la carcasse d'un poulet* la carcassa di un pollo → **squelette, ossature** 2 (*fam.*) [*le corps humain*] carcassa: *promener sa vieille carcasse* trascinarsi dietro la propria carcassa 3 [*charpente* (*d'un appareil, d'un ouvrage*); *assemblage des pièces soutenant un ensemble*] carcassa: *carcasse d'un navire en construction* carcassa di una nave in costruzione; *carcasse d'un immeuble en béton armé* carcassa, ossatura di un edificio in cemento armato → **armature.**
carcéral, ale, aux |kaRseRal, o| *adj.* [*de prison, qui a rapport à la prison*] carcerario*: *le monde carcéral* il mondo carcerario.
carcinogène |kaRsinɔʒɛn| *adj.* → **cancérigène.**
carcinologie |kaRsinɔlɔʒi| *s.f.* 1 carcinologia* 2 → **cancérologie.**
carcinologique |kaRsinɔlɔʒik| *adj.* → **cancérologique.**
carcinome |kaRsinɔm| *s.m.* (*méd.*) carcinoma.
carcinose |kaRsinoz|, **carcinomatose** |kaRsinɔmatoz| *s.f.* (*méd.*) carcinosi *inv.*
cardage |kaRdaʒ| *s.m.* [→ CARDER 1] cardatura (*f.*): *cardage à la machine* cardatura a macchina.
cardamine |kaRdamin| *s.f.* (*t.bot.*) cardamine.
cardan |kaRdɑ̃| *s.m.* (*mécan.*) cardano # *transmission par cardan, joint de cardan* (trasmissione a) giunto cardanico.
-carde |kaRd(ə)|, **-cardie** |kaRdi| *suff.* (*signifiant 'cœur', correspondent généralt. à*) cardio; cardia: *péricarde* pericardio ‖ *tachycardie* tachicardia.
1 **carde** |kaRd(ə)| *s.f.* (*tissage*) cardo *m.* → **peigne.**
2 **carde** |kaRd(ə)| *s.f.* (*bot.*) (costa commestibile del) cardo *m.*, (della) bietola.
cardé, ée |kaRde| *adj.* cardato: *laine cardée* lana cardata → **carder** ✦ (*s.m.*) cardato: *le cardé et le peigné* il cardato e il pettinato.
carder |kaRde| *v.tr.* 1 [*peigner, démêler* (*des fibres textiles*)] cardare: *carder de la laine, du coton* cardare la lana, il cotone 2 (*loc. fig., fam.*) *carder le poil à qqn.* [*le battre, le griffer*] lisciare il pelo a qc.
cardeur, euse |kaRdœR, øz| *s.* 1 *s.* [*personne effectuant le cardage*] cardatore* 2 *s.f.* (*techn.*) carda, cardatrice.
cardia |kaRdja| *s.m.* (*anat.*) cardia(s) *inv.*
cardialgie |kaRdjalʒi| *s.f.* (*méd.*) cardialgia*.
cardiaque |kaRdjak| *adj.* cardiaco*: *nerfs cardiaques* nervi cardiaci # *névralgie cardiaque* cardialgia ✦ (*s.*) *un cardiaque* un cardiopatico*.
cardiatomie |kaRdjatɔmi|, **cardiotomie** |kaRdjɔtɔmi| *s.f.* (*chir.*) cardiatomia.
cardigan |kaRdigɑ̃| *s.m.* (*angl.*) cardigan *inv.*
cardinal, aux |kaRdinal, o| *s.m.* 1 (*ecclés.*) cardinale: *cardinaux-prêtres, cardinaux-évêques, cardinaux-diacres* cardinali preti, cardinali vescovi, cardinali diaconi; *cardinal camerlingue* cardinal camerlengo # *titre de cardinal* titolo cardinalizio 2 (*t.zool.*) cardinale.
cardinal, ale, aux |kaRdinal, o| *adj.* 1 (*littér.*) [*qui sert de pivot, de centre*] cardinale: *les quatre vertus cardinales* le quattro virtù cardinali → **essentiel, fondamental, principal** 2 *nombres cardinaux* numeri cardinali 3 (*géogr.*) *les quatre points cardinaux* i quattro punti cardinali.
cardinalat |kaRdinala| *s.m.* (*ecclés.*) cardinalato.
cardinalice |kaRdinalis| *adj.* (*ecclés.*) cardinalizio*: *dignité cardinalice* dignità cardinalizia; *revêtir la pourpre cardinalice* vestire la porpora cardinalizia.

cardi(o)- |kaʀdj(ɔ)| *préf.* (*signifiant 'cœur', correspond généralt. à*) cardio: *cardiographie* cardiografia.
cardiochirurgie |kaʀdjɔʃiʀyʀʒi| *s.f.* cardiochirurgia*.
cardiochirurgien |kaʀdjɔʃiʀyʀʒjɛ̃| *s.m.* cardiochirurgo*.
cardiochirurgique |kaʀdjɔʃiʀyʀʒik| *adj.* cardiochirurgico*.
cardiogramme |kaʀdjɔgʀam| *s.m.* cardiogramma.
cardiographe |kaʀdjɔgʀaf| *s.m.* cardiografo.
cardiographie |kaʀdjɔgʀafi| *s.f.* cardiografia.
cardiologie |kaʀdjɔlɔʒi| *s.f.* cardiologia*.
cardiologique |kaʀdjɔlɔʒik| *adj.* cardiologico*.
cardiologue |kaʀdjɔlɔg| *s.m.* cardiologo*.
cardiopathie |kaʀdjɔpati| *s.f.* cardiopatia.
cardiorespiratoire |kaʀdjɔʀɛspiʀatwaʀ| *adj.* cardiorespiratorio*.
cardiospasme |kaʀdjɔspasm(ə)| *s.m.* (*méd.*) cardiospasmo.
cardiotomie |kaʀdjɔtɔmi| *s.f.* (*chir.*) cardiotomia.
cardiotonique |kaʀdjɔtɔnik| *adj. et s.m.* cardiotonico*.
cardio-vasculaire |kaʀdjɔvaskylɛʀ| *adj.* cardiovascolare: *troubles cardio-vasculaires* disturbi cardiovascolari.
cardite |kaʀdit| *s.f.* (*méd.*) cardite.
cardon |kaʀdɔ̃| *s.m.* (*t.bot.*) cardo, cardone → **carde.**
carême |kaʀɛm| *s.m.* **1** (*ecclés.*) quaresima (*f.*): *dimanches de carême* domeniche di quaresima # *prêcher le carême* predicare in periodo quaresimale; *sermon de carême* sermone quaresimale ◇ (*loc. fig.*) *arriver comme mars en carême* accadere inevitabilmente **2** [*jeûne, abstinence qu'on fait pendant le carême*] quaresima: *faire carême* fare la quaresima; *rompre le carême* rompere la quaresima ◇ (*loc.*) *face de carême* [*triste*] faccia da funerale **3** (*littér.*) [*série de sermons de carême*] quaresimale.
carême-prenant |kaʀɛmpʀənɑ̃| *s.m.* (*vx.*) **1** ultimi tre giorni *pl.* di Carnevale **2** martedì *inv.* grasso **3** [*masque*] maschera *f.*, mascherina *f.* ◇ (*fig.*) persona *f.* conciata in modo ridicolo → **masque.**
carénage |kaʀenaʒ| *s.m.* **1** [→ CARÉNER 1] carenaggio*: *grand carénage* gran carenaggio **2** bacino di carenaggio: *un navire au carénage* una nave nel bacino di carenaggio → **radoub** **3** [*carrosserie carénée, aérodynamique*] carenatura *f.*
carence |kaʀɑ̃s| *s.f.* **1** (*dr.*) insolvenza: *procès-verbal de carence* processo verbale di insolvenza **2** [*situation de qui se dérobe devant ses obligations, manque à sa tâche*] carenza: *la carence du gouvernement* la carenza (le carenze) del governo → **impuissance, inaction** **3** (*méd.*) carenza: *maladie de, par carence* malattia da carenza → **carentiel.**
carencé, ée |kaʀɑ̃se| *adj.* (*méd., psycho.*) carenzato.
carène |kaʀɛn| *s.f.* **1** carena # *pièce intérieure renforçant la carène* paramezzale → **carlingue** **2** [*carénage* (2)] bacino *m.* di carenaggio # *mettre, abattre un navire en carène* abbattere una nave in chiglia, in carena **3** (*bot.*) carena.
caréner |kaʀene| (8) *v.tr.* **1** (*mar.*) [*nettoyer, réparer la carène d'un navire*] carenare **2** [*donner un profil aérodynamique à* (*une carrosserie*)] carenare: *caréner une automobile* carenare una macchina ◆ (*au p.p.*) *locomotive carénée* locomotiva carenata.
carentiel, ielle |kaʀɑ̃sjɛl| *adj.* (*méd.*) carenziale.
caressant, ante |kaʀɛsɑ̃, ɑ̃t| *adj.* [*qui aime à caresser; doux comme une caresse*] carezzevole: *regard caressant* sguardo carezzevole; *voix caressante* voce carezzevole → 2 **tendre** # *un enfant caressant* un bambino coccolone → **cajoleur, câlin.**
caresse |kaʀɛs| *s.f.* **1** [*attouchement tendre ou sensuel*] carezza: *caresse affectueuse, tendre* carezza affettuosa, tenera → **cajolerie, étreinte** ◇ (*pop.*) *faire des caresses à qqn.* far carezze a, accarezzare qc.; *accabler, couvrir qqn. de caresses* colmare, coprire qc. di carezze ◇ (*fig., littér.*) *la caresse du vent, du soleil* la carezza del vento, del sole **2** (*vieilli, fig.*) [*démonstration d'affection, par la parole, le geste*] lusinga* (*cour.*), carezza: *amadouer qqn. de caresses* ammansire qc. con lusinghe.
caresser |kaʀese| *v.tr.* **I** **1** [*toucher en signe de tendresse*] accarezzare, carezzare: *caresser un enfant, une femme* accarezzare un bambino, una donna; *caresser un chien* accarezzare un cane → **cajoler, câliner** ◇ (*fig.*) *caresser de l'œil, du regard* accarezzare con gli occhi, con lo sguardo ~ (*iron.*) *caresser les côtes de qqn.* [*le frapper*] rompere le costole a qc. **2** (*par ext.*) [*effleurer doucement, agréablement*] accarezzare: *caresser un projet, une idée, un espoir* accarezzare un progetto, un'idea, una speranza → 1 **entretenir, nourrir** **3** (*vieilli, fam.*) *caresser la bouteille* [*être porté sur la boisson*] avere un debole per l'alcool (*cour.*) **II** **1** (*vx., fig.*) [*faire des démonstrations d'affection, d'amitié plus ou moins sincères*] lusingare, lisciare: *caresser qqn. pour qqch.* lusingare, lisciare qc. per ottenere q.c. → **aduler, courtiser, flatter** **2** (*littér.*) [*flatter un sentiment*] accarezzare, lusingare: *caresser l'amour propre, la vanité de qqn.* accarezzare, lusingare l'amor proprio, la vanità di qc.
caret |kaʀɛ| *s.m.* **1** [*dévidoir des cordiers*] aspo **2** (*t.zool.*) caretta *f.*
carex |kaʀɛks| *s.m.* (*t.bot.*) carice *f.*
car-ferry |kaʀfeʀi| *s.m.* (*angl.*) [*bateau servant au transport à la fois des passagers et de leur voiture*] nave *f.* traghetto, traghetto: *des car-ferries* delle navi traghetto, dei traghetti; *traversée de la Manche en car-ferry* traversata della Manica in (nave) traghetto → **transbordeur** (*t.recomm.*).
cargaison |kaʀgɛzɔ̃| *s.f.* **1** [*marchandises chargées sur un navire*] carico* (*m.*): *une cargaison de vin, de pétrole, de charbon* un carico di vino, di petrolio, di carbone **2** (*fig., fam.*) [*collection, réserve*] repertorio* (*m.*): *il a toute une cargaison d'anecdotes, d'histoires drôles* ha un vasto repertorio di aneddoti, di barzellette.
cargo |kaʀgo| *s.m.* cargo*, nave *f.* da carico # *cargo charbonnier, pétrolier, bananier* carboniera, petroliera, bananiera ◇ (*par ext.*) *avion cargo* aereo da carico.
cargue |kaʀg(ə)| *s.f.* (*mar.*) imbroglio* *m.*
carguer |kaʀge| *v.tr.* (*mar.*) [*serrer* (*les voiles*) *contre leurs vergues ou contre le mât*] imbrogliare.
cari |kaʀi|, **curry** |kyʀi| *s.m.* curry (*inv.*): *riz au cari* riso al curry; *un cari de volaille* un pollo al curry.
cariant, ante |kaʀjɑ̃, ɑ̃t| *adj.* → **cariogène.**
cariatide |kaʀjatid| *s.f.* (*archit.*) cariatide.
caribou |kaʀibu| *s.m.* (*t.zool.*) caribù *inv.*
caricatural, ale, aux |kaʀikatyʀal, o| *adj.* **1** caricaturale: *un profil caricatural* un profilo caricaturale; *traits caricaturaux* lineamenti caricaturali → **burlesque,** 2 **grotesque, ridicule** **2** [*qui déforme en ridiculisant*] caricaturale: *interprétation caricaturale* interpretazione caricaturale.
caricature |kaʀikatyʀ| *s.f.* **1** caricatura: *les caricatures de Daumier* le caricature di Daumier → 1 **charge** **2** [*description comique ou satirique*] caricatura: *faire dans un roman la caricature d'une société* fare la caricatura di una società in un romanzo → **satire** **3** [*ce qui évoque sous une forme caricaturale*] caricatura: *la superstition est la caricature du sentiment religieux* la superstizione è la caricatura, la parodia del sentimento religioso **4** [*personne laide et ridiculairement accoutrée*] caricatura: *c'est une vraie caricature* è una vera caricatura.
caricaturer |kaʀikatyʀe| *v.tr.* **1** [*faire la caricature de qqn.*] fare (103) la caricatura (di): *caricaturer une personne* fare la caricatura di una persona **2** [*représenter sous forme caricaturale*] parodiare → 1 **charger, railler.**
caricaturiste |kaʀikatyʀist(ə)| *s.* caricaturista.
carie |kaʀi| *s.f.* **1** (*méd., cour.*) carie (*inv.*): *carie dentaire* carie dentaria **2** (*bot.*) carie: *carie des arbres, du blé* carie degli alberi, del frumento.
carié, ée |kaʀje| *adj.* cariato: *soigner une dent cariée* curare un dente cariato.
carier |kaʀje| *v.tr.* [*attaquer par la carie*] cariare → **gâter.**
carieux, euse |kaʀjø, øz| *adj.* carioso.
carillon |kaʀijɔ̃| *s.m.* **1** (*ensemble de cloches*) 'carillon' (*inv.*): *le carillon d'une église* il 'carillon' di una chiesa **2** [*système de sonnerie*] 'carillon': *le carillon d'un horloge* il 'carillon' di un orologio; *horloge à carillon* orologio a 'carillon' ◇ (*ellipt.*) *un carillon* un (orologio* a) 'carillon': *carillon électrique* 'carillon' elettrico → **sonnette** **3** [*air exécuté par un carillon* (1); *sonnerie de cloches vive et gaie*] scampanio*.
carillonné, ée |kaʀijɔne| (*adj.*) *fête carillonnée* [*solennelle*] festa solenne.
carillonnement |kaʀijɔnmɑ̃| *s.m.* [→ CARILLONNER A 1; B 1] scampanio*.
carillonner |kaʀijɔne| **A** *v.intr.* **1** [*sonner en carillon*] scampanare, suonare a festa: *les cloches carillonnent* le campane suonano a festa **2** [*sonner bruyamment la cloche d'une porte d'entrée*] scampanellare: *carillonner à la porte* scampanellare alla porta **B** *v.tr.* **1** [*annoncer par un carillon*] *carillonner*

une fête annunciare una festa con un grande scampanio **2** [*proclamer bruyamment (une nouvelle)*] strombazzare: *carillonner la victoire de qqn.* strombazzare la vittoria di qc.

carillonneur |kaʀijɔnœʀ| *s.m.* [*celui qui carillonne*] campanaro → **sonneur.**

carinthien, ienne |kaʀɛ̃tjɛ̃, jɛn| *adj.* [*de la Carinthie*] carinziano.

cariogène |kaʀjɔʒɛn| *adj.* (*méd.*) cariogeno, che provoca la carie *loc.*

1 **carlin** |kaʀlɛ̃| *s.m.* (*numism.*) carlino.

2 **carlin** |kaʀlɛ̃| *s.m.* [*petit chien à poil ras, au museau noir et écrasé*] carlino.

carlingue |kaʀlɛ̃g| *s.f.* **1** (*mar.*) paramezzale *m.* **2** (*aviat.*) carlinga*.

carlisme |kaʀlism(ə)| *s.m.* (*hist. esp.*) carlismo.

carliste |kaʀlist(ə)| *s. et adj.* (*hist. esp.*) carlista.

carmagnole |kaʀmaɲɔl| *s.f.* **1** [*veste étroite à revers très courts*] carmagnola **2** [*ronde chantée et dansée*] carmagnola.

carme |kaʀm(ə)| *s.m.* (*relig.*) carmelitano: *carmes déchaux* (*déchaussés*) carmelitani scalzi; *carmes et carmélites* carmelitani e carmelitane.

carmélite |kaʀmelit| *s.f.* (*relig.*) carmelitana → **carme.**

carmin |kaʀmɛ̃| *s.m.* **1** carminio* **2** [*couleur rouge vif*] carminio → **rouge, vermillon** ✦ (*adj. inv.*) *des étoffes carmin* stoffe (rosso) carminio.

carminatif, ive |kaʀminatif, iv| *adj.* (*vx., méd.*) carminativo (*cour.*).

carnage |kaʀnaʒ| *s.m.* [*massacre, tuerie*] carneficina (*f.*): *un affreux carnage* una tremenda carneficina → **boucherie, hécatombe.**

carnassier, ière |kaʀnasje, jɛʀ| *adj.* **1** [*qui se nourrit de viande, de chair crue*] carnivoro: *les animaux carnassiers* gli animali carnivori ✦ *s.m. pl.* (*t.zool.*) *les Carnassiers* i Carnivori **2** (*zool.*) *dent carnassière* dente ferino ✦ (*s.f. pl.*) *les carnassières* i denti *m.* ferini.

carnassière |kaʀnasjɛʀ| *s.f.* [*sac servant au chasseur pour porter le gibier*] carniere *m.* → **carnier, gibecière.**

carnation |kaʀnɑsjɔ̃| *s.f.* [*couleur de la chair d'une personne*] colorito *m.*, carnagione: *avoir une jolie carnation* avere un bel colorito → **teint.**

carnauba |kaʀnoba| *s.m.* carnauba *f.*

carnaval, als |kaʀnaval| *s.m.* **1** carnevale: *les carnavals de Rio, de Nice* i carnevali di Rio, di Nizza **2** [*mannequin grotesque qui personnifie le carnaval*] carnevale ◇ (*loc. fig.*) *elle est vêtue comme un carnaval* sembra vestita da carnevale.

carnavalesque |kaʀnavalɛsk(ə)| *adj.* **1** carnevalesco*: *tenue carnavalesque* abbigliamento carnevalesco **2** [*digne d'un carnaval*] carnevalesco: *une parade carnavalesque* una parata carnevalesca → **grotesque.**

carne |kaʀn(ə)| *s.f.* **1** (*pop.*) [*viande de mauvaise qualité*] carnaccia* # *c'est de la carne!* questa carne è uno schifo, fa schifo! **2** (*vieilli, pop.*) [*vieux cheval*] rozza (*cour.*), ronzino *m.* (*cour.*): *une vieille carne* una vecchia rozza, un vecchio ronzino **3** (*injure grossière*) carogna: *quelle carne!* che carogna! → **charogne.**

carné, ée |kaʀne| *adj.* **1** (*bot.*) carnicino: *œillet carné* garofano carnicino → 1 **rose 2** [*composé de viande*] carneo: *alimentation carnée* alimentazione carnea; *régime carné* dieta carnea.

carn(e)au |kaʀno| *s.m.* (*techn.*) condotto: *carneau d'un four* condotto di un forno; *carneau à fumées, à gaz* condotto dei fumi, dei gas # *carneau montant* canna fumaria.

carnèle |kaʀnɛl| *s.f.* (*numism.*) listello *m.*

carnet |kaʀnɛ| *s.m.* **1** taccuino, 'carnet' (*inv.*): *marquer une adresse sur un carnet* segnare un indirizzo su un taccuino; *carnet de voyage, de route* taccuino di viaggio → **journal, agenda, calepin, répertoire** # *carnet d'échéances* scadenziario ◇ (*spécialt.*) *carnet de notes* [*servant à consigner les notes d'un élève*] pagella *f.* ◇ (*comm.*) *carnet de commandes* portafoglio*, ordini *pl.*, ordinativi *pl.* **2** [*ensemble de feuillets détachables*] libretto, blocchetto: *carnet de chèques* libretto, blocchetto di assegni → **chéquier**; *carnet à souche* blocchetto a madre e figlia **3** [*réunion de tickets, timbres détachables*] blocchetto: *carnet de métro* blocchetto di biglietti della metropolitana.

carnier |kaʀnje| *s.m.* [*petite carnassière*] carniere → **gibecière.**

carnification |kaʀnifikɑsjɔ̃|, **carnisation** |kaʀnizɑsjɔ̃| *s.f.* (*méd.*) carnificazione.

carnivore |kaʀnivɔʀ| **1** *adj.* carnivoro: *insectes carnivores* insetti carnivori; *plantes carnivores* piante carnivore → **carnassier 2** *s.m. pl.* (*t.zool.*) *les Carnivores* i Carnivori → **carnassier.**

carole |kaʀɔl| *s.f.* carola.

carolingien, ienne |kaʀɔlɛ̃ʒjɛ̃, jɛn| *adj.* carolingio* ✦ *s.* (*hist.*) *les Carolingiens* i Carolingi.

carolus |kaʀɔlys| *s.m.* (*numism.*) carolus *inv.*

caroncule |kaʀɔ̃kyl| *s.f.* **1** (*anat.*) caruncola: *caroncule lacrymale* caruncola lacrimale ◇ (*zool.*) caruncola **2** (*bot.*) caruncola.

carotène |kaʀɔtɛn| *s.m.* (*biol., chim.*) carotene.

carotide |kaʀɔtid| *s.f.* (*anat.*) carotide.

carotidien, ienne |kaʀɔtidjɛ̃, jɛn| *adj.* carotideo: *nerf carotidien* nervo carotideo.

carotine |kaʀɔtin| *s.f.* (*biol.*) → **carotène.**

carottage |kaʀɔtaʒ| *s.m.* **1** [*escroquerie, extorsion*] truffa *f.*, estorsione *f.* **2** (*techn.*) carotaggio*.

carotte |kaʀɔt| **I** *s.f.* **1** (*t.bot.*) carota **2** (*cour.*) carota: *carottes blanches, jaunes, rouges* carote bianche, gialle, rosse ◇ (*spécialt.*) [*la racine rouge de la carotte potagère*] carota ◇ (*loc. fig., fam.*) *les carottes sont cuites* [*tout est fini, perdu*] è finita (*cour.*), non c'è più niente da fare (*cour.*) ~ *tirer une carotte à qqn.* spillare quattrini a qc. ~ *la carotte ou le bâton* la carota e il bastone **3** (*par anal.*) *carotte de tabac* [*rouleau de feuilles de tabac*] zolla di tabacco ◇ [*enseigne rouge, à double pointe, des bureaux de tabac*] insegna del tabaccaio **4** (*min.*) carota **5** (*tennis*) palla ad effetto **II** (*adj. inv.*) *rouge carotte* rosso carota; *couleur carotte* color carota; *avoir les cheveux carotte* avere i capelli carota.

carotter |kaʀɔte| *v.tr.* **1** (*fam.*) [*extorquer (qqch.) par ruse*] scroccare; spillare (*cour.*): *il m'a carotté une cigarette* mi ha scroccato una sigaretta → **extorquer, soutirer** ‖ *carotter de l'argent* spillare soldi # *carotter une permission* strappare un permesso **2** (*min.*) [*extraire du sol une carotte* (I 4)] estrarre (190) una carota.

carotteur, euse |kaʀɔtœʀ, øz|, **carottier, ière** |kaʀɔtje, jɛʀ| *adj. et s.* [*personne qui carotte (qqch.), qui escroque (qqn.)*] scroccone.

carotteuse |kaʀɔtøz| *s.f.* (*mines*) carotiera.

caroube |kaʀub| *s.f.* [*fruit du caroubier*] carruba.

caroubier |kaʀubje| *s.m.* (*t.bot.*) carrubo.

-carpe |kaʀp(ə)| *suff.* (*signifiant 'fruit, jointure', correspond généralt. à*) carpo: *endocarpe* endocarpo; *métacarpe* metacarpo.

1 **carpe** |kaʀp(ə)| *s.f.* **1** (*t.zool.*) carpa **2** (*plongeon*) *saut de carpe* tuffo carpiato **3** (*loc. fig.*) *faire un saut de carpe* [*se rétablir sur les pieds, d'une détente, étant couché sur le dos*] balzare in piedi ~ *bâiller comme une carpe* sganasciarsi dagli sbadigli ~ *faire des yeux de carpe* fare gli occhi di triglia ~ *être ignorant, bête comme une carpe* essere ignorante come un somaro, stupido come un'oca ~ *être muet comme une carpe* essere muto come un pesce.

2 **carpe** |kaʀp(ə)| *s.m.* (*anat.*) carpo.

carpeau |kaʀpo| *s.m.* carpa *f.* giovane.

carpette |kaʀpɛt| *s.f.* [*petit tapis*] tappetino *m.* → **descente** ◇ (*loc. fig.*) *s'aplatir comme une carpette devant qqn.* [*être à ses pieds, le flatter bassement*] strisciare ai piedi di qc. ◇ (*fam.*) *c'est une vraie carpette* è un vero leccapiedi *s. inv.*

carpiculteur |kaʀpikyltœʀ| *s.m.* carpicoltore.

carpiculture |kaʀpikyltyʀ| *s.f.* carpicoltura.

carpien, ienne |kaʀpjɛ̃, jɛn| *adj.* (*anat.*) carpale.

carpillon |kaʀpijɔ̃| *s.m.* [*très petite carpe*] piccola carpa *f.* ◇ (*par ext.*) avannotto della carpa.

carpo- |kaʀpɔ| *préf.* (*signifiant 'fruit; jointure', correspond généralt. à*) carpo: *carpocapse* carpocapsa.

carpocapse |kaʀpɔkaps(ə)| *s.m. ou f.* (*t.zool.*) carpocapsa *f.*

carquois |kaʀkwa| *s.m.* [*étui à flèches*] faretra (*f.*): *porter l'arc et le carquois* portare arco e faretra.

carrare |kaʀaʀ| *s.m.* marmo di Carrara.

carre |ka(ɑ)ʀ| *s.f.* (*techn.*) **1** [*épaisseur d'un objet coupé carrément*] spessore (*m.*): *la carre d'une planche* lo spessore di un asse **2** [*coin, angle qu'une face d'un objet forme avec les autres*] spigolo *m.*, angolo *m.* ◇ (*par ext.*) [*baguette d'acier qui borde un ski*] lamina.

carré, ée |ka(ɑ)ʀe| **I** *adj.* [*qui forme un carré* (II)] quadrato, quadro: *figure carrée* figura quadrata ◇ (*par ext.*) *mètre carré* metro quadrato, quadro; *nombre carré, racine carrée* numero quadrato, radice quadrata; *fenêtre carrée* finestra quadrata; *tableau, tapis carré* quadro, tappeto quadrato; *tour carrée* torre quadrata ◇ (*mar.*) *voiles carrées* vele quadre; *mât carré* albero a vele quadre ◇ (*fig.*) *une réponse carrée* una risposta quadrata ◇ (*loc.*) *être carré en affaire* essere quadrato negli affari **II** *s.m.* **1** (*géom.*) quadrato: *le côté, la diagonale d'un carré* il lato, la diagonale di un quadrato ◇ (*par anal.*) *les carrés d'un damier, d'un échiquier* le caselle *f.* della dama, gli scacchi della scacchiera → 1 **case, carreau** ◇ (*par ext.*) [*foulard, fichu carré*] fazzoletto, scialle: *carré de laine, de soie imprimée* fazzoletto di lana, di seta stampata **2** [*figure rappelant un carré*] quadrato, riquadro: *les carrés d'un jardin* i riquadri di un giardino; *carré de choux* riquadro piantato a cavoli; *avoir, cultiver un carré de terre* avere, coltivare un quadrato, un pezzo di terra **3** (*milit.*) quadrato: *carré d'enfanterie* quadrato di fanteria; *former le carré* formare il quadrato **4** (*mar.*) quadrato: *carré des officiers* quadrato degli ufficiali **5** [*produit d'un nombre par lui-même*] quadrato: *seize est le carré de quatre* sedici è il quadrato di quattro; *mettre, porter un nombre au carré* elevare un numero al quadrato **6** (*poker*) *un carré d'as* un poker *inv.* d'assi **7** *carré de l'Est* [*fromage fermenté*] ⊠.

carreau |ka(ɑ)ʀo| *s.m.* **I** **1** [*pavé plat de forme carrée*] piastrella *f.*, mattonella (*f.*): *carreau en faïence* piastrella di maiolica **2** [*sol pavé de carreaux*] pavimento: *le carreau d'une chambre* il pavimento di una camera; *laver le carreau* lavare il pavimento → **carrelage** ◇ (*loc.*) *rester sur le carreau* [*être tué ou très blessé*] rimanere a terra **3** *carreau de mine* [*emplacement où sont déposés les produits extraits*] piazzale di una miniera **4** [*plaque de verre dont sont munies les fenêtres, les portes vitrées*] vetro: *encore un carreau de cassé* ancora un vetro rotto; *remettre, remplacer un carreau* rimettere, sostituire un vetro → **vitre** # *regarder aux carreaux* guardare dalla finestra **II** **1** *au plur.* [*assemblage symétrique de plusieurs carreaux*] quadri: *étoffe à carreaux* stoffa a quadri # *tapisserie à grands, à petits carreaux* tappezzeria a quadrettoni, a quadrettini **2** (*cartes*) *l'as de carreau* l'asso di quadri *pl.* **3** (*loc.*) *se garder à carreau, se tenir à carreau* [*être sur ses gardes*] stare in guardia.

carrée |ka(ɑ)ʀe| *s.f.* (*pop.*) → 1 **chambre.**

carrefour |kaʀfuʀ| *s.m.* **1** [*l'endroit où se croisent plusieurs voies*] incrocio*, crocevia (*inv.*): *les carrefours d'une ville* gli incroci, i crocevia di una città → **bifurcation,** 1 **croisement** **2** (*fig.*) [*conjonction où l'on doit choisir entre diverses voies*] bivio*: *parvenir, se trouver à un carrefour* arrivare, trovarsi a un bivio ◇ (*par ext.*) [*croisement d'influences*] *un carrefour d'idées* un incontro di idee ✦ (*par appos.*) *sciences carrefours* scienze interdisciplinari ◇ (*spécialt.*) [*réunion, rencontre*] gruppo di discussione, di lavoro.

carrelage |ka(ɑ)ʀlaʒ| *s.m.* **1** [→ CARRELER 1] pavimentazione *f.* (con piastrelle), piastrellatura (*f.*): *le carrelage d'une cuisine* la pavimentazione, la piastrellatura di una cucina **2** [*pavage, revêtement fait de carreaux*] pavimento (di piastrelle).

carreler |ka(ɑ)ʀle| (4) *v.tr.* **1** [*paver avec des carreaux*] piastrellare: *carreler une chambre* piastrellare una stanza **2** [*tracer des carrés sur une feuille de papier, une toile*] quadrettare: *carreler un dessin pour le reproduire* quadrettare un disegno per riprodurlo → **quadriller.**

carrelet |ka(ɑ)ʀlɛ| *s.m.* **I** (*pêche*) bilancia* (*f.*): *carrelet pour pêcher les ables* bilancia per pescare i leucischi **II** **1** [*grosse aiguille à pointe quadrangulaire dont se servent les bourreliers, les relieurs*] ago* (da sellaio) **2** [*règle quadrangulaire*] quadrello.

carreleur |ka(ɑ)ʀlœʀ| *s.m.* [*ouvrier qui pose des carreaux*] piastrellista.

carrément |ka(ɑ)ʀemɑ̃| *adv.* **1** [*d'une manière carrée, à angles droits, d'équerre*] ad angolo retto *loc. inv.*, a squadra (*loc. inv.*): *pièce coupée carrément* pezzo tagliato ad angolo retto, a squadra **2** (*fig.*) [*d'une façon nette, décidée, sans détours*] decisamente, francamente: *parler, répondre carrément* parlare, rispondere decisamente, con decisione; *dire carrément ce que l'on pense* dire francamente ciò che si pensa → **franchement, fermement, nettement** © **2** **indirectement, timidement.**

carrer |ka(ɑ)ʀe| **A** *v.tr.* **1** (*techn.*) [*donner une forme carrée*] squadrare: *carrer une pierre, un bloc de marbre* squadrare una pietra, un blocco di marmo **2** (*math.*) [*trouver le carré équivalent à* (*une surface*)] quadrare # *chercher à carrer un cercle* cercare la quadratura di un cerchio ◇ [*former le carré de* (*un nombre*)] elevare al quadrato **B** *v.pron. réfl.* SE CARRER [*s'installer confortablement*] sistemarsi, mettersi (155) comodamente → 1 **étaler (s'), prélasser (se)** # *se carrer dans un fauteuil* sprofondarsi in una poltrona.

carrier |ka(ɑ)ʀje| *s.m.* [*celui qui exploite une carrière comme entrepreneur ou comme ouvrier*] cavatore, cavapietre *inv.* # *maître carrier* gestore di una cava; *masse de carrier* mazza da cavapietre.

1 **carrière** |ka(ɑ)ʀjɛʀ| *s.f.* (*techn.*) cava: *carrière à ciel ouvert* cava a cielo aperto; *carrière souterraine* cava sotterranea.

2 **carrière** |ka(ɑ)ʀjɛʀ| *s.f.* **1** carriera: *le choix d'une carrière* la scelta di una carriera; *faire carrière* fare carriera; *un militaire de carrière* un militare di carriera; *embrasser, suivre une carrière* abbracciare, seguire una carriera ✦ (*absolt.*) *la carrière* la carriera diplomatica **2** *loc.* DONNER CARRIÈRE [*laisser le champ libre*] dare campo libero ~ (*fig.*) *donner carrière, libre carrière* (*à*) dar libero corso (a) **3** (*vx.*) → **arène.**

carriérisme |ka(ɑ)ʀjeʀism(ə)| *s.m.* (*péj.*) carrierismo.

carriériste |ka(ɑ)ʀjeʀist(ə)| *s.* carrierista.

carriole |ka(ɑ)ʀjɔl| *s.f.* [*petite charrette campagnarde*] carretta.

carrossable |ka(ɑ)ʀɔsabl(ə)| *adj.* carrozzabile: *chemin carrossable* strada carrozzabile.

carrossage |ka(ɑ)ʀɔsaʒ| *s.m.* **1** [→ CARROSSER 1] il carrozzare *inv.* **2** [*inclinaison des extrémités d'un essieu vers le sol*] campanatura *f.*

carrosse |ka(ɑ)ʀɔs| *s.m.* [*anc. voiture à chevaux*] carrozza *f.* ◇ (*loc. fig.*) *avoir, rouler carrosse* essere ricco ~ *être la cinquième roue du carrosse* essere l'ultima ruota del carro.

carrosser |ka(ɑ)ʀɔse| *v.tr.* **1** [*munir un véhicule d'une carrosserie*] carrozzare: *châssis carrossé* telaio carrozzato **2** (*vx.*) [*transporter* (*qqn.*) *en carrosse*] scarrozzare (qc.) (*cour.*).

carrosserie |ka(ɑ)ʀɔʃʀi| *s.f.* **1** carrozzeria **2** industria della carrozzeria.

carrossier |ka(ɑ)ʀɔsje| **1** carrozziere **2** (*ancienn.*) [*fabricant de carrosses*] carrozzaio*.

carrousel |kaʀuzɛl| *s.m.* **1** carosello **2** *un carrousel d'avions, de motos* un carosello di aerei, di motociclette **3** (*techn.*) carosello.

carroyage |ka(ɑ)ʀwajaʒ| *s.m.* [*quadrillage pour reproduire un dessin*] quadrettatura *f.*

carroyer |ka(ɑ)ʀwaje| (10) *v.tr.* [*quadriller* (*un plan, une carte*) *pour un carroyage*] quadrettare.

carrure |ka(ɑ)ʀyʀ| *s.f.* **1** [*largeur du dos d'une épaule à l'autre*] larghezza di spalle ◇ (*par ext.*) *veste trop étroite de carrure* giacca troppo stretta di spalle **2** (*fig.*) [*force, valeur d'une personne*] levatura: *son prédécesseur était d'une autre carrure* il suo predecessore era di un'altra levatura → **envergure, stature.**

carry |kaʀi| *s.m.* → **cari.**

cartable |kaʀtabl(ə)| *s.m.* [*sac, sacoche d'écolier*] cartella (*f.*): *cartable à bretelles* cartella a zaino → 1 **sac, serviette.**

cartayer |kaʀteje| (9) *v.intr.* [*conduire une voiture de façon telle que les roues passent de part et d'autre d'une ornière*] evitare *tr.* i solchi, le rotaie (di una strada).

1 **carte** |kaʀt(ə)| *s.f.* **1** carta: *carte* (*à jouer*) carta (da gioco); *un jeu de cartes* un mazzo di carte; *une partie de cartes* una partita a carte; *tours de cartes d'un prestidigitateur* gioco di prestigio con le carte; *jouer aux cartes* giocare a carte; *mêler les cartes* mischiare le carte # *tricher aux cartes* barare al gioco ◇ (*par ext.*) *carte forcée* [*obligation à laquelle on ne peut se dérober*] via obbligata **2** (*loc. fig.*) *brouiller les cartes* imbrogliare le carte ~ *jouer sa dernière carte* giocare l'ultima carta ~ *avoir plus d'une carte dans son jeu* avere molte frecce al proprio arco, avere buone carte in mano ~ *jouer cartes sur table* mettere le carte in tavola, giocare a carte scoperte ~ *voir, connaître le dessous des cartes de qqn., d'une affaire* scoprire i segreti di qc., di una faccenda ~ *construire des châteaux de cartes* far castelli in aria ~ *s'écrouler comme un château de cartes* andare a carte quarantotto ~ *donner carte blanche à qqn.* dare carta bianca a qc. **3** [*liste des plats, des consommations avec leurs prix*] carta, menù (*m. inv.*): *la carte d'un restaurant* la carta, il menù di un ristorante; *carte des vins* carta dei vini; *manger à la carte* mangiare alla carta **4** CARTE (DE VISITE) biglietto *m.* da visita: *laisser sa carte* lasciare il proprio biglietto da visita **5** CARTE (POSTALE) cartolina (illustrata): *envoyer des cartes* mandare delle cartoline **6** [*papiers établissant certains droits de la personne qui en est munie*] *carte d'identité* carta d'identità; *carte d'entrée* tessera d'ingresso; *carte d'étudiant* tessera studentesca; *carte d'alimentation* tessera an-

nonaria; *carte de chemin de fer, d'abonnement* tessera ferroviaria, di abbonamento; *carte d'électeur* certificato *m.* elettorale; *carte d'invitation* biglietto *m.* d'invito ◇ (*spécialt.*) CARTE GRISE [*titre de propriété d'un véhicule*] libretto *m.* di circolazione **7** (*informatique*) *carte perforée, mécanographique* scheda perforata, meccanografica.

2 **carte** |kaʀt(ə)| *s.f.* (*géogr.*) carta (geografica): *carte en relief, géologique, météorologique* carta in rilievo, geologica, meteorologica; *carte routière, touristique, d'état-major* carta stradale, turistica, militare; *carte du ciel, de la lune* carta del cielo, carta lunare ◇ (*mar.*) *carte marine* carta nautica.

1 **cartel** |kaʀtɛl| *s.m.* **1** [*provocation en duel*] cartello di sfida: *envoyer un cartel à qqn.* inviare un cartello di sfida a qc. **2** [*cartouche ornemental qui entoure certaines pendules*] cartiglio* ◇ (*par ext.*) [*la pendule elle-même*] orologio* da muro, pendolo: *un cartel Louis XVI* un pendolo Luigi XVI.

2 **cartel** |kaʀtɛl| *s.m.* (*écon.*) cartello: *cartel de vente* cartello di vendita → **association, trust** # *cartel de prix* accordo, intesa sui prezzi ◇ (*polit.*) *cartel des gauches* cartello delle sinistre.

carte-lettre |kaʀtəlɛtʀ(ə)| *s.f.* [*carte qui, pliée et collée, peut être utilisée pour la correspondance*] biglietto *m.* postale.

cartellisation |kaʀtelizɑsjɔ̃| *s.f.* (*écon.*) cartellizzazione.

cartelliste |kaʀtelist(ə)| *adj. et s.* cartellista.

carter |kaʀtɛʀ| *s.m.* (*mécan.*) carter *inv.*; scatola (*f.*): *carter d'une chaîne de bicyclette* carter, copricatena di una bicicletta || *le carter du différentiel, du changement de vitesse* la scatola del differenziale, del cambio → **boîte** ◇ (*spécialt.*) [*enveloppe métallique étanche, sous le moteur et autour de lui*] coppa *f.* d'olio, carter.

cartésianisme |kaʀtezjanism(ə)| *s.m.* cartesianismo.

cartésien, ienne |kaʀtezjɛ̃, jɛn| *adj.* cartesiano: *coordonnées cartésiennes* coordinate cartesiane ♦ (*s.*) *les grands cartésiens* i grandi cartesiani.

carthaginois, oise |kaʀtaʒinwa, waz| *adj.* [*de Carthage*] cartaginese → **punique.**

carthame |kaʀthame| *s.m.* (*t.bot.*) cartamo.

cartier |kaʀtje| *s.m.* fabbricante di carte da gioco.

cartilage |kaʀtilaʒ| *s.m.* (*anat.*) cartilagine *f.*

cartilagineux, euse |kaʀtilaʒinø, øz| *adj.* cartilaginoso, cartilagineo: *tissu cartilagineux* tessuto cartilaginoso, cartilagineo.

cartogramme |kaʀtɔgʀam| *s.m.* cartogramma.

cartographe |kaʀtɔgʀaf| *s.m.* cartografo.

cartographie |kaʀtɔgʀafi| *s.f.* cartografia.

cartographique |kaʀtɔgʀafik| *adj.* cartografico*.

cartomancie |kaʀtɔmɑ̃si| *s.f.* cartomanzia → **divination.**

cartomancien, ienne |kaʀtɔmɑ̃sjɛ̃, jɛn| *s.* cartomante → **tireur** 4, 1 **voyant.**

carton |kaʀtɔ̃| *s.m.* **1** cartone: *carton bitumé* cartone bitumoso; *carton-paille* cartone paglia; *carton dur, absorbant, isolant* cartone duro, assorbente, isolante; *carton d'emballage* cartone per imballaggio; *carton comprimé* cartone pressato # *carton-feutre* cartonfeltro **2** (*spécialt.*) CARTON-PÂTE cartapesta *f.* ◇ (*loc. fig.*) *des personnages en carton-pâte* personaggi di cartapesta **3** [*boîte, réceptacle en carton fort*] scatola *f.* (di cartone): *carton à chaussures* scatola per le scarpe; *mettre ses affaires dans un carton* mettere le proprie cose in una scatola (di cartone) # *carton à chapeaux* cappelliera ◇ (*spécialt.*) [*dossier*] cartella (*f.*): *les cartons du ministre* le cartelle del ministro; *carton à dessin* cartella da disegno ◇ (*par ext.*) [*cartable*] *carton d'écolier* cartella **4** [*plaque de carton servant de cible au tir*] bersaglio* (di cartone) ◇ *loc.* FAIRE UN CARTON: (*pr.*) [*tirer à la cible*] tirare al bersaglio; (*fig., fam.*) sparare addosso a qc.

cartonnage |kaʀtɔnaʒ| *s.m.* [→ CARTONNER] cartonaggio*.

cartonner |kaʀtɔne| *v.tr.* [*garnir de carton*] cartonare ♦ (*au p.p.*) *un livre cartonné* [*relié en carton*] un libro cartonato.

cartonnerie |kaʀtɔnʀi| *s.f.* **1** [*fabrication, commerce, industrie du carton*] cartonaggio* *m.* **2** [*usine où l'on fabrique du carton*] cartonificio* *m.*

cartonneux, euse |kaʀtɔnø, øz| *adj.* simile al cartone.

carton-paille |kaʀtɔ̃pɑj|, **carton-pâte** |kaʀtɔ̃pɑt| → **carton.**

cartoon |kaʀtun| *s.m.* (*angl.*) disegno animato, cartoon *inv.*

cartoonist |kaʀtunist| *s.m.* (*angl.*) cartonista *s.*

cartothèque |kaʀtɔtɛk| *s.f.* cartoteca*.

1 **cartouche** |kaʀtuʃ| *s.f.* **1** cartuccia*: *la douille d'une cartouche* il bossolo della cartuccia **2** (*par ext.*) *cartouche de mine, d'encre* cartuccia di mina, di inchiostro → **recharge** ◇ (*photo.*) caricatore *m.* ◇ (*électron.*) *cartouche stéréo 8* cartuccia stereo 8 **3** *cartouche de cigarettes* [*boîte qui en contient un certain nombre de paquets*] stecca* di sigarette.

2 **cartouche** |kaʀtuʃ| *s.m.* [*ornement sculpté ou dessiné, en forme de carte à demi déroulée, destiné à recevoir une inscription*] cartiglio*: *décoration en cartouche* decorazione a cartiglio.

cartoucherie |kaʀtuʃʀi| *s.f.* fabbrica* di cartucce; deposito *m.* di cartucce.

cartouchière |kaʀtuʃjɛʀ| *s.f.* cartucciera: *cartouchières fixées au ceinturon* cartucciere fissate al cinturone.

cartulaire |kaʀtylɛʀ| *s.m.* (*hist. ecclés.*) cartulario*.

caryatide |kaʀjatid| *s.f.* → **cariatide.**

caryo- |kaʀjɔ| *préf.* (*signifiant 'noix, noyau', correspond généralt. à*) cario: *caryophyllé* cariofillaceo.

caryocinèse |kaʀjɔsinɛz|, **kariokinèse** |kaʀjɔkinɛz| *s.f.* (*biol.*) cariocinesi *inv.*, mitosi *inv.*

Caryophyllées |kaʀjɔfile|, **Caryophylacées** |kaʀjɔfilase| *s.f. pl.* Cariofillacee.

caryopse |kaʀjɔps(ə)| *s.m.* (*bot.*) cariosside *f.*

caryotype |kaʀiɔtip| *s.m.* (*biol.*) cariotipo.

1 **cas** |kɑ| *s.m.* **I** (*emplois généraux*) **1** caso: *cas grave, importante* caso grave, importante; *cas étrange, rare* caso strano, raro; *cas imprévu, fortuit* caso imprevisto, fortuito → **événement, fait**; *cas de force majeure* caso di forza maggiore; *cas limite, type* caso limite, tipico; *plusieurs cas sont à envisager* bisogna prospettare parecchi casi, parecchie eventualità ◇ (*loc.*) *le cas échéant* all'occorrenza, se (è) necessario ~ *en cas de besoin* in caso di bisogno, se occorre ~ *en ce cas* in tal caso, in questo caso ~ *en tel, pareil cas* in un caso simile ~ *en aucun cas* in nessun caso; assolutamente ~ C'EST LE CAS DE (+ *inf.*) è il caso di (+ *inf.*): *c'est bien le cas de le dire* è proprio il caso di dirlo ~ *c'est le cas ou jamais* questo è il momento, ora o mai più **2** *loc. conj.* EN CAS QUE (+ *subj.*), AU CAS OÙ (+ *condit.*) nel caso che, in cui (+ *subj.*): *en cas qu'il vienne, au cas qu'il vienne* nel caso che venga; *au cas, dans le cas, pour le cas où il viendrait* nel caso (che) venisse ◇ (*loc. adv.*) *en tout cas* in ogni caso, comunque *adv.* **3** (*loc.*) *faire grand cas de* (*qqn., qqch.*) dare molta importanza a qc., q.c. ~ *faire cas de* far caso a ~ *faire peu de cas, ne faire aucun cas de...* far poco caso a, non far per niente caso a; dare poca importanza a... **II** **1** (*dr., cour.*) caso: *cas grave* caso grave; *cas judiciaire* caso giudiziario; *soumettre un cas au juge* sottoporre un caso al giudice → **crime,** 1 **délit** **2** (*relig., cour.*) *un cas de conscience* un caso di coscienza **3** (*méd., cour.*) caso: *cas grave, désespéré* caso grave, disperato ◇ [*le sujet lui-même*] *ce malade est un cas rare* questo malato è un caso raro; *cette personne est un cas* questa persona è un caso.

2 **cas** |kɑ| *s.m.* [*chacune des formes d'un mot qui présente des flexions*] caso: *les cas en latin* i casi in latino → **désinence, déclinaison**; *cas sujet, régime* (caso) soggetto, complemento oggetto.

casanier, ière |kazanje, jɛʀ| *adj.* [*qui aime à rester au logis*] casalingo*: *habitudes casanières* abitudini casalinghe; *vie casanière* vita casalinga → **sédentaire, pantouflard** ♦ (*s.f.*) *une casanière* una donna tutta casa **C** **bohème.**

casaque |kazak| *s.f.* casacca*, gabbana (*rare*) ◇ (*loc. fig.*) *tourner casaque* voltar gabbana, cambiare bandiera.

casaquin |kazakɛ̃| *s.m.* **1** (*ancienn.*) casacchina *f.*, giubbetto **2** (*loc. fam.*) *tomber, sauter sur le casaquin de qqn.* suonarle, darle a qc. → **battre.**

casbah |kazba| *s.f.* casba.

cascade |kaskad| *s.f.* **1** cascata: *cascade naturelle* cascata naturale → 1 **cataracte** **2** (*fig.*) [*ce qui se produit par saccades, par rebondissements successifs*] scroscio* *m.*, valanga*: *cascade de rires* scroscio di risa; *cascade d'applaudissements* scroscio, valanga di applausi; *une cascade de paroles* una valanga di parole **3** *loc.* EN CASCADE uno (una) dopo l'altro (l'altra): *nous avons eu des malheurs en cascade* abbiamo avuto una disgrazia dopo l'altra ◇ (*électr.*) in cascata, in serie: *montage en cascade* montaggio in cascata, in serie.

cascader |kaskade| *v.intr.* [*tomber en cascade*] scendere (105) in cascata: *ruisselets qui cascadent sur une pente*

ruscelletti che scendono, cadono in cascata su un pendio.
cascadeur, euse |kaskadœʀ, øz| *s.* [*acrobate qui tourne les scènes dangereuses d'un film*] controfigura *f.*, cascatore *m.*
cascatelle |kaskatɛl| *s.f.* (*littér.*) cascatella (*cour.*).
1 **case** |kɑz| *s.f.* [*habitation traditionnelle en Afrique et dans les civilisations analogues*] capanna → **hutte, paillote.**
2 **case** |kɑz| *s.f.* **1** [*chaque division d'un damier, d'un échiquier*] casella: *les 64 cases d'un échiquier* le 64 caselle, i 64 scacchi di una scacchiera **2** [*compartiment, subdivision d'une surface ou d'un volume*] scomparto *m.*, casella: *les cases d'une ruche d'abeilles* le caselle, le celle di un alveare; *une boîte à plusieurs cases* una scatola a più scomparti, a più caselle; *case postale* casella postale → **boîte**; *ce placard comprend trois cases* questo armadio a muro ha tre scomparti **3** (*loc. pop.*) *il lui manque une case, il a une case en moins, une case vide* gli manca una rotella.
caséation |kazeɑsjɔ̃|, **caséification** |kazeifikɑsjɔ̃| *s.f.* **1** caseificazione **2** (*méd.*) caseificazione.
caséeux, euse |kazeø, øz| *adj.* caseoso ◇ (*méd.*) *nécrose caséeuse* necrosi caseosa.
caséine |kazein| *s.f.* caseina.
casemate |kazmat| *s.f.* casamatta: *casemates d'un fort* casematte di un forte; *casematte en béton* casamatta in calcestruzzo → **fortin, blockhaus.**
caser |kɑze| **A** *v.tr.* (*fam.*) **1** [*mettre à la place qu'il faut; dans une place qui suffit*] sistemare: *trouver un logement pour caser un ami* trovare un alloggio per sistemare un amico → **loger,** 1 **placer** **2** (*fig.*) [*établir dans une situation*] sistemare: *elle a deux filles à caser* ha due figlie da sistemare → **marier** **B** *v.pron. réfl.* SE CASER [*se placer*] sistemarsi: *casez-vous où vous pourrez* sistematevi dove potete.
caseret |kazʀɛ| *s.m.*, **caserette** |kazʀɛt| *s.f.* [*moule à fromage*] fiscella *f.*, fascera *f.*
caserne |kazɛʀn(ə)| *s.f.* **1** caserma: *les chambrées, la cantine d'une caserne* le camerate, la mensa di una caserma → **baraquement, 2 quartier** ◇ (*loc.*) *être à la caserne* [*être soldat*] essere militare, fare il militare ◇ (*par ext.*) [*troupes casernées*] *plaisanterie de caserne* scherzo da caserma; *toute la caserne sera consignée* tutta la caserma sarà consegnata **2** (*fam.*) [*grand immeuble peu plaisant, divisé en nombreux appartements*] casermone *m.*
casernement |kazɛʀnəmɑ̃| *s.m.* **1** [→ CASERNER] accasermamento: *le casernement des troupes* l'accasermamento delle truppe **2** [*ensemble des constructions d'une caserne*] accasermamento, caserme (*f. pl.*): *revue de casernement* ispezione delle caserme.
caserner |kazɛʀne| *v.tr.* [*loger dans une caserne*] accasermare: *caserner des troupes* accasermare delle truppe.
cash |kaʃ| *adv.* (*angl.*) (*fam.*) *payer cash* pagare in contanti; *mille francs cash* mille franchi in contanti.
casier |kɑzje| *s.m.* **1** [*ensemble de cases, de compartiments formant meuble*] casellario*: *casier à livres* casellario per libri **2** (*fig.*) casellario: *casier judiciaire* casellario giudiziale; *extrait du casier judiciaire* estratto del casellario giudiziale, penale # *casier judiciaire vierge, chargé* fedina penale pulita, sporca; *casier fiscal* anagrafe tributaria **3** [*nasse pour prendre les crustacés*] cannaio*.
casimir |kazimiʀ| *s.m.* → **cachemire.**
casino |kazino| *s.m.* casinò (*inv.*): *casino d'une station thermale* casinò di una stazione termale; *le bar, le dancing d'un casino* il bar, il dancing di un casinò.
casoar |kazɔaʀ| *s.m.* **1** (*t.zool.*) casuario* **2** [*plumet ornant le shako des saint-cyriens*] ⊠.
casque |kask(ə)| *s.m.* **I** **1** casco*: *casque de motocycliste* casco da motociclista; *casque de pompier, de scaphandrier* casco da pompiere, da palombaro; *casque colonial* casco coloniale ◇ (*spécialt.*) *les casques bleus* (*de l'O.N.U.*) i caschi blu (dell'O.N.U.) **2** (*ancienn.*) casco, elmo, elmetto: *sommet du casque* cresta del casco, dell'elmo; *casque à pointe* casco, elmo a chiodo; *casque militaire* casco, elmetto militare; *casque de cuirassier* elmo da corazziere **3** *casque à mèche* berretto da notte **4** [*dispositif qui coiffe la tête*] cuffia (*f.*): *casque à écouteurs* cuffia; *casque téléphonique* cuffia telefonica; *écouter au casque* ascoltare in cuffia **5** [*appareil à air chaud qui sert à sécher les cheveux*] casco: *être sous le casque* essere sotto il casco → **séchoir** **6** [*cheveux*] *casque d'or* casco d'oro **II** **1** (*t.zool.*) casside *f.* **2** (*zool.*) casco.
casqué, ée |kaske| *adj.* con l'elmo, l'elmetto (in testa) (*loc. inv.*): *médaille à tête casquée* medaglia riproducente una testa con elmo.
1 **casquer** |kaske| *v.intr.* (*pop.*) [*donner de l'argent; payer*] sganciare (*fam.*): *il a casqué pour tout le monde* ha sganciato, pagato lui per tutti.
2 **casquer** |kaske| *v.tr.* [*coiffer d'un casque ou comme d'un casque*] munire (197) di casco: *des policiers casqués* poliziotti muniti di casco.
casquette |kaskɛt| *s.f.* berretto *m.* (a visiera): *casquette d'uniforme* berretto di divisa; *casquette d'officier* berretto da ufficiale; *casquette d'aviateur* berretto da aviatore; *casquette de jockey* berretto da fantino.
casquetterie |kaskɛtʀi| *s.f.* [*travail du casquetier*] berrettificio* *m.* ◇ [*commerce du casquetier*] berretteria.
casquettier |kasketje| *s.m.* [*chapelier qui fabrique ou vend des casquettes*] berrettaio*.
cassable |kɑsabl(ə)| *adj.* [*qui risque de se casser facilement*] fragile → **cassant, fragile** 🄲 **incassable.**
cassage |kɑsaʒ| *s.m.* [→ CASSER A 1] frantumazione *f.*, rottura *f.*
cassant, ante |kɑsɑ̃, ɑ̃t| *adj.* **1** [*qui se casse aisément; qui n'est pas flexible*] fragile: *cassant comme du verre* fragile come il vetro; *l'acier trempé est cassant* l'acciaio temperato è fragile → **fragile** **2** (*fig.*) [*qui manifeste son autorité par des paroles dures*] imperioso: *un ton cassant* un tono imperioso; *une voix cassante* una voce imperiosa → **absolu, brusque, sec** **3** (*pop.*) [*fatigant*] faticoso (*cour.*): *ce n'est pas trop cassant* non è troppo faticoso 🄲 **2 conciliant, doux.**
cassate |kasat| *s.f.* cassata.
1 **cassation** |kɑsasjɔ̃| *s.f.* (*dr.*) cassazione: *cassation d'un acte* cassazione di un atto; *Cour de cassation* Corte di cassazione; *demande en cassation* ricorso in cassazione.
2 **cassation** |kɑ(a)sasjɔ̃| *s.f.* (*mus.*) cassazione: *cassation de Mozart* cassazione di Mozart.
1 **casse** |ka(ɑ)s| *s.f.* → **cassier.**
2 **casse** |ka(ɑ)s| *s.f.* (*imprim.*) cassa (tipografica): *haut de casse* alta cassa; *bas de casse* bassa cassa.
3 **casse** |kɑs| **I** *s.f.* **1** [→ CASSER A 1] rottura; danni (*m. pl.*): *payer la casse* pagare i danni → **bris** # *ces objets sont mal emballés, il y aura de la casse* questi oggetti sono imballati male, ci saranno i cocci; *porte cette porcelaine, et attention à la casse* porta questa porcellana, e attento a non romperla ◇ (*fig., fam.*) *il va y avoir de la casse* [*bagarre*] ci saranno tafferugli, voleranno botte **2** *mettre une voiture à la casse* [*à la ferraille*] mandare un'auto alla demolizione; *vendre à la casse* vendere come rottame *m.* **II** *s.m.* (*arg.*) → **cambriolage.**
4 **casse** |kɑs| *s.f.* [*recipient*] coppella # *casse de verrier* cucchiaio da vetraio.
cassé, ée |kɑse| *adj.* **1** [*rompu*] rotto ◇ (*fig.*) *blanc cassé* [*mêlé d'une quantité infime de couleur*] bianco sporco **2** *voix cassée* [*faible, rauque*] voce fioca, rauca # *j'ai la voix cassée* ho perso la voce.
casseau |ka(ɑ)so| *s.m.* **1** (*imprim.*) mezza cassa *f.* **2** [*cylindre de bois utilisé pour la castration des animaux*] castratoio*.
casse-cou |kɑsku| *s.m. inv.* **1** [*passage, lieu où l'on risque de tomber*] rompicollo *var.*, scapicollo *var.* ◇ (*loc.*) *crier casse-cou à qqn.* avvertire qc. di un pericolo **2** (*fam.*) [*celui qui s'expose, sans réflexion, à un danger*] rompicollo, scavezzacollo *var.* → **audacieux, téméraire.**
casse-croûte |kɑskʀut| *s.m. inv.* [*repas léger pris rapidement*] spuntino *var.* → **collation.**
casse-cul |kɑsky| *s. inv.* (*fam.*) [*personne qui importune*] rompiscatole (*pop.*), rompiballe (*vulg.*) ◆ (*adj.*) *il est casse-cul avec toutes ses histoires* quanto rompe con tutte le sue storie → **casse-pieds, emmerdant** ◇ (*sujet de chose*) rottura *s.f. var.* (di scatole) (*pop.*): *c'est casse-cul ces recherches* queste ricerche sono una rottura (di scatole).
casse-graine |kɑsgʀɛn| *s.m.* → **casse-croûte.**
casse-gueule |kɑsgœl| *s.m. inv.* (*fam.*) [*entreprise hasardeuse, opération risquée*] rischio* *var.*, rompicollo *var.* (*rare*) ◆ (*adj.*) *c'est casse-gueule* è pericoloso *var.* (*cour.*), è rischioso *var.* (*cour.*).
cassement |kɑsmɑ̃| *s.m.* **1** *cassement de tête* [*grande fatigue causée par un bruit assourdissant, un travail pénible; tracas*] rompicapo: *ce travail est un cassement de tête* questo lavoro è un rompicapo **2** (*arg.*) → **cambriolage.**
casse-noisettes |kɑsnwazɛt|, **casse-noix** |kɑsnwa(ɑ)| *s.m. inv.* [*petit instrument servant à casser les noisettes*] schiaccianoci.
casse-pieds |kɑspje| *s. inv.* (*fam.*)

[*importun*] scocciatore* *var.*, rompiscatole (*pop.*) ♦ (*adj.*) *ce qu'elles sont casse--pieds!* sono delle vere rompiscatole!

casse-pierre(s) |kɑspjɛʀ| *s.m.* **1** (*techn.*) frantoio* (per pietre) ◇ [*masse*] mazza *f.* (da cavapietre) **2** → **pariétaire.**

casse-pipes |kɑspip| *s.m. inv.* (*pop.*) → **guerre.**

casser |kɑse| **A** *v.tr.* **1** [*mettre en morceau, diviser d'une manière soudaine, par choc, coup, pression*] rompere (176): *casser une assiette, un verre* rompere un piatto, un bicchiere; *casser un carreau, une vitre* rompere un vetro; *il lui a cassé trois dents d'un coup de poing* gli ha rotto tre denti con un pugno → **briser, écraser, rompre** ◇ (*loc.*) *casser la croûte, une croûte* [*manger*] fare uno spuntino, mettere q.c. sotto i denti ◇ (*loc. fig.*) *casser le morceau* [*avouer, dénoncer*] vuotare il sacco ~ *casser du sucre sur le dos de qqn.* [*le calomnier ou en médire*] tagliare i panni addosso a qc. ~ *casser la pipe* [*mourir*] tirare le cuoia ~ CASSER LA TÊTE (*de qqn.*) [*assourdir, fatiguer, importuner*] stancare, scocciare (*fam.*) qc.: *il nous casse la tête avec ses discours* ci stanca, ci scoccia con i suoi discorsi ~ *ce travail me casse la tête* questo lavoro mi rompe la testa, è un rompicapo ◇ (*loc. fam.*) *casser la figure, la gueule* (*pop.*) *à qqn.* [*le battre*] rompere, spaccare la faccia a qc. ~ *se casser la figure* [*tomber, avoir un accident*] rompersi il collo ~ *ne te casse pas la tête!* non prendertela, non affaticarti (troppo)! ~ (*vulg.*) *se casser le cul* rompersi il culo, le palle ◇ (*prov.*) *qui casse les verres les paie* chi rompe paga ~ *on ne fait pas d'omelette sans casser des œufs* [*les sacrifices, les violences sont nécessaires*] chi non risica non rosica **2** [*rompre* (*un os*), *disjoindre* (*une articulation*)] rompere: *le coup lui a cassé le bras* il colpo gli ha rotto il braccio ◇ (*loc. fig.*) *casser les reins à qqn.* spezzare le reni a qc. ~ *se casser le nez à la porte de qqn.* trovare la porta chiusa ~ *casser les pieds* [*importuner*] scocciare (*fam.*), rompere l'anima **3** (*fam.*) [*endommager de manière à empêcher le fonctionnement*] scassare, spaccare: *il a cassé sa montre, sa voiture* ha scassato, ha spaccato l'orologio, la macchina ◇ (*loc. fam.*) *casser le moral à qqn.* [*le démoraliser*] buttar giù qc., tagliare le gambe a qc. **4** (*loc. fam.*) *ça ne casse rien* non è niente di straordinario (*cour.*), non ha nulla di eccezionale (*cour.*) ~ À TOUT CASSER: *il conduit sa voiture à tout casser* [*à toute allure*] guida la macchina a rotta di collo; *un repas, un film à tout casser* [*extraordinaire*] una mangiata coi fiocchi, un film eccezionale; *ça coûtera cent francs à tout casser* [*tout au plus*] costerà cento franchi a dir tanto **5** (*dr.*) [*annuler* (*un acte, etc.*)] annullare, cassare: *casser un mariage* annullare un matrimonio ◇ (*par ext.*) *casser les prix* [*les faire diminuer brusquement*] far (103) *intr.* crollare i prezzi **6** (*compl. de personne*) [*dégrader, démettre de ses fonctions*] degradare, esonerare: *casser un officier* degradare un ufficiale **B** *v. intr.* [*se rompre, se briser*] rompersi (*pron.*): *la tasse a cassé en tombant* la tazza si è rotta cadendo; *cela casse comme du verre* si rompe, è fragile come il vetro ◇ (*loc.*) *tout passe, tout lasse, tout casse* tutto ha fine **C** *v.pron. intr.* SE CASSER **1** [→ *tr.* 1] rompersi: *les œufs se sont cassés* le uova si sono rotte ◇ (*loc. fam.*) *il ne s'est pas cassé!* [*fatigué*] non si è sciupato! **2** (*pop.*) [*s'en aller*] squagliarsela, svignarsela: *je me casse* me la squaglio Ⓒ A 1 **réparer, recoller,** 5 **ratifier, valider.**

casserole |kasʀɔl| *s.f.* **1** casseruola, tegame (*m.*): *casserole en aluminium* casseruola, tegame di alluminio **2** *loc.* À LA CASSEROLE in casseruola: *veau à la casserole* vitello in casseruola ◇ (*fig.*) *passer à la casserole* [*être mis dans une mauvaise situation*] essere fritto **3** (*fam.*) vecchio* pianoforte *m.* (*cour.*) **4** (*arg., ciné.*) → **projecteur.**

casse-tête |kɑstɛt| *s.m. inv.* **1** [*massue grossière; matraque*] mazza *f. var.* **2** [*travail qui demande un effort soutenu, qui fatigue*] rompicapo (*var.*): *ce problème est un casse-tête chinois* questo problema è un rompicapo, è un enigma cinese.

cassetin |ka(ɑ)stɛ̃| *s.m.* (*imprim.*) cassettino.

cassette |kasɛt| *s.f.* **1** (*ancienn.*) [*petit coffre destiné à serrer de l'argent, des bijoux*] cofanetto *m.* → **coffret** **2** (*loc. fam.*) *je prendrai cette somme sur ma cassette* [*mon argent*] prenderò questa somma dai miei risparmi (*cour.*) **3** (*techn.*) cassetta, musicassetta: *enregistrement sur cassette* registrazione su cassetta; *magnétophone à cassettes* registratore a cassette # *cassette* (*de film*) cinecassetta ◇ (*télév.*) [*vidéocassette*] videocassetta # *magnétoscope à cassettes* videoregistratore, registratore video a cassette.

casseur, euse |kɑsœʀ, øz| **1** *s.* [*celui, celle qui casse*] rompitore* (*rare*) # *un casseur de pierres* uno spaccapietre ◇ (*loc.*) *les casseurs paieront les dégâts* chi rompe paga **2** (*fig.*) *un casseur d'assiettes* uno spaccone; *jouer les casseurs* fare lo spaccone, il duro **3** [*personne qui, au cours d'une manifestation, endommage des biens publics*] vandalo **4** (*arg.*) → **cambrioleur** ♦ *adj.* (*fam.*) [*qui casse par maladresse*] fracassone: *cette domestique est casseuse* questa domestica è una fracassona *s.*

cassier |ka(ɑ)sje| *s.m.* (*t.bot.*) cassia *f.*

cassine |kasin| *s.f.* (*vieilli*) [*petite maison; baraque*] bicocca*.

1 **cassis** |kasis| *s.m.* **1** (*t.bot.*) ribes *inv.* nero **2** [*liqueur*] 'cassis' (*inv.*): *un verre de cassis* un bicchiere di 'cassis' **3** (*arg.*) [*tête*] zucca* (*pop.*), capoccia* (*pop.*): *il est tombé sur le cassis* ha battuto la zucca, la capoccia.

2 **cassis** |kɑ(a)si(s)| *s.m.* [*rigole pratiquée en travers d'une route pour l'écoulement des eaux*] canaletto (trasversale): *des cassis et des dos d'ânes* canaletti e dossi.

cassitérite |kasiteʀit| *s.f.* (*minér.*) cassiterite.

cassolette |kasɔlɛt| *s.f.* [*réchaud à couvercle ajouré dans lequel on fait brûler des parfums*] bruciaprofumi *m. inv.*

casson |kɑsɔ̃| *s.m.* **1** rottami *pl.* di vetro **2** pan di zucchero grezzo.

cassonade |ka(ɑ)sɔnad| *s.f.* zucchero *m.* non raffinato.

cassoulet |kasulɛ| *s.m.* [*ragoût languedocien de filets d'oie, de canard, de porc ou de mouton avec des haricots blancs, préparé et servi dans une terrine de grès*] ☒.

cassure |kɑsyʀ| *s.f.* **1** [*endroit où un objet est cassé*] spaccatura, frattura → 1 **brèche,** 2 **faille, fracture** **2** *abstrait* [*coupure, rupture*] incrinatura, frattura: *cassure dans une amitié* incrinatura, frattura in un'amicizia.

castagnettes |kastaɲɛt| *s.f. pl.* nacchere, castagnette.

castagnole |kastaɲɔl| *s.f.* (*t.zool.*) castagnola.

caste |kast(ə)| *s.f.* **1** casta: *la caste des prêtres* la casta dei sacerdoti ◇ (*par ext.*) *la caste des bourgeois* la casta dei borghesi **2** (*péj.*) casta: *esprit de caste* spirito di casta **3** (*zool.*) casta.

castel |kastɛl| *s.m.* piccolo castello, castelletto.

castillan, ane |kastijɑ̃, an| **1** *adj.* [*de la Castille*] castigliano **2** (*s.m.*) *le castillan* [*la langue officielle parlée en Espagne*] il castigliano.

castine |kastin| *s.f.* (*minér.*) castina.

castor |kastɔʀ| *s.m.* **1** (*t.zool.*) castoro ~ *castor du Canada* topo muschiato, ondatra *f.* ◇ [*fourrure de castor*] castoro: *manteau de castor* pelliccia di castoro **2** berretto, cappello di castoro.

castoréum |kastɔreɔm| *s.m.* (*méd.*) castoreo.

castorine |kastɔʀin| *s.f.* castorino *m.*

castramétation |kastʀametɑsjɔ̃| *s.f.* (*hist. milit.*) castrametazione.

castrat |kastʀa| *s.m.* [*chanteur châtré*] castrato.

castrateur, trice |kastʀatœʀ, tʀis| *adj.* (*psycho.*) castratore*.

castration |kastʀɑsjɔ̃| *s.f.* **1** castrazione, castratura **2** (*psycho.*) castrazione: *complexe de castration* complesso di castrazione.

castrer |kastʀe| *v.tr.* [*pratiquer la castration sur*] castrare → **châtrer, émasculer.**

castrisme |kastʀism(ə)| *s.m.* (*polit.*) castrismo.

casuel, elle |kazɥɛl| **1** *adj.* (*littér.*) casuale (*cour.*) → **accidentel, occasionnel** **2** *s.m.* [*profit, revenu incertain et variable d'un office*] entrata *f.* extra, incerti *pl.* ◇ (*spécialt.*) [*honoraires que les fidèles donnent au curé dans certaines occasions*] incerti.

casuiste |kɑ(a)zɥist(ə)| *s.m.* (*théol.*) casista.

casuistique |kɑ(a)zɥistik| *s.f.* **1** (*théol.*) casistica* **2** [*subtilité complaisante*] sofisticheria.

casus belli |kazysbɛlli| *s.m. inv.* (*lat.*) casus belli.

cata- |kata| *préf.* (*signifiant 'en dessous, en arrière', correspond généralt. à*) cata: *catabolisme* catabolismo.

catabolique |katabɔlik| *adj.* (*physiol.*) catabolico*.

catabolisme |katabɔlism(ə)| *s.m.* (*physiol.*) catabolismo.

cataclysmal, ale, aux |kataklismal, o|, **cataclysmique** |kataklismik| *adj.* (*littér.*) [*désastreux, terrible*] disastroso (*cour.*), rovinoso (*cour.*).

cataclysme |kataklism(ə)| *s.m.* cataclisma → **bouleversement, catastrophe,** 2 **fléau.**

catacombe |katakɔ̃b| *s.f.* catacomba: *les catacombes de Rome* le catacombe di Roma ◇ (*par ext.*) [*exca-*

vation où ont été remis des ossements] ossario* *m.* → **ossuaire.**
catadioptre |katadjɔptʀ(ə)| *s.m.* catarifrangente.
catadioptrique |katadjɔptʀik| **1** *adj.* catadiottrico*: *télescope catadioptrique* telescopio catadiottrico **2** *s.f.* catadiottrica* → **optique.**
catafalque |katafalk(ə)| *s.m.* catafalco*: *dresser un catafalque* innalzare un catafalco.
catalan, ane |katalɑ̃, an| **1** *adj.* [*de Catalogne*] catalano **2** (*s.m.*) *le catalan* [*la langue*] il catalano.
catalectique |katalɛktik| *adj.* (*versif.*) catalettico*.
catalepsie |katalɛpsi| *s.f.* (*méd.*) catalessi *inv.* → **léthargie, paralysie.**
cataleptique |katalɛptik| *adj.* catalettico*: *un sommeil cataleptique* un sonno catalettico ◆ (*s.*) *un cataleptique, une cataleptique* un uomo catalettico *adj.*, una donna catalettica *adj.*
catalogage |katalɔgaʒ| *s.m.* [→ CATALOGUER 1] catalogazione *f.*
cataloguable |katalɔgabl(ə)| *adj.* [→ CATALOGUER] catalogabile.
catalogue |katalɔg| *s.m.* catalogo*: *catalogue par ordre alphabétique, chronologique* catalogo per ordine alfabetico, cronologico ◇ (*par ext.*) *catalogue illustré* catalogo illustrato; *catalogue de meubles, de jouets* catalogo di mobili, di giocattoli.
cataloguer |katalɔge| *v.tr.* **1** [*classer, inscrire par ordre* (*dans un catalogue*)] catalogare: *cataloguer les livres d'une bibliothèque* catalogare i libri di una biblioteca ◇ (*par ext.*) *cataloguer un musée* catalogare le opere di un museo **2** [*classer* (*qqn.*) *en le jugeant de manière définitive*] classificare: *il t'a catalogué, pour lui tu es un paresseux* ti ha classificato, ormai per lui sei un pigro.
catalogueur |katalɔgœʀ| *s.m.* catalogatore* *s.*
catalpa |katalpa| *s.m.* (*t.bot.*) catalpa *f.*
catalyse |kataliz| *s.f.* catalisi *inv.*
catalyser |katalize| *v.tr.* **1** [*agir comme catalyseur dans une réaction*] catalizzare **2** (*fig.*) [*déchaîner une réaction par sa seule présence*] catalizzare.
catalyseur |katalizœʀ| *s.m.* catalizzatore ◇ (*fig.*) *jouer le rôle d'un catalyseur* avere una funzione di catalizzatore, una funzione catalizzatrice *adj.*
catalytique |katalitik| *adj.* (*chim.*) catalitico*.
catamaran |katamaʀɑ̃| *s.m.* (*mar.*) catamarano.
catanais, aise |katanɛ, ɛz| *adj.* [*de Catane*] catanese.
cataphote |katafɔt| *s.m.* [*petit appareil réfléchissant la lumière*] catarifrangente → **catadioptre.**
cataphractaire |katafʀaktɛʀ|, **cataphracte** |katafʀakt| *adj. et s.m.* catafratto.
cataplasme |kataplasm(ə)| *s.m.* **1** cataplasma: *cataplasme sinapisé* cataplasma senapato → **sinapisme** ◇ (*fig., fam.*) [*aliment trop épais*] pappa (*f.*): *cette purée est un cataplasme* questo purè è una pappa → **emplâtre** **2** [*paquet épais de billets, de feuilles*] fascio*, mazzetta *f.*
catapultable |katapyltabl(ə)| *adj.* [→ CATAPULTER] catapultabile.
catapultage |katapyltaʒ| *s.m.* [→ CATAPULTER] catapultamento.
catapulte |katapylt(ə)| *s.f.* **1** (*ancienn.*) catapulta → **baliste** **2** (*aviat.*) catapulta: *catapulte pour avions* catapulta per aerei → 1 **rampe.**
catapulter |katapulte| *v.tr.* [*lancer par catapulte*] catapultare ◇ (*fig.*) [*envoyer subitement* (*qqn.*) *dans un lieu, dans une situation*] catapultare, scaraventare: *la voiture l'a catapultée contre le mur* la macchina l'ha catapultata, scaraventata contro il muro.
1 **cataracte** |kataʀakt(ə)| *s.f.* cateratta, cataratta: *les cataractes du Nil* le cateratte del Nilo → **cascade** ◇ (*fig.*) *des cataractes de pluie* cateratte di pioggia.
2 **cataracte** |kataʀakt(ə)| *s.f.* (*méd.*) cataratta (cateratta).
catarrhal, ale, aux |kataʀal, o| *adj.* (*méd.*) catarrale.
catarrhe |kataʀ| *s.m.* (*méd.*) catarro ◇ (*vx.*) → **rhume.**
catarrheux, euse |kataʀø, øz| *adj.* catarroso.
Catarrhiniens |kataʀinjɛ̃| *s.m. pl.* (*t.zool.*) Catarrine *f.*
catastrophe |katastʀɔf| *s.f.* **1** catastrofe: *affreuse catastrophe* terribile catastrofe; *la catastrophe est inévitable* la catastrofe è inevitabile → **calamité, cataclysme, désastre** **2** (*fam.*) [*événement fâcheux*] catastrofe, disastro (*m.*): *c'est une catastrophe* è una catastrofe, un disastro → **accident, ennui** ◇ (*par ext.*) disastro: *son dernier film est une catastrophe* il suo ultimo film è un disastro ◆ (*interj.*) *catastrophe ! j'ai oublié ma clé !* maledizione!, dannazione! ho dimenticato la chiave! **3** [*dernier et principal événement d'un poème, d'une tragédie*] catastrofe → **dénouement.**
catastrophé, ée |katastʀɔfe| *adj.* (*fam.*) [*abattu par une catastrophe*] sconvolto (*cour.*): *il en est tout catastrophé* ne è tutto sconvolto.
catastropher |katastʀɔfe| *v.tr.* (*fam.*) → **abattre, annihiler.**
catastrophique |katastʀɔfik| *adj.* **1** catastrofico*: *conséquence catastrophique* conseguenza catastrofica → **affreux, effroyable, épouvantable** **2** (*fam.*) [*qui provoque une catastrophe*] catastrofico: *le gouvernement a pris des mesures catastrophiques* il governo ha preso delle misure catastrofiche ◇ (*par ext.*) *son dernier roman est catastrophique* il suo ultimo romanzo è una catastrofe *s.f.*, un disastro *s.m.*
catatonie |katatɔni| *s.f.* (*psychiatr.*) catatonia.
catatonique |katatɔnik| *adj.* (*psychiatr.*) catatonico*.
catch |katʃ| *s.m.* catch *inv.*
catcher |katʃe| *v.intr.* [*lutter au catch*] praticare *tr.* il catch.
catcheur, euse |katʃœʀ, øz| *s.* [*personne qui pratique le catch*] lottatore* di catch → **lutteur.**
catéchèse |kateʃɛz| *s.f.* (*relig.*) catechesi *inv.*
catéchisation |kateʃizasjɔ̃| *s.f.* [→ CATÉCHISER] catechizzazione.
catéchiser |kateʃize| *v.tr.* **1** [*instruire dans la relig. chrét.*] catechizzare: *catéchiser un infidèle* catechizzare un infedele **2** [*endoctriner, sermonner*] catechizzare: *il a essayé de le catéchiser, mais en vain* ha cercato invano di catechizzarlo.
catéchisme |kateʃism(ə)| *s.m.* **1** catechismo ◇ (*par ext.*) *acheter un catéchisme* comperare un catechismo; *aller au catéchisme* andare al catechismo **2** [*ce qui est pour qqn. article de foi*] catechismo: *le catéchisme politique* il catechismo politico.
catéchiste |kateʃist(ə)| *s.* catechista, catechizzatore*.
catéchistique |kateʃistik| *adj.* catechistico*.
catéchuménat |katekymena| *s.m.* catecumenato.
catéchumène |katekymɛn| *s.* **1** catecumeno → **prosélyte** **2** [*personne que l'on instruit, que l'on initie*] proselito.
catégorème |kategɔʀɛm| *s.m.* (*philo.*) categorema.
catégorie |kategɔʀi| *s.f.* categoria: *catégorie sociale* categoria sociale; *un boxeur de la catégorie des poids moyens* un pugile della categoria dei pesi medi; *appartenir à une certaine catégorie de gens* appartenere a una certa categoria di persone → **classe** # *dans ce magasin on vend des étoffes de toutes catégories* in questo negozio si vendono stoffe di ogni genere, di ogni tipo ◇ (*par ext.*) scelta: *morceaux de boucherie de première, deuxième catégorie* tagli di carne di prima, seconda scelta ◇ (*gram.*) categoria: *catégories grammaticales* categorie grammaticali ◇ (*philo.*) *les dix catégories d'Aristote* le dieci categorie d'Aristotele.
catégoriel, ielle |kategɔʀjɛl| *adj.* **1** (*écon., polit.*) di categoria *loc. inv.*, settoriale: *revendications catégorielles* rivendicazioni settoriali **2** (*philo.*) categoriale, concettuale.
catégorique |kategɔʀik| *adj.* categorico*: *affirmation, réponse catégorique* affermazione, risposta categorica → **absolu, indiscutable**; *une position catégorique* una posizione categorica ◇ (*par ext.*) *il a été catégorique sur ce point* è stato categorico su questo punto ◇ (*philo.*) *impératif catégorique* imperativo categorico Ⓒ **équivoque, évasif.**
catégoriquement |kategɔʀikmɑ̃| *adv.* [→ CATÉGORIQUE] categoricamente: *refuser catégoriquement* rifiutare categoricamente.
catégorisation |kategɔʀizasjɔ̃| *s.f.* classificazione in, per categorie.
caténaire |katenɛʀ| *adj.* (*ch. de fer*) *suspension caténaire* sospensione a catenaria *loc. inv.* ◆ (*s.f.*) *une caténaire* una catenaria.
catgut |katgyt| *s.m. inv.* (*chir.*) catgut.
cathare |kataʀ| *adj.* (*hist.*) cataro # *hérésie cathare* catarismo ◆ *s.* (*hist.*) *les Cathares* i Catari.
catharsis |kataʀsis| *s.f.* (*philo., psychan.*) catarsi (*inv.*): *catharsis hypnotique* catarsi ipnotica.
cathartique |katartik| *adj.* **1** catartico*: *action cathartique* azione catartica **2** (*méd.*) catartico ◆ (*s.m.*) *un cathartique* un catartico.
cathédral, ale, aux |katedʀal, o| *adj.* (*rare*) [*du siège de l'autorité épiscopale*] cattedrale: *eglise cathédrale* chiesa cattedrale → **cathédrale.**
cathédrale |katedʀal| *s.f.* **1** cattedrale; duomo *m.* ◇ (*archit.*) *cathédrale romane, gothique* cattedrale romanica, gotica; *la cathédrale de Chartres* la cattedrale di Chartres ◇ (*imprim.*) *re-*

liure à la cathédrale rilegatura alla cattedrale **2** (*appos.*) *verre cathédrale* vetro cattedrale.

catherinette |katʀinɛt| *s.f.* [*jeune fille qui fête la Sainte-Catherine*] ⊠.

cathéter |katetɛʀ| *s.m.* (*méd.*) catetere.

cathétériser |kateteʀize| *v.tr.* (*méd.*) [*sonder, explorer à l'aide d'une sonde*] cateterizzare.

cathétérisme |kateteʀism(ə)| *s.m.* (*méd.*) cateterismo.

cathétomètre |katetɔmɛtʀ(ə)| *s.m.* (*techn.*) catetometro.

cathode |katɔd| *s.f.* (*phys.*) catodo *m.*

cathodique |katɔdik| *adj.* (*phys.*) catodico*: *tube cathodique* tubo catodico.

catholicisme |katɔlisism(ə)| *s.m.* cattolicesimo: *se convertir au catholicisme* convertirsi al cattolicismo.

catholicité |katɔlisite| *s.f.* **1** cattolicità *inv.* → **orthodoxie** **2** [*ensemble des catholiques*] cattolicità: *le Pape est le chef de la catholicité* il Papa è il capo della cattolicità.

catholique |katɔlik| *adj.* **1** cattolico*: *la religion, l'Église catholique* la religione, la Chiesa cattolica; *faculté catholique*, (*fam.*) *la catho* università cattolica ♦ (*s.*) *les catholiques* i cattolici **2** (*fig., fam.*) *une chose pas* (*très*) *catholique* [*louche, douteuse*] una cosa poco ortodossa, non molto ortodossa.

catholiquement |katɔlikmɑ̃| *adv.* [*conformément à la doctrine de l'Église cath.*] cattolicamente.

cati |kati| *s.m.* (*tissage*) appretto, lucido.

catilinaire |katilinɛʀ| *s.f.* (*litt.*) catilinaria.

catimini (en) |ɑ̃katimini| *loc. adv.* [*en cachette, discrètement, secrètement*] di nascosto, di soppiatto: *faire qqch. en catimini* fare q.c. di nascosto; *s'approcher en catimini* avvicinarsi di soppiatto → **tapinois (en).**

catin |katɛ̃| *s.f.* (*vieilli*) → **prostituée, putain.**

cation |katjɔ̃| *s.m.* (*phys.*) catione.

catir |katiʀ| *v.tr.* (*tissage*) [*donner du lustre, du cati* (*à une étoffe*) *en la pressant*] lustrare.

catissage |katisaʒ| *s.m.* (*tissage*) lustramento, 'catissage' *inv.*

catoptrique |katɔptʀik| (*phys.*) **1** *adj.* catottrico* **2** *s.f.* catottrica*.

caucasien, ienne |kɔkazjɛ̃, jɛn| *adj.* [*du Caucase*] caucasico*.

cauchemar |kɔʃmaʀ| *s.m.* **1** [*rêve pénible dont l'élément dominant est l'angoisse*] incubo **2** (*fig.*) [*personne ou chose effrayante*] incubo: *l'orthographe, c'est son cauchemar* l'ortografia è il suo incubo → **tourment.**

cauchemarder |kɔʃmaʀde| *v. intr.* [*faire des cauchemars*] avere (97) *tr.* incubi.

cauchemardesque |kɔʃmaʀdɛsk(ə)|, **cauchemaresque** |kɔʃmaʀɛsk(ə)|, **cauchemardeux, euse** |kɔʃmaʀdø, øz| *adj.* [*de, d'un cauchemar*] da (di) incubo (*loc.*): *une vision, une impression cauchemardesque, cauchemardeuse* una visione da incubo, un'impressione d'incubo # *sommeil cauchemardeux* sonno pieno di incubi.

caudal, ale, aux |kodal, o| **1** *adj.* caudale: *appendice caudal* appendice caudale **2** (*s.f.*) *caudale de poisson, de cétacé* pinna caudale *adj.* di pesce, di cataceo.

caudataire |kodatɛʀ| *s.m.* **1** caudatario* **2** (*fig.*) [*homme obséquieux et flatteur*] caudatario → **adulateur.**

caudé, ée |kode| *adj.* caudato.

caudillo |kawdijo| *s.m.* caudillo *inv.*

caudines |kodin| *adj. f. pl.* (*hist. rom.*) *Fourches Caudines* Forche Caudine ◊ (*fig.*) *passer sous les fourches caudines* passare sotto le forche caudine.

caudrette |kodʀɛt| *s.f.* (*pêche*) bilancia* per la pesca dei crostacei.

caule |kol| *s.f.* (*bot.*) caule *m.*, fusto *m.*

caulescent, ente |kolesɑ̃, ɑ̃t| *adj.* (*bot.*) caulescente.

causal, ale, aux |kozal, o| *adj.* causale: *lien causal* nesso causale ◊ (*gram.*) *conjonctions causales* congiunzioni causali.

causalisme |kozalism(ə)| *s.m.* (*philo.*) causalismo.

causalité |kozalite| *s.f.* causalità *inv.*

causant, ante |kozɑ̃, ɑ̃t| *adj.* (*fam.*) [*qui parle volontiers; qui aime à causer*] loquace (*cour.*), chiacchierone (*cour.*): *il n'est pas très causant* non è molto loquace, non parla molto → **communicatif, causeur.**

causatif, ive |kozatif, iv| *adj.* (*gram.*) causativo, causale → **causal.**

1 **cause** |koz| *s.f.* **1** causa: *cause profonde, réelle, apparente* causa profonda, reale, apparente; *la cause de sa réussite* la causa del suo successo; *il n'y a pas d'effet sans cause* non c'è effetto senza causa → **origine, motif,** 1 **raison** ◊ *loc.* ÊTRE (LA) CAUSE DE essere (la) causa di: *vous serez* (*la*) *cause de son bonheur* sarete (la) causa della sua felicità ~ À CAUSE DE a causa di, per: *l'affaire a échoué à cause d'un malentendu* la cosa è fallita a causa di un malinteso, per un malinteso; *je lui pardonne à cause de son âge* gli perdono a causa della, per la sua età ~ À CAUSE DE MOI, TOI, LUI, NOUS *etc.* per causa mia, tua, sua, nostra, ecc.: *tout est arrivé à cause de lui* tutto è accaduto per causa sua ~ POUR CAUSE DE per: *le magasin est fermé pour cause de deuil, pour cause d'inventaire* il negozio è chiuso per lutto, per inventario; *demander un congé pour cause de maladie* chiedere un congedo per malattia ~ *et pour cause!* [*pour une raison évidente*] e a ragione!; la ragione, il motivo è evidente! **2** (*philo., cour.*) causa: *causes finales* cause finali; *cause première* causa prima; *enchaînement des causes et des effets* concatenazione tra causa ed effetto; *rechercher, connaître, attribuer une cause* ricercare, conoscere, attribuire una causa → 1 **fondement, origine** # *rapport, lien de cause à effet* rapporto, nesso di causalità ◊ (*loc.*) *pour la bonne cause* per un buon motivo.

2 **cause** |koz| *s.f.* **1** (*dr.*) causa, processo (*m.*): *cause civile, criminelle* causa, processo civile, penale; *confier une cause à un avocat* affidare una causa a un avvocato ◊ (*loc.*) *plaider une, sa cause* difendere una, la propria causa ~ *avoir, obtenir gain de cause* [*l'emporter, obtenir ce qu'on voulait*] avere causa vinta ~ *en tout état de cause* [*de toute manière*] in ogni caso, in ogni modo **2** *loc.* EN CAUSE in causa: *être en cause* essere parte in causa; *mettre en cause* chiamare in causa, tirare in ballo ~ *être, mettre hors de cause* essere, mettere fuori causa ~ *en désespoir de cause* nella peggiore delle ipotesi, come ultima risorsa ~ *en connaissance de cause* con cognizione di causa **3** (*par ext.*) [*l'ensemble des intérêts à soutenir, à faire prévaloir*] causa: *la cause d'un peuple, d'un parti* la causa di un popolo, di un partito; *une cause injuste* una causa ingiusta; *embrasser, épouser une cause* abbracciare, sposare una causa; *défendre, soutenir la cause de qqn.* difendere, sostenere la causa di qc.; *abandonner une cause* tradire una causa → 1 **parti** ◊ (*loc.*) *prendre fait et cause pour qqn.* difendere qc. a spada tratta; *faire cause commune avec qqn.* far causa comune con qc.

1 **causer** |koze| *v.tr.* [*être cause de*] causare, provocare: *causer un malheur* causare, provocare una disgrazia; *causer un dommage* causare, arrecare un danno; *causer du scandale* provocare scandalo → **amener,** 1 **entraîner, provoquer.**

2 **causer** |koze| *v.intr.* **1** [*s'entretenir familièrement* (*avec qqn.*)] chiacchierare, parlare: *causer avec qqn.* chiacchierare con qc.; *causer longuement d'une affaire* parlare a lungo di una faccenda; *causer de peinture, de littérature* parlare, conversare di pittura, di letteratura → **bavarder** ◊ (*ellipt.*) *causer politique* parlare, discorrere (127) di politica ◊ (*loc.*) *assez causé* basta, tagliamo corto **2** (*incorrect*) *causer de qqch. à qqn.* parlare di q.c. a qc. ◊ (*pop.*) *hé, toi, je te cause!* ehi, dico (*cour.*) a te!

causerie |kozʀi| *s.f.* **1** [*entretien familier*] chiacchierata, conversazione **2** [*discours, conférence sans prétention*] conversazione: *une causerie littéraire* una conversazione letteraria.

causette |kozɛt| *s.f.* (*fam.*) *faire la causette, un brin de causette* [*bavarder familièrement*] fare due (quattro) chiacchiere.

causeur, euse |kozœʀ, øz| **1** *adj.* [*qui aime à causer*] loquace, chiacchierone: *il n'est guère causeur* non è affatto loquace, chiacchierone → **causant** **2** *s.* [*personne qui cause volontiers*] conversatore*; chiacchierone: *un aimable causeur* un piacevole conversatore ‖ *un insupportable causeur* un chiacchierone insopportabile.

causeuse |kozøz| *s.f.* [*petit canapé*] 'causeuse' *inv.*, amorino *m.*

causse |kos| *s.m.* altopiano calcareo (nella Francia centrale e merid.).

causticité |kostisite| *s.f.* (*chim.*) causticità (*inv.*): *causticité d'un acide* causticità di un acido ◊ (*fig.*) *la causticité d'un article de journal* la causticità di un articolo di giornale; *la causticité d'une épigramme* la causticità di un epigramma.

caustique |kostik| **I** *adj.* **1** (*chim.*) caustico*: *substance caustique* sostanza caustica; *soude caustique* soda caustica ♦ (*s.m.*) *les caustiques* i caustici **2** (*fig.*) caustico, mordace: *humeur caustique* umore caustico → **mordant, narquois** **II** *s.f.* (*phys.*) caustica* ⓒ I 2 **bienveillant.**

caustiquement |kɔstikmɑ̃| *adv.* [→ CAUSTIQUE I 2] causticamente.

cautèle |kotɛl| *s.f.* (*littér.*) cautela (*cour.*)., circospezione (*cour.*) → **finesse, rouerie.**

cauteleux, euse |kotlø, øz| *adj.* **1** [*qui agit d'une manière hypocrite et habile*] subdolo: *un air cauteleux* una aria subdola → **hypocrite, sournois** **2** (*vx.*) [*qui a de la cautèle*] cauteloso (*rare*), circospetto (*cour.*) → **défiant, fin, habile, rusé** © 1 **franc.**

cautère |kɔ(o)tɛʀ| *s.m.* (*chir.*) cauterio* ◇ (*loc.*) *c'est un cautère sur une jambe de bois* [*un remède, un expédient inutile*] sono soltanto pannicelli caldi.

cautérisation |kɔ(o)teʀizɑsjɔ̃| *s.f.* (*chir.*) cauterizzazione.

cautériser |kɔ(o)teʀize| *v.tr.* [*brûler les tissus avec un cautère*] cauterizzare.

caution |kosjɔ̃| *s.f.* **1** cauzione: *verser une caution* versare una cauzione; *mettre en liberté sous caution* mettere in libertà su cauzione → **cautionnement, gage** ◇ (*par ext.*) [*toute garantie, toute assurance*] garanzia: *votre approbation est pour moi une caution* la vostra approvazione è per me una garanzia **2** *loc.* SUJET À CAUTION [*sur qui ou sur quoi l'on ne peut compter, avoir confiance*] poco attendibile (*adj.*): *son affirmation est sujette à caution* la sua affermazione è poco attendibile, è da prendere con beneficio d'inventario **3** [*personne qui fournit une garantie, un témoignage*] garante *m.* → **garant, témoin** ◇ (*dr.*) garante, fideiussore (*m.*): *se porter caution pour qqn.* farsi garante, prestare fideiussione per qc.; *fournir caution* designare un fideiussore, portare una garanzia.

cautionnaire |kosjɔnɛʀ| *adj.* [*qui a rapport à la caution*] cauzionale.

cautionnement |kosjɔnmɑ̃| *s.m.* (*dr.*) cauzione *f.*, deposito (cauzionale): *cautionnement versé pour un objet prêté* cauzione versata, deposito versato per un oggetto dato in prestito → **gage, garantie.**

cautionner |kosjɔne| *v.tr.* (*dr.*) [*se rendre caution* (3) *pour qqn.*] garantire (197) *intr.* per: *cautionner un ami* garantire per un amico ◇ (*par ext.*) [*être la caution de* (*qqch.*) *en l'approuvant*] avallare, dare (102) il proprio avallo a: *il ne veut pas cautionner cette politique* non vuole avallare, dare il proprio avallo a questa politica.

cavaillon |kavajɔ̃| *s.m.* (*agric.*) striscia *f.* di terra non arabile tra un piede e l'altro della vite.

cavalcade |kavalkad| *s.f.* **1** cavalcata: *cavalcade de carnaval* cavalcata di carnevale **2** (*fam.*) [*troupe désordonnée, bruyante*] frotta (*cour.*), schiera (*cour.*): *une cavalcade d'enfants* una frotta di bambini.

cavalcader |kavalkade| *v.intr.* [*courir en groupe*] scorrazzare: *les enfants cavalcadaient dans toute la maison* i bambini scorrazzavano per tutta la casa.

cavalcadour |kavalkaduʀ| (*adj. m.*) *écuyer cavalcadour* scudiero addetto ai cavalli, alle scuderie del re.

1 **cavale** |kaval| *s.f.* (*poét.*) [*jument de race*] giumenta (di razza) (*cour.*).

2 **cavale** |kaval| (*arg.*) [*évasion*] evasione (*cour.*).

cavaler |kavale| **A** *v.intr.* (*pop.*) [*fuir, courir, filer*] scorrazzare (*cour.*); battersela *pron.* **B** *v.tr.* (*pop.*) [*ennuyer*] scocciare (*fam.*): *tu nous cavales* ci scocci **C** *v.pron. intr.* (*pop.*) SE CAVALER [*s'enfuir, se sauver*] battersela, alzare *tr.* i tacchi.

cavalerie |kavalʀi| *s.f.* **1** (*milit.*) cavalleria: *charge de cavalerie* carica di cavalleria; *cavalerie légère* cavalleria leggera; *grosse cavalerie* cavalleria pesante; *brigade, régiment, escadron, peloton de cavalerie* brigata, reggimento, squadrone, plotone di cavalleria **2** [*ensemble de chevaux*] scuderia # *la cavalerie d'un cirque* i cavalli di un circo.

cavaleur |kavalœʀ| *adj. et s.m.* (*pop.*) [*coureur de jupons*] donnaiolo (*cour.*).

1 **cavalier, ière** |kavalje, jɛʀ| *s.* **1** *s.* [*personne à cheval*] cavaliere (*m.*): *un bon cavalier* un cavaliere provetto # *cavalier de cirque* cavallerizzo da circo **2** *s.m.* (*milit.*) cavaliere: *cavalier placé en sentinelle* cavaliere (posto) in vedetta **3** *s.m.* (*échecs*) cavallo ◇ (*techn.*) chiodo a 'u', cambretta *f.* ◇ [*pièce servant au classement des fiches*] cavalierino.

2 **cavalier, ière** |kavalje, jɛʀ| **1** *s.m.* [*homme qui accompagne une dame*] cavaliere: *donner le bras à son cavalier* dare il braccio al proprio cavaliere; *cavalier servant* cavalier servente, cicisbeo → **chevalier** **2** (*s.f.*) *la cavalière d'un danseur* [*sa danseuse*] la dama di un ballerino; *le cavalier et sa cavalière* il cavaliere e la sua dama.

3 **cavalier, ière** |kavalje, jɛʀ| *adj.* [*qui manque de considération*] insolente, sgarbato: *réponse cavalière* risposta insolente; *procédé cavalier* modo di fare sgarbato → **brusque, hardi** # *plaisanterie un peu cavalière* scherzo un po' spinto, un po' pesante © **respectueux.**

cavalièrement |kavaljɛʀmɑ̃| *adv.* [→ 3 CAVALIER] insolentemente, sgarbatamente # *il l'a traité cavalièrement* l'ha trattato in modo sgarbato.

cavatine |kavatin| *s.f.* (*mus.*) cavatina.

1 **cave** |kav| *s.f.* **1** [*local souterrain, ordinairement situé sous une habitation*] cantina, scantinato (*m.*): *cave voûtée* cantina, scantinato a forma di volta; *descendre à la cave* scendere in cantina ◇ (*loc.*) *de la cave au grenier* [*de bas en haut, entièrement*] da cima a fondo **2** [*cave servant de cabaret, de dancing*] locale *m.* notturno: *les caves de Saint-Germain-des-Prés* i locali notturni, le 'cave' *inv.* di Saint-Germain-des-Prés **3** (*par ext.*) [*les vins conservés dans une cave*] cantina: *une bonne cave, une cave bien montée* una cantina ben fornita; *la cave d'un restaurant* la cantina di un ristorante.

2 **cave** |kav| *adj.* **1** [*qui présente une cavité, un renfoncement*] incavato, infossato: *joues caves* guance incavate; *yeux caves* occhi infossati **2** (*anat.*) *veines caves* vene cave.

3 **cave** |kav| *s.m.* (*pop.*) [*celui qui se laisse duper*] minchione ◆ (*adj.*) *ce qu'elle est cave!* quanto è minchiona!, che minchiona! *s.f.*

caveau |kavo| *s.m.* **1** piccola cantina *f.* **2** [*cabaret, théâtre de chansonniers*] 'cabaret' (*inv.*): *les caveaux de Montmartre* i 'cabaret' di Montmartre **3** [*construction souterraine pratiquée sous une église, dans un cimetière et servant de sépulture*] tomba *f.*; cripta (*f.*): *caveau de famille* tomba di famiglia ‖ *les niches funéraires d'un caveau* i loculi di una cripta ◇ (*par ext.*) *le caveau d'une banque* il 'caveau' *inv.* di una banca.

caveçon |kavsɔ̃| *s.m.* [*demi-cercle de métal enserrant les naseaux d'un cheval qu'on veut dompter*] cavezzone: *dresser, dompter un cheval à coups de caveçon* domare un cavallo a colpi di cavezzone.

1 **caver** |kave| *v.tr.* (*region.*, *vx.*) → **creuser.**

2 **caver** |kave| *v.intr.* (*cartes*) → **miser.**

caverne |kavɛʀn(ə)| *s.f.* **1** caverna; covo (*m.*): *l'étude des cavernes* lo studio delle caverne → **grotte**; *l'âge des cavernes* l'età delle caverne ‖ *caverne de brigands, de contrebandiers* covo di briganti, di contrabbandieri # *habitant des cavernes* cavernicolo **2** (*anat.*, *méd.*) caverna: *cavernes pulmonaires* caverne polmonari.

caverneux, euse |kavɛʀnø, øz| *adj.* **1** (*sons*) cavernoso: *voix caverneuse* voce cavernosa → **grave, sépulcral** **2** (*anat.*) cavernoso: *tissu caverneux* tessuto cavernoso.

cavernicole |kavɛʀnikɔl| *adj. et s.m.* cavernicolo: *poissons cavernicoles* pesci cavernicoli.

cavet |kavɛ| *s.m.* (*archit.*) cavetto.

caviar |kavjaʀ| *s.m.* [*œufs d'esturgeon*] caviale: *caviar russe, iranien* caviale russo, iraniano.

caviardage |kavjaʀdaʒ| *s.m.* [→ CAVIARDER] il depennare *inv.*, il sopprimere *inv.*

caviarder |kavjaʀde| *v.tr.* [*biffer à l'encre noire*; *supprimer* (*un passage*) *dans* (*un manuscrit*)] depennare, sopprimere (124) → **censurer.**

cavicorne |kavikɔʀn(ə)| *adj. et s.m.* (*zool.*) cavicorno.

caviste |kavist(ə)| *s.m.* [*employé chargé des soins de la cave, des vins*] cantiniere: *le caviste d'un restaurant* il cantiniere di un ristorante.

cavitaire |kavitɛʀ| *adj.* (*méd.*) cavitario*.

cavitation |kavitɑsjɔ̃| *s.f.* (*phys.*) cavitazione.

cavité |kavite| *s.f.* cavità (*inv.*): *cavités naturelles du sol* cavità naturali del suolo → **creux, trou, vide** ◇ (*anat.*) *les cavités du cœur* le cavità del cuore; *les cavités du nez* le cavità delle fosse nasali; *les cavités des yeux* la cavità delle orbite # *la cavité orale, buccale* il cavo orale ◇ (*méd.*) *cavité d'un abcès, d'une tumeur* cavità di un ascesso, di un tumore; *cavité pulmonaire* cavità, caverna polmonare.

ce |s(ə)| ('*cet*' *devant voyelle ou* '*h*' *muet au m.*); *f.* **cette** |sɛt|; *pl.* **ces** |se| *adj. dém.* (*devant un nom, sert à montrer la personne ou la chose désignée par le nom*): *m. sing.* questo (*désigne la personne ou la chose proche de celui qui parle*); codesto (*littér.*, *région.*) (*désigne la personne ou la chose proche de celui auquel on s'adresse*); quello (*désigne la personne ou la chose éloignée des deux interlocuteurs*); *f. sing.* questa; codesta; quella; *m. pl.* questi; codesti; quelli; *f. pl.* queste; codeste; quelle ◇ (*fam.*) (*dans une* *exclam. marquant la 'surprise, l'indignation'*) *il veut que je vienne, cette idée!* vuole che venga, che idea! → **quel** ◇ (*renforcé par les particules adv. '-ci' et '-là', après le nom*) *ce livre-ci* questo libro; *ces hommes-là* quegli uomini.

ce |s(ə)| (*'c' devant les formes du v. 'être' commençant par une voyelle; 'ç' devant 'a'*) *pron. dém.* (*sert à désigner la chose que celui qui parle a dans l'esprit*) **1** C'EST, CE DOIT (PEUT) ÊTRE (+ *adj. ou p.p.*) è, deve (può) essere: *c'est facile* è facile; *c'est finie* è finita; *ce doit être, ce devait être lui* deve essere, doveva essere lui ◇ (*avec un nom, un pron.*) (*met en valeur un membre de la phrase*) *c'est un brave homme* è un brav'uomo; *ce sont de braves gens* sono delle brave persone; *ce sont, c'étaient eux* sono, erano loro; *c'est vous, nous, moi* siete voi, siamo noi, sono io ◇ *loc.* (*où 'être' reste au sing.*) *si ce n'est* eccetto; fatta eccezione; *fût-ce* fosse anche ◇ (*dans une phrase interrogative*) EST-CE VOUS? siete voi?; *est-ce des amis?* sono degli amici?; *qu'est-ce que c'est?* che (cos')è?, cos'è? ◇ (*redoublé dans une propos. subordonnée*) CE QUE C'EST QUE che cosa: *je sais ce que c'est que ce livre* so che cos'è questo libro **2** C'EST... QUI, C'EST... QUE (*sert à détacher en tête un élément*) *c'est vous qui le dites!* lo dite voi!; *c'est moi qui le fais* lo faccio io; *c'est une bonne idée que vous avez eue là* avete avuto proprio una buona idea; *ce serait une erreur que de prétendre...* sarebbe un errore sostenere... ◇ *loc.* C'EST QUE (*exprime la 'cause'*): *s'il est malade, c'est qu'il a trop travaillé* se è ammalato è perché ha lavorato troppo ~ (*exprime 'l'effet'*) *puisque vous m'avez appelé, c'est donc que vous voulez me parler* dal momento che mi avete chiamato, vuol dire che volete parlarmi **3** C'EST À... DE *c'est à lui de jouer* tocca a lui giocare; *c'est à pleurer* è (c'è) da piangere; *c'est à mourir de rire* è (c'è) da morir dal ridere **4** CE QUE, QUI, DONT...; CE À QUOI, POUR QUOI... *ce dont on parle* ciò di cui si parla; *tout ce qui* (*sujet*), *tout ce que* (*objet*) tutto ciò che... ◇ (*fam.*) CE QUE [*combien, comme*] come *adv.* (*cour.*), quanto *adv.* (*cour.*): *ce que c'est beau!* come, quanto è bello!; *ce que tu es chic!* come sei elegante! ◇ *loc.* DE CE QUE del, per il fatto che: *il se plaint de ce que vous n'avez pas encore fini* si lamenta del, per il fatto che non avete ancora finito **5** CE (*objet direct, sans 'qui, que'*): *ce disant, ce faisant* dicendo, facendo ciò; così dicendo, così facendo; *pour ce faire* a tal fine, a tale scopo; *sur ce* con questo, con ciò; *sur ce je vous quitte* con ciò, vi lascio.

céans |seɑ̃| *adv.* (*vx.*) [*ici dedans*] qui (qua) dentro (*cour.*) ◇ (*cour.*) *le maître de céans* il padrone di casa.

ceci |səsi| *pron. dém.* **1** (*opposé à 'cela', désigne la chose la plus proche, ce qui va suivre ou simplement une chose opposée à une autre*) questo, ciò: *écoutez bien ceci* ascolti bene questo **2** (*rare*) [*la chose dont on parle, qu'on désigne*] questo, ciò: *donnez-moi ceci* mi dia questo → **cela, 2 ça** **3** (*fam.*) *ceci, cela* [*tantôt une chose, tantôt une autre*] (sia) questo (*cour.*), (sia) quello (*cour.*).

cécidie |sesidi| *s.f.* (*bot.*) cecidio* *m.*

cécité |sesite| *s.f.* cecità (*inv.*): *être frappé de cécité* essere colpito da cecità ◇ (*fig.*) *on reste confondu devant sa cécité* si rimane interdetti di fronte alla sua cecità → **aveuglement.**

cédant, ante |sedɑ̃, ɑ̃t| *s.* (*dr.*) cedente.

céder |sede| (8) **A** *v.tr.* **1** [*abandonner, laisser à qqn.*] cedere: *céder sa place, son tour à qqn.* cedere il posto, il turno a qc.; *céder un objet auquel on tient* cedere un oggetto a cui si tiene ◇ (*loc.*) *céder du terrain*: (*pr., fig.*) cedere terreno **2** (*dr.*) [*transporter la propriété de (une chose) à une autre personne*] cedere: *céder un magasin* cedere un negozio; *un bien qu'on ne peut céder* un bene che non può essere ceduto, non cedibile → **livrer, vendre** **B** *v.intr.* **1** CÉDER À [*ne plus résister, se conformer à (la volonté de qqn.)*] cedere a: *céder aux prières, aux menaces de qqn.* cedere alle preghiere, alle minacce di qc.; *céder à la tentation* cedere alla tentazione; *ne céder à personne* non cedere a nessuno → **succomber** **2** (*loc.*) *il ne le cède à personne en ruse* come astuzia non la cede a nessuno ~ *il ne lui cède en rien* non gli è per niente inferiore **3** *absolt.* cedere: *céder par faiblesse, par lassitude* cedere per debolezza, per stanchezza; *céder devant les menaces, l'insistance* cedere di fronte alle minacce, all'insistenza → **capituler, renoncer** ◇ (*spécialt.*) (*en parlant d'une femme*) [*s'abandonner à un homme*] cedere **4** (*choses*) [*ne plus résister à la pression, à la force*] cedere: *une branche qui cède sous le poids des fruits* un ramo che cede sotto il peso dei frutti → **fléchir, plier** ⒸA 1 **gagner**; B 1 **résister**, 3 **tenir.**

cédétiste |sedetist(ə)| *adj.* [*qui concerne la Confédération Française Démocratique du Travail (C.F.D.T.)*] della C.F.D.T. *loc. inv.* ◆ (*s.*) *un cédétiste* un iscritto alla C.F.D.T.

cédille |sedij| *s.f.* (*ling.*) cediglia.

cédraie |sedʀɛ| *s.f.* (*rare*) [*lieu planté de cèdres*] cedreto *m.*, cedraia.

cédrat |sedʀa| *s.m.* [*fruit du cédratier*] cedro: *confiture de cédrats* marmellata di cedri.

cédratier |sedʀatje| *s.m.* (*t.bot.*) cedro.

cèdre |sɛdʀ(ə)| *s.m.* (*t.bot.*) cedro.

cédulaire |sedylɛʀ| *adj.* cedolare: *impôt cédulaire* imposta cedolare.

cédule |sedyl| *s.f.* **1** (*dr.*) *cédule de citation* ordinanza processuale (del giudice conciliatore) **2** (*fiscalité*) (*ancienn.*) mòdulo *m.* per la dichiarazione dei redditi ◇ (*cour.*) categoria d'imposta **3** (*loc.*) *plaider contre sa cédule* disconoscere la propria firma.

cégésimal, ale, aux |seʒezimal, o| *adj.* del sistema C.G.S. *loc. inv.*

cégétiste |seʒetist(ə)| *adj.* [*de la Confédération Générale du Travail*] della C.G.T. *loc. inv.* ◆ (*s.*) *un cégétiste* un iscritto alla C.G.T.

ceindre |sɛ̃dʀ(ə)| (66) *v.tr.* [*mettre autour de son corps, de sa tête (qqch.)*] cingere (119) ◇ (*poét.*) *ceindre la couronne* cingere la corona; *ceindre l'épée* cingere la spada; *la reine ceignit son front d'un diadème* la regina si cinse la fronte di un diadema ◇ (*par ext.*) *ceindre une ville de murailles* cingere una città di mura → **encercler, enfermer.**

ceinturage |sɛ̃tyʀaʒ| *s.m.* (*techn.*) cerchiatura *f.*

ceinture |sɛ̃tyʀ| *s.f.* **I** **1** cintura: *la boucle, le cran d'une ceinture* la fibbia, la tacca di una cintura; *boucler, serrer, desserrer sa ceinture* allacciarsi, stringersi, allentarsi la cintura **2** (*loc. fam.*) *se mettre, se serrer la ceinture, faire ceinture* [*se priver de nourriture, se passer de qqch.*] tirare la cinghia ◇ (*ellipt.*) *ceinture!* [*rien du tout*] zero al quoto! ◇ (*prov.*) *bonne renommée vaut mieux que ceinture dorée* [*que la richesse*] buon nome vale più di ogni ricchezza **3** (*par anal.*) cintura: *il est ceinture noire de judo* è cintura nera di judo **4** (*ancienn.*) *ceinture de chasteté* cintura di castità **5** [*dispositif qui entoure la taille*] cintura: *ceinture de sauvetage, de natation* cintura di salvataggio, salvagente; *ceinture de sécurité* cintura di sicurezza; *ceinture orthopédique* cintura elastica → **corset**; *attachez vos ceintures* allacciare le cinture **II** **1** [*partie du corps serrée par la ceinture*] cintola, vita: *entrer dans l'eau jusqu'à la ceinture* entrare nell'acqua fino alla cintola, alla vita → **taille** ◇ (*boxe*) *coup au-dessous de la ceinture* colpo sotto la cintura, colpo basso **2** (*anat.*) *ceinture scapulaire* cintura, cinto *m.* scapolare; *ceinture pelvienne* cintura pelvica, cinto pelvico **III** (*ch. de fer, autobus*) *chemin de fer de ceinture* ferrovia di circonvallazione; *la grande, la petite ceinture* la circonvallazione esterna, interna.

ceinturer |sɛ̃tyʀe| *v.tr.* **1** [*entourer d'une enceinte*] cingere (119): *ceinturer une ville de murailles* cingere una città di mura **2** (*sport*) [*prendre (qqn.) par la taille en le serrant de ses bras*] cinturare.

ceinturon |sɛ̃tyʀɔ̃| *s.m.* cinturone: *boucle de ceinturon* fibbia del cinturone.

cela |s(ə)la| *pron. dém.* **1** (*opposé à 'ceci', désigne ce qui est plus éloigné, ce qui précède*) ciò, quello: *ceci me convient mieux que cela* questo (questa cosa) mi va meglio di quello (quella) **2** [*cette chose*] ciò, questo (quello): *cela dit, il est parti* detto ciò, è andato via; *ne pensez pas à cela* non pensate a ciò, non pensateci; *ne parlez pas de cela* non parlate di ciò, non parlatene; *tout cela est faux* tutto ciò, tutto questo è falso; *qui a fait cela?* chi ha fatto questo?, ciò? → **2 ça** # *cela n'était pas bien* non è stata una bella cosa ◇ (*loc.*) *à cela près* pressappoco ~ *cela ne fait rien* non fa niente, non fa nulla ~ *il ne manque plus que cela* non ci manca altro ~ *comme cela* così ~ *comment cela?* come (mai)? ~ *avec (tout) cela* con (tutto) ciò, questo ~ *pour cela* per questo, per ciò ~ *ah! pour cela, oui!* ah! (se è) per questo, sì! ~ *c'est cela!* appunto!, proprio così! ~ *rien que cela?* solo questo?, niente (di) meno! ~ *il y a deux mois de cela* è accaduto due mesi fa, son passati due mesi (da allora) ~ *sans cela* altrimenti, senza di che **3** (*désigne une personne, avec mépris, commisération*) costui → **ça.**

céladon |seladɔ̃| (*adj. inv.*) *vert céladon* [*pâle*] verde pallido.

-cèle |sɛl| *suff.* (*signifiant 'tumeur', correspond généralt. à*) cele: *varicocèle* varicocele.

célébrant |selebʀɑ̃| *s.m.* (*relig.*) celebrante ◆ (*adj.*) *le prêtre célébrant* il sacerdote celebrante.

célébration |selebʀɑsjɔ̃| *s.f.* celebrazione: *la célébration de la messe* la celebrazione della messa; *la célébration d'un anniversaire* la celebrazione di un anniversario → **commémoration**; *la célébration d'un mariage* la celebrazione di un matrimonio.
célèbre |selɛbʀ(ə)| *adj.* celebre, famoso: *se rendre célèbre* rendersi celebre, famoso → **fameux, illustre, renommé** 🄲 **ignoré, inconnu.**
célébrer |selebʀe| (8) *v.tr.* **1** [*accomplir solennellement*] celebrare: *célébrer la messe, un mariage* celebrare la messa, un matrimonio ♦ (*absolt.*) *le prêtre n'a pas encore célébré* il sacerdote non ha ancora celebrato **2** [*marquer* (*un événement*) *par une cérémonie, une démonstration*] celebrare, festeggiare: *célébrer une victoire, un anniversaire* celebrare, festeggiare una vittoria, un anniversario → **commémorer, fêter** **3** [*faire publiquement et avec force l'éloge, la louange de*] celebrare → **glorifier, vanter** # *célébrer la mémoire de qqn.* onorare la memoria di qc.
celebret |selebʀɛt| *s.m.* (*lat.*) celebret *inv.*
célébrité |selebʀite| *s.f.* **1** celebrità (*inv.*): *la célébrité d'une personne, d'un nom, d'un lieu* la celebrità di una persona, di un nome, di un luogo; *viser, parvenir à la célébrité* mirare, giungere alla celebrità → **notoriété, popularité** **2** [*personne célèbre, illustre*] celebrità: *les célébrités du jour, du monde artistique* le celebrità del momento, del mondo artistico **3** (*vx.*) → **solennité, 1 pompe.**
celer |s(ə)le| (6) *v.tr.* (*littér.*) [*garder, tenir secret*] celare (*cour.*), nascondere (159) (*cour.*) → **cacher, dissimuler.**
céleri |sɛlʀi| *s.m.* (*t.bot.*) sedano ◇ (*cour.*) *pieds de céleri* gambi di sedano; *faire blanchir du céleri* scottare del sedano.
célérifère |seleʀifɛʀ| *s.m.* (*ancienn.*) celerifero.
célérité |seleʀite| *s.f.* celerità (*inv.*): *agir avec une étonnante célérité* agire con una sorprendente celerità, rapidità → **rapidité, vitesse** 🄲 **lenteur.**
célesta |selɛsta| *s.m.* (*mus.*) celesta *f.*
céleste |selɛst(ə)| *adj.* **1** celeste: *les espaces célestes* gli spazi celesti; *la voûte céleste* la volta celeste → **aérien** **2** [*qui appartient au ciel, considéré comme le séjour de la Divinité, des bienheureux*] celeste: *la béatitude céleste* la beatitudine celeste **3** [*merveilleux, surnaturel*] celestiale: *une beauté céleste* una bellezza celestiale ◇ (*mus.*) *voix céleste* → **célesta** **4** *le céleste empire* [*la Chine*] il celeste impero 🄲 **2 terrestre, humain.**
célestin |selɛstɛ̃| *s.m.* celestino.
célibat |seliba| *s.m.* celibato: *célibat ecclésiastique* celibato ecclesiastico; *vivre dans le célibat* vivere in stato di celibato 🄲 **mariage.**
célibataire |selibatɛʀ| **1** *adj.* [*qui vit dans le célibat*] (*hommes*) celibe, scapolo; (*femmes*) nubile: *il est célibataire* è celibe, scapolo ‖ *elle est célibataire* è nubile **2** *s.* [*personne qui vit dans le célibat*] scapolo, celibe; nubile: *un vieux célibataire* un vecchio scapolo; *c'est un célibataire endurci* è uno scapolo impenitente ♦ (*appos.*) *mère célibataire* ragazza madre.
cella |se(ɛl)la| *s.f.* (*archéol.*) cella.
celle |sɛl| *pron. dém. f.* → **celui.**
cellérier, ière |seleʀje, jɛʀ| *s.* [*religieux, religieuse préposé(e) dans un couvent au soin du cellier*] celleraio*, cellerario* → **1 économe.**
cellier |selje| *s.m.* [*lieu aménagé pour y conserver du vin, des provisions*] cantina *f.* → **1 cave, hangar.**
cellophane |selɔfan| *s.f.* (*nom déposé*) cellofan *m. inv.*; 'cellophane' (*m. inv.*): *fromage sous cellophane* formaggio confezionato nel cellofan.
1 **cellulaire** |selylɛʀ| *adj.* **1** (*biol.*) cellulare: *division, membrane cellulaire* divisione, membrana cellulare **2** (*minér.*) celluloso: *texture cellulaire d'une roche* struttura cellulosa di una roccia.
2 **cellulaire** |selylɛʀ| *adj.* cellulare: *prison cellulaire* (carcere) cellulare; *système, régime cellulaire* sistema, regime cellulare; *voiture cellulaire* (autofurgone) cellulare.
cellular |selylaʀ| *s.m.* [*tissu à mailles lâches*] (tessuto) cellulare: *chemise en cellular* camicia in (tessuto) cellulare.
cellule |selyl| *s.f.* **I** **1** [*cavité qui isole ce qu'elle enferme*] cella, celletta: *les cellules d'un gâteau de cire* le cellette di un alveare → **alvéole, compartiment** **2** (*biol.*) cellula: *noyau, cytoplasme, membrane d'une cellule* nucleo, citoplasma, membrana di una cellula; *cellules reproductrices* cellule riproduttrici; *cellules nerveuses* cellule nervose **3** [*l'ensemble des structures d'un avion* (*ailes, fuselage*)] cellula **4** (*électron.*) *portail à cellule photo-électrique* cancello a cellula fotoelettrica; *cellule au sélénium* cellula al selenio ◇ (*photo.*) cellula (fotoelettrica), fotocellula **5** (*chim.*) cellula: *cellule électrolytique* cellula elettrolitica **6** (*abstrait*) cellula: *la famille, cellule de la société* la famiglia, cellula della società; *les cellules d'un parti politique* le cellule di un partito politico → **section** **II** [*petite chambre isolée, où l'on est seul*] cella: *être reclus dans sa cellule* essere rinchiuso nella propria cella; *cellule de moine* cella del monaco; *cellule de prisonnier* cella del prigioniero; *cellule disciplinaire de prison* cella di rigore della prigione; *il a eu huit jours de cellule* ha avuto otto giorni di cella di rigore.
cellulite |selylit| *s.f.* (*méd., cour.*) cellulite.
cellulitique |selylitik| *adj.* cellulitico*.
celluloïd |selylɔid| *s.m.* celluloide (*f.*): *peignes, jouets en celluloïd* pettini, giocattoli di celluloide.
cellulose |selyloz| *s.f.* (*chim.*) cellulosa, cellulosio* *m.*
cellulosique |selylozik| *adj.* cellulosico*: *membrane cellulosique* membrana cellulosica.
celtique |sɛltik|, **celte** |sɛlt(ə)| **1** *adj.* [*qui a rapport aux Celtes*] celtico*: *l'art celte* l'arte celtica; *langues celtiques* lingue celtiche ♦ *s.* (*hist.*) *les Celtes* i Celti **2** (*s.m.*) *le celtique* [*la langue*] il celtico.
celui |səlɥi| *m. sing.*, **celle** |sɛl| *f. sing.*, **ceux** |sø| *m. pl.*, **celles** |sɛl| *f. pl.*, *pron. dém. REM. 1* (*désigne la personne dont il est question dans le discours*) colui, quello *m. sing.*; colei, quella *f. sing.*; coloro, quelli *m. pl.*; coloro, quelle *f. pl. REM. 2* (*désigne la chose dont il est question dans le discours*) quello *m. sing.*, quella *f. sing.*, quelli *m. pl.*, quelle *f. pl.* **1** (*suivi de la prép.* '*de, du, des*') *celui de tous tes amis que j'aime le mieux* quello che preferisco tra i tuoi amici; *les paysages d'Europe sont plus variés que ceux d'Asie* i paesaggi europei sono più vari di quelli asiatici **2** (*suivi d'une relative* (*qui..., que...; dont...*) *celui qui a parlé* colui, quello che ha parlato; *celle que tu as rencontrée* quella che hai incontrato; *celles dont j'ai parlé* quelle di cui ho parlato.
celui-ci, celui-là |səlɥisi, səlɥila| *m. sing.*; **celle-ci, celle-là** |sɛlsi, sɛlla| *f. sing.*; **ceux-ci, ceux-là** |søsi, søla| *m. pl.*; **celles-ci, celles-là** |sɛlsi, sɛlla| *f. pl. pron. dém.* → **celui** *REM. 1* CELUI-CI (*désigne en principe ce qui est le plus rapproché; ce dont il va être question*) questo; CELUI-LÀ (*ce qui est le plus éloigné; ce dont il a été question*) quello, codesto (*vieilli*); questo *REM. 2* CELUI-LÀ (*est plus courant quand il n'y a pas d'opposition*) *REM. 3* CELUI-LÀ (*remplace* '*celui*', *quand on ne peut l'employer*): *celui-là est meilleur* questo, quello è migliore; *ah, celle-là, elle est bien bonne!* ah, questa sì che è buona!
cément |semɑ̃| *s.m.* (*anat.*) cemento.
cémentation |semɑ̃tɑsjɔ̃| *s.f.* (*techn.*) cementazione: *cémentation superficielle* cementazione superficiale; *cémentation électrolytique* cementazione elettrolitica.
cémenter |semɑ̃te| *v.tr.* [*traiter par cémentation*] cementare.
cémenteux, euse |semɑ̃tø, øz| *adj.* [*qui a les caractères du cément*] cementante.
cémentite |semɑ̃tit| *s.f.* (*chim.*) cementite.
cénacle |senakl(ə)| *s.m.* **1** cenacolo → **cène** **2** (*fig.*) cenacolo: *le cenacle romantique* il cenacolo dei romantici → **cercle.**
cendre |sɑ̃dʀ(ə)| *s.f.* **1** [*résidu de la combustion de certaines matières organiques*] cenere: *cendre de bois, de papier, de charbon* cenere di legna, di carta, di carbone; *cendre de cigarette* cenere di sigaretta; *les cendres d'un foyer* le ceneri di un fuoco; *couvrir un feu de cendres* coprire un fuoco con la cenere ◇ (*loc. fig.*) *le feu couve sous la cendre* il fuoco cova sotto la cenere **2** [*matière pulvérulente*] *cendres volcaniques* ceneri vulcaniche **3** (*loc.*) *mettre, réduire en cendres* ridurre in cenere, incenerire **4** [*ce qui reste d'un cadavre après incinération*] *les cendres, la cendre de qqn.* le ceneri di qc. ◇ (*fig.*) *la cendre, les cendres du passé* la cenere, le ceneri del passato **5** (*liturg.*) *les Cendres* le Ceneri: *le mercredi des Cendres* il mercoledì delle Ceneri.
cendré, ée |sɑ̃dʀe| *adj.* [*qui a la couleur grisâtre de la cendre*] cenere (*inv.*): *un gris cendré* un grigio cenere; *cheveux cendrés, d'un blond cendré* capelli color cenere, biondo cenere # *lumière cendrée* luce cinerea.
cendrée |sɑ̃dʀe| *s.f.* **1** [*petit plomb pour la chasse ou le lestage des lignes*] migliarini *m. pl.* **2** (*sport*) pista di cenere.
cendrer |sɑ̃dʀe| *v.tr.* **1** [*couvrir de cendre*] cospargere (114), coprire (186) di cenere **2** [*rendre grisâtre, cendré*] tingere (119) di (in) grigio cenere.

cendreux, euse |sɑ̃dʀø, øz| *adj.* **1** [*qui contient de la cendre*] ceneroso, contenente cenere **2** [*qui a l'aspect, la consistance, la couleur de la cendre*] cinereo: *teint cendreux* colorito cinereo; *visage cendreux* volto cinereo.
cendrier |sɑ̃dʀije| *s.m.* **1** [*partie d'un four, d'un poêle où tombent les cendres du foyer*] cinerario*: *vider le cendrier* vuotare il cinerario **2** portacenere *inv.*, posacenere (*inv.*): *un cendrier plein de mégots* un portacenere, un posacenere pieno di mozziconi.
cendrillon |sɑ̃dʀijɔ̃| *s.f.* (*vieilli*) [*jeune fille, femme qui doit assurer les travaux pénibles, qui est maltraitée*] cenerentola.
-cène |sɛn| *suff.* (*signifiant 'récent', correspond généralt. à*) cene: *écocène* eocene.
cène |sɛn| *s.f.* **1** (*relig.*) Ultima Cena ◇ [*représentation de la Cène*] Cenacolo (*m.*): *la 'Cène' de Léonard de Vinci* il 'Cenacolo' di Leonardo da Vinci **2** [*cérémonie du jeudi saint*] Ultima cena ◇ [*communion chez les protestants*] Sacra cena.
cenelle |s(ə)nɛl| *s.f.* frutto *m.* dell'agrifoglio.
cénesthésie, cœnesthésie |senɛstezi| *s.f.* (*méd.*) cenestesi *inv.*
cénesthésique |senɛstezik| *adj.* (*méd.*) cinestetico*, cenestetico*.
cénobite |senɔbit| *s.m.* cenobita.
cénobitique |senɔbitik| *adj.* cenobitico*: *vie cénobitique* vita cenobitica.
cénobitisme |senɔbitism(ə)| *s.m.* (*relig.*) cenobitismo.
cénotaphe |senɔtaf| *s.m.* cenotafio* → **sépulcre.**
cénozoïque |senɔzɔik| *adj. et s.m.* (*géol.*) cenozoico.
cens |sɑ̃s| *s.m.* **1** (*antiq.*) censo **2** (*féod.*) canone (in natura) **3** (*ancienn.*) [*quotité d'imposition nécessaire pour être électeur ou éligible*] censo: *le cens électoral* il censo elettorale.
censé, ée |sɑ̃se| *adj.* [*qui est supposé, regardé comme réputé*] (*dans la loc.*) *être censé* ritenersi: *il est censé être à Paris* si ritiene (che) sia a Parigi; dovrebbe essere a Parigi; *il est censé l'avoir retrouvé* si ritiene, si suppone che lo abbia trovato; *elle n'est pas censée le savoir* si ritiene che non lo sappia → **présumé** # *nul n'est censé ignorer la loi* la legge non ammette ignoranza.
censément |sɑ̃semɑ̃| *adv.* [*par supposition, en apparence*] presumibilmente, apparentemente.
censeur |sɑ̃sœʀ| *s.m.* **1** (*littér.*) censore: *un censeur sévère, injuste* un censore severo, ingiusto ◇ (*antiq. rom.*) censore **2** [*celui qui applique la censure*] censore **3** [*personne qui dans un lycée est chargée de la surveillance, de la discipline*] censore: *madame le censeur* la signora censore.
censitaire |sɑ̃sitɛʀ| *adj.* (*hist.*) censuario* ✦ *s.m.* chi paga il censo *loc.*
censorat |sɑ̃sɔʀa| *s.m.* censorato.
censorial, iale, iaux |sɑ̃sɔʀjal, jo| *adj.* [*de la censure*] censorio*.
censurable |sɑ̃syʀabl(ə)| *adj.* [→ CENSURER] censurabile.
censure |sɑ̃syʀ| *s.f.* **1** censura ◇ (*par ext.*) *la censure militaire a ouvert cette lettre* la censura militare ha aperto questa lettera; *le film est à la censure* il film è alla censura; *la censure a ordonné des coupures* la censura ha ordinato dei tagli **2** (*relig.*) censura: *encourir les censures* incorrere nella censura → 2 **index, interdit** **3** (*vieilli*) [*action de critiquer les paroles, les actions des autres*] censura: *il s'était exposé à la censure de son entourage* si era esposto alla censura, alla critica del suo ambiente → **condamnation,** 2 **critique** **4** (*psycho.*) censura Ⓒ **approbation, éloge, louange.**
censurer |sɑ̃syʀe| *v.tr.* **1** [*interdire* (*une publication, un spectacle*)] censurare: *film censuré, scène censurée* film censurato, scena censurata; *censurer un journal, une pièce de théâtre* censurare un giornale, un'opera teatrale **2** (*relig.*) [*condamner*] censurare **3** (*dans certains corps constitués*) [*réprimander publiquement*] censurare: *censurer un avocat, un professeur* censurare un avvocato, un professore → **blâmer** **4** (*vieilli*) [*critiquer* (*les paroles, les actions des autres*)] censurare: *censurer les actions d'autrui* censurare, criticare le azioni altrui → **blâmer, critiquer.**
1 **cent** |sɑ̃| **I** *adj. numér. inv.* (*sauf quand il est précédé d'un nombre qui le multiplie et n'est pas suivi d'un autre nombre cardinal*) **1** *cardinal* cento (*toujours inv.*): *cent hommes* cento uomini; *cela vaut cent fois plus, cent fois moins* vale cento volte di più, cento volte di meno # *deux cents mètres* duecento metri; *cinq cent cinq francs* cinquecento cinque franchi; *onze cents, treize cents* millecento, milletrecento ◇ [*un grand nombre*] cento: *cent fois mieux, pire* cento volte meglio, peggio; *avoir cent fois raison* aver cento volte ragione # *faire les cent pas* camminare avanti e indietro, su e giù; *en un mot comme en cent* [*sans qu'il soit nécessaire d'expliquer*] in breve, a farla breve → **bref** **2** *ordinal* (*par ext.*) cento: *page cent* pagina cento; *le numéro quatre cent* il numero quattrocento ◇ (*spécialt.*) *le cent* [*les cabinets* (*dans les campagnes, les auberges*)] il (numero) cento **II** *s.m. inv.* **1** [*le nombre 100*] cento: *le produit de cent multiplié par cent* il prodotto di cento moltiplicato per cento ◇ (*précédé d'un numér.*) POUR CENT percento (%): *cinquante pour cent* il cinquanta percento; *intérêt de trois pour cent* interesse del tre per cento, 3% ◇ (*fig.*) *il est Français à cent pour cent, cent pour cent Français* è Francese al cento per cento → **entièrement** **2** [*centaine*] centinaio* (*var.*): *un cent d'œufs* un centinaio di uova ◇ (*loc. fam.*) *gagner des mille et des cents* [*beaucoup d'argent*] guadagnare a più non posso.
2 **cent** |sɛnt| *s.m.* [*centième partie de l'unité monétaire de divers pays, specialt. du dollar, du florin*] cent *inv.*
centaine |sɑ̃tɛn| *s.f.* **1** [*groupe de cent unités*] centinaio* *m.* **2** [*cent environ*] *une centaine de francs* un centinaio di franchi ◇ (*loc.*) *à la centaine, par centaines* [*en grande quantité*] a centinaia ~ *cela coûte dix francs la centaine* costa dieci franchi il, al centinaio.
centaure |sɑ̃tɔʀ| *s.m.* (*mythol.*) centauro ◇ (*par métaph.*) [*motocycliste*] centauro.
centaurée |sɑ̃tɔʀe| *s.f.* (*t.bot.*) centaurea.
centenaire |sɑ̃tnɛʀ| **1** *adj.* centenario*: *un chêne centenaire* una quercia centenaria → **séculaire** ✦ *s.* (*personnes*) *un centenaire* un centenario **2** *s.m.* [*centième anniversaire*] centenario: *célébrer le centenaire de la fondation d'une ville* celebrare il centenario della fondazione di una città.
centenier |sɑ̃tənje| *s.m.* (*hist. rom.*) centurione → **centurion.**
centennal, ale, aux |sɑ̃te(ɛn)nal, o| *adj.* (*rare*) centennale (*cour.*): *exposition centennale* esposizione centennale.
centésimal, ale, aux |sɑ̃tezimal, o| *adj.* centesimale: *fraction centésimale* frazione centesimale; *division, échelle centésimale* divisione, scala centesimale.
centi- |sɑ̃ti| *préf.* (*signifiant 'cent', correspond généralt. à*) centi: *centimètre* centimetro.
centiare |sɑ̃tjaʀ| *s.m.* centiara *f.*
centibar |sɑ̃tibaʀ| *s.m.* centibar.
centième |sɑ̃tjɛm| **I** *adj. numér. ordinal* centesimo: *la centième année* il centesimo anno; *la centième partie* la centesima parte **II** *s.* **1** *s.m.* [*la centième partie d'un tout*] *un centième* un centesimo; *un deux-centième* un duecentesimo **2** (*s.f.*) *la centième d'une opérette* la centesima *adj.* rappresentazione di un'operetta.
centigrade |sɑ̃tigʀad| *adj.* centigrado: *thermomètre centigrade* termometro centigrado ✦ *s.m.* (*géom.*) *un centigrade* un centigrado.
centigramme |sɑ̃tigʀam| *s.m.* centigrammo.
centilage |sɑ̃tilaʒ| *s.m.* divisione *f.* in centili.
centile |sɑ̃til| *s.m.* (*statistique*) centile.
centilitre |sɑ̃tilitʀ(ə)| *s.m.* centilitro.
centime |sɑ̃tim| *s.m.* **1** [*la centième partie du franc*] centesimo: (*une pièce d'*)*un centime* (una moneta da) un centesimo ◇ (*loc.*) *n'avoir pas un centime* non avere un centesimo **2** *centime additionnel* [*supplément d'impôt proportionnel au principal*] sovraimposta *f.*
centimètre |sɑ̃timɛtʀ(ə)| *s.m.* **1** centimetro: *centimètre carré, cube* centimetro quadrato, cubo **2** (*par ext.*) (*de couturière, de tailleur*) [*ruban gradué servant à prendre les mesures*] centimetro, metro da sarta, da sarto → 1 **mètre.**
centrage |sɑ̃tʀaʒ| *s.m.* (*aviat., mécan.*) centratura *f.*, centraggio*: *centrage d'une pièce mécanique* centratura di un pezzo meccanico; *centrage d'un projectile* centratura di un proiettile; *centrage d'un avion* centraggio, centramento di un aereo.
central, ale, aux |sɑ̃tʀal, o| *adj.* **1** centrale: *point central* punto centrale; *partie centrale* parte centrale; *l'Asie centrale* l'Asia centrale; *quartier central d'une ville* quartiere centrale di una città **2** [*qui constitue l'organe directeur, principal*] centrale: *pouvoir central* potere centrale; *administration centrale* amministrazione centrale ◇ (*par ext.*) *prison centrale* prigione centrale.
central, aux |sɑ̃tʀal, o| (*s.m.*) *central télégraphique, téléphonique* centrale *f.* telegrafica, telefonica.
centrale |sɑ̃tʀal| *s.f.* **1** [*usine qui produit du courant électrique*] centrale:

centrale thermique, hydro-électrique, atomique, nucléaire centrale termica, idroelettrica, atomica, nucleare **2** [*groupement national de syndicats*] federazione: *la centrale est favorable à la grève* la federazione è favorevole allo sciopero → **confédération.**

centralisateur, trice |sɑ̃tRalizatœR, tRis| *adj.* accentratore*, centralizzatore*: *régime centralisateur* regime accentratore, centralizzatore.

centralisation |sɑ̃tRalizɑsjɔ̃| *s.f.* [→ CENTRALISER] accentramento *m.*, centralizzazione: *centralisation politique, administrative, économique* accentramento politico, amministrativo, economico → **concentration** Ⓒ **décentralisation.**

centraliser |sɑ̃tRalize| *v.tr.* [*réunir dans un même centre, ramener à une direction unique*] accentrare, centralizzare: *centraliser les services publics* centralizzare i servizi pubblici; *centraliser des renseignements* accentrare, centralizzare dei dati ♦ (*au p.p.*) *un pays fortement centralisé* un paese fortemente accentrato, centralizzato → **concentrer, rassembler, réunir** Ⓒ **décentraliser.**

centralisme |sɑ̃tRalism(ə)| *s.m.* (*polit.*) centralismo.

centraliste |sɑ̃tRalist(ə)| *s.m.* (*polit.*) centralista.

centre |sɑ̃tR(ə)| *s.m.* **I** **1** (*géom.*) centro: *le centre du cercle* il centro del cerchio; *le centre de la Terre* il centro della Terra ◇ (*par ext.*) *le centre de la ville* il centro della città **2** (*fig.*) centro: *les députés du centre* i deputati del centro; *centre droit, centre gauche* centro destra, centro sinistra **3** [*point intérieur doué de propriétés actives*] centro: *centre de gravité d'un corps* centro di gravità, baricentro di un corpo; *centre de pression* centro di pressione ◇ (*météo.*) *centre de dépression, de haute pression* centro di bassa, di alta pressione ◇ (*anat.*) *centres nerveux, vitaux* centri nervosi, vitali **4** [*point de convergence de rayonnement*] centro: *centre d'attraction* centro di attrazione; *centre d'influence* centro di influenza **5** [*lieu où diverses activités sont groupées*] centro: *les grands centres urbains* i grandi centri urbani → **agglomération, ville**; *centre industriel, commercial* centro industriale commerciale ◇ (*par ext.*) [*bureau, service centraliseur coordinateur*] *Centre national de la recherche scientifique* (*C.N.R.S.*) Centro nazionale della ricerca scientifica; *centre culturel* centro culturale **6** [*point où des forces sont concentrées; chose principale, fondamentale*] *le centre de la question* il nocciolo della questione → **principe, base,** 3 **cœur** ♦ (*appos.*) *idée centre* idea centrale; *mot centre* parola chiave → **clef** **II** (*sport*) **1** [*joueur qui se trouve au centre de la ligne d'attaque*] centrattacco*, centravanti *inv.* **2** [*action de centrer*] centro: *faire un centre* fare un centro Ⓒ I 1 **bord, extrémité, périphérie.**

centrer |sɑ̃tRe| *v.tr.* **1** [*ramener, disposer au centre*] centrare ◇ (*photo.*) *centrer l'image, le sujet* centrare l'immagine, il soggetto **2** [*ajuster au centre*] centrare: *centrer une roue* centrare una ruota → **centrage** **3** (*fig.*) CENTRER SUR [*donner comme centre (d'action, d'intérêt)*] centrare, imperniare su: *pièce centrée sur un personnage* commedia centrata, imperniata su un personaggio ♦ *au p.p.* (*personnes*) *être centré sur soi-même* essere concentrato su sé stesso **4** (*sport*) [*ramener le ballon vers l'axe du terrain*] centrare: *l'ailier a centré près des buts* l'ala ha centrato vicino alla porta.

centreur |sɑ̃tRœR| *s.m.* (*techn.*) centratore.

centrifugation |sɑ̃tRifygɑsjɔ̃| *s.f.* [→ CENTRIFUGER] centrifugazione: *écrémer, essorer, décanter, filtrer par centrifugation* scremare, asciugare (essiccare), decantare, filtrare per centrifugazione.

centrifuge |sɑ̃tRifyʒ| *adj.* centrifugo*: *pompe centrifuge* pompa centrifuga ◇ (*fig.*) *exercer une action centrifuge* esercitare un'azione centrifuga Ⓒ **centripète.**

centrifuger |sɑ̃tRifyʒe| (3) *v.tr.* [*séparer par un rapide mouvement de rotation des éléments de densité différente*] centrifugare.

centrifugeur |sɑ̃tRifyʒœR| *s.m.*, **centrifugeuse** |sɑ̃tRifyʒøz| *s.f.* (*techn.*) centrifuga* *f.*

centripète |sɑ̃tRipɛt| *adj.* centripeto: *force centripète* forza centripeta Ⓒ **centrifuge.**

centrisme |sɑ̃tRism(ə)| *s.m.* (*polit.*) centrismo.

centriste |sɑ̃tRist(ə)| *adj.* centrista: *les candidats centristes* i candidati centristi ♦ (*s.*) *les centristes* i centristi.

centro- |sɑ̃tRɔ(ɔ)| *préf.* (*signifiant 'centre', correspond généralt. à*) centro: *centrosome* centrosoma.

centromère |sɑ̃tRɔmɛR| *s.m.* (*biol.*) centromero.

centrosome |sɑ̃tRozɔm| *s.m.* (*biol.*) centrosoma.

centumvir |sɑ̃tɔmviR| *s.m.* (*hist. rom.*) centumviro.

centumvirat |sɑ̃tɔmviRa| *s.m.* (*hist. rom.*) centumvirato.

centuple |sɑ̃typl(ə)| **1** *adj.* centuplo, centuplice (*rare*): *mille est un nombre centuple de dix* mille è un numero centuplo di dieci **2** (*s.m.*) *le centuple* il centuplo # *il a été récompensé au centuple* è stato ricompensato cento volte tanto.

centupler |sɑ̃typle| **A** *v.tr.* [*porter au centuple*] centuplicare: *il a centuplé sa fortune* ha centuplicato il suo patrimonio; *centupler un nombre* centuplicare un numero ◇ (*fig.*) centuplicare → **agrandir, décupler, multiplier** **B** *v.intr.* [*être porté au centuple*] centuplicare (*aux.* essere): *la production a centuplé en cinquante ans* la produzione è centuplicata in cinquant'anni.

centurie |sɑ̃tyRi| *s.f.* (*hist. rom.*) centuria.

centurion |sɑ̃tyRjɔ̃| *s.m.* (*hist. rom.*) centurione.

cénure, cœnure |senyR| *s.m.* (*zool.*) cenuro.

cep |sɛp| *s.m.* **1** [*pied de vigne*] ceppo (di vite) **2** [*pièce de bois ou de fer supportant le soc d'une charrue*] ceppo **3** (*ancienn.*) *être aux ceps* essere in ceppi → 1 **chaîne.**

cépage |sepaʒ| *s.m.* [*variété de plant de vigne cultivée*] vitigno: *cépage blanc, noir* vitigno bianco, nero.

cèpe, ceps |sɛp| *s.m.* (*t.bot.*) porcino ◇ (*cour.*) *cèpes à la bordelaise* porcini alla 'bordelaise'.

cépée |sepe| *s.f.* ceppaia.

cependant |s(ə)pɑ̃dɑ̃| **1** *conj.* (*exprime 'une opposition, une restriction'*) ciononostante, tuttavia: *il a réussi, cependant il est mécontent* ha avuto successo, ciononostante, tuttavia non è contento → **néanmoins, pourtant, toutefois** **2** *adv.* (*vx.*) [*pendant ce temps, au moment même*] nel frattempo *loc.*, frattanto ♦ (*loc. conj.*) *cependant que* → **alors (que), tandis que.**

céphalalgie |sefalalʒi|, **céphalée** |sefale| *s.f.* (*méd.*) cefalea, cefalgia* → **migraine.**

-céphale |sefal|, **-céphalie** |sefali| *suff.* (*signifiant 'tête', correspondent généralt. à*) cefalo; cefalia: *acéphale* acefalo ‖ *dolicocéphalie* dolicocefalia.

céphalique |sefalik| *adj.* **1** cefalico*: *artère céphalique* arteria cefalica; *douleur céphalique* dolore cefalico **2** *extrémité céphalique* estremità cefalica.

céphalo- |sefalɔ| *préf.* (*signifiant 'tête', correspond généralt. à*) cefalo: *Céphalopodes* Cefalopodi.

Céphalocordés |sefalɔkɔRde| *s.m. pl.* (*t.zool.*) Cefalocordati.

Céphalopodes |sefalɔpɔd| *s.m. pl.* (*t.zool.*) Cefalopodi.

céphalo-rachidien, ienne |sefalɔRaʃidjɛ̃, jɛn| *adj.* cefalorachideo, cefalorachidiano: *liquide céphalo-rachidien* liquido cefalorachideo.

céphalothorax |sefalɔtɔRaks| *s.m.* (*zool.*) cefalotorace.

céphéide |sefeid| *s.f.* (*astron.*) cefeide.

cérambyx |serɑ̃biks| *s.m.* → **capricorne** 2.

cérame |seRam| *s.m.* (*archéol.*) vaso greco* di terracotta ♦ (*adj.*) *grès cérame* grès per vasellame; vasellame *s.m.* di grès.

céramique |seRamik| **I** *adj.* ceramico*: *les arts céramiques* le arti ceramiche **II** *s.f.* **1** [*art du potier*] ceramica* ◇ (*par ext.*) *céramique dentaire* ceramica dentaria **2** [*matière dont sont faits les produits céramiques*] ceramica: *carreaux de céramique peinte* piastrelle di ceramica dipinta.

céramiste |seRamist(ə)| *s.* ceramista.

céramographie |seRamɔgRafi| *s.f.* ceramografia.

céraste |seRast(ə)| *s.m.* (*t.zool.*) ceraste, cerasta *f.* (*littér.*).

cérat |seRa| *s.m.* (*pharm.*) cerato.

cerbère |sɛRbɛR| *s.m.* **1** (*mythol. gr.*) cerbero **2** (*fig.*) [*portier, gardien sévère et intraitable*] cerbero.

cercaire |sɛRkɛR| *s.f.* (*zool.*) cercaria.

cerce |sɛRs(ə)| *s.f.* **1** [*cercle de bois servant à monter les cribles, les tamis*] telaio* *m.* **2** [*patron, calibre permettant de profiler une construction d'après une forme donnée*] sagoma.

cerceau |sɛRso| *s.m.* **I** **1** [*cercle (de bois, de métal) maintenant les douves d'un tonneau*] cerchio* ◇ [*jouet d'enfant*] cerchio **2** [*cintre, demi-cercle en bois, en fer*] centina (*f.*): *cerceaux d'une bâche de camion, d'une tonnelle* centine del telone di un autocarro, di un pergolato **II** *au plur.* [*plumes du bout de l'aile d'un oiseau de proie*] penne *f.* remiganti.

cerclage |sɛRklaʒ| *s.m.* [→ CERCLER] cerchiatura (*f.*): *cerclage de tonneaux* cerchiatura delle botti.

cercle |sɛRkl(ə)| *s.m.* **I** **1** (*géom.*)

cerchio*, circolo: *rayon, aire d'un cercle* raggio, area di un cerchio; *grand cercle d'une sphère* circolo massimo; *petit cercle* circolo minore # *demi-cercle* semicerchio ◇ (*loc. fig.*) *la quadrature du cercle* la quadratura del cerchio **2** [*la circonférence d'un cercle*] cerchio → **rond** # *entourer d'un cercle* cerchiare → **cercler, encercler** ◇ (*cartographie*) circolo: *cercles horaires* circoli orari; *cercle polaire arctique, antartique* circolo polare artico, antartico **3** [*ligne circulaire; courbe fermée*] cerchio: *cercles que décrit un oiseau, un avion* cerchi descritti da un uccello, da un aereo **4** [*objet circulaire, instrument gradué*] cerchio, circolo **5** [*disposition en cercle de personnes ou d'objets*] cerchio; cerchia (*f.*): *un cercle de chaises* un cerchio di sedie; sedie disposte in cerchio; *faire, former un cercle autour de qqn.* fare cerchio attorno a qn.; *élargir, resserrer le cercle* allargare, stringere il cerchio ‖ *un cercle de curieux, d'admirateurs* una cerchia di curiosi, di ammiratori; *cercle de famille* cerchia familiare **6** [*club*] circolo: *cercle littéraire, militaire* circolo letterario, militare; *fonder un cercle* fondare un circolo; *dîner au cercle* cenare al circolo **II** (*fig.*) **1** [*ce dont fait le tour, on embrasse l'étendue*] cerchia: *étendre le cercle de ses relations* allargare la cerchia delle proprie conoscenze → **domaine, limite** **2** CERCLE VICIEUX circolo vizioso: *tomber, être dans un cercle vicieux* cadere, essere in un circolo vizioso.

cercler |sɛʀkle| *v.tr.* [*entourer, garnir, munir de cercles, de cerceaux*] cerchiare: *cercler un tonneau, une caisse* cerchiare una botte, una cassa ◇ (*au p.p.*) *lunettes cerclées d'or* occhiali cerchiati d'oro ◇ (*fig.*) *yeux cerclés* occhi cerchiati → **cerné.**

cercopithèque |sɛʀkɔpitɛk| *s.m.* (*t.zool.*) cercopiteco*.

cercueil |sɛʀkœj| *s.m.* [*caisse dans laquelle on enferme le corp d'un mort pour l'ensevelir*] bara (*f.*): *descendre un cercueil dans la tombe* calare una bara nella tomba → **2 bière, sarcophage** ◇ (*fig., littér.*) *de la naissance, du berceau au cercueil* dalla culla alla tomba; *descendre au cercueil* morire.

céréale |seʀeal| *s.f.* cereale (*m.*): *farines de céréales* farine di cereali.

céréaliculture |seʀealikyltyʀ| *s.f.* cerealicoltura.

céréalier, ière |seʀealje, jɛʀ| *adj.* [*de céréales*] cerealicolo: *production céréalière* produzione cerealicola.

cérébelleux, euse |seʀebe(ɛl)lø, øz| *adj.* (*anat., méd.*) cerebellare.

cérébral, ale, aux |seʀebʀal, o| *adj.* **1** (*anat.*) cerebrale: *hémisphères cérébraux* emisferi cerebrali; *lobes cérébraux* lobi cerebrali; *hémorragie cérébrale* emorragia cerebrale **2** [*relatif à l'esprit, aux idées, à l'intellect*] cerebrale: *travail, surmenage cérébral* lavoro, sovraffaticamento cerebrale → **intellectuel** **3** [*qui vit surtout par la pensée*] cerebrale ✦ (*s.*) *c'est un cérébral pur* è un cerebrale puro.

cérébralité |seʀebʀalite| *s.f.* cerebralismo *m.*

cérébro-spinal, ale, aux |seʀebʀɔspinal, o| *adj.* cerebrospinale: *axe, appareil cérébro-spinal* asse, apparato cerebrospinale.

cérémoniaire |seʀemonjɛʀ| *s.m.* (*ecclés.*) cerimoniere.

cérémonial, als |seʀemɔnjal| *s.m.* **1** cerimoniale: *cérémonial de cour* cerimoniale di corte; *cérémonial diplomatique* cerimoniale diplomatico → **protocole, 2 étiquette** **2** (*relig.*) cerimoniale → **rituel.**

cérémonie |seʀemoni| *s.f.* **1** (*ecclés.*) cerimonia: *cérémonie du mariage, du sacre* cerimonia del matrimonio, della consacrazione **2** [*forme extérieure de solennité accorée à un événement*] cerimonia: *les cérémonies d'un anniversaire national* le cerimonie di un anniversario nazionale → **commémoration**; *tenue, habit, uniforme de cérémonie* tenuta, abito, uniforme da cerimonia **3** *au plur.* [*manifestation excessive de politesse, de courtoisie dans la vie privée*] cerimonie: *faire des cérémonies* fare cerimonie, fare complimenti; *voilà bien des cérémonies pour si peu de chose!* quante cerimonie per così poco! → **façon.**

cérémoniel, elle |seʀemɔnjɛl| *adj.* cerimoniale.

cérémonieusement |seʀemɔnjøzmɑ̃| *adv.* [→ CÉRÉMONIEUX] cerimoniosamente, in modo cerimonioso *loc. inv.*

cérémonieux, euse |seʀemɔnjø, øz| *adj.* (*personnes*) cerimonioso → **affecté** ◇ (*choses*) *un ton cérémonieux* un tono cerimonioso; *un air cérémonieux* un'aria cerimoniosa; *un accueil cérémonieux* un'accoglienza cerimoniosa → **solennel** Ⓒ **naturel, simple, sans-façon.**

cerf |sɛʀ| *s.m.* (*t.zool.*) cervo ◇ (*cour.*) *les bois du cerf* le corna del cervo; *un cerf dix-cours* un cervo di sei, sette anni; *cerf paumé* cervo palmato; *une troupe de cerfs* un branco di cervi; *un cuissot de cerf* un cosciotto di cervo; *larme de cerf* lacrima di cervo.

cerfeuil |sɛʀfœj| *s.m.* (*t.bot.*) cerfoglio*.

cerf-volant |sɛʀvɔlɑ̃| *s.m.* **1** (*t. zool.*) cervo volante **2** (*jeu*) aquilone, cervo volante: *des cerfs-volants* degli aquiloni.

cerisaie |s(ə)ʀizɛ| *s.f.* [*plantation de cerisiers*] ciliegeto *m.*

cerise |s(ə)ʀiz| *s.f.* **1** [*fruit du cerisier*] ciliegia*: *cerises sauvages* ciliegie selvatiche; *tarte aux cerises* torta di ciliegie; *cerises à l'eau-de-vie* ciliegie sotto spirito ◇ (*loc. fig.*) *devenir rouge comme une cerise* diventar rosso come un pomodoro, un papavero ✦ (*adj. inv.*) *rouge cerise* rosso ciliegia; *des rubans cerise* nastri rosso ciliegia **2** (*arg.*) *avoir la cerise* [*ne pas avoir de chance*] avere scalogna (*pop.*), essere scalognato (*pop.*).

cerisette |s(ə)ʀizɛt| *s.f.* **1** bevanda a base di ciliegie **2** → **morelle.**

cerisier |s(ə)ʀizje| *s.m.* (*t.bot.*) ciliegio* ◇ [*bois de cerisier*] *un meuble en cerisier* un mobile di ciliegio.

cérite |seʀit| *s.f.* (*minér.*) cerite.

cérit(h)e |seʀit| *s.m.* (*t.zool.*) cerithium *inv.*

cerne |sɛʀn(ə)| *s.m.* **1** [*cercle coloré qui entoure parfois les yeux, une contusion*] occhiaia *f.*; livido **2** (*dans le dessin*) [*trait qui souligne un contour*] contorno.

cerné, ée |sɛʀne| *adj.* [*entouré d'une zone livide, bistre ou bleuâtre*] cerchiato, pesto: *avoir les yeux cernés* avere gli occhi cerchiati; avere le occhiaie.

cerneau |sɛʀno| *s.m.* [*noix à demi mûre tirée de sa coque; noix épluchée*] gheriglio* (di noce acerba): *vin de cerneau* vino di gheriglio.

cerner |sɛʀne| *v.tr.* **1** [*entourer par des troupes*] circondare: *cerner une ville fortifiée* circondare una città fortificata; *les blindés cernèrent le nid de mitrailleuses* i mezzi corazzati circondarono il nido di mitragliatrici → **encercler** **2** [*entourer le contour de (une figure) par un trait*] marcare: *cerner une figure d'un trait bleu* marcare una figura con un segno blu **3** [*entourer, encercler*] circondare, cingere (119) **4** *cerner les noix* [*les couper pour enlever la coque encore verte*] mondare le noci.

certain, aine |sɛʀtɛ̃, ɛn| **I** *adj.* (*après le nom*) **1** [*qui ne peut manquer de se produire, qui arrivera*] certo: *il est certain que nous réussirons* è certo che riusciremo → **assuré, inévitable, sûr** ◇ [*qui est déterminé, fixé*] *une date certaine* una data certa, sicura; *prix certain* prezzo fisso, fissato **2** [*qui ne laisse place à aucun doute, qui entraîne l'adhésion de l'esprit*] certo: *un témoignage certain* una testimonianza certa; *une preuve certaine* una prova certa, sicura; *c'est possible, mais ce n'est pas certain* è possibile, ma non è certo → **réel, vrai** **3** (*personnes*) [*qui considère une chose pour vraie*] certo: *j'en suis certain* (ne) sono certo; *être certain de réussir* essere certo, sicuro di riuscire; *je suis certain qu'il viendra* sono certo che verrà; *tenir pour certain* tenere per certo → **assuré, convaincu** **II** *adj. indéf.* (*avant le nom*) **1** [*imprécis, difficile à fixer*] certo: *un certain nombre de gens* un certo numero di persone; *un homme d'un certain âge* un uomo di una certa età; *jusqu'à un certain point* fino ad un certo punto; *il restera un certain temps* si fermerà per un certo tempo; *il lui a fallu un certain courage* gli ci è voluto un certo coraggio, del coraggio # *un homme d'un âge certain* [*vieux*] un uomo attempato, di età avanzata **2** *au plur.* [*quelques-uns parmi d'autres*] certi, taluni: *dans certains pays* in certi, taluni paesi; *certains peuples* certi popoli; *certaines personnes* certe persone → **quelque** **3** (*devant un nom de personne*) certo: *un certain Paul te demande* un certo Paolo ti cerca **III** *pron. pl.* CERTAINS, CERTAINES [*certaines personnes*] certi (certuni), taluni; certe, talune: *certains disent* certi, certuni dicono; *aux yeux de certains de vos amis, de certaines de vos amies* agli occhi di certi *adj.* vostri amici, di certe *adj.* vostre amiche → **plusieurs, quelqu'un** Ⓒ I 1 **douteux, incertain.**

certainement |sɛʀtɛnmɑ̃| *adv.* **1** certamente, certo: *cela arrivera certainement* (ciò) accadrà certamente → **fatalement, inévitablement** ◇ (*fam.*) *certainement qu'il vous écrira* certo, certamente che vi scriverà **2** (*renforce une affirmation*) certamente: *il est certainement le plus doué* è certamente il più dotato; '*croyez-vous que cela vaille la peine?*' '*certainement*' 'credete che ne valga la pena?' 'certamente' → **parfaitement, certes, vraiment.**

certes |sɛʀt(ə)| *adv.* certo (*cour.*), certamente (*cour.*) → **certainement.**

certificat |sɛʀtifika| *s.m.* **1** certificato: *certificat médical* certificato medico; *certificat de bonne vie et mœurs* certificato di buona condotta; *délivrer, fournir, produire un certificat* rilasciare, fornire, produrre un certificato # *avoir de bons certificats* avere buone referenze ◇ (*mar.*) *certificat de visites, de navigabilité* certificato del Registro navale **2** [*acte attestant la réussite d'un examen*; *cet examen*] diploma: *certificat d'études primaires élémentaires* (diploma di) licenza elementare; *certificat d'aptitude professionnelle* (*C.A.P.*) diploma di scuola professionale # *certificat d'aptitude pédagogique à l'enseignement secondaire* (*C.A.P.E.S.*) (certificato di) abilitazione all'insegnamento (nelle scuole medie) → **brevet, diplôme.**

certificateur |sɛʀtifikatœʀ| *s.m.* (*dr.*) *certificateur de caution* fideiussore in sottordine (di un fideiussore) ✦ (*adj.*) *notaire certificateur* notaio garante.

certification |sɛʀtifikɑsjɔ̃| *s.f.* (*dr.*) autenticazione: *certification de signatures* autenticazione di firma → **authentification.**

certifié, ée |sɛʀtifje| *adj. et s.* [*titulaire du C.A.P.E.S.*] titolare dell'abilitazione, abilitato all'insegnamento nelle scuole medie.

certifier |sɛʀtifje| *v.tr.* **1** [*assurer qu'une chose est vraie*] assicurare, garantire (197); certificare: *certifier qqch. à qqn.* assicurare q.c. a qc.; *je vous certifie que...* vi assicuro, garantisco che... ‖ *je certifie que...* certifico, si certifica che... → **affirmer, garantir** **2** (*dr.*) [*garantir par un acte*] autenticare: *certifier une signature* autenticare, legalizzare una firma → **authentifier, légaliser** ✦ (*au p.p.*) *copie certifiée conforme* copia autenticata conforme.

certitude |sɛʀtityd| *s.f.* **1** certezza: *certitude d'un fait* certezza di un fatto → **évidence, vérité** **2** [*état de l'esprit qui ne doute pas*] certezza: *certitude fondée sur des preuves* certezza fondata su prove; *j'ai la certitude qu'il viendra* ho la certezza che verrà → **assurance, conviction** ◇ (*philo.*) certezza.

céruléen, éenne |seʀyleɛ̃, eɛn| *adj.* (*littér.*) ceruleo.

cérumen |seʀymɛn| *s.m.* cerume.

cérumineux, euse |seʀyminø, øz| *adj.* ceruminoso.

céruse |seʀyz| *s.f.* cerussa.

cérusite |seʀyzit| *s.f.*(*chim.*) cerussite.

cerveau |sɛʀvo| *s.m.* **I** (*concret*) (*anat.*) cervello: *lobes du cerveau* lobi del cervello → **encéphale** **II** (*abstrait*) **1** [*le siège de la pensée, du raisonnement*; *les facultés mentales*] cervello, testa *f.* → 1 **esprit, intelligence,** 1 **raison, tête, cervelle** ◇ (*loc.*) *un cerveau étroit, borné* una mente ottusa ~ *lavage de cerveau* lavaggio del cervello ◇ (*loc. fam.*) *avoir le cerveau dérangé, fêlé* [*être fou*] non avere il cervello a posto, essere tocco nel cervello ~ *se creuser le cerveau* lambiccarsi il cervello, scervellarsi **2** [*personne dont on qualifie l'esprit*] cervello: *c'est un* (*grand*) *cerveau !* è un cervellone! ◇ (*loc.*) *un cerveau brûlé* [*un individu exalté*] una testa calda **3** [*organe central de direction*] cervello → **centre** **4** (*spécialt.*) *cerveau électronique* cervello elettronico.

cervelas |sɛʀvəla| *s.m.* [*saucisson cuit, gros et court, assez épicé*] cervellata *f.*

cervelet |sɛʀvəlɛ| *s.m.* (*anat.*) cervelletto: *substance grise, écorce du cervelet* materia grigia, corteccia del cervelletto.

cervelle |sɛʀvɛl| *s.f.* **1** [*substance nerveuse constituant le cerveau*] cervello* *m.* # *se brûler, se faire sauter la cervelle* bruciarsi, farsi saltare le cervella **2** [*cerveau comestible des animaux tués*] cervello, cervella: *cervelle d'agneau au beurre* cervello, cervella di agnello al burro **3** [*facultés mentales*] cervello: *c'est une tête sans cervelle* è una persona senza cervello, scervellata → **cerveau,** 1 **esprit** ◇ (*loc.*) *une cervelle d'oiseau, de moineau* un cervellino di gallina, di formica ~ *se creuser la cervelle* [*faire des efforts de réflexion*] lambiccarsi il cervello, scervellarsi ~ (*fam.*) *cela lui trotte dans la cervelle* gli frulla, gli passa per la testa ~ *avoir qqch. dans la cervelle* avere una cosa ben fissa in testa ~ *rompre la cervelle* rompere la testa ◇ (*personnes*) *c'est une cervelle folle, évaporée* è uno svampito; *une petite cervelle* un cervellino → **tête.**

cervical, ale, aux |sɛʀvikal, o| *adj.* **1** [*du cou*] cervicale: *vertèbres cervicales* vertebre cervicali; *nerfs, muscles cervicaux* nervi, muscoli cervicali **2** [*du col de l'utérus, de la vessie*] cervicale: *métrite cervicale* metrite cervicale.

cervicalgie |sɛʀvikalʒi| *s.f.* (*méd.*) cervicalgia*.

cervicapre |sɛʀvikapʀ| *s.m.* (*t. zool.*) cervicapra *f.*

Cervidés |sɛʀvide| *s.m. pl.* (*t.zool.*) Cervidi.

cervier |sɛʀvje| *adj. m.* → **loup-cervier.**

cervoise |sɛʀvwaz| *s.f.* [*bière d'orge, de blé, etc. en usage chez les anc. et au moyen âge*] cervogia*.

ces |se| *adj. dém. pl.* → **ce.**

Césalpinées, Cæsalpin(i)ées |sezalpin(j)e| *s.f. pl.* (*t.bot.*) Cesalpiniacee.

césar |sezaʀ| *s.m.* **1** [*empereur rom.*] cesare **2** → **empereur, dictateur.**

césarien, ienne |sezaʀjɛ̃, jɛn| *adj.* **1** (*hist. rom.*) cesariano **2** [*d'un dictateur, d'un tyran milit.*] dittatoriale: *régime césarien* regime dittatoriale.

césarienne |sezaʀjɛn| *s.f.* (*chir.*) taglio* *m.* cesareo.

césarisme |sezaʀism(ə)| *s.m.* cesarismo: *le césarisme de Bonaparte* il cesarismo di Bonaparte.

césium, cæsium |sezjɔm| *s.m.* (*chim.*) cesio*.

cessant, ante |sɛsɑ̃, ɑ̃t| *adj.* (*dans la loc.*) *toute*(*s*) *chose*(*s*), *toute*(*s*) *affaire*(*s*) *cessante*(*s*) [*en interrompant tout le reste*] senza indugio*, seduta stante.

cessation |sɛsɑsjɔ̃| *s.f.* [→ CESSER B] cessazione, interruzione: *cessation des hostilités* cessazione delle ostilità; *cessation du travail* interruzione del lavoro Ⓒ **continuation.**

cesse |sɛs| *s.f.* (*dans des loc. négatives*) **1** *loc.* N'AVOIR (POINT) DE CESSE QUE (+ *subj.*) [*ne pas s'arrêter avant que*] non avere tregua finché (+ *ind.*): *il n'aura pas de cesse qu'il n'obtienne ce qu'il veut* non avrà tregua finché non otterrà ciò che vuole **2** *loc. adv.* SANS CESSE [*sans discontinuer*] senza sosta → **continuellement.**

cesser |sese| **A** *v.intr.* **1** [*se terminer, ou s'interrompre*] cessare (*aux.* essere): *le vent, la pluie a cessé* il vento è cessato, la pioggia è cessata → **arrêter** (**s'**), **finir** # *la fièvre a cessé* la febbre è sparita, è caduta → **disparaître,** 1 **tomber** **2** *loc.* FAIRE CESSER far cessare: *faire cesser un scandale* far cessare uno scandalo ~ CESSER DE (+ *inf.*) cessare (*aux.* avere), smettere (155) di: *cesser de parler, de lutter, de souffrir* cessare, smettere di parlare, di lottare, di soffrire; *son influence a cessé de se faire sentir* la sua influenza ha cessato, smesso di farsi sentire ~ NE (PAS) CESSER DE [*continuer*] non cessare, non smettere di: *je n'ai jamais cessé de le voir* non ho mai cessato, smesso di vederlo; *il n'a cessé de m'importuner jusqu'à ce qu'il obtienne satisfaction* non ha smesso d'importunarmi finché (non) ha ottenuto soddisfazione **B** *v.tr.* [*faire finir*] smettere (di), smetterla (con) *intr. et tr.*; cessare: *cessez ces cris* smettetela di gridare, smettetela con queste grida; *cesser le travail* smettere il lavoro, di lavorare → **arrêter** ‖ *cesser le combat, le feu* cessare le ostilità, il fuoco # *cesser tout effort* abbandonare ogni sforzo Ⓒ A 1 **continuer, durer, persister.**

cessez-le-feu |seselfø| *s.m. inv.* cessate il fuoco; cessazione *f. var.* delle ostilità.

cessibilité |sesibilite| *s.f.* (*dr.*) cedibilità (*inv.*): *cessibilité d'un droit, d'un bien, d'une action* cedibilità di un diritto, di un bene, di un'azione → **négociabilité** Ⓒ **incessibilité.**

cessible |sesibl(ə)| *adj.* (*dr.*) cedibile: *actions cessibles* azioni cedibili → **négociable, transférable.**

cession |sɛsjɔ̃| *s.f.* (*dr.*) cessione: *acte de cession* atto di cessione; *cession de biens* cessione di beni → **transmission, vente** Ⓒ **achat, acquisition.**

cessionnaire |sɛsjɔnɛʀ| *s.* (*dr.*) cessionario*: *cessionnaire d'une créance* cessionario di un credito → **bénéficiaire** Ⓒ **cédant.**

c'est-à-dire |sɛ(e)tadiʀ| *loc. adv.* **1** (*annonce 'une explication, une précision, une qualification'* cioè *adv.*, vale a dire: *un radjah, c'est-à-dire un prince de l'Inde* un ragià, cioè un principe indiano; *un livre, c'est-à-dire un ami* un libro, vale a dire un amico **2** C'EST-À-DIRE QUE [*en conséquence*] il che vuol dire che, vale a dire che: *il n'y a plus d'eau, c'est-à-dire que nous allons mourir de soif* non c'è più acqua, il che vuol dire che moriremo di sete ◇ (*avant une réponse*) *'est-ce qu'il me deteste?' 'c'est-à-dire qu'il en aime une autre'* 'mi detesta?' 'no, solo che ama un'altra'; no, semplicemente ama un'altra' → **simplement, seulement.**

ceste |sɛst(ə)| *s.m.* (*hist. boxe*) cesto.

Cestodes |sɛstɔd| *s.m. pl.* (*t.zool.*) Cestodi.

césure |sezyʀ| *s.f.* cesura.

cet, cette |sɛt| *adj. dém.* → **ce.**

Cétacés |setase| *s.m. pl.* (*t.zool.*) Cetacei.

cétane |setan| *s.m.* (*chim.*) cetano.

cétérac |seteʀak| *s.m.* (*t.bot.*) ceterach *inv.*

cétoine |setwan| *s.f.* (*t.zool.*) cetonia.

cétone |setɔn| *s.f.* (*chim.*) chetone *m.*

cétonémie |setɔnemi| *s.f.* (*méd.*) cetonemia.

cétonique |setɔnik| *adj.* (*chim.*) cetonico*.
cétonurie |setɔnyʀi| *s.f.* (*méd.*) cetonuria.
ceux |sø| *pron. dém. pl.* → **celui.**
ceylanais, aise |sɛlanɛ, ɛz|, **cing(h)alais, aise** |sɛ̃galɛ, ɛz| *adj.* [*de Ceylan* (*Sri Lanka*)] singalese, cingalese.
chabichou |ʃabiʃu| *s.m.* [*fromage de chèvre du Poitou*] ⊠.
chabler |ʃable| *v.tr.* (*dial.*) → **gauler.**
1 **chablis** |ʃabli| (*adj.*) *bois chablis* albero abbattuto dal vento; albero caduto per vecchiaia.
2 **chablis** |ʃabli| *s.m.* [*vin blanc sec de Chablis*] ⊠.
chabraque, sohabraque |ʃabʀak| *s.f.* **1** (*anciennn.*) [*couverture de cheval*] gualdrappa **2** (*région.*, *péj.*) [*femme laide*] baldracca* ◇ [*fille de mauvaise vie*] sgualdrina.
chabrol |ʃabʀɔl|, **chabrot** |ʃabʀo| *s.m.* [*mélange de vin et de bouillon, dans le sud-ouest de la France*] ⊠.
chacal, als |ʃakal| *s.m.* **1** (*t.zool.*) sciacallo ◇ (*cour.*) *un troupeau de chacals* un branco di sciacalli **2** (*péj.*) [*homme avide, cruel*] sciacallo: *c'est un chacal* è uno sciacallo.
chaconne, chacone |ʃakɔn| *s.f.* (*danse, mus.*) ciaccona.
chacun, une |ʃakœ̃, yn| **I** *pron. indéf.* **1** ciascuno, ognuno: *chacun de nous* ciascuno, ognuno di noi; *chacun d'(entre) eux* ognuno di loro; *chacun des deux* ciascuno dei due; *retournez chacun à votre place* tornate ciascuno al suo posto → **chaque, un 2** [*toute personne*] ciascuno, ognuno; cadauno, l'uno: *chacun pense d'abord à soi* ognuno pensa innanzitutto a sé stesso; *à chacun selon son mérite* a ciascuno secondo i propri meriti → **tout** ‖ *ces livres coûtent 40 francs chacun* questi libri costano 40 franchi cadauno, l'uno; *ces cartes ont coûté 0,50 francs chacune* queste cartoline sono costate mezzo franco cadauna, l'una ◇ (*prov.*) *chacun pour soi et Dieu pour tous* ognuno per sé e Dio per tutti ~ *chacun son métier* a ciascuno il proprio mestiere **II** *s.f.* (*plais.*) *chacun sa chacune* a ogni uomo la propria donna.
chadburn |ʃadbœʀn| *s.m.* (*angl.*) (*mar.*) chadburn *inv.*
chadouf |ʃaduf| *s.m.* (*ar.*) (*agric.*) mazzacavallo.
chafouin, ine |ʃafwɛ̃, in| *s. et adj.* [*rusé, sournois*] sornione, astuto.
1 **chagrin** |ʃagʀɛ̃| *s.m.* [*état moralement douloureux*] dispiacere: *chagrin d'amour* dispiacere amoroso; *chagrin d'enfant* dispiacere infantile; *un gros chagrin* un grosso dispiacere → **affliction, douleur, peine**; *il a eu un grand chagrin* ha avuto un grosso dispiacere # *avoir du chagrin, beaucoup de chagrin* essere addolorato, molto addolorato.
2 **chagrin** |ʃagʀɛ̃| *s.m.* [*cuir grenu fait de peau de mouton, de chèvre, d'âne*] zigrino: *livre relié en plein chagrin* libro rilegato in zigrino.
chagrin, ine |ʃagʀɛ̃, in| *adj.* (*littér.*) [*qui est d'un caractère triste, morose*] malinconico*, triste: *un visage chagrin* un viso malinconico, triste; *il a l'air chagrin* ha un'aria malinconica → **maussade, mélancolique** Ⓒ **content, gai, satisfait.**
1 **chagriner** |ʃagʀine| *v.tr.* **1** [*rendre triste, faire de la peine*] addolorare, rattristare: *son départ nous chagrine* la sua partenza ci addolora, ci rattrista; *il ne voulait pas nous chagriner* non voleva rattristarci, darci un dispiacere → **affliger, attrister, contrarier 2** (*vx.*) → **fâcher.**
2 **chagriner** |ʃagʀine| *v.tr.* [*travailler* (*une peau*) *de manière à la rendre grenue*] zigrinare ◆ (*au p.p.*) *peau chagrinée* pelle zigrinata ◇ (*par anal.*) *papier chagriné* carta zigrinata.
chah |ʃa| *s.m.* scià *inv.*
chahut |ʃay| *s.m.* [*agitation bruyante*] baccano, cagnara (*f.*): *quel chahut!* che baccano!; *faire du chahut* fare baccano, cagnara → **tapage, vacarme** # *déclencher un chahut* scatenare un finimondo.
chahuter |ʃayte| **A** *v.intr.* [*faire du chahut*] fare (103) *tr.* baccano, fare *tr.* cagnara: *il passe son temps à dormir ou à chahuter* passa il tempo a dormire o a fare cagnara **B** *v.tr.* **1** *chahuter un professeur* [*faire du chahut à son cours*] fare baccano, fare cagnara durante una lezione **2** [*bousculer, houspiller*] maltrattare (a parole), insultare: *elles se sont fait chahuter par une bande de garçons* si sono fatte insultare da una banda di ragazzi.
chahuteur, euse |ʃaytœʀ, øz| *adj. et s.* [*qui chahute*] chiassone; che, chi fa baccano (*loc.*): *élève chahuteur* alunno chiassone.
chai |ʃɛ| *s.m.* [*magasin situé au rez-de-chaussée où l'on emmagasine les alcools, les vins en fûts*] cantina *f.*
chaînage |ʃɛnaʒ| *s.m.* [*armature métallique qui renforce une maçonnerie*] incatenatura *f.*
1 **chaîne** |ʃɛn| *s.f.* **I 1** catena: *chaîne d'ancre* catena dell'ancora; *tenir un chien à la chaîne* tenere un cane (legato) alla catena → **enchaîner** # *chaîne de sûreté* catenella **2** [*attache ornementale*] catena: *chaîne de montre* catena dell'orologio # *chaine d'or, d'argent* catenina d'oro, d'argento → **chaînette, gourmette 3** (*mécan.*) catena: *chaîne sans fin* catena senza fine; *chaîne de bicyclette* catena della bicicletta; *la chaîne a sauté* è saltata la catena **4** (*auto.*) *chaînes* (*à neige*) catene (da neve) **II** (*fig.*) [*ce qui attache, enchaîne, rend esclave*] catena: *briser, secouer ses chaînes* spezzare le catene, scuotersi di dosso le catene → **asservissement, lien.**
2 **chaîne** |ʃɛn| *s.f.* **1** (*géogr.*) catena: *chaîne de montagnes* catena di montagne, montuosa; *la chaîne des Alpes* la catena delle Alpi **2** (*chim., phys.*) catena: *réaction en chaîne* reazione a catena **3** (*électr.*) *chaîne haute fidélité* complesso *m.* ad alta fedeltà; *chaîne stéréo(phonique)* impianto *m.* stereo(fonico) **4** (*radio*) programma *m.* ◇ (*télév.*) canale (*m.*): *première, deuxième chaîne* primo, secondo canale **5** (*cybernétique*) catena **6** (*maçonn.*) catena **7** (*industrie, cour.*) catena: *chaîne de fabrication* catena di lavorazione; *chaîne de montage* catena di montaggio; *chaîne automatisée* catena automatizzata; *chaîne de magasins* catena di negozi; *travail à la chaîne* lavoro alla catena di montaggio **8** [*suite de personnes qui se transmettent qqch.*] catena: *faire la chaîne* fare la catena, far passamano **9** (*fig.*) [*série, succession*] concatenazione, il susseguirsi (*m. inv.*): *la chaîne des associations d'idées* la concatenazione delle associazioni di idee; *la chaîne des événements* il susseguirsi degli avvenimenti ◇ (*ling.*) *chaîne parlée* catena parlata.
chaîner |ʃene| *v.tr.* **1** [*mesurer avec la chaîne d'arpenteur*] misurare con la catena metrica **2** (*archit.*) [*replier par un chaînage*] incatenare **3** [*munir* (*un pneu*) *de chaînes*] mettere (155) le catene ◆ (*au p.p.*) *pneus chaînés* pneumatici con catene.
chaînette |ʃɛnɛt| *s.f.* **1** [*petite chaîne*] catenella: *chaînette de mors* catenella del morso; *chaînette de bracelet* catenella del braccialetto → **gourmette 2** (*cout.*) *point de chaînette* punto (a) catenella; *broderie au point chaînette* ricamo a punto catenella **3** (*mécan.*) catenaria.
chaîneur |ʃɛnœʀ| *s.m.* [*arpenteur qui mesure à la chaîne*] agrimensore (che misura con la catena metrica).
chaînier |ʃenje|, **chaîniste** |ʃenist(ə)| *s.m.* operaio* *s.* che fabbrica catene (di metallo prezioso).
chaînon |ʃɛnɔ̃| *s.m.* **1** [*anneau d'une chaîne*] anello (di catena) → **maillon** # *chaînon d'un filet* maglia di rete **2** (*fig.*) [*lien intermédiaire*] anello (della catena): *il manque un chaînon dans la reconstitution des faits* manca un anello della catena nella ricostruzione dei fatti.
chair |ʃɛʀ| *s.f.* **I 1** (*êtres vivants*) carne: *la chair et les os* la carne e le ossa ◇ *loc.* CHAIR VIVE carne (viva): *tailler dans la chair vive* tagliare nella carne viva ~ *en chair et en os* in carne e ossa ~ *être* (*bien*) *en chair* essere (bene) in carne ~ *avoir la chair de poule* avere la pelle d'oca ~ *donner la chair de poule* far venire la pelle d'oca ~ COULEUR CHAIR color carne: *des bas couleur chair* calze color carne ◇ (*peint.*) incarnato (*m.*): *les chairs sont bien rendues* gli incarnati sono resi bene **2** (*au sens de 'viande'*) carne ◇ [*préparation de viande hachée*] carne (tritata): *chair à saucisses* carne suina tritata ◇ (*loc.*) *hacher menu comme chair à pâté* [*très fin*] tritare fine fine ◇ (*fig.*) *n'être ni chair, ni poisson* non essere né carne né pesce **3** [*partie comestible d'animaux et de végétaux*] carne; polpa: *ce poisson, ce poulet a une chair tendre* questo pesce, questo pollo ha una carne tenera ‖ *la chair de cette poire est délicate* la polpa di questa pera è squisita → **pulpe II 1** [*la nature humaine, le corps*] carne: *le Verbe s'est fait chair* il Verbo si è fatto carne → **incarnation**; *c'est la chair de sa chair* è carne della sua carne **2** [*les istincts; les sens*] carne: *l'aiguillon de la chair* lo stimolo della carne.
chaire |ʃɛʀ| *s.f.* **1** [*tribune, siège d'un prédicateur*] pulpito *m.* **2** [*tribune d'un professeur; professorat*] cattedra: *être titulaire d'une chaire de droit* essere titolare di una cattedra di diritto **3** (*relig. cathol.*) *la chaire de Saint Pierre* la cattedra di San Pietro.
chaise |ʃɛz| *s.f.* **1** [*siège à dossier et sans bras*] sedia: *chaise paillée* sedia impagliata; *chaise pliante* sedia pieghevole; *chaise de jardin* sedia da giardino # *chaise haute* seggiolone **2** *une chaise longue* una sedia a sdraio, una sdraio *inv.* (*fam.*) **3** (*vx., plais.*) *chaise percée* seggetta, comoda **4** (*loc. fig.*) *mener une vie de bâton de chaise* [*une*

vie dissolue] condurre una vita sregolata; *se trouver, être assis entre deux chaises* [*dans une situation incertaine*] trovarsi tra due fuochi **5** (*ancienn.*) *chaise à porteurs* portantina **6** *chaise électrique* sedia elettrica **7** (*mar.*) *nœud de chaise* gassa d'amante.

chaisière |ʃɛzjɛʀ| *s.f.* [*loueuse de chaises*] affittaseggiole *inv.*

chaland |ʃalɑ̃| *s.m.* [*bateau à fond plat destiné au transport fluvial des marchandises*] chiatta (*f.*): *chaland à clapet* chiatta a vapore; *un train de chalands* un treno di chiatte.

chaland, ande |ʃalɑ̃, ɑ̃d| *s.* (*vx.*) → **acheteur, client.**

chalaze |kalɑz| *s.f.* (*biol., bot.*) calaza.

chalazion |kalazjɔ̃| *s.m.* (*méd.*) calazio*.

chalcographie |kalkɔgʀafi| *s.f.* calcografia.

chalcopyrite |kalkɔpiʀit| *s.f.* (*minér.*) calcopirite.

chalcosine |kalkɔzin| *s.f.* (*minér.*) calcosina.

chaldéen, éenne |kaldeɛ̃, eɛn| **1** *adj.* [*de la Chaldée ou Babylonie*] caldeo **2** (*s.m.*) *le chaldéen* [*la langue*] il caldeo.

châle |ʃɑl| *s.m.* scialle: *châle de cachemire, de soie* scialle di 'cachemire', di seta → **fichu** ✦ (*par appos.*) *col châle* collo a scialle, sciallato.

chalet |ʃalɛ| *s.m.* **1** 'chalet' *inv.* **2** (*vx.*) *chalet de nécessité* gabinetti *pl.* pubblici → **cabinet.**

chaleur |ʃalœʀ| *s.f.* **I** **1** calore (*m.*): *la chaleur du l'eau bouillante, d'un fer rouge* il calore dell'acqua bollente, di un ferro rovente; *la chaleur du poêle* il calore della stufa → **chaud** ◇ [*état de l'atmosphère*] calore; caldo (*m.*): *la chaleur du soleil, du feu* il calore del sole, del fuoco || *chaleur modérée, accablante, étouffante, sèche, humide* caldo moderato, opprimente, soffocante, secco, umido; *vague de chaleur* ondata di caldo **2** (*sc.*) calore: *chaleur spécifique* calore specifico **3** (*physiol.*) *chaleur animale* calore animale. **II** **1** (*animaux*) calore: *femelle qui entre en chaleur* femmina che va in calore **2** (*fig.*) [*caractère animé des dispositions psychiques, des tendances*] calore: *la chaleur de ses convictions* il calore delle proprie convinzioni; *dans la chaleur de la dispute* nel calore dell'alterco; *accueillir, défendre qqn. avec chaleur* accogliere, difendere qc. con calore, calorosamente → **enthousiasme** ⓒ I **froid**; II 2 **froideur, indifférence.**

chaleureusement |ʃalœʀøzmɑ̃| *adv.* [*avec chaleur, enthousiasme*] calorosamente: *il me serra chaleureusement les mains* mi strinse calorosamente le mani.

chaleureux, euse |ʃalœʀø, øz| *adj.* (*fig.*) caloroso: *accueil chaleureux* accoglienza calorosa; *applaudissements chaleureux* applausi calorosi → **ardent, enthousiaste** ⓒ **froid, tiède.**

châlit |ʃɑli| *s.m.* [*cadre de lit en bois, en métal*] lettiera *f.*

challenge |ʃalɑ̃ʒ| *s.m.* (*angl.*) (*sport*) sfida *f.*; torneo, coppa *f.* → **compétition,** 1 **coupe.**

challengeur |ʃalɑ̃ʒœʀ| *s.m.* [*celui qui cherche à enlever le titre au champion*] sfidante (*s.*): *le champion du monde et le challengeur* il campione del mondo e lo sfidante.

chaloir |ʃalwaʀ| *v.impers.* (*employé seulement dans les loc.*) **1** PEU ME CHAUT [*peu m'importe*] poco me ne importa (poco m'importa), poco me ne cale: *peu me chaut qu'il vienne ou non* poco m'importa che venga o no **2** (*vx.*) *il m'en chaut* [*cela m'importe, m'intéresse*] m'interessa, m'importa.

chaloupe |ʃalup| *s.f.* scialuppa: *chaloupes de sauvetage* scialuppe di salvataggio; *chaloupe à rames, à moteur* scialuppa a remi, a motore → **canot.**

chaloupé, ée |ʃalupe| *adj.* [*balancé*] cullante, dondolante: *valse chaloupée* valzer cullante; *démarche chaloupée* andatura dondolante.

chalouper |ʃalupe| *v.intr.* [*marcher, danser avec un balancement des épaules*] camminare, ballare ondeggiando.

chalumeau |ʃalymo| *s.m.* **1** [*tuyau de roseau, de paille*] cannuccia* *f.* → **paille** **2** (*mus.*) zufolo → **flûtau, pipeau** **3** [*appareil qui produit et dirige un jet de gaz enflammé*] cannello: *chalumeau oxhydrique* cannello ossidrico # *soudure au chalumeau* saldatura autogena.

chalumet |ʃalymɛ| *s.m.* [*extrémité du tuyau de la pipe*] bocchino.

chalumeur-coupeur |ʃalymœʀkupœʀ| *s.m.* operaio* che taglia i metalli con il cannello.

chalut |ʃaly| *s.m.* (*pêche*) sciabica* (*f.*): *chalut à crevettes* sciabica per la pesca dei gamberetti; *poche, chaîne, flotteurs d'un chalut* sacca, catena, galleggianti della sciabica; *pêcher les harengs au chalut* pescare le aringhe con la sciabica.

chalutage |ʃalytaʒ| *s.m.* pesca* *f.* a strascico.

chalutier |ʃalytje| *s.m.* **1** pescatore con la sciabica **2** [*bateau de pêche armé pour la pêche au chalut*] peschereccio*, motopeschereccio*.

chamade |ʃamad| *s.f. dans la loc.* BATTRE LA CHAMADE (*dit du cœur*) [*battre à grands coups*] *mon cœur bat la chamade* ho il cuore in gola.

chamailler (se) |ʃamɑje| *v.pron. récipr.* (*fam.*) [*se quereller bruyamment pour des raisons futiles*] bisticciare *intr.* → **disputer (se).**

chamaillerie |ʃamɑjʀi| *s.f.* (*fam.*) [*dispute, querelle*] bisticcio* *m.* (*cour.*), baruffa (*cour.*).

chamailleur, euse |ʃamɑjœʀ, øz| *s. et adj.* [*qui aime à se chamailler*] litigioso → **querelleur.**

chaman |ʃamɑ̃| *s.m.* (*relig.*) sciamano.

chamanisme |ʃamanism(ə)| *s.m.* (*relig.*) sciamanismo.

chamarrer |ʃamaʀe| *v.tr.* [*rehausser d'ornements aux couleurs éclatantes*] coprire (186) di ornamenti vistosi ✦ (*au p.p.*) *habit chamarré de broderies* abito vistosamente ricamato; *il était chamarré de décorations* era carico di medaglie.

chamarrure |ʃamaʀyʀ| *s.f.* [*ornement qui chamarre*] fronzoli *m. pl.*

chambard |ʃɑ̃baʀ| *s.m.* (*fam.*) [*vacarme, chahut*] baccano (*cour.*), chiasso (*cour.*).

chambardement |ʃɑ̃baʀdəmɑ̃| *s.m.* (*fam.*) [→ CHAMBARDER 1] finimondo (*cour.*), scompiglio* (*cour.*) → **bouleversement, remue-ménage** # *un grand chambardement général* [*la guerre, la révolution*] un cataclisma generale.

chambarder |ʃɑ̃baʀde| *v.tr.* (*fam.*) **1** [*bouleverser, mettre en désordre*] buttare all'aria, mettere (155) a soqquadro (*cour.*): *on a tout chambardé dans la maison* hanno buttato all'aria tutta la casa, hanno messo tutta la casa a soqquadro, sottosopra → **chambouler** **2** (*fig.*) [*changer, détruire*] cambiare, rivoluzionare: *à les écouter il faudrait tout chambarder* ad ascoltarli, bisognerebbe cambiare tutto ⓒ 2 **conserver, maintenir.**

chambellan |ʃɑ̃be(ɛl)lɑ̃| *s.m.* ciambellano: *le grand chambellan* il gran ciambellano.

chambertin |ʃɑ̃bɛʀtɛ̃| *s.m.* [*vin de Bourgogne*] ⊠.

chambouler |ʃɑ̃bule| *v.tr.* (*fam.*) [*bouleverser, mettre sens dessus dessous*] buttare all'aria; mettere (155) a soqquadro (*cour.*), sottosopra (*cour.*) → **chambarder.**

chambranle |ʃɑ̃bʀɑ̃l| *s.m.* [*encadrement d'une porte, d'une fenêtre, d'une cheminée*] stipite: *les chambranles d'une porte* gli stipiti di una porta.

1 **chambre** |ʃɑ̃bʀ(ə)| *s.f.* **1** [*pièce où l'on couche*] camera (da letto), stanza (da letto): *chambre à coucher* camera, stanza da letto; *chambre d'ami* camera per gli ospiti; *chambre d'enfants* stanza dei bambini; *chambre de domestique, de bonne* stanza per la domestica; *chambre meublée, garnie* camera (am)mobiliata; *chambre à un lit, à deux lits* camera a un letto (singola), a due letti (doppia); *chambres à louer* camere da affittare; *garder la chambre* rimanere in camera (per indisposizione); *musique de chambre* musica da camera; *faire chambre à part* dormire in camere separate **2** *loc.* EN CHAMBRE [*chez soi*] in casa, a domicilio: *travailler en chambre* lavorare a domicilio ◇ (*fig.*) *mettre, tenir qqn. en chambre* fare il lavaggio del cervello a qc., indottrinare qc. → **chambrer** ~ DE CHAMBRE: *robe de chambre* veste da camera, vestaglia; *pot de chambre* vaso da notte **3** *valet, femme de chambre* cameriere, cameriera **4** (*mar.*) *la chambre du capitaine* la cabina del capitano; *chambre des cartes, de navigation* sala nautica; *chambre de chauffe* camera di combustione; *chambre des machines* sala macchine ✦ (*absolt.*) *la chambre* l'alloggio* *m.* degli ufficiali **5** [*pièce spécialement aménagée*] camera: *chambre froide, frigorifique* camera, cella frigorifera; *chambre de sûreté* camera di sicurezza; *chambre à gaz* camera a gas.

2 **chambre** |ʃɑ̃bʀ(ə)| *s.f.* **1** (*dr.*) sezione: *première, deuxième chambre d'un tribunal* prima, seconda sezione di un tribunale; *président de chambre* presidente di sezione; *chambre civile* sezione civile; *chambre criminelle* sezione penale ◇ (*ancienn.*) *Chambre de justice* tribunale *m.* speciale **2** [*assemblée législative*] camera: *la Chambre des députés* la Camera dei deputati; *siéger à la Chambre* avere un seggio alla Camera **3** [*assemblée s'occupant des intérêts d'un corps*] *chambre de commerce* camera di commercio; *chambre de l'agriculture* camera dell'agricoltura; *chambre des métiers* camera dell'artigianato.

3 **chambre** |ʃɑ̃bʀ(ə)| *s.f.* **1** (*opt., photo.*) camera: *chambre noire* camera oscura **2** (*fusil, canon*) [*cavité qui reçoit des explosifs*] camera **3** (*techn.*)

chambre à vapeur camera di vapore; *chambre d'explosion d'un moteur* camera di scoppio di un motore; *chambre de combustion* camera di combustione **4** (*techn.*) *chambre à air* camera d'aria **5** (*phys.*) *chambre d'ionisation* camera di ionizzazione.

chambrée |ʃɑ̃bʀe| *s.f.* **1** [*l'ensemble de ceux qui couchent dans une même chambre*] camerata: *une chambrée de soldats* una camerata di soldati; *camarades de chambrée* compagni di camerata **2** [*la pièce où logent des soldats*] camerata: *les chambrées d'une caserne* le camerate di una caserma → **dortoir.**

chambrer |ʃɑ̃bʀe| *v.tr.* **1** [*mettre* (*le vin*) *à la température de la pièce*] portare a temperatura ambiente: *on chambre les vins rouges* i vini rossi vengono portati a temperatura ambiente **2** [*isoler pour mieux convaincre*] → **endoctriner** Ⓒ 1 **frapper.**

chambrette |ʃɑ̃bʀɛt| *s.f.* [*petite chambre*] cameretta.

chambrière |ʃɑ̃bʀijɛʀ| *s.f.* **1** [*trépied d'un charron*] treppiede *m.* (del carraio) ◇ [*béquille d'une charrette*] cavalletto *m.* (del carretto) **2** [*fouet à long manche*] frustino *m.* **3** (*vx.*) [*femme de chambre*] fantesca*.

chameau |ʃamo| *s.m.* **1** (*t.zool.*) cammello ◇ [*tissu*] *poil de chameau* cammello: *manteau en poil de chameau* cappotto di cammello ◇ (*loc.*) *il est plus aisé pour un chameau d'entrer par le trou d'une aiguille que pour un riche d'entrer dans le royaume de Dieu* è più facile che un cammello passi per la cruna di un ago che un ricco entri nel regno dei cieli **2** (*fam.*) [*personne méchante, désagréable*] carogna *f.* ✦ (*adj.*) *ce qu'il (elle) est chameau!* quant'è carogna!

chamelier |ʃaməlje| *s.m.* cammelliere.

chamelle |ʃamɛl| *s.f.* [*femelle du chameau*] cammella.

chamite |kamit| *s.* camita.

chamito-sémitique |kamitɔsemitik| *adj.* camito-semitico*.

chamois |ʃamwa| **I** *s.m.* **1** (*t.zool.*) camoscio* **2** (*cuir de*) *chamois* [*peau préparée du chamois*] (pelle di) camoscio ◇ (*par ext.*) [*le côté chair de la peau de mouton, de chèvre, préparé par chamoisage*] pelli *f. pl.* (di montone, di capra) scamosciate; *gants de chamois* guanti scamosciati; *peau de chamois* panno scamosciato **II** (*adj. inv.*) *couleur chamois* color camoscio; *une robe chamois* un vestito color camoscio; *papier chamois* carta camoscio.

chamoisage |ʃamwazaʒ| *s.m.* (*techn.*) scamosciatura *f.*

chamoiser |ʃamwaze| *v.tr.* (*techn.*) [*préparer par chamoisage*] scamosciare: *chamoiser des peaux* scamosciare le pelli.

chamoiserie |ʃamwazʀi| *s.f.* **1** laboratorio* *m.* per la scamosciatura **2** industria delle pelli scamosciate.

champ |ʃɑ̃| *s.m.* **I** **1** campo: *champ de blé* campo di grano; *champ moissonné* campo mietuto; *cultiver, labourer, semer un champ* coltivare, arare, seminare un campo **2** LES CHAMPS i campi: *la vie des champs* la vita dei campi; *les travaux des champs* i lavori dei campi; *mener les bêtes aux champs* condurre le bestie nei campi → 1 **campagne** ◇ *loc.* EN PLEIN CHAMP in aperta campagna: *passer la nuit en plein champ* passare la notte in aperta campagna ~ À TRAVERS CHAMPS attraverso i campi: *couper à travers champs* tagliare attraverso i campi ~ *prendre la clé des champs* [*s'enfuir*] tagliare la corda ~ *donner la clé des champs* mettere in libertà **3** (*milit.*) *champ de bataille* campo di battaglia; *champ de manœuvre, d'exercices* campo di manovra, d'esercitazione; *champ de tir* campo di tiro, poligono; *champ d'aviation* campo d'aviazione; *mourir, tomber au champ d'honneur* cadere sul campo ◇ (*par anal.*) *champ de courses* campo di corse, galoppatoio **4** [*arène, lice*] *se battre en champ clos* battersi in campo chiuso ◇ (*loc. fig.*) *laisser le champ libre* lasciare libero, cedere il campo ~ *prendre du champ*: (*pr.*) prendere lo slancio; (*fig.*) distaccarsi **5** (*blas.*) campo: *champ d'une médaille, d'un émail* campo di una medaglia, di uno smalto **II** (*fig.*) **1** [*domaine d'action*] campo: *le champ des hypothèses* il campo delle ipotesi; *le champ de la conscience* il campo della coscienza; *agrandir le champ des connaissances humaines* ampliare il campo delle conoscenze umane → **sphère** ◇ (*ling.*) *champ sémantique, lexical* campo semantico, lessicale ◇ (*loc.*) *donner libre champ à son imagination* dar libero corso alla propria immaginazione **2** *loc. adv.* SUR-LE-CHAMP all'istante (sull'istante), sui due piedi (*pop.*): *la question fut réglée sur-le-champ* la faccenda fu sistemata all'istante, sui due piedi → **aussitôt, immédiatement** ~ *à tout bout de champ* [*à tout instant*] a ogni piè sospinto **III** (*sc., techn.*) **1** (*opt.*) campo: *champ des instruments d'optique* campo degli strumenti ottici; *champ visuel* campo visivo; *profondeur du champ* profondità di campo ◇ (*ciné., télév.*) *être dans le champ, sortir du champ* essere in campo, uscire di campo **2** (*chir.*) *champ opératoire* campo operatorio **3** (*électr.*) *champ électrique* campo elettrico **4** (*phys.*) *champ de gravitation* campo gravitazionale.

1 **champagne** |ʃɑ̃paɲ| *s.f.* **1** (*géogr.*) campagna: *la champagne de Saintonge* la campagna della Saintonge **2** (*blas.*) campagna ✦ (*appos.*) *fine champagne* [*eau-de-vie*] acquavite.

2 **champagne** |ʃɑ̃paɲ| *s.m.* **1** 'champagne' *inv.*, sciampagna *f.* (*vieilli*): *bouteille, bouchon de champagne* bottiglia, tappo di 'champagne'; *coupe, flûte à champagne* coppa, 'flûte' da 'champagne'; *champagne frappé* 'champagne' ghiacciato; *champagne brut, sec, demi-sec* 'champagne' 'brut', secco, semi secco **2** *champagne nature* 'champagne' naturale.

champagnisation |ʃɑ̃paɲizɑsjɔ̃| *s.f.* trattamento *m.* (di un vino) con il metodo 'champenois'.

champagniser |ʃɑ̃paɲize| *v.tr.* [*traiter* (*un vin*) *selon la méthode champenoise*] trattare (un vino) con il metodo 'champenois'.

champart |ʃɑ̃paʀ| *s.m.* **1** (*féod.*) decima *f.* sul raccolto **2** [*mélange de froment, de seigle et d'orge*] segalata *f.* → **méteil.**

champenois, oise |ʃɑ̃pənwa, waz| *adj.* [*de la Champagne*] della Champagne *loc. inv.*

champêtre |ʃɑ̃pɛtʀ(ə)| *adj.* **1** (*vieilli, littér.*) campestre, agreste ◇ (*cour.*) *bal champêtre* ballo campestre → **rustique, rural** **2** *garde champêtre* guardia campestre.

champi, champis, isse |ʃɑ̃pi, is| *s. et adj.* (*vx.*) [*enfant trouvé dans les champs*] trovatello *s.* (*cour.*).

champignon |ʃɑ̃piɲɔ̃| *s.m.* **1** (*bot.*) fungo*: *champignons comestibles, vénéneux* funghi eduli, velenosi; *omelette aux champignons* frittata con i funghi; *champignon de couche, de Paris* (fungo) prataiolo; *cueillir, ramasser des champignons* cogliere, raccogliere funghi ◇ (*loc. fig.*) *pousser comme un champignon* spuntare, venir su come i funghi ~ *ville champignon* città fungo **2** (*fig.*) [*ce qui a la forme d'un champignon*] *champignon d'un porte-manteau* pomo di un attaccapanni; *champignon atomique* fungo atomico ◇ (*fam.*) [*pédale d'accélérateur*] chiodo (*pop.*), acceleratore (*cour.*): *appuyer sur le champignon* schiacciare il chiodo, l'acceleratore.

champignonnière |ʃɑ̃piɲɔnjɛʀ| *s.f.* [*lieu où l'on cultive les champignons sur couche*] fungaia.

champignonniste |ʃɑ̃piɲɔnist(ə)| *s.* [*personne qui cultive les champignons*] funghicoltore*.

champion, onne |ʃɑ̃pjɔ̃, ɔn| *s.* **1** [*défenseur attitré* (*d'une cause*)] campione *m.*, portavoce (*m. inv.*): *elle s'est faite la championne du vote des femmes* si è fatta il campione, il portavoce del voto alle donne **2** [*vainqueur d'une épreuve sportive* (*championnat*)] campione*: *champion du monde de boxe* campione del mondo di pugilato; *championne d'Europe du cent mètres dos* campionessa europea dei cento (metri) dorso ◇ [*athlète de grande valeur*] *les grands champions de ski* i grandi campioni dello sci **3** (*fam.*) [*personne remarquable*] campione → **as** ✦ (*adj.*) *il est champion, c'est champion!* [*il est, c'est remarquable*] è forte!

championnat |ʃɑ̃pjɔna| *s.m.* campionato: *concourir dans un championnat* partecipare a un campionato; *remporter le championnat de France, d'Europe* vincere il campionato di Francia, d'Europa; *notre équipe a remporté le championnat de football* la nostra squadra ha vinto il campionato di calcio.

chançard, arde |ʃɑ̃saʀ, aʀd(ə)| *adj. et s.* (*fam.*) → **chanceux.**

chance |ʃɑ̃s| *s.f.* **1** [*manière favorable ou défavorable selon laquelle un événement se produit*] sorte, fortuna: *la bonne, la mauvaise chance* la buona, la cattiva sorte; *nous en courrons la chance* tenteremo la sorte, la fortuna; *souhaiter bonne chance* augurare buona fortuna; *la chance a tourné* la sorte, la fortuna è cambiata ✦ (*absolt.*) *bonne chance!* buona fortuna!, (tanti) auguri! **2** *au plur.* [*possibilités de se produire par hasard*] probabilità *inv.*, possibilità (*inv.*): *il y a beaucoup de chances, il y a des chances* ci sono molte probabilità, ci sono delle possibilità; *calculer ses chances de succès* calcolare le proprie possibilità di successo **3** *absolt.* [*bonne chance*] fortuna: *par chance* per fortuna; *avoir de la chance* avere fortuna; *il n'a pas de chance* non ha fortuna → **bonheur,** 3 **veine**; *nous avons eu la chance de la rencontrer* [*l'occasion favorable*] abbiamo avuto la fortuna di incontrarla; *porter chance* portare fortuna # *il aura de la chance, s'il s'en tire* sarà fortunato se se la cava; *pas de chance!* che scalogna! Ⓒ 3 **déveine, malchance.**

chancel |ʃɑ̃sɛl| *s.m.* [*balustrade du chœur d'une église*] pluteo.

chancelant, ante |ʃɑ̃slɑ̃, ɑ̃t| *adj.* [*qui chancelle*] vacillante, malfermo: *démarche chancelante* andatura vacillante, malferma; *marcher d'un pas chancelant* camminare con passo malfermo, vacillante ◇ (*fig.*) vacillante: *autorité chancelante* autorità vacillante; *avoir une foi chancelante* avere una fede vacillante → **faible** # *santé chancelante* salute malferma.

chanceler |ʃɑ̃sle| (4) *v.intr.* **1** [*vaciller sur sa base, pencher de côté et d'autre*] vacillare, barcollare: *il chancelle comme un homme ivre* vacilla, barcolla come un ubriaco → **vaciller, tituber** **2** (*fig.*) [*être menacé de ruine, de chute*] vacillare: *sa mémoire chancelle* la sua memoria vacilla.

chancelier |ʃɑ̃səlje| *s.m.* **1** cancelliere: *chancelier d'un consulat* cancelliere di un consolato; *grand chancelier de l'ordre de la Légion d'honneur* gran cancelliere della Legion d'onore **2** (*en Grande-Bretagne*) *chancelier de l'Échiquier* [*ministre des Finances*] cancelliere dello Scacchiere ◇ (*en Autriche, en Allemagne*) [*premier ministre*] cancelliere **3** (*ancienn.*) [*fonctionnaire royal ayant la garde et la disposition du sceau de France*] guardasigilli *inv.*

chancelière |ʃɑ̃səljɛʀ| *s.f.* [*boîte ou sac ouvert, servant à tenir les pieds au chaud*] scaldapiedi *m. inv.*

chancellerie |ʃɑ̃sɛlʀi| *s.f.* **1** [*services du ministère de la Justice*] cancelleria **2** *la chancellerie d'un consulat, d'une ambassade* la cancelleria di un consolato, di un'ambasciata ◇ (*par ext.*) [*ambassade*] cancelleria, ambasciata # *style de chancellerie* stile cancelleresco ◇ (*par anal.*) *la chancellerie du Vatican* la cancelleria pontificia, apostolica.

chanceux, euse |ʃɑ̃sø, øz| *adj.* **1** [*favorisé par la chance*] fortunato → **veinard** **2** (*vx.*) [*soumis au caprice de la chance, du hasard*] aleatorio* (*cour.*) → **hasardeux** Ⓒ 1 **malchanceux.**

chanci |ʃɑ̃si| *s.m.* (*agric.*) muffa *f.*

chancir |ʃɑ̃siʀ| *v. intr. et pron.* → **moisir,** 1 **gâter (se).**

chancre |ʃɑ̃kʀ(ə)| *s.m.* **1** (*méd., cour.*) ulcera (*f.*): *chancre syphilitique* ulcera sifilitica; *chancre mou* ulcera molle ◇ (*vx.*) → **cancer** **2** (*fig., vulg.*) *manger comme un chancre* mangiare come un porco **3** *chancre des arbres* cancro degli alberi ◇ (*fig.*) [*ce qui ronge, dévore*] cancro: *le chancre de la vénalité* il cancro della venalità.

chancrelle |ʃɑ̃kʀɛl| *s.f.* (*méd.*) ulcera molle.

chandail |ʃɑ̃daj| *s.m.* [*gros tricot de laine*] maglione, golf (*inv.*): *chandail de sport, à col roulé* maglione sportivo, a collo alto → **pull-over, tricot.**

chandeleur |ʃɑ̃dlœʀ| *s.f.* (*liturg. cathol.*) candelora: *jour de la chandeleur* giorno della candelora.

chandelier |ʃɑ̃dəlje| *s.m.* **1** [*support destiné à recevoir une chandelle, un cierge, une bougie*] candeliere → **bougeoir, flambeau** ◇ [*destiné à plusieurs chandelles, bougies*] candelabro: *le chandelier à sept branches* il candelabro (ebraico) a sette bracci # *chandelier pascal* cero pasquale **2** → 2 **étai, support.**

chandelle |ʃɑ̃dɛl| *s.f.* **1** (*ancienn.*) [*mèche tressée enveloppée de suif*] candela: *souffler, moucher la chandelle* spegnere, smoccolare la candela → **bougie** ◇ (*loc. fig.*) *devoir une chandelle à qqn.* accendere un cero a qc. ~ *il lui doit une fière chandelle* gli deve proprio accendere un cero ~ *faire des économies de bouts de chandelle* fare economie meschine ~ *brûler la chandelle par les deux bouts* [*dépenser trop*] spendere e spandere ~ *en voir trente-six chandelles* [*avoir un éblouissement à la suite d'un coup violent reçu sur la tête*] vedere le stelle ~ *tenir la chandelle* reggere il moccolo ~ *le jeu ne vaut pas la chandelle* il gioco non vale la candela **2** *chandelle romaine* → 1 **fusée** **3** [*montée verticale d'une balle, d'un avion*] candela: *l'avion monte en chandelle* l'aereo sale a candela ◇ (*sport*) *faire une chandelle* alzare la palla a candela.

1 **chanfrein** |ʃɑ̃fʀɛ̃| *s.m.* frontale della testiera del cavallo.

2 **chanfrein** |ʃɑ̃fʀɛ̃| *s.m.* (*archit.*) smussatura *f.*

chanfreinage |ʃɑ̃fʀɛnaʒ| *s.m.* (*techn.*) cianfrinatura *f.*

chanfreiner |ʃɑ̃fʀene| *v.tr.* (*archit.*) [*tailler en chanfrein*] smussare.

change |ʃɑ̃ʒ| *s.m.* **I** **1** *loc.* GAGNER, PERDRE AU CHANGE [*à l'échange*] guadagnarci, perderci nello scambio → **troc** **2** (*comm.*) cambio*: *opération de change* operazione di cambio; *agent de change* agente di cambio # *lettre de change* cambiale → **billet,** 2 **effet** **3** [*valeur de l'indice monétaire étranger en monnaie nationale*] cambio: *le change est au pair* il cambio è alla pari → **taux** ◇ [*lieu où se font les opérations de change*] cambio → 2 **bourse** **II** *loc.* DONNER LE CHANGE À QQN. [*lui faire prendre une chose pour une autre*] raggirare qc. → **tromper.**

changeable |ʃɑ̃ʒabl(ə)| *adj.* [→ CHANGER A 4, 5, 6] mutabile, modificabile → **modifiable, remplaçable** Ⓒ **immuable.**

changeant, ante |ʃɑ̃ʒɑ̃, ɑ̃t| *adj.* **1** [*susceptible de changement*] mutevole: *temps changeant* tempo mutevole; *humeur changeante* umore mutevole; *la fortune est changeante* la fortuna è mutevole → **capricieux, instable, variable, incertain** # *il est bien changeant dans ses opinions* è molto incostante nelle sue opinioni; *esprit changeant* carattere volubile **2** [*dont la couleur, l'aspect change suivant la lumière*] cangiante: *étoffe changeante* stoffa cangiante → **chatoyant** Ⓒ 1 **fixe, immuable, stable.**

changement |ʃɑ̃ʒmɑ̃| *s.m.* **1** [*le fait de changer*] cambiamento, mutamento: *changement de nature, de substance, de forme* cambiamento, mutamento di natura, di sostanza, di forma → **modification, transformation**; *changement de temps* cambiamento di tempo → **variation**; *changement de ministère, de régime, de programme* cambiamento di ministero, di regime, di programma; *son changement est complet, total* il suo cambiamento è completo, totale; è radicalmente cambiato **2** [*le fait de quitter une chose pour une autre*] cambio*, cambiamento: *changement d'adresse, de résidence* cambio d'indirizzo, di residenza; *vous avez besoin d'un changement d'air* lei ha bisogno di un cambiamento d'aria, di cambiare aria **3** [*état de ce qui évolue, se modifie*] cambiamento, mutamento: *changement brusque, total* cambiamento, mutamento brusco, totale; *changement graduel, progressif* cambiamento, mutamento graduale, progressivo → **bouleversement**; *ç'a été un grand changement dans sa vie* è stato un grande cambiamento nella sua vita → 2 **évolution** Ⓒ 1 **constance, fixité, stabilité.**

changer |ʃɑ̃ʒe| (3) **A** *v.tr.* **1** [*céder (une chose) contre une autre*] cambiare, scambiare: *changer une chose pour, contre une autre* cambiare, scambiare una cosa con un'altra → **troquer**; *je ne changerais pas ma place pour la sienne* non cambierei il mio posto con il suo ◆ (*absolt.*) *je ne changerais pas avec lui* non farei (a) cambio con lui ◇ (*spécialt.*) *changer des dollars contre des francs* cambiare dei dollari in franchi **2** [*remplacer* (*qqch., qqn.*)] cambiare: *changer sa voiture* cambiare l'auto; *changer les draps* cambiare le lenzuola ◇ (*par ext.*) *changer un malade, un enfant* [*changer son linge*] cambiare un malato, un bambino **3** CHANGER QQN., QQCH. DE [*mettre dans une autre place, ailleurs*] cambiare qc., q.c. di...: *changer qqch. de place* cambiare di posto una cosa → **déplacer** **4** [*rendre autre ou différent*] cambiare, mutare: *changer ses plans, ses projets* cambiare i propri piani, i propri progetti; *ce que j'ai dit, je n'y changerai rien* non cambierò niente di quello che ho detto → **modifier** # *changer sa voix pour n'être pas reconnu* contraffare la voce per non essere riconosciuto ◇ (*loc. fam.*) *une promenade lui changera les idées* una passeggiata lo distrarrà ~ *cette nouvelle coiffure vous change* sembra un'altra con questa nuova pettinatura **5** CHANGER QQCH. EN cambiare, mutare q.c. in: *les alchimistes espéraient changer les métaux en or* gli alchimisti speravano di mutare, tramutare i metalli in oro → **transmuer, convertir, transformer** # *changer un doute en certitude* tramutare un dubbio in certezza; *changer une peine en une autre* commutare una pena in un'altra **6** CHANGER QQCH. À [*modifier un élément de*] mutare, cambiare (q.c.) in, di: *ne rien changer à ses habitudes* non mutare nulla delle proprie abitudini, non cambiare per niente le proprie abitudini **B** *v.intr.* **1** CHANGER DE [*quitter (un lieu, une chose) pour une autre*] cambiare (*tr.*): *changer de place* cambiare posto; *changer de logement* cambiare casa; *changer de pays* cambiare paese → **émigrer**; *changer de direction, de route* cambiare direzione, strada; *changer de cheval, de voiture* cambiare cavallo, macchina; *changer de gouvernement* cambiare governo; *elle a changé de coiffure* ha cambiato pettinatura; *il faut un peu changer de lectures* ogni tanto bisogna cambiare tipo di lettura → **diversifier, varier**; *changer d'humeur, de ton* cambiare umore, tono; *changer de couleur, de visage* cambiare colore, faccia → **troubler (se)** ◇ (*sens passif*) [*avoir, recevoir (un autre caractère)*] cambiare: *la rue a changé de nom* la strada ha cambiato nome **2** [*devenir autre, éprouver un changement*] cambiare (*aux.* essere): *les choses ont* *changé* le cose sono cambiate; *le temps va changer* il tempo sta cambiando; *changer du jour au lendemain, subitement, à vue d'œil* cambiare dall'oggi al domani, improvvisamente, a vista d'occhio → 2 **évoluer, modifier (se)**; *elle n'a pas changé, elle est toujours la même* non è cambiata, è sempre la stessa → **vieillir** ◇ *loc. fam.* POUR CHANGER [*comme d'habitude*] (tanto) per cambiare: *et pour changer, elle est encore en retard* e (tanto) per cambiare, è ancora in ritardo **C** *v.pron. réfl.* SE CHANGER [*changer de vêtements*] cambiarsi: *vous êtes bien mouillé, changez-vous* lei è tutto bagnato, si cambi ⓒ B 2 **durer, rester, subsister.**

changeur |ʃɑ̃ʒœʀ| *s.m.* [*personne qui effectue des opérations de change*] cambiavalute *s. inv.*

chanlatte |ʃɑ̃lat| *s.f.* telaio* *m.* di lamiera per tetti.

chanoine |ʃanwan| *s.m.* (*ecclés.*) canonico*: *chanoine titulaire, prébendé* canonico titolare, beneficiato ◇ (*loc. fam.*) *gras comme un chanoine* grasso come un tordo ~ *mener une vie de chanoine* [*une vie paisible, indolente*] fare una vita da papa.

chanoinesse |ʃanwanɛs| *s.f.* **1** [*celle qui possédait une prébende dans un chapitre de femmes*] badessa **2** [*pâtisserie appelée aussi 'nonnette'*] ⊠.

chanson |ʃɑ̃sɔ̃| *s.f.* **I** **1** canzone: *l'air, les paroles d'une chanson* il motivo, le parole di una canzone ◇ (*loc.*) *chansons à boire* canti d'osteria; *chanson d'amour* canzone d'amore ◇ (*loc. fig.*) *l'air ne fait pas la chanson* l'abito non fa il monaco ~ *comme on dit dans la chanson, comme dit la chanson* come dice la canzone ◇ (*spécialt.*) [*la musique seule, le texte seul*] *siffloter une chanson à la mode* fischiettare un motivo *m.* alla moda; *écrire une chanson* scrivere una canzone **2** (*par ext.*) canto (*m.*): *la chanson du grillon* il canto del grillo; *la chanson du vent* il canto del vento → **murmure** **3** (*fig., fam.*) [*propos rebattus*] ritornello *m.*, canzone: *c'est toujours la même chanson* è sempre lo stesso ritornello, la stessa canzone → **histoire** **II** (*litt.*) canzone: *chanson de geste* canzone di gesta.

chansonner |ʃɑ̃sɔne| *v.tr.* [*railler par une chanson satirique*] deridere (130) (con una canzone satirica).

chansonnette |ʃɑ̃sɔnɛt| *s.f.* canzonetta, canzoncina.

chansonnier |ʃɑ̃sɔnje| *s.m.* **1** 'chansonnier' (*inv.*): *théâtre de chansonniers* teatro di 'chansonnier'; 'cabaret' ◇ (*vieilli*) compositore di canzoni satiriche **2** (*litt.*) canzoniere.

1 **chant** |ʃɑ̃| *s.m.* **1** canto: *école, professeur de chant* scuola, professore di canto; *chant mélodieux* canto melodioso # *exercices de chant* vocalizzi **2** [*formes particulières de musique vocale*] canto: *chants populaires* canti popolari; *chant ambrosien, grégorien* canto ambrosiano, gregoriano → **plain-chant**; *chant choral* canto corale **3** [*bruit modulé*] canto: *le chant du violon* il canto del violino; *le chant des oiseaux* il canto degli uccelli ◇ (*loc.*) *au chant du coq* al canto del gallo **4** [*poésie lyrique ou destinée, à l'origine, à être chantée*] canto: *les douze chants de l'Énéide* i dodici canti dell'Eneide.

2 **chant** |ʃɑ̃| *s.m.* (*rare*) [*face étroite d'un objet*] taglio* (*cour.*): *le chant d'une brique* il taglio di un mattone ◇ *loc. adv.* (*cour.*) (*mettre*) *de chant* (*une pierre*) (mettere una pietra) di, per taglio.

chantage |ʃɑ̃taʒ| *s.m.* [*action d'exiger de qqn.* (*de l'argent ou quelque avantage*) *sous une menace*] ricatto → **extorsion** # *lettre de chantage* lettera ricattatoria; *faire du chantage* ricattare.

chantant, ante |ʃɑ̃tɑ̃, ɑ̃t| *adj.* **1** *basse chantante* basso cantabile **2** [*qui est favorable au chant*] cantabile: *musique très chantante* musica molto cantabile, orecchiabile **3** *voix chantante* voce melodiosa; *ton chantant* tono cantilenante **4** *café chantant* caffè concerto *s.m. inv.*

chanteau |ʃɑ̃to| *s.m.* **1** (*vx., région.*) → **morceau** **2** [*pièce d'un violon qui augmente la largeur du fond*] prolungamento.

chantefable |ʃɑ̃tfɑbl(ə)| *s.f.* (*litt.*) cantafavola.

chantepleure |ʃɑ̃tplœʀ| *s.f.* **1** [*entonnoir à long tuyau percé de trous*] cannella **2** [*robinet de tonneau*] spina **3** [*fente d'un mur pour l'écoulement des eaux*] compluvio* *m.* → **barbacane.**

chanter |ʃɑ̃te| **A** *v.intr.* **1** [*former avec la voix une suite de sons musicaux*] cantare: *chanter avec expression* cantare con sentimento; *chanter à mi-voix, mezza-voce* cantare a mezza voce; *chanter à pleins poumons, à tue-tête* cantare a squarciagola # *chanter juste, faux* essere intonato, stonato **2** (*oiseaux, certains insectes*) [*crier*] cantare: *l'alouette, le coq chantent* l'allodola, il gallo cantano → **gazouiller** **3** (*loc.*) *c'est comme si on chantait* [*c'est inutile*] è come parlare al vento ~ *faire chanter. qqn.* ricattare qc. ~ (*fam.*) *si ça vous chante* [*si ça vous dit*] se vi va (se le va) **B** *v.tr.* **1** [*émettre* (*des sons musicaux*), *exécuter* (*un morceau de musique vocale*)] cantare: *chanter un air, une chanson* cantare un motivo, una canzone; *chanter la messe* cantar messa ◇ (*fig., péj.*) *il chante cela sur tous les tons* batte la solfa → **rabâcher**; *qu'est-ce que tu nous chantes là?* che cosa ci vai raccontando? → 1 **dire** **2** [*célébrer par des chants*] *chantons Noël!* cantiamo canzoni natalizie! **3** (*poét.*) [*célébrer*] cantare: *Homère a chanté les exploits d'Ulysse* Omero ha cantato le imprese di Ulisse → **exalter** ◇ (*loc. fam.*) *chanter victoire* cantar vittoria ~ *chanter les louanges de qqn.* cantare, tessere le lodi di qc.

1 **chanterelle** |ʃɑ̃tʀɛl| *s.f.* [*corde la plus fine dans un instrument à corde*] cantino (*m.*): *chanterelle de violon* cantino di violino ◇ (*fig.*) *appuyer sur la chanterelle* insistere su un tasto delicato.

2 **chanterelle** |ʃɑ̃tʀɛl| *s.f.* **1** uccello *m.* da richiamo → **appeau** **2** (*t.bot.*) cantarello *m.* ◇ (*cour.*) *chanterelle comestible* cantarello commestibile → **girolle.**

chanteur, euse |ʃɑ̃tœʀ, øz| **I** *s.* cantante: *chanteur amateur, professionnel* cantante dilettante, professionista; *chanteuse d'opéra* cantante lirica → **cantatrice** # *chanteur de chorale* corista **II** *adj.* **1** *oiseaux chanteurs* uccelli canori **2** *maître chanteur* [*personne qui exerce un chantage*] ricattatore* *s.*

chantier |ʃɑ̃tje| *s.m.* **1** cantiere: *chantier de construction* cantiere edile; *chantier d'abattage, d'exploitation d'une mine* cantiere di abbattimento, di coltivazione di una miniera; *chantier naval* cantiere navale; *travailler sur un chantier* lavorare in un cantiere **2** (*fig.*) *mettre un travail en chantier, sur le chantier* [*le commencer*] mettere un lavoro in cantiere ◇ (*loc. fam.*) *quel chantier!* che baraonda!, che caos! → **bazar, désordre** **3** (*techn.*) calastra (*f.*): *mettre du vin sur le chantier* mettere il vino sulla calastra → **madrier** **4** (*vx.*) [*entassement de matériaux*] deposito (*cour.*): *chantier de bois, de charbon* deposito di legna, di carbone.

chantignole |ʃɑ̃tiɲɔl| *s.f.* (*maçonn.*) **1** [*pièce de bois soutenant les pannes de la charpente d'un toit*] gattello *m.* **2** [*brique de demi-épaisseur*] pianella.

chantonnement |ʃɑ̃tɔnmɑ̃| *s.m.* [→ CHANTONNER] il canticchiare *inv.*, il canterellare *inv.*

chantonner |ʃɑ̃tɔne| **A** *v.intr.* [*chanter à mi-voix*] canticchiare, canterellare → **fredonner** **B** *v.tr.* [→ *intr.*] *chantonner une chanson* canticchiare, canterellare una canzone.

chantoung |ʃɑ̃tuŋ| *s.m.* → **shantoung.**

chantourner |ʃɑ̃tuʀne| *v.tr.* [*découper, évider suivant un profil*] traforare; intagliare a giorno # *scie à chantourner* seghetto da traforo; *pièce chantournée* traforo.

chantre |ʃɑ̃tʀ(ə)| *s.m.* **1** [*celui dont la fonction est de chanter dans un service réligieux*] cantore: *voix de chantre* voce da cantore # *grand chantre* maestro di cappella ◇ (*loc. fam.*) *être gras comme un chantre* essere grasso come un tordo **2** (*littér.*) [*celui qui célèbre*] cantore, aedo: *le chantre d'Ionie, Homère* Omero, il cantore della Ionia.

chanvre |ʃɑ̃vʀ(ə)| *s.m.* (*t.bot.*) canapa *f.* ~ *chanvre indien* canapa indiana → **cannabis** ~ *chanvre du Bengale* → **jute** ~ *chanvre d'eau* → **eupatoire** ◇ (*cour.*) *fibre de chanvre* fibra di canapa; *chanvre écru, peigné* canapa greggia, pettinata; *toile de chanvre* (tela di) canapa ◇ (*fam.*) *cravate de chanvre* [*corde de potence*] capestro (*cour.*).

chanvrier, ière |ʃɑ̃vʀije, ijɛʀ| *s.* [*personne qui travaille le chanvre*] canapaio* ✦ (*adj.*) canapiero: *industrie chanvrière* industria canapiera.

chaos |kao| *s.m.* **1** (*mythol., relig.*) caos *inv.* **2** (*fig.*) [*confusion, désordre*] caos: *ses affaires sont dans un chaos épouvantable* le sue cose sono in un caos spaventoso; *le chaos qui succède à la guerre* il caos che segue alla guerra → **bouleversement.**

chaotique |kaɔtik| *adj.* caotico*: *un amas chaotique de rochers* un ammasso caotico di rocce → **confus.**

chapardage |ʃapaʀdaʒ| *s.m.* (*fam.*) [→ CHAPARDER] furtarello → **maraude.**

chaparder |ʃapaʀde| *v.tr.* (*fam.*) [*dérober, voler* (*de petites choses*)] sgraffignare, rubacchiare (*cour.*).

chapardeur, euse |ʃapaʀdœʀ, øz| *s.* [*qui fait de petits larcins*] ladruncolo ✦ (*adj.*) *une petite fille chapardeuse* una piccola ladruncola *s.f.*

chape |ʃap| *s.f.* **1** (*liturg.*) cappa: *chape de cardinale* cappa di cardinale

la chape de l'officiant il piviale dell'officiante **2** (*techn.*) cappa # *chape d'un pneumatique* battistrada ◇ (*spécialt.*) cassa: *poulies réunies dans une même chape* pulegge riunite in una stessa cassa → 2 **moufle.**

chapé, ée |ʃape| *adj.* (*blas.*) *écu chapé* scudo cappato.

chapeau |ʃapo| *s.m.* **I** cappello: *chapeau de paille* cappello di paglia, paglietta; *chapeau mou* cappello floscio; *porter un chapeau* portare il cappello; *mettre, enfoncer son chapeau* mettersi, calcarsi il cappello ◇ (*loc.*) *un coup de chapeau* una scappellata ~ *donner un coup de chapeau* far di cappello → **saluer, salutation** ~ (*fig.*) (*pour marquer son admiration*) *chapeau bas!*, (*fam.*) *chapeau!* tanto di cappello! ~ (*pop.*) *en baver des ronds de chapeau* rimanere a bocca aperta (*cour.*) ~ (*pop.*) *travailler du chapeau* [*être fou*] dare i numeri ~ (*fam.*) *prendre un virage sur les chapeaux de roues* prendere una curva sparato, su due ruote ◇ (*ecclés.*) *recevoir le chapeau* ricevere il cappello cardinalizio **II** (*par anal.*) **1** (*bot.*) [*partie supérieure d'un champignon*] cappello **2** (*mécan.*) *couvercle avec chapeau* coperchio con calotta (*f.*); *chapeau de roulement* coperchio* per cuscinetto **3** [*texte court qui surmonte un autre texte*] cappello.

chapeauter |ʃapote| *v.tr.* [*coiffer d'un chapeau*] mettere (155) il cappello (a) ◆ (*au p.p.*) *habillé de neuf, ganté, chapeauté* vestito di nuovo, con guanti e cappello ◇ (*fig.*) *syndicat chapeauté par un parti* sindacato che fa capo a un partito.

chapelain |ʃaplɛ̃| *s.m.* (*ecclés.*) cappellano → **aumônier.**

chapelet |ʃaplɛ| *s.m.* **1** (*relig.*) rosario*: *dire, réciter son chapelet* dire, recitare il rosario ◇ (*loc. fam.*) *défiler, dévider son chapelet* [*raconter dans le détail et à la suite*] raccontare per filo e per segno **2** [*succession de choses identiques ou analogues*] filza *f.*; (*fig.*) sfilza (*f.*): *chapelet de saucisses* filza di salsicce ‖ *un chapelet d'injures* una sfilza di insulti # *chapelet d'îles* catena d'isole **3** (*techn.*) *chapelet hydraulique, pompe à chapelet* pompa *f.* a catena

chapelier, ière |ʃapəlje, jɛʀ| *s.* [*personne qui fait ou vend des chapeaux pour hommes*] cappellaio* *m.* ◇ (*pour femmes*) modista *f.* ◆ (*adj.*) *industrie chapelière* industria dei cappelli *loc. inv.*; cappellificio* *s.m.*

chapelle |ʃapɛl| *s.f.* **I** **1** cappella: *la chapelle d'un château* la cappella di un castello; *la chapelle Sixtine* la cappella Sistina # *la chapelle de la Sainte Vierge* l'altare della Madonna **2** (*archit.*) *chapelles absidiales* cappelle absidali **3** [*chanteurs et musiciens d'une église*] cappella: *maître de chapelle* maestro di cappella **4** [*ensemble des objets du culte employés pour célébrer la messe*] arredi *m. pl.* sacri **5** *chapelle ardente* camera ardente, mortuaria **6** (*fig.*) [*groupe de personnes soucieuses de demeurer entre elles*] cricca*, conventicola → **coterie** # *un esprit de clan et de petite chapelle* uno spirito di clan e di parrocchia **II** (*techn.*) camera # *mettre en chapelle des pièces de poterie* infornare oggetti di terracotta.

chapellenie |ʃapɛlni| *s.f.* (*relig.*) cappellania.

chapellerie |ʃapɛlʀi| *s.f.* **1** [*fabrication de chapeaux*] cappellificio* *m.* **2** [*magasin de vente de chapeaux*] cappelleria.

chapelure |ʃaplyʀ| *s.f.* [*pain séché, râpé ou émietté*] pangrattato *m.*

chaperon |ʃapʀɔ̃| *s.m.* **1** (*techn.*) copertina *f.* **2** [*personne qui accompagne une jeune fille par souci des convenances*] 'chaperon' (*inv.*): *servir de chaperon à qqn.* fare da 'chaperon' a qc., accompagnare qc. **3** (*fable*) *le petit chaperon rouge* cappuccetto rosso **4** [*coiffe de cuir pour aveugler les faucons*] cappuccio*.

chaperonner |ʃapʀɔne| *v.tr.* **1** [*couvrir d'un chaperon* (1)] far (103) la cresta, la copertina: *chaperonner une muraille* far la cresta a un muro **2** [*accompagner* (*une jeune fille*) *en qualité de chaperon* (2)] fare da 'chaperon' (a), accompagnare ◆ (*au p.p.*) *jeune fille chaperonnée par sa tante* ragazza accompagnata, sorvegliata dalla zia.

chapiteau |ʃapito| *s.m.* **1** (*archit.*) capitello: *chapiteau composite, roman, gothique* capitello composito, romanico, gotico; *moulures, volutes d'un chapiteau* modanature, volute di un capitello **2** *chapiteau d'un alambic* capitello di un alambicco **3** [*tente d'un cirque*] tendone ◇ (*par ext.*) *le chapiteau* il circo*.

1 **chapitre** |ʃapitʀ(ə)| *s.m.* **1** [*chacune des parties suivant lesquelles se divise un livre, un code, etc.*] capitolo: *chapitre premier* capitolo primo → 1 **partie, section**; *le titre d'un chapitre* il titolo di un capitolo ◇ (*spécialt.*) *les chapitres d'un budget* i capitoli di un bilancio **2** [*sujet dont on parle*] argomento: *en voilà assez sur ce chapitre* è stato detto abbastanza su questo argomento, chiudiamo questo capitolo → **objet, matière.**

2 **chapitre** |ʃapitʀ(ə)| *s.m.* **1** [*assemblée de religieux*] capitolo ◇ (*spécialt.*) [*communauté des chanoines d'une cathédrale*] capitolo: *le chapitre de Notre-Dame* il capitolo di Notre-Dame **2** (*loc. fig.*) *avoir voix au chapitre* aver voce in capitolo.

chapitrer |ʃapitʀe| *v.tr.* [*réprimander* (*qqn.*)] fare (103) la predica* (a): *chapitrer un mauvais élève* fare la predica a un cattivo alunno.

chaplinesque |ʃaplinɛsk(ə)| *adj.* alla Charlie Chaplin *loc. inv.*, alla Charlot (*loc. inv.*): *gag chaplinesque* gag alla Charlot.

chapon |ʃapɔ̃| *s.m.* **1** [*jeune coq châtré que l'on engraisse pour la table*] cappone **2** [*morceau de pain humecté de bouillon ou frotté d'ail*] panzanella *f.* (*région.*).

chaponneau |ʃapɔno| *s.m.* [*jeune chapon*] capponcello, capponcino.

chaponner |ʃapɔne| *v.tr.* [*châtrer un jeune coq*] (ac)capponare.

chaptalisation |ʃaptalizɑsjɔ̃| *s.f.* (*œnologie*) zuccheraggio* *m.*

chaptaliser |ʃaptalize| *v.tr.* (*œnologie*) [*ajouter du sucre au moût avant la fermentation*] zuccherare.

chaque |ʃak| **I** *adj. indéf.* [*qui fait partie d'un tout et qui est considéré à part*] ogni *inv.*, ciascuno: *chaque chose à sa place* ogni cosa al suo posto; *à chaque instant* a ogni momento; *chaque officier et chaque soldat feront leur devoir* [*le même devoir pour tous*] ogni ufficiale e ogni soldato farà il proprio dovere; *chaque ingénieur et chaque ouvrier fera son travail* [*chacun son travail propre*] ciascun ingegnere e ciascun operaio farà il proprio dovere ◇ (*fam.*) *chaque dix minutes* [*toutes les dix minutes*] ogni (*cour.*) dieci minuti **II** *pron. indéf.* (*fam.*) [*chacun*] ciascuno, cadauno: *ces cravates coûtent cent francs chaque* queste cravatte costano cento franchi ciascuna, l'una → **chacun.**

1 **char** |ʃaʀ| *s.m.* **1** carro: *char à foin* carro da fieno → **chariot, charrette** # *char à banc* giardiniera **2** (*antiq.*) [*voiture à deux roues, tirée par deux, quatre chevaux*] cocchio*: *course de chars* corsa di cocchi → **bige, quadrige** ◇ (*littér.*) *le char du soleil* il cocchio, il carro del sole **3** *char funèbre* carro funebre **4** *char de carnaval* carro allegorico **5** (*milit.*) *char* (*de combat, d'assaut*) carro armato; *périscope d'un char* periscopio di un carro armato.

2 **char** |ʃaʀ| *s.m.* (*arg.*) → **bluff.**

charabia |ʃaʀabja| *s.m.* (*fam.*) linguaggio* incomprensibile (*cour.*) → **baragouin,** 1 **jargon.**

charade |ʃaʀad| *s.f.* sciarada: *charade en action* sciarada in azione, muta → **devinette.**

Charadriidés |kaʀadʀiide| *s.m. pl.* (*t.zool.*) Caradridi.

Charadriiformes |kaʀadʀiifɔʀm(ə)| *s.m. pl.* (*t.zool.*) Caradriformi.

charançon |ʃaʀɑ̃sɔ̃| *s.m.* (*t.zool.*) calandra *f.*, curculione.

charançonné, ée |ʃaʀɑ̃sɔne| *adj.* attaccato, rovinato dalla calandra: *blé charançonné* grano rovinato dalla calandra.

1 **charbon** |ʃaʀbɔ̃| *s.m.* **1** carbone: *charbon de bois, végétal* carbone di legna, vegetale; *charbon animal* carbone animale; *charbon de terre* carbon fossile; *poussière de charbon* polvere di carbone; *soute à charbon* deposito di carbone; carbonile; *chauffage au charbon* riscaldamento a carbone **2** *un charbon* [*morceau de charbon*] un pezzo di carbone # *avoir un charbon dans l'œil* avere un bruscolo nell'occhio **3** (*loc. fig.*) *être sur des charbons ardents* stare sui carboni accesi: *marcher sur des charbons ardents* camminare sui carboni ardenti **4** [*fusain*] carboncino: *dessin au charbon* disegno a carboncino.

2 **charbon** |ʃaʀbɔ̃| *s.m.* (*bot., méd., vétér.*) carbone, carbonchio*.

charbonnage |ʃaʀbɔnaʒ| *s.m.* **1** estrazione *f.* del carbon fossile → **houillière** **2** *au plur.* miniere *f.* di carbon fossile.

charbonner |ʃaʀbɔne| **A** *v.tr.* [*noircir avec du charbon*] scarabocchiare: *charbonner un mur* scarabocchiare un muro **B** *v.intr.* [*se réduire en charbon sans flamber*] consumarsi *pron.*; bruciare (*aux.* essere): *mèche de lampe qui charbonne* stoppino di lampada che si consuma ‖ *rôti qui charbonne* arrosto che brucia ◇ (*mar.*) *le navire charbonne* la nave fa rifornimento (di carbone) **C** *v.pron. réfl.* SE CHARBONNER [→ *tr.*] annerirsi (197): *se charbonner le visage* annerirsi il viso.

charbonnerie |ʃaʀbɔnʀi| *s.f.* (*hist. it.*) carboneria.

charbonneux, euse |ʃaʀbɔnø, øz| *adj.* **1** [*qui a l'aspect du charbon*] nero (come il carbone) ◇ [*qui est noir de charbon*] annerito (dal carbone) **2** (*méd.*) carbonchioso: *fièvre charbonneu-*

se febbre carbonchiosa **3** (*vétér.*) *mouche charbonneuse* mosca del carbonchio *loc. inv.*

charbonnier, ière |ʃaʀbɔnje, jɛʀ| **I** *s.m.* **1** carbonaio* → **bougna(t)** (*pop.*) ◇ (*loc.*) *noir comme un charbonnier* nero come il carbone ~ *la foi du charbonnier* [*la croyance naïve de l'homme simple*] la fede dei semplici ~ *charbonnier est maître dans sa maison* in casa propria ciascuno è re **2** [*cargo destiné au transport du charbon*] carboniera *f.* **II** *adj.* [*qui a rapport à l'industrie du charbon*] carbonifero, carboniero: *centres charbonniers* centri carboniferi.

charbonnière |ʃaʀbɔnjɛʀ| *s.f.* **1** [*lieu où l'on fait le charbon de bois*] carbonaia: *meules d'une charbonnière* catasta di una carbonaia **2** (*t.zool.*) cinciallegra.

charcuter |ʃaʀkyte| *v.tr.* (*fam.*) [*opérer maladroitement* (*un malade*)] macellare, squartare: *ce chirurgien l'a charcuté* quel chirurgo lo ha macellato.

charcuterie |ʃaʀkytʀi| *s.f.* **1** [*industrie et commerce des préparations à base de porc*] salumificio* *m.*; industria, commercio* *m.* dei salumi **2** [*spécialités à base de viande de porc*] salumi *m. pl.*, insaccati (*m. pl.*): *charcuterie italienne* salumi italiani **3** [*boutique de charcutier*] salumeria, pizzicheria.

charcutier, ière |ʃaʀkytje, jɛʀ| *s.* **1** [*personne qui apprête et qui vend de la charcuterie*] salumiere, pizzicagnolo ◆ (*appos.*) *garçon charcutier* garzone del salumiere **2** (*fam.*) [*chirurgien maladroit*] macellaio* → 2 **boucher.**

chardon |ʃaʀdɔ̃| *s.m.* **1** (*t.bot.*) cardo ~ *chardon laineux* cardo dei lanaioli ~ *chardon de Notre-Dame, chardon argenté* cardo della Madonna, cardo argentato ~ *chardon étoilé* → **centaurée** ◇ (*fig.*) *hérissé comme un chardon* pungente come un porcospino **2** (*par anal.*) [*pointes de fer destinées à empêcher l'escalade des murs*] spuntone.

chardonneret |ʃaʀdɔnʀɛ| *s.m.* (*t. zool.*) cardellino.

charentaise |ʃaʀɑ̃tɛz| *s.f.* [*sorte de pantoufle*] ⊠.

1 **charge** |ʃaʀʒ(ə)| *s.f.* **I** **1** [*ce qui pèse sur; ce que porte ou peut porter un animal, un véhicule, un bâtiment*] carico* (*m.*): *lourde charge* carico pesante → **fardeau, poids**; *charge utile d'un véhicule* carico utile, portata di un veicolo # *bête de charge* bestia da soma → **somme** ◇ (*loc.*) *prendre en charge un passager dans un véhicule* prendere a bordo un passeggero (in un veicolo) ~ *démarrer en charge* partire a pieno carico **2** (*mar.*) *charge d'un navire* carico di una nave → **cargaison**; *ligne de charge* linea di carico → **flottaison**; *rompre charge* scaricare → **transborder**; *rupture de charge* rottura di carico **3** (*techn.*) [*poussée*] carico: *pilier, contrefort supportant une charge* pilastro, contrafforte che sopporta un carico; *charge admissible, de sécurité* carico massimo, di sicurezza; *charge de rupture* carico di rottura; *charge limite d'élasticité* carico di snervamento **II** **1** [*quantité de poudre que l'on met dans une arme à feu*] carica*: *charge d'un fusil, d'un canon* carica di un fucile, di un cannone → 1 **cartouche,** 2 **poudre**; *charge d'explosif* carica di esplosivo **2** [*quantité d'électricité à l'état statique*] carica: *charge d'un condensateur* carica di un condensatore; *la charge d'une batterie d'accumulateurs* la carica di una batteria di accumulatori → **potentiel** **3** (*fig.*) *charge affective* carica affettiva **III** **1** [*ce qui pèse sur qqn. et qui cause de l'embarras*] peso (*m.*): *ce travail n'est pas une charge pour moi* questo lavoro non è un peso per me, non mi pesa → **gêne, incommodité**; *être à charge à qqn.* essere di peso a qc. # *la vie lui est à charge* la vita per lui è un fardello, la vita gli pesa **2** [*ce qui met dans la nécessité de faire des frais*] carico, onere (*m.*): *charges de famille* carichi di famiglia → **obligation**; *les frais, les dépenses sont à sa charge* le spese sono a suo carico # *les charges de l'État* la spesa pubblica ◇ *loc.* À LA CHARGE DE a carico di: *personne à la charge de qqn.* persona a carico di qc. ◇ (*spécialt.*) *le loyer comprend les charges* l'affitto comprende le spese condominiali **3** (*fin.*) onere: *charges fiscales* oneri fiscali; *charges sociales* oneri sociali → **impôt** **4** (*dir.*) indizio* *m.*, prova (a carico): *ceci constitue une charge contre le prévenu* questo fatto costituisce un indizio, una prova a carico dell'imputato → **présomption, preuve** ◇ (*loc.*) *témoin à charge* testimone a carico **5** [*fonction dont on a la responsabilité* (*publique*)] ufficio* *m.*, carica: *charge de notaire* ufficio notarile; *charges publiques* uffici pubblici; *vacance, intérim d'une charge* carica vacante, ad interim → **emploi,** 2 **poste**; *on lui a confié la charge de...* gli è stata affidata la carica di..., gli è stato affidato l'incarico di... # *charge ne demandant aucun travail* sinecura ◇ [*responsabilité*] responsabilità *inv.*, peso: *toute la charge en tombe, en retombe sur moi* tutta la responsabilità ricade su di me ◇ (*loc.*) *avoir charge d'âme* avere cura d'anime ~ *prendre en charge* assumersi, prendersi la responsabilità (di) **6** [*fonction que l'on donne à accomplir*] incarico* (*m.*): *on lui a donné charge de* gli è stato dato l'incarico di, è stato incaricato di; *il a charge de faire ceci* ha l'incarico di fare questo; *s'acquitter de sa charge* assolvere il proprio incarico → **mandat,** 2 **ordre** ◇ (*loc.*) *femme de charge* donna di fatica ~ *à charge de* a condizione di ~ *à charge de revanche* [*avec l'engagement d'en faire autant*] a buon rendere **7** [*ce qui outre le caractère de qqn. pour le rendre ridicule*] caricatura: *portrait en charge* caricatura; *charge féroce, comique, réussie* caricatura feroce, comica, riuscita → **imitation** ◇ [*exagération comique*] *jouer un rôle en charge* recitare in modo caricaturale; *cette farce est une charge burlesque* questa farsa è una caricatura burlesca **8** [*genre littér. ou artistique caractérisé par l'outrance*] satira.

2 **charge** |ʃaʀʒ(ə)| *s.f.* **1** [*attaque impétueuse d'une troupe*] carica*, assalto (*m.*): *charge de cavalerie* carica di cavalleria; *charge à la baïonnette* assalto alla baionetta ◇ (*loc.*) *à la charge!* (alla) carica! ~ *pas de charge* passo di carica ~ *sonner, battre la charge* suonare la carica **2** (*loc. fig.*) *revenir, retourner à la charge* [*insister dans ses démarches*] tornare alla carica.

chargé, ée |ʃaʀʒe| **I** *adj.* **1** [*qui porte une charge*] carico*: *un livreur chargé de paquets* un fattorino carico di pacchetti ◇ (*fam.*) *je suis chargé comme un mulet* sono carico come un mulo ◇ (*spécialt.*) *lettre chargée* [*qui contient des valeurs*] lettera assicurata **2** *fusil chargé* fucile carico; *attention! il est chargé* attenzione! è carico **3** (*méd.*) *langue chargée* lingua sporca*, bianca*; *avoir l'estomac chargé* avere lo stomaco imbarazzato **4** (*loc. fig.*) *être chargé d'ans* essere carico d'anni; *chargé d'honneurs* carico d'onori **5** [*responsable*] responsabile: *chargé de famille* responsabile della famiglia **II** (*s.m.*) *chargé d'affaires* incaricato d'affari; *chargé de cours* [*professeur délégué de l'enseignement supérieur*] professore incaricato.

chargement |ʃaʀʒəmɑ̃| *s.m.* **1** [→ 1 CHARGER A 1] caricamento: *chargement d'un mulet, d'un camion* caricamento di un mulo, di un camion ◇ (*par ext.*) [*marchandises chargées*] carico*: *chargement trop lourd* carico troppo pesante → **cargaison,** 1 **charge** **2** [*remise à l'administration des postes d'un pli cacheté en déclarant les valeurs qu'il contient*] assicurazione *f.* (di una lettera) **3** [*action de charger un four, une arme à feu, un appareil photographique*] caricamento → **remplissage** © 1 **déchargement.**

1 **charger** |ʃaʀʒe| (3) **A** *v.tr.* **1** [*mettre sur* (*un homme, un animal, un véhicule*) *un certain poids d'objets à transporter*] caricare: *charger un porteur, un cheval, une charrette* caricare un facchino, un cavallo, un carretto; *charger un navire* caricare una nave → **fréter, arrimer**; *charger à l'excès* caricare eccessivamente → **surcharger** ◇ (*par ext.*) *charger une lettre* [*y enfermer des valeurs et l'affranchir de manière spéciale*] assicurare una lettera **2** [*placer, pour être porté*] caricare: *charger une valise sur son épaule* caricarsi una valigia in spalla; *charger du charbon sur une péniche* caricare carbone su una chiatta → **mettre,** 1 **placer** **3** *absolt.* [*prendre* (*une charge*)] caricare, prendere (105) a bordo ◇ (*fam.*) *un taxi qui charge un client* un tassì che carica, prende a bordo (*cour.*) un cliente **4** [*mettre dans* (*une arme à feu*) *ce qui est necessaire au tir; garnir* (*qqch.*) *d'une quantité déterminée*] caricare: *charger un fusil, un revolver* caricare un fucile, una pistola; *charger une caméra* caricare una cinepresa; *charger un poêle de combustible* caricare una stufa di combustibile # *charger un pinceau de couleur* intridere un pennello di colore **5** (*phys.*) [*accumuler de l'électricité dans*] caricare: *charger une batterie d'accumulateurs* caricare una batteria di accumulatori **6** CHARGER (QQCH., QQN.) DE: *charger une table de mets* caricare una tavola di cibi; *charger ses mains de bagues* riempirsi le dita di anelli → **accabler, couvrir**; *charger un ouvrage de citations* infarcire (197) un'opera di citazioni; *charger sa mémoire de détails* ingombrarsi la memoria di dettagli → **encombrer, surcharger**; *charger le peuple de taxes* oberare, caricare il popolo di tasse → **écraser** ◇ [*revêtir* (*qqn.*) *d'une fonction*] incaricare di: *on l'a chargé de faire le compte rendu de la séance* è stato incaricato di fare il resoconto della seduta; *charger un avocat de la défense*

incaricare un avvocato della difesa; *il fut chargé de les surveiller, de leur surveillance* fu incaricato di sorvegliarli, della loro sorveglianza **7** (*dr.*) *charger qqn.* [*apporter des preuves de sa culpabilité*] accusare qc. ◇ (*spécialt.*) [*aggraver les chefs d'accusation*] deporre (168) contro qc. **8** [*exagérer les défauts de* (*qqn.*) *afin de le rendre ridicule*] mettere (155) in caricatura, in ridicolo ◇ [*faire* (*qqch.*) *avec exagération*] caricare, forzare: *cet acteur charge trop son rôle* quest'attore carica, forza troppo la sua parte **B** *v.pron. intr.* SE CHARGER DE [*s'occuper de... en prenant la responsabilité*] occuparsi di: *je me charge de lui, je m'en charge* mi occupo io di lui, me ne occupo io → **assumer,** 1 **endosser.**

2 **charger** |ʃaʀʒe| *v.tr.* [*attaquer avec impétuosité*] caricare: *charger l'ennemi* caricare il nemico ✦ (*absolt.*) *chargez!* carica!

chargeur |ʃaʀʒœʀ| *s.m.* **1** (*personnes*) [*celui qui charge des marchandises*] caricatore → **docker** ◇ (*mar.*) caricatore **2** [*celui qui charge une arme à feu*] caricatore: *le chargeur d'une mitrailleuse* il caricatore di una mitragliatrice **3** (*armes à feu*) caricatore: *chargeur de mitraillette* caricatore di mitra; *bande-chargeur de mitrailleuse* caricatore a nastro di mitragliatrice **4** (*photo., techn.*) caricatore.

chargeuse |ʃaʀʒøz| *s.f.* (*techn.*) caricatrice, draga* di caricamento.

chariot |ʃaʀjo| *s.m.* **1** [*voiture à quatre roues pour le transport des fardeaux*] carretto, carro: *chariot de ferme* carretto da fattoria → **char, charrette;** *chariot de foin* carretto del fieno; *transport par chariot* trasporto con carretto **2** [*appareil de manutention*] carrello: *chariot à bagages* carrello portabagagli; *chariot automoteur, élévateur* carrello semovente, elevatore → 2 **diable 3** *chariot d'enfant* girello; *chariot alsacien* culla *f.* a rotelle; *chariot à desserte, à liqueurs* carrello portavivande, portabottiglie **4** (*techn.*) carrello: *chariot de métier à tisser* carrello del telaio; *chariot de machine à écrire* carrello della macchina da scrivere.

chariotage |ʃaʀjɔtaʒ| *s.m.* (*techn.*) tornitura *f.*

charismatique |kaʀismatik| *adj.* carismatico*.

charisme |kaʀism(ə)| *s.m.* (*théol.*) carisma ◇ (*cour., polit.*) carisma.

charitable |ʃaʀitabl(ə)| *adj.* [→ CHARITÉ 1] caritatevole: *une âme charitable* un'anima caritatevole ◇ (*par ext.*) *avis, conseil charitable* consiglio caritatevole 🄲 **dur, égoïste.**

charitablement |ʃaʀitabləmɑ̃| *adv.* [→ CHARITABLE] caritatevolmente: *il l'a recueilli charitablement* lo ha raccolto caritatevolmente.

charité |ʃaʀite| *s.f.* **1** (*relig. chrét.*) carità (*inv.*): *la charité chrétienne* la carità cristiana; *dévouement plein de charité* dedizione piena di carità ◇ (*prov.*) *charité bien ordonnée commence par soi-même* prima i denti, poi i parenti; il primo prossimo è sé stesso **2** [*bienfait envers les pauvres*] carità: *faire, demander le charité* fare, chiedere la carità → **secours, bienfaisance 3** (*par ext.*) [*bonté, complaisance*] piacere (*m.*): *faites-moi la charité de m'écouter* fatemi il piacere di ascoltarmi 🄲 **dureté, égoïsme.**

charivari |ʃaʀivaʀi| *s.m.* **1** [*bruit discordant, accompagné de cris, de huées*] cagnara *f.*, schiamazzo **2** [*grand bruit*] baccano → **tapage, tumulte, vacarme.**

charlatan |ʃaʀlatɑ̃| *s.m.* ciarlatano → **escroc, imposteur** # *un charlatan politique* un politicante → **démagogue.**

charlatanerie |ʃaʀlatanʀi| *s.f.* (*vieilli*) ciarlataneria, ciarlatanata.

charlatanesque |ʃaʀlatanɛsk(ə)| *adj.* ciarlatanesco*.

charlatanisme |ʃaʀlatanism(ə)| *s.m.* ciarlatanismo → **cabotinage.**

charlemagne |ʃaʀləmaɲ| *s.m.* (*dans la loc.*) (*cartes*) *faire charlemagne* ritirarsi dal gioco dopo aver vinto.

charleston |ʃaʀlɛstɔn| *s.m.* (*danse*) charleston *inv.*

charlotte |ʃaʀlɔt| *s.f.* **1** (*entremets*) 'charlotte' *inv.* **2** (*coiffure de femme*) 'charlotte'.

charmant, ante |ʃaʀmɑ̃, ɑ̃t| *adj.* **1** [*qui a un grand charme*] seducente → **charmeur** # *le prince charmant des contes de fées* il principe azzurro delle favole **2** [*qui est très agréable* (*à regarder, à fréquenter*)] affascinante, incantevole: *une femme charmante* una donna affascinante, incantevole; *un livre, un récit charmant* un libro, un racconto affascinante → **délicieux, ravissant;** *une soirée charmante* una serata incantevole, deliziosa # *il a été tout à fait charmant avec ses invités* è stato squisito, gentilissimo con i suoi invitati ◇ (*loc. iron.*) *charmante soirée!* [*désagréable*] bella serata!

1 **charme** |ʃaʀm(ə)| *s.m.* (*t.bot.*) carpine.

2 **charme** |ʃaʀm(ə)| *s.m.* **1** [*qualité de ce qui attire, plaît*] fascino, attrattiva (*f.*): *charme irrésistible* fascino irresistibile; *le charme de la nouveauté* il fascino, l'attrattiva della novità; *avoir du charme* aver fascino, 'charme' *inv.* → 2 **agrément, séduction** ◇ [*aspect agréable de qqch.*] *cela a son charme* ha un suo fascino, una sua attrattiva **2** [*manières séductrices*] fascino: *faire du charme à qqn.* esercitare il proprio fascino su qc. ◇ (*au plur.*) *les charmes d'une femme* le attrattive di una donna **3** (*vx., loc.*) [*ce qui est supposé exercer une action magique*] incantesimo (*cour.*): *exercer, jeter un charme* fare un incantesimo; *rompre un charme* rompere l'incantesimo → **enchantement, ensorcellement** ◇ (*loc. fig.*) *le charme est rompu* l'incantesimo è rotto ~ (*fam.*) *se porter comme un charme* [*jouir d'une santé robuste*] stare d'incanto ◇ (*par ext.*) [*moyen magique*] filtro (*cour.*).

charmer |ʃaʀme| *v.tr.* **1** [*captiver par un attrait puissant*] affascinare, incantare: *ce spectacle nous a charmés* quello spettacolo ci ha affascinato, incantato → **séduire, ravir** ✦ (*au p.p.*) *je suis charmé de vous voir* sono felicissimo di vedervi → **enchanté 2** (*littér.*) → **adoucir, apaiser 3** (*vx.*) [*exercer une action magique, un charme sur*] incantare (*cour.*), stregare (*cour.*): *charmer un serpent* incantare un serpente 🄲 1 **déplaire.**

charmeur, euse |ʃaʀmœʀ, øz| *s.* **1** [*personne qui plaît, qui séduit les gens*] seduttore*, rubacuori (*inv.*): *c'est un grand charmeur* (*souvent iron.*) è un vero seduttore, è un rubacuori ✦ (*adj.*) *elle souriait d'un air charmeur* sorrideva con un'espressione seducente → **charmant 2** *charmeur de serpents* incantatore* di serpenti **3** (*vx.*) [*personne qui exerce une influence magique*] incantatore (*cour.*), ammaliatore* (*cour.*) → **ensorceleur, magicien.**

charmille |ʃaʀmij| *s.f.* **1** piantagione di piccoli carpini **2** viale *m.*, siepe di carpini ◇ (*par ext.*) [*berceau de verdure*] pergola, pergolato *m.*

charnel, elle |ʃaʀnɛl| *adj.* **1** [*qui a trait aux choses du corps, de la chair*] carnale → **matériel, corporel, sensible** # *un être charnel* un essere fatto di carne ◇ (*par ext.*) *les biens charnels* [*de la Terre*] i beni temporali **2** [*relatif aux instincts des sens*] carnale: *passions, désirs, appétits charnels* passioni, desideri, appetiti carnali; *union charnelle* unione carnale → **sensuel** 🄲 2 **platonique, pur.**

charnellement |ʃaʀnɛlmɑ̃| *adv.* [→ CHARNEL 2] carnalmente: *connaître charnellement* conoscere carnalmente.

charnier |ʃaʀnje| *s.m.* **1** [*lieu où l'on déposait les ossements des morts*] ossario* **2** [*tout lieu où sont entassés des cadavres*] carnaio*: *les charniers des camps de concentration* i carnai dei campi di concentramento.

charnière |ʃaʀnjɛʀ| *s.f.* **1** (*charpent.*) cardine (*m.*): *charnière de portes et de fenêtres* cardine di porte e finestre → **gond 2** (*zool.*) *charnière d'une coquille* cerniera di una conchiglia **3** [*bande de papier collant pliée pour coller les timbres-poste*] linguella **4** (*fig., milit.*) cerniera ◇ (*loc. fig.*) *être à la charnière de deux époques* essere a cavallo tra due epoche.

charnu, ue |ʃaʀny| *adj.* **1** [*formé de chair*] carnoso: *les parties charnues du corps* le parti carnose del corpo **2** [*bien fourni de chair*] carnoso: *lèvres charnues* labbra carnose **3** *feuille charnue* foglia carnosa; *fruit charnu* frutto carnoso 🄲 2 **décharné.**

charognard |ʃaʀɔɲaʀ| *s.m.* **1** → **vautour 2** [*exploiteur impitoyable des malheurs des autres*] sciacallo.

charogne |ʃaʀɔɲ| *s.f.* **1** carogna: *charogne puante* carogna puzzolente **2** (*pop.*) (*t.d'injure*) *quelle charogne!* che carogna! (*cour.*) → **saleté, ordure.**

charpentage |ʃaʀpɑ̃taʒ| *s.m.* lavoro di carpenteria.

charpente |ʃaʀpɑ̃t| *s.f.* **1** [*assemblage de pièces de bois ou de fer constituant le bâti d'une construction*] ossatura, struttura: *charpente de soutien* ossatura di sostegno → **armature, bâti, châssis;** *charpente métallique* struttura metallica # *charpente d'un toit* travatura (di legno) di un tetto **2** (*par anal.*) *la charpente du corps humain* la struttura del corpo umano; *avoir une solide charpente* avere una robusta struttura, essere solidamente piantato → **carcasse, ossature** ◇ (*bot.*) *la charpente d'une feuille* la nervatura di una foglia ◇ [*plan, structure d'un ouvrage litt.*] struttura, intelaiatura: *la charpente d'un roman* la struttura di un romanzo.

charpenter |ʃaʀpɑ̃te| *v.tr.* **1** [*tailler* (*des pièces de bois*) *pour une charpente*] squadrare, sgrossare: *charpenter une poutre* squadrare una trave **2** (*fig.*) [*façonner, construire* (*un discours, une œuvre litt.*)] strutturare, costruire (197) ✦ (*au p.p.*) *pièce bien charpentée* opera teatrale ben strutturata, costruita # *être solidement charpenté* essere ben piantato.

charpenterie |ʃaʀpɑ̃tʀi| *s.f.* carpenteria → **menuiserie.**
charpentier |ʃaʀpɑ̃tje| *s.m.* carpentiere: *outillage de charpentier* utensileria del carpentiere → **menusier.**
charpie |ʃaʀpi| *s.f.* **1** (*ancienn.*) [*amas de fils tirés de vieille toile, servant à faire des pansements*] filaccia* di lino: *faire de la charpie pour les soldats* preparare filaccia di lino per i soldati **2** (*fig.*) *mettre une chose en charpie* [*la déchirer en menus morceaux*] fare a pezzi: *viande réduite en charpie* carne ridotta in poltiglia ◇ (*par ext.*) *mettre qqn. en charpie* fare a pezzi, a brandelli qc.
charretée |ʃaʀte| *s.f.* carrettata: *une charretée de foin, de paille* una carrettata di fieno, di paglia.
charretier, ière |ʃaʀtje, jɛʀ| **1** *s.* [*conducteur de charrette*] carrettiere (*m.*): *jurer comme un charretier* bestemmiare come un carrettiere **2** *adj.* carraio*, carrabile; carreggiabile; *porte charretière* porta carraia, passo carrabile ‖ *chemin charretier* strada carreggiabile.
charreton |ʃaʀtɔ̃|, **charretin** |ʃaʀtɛ̃| *s.m.* carrettino.
charrette |ʃaʀɛt| *s.f.* **1** carretta: *atteler, conduire une charrette* attaccare, condurre una carretta → **carriole, char** ◇ (*par ext.*) *charrette des condamnés* carretta dei condannati → **tombereau, charron**; *fabricant de charrettes* carraio **2** *charrette à bras* carretta a mano **3** *charrette anglaise* [*voiture legère à deux ou quatre places et généralt. à deux roues*] calesse *m.*, barroccino *m.* **4** (*loc. fig.*) *c'est la cinquième roue de la charrette* [*c'est une personne qui ne compte pas*] è l'ultima ruota del carro.
charriable |ʃaʀjabl(ə)| *adj.* che può essere carreggiato *loc.*
charriage |ʃaʀjaʒ| *s.m.* **1** [→ CHARRIER A 1] carreggio* **2** (*géol.*) dislocazione *f.*
charrier |ʃaʀje| **A** *v.tr.* **1** [*transporter dans un chariot*] carreggiare, trasportare (con il carro) ◇ (*par anal.*) [*entraîner, emporter dans son cours*] strascinare, trasportare: *la rivière charrie du sable* il fiume trasporta, trascina sabbia **2** (*fig., pop.*) *charrier qqn.* [*se moquer de lui, abuser de sa crédulité*] sfottere qc., prendere (105) in giro (*cour.*) qc. → **mystifier B** *v.intr.* (*fig., pop.*) [*exagérer, plaisanter*] scherzare (*cour.*), esagerare (*cour.*): *tu charries!* scherzi!, vuoi scherzare!; *il commence à charrier* comincia a esagerare; *charrier dans les bégonias* esagerare.
charroi |ʃaʀwa(ɑ)| *s.m.* [*transport par chariot*] carreggio* # *chemin de charroi* strada carreggiabile.
charron |ʃaʀɔ̃| *s.m.* [*celui qui fabrique des chariots*] carraio*, carradore (*région.*).
charronnage |ʃaʀɔnaʒ| *s.m.* mestiere, opera *f.* del carraio, del carradore (*région.*).
charroyer |ʃaʀwaje| (10) *v.tr.* → **charrier.**
charruage |ʃaʀɥaʒ| *s.m.* (*agric.*) aratura *f.*
charrue |ʃaʀy| *s.f.* (*agric.*) aratro (*m.*): *le bâti de la charrue* il castello dell'aratro; *charrue bissoc, trisoc* aratro bivomere, a tre vomeri; *charrue vigneronne* aratro per vigneti ◇ (*loc. fig.*) *mettre la charrue devant, avant les bœufs* mettere il carro davanti ai buoi.
charte |ʃaʀt(ə)| *s.f.* **1** (*au moyen âge*) [*titre de propriété, de vente, de privilège octroyé*] carta: *charte de dotation à une abbaye* carta comprovante la donazione a un'abbazia ◇ (*spécialt.*) *charte d'affranchissement des communes* carta di affrancamento dei comuni # *école des chartes* scuola di paleografia **2** (*polit.*) *la Charte* (*constitutionnelle*) la Carta costituzionale; *la Charte des Nations Unies* la Carta delle Nazioni Unite; *la Grande Charte d'Angleterre* la Magna Charta inglese.
charte-partie |ʃaʀtəpaʀti| *s.f.* (*mar.*) contratto *m.* di noleggio → **affrètement, nolisement.**
charter |tʃaʀtœʀ, ʃaʀtɛʀ| *s.m.* (*angl.*) charter *inv.* → **avion (nolisé)** (*t.recomm.*) ◇ (*par anal.*) *train charter* treno speciale.
chartisme |ʃaʀtism(ə)| *s.m.* (*hist. angl., polit.*) cartismo.
chartiste |ʃaʀtist(ə)| *adj. et s.* **1** [*élève de l'École des chartes*] ⊠ **2** cartista.
chartreuse |ʃaʀtʀøz| *s.f.* **I** [*couvent de chartreux*] certosa: *la chartreuse de Parme* la certosa di Parma **II** [*liqueur aux herbes fabriquée par les chartreux*] 'chartreuse' *inv.*, certosino *m.*
chartreux, euse |ʃaʀtʀø, øz| *s.* (*relig.*) certosino *m.*
chartrier |ʃaʀtʀje| *s.m.* **1** [*recueil de chartes; salle des chartes*] archivio* **2** [*celui qui était préposé à la garde des chartes*] archivista.
chas |ʃa| *s.m.* [*trou d'une aiguille par où passe le fil*] cruna *f.*
1 **chasse** |ʃas| *s.f.* **I** **1** [→ CHASSER A 1] caccia*: *chasse autorisée, protégée* caccia autorizzata, protetta; *partie de chasse* partita di caccia; *chiens de chasse* cani da caccia; *chasse sans autorisation* caccia di frodo, bracconaggio; *faire bonne chasse* fare buona caccia; *revenir bredouille de la chasse* ritornare dalla caccia a mani vuote ◇ (*spécialt.*) *chasse à courre* caccia ad inseguimento; *chasse à tir* caccia con le armi; *chasse en se postant* caccia alla posta; *chasse organisée* battuta di caccia; *chasse au marais* caccia in palude; *chasse aux engins* aucupio* (*m.*); *chasse au miroir* caccia con lo specchietto; *chasse sous-marine* caccia subacquea → 2 **pêche** ◇ (*prov.*) *qui va à la chasse perd sa place* chi va via perde il posto all'osteria **2** [*période où l'on a le droit de chasser*] caccia: *la chasse est ouverte* la caccia è aperta **3** [*partie d'une terre, réservée pour la chasse*] (riserva di) caccia: *les chasses du Roi* le riserve di caccia del Re, le cacce del Re; *chasse gardée* riserva di caccia **4** [*ceux qui chassent*] cacciatori (*m. pl.*): *la chasse a passé par là* i cacciatori sono passati di qui **5** [*gibier pris ou tué à la chasse*] caccia, cacciagione **II** **1** [*poursuite*] caccia: *faire la chasse, donner la chasse à qqn.* mettersi in caccia di qc., dare la caccia a qc.; *chasse à l'homme* caccia all'uomo ◇ (*plais.*) *faire la chasse au mari* andare a caccia di un marito **2** [*poursuite d'un bâtiment ou d'un avion ennemi*] caccia: *donner la chasse à* dare la caccia a **3** (*par ext.*) *avion de chasse* aereo da caccia, caccia *m. inv.* ◇ [*ensemble de ces avions*] caccia: *posséder une chasse moderne* possedere, avere in dotazione caccia moderni, una aviazione da caccia moderna.
2 **chasse** |ʃas| *s.f.* **1** [*écoulement rapide donné à une retenue d'eau pour nettoyer un conduit*] sciacquone (*m.*): *actionner la chasse* azionare lo sciacquone **2** (*techn.*) gioco* (*m.*): *donner de la chasse à un essieu* dare gioco a un asse → 2 **jeu** **3** (*typogr.*) spessore *m.* (della lettera).
châsse |ʃɑs| *s.f.* **1** [*coffre où l'on garde les reliques d'un saint*] reliquiario* (*m.*): *châsse de sainte Geneviève* reliquiario di Santa Genoveffa **2** [*monture servant d'encadrement*] montatura: *la châsse d'un verre de lunette* la montatura di una lente d'occhiale # *châsse d'une lancette* [*le manche*] impugnatura di un bisturi **3** (*arg.*) [*œil*] occhio* *m.* (*cour.*): *de belles châsses* dei begli occhi.
chassé |ʃase| *s.m.* (*danse*) 'chassé' *inv.*
chasse-clou |ʃasklu| *s.m.* [*outil servant à enfoncer les clous*] punzone.
chassé-croisé |ʃasekʀwaze| *s.m.* **1** [*échange réciproque et simultané de place, de situation*] l'incrociarsi *inv.*, andirivieni (*inv.*): *des chassés-croisés* degli andirivieni; *un chassé-croisé de nouvelles* un incrociarsi, una ridda *f.* di notizie **2** (*danse*) 'chassé-croisé' *inv.*
chasselas |ʃasla| *s.m.* [*raisin blanc de table*] ⊠.
chasse-mouches |ʃasmuʃ| *s.m. inv.* [*éventail ou petit balai de crins pour écarter les mouches*] scacciamosche → **émouchoir.**
chasse-neige |ʃasnɛʒ| *s.m. inv.* **1** (*techn.*) spazzaneve, spartineve **2** (*ski*) spazzaneve.
chasse-pierres |ʃaspjɛʀ| *s.m. inv.* (*ch. de fer*) cacciapietre.
chassepot |ʃaspo| *s.m.* [*fusil de guerre à aiguille, utilisé par l'armée française (1866-1874)*] ⊠.
chasser |ʃase| **A** *v.tr.* **1** [*poursuivre (les animaux) pour les tuer ou les prendre*] cacciare: *chasser le cerf, l'ours* cacciare il cervo, l'orso # *chasser des papillons* andare a caccia di farfalle ✦ (*absolt.*) *il aime chasser* gli piace andare a caccia; *chasser sur les terres d'autrui* cacciare di frodo ◇ (*prov.*) *bon chien chasse de race* buon sangue non mente **2** [*pousser dehors; faire sortir de force*] scacciare, cacciare: *chasser un indésirable* scacciare un indesiderabile; *chasser qqn. de son poste* cacciare qc. dal posto, licenziare qc.; *chasser le chagrin, l'ennui* cacciare un dispiacere, la noia; *chasser une idée, une image de son esprit* scacciare, allontanare un'idea, un'immagine dalla propria mente ◇ (*loc. fig.*) *un clou chasse l'autre* chiodo scaccia chiodo ~ *chassez le naturel, il revient au galop* [*on ne perd jamais ses mauvaises habitudes*] il lupo perde il pelo ma non il vizio **B** *v.intr.* **1** [*être poussé malgré une résistance*] essere (96) (*aux.* essere) sospinto, spinto: *les nuages chassent du Nord, du Sud* le nubi sono sospinte da nord, da sud **2** (*mar.*) *l'ancre chasse* l'ancora ara **3** [*déparer, patiner*] slittare (*aux.* avere, essere): *les roues chassent* le ruote slittano.
chasseresse |ʃasʀɛs| *s.f. et adj. f.* (*poét.*) cacciatrice.
chasse-roue |ʃasʀu| *s.m.* [*borne ou arc métallique placé à l'angle d'une porte, d'un mur, pour en écarter les roues des voitures*] scansar(u)ote (*inv.*): *des chasse-roues* degli scansaruote.

chasseur, euse |ʃasœʀ, øz| *s.* **I** *s.* [*personne qui pratique la chasse*] cacciatore*: *chasseur sans permis* cacciatore di frodo, bracconiere; *chasseur de têtes* cacciatore di teste; *chasseur de fourrures* cacciatore di pellicce ◇ (*par ext.*) *chasseur d'images* cacciatore di immagini **II** *s.m.* **1** [*domestique en livrée attaché à un hôtel*] fattorino → **groom** **2** (*par anal.*) *chasseurs d'Afrique* cacciatori d'Africa; *chasseurs alpins* cacciatori delle Alpi; alpini **3** (*mar.*) *chasseur de sous-marins* caccia-sommergibili *inv.* **4** [*avion léger de chasse*] caccia (*inv.*): *chasseur à réaction* caccia a reazione # *chasseur-bombardier* cacciabombardiere.

chassie |ʃasi| *s.f.* [*humeur gluante qui s'amasse sur le bord des paupières*] cispa.

chassieux, euse |ʃasjø, øz| *adj.* [*qui a de la chassie*] cisposo: *yeux chassieux* occhi cisposi.

châssis |ʃɑsi| *s.m.* **1** (*charpent.*) intelaiatura *f.* → **bâti, cadre, charpente** **2** [*encadrement d'une ouverture, d'un vitrage; vitrage encadré*] telaio*: *châssis de porte, de fenêtre* telaio di porta, di finestra **3** (*hortic.*) cassone **4** (*peint.*) *châssis d'un tableau* telaio di un quadro **5** (*imprim.*) telaio **6** (*photo.*) 'châssis' *inv.* **7** [*charpente ou bâti de machines, de véhicules*] telaio, 'châssis' ◇ (*fig., pop.*) *c'est un beau châssis* [*un beau corps de femme*] che carrozzeria!

chaste |ʃast(ə)| *adj.* casto: *femme chaste* donna casta; *amour chaste* amore casto → **pur** ◇ (*littér.*) *les chastes sœurs* le Muse ◇ (*loc. fig.*) *cela offenserait vos chastes oreilles* (questo) offenderebbe le vostre caste orecchie 🄲 **impur, sensuel.**

chastement |ʃastəmɑ̃| *adv.* [→ CHASTE] castamente.

chasteté |ʃastəte| *s.f.* castità (*inv.*): *vœu de chasteté* voto di castità; *ceinture de chasteté* cintura di castità; *vivre dans la chasteté* vivere in castità.

chasuble |ʃazybl(ə)| *s.f.* [*vêtement sacerdotal*] casula.

chasublerie |ʃazybləʀi| *s.f.* fabbrica*, commercio* *m.* di paramenti sacri.

chat, chatte |ʃa, ʃat| **I** *s.* **1** (*t. zool.*) gatto ◇ (*cour.*) *chat commun, de gouttière* gatto comune, randagio; *chat angora, siamois, persan* gatto d'angora, siamese, persiano → **matou**; *le chat miaule, ronronne* il gatto miagola, fa le fusa ◇ (*conte*) *le chat botté* il gatto con gli stivali **2** (*loc., prov.*) *la nuit tous les chats sont gris* al buio tutte le gatte sono bigie ~ *quand le chat n'est pas là, les souris dansent* quando non c'è il gatto i topi ballano ~ *chat échaudé craint l'eau froide* gatto scottato teme l'acqua fredda ~ *à bon chat bon rat* a scaltro, scaltro e mezzo ~ *être gourmand, câlin, caressant comme un chat* essere goloso, coccolone, carezzevole come un gatto ~ *jouer avec sa victime comme un chat avec sa souris* giocare con la propria vittima come fa il gatto col topo ~ *être comme chien et chat* essere come cani e gatti ~ *écrire comme un chat* scrivere a zampe di gallina → **griffonner** ~ *appeler un chat un chat* dire pane al pane e vino al vino ~ *avoir un chat dans la gorge* [*être enroué*] avere la raucedine ~ *c'est de la bouillie pour les chats* è una sbobba ~ *acheter chat en poche* comprare la gatta nel sacco; comprare a scatola chiusa ~ *il n'y a pas un chat* non c'è un cane, non c'è anima viva ~ *il n'y a pas de quoi fouetter un chat* è (una) cosa da nulla; non è il caso di farne una tragedia ~ *avoir d'autres chats à fouetter* aver altre gatte da pelare ~ *je donne ma langue aux chats* rinuncio a capire, rinuncio a capirci q.c. **3** [*celui qui poursuit les autres (à un jeu)*] *chat perché* rialzo (*m.*): *jouer au chat perché* giocare al rialzo **4** [*mammifère carnivore dont le chat est le type*] gatto: *chat sauvage* gatto selvatico → **guépard, ocelot, chat-tigre** **II** *s.m.* (*fig.*) *chat à neuf queues* gatto a nove code **III** (*adj.*) *elle est chatte* [*câline*] è coccolona, è carezzevole ◇ (*t. d'affection*) *mon chat, ma petite chatte* micione mio, micina mia.

châtaigne |ʃɑtɛɲ| *s.f.* **1** [*fruit du châtaignier*] castagna: *châtaignes bouillies* castagne lesse, ballotte; *châtaignes rôties* castagne arrostite, caldarroste → 1 **marron** **2** (*par anal.*) *châtaigne d'eau* → 1 **macle** **3** (*pop.*) [*coup de poing*] castagna, sventola: *il lui a flanqué une châtaigne* gli ha mollato una castagna, una sventola → 2 **marron.**

châtaigneraie |ʃɑtɛɲʀɛ| *s.f.* [*lieu planté de châtaigniers*] castagneto *m.*

châtaignier |ʃɑteɲe| *s.m.* (*t.bot.*) castagno ◇ [*le bois*] castagno.

châtain |ʃɑtɛ̃| *adj.* [*de la couleur de la châtaigne*] castano: *cheveux châtains* capelli castani; *une femme châtain* una donna castana ✦ (*s.m.*) *cheveux d'un châtain clair* capelli castani chiari.

1 **château** |ʃɑto| *s.m.* **1** [*demeure féodale fortifiée*] castello → **citadelle, forteresse** # *château fort* fortezza, roccaforte **2** [*habitation seigneuriale ou royale*] castello: *les châteaux de la Loire* i castelli della Loira # *le château des Tuileries* il palazzo delle Tuileries; *le château de Versailles* la reggia di Versailles → 1 **palais** ✦ *absolt.* (*au XVIIe s.*) *le Château* la corte *f.*, il re **3** [*habitation du maître d'une grande propriété*] castello → **manoir** ◇ (*loc. fig.*) *mener une vie de château* vivere da gran signore ~ *c'est la vie de château, pourvu que ça dure!* è una cuccagna, sempre che duri! ~ *faire, bâtir des châteaux en Espagne* fare castelli in aria **4** *château de cartes* castello di carte ◇ (*loc. fig.*) *s'écrouler comme un château de cartes* crollare come un castello di carte **5** *château d'eau* serbatoio* d'acqua **6** (*mar.*) castello: *château de poupe* castello di poppa.

2 **château** |ʃɑto| (*abrév.*) → **chateaubriand.**

chateaubriand, châteaubriant |ʃɑtobʀijɑ̃| *s.m.* 'chateaubriand' *inv.* ◇ (*abrév.*) *un château saignant* uno 'chateaubriand' al sangue.

châtelain |ʃɑtlɛ̃| *s.m.* **1** [*celui qui possède un château de plaisance*] castellano **2** (*féod.*) [*seigneur d'un château*] castellano.

châtelaine |ʃɑtlɛn| *s.f.* **1** [*femme d'un châtelain, propriétaire d'un château*] castellana **2** [*chaîne de ceinture*] 'châtelaine' *inv.*

châtellenie |ʃɑtɛlni| *s.f.* (*féod.*) castellania: *droit de châtellenie* diritto di castellania.

chat-huant |ʃaɥɑ̃| *s.m.* → **hulotte,** 1 **chouette.**

châtier |ʃɑtje| *v.tr.* (*littér.*) **1** [*infliger une peine pour corriger*] correggere (154), castigare (*cour.*): *châtier un coupable* correggere, castigare un colpevole → **punir, réprimer** ◇ (*fig.*) *châtier une faute, l'audace de qqn.* correggere, punire (197) uno sbaglio, l'insolenza di qc. ◇ (*par ext.*) *châtier son corps* [*mortifier*] mortificare la carne ◇ (*prov.*) *qui aime bien, châtie bien* chi ben ama, ben corregge **2** [*rendre (le style) plus correct, plus pur*] castigare, emendare: *châtier son style* castigare il proprio stile → **corriger, épurer** ✦ (*au p.p.*) *style châtié* stile castigato, spoglio.

chatière |ʃatjɛʀ| *s.f.* **1** [*petite ouverture pratiquée au bas d'une porte pour laisser passer les chats*] gattaiola **2** [*ouverture destinée à l'aération des combles*] tegola a sfiatatoio.

châtiment |ʃɑtimɑ̃| *s.m.* [→ CHÂTIER 1] castigo*, punizione (*f.*): *un juste châtiment* un giusto castigo, una giusta punizione; *châtiment corporel* punizione corporale 🄲 **récompense.**

chatoiement |ʃatwamɑ̃| *s.m.* [→ CHATOYER] gatteggiamento.

1 **chaton** |ʃatɔ̃| *s.m.* [*jeune chat*] gattino, micino: *une portée de chatons* una figliata di gattini.

2 **chaton** |ʃatɔ̃| *s.m.* [*tête d'une bague où s'enchâsse une pierre précieuse*] castone.

3 **chaton** |ʃatɔ̃| *s.m.* **1** (*bot.*) amento, gattino: *chatons de noyer, de saule* amenti, gattini del noce, del salice **2** [*petits amas de poussière d'aspect cotonneux qui s'accumulent sous les meubles*] laniccio* → **mouton.**

chatonner |ʃatɔne| *v.intr.* (*rare*) (*en parlant d'une chatte*) [*mettre bas*] fare (103) *tr.* i gattini (*cour.*).

chatouille |ʃatuj| *s.f.* (*fam.*) [→ CHATOUILLER 1] solletico* *m.* (*cour.*), pizzicorino *m.* (*cour.*): *faire des chatouilles* fare il solletico, il pizzicorino.

chatouillement |ʃatujmɑ̃| *s.m.* **1** [→ CHATOUILLER 1] solletico*: *être sensible au chatouillement* soffrire il solletico → **attouchement** **2** [→ CHATOUILLER 2] pizzicore: *un chatouillement désagréable* un pizzicore fastidioso.

chatouiller |ʃatuje| *v.tr.* **1** [*causer par des attouchements légers un tressaillement qui provoque un rire convulsif*] fare (103) il solletico a, solleticare: *chatouiller qqn.* fare il solletico a qc., solleticare qc. ◇ (*loc.*) *chatouiller les côtes à qqn.* rompere le ossa a qc. **2** [*faire subir un léger picotement*] pizzicare: *il sent quelque chose qui lui chatouille la gorge* sente qualcosa che gli pizzica la gola → **picoter** **3** (*fig.*) [*exciter doucement par une sensation, une émotion agréable*] solleticare, stuzzicare: *vin qui chatouille le palais* vino che solletica il palato; *parfum qui chatouille l'odorat* profumo che stuzzica l'olfatto; *chatouiller la vanité de qqn.* solleticare, stuzzicare la vanità di qc. → **flatter.**

chatouilleux, euse |ʃatujø, øz| *adj.* **1** sensibile al solletico # *il est très chatouilleux* soffre molto il solletico **2** [*qui se fâche aisement*] permaloso: *caractère chatouilleux* carattere permaloso, ombroso.

chatouillis |ʃatuji| *s.m.* (*fam.*) lieve pizzicore, lieve prurito.

chatoyant, ante |ʃatwajɑ̃, ɑ̃t| *adj.* [*qui chatoie, a des reflets changeants*] gatteggiante, cangiante: *pierres chatoyantes* pietre gatteggianti; *étoffe chatoyante* stoffa cangiante.

chatoyer |ʃatwaje| (10) *v.intr.* [*changer de couleur, avoir des reflets différents suivant le jeu de la lumière*] gatteggiare, essere (96) (*aux.* essere) (di colore) cangiante: *les ailes de ce papillon chatoient* le ali di questa farfalla gatteggiano, sono di colore cangiante → **miroiter** # *des pierres précieuses qui chatoient* pietre preziose dai riflessi cangianti.

châtrer |ʃɑtʀe| *v.tr.* **1** [*rendre impropre à la génération en enlevant les testicules ou les ovaires*] (*animaux*) castrare; (*personnes*) castrare, evirare: *châtrer un taureau* castrare un toro ◆ (*au p.p.*) *un homme châtré* un castrato *s.m.*, un evirato (*s.m.*): *une voix de châtré* una voce da castrato **2** (*fig.*) *châtrer un livre, un ouvrage littéraire* [*le mutiler en retranchant des passages*] castrare un testo, un'opera letteraria.

chatte |ʃat| *s.f.* → **chat.**

chattemite |ʃatmit| *s.f.* (*fam.*) [*personne qui affecte des manières douces et modestes pour tromper son entourage*] gattamorta*: *faire la chattemite* fare la gattamorta; *des chattemites* delle gattemorte.

chatterie |ʃatʀi| *s.f.* **1** [*caresse, câlinerie*] moina: *faire des chatteries à qqn.* fare le moine a qc. **2** [*choses délicates à manger*] leccornia, ghiottoneria: *nous aimons les chatteries* ci piacciono le leccornie, le ghiottonerie → **friandise, gâterie.**

chatterton |ʃatɛʀtɔn| *s.m.* [*ruban isolant et adhésif*] nastro isolante: *recouvrir un fil électrique de chatterton* ricoprire un filo elettrico col nastro isolante.

chat-tigre |ʃatigʀ(ə)| *s.m.* (*t.zool.*) gatto-tigre: *des chats-tigres* dei gatti-tigri.

chaud, chaude |ʃo, ʃod| **I** *adj.* **1** caldo: *eau chaude* acqua calda; *repas chaud* pasto caldo; *prendre un bain chaud* fare un bagno caldo; *le soleil n'est pas très chaud* il sole non è molto caldo; *avoir les pieds chauds* avere i piedi caldi ◆ (*adv.*) *servez chaud* (da) servire caldo; *buvez chaud* (da) bere caldo ◇ (*loc.*) *battre le fer pendant qu'il est chaud* battere il ferro mentre, finché è caldo ~ *je vous apporte la nouvelle toute chaude* vi porto la notizia calda calda (fresca fresca) ~ *pleurer à chaudes larmes* piangere a calde lacrime **2** (*personnes*) [*ardent, sensuel*] caldo: *un tempérament chaud* un temperamento caldo ◇ (*loc. fam.*) *c'est un chaud lapin* è lussurioso come un verro (*cour.*) ~ *avoir le sang chaud* avere il sangue caldo **3** (*personnes*) [*qui a de la passion, qui met de l'animation dans ce qu'il fait*] fervido: *de chauds admirateurs* dei fervidi ammiratori; *un chaud partisan* un fervido sostenitore # *il n'est pas très chaud pour cette affaire* non è molto entusiasta di questo affare ◇ *loc.* AVOIR LA TÊTE CHAUDE avere la testa calda: *ces jeunes gens ont la tête chaude* questi giovanotti hanno la testa calda ◇ (*polit.*) *guerre chaude* guerra calda; *point chaud* punto caldo; *automne chaud* autunno caldo **4** (*choses*) [*où il y a de l'animation, qui exprime de la passion*] caloroso, caldo: *une chaude discussion* una calorosa discussione, una discussione accalorata; *de chaudes protestations d'amitié* calorose proteste di amicizia; *chaude éloquence* calda eloquenza; *une voix chaude* una voce calda; *tons chauds* toni caldi; *coloris chauds* tinte calde # *de chaudes alarmes* delle vive apprensioni; *la lutte, la bataille a été chaude* la lotta, la battaglia è stata accanita **II** *s.m.* **1** (*employé avec 'le froid'*) *le chaud* il caldo: *craindre le chaud autant que le froid* temere sia il caldo che il freddo → **chaleur** ◇ (*loc.*) *prendre un chaud et froid* prendere un raffreddore **2** *loc.* AU CHAUD in caldo; al caldo: *garder, tenir un plat au chaud* tenere un piatto in caldo ‖ *être bien au chaud dans son lit* essere al caldo, al calduccio nel proprio letto **3** (*nominal, après un v.*) caldo: *avoir chaud, très chaud* avere caldo, molto caldo; *il fait chaud* fa caldo; *mon manteau tient chaud* il mio cappotto tiene caldo ◇ (*pop.*) *on crève de chaud, ici!* qui si crepa di caldo! ◇ (*loc.*) *tout cela ne me fait ni chaud ni froid* tutto questo non mi fa né caldo né freddo **4** *loc. adv.* À CHAUD a caldo: *opérer à chaud* operare a caldo.

chaude |ʃod| *s.f.* **1** (*métall.*) calda **2** (*région.*) [*flambée pour se réchauffer*] fiammata: *faire une chaude* fare una fiammata.

chaudeau |ʃodo| *s.m.* brodo caldo ◇ [*lait chaud, sucré et aromatisé* (*versé sur des œufs, etc.*)] ⊠.

chaudement |ʃodmɑ̃| *adv.* **1** [*de manière à conserver sa chaleur*] pesante (*adj. inv.*): *il s'habille chaudement* si veste pesante; *être vêtu chaudement* essere vestito pesante **2** [*avec chaleur, animation*] calorosamente, caldamente: *acclamer, applaudir chaudement* acclamare, applaudire calorosamente; *chaudement recommandé* caldamente raccomandato.

chaud-froid |ʃofʀwa(ɑ)| *s.m.* [*mets que l'on prépare à chaud avec de la volaille, du gibier et que l'on mange froid, entouré de gelée ou de mayonnaise*] ⊠.

chaudière |ʃodjɛʀ| *s.f.* (*techn.*) caldaia: *chaudière à charbon, à mazout* caldaia a carbone, a nafta; *chaudière d'un chauffage central* caldaia di un impianto di riscaldamento.

chaudron |ʃodʀɔ̃| *s.m.* [*petite chaudière à anse mobile*] paiolo, calderotto.

chaudronnerie |ʃodʀɔnʀi| *s.f.* **1** mestiere *m.*, commercio* *m.* del calderaio, del lattoniere **2** articoli *m. pl.* fabbricati dal calderaio # *grosse chaudronnerie* caldaie industriali; *petite chaudronnerie* utensili da cucina; *chaudronnerie d'art* rami artistici **3** [*lieu où se fabrique, où se vend la chaudronnerie*] bottega* del calderaio.

chaudronnier, ière |ʃodʀɔnje, jɛʀ| *s.* [*artisan qui fabrique et vend des ustensiles de chaudronnerie*] calderaio* *m.*, ramaio* *m.*

chauffage |ʃofaʒ| *s.m.* [→ CHAUFFER A 1; B 3] riscaldamento: *chauffage d'un appartement* riscaldamento di un appartamento; *chauffage au bois, au charbon, au gaz* riscaldamento a legna, a carbone, a gas; *chauffage par l'électricité* riscaldamento elettrico; *chauffage central* riscaldamento centrale; *chauffage urbain, collectif* riscaldamento di città, collettivo; *mettre, arrêter le chauffage* accendere, spegnere il riscaldamento ◇ (*par ext.*) *le chauffage est détraqué* il riscaldamento è guasto.

chauffagiste |ʃofaʒist(ə)| *s.m.* [*spécialiste du chauffage central*] tecnico* di impianti di riscaldamento.

chauffant, ante |ʃofɑ̃, ɑ̃t| *adj.* [*qui chauffe, produit de la chaleur*] termico*, riscaldante: *plaque chauffante* piastra termica # *couverture chauffante* termocoperta.

chauffard |ʃofaʀ| *s.m.* [*mauvais conducteur*] guidatore* *s.* da strapazzo, automobilastro.

chauffe |ʃof| *s.f.* riscaldamento *m.* ◇ (*par ext.*) *bleu de chauffe* tuta da fuochista.

chauffe-assiettes |ʃofasjɛt| *s.m. inv.* [*appareil pour chauffer les assiettes*] scaldapiatti.

chauffe-bain |ʃofbɛ̃| *s.m.* [*appareil qui produit de l'eau chaude pour les usages d'hygiène*] scaldabagno: *des chauffe-bains à gaz* scaldabagni a gas → **chauffe-eau.**

chauffe-eau |ʃofo| *s.m. inv.* [*appareil producteur d'eau chaude*] scalda(a)cqua: *des chauffe-eau instantanés* degli scalda(a)cqua istantanei.

chauffe-pieds |ʃofpje| *s.m. inv.* [*petit réchaud pour les pieds*] scaldapiedi → **chaufferette.**

chauffe-plats |ʃofpla| *s.m. inv.* [*réchaud pour tenir les plats au chaud*] scaldapiatti, scaldavivande.

chauffer |ʃofe| **A** *v.tr.* **1** [*élever la température de, rendre* (*plus*) *chaud*] riscaldare, scaldare: *chauffer de l'eau pour se laver* riscaldare, scaldare un po' d'acqua per lavarsi; *chauffer une locomotive, un moteur* riscaldare, scaldare una locomotiva, un motore # *chauffer un métal à blanc* arroventare, rendere incandescente un metallo **2** (*fig., fam.*) *chauffer un candidat aux examens* [*attiser son zèle*] mettere (155) sotto pressione, spremere un candidato agli esami **3** (*pop.*) *chauffer qqch. à qqn.* [*voler*] grattare, fregare q.c. a qc.: *on m'a chauffé ma montre* mi hanno grattato, fregato l'orologio **B** *v.intr.* **1** [*devenir chaud*] scaldarsi *pron.*, riscaldarsi (*pron.*): *le café chauffe* il caffè si scalda; *l'eau chauffe sur le feu* l'acqua si scalda sul fuoco ◇ (*loc. fam.*) *faites chauffer la colle!* [*il y a de la casse*] volano botte! **2** [*s'échauffer à l'excès*] riscaldare, scaldare: *le moteur chauffe* il motore riscalda, scalda **3** [*produire de la chaleur*] riscaldare, scaldare: *le coke chauffe mieux que le bois* il carbone coke riscalda, scalda più della legna **4** (*fam.*) *ça va chauffer* [*barder*] le cose si mettono male **C** *v. pron. réfl.* SE CHAUFFER **1** [*s'exposer à la chaleur*] scaldarsi, riscaldarsi: *se chauffer au soleil* scaldarsi al sole **2** [*chauffer sa maison*] riscaldare *tr.* la casa: *se chauffer au bois, au charbon* riscaldare la casa (con una stufa) a legna, a carbone # *nous nous chauffons au mazout* abbiamo il riscaldamento a nafta 🄲 A 1; B 1 **refroidir.**

chaufferette |ʃofʀɛt| *s.f.* **1** [*petit appareil pour se chauffer les pieds, etc.*] scaldino *m.*, scaldapiedi *m. inv.* **2** [*petit réchaud de table*] scaldavivande *m. inv.*

chaufferie |ʃofʀi| *s.f.* [*endroit de une usine, d'un navire, où sont les chaudières*] locale *m.* caldaie.

1 **chauffeur** |ʃofœʀ| *s.m.* [*celui qui est chargé d'entretenir le feu d'une chaudière*] fuochista.
2 **chauffeur** |ʃofœʀ| *s.m.* **1** [*personne dont le métier est de conduire*] autista: *louer une voiture sans chauffeur* noleggiare un'auto senza autista # *chauffeur de camion* camionista, conducente di camion; *il, elle est chauffeur de taxi* fa il, la tassista **2** (*péj.*) *chauffeur du dimanche* autista della domenica.
chauffeuse |ʃoføz| *s.f.* [*chaise basse pour se chauffer près du feu*] ⊠.
chaufour |ʃofuʀ| *s.m.* (*techn.*) calcara *f.*
chaufournier |ʃofuʀnje| *s.m.* [*ouvrier qui travaille dans un four à chaux*] fornaciaio*.
chaulage |ʃolaʒ| *s.m.* (*agric.*) calcinatura (*f.*): *chaulage de terres* calcinatura di terreni.
chauler |ʃole| *v.tr.* **1** (*agric.*) [*traiter par la chaux*] calcinare: *chauler les terres* calcinare i terreni; *chauler les arbres* calcinare gli alberi **2** [*blanchir à la chaux*] imbiancare: *chauler un mur* imbiancare un muro.
chauleuse |ʃoløz| *s.f.* (*agric.*) macchina per calcinare.
chaumage |ʃomaʒ| *s.m.* (*agric.*) estirpazione *f.* delle stoppie.
chaumard |ʃomaʀ| *s.m.* (*mar.*) passacavo.
chaume |ʃom| *s.m.* **1** [*partie de la tige qui reste sur pied après la moisson*] stoppia (*f.*): *couper le chaume* tagliare la stoppia, le stoppie; *brûler le chaume* ardere le stoppie ◇ (*par ext.*) campo di stoppie **2** [*paille qui couvre le toit des maisons*] paglia *f.* ◇ (*par ext.*) *une maison coiffée de chaume* una casa col tetto di paglia.
chaumer |ʃome| *v.tr.* *et intr.* (*agric.*) [*arracher, couper le chaume qui reste dans un camp après la moisson*] estirpare *tr.* le stoppie (da un campo).
chaumière |ʃomjɛʀ| *s.f.* [*petite maison rustique et pauvre, couverte de chaume*] capanna ◇ (*loc.*) *une chaumière et un cœur* un cuore e una capanna.
chaumine |ʃomin| *s.f.* (*vieilli*) [*petite chaumière*] capannuccia*, casupola.
chaussant |ʃosɑ̃| *adj.* che calza bene (*loc.*): *ces mocassins sont très chaussants* questi mocassini calzano molto bene.
chausse |ʃos| *s.f.* **1** *au plur.* (*vx.*) → 1 **culotte** ◇ (*loc. fig., littér.*) *courir après les chausses de qqn.* stare alle calcagna di qc. (*cour.*) ~ *tirer ses chausses* [*s'enfuir*] darsela a gambe; svignarsela **2** imbuto *m.* di stoffa **3** (*blas.*) pila rovesciata **4** [*tuyau des latrines qui s'adapte sous la cuvette des cabinets*] doccione *m.*
chaussé |ʃose| *adj.* (*blas.*) calzato.
chaussée |ʃose| *s.f.* **1** [*partie d'un voie publique où circulent les voitures*] carreggiata; strada: *chaussée bombée* carreggiata bombata; *traverser la chaussée* attraversare la carreggiata, la sede stradale ‖ *chaussée glissante* strada sdrucciolevole; *chaussée défoncée* strada dissestata, fondo stradale dissestato # *refaire la chaussée* rifare il fondo, il manto stradale **2** [*élévation de terre servant à retenir l'eau*] argine *m.* **3** (*géogr.*) *la chaussée des Géants* la strada dei Giganti.
chausse-pied |ʃospje| *s.m.* [*objet servant à faciliter l'entrée du pied dans la chaussure*] calzascarpe *inv.*, calzatoio*: *des chausse-pieds* dei calzascarpe, dei calzatoi → **corne.**
chausser |ʃose| **A** *v.tr.* **1** [*mettre (des chaussures) à ses pieds*] calzare: *chausser des pantoufles* calzare delle pantofole; *chausser du 40* calzare il 40 ◇ (*fam.*) *chausser des lunettes* inforcare (*cour.*) gli occhiali **2** [*mettre une chaussure à (qqn.)*] mettere (155) le scarpe a: *il faut chausser cet enfant* bisogna mettere le scarpe a questo bambino **3** [*fournir en chaussures*] calzare: *ce cordonnier chausse toute ma famille* questo calzolaio calza tutta la mia famiglia ◇ (*loc.*) *s'enfuir un pied chaussé et l'autre nu* [*fuir précipitamment*] scappare a gambe levate ~ *les cordonniers sont les plus mal chaussés* in casa di calzolaio non si hanno scarpe **4** [*entourer de terre (le pied d'une plante)*] rincalzare: *chausser un arbre* rincalzare un albero **B** *v.intr.* [*aller bien ou mal, en parlant de la chaussure*] calzare (*aux.* essere, avere): *ce soulier chausse bien* questa scarpa calza bene ⓒ A 1, 2 **déchausser** 1.
chausses |ʃos| *s.f. pl.* (*vx.*) [*partie du vêtement masculin qui couvrait le corps depuis la ceinture jusqu'aux genoux*] brache: *un paire de chausses* un paio di brache → 1 **culotte** ◇ (*loc. littér.*) *courir après les chausses de qqn., à ses chausses* [*le poursuivre*] essere alle costole di qc., stargli alle costole.
chausse-trappe |ʃostʀap| *s.f.* **1** [*trou recouvert, cachant un piège*] trappola: *prendre des bêtes sauvages dans des chausse-trappes* far cadere animali selvaggi nelle trappole **2** (*fig.*) trabocchetto *m.*, tranello (*m.*): *méfiez-vous des chausse-trappes dans ce problème* è un problema pieno di tranelli, state attenti → **piège** **3** (*ancienn.*) [*engin de guerre*] tribolo *m.*
chaussette |ʃosɛt| *s.f.* [*vêtement tricoté qui couvre le pied et le bas de la jambe*] calzino (*m.*): *chaussettes de laine, de fil* calzini di lana, di filo; *repriser des chaussettes* rammendare i calzini # *support-chaussettes, fixe-chaussettes* giarrettiera ◇ (*par ext.*) *chaussettes russes* [*bandelettes enveloppant le pied*] (fasce) mollettiere ◇ (*pop.*) *chaussettes à clous* scarpe chiodate (*cour.*); *jus de chaussettes* [*mauvais café*] brodaglia, sciacquatura di piatti.
chausseur |ʃosœʀ| *s.m.* [*fabricant, vendeur de chaussures*] calzaturiere → **bottier.**
chausson |ʃosɔ̃| *s.m.* [*chaussure souple*] pantofola *f.*, pianella *f.* → **savate** ◇ [*chaussure tricotée pour nouveau-né*] scarpina *f.*, babbuccia* *f.* per neonato ◇ (*spécialt.*) *chausson de danse* scarpetta *f.* da ballo.
chaussonnier |ʃosonje| *s.m.* [*fabricant de chaussons, de pantoufles*] pantofolaio*.
chaussure |ʃosyʀ| *s.f.* **1** [*partie du vêtement qui protège les pieds*] scarpa: *chaussure de cuir, de daim* scarpa di cuoio, di daino; *chaussure montante, basse* scarpa accollata, bassa; *chaussures de tennis* scarpe da tennis; *chaussures de sport* scarpe, calzature sportive; *chaussures à semelle de cuir* scarpe con suola di cuoio; *chaussure cloutée* scarpa chiodata; *taille d'une chaussure* numero di una scarpa → **soulier** # *fabrique de chaussures* calzaturificio ◇ (*loc. fig.*) *trouver chaussure à son pied* trovare ciò che fa al proprio caso **2** [*industrie, commerce des chaussures*] settore *m.* della calzatura, industria calzaturiera: *travailler dans la chaussure* lavorare nell'industria calzaturiera.
chaut |ʃo| → **chaloir.**
chauve |ʃov| *adj.* **1** [*qui n'a plus ou presque plus de cheveux*] calvo: *tête chauve* testa calva; *être, devenir chauve* essere, diventare calvo ◇ (*fam.*) *il est chauve comme un œuf, comme une bille, comme un genou* è pelato come una palla da biliardo ✦ (*s.*) *un chauve* un calvo **2** (*fig., littér.*) [*pelé, dénudé*] brullo, spoglio*: *une colline chauve* una collina brulla.
chauve-souris |ʃovsuʀi| *s.f.* **1** (*t. zool.*) pipistrello (*m.*): *des chauves-souris* dei pipistrelli **2** (*mar.*) ferro *m.* del timone.
chauvin, ine |ʃovɛ̃, in| *adj.* [*qui a ou manifeste un patriotisme fanatique et belliqueux*] sciovinista, sciovinistico* ✦ (*s.*) *un chauvin* uno sciovinista → **xénophobe.**
chauvinisme |ʃovinism(ə)| *s.m.* sciovinismo.
chauviniste |ʃovinist(ə)| *adj. et s.* → **chauvin.**
chauvir |ʃoviʀ| (21) *v.intr.* (*sauf aux personnes du sing. du prés. de l'ind. et de l'impér. conjuguées comme 'finir'* (15)) drizzare: (*en parlant de l'âne, du cheval, etc.*) *chauvir des oreilles* [*les dresser*] drizzare *tr.* le orecchie; *il chauvit, ils chauvent des oreilles* drizza, drizzano le orecchie.
chaux |ʃo| *s.f.* (*chim.*) calce: *chaux vive, éteinte, hydraulique* calce viva, spenta, idraulica; *eau, lait de chaux* acqua, latte di calce ◇ (*loc.*) *il est bâti à chaux et à sable, à chaux et à ciment* [*il est d'une constitution robuste*] è ben piantato.
chavirement |ʃaviʀmɑ̃| *s.m.* **1** [→ CHAVIRER A 1] capovolgimento, rovesciamento **2** (*fig., fam.*) [→ CHAVIRER B 2] scombussolamento, sconvolgimento (*cour.*).
chavirer |ʃaviʀe| **A** *v.intr.* **1** (*mar.*) (*en parlant d'un navire*) [*se coucher sur le flanc*] rovesciarsi *pron.*, capovolgersi (196) *pron.* → 2 **couler, sombrer** **2** [*se renverser*] stralunare *tr.*, strabuzzare *tr.* gli occhi: *ses yeux chavirent* straluna, strabuzza gli occhi → **révulser (se)** **3** (*fig.*) [*s'abîmer, sombrer*] sprofondare (*aux.* essere) **B** *v.tr.* **1** [*faire chavirer*] inclinare, rovesciare: *chavirer un navire pour le réparer* inclinare una nave per ripararla → **encabaner** **2** (*fig., fam.*) [*renverser, retourner*] scombussolare ✦ (*au p.p.*) *j'en suis tout chaviré* sono tutto scombussolato.
chébec |ʃebɛk| *s.m.* (*mar.*) sciabecco*.
chéchia |ʃeʃja| *s.f.* (*ar.*) → **fez.**
check-list |(t)ʃɛklist| *s.f.* (*angl.*) (*aviat., astron.*) check-list *inv.*, lista di controllo.
check-up |(t)ʃɛkœp| *s.m. inv.* (*méd.*) (*angl.*) check-up → **bilan (de santé)** (*t.recomm.*).
cheddite |ʃedit| *s.f.* (*chim.*) cheddite.
1 **chef** |ʃɛf| *s.m.* **1** [*personne qui est à la tête, qui dirige*] capo: *les ordres du chef* gli ordini del capo → **commandant, directeur, maître, patron** #

obéir à ses chefs obbedire ai propri superiori ◇ (*par ext.*) [*personne qui sait se faire obéir*] capo: *il a un tempérament de chef* ha l'animo, la stoffa del capo **2** *loc.* CHEF DE [*celui qui dirige en titre*]: *chef de bande* capobanda; *chef de bureau* cap(o)ufficio; *chef de cuisine* capocuoco; *le chef de l'État* il capo dello Stato; *chef d'équipe* caposquadra → **contremaître**; *chef d'état-major* capo di stato maggiore; *chef d'école* [*artistique, litt., religieuse*] caposcuola; *chef de famille* capofamiglia; *chef de gare* capostazione; *chef d'orchestre* direttore d'orchestra **3** (*appellatif*) *chef, deux steaks saignants!* 'chef', due bistecche al sangue! # *gâteau du chef* dolce della casa **4** (*appos.*) *adjudant-chef* maresciallo maggiore; *médecin-chef* primario (d'ospedale) **5** (*pop.*) [*personne remarquable*] *c'est un chef!* è un asso! (*cour.*) → **champion** **6** *loc. adv.* EN CHEF (in) capo: *ingénieur, rédacteur en chef* ingegnere, redattore capo; *commandant en chef* comandante in capo.

2 **chef** |ʃɛf| *s.m.* **1** (*littér.*) DE SON CHEF [*tête*] di testa propria: *faire qqch. de son* (*propre*) *chef* fare q.c. di testa propria **2** *loc.* AU PREMIER CHEF in primo luogo, essenzialmente (*adv.*): *il importe, au premier chef, que...* è importante, in primo luogo, che... **3** (*dr.*) capo: *les chefs d'une accusation* i capi d'accusa **4** (*blas.*) capo: *chef de l'écu* capo dello scudo **5** (*vx.*) capo → **tête.**

chef-d'œuvre |ʃɛdœvʀ(ə)| *s.m.* **1** [*la meilleure œuvre d'un auteur*] capolavoro **2** (*fig.*) [*tout ce qui est parfait en son genre*] capolavoro: *accomplir des chefs-d'œuvre d'intelligence* realizzare capolavori di intelligenza → **prodige** **3** (*ancienn.*) [*œuvre qu'un artisan devait faire pour recevoir la maîtrise dans sa corporation*] capolavoro.

chefferie |ʃɛfʀi| *s.f.* [*anc. circonscription territoriale du génie des Eaux et For.*] circondario* *m.* → **arrondissement** ◇ [*territoire sur lequel s'exerce l'autorité d'un chef de tribu*] territorio* *m.*

chef-lieu |ʃɛfljø| *s.m.* (*admin.*) capoluogo*: *des chefs-lieux* dei capoluoghi; *chef-lieu de département* capoluogo di dipartimento ♦ (*absolt.*) *aller au chef-lieu* andare nel capoluogo, in città.

cheftaine |ʃɛftɛn| *s.f.* [*jeune femme responsable d'un groupe* (*de jeunes scouts, de guides, d'éclaireuses*)] capitana, capa (*fam.*).

cheik, scheik |ʃɛk| *s.m.* [*chef de tribu chez les Arabes*] sceicco*.

cheire |ʃɛʀ| *s.f.* [*coulée volcanique en Auvergne*] ⊠.

Cheiroptères |keiʀɔptɛʀ| *s.m. pl.* (*t.zool.*) Chirotteri.

chélate |kelat| *s.m.* (*zool.*) chela *f.*

chelem, schelem |ʃlɛm| *s.m.* (*bridge*) slam *inv.*, cappotto: *un grand chelem* un grande slam; *réussir le petit chelem* fare, dichiarare il piccolo slam ♦ (*adj.*) *faire qqn. chelem* non far segnare a qc. nessuna mano.

chélidoine |kelidwan| *s.f.* (*t.bot.*) celidonia, chelidonia.

chelléen, éenne |ʃeleɛ̃, eɛn| *adj. et s.m.* chelleano.

chéloïde |kelɔid| *s.m.* (*pharm.*) cheloide.

Chéloniens |kelɔnjɛ̃| *s.m. pl.* (*t. zool.*) Cheloni.

chemin |ʃ(ə)mɛ̃| *s.m.* **I** (*concret*) **1** [*voie qui permet d'aller d'un lieu à un autre, surtout à la campagne*] strada *f.*, sentiero: *chemin sinueux, tortueux, en zigzags* strada sinuosa, tortuosa, a zigzag; *chemin enneigé* strada innevata; *le chemin se sépare en deux* la strada si biforca; *chemin de montagne* strada, sentiero di montagna; *chemin creux* strada incassata, sentiero incassato; *chemin carrossable* strada carrozzabile; *chemin vicinal* strada comunale → **route** # *chemin muletier* mulattiera; *chemin de halage* alzaia ◇ (*loc.*) *voleur de grand chemin* bandito, ladro senza scrupoli ~ *être toujours sur les chemins* essere sempre in giro, di qua e di là ◇ (*par ext.*) *chemin d'escalier* [*bande de tapis disposée sur les marches*] passatoia (*f.*); *chemin de table* [*bande d'étoffe disposée sur une table*] striscia* *f.* da tavola **2** (*fortif.*) *chemin de ronde* cammino di ronda **3** [*distance, espace à parcourir pour aller d'un lieu à l'autre*] percorso, tratto: *la ligne droite est le plus court chemin d'un point à un autre* la linea retta è il percorso più breve tra due punti; *parcourir le chemin qui sépare deux villes* percorrere il tratto che separa due città; *faire le chemin d'une seule traite, par étapes* compiere il percorso in una sola tappa, a tappe → **parcours, route, trajet** # *ils sont à mi-chemin* sono a metà strada; *ils ont fait la moitié du chemin* hanno percorso metà tragitto, hanno fatto metà strada ◇ (*loc.*) *se mettre en chemin* mettersi in cammino, incamminarsi, avviarsi ~ *rebrousser chemin* tornare indietro ~ *poursuivre, passer son chemin* continuare per la propria strada, non fermarsi ~ *faire du chemin* andare lontano, fare molta strada ~ CHEMIN FAISANT [*pendant le trajet, tout en marchant*] strada facendo, lungo la strada (il percorso): *chemin faisant, je lui ai raconté ma mésaventure* strada facendo, lungo la strada (il percorso) gli ho raccontato la mia disavventura ~ • EN CHEMIN lungo il percorso, lungo la strada: *ils l'ont rencontré en chemin* l'hanno incontrato lungo il percorso, lungo la strada **4** [*direction, voie d'accès*] strada: *prendre le chemin de...* prendere la strada per...; *demander son chemin* chiedere la strada; *montrer, indiquer à qqn. son chemin* indicare la strada a qc.; *perdre son chemin* perdere la strada; *se tromper de chemin* sbagliare strada ◇ (*loc.*) *le chemin des écoliers* [*le chemin qui permet de flâner*] la strada più lunga ~ *le chemin de la Croix* la Via Crucis ~ *le chemin de Damas* la strada di Damasco, della conversione ◇ (*prov.*) *tous les chemins mènent à Rome* tutte le strade portano a Roma **5** (*en parlant d'un corps qui se déplace*) traiettoria *f.*, corsa (*f.*): *chemin parcouru par un projectile* traiettoria percorsa da un proiettile; *le chemin du piston* la corsa del pistone **II** (*fig.*) [*conduite qu'il faut suivre pour arriver à un but*] strada, via (*f.*): *il n'arrivera pas à ses fins par ce chemin* non arriverà al suo scopo seguendo questa strada, questa via → **moyen, voie** # *le chemin de la gloire* il cammino della gloria ◇ (*loc.*) *aller son petit bonhomme de chemin* andare tranquillamente per la propria strada ~ *être en bon chemin* essere sulla buona strada ~ *je n'irai pas par quatre chemins* non userò mezzi termini, andrò per le spicce.

chemin de fer |ʃ(ə)mɛ̃dfɛʀ| *s.m.* **1** ferrovia (*f.*): *chemin de fer à voie normale, étroite* ferrovia a scartamento normale, ridotto; *faire un voyage en chemin de fer* fare un viaggio per ferrovia, in treno # *voie de chemin de fer* binario ferroviario; *horaire, indicateur des chemins de fer* orario ferroviario; *station de chemin de fer* stazione ferroviaria; *ligne de chemin de fer* linea ferroviaria; *accident de chemin de fer* incidente ferroviario ◇ (*par ext.*) *les chemins de fer français* le ferrovie francesi **2** [*ch. de fer en miniature servant de jouet aux enfants*] trenino: *chemin de fer électrique* trenino elettrico **3** [*jeu d'argent, variété de baccara*] 'chemin de fer' *inv.*

chemineau |ʃ(ə)mino| *s.m.* [*celui qui parcourt les chemins et qui vit de petites besognes, d'aumônes ou de larcins*] vagabondo, girovago* → **clochard, mendiant.**

cheminée |ʃ(ə)mine| *s.f.* **1** camino (*m.*): *faire une flambée dans la cheminée* fare una fiammata nel camino; *ramoner une cheminée* spazzare un camino; *la cheminée tire bien* il camino tira bene → **âtre, 1 foyer** **2** [*partie inférieure de la cheminée qui sert d'encadrement à l'âtre*] camino: *cheminée de marbre, de briques* camino di marmo, di mattoni **3** [*partie supérieure du conduit qui évacue la fumée*] comignolo *m.*, fumaiolo (*m.*): *le chapeau de la cheminée* il cappello del comignolo, del fumaiolo ◇ (*spécialt.*) *cheminée de locomotive, de navire* fumaiolo di locomotiva, di nave; *les cheminées d'une usine* le ciminiere di una fabbrica **4** (*géol.*) *cheminée d'un volcan* camino vulcanico ◇ (*alpinisme*) [*corridor vertical étroit*] camino **5** [*trou, conduit cylindrique*] camino: *cheminée d'aération* camino d'aereazione.

cheminement |ʃ(ə)minmɑ̃| *s.m.* **1** [→ CHEMINER 1] camminata *f.*, scarpinata *f.* (*fam.*) → 2 **marche** ◇ (*milit.*) camminamento: *suivre un cheminement* seguire un camminamento **2** [*avance lente, progressive*] lento scorrimento, (lenta) avanzata (*f.*): *le cheminement des eaux* il lento scorrimento, la lenta avanzata delle acque ◇ (*fig.*) *le cheminement de la pensée* il cammino del pensiero → **progrès** **3** (*topographie*) poligonazione *f.*

cheminer |ʃ(ə)mine| *v.intr.* **1** (*personnes*) [*faire un chemin* (*long et pénible*), *que l'on parcourt lentement*] camminare (a fatica), scarpinare (*fam.*) → 1 **aller, marcher** **2** (*choses*) [*avancer lentement*] scorrere (127) (*aux.* essere), avanzare (*aux.* essere) (lentamente): *l'eau chemine dans le lit du ruisseau* l'acqua scorre (lentamente) nel letto del ruscello ◇ (*fig.*) avanzare (*aux.* essere), camminare: *cette idée chemine dans son esprit* è un'idea che avanza nella sua mente **3** (*milit.*) [*progresser vers une place assiégée; effectuer des travaux d'approche*] approcciare **4** (*topographie*) [*effectuer une levée par cheminement*] rilevare, eseguire (197) *tr.* un rilevamento.

cheminot |ʃ(ə)mino| *s.m.* [*employé de ch. de fer*] ferroviere.

chemisage |ʃ(ə)mizaʒ| *s.m.* (*techn.*) rivestimento, incorniciatura *f.*

1 **chemise** |ʃ(ə)miz| *s.f.* **1** (*cout.*) camicia*: *chemise de femme, d'homme* camicia da donna, da uomo; *col, manchette, plastron de chemise* collo, polsino, sparato di camicia; *chemise amidonnée, glacée, empesée* camicia inamidata; *chemise de soirée, de sport* camicia da sera, sportiva; *chemise de nuit* camicia da notte # *chemise veste* [*chemise qui tient lieu de veste*] sahariana ◇ (*loc.*) *être en bras, en manches de chemise* essere in maniche di camicia **2** (*ancienn.*) *chemise de mailles* cotta di maglia, maglia di ferro → **cotte** **3** [*uniforme de certaines formations politiques paramilitaires*] camicia: *chemises rouges* camicie rosse; *chemises noires* camicie nere **4** (*loc. fig.*) *changer de qqch. comme de chemise* [*constamment*] cambiare q.c. con estrema facilità ~ *se soucier d'une chose comme de sa première chemise* non curarsi minimamente di una cosa; infischiarsene altamente di q.c. ~ (*pop.*) *être comme cul et chemise* essere culo e camicia con qc.; *laisser dans une affaire jusqu'à sa dernière chemise* [*s'y ruiner*] rimanere, ridursi in camicia.

2 **chemise** |ʃ(ə)miz| *s.f.* **1** [*couverture dans laquelle on insère les pièces d'un dossier*] camicia*, cartella **2** [*revêtement de protection*] camicia: *chemise des cylindres* camicia dei cilindri; *chemise d'un canon, d'un projectile* camicia del cannone, di un proiettile; *chemise d'une chaudière* camicia della caldaia.

chemiser |ʃ(ə)mize| *v.tr.* (*techn.*) [*garnir d'un revêtement protecteur*] rivestire, incamiciare.

chemiserie |ʃ(ə)mizʀi| *s.f.* [*industrie, commerce, magasin de chemises et de sous-vêtements d'homme, d'accessoires vestimentaires*] camiceria.

chemisette |ʃ(ə)mizɛt| *s.f.* **1** [*chemise d'homme à manches courtes*] camiciola **2** (*femmes, enfants*) [*petite blouse ou corsage à manches courtes*] camicetta, camiciola.

1 **chemisier** |ʃ(ə)mizje| *s.m.* [*fabricant ou marchand de chemiserie*] camiciaio*.

2 **chemisier** |ʃ(ə)mizje| *s.m.* [*corsage de femme, à col, fermé par-devant*] camicetta *f.* (con collo a uomo) ♦ (*appos.*) *robe chemisier* 'chemisier' *inv.*

chênaie |ʃɛnɛ| *s.f.* [*plantation de chênes*] querceto *m.*

chenal, aux |ʃənal, o| *s.m.* **1** [*passage ouvert à la navigation entre un port, une rivière ou un étang et la mer, entre des rochers*] canale: *aménagement, entretien d'un chenal* sistemazione, manutenzione di un canale → **canal, 2 passe** **2** [*courant d'eau établi pour le fonctionnement d'un moulin*] gora *f.* **3** (*géol.*) *chenal pro-glaciaire* valle *f.* di origine glaciale.

chenapan |ʃ(ə)napɑ̃| *s.m.* (*vx., plais.*) [*bandit, vaurien*] furfante, birbante.

chêne |ʃɛn| *s.m.* (*t.bot.*) quercia* *f.* ~ *chêne vert* leccio* ~ *chêne truffier* quercia tartufaia ◇ (*loc. fig.*) *pousser, être fort comme un chêne* crescere, essere robusto come una quercia.

chêneau |ʃeno| *s.m.* [*jeune chêne*] querciola *f.*

chéneau |ʃeno| *s.m.* [*conduit du toit qui recueille les eaux de pluie et les conduit au tuyau de descente*] grondaia *f.*

chêne-liège |ʃɛnljɛʒ| *s.m.* (*t.bot.*) sughera *f.*, quercia* *f.* da sughero: *des chênes-lièges* delle querce da sughero, delle sughere.

chenet |ʃ(ə)nɛ| *s.m.* [*chacune des deux pièces métalliques placées dans une cheminée pour y disposer les bûches*] alare, capifuoco* (*rare*).

chènevière |ʃɛnvjɛʀ| *s.f.* [*champ où croît le chanvre*] canapaia, canapeto *m.*

chènevis |ʃɛnvi| *s.m.* [*graine de chanvre dont se nourrissent les oiseaux*] canapuccia* *f.*

chenil |ʃ(ə)ni(l)| *s.m.* **1** [*abri pour les chiens; lieu où l'on loge des chiens*] canile **2** (*fig.*) [*logement sale*] canile.

1 **chenille** |ʃ(ə)nij| *s.f.* [*larve des papillons*] bruco* (*m.*): *chenille du mûrier* bruco del gelso.

2 **chenille** |ʃ(ə)nij| *s.f.* **1** [*passementerie veloutée*] ciniglia **2** [*fusée qui éclate en forme de chenille lumineuse*] fuoco* *m.* artificiale **3** (*techn.*) cingolo *m.* # *véhicules à chenilles, munis de chenilles* mezzi cingolati.

chenillé, ée |ʃ(ə)nije| *adj.* [*muni de* (2) *chenilles* (3)] cingolato.

chenillette |ʃ(ə)nijɛt| *s.f.* [*petit véhicule automobile sur chenilles*] cingoletta.

chénopode |kenɔpɔd| *s.m.* (*t.bot.*) chenopodio*.

Chénopodiacées |kenɔpɔdjase| *s.f. pl.* (*t.bot.*) Chenopodiacee.

chenu, ue |ʃəny| *adj.* **1** (*littér.*) [*qui est devenu blanc de vieillesse*] canuto: *tête chenue* testa canuta **2** (*littér.*) *des arbres chenus* [*dont la cime est dépouillée*] alberi spogli **3** (*pop.*) [*qui est de qualité supérieure*] coi fiocchi *loc. inv.* (*cour.*) → **excellent, fameux, parfait.**

cheptel |ʃɛptɛl| *s.m.* **1** (*dr.*) soccida *f.* ◇ (*par ext.*) [*le bétail dans le contrat de cheptel*] capi *pl.* di bestiame **2** [*ensemble des bestiaux*] *le cheptel ovin, porcin d'une région* il patrimonio* zootecnico* ovino, suino di una regione **3** [*capital d'exploitation d'une ferme représenté par les instruments de travail et par le bétail*] scorte (*f. pl.*): *cheptel mort, vif* scorte morte, vive.

chèque |ʃɛk| *s.m.* (*comm.*) assegno: *chèque bancaire* assegno bancario; *carnet de chèques* libretto di assegni; *chèque sur Paris, sur Londres* assegno pagabile a Parigi, a Londra; *chèque en blanc* assegno in bianco; *chèque sans provision* assegno scoperto, a vuoto; *chèque barré* assegno sbarrato; *chèque au porteur* assegno al portatore; *chèque à ordre* assegno all'ordine; *chèque certifié* assegno a copertura garantita; *chèque de voyage* assegno turistico; *payer par chèques* pagare con assegni; *tirer, émettre un chèque* emettere, spiccare un assegno; *endosser un chèque* girare un assegno; *mettre son acquit au verso d'un chèque* firmare un assegno per quietanza; *toucher un chèque* incassare, riscuotere un assegno; *faire porter un chèque au crédit de son compte* far accreditare un assegno sul proprio conto # *compte chèque postal* (*C.C.P.*) conto corrente postale; *chèque postal de virement* postagiro ◇ (*loc. fig.*) *donner un chèque en blanc à qqn.* dare carta bianca a qc.

chéquier |ʃekje| *s.m.* libretto di assegni.

cher, ère |ʃɛʀ| **I** *adj.* **1** (*surtout avant le nom*) [*qui est aimé; pour qui on éprouve une vive affection*] caro: *ses chers amis* i suoi cari amici **2** (*épithète, avant le nom*) caro: *chers frères* cari fratelli; *mon cher, ma chère* mio caro, mia cara; caro mio, cara mia (*iron.*) # *cher monsieur* egregio signore ◇ (*avec une pointe de préciosité*) *très cher!* carissimo! **3** (*attribut*) *cher à* [*que l'on considère comme précieux*] caro a: *sa mémoire lui est chère* il suo ricordo gli è caro → 1 **précieux** **II** *adj.* (*surtout attribut ou après le nom*) **1** [*d'un prix élevé*] caro: *c'est une voiture chère* è una macchina cara; *ces vêtements sont trop chers* questi vestiti sono troppo cari → **coûteux, onéreux** ◇ (*fam.*) *il y a mieux, mais c'est plus cher* c'è di meglio, ma costa di più **2** [*qui exige de grandes dépenses*] caro: *la vie est chère à Paris* la vita è cara a Parigi → **dispendieux** # *la vie chère* il carovita **3** [*qui fait payer un prix élevé*] caro: *ce marchand est cher* questo negoziante è caro **III** *adv.* [*à haut prix*] caro: *vendre cher* vendere (a) caro (prezzo); *cela m'a coûté cher* mi è costato caro, molto; *cela ne vaut pas cher* non è caro, non costa molto → **chèrement** ◇ (*fig.*) *il ne vaut pas cher, celui-là* non vale molto, quello lì; *il me la payera cher* me la pagherà cara; *la victoire a coûté cher* la vittoria è stata ottenuta a caro prezzo; *vendre cher sa vie* vendere cara la pelle 🄲 I 3 **indifférent**; II 1 **bon marché.**

chercher |ʃɛʀʃe| *v.tr.* **1** [*s'efforcer de découvrir, de trouver* (*qqn., qqch.*)] cercare: *chercher qqn. dans la foule* cercare qc. tra la folla; *je te cherchais* ti stavo cercando; *chercher une chose que l'on a perdue* cercare una cosa che si è persa; *chercher un mot dans le dictionnaire* cercare una parola nel dizionario → **rechercher** ◇ (*loc.*) *chercher une aiguille dans une botte de foin* cercare un ago in un pagliaio ~ *chercher la petite bête* [*être extrêmement méticuleux*] cercare il pelo nell'uovo ~ *chercher des poux dans la tête de qqn.* [*lui chercher querelle*] cercare brighe (con qc.) **2** [*essayer de découvrir* (*la solution d'une difficulté, une idée*)] cercare: *chercher la solution d'un problème* cercare la soluzione di un problema; *chercher un moyen* cercare il modo; *chercher ses mots en parlant* cercare le parole parlando; *chercher une idée de roman* cercare un'idea per un romanzo ◇ (*loc.*) *qu'allez-vous chercher là?* ma (che) cosa va mai a pensare? ~ *chercher midi à quatorze heures* cercare difficoltà dove non ci sono, complicare inutilmente le cose ~ *cherchez et vous trouverez* chi cerca trova ♦ (*absolt.*) *tu n'as pas assez cherché* non hai riflettuto abbastanza → **réfléchir** **3** CHERCHER À (+ *inf.*) cercare di (+ *inf.*): *chercher à savoir, à deviner, à comprendre* cercare di sapere, di indovinare, di capire → **efforcer (s'), tâcher, tenter** ◇ *loc.* CHERCHER À CE QUE (+ *subj.*) (cercare di) fare (103) in modo che (+ *subj.*): *cherchez à ce que l'on soit content de vous* cercate di fare, fate in modo che siano contenti di voi **4** [*essayer d'obtenir*] cercare: *chercher un emploi* cercare un impiego; *chercher un appartement* cercare casa; *chercher son salut dans la fuite* cercare salvezza nella fuga ◇ (*sans art., devant le nom*) *chercher fortune* cercare fortuna # *chercher querelle à qqn.* attaccar lite con qc. ◇ (*spécialt.*) [*ne pas éviter* (*un mal*)] *il l'a cherché, c'est bien fait pour lui!* se l'è cercata, l'ha voluto (lui), gli sta bene! **5** [*envoyer, venir prendre* (*qqn., qqch.*)] *venez me chercher ce soir* passate a prendermi stasera; *allez chercher le médecin* andate a chiamare il medico → 1 **prendre** **6** (*pop.*) [*provoquer*] provocare: *je ne suis pas méchant, mais si tu me cherches, gare à toi!* (io) non sono cattivo, ma se mi provochi, guai a te! **7** (*fam.*) *ça va chercher dans les mille francs* [*le prix atteindra...*] verrà (a costare) sui mille franchi [C] 1; 2 **trouver.**

chercheur, euse |ʃɛʀʃœʀ, øz| **I** *s.* **1** *s.* (*rare*) [*personne qui cherche*] cercatore* ◇ *loc.* (*cour.*) *chercheur d'or* cercatore d'oro **2** *s.* [*savant*] ricercatore*: *les chercheurs du C.N.R.S.* i ricercatori del Centro nazionale (francese) per la ricerca scientifica **3** *s.m.* (*techn.*) *chercheur de fuites* rivelatore di fughe **II** *adj.* **1** (*personnes*) indagatore*: *un esprit chercheur* una mente indagatrice → **investigateur** **2** *tête chercheuse d'une fusée* testata autocercante di un missile.

chère |ʃɛʀ| *s.f.* **1** (*littér.*) [*nourriture*] cibo *m.* (*cour.*) ◇ (*loc.*) *faire bonne chère* [*faire un bon répas*] mangiare bene **2** (*vx., loc.*) *faire bonne chère à qqn.* [*lui faire bon visage, bon accueil*] fare buona accoglienza a qc. (*cour.*).

chèrement |ʃɛʀmɑ̃| *adv.* **I** [*d'une manière affectueuse et tendre*] caramente: *aimer chèrement qqn.* amare caramente qc. → **affectueusement, tendrement** **II** [*à haut prix; d'un prix élevé*] caro, a caro prezzo *loc.* → **cher** ◇ (*fig.*) *il paya chèrement son succès* pagò caro il successo; *vendre chèrement sa vie* vendere a caro prezzo la vita.

chergui |ʃɛʀgi| *s.m.* [*vent chaud et sec qui souffle du sud* (*au Maroc*)] ⊠.

chéri, ie |ʃeʀi| **1** *adj.* [*tendrement aimé*] caro, diletto (*littér.*): *sa femme chérie* la sua cara, diletta moglie; *mes enfants chéris* (i) miei cari, diletti figli **2** *s.* [→ *adj.*] cocco*: *c'est le chéri de ses parents* è il cocco dei suoi genitori ◇ (*fam.*) *c'est le chèri à sa maman* è il cocco di mamma → **chouchou** ◇ (*t. d'affection*) *mon chéri, ma petite chérie* mio caro, mia piccola cara.

chérif |ʃeʀif| *s.m.* [*prince* (*chez les Arabes*)] sceriffo.

chérifien, ienne |ʃeʀifjɛ̃, jɛn| *adj.* (*vx.*) [*relatif au chérif*] sceriffale # *l'empire chérifien* il Marocco.

chérir |ʃeʀiʀ| *v.tr.* **1** [*aimer tendrement, avoir beaucoup d'affection pour*] amare teneramente: *chérir sa femme, ses enfants* amare teneramente la propria moglie, i propri figli → **affectionner, aimer** # *chérir le souvenir de qqn.* venerare il ricordo di qc. → **vénérer** **2** [*s'attacher, être attaché à*] essere (96) *intr.* attaccato a: *il chérissait son pays* era attaccato al paese natale.

chérot |ʃeʀo| *adj. m.* (*pop.*) [*trop cher, coûteux*] caruccio*, caretto (*fam.*): *un repas chérot* un pranzo caruccio, caretto.

cherry |ʃeʀi| *s.m.* (*angl.*) [*liqueur de cerises*] cherry(-brandy) *inv.*

cherté |ʃɛʀte| *s.f.* [*état de ce qui est cher; prix élevé*] *la cherté de la vie* il carovita (*m. inv.*); *être dans une période de cherté* essere in un periodo di prezzi *m. pl.* alti → **coût** [C] **bon marché.**

chérubin |ʃeʀybɛ̃| *s.m.* **1** cherubino ◇ (*bx-arts*) cherubino **2** (*loc. fig.*) cherubino: *beau, joli comme un chérubin* bello, grazioso come un cherubino ◇ (*t.d'affection*) *mon petit chérubin* il mio tesoruccio*, tesoruccio mio.

chester |ʃɛstɛʀ| *s.m.* (*angl.*) chester *inv.*

chétif, ive |ʃetif, iv| *adj.* **1** [*de faible constitution*] gracile: *enfant chétif* bambino gracile → **malingre, rachitique**; *arbuste chétif* arbusto gracile, stentato ◆ (*s.m.*) *les chétifs* [*les malingres*] i deboli **2** (*littér.*) [*sans valeur, insuffisant*] magro (*cour.*), misero (*cour.*): *une chétive récolte* un raccolto magro, misero; *un repas chétif* un pasto misero → **mesquin, maigre, mauvais** [C] 1 **robuste, vigoureux.**

chétivement |ʃetivmɑ̃| *adv.* (*littér.*) [→ CHÉTIF 2] miseramente; scarsamente.

chétivité |ʃetivite| *s.f.* (*littér.*) [*fait d'être chétif*] gracilità *inv.* (*cour.*).

chevaine |ʃ(ə)vɛn| *s.m.* → **chevesne.**

cheval, aux |ʃ(ə)val, o| *s.m.* **I** **1** (*t.zool.*) cavallo ◇ (*cour.*) *cheval sauvage* cavallo selvaggio; *aplomb du cheval* appiombo del cavallo; *cheval ensellé* cavallo insellato; *robe du cheval* mantello del cavallo; *cheval pur sang* cavallo purosangue; *cheval de carrousel* cavallo da torneo, da carosello; *cheval de somme, de trait, de labour* cavallo da soma, da tiro, da lavoro; *cheval de manège* cavallo da maneggio; *capturer un cheval au lasso* catturare un cavallo con il lasso; *atteler, harnacher un cheval* attaccare, bardare un cavallo; *monter sur un cheval* montare a cavallo, montare in sella; *cravacher, éperonner son cheval* frustare, spronare il cavallo; *lancer son cheval à fond de train* lanciare il cavallo a tutta velocità; *faire une chute de cheval* fare una caduta da cavallo # *monter un cheval sans selle, à poil* cavalcare senza sella, a pelo; *monter un cheval à califourchon, en amazone* cavalcare a cavalcioni, all'amazzone **2** *loc. adj. et adv.* À CHEVAL a cavallo: *gendarmes à cheval* guardie a cavallo; *aller à cheval* andare a cavallo ◇ [*à califourchon*] a cavallo, a cavalcioni: *être à cheval sur une branche d'arbre* essere a cavallo, a cavalcioni su di un ramo ◇ (*fig.*) *être à cheval sur ses principes* essere fermo, rigoroso nei propri principi ~ *à cheval sur deux périodes* a cavallo, a cavaliere di due periodi **3** (*équitation*) *faire du cheval* fare dell'equitazione, andare a cavallo → 1 **chevaucher** **4** (*loc. fig.*) *fièvre de cheval* febbre da cavallo ~ *un remède de cheval* una medicina da cavallo → **énergique** ~ *monter sur ses grands chevaux* [*s'emporter*] andare su tutte le furie ~ *cela ne se trouve pas sous, dans le pas d'un cheval* non è (cosa) che si trovi ad ogni piè sospinto **5** (*fig.*) *c'est un vrai cheval* (*de labour*) è un gran lavoratore, un toro ~ (*fam.*) *c'est un grand cheval* [*une grande femme masculine*] è una cavallona ~ *être un cheval de retour* essere recidivo → **récidiviste** **6** *cheval de bataille* cavallo di battaglia **II** **1** [*figure de cheval*] *cheval d'arçons* cavallo con maniglie ◇ (*gymnastique*) cavallo ◇ (*par anal.*) *cheval de bois* [*jouet d'enfant*] cavalluccio* (di legno); (*au plur.*) *les chevaux de bois* la giostra *f. sing.* ◇ (*hist. mythol.*) *cheval de Troie* cavallo di Troia ◇ (*par anal.*) *cheval marin* cavalluccio marino → **hippocampe** **2** *cheval de Frise* cavallo di Frisia **3** *cheval vapeur* (*cv*) cavallo vapore (HP) ◇ (*auto.*) *une automobile de 45 chevaux* una automobile da 45 cavalli ◇ (*spécialt.*) *cheval fiscal* cavallo fiscale; *une deux chevaux* una due cavalli.

chevalement |ʃ(ə)valmɑ̃| *s.m.* (*maçonn.*) armatura *f.* di sostegno, puntellatura *f.* ◇ (*mines*) castelletto.

chevaler |ʃ(ə)vale| *v.tr.* [*soutenir avec un chevalement*] puntellare.

chevaleresque |ʃ(ə)valʀɛsk(ə)| *adj.* cavalleresco*: *courtoisie chevaleresque* cortesia cavalleresca; *conduite chevaleresque* contegno cavalleresco; *littérature chevaleresque* letteratura cavalleresca → **romanesque, généreux.**

chevaleresquement |ʃəvalʀɛskəmɑ̃| *adv.* [→ CHEVALERESQUE] cavallerescamente.

chevalerie |ʃ(ə)valʀi| *s.f.* **1** (*féod.*) cavalleria # *romans de chevalerie* romanzi cavallereschi **2** [*le corps des chevaliers*] cavalleria: *l'élite, la fleur de la chevalerie* il fior fiore della cavalleria **3** [*ordre milit. et religieux*] *ordre de chevalerie du Saint-Sépulcre* ordine cavalleresco* *adj.*, dei cavalieri *m. pl.* del Santo Sepolcro **4** [*distinction honorifique*] *être décoré de plusieurs ordres de chevalerie* essere insignito di onorificenze di vari ordini cavallereschi.

chevalet |ʃ(ə)valɛ| *s.m.* **1** cavalletto: *chevalet de menuisier* cavalletto da falegname; *chevalet de peintre* cavalletto da pittore; *tableau de chevalet* quadro di cavalletto → 1 **banc** **2** [*mince pièce de certains instruments à cordes pour soutenir les cordes tendues*] ponticello: *chevalet d'un violon* ponticello di un violino.

chevalier |ʃ(ə)valje| *s.m.* **I** **1** (*féod.*) cavaliere: *armer chevalier* armare cavaliere; *le chevalier sans peur et sans reproche* [*Bayard*] il cavaliere senza macchia e senza paura; *les chevaliers de la Table Ronde* i cavalieri della Tavola Rotonda → **paladin, preux** ◇ (*loc.*) *chevalier errant* cavaliere errante ~ *chevalier servant* cavalier servente ~ *se faire chevalier de qqn.* farsi cavaliere di qc. **2** [*membre d'un ordre de chevalerie*] cavaliere: *chevalier de Malte, du Saint-Sépulcre* cavaliere di Malta, del Santo Sepolcro; *templier, chevalier de l'ordre du Temple* templare, cavaliere dell'ordine dei templari; *chevalier de la Légion d'honneur* cavaliere della Legion d'onore **3** [*celui qui est au-dessous du baron*] cavaliere: *le chevalier des Grieux* il cavaliere des Grieux **4** (*fig., péj.*) *chevalier d'industrie* cavaliere d'industria → **aigrefin, escroc** **II** (*t.zool.*) cavaliere d'Italia.

chevalière |ʃ(ə)valjɛʀ| *s.f.* [*bague à large chaton plat sur lequel sont gravées des armoiries, des initiales*] anello *m.*, sigillo *m.*

chevalin, ine |ʃ(ə)valɛ̃, in| *adj.* **1** [*qui tient du cheval; qui a rapport au cheval*] equino: *races chevalines* razze equine; *boucherie chevaline* macelleria equina **2** [*qui évoque le cheval*] equino: *profil chevalin* profilo equino # *il a une tête chevaline* ha una faccia da cavallo.

cheval-vapeur |ʃ(ə)valvapœʀ| *s.m.* → **cheval** II 3.

chevauchant, ante |ʃ(ə)voʃɑ̃, ɑ̃t| *adj.* [*qui chevauche, se recouvre en partie*] accavallato, sovrapposto: *dents chevauchantes* denti accavallati; *tuiles chevauchantes* tegole sovrapposte.

chevauchée |ʃ(ə)voʃe| *s.f.* **1** [*promenade, course à cheval*] cavalcata: *une longue chevauchée* una lunga cavalcata; *la chevauchée des Valkyries* la cavalcata delle Valchirie **2** [*troupe de personnes à cheval*] cavalcata → **cavalcade.**

chevauchement |ʃ(ə)voʃmɑ̃| *s.m.* [*position de choses qui* (2) *chevauchent*] sovrapposizione *f.*, accavallamento: *chevauchement de signes, de lettres* sovrapposizione di segni, di lettere.

1 **chevaucher** |ʃ(ə)voʃe| **A** *v.tr.* [*être à cheval, à califourchon sur*] cavalcare: *les sorcières chevauchent des manches à balais* le streghe cavalcano manici di scopa # *chevaucher une chaise* stare a cavalcioni su una sedia **B** *v.intr.* (*littér.*) [*aller à cheval*] cavalcare, andare (101) (*aux.* essere) a cavallo.

2 **chevaucher** |ʃ(ə)voʃe| **A** *v.intr.* [*se recouvrir en partie, empiéter, être à cheval l'un sur l'autre*] accavallarsi *pron.*, sovrapporsi (168) (*pron.*): *dents qui chevauchent* denti che si accavallano; *tuiles qui chevauchent* tegole che si sovrappongono → **recouvrir (se)** ◇ (*imprim.*) *lettres, lignes qui chevauchent* lettere, linee che si sovrappongono → **empiéter B** *v.pron. intr.* SE CHEVAUCHER [→ *intr.*] accavallarsi, sovrapporsi.

chevau-légers |ʃ(ə)voleʒe| *s.m. pl.* (*ancienn.*) [*corps de cavalerie de la garde du souverain*] cavalleggeri ◇ (*sing.*) *un chevau-léger* un cavalleggero.

chevêche |ʃəvɛʃ| *s.f.* (*t.zool.*) civetta.

chevelu, eu |ʃəvly| *adj.* **1** [*garni de cheveux*] capelluto: *le cuir chevelu* il cuoio capelluto → **cuir** ◇ (*bot.*) *racine chevelue* radice capelluta ✦ *s.m.* (*bot.*) *le chevelu* [*partie filamenteuse de la racine*] le barbe *f. pl.* delle radici **2** [*qui a de longs cheveux touffus*] capelluto, zazzeruto: *un veillard chevelu* un vecchio zazzeruto, capelluto ◇ (*poét.*) *monts chevelus* montagne coperte d'alberi, chiomate ⓒ **chauve, dénudé, tondu.**

chevelure |ʃəvlyʀ| *s.f.* **1** [*ensemble des cheveux*] capigliatura, zazzera, chioma (*littér.*): *une chevelure blanche* una bianca capigliatura; *une chevelure emmêlée* una capigliatura, una zazzera arruffata → **tignasse** ◇ (*poét.*) *la chevelure des arbres* la chioma degli alberi **2** (*par anal.*) *la chevelure d'une comète* la chioma, la coda di una cometa.

chevesne, chevenne |ʃ(ə)vɛn| *s.m.* (*t.zool.*) cavedano.

chevet |ʃ(ə)vɛ| *s.m.* **1** [*partie du lit où l'on pose sa tête*] capezzale → **tête** # *lampe de chevet* lampada da comodino, da notte; *table de chevet* comodino, tavolino da notte ◇ (*par ext.*) *livre de chevet* libro prediletto **2** AU CHEVET DE QQN. [*auprès de son lit*] al capezzale di qc.: *rester au chevet de qqn.* rimanere al capezzale di qc. **3** (*archit.*) abside *f.*

chevêtre |ʃ(ə)vɛtʀ(ə)| *s.m.* **1** (*maçonn.*) cavallo **2** (*vx.*) → **licou** **3** (*vx.*) → **bandage.**

cheveu |ʃ(ə)vø| *s.m.* **1** [*poil qui recouvre le crâne de l'homme*] capello ◇ (*surtout au plur.*) *les cheveux* i capelli: *cheveux fins, secs, gras* capelli sottili, secchi, grassi; *cheveux souples, frisés, crêpus, ondulés, clairsemés* capelli morbidi, ricci, crespi, ondulati, radi; *cheveux emmêlés, hirsutes* capelli arruffati, ispidi; *cheveux gris, poivre et sel* capelli grigi, sale e pepe; *cheveux en désordre, en bataille, en broussaille* capelli in disordine, scarmigliati, incolti; *brosse à cheveux* spazzola per capelli; *une coupe de cheveux* un taglio di capelli; *cheveux en brosse* capelli a spazzola; *démêler, peigner les, ses cheveux* districare (districarsi), pettinare (pettinarsi) i capelli; *couper, dépaissir, effiler les cheveux* tagliare, sfoltire, sfumare i capelli ◇ (*collectif*) il capello, i capelli: *avoir le cheveu fin* avere i capelli sottili, fini **2** (*loc.*) *fin comme un cheveu* fine come un capello ~ *cheveux au vent* capelli al vento ~ *sortir en cheveux* uscire a capo scoperto, senza cappello ◇ (*loc. fig.*) *se prendre aux cheveux* prendersi per i capelli, accapigliarsi ~ *s'arracher les cheveux* strapparsi i capelli ~ *avoir mal aux cheveux* [*à la tête, pour avoir trop bu*] avere la testa pesante ~ *faire dresser les cheveux sur la tête* far rizzare i capelli in testa ~ *se faire des cheveux* (*blancs*) farsi venire i capelli bianchi ~ *tiré par les cheveux* tirato per i capelli ~ *à un cheveu près* per un capello, per un pelo ~ *cela a tenu à un cheveu* c'è mancato un capello, un pelo ~ *ne pas toucher à un cheveu* (*d'une personne*) non torcere un capello (a una persona) ~ (*pop.*) *il y a un cheveu!* [*un ennui*] c'è una grana! ~ *cela est arrivé, venu comme un cheveu, des cheveux sur la soupe* [*mal à propos*] c'entra come i cavoli a merenda ~ *couper les cheveux en quatre* spaccare un capello in quattro **3** (*par anal.*) *cheveux d'ange* [*vermicelle très fin*] capelli d'angelo; [*guirlande d'arbre de Noël*] fili d'argento ◇ (*t.bot.*) *cheveu-de-la-vierge* pallone *sing.* di maggio, palla *f. sing.* di neve ~ *cheveu-de-Vénus* capelvenere *inv.*

chevillard |ʃ(ə)vijaʀ| *s.m.* grossista di carni macellate; macellaio* all'ingrosso.

1 **cheville** |ʃ(ə)vij| *s.f.* **1** [*tige de bois ou de métal dont on se sert pour boucher un trou, assembler des pièces*] caviglia, cavicchio* (*m.*): *cheville d'assemblage* caviglia di collegamento; *enfoncer, ficher, planter une cheville* piantare una caviglia ◇ (*spécialt.*) *cheville ouvrière*: (*pr.*) perno *m.*, chiavarda; (*fig.*) [*agent, instrument essentiel d'une entreprise, d'un organisme*] perno, fulcro (*m.*): *être la cheville ouvrière d'une association* essere il perno, il fulcro di un'associazione ◇ (*loc. fam.*) *être en cheville avec qqn.* essere agganciato a, collegato con qc. **2** [*pièce qui sert à tendre les cordes d'un instrument de musique*] bischero *m.*, pirolo *m.* **3** [*tenon pour accrocher*] gancio* (*m.*): *pendre qqch. à une cheville* appendere q.c. a un gancio ◇ (*spécialt.*) *viande vendue à la cheville* carne venduta all'ingrosso.

2 **cheville** |ʃ(ə)vij| *s.f.* (*anat.*) caviglia: *avoir la cheville fine* avere la caviglia sottile; *robe qui arrive à la cheville* vestito che arriva alla caviglia; *se fouler la cheville* slogarsi una caviglia ◇ (*loc. fig.*) *ne pas aller, arriver à la cheville de qqn.* [*lui être inférieur*] non essere degno di lustrare le scarpe a qc.

3 **cheville** |ʃ(ə)vij| *s.f.* [*terme de remplissage permettant la rime ou la mesure; expression inutile*] zeppa: *poésie bourrée de chevilles* poesia farcita di zeppe.

cheviller |ʃ(ə)vije| *v.tr.* **1** [*joindre, assembler* (*des pièces*) *avec des* (1) *chevilles*] inchiavicchiare ◇ (*fig.*) *avoir l'âme chevillée au corps* [*avoir la vie dure*] essere duro a morire **2** (*rare*) [*remplir* (*ses vers*) *de* (3) *chevilles*] farcire (197) una poesia di zeppe.

chevilloir |ʃ(ə)vijwaʀ| *s.m.* (*tissage*) cavigliatoio*.

1 **chèvre** |ʃɛvʀ(ə)| *s.f.* (*t.zool.*) capra → **bique** (*fam.*) ◇ (*cour.*) *barbe de chèvre* barbetta di capra; *lait de chèvre* latte di capra ◇ (*loc. fig.*) *faire devenir chèvre* [*embêter*] mandare in bestia; *ménager la chèvre et le chou* [*ne pas prendre parti*] salvare capra e cavoli.

2 **chèvre** |ʃɛvʀ(ə)| *s.f.* **1** (*techn.*) [*appareil de levage; poulie montée sur un chevalet*] capra → **bigue, grue** ◇ [*chevalet pour soutenir une pièce de bois*] capra **2** *pied-de-chèvre* [*levier dont une des extrémités est taillée en pied de chèvre*] piede, piè di capra.

chevreau |ʃəvʀo| *s.m.* **1** [*le petit de la chèvre*] capretto **2** [*peau de chevreau ou de chèvre qui a été tannée*] capretto: *gants de chevreau* guanti di capretto.

chèvrefeuille |ʃɛvʀəfœj| *s.m.* (*t. bot.*) caprifoglio*.

chèvre-pied |ʃɛvʀəpje| *adj. et s.* (*littér.*) [*qui a des pieds de chèvre*] capripede: *des chèvre-pieds* dei capripedi.

chevreter |ʃəvʀəte| (7), **chevretter** |ʃəvʀete| *v.intr.* (*en parlant des chèvres*) [*mettre bas*] figliare.

chevrette |ʃəvʀɛt| *s.f.* **1** [*femelle du chevreuil*] capriola **2** [*trépied métallique*] treppiede *m.*

chevreuil |ʃəvʀœj| *s.m.* (*t.zool.*) capriolo.

chevrier, ière |ʃəvʀije, ijɛʀ| *s.* [*berger qui mène paître les chèvres*] capraio* *m.*

chevron |ʃəvʀɔ̃| *s.m.* **1** (*charpent.*) puntone: *chevron de ferme* puntone di capriata → **madrier** **2** (*blas.*) scaglione **3** [*galon en V renversé porté sur les manches*] gallone (a forma di V rovesciata) ◇ (*par anal.*) *tissu à chevrons* tessuto a spina di pesce.

chevronné, ée |ʃəvʀɔne| *adj.* **1** [*expérimenté*] provetto, consumato: *un conducteur chevronné* un autista provetto, consumato **2** (*blas.*) scaglionato.

chevrotain |ʃəvʀɔtɛ̃| *s.m.* → **chevrotin.**

chevrotant, ante |ʃəvʀɔtɑ̃, ɑ̃t| *adj.* [→ CHEVROTER] belante, tremulo: *voix chevrotante* voce tremula, belante.

chevrotement |ʃəvʀɔtmɑ̃| *s.m.* [→ CHEVROTER] belato; tremolio* (della voce).

chevroter |ʃəvʀɔte| *v.intr.* **1** (*en parlant de la chèvre*) [*bêler*] belare **2** [*parler, chanter d'une voix tremblante*] belare, parlare con voce tremula: *chanteur qui chevrote* cantante che bela.

chevrotin |ʃəvʀɔtɛ̃| *s.m.* **I** **1** piccolo del capriolo **2** (*t.zool.*) mosco* **II** **1** (pelle *f.* di) capretto **2** formaggino di capra.

chevrotine |ʃəvʀɔtin| *s.f.* [*balle sphérique, pour tirer le chevreuil, les bêtes fauves*] pallettone *m.*, lupara.
chewing-gum |ʃwiŋgɔm| *s.m.* gomma *f.* americana, gomma da masticare.
chez |ʃe| *prép.* **1** [*dans la demeure de, au logis de*] a, in casa (di) *loc.*, da*: *venez chez moi, chez nous* venite a casa mia, da me; a casa nostra, da noi; *ils rentrent chez eux* tornano a casa (loro); *chacun chez soi* ognuno a casa sua; *je vais chez le coiffeur, chez Monsieur X* vado dal parrucchiere, dal signor X; *faites comme chez vous* fate come se foste a casa vostra ◇ (*loc. fig.*) *être partout chez soi, se sentir chez soi* essere ovunque a proprio agio, sentirsi (come) a casa propria ◇ (*précédé d'une autre prép.*) *je viens de chez moi* vengo da casa mia; *ils passèrent par chez nous* passarono da casa nostra; *devant chez moi* davanti a casa mia ◇ (*spécialt., fig.*) *chez nous* [*dans le pays, la région du locuteur*] da noi ◇ (*loc. adj.*) *bien de chez nous* tipicamente nostrano *adj.*, tipico* *adj.* del nostro paese **2** [*dans le pays de*] in casa di: *porter la guerre chez l'ennemi* portare la guerra in casa del nemico ◇ [*parmi*] tra (fra), presso; in*: *chez les Anglais* tra gli Inglesi; *chez les Grecs de l'antiquité* presso gli antichi Greci || *l'instinct chez les animaux* l'istinto negli animali **3** (*fig.*) [*en la personne, dans l'esprit, dans le caractère de*] in: *c'est une réaction courante chez lui* è una reazione normale in lui ◇ [*dans les œuvres de*] in: *on trouve ceci chez Balzac* lo si trova in Balzac, nell'opera di Balzac.
chez-moi |ʃemwa|, **chez-soi** |ʃeswa| *s.m. inv.* (*avec valeur affective*) [*domicile personnel*] una casa *f. var.* mia, sua, una casa propria: *chacun veut un chez-soi* ognuno desidera una casa propria; *je désire avoir un chez-moi* desidero avere una casa mia; *il veut avoir un chez-soi* vuole avere una casa sua → **home, maison.**
chiader |ʃjade| *v.tr. et intr.* (*arg.*) [*travailler, préparer* (*un examen*)] sudare *intr.*, sgobbare *intr.* per, su (q.c.): *chiader son bac* sudare, sgobbare per la licenza liceale; *chiader sur les livres* sudare, sgobbare sui libri ♦ (*au p.p.*) *un problème chiadé* [*difficile*] un problema controverso (*cour.*), sofferto (*littér.*).
chialer |ʃjale| *v.intr.* (*pop.*) [*pleurer*] frignare (*cour.*), piagnucolare (*cour.*).
chialeur, euse |ʃjalœʀ, øz(ə)| *s. et adj.* (*fam.*) [*qui pleure, chiale*] piagnone → **pleurard.**
chiant, ante |ʃjɑ̃, ɑ̃t| *adj.* (*vulg.*) [*qui ennui, fait chier*] che fa cacare *loc.*, scocciante (*fam.*) # *ce qu'il peut être chiant!* quanto scoccia!
chianti |kjɑ̃ti| *s.m.* chianti.
chiard |ʃjaʀ| *s.m.* (*pop.*) [*enfant*] marmocchio* (*iron., plais.*).
chiasma |kjasma|, **chiasme** |kjasm(ə)| *s.m.* (*anat., rhétorique*) chiasma, chiasmo.
chiasse |ʃjas| *s.f.* [*excrément d'insectes*] cacatura (*vulg.*), cacata (*vulg.*) ◇ (*vulg.*) [*colique*] avoir la chiasse: (*pr.*) avere la cacarella; (*fig.*) [*avoir peur*] avere la cacarella, farsela addosso (dalla paura).
chibouque, chibouk |ʃibuk| *s.f. ou m.* [*pipe turque à long tuyau*] pipa *f.* (turca).
chic |ʃik| **I** *s.m.* **1** [*adresse, facilité à faire qqch. avec élégance*] abilità (*f. inv.*): *il a le chic pour faire cela* ha l'abilità per farlo → **aisance, savoir-faire** ◇ (*loc.*) *faire qqch. de chic* [*sans préparation*] improvvisare q.c.; fare q.c. di getto **2** [*élégance hardie, désinvolte*] (molto) elegante *adj.*, 'chic' (*adj. inv.*): *son chapeau a du chic* il suo cappello è molto elegante, è 'chic'; *il a du chic* è molto elegante, 'chic' **3** [*facilité à peindre des tableaux à effet*] *travailler de chic* [*d'imagination*] lavorare di fantasia *f.*; *peindre de chic* dipingere senza modello **II** *adj. inv.* **1** [*élégant*] (molto) elegante *var.*, 'chic': *une toilette chic* un abito molto elegante, 'chic'; *elle est chic* è molto elegante; *un dîner, une réception chic* una cena, un ricevimento 'chic' # *les gens chic* la gente bene → 1 **bien** **2** (*pop.*) [*beau*] bello* (*cour.*): *nous avons fait un chic voyage* abbiamo fatto un bel viaggetto **3** (*fam.*) [*sympathique, généreux, serviable*] simpatico* (*cour.*); gentile (*cour.*): *c'est un chic type* è un tipo simpatico, in gamba; *il a été très chic* è stato molto simpatico, carino || *c'est chic de sa part* è gentile, è bello da parte sua → **gentil** **III** *interj.* (*fam.*) (*marquant 'le plaisir, la satisfaction'*) fantastico!, magnifico!: *chic alors!* fantastico!, magnifico!
chicane |ʃikan| *s.f.* **1** [*difficulté, incident qu'on suscite dans un procès, sur une vétille pour embrouiller l'affaire*] cavillo *m.* ◇ (*par ext., péj.*) procedura giudiziaria ◇ *les gens de chicane* i legulei *m.* **2** [*querelle, contestation où l'on est de mauvaise foi*] briga*, lite: *chercher chicane* cercare brighe → **altercation, dispute** **3** [*passage en zigzag qu'on est obligé d'emprunter*] 'chicane' (*inv.*): *les chicanes d'une course d'autos, d'un barrage de police* le 'chicane' di una corsa automobilistica, di un posto di blocco della polizia.
chicaner |ʃikane| **A** *v.intr.* [*user de chicane dans un procès; chercher querelle sur des riens*] cavillare: *chicaner sur tout* cavillare su tutto → **ergoter** **B** *v.tr.* [*chercher querelle à* (*qqn.*)] attaccare briga con (qc.): *je ne vous chicanerai pas là-dessus* non attaccherò briga con voi per questo **C** *v.pron. récipr.* (*fam.*) SE CHICANER [*se disputer*] litigare *intr.* (*cour.*), bisticciar(si).
chicanerie |ʃikanʀi| *s.f.* [*le fait de chicaner*] cavillosità *inv.*, cavillo *m.* → **ergoterie.**
chicaneur, euse |ʃikanœʀ, øz| *s.* [*personne qui chicane, qui aime à chicaner*] cavillatore*, attaccabrighe *inv.* ♦ *adj.* cavilloso: *juge chicaneur* giudice cavilloso; *esprit chicaneur* mente cavillosa → **pointilleux** Ⓒ **arrangeant, conciliant.**
chicanier, ière |ʃikanje, jɛʀ| *s. et adj.* → **chicaneur.**
1 **chiche** |ʃiʃ| *adj.* **1** [*avare*] avaro, parco*: *être chiche de ses paroles, de compliments* essere avaro, parco di parole, di complimenti **2** [*peu abondant*] misero: *une chiche récompense* una misera ricompensa → **chétif, mesquin** Ⓒ 1 **généreux**; 2 **abondant.**
2 **chiche** |ʃiʃ| *interj.* (*fam.*) (*exclam. de défi*) [*je vous prends au mot*] scommetti, scommettiamo: '*tu n'oserais jamais*' '*chiche!*' 'non avresti il coraggio' 'scommettiamo?'.
chichement |ʃiʃmɑ̃| *adv.* [→ 1 CHICHE 2] miseramente, meschinamente: *vivre chichement* vivere miseramente, meschinamente.
chiche (pois) |pwa(ɑ)ʃiʃ| *s.m.* → **pois.**
chichi |ʃiʃi| *s.m.* [*comportement qui manque de simplicité*] smanceria *f.*, smorfia (*f.*): *pas tant de chichi!* basta con le smancerie, le smorfie! → 2 **affectation, mignardise** # *faire des chichis* fare complimenti → **cérémonie.**
chichiteux, euse |ʃiʃitø, øz| *adj.* (*fam.*) [*qui aime à faire des chichis, des manières*] smorfioso (*cour.*), smanceroso (*cour.*): *femme chichiteuse* donna smorfiosa → **pimbêche.**
chiclé |(t)ʃikle| *s.m.* lattice della sapota.
chicon |ʃikɔ̃| *s.m.* (*Belgique*) [*endive*] indivia *f.*
chicorée |ʃikɔʀe| *s.f.* **1** (*t.bot.*) cicoria ◇ (*cour.*) [*feuilles de chicorée qui se mangent en salade*] cicoria **2** [*racine torréfiée de la chicorée; boisson chaude qu'on en tire*] cicoria.
chicot |ʃiko| *s.m.* **1** [*morceau qui reste d'une dent*] mozzicone, radice *f.* (di dente spezzato) **2** [*reste d'une branche, d'un tronc*] ceppo, toppo.
chicotin |ʃikɔtɛ̃| *s.m.* **1** (*vx.*) [*suc très amer extrait d'un aloès; poudre amère que l'on extrait de la coloquinte*] aloe *inv.*; estratto di coloquintide **2** (*loc.*) *amer comme chicotin* [*très amer*] amaro come il fiele.
chiée |ʃje| *s.f.* (*fam., vulg.*) → **tapée.**
1 **chien** |ʃjɛ̃| *s.m.* [*charme, attrait* (*surtout des femmes*)] fascino: *elle a du chien* ha del fascino, è affascinante.
2 **chien** |ʃjɛ̃| *s.m.* [*pièce d'une arme à feu qui guide le percuteur*] cane: *chien d'un fusil de chasse* cane di un fucile da caccia ◇ (*par anal.*) *être couché en chien de fusil* [*les genoux ramenés sur le corps*] essere raggomitolato, rannicchiato.
chien, chienne |ʃjɛ̃, ʃjɛn| *s.* **I** **1** (*t.zool.*) cane ◇ (*cour.*) *un chien, une chienne* un cane, una cagna; *chien de race, bâtard* cane di razza, bastardo; *chien perdu sans collier* cane smarrito senza collare; *chien savant, dressé* cane sapiente, ammaestrato; *chien errant* cane randagio; *gueule du chien* fauci del cane; *ergot du chien* sperone del cane; *robe, poil du chien* pelame, pelo del cane # *exposition de chiens* mostra canina ◇ (*spécialt.*) *meute, harde de chiens* muta di cani; *chien couchant, d'arrêt* cane da punta, da ferma; *chien de garde, de chasse* cane da guardia, da caccia; *chien d'aveugle* cane da cieco; *chien policier* cane poliziotto; *chien de berger* cane da pastore # *valet de chiens* bracchiere ◇ (*par ext.*) [*tout animal de l'espèce*] *chien sauvage* cane selvatico ◇ (*astron.*) *le Grand Chien, le Petit Chien* Cane maggiore, Cane minore **2** (*loc. fig.*) *garder, réserver à qqn. un chien de sa chienne* [*lui garder rancune et lui ménager une vengeance*] legarsela al dito con qc. ~ *se regarder en chiens de faïence* [*se défier du regard*] guardarsi in cagnesco ~ *recevoir qqn. comme un chien dans un jeu de quilles* [*très mal*] accogliere qc. come un cane in chiesa ~ *arriver, venir comme un*

chien dans un jeu de quilles [*mal à propos*] arrivare, capitare a sproposito ~ *rompre les chiens* [*interrompre un entretien mal engagé*] tagliare, rompere i ponti ~ *s'entendre, vivre comme chien et chat* [*très mal*] intendersi, vivere come cane e gatto ~ *cela n'est pas fait pour les chiens* [*on peut, on doit s'en servir*] è lì per essere usato ~ *ne pas attacher ses chiens avec des saucisses* [*regarder à la dépense*] non essere uno spendaccione ~ *faire le chien couchant* [*être flatteur*] fare il leccapiedi ~ *faire le jeune chien, être bête comme un jeune chien* [*étourdi, folâtre*] fare il pazzo, il pazzerello ~ *entre chien et loup* [*au crépuscule*] fra il lusco e il brusco, all'imbrunire ♦ *interj.* (*fam.*) *nom d'un chien!* porco cane!, boia d'un cane! ◇ (*prov.*) *bon chien chasse de race* buon sangue non mente ~ *qui veut noyer son chien l'accuse de la rage* per sbarazzarsi di qc. tutti i pretesti sono buoni ~ *un chien regarde bien un évêque* [*la différence de rang autorise cependant les relations*] un gatto può ben guardare un re **3** *loc. adj.* DE CHIEN: *avoir, éprouver un mal de chien* [*rencontrer bien des difficultés*] fare una fatica da cane; *métier, travail de chien* [*très pénible*] mestiere, lavoro da cani; *temps de chien* [*détestable*] tempo da lupi; *caractère de chien* [*très mauvais*] caratteraccio*, carattere infernale; *coup de chien* [*mauvais coup*] tiro mancino, colpo gobbo ~ COMME UN CHIEN [*très mal*] come un cane: *mourir comme un chien* morire come un cane; *tuer qqn. comme un chien* uccidere qc. come un cane; *traiter qqn. comme un chien* trattare qc. come un cane ◇ (*spécialt.*) *quel chien de temps!* che tempo cane!; *chienne de vie!* vita da cani! → **sale** ◇ (*arg. milit.*) *le chien de quartier* [*l'adjudant*] il caporale **4** *au plur.* (*de 'coiffure à la chien'*) *porter des chiens* [*une frange*] portare la frangetta *f. sing.* **II** *chien de mer* → **roussette, aiguillat.**

chiendent |ʃjɛ̃dɑ̃| *s.m.* **1** (*t.bot.*) gramigna *f.* ◇ (*cour.*) [*racine de chiendent séchée*] gramigna **2** (*fig., fam.*) busillis (*inv.*): *voilà le chiendent* [*la difficulté*] questo è il busillis → **difficulté, embarras.**

chienlit |ʃjɑ̃li| *s.f.* (*littér.*) maschera di carnevale (*cour.*) ◇ (*par ext.*) [*mascherade, déguisement grotesque*] mascherata (*cour.*).

chien-loup |ʃjɛ̃lu| *s.m.* cane lupo: *des chiens-loups* dei cani lupi.

chiennerie |ʃjɛnʀi| *s.f.* **1** (*vx.*) branco* *m.* (*cour.*) di cani **2** (*fig., péj.*) *cette chiennerie de métier* questo sporco mestiere, questo mestiere da cane → **chien.**

chier |ʃje| *v.intr.* (*très vulg.*) [*se décharger le ventre des excréments*] cacare, cagare ◇ (*fig., vulg.*) *tu me fais chier* [*tu m'embêtes*] mi fai cagare, mi rompi le palle (balle).

chierie |ʃiʀi| *s.f.* (*vulg.*) [*chose très ennuyeuse, contrariante*] scocciatura (*fam.*).

chiffe |ʃif| *s.f.* **1** [*étoffe de mauvaise qualité*] straccio* *m.*, cencio* *m.* → **chiffon** **2** (*fig., fam.*) [*personne d'un caractère faible*] rammollito *s.*, pappa molle, pappamolla: *c'est une chiffe molle* è un rammollito, una pappa molle.

chiffon |ʃifɔ̃| *s.m.* **1** [*morceau de vieille étoffe*] straccio*, cencio*: *vieux chiffons* vecchi stracci; *chiffon à poussière, à chaussures* straccio per la polvere, per le scarpe ◇ (*loc.*) *plier, mettre des vêtements en chiffon* mettere dei vestiti alla rinfusa **2** *un chiffon de papier* [*papier froissé, mauvais papier et document sans valeur*] carta *f.* straccia*, cartaccia* *f.* **3** *au plur.* (*fam.*) [*vêtements de femme, objets de parure*] vestiti, moda (*f. sing.*): *ne s'occuper que de chiffons* non occuparsi che di vestiti, di moda; *parler chiffons* parlare di moda.

chiffonnade |ʃifɔnad| *s.f.* (*cuis.*) verdura saltata in padella (al burro).

chiffonnage |ʃifɔnaʒ| *s.m.* [→ CHIFONNER A 1; B] spiegazzamento.

chiffonné, ée |ʃifɔne| *adj.* **1** [*froissé*] spiegazzato, sgualcito: *étoffe toute chiffonnée* stoffa tutta spiegazzata, sgualcita **2** (*fig.*) *figure chiffonnée* [*aux traits fatigués*] viso stanco*, sciupato.

chiffonnement |ʃifɔnmɑ̃| *s.m.* **1** → **chiffonnage** **2** (*fig.*) [*léger ennui, contrariété*] noia *f.*, fastidio*.

chiffonner |ʃifɔne| **A** *v.tr.* **1** [*froisser, mettre en chiffon*] sgualcire (197), spiegazzare: *chiffonner un vêtement* sgualcire un vestito; *chiffonner un papier, une lettre* sgualcire, spiegazzare un documento, una lettera → **friper, froisser** **2** (*fig.*) [*chagriner, contrarier, intriguer*] *cela me chiffonne* ciò mi addolora; ciò mi dà noia **B** *v.intr.* [*s'intéresser à des chiffons*] occuparsi *pron.* di moda ◇ [*s'occuper à de petits travaux de cout.*] *elle aime à chiffonner* le piace farsi, confezionarsi vestiti **C** *v.pron. intr.* SE CHIFFONNER [→ *tr.* 1] sgualcirsi, spiegazzarsi: *étoffe qui se chiffonne* stoffa che si sgualcisce.

chiffonnier, ière |ʃifɔnje, jɛʀ| *s.* [*personne qui ramasse les vieux chiffons pour les vendre*] straccivendolo, cenciaiolo *m.* ◇ (*fig.*) *se disputer comme des chiffoniers* litigare come carrettieri (*m.*); *vêtu comme un chiffonier* [*fripé, sale*] vestito come uno straccione → **vagabond.**

chiffrable |ʃifʀabl(ə)| *adj.* [→ CHIFFRER 2] quantificabile.

chiffrage |ʃifʀaʒ| *s.m.* **1** [*notation par des chiffres*] numerazione *f.* **2** [*évaluation en chiffres*] valutazione *f.* (numerica*), quantificazione *f.* **3** (*mus.*) numerazione **4** [*chiffrement*] cifratura *f.*

chiffre |ʃifʀ(ə)| *s.m.* **1** cifra (*f.*): *les chiffres arabes* le cifre arabe; *un nombre de deux, de trois chiffres* un numero di due, di tre cifre **2** [*nombre représenté par les chiffres*] cifra, numero: *en chiffres ronds* in cifra tonda; *le chiffre des naissances, des décès* il numero delle nascite, dei decessi # *le chiffre des dépenses* l'ammontare delle spese → **montant, somme** ◇ (*comm.*) *chiffre d'affaires* volume d'affari; *chiffre net* volume netto **3** *le chiffre* [*tout signe de convention servant à correspondre secrètement*] la cifra, il codice: *service du chiffre* ufficio cifra; *avoir le secret, la clef du chiffre* avere il segreto, la chiave del codice # *chiffre d'une serrure* combinazione di una serratura → 1 **combinaison** **4** [*entrelacement de lettres initiales*] cifra: *marquer de l'argenterie au chiffre de qqn.* incidere l'argenteria con le cifre di qc. → **marque, monogramme** **5** (*mus.*) cifra.

chiffrement |ʃifʀəmɑ̃| *s.m.* [→ CHIFFRER 3] cifratura *f.*

chiffrer |ʃifʀe| *v.tr.* **1** [*noter à l'aide de chiffres* (1)] numerare: *chiffrer les pages d'un registre* numerare le pagine di un registro → **numéroter** **2** [*évaluer en chiffres*] valutare (in cifre), quantificare: *chiffrer ses revenus* valutare (in cifre), quantificare i propri redditi **3** [*écrire en chifffre* (3)] cifrare: *chiffrer une correspondance secrète* cifrare una corrispondenza segreta ♦ (*au p.p.*) *message chiffré* messaggio cifrato **4** (*mus.*) *chiffrer un accord* numerare un accordo **5** [*orner d'un chiffre* (4)] cifrare: *chiffrer un mouchoir* cifrare un fazzoletto Ⓒ 3 **déchiffrer.**

chiffreur |ʃifʀœʀ| *s.m.* **1** [*celui qui note, transcrit en chiffres* (1)] computista *s.* **2** [*employé du chiffre* (3) *qui fait le chiffrement*] cifrista *s.*

chignole |ʃiɲɔl| *s.f.* **1** (*fam.*) [*mauvaise voiture* (*à cheval, puis automobile*)] carretta, trabiccolo *m.* **2** [*percèuse à main ou électrique*] trapano *m.* (a mano, elettrico*).

chignon |ʃiɲɔ̃| *s.m.* **1** 'chignon' *inv.*, crocchia (*f.*): *cheveux nattés en chignon* capelli intrecciati a 'chignon', a crocchia **2** (*loc.*) *crêper le chignon d'une femme* [*tirer ses cheveux*] tirare i capelli a una donna ◇ (*fig.*) (*femmes*) *se crêper le chignon* [*se battre, se disputer*] prendersi (105) per i capelli: *elles se sont crêpé le chignon* si sono prese per i capelli, hanno litigato (tra loro).

chiite |ʃiit| *s.* (*relig.*) sciita.

chilien, ienne |ʃiljɛ̃, jɛn| *adj.* [*du Chili*] cileno: *la musique chilienne* la musica cilena.

chimère |ʃimɛʀ| *s.f.* **1** (*mythol.*) chimera **2** [*vaine imagination; idée sans rapport avec la réalité*] chimera: *de vaines, de folles chimères* vane, folli chimere; *se repaître de chimères* nutrirsi di chimere → **rêve, utopie** **3** (*biol.*) chimera **4** (*t.zool.*) chimera.

chimérique |ʃimeʀik| *adj.* **1** chimerico*: *être chimérique* essere chimerico → **inexistant**; *imaginations chimériques* fantasie chimeriche; *ses projets sont tout à fait chimériques* i suoi progetti sono del tutto chimerici, campati in aria → **fabuleux, fou** **2** (*littér.*) → **rêveur, visionnaire** Ⓒ 1 **raisonnable.**

chimie |ʃimi| *s.f.* **1** chimica*: *chimie organique, industrielle* chimica organica, industriale; *expérience de chimie* esperimento di chimica **2** (*fig.*) → **alchimie.**

chimiosynthèse |ʃimjɔsɛtɛz| *s.f.* (*biol., chim.*) chemiosintesi *inv.*

chimiothérapie |ʃimjɔteʀapi| *s.f.* (*méd.*) chemioterapia.

chimique |ʃimik| *adj.* chimico*: *énergie chimique* energia chimica; *produits chimiques* prodotti chimici.

chimiquement |ʃimikmɑ̃| *adv.* [*d'après les lois, les formules de la chim.*] chimicamente: *de l'eau chimiquement pure* acqua chimicamente pura.

chimisme |ʃimizm(ə)| *s.m.* chimismo.

chimiste |ʃimist(ə)| *s.* chimico*: *chimiste de laboratoire* chimico di laboratorio ♦ (*appos.*) *ingénieur chimiste* ingegnere chimico *adj.*

chimpanzé |ʃɛ̃pɑ̃ze| *s.m.* (*t.zool.*) scimpanzé *inv.* ◇ (*cour.*) scimmia (*f.*): *grimper comme un chimpanzé* arrampicarsi come una scimmia.

chinage |ʃinaʒ| *s.m.* tessitura *f.* di una stoffa in più colori o con fili di diversi colori.
chinchilla |ʃɛ̃ʃila| *s.m.* (*t.zool.*) cincilla *inv.*, cincillà *inv.* ◇ [*la fourrure*] (pelliccia* *f.* di) cincillà.
1 **chine** |ʃin| *s.* **1** *s.m.* [*papier de luxe*] carta *f.* riso **2** *s.m. ou f.* porcellana *f.* cinese.
2 **chine** |ʃin| *s.f.* [*brocante*] commercio* *m.* di anticaglie.
1 **chiner** |ʃine| *v.tr.* [*faire alterner des couleurs sur les fils de chaîne avant de tisser une étoffe, de manière à obtenir un dessin*] screziare ✦ (*au p.p.*) *un tissu chiné* un tessuto screziato.
2 **chiner** |ʃine| *v.tr.* **1** [*critiquer sur le ton de la plaisanterie ironique*] canzonare → **moquer (se), plaisanter, railler 2** (*brocanteur*) [*chercher des occasions*] andare in cerca di anticaglie.
chinetoque |ʃintɔk| *s.* (*fam., péj.*) [*Chinois*] Cinese.
chineur, euse |ʃinœʀ, øz| *s.* **1** *s.m.* [*brocanteur*] commerciante *s.* di anticaglie **2** *s.* [*personne qui chine, moqueur*] criticone.
chinois, oise |ʃinwa, waz| **1** *adj.* [*de Chine; qui imite un certain goût propre à la Chine*] cinese: *pavillon chinois* padiglione cinese; *objets d'art chinois* oggetti d'arte cinese, cineserie # *casse-tête chinois* enigma, rompicapo; *c'est un peu chinois* è un po' astruso **2** (*s.m.*) *le chinois* [*la langue*] il cinese ◇ (*fig.*) *c'est du chinois pour moi* [*c'est incompréhensible*] per me è arabo.
chinoiser |ʃinwaze| *v.intr.* → **ergoter.**
chinoiserie |ʃinwazʀi| *s.f.* **1** [*bibelot chinois*] cineseria **2** (*fig.*) [*complication inutile et extravagante*] cineseria.
chintz |ʃints| *s.m.* chintz *inv.*
chinure |ʃinyʀ| *s.f.* aspetto *m.* di un tessuto 'chiné'.
chiot |ʃio| *s.m.* [*jeune chien*] cucciolo.
chiottes |ʃjɔt| *s.f. pl.* (*vulg.*) [*cabinets d'aisances*] latrine (*cour.*), cessi *m.* (*pop.*).
chiourme |ʃjuʀm(ə)| *s.f.* (*ancienn.*) ciurma.
chiper |ʃipe| *v.tr.* (*fam.*) [*dérober, voler*] sgraffignare → 2 **barboter** ◇ (*fig.*) [*attraper*] beccarsi, buscarsi: *chiper un rhume* beccarsi, buscarsi un raffreddore.
chipeur, euse |ʃipœʀ, øz| *s. et adj.* (*fam.*) [→ CHIPER] ladruncolo.
chipie |ʃipi| *s.f.* [*femme acariâtre*] strega*, megera: *vieille chipie!* vecchia strega! → **pimbêche.**
chipolata |ʃipɔlata| *s.f.* [*petite saucisse courte et plate*] ⊠.
chipotage |ʃipɔtaʒ| *s.m.* [*marchandage, discussion mesquine*] il mercanteggiare *inv.*; il cavillare *inv.*
chipoter |ʃipɔte| *v.intr.* **1** [*manger par petits morceaux, du bout des dents et sans plaisir*] mangiucchiare *tr.* **2** [*travailler, agir avec lenteur, en s'arrêtant à des vétilles*] perdersi (163) *pron.* in cavilli; sofisticare → **hésiter 3** [*marchander mesquinement*] tirare sul prezzo.
chipoteur, euse |ʃipɔtœʀ, øz| *s. et adj.* [*qui chipote* (2)] tentennone.
chippendale |ʃipendal| *adj. inv.* (*angl.*) chippendale: *des commodes chippendale* dei comò chippendale.
chips |ʃip(s)| *s.m. pl.* (*angl.*) [*pommes de terre frites*] patatine *f.* fritte.

1 **chique** |ʃik| *s.f.* cicca* (di tabacco) ◇ (*fig., pop.*) *couper la chique à qqn.* [*interrompre brutalement qqn.*] tappare la bocca a qc. ~ *avaler sa chique* [*mourir*] tirare le cuoia.
2 **chique** |ʃik| *s.f.* (*t.zool.*) pulce penetrante.
chiqué |ʃike| *s.m.* (*fam.*) [*affectation, esbroufe*] sbruffonata *f.*, spacconata (*f.*): *c'est du chiqué!* è una sbruffonata!
chiquement |ʃikmɑ̃| *adv.* [*avec chic, élégance*] con eleganza *loc. inv.*, in modo 'chic' *loc. inv.*
chiquenaude |ʃiknod| *s.f.* [*coup donné avec un doigt que l'on a plié contre le pouce et que l'on détend brusquement*] buffetto (*m.*): *donner, recevoir une chiquenaude* dare, ricevere un buffetto ◇ (*fig.*) [*petite impulsion; poussée*] spintarella → **pichenette.**
chiquer |ʃike| *v.tr. et intr.* [*mâcher* (*du tabac*)] ciccare *intr.*, masticare *tr.* tabacco: *tabac à chiquer* tabacco da masticare.
chiqueur, euse |ʃikœʀ, øz| *s.* [*qui chique*] tabaccone.
chir(o)- |kiʀɔ, ʃiʀ| *préf.* (*signifiant* '*main*', *correspond généralt. à*) chir(o): *chiromancie* chiromanzia ‖ *chirurgie* chirurgia.
chirographaire |kiʀɔgʀafɛʀ| *adj.* chirografario*.
chirographe |kiʀɔgʀaf| *s.m.* chirografo.
chirographie |kiʀɔgʀafi| *s.f.* chirografia.
chiromancie |kiʀɔmɑ̃si| *s.f.* chiromanzia.
chiromancien, ienne |kiʀɔmɑ̃sjɛ̃, jɛn| *s.* chiromante → 1 **voyant.**
chiropracteur |kiʀɔpʀaktœʀ| *s.m.*, **chiropraticien, ienne** |kiʀɔpʀatisjɛ̃, jɛn| *s.* [*praticien de la chiropraxie*] chiropratico*.
chiropraxie |kiʀɔpʀaksi|, **chiropractie** |kiʀɔpʀakti| *s.f.* chiropratica*.
Chiroptères |kiʀɔptɛʀ| *s.m. pl.* → **Cheiroptères.**
chirurgical, ale, aux |ʃiʀyʀʒikal, o| *adj.* chirurgico*: *intervention chirurgicale* intervento chirurgico; *instruments chirurgicaux* strumenti chirurgici.
chirurgicalement |ʃiʀyʀʒikalmɑ̃| *adv.* [*par la chir.*] chirurgicamente.
chirurgie |ʃiʀyʀʒi| *s.f.* chirurgia*: *chirurgie du cœur* chirurgia cardiaca; *chirurgie des os* chirurgia ossea # *opérations de chirurgie* operazioni chirurgiche.
chirurgien |ʃiʀyʀʒjɛ̃| *s.m.* **1** chirurgo*: *cette dame est un chirurgien* quella signora fa il, è un chirurgo # *mauvais chirurgien* macellaio (*pop.*) → 2 **boucher, charcutier** (*pop.*) **2** *chirurgien dentiste* dentista, odontostomatologo*.
chistera |(t)ʃisteʀa| *s.f. ou m.* (*esp.*) chistera *f.*
chitine |kitin| *s.f.* (*biol.*) chitina.
chitineux, euse |kitinø, øz| *adj.* (*biol.*) chitinoso.
chiton |kitɔ̃| *s.m.* (*antiq. gr.*) chitone.
chiure |ʃjyʀ| *s.f.* [*excrément d'insectes, de mouches*] escrementi *m. pl.*, cacatura (*vulg.*).
chlamyde |klamid| *s.f.* (*antiq.*) clamide.
chleuh, schleu, e |ʃlœ| *adj. e s.* (*fam., péj.*) → **boche.**

chloasma |klɔasma| *s.m.* (*méd.*) cloasma.
chloral |klɔʀal| *s.m.* (*chim.*) cloralio*.
chloramphénicol |klɔʀɑ̃fenikɔl| *s.m.* (*chim., pharm.*) cloramfenicolo.
chlorate |klɔʀat| *s.m.* (*chim.*) clorato.
chloration |klɔʀɑsjɔ̃| *s.f.* (*chim.*) clorazione.
chlore |klɔʀ| *s.m.* (*chim.*) cloro.
chloré, ée |klɔʀe| *adj.* (*chim.*) clorato.
chlorelle |klɔʀɛl| *s.f.* (*t.bot.*) clorella.
chloreux, euse |klɔʀø, øz| *adj.* (*chim.*) cloroso: *vapeurs chloreuses* vapori clorosi.
chlorhydrate |klɔʀidʀat| *s.m.* (*chim.*) cloridrato.
chlorhydrique |klɔʀidʀik| *s.m.* (*chim.*) cloridrico*.
chlorique |klɔʀik| *adj.* (*chim.*) clorico*: *acide chlorique* acido clorico.
chloroforme |klɔʀɔfɔʀm(ə)| *s.m.* (*chim.*) cloroformio*: *endormir qqn. au chloroforme* addormentare qc. col cloroformio → **chloroformer.**
chloroformer |klɔʀɔfɔʀme| *v.tr.* [*anesthésier au chloroforme*] cloroformizzare, narcotizzare (col cloroformio) ◇ (*fig.*) *chloroformer la conscience, l'esprit* narcotizzare la coscienza, l'intelligenza.
chloroformisation |klɔʀɔfɔʀmisɑsjɔ̃| *s.f.* cloroformizzazione.
chlorométrie |klɔʀɔmetʀi| *s.f.* (*techn.*) clorometria.
chloromycétine |klɔʀɔmisetin| *s.f.* (*pharm.*) cloromicetina.
chlorophylle |klɔʀɔfil| *s.f.* (*bot.*) clorofilla.
chlorophyllien, ienne |klɔʀɔfiljɛ̃, jɛn| *adj.* clorofilliano: *assimilation chlorophyllienne* sintesi clorofilliana.
chloropicrine |klɔʀɔpikʀin| *s.f.* cloropicrina, nitrocloroformio* *m.*
chloroplaste |klɔʀɔplast| *s.m.* (*biol.*) cloroplasto.
chlorotique |klɔʀɔtik| *adj.* (*chim.*) clorotico*.
chlorose |klɔʀoz| *s.f.* (*bot., méd.*) clorosi *inv.*
chlorure |klɔʀyʀ| *s.m.* (*chim.*) cloruro: *chlorure de sodium* cloruro di sodio, sodico → **sel** # *chlorure décolorant* candeggina → **javel (eau de).**
chloruré, ée |klɔʀyʀe| *agg.* (*chim.*) clorurato.
chlorurer |klɔʀyʀe|, **chlorer** |klɔʀe| *v.tr.* [*combiner avec le chlore*] clorurare.
choane |kɔan| *s.f.* (*anat.*) coana.
choc |ʃɔk| *s.m.* **1** [*entrée en contact de deux corps qui se rencontrent violemment*] urto, scontro: *choc brusque, violent* urto, impatto brusco, violento → **collision, heurt**; *choc de deux voitures, de deux trains* scontro tra due macchine, due treni → **tamponnement**; *commotion à la suite d'un choc* commozione dovuta ad uno scontro # *le choc des gouttes de pluie contre la vitre* il ticchettio delle gocce di pioggia sul vetro → 1 **battement** ◇ [*ébranlement qui en résulte*] scossa *f.*, vibrazione *f.* **2** [*rencontre violente d'hommes*] scontro: *choc de deux armées ennemies* scontro di due eserciti nemici ◇ (*fig.*) contrasto, conflitto: *choc des opinions, des caractères, des intérêts* contrasto di opi-

nioni, di caratteri, d'interessi **3** [*émotion brutale*] 'choc' *inv.*, shock (*inv.*): *cela lui a donné un choc* la cosa (il fatto) gli ha provocato uno 'choc'; *il a reçu un choc* ha subito uno 'choc'; *choc opératoire, traumatique* shock operatorio, traumatico; *état de choc* stato di shock ◇ (*spécialt.*) *choc en retour* colpo di rimbalzo.

chocolat |ʃɔkɔla| *s.m.* **1** (*substance solide*) cioccolato: *chocolat au lait, aux noisettes* cioccolato al latte, alle nocciole; *chocolat fondant* cioccolato fondente; *gâteau au chocolat* torta al cioccolato **2** (*boisson*) cioccolata (*f.*): *une tasse de chocolat* una tazza di cioccolata **3** *couleur chocolat* (*inv.*) color cioccolato **4** (*loc.*) *être chocolat* [*être privé d'une chose sur laquelle on comptait*] restare con un pugno di mosche (in mano).

chocolaté, ée |ʃɔkɔlate| *adj.* [*parfumé au chocolat*] al cioccolato (*loc. inv.*): *gâteau chocolaté* torta al cioccolato.

chocolaterie |ʃɔkɔlatʀi| *s.f.* industria del cioccolato; fabbrica* di cioccolato.

chocolatier, ière |ʃɔkɔlatje, jɛʀ| *s.* [*personne qui fabrique ou vend des chocolats*] cioccolataio* ✦ (*adj.*) *industrie chocolatière* industria del cioccolato *loc. inv.*

chocottes |ʃɔkɔt| *s.f. pl.* (*arg.*) → **dent(s)**.

1 **chœur** |kœʀ| *s.m.* **1** [*réunion de chanteurs qui exécutent un morceau d'ensemble*] coro: *un chœur d'enfants* un coro di bambini; *chœur et orchestre sous la direction de...* coro e orchestra diretti da... ◇ [*ceux qui chantent la messe*] *le chœur répond au célébrant* il coro (dei fedeli) risponde al celebrante **2** [*composition musicale*] coro: *chœur à quatre parties* coro a quattro voci → **choral** **3** (*hist. litt.*) *chœur de théâtre grec* coro del teatro greco; *les chœurs de Sophocle* i cori di Sofocle **4** (*théol.*) *le chœur des anges* il coro degli angeli **5** (*fig.*) [*réunion de personnes qui ont une attitude commune, un but commun*] coro: *le chœur des mécontents, des adulateurs* il coro degli scontenti, degli adulatori **6** *loc.* EN CHŒUR in coro; in massa: *chanter en chœur* cantare in coro ‖ *s'ennuyer en chœur* annoiarsi in massa.

2 **chœur** |kœʀ| *s.m.* (*archit.*) coro # *enfant de chœur* chierichetto.

choir |ʃwaʀ| *v.intr.* (*employé seulement à l'ind. prés.: je chois, tu chois, il choit; p. simple: je chus; p.p.: chu; vieilli au fut.: je choirai (je cherrai)* **1** (*fam.*) *laisser choir* lasciar perdere, piantare *tr.* in asso: *après de belles promesses, il nous a laissé* (*inv.*) *choir* dopo tante belle promesse, ci ha piantato in asso → **abandonner, plaquer** **2** (*littér.*) [*être entraîné de haut en bas*] cadere (121) (*aux.* essere) (*cour.*) → **tomber, écrouler (s')**.

choisi, ie |ʃwazi| *adj.* [*excellent*] scelto: *œuvres choisies* opere scelte; *morceaux choisis* brani scelti; *parler un langage choisi* parlare un linguaggio scelto, forbito → 1 **précieux;** *s'exprimer en termes choisis* esprimersi in termini scelti → **élégant**; *société choisie* società scelta → **élite**.

choisir |ʃwaziʀ| *v.tr.* **1** [*prendre de préférence, faire choix de*] scegliere (178): *choisir un mari* scegliere un marito; *on l'a choisi pour ce poste* è stato scelto per quel posto → **désigner, nommer;** *choisir ses lectures* scegliere le proprie letture → **sélectionner**; *choisir une carrière* scegliere una carriera → **embrasser;** *je l'ai choisi entre mille* l'ho scelto tra mille ◇ (*prov.*) *de deux maux il faut choisir le moindre* tra due mali bisogna scegliere il minore **2** [*se décider entre deux ou plusieurs partis, solutions*] scegliere, decidere (130): *il a choisi de partir* ha scelto, deciso di partire; *il a choisi de se marier* ha deciso di sposarsi; *il faut choisir si l'on part, si l'on reste* bisogna decidere se si parte o si resta → **opter, trancher.**

choix |ʃwa| *s.m.* **1** [→ CHOISIR] scelta (*f.*): *le choix des mots* la scelta delle parole; *faire un bon, un mauvais choix* fare una buona, una cattiva scelta; *faire son choix* fare la propria scelta → **décision,** 1 **résolution** # *son choix est fait* la decisione è presa; *faire choix de qqn.* scegliere qc. **2** [*pouvoir, liberté de choisir (actif); existence de plusieurs partis entre lesquels choisir (passif)*] scelta: *on lui laisse le choix* gli lasciano la scelta → **option;** *choix entre deux partis* scelta tra due partiti → **alternative, dilemme**; *vous avez le choix* lei ha la scelta, può scegliere; *n'avoir que l'embarras du choix* non avere che l'imbarazzo della scelta; *acheter qqch. au choix* comprare q.c. a scelta **3** [*ensemble de choses parmi lesquelles on peut choisir*] scelta, assortimento: *ce magasin offre un très grand choix d'articles* questo negozio offre una vastissima scelta, un vastissimo assortimento di articoli → **assortiment** **4** [*ensemble de choses choisies pour leurs qualités*] scelta: *choix de livres, de poésies* scelta di libri, di poesie; *un heureux choix de mots* una felice scelta di parole → **sélection** **5** [*le meilleur d'une marchandise*] scelta, qualità (*f. inv.*): *un morceau de choix* un pezzo di prima scelta, di prima qualità.

cholagogue |kɔlagɔg| *adj. et s.m.* (*méd., pharm.*) colagogo*.

cholécyste |kɔlesist| *s.m.* (*rare*) (*anat.*) colecisti *f. inv.* (*méd.*), cistifellea *f.* (*cour.*).

cholécystectomie |kɔlesistɛktɔmi| *s.f.* (*chir.*) colecistectomia.

cholécystite |kɔlesistit| *s.f.* (*méd.*) colecistite.

cholécystotomie |kɔlesistɔtɔmi| *s.f.* (*chir.*) colecistotomia.

cholédoque |kɔledɔk| *adj. m.* (*anat.*) *canal cholédoque* coledoco* *s.m.*

cholémie |kɔlemi| *s.f.* (*méd.*) colemia.

choléra |kɔleʀa| *s.m.* **1** (*méd.*) colera *inv.* **2** (*fig., pop.*) [*personne méchante, nuisible*] peste *f.* (*cour.*): *c'est un vrai choléra, cette femme!* è una vera peste, quella donna!

cholériforme |kɔleʀifɔʀm(ə)| *adj.* (*méd.*) coleriforme.

cholérine |kɔleʀin| *s.f.* (*méd.*) colerina.

cholérique |kɔleʀik| *adj.* (*méd.*) colerico*; coleroso: *vibrọn cholérique* vibrione colerico ✦ (*s.*) *un cholérique* un coleroso.

cholestérol |kɔlɛsteʀɔl| *s.m.* (*biol.*) colesterolo, colesterina *f.*

choline |kɔlin| *s.f.* (*biol., chim.*) colina.

cholurie |kɔlyʀi| *s.f.* (*méd.*) coluria.

chômable |ʃomabl(ə)| *adj.* (*rare*) [→ CHÔMER 1] *jour chômable* giorno (feriale) eventualmente non lavorativo.

chômage |ʃomaʒ| *s.m.* **1** [*interruption du travail*] inattività (*f. inv.*): *chômage d'une usine* inattività di uno stabilimento **2** [*inactivité forcée due au manque de travail*] disoccupazione (*f.*): *allocation de chômage* indennità di disoccupazione; *chômage structurel* disoccupazione strutturale; *chômage saisonnier* disoccupazione stagionale # *chômage partiel, technique* cassa integrazione; *ouvriers en chômage* operai disoccupati.

chômé, ée |ʃome| *adj.* [*où l'on doit cesser le travail*] non lavorativo: *jour chômé* giorno non lavorativo.

chômer |ʃome| *v.intr.* **1** (*vx.*) [*suspendre son travail pendant les jours fériés*] non lavorare (*cour.*), astenersi (188) *pron.* dal lavoro (*cour.*) # *chômer entre deux jours fériés* fare il ponte ✦ (*au p.p.*) *jours chômés* giorni non lavorativi **2** [*cesser le travail par manque d'ouvrage*] essere (96) (*aux.* essere) disoccupato: *chômer pendant la morte saison* essere disoccupato durante la stagione morta; *chômer par suite d'une crise économique* essere disoccupato in seguito ad una crisi economica ◇ (*par anal.*) *l'industrie textile chôme* c'è una stasi nell'industria tessile, l'industria tessile è ferma **3** (*fig.*) [*laisser improductif*] lasciare *tr.* improduttivo, tenere *tr.* fermo: *laisser chômer son argent* lasciare improduttivo il proprio denaro.

chômeur, euse |ʃomœʀ, øz| *s.* [*personne sans travail*] disoccupato # *chômeur partiel* lavoratore in cassa integrazione.

chope |ʃɔp| *s.f.* **1** [*récipient cylindrique à boire la bière*] boccale *m.* (da birra) **2** boccale di birra.

choper |ʃɔpe| *v.tr.* **1** (*fam.*) [*voler*] sgraffignare, fregare: *choper une montre* sgraffignare, fregare un orologio → **chiper** **2** (*fam.*) [*arrêter, prendre*] pescare, beccare: *le voleur s'est fait choper* il ladro si è fatto pescare, beccare **3** (*fam.*) [*attraper*] beccarsi, buscarsi: *j'ai chopé un bon rhume* mi son beccato, buscato un bel raffreddore.

chopine |ʃɔpin| *s.f.* **1** (*fam.*) [*bouteille, verre (de vin)*] bottiglia, bicchiere *m.* (di vino) (*cour.*) # *tu nous payes la chopine?* ci paghi da bere? **2** [*anc. mesure de capacité contenant la moitié d'un litre*] ⊠.

chopper |ʃɔpe| *v.intr.* (*littér.*) → **buter, trébucher.**

choquant, ante |ʃɔkɑ̃, ɑ̃t| *adj.* (*vieilli*) [*qui étonne désagréablement*] urtante (*cour.*) → **désagréable** ◇ (*spécialt.*) [*qui heurte la délicatesse, la bienséance*] indecente, fuori luogo (*loc. inv.*): *des propos, des mots choquants* discorsi, parole indecenti, fuori luogo → **déplacé, inconvenant, malséant** # *attitudes, manières choquantes* atteggiamenti, modi urtanti → **cru, cynique.**

choquer |ʃɔke| *v.tr.* **1** [*contrarier ou gêner en heurtant les goûts, les bienséances*] urtare, indignare: *cette façon d'agir me choque* questo modo di agire mi urta, mi indigna → **scandaliser** ◇ (*par ext.*) [*agir, aller contre, être opposé à*] urtare *intr.*, contrastare *intr.* con: *choquer le bon sens, la raison* urtare con, essere contro il buon senso, la ragione **2** [*faire une impression dé-*

sagréable sur] disturbare: *couleur criarde qui choque la vue* colore violento che disturba la vista; *bruits, sons, musiques qui choquent l'oreille* rumori, suoni, musiche che disturbano, feriscono l'orecchio → **écorcher, mécontenter** **3** (*psycho.*) [*faire subir un choc, un léger traumatisme*] shoccare, scioccare ✦ *au p.p.* scioccato: *il en a été choqué* ne è rimasto shoccato, scioccato C 1 **plaire** (**à**), 1 **convenir**.

choral, ale, als |kɔʀal| **1** *adj.* corale: *chants chorals* canti corali **2** *s.m.* (*relig.*) corale: *le choral de Luther, premier hymne des protestants* il corale di Lutero, primo inno dei protestanti ◇ [*composition pour orgue sur le thème d'un choral*] *les chorals de Bach* i corali di Bach.

chorale |kɔʀal| *s.f.* corale → 1 **chœur**.

chorée |kɔʀe| *s.f.* (*méd.*) corea; ballo *m.* di San Vito (*cour.*).

chorégraphe |kɔʀegʀaf| *s.* coreografo.

chorégraphie |kɔʀegʀafi| *s.f.* coreografia → **danse**.

chorégraphique |kɔʀegʀafik| *adj.* **1** [*qui a rapport à la chorégraphie*] coreografico*: *signe chorégraphique* segno coreografico **2** [*qui a rapport à la danse*] coreografico.

choréique |kɔʀeik| *adj.* (*méd.*) coreico* ✦ *s.* (*méd.*) *un coréique* un coreico.

choreute |kɔʀøt| *s.m.* (*antiq.*) coreuta.

choriambe |kɔʀjɑ̃b| *s.m.* (*versif. anc.*) coriambo.

chorion |kɔʀjɔ̃| *s.m.* (*embryol., histologie*) corion *inv.*

choriste |kɔʀist(ə)| *s.* corista: *les choristes de l'Opéra* i coristi dell'Opera.

choroïde |kɔʀɔid| *s.f.* (*anat.*) coroide.

chorus |kɔʀys| *s.m.* **1** (*loc.*) *faire chorus* far coro → **approuver** **2** (*jazz*) variazione (*f.*): *un chorus de trompette* una variazione per tromba; *prendre un chorus* fare una variazione.

chose |ʃoz| **I** *s.f.* **1** cosa: *imaginer une chose* immaginare una cosa → **événement, objet**; *la chose que je redoute le plus c'est...* la cosa, ciò che temo di più è... → 2 **ça, ce, ceci, cela**; *avant toute chose* prima di ogni altra cosa, prima di tutto # *de deux choses l'une: ou tu m'attends ou bien tu partiras tout seul* una delle due: o mi aspetti o partirai da solo **2** (*au plur.*) *les choses* [*le réel*] le cose: *il faut bien voir les choses* bisogna considerare bene le cose; *appeler les choses par leur nom* chiamare le cose con il loro nome → **fait, phénomène, réalité** ◇ (*philo.*) cosa: *la chose en soi* la cosa in sé **3** [*réalité matérielle non vivante, objet concret*] cosa: *les êtres (vivants) et les choses* gli esseri (viventi) e le cose; *un tas de choses* un mucchio di cose ◇ (*dr.*) cosa: *choses consomptibles, fongibles* cose consumabili, fungibili → 2 **bien** **4** *surtout au plur.* [*ce qui a lieu, ce qui se fait, ce qui existe*] cose: *les choses de la terre* le cose terrene; *les choses humaines, de ce monde* le cose umane, di questo mondo; *par la force des choses* per forza di cose; *dans cet état de choses* così stando le cose; *il a fait de grandes choses* ha fatto grandi cose; *laisser aller les choses* lasciar andare le cose per il loro verso; *les choses vont, tournent mal* le cose vanno, si mettono male; *voilà où en sont les choses* ecco come stanno le cose; *faire bien les choses* [*traiter ses invités avec largesse*] fare le cose in grande; *ne pas faire les choses à moitié* non fare le cose a metà **5** LA CHOSE [*ce dont il s'agit*] la cosa: *ja vais vous expliquer la chose* vi spiegherò la cosa; *c'est chose faite* è cosa fatta; *comment a-t-il pris la chose?* come ha preso la cosa? ◇ (*euphémisme*) *être porté sur la chose* (*sexuelle*) essere (un) maniaco del sesso **6** (*avec 'dire, répéter', etc.*) [*paroles, discours*] cosa: *je vais vous dire une bonne chose* vi dirò una bella cosa; (*dites-lui*) *bien des choses de ma part* tante belle cose da parte mia **7** (*sujet du discours ou du jugement*) cosa: *chose incroyable, extraordinaire* cosa incredibile, straordinaria **8** (*dr.*) *la chose jugée* la cosa giudicata, il giudicato *m.* **9** *la chose publique* la cosa pubblica **II** *loc.* **1** AUTRE CHOSE (qualcos')altro *m.*, (un')altra cosa: *parlons d'autre chose* parliamo d'altro; *c'est autre chose* è un'altra cosa; *c'est tout autre chose* è tutt'altra cosa → **différent**; *je cherche autre chose d'aussi beau* cerco qualcos'altro di altrettanto bello; *autre chose de dire ceci, autre chose de le faire* altro è dire, altro è fare ~ LA MÊME CHOSE la stessa cosa, lo stesso: *ce n'est pas la même chose* non è la stessa cosa, non è lo stesso → **même** **2** *loc. indéf. m.* QUELQUE CHOSE qualcosa, qualche cosa: *posseder quelque chose* possedere qualcosa; *manquer de quelque chose* mancare di qualcosa; *il mange quelque chose* (*qqch.*) *de bon* mangia qualcosa (q.c.) di buono; *faites quelque chose!* fate qualcosa!; *c'est déjà quelque chose* è già qualcosa, è meglio di niente; *il lui est arrivé quelque chose* gli è successo qualcosa; *il y a quelque chose comme une semaine* è qualcosa come una settimana, è circa una settimana # *il y est pour quelque chose* (*dans cette affaire*) c'entra anche lui (in questa faccenda); *se croire quelque chose* credersi qualcuno → **quelqu'un** ◇ (*fam.*) *un petit quelque chose* un cosino **3** *grand-chose* → **grand-chose** **4** PEU DE CHOSE poca cosa: *c'est bien peu de chose* è ben poca cosa → **peu** **III** *s.m.* [*ce qu'on ne veut ou on ne peut pas nommer*] coso, cosa (*f.*): *donnez-moi un, ce chose* dammi un, quel coso; *cette dame, ce monsieur chose* la signora cosa, il signor coso → **machin, truc** ✦ *adj.* (*fam.*) *se sentir tout chose* [*éprouver un malaise indéfini*] sentirsi tutto scombussolato, essere sfasato.

chosification |ʃozifikɑsjɔ̃| *s.f.* [→ CHOSIFIER] cosificazione.

chosifier |ʃozifje| *v.tr.* (*philo., relig.*) [*rendre semblable à une chose*] cosificare.

chott |ʃɔt| *s.m.* [*lac salé en Afrique du Nord*] sciott *inv.*

chou, choux |ʃu| *s.m.* **1** (*t.bot.*) cavolo ~ *chou cabus* cavolo cappuccio ~ *choux de Bruxelles* cavoletti di Bruxelles ◇ (*cour.*) *feuilles de chou* foglie di cavolo; *trognon d'un chou* torsolo di un cavolo; *soupe aux choux* minestra di cavoli **2** (*loc. fig., fam.*) *feuille de chou* giornale (*cour.*) (di poco valore) ~ *il est bête comme chou* è una testa, un torso di cavolo ~ *être dans les choux* [*dans l'embarras*] essere nei pasticci, nei guai (*cour.*) ~ *entrer dans le chou* [*donner des coups*] picchiare (*cour.*) ~ *faire chou blanc* [*un coup nul*] fare (*cour.*) cilecca, fiasco (*cour.*) ~ *faire ses choux gras* trarre profitto, vantaggio (da q.c.) (*cour.*) ~ *aller planter ses choux* [*se retirer à la campagne*] andar tra i cavoli, ritirarsi in campagna (*cour.*) ◇ (*prov.*) *ménager la chèvre et le chou* salvare capra e cavoli **3** (*au f., 'choute'*) *mon* (*petit*) *chou* cocco* (cocchino) mio; tesoro, tesorino mio → **chouchou** ✦ *adj. inv.* (*fam.*) *ce qu'elle est chou!* [*jolie, gentille*] come è carina, graziosa!; che carina, che graziosa! **4** *chou à la crème* 'chou' *inv.* alla crema.

chouan |ʃwɑ̃| *s.m.* [*insurgé royaliste de l'Ouest qui faisait la guerre des partisans contre la Révolution*] ⊠.

chouannerie |ʃwanʀi| *s.f.* [*insurrection des chouans*] ⊠.

choucas |ʃukɑ| *s.m.* (*t.zool.*) taccola *f.*

chouchou, oute |ʃuʃu, ut| *s.* (*fam.*) [*favori, préféré*] cocco*: *c'est sa chouchoute* è la sua cocca # *le petit chouchou* il cocchino, il cocchetto.

chouchouter |ʃuʃute| *v.tr.* [*dorlotter, gâter*] coccolare.

choucroute |ʃukʀut| *s.f.* [*mets préparé avec des choux que l'on fait légèrement fermenter dans une saumure*] crauti (*m. pl.*): *choucroute garnie* crauti con salsicce.

1 **chouette** |ʃwɛt| *s.f.* **1** (*t.zool.*) civetta ~ *chouette de bois* → **hulotte** ~ *chouette des clochers* → **effraie** **2** (*fig.*) *une vieille chouette* [*une vieille femme laide, acariâtre*] una vecchia megera, strega*.

2 **chouette** |ʃwɛt| *adj.* (*fam.*) [*beau, joli, agréable*] *une chouette femme* una bella donna, una donna simpatica; *un chouette chapeau* un cappello sciccoso ◇ (*loc.*) *c'est chouette!* è una cannonata! ✦ *interj.* (*loc. fam.*) *ah! chouette alors!* che bellezza!, fantastico! → **chic**.

chou-fleur |ʃuflœʀ| *s.m.* (*t.bot.*) cavolfiore ◇ (*cour.*) *des choux-fleurs au gratin* cavolfiori al 'gratin'.

chouleur |ʃulœʀ| *s.m.* (*techn.*) caricatrice *f.*, pala *f.* meccanica.

chou-navet |ʃunavɛ| *s.m.* (*t.bot.*) (cavolo) navone.

chou-rave |ʃuʀav| *s.m.* [*variété de chou cultivé pour ses racines*] cavolo-rapa: *des choux-raves* dei cavoli-rape.

choyer |ʃwaje| (10) *v.tr.* **1** [*soigner avec tendresse, entourer de prévenances*] vezzeggiare, coccolare: *elle choie ses enfants* vezzeggia, coccola i suoi bambini → **cajoler** **2** (*fig.*) [*cultiver, entretenir*] coltivare, accarezzare: *choyer un préjugé* coltivare un pregiudizio; *choyer une idée* accarezzare un'idea.

chrême |kʀɛm| *s.m.* (*ecclés.*) crisma: *le saint chrême* il sacro crisma.

chrémeau |kʀemo| *s.m.* cuffia *f.* da battesimo.

chrestomathie |kʀɛstɔmati(si)| *s.f.* crestomazia → **anthologie, recueil**.

chrétien, ienne |kʀetjɛ̃, jɛn| **1** *adj.* [*qui professe la foi en Jésus-Christ*] cristiano: *le roi Très Chrétien* [*titre des rois de France*] il re cristianissimo ◇ (*par ext.*) *la foi, la morale chrétienne* la fede, la morale cristiana; *l'ère chrétienne* l'era cristiana; *traditions chrétiennes* tradizioni cristiane **2** *s.* [*personne qui professe le christianisme*] cri-

stiano: *les premiers chrétiens* i primi cristiani; *mourir en bon chrétien* morire da buon cristiano.
chrétiennement |kRetjɛnmɑ̃| *adv.* [→ CHRÉTIEN] cristianamente: *vivre, mourir chrétiennement* vivere, morire cristianamente.
chrétienté |kRetjɛ̃te| *s.f.* [*ensemble des peuples chrétien et des pays où le christianisme domine*] cristianità (*inv.*): *défendre, attaquer la chrétienté* difendere, attaccare la cristianità.
chrisme |kRism(ə)| *s.m.* monogramma di Cristo.
christ |kRist| *s.m.* **1** Cristo: *le Christ Jésus* il Cristo Gesù; *le Christ* (il) Cristo **2** [*figure de Jésus-Christ attaché à la croix*] cristo: *un christ d'ivoire* un cristo d'avorio → **crucifix.**
christiania |kRistjanja| *s.m.* (*ski*) cristiania *inv.*
christianisation |kRistjanizɑsjɔ̃| *s.f.* [→ CHRISTIANISER] evangelizzazione, cristianizzazione.
christianiser |kRistjanize| *v.tr.* [*rendre chrétien*] evangelizzare, cristianizzare → **évangéliser** ✦ (*au p.p.*) *pays christianisé* paese evangelizzato.
christianisme |kRistjanism(ə)| *s.m.* cristianesimo # *doctrine, pratiques du christianisme* dottrina cristiana, pratiche cristiane.
christologie |kRistɔlɔʒi| *s.f.* (*théol.*) cristologia*.
christologique |kRistɔlɔʒik| *adj.* cristologico*.
chromage |kRomaʒ| *s.m.* [→ CHROMER] cromatura *f.*
chromate |kRɔmat| *s.m.* (*chim.*) cromato.
chromatine |kRɔmatin| *s.f.* (*biol.*) cromatina.
chromatique |kRɔmatik| *adj.* **1** (*mus.*) cromatico*: *échelle chromatique* scala cromatica **2** [*relatif aux couleurs*] cromatico **3** (*biol.*) cromosomico*: *réduction chromatique* riduzione cromosomica.
chromatisme |kRɔmatism(ə)| *s.m.* **1** (*littér.*) cromatismo → **coloration 2** (*mus.*) cromatismo.
chromat(o)- |kRɔmat(ɔ)| *préf.* (*signifiant 'couleur', correspond généralt. à*) cromat(o): *chromatographie* cromatografia.
chromatogramme |kRɔmatɔgRam| *s.m.* cromatogramma.
chromatographie |kRɔmatɔgRafi| *s.f.* cromatografia.
chromatopsie |kRɔmatɔpsi| *s.f.* (*pathol., physiol.*) cromatopsia.
-chrome |kRom|, **-chromie** |kRɔmi| *suff.* (*signifiant 'couleur', correspondent généralt. à*) cromo; cromia: *monochrome* monocromo ‖ *polychromie* policromia.
chrome |kRom| *s.m.* **1** (*chim.*) cromo: *jaune de chrome* giallo cromo; *alun de chrome* allume di cromo **2** [*pièce métallique en acier au chrome*] cromatura (*f.*): *nettoyer les chromes de sa voiture* lucidare le cromature della propria auto.
chromer |kRome| *v.tr.* [*recouvrir un métal de chrome*] cromare ✦ (*au p.p.*) *acier chromé* acciaio cromato.
chromeur |kRɔmœR| *s.m.* cromatore.
chromique |kRɔmik| *adj.* (*chim.*) cromico*.
chromiste |kRɔmist(ə)| *s.* cromista.
chromo- |kRɔmɔ(o)| *préf.* (*signifiant 'couleur', correspond généralt. à*) cromo: *chromolithographie* cromolitografia.
chromo |kRomo| *s.m.* [*image lithographique en couleur*] cromolitografia *f.* ◇ (*péj.*) [*toute image en couleur de mauvais goût*] crosta *f.*; oleografia *f.*
chromogène |kRɔmɔʒɛn| *adj.* cromogeno ◇ (*biol.*) *substance chromogène* sostanza cromogena ◇ (*photo.*) *révélateur chromogène* rivelatore cromogeno.
chromolithographie |kRɔmɔlitɔgRafi| *s.f.* cromolitografia.
chromosome |kRɔmozom| *s.m.* (*biol.*) cromosoma → **gène.**
chromosomique |kRɔmozomik| *adj.* (*biol.*) cromosomico*.
chromosphère |kRɔmɔsfɛR| *s.f.* (*astron.*) cromosfera.
chronaxie |kRɔnaksi| *s.f.* (*physiol.*) cronassia.
-chrone |kRɔn| *suff.* → **chrono-.**
chronicité |kRɔnisite| *s.f.* (*méd.*) cronicità *inv.*
-chronique |kRɔnik| *suff.* (*signifiant 'temps', correspond généralt. à*) cronico: *diachronique* diacronico.
1 **chronique** |kRɔnik| *s.f.* **1** cronaca* → **anales,** 2 **mémoire, récit** ◇ (*spécialt.*) *le livre des chroniques* il libro delle cronache **2** [*l'ensemble des nouvelles qui circulent*] cronaca: *chronique scandaleuse* cronaca scandalosa # *défrayer la chronique* far parlare di sé (i giornali) **3** [*partie d'un journal consacré à un sujet particulier*] cronaca: *chronique artistique, littéraire* cronaca artistica, letteraria → **article, 2 courrier.**
2 **chronique** |kRɔnik| *adj.* **1** (*méd.*) cronico*: *maladie chronique* malattia cronica **2** (*se dit d'une chose nuisible*) [*qui dure*] cronico: *chômage chronique* disoccupazione cronica.
chroniquement |kRɔnikmɑ̃| *adv.* [→ 2 CHRONIQUE] cronicamente.
chroniqueur |kRɔnikœR| *s.m.* **1** [*auteur de chroniques historiques*] cronista: *les grands chroniqueurs du moyen âge* i grandi cronisti del medioevo → **mémorialiste 2** [*rédacteur chargé d'une chronique de journal*] cronista: *chroniqueur dramatique* cronista teatrale.
-chronisme |kRɔnism(ə)| *suff.* (*signifiant 'temps', correspond généralt. à*) cronismo: *synchronisme* sincronismo.
chrono- |kRɔnɔ| *préf.*, **-chrone** |kRɔn| *suff.* (*signifiant 'temps', correspondent généralt. à*) crono: *chronomètre* cronometro; *synchrone* sincrono.
chrono |kRono| *s.m.* (*fam.*) → **chronomètre.**
chronographe |kRɔnɔgRaf| *s.m.* (*techn.*) cronografo → **chronomètre.**
chronographie |kRɔnɔgRafi| *s.f.* cronografia.
chronologie |kRɔnɔlɔʒi| *s.f.* cronologia*.
chronologique |kRɔnɔlɔʒik| *adj.* cronologico*: *table chronologique* tavola cronologica.
chronologiquement |kRɔnɔlɔʒikmɑ̃| *adv.* [→ CHRONOLOGIQUE] cronologicamente.
chronométrage |kRɔnɔmetRaʒ| *s.m.* cronometraggio*.
chronomètre |kRɔnɔmɛtR(ə)| *s.m.* **1** cronometro: *chronomètre en or* cronometro d'oro ◇ (*loc. fam.*) *faire du 120 chrono* fare 120 km/h cronometrati **2** (*spécialt.*) [*montre de précision ayant obtenu un bulletin officiel de marche*] cronometro: *chronomètre de marine, de bord* cronometro da marina, di bordo **3** (*loc. fig.*) *il est réglé comme un chronomètre* è preciso come un orologio, un cronometro.
chronométrer |kRɔnɔmetRe| (8) *v.tr.* [*mesurer avec précision, à l'aide d'un chronomètre, la durée d'un événement*)] cronometrare.
chronométreur |kRɔnɔmetRœR| *s.m.* [*personne chargée de chronométrer*] cronometrista *s.*
chronométrie |kRɔnɔmetRi| *s.f.* cronometria.
chronométrique |kRɔnɔmetRik| *adj.* cronometrico*: *une exactitude chronométrique* una precisazione cronometrica.
chronophotographie |kRɔnɔfɔtɔgRafi| *s.f.* (*photo.*) cronofotografia.
chronotachymètre |kRɔnɔtakimɛtR| *s.m.* cronotachimetro.
chrysalide |kRizalid| *s.f.* (*zool.*) crisalide → **nymphe** ◇ (*par ext.*) [*l'enveloppe de l'insecte, avant qu'il ne devienne papillon*] bozzolo *m.* ◇ (*loc.*) *sortir de sa chrysalide*: (*pr.*) uscire dal bozzolo; (*fig.*) [*sortir de l'obscurité*] uscire dal guscio, dal bozzolo.
chrysanthème |kRizɑ̃tɛm| *s.m.* (*t.bot.*) crisantemo.
chryséléphantin, ine |kRizelefɑ̃tɛ̃, in| *adj.* (*archeol.*) cris(o)elefantino.
chrys(o)- |kRiz(ɔ)| *préf.* (*signifiant 'or', correspond généralt. à*) cris(o): *chrysalide* crisalide; *chrysolithe* crisolito.
chrysocale |kRisɔkal| *s.m.* (*métall.*) crisocalco*, cricalco*.
chtonien, ienne |ktɔnjɛ̃, jɛn| *adj.* (*mythol.*) ctonio*.
chuchotement |ʃyʃɔtmɑ̃| *s.m.* [→ CHUCHOTER A 1] bisbiglio*, sussurro → **murmure, susurrement** ◇ (*poét.*) [→ CHUCHOTER A 2] *le chuchotement du vent* il bisbiglio, il sussurro del vento; *le chuchotement des feuilles* il fruscio*, lo stormire *inv.* delle foglie → **bruissement.**
chuchoter |ʃyʃɔte| **A** *v.intr.* **1** [*parler bas, indistintement en remuant à peine les lèvres*] bisbigliare: *des élèves qui chuchotent en classe* alunni che bisbigliano in classe; *chuchoter à l'oreille de qqn.* bisbigliare all'orecchio di qc. → **murmurer, susurrer 2** (*par ext.*) [*produire un bruit confus*] frusciare, stormire (197) → **bruire B** *v.tr.* [→ *intr.* 1] bisbigliare: *chuchoter quelques mots à l'oreille de qqn.* bisbigliare qualche parola all'orecchio di qc. → **souffler.**
chuchoterie |ʃyʃɔtRi| *s.f.* (*fam.*) il parlarsi *m. inv.* (*cour.*) sottovoce, parlottio* *m.* (*cour.*).
chuchoteur, euse |ʃyʃɔtœR, øz| *adj. et s.* [*qui chuchote* (A 1)] bisbiglione *s.* (*rare*).
chuchotis |ʃyʃɔti| *s.m.* [*léger chuchotement*] bisbiglio*.
chuintant, ante |ʃɥɛ̃tɑ̃, ɑ̃t| **1** *adj.* [*qui chuinte*] sibilante ◇ (*phonét.*) fricativo-palatale **2** *s.f.* (*phonét.*) fricativa-palatale.
chuintement |ʃɥɛ̃tmɑ̃| *s.m.* **1** [*le fait de chuinter*] sibilo, squittio* **2** (*vice de prononciation consistant dans la substitution du son 'ch' au sons 's, z'*) fischio* (*pop.*) ◇ (*phonét.*) alterazione *f.* di una sibilante in fricativa-

-palatale **3** (*par ext.*) [*bruit continu, sifflement assourdi*] sibilo, fischio: *le chuintement de la vapeur* il sibillo, il fischio del vapore.

chuinter |ʃɥɛ̃te| *v.intr.* **1** (*en parlant de la chouette*) [*pousser son cri*] gridare **2** [*prononcer les consonnes sifflantes* ('*s, z*') *comme des chuintantes*] fischiare (*pop.*): *il chuinte, quand il parle* quando parla, fischia **3** [*siffler*] sibilare: *jet de vapeur qui chuinte* getto di vapore che sibila → **siffler.**

chut! |ʃyt| *interj.* (*se dit pour avertir de faire silence*) sst!: *chut! on nous écoute* sst! ci stanno ascoltando → **silence.**

1 **chute** |ʃyt| *s.f.* **I** (*concret*) [*le fait de tomber*] **1** (*personnes*) caduta: *une chute de cheval, de bicyclette* una caduta da cavallo, dalla bicicletta; *une chute à pic, une chute de cinq mètres* una caduta a picco, una caduta di cinque metri; *faire une chute* fare una caduta, cadere ◇ (*choses*) *une chute de neige, de pluie* una nevicata, una pioggia; *chute d'un pan de mur, d'un rocher, d'une masse de neige* caduta di un pezzo di muro, di una roccia, di una massa nevosa; *chute de pierres* caduta di sassi, caduta massi → 2 **précipitation** ◇ (*sc.*) *lois de la chute des corps* leggi della caduta dei corpi (dei gravi); *chute libre* caduta libera; *la chute d'une bombe* la caduta di una bomba ◇ (*théât.*) *la chute du rideau* [*la fin du spectacle*] il calare *m. inv.* del sipario **2** CHUTE D'EAU cascata: *les chutes d'eau du Niagara* le cascate del Niagara; *la chute d'eau d'un barrage* la cascata di una diga → **cascade,** 1 **cataracte** **3** (*par ext.*) *la chute du jour* il declinare *m. inv.* del giorno → **tombée,** 1 **fin** **4** [*action de se détacher* (*de son support naturel*)] caduta: *la chute des cheveux, des poils* la caduta dei capelli, dei peli; *la chute des feuilles, des fleurs* la caduta delle foglie, dei fiori **II** (*abstrait*) **1** [*le fait de passer dans une situation plus mauvaise, d'échouer*] *la chute de Napoléon* la caduta di Napoleone; *la chute d'une pièce de théâtre* il fiasco* *m.* di un'opera teatrale; *la chute d'un auteur* il tramonto *m.*, l'eclissi di un autore; *entraîner qqn. dans sa chute* trascinare qc. nella propria rovina → 1 **échec, faillite** ◇ (*institutions, gouvernement*) caduta: *la lente chute d'un régime* la lenta caduta di un regime; *la chute de l'Empire romain* la caduta dell'Impero romano → **renversement** **2** [*prise*] caduta: *la chute d'une place forte, d'une ville assiégée* la caduta di una roccaforte, di una città assediata → **capitulation** **3** [*action de tomber moralement*] caduta: *la chute des anges* la caduta degli angeli; *la chute d'Adam* la caduta, il peccato di Adamo → **déchéance,** 2 **faute, péché** **4** [*brusque diminution de valeur d'une variable*] caduta: *chute de température, de pression, de tension* caduta, brusco abbassamento di temperatura, di pressione, di tensione → **baisse** ◇ (*écon.*) crollo *m.*, caduta: *chute des cours en Bourse* crollo dei corsi in Borsa → **dépréciation.**

2 **chute** |ʃyt| *s.f.* **1** [*partie où une chose se termine, s'arrête, cesse*] *la chute d'un toit* l'orlo *m.* di un tetto → **extrémité,** 1 **fin**; *chute en pente* pendenza accentuata ◇ (*spécialt.*) *la chute des reins* il fondo *m.* della schiena **2** (*littér.*) *la chute d'une période, d'une phrase musicale* la chiusa di un periodo, la coda di un brano musicale **3** (*cout.*) ritaglio* (*m.*): *ramasser, jeter les chutes* raccogliere, buttare (via) i ritagli.

chuter |ʃyte| *v.intr.* **1** (*d'une pièce de théât., etc.*) [*subir un échec*] far (103) *tr.* fiasco **2** (*cartes*) [*ne pas effectuer les levées prévues*] passare *tr.* (la mano) **3** (*dial., fam.*) [*tomber; choir*] cadere (121) (*cour.*).

chyle |ʃil| *s.m.* (*physiol.*) chilo.

chylifère |ʃilifɛʀ| *adj. et s.m.* (*anat.*) chilifero.

chylification |ʃilifikɑsjɔ̃| *s.f.* (*physiol.*) chilificazione.

chyme |ʃim| *s.m.* (*physiol.*) chimo.

chypriote |ʃipʀiɔt|, **cypriote** |sipʀiɔt| *adj.* [*de Chypre*] cipriota: *l'art chypriote* l'arte cipriota.

1 **ci** |si| *adv.* **1** (*placé immédiatement avant un adj. ou un p.*) *ci-inclus, ci--joint* (qui) accluso, (qui) allegato: *la copie ci-incluse* la copia qui acclusa, qui unita; *la pièce ci-jointe* il documento (qui) allegato, in allegato; *recevez ci--joint les documents* troverete allegati, in allegato i documenti; *vous trouverez ci-inclus une copie* troverete (qui) acclusa (una) copia ◇ (*dr.*) *les témoins ci-présents* i qui presenti testimoni ◇ (*après un nom précédé de 'ce, cette, celui, celle'*) *cet homme-ci* quest'uomo; *à cette heure-ci* a quest'ora **2** (*compt.*) ('*ci*' *se met avant la somme totale qu'il annonce*) totale (*s.m.*): *deux mètres de drap à 50 francs, ci 100 francs* due metri di panno a 50 franchi, totale 100 franchi **3** (*loc.*) *ci-gît* [*ici est enterré*] qui giace **4** (*loc. adv.*) *ci-dessus* [*plus haut, supra*] (qui) sopra; di cui sopra; *ci-dessous* [*plus bas, infra*] (qui) sotto; di cui sotto; *ci-après* [*un peu plus loin*] più avanti, oltre; *ci-contre* [*en regard, vis--à-vis*] (qui) a fianco, (qui) accanto; *ci-devant* precedentemente; *de-ci, de-là* [*de côté et d'autre*] da una parte e dall'altra, di qua e di là; *par-ci, par-là* di qua e di là; [*de temps à autre*] di quando in quando, ogni tanto.

2 **ci** |si| *pron. dém.* (*employé avec 'ça'*) questo: *demander ci et ça* chiedere questo e quello ◇ (*fam.*) COMME CI COMME ÇA così così, non c'è male: '*comment allez-vous?*' '*comme ci comme ça*' 'come sta?' 'così così, non c'è male.

ciao! |tʃao| *interj.* (*fam.*) ciao! (*cour.*).

ci-après |siapʀɛ| *loc. adv.* → 1 ci 4.

cibiche |sibiʃ| *s.f.* (*fam.*) [*cigarette*] cicca* (*pop.*).

cible |sibl(ə)| *s.f.* **1** [*but que l'on vise et contre lequel on tire*] bersaglio* (*m.*): *prendre pour cible* prendere a bersaglio; *tirer à la cible* tirare al bersaglio **2** (*fig.*) [*point de mire*] bersaglio: *servir de cible aux railleries de qqn.* essere il bersaglio degli scherni, lo zimbello di qc.; *être la cible des quolibets de qqn.* essere il bersaglio degli scherni di qc. **3** (*sc.*) bersaglio **4** (*ling.*) *langue cible* lingua bersaglio, 'langue cible'.

ciboire |sibwaʀ| *s.m.* ciborio*.

ciborium |ʃibɔʀjɔm| *s.m.* (*archéol.*) baldacchino.

ciboule |sibul| *s.f.* (*t.bot.*) cipolletta, cipolla.

ciboulette |sibulɛt| *s.f.* (*t.bot.*) cipollina, agliporro *m.*

ciboulot |sibulo| *s.m.* (*pop.*) [*tête*] zucca* (*f.*): *avoir une idée dans le ciboulot* avere un'idea in zucca.

cicatrice |sikatʀis| *s.f.* **1** cicatrice: *cicatrice de coupure* cicatrice da taglio ◇ (*par ext.*) *les cicatrices de la guerre* le cicatrici della guerra → **mutilation** **2** (*fig.*) *les cicatrices du cœur, de l'âme* le cicatrici del cuore, dell'anima.

cicatriciel, ielle |sikatʀisjɛl| *adj.* (*pathol.*) cicatriziale.

cicatricule |sikatʀikyl| *s.f.* (*biol.*) disco* *m.* germinale, cicatricula.

cicatrisant, ante |sikatʀizɑ̃, ɑ̃t| *adj. e s.m.* cicatrizzante.

cicatrisation |sikatʀizɑsjɔ̃| *s.f.* (*méd.*) cicatrizzazione ◇ (*fig.*) *cicatrisation d'une blessure* cicatrizzazione di una ferita → **adoucissement, apaisement.**

cicatriser |ʃikatʀize| **A** *v.tr.* **1** (*méd.*) (*en parlant d'une plaie ou, abusiv., de la partie du corps où elle était localisée*) [*guérir, se fermer*] cicatrizzare **2** (*fig.*) cicatrizzare: *le temps a cicatrisé sa blessure d'amour* il tempo ha cicatrizzato la sua ferita d'amore → **apaiser** **B** *v.pron. intr.* SE CICATRISER [→ *tr.* 1] cicatrizzarsi: *la brûlure ne se cicatrise pas bien* la scottatura non si cicatrizza bene.

cicéro |siseʀo| *s.m.* (*imprim.*) cicero.

cicérone |ʃiʃeʀɔn| *s.m.* (*plais.*) cicerone: *des cicérones* dei ciceroni; *faire le cicérone* fare da cicerone → 1 **guide.**

cicéronien, ienne |siseʀɔnjɛ̃, jɛn| *adj.* ciceroniano: *éloquence cicéronienne* eloquenza ciceroniana.

Ciconiidés |sikɔniide| *s.m. pl.* (*t. zool.*) Ciconiformi.

ci-contre |sikɔ̃tʀ(ə)| *loc. adv.* → 1 ci 4.

cicutine |sikytin| *s.f.* (*chim.*) cicutina.

-cide |sid| *suff.* (*signifiant 'tuer', correspond généralt. à*) cidio; cida: *fratricide* fratricidio ‖ *homicide* omicida.

ci-dessous |sid(ə)su|, **ci-dessus** |sid(ə)sy|, **ci-devant** |sid(ə)vɑ̃| → 1 ci 4.

cidre |sidʀ(ə)| *s.m.* sidro: *eau-de-vie de cidre* acquavite di sidro.

cidrerie |sidʀəʀi| *s.f.* industria del sidro; fabbrica* di sidro.

ciel |sjɛl|, *pl.* **cieux** |sjø| (*sens* I 1, 3, 4, 5; II), **ciels** |sjɛl| (*sens* I 2, 4) *s.m.* **I** **1** cielo: *la voûte du ciel* la volta del cielo → **firmament** ◇ *loc.* SOUS LE CIEL sotto il cielo, sotto il sole: *sous le ciel de Grenade* sotto il cielo di Granada ~ *sous d'autres cieux* sotto un altro cielo ~ *à ciel ouvert* a cielo aperto, all'aperto # *une piscine à ciel ouvert* una piscina scoperta ~ *entre ciel et terre* tra cielo e terra ~ *lever les mains, les bras au ciel* alzare le mani, le braccia al cielo ◇ (*fig.*) *tomber du ciel* cadere dal cielo ~ *avoir l'air de tomber du ciel* [*être stupéfait, ne rien comprendre*] avere l'aria di cadere dalle nuvole **2** (*qualifié, selon son aspect dû au temps*) cielo: *ciel bleu, calme, nuageux* cielo azzurro, calmo, nuvoloso ◇ (*peint.*) *les ciels de Van Gogh* i cieli di Van Gogh ◇ (*spécialt.*) [*espace qui n'est pas masqué par les nuages*] *trouée de ciel* squarcio di cielo; *bleu* (*de*) *ciel* azzurro cielo **3** (*astron.*) *la carte du ciel* la carta del cielo → **cosmos** **4** (*antiq.*) [*sphère transparente tournant autour de la Terre et où se trouvent les astres*] cielo: *le septième ciel* il settimo cielo ◇ (*loc. fig.*) *être au* *septième ciel* essere al settimo cielo **5** (*rare, littér.*) [*l'espace où se meuvent les astres*] cielo, firmamento: *la terre, le ciel; les cieux* la terra, il cielo; i cieli; *l'infini des cieux* l'infinito dei cieli, l'universo → **cosmos II 1** [*séjour des dieux, des puissances surnaturelles*] cielo: *Notre Père qui êtes aux cieux* Padre Nostro che sei nei cieli; *son âme est allée au ciel* la sua anima è volata in cielo → **au-delà**; *monter au ciel* salire al cielo **2** (*relig.*) cielo: *il est au ciel* è in cielo → **paradis** # *mériter le ciel* meritare il paradiso **3** [*la divinité, la providence*] cielo: *c'est le ciel qui t'envoie* è il cielo che ti manda; *le ciel m'est témoin* il cielo mi è testimone, testimone il cielo ◇ (*prov.*) *aide-toi, le ciel t'aidera* aiutati che il ciel t'aiuta **III** (*interj.*) *ciel!* cielo!; *juste ciel!* santo cielo!; *béni soit le ciel!* sia benedetto il cielo!; *plût au ciel!* volesse il cielo!; *le ciel soit loué!* sia lodato il cielo! Ⓒ II 2 **enfer.**

ciel, ciels |sjɛl| *s.m.* **1** *ciel de lit* cielo di letto (a baldacchino) → **dais 2** (*vx.*) → **plafond 3** (*techn.*) volta (*f.*): *ciel de carrière, d'une mine* volta di una cava, di una miniera.

cierge |sjɛʀʒ(ə)| *s.m.* **1** [*chandelle de cire*] cero: *brûler un cierge à un saint* accendere un cero a un santo # *éteignoir à cierges* spegnitoio ◇ (*loc.*) *être droit comme un cierge* stare dritto, rigido come un cero **2** (*t.bot.*) cereo ~ *cierge amer ou laiteux* → **euphorbe** ~ *cierge de Notre-Dame* → **molène.**

cigale |sigal| *s.f.* **1** (*t.zool.*) cicala **2** *cigale de mer* cicala di mare, canocchia → **squille 3** (*mar.*) cicala, maniglione *m.* dell'ancora.

1 **cigare** |sigaʀ| *s.m.* sigaro: *cigare de la Havane* sigaro avana; *cape, sous-cape, intérieur* (*tripe*) *du cigare* fascia, sottofascia, interno del sigaro.

2 **cigare** |sigaʀ| *s.m.* (*pop.*) [*tête*] zucca* (*f.*): *avoir mal au cigare* aver male alla zucca.

cigarette |ʃigaʀɛt| *s.f.* sigaretta: *cigarettes* (*à bouts*) *filtres* sigarette con filtro; *paquet, cartouche de cigarettes* pacchetto, stecca di sigarette; *rouler une cigarette* arrotolare, farsi una sigaretta; *griller une cigarette* fumare una sigaretta.

cigarière |ʃigaʀjɛʀ| *s.f.* [*ouvrière qui fabriquait les cigares à la main*] sigaraia.

cigarillo |ʃigaʀijo| *s.m.* (*esp.*) [*petit cigare*] sigaretto.

ci-gît |ʃiʒi| *loc.* → 1 **ci** 3.

cigogne |sigɔɲ| *s.f.* **1** (*t.zool.*) cicogna ◇ (*cour.*) *cri de la cigogne* grido della cicogna; *nid de cigogne* nido di cicogna **2** (*techn.*) leva a gomito.

cigogneau |sigɔɲo| *s.m.* (*rare*) [*petit de la cigogne*] cicognino.

ciguë |sigy| *s.f.* (*t.bot.*) cicuta ~ *grande ciguë* cicuta maggiore, di Socrate ◇ [*poison extrait de la grande ciguë*] *Socrate fut condamné à boire la ciguë* Socrate fu condannato a bere la cicuta.

ci-inclus |siɛ̃kly|, **ci-joint** |siʒwɛ̃| *adj. et adv.* → 1 **ci** 1.

cil |sil| *s.m.* **1** (*anat.*) ciglio*: *faux cils* ciglia finte; *avoir de longs cils* avere lunghe ciglia; *battre des cils* batter le ciglia → **ciller, cligner 2** *au plur.* (*zool.*) ciglia: *cils vibratiles des protozoaires* ciglia vibratili dei protozoi ◇ (*bot.*) peli: *cils d'une feuille* peli di una foglia.

ciliaire |siljɛʀ| *adj.* ciliare: *corps ciliaire de l'œil* corpo ciliare dell'occhio.

cilice |silis| *s.m.* cilicio*: *porter le cilice* portare il cilicio → **haire.**

cilié, ée |silje| *adj.* **1** [*garni de poils, de cils*] cigliato **2** (*sc. nat.*) cigliato: *feuille cilié* foglia cigliata.

Ciliés |silje| *s.m.pl.* (*t.zool.*) Ciliati.

cillement |sijmɑ̃| *s.m.* [→ CILLER B] battito di ciglia.

ciller |sije| **A** *v.tr.* (*vx.*) → **cligner B** *v.intr.* [*fermer et ouvrir rapidement les yeux*] battere *tr.* le ciglia, le palpebre: *une grande lumière le fit ciller* una luce intensa gli fece battere le ciglia # *personne n'ose ciller devant lui* nessuno osa batter ciglio davanti a lui → **broncher.**

cimaise |simɛz| *s.f.* **1** (*archit.*) cimasa **2** [*moulure à hauteur d'appui sur les murs d'une chambre*] cimasa: *cimaise qui couronne le lambris* cimasa che corona il rivestimento ◇ *loc.* (*dans une exposition de peint.*) *avoir les honneurs de la cimaise* avere il posto d'onore (in una mostra).

cime |sim| *s.f.* **1** cima: *cimes neigeuses* cime nevose; *grimper jusqu'à la cime d'un sapin* arrampicarsi fin sulla cima di un abete → **sommet 2** (*fig.*) [*ce qu'il y a de plus élevé, de plus noble*] culmine *m.*, apice (*m.*): *la cime du succès* il culmine, l'apice del successo Ⓒ 1 **bas, base.**

ciment |simɑ̃| *s.m.* **1** cemento: *ciment à prise lente, rapide* cemento a presa lenta, rapida; *ciment hydraulique* cemento idraulico # *mortier de ciment* malta cementizia; *industrie du ciment* industria cementiera ◇ (*spécialt.*) *ciment armé* cemento armato **2** (*métaph.*) [*ce qui sert de lien, de moyen d'union*] cemento: *le ciment qui les liait* il cemento che li univa.

cimentation |simɑ̃tɑsjɔ̃| *s.f.* [→ CIMENTER] cementazione.

cimenter |simɑ̃te| *v.tr.* **1** [*lier avec du ciment; enduire de ciment*] cementare: *cimenter des pierres* cementare delle pietre; *cimenter un bassin* cementare una vasca ✦ (*au p.p.*) *sol cimenté* battuto *s.m.* (di cemento) **2** (*fig.*) [*rendre plus ferme, plus solide*] cementare: *cimenter une amitié* cementare un'amicizia → **affermir, consolider.**

cimenterie |simɑ̃tʀi| *s.f.* industria cementiera ◇ [*usine où se fabrique le ciment*] cementificio* *m.*

cimentier |simɑ̃tje| *s.m.* cementiere.

cimeterre |simtɛʀ| *s.m.* [*sabre orientale*] scimitarra *f.*

cimetière |simtjɛʀ| *s.m.* **1** [*lieu où l'on enterre les morts*] cimitero: *cimetière militaire* cimitero militare; *les fossoyeurs d'un cimetière* i becchini del cimitero; *porter un mort au cimetière* portare un morto al cimitero **2** [*lieu où sont mortes beaucoup de personnes*] cimitero: *le champ de bataille n'était plus qu'un vaste cimetière* il campo di battaglia era ormai un immenso cimitero.

1 **cimier** |simje| *s.m.* cimiero.

2 **cimier** |simje| *s.m.* (*bouch.*) controgirello.

cinabre |sinabʀ(ə)| *s.m.* **1** (*chim.*) cinabro **2** (color) cinabro *inv.* → **vermillon.**

cincle |sɛ̃kl(ə)| *s.m.* (*t.zool.*) cinclus *inv.*, cinclo ◇ (*par ext.*) merlo acquaiolo.

ciné- |sine| *préf.* (*signifiant 'cinéma', correspond généralt. à*) cine: *cinéaste* cineasta.

ciné |sine| *s.m.* (*abrév.*) → **cinéma.**

cinéaste |sineast(ə)| *s.* cineasta # *cinéaste amateur* cineamatore.

ciné-club |sineklœb| *s.m.* cineclub *inv.*

cinéma |sinema| *s.m.* **1** cinema *inv.*, cinematografo: *cinéma sonore, parlant* cinema sonoro, parlato # *prises de vue de cinéma* riprese cinematografiche; *séance de cinéma* spettacolo cinematografico **2** [*art de composer et de réaliser des films*] cinema: *décors, truquages du cinéma* scenografia, trucchi del cinema; *cinéma professionnel* cinema professionale; *cinéma d'amateur* cinema d'amatore, passo ridotto; *faire du cinéma* fare del cinema → **filmer, tourner** ◇ [*industrie du spectacle cinématographique*] *être dans le cinéma* lavorare nel cinema **3** (*fig., fam.*) *c'est du cinéma* [*invraisemblable*] è roba da romanzo, da film; *il nous a fait tout un cinéma, du cinéma* ci ha fatto tutta una commedia *f.* **4** [*salle de spectacle où l'on projette des films cinématographiques*] cinema, cinematografo: *ouvreuse de cinéma* maschera di cinema, di cinematografo; *cinéma d'essai* cinema 'd'essai', sperimentale.

cinémascope |sinemaskɔp| *s.m.* (*nom déposé*) cinemascope *inv.*

cinémathèque |sinematɛk| *s.f.* cineteca*.

cinématique |sinematik| *s.f.* (*phys.*) cinematica*.

cinématographe |sinematɔgʀaf| *s.m.* (*vx.*) → **cinéma.**

cinématographie |sinematɔgʀafi| *s.f.* cinematografia.

cinématographier |sinematɔgʀafje| *v.tr.* (*vieilli*) [*prendre en film*] cinematografare, riprendere (105) (*cour.*) → **tourner.**

cinématographique |sinematɔgʀafik| *adj.* cinematografico*: *technique cinématographique* tecnica cinematografica; *industrie cinématographique* industria cinematografica.

cinématographiquement |sinematɔgʀafikmɑ̃| *adv.* [→ CINÉMATOGRAFIQUE] cinematograficamente.

cinémomètre |sinemɔmɛtʀ(ə)| *s.m.* (*techn.*) cinemometro.

cinéphile |sinefil| *adj. et s.* [*amateur et connaisseur en matière de ciné.*] cineamatore *m.*

cinéraire |sineʀɛʀ| **1** *adj.* cinerario*: *urne cinéraire* urna cineraria **2** *s.f.* (*t.bot.*) cineraria.

cinérama |sineʀama| *s.m.* (*nom déposé*) cinerama *inv.*

cinérite |sineʀit| *s.f.* (*géol.*) cinerite.

ciné-roman |sineʀɔmɑ̃| *s.m.* fotoromanzo, cineromanzo: *des ciné-romans* dei fotoromanzi, dei cineromanzi.

-cinèse |sinɛz| *suff.* (*signifiant 'mouvement', correspond généralt. à*) cinesi: *caryocinèse* cariocinesi.

cinétique |sinetik| **1** *adj.* cinetico*: *théorie cinétique* teoria cinetica; *art cinétique* arte cinetica **2** *s.f.* cinetica*.

cinglant, ante |sɛ̃glɑ̃, ɑ̃t| *adj.* **1** [*qui cingle*] tagliente, sferzante: *une bise cinglante* un vento tagliente, sferzante 2 (*fig.*) [*qui blesse*] cocente, tagliente: *une remarque cinglante* un rimprovero cocente, tagliente → **blessant, cruel.**

cinglé, ée |sɛ̃gle| *adj.* (*pop.*) [*un peu fou*] picchiatello, tocco* nel cervello ♦ (*s.*) *c'est un vrai cinglé* è proprio un picchiatello, un mezzo matto.

1 **cingler** |sɛ̃gle| *v.intr.* (*mar.*) [*faire voile dans une direction*] fare (103) *tr.* rotta, navigare: *le navire cingle vers le Cap* la nave fa rotta verso il Capo → **naviguer.**

2 **cingler** |sɛ̃gle| *v.tr.* **1** [*frapper fort avec un objet mince et flexible*] sferzare: *il lui cingla les jambes d'un bon coup de fouet* gli sferzò le gambe con una bella frustata → **cravacher, fouetter** **2** (*vent, pluie, neige*) [*frapper, fouetter*] sferzare **3** [*attaquer violemment qqn.*] sferzare → **blesser, critiquer** **4** (*techn.*) [*battre le fer au sortir du four*] forgiare → **corroyer, forger.**

cinnamome |sin(n)amɔm| *s.m.* (*t. bot.*) cinnamomo.

cinoche |sinɔʃ| *s.m.* (*pop.*) [*cinéma*] cinema *inv.* (*cour.*).

cinoque |sinɔk| *adj. et s.* (*pop.*) [*fou*] matto (*cour.*), picchiatello (*cour.*).

cinq |sɛ̃| (*devant consonne*); |sɛ̃k| (*dans les autres cas*) **I** *adj. numér. inv.* **1** *cardinal* cinque: *les cinq doigts de la main* le cinque dita della mano; *tragédie en cinq actes* tragedia in cinque atti; *cinq fois* cinque volte → **quintuple**; *dans cinq minutes* fra cinque minuti, fra un attimo; *cinq minutes!* [*attendez*] cinque minuti!; un attimo! # *il était moins cinq...* [*cela allait arriver*] c'è mancato, ci mancava poco...; *les cinq lettres* [*euphémisme pour 'merde'*] ⊠ **2** *ordinal* [*cinquième*] quinto: *chant, tome cinq* canto, tomo quinto; *Charles cinq* Carlo quinto ◇ (*ellipt.*) cinque: *nous sommes le cinq avril* è il cinque aprile, siamo al cinque aprile; *à la page cinq* a pagina cinque; *il est parti le cinq* è partito il cinque; *tous les cinq du mois* ogni cinque del mese; *nous sommes cinq* siamo in cinque; *recevoir entre cinq et six* ricevere tra le cinque e le sei # *il est cinq ou sixième* è quinto o sesto **II** *s.m. inv.* **1** cinque: *le nombre cinq* il numero cinque # *un cinq à sept* un ricevimento (fra le cinque e le sette) **2** (*spécialt.*) [*carte à jouer marquée de cinq points*] cinque: *le cinq de pique* il cinque di picche ◇ (*loc.*) *en cinq sec* [*très rapidement*] in un baleno, in un batter d'occhio **3** [*chiffre qui représente le nombre cinq*] cinque: *il fait ses cinq comme de S* scrive i cinque come delle S.

cinquantaine |sɛ̃kɑ̃tɛn| *s.f.* [*nombre de cinquante ou environ*] cinquantina: *une cinquantaine d'enveloppes* una cinquantina di buste; *approcher de la cinquantaine* avvicinarsi alla cinquantina, ai cinquanta.

cinquante |sɛ̃kɑ̃t| **I** *adj. numér. inv.* **1** *cardinal* cinquanta: *cinquante pages* cinquanta pagine ◇ [*un assez grand nombre de*] *je ne vous le répéterai pas cinquante fois* non ve lo ripeterò cinquanta volte → **trente-six, cent** **2** *ordinal* [*cinquantième*] cinquanta: *à la page cinquante* a pagina cinquanta; *numéro cinquante* numero cinquanta **II** *s.m. inv.* [*il numero* 50] cinquanta: *cinq fois dix font cinquante* cinque per dieci (fa) cinquanta; *cent cinquante* cento cinquanta; *cinquante pour cent* (il) cinquanta per cento.

cinquantenaire |sɛ̃kɑ̃tnɛʀ| **1** *adj.* cinquantenario*, cinquantenne: *cet homme est cinquantenaire* quest'uomo è cinquantenne, ha cinquant'anni ♦ (*s.*) *un cinquantenaire* un cinquantenne → **quinquagénaire** **2** *s.m.* [*cinquantième anniversaire*] cinquantenario → **jubilé.**

cinquantième |sɛ̃kɑ̃tjɛm| *adj. numér. ordinal* cinquantesimo: *article cinquantième* articolo cinquantesimo; *la cinquantième partie des revenus* la cinquantesima parte dei redditi ♦ (*s.*) *il est le cinquantième de sa classe* è (il) cinquantesimo della sua classe ♦ (*s.m.*) *le cinquantième d'une quantité* il cinquantesimo di una quantità.

cinquième |sɛ̃kjɛm| *adj. numér. ordinal* quinto: *le cinquième étage* il quinto piano; *le cinquième acte* il quinto atto; *la cinquième partie d'un héritage* la quinta parte di un'eredità ◇ (*loc.*) *être la cinquième roue du carrosse* essere l'ultima ruota del carro ♦ (*s.*) *se présenter le cinquième* presentarsi per quinto ♦ (*s.m.*) *les trois cinquièmes des gens* i tre quinti della gente.

cinquièmement |sɛ̃kjɛmmɑ̃| *adv.* [*en cinquième lieu*] in quinto luogo *loc.* → **cinq, quinto.**

cintrage |sɛ̃tʀaʒ| *s.m.* (*techn.*) centinatura *f.*

1 **cintre** |sɛ̃tʀ(ə)| *s.m.* (*archit., maçonn.*) **1** [*courbure de la surface intérieure d'une voûte, d'un arc*] *plein cintre* arco* a tutto sesto → **arc**; *voûte en plein cintre* volta a tutto sesto; *cintre surbaissé* arco a sesto ribassato; *le plein cintre* il tutto sesto **2** [*échafaudage en arc de cercle sur lequel on construit les voûtes*] centina *f.* → **armature, coffrage** **3** [*partie du théâtre située au-dessus de la scène, entre le décor et les combles*] soffitta *f.*

2 **cintre** |sɛ̃tʀ(ə)| *s.m.* [*barre courbée munie d'un crochet, servant à suspendre les vêtements par les épaules*] gruccia* *f.*, stampella *f.* (per abiti) → **portemanteau.**

cintrer |sɛ̃tʀe| *v.tr.* **1** (*archit.*) [*bâtir en cintre*] centinare: *cintrer une galerie, une porte* centinare una galleria, una porta ♦ (*au p.p.*) *fenêtre cintrée* finestra centinata **2** (*techn.*) [*courber, bomber*] curvare, incurvare: *cintrer des plaques de métal* curvare lastre di metallo; *cintrer une barre* curvare una sbarra **3** [*rendre* (*un vêtement*) *ajusté à la taille*] attillare: *cintrer une redingote* attillare una 'redingote' ♦ (*au p.p.*) *veste cintrée* giacca attillata [C] 1 **décintrer**; 2 **redresser.**

cipaye |sipaj| *s.m.* (*ancienn.*) [*soldat hindou au service d'une armée européenne*] sepoy *inv.*, sipahi *inv.*

cipolin |sipɔlɛ̃| *s.m.* cipollino ♦ (*appos.*) *marbre cipolin* marmo cipollino.

cippe |sip| *s.m.* (*archéol.*) cippo.

cirage |siʀaʒ| *s.m.* **1** [→ CIRER 1] inceratura *f.*, lucidatura *f.* (con cera): *le cirage du parquet* l'inceratura, la lucidatura dei pavimenti (di legno) **2** [*composition dont on se sert pour rendre les cuirs brillants*] lucido, cera *f.* (da scarpe): *cirage noir* lucido nero # *brosse à cirage* spazzola per scarpe ◇ (*fam.*) *noir comme du cirage* nero come il carbone **3** (*fam.*) *être dans le cirage* [*ne plus rien comprendre*] non capirci un cavolo, essere nel pallone (*pop.*).

circaète |siʀkaɛt| *s.m.* (*t.zool.*) biancone.

circon- |siʀkɔ̃| *préf.* (*signifiant 'autour', correspond généralt. à*) circon: *circoncision* circoncisione; *circonférence* circonferenza.

circoncire |siʀkɔ̃siʀ| (75) *v.tr.* [*pratiquer la circoncision sur*] circoncidere (130) ♦ (*au p.p.*) *un enfant circoncis* un bambino circonciso.

circoncision |siʀkɔ̃sizjɔ̃| *s.f.* (*chir., relig.*) circoncisione.

circonférence |siʀkɔ̃feʀɑ̃s| *s.f.* **1** (*géom.*) circonferenza **2** (*par ext.*) [*tour, pourtour d'une surface ronde*] circonferenza: *la circonférence d'une ville* la conferenza di una città → 1 **enceinte.**

circonflexe |siʀkɔ̃flɛks(ə)| (*adj.*) *accent circonflexe* accento circonflesso.

circonlocution |siʀkɔ̃lɔkysjɔ̃| *s.f.* circonlocuzione: *parler par circonlocutions* parlare con circonlocuzioni → **périphrase.**

circonscriptible |siʀkɔ̃skʀiptibl(ə)| *adj.* (*géom.*) circoscrittibile.

circonscription |siʀkɔ̃skʀipsjɔ̃| *s.f.* circoscrizione: *circonscription territoriale, ecclésiastique* circoscrizione territoriale, ecclesiastica; *circonscription militaire, électorale* circoscrizione militare, elettorale.

circonscrire |siʀkɔ̃skʀiʀ| (51) *v.tr.* **1** [*décrire (une ligne) qui limite tout autour*] circoscrivere (182): *circonscrire un espace* circoscrivere uno spazio ◇ (*géom.*) *circonscrire un cercle à un polygone* circoscrivere un poligono con un cerchio **2** [*enfermer dans les limites*] circoscrivere: *circonscrire son sujet* circoscrivere l'argomento; *on a réussi à circonscrire l'épidémie* si è riusciti a circoscrivere l'epidemia → **borner, limiter** [C] 2 **étendre.**

circonspect, ecte |siʀkɔ̃spɛ(kt), ɛkt(ə)| *adj.* circospetto: *il n'est pas assez circonspect dans le choix de ses amis* non è molto circospetto nella scelta dei suoi amici → **avisé, prudent, réservé** ◇ [*qui marque de la circonspection*] *tenir un langage circonspect* usare un linguaggio circospetto [C] **imprudent, léger.**

circonspection |siʀkɔ̃spɛksjɔ̃| *s.f.* circospezione: *parler, agir avec circonspection* parlare, agire con circospezione → **précaution.**

circonstance |siʀkɔ̃stɑ̃s| *s.f.* **1** circostanza: *des circonstances défavorables* circostanze sfavorevoli; *étudier les diverses circonstances d'un événement* studiare le varie circostanze di un avvenimento; *cela dépendra des circonstances* dipenderà dalle circostanze ◇ (*dr.*) *circonstance aggravante, atténuante* circostanza aggravante, attenuante ◇ (*gram.*) *complément de circonstance* complemento di circostanza → **circonstanciel** **2** [*ce qui constitue, caractérise le moment présent*] circostanza: *il faut profiter de la circonstance* bisogna approfittare della circostanza ◇ (*spécialt.*) LES CIRCONSTANCES le circostanze: *dans les circonstances actuelles* nelle attuali circostanze; *un concours de circonstances* un concorso di circostanze; *étant donné les circonstances* date le circostanze; *se montrer à la hauteur des circonstances* mostrarsi all'altezza delle circostanze ◇ *loc.* DE

CIRCONSTANCE di circostanza: *un discours de circonstance* un discorso di circostanza; *une figure de circonstance* un viso di circostanza # *un habit de circostance* un abito adatto alla circostanza **3** [*événement particulier*] circostanza: *pour la circonstance* per la circostanza → **occasion, occurrence.**

circonstancié, ée |siʀkɔ̃stɑ̃sje| *adj.* circostanziato: *événements circonstanciés* avvenimenti circostanziati; *un rapport circonstancié* un rapporto circostanziato.

circonstanciel, ielle |siʀkɔ̃stɑ̃sjɛl| *adj.* (*gram.*) *complément circonstanciel de lieu, de temps* complemento di luogo, di tempo.

circonstancier |siʀkɔ̃stɑ̃sjeʀ| *v. tr.* (*vieilli*) [*exposer* (*un fait*) *avec ses circonstances*] circostanziare.

circonvallation |siʀkɔ̃val(l)ɑsjɔ̃| *s.f.* (*fortif., milit.*) circonvallazione.

circonvenir |siʀkɔ̃vniʀ| (27) *v.tr.* [*agir sur* (*qqn.*), *avec ruse et artifice, pour parvenir à ses fins*] circuire (197): *circonvenir ses juges* circuire i propri giudici → **abuser, tromper** ◇ (*fam.*) *circonvenir son auditoire* circuire l'uditorio → **embobeliner.**

circonvoisin, ine |siʀkɔ̃vwazɛ̃, in| *adj.* (*littér.*) circonvicino: *lieux circonvoisins* luoghi circonvicini; *communes circonvoisines* comuni circonvicini → **voisin,** 1 **proche.**

circonvolution |siʀkɔ̃vɔlysjɔ̃| *s.f.* **1** circonvoluzione: *décrire des circonvolutions* descrivere delle circonvoluzioni **2** (*anat.*) *circonvolutions intestinales, cérébrales* circonvoluzioni intestinali, cerebrali.

circuit |siʀkɥi| *s.m.* **1** [*distance à parcourir pour faire le tour d'un lieu*] circuito: *la piste a quatre kilomètres de circuit* la pista ha un circuito di quattro chilometri **2** [*chemin* (*long et compliqué*) *parcouru pour atteindre un lieu*] giro: *faire un long circuit pour parvenir chez qqn.* fare un lungo giro per arrivare da qc. → **détour** # *en circuit fermé* in circuito chiuso ◇ (*spécialt.*) [*tour organisé*] giro: *le circuit des châteaux de la Loire* il giro dei castelli della Loira ◇ [*itinéraire pour certaines courses d'autos*] circuito: *le circuit du Mans* il circuito di Le Mans **3** (*electr.*) circuito: *couper le circuit* togliere il circuito; *rétablir le circuit* ripristinare il circuito ◇ (*électron.*) *circuit imprimé* circuito stampato **4** [*mouvement d'aller et retour* (*des biens, des services*)] giro: *le circuit des capitaux* il giro dei capitali.

1 **circulaire** |siʀkylɛʀ| *adj.* **1** circolare: *mouvement circulaire* movimento circolare ◇ (*math.*) *fonction circulaire* funzione circolare **2** [*qui a ou rappelle la forme d'un cercle*] circolare: *scie circulaire* sega circolare; *bassin circulaire* bacino circolare; *construction circulaire* costruzione (di forma) circolare **3** (*transports*) *voyage circulaire* percorso circolare; *billet circulaire* biglietto circolare.

2 **circulaire** |siʀkylɛʀ| *s.f.* circolare: *circulaire administrative* circolare amministrativa.

circulairement |siʀkylɛʀmɑ̃| *adv.* [→ 1 CIRCULAIRE 1] circolarmente.

circulant, ante |siʀkylɑ̃, ɑ̃t| *adj.* circolante: *capitaux circulants* capitali circolanti.

circulariser |siʀkylaʀize| *v.tr.* [*rendre circulaire*] rendere (105) circolare.

circularité |siʀkylaʀite| *s.f.* circolarità *inv.*

circulateur |siʀkylatœʀ| *s.m.* (*techn.*) pompa *f.* di circolazione.

circulation |siʀkylɑsjɔ̃| *s.f.* **1** circolazione, traffico* (*m.*): *interrompre la circulation sur une voie* interrompere la circolazione, il traffico su una corsia; *détourner la circulation* deviare la circolazione, il traffico; *la circulation est difficile dans les grandes villes* la circolazione è difficile nelle grandi città **2** [*mouvement des fluides*] circolazione: *la circulation du sang* la circolazione del sangue; *circulation artérielle, veineuse* circolazione arteriosa, venosa ◇ (*bot.*) *la circulation de la sève dans les plantes* la circolazione della linfa nelle piante **3** (*écon.*) circolazione: *circulation des biens* circolazione dei beni; *mettre des billets en circulation* mettere dei biglietti (di banca) in circolazione **4** (*loc.*) *mettre un livre en circulation* mettere un libro in circolazione ~ *la mise en circulation de fausses nouvelles* la messa in circolazione di notizie false → **diffusion, lancement.**

circulatoire |siʀkylatwaʀ| *adj.* circolatorio*: *appareil circulatoire* apparato circolatorio.

circuler |siʀkyle| *v.intr.* **1** [*se déplacer sur les voies de communication*] circolare: *les passants circulent* i passanti circolano; *circulez!* circolare! → 1 **passer, promener** **2** (*fluides*) [*passer dans un circuit*] circolare: *le sang circule dans le corps* il sangue circola nel corpo ◇ [*se renouveler par la circulation*] *l'air circule dans la chambre* l'aria circola nella stanza **3** [*passer, aller de main en main*] circolare: *l'argent circule* il denaro circola; *les capitaux circulent* i capitali circolano **4** (*informations*) [*se propager*] circolare: *ce bruit circule dans la ville* è una voce che circola in città → **courir.**

circum- |siʀkɔm| *préf.* (*signifiant 'autour', correspond généralt. à*) circon, circum: *circumduction* circonduzione; *circumnavigation* circumnavigazione.

circumduction |siʀkɔmdyksjɔ̃| *s.f.* (*gymnastique*) circonduzione.

circumlunaire |siʀkɔmlynɛʀ| *adj.* circumlunare.

circumnavigateur |siʀkɔmnavigatœʀ| *s.m.* circumnavigatore.

circumnavigation |siʀkɔmnavigɑsjɔ̃| *s.f.* (*mar.*) circumnavigazione.

circumnaviguer |siʀkɔmnavige| *v.tr.* [*naviguer autour* (*d'une planète*)] circumnavigare.

circumpolaire |siʀkɔmpɔlɛʀ| *adj.* circumpolare: *expédition circumpolaire* spedizione circumpolare.

circumterrestre |siʀkɔmtɛʀɛstʀ(ə)| *adj.* circumterrestre.

cire |siʀ| *s.f.* **1** cera: *cire d'abeille* cera delle api; *tablettes de cire sur lesquelles écrivaient les Romains* tavolette di cera su cui scrivevano i Romani; *poupée de cire* bambola di cera **2** [*préparation pour l'entretien des parquets*] cera → **encaustique** **3** *cire végétale* cera vegetale **4** (*loc. fig.*) *être jaune comme cire* essere pallido come la cera ~ *c'est une cire molle* è una pappa molle, un pappamolla *m. inv.* **5** *cire* (*à cacheter*) ceralacca*: *cachet de cire* timbro di ceralacca; *sceau à la cire* sigillo di ceralacca **6** [*sécrétion des oreilles*] cerume *m.*

ciré, ée |siʀe| **I** *adj.* **1** *toile cirée* tela cerata **2** [*enduit de cire*] lucidato (con cera), (in)cerato: *parquet ciré* pavimento lucidato (con cera), incerato **II** *s.m.* [*vêtement imperméable de tissu huilé*] incerata *f.*, impermeabile di cerato, 'ciré' (*inv.*): *un ciré de marin* un'incerata, un 'ciré' da marinaio.

cirer |siʀe| *v.tr.* **1** [*enduire, frotter de cire*] lucidare, (in)cerare: *cirer un parquet* lucidare, cerare un pavimento; *cirer des meubles* lucidare i mobili → **encaustiquer, frotter** ◆ (*au p.p.*) *parquet ciré* pavimento lucidato, cerato **2** [*enduire de cirage*] lucidare: *cirer des souliers* lucidare le scarpe ◇ (*loc. fig., fam.*) *cirer les bottes à qqn.* [*le flatter par bassesse*] lustrare gli stivali a qc., ungere qc. → **lécher.**

cireur, euse |siʀœʀ, øz| *s.* **1** *s.* [*personne qui cire*] lucidatore*: *un cireur de meubles, de parquets* un lucidatore di mobili, di pavimenti ◇ (*spécialt. s.m.*) [*celui dont le métier est de cirer les chaussures*] lustrascarpe *inv.* **2** *s.f.* [*appareil ménager qui cire les parquets*] lucidatrice.

cireux, euse |siʀø, øz| *adj.* **1** [*qui a la consistance de la cire*] ceroso: *matière cireuse* sostanza cerosa **2** [*qui a l'aspect blanc, jaunâtre de la cire*] cereo, color cera (*inv.*): *avoir un teint cireux* avere un viso cereo, color cera.

cirier, ière |siʀje, jɛʀ| *s.* **1** *s.m.* [*celui qui travaille la cire*] ceraio* ◇ [*celui qui vend des cierges, des bougies*] ceraiolo, ceraio **2** *s.f.* [*abeille ouvrière qui produit la cire*] ape ceraia ◆ (*par appos.*) *abeille cirière* ape ceraia.

ciron |siʀɔ̃| *s.m.* (*vx.*) [*animal minuscule qui servait d'exemple pour l'extrême petitesse*] acaro.

cirque |siʀk(ə)| *s.m.* **1** circo*: *cirque ambulant* circo ambulante; *mener des enfants au cirque* portare i bambini al circo ◇ (*chez les anc. Romains*) circo → **amphithéâtre** ◇ (*fig., pop.*) [*activité désordonnée*] fiera *f.*, mercato: *allons, silence! qu'est-ce que c'est que ce cirque?* su, silenzio!, cos'è questa fiera?; *c'est un cirque, ici?* c'è il mercato qui? **2** (*géol.*) circo: *le cirque de Gavarnie* il circo di Gavarnie.

cirr(h)e |siʀ| *s.m.* (*bot., zool.*) cirro, viticcio*.

cirrhose |siʀoz| *s.f.* (*méd.*) cirrosi (*inv.*): *cirrhose alcoolique* cirrosi alcolica; *cirrhose du foie* cirrosi epatica.

cirrhotique |siʀɔtik| *adj.* cirrotico*.

cirro-cumulus |si(ʀ)ʀokymylys| *s.m.* (*météo.*) cirrocumulo.

cirro-stratus |si(ʀ)ʀostʀatys| *s.m.* (*météo.*) cirrostrato.

cirrus |si(ʀ)ʀys| *s.m.* (*météo.*) cirro.

cis- |siz, sis| *préf.* (*signifiant 'en deçà', correspond généralt. à*) cis: *cisalpin* cisalpino; *cispadan* cispadano **[C]** **trans.-**

cisaille |sizɑj| *s.f.* **1** [*gros ciseaux servant à couper les métaux, à élaguer les arbres*] cesoia: *cisaille de jardinier* cesoia da giardiniere → **sécateur** **2** (*techn.*) limatura: *cisaille d'argent* limatura d'argento.

cisaillement |sizɑjmɑ̃| *s.m.* **1** [→ CISAILLER] cesoiata *f.* **2** [*usure et ruptu-*

re de deux pièces de métal contiguës] taglio* **3** (*auto.*) l'intersecarsi *inv.*
cisailler |sizɑje| *v.tr.* [*couper avec des cisailles*] tagliare (con le cesoie); potare: *cisailler des fils de fer* tagliare (con le cesoie) del fil di ferro || *cisailler les branches d'un arbre* potare i rami di un albero.
cisailleuse |sizɑjøz| *s.f.* (*techn.*) cesoiatrice.
cisalpin, ine |sizalpɛ̃, in| *adj.* cisalpino: *Gaule cisalpine* Gallia cisalpina Ⓒ **transalpin.**
ciseau |sizo| *s.m.* **1** [*outil d'acier servant à travailler le bois, le fer, la pierre*] scalpello, cesello: *ciseau de sculpteur, de maçon* scalpello da scultore, da muratore; *ciseau de graveur* scalpello da incisore, cesello → **burin**; *ciseau d'orfèvre* scalpello da orafo, cesello → **ciselet**; *travailler au ciseau* lavorare con lo scalpello, con il (di) cesello ◇ [*ciseau dont l'extrémité n'est pas tranchante, et qui sert de levier*] tagliolo: *ciseau à froid* tagliolo a freddo **2** (*mar.*) *ciseau de calfat* scalpello del calafato **3** *au plur.* [*instrument formé de deux branches d'acier et qui sert à couper*] forbici (*f.*): *ciseaux de couturière* forbici da sarta; *ciseaux de chirurgien* forbici da chirurgo # *ciseaux à ongles* forbicine per le unghie **4** (*sport*) forbice (*sing.*): *sauter en ciseaux* saltare a forbice; *le ciseau* il salto a forbice.
ciseler |sizle| (6) [*travailler avec un ciseau* (*des ouvrages de métal, de pierre*)] cesellare: *ciseler un bijou* cesellare un gioiello ◇ (*fig.*) *ciseler son style* [*le travailler minutieusement*] cesellare il proprio stile.
ciselet |sizlɛ| *s.m.* [*petit ciseau des graveurs, des orfèvres*] cesello.
ciseleur |sizlœʀ| *s.m.* [*celui dont le métier est de ciseler*] cesellatore* *s.*
cisellement, cisèlement |sizɛlmɑ̃| *s.m.* **1** [→ CISELER] cesellatura *f.* **2** (*viticulture*) mondatura *f.*
ciselure |sizlyʀ| *s.f.* [*art du ciseleur*] cesellatura: *bijou orné de fines ciselures* gioiello adorno di fini cesellature.
cisoires |sizwaʀ| *s.f. pl.* (*techn.*) cesoie a leva (montate su ceppo).
cispadan, ane |sispadɑ̃, an| *adj.* cispadano.
1 **ciste** |sist(ə)| *s.m.* (*t.bot.*) ciste.
2 **ciste** |sist(ə)| *s.f.* (*archéol.*) cista.
cistercien, ienne |sistɛʀsjɛ̃, jɛn| *adj.* (*relig.*) cistercense: *moine cistercien* monaco cistercense ✦ (*s.m.*) *un cistercien* un cistercense → **trappiste.**
cistre |sistʀ(ə)| *s.m.* (*mus.*) cetra *f.*
cistude |sistyd| *s.f.* (*t.zool.*) testuggine.
citadelle |sitadɛl| *s.f.* **1** cittadella: *citadelle inexpugnable* cittadella inespugnabile; *s'enfermer dans une citadelle* rinchiudersi in una cittadella → **fortification, château** **2** (*fig.*) [*centre, bastion*] cittadella, baluardo (*m.*): *Rome, citadelle du catholicisme* Roma, cittadella, baluardo del cattolicesimo.
citadin, ine |sitadɛ̃, in| *adj.* cittadino: *populations, habitudes citadines* popolazioni, abitudini cittadine → **urbain** ✦ (*s.*) *un citadin* [*habitant d'une grande ville*] un cittadino → **citoyen** Ⓒ **rural, paysan.**
citateur, trice |sitatœʀ, tʀis| *adj. et s.* che, chi cita, fa citazioni *loc.*
citation |sitɑsjɔ̃| *s.f.* **1** citazione: *citation orale, écrite* citazione orale, scritta; *fin de citation* fine della citazione; *citation en tête d'un ouvrage* citazione all'inizio di un'opera **2** (*dr.*) citazione: *citation devant les tribunaux civils* citazione davanti ai tribunali civili; *citation pour contravention* citazione per contravvenzione ◇ (*par ext.*) [*l'acte qui notifie la citation*] citazione **3** (*milit.*) citazione: *citation à l'ordre du jour* citazione all'ordine del giorno.
cité |site| *s.f.* **1** [*ville importante considérée surtout sous son aspect de personne morale*] città (*inv.*): *une cité commerçante* una città commerciale ◇ (*se dit parfois de la partie la plus anc. d'une ville*) città vecchia, centro *m.* storico*: *la cité de Carcassonne* la città vecchia, il centro storico di Carcassonne; *la cité de Londres* il centro storico di Londra **2** *droit de cité* diritto di cittadinanza ◇ (*fig.*) *avoir droit de cité dans un milieu* aver libero accesso a un ambiente **3** [*groupe isolé d'immeubles ayant même destination*] città: *cité-jardin* città giardino; *cité universitaire* città universitaria # *cité ouvrière* quartiere operaio.
citer |site| *v.tr.* **1** [*rapporter ce qu'a dit ou écrit quelqu'un d'autre*] citare: *citer* (*un passage d'*)*un auteur* citare (un passo di) un autore; *je cite ses propres paroles* cito le sue stesse parole **2** [*alléguer*] citare: *citer un exemple à l'appui d'un fait* citare un esempio a sostegno di un fatto ◇ (*par ext.*) *citer un fait dans un procès-verbal* citare un fatto in un processo verbale **3** (*dr.*) [*convoquer* (*qqn.*) *pour comparaître en justice*] citare: *il est cité comme témoin* è citato come testimone → **convoquer** **4** [*désigner* (*une personne, une chose digne d'attention*)] citare: *citer qqn. en exemple* citare qc. a esempio; *citer qqn. pour sa bravoure* citare qc. per il suo coraggio **5** (*milit.*) [*décerner une citation milit.*] citare: *citer une unité à l'ordre de l'armée* citare un reparto all'ordine dell'armata.
citérieur, euse |siteʀjœʀ, øz| *adj.* citeriore: *Gaule citérieuse* Gallia citeriore.
citerne |sitɛʀn(ə)| *s.f.* **1** cisterna: *eau de citerne* acqua di cisterna **2** (*par anal.*) [*compartiment, cuve contenant un carburant, un liquide*] cisterna ✦ (*par appos.*) *wagon-citerne* vagone cisterna; *bateau-citerne* nave cisterna; *camion-citerne* autocisterna.
cithare |sitaʀ| *s.f.* (*mus.*) cetra.
citharède |sitaʀɛd| *s.m.* citaredo: *Apollon citharède* Apollo citaredo.
cithariste |sitaʀist(ə)| *s.* citarista.
citoyen, yenne |sitwajɛ̃, jɛn| *s.* **1** [*individu considéré comme personne civique; national d'un pays qui vit en République*] cittadino: *un citoyen français* un cittadino francese; *la déclaration des droits de l'homme et du citoyen* la dichiarazione dei diritti dell'uomo e del cittadino; *accomplir son devoir de citoyen* [*voter*] compiere il proprio dovere di cittadino, il proprio dovere civico ◇ (*spécialt.*) *citoyen du monde* cittadino del mondo **2** (*fam.*) *un drôle de citoyen* [*un individu bizarre*] uno strano tipo **3** (*vx., plais.*) [*habitant d'une ville*] cittadino (*cour.*).
citoyenneté |sitwajɛnte| *s.f.* [*qualité de citoyen*] cittadinanza: *la citoyenneté française* la cittadinanza francese.
citrate |sitʀat| *s.m.* (*chim., pharm.*) citrato: *citrate de sodium* citrato di sodio, sodico.
citrin, ine |sitʀɛ̃, in| *adj.* (*littér.*) citrino.
citrine |sitʀin| *s.f.* (*chim.*) essenza di limone.
citrique |sitʀik| *adj.* citrico*: *acide citrique* acido citrico.
citron |sitʀɔ̃| **I** *s.m.* **1** [*fruit du citronnier*] limone: *écorce, zeste de citron* scorza di limone; *tranche de citron* spicchio di limone; *rondelle de citron* fettina di limone; *citron pressé* spremuta di limone; *jus de citron* succo di limone; *thé au citron* té al limone ◇ (*loc. fig.*) *être jaune comme un citron* essere giallo come un limone ~ *presser qqn. comme un citron* spremere qc. come un limone **2** (*pop.*) [*tête*] zucca* **II** *adj. inv.* (color) giallo limone: *une robe couleur jaune citron* un abito color giallo limone.
citronnade |sitʀɔnad| *s.f.* [*boisson rafraîchissante et sucrée, parfumée au citron*] limonata.
citronné, ée |sitʀɔne| *adj.* (aromatizzato) al limone: *tisane citronnée* tisana al limone.
citronnelle |sitʀɔnɛl| *s.f.* **1** (*t.bot.*) citronella **2** liquore *m.* a base di scorze di limone.
citronnier |sitʀɔnje| *s.m.* (*t.bot.*) limone.
citrouille |sitʀuj| *s.f.* **1** (*t.bot.*) zucca* ◇ (*cour.*) *soupe à la citrouille* minestra di zucca **2** (*pop.*) [*tête*] zucca.
Citrus |sitʀys| *s.m. pl.* (*t.bot.*) Rutacee *f.*
cive |siv|, **civette** |sivɛt| *s.f.* → **ciboule; ciboulette.**
civelle |sivɛl| *s.f.* (*t.zool.*) ceca*.
civet |sivɛ| *s.m.* [*ragoût* (*de lièvre, lapin, etc.*) *cuit avec du vin, des oignons*] 'civet' (*inv.*): *lapin en civet* coniglio in 'civet' # *civet de lièvre* lepre in salmì.
civette |sivɛt| *s.f.* **1** (*t.zool.*) zibetto *m.* **2** (*par ext.*) [*la matière onctueuse et odorante que sécrète la civette; le parfum que l'on en extrait*] zibetto.
civière |sivjɛʀ| *s.f.* [*dispositif pour transporter des fardeaux, des malades, des blessés*] barella.
1 **civil, ile** |sivil| *adj.* **1** civile: *société civile* società civile; *guerre civile* guerra civile; *lois civiles* leggi civili; *droits civils* diritti civili ◇ (*spécialt.*) *état civil* stato civile, anagrafe (*f.*); *année civile* anno civile **2** (*dr.*) civile: *code civil* codice civile; *requête civile* istanza civile; *procédure civile* procedura civile; *se porter, se constituer partie civile* costituirsi parte civile ✦ (*s.m.*) *poursuivre qqn. au civil* perseguire qc. civilmente *adv.* **3** [*qui n'est pas milit.*] civile: *autorités civiles* autorità civili ✦ (*s.*) *les civils* i civili # *s'habiller en civil* vestirsi in borghese **4** [*qui n'est pas religieux*] civile: *mariage civil* matrimonio civile; *enterrement civil* funerale civile.
2 **civil, ile** |sivil| *adj.* (*littér.*) [*qui observe les usages de la bonne société*] civile: *il n'a pas été très civil à mon égard* non è stato molto civile nei miei confronti → 1 **poli, aimable.**
1 **civilement** |sivilmɑ̃| *adv.* **1** (*dr.*) [*en matière civ.*] civilmente: *être civilement responsable* essere responsabile civilmente **2** [→ 1 CIVIL 4] civilmente: *se marier civilement* sposarsi civilmente.
2 **civilement** |sivilmɑ̃| *adv.* (*lit-*

tér.) [→ 2 CIVIL] civilmente: *traiter qqn. civilement* trattare civilmente qc. → **poliment.**

civilisable |sivilizabl(ə)| *adj.* [→ CIVILISER A 1; B] civilizzabile: *des peuplades difficilement civilisables* popolazioni difficilmente civilizzabili.

civilisateur, trice |sivilizatœʀ, tʀis| *adj. et s.* civilizzatore*.

civilisation |sivilizɑsjɔ̃| *s.f.* **1** [*le fait de se civiliser, de devenir civilisé*] civilizzazione, incivilimento (*m.*): *la civilisation progressive des peuplades de Océanie* la civilizzazione, l'incivilimento progressivo delle popolazioni dell'Oceania → **progrès, 2 évolution** **2** [*ensemble des acquisitions, des phénomènes sociaux communs aux sociétés humaines*] civiltà (*inv.*): *civilisation chinoise, occidentale* civiltà cinese, occidentale; *aire de civilisation* area di civiltà → 2 **culture.**

civilisé, ée |sivilize| *adj.* civilizzato, civile: *les nations civilisées* i paesi civilizzati, civili; *la vie civilisée* la vita civilizzata, civile ♦ (*s.*) *les civilisés* i popoli civilizzati *adj.* 🄲 **barbare, primitif.**

civiliser |sivilise| **A** *v.tr.* **1** [*faire passer (une collectivité) à un état social plus évolué*] civilizzare, incivilire (197): *les Grecs ont civilisé l'Occident* i Greci hanno civilizzato l'Occidente **2** (*fam.*) [*rendre plus poli, plus affable*] civilizzare (*plais.*): *il faut civiliser ce butor* bisogna civilizzare questo cafone **B** *v. pron. intr.* SE CIVILISER incivilirsi, civilizzarsi: *peuple qui se civilise* popolo che si incivilisce; *il se civilise à votre contact* si civilizza vicino a voi.

civiliste |sivilist(ə)| *s.* civilista.

civilité |sivilite| *s.f.* **1** (*vieilli*) [*politesse*] urbanità *inv.* ◇ (*loc.*) *formule de civilité* formula di cortesia **2** (*au plur.*) *civilités* [*démonstration de civilité, de politesse*] ossequi (*m.*): *présenter ses civilités à qqn.* presentare i propri ossequi a qc.; *agréez mes civilités* gradisca i miei ossequi.

civique |sivik| *adj.* [*relatif au citoyen*] civico*; civile: *sens civique* senso civico; *vertus civiques* virtù civiche; *instruction civique* educazione civica ‖ *droits civiques* diritti civili.

civisme |sivism(ə)| *s.m.* civismo.

clabaud |klabo| *s.m.* (*chasse*) cane che abbaia continuamente e forte.

clabaudage |klabodaʒ| *s.m.* [→ CLABAUDER 1] cagnara *f.* ◇ (*fig.*) → **clabauderie.**

clabauder |klabode| *v.intr.* **1** [*aboyer fort et souvent*] abbaiare forte, latrare **2** (*fig.*) [*crier sans motif; protester sans sujet*] far (103) *tr.* cagnara.

clabauderie |klabodʀi| *s.f.* [*clameurs, criailleries, médisances de ceux qui clabaudent*] cagnara; pettegolezzi *m. pl.*

clabaudeur, euse |klabodœʀ, øz| *s.* [*personne qui clabaude* (2)] protestatore*.

clabot, |klabo|, **crabot** |kʀabo| *s.m.* (*techn.*) innesto a denti; dente d'innesto.

clac! |klak| *interj.* (*onomat., imitant 'un bruit sec, un claquement'*) clac!

clafoutis |klafuti| *s.m.* [*gâteau cuit au four, à base de lait, d'œufs et de fruits*] ⊠.

claie |klɛ| *s.f.* [*treillis, treillage à claire-voie*] graticcio* *m.*, graticciata: *une claie métallique* una graticciata metallica → **grille**; *claie de parc à bestiaux* graticciata, steccato per bestiame → **clôture.**

1 **clair** |klɛʀ| *s.m.* **1** *un clair de lune* un chiaro di luna ◇ (*loc.*) *au clair de lune* al chiar di luna **2** (*peint.*) chiaro: *les clairs et les noirs d'un dessin* i chiari, gli scuri di un disegno → **clair-obscur**; *les clairs d'une tapisserie* le parti *f.* chiare *adj.* di un arazzo **3** [*partie peu serrée, qui laisse passer le jour*] *les clairs d'une étoffe, d'un bas* le parti logore di una stoffa, di una calza; *raccommoder les clairs d'un bas* riprendere le smagliature *f.* di una calza **4** *loc. fig.* TIRER AU CLAIR mettere in chiaro: *tier une affaire au clair* chiarire, mettere in chiaro una faccenda → **éclaircir, élucider** ~ (*je suis loin d'*)*être au clair* (sono ben lungi dall')avere le idee chiare **5** *dépêche en clair* dispaccio in chiaro, non cifrato **6** *le plus clair* la maggior parte: *passer le plus clair de son temps à...* passare la maggior parte del tempo a....

2 **clair** |klɛʀ| *adv.* **1** [*d'une manière claire*] chiaro: *essayons d'y voir clair* [*de comprendre*] cerchiamo di vederci chiaro, di capirci qualcosa; *je commence à y voir clair dans cette affaire* comincio a vederci chiaro in questa faccenda → **clairement** **2** *parler clair*: (*pr.*) parlare in modo chiaro; (*fig.*) [*parler sans réticence*] parlar chiaro → **franchement, nettement.**

clair, aire |klɛʀ| *adj.* **I** (*concret*) **1** [*qui a l'éclat du jour, qui reçoit beaucoup de lumière*] chiaro, luminoso: *une chambre claire* una stanza chiara, luminosa → **lumineux**; *un temps clair* un tempo chiaro; *il fait clair* è chiaro, sereno → **lumineux, serein** **2** [*qui n'est pas foncé, est faiblement coloré*] chiaro: *couleur claire* colore chiaro; *cheveux châtain clair* (*inv.*) capelli castani chiari; *teint clair* carnagione chiara # *vert, rouge clair* verde, rosso tenue **3** [*peu serré, peu épais*] rado: *un bois clair* un bosco rado; *une chevelure claire* una capigliatura rada ◇ [*peu dense, peu épais*] *un bouillon clair* un brodo leggero; *une purée claire* un purè poco consistente; *une sauce claire* una salsa poco densa **4** [*pur et transparent*] chiaro, limpido: *de l'eau claire* acqua chiara, limpida # *vitres claires* vetri nitidi → **brillant, net** **5** (*sons*) [*qui est net et pur*] chiaro: *son clair* suono chiaro; *d'une voix claire* con (una) voce chiara → 1 **argentin** **II** (*abstrait.*) **1** [*aisé, facile à comprendre*] chiaro: *des idées claires et précises* idee chiare e precise; *cet auteur n'est pas clair* quest'autore non è chiaro → **net, lumineux** ◇ (*loc.*) *c'est clair comme le jour, comme de l'eau de roche* è chiaro come la luce del sole **2** [*manifeste, sans équivoque*] chiaro: *la chose est claire* la cosa è chiara, è evidente; *c'est clair* è chiaro; *il est clair que vous vous trompez* è chiaro che vi sbagliate; *cette affaire n'est pas claire* [*est suspecte*] questa faccenda non è chiara → **évident, sûr, certain** **3** *avoir l'esprit clair* avere la mente lucida → **lucide, perspicace** 🄲 I 1 **obscur, sombre**; II 1 **obscur, incompréhensible, 2 douteux.**

clairance |klɛʀɑ̃s| *s.f.* (*biol.*) clearance *inv.*, coefficiente *m.* di depurazione plasmatica.

claire |klɛʀ| *s.f.* [*bassin d'eau de mer où l'on fait verdir les huîtres*] allevamento *m.* di ostriche: *huîtres, fines de claire* ostriche di allevamento ◇ (*par ext.*) [*huîtres de claire*] ostrica* d'allevamento: *manger des claires* mangiare ostriche di allevamento.

clairement |klɛʀmɑ̃| *adv.* **1** [→ CLAIR I] chiaramente: *distinguer clairement les virages de la route* distinguere chiaramente le curve della strada → **distinctement, nettement** **2** (*fig.*) [→ CLAIR II] chiaramente: *expliquer clairement une histoire* spiegare chiaramente una storia → **explicitement, intelligiblement** 🄲 2 **confusément, obscurément.**

clairet, ette |klɛʀɛ, ɛt| **1** *adj.* poco denso: *une soupe clairette* una minestra poco densa **2** *s.m.* [*vin rouge léger, peu coloré*] chiaretto.

clairette |klɛʀɛt| *s.f.* [*cépage blanc du Midi; vin mousseux qu'il produit*] chiaretto *m.*

claire-voie |klɛʀvwa| *s.f.* **1** [*clôture à jour*] graticciata: *des claires-voies* delle graticciate → **barrière,** 1 **grillage** ◇ (*par anal., archit.*) fuga* di finestre **2** *loc.* À CLAIRE-VOIE a giorno: *volet à claire-voie* imposta a giorno → **persienne** # *cage à claire-voie* gabbia.

clairière |klɛʀjɛʀ| *s.f.* [*endroit dégarni d'arbres dans un bois, une forêt*] radura.

clair-obscur |klɛʀɔpskyʀ| *s.m.* **1** (*peint.*) chiaroscuro: *des clairs-obscurs* dei chiaroscuri **2** [*lumière douce, tamisée*] chiaroscuro → **pénombre** 🄲 **clarté, netteté.**

clairon |klɛʀɔ̃| *s.m.* **1** (*mus.*) tromba *f.* **2** (suonatore* *s.* di) tromba.

claironnant, ante |klɛʀɔnɑ̃, ɑ̃t| (*adj.*) *voix claironnante* [*forte et aiguë*] voce squillante.

claironner |klɛʀɔne| **A** *v.intr.* [*jouer du clairon*] suonare *tr.* la tromba **B** *v.tr.* (*fig.*) [*annoncer avec éclat, affectation*] strombazzare: *claironner sa victoire* strombazzare la propria vittoria → **publier.**

clairsemé, ée |klɛʀsəme| *adj.* **1** [*qui est peu serré, répandu de distance en distance*] rado: *des arbres clairsemés* alberi radi, poco fitti; *une tête aux cheveux clairsemés* una testa dai capelli radi **2** (*fig.*) [*peu dense*] rado, poco denso: *population clairsemée* popolazione rada, poco densa.

clairvoyance |klɛʀvwajɑ̃s| *s.f.* [*vue exacte, claire et lucide des choses*] chiaroveggenza: *rien n'échappe à sa clairvoyance* nulla sfugge alla sua chiaroveggenza → **perspicacité, discernement** 🄲 **aveuglement.**

clairvoyant, ante |klɛʀvwajɑ̃, ɑ̃t| *adj.* **1** [*qui a de la clairvoyance*] chiaroveggente: *esprit clairvoyant* spirito chiaroveggente → **perspicace** **2** → 1 **voyant.**

clam |klam| *s.m.* (*angl.*) (*t.zool.*) venere *f.*

clamer |kla(ɑ)me| *v.tr.* [*manifester en termes violents, par des cris*] gridare: *clamer son indignation* gridare la propria indignazione; *clamer sa douleur* gridare il proprio dolore; *clamer son innocence* gridare la propria innocenza → **crier, proclamer.**

clameur |kla(ɑ)mœʀ| *s.f.* clamore *m.* → **bruit, tumulte.**

clamp |klɑ̃| *s.m.* clamp *inv.*, pinza *f.* emostatica.

clamser, clamecer |klamse|

(2), **clampser** |klɑ̃pse| *v.intr.* (*pop.*) [*mourir*] crepare (*aux.* essere).
clan |klɑ̃| *s.m.* **1** [*tribu écossaise ou irlandaise*] clan (*inv.*): *le tartan du clan* il tartan del clan **2** (*sociol.*) clan: *unité religieuse du clan* unità religiosa del clan ◇ (*par ext.*) *clan de scouts* clan degli scouts **3** (*fig.*) [*petit groupe fermé de personnes qui ont des idées, des goûts communs*] clan: *esprit de clan* spirito di clan; *former un clan* formare un clan → **caste, coterie.**
clandé |klɑ̃de| *s.m.* (*arg.*) casa *f.* (*cour.*) di tolleranza clandestina.
clandestin, ine |klɑ̃dɛstɛ̃, in| *adj.* clandestino: *journal clandestin* giornale clandestino; *trafic clandestin* traffico clandestino → **secret** ♦ (*s.*) *un clandestin* un clandestino 🄲 **légal, licite.**
clandestinement |klɑ̃dɛstinmɑ̃| *adv.* [→ CLANDESTIN] clandestinamente: *déménager clandestinement* traslocare clandestinamente → **secrètement, cachette (en).**
clandestinité |klɑ̃dɛstinite| *s.f.* clandestinità (*inv.*): *vivre dans la clandestinité* vivere nella clandestinità.
clanique |klanik| *adj.* di un clan *loc. inv.*, del clan *loc. inv.*
clapet |klapɛ| *s.m.* [*soupape en forme de couvercle à charnière*] valvola (*f.*): *clapet d'aspiration d'une pompe* valvola di aspirazione di una pompa → **obturateur, valve** # *le clapet d'une soupape* l'otturatore, il tappo di una valvola ◇ (*fig., pop.*) [*bouche* (*qui parle*)] becco*: *ferme ton clapet* [*tais-toi*] chiudi il becco.
clapier |klapje| *s.m.* **1** [*cabane à lapins*] conigliera *f.* **2** (*fig., fam.*) [*petit logement malpropre*] tugurio*, topaia *f.*
clapir |klapiʀ| *v.intr.* (*rare*) → **glapir.**
clapotage |klapɔtaʒ|, **clapotement** |klapɔtmɑ̃| *s.m.* [→ CLAPOTER] sciabordio*.
clapoter |klapɔte| *v.intr.* (*en parlant d'une surface liquide*) [*être agité de petites vagues qui font un bruit caractéristique en s'entrechoquant*] sciabordare *intr. et tr.*
clapotis |klapɔti| *s.m.* [*bruit et mouvement de l'eau qui clapote*] sciabordio*: *le clapotis des vagues* lo sciabordio delle onde.
clappement |klapmɑ̃| *s.m.* schiocco* di lingua, fatto con la lingua.
clapper |klape| *v.intr.* [*produire un bruit sec avec la langue en la détachant brusquement du palais*] schioccare con la lingua.
claquage |klakaʒ| *s.m.* [*distension d'un ligament*] stiramento: *le coureur, victime d'un claquage, a dû abandonner* il corridore, vittima di uno stiramento, ha dovuto ritirarsi.
claquant, ante |klakɑ̃, ɑ̃t| *adj.* (*fam.*) [*qui fatigue, éreinte*] spossante (*cour.*), sfiancante (*cour.*) → **crevant.**
1 **claque** |klak| *s.f.* **1** [*coup donné avec le plat de la main*] schiaffo *m.*, ceffone (*m.*): *donner, recevoir une claque sur la joue* dare, ricevere uno schiaffo sulla guancia → **gifle, soufflet** ◇ (*loc. fam.*) *tête, figure à claques* faccia da schiaffi **2** *la claque* [*les personnes payées pour applaudir le spectacle*] la 'claque' *inv.* **3** (*loc. pop.*) *en avoir sa claque* [*en avoir par-dessus la tête, assez*] averne piene le scatole **4** → **empeigne.**
2 **claque** |klak| *adj. m. et s.m.* (*ancienn.*) (*chapeau*) *claque* [*chapeau cylindrique qui s'aplatit et qu'on peut mettre sous le bras*] gibus *s.m. inv.*
claquement |klakmɑ̃| *s.m.* [*le fait de claquer; choc, bruit qui en résulte*] schiocco*: *le claquement des doigts* lo schiocco delle dita; *le claquement d'un fouet* lo schiocco di una frusta → **coup** # *le claquement sec d'une portière de voiture* lo sbattere della portiera di un'auto.
claquemurer |klakmyʀe| **A** *v.tr.* [*enfermer à l'étroit*] murare → **enfermer B** *v.pron. réfl.* SE CLAQUEMURER [*se tenir enfermé chez soi*] tapparsi (in casa): *quand il pleut, il se claquemure chez lui* quando piove si tappa in casa.
claquer |klake| **A** *v.intr.* **1** [*produire un bruit sec et sonore*] (s)battere; schioccare: *une porte qui claque* una porta che sbatte; *un drapeau qui claque au vent* una bandiera che (s)batte al vento; *claquer des dents* battere *tr.* i denti; *faire claquer la porte* (*en signe de mécontentement*) sbattere *tr.* la porta → **grelotter, trembler** ‖ *faire claquer son fouet* (far) schioccare la frusta; *faire claquer ses doigts, sa langue* fare schioccare le dita, la lingua **2** (*pop.*) *l'affaire lui a claqué dans les doigts* [*lui a échappé*] l'affare gli è sfumato (*cour.*) fra le dita → **péter 3** (*fam.*) [*mourir*] crepare (*pop.*) (*aux.* 'essere') → **crever B** *v.tr.* **1** [*donner une claque à* (*qqn.*)] schiaffeggiare, dare (102) uno schiaffo (a) → **gifler 2** [*faire claquer*] sbattere: *il a claqué la porte* ha sbattuto la porta **3** (*pop.*) [*dépenser en gaspillant*] sperperare (*cour.*), sprecare (*cour.*): *claquer un héritage* sperperare un'eredità; *claquer un billet de mille francs* sprecare, spendere male, far fuori (*fam.*) un biglietto da mille franchi **4** (*fam.*) [*éreinter, fatiguer*] sfiancare (*cour.*), spossare (*cour.*): *claquer un cheval* sfiancare, spossare un cavallo **C** *v.pron. réfl.* SE CLAQUER [*se fatiguer*] ammazzarsi: *il se claque pour préparer son examen* si ammazza per preparare l'esame ◇ (*méd.*) stirarsi: *se claquer un muscle* stirarsi un muscolo → **déchirer (se), froisser (se).**
claquet |klakɛ| *s.m.* battola *f.* del mulino.
claquette |klakɛt| *s.f.* **1** (*ciné.*) tavoletta (del ciac) **2** *au plur.* 'claquettes' *inv.* ◇ (*spécialt.*) *danseur à claquettes* ballerino di tiptap ◇ (*par ext.*) [*le type de danse*] tiptap (*m.*): *pratiquer les claquettes* ballare il tiptap.
claquoir |klakwaʀ| *s.m.* → **claquette** 1.
clarificateur, trice |klaʀifikatœʀ, tʀis| *adj.* chiarificatore*.
clarification |klaʀifikɑsjɔ̃| *s.f.* **1** [→ CLARIFIER 1] chiarificazione: *clarification par ébullition* chiarificazione per ebollizione **2** (*fig.*) [→ CLARIFIER 2] chiarimento *m.* → **éclaircissement.**
clarifier |klaʀifje| *v.tr.* **1** [*rendre plus clair, plus pur* (*un liquide*)] chiarificare → **décanter, filtrer, purifier 2** (*fig.*) [*rendre plus clair*] chiarire (197), chiarificare: *lisez ce livre: cela clarifiera vos idées* legga questo libro: le chiarirà le idee → **éclaircir** 🄲 1 **troubler**; 2 **embrouiller.**
clarine |klaʀin| *s.f.* [*clochette du bétail*] campanaccio* *m.*
clarinette |klaʀinɛt| *s.f.* (*mus.*) clarinetto *m.*
clarinettiste |klaʀinetist(ə)| *s.* clarinettista.
clarisse |klaʀis| *s.f.* (*relig.*) clarissa.
clarté |klaʀte| *s.f.* **I** (*concret*) **1** [*lumière*] luce, chiarore (*m.*): *faible clarté* debole luce, chiarore; *très vive clarté* vivissima luce; *clarté de l'aurore, de la lune* chiarore dell'aurora, della luna; *répandre de la clarté* diffondere chiarore → **éclat 2** [*transparence, limpidité*] trasparenza, limpidezza: *la clarté de l'eau était un peu troublée* la trasparenza dell'acqua era un po' offuscata **II** (*abstrait*) **1** [*qualité de ce qui est facilement intelligible*] chiarezza: *la clarté de la langue française* la chiarezza della lingua francese; *clarté d'esprit* chiarezza d'animo; *s'exprimer avec clarté* esprimersi con chiarezza → **netteté, précision 2** (*littér.*) [*vérité lumineuse*] luce (*cour.*): *ses recherches ont projeté quelque clarté sur ce sujet* le sue ricerche hanno fatto un po' di luce sull'argomento → **connaissance** 🄲 **obscurité.**
classable |klɑsabl(ə)| *adj.* [→ CLASSER] classificabile.
1 **classe** |klɑs| *s.f.* **I** (*dans un groupe social*) classe: *classe dirigeante, laborieuse* classe dirigente, lavoratrice; *lutte de classe* lotta di classe → **caste, groupe** # *classes moyennes* ceto medio **II 1** [*ensemble d'individus ou d'objets qui ont des caractères communs*] classe: *navires de même classe* navi della stessa classe → **catégorie, espèce**; *ranger par classes* ordinare per classi → **classer**; *former une classe à part* costituire una classe a parte **2** (*sc.*) classe: *la classe des mammifères* la classe dei mammiferi **3** (*après un ordinal, etc.*) [*grade, rang concernant l'importance, la valeur, la qualité*] classe: *hors classe* fuori classe; *voiture de première, de deuxième* (*classe*) carrozza di prima, di seconda (classe); *classe touriste* classe turistica; *il est d'une toute autre classe* è di tutt'altra classe; *ils n'ont pas la même classe* non hanno la stessa classe ♦ (*absolt.*) *avoir de la classe* aver classe ◇ *loc.* DE CLASSE di classe: *un immeuble de classe* un edificio di classe ◇ (*sport*) *c'est un joueur de grande classe* è un giocatore di gran classe.
2 **classe** |klɑs| *s.f.* **1** [*division des élèves d'un établissement scolaire selon les différents degrés d'études*] classe: *camarade de classe* compagno di classe; *redoubler, sauter une classe* ripetere, saltare una classe # *la rentrée des classes* la riapertura della scuola, l'inizio dell'anno scolastico **2** [*l'enseignement qui est donné en classe, la durée de cet enseignement*] lezione: *une classe d'histoire* una lezione di storia; *ce professeur fait bien la classe* questo professore spiega bene la lezione → 2 **cours, leçon** # *des livres de classe* libri di testo ◇ (*spécialt.*) *classes de neige* [*enseignement donné en montagne l'hiver*] ⊠ *classes vertes* [*à la campagne, pour les enfants des villes*] ⊠ **3** [*salle de classe*] aula ◇ (*par ext.*) [*l'école elle-même*] scuola: *aller en classe* andare a scuola; *être en classe* essere a scuola.
3 **classe** |klɑs| *s.f.* (*milit.*) **1** [*contingent des conscrits nés la même année*] classe: *la classe de 1957* la classe del 1957; *appeler une classe sous les drapeaux* chiamare una classe sotto le armi ◇ (*fam.*) *être bon pour la classe* es-

sere idoneo al servizio militare (*cour.*) **2** (*loc.*) *être de la classe* [*du contingent qui doit être libéré dans l'année où l'on est*] andare in congedo ◇ (*par ext.*) *la classe* [*la libération*] il congedo (*m.*): *vive la classe!* viva il congedo! **3** (*loc.*) *faire ses classes* [*recrue qui reçoit l'instruction milit.*] fare il C.A.R. *m.* (Centro Addestramento Reclute), il periodo di istruzione militare.

classement |klasmɑ̃| *s.m.* **1** [*action de ranger dans un certain ordre; façon dont un ensemble est classé*] classifica* *f.*; ordine: *classement provisoire* classifica provvisoria ‖ *classement alphabétique, hiérarchique* ordine alfabetico, gerarchico → **arrangement, classification** # *classement de livres dans une bibliothèque* catalogazione, sistemazione dei libri in una biblioteca **2** [*place d'une personne dans une compétition*] classifica, graduatoria (*f.*): *il a un bon classement* ha una buona classifica; *il est premier, quatrième au classement général* è primo, quarto in classifica generale, nella graduatoria generale.

classer |klase| **A** *v.tr.* **1** [*diviser en classes, en catégories*] classificare: *classer les plantes, les insectes* classificare le piante, gli insetti → 3 **répartir, diviser** **2** [*ranger* (*dans une catégorie*)] classificare: *classer les lapins parmi les rongeurs* classificare i conigli tra i roditori; *classer par séries* classificare per serie; *classer suivant le genre* classificare secondo il genere ◇ (*fam.*) *classer un individu* [*le juger* (*mal*) *définitivement*] classificare un individuo; *je l'ai tout de suite classé* l'ho classificato subito **3** [*mettre dans un certain ordre*] archiviare, classificare: *classer des papiers, un dossier* archiviare, classificare dei documenti, un incartamento → **arranger, ordonner, placer** **4** (*fig.*) *classer une affaire* [*la considérer comme terminée*] archiviare un caso (giudiziario) ✦ (*au p.p.*) *affaire classée* caso archiviato, chiuso **B** *v.pron. intr.* SE CLASSER PARMI [*être au rang de*] classificarsi tra: *se classer parmi les meilleurs* classificarsi tra i migliori Ⓒ A 3 **mêler.**

classeur |klasœʀ| *s.m.* [*portefeuille à compartiments qui sert à classer des papiers*] classificatore ◇ [*meuble à compartiments*] schedario*: *casier, cartons d'un classeur* casella, cartelle di uno schedario.

classicisme |klasisism(ə)| *s.m.* classicismo.

classificateur, trice |kla(ɑ)sifikatœʀ, tʀis| *s.* classificatore*.

classification |kla(ɑ)sifikɑsjɔ̃| *s.f.* classificazione → **classement.**

classificatoire |kla(ɑ)sifikatwaʀ| *adj.* (*ethnogr.*) *parenté classificatoire* parentela sociale.

classifier |klɑ(a)sifje| *v.tr.* [*faire, établir des classifications*] classificare.

classique |klasik| **I** *adj.* **1** classico*: *les auteurs classiques du programme* gli autori classici del programma; *son livre est devenu classique* il suo libro è diventato un classico *s.m.* **2** [*qui appartient à l'antiq. gréco-latine*] classico: *langues classiques* lingue classiche **3** [*qui appartient aux grands auteurs du XVIIe siècle* (*français*)] classico: *théâtre classique* teatro classico; *style classique* stile classico **4** (*mus.*) classico: *musique classique* musica classica; *préférer le jazz à la musique classique* preferire il jazz alla musica classica **5** [*qui est conforme aux usages, ne s'écarte pas de règles établies*] classico: *un veston de coupe classique* una giacca di taglio classico **III** *s.m.* **1** [*auteur classique*] classico: *les grands classiques* i grandi classici **2** [*ouvrage pour les classes*] classico: *collection des classiques grecs, français* collezione dei classici greci, francesi ◇ [*ouvrage reconnu comme excellent dans son genre*] *c'est un classique du genre* è un classico nel suo genere **3** musica* *f.* classica: *il aime le classique* gli piace la musica classica.

classiquement |klasikmɑ̃| *adv.* [→ CLASSIQUE I] classicamente.

clastique |klastik| *adj.* (*géol.*) clastico*: *roches clastiques* rocce clastiche.

clast(o)- |klast(o)| *préf.* (*signifiant 'brisé', correspond généralt. à*) clast(o): *clastique* clastico.

claudicant, ante |klodikɑ̃, ɑ̃t| *adj.* (*littér.*) claudicante → **boiteux.**

claudication |klodikɑsjɔ̃| *s.f.* (*littér.*) claudicazione (*méd.*) → **boiterie.**

claudiquer |klodike| *v.intr.* (*littér., plais.*) [*boiter*] claudicare.

clause |kloz| *s.f.* (*dr.*) clausola: *clause d'un contrat* clausola di un contratto → 1 **convention, disposition**; *clause pénale, compromissoire* clausola penale, compromissoria; *il y a une clause qui stipule que...* c'è una clausola che specifica che... ◇ (*loc.*) *clause de style* [*disposition toute formelle, sans importance*] clausola d'uso.

claustral, ale, aux |klostʀal, o| *adj.* claustrale: *la vie claustrale* la vita claustrale ◇ (*fig.*) *paix claustrale* pace claustrale → **monacal, religieux.**

claustration |klostʀɑsjɔ̃| *s.f.* [*état de celui qui est enfermé dans un lieu clos*] clausura → **isolement.**

claustrer |klostʀe| *v.tr.* [*maintenir* (*qqn.*) *enfermé*] segregare: *il est resté claustré chez lui* è rimasto segregato in casa.

claustrophobie |klostʀɔfɔbi| *s.f.* claustrofobia.

clausule |klozyl| *s.f.* clausola.

clavaire |klavɛʀ| *s.f.* (*t.bot.*) clavaria.

claveau |klavo| *s.m.* (*archit.*) concio*.

clavecin |klavsɛ̃| *s.m.* (*mus.*) clavicembalo.

claveciniste |klavsinist(ə)| *s.* clavicembalista.

clavelée |klavle| *s.f.* (*vétér.*) vaiolo *m.* degli ovini.

clavetage |klavtaʒ| *s.m.* (*techn.*) inchiavettatura *f.*

claveter |klavte| (5) *v.tr.* [*fixer par une clavette*] inchiavettare.

clavette |klavɛt| *s.f.* (*mécan.*) chiavetta.

clavicorde |klavikɔʀd(ə)| *s.m.* (*mus.*) clavicordo.

clavicule |klavikyl| *s.f.* (*anat.*) clavicola.

clavier |klavje| *s.m.* **1** (*mus.*) tastiera (*f.*): *les claviers d'un orgue* le tastiere di un organo ◇ (*par anal.*) *le clavier d'une machine à écrire* la tastiera di una macchina da scrivere **2** estensione (*f.*): *clavier d'une voix* estensione vocale ◇ (*fig.*) gamma (*f.*): *le clavier des sentiments* la gamma dei sentimenti.

clayère |klɛjɛʀ| *s.f.* parco* *m.* di allevamento delle ostriche.

clayette |klɛjɛt| *s.f.* [*emballage à claire-voie; petite claie*] gabbietta, cassetta (da imballaggio) ◇ (*par anal.*) ripiano *m.* (da frigorifero).

clayon |klɛjɔ̃| *s.m.* **1** piccolo graticcio* **2** graticcio (per farvi scolare formaggi e sim.).

clayonnage |klɛjɔnaʒ| *s.m.* **1** graticciata *f.* **2** [*pose d'un tel ouvrage*] ingraticciatura *f.*

clayonner |klɛjɔne| *v.tr.* [*garnir de clayonnage*] (in)graticciare: *clayonner un fossé* (in)graticciare un fossato.

clé → **clef.**

clearing |kliʀiŋ| *s.m.* (*angl.*) (*comm., fin.*) compensazione *f.*, clearing *inv.*

clebs |klɛps| *s.m.* (*pop.*) → **chien.**

clef, clé |kle| *s.f.* **1** [*instrument servant à ouvrir une serrure*] chiave: *la clef d'une porte, d'une armoire, d'une malle, d'un cadenas* la chiave di una porta, di un armadio, di un baule, di un lucchetto; *clef de sûreté* chiave di sicurezza; *une fausse clef* una chiave falsa; *trousseau de clefs* mazzo di chiavi; *porte fermée à clef* porta chiusa a chiave; *donner un tour de clef* dare un giro di chiave, chiudere a una mandata; *vendre une usine, une voiture clefs en main* vendere una fabbrica, un'auto chiavi in mano # *clef passe-partout* 'passe-partout'; *louer une maison clefs en main* affittare una casa libera subito ◇ (*loc. fig.*) *mettre la clef sous la porte* [*partir furtivement*] squagliarsela; sloggiare alla chetichella ~ *mettre qqn. sous clef* mettere, tenere qc. sotto chiave **2** (*loc. fig.*) *la clef des champs* la libertà: *donner la clef des champs* concedere la libertà; *prendre la clef des champs* scegliere la libertà, prendere il volo ◇ (*relig.*) *les clefs de Saint-Pierre, du Pape* le chiavi apostoliche, le chiavi di San Pietro; *les clés du royaume* le chiavi del regno **3** [*place forte qui commande un pays, une région*] punto *m.* chiave: *les Thermopyles étaient la clef de la Grèce* le Termopili erano il punto chiave della Grecia ◇ (*par ext.*) *occuper une position clef* occupare una posizione chiave; *industrie clef* industria chiave **4** [*ce qui donne accès*] chiave: *l'algèbre, selon Descartes, est la clef de toutes les sciences* l'algebra, secondo Cartesio, è la chiave di tutte le scienze **5** [*ce qui permet de comprendre, ce qui explique*] chiave: *la clef du mystère* la chiave del mistero → **explication** ◇ (*spécialt.*) *roman, livre à clefs* romanzo, libro a chiave **6** (*mus.*) chiave: *clef de sol, fa* chiave di sol, fa; *il y a deux dièses à la clef* ci sono due diesis in chiave ◇ *loc. fig.* À LA CLEF con (in più), alla fine: *dîner avec du champagne à la clef* cena con, alla fine, 'champagne'; *il y a une recompense à la clef* alla fine, c'è anche un premio **7** (*archit.*) *clef de voûte* chiave di volta **8** (*techn.*) chiave: *clef à écrous* chiave fissa; *clef en tube, à mâchoires* chiave a tubo, a pinza; *clef à molette* chiave a pinza regolabile; *clef anglaise, à mâchoires mobiles, à mâchoires réglables* chiave inglese; *clef universelle* chiave universale; *clef à bougies* chiave per le candele # *clef servant à ouvrir les boîtes de conserves* chiavetta apriscatole.

clématite |klematit| *s.f.* (*t.bot.*) clematide.

clémence |klemɑ̃s| *s.f.* (*littér.*) cle-

menza: *un acte de clémence* un atto di clemenza → **humanité, indulgence** ◇ (*fig.*) *la clémence du temps, de la température* la clemenza, mitezza del tempo, della temperatura → **douceur** ⓒ **rigueur, sévérité.**
clément, ente |klemɑ̃, ɑ̃t| *adj.* clemente: *se montrer clément* mostrarsi clemente → **généreux, indulgent** ◇ (*fig.*) *un ciel clément* un cielo clemente; *une température clémente* una temperatura clemente, mite → **doux** ⓒ **inclément.**
clémentine |klemɑ̃tin| *s.f.* [*le fruit du clementinier*] clementina, mandarancio* *m.*
clémentinier |klemɑ̃tinje| *s.m.* (*t. bot.*) clementina *f.*, mandarancio*.
clenche |klɑ̃ʃ| *s.f.* (*techn.*) saliscendi *m. inv.*
clepsydre |klɛpsidʀ(ə)| *s.f.* clessidra.
cleptomane |klɛptɔman| *et dérivés* → **kleptomane** *et dérivés.*
clerc |klɛʀ| *s.m.* **1** [*celui qui est entré dans l'état ecclés.*] chierico*: *clerc tonsuré* chierico che ha ricevuto la tonsura **2** (*ancienn.*) [*personne instruite*] esperto, chierico (*littér.*): *il est un grand clerc en la matière* è un grande esperto in materia; (*il n'est*) *pas besoin d'être grand clerc pour savoir cela* non è necessario essere un grande esperto per sapere una cosa simile → **compétent, lettré, savant** **3** [*employé des études d'officiers publics*] impiegato (*s.*): *clerc de notaire, d'avocat* impiegato di un notaio, di un avvocato **4** (*loc. fig.*) *faire un pas de clerc* [*faire une démarche prématurée*] fare un passo falso ⓒ 1 **laïque.**
clergé |klɛʀʒe| *s.m.* [*les ecclésiastiques*] clero: *clergé séculier, régulier* clero secolare, regolare; *le haut, le bas clergé* l'alto, il basso clero.
clergie |klɛʀʒi| *s.f.* (*hist.*) *privilège de clergie* grazia accordata a un condannato istruito.
clergyman |klɛʀʒiman| *s.m.* (*angl.*) pastore anglosassone.
clérical, ale, aux |kleʀikal, o| *adj.* clericale: *fonctions cléricales* funzioni clericali; *parti clérical* partito clericale ✦ (*s.*) *les cléricaux* i clericali ⓒ **anticlérical.**
cléricalisme |kleʀikalism(ə)| *s.m.* clericalismo.
cléricature |kleʀikatyʀ| *s.f.* [*état des clercs, des ecclés.*] chiericato *m.*
clic |klik| *interj.* (*onomat.*) [*claquement sec*] clic → **clac.**
clichage |kliʃaʒ| *s.m.* [*opération par laquelle on fait un cliché*] stereotipia (*f.*): *clichage d'un livre* stereotipia di un libro; *clichage par électrolyse* stereotipia per elettrolisi → **galvanoplastie.**
cliché |kliʃe| *s.m.* **1** (*typogr.*) 'cliché' *inv.* **2** (*photo.*) negativa (*f.*): *copie d'un cliché* copia di una negativa **3** (*fig., péj.*) [*idée ou expression trop souvent utilisée*] 'cliché', luogo* comune: *une conversation pleine de clichés* una conversazione piena di 'cliché' → 2 **banalité,** 1 **lieu** IV.
clicher |kliʃe| *v.tr.* (*typogr.*) [*faire un cliché*] fare (103) un (il) 'cliché' *inv.*
clicherie |kliʃʀi| *s.f.* [*atelier de clichage*] zincografia.
clicheur |kliʃœʀ| *adj. et s.m.* [*qui cliche; celui qui cliche*] zincografico*; zincografo.
client, ente |klijɑ̃, ɑ̃t| *s.* **1** cliente: *client d'un dentiste, d'un notaire, d'un coiffeur* cliente di un dentista, di un notaio, di un parrucchiere; *magasin plein de clients* negozio pieno di clienti ◇ (*loc.*) *le client a toujours raison* il cliente ha sempre ragione **2** [*consommateur, importateur*] cliente: *la Belgique est un gros client de la France* il Belgio è un grosso cliente della Francia.
clientèle |klijɑ̃tɛl| *s.f.* **1** clientela: *la clientèle d'un médecin* la clientela di un medico; *avoir une grosse clientèle* avere una grossa clientela **2** (*fig.*) [*adeptes public*] clientela: *une clientèle électorale* una clientela elettorale **3** [*le fait d'être client*] clientela: *il voudrait obtenir la clientèle de cette famille* vorrebbe che quella famiglia facesse parte della sua clientela.
clignement |kliɲmɑ̃| *s.m.* **1** [→ CLIGNER B] *clignement d'yeux* strizzatina *f.* d'occhi, ammicco* → **clin d'œil** **2** (*littér.*) [*le fait de briller par intermittence* (*lumière*)] scintillio*; lampeggiamento.
cligner |kliɲe| **A** *v.tr.* **1** [*fermer à demi les yeux pour mieux voir*] strizzare: *les myopes clignent les yeux* i miopi strizzano gli occhi **2** [*fermer et ouvrir rapidement* (*les yeux*)] *cligner les paupières* battere le palpebre **B** *v. intr.* [*se fermer et s'ouvrir* (*yeux, paupières*)] *cligner des yeux* strizzare *tr.* gli occhi ◇ (*spécialt.*) *cligner de l'œil* strizzare l'occhio, far (103) *tr.* l'occhiolino.
clignotant, ante |kliɲɔtɑ̃, ɑ̃t| **I** *adj.* **1** [*qui clignote* (*yeux*)] che batte *loc.* **2** [*scintillant, intermittent* (*lumière*)] lampeggiante, intermittente: *une lumière clignotante* una luce intermittente **3** (*vx.*) → **nictitant** **II** *s.m.* [*lumière intermittente, qui sert à indiquer la direction que va prendre le véhicule*] lampeggiatore ◇ [*indice dont l'apparition signale un danger, dans un plan économique*] segnale d'allarme, spia *f.*
clignotement |kliɲɔtmɑ̃| *s.m.* **1** [→ CLIGNOTER 1] il battere *inv.* le palpebre, battere di ciglia: *un clignotement d'yeux* un battere di palpebre, di ciglia → 1 **battement** **2** (*fig.*) [*action de se produire par intermittence* (*lumière*)] scintillio*, lampeggio*: *le clignotement des lumières de la ville* lo scintillio delle luci della città.
clignoter |kliɲɔte| *v.intr.* **1** *clignoter des* (*les*) *yeux* [*cligner rapidement et involontairement*] battere *tr.* le palpebre **2** (*fig.*) [*éclairer et s'éteindre alternativement*] scintillare, lampeggiare: *les étoiles clignotaient* le stelle scintillavano, lampeggiavano.
clignoteur |kliɲɔtœʀ| *s.m.* (*Belgique*) → **clignotant** II.
climat |klima| *s.m.* **1** clima: *climat tropical, équatorial* clima tropicale, equatoriale; *climat salubre, malsain* clima salubre, malsano; *s'accoutumer à un nouveau climat* assuefarsi ad un nuovo clima → **acclimater (s')** **2** (*fig.*) [*atmosphère morale*] clima: *dans un climat d'hostilité* in un climat di ostilità.
climatère |klimatɛʀ| *s.m.* (*méd.*) climaterio*.
climatérique |klimateʀik| *adj.* **1** (*antiq.*) climaterico* → 1 **critique** **2** (*vieilli*) → **climatique.**
climatique |klimatik| *adj.* climatico*: *influence climatique* influenza climatica; *cure climatique* cura climatica.
climatisation |klimatizɑsjɔ̃| *s.f.* [→ CLIMATISER] climatizzazione; condizionamento *m.* d'aria.
climatiser |klimatize| *v.tr.* [*maintenir,* (*un lieu*) *à une température agréable et à un taux d'humidité convenable*] climatizzare; dotare dell'aria condizionata: *climatiser un hôtel* climatizzare un albergo ✦ (*au p.p.*) *salle de cinéma climatisée* cinema con l'aria condizionata *loc. inv.*
climatiseur |klimatizœʀ| *s.m.* (*techn.*) condizionatore (d'aria).
climatisme |klimatism(ə)| *s.m.* climatismo.
climatologie |klimatɔlɔʒi| *s.f.* climatologia*.
climatologique |klimatɔlɔʒik| *adj.* climatologico*.
climatologiste |klimatɔlɔʒist(ə)|,
climatologue |klimatɔlɔg| *s.* climatologo*.
climatothérapie |klimatɔteʀapi| *s.f.* climatoterapia.
climax |klimaks| *s.m.* (*rhétorique*) climax *inv.* → **gradation.**
clin |klɛ̃| *s.m.* (*mar.*) fasciame sovrapposto: *embarcations à clins* imbarcazioni a fasciame sovrapposto.
clin d'œil |klɛ̃dœj| *s.m.* **1** [*mouvement rapide de la paupière pour faire signe*] strizzatina *f.* (d'occhio), ammicco*: *un clin d'œil complice* una strizzatina, un ammicco di complicità # *faire des clins d'œil provocants* ammiccare in modo provocante **2** *loc. fig.* EN UN CLIN D'ŒIL in un batter d'occhio: *il a disparu en un clin d'œil* è sparito in un batter d'occhio.
clinfoc |klɛ̃fɔk| *s.m.* (*mar.*) controfiocco*.
clinicat |klinika| *s.m.* [*fonction de chef de clinique*] ⊠.
clinicien |klinisjɛ̃| *s.m.* clinico*.
clinique |klinik| **I** *adj.* clinico*: *médecine clinique* medicina clinica; *examens cliniques* esami clinici **II** *s.f.* **1** [*méthode de diagnostic*] clinica* **2** [*établissement public ou privé*] clinica: *clinique ophtalmologique* clinica oculistica; *clinique d'accouchement* clinica ostetrica.
clinker |kliŋkœʀ| *s.m.* (*angl.*) (*maçonn.*) clinker *inv.*
clinomètre |klinɔmɛtʀ(ə)| *s.m.* (*géol., techn.*) clinometro ◇ (*aviat.*) inclinometro.
clinquant, ante |klɛ̃kɑ̃, ɑ̃t| **I** *s.m.* **1** [*imitation de métaux, pierreries*] lustrino: *le mauvais goût du clinquant* il cattivo gusto dei lustrini → **faux, simili** **2** (*fig.*) [*éclat trompeur*] orpello **II** *adj.* [*qui a un éclat vulg.*] chiassoso, sgargiante: *des bijoux clinquants* gioielli chiassosi; *décoration trop clinquante* decorazione troppo sgargiante.
clip |klip| *s.m.* (*angl.*) clip *f. inv.*
clipper |klipœʀ| *s.m.* (*angl.*) (*aviat., mar.*) clipper *inv.*
clique |klik| *s.f.* **1** [*groupe de personnes peu estimables*] cricca*, combriccola **2** [*ensemble des tambours et des clairons d'une mus. milit.*] fanfara, banda militare.
cliques |klik| *s.f. pl.* (*loc. fam.*) *prendre ses cliques et ses claques* [*s'en aller en emportant tout ce qu'on possède*] piantar baracca e burattini.
cliquet |klikɛ| *s.m.* (*mécan.*) nottolino.

cliquètement, cliquettement |klikɛtmɑ̃| *s.m.* → **cliquetis.**
cliqueter |klikte| (5) *v.intr.* [*produire un cliquetis*] ticchettare.
cliquetis |klikti| *s.m.* [*bruits secs que produisent certains corps qui se choquent*] ticchettio* # *un cliquetis de verres et d'assiettes* un acciottolio di bicchieri e di piatti ◇ (*fig.*) tiritera (*f.*): *un cliquetis de mots* una tiritera di parole → **verbiage**; *un cliquetis d'arguments* una tiritera di argomenti.
clisse |klis| *s.f.* [*petite claie d'osier servant à faire égoutter les fromages*] graticcio* *m.* ◇ [*servant à protéger des verres, des bouteilles*] impagliatura → **éclisse.**
clisser |klise| *v.tr.* [*garnir de clisses*] impagliare ✦ (*au p.p.*) *bouteille clissée* bottiglia impagliata.
clitoridien, ienne |klitɔʀidjɛ̃, jɛn| *adj.* (*anat.*) clitorideo.
clitoris |klitɔʀis| *s.m.* (*anat.*) clitoride *m. ou f.*
clivable |klivabl(ə)| *adj.* [→ CLIVER] sfaldabile.
clivage |klivaʒ| *s.m.* **1** [→ CLIVER] sfaldatura (*f.*): *plan de clivage* superficie di sfaldatura **2** (*fig.*) [*séparation par plans, par niveaux*] scissione *f.*, separazione *f.*
cliver |klive| *v.tr.* [*fendre (un corps minéral) dans le sens naturel de ses couches lamellaires*] sfaldare.
cloaque |klɔak| *s.m.* **1** cloaca* (*f.*): *le grand cloaque de Rome* la Cloaca massima ◇ (*par ext.*) [*lieu malsain*] cloaca: *cette infirmerie est un cloaque* questa infermeria è una cloaca **2** (*zool.*) cloaca.
clochard, arde |klɔʃaʀ, aʀd(ə)|, (*pop.*) **clodo** |klɔdo| *s.* [*mendiant, vagabond*] barbone, accattone: *des clochards qui dorment sous les ponts* barboni, accattoni che dormono sotto i ponti.
1 **cloche** |klɔʃ| *s.f.* **1** campana: *battant d'une cloche* battaglio di una campana; *les cloches de Pâques* le campane di Pasqua; *cloches qui tintent pour le glas, sonnent à toute volée* campane che suonano a morto, a distesa # *sonneur de cloches* campanaro ◇ (*prov.*) *qui n'entend qu'une cloche, n'entend qu'un son* bisogna sentire tutte e due le campane ~ *déménager à la cloche de bois* [*en cachette*] traslocare, sloggiare alla chetichella ~ (*fam.*) *sonner les cloches à qqn.* [*le réprimander fortement*] dare una bella strigliata, una lavata di capo a qc. **2** [*objet creux qui recouvre, protège*] campana: *cloche (de verre)* campana (di vetro); *cloche de métal* campana coprivivande; *cloche à plongeur* campana da palombaro # *cloche à fromage* copriformaggio **3** [*fleur, corolle en forme de cloche*] campana → **clochette** **4** [*chapeau de femme de forme hémisphérique, sans bords*] calotta ✦ (*appos.*) *des chapeaux cloches* dei cappelli a campana, delle 'cloche' (*inv.*); *paletot cloche* soprabito scampanato, a campana ◇ (*loc. fam.*) *se taper la cloche* [*bien manger*] fare una scorpacciata.
2 **cloche** |klɔʃ| *s.f.* (*fam.*) [*personne incapable, niaise et maladroite*] tonto *s.*, rimbambito (*s.*): *quelle cloche!* che tonto!; *c'est une vieille cloche* è un vecchio rimbambito (una vecchia rimbambita) ✦ (*adj.*) *tu es cloche* sei tonto, rimbambito.
cloche-pied (à) |aklɔʃpje| *loc. adv.* [*en tenant un pied en l'air et en sautant sur l'autre*] a piè zoppo, su un piede solo: *aller, sauter à cloche-pied* camminare, saltare a piè zoppo, su un piede solo.
1 **clocher** |klɔʃe| *s.m.* **1** [*tour de l'église où l'on place les cloches*] campanile: *la flèche du clocher* la guglia del campanile; *l'horloge du clocher* l'orologio del campanile **2** [*commune où se trouve le clocher*] paese; campanile: *il n'a jamais quitté son clocher* non si è mai allontanato dal suo paese ‖ *rivalités, querelles de clocher* beghe, rivalità di campanile, campanilistiche # *esprit de clocher* campanilismo.
2 **clocher** |klɔʃe| *v.intr.* **1** (*vx.*) → **boiter, claudiquer** **2** (*fig.*) [*être défectueux; aller de travers*] zoppicare: *raisonnement qui cloche* ragionamento che zoppica → **défectueux** ◇ (*loc.*) *il y a qqch. qui cloche* [*qui ne va pas*] c'è q.c. che non quadra, che non va.
clocheton |klɔʃtɔ̃| *s.m.* **1** piccolo campanile **2** (*archit.*) piccola guglia *f.*, guglietta *f.*
clochette |klɔʃɛt| *s.f.* **1** [*petite cloche*] campanella ◇ (*spécialt.*) *clochette suspendue au cou du bétail* campanaccio* *m.* appeso al collo del bestiame → **sonnette** **2** (*bot.*) campanella: *les clochettes du muguet* le campanelle del mughetto ◇ (*t.bot.*) *clochette des bois* campanella dei boschi → **jacinthe** ~ *clochette d'hiver* campanella d'inverno → **perce-neige** ~ *clochette des murs* campanula → **campanule.**
cloison |klwazɔ̃| *s.f.* **1** [*division qui limite les pièces d'une maison*] tramezzo *m.*, parete divisoria: *abattre une cloison* abbattere un tramezzo # *écouter derrière la cloison* origliare da dietro i muri **2** (*mar.*) paratia: *cloison étanche* paratia stagna **3** (*anat.*) setto (*m.*): *cloison des fosses nasales* setto nasale; *cloison du cœur* setto intraventricolare **4** (*fig.*) [*séparation, barrière*] barriera: *faire tomber les cloisons des classes sociales* abbattere le barriere fra le classi sociali.
cloisonnage |klwazɔnaʒ| *s.m.* [*action de poser des cloisons; ensemble de cloisons*] tramezzatura *f.*
cloisonné, ée |klwazɔne| *adj. et s.m.* tramezzato *adj.*, 'cloisonné' *inv.*
cloisonnement |klwazɔnmɑ̃| *s.m.* [*manière dont une chose est cloisonnée*] tramezzatura *f.* ◇ (*fig.*) compartimentazione *f.*
cloisonner |klwazɔne| *v.tr.* [*séparer par des cloisons*] tramezzare → **compartimenter.**
cloître |klwatʀ(ə)| *s.m.* [*partie d'un monastère interdite aux profanes et fermée par une enceinte; galerie à colonnes entourant une cour ou un jardin carré*] chiostro ◇ (*par ext.*) [*le monastère*] convento: *s'enfermer dans un cloître* chiudersi in convento → **abbaye, couvent.**
cloîtrer |klwatʀe| **A** *v.tr.* [*faire entrer comme religieux, religieuse dans un monastère fermé*] rinchiudere (106) in un chiostro, in convento: *cloîtrer une jeune fille* rinchiudere una ragazza in convento ✦ (*au p.p.*) *religieux cloîtrés* religiosi di clausura **B** *v.pron. réfl.* SE CLOÎTRER (*fig.*) [*vivre à l'écart du monde*] isolarsi, segregarsi: *se cloîtrer dans ses occupations* isolarsi nelle proprie occupazioni → **retirer (se), enfermer (s').**
clonage |klɔnaʒ| *s.m.* (*biol.*) clonazione *f.*
clone |klɔn| *s.m.* (*biol.*) clone.
clonie |klɔni| *s.f.* (*méd.*) clono *m.*
clonique |klɔnik| *adj.* (*méd.*) clonico*.
clonus |klɔnys| *s.m.* (*méd.*) clono.
clope |klɔp| *s.m.* **1** (*pop.*) [*mégot*] cicca* *f.*, mozzicone (*cour.*) **2** (*fam.*) *des clopes!* [*rien du tout*] col cavolo!
clopin-clopant |klɔpɛ̃klɔpɑ̃| *loc. adv.* (*fam.*) [*en clopinant*] zoppicando (*cour.*); a fatica (*cour.*): *aller clopin-clopant* camminare zoppicando; camminare a fatica.
clopiner |klɔpine| *v.intr.* [*marcher avec peine, en traînant le pied*] zoppicare; camminare a fatica → **boiter,** 2 **clocher.**
clopinettes |klɔpinɛt| *s.f. pl.* (*fam.*) [*rien*] zero ◇ (*par ext.*) → **clope** 2.
cloporte |klɔpɔʀt(ə)| *s.m.* (*t.zool.*) onisco* ◇ (*loc. fig.*) *vivre comme un cloporte* [*confiné chez soi*] vivere come un eremita.
cloque |klɔk| *s.f.* **1** (*bot.*) bolla **2** (*méd., cour.*) bolla, vescica → **ampoule.**
cloqué, ée |klɔke| *adj.* [*qui présente des cloques, des boursouflures*] bolloso; goffrato: *feuilles cloquées* foglie bollose ‖ *tissu cloqué* tessuto goffrato.
cloquer |klɔke| **A** *v.intr.* [*se soulever en formant des cloques*] gonfiarsi (*pron.*), far (103) *tr.* bolle: *peinture qui cloque* tinteggiatura che si gonfia, che fa bolle **B** (*v.tr.*) *cloquer une étoffe* [*gaufrer*] goffrare un tessuto.
clore |klɔʀ| (57) *v.tr.* **1** (*vx.*) [*fermer pour empêcher l'accès*] chiudere (106) (*cour.*): *clore les persiennes d'une chambre* chiudere le persiane di una camera **2** [*terminer; déclarer terminé*] chiudere: *clore un débat, une discussion* chiudere un dibattito, una discussione; *clore la séance d'une assemblée* chiudere, togliere la seduta di un'assemblea → **clôturer** **3** (*vieilli*) [*enclore, enfermer*] recingere (119).
clos |klo| *s.m.* [*terrain cultivé et clos de haies*] podere (recinto) # *clos d'arbres fruitiers* frutteto (recintato) ◇ (*spécialt.*) [*vignoble*] vigneto.
clos, ose |klo, oz| *adj.* **1** (*littér.*) [*fermé*] chiuso (*cour.*): *espace clos* spazio chiuso; *tournoi en champ clos* torneo in campo chiuso → 1 **enceinte, enclos**; *trouver porte close* trovare la porta chiusa, non trovare nessuno; *avoir les yeux clos* avere gli occhi chiusi ◇ (*spécialt.*) *maison close* casa chiusa → **bordel** ◇ (*loc. fig.*) *avoir la bouche close* tenere la bocca chiusa ~ *à la nuit close* a notte alta ~ *il travaille en vase clos* [*confiné*] lavora nel più assoluto isolamento **2** [*achevé, terminé*] chiuso; tolto: *l'incident est clos* l'incidente è chiuso ‖ *la séance est close* la seduta è tolta.
closerie |klozʀi| *s.f.* piccolo recinto *m.*; piccola fattoria.
clôture |klotyʀ| *s.f.* **1** [*ce qui sert à obstruer le passage, à enclore un espace*] recinzione: *mur de clôture* muro di recinzione, di cinta; *clôture de fossés* recinzione di fossati; *clôture métallique* recinzione metallica → **grille** # *clô-*

ture à claire-voie steccato, staccionata; *clôture de pâturage* chiuso **2** [*enceinte où les religieux vivent cloîtrés*] chiostro *m.*; clausura: *vœu de clôture* voto di clausura → **cloître** **3** [*action de terminer une chose*] chiusura: *clôture d'un compte* chiusura di un conto; *séance de clôture* seduta di chiusura, conclusiva; *clôture d'une session parlementaire* chiusura di una sessione parlamentare ⓒ **1 ouverture, percée**; 3 **commencement, début.**

clôturer |klotyʀe| *v.tr.* **1** [*déclarer terminé, clos*] chiudere (106): *clôturer un compte* chiudere un conto; *clôturer une séance* chiudere una seduta **2** [*fermer par une clôture*] recingere (119) → **clore, enclore.**

clou |klu| *s.m.* **I 1** chiodo: *clou sans tête* chiodo senza testa; *clous à souliers* chiodi da scarpe; *planter des clous* piantare dei chiodi → **clouer**; *rabattre un clou* ribattere un chiodo → **river** ◇ (*loc. adv.*) *un clou chasse l'autre* chiodo scaccia chiodo ◇ (*loc. fig.*) *river son clou à qqn.* [*le réduire au silence par une réponse*] rispondere per le rime, chiudere il becco a qc. **2** [*tête de clou*] chiodi *pl.* # *traversez sur les clous!* attraversate sulle strisce, sul passaggio pedonale! **3** (*loc. fig.*) *maigre comme un clou* magro come un chiodo ~ (*fam.*) *ça ne vaut pas un clou* [*ça ne vaut rien*] non vale una cicca, un fico secco ~ *des clous!* [*rien de tout*] un corno!, col cavolo! **II** (*par anal.*) **1** *clou de girofle* chiodo di garofano **2** [*furoncle*] foruncolo **III** (*fig.*) **1** (*fam.*) [*mont-de-piété*] monte di pietà (*cour.*): *mettre au clou* portare al monte di pietà **2** *le clou du spectacle* il 'clou' *inv.*, l'attrattiva *f.* principale dello spettacolo **3** [*mauvaise voiture*] macinino, bagnarola *f.* → **tacot.**

clouage |kluaʒ| *s.m.* [*action ou manière de clouer*] inchiodatura *f.*

clouer |klue| *v.tr.* **1** [*fixer, assembler avec des clous*] inchiodare: *clouer une caisse* inchiodare una cassa; *clouer un tableau au mur* inchiodare un quadro al muro **2** (*par ext.*) [*fixer avec un objet pointu*] inchiodare: *il l'a cloué au sol d'un coup d'épée* lo ha inchiodato al suolo con un colpo di spada → **1 ficher** **3** (*fig.*) [*immobiliser*] rimanere (174) *intr.* impietrito; inchiodare: *il est resté cloué sur place par la surprise* è rimasto impietrito dalla sorpresa ‖ *être cloué par une maladie* la malattia lo inchioda a letto **4** (*loc.*) *clouer au pilori* legare, mettere alla gogna; *clouer le bec* (*fam.*) *à qqn.* chiudere, tappare (*fam.*) la bocca (*cour.*), il becco a qc. ⓒ **1 déclouer.**

cloutage |klutaʒ| *s.m.* [*le fait ou la manière de clouter*] chiodatura *f.*

cloutard |klutaʀ| *s.m.* (*fam.*) [*élève de l'École normale supérieure de Saint-Cloud*] ⊠.

clouté, ée |klute| *adj.* **1** [*garni de clous*] chiodato: *une ceinture cloutée* una cintura chiodata, guarnita di chiodi **2** (*spécialt.*) *passage clouté* passaggio pedonale, strisce *s.f. pl.*

clouter |klute| *v.tr.* [*garnir de clous*] chiodare.

clouterie |klutʀi| *s.f.* [*fabrication, commerce de clous*] chioderia.

cloutier |klutje| *s.m.* [*celui qui fabrique, vend des clous*] chiodaio*.

clovisse |klɔvis| *s.f.* (*t.zool.*) vongola.

clown |klun| *s.m.* (*angl.*) **1** clown *inv.*, pagliaccio* **2** (*fig.*) *faire le clown* [*le farceur*] fare il pagliaccio, fare pagliacciate → **guignol.**

clownerie |klunʀi| *s.f.* [*farce digne d'un clown*] pagliacciata: *faire des clowneries* fare pagliacciate.

clownesque |klunɛsk(ə)| *adj.* clownesco*.

clownesse |klunɛs| *s.f.* (*littér.*) donna clown (*cour.*).

cloyère |klwajɛʀ, klɔjɛʀ| *s.f.* cesta da pesca.

club |klœb| *s.m.* **1** circolo, club (*inv.*): *aller au club* andare al circolo, al club **2** [*association de personnes s'intéressant aux mêmes activités*] *le Club Alpin* il Club Alpino; *le Touring Club* il Touring Club **3** (*spécialt.*) (*fauteuil*) *club* poltrona *f.* di cuoio **4** (*angl.*) mazza *f.* da golf.

cluniste |klynist(ə)| *s.m.* [*religieux de l'ordre de Cluny*] cluniacense.

Clupéidés |klypeide| *s.m. pl.* (*t. zool.*) Clupeidi.

cluse |klyz| *s.f.* (*géogr.*, *dans le Jura*) chiusa: *la cluse de Nantua* la chiusa di Nantua.

clypeus |klipeys| *s.m.* (*zool.*) clipeo.

clystère |klistɛʀ| *s.m.* (*vx.*) clistere (*cour.*) → **lavement.**

cnémide |knemid| *s.f.* (*antiq.*) schiniere *m.*

Cnidaires |knidɛʀ| *s.m. pl.* (*t.zool.*) Cnidari.

co- |kɔ| *préf.* (*signifiant 'avec', correspond généralt. à*) co; com: *coacussé* coaccusato ‖ *coparticipation* compartecipazione → **con-.**

coaccusé |kɔakyze| *s.* coimputato, coaccusato.

coacquéreur |kɔakeʀœʀ| *s.m.* acquirente *s.* in comune.

coadjuteur, trice |kɔadʒytœʀ, tʀis| *s.* (*ecclés.*) coadiutore*: *coadjuteur d'un évêque* coadiutore di un vescovo; *coadjutrice d'un couvent* coadiutrice di un convento.

coadministrateur, trice |kɔadministʀatœʀ, tʀis| *s.* coamministratore*.

coagulabilité |kɔagylabilite| *s.f.* coagulabilità *inv.*, l'essere *m. inv.* coagulabile.

coagulable |kɔagylabl(ə)| *adj.* [→ COAGULER] coagulabile.

coagulant, ante |kɔagylɑ̃, ɑ̃t| *adj. et s.m.* (*chim.*, *méd.*) coagulante.

coagulateur, trice |kɔagylatœʀ, tʀis| *adj.* coagulante *adj. et s.m.* → **coagulant.**

coagulation |kɔagylɑsjɔ̃| *s.f.* [→ COAGULER] coagulazione: *coagulation du sang* coagulazione del sangue ◇ (*spécialt.*) *coagulation du lait* cagliatura (del latte) ⓒ **liquéfaction.**

coaguler |kɔagyle| **A** *v.tr.* [*transformer* (*une substance liquide*) *en une masse solide*] coagulare: *coaguler du sang* coagulare il sangue; *la présure coagule le lait* il caglio coagula il latte → **cailler, figer (se)** **B** *v.pron. intr.* SE COAGULER [→ *tr.*] coagularsi → **2 prendre** ◇ (*fig.*) [*se figer, se cristalliser*] irrigidirsi (197), cristallizzarsi ⓒ A **fondre 1, liquéfier.**

coagulum |kɔagylɔm| *s.m.* (*lat.*) (*sc.*) coagulo.

coalescence |kɔalɛs(s)ɑ̃s| *s.f.* **1** (*biol.*, *chim.*) coalescenza **2** (*ling.*) fusione.

coalisé, ée |kɔalize| *adj.* coalizzato, alleato: *les puissances coalisées* le potenze coalizzate, alleate ✦ (*s.m. pl.*) *les coalisés* gli alleati.

coaliser |kɔalize| **A** *v.tr.* [*réunir*] coalizzare: *il a coalisé tout le monde contre nous* ha coalizzato tutti contro di noi → **ameuter** **B** *v.pron. récipr.* SE COALISER [→ *tr.*] coalizzarsi: *les puissances européennes se coalisèrent contre Napoleon* le potenze europee si coalizzarono contro Napoleone.

coalition |kɔalisjɔ̃| *s.f.* **1** coalizione: *coalition politique, de partis* coalizione politica, di partiti → **alliance, confédération, ligue** **2** [*union, avec un but commun, contre qqn.*] unione, coalizione: *coalition d'intérêts* unione di interessi.

coaltar |koltaʀ| *s.m.* (*angl.*) catrame di carbon fossile.

coaptation |kɔaptɑsjɔ̃| *s.f.* (*chir.*) coattazione.

coarctation |kɔaʀktɑsjɔ̃| *s.f.* (*pathol.*) coartazione.

coassement |kɔasmɑ̃| *s.m.* [*cri de la grenouille*] gracidio*, il gracidare *inv.*

coasser |kɔase| *v.intr.* (*en parlant de la grenouille*) [*crier*] gracidare.

coassocié, ée |kɔasɔsje| *s.* [*personne associée à d'autres*] consocio*.

coassurance |kɔasyʀɑ̃s| *s.f.* coassicurazione.

coauteur |kootœʀ| *s.m.* coautore* *s.*

coaxial, iale, iaux |kɔaksjal, jo| *adj.* (*techn.*) coassiale: *hélices coaxiales* eliche coassiali.

cobalt |kɔbalt| *s.m.* cobalto: *minerai de cobalt* minerale di cobalto; *cobalt radioactif* cobalto radioattivo.

cobaltothérapie |kɔbaltoteʀapi|, **cobalthérapie** |kɔbalteʀapi| *s.f.* cobaltoterapia.

cobaye |kɔbaj| *s.m.* (*t.zool.*) cavia *f.*, porcellino d'India (*cour.*) ◇ (*loc. fig.*, *fam.*) *servir de cobaye* fare da cavia.

cobelligérant, ante |kɔbe(ɛl)liʒeʀɑ̃, ɑ̃t| *adj.* cobelligerante: *les nations cobelligérantes* le nazioni cobelligeranti ✦ (*s.*) *les cobelligérants* i cobelligeranti.

cobol |kɔbɔl| *s.m.* (*informatique*) cobol *inv.*

cobra |kɔbʀa| *s.m.* (*t.zool.*) cobra *inv.*

coca |kɔka| *s.* **1** *s.m. ou f.* (*t.bot.*) coca* *f.* **2** *s.f.* [*substance extraite de la feuille de coca*] coca.

coca-cola |kɔkakɔla| *s.m. inv.* (*nom déposé*) coca cola (*f.*): *un coca(-cola), un coke* una coca (cola).

cocagne |kɔkaɲ| *s.f.* cuccagna: *mât de cocagne* albero della cuccagna; *pays de cocagne* paese della cuccagna.

cocaïne |kɔkain| *s.f.* cocaina: *une injection de cocaïne* un'iniezione di cocaina → **drogue.**

cocaïnisation |kɔkainizɑsjɔ̃| *s.f.* (*méd.*) cocainizzazione.

cocaïnisme |kɔkainism(ə)| *s.m.* (*méd.*) cocainismo.

cocaïnomane |kɔkainɔman| *s.* cocainomane.

cocaïnomanie |kɔkainɔmani| *s.f.* cocainomania.

cocarde |kɔkaʀd(ə)| *s.f.* **1** coccarda: *la cocarde tricolore* la coccarda tricolore ◇ (*loc. pop.*) *taper sur la cocarde* (*en parlant de l'effet enivrant d'un vin*) dare alla testa (*cour.*) **2** [*ornement en ruban*] coccarda.

cocardier, ière |kɔkaʀdje, jɛʀ|

s. et adj. [*patriote exalté*] militarista ◇ (*par ext.*) [*personne chauvine*] sciovinista.
cocasse |kɔkas| *adj.* [*qui est d'une étrangeté bouffonne*] buffo, strambo: *histoire cocasse* storia buffa, stramba; *il disait des choses très cocasses* diceva cose molto buffe.
cocasserie |kɔkasʀi| *s.f.* [*bouffonnerie, drôlerie*] buffoneria, stramberia.
Coccidies |kɔksidi| *s.f. pl.* (*t.zool.*) Coccidi *m.*
coccidiose |kɔksidjoz| *s.f.* (*pathol.*) cocciodiosi *inv.*
coccinelle |kɔksinɛl| *s.f.* (*t.zool.*) coccinella.
coccus |kɔkys| *s.m.* (*biol.*) cocco*.
coccygien, ienne |kɔksiʒjɛ̃, jɛn| *adj.* (*anat.*) coccigeo.
coccyx |kɔksis| *s.m.* (*anat.*) coccige.
1 **coche** |kɔʃ| *s.f.* (*vx., région.*) → **encoche.**
2 **coche** |kɔʃ| *s.f.* (*vx., région.*) → **truie.**
3 **coche** |kɔʃ| *s.m.* (*ancienn.*) *coche d'eau* chiatta *f.* rimorchiata da cavalli.
4 **coche** |kɔʃ| *s.m.* (*ancienn.*) [*grande voiture tirée par des chevaux*] diligenza *f.* ◇ (*loc. fig.*) *être, faire la mouche du coche* [*s'agiter beaucoup sans rendre de réels services*] fare il faccendone, la mosca cocchiera ~ (*fam.*) *manquer le coche* [*manquer l'occasion de faire une chose utile*] perdere il treno, l'autobus.
cochenille |kɔʃnij| *s.f.* (*t.zool.*) cocciniglia.
1 **cocher** |kɔʃe| *v.tr.* [*marquer d'une* (1) *coche, d'un signe*] spuntare: *cocher un nom sur une liste* spuntare un nome in un elenco.
2 **cocher** |kɔʃe| *s.m.* [*celui qui conduit une voiture à cheval*] vetturino: *cocher de fiacre* vetturino, fiaccheraio* → **conducteur, 1 postillon.**
côcher |koʃe| *v.tr.* [*couvrir la femelle, (en parlant des oiseaux)*] coprire (186).
cochère |kɔʃɛʀ| (*adj. f.*) *porte cochère* porta carraia.
cochevis |kɔʃvi| *s.m.* (*t.zool.*) cappellaccia* *f.*
cochléaire |kɔkleɛʀ| *adj.* (*anat.*) cocleare.
cochlée |kɔkle| *s.f.* (*anat.*) coclea.
cochon, onne |kɔʃɔ̃, ɔn| **I** *s.m.* **1** (*t.zool.*) maiale, porco* ~ *cochon d'Inde* porcellino d'India → **cobaye** ~ *cochon de mer* focena → **marsouin** ◇ (*cour.*) *cochon de lait* porcellino di latte; *élever des cochons* allevar maiali, suini; praticare la suinicoltura **2** (*loc. fig.*) *gras, sale comme un cochon* grasso, sozzo come un maiale, un porco ~ *il a une tête de cochon* [*mauvais caractère*] è un musone ~ *manger comme un cochon* mangiare come un porco **3** (*par ext.*) [*chair de cochon*] (carne *f.* di) maiale: *manger du cochon* mangiare (carne di) maiale → **porc II** *s. et adj.* **1** *s.* (*fam.*) [*personne malpropre au physique, au moral*] porco: *quel cochon!* che porco! ◇ (*loc.*) *jouer un tour de cochon à qqn.* giocare uno sporco tiro a qc. **2** *adj.* (*fam.*) [*licencieux*] sporco*: *histoire cochonne* barzelletta sporca → **dégoûtant.**
cochoncetė |kɔʃɔ̃ste| *s.f.* (*fam.*) → **cochonnerie** 3.
cochonnaille |kɔʃɔnaj| *s.f.* (*fam.*) [*charcuterie*] salumi *m. pl.* (*cour.*), insaccati *m. pl.* (*cour.*).
cochonner |kɔʃɔne| **A** *v.tr.* (*fam.*) [*faire (un travail) salement*] raffazzonare (*cour.*), abborracciare (*cour.*): *c'est du travail cochonné* è un lavoro raffazzonato, fatto da cane **B** *v.intr.* (*rare*) (*en parlant de la truie*) [*mettre bas*] figliare (*cour.*).
cochonnerie |kɔʃɔnʀi| *s.f.* **1** (*fam.*) [*malpròpreté*] sporcizia (*cour.*): *il est d'une cochonnerie répugnante* è di una sporcizia ripugnante **2** [*chose sale, sans valeur*] porcheria: *il ne vend que des cochonneries* vende solo porcherie; *c'est de la cochonnerie* è una porcheria **3** (*pop.*) [*action, propos obscène*] *raconter des cochonneries* raccontare porcherie.
cochonnet |kɔʃɔnɛ| *s.m.* **1** [*petit cochon, cochon de lait*] maialino, porcellino **2** [*petite boule servant de but aux joueurs de boules*] boccino, pallino.
cochylis |kɔkilis|, **conchylis** |kɔ̃kilis| *s.m.* (*t.zool.*) tignola *f.* dell'uva.
cocker |kɔkɛʀ| *s.m.* (*t.zool.*) cocker *inv.*
cockpit |kɔkpit| *s.m.* (*aviat.*) cabina *f.* di pilotaggio, carlinga* *f.*
cocktail |kɔktɛl| *s.m.* **1** [*mélange de boissons*] cocktail (*inv.*): *cocktail au gin* cocktail al gin; *préparer un cocktail dans un shaker* preparare un cocktail nello shaker **2** [*réunion où l'on boit des cocktails*] cocktail (party) (*inv.*): *inviter les amis à un cocktail* invitare gli amici ad un cocktail **3** (*fig.*) [*mélange*] miscuglio* # *un spectacle de variétés qui présente un cocktail de bons mots et de chansons* uno spettacolo di varietà che alterna battute e canzoni **4** (*par anal.*) *cocktail Molotov* bottiglia Molotov.
1 **coco** |kɔ(o)ko| *s.m.* **1** [*fruit du cocotier*] cocco*: *noix de coco* noce di cocco; *beurre de coco* burro di cocco **2** bibita *f.* di succo di liquirizia.
2 **coco** |kɔ(o)ko| *s.m.* (*dans le langage enfantin*) [*œuf*] cocco*.
3 **coco** |kɔ(o)ko| *s.m.* **1** [*individu*] tipo, tizio*: *un drôle de coco* un tipo strano → **zèbre** # *un vilain coco* un tipaccio **2** (*t.d'affection*) cocco*: *mon petit coco!* coccolino! → **1 cocotte** 3.
4 **coco** |kɔ(o)ko| *s. et adj.* (*péj.*) [*communiste*] rosso.
5 **coco** |kɔ(o)ko| *s.f.* (*fam.*) [*cocaïne*] coca*, cocaina (*cour.*).
cocon |kɔkɔ̃| *s.m.* [*enveloppe dont les chenilles des papillons s'entourent*] bozzolo: *cocon de ver à soie* bozzolo del baco da seta ◇ (*loc. fig.*) *s'enfermer dans son cocon* chiudersi nel proprio bozzolo.
cocontractant, ante |kɔkɔ̃tʀaktɑ̃, ɑ̃t| *s.* (*dr.*) contraente.
cocorico |kɔkɔʀiko| (*onomat.*) → **coquerico.**
cocotier |kɔkɔtje| *s.m.* (*t.bot.*) cocco*.
1 **cocotte** |kɔkɔt| *s.f.* **1** (*dans le langage enfantin*) [*poule*] coccodè *inv.* **2** [*femme de mœurs légers*] 'cocotte' *inv.* → **1 poule 3** (*t. d'affection*) cocca* **4** (*t. d'encouragement, adressé à un cheval*) bello (*adj.*): *hue, cocotte!* su, bello (bella)!
2 **cocotte** |kɔkɔt| *s.f.* [*marmite ronde en fonte*] 'cocotte' (*inv.*): *poulet cocotte* pollo alla 'cocotte' # *cocotte minute* pentola a pressione.
coction |kɔksjɔ̃| *s.f.* [*cuisson*] cottura ◇ [*digestion*] digestione ◇ (*méd.*) maturità (*inv.*): *période de coction des bronchites* (periodo di) maturità delle bronchiti.
cocu, ue |kɔky| *s.m.* (*vulg.*) [*mari dont la femme est infidèle*] cornuto ♦ *adj.* [*trompé*] *mari cocu* marito cornuto.
cocuage |kɔkɥaʒ| *s.m.* (*vulg.*) [*état de celui qui est cocu*] l'essere *inv.* cornuto.
cocufier |kɔkyfje| *v.tr.* (*vulg.*) [*faire cocu*] cornificare → **tromper.**
cocyclique |kɔsiklik| *adj.* (*math.*) *points cocycliques* punti appartenenti alla stessa circonferenza *loc.*
coda |kɔda| *s.f.* (*mus.*) coda: *coda d'une fugue* coda di una fuga.
codage |kɔdaʒ| *s.m.* [*production ou transformation d'un message selon un code*] codificazione *f.* © **décodage.**
code |kɔd| *s.m.* **1** [*recueil de lois*] codice: *article d'un code* articolo del codice; *code civil* codice civile; *code de commerce* codice commerciale # *se tenir dans les marges du code* rimanere nei limiti della legalità; *connaître le code* conoscere la legge; *c'est dans le code* è legale, lecito **2** [*décret réglant un domaine particulier*] codice: *le code de la route* il codice della strada ◇ (*loc.*) *phares code* fari anabbaglianti ~ (*absolt.*) *se mettre en code* usare gli anabbaglianti **3** (*fig.*) [*ensemble de règles*] codice: *le code de l'honneur* il codice dell'onore **4** [*dictionnaire des équivalences entre deux langages*] codice: *code secret* codice segreto → **chiffre**; *mettre en code* mettere in codice, codificare → **coder.**
codébiteur, trice |kɔdebitœʀ, tʀis| *s.* (*dr.*) condebitore *m.*
codéine |kɔdein| *s.f.* codeina.
codemandeur, deresse |kɔdmɑ̃dœʀ, dʀɛs| *s.* (*dr.*) co-attore *m.*
coder |kɔde| *v.tr.* [*mettre en code*] codificare © **décoder.**
codétenteur, trice |kɔdetɑ̃tœʀ, tʀis| *s.* (*dr.*) codetentore*.
codétenu |kɔdɛ(e)tny| *s.* compagno di detenzione.
codeur |kɔdœʀ| *s.m.* (*informatique*) codificatore.
codex |kɔdɛks| *s.m.* [*recueil de formules pharmaceutiques*] farmacopea *f.*
codicille |kɔdisil| *s.m.* (*dr.*) codicillo.
codificateur, trice |kɔdifikatœʀ, tʀis| *s. et adj.* codificatore*.
codification |kɔdifikɑsjɔ̃| *s.f.* (*dr.*) codificazione.
codifier |kɔdifje| *v.tr.* **1** [*réunir (des dispositions légales) dans un code*] codificare: *codifier le droit aérien* codificare il diritto aeronautico **2** [*ériger en système organisé*] codificare.
codirecteur, trice |kɔdiʀɛktœʀ, tʀis| *s. et adj.* condirettore*.
codirection |kɔdiʀɛksjɔ̃| *s.f.* condirezione.
codominance |kɔdɔminɑ̃s| *s.f.* (*biol.*) codominanza.
codon |kɔdɔ̃| *s.m.* (*biol., chim.*) codone.
co-éditeur, trice |kɔeditœʀ, tʀis| *s. et adj.* coeditore*.
co-édition |kɔedisjɔ̃| *s.f.* coedizione.
coefficient |kɔefisjɑ̃| *s.m.* **1** coefficiente: *coefficient de dilatation, d'écrasement* coefficiente di dilatazione, di schiacciamento; *affecter d'un coefficient*

apporre un coefficiente; *le coefficient du coût de la vie augmente* il coefficiente, l'indice del costo della vita aumenta → 3 **facteur** **2** [*facteur, pourcentage*] coefficiente: *il faut prévoir un coefficient d'erreur* bisogna prevedere un certo coefficiente di errore.

cœlacanthe |selakɑ̃t| *s.m.* (*t. zool.*) celacanto.

Cœlentérés |selɑ̃tere| *s.m. pl.* (*t. zool.*) Celenterati.

cœliaque |seljak| *adj.* (*anat.*) celiaco*.

coenzyme |koɑ̃zim| *s.m. ou f.* (*biol., chim.*) coenzima *m.*, cofermento *m.*

coéquation |kɔekwasjɔ̃| *s.f.* (*écon.*) perequazione tributaria.

coéquipier, ière |kɔekipje, jɛʀ| *s.* compagno di squadra, 'coéquipier' *inv.*

coercibilité |kɔɛʀsibilite| *s.f.* (*phys.*) coercibilità *inv.*

coercible |kɔɛʀsibl(ə)| *adj.* (*phys.*) coercibile: *gaz coercible* gas coercibile → **compressible** Ⓒ **incoercible, incompressible.**

coercitif, ive |kɔɛʀsitif, iv| *adj.* coercitivo; coattivo: *pouvoir coercitif* potere coercitivo ‖ *mesures coercitives* misure coattive.

coercition |kɔɛʀsisjɔ̃| *s.f.* coercizione: *exercer une coercition* esercitare una coercizione.

coéternel, elle |kɔetɛʀnɛl| *adj.* (*théol.*) coeterno.

1 **cœur** |kœʀ| *s.m.* **1** (*anat.*) cuore: *battement du cœur* battito del cuore; *opération chirurgicale à cœur ouvert, fermé* operazione a cuore aperto, chiuso # *greffe du cœur* trapianto cardiaco **2** [*poitrine*] petto: *il la serra tendrement sur, contre son cœur* la strinse teneramente al petto **3** [*estomac*] stomaco*: *j'ai encore mon dîner sur le cœur* ho ancora la cena sullo stomaco ◊ (*loc. fig.*) *avoir mal au cœur* [*avoir des nausées*] avere la nausea, delle nausee ~ *avoir le cœur barbouillé* avere lo stomaco sottosopra, in disordine ~ *cela me soulève le cœur* mi rivolta lo stomaco, mi dà il voltastomaco.

2 **cœur** |kœʀ| *s.m.* **1** [*siège des sensations, des émotions*] cuore: *un serrement de cœur* una stretta al cuore; *une douleur, un chagrin qui arrache, brise, serre le cœur* un dolore, un dispiacere che strappa, spezza, stringe il cuore ◊ (*loc.*) *avoir le cœur gros* (*de peine*) avere il cuore gonfio ~ *avoir la rage au cœur* avere la rabbia in corpo ~ *avoir la joie au cœur* avere la gioia in cuore, in petto **2** *loc.* [*siège du désir, de l'humeur*] *accepter, consentir de bon cœur, de tout cœur, de grand cœur* accettare, acconsentire di buon cuore, con tutto il cuore ~ *de tout son cœur* con tutto il cuore ~ *si le cœur vous en dit* se ne avete voglia, se vi va ~ AVOIR LE CŒUR À [*avoir envie de...*] avere voglia di...: *je n'ai pas le cœur à rire* non ho voglia, non mi va di ridere ~ *avoir, prendre qqch. à cœur* avere, prendere q.c. a cuore ~ *cela lui tient à cœur* gli sta a cuore ~ *à cœur joie* [*avec grand plaisir, jusqu'à satiété*] di (gran) gusto ~ *s'en donner à cœur joie* godersela, spassarsela **3** (*siège des sentiments, des passions*) cuore: *avoir un cœur sensible* avere un cuore sensibile, essere sensibile; *aller droit au cœur* andare dritto al cuore; *mélodie qui parle au cœur* melodia che parla al cuore ◊ (*en amour*) *cœur fidèle* cuore fedele; *affaire de cœur* faccenda di cuore, sentimentale; *offrir, refuser son cœur* offrire, rifiutare il proprio cuore, il proprio amore **4** [*bonté, sentiments altruistes*] cuore: *homme, femme de cœur* uomo, donna di cuore ◊ (*loc.*) *avoir bon cœur* avere buon cuore ~ *avoir du cœur* avere cuore ~ *avoir un cœur d'or* avere un cuore d'oro ~ (*fam.*) *avoir le cœur sur la main* avere il cuore in mano ◊ (*loc. adj.*) *sans cœur* senza cuore ◊ [*la personne considérée dans ses sentiments, ses affections*] *c'est un brave cœur* è un coraggioso **5** (*littér.*) [*qualités de caractère, siège de la conscience*] animo (*cour.*): *noblesse de cœur* nobiltà d'animo → **âme** ◊ [*courage*] coraggio* (*cour.*): *le cœur lui manqua* non ne ebbe il coraggio; *il n'aura pas le cœur de faire cela* non avrà il coraggio di farlo **6** (*loc.*) *je veux en avoir le cœur net* [*être fixé là-dessus*] voglio vederci chiaro ~ PAR CŒUR [*de mémoire*] a memoria: *apprendre, savoir, réciter* (*un poème*) *par cœur* imparare, sapere, recitare (una poesia) a memoria.

3 **cœur** |kœʀ| *s.m.* [*ce qui rappelle la forme du cœur*] **1** (*cartes*) cuori (*pl.*): *as de cœur* asso di cuori **2** [*partie centrale de qqch.*] cuore: *le cœur d'une laitue, d'un fruit* il cuore di una lattuga, di un frutto **3** (*loc. fig.*) *au cœur de l'hiver, de l'été* nel cuore dell'inverno, dell'estate ~ *le cœur du sujet, de la question* [*le point essentiel*] il nocciolo dell'argomento, della questione.

coexistence |kɔɛgzistɑ̃s| *s.f.* coesistenza: *coexistence des trois personnes divines* coesistenza delle tre persone divine; *coexistence pacifique* coesistenza pacifica.

coexister |kɔɛgziste| *v.intr.* [*exister ensemble, en même temps*] coesistere (116) (*aux.* 'essere').

coextensif, ive |kɔɛkstɑ̃sif, iv| *adj.* suscettibile della stessa estensione.

coffin |kɔfɛ̃| *s.m.* astuccio* per la cote.

coffrage |kɔfʀaʒ| *s.m.* (*charpent.*) armatura *f.*; cassaforma* (*f.*): *des coffrages* delle casseforme # *enlever le coffrage* disarmare; *procéder au coffrage* armare; rivestire.

coffre |kɔfʀ(ə)| *s.m.* **1** [*meuble de rangement qui s'ouvre en soulevant le couvercle*] cassa (*f.*): *fermoir d'un coffre* chiusura di una cassa ◊ (*spécialt.*) *coffre bombé* cofano; *coffre à outils* cassetta *f.* degli attrezzi; *coffre à linge* cassone per la biancheria **2** [*caisse où l'on range de l'argent*] cassaforte* *f.*; cassetta di sicurezza: *les coffres des banques* le casseforti delle banche; *percer un coffre* scassinare una cassaforte ‖ *avoir un coffre à la banque* avere una cassetta di sicurezza in banca # *les coffres de l'État* le casse dello Stato **3** (*auto.*) bagagliaio*: *coffre d'une voiture* bagagliaio dell'automobile **4** [*réceptacle ayant la forme de coffre*] cassa: *coffre d'un piano* cassa del pianoforte; *coffre d'un orgue* cassa dell'organo → **buffet** ◊ (*mar.*) *coffre d'un navire* cassero **5** (*fam.*) [*poitrine*] petto (*cour.*) ◊ (*loc.*) *avoir du coffre* [*du souffle*] avere molto fiato; [*une solide carrure*] essere di robusta costituzione.

coffre-fort |kɔfʀəfɔʀ| *s.m.* cassaforte* (*f.*): *des coffres-forts* delle casseforti; *chiffre secret d'un coffre-fort* combinazione segreta di una cassaforte.

coffrer |kɔfʀe| *v.tr.* **1** (*fam.*) [*emprisonner*] schiaffare dentro, in galera **2** (*techn.*) [*poser un coffrage*] armare, rivestire: *coffrer une dalle de béton* rivestire una soletta di cemento armato.

coffret |kɔfʀɛ| *s.m.* [*petit coffre*] cofanetto: *coffret à reliques* reliquiario a cofanetto # *coffret à bagues* portagioie → **baguier.**

cogérance |kɔʒeʀɑ̃s| *s.f.* (*comm., dr.*) cogestione, coamministrazione.

cogérant, ante |kɔʒeʀɑ̃, ɑ̃t| *s.* cogerente, coamministratore*.

cogestion |kɔʒɛstjɔ̃| *s.f.* (*dr.*) cogestione.

cogitation |kɔʒitasjɔ̃| *s.f.* (*vx., iron.*) cogitazione → **réflexion.**

cogiter |kɔʒite| *v.intr.* (*iron.*) [*réfléchir*] cogitare.

cogito |kɔʒito| *s.m. inv.* (*philo.*) cogito.

cognac |kɔɲak| *s.m.* 'cognac' *inv.*

cognassier |kɔɲasje| *s.m.* (*t.bot.*) cotogno.

cognation |kɔgnasjɔ̃| *s.f.* (*dr. rom.*) cognazione.

cogne |kɔɲ| *s.m.* (*pop.*) [*agent de police*] sbirro.

cognée |kɔɲe| *s.f.* scure: *cognée de bûcheron* scure del boscaiolo ◊ (*prov.*) *jeter le manche après la cognée* [*se décourager par lassitude, par dégoût*] gettare il manico dietro la scure, gettare la spugna.

cognement |kɔɲmɑ̃| *s.m.* [*le fait de cogner*] il battere *inv.*, il picchiare *inv.* ◊ (*spécialt.*) [*bruit sourd dans un moteur*] battito in testa.

cogner |kɔɲe| **A** *v.tr.* **1** [*heurter, frapper sur*] battere, picchiare: *cogner un clou* battere un chiodo ◊ (*loc. pop.*) *arrête, ou je te cogne* smettila, o ti meno **2** [*frapper fort à coups répétés*] *cogner sur, à, contre la porte* bussare, picchiare alla porta; *le volet cogne contre le mur* l'imposta sbatte contro il muro **B** *v.intr.* [*frapper, heurter*] picchiare, battere: *il cogne dur* picchia sodo; *le moteur cogne* il motore batte, picchia in testa # *j'entends qqch. qui cogne* sento q.c. che sbatte **C** *v.pron.* SE COGNER [→ *tr.* 1] picchiare *tr.*, (s)battere (*tr. et intr.*): *se cogner la tête* picchiare, (s)battere la testa; *il s'est cogné à un meuble* è sbattuto, ha urtato contro un mobile.

cognitif, ive |kɔgnitif, iv| *adj.* [*capable de connaître*] conoscitivo: *faculté cognitive* facoltà conoscitiva.

cognition |kɔgnisjɔ̃| *s.f.* (*philo.*) cognizione.

cohabitant, ante |kɔabitɑ̃, ɑ̃t| *adj. et s.* coabitante; convivente.

cohabitation |kɔabitasjɔ̃| *s.f.* [→ COHABITER] coabitazione; convivenza.

cohabiter |kɔabite| *v.intr.* [*habiter, vivre ensemble*] coabitare; convivere (194).

cohérence |kɔeʀɑ̃s| *s.f.* **1** [*liaison d'idées qui s'accordent entre elles*] coerenza **2** [*union des divers éléments d'un corps*] coesione Ⓒ 1 **confusion, incohérence.**

cohérent, ente |kɔeʀɑ̃, ɑ̃t| *adj.* coerente: *idées cohérentes* idee coerenti; *substances cohérentes* sostanze coerenti → 2 **logique, ordonné** Ⓒ **incohérent.**

cohéreur |kɔeRœR| *s.f.* (*techn.*) coherer *inv.*

cohériter |kɔeRite| *v.intr.* [*hériter* (*qqch.*) *en même temps que d'autres héritiers*] ereditare con altri.

cohéritier, ière |kɔeRitje, jɛR| *s.* [*personne qui hérite en même temps que d'autres*] coerede.

cohésif, ive |kɔezif, iv| *adj.* coesivo: *force cohésive* forza coesiva.

cohésion |kɔezjɔ̃| *s.f.* **1** (*phys.*) coesione **2** (*fig.*) *cohésion d'un groupe* coesione di un gruppo **C** 2 **désagrégation.**

cohorte |kɔɔRt(ə)| *s.f.* **1** (*antiq. rom.*) coorte **2** (*fam.*) [*groupe*] brigata, comitiva: *une joyeuse cohorte* una allegra brigata, comitiva.

cohue |kɔy| *s.f.* **1** [*assemblée nombreuse et tumultueuse*] folla: *cohue grouillante* una folla brulicante → **multitude** **2** [*bousculade dans une assemblée nombreuse*] confusione, baraonda: *il y a trop de cohue* c'è troppa confusione, baraonda.

coi, coite |kwa, kwat| *adj.* (*vx.*) [*tranquille et silencieux*] cheto (*littér.*) ◇ (*loc.*) *se tenir coi* starsene cheto ~ *en rester coi* [*stupéfait*] rimanere di sasso, senza parole.

coiffage |kwafaʒ| *s.m.* [→ COIFFER A 1, 2] il coprire *inv.*, copertura *f.*

coiffant, ante |kwafɑ̃, ɑ̃t| *adj.* [*qui coiffe bien*] calzante, che calza bene (*loc.*): *chapeau coiffant* cappello che calza bene # *coupe de cheveux coiffante* un buon taglio di capelli.

coiffe |kwaf| *s.f.* **1** [*coiffure féminine en tissu*] cuffia ◇ (*par anal.*) *coiffe des religieuses* cuffia delle monache → **cornette** **2** [*doublure d'un chapeau*] fodera (del cappello) **3** (*milit.*) cuffia **4** (*vx., anat.*) [*membrane fœtale*] amnio* *m.* **5** (*bot.*) cuffia: *coiffe d'une racine* cuffia radicale, caliptra **6** (*techn.*) cuffia **7** [*rebord du dos d'un livre relié*] risvolto *m.*

coiffé, ée |kwafe| *adj.* **1** [*qui porte une coiffure* (1)] con la testa coperta *loc. inv.*, col capo coperto *loc. inv.* ◇ (*spécialt., méd.*) *un enfant coiffé* un bambino incappucciato ◇ (*loc. fig.*) *être né coiffé* essere nato con la camicia **2** [*dont les cheveux sont en ordre*] pettinato: *elle est toujours bien coiffée* è sempre ben pettinata.

coiffer |kwafe| **A** *v.tr.* **1** [*couvrir la tête de* (*qqn.*)] coprire (186) la testa, il capo (di) # *coiffer* (*qqn.*) *d'un chapeau* mettere il cappello (a qc.) ◆ (*absolt.*) *cette toque coiffe bien* questo cappellino calza bene → **coiffant** **2** (*par anal.*) [*recouvrir, surmonter*] coprire, ricoprire (186): *la neige coiffait les collines* la neve copriva le colline **3** [*mettre sur la tête*] portare, calzare: *il coiffait un chapeau mou* portava un cappello floscio **4** [*arranger les cheveux de* (*qqn.*)] pettinare **5** [*dépasser d'une tête à l'arrivée d'une course*] vincere (193) per una testa **6** [*réunir sous son autorité*] essere (96) *intr.* a capo di, alla testa di: *ce directeur coiffe les services commerciaux* questo direttore è a capo degli uffici commerciali; gli uffici commerciali fanno capo a questo direttore **B** *v.pron.* SE COIFFER **1** *réfl.* [*se couvrir la tête*] coprirsi *tr.* la testa, il capo, mettersi (155) *tr.* (un cappello, ecc.): *se coiffer d'un chapeau* mettersi il cappello **2** *réfl.* [*s'arranger les cheveux*] pettinarsi: *elle est en train de se coiffer* si sta pettinando **3** *intr.* [*s'enticher*] incapricciarsi: *se coiffer de qqn.* incapricciarsi di qc.

coiffeur, euse |kwafœR, øz| *s.* [*personne qui fait le métier d'arranger les cheveux*] parrucchiere: *coiffeur pour hommes* parrucchiere per uomo, barbiere (*m.*); *coiffeur pour dames* parrucchiere per signora, pettinatrice (*f.*); *mise en plis, permanente, teinture exécutée par le coiffeur* messa in piega, permanente, tintura fatta dal parrucchiere ◇ (*loc.*) *des minutes de coiffeur* [*de longs moments*] minuti che diventano ore.

coiffeuse |kwaføz| *s.f.* [*petite table de toilette pour femmes*] toletta, toeletta.

coiffure |kwafyR| *s.f.* **1** [*ce qui sert à couvrir la tête ou à l'orner*] copricapo (*m. inv.*): *mettre, porter une coiffure* mettere, portare un copricapo # *sortir sans coiffure* uscire a testa scoperta; *bride, jugulaire d'une coiffure* sottogola **2** [*arrangement des cheveux*] pettinatura, acconciatura: *une coiffure apprêtée* una pettinatura, un'acconciatura ricercata ◇ (*loc.*) *coiffure à, sans raie* pettinatura con, senza (la) riga; *coiffure en brosse* capelli a spazzola; *coiffure à la Jeanne d'Arc* pettinatura alla Giovanna d'Arco **3** (*par ext.*) [*métier de coiffeur*] l'acconciare *m. inv.*, il pettinare *m. inv.* # *salon de coiffure* salone di parrucchiere.

1 **coin** |kwɛ̃| *s.m.* **1** [*instrument pour fendre des matériaux et assujettir certaines choses*] cuneo, zeppa *f.* **2** [*morceau qui sert à frapper les monnaies, les médailles*] conio*, punzone ◇ (*loc. fig.*) *une réflexion marquée au coin du bon sens* una riflessione improntata al buon senso.

2 **coin** |kwɛ̃| *s.m.* **1** [*angle rentrant ou saillant*] angolo; canto: *les quatre coins d'une chambre* i quattro angoli di una stanza → **encoignure**; *au coin de la rue* all'angolo della strada; *à tous les coins de rue* ad ogni angolo (di strada); *le bistrot du coin* il bar all'angolo; *punir un enfant en le mettant au coin* punire un bambino mandandolo nell'angolo, nell'angoletto || *le coin d'un meuble, d'une caisse* il canto, lo spigolo di un mobile, di una cassa; *le coin du feu* il canto del focolare; *s'asseoir au coin de la cheminée* sedersi nel canto del camino; *manger sur le coin d'une table* mangiare in un canto del tavolo # *causerie au coin du feu* conversazione alla buona ◇ (*loc.*) *retenir un coin fenêtre, un coin couloir* (*dans le train*) prenotare un posto vicino al finestrino, vicino al corridoio ~ *il reste dans son coin* vive in disparte ~ *au coin d'un bois* in un luogo appartato ~ *regarder du coin de l'œil* guardare con la coda dell'occhio, di sottecchi ~ *regard en coin* sguardo in tralice, di sottecchi ~ *jeu des quatre coins* gioco dei quattro cantoni **2** [*petit espace*] *un coin de ciel bleu* uno scorcio* di cielo azzurro; *se cacher dans un coin* nascondersi in un angoletto; *posséder un coin de terre* possedere un fazzoletto di terra; *chercher qqch. dans tous les coins* cercare q.c. dappertutto, in ogni angolo; *voir les quatre coins de l'horizon, de la ville* vedere tutto l'orizzonte, tutta la città ◇ (*par ext.*) *j'ai passé mes vacances dans un petit coin charmant* [*localité*] ho passato le vacanze in un posticino delizioso ◇ (*loc. fam.*) *aller au petit coin* andare in quel posticino, al gabinetto (*cour.*) ~ (*fig.*) *connaître une question dans les coins* conoscere una questione nei minimi particolari ◇ (*t. de presse*) angolo: *le coin du philatéliste* l'angolo, la rubrica* *f.* del filatelico **3** (*loc. fam.*) *tu m'en bouches un coin* [*tu m'étonnes*] mi fai restare a bocca aperta, mi stupisci (*cour.*) → **épater.**

coinçage |kwɛ̃saʒ| *s.m.* [→ COINCER A 1] bloccaggio*, fissaggio*.

coincement |kwɛ̃smɑ̃| *s.m.* [→ COINCER B] inceppamento: *le coincement d'un mécanisme* l'inceppamento di un meccanismo.

coincer |kwɛ̃se| (2) **A** *v.tr.* **1** [*assujettir, fixer en immobilisant*] fissare, bloccare: *coincer des rails* fissare, bloccare delle rotaie; *coincer avec une cheville* bloccare con un cavicchio **2** (*fam.*) [*mettre dans l'impossibilité de se mouvoir, d'agir*] incastrare: *j'étais coincé entre la voiture et le mur* ero incastrato tra l'automobile e il muro; *on a coincé le voleur* hanno incastrato il ladro **3** (*fam.*) [*mettre en difficulté intellectuelle*] incastrare, mettere (155) con le spalle al muro (*cour.*): *il l'a coincé sur cette question* l'ha incastrato, l'ha messo con le spalle al muro su questa questione **B** *v.pron. intr.* SE COINCER [→ *tr.* 1] bloccarsi, incepparsi: *ce mécanisme s'est coincé* il meccanismo si è bloccato, si è inceppato.

coïncidence |kɔɛ̃sidɑ̃s| *s.f.* coincidenza: *par une coïncidence* per una coincidenza; *coïncidence curieuse* strana coincidenza; *quelle coïncidence!* che coincidenza!, che combinazione!

coïncident, ente |kɔɛ̃sidɑ̃, ɑ̃t| *adj.* coincidente: *surfaces coïncidentes* superfici coincidenti; *des faits coïncidents* fatti coincidenti.

coïncider |kɔɛ̃side| *v.intr.* **1** [*se produire en même temps*] coincidere (130): *les deux faits coïncidèrent* i due fatti coincisero **2** [*correspondre exactement, s'accorder*] coincidere: *les deux témoignages coïncident* le due testimonianze coincidono, concordano **3** (*géom.*) [*se recouvrir exactement sur tous les points*] coincidere.

coin-coin |kwɛ̃kwɛ̃| *s.m. inv.* (*onomat., imitant le bruit du canard*) qua-qua.

coïnculpé, ée |kɔɛ̃kylpe| *s.* (*dr.*) coimputato.

coing |kwɛ̃| *s.m.* [*fruit du cognassier*] (mela) cotogna (*f.*): *confiture, sirop de coing* marmellata, sciroppo di (mele) cotogne ◇ (*loc.*) *être jaune comme un coing* essere giallo come un limone.

coït |kɔit| *s.m.* coito → **copulation.**

coïter |kɔite| *v.intr.* [*accomplir le coït*] copularsi *pron.* (*rare*).

coke |kɔk| *s.m.* coke (*inv.*): *coke métallurgique* coke metallurgico # *chez nous on se chauffe au coke* a casa nostra abbiamo il riscaldamento a carbone.

cokéfaction |kɔkefaksjɔ̃| *s.f.* (*chim.*) cokificazione.

cokéfier |kɔkefje| *v.tr.* [*transformer en coke*] cokificare, cokizzare.

cokerie |kɔkRi| *s.f.* cokeria.

col- |kɔl| *préf.* → **con.**

1 **col** |kɔl| *s.m.* **1** [*partie du vêtement qui entoure le cou*] collo, colletto, bavero: *col de chemise, de pijama* collo, col-

letto di camicia, di pigiama; *col de fourrure* collo, bavero di pelliccia; *chandail à col roulé* maglione col, a collo alto; *col marin* collo, colletto alla marinara; *col dur* colletto duro, inamidato; *faux col, col amovible* colletto staccabile; *col cassé* colletto duro a punte rivoltate ◇ (*fam.*) *col-bleu* [*marin de l'État français*] marinaio* (*cour.*); *col blanc* [*employé*] impiegato **2** *le faux col d'un verre de bière* [*la mousse*] la schiuma *f.* di un bicchiere di birra; *un demi sans faux col* una birra senza schiuma.

2 **col** |kɔl| *s.m.* **1** [*partie étroite, rétrécie* (*d'un récipient*)] collo: *col de bouteille* collo di bottiglia → **goulot** **2** (*anat.*) *col de la vessie* collo della vescica; *col du fémur, de l'humérus* collo del femore, dell'omero.

3 **col** |kɔl| *s.m.* (*géogr.*) valico*, passo: *les cols des Alpes* i valichi, i passi alpini ◇ (*avec un nom pr.*) colle: *le col de Tende* il colle di Tenda.

cola |kɔla| *s.m.* (*bot.*) → **kola.**

colature |kɔlatyʀ| *s.f.* colatura.

colback |kɔlbak| *s.m.* **1** colbacco* **2** (*loc. pop.*) *il l'a attrapé par le colback* [*par le col, le collet*] l'ha preso per il bavero.

colchicine |kɔlʃisin| *s.f.* (*chim.*) colchicina.

colchique |kɔlʃik| *s.m.* (*t.bot.*) colchico*.

colcotar |kɔlkɔtaʀ| *s.m.* (*chim., minér.*) rosso d'Inghilterra.

cold-cream |kɔldkʀim| *s.m.* (*angl.*) (*cosmétologie*) 'cold cream' *f. inv.*, crema *f.* fredda.

col-de-cygne |kɔldəsiɲ| *s.m.* (*mécan.*) collo d'oca: *des cols-de-cygne* dei colli d'oca.

-cole |kɔl| *suff.* (*signifiant 'cultiver, habiter', correspond généralt. à*) colo: *agricole* agricolo; *sylvicole* silvicolo.

colégataire |kɔlegatɛʀ| *s.* (*dr.*) colegatario*.

Coléoptères |kɔleɔptɛʀ| *s.m. pl.* (*t.zool.*) Coleotteri.

coléoptile |kɔleɔptil| *s.m.* (*bot.*) coleottile, coleoptile.

colère |kɔlɛʀ| *s.f.* **1** collera, ira; rabbia: *accès de colère* accesso, impeto di collera, d'ira; *être rouge de colère* avvampare di collera, d'ira; *retenir sa colère* dominare la propria ira; *s'abandonner à sa colère* lasciarsi trasportare dall'ira, abbandonarsi alla collera ‖ *crise de colère* crisi di rabbia; *parler avec colère* parlare con rabbia, con stizza; *passer sa colère sur qqn.* sfogare la propria rabbia su qc. ◇ (*loc.*) *sentir la colère monter* sentirsi venire la mosca al naso ~ SOUS LE COUP DE LA COLÈRE in un momento di rabbia, di collera: *il a dit cela sous le coup de la colère* l'ha detto in un momento di rabbia **2** *loc.* EN COLÈRE in collera: *mettre en colère qqn.* mandare in collera (in bestia), fare arrabbiare qc.; *se mettre en colère* andare in collera (in bestia), arrabbiarsi # *être en colère* essere arrabbiato; *serais-tu en colère contre moi?* sei per caso arrabbiato con me? **3** [*accès, crise de colère*] accesso *m.* d'ira, crisi *inv.* di rabbia ◇ (*loc.*) *avoir des colères terribles* dare in escandescenze ~ *faire une colère* fare le bizze; *cet enfant fait des colères* questo bambino fa le bizze **4** (*littér.*) [*déchaînement*] furia, collera: *la colère du vent, des flots* la furia, la collera del vento, delle onde ◇ (*relig.*) *le jour de colère* il giorno del giudizio* *m.* (universale) Ⓒ 1 **calme** 1, **douceur.**

coléreux, euse |kɔleʀø, øz| *adj.* [*qui est prompt à se mettre en colère*] collerico*, bizzoso: *caractère, tempérament coléreux* carattere, temperamento collerico; *un enfant coléreux* un bambino bizzoso → **violent, irascible** Ⓒ **calme** 2.

colérique |kɔleʀik| *adj.* collerico*: *un homme, un caractère colérique* un uomo, un carattere collerico → **coléreux.**

colibacille |kɔlibasil| *s.m.* (*biol.*) colibacillo.

colibacillose |kɔlibasiloz| *s.f.* (*méd.*) colibacillosi *inv.*

colibri |kɔlibʀi| *s.m.* (*t.zool.*) colibrì *inv.*

colicitant, ante |kɔlisitɑ̃, ɑ̃t| *s.m. et adj.* (*dr.*) covenditore*.

colifichet |kɔlifiʃɛ| *s.m.* [*petit objet de fantaisie, sans grande valeur*] ninnolo, fronzolo → **babiole, bagatelle.**

colimaçon |kɔlimasɔ̃| *s.m.* **1** [*limaçon, escargot*] lumaca* *f.*, chiocciola *f.* **2** *loc. adv.* EN COLIMAÇON a chiocciola: *escalier en colimaçon* scala a chiocciola.

colin |kɔlɛ̃| *s.m.* → **merlu(s).**

colinéaire |kɔlineɛʀ| *adj.* (*math.*) *points colinéaires* punti giacenti sulla stessa retta *loc.*

colineau, colinot |kɔlino| *s.m.* piccolo merluzzo.

colin-maillard |kɔlɛ̃majaʀ| *s.m.* (*jeu*) mosca* *f.* cieca*: *jouer à, au colin-maillard* giocare a mosca cieca.

colin-tampon |kɔlɛ̃tɑ̃pɔ̃| *s.m.* (*dans la loc. fam., vieillie*) *je m'en moque comme de colin-tampon* [*je n'en ai pas le moindre souci*] me ne frego altamente (*pop.*).

1 **colique** |kɔlik| *s.f.* **1** (*méd., cour.*) colica*: *colique hépatique, néphrétique* colica epatica, nefritica **2** [*diarrhée*] diarrea: *avoir la colique* avere la diarrea ◇ (*loc. vulg.*) *donner la colique à qqn.* [*ennuyer*] rompere le balle, le scatole (*pop.*) a qc. ~ *quelle colique!* [*personne, chose ennuyeuse*] che rompiballe, che rompiscatole (*pop.*), che pizza! ~ *avoir la colique* [*avoir peur*] avere la cacarella (*pop.*); farsela addosso, sotto (*pop.*) → **trouille.**

2 **colique** |kɔlik| *adj.* [*qui appartient ou se rapporte au côlon*] colico*.

colis |kɔli| *s.m.* [*paquet*] pacco*, collo: *colis postal* pacco postale; *faire, ficeler un colis* fare, legare un pacco; *envoyer un colis* inviare un collo, un pacco.

colistier |kɔlistje| *s.m.* compagno *s.* di lista.

colite |kɔlit| *s.f.* (*méd., cour.*) colite.

colitigant, ante |kɔlitigɑ̃, ɑ̃t| *s.* (*dr.*) avverso: *parties colitigantes* parti avverse.

collaborateur, trice |kɔ(l)labɔʀatœʀ, tʀis| *s.* **1** collaboratore*: *engager un collaborateur* assumere un collaboratore → **adjoint, 2 aide** **2** [*français partisan d'une collaboration totale avec l'ennemi allemand* (*1940-44*)] collaborazionista.

collaboration |kɔ(l)labɔʀasjɔ̃| *s.f.* **1** collaborazione: *livre écrit en collaboration* libro scritto in collaborazione; *apporter sa collaboration* dare la propria collaborazione → **1 aide, coopération** **2** [*mouvement, attitude des collaborateurs* (2)] collaborazionismo *m.*

collaborationniste |kɔl(l)abɔʀa(ɑ)sjɔnist(ə)| *adj.* collaborazionistico* ◆ (*s.*) *un collaborationniste* un collaborazionista → **collaborateur.**

collaborer |kɔ(l)labɔʀe| *v.intr.* **1** [*travailler en commun*] collaborare: *collaborer à qqch.* collaborare a q.c.; *collaborer avec qqn.* collaborare con qc. → **participer** **2** [*agir en tant que collaborateur* (2)] collaborare.

collage |kɔlaʒ| *s.m.* **1** [→ COLLER A 1] incollatura (*f.*): *collage d'une affiche* incollatura, affissione *f.* di un manifesto ◇ (*bx-arts*) 'collage' (*inv.*): *les collages de Braque* i 'collage' di Braque **2** (*techn.*) *collage du papier dans l'industrie* collaggio*, collatura *f.* della carta nell'industria → **apprêt** ◇ (*spécialt.*) *le collage des vins* la collatura, la chiarificazione *f.* dei vini **3** (*fam.*) → **concubinage.**

collagène |kɔlaʒɛn| *s.m. et adj.* (*biol., chim.*) collageno.

collant, ante |kɔlɑ̃, ɑ̃t| **I** *adj.* **1** collante: *substance collante* sostanza collante ◇ (*spécialt.*) *papier collant* carta gommata → **adhésif** **2** [*qui s'applique exactement sur une partie du corps*] aderente, attillato: *une robe collante* un vestito attillato → **serré** **3** (*fig., fam.*) [*ennuyeux*] appiccicoso **II** *s.m.* [*pantalon, maillot collant*] 'collant' *inv.*, calzamaglia *f.* Ⓒ I 2 **flottant, large.**

collante |kɔlɑ̃t| *s.f.* (*arg. scol.*) convocazione per un esame (*cour.*).

collapsus |kɔ(l)lapsys| *s.m.* (*méd.*) collasso: *collapsus cardiaque* collasso cardiaco.

collargol |kɔlaʀgɔl| *s.m.* (*chim.*) collargolo.

collatéral, ale, aux |kɔ(l)lateʀal, o| *adj.* **1** collaterale ◇ (*anat.*) *les artères collatérales* le arterie collaterali ◇ (*archit.*) laterale: *nef collatérale* navata laterale **2** (*dr.*) collaterale: *les parents collatéraux* i parenti collaterali, di secondo grado; *ligne collatérale* linea collaterale ◆ (*s.*) *les collatéraux* i collaterali **3** (*géogr.*) *points collatéraux* punti collaterali.

collateur |kɔlatœʀ| *s.m.* collatore.

collation |kɔ(l)lɑsjɔ̃| *s.f.* **1** [→ COLLATIONNER A] collazione: *la collation des manuscrits, des textes* la collazione dei manoscritti, dei testi **2** [→ COLLATIONNER B] spuntino *m.*, merenda: *la collation de quatre heures* lo spuntino, la merenda delle quattro → **2 goûter, lunch.**

collationner |kɔ(l)lɑsjɔne| **A** *v.tr.* [*comparer* (*des manuscrits, des textes*) *entre eux*] collazionare: *collationner des documents* collazionare dei documenti **B** *v.intr.* (*rare*) [*prendre un repas léger*] fare (103) *tr.* uno spuntino (*cour.*), fare merenda (*cour.*).

1 **colle** |kɔl| *s.f.* colla: *colle forte* colla forte, cervona; *colle d'amidon* colla d'amido; *colle de poisson* colla di pesce ◇ (*fam.*) [*personne dont on ne peut se débarrasser*] persona appiccicosa, colla (*pop.*) → **collant** ◇ (*fam.*) *c'est de la colle!* [*aliments trop cuits*] (questa) è colla!

2 **colle** |kɔl| *s.f.* (*arg. scol.*) **1** [*interrogation préparatoire aux examens*] interrogazione (*cour.*): *passer une colle de géo* avere un'interrogazione di geo-

grafia ◇ (*par ext.*) *poser une colle* fare una domanda difficile **2** [→ COLLER A 5] punizione (*cour.*), castigo* *m.* (*cour.*): *donner une colle* dare una punizione, un castigo.

collectage |kɔl(l)ɛktaʒ| *s.m.* **1** [→ COLLECTER 1] colletta *f.* **2** [→ COLLECTER 2] raccolta *f.* → **ramassage.**

collecte |kɔ(l)lɛkt(ə)| *s.f.* **1** colletta: *faire une collecte pour, au profit de qqn., de qqch.* fare una colletta per, a favore di qc., di q.c. **2** [→ COLLECTER 2] raccolta **3** (*liturg.*) colletta.

collecter |kɔ(l)lɛkte| *v.tr.* **1** [*réunir par une collecte*] raccogliere (123): *collecter des fonds* raccogliere fondi **2** [*ramasser en se déplaçant*] fare (103) la raccolta di, raccogliere: *collecter le lait* fare la raccolta del latte, raccogliere il latte.

collecteur, trice |kɔ(l)lɛktœʀ, tʀis| **I** *s.m.* **1** collettore: *collecteur d'impôts* collettore delle imposte → 1 **percepteur** **2** (*techn.*) collettore: *collecteur d'échappement* collettore di scarico; *collecteur d'eaux pluviales* collettore delle acque piovane ◇ (*électr.*) *collecteur d'ondes* collettore di onde, antenna ricevente **II** *adj.* [*qui recueille*] collettore # *égout collecteur* collettore di scarico.

collectif, ive |kɔ(l)lɛktif, iv| **I** *adj.* **1** collettivo: *travail collectif* lavoro collettivo; *contrat collectif* contratto collettivo; *responsabilité collective* responsabilità collettiva; *billet collectif* biglietto collettivo **2** (*gram.*) collettivo: *nom collectif* nome collettivo; *sujet pris au sens collectif* soggetto preso in senso collettivo ♦ (*s.*) *un collectif* un nome collettivo *adj.* **II** *s.m.* [*ensemble des dispositions d'un projet de loi de finance*] *collectif budgétaire* progetto di bilancio © I 1 **individuel, particulier.**

collection |kɔ(l)lɛksjɔ̃| *s.f.* **I** **1** collezione, raccolta: *une riche collection* una ricca collezione; *collection privée* collezione, raccolta privata; *pièce de collection* pezzo da collezione; *collection de timbres, de médailles* collezione, raccolta di francobolli, di medaglie # *il a le goût de la collection* ha il gusto del collezionista ◇ (*par ext.*) *voilà toute une collection de...* [*un grand nombre*] ecco tutta una serie di... ◇ (*fam.*) *une belle collection d'imbeciles* una bella compagnia d'imbecilli **2** [*recueil d'ouvrages ayant une unité*] collana: *ouvrage publié dans une collection* opera pubblicata in una collana **3** [*ensemble des modèles présentés en même temps*] collezione: *présenter sa collection* presentare la propria collezione ◇ (*haute cout.*) *la sortie des collections d'été, d'hiver* la presentazione delle collezioni estive, invernali, della moda estiva, inverno **II** (*méd.*) [*amas de pus*] sacca* di pus.

collectionner |kɔ(l)lɛksjɔne| *v.tr.* [*réunir pour faire une collection*] collezionare, raccogliere (123): *collectionner des objets d'art* collezionare oggetti d'arte ◇ (*fam.*) *il collectionne les contraventions* fa collezione di multe → **accumuler.**

collectionneur, euse |kɔ(l)lɛksjɔnœʀ, øz| *s.* collezionista, raccoglitore*.

collectionnisme |kɔ(l)lɛksjɔnism(ə)| *s.m.* collezionismo.

collectivement |kɔ(l)lɛktivmɑ̃| *adv.* [→ COLLECTIF I 1] collettivamente ◇ (*gram.*) *mot pris collectivement* parola presa in senso collettivo *loc. inv.*

collectivisation |kɔ(l)lɛktivizɑsjɔ̃| *s.f.* [→ COLLECTIVISER] collettivizzazione.

collectiviser |kɔ(l)lɛktivize| *v.tr.* [*mettre des moyens de production aux mains de la collectivité*] collettivizzare: *collectiviser des terres* collettivizzare le terre.

collectivisme |kɔ(l)lɛktivism(ə)| *s.m.* collettivismo © **capitalisme, libéralisme.**

collectiviste |kɔ(l)lɛktivist(ə)| *adj.* collettivista, collettivistico* ♦ (*s.*) *un collectiviste* un collettivista.

collectivité |kɔ(l)lɛktivite| *s.f.* **1** collettività *inv.*; associazione: *la collectivité nationale* la collettività, la comunità nazionale ‖ *les collectivités professionnelles* le associazioni di categoria **2** [*circonscription administrative dotée de la personnalité morale*] ente (*m.*): *le budget des collectivités locales* il bilancio degli enti locali.

1 **collège** |kɔlɛʒ| *s.m.* **1** [*établissement d'enseignement secondaire*] scuola *f.* (media, secondaria), istituto secondario*; collegio*: *collège technique* scuola tecnica superiore; *collège libre* istituto secondario privato ‖ *collège des Jésuites* collegio dei Gesuiti # *la rentrée du collège* l'inizio dell'anno scolastico **2** [*établissement d'enseignement supérieur constitué comme un institut de faculté*] ⊠ ◇ (*spécialt.*) *Collège de France* [*fondé par François Ier*] ⊠.

2 **collège** |kɔlɛʒ| *s.m.* **1** *collège électoral* collegio* elettorale **2** [*corps de chanoines, d'évêques, de cardinaux*] collegio: *le Sacré Collège* il Sacro Collegio.

collégial, iale, iaux |kɔleʒjal, jo| *adj.* collegiale: *direction collégiale d'un parti politique* direzione collegiale di un partito politico: *chapitre collégial* capitolo collegiale ◇ (*spécialt.*) *église collégiale* [*qui possède un chapitre collégial*] chiesa collegiata ♦ (*s.f.*) *une collégiale* una collegiata.

collégialité |kɔleʒjalite| *s.f.* collegialità *inv.*

collégien, ienne |kɔleʒjɛ̃, jɛn| *s.* **1** studente* di scuola media, di istituto secondario; collegiale → **écolier, lycéen** **2** [*personne naïve, sans expérience*] collegiale: *se conduire en collégien* comportarsi da collegiale, come un collegiale.

collègue |kɔ(l)lɛg| *s.* collega*: *un futur collègue* un futuro collega; *c'est ma collègue* è la mia collega → **confrère.**

collenchyme |kɔlɑ̃ʃim| *s.m.* (*bot.*) collenchima.

coller |kɔle| **A** *v.tr.* **1** [*joindre et faire adhérer (deux surfaces) avec de la colle*] incollare, attaccare: *coller une affiche sur un mur* incollare, attaccare un manifesto su un muro; *coller du papier de tapisserie* incollare la carta da parati; *coller un timbre sur une enveloppe* attaccare, appiccicare un francobollo su una busta **2** (*techn.*) *coller la toile* [*l'imprégner de colle*] imbozzimare la tela → **encoller** ◇ (*spécialt.*) *coller du vin* [*le clarifier avec de la colle de poisson*] chiarificare il vino **3** [*appliquer (contre)*] incollare, appiccicare: *coller son visage contre la vitre* incollare la faccia al vetro; *coller son oreille à une porte* appiccicare l'orecchio ad una porta; *cette table est trop collée contre le mur* questo tavolo è troppo appiccicato, addossato al muro ◇ (*loc.*) *coller qqn. au mur* [*pour le fusiller*] mettere al muro qc. **4** (*fam.*) [*mettre de force*] sbattere (*cour.*), schiaffare: *collez ça dans un coin* sbattetelo in un angolo → 1 **ficher**; *on l'a collé en prison* l'hanno schiaffato, sbattuto in prigione ◇ (*par ext.*) *coller une gifle à qqn.* [*donner*] appioppare, mollare uno schiaffo a qc. **5** (*fam., arg. scol.*) [*infliger une retenue à*] punire (197) (*cour.*), dare (102) una punizione (*cour.*) (a) → 1 **consigner** ◇ [*refuser à un examen*] bocciare (*cour.*): *coller un candidat* bocciare un candidato; *il a été collé à son examen* è stato bocciato all'esame → **ajourner, refuser** **6** [*rester obstinément avec (qqn.)*] stare (104) appiccicato (a): *il nous a collés tout l'après-midi* è stato appiccicato a noi per tutto il pomeriggio **B** *v.intr.* **1** [*adhérer*] attaccare (*aux.* essere, avere), aderire (197): *ce papier colle* questa carta attacca, aderisce # *langue qui colle au palais* lingua che si incolla al palato **2** COLLER À (QQCH.) [*s'adapter étroitement; traduire exactement*] rispecchiare *tr.* (q.c.): *mot qui colle à une idée* parola che rispecchia (pienamente) un'idea **3** (*pop.*) [*aller bien*] andare (101) (*aux.* essere) (bene): *'comment ça va?' 'ça colle!'* 'come va?' '(va) bene!'; *qu'est-ce qui ne colle pas?* che cos'è che non va?, cosa c'è che non va?

collerette |kɔlʀɛt| *s.f.* **1** (*ancienn.*) collaretto *m.*, collarino *m.* → 3 **fraise** **2** [*cercle autour d'un tuyau*] flangia* → **collet** 5.

collet |kɔlɛ| *s.m.* **1** (*ancienn.*) [*col*] colletto, bavero ◇ [*pièce, garniture de fourrure ou d'étoffe formant une courte pèlerine*] mantellina *f.*, mantelletta *f.* ◇ *loc. adj. inv.* COLLET MONTÉ [*qui affecte l'austérité*] formalista *adj. var.*, schizzinoso (*adj. var.*): *ils sont trop collet monté* sono troppo formalisti → **affecté, guindé** ◇ (*loc.*) *prendre qqn. au collet, lui sauter au collet* [*l'arrêter, le faire prisonnier*] prendere qc. per la collottola, acciuffare qc. ~ *se prendre au collet* [*pour se battre*] azzuffarsi, acciuffarsi **2** [*partie d'une bête de bouch.*] collo, collare → **cou** **3** [*nœud coulant pour prendre certains animaux*] laccio*: *tendre des collets à lapin* tendere, mettere dei lacci per conigli → **lacet** **4** (*techn.*) collare **5** (*bot.*) colletto **6** [*partie d'une dent entre la couronne et la racine*] colletto.

colleter |kɔlte| (4) **A** *v.tr.* [*saisir (qqn.) au collet pour lui faire violence*] prendere (105) per il bavero, per il collo **B** *v.pron.* SE COLLETER **1** *récipr.* [→ *tr.*] azzuffarsi, acciuffarsi: *ces voyaux se sont colletés dans la rue* quei teppisti si sono azzuffati, acciuffati per strada **2** (*intr.*) *se colleter avec les difficultés* [*se débattre*] dibattersi nelle difficoltà.

colleteur |kɔltœʀ| *s.m.* chi tende trappole, lacci, ecc.

colleur, euse |kɔlœʀ, øz| *s.* **1** *s.* [*celui qui fait le métier de coller du papier*] incollatore* ◇ (*spécialt.*) *colleur d'affiches* attacchino **2** *s.* (*arg. scol.*) [*celui qui fait passer une colle*] esaminatore* **3** *s.f.* [*machine à coller les etoffes*] imbozzimatrice.

colley |kɔlɛ| *s.m.* (*t.zool.*) collie (*inv.*): *des colleys* dei collie.

collier |kɔlje| *s.m.* **1** [*cercle qu'on fait porter aux animaux pour pouvoir les attacher*] collare: *collier de chien* collare per cane **2** [*partie du harnais qui entoure le cou des bêtes attelées*] collare: *le collier d'un cheval* il collare del cavallo # *cheval de collier* cavallo da tiro ◇ (*loc.*) *reprendre le collier* ricominciare a sgobbare ~ *donner un coup de collier* [*fournir un effort énergique mais momentané*] fare uno sforzo, fare una tirata **3** [*ornement, bijou qui se porte autour du cou*] collana *f.*, 'collier' (*inv.*): *collier de perles, de diamants* collana di perle, di diamanti; *collier en or* collana d'oro # *collier de fleurs* ghirlanda di fiori ◇ (*spécialt.*) [*chaîne que portent les chevaliers de certains ordres*] collare: *collier de l'ordre du Saint-Esprit* collare dell'ordine dello Spirito Santo **4** (*par anal.*) [*plumes du cou des bêtes qui sont d'une couleur différente*] collare **5** *collier de barbe* [*bande étroite de barbe taillée courte*] barba *f.* alla Cavour **6** (*techn.*) collare: *collier de serrage* collare serratubo **7** (*archit.*) collarino.

colliger |kɔ(l)liʒe| (3) *v.tr.* (*littér.*) [*réunir en un recueil, une collection*] raccogliere (123) (*cour.*), riunire (197) (*cour.*).

collimateur |kɔ(l)limatœʀ| *s.m.* (*opt.*) collimatore: *collimateur de visée* collimatore di mira ◇ (*loc. fig.*) *avoir qqn. dans son collimateur* tenere qc. sotto la mira.

collimation |kɔ(l)limɑsjɔ̃| *s.f.* (*opt.*) collimazione.

colline |kɔlin| *s.f.* collina, colle (*m.*): *le sommet, le pied d'une colline* la cima, il piede di una collina, di un colle; *les sept collines de Rome* i sette colli di Roma # *région de collines* zona collinare.

collision |kɔ(l)lizjɔ̃| *s.f.* **1** collisione, scontro (*m.*): *collision entre deux voitures* collisione, scontro tra due auto → **impact** ◇ (*loc.*) *entrer en collision* entrare in collisione, scontrarsi **2** [*lutte, combat; désaccord*] scontro: *la collision des intérêts* lo scontro degli interessi.

collocation |kɔ(l)lɔkɑsjɔ̃| *s.f.* (*dr.*) graduazione.

collodion |kɔ(l)lɔdjɔ̃| *s.m.* (*chim.*) collodio*.

colloïdal, ale, aux |kɔ(l)lɔidal, o| *adj.* (*chim.*) colloidale: *état colloïdal* stato colloidale.

colloïde |kɔ(l)lɔid| *s.m.* (*chim.*) colloide.

colloque |kɔ(l)lɔk| *s.m.* colloquio* → **conférence, discussion** ◇ (*spécialt.*) [*débat organisé*] convegno.

colloquer |kɔ(l)lɔke| *v.tr.* (*dr.*) [*inscrire (des créanciers) dans l'ordre prescrit par la loi pour leur paiement*] graduare: *colloquer les créanciers* graduare i creditori.

colluder |kɔl(l)yde| *v.intr.* (*dr.*) [*s'entendre avec la partie adverse pour tromper un tiers*] colludere (106).

collusion |kɔ(l)lyzjɔ̃| *s.f.* collusione ◇ (*par ext.*) intesa → 1 **accord, arrangement.**

collusoire |kɔlyzwaʀ| *adj.* (*dr.*) collusivo.

collutoire |kɔ(l)lytwaʀ| *s.m.* (*farm., méd.*) collutorio*.

colluvion |kɔ(l)lyvjɔ̃| *s.f.* (*géol.*) colluvione.

collyre |kɔliʀ| *s.m.* (*farm., méd.*) collirio*.

colmatage |kɔlmataʒ| *s.m.* [→ COLMATER] colmata *f.*; sistemazione *f.*

colmater |kɔlmate| *v.tr.* **1** [*boucher; fermer, luter*] turare, tappare: *colmater une fissure* tappare una fessura **2** (*milit.*) [*fermer pour rétablir la continuité du front*] *colmater une brèche* eliminare una sacca **3** [*exhausser un bas-fond; modifier la nature d'un sol*] colmare; sistemare.

colocase |kɔlɔkɑz| *s.f.* (*t.bot.*) colocasia.

colocataire |kɔlɔkatɛʀ| *s.* [*personne qui est locataire avec d'autres dans le même immeuble*] coinquilino.

colocation |kɔlɔkɑsjɔ̃| *s.f.* (*dr.*) coaffittanza.

cologarithme |kɔlɔgaʀitm(ə)| *s.m.* (*math.*) calogaritmo.

colombage |kɔlɔ̃baʒ| *s.m.* (*archit.*) colombaio*.

colombe |kɔlɔ̃b| *s.f.* **1** (*littér.*) colomba, palomba: *la blanche colombe de la paix* la bianca colomba della pace **2** (*t.zool.*) colomba **3** (*vx., fig.*) [*jeune fille candide*] colombella (*iron.*) ◇ (*t. d'affection*) *oui, ma colombe* sì, passerotto *m.* mio.

colombien, ienne |kɔlɔ̃bjɛ̃, jɛn| *adj.* [*de la Colombie*] colombiano.

1 **colombier** |kɔlɔ̃bje| *s.m.* (*littér.*) [*pigeonnier*] colombaia *f.*

2 **colombier** |kɔlɔ̃bje| *s.m.* [*grand format de papier*] *colombier commercial* carta *f.* commerciale.

colombium |kɔlɔ̃bjɔm| *s.m.* (*chim.*) columbio* → **niobium.**

colombo |kɔlɔ̃bo| *s.m.* (*t.bot.*) colombo.

colombophile |kɔlɔ̃bɔfil| *adj.* colombofilo: *société colombophile* società colombofila ♦ (*s.*) *les colombophiles* i colombofili.

colombophilie |kɔlɔ̃bɔfili| *s.f.* colombofilia.

1 **colon** |kɔlɔ̃| *s.m.* **1** (*dr., cour.*) colono *s.* **2** [*personne qui est allée peupler une colonie*] colono: *les premiers colons d'Amérique* i primi coloni d'America → **pionnier** **3** bambino di una colonia, detenuto *s.* (in una colonia penale).

2 **colon** |kɔlɔ̃| *s.m.* (*pop.*) [*colonel*] colonnello (*cour.*) ◇ (*par ext.*) *eh bien, mon colon!* bene, capo!

côlon |kolɔ̃| *s.m.* (*anat.*) colon *inv.*

colonage |kɔlɔnaʒ| *s.m.* (*dr.*) colonìa (*f.*): *bail à colonage partiaire* colonìa parziaria.

colonat |kɔlɔna| *s.m.* (*hist.*) colonato.

colonel, elle |kɔlɔnɛl| *s.* **1** *s.m.* (*milit.*) colonnello: *colonel d'infanterie, d'aviation* colonnello della fanteria, dell'aeronautica **2** *s.f.* [*la femme d'un colonel*] colonnella (*plais.*), la moglie del colonnello.

colonial, ale, aux |kɔlɔnjal, o| **I** *adj.* coloniale: *régime colonial* regime coloniale; *casque colonial* casco coloniale; *produits coloniaux* prodotti coloniali; coloniali *s.m. pl.* **II** *s.* **1** *s.m.* [*milit. de l'armée coloniale*] (soldato) coloniale **2** *s.* [*habitant des colonies*] colono *m.* → 1 **colon** **3** *s.f.* truppe *pl.* coloniali: *servir dans la colonial* appartenere alle truppe coloniali.

colonialisme |kɔlɔnjalism(ə)| *s.m.* colonialismo.

colonialiste |kɔlɔnjalist(ə)| *adj.* colonialista, colonialistico*: *politique colonialiste* politica colonialista ♦ (*s.*) *les colonialistes* i colonialisti.

colonie |kɔlɔni| *s.f.* **1** colonia: *envoyer une colonie outre-mer* mandare una colonia oltremare; *habiter les colonies* vivere nelle colonie **2** [*établissement pour jeunes délinquants*] colonia: *colonie pénitentiaire* colonia penale **3** [*groupement d'enfants que l'on fait séjourner à la campagne*] colonia: *colonie de vacances* colonia (estiva, invernale) **4** [*ensemble de personnes d'un même endroit qui habitent une autre région*] *la colonie russe de Paris* la colonia russa di Parigi ◇ (*par ext.*) *une colonie d'artistes* una comunità *inv.* di artisti **5** [*réunion d'animaux vivant en commun*] colonia: *colonie de castors* colonia di castori; *colonie de protozoaires* colonia di protozoi → 1 **culture.**

colonisateur, trice |kɔlɔnizatœʀ, tʀis| *adj.* colonizzatore*: *nation colonisatrice* nazione colonizzatrice ♦ (*s.*) *les colonisateurs* i colonizzatori.

colonisation |kɔlɔnizɑsjɔ̃| *s.f.* colonizzazione.

colonisé, ée |kɔlɔnize| *adj. et s.* colonizzato.

coloniser |kɔlɔnize| *v.tr.* **1** [*faire d'un pays une colonie* (1)] colonizzare **2** (*fig.*) colonizzare → **envahir,** 1 **occuper.**

colonnade |kɔlɔnad| *s.f.* (*archit.*) colonnato (*m.*): *les colonnades des temples grecs* i colonnati dei templi greci.

colonne |kɔlɔn| *s.f.* **I** **1** (*archit.*) colonna: *chapiteau d'une colonne* capitello della colonna; *rangée de colonnes* fuga di colonne → **colonnade** **2** [*monument formé d'une colonne*] colonna: *colonne commémorative* colonna commemorativa; *la colonne Vendôme* la colonna di Vendôme → **obélisque, stèle** **3** (*fig., littér.*) colonna: *les colonnes de l'État* le colonne dello Stato **II** (*par anal.*) [*objet qui évoque une colonne*] **1** *colonne d'eau* colonna d'acqua; *colonne barométrique* colonna del barometro; *une colonne de fumée* una colonna di fumo **2** (*géol.*) colonna: *colonnes basaltiques* colonne basaltiche → **orgue** **3** (*techn.*) colonna: *colonne à plateaux* (*de distillation*) colonna di distillazione **4** [*sections qui divisent verticalement une page*] colonna: *titre sur deux, trois colonnes* titolo su due, tre colonne; *colonne de chiffres* colonna di cifre **5** (*milit.*) colonna: *colonne de camions* colonna di camion; *colonne de chars d'assaut* autocolonna; colonna di carri armati; *défiler colonne par huit* sfilare in colonna per otto ◇ (*par anal.*) *la cinquième colonne* la quinta colonna **6** (*anat.*) colonna: *colonne vertébrale* colonna vertebrale → **épine (dorsale).**

colonnette |kɔlɔnɛt| *s.f.* (*archit.*) colonnina, colonnetta: *les colonnettes d'un triforium* le colonnine di una trifora.

colophane |kɔlɔfan| *s.f.* (*chim.*) colofonia.

coloquinte |kɔlɔkɛ̃t| *s.f.* **1** (*t.bot.*) coloquintide **2** (*fig., pop.*) zucca*: *le soleil tape sur la coloquinte* il sole picchia forte sulla zucca → **tête.**

colorable |kɔlɔʀabl(ə)| *adj.* [→ COLORER A 1] colorabile.

colorant, ante |kɔlɔʀɑ̃, ɑ̃t| *adj.* colorante: *substances, matières colorantes* sostanze coloranti; *shampooing colorant* shampoo colorante ♦ (*s.m.*) *un colorant* un colorante → 1 **couleur, teinture.**
coloration |kɔlɔʀasjɔ̃| *s.f.* [→ COLORER A 1] colorazione, colore (*m.*): *coloration vive* colorazione viva; *coloration de la peau* colore della pelle → **carnation**; *coloration naturelle, artificielle* colore naturale, artificiale ◇ (*fig.*) colore, tono (*m.*): *coloration de la voix* colore, tono della voce.
coloré, ée |kɔlɔʀe| *adj.* **1** colorato # *avoir un teint coloré* essere colorito **2** (*fig.*) colorito: *style coloré* stile colorito; *description colorée* descrizione colorita.
colorer |kɔlɔʀe| **A** *v.tr.* **1** [*revêtir de couleur*] colorare: *colorer en bleu avec des colorants* colorare di blu con dei coloranti; *colorer du verre* colorare il vetro → **teindre, teinter** **2** (*littér.*) [*donner une belle apparence*] colorare, colorire (197) → **orner, revêtir** **B** *v. pron. intr.* SE COLORER [→ *tr.* 1] colorarsi, colorirsi # *les raisins commencent à se colorer* l'uva comincia a prendere colore ⓒ A 1 **décolorer.**
coloriage |kɔlɔʀjaʒ| *s.m.* [→ COLORIER] il colorare *inv.* # *un mauvais coloriage* una cattiva scelta dei colori.
colorier |kɔlɔʀje| *v.tr.* [*appliquer des couleurs sur* (*une surface*)] colorare: *colorier une estampe* colorare una stampa; *colorier à l'aquarelle, aux crayons de couleurs* colorare ad acquarello, a pastello.
colorimètre |kɔlɔʀimɛtʀ(ə)| *s.m.* (*phys.*) colorimetro.
colorimétrie |kɔlɔʀimetʀi| *s.f.* (*chim.*) colorimetria.
coloris |kɔlɔʀi| *s.m.* **1** [*effet des couleurs dans un tableau*] *perfection d'un coloris* perfezione coloristica *adj.* **2** [*couleur du visage, des fruits*] colorito: *le coloris des joues* il colorito delle gote → **carnation** **3** (*fig.*) colorito: *style qui a du coloris* stile che ha colorito, stile colorito *adj.*
coloriste |kɔlɔʀist(ə)| *s.* colorista: *les coloristes et les dessinateurs* i coloristi e i disegnatori.
colossal, ale, aux |kɔlɔsal, o| **1** *adj.* colossale: *une statue colossale* una statua colossale; *richesses colossales* ricchezze colossali → **démesuré, énorme, immense** **2** (*s.m.*) *le goût, la manie du colossal* il gusto, la mania del colossale ⓒ **minuscule, petit.**
colossalement |kɔlɔsalmɑ̃| *adv.* [→ COLOSSAL 1] in modo colossale *loc. inv.*
colosse |kɔlɔs| *s.m.* colosso: *le colosse de Rhodes* il colosso di Rodi ◇ (*loc. pr., fig.*) *cet homme est un colosse* quest'uomo è un colosso → **géant.**
colostrum |kɔlɔstʀɔm| *s.m.* colostro.
colportage |kɔlpɔʀtaʒ| *s.m.* [*métier du colporteur*] commercio* ambulante.
colporter |kɔlpɔʀte| *v.tr.* **1** [*transporter avec soi* (*des marchandises*) *pour les vendre*] vendere (per la strada, di porta in porta): *colporter des livres, des marchandises* vendere (per la strada, di porta in porta) libri, merce **2** [*transmettre* (*une information*)] divulgare, diffondere (146): *colporter une nouvelle, une histoire scandaleuse* divulgare, diffondere una notizia, un fatto scandaloso → **propager, répandre.**
colporteur, euse |kɔlpɔʀtœʀ, øz| *s.* **1** [*marchand ambulant*] (venditore*) ambulante → **camelot** ♦ (*adj.*) *un marchand colporteur* un venditore ambulante **2** (*fig.*) divulgatore*: *colporteur de nouvelles* divulgatore di notizie.
colt |kɔlt| *s.m.* colt *f. inv.*
coltinage |kɔltinaʒ| *s.m.* [→ COLTINER A] facchinaggio*.
coltiner |kɔltine| **A** *v.tr.* [*porter* (*un lourd fardeau*) *sur le cou, sur les épaules*] portare, trasportare: *il va falloir coltiner ce sac jusqu'à la gare* bisognerà portare questa borsa fino alla stazione **B** *v.pron. intr.* (*fam.*) SE COLTINER [*exécuter*] accollarsi *tr.* (*cour.*), sobbarcarsi *tr.* (*cour.*): *je ne vais pas me coltiner seul ce travail* non mi accollerò, non mi sobbarcherò certamente da solo tutto questo lavoro.
coltineur |kɔltinœʀ| *s.m.* (*vx.*) [*celui qui portait de lourds fardeaux* (*sur la tête, les épaules*)] facchino (*cour.*).
columbarium |kɔlɔ̃baʀjɔm| *s.m.* (*archéol., archit.*) colombario*.
columelle |kɔlymɛl| *s.f.* (*anat., zool.*) columella.
col-vert |kɔlvɛʀ| *s.m.* (*t.zool.*) colloverde: *des cols-verts* dei colliverdi.
colza |kɔlza| *s.m.* (*t.bot.*) colza *f.* ◇ (*cour.*) *huile de colza* olio di colza.
colzatier |kɔlzatje| *s.m.* coltivatore* *s.* di colza.
com- |kɔm| *préf.* → **con-.**
coma |kɔma| *s.m.* (*méd.*) coma (*inv.*): *entrer, être dans le coma* entrare, essere in coma.
cômasque |komask|, **cômien, ienne** |komjɛ̃, jɛn| *adj.* [*de Côme*] comasco*, comense.
comateux, euse |kɔmatø, øz| *adj.* comatoso: *état comateux* stato comatoso ♦ (*s.*) *un comateux* un malato in stato comatoso *adj.*
combat |kɔ̃ba| *s.m.* **1** combattimento: *combat acharné* combattimento, scontro accanito; *groupes de combat* gruppi di combattimento, d'assalto; *il y a eu des combats dans les rues* ci sono stati combattimenti, scontri nelle strade; *combat sanglant* combattimento, scontro cruento # *combat offensif* attacco; *combat aérien, naval* battaglia aerea, navale; *combat à l'arme blanche* corpo a corpo ◇ (*au moyen âge*) *combat singulier* singolar tenzone (*f.*); *combat en champ clos* duello in campo chiuso ◇ (*loc.*) *être mis hors de combat* essere messo fuori combattimento ~ *livrer combat* dare battaglia **2** [*lutte organisée*] incontro, combattimento: *combat de boxe* incontro di pugilato; *combat de coqs* combattimento di galli **3** (*fig., littér.*) [*antagonisme, émulation*] gara *f.* (*cour.*): *un combat de générosité* una gara di generosità ◇ (*spécialt.*) [*lutte de l'homme contre les obstacles*] lotta *f.* (*cour.*): *la vie est un combat perpétuel* la vita è un'eterna lotta.
combatif, ive |kɔ̃batif, iv| *adj.* combattivo: *esprit combatif* spirito combattivo → **agressif.**
combativité |kɔ̃bativite| *s.f.* combattività *inv.*
combattant, ante |kɔ̃batɑ̃, ɑ̃t| *s.* **I** *s.* **1** combattente: *une armée de cent mille combattants* un esercito di centomila combattenti; *anciens combattants* ex combattenti, reduci → **soldat** ♦ (*adj.*) *unité combattante* reparto combattente **2** (*fam.*) [*personne qui se bat à coups de poing*] contendente: *séparer les combattants* separare i contendenti → **adversaire, antagoniste** **II** *s.m.* (*t.zool.*) **1** (*oiseau*) combattente, gambetta *f.* **2** (*poisson*) pesce combattente *adj.* ♦ (*adj.*) *poissons combattants* pesci combattenti.
combattre |kɔ̃batʀ(ə)| (76) **A** *v.tr.* **1** [*se battre, lutter contre*] combattere: *combattre un adversaire* combattere un avversario; *combattre les ennemis* combattere i nemici ◇ (*par ext.*) [*faire la guerre à*] battersi *réfl.* contro, con: *Napoléon combattit l'Europe* Napoleone si batté contro l'Europa **2** [*s'opposer à*] combattere; controbattere: *combattre une hérésie* combattere una eresia; *combattre un incendie* combattere un incendio ‖ *combattre un argument* controbattere un argomento # *combattre ses habitudes* lottare contro le proprie abitudini **B** *v.intr.* **1** [*livrer combat*] combattere: *combattre contre son ennemi* combattere (contro) il proprio nemico; *combattre avec ses alliés* combattere con i propri alleati ◇ [*faire la guerre*] combattere: *combattre corps à corps, à l'arme blanche* combattere corpo a corpo, all'arma bianca **2** [*lutter* (*contre un obstacle, un danger*)] lottare, combattere: *combattre contre la faim, la maladie* lottare, combattere contro la fame, la malattia ⓒ A 2 **approuver, soutenir**; B 2 **faciliter.**
combe |kɔ̃b| *s.f.* (*région.*) comba.
combien |kɔ̃bjɛ̃| **I** *adv. et conj.* **1** [*dans quelle mesure, à quel point*] quanto, come: *si vous saviez combien je l'aime!* sapeste quanto, come l'amo!; *combien il a changé!* quanto, come è cambiato! → **2 que** ◇ (*littér.*) *combien rares sont les gens désintéressés!* quanto sono rare le persone disinteressate! **2** COMBIEN DE [*quelle quantité, quel nombre*] quanto (*adj. var.*): *combien a-t-il de livres?* quanti libri ha?; *depuis combien de temps êtes-vous ici?* da quanto tempo siete qui?; *je ne sais combien* non so quanti ◇ (*exclam.*) *combien de fois lui ai-je répété de venir!* quante volte gli (le) ho detto e ripetuto di venire!; *combien en a-t-on vus!* quante ne abbiamo viste! ♦ *absolt.* [*quelle quantité*] quanto: *combien y a-t-il d'ici à la mer?* quanto c'è da qui al mare?; *combien cela coûte-t-il?* quanto costa?; *combien vous dois-je?* quanto vi (le) devo?; *combien?* quanto? ◇ (*pop.*) *ça fait combien?* quant'è, quanto fa? **3** ô COMBIEN! e come!, e quanto!: *un personnage équivoque, ô combien!* un personaggio equivoco, e come!, e quanto! **II** *s.m. inv.* LE COMBIEN: *le combien es-tu?* [*quel est ton rang de classement?*] che posto occupi in classifica?; '*le combien es-tu arrivé?*' '*le troisième*' 'come ti sei classificato?' 'terzo' → **quantième** ◇ (*fam.*) *le combien sommes-nous?* [*quel jour* (*du mois*) *sommes-nous?*] quanti ne abbiamo oggi? (*cour.*); *tous les combien passe l'autobus?* ogni quanto passa l'autobus? (*cour.*).
combientième |kɔ̃bjɛ̃tjɛm| *adj. et s.* (*pop.*) (*fautif*) *le combientième est-il dans le classement général?* a che posto è (*cour.*), che posto occupa (*cour.*) in classifica generale? → **combien (le).**

1 **combinaison** |kɔ̃binɛzɔ̃| *s.f.* **1** [→ COMBINER 1] combinazione: *combinaison de couleurs* combinazione di colori → **disposition, organisation** ◇ (*chim.*) *la combinaison des éléments* la combinazione degli elementi → **synthèse** **2** [→ COMBINER 2] espediente *m.*; manovra: *trouvez une combinaison pour en sortir!* cercate un espediente, un modo per venirne fuori! → **système, arrangement, combine** ‖ *des combinaisons financières* manovre finanziarie **3** [*système d'ouverture d'un coffre-fort*] combinazione.

2 **combinaison** |kɔ̃binɛzɔ̃| *s.f.* **1** [*sous-vêtement féminin*] sottoveste **2** [*vêtement de travail ou de combat d'une seule pièce*] tuta: *combinaison de mécanicien* tuta da meccanico → **bleu**; *combinaison de pilote* tuta da pilota; *combinaison d'astronaute* tuta spaziale.

combinard, arde |kɔ̃binaʀ, aʀd| *adj.* (*fam., péj.*) [*qui utilise des combines*] intrallazzatore* *s.*, maneggione *s.*

combinateur |kɔ̃binatœʀ| *s.m.* (*techn.*) combinatore.

combinatoire |kɔ̃binatwaʀ| **1** *adj.* combinatorio*: *analyse combinatoire* analisi combinatoria **2** *s.f.* [*arrangement d'éléments selon un certain nombre de combinaisons*] combinazione ◇ (*par ext.*) [*analyse systématique des combinaisons possibles*] analisi *inv.* combinatoria.

combine |kɔ̃bin| *s.f.* (*pop.*) [*moyen astucieux, souvent déloyal, pour parvenir à ses fins*] trucco* *m.* (*cour.*), espediente *m.* (*cour.*): *tu connais la combine pour entrer sans payer?* conosci il trucco per entrare senza pagare? → **système.**

combiné, ée |kɔ̃bine| **I** *adj.* (*milit.*) *opérations combinées* operazioni combinate **II** *s.m.* **1** (*chim.*) composto **2** [*appareil téléphonique* (*écouteur et microphone*)] microtelefono **3** [*appareil réunissant récepteur-radio, tourne-disque*] compatto **4** (*ski*) combinata *f.*

combiner |kɔ̃bine| *v.tr.* **1** [*réunir* (*des éléments*) *dans un arrangement déterminé*] combinare: *combiner des mouvements, des sons* combinare dei movimenti, dei suoni → **arranger, disposer** ◇ (*chim.*) *combiner du chlore avec du sodium* combinare il cloro col sodio **2** [*organiser en vue d'un but précis*] combinare: *combiner un voyage* combinare, organizzare un viaggio; *combiner un mauvais coup* combinare, preparare un brutto scherzo; *combiner des projets* combinare, preparare dei progetti → **agencer** 🄲 1 **isoler, séparer.**

comblanchien |kɔ̃blɑ̃ʃjɛ̃| *s.m.* (*géol.*) calcare duro (usato in edilizia).

1 **comble** |kɔ̃bl(ə)| *s.m.* **1** (*archit.*) colmo, palco*: *comble en bois, métallique* colmo, palco di legno, in metallo → **charpente** # *couverture d'un comble* copertura di un tetto; *comble plat* tetto a terrazza ◇ (*par ext.*) *le comble, les combles* [*partie la plus haute d'une construction*] sottotetto, soffitta (*f.*): *faire une chambre dans les combles* fare una camera nel sottotetto **2** *loc.* DE FOND EN COMBLE [*de bas en haut*] da cima a fondo: *le voleurs ont fouillé la maison de fond en comble* i ladri hanno frugato la casa da cima a fondo; *détruire de fond en comble* distruggere (tutto) da cima a fondo.

2 **comble** |kɔ̃bl(ə)| *s.m.* [*le plus haut degré*] colmo, culmine: *le comble du ridicule* il colmo del ridicolo → **maximum, sommet** ◇ (*ellipt.*) *c'est le comble!, c'est un comble!* (questo) è il colmo! ◇ (*loc.*) *être au comble de la joie* essere al colmo, al culmine della gioia.

3 **comble** |kɔ̃bl(ə)| *adj.* **1** [*rempli de monde*] pieno zeppo: *entrer dans une salle comble* entrare in una sala piena zeppa; *l'autobus est comble* l'autobus è pieno zeppo → **bondé, bourré** **2** (*loc.*) *la mesure est comble* la misura è colma 🄲 1 **vide.**

comblement |kɔ̃bləmɑ̃| *s.m.* [*le fait de combler, de boucher*] colmata *f.*

combler |kɔ̃ble| *v.tr.* **1** [*remplir* (*un vide, un creux*)] colmare, riempire: *combler un fossé* colmare, riempire un fossato; *combler un interstice* riempire un interstizio → 1 **boucher** **2** (*fig.*) [*faire disparaître*] colmare: *combler une lacune* colmare una lacuna; *combler un déficit* colmare, ripianare un deficit ◇ (*par ext.*) *combler les vœux de qqn.* [*les exaucer*] esaudire (197) i desideri di qc. **3** COMBLER (QQN.) DE [*lui donner* (*qqch.*) *à profusion*] colmare, riempire (qc.) di: *on l'a comblé de cadeaux* lo hanno colmato di regali; *cela me comble de joie* ciò mi riempie di gioia **4** COMBLER QQN. [*le satisfaire pleinement*] appagare: *je suis comblé* sono appagato ◇ (*loc.*) *vous me comblez!* [*vous êtes très bon pour moi*] lei mi confonde!

comburant, ante |kɔ̃byʀɑ̃, ɑ̃t| *adj. et s.* (*chim., techn.*) comburente.

combustibilité |kɔ̃bystibilite| *s.f.* (*chim., techn.*) combustibilità *inv.*

combustible |kɔ̃bystibl(ə)| *adj.* (*chim., techn.*) combustibile: *matière combustible* sostanza combustibile ✦ (*s.m.*) *un combustible* un combustibile: *combustibles solides, liquides, gazeux* combustibili solidi, liquidi, gassosi.

combustion |kɔ̃bystjɔ̃| *s.f.* (*chim., techn.*) combustione: *combustion d'un gaz dans un brûleur* combustione di un gas in un bruciatore; *moteur à combustion interne* motore a combustione interna; *combustion vive, lente* combustione viva, lenta; *combustion de l'air dans les poumons* combustione dell'aria nei polmoni.

comédie |kɔmedi| *s.f.* **1** commedia: *les comédies de Molière* le commedie di Molière; *comédie d'intrigue, de caractères* commedia d'intreccio, di carattere; *comédie musicale* commedia musicale; *une courte comédie* una commedia breve **2** [*attitude fausse et théâtrale*] commedia: *allons, pas de comédie!* via, smettila (smettetela) di fare la commedia! → **caprice**; *jouer la comédie* recitare la commedia # *tout cela est pure comédie* è soltanto una messinscena, è tutta una messinscena.

comédien, ienne |kɔmedjɛ̃, jɛn| *s.* **1** [*personne qui interprète des rôles au théât., à la radio, à la télév., au ciné.*] attore*, commediante: *comédien de talent* attore di talento; *mauvais comédien* cattivo attore; *une troupe de comédiens* una compagnia di attori, di commedianti → **artiste** **2** [*personne qui se compose une attitude*] commediante: *quel comédien!* che commediante! ✦ (*adj.*) *elle est un peu comédienne* fa un po' la commedia **3** [*acteur comique*] (attore) comico*: *il est meilleur comédien que tragédien* è più bravo come attore comico che drammatico.

comédon |kɔmedɔ̃| *s.m.* (*méd.*) comedone.

comestibilité |kɔmɛstibilite| *s.f.* l'essere *m. inv.* commestibile, commestibilità *inv.*

comestible |kɔmɛstibl(ə)| **1** *adj.* commestibile: *denrées comestibles* generi commestibili, alimentari; *champignons comestibles* funghi commestibili, eduli **2** (*s.m. pl.*) *les comestibles* i generi alimentari, gli alimentari: *boutique de comestibles* negozio di (generi) alimentari; *marchand de comestibles* negoziante di (generi) alimentari, alimentarista.

cométaire |kɔmetɛʀ| *adj.* (*astron.*) cometario*: *système cométaire* sistema cometario.

comète |kɔmɛt| *s.f.* (*astron.*) cometa ◇ (*loc.*) *tirer des plans sur la comète* almanaccare, far castelli in aria.

comices |kɔmis| *s.m. pl.* **1** (*antiq. rom.*) comizi **2** *comices agricoles* [*réunion des cultivateurs d'une région pour le développement de l'agric.*] ⊠.

comicial, comitial, ale, aux |kɔmisjal, o| *adj.* comiziale.

comics |kɔmiks| *s.m. pl.* (*angl.*) [*bande dessinée*] fumetti.

comique |kɔmik| **I** *adj.* **1** [*qui appartient à la comédie*] comico*: *le genre, le style comique* il genere, lo stile comico; *auteur comique* autore comico **2** [*qui provoque le rire*] comico: *c'est une situation comique* è una situazione comica; *il a un visage comique* ha una faccia comica; *il est comique avec ses grands airs* è comico con tutte quelle arie che si dà → **amusant, cocasse** ✦ (*s.m.*) *le comique de l'histoire c'est que...* il comico della faccenda è che... **II** *s.m.* **1** [*acteur qui joue des personnages comiques*] comico: *c'est un bon comique* è un buon comico **2** *le comique* [→ *adj.* 2] il comico, la comicità (*f. inv.*): *le comique de la situation* il comico della situazione; *scène d'un haut comique* scena di una comicità eccezionale 🄲 I 1 **dramatique**, 2 **sérieux, triste.**

comiquement |kɔmikmɑ̃| *adv.* [→ COMIQUE I 2] comicamente.

comité |kɔmite| *s.m.* **1** comitato: *comité exécutif* comitato esecutivo; *comité de lecture, de gestion* comitato di lettura, di gestione; *élire un comité* eleggere un comitato → 2 **commission** # *comité d'entreprise* commissione interna **2** *loc.* EN PETIT COMITÉ [*entre intimes*]: *dîner en petit comité* pranzo fra intimi.

comma |kɔ(m)ma| *s.m.* (*mus.*) comma.

commandant, ante |kɔmɑ̃dɑ̃, ɑ̃t| **I** *s.m.* **1** (*milit.*) comandante: *commandant en chef, en second* comandante in capo, in seconda → 1 **chef** ◇ (*spécialt.*) [*titre donné aux chefs de bataillon, d'escadron, de groupe aérien*] maggiore: *oui, mon commandant* sì, signor maggiore **2** [*officier qui commande un navire, un avion*] comandante: *commandant de bord* comandante pilota **II** *adj.* (*fam.*) [*qui aime à donner des ordres*] dispotico* (*cour.*), autoritario* (*cour.*) # *elle est un peu commandante* è un carabiniere, quella donna.

1 **commande** |kɔmɑ̃d| *s.f.* **1** [→ COMMANDER A 4] ordinazione, ordi-

ne (*m.*): *passer une commande* fare una ordinazione, passare un ordine; *vous paierez à la commande* pagherete al momento dell'ordinazione; *nous avons reçu votre commande* abbiamo ricevuto la vostra ordinazione, il vostro ordinativo; *le garçon de restaurant prend les commandes* il cameriere prende le ordinazioni # *livrer une commande* consegnare la merce ordinata; *les commandes aux entreprises étrangères ont été importantes* le commesse alle ditte estere sono state cospicue; *ouvrage de commande* lavoro su commissione ◇ (*fig.*) *faire qqch. sur commande* fare q.c. su ordinazione **2** *loc.* DE COMMANDE [*qui n'est pas sincère*] di circostanza: *sourire de commande* sorriso di circostanza, forzato; *larmes de commande* lacrime di circostanza → **affecté, artificiel** # *enthousiasme, zèle de commande* finto entusiasmo, zelo.

2 **commande** |kɔmɑ̃d| *s.f.* (*techn.*) comando (*m.*): *commande automatique* comando automatico; *commande des freins* comando dei freni; *avion à double commande* aereo a doppi comandi; *prendre les commandes* prendere i comandi # *moteur à commande électrique* motore ad avviamento elettrico ◇ (*loc. fig.*) *tenir les commandes* tenere, avere in mano le leve del comando.

commandement |kɔmɑ̃dmɑ̃| *s.m.* **1** (*relig.*) comandamento: *les dix commandements* i dieci comandamenti → **loi, précepte** **2** [*pouvoir, droit de commander*] comando: *commandement d'une armée* comando di un esercito; *poste de commandement* posto di comando; *prendre, exercer le commandement* prendere, esercitare il comando → **autorité, direction** ◇ [*autorité milit.*] *le haut commandement des armées* l'alto comando, il comando supremo delle forze armate **3** [*ordre bref, donné à voix haute*] ordine, comando: *à mon commandement* al mio ordine, al mio comando.

commander |kɔmɑ̃de| **A** *v.tr.* **1** COMMANDER QQN. [*exercer son autorité sur* (*qqn.*) *en lui dictant sa conduite*] comandare qc.: *il n'aime pas qu'on le commande* non gli piace essere comandato, che lo si comandi → **diriger** ◇ [*avoir l'autorité hiérarchique sur*] comandare, guidare: *commander des soldats* comandare dei soldati; *l'officier qui commande le régiment* l'ufficiale che comanda il reggimento; *commander une troupe au feu* guidare una truppa in battaglia **2** COMMANDER QQCH. [*donner l'ordre de*] ordinare q.c.: *commander la retraite* ordinare la ritirata ◇ [*diriger* (*une action*)] dirigere (133), comandare: *commander une manœuvre* dirigere una manovra; *commander une expédition* comandare una spedizione **3** [*rendre absolument nécessaire*] imporre (168): *faire ce que les circonstances commandent* fare quel che impongono, esigono le circostanze; *sa conduite commande l'admiration* il suo comportamento impone ammirazione → **exiger, nécessiter** **4** (*comm.*) [*demander à un fabricant, un fournisseur par une commande*] ordinare: *commander un meuble* ordinare un mobile **5** (*sujet de chose*) [*dominer, empêcher l'accès de*] dominare: *ce fort commande la vallée* questo castello domina la vallata ◇ (*techn.*) [*faire fonctionner*] comandare: *ce mécanisme commande l'ouverture des portes* questo meccanismo comanda l'apertura delle porte **B** *v.intr.* **1** [*avoir, exercer une autorité sur* (*qqn.*)] ordinare, comandare: *commander à qqn. de se taire, qu'il se taise* ordinare, comandare a qc. di tacere; *je vous ai commandé de partir* vi ho ordinato di andare via ◇ (*loc.*) *il leur commande à la baguette* li comanda a bacchetta **2** (*fig.*) [*maîtriser*] dominare (*tr.*): *commander à ses passions* dominare le proprie passioni **3** [*exercer son autorité*] [comandare: *qui est-ce qui commande ici?* chi comanda qui?; *il ne sait pas commander* non sa comandare **C** *v.pron. passif* SE COMMANDER [→ *tr.* 2] comandare (*intr.*): *la sympathie ne se commande pas* alla simpatia non si comanda **C** A 2 **défendre 1, interdire, 4 décommander.**

commanderie |kɔmɑ̃dʀi| *s.f.* (*hist.*) [*bénéfice affecté à certains ordres milit.*] commenda: *commanderie des Templiers* commenda dei Templari.

commandeur |kɔmɑ̃dœʀ| *s.m.* [*chevalier d'un ordre* (*milit., honorifique*)] commendatore # *commandeur de la Légion d'honneur* [*grade au dessus de l'officier*] ⊠.

commanditaire |kɔmɑ̃ditɛʀ| *s.m.* (*comm.*) accomandante ◆ (*par appos.*) *associé commanditaire* socio di una società in accomandita.

commandite |kɔmɑ̃dit| *s.f.* (*comm.*) accomandita: *société en commandite simple, en commandite par actions* società in accomandita semplice, in accomandita per azioni.

commanditer |kɔmɑ̃dite| *v.tr.* [*fournir des fonds à* (*une société*); *financer* (*qqn.*)] finanziare: *commanditer une entreprise* finanziare un'azienda.

commando |kɔmɑ̃do| *s.m.* (*milit.*) commando (*inv.*): *commando de parachutistes* commando di paracadutisti.

comme |kɔm| **I** *adv. et conj.* **1** come: *il écrit comme il parle* scrive come parla; *il agit comme s'il avait vingt ans* si comporta come se avesse vent'anni; *elle faisait des signes comme pour nous appeler* faceva dei segni come per chiamarci; *riche comme Crésus* ricco come Creso; *il fait doux comme au printemps* il tempo è mite come in primavera ◇ *loc.* C'EST TOUT COMME [*c'est la même chose*]: *ils ne sont pas divorcés, mais c'est tout comme* non sono divorziati, ma è come se lo fossero; *nous n'avons pas tout à fait terminé, mais c'est tout comme* non abbiamo ancora completamente finito, ma è come se avessimo finito, ma è praticamente lo stesso ◇ *loc. fam.* COMME TOUT proprio, davvero: *elle est jolie comme tout* è proprio carina → **extrêmement** **2** (*addition*) [*ainsi que*; *et*] come (pure): *j'oublierai cela comme le reste* dimenticherò ciò come pure, come anche il resto **3** (*manière*) [*de la manière que*] come: *riche comme il est, il pourra vous aider* ricco com'è, potrà aiutarvi; *comme vous voudrez* come volete (come vuole); *comme il vous plaira* come vi (le) aggrada, come preferite (preferisce); *faites votre travail comme il faut* fate il vostro lavoro come si deve, per bene ◆ *adj.* (*fam.*) COMME IL FAUT per bene, a modo: *une personne très comme il faut* una persona molto per bene ◇ (*ellipt., atténuatif*) *il était comme fou* era come impazzito ◇ (*loc.*) *comme de juste* come è giusto (che sia); naturalmente ~ COMME QUOI [*annonce la conclusion tirée d'une observation*] per cui, perciò: *elle a quitté la région: comme quoi tu n'a pas pu la voir aujourd'hui* ha lasciato i paraggi: per cui, perciò non hai potuto vederla oggi; *vous avez atteint votre but, comme quoi tout finit par s'arranger* avete raggiunto lo scopo, perciò, per cui tutto finisce bene # *faites-lui un certificat comme quoi son état de santé nécessité du repos* fategli un certificato che dica, per dire che il suo stato di salute richiede il riposo ◇ (*loc. fam.*) *comme cela, comme ça* così → **ainsi** ~ *comme ci comme ça* così così **4** [*tel que*] come: *je n'ai jamais rencontré d'intelligence comme la sienne* non ho mai incontrato un'intelligenza come la sua **5** (*attribution, qualité*) [*en tant que, pour*] come: *je l'ai choisie comme secrétaire* l'ho scelta come segretaria; *comme directeur il est efficace* come direttore ci sa fare **II** *adv.* (*interrog. et exclam.*) **1** (*marque l'intensité*) come, quanto: *comme c'est cher!* come, quanto è caro! → **combien, que** **2** (*en subordonnée*) come: *tu sais comme il est* sai come è lui; *vous savez comme elle est* sapete come è lei; *regardez comme il court!* guardate come corre! → **comment** **III** *conj.* **1** (*cause*) siccome, dato che (*loc.*): *comme elle arrive demain, il faut préparer une chambre* siccome, dato che arriva domani, bisogna preparare una camera → 1 **puisque** **2** (*temps*) mentre, nel momento in cui (*loc.*): *nous sommes arrivés comme il partait* siamo arrivati mentre, nel momento in cui lui stava andando via → **alors que, tandis que.**

comme il faut |kɔmi(l)fo| *adj.* (*fam.*) → **comme** I 3.

commémoraison |kɔm(m)emɔʀɛzɔ̃| *s.f.* (*liturg.*) commemorazione: *commémoraison d'un saint, de la Vierge* commemorazione di un santo, della Vergine.

commémoratif, ive |kɔm(m)emɔʀatif, iv| *adj.* commemorativo: *monument commémoratif* monumento commemorativo.

commémoration |kɔm(m)emɔʀɑsjɔ̃| *s.f.* **1** [→ COMMÉMORER] commemorazione: *commémoration des morts* commemorazione dei defunti → **anniversaire, fête** **2** [*mémoire, souvenir*] *garder un objet en commémoration de...* conservare un oggetto in ricordo di...

commémorer |kɔm(m)emɔʀe| *v. tr.* [*rappeler par une cérémonie le souvenir de* (*une personne, un événement*)] commemorare: *commémorer la victoire* commemorare la vittoria → **célébrer, fêter.**

commençant, ante |kɔmɑ̃sɑ̃, ɑ̃t| *s. et adj.* [*personne qui en est encore aux premiers éléments d'un art, d'une science*] principiante: *encourager un commençant* incoraggiare un principiante → **débutant, novice.**

commencement |kɔmɑ̃smɑ̃| *s.m.* **1** [*ce qui vient d'abord*] inizio*, principio*: *le commencement de l'année, du printemps* inizio, il principio dell'anno, della primavera; *commencement des hostilités* inizio delle ostilità; *un bon commencement* un buon inizio → **début** ◇ (*loc.*) *le commencement de la fin* il principio della fine ~ *il y a* *commencement à tout* c'è un inizio in tutte le cose ~ *du commencement à la fin* dal principio, dall'inizio alla fine ~ *au commencement* all'inizio, al principio **2** [*partie qui se présente et que l'on voit avant les autres*] inizio: *le commencement d'une rue, d'un couloir* l'inizio di una strada, di un corridoio **3** (*dr.*) principio, inizio: *commencement de preuve* principio di prova; *commencement d'exécution* principio d'esecuzione; *commencement de prescription* inizio del termine di prescrizione **4** *au plur.* LES COMMENCEMENTS gli inizi: *les commencements de l'empire napoléonien* gli inizi dell'impero napoleonico; *ses commencements ont été pénibles* i suoi inizi sono stati difficili Ⓒ 1 **fin** 1.

commencer |kɔmɑ̃se| (2) **A** *v.tr.* **1** [*faire la première partie de* (*une chose*); *faire exister*] cominciare, iniziare: *commencer un travail* cominciare, iniziare un lavoro; *commencer un débat* cominciare, iniziare un dibattito; *commencer les hostilités* cominciare le ostilità, dare inizio alle ostilità → **débuter, entreprendre** **2** [*être au commencement de*] aprire (186), inaugurare: *le mot qui commence la phrase* la parola che apre la frase ◇ (*durée*) *il ne fait que commencer ses études* ha appena cominciato gli studi; *nous commençons l'année aujourd'hui* oggi per noi comincia, ha inizio l'anno **3** *loc.* COMMENCER À, DE (+ *inf.*) cominciare, iniziare a (+ *inf.*): *commencer à faire qqch.* cominciare, iniziare a fare q.c.; *commencer à, de parler* cominciare a parlare; *commencer à comprendre* cominciare a capire ◇ (*fam.*) *je commence à en avoir assez* comincio ad averne abbastanza; *ça commence à bien faire!* [*ça suffit!*] piantala! (piantatela!) ♦ (*impers.*) *il commence à pleuvoir* comincia a piovere **4** *loc.* COMMENCER PAR (+ *s.*, + *inf.*) cominciare da, con (+ *s.*); cominciare col (+ *inf.*): *'par où allez-vous commencer?' 'il faut commencer par le commencement'* 'da dove comincerete?' 'bisogna cominciare dall'inizio' ‖ *il commença par nous dire que...* cominciò col dirci che... **B** *v.intr.* [*entrer dans son commencement*] cominciare (*aux.* essere), avere (97) *tr.* inizio: *l'année a commencé hier* l'anno è cominciato ieri; *cela a bien, mal commencé* la cosa è cominciata bene, male.

commendataire |kɔmɑ̃datɛʀ| *adj. et s.* (*ancienn.*) commendatario*: *abbé commendataire* abate commendatario.

commende |kɔmɑ̃d| *s.f.* commenda.

commensal, ale, aux |kɔm(m)ɑ̃sal, o| *s.* commensale → **hôte** ◇ (*zool.*) commensale.

commensalisme |kɔm(m)ɑ̃salism(ə)| *s.m.* (*biol.*) commensalismo.

commensurable |kɔm(m)ɑ̃syʀabl(ə)| *adj.* (*math.*) commensurabile: *volumes commensurables* volumi commensurabili.

comment |kɔmɑ̃| **I** *adv. et conj.* **1** (*interrogation*) come: *comment allez-vous?* come sta? (come state?); *comment diable s'est-il enfui?* come diavolo è scappato?; *comment?* come?; *comment cela?* [*expliquez mieux*] come!?, si spieghi! (spiegati!) → **hein, pardon** **2** (*affirmation*) come: *il ne sait comment elle prendra la chose* non sa come lei prenderà la cosa; *il faut voir comment* bisogna vedere come; *Dieu sait comment* Dio sa come, il cielo sa come; *n'importe comment* come viene viene; in un modo qualsiasi → **comme** **3** (*exclam. exprimant 'l'étonnement, l'indignation'*) come: *comment! c'est ainsi que tu me parles!* come! è così che mi parli! → **quoi** **4** (*en signe d'approbation*) COMMENT DONC! certamente!, come no!: *mais comment donc!* ma certamente!, ma certo!; *'puis-je entrer?' 'mais comment donc!'* 'posso entrare?' 'come no!, prego!' → **évidemment, sûr** ◇ (*fam.*) ET COMMENT! e come!, eccome! **5** (*pop., fautif*) COMMENT QUE come (mai): *comment que ça va?* come (*cour.*) va?; *comment qu'on me l'a pas dit?* come mai (*cour.*) non me l'hanno detto?, com'è che (*fam.*) non me l'hanno detto? **II** *s.m. sing.* LE COMMENT il come: *le pourquoi et le comment* il come e il perché, il perché e il percome.

commentaire |kɔm(m)ɑ̃tɛʀ| *s.m.* **1** [→ COMMENTER 1] commento: *commentaire littéraire* commento letterario **2** [→ COMMENTER 2] commento: *les commentaires de la presse* i commenti, le reazioni della stampa # *résumé des commentaires de l'étranger* rassegna della stampa estera ◇ (*fam.*) *cela se passe de commentaires* non c'è bisogno di commenti, di alcun commento; *pas de commentaires* nessun commento; niente commenti; *on vous épargne vos commentaires* risparmiatevi i commenti ◇ (*loc. fam.*) *sans commentaire!* non c'è bisogno di commenti! **3** (*vieilli*) [*interprétation généralt. malveillante des propos de qqn.*] commento (*cour.*), chiacchiera *f.* (*cour.*): *sa conduite donne lieu à bien des commentaires* il suo comportamento suscita molti commenti, molte chiacchiere.

commentateur, trice |kɔm(m)ɑ̃tatœʀ, tʀis| *s.* **1** *s.m.* commentatore: *les commentateurs de la Bible* i commentatori della Bibbia **2** *s.* [*personne qui commente les nouvelles*] commentatore*.

commenter |kɔm(m)ɑ̃te| *v.tr.* **1** [*expliquer* (*un texte*) *par un commentaire*] commentare: *commenter un poème* commentare una poesia **2** [*faire des remarques pour expliquer, pour exposer*] commentare: *commenter les nouvelles* commentare le notizie; *journaliste qui commente l'actualité à la radio* giornalista che commenta l'attualità alla radio.

commérage |kɔmeʀaʒ| *s.m.* (*fam.*) [*propos de commère*] pettegolezzo (*cour.*): *commérages de concierge* pettegolezzi da portinaia → **bavardage,** 1 **cancan, potin.**

commerçant, ante |kɔmɛʀsɑ̃, ɑ̃t| **1** *s.* commerciante: *corporation des commerçants* corporazione dei commercianti; *commerçant en gros* commerciante all'ingrosso; *commerçant en détail* commerciante al minuto, al dettaglio → **marchand, négociant** **2** *adj.* [*qui fait du comm.*] commerciale: *les nations commerçantes* le nazioni commericali, mercantili; *rue très commerçante* via molto commerciale.

commerce |kɔmɛʀs(ə)| *s.m.* **1** commercio*: *commerce intérieur, extérieur, international* commercio interno, estero, internazionale; *commerce en gros, de gros* commercio all'ingrosso; *commerce de détail* commercio al minuto, al dettaglio; *chambre de commerce* camera di commercio; *voyageur de commerce* viaggiatore di commercio; *être dans le commerce* essere nel commercio; *faire du commerce* esercitare il commercio # *maison de commerce* azienda commerciale; *balance du commerce* bilancia commerciale; *livres de commerce* libri contabili **2** [*magasin de détail*] negozio*: *enseigne de commerce* insegna di un negozio; *ouvrir un commerce* aprire un negozio, mettere su bottega; *tenir un commerce* avere un negozio **3** (*fig.*) [*trafic* (*de choses morales*)] commercio: *commerce honteux* commercio vergognoso ◇ (*loc.*) *faire commerce de son nom, de ses idées* fare commercio del proprio nome, delle proprie idee **4** (*vx., littér.*) [*relations que l'on entretient dans la société*] commercio: *fuir le commerce des hommes* fuggire il commercio degli uomini → **fréquentation, rapport** ◇ (*loc., cour.*) *être d'un commerce agréable* essere di compagnia.

commercer |kɔmɛʀse| (2) *v.intr.* [*faire du comm.*] commerciare: *la France commerce avec tous les pays du monde* la Francia commercia con tutti i paesi del mondo.

commercial, iale, iaux |kɔmɛʀsjal, jo| *adj.* commerciale: *entreprise commerciale* azienda commerciale; *opérations commerciales* operazioni commerciali ◇ (*péj.*) *un film, un roman commercial* [*destiné uniquement au succès comm.*] un film, un romanzo di cassetta.

commercialement |kɔmɛʀsjalmɑ̃| *adv.* [→ COMMERCIAL] commercialmente.

commercialisation |kɔmɛʀsjalizɑsjɔ̃| *s.f.* [→ COMMERCIALISER] commercializzazione; messa in vendita, immissione in commercio.

commercialiser |kɔmɛʀsjalize| *v.tr.* [*rendre* (*qqch.*) *l'objet d'un comm.*] commercializzare; mettere (155) in vendita, immettere (155) in commercio: *commercialiser un brevet d'invention* commercializzare un brevetto.

commercialité |kɔmɛʀsjalite| *s.f.* commerciabilità (*inv.*): *la commercialité d'une dette* la commerciabilità di un debito.

commère |kɔmɛʀ| *s.f.* **1** comare: *propos de commère* chiacchiere di comare **2** (*vx.*) [*marraine d'un enfant par rapport au parrain, aux parents*] comare (*pop.*).

commérer |kɔmeʀe| (8) *v.intr.* (*rare*) [*faire des commérages*] (s)pettegolare (*cour.*), far (103) *tr.* pettegolezzi (*cour.*) → **bavarder.**

commettage |kɔmetaʒ| *s.m.* (*mar.*) commettitura *f.*

commettant |kɔmetɑ̃| *s.m.* (*dr.*) committente → **mandant.**

commettre |kɔmɛtʀ(ə)| (71) **A** *v.tr.* **1** [*accomplir, faire* (*une action blâmable*)] commettere (155): *commettre une injustice à l'égard de qqn.* commettere un'ingiustizia nei confronti di qc.; *commettre un crime, un délit* commettere un delitto, un reato; *commettre un meurtre* commettere un assassinio → **perpétrer** **2** (*littér.*) COMMETTRE QQN. À QQCH. [*lui confier* (*une charge, un travail*)] commettere, affidare (*cour.*) a qc. q.c.: *il nous a commis au soin de fai-*

re cela ci ha commesso, affidato l'incarico di fare ciò; *commettre qqn. à un emploi* affidare a qc. un impiego → 1 **charger, préposer** ◇ (*dr.*) *être commis d'office* [(*avocat*) *désigné*] essere nominato d'ufficio **3** (*vx.*) *commettre à qqn.* [*remettre* (*qqn.*, *qqch.*) *aux soins, à la garde de qqn.*] affidare a qc. (*cour.*); *commettre les enfants aux soins de qqn.* affidare i bambini alle cure di qc., a qc. **4** (*vx.*) [*exposer, mettre en danger*] compromettere (155) (*cour.*): *commettre l'avenir de qqn.* compromettere l'avvenire di qc.; *commettre sa réputation* compromettere la propria reputazione **5** (*techn.*) [*confectionner un cordage en tortillant ensemble plusieurs brins ou torons*] commettere **B** *v.pron. réfl.* SE COMMETTRE [→ *tr.* 3] compromettersi: *se commettre avec des gens méprisables* compromettersi con persone spregevoli.

comminatoire |kɔm(m)inatwaʀ| *adj.* **1** *dr.* comminatorio*: *disposition, sentence comminatoire* disposizione, sentenza comminatoria **2** [*qui est menaçant*] intimidatorio*: *ton comminatoire* tono intimidatorio.

comminutif, ive |kɔm(m)inytif, iv| *adj.* (*chir.*) comminuto: *fracture comminutive* frattura comminuta.

commis |kɔmi| *s.m.* **1** commesso: *commis d'un grand magasin* commesso di un grande magazzino → **vendeur**; *premier commis* primo commesso; *commis aux écritures* commesso, impiegato addetto alla contabilità; *commis de bureau* commesso in un ufficio → **employé** **2** *les grands commis de l'État* [*hauts fonctionnaires*] gli alti funzionari dello Stato **3** (*mar.*) *commis aux vivres* dispensiere, addetto ai viveri **4** *commis voyageur* commesso viaggiatore.

commisération |kɔm(m)izeʀasjɔ̃| *s.f.* commiserazione: *avoir, éprouver de la commisération pour qqn.* avere, provare commiserazione per qc. → **compassion, miséricorde** [C] **dureté, indifférence.**

commissaire |kɔmisɛʀ| *s.m.* **1** commissario*: *commissaire du gouvernement* commissario governativo; *commissaire d'une commission parlementaire* commissario di una commissione parlamentare **2** (*dr. comm.*) *commissaire aux comptes* sindaco* (di società anonima), revisore dei conti **3** (*sport*) commissario **4** *commissaire de police* commissario di polizia; *commissaire divisionnaire* commissario divisionale **5** (*mar.*) *commissaire de la Marine* (ufficiale) commissario della Marina, funzionario* della Marina; *commissaire de bord* commissario di bordo **6** → **commissaire-priseur.**

commissaire-priseur |kɔmisɛʀpʀizœʀ| *s.m.* (*comm.*) banditore* di asta.

commissariat |kɔmisaʀja| *s.m.* **1** commissariato: *haut commissariat* alto commissariato ◇ (*mar.*) *commissariat maritime* commissariato marittimo **2** [*bureau d'un commissaire de police*] commissariato: *suivre un agent au commissariat* seguire un agente al commissariato.

1 **commission** |kɔmisjɔ̃| *s.f.* **1** commissione, compera: *faire les commissions de qqn.* fare le commissioni, gli acquisti per qc.; *envoyer, faire une commission par un enfant* mandare un bambino a fare una commissione → **course** ◇ *au plur.* [*achats journaliers*] spesa (*sing.*): *où avez-vous mis les commissions que j'ai rapportées du marché?* dove avete messo la spesa che ho portato dal mercato? → **emplette** ◇ (*langage enfantin*) *la grosse, la petite commission* [*les fonctions d'excrétion*] la popò *inv.*, la pipì *inv.* **2** (*dr. comm.*) commissione: *contrat de commission* contratto di commissione # *maison de commission* agenzia commissionaria ◇ (*loc.*) *faire la commission* [*acheter, placer des marchandises pour le compte d'un autre*] agire da commissionario **3** [*pourcentage qu'un intermédiaire perçoit pour sa rémunération*] provvigione, commissione: *toucher quinze pour cent* (*15%*) *de commission* avere il quindici per cento (15%) di provvigione, di commissione → **prime.**

2 **commission** |kɔmisjɔ̃| *s.f.* [*réunion de personnes chargées d'étudier un projet, de prendre des décisions*] commissione: *commission parlementaire* commissione parlamentare; *commission d'examen* commissione esaminatrice; *être membre d'une commission* essere membro di una commissione → **comité.**

commissionnaire |kɔmisjɔnɛʀ| *s.m.* **1** (*comm.*) commissionario*: *commissionnaire exportateur* commissionario esportatore; *commissionnaire de transport* commissionario di trasporto, trasportatore; *remettre des marchandises en dépôt, en consignation à un commissionnaire* depositare delle merci presso un commissionario **2** [*celui dont le métier est de faire les commissions du public*] fattorino: *commissionnaire d'hôtel* fattorino d'albergo → **coursier, porteur.**

commissionner |kɔmisjɔne| *v.tr.* **1** (*dr.*) [*attribuer une fonction à*] incaricare: *être commissionné par son gouvernement* essere incaricato dal proprio governo **2** (*comm.*) [*donner commission d'acheter ou de vendre*] commissionare.

commissoire |kɔmiswaʀ| *adj.* (*dr.*) commissorio*: *clause commissoire* patto commissorio.

commissural, ale, aux |kɔm(m)isyʀal, o| *adj.* (*anat.*) commissurale.

commissure |kɔm(m)isyʀ| *s.f.* (*anat.*) commessura: *commissures des lèvres* commessure labiali.

commodat |kɔmɔda| *s.m.* (*dr. civ.*) commodato.

1 **commode** |kɔmɔd| *adj.* **1** [*pratique*] comodo: *habit commode* vestito comodo; *lieu commode pour la conversation* luogo comodo per conversare; *commode à manier* comodo da maneggiare **2** (*action*) [*facile, simple*] semplice, facile: *ce que vous me demandez là n'est pas commode* ciò che mi chiede(te) non è semplice ◇ (*fam.*) *c'est commode!* (è) comodo!; *c'est trop commode!* (è) troppo comodo! **3** (*vieilli*) (*personnes*) [*d'un caractère facile, arrangeant*] accomodante, conciliante: *avoir le caractère commode* avere un carattere accomodante ◇ (*négatif.*, *cour.*) *il n'est pas commode* è esigente, è difficile di carattere; *être peu commode à vivre* non avere un buon carattere; essere poco conciliante [C] 1 **incommode**; 2 **difficile.**

2 **commode** |kɔmɔd| *s.f.* [*meuble à tiroirs*] cassettone *m.*, comò *m. inv.*

commodément |kɔmɔdemɑ̃| *adv.* [→ 1 COMMODE 1] comodamente: *s'installer commodément* sistemarsi comodamente → **confortablement.**

commodité |kɔmɔdite| *s.f.* **1** comodità (*inv.*): *pour plus de commodité* per maggior comodità; *rechercher la commodité en tout* cercare la comodità in tutto → 2 **agrément** **2** *au plur.* LES COMMODITÉS comodità: *les mille commodités de l'appartement moderne* le mille comodità di un appartamento moderno; *les commodités de la vie* le comodità, gli agi *m.* della vita **3** *spécialt. au plur.* [*lieux d'aisances*] gabinetto *m. sing.*, servizi (*m.*): *aller aux commodités* andare al gabinetto, ai servizi [C] 1; 2 **incommodité.**

commodore |kɔmɔdɔʀ| *s.m.* (*mar.*) commodoro.

commotion |kɔm(m)osjɔ̃| *s.f.* **1** (*méd.*) commozione: *commotion cérébrale* commozione cerebrale **2** [*violente émotion*] commozione.

commotionner |kɔm(m)osjɔne| *v.tr.* (*sujet de chose*) [*frapper* (*qqn.*) *d'une commotion*] scuotere (162), traumatizzare: *cette émotion l'a fortement commotionné* questa emozione l'ha profondamente scosso, traumatizzato → **choquer.**

commuabilité |kɔm(m)ɥabilite| *s.f.* commutabilità *inv.*

commuable |kɔm(m)ɥabl(ə)|, **commutable** |kɔm(m)ytabl(ə)| *adj.* [→ COMMUER] commutabile: *peine commuable* pena commutabile.

commuer |kɔm(m)ɥe| *v.tr.* [*changer* (*une peine*) *en une peine moindre*] commutare: *commuer une peine* commutare una pena.

commun, une |kɔmœ̃, yn| *adj.* **I** **1** comune: *passage commun, terres communes* passaggio comune, terre comuni; *but commun* scopo comune; *avoir des intérêts communs avec qqn.* avere interessi comuni, in comune con qc.; *tout est commun entre eux* tutto è comune, in comune tra loro; *avoir des caractères communs* avere caratteri comuni → **semblable** ◇ (*math.*) *diviseur commun* divisore comune; *le plus petit commun multiple* il minimo comune multiplo; *le plus grand commun diviseur* il massimo comun divisore **2** [*qui se fait ensemble*] comune: *œuvre commune, travail commun* opera, lavoro comune; *vie commune* vita comune; *mener une action commune* condurre un'azione comune; *faire cause commune* fare causa comune → **collectif** ◇ (*loc.*) *d'un commun accord* di comune accordo ~ EN COMMUN in comune: *travailler en commun* lavorare in comune; *mettre en commun* mettere in comune; *personnes qui vivent en commun* persone che vivono in comune, insieme **3** [*qui appartient au plus grand nombre*] comune: *bien commun* bene comune; *sens commun* senso comune; *droit commun* diritto comune → 1 **général, public, universel** ✦ *s.* (*loc.*) *le commun des mortels* [*la majorité*] i comuni mortali ◇ (*ling.*) *nom commun* nome comune **II** **1** [*qui est ordinaire*] comune: *la langue commune* la lingua comune → **courant, habituel**; *il est d'une force peu commune* è d'una forza poco comune ✦ (*s.*) *hors du commun* fuori dal (del) comune **2** [*qui se rencontre fréquemment*] comune: *une variété* commune una varietà comune; lieu commun luogo comune; débiter des lieux communs dire dei, sciorinare luoghi comuni → 2 **banalité, cliché** 3 [qui n'appartient pas à l'élite] comune, ordinario*: il a des manières très communes ha dei modi molto comuni → **quelconque, vulgaire** III (s.m. pl.) les communs [les bâtiments servant aux cuisines, aux garages, etc.] le dipendenze f. © I 2 **individuel**, 3 **particulier**; II 1 **exceptionnel, extraordinaire**, 3 **distingué**.

communal, ale, aux |kɔmynal, o| adj. comunale: école communale scuola comunale; musique communale banda comunale, civica* → **municipal** # médecin communal medico condotto ✦ (s.m. pl.) les communaux [les terrains communaux] il demanio sing. comunale.

communaliser |kɔmynalize| v.tr. (dr.) [mettre sous la dépendance de la commune] municipalizzare.

communard, arde |kɔmynaʀ, aʀd(ə)| adj. et s. (hist.) comunardo.

communautaire |kɔmynotɛʀ| adj. comunitario*: vie communautaire vita comunitaria.

communauté |kɔmynote| s.f. 1 comunità (inv.): communauté nationale comunità nazionale; vivre en communauté vivere in comunità; appartenir à la même communauté appartenere alla stessa comunità → **collectivité** ◇ (spécialt.) la Communauté européenne la Comunità europea # communauté urbaine consorzio intercomunale ◇ (relig.) une communauté de moines una comunità di frati → **congrégation**, 1 **ordre** 2 (dr.) comunione, comunanza: communauté entre époux comunione (di beni) fra coniugi; communauté réduite aux acquêts comunione limitata agli utili e agli acquisti 3 [état, caractère de ce qui est commun] comunanza: communauté de goûts, de vues comunanza di gusti, di vedute → 1 **accord, unité**.

commune |kɔmyn| s.f. (admin.) 1 comune (m.): les communes, les départements, les régions i comuni, i dipartimenti, le regioni → **municipalité** 2 (hist.) les communes au moyen âge i comuni nel medioevo; la Commune de Paris la Comune f. di Parigi 3 (en Grande-Bretagne) Chambre des communes Camera dei Comuni ◇ (ellipt.) les Communes i Comuni 4 (en Chine) commune populaire comune f. del popolo.

communément |kɔmynemɑ̃| adv. [→ COMMUN II] comunemente: on dit communément... si dice comunemente... → **couramment, habituellement, ordinairement** © **exceptionnellement, rarement**.

communiant, ante |kɔmynjɑ̃, ɑ̃t| s. comunicando ◇ (spécialt.) premier communiant [qui fait sa première communion] comunicando.

communicabilité |kɔmynikabilite| s.f. comunicabilità inv.

communicable |kɔmynikabl(ə)| adj. [→ COMMUNIQUER] comunicabile.

communicant, ante |kɔmynikɑ̃, ɑ̃t| adj. [personne qui communie] comunicante: routes communicantes strade comunicanti; salles communicantes sale comunicanti; principe des vases communicants principio dei vasi comunicanti.

communicateur, trice |kɔmynikatœʀ, tʀis| adj. che mette in comunicazione loc.

communicatif, ive |kɔmynikatif, iv| adj. 1 (choses) comunicativo: rire communicatif riso comunicativo 2 (personnes) comunicativo: personne communicative persona comunicativa.

communication |kɔmynikɑsjɔ̃| s.f. 1 [→ COMMUNIQUER B 1] comunicazione: être en communication avec un ami essere in comunicazione con un amico → 2 **correspondance, rapport** 2 [→ COMMUNIQUER A 1] comunicazione: communication d'une nouvelle comunicazione di una notizia; j'ai une communication très importante à vous faire ho da farvi una comunicazione molto importante # demander la communication d'un dossier chiedere che venga trasmesso un fascicolo, la trasmissione di un fascicolo ◇ (dr.) communication des pièces trasmissione degli atti processuali 3 [moyen techn. par lequel des personnes communiquent; message qu'elles se transmettent] comunicazione: recevoir, prendre une communication ricevere, prendere una comunicazione; couper, interrompre une communication togliere, interrompere la comunicazione → **transmission** ◇ (spécialt.) (recevoir) une communication téléphonique (ricevere) una telefonata 4 [ce qui permet de communiquer] comunicazione: moyens de communication mezzi di comunicazione → 1 **transport**; voie de communication via di comunicazione; communications de masse mezzi di comunicazione di massa, mass media ◇ (par ext.) couper les communications tagliare le comunicazioni.

communier |kɔmynje| **A** v.intr. 1 [recevoir l'eucharistie] comunicarsi pron., fare (103) tr. la comunione: nous avons communié à Pâques ci siamo comunicati, abbiamo fatto la comunione a Pasqua 2 [être en union spirituelle] essere (96) (aux. essere) in comunione di spirito **B** v.tr. (rare) [faire communier] comunicare: le prêtre communia tous les fidèles il sacerdote comunicò tutti i fedeli.

communion |kɔmynjɔ̃| s.f. 1 [→ COMMUNIER A 1] comunione: la première communion la prima comunione 2 [union de ceux qui ont la même religion] comunione, comunità (inv.): la communion des fidèles la comunione dei fedeli; les diverses communions chrétiennes le varie comunità cristiane → **confession** ◇ (par anal.) la communion humaine la comunità umana 3 (loc.) être en communion avec qqn. essere in comunione di idee con qc.

communiqué |kɔmynike| s.m. comunicato: communiqué des opérations comunicato, bollettino delle operazioni; communiqué de presse comunicato stampa.

communiquer |kɔmynike| **A** v.tr. 1 [faire connaître (qqch.) à qqn.] comunicare: communiquer une nouvelle, un renseignement comunicare una notizia, un'informazione; communiquer ses intentions comunicare le proprie intenzioni → **divulguer, publier** ◇ (dr.) communiquer les pièces d'un procès trasmettere (155) gli atti di un processo 2 [faire partager] comunicare, trasmettere: il nous a communiqué son enthousiasme ci ha comunicato, ci ha trasmesso il suo entusiasmo 3 [rendre commun à; transmettre (qqch.)] trasmettere: corps qui communique son mouvement à un autre corpo che trasmette il proprio moto a un altro; le soleil communique sa lumière et sa chaleur à la terre il sole trasmette luce e calore alla terra; communiquer une maladie trasmettere una malattia **B** v.intr. 1 [être, se mettre en relation] comunicare, essere (96) (aux. essere) in comunicazione: communiquer avec un ami comunicare con un amico; deux personnes qui communiquent entre elles due persone che comunicano, sono in comunicazione fra loro → **correspondre** 2 2 (choses) [être en rapport avec, par un passage] comunicare: pièces d'une maison qui communiquent entre elles locali (di una casa) che comunicano fra loro # corridor qui fait communiquer plusieurs pièces corridoio che mette in comunicazione più stanze.

communisant, ante |kɔmynizɑ̃, ɑ̃t| adj. [qui sympathise avec les communistes, est empreint de communisme] comunisteggiante: des thèses communisantes tesi comunisteggianti; il est communisant è comunisteggiante ✦ (s.) c'est un communisant è un comunisteggiante, è un comunistoide (péj.).

communisme |kɔmynism(ə)| s.m. comunismo.

communiste |kɔmynist(ə)| adj. comunista: doctrines communistes dottrine comuniste; manifeste du parti communiste manifesto del partito comunista ✦ (s.) les communistes i comunisti.

commutateur |kɔmytatœʀ| s.m. (électr.) commutatore: commutateur téléphonique commutatore telefonico.

commutatif, ive |kɔmytatif, iv| adj. 1 (dr.) commutativo: contrat commutatif contratto commutativo; justice commutative giustizia commutativa 2 (log., math.) commutativo: propriété commutative de l'addition proprietà commutativa dell'addizione.

commutation |kɔmytɑsjɔ̃| s.f. 1 commutazione: commutation des facteurs d'une opération commutazione dei fattori di una operazione 2 (dr.) commutation de peine commutazione della pena.

commutativité |kɔmytativite| s.f. (sc.) commutabilità inv. ◇ (math.) commutatività inv.

commutatrice |kɔmytatʀis| s.f. (électr.) commutatrice.

commuter |kɔmyte| v.tr. [changer par une substitution, une commutation] commutare ✦ (intr.) éléments qui peuvent commuter elementi che possono commutarsi pron.

compacité |kɔ̃pasite| s.f. [qualité de ce qui est compact] compatezza.

compact, acte |kɔ̃pakt, akt(ə)| adj. 1 compatto: bloc compact blocco compatto; poudre compacte polvere compatta → **dense, serré** ◇ (fig.) majorité compacte maggioranza compatta 2 (par ext.) [d'un faible encombrement relatif] compatto: une voiture compacte, un appareil compact un'auto compatta, un apparecchio compatto.

compactage |kɔ̃paktaʒ| s.m. (techn.) costipamento.

compagne |kɔ̃paɲ| s.f. 1 compagna: compagnes d'école, de travail compagne di scuola, di lavoro → **camarade**

2 (*littér.*) [*épouse, femme; maîtresse*] compagna.

compagnie |kɔ̃paɲi| *s.f.* **1** compagnia: *dame de compagnie* dama di compagnia; *rechercher la compagnie de qqn.* cercare la compagnia di qc. ◇ (*loc.*) *aller de compagnie avec* andare in compagnia con ~ *voyager de compagnie* [*ensemble*] viaggiare in compagnia ~ *dans la compagnie, en compagnie de* in compagnia di → **avec** ~ *fausser compagnie à qqn.* [*le quitter brusquement*] piantare in asso qc. ~ *tenir compagnie à* tenere compagnia (a) ~ *être de bonne compagnie* essere di compagnia **2** (*vx.*) [*réunion de personnes*] brigata, masnada: *une joyeuse compagnie* un'allegra brigata ◇ (*loc. pop.*) *salut la compagnie!* salve ragazzi (gente)!, salute a tutta la compagnia! **3** [*société comm. ou industrielle*] compagnia: *compagnie commerciale, financière* compagnia commerciale, finanziaria; *compagnie d'assurance* compagnia assicurativa; *compagnie aérienne* compagnia aerea ◇ [*troupe théâtrale permanente*] compagnia **4** (*milit.*) compagnia: *les compagnies d'un bataillon* le compagnie di un battaglione; *les sections d'une compagnie* i reparti di una compagnia.

compagnon |kɔ̃paɲɔ̃| *s.m.* **1** compagno (*s.*): *compagnon de jeu, d'études* compagno di gioco (di giochi), di studi; *compagnon d'armes* compagno d'armi; *compagnon d'infortune* compagno di sventura → **camarade, copain** **2** (*vieilli*) *un joyeux compagnon* un buontempone → **luron** **3** (*ancienn.*) [*celui qui n'était plus apprenti et n'était pas encore maître*] gregario* *s.*

compagnonnage |kɔ̃paɲɔnaʒ| *s.m.* (*ancienn.*) [*temps pendant lequel l'ouvrier sorti d'apprentissage travaillait comme compagnon de son patron*] compagnia *f.* ◇ [*association entre ouvriers d'une même profession*] corporazione *f.*

comparabilité |kɔ̃paʀabilite| *s.f.* comparabilità *inv.*

comparable |kɔ̃paʀabl(ə)| *adj.* [→ COMPARER] paragonabile, comparabile: *rien n'est comparable à cela* non c'è niente di paragonabile → **analogue, approchant** # *il ne vous est pas comparable* non c'è paragone tra lui e voi; *ce n'est pas comparable* non c'è confronto; non è la stessa cosa ◇ (*math.*) *grandeurs comparables* grandezze comparabili → **commensurable.**

comparaison |kɔ̃paʀɛzɔ̃| *s.f.* **1** [→ COMPARER 1] paragone *m.*, confronto (*m.*): *terme de comparaison* termine di paragone, di confronto; *faire la comparaison* fare il paragone, il confronto; *établir une comparaison entre...* fare un paragone, un confronto tra...; *mettre une chose en comparaison avec une autre* mettere una cosa a confronto con un'altra; *il n'y a pas de comparaison possible* non c'è (possibilità di) confronto, non è possibile alcun raffronto **2** (*loc.*) *en comparaison de* a paragone di, in confronto a → **auprès de, relativement** ~ *par comparaison à* rispetto a, in rapporto a; *pour lui, c'est la misère par comparaison à sa richesse passée* è la miseria per lui rispetto alla ricchezza di prima ~ *sans comparaison* senza confronto, senza paragone **3** [→ COMPARER 2] paragone; similitudine: *comparaison qui accentue la différence* paragone che sottolinea la differenza ‖ *beau comme le jour, gai comme un pinson sont des comparaisons* bello come il sole, allegro come un fringuello sono similitudini.

comparaître |kɔ̃paʀɛtʀ(ə)| (72) *v. intr.* (*dr.*) [*se présenter par ordre*] comparire (142) (*aux.* essere): *comparaître en jugement, en justice* comparire in giudizio; *comparaître devant un juge* comparire davanti a un giudice; *comparaître en personne* comparire di persona.

comparant, ante |kɔ̃paʀɑ̃, ɑ̃t| *adj. et s.* (*dr.*) comparente.

comparateur, trice |kɔ̃paʀatœʀ, tʀis| **1** *s.m.* (*techn.*) comparatore **2** *adj.* di comparazione *loc. inv.*

comparatif, ive |kɔ̃paʀatif, iv| **1** *adj.* comparativo: *tableau comparatif* quadro comparativo; *méthode comparative* metodo comparativo; *étude comparative* studio comparativo, comparato ◇ (*gram.*) *la forme comparative* la forma comparativa **2** *s.m.* (*gram.*) *le comparatif* il comparativo: *comparatif de supériorité, d'égalité, d'infériorité* comparativo di maggioranza, di uguaglianza, di minoranza.

comparatisme |kɔ̃paʀatism(ə)| *s.m.* comparatismo.

comparatiste |kɔ̃paʀatist(ə)| *s.* comparatista.

comparativement |kɔ̃paʀativmɑ̃| *adv.* [→ COMPARATIF 1] comparativamente.

comparé, ée |kɔ̃paʀe| *adj.* comparato: *anatomie comparée* anatomia comparata; *grammaire comparée* grammatica comparata.

comparer |kɔ̃paʀe| *v.tr.* **1** [*examiner les rapports de ressemblance et de différence de (qqn., qqch.)*] paragonare, confrontare: *comparer un écrivain avec, à un autre* paragonare, confrontare uno scrittore con, a un altro; *comparer plusieurs artistes entre eux* paragonare più artisti fra loro ♦ (*absolt.*) *comparez avant de choisir* confrontare prima di scegliere **2** [*rapprocher en vue d'assimiler; mettre en parallèle*] *comparer la vie à une aventure* paragonare la vita ad un'avventura.

comparoir |kɔ̃paʀwaʀ| *v.intr.* (*employé à l'inf. et au p. prés.*) (*vx.*) → **comparaître.**

comparse |kɔ̃paʀs(ə)| *s.* comparsa *f.*

compartiment |kɔ̃paʀtimɑ̃| *s.m.* **1** [*division pratiquée dans un espace*] scomparto: *meuble, tiroir à compartiments* mobile, cassetto a scomparti → **case** **2** [*division d'une voiture de ch. de fer*] scompartimento: *compartiment réservé, de seconde (classe)* scompartimento prenotato (riservato), di seconda (classe) **3** [*subdivision d'une surface (par des figures régulières)*] casella (*f.*): *compartiment d'un damier, d'un échiquier* casella di una dama, di una scacchiera **4** (*fig.*) [*division*] scompartimento, suddivisione *f.*

compartimentage |kɔ̃paʀtimɑ̃taʒ| *s.m.*, **compartimentation** |kɔ̃paʀtimɑ̃tɑsjɔ̃| *s.f.* [→ COMPARTIMENTER] suddivisione *f.* in scomparti; compartimentazione *f.* → **cloisonnement.**

compartimenter |kɔ̃paʀtimɑ̃te| *v.tr.* **1** [*diviser en compartiments*] suddividere (130) in scomparti: *compartimenter une armoire* suddividere in scomparti un armadio **2** (*fig.*) [*cloisonner, séparer*] *une société très compartimentée* una società rigidamente stratificata, a compartimenti stagni; *l'auteur a soigneusement compartimenté les questions* l'autore ha accuratamente separato i problemi; *compartimenter les divers services d'une usine* dividere i vari reparti di una fabbrica a compartimenti stagni.

comparution |kɔ̃paʀysjɔ̃| *s.f.* (*dr.*) comparizione: *mandat de comparution* mandato di comparizione.

compas |kɔ̃pa| *s.m.* **1** compasso: *compas de proportion, de réduction* compasso di proporzione, di riduzione; *compas d'épaisseur* compasso per spessori ◇ (*loc. fig.*) *avoir le compas dans l'œil* [*juger à vue d'œil, avec une grande précision*] avere occhio, avere l'occhio clinico **2** (*mar.*) bussola (*f.*): *compas gyroscopique* bussola giroscopica; *compas de route* bussola di rotta.

compassé, ée |kɔ̃pɑ(a)se| *adj.* compassato: *allure compassée* andatura compassata; *style compassé* stile compassato Ⓒ **naturel, simple.**

compasser |kɔ̃pɑ(a)se| *v.tr.* **1** (*techn.*) [*mesurer avec le compas*] misurare col compasso **2** (*littér.*) [*considérer avec attention, régler avec exactitude, minutie*] compassare → **étudier, mesurer, peser.**

compassion |kɔ̃pɑ(a)sjɔ̃| *s.f.* compassione: *avoir de la compassion pour qqn.* avere compassione di qc., compatire qc.; *être touché de compassion* essere mosso a compassione; *être digne de compassion* essere degno di compassione → **commisération** Ⓒ **dureté, indifférence.**

compatibilité |kɔ̃patibilite| *s.f.* compatibilità *inv.*

compatible |kɔ̃patibl(ə)| *adj.* [→ COMPATIR 2] compatibile: *des caractères compatibles* caratteri compatibili; *la fonction du préfet n'est pas compatible avec celle du député* la carica di prefetto non è compatibile con quella di deputato → **conciliable** Ⓒ **incompatible.**

compatir |kɔ̃patiʀ| *v.intr.* **1** COMPATIR À [*avoir de la compassion pour*] compatire (197) *tr.*, aver (97) *tr.* compassione per: *il compatit à notre douleur* compatisce il nostro dolore, ha compassione per il nostro dolore → **apitoyer (s'), attendrir (s')** **2** (*vx.*) [*s'accorder, être compatible*] conciliarsi *pron.* (*cour.*), accordarsi *pron.* (*cour.*): *son caractère ne peut compatir avec le mien* il suo carattere non può conciliarsi col mio.

compatissant, ante |kɔ̃patisɑ̃, ɑ̃t| *adj.* [*qui prend part aux souffrances d'autrui*] compassionevole: *un regard compatissant* uno sguardo compassionevole # *il est compatissant aux malheurs d'autrui* è sensibile alle disgrazie altrui, prova compassione per le disgrazie altrui Ⓒ **dur, insensible.**

compatriote |kɔ̃patʀijɔt| *s.* connazionale, compatriota ◇ [*personne originaire de la même province*] compaesano: *nous sommes compatriotes* siamo compaesani.

compendieux, euse |kɔ̃pɑ̃djø, øz| *adj.* (*vx.*) → **concis, résumé.**

compendium |kɔ̃pɛ̃djɔm| *s.m.* [*abrégé*] compendio*.

compensable |kɔ̃pɑ̃sabl(ə)| *adj.* [→ COMPENSER] compensabile.

compensateur, trice |kɔ̃pɑ̃satœʀ, tʀis| *adj.* **1** compensativo, compensatore*: *indennité compensatrice* indennità compensativa **2** (*techn.*) *pendule compensateur* pendolo compensatore ✦ (*s.m.*) *un compensateur* un compensatore.

compensation |kɔ̃pɑ̃sɑsjɔ̃| *s.f.* **1** compenso (*m.*): *compensation reçue pour des services rendus* compenso ricevuto per servizi resi ◇ *loc.* EN COMPENSATION in compenso: *si l'appartement est petit, en compensation nous avons une vue magnifique* è vero che l'appartamento è piccolo, ma in compenso abbiamo una vista magnifica **2** (*dr.*) compensazione: *compensation des dépens* compensazione delle spese giudiziali; *compensation légale* compensazione legale **3** [→ COMPENSER] compensazione, conguaglio* (*m.*): *compensation entre les importations et les exportations* compensazione, conguaglio fra le importazioni e le esportazioni; *compensation entre les gains et les pertes* conguaglio tra profitti e perdite ◇ (*Bourse*) *chambre de compensation* camera di compensazione ◇ (*par ext.*) → **clearing** ◇ (*math.*) *loi de compensation* legge del compenso.

compensatoire |kɔ̃pɑ̃satwaʀ| *adj.* compensativo, compensatore* ◇ (*écon.*) *montants compensatoires monétaires* importi compensativi monetari.

compensé |kɔ̃pɑ̃se| *adj.* [*équilibré*] compensato ◇ (*spécialt.*) *semelle compensée* [*semelles qui font corps avec le talon*] suola alta, ortopedica.

compenser |kɔ̃pɑ̃se| **A** *v.tr.* [*équilibrer* (*un effet*) *par un autre*] compensare: *compenser une perte par un gain* compensare una perdita con un guadagno # *pour compenser je t'emmènerai au théâtre* in compenso ti porterò a teatro **B** *v.pron. récipr.* SE COMPENSER [→ *tr.*] compensarsi, equilibrarsi: *leurs caractères se compensent* i loro caratteri si compensano, si equilibrano.

compérage |kɔ̃peʀaʒ| *s.m.* (*vieilli*) comparaggio*.

compère |kɔ̃pɛʀ| *s.m.* **1** (*vx.*) [*le parrain d'un enfant, par rapport à la marraine et aux parents*] compare, padrino (*cour.*) **2** (*fam.*) [*ami, camarade*] compare, compagno (*s.*): *un bon compère* un buon compare **3** [*celui qui est de connivence avec qqn.*] compare: *le prestidigitateur avait deux compères dans la salle* il prestigiatore aveva due compari in sala.

compère-loriot |kɔ̃pɛʀlɔʀjo| *s.m.* **1** → **loriot** **2** [*petit bouton du bord de la paupière*] orzaiolo → **orgelet.**

compétence |kɔ̃petɑ̃s| *s.f.* competenza: *avoir de la compétence, des compétences* avere competenza, delle competenze; *s'occuper d'une affaire avec compétence* occuparsi di una faccenda con competenza; *cela n'entre pas dans mes compétences* non rientra nelle mie competenze, esula dalle mie competenze → **capacité, qualité** ◇ (*fam.*) *c'est une compétence en la matière* è un competente *m.* in materia ◇ (*dr.*) *compétence d'un préfet* competenza di un prefetto; *compétence territoriale* competenza territoriale, per territorio Ⓒ **incompétence.**

compétent, ente |kɔ̃petɑ̃, ɑ̃t| *adj.* **1** competente: *un critique compétent* un critico competente; *il est compétent en archéologie* è competente, è esperto in archeologia → **capable, expert, qualifié** **2** (*dr.*) competente: *le tribunal compétent est la cour d'appel d'Aix* il tribunale competente è la corte d'appello di Aix; *en référer à l'autorité compétente* deferire la questione all'autorità competente Ⓒ **imcompétent.**

compétiteur, trice |kɔ̃petitœʀ, tʀis| *s.* (*rare, écon.*) competitore*, concorrente (*cour.*) → **concurrent.**

compétitif, ive |kɔ̃petitif, iv| *adj.* competitivo, concorrenziale: *prix compétitifs* prezzi competitivi, concorrenziali.

compétition |kɔ̃petisjɔ̃| *s.f.* competizione, gara: *compétition entre partis politiques* competizione tra partiti politici; *sortir vainqueur d'une compétition* uscire vincitori da una competizione, da una gara ◇ (*spécialt.*) *compétition sportive* gara, competizione sportiva.

compétitivité |kɔ̃petitivite| *s.f.* competitività *inv.*, concorrenzialità *inv.*

compilateur, trice |kɔ̃pilatœʀ, tʀis| *s.* compilatore*.

compilation |kɔ̃pilɑsjɔ̃| *s.f.* [→ COMPILER] compilazione.

compiler |kɔ̃pile| *v.tr.* [*mettre ensemble* (*des documents*) *pour former un recueil*] compilare: *compiler des documents* compilare dei documenti; *compiler une biographie* compilare una biografia.

compisser |kɔ̃pise| *v.tr.* (*vx., plais.*) [*pisser sur...*] pisciare (su).

complainte |kɔ̃plɛ̃t| *s.f.* **1** [*chanson pop. d'un ton plaintif*] nenia, cantilena **2** (*vx.*) [*plainte, lamentation*] lamento *m.* (*cour.*).

complaire |kɔ̃plɛʀ| (68) **A** *v.intr.* (*littér.*) COMPLAIRE À QQN. [*lui être agréable*] compiacere (149) *tr.* qc. (*cour.*), far (103) *tr.* piacere (*cour.*) a qc.: *il ne cherche qu'à vous complaire* cerca soltanto di compiacervi, di farvi piacere **B** *v.pron. intr.* SE COMPLAIRE [*trouver son plaisir, sa satisfaction*] compiacersi: *se complaire dans son erreur* compiacersi del proprio errore: *il se complait à dire, à faire cela* si compiace di dire, di fare ciò → **aimer** Ⓒ A **déplaire.**

complaisamment |kɔ̃plɛzamɑ̃| *adv.* [→ COMPLAISANT] per, con compiacenza (*loc. inv.*): *il m'a écouté complaisamment* mi ha ascoltato per compiacenza.

complaisance |kɔ̃plɛzɑ̃s| *s.f.* **1** [→ COMPLAIRE A] compiacenza: *montrer de la complaisance* mostrare compiacenza; *faire une chose avec, par complaisance* fare una cosa con, per compiacenza; *auriez-vous la complaisance de m'ouvrir la porte?* avrebbe la compiacenza, sarebbe così gentile da aprirmi la porta? → **amabilité, empressement** ◇ (*péj.*) *sourire, rire de complaisance* sorriso, riso di compiacenza; *certificat de complaisance* certificato compiacente, di compiacenza ◇ (*dr.*) *effet de complaisance* cambiale di comodo, di favore; *signature de complaisance* firma di favore; *pavillon de complaisance* bandiera di comodo, bandiera ombra **2** [*sentiment dans lequel on se complaît par faiblesse*] compiacimento *m.*, compiacenza: *s'écouter avec complaisance* ascoltarsi con compiacimento → **contentement, satisfaction.**

complaisant, ante |kɔ̃plɛzɑ̃, ɑ̃t| *adj.* **1** compiacente, gentile: *caractère complaisant* carattere compiacente; *être, se montrer complaisant pour, envers qqn.* essere, mostrarsi compiacente con, nei confronti di qc.; *vous n'êtes pas très complaisant* lei non è molto gentile → **aimable, empressé, prévenant** ◇ (*spécialt.*) *mari complaisant* marito compiacente **2** [*qui a ou témoigne de la complaisance envers soi-même*] compiacente: *prêter une oreille complaisante* ascoltare con orecchio compiacente, con compiacenza → **indulgent** # *se regarder d'un œil complaisant* guardarsi con compiacimento → **satisfait.**

complanter |kɔ̃plɑ̃te| *v.tr.* (*agric.*) [*planter ensemble* (*des espèces différentes*) *sur* (*une terre*)] piantare.

complément |kɔ̃plemɑ̃| *s.m.* **1** complemento, supplemento: *complément à un ouvrage imprimé* complemento, supplemento a un'opera stampata; *un complément d'information* un supplemento d'informazione; delle informazioni complementari # *le complément d'une somme* il resto di una somma **2** (*gram.*) complemento: *complément d'objet* complemento oggetto; *complément d'une proposition principale* complemento di una proposizione principale **3** (*géom.*) *complément d'un angle* complemento di un angolo.

complémentaire |kɔ̃plemɑ̃tɛʀ| *adj.* **1** complementare: *renseignement complémentaire* informazione complementare; *clause complémentaire* clausola complementare, integrativa ◇ (*phys.*) *couleurs complémentaires* colori complementari **2** (*géom.*) *angle, arc complémentaire* angolo, arco complementare **3** *cours complémentaires* [*cours qui se situent entre le certificat d'études primaires et le brevet élémentaire*] corsi integrativi Ⓒ 1 **principal.**

complémentarité |kɔ̃plemɑ̃taʀite| *s.f.* complementarità *inv.*

complet |kɔ̃plɛ| *s.m.* completo: *il avait un complet bleu* aveva un completo azzurro.

complet, ète |kɔ̃plɛ, ɛt| *adj.* **1** completo: *un assortiment complet* un assortimento completo; *service de table complet* servizio da tavola completo; *les œuvres complètes de Molière* le opere complete, l'opera omnia di Molière; *donner une idée complète de qqch.* dare un'idea completa di q.c. # *pain complet* pane integrale ◇ (*par ext.*) *une étude complète* uno studio completo → **exhaustif**; *ruine complète* rovina completa → **total**; *son mobilier complet se réduit à deux chaises* tutta la sua mobilia si riduce a due sedie → 1 **entier, total** ✦ *s.m.* AU (GRAND) COMPLET al (gran) completo: *le parti au complet a approuvé son chef* il partito al completo ha approvato il suo capo **2** [*qui possède tous les caractères de son genre*] completo, perfetto: *il est tombé dans un complet discrédit* è caduto in un completo discredito; *c'est un complet idiot* è un perfetto cretino, un cretino integrale → **accompli, achevé, parfait** **3** [*qui n'a plus de place disponible*] completo: *train complet* treno completo → **bondé, bourré, plein** Ⓒ 1 **incomplet, imparfait**; 3 **vide.**

1 **complètement** |kɔ̃plɛtmɑ̃| *adv.* **1** [→ COMPLET 1] completamente, per intero (*loc. inv.*): *lire un ouvrage complètement* leggere un'opera completamente, per intero; *citer complètement* ci-

tare per intero → **entièrement** # *traiter complètement un sujet* trattare un argomento in modo completo **2** [*tout à fait, vraiment*] completamente: *il est complètement fou, idiot* è completamente pazzo, scemo.

2 **complètement** |kɔ̃plɛtmɑ̃| *s.m.* (*rare*) [→ COMPLETER] completamento ◇ (*psycho.*) *méthode, test de complètement* metodo, test di completamento.

compléter |kɔ̃plete| (6) **A** *v.tr.* [*rendre complet*] completare: *compléter une collection* completare una collezione; *compléter l'assortiment d'un magasin* completare l'assortimento di un negozio **B** *v.pron.* SE COMPLÉTER **1** *récipr.*) [*se parfaire en s'associant*] completarsi: *leurs caractères se complètent* i loro caratteri si completano (a vicenda) **2** *passif* [*être complété*] completarsi: *sa collection se complète peu à peu* la sua collezione si completa a poco a poco.

complétif, ive |kɔ̃pletif, iv| *adj.* (*gram.*) completivo, complementare: *proposition complétive* proposizione completiva, complementare ✦ (*s.f.*) *une complétive* una proposizione completiva *adj.*, complementare *adj.*

complétude |kɔ̃pletyd| *s.f.* (*philo.*) compiutezza.

1 **complexe** |kɔ̃plɛks(ə)| *adj.* complesso: *problème, question complexe* problema complesso, questione complessa → **compliqué.**

2 **complexe** |kɔ̃plɛks(ə)| *s.m.* **1** (*psycho., cour.*) complesso: *complexe d'infériorité, de castration* complesso d'inferiorità, di castrazione ◇ (*fam.*) *avoir des complexes* avere dei complessi, essere complessato; *ça lui donnait des complexes* la cosa lo metteva in imbarazzo, gli faceva nascere dei complessi **2** (*chim., math., physiol.*) complesso.

3 **complexe** |kɔ̃plɛks(ə)| *s.m.* [*grand ensemble industriel*] complesso: *un grand complexe sidérurgique* un grande complesso siderurgico ◇ (*par ext.*) *complexe universitaire* complesso universitario; *complexe urbain* complesso urbano.

complexé, ée |kɔ̃plɛkse| *adj. et s.* (*fam.*) complessato.

complexer |kɔ̃plɛkse| *v.tr.* (*fam.*) [*donner des complexes à* (*qqn.*)] complessare: *un rien le complexe* un nonnulla lo complessa.

complexification |kɔ̃plɛksifikɑsjɔ̃| *s.f.* [→ COMPLEXIFIER] il rendere *m. inv.* (più) complesso; il diventare *m. inv.* (più) complesso.

complexifier |kɔ̃plɛksifje| **A** *v.tr.* [*rendre complexe*] rendere (105) (più) complesso **B** *v.pron. intr.* [*devenir plus complexe*] diventare *intr.* (più) complesso.

complexion |kɔ̃plɛksjɔ̃| *s.f.* **1** (*littér.*) complessione: *complexion délicate, robuste* complessione gracile, robusta → 1 **constitution, nature 2** (*vx.*) → **tempérament.**

complexité |kɔ̃plɛksite| *s.f.* complessità (*inv.*): *la complexité d'une situation* la complessità d'una situazione **C** **simplicité.**

complication |kɔ̃plikɑsjɔ̃| *s.f.* **1** complicazione: *fuir, éviter les complications* fuggire, evitare le complicazioni; *vous aimez les complications!* vi piacciono le complicazioni! → **embarras 2** [*caractère de ce qui est compliqué*] complicatezza, complessità (*inv.*): *la complication d'une machine* la complicatezza, complessità di una macchina; *la situation est d'une complication extrême* la situazione è di un'estrema complicatezza, complessità → **complexité 3** *au plur* (*méd.*) complicazioni, complicanze → **aggravation** **C** 2 **simplicité.**

complice |kɔ̃plis| **1** *adj.* (*personnes*) complice: *être complice d'un vol* essere complice di un furto ◇ (*choses*) *un regard complice* uno sguardo complice; *complices le silence et la nuit* complici il silenzio e la notte **2** *s.* complice: *l'auteur du crime et ses complices ont été arrêtés* l'autore del delitto e i suoi complici sono stati arrestati → **acolyte.**

complicité |kɔ̃plisite| *s.f.* **1** complicità (*inv.*): *être accusé de complicité* essere accusato di complicità **2** [*entente profonde entre personnes*] complicità: *une complicité muette* una muta complicità → 1 **accord, connivence** **C** 2 **désaccord.**

complies |kɔ̃pli| *s.f. pl.* (*liturg.*) compieta (*sing.*): *réciter, chanter les complies* recitare, cantare compieta.

compliment |kɔ̃plimɑ̃| *s.m.* **1** complimento, congratulazione (*f.*): *mes compliments!* i miei complimenti!, le mie congratulazioni!; *compliment sincère, hypocrite* complimento sincero, ipocrita; *je vous fais mes compliments* vi faccio i miei complimenti, le mie congratulazioni; mi complimento, mi compiaccio → **éloge, félicitations, louange** ◇ (*loc.*) *sans compliment* senza complimenti; *faire compliment à qqn. sur, de son succès* complimentarsi, rallegrarsi con qc. per il suo successo **2** *au plur.* [*paroles de politesse*] omaggi, ossequi: *mes compliments pour Monsieur un tel* i miei omaggi al, per il signor Tale; *faites bien mes compliments à...* porga i miei omaggi, i miei saluti a... ◇ (*loc.*) *trêve de compliments!* basta coi, bando ai complimenti!; niente cerimonie! **3** [*petit discours adressé à qqn. pour lui faire honneur*] discorsetto d'occasione, di circostanza: *réciter un compliment* fare un discorsetto d'occasione, di circostanza # *compliment en vers* poesiola d'occasione, di circostanza **C** **blâme.**

complimenter |kɔ̃plimɑ̃te| *v.tr.* [*faire un compliment à*] complimentarsi *pron.* con, congratularsi *pron.* con: *complimenter qqn. pour son mariage* complimentarsi, congratularsi con qc. per il suo matrimonio; *je vous complimente pour votre succès* mi complimento, mi rallegro con lei per il suo successo → **féliciter** **C** **blâmer.**

complimenteur, euse |kɔ̃plimɑ̃tœʀ, øz| *adj.* [*qui fait trop de compliments*] complimentoso, ossequioso: *discours complimenteur* discorso complimentoso, ossequioso ✦ (*s.*) *un complimenteur* un tipo complimentoso *adj.*, ossequioso *adj.* → **flatteur.**

compliqué, ée |kɔ̃plike| *adj.* **1** (*choses*) complicato: *mécanisme compliqué* meccanismo complicato, complesso → **complexe**; *des phrases longues et compliquées* frasi lunghe, complicate, involute → **contourné**; *une histoire compliquée* una storia complicata → **confus**; *c'est trop compliqué pour moi* è troppo complicato per me → **difficile** # *écoutez, ce n'est pas compliqué, vous prenez la première à droite* senta, non è difficile, prenda la prima a destra **2** (*personnes*) complicato: *un homme compliqué* un uomo complicato ✦ *s.* (*fam.*) *vous, vous êtes un compliqué* lei è un tipo complicato *adj.* **C** 1 **simple, facile.**

compliquer |kɔ̃plike| **A** *v.tr.* [*rendre complexe et difficile à comprendre*] complicare: *ce n'est pas la peine de compliquer cette affaire* non è il caso di complicare questa faccenda → **embrouiller B** *v.pron. intr.* SE COMPLIQUER [*devenir compliqué*] complicarsi: *la situation se complique* la situazione si complica **C** **simplifier.**

complot |kɔ̃plo| *s.m.* complotto: *ourdir, tramer un complot* ordire, tramare un complotto → **conspiration, machination.**

comploter |kɔ̃plɔte| **A** *v.tr.* [*préparer secrètement et à plusieurs*] tramare, complottare: *qu'est-ce que vous complotez là?* che cosa state tramando, complottando? → **manigancer B** *v.intr.* **1** [*préparer par un complot*] tramare, complottare: *comploter de tuer qqn.* complottare di uccidere qc. **2** [*conspirer, intriguer*] complottare, cospirare: *comploter contre qqn.* complottare, cospirare contro qc.

comploteur |kɔ̃plɔtœʀ| *s.m.* [*celui qui complote*] cospiratore* *s.*

componction |kɔ̃pɔ̃ksjɔ̃| *s.f.* compunzione, contrizione # *un air de componction* un'aria compunta ◇ (*iron.*) *il a servi le vin avec componction* ha servito il vino con aria compunta.

componé, ée |kɔ̃pɔne| (*blas.*) **1** *adj.* composto **2** *s.m.* pezza *f.* composta.

comporte |kɔ̃pɔʀt(ə)| *s.f.* [*baquet de bois servant au transport de la vendange*] bigoncia*.

comportement |kɔ̃pɔʀtəmɑ̃| *s.m.* [→ COMPORTER B] comportamento: *un comportement bizarre* uno strano comportamento; *le comportement d'un auditoire, d'un élève en classe* il comportamento di un uditorio, di un alunno in aula → **attitude, 1 conduite, manière** ◇ (*psycho.*) *la psychologie du comportement* la psicologia del comportamento.

comporter |kɔ̃pɔʀte| **A** *v.tr.* **1** [*permettre d'être, d'aller avec; inclure en soi, être la condition de*] comportare: *toute règle comporte des exceptions* ogni regola comporta delle eccezioni; *les inconvénients que comporte cette solution* gli inconvenienti che questa soluzione comporta → **contenir, impliquer, inclure 2** (*concret*) [*comprendre en soi*] comprendere (105), includere (106): *la maison comportait une cave* la casa comprendeva, includeva (anche) una cantina **B** *v.pron. intr.* SE COMPORTER [*se conduire, agir d'une certaine manière*] comportarsi: *comment s'est-il comporté devant cette nouvelle?* come si è comportato di fronte a questa notizia? → **réagir** ◇ (*choses*) *cette voiture se comporte bien sur la route* questa auto si comporta bene su strada → **fonctionner.**

composant |kɔ̃pozɑ̃| *s.m.* (*chim., électron., techn.*) componente ◇ (*spécialt.*) *l'industrie des composants électroniques* la componentistica* *f.*

composant, ante |kɔ̃pozɑ̃, ɑ̃t| *adj.* [*qui entre dans la composition de qqch.*] costitutivo: *les éléments com-*

posants gli elementi costitutivi, i componenti *s.m.*

composante |kɔ̃pozɑ̃t| *s.f.* 1 [*partie, force qui se combine pour produire une résultante*] componente: *les composantes d'une idée* le componenti di un'idea 2 (*mécan., techn.*) componente.

composé, ée |kɔ̃poze| 1 *adj.* composto → 1 **complexe** ◇ (*arithm.*) *intérêts composés* interessi composti ◇ (*bot.*) *feuille composée* foglia composta ◇ (*chim.*) *corps composé* corpo composto ♦ (*s.m.*) *un composé chimique* un composto chimico ◇ (*gram.*) *mot composé* parola composta; *temps composé* tempo composto ◇ (*mécan.*) *pendule composé* pendolo composto 2 *s.m.* [*ensemble, tout formé de parties différentes*] amalgama; miscuglio*: *le peuple français est un composé* il popolo francese è un amalgama ‖ *cet homme est un curieux composé de grossièreté et de ruse* quell'uomo è uno strano miscuglio di grossolanità e di furbizia.

Composées |kɔ̃poze|, **Compo-sacées** |kɔ̃pozase| *s.f. pl.* (*t.bot.*) Composite, Composte.

composer |kɔ̃poze| **A** *v.tr.* 1 [*former par la réunion d'éléments*] comporre (168): *pièces qui composent une machine* pezzi che compongono una macchina → **constituer**; *composer un livre, un poème* comporre un libro, una poesia; *composer une sonate* comporre una sonata → **créer, écrire** # *composer un numéro de téléphone* formare un numero telefonico 2 (*imprim.*) [*assembler (des caractères) pour former un texte*] comporre: *le texte est composé* il testo è composto 3 (*sujet de personne*) [*élaborer, adopter (un comportement, une apparence)*] *composer son attitude* darsi (102) un contegno; *composer son visage* fare (103), assumere (118) una faccia di circostanza **B** *v.intr.* 1 [*s'accorder avec qqn. en faisant des concessions*] transigere (141): *composer avec ses créanciers* transigere con i propri creditori → **traiter** # *composer avec l'ennemi* venire a patti con il nemico; *composer sa conscience* venire, scendere a patti con la propria coscienza → **pactiser** 2 [*faire une composition (II)*] fare *tr.* una composizione, un componimento: *les élèves sont en train de composer* gli alunni stanno facendo una composizione, un componimento **C** *v.pron.* SE COMPOSER 1 *passif* [*être composé de*] comporsi: *la maison se compose de deux étages* la casa si compone di due piani → **comporter, comprendre** 2 *intr.* [*se faire, se former*] formarsi: *les ondes de la mer se composent et se décomposent* le onde del mare si formano e si disfano.

composeuse |kɔ̃pozøz| *s.f.* (*typogr.*) compositrice.

composite |kɔ̃pozit| *adj.* 1 (*archit.*) composito: *style, ordre composite* stile, ordine composito 2 [*formé d'éléments très différents*] composito, eterogeneo: *une foule composite* una folla eterogenea → **hétéroclite** © **homogène, simple.**

compositeur, trice |kɔ̃pozitœʀ, tʀis| *s.* 1 compositore*: *un grand, un célèbre compositeur* un grande, un celebre compositore → **musicien** 2 (*imprim.*) compositore → **typographe.**

composition |kɔ̃pozisjɔ̃| *s.f.* **I** 1 [→ COMPOSER A 1] composizione: *la composition d'un remède* la composizione di un farmaco; *la composition d'un plat* la composizione di una pietanza; *la composition d'une assemblée* la composizione di un'assemblea → **organisation, structure** # *quelle est la composition de cette sauce?* quali sono gli ingredienti di questa salsa? ◇ (*chim.*) *la composition d'un corps* la composizione di un corpo ◇ (*imprim.*) composizione: *composition à la main, mécanique* composizione a mano, meccanica ◇ (*mécan.*) *la composition des forces* la composizione delle forze 2 (*personnes*) *être de bonne composition* [*accommodant, facile à vivre*] essere una (buona) pasta d'uomo (di donna, ecc.) **II** *une composition* (*artistique, intellectuelle*) una composizione (artistica, intellettuale) ◇ [*l'action de composer une œuvre intellectuelle, artistique*] *la composition d'un livre, d'un tableau* la composizione di un libro, di un quadro ◇ (*spécialt.*) [*l'œuvre*] *composition pour orchestre* composizione per orchestra; *composition abstraite* composizione astratta; *une composition en vers* un componimento *m.* in versi; *il nous a montré des vers de sa composition* ci ha mostrato alcuni versi scritti da lui ◇ [*exercice sur un sujet*] *composition française* componimento, tema *m.* di francese → **dissertation, rédaction** ◇ (*par ext.*) *les compositions trimestrielles* le prove scritte trimestrali; *corriger des compositions* correggere i compiti *m.* (in classe) © I 1 **analyse, décomposition** 1.

compost |kɔ̃pɔst| *s.m.* (*agric.*) composta *f.*, terriccio*.

1 **compostage** |kɔ̃pɔstaʒ| *s.m.* [→ 1 COMPOSTER 2] foratura *f.*

2 **compostage** |kɔ̃pɔstaʒ| *s.m.* (*agric.*) ammendamento di un terreno mediante composta.

1 **composter** |kɔ̃pɔste| *v.tr.* 1 (*typogr.*) [*assembler sur le composteur*] comporre (168) sul compositoio 2 [*perforer à l'aide d'un composteur (2)*] forare, perforare ♦ (*au p.p.*) *billets compostés* biglietti forati.

2 **composter** |kɔ̃pɔste| *v.tr.* (*agric.*) [*amender une terre avec du compost*] ammendare, correggere (154) un terreno con terriccio.

composteur |kɔ̃pɔstœʀ| *s.m.* 1 (*typogr.*) compositoio* 2 [*appareil mécan. qui sert à perforer des billets de ch. de fer, des factures*] perforatore.

compote |kɔ̃pɔt| *s.f.* 1 composta: *une compote de pommes* una composta di mele → **marmelade** 2 (*loc. fam.*) *avoir les membres en compote* avere le ossa ammaccate ~ *réduire qqn. en compote* ridurre qc. in poltiglia.

compotier |kɔ̃pɔtje| *s.m.* [*plat en forme de coupe*] compostiera *f.*

compound |kɔ̃pund| *adj. inv.* (*angl.*) (*électr., techn.*) compound, composto *var.* ♦ (*s.m.*) *un compound* un compound.

compréhensibilité |kɔ̃pʀeɑ̃sibilite| *s.f.* comprensibilità *inv.*

compréhensible |kɔ̃pʀeɑ̃sibl(ə)| *adj.* 1 [→ COMPRENDRE A II 1] comprensibile: *expliquer d'une manière compréhensible* spiegare in modo comprensibile → **clair, intelligible** 2 [*qui s'explique facilement*] comprensibile: *une attitude compréhensible* un atteggiamento comprensibile; *c'est très compréhensible* è comprensibilissimo → **concevable** © **incompréhensible.**

compréhensif, ive |kɔ̃pʀeɑ̃sif, iv| *adj.* 1 (*personnes*) comprensivo: *des parents compréhensifs* genitori comprensivi; *c'est un homme compréhensif, il vous excusera sûrement* è un uomo comprensivo, certamente vi scuserà → **bienveillant, indulgent, tolérant** 2 (*choses*) [*qui embrasse un certain nombre d'êtres, d'idées*] esteso, vasto: *sens compréhensif d'un mot* senso esteso di una parola → **large** © 1 **incompréhensif;** 2 **borné.**

compréhension |kɔ̃pʀeɑ̃sjɔ̃| *s.f.* 1 [→ COMPRENDRE A II 1] comprensione: *la compréhension d'un problème* la comprensione di un problema → **intelligence** ◇ (*choses*) *la ponctuation est utile à la compréhension d'un texte* la punteggiatura è utile alla comprensione di un testo → **clarté** 2 [→ COMPRENDRE A II 4] comprensione: *être plein de compréhension à l'égard des autres* essere pieno di comprensione verso gli altri → **indulgence, tolérance** © **incompréhension, intolérance.**

comprendre |kɔ̃pʀɑ̃dʀ(ə)| (73) **A** *v.tr.* **I** [*embrasser dans un ensemble*] comprendere (105): *la péninsule ibérique comprend l'Espagne et le Portugal* la penisola iberica comprende la Spagna e il Portogallo → **comporter, renfermer** ◇ (*par ext.*) *comprendre qqn. dans une liste* comprendere qc. in un elenco → **inclure II** 1 [*saisir par l'esprit le sens de (une chose)*] capire (197), comprendere: *chose facile à comprendre* cosa facile da capire; *chercher à comprendre* cercare di capire, di comprendere; *ne rien comprendre* non capire nulla; *il n'y comprend rien* non ci capisce niente; *comprendre une explication, une plaisanterie* capire una spiegazione, uno scherzo; *faire comprendre* far capire; *il parle mieux l'anglais qu'il ne le comprend* parla l'inglese meglio di quanto non lo capisca 2 [*se faire une idée claire des causes, des motifs de (qqch.)*] capire, comprendere: *je comprends sa colère, qu'il soit mécontent* capisco, comprendo la sua rabbia, che sia scontento; *je ne comprends pas qu'il puisse s'ennuyer!* non capisco come possa annoiarsi → 1 **concevoir, saisir, sentir** 3 [*se rendre compte*] capire: *comprendre la portée d'un acte* capire la portata di un atto; *ah! je comprends!* ah, capisco! ◇ *loc.* COMPRENDRE POURQUOI, COMMENT (+ *ind.*) capire perché, come (+ *ind., subj.*): *je ne comprends pas pourquoi il est venu* non capisco perché sia venuto; *nous comprenons comment cela s'est passé* capiamo come sia successo; *je compris pourquoi il l'avait fait* capii perché l'aveva, l'avesse fatto ~ COMPRENDRE QUE (+ *ind.*) capire che (+ *ind.*): *je compris qu'il avait raison* capii che aveva ragione 4 [*avoir une attitude compréhensive envers (qqch., qqn.)*] capire, comprendere: *comprendre la plaisanterie* capire lo scherzo; *comprendre le caractère de qqn.* capire il carattere di qc.; *personne ne me comprend* nessuno mi capisce, mi comprende **B** *v.pron. récipr.* SE COMPRENDRE [→ *tr.* II 4] capirsi: *ils ne se sont jamais compris* non si sono mai capiti → 2 **accorder (s'), entendre (s').**

comprenette |kɔ̃pʀənɛt| *s.f.*

(*fam.*) [*faculté de comprendre*] comprendonio* (*m.*): *il a la comprenette un peu dure* è un po' duro di comprendonio → **compréhension.**

compresse |kɔ̃pʀɛs| *s.f.* compressa: *compresse stérilisée* compressa sterilizzata → **pansement.**

compresser |kɔ̃pʀese| *v.tr.* [*presser, serrer*] comprimere (124) → **comprimer.**

compresseur |kɔ̃pʀesœʀ| *s.m.* (*mécan.*) compressore: *compresseur à pistons* compressore a pistoni ◆ (*adj.*) *rouleau compresseur* rullo compressore.

compressibilité |kɔ̃pʀesibilite| *s.f.* **1** compressibilità *inv.* **2** (*fig.*) [*fait de pouvoir être serré*] contenimento (*m.*): *la compressibilité des frais* il contenimento delle spese.

compressible |kɔ̃pʀesibl(ə)| *adj.* **1** compressibile → **condensable 2** (*fig.*) *des dépenses compressibles* [*que l'on peut restreindre*] spese contenibili.

compressif, ive |kɔ̃pʀesif, iv| *adj.* compressivo.

compression |kɔ̃pʀesjɔ̃| *s.f.* **1** compressione: *pompe de compression* pompa di compressione **2** (*fig.*) [*réduction forcée*] contenimento *m.*, riduzione: *compression des dépenses* contenimento delle spese; *compression du personnel* riduzione del personale Ⓒ 1 **dilatation**; 2 **augmentation.**

comprimable |kɔ̃pʀimabl(ə)| *adj.* [→ COMPRIMER] comprimibile.

comprimé |kɔ̃pʀime| *s.m.* (*pharm.*) compressa (*f.*): *prendre un comprimé d'aspirine* prendere una compressa di aspirina → **cachet.**

comprimé, ée |kɔ̃pʀime| *adj.* compresso: *air comprimé* aria compressa.

comprimer |kɔ̃pʀime| *v.tr.* **1** [*exercer une pression sur* (*qqch.*) *et en diminuer le volume*] comprimere (124): *comprimer une artère pour éviter l'hémorragie* comprimere un'arteria per evitare l'emorragia → **presser, serrer** # *comprimer pour rendre plat* appiattire; *comprimer le buste avec un corset* stringere il busto in un corsetto; *comprimer des marchandises destinées à être embarquées* stipare merci destinate all'imbarco → **aplatir 2** (*fig.*) [*empêcher de se manifester*] reprimere (124), contenere (188): *comprimer sa colère, ses larmes* reprimere, contenere la collera, le lacrime → **refouler, retenir** Ⓒ 2 **exprimer, extérioriser.**

compris, ise |kɔ̃pʀi, iz| *adj.* **1** [*contenu dans qqch.*] compreso: *je vous cède mes terres, la ferme comprise* vi cedo le mie terre, compresa la fattoria; *tout compris* tutto compreso; *jours compris entre deux dates* giorni compresi fra due date → **inclus** ◇ *loc.* Y COMPRIS compreso *var.*; NON COMPRIS eccettuato *var.*, eccetto *prep.* ◇ (*REM. quand ces expressions précèdent le nom, 'compris' reste inv.*) *il s'est disputé avec toute sa famille, y compris sa sœur* ha litigato con tutti i suoi familiari, compresa la sorella; *il vend son domaine, non compris la forêt, la forêt non comprise* vende la sua proprietà eccettuata la macchia, eccetto la macchia **2** [*dont le sens, les raisons, les idées sont saisis*] capito, compreso: *une leçon comprise* una lezione capita, compresa.

compromettant, ante |kɔ̃pʀɔmɛtɑ̃, ɑ̃t| *adj.* compromettente: *opinion compromettante* opinione compromettente; *ce n'est pas compromettant* non è compromettente.

compromettre |kɔ̃pʀɔmɛtʀ(ə)| (71) **A** *v.tr.* [*mettre dans une situation critique*] compromettere (155): *compromettre qqn.* compromettere qc.; *compromettre sa santé, sa réputation* compromettere la propria salute, la propria reputazione → **risquer, exposer** ◆ (*au p.p.*) *les associés compromis* i soci compromessi **B** *v.intr.* (*dr.*) [*s'en remettre à l'arbitrage d'un juge*] sottoporsi (168) *pron.*, rimettersi (155) *pron.* a un arbitrato **C** *v.pron. réfl.* SE COMPROMETTRE [→ *tr.*] compromettersi: *il s'est compromis* si è compromesso.

compromis |kɔ̃pʀɔmi| *s.m.* compromesso: *consentir à un compromis* accettare un compromesso; *en arriver à un compromis* addivenire a un compromesso, a una transazione ◇ (*dr.*) *faire, dresser, signer un compromis* fare, redigere, firmare un compromesso.

compromission |kɔ̃pʀɔmisjɔ̃| *s.f.* [→ COMPROMETTRE A; C] compromissione.

compromissoire |kɔ̃pʀɔmiswaʀ| *adj.* compromissorio*: *clause compromissoire* clausola compromissoria.

comptabilisation |kɔ̃tabilizɑsjɔ̃| *s.f.* [→ COMPTABILISER] contabilizzazione.

comptabiliser |kɔ̃tabilize| *v.tr.* [*inscrire dans la compt.*] contabilizzare.

comptabilité |kɔ̃tabilite| *s.f.* contabilità (*inv.*): *comptabilité d'une entreprise* contabilità di un'impresa; *comptabilité en partie simple, en partie double* contabilità a partita semplice, a partita doppia # *livres de comptabilité* libri contabili; *chef de la comptabilité* capo contabile, ragioniere capo; *commission de comptabilité* commissione contabile.

comptable |kɔ̃tabl(ə)| **I** *adj.* **1** contabile: *plan comptable* schema contabile; *pièce, quittance comptable* documento, quietanza contabile **2** (*littér.*) [*qui a des comptes à rendre*] responsabile (*cour.*) ◇ (*loc.*) *n'être comptable à personne de ses actions* non dover render conto a nessuno delle proprie azioni **II** *s.* contabile, ragioniere: *chef comptable* capo contabile, ragioniere capo; *aide comptable* aiuto contabile; *expert-comptable* perito contabile, ragioniere; *une bonne comptable* una buona contabile, ragioniera.

comptage |kɔ̃taʒ| *s.m.* [*le fait de compter*] conteggio*: rilevazione *f.*

comptant |kɔ̃tɑ̃| **1** *adj. m.* contante: *argent comptant* denaro contante ◇ (*loc. fam.*) *prendre qqch. pour argent comptant* prendere q.c. per moneta contante, per oro colato **2** *s.m.* contante ◇ *loc.* AU COMPTANT in, a, per contanti: *vente au comptant d'usage* vendita a contanti d'uso; *acheter, vendre au comptant* acquistare, vendere a, per, in contanti; *vente au comptant* vendita in contanti # *vente au comptant compté* vendita a pronta cassa **3** (*adv.*) *payer, régler comptant* pagare in contanti; *acheter une marchandise comptant* comperare una merce in contanti.

compte |kɔ̃t| *s.m.* **I** (*sens propre*) **1** [→ COMPTER A 1] conto, conteggio*: *faire un compte* fare un conto, un conteggio → **énumération** ◇ (*loc.*) *faire le compte rond* arrotondare il conto, la cifra ~ *compte à rebours* conto, conteggio alla rovescia ◇ (*boxe*) conteggio: *aller au tapis pour le compte* andare al tappeto per il conteggio totale **2** (*comm.*) conto: *les articles d'un compte* le voci di un conto; *compte des profits et pertes* conto profitti e perdite; *passer, mettre en compte, sur le compte* (*de qqn.*) mettere, passare in conto, sul conto (di qc.); *arrêter, clore un compte* chiudere un conto; *régler, liquider un compte* saldare, liquidare un conto → **comptabilité** ◇ (*au plur.*) *livre de comptes* libro dei conti; *la Cour des Comptes* la Corte dei Conti; *faire ses comptes* fare i propri conti ◇ (*spécialt.*) *ouvrir un compte* aprire un conto; *compte courant postal, compte chèque postal* conto corrente postale; *versement au compte courant* versamento in, sul conto corrente; *avoir un compte en banque* avere un conto in banca **3** [*argent dû*] conto: *donner, régler son compte à un employé*: (*pr.*) liquidare il conto a un dipendente; (*fig.*) dare il benservito a un dipendente ◇ (*fig.*) *règlement de comptes* regolamento di conti ◇ (*loc.*) *régler son compte à qqn.* saldare il conto con qc. ~ *avoir son compte* essere ubriaco ~ *son compte est bon* avrà quello che si merita ~ *il a eu son compte* ha avuto il fatto suo **4** *loc.* À BON COMPTE [*à bon prix*] con poca spesa: *acheter un article à bon compte* comprare un articolo con poca spesa, a buon prezzo ~ *en être quitte, s'en tirer à bon compte* cavarsela con poco **5** (*loc.*) *il y trouve son compte* [*avantage, bénéfice, profit*] ha il proprio tornaconto **6** (*loc.*) *à ce compte-là* [*d'après ce raisonnement*] su questa base ~ *au bout du compte* in fin dei conti ~ *en fin de compte* dopo tutto, alla fin fine ~ *être loin du compte* sbagliarsi di molto ~ *tout compte fait* a conti fatti **7** *loc.* AU COMPTE DE, POUR LE COMPTE DE per conto di: *travailler à son compte, pour son propre compte* lavorare per proprio conto; *s'installer à son compte* mettersi per proprio conto, da solo; *commercer pour le compte d'autrui* commerciare per conto d'altri, in conto terzi ◇ (*fig.*) POUR MON COMPTE per conto mio: *pour mon compte, je n'ai rien à dire* per conto mio, per parte mia, non ho nulla da dire ~ SUR MON, SON COMPTE sul mio, suo conto: *il n'y a rien à dire sur son compte* non c'è nulla da dire sul suo conto **8** *loc.* TENIR COMPTE DE (QQCH.) tener conto di (q.c.): *il faut tenir compte de ce qu'il a dit* occorre tener conto di ciò che ha detto ~ *cela n'entre pas en ligne de compte* ciò non va preso in considerazione **II** *loc.* DEMANDER, RENDRE COMPTE chiedere, rendere conto: *rendre compte de sa mission* render conto, fare un resoconto della propria missione; *n'avoir de comptes à rendre à personne* non dover render conto a nessuno; *demander des comptes à qqn.* chiedere spiegazioni a qc. ~ *devoir des comptes* dovere delle spiegazioni ~ SE RENDRE COMPTE rendersi conto: *se rendre compte d'une chose* rendersi conto di una cosa; *je me rends compte que vous êtes mécontent* mi rendo conto che siete scontento ~ *prendre* (*qqch.*) *à son compte* assumersi la responsabilità (di q.c.).

compte-fils |kɔ̃tfil| *s.m. inv.* contafili.
compte-gouttes|kɔ̃tgut| *s.m. inv.* contagocce ◇ (*loc. fig.*) *au compte-gouttes* col contagocce.
compter |kɔ̃te| **A** *v.tr.* **1** [*déterminer* (*une quantité*) *par le calcul, établir le nombre de*] contare: *compter les spectateurs d'un théâtre, les habitants d'une ville* contare gli spettatori di un teatro, gli abitanti di una città; *compter une somme d'argent* contare una somma di denaro → **chiffrer** **2** [*mesurer avec parcimonie*] contare, misurare: *compter l'argent que l'on dépense* contare i soldi che si spendono ◇ (*loc.*) *marcher à pas comptés* andare cauto, con i piedi di piombo **3** [*mesurer* (*le temps*)] contare, calcolare: *compter les jours, les heures* contare i giorni, le ore; *il faut compter plusieurs heures pour faire cela* bisogna calcolare parecchie ore per fare ciò **4** [*comprendre dans un compte, un total, une énumération*] contare, calcolare: *ils étaient quatre, sans compter les enfants* erano quattro, senza contare, calcolare i bambini → **inclure** # *n'oubliez pas de me compter* non mi dimenticate, non vi dimenticate di me **5** COMPTER (+ *inf.*) [*avoir l'intention de*] contare di (+ *inf.*): *il compte pouvoir partir demain* conta di poter partire domani ◇ (*par ext.*) *je compte bien qu'il viendra* conto sulla sua venuta; *je comptais qu'il viendrait* contavo che venisse → **croire, attendre (s')** **6** (*loc.*) *sans compter que* senza contare, senza considerare che **B** *v.intr.* **1** [*calculer*] contare: *compter sur ses doigts* contare sulle dita # *savoir lire, écrire et compter* saper leggere, scrivere e far di conto ◇ (*loc.*) *donner sans compter* [*généreusement*] dare a piene mani ~ *dépenser sans compter* [*très libéralement*] spendere e spandere **2** *loc.* COMPTER AVEC [*tenir compte de*] fare (103) *tr.* i conti con: *il faut compter avec l'opinion* bisogna fare i conti con l'opinione pubblica; *il a de l'influence et il faut compter avec lui* ha una certa influenza, per cui bisogna fare i conti con lui **3** *loc.* COMPTER SUR [*faire fond, s'appuyer sur*] contare su, fare assegnamento su: *comptez sur moi* contate su di me; *on ne peut compter sur lui* non si può contare, fare assegnamento su di lui ◇ (*par ext.*) *j'y compte bien* ci conto proprio, lo spero proprio ◇ (*loc. pop.*) *compte là-dessus; compte là-dessus et bois de l'eau fraîche* [*n'y compte pas*] campa cavallo (che l'erba cresce)! **4** [*être compté, avoir de l'importance*] contare: *cela compte peu, ne compte pas* conta poco, non conta; *ce qui compte, c'est de réussir* ciò che conta è riuscire ◇ (*loc. pop.*) *compter pour du beurre* [*ne pas compter*] non contare un tubo, un fico **5** *compter parmi, au nombre de* [*être parmi*] essere (96), figurare tra: *compter parmi les meilleurs* essere tra i migliori **6** *loc.* À COMPTER DE [*à partir de*] a cominciare, a partire da: *à compter d'aujourd'hui* a cominciare, a partire da oggi **C** *v.pron. passif* SE COMPTER [→ *tr.* 1] contarsi: *ses erreurs ne se comptent plus* i suoi errori non si contano.
compte rendu |kɔ̃tʀɑ̃dy| *s.m.* resoconto; rendiconto: *compte rendu d'un spectacle théâtral* resoconto di uno spettacolo teatrale; *compte rendu d'une mission* resoconto di una missione.
compte-secondes |kɔ̃ts(ə)gɔ̃d| *s.m. inv.* contasecondi → **compteur.**
compte-tours |kɔ̃ttuʀ| *s.m. inv.* (*auto., techn.*) contagiri.
compteur |kɔ̃tœʀ| *s.m.* contatore: *compteur à gaz, à eau* contatore del gas, dell'acqua; *compteur Geiger* contatore Geiger # *compteur de vitesse* (*d'automobile*) tachimetro (di automobile).
comptine |kɔ̃tin| *s.f.* [*chanson, formule enfantine servant à designer celui à qui sera attribué un rôle dans le jeu*] conta.
comptoir |kɔ̃twaʀ| *s.m.* **1** [*table sur laquelle le marchand reçoit l'argent, montre sa marchandise*] banco*, bancone: *comptoir d'un café* banco di un bar; *s'installer au comptoir* mettersi al banco **2** [*installation comm. d'une entreprise dans un pays éloigné*] agenzia *f.* commerciale, fondaco* **3** (*comm.*) *comptoir de vente en commun* cooperativa *f.* di vendita.
compulser |kɔ̃pylse| *v.tr.* **1** (*dr.*) [*prendre connaissance des pièces d'un officier public*] prendere (105) in esame, prendere visione (di) **2** [*consulter, examiner, feuilleter*] compulsare, consultare.
compulsif, ive |kɔ̃pylsif, iv| *adj.* (*psycho.*) compulsivo.
compulsion |kɔ̃pylsjɔ̃| *s.f.* (*psycho.*) compulsione.
comput |kɔ̃pyt| *s.m.* computo ecclesiastico* → **ordo.**
computation |kɔ̃pytɑsjɔ̃| *s.f.* [*méthode de supputation du temps*] computo *m.*
comtal, ale, aux |kɔ̃tal, o| *adj.* comitale: *couronne comtale* corona comitale.
comte |kɔ̃t| *s.m.* conte.
comté |kɔ̃te| *s.m.* contea *f.*
comté, conté |kɔ̃te| *s.m.* [*fromage fr. voisin du gruyère*] ⊠.
comtesse |kɔ̃tɛs| *s.f.* contessa: *madame la contesse* la signora contessa.
con- |kɔ̃| *préf.* (*signifiant 'avec', correspond généralt. à*) con: *concentrer* concentrare.
con |kɔ̃| **I** *s.m.* (*vulg.*) [*sexe de la femme*] fica* *f.*, figa* *f.* (*région.*) **II** *adj.* **1** (*fam., vulg.*) [*imbécile, idiot*] stronzo (*vulg.*): *quel con!* che stronzo!; *pauvre con, va!* ma va, stronzo! ♦ (*s.f.*) *une conne* una stronza ♦ (*loc. adv.*) *à la con* del cavolo (*pop.*): *un film à la con* un film del cavolo **2** *adj. m.* (*vulg.*) stronzo: *ce qu'il peut être con!* quant'è stronzo, che coglione! (*s.m.*); *il est con comme la lune* è un gran stronzo, coglione ◇ (*adj. f.*) *une histoire conne* una storia strana (*cour.*).
conatif, ive |kɔnatif, iv| *adj.* (*psycho.*) conativo.
conation |kɔnasjɔ̃| *s.f.* (*philo., psycho.*) conazione.
concassage |kɔ̃kasaʒ| *s.m.* [→ CONCASSER] frantumazione *f.*, macinazione *f.*
concasser |kɔ̃kase| *v.tr.* [*réduire* (*une matière solide*) *en petits fragments*] frantumare, macinare: *concasser de la pierre* frantumare del pietrame; *concasser du poivre, des fèves, des olives* macinare pepe, fave, olive → **briser, broyer, écraser.**
concasseur |kɔ̃kasœʀ| *s.m.* (*techn.*) frantoio*, frantumatore: *concasseur à mâchoires* frantoio a mascelle ♦ (*adj. m.*) *cylindre concasseur* cilindro frantumatore → **broyeur.**
concaténation |kɔ̃katenɑsjɔ̃| *s.f.* concatenazione.
concave |kɔ̃kav| *adj.* concavo: *surface concave* superficie concava Ⓒ **convexe.**
concavité |kɔ̃kavite| *s.f.* **1** concavità (*inv.*): *la concavité d'un miroir* la concavità di uno specchio **2** → **cavité, creux** Ⓒ **convexité.**
concéder |kɔ̃sede| (8) *v.tr.* **1** [*accorder à qqn. comme une faveur*] concedere (125): *concéder un privilège, un droit* concedere un privilegio, un diritto → **céder, donner** **2** (*fig.*) [*abandonner de son propre gré* (*un point en discussion*)] concedere, ammettere (155): *vous concéderez bien que j'ai raison sur ce point* ammetterete che ho ragione su questo punto → **avouer,** 2 **convenir** **3** (*sport*) *concéder un but, un corner* [*l'abandonner à l'adversaire*] concedere una rete, un calcio d'angolo.
concélébration |kɔ̃selebʀɑsjɔ̃| *s.f.* [→ CONCÉLÉBRER] concelebrazione.
concélébrer |kɔ̃selebʀe| (8) *v.tr.* [*célébrer en commun* (*un office*)] concelebrare.
concentration |kɔ̃sɑ̃tʀɑsjɔ̃| *s.f.* **1** [→ CONCENTRER A 1] concentrazione: *la concentration des troupes* la concentrazione, il concentramento *m.* delle truppe; *la concentration des entreprises* la concentrazione delle imprese; *concentration horizontale, verticale* concentrazione orizzontale, verticale → **rassemblement** **2** [*ce qui réunit des éléments assemblés*] agglomerato (*m.*): *les grandes concentrations urbaines* i grandi agglomerati urbani → **agglomération** **3** (*chim.*) concentrazione: *point de concentration* punto di concentrazione **4** (*abstrait*) concentrazione: *ce travail exige une grande concentration* è un lavoro che esige una grande concentrazione → **application, attention.**
concentrationnaire |kɔ̃sɑ̃tʀɑsjɔnɛʀ| *adj.* dei campi di concentramento *loc. inv.* ◇ (*fig.*) da campo di concentramento *loc. inv.*
concentré, ée |kɔ̃sɑ̃tʀe| *adj.* **1** concentrato: *boîte de lait concentré* scatola di latte concentrato; *bouillon concentré* brodo concentrato → **condensé** ♦ (*s.m.*) *un concentré* un concentrato **2** (*fig.*) *esprit concentré* mente riflessiva; *caractère concentré* carattere chiuso → **renfermé, taciturne, attentif, réfléchi.**
concentrer |kɔ̃sɑ̃tʀe| **A** *v.tr.* **1** [*réunir en un point*] concentrare: *concentrer des troupes* concentrare delle truppe **2** *concentrer le tir sur un point donné* concentrare il tiro su un dato punto **3** (*chim.*) [*augmenter la masse de* (*un corps*)] concentrare ♦ (*au p.p.*) *lait concentré* latte concentrato **4** [*appliquer avec force sur un seul objet*] concentrare: *concentrer son attention, son esprit* concentrare la propria attenzione, la propria mente **B** *v.pron. réfl.* SE CONCENTRER [→ *tr.* 4] concentrarsi: *se concentrer sur un problème* concentrarsi su un problema; *taisez-vous, je me concentre!* silenzio, mi sto concentrando! Ⓒ A 1 **disperser,** 3 **diluer.**
concentrique |kɔ̃sɑ̃tʀik| *adj.* **1** (*géom.*) concentrico* **2** *mouvement concentrique* movimento concentrico.

concentriquement |kɔ̃sɑ̃tʀikmɑ̃| *adv.* [→ CONCENTRIQUE] concentricamente.
concept |kɔ̃sɛpt| *s.m.* (*philo.*) concetto: *compréhension d'un concept* comprensione di un concetto → **idée** ◇ (*ling.*) concetto.
conceptacle |kɔ̃sɛptakl(ə)| *s.m.* (*bot.*) concettacolo.
concepteur, trice |kɔ̃sɛptœʀ, tʀis| *s.* [*personne chargée de trouver des idées nouvelles* (*publicité, etc.*)] ideatore* # *concepteur-projeteur* progettista.
1 **conception** |kɔ̃sɛpsjɔ̃| *s.f.* **1** [*formation d'un concept, action de concevoir*] concezione, ideazione; progettazione → **jugement** **2** [*résultat de cette activité*] concezione, concetto (*m.*): *une conception hardie* una concezione ardita; *se faire une conception personnelle d'une chose* farsi una concezione, un concetto personale di una cosa → **opinion, vue, idée.**
2 **conception** |kɔ̃sɛpsjɔ̃| *s.f.* concepimento *m.*, concezione: *éviter la conception* evitare il concepimento ◇ (*relig.*) *l'Immaculée Conception* l'Immacolata Concezione.
conceptisme |kɔ̃sɛptism(ə)| *s.m.* concettismo → **cultisme.**
conceptualisation |kɔ̃sɛptɥalizɑsjɔ̃| *s.f.* [→ CONCEPTUALISER] il concettualizzare *m. inv.*
conceptualiser |kɔ̃sɛptɥalize| *v. intr. et tr.* [*élaborer des concepts*] elaborare *tr.* concetti.
conceptualisme |kɔ̃sɛptɥalism(ə)| *s.m.* (*philo.*) concettualismo.
conceptuel, elle |kɔ̃sɛptɥɛl| *adj.* (*philo.*) concettuale.
concernant |kɔ̃sɛʀnɑ̃| *prép.* concernente, riguardante: *la loi concernant les étrangers* la legge concernente, riguardante gli stranieri; *je cherche l'article concernant la chute du gouvernement* cerco l'articolo concernente, riguardante la caduta del governo ◇ (*au début d'une phrase*) a proposito di *loc.*, per quanto riguarda (concerne) (*loc.*): *concernant les mesures économiques, aucune décision n'a été prise* a proposito delle misure, per quanto riguarda le misure di carattere economico non è stata presa nessuna decisione.
concerner |kɔ̃sɛʀne| *v.tr.* **1** [*avoir rapport à, s'appliquer à*] concernere, riguardare: *voici une lettre qui vous concerne* ecco una lettera che vi concerne, riguarda; *cela ne vous concerne pas* (ciò) non vi concerne, non vi riguarda → **intéresser,** 1 **toucher** ◇ (*loc.*) *en* (*pour*) *ce qui concerne* per quanto concerne, riguarda → **quant** (**à**) **2** (*au passif, au p.p.*) ÊTRE CONCERNÉ [*intéressé, touché par qqch.*] essere interessato # *je ne suis pas concerné* la cosa non mi riguarda, non mi interessa.
concert |kɔ̃sɛʀ| *s.m.* **1** concerto: *concert donné par un seul musicien* concerto di un solista → **audition, récital** **2** *le concert des nations* il concerto delle nazioni ◇ *loc. adv.* DE CONCERT di concerto, d'accordo: *travailler de concert* lavorare di concerto, di comune accordo → 1 **ensemble** **3** *un concert de louanges, d'approbations* un coro di lodi, di consensi.
concertant, ante |kɔ̃sɛʀtɑ̃, ɑ̃t| *adj.* (*mus.*) concertante: *symphonie concertante* sinfonia concertante.
concertation |kɔ̃sɛʀtɑsjɔ̃| *s.f.* (*polit.*) concertazione.
concerter |kɔ̃sɛʀte| **A** *v.tr.* **1** [*projeter de concert, en discutant ensemble*] concertare: *concerter un projet* concertare un progetto → **arranger, organiser** ✦ (*au p.p.*) *un plan concerté* un piano concertato **2** [*décider après réflexion*] concertare, decidere (130) **3** (*mus.*) [*tenir sa partie dans un concert*] concertare **B** *v.pron. récipr.* SE CONCERTER [*s'entendre pour agir de concert*] concertarsi, accordarsi.
concertina |kɔ̃sɛʀtina| *s.m.* (*mus.*) concertina *f.*
concertino |kɔ̃sɛʀtino| *s.m.* (*mus.*) concertino: *des concertinos* dei concertini.
concertiste |kɔ̃sɛʀtist(ə)| *s.* concertista.
concerto |kɔ̃sɛʀto| *s.m.* concerto: *des concertos* dei concerti; *concerto vocal avec accompagnement instrumental* concerto vocale e strumentale; *concerto grosso* concerto grosso; *concerto pour piano et orchestre* concerto per pianoforte e orchestra.
concessif, ive |kɔ̃sesif, iv| *adj.* (*gram.*) concessivo: *proposition concessive* proposizione concessiva.
concession |kɔ̃sesjɔ̃| *s.f.* **1** concessione: *la concession d'un terrain* la concessione di un terreno; *concession de travaux publics par adjudication* concessione di lavori pubblici per aggiudicazione **2** [*terre concédée*] concessione **3** [*le fait d'abandonner à son adversaire un point de discussion*] concessione: *faire des concessions à son adversaire* fare delle concessioni al proprio avversario **4** (*gram.*) concessivo (*adj.*): *complément de concession* complemento concessivo; *proposition de concession* proposizione concessiva → **concessif.**
concessionnaire |kɔ̃sesjɔnɛʀ| (*s.*) concessionario* ✦ (*adj.*) *compagnie concessionnaire* compagnia concessionaria.
concetti |kɔ̃se(ɛt)ti, kontʃɛtti| *s.m. pl.* [*pensées brillantes et affectées*] argutezze *f.*
concevable |kɔ̃svabl(ə)| *adj.* [→ 1 CONCEVOIR] concepibile → **compréhensible, imaginable.**
1 **concevoir** |kɔ̃s(ə)vwaʀ| (33) *v.tr.* **1** [*former* (*un concept*)] concepire (197): *l'esprit conçoit les idées* la mente concepisce le idee **2** [*avoir une idée claire de*] capire (197): *je ne conçois pas ce qu'il veut dire* non capisco cosa voglia dire; *je conçois qu'il ne vienne pas* capisco che non venga → **comprendre, saisir** # *on ne pouvait pas concevoir qu'il manquerait de parole* non si poteva prevedere che avrebbe mancato di parola → **prévoir, supposer** **3** [*créer par l'imagination*] concepire, ideare: *concevoir un projet* concepire, ideare un progetto; *cet ouvrage est bien conçu* quest'opera è ben concepita → **former, imaginer, inventer** **4** [*éprouver* (*un état affectif*)] concepire: *concevoir de l'amitié, de la haine pour qqn.* concepire (un')amicizia, (un) odio per qc. **5** *loc.* AINSI CONÇU [*rédigé, libellé*] così concepito: *un plan ainsi conçu* un piano così concepito.
2 **concevoir** |kɔ̃s(ə)vwaʀ| (33) *v.tr.* [*former* (*un enfant*) *dans son utérus*] concepire (197): *concevoir un enfant* concepire un bambino → **engendrer** ✦ (*absolt.*) *femme qui ne peut concevoir* donna che non può concepire, avere figli.
conchoïdal, ale, aux |kɔ̃kɔidal, o| *adj.* concoidale.
conchoïde |kɔ̃kɔid| *adj. et s.f.* concoide.
conchyliculture |kɔ̃kilikyltyʀ| *s.f.* [*élevage des coquillages comestibles*] ostricoltura; mitilicoltura.
conchylien, ienne |kɔ̃kiljɛ̃, jɛn| *adj.* (*géol.*) conchilifero.
conchyliologie |kɔ̃kiljɔlɔʒi| *s.f.* conchiliologia*.
concierge |kɔ̃sjɛʀʒ(ə)| *s.* [*personne qui a la garde d'un immeuble*] portinaio*, portiere # *la loge du concierge* la portineria ◇ (*fam.*) *c'est une vraie concierge* [*une personne bavarde*] è una pettegola, una gazza (*pop.*).
conciergerie |kɔ̃sjɛʀʒəʀi| *s.f.* **1** [*charge de concierge*] portierato *m.* **2** [*logement du concierge*] portineria.
concile |kɔ̃sil| *s.m.* **1** (*hist. relig.*) concilio*: *concile de Nicée, de Trente* concilio di Nicea, di Trento # *les pères d'un concile* i padri conciliari **2** *au plur.* atti conciliari: *recueil des conciles* raccolta degli atti conciliari.
conciliable |kɔ̃siljabl(ə)| *agg.* [→ CONCILIER A] conciliabile.
conciliabule |kɔ̃siljabyl| *s.m.* conciliabolo.
conciliaire |kɔ̃siljɛʀ| *adj.* conciliare: *décisions conciliaires* decisioni conciliari.
conciliant, ante |kɔ̃siljɑ̃, ɑ̃t| *adj.* conciliante: *il est d'un caractère conciliant* ha un carattere conciliante; *prononcer des paroles conciliantes* pronunciare parole concilianti → **apaisant, accommodant, arrangeant.**
conciliateur, trice |kɔ̃siljatœʀ, tʀis| *s. et adj.* conciliatore* → 1 **arbitre, médiateur** # *jouer les conciliateurs* fare da intermediario.
conciliation |kɔ̃siljɑsjɔ̃| *s.f.* **1** [→ CONCILIER] conciliazione → **arbitrage, médiation** **2** (*dr.*) conciliazione: *tentative de conciliation* tentativo di conciliazione → **arbitrage.**
conciliatoire |kɔ̃siljatwaʀ| *adj.* (*rare*) conciliatorio* ◇ (*dr., polit.*) di conciliazione (*loc. inv.*): *procédure conciliatoire* procedura di conciliazione.
concilier |kɔ̃silje| **A** *v.tr.* **1** (*littér., dr.*) [*mettre d'accord; réconcilier* (*des personnes*)] conciliare: *concilier des gens qui ne s'entendent pas* conciliare (delle) persone che non vanno d'accordo □ *se concilier la bienveillance de qqn.* conciliarsi la benevolenza di qc. **2** [*faire aller ensemble; rendre harmonieux*] conciliare: *concilier les opinions, les intérêts* conciliare le opinioni, gli interessi; *concilier la richesse du style avec, et la simplicité* conciliare la ricchezza dello stile con la semplicità → **allier, réunir** **B** *v.pron. réfl.* SE CONCILIER (QQN.) [*le disposer favorablement*] conciliarsi (qc.) → *tr.* 1 □ → **gagner, attirer** (**s'**) 🄲 A 1 **diviser.**
concis, ise |kɔ̃si, iz| *adj.* conciso: *pensée concise* pensiero conciso 🄲 **diffus, prolixe.**
concision |kɔ̃sizjɔ̃| *s.f.* concisione: *la concision du style, de la pensée* la concisione dello stile, del pensiero; *c'est un modèle de concision* è un modello di concisione.
concitoyen, yenne |kɔ̃sitwajɛ̃,

jɛn| *s.* [*citoyen d'une même ville*] concittadino.
conclave |kɔ̃klav| *s.m.* (*hist. relig.*) conclave.
conclaviste |kɔ̃klavist(ə)| *s.m.* conclavista.
concluant, ante |kɔ̃klyɑ̃, ɑ̃t| *adj.* [*qui prouve sans réplique*] probante, decisivo: *argument concluant* argomento decisivo → **convaincant, probant.**
conclure |kɔ̃klyʀ| (46) **A** *v.tr.* **1** [*amener à sa fin par un accord*] concludere (106): *conclure une affaire, un traité* concludere un affare, un trattato → **résoudre, régler** ♦ (*au p.p.*) *marché conclu* affare fatto **2** [*terminer* (*un discours, un ouvrage*)] concludere ♦ (*absolt.*) *concluez!* concluda! **3** CONCLURE QUE [*tirer une conséquence de prémisses données*] concludere che: *de ce premier examen on peut conclure que...* da questo primo esame si può concludere che...; *j'en conclus que...* ne concludo, ne deduco che... → **démontrer B** *v.intr.* **1** CONCLURE À [*tirer une conclusion, un enseignement*] concludere *tr.* che: *les enquêteurs conclurent à l'assassinat* gli inquirenti conclusero che si trattava di assassinio ◇ [*prendre une décision*] concludere, decidere (130): *les juges conclurent à l'acquittement* i giudici conclusero con la richiesta di assoluzione; i giudici decisero per l'assoluzione → **décider, résoudre** **2** [*être concluant*] deporre (168) (a favore, a sfavore): *ce témoignage conclut pour, contre lui* questa testimonianza depone a suo favore, a suo sfavore [C] A 2 **commencer.**
conclusif, ive |kɔ̃klyzif, iv| *adj.* conclusivo.
conclusion |kɔ̃klyzjɔ̃| *s.f.* **1** conclusione: *conclusion d'un mariage* conclusione di un matrimonio → **règlement** ◇ [*fin*] *les événements approchent de la conclusion* gli avvenimenti si avvicinano alla conclusione **2** [*ce qui termine un récit, un ouvrage*] conclusione: *la conclusion d'un discours* la conclusione di un discorso → 1 **fin** **3** (*log.*) conclusione: *sa conclusion est fausse* la sua conclusione è errata; *déduire, tirer une conclusion* trarre una conclusione; *je suis arrivé à la conclusion que...* sono giunto alla conclusione che... ♦ *adv.* insomma, in conclusione (*loc. inv.*): *conclusion, il n'y a rien à faire* insomma, in conclusione, niente da fare ♦ (*loc. adv.*) *en conclusion* in conclusione → **ainsi, donc** **4** (*dr.*) *au plur.* conclusioni: *signifier des conclusions* notificare delle conclusioni [C] 2 **début, introduction.**
concocter |kɔ̃kɔkte| *v.tr.* (*plais.*) [*préparer, élaborer*] architettare.
concombre |kɔ̃kɔ̃bʀ(ə)| *s.m.* (*t. bot.*) cetriolo ◇ (*cour.*) [*le fruit*] cetriolo.
concomitance |kɔ̃kɔmitɑ̃s| *s.f.* concomitanza.
concomitant, ante |kɔ̃kɔmitɑ̃, ɑ̃t| *adj.* **1** concomitante: *symptômes concomitants d'une maladie* sintomi concomitanti di una malattia → **simultané** **2** (*théol.*) *grâce concomitante* grazia concomitante.
concordance |kɔ̃kɔʀdɑ̃s| *s.f.* **1** concordanza: *la concordance de deux situations* la concordanza di due situazioni → 1 **accord, conformité** # *concordance en nombre, en valeur* parità di numero, di valore; *mettre ses actes en concordance avec ses principes* agire in conformità ai propri principi **2** [*index*] *la concordance de la Bible* la concordanza della Bibbia **3** (*gram.*) *concordance des temps* concordanza di tempi.
concordant, ante |kɔ̃kɔʀdɑ̃, ɑ̃t| *adj.* **1** concordante, concorde: *témoignages concordants* testimonianze concordanti, concordi **2** (*géol.*) concordante: *stratification concordante* stratificazione concordante [C] 1 **discordant, opposé.**
concordat |kɔ̃kɔʀda| *s.m.* concordato: *concordat entre le Pape et un État souverain* concordato tra il Papa e uno Stato sovrano ◇ (*dr.*) concordato (fallimentare).
concordataire |kɔ̃kɔʀdatɛʀ| *adj.* (*hist.*) concordatario* ◇ (*dr.*) *failli concordataire* fallito concordatario.
concorde |kɔ̃kɔʀd(ə)| *s.f.* concordia: *la concorde ne règne pas toujours entre eux* tra loro non regna sempre la concordia → 1 **accord, entente** [C] **discorde, dissension.**
concorder |kɔ̃kɔʀde| *v.tr.* **1** [*être semblable; correspondre au même contenu*] concordare: *les renseignements concordent* le informazioni concordano → 1 **correspondre** # *faire concorder des chiffres* far quadrare dei conti **2** [*pouvoir s'accorder*] concordare: *concorder avec qqn., qqch.* concordare con qc., q.c.; *leurs caractères ne concordent pas* i loro caratteri non concordano [C] **contraster.**
concourant, ante |kɔ̃kuʀɑ̃, ɑ̃t| *adj.* concorrente ◇ (*géom.*) *droites concourantes* rette concorrenti.
concourir |kɔ̃kuʀiʀ| (17) *v.intr.* **1** *concourir à* [*tendre à* (*un but commun*) *contribuer à* (*un résultat*)] tendere (105) a, contribuire (197) a: *ces efforts concourent au même but* questi sforzi tendono allo stesso scopo; *il a concouru à mon succès* ha contribuito al mio successo → **collaborer** **2** (*géom.*) [*converger* (*vers un même point*)] convergere (114) (*aux.* essere): *lignes qui concourent vers un même point* linee che convergono, convergenti **3** [*entrer, être en compétition pour*] concorrere (127): *il voulait concourir pour une chaire de professeur* voleva concorrere a una cattedra di professore; *concourir pour l'avancement* concorrere per l'avanzamento **4** (*dr.*) *créanciers qui concourent* creditori concorrenti.
concours |kɔ̃kuʀ| *s.m.* **1** concorso: *concours d'entrée* concorso di ammissione; *grand concours publicitaire* grande concorso pubblicitario; *concours hippique* concorso ippico; *être disqualifié, mis hors-concours* essere squalificato, messo fuori concorso **2** [*le fait d'aider*] concorso # *prêter son concours* prestare la propria opera, collaborazione → 1 **aide, collaboration;** *le concours de la force militaire fut nécessaire* fu necessario l'intervento dei militari **3** (*littér.*) [*rencontre de nombreuses personnes*] concorso (*cour.*): *un grand concours de peuple* un gran concorso di folla → **affluence, foule, multitude** **4** *concours de circonstances* concorso di circostanze **5** (*dr.*) concorso: *concours de créanciers* concorso di creditori.
concrescence |kɔ̃kʀesɑ̃s| *s.f.* (*bot., pathol.*) concrescenza.
concrescent, ente |kɔ̃kʀesɑ̃, ɑ̃t| *adj.* (*bot., pathol.*) concrescente.
concret, ète |kɔ̃kʀɛ, ɛt| **1** *adj.* concreto: *exemple concret* esempio concreto; *tirer d'une situation des avantages concrets* trarre vantaggi concreti da una situazione → **matériel, réel** ◇ (*par anal.*) *musique concrète* musica concreta ◇ (*par ext.*) *esprit concret* mente concreta, positiva **2** (*s.m.*) *le concret* il concreto → **réel** [C] 1 **abstrait.**
concrètement |kɔ̃kʀɛtmɑ̃| *adv.* [→ CONCRET 1] concretamente, in concreto *loc. inv.* → **pratiquement** [C] **abstraitement.**
concréter |kɔ̃kʀete| (8) *v.tr.* (*rare*) [*rendre concret, solide*] rendere (105) consistente.
concrétion |kɔ̃kʀesjɔ̃| *s.f.* **1** (*géol.*) concrezione: *concrétion calcaire* concrezione calcarea ◇ (*méd.*) concrezione → 2 **calcul** **2** → **épaississement, solidification.**
concrétionnel, elle |kɔ̃kʀesjɔnɛl| *adj.* concrezionale.
concrétisation |kɔ̃kʀetizasjɔ̃| *s.f.* [→ CONCRÉTISER] il concretizzarsi *m. inv.*
concrétiser |kɔ̃kʀetize| *v.tr.* [*rendre concret* (*ce qui était abstrait*)] concretare, concretizzare: *concrétiser une idée en mots* concretare, concretizzare un'idea in parole → **matérialiser** [C] **abstraire, idéaliser.**
concubin, ine |kɔ̃kybɛ̃, in| *s.* concubino → **amant, maîtresse.**
concubinage |kɔ̃kybinaʒ| *s.m.* concubinato → **liaison** # *il vit en concubinage* è un concubino
concupiscence |kɔ̃kypisɑ̃s| *s.f.* concupiscenza.
concupiscent, ente |kɔ̃kypisɑ̃, ɑ̃t| *adj. et s.m.* (*littér., plais.*) concupiscente: *regard concupiscent* sguardo concupiscente [C] **chaste, pur.**
concupiscible |kɔ̃kypisibl(ə)| *adj.* concupiscibile.
concurremment |kɔ̃kyʀamɑ̃| *adv.* **1** [*conjointement, de concert*] d'accordo *loc. inv.*, d'intesa (*loc. inv.*): *agir concurremment avec qqn.* agire d'accordo, d'intesa con qc. **2** [*en concurrence*] in concorrenza *loc. inv.*
concurrence |kɔ̃kyʀɑ̃s| *s.f.* **1** concorrenza: *être, se trouver en concurrence avec un adversaire, un rival* essere, trovarsi in concorrenza con un avversario, con un rivale → **rivalité** **2** (*comm.*) concorrenza: *libre concurrence* libera concorrenza ◇ (*par ext.*) [*l'ensemble des producteurs, des commerçants*] *la concurrence les a privés d'une partie de la clientèle* la concorrenza li ha privati di una parte della clientela **3** (*loc.*) *jusqu'à concurrence de* fino (sino) a concorrenza di.
concurrencer |kɔ̃kyʀɑ̃se| (2) *v.tr.* [*faire concurrence à*] fare (103) concorrenza a: *il les concurrence dangereusement* fa loro una pericolosa concorrenza.
concurrent, ente |kɔ̃kyʀɑ̃, ɑ̃t| **I** *adj.* **1** (*astron.*) *jours concurrents* giorni concorrenti ♦ (*s.m.*) *les concurrents* i concorrenti **2** (*vieilli*) [*qui se rencontre avec, qui a le même but*] concorrente **II** *s.* **1** concorrente: *éliminer un concurrent* eliminare un concorrente; *les concurrents ont tous pris part au concours* tutti i concorrenti hanno partecipato al concorso → **candidat, rival** **2** (*comm.*) concorrente: *son concurrent vend moins cher que lui* il suo concor-

rente vende meno caro di lui ♦ (*adj.*) *les entreprises concurrentes* le aziende concorrenti.

concurrentiel, ielle |kɔ̃kyʀɑ̃sjɛl| *adj.* (*écon.*) concorrenziale: *marché concurrentiel* mercato concorrenziale.

concussion |kɔ̃kysjɔ̃| *s.f.* concussione, peculato (*m.*): *être accusé de concussion* essere accusato di concussione → **escroquerie,** 2 **vol.**

concussionnaire |kɔ̃kysjɔnɛʀ| *adj. et s.* (*dr.*) concussionario.

condamnable |kɔ̃dɑ(a)nabl(ə)| *adj.* [→ CONDAMNER 5] condannabile → **blâmable** 🄲 **louable** 1.

condamnation |kɔ̃dɑ(a)nɑsjɔ̃| *s.f.* **1** condanna: *condamnation pour vol* condanna per furto; *condamnation à la prison* condanna alla reclusione; *condamnation par contumace* condanna in contumacia; *infliger une condamnation* infliggere una condanna, una pena; *réduire une condamnation* ridurre una condanna, una pena **2** [→ CONDAMNER 5] condanna: *ce livre est la condamnation du régime actuel* questo libro è una condanna dell'attuale regime 🄲 1 **acquittement** 2; 2 **éloge.**

condamnatoire |kɔ̃dɑ(a)natwaʀ| *adj.* di condanna *loc. inv.*, condannatorio*: *sentence condamnatoire* sentenza di condanna.

condamné, ée |kɔ̃dɑ(a)ne| *adj.* **1** condannato: *condamné à mort* condannato a morte ♦ (*s.*) *un condamné* un condannato **2** [*qui n'a aucune chance de guérison*] condannato: *un malade condamné* un malato condannato **3** *endroit condamné* [*dont on n'a plus l'usage*] luogo sbarrato, interdetto.

condamner |kɔ̃dɑ(a)ne| *v.tr.* **1** [*frapper d'une peine*] condannare: *condamner à la prison* condannare alla reclusione; *condamner au supplice, au feu* condannare al supplizio, al rogo ◇ (*par anal.*) *condamner un malade* condannare un malato **2** [*obliger* (*à une chose pénible*)] costringere (131), condannare: *l'état de nos finances nous condamne à l'économie* lo stato delle nostre finanze ci costringe, ci condanna a far economia; *être condamné à l'inaction* essere costretto, condannato all'inattività → **forcer, obliger 3** [*interdire, empêcher formellement* (*qqch.*)] condannare: *la loi condamne la bigamie* la legge condanna la bigamia **4** [*faire en sorte qu'on n'utilise pas* (*un lieu, un passage*)] sbarrare: *condamner une porte* sbarrare una porta ♦ (*au p.p.*) *ouverture condamnée* apertura sbarrata **5** [*blâmer avec rigueur*] condannare, criticare: *l'Académie condamne ce mot* l'Accademia francese condanna, critica questa parola 🄲 1 **acquitter** 2; 3 **recommander.**

condé |kɔ̃de| *s.m.* (*arg.*) [*commissaire de police, agent de sûreté*] sbirro (*cour., péj.*).

condensable |kɔ̃dɑ̃sabl(ə)| *adj.* [→ CONDENSER A] condensabile.

condensateur |kɔ̃dɑ̃satœʀ| *s.m.* **1** (*électr.*) condensatore → **accumulateur 2** *condensateur optique* condensatore ottico.

condensation |kɔ̃dɑ̃sɑsjɔ̃| *s.f.* **1** (*chim., phys.*) condensazione **2** (*électr.*) *condensation électrique* condensazione elettrica 🄲 **dilatation.**

condensé, ée |kɔ̃dɑ̃se| *adj.* condensato: *lait condensé* latte condensato; *texte condensé* condensato *s.m.*, compendio* *s.m.* ♦ (*s.m.*) *un condensé* un condensato: *cette revue est le condensé des événements de la semaine* questa rivista è il condensato degli avvenimenti della settimana.

condenser |kɔ̃dɑ̃se| **A** *v.tr.* **1** [*rendre plus dense, réduire en petit volume*] condensare: *condenser un gaz* condensare un gas → **saturer, comprimer 2** (*fig.*) [*réduire*] condensare, compendiare: *condenser un récit* condensare, compendiare un racconto → 1 **dépouiller B** *v.pron. intr.* SE CONDENSER [*devenir plus dense*] condensarsi: *le brouillard se condense en gouttes* la nebbia si condensa in gocce 🄲 A 1 **dilater.**

condenseur |kɔ̃dɑ̃sœʀ| *s.m.* (*phys.*) condensatore.

condescendance |kɔ̃desɑ̃dɑ̃s| *s.f.* [*supériorité bienveillante mêlée de mépris*] degnazione: *un air de condescendance* un'aria di degnazione → **arrogance, hauteur.**

condescendant, ante |kɔ̃desɑ̃dɑ̃, ɑ̃t| *adj.* [*hautain, supérieur*] arrogante # *un sourire condescendant* un sorriso di degnazione.

condescendre |kɔ̃desɑ̃dʀ(ə)| (53) *v.intr.* [*daigner, consentir*] (ac)condiscendere (105): *condescendre à une invitation* accondiscendere a un invito; *condescendre aux désirs de qqn.* accondiscendere ai desideri di qc.; *il ne condescend pas à nous parler* non accondiscende a parlarci.

condiment |kɔ̃dimɑ̃| *s.m.* condimento → **assaisonnement, épice.**

condisciple |kɔ̃disipl(ə)| *s.m.* condiscepolo → **camarade.**

condition |kɔ̃disjɔ̃| *s.f.* **I 1** [*rang social; place dans la société*] condizione: *l'inégalité des conditions sociales* l'ineguaglianza delle condizioni sociali; *vivre selon sa condition* vivere secondo la propria condizione (sociale) → 1 **classe 2** *la condition humaine* la condizione umana → **destinée, sort 3** [*état* (*passager*)] condizione, condizioni (*pl.*): *la condition physique d'un athlète* le condizioni fisiche di un atleta → **forme** ◇ *loc.* EN (BONNE, MAUVAISE) CONDITION (*pour*) [*dans un état* (*favorable, défavorable*) *à*] in (buone, cattive) condizioni (per): *cet élève est en bonne condition pour passer son examen* questo alunno è in buone condizioni per superare l'esame **4** *mettre en condition* [*préparer les esprits* (*pour la propagande*)] condizionare **II 1** [*état, situation indespensable pour qu'un autre état, une autre situation existe*] condizione, requisito (*m.*): *remplir les conditions exigées* soddisfare le condizioni richieste, rispondere ai requisiti; *c'est une condition nécessaire, suffisante* è una condizione necessaria, sufficiente **2** (*loc.*) *dicter, poser ses conditions* dettare, porre le proprie condizioni ~ *quelles sont vos conditions?* quali sono le vostre condizioni? ~ *se rendre* SANS CONDITION arrendersi incondizionatamente **3** *loc.* À CONDITION DE (+ *inf.*) a condizione, a patto che (+ *subj.*): *vous partirez en vacances, à condition de réussir votre examen* andrete in vacanza a condizione, a patto che superiate l'esame ~ À (LA) CONDITION QUE (+ *ind. fut. ou subj.*) se (+ *ind. fut.*), a condizione, a patto che (+ *subj.*): *j'y consens volontiers, à la condition que vous accepterez, que vous acceptiez ma proposition* acconsento volentieri se accetterete, a condizione, a patto che accettiate la mia proposta ~ SOUS CONDITION sotto condizione: *faire qqch. sous condition* fare q.c. sotto condizione, a certe condizioni **4** *au plur.* [*ensemble des faits dont dépend qqch.*] condizioni: *les conditions de vie dans le milieu ouvrier* le condizioni di vita nell'ambiente operaio; *dans de* (*bonnes, mauvaises*) *conditions* in (buone, cattive) condizioni; *conditions de prix* condizioni (di prezzo); *obtenir des conditions avantageuses* ottenere condizioni vantaggiose, facilitazioni.

conditionné, ée |kɔ̃disjɔne| *adj.* **1** condizionato ◇ (*psycho.*) *réflexe conditionné* riflesso condizionato **2** [*qui a subi un conditionnement* (4)] condizionato: *produits conditionnés* prodotti condizionati **3** *air conditionné* aria condizionata.

conditionnel, elle |kɔ̃disjɔnɛl| *adj.* **1** condizionale: *promesse conditionnelle* promessa condizionale → **hypothétique 2** (*gram.*) *le mode conditionnel* il mondo condizionale ♦ (*s.m.*) *le conditionnel* il condizionale 🄲 1 **absolu, inconditionnel.**

conditionnellement |kɔ̃disjɔnɛlmɑ̃| *adv.* [→ CONDITIONNEL 1] condizionatamente: *accepter conditionnellement* accettare condizionatamente 🄲 **inconditionnellement.**

conditionnement |kɔ̃disjɔnmɑ̃| *s.m.* **1** [→ CONDITIONNER 1] *conditionnement des textiles* condizionamento, condizionatura *f.* dei tessili; *étuve de conditionnement* essiccatoio*; *conditionnement des bois coloniaux* essiccamento di legname coloniale **2** *conditionnement du blé* condizionatura del grano **3** *conditionnement de l'air* condizionamento dell'aria **4** [*préparation de certains articles pour la vente*] condizionatura; confezionamento **5** (*psycho.*) condizionamento.

conditionner |kɔ̃disjɔne| *v.tr.* **1** [*pourvoir* (*une chose*) *des qualités requises; préparer pour l'expéditions, la vente*] condizionare; confezionare: *conditionner des textiles* condizionare dei tessili ‖ *conditionner des produits* confezionare, condizionare prodotti **2** [*être la condition de*] condizionare: *son retour conditionne mon départ* il suo ritorno condiziona la mia partenza → **commander 3** [*influencer moralement ou intellectuellement* (*qqn.*)] condizionare: *être conditionné par la propagande* essere condizionato dalla propaganda ◇ (*psycho.*) [*rendre conditionné*] condizionare.

conditionneur, euse |kɔ̃disjɔnœʀ, øz| *s.* **1** *s.m.* (*techn.*) condizionatore **2** *s.* [*professionnel qui s'occupe du conditionnement des marchandises*] condizionatore*, confezionatore*.

condoléances |kɔ̃dɔleɑ̃s| *s.f. pl.* condoglianze ◇ (*ellipt.*) (*toutes*) *mes condoléances* (sentite) condoglianze.

condom |kɔ̃dɔm| *s.m.* preservativo (maschile).

condominium |kɔ̃dɔminjɔm| *s.m.* (*dr.*) condominio* (internazionale).

condor |kɔ̃dɔʀ| *s.m.* (*t.zool.*) condor *inv.*

condottiere |kɔ̃dɔt(t)jɛʀ| *s.m.* (*au moyen âge*) condottiero: *des condot-*

tieres, des condottieri dei condottieri.

conductance |kɔ̃dyktɑ̃s| *s.f.* (*électr.*) conduttanza.

conducteur |kɔ̃dyktœʀ| *adj. m.* (*phys.*) conduttore: *fil conducteur* filo conduttore; *les* (*corps*) *conducteurs* i (corpi) conduttori.

conducteur, trice |kɔ̃dyktœʀ, tʀis| *s.* **1** → 1 **chef,** 1 **guide** **2** [*personne qui conduit* (*des animaux, un véhicule*)] conducente, guidatore*: *conducteur de voiture automobile* conducente, guidatore (di autovettura) → **automobiliste,** 2 **chauffeur** # *conducteur de locomotive* macchinista → **mécanicien**; *conducteur de bestiaux* mandriano → **berger, gardien**; *conducteur de caravane* carovaniere; *conducteur d'une voiture à cheval* cocchiere → 2 **cocher**; *conducteur de camions* camionista → **camionneur, routier** **3** [*ouvrier chargé de la conduite de certaines machines, de la surveillance de dispositifs*] conduttore* **4** *conducteur de travaux* [*contremaître*] capomastro *m.*

conductibilité |kɔ̃dyktibilite| *s.f.* (*phys.*) conducibilità *inv.*, conduttività *inv.*

conductible |kɔ̃dyktibl(ə)| *adj.* (*phys.*) conducibile, conduttivo.

conduction |kɔ̃dyksjɔ̃| *s.f.* **1** (*dr. rom.*) conduzione → **location** **2** (*phys., physiol.*) conduzione.

conductivité |kɔ̃dyktivite| *s.f.* (*électr.*) conduttività *inv.*

conduire |kɔ̃dɥiʀ| (75) **A** *v.tr.* **1** [*mener* (*qqn.*) *quelque part*] condurre (108): *conduire qqn. chez le médecin* condurre, accompagnare qc. dal medico; *conduire un enfant à l'école* condurre, accompagnare un bambino a scuola; *conduire qqn. en prison* condurre, portare qc. in prigione → **accompagner, guider** ♦ (*absolt.*) *se laisser conduire comme un enfant* lasciarsi guidare come un bambino **2** [*diriger* (*un animal, un véhicule*)] condurre; guidare: *conduire un troupeau, une caravane* condurre un gregge, una carovana ‖ *conduire une voiture, une automobile, un autobus* guidare una vettura, un'automobile, un autobus ♦ (*absolt.*) *savoir conduire* saper guidare; *il conduit bien* guida bene; *apprendre à conduire* imparare a guidare ◇ (*spécialt.*) *permis de conduire* patente (di guida) **3** [*faire passer, transmettre*] condurre: *corps qui conduisent l'électricité, la chaleur* corpi che conducono l'elettricità, il calore **4** (*choses*) [*faire aller* (*quelque part*)] condurre, portare: *ses traces nous ont conduits jusqu'ici* le sue tracce ci hanno condotto, portato fin qui; *cette route conduit à la ville* questa strada conduce, porta in città → **mener** ◇ (*par ext.*) *doctrine qui conduit à l'athéisme* dottrina che conduce, porta all'ateismo; *conduire l'État à sa ruine* condurre, portare lo Stato alla rovina; *tout cela peut nous conduire loin* tutto questo ci può portare lontano → 1 **entraîner** **5** [*faire agir, mener en étant à la tête*] condurre: *conduire une armée, une flotte* condurre un esercito, una flotta → **commander**; *conduire une entreprise* condurre un'azienda → **diriger, administrer, gérer** # *conduire un orchestre* dirigere un'orchestra ◇ (*fig.*) *conduire la danse* menare la danza **6** (*abstrait*) [*entraîner* (*à un sentiment, un comportement*)] condurre, spingere (119): *conduire qqn. au désespoir* condurre, spingere qc. alla disperazione → **réduire**; *cela me conduit à vous confier ce secret* questo mi spinge a confidarvi questo segreto → 1 **pousser** **B** *v.pron.* SE CONDUIRE **1** *réfl.* → **diriger (se)** **2** *intr.* [*agir, se comporter*] comportarsi: *se conduire bien, mal* comportarsi bene, male; *tâchez de vous bien conduire* cercate di comportarvi bene.

conduit |kɔ̃dɥi| *s.m.* **1** [*canal étroit, tuyau*] condotto → **tube,** 2 **conduite** **2** *conduit souterrain* condotto sotterraneo → **passage** **3** (*anat.*) *conduit respiratoire* via *f.* respiratoria; *conduit auditif, lacrimal* condotto uditivo, lacrimale **4** (*phys.*) *conduit de lumière* guida *f.* di luce.

1 **conduite** |kɔ̃dɥit| *s.f.* **1** [→ CONDUIRE A 1, 5] guida: *sous la conduite de qqn.* sotto la guida di qc.; *la conduite d'un troupeau, d'une caravane* la guida di un gregge, di una carovana; *la conduite d'un navire, d'un avion* la guida di una nave, di un aereo ◇ (*fam.*) *faire la conduite à un ami* accompagnare (*cour.*) un amico ♦ *absolt.* [*action de conduire une automobile*] *les règles de la conduite* le norme di guida; *conduite en ville, sur route* guida in città, su strada ◇ (*par ext.*) [*organes de la conduite*] *cette voiture a la conduite à gauche, à droite* questa automobile ha la guida a sinistra, a destra → **volant** # *une conduite intérieure* una berlina **2** [*action de diriger* (*une entreprise, une affaire*)] direzione, guida: *laissez-lui la conduite de cette affaire* lasciategli la direzione di questo affare → **commandement, direction**; *la conduite des opérations* la guida, la condotta delle operazioni → 1 **charge, soin** **3** [*action de diriger soi-même*] condotta, comportamento (*m.*): *ligne de conduite* linea di condotta; *une conduite étrange* una strana condotta, uno strano comportamento; *on ne sait quelle conduite adopter* non si sa che comportamento adottare, che atteggiamento assumere → **attitude, comportement** ◇ (*spécialt.*) *bonne, mauvaise conduite* buona, cattiva condotta; *la conduite d'un élève en classe* la condotta di un alunno in aula; *obtenir un zéro de conduite* meritare uno zero in condotta.

2 **conduite** |kɔ̃dɥit| *s.f.* [*canalisation*] conduttura, condotta: *conduite de gaz, d'électricité* conduttura del gas, dell'elettricità; *conduite forcée* condotta forzata.

condyle |kɔ̃dil| *s.m.* (*anat.*) condilo.

condylien, ienne |kɔ̃diljɛ̃, jɛn| *adj.* (*anat.*) condiloideo.

condylome |kɔ̃dilom| *s.m.* (*méd.*) condiloma.

cône |kon| *s.m.* **1** (*géom.*) cono: *cône droit, de révolution* cono retto; *cornet de papier en cône* un cono di carta ◇ (*opt.*) *cône de lumière* cono di luce ◇ (*astron.*) *cône d'ombre* cono d'ombra **2** (*bot.*) cono **3** (*géol.*) cono: *cône de volcan* cono di un vulcano; *cône de déjection* cono di deiezione **4** (*techn.*) *cône de torpille* testata *f.* di siluro ◇ (*mécan.*) *cône d'embrayage* cono di frizione.

confection |kɔ̃fɛksjɔ̃| *s.f.* **1** confezione, preparazione: *des gâteaux de sa confection* dolci di sua confezione **2** LA CONFECTION l'industria della confezione; *maison de confection* ditta di confezioni, di abbigliamento; *être dans la confection* lavorare nel settore della confezione; *s'acheter un costume de confection* comprarsi un vestito bell'e fatto, fatto in serie; *s'habiller en confection* vestirsi con abiti bell'e fatti.

confectionner |kɔ̃fɛksjɔne| *v.tr.* [*faire, préparer*] preparare; confezionare: *confectionner un plat* preparare un piatto ‖ *confectionner des chemises* confezionare camicie.

confectionneur, euse |kɔ̃fɛksjɔnœʀ, øz| *s.* [*personne qui confectionne*] confezionatore* ◇ (*spécialt.*) [*fabricant de confection*] confezionista.

confédéral, ale, aux |kɔ̃fedeʀal, o| *adj.* confederale.

confédératif, ive |kɔ̃fedeʀatif, iv| *adj.* confederativo.

confédération |kɔ̃fedeʀɑsjɔ̃| *s.f.* confederazione: *Confédération helvétique* Confederazione elvetica.

confédéré, ée |kɔ̃fedeʀe| **1** *adj.* confederato: *nations confédérées* nazioni confederate **2** *s.m.* (*hist. amér.*) *les confédérés* i confederati.

confédérer |kɔ̃fedeʀe| (8) *v.tr.* [*réunir en confédération*] confederare.

confer |kɔ̃fɛʀ| *impér.* (*lat.*) [*comparez*] confronta (*abrév.* 'cf., cfr.').

conférence |kɔ̃feʀɑ̃s| *s.f.* **1** conferenza; riunione, incontro (*m.*): *conférence au sommet* conferenza al vertice → **assemblée, congrès, réunion**; *conférence diplomatique* conferenza diplomatica ‖ *avoir une conférence avec un homme politique* avere una riunione, un incontro con un uomo politico ◇ (*relig. cathol.*) *les conférences de Saint-Vincent-de-Paul* le conferenze di San Vincenzo (de Paola) **2** [*discours, causerie en public*] conferenza: *faire, donner une conférence* fare, tenere una conferenza **3** [*leçon donnée dans certaines écoles, dans les facultés*] lezione → 2 **cours** # *maître de conférences* professore straordinario **4** *conférence de presse* conferenza stampa.

conférencier, ière |kɔ̃feʀɑ̃sje, jɛʀ| *s.* conferenziere → **orateur.**

1 **conférer** |kɔ̃feʀe| (8) *v.tr.* **1** [*accorder en vertu d'une autorité*] conferire (197): *conférer un grade, un titre* conferire un grado, un titolo; *conférer les ordres sacrés* conferire gli ordini sacri → **consacrer, ordonner** ◇ (*fig.*) [*donner*] conferire, dare (102): *les privilèges que confère l'âge* i privilegi conferiti dall'età **2** → **collationner.**

2 **conférer** |kɔ̃feʀe| (8) *v.intr.* [*s'entretenir sur un sujet*] conferire (197): *conférer avec un avocat* conferire con un avvocato → 2 **causer,** 1 **parler.**

conferve |kɔ̃fɛʀv(ə)| *s.f.* (*t.bot.*) conferva.

confesse |kɔ̃fɛs| *s.f.* confessione ◇ (*ne s'emploie que dans les phrases suivantes*) *aller à confesse* andare a confessarsi; *venir de confesse* essere stati appena a confessarsi → **confession.**

confesser |kɔ̃fese| **A** *v.tr.* **1** (*relig.*) [*déclarer* (*ses péchés*)] confessare: *confesser ses péchés* confessare i propri peccati **2** (*relig. cathol.*) [*entendre* (*un fidèle*) *en confession*] confessare: *confesser un pénitent* confessare un penitente **3** (*fig., fam.*) [*faire parler* (*qqn.*)] far (103) *intr.* cantare: *il a eu du mal à la confesser* ha faticato a farla cantare **4** [*déclarer spontanément; reconnaître pour vrai*] confessare: *confesser ses torts,* *son erreur* confessare i propri torti, il proprio errore → **avouer, reconnaître** **5** [*déclarer publiquement* (*sa croyance*)] confessare → **proclamer** **B** *v.pron. réfl.* SE CONFESSER [→ *tr.* 1] confessarsi: *se confesser à un prêtre* confessarsi a un prete.

confesseur |kɔ̃fesœʀ| *s.m.* **1** confessore # *confesseur d'une communauté de religieuses* cappellano di un convento di monache **2** (*hist. relig.*) confessore: *les confesseurs et les martyrs* i confessori e i martiri.

confession |kɔ̃fesjɔ̃| *s.f.* **1** (*relig. cathol.*) confessione: *entendre qqn. en confession* ascoltare qc. in confessione → **confesse** ◇ (*loc. fig., fam.*) *on lui donnerait le bon Dieu sans confession* sembra un angioletto, è una gattamorta **2** [*aveu d'un fait*] confessione: *faire une confession complète* rendere piena confessione → **aveu** **3** [*religion, croyance*] confessione → **credo.**

confessionnal, aux |kɔ̃fesjɔnal, o| *s.m.* confessionale: *grille du confessionnal* grata del confessionale.

confessionnel, elle |kɔ̃fesjɔnɛl| *adj.* confessionale → **religieux.**

confetti |kɔ̃feti| *s.m.* [*petite rondelle de papier coloré qu'on lance* (*pendant le carnaval, les fêtes*)] coriandolo: *lancer des confettis* lanciare coriandoli.

confiance |kɔ̃fjɑ̃s| *s.f.* **1** [*espérance ferme, assurance de celui qui se fie à qqn., à qqch.*] fiducia: *avoir une confiance totale, absolue, aveugle en qqn., en qqch.* avere, nutrire una totale, assoluta, cieca fiducia in qc., in q.c.; *avoir confiance dans les médecins* avere fiducia nei medici; *faire confiance à l'avenir* avere fiducia nell'avvenire; *rechercher, gagner la confiance de qqn.* cercare, guadagnarsi la fiducia di qc.; *trahir, tromper la confiance de qqn.* tradire la fiducia di qc. → **foi, sécurité** ◇ (*fam.*) *faites-moi confiance* credetemi, datemi retta ◇ (*loc.*) *personne, homme de confiance* persona, uomo di fiducia; *maison de confiance* casa di fiducia; *poste de confiance* posto di fiducia ~ DE CONFIANCE con fiducia, a occhi chiusi: *acheter qqch. de confiance* comprare q.c. a occhi chiusi ~ *en toute confiance* con la massima fiducia **2** [*sentiment qui fait qu'on se fie à soi-même*] fiducia: *manquer de confiance* (*en soi*) non avere fiducia (in sé stessi) → **assurance** **3** [*sentiment de sécurité dans le public*] fiducia: *le nouveau gouvernement a fait renaître la confiance* il nuovo governo ha fatto rinascere la fiducia **4** (*polit.*) *vote de confiance* voto di fiducia 🄲 1 **crainte, doute.**

confiant, ante |kɔ̃fjɑ̃, ɑ̃t| *adj.* **1** [*qui a confiance en qqn., en qqch.*] fiducioso: *regard confiant* sguardo fiducioso; *être confiant dans le succès de...* essere fiducioso, confidare nel successo di... # *il est confiant en ses amis* ha fiducia nei suoi amici **2** [*qui a confiance en soi*] fiducioso: *il attend confiant et tranquille* aspetta fiducioso e tranquillo → **assuré, sûr (de soi)** # *il est excessivement confiant* è presuntuoso **3** [*enclin à la confiance, à l'épanchement*] aperto: *être d'un naturel confiant* è aperto per temperamento 🄲 **défiant, méfiant.**

confidence |kɔ̃fidɑ̃s| *s.f.* **1** [*communication d'un secret qui concerne soi-même*] confidenza: *recevoir des confidences* ricevere delle confidenze; *faire une confidence à qqn.* fare una confidenza a qc. **2** (*loc.*) *mettre qqn. dans la confidence* [*dans le secret*] mettere qc. a parte di un segreto ~ (*loc. adv.*) *parler en confidence* [*secrètement*] parlare in segreto, in confidenza.

confident, ente |kɔ̃fidɑ̃, ɑ̃t| *s.* confidente: *un confident discret* un confidente discreto; *être le confident des projets de qqn.* essere il confidente dei progetti di qc. ◇ (*théât.*) confidente.

confidentiel, ielle |kɔ̃fidɑ̃sjɛl| *adj.* confidenziale: *lettre confidentielle* lettera confidenziale # *entretien confidentiel* incontro segreto.

confidentiellement |kɔfidɑ̃sjɛlmɑ̃| *adv.* [*en confidence*] confidenzialmente.

confier |kɔ̃fje| **A** *v.tr.* **1** [*remettre* (*qqn., qqch.*) *aux soins d'un tiers*] affidare: *confier un enfant à un ami* affidare un bambino a un amico; *confier une mission, un mandat à qqn.* affidare una missione, un incarico a qc. → **laisser** **2** [*communiquer* (*qqch.*) *sous le sceau du secret*] confidare: *confier ses secrets* confidare i propri segreti **B** *v.pron. intr.* SE CONFIER **1** [*se reposer sur, s'en remettre à*] affidarsi: *se confier en qqn., au hasard* affidarsi a qc., al caso; *je me confie à vous corps et âme* mi affido a voi anima e corpo → **fier (se)** **2** [*faire des confidences*] confidarsi (a, con qc.) → **épancher (s'), livrer (se).**

configuration |kɔ̃figyʀɑsjɔ̃| *s.f.* configurazione → **conformation, forme.**

confiné, ée |kɔ̃fine| *adj.* **1** [*enfermé*] confinato: *vivre confiné chez soi* vivere confinato, tappato in casa **2** *air confiné* [*non renouvelé*] aria viziata → **renfermé.**

confinement |kɔ̃finmɑ̃| *s.m.* [→ CONFINER B] confinamento.

confiner |kɔ̃fine| **A** *v.intr.* [*toucher aux confins d'un pays*] confinare: *la Belgique confine à, avec la France* il Belgio confina con la Francia ◇ [*être proche de*] essere (96) (*aux.* essere) vicino a: *les prairies qui confinent à la rivière* i prati (che sono) vicini al fiume **B** *v.tr.* [*forcer à rester dans un espace limité*] confinare → **enfermer, reléguer** **C** *v.pron. réfl.* SE CONFINER [*se retirer, s'isoler*] confinarsi.

confins |kɔ̃fɛ̃| *s.m. pl.* confini: *aux confins de la Bretagne et de la Normandie* ai confini della Bretagna e della Normandia → **limite** ◇ (*fig.*) *aux confins de la science* ai confini della scienza.

confire |kɔ̃fiʀ| (48) *v.tr.* (*rare, sauf à l'inf. et au p.p.*) [*préparer* (*des fruits*) *dans du sucre*] candire (197) → **confit.**

confirmand |kɔ̃fiʀmɑ̃| *s.m.* [*personne qui va recevoir le sacrement de la confirmation*] cresimando *s.*

confirmatif, ive |kɔ̃fiʀmatif, iv| *adj.* (*dr.*) di conferma (*loc. inv.*): *arrêt confirmatif* decreto di conferma.

confirmation |kɔ̃fiʀmɑsjɔ̃| *s.f.* **1** [*ce qui rend une chose plus certaine*] conferma: *confirmation d'une promesse, d'une nouvelle* conferma di una promessa, di una notizia → **affirmation, certitude** ◇ (*dr.*) convalida, conferma: *confirmation d'un acte* convalida di un atto **2** (*relig.*) cresima 🄲 1 **annulation, démenti.**

confirmer |kɔ̃fiʀme| **A** *v.tr.* **1** [*rendre* (*qqn.*) *plus ferme*] confermare, rafforzare: *nous l'avons confirmé dans sa résolution* l'abbiamo confermato, rafforzato nella sua decisione → **encourager, fortifier** **2** [*rendre certain; affirmer l'exactitude, l'existence de* (*qqch.*)] confermare: *confirmer un bruit, une nouvelle* confermare una diceria, una notizia; *confirmer l'exactitude d'un fait* confermare l'esattezza di un fatto; *les résultats confirment que...* i risultati confermano che...; *l'exception confirme la règle* l'eccezione conferma la regola → **démontrer, prouver, assurer, certifier** ♦ (*impers.*) *il se confirme que...* è confermato che... → **avérer (s')** **3** (*relig.*) [*conférer le sacrement de la confirmation*] cresimare **B** *v.pron. passif* SE CONFIRMER essere (96), venire (202) confermato (*passif*): *la nouvelle se confirme* la notizia è, viene confermata.

confiscable |kɔ̃fiskabl(ə)| *adj.* [→ CONFISQUER 1] confiscabile.

confiscation |kɔ̃fiskɑsjɔ̃| *s.f.* (*dr.*) confisca* → **mainmise, saisie** 🄲 **remise** 1, **restitution.**

confiserie |kɔ̃fizʀi| *s.f.* **1** [*commerce, laboratoire, magasin, usine du confiseur*] confetteria; industria dolciaria **2** [*produits à base de sucre*] dolciumi *m. pl.*, dolci (*m. pl.*): *déguster des confiseries, de la confiserie* gustare dei dolciumi, dei dolci → **sucrerie, bonbon.**

confiseur, euse |kɔ̃fizœʀ, øz| *s.* [*personne qui fabrique et vend des sucreries*] confettiere; industriale dolciario*.

confisquer |kɔ̃fiske| *v.tr.* **1** [*prendre par mesure de punition*] confiscare: *confisquer des marchandises de contrebande* confiscare merci di contrabbando → **saisir** **2** [*retirer* (*un objet*) *à un enfant*] sequestrare: *le maître lui a confisqué les billes* il maestro gli ha sequestrato le biglie **3** (*fig.*) [*prendre à son profit*] → **accaparer, 2 voler** 🄲 1 **rendre, restituer.**

confit, ite |kɔ̃fi, it| **I** *adj.* **1** *fruits confits* [*trempés dans des solutions de sucre*] frutta candita **2** (*fig.*) *elle est toute confite en dévotion* è tutta devozione, molto devota **II** *s.m.* (*cuis.*) conserva *f.* (di carne): *un confit d'oie* una conserva d'oca.

confiteor |kɔ̃fiteɔʀ| *s.m. inv.* (*lat.*) confiteor ◇ (*fig.*) *faire, dire des confiteor* fare, recitare il confiteor → **mea-culpa.**

confiture |kɔ̃fityʀ| *s.f.* **1** marmellata, confettura: *pot de confitures* barattolo di marmellata; *confiture de fraises* marmellata, confettura di fragole # *confitures sèches* [*fruits confits*] frutta candita **2** (*fig.*) *mettre qqn. en confiture* [*le rouer de coups*] ridurre qc. in poltiglia.

confiturerie |kɔ̃fityʀʀi| *s.f.* industria, fabbrica*, commercio* *m.* delle (di) marmellate, delle (di) confetture.

confiturier, ière |kɔ̃fityʀje, jɛʀ| **I** (*adj.*) *industrie confiturière* industria delle marmellate *loc. inv.* **II** *s.m.* **1** chi fabbrica marmellata **2** vaso da (per la) marmellata.

conflagration |kɔ̃flagʀɑsjɔ̃| *s.f.* **1** (*vx.*) → **incendie** **2** (*fig.*) [*bouleversement de grande portée*] conflagrazione.

conflictualité |kɔflikty̯alite| *s.f.* conflittualità *inv.*

conflictuel, elle |kɔ̃flikty̯ɛl| *adj.* (*psychan.*) conflittuale.

conflit |kɔ̃fli| *s.m.* **1** conflitto: *conflit d'intérêts, de passions* conflitto di interessi, di passioni; *entrer en conflit avec qqn.* entrare in conflitto con qc. → **antagonisme, lutte, opposition** ◇ (*psycho.*) conflitto **2** [*guerre ou contestation entre États*] conflitto: *conflit armé* conflitto armato **3** (*dr.*) conflitto: *conflit d'attribution* conflitto di competenza # *conflit syndical* vertenza sindacale ⓒ 1 **accord, paix.**

confluence |kɔ̃flyɑ̃s| *s.f.* [→ CONFLUER] confluenza: *confluence de deux fleuves* confluenza di due fiumi → **confluent** ◇ (*fig.*) *la confluence des courants de pensée* la confluenza, il confluire *m. inv.* delle correnti di pensiero.

confluent |kɔ̃flyɑ̃| *s.m.* confluenza (*f.*): *ville au confluent de deux cours d'eau* città alla confluenza di due fiumi → **jonction, rencontre.**

confluer |kɔ̃flye| *v.intr.* (*géogr., littér.*) [*se rencontrer* (*cours d'eau*)] confluire (197) (*aux.* essere, avere) ◇ (*par ext.*) (*personnes*) [*affluer*] confluire.

confondant, ante |kɔ̃fɔ̃dɑ̃, ɑ̃t| *adj.* [*qui* (1) *confond* (A 1)] stupefacente: *une ressemblance confondante* una somiglianza stupefacente.

1 **confondre** |kɔ̃fɔ̃dʀ(ə)| (53) **A** *v.tr.* **1** [*remplir d'étonnement*] confondere (146), stupire (197): *son insolence me confond* la sua insolenza mi confonde, mi stupisce; *il restait confondu* restava confuso → **déconcerter, étonner** # *cela confond l'imagination* questo supera ogni immaginazione **2** [*réduire* (*qqn.*) *au silence, en lui prouvant son tort*] confondere: *confondre un menteur* confondere, umiliare un bugiardo → **démasquer B** *v.pron. intr.* SE CONFONDRE *en remerciements, en excuses* [*les multiplier*] profondersi (146) in ringraziamenti, in scuse.

2 **confondre** |kɔ̃fɔ̃dʀ(ə)| (53) **A** *v.tr.* **1** [*réunir, mêler pour ne former qu'un tout*] confondere (146): *fleuves qui confondent les eaux* fiumi che confondono le loro acque **2** [*prendre* (*une personne, une chose*) *pour une autre*] confondere: *confondre deux jumeaux* confondere due gemelli; *confondre une chose avec une autre* confondere una cosa con un'altra ♦ *absolt.* [*faire une confusion*] confondere: *il est possible que je confonde* è possibile che confonda → **tromper** (se) **B** *v.pron. intr.* SE CONFONDRE [→ *tr.* 1] confondersi, essere (96) *intr.* confuso: *tout se confond dans son esprit* tutto si confonde, è confuso nella sua mente.

conformateur |kɔ̃fɔʀmatœʀ| *s.m.* (*techn.*) conformatore.

conformation |kɔ̃fɔʀmɑsjɔ̃| *s.f.* conformazione: *conformation anatomique* conformazione anatomica; *un vice de conformation* un vizio di conformazione.

conforme |kɔ̃fɔʀm(ə)| *adj.* **1** conforme: *copie conforme* (*à l'original*) copia conforme (all'originale); *signature conforme* firma conforme **2** [*qui s'accorde avec qqch.*] conforme: *mener une vie conforme à ses goûts* condurre una vita conforme ai propri gusti → **convenable** ⓒ 1 **différent**; 2 **opposé.**

conformé, ée |kɔ̃fɔʀme| *adj.* conformato: *un enfant bien conformé* un bambino ben conformato → **bâti.**

conformément |kɔ̃fɔʀmemɑ̃| *adv.* [→ CONFORME] conformemente, in conformità (*loc. inv.*): *conformément au plan prévu* conformemente al, in conformità al (del) piano previsto ⓒ **contrairement.**

conformer |kɔ̃fɔʀme| **A** *v.tr.* [*rendre conforme, semblable* (*au modèle*)] conformare, uniformare: *conformer ses sentiments à ceux de qqn.* conformare i propri sentimenti a quelli di qc. → **adapter,** 2 **accorder B** *v.pron. réfl.* SE CONFORMER [→ *tr.*] conformarsi, uniformarsi: *se conformer aux façons de vivre de qqn.* conformarsi, uniformarsi al modo di vivere di qc.; *conformez-vous aux ordres* conformatevi, uniformatevi agli ordini → **accommoder (s')** ⓒ B **opposer (s').**

conformisme |kɔ̃fɔʀmism(ə)| *s.m.* conformismo → **traditionalisme** ⓒ **non-conformisme, originalité.**

conformiste |kɔ̃fɔʀmist(ə)| **1** *s.* conformista **2** *adj.* conformistico*, conformista ⓒ **anticonformiste, non-conformiste.**

conformité |kɔ̃fɔʀmite| *s.f.* conformità *inv.* → 1 **accord, concordance** # *être en conformité de goûts* essere di gusti affini → **affinité** ◇ (*loc.*) *en conformité avec* in conformità a, di → **conformément (à)** ⓒ **opposition.**

confort |kɔ̃fɔʀ| *s.m.* comfort *inv.*, comodità (*f. inv.*): *le confort d'un appartement* il comfort di un appartamento; *avoir tout le confort* avere tutte le comodità # *le manque de confort de qqch.* la scomodità di q.c.

confortable |kɔ̃fɔʀtabl(ə)| *adj.* [*qui procure, présente du confort*] comodo, confortevole: *maison confortable* casa comoda, confortevole; *une chaise confortable* una sedia comoda; *mener une vie confortable* fare (una) vita comoda, vivere comodamente → **aisé.**

confortablement |kɔ̃fɔʀtabləmɑ̃| *adv.* comodamente, confortevolmente: *être confortablement installé dans un fauteuil* essere comodamente sistemato in poltrona # *confortablement payé* pagato profumatamente → **grassement.**

conforter |kɔ̃fɔʀte| *v.tr.* [*raffermir* (*qqn.*) *dans une opinion*] confortare.

confraternel, elle |kɔ̃fʀatɛʀnɛl| *adj.* fraterno; tra colleghi (*loc. inv.*): *amitié confraternelle* amicizia fraterna ‖ *émulation, rivalité confraternelle* emulazione, rivalità tra colleghi.

confraternité |kɔ̃fʀatɛʀnite| *s.f.* [*bonnes relations entre confrères*] (spirito *m.* di) colleganza.

confrère |kɔ̃fʀɛʀ| *s.m.* **1** (*relig.*) confratello **2** [*chacun de ceux qui exercent une même profession*] collega* (*s.*): *médecin estimé de ses confrères* medico stimato dai colleghi; *mon cher confrère* (mio) caro collega → **collègue.**

confrérie |kɔ̃fʀeʀi| *s.f.* **1** (*relig.*) confraternita → **communauté, congrégation 2** (*vieilli*) → **association, corporation.**

confrontation |kɔ̃fʀɔ̃tɑsjɔ̃| *s.f.* confronto *m.*, raffronto (*m.*): *confrontation de deux civilisations* confronto di due civiltà ◇ (*dr.*) *confrontation de témoins* confronto di testimoni → **comparaison.**

confronter |kɔ̃fʀɔ̃te| *v.tr.* **1** (*dr.*) [*mettre en présence* (*des personnes*) *pour comparer leurs affirmations*] mettere (155) a confronto: *confronter les témoins avec le prévenu* mettere a confronto i testimoni con l'imputato **2** [*comparer d'une manière suivie*] confrontare, raffrontare: *confronter deux textes* confrontare due testi → **collationner.**

confucianisme |kɔ̃fysjanism(ə)| *s.m.* confucianesimo.

confucianiste |kɔ̃fysjanist(ə)| *s. et adj.* confuciano.

confus, use |kɔ̃fy, yz| *adj.* **I** (*personnes*) [*qui est embarrassé par pudeur, par honte*] confuso: *confus d'être pris sur le fait* confuso di essere colto sul fatto; *je suis confus* sono confuso → **désolé, honteux, troublé II** (*choses*) **1** [*dont les éléments sont mêlés*] confuso: *amas confus* ammasso confuso; *murmure confus* mormorio confuso; *bruit confus de voix* rumore confuso di voci → **désordonné, indistinct 2** [*qui manque de clarté*] confuso: *souvenir confus* ricordo confuso; *un esprit confus* una mente confusa; *une situation confuse* una situazione confusa → **embrouillé, obscur** # *style, langage confus* stile, linguaggio contorto, involuto → **alambiqué, nébuleux** ⓒ II 2 **clair, distinct.**

confusément |kɔ̃fyzemɑ̃| *adv.* [→ CONFUS II] confusamente: *comprendre confusément qqch.* capire q.c. confusamente → **obscurément, vaguement, indistinctement** # *objets entassés confusément* oggetti ammassati alla rinfusa → **pêle-mêle** ⓒ **clairement.**

confusion |kɔ̃fyzjɔ̃| *s.f.* **I** confusione: *rougir de confusion* arrossire per la confusione → **embarras, gêne** # *remplir qqn. de confusion* confondere qc. **II 1** [*état de ce qui est confus*] confusione: *une confusion indescriptible* una confusione indescrivibile; *mettre la confusion dans une famille* mettere confusione in una famiglia → **fouillis, désordre,** 2 **trouble 2** [*manque de clarté*] confusione: *confusion des idées* confusione di idee # *jeter la confusion dans les esprits* turbare gli animi → 2 **trouble** ◇ (*psycho.*) *confusion mentale* confusione mentale **3** [*action de confondre*] confusione: *confusion de noms, de dates* confusione di nomi, di date → **erreur, méprise** # *une grossière confusion* un errore grossolano.

confusionnel, elle |kɔ̃fyzjɔnɛl| *adj.* (*psycho.*) confusionale.

confusionnisme |kɔ̃fyzjɔnism(ə)| *s.m.* (*psycho.*) confusionismo.

conge |kɔ̃ʒ| *s.m.* **1** recipiente di rame (per la preparazione dei liquori) **2** (*antiq. rom.*) congio*.

congé |kɔ̃ʒe| *s.m.* **1** [*permission de s'absenter, de quitter un service*] congedo; ferie (*f. pl.*): *congé de maladie* congedo per malattia ‖ *congé annuel* ferie; *congés payés* ferie retribuite → **vacance** II # *congé d'un militaire* licenza (di un militare) → **permission 2** [*courtes vacances*] vacanza (*f.*): *les élèves ont deux jours de congé cette semaine* questa settimana gli alunni hanno due giorni di vacanza **3** [*autorisation à partir*] congedo # *prendre congé de qqn.* congedarsi, prendere congedo da qc.; *donner congé à qqn.* congedare qc. **4** [*renvoi*] licenziamento # *donner son congé à un employé* licenziare un impiegato; *donner congé à un locataire* sfrattare un inquilino.

congédiable |kɔ̃ʒedjabl(ə)| *adj.* [→ CONGÉDIER] congedabile.

congédiement |kɔ̃ʒedimɑ̃| *s.m.*

1 [→ CONGÉDIER 1] congedo 2 [→ CONGÉDIER 2] licenziamento.

congédier |kɔ̃ʒedje| *v.tr.* 1 [*inviter à s'en aller*] congedare: *il le congédia amicalement* lo congedò amichevolmente, si congedò amichevolmente da lui → **éconduire** 2 [*renvoyer*] *congédier un salarié, un employé* licenziare un dipendente, un impiegato → **licencier.**

congelable |kɔ̃ʒlabl(ə)| *adj.* [→ CONGELER] congelabile.

congélateur |kɔ̃ʒelatœʀ| *s.m.* 1 (*vx.*) → **réfrigérateur** 2 congelatore → **freezer** ✦ (*adj.*) *chalutier congélateur* peschereccio provvisto di congelatore.

congélation |kɔ̃ʒelɑsjɔ̃| *s.f.* congelamento *m.*, congelazione.

congeler |kɔ̃ʒle| (6) **A** *v.tr.* 1 [*faire passer à l'état solide par l'action du froid*] (far) (103) *intr.* congelare: *congeler un liquide* (far) congelare un liquido → **geler** 2 [*soumettre au froid pour conserver*] congelare ✦ (*au p.p.*) *viande congelée* carne congelata → **surgeler B** *v. pron. intr.* SE CONGELER [→ *tr.* 1] congelarsi: *l'eau se congèle à 0 °C* l'acqua si congela a 0 °C Ⓒ A 2 **dégeler.**

congénère |kɔ̃ʒenɛʀ| 1 *adj.* congenere: *plantes congénères* piante congeneri ◇ (*anat.*) *muscles congénères* muscoli sinergici 2 (*s.*) *un animal et ses congénères* un animale e i suoi simili; *lui et ses congénères* lui e i suoi pari → **pareil, semblable.**

congénital, ale, aux |kɔ̃ʒenital, o| *adj.* 1 congenito: *caractère congénital* carattere congenito → **héréditaire** 2 *affection, maladie congénitale* affezione, malattia congenita 3 (*fig.*) [*inné*] innato, congenito: *l'optimisme congénital des Américains* l'ottimismo innato, congenito degli Americani ◇ (*fam.*) *c'est un crétin congénital* è un cretino nato.

congénitalement |kɔ̃ʒenitalmɑ̃| *adv.* [→ CONGÉNITAL 1, 3] in modo congenito, innato *loc. inv.*

congère |kɔ̃ʒɛʀ| *s.f.* cumulo *m.* di neve.

congestif, ive |kɔ̃ʒɛstif, iv| *adj.* (*méd.*) congestizio*: *état congestif d'un organe* stato congestizio di un organo.

congestion |kɔ̃ʒɛstjɔ̃| *s.f.* (*méd., cour.*) congestione: *congestion cérébrale* congestione cerebrale; *congestion passive* congestione passiva.

congestionner |kɔ̃ʒɛstjɔne| *v.tr.* 1 [*produire une congestion*] congestionare ✦ (*au p.p.*) *avoir le visage congestionné* avere il viso congestionato; *être congestionné* essere congestionato 2 (*fig.*) [*encombrer*] congestionare: *congestionner une route* congestionare una strada → **embouteiller.**

conglobation |kɔ̃glɔbɑsjɔ̃| *s.f.* [*amas, entassement*] conglobamento *m.*

conglomérat |kɔ̃glɔmeʀa| *s.m.* 1 (*géol.*) conglomerato 2 [*agglomération informe de choses*] agglomerato, conglomerato.

conglomération |kɔ̃glɔmeʀɑsjɔ̃| *s.f.* [→ CONGLOMÉRER] conglomerazione.

conglomérer |kɔ̃glɔmeʀe| (8) *v.tr.* [*amasser; réunir en une seule masse*] conglomerare → **agglomérer.**

conglutination |kɔ̃glytinɑsjɔ̃| *s.f.* [→ CONGLUTINER] conglutinazione.

conglutiner |kɔ̃glytine| *v.tr.* [*rendre (un liquide) visqueux, gluant*] conglutinare → **épaissir.**

congolais, aise |kɔ̃gɔlɛ, ɛz| *adj.* [*du Congo*] congolese.

congratulation |kɔ̃gʀatylɑsjɔ̃| *s.f.* (*vx., plais.*) → **félicitations.**

congratuler |kɔ̃gʀatyle| **A** *v.tr.* (*vx., plais.*) → **féliciter B** *v.pron. récipr.* SE CONGRATULER [*échanger des compliments*] congratularsi, complimentarsi.

congre |kɔ̃gʀ(ə)| *s.m.* (*t.zool.*) grongo*, congro.

congréer |kɔ̃gʀee| *v.tr.* (*mar.*) *congréer un cordage* [*le garnir d'un filin pour remplir les vides entre les torons*] integrare un cavo.

congréganiste |kɔ̃gʀeganist(ə)| *adj. et s.* (*ecclés.*) congregazionista # *école congréganiste* scuola tenuta da religiosi.

congrégation |kɔ̃gʀegɑsjɔ̃| *s.f.* congregazione → **communauté,** 1 **ordre.**

congrégationalisme |kɔ̃gʀega(ɑ)sjɔnalism(ə)| *s.m.* congregazionalismo.

congrès |kɔ̃gʀɛ| *s.m.* 1 (*hist.*) [*réunion diplomatique*] congresso: *le congrès de Vienne* il congresso di Vienna 2 [*corps législatif des États-Unis d'Amérique*] congresso 3 [*réunion de personnes qui échangent leurs idées, ou se communiquent leurs études*] congresso: *congrès de sociologie* congresso di sociologia.

congressiste |kɔ̃gʀesist(ə)| *s.* congressista.

congru, ue |kɔ̃gʀy| *adj.* 1 (*ecclés.*) *portion congrue* congrua *s.f.* ◇ (*par ext.*) [*revenu à peine suffisant*] stretto necessario (*s.m.*): *être réduit à la portion congrue* avere lo stretto necessario per vivere 2 (*math.*) *nombres congrus* numeri congrui Ⓒ 1 **incongru.**

congruence |kɔ̃gʀyɑ̃s| *s.f.* (*géom., math.*) congruenza.

congrûment |kɔ̃gʀymɑ̃| *adv.* [→ CONGRU 1] congruentemente.

conicité |kɔnisite| *s.f.* (*géom.*) conicità *inv.*

conidie |kɔnidi| *s.f.* (*bot.*) conidio* *m.*

Conifères |kɔnifɛʀ| *s.m. pl.* (*t.bot.*) Conifere *f.*

conique |kɔnik| *adj.* 1 conico*: *engrenage conique* ingranaggio conico 2 (*géom.*) *section conique* sezione conica ✦ *s.f.* conica*.

conirostre |kɔniʀɔstʀ(ə)| *adj. et s.* (*zool.*) conirostro.

conjectural, ale, aux |kɔ̃ʒɛktyʀal, o| *adj.* congetturale.

conjecture |kɔ̃ʒɛktyʀ| *s.f.* congettura: *en être réduit aux conjectures* non poter fare che congetture; *se perdre en conjectures* perdersi in congetture → **hypothèse, supposition.**

conjecturer |kɔ̃ʒɛktyʀe| *v.tr.* [*croire, juger par conjecture*] congetturare, ipotizzare: *conjecturer l'issue d'un événement* congetturare, ipotizzare la conclusione di un avvenimento → **présumer, supposer.**

1 **conjoint, ointe** |kɔ̃ʒwɛ̃, wɛ̃t| *adj.* congiunto: *problèmes conjoints* problemi congiunti ◇ (*mus.*) *degré conjoint* grado congiunto.

2 **conjoint, ointe** |kɔ̃ʒwɛ̃, wɛ̃t| *s.* [*personne jointe (à une autre) par les liens du mariage*] coniuge: *les futurs conjoints* i futuri coniugi → **époux.**

conjointement |kɔ̃ʒwɛ̃tmɑ̃| *adv.* [→ 1 CONJOINT] congiuntamente: *agir conjointement* agire congiuntamente.

conjoncteur |kɔ̃ʒɔ̃ktœʀ| *s.m.* (*électr.*) congiuntore: *conjoncteur-disjoncteur* congiuntore-disgiuntore → **coupleur.**

conjonctif, ive |kɔ̃ʒɔ̃ktif, iv| *adj.* 1 (*anat.*) connettivo: *tissu conjonctif* (tessuto) connettivo # *la membrane conjonctive* la congiuntiva 2 (*gram.*) congiuntivo: *particules conjonctives* particelle congiuntive; *locutions conjonctives* locuzioni congiuntive.

conjonction |kɔ̃ʒɔ̃ksjɔ̃| *s.f.* I 1 congiunzione, unione: *la conjonction de la science et de l'imagination* la congiunzione della scienza con l'immaginazione 2 (*astron., astrol.*) congiunzione: *conjonction des planètes* congiunzione dei pianeti II (*gram.*) congiunzione: *conjonctions de coordination, de subordination* congiunzioni coordinative, subordinative Ⓒ 1 1 **opposition.**

conjonctival, ale, aux |kɔ̃ʒɔ̃ktival, o| *adj.* (*méd.*) congiuntivale.

conjonctive |kɔ̃ʒɔ̃ktiv| *s.f.* (*anat.*) congiuntiva.

conjonctivite |kɔ̃ʒɔ̃ktivit| *s.f.* (*méd.*) congiuntivite.

conjoncture |kɔ̃ʒɔ̃ktyʀ| *s.f.* congiuntura: *conjoncture favorable, difficile* congiuntura favorevole, difficile; *profiter de la conjoncture* approfittare della congiuntura ◇ (*écon.*) *étude de conjoncture* studio della congiuntura.

conjoncturel, elle |kɔ̃ʒɔ̃ktyʀɛl| *adj.* (*écon.*) congiunturale.

conjoncturiste |kɔ̃ʒɔ̃ktyʀist(ə)| *s.m.* specialista *s.* di problemi di congiuntura economica.

conjugable |kɔ̃ʒygabl(ə)| *adj.* [→ CONJUGUER A II] coniugabile.

conjugaison |kɔ̃ʒygɛzɔ̃| *s.f.* 1 (*gram.*) coniugazione: *la conjugaison d'un verbe* la coniugazione di un verbo 2 (*biol.*) coniugazione.

conjugal, ale, aux |kɔ̃ʒygal, o| *adj.* coniugale: *amour conjugal* amore coniugale.

conjugalement |kɔ̃ʒygalmɑ̃| *adv.* [→ CONJUGAL] coniugalmente → **maritalement.**

conjugué, ée |kɔ̃ʒyge| *adj.* 1 [*joint, combiné*] congiunto: *leurs efforts conjugués* i loro sforzi congiunti 2 (*bot.*) *feuilles conjuguées* foglie coniugate 3 (*mécan.*) *machines conjuguées* macchine coniugate 4 (*math.*) *points conjugués* punti coniugati.

Conjuguées |kɔ̃ʒyge| *s.f. pl.* (*t. bot.*) Coniugate.

conjuguer |kɔ̃ʒyge| **A** *v.tr.* I (*littér.*) [*joindre ensemble*] congiungere (150): *ils ont conjugué leurs efforts* hanno congiunto i loro sforzi → **combiner, unir** II [*écrire, réciter la conjugaison de (un v.)*] coniugare **B** *v.pron. passif* SE CONJUGUER [→ *tr.* II] coniugarsi.

conjungo |kɔ̃ʒɔ̃go| *s.m.* (*lat.*) (*plais.*) [*mariage*] matrimonio* (*cour.*).

conjurateur, trice |kɔ̃ʒyʀatœʀ, tʀis| *s.* (*rare*) congiuratore*.

conjuration |kɔ̃ʒyʀɑsjɔ̃| *s.f.* 1 [*complot, conspiration*] congiura: *c'est une conjuration!* è una congiura! # *les affiliés d'une conjuration* i congiurati ◇ (*par ext.*) [*coalition, ligue*] *la conjuration des mécontents* l'associazione degli scontenti 2 [*rite pour chasser les démons*] scongiuro *m.*, esorcismo *m.*

conjuré, ée |kɔ̃ʒyʀe| *s.* congiurato: *les conjurés ont préparé un attentat contre le chef d'État* i congiurati hanno preparato un attentato contro il capo dello Stato.

1 **conjurer** |kɔ̃ʒyʀe| **A** *v.tr.* [*préparer en faisant une conjuration*] congiurare *intr.*, complottare (*intr.*): *conjurer la mort d'un tyran* congiurare, complottare per uccidere un tiranno **B** *v. pron. réfl.* SE CONJURER [→ *tr.*] congiurare (*intr.*): *les républicains se conjurèrent contre César* i repubblicani congiurarono contro Cesare ◇ (*fig.*) *les circonstances se conjurent contre nous* le circostanze congiurano contro di noi.

2 **conjurer** |kɔ̃ʒyʀe| *v.tr.* **I** [*détourner* (*une menace*)] scongiurare: *conjurer un péril* scongiurare un pericolo # *conjurer le mauvais sort* fare scongiuri **II** (*littér.*) [*adjurer, implorer*] scongiurare: *je vous conjure de me croire* vi scongiuro di credermi; *je vous en conjure* ve ne scongiuro.

connaissable |kɔnɛsabl(ə)| *adj.* [→ CONNAÎTRE A] conoscibile ♦ (*s.m.*) *le connaissable* il conoscibile.

connaissance |kɔnɛsɑ̃s| *s.f.* **I** **1** [*le fait ou la manière de connaître*] conoscenza: *connaissance intuitive, pratique* conoscenza intuitiva, pratica; *la connaissance d'un objet* la conoscenza di un oggetto; *avoir la connaissance précise de qqch.* avere precisa conoscenza di q.c. → **sensation, intuition, conscience, compréhension** ◇ (*philo.*) *théorie de la connaissance* teoria della conoscenza **2** (*loc.*) *avoir connaissance de qqch.* essere a conoscenza di q.c. → **connaître, 1 savoir** ~ *venir à la connaissance de qqch.* venire a conoscenza di q.c. ~ *à ma connaissance* per (da) quanto mi risulta, per quanto ne so (ne sappia) ~ *prendre connaissance de qqch.* prendere conoscenza, visione di q.c. ~ *en connaissance de cause* con cognizione di causa **3** (*dans des loc.*) [*le fait de sentir, de percevoir*] *avoir toute sa connaissance* essere nel pieno delle proprie facoltà mentali ~ *perdre connaissance* perdere conoscenza ~ *tomber sans connaissance* svenire ~ *rester sans connaissance* rimanere privo di sensi ~ *reprendre connaissance* riprendere conoscenza **4** *au plur.* LES CONNAISSANCES [*ce que l'on sait; ce qui est connu*] conoscenze, cognizioni: *connaissances acquises* conoscenze, cognizioni acquisite; *posséder des connaissances sur qqch.* avere delle cognizioni su q.c.; *il n'a que des connaissances élémentaires sur ce sujet* ha soltanto delle cognizioni elementari sull'argomento; *approfondir, enrichir ses connaissances par l'étude* approfondire, arricchire le proprie conoscenze, cognizioni con lo studio; *agrandir le champ de ses connaissances* allargare il campo delle proprie conoscenze → **idée, notion, 2 culture, 2 savoir** **II** **1** FAIRE CONNAISSANCE *avec qqn.* fare la conoscenza di qc., conoscere *v.tr.* (126) qc.: *j'ai fait connaissance avec lui, j'ai fait sa connaissance* ho fatto la sua conoscenza, l'ho conosciuto; *nous avons déjà fait connaissance* ci siamo già conosciuti ◇ *loc.* DE CONNAISSANCE noto *adj.*, conosciuto *adj.*; di (mia, sua) conoscenza: *un visage de connaissance* una faccia nota, conosciuta; *une personne de connaissance* una persona nota, conosciuta ‖ *une personne de ma, sa connaissance* una persona di mia, sua conoscenza; un mio, un suo conoscente # *nous sommes entre gens de connaissance* siamo tra conoscenti **2** UNE CONNAISSANCE [*une personne que l'on connaît*] conoscente *s.*, conoscenza: *c'est une simple connaissance* è soltanto un conoscente; *c'est une connaissance de la police* è una (vecchia) conoscenza della polizia; *faire de nouvelles connaissances* fare nuove conoscenze → **1 relation III** (*dr.*) *connaissance d'une cause par le tribunal* competenza di un tribunale a decidere → **compétence.**

connaissement |kɔnɛsmɑ̃| *s.m.* (*mar.*) polizza *f.* di carico.

connaisseur, euse |kɔnɛsœʀ, øz| (*rare au f.*) **1** *s.* intenditore*, conoscitore*: *être connaisseur en vins* essere intenditore di vini; *regarder, juger en connaisseur* guardare, giudicare da intenditore → **amateur** **2** *adj.* da intenditore *loc.*; da conoscitore (*loc.*): *un coup d'œil connaisseur* un'occhiata da intenditore (da intenditrice) # *elle est très connaisseuse* è un'abile intenditrice.

connaître |kɔnɛtʀ(ə)| (72) **A** *v.tr.* **I** CONNAÎTRE UNE CHOSE **1** [*se faire une idée de*] conoscere (126): *connaître un fait, un mot* conoscere un fatto, una parola; *connaître les tenants et les aboutissants d'une affaire* conoscere a fondo una faccenda → **1 savoir** ◇ (*par ext.*) *faire connaître une chose, une idée* [*apprendre*] far conoscere una cosa, un'idea **2** [*avoir présent à l'esprit; pouvoir faire usage de*] conoscere: *connaître un texte, une œuvre à fond* conoscere un testo, un'opera a fondo; *connaître un poème par cœur* conoscere una poesia a memoria → **1 savoir** # *il ne connaît pas grand-chose à l'aviation* non sa, non capisce gran che di aviazione; *il n'y connaît rien* non ci (non ne) capisce niente ◇ (*par ext.*) *connaître un métier* conoscere un mestiere; *connaître l'allemand, l'italien* conoscere il tedesco, l'italiano ◇ (*spécialt.*) SE CONNAÎTRE À (QQCH.), S'Y CONNAÎTRE EN (QQCH.) [*être très compétent*] intendersi (105), intendersene di (q.c.): *il s'y connaît* se ne intende, è un intenditore → **entendre (s')** **3** [*éprouver, ressentir*] conoscere: *connaître la faim, les privations, l'humiliation* conoscere la fame, le privazioni, l'umiliazione; *il ne connaît que son devoir* non conosce che il proprio dovere; *il ne connaît pas la pitié* non conosce la pietà, non sa cosa sia la pietà; *sa gentillesse ne connaît pas de bornes* la sua gentilezza non conosce, non ha limiti → **1 avoir** **II** CONNAÎTRE QQN. **1** [*être conscient de l'existence de qqn.*] conoscere: *je ne connais pas cet auteur* non conosco questo autore; *je le connais de nom* lo conosco di nome; *je vous connaissais de vue avant qu'on ne nous présente* la conoscevo di vista prima che ci presentassero **2** [*avoir des relations sociales*] conoscere: *il connaît des hommes en vue* conosce degli uomini in vista **3** (*style biblique*) *connaître une femme* [*avoir des relations charnelles avec elle*] conoscere una donna **4** [*se faire une idée de la personnalité de qqn.*] conoscere: *vous ne me connaissez pas encore* lei non mi conosce ancora; *vous apprendrez à le connaître* imparerete a conoscerlo → **apprécier, comprendre** ◇ (*loc.*) *c'est au fruit qu'on connaît l'arbre* è dal frutto che si conosce l'albero **B** *v. intr.* (*dr.*) CONNAÎTRE DE [*avoir compétence pour juger*] conoscere (di): *le tribunal de commerce ne connaît pas des causes civiles* il tribunale di commercio non conosce cause civili **C** *v. pron.* SE CONNAÎTRE **1** *récipr.* [→ *tr.* II 1] conoscersi: *ils se sont connus en Italie* si sono conosciuti in Italia → **rencontrer (se)** **2** *réfl.* [*être capable de se juger*] conoscersi: *il se connaît mal* si conosce male, non si conosce molto bene # *je ne me connais plus* [*j'ai perdu mon sang-froid*] non mi riconosco più **C** A I 1 **ignorer.**

con(n)ard, arde |kɔnaʀ, aʀd(ə)|, **con(n)asse** |kɔnas| *adj. et s.* (*vulg.*) [*imbécile, idiot*] stronzo, coglione *s.m.*

conneau |kɔno| *s.m.* (*vulg.*) → **con(n)ard.**

connecter |kɔn(n)ɛkte| *v.tr.* (*techn.*) [*unir par une connexion*] connettere (112), collegare **C** **isoler, séparer.**

connecteur |kɔn(n)ɛktœʀ| *s.m.* (*techn.*) connettore.

connectif, ive |kɔn(n)ɛktif, iv| **1** *adj.* (*anat.*) connettivo: *tissu connectif* (tessuto) connettivo **2** *s.m.* (*bot.*) connettivo.

connerie |kɔnʀi| *s.f.* (*vulg.*) [*imbécillité, absurdité*] coglionata, stupidaggine (*cour.*).

connétable |kɔnetabl(ə)| *s.m.* (*hist.*) conestabile.

connexe |kɔn(n)ɛks(ə)| *adj.* connesso: *affaires, sciences connexes* affari connessi, scienze connesse → **analogue, uni, voisin** ◇ (*dr.*) *causes connexes* cause connesse **C** **indépendant, séparé.**

connexion |kɔn(n)ɛksjɔ̃| *s.f.* connessione, collegamento *m.* → **affinité, analogie** ◇ (*électr.*) connessione, collegamento.

connexité |kɔn(n)ɛksite| *s.f.* [→ CONNEXION] connessione.

connivence |kɔn(n)ivɑ̃s| *s.f.* connivenza: *agir de connivence avec qqn.* agire con la connivenza di qc., in combutta con qc. → **complicité, entente, intelligence** # *être de connivence avec qqn.* essere connivente, in combutta con qc.

connivent, ente |kɔn(n)ivɑ̃, ɑ̃t| *adj.* (*sc. nat.*) connivente.

connotation |kɔn(n)ɔtasjɔ̃| *s.f.* (*philo.*) connotazione.

connoter |kɔn(n)ɔte| *v.tr.* **1** (*philo.*) [*renvoyer par une annotation*] connotare **2** (*ling.*) [*signifier par connotation*] connotare.

connu, ue |kɔny| *adj.* **1** (*choses*) [*que la majorité connaît*] conosciuto, noto: *chose, idée très connue* cosa, idea molto conosciuta, molto nota; *c'est bien connu que...* è noto che... → **évident, répandu** ♦ (*s.m.*) *le connu et l'inconnu* il noto e l'ignoto **2** (*personnes*) [*qui a une grande réputation*] conosciuto, noto: *un homme connu dans les milieux littéraires* un uomo conosciuto, noto negli ambienti letterari; *être connu en tant que...* essere conosciuto, noto come... → **célèbre** ◇ (*loc. fig.*) *il est connu comme le loup blanc* è conosciuto come la bettonica ~ *ni vu ni connu* [*personne qui fait qqch. sans se faire remarquer*] né visto né conosciuto; chi s'è visto s'è visto **C** **inconnu.**

conoïde |kɔnɔid| *adj.* (*géom.*) conico* ✦ (*s.m.*) *un conoïde* un conoide.

conopée |kɔnɔpe| *s.m.* (*liturg.*) conopeo.

conque |kɔ̃k| *s.f.* **1** (grossa) conchiglia: *conque marine* conchiglia di mare **2** (*anat.*) conca*.

conquérant, ante |kɔ̃keʀɑ̃, ɑ̃t| *s.* **1** [*personne qui fait des conquêtes par les armes*] conquistatore* ✦ (*adj.*) *les nations conquérantes* le nazioni conquistatrici **2** (*fam.*) [*personne qui séduit les cœurs, les esprits*] conquistatore (*cour.*) ✦ (*adj.*) *un air conquérant* un'aria da conquistatore *s.*

conquérir |kɔ̃keʀiʀ| (26) **A** *v.tr.* **1** [*acquérir par les armes, par la force*] conquistare: *conquérir un pays, un empire* conquistare un paese, un impero **2** (*fig.*) [*acquérir une forte influence sur*] conquistare: *conquérir les cœurs* conquistare i cuori; *conquérir une femme* conquistare una donna; *conquérir l'estime de qqn.* conquistare la stima di qc. → **séduire** **B** *v.pron. passif* SE CONQUÉRIR [→ *tr.*] conquistarsi: *la patience, une vertu qui se conquiert difficilement* la pazienza, una virtù che si conquista difficilmente Ⓒ A 1 **perdre.**

conquêt |kɔ̃kɛ| *s.m.* → **acquêt.**

conquête |kɔ̃kɛt| *s.f.* **1** [→ CONQUÉRIR A 1] conquista: *conquête militaire* conquista militare ◇ *au plur.* [*ce qui est conquis*] conquiste: *conserver, étendre ses conquêtes* conservare, estendere le proprie conquiste; *affermir, assurer ses conquêtes* consolidare le proprie conquiste **2** (*fig.*) conquista: *la conquête des âmes, des cœurs* la conquista delle anime, dei cuori # *il a fait sa conquête* l'ha conquistata **3** (*fam.*) [*personne séduite, conquise*] conquista: *c'est sa dernière conquête* è la sua ultima conquista Ⓒ 1 **abandon, perte.**

conquis, ise |kɔ̃ki, iz| *adj.* **1** [*pris par une conquête*] conquistato: *garder le terrain conquis* mantenere le posizioni conquistate ◇ (*loc.*) *se conduire comme en pays conquis* [*avec impudence*] comportarsi con sfrontatezza, con impudenza **2** [*soumis, séduit*] conquistato: *être conquis par la bonté de qqn., par une femme* essere conquistato dalla bontà di qc., da una donna.

conquistador |kɔ̃kistadɔʀ| *s.m.* (*esp.*) (*hist.*) conquistador (*inv.*): *des conquistadores* dei conquistador.

consacrant |kɔ̃sakʀɑ̃| *adj. m.* (*relig.*) consacrante: *evêque consacrant* vescovo consacrante; *prêtre consacrant* sacerdote consacrante → **célébrant** ✦ (*s.m.*) *le consacrant* il consacrante.

consacré, ée |kɔ̃sakʀe| *adj.* **1** (*relig.*) consacrato: *hostie consacrée* ostia consacrata; *terre consacrée* terra consacrata **2** [*habituel, ratifié par l'usage*] consacrato: *terme consacré* termine consacrato.

consacrer |kɔ̃sakʀe| **A** *v.tr.* **I** [*rendre sacré en dédiant à Dieu, à un dieu*] consacrare: *consacrer un temple à Jupiter* consacrare un tempio a Giove; *consacrer un évêque* consacrare un vescovo ◇ (*spécialt.*) *consacrer l'hostie* consacrare l'ostia ◇ (*par ext.*) *consacrer un enfant, sa vie à Dieu* consacrare un figlio, la vita a Dio → **vouer** **II** **1** [*destiner* (*qqch.*) *à un usage*] dedicare, consacrare: *consacrer sa jeunesse à l'étude* dedicare, consacrare la propria giovinezza allo studio; *combien de temps pouvez-vous me consacrer?* quanto tempo può dedicarmi? → 1 **accorder, donner** **2** [*rendre durable*] consacrare ✦ (*au p.p.*) *une coutume consacrée par l'usage* una consuetudine consacrata dall'uso **B** *v.pron. réfl.* SE CONSACRER **1** [→ *tr.* I] consacrarsi: *se consacrer à Dieu* consacrarsi a Dio **2** [→ *tr.* II 1] dedicarsi, consacrarsi: *se consacrer à une œuvre* dedicarsi, consacrarsi a un'opera.

consanguin, ine |kɔ̃sɑ̃gɛ̃, in| *adj.* consanguineo ✦ (*s.*) *les consanguins* i consanguinei.

consanguinité |kɔ̃sɑ̃gɥinite| *s.f.* consanguineità *inv.* → **filiation.**

consciemment |kɔ̃sjamɑ̃| *adv.* [→ CONSCIENT] coscientemente, consciamente Ⓒ **inconsciemment.**

conscience |kɔ̃sjɑ̃s| *s.f.* **I** (*conscience psychologique*) **1** consapevolezza, coscienza: *conscience de soi, du moi* consapevolezza, coscienza di sé, dell'io; *avoir conscience d'exister* avere la consapevolezza di esistere **2** *prise de conscience* sensibilizzazione, presa di coscienza; *avoir, prendre conscience de qqch.* essere, divenire consapevole di q.c.; *j'en ai pris conscience récemment* ne ho acquisito la consapevolezza da poco; *il a conscience de son talent* è conscio, consapevole del proprio talento → **apercevoir (s')** **II** (*conscience morale*) **1** coscienza: *la voix de la conscience* la voce della coscienza; *une conscience droite, pure* una coscienza retta, pura; *avoir une conscience élastique* avere la coscienza elastica; *agir selon sa conscience* agire secondo coscienza ◇ (*loc.*) *vous aurez cela* SUR LA CONSCIENCE lo avrete sulla coscienza; *il a un poids sur la conscience* ha un peso sulla coscienza ~ *en conscience* in coscienza ~ (*formule de serment*) *en âme et conscience* secondo la mia coscienza **2** (*loc.*) *avoir bonne conscience* avere la coscienza tranquilla, essere a posto con la coscienza ~ *avoir mauvaise conscience* avere la coscienza sporca, un peso sulla coscienza; avere, provare rimorso **3** *conscience professionnelle* coscienza professionale **4** *objecteur de conscience* obiettore di coscienza.

consciencieusement |kɔ̃sjɑ̃sjøzmɑ̃| *adv.* [→ CONSCIENCIEUX] coscienziosamente.

consciencieux, ieuse |kɔ̃sjɑ̃sjø, jøz| *adj.* **1** (*personnes*) coscienzioso: *consciencieux jusqu'au scrupule* coscienzioso fino allo scrupolo → **honnête** **2** (*choses*) *examen, travail consciencieux* esame, lavoro coscienzioso.

conscient, ente |kɔ̃sjɑ̃, ɑ̃t| *adj.* (*personnes*) cosciente; conscio*, consapevole: *l'homme est un être conscient* l'uomo è un essere cosciente ‖ *il est conscient de ses responsabilités, de sa valeur* è conscio, consapevole delle proprie responsabilità, del proprio valore ◇ (*choses*) *états, mouvements conscients* stati, movimenti coscienti ✦ (*s.m.*) *le conscient et l'inconscient* il conscio e l'inconscio Ⓒ **inconscient, subconscient.**

conscription |kɔ̃skʀipsjɔ̃| *s.f.* (*milit.*) coscrizione.

conscrit |kɔ̃skʀi| **1** *adj. m.* (*hist. rom.*) *pères conscrits* padri coscritti **2** *s.m.* (*milit.*) coscritto, recluta (*f.*): *les conscrits de la classe 1930* i coscritti della classe 1930 → **recrue** ◇ (*fam.*) [*homme inexpert*] novellino: *il s'est laissé manœuvrer comme un conscrit* si è fatto manovrare come un novellino → **bleu, novice.**

consécration |kɔ̃sekʀasjɔ̃| *s.f.* **1** [*action de consacrer*] consacrazione: *consécration d'un temple* consacrazione di un tempio **2** (*relig. cathol.*) *consécration d'une église au culte* consacrazione di una chiesa al culto; *consécration d'un évêque* consacrazione di un vescovo ◇ (*dans la messe*) consacrazione **3** [*action de sanctionner, de rendre durable*] consacrazione: *la consécration du temps, par le temps* la consacrazione del tempo; *cette œuvre a eu la consécration du succès* quest'opera ha avuto la consacrazione del successo.

consécutif, ive |kɔ̃sekytif, iv| *adj.* **1** consecutivo: *pendant six jours consécutifs* per sei giorni consecutivi **2** CONSÉCUTIF À conseguente a: *la fatigue consécutive à un effort violent* la fatica conseguente a uno sforzo violento **3** (*gram.*) *proposition consécutive* preposizione consecutiva.

consécution |kɔ̃sekysjɔ̃| *s.f.* (*philo.*) consecuzione.

consécutivement |kɔ̃sekytivmɑ̃| *adv.* [→ CONSÉCUTIF 1] di seguito *loc. inv.*, consecutivamente: *il eut consécutivement deux accidents* ebbe due incidenti di seguito, consecutivamente.

1 **conseil** |kɔ̃sɛj| *s.m.* **1** consiglio*: *conseil judicieux, prudent* consiglio ragionevole, prudente; *un bon, un mauvais conseil* un buon, un cattivo consiglio; *conseil d'ami* consiglio da amico; *donner un* (*bon*) *conseil à qqn.* dare un (buon) consiglio a qc.; *demander conseil à qqn., prendre conseil de qqn.* chiedere consiglio a qc.; *faire qqch. sur le conseil de qqn.* fare q.c. su consiglio di qc. → **avis, recommandation** # *un homme de bon conseil* un uomo assennato **2** [*incitation qui résulte de qqch.*] consiglio: *les conseils de la colère* i consigli dettati dalla collera # *écouter les conseils de la raison* ascoltare la voce della ragione ◇ (*prov.*) *la nuit porte conseil* la notte porta consiglio **3** *avocat-conseil* consulente legale; *ingénieur-conseil* consulente tecnico; *conseil fiscal* consulente fiscale.

2 **conseil** |kɔ̃sɛj| *s.m.* [*réunion de personnes qui délibèrent*] consiglio*: *le président, les membres du conseil* il presidente, i membri del consiglio → **assemblée, réunion**; *tenir conseil* tener consiglio → **concerter (se)** ◇ (*dr. publ.*) *Conseil d'État* Consiglio di Stato; *Conseil de ministres* Consiglio dei ministri; *Conseil municipal* Consiglio comunale; *Conseil supérieur de la Magistrature, de l'Éducation nationale, de la Sécurité sociale* Consiglio superiore della Magistratura, della Pubblica Istruzione, della Previdenza sociale; *Conseil de Sécurité* Consiglio di Sicurezza ◇ (*milit.*) *conseil de guerre* tribunale militare ◇ (*dr. privé*) *conseil d'administration* consiglio di amministrazione; *conseil des prud'hommes* consiglio dei probiviri; *conseil de famille* consiglio di famiglia; *conseil de l'ordre des avocats* consiglio dell'ordine degli avvocati.

conseillable |kɔ̃sɛjabl(ə)| *adj.* [→ CONSEILLER] consigliabile.

conseiller |kɔ̃seje| *v.tr.* **1** [*indiquer à qqn.* (*ce qu'il doit faire ou ne pas faire*)] consigliare: *conseiller qqch. à qqn.* consigliare q.c. a qc. ✦ (*intr.*) *conseiller à qqn. de faire qqch.* consigliare a qc. di fare q.c. **2** [*guider* (*qqn.*)] consigliare: *conseiller un ami dans l'embarras* consigliare un amico in difficoltà; *vous avez été mal conseillé* lei è stato consigliato male [C] **déconseiller.**

conseiller, ère |kɔ̃seje, kɔ̃sɛjɛʀ| *s.* **1** [*personne qui donne des conseils*] consigliere, consulente: *un bon conseiller* un buon consigliere; *la colère est mauvaise conseillère* la collera è cattiva consigliera **2** [*membre de certains conseils*] consigliere: *conseiller d'État* consigliere di Stato; *conseiller à la Cour de cassation* consigliere di cassazione.

conseilleur, euse |kɔ̃sɛjœʀ, øz| *s.* (*vx.*) → **conseiller.**

consensuel, elle |kɔ̃sɑ̃sɥɛl| *adj.* (*dr.*) consensuale: *contrat consensuel* contratto consensuale.

consensus |kɔ̃sɛ̃sys| *s.m.* (*lat.*) [*accord entre personnes*] consenso.

consentant, ante |kɔ̃sɑ̃tɑ̃, ɑ̃t| *adj.* [*qui consent, accepte*] consenziente.

consentement |kɔ̃sɑ̃tmɑ̃| *s.m.* [→ CONSENTIR] consenso: *donner, accorder, refuser son consentement* dare, rifiutare il proprio consenso; *se marier sans le consentement de ses parents* sposarsi senza il consenso dei genitori → 1 **accord, assentiment** ◇ (*dr.*) *contrat par consentement mutuel* contratto per mutuo consenso [C] **interdiction, opposition.**

consentir |kɔ̃sɑ̃tiʀ| (21) **A** *v.intr.* **1** CONSENTIR À [*permettre qu'une chose se fasse*] acconsentire (a), dare (102) *tr.* il consenso (a): *il a consenti à venir* ha acconsentito a venire; *les parents ont consenti au mariage* i genitori hanno dato il loro consenso al matrimonio; *consentir avec réticence* acconsentire con reticenza; *j'y consens avec plaisir* acconsento con piacere → **acquiescer** ◇ (*prov.*) *qui ne dit mot consent* chi tace acconsente **2** *loc.* CONSENTIR À CE QUE [*admettre, permettre*] acconsentire che, autorizzare a: *je consens à ce qu'il aille* acconsento (a) che lui vada, lo autorizzo ad andare **3** (*mar.*) [*céder*] cedere, curvarsi (*pron.*): *le mât a consenti* l'albero ha ceduto, si è curvato **B** *v.tr.* **1** [*accorder* (*un avantage*) *à qqn.*] concedere (125): *consentir un prêt à qqn.* concedere un prestito a qc.; *consentir un délai* concedere un rinvio → 1 **accorder 2** *loc.* CONSENTIR QUE acconsentire (a) che: *il consent que tu ailles avec nous* acconsente (a) che tu venga con noi → **admettre, permettre.**

conséquemment |kɔ̃sekamɑ̃| *adv.* [→ CONSÉQUENT] **1** → **conséquence (en) 2** (*vx.*) in modo conseguente, coerente *loc. inv.* (*cour.*).

conséquence |kɔ̃sekɑ̃s| *s.f.* **1** conseguenza: *conséquences sérieuses, graves* serie, gravi conseguenze; *avoir pour conséquence* avere come conseguenza; *amener, entraîner des conséquences* portare, avere delle conseguenze; *accepter, subir les conséquences de sa faute* accettare, subire le conseguenze del proprio errore ◇ (*loc.*) *sans conséquence* senza conseguenza, senza conseguenze ~ *cela ne tire pas à conséquence* è senza importanza ~ DE CONSÉQUENCE importante (*adj.*): *affaire de grande, de peu de conséquence* faccenda molto, poco importante; *homme de peu de conséquence* uomo poco importante; *une personne de conséquence* una persona importante, una personalità **2** (*gram.*) *proposition de conséquence, consécutive* proposizione consecutiva *adj.* **3** *loc. adv.* EN CONSÉQUENCE di conseguenza; pertanto (*adv.*): *agir en conséquence* agire di conseguenza, in conformità ‖ *il pleut: en conséquence nous ne partirons pas* piove: pertanto non partiremo ◇ (*loc. prép.*) *en conséquence de* → **conformément.**

conséquent, ente |kɔ̃sekɑ̃, ɑ̃t| *adj.* **1** [*qui agit ou raisonne avec esprit de suite*] coerente: *être conséquent avec ses principes* essere coerente con i propri principi → 1 **logique 2** [*qui fait suite logiquement à*] conseguente → **conforme** ◇ (*gram., log., math., mus.*) conseguente ✦ *s.m.* (*loc.*) *le conséquent* il conseguente ✦ *s.f.* (*mus.*) *la conséquente* la conseguente **3** (*loc. adv.*) *par conséquent* pertanto *adv.*, quindi *adv.* → **ainsi, donc 4** (*fam.*) → **important.**

1 **conservateur, trice** |kɔ̃sɛʀvatœʀ, tʀis| *s.* conservatore*: *conservateur d'un musée* conservatore di un museo; *conservateur des hypothèques* conservatore delle ipoteche → **gardien.**

2 **conservateur, trice** |kɔ̃sɛʀvatœʀ, tʀis| *adj.* **1** (*polit.*) conservatore*: *parti conservateur* partito conservatore ✦ *s.* (*polit.*) *les conservateurs* i conservatori **2** (*chim.*) *agent conservateur* conservante *s.m.* [C] 1 **progressiste, révolutionnaire.**

conservation |kɔ̃sɛʀvasjɔ̃| *s.f.* **1** conservazione: *conservation des aliments par le froid* conservazione dei cibi col freddo; *en état de parfaite conservation* in stato di perfetta conservazione → 1 **entretien,** 1 **garde,** 1 **sauvegarde** ◇ (*psycho.*) *instinct de conservation* istinto di conservazione **2** [*charge de conservateur*] conservatoria: *conservation des hypothèques* conservatoria delle ipoteche.

conservatisme |kɔ̃sɛʀvatism(ə)| *s.m.* conservatorismo.

1 **conservatoire** |kɔ̃sɛʀvatwaʀ| *adj.* (*dr.*) conservativo: *acte, mesure conservatoire* atto, provvedimento conservativo; *saisie conservatoire* sequestro conservativo.

2 **conservatoire** |kɔ̃sɛʀvatwaʀ| *s.m.* **1** *conservatoire de musique* conservatorio* musicale **2** *conservatoire des arts et métiers* scuola *f.* d'arti e mestieri.

conserve |kɔ̃sɛʀv(ə)| *s.f.* **I 1** conserva: *une boîte de conserve* una scatola di conserva; *conserve de viande, de légumes* conserva di carne, di verdura # *bœuf de conserve* manzo in scatola; *lait de conserve* latte in scatola; *l'industrie de la conserve* l'industria conserviera → **conserverie 2** *loc.* EN CONSERVE [*en boîte*] in scatola: *petits pois en conserve* piselli in scatola; *mettre en conserve* mettere in scatola, inscatolare ◇ (*plais.*) *mettre en conserve* [*garder indéfiniment*] tenere in conserva; *musique en conserve* [*enregistrée*] musica registrata **II** *loc. adv.* (*mar.*) *naviguer de conserve* navigare di conserva ◇ (*loc. fig.*) DE CONSERVE di conserva, di comune accordo: *aller de conserve* andare di conserva; *agir de conserve* agire di conserva, di concerto → **concert (de),** 1 **ensemble.**

conservé, ée |kɔ̃sɛʀve| *adj.* [→ CONSERVER A 1] conservato: *personne bien conservée* persona ben conservata.

conserver |kɔ̃sɛʀve| **A** *v.tr.* **1** [*maintenir en bon état*] conservare: *conserver sa souplesse* conservare la propria agilità; *conserver des denrées périssables* conservare derrate deperibili → 1 **entretenir, garder 2** [*ne pas faire disparaître; faire durer*] conservare: *conserver un* (*bon*) *souvenir* conservare un (buon) ricordo → **garder** ◇ (*par ext.*) *conserver sa place* conservare il proprio posto **3** (*par ext.*) [*ne pas perdre*] conservare: *conserver ses cheveux, sa beauté* conservare i capelli, la propria bellezza; *conserver* (*toute*) *sa tête* (*dit d'un vieillard*) conservarsi lucido # *conserver son calme* mantenere la calma **B** *v.pron. intr.* SE CONSERVER [→ *tr.*] conservarsi: *ces fruits ne se conservent pas* questi frutti non si conservano; *les monuments qui se sont conservés* i monumenti che si sono conservati, che sono rimasti → **rester** [C] A 3 **perdre.**

conserverie |kɔ̃sɛʀvəʀi| *s.f.* **1** [*fabrique de conserves*] conservificio* *m.* **2** industria conserviera.

conserveur |kɔ̃sɛʀvœʀ| *s.m.* [*industriel de la conserve alimentaire*] conserviere *s.*

considérable |kɔ̃sideʀabl(ə)| *adj.* (*choses*) [→ CONSIDÉRER] considerevole, notevole: *sommes, dépenses considérables* cifre, spese considerevoli, notevoli → **important** [C] **faible, petit.**

considérablement |kɔ̃sideʀabləmɑ̃| *adv.* [→ CONSIDÉRABLE] considerevolmente, notevolmente → **abondamment, beaucoup.**

considérant |kɔ̃sideʀɑ̃| *s.m.* (*dr.*) considerando.

considération |kɔ̃sideʀasjɔ̃| *s.f.* **1** [→ CONSIDÉRER] conto *m.*, considerazione: *sans considération de personne* senza tener conto di nessuno **2** [*motif ou raison que l'on considère pour agir*] considerazione: *diverses considérations l'ont porté à cette démarche* varie considerazioni lo hanno spinto ad agire in tal senso → **motif,** 1 **raison** ◇ *loc. prép.* EN CONSIDÉRATION DE in considerazione di: *en considération du fait que...* in considerazione del fatto che... → **nom 3** *digne de considération* degno di considerazione **4** (*loc.*) *prendre en considération* prendere in considerazione, considerare **5** [*estime que l'on porte à qqn.*] considerazione, stima: *considération respectueuse* rispettosa considerazione; *jouir de la considération générale* godere della considerazione, della stima di tutti; *avoir la considération de ses chefs* godere della stima dei propri capi; *agréez l'assurance de ma considération distinguée* gradisca i sensi della mia stima → **déférence, égard** [C] 4; 5 **mépris.**

considérer |kɔ̃sideʀe| (8) *v.tr.* **1** *considérer qqch.* [*envisager par un examen attentif, critique*] considerare q.c.; *considérer une chose dans tous ses aspects* considerare una cosa sotto tutti gli aspetti; *considérer le pour et le contre* considerare il pro e il contro → **examiner, observer** # *considérez son âge* tenete conto della sua età ✦ (*au p.p.*) *tout bien considéré* tutto considerato **2** *considérer qqn.* [*faire cas de qqn.*] considerare, stimare qc.: *un homme que l'on considère beaucoup* un uomo molto stimato ◇ *loc.* CONSIDÉRER COMME considerare (come): *il se considère comme un personnage* si considera una persona importante; *je le considère comme un* *ami* lo considero un amico → **juger, tenir.**

consignataire |kɔ̃siɲatɛʀ| *s.m.* (*comm.*) consegnatario*, depositario* → **commissionnaire, mandataire** ◇ (*mar.*) *consignataire d'un navire* agente marittimo.

consignation |kɔ̃siɲɑsjɔ̃| *s.f.* **1** [*action de consigner un emballage; consigne*] deposito *m.* ◇ (*comm.*) *marchandises en consignation* merci in consegna **2** (*dr.*) *caisse de dépôts et consignations* cassa depositi e prestiti *m.* ◇ (*dr. admin.*) cauzione, deposito → **cautionnement.**

consigne |kɔ̃siɲ| *s.f.* **I 1** [*instruction stricte*] consegna, ordine (*m.*): *transmettre la consigne* passare la consegna; *c'est la consigne!* questi sono gli ordini! → 2 **ordre** # *ne connaître que la consigne* ubbidire ciecamente al regolamento **2** [*défense de sortir par punition*] consegna → 2 **colle** (*fam.*), 1 **retenue** # *soldats en consigne* soldati consegnati; *donner quatre heures de consigne à un élève* trattenere per quattro ore un alunno a scuola per punizione **II 1** [*service de garde des bagages*] deposito *m.* bagagli: *consigne d'une gare* deposito bagagli di una stazione; *bulletin de consigne* scontrino del deposito bagagli; *mettre sa valise à la consigne* lasciare la valigia al deposito bagagli **2** [*somme remboursable payée pour un emballage*] deposito: *un franc de consigne* un franco di deposito.

1 **consigner** |kɔ̃siɲe| *v.tr.* **1** CONSIGNER QQN. [*l'empêcher de sortir par punition, par mesure d'ordre*] consegnare qc.: *consigner un soldat au quartier* consegnare un soldato in caserma # *consigner un élève indiscipliné* trattenere a scuola un alunno indisciplinato ✦ (*au p.p.*) *soldat consigné* soldato consegnato ✦ (*s.m.*) *l'appel des consignés* l'appello dei consegnati **2** [*mettre à la consigne* (II 1)] depositare: *consigner ses bagages* depositare i bagagli **3** [*facturer* (*un emballage*) *en s'engageant à le reprendre et à le rembourser*] fare (103) *intr.* pagare il deposito (su) # *emballage consigné, non consigné* vuoto a rendere, a perdere **4** [*remettre* (*une somme*) *en dépôt, en garantie*] depositare: *consigner des valeurs* depositare valori → 1 **déposer** ◇ (*comm.*) *consigner un navire* affidare una nave a qc. **5** [*interdire l'accès à*] vietare l'accesso a: *la police a consigné la salle* la polizia ha vietato l'accesso alla sala; *consigner sa porte a qqn.* vietare l'accesso a qc.

2 **consigner** |kɔ̃siɲe| *v.tr.* [*mentionner, rapporter par écrit*] mettere (155) per iscritto, annotare: *consigner une réflexion sur un carnet* annotare uno spunto su un taccuino → **noter** # *consigner au procès-verbal* mettere a verbale, verbalizzare.

consistance |kɔ̃sistɑ̃s| *s.f.* **1** consistenza: *la consistance de la boue* la consistenza del fango → **dureté**; *prendre consistance* prendere consistenza; *donner de la consistance* dare consistenza a → **fermeté, solidité 2** (*fig.*) consistenza: *un bruit sans consistance* una diceria priva di consistenza → **solidité** # *caractère sans consistance* carattere irresoluto ⓒ **inconsistance.**

consistant, ante |kɔ̃sistɑ̃, ɑ̃t| *adj.* consistente → **cohérent, solide, épais** ◇ (*fig.*) *argument consistant* argomento consistente ⓒ **inconsistant.**

consister |kɔ̃siste| *v.intr.* **1** *loc.* CONSISTER EN, DANS [*se composer de*] essere (96) costituito da, consistere (116) in: *ce bâtiment consiste en tant d'appartements* questo fabbricato è costituito da tanti appartamenti, comprende tanti appartamenti → **comporter, comprendre**; *en quoi consiste votre projet?* in (che) cosa consiste il vostro progetto? **2** *loc.* CONSISTER À (+ *inf.*) consistere nel (+ *inf.*): *son programme consiste à consolider son pouvoir* il suo programma consiste nel consolidare il proprio potere; *la sagesse consiste à patienter* la saggezza consiste nell'aver pazienza.

consistoire |kɔ̃sistwaʀ| *s.m.* (*relig.*) concistoro.

consistorial, ale, aux |kɔ̃sistɔʀjal, o| *adj.* concistoriale ✦ (*s.m.*) *un consistorial* un membro di un (del) concistoro.

consœur |kɔ̃sœʀ| *s.f.* (*souvent iron.*) consorella, collega* *s.* → **confrère, collègue.**

consolable |kɔ̃sɔlabl(ə)| *adj.* [→ CONSOLER A] consolabile ⓒ **inconsolable.**

consolant, ante |kɔ̃sɔlɑ̃, ɑ̃t| *adj.* consolante: *pensée consolante* pensiero consolante → **consolateur** ⓒ **attristant.**

consolateur, trice |kɔ̃sɔlatœʀ, tʀis| *adj.* consolatore*: *des paroles consolatrices* parole consolatrici → **consolant** ✦ (*s.*) *un consolateur* un consolatore.

consolation |kɔ̃sɔlɑsjɔ̃| *s.f.* consolazione: *paroles de consolation* parole di consolazione, consolatrici; *donner, apporter la consolation* dare, recare consolazione; *chercher une consolation dans le travail* cercare consolazione nel lavoro → **réconfort** ◇ (*par ext.*) *prix de consolation* premio di consolazione.

console |kɔ̃sɔl| *s.f.* **1** (*archit.*) mensola **2** (*meuble*) 'console' *inv.*, 'consolle' (*inv.*): *console Empire* 'console' (stile) Impero **3** (*mus.*) *console d'orgue* 'console' dell'organo; *console de harpe* mensola dell'arpa.

consoler |kɔ̃sɔle| **A** *v.tr.* [*soulager* (*qqn.*) *dans son chagrin*] consolare: *consoler qqn. de sa peine* consolare le pene di qc.; *consoler la douleur de qqn.* consolare il dolore di qc. → **adoucir, apaiser, soulager** ◇ (*choses*) [*apporter un réconfort*] consolare, confortare: *ce souvenir le console* questo ricordo lo consola, lo conforta **B** *v.pron. récipr.* SE CONSOLER [→ *tr.*] consolarsi: *ils se sont consolés entre eux* si sono consolati a vicenda ⓒ **accabler, affliger.**

consolidation |kɔ̃sɔlidɑsjɔ̃| *s.f.* **1** [→ CONSOLIDER 1] consolidamento *m.*, consolidazione: *consolidation d'un mur, d'un terrain* consolidamento di un muro, di un terreno **2** (*fin.*) [→ CONSOLIDER 2] consolidamento, consolidazione: *consolidation de rentes* consolidamento, consolidazione di rendite; *consolidation de la dette publique* consolidamento, consolidazione del debito pubblico **3** (*méd.*) consolidazione.

consolidé, ée |kɔ̃sɔlide| *adj.* (*fin.*) consolidato: *rentes consolidées* rendite consolidate ✦ (*s.m. pl.*) *les consolidés* i (titoli) consolidati.

consolider |kɔ̃sɔlide| *v.tr.* **1** [*rendre plus solide*] consolidare: *consolider un mur, un terrain* consolidare un muro, un terreno → **renforcer, soutenir** ◇ (*fig.*) *consolider une alliance* consolidare un'alleanza → **cimenter 2** (*fin.*) *consolider une rente, un emprunt* [*le garantir*] consolidare una rendita, un prestito ✦ (*au p.p.*) *fonds consolidés* fondi consolidati.

consommable |kɔ̃sɔmabl(ə)| *adj.* [→ 1 CONSOMMER A 1] consumabile.

consommateur, trice |kɔ̃sɔmatœʀ, tʀis| *s.* **1** [*personne qui utilise des marchandises, des services*] consumatore* **2** [*client d'un bar, d'un restaurant*] consumatore, avventore*.

1 **consommation** |kɔ̃sɔmɑsjɔ̃| *s.f.* [→ 2 CONSOMMER 2] consumazione: *la consommation du mariage* la consumazione del matrimonio; *jusqu'à la consommation des siècles* fino alla consumazione dei secoli → **achèvement,** 1 **fin.**

2 **consommation** |kɔ̃sɔmɑsjɔ̃| *s.f.* **1** [*usage*] consumo (*m.*): *consommation d'essence* consumo di benzina; *société de consommation* società dei consumi, consumistica; *biens de consommation* beni di consumo; *faire une grande consommation de papier à lettres, d'électricité* fare un grande consumo di carta da lettere, di corrente ◇ (*écon.*) *coopérative de consommation* cooperativa di consumo **2** [*ce qu'un client commande au café*] consumazione: *payer, régler les consommations* pagare le consumazioni.

consommé |kɔ̃sɔme| *s.m.* (*cuis.*) 'consommé' *inv.*, brodo ristretto: *un consommé de poulet* un 'consommé' di pollo.

consommé, ée |kɔ̃sɔme| *adj.* consumato: *un diplomate consommé* un diplomatico consumato → **accompli, achevé** # *il a fait preuve d'une habileté consommée* ha dato prova di eccezionale abilità.

1 **consommer** |kɔ̃sɔme| **A** *v.tr.* **1** [*amener* (*une chose*) *à destruction*] consumare: *consommer ses provisions, des aliments* consumare le provviste, dei cibi; *consommer du combustible* consumare combustibile → **user, utiliser 2** (*choses*) [*user* (*du combustible, etc.*)] consumare: *cette voiture consomme trop* (*d'essence*) questa automobile consuma troppo (troppa benzina) **B** *v.intr.* [*prendre une consommation au café*] consumare: *consommer au comptoir* consumare al banco.

2 **consommer** |kɔ̃sɔme| *v.tr.* **1** [*mener* (*une chose*) *au terme de son accomplissement*] compiere (140), consumare: *consommer son œuvre* compiere la propria opera → **achever, terminer 2** *consommer un crime, un attentat* consumare, commettere (155) un delitto, un attentato.

consomptible |kɔ̃sɔ̃ptibl(ə)| *adj.* (*dr.*) consumabile, di consumo (*loc. inv.*): *biens, produits consomptibles* beni, prodotti di consumo.

consomptif, ive |kɔ̃sɔ̃ptif, iv| *adj.* (*méd.*) consuntivo (*rare*).

consomption |kɔ̃sɔ̃psjɔ̃| *s.f.* **1** (*méd.*) consunzione → **affaiblissement, épuisement** ◇ (*vx.*) tubercolosi *inv.* polmonare (*cour.*) **2** (*littér.*) consunzione.

consonance |kɔ̃sɔnɑ̃s| *s.f.* **1** (*ling., mus.*) consonanza **2** [*succession, ensemble de sons*] consonanza: *un nom aux consonances harmonieuses* un nome dalle armoniose consonanze ⓒ **dissonance.**

consonant, ante |kɔ̃sɔnɑ̃, ɑ̃t| *adj.* (*mus.*) consonante: *accords consonants* accordi consonanti ◇ (*ling.*) *phrases consonantes* frasi consonanti Ⓒ **dissonant.**

consonantique |kɔ̃sɔnɑ̃tik| *adj.* (*ling.*) consonantico*.

consonantisme |kɔ̃sɔnɑ̃tism(ə)| *s.m.* (*ling.*) consonantismo.

consonne |kɔ̃sɔn| *s.f.* (*ling., phonét.*) consonante.

consort |kɔ̃sɔʀ| **1** *s.m. pl.* (*souvent péj.*) *Untel et consorts* [*et ceux qui agissent avec lui*] il tale (dei tali) e soci **2** (*adj. m.*) *le prince consort* il principe consorte.

consortial, ale, aux |kɔ̃sɔʀsjal, o| *adj.* (*écon.*) consortile, consorziale.

consortium |kɔ̃sɔʀsjɔm| *s.m.* consorzio*: *consortium de fonds* consorzio di capitali; *consortium d'entreprises* consorzio di imprese.

consoude |kɔ̃sud| *s.f.* (*t.bot.*) consolida.

conspirateur, trice |kɔ̃spiʀatœʀ, tʀis| *s.* cospiratore*: *un air de cospirateur* un'aria da cospiratore → **comploteur** ✦ (*adj.*) *menées conspiratrices* intrighi da cospiratori *s.*

conspiration |kɔ̃spiʀɑsjɔ̃| *s.f.* **1** cospirazione: *fomenter, ourdir, préparer, tramer une conspiration* fomentare, ordire, tramare una cospirazione → **complot, conjuration** **2** [*entente dirigée contre qqn. ou qqch.*] congiura, cospirazione: *c'est la conspiration du silence* è la congiura del silenzio.

conspirer |kɔ̃spiʀe| *v.intr.* **1** [*préparer une conspiration*] cospirare: *conspirer contre la République, contre qqn.* cospirare contro la Repubblica, contro qc. **2** [*contribuer au même effet*] cospirare: *tout a conspiré à notre succès, à nous faire réussir* tutto ha cospirato al nostro successo → **concourir.**

conspuer |kɔ̃spɥe| *v.tr.* [*manifester bruyamment et en groupe son mépris contre* (*qqn.*)] schernire (197), beffeggiare: *conspuer un orateur* schernire un oratore → **huer** Ⓒ **acclamer, applaudir.**

constable |kɔ̃stabl(ə)| *s.m.* (*en Angleterre*) constable *inv.*

constamment |kɔ̃stamɑ̃| *adv.* [→ CONSTANT 2] continuamente, costantemente: *il est constamment malade* è continuamente, costantemente ammalato → **toujours.**

constance |kɔ̃stɑ̃s| *s.f.* **1** costanza: *travailler avec constance* lavorare con costanza; *la constance d'un amour, en amour* la costanza in amore ◇ [*patience*] pazienza: *vous avez de la constance de l'attendre si longtemps* avete una bella pazienza ad aspettarlo così a lungo **2** *la constance d'un phénomène* la costanza di un fenomeno → **continuité, persistance** Ⓒ **1 inconstance**; 2 **changement.**

constant, ante |kɔ̃stɑ̃, ɑ̃t| *adj.* **1** (*littér.*) costante: *un travail constant* un lavoro costante; *être constant dans la poursuite d'un but* essere costante nel perseguire un fine → **persévérant** **2** [*qui persiste dans l'état où il se trouve*] costante, continuo: *préoccupation constante* preoccupazione costante; *manifester un intérêt constant* manifestare un continuo, costante interesse → **continuel, permanent** ✦ *s.f.* (*sc., cour.*) *une constante* una costante **3** (*rare*) *il est constant que* è certo che... → **certain**; *c'est un fait constant* è un fatto certo Ⓒ **2 changeant**; 3 **variable.**

constantan |kɔ̃stɑ̃tɑ̃| *s.m.* (*métall.*) costantana *f.*

constante |kɔ̃stɑ̃t| *s.f.* (*phys., sc.*) costante ◇ (*psycho.*) *constante personnelle* costante personale.

constat |kɔ̃sta| *s.m.* (*dr.*) constatazione (*f.*): *constat d'huissier* constatazione a mezzo di ufficiale giudiziario ◇ (*fig.*) *dresser un constat d'échec* registrare un insuccesso, prendere atto di un insuccesso.

constatation |kɔ̃statɑsjɔ̃| *s.f.* constatazione, accertamento (*m.*): *la constatation d'un fait* la constatazione, l'accertamento di un fatto; *procéder aux constatations d'usage* procedere agli accertamenti d'uso ◇ (*par ext.*) *les constatations d'une enquête* gli accertamenti, le risultanze d'un'inchiesta.

constater |kɔ̃state| *v.tr.* **1** [*établir par expérience directe la vérité, la realité de*] constatare, accertare: *constater un fait* constatare, accertare un fatto; *vous pouvez constater* (*par*) *vous-même que ce n'est pas exact* può constatare lei stesso che non è esatto → **observer, reconnaître** **2** [*consigner ce qu'on a constaté*] accertare: *constater par procès verbal* accertare mediante processo verbale → **consigner**; *constater l'état authentique d'une pièce* accertare l'autenticità di un documento → **authentifier.**

constellation |kɔ̃ste(ɛl)lɑsjɔ̃| *s.f.* costellazione: *la constellation de la Grande Ourse* la costellazione dell'Orsa Maggiore # *influence des constellations sur les destinées humaines* influenza degli astri sui destini dell'uomo ◇ (*fig.*) *être né sous une heureuse constellation* essere nato sotto una buona stella → **étoile** ◇ [*groupe de personnes illustres*] costellazione → **pléiade.**

constellé, ée |kɔ̃ste(ɛl)le| *adj.* **1** (*astrol.*) *anneau constellé* anello costellato **2** [*parsemé d'étoiles, d'objets brillants*] costellato: *robe constellée de paillettes* vestito costellato di lustrini.

consteller |kɔ̃ste(ɛl)le| *v.tr.* [*couvrir, parsemer d'étoiles, de points brillants*] costellare ✦ (*au p.p.*) *robe constellée de paillettes* vestito costellato di lustrini.

consternant, ante |kɔ̃stɛʀnɑ̃, ɑ̃t| *adj.* costernante.

consternation |kɔ̃stɛʀnɑsjɔ̃| *s.f.* costernazione: *j'ai lu la consternation sur son visage* ho letto la costernazione sul suo viso; *elle était frappée de consternation* era in preda alla costernazione; *la nouvelle nous a jetés dans la consternation* la notizia ci ha gettato nella costernazione → 2 **abattement.**

consterner |kɔ̃stɛʀne| *v.tr.* [*jeter brusquement dans un abattement profond*] costernare: *cette nouvelle m'a consterné* questa notizia mi ha costernato → **abattre, accabler** ✦ (*au p.p.*) *un air consterné* un'aria costernata → **abattu** Ⓒ **réjouir.**

constipant, ante |kɔ̃stipɑ̃, ɑ̃t| *adj.* che provoca stitichezza, stipsi *loc.*

constipation |kɔ̃stipɑsjɔ̃| *s.f.* (*méd.*) costipazione (intestinale); stipsi *inv.*, stitichezza (*cour.*) Ⓒ **diarrhée.**

constipé, ée |kɔ̃stipe| *adj.* **1** → **constiper** **2** (*fig., fam.*) → **anxieux, embarrassé.**

constiper |kɔ̃stipe| *v.tr.* [*causer la constipation*] rendere (105) stitico*, costipare ✦ (*au p.p.*) *il est constipé* è stitico, costipato ✦ (*s.*) *les constipés* gli stitici.

constituant, ante |kɔ̃stitɥɑ̃, ɑ̃t| *adj.* **1** [*qui entre dans la constitution d'un tout*] costitutivo: *parties constituantes d'un corps* parti costitutive di un corpo; *éléments constituants d'un mélange* elementi costitutivi di un miscuglio → **composant, constitutif** **2** *assemblée constituante* assemblea costituente ✦ (*s.f.*) *la Constituante* la Costituente ✦ (*s.m.*) *les Constituants* i membri della Costituente.

constitué, ée |kɔ̃stitɥe| *adj.* **1** [*dont la constitution physique est bonne ou mauvaise*] di buona (cattiva) costituzione (*loc. inv.*): *un enfant bien* (*mal*) *constitué* un bambino di buona (cattiva) costituzione **2** *autorités constituées* autorità costituite; *corps constitués* corpi costituiti.

constituer |kɔ̃stitɥe| **A** *v.tr.* **1** [*concourir, avec d'autres éléments, à former* (*un tout*)] costituire (197): *parties qui constituent un tout* parti che costituiscono un tutto → **composer** **2** [*être*], costituire: *cette action constitue un délit* questa azione costituisce reato **3** (*personnes*) [*organiser, créer*] costituire: *constituer un ministère, un gouvernement* costituire un ministero, un governo; *constituer une société commerciale* costituire una società commerciale # *il s'est constitué une belle collection* si è fatto una bella collezione **4** (*dr.*) [*établir* (*qqn.*) *dans une situation légale*] costituire: *il l'a constitué son héritier* l'ha costituito suo erede; *constituer une rente, une pension, une dot à qqn.* costituire una rendita, una pensione, una dote a qc. → 1 **faire, instituer** **5** (*au p.p.*) *être bien* (*mal*) *constitué* [*avoir une bonne* (*mauvaise*) *constitution*] essere di buona (cattiva) costituzione **B** *v.pron. réfl.* SE CONSTITUER [*se soumettre à la loi*] costituirsi: *il s'est constitué prisonnier* si è costituito (alla polizia) Ⓒ A 3 **défaire.**

constitutif, ive |kɔ̃stitytif, iv| *adj.* **1** (*dr.*) costitutivo: *titre constitutif de propriété* titolo costitutivo di proprietà **2** (*chim.*) costitutivo: *les éléments constitutifs de l'eau* gli elementi costitutivi dell'acqua.

1 **constitution** |kɔ̃stitysjɔ̃| *s.f.* **1** [*manière dont une chose est composée*] costituzione: *constitution d'un corps* costituzione di un corpo **2** [*action de constituer un ensemble*; *son résultat*] costituzione: *constitution d'une société, d'un club sportif* costituzione di una società, di un circolo sportivo ◇ (*dr.*) *constitution de rente, de pension* costituzione di rendita, di pensione; *constitution de partie civile* costituzione di parte civile; *constitution d'avoué* nomina di procuratore legale **3** [*ensemble des caractères congénitaux, somatiques et psychologiques d'un individu*] costituzione: *une forte, robuste constitution* una forte, robusta costituzione; *être d'une constitution délicate* essere di costituzione delicata → **conformation.**

2 **constitution** |kɔ̃stitysjɔ̃| *s.f.* **1** [*charte, textes qui déterminent la forme du gouvernement d'un pays*] costituzione: *voter une constitution* votare una costituzione **2** [*loi fondamentale*] costituzione: *les constitutions apostoliques, papales* le costituzioni apostoliche, papali → 1 **bulle.**

constitutionnaliser |kɔ̃stitysjɔnalize| *v.tr.* (*dr.*) [*donner un caractère constitutionnel à* (*un texte legislatif*)] costituzionalizzare.

constitutionnalisme |kɔ̃stitysjɔnalism(ə)| *s.m.* costituzionalismo.

constitutionnalité |kɔ̃stitysjɔnalite| *s.f.* costituzionalità (*inv.*): *la constitutionnalité des lois* la costituzionalità delle leggi.

1 **constitutionnel, elle** |kɔ̃stitysjɔnɛl| *adj.* [*qui tient à la* (1) *constitution* (3)] costituzionale: *faiblesse constitutionnelle* debolezza costituzionale, di costituzione.

2 **constitutionnel, elle** |kɔ̃stitysjɔnɛl| *adj.* **1** [*qui est soumis, conforme à une* (2) *constitution* (1)] costituzionale: *monarchie constitutionnelle* monarchia costituzionale; *parti constitutionnel* partito costituzionale # *cette loi n'est pas constitutionnelle* è una legge incostituzionale ✦ (*s.*) *les constitutionnels* i costituzionari **2** (*spécialt.*) *droit constitutionnel* diritto costituzionale Ⓒ **1 anticonstitutionnel, inconstitutionnel.**

constitutionnellement |kɔ̃stitysjɔnɛlmɑ̃| *adv.* [→ 2 CONSTITUTIONNEL 1] costituzionalmente Ⓒ **anticonstitutionnellement.**

constricteur |kɔ̃stʀiktœʀ| *adj. m.* **1** (*anat.*) *muscle constricteur du pharynx* muscolo costrittore faringeo ✦ *s.m.* → **sphincter** **2** (*t.zool.*) *boa constricteur* boa constrictor *inv.*

constriction |kɔ̃stʀiksjɔ̃| *s.f.* (*méd.*) contrazione, spasmo (*m.*): *constriction des vaisseaux sanguins* contrazione dei vasi sanguigni; *constriction du pharynx* contrazione della faringe → **contraction.**

constructeur, trice |kɔ̃stʀyktœʀ, tʀis| *s.* **1** costruttore*: *constructeur* (*d'édifices*) costruttore edile; *constructeur de moteurs* costruttore di motori # *constructeur d'automobiles* fabbricante di automobili ✦ (*adj.*) *société constructrice* società costruttrice **2** (*fig.*) *un constructeur d'empires* un edificatore*, fondatore* di imperi.

constructif, ive |kɔ̃stʀyktif, iv| *adj.* costruttivo: *esprit constructif* spirito costruttivo; *une proposition, une critique constructive* una proposta, una critica costruttiva → **créateur** Ⓒ **destructif.**

construction |kɔ̃stʀyksjɔ̃| *s.f.* **1** [→ CONSTRUIRE] costruzione: *la construction d'une maison, d'un mur* la costruzione di una casa, di un muro → **assemblage, 1 édification** ✦ (*absolt.*) *la construction* l'edilizia ◇ (*spécialt.*) *entreprise de construction* impresa di costruzioni, edile; *matériaux de construction* materiali da costruzione, per l'edilizia; *jeu de construction* costruzioni (*pl.*); *construction*(*s*) *navale*(*s*) costruzioni navali, (industria) cantieristica; *constructions aéronautiques* costruzioni aeronautiche **2** [*ce qui est construit, bâti*] costruzione: *plans, devis d'une construction* progetti, preventivo di una costruzione; *construction en éléments préfabriqués* costruzione con elementi prefabbricati → **bâtiment, édifice, immeuble** **3** (*fig.*) [*action d'élaborer une chose abstraite*] costruzione: *la construction d'un roman* la costruzione di un romanzo → **composition** # *c'est une simple construction de l'esprit* è una pura fantasia ◇ (*géom.*) *la construction d'un triangle* la costruzione di un triangolo ◇ (*gram.*) *la construction de la phrase* la costruzione della frase Ⓒ 1; 3 **destruction.**

constructivisme |kɔ̃stʀyktivism(ə)| *s.m.* costruttivismo.

construire |kɔ̃stʀɥiʀ| (75) *v.tr.* **1** [*bâtir suivant un plan déterminé*] costruire (197): *construire une maison* costruire una casa; *construire un pont sur une rivière* costruire un ponte su un fiume; *construire un navire, des automobiles* costruire una nave, automobili → **fabriquer, 1 édifier** **2** (*abstrait*) [*faire exister, en organisant les éléments mentaux*] costruire: *construire l'intrigue d'un roman* costruire la trama di un romanzo → **composer**; *construire un système, une théorie* costruire un sistema, una teoria → **élaborer** ◇ (*géom.*) *construire un triangle rectangle, un cercle* costruire un triangolo rettangolo, un cerchio ◇ (*gram.*) *construire une phrase* costruire una frase Ⓒ **détruire.**

consubstantialité |kɔ̃sypstɑ̃sjalite| *s.f.* (*théol. chrét.*) consustanzialità *inv.*

consubstantiation |kɔ̃sypstɑ̃sjɑsjɔ̃| *s.f.* (*théol. chrét.*) consustanziazione.

consubstantiel, ielle |kɔ̃sypstɑ̃sjɛl| *adj.* (*théol. chrét.*) consustanziale # *d'une manière consubstantielle* consustanzialmente.

consul |kɔ̃syl| *s.m.* console: *le consul de France en Italie* il console di Francia in Italia ◇ (*hist.*) *Bonaparte, premier consul* Bonaparte, primo console.

consulaire |kɔ̃sylɛʀ| *adj.* **1** consolare: *agent consulaire* agente consolare; *visa consulaire* visto consolare **2** (*comm.*) *tribunal consulaire* tribunale commerciale; *juge consulaire* giudice commerciale **3** (*antiq. rom.*) *faisceaux consulaires* fasci consolari; *comices consulaires* comizi consolari.

consulat |kɔ̃syla| *s.m.* **1** [*charge du consul*] consolato: *obtenir le consulat de New York* ottenere il consolato di New York ◇ [*résidence du consul et bureaux*] *aller au consulat pour obtenir un visa* andare al consolato per ottenere un visto **2** (*hist.*) consolato.

consultable |kɔ̃syltabl(ə)| *adj.* [→ CONSULTER A 2] consultabile: *le manuscrit est consultable à la Bibliothèque nationale* il manoscritto è consultabile alla Biblioteca nazionale.

consultant, ante |kɔ̃syltɑ̃, ɑ̃t| *adj.* consulente (*adj. et s.*): *avocat consultant* avvocato consulente, consulente legale; *médecin consultant* medico consulente, consulente sanitario ✦ (*s.*) *un consultant* un consulente.

consultatif, ive |kɔ̃syltatif, iv| *adj.* consultivo: *comité consultatif* comitato consultivo; *assemblée consultative* assemblea consultiva Ⓒ **délibératif, souverain.**

consultation |kɔ̃syltɑsjɔ̃| *s.f.* **1** consultazione: *consultation populaire* consultazione popolare; *consultation d'un ouvrage, d'un document* consultazione di un'opera, di un documento; *dictionnaire d'une consultation facile* dizionario di facile consultazione # *consultation de l'opinion* sondaggio d'opinione **2** [*action de donner avis*] consulenza: *consultation d'un expert* consulenza di un esperto; *donner une consultation* dare una consulenza ◇ [*réunion de personnes qui délibèrent sur une affaire*] consulto (*m.*): *consultation de médecins* consulto medico; *appeler en consultation* chiamare a consulto **3** [*le fait de recevoir des malades*] consultazione, visita: *heures de consultation* ore di visita # *cabinet de consultation* ambulatorio, studio medico; *aller à la consultation* andare in ambulatorio.

consulte |kɔ̃sylt(ə)| *s.f.* (*hist., polit.*) consulta.

consulter |kɔ̃sylte| **A** *v.tr.* **1** [*demander avis, conseil à* (*qqn.*)] consultare: *consulter un ami* consultare un amico; *consulter un avocat, un médecin, un expert* consultare un avvocato, un medico, un esperto; *consulter qqn. sur, au sujet de qqch.* consultare qc. su, circa q.c.; *consulter l'opinion publique* consultare l'opinione pubblica → **sonder** **2** [*regarder* (*qqch.*) *pour y chercher des éclaircissements*] consultare: *consulter les auteurs* consultare gli autori; *consulter un manuel, un traité* consultare un manuale, un trattato → **compulser**; *consulter sa montre* consultare l'orologio → **examiner** **3** [*se laisser guider par*] consultare: *consulter sa conscience* consultare la propria coscienza → **interroger, écouter** **B** *v.intr.* (*méd.*) [*examiner un cas en délibérant avec d'autres*] tenere (188) *tr.* un consulto → **2 conférer.**

consulteur |kɔ̃syltœʀ| *s.m.* (*relig.*) consultore.

consumable |kɔ̃symabl(ə)| *adj.* [→ CONSUMER 2] bruciabile.

consumer |kɔ̃syme| *v.tr.* **1** (*littér.*) [*épuiser les forces de* (*qqn.*)] consumare: *la passion, le chagrin le consume* la passione, il dispiacere lo consuma; *la maladie, la fièvre qui le consumait* la malattia, la febbre che lo consumava → **abattre, user** **2** [*détruire par le feu*] bruciare, divorare: *le feu a consumé tout le quartier* il fuoco ha bruciato, divorato tutto il quartiere → **incendier, brûler.**

contact |kɔ̃takt| *s.m.* **1** contatto: *contact fugitif* contatto fugace; *point de contact* punto di contatto; *certaines maladies se communiquent par le contact* certe malattie si trasmettono per contatto ◇ (*loc.*) *être, entrer en contact* essere, entrare in contatto ~ *au contact de l'air le bois a séché* a contatto con l'aria il legno è seccato **2** (*électr.*) *contact électrique* contatto elettrico; *établir, mettre le contact* aprire, mettere il contatto; *couper le contact* chiudere il contatto ◇ (*spécialt., auto.*) *appuyer sur le contact* premere il bottone d'avviamento **3** [*relation entre personnes*] contatto: *les contacts humains* i contatti umani → **rapport, 1 relation** ◇ *loc.* EN CONTACT AVEC in contatto con: *entrer, se mettre en contact avec qqn.* entrare, mettersi in contatto con qc.; *prendre contact avec qqn.* prendere contatto con qc. ~ *au contact de qqn.* [*sous son influence*] a contatto con qc. ~ *prise de contact* presa di contatto ◇ (*milit.*) *entrer en contact avec l'ennemi* venire a contatto col nemico **4** *lentilles, verres de contact* lenti a contatto.

contacter |kɔ̃takte| *v.tr.* [*prendre contact avec* (*qqn.*)] prendere (105) contatto con, contattare → **rencontrer, 1 toucher.**

contacteur |kɔ̃taktœʀ| *s.m.* (*électr.*) contattore.

contage |kɔ̃taʒ| *s.m.* (*méd.*) agente, veicolo di contagio.

contagieux, euse |kɔ̃taʒjø, øz| *adj.* **1** contagioso: *maladie contagieuse* malattia contagiosa **2** [*qui favorise la contagion*] contagioso: *miasmes contagieux* miasmi contagiosi; *cet homme est contagieux* quell'uomo è contagioso ✦ (*s.*) *un contagieux* un contagioso **3** (*fig.*) [*qui se communique facilement*] contagioso: *rire, enthousiasme contagieux* riso, entusiasmo contagioso → **communicable.**

contagion |kɔ̃taʒjɔ̃| *s.f.* **1** contagio* (*m.*): *s'exposer à la contagion* esporsi al contagio **2** [*imitation involontaire*] contagio: *la contagion du rire, du bâillement* il contagio del riso, dello sbadiglio → **propagation, transmission.**

contagionner |kɔ̃taʒjɔne| *v.tr.* (*rare*) [*transmettre par contagion*] contagiare (*cour.*) → **contaminer, infecter.**

contagiosité |kɔ̃taʒjozite| *s.f.* (*méd.*) contagiosità *inv.*

container |kɔ̃tɛnɛʀ| *s.m.* (*angl.*) contenitore, container *inv.* → **conteneur** (*t.recomm.*).

contaminateur, trice |kɔ̃taminatœʀ, tʀis| *s. et adj.* (*méd.*) contaminatore*.

contamination |kɔ̃taminɑsjɔ̃| *s.f.* **1** contaminazione: *contamination de l'eau* contaminazione dell'acqua ◇ (*fig.*) [*souillure morale*] *la contamination de l'innocence* la contaminazione dell'innocenza **2** (*ling.*) contaminazione.

contaminer |kɔ̃tamine| *v.tr.* **1** [*souiller par un contact impur*] contaminare ◇ (*méd.*) contaminare → **infecter** ✦ (*au p.p.*) contaminato: *eau contaminée* acqua contaminata, inquinata; *linge contaminé* biancheria contaminata, infetta **2** (*fig.*) [*salir, souiller*] contaminare: *se laisser contaminer par les vices* lasciarsi contaminare dai vizi.

conte |kɔ̃t| *s.m.* **1** [*récit de faits, d'aventures imaginaires*] racconto: *contes oraux, écrits* racconti orali, scritti; *les contes de Perrault* i racconti di Perrault; *contes philosophiques, satiriques* racconti filosofici, satirici → **histoire, récit** ◇ (*loc.*) *conte de fée* [*récit merveilleux*] fiaba *f.*, favola *f.* **2** (*vx.*) → **histoire, sornette.**

contemplateur, trice |kɔ̃tɑ̃platœʀ, tʀis| *s.* contemplatore* → **contemplatif.**

contemplatif, ive |kɔ̃tɑ̃platif, iv| *adj.* **1** contemplativo: *esprit contemplatif* spirito contemplativo **2** (*relig.*) *religieux contemplatif* religioso contemplativo ✦ (*s.*) *un contemplatif* un contemplativo.

contemplation |kɔ̃tɑ̃plɑsjɔ̃| *s.f.* **1** [→ CONTEMPLER] contemplazione: *la contemplation du ciel* la contemplazione del cielo ◇ (*loc.*) *il est resté là tout le temps en contemplation* è rimasto lì per tutto quel tempo in contemplazione **2** [*concentration de l'esprit sur des sujets intellectuels ou religieux*] contemplazione: *être plongé dans la contemplation* essere immerso nella contemplazione, essere in profonda contemplazione → **méditation.**

contemplativement |kɔ̃tɑ̃plativmɑ̃| *adv.* (*rare*) [→ CONTEMPLATIF] contemplativamente, in modo contemplativo *loc. inv.*

contempler |kɔ̃tɑ̃ple| *v.tr.* [*considérer attentivement*] contemplare: *contempler un monument, un spectacle* contemplare un monumento, uno spettacolo; *il la contemplait avec admiration* la contemplava con ammirazione.

contemporain, aine |kɔ̃tɑ̃pɔʀɛ̃, ɛn| *adj.* **1** contemporaneo, coetaneo: *être contemporain de qqn.* essere contemporaneo, coetaneo di qc. **2** [*qui est de notre temps*] contemporaneo: *histoire contemporaine* storia contemporanea; *étudier les auteurs contemporains* studiare gli autori contemporanei ✦ (*s.*) *un contemporain* un contemporaneo [C] 2 **ancien.**

contemporanéité |kɔ̃tɑ̃pɔʀaneite| *s.f.* (*rare*) contemporaneità *inv.* (*cour.*) [C] **antériorité, postériorité.**

contempteur, trice |kɔ̃tɑ̃ptœʀ, tʀis| *s.* (*littér.*) [*personne qui méprise, dénigre*] dispregiatore* → 2 **critique, dénigreur.**

1 **contenance** |kɔ̃tnɑ̃s| *s.f.* **1** [*quantité de ce qu'un récipient peut contenir*] capacità (*inv.*): *contenance d'une bouteille, d'un réservoir* capacità di una bottiglia, di un serbatoio; *contenance d'un navire* capacità di una nave → **tonnage, capacité, contenu** **2** [*superficie* (*d'un champs, d'un terrain*)] estensione: *cette propriété a, est d'une contenance totale de cent hectares* quel podere ha un'estensione complessiva di cento ettari.

2 **contenance** |kɔ̃tnɑ̃s| *s.f.* [*manière de se tenir, de se présenter*] contegno (*m.*): *contenance fière* contegno fiero; *contenance humble, modeste, embarrassée* contegno umile, modesto, imbarazzato ◇ (*loc.*) *se donner, prendre une contenance* darsi, assumere un contegno ~ *perdre contenance* [*être déconcerté*] confondersi, essere imbarazzato ~ *faire bonne contenance* [*ne pas se déconcerter*] mostrare fermezza ~ *faire bonne contenance devant l'ennemi* mostrare fermezza, coraggio davanti al nemico.

contenant |kɔ̃tnɑ̃| *s.m.* contenente; contenitore → **récipient** [C] **contenu.**

conteneur |kɔ̃tnœʀ| *s.m.* contenitore, container *inv.*

conteneurisation |kɔ̃tnœʀizɑsjɔ̃| *s.f.* [→ CONTENEURISER] containerizzazione.

conteneuriser |kɔ̃tnœʀize| *v.tr.* [*mettre en conteneur*] containerizzare.

contenir |kɔ̃tniʀ| (27) **A** *v.tr.* **1** [*avoir, comprendre en soi, dans sa capacité, sa substance*] contenere (188): *ce mineral contient une forte proportion de métal* questo minerale contiene metallo in forte proporzione; *une armoire contenant du linge* un armadio che contiene biancheria → **enfermer, renfermer**; *une enveloppe contenant le courrier* una busta contenente la posta; *ce livre contient des erreurs* questo libro contiene degli errori; *ce dictionnaire contient plus de deux mille pages* questo dizionario contiene più di duemila pagine **2** [*avoir une capacité de*] contenere, avere (97) una capienza (capacità) di: *salle qui contient deux mille spectateurs* sala che contiene, che ha una capienza di duemila spettatori; *tonneau qui contient 200 litres* botte che contiene, che ha una capacità di 200 litri → **recevoir** ◇ [*avoir une étendue de*] estendersi (105) *pron.* per: *ce domaine contient cent hectares* questo podere si estende per cento ettari, ha un'estensione di cento ettari **3** [*empêcher d'avancer, de s'étendre* (*des personnes*)] contenere: *contenir la foule, les manifestants* contenere la folla, i dimostranti; *contenir l'ennemi* contenere il nemico → **retenir** **4** [*réprimer* (*un sentiment*)] contenere: *contenir son émotion, sa surprise, sa colère* contenere l'emozione, lo stupore, la collera → **dominer** ◇ (*par ext.*) *contenir ses larmes, ses sanglots* contenere le lacrime, i singhiozzi **B** *v.pron. réfl.* SE CONTENIR [→ *tr.* 4] contenersi: *essayez de vous contenir* cerchi di contenersi → **contrôler (se), dominer (se), maîtriser (se)** [C] A 4 **exprimer.**

content, ente |kɔ̃tɑ̃, ɑ̃t| **I** *adj.* **1** CONTENT DE QQCH. contento di q.c.: *je suis assez content de mon acquisition* sono abbastanza contento del mio acquisto; *nous sommes contents* (*de ce*) *qu'il fasse beau* siamo contenti che faccia bel tempo ◇ (*loc.*) *non content d'être endetté, il emprunte à tous ses amis* non contento di essere pieno di debiti, chiede prestiti a tutti i suoi amici **2** CONTENT DE QQN. contento di qc.: *je suis content de vous, de votre fils* sono contento di voi, di vostro figlio ◇ (*spécialt.*) *content de soi* contento di sé; [*vaniteux*] pieno di sé **3** *absolt.* [*qui éprouve un plaisir* (*motivé par une raison précise*)] contento: *je suis* (*très*) *content* sono (molto) contento; *elle n'a pas l'air content* non sembra contenta → **gai, heureux** **II** (*s.m.*) *avoir* (*tout*) *son content de qqch.* avere (tutto) quanto si desidera di q.c. ◇ (*iron.*) *il a eu son content de coups, de gnons* (*pop.*) ha avuto le botte che (si) meritava [C] I **ennuyé, insatisfait, mécontent, triste.**

contentement |kɔ̃tɑ̃tmɑ̃| *s.m.* [*satisfaction*] soddisfazione (*f.*): *le contentement des sens* la soddisfazione dei sensi; *son contentement fait plaisir à voir* fa piacere vedere la sua soddisfazione → **assouvissement** # *le contentement de soi* l'essere contento di sé, di sé stesso ◇ (*prov.*) *contentement passe richesse* chi si contenta gode [C] **mécontentement.**

contenter |kɔ̃tɑ̃te| **A** *v.tr.* [*rendre* (*qqn.*) *content*] accontentare, contentare: *contenter ses parents* accontentare i propri genitori; *on ne saurait contenter tout le monde* non si può accontentare tutti; *un rien le contente* un nonnulla lo contenta; *facile, difficile à contenter* facile, difficile da accontentare → **combler, satisfaire** ◇ (*par ext.*) *contenter son envie, sa curiosité* contentare, soddisfare (103) le proprie voglie, la propria curiosità → **assouvir** **B** *v.pron. intr.* SE CONTENTER DE [*être satisfait de* (*qqch.*)] accontentarsi, contentarsi: *se contenter d'un repas par jour* accontentarsi di un pasto al giorno; *se contenter de ce qu'on a* accontentarsi di quel che si ha; *se contenter de faire qqch.* contentarsi di, limitarsi a fare q.c. → **borner (se), accommoder (s'), arranger (s')** ◇ (*iron.*) *ne vous contentez pas de balayer autour des meubles* non limitatevi a scopare attorno ai mobili; *pour réponse, elle s'est contentée de sourire* per tutta risposta, si è limitata a sorridere [C] A **mécontenter.**

contentieux, euse |kɔ̃tɑ̃sjø, øz| (*dr.*) **1** *adj.* contenzioso: *juridiction contentieuse* giurisdizione contenziosa **2** *s.m.* contenzioso: *contentieux adminis-*

tratif, commercial contenzioso amministrativo, commerciale ◇ (*par ext.*) *le contentieux* [*service qui s'occupe des affaires litigieuses dans une entreprise*] il contenzioso: *chef du contentieux* capo del contenzioso.

contentif, ive |kɔ̃tɑ̃tif, iv| *adj.* (*méd.*) contentivo: *appareil contentif* apparecchio contentivo.

1 **contention** |kɔ̃tɑ̃sjɔ̃| *s.f.* **1** [*tension des facultés intellectuelles appliquées à un objet*] concentrazione → **concentration 2** (*vx.*) → **débat, dispute.**

2 **contention** |kɔ̃tɑ̃sjɔ̃| *s.f.* (*méd.*) contenzione: *contention d'une fracture* contenzione di una frattura; *appareil de contention* apparecchio di contenzione, contentivo *adj.* → **contentif.**

contenu |kɔ̃tny| *s.m.* contenuto: *le contenu d'un récipient* il contenuto di un recipiente; *le contenu d un verre, d'une assiette* il contenuto di un bicchiere, di un piatto → 1 **contenance** ◇ (*fig.*) *le contenu d'une lettre, d'un libre, d'une loi* il contenuto di una lettera, di un libro, di una legge 🄲 **contenant.**

contenu, ue |kɔ̃tny| *adj.* [*que l'on se retient d'exprimer*] contenuto: *émotion contenue* emozione contenuta 🄲 **violent.**

conter |kɔ̃te| *v.tr.* **1** [*dire* (*une histoire imaginaire*), *pour amuser ou tromper*)] raccontare: *que me contez-vous là?* che cosa mi raccontate (racconta)?; *contez cela à d'autres* raccontatelo (lo racconti) a qualcun altro → **raconter 2** *loc.* EN CONTER À QQN. [*l'abuser, le tromper*] ingannare qc.: *il ne s'en laisse pas conter, il ne faut pas lui en conter* non si lascia ingannare facilmente # *il nous en conte!* [*il se moque de nous*] si prende gioco di noi!, ci prende in giro! **3** (*loc.*) *conter fleurette à une femme* [*lui tenir des propos galants*] corteggiare una donna, fare (103) la corte a una donna.

contestabilité |kɔ̃tɛstabilite| *s.f.* (*dr.*) impugnabilità *inv.*

contestable |kɔ̃tɛstabl(ə)| *adj.* [→ CONTESTER 1] contestabile → **discutable, douteux** 🄲 **incontestable.**

contestant, ante |kɔ̃tɛstɑ̃, ɑ̃t| *adj. et s.* (*rare*) chi contesta *loc.* ◇ (*dr.*) *les parties contestantes* le parti contestanti.

contestataire |kɔ̃tɛstatɛʀ| *adj.* contestatario*, contestatore*: *prêtres contestataires* preti contestatari, contestatori ✦ (*s.*) *les contestataires* i contestatori.

contestation |kɔ̃tɛstɑsjɔ̃| *s.f.* **1** contestazione: *contestation d'un droit* contestazione di un diritto; *élever une contestation sur qqch.* sollevare una contestazione su q.c. → **controverse, débat 2** [*vive opposition*] contestazione: *entrer en contestation avec qqn.* entrare in contestazione con qc.; *arbitre qui tranche une contestation* arbitro che risolve una contestazione ◇ [*fait de contester l'ordre établi*] *la contestation des jeunes, des ouvriers* la contestazione giovanile, operaia.

conteste |kɔ̃tɛst(ə)| *s.f. dans la loc. adv.* SANS CONTESTE [*sans contredit, sans discussion possible*] senza dubbio, incontestabilmente *adv.* → **assurément.**

contester |kɔ̃tɛste| *v.tr.* **1** [*mettre en discussion*] contestare: *contester le titre de qqn.* contestare il titolo di qc.; *on lui conteste le droit de...* gli si contesta il diritto di... → **discuter** # *contester la succession de qqn.* impugnare l'eredità di qc.; *contester la compétence d'un tribunal* declinare il foro → **récuser** ✦ (*absolt.*) *les jeunes aiment contester* ai giovani piace contestare, fare la contestazione **2** [*mettre en doute*] contestare, mettere (155) in dubbio: *contester un fait* contestare, mettere in dubbio un fatto; *je ne conteste pas qu'il réussisse, qu'il réussira* non metto in dubbio che riesca, che riuscirà → **nier** ✦ (*au p.p.*) *cette théorie est très contestée* è una teoria molto contestata → **discuté** 🄲 1 **admettre, approuver**; 2 **croire.**

conteur, euse |kɔ̃tœʀ, øz| *s.* **1** [*personne qui compose des contes*] narratore*, novelliere (*m.*): *un excellent conteur* un eccellente narratore **2** (*vx.*) [*personne qui conte qqch.*] narratore (*cour.*) → **narrateur.**

contexte |kɔ̃tɛkst(ə)| *s.m.* **1** [*ensemble d'un texte*] contesto: *vous comprendrez mieux en regardant le contexte* capirete (capirà) meglio esaminando il contesto; *se reporter au contexte* riferirsi al contesto **2** [*ensemble des circonstances dans lesquelles s'insère un fait*] contesto: *le contexte politique* il contesto politico; *dans un contexte particulier* in un particolare contesto; *le contexte physiologique d'une conduite* il contesto fisiologico di un comportamento.

contextuel, elle |kɔ̃tɛkstɥɛl| *adj.* (*ling.*) contestuale: *sens contextuel* senso contestuale.

contexture |kɔ̃tɛkstyʀ| *s.f.* [*entrelacement des parties qui forment un tout*] struttura, contestura (*rare*): *la contexture d'un roman* la struttura, l'intreccio* *m.* di un romanzo; *la contexture d'un tissu, d'une étoffe* la contestura, l'intreccio di un tessuto, di una stoffa → 1 **constitution, structure.**

contigu, uë |kɔ̃tigy| *adj.* **1** contiguo, attiguo: *deux jardins contigus* due giardini contigui, attigui → **avoisinant 2** (*fig.*) [*voisin, proche*] affine: *idées contiguës* idee affini, vicine; *traiter des sujets contigus* trattare argomenti affini, simili 🄲 1 **éloigné, séparé**; 2 **différent, opposé.**

contiguïté |kɔ̃tigɥite| *s.f.* contiguità *inv.*

continence |kɔ̃tinɑ̃s| *s.f.* continenza → **chasteté, pureté** 🄲 **incontinence, intempérance.**

continent |kɔ̃tinɑ̃| *s.m.* **1** continente: *l'ancien, le nouveau continent* il continente antico, il continente nuovo **2** [*terre ferme*] continente: *retourner sur le continent* tornare sul continente.

continent, ente |kɔ̃tinɑ̃, ɑ̃t| *adj.* **1** (*vx.*) continente → **chaste 2** (*méd.*) *fièvre continente* febbre persistente 🄲 1 **incontinent.**

continental, ale, aux |kɔ̃tinɑ̃tal, o| *adj.* continentale: *climat continental* clima continentale ◇ (*par ext.*) *les puissances continentales* le potenze continentali; *blocus continental* blocco continentale.

continentalité |kɔ̃tinɑ̃talite| *s.f.* continentalità *inv.*

contingence |kɔ̃tɛ̃ʒɑ̃s| *s.f.* **1** *au plur.* contingenze: *ne pas se soucier des contingences* non preoccuparsi delle contingenze; *les contingences de la vie quotidienne* le contingenze della vita quotidiana **2** (*philo.*) contingenza.

contingent |kɔ̃tɛ̃ʒɑ̃| *s.m.* **1** (*milit.*) contingente di leva: *appel d'un contingent* chiamata (alle armi) di un contingente di leva → 3 **classe 2** [*part que chacun apporte ou reçoit*] quota (*f.*): *apporter son contingent* portare la propria quota → **contribution 3** (*écon.*) contingente.

contingent, ente |kɔ̃tɛ̃ʒɑ̃, ɑ̃t| *adj.* (*philo., cour.*) contingente: *événement contingent, chose contingente* avvenimento, cosa contingente → **accidentel, occasionnel, éventuel** ◇ [*sans importance*] *les faits contingents de la vie* i fatti contingenti della vita.

contingentement |kɔ̃tɛ̃ʒɑ̃tmɑ̃| *s.m.* (*écon.*) contingentamento: *contingentement des importations* contingentamento delle importazioni → **limitation, répartition.**

contingenter |kɔ̃tɛ̃ʒɑ̃te| *v.tr.* (*écon.*) [*fixer un contingent* (3) *à*] contingentare → **limiter.**

continu, ue |kɔ̃tiny| **I** *adj.* **1** continuo: *mouvement continu* movimento continuo; *une suite continue de désastres* una serie continua di disastri; *un bruit, un travail continu* un rumore, un lavoro continuo → **constant, continuel, incessant** # *journée continue* orario continuato ◇ (*loc.*) *à jet continu* a getto continuo **2** (*électr.*) *courant continu* corrente continua ◇ (*mus.*) *basse continue* basso continuo → **continuo** ◇ (*techn.*) *métier continu* filatoio continuo; *poêle, four à feu continu* stufa, forno a fuoco continuo **3** [*composé de parties non séparées*] continuo: *ligne continue* linea continua **II** *s.m.* continuo: *continu et discontinu* continuo e discontinuo ◇ *loc.* (*papier*) *en continu* in continua 🄲 I 1 **discontinu, intermittent,** 2 **alternatif.**

continuateur, trice |kɔ̃tinɥatœʀ, tʀis| *s.* continuatore* → **successeur** 🄲 **devancier.**

continuation |kɔ̃tinɥɑsjɔ̃| *s.f.* [→ CONTINUER A 1] proseguimento *m.*, continuazione: *la continuation de la grève* il proseguimento dello sciopero; *il s'est chargé de la continuation de l'œuvre* si è incaricato della continuazione dell'opera → **poursuite, suite** ◇ (*fam.*) *bonne continuation!* buon proseguimento! 🄲 **interruption.**

continuel, elle |kɔ̃tinɥɛl| *adj.* continuo: *pluie continuelle* pioggia continua; *faire des efforts continuels* fare sforzi continui → **constant, continu** 🄲 **momentané.**

continuellement |kɔ̃tinɥɛlmɑ̃| *adv.* [→ CONTINUEL] continuamente → **continûment.**

continuer |kɔ̃tinɥe| **A** *v.tr.* **1** [*faire ou maintenir encore, plus longtemps*] continuare: *continuer ses travaux, ses études* continuare le ricerche, gli studi; *continuer une œuvre, une tradition* continuare un'opera, una tradizione; *continuer la politique de ses prédécesseurs* continuare la politica dei propri predecessori ◇ (*ellipt.*) *continuez!, on continue!* continuate!, si continua! ◇ *loc.* CONTINUER À, CONTINUER DE (+ *inf.*) continuare a (+ *inf.*): *il continue de parler, à boire* continua a parlare, a bere **2** [*prolonger dans l'espace*] continuare: *continuer une route* continuare una strada → **prolonger B** *v.intr.*

1 [*ne pas s'arrêter*] continuare (*aux.* avere *pour les personnes*; essere, avere *pour les choses*), proseguire (*idem*): *il a continué jusqu'au soir* ha continuato fino a sera; *la pluie a continué toute la journée* la pioggia è continuata per tutta la giornata; *la séance, la fête continue* la seduta, la festa continua → **durer** 2 [*s'étendre plus loin*] continuare, proseguire: *cette route continue jusqu'à Paris* questa strada continua, prosegue fino a Parigi → **prolonger (se)** Ⓒ A 1 **interrompre.**

continuité |kɔ̃tinɥite| *s.f.* continuità (*inv.*): *la continuité d'une action* la continuità di un'azione; *sans solution de continuité* senza soluzione di continuità; *assurer la continuité d'une entreprise* garantire la continuità di una impresa Ⓒ **discontinuité, interruption.**

continûment |kɔ̃tinymɑ̃| *adv.* [→ CONTINU I 1] continuamente: *il travaille continûment depuis hier* lavora continuamente da ieri.

continuo |kɔ̃tinɥo| *s.m.* (*mus.*) (basso) continuo.

continuum |kɔ̃tinɥɔm| *s.m.* (*lat.*) (*phys.*) continuo: *les continuum espace-temps* il continuo spazio-tempo.

contondant, ante |kɔ̃tɔ̃dɑ̃, ɑ̃t| *adj.* contundente: *arme contondante* corpo contundente.

contorsion |kɔ̃tɔʀsjɔ̃| *s.f.* 1 contorsione: *les contorsions d'un acrobate* le contorsioni di un acrobata → **acrobatie** 2 [*attitude outrée, gestes affectés*] contorsionismo (*m.*): *inutile de faire toutes ces contorsions* è inutile fare tanti contorsionismi.

contorsionner (se) |kɔ̃tɔʀsjɔne| *v.pron. réfl.* [*faire des contorsions*] contorcersi (189).

contorsionniste |kɔ̃tɔʀsjɔnist(ə)| *s.* contorsionista.

contour |kɔ̃tuʀ| *s.m.* 1 [*limite extérieure*] contorno: *contour précis, imprécis* contorno preciso, impreciso; *les contours d'un visage* i contorni del viso; *tracer les contours d'une figure* tracciare i contorni di una figura → **profil, bord,** 3 **tour** # *le contour d'une forêt* il margine di una foresta 2 [*forme sinueuse*] *les contours d'une route de montagne* i tornanti di una strada di montagna; *les contours d'un fleuve* i meandri di un fiume → **détour, lacet.**

contourné, ée |kɔ̃tuʀne| *adj.* [*affecté et compliqué*] contorto, involuto: *style, raisonnement contourné* stile, ragionamento contorto, involuto → **tarabiscoté** ◇ (*blas.*) rivoltato.

contourner |kɔ̃tuʀne| *v.tr.* [*faire le tour de, passer autour*] circondare, aggirare: *fleuve qui contourne la ville* fiume che circonda la città; *contourner les positions de l'ennemi* aggirare le posizioni del nemico ◇ (*fig.*) *contourner la loi* aggirare la legge; *contourner une difficulté* aggirare una difficoltà → **tourner.**

contra- |kɔ̃tʀa| *préf.* → **contre**(-).

contraceptif, ive |kɔ̃tʀasɛptif, iv| *adj.* contraccettivo, antifecondativo: *produits contraceptifs* prodotti contraccettivi, antifecondativi → **anticonceptionnel** ♦ (*s.m.*) *un contraceptif* un contraccettivo, un antifecondativo.

contraception |kɔ̃tʀasɛpsjɔ̃| *s.f.* [*les moyens employés pour provoquer l'infécondité chez l'homme ou la femme*] antifecondativi *m. pl.*

contractant, ante |kɔ̃tʀaktɑ̃, ɑ̃t| *adj.* (*dr.*) contraente: *les parties contractantes* le parti contraenti ♦ (*s.*) *les contractants* i contraenti.

contracte |kɔ̃tʀakt(ə)| *adj.* (*gram. gr.*) contratto.

contracté, ée |kɔ̃tʀakte| *adj.* 1 contratto: *muscles contractés* muscoli contratti ◇ (*personnes*) [*inquiet, tendu*] teso: *ne soyez pas si contracté: décontractez-vous* non sia così teso, si rilassi 2 (*gram.*) *formes contractées* forme contratte; *articles contractés* preposizioni articolate ◇ (*gram. gr.*) → **contracte.**

1 **contracter** |kɔ̃tʀakte| *v.tr.* [*s'engager par un contrat à satisfaire* (*une obligation*), *à respecter* (*des clauses*)] contrarre (190): *contracter mariage* contrarre matrimonio; *contracter une assurance* contrarre un'assicurazione; *contracter une dette, des obligations envers qqn.* contrarre un debito, degli obblighi verso qc. ♦ (*absolt.*) *contracter par-devant notaire* stipulare un atto notarile.

2 **contracter** |kɔ̃tʀakte| *v.tr.* 1 [*prendre* (*une habitude, un sentiment*)] contrarre (190): *contracter une habitude, une manie, un vice* contrarre una abitudine, una mania, un vizio → **prendre** 2 [*attraper* (*une maladie*)] contrarre: *contracter une maladie, un rhume* contrarre una malattia, un raffreddore.

3 **contracter** |kɔ̃tʀakte| **A** *v.tr.* [*réduire* (*dans sa longueur, son volume*)] contrarre (190): *le froid contracte les corps* il freddo contrae i corpi → **diminuer, resserrer** ◇ (*spécialt.*) *contracter les muscles* contrarre i muscoli → **raidir,** 1 **tendre** # *l'émotion contractait sa gorge* l'emozione gli serrava la gola **B** *v.pron. intr.* SE CONTRACTER [→ *tr.*] contrarsi: *le cœur se contracte et se dilate* il cuore si contrae e si dilata → **contraction.**

contractile |kɔ̃tʀaktil| *adj.* (*physiol.*) contrattile: *fibre, muscle contractile* fibra, muscolo contrattile.

contractilité |kɔ̃tʀaktilite| *s.f.* (*physiol.*) contrattilità *inv.*

contraction |kɔ̃tʀaksjɔ̃| *s.f.* 1 (*physiol., cour.*) contrazione: *contractions fibrillaires* contrazioni fibrillari; *contraction violente* contrazione violenta; *contractions des muscles du visage* contrazioni dei muscoli del viso 2 (*géol.*) contrazione: *contraction par le froid* contrazione dovuta al raffreddamento 3 (*ling.*) contrazione.

contractuel, elle |kɔ̃tʀaktɥɛl| *adj.* 1 (*dr.*) contrattuale: *obligation contractuelle* obbligazione contrattuale 2 *agent contractuel* [*agent de police non fonctionnaire*] vigile ausiliario* ♦ (*s.*) *un contractuel, une contractuelle* un vigile *m.* ausiliario: *un contractuel nous a donné une contravention* un vigile ausiliario ci ha fatto una contravvenzione.

contracture |kɔ̃tʀaktyʀ| *s.f.* 1 (*physiol.*) contrattura: *contracture hystérique* contrattura isterica ◇ (*au plur.*) *les contractures* [*les douleurs de l'accouchement*] le doglie 2 (*archit.*) rastremazione.

contracturer |kɔ̃tʀaktyʀe| *v.tr.* 1 (*archit.*) [*causer une contracture*] rastremare 2 (*pathol.*) [*déterminer la contracture d'un muscle*] procurare una contrattura.

contradicteur |kɔ̃tʀadiktœʀ| *s.m.* contraddittore* *s.*, avversario* (*s.*): *mon honorable contradicteur* il mio onorevole contraddittore; *un contradicteur acharné* un avversario accanito → **opposant** ◇ (*dr.*) contraddittore, avversario in giudizio.

contradiction |kɔ̃tʀadiksjɔ̃| *s.f.* 1 [→ CONTREDIRE A 1] contraddizione: *esprit de contradiction* spirito di contraddizione → **objection, opposition** # *il ne supporte pas la contradiction* non sopporta di essere contraddetto; (*ap*)*porter la contradiction dans un débat* fare il contraddittore in un dibattito 2 (*log.*) contraddizione: *principe de contradiction* principio di contraddizione ◇ (*cour.*) [*absurdité, invraisemblance*] *un tissu de contradictions* una serie di contraddizioni 3 [*caractère de ce qui réunit des éléments incompatibles*] contraddizione, contrasto (*m.*): *les contradictions internes d'un système* le contraddizioni interne, i contrasti interni di un sistema; *être en proie à des contradictions* essere tormentato dalle contraddizioni, dai contrasti 4 (*vx.*) [*empêchement, obstacle*] contrasto Ⓒ 1 **approbation;** 3 **concordance.**

contradictoire |kɔ̃tʀadiktwaʀ| *adj.* 1 [*qui contredit une affirmation*] contrastante: *affirmation contradictoire à une autre, d'une autre* affermazione contrastante, in antitesi con un'altra → **contraire** 2 *débat, examen contradictoire* [*où il y a contradiction, discussion*] dibattito, esame in contraddittorio *s.m.* ◇ (*dr.*) *jugement contradictoire* sentenza resa in contraddittorio 3 [*qui implique contradiction*] contraddittorio*, contrastante: *tendances contradictoires* tendenze contraddittorie, contrastanti → **incompatible** Ⓒ **concordant.**

contradictoirement |kɔ̃tʀadiktwaʀmɑ̃| *adv.* [→ CONTRADICTOIRE 2] contraddittoriamente, in contraddittorio *loc. inv.* ◇ (*dr.*) in contraddittorio.

contraignable |kɔ̃tʀɛɲabl(ə)| *adj.* (*dr.*) soggetto a costrizione.

contraignant, ante |kɔ̃tʀɛɲɑ̃, ɑ̃t| *adj.* [*qui contraint* (A 1), *gêne et oblige*] impellente; impegnativo: *une nécessité contraignante* una necessità impellente, imperiosa ‖ *un travail contraignant* un lavoro impegnativo → **astreignant, pénible** ◇ (*dr.*) *une décision contraignante* una decisione vincolante.

contraindre |kɔ̃tʀɛdʀ(ə)| (65) **A** *v.tr.* 1 [*faire agir* (*qqn.*) *contre sa volonté*] costringere (131): *décidez librement, je ne veux pas vous contraindre* decidete liberamente, non voglio costringervi; *les circonstances l'ont contraint à, de faire cela* le circostanze l'hanno costretto, l'hanno spinto a fare ciò → **forcer,** 1 **obliger** ◇ (*dr.*) *contraindre par voie de justice* obbligare legalmente 2 (*vx., littér.*) [*exercer une action contraire à*] costringere: *contraindre ses passions* costringere le proprie passioni → **contenir, réprimer B** *v.pron.* SE CONTRAINDRE 1 (*réfl.*) *se contraindre devant qqn.* [*se retenir*] dominarsi, frenarsi davanti a qc. 2 (*intr.*) *se contraindre à faire qqch.* [*se forcer*] sforzarsi di fare q.c.

contraint, ainte |kɔ̃tʀɛ̃, ɛ̃t| *adj.* 1 [*qui est gêné, mal à l'aise*] impacciato, imbarazzato: *un air contraint, une mine contrainte* un'aria impacciata, imbarazzata; *sourire contraint* sorriso imbarazzato; *démarche contrainte* andatura impacciata → **emprunté** 2 *loc.* CONTRAINT ET FORCÉ [*sous la contrainte*] perché costretto: *nous n'avons accepté que contraints et forcés* abbiamo accettato solo perché costretti.

contrainte |kɔ̃tʀɛ̃t| *s.f.* 1 [*violence exercée contre qqn.*] costrizione, coercizione: *agir sous la contrainte* agire in stato di costrizione, di coercizione # *empêcher qqn. d'agir par la contrainte* impedire con la forza a qc. di agire; *il le fera librement ou par contrainte* lo farà per amore o per forza 2 [*règle obligatoire*] costrizione, obbligo* (*m.*): *contrainte sociale* costrizione sociale; *contrainte morale* obbligo morale ◇ *loc.* SANS CONTRAINTE [*sans gêne, sans retenue*] senza ritegno: *sans aucune contrainte ni honte* senza alcun ritegno né vergogna 3 (*littér.*) [*état de celui à qui on fait violence*] oppressione: *vivre, tenir qqn. dans la contrainte* vivere, tenere qc. nell'oppressione 4 (*dr.*) *contrainte par corps* costrizione personale, arresto (*m.*); *contrainte par saisie des biens* espropriazione coattiva di beni 5 (*mécan.*) sollecitazione: *contrainte de rupture* sollecitazione di rottura.

contraire |kɔ̃tʀɛʀ| **I** *adj.* 1 contrario*: *deux opinions contraires* due opinioni contrarie; *mots de sens contraire* parole di senso contrario; *son attitude est contraire à la morale* il suo atteggiamento è contrario alla morale → **contradictoire, incompatible, opposé** ◇ (*log.*) *propositions contraires* proposizioni contrarie 2 [*qui, en s'opposant, gêne le cours d'une chose*] contrario: *vents contraires* venti contrari; *un destin contraire* un destino contrario, avverso → **défavorable** ◇ (*mus.*) *mouvement contraire* moto contrario **II** *s.m.* 1 [*ce qui est opposé logiquement*] contrario: *le contraire de qqch.* il contrario di q.c.; *faire le contraire de ce que l'on dit* fare il contrario di ciò che si dice; *soutenir, prouver le contraire* sostenere, provare il contrario # *c'est tout le contraire* è tutto l'opposto 2 (*loc. adv.*) *au contraire* al contrario; invece *adv.* ~ *bien au contraire, tout au contraire* proprio al contrario ◇ *loc. prép.* AU CONTRAIRE DE contrariamente a, al contrario di: *au contraire de ses concurrents, il s'est enrichi* contrariamente ai, al contrario dei suoi concorrenti lui si è arricchito Ⓒ I 1 **pareil, semblable,** 2 **favorable.**

contrairement |kɔ̃tʀɛʀmɑ̃| *adv.* [→ CONTRAIRE I 1] contrariamente: *contrairement à ce qu'il imaginait* contrariamente a quanto immaginasse, a quel che immaginava.

contralto |kɔ̃tʀalto| *s.m.* (*mus.*) contralto: *des contraltos* dei contralti.

contrapontiste, contrapuntiste |kɔ̃tʀapɔ̃tist(ə)| *s.m.* (*mus.*) contrappuntista *s.*

contrapuntique |kɔ̃tʀapɔ̃tik| *adj.* (*mus.*) contrappuntistico*.

contrariant, ante |kɔ̃tʀaʀjɑ̃, ɑ̃t| *adj.* 1 [*qui est porté à contrarier* (1)] *un esprit, un homme contrariant* un bastian contrario* 2 [*qui contrarie* (2, 3)] spiacevole; fastidioso: *c'est bien contrariant!* è proprio spiacevole! ‖ *une pluie bien contrariante* una pioggia molto fastidiosa.

contrarié, ée |kɔ̃tʀaʀje| *adj.* 1 [*combattu*] contrastato, ostacolato: *projet contrarié* progetto contrastato 2 [*ennuyé, fâché*] contrariato, indispettito: *avoir l'air contrarié* sembrare contrariato, avere l'aria indispettita.

contrarier |kɔ̃tʀaʀje| *v.tr.* 1 [*avoir une action contraire, s'opposer à* (*qqch.*)] contrariare, ostacolare: *contrarier les dessins de qqn.* contrariare, ostacolare i piani di qc.; *contrarier les mouvements de l'ennemi* ostacolare, contrastare i movimenti del nemico → **combattre, gêner** 2 [*causer du dépit, du mécontentement à* (*qqn.*)] contrariare: *il cherche à vous contrarier* cerca di contrariarvi → **chagriner, fâcher** 3 (*choses*) [*rendre inquiet, mal à l'aise*] contrariare: *ces nouvelles l'ont contrarié* queste notizie l'hanno contrariato ✦ (*au p.p.*) *il a l'air contrarié* sembra contrariato, indispettito 4 [*faire alterner* (*des objets*) *pour obtenir des effets de contraste*] fare (103) *intr.* contrastare, mettere (155) in contrasto: *contrarier les couleurs* far contrastare, mettere in contrasto i colori Ⓒ 1 **aider, favoriser**; 3 **contenter, réjouir.**

contrariété |kɔ̃tʀaʀjete| *s.f.* 1 [*déplaisir causé par ce qui contrarie* (3)] contrarietà *inv.*, disappunto (*m.*): *un geste de contrariété* un gesto di disappunto; *dissimuler sa contrariété* nascondere la propria contrarietà, il proprio disappunto; *éprouver une vive contrariété* provare un grande disappunto → **mécontentement** 2 (*vx.*) [*opposition entre deux choses contraires*] contrarietà (*rare*) → **contradiction.**

contrarotatif, ive |kɔ̃tʀaʀɔtatif, iv| *adj.* (*mécan.*) controrotante: *organes coutrarotatifs* organi controrotanti.

contrastant, ante |kɔ̃tʀastɑ̃, ɑ̃t| *adj.* contrastante: *figures contrastantes* figure contrastanti; *effets contrastants* effetti contrastanti.

contraste |kɔ̃tʀast(ə)| *s.m.* contrasto: *contraste d'idées* contrasto di idee; *contraste frappant* contrasto che salta agli occhi; *effet de contraste* effetto di contrasto; *faire ressortir un contraste* mettere in risalto un contrasto → **antithèse, opposition** ◇ (*loc.*) *par contraste* per contrasto ◇ (*opt.*) *contraste de couleurs* contrasto di colori; *contraste d'une image optique* contrasto di un'immagine ottica; *contraste de phase* contrasto di fase ◇ (*méd.*) *substance de contraste* mezzo di contrasto ◇ (*télév.*) *régler le contraste de la télévision* regolare il contrasto del televisore.

contrasté, ée |kɔ̃tʀaste| *adj.* contrastato, in contrasto (*loc. inv.*): *couleurs contrastées* colori contrastati.

contraster |kɔ̃tʀaste| **A** *v.intr.* [*être en contraste, s'opposer d'une façon frappante*] contrastare: *des couleurs, des expressions qui contrastent entre elles, l'une avec l'autre* colori, espressioni che contrastano tra di loro # *contraster très vivement* fare vivo contrasto; *contraster désagréablement* stonare **B** *v.tr.* [*mettre en contraste*] fare (103) *intr.* contrastare, mettere (155) in contrasto: *il a su contraster les figures de son tableau* ha saputo far contrastare, mettere in contrasto le figure del suo quadro.

contrat |kɔ̃tʀa| *s.m.* 1 contratto: *contrat de louage, de vente* contratto di locazione, di vendita; *contrat de travail* contratto di lavoro; *contrat d'assurance* contratto d'assicurazione; *contrat de mariage* contratto di matrimonio; *contrat synallagmatique, bilatéral* contratto sinallagmatico, a prestazioni bilaterali; *contrat unilatéral* contratto unilaterale; *contrat à titre gratuit, à titre onéreux* contratto a titolo gratuito, a titolo oneroso; *contrat consensuel, réel* contratto consensuale, reale; *contrat administratif, collectif* contratto amministrativo, collettivo; *passer un contrat* stipulare un contratto; *approuver, ratifier, valider un contrat* approvare, ratificare, rendere valido un contratto → 1 **convention, pacte** 2 [*acte qui enregistre une convention*] contratto: *les articles d'un contrat* gli articoli di un contratto; *contrat sous seing privé* (contratto per) scrittura privata; *le notaire a dressé le contrat* il notaio ha redatto il contratto; *signer un contrat* firmare un contratto # *contrat en forme authentique* scrittura privata autenticata ◇ (*par anal.*) *contrat social* contratto sociale 3 (*cartes*) *bridge contrat* bridge contratto; *réaliser son contrat* mantenere il contratto 4 (*loc.*) *réaliser, remplir son contrat* [*ce qu'on avait fait attendre de soi*] mantenere le promesse, non deludere le aspettative.

contravention |kɔ̃tʀavɑ̃sjɔ̃| *s.f.* (*dr.*) contravvenzione: *attraper une contravention* prendere una contravvenzione ◇ (*par ext.*) [*procès-verbal de l'infraction*] contravvenzione, multa: *dresser une contravention* elevare una contravvenzione; *j'ai trouvé une contravention sur mon pare-brise* ho trovato la multa sul parabrezza ◇ *loc.* EN CONTRAVENTION in contravvenzione: *être en contravention* essere in contravvenzione.

contravis |kɔ̃tʀavi| *s.m.* contravviso.

contre(-) |kɔ̃tʀ(ə)| *préf.* (*signifiant 'opposé, contraire', correspond généralt. à*) contr(o): *contrebalancer* controbilanciare; *contre-accusation* contr(o)accusa.

1 **contre** |kɔ̃tʀ(ə)| *prép.* **I** (*proximité, contact*) contro, a*: *pousser le lit contre le mur* spingere il letto contro il muro; *se serrer contre qqn.* stringersi a qc.; *joue contre joue* guancia a guancia → **auprès de, près (de), sur** ✦ (*adv.*) *appuyez-vous contre* si appoggi contro **II** (*opposition*) 1 [*à l'opposé de, dans le sens contraire à*] contro: *nager contre le courant* nuotare contro corrente; *contre toute attente* contro ogni aspettativa ◇ *loc. adv.* PAR CONTRE [*au contraire, en compensation*] ma *conj.*, però *conj.*; invece (*adv.*): *le magasin est assez exigu, par contre il est bien situé* il negozio è piccolo ma, però è ben situato 2 [*en dépit de*] contro: *contre toute apparence, c'est lui qui a raison* contro ogni apparenza, ha ragione lui → **malgré, nonobstant** # *envers et contre tout* a dispetto di tutto 3 [*en opposition à, dans la lutte avec*] (*surtout après les v. 'combattre, lutter', etc.*) contro (di); con: *être contre qqn. ou qqch.* essere contro qc. o q.c. ‖ *se battre, être en colère contre qqn.* battersi, essere in collera con qc. → **avec** ✦ (*adv.*) *voter pour ou contre* votare pro o contro; *avoir qqch. contre* avere q.c. contro; *je n'ai rien contre lui* non ho nulla contro di lui 4 [*pour se défendre de*] contro; da*: *s'assurer contre l'incendie* assicurarsi contro l'incendio ‖ *s'abriter contre la pluie* ripararsi dalla pioggia 5 [*en échange de*] in cambio di (*loc.*

inv.): *je te donne mon briquet contre ton couteau de poche* ti do il mio accendino in cambio del tuo temperino.
2 **contre** |kɔ̃tʀ(ə)| *s.m.* **1** LE POUR ET LE CONTRE il pro e il contro: *peser le pour et le contre* valutare, soppesare il pro e il contro **2** (*à certains jeux, exercices*) rimpallo ◇ (*cartes*) 'contre' *inv.*, contro *inv.*
contre-accusation |kɔ̃tʀakyzɑsjɔ̃| *s.f.* (*dr.*) controaccusa, contraccusa: *des contre-accusations* delle controaccuse.
contre-alizé |kɔ̃tʀalize| *s.m.* controaliseo: *des contre-alizés* dei controalisei.
contre-allée |kɔ̃tʀale| *s.f.* viale *m.* laterale, controviale *m.*
contre-amiral, aux |kɔ̃tʀamiʀal, o| *s.m.* contrammiraglio*: *des contre-amiraux* dei contrammiragli.
contre-appel |kɔ̃tʀapɛl| *s.m.* (*milit.*) contrappello: *des contre-appels* dei contrappelli.
contre-assurance |kɔ̃tʀasyʀɑ̃s| *s.f.* controassicurazione: *des contre-assurances* delle controassicurazioni.
contre-attaque |kɔ̃tʀatak| *s.f.* contrattacco* (*m.*): *des contre-attaques* dei contrattacchi → **contre-offensive.**
contre-attaquer |kɔ̃tʀatake| *v.tr.* [*faire une contre-attaque*] contrattaccare.
1 **contrebalancer** |kɔ̃tʀəbalɑ̃se| (2) *v.tr.* **1** [*compenser en étant égal à*] controbilanciare, compensare: *les avantages contrebalancent les inconvénients* i vantaggi controbilanciano, compensano gli svantaggi **2** [*faire équilibre à*] controbilanciare: *poids qui en contrebalance un autre* peso che ne controbilancia un altro.
2 **contrebalancer (s'en)** |kɔ̃tʀəbalɑ̃se| *v.pron. intr.* (*fam.*) [*s'en moquer, s'en balancer*] infischiarsene (*cour.*): *ton histoire, je m'en contrebalance* me ne infischio della tua storia.
contrebande |kɔ̃tʀəbɑ̃d| *s.f.* contrabbando (*m.*): *marchandises de contrebande, introduites en contrebande* merci di contrabbando, introdotte di contrabbando; *faire la contrebande du tabac* fare il contrabbando delle sigarette → **fraude** ◇ [*la marchandise elle-même*] merce, merci *pl.* di contrabbando: *navire chargé de contrebande* nave carica di merce di contrabbando; *vendre, acheter de la contrebande* vendere, comprare merci di contrabbando.
contrebandier, ière |kɔ̃tʀəbɑ̃dje, jɛʀ| *s.* contrabbandiere ✦ (*adj.*) *navire contrebandier* nave contrabbandiera.
contrebas (en) |ɑ̃kɔ̃tʀəbɑ| *loc. adv.* [*à un niveau inférieur*] *une maison en contrebas de la rue* una casa sotto il livello della strada; *la route passe en contrebas* la strada passa più in basso, più sotto *adv.*
contrebasse |kɔ̃tʀəbɑs| *s.f.* (*mus.*) contrabbasso (*m.*): *tenir la contrebasse dans un quatuor* suonare il contrabbasso in un quartetto ◇ [*musicien qui joue de la contrebasse*] contrabbassista *s.*
contrebassiste |kɔ̃tʀəbɑsist(ə)| *s.* contrabbassista.
contrebasson |kɔ̃tʀəbɑsɔ̃| *s.m.* (*mus.*) controfagotto.
contrebatterie |kɔ̃tʀəbatʀi| *s.f.* (*milit.*) controbatteria.
contrebattre |kɔ̃tʀəbatʀ(ə)| (76) *v.tr.* (*milit.*) [*atteindre par un tire de contrebatterie*] controbattere.
contrebuter |kɔ̃tʀəbyte|, **contrebouter** |kɔ̃tʀəbute| *v.tr.* (*archit.*) [*soutenir* (*une poussée*) *par un contrefort, un pilier*] contraffortare.
contrecarrer |kɔ̃tʀəka(ɑ)ʀe| *v.tr.* [*s'opposer directement à*] contrastare, ostacolare: *contrecarrer les plans, les projets de qqn.* contrastare, ostacolare i piani, i progetti di qc. → **gêner.**
contrechamp |kɔ̃tʀəʃɑ̃| *s.m.* (*ciné., télév.*) controcampo.
contre-chant |kɔ̃tʀəʃɑ̃| *s.m.* (*mus.*) controcanto: *des contre-chants* dei controcanti.
contrechâssis |kɔ̃tʀəʃɑsi| *s.m.* (*techn.*) controfinestra *f.*; controvetrata *f.*
1 **contrecœur (à)** |akɔ̃tʀəkœʀ| *loc. adv.* [*malgré soi, avec répugnance*] a malincuore, di malavoglia: *faire une chose à contrecœur* fare una cosa a malincuore, di malavoglia ⓒ **cœur (de bon)** 2.
2 **contrecœur** |kɔ̃tʀəkœʀ| *s.m.* **1** [*fond de cheminée et plaque de fonte appliquée sur ce fond*] frontone, piastra *f.* (del camino) **2** (*techn.*) ganascia* *f.*
contrecoup |kɔ̃tʀəku| *s.m.* **1** [*événement qui se produit en conséquence indirecte d'un autre*] contraccolpo, conseguenza *f.* (*surtout au plur.*): *subir le contrecoup d'un désastre* subire il contraccolpo, le conseguenze di un disastro → **réaction** ◇ (*loc.*) *par contrecoup* di riflesso **2** [*répercussion d'un coup, d'un choc*] contraccolpo.
contre-courant |kɔ̃tʀəkuʀɑ̃| *s.m.* controcorrente (*f.*): *des contre-courants* delle controcorrenti ◇ *loc.* À CONTRE-COURANT controcorrente (*adv.*): *naviguer à contre-courant* navigare controcorrente.
contre-courbe |kɔ̃tʀəkuʀb(ə)| *s.f.* (*archit.*) controcurva: *des contre-courbes* delle controcurve.
contre-culture |kɔ̃tʀəkyltyʀ| *s.f.* controcultura.
contredanse |kɔ̃tʀədɑ̃s| *s.f.* **1** (*danse*) contraddanza: *jouer une contredanse* suonare una contraddanza **2** (*fam.*) [*contravention*] multa (*cour.*).
contre-déclaration |kɔ̃tʀədeklaʀɑsjɔ̃| *s.f.* controdichiarazione: *des contre-déclarations* delle controdichiarazioni.
contre-dénonciation |kɔ̃tʀədenɔ̃sjɑsjɔ̃| *s.f.* (*dr.*) controdenuncia*.
contredire |kɔ̃tʀədiʀ| (48) (*sauf 'vous contredisez'*) **A** *v.tr.* **1** [*s'opposer à* (*qqn.*) *en disant le contraire de ce qu'il dit*] contraddire (132): *contredire qqn.* contraddire qc.; *contredire un témoin* contraddire un testimone → **démentir** ✦ (*absolt.*) *il aime à contredire* gli piace contraddire ◇ (*choses*) *ce témoignage contredit sa déclaration* questa testimonianza contraddice la sua dichiarazione **2** (*choses*) [*aller à l'encontre de*] contraddire, smentire (197): *les événements ont contredit ses prédictions* gli avvenimenti hanno contraddetto, hanno smentito le sue previsioni **B** *v.pron. réfl.* SE CONTREDIRE [*dire des choses contradictoires successivement*] contraddirsi: *il se contredit sans cesse* si contraddice continuamente ⓒ A 1 **approuver.**
contredit |kɔ̃tʀədi| *s.m.* **1** (*dr.*) replica* *f.* **2** (*littér.*) [*affirmation que l'on oppose à ce qui a été dit*] confutazione *f.*, oppugnazione (*f.*): *affirmation sujette à contredit* affermazione soggetta a confutazione ◇ (*loc.*) *sauf contredit* fino a prova contraria **3** *loc. adv.* SANS CONTREDIT [*assurement, certainement*] senza (alcun) dubbio, incontestabilmente (*adv.*): *il est, sans contredit, le meilleur* è senza dubbio, incontestabilmente il migliore.
contre-dotal, ale, aux |kɔ̃tʀədɔtal, o| *adj.* (*dr.*) controdotale.
contrée |kɔ̃tʀe| *s.f.* (*littér., région.*) [*étendue de pays*] contrada, regione: *contrée riche, fertile* contrada, regione ricca, fertile.
contre-écrou |kɔ̃tʀekʀu| *s.m.* (*mécan.*) controdado, controvite (*f.*): *des contre-écrous* dei controdadi, delle controviti.
contre-empreinte |kɔ̃tʀɑ̃pʀɛ̃t| *s.f.* (*géol.*) controimpronta.
contre-enquête |kɔ̃tʀɑ̃kɛt| *s.f.* controinchiesta: *des contre-enquêtes* delle controinchieste.
contre-épaulette |kɔ̃tʀepolɛt| *s.f.* controspallina.
contre-épreuve |kɔ̃tʀepʀœv| *s.f.* **1** (*typogr.*) controstampa: *des contre-épreuves* delle controstampe **2** [*épreuve inverse en vue de vérifier des résultats*] controprova → **vérification.**
contre-espionnage |kɔ̃tʀɛspjɔnaʒ| *s.m.* controspionaggio*: *des contre-espionnages* dei controspionaggi; *faire du contre-espionnage* fare il controspionaggio.
contre-essai |kɔ̃tʀesɛ| *s.m.* → **contre-épreuve** 2.
contre-exemple |kɔ̃tʀɛgzɑ̃pl(ə)| *s.m.* controesempio*.
contre-expertise |kɔ̃tʀɛkspɛʀtiz| *s.f.* controperizia: *des contre-expertises* delle controperizie.
contrefaçon |kɔ̃tʀəfasɔ̃| *s.f.* [→ CONTREFAIRE 2] contraffazione: *la contrefaçon d'un livre, d'un produit* la contraffazione di un libro, di un prodotto; *contrefaçon de monnaie, de billets de banque* contraffazione di denaro, di banconote; *délit de contrefaçon* reato di contraffazione → **copie, plagiat.**
contrefacteur |kɔ̃tʀəfaktœʀ| *s.m.* (*dr.*) contraffattore* *s.* → **faussaire.**
contrefaire |kɔ̃tʀəfɛʀ| (45) *v.tr.* **1** [*imiter pour tourner en dérision*] contraffare (103), scimmiottare: *contrefaire la voix de qqn.* contraffare la voce di qc.; *contrefaire la démarche de qqn.* scimmiottare il modo di camminare di qc. → **caricaturer 2** [*imiter frauduleusement*] contraffare: *contrefaire une monnaie, une signature* contraffare una moneta, una firma **3** [*changer l'apparence de* (*qqch.*) *pour tromper*] contraffare: *contrefaire sa voix, son écriture* contraffare la propria voce, la propria calligrafia → **déguiser 4** (*vieilli*) [*feindre* (*un état, un sentiment*)] simulare: *contrefaire la folie, la douleur* simulare la pazzia, il dolore.
contrefait, aite |kɔ̃tʀəfɛ, ɛt| *adj.* (*personnes*) [*difforme*] deforme, contraffatto (*rare*): *homme au corps contrefait* uomo dal corpo deforme.
contre-fenêtre |kɔ̃ntʀəfənɛtʀ| *s.f.* controfinestra: *des contre-fenêtres* delle controfinestre.
contre-fer |kɔ̃tʀəfɛʀ| *s.m.* (*techn.*) controferro.

contre-feu |kɔ̃tʀəfø| *s.m.* **1** → **2 contrecœur** 1 **2** controfuoco*: *des contre-feux* dei controfuochi.
contreficher (se) |kɔ̃tʀəfiʃe| *v. pron. intr.* (*pop.*) [*se moquer complètement* (*de*)] infischiarsene (*cour.*), fregarsene: *il s'en contrefiche* se ne infischia, se ne frega.
contre-fil, contrefil |kɔ̃tʀəfil| *s.m.* controfilo: *le contre-fil du bois* il controfilo del legno → **rebours.**
contre-filet |kɔ̃tʀəfilɛ| *s.m.* (*bouch.*) controfiletto → **faux-filet.**
contrefort |kɔ̃tʀəfɔʀ| *s.m.* **1** (*archit.*) contrafforte: *les contreforts d'une terrasse* i contrafforti di una terrazza **2** [*pièce de cuir qui renforce le derrière d'une chaussure*] contrafforte **3** [*chaîne de montagnes latérales*] contrafforte: *les contreforts des Alpes* i contrafforti delle Alpi.
contrefoutre (se) |kɔ̃tʀəfutʀ(ə)| *v.pron. intr.* (*pop.*) → **contreficher (se).**
contre-fugue |kɔ̃tʀəfyg| *s.f.* (*vx., mus.*) controfuga*, fuga* rovesciata.
contre-haut (en) |ɑ̃kɔ̃tʀəo| *loc. adv.* più in alto, a un livello superiore: *regarder en contre-haut* guardare più in alto.
contre-indication |kɔ̃tʀɛ̃dikɑsjɔ̃| *s.f.* (*méd.*) controindicazione: *les contre-indications d'un médicament* le controindicazioni di un farmaco.
contre-indiqué, ée |kɔ̃tʀɛ̃dike| *adj.* controindicato.
contre-indiquer |kɔ̃tʀɛ̃dike| *v.tr.* (*méd.*) [*donner une contre-indication*] controindicare: *contre-indiquer un remède* controindicare una medicina.
contre-jour |kɔ̃tʀəʒuʀ| *s.m.* controluce (*f.*): *des effets de contre-jour* effetti di controluce; *tableau placé dans le contre-jour* quadro posto in controluce, controluce *adv.* # *être gêné par le contre-jour* essere infastidito dalla luce negli occhi ◇ (*loc. adv.*) *à contre-jour* (in) controluce.
contremaître, maîtresse |kɔ̃tʀəmɛtʀ(ə), mɛtʀɛs| *s.* [*celui, celle qui est responsable d'une équipe d'ouvriers*]: (*maçonn.*) capomastro* *m.*; (*industrie*) caposquadra*, caporeparto*.
contremander |kɔ̃tʀəmɑ̃de| *v.tr.* **1** (*littér.*) [*annuler* (*un ordre*)] annullare (*cour.*), revocare (*cour.*) **2** (*vx.*) [*avertir* (*qqn.*) *de ne pas exécuter un ordre*] dare (102) un contrordine (a): *les personnes convoquées ont été contremandées* alle persone convocate è stato dato un contrordine.
contre-manifestant, ante |kɔ̃tʀəmanifɛstɑ̃, ɑ̃t| *s.* contromanifestante.
contre-manifestation |kɔ̃tʀəmanifɛstɑsjɔ̃| *s.f.* contromanifestazione: *des contre-manifestations* delle contromanifestazioni.
contremanifester |kɔ̃tʀəmanifɛste| *v.intr.* [*prendre part à une contre-manifestation*] partecipare a una contromanifestazione.
contre-manœuvre |kɔ̃tʀəmanœvʀ(ə)| *s.f.* contromanovra: *des contre-manœuvres* delle contromanovre.
contremarche |kɔ̃tʀəmaʀʃ(ə)| *s.f.* **1** (*milit.*) contromarcia* **2** [*hauteur de chaque marche d'un escalier*] alzata, frontalino *m.*
contremarque |kɔ̃tʀəmaʀk(ə)| *s.f.* **1** (*théât.*) contromarca* **2** [*seconde marque que l'on applique sur un ballot de marchandises*] contrassegno *m.*
contre-mesure |kɔ̃tʀəmzyʀ| *s.f.* **1** contromisura: *des contre-mesures* delle contromisure **2** *loc. mus.* À CONTRE-MESURE a contrattempo: *jouer à contre-mesure* suonare a contrattempo.
contre-mine |kɔ̃tʀəmin| *s.f.* contromina: *des contre-mines* delle contromine.
contre-miner |kɔ̃tʀəmine| *v.tr.* [*protéger en creusant des contre-mines*] controminare.
contre-offensive |kɔ̃tʀɔfɑ̃siv| *s.f.* (*milit.*) controffensiva: *des contre-offensives* delle controffensive.
contre-ordre |kɔ̃tʀɔʀdʀ(ə)| *s.m.* → **contrordre.**
contrepartie |kɔ̃tʀəpaʀti| *s.f.* **1** [*sentiment, avis contraire*] contrario* *m.*, tesi *inv.* contraria: *la contrepartie de cette opinion a été soutenue par l'orateur* l'oratore ha sostenuto il contrario di quella opinione **2** [*chose qui s'oppose à une autre en l'équilibrant*] compenso *m.* ◇ (*loc. adv.*) *en contrepartie* in compenso → **1 contre (part), revanche (en)** **3** (*comm.*) contropartita.
contre-pas |kɔ̃tʀəpɑ| *s.m.* (*milit.*) saltello per riprendere il passo.
contre-passer |kɔ̃tʀəpɑse| *v.tr.* (*comm.*) **1** [*rectifier* (*une écriture*) *au grand livre*] stornare, annullare **2** [*repasser une lettre de charge à la personne de qui on la reçoit*] girare all'emittente un effetto.
contre-pente, contrepente |kɔ̃tʀəpɑ̃t| *s.f.* [*pente opposée à une autre pente*] contropendenza: *contre-pentes d'une colline* contropendenze di una collina ◇ (*loc.*) *à contrepente* in contropendenza.
contre-performance |kɔ̃tʀəpɛʀfɔʀmɑ̃s| *s.f.* (*sport*) tentativo *m.* fallito: *après une série de contre-performances, ce coureur a abandonné la compétition* dopo una serie di tentativi falliti, il corridore ha rinunciato.
contrepet |kɔ̃tʀəpɛ| *s.m.* → **contrepèterie.**
contrepèterie |kɔ̃tʀəpetʀi| *s.f.* [*interversion des lettres ou des syllabes d'un ensemble de mots afin d'en obtenir d'autres ayant un sens burlesque et grivois*] gioco* *m.* di parole.
contre-pied |kɔ̃tʀəpje| *s.m.* **1** [*ce qui est diamétralement opposé*] contrario*, opposto: *vos opinions sont le contre-pied des siennes* le vostre opinioni sono il contrario, l'opposto delle sue; *prendre le contre-pied d'une affirmation* sostenere il contrario di ciò che viene affermato, contraddire un'affermazione → **contrepartie** **2** *loc. adv.* (*sport*) *à contre-pied* in contropiede: *la balle l'a surpris à contre-pied* la palla l'ha sorpreso in contropiede **3** (*vén.*) *prendre le contre-pied* seguire la pista a ritroso.
contre-placage |kɔ̃tʀəplakaʒ| *s.m.* (*menuis.*) impiallacciatura *f.*
contre-plainte |kɔ̃tʀəplɛ̃t| *s.f.* (*dr.*) controquerela: *des contre-plaintes* delle controquerele.
contre-plaqué |kɔ̃tʀəplake| *s.m.* [*bois formé de plaques minces collées*] compensato.
contre-plongée |kɔ̃tʀəplɔ̃ʒe| *s.f.* (*ciné., télév.*) ripresa dal basso.
contrepoids |kɔ̃tʀəpwa(ɑ)| *s.m.* [*poids qui fait équilibre à un autre poids*] contrappeso: *contrepoids d'une horloge* contrappeso di un orologio; *servir de contrepoids* fare da contrappeso # *faire contrepoids* controbilanciare.
contre-poil (à) |akɔ̃tʀəpwal| *loc. adv.* contropelo (*adv.*): *les chats détestent qu'on les caresse à contre-poil* i gatti non vogliono essere carezzati contropelo ◇ (*loc. fig., fam.*) *prendre qqn. à contre-poil* prendere qc. di contropelo.
contrepoint |kɔtʀəpwɛ̃| *s.m.* **1** (*mus.*) contrappunto: *apprendre l'harmonie et le contrepoint* imparare l'armonia e il contrappunto **2** (*fig.*) [*motif secondaire qui se superpose à qqch.*] contrappunto.
contre-pointe |kɔ̃tʀəpwɛ̃t| *s.f.* [*partie tranchante de l'extrémité du dos d'un sabre*] costola.
contrepoison |kɔ̃tʀəpwazɔ̃| *s.m.* [*substance destinée à neutraliser l'effet d'un poison*] antidoto, contravveleno: *administrer un contrepoison* somministrare un antidoto, un contravveleno ◇ (*fig.*) *chercher un contrepoison à une doctrine subversive* cercare un antidoto contro una dottrina sovversiva.
contre-porte |kɔ̃tʀəpɔʀt(ə)| *s.f.* controporta: *des contre-portes* delle controporte.
contre-pouvoir |kɔ̃tʀəpuvwaʀ| *s.m.* contropotere: *des contre-pouvoirs* dei contropoteri.
contre-projet, contreprojet |kɔ̃tʀəpʀɔʒɛ| *s.m.* controprogetto: *des contre-projets* dei controprogetti.
contre-propagande |kɔ̃tʀəpʀɔpagɑ̃d| *s.f.* contropropaganda: *des contre-propagandes* delle controprpaganda.
contre-proposition |kɔ̃tʀəpʀɔpozisjɔ̃| *s.f.* controproposta: *des contre-propositions* delle controproposte.
contrepublicité, contre-publicité |kɔ̃tʀəpyblisite| *s.f.* contropubblicità *inv.*
contre-quille |kɔ̃tʀəkij| *s.f.* (*mar.*) controchiglia: *des contre-quilles* delle controchiglie.
contrer |kɔ̃tʀe| **A** *v.intr.* (*bridge*) [*défier l'adversaire de réaliser sa demande*] contrare **B** *v.tr.* (*fam.*) [*s'opposer avec succès à* (*qqn.*)] bloccare: *se faire contrer* farsi bloccare.
contre-rail |kɔ̃tʀəʀɑj| *s.m.* (*techn.*) controrotaia (*f.*): *des contre-rails* delle controrotaie.
contre-réforme |kɔ̃tʀəʀefɔʀm(ə)| *s.f.* (*hist.*) controriforma: *des contre-réformes* delle controriforme.
contre-révolution |kɔ̃tʀəʀevɔlysjɔ̃| *s.f.* controrivoluzione: *des contre-révolutions* delle controrivoluzioni.
contre-révolutionnaire |kɔ̃tʀəʀevɔlysjɔnɛʀ| *adj.* controrivoluzionario* ◆ (*s.*) *des contre-révolutionnaires* dei controrivoluzionari.
contrescarpe |kɔ̃tʀɛskaʀp(ə)| *s.f.* controscarpa.
contreseing |kɔ̃tʀəsɛ̃| *s.m.* (*dr.*) controfirma *f.* → **contre-signer.**
contresens |kɔ̃tʀəsɑ̃s| *s.m.* **1** errore di interpretazione, errata interpretazione (*f.*): *faire un contresens dans une traduction* fare un errore di interpretazione in una traduzione # *prendre le contresens des paroles de qqn.* fraintendere le parole di qc. **2** (*fig.*) [*mauvaise interprétation*] *son interprétation de Hamlet est un contresens* il suo Amleto è un controsenso ◇ (*fig.*) *la vie de*

cette femme est un contresens la vita di quella donna è un controsenso **3** [*sens inverse*] rovescio*: *prendre le contresens d'une étoffe* prendere il rovescio di una stoffa ◇ (*fig.*) *prendre le contresens d'une affaire* prendere una cosa per il verso sbagliato **4** *loc. adv.* À CONTRESENS a rovescio, alla rovescia; contromano *adv.*, in senso contrario: *interpréter à contresens* interpretare alla rovescia → **rebours,** 2 **envers II** || *couloirs pour autobus à contresens* corsie riservate (agli autobus) contromano.

contresignataire |kɔtʀəsiɲatɛʀ| *s.* (*dr.*) controfirmatario*.

contresigner |kɔ̃tʀəsiɲe| *v.tr.* (*dr.*) [*apposer une deuxième signature*] controfirmare.

contre-sujet |kɔ̃tʀəsyʒɛ| *s.m.* controsoggetto.

contre-taille |kɔ̃tʀətɑj| *s.f.* (*gravure*) controtaglio* *m.*

contretemps |kɔ̃tʀətɑ̃| *s.m.* **1** contrattempo: *un facheux contretemps* uno spiacevole contrattempo → **difficulté, empêchement, ennui** ◇ (*loc. adv.*) *à contretemps* inopportunamente *adv.*, in modo inopportuno # *arriver à contretemps* arrivare nel momento meno opportuno **2** (*mus.*) controtempo.

contre-terrorisme |kɔ̃tʀətɛʀɔʀism(ə)| *s.m.* antiterrorismo.

contre-tirer |kɔ̃tʀətiʀe| *v.tr.* [*tirer en contre-épreuve*] controstampare.

contre-torpilleur |kɔ̃tʀətɔʀpijœʀ| *s.m.* cacciatorpediniere *inv.* → **destroyer.**

contre-transfert |kɔ̃tʀətʀɑ̃sfɛʀ| *s.m.* (*psychan.*) controtransfert *inv.*

contre-ut |kɔ̃tʀyt| *s.m.* (*mus.*) do *inv.* acuto.

contre-valeur |kɔ̃tʀəvalœʀ| *s.f.* (*fin.*) controvalore (*m.*): *des contre-valeurs* dei controvalori.

contrevenant, ante |kɔ̃tʀəvnɑ̃, ɑ̃t| *adj.* (*dr.*) contravventore*, trasgressore* ♦ (*s.*) *un contrevenant* un contravventore, un trasgressore.

contrevenir |kɔ̃tʀəvniʀ| (27) *v.intr.* [*agir contrairement* (*à une obligation*)] contravvenire (202), trasgredire (197): *contrevenir à la loi, au règlement* contravvenire alla legge, al regolamento.

contrevent |kɔ̃tʀəvɑ̃| *s.m.* **1** [*grand volet extérieur*] persiana *f.*, imposta (*f.*): *ouvrir, fermer les contrevents* aprire, chiudere le persiane → 2 **jalousie** **2** (*charpent.*) controvento.

contreventement |kɔ̃tʀəvɑ̃tmɑ̃| *s.m.* (*techn.*) controventatura *f.*, controventamento.

contre-vérité, contrevérité |kɔ̃tʀəveʀite| *s.f.* **1** [*antiphrase*] antifrasi (*inv.*): *contre-vérité ironique* antifrasi ironica **2** [*assertion contraire à la vérité*] falsità *inv.*.

contre-virage |kɔ̃tʀəviʀaʒ| *s.m.* [*virage qui tourne en sens contraire au précédent*] controcurva (*f.*): *des contre-virages* delle controcurve.

contre-visite |kɔ̃tʀəvizit| *s.f.* controvisita: *des contre-visites* delle controvisite ◇ (*spécialt., méd.*) visita di controllo.

contre-voie (à) |akɔ̃tʀəvwa| *loc. adv.* (*ch. de fer*) **1** [*dans le sens inverse de la marche normale*] contromano *adv.* **2** *descendre à contre-voie* scendere dalla parte opposta al marciapiede.

contribuable |kɔ̃tʀibɥabl(ə)| *s.* [*personne qui paye des impôts, des contributions*] contribuente.

contribuer |kɔ̃tʀibɥe| *v.intr.* CONTRIBUER À [*aider à l'exécution d'une œuvre commune*)] contribuire (197) a: *contribuer au succès d'une entreprise* contribuire al successo di un'impresa; *contribuer à une dépense* contribuire a una spesa → **concourir, coopérer.**

contributif, ive |kɔ̃tʀibytif, iv| *adj.* (*dr.*) contributivo.

contribution |kɔ̃tʀibysjɔ̃| *s.f.* **1** contributo *m.*, contribuzione: *voilà ma contribution* ecco il mio contributo → 1 **part, quote-part** **2** [*impôt*] imposta: *contributions directes, indirectes* imposte dirette, indirette; *percevoir une contribution* riscuotere un'imposta; *payer des contributions* pagare le imposte **3** [*collaboration à une œuvre commune*] contributo: *apporter sa contribution à une science* dare il proprio contributo a una scienza → **concours** ◇ (*loc.*) *mettre à contribution* [*utiliser les services de* (*qqn., qqch.*)] usare i servigi di, approfittare di.

contrister |kɔ̃tʀiste| *v.tr.* (*littér.*) [*causer de la tristesse à* (*qqn.*)] contristare, rattristare (*cour.*) → **attrister.**

contrit, ite |kɔ̃tʀi, it| *adj.* **1** (*relig.*) contrito: *un cœur contrit* un cuore contrito → **pénitent, repentant** **2** [*qui marque le repentir*] contrito: *air contrit* aria contrita; *mine contrite* faccia contrita → **chagrin, penaud.**

contrition |kɔ̃tʀisjɔ̃| *s.f.* **1** (*relig.*) contrizione: *contrition parfaite* perfetta contrizione; *acte de contrition* atto di contrizione **2** (*littér.*) [*remords, repentir*] contrizione.

contrôlabilité |kɔ̃tʀolabilite| *s.f.* controllabilità *inv.*

contrôlable |kɔ̃tʀolabl(ə)| *adj.* [→ CONTRÔLER A] controllabile **C** **incontrôlable.**

contrôle |kɔ̃tʀol| *s.m.* **1** controllo: *contrôle d'une comptabilité* controllo di una contabilità; *contrôle des billets de chemin de fer* controllo dei biglietti ferroviari; *contrôle des pièces d'identité par la police* controllo dei documenti da parte della polizia → **inspection** ◇ (*spécialt.*) *contrôle des finances publiques* controllo della finanza pubblica; *contrôle des dépenses et des recettes* controllo delle entrate e delle uscite **2** [*tout examen, pour surveiller ou vérifier*] controllo: *accepter une assertion sans contrôle* accettare un'asserzione senza controllo, senza controllarla **3** [*le fait de maîtriser*] controllo: *le contrôle de soi-même* il controllo di sé stesso; *perdre le contrôle de sa voiture* perdere il controllo della macchina **4** *contrôle des naissances* controllo delle nascite **5** (*milit.*) ruolo: *être rayé des contrôles* essere radiato dai ruoli **6** [*marque du poinçon de l'État*] bollo, marchio* (sui metalli preziosi).

contrôler |kɔ̃tʀole| **A** *v.tr.* **1** [*soumettre à un contrôle*] controllare: *contrôler les comptes* controllare i conti; *contrôler des billets de chemin de fer* controllare i biglietti ferroviari; *contrôler un texte sur l'original* controllare un testo sull'originale → **collationner, examiner, vérifier** **2** [*maîtriser; dominer*] controllare: *contrôler ses réactions* controllare le proprie reazioni **3** [*avoir sous sa domination, sa surveillance*] controllare: *armée qui contrôle une région stratégique* esercito che controlla una zona strategica **4** [*poinçonner* (*les objets d'orfèvrerie*)] marcare **B** *v.pron. réfl.* SE CONTRÔLER [*rester maître de soi*] controllarsi → **maîtriser** (se).

contrôleur, euse |kɔ̃tʀolœʀ, øz| *s.* **1** *s.* controllore *m.*; ispettore*: *contrôleur d'autobus, des chemins de fer* controllore degli autobus, delle ferrovie || *contrôleur des finances* ispettore delle finanze; *contrôleur des contributions* ispettore fiscale → **inspecteur** **2** *s.m.* [*appareil de réglage, de contrôle*] *contrôleur de bougies* apparecchio* per la prova delle candele; *contrôleur de réglage de l'allumage* regolatore dell'accensione; *contrôleur de pression* manometro; *contrôleur d'une locomotive électrique* controller *inv.*

contrordre |kɔ̃tʀɔdʀ(ə)| *s.m.* contrordine: *il y a contrordre* c'è un contrordine ◇ (*loc.*) *sauf contrordre* salvo contrordine.

controuvé, ée |kɔ̃tʀuve| *adj.* [*inventé*] inventato: *nouvelle controuvée* [*inventée de toutes pièces*] notizia inventata di sana pianta → **mensonger** **C** **authentique, vrai.**

controversable |kɔ̃tʀɔvɛʀsabl(ə)| *adj.* [*qui est sujet à controverse*] controvertibile: *opinions controversables* opinioni controvertibili.

controverse |kɔ̃tʀɔvɛʀs(ə)| *s.f.* controversia: *controverse théologique, scientifique* controversia teologica, scientifica; *soulever, provoquer une controverse* far sorgere, provocare una controversia → **polémique.**

controversé, ée |kɔ̃tʀɔvɛʀse| *adj.* controverso: *une théorie très controversée* una teoria molto controversa → **discuté.**

controverser |kɔ̃tʀɔvɛʀse| *v.tr., intr.* (*rare*) [*débattre* (*un point de doctrine, une question*)] controvertere* → **argumenter, discuter.**

controversiste |kɔ̃tʀɔvɛʀsist(ə)| *s.* controversista.

contumace |kɔ̃tymas| *s.f.* contumacia*: *il a été condamné à mort par contumace* è stato condannato a morte in contumacia.

contumace |kɔ̃tymas|, **contumax** |kɔ̃tymaks| *adj.* contumace.

contus, use |kɔ̃ty, yz| *adj.* contuso → **contusionné.**

contusion |kɔ̃tyzjɔ̃| *s.f.* (*méd., cour.*) contusione: *il a eu une légère contusion* ha riportato una leggera contusione → **bleu, bosse.**

contusionné, ée |kɔ̃tyzjɔne| *adj.* contuso.

contusionner |kɔ̃tyzjɔne| *v.tr.* [*blesser par contusion*] provocare una contusione (a), contundere (146).

conurbation |kɔnyʀbɑsjɔ̃| *s.f.* (*géogr.*) conurbazione, agglomerato *m.* urbano.

convaincant, ante |kɔ̃vɛ̃kɑ̃, ɑ̃t| *adj.* convincente: *démonstration convaincante* dimostrazione convincente; *une personne convaincante* una persona convincente # *ce n'est pas très convaincant* non mi convince molto.

convaincre |kɔ̃vɛ̃kʀ(ə)| (54) *v.tr.* **1** [*amener* (*qqn.*) *à reconnaître la vérité de qqch.*] convincere (193): *convaincre qqn. de qqch.* convincere qc. di q.c.; *convaincre un sceptique* convincere uno scettico; *se laisser convaincre* lasciarsi convincere → **persuader** **2** (*dr.*) [*don-*

ner des preuves de la culpabilité de (*qqn.*)] convincere: *convaincre qqn. de trahison, d'imposture* convincere qc. di tradimento, d'impostura; *il a été convaincu de mensonge* è stato convinto di falso.

convaincu, ue |kɔ̃vɛ̃ky| *adj.* convinto: *il est convaincu de ne pas se tromper* è convinto di non sbagliarsi → **certain, sûr** ✦ (*absolt.*) *en êtes-vous convaincu?* ne è convinto?; *parler d'un ton convaincu* parlare in tono convinto → **assuré** [C] **sceptique.**

convalescence |kɔ̃valesɑ̃s| *s.f.* (*méd., cour.*) convalescenza: *en* (*état de*) *convalescence* in (stato di) convalescenza; *être, entrer en convalescence* essere, entrare in convalescenza # *maison de convalescence* convalescenziario → **repos.**

convalescent, ente |kɔ̃valesɑ̃, ɑ̃t| *adj.* convalescente ✦ (*s.*) *un convalescent* un convalescente [C] **malade.**

convection, convexion |kɔ̃vɛksjɔ̃| *s.f.* (*météo., phys.*) convezione.

convenable |kɔ̃vnabl(ə)| *adj.* **1** [*qui convient, est approprié*] conveniente, adeguato: *un mariage convenable* un matrimonio conveniente # *choisir le moment convenable* scegliere il momento adatto, giusto → **favorable, opportun** **2** [*suffisant, acceptable*] conveniente, adeguato: *un salaire* (*à peine*) *convenable* uno stipendio (appena) adeguato, sufficiente **3** [*conforme aux règles de la bienséance*] conveniente, corretto: *des manières convenables* modi corretti; *une tenue convenable* un abbigliamento corretto → **correct, honnête** **4** (*fam.*) (*personnes*) [*comme il faut*] perbene *inv.*, ammodo (*inv.*): *c'est une personne très convenable* è una persona veramente perbene, ammodo ◇ (*choses*) [*bon*] come si deve (*loc. inv.*): *un repas convenable* un pranzo come si deve, discreto [C] 3 **inconvenant, incorrect.**

convenablement |kɔ̃vnabləmɑ̃| *adv.* **1** (*fam.*) [→ CONVENABLE 2] adeguatamente: *il est payé convenablement* è adeguatamente pagato **2** [*correctement*] decorosamente: *un homme pauvre, mais convenablement vêtu* un uomo povero ma decorosamente vestito.

convenance |kɔ̃vnɑ̃s| *s.f.* **1** (*littér.*) [*caractère de ce qui convient*] affinità *inv.* (*cour.*): *convenance d'humeur, de goûts, de caractère entre deux personnes* affinità di umore, di gusti, di carattere tra due persone → **conformité, harmonie** **2** [*ce qui convient à qqn.*] gusto *m.*, gradimento (*m.*): *consulter les convenances de qqn.* informarsi sui gusti di qc.; *trouver qqch., qqn. à sa convenance* trovare q.c., qc. di proprio gusto, gradimento; *trouver un hôtel à sa convenance* trovare un albergo di proprio gusto, gradimento → **goût, gré** # *prendre un congé pour des convenances personnelles* prendere un permesso per motivi personali; *mariage de convenance* matrimonio di convenienza ◇ (*loc.*) *être à la convenance de qqn.* → 1 **convenir** 2 **3** (*au plur.*) *les convenances* [*ce qui est en accord avec les bienséances*] le convenienze: *observer, respecter les convenances* osservare, rispettare le convenienze; *braver les convenances* sfidare le convenienze; *blesser les convenances* venir meno alle convenienze → **usage** # *contraire aux convenances* sconveniente.

1 **convenir** |kɔ̃vniʀ| (27) (*aux.* '*avoir*') **A** *v.intr.* **1** CONVENIR À (QQCH.) [*être approprié à* (*qqch.*)] confarsi (103) *pron.*, addirsi (132) (*pron.*): *les vêtements qui conviennent à la circonstance* gli abiti che si confanno, si addicono all'occasione **2** CONVENIR À (QQN.) [*être agréable, utile* (*à qqn.*)]: *cet emploi lui aurait convenu* questo impiego avrebbe fatto al caso suo, sarebbe stato adatto per lui (lei); *ce climat lui convient* questo clima gli si confà, gli si addice; *j'irai chez lui, si ça me convient, si ça me chante* (*fam.*) andrò da lui, se mi va, se ne ho voglia; *cela me convient parfaitement* (questo) fa proprio al caso mio, mi va proprio bene; *cette chambre me convient à peu près, je m'en accommoderai* questa camera mi va abbastanza bene, me ne accontenterò → **agréer, plaire** **3** *loc.* IL CONVIENT DE (+ *inf.*) [*il est conforme aux usages, aux besoin de*] è opportuno, conviene (+ *inf.*): *il convient de se taire, de dire tout* è opportuno, conviene tacere, dire tutto ~ IL CONVIENT QUE (+ *subj.*) conviene che (+ *subj.*): *il convient que vous y alliez, que vous ne partiez pas* conviene, è bene che ci andiate, che non partiate **B** *v.pron. récipr.* SE CONVENIR [*être approprié l'un à l'autre, se plaire mutuellement*] fare (103) *intr.* l'uno per l'altro: *deux personnes qui se conviennent* due persone che fanno l'una per l'altra.

2 **convenir** |kɔ̃vniʀ| (27) *v.intr.* (*aux.* '*être*', *littér.* '*avoir*') **1** *sujet sing.* [*tomber d'accord sur; reconnaître la vérité de*] convenire (202) (*aux.* avere): *il faut convenir qu'il a raison* bisogna convenire, riconoscere che ha ragione; *vous devriez en convenir* dovreste convenirne → **avouer, reconnaître, admettre** **2** *sujet plur.* [*faire un accord, s'accorder sur*] convenire: *ils ont convenu* (*littér., sont convenus*) *d'y aller* hanno convenuto di andarci → **entendre (s')**; *convenir d'un lieu de rendez-vous* convenire sul luogo di un appuntamento ◇ (*passif*) *il a été convenu que* [*on a décidé que*] è stato convenuto, si è concordato che ◇ *loc.* COMME CONVENU come convenuto, come d'accordo: *nous nous verrons demain, comme convenu* ci vedremo domani, come convenuto, come d'accordo.

convent |kɔ̃vɑ̃| *s.m.* assemblea *f.* generale di massoni.

conventicule |kɔ̃vɑ̃tikyl| *s.m.* (*littér.*) conventicola *f.*

1 **convention** |kɔ̃vɑ̃sjɔ̃| *s.f.* **1** (*dr.*) convenzione: *conventions internationales, commerciales* convenzioni internazionali, commerciali → 1 **accord, traité** ◇ (*spécialt.*) *convention collective* contratto *m.* collettivo ◇ [*clause d'un accord*] accordo *m.*, patto (*m.*): *ceci n'est pas dans la convention* questo non fa parte degli accordi, non è nei patti **2** [*ce qui résulte d'une règle acceptée*] *les conventions* (*sociales*) le convenzioni sociali; *les conventions du théâtre, du roman* le convenzioni del teatro, del romanzo → **procédé** **3** *loc. adv.* DE CONVENTION convenzionale (*adj.*): *un langage de convention* un linguaggio convenzionale → **conventionnel** ~ (*péj.*) *un masque de convention* un aspetto stereotipato; *des sentiments de convention* sentimenti falsi.

2 **convention** |kɔ̃vɑ̃sjɔ̃| *s.f.* **1** [*assemblée exceptionnelle réunie pour établir une constitution*] convenzione: *la Convention* (*nationale*) la Convenzione (nazionale) → **constituant** 2 **2** (*aux États-Unis*) convenzione: *convention démocrate* convenzione democratica.

conventionnalisme |kɔ̃vɑ̃sjɔnalism(ə)| *s.m.* (*philo., cour.*) convenzionalismo.

conventionnaliste |kɔ̃vɑ̃sjɔnalist(ə)| *adj. et s.* (*philo.*) convenzionalista.

conventionné, ée |kɔ̃vɑ̃sjɔne| *adj.* convenzionato: *médecin conventionné* medico convenzionato.

conventionnel, elle |kɔ̃vɑ̃sjɔnɛl| **I** *adj.* **1** (*dr., fin.*) convenzionale: *acte conventionnel* atto convenzionale; *valeur conventionnelle de la monnaie* valore convenzionale del denaro → **arbitraire** **2** [*qui résulte d'une décision*] convenzionale: *signe, caractère conventionnel* segno, carattere convenzionale **3** [*conforme aux conventions sociales, peu sincère*] convenzionale: *formules conventionnelles de politesse* formule convenzionali di cortesia; *il a des idées très conventionnelles* ha idee molto convenzionali **4** (*milit.*) *armement conventionnel* armamento convenzionale, classico*; *moyens conventionnels* mezzi convenzionali, tradizionali **II** (*s.m.*) *les conventionnels* i membri della Convenzione.

conventionnellement |kɔ̃vɑ̃sjɔnɛlmɑ̃| *adv.* [*par convention*] convenzionalmente.

conventionnement |kɔ̃vɑ̃sjɔnmɑ̃| *s.m.* accordo tra medici ed enti (statali, assistenziali).

conventualité |kɔ̃vɑ̃tɥalite| *s.f.* (*relig.*) vita conventuale *adj.*

conventuel, elle |kɔ̃vɑ̃tɥɛl| *adj.* conventuale: *la vie conventuelle* la vita conventuale; *assemblée conventuelle* assemblea conventuale # *maison conventuelle* convento.

convenu, ue |kɔ̃vny| *adj.* **1** convenuto, deciso: *chose convenue* cosa convenuta, decisa → **décidé** # *c'est convenu!* (siamo) intesi!, d'accordo! ◇ (*par ext.*) *prix convenu* prezzo convenuto; *langage convenu* linguaggio convenuto **2** (*péj.*) [*conforme à une convention* (*littér., sociale*)] convenzionale → **conventionnel, artificiel.**

convergence |kɔ̃vɛʀʒɑ̃s| *s.f.* **1** convergenza: *convergence de deux lignes* convergenza di due linee ◇ (*opt.*) *convergence d'une lentille* convergenza di una lente ◇ (*math.*) convergenza **2** (*fig.*) [*action d'aboutir au même résultat*] convergenza: *convergence des efforts, des volontés* convergenza di sforzi, di propositi → **concours** [C] **divergence.**

convergent, ente |kɔ̃vɛʀʒɑ̃, ɑ̃t| *adj.* **1** convergente: *lignes convergentes* linee convergenti; *miroir convergent* specchio convergente; *lentille convergente* lente convergente **2** (*fig.*) [*qui tend au même résultat*] convergente: *des efforts convergents* sforzi convergenti [C] **divergent.**

converger |kɔ̃vɛʀʒe| (3) *v.intr.* **1** [*se diriger vers un point commun*] convergere (114): *les rayons lumineux traversant une lentille convergent vers le foyer* i raggi luminosi che attraversano una lente convergono verso il fuoco; *point où convergent plusieurs routes* punto in cui convergono parecchie strade # *leurs regards convergèrent sur lui* rivolsero i loro sguardi verso di lui **2** (*fig.*) [*tendre vers le même résultat*] convergere: *leurs théories, leurs idées convergent* le loro teorie, le loro idee convergono **C** **diverger.**

convers, erse |kɔ̃vɛʀ, ɛʀs(ə)| *adj.* (*relig.*) *frère convers* converso (*s.m.*); *sœur converse* conversa *s.f.*

conversation |kɔ̃vɛʀsɑsjɔ̃| *s.f.* **1** conversazione: *engager, commencer une conversation* attaccare conversazione, cominciare una conversazione; *ranimer, soutenir, alimenter la conversation* ravvivare, sostenere, alimentare la conversazione; *détourner la conversation* cambiare conversazione, discorso; *éviter un sujet de conversation* evitare un argomento di conversazione; *j'ai eu une conversation téléphonique avec lui* ho avuto una conversazione telefonica, una telefonata con lui → **communication**; *il a fait les frais de la conversation* [*on n'a parlé que de lui*] è stato al centro della conversazione → 2 **entretien** # *faire la conversation avec qqn., à qqn.* (*fam.*) conversare con qc. (*cour.*) **2** [*entretien entre personne responsables, souvent à huis clos*] colloquio* *m.*, conversazione: *conversations secrètes, diplomatiques* colloqui segreti, diplomatici **3** *la conversation de qqn.* [*sa manière de parler*] il modo *m.* di parlare, il linguaggio* *m.* di qc. ◇ (*fam.*) *avoir de la conversation* [*parlar avec aisance*] essere un buon conversatore (*cour.*).

converser |kɔ̃vɛʀse| *v.intr.* [*parler avec une ou plusieurs personnes*] conversare: *nous avons conversé un bon moment familièrement* abbiamo conversato familiarmente per un bel po' → 2 **causer, bavarder** **C** **taire (se).**

conversion |kɔ̃vɛʀsjɔ̃| *s.f.* **1** conversione: *conversion d'un païen* conversione di un pagano; *conversion au bouddhisme* conversione al buddismo; *conversion au socialisme* conversione al socialismo **2** (*fin.*) *conversion d'une somme d'argent liquide en valeurs* conversione di una somma di denaro liquido in valori; *conversion d'un titre, d'une rente* conversione di un titolo, di una rendita **3** (*milit.*) conversione: *la troupe effectua une conversion* l'esercito effettuò una conversione.

converti, ie |kɔ̃vɛʀti| *adj.* convertito: *des païens convertis* pagani convertiti ✦ (*s.*) *un converti* un convertito ◇ (*loc.*) *prêcher un converti* [*tenter de convaincre une personne déjà convaincue*] sfondare una porta aperta.

convertibilité |kɔ̃vɛʀtibilite| *s.f.* (*fin.*) convertibilità (*inv.*): *convertibilité d'une rente* convertibilità di una rendita; *non convertibilité d'un billet* non convertibilità, corso forzoso di una banconota.

convertible |kɔ̃vɛʀtibl(ə)| **1** *adj.* (*fin.*) convertibile: *rente convertible* rendita convertibile **2** *s.m.* (*aviat.*) convertibile, convertiplano.

convertir |kɔ̃vɛʀtiʀ| **A** *v.tr.* **1** [*amener* (*qqn.*) *à adopter une croyance*] convertire (203): *convertir les païens* convertire i pagani; *convertir un sceptique à la foi* convertire uno scettico alla fede ◇ [*faire adhérer à une opinion*] *convertir qqn. au socialisme* convertire qc. al socialismo **2** (*fin.*) *convertir sa fortune en espèces* convertire i propri beni in moneta; *convertir une rente, un titre* convertire una rendita, un titolo → 1 **réaliser** **3** (*agric.*) *convertir une terre en blés* trasformare un terreno mettendolo a grano **B** *v.pron. réfl.* SE CONVERTIR [→ *tr.* 1] convertirsi: *il s'était converti au communisme* si era convertito al comunismo.

convertissable |kɔ̃vɛʀtisabl(ə)| *adj.* (*rare*) [→ CONVERTIR] convertibile (*cour.*).

convertissage |kɔ̃vɛʀtisaʒ| *s.m.* (*métall.*) conversione *f.* della ghisa in acciaio.

convertissement |kɔ̃vɛʀtismɑ̃| *s.m.* (*fin.*) conversione *f.*

convertisseur |kɔ̃vɛʀtisœʀ| *s.m.* **1** (*rare*) [*celui qui opère des conversions*] convertitore* *s.*, chi converte *loc.* **2** (*électr.*, *techn.*) convertitore.

convexe |kɔ̃vɛks(ə)| *adj.* convesso: *lentille, miroir convexe* lente convessa, specchio convesso; *surface, courbe convexe* superficie, curva convessa; *polygone convexe* poligono convesso → **bombé, renflé** **C** **concave.**

convexité |kɔ̃vɛksite| *s.f.* convessità (*inv.*): *convexité de la colonne vertébrale* convessità della colonna vertebrale.

convict |kɔ̃vikt| *s.m.* (*dr. angl.*) forzato, deportato.

conviction |kɔ̃viksjɔ̃| *s.f.* **1** convinzione: *acquérir une conviction* acquisire una convinzione; *parler avec conviction* parlare con convinzione # *j'en ai la conviction* ne sono convinto ◇ (*fam.*) [*sérieux*] convinzione (*cour.*): *jouer son rôle avec beaucoup de conviction* fare la propria parte con molta convinzione **2** [*opinion ferme*] convinzione: *il agit selon ses convictions personnelles* agisce secondo le sue personali convinzioni **3** (*dr.*) *pièce à conviction* prova del reato *m.* **C** 1, 2 **doute, scepticisme.**

convier |kɔ̃vje| *v.tr.* **1** [*inviter* (*à un repas, une réunion*)] invitare: *convier qqn. à une réception* invitare qc. ad un ricevimento **2** (*fig.*) [*engager, solliciter*] invitare, incitare: *convier qqn. à faire qqch.* invitare qc. a fare q.c.; *le beau temps convie à la promenade* il bel tempo invita ad andare a passeggio.

convive |kɔ̃viv| *s.* [*personne invitée à un repas avec d'autres*] convitato, commensale → **invité.**

convocable |kɔ̃vɔkabl(ə)| *adj.* [→ CONVOQUER] convocabile.

convocation |kɔ̃vɔkɑsjɔ̃| *s.f.* [→ CONVOQUER] convocazione: *convocation urgente* convocazione urgente; *convocation d'une assemblée* convocazione di un'assemblea; *se rendre, répondre à une convocation* presentarsi, rispondere a una convocazione, a una chiamata ◇ (*par ext.*) [*feuille de convocation*] *convocation à un examen* (lettera di) convocazione ad un esame.

convoi |kɔ̃vwa| *s.m.* **1** convoglio*: *convoi de voitures militaires, de navires* convoglio di automezzi militari, di navi; *diriger un convoi sur tel port* inviare un convoglio verso un certo porto ◇ (*personnes*) *convoi de troupes, de prisonniers* convoglio di truppe, di prigionieri **2** [*train*] convoglio: *détourner un convoi* deviare un convoglio **3** [*cortège funèbre*] convoglio, corteo funebre.

convoiement |kɔ̃vwamɑ̃| *s.m.* [→ CONVOYER] scorta *f.*

convoiter |kɔ̃vwate| *v.tr.* [*désirer* (*qqch.*) *avec avidité*] bramare, agognare: *convoiter un héritage* bramare, agognare un'eredità; *il convoitait la première place* bramava (ottenere) il primo posto; *convoiter une femme* bramare una donna.

convoitise |kɔ̃vwatiz| *s.f.* [*désir immodéré de posséder une chose*] cupidigia*, brama: *convoitise des richesses* cupidigia, brama di ricchezze; *regarder avec convoitise* guardare con cupidigia, bramosamente → **avidité, envie** # *convoitise de la chair* concupiscenza.

convoler |kɔ̃vɔle| *v.intr.* (*dans la loc.*) *convoler* (*en justes noces*) [*se marier, se remarier*] convolare a giuste nozze.

convoluté, ée |kɔ̃vɔlyte| *adj.* (*bot.*) convoluto.

Convolvulacées |kɔ̃vɔlvylase| *s.f. pl.* (*t.bot.*) Convolvulacee.

convolvulus |kɔ̃vɔlvylys| *s.m.* → **liseron.**

convoquer |kɔ̃vɔke| *v.tr.* **1** [*appeler à se réunir*] convocare: *convoquer les candidats à un examen* convocare i candidati a un esame; *convoquer une assemblée pour telle date* convocare, indire un'assemblea per una certa data; *convoquer par lettre, par téléphone* convocare per lettera, telefonicamente → **assembler** **2** [*faire venir* (*une seule personne*) *auprès de soi*] chiamare, convocare: *le directeur m'a convoqué dans son bureau* il direttore mi ha chiamato, convocato nel suo ufficio.

convoyage |kɔ̃vwajaʒ| *s.m.* → **convoiement.**

convoyer |kɔ̃vwaje| (10) *v.tr.* (*milit.*) [*accompagner pour protéger*] scortare: *avions qui convoient un transport de troupes, de munitions* aerei che scortano un trasporto di truppe, di munizioni → **escorter.**

convoyeur |kɔ̃vwajœʀ| *s.m.* **1** (*mar.*) nave *f.* scorta **2** [*fonctionnaire chargé d'accompagner un transport*] scorta *f.*, accompagnatore **3** (*techn.*) trasportatore, convogliatore: *convoyeur blindé* trasportatore blindato; *convoyeur à bande* trasportatore a nastro, nastro trasportatore.

convulsé, ée |kɔ̃vylse| *adj.* [*contracté par des convulsions*] contratto: *visage convulsé* viso contratto.

convulser |kɔ̃vylse| *v.tr.* [*agiter, tordre par des convulsions*] contrarre (190): *la peur convulsait ses traits* aveva i lineamenti contratti dalla paura → 3 **contracter, crisper.**

convulsif, ive |kɔ̃vylsif, iv| *adj.* convulsivo, convulso: *toux convulsive* tosse convulsiva, convulsa; *mouvement convulsif* movimento convulso; *rires convulsifs* risa convulse; *sanglots convulsifs* singhiozzi convulsi.

convulsifiant, ante |kɔ̃vylsifjɑ̃, ɑ̃t| *adj.* (*méd.*) convulsivante, che provoca convulsioni *loc.* (*cour.*).

convulsion |kɔ̃vylsjɔ̃| *s.f.* **1** (*méd.*, *cour.*) convulsione: *se tordre dans les convulsions* contorcersi in convulsioni → **spasme** ◇ (*par exagér.*) [*mouvement violent*] *convulsions de colère, de rires* convulsioni di rabbia, di risa **2** [*agitation violente, trouble soudain*] sconvolgimento *m.*, cataclisma (*m.*): *les convulsions politiques d'une révolution* gli sconvolgimenti politici di una rivoluzione → **secousse.**

convulsionnaire |kɔ̃vylsjɔnɛʀ| *s. et adj.* convulsionario*.
convulsionner |kɔ̃vylsjɔne| *v.tr.* (*méd.*) [*donner des convulsions à*] far (103) *intr.* venire le convulsioni (a) ♦ (*au p.p.*) *visage convulsionné* viso contratto.
convulsivement |kɔ̃vylsivmɑ̃| *adv.* [→ CONVULSIF] convulsamente: *s'agiter convulsivement* agitarsi convulsamente.
coobligé, ée |kɔɔbliʒe| *s.* (*dr.*) coobbligato.
cooccupant, ante |kɔɔkypɑ̃, ɑ̃t| *s. et adj.* (*dr.*) cooccupante.
coolie |kuli| *s.m.* (*angl.*) coolie *inv.*
coopérant |kɔɔpeʀɑ̃| *s.m.* (*en France*) specialista *s.* incaricato di cooperare con paesi in via di industrializzazione.
coopérateur, trice |kɔɔpeʀatœʀ, tʀis| *s.* cooperatore*; socio* di cooperativa → **collaborateur** ♦ (*adj.*) *agent coopérateur* agente cooperatore.
coopératif, ive |kɔɔpeʀatif, iv| *adj.* cooperativistico*; cooperativo: *système coopératif* sistema cooperativistico.
coopération |kɔɔpeʀɑsjɔ̃| *s.f.* **1** cooperazione, collaborazione: *apporter sa coopération à une entreprise* fornire la propria collaborazione a un'impresa → 1 **aide, concours, collaboration** **2** (*écon.*) cooperazione # *société de coopération* società cooperativa → **association** ◇ (*polit.*) cooperazione → 1 **aide.**
coopératisme |kɔɔpeʀatism(ə)| *s.m.* (*écon.*) cooperativismo.
coopérative |kɔɔpeʀativ| *s.f.* cooperativa: *coopérative d'achat, de vente* cooperativa di acquisto, di vendita; *coopérative de production* cooperativa di produzione; *coopérative de consommation* cooperativa di consumo → **association, mutuel** 2.
coopérer |kɔɔpeʀe| (8) *v.intr.* [*opérer conjointement avec qqn.*] cooperare, collaborare: *coopérer à une entreprise* cooperare, collaborare a un'impresa → **collaborer.**
cooptation |kɔɔptɑsjɔ̃| *s.f.* cooptazione.
coopter |kɔɔpte| *v.tr.* [*admettre par cooptation*] cooptare.
coordinateur, trice |kɔɔʀdinatœʀ, tʀis| *s. et adj.* → **coordonnateur.**
coordination |kɔɔʀdinɑsjɔ̃| *s.f.* **1** coordinamento *m.*, coordinazione: *coordination des opérations* coordinamento delle operazioni → **organisation** ◇ (*anat.*) *coordination des mouvements* coordinazione dei movimenti **2** (*gram.*) coordinazione # *conjonction de coordination* congiunzione coordinativa.
coordonnateur, trice |kɔɔʀdɔnatœʀ, tʀis| *s. et adj.* coordinatore*.
coordonné, ée |kɔɔʀdɔne| *adj.* **1** [*organisé avec*] coordinato: *actions coordonnées* azioni coordinate **2** (*ling.*) coordinato: *des (propositions) coordonnées* proposizioni coordinate.
coordonnées |kɔɔʀdɔne| *s.f. pl.* **1** (*math.*) coordinate: *coordonnées cartésiennes* coordinate cartesiane **2** *coordonnées géographiques* coordinate geografiche **3** (*fam.*) [*élément qui permet de situer qqch.*] *donnez-moi vos coordonnées* mi dia il suo nome e indirizzo (e numero di telefono).
coordonner |kɔɔʀdɔne| *v.tr.* [*disposer selon certains rapports en vue d'une fin*] coordinare: *coordonner une chose à, avec une autre* coordinare una cosa con un'altra © **désorganiser.**
copahu |kɔpay| *s.m.* (*pharm.*) balsamo di copaive.
copain, ine |kɔpɛ̃, in| *s.* (*fam.*) [*camarade de classe, de travail*] compagno, amico*: *salut, les copains!* salve amici!, salve ragazzi!; *ce sont de bons copains* sono buoni amici.
copal |kɔpal| *s.m.* (*bot., chim.*) copale, coppale (*fam.*).
copartage |kɔpaʀtaʒ| *s.m.* (*dr.*) divisione *f.*, condivisione *f.*
copartageant, ante |kɔpaʀtaʒɑ̃, ɑ̃t| *s. et adj.* (*dr.*) partecipante a una divisione, condividente.
copartager |kɔpaʀtaʒe| (3) *v.tr.* (*dr.*) [*partager avec une ou plusieurs personnes*] condividere (130): *copartager une succession* condividere una successione.
coparticipant, ante |kɔpaʀtisipɑ̃, ɑ̃t| *adj. et s.* (*dr.*) compartecipe.
coparticipation |kɔpaʀtisipɑsjɔ̃| *s.f.* (*dr.*) compartecipazione # *la coparticipation des travailleurs aux bénéfices* la cointeressenza, la partecipazione dei lavoratori agli utili.
copayer, copaïer |kɔpaje| *s.m.* (*t.bot.*) copaive *f.*
copeau |kɔpo| *s.m.* [*éclat, morceau détaché par un instrument tranchant*] truciolo: *copeaux de hêtre, de sapin* trucioli di faggio, di abete; *copeaux d'acier, de cuivre* trucioli d'acciaio, di rame; *panneau de copeaux* pannello di trucioli.
Copépodes |kɔpepɔd| *s.m. pl.* (*t. zool.*) Copepodi.
copermuter |kɔpɛʀmyte| *v.tr.* (*hist.*) → **échanger.**
copernicien, ienne |kɔpɛʀnisjɛ̃, jɛn| *adj.* [*de Copernic*] copernicano.
copiage |kɔpjaʒ| *s.m.* [*le fait de copier* (*dans un examen*) *ou d'imiter servilement*] copiatura *f.*; plagio*.
copie |kɔpi| *s.f.* **I 1** copia: *copie exacte, fidèle* copia esatta, fedele; *copie collationnée à* (*sur, avec*) *l'original* copia collazionata sull' (con l')originale; *pour copie conforme* per copia conforme; *copie d'un contrat, d'un acte notarié* copia di un contratto, di un atto notarile; *expédier, délivrer une copie* spedire, rilasciare una copia **2** [*écrit sur lequel l'imprimeur compose*] *copie manuscrite* testo *m.* manoscritto, manoscritto (*m.*); *donner, fournir de la copie à l'imprimeur* dare, fornire materiale *m.* al tipografo ◇ (*fam.*) *journaliste en mal de copie* giornalista a corto di articoli *m.*, d'ispirazione ~ *pisseur de copie* scribacchino, giornalista da strapazzo **3** [*devoir que l'écolier remet à son professeur*] compito (*m.*): *ramasser les copies après une épreuve* raccogliere, ritirare i compiti dopo un'esercitazione **II 1** [*reproduction d'une œuvre d'art originale*] copia: *copie d'un tableau* copia di un quadro → **imitation** ◇ [*exemplaire d'un film de cinéma*] *faire tirer vingts copies* far fare venti copie **2** [*imitation d'une œuvre*] copia: *ce livre n'est qu'une pâle copie* questo libro non è che una pallida copia → **plagiat** **3** (*vieilli*) (*personnes*) → **réplique, sosie.**
copier |kɔpje| **A** *v.tr.* **1** [*reproduire* (*un écrit*)] copiare: *copier fidèlement un texte, un passage* copiare fedelmente un testo, un passo; *copier qqch. au propre, au net* copiare q.c. in bella (copia) → **reproduire, calquer** **2** [*imiter frauduleusement*] copiare: *il a copié son voisin* ha copiato dal suo vicino → **tricher** ♦ (*absolt.*) *il copie* copia **3** [*reproduire* (*une œuvre d'art*)] copiare: *copier un maître* copiare un maestro → **imiter** **4** [*imiter* (*qqn., ses manières*)] copiare: *il copie la façon de parler de son père* copia il modo di parlare di suo padre → **contrefaire, mimer** **B** (*v. intr.*) *copier sur qqn.* [→ *tr.* 2] copiare da qc.
copieur, euse |kɔpjœʀ, øz| *s.* (*scol.*) [*élève qui copie sur ses camarades*] copiatore*, copione (*pop.*).
copieusement |kɔpjøzmɑ̃| *adv.* [→ COPIEUX] abbondantemente, copiosamente (*littér.*): *boire copieusement* bere abbondantemente, copiosamente → **beaucoup, abondamment.**
copieux, euse |kɔpjø, øz| *adj.* abbondante, copioso (*littér.*): *un repas copieux* un pasto abbondante, un lauto pasto → **plantureux, abondant** # *un pourboire copieux* una lauta mancia → **généreux.**
copilote |kɔpilɔt| *s.* copilota.
copinage |kɔpinaʒ| *s.m.* → **copinerie** 1.
copine |kɔpin| *s.f.* (*fam.*) [*camarade de classe, de travail*] compagna, amica*.
copiner |kɔpine| *v.intr.* (*fam.*) [*avoir des relations de camaraderie*] essere (96) amici (amiche): *ils copinent avec une bande de jeunes* sono amici di un gruppo di giovani.
copinerie |kɔpinʀi| *s.f.* **1** (*fam.*) [*relation de copains*] cameratismo *m.* **2** [*les copains*] i compagni *m. pl.*, gli amici *m. pl.* # *ils ont invité toute la copinerie* hanno invitato tutta la compagnia.
copiste |kɔpist(ə)| *s.* **1** copista, amanuense (*m.*): *c'est une faute du copiste* è un errore del copista **2** [*imiteur d'œuvres d'art*] copista, imitatore* → **contrefacteur, plagiaire.**
coplanaire |kɔplanɛʀ| *adj.* (*géom.*) complanare.
coposséder |kɔposede| (8) *v.tr.* (*dr.*) [*posséder avec d'autres possesseurs*] possedere (183) in comune, avere (97) un compossesso.
copra(h) |kɔpʀa| *s.m.* copra (*f.*): *huile de copra* olio di copra.
coprésidence |kɔpʀezidɑ̃s| *s.f.* copresidenza.
coprésident, ente |kɔpʀezidɑ̃, ɑ̃t| *s.* copresidente*.
coprin |kɔpʀɛ̃| *s.m.* (*t.bot.*) coprino.
coproduction |kɔpʀɔdyksjɔ̃| *s.f.* (*ciné., télév.*) coproduzione.
coprolalie |kɔpʀɔlali| *s.f.* coprolalia.
coprophage |kɔpʀɔfaʒ| *adj.* coprofago*.
coprophile |kɔpʀɔfil| *adj.* (*biol.*) coprofilo.
copropriétaire |kɔpʀɔpʀijetɛʀ| *s.* comproprietario*; condomino.
copropriété |kɔpʀɔpʀijete| *s.f.* comproprietà *inv.*; condominio* *m.*
copte |kɔpt(ə)| **I** *s.* **1** *s.* [*chrét. d'Égypte*] Copto **2** (*s.m.*) *le copte* [*la langue*] il copto **II** *adj.* [*qui se rapporte aux Coptes*] copto.
copulatif, ive |kɔpylatif, iv| *adj.* (*gram., log.*) copulativo: *conjonction copulative* congiunzione copulativa.
copulation |kɔpylɑsjɔ̃| *s.f.* copulazione, copula.

copule |kɔpyl| *s.f.* (*gram.*) copula.
copyright |kɔpiRajt| *s.m.* (*angl.*) copyright *inv.*
1 **coq** |kɔk| *s.m.* **1** (*t.zool.*) gallo ~ *coq faisan* fagiano ~ *coq héron* upupa *f.* → **huppe** ~ *coq de marais* francolino → **gélinotte** ◇ (*cour.*) *au chant du coq* al canto del gallo, allo spuntar del giorno; *le coq gaulois* [*symbole de la France*] il gallo francese **2** (*loc.*) *avoir des jambes de coq* avere le gambe magre, secche ~ *être rouge comme un coq* essere rosso come un tacchino ~ *le coq du village* [*le plus admiré des femmes*] il gallo della Checca ~ *être comme un coq en pâte* [*être soigné, dorloté*] stare, vivere come un pascià ~ *passer du coq à l'âne* saltare di palo in frasca **3** (*boxe*) *poids coq* peso gallo *inv.*
2 **coq** |kɔk| *s.m.* [*cuisinier à bord d'un navire*] cuoco* (di bordo), cuciniere: *maître-coq* capo cuoco.
coq-à-l'âne |kɔkalɑn| *s.m. inv.* discorso *var.* sconnesso, sproloquio* *var.* ◇ (*loc.*) *faire un coq-à-l'âne, passer du coq à l'âne* [*passer sans transition et sans motif d'un sujet à l'autre*] saltare di palo in frasca.
coquart, coquard |kɔkaR| *s.m.* (*pop.*) livido (*cour.*), ecchimosi *f. inv.* (*cour.*) (intorno all'occhio); occhio* nero, pesto.
-coque |kɔk| *suff.* (*signifiant 'grain', correspond généralt. à*) cocco: *streptocoque* streptococco.
1 **coque** |kɔk| *s.f.* **1** [*enveloppe rigide de certains fruits*] guscio* (*m.*): *coque de noisette, de noix* guscio di nocciola, di noce → 1 **coquille** **2** [*coquillage comestible*] cappa **3** (*littér.*) [*enveloppe extérieure d'un œuf*] guscio ◇ (*cour.*) *œuf à la coque* uovo alla 'coque' **4** *coque d'huître* → 1 **coquille.**
2 **coque** |kɔk| *s.f.* **1** *coque de navire* guscio* *m.*, scafo *m.* di nave **2** [*carcasse du corps d'un avion*] carcassa di aereo **3** (*auto.*) scocca*.
coquecigrue |koksigRy| *s.f.* (*vx.*) → **baliverne, absurdité.**
coquelet |kɔklɛ| *s.m.* (*cuis.*) [*jeune coq*] pollastro, galletto: *coquelet au vin blanc* pollastro al vino bianco.
coquelicot |kɔkliko| *s.m.* (*t.bot.*) papavero, rosolaccio* → 1 **ponceau** ◇ (*loc.*) *rouge comme un coquelicot* rosso come un papavero.
coqueluche |kɔklyʃ| *s.f.* **1** (*méd., cour.*) pertosse: *quintes de la coqueluche* accessi della pertosse **2** (*loc.*) *être la coqueluche de* (*du village*) [*être aimé, admiré de*] essere il cocco *m.*, l'idolo *m.* di (del paese).
coquelucheux, euse |kɔklyʃø, øz| *s. et adj.* affetto da pertosse.
coquemar |kɔkmaR| *s.m.* [*bouilloire à anse*] cuccuma *f.*
coquerico |kɔkRiko| *s.m.* [*cri du coq*] chicchirichì *inv.*
coquerie |kɔkRi| *s.f.* (*mar.*) cucina.
coqueron |kɔkRɔ̃| *s.m.* (*mar.*) gavone.
coquet, ette |kɔkɛ, ɛt| *adj.* **I** **1** [*qui cherche à plaire aux personnes du sexe opposé*] (*femme*) civettuolo; (*homme*) galante: *femme coquette* donna civettuola ‖ *se montrer coquet auprès des femmes* mostrarsi galante con le donne ✦ (*s.f.*) *une coquette* una civetta ◇ (*loc.*) *jouer les grandes coquettes* [*chercher à séduire*] fare la civetta ✦ *s.m.* (*vieilli*) *un coquet* un damerino (*cour.*), un bellimbusto (*cour.*) **2** [*qui veut plaire par sa mise, qui a le goût de la toilette*] (*femme*) carino, grazioso; (*homme*) elegante: *petite fille coquette* ragazzina carina, graziosa ‖ *un homme trop coquet* un elegantone → **dandy** ◇ (*choses*) grazioso, civettuolo: *coiffure coquette* pettinatura graziosa, civettuola; *il habite une coquette petite villa* abita in una graziosa villetta **II** (*fam.*) [*d'une importance assez considérable*] *il m'en a coûté la coquette somme de...* mi è costato la bella somma, la sommetta di...; *un héritage* (*assez, plutôt*) *coquet* un'eredità (abbastanza, piuttosto) cospicua (*cour.*).
coqueter |kɔkte| (5) *v.intr.* **1** → **minauder, poser** **2** (*vieilli*) → **flirter.**
1 **coquetier** |kɔktje| *s.m.* [*petite coupe dans laquelle on met les œufs à la coque*] portauovo *inv.*
2 **coquetier** |kɔktje| *s.m.* [*marchand d'œufs, de volailles*] pollaiolo, pollivendolo → **volailler.**
coquetière |kɔktjɛR| *s.f.* bollitore *m.* per uova.
coquettement |kɔkɛtmɑ̃| *adv.* [→ COQUET I] graziosamente.
coquetterie |kɔkɛtRi| *s.f.* **1** [*souci de plaire aux personnes de l'autre sexe*] civetteria: *une coquetterie* una civetteria → **galanterie** # *être en coquetterie avec une femme* civettare, flirtare con una donna → **flirt** ◇ (*loc. fam.*) *avoir une coquetterie dans l'œil* essere leggermente strabico **2** [*goût de la toilette, désir de plaire par sa mise*] grazia, civetteria: *la coquetterie d'une robe, d'une coiffure* la grazia, la civetteria di un abito, di una pettinatura → **élégance** **3** [*légère affectation*] civetteria: *la coquetterie des opinions rares* la civetteria, lo sfizio *m.* (*région.*) delle opinioni straordinarie.
coquillage |kɔkijaʒ| *s.m.* **1** (*zool.*) mollusco*, conchifero: *coquillages comestibles* molluschi, conchiferi commestibili → **fruit** I 2 ◇ (*cour.*) *il aime les coquillages* gli piacciono i frutti di mare **2** [*la coquille elle-même*] conchiglia (*f.*): *collier de coquillages* collana di conchiglie.
coquillart |kɔkijaR| *s.m.* (*minér.*) calcare conchiglifero.
1 **coquille** |kɔkij| *s.f.* **I** **1** [*enveloppe calcaire qui recouvre le corps de la plupart des mollusques*] conchiglia, guscio* (*m.*): *coquille bivalve* conchiglia bivalve; *coquille enroulée du limaçon* guscio a spirale della chiocciola ◇ (*loc. fig.*) *rentrer dans sa coquille* chiudersi nel proprio guscio ~ *sortir de sa coquille* uscire dal proprio guscio ◇ (*t.zool.*) *coquille Saint-Jacques* pettine di mare **2** [*motif ornemental*] conchiglia: *coquille de bénitier* acquasantiera a conchiglia **3** [*objet représentant une coquille*] *coquille d'escalier* scala a chiocciola; *coquille à hors-d'œuvre* conchiglia per antipasti; *coquille de beurre* ricciolo *m.* di burro **II** **1** [*enveloppe dure des noix, des œufs, etc.*] guscio: *la coquille de cet œuf est fêlée* il guscio di questo uovo è incrinato **2** *coquille de noix* [*petit bateau*] guscio di noce.
2 **coquille** |kɔkij| *s.f.* [*faute typographique*] refuso *m.*, errore *m.* di stampa: *épreuve pleine de coquilles* prova zeppa di refusi, di errori di stampa; *corriger une coquille* correggere un refuso.
coquillettes |kɔkijɛt| *s.f. pl.* [*pâtes alimentaires*] conchiglie.
coquillier, ière |kɔkije, jɛR| **1** *adj.* (*minér.*) conchiglifero **2** *s.m.* collezione *f.* di conchiglie.
coquin, ine |kɔkɛ̃, in| *s.* **1** [*personne qui a de la malice, de l'espièglerie*] birbante, briccone: *petit coquin!* bricconcello! → **garnement** ✦ (*adj.*) (*enfants*) birichino: *cette petite fille est bien coquine* questa ragazzina è proprio birichina **2** (*vx.*) [*personne vile, capable d'actions blâmables*] mascalzone (*cour.*), birbante: *un infâme coquin* un infame mascalzone → **bandit, canaille** **3** *coquin de sort!* (*juron méridional*) destino, sorte infame!
coquinement |kɔkinmɑ̃| *adv.* [→ COQUIN 1] in modo birichino *loc. inv.*
coquinerie |kɔkinRi| *s.f.* (*vx., littér.*) → **canaillerie.**
cor- |kɔR| *préf.* → **con-.**
1 **cor** |kɔR| *s.m.* **1** (*ancienn.*) [*corne, trompe*] corno: *le cor de Roland* il corno di Orlando **2** (*mus.*) corno: *cor de chasse* corno da caccia; *cor anglais* corno inglese; *cor de basset* corno bassetto **3** *loc.* À COR ET À CRI con insistenza, a gran voce: *réclamer, demander, vouloir qqch. à cor et à cri* chiedere, volere q.c. con insistenza, a gran voce # *chasser à cor et à cri* andare a caccia con il corno e i cani.
2 **cor** |kɔR| *s.m.* [*petite tumeur dure des orteils*] callo: *soigner un cor chez un pédicure* curare un callo dal 'pédicure' → **durillon, oignon.**
corail, aux |kɔRaj, o| *s.m.* **1** (*t. zool.*) corallo: *les coraux groupés en colonies peuvent former des récifs* i coralli raggruppati in colonie possono formare delle scogliere → **atoll** **2** [*la matière calcaire qui forme les coraux*] corallo: *corail noir, rouge, blanc* corallo nero, rosso, bianco; *collier de corail* collana di corallo ◇ (*littér.*) *levrès de corail* labbra di corallo **3** *serpent corail* serpente corallo.
corailleur, euse |kɔRajœR, øz| *s.* coralliere *m.*, pescatore* di corallo.
corallien, ienne |kɔRaljɛ̃, jɛn| *adj. et s.m.* corallino: *formations coralliennes* formazioni coralline.
corallifère |kɔRalifɛR| *adj.* corallifero: *bancs corallifères* banchi coralliferi.
coralline |kɔRalin| *s.f.* (*t.bot.*) corallina.
coran |kɔRɑ̃| *s.m.* corano.
coranique |kɔRanik| *adj.* coranico*.
corbeau |kɔRbo| *s.m.* **I** **1** (*t.zool.*) corvo ~ *grand corbeau* corvo imperiale ~ *corbeau freux* corvo comune ◇ (*loc. fig.*) *noir comme un corbeau* nero come un corvo **2** (*pop.*) [*prêtre*] corvo **3** [*homme avide et sans scrupules*] corvo **II** **1** (*archit.*) beccatello: *corbeau décoré* beccatello decorato **2** (*vx.*) [*grappin d'abordage*] corvo.
corbeille |kɔRbɛj| *s.f.* **1** [*panier léger*] cesta, cesto *m.*, canestro (*m.*): *corbeille de jonc* cesta, canestro di giunco ◇ (*spécialt.*) *corbeille à ouvrage* cestino *m.* da lavoro; *corbeille à pain* cesta, cestino per il pane; *corbeille à papier* cestino della carta; *corbeille formant berceau* culla (di vimini) → **moïse** **2** [*contenu d'une corbeille*] *corbeille de*

fruits cesta di frutta; *corbeille de mariage* regali *m. pl.* nuziali **3** (*archit.*) *chapiteau à corbeille* capitello a canestro **4** [*massif de fleurs*] aiuola di fiori, fiorita **5** [*espace circulaire réservé aux agents de change à la Bourse*] 'corbeille' *inv.*, recinto *m.* delle contrattazioni → **2 parquet 6** [*balcon immédiatement au-dessus de l'orchestre d'une salle de spectacle*] palco* *m.* di proscenio → **mezzanine.**

corbillard |kɔRbijaR| *s.m.* carro funebre: *draperies noires d'un corbillard* drappeggi neri di un carro funebre.

corbillat |kɔRbija| *s.m.* piccolo del cervo.

corbillon |kɔRbijɔ̃| *s.m.* **1** [*petite corbeille*] cestino, cestello **2** (*jeu de société*) gioco* delle rime (con rima obbligata in 'on').

corbin |kɔRbɛ̃| *s.m.* (*vx.*) → **corbeau.**

corbleu! |kɔRblø| *interj.* (*anc. juron*) perbacco!

cordage |kɔRdaʒ| *s.m.* **I** [*nom générique des liens servant au gréement et à la manœuvre de machines ou d'engins*] fune *f.*, corda (*f.*): *tirer avec un cordage* tirare con una fune, con una corda → **corde** ◇ (*mar.*) cavo: *cordage de chanvre, d'acier* cavo di canapa, d'acciaio; *épisser un cordage* impalmare un cavo → **filin** # *les cordages à bord d'un navire* il cordame a bordo di una nave **II** [*pose de cordes d'une raquette de tennis*] incordatura *f.*

corde |kɔRd(ə)| *s.f.* **I 1** corda: *échelle de corde* scala di corda; *corde à linge* corda della biancheria # *corde à nœud coulant* [*pour capturer les animaux sauvages*] lazo; *ascensionnistes reliés par une corde* scalatori in cordata → **cordée** ◇ (*spécialt.*) *mesurer du bois à la corde* misurare la legna con la corda → **corder 2** (*vx.*) [*ficelle servant à envoyer des projectiles*] corda: *tendre, bander la corde d'un arc* tendere la corda di un arco **3** (*loc. fig.*) *avoir plus d'une corde, plusieurs cordes à son arc* avere molte frecce nel proprio arco ~ *tirer sur la corde au cou* mettersi la corda al collo ~ *parler de corde dans la maison d'un pendu* parlare di corda in casa dell'impiccato ~ *ce n'est pas dans mes cordes* non è di mia competenza ~ *être sur la corde raide* essere sul filo del rasoio ~ *homme de sac et de corde* [*filou, scélérat*] pendaglio da forca **4** [*lien pour pendre qqn.*] corda, capestro *m.* ◇ (*par ext.*) *condamner à la corde* condannare alla forca **5** [*trame d'une étoffe devenue visible par l'usure*] corda: *vêtement qui montre la corde* abito che mostra la corda ◇ (*loc.*) *un argument usé jusqu'à la corde* un argomento trito e ritrito → **rebattu 6** [*corde qui dans les hippodromes limite la piste*] corda: *tenir la corde* correre alla corda ◇ (*auto.*) *prendre un virage à la corde* prendere una curva stretta, stringere in curva **7** [*corde sur laquelle les acrobates font des exercices*] filo *m.*, corda: *danseur de corde* danzatore sul filo, funambolo **8** (*gymnastique*) *saut à la corde* salto della corda ◇ (*boxe*) *cordes du ring* corde del ring; *être envoyé dans les cordes* essere stretto alle corde **9** (*géom.*) corda **II 1** (*mus.*) corda: *instruments à cordes* strumenti a corda; *tendre les cordes d'un violon au moyen des chevilles* tendere le corde di un violino con i bischeri **2** (*fig.*) [*ce qui vibre, qui est sensible*] corda ◇ (*loc.*) *faire vibrer, toucher la corde sensible* toccare il punto debole, la corda sensibile **III** (*anat.*) corda: *cordes vocales* corde vocali; *corde cervicale* corda del collo; *corde dorsale* corda dorsale.

cordé, ée |kɔRde| *adj.* cordato, cuoriforme.

cordeau |kɔRdo| *s.m.* **1** [*petite corde que l'on tend entre deux points pour obtenir une ligne droite*] funicella *f.*, cordicella (*f.*): *tracer une rue au cordeau* segnare il tracciato di una strada (con la funicella) ◇ *loc.* AU CORDEAU [*de façon régulière*] a filo: *aligner au cordeau une rangée d'arbres* allineare a filo un filare di alberi **2** [*mèche d'une mine*] miccia* (*f.*): *cordeau détonant* miccia detonante; *cordeau Bickford* miccia Bickford **3** [*ligne de fond pour la pêche*] lenza *f.* (da fondo).

cordée |kɔRde| *s.f.* **1** [*ce qui peut être entouré d'une corde*] fascio* (*m.*): *une cordée de bois* un fascio, una catasta di legna **2** (*spécialt.*) [*groupe d'alpinistes attachés*] cordata # *premier de cordée* capocordata **3** (*pêche*) lenza.

cordeler |kɔRdəle| (4) *v.tr.* [*tordre en forme de corde*] accordellare # *cordeler ses cheveux* farsi delle treccine.

cordelette |kɔRdəlɛt| *s.f.* cordicella.

cordelier, ière |kɔRdəlje, jɛR| *s.* (*ecclés.*) cordigliere *m.* ◇ (*hist.*) *club des cordeliers* club dei cordiglieri.

cordelière |kɔRdəljɛR| *s.f.* **1** [*corde à plusieurs nœuds*] cordiglio* (*m.*): *cordelière tressée* cordiglio intrecciato → **cordon 2** (*archit.*) modanatura ritorta.

corder |kɔRde| *v.tr.* **1** [*lier avec une corde*] legare con la corda (con corde): *corder une malle* legare con la corda un baule → **cercler 2** [*tordre en corde*] attorcigliare: *corder du chanvre, du crin, du tabac* attorcigliare della canapa, del crine, del tabacco → **cordeler, cordonner 3** (*spécialt.*) [*mesurer en entourant d'une corde*] misurare (con la corda): *corder du bois* misurare la legna (con la corda) **4** [*garnir de cordes* (*une raquette de tennis*)] incordare.

corderie |kɔRd(ə)Ri| *s.f.* **1** corderia **2** industria dei cordami.

Cordés |kɔRde| *s.m. pl.* (*t.zool.*) Cordati.

cordi- |kɔRdi| *préf.* (*signifiant 'cœur', correspond généralt. à*) cuori: *cordiforme* cuoriforme.

cordial, iale, iaux |kɔRdjal, jo| *adj.* cordiale: *accueil cordial* accoglienza cordiale; *manières cordiales* modi cordiali; *un homme affectueux et cordial* un uomo affettuoso e cordiale → **affectueux, bienveillant, chaleureux** ◇ (*par antiphrase*) *il lui voue une antipathie cordiale* nutre per lui una cordiale antipatia, gli è cordialmente antipatico [C] **froid, indifférent, hostile.**

cordial, iaux |kɔRdjal, jo| *s.m.* cordiale, tonico*: *administrer un cordial à un malade* somministrare un cordiale a un malato ◇ (*fig.*) *l'enthousiasme est bon cordial* l'entusiasmo è un buon cordiale, un buon tonico.

cordialement |kɔRdjalmɑ̃| *adv.* [→ CORDIAL] cordialmente: *il lui a parlé cordialement* gli ha parlato cordialmente; *cordialement vôtre* (*formule en fin de lettre*) cordialmente suo ◇ (*par antiphrase*) *haïr qqn. cordialement* odiare qc. cordialmente.

cordialité |kɔRdjalite| *s.f.* cordialità *inv.* → **chaleur, sympathie.**

cordier |kɔRdje| *s.m.* **1** cordaio* **2** (*mus.*) cordiera *f.*

cordiforme |kɔRdifɔRm(ə)| *adj.* [*en forme de cœur*] cuoriforme.

cordillère |kɔRdijɛR| *s.f.* (*géogr.*) cordigliera: *la cordillère des Andes* la cordigliera delle Ande.

cordite |kɔRdit| *s.f.* (*techn.*) cordite.

cordon |kɔRdɔ̃| *s.m.* **1** cordone, cordoncino: *cordon de fil, de soie* cordoncino di filo, di seta; *attacher, lier, nouer avec un cordon* legare, annodare con un cordone → **lacet, lien 2** (*liturg.*) cordiglio*, cordone **3** (*fig.*) cordone: *tenir les cordons de la bourse* tenere i cordoni della borsa **4** *cordon Bickford* miccia* *f.* Bickford → **cordeau 5** [(*large*) *ruban qui sert d'insigne aux membres de certains ordres*] collare, cordone: *grand cordon de la Légion d'Honneur* gran collare, cordone della Legion d'Onore **6** (*anat.*) cordone: *cordon ombilical* cordone ombelicale; *couper le cordon* tagliare il cordone ombelicale **7** [*série de plusieurs choses alignées*] cordone → **file, ligne, rangée 8** (*archit.*) cordone: *cordons de pierre* cordoni di pietra **9** (*géogr.*) cordone: *cordon littoral* cordone litoraneo **10** CORDON-BLEU [*cuisinière très habile*] cuoca* *f.* provetta: *sa femme est un véritable cordon-bleu* sua moglie è una cuoca provetta.

cordon-bleu |kɔRdɔ̃blø| *s.m.* → **cordon** 10.

cordonner |kɔRdɔne| *v.tr.* [*tordre en cordon*] intrecciare: *cordonner de la soie, des cheveux* intrecciare la seta, i capelli → **tresser, corder.**

cordonnerie |kɔRdɔnRi| *s.f.* [*boutique, atelier du cordonnier*] calzoleria.

cordonnet |kɔRdɔnɛ| *s.m.* **1** [*petite tresse, petit cordon*] cordoncino ◇ (*spécialt.*) [*fil de soie servant à faire les boutonnières*] cordonetto **2** [*marque empreinte sur la tranche d'une monnaie*] zigrinatura *f.*

cordonnier, ière |kɔRdɔnje, jɛR| *s.* [*artisan qui répare les chaussures*] calzolaio*, ciabattino ◇ (*prov.*) *les cordonniers sont toujours les plus mal chaussés*, in casa di calzolaio non si hanno scarpe.

cordouan, ane |kɔRdwɑ̃, ɑn| *adj.* [*de Cordue*] cordovano.

coréen, éenne |kɔReɛ̃, eɛn| **1** *adj.* [*de Corée*] coreano: *populations coréennes* popolazioni coreane **2** (*s.m.*) *le coréen* [*la langue*] il coreano.

corégone |kɔRego(o)n| *s.m.* (*t.zool.*) coregono.

coreligionnaire |kɔRəliʒjɔnɛR| *s.* correligionario*.

coresponsabilité |kɔRɛspɔ̃sabilite| *s.f.* corresponsabilità *inv.*

coresponsable |kɔRɛspɔ̃sabl(ə)| *adj.* corresponsabile.

corfiote |kɔRfjɔt| *adj.* [*de Corfou*] corfioto.

coriace |kɔRjas| *adj.* **1** coriaceo: *viande coriace* carne coriacea **2** (*fig.*) coriaceo: *caractère coriace* carattere coriaceo, duro → **dur** ✦ (*s.*) *un coriace* un duro [C] **1 tendre** 2.

coriandre |kɔRjɑ̃dR(ə)| *s.f.* (*t.bot.*) coriandolo *m.*

coricide |kɔRisid| *s.m.* (*pharm.*) callifugo*.

corindon |kɔRɛ̃dɔ̃| *s.m.* (*minér.*) corindone.

corinthien, ienne |kɔʀɛ̃ntjɛ̃, jɛn| *adj.* corinzio* ◇ (*archit.*) *colonne corinthienne* colonna corinzia ✦ (*s.m.*) *le corinthien* [*le style corinthien*] il corinzio.
cormier |kɔʀmje| *s.m.* (*t.bot.*) (*région.*) → **sorbier.**
cormoran |kɔʀmɔʀɑ̃| *s.m.* (*t.zool.*) cormorano.
cornac |kɔʀnak| *s.m.* **1** cornac *inv.* **2** (*fig., fam.*) [*personne qui guide qqn.*] guida *f.* (*cour.*): *servir de cornac à qqn.* fare da guida, da cicerone a qc.
cornage |kɔʀnaʒ| *s.m.* (*méd.*) sibilo laringotracheale.
cornaline |kɔʀnalin| *s.f.* (*minér.*) cornalina, corniola.
cornard |kɔʀnaʀ| *s.m.* (*pop.*) [*celui dont la femme est infidèle*] cornuto (*cour.*) → **cocu.**
corne |kɔʀn(ə)| *s.f.* **1** corno* (*m.*): *cornes ramifiées du cerf* corna ramificate del cervo # *coup de corne* cornata ◇ (*spécialt.*) *les bêtes à cornes* i bovini; *cornes d'un escargot* corna della lumaca **2** (*fig.*) *prendre le taureau par les cornes* prendere il toro per le corna; *faire, montrer les cornes à qqn.* (*geste moqueur ou injurieux*) fare le corna a qc.; *avoir, porter les cornes* avere, portare le corna **3** [*substance compacte*] corno: *peigne de corne* pettine di corno ◇ (*spécialt.*) *corne à chaussures* calzascarpe *m. inv.*, corno da scarpe **4** [*objet fait d'un corne creuse; instrument sonore*] corno: *corne de chasse* corno da caccia # *corne d'abondance* cornucopia ◇ (*vx.*) *corne d'automobile* tromba d'automobile (*cour.*) → **avertisseur** ◇ (*mar.*) *corne de brume* corno da nebbia **5** [*angle saillant*] corno: *corne d'un chapeau* corno di un cappello; *les cornes de la lune* i corni della luna; *cornes d'une enclume* corni di un'incudine # *faire une corne à la page d'un livre* fare una orecchia alla pagina di un libro; *corne d'un bois* angolo di un bosco.
corné, ée |kɔʀne| *adj.* corneo.
corned-beef |kɔʀndbif| *s.m.* (*angl.*) corned beef *inv.*
cornée |kɔʀne| *s.f.* (*anat.*) cornea.
cornéen, éenne |kɔʀneɛ̃, eɛn| *adj.* (*anat.*) corneale ◇ (*par ext.*) *lentilles cornéennes* lenti corneali, a contatto.
corneille |kɔʀnɛj| *s.f.* (*t.zool.*) cornacchia ◇ (*loc.*) *bayer aux corneilles* stare col naso per aria; avere la testa tra le nuvole.
cornélien, ienne |kɔʀneljɛ̃, jɛn| *adj.* di Corneille (*loc. inv.*): *la tragédie cornélienne* la tragedia di Corneille; *un héros cornélien* un eroe (della tragedia) di Corneille; *situation cornélienne* situazione tipica della tragedia di Corneille.
cornement |kɔʀnəmɑ̃| *s.m.* **1** suono del corno **2** [*état des oreilles qui cornent*] ronzio*.
cornemuse |kɔʀnəmyz| *s.f.* (*mus.*) cornamusa.
cornemuseur |kɔʀnəmyzœʀ| *s.m.* suonatore di cornamusa.
1 **corner** |kɔʀne| *v.* **A** *v.intr.* **1** [*sonner d'une corne* (4), *d'une trompe*] suonare *tr.* il corno, la tromba, strombettare, suonare *tr.* il claxon: *l'automobiliste corne* l'automobilista strombetta, suona il claxon ◇ (*fig., fam.*) rintronare *tr.* (*cour.*), assordare *tr.* (*cour.*): *corner aux oreilles de qqn.* rintronare le orecchie di qc. **2** [*faire un bruit sourd*] ronzare: *les oreilles me cornent* le orecchie mi ronzano → **bourdonner, siffler B** *v.tr.* (*fig.*) strombazzare: *corner une nouvelle* strombazzare una notizia → **claironner.**
2 **corner** |kɔʀne| *v.tr.* [*plier en forme de corne*] *corner les pages d'un livre* fare (103) le orecchie alle pagine di un libro.
3 **corner** |kɔʀnɛʀ| *s.m.* (*angl.*) (*football*) calcio* d'angolo, corner *inv.*
1 **cornet** |kɔʀnɛ| *s.m.* (*mus.*) cornetta (*f.*): *jouer du cornet* suonare la cornetta.
2 **cornet** |kɔʀnɛ| *s.m.* **1** [*objet en forme de corne*] *cornet acoustique* cornetto acustico; *cornet de papier* cartoccio*; *un cornet de glace* un cono gelato, un cornetto; *cornet à dés* [*godet qui sert à agiter les dés*] bussolotto **2** (*loc. fam.*) *se mettre qqch. dans le cornet* buttar giù un boccone.
cornette |kɔʀnɛt| *s.* **1** *s.f.* [*anc. coiffure de femme*] cornetta ◇ [*coiffure de certaines religieuses*] cornetta **2** *s.f.* (*anciemn.*) [*étendard de cavalerie*] cornetta **3** *s.f.* (*mar.*) cornetta **4** *s.m.* [*officier qui portait la cornette*] cornetta.
cornettiste |kɔʀnetist(ə)| *s.* cornettista *m.*
corniaud |kɔʀnjo| *s.m.* **1** [*chien mâtiné*] (cane) bastardo **2** (*fam.*) [*imbécile*] fesso ✦ (*adj.*) *ce qu'il peut être corniaud!* quanto è fesso!
corniche |kɔʀniʃ| *s.f.* **1** (*archit.*) cornicione (*m.*): *console, cariatide soutenant une corniche* mensola, cariatide sostenente un cornicione ◇ (*par ext.*) [*ornement en saillie sur un mur*] cornice, cimasa **2** [*saillie naturelle surplombant un escarpement*] cornice ◇ (*par ext.*) strada panoramica* **3** (*arg. scol.*) [*classe de préparation à Saint-Cyr*] ⊠.
cornichon |kɔʀniʃɔ̃| *s.m.* **1** [*petit concombre conservé dans du vinaigre*] cetriolino (sottaceto): *un bocal de cornichons* un barattolo di cetriolini (sottaceto) **2** (*fig.*) [*niais, imbécile*] babbeo **3** (*arg. scol.* [*élève de corniche* (3)] ⊠.
cornier, ière |kɔʀnje, jɛʀ| *adj.* [*qui est au coin, à l'angle*] d'angolo (*loc. inv.*): *poteau cornier* montante d'angolo.
cornière |kɔʀnjɛʀ| *s.f.* **1** [*rangée de tuiles pour l'écoulement des eaux*] conversa **2** [*pièce en équerre qui renforce les angles d'un coffre*] cantonale *m.*, angolare *m.*
cornillon |kɔʀnijɔ̃| *s.m.* (*zool.*) asse osseo.
cornique |kɔʀnik| **1** *adj.* [*de la Cornouaille*] cornico* **2** (*s.m.*) *le cornique* [*le dialecte*] il cornico.
corniste |kɔʀnist(ə)| *s.m.* cornista.
cornouaillais, aise |kɔʀnwajɛ, ɛs| *adj.* [*de la Cornouaille*] cornovagliese.
cornouille |kɔʀnuj| *s.f.* [*fruit du cornouiller*] corniola.
cornouiller |kɔʀnuje| *s.m.* (*t.bot.*) corniolo.
cornu |kɔʀny| *adj.* **1** cornuto: *bête cornue* bestia cornuta ◇ (*vx., philo.*) *raison, idées, visions cornues* ragioni, idee, visioni cornute → **biscornu 2** [*qui a la forme d'une corne*] cornuto: *blé cornu* grano cornuto.
cornue |kɔʀny| *s.f.* [*récipient à col étroit et courbé qui sert à distiller*] storta.
corollaire |kɔʀɔ(l)lɛʀ| *s.m.* **1** (*math., philo.*) corollario* **2** [*conséquence, suite naturelle*] corollario.
corolle |kɔʀɔl| *s.f.* (*bot.*) corolla.
coron |kɔʀɔ̃| *s.m.* [*maisons d'habitation de mineurs*] quartiere operaio*.
coronaire |kɔʀɔnɛʀ| *adj.* (*anat.*) coronario*: *artères coronaires* (arterie) coronarie.
coronal, ale, aux |kɔʀɔnal, o| *adj.* (*astron.*) coronale.
coronarien, ienne |kɔʀɔnaʀjɛ̃, jɛn| *adj.* (*méd.*) coronarico*.
coronarite |kɔʀɔnaʀit| *s.f.* (*méd.*) coronarite.
coronelle |kɔʀɔnɛl| *s.f.* (*t.zool.*) coronella.
coroner |kɔʀɔnœʀ| *s.m.* (*amér.*) coroner *inv.*
coronille |kɔʀɔnij| *s.f.* (*t.bot.*) coronilla.
corozo |kɔʀozo| *s.m.* corozo (*inv.*): *boutons de corozo* bottoni di corozo.
corporal, aux |kɔʀpɔʀal, o| *s.m.* (*ecclés.*) corporale.
corporatif, ive |kɔʀpɔʀatif, iv| *adj.* corporativo: *système corporatif* sistema corporativo.
corporation |kɔʀpɔʀɑsjɔ̃| *s.f.* **1** (*hist.*) corporazione → **communauté 2** [*ensemble de personnes qui exercent le même métier*] unione, ordine (*m.*): *corporation des commerçants* unione dei commercianti; *la corporation des notaires* l'ordine dei notai.
corporatisme |kɔʀpɔʀatism(ə)| *s.m.* corporativismo.
corporatiste |kɔʀpɔʀatist(ə)| *adj.* (*polit.*) corporativistico* ✦ (*s.*) *un corporatiste* un corporativista.
corporéité |kɔʀpɔʀeite| *s.f.* corporeità *inv.* → **matérialité.**
corporel, elle |kɔʀpɔʀɛl| *adj.* **1** [*qui a un corps*] corporeo: *nature corporelle* natura corporea ◇ (*dr.*) *bien corporel* bene corporale **2** [*relatif au corps*] corporale: *châtiment corporel* castigo corporale; *besoin corporel* bisogno corporale → **1 physique.**
corporellement |kɔʀpɔʀɛlmɑ̃| *adv.* [→ CORPOREL 2] corporalmente → **matériellement** ⓒ **spirituellement.**
1 corps |kɔʀ| *s.m.* corpo: *le corps humain* il corpo umano ◇ (*loc.*) *trembler, frissonner de tout son corps* tremare, rabbrividire in tutto il corpo ~ *combattre, lutter corps à corps* combattere, lottare corpo a corpo ~ *affronter corps à corps la réalité, ses passions* affrontare a viso aperto, di petto la realtà, le proprie passioni ~ *se donner corps et âme à qqn., à qqch.* darsi anima e corpo a qc., a q.c. ~ *appartenir corps et âme à qqn.* appartenere anima e corpo a qc. ~ *saisir qqn. à bras-le-corps* afferrare qc. per la vita ~ *avoir le diable au corps* avere il diavolo in corpo ~ *une âme saine dans un corps sain* 'mens sana in corpore sano' ~ *n'avoir rien dans le corps* essere a stomaco vuoto ~ *un aliment qui tient le corps* un alimento nutriente ~ *pleurer toutes les larmes de son corps* piangere tutte le proprie lacrime ~ *donner* (*du*) *corps à des idées* dar corpo, consistenza a delle idee ~ *prendre corps* prendere corpo ~ *faire corps avec qqn.* fare causa comune con qc. ~ *ordonnance de prise de corps* ordinanza di carcerazione preventiva ~ *garde du corps* guardia del corpo

~ *c'est un drôle de corps* è un tipo curioso ~ *à son corps défendant* suo malgrado ~ *se jeter à corps perdu dans une entreprise* buttarsi a corpo morto in un'impresa ~ *la levée du corps* la traslazione del corpo.

2 **corps** |kɔʀ| *s.m.* **1** [*partie principale de qqch.*] corpo: *le corps d'un bâtiment* il corpo di un edificio; *corps d'une lettre, d'un article* corpo di una lettera, di un articolo **2** *navire perdu corps et biens* nave perduta corpo e beni **3** (*dr.*) *le corps du délit* il corpo del reato **4** [*objet matériel caractérisé par ses propriétés physiques*] corpo: *volume d'un corps* volume di un corpo; *corps simple* corpo semplice; *corps noir* corpo nero; *corps céleste* corpo celeste → **astre** **5** [*élément anatomique*] corpo: *corps calleux* corpo calloso; *introduction d'un corps étranger dans l'organisme* introduzione di un corpo estraneo nell'organismo **6** [*épaisseur, consistance*] consistenza *f.*, corpo: *ce papier a du corps* questa carta ha consistenza **7** (*en parlant du vin*) [*force*] corpo → **corsé.**

3 **corps** |kɔʀ| *s.m.* **1** [*groupe formant un ensemble organisé sur le plan des institutions*] corpo: *le corps électoral, diplomatique* il corpo elettorale, diplomatico ◇ (*loc.*) *avoir l'esprit de corps* avere spirito di corpo **2** (*milit.*) corpo, battaglione: *se rendre au corps, rejoindre son corps* rientrare al proprio corpo **3** (*danse*) *corps de ballet* corpo di ballo **4** [*recueil de textes, d'ouvrages*] corpus (*inv.*): *corps des lois* corpus delle leggi.

corps-mort |kɔʀmɔʀ| *s.m.* (*mar.*) corpo morto.

corpulence |kɔʀpylɑ̃s| *s.f.* corpulenza → **embonpoint.**

corpulent, ente |kɔʀpylɑ̃, ɑ̃t| *adj.* corpulento → **gras, gros.**

corpus |kɔʀpys| *s.m.* (*lat.*) (*dr., ling.*) corpus *inv.*

corpusculaire |kɔʀpyskylɛʀ| *adj.* (*phys.*) corpuscolare.

corpuscule |kɔʀpyskyl| *s.m.* **1** (*anat.*) corpuscolo: *corpuscules du tact* corpuscoli del tatto **2** (*vx., philo.*) corpuscolo **3** (*phys.*) corpuscolo.

corral |kɔʀal| *s.m.* (*esp.*) [*enclos où l'on parque le bétail*] recinto.

corrasion |kɔʀ(ʀ)ɑzjɔ̃| *s.f.* (*géol.*) corrosione.

correct, ecte |kɔʀɛkt, ɛkt(ə)| *adj.* **1** [*qui respecte les règles*] corretto: *phrase grammaticalement correcte* frase grammaticalmente corretta # *dessin correct* disegno fatto secondo le regole, a regola d'arte; *copie correcte* copia conforme (all'originale) → **exact, fidèle** ◇ (*pop.*) (*en réponse*) *'vous avez gagné l'épreuve?' 'correct!'* 'avete superato la prova?' 'esatto!' **2** [*conforme aux usages, aux mœurs*] corretto: *conduite correcte* comportamento corretto; *il n'a pas été correct avec lui* non è stato corretto con lui # *le prix est correct* il prezzo è ragionevole → **convenable, bienséant** **3** (*fam.*) [*qui n'est pas remarquable par sa qualité*] dignitoso (*cour.*), discreto (*cour.*): *un hôtel modeste, mais correct* un albergo modesto, ma dignitoso **C** 1 **faux, incorrect.**

correctement |kɔʀɛktəmɑ̃| *adv.* [→ CORRECT] correttamente; discretamente: *parler correctement* parlare correttamente.

correcteur, trice |kɔʀɛktœʀ, tʀis| *s.* **1** correttore*, esaminatore*: *le jury des correcteurs* la commissione degli esaminatori **2** (*typogr.*) correttore: *chef correcteur* correttore capo **3** (*techn.*) correttore: *correcteur de tonalité* correttore di tonalità ✦ *adj.* correttore: *roue correctrice* ruota correttrice.

correctif, ive |kɔʀɛktif, iv| **I** *adj.* **1** correttivo: *gymnastique corrective* ginnastica correttiva **2** [*qui modifie l'action d'un médicament*] correttivo: *substance corrective* sostanza correttiva **II** *s.m.* **1** [*terme par lequel on atténue l'expression*] correttivo, eufemismo → **adoucissement, atténuation** **2** [*antidote, contre partie*] correttivo.

correction |kɔʀɛksjɔ̃| *s.f.* **I** **1** [→ CORRIGER] correzione: *corrections de forme* correzioni della forma; *manuscrit chargé de corrections* manoscritto pieno di correzioni → **rectification** **2** (*typogr.*) correzione: *correction d'épreuves* correzione di bozze **3** [*opération qui rend exact*] correzione, rettifica*: *correction d'une observation* correzione, rettifica di un'osservazione **4** (*loc.*) *sauf correction* salvo errori **5** [*châtiment corporel*] punizione, castigo* *m.* → **châtiment, punition** # *si tu n'es pas sage, tu vas recevoir une correction* se non sarai bravo, sarai punito **6** *maison de correction* casa di correzione, riformatorio* *m.* **II** **1** [*qualité de ce qui ne s'écarte pas des règles*] correttezza: *correction d'une traduction* correttezza di una traduzione; *correction du langage, du style* correttezza, proprietà di linguaggio, di stile **2** [*comportement correct*] correttezza: *correction en affaires* correttezza negli affari; *être d'une parfaite correction* essere di una correttezza irreprensibile → **honnêteté, politesse.**

correctionnalisation |kɔʀɛksjɔnalizɑsjɔ̃| *s.f.* rinvio* *m.* di una causa penale (al tribunale correzionale).

correctionnaliser |kɔʀɛksjɔnalize| *v.tr.* (*dr.*) [*transformer un crime en délit correctionnel*] declassare un'imputazione al rango di reato correzionale.

correctionnel, elle |kɔʀɛksjɔnɛl| **1** *adj.* (*dr.*) correzionale: *peine correctionnelle* pena correzionale **2** *s.f.* (*fam.*) *la correctionnelle* [*le tribunal correctionnel*] tribunale *m.* (correzionale) (*cour.*): *passer en correctionnelle* finire in tribunale.

corrélatif, ive |kɔʀelatif, iv| *adj.* correlativo: *obligation corrélative* obbligazione correlativa, corrispettiva; *termes corrélatifs* termini correlativi ✦ (*s.m.*) *un corrélatif* un (termine) correlativo **C** **autonome, indépendant.**

corrélation |kɔʀelɑsjɔ̃| *s.f.* **1** (*philo.*) correlazione **2** [*lien, rapport réciproque*] correlazione **C** **autonomie, indépendance.**

corrélationnel, elle |kɔʀelɑsjɔnɛl| *adj.* correlazionale, correlativo.

corrélativement |kɔʀelativmɑ̃| *adv.* [→ CORRÉLATIF] correlativamente, corrispettivamente.

corréler |kɔʀele| (8) *v.tr.* (*statistique*) [*établir une corrélation entre deux phénomènes*] correlare.

1 **correspondance** |kɔʀɛspɔ̃dɑ̃s| *s.f.* **1** (*log., cour.*) corrispondenza: *correspondance de sentiments entre deux personnes* corrispondenza di sentimenti tra due persone; *correspondance d'idées* corrispondenza di idee → 1 **union, analogie,** 1 **accord** **2** [*relation commode entre deux moyens de transport*] coincidenza, collegamento (*m.*): *un autocar assurera la correspondance à la gare* alla stazione un pullman assicurerà il collegamento ◇ [*le moyen qui assure la correspondance*] *attendre la correspondance* aspettare la coincidenza → **changement.**

2 **correspondance** |kɔʀɛspɔ̃dɑ̃s| *s.f.* **1** [*relation par écrit; échange de lettres*] corrispondenza: *une correspondance suivie* una corrispondenza regolare; *avoir, entretenir une correspondance avec qqn.* avere, intrattenere una corrispondenza con qc. ◇ (*spécialt.*) *cours, vente par correspondance* corso, vendita per corrispondenza ◇ [*les lettres qui constituent une correspondance*] corrispondenza; carteggio* *m.*, epistolario* (*m.*): *dépouiller, lire sa correspondance* fare lo spoglio della corrispondenza, leggere la corrispondenza || *la correspondance de Madame de Sévigné* l'epistolario di Madame de Sévigné → 1 **courrier** **2** (*dans un périodique*) [*rubrique où l'on publie des lettres*] posta: *la correspondance des lecteurs* la posta dei lettori ◇ (*école*) *cahier, carnet de correspondance* [*cahier contenant les notes et les appréciations des professeurs et qui doit être transmis aux parents des élèves*] ⊠.

correspondancier, ière |kɔʀɛspɔ̃dɑ̃sje, jɛʀ| *s.* [*employé(e) chargé(e) de la correspondance*] corrispondente.

1 **correspondant, ante** |kɔʀɛspɔ̃dɑ̃, ɑ̃t| *adj.* **1** corrispondente; corrispettivo, relativo: *les éléments correspondants de deux systèmes* gli elementi corrispondenti di due sistemi → **relatif** **2** (*géom.*) *angles correspondants* angoli corrispondenti.

2 **correspondant, ante** |kɔʀɛspɔ̃dɑ̃, ɑ̃t| *s.* **1** corrispondente: *avoir des correspondants dans plusieurs pays* avere corrispondenti in più nazioni **2** [*employé d'un journal*] corrispondente: *correspondant de guerre* corrispondente di guerra; *de notre correspondant à New York* dal nostro corrispondente a New York → **envoyé** **3** [*membre d'une société savante qui n'assiste pas régulièrement aux séances*] socio* corrispondente.

1 **correspondre** |kɔʀɛspɔ̃dʀ(ə)| (53) *v.intr.* CORRESPONDRE À [*être en rapport de conformité avec (qqch.); être conforme, se rapporter à (qqch.)*] corrispondere (159) a: *cette nouvelle ne correspond pas à ce que l'on m'avait dit* questa notizia non corrisponde a quanto mi avevano detto; *ceci ne correspond pas à la réalité* (ciò) non corrisponde alla realtà → 2 **accorder (s').**

2 **correspondre** |kɔʀɛspɔ̃dʀ(ə)| (53) *v.intr.* **1** [*avoir des relations par lettres (avec qqn.)*] corrispondere (159), essere (96) (*aux.* essere) in corrispondenza: *correspondre avec qqn.* corrispondere con qc.; *nous avons cessé de correspondre* abbiamo smesso di corrispondere → **écrire (s')** **2** [*avoir des relations, des communications*] comunicare, essere comunicante: *ces deux pièces correspondent* questi due vani sono comunicanti; *mers qui correspondent par un canal* mari che sono comunicanti per mezzo di un canale → **communiquer.**

corrida |kɔʀida| *s.f.* (*esp.*) **1** corrida **2** (*pop.*) [*dispute, agitation*] ba-

raonda (*cour.*), trambusto *m.* (*cour.*).
corridor |kɔʀidɔʀ| *s.m.* **1** corridoio*: *au fond du corridor, à droite* in fondo al corridoio, a destra → **couloir, passage** **2** [*délimitation géographique*] corridoio → **couloir.**
corrigé |kɔʀiʒe| *s.m.* [*devoir donné comme modèle*] testo corretto # *recueil de corrigés* raccolta di esercizi (svolti e) corretti.
corriger |kɔʀiʒe| (3) *v.tr.* **1** [*ramener à la règle*] correggere (154): *corriger les défauts de qqn.* correggere i difetti di qc.; *corriger son caractère* correggere il proprio carattere → **amender, 2 reprendre** **2** [*supprimer les fautes, les erreurs de*] correggere: *corriger les devoirs d'un écolier* correggere i compiti di uno scolaro; *corriger un texte, une œuvre* correggere un testo, un'opera ◇ (*typogr.*) *corriger des épreuves d'imprimerie* correggere le bozze (di stampa) → **réviser, remanier, revoir** **3** [*rendre exact ou plus exact*] correggere, rettificare: *corriger une observation* correggere, rettificare un'osservazione → **rectifier** ◇ (*mar.*) *corriger la route d'un bâtiment* correggere la rotta di una nave **4** [*ramener à la mesure, par une action contraire*] correggere, mitigare: *corriger l'effet d'une parole trop dure* correggere, mitigare l'effetto di una parola troppo dura → **adoucir, atténuer, compenser** **5** [*infliger un châtiment corporel*] castigare: *corriger un enfant* castigare un bambino; *il s'est fait corriger* si è fatto castigare → **battre.**
corrigeur, euse |kɔʀiʒœʀ, øz| *s.* [*typographe qui corrige les fautes relevées par le correcteur*] correttore*.
corrigible |kɔʀiʒibl(ə)| *adj.* [→ CORRIGER 2, 3] correggibile.
corroboration |kɔʀɔbɔʀɑsjɔ̃| *s.f.* (*rare*) [→ CORROBORER] corroborazione.
corroborer |kɔʀɔbɔʀe| *v.tr.* [*donner appui, ajouter de la force à*] corroborare, rafforzare: *plusieurs indices corroborent les soupçons* parecchi indizi corroborano, rafforzano i sospetti → **appuyer, confirmer** ⓒ **démentir.**
corrodant, ante |kɔʀɔdɑ̃, ɑ̃t| *adj. et s.m.* → **corrosif.**
corroder |kɔʀɔde| *v.tr.* **1** [*détruire par une action chimique*] corrodere (175): *les acides corrodent les métaux* gli acidi corrodono i metalli → **attaquer, ronger** **2** (*fig.*) [*détériorer, user*] corrodere: *l'inquiétude corrode l'âme* l'inquietudine corrode l'anima → **miner, ronger.**
corroi |kɔʀwa| *s.m.* [*préparation donnée au cuir*] concia* *f.*
corroierie |kɔʀwaʀi| *s.f.* **1** [*industrie du corroyeur*] concia*, conciatura **2** [*usine où l'on corroie les cuirs*] conceria.
corrompre |kɔʀɔ̃pʀ(ə)| (44) *v.tr.* **I** [*altérer en décomposant*] corrompere (176), alterare: *la chaleur corrompt la viande* il calore corrompe, altera la carne → **avarier, 1 gâter** **II** (*abstrait*) **1** [*altérer* (*ce qui est sain, honnête; ce qui est bon, pur*)] corrompere: *corrompre la jeunesse* corrompere la gioventù; *l'usage corrompt certains mots* l'uso corrompe certe parole → **dépraver** **2** (*compl. de personne*) [*engager* (*qqn.*) *par des dons, des promesses à agir contre sa conscience*] corrompere: *corrompre un témoin* corrompere un testimone → **acheter, soudoyer.**
corrompu, ue |kɔʀɔ̃py| *adj.* **1** [*altéré, en décomposition*] corrotto, alterato **2** (*fig.*) corrotto: *goût, jugement corrompu* gusto, giudizio corrotto ◇ (*sens moral*) *une jeunesse corrompue* una gioventù corrotta → **dépravé** **3** (*littér.*) [*qu'on a corrompu, qu'on peut corrompre*] corrotto → **vénal** ⓒ **1 frais; 2 pur, vertueux.**
corrosif, ive |kɔʀ(ʀ)ozif, iv| *adj.* **1** corrosivo: *les acides sont corrosifs* gli acidi sono corrosivi → **caustique** ♦ (*s.m.*) *les corrosifs* i corrosivi **2** (*fig.*) corrosivo: *une œuvre corrosive* un'opera corrosiva; *une ironie corrosive* una ironia corrosiva, caustica → **destructif.**
corrosion |kɔʀ(ʀ)ozjɔ̃| *s.f.* **1** [→ CORRODER 1] corrosione: *corrosion par un acide* corrosione da acido ◇ (*géol.*) → **érosion** **2** (*fig.*) → **destruction.**
corroyage |kɔʀwajaʒ| *s.m.* **1** [*opération que l'on fait subir aux cuirs*] concia* *f.* **2** [*soudure ou forgeage à chaud des métaux*] saldatura *f.*, fucinatura *f.* (a caldo).
corroyer |kɔʀwaje| (10) *v.tr.* **1** [*apprêter* (*le cuir*)] conciare ♦ (*au p.p.*) *peaux corroyées* pelli conciate **2** [*forger ensemble ou souder à chaud* (*un métal*)] saldare, fucinare (a caldo) **3** [*dégrossir au rabot* (*du bois*)] sgrossare.
corroyeur |kɔʀwajœʀ| *s.m.* [*ouvrier qui corroie les cuirs*] conciatore* *s.*
corrupteur, trice |kɔʀyptœʀ, tʀis| *s.* corruttore* ♦ *adj.* (*littér.*) (*sens moral*) *des spectacles corrupteurs* spettacoli corruttori → **malfaisant, nuisible.**
corruptibilité |kɔʀyptibilite| *s.f.* corruttibilità *inv.*
corruptible |kɔʀyptibl(ə)| *adj.* [→ CORROMPRE II] corruttibile: *conscience corruptible* coscienza corruttibile; *homme corruptible* uomo corruttibile → **vénal** ⓒ **incorruptible.**
corruption |kɔʀypsjɔ̃| *s.f.* **1** corruzione **2** (*sens moral*) corruzione: *la corruption des mœurs* la corruzione dei costumi **3** [*moyens employés pour corrompre; fait de se laisser corrompre*] corruzione: *tentative de corruption* tentativo di corruzione; *corruption de fonctionnaire, de mineur* corruzione di pubblico ufficiale, di minore.
cors |kɔʀ| *s.m. pl.* [*ramifications des bois du cerf*] palchi: *un cerf de dix cors* un cervo con dieci palchi.
corsage |kɔʀsaʒ| *s.m.* [*vêtement féminin qui recouvre le buste*] camicetta (*f.*): *corsage en soie, en nylon* camicetta di seta, di nailon → **blouse, 2 chemisier** ◇ (*spécialt.*) *corsage d'une robe* [*le haut*] corpino, corpetto (di un vestito).
corsaire |kɔʀsɛʀ| *s.m.* **1** (*ancienn.*) nave *f.* corsara ◇ [*le capitaine*] corsaro ♦ (*adj.*) *pantalon corsaire* pantaloni alla pescatora *loc. inv.* **2** [*pirate, aventurier*] corsaro, filibustiere.
corse |kɔʀs(ə)| **1** *adj.* [*de Corse*] corso: *populations corses* popolazioni corse **2** (*s.m.*) *le corse* [*le dialecte*] il corso.
corsé, ée |kɔʀse| *adj.* **1** *vin corsé* [*qui a du montant*] vino generoso, gagliardo **2** [*relevé, épicé*] piccante, molto condito: *une sauce très corsée* una salsa molto piccante; *un potage corsé* una minestra molto condita, molto saporita **3** (*fig.*) *une affaire corsée* [*scabreuse*] una faccenda scabrosa; *une histoire corsée* [*salée*] una storiella piccante.
corselet |kɔʀsəlɛ| *s.m.* **1** corsaletto **2** (*sc. nat.*) corsaletto.
corser |kɔʀse| **A** *v.tr.* **1** [*donner du corps, de la consistance*] dar (102) corpo, consistenza (a): *corser du vin, une sauce* dar corpo al vino, a una salsa **2** (*fig.*) *corser l'action d'une pièce, l'intrigue d'un drame* [*accroître l'intérêt*] dar mordente all'azione di una opera teatrale, alla trama di un dramma **B** *v.pron. intr.* SE CORSER [*se compliquer*] complicarsi: *l'affaire se corse* la faccenda si complica.
corset |kɔʀsɛ| *s.m.* **1** [*gaine baleinée et lacée*] corsetto: *baleines de corset* stecche di un corsetto; *corset orthopédique* corsetto ortopedico **2** [*pièce de certains costumes région.*] corsaletto, corsetto: *corset de velours des Alsaciennes* corsaletto, corsetto di velluto delle Alsaziane.
corsetier, ière |kɔʀsətje, jɛʀ| *s.* [*personne qui fait ou vend des corsets*] bustaio*.
corso |kɔʀso| *s.m.* [*défilé de chars, lors d'une fête*] sfilata *f.* di carri (fioriti).
cortège |kɔʀtɛʒ| *s.m.* **1** corteo: *cortège funèbre* corteo funebre; *se former en cortège* mettersi in corteo **2** [*tout groupe organisé qui avance*] corteo; codazzo → **2 défilé, procession.**
cortex |kɔʀtɛks| *s.m.* **1** (*anat.*) corteccia* *f.* cerebrale **2** → **corticosurrénale.**
cortical, ale, aux |kɔʀtikal, o| *adj.* (*bot.*) corticale ♦ (*anat.*) *couche corticale* strato corticale.
corticoïdes |kɔʀtikɔid| *s.m. pl.* (*biol.*) corticoidi.
corticosurrénale |kɔʀtikɔsyʀ(ʀ)enal| **1** *s.f.* (*anat.*) corticosurrenale *m.* **2** (*adj. f.*) *hormones corticosurrénales* ormoni corticosurrenali *m.*
cortisone |kɔʀtizɔn| *s.f.* (*physiol., pharm.*) cortisone *m.*
corton |kɔʀtɔ̃| *s.m.* [*vin de Bourgogne*] ⊠.
coruscant, ante |kɔʀyskɑ̃, ɑ̃t| *adj.* (*vx.*) [*brillant, éclatant*] corrusco* (*littér.*).
corvéable |kɔʀveabl(ə)| **1** *adj.* (*dr. anc.*) soggetto a 'corvée' **2** (*s.m. pl.*) *les corvéables* coloro che sono sottoposti a 'corvée' *loc.*
corvée |kɔʀve| *s.f.* **1** (*dr. anc.*) 'corvée' *inv.* **2** [*travail pénible*] 'corvée', incombenza ◇ (*loc.*) *être de corvée* essere di 'corvée'.
corvette |kɔʀvɛt| *s.f.* **1** (*mar.*) corvetta **2** *capitaine de corvette* capitano di corvetta.
Corvidés |kɔʀvide| *s.m. pl.* (*t.zool.*) Corvidi.
corybante |kɔʀibɑ̃t| *s.m.* (*antiq. gr.*) coribante.
corymbe |kɔʀɛ̃b| *s.m.* (*t.bot.*) corimbo.
coryphée |kɔʀife| *s.m.* **1** (*hist. théât.*) corifeo **2** [*celui qui tient le premier rang dans un parti, etc.*] corifeo → **1 chef** **3** (*danse*) corifeo.
coryza |kɔʀiza| *s.m.* (*méd.*) cori(z)za *f.*
cosaque |kɔzak| *s.m.* cosacco*.
cosécante |kɔsekɑ̃t| *s.f.* (*math.*) cosecante.
cosignataire |kɔsiɲatɛʀ| *s. et adj.* cofirmatario* (*dr.*): *les cosignataires d'un contrat* i cofirmatari di un contratto.
cosinus |kɔsinys| *s.m.* (*math.*) coseno.
-cosme |kɔsm(ə)| *suff.* (*signifiant*

'*monde*', *correspond généralt. à*) cosmo: *microcosme* microcosmo.
cosmétique |kɔsmetik| **1** *adj. et s.m.* cosmetico* **2** *s.m.* [*produit servant à fixer la chevelure*] fissatore → **brillantine, laque.**
cosmétiquer |kɔsmetike| *v.tr.* [*enduire de cosmétique*] impomatare.
cosmétologie |kɔsmetɔlɔʒi| *s.f.* [*technique des soins de beauté*] cosmesi *inv.*
cosmique |kɔsmik| *adj.* **1** (*philo.*) cosmico* **2** [*du monde extra-terrestre*] cosmico: *les corps cosmiques* i corpi cosmici → **astral** ◇ (*sc.*) *rayons cosmiques* raggi cosmici.
cosmo- |kɔsmɔ| *préf.* (*signifiant 'ordre, univers', correspond généralt. à*) cosmo: *cosmographie* cosmografia.
cosmodrome |kɔsmɔdRom| *s.m.* cosmodromo.
cosmogonie |kɔsmɔgɔni| *s.f.* cosmogonia.
cosmogonique |kɔsmɔgɔnik| *adj.* cosmogonico*.
cosmographe |kɔsmɔgRaf| *s.m.* cosmografo.
cosmographie |kɔsmɔgRafi| *s.f.* cosmografia.
cosmologie |kɔsmɔlɔʒi| *s.f.* cosmologia*.
cosmologique |kɔsmɔlɔʒik| *adj.* cosmologico*.
cosmonaute |kɔsmɔnot| *s.* cosmonauta.
cosmonautique |kɔsmɔnotik| *adj.* cosmonautico*.
cosmonef |kɔsmɔnɛf| *s.m.* cosmonave *f.*, astronave *f.*
cosmopolite |kɔsmɔpɔlit| *adj.* cosmopolita: *une existence cosmopolite* un'esistenza cosmopolita; *ville cosmopolite* città cosmopolita ♦ (*s.*) *un cosmopolite* un cosmopolita.
cosmopolitisme |kɔsmɔpɔlitism(ə)| *s.m.* cosmopolitismo.
cosmos |kɔsmos| *s.m.* (*gr.*) **1** (*philo.*) cosmo **2** [*espace extra-terrestre*] spazio*, cosmo: *envoyer une fusée dans le cosmos* inviare un razzo nello spazio.
cossard, arde |kɔsaR, aRd(ə)| *s. et adj.* (*pop.*) [*paresseux*] scansafatiche *inv.* (*cour.*), che batte la fiacca *loc.* Ⓒ **travailleur.**
cosse |kɔs| *s.f.* **1** [*enveloppe qui renferme les graines de certaines légumineuses*] baccello (*m.*): *cosse de pois* baccello di pisello → **gousse** **2** (*électr.*) capocorda* *m.* **3** (*pop.*) [*paresse*] fiacca*: *avoir la cosse* battere la fiacca.
cosser |kɔse| *v.intr.* (*rare*) (*béliers*) [*se heurter de la tête*] cozzare.
cossette |kɔsɛt| *s.f.* **1** fettuccia* (di barbabietola); radice di cicoria torrefatta **2** (*vx.*) → **cosse 1.**
cossu, ue |kɔsy| *adj.* [*qui a une large aisance, qui dénote l'aisance*] facoltoso, danaroso (*fam.*): *c'est un homme, un bourgeois cossu* è un uomo, un borghese facoltoso → **riche** # *une maison cossue* una casa di benestanti.
cossus |kɔsys| *s.m.* (*lat.*) (*t.zool.*) cosso.
costal, ale, aux |kɔstal, o| *adj.* (*anat.*) costale: *muscles costaux* muscoli costali.
costard |kɔstaR| *s.m.* (*pop.*) vestito da uomo (*cour.*).
costaricien, ienne |kɔstaRisjɛ̃, jɛn| *adj.* [*de Costa Rica*] costaricano.
costaud, costeau |kɔsto| *adj. m. et s.m.* **1** [*fort, robuste*] ben piantato *adj.*, robusto (*adj.*): *un homme costaud* un uomo ben piantato, robusto **2** (*choses*) → **solide.**
costume |kɔstym| *s.m.* **1** costume: *costumes nationaux* costumi nazionali **2** [*pièces d'habillement qui constituent un ensemble*] costume; abito: *bal en costume* ballo in costume, in maschera ‖ *costume de cérémonie* abito da cerimonia ◇ (*fam.*) *en costume d'Adam* in costume adamitico **3** (*spécialt.*) [*vêtement d'homme composé d'une veste, d'un pantalon* (*et d'un gilet*)] vestito, abito: *un costume sur mesure* un vestito su misura; *costume de confection* abito in serie; *costume de voyage* abito da viaggio.
costumé, ée |kɔstyme| *adj.* **1** [*vêtu d'un déguisement*] mascherato, in maschera (*loc. inv.*): *bal costumé* ballo mascherato, in maschera **2** [*vêtu d'un costume de théât.*] travestito, mascherato: *il était costumé en Arlequin* era travestito, mascherato da Arlecchino.
costumer |kɔstyme| **A** *v.tr.* [*revêtir d'un costume*] travestire, mascherare **B** *v.pron. réfl.* SE COSTUMER [→ *tr.*] travestirsi, mascherarsi: *il se costume en pierrot pour le bal* si traveste, si maschera da 'pierrot' per il ballo.
costumier, ière |kɔstymje, jɛR| *s.* (*théât.*) costumista.
cotangente |kɔtɑ̃ʒɑ̃t| *s.f.* (*math.*) cotangente.
cotation |kɔtasjɔ̃| *s.f.* [→ COTER 2] quotazione: *cotation des titres en Bourse* quotazione dei titoli in Borsa.
cote |kɔt| *s.f.* **1** [*montant d'une cotisation, d'un impôt demandé*] imposta: *cote mobilière* imposta sui beni mobili ◇ (*loc. fig.*) *cote mal taillée* compromesso *m.*, transazione **2** [*constatation officielle des cours en Bourse*] quotazione ◇ (*par ext.*) [*tableau indicateur des cours officiels*] listino *m.*, quotazione # *valeurs admises à la cote de la Bourse* valori quotati in Borsa; *titre hors-cote* titolo non quotato (in Borsa) **3** [*appréciation*] quota; valutazione: *cote d'un cheval* quota di un cavallo ‖ *la cote d'un devoir* la valutazione di un compito ◇ (*spécialt.*) *cote d'amour* valutazione di stima ◇ (*loc. fam.*) *avoir la cote* essere stimato, apprezzato; *avoir la cote auprès de qqn.* essere nelle (buone) grazie di qc., godere la stima di qc. **4** [*chiffre indiquant une dimension*] quota: *la cote 206* la quota 206 ◇ (*spécialt.*) *cote d'alerte* (*d'un cours d'eau*) segnale *m.* di guardia **5** [*marque servant à un classement*] numero *m.*, segnatura: *pièce sous la cote A, B, 3, 4* foglio che porta il numero A, B, 3, 4.
1 **côte** |kot| *s.f.* **I** **1** (*anat.*) costola, costa: *les douze paires de côtes* le dodici paia di costole; *côtes flottantes* costole fluttuanti ◇ (*loc.*) *on lui voit les côtes, on lui compterait les côtes* [*il est très maigre*] gli si contano le costole ~ (*fam.*) *avoir les côtes en long* [*être paresseux*] battere la fiacca ~ *se tenir les côtes* tenersi i fianchi dal ridere ◇ (*bouch.*) costata, braciola: *côte de bœuf, de veau* costata di manzo, di vitello → **côtelette, entrecôte** **2** *loc.* CÔTE À CÔTE fianco a fianco: *marcher côte à côte* camminare fianco a fianco **II** [*partie saillante de divers objets*] costa, costola: *côte de chou, de salade* costa di cavolo, di insalata; *côte de melon* costa di melone ◇ (*spécialt.*) *étoffe, velours à côtes* stoffa, velluto a coste; *bas à côtes* calze a coste.
2 **côte** |kot| *s.f.* **1** [*pente qui forme l'un des côtés d'une colline*] pendio* *m.*, costa: *côte fertile plantée de vigne* pendio fertile coltivato a vigneto ◇ (*loc.*) *à mi-côte* a mezza costa **2** [*route en pente*] (strada in) salita, china: *monter une côte* fare una salita, salire per una china → **montée, pente** ◇ (*auto.*) *vitesse en côte* velocità in salita.
3 **côte** |kot| *s.f.* [*rivage de la mer*] costa: *côte basse, marécageuse* costa bassa, paludosa; *la Côte d'Azur* la Costa Azzurra → **bord, littoral** # *route qui longe la côte* (strada) litoranea ◇ (*loc.*) *navire qui va à la côte* [*s'échoue*] nave che si incaglia ~ *être à la côte* [*sans argent*] essere all'asciutto.
côté |kote| *s.m.* **1** (*anat.*) fianco*: *un point de côté* una fitta al fianco; *recevoir un coup dans le côté* ricevere un colpo nel fianco; *se coucher sur le côté droit* dormire sul fianco destro; *porter l'épée au côté* portare la spada al fianco → **flanc** ◇ (*loc.*) *à mes, vos, nos côtés* al mio, al vostro, al nostro fianco **2** [*partie qui est à droite ou à gauche*] lato, fianco: *le côté gauche de la route* il lato sinistro della strada: *monter dans une voiture par le côté gauche* salire in automobile dal lato sinistro → **bas-côté** ◇ (*liturg. cathol.*) corno, lato: *le côté de l'épître, de l'évangile* il corno dell'epistola, del vangelo ◇ (*mar.*) *les côtés d'un navire* i fianchi di una nave ◇ (*théât.*) *côté cour, côté jardin* lato destro, lato sinistro ◇ (*après 'de'*) *mettez-vous de ce côté, de l'autre côté* mettetevi da questo lato, dall'altro lato; *il habite de l'autre côté de la rue* abita dall'altro lato della strada **3** [*ligne ou surface qui constitue la limite* (*d'une chose*)] lato: *les quatre côtés d'un carré* i quatro lati di un quadrato; *les deux côtés d'une feuille de papier* i due lati, le due facciate di un foglio (di carta) → **recto, verso, face, ligne** # *le beau côté d'une médaille* il dritto di una medaglia; *le mauvais côté* il rovescio → **revers** **4** (*abstrait*) lato: *les bons et les mauvais côtés d'une entreprise* i lati buoni e i lati negativi di un'iniziativa; *les bons côtés de qqn.* il lato buono di qc. → **qualité, aspect**; *les petits côtés de qqn.* i lati negativi di qc. → 2 **défaut, petitesse**; *prendre une chose par le bon côté, du bon côté* prendere una cosa per il suo verso, per il (dal) verso giusto **5** (*loc.*) (*après 'de'*) *de ce côté-ci* di qua, da questa parte ~ *de ce côté-là* di là, da quella parte ~ *de tout côté, de tous côtés* da ogni parte, da tutte le parti; *courir de tous côtés* correre qua e là, da tutte le parti → **partout** ~ *de côté et d'autre* di qua e di là, da ambo le parti ~ DU CÔTÉ DE [*dans la direction de; aux environs de*]: *il est parti du côté opposé au vôtre* è andato dalla parte opposta (alla vostra); *se placer du côté de la fenêtre* mettersi dalla parte, dal lato del finestrino → **près (de)** ◇ (*fig.*) DE MON CÔTÉ da (per) parte mia, per quanto mi concerne: *de mon côté, j'essaierai de vous aider* per quanto mi concerne, cercherò di aiutarvi; (*fam.*) *de ce côté, il n'a rien à craindre* da questo lato, non ha nulla da temere; *comptez sur lui, il est de votre côté* contate su di lui, è dalla

vostra parte; *parent du côté du père, du côté maternel* parente per parte di padre, per parte di madre; *être né du côté gauche* essere figlio illegittimo → **bâtard** ◇ *loc. adv.* DE CÔTÉ di fianco; da parte: *marcher de côté* camminare di fianco; *tournez-vous de côté* mettetevi di fianco, giratevi ‖ *se tirer de côté* tirarsi da parte, scostarsi; *laisser de côté* lasciare da parte, da canto; *mettre qqch., de l'argent de côté* mettere q.c., (del) denaro da parte **6** *loc. adv.* À CÔTÉ [*a une distance proche*] accanto, di fianco: *il demeure à côté, tout à côté* abita qui accanto, qui di fianco; *la maison à côté* la casa accanto, di fianco # *les gens d'à côté* i vicini; *passons à côté* [*dans la pièce voisine*] andiamo nell'altra stanza, di là; *nous serons mieux à côté pou bavarder* staremo meglio di là per chiacchierare; *le coup est passé à côté* il colpo ha sfiorato il bersaglio ◇ *loc. prép.* À CÔTÉ DE a fianco di, accanto a: *se placer, marcher à côté de qqn.* mettersi, camminare a fianco di qc.; *le salon est à côté de la salle à manger* il salotto è accanto alla sala da pranzo → **auprès (de), 1 contre** ◇ (*abstrait*) *vos ennuis ne sont pas graves à côté des miens* i vostri problemi non sono gravi in confronto ai miei → **comparaison** 2; *vous êtes resté à côté de la question* avete solo sfiorato l'argomento.

coté, ée |kɔte| *adj.* **1** [*qui a une bonne cote*] quotato: *être bien coté* essere quotato **2** [*caractérisé par des cotes*] quotato: *croquis coté* schizzo quotato.

coteau |kɔto| *s.m.* **1** [*petite colline*] collinetta *f.*, colle: *au pied du coteau* ai piedi della collinetta, del colle **2** [*versant, pente d'une colline*] pendio*, china *f.*

côtelé, ée |ko(ɔ)tle| *adj.* [*couvert de côtes*] a coste (*loc. inv.*): *velours côtelé* velluto a coste.

côtelette |ko(ɔ)tlɛt| *s.f.* **1** co(s)toletta: *côtelette d'agneau, de porc* costoletta d'agnello, di maiale **2** (*fam.*) [*côte humaine*] fianco* *m.* (*cour.*).

coter |kɔte| *v.tr.* **1** [*marquer d'une cote, de cotes*] numerare: *coter les pages d'un registre* numerare le pagine di un registro → **numéroter** **2** [*indiquer le cours de* (*une valeur*)] quotare: *valeurs cotées en Bourse* valori quotati in Borsa; *coter le change* quotare il cambio; *coter une marchandise* quotare, dare il prezzo a una merce ◇ (*spécialt.*) *coter un devoir d'élève* classificare il compito, dare il voto al compito di un alunno → **noter** **3** [*marquer des mesures sur*] quotare: *coter une carte géographique* quotare una carta geografica **4** [*faire plus au moins de cas de* (*qqn.*)] quotare: *être bien coté par ses supérieurs* essere molto quotato dai propri superiori.

coterie |kɔtʀi| *s.f.* (*péj.*) [*réunion de personnes soutenant leurs intérêts*] consorteria, cricca* → **caste, chapelle.**

cothurne |kɔtyʀn(ə)| *s.m.* **1** (*antiq., littér.*) coturno **2** (*loc. fig.*) *chausser le cothurne* [*composer, jouer des tragédies*] calzare i coturni.

cotice |kɔtis| *s.f.* (*blas.*) cotissa.

cotidal, ale, aux |kɔtidal, o| *adj.* (*géogr.*) cotidale: *courbe cotidale* linea cotidale.

côtier, ière |kotje, jɛʀ| *adj.* [*qui est relatif aux* (3) *côtes*] costiero: *navigation côtière* navigazione costiera.

cotignac |kɔtiɲa(k)| *s.m.* [*confiture de coings*] cotognata *f.* ◇ [*d'oranges*] marmellata *f.* d'arance.

cotillon |kɔtijɔ̃| *s.m.* **1** (*vx.*) → **jupon** **2** (*loc.*) *aimer, courir le cotillon* [*rechercher la compagnie des femmes*] correre dietro alle gonnelle, alle sottane (*fam.*) **3** [*réunion accompagnée de danses et de jeux avec accessoires*] 'cotillon' *inv.* ◇ (*spécialt.*) *objets de cotillon* 'cotillon'.

cotir |kɔtiʀ| *v.tr.* (*vx.*) [*meurtrir* (*des fruits*)] ammaccare (*cour.*) ♦ (*au p.p.*) *fruits cotis par la grêle* frutta ammaccata dalla grandine.

cotisant, ante |kɔtizɑ̃, ɑ̃t| *adj. et s.* socio* pagante.

cotisation |kɔtizɑsjɔ̃| *s.f.* **1** [*imposition ou collecte d'argent*] colletta: *souscrire à une cotisation* partecipare a una colletta **2** [*quote-part*] quota (di iscrizione, d'associazione): *verser, payer sa cotisation* versare, pagare la propria quota.

cotiser (se) |kɔtize| *v.pron. réfl.* [*contribuer, chacun pour sa part, à réunir une certaine somme en vue d'une dépense commune*] quotarsi: *se cotiser pour offrir un cadeau à qqn.* quotarsi per fare un regalo a qc.

coton |kɔtɔ̃| *s.m.* **1** cotone: *bas de coton* calze di cotone; *velours, gabardine de coton* velluto, 'gabardine' di cotone; *coton à broder* cotone da ricamo; *coton à repriser* cotone da rammendo **2** *coton hydrophile* cotone idrofilo → **ouate** ◇ (*fam.*) *morceau de coton* batuffolo di cotone; *mettre un coton sur une plaie* mettere del cotone su una piaga ◇ (*loc. fig.*) *enfant élevé dans du coton* bambino allevato nella bambagia **3** (*loc.*) *filer un mauvais coton* [*être dans une situation dangereuse*] (*sens moral*) navigare in cattive acque; (*sens physique*) essere in precarie condizioni di salute; *avoir les bras en coton* non avere forza nelle braccia; *avoir les jambes en coton* avere le gambe molli **4** (*pop.*) *c'est coton, ce problème* [*difficile*] è una questione difficile (*cour.*).

cotonnade |kɔtɔnad| *s.f.* cotonato *m.*, cotonina.

cotonner (se) |kɔtɔne| *v.pron. intr.* (*étoffes, fruits*) [*se couvrir d'un duvet ressemblant aux filaments de coton*] coprirsi (186) di lanugine, di peluria.

cotonnerie |kɔtɔnʀi| *s.f.* [*lieu où se travaille le coton*] cotonificio* *m.*

cotonneux, euse |kɔtɔnø, øz| *adj.* **1** [*couvert d'un duvet*] lanuginoso, cotonoso: *feuille cotonneuse* foglia lanuginosa; *visage cotonneux* viso lanuginoso; *fruit cotonneux* frutto cotonoso → **duveté** **2** *ciel cotonneux* [*semblable à de la ouate*] cielo a pecorelle *loc. inv.* ◇ (*fig.*) *un style cotonneux* [*mou*] uno stile fiacco*.

cotonnier, ière |kɔtɔnje, jɛʀ| **1** *s.m.* (*t.bot.*) (pianta *f.* del) cotone **2** *adj.* cotoniero: *industrie cotonnière* industria cotoniera.

coton-poudre |kɔtɔ̃pudʀ(ə)| *s.m.* [*explosif*] cotone fulminante → **fulmicoton.**

côtoyer |kotwaje| (10) *v.tr.* **1** [*aller le long de*] costeggiare, fiancheggiare: *côtoyer la rivière* costeggiare il fiume → **border, longer** **2** (*fig.*) [*se rapprocher de*] rasentare, sfiorare: *cela côtoie le ridicule* questo rasenta, sfiora il ridicolo → **frôler.**

cotre |kɔtʀ(ə)| *s.m.* [*petit navire à un seul mât*] cutter *inv.*

cottage |kɔtɛdʒ(ə)| *s.m.* (*angl.*) cottage *inv.*, casa *f.* di campagna.

cotte |kɔt| *s.f.* **1** [*vêtement de travail, pantalon montant sur la poitrine*] tuta: *ouvriers en cotte bleue* operai in tuta (blu) → **bleu, salopette** **2** (*ancienn.*) [*tunique*] cotta ◇ (*spécialt.*) *cotte d'armes* cotta d'arme; *cotte de mailles* cotta di maglia → **haubert** **3** (*vx.*) [*petite jupe courte*] gonnellino *m.*

cotutelle |kɔtytɛl| *s.f.* (*dr.*) cotutela.

cotuteur, trice |kɔtytœʀ, tʀis| *s.* (*dr.*) cotutore*.

cotyle |kɔtil| *s.m.* (*anat.*) cotile, cotiloide.

cotylédon |kɔtiledɔ̃| *s.m.* (*anat., bot.*) cotiledone.

cotyloïde |kɔtilɔid| *adj.* (*anat.*) cotiloideo: *cavité cotyloïde* cavità cotiloidea.

cotyloïdien, ienne |kɔtilɔidjɛ̃, jɛn| *adj.* → **cotyloïde.**

cou |ku| *s.m.* **1** (*anat.*) collo: *cou des oiseaux, de la girafe* collo degli uccelli, della giraffa ◇ (*personnes*) *cou enfoncé dans les épaules* collo incassato nelle spalle; *cou de taureau, de cygne* collo taurino, di cigno; *envelopper le cou dans un cache-col* avvolgere il collo con una sciarpa; *avoir un bijou au cou* avere un gioiello al collo # *robe qui dégage le cou* abito scollato → **décolleté** **2** (*loc.*) *sauter, se pendre au cou de qqn.* gettarsi, gettare le braccia al collo di qc. ~ *serrer le cou* strangolare → **étrangler** ~ *tordre le cou à* (*un poulet*) tirare, torcere il collo a (un pollo) ~ *mettre à qqn. la corde au cou* mettere la corda al collo a qc. ~ *se rompre, se casser le cou* (*le col*) rompersi l'osso del collo ~ *laisser, mettre la bride sur le cou*: (*pr.*) lasciare le briglie; (*fig.*) dare la briglia sul collo ~ *prendre ses jambes à son cou* darsela a gambe ~ (*fig.*) JUSQU'AU COU [*complètement*] fino al collo: *être dans l'eau jusqu'au cou* essere (immerso) nell'acqua fino al collo ~ *être endetté jusqu'au cou* essere nei debiti fino al collo **3** (*par anal.*) (*choses*) collo: *le cou, le col d'une bouteille* il collo di una bottiglia; *casser le cou à une bouteille* [*la boire*] tirare il collo a una bottiglia **4** *cou-rouge* → **rouge-gorge**; *cou-tors* → **torcol.**

couac |kwak| *s.m.* [*son faux et discordant*] stecca* *f.*, nota *f.* stonata: *faire un couac* fare una stecca, steccare → **canard.**

couard, arde |kwaʀ, aʀd(ə)| *adj. et s.* (*littér.*) codardo → **1 lâche, poltron** © **courageux.**

couardise |kwaʀdiz| *s.f.* (*littér.*) codardia → **lâcheté, poltronnerie.**

couchage |kuʃaʒ| *s.m.* **1** [*action de (se) coucher*] pernottamento: *le couchage des troupes* il pernottamento delle truppe **2** [*les objets qui servent au coucher*] effetti *pl.* letterecci → **literie** # *sac de couchage* sacco a pelo.

couchant, ante |kuʃɑ̃, ɑ̃t| **I** *adj.* **1** [*qui se couche*] *soleil couchant* sole calante, al tramonto *loc. inv.* **2** *chien couchant* cane da punta *loc. inv.*, da riporto *loc. inv.* ◇ (*loc. fig.*) *faire le chien couchant* [*être servile*] fare il leccapiedi **II** *s.m.* occidente, ponente: *maison exposée au couchant* casa esposta a occidente.

1 **couche** |kuʃ| *s.f.* **1** [*substance plus ou moins épaisse étalée sur une surface*] strato (*m.*): *couche de vernis* strato di vernice → **enduit**; *étaler une couche de beurre sur une tartine* spalmare uno strato di burro su una fetta di pane # *couche d'argent, d'or, de platine* placcatura d'argento, d'oro, di platino ◇ (*fig., pop.*) *avoir, en tenir une couche* [*faire preuve d'une grande sottise*] essere duro di comprendonio **2** (*hortic.*) letto *m.* di semina, letto caldo: *châssis de couche* cassone a letto caldo → 1 **planche, semis** # *champignons de couche* funghi coltivati **3** (*géol.*) strato, piano *m.* (geologico): *couches horizontales* strati orizzontali; *couche sédimentaire* strato sedimentario; *couches stratifiées* piani stratificati; *couche de calcaire, d'argile* strato di calcare, d'argilla → **lit** ◇ (*par ext.*) *couches de l'atmosphère* strati dell'atmosfera **4** (*fig.*) [*catégorie, classe*] strato: *les couches sociales* gli strati sociali.

2 **couche** |kuʃ| *s.f.* **1** [*linge dont on enveloppe les bébés au-dessous de la ceinture*] pannolino (*m.*): *emmailloter un bébé dans ses couches* avvolgere un bimbo coi pannolini → **lange, pointe** # *couche-culotte* mutandina (per neonato) **2** (*vx.*) [*lit*] *partager la couche de qqn.* dividere il letto *m.* con qc. (*cour.*); *couche nuptiale* talamo *m.* (*littér., plais.*).

3 **couche** |kuʃ| *s.f.* (*techn.*) **1** *plaque de couche d'un fusil* piastra metallica alla base del calcio del fucile **2** *arbre de couche* [*pièce de transmission*] albero motore *m.*

couché, ée |kuʃe| *adj.* **1** [*étendu sur un lit et, par ext., sur quoi que ce soit*] disteso, coricato: *être couché sur un brancard* essere disteso su di una barella; *rester couché* restare disteso, coricato; *être couché à terre* essere disteso a terra **2** [*courbé, incliné, penché*] inclinato, piegato: *écriture couchée* scrittura, grafia inclinata **3** *papier couché* carta patinata.

1 **coucher** |kuʃe| **A** *v.tr.* [*mettre (qqn.) au lit*] mettere (155) a letto: *coucher un enfant, un malade* mettere a letto un bambino, un ammalato **B** *v.intr.* **1** [*s'étendre pour prendre du repos*] stendersi (105) *pron.*, sdraiarsi (*pron.*): *coucher sur son lit* stendersi sul letto; *coucher sur le dos* sdraiarsi supino; *coucher tout habillé* sdraiarsi vestito # *chambre à coucher* camera da letto ◇ (*se dit à un chien*) (*allez*) *coucher!* (fila) a cuccia! **2** [*loger, passer la nuit*] dormire: *coucher chez des amis, à l'hôtel* dormire, passare la notte presso (degli) amici, in albergo → **dormir** ◇ (*fam.*) *un nom à coucher dehors* un nome difficile (da pronunciare, da ricordare) (*cour.*) **3** (*loc.*) *coucher avec qqn.* dormire con qc.; (*fam.*) [*avoir des relations sexuelles*] andare (101) a letto con qc. **C** *v. pron.* SE COUCHER **1** *intr.* [*se mettre au lit*] coricarsi, andare *intr.* a letto: *se coucher tôt* coricarsi, andare a letto presto; *c'est l'heure de se coucher* è ora di andare a letto # *se coucher à plat ventre* sdraiarsi bocconi ✦ (*au p.p.*) *être, rester couché* [*au lit*] essere, rimanere a letto ◇ (*prov.*) *comme on fait son lit, on se couche* [*il faut subir les conséquences de ses actes*] come si semina, si raccoglie **2** *réfl.* [*s'étendre, se courber* (*sur qqch.*)] piegarsi: *les rameurs se couchent sur les avirons* i rematori si piegano sui remi **3** *intr.* [→ *pron.* 2] piegarsi: *le navire se couche sur un flanc* la nave si piega su un fianco.

2 **coucher** |kuʃe| **A** *v.tr.* **1** [*rapprocher de l'horizontale* (*ce qui est vertical*)] piegare, inclinare: *les blés étaient couchés par le vent* il vento piegava a terra il grano # *coucher une échelle contre un mur* appoggiare una scala al, contro il muro ✦ (*au p.p.*) *écriture couchée* scrittura inclinata **2** (*loc.*) *coucher un fusil en joue* [*l'ajuster contre la joue pour tirer*] prendere (105) la mira (col fucile); (*fig.*) *coucher qqn. en joue* [*le viser*] prendere di mira qc. **3** [*mettre par écrit*] stendere (105): *coucher un article dans un contrat* stendere un articolo in un contratto # *couchez-moi cela par écrit, s'il vous plaît* me lo metta per iscritto, per favore **B** *v.pron. intr.* (*soleil, astres*) [*descendre vers l'horizon*] tramontare (*intr.*): *le soleil va bientôt se coucher* il sole sta per tramontare.

3 **coucher** |kuʃe| *s.m.* **I** **1** [→ 1 COUCHER C 1] *c'est l'heure du coucher* è ora d'andare a letto, di coricarsi **2** [*le fait de coucher dans un lieu*] alloggio*: *le coucher et la nourriture* il vitto e l'alloggio; *il ne paya rien pour son coucher* non pagò niente per l'alloggio **II** [*moment où un astre descend et se cache sous l'horizon*] tramonto: *au coucher du soleil* al tramonto (del sole); *un coucher de soleil* un tramonto → **couchant, crépuscule.**

coucherie |kuʃʀi| *s.f.* (*pop.*) [*commerce charnel*] fornicazione (*cour.*), rapporti *m. pl.* sessuali (*cour.*).

couches |kuʃ| *s.f. pl.* [*alitement de la femme qui accouche*] parto (*m. sing.*): *couches laborieuses, pénibles* parto laborioso, difficile; *mourir en couches* morire di parto # *être en couches* partorire; *femme en couches* partoriente ◇ *fausse-couche* aborto *m.* (involontario*) → **avortement.**

couchette |kuʃɛt| *s.f.* **1** [*petit lit*] lettino *m.* **2** (*ch. de fer, mar.*) cuccetta: *compartiment à couchettes* scompartimento con cuccette.

coucheur, euse |kuʃœʀ, øz| *s.* (*loc. fig.*) *un mauvais coucheur* [*personne de caractère difficile*] una persona irritabile, uno scontroso → **hargneux, querelleur** ~ *il est mauvais coucheur* ha un caratteraccio.

chouchis |kuʃi| *s.m.* **1** (*maçonn.*) tavolato: *couchis de lattes d'un plancher* tavolato di un solaio **2** [*lit de sable, de terre où l'on dispose un pavage*] sottofondo, sottostruttura *f.*

couchoir |kuʃwaʀ| *s.m.* (*techn.*) paletta.

couci-couça |kusikusa| *loc. adv.* (*fam.*) [*à peu près, ni bien ni mal*] così così: '*comment allez-vous?*' '*couci-couça*' 'come sta?' 'così così'.

1 **coucou** |kuku| *s.m.* **1** (*t.zool.*) cuculo, cucù *inv.* **2** *un coucou, une pendule à coucou* un cucù, un orologio a cucù **3** (*t.bot.*) primula *f.* odorosa **4** (*ancienn.*) carrozza *f.* pubblica* (a due ruote) ◇ (*par ext.*) [*avion d'un modèle ancien*] trabiccolo.

2 **coucou** |kuku| *interj.* [*cri des enfants qui jouent à cache-cache*] cucù: *coucou, me voilà!* cucù, sono qua!

coucoumelle |kukumɛl| *s.f.* (*t. bot.*) colombina, rossola.

coude |kud| *s.m.* **I** **1** (*anat.*) gomito: *s'appuyer sur le coude* appoggiarsi sul gomito; *pousser qqn. du coude pour l'avertir* dare di gomito a qc. per avvertirlo → **accouder (s')** # *donner un coup de coude à qqn.* dare una gomitata a qc. ◇ (*loc. fam.*) *se fourrer le doigt dans l'œil jusqu'au coude* [*se tromper lourdement*] prendere un abbaglio, sbagliarsi di grosso ~ *lever le coude* alzare troppo il gomito ~ *huile de coude* olio di gomito ~ *ne pas se moucher du coude* [*être prétentieux*] darsi le arie; avere un mucchio di pretese ~ COUDE À COUDE gomito a gomito: *travailler coude à coude* lavorare gomito a gomito ~ *jouer des coudes* farsi largo a gomitate ~ (*fig.*) *se serrer les coudes* [*s'entraider*] sostenersi a vicenda **2** (*par ext.*) [*partie de la manche d'un vêtement*] gomito: *veste lustrée aux coudes* giacca lisa ai gomiti **II** [*angle saillant que présentent certains objets*] gomito, ansa (*f.*): *arbre de transmission à deux coudes* albero di trasmissione a due gomiti; *coude d'une rivière* gomito, ansa di un fiume → **détour** ◇ (*au plur.*) *coudes* [*pâtes alimentaires*] chifferi (*région.*).

coudé, ée |kude| *adj.* [*qui présente un coude*] a gomito (*loc. inv.*): *tuyau, levier coudé* tubo, leva a gomito # *fenêtre coudée* finestra inginocchiata.

coudée |kude| *s.f.* (*ancienn.*) [*mesure de longueur*] cubito *m.* ◇ (*loc. fig.*) *dépasser qqn. de cent coudées* essere di gran lunga superiore a qc. ~ *avoir ses coudées franches* avere libertà d'azione.

cou-de-pied |kudpje| *s.m.* collo del piede.

couder |kude| *v.tr.* [*plier en forme de coude*] curvare, piegare a gomito: *couder une barre de fer* curvare, piegare a gomito una sbarra di ferro → **plier** **C** **redresser.**

coudoiement |kudwamɑ̃| *s.m.* [→ COUDOYER 1, 2] contatto, vicinanza *f.* → **contact.**

coudoyer |kudwaje| (10) *v.tr.* **1** [*passer tout près de*] rasentare, sfiorare: *coudoyer des inconnus dans la foule* rasentare sconosciuti tra la folla → **frôler** **2** (*fig.*) [*être en contact avec*] essere (96) *intr.* in contatto con: *il coudoie beaucoup d'hommes politiques* è in contatto con molti uomini politici **3** (*vx.*) [*heurter (qqn.) de coude*] dare (102) una gomitata (a) (*cour.*).

coudraie |kudʀɛ| *s.f.* [*terrain planté de noisetier*] noccioleto *m.*

coudre |kudʀ(ə)| (60) *v.tr.* [*assembler au moyen d'un fil passé dans une aiguille*] cucire (203): *coudre deux morceaux de tissus* cucire due pezzi di tessuto; *coudre une robe* cucire un vestito; *coudre un bouton* cucire, attaccare un bottone ✦ (*absolt.*) *savoir coudre* saper cucire; *coudre à la main, à la machine* cucire a mano, a macchina ◇ (*spécialt.*) *machine à coudre* macchina da cucire; *dé à coudre* ditale *s.m.* ◇ (*techn.*) *coudre les cahiers d'un livre* cucire le segnature di un libro; *coudre une semelle* cucire una suola ◇ (*chir.*) *coudre une plaie* cucire, suturare una piaga **C** **découdre.**

coudrier |kudʀije| *s.m.* → **noisetier.**

couenne |kwan| *s.f.* **1** [*peau de porc, flambée et raclée*] cotenna, cotica* (*région.*) **2** (*pop.*) [*peau de l'homme*] cotenna, pellaccia*.
couenneux, euse |kwanø, øz| *adj.* [*qui ressemble à la couenne*] cotennoso ◇ (*méd.*) *angine couenneuse* angina cotennosa, difterica*.
couette |kwɛt| *s.f.* (*fam.*) [*mèche, touffe de cheveux retenue avec une barrette, un lien*] treccina; codino *m.*
couffe |kuf| *s.f.*, **couffin** |kufɛ̃| *s.m.* cesta *f.*, canestro (*m.*): *une couffe de raisins* una cesta di uva.
coufique |kufik| *adj.* cufico*: *monnaies coufiques* monete cufiche.
couguar |kug(w)aʀ|, **cougouar** |kugwaʀ| *s.m.* → **puma.**
couic |kwik| *interj.* (*onomat., imitant un petit cri étranglé*) zic ◇ (*loc. pop.*) *faire couic* [*mourir*] tirare le cuoia.
couille |kuj(ə)| *s.f.* (*vulg.*) [*testicule*] coglione *m.*, testicolo *m.* (*cour.*).
couillon |kujɔ̃| *s.m. et adj.* (*pop.*) coglione (*vulg.*).
couillonnade |kujɔnad| *s.f.* (*pop.*) [*bêtise, erreur grossière*] coglioneria (*vulg.*).
couillonner |kujɔne| *v.tr.* (*pop.*) [*tromper*] fregare, fottere.
couinement |kwinmɑ̃| *s.m.* [→ COUINER] frignio*, piagnucolio*.
couiner |kwine| *v.intr.* (*fam.*) [*pousser de petits cris*] frignare, piagnucolare → **piailler.**
coulage |kulaʒ| *s.m.* **1** [→ 1 COULER B 1] colatura *f.*, colata (*f.*): *coulage de la lessive* colatura della liscivia → **blanchissage**; *coulage de pièces céramiques* colatura di manufatti di ceramica; *coulage d'un métal en fusion* colata di un metallo in fusione **2** (*fig., fam.*) [*gaspillage*] sciupio* (*cour.*), spreco* (*cour.*).
coulant |kulɑ̃| *s.m.* **1** [*pièce qui glisse le long de qqch.*] passante: *coulant d'une ceinture* passante di una cintura **2** → **stolon.**
coulant, ante |kulɑ̃, ɑ̃t| *adj.* **1** *nœud coulant* [*qui se resserre quand on tire*] cappio* *s.m.*, nodo scorsoio* **2** [*qui semble se faire sans effort*] scorrevole: *style coulant* stile scorrevole → **aisé, facile** **3** (*fam.*) [*accommodant, facile*] accomodante: *le patron s'est montré assez coulant* il padrone si è mostrato abbastanza accomodante → **indulgent** **4** [*qui coule facilement*] passante: *vin coulant* vino passante.
1 **coule** |kul| *s.f.* [*vêtement à capuchon porté par certain religieux*] cocolla.
2 **coule** |kul| *s.f.* (*dans la loc. adv., pop.*) À LA COULE [*au courant*] al corrente (*cour.*): *être à la coule* essere al corrente, essere esperto # *un type à la coule* [*averti*] una persona che sa il fatto suo.
coulé |kule| *s.m.* **1** (*mus.*) legatura *f.* → **liaison** **2** (*danse*) passo strisciato **3** (*billard*) colpo a seguire.
coulée |kule| *s.f.* **1** (*techn.*) colata; getto (*m.*): *la coulée d'un métal* la colata di un metallo; *trou de coulée* foro di colata ‖ *coulée de béton* getto di calcestruzzo **2** (*géol.*) colata: *une coulée de lave* una colata lavica → **flot.**
coulemelle |kulmɛl| *s.f.* → **lépiote.**
1 **couler** |kule| **A** *v.intr.* **1** (*liquides*) [*se déplacer, se mouvoir naturellement*] colare (*aux.* essere), scorrere (127) (*aux.* essere): *eau qui coule d'un robinet* acqua che cola, scorre da un rubinetto; *rivière qui coule lentement vers un fleuve* corso d'acqua che scorre lentamente verso un fiume → **écouler (s')** # *eau qui coule d'une source* acqua che sgorga da una sorgente → **jaillir** ◇ (*loc.*) *faire couler beaucoup d'encre* far scorrere fiumi d'inchiostro ~ *laisser couler ses larmes* lasciar scorrere le proprie lacrime ~ *le sang coule dans les veines* il sangue scorre nelle vene → **circuler** ~ *la sueur coulait sur son front* il sudore gli scorreva sulla fronte ~ *sang qui coule d'une blessure* sangue che sgorga da una ferita ◇ (*loc. fig.*) *faire couler le sang* far spargere sangue ~ *beaucoup de sang a coulé* è stato sparso molto sangue **2** (*fig.*) [*s'en aller rapidement*] scivolare (*aux.* essere), scorrere, trascorrere (127) (*aux.* essere): *l'argent lui coule des doigts* il denaro gli scivola (via) dalle dita → **glisser, fuir, écouler (s')** ◇ (*littér.*) *le temps coule* il tempo scorre → **passer** ◇ *loc.* COULER DE SOURCE essere evidente, spontaneo; essere la logica conseguenza: *tout le reste a coulé de source* il resto era evidente, era la logica conseguenza → **découler** **3** [*laisser échapper un liquide*] perdere (163), colare: *tonneau qui coule de toutes parts* botte che perde, cola da ogni parte; *stylo qui coule* penna stilografica che perde; *nez qui coule* naso che cola → **fuir** **B** *v.tr.* **1** [*faire passer* (*un liquide*) *d'un lieu à un autre*] colare: *couler un liquide à travers un filtre* colare, filtrare un liquido ◇ [*jeter dans le moule*] colare, gettare: *couler de la cire, du bronze* colare cera, bronzo → **mouler** # *couler une cloche, une statue* fondere una campana, una statua ◇ (*mécan.*) *couler une bielle* fondere (146) una bronzina **2** [*faire passer, transmettre discrètement*] introdurre (108), inserire (197): *couler sans bruit une clef dans une serrure* introdurre, inserire una chiave in una serratura senza far rumore → **glisser, 1 passer** ◇ (*loc. fig.*) *couler un mot à l'oreille* sussurrare una parola all'orecchio ~ *il lui a coulé un regard* lo ha guardato di sfuggita ~ *couler un pas de danse* fare un passo strisciato ◇ (*billard*) *couler une bille* colpire una biglia a seguire → **coulé** **3** [*passer*] trascorrere, passare: *couler une vie heureuse, des jours heureux* trascorrere, passare una vita felice, dei giorni felici ◇ (*fam.*) *se la couler douce* [*mener une vie heureuse*] spassarsela, fare la dolce vita **C** *v. pron. intr.* SE COULER (*personnes, animaux*) [*passer d'un lieu à un autre sans faire de bruit*] scivolare *intr.*, infilarsi: *se couler le long des murs* scivolare lungo i muri; *se couler dans son lit* infilarsi nel letto; *se couler dans la foule* scivolare, infilarsi tra la folla → **faufiler (se), glisser.**
2 **couler** |kule| **A** *v.intr.* [*s'enfoncer dans l'eau*] colare (*aux.* essere) a picco, naufragare (*aux.* essere): *le navire a coulé à pic* la nave è colata a picco, è naufragata → **sombrer** **B** *v.tr.* **1** [*faire sombrer*] affondare: *couler un navire ennemi* affondare una nave nemica **2** [*discréditer, ruiner*] rovinare; far (103) *intr.* naufragare: *il l'a coulé* lo ha rovinato ‖ *couler une affaire* far naufragare un affare.
1 **couleur** |kulœʀ| *s.f.* **I** **1** colore *m.*, tinta: *la couleur d'un objet* il colore di un oggetto; *couleur claire, foncée* colore chiaro, scuro; tinta chiara, scura; *d'une seule couleur* di un solo colore, a tinta unica; *d'une couleur de violette* color viola ♦ (*adj.*) *des rubans couleur chair, paille* nastri color carne, color paglia ◇ (*loc. fig.*) *tu parles de cela comme un aveugle des couleurs* non sai quello che dici ~ *des goûts et des couleurs il ne faut pas disputer* de gustibus non est disputandum, sui gusti non si discute ~ *porter les couleurs d'un club* portare i colori di una società (sportiva) ~ *les jockeys portent les couleurs d'une écurie* i fantini portano i colori di una scuderia **2** *au plur.* [*les zones colorées du drapeau*] bandiera (*sing.*): *les couleurs nationales* la bandiera nazionale; *envoyer, hisser les couleurs* alzare la bandiera; *amener les couleurs* ammainare la bandiera (per arrendersi); *baisser les couleurs* ammainare la bandiera (per riporla) # *les trois couleurs* il tricolore → **2 pavillon, drapeau** **3** (*cartes*) colore: *avoir les quatre couleurs dans son jeu* avere i quattro colori in mano; *annoncer la couleur* dichiarare il colore; *jouer dans la couleur* rispondere al colore → **atout** ◇ (*fig., fam.*) *annoncez la couleur* [*annoncez ce que vous avez à dire*] fuori il rospo, sputi il rospo **4** *au plur.* LES COULEURS [*carnation de la figure*] colori, colorito (*m. sing.*): *perdre ses couleurs, reprendre des couleurs* perdere, riprendere i colori, (il) colorito ◇ (*loc.*) *être haut en couleur* essere molto colorito; *changer de couleur* cambiare colore, impallidire ◇ (*spécialt.*) *homme, femme de couleur* uomo, donna di colore **5** *au plur.* [*teintes, coloris employés dans un tableau*] colori: *gamme, harmonie de couleurs* gamma, armonia di colori **6** (*fig.*) COULEUR LOCALE colore locale: *un paysage, une scène qui font très couleur locale* un paesaggio, una scena che fanno molto colore locale → **pittoresque** **II** [*toute couleur autre que blanc, noir ou gris*] colore: *en couleurs* a colori; *film, carte postale en couleurs* film, cartolina a colori; *télévision en couleurs* televisione (televisore) a colori **III** [*substance que l'on applique sur un objet pour produire la sensation de la couleur*] colore: *couleurs délayées à l'huile* colori stemperati a olio; *boîte, tube de couleurs* scatola, tubetto di colori; *marchand de couleurs* negozio di colori e vernici # *couleur animale, végétale* colorante animale, vegetale **IV** (*fig.*) **1** [*aspect, apparence des choses*] *exposer qqch. sous de fausses couleurs* presentare q.c. in una falsa luce; *brusquement le récit prend une couleur tragique* bruscamente il racconto prende un tono *m.* tragico, una colorazione tragica; *la couleur politique d'un journal* il colore (politico) di un giornale **2** *loc. prép.* SOUS COULEUR DE [*avec l'apparence de, sous le prétexte de*] col pretesto *m.* di: *attaquer sous couleur de se défendre* attaccare col pretesto di difendersi **3** (*loc. fam.*) *on n'en voit pas la couleur* non ne ho visto neanche l'ombra ~ *en faire voir de toutes les couleurs à qqn.* farne vedere di tutti i colori, di belle e di brutte a qc. ~ *en dire de toutes les couleurs sur qqn.* dirne di tutti i colori sul conto di qc.
2 **couleur** |kulœʀ| *s.m.* [*ouvrier qui coule les métaux*] operaio* colatore.

couleuvre |kulœvʀ(ə)| *s.f.* **1** (*t. zool.*) colubro *m.*, biscia* ~ *couleuvre d'Esculape* colubro d'Esculapio ~ *couleuvre à collier* biscia d'acqua **2** (*loc. fig.*) *avaler des couleuvres* [*subir des affronts sans protester*] ingoiare rospi, bocconi amari; [*croire n'importe quoi*] essere un credulone.

couleuvrine |kulœvʀin| *s.f.* (*ancienn.*) colubrina.

1 **coulis** |kuli| (*adj. m.*) *vent coulis* [*air qui se glisse par les ouvertures*] spiffero *s.m.*

2 **coulis** |kuli| *s.m.* **1** (*cuis.*) concentrato: *coulis de tomates* concentrato di pomodoro **2** [*ce qu'on fait couler dans les joints pour les garnir*] malta *f.*

coulissant, ante |kulisɑ̃, ɑ̃t| *adj.* [*qui glisse sur des coulisses*] scorrevole: *porte coulissante* (*à coulisse*) porta scorrevole.

1 **coulisse** |kulis| *s.f.* **1** (*techn.*) guida (di scorrimento) → **glissière** ◇ (*spécialt.*) *fenêtre, porte à coulisse* finestra, porta scorrevole *adj.* ◇ (*par ext.*) porta scorrevole: *ouvrir, fermer une coulisse* aprire, chiudere una porta scorrevole **2** [*organe en forme de glissière*] cursore *m.*, corsoio* (*m.*): *règle à coulisse* regolo a cursore, a corsoio; *pied à coulisse* calibro a cursore, a corsoio ◇ (*mus.*) *trombone à coulisse* trombone a tiro *m.* **3** [*ourlet qu'on fait à un vêtement pour y passer un cordon, un lacet*] guaina ◇ *loc. fig.* EN COULISSE: *un regard en coulisse* una sbirciatina (*s.f.*); *faire des yeux en coulisse* [*regarder obliquement, à la dérobée*] guardare di sottecchi.

2 **coulisse** |kulis| *s.f.* **1** (*théât.*) *la coulisse, les coulisses d'un théâtre* le quinte *pl.* di un teatro; *le machiniste est dans les coulisses* il macchinista è dietro (fra) le quinte **2** (*loc. fig.*) *se tenir dans les coulisses* rimanere dietro le quinte ~ *les coulisses de la politique* i retroscena *m.* della politica → 2 **dessous** **3** (*Bourse*) [*le marché des valeurs non cotées*] borsino *m.*, 'coulisse' *inv.*

coulisseau |kuliso| *s.m.* **1** piccola guida *f.* di scorrimento **2** [*pièce qui se déplace dans une coulisse*] cursore, corsoio*.

coulisser |kulise| **A** *v.tr.* [*garnir de coulisses*] munire (197) di guide (di scorrimento) **B** *v.intr.* [*glisser sur coulisses*] scorrere (127)(*aux.* essere)(su guide).

coulissier |kulisje| *s.m.* mediatore (operante fuori Borsa).

couloir |kulwaʀ| *s.m.* **1** [*passage étroit et long*] corridoio*: *voyageurs entassés dans le couloir* (*d'un wagon*) viaggiatori stipati nel corridoio (di una carrozza) → **corridor, galerie** ◇ (*fig.*) *intrigues de couloir* manovre di corridoio **2** [*zone, passage étroit*] corridoio: *couloir aérien* corridoio aereo **3** [*passage étroit sur le terrain*] corridoio, gola (*f.*): *fleuve encaissé dans un profond couloir* fiume incassato in una gola profonda → **détroit,** 2 **gorge** **4** (*tennis*) corridoio.

coulomb |kulɔ̃| *s.m.* (*électr.*) coulomb *inv.*

coulommiers |kulɔmje| *s.m.* [*fromage à pâte fermentée*] ⊠.

coulpe |kulp(ə)| *s.f.* (*dans la loc.*) *battre sa coulpe* [*s'avouer coupable*] fare, dire mea culpa; battersi il petto.

coulure |kulyʀ| *s.f.* (*techn.*) bava, sbavatura.

coup |ku| *s.m.* **I** **1** colpo: *coup sec, violent* colpo secco, violento → **choc, heurt** # *donner un coup de coude à qqn.* dare una gomitata a qc.; *se donner un coup contre un meuble* picchiare, urtare contro un mobile → **cogner (se)** **2** [*choc brutal que l'on fait subir à qqn. pour faire mal*] botta *f.*, colpo: *une avalanche de coups* una valanga di botte; *rendre coup pour coup* rendere colpo per, su colpo; *rouer de coups* caricare di botte, picchiare di santa ragione # *en venir aux coups* venire alle mani; *se donner, échanger des coups* picchiarsi ◇ (*spécialt.*) *coup de poing* pugno; *coup de pied* pedata *f.*, calcio*; *coup de bâton* bastonata *f.* ◇ (*boxe*) *coup bas* colpo basso; *coups défendus* colpi proibiti ◇ (*animaux*) *coup de bec* beccata (*f.*); *coup de corne* cornata *f.* ◇ (*par anal.*) *coup d'épée, de sabre* colpo di spada, sciabolata *f.* **3** [*décharge d'une arme à feu*] colpo: *coup de canon, de fusil* colpo di cannone, di fucile; *le coup est parti* è partito il colpo; *revolver à six coups* pistola a sei colpi # *tirer des coups de fusil* tirare delle fucilate ◇ (*chasse*) *coup double* doppietta *f.*, coppiola *f.* ◇ (*fig.*) *faire coup double* [*obtenir un double résultat par un seul effort*] prendere due piccioni con una fava **4** (*loc.*) *coup du destin* colpo del destino ~ *frapper, porter un grand coup* dare, infliggere un bel colpo ~ *donner le dernier coup, le coup décisif, le coup de grâce* dare il colpo di grazia ◇ (*loc. fam.*) *tenir le coup* tener duro; reggere il colpo ~ *valoir le coup* valere la pena → **peine** ~ *coup dur* duro, brutto colpo ~ *accuser le coup* accusare il colpo ~ *être sous le coup d'une condamnation* essere sotto la minaccia di una condanna ~ *en prendre un coup* subire un duro colpo **5** [*bruit d'un choc, d'un coup*] colpo: *j'ai entendu un coup sec* ho sentito un colpo secco **II** **1** [*mouvement d'une partie du corps de l'homme ou d'un animal*] *coup d'aile* colpo d'ala → 1 **battement**; *coup d'œil* colpo d'occhio, occhiata (*f.*); *coup de reins* colpo di reni; *coup de main* colpo di mano; *donner un coup de main à qqn.* dare una mano a qc. → 1 **aide, secours** **2** [*mouvement* (*d'un objet, d'un instrument*)] *coup de balai* colpo di scopa, spazzata (*f.*); *coup de brosse* colpo di spazzola, spazzolata (*f.*); *coup d'éponge* colpo, passata *f.* di spugna; *coup de peigne* colpo di pettine, pettinata (*f.*); *coup de frein* colpo di freni, frenata (*f.*); *coup d'accélérateur* colpo d'acceleratore, accelerata (*f.*); *coup de chapeau* scappellata *f.* → 2 **salut**; *coup de fil, de téléphone* colpo di telefono, telefonata (*f.*); *donner un coup de chiffon* dare una passata *f.* con lo straccio ◇ (*loc. fam.*) *avoir un bon coup de fourchette* essere una buona forchetta ~ *en mettre, en ficher un coup* lavorare sodo ◇ (*spécialt.*) À COUPS DE con l'aiuto di; a suon di: *traduire un texte à coups de dictionnaire* tradurre un testo con l'aiuto, servendosi del dizionario ‖ *se disputer des joueurs de football à coups de millions* contendersi dei calciatori a suon di milioni **3** [*fonctionnement d'un appareil sonore*] *coup de sifflet* colpo di fischietto, fischio*; *coup de gong* colpo di campanello, scampanellata (*f.*); *les douze coups de midi* i dodici rintocchi di mezzogiorno; *au coup, sur le coup de midi* a mezzogiorno in punto **4** [*action soudaine ou violente* (*d'un élément du temps*)] colpo: *coup d'air, de foudre, de chaleur, de soleil* colpo d'aria, di fulmine, di calore, di sole (insolazione *f.*) ◇ (*fig.*) *coup de foudre* colpo di fulmine, 'coup de foudre' *inv.* ◇ (*mar.*) *coup de roulis, de tangage* rollata *f.*, beccheggiata *f.* **5** (*dés*) *un coup de dés* un colpo di dadi; *jouer sa fortune sur un coup de dés* giocarsi i propri averi ai dadi; *un coup bien joué* un colpo ben giocato ◇ (*tennis*) *un coup droit* un d(i)ritto; *réussir un beau coup* fare un bel tiro; *marquer les coups* segnare i punti ◇ (*football*) *coup franc* punizione (*f.*); *coup d'envoi* calcio d'inizio ◇ (*par anal.*) *coup de Bourse* colpo di Borsa; *avoir le coup* [*être adroit*] saperci fare; *il connaît tous les coups* conosce tutti i trucchi; *discuter le coup* chiacchierare → **truc,** 3 **tour** **6** [*quantité absorbée en une fois*] *boire un coup de trop* bere un bicchiere di troppo; *je te paye un coup, le coup* ti pago da bere **III** **1** [*action subite et hasardeuse*] colpo: *coup de chance* colpo di fortuna; *tenter, risquer le coup* tentare il colpo; *réussir un beau coup* fare un bel colpo # *un mauvais coup* un brutto tiro, scherzo ◇ (*par anal., loc.*) *coup d'État* colpo di Stato ~ *coup de théâtre* colpo di scena ~ *manigancer, préparer son coup* tramare, preparare un colpo ~ *manquer, rater son coup* fallire il colpo ~ *un coup de Jarnac* [*déloyal*] un brutto tiro, un tiro mancino ~ *je vais t'expliquer le coup* [*l'affaire*] ti spiego la faccenda *f.* ◇ [*action subite et irraisonnée*] *coup de tête* colpo di testa **2** (*loc. pop.*) *être dans le coup* [*participer à l'action*] essere della partita ~ *être hors du coup* essere fuori dal (del) giro ~ *être aux cent coups* [*très inquiet*] non sapere come cavarsela ~ *faire les quatre cents coups* [*mener une vie dissipée*] farne di tutti i colori **3** (*au sens de 'fois', dans des loc.*) *du coup* di colpo; all'improvviso, ad un tratto ~ *du premier coup* al primo colpo, di primo acchito ~ *d'un seul coup* con un colpo solo, in una volta sola ~ *à tous les coups, à tous coups* [*chaque fois*] ogni volta, tutte le volte ~ *du même coup* nello stesso tempo, allo stesso tempo ~ *ce coup-ci c'est le bon* questa è la volta buona → **fois** **4** *en loc.* (*désignant une action rapide, faite une fois*) *coup sur coup* uno (una) dopo l'altro (l'altra), colpo su colpo ~ *sur le coup* immediatamente ~ *après coup* dopo, a posteriori ~ *à coup sûr* a colpo sicuro ~ *tout d'un coup, tout à coup* a un tratto, tutt'a un tratto.

coupable |kupabl(ə)| *adj.* **1** (*personnes*) colpevole: *s'avouer coupable d'un délit, d'un crime* confessarsi colpevole di un delitto; *l'accusé est reconnu, déclaré coupable* l'accusato è riconosciuto, dichiarato colpevole; *plaidez-vous coupable ou non coupable?* vi dichiarate colpevole o innocente? → **fautif** ✦ (*s.*) *le coupable* il colpevole: *rechercher, trouver le coupable* (ri)cercare, trovare il colpevole ◇ (*psycho.*) *se sentir coupable* avere un complesso di colpa → **culpabilité** **2** (*choses*) colpevole, riprovevole: *commettre une action coupable* commettere un'azione colpevole, riprovevole → **blâmable, condamnable**; *un amour coupable* un amore

colpevole → **illicite** # *désirs coupables* desideri inconfessabili → **honteux, inavouable** [C] **innocent.**
coupablement |kupabl(ə)mɑ̃| *adv.* [→ COUPABLE] colpevolmente, in modo colpevole *loc. inv.*
coupage |kupaʒ| *s.m.* [→ 1 COUPER A III 1] taglio*: *vins de coupage* vini da taglio.
coupailler |kupaje| *v.tr.* [*couper maladroitement*] tagliuzzare.
coupant, ante |kupɑ̃, ɑ̃t| **1** *adj.* [*qui coupe*] tagliente: *lame coupante* lama tagliente ◇ (*géom.*) *plan coupant* piano secante ◇ (*fig.*) [*autoritaire*] *ton coupant* tono tagliente → **bref, tranchant** **2** (*s.m.*) *le coupant* [*le fil d'une lame*] il taglio*.
coup-de-poing |kudpwɛ̃| *s.m.* **1** [*arme de main*] pugno di ferro, tirapugni (*inv.*): *des coups-de-poing* dei pugni di ferro, dei tirapugni **2** (*préhist.*) [*silex taillé servant d'arme*] amigdala *f.*
1 **coupe** |kup| *s.f.* **1** [*verre à boire*] coppa: *coupe de cristal* coppa di cristallo ◇ (*par ext.*) [*le contenu*] *boire une coupe de champagne* bere una coppa di 'champagne' ◇ [*récipient à pied très bas*] coppa, coppetta: *une coupe de crème, de glace* una coppa, coppetta di panna, di gelato → **jatte** ◇ (*loc. fig.*) *boire la coupe jusqu'à la lie* bere il calice fino alla feccia ◇ (*prov.*) *il y a loin de la coupe aux lèvres* fra il dire e il fare c'è di mezzo il mare **2** [*prix qui récompense le vainqueur d'une compétition sportive*; *la compétition elle-même*] coppa: *la coupe Davis* la coppa Davis; *la coupe de France de football* la coppa di Francia di calcio.
2 **coupe** |kup| *s.f.* **I** **1** [→ 1 COUPER A I 1] taglio* (*m.*): *étoffe dure à la coupe* stoffa resistente al taglio, difficile da tagliare ◇ (*sylvic.*) *la coupe d'un bois* il taglio del bosco ◇ [*ce qui est coupé*] tagliata (*f.*): *une coupe de bois* una tagliata di legname; *il a vendu cette coupe à un gros industriel* ha venduto questa tagliata a un grosso industriale ◇ (*loc. fig.*) COUPE SOMBRE [*suppression importante*] taglio drastico*, riduzione drastica: *on a fait une coupe sombre dans le personnel de l'entreprise* è stata fatta una drastica riduzione del personale della ditta; *faire des coupes sombres dans le budget* fare dei tagli drastici nel bilancio ~ *mettre qqn. en coupe réglée* [*lui imposer indûment des sacrifices onéreux*] sfruttare sistematicamente qc. **2** [*manière dont on taille l'étoffe, le cuir, pour en assembler les pièces*] taglio: *suivre des cours de coupe* seguire un corso di taglio **3** *coupe de cheveux* taglio dei capelli → **taille II 1** (*fig.*) [*contour, forme*] → **découpe** **2** [*endroit où une chose à été coupée*] taglio → **tranche** **3** [*dessin d'un objet qu'on suppose coupé par un plan*] sezione, spaccato (*m.*): *coupe d'un navire, d'une maison* sezione, spaccato di una nave, di una casa; *plan en coupe* (disegno in) spaccato; *coupe en long, en travers* sezione longitudinale, trasversale → **profil** **4** [*distribution des repos dans la phrase*] pausa: *coupe d'un vers* pausa di un verso → **césure** **III** **1** [*division d'un jeu de cartes en deux paquets*] taglio **2** (*loc. fig.*) *être, se trouver, tomber sous la coupe de qqn.* [*être dans la dépendance de qqn.*] essere, cadere sotto il giogo di qc.

coupé |kupe| *s.m.* **1** [*automobile à deux places principales, à deux portes*] 'coupé' *inv.* **2** (*ancienn.*) [*voiture fermée à quatre roues*] 'coupé' **3** (*danse*) 'coupé'.
coupé, ée |kupe| *adj.* **1** [*tranché, sectionné*] tagliato: *blé coupé* grano tagliato; *cheveux coupés* capelli tagliati ◇ (*archit.*) *pan coupé* angolo smussato **2** [*qui a telle coupe*] tagliato: *une veste bien coupée* una giacca ben tagliata **3** [*divisé, interrompu*] interrotto: *route coupée* strada interrotta; *les communications sont coupées* le comunicazioni sono interrotte ◇ (*blas.*) (*écu*) *coupé* (scudo) troncato, tagliato **4** (*sport*) *balle coupée* palla tagliata.
coupe-choux |kupʃu| *s.m. inv.* (*fam.*) [*sabre court*] sciabolino *var.*
coupe-cigare(s) |kupsigaʀ| *s.m. inv.* tagliasigari, trinciasigari.
coupe-circuit |kupsiʀkɥi| *s.m. inv.* (*électr.*) fusibile *var.*, valvola *f. var.* di sicurezza.
coupe-coupe |kupkup| *s.m. inv.* → **machette.**
coupée |kupe| *s.f.* (*mar.*) barcarizzo (*m.*): *échelle de coupée* scala di barcarizzo.
coupe-feu |kupfø| *s.m. inv.* tagliafuoco* *var.*
coupe-file |kupfil| *s.m. inv.* [*carte officielle de passage, de priorité*] lasciapassare: *coupe-file d'un journaliste* lasciapassare di un giornalista.
coupe-gorge |kupgɔʀʒ(ə)| *s.m. inv.* **1** [*lieu dangereux où l'on court le risque d'être assassiné*] luogo* *var.* malfamato, scannatoio* *var.* **2** [*tripot où les joueurs honnêtes ont peu de chances de gagner*] bisca* *f. var.*
coupe-jambon |kupʒɑ̃bɔ̃| *s.m. inv.* affettatrice *f. var.*, affettasalame.
coupe-jarret |kupʒaʀɛ| *s.m.* (*vx.*, *plais.*) → **bandit, assassin.**
coupe-légumes |kuplegym| *s.m. inv.* tritaverdure.
coupellation |kupe(ɛl)lɑsjɔ̃| *s.f.* (*métall.*) coppellazione.
coupelle |kupɛl| *s.f.* **1** coppella **2** (*techn.*) coppella: *or, argent de coupelle* oro, argento di coppella.
coupe-papier |kuppapje| *s.m. inv.* tagliacarte.
1 **couper** |kupe| **A** *v.tr.* **I** (*concret*) **1** [*diviser* (*un corps solide*) *avec un instrument tranchant*] tagliare: *couper qqch. avec un couteau, des ciseaux* tagliare q.c. con un coltello, colle forbici; *couper par petits morceaux, en tranches minces* tagliare a pezzettini, a fettine; *couper du pain, de la viande* tagliare il pane, la carne; *couper du bois* tagliare la legna; *couper de l'herbe, les blés* tagliare l'erba, il grano; *couper les cheveux* (*à qqn.*) tagliare i capelli (a q.c.) ◇ (*loc. fig.*) *un brouillard à couper au couteau* una nebbia (un nebbione) da tagliare col coltello, a fette ~ (*fam.*) *couper l'herbe sous les pieds de qqn.* [*le devancer*] fare lo sgambetto a qc. ~ *couper les cheveux en quatre* spaccare un capello in quattro ~ *donner sa tête à couper* farsi tagliare la testa ✦ (*absolt.*) *couper dans le vif* tagliare nella carne viva; (*fig.*) dare un taglio ◇ (*cout.*) [*préparer* (*des morceaux de tissu*) *pour en faire un vêtement*] tagliare → **tailler** ✦ (*au p.p.*) *veste bien coupée* giacca ben tagliata **2** [*blesser*] fare (103) un taglio (a), procurare una ferita (un taglio) (a): *cet enfant a coupé son frère à la main* quel bambino ha fatto un taglio alla mano del fratello **3** [*donner une impression de coupure*] tagliare: *le froid coupe les lèvres* il freddo taglia, spacca le labbra → **gercer**; *bise qui coupe le visage* vento che taglia il viso → **fouetter** **II** **1** [*diviser en plusieurs parties*] dividere (130), tagliare: *couper une pièce par une cloison* dividere una stanza con un tramezzo; *ligne sécante qui coupe une surface* linea secante che divide, taglia una superficie → **fractionner, partager, scinder** ◇ [*séparer*] *couper une armée de ses bases* tagliar fuori un esercito dalle proprie basi **2** [*passer au milieu, au travers de* (*qqch.*)] tagliare: *ce chemin en coupe un autre* questa strada ne taglia, incrocia un'altra → 1 **croiser, traverser** ✦ (*absolt.*) *couper à travers champs* tagliare per i campi **3** [*enlever* (*une partie d'un texte*)] tagliare: *couper une phrase dans un discours* tagliare una frase in (di) un discorso **4** [*interrompre* (*une action, un discours*)] interrompere (176): *couper sa journée par une sieste, en faisant la sieste* interrompere la giornata con, facendo la siesta → **entrecouper**; *couper une communication téléphonique* interrompere una telefonata → **interrompre** # *couper l'appétit, la faim* togliere l'appetito, la fame; *couper la fièvre* stroncare la febbre; *couper le souffle* mozzare il fiato; *je vous coupe la parole* le tolgo la parola **5** [*arrêter, barrer*] tagliare: *couper les ponts, les routes* tagliare i ponti, le strade; *couper le chemin à qqn.* tagliare la strada a qc. ◇ (*fig.*) *couper les vivres à qqn.* tagliare i viveri a qc. → **bloquer** ~ *couper le mal à la racine* estirpare un male alle (dalle) radici **6** [*interrompre le passage de*] tagliare, togliere (123): *couper l'eau, le courant, le son* tagliare, togliere l'acqua, la corrente, la voce; *couper le contact* togliere il contatto ✦ (*absolt.*) *coupez!* [*arrêtez les prises de vue, les prises de son*] stop! **III** **1** [*mélanger à un autre liquide*] *couper son vin* [*l'additionner d'eau*] annacquare il vino **2** (*tennis*) *couper une balle* tagliare una palla ✦ (*au p.p.*) *balle coupée* palla tagliata **3** *couper un jeu de cartes* tagliare le carte ✦ (*absolt.*) *c'est à vous de couper* tocca a lei tagliare (il mazzo); *je coupe* (*le carreau*) ammazzo (con quadri) **B** *v.intr.* [*être tranchant*] tagliare: *les éclats de verre coupent* le schegge di vetro tagliano; *ce couteau ne coupe plus* questo coltello non taglia più **C** *v. pron.* SE COUPER **1** *intr.* [*se blesser avec un instrument tranchant*] tagliarsi: *il s'est coupé au doigt, à la main* si è tagliato al (il) dito, alla (la) mano; *se couper en se rasant* tagliarsi facendosi la barba ◇ (*fig.*) *il se couperait en quatre pour lui* si farebbe in quattro per lui **2** *intr.* [*être sécant, s'entrecroiser*] tagliarsi, incrociarsi: *ces deux routes se coupent* queste due strade si tagliano, si incrociano **3** *réfl.* [*se contredire par inadvertance après avoir menti, laisser échapper la vérité*] tradirsi (197), contraddirsi (132) → **trahir** (se).
2 **couper** |kupe| *v.intr.* **1** COUPER À (*fam.*) sfuggire (*aux.* essere) (a): *couper à une corvée* sfuggire a un'incombenza; *il n'y coupera pas* non sfuggirà → **éviter** **2** COUPER COURT (À) [*fai-*

re cesser, suspendre] tagliar corto (a).
coupe-racines |kupRasin| *s.m. inv.* (*agric.*) trinciatuberi.
couperet |kupRɛ| *s.m.* **1** [*couteau à large lame pour trancher la viande*] mannaia *f.* → **hachoir** **2** (*par anal.*) *le couperet de la guillotine* la mannaia della ghigliottina.
couperose |kupRoz| *s.f.* **1** [*nom de divers sulfates*] copparosa # *couperose blanche* solfato di zinco **2** (*méd.*) 'couperose' *inv.*, acne rosacea, copparosa.
couperosé, ée |kupRoze| *adj.* (*méd.*) affetto da acne rosacea # *visage couperosé* viso pieno di acne rosacea.
coupeur, euse |kupœR, øz| *s.* **1** [*personne dont la profession est de couper (les étoffes, les cuirs)*] tagliatore* **2** (*loc.*) *un coupeur de têtes* un tagliatore di teste ~ *un coupeur de bourses* un borsaiolo, un tagliaborse *inv.* ◇ (*fig.*) *c'est un coupeur de cheveux en quatre* è un cavillatore*.
coupeuse |kupøz| *s.f.* (*techn.*) taglierina.
coupe-vent |kupvɑ̃| *s.m. inv.* tagliavento.
coupe-verre |kupvɛR| *s.m.* (*techn.*) tagliavetro (*inv.*): *des coupe-verres* dei tagliavetro.
couplage |kuplaʒ| *s.m.* [*fait de coupler*] accoppiamento ◇ (*électr.*, *techn.*) *couplage de circuits électriques* accoppiamento di circuiti elettrici; *couplage de pièces mécaniques* accoppiamento di elementi meccanici.
couple |kupl(ə)| *s.* **I** *s.m.* **1** [*un homme et une femme réunis*] coppia (*f.*): *couple bien, mal assorti* coppia bene, male assortita; *former un beau couple* fare una bella coppia ◇ (*par ext.*) *un couple de pigeons* una coppia di piccioni **2** (*région.*) *un couple d'heures* un paio* d'ore → **paire** **3** (*mar.*) *couple de construction* quinto; ordinata *f.* **4** (*sc.*) coppia: *couple thermo-électrique* coppia termoelettrica, termocoppia **II** *s.f.* (*vén.*) [*lien servant à attacher ensemble deux ou plusieurs animaux de même espèce*] guinzaglio* *m.*
couplé |kuple| *s.m.* (*turf*) accoppiata *f.*
coupler |kuple| *v.tr.* **1** [*assembler deux à deux*] accoppiare, abbinare: *coupler deux roues* accoppiare, abbinare due ruote; *coupler deux bielles* accoppiare due bielle; *coupler deux péniches* accoppiare due chiatte **2** (*vén.*) [*attacher avec une couple* (II)] accoppiare ◆ (*au p.p.*) *chiens couplés* cani accoppiati.
couplet |kuplɛ| *s.m.* (*mus.*) strofa (*f.*): *chanson de deux couplets* canzone di due strofe ◇ *au plur.* [*chanson*] canzone (*f. sing.*): *des couplets satiriques* una canzone satirica ◇ (*théât.*) tirata *f. sing.*
coupleur |kuplœR| *s.m.* (*techn.*) accoppiatore ◇ (*électronique*) combinatore.
coupoir |kupwaR| *s.m.* (*techn.*) taglierina *f.* ◇ (*typogr.*) taglietto.
coupole |kupɔl| *s.f.* cupola: *la coupole de Saint-Pierre* la cupola di S. Pietro ◇ (*spécialt.*) *être reçu sous la Coupole* [*à l'Académie française*] essere accolto all'Accademia di Francia ◇ (*milit.*) *la coupole d'une casemate* la cupola di una casamatta.
coupon |kupɔ̃| *s.m.* **1** [*reste d'une pièce d'étoffe*] scampolo **2** (*fin.*) cedola (*f.*): *coupon de rente, de dividende* cedola di rendita, di dividendo; *coupon d'action* cedola d'azione **3** [*carte correspondant à l'acquittement d'un droit*] buono, tagliando: *coupon d'essence* buono benzina.
coupure |kupyR| *s.f.* **1** [*blessure faite par un instrument tranchant*] taglio* (*m.*): *coupure au doigt* taglio al dito → **entaille**; *coupure au visage* taglio al viso → **balafre**; *se faire une coupure* farsi un taglio, tagliarsi **2** [*séparation nette, brutale*] taglio: *donner une coupure au passé* dare un taglio al passato; *il y a une coupure entre ces deux périodes* c'è un taglio tra questi due periodi → **cassure** **3** [*suppression d'une partie d'un ouvrage, d'un film, etc.*] taglio → **suppression** **4** *coupures de journaux* [*articles découpés*] ritagli *m.* di giornali **5** [*billet de banque représentant une fraction du billet type*] taglio: *une coupure de dix francs* un taglio da dieci franchi **6** [*interruption du courant électrique, du gaz, etc.*] interruzione: *il y aura une coupure de courant de quatre heures à cinq heures* ci sarà una interruzione della corrente, la corrente sarà tolta dalle quattro alle cinque **7** (*loc. pop.*) *connaître la coupure* [*l'expédient*] conoscere il trucco (*cour.*) © 2 **unité, continuité**; 3 **addition.**
1 **cour** |kuR| *s.f.* [*espace découvert, clos de murs ou de bâtiments*] cortile *m.*, corte: *cour d'une école* cortile di una scuola; *cour de ferme* cortile di fattoria; *les enfants jouent dans la cour* i bambini giocano nel cortile, nella corte → **basse-cour** ◇ (*théât.*) *côté cour* lato destro.
2 **cour** |kuR| *s.f.* **I** **1** [*résidence du souverain et de son entourage*] corte: *aller à la cour* andare a corte **2** [*l'entourage du souverain*] corte: *la cour de Louis XIV* la corte di Luigi XIV → **courtisan** ◇ (*loc.*) *être bien en cour* avere buon amico a corte **3** [*cercle de personnes*] corte: *femme qui a une cour d'admirateurs* donna che ha una corte di ammiratori, molti ammiratori ◇ (*loc.*) *faire la cour à qqn.* fare la corte a qc. **II** [*tribunal*] corte: *messieurs, la Cour!* entra la corte!; *Cour d'appel, d'assises, de cassation* corte d'appello, d'assise, di cassazione ◇ (*par anal.*) *Cour des comptes* corte dei conti; *Cour martiale* corte marziale; *haute cour* (*de justice*) alta corte di giustizia.
courage |kuRaʒ| *s.m.* **1** [*ardeur, énergie dans une entreprise*] ardore, zelo: *entreprendre qqch. avec courage* intraprendere q.c. con ardore; *avoir du courage à l'étude* studiare con zelo **2** [*fermeté devant le danger, la souffrance*] coraggio*: *un courage téméraire* un coraggio temerario; *donner, redonner du courage* dare, ridare coraggio; *perdre courage* perdersi di coraggio, d'animo; *combattre, se battre avec courage* combattere, battersi con coraggio; *prendre son courage à deux mains* prendere il coraggio a due mani → **bravoure**, 2 **cran** **3** *le courage de* (*faire qqch.*) il coraggio di (fare q.c.): *il a eu le courage d'abandonner ses enfants* ha avuto il coraggio di abbandonare i propri figli; *je n'ai pas le courage de lui refuser cette aide* non ho il coraggio di rifiutargli questo aiuto → **dureté** © 1 **paresse**; 2 **lâcheté.**
courageusement |kuRaʒøzmɑ̃| *adv.* [→ COURAGEUX] coraggiosamente: *se battre courageusement* battersi coraggiosamente.
courageux, euse |kuRaʒø, øz| *adj.* **1** (*personnes*) coraggioso: *un pilote courageux* un pilota coraggioso → **brave** # *il n'est pas très courageux pour l'étude* non ha molta voglia di studiare **2** (*choses*) *une réponse, une conduite courageuse* una risposta, una condotta coraggiosa © 1 **lâche, peureux, paresseux.**
courailler |kuRaje| *v.intr.* (*fam.*) [*mener une vie frivole*] correre (127) *tr.* la cavallina (*cour.*).
couramment |kuRamɑ̃| *adv.* **1** [*sans difficulté; avec aisance*] correntemente: *parler couramment une langue étrangère* parlare correntemente una lingua straniera → **aisément** **2** [*d'une façon habituelle*] correntemente # *ce mot s'emploie couramment* è una parola di uso corrente.
courant |kuRɑ̃| *s.m.* **1** [*mouvement d'un liquide*] corrente (*f.*): *un courant rapide, impétueux* una corrente rapida, impetuosa; *suivre, remonter le courant* seguire, risalire la corrente → 1 **cours** ◇ (*fig.*) *il remonte le courant* sta risalendo la corrente **2** *loc.* COURANT D'AIR corrente (d'aria): *craindre les courants d'air* temere le correnti (d'aria) ◇ (*météo.*) *courants atmosphériques* correnti atmosferiche **3** LE COURANT (ÉLECTRIQUE) la corrente (elettrica): *courant continu, alternatif* corrente continua, alternata; *prise de courant* presa di corrente; *couper, rétablir, inverser le courant* togliere, ripristinare, invertire la corrente → **électricité** **4** [*déplacement orienté*] movimento, corrente: *courant de populations* movimento, corrente di popoli → **mouvement** ◇ (*abstrait*) *les courants de l'opinion* le correnti d'opinione, i movimenti di opinione → **mouvement** **5** [*cours d'une durée*] corso: *il a écrit dans le courant du mois* ha scritto nel corso del mese **6** *loc.* AU COURANT [*informé*] al corrente: *mettre, tenir qqn. au courant de qqch.* mettere, tenere qc. al corrente di q.c.; *se mettre au courant* mettersi al corrente, informarsi; *est-ce qu'il est au courant?* (ne) è al corrente? → **avertir, renseigner** # *cette revue est bien au courant* questa rivista è molto informata, aggiornata ◇ (*loc.*) *écrire au courant de la plume* scrivere con scioltezza, con disinvoltura.
courant, ante |kuRɑ̃, ɑ̃t| *adj.* **I** **1** *eau courante* acqua corrente; *chambre avec l'eau courante* camera con acqua corrente ◇ (*par ext.*) *main courante* [*rampe parallèle à celle de l'escalier*] corrimano *s.m.* ◇ (*comm.*) *main courante* brogliaccio* *s.m.* ◇ (*mar.*) *manœuvres courantes* manovre correnti **2** *chien courant* cane da seguito *loc. inv.* **3** [*qui est présent, qui s'écoule au moment où l'on parle*] corrente: *il partira dans le mois courant* partirà nel corrente mese; *les affaires courantes* gli affari correnti, l'ordinaria amministrazione → 1 **(en) cours, actuel** ◇ (*comm.*) *le cinq, le dix courant* il cinque, il dieci corrente (mese) (c.m.); *fin courant* fine (corrente) mese **II** [*qui a cours d'une manière habituelle*] corrente, normale: *le langage courant* il linguaggio corrente; *c'est une réaction courante chez les timides* è una

reazione normale nei timidi → **commun, habituel, ordinaire** ◇ (*par ext.*) *monnaie courante* moneta corrente; *compte courant* conto corrente.

courante |kuʀɑ̃t| *s.f.* **1** (*pop.*) [*diarrhée*] sciolta (*fam.*) **2** (*mus.*) corrente.

courbatu, ue |kuʀbaty| *adj.* **1** (*littér.*) [*qui ressent une lassitude extrême*] indolenzito (*cour.*); spossato (*cour.*) **2** *cheval courbatu* [*qui souffre provisoirement d'une raideur musculaire*] cavallo bolso.

courbature |kuʀbatyʀ| *s.f.* [*sensation de fatigue douloureuse*] indolenzimento *m.*; spossatezza # *ressentir une courbature dans les membres* avere le membra indolenzite.

courbaturé, ée |kuʀbatyʀe| *adj.* [*qui ressent des courbatures*] indolenzito; spossato.

courbaturer |kuʀbatyʀe| *v.tr.* [*donner une courbature à*] indolenzire (197); spossare → **ankyloser.**

1 **courbe** |kuʀb(ə)| *adj.* [*qui n'est pas droit*] curvo: *ligne courbe* linea curva; *une planche courbe* un'asse curva.

2 **courbe** |kuʀb(ə)| *s.f.* **1** [*ligne courbe*] curva: *la route fait une courbe* la strada fa una curva → **tournant**; *la courbe des sourcils* la curva delle sopracciglia ◇ (*géom.*) *courbe plane* curva piana; *tangente à une courbe* tangente di una curva **2** [*ligne représentant l'évolution d'un phénomène*] curva: *la courbe de température* la curva della temperatura ◇ (*écon.*) *courbe de la demande* curva della domanda; *courbe des prix* curva dei prezzi ◇ (*géogr.*) *courbe de niveau* curva di livello.

courbé, ée |kuʀbe| *adj.* (*personnes*) [*rendu ou devenu courbe*] curvo: *un vieillard courbé* un vecchio curvo → **cassé.**

courbement |kuʀbəmɑ̃| *s.m.* (*rare*) [→ COURBER] curvamento.

courber |kuʀbe| **A** *v.tr.* **1** [*rendre courbe*] curvare: *courber une branche* curvare, piegare un ramo → **incurver** **2** [*pencher en abaissant*] curvare: *courber le front, la tête sur un livre* curvare il capo, la testa su un libro → **incliner** # *la vieillesse l'a courbé* si è curvato con la vecchiaia → **courbé** ◇ (*loc. fig.*) *courber le front, la tête* [*obéir*] curvare la fronte, il capo ~ *refuser de courber la tête devant qqn.* rifiutarsi di ubbidire, di sottomettersi a qc. ~ *courber qqn. sous sa loi, sa volonté* piegare qc. alla propria legge, alla propria volontà → **céder, obéir** **B** *v.intr.* [*devenir courbe*] curvarsi (*pron.*): *courber sous un faix* curvarsi sotto un fardello **C** *v.pron. réfl.* SE COURBER [*se baisser, devenir courbe*] piegarsi, curvarsi: *se courber en deux* piegarsi in due # *se courber en signe d'humiliation* inchinarsi in segno di umiltà → **prosterner (se).**

courbette |kuʀbɛt| *s.f.* **1** (*manège*) corvetta **2** [*action de s'incliner exagérément, avec une politesse obséquieuse*] inchino *m.* profondo, riverenza servile → 2 **révérence** ◇ (*fig.*) *faire des courbettes à, devant qqn.* far (mille) salamelecchi *m.* a qc.

courbure |kuʀbyʀ| *s.f.* **1** [*forme de ce qui est courbe*] curvatura: *courbure d'une surface* curvatura di una superficie ◇ (*géom.*) *rayon de courbure en un point* raggio di curvatura in un punto **2** [*partie, chose courbe*] curvatura, la curva dei reni, d'un naso aquilino.

courcaillet |kuʀkajɛ| *s.m.* **1** stridio* (della quaglia) **2** (*chasse*) richiamo per quaglie.

courçon |kuʀsɔ̃| *s.m.* (*agric.*) ramo intagliato corto.

courette |kuʀɛt| *s.f.* [*petite cour*] cortiletto *m.*

coureur, euse |kuʀœʀ, øz| *s.* **1** *s.* (*rare au f.*) [*personne qui court*] corridore: *un coureur rapide* un corridore veloce **2** *s.m.* (*sport*) corridore: *coureur cycliste* (corridore) ciclista; *coureur de 110 mètres haies* corridore, ostacolista che fa i 110 metri ostacoli # *coureur sur route* stradista; *coureur de fond, de demi-fond* fondista, mezzofondista **3** *s. coureur de bals, de cafés* frequentatore* di sale da ballo, di bar; *coureur de dot* cacciatore* di dote **4** *s.m.* [*celui qui court de femme en femme*] donnaiolo **5** *s.f.* [*femme de mœurs légères*] farfalla.

Coureurs |kuʀœʀ| *s.m. pl.* (*t.zool.*) Corridori.

courge |kuʀʒ(ə)| *s.f.* **1** (*t.bot.*) zucca* ◇ [*le fruit*] zucca **2** (*pop.*) [*imbécile*] zuccone *m.*, zucca.

courgette |kuʀʒɛt| *s.f.* [*fruit de certaines variétés de courges*] zucchino *m.*, zucchina: *courgettes farcies* zucchini ripieni.

courir |kuʀiʀ| (17) **A** *v.intr.* (*êtres animés*) **1** [*aller, se déplacer par une suite d'élans*] correre (127) (*aux.* essere, avere): *courir à toutes jambes* correre a gambe levate; *courir de toutes ses forces, ventre à terre* correre a rotta di collo, a spron battuto; *courir à perdre haleine* correre a perdifiato; *courir au-devant de qqn.* correre incontro a qc.; *courir après qqn.* correre dietro a qc. → **filer** **2** (*spécialt.*) [*disputer une épreuve de course*] correre: *faire courir un cheval* far correre un cavallo **3** [*aller vite, sans précisément courir*] correre, affrettarsi (*pron.*): *ce n'est pas la peine de courir, nous avons le temps* non è il caso di correre, abbiamo tempo; *je prends ma voiture et je cours chez vous, j'y cours* prendo la macchina e corro da voi, mi precipito → 1 **dépêcher (se), presser (se)** # *faire qqch. en courant* fare q.c. in fretta, di corsa; *les gens courent à ce spectacle* la gente accorre a quello spettacolo; *courir d'aventure en aventure* passare da una avventura all'altra ◇ (*fam.*) *courir après qqn., après une femme* correre dietro a qc., a una donna ◇ COURIR (+ *inf.*) correre a: *je cours acheter du pain* corro a comprare il pane ✦ (*absolt.*) *il vaut mieux tenir que courir* meglio essere cacciatore che lepre ◇ (*fam.*) *tu peux toujours courir!* stai fresco!, niente da fare! ◇ (*prov.*) *rien ne sert de courir, il faut partir à point* è inutile correre, bisognava partire prima **4** (*choses*) [*se mouvoir avec rapidité*] scorrere (127) (*aux.* essere): *l'eau qui court* l'acqua che scorre → 1 **couler, écouler (s')**; *faire courir sa plume sur le papier* far scorrere la penna sulla carta **5** [*être répandu, passer de l'un à l'autre*] correre: *faire courir une nouvelle* far correre una notizia; *le bruit court que...* corre voce che..., si dice che... → **colporter, circuler, répandre (se)** ✦ (*impers.*) *il court un bruit sur elle* corrono (delle) voci sul suo conto **6** (*temps*) [*suivre son cours, se passer*] *l'année qui court* l'anno in corso; *par le temps qui court* coi tempi che corrono → 1 **(en) cours, actuellement**; *l'intérêt de cette rente court à partir de tel jour* l'interesse di questa rendita decorre dal tal giorno ◇ (*fam.*) *laisser courir* lasciar correre, lasciar perdere **7** [*s'étendre, se prolonger (au long de qqch.)*] correre: *le chemin court le long de la berge* la strada corre lungo l'argine **B** *v.tr.* **1** [*poursuivre à la course, chercher à attraper*] inseguire ◇ (*chasse*) *courir le cerf, le sanglier* inseguire il cervo, il cinghiale → **courre** ◇ (*loc. fig.*) *il ne faut pas courir deux lièvres à la fois* [*poursuivre deux buts en même temps*] non bisogna tenere il piede in due scarpe **2** (*sport*) [*participer à une épreuve de course*] correre: *courir le cent mètres* correre i cento metri; *ce cheval a couru le grand prix* questo cavallo ha corso, disputato il gran premio **3** [*rechercher avec empressement*] cercare: *courir les honneurs* cercare gli onori; *courir le cachet* cercare (di dare) lezioni a domicilio; *courir les aventures* cercare avventure → **chercher, poursuivre** **4** [*aller, s'exposer au devant de*] correre: *courir un danger* correre un pericolo; *courir un risque, le risque de...* correre un rischio, il rischio di... # *courir sa chance* tentare la fortuna → **essayer, tenter** **5** [*parcourir, sillonner*] battere: *courir la ville, la campagne* battere la città, la campagna → **battre** # *courir le monde* girare il mondo → **voyager** ◇ *loc. fig.* COURIR LES RUES circolare: *cette histoire court les rues* questa storia circola dappertutto **6** [*fréquenter assidûment*] frequentare (assiduamente): *courir les théâtres, les bals* frequentare assiduamente i teatri, i balli → **hanter** # *courir les filles, les jupons* essere un donnaiolo **7** (*pop.*) *courir qqn.* [*l'ennuyer*] seccare (*cour.*), scocciare (*fam.*) qc.: *tu nous cours avec tes histoires* ci secchi, ci scocci con le tue storie.

courlis |kuʀli|, **courlieu** |kuʀljø| *s.m.* (*t.zool.*) chiurlo.

couronne |kuʀɔn| *s.f.* **I** **1** corona: *couronne de laurier* corona di alloro; *couronne d'épines* corona di spine; *couronne de fleurs d'oranger* corona, ghirlanda di fiori d'arancio **2** corona: *la couronne du prince, du roi* la corona del principe, del re # *triple couronne* triregno, tiara papale **3** [*la puissance, la dignité royale, impériale*] corona: *le trésor de la couronne* il tesoro della corona; *discours de la couronne* discorso della corona # *déposer la couronne* abdicare **II** (*par anal.*) (*forme circulaire*) **1** *loc.* EN COURONNE a corona: *taille en couronne (des cheveux)* taglio a corona # *veines en couronne* coronarie **2** [*objet circulaire; choses disposées en cercle, en anneau*] corona: *couronne funéraire* corona funebre; *ni fleurs ni couronnes* né fiori né corone, ghirlande ◇ [*pain en forme d'anneau*] ciambella ◇ (*anat.*) *la couronne d'une dent* la corona di un dente ◇ (*astron.*) *couronne solaire* corona solare ◇ (*auto.*) *couronne de différentiel* corona del differenziale ◇ (*géogr.*) *couronne de montagnes* corona di monti ◇ (*mar.*) corona ad impronte ◇ (*mus.*) corona.

couronné, ée |kuʀɔne| *adj.* **1** [*qui a reçu une couronne*] incoronato: *tête couronnée* testa incoronata ◇ (*fig.*) coronato dal successo; premiato: *ouvrage couronné* opera coronata dal successo || *ouvrage couronné par l'Académie* opera premiata dall'Accademia di Francia **2** (*vétér.*) *cheval couronné* cavallo coronato.

couronnement |kuRɔnmɑ̃| *s.m.* **1** [→ COURONNER I 2] incoronazione (*f.*): *couronnement d'un roi* incoronazione di un re **2** (*fig.*) coronamento: *ce succès fut le couronnement de sa carrière* quel successo fu il coronamento della sua carriera **3** (*archit.*) coronamento → 1 **comble, corniche, chapiteau.**

couronner |kuRɔne| *v.tr.* **I 1** [*ceindre, coiffer d'une couronne*] incoronare: *couronner une jeune fille de fleurs* incoronare, inghirlandare di fiori una ragazza; *les anciens couronnaient les vainqueurs des jeux* gli antichi incoronavano i vincitori dei giochi ◇ [*décerner un prix, une récompense à (qqn.)*] premiare: *couronner un livre, une œuvre* premiare un libro, un'opera **2** [*proclamer (qqn.) souverain en le ceignant d'une couronne*] incoronare: *le jour où le roi fut couronné* il giorno in cui il re fu incoronato → **sacrer** ♦ (*au p.p.*) *les têtes couronnées* le teste coronate **II 1** [*orner, entourer (la tête)*] cingere (119): *un diadème couronnait son front* un diadema le cingeva la fronte; *les collines qui couronnent la ville* le colline che cingono la città, fanno da corona alla città → **ceindre 2** [*blesser au genou*] ferire (197) al ginocchio: *il avait couronné son poney* aveva ferito al ginocchio il suo poney **III** (*littér.*) [*achever en complétant, en rendant parfait*] coronare: *une honorable vieillesse couronne sa vie* un'onorata vecchiaia corona la sua vita → **accomplir** ◇ (*iron.*) *et pour couronner le tout, il arrive en retard* e per coronare l'opera, arriva in ritardo Ⓒ I 1 **découronner,** 2 **détrôner, renverser;** III **commencer.**

courre |kuR| *v.tr.* (*dans la loc.*) *chasse à courre* [*qui se fait avec les chiens courants et à cheval*] caccia alla stracca.

1 **courrier** |kuRje| *s.m.* **1** [*ensemble des lettres, dépêches, journaux envoyés ou à envoyer*] posta (*f.*): *le courrier est arrivé* è arrivata la posta # *faire son courrier* sbrigare la (propria) corrispondenza **2** [*transport des dépêches, des lettres, etc.*] corriere: *courrier maritime, aérien* corriere marittimo, aereo; *répondre par retour du courrier* rispondere a volta di corriere, a (stretto) giro di posta → 1 **poste** ◇ [*article, chronique d'un journal*] cronaca* (*f.*): *courrier mondain* cronaca mondana → **article.**

2 **courrier** |kuRje| *s.m.* (*ancienn.*) [*celui qui précédait les voitures de poste, qui portait les lettres à cheval*] corriere.

courriériste |kuRjeRist(ə)| *s.* [*journaliste qui fait la chronique*] cronista *m.*

courroie |kuRwɑ(a)| *s.f.* [*bande étroite et résistante, servant à lier*] cinghia: *courroie de cuir* cinghia di cuoio, correggia; *nouer une courroie* allacciare una cinghia ◇ (*techn.*) *courroie de transmission, sans fin* cinghia di trasmissione, ad anello; *courroie de ventilateur* cinghia del ventilatore.

courroucer |kuRuse| (2) *v.tr.* (*littér.*) [*mettre en colère, irriter*] irritare, far (103) *intr.* corrucciare ♦ (*au p.p.*) *avoir un air courroucé* avere un'aria, un'espressione corrucciata.

courroux |kuRu| *s.m.* (*littér.*) [*irritation contre un offenseur*] corruccio*.

1 **cours** |kuR| *s.m.* **I 1** [*écoulement continu (de l'eau des fleuves, des rivières)*] corso: *cours rapide, impétueux* corso rapido, impetuoso; *barrer le cours du fleuve* sbarrare il corso del fiume; *descendre, remonter le cours du fleuve* discendere, risalire il corso del fiume **2** COURS D'EAU corso d'acqua: *cours d'eau navigables* corsi d'acqua navigabili; *cours d'eau qui arrose une région* corso d'acqua che bagna una regione **II** (*loc.*) *donner (libre) cours à ses larmes* dare (libero) sfogo alle lacrime ~ *donner libre cours à sa douleur, à sa joie* dare libero sfogo al proprio dolore, alla propria gioia; sfogare il proprio dolore, la propria gioia **III 1** [*mouvement réel ou apparent d'un astre*] corso: *cours du soleil, de la lune* corso del sole, della luna **2** [*suite continue d'une chose (dans le temps)*] corso: *le cours des saisons* il corso, il susseguirsi *inv.* delle stagioni; *le cours des événements* il corso, il decorso degli avvenimenti → **courant, déroulement,** 2 **succession;** *dans le cours de l'ouvrage* nel corso dell'opera; *suivre son cours* seguire il proprio corso; *les affaires en cours* gli affari in corso ◇ *loc. prép.* AU, EN COURS DE nel corso di, durante (*prép.*): *au cours de sa carrière* nel corso della, durante la sua carriera → **durant,** 2 **pendant** ◇ *loc. adv.* EN COURS in corso: *l'année en cours* l'anno in corso, il corrente anno **IV 1** (*écon.*) corso: *cours des monnaies* corso delle monete; *cours légal* corso legale ◇ (*par ext.*) [*prix auquel sont négociées des marchandises, des valeurs*] prezzo, corso: *acheter, vendre au cours du marché* acquistare, vendere al (a) prezzo di mercato; *au cours (du jour)* al corso del giorno; *les cours sont en baisse, en hausse* i corsi, le quotazioni sono in rialzo, in ribasso → **taux, cote 2** *loc.* AVOIR COURS [*avoir valeur légale*] avere corso, essere in corso: *ces billets n'ont plus cours* questi biglietti non sono più in corso, sono fuori corso ◇ (*fig.*) [*être reconnu, utilisé*] essere di uso comune # *ces usages n'ont plus cours* queste usanze non esistono più → **exister.**

2 **cours** |kuR| *s.m.* **1** [*enseignement suivi sur une matière déterminée; l'une des leçons*] corso; lezione (*f.*): *cours de chimie, d'algèbre* corso di chimica, d'algebra; *suivre un cours en Sorbonne* seguire un corso alla Sorbona; *cours par correspondance* corso per corrispondenza → **conférence, leçon** || *donner, faire un cours* tenere, fare lezione → **classe 2** [*degré des études suivies*] corso: *cours élémentaire, moyen, supérieur* corso elementare, medio, superiore; *cours du soir* corso serale **3** [*établissement scolaire, généralement privé*] scuola *f.* (privata), istituto (privato): *cours de jeunes filles* scuola (privata) femminile **4** (*spécialt.*) [*livre reproduisant les leçons d'un cours*] libro (di testo), corso: *cours de science illustré* testo, corso di scienza illustrato → **manuel, traité** ◇ (*au plur.*) *cours polycopiés* dispense *f.*

3 **cours** |kuR| *s.m.* [*avenue servant de promenade*] corso.

4 **cours (au long)** |olɔ̃kuR| (*loc. adj.*) *voyage au long cours* viaggio di lungo corso ~ *capitaine au long cours* capitano di lungo corso.

course |kuRs(ə)| *s.f.* **I 1** corsa: *au pas de course* a passo di corsa; *s'arrêter en pleine course* fermarsi nel bel mezzo della corsa # *prendre sa course* prendere la rincorsa; *être à bout de course* essere spossato **2** (*sport*) corsa, gara: *course à pied* corsa a piedi; *course sur, de cent mètres* (corsa, gara dei) cento metri; *course de vitesse* corsa, gara di velocità; *course de relais* (corsa a) staffetta; *course de chevaux* corsa di cavalli; *course d'obstacles* corsa a ostacoli; *course contre la montre* garà a cronometro; *course sur piste, sur route* corsa, gara su pista, su strada ◇ (*au plur.*) *aller aux courses* andare alle corse (dei cavalli); *jouer, parier aux courses* scommettere alle corse; *courses de bicyclettes* corse, gare ciclistiche; *courses de motos, d'automobiles* corse, gare motociclistiche, automobilistiche # *champ de courses* ippodromo ◇ (*alpinisme*) ascensione ◇ (*loc. fam., fig.*) *être dans la course* [*être au courant, savoir ce qu'il faut faire*] essere della partita ~ *ne pas être dans la course* essere superato **3** *course de taureaux* corrida → **corrida II 1** [*action de parcourir un espace*] corsa: *prix, tarif de la course* prezzo, tariffa della corsa → **parcours, trajet** # *une course en montagne* una gita in montagna → **promenade 2** [*allée et venue d'un commissionnaire*] commissione # *garçon de courses* fattorino, galoppino ◇ (*par ext.*) [*achats*] compere *pl.*, acquisti (*m. pl.*): *aller faire des courses dans les magasins* andare a far compere, acquisti nei negozi → 1 **commission 3** (*choses*) corsa: *la course d'un projectile* la corsa, la traiettoria di un proiettile; *la course du temps, des jours* la corsa, il correre del tempo, dei giorni → **fuite,** 1 **cours, mouvement 4** (*techn.*) corsa: *la course du piston* la corsa del pistone.

coursier |kuRsje| *s.m.* (*littér.*) corsiero.

coursier, ière |kuRsje, jɛR| *s.* [*personne chargée de faire les courses dans une administration*] fattorino *m.*

coursive |kuRsiv| *s.f.* (*mar.*) corridoio* *m.*

courson |kuRsɔ̃| *s.m.*, **coursonne** |kuRsɔn| *s.f.* → **courçon.**

court |kuR| *s.m.* [*terrain aménagé pour le tennis*] campo (da tennis).

court, courte |kuR, kuRt(ə)| **I** *adj.* **1** [*qui a peu de longueur*] corto: *herbe courte* erba corta; *robe courte* vestito corto; *jambes courtes* gambe corte # *rendre (plus) court* accorciare ◇ (*loc.*) *aller par le plus court chemin, prendre le plus court* andare per la strada più corta ~ *faire la courte échelle* fare scaletta ~ *tirer à la courte paille* estrarre a sorte ~ *avoir la vue courte* avere la vista corta ~ *c'est un homme à courtes vues* è un uomo ottuso, limitato **2** [*qui a peu de durée*] corto, breve: *livre, roman très court* libro, romanzo molto corto, breve; *un court moment* un breve istante; *exposé court et complet* esposizione breve e completa → **bref**; *la vie est courte* la vita è breve; *les jours d'hiver sont courts* i giorni invernali sono corti **3** (*loc.*) *avoir la mémoire courte* avere la memoria corta ~ *avoir l'haleine, la respiration courte* avere il fiato corto **4** [*prompt, rapide*] rapido, spiccio*: *le plus court expédient* il mezzo più rapido, spiccio # *rester, revenir avec sa courte honte* rimanere, ritornare scornato, con la coda tra le gambe **5** (*fam.*) [*insuffisant*] poco *adv.* (*cour.*), scarso: *cent francs, c'est un peu court!* cento franchi è un po' poco! **II** *adv.* **1** corto (*adj.*): *couper les cheveux court* tagliare i capelli corti **2** (*loc. fig.*) *couper court* (*à un entretien*) tagliar corto (a un colloquio) ~ *tourner court*: (*pr.*) [*faire un brusque changement de direction*] sterzare, cambiare direzione; (*fig.*) [*passer d'une chose à une autre*] cambiare discorso ~ *demeurer, rester, se trouver court* restare senza argomenti, a corto di argomenti **3** *loc.* TOUT COURT [*sans rien d'autre*] semplicemente; e basta (*inv.*): *il est bête tout court* è semplicemente una bestia ‖ *il s'appelle Marc tout court* si chiama Marco e basta **4** *loc.* DE COURT [*à l'improviste*] di sorpresa, alla sprovvista: *prendre qqn. de court* prendere qc. di sorpresa, alla sprovvista **5** *loc.* À COURT DE a corto di: *être à court d'argent, d'idées* essere a corto di denaro, d'idee [C] I 1 **long**, 2 **durable, long.**

courtage |kuʀtaʒ| *s.m.* (*dr. comm.*) mediazione *f.*, senseria (*f.*): *courtage en valeurs mobilières* mediazione di valori mobiliari.

courtaud, aude |kuʀto, od| *adj.* **1** (*ancienn.*) *chien, cheval courtaud* [*à qui l'on a coupé la queue et les oreilles*] cane, cavallo cortaldo **2** (*personnes*) [*de taille courte, épaisse*] tracagnotto ✦ (*s.*) *un courtaud* un tracagnotto.

courtauder |kuʀtode| *v.tr.* [*rendre courtaud* (*un cheval, un chien*)] mozzare la coda, gli orecchi (a un cane, un cavallo).

court-bouillon |kuʀbujɔ̃| *s.m.* [*bouillon dans lequel on fait cuire du poisson*] ☒.

court-circuit |kuʀsiʀkɥi| *s.m.* (*électr.*) cortocircuito.

court-circuiter |kuʀsiʀkɥite| *v. tr.* **1** [*mettre en court-circuit*] mettere (155) in cortocircuito, cortocircuitare **2** (*fig., fam.*) [*laisser de côté* (*un intermédiaire normal*) *en passant par une voie plus rapide*] tagliar fuori (qc.).

court-courrier |kuʀkuʀje| *adj. et s.m.* (*avion*) *court-courrier* aereo da trasporto a breve distanza (*loc. inv.*): *des court-courriers* aerei da trasporto a breve distanza.

courtepointe |kuʀtəpwɛ̃t| *s.f.* [*couverture de lit ouatée*] trapunta.

courtier, ière |kuʀtje, jɛʀ| *s.* **1** (*dr. comm.*) mediatore*, sensale (*m.*): *courtier libre* mediatore libero → 2 **agent, placier**; *courtier assermenté* mediatore autorizzato; *courtier en vins* mediatore di vini **2** (*vx.*) → **intermédiaire, entremetteur.**

courtilière |kuʀtiljɛʀ| *s.f.* (*t.zool.*) grillotalpa *m. ou f.*

courtine |kuʀtin| *s.f.* **1** [*rideau, tenture*] cortina **2** (*fortif.*) cortina.

courtisan |kuʀtizɑ̃| *s.m.* **1** [*celui qui est attaché à la cour*] cortigiano *s.* **2** (*fig.*) [*celui qui cherche à plaire aux puissants*] cortigiano → **adulateur** ✦ (*adj.*) *manières courtisanes* modi cortigiani.

courtisane |kuʀtizan| *s.f.* [*femme de mauvaise vie et d'un rang social assez élevé*] cortigiana ◇ (*par ext.*) [*demi-mondaine*] cortigiana → **prostituée.**

courtisanerie |kuʀtizanʀi| *s.f.* (*vieilli*) cortigianeria.

courtiser |kuʀtize| *v.tr.* [*faire sa cour à* (*qqn.*)] corteggiare: *courtiser les grands, les riches* corteggiare i grandi, i ricchi → **aduler** ◇ (*spécialt.*) [*faire la cour à* (*une femme*)] corteggiare.

court-jointé, ée |kuʀʒwɛ̃te| *adj.* (*zootechnie*) giuntato corto.

court-jus |kuʀʒy| *s.m.* (*pop.*) → **court-circuit.**

courtois, oise |kuʀtwa, waz| *adj.* **1** (*au moyen âge*) cortese: *littérature, poésie courtoise* letteratura, poesia cortese **2** [*qui parle et agit avec une civilité raffinée*] cortese: *un homme courtois* un uomo cortese → **aimable**; *un refus courtois* un rifiuto cortese → 1 **poli.**

courtoisement |kuʀtwazmɑ̃| *adv.* [→ COURTOIS 2] cortesemente: *répondre à qqn. courtoisement* rispondere cortesemente a qc.

courtoisie |kuʀtwazi| *s.f.* [*politesse raffinée*] cortesia → **affabilité.**

court-vêtu, ue |kuʀvety| *adj.* che ha un vestito corto *loc.*; succintamente vestito: *des femmes court-vêtues* donne succintamente vestite.

couru, ue |kuʀy| *adj.* **1** [*recherché*] popolare, di richiamo (*loc. inv.*): *c'est un spectacle très couru* è uno spettacolo molto popolare, di gran successo **2** (*fam.*) *c'est couru* [*prévu*] è garantito, è certo.

couscous |kuskus| *s.m.* (*cuis.*) cuscus *inv.*, cuscussù *inv.* (*région.*).

cousette |kuzɛt| *s.f.* [*jeune apprentie couturière*] sartina, apprendista sarta.

couseur, euse |kuzœʀ, øz| *s.* [*personne qui coud*] cucitore* ◇ *s.f.* [*ouvrière qui coud les cahiers*] cucitrice.

cousin |kuzɛ̃| *s.m.* (*t.zool.*) pappataci *inv.*, cugino (*pop.*).

cousin, ine |kuzɛ̃, in| *s.* cugino: *ce sont des cousins éloignés* sono lontani cugini ◇ (*loc. prov.*) *le roi n'est pas son cousin* [*il est très prétentieux*] si crede chissà chi.

cousinage |kuzinaʒ| *s.m.* (*vieilli*) [*parenté entre cousins*] cuginanza *f.*

cousiner |kuzine| *v.intr.* (*fam.*) *cousiner avec qqn.* [*agir familièrement avec qqn.*] avere (97) *tr.* grande familiarità con qc. (*cour.*).

coussin |kusɛ̃| *s.m.* **1** cuscino: *les coussins d'un fauteuil, d'un divan, d'un siège d'automobile* i cuscini di una poltrona, di un divano, del sedile dell'automobile **2** (*mécan.*) cuscinetto → **coussinet** **3** (*techn.*) *coussin d'air* cuscino d'aria.

coussinet |kusinɛ| *s.m.* **1** [*petit coussin*] cuscinetto **2** (*archit.*) abaco* **3** (*mécan.*) cuscinetto: *coussinet en bronze* cuscinetto di bronzo; *coussinet en alliage antifriction* cuscinetto in lega antiattrito; *coussinet de rail* cuscinetto di rotaia; *coussinet à billes* cuscinetto a sfere.

cousu, ue |kuzy| *adj.* **1** [*joint par une couture*] cucito ◇ (*loc. fig.*) *finesse cousue de fil blanc* astuzia grossolana, che non regge ~ *garder bouche cousue* tenere la bocca chiusa ~ *être cousu d'or* essere ricco sfondato **2** (*fam.*) *des gants cousus main* guanti cuciti a mano ◇ (*loc. pop.*) *c'est du cousu main* [*de première qualité*] è roba sopraffina **3** (*blas.*) cucito.

coût |ku| *s.m.* [*somme que coûte une chose*] costo: *coût d'une marchandise* costo di una merce; *le coût de la vie augmente* il costo della vita aumenta → **prix** ◇ (*fig.*) [*prix*] prezzo: *le coût d'une imprudence* il prezzo di un'imprudenza.

coûtant |kutɑ̃| *adj. m.* PRIX COUTANT [*prix qu'une chose à coûté*] prezzo di costo (*loc. inv.*): *revendre à prix coûtant* rivendere a prezzo di costo.

couteau |kuto| *s.m.* **1** coltello: *manche, poignée d'un couteau* manico, impugnatura di un coltello; *fil, pointe d'un couteau* filo, punta di un coltello; *couteau pliant* coltello a molla; *couteau de table* coltello da tavola; *couteau à poisson, à fromage, à dessert* coltello da pesce, da formaggio, da frutta; *couteau de cuisine* coltello da cucina; *affûter, aiguiser un couteau* affilare un coltello # *grand couteau* coltellaccio → **coutelas, couperet**; *couteau à découper* trinciante; *couteau de poche* coltellino ◇ (*fig.*) *visage en lame de couteau* viso affilato ~ *brouillard à couper au couteau* nebbia da tagliare col coltello, a fette ◇ [*arme*] *couteau à cran d'arrêt* coltello a serramanico; *tirer le couteau* estrarre il coltello # *coup de couteau* coltellata ◇ (*fig.*) *être à couteaux tirés* [*en guerre ouverte*] essere ai ferri corti ~ *jouer du couteau* battersi col coltello, venire ai coltelli ~ *mettre le couteau sur, sous la gorge* [*contraindre par la menace*] mettere con le spalle al muro **2** [*nom de certains outils et instruments*] *couteau à papier* tagliacarte (*inv.*); *couteau mécanique de charcutier* affettatrice *f.* (da salumeria); *couteau à pierre* scalpello (da muratore); *couteau de vitrier* coltello da mastice; *couteau de peintre* spatola *f.*, mestichino **3** (*par anal.*) *couteau de balance* coltello di bilancia **4** → **solen.**

couteau-scie |kutosi| *s.m.* [*couteau dont la lame porte des dents*] coltello a sega.

coutelas |kutlɑ| *s.m.* [*grand couteau à lame large et tranchante*] coltellaccio*, coltella *f.* ◇ [*épée courte à un seul tranchant*] squarcina *f.*

coutelier, ière |kutəlje, jɛʀ| *s.* [*personne qui fabrique, vend des couteaux, etc.*] coltellinaio*.

coutellerie |kutɛlʀi| *s.f.* coltelleria.

coûter |kute| **A** *v.intr.* [*nécessiter le paiement d'une somme pour être obtenu*] costare (*aux.* essere): *combien cela coûte-t-il?* quanto costa?; *cela ne coûte rien* non costa niente; *coûter les yeux de la tête* costare un occhio (della testa) → **revenir, valoir** ◇ (*fam.*) *ça coûtera ce que ça coûtera* costi quello che costi ✦ (*absolt.*) [*être cher*] costare: *les meubles de style, cela coûte* i mobili di stile costano (molto) ◇ (*loc.*) *cela coûte cher* costa caro ~ *cette habitude lui coûte cher* questa abitudine gli costa cara ~ (*fig.*) *cela pourrait vous coûter cher* potrebbe costarle caro ~ *il n'y a que le premier pas qui coûte* tutto sta a cominciare ✦ (*impers.*) *il m'en coûte de vous l'avouer* mi costa confessarvelo **B** *v.tr.* **1** [*causer une peine, un effort*] costare (*intr. et tr.*): *son départ lui a coûté bien des larmes* la sua partenza gli è costata molte lacrime; *les efforts que ce travail lui a coûtés...* lo sforzo che gli è costato fare questo lavoro...; *coûter la vie* costare la vita ✦ (*impers.*) *il vous en coûtera la vie* vi costerà la vita; ne andrà di mezzo la vostra vita; *cela lui coûte sa tranquillité* ne va di mezzo la sua tranquillità; *il m'en coûte de vous l'avouer* mi costa molto ammetterlo **2** *loc.* COÛTE QUE COÛTE a tutti i costi, a ogni (a qualunque) costo: *il doit coûte que coûte rentrer chez lui* deve tornare a casa a tutti i costi, a ogni costo.

coûteusement |kutøzmɑ̃| *adv.* [→ COÛTEUX 1] costosamente, dispendiosamente [C] **économiquement.**

coûteux, euse |kutø, øz| *adj.* **1** [*qui coûte cher*] costoso: *les voyages sont coûteux* i viaggi sono costosi, costano → **cher, dispendieux** **2** (*fig.*) [*qui exige des sacrifices*] costoso: *une entreprise coûteuse* un'impresa costosa.

coutil |kuti| *s.m.* [*toile croisée et serrée*] traliccio*: *pantalon de coutil* pantaloni di traliccio.

coutre |kutʀ(ə)| *s.m.* (*agric.*) coltro.

coutume |kutym| *s.f.* **1** [*manière à laquelle la plupart se conforment dans un groupe social*] costume *m.*, usanza: *ancienne coutume* antico costume, antica usanza; *les coutumes d'un peuple, d'une société* i costumi di un popolo, di una società → **tradition, usage** # *coutume passagère* moda passeggera → 1 **mode** ◇ (*dr.*) consuetudine **2** (*loc. prov.*) *une fois n'est pas coutume* una rondine non fa primavera **3** (*loc.*) *avoir coutume de* (+ *inf.*) [*l'habitude*] avere l'abitudine di, esser solito (+ *inf.*) ◇ *loc. adv.* DE COUTUME del solito: *il est moins aimable que de coutume* è meno gentile del solito # *comme de coutume* come al solito.

coutumier, ière |kutymje, jɛʀ| *adj.* **1** [*que l'on fait d'ordinaire*] solito, abituale: *travaux coutumiers* lavori soliti, abituali; *cette manière de penser lui est coutumière* questo modo di pensare gli è abituale → **habituel** ◇ (*loc.*) *tu es coutumier du fait, tu as encore fait des tiennes* siamo alle solite; ne hai fatto un'altra delle tue ~ *il est* (*il n'est pas*) *coutumier du fait* c'è (non c'è) abituato ~ *il est coutumier de mentir* ha l'abitudine di dire bugie **2** (*dr.*) *droit coutumier* diritto consuetudinario*.

couture |kutyʀ| *s.f.* **I** **1** [*action, art de coudre*] cucito (*m.*): *points de couture* punti di cucito ◇ [*ouvrage de cout.*] *elle est penchée sur sa couture* è china sul suo lavoro *m.* di cucito **2** [*profession de ceux qui confectionnent des vêtements féminins*] sartoria; moda (femminile): *maison de couture* sartoria, casa di mode ‖ *il travaille dans la couture* lavora nella moda (femminile) ◇ [*profession de couturier*] *la haute couture parisienne* l'alta moda, la sartoria parigina **II** **1** [*assemblage de deux morçeaux d'étoffe, etc. par une suite de points*] cucitura: *coutures d'un vêtement, d'une chaussure* cuciture di un abito, di una scarpa; *couture à la main, à la machine* cucitura a mano, a macchina → **piqûre**; *bas sans coutures* calze senza cucitura # *faire une couture à grands points* fare un'imbastitura → **bâti** ◇ (*loc. fig.*) *examiner sur toutes les coutures* [*dans tous les sens*] esaminare da cima a fondo ~ *battre à plate(s) couture(s)* [*complètement*] sconfiggere su tutta la linea **2** (*par anal.*) [*cicatrice allongée*] sfregio* *m.*, cicatrice: *il a le visage marqué de plusieurs coutures* ha il viso segnato da numerose cicatrici → **balafre.**

couturé, ée |kutyʀe| *adj.* coperto di cicatrici, sfregiato: *son visage est tout couturé* ha il viso tutto coperto di cicatrici.

couturier |kutyʀje| **1** *s.m.* [*personne qui dirige une maison de cout.*] sarto: *robe portant la marque d'un grand couturier* abito che porta la firma di un celebre sarto **2** *adj. m.* (*anat.*) *muscle couturier* sartorio* *s.m.*

couturière |kutyʀjɛʀ| *s.f.* **1** [*celle qui exécute des vêtements de femme*] sarta: *couturière à domicile* sarta a domicilio ◇ (*spécialt.*) lavorante di sartoria, sartina **2** (*théât.*) prova in costume.

couvain |kuvɛ̃| *s.m.* [*amas d'œufs* (*d'abeilles, d'insectes*)] covata *f.*

couvaison |kuvɛzɔ̃| *s.f.* [*temps pendant lequel les oiseaux couvent leurs œufs*] cova.

couvée |kuve| *s.f.* **1** [*ensemble des œufs couvés par un oiseau*] covata: *ces poussins sont de la même couvée* questi pulcini sono della stessa covata **2** [*les petits qui viennent d'éclore*] covata, nidiata: *toute la couvée piaillait* tutta la covata pigolava → **nichée** ◇ (*fig., fam.*) [*famille nombreuse*] covata (*plais.*), nidiata (*plais.*).

couvent |kuvɑ̃| *s.m.* **1** (*relig.*) convento: *couvent de carmélites, de dominicaines* convento di carmelitane, di domenicane; *entrer au couvent* entrare in convento → **communauté, monastère** ◇ [*les religieux d'une communauté*] *tout le couvent est à l'église* tutto il convento è in chiesa **2** [*pensionnat de jeunes filles dirigé par des religieuses*] collegio* (femminile), educandato: *élever une jeune fille au couvent* educare una ragazza in collegio.

couventine |kuvɑ̃tin| *s.f.* [*religieuse d'un couvent*] monaca*, suora ◇ [*fille élevée dans un couvent*] educanda.

1 **couver** |kuve| *v.tr.* **I** **1** (*oiseaux*) [*se tenir pendant un certain temps sur des œufs pour les faire éclore*] covare: *la poule couve ses œufs* la gallina cova le uova **2** (*fig.*) *couver qqch.* [*l'entourer de soins*] covare q.c.: *couver qqch. des yeux* covare q.c. con gli occhi **II** **1** [*entretenir, nourrir, préparer mystérieusement*] covare: *couver des projets de vengeance* covare propositi di vendetta → **tramer** **2** *couver une maladie* [*en porter en soi les germes*] covare una malattia.

2 **couver** |kuve| *v.intr.* [*être entretenu sourdement jusqu'au moment de se découvrir*] covare: *le feu couve sous la cendre* il fuoco cova sotto la cenere ◇ (*fig.*) *le complot couvait depuis longtemps* il complotto covava da tempo.

couvercle |kuvɛʀkl(ə)| *s.m.* coperchio*: *couvercle d'une boîte* coperchio di una scatola; *lever, soulever, mettre le couvercle* alzare, sollevare, mettere il coperchio.

1 **couvert** |kuvɛʀ| *s.m.* **1** [*ce qu'on met sur la table pour le repas*] *dresser* (*mettre*), *ôter le couvert* apparecchiare, sparecchiare (la tavola) **2** [*ustensiles de table pour chaque convive*] coperto: *une table de douze couverts* una tavola di dodici coperti ◇ (*loc.*) *avoir toujours son couvert mis chez qqn.* avere sempre pronto un posto a tavola in casa di qc. **3** [*la cuiller, la fourchette et le couteau*] posate (*f. pl.*): *couvert d'argent* posate d'argento.

2 **couvert** |kuvɛʀ| *s.m.* **1** [*logement où l'on est protégé des intempéries*] coperto, riparo ◇ (*loc.*) *donner le couvert à qqn.* dare ricovero a qc. ~ *donner le vivre et le couvert à qqn.* dare vitto e alloggio a qc. **2** *loc. prép.* À COUVERT DE al riparo da, al coperto da: *à couvert de la pluie* al riparo dalla pioggia → **(à l')abri (de)** ~ *loc. adv.* À COUVERT al riparo, al coperto: *se mettre à couvert* mettersi al riparo, al coperto → **abriter (s'), protéger (se)** ◇ (*comm.*) *être à couvert* essere al coperto **3** (*loc. fig.*) SOUS LE COUVERT DE sotto la responsabilità di; sotto l'apparenza di: *sous le couvert de son père* sotto la responsabilità di suo padre ‖ *trahir qqn. sous le couvert de l'amitié* tradire qc. sotto l'apparenza dell'amicizia, fingendoglisi amico.

couvert, erte |kuvɛʀ, ɛʀt(ə)| *adj.* **1** [*qui a un vêtement*] coperto: *bien couvert* ben coperto; *un paysan couvert de haillons* un contadino coperto di stracci ◇ (*spécialt.*) *restez couvert* [*gardez votre chapeau*] tenga pure il cappello **2** [*qui a sur lui, au-dessus de lui qqch.*] coperto: *il était couvert de boue* era coperto di fango, era tutto infangato ◇ (*par anal.*) *ciel couvert* [*de nuages*] cielo coperto → **nuageux**; *allée couverte* viale coperto **3** [*caché*] coperto, nascosto: *visage couvert d'un masque* viso coperto da una maschera ◇ (*loc.*) *vous le lui direz à mots couverts* [*en termes voilés*] glielo direte con parole velate ~ *parler à mots couverts* parlare copertamente **4** [*abrité, protégé par qqn.*] coperto: *de toutes façons, vous êtes couvert* ad ogni modo, lei è coperto.

couverte |kuvɛʀt(ə)| *s.f.* (*techn.*) vetrina, coperta.

couverture |kuvɛʀtyʀ| *s.f.* **I** (*concret*) **1** [*surface extérieure du toit d'un bâtiment*] copertura: *couverture en tuiles, en bois* copertura di tegole, di legno **2** [*pièce* (*de toile, de drap*) *qu'on étend pour recouvrir*] coperta # *couverture imperméabilisée pour recouvrir des marchandises* telone impermeabilizzato per coprire merci → **bâche** ◇ (*spécialt.*) *couverture* (*de lit*) coperta (del letto) ◇ (*loc. fig.*) *amener, tirer la couverture à soi* [*s'approprier de la plus grosse part d'une chose*] far la parte del leone **3** [*ce qui couvre, recouvre un livre*] copertina: *couverture toilée* copertina telata # *couverture brochée* brossura ◇ [*enveloppe dont on recouvre un livre pour le protéger*] fodera, sopraccoperta, sovracoperta → **couvre-livre, jaquette** **II** (*abstrait*) **1** [*ce qui sert à couvrir, protéger*] copertura: *troupes de couverture* truppe di copertura **2** (*comm., fin.*) copertura: *couverture du risque* copertura del rischio → **provision.**

couveuse |kuvøz| *s.f.* **1** [*poule qui couve*] chioccia*: *une bonne couveuse* una buona chioccia **2** (*techn.*) (*pour les œufs*) incubatrice, covatrice ◇ (*par anal.*) (*pour les enfants*) incubatrice: *mettre un prématuré en couveuse* mettere un (neonato) prematuro nell'incubatrice.

couvi |kuvi| *adj. m.* (*région.*) *un œuf couvi* [*gâté pour avoir été trop couvé*] un uovo barlaccio*, andato a male (*cour.*).

couvoir |kuvwaʀ| *s.m.* (*agric.*) incubatoio*.

couvrant, ante |kuvʀɑ̃, ɑ̃t| *adj.* [*qui couvre*] coprente.

couvre-chef |kuvRəʃɛf| *s.m.* (*plais.*) copricapo (*inv.*): *des couvre--chefs* dei copricapo → **chapeau.**
couvre-feu |kuvRəfø| *s.m.* **1** (*signal*) coprifuoco*: *des couvre-feux* dei coprifuochi **2** (*injonction*) coprifuoco: *décréter le couvre-feu* ordinare il coprifuoco.
couvre-joint |kuvRəʒwɛ̃| *s.m.* (*maçonn., menuis.*) coprigiunto *inv.*
couvre-lit |kuvRəli| *s.m.* copriletto (*inv.*): *des couvre-lits* dei copriletto.
couvre-livre |kuvRəlivR(ə)| *s.m.* coprilibro *inv.*, fodera (*f.*): *des couvre--livres* dei coprilibro, delle fodere.
couvre-nuque |kuvRənyk| *s.m.* coprinuca *inv.*
couvre-pied(s) |kuvRəpje| *s.m.* [*couverture qui recouvre le lit*] copriletto *inv.*, copripiedi (*inv.*): *des couvre--pieds* dei copriletto, dei copripiedi.
couvre-plat |kuvRəpla| *s.m.* copripiatti *inv.*, coprivivande *inv.*
couvreur |kuvRœR| *s.m.* [*ouvrier qui fait ou répare les toitures*] copritetto.
couvrir |kuvRiR| (23) **A** *v.tr.* **I 1** [*garnir* (*un objet*) *en disposant qqch. dessus*] coprire (186): *couvrir un plat* coprire un piatto; *couvrir un lit d'un dessus-de-lit* coprire un letto con un copriletto; *couvrir un mur d'un enduit* coprire un muro d'intonaco → **recouvrir** ◇ (*sujet de chose*) [*être disposé sur*] *un tapis couvrait le parquet* un tappeto copriva il pavimento **2** [*parsemer d'une grande quantité de*] coprire, ricoprire (186): *couvrir une tombe de fleurs* (ri)coprire di fiori una tomba; *couvrir de boue un passant* ricoprire di fango un passante; *couvrir d'or, d'argent* ricoprire d'oro, d'argento; *couvrir qqn. de caresses, de baisers* coprire qc. di carezze, di baci; *on l'a couvert d'injures* lo hanno coperto d'ingiurie; *il s'est couvert de ridicule* si è coperto di ridicolo → **accabler, combler** # *couvrir qqn. de boue* infangare, infamare (la reputazione di) qc. ◇ (*choses*) [*être éparpillé, répandu sur*] *les feuilles couvrent le sol* le foglie (ri)coprono il suolo → **joncher**; *les nuages couvrent le ciel* le nubi coprono il cielo; *l'eau montait et couvrait les champs* l'acqua saliva e copriva i campi → **inonder, submerger** **3** [*cacher en mettant qqch. par-dessus, autour*] coprire: *couvrir d'un voile* coprire con un velo; *masque qui couvre le visage* maschera che copre il viso → 1 **voiler** ◇ (*par ext.*) *couvrir la voix* coprire la voce → **dominer, étouffer** ◇ (*fig.*) *couvrir un mystère, une énigme* nascondere (159) un mistero, un enigma → **cacher, celer** ◇ (*par anal.*) *couvrir son jeu* nascondere le carte **4** (*animaux*) [*s'accoupler avec* (*la femelle*)] coprire, montare: *faire couvrir une jument, une chienne* far coprire, montare una giumenta, una cagna → 1 **monter II 1** [*interposer qqch. comme défense, protection*] coprire: *couvrir qqn. de son corps* coprire qc. con il proprio corpo; *couvrir ses arrières* coprire le retrovie → **garantir, protéger** **2** [*abriter* (*qqn.*) *par son autorité, sa protection*] coprire: *ce chef de bureau couvre toujours ses subordonnés* quel capoufficio copre sempre i suoi subalterni **3** (*comm., fin.*) [*donner une couverture financière*] coprire: *couvrir ses frais* coprire le (proprie) spese → **garantir, approvisionner** # *couvrir un emprunt* sottoscrivere un prestito **III** [*parcourir* (*une distance*)] coprire: *les coureurs ont couvert les cent premiers kilomètres en quatre heures* i corridori hanno coperto i primi cento chilometri in quattro ore; *l'avion couvre cette distance en une heure* l'aereo copre questa distanza in un'ora **B** *v.pron.* SE COUVRIR **1** *réfl.* [*s'envelopper d'un vêtement*] coprirsi: *il fait froid, il faut se couvrir davantage* fa freddo, bisogna coprirsi di più → **vêtir (se)** ✦ *absolt.* [*mettre son chapeau*] mettersi (155) *tr.* il cappello: *couvrez-vous, je vous prie* si metta il cappello, la prego **2** *réfl.* (*fig.*) *se couvrir de gloire, de mérites, de ridicule* coprirsi di gloria, di meriti, di ridicolo **3** *intr.* [*se remplir*] riempirsi: *la place se couvrit de curieux* la piazza si riempì di curiosi ✦ (*absolt.*) *le ciel se couvre* il cielo si sta coprendo → **assombrir (s'), obscurcir (s')** ◇ (*fig.*) *l'horizon se couvre* l'orizzonte si oscura **4** *réfl.* [*s'abriter, se cacher, se retrancher*] trincerarsi: *se couvrir de l'autorité de qqn.* trincerarsi dietro l'autorità di qc.; *se couvrir d'un prétexte* trincerarsi dietro un pretesto.
covalence |kɔvalɑ̃s| *s.f.* (*sc.*) covalenza.
covariance |kɔvaRjɑ̃s| *s.f.* (*statistique*) covarianza.
covendeur |kɔvɑ̃dœR| *s.m.* associato alla vendita.
cover-girl |kɔvœRgœRl| *s.f.* (*angl.*) cover-girl *inv.*
cow-boy |kawbɔj, kobɔj| *s.m.* (*angl.*) cow-boy *inv.*
coxal, ale, aux |kɔksal, o| *adj.* (*anat.*) coxale, iliaco*.
coxalgie |kɔksalʒi| *s.f.* (*méd.*) coxalgia*, cossalgia*.
coxalgique |kɔksalʒik| *adj.* (*méd.*) coxalgico*.
coxarthrose |kɔksaRtRoz| *s.f.* (*pathol.*) coxartrosi *inv.*
coyau |kɔjo| *s.m.* (*maçonn.*) passafuori *inv.*
coyote |kɔjɔt| *s.m.* (*t.zool.*) coyote *inv.*
crabe |kRɑ(a)b| *s.m.* **1** (*t.zool.*) granchio* ◇ (*cour.*) *les pinces, la carapace du crabe* le chele, il guscio del granchio ◇ (*loc. fig.*) *marcher en crabe* [*de côté*] camminare a, di sghimbescio ~ *panier de crabes* [*ensemble de personnes qui se nuisent, se haïssent mutuellement*] fossa dei leoni **2** (*pop.*) [*individu ridicule, têtu*] scimunito (*cour.*), testardo (*cour.*): *vieux crabe!* vecchio scimunito!
crabier |kRɑ(a)bje| *s.m.* (*t.zool.*) sgarza *f.*, airone cenerino.
crac! |kRak| *interj.* (*onomat. imitant un bruit sec; évoquant une chose brusque*) crac!
crachat |kRaʃa| *s.m.* **1** [*salive, mucosité rejetée par la bouche*] sputo ◇ (*méd.*) espettorato ◇ (*fig.*) *se noyer dans un crachat* [*se laisser arrêter par la moindre difficulté*] affogare in un bicchiere d'acqua **2** (*fam.*) [*plaque, insigne d'un grade supérieur*] patacca* *f.* (*plais.*).
craché, ée |kRaʃe| *adj.* TOUT CRACHÉ [*très ressemblant*] (*après un s. ou un pron.*) nato e sputato, spaccato: *c'est son père craché* è suo padre nato e sputato, spaccato.
crachement |kRaʃmɑ̃| *s.m.* **1** [→ CRACHER A 1] sputo, lo sputare (*inv.*): *crachement de sang* sputo sanguigno, sbocco* di sangue **2** [*projection*] *crachement de gaz* fuga* *f.*, fuoruscita *f.* di gas; *crachement de vapeur* getto, fuoruscita di vapore; *crachement de flammes* fiammata *f.*, vampata *f.* (di fuoco) **3** [*crépitement d'un haut-parleur*] crepitio*.
cracher |kRaʃe| **A** *v.intr.* **1** [*projeter de la salive de la bouche*] sputare: *cracher par terre* sputare per terra; *défense de cracher* vietato sputare **2** (*fig., fam.*) *cracher sur qqn.* sputare addosso a, in faccia a qc.; *cracher sur qqch.* sputare su q.c., addosso a q.c. → **calomnier, insulter** # *il ne crache pas sur l'alcool* non disdegna affatto l'alcool **3** (*par anal.*) *cette plume, ce stylo crache* questa penna, questa stilografica schizza (inchiostro) **4** [*émettre des crépitements*] crepitare: *radio, haut-parleur qui crache* radio, altoparlante che crepita → **crachoter** **B** *v.tr.* **1** [*lancer* (*qqch.*) *de la bouche*] sputare: *cracher un bonbon* sputare una caramella; *cracher du sang* sputare sangue ◇ (*loc.*) *cracher ses poumons* sputare i polmoni **2** (*fig.*) *cracher des injures* vomitare ingiurie → **proférer** **3** (*fam.*) [*donner de l'argent; payer*] sputare, pagare → 1 **casquer** **4** [*émettre en lançant*] sputare, vomitare: *volcan qui crache de la lave* vulcano che sputa, vomita lava.
cracheur, euse |kRaʃœR, øz| *s.* (*rare*) chi sputa spesso *loc.*
crachin |kRaʃɛ̃| *s.m.* [*pluie fine et serrée*] pioggerella *f.*, acquerugiola *f.*
crachiner |kRaʃine| *v.intr.* [*faire du crachin*] piovigginare (*aux.* essere, avere): *il commence à crachiner* comincia a piovigginare → **bruiner, pleuvoter.**
crachoir |kRaʃwaR| *s.m.* [*récipient dans lequel on peut cracher*] sputacchiera *f.* ◇ (*loc. fam.*) *tenir le crachoir* [*parler sans arrêt*] parlare continuamente ~ *tenir le crachoir à qqn.* [*l'écouter sans pouvoir placer un mot*] farsi attaccare un bottone da qc.
crachotant, ante |kRaʃɔtɑ̃, ɑ̃t| *adj.* che sputacchia *loc.*
crachotement |kRaʃɔtmɑ̃| *s.m.* [→ CRACHOTER 1] lo sputacchiare *inv.*
crachoter |kRaʃɔte| *v.intr.* **1** [*cracher un peu*] sputacchiare **2** [*émettre des crépitements*] crepitare: *radio qui crachote* radio che crepita.
crachouiller |kRaʃuje| *v.tr. et intr.* (*fam.*) → **crachoter.**
crack |kRak| *s.m.* **1** [*poulain préféré dans une écurie de course*] crak *inv.*, cavallo favorito **2** (*fam.*) *c'est un crack en mathématiques* [*un sujet remarquable*] è un cannone in matematica → **as.**
cracker |kRakœR(ɛR)| *s.m.* (*amér.*) cracker *inv.*
cracking |kRakiŋ| *s.m.* → **craquage.**
cracra |kRakRa| *adj. inv.* (*fam.*) → **crasseux.**
crado |kRado| *adj. inv.* (*fam.*) → **crasseux.**
craie |kRɛ| *s.f.* **1** [*calcaire naturel*] gesso (*m.*): *falaise de craie* falesia di gesso → **crayeux** **2** [*calcaire en bâtons*] gesso, gessetto (*m.*): *bâton de craie pour écrire au tableau noir* gessetto per scrivere alla lavagna; *craie de tailleur* gessetto da sarto.
crailler |kRɑje| *v.intr.* → **croasser.**
craindre |kRɛ̃dR(ə)| (65) *v.tr.* **1** [*envisager* (*qqn., qqch.*) *comme dangereux et en avoir peur*] temere, aver (97)

paura (timore) (di): *craindre le danger* temere il pericolo; *il ne viendra pas, je le crains* temo che non verrà (venga); *il sait se faire craindre* sa farsi temere; *ne craignez rien* non abbia timore, paura; *craindre Dieu* temere Dio; *il ne craint ni Dieu ni diable* non ha paura di niente; non teme né Dio né il diavolo → **redouter** ◆ (*absolt.*) *craindre pour la vie de qqn.* temere per la vita di qc. → **trembler** **2** CRAINDRE QUE (+ *subj. avec 'ne' explétif dans la subordonnée*) temere che (+ *subj.*): *je crains qu'il ne soit mort* temo che sia morto ◇ (*interrogation, négation: sans 'ne'*) *je ne crains pas qu'il réplique* non temo che risponda, son sicuro che non risponderà; *craignez-vous qu'il vienne?* temete, avete paura che venga? **3** CRAINDRE DE (+ *inf.*) temere, aver paura di (+ *inf.*): *il craint d'être découvert* teme, ha paura di essere scoperto; *il craint de mourir* ha paura di morire; *je ne crains pas d'affirmer* non temo, non ho alcun timore di affermare **4** (*plantes, choses*) [*être sensible à*] temere: *ces arbres craignent le froid* questi alberi temono il freddo ◇ (*ellipt., sur un emballage*) *craint la chaleur, l'humidité* teme il calore, l'umidità **C** 1 **braver.**

crainte |kRɛ̃t| *s.f.* **1** [*sentiment par lequel on craint qqn. ou qqch.*] timore *m.*, paura: *crainte du châtiment* timore del castigo; *crainte de Dieu* timore di Dio; *mouvement de crainte* gesto di paura; *approcher de qqch. avec crainte* avvicinarsi a q.c. con timore; *obéir par crainte* ubbidire per paura; *n'ayez crainte, il viendra* non abbiate paura, non temete, verrà → **peur** **2** *loc. prép.* DANS LA CRAINTE DE nel (per) timore di, per paura di: *dans la crainte d'échouer* nel timore, per paura di fallire; *dans la crainte de son départ* nel timore che egli partisse ~ *loc. conj.* DE CRAINTE QUE (+ *subj. avec 'ne' explétif*) per timore, paura di, che: *de crainte qu'on ne vous entende* per timore che vi sentano.

craintif, ive |kRɛ̃tif, iv| *adj.* [*qui est sujet à, qui manifeste la crainte*] timoroso, spaurito: *yeux craintifs* occhi timorosi, spauriti → **inquiet** # *caractère craintif* carattere timido **C** **audacieux, brave.**

craintivement |kRɛ̃tivmɑ̃| *adv.* [→ CRAINTIF] timorosamente, con timore *loc. inv.*

crambe |kRɑ̃b|, **crambé** |kRɑ̃be| *s.m.* (*t.bot.*) crambe, cavolo di mare (*cour.*).

cramer |kRame| **A** *v.tr.* [*brûler légèrement*] strinare; bruciacchiare: *cramer du linge en le repassant* strinare la biancheria durante la stiratura → **roussir** ‖ *cramer un rôti* bruciacchiare, bruciare un arrosto **B** *v.intr.* **1** [→ *tr.*] attaccarsi (*pron.*): *les nouilles ont cramé* [*ont attaché*] le tagliatelle si sono attaccate → **attacher** **2** (*pop.*) [*brûler, se consumer*] bruciare (*aux.* essere) (*cour.*), consumarsi *pron.* (*cour.*): *toute la bicoque a cramé dans l'incendie* tutta la casa è bruciata nell'incendio.

cramoisi, ie |kRamwazi| *adj.* **1** cremisi (*inv.*): *soie cramoisie* seta cremisi **2** (*teint, peau*) cremisi: *teint cramoisi* colorito cremisi # *il est devenu cramoisi de honte, de dépit* è diventato rosso di vergogna, di dispetto.

crampe |kRɑ̃p| *s.f.* crampo (*m.*): *avoir une crampe au mollet* avere un crampo al polpaccio ◇ (*par ext.*) *crampe d'estomac* crampo allo stomaco.

crampillon |kRɑ̃pijɔ̃| *s.m.* (*techn.*) cambretta *f.*, cavallotto.

crampon |kRɑ̃pɔ̃| *s.m.* **1** (*techn.*) rampone ◇ (*maçonn.*) grappa *f.* **2** [*bout recourbé des fers d'un cheval*] rampone ◇ (*par ext.*) *chaussures à crampons* [*munies de clous*] scarpe chiodate; [*munies de caoutchouc*] con suola a carro armato **3** (*bot.*) radice *f.* avventizia: *les crampons du lierre* le radici avventizie dell'edera **4** (*fam.*) [*personne importune et tenace*] scocciatore* *s.*, seccatore* *s.* (*cour.*): *quel crampon!* che scocciatore! ◆ (*adj. inv.*) *il est crampon* è uno scocciatore *s.*, è un seccatore *s.*

cramponnement |kRɑ̃pɔnmɑ̃| *s.m.* [→ CRAMPONNER B 1] abbarbicamento.

cramponner |kRɑ̃pɔne| **A** *v.tr.* **1** (*techn.*) [*fixer, saisir avec un crampon*] assicurare con un rampone, agganciare **2** (*fam.*) *cramponner qqn.* [*l'importuner*] scocciare, seccare (*cour.*) qc. → **obséder, retenir** **3** *au p.p.* (*blas.*) *croix cramponnée* croce uncinata **B** *v.pron.* SE CRAMPONNER **1** *réfl.* [*s'accrocher, s'attacher comme par un crampon*] aggrapparsi, attaccarsi: *se cramponner au bras, au cou de qqn.* aggrapparsi, attaccarsi al braccio, al collo di qc. → **accrocher (s'), agripper (s'), tenir (se)** ◆ (*au p.p.*) *automobiliste cramponné au volant* automobilista aggrappato al volante; *alpiniste cramponné à un rocher* alpinista aggrappato alla roccia **2** *réfl.* (*fig.*) *se cramponner à un espoir* aggrapparsi a una speranza; *se cramponner à une idée* attaccarsi a un'idea.

cramponnet |kRɑ̃pɔnɛ| *s.m.* (*techn.*) guida *f.* di catenaccio (di una serratura).

1 **cran** |kRɑ̃| *s.m.* **I** **1** [*entaille faite à un corps dur, destinée à accrocher qqch.*] tacca* (*f.*): *les crans d'une crémaillère* le tacche di una cremagliera; *hausser d'un cran une étagère* alzare di una tacca uno scaffale → 1 **coche, encoche, entaille** **2** (*fig.*) [*degré*] grado, gradino: *monter* (*hausser*), *baisser d'un cran* salire, scendere di un gradino **3** (*spécialt.*) *cran de sûreté* (*d'une arme à feu*) sicura *f.* # *couteau à cran d'arrêt* coltello a serramanico; *cran de mire* tacca di mira ◇ (*imprim.*) tacca **4** [*trou servant d'arrêt dans une courroie*] buco*: *serrer la ceinture d'un cran* stringere di un buco la cintura **II** [*forme ondulée donnée aux cheveux*] onda *f.*, ondulazione *f.*

2 **cran** |kRɑ̃| *s.m.* **1** (*fam.*) [*audace, courage*] fegato, faccia* *f.* tosta: *il a eu le cran de refuser* ha avuto la faccia tosta di rifiutare → 2 **culot** **2** (*loc.*) *être à cran* [*prêt à se mettre en colère*] essere coi nervi a fior di pelle → **exaspéré.**

1 **crâne** |kRɑn| *s.m.* **1** (*anat.*) cranio*: *les os du crâne* le ossa del cranio, craniche; *fracture du crâne* frattura del cranio **2** [*tête, sommet de la tête*] testa (*f.*): *crâne chauve* testa calva; *avoir mal au crâne* avere mal di testa # *avoir un crâne haut* avere la fronte alta → **front** ◇ (*loc. fig.*) *avoir le crâne étroit* avere un cervello di gallina ~ *bourrer le crâne* riempire la testa; raccontare un sacco di storie; *une certaine presse fait du bourrage de crâne* certa stampa fa tutta una montatura.

2 **crâne** |kRɑn| *adj.* (*vieilli*) → **brave, courageux, décidé.**

crânement |kRɑnmɑ̃| *adv.* (*vieilli*) → **bravement, courageusement.**

craner |kRane| *v.tr.* → **cranter.**

crâner |kRɑne| *v.intr.* (*fam.*) [*affecter la bravoure, la décision*] fare (103) *tr.* lo spaccone (*cour.*), lo spavaldo (*cour.*): *ce n'est pas le moment de crâner* non è il momento di fare lo spaccone → **fanfaronner.**

crânerie |kRɑnRi| *s.f.* (*vieilli*) → **audace, bravade, fierté.**

crâneur, euse |kRɑnœR, øz| *s.* (*fam.*) [*personne qui pose à l'important*] spaccone (*cour.*), spavaldo (*cour.*): *faire le crâneur* fare lo spaccone → 2 **malin, prétentieux, vaniteux** ◆ (*adj.*) *elle est un peu crâneuse* fa un po' la spaccona **C** **modeste.**

crânien, ienne |kRɑnjɛ̃, jɛn| *adj.* [*du crâne*] cranico*: *voûte crânienne* volta cranica.

crani(o)- |kRanjɔ| *préf.* (*signifiant 'crâne', correspond généralt. à*) cranio: *craniométrie* craniometria.

craniologique |kRanjɔlɔʒik| *adj.* craniologico*.

craniométrie |kRanjɔmetRi| *s.f.* craniometria.

cranioscopie |kRanjɔskɔpi| *s.f.* cranioscopia.

craniotomie |kRanjɔtɔmi| *s.f.* (*chir.*) craniotomia.

cranter |kRɑ̃te| *v.tr.* (*techn.*) [*pratiquer des crans à*] fare (103) delle tacche (a).

1 **crapaud** |kRapo| *s.m.* **1** (*t.zool.*) rospo ~ *crapaud de mer* rana *f.* pescatrice ◇ (*loc. fig., cour.*) *laid comme un crapaud* brutto come un rospo ~ *avaler un crapaud* ingoiare un (il) rospo **2** (*par anal.*) (*se dit de certains animaux remarquables par leur laideur*) *crapaud de mer* rospo marino **3** (*fam.*) → **gamin** **4** (*appos.*) *fauteuil crapaud* poltroncina bassa e imbottita.

2 **crapaud** |kRapo| *s.m.* [*défaut dans une pierre précieuse*] macchia *f.*

crapaudine |kRapodin| *s.f.* **1** (*techn.*) griglia, filtro *m.* **2** [*godet de métal dans lequel entre le gond d'une porte*] supporto *m.* **3** [*soupape d'un bassin, d'une baignoire*] scarico* *m.* **4** (*cuis.*) *poulet à la crapaudine* pollo alla diavola.

crapaüter, crapahuter |kRapayte| *v.intr.* (*arg. milit.*) [*marcher, avancer dans un terrain accidenté*] avanzare su un terreno accidentato (*cour.*).

crapouillot |kRapujo| *s.m.* [*petit mortier utilisé pendant la guerre de 1914-18*] bombarda *f.*, mortaio* da trincea.

crapule |kRapyl| *s.f.* **1** [*individu très malhonnête*] mascalzone *s.*, canaglia: *c'est une crapule* è un mascalzone, un farabutto → **bandit** ◆ (*adj.*) *il est un peu crapule* è un mascalzoncello *s.* **2** (*vieilli*) *la crapule* [*la canaille*] la gentaglia, la plebaglia.

crapulerie |kRapylRi| *s.f.* [*caractère, action de crapule*] mascalzonata, canagliata → **canaillerie.**

crapuleux, euse |kRapylø, øz| *adj.* **1** [*très malhonnête et sordide*] infame, turpe ◇ (*spécialt.*) *crime, assassinat crapuleux* [*accompli pour voler*] delitto, assassinio a scopo di rapina *loc. inv.* **2** [*plein de débauche*] *mener* *une vie crapuleuse* condurre una vita di bagordi *loc. inv.*

craquage |kʀakaʒ| *s.m.* (*techn.*) cracking *inv.*, piroscissione *f.*

craque |kʀak| *s.f.* (*pop.*) [*mensonge par exagér.*] frottola (*cour.*), fandonia (*cour.*): *raconter des craques* raccontare frottole.

craquelage |kʀaklaʒ| *s.m.* (*techn.*) cavillamento; 'craquelé' *inv.*

craquelé, ée |kʀakle| *adj.* (*techn.*) cavillato, 'craquelé' (*inv.*): *émail craquelé* smalto 'craquelé'.

craquèlement, craquellement |kʀakɛlmɑ̃| *s.m.* (*techn.*) cavillatura *f.*, cavillature *f. pl.*

craqueler |kʀakle| (4) **A** *v.tr.* [*fendiller* (*une surface polie*)] cavillare: *craqueler de la porcelaine* cavillare la porcellana ♦ (*au p.p.*) *émail craquelé* smalto cavillato, 'craquelé' *inv.* **B** *v.pron. intr.* SE CRAQUELER [*se fendiller*] screpolarsi: *la terre se craquelle sous l'effet de la sécheresse* la terra si screpola a causa della siccità.

craquelin |kʀaklɛ̃| *s.m.* biscotto croccante.

craquelure |kʀaklyʀ| *s.f.* [*fendillement du vernis, de l'émail*] cavillamento *m.*, 'craquelure' *inv.*

craquement |kʀakmɑ̃| *s.m.* [*bruit sec*] scricchiolio*: *le craquement d'une poutre, d'un plancher* lo scricchiolio di una trave, di un pavimento; *un craquement sinistre* uno scricchiolio sinistro.

craquer |kʀake| **A** *v.intr.* **1** [*produire un bruit sec*] scricchiolare: *les feuilles craquaient sous les pieds* le foglie scricchiolavano sotto i piedi; *bonbon qui craque sous les dents* caramella che scricchiola sotto i denti → 1 **croquer** # *faire craquer ses doigts* far (s)crocchiare le dita; (*faire*) *craquer une allumette* accendere, strofinare un fiammifero ◇ (*par ext.*) [*se déchirer*] cedere, spaccarsi (*pron.*): *les coutures ont craqué* le cuciture hanno ceduto, sono saltate → **déchirer (se), défaire (se)** **2** (*loc.*) *le bus est plein à craquer* [*complètement plein*] l'autobus è pieno zeppo *adj.* **3** [*être ébranlé; menacer ruine*] vacillare: *le ministère craque* il ministero vacilla → 2 **échouer, écrouler (s')** # *projet qui craque* progetto che sta naufragando ◇ (*personnes*) [*avoir une grande défaillance physique, nerveuse*] crollare (*aux.* essere): *il est sur le point de craquer* è sul punto di crollare **B** *v.tr.* (*techn.*) [*traiter* (*un produit pétrolier*) *par craquage*] sottoporre (168) a cracking, a piroscissione.

craquètement, craquettement |kʀakɛtmɑ̃| *s.m.* **1** [→ CRAQUETER 1] scricchiolio* **2** (*méd.*) lussazione *f.* della mandibola **3** verso della cicogna, della gru.

craqueter |kʀakte| (5) *v.intr.* **1** [*produire des craquements répétés*] scoppiettare; scricchiolare: *le sel craquette dans le feu* il sale scoppietta nel fuoco || *ce parquet craquette à chaque pas* questo pavimento scricchiola ad ogni passo **2** (*se dit de la cigogne, de la grue*) [*crier*] gridare ◇ (*se dit de la cigale*) frinire (197).

crase |kʀɑz| *s.f.* (*gram. gr., méd.*) crasi *inv.*

craspec |kʀaspɛk| *adj. inv.* (*pop.*) → **crasseux.**

crassane |kʀasan| *s.f.* [*sorte de poire fondante*] (pera) passacrassana.

1 **crasse** |kʀas| *s.f.* **1** [*couche de saleté*] sporcizia, sudiciume (*m.*): *enlever la crasse* togliere la sporcizia, il sudiciume # *mains couvertes de crasse* mani sudicie, luride **2** (*loc.*) *faire une crasse à qqn.* [*une indélicatesse*] commettere un'indelicatezza verso qc., fare una carognata a qc. → **saleté, vacherie** **3** (*techn.*) scoria.

2 **crasse** |kʀas| (*adj. f.*) *ignorance crasse* ignoranza crassa.

crasseux, euse |kʀasø, øz| *adj.* [*qui est couvert de crasse, très sale*] sudicio*, lurido: *cheveux crasseux* capelli sudici, unti → **malpropre, sale.**

crassier |kʀasje| *s.m.* (*techn.*) ammasso di scorie (d'altoforno) → **terril.**

-crate |kʀat|, **-cratie** |kʀasi|, **-cratique** |kʀatik| *suff.* (*signifiant 'force, puissance', correspondent généralt. à*) crate; crazia; cratico: *autocrate* autocrate || *bureaucratie* burocrazia || *démocratique* democratico.

cratère |kʀatɛʀ| *s.m.* **1** (*antiq.*) [*vase à deux anses*] cratere **2** (*géol., géogr.*) cratere # *lac de cratère* lago craterico.

craterelle |kʀatʀɛl| *s.f.* (*t.bot.*) corno *m.* dell'abbondanza.

cratériforme |kʀateʀifɔʀm(ə)| *adj.* crateriforme.

cravache |kʀavaʃ| *s.f.* **1** [*badine flexible dont se servent les cavaliers*] frustino *m.*, scudiscio* *m.* → **jonc** # *coup de cravache* scudisciata **2** (*loc. fig.*) *mener, conduire qqn. à la cravache* [*brutalement*] far filare, guidare qc. con la frusta.

cravacher |kʀavaʃe| **A** *v.tr.* [*frapper à coups de cravache*] frustare, scudisciare: *cravacher un cheval* frustare un cavallo **B** *v.intr.* (*fam.*) [*aller vite*] filare di, a gran carriera (*cour.*) ◇ (*fig.*) *cravacher dur* [*travailler d'arrache-pied pour atteindre le but*] sgobbare.

cravate |kʀavat| *s.f.* **1** cravatta: *cravate de laine* cravatta di lana; *nœud de cravate* nodo della cravatta; *cravate unie* cravatta in tinta unita # *fixe cravate* fermacravatta **2** [*bande d'étoffe, insigne de décoration*] banda, cravatta ◇ (*spécialt.*) *la cravate d'un drapeau* il nastro *m.* di una bandiera ◇ (*plais.*) *cravate de chanvre* [*corde de pendu*] capestro *m.* **3** (*mar.*) cravatta **4** (*sport*) cravatta **5** (*loc. fam.*) *s'en jeter un* [*un verre*] *derrière la cravate* scolarsi un bicchiere.

cravater |kʀavate| *v.tr.* **1** [*entourer d'une cravate*] mettere (155) la cravatta (a qc.) ◇ [*attaquer* (*qqn.*) *en le prenant par le cou*] prendere (105) qc. per il collo **2** (*pop.*) [*tromper* (*qqn.*) *en lui racontant des mensonges*] infinocchiare (*fam.*): *il nous a cravatés* ci ha infinocchiato → **bluffer** **3** (*pop.*) [*prendre, attraper* (*qqn.*)] pizzicare: *il s'est fait cravater* si è fatto pizzicare (dalla polizia).

crave |kʀav| *s.m.* (*t.zool.*) gracchio*.

crawl |kʀol| *s.m.* (*angl.*) stile libero, crawl (*inv.*): *nager le crawl* nuotare a stile libero, il crawl.

crawler |kʀole| *v.intr.* [*nager le crawl*] nuotare a stile libero, battere *tr.* il crawl.

crawleur, euse |kʀolœʀ, øz| *s.* [*nageur de crawl*] liberista, crawlista.

crayeux, euse |kʀɛjø, øz| *adj.* [*qui est de la nature de la craie*] gessoso: *terrain crayeux* terreno gessoso ◇ [*qui est de la couleur de la craie*] pallido: *il a un teint crayeux* ha un colorito pallido # *blanc crayeux* bianco gesso.

crayon |kʀɛjɔ̃| *s.m.* **1** matita *f.*, lapis (*inv.*): *boîte de crayons de couleur* scatola di matite colorate; *crayon en métal* matita automatica; *écrire, dessiner au crayon* scrivere, disegnare a matita; *tailler, affûter un crayon* temperare, fare la punta a una matita # *crayon à bille* penna a sfera, biro **2** [*bâtonnet*] matita: *crayon hémostatique* matita emostatica; *crayon de nitrate d'argent* matita di nitrato d'argento; *crayon à sourcils, pour les yeux* matita per le sopracciglia, per gli occhi; *crayon de rouge à lèvres* matita per le labbra, rossetto → **bâton, tube** **3** [*portrait au crayon*] disegno, ritratto (a matita): *les crayons de cet artiste sont très recherchés* i disegni di questo artista sono molto richiesti ◇ (*spécialt.*) schizzo, abbozzo.

crayonnage |kʀɛjɔnaʒ| *s.m.* [*dessin au crayon*] il disegnare *inv.* (a matita); schizzo (a matita).

crayonner |kʀɛjɔne| *v.tr.* **1** [*dessiner, écrire avec un crayon*] disegnare, scrivere (182) a matita; abbozzare: *crayonner un croquis* abbozzare uno schizzo → **tracer** # *crayonner des notes* buttar giù degli appunti **2** (*littér.*) → **ébaucher, esquisser.**

créance |kʀeɑ̃s| *s.f.* **1** credito *m.* ◇ (*loc.*) *trouver créance* [*être cru*] trovare credito ~ *donner, ajouter créance à une chose* dar credito a una cosa, rendere credibile una cosa **2** (*comm.*) credito: *créance certaine* credito certo; *créance hypothécaire, privilégiée* credito ipotecario, privilegiato; *créance exigible* credito esigibile; *créance liquide* credito liquido; *avoir une créance sur qqn.* vantare un credito nei confronti di qc. ◇ (*par ext.*) titolo *m.* di credito **3** (*vx.*) → **croyance, foi** Ⓒ 2 **dette.**

créancier, ière |kʀeɑ̃sje, jɛʀ| *s.* [*titulaire d'une créance; personne à qui il est dû de l'argent*] creditore*: *créancier à terme* creditore a scadenza; *créancier privilégié* creditore privilegiato; *être poursuivi par les créanciers* essere perseguitato dai creditori; *payer, satisfaire ses créanciers* pagare, soddisfare i propri creditori ♦ (*adj.*) *les nations créancières de dettes de guerre* le nazioni creditrici di debiti di guerra.

créateur, trice |kʀeatœʀ, tʀis| **I** *s.* **1** *s.m.* (*relig.*) Creatore: *le créateur du ciel et de la terre* il Creatore del cielo e della terra → **dieu** **2** *s.* [*auteur d'une chose nouvelle*] creatore*, ideatore*: *le créateur d'une théorie scientifique, d'un genre littéraire* il creatore di una teoria scientifica, di un genere letterario → **auteur, inventeur** ◇ (*théât.*) *le créateur d'un rôle* il primo interprete di un ruolo; *le créateur d'une pièce, d'un ballet* l'autore* del primo allestimento di un'opera teatrale, di un balletto **3** *s.* (*comm.*) creatore: *le créateur d'un produit* il creatore di un prodotto # *la maison X est la créatrice de ce modèle* la ditta X ha creato questo modello → **producteur** **II** *adj.* **1** (*relig.*) creatore: *divinité créatrice* divinità creatrice **2** [*qui crée, invente*] creativo: *esprit créateur* spirito creativo, creatività; *imagination créatrice* fantasia creativa Ⓒ I 2 **imitateur.**

créatif, ive |kreatif, iv| *adj.* creativo: *personne créative* persona creativa ◇ [*qui favorise la création*] *génie créatif* indole creativa.

créatine |kreatin| *s.f.* (*biol.*) creatina.

créatinine |kreatinin| *s.f.* (*biol., chim.*) creatinina.

création |kreasjɔ̃| *s.f.* **I 1** (*relig.*) creazione: *la création du monde* la creazione del mondo **2** [*l'ensemble des choses crées*] creato (*m.*): *les merveilles de la création* le meraviglie del creato; *tous les êtres de la création* tutti gli esseri del creato → **monde, univers II 1** [*action de faire une chose qui n'existait pas*] creazione: *création de nouveaux emplois* creazione di nuovi posti di lavoro; *création d'idées nouvelles* creazione di nuove idee; *création d'une société* creazione, costituzione di una società → **fondation 2** (*spécialt.*) *la création d'une œuvre* la creazione di un'opera ◇ (*théât.*) *la création d'un rôle* la prima interpretazione di una parte; *la création d'une pièce, d'un spectacle* il primo allestimento *m.*, la prima messa in scena di un'opera teatrale, di uno spettacolo **3** [*ce qui est créé*] creazione: *les plus belles créations de l'homme* le più belle creazioni dell'uomo → **œuvre, ouvrage** ◇ (*par anal.*) *les dernières créations des couturiers* le ultime creazioni dei sarti 🄲 II 1 **abolition, destruction.**

créativité |kreativite| *s.f.* creatività *inv.*

créature |kreatyr| *s.f.* **1** creatura **2** (*par ext.*) *une créature humaine* una creatura umana; *une créature* un essere *m.* umano → 1 **personne** ◇ (*avec un adj. f.*) [*femme*] *une belle créature* una bella donna; *une malheureuse créature* una donna sfortunata **3** (*fig.*) *la créature de qqn.* la creatura di qc.: *c'est une créature du directeur* è una creatura del direttore → **favori, protégé.**

crécelle |kresɛl| *s.f.* **1** (*instrument liturg.*; *jouet*) raganella, battola: *bruit de crécelle* rumore di raganella **2** (*fig.*) *voix de crécelle* voce chioccia, stridula *adj.* ◇ [*personne bavarde et à la voix désagréable*] cicalone (*s.*): *quelle crécelle!* che cicalona (cicalone)!

crécerelle |krɛ(e)srɛl| *s.f.* (*t.zool.*) gheppio* *m.*, falchetto *m.*, falcone *m.*

crèche |krɛʃ| *s.f.* **1** [*la mangeoire de Bethléem*] la mangiatoia di Betlemme ◇ (*par ext.*) [*petit édifice représentant l'étable de Bethléem*] presepe *m.*, presepio* (*m.*): *les personnages de la crèche* i personaggi del presepe, del presepio **2** [*asile destiné à recevoir dans la journée les enfants de moins de trois ans*] asilo *m.* nido, nido *m.* d'infanzia → **pouponnière 3** (*pop.*) → 1 **chambre, maison.**

crécher |kreʃe| *v.intr.* (*pop.*) → **habiter, loger.**

crédence |kredɑ̃s| *s.f.* [*buffet de salle à manger*] credenza → 2 **desserte.**

crédibilité |kredibilite| *s.f.* credibilità *inv.* → **vraisemblance.**

crédible |kredibl(ə)| *adj.* credibile.

crédirentier, ière |kredirɑ̃tje, jɛr| *s. et adj.* titolare di una rendita.

crédit |kredi| *s.m.* **I 1** credito: *être en crédit, en grand crédit* godere di (grande) credito, considerazione; *il n'a plus aucun crédit* non ha più alcun credito; *c'est une opinion qui acquiert du crédit* è un'opinione che acquista credito → **autorité, influence,** 2 **pouvoir 2** (*loc.*) *faire crédit à qqn.* [*s'y fier, compter sur lui*] dare credito a qc. **II** (*comm.*) credito **1** *loc.* À CRÉDIT a credito: *vendre à crédit* vendere a credito, a rate; *faire crédit à qqn.* far credito a qc.; *avoir du crédit* avere credito **2** (*banque*) credito: *établissement de crédit* istituto di credito → **banque**; *crédit bancaire* credito bancario → **prêt**; *ouverture de crédit* apertura di credito; *crédit à long, moyen, court terme* credito a lungo, medio, breve termine; *lettre de crédit* lettera di credito → 2 **effet, billet** # *politique du crédit* politica creditizia **3** (*fin.*) stanziamento: *crédits budgétaires* stanziamenti del bilancio **4** (*compt.*) credito: *balance du crédit et du débit* pareggio del credito e del debito.

crédit-bail |kredibaj| *s.m.* (*écon.*) leasing *inv.*

créditer |kredite| *v.tr.* [*porter au crédit de* (*qqn., son compte*)] accreditare: *créditer un compte de telle somme* accreditare una somma su un conto.

créditeur, trice |kreditœr, tris| *s.* creditore* ♦ (*adj.*) *compte créditeur* conto creditore 🄲 **débiteur.**

crédo |kredo| *s.m.* **1** (*relig.*) Credo (*inv.*): *dire le Credo* recitare il Credo ◇ (*par ext.*) *le credo d'une religion* il credo di una religione **2** [*principes sur lesquels on fonde son opinion*] credo: *exposer son credo politique* illustrare il proprio credo politico → **règle.**

crédule |kredyl| *adj.* credulone, credulo: *vous êtes trop crédule* lei è troppo credulone → **candide, naïf** 🄲 **incrédule, sceptique.**

crédulement |kredylmɑ̃| *adv.* [→ CRÉDULE] con credulità *loc. inv.*, ingenuamente.

crédulité |kredylite| *s.f.* credulità *inv.* → **candeur, naïveté.**

créer |kree| **A** *v.tr.* **1** [*donner l'être; tirer du néant*] creare: *Dieu créa le ciel et la terre* Dio creò il cielo e la terra → 1 **faire, former 2** [*faire, réaliser* (*qqch.*)] creare: *créer une science* creare una scienza; *créer une idée* creare un'idea; *créer un genre littéraire* creare un genere letterario → 1 **concevoir, inventer** ♦ (*absolt.*) *l'artiste, le poète crée* l'artista, il poeta crea; *la joie de créer* la gioia di creare ◇ [*établir, organiser*] *créer une entreprise* creare, costituire (197) un'impresa; *créer des emplois* creare nuovi posti di lavoro **3** [*nommer à un nouvel emploi*] creare: *créer un juge, un directeur* creare un giudice, un direttore → **nommer 4** (*théât.*) *créer un rôle* interpretare per primo una parte; *créer un spectacle* allestire (197) per primo uno spettacolo **5** (*sujet de chose*) [*être la cause de*] creare: *la fonction crée l'organe* la funzione crea l'organo → **produire, provoquer** □ *se créer des illusions* crearsi delle illusioni; *se créer une clientèle* crearsi una clientela → 1 **faire (se) 6** (*comm.*) [*fabriquer, vendre* (*un produit nouveau*)] creare: *créer un modèle de haute couture* creare un modello di alta moda **B** *v.pron. réfl.* SE CRÉER [*susciter pour soi-même*] crearsi → **imaginer** ♦ → *tr.* 5 □ 🄲 A 1 **abolir,** 2 **détruire.**

crémaillère |kremajɛr| *s.f.* **1** catena (del focolare) ◇ (*fig., fam.*) *pendre la crémaillère* inaugurare la nuova casa **2** (*techn.*) cremagliera ◇ (*spécialt.*) *cric à crémaillère* cricco a cremagliera; *automobile avec direction à crémaillère* automobile con sterzo a cremagliera; (*chemin de fer à*) *crémaillère* (ferrovia a) cremagliera.

crémant |kremɑ̃| *adj. m. et s.m.* [*vin de Champagne à mousse légère*] ⊠.

crémation |kremasjɔ̃| *s.f.* cremazione → **incinération.**

crématiste |krematist(ə)| *s.m.* fautore* *m.* della cremazione.

crématoire |krematwar| *adj.* crematorio*: *four crématoire* forno crematorio ♦ (*s.m.*) *le crématoire* il crematorio.

crématorium |krematɔrjɔm| *s.m.* crematorio*.

crème |krɛm| **I** *s.f.* **1** [*matière grasse du lait dont on fait le beurre*] panna: *crème fraîche* panna fresca; *crème fouettée, Chantilly* panna montata, 'Chantilly'; *fraises à la crème* fragole alla panna ♦ (*appos.*) *café crème* cappuccino *m.* ♦ *s.m.* (*ellipt.*) *un grand crème* un cappuccino doppio ◇ (*par ext.*) [*pellicule qui se forme à la surface du lait qu'on a fait bouillir*] panna **2** (*fig., fam.*) *c'est la crème des hommes* è il migliore degli uomini, è una pasta d'uomo ◇ (*par ext.*) *la crème de la société* la crema, la 'crème' *inv.* della società → **gratin 3** [*entremets composé de lait et d'œufs*] crema, budino (*m.*): *crème renversée* budino alla vaniglia; *crème caramel* 'crème caramel' *inv.*, crema al caramello ◇ [*bouillie*] *crème de riz, d'avoine* crema di riso, d'avena **4** [*préparation utilisée dans la toilette et les soins de la peau*] *crème fond de teint* (crema) fondotinta; *crème à raser* crema da barba **5** *crème pour chaussures* crema per calzature → **cirage II** *adj. inv.* (color) crema: *des gants crème* guanti (color) crema.

crémer |kreme| (8) **A** *v.intr.* (*rare*) (*en parlant du lait*) [*se couvrir de crème*] pannare, fare (103) *tr.* la panna (*cour.*) **B** *v.tr.* [*donner la couleur de la crème à* (*qqch.*)] dare (102) il colore della crema (a) ♦ (*au p.p.*) *dentelle crémée* pizzo (color) crema.

crémerie |kremri| *s.f.* [*magasin où l'on vend les produits laitiers*] latteria, cremeria (*région.*), negozio* *m.* di latticini → **laiterie** ◇ (*fam.*) *changer de crémerie* [*aller ailleurs*] cambiare aria.

crémeux, euse |kremø, øz| *adj.* cremoso: *lait crémeux* latte cremoso.

crémier, ière |kremje, jɛr| *s.* [*commerçant qui vend les produits laitiers*] lattaio*, lattivendolo; negoziante in latticini → **laitier.**

crémone |kremɔn| *s.f.* (*techn.*) cremonese *m. ou f.*

crénage |krenaʒ| *s.m.* (*typogr.*) crenatura *f.*

créneau |kreno| *s.m.* **1** [*ouverture au sommet d'un rempart, qui servait à la défense*] merlo, saettiera *f.* # *mur à créneaux* muro merlato → **crénelé 2** [*ouverture d'un parapet de tranchée*] feritoia *f.* → **meurtrière 3** (*astronautique*) *créneau de lancement* finestra *f.* di lancio **4** [*espace disponible entre deux espaces occupés*] spazio*, posto libero: *créneau entre deux voitures en stationnement* spazio, posto libero tra due auto in sosta ◇ (*comm.*) settore di mercato, sbocco* (commerciale) ◇ [*temps disponible*] tempo (libero).

crénelage |kʀɛ(e)nlaʒ| *s.m.* (*techn.*) zigrinatura *f.*
crénelé, ée |kʀɛ(e)nle| *adj.* **1** [*garni de créneaux*] merlato: *mur crénelé* muro merlato ◇ (*blas.*) *écu crénelé* scudo merlato **2** (*bot.*) dentellato, crenato: *feuille crénelée* foglia dentellata, crenata.
créneler |kʀɛ(e)nle| (4) *v.tr.* **1** [*munir de créneaux*] merlare, guarnire (197) di merli **2** (*techn.*) [*entailler en disposant des crans*] dentellare ◇ (*par anal., numism.*) *créneler une monnaie* zigrinare una moneta.
crénelure |kʀɛ(e)nlyʀ| *s.f.* [*découpure en forme de créneaux*] merlatura → **dentelure** ◇ (*techn.*) dentellatura.
créole |kʀeɔl| *s.* **1** *s.* creolo: *une créole* una creola **2** *s.m.* il (dialetto) creolo: *le créole d'Haïti* il creolo di Haiti ✦ (*adj.*) *parlers créoles* dialetti creoli.
créosote |kʀozɔt| *s.f.* (*chim.*) creosoto *m.*
crêpage |kʀɛpaʒ| *s.m.* **1** [*apprêt d'une étoffe pour en faire un crêpe*] increspatura *f.* **2** (*fam.*) *crêpage de chignon* lite *f.* (fra donne) **3** [*action de crêper les cheveux*] cotonatura *f.*
1 **crêpe** |kʀɛp| *s.f.* (*cuis.*) 'crêpe' *inv.*, frittella.
2 **crêpe** |kʀɛp| *s.m.* **1** [*tissu léger*] crespo: *crêpe de soie* crespo di seta # *crêpe de Chine* 'crêpe de Chine' ◇ (*par ext.*) bracciale nero (da lutto) ✦ (*absolt.*) *porter un crêpe* portare il lutto **2** [*caoutchouc laminé servant à faire des semelles de chaussure*] para (*f. inv.*): *semelles de crêpe* suole di para.
crêpelé, ée |kʀɛ(e)ple| *adj.* (*se dit des cheveux à petites ondulations serrés*) crespo.
crêpelure |kʀɛ(e)plyʀ| *s.f.* (*rare*) increspatura (dei capelli).
crêper |kʀepe| **A** *v.tr.* **1** [*rebrousser* (*les cheveux*) *pour les faire gonfler*] cotonare: *des cheveux crêpés* capelli cotonati **2** (*techn.*) [*préparer le* (2) *crêpe* (1)] increspare: *crêper une étoffe* increspare una stoffa **B** *v.pron. intr.* SE CRÊPER [*devenir crêpelé, ondulé*] incresparsi: *cheveux qui se crêpent* capelli che si increspano → **onduler** ◇ (*fig., fam.*) (*femmes*) *se crêper le chigon* [*se battre*] prendersi per i capelli, accapigliarsi.
crêperie |kʀɛpʀi| *s.f.* 'crêperie' *inv.*
crépi |kʀepi| *s.m.* (*maçonn.*) rinzaffo.
crêpier, ière |kʀepje, kʀɛpjɛʀ| *s.* venditore* di 'crêpe', di frittelle.
crépine |kʀepin| *s.f.* **1** [*frange de passementerie ouvragée*] frangia* **2** (*bouch.*) rete **3** (*techn.*) pigna.
crépinette |kʀepinɛt| *s.f.* [*saucisse plate entourée d'un morceau de crépine*] ⊠.
crépir |kʀepiʀ| *v.tr.* (*maçonn.*) [*garnir* (*une muraille*) *d'un crépi*] rinzaffare → **rustiquer, recrépir.**
crépissage |kʀepisaʒ| *s.m.* (*maçonn.*) rinzaffatura *f.*
crépitation |kʀepitɑsjɔ̃| *s.f.* **1** crepitio* *m.*, scoppiettio* *m.* **2** (*méd.*) crepitio.
crépitement |kʀepitmɑ̃| *s.m.* → **crépitation.**
crépiter |kʀepite| *v.intr.* [*faire entendre une succession de bruits secs*] crepitare, scoppiettare: *le feu crépite* il fuoco crepita, scoppietta; *les applaudissements crépitaient* gli applausi crepitavano → 2 **grésiller, pétiller.**
crépon |kʀepɔ̃| *s.m.* 'crépon' *inv.*
crépu, ue |kʀepy| *adj.* (*cheveux*) [*frisé naturellement en touffes serrées*] crespo: *cheveux crépus et laineux* capelli crespi e lanosi.
crépusculaire |kʀepyskylɛʀ| *adj.* **1** (*littér.*) crepuscolare: *lueur crépusculaire* bagliore crepuscolare **2** (*zool.*) *animaux crépusculaires* animali notturni; *papillons crépusculaires* farfalle notturne.
crépuscule |kʀepyskyl| *s.m.* **1** crepuscolo: *au crépuscule, à l'heure du crépuscule* al crepuscolo **2** (*fig., littér.*) crepuscolo; *le crépuscule de la vie* il crepuscolo della vita → **vieillesse** # *le crépuscule d'un empire* il declino di un impero → **décadence.**
crescendo |kʀeʃɛndo, kʀeʃɛ̃do| *adv. et s.m. inv.* (*mus.*) crescendo Ⓒ **decrescendo.**
crésol |kʀezɔl| *s.m.* (*chim.*) cresolo, metilfenolo.
cresson |kʀesɔ̃| *s.m.* (*t.bot.*) crescione ~ *cresson de fontaine* crescione d'acqua ~ *cresson alénois* crescione inglese, degli orti → **passerage** ~ *cresson des prés* cardamino, nasturzio* dei prati.
cressonière |kʀesɔnjɛʀ| *s.f.* coltivazione del crescione d'acqua.
cressonnette |kʀesɔnɛt| *s.f.* → **cresson (des prés).**
crésus |kʀezys| *s.m.* [*homme extrèmement riche*] creso, nababbo: *c'est un crésus* è un creso, un nababbo.
crésyl |kʀezil| *s.m.* cresile.
crêt |kʀɛ| *s.m.* (*géogr.*) cresta *f.*
crétacé, ée |kʀetase| *adj.* (*géol.*) cretaceo: *terrains crétacés* terreni cretacei ✦ (*s.m.*) *le crétacé* il cretaceo.
crête |kʀɛt| *s.f.* **1** (*zool.*) cresta ◇ (*vieilli, fig.*) *lever la crête* alzare la cresta; *rabaisser la crête à un insolent* abbassare la cresta a un insolente **2** [*ligne de faîte* (*d'une montagne*)] cresta # *crête d'un toit* colmo del tetto → **faîte** ◇ [*ligne de partage des eaux*] spartiacque *m. inv.* **3** [*partie saillante et allongée*] cresta: *la crête du tibia* la cresta tibiale **4** [*arête supérieure d'une vague, d'une lame*] cresta: *les crêtes des vagues* le creste delle onde.
crêté, ée |kʀete| *adj.* (*zool.*) crestato.
crête-de-coq |kʀɛtdəkɔk| *s.f.* (*t. bot., méd.*) cresta di gallo.
crételle |kʀetɛl| *s.f.* (*t.bot.*) coda di cane.
crétin, ine |kʀetɛ̃, in| *s.* **1** (*méd., cour.*) cretino → **idiot** **2** [*personne stupide*] cretino, stupido: *bande de crétins!* massa di cretini! → **imbécile, idiot, sot** ✦ (*adj.*) *il est vraiment crétin* è davvero cretino.
crétinerie |kʀetinʀi| *s.f.* cretineria, stupidità *inv.* → **bêtise, sottise.**
crétinisant, ante |kʀetinizɑ̃, ɑ̃t| *adj.* che (r)incretinisce *loc.*
crétinisation |kʀetinizɑsjɔ̃| *s.f.* [→ CRÉTINISER] (r)incretinimento *m.*
crétiniser |kʀetinize| *v.tr.* [*rendre crétin* (2)] (r)incretinire (197).
crétinisme |kʀetinism(ə)| *s.m.* **1** (*méd.*) cretinismo **2** (*par ext.*) [*grande bêtise*] cretineria *f.* → **sottise, stupidité.**
crétois, oise |kʀetwa, waz| **1** *adj.* [*de l'île de Crète*] cretese: *art crétois* arte cretese **2** (*s.m.*) *le crétois* [*langue parlée dans la Crète ant.*] il minoico*.
cretonne |kʀətɔn| *s.f.* 'cretonne' (*inv.*): *rideaux de cretonne à fleurs* tende di 'cretonne' a fiori.
creusage |kʀøzaʒ|, **creusement** |kʀøzmɑ̃| *s.m.* [→ CREUSER A I 1] scavo, escavazione *f.*
creuser |kʀøze| **A** *v.tr.* **I** **1** [*rendre creux en enlevant de la matière; faire un, des trous dans* (*qqch.*)] scavare: *la mer creuse les falaises* il mare scava le scogliere; *creuser la terre* scavare la terra ◇ (*fig.*) *le grand air creuse* (*l'estomac*) l'aria aperta stuzzica l'appetito, fa venir fame **2** [*donner une forme concave à*] scavare, incavare: *creuser un décolleté* scavare una scollatura; *la maladie lui a creusé les yeux, les joues* la malattia gli ha scavato gli occhi, le guance → **échancrer** ✦ (*au p.p.*) *visage creusé de rides* viso incavato, solcato di righe **3** (*fig.*) [*approfondir*] approfondire (197), sviscerare: *creuser un sujet* approfondire, sviscerare un argomento **II** [*faire* (*qqch.*) *en enlevant de la matière*] scavare: *creuser une fosse, une tranchée* scavare una fossa, una trincea; *creuser un tunnel, un puits* scavare una galleria, un pozzo → **ouvrir** ◇ (*fig.*) *creuser sa fosse, sa tombe* scavarsi la fossa; *creuser son sillon* perseverare nella propria strada ◻ *se creuser la tête, la cervelle* spremersi il cervello, le meningi **B** *v.intr.* [*faire, approfondir un trou*] scavare: *creuser dans la terre* scavare nella terra **C** *v. pron.* SE CREUSER **1** [*devenir creux, affecter une forme creuse*] incavarsi: *ses joues se creusent* le sue guance si incavano **2** (*trou*) [*se former*] scavarsi ◇ (*fig.*) *abîme qui se creuse entre deux personnes* abisso che si scava fra due persone **3** → *tr.* II ◻.
creuset |kʀøzɛ| *s.m.* **1** (*techn.*) crogi(u)olo: *creuset en terre, en porcelaine* crogiolo di terra, di porcellana; *creuset de verrerie* crogiolo di vetreria; *passer une substance au creuset* passare una sostanza al crogiolo **2** (*fig.*) [*lieu où diverses choses se mêlent*] crogiolo ◇ (*par ext.*) *le creuset du temps, de la souffrance* il crogiolo del tempo, della sofferenza → 1 **épreuve.**
creux, euse |kʀø, øz| **I** *adj.* **1** [*qui est vide à l'intérieur*] cavo: *arbre creux* albero cavo; *dent creuse* dente cavo → **évidé, vide** # *ventre creux* pancia vuota ◇ (*loc.*) *il n'y a pas de quoi se boucher une dent creuse* non c'è niente da mettere sotto i denti ~ *avoir le nez creux* [*avoir du flair*] avere buon naso ~ *avoir l'estomac creux* avere lo stomaco vuoto **2** (*spécialt.*) *son creux* [*celui d'un objet creux*] suono falso, di vuoto *loc. inv.* ✦ (*adv.*) *sonner creux* mandare un suono di vuoto **3** (*fig.*) [*vide de sens*] vuoto: *paroles creuses* parole vuote; *raisonnement creux* ragionamento vuoto → **vain** **4** (*loc.*) *heures creuses* [*pendant lesquelles les activités sont ralenties*] ore morte, di morbida; *mois creux* mesi morti **5** [*qui présente une courbe rentrante*] cavo: *surface creuse* superficie cava → **concave, rentrant** # *assiette creuse* piatto fondo, scodella; *chemin creux* strada incassata → **encaissé** ◇ (*spécialt.*) *visage creux, joues creuses* viso incavato, guance incavate; *yeux creux* occhi infossati **II** *s.m.* **1** [*vide intérieur dans un corps*] cavo → **cavité, enfoncement,** trou # *sonner le creux* mandare un suono falso, di vuoto ◇ (*loc. fig.*) *avoir un creux à, dans l'estomac* avere un vuoto allo stomaco ~ *avoir un bon creux* avere una bella

voce di basso **2** [*partie concave*] cavo, incavo: *le creux de la main* il cavo, l'incavo della mano → **concavité** ◇ (*loc.*) *le creux d'une vague* il cavo dell'onda; *être dans le creux de la vague* essere in ribasso nella propria carriera, etc. 🄲 I 1 **plein,** 5 **plat.**

crevaison |kʀəvɛzɔ̃| *s.f.* **1** [→ CREVER A 1] foratura: *crevaison d'un pneu* foratura di un pneumatico; *réparer une crevaison* riparare una foratura → **éclatement** **2** (*fig., pop.*) [*mort*] morte (*cour.*) ◇ [*fatigue*] ammazzata.

crevant, ante |kʀəvɑ̃, ɑ̃t| *adj.* (*pop.*) **1** [*qui fait crever de fatigue*] che ammazza (di fatica) *loc.* (*cour.*), sfiancante (*cour.*): *c'est un travail crevant* è un lavoro che ammazza → **épuisant, fatigant** **2** [*qui fait crever de rire*] che fa crepare dal ridere (*loc. fam.*), spassoso: *il est crevant avec ce chapeau-là* con quel cappello fa crepare dal ridere → **amusant, drôle.**

crevard |kʀəvaʀ| *s.m. et adj. m.* (*pop.*) [*homme malingre*] mingherlino (*cour.*), malaticcio* (*cour.*).

crevasse |kʀəvas| *s.f.* **1** [*fente profonde à la surface d'une chose*] crepa, fenditura: *crevasse d'un mur* crepa di un muro; *crevasse dans le sol* fenditura nel suolo → **cassure, lézarde, fente, fissure** ◇ (*spécialt.*) *crevasse des glaciers* crepaccio* *m.* dei ghiacciai; *tomber dans une crevasse* cadere in un crepaccio **2** [*petite fente de la peau*] screpolatura → **engelure, gerçure** # *avoir des crevasses aux mains* avere le mani screpolate.

crevasser |kʀəvase| **A** *v.tr.* [*faire des crevasses*] screpolare, crepare: *le froid crevasse les mains* il freddo screpola le mani → **craqueler, fendre** ◆ (*au p.p.*) *sol crevassé* suolo crepato **B** *v. pron. intr.* SE CREVASSER [→ *tr.*] screpolarsi, creparsi: *le sol se crevasse* il suolo si crepa.

crève |kʀɛv| *s.f.* (*pop.*) [*mort*] morte (*cour.*) ◇ (*loc.*) *attraper la crève* [*prendre dangereusement froid*] buscarsi un malanno.

crevé |kʀəve| *s.m.* [*fente aux manches qui laisse percevoir la doublure*] spacco*.

crevé, ée |kʀəve| *adj.* **1** [*qui a crevé*] forato, bucato: *pneu crevé* pneumatico forato **2** (*animal, plante*) [*mort*] morto: *un chien crevé* un cane morto ◇ (*pop.*) (*personnes*) crepato: *il est enfin crevé* finalmente è crepato **3** (*fam.*) [*très fatigué*] stanco* morto: *je suis complètement crevé* sono stanco morto.

crève-cœur |kʀɛvkœʀ| *s.m. inv.* crepacuore *var.* → **désappointement, peine.**

crève-la-faim |kʀɛvlafɛ̃| *s.m. inv.* (*fam.*) [*qui ne mange pas à sa faim*] morto *var.* di fame.

crever |kʀəve| (6) **A** *v.intr.* **1** [*s'ouvrir en éclatant*] scoppiare (*aux.* essere): *sac trop plein qui risque de crever* borsa troppo piena che rischia di scoppiare → **éclater**; *abcès qui crève* ascesso che scoppia; *le pneu de sa voiture a crevé* il pneumatico della sua macchina è scoppiato → **percer** ◇ (*fig.*) *affaire qui crève dans les mains* [*qui échoue, qui rate*] affare che va in fumo → **claquer** **2** (*personnes*) [*être trop gros, trop rempli*] scoppiare: *crever de graisse* scoppiare dal grasso ◇ (*loc. fig.*) *crever de jalousie* crepare di gelosia, scoppiare dall'invidia ~ *c'est à crever de rire* c'è da crepare, scoppiare dal ridere ~ (*fig.*) *crever d'argent* essere pieno di soldi → **regorger** **3** (*animal, plante*) [*mourir*] morire (198) (*aux.* essere): *arrosez cette plante ou elle crèvera* innaffiate questa pianta, altrimenti morirà ◇ (*pop.*) (*personnes*) crepare (*aux.* essere): *il va crever* sta per crepare → **mourir, claquer** ◇ (*loc. fam.*) *il fait une chaleur à crever* si crepa, si scoppia dal caldo ~ *crever de froid* morire, crepare di freddo ~ *crever de faim, crever la faim* morire, crepare di fame ~ (*pop.*) LA CREVER [*avoir très faim*] crepare di fame: *je la crève* crepo di fame **B** *v.tr.* **1** [*faire éclater* (*une chose gonflée ou tendue*)] far (103) *intr.* scoppiare: *crever un pneu, un ballon en le perçant* far scoppiare un pneumatico, un pallone forandolo **2** (*loc. fig.*) *crever les yeux* essere molto vicino; essere evidente, saltare agli occhi ~ *crever le cœur* spezzare il cuore **3** [*exténuer par un effort excessif*] sfiancare, spossare; ammazzare (*fam.*): *crever un cheval* sfiancare, spossare un cavallo ‖ (*fam.*) *ce travail vous crève* questo lavoro vi ammazza → **claquer, épuiser** **C** *v.pron. réfl.* SE CREVER [→ *tr.* 3] ammazzarsi: *se crever au travail* ammazzarsi di lavoro # *se crever les yeux sur une broderie* cavarsi gli occhi su un ricamo.

crevette |kʀəvɛt| *s.f.* (*t.zool.*) gamberetto (*m.*): *crevette rose, grise* gamberetto rosa, grigio.

crevettier |kʀəvetje| *s.m.* **1** rete *f.* per la pesca dei gamberetti **2** imbarcazione *f.* per la pesca dei gamberetti.

crève-vessie |kʀɛvvesi| *s.m. inv.* (*phys.*) crepavescica.

cri |kʀi| *s.m.* **1** [*son perçant émis par la voix*] grido*: *cri de joie, de surprise* grido di gioia, di sorpresa; *cri déchirant* grido straziante; *jeter des cris* lanciare grida, urla; *étouffer un cri* soffocare un grido # *cri du nouveau-né* vagito del neonato → **vagissement** **2** [*parole(s) prononcée(s) très fort, sur un ton aigu*] grido: *cri d'alarme, de protestation* grido d'allarme, di protesta; *cri de guerre* grido di guerra; *cris d'indignation, d'approbation* grida d'indignazione, di approvazione ◇ (*loc.*) *jeter les hauts cris* protestare violentemente ~ (*réclamer*) *à cor et à cri* [*en insistant*] (reclamare) a gran voce ~ (*fam.*) *le dernier cri* (*de la mode*) l'ultimo grido (della moda); *ce chapeau est du dernier cri* questo cappello è all'ultima moda **3** [*mouvement intérieur* (*de la conscience*)] richiamo, voce (*f.*): *le cri du cœur* il richiamo, la voce del cuore → **appel, voix** **4** [*son émis par la voix des animaux*] grido, verso: *les cris des hirondelles* i gridi delle rondini; *imiter le cri d'un animal* imitare il verso di un animale **5** (*par anal.*) [*bruit aigre et peu harmonieux*] stridore: *le cri de la lime* lo stridore della lima → **crissement, frottement.**

criaillement |kʀi(j)ɑjmɑ̃| *s.m.* (*rare*) [*cri désagréable*] gridio*.

criailler |kʀi(j)ɑje| *v.intr.* **1** [*crier sans cesse, se plaindre désagréablement*] strillare → **rouspéter** **2** (*animaux*) [*crier*] schiamazzare.

criaillerie |kʀi(j)ɑjʀi| *s.f.* [*plainte, cri répété*] piagnisteo *m.*, lagna: *les criailleries des enfants* i piagnistei dei bambini.

criant, ante |kʀijɑ̃, ɑ̃t| *adj.* [*qui fait protester*] stridente: *injustice criante* ingiustizia stridente → **choquant, révoltant** ◇ [*très manifeste*] evidente, lampante: *une preuve criante* una prova evidente, lampante.

criard, arde |kʀijaʀ, aʀd(ə)| *adj.* **1** [*qui crie désagréablement*] che strilla *loc.*, che urla (*loc.*): *un enfant criard* un bambino che strilla → **braillard, gueulard** **2** [*aigu et désagréable*] stridulo: *sons criards* suoni striduli; *voix criarde* voce stridula → **aigu, perçant** **3** [*qui choque la vue*] chiassoso, vistoso: *couleurs criardes* colori chiassosi, vistosi ◇ (*par anal.*) *dettes criardes* vistosi debiti.

criblage |kʀiblaʒ| *s.m.* [→ CRIBLER 1] setacciatura *f.*, vagliatura *f.* → **calibrage, triage.**

crible |kʀibl(ə)| *s.m.* **1** [*instrument qui sert à trier*] setaccio*, vaglio*: *passer au crible* passare al setaccio, al vaglio; *crible mécanique* vaglio meccanico → **crible, tamis** **2** (*fig.*) vaglio: *passer une idée au crible* passare un'idea al vaglio, vagliare un'idea; *passer au crible de la critique* passare al vaglio della critica.

criblé, ée |kʀible| *adj.* [*percé de trous, comme un crible*] crivellato: *corps criblé de blessures* corpo crivellato di ferite # *visage criblé par la petite vérole* viso butterato dal vaiolo ◇ (*fig.*) *être criblé de dettes* essere pieno di debiti (fino al collo).

cribler |kʀible| *v.tr.* **1** [*passer au crible*] setacciare, vagliare: *cribler du charbon, du sable* setacciare carbone, sabbia; *cribler des fruits* vagliare la frutta → **calibrer, tamiser, trier** **2** (*par anal.*) [*percer de trous, comme un crible*] crivellare: *cribler une cible de flèches* crivellare di frecce un bersaglio.

cribleur, euse |kʀiblœʀ, øz| *s.* [*personne qui crible*] vagliatore* ◆ *s.f.* (*techn.*) macchina vagliatrice.

criblure |kʀiblyʀ| *s.f.* [*résidu des grains passés au crible*] mondiglia, scarto *m.* della vagliatura.

cric |kʀik| *s.m.* (*techn.*) cricco*, 'cric' (*inv.*): *cric à manivelle* cricco a manovella; *cric à vis* cricco a vite.

cricket |kʀikɛt| *s.m.* (*angl.*) (*sport*) cricket *inv.*

cricoïde |kʀikɔid| *adj. m. et s.m.* (*anat.*) (*cartilage*) *cricoïde* cricoide *s.f.*

cri-cri |kʀikʀi| *s.m. inv.* (*onomat.*) cri cri ◇ (*par ext., fam.*) [*grillon*] grillo *var.* (*cour.*).

criée |kʀije| *s.f.* (*vente à la*) *criée* [*vente publique aux enchères*] (vendita all')incanto *m.*, (all')asta: *la chambre des criées* la sala delle aste → **enchère.**

crier |kʀije| **A** *v.intr.* **1** [*jeter un ou plusieurs cris*] gridare: *crier de douleur* gridare di dolore; *crier comme un enragé, un sourd, un fou, un damné* gridare come un ossesso, un indemoniato; *crier à tue-tête* gridare a squarciagola; *il crie comme si on l'écorchait* grida come se lo scannassero; *oiseau, animal qui crie* uccello, animale che grida → **gueuler, hurler** **2** [*parler fort, élever la voix au cours d'une discussion*] gridare, urlare: *il ne sait pas parler sans crier* non riesce a parlare senza gridare, urlare → **brailler, hurler** ◇ (*spécialt.*) *crier contre, après qqn.* inveire (197) contro qc. ◇ (*par ext.*) *crier au scandale, au miracle, à la trahison* gridare allo scandalo, al miracolo, al tradimento **3** (*choses*) [*produire un bruit aigre, désagréable*] cigolare, stridere*: *les gonds de la porte crient* i cardini della porta cigolano → **crisser, grincer B** *v. tr.* **1** [*dire à qqn. d'une voix forte*] gridare, urlare: *crier un ordre* gridare un ordine; *il lui criait de se taire* gli gridava di tacere → **hurler** # *crier des injures à qqn.* lanciare ingiurie a qc. ◇ [*faire hautement connaître*] *crier son innocence* urlare, proclamare la propria innocenza; *crier une nouvelle sur les toits* strombazzare una notizia; *n'allez pas le crier sur les toits* non andate a strombazzarlo ai quattro venti → **clamer 2** [*annoncer à haute voix sur la voie publique pour vendre*] *crier des meubles* vendere mobili all'asta; *crier une vente* bandire (197) un'asta **3** (*loc. fig.*) *crier famine, misère* piangere miseria; *crier vengeance* gridare vendetta → **réclamer, exiger.**

crieur, euse |kRijœR, øz| (*s.*) *crieur de journaux* [*marchand ambulant*] strillone ◇ (*ancienn.*) *crieur public* banditore.

crime |kRim| *s.m.* **1** (*sens large*) [*manquement très grave à la morale, à la loi*] delitto, crimine: *crime contre nature* delitto contro natura; *crime contre la sûreté de l'État* delitto contro la sicurezza dello Stato **2** [*assassinat, meurtre*] delitto, crimine: *théâtre du crime* luogo del delitto; *victime d'un crime* vittima di un delitto; *crime parfait* delitto perfetto ◇ (*prov.*) *le crime ne paie pas* il delitto non paga **3** (*par exagér.*) [*faute blâmable que l'on grossit*] *faire un crime à qqn. de qqch.* fare una colpa *f.* a qc. di q.c., rimproverare q.c. a qc.; *on lui fait un crime d'être trop généreuse* le si fa una colpa, le si rimprovera di essere troppo generosa; *ce n'est pas un grand crime* non è un delitto, non è poi così grave.

criminaliser |kRiminalize| *v.tr.* (*dr.*) [*faire passer de la juridiction civile à la juridiction criminelle*] ⊠.

criminaliste |kRiminalist(ə)| *s.* penalista, criminalista (*rare*).

criminalistique |kRiminalistik| *s.f.* criminologia*.

criminalité |kRiminalite| *s.f.* criminalità *inv.*

criminel, elle |kRiminɛl| **I** *s.* **1** *s.* criminale: *le criminel et ses complices* il criminale e i suoi complici → **malfaiteur, voleur**; *criminel de guerre* criminale di guerra **2** *s.m.* (*dr.*) [*juridiction criminelle*] sezione *f.* penale # *avocat au criminel* penalista; *poursuivre qqn. au criminel* perseguire qc. con una azione penale **II** *adj.* **1** criminale, criminoso: *desseins criminels* progetti criminali, criminosi ◇ (*fam., par exagér.*) *c'est criminel de jeter ce vin* è un delitto buttar via questo vino **2** (*dr.*) penale: *droit criminel* diritto penale.

criminellement |kRiminɛlmɑ̃| *adv.* **1** [→ CRIMINEL II 1] criminalmente, criminosamente **2** [→ CRIMINEL II 2] (*dr.*) penalmente: *poursuivre criminellement* perseguire penalmente.

criminologie |kRiminɔlɔʒi| *s.f.* criminologia*.

criminologiste |kRiminɔlɔʒist(ə)|, **criminologue** |kRiminɔlɔg| *s.* criminologo* *m.*

crin |kRɛ̃| *s.m.* **1** crine: *crins de l'encolure* crini del collo → **crinière 2** [*le poil, utilisé à divers usages*] crine: *crin de ligne pour pêcher* crine di canna da pesca; *rembourrage de crin* imbottitura di crine ◇ (*par anal.*) *crin végétal* crine vegetale ◇ (*loc. fig.*) *à tous crins* [*ardent, energique; complètement*] ardente, energico*, fino al midollo: *il est révolutionnaire à tous crins* (*tout crin*) è rivoluzionario fino al midollo ~ *être comme un crin* essere intrattabile, di pessimo umore ~ *quel crin!* che scontroso!

crincrin |kRɛ̃kRɛ̃| *s.m.* (*fam.*) cattivo violino, violinaccio*.

crinière |kRinjɛR| *s.f.* **1** criniera: *crinière du lion, du cheval* criniera del leone, del cavallo ◇ (*par ext.*) *crinière d'un casque* cresta dell'elmo **2** (*fam.*) [*chevelure abondante*] criniera (*plais.*), capigliatura (*cour.*).

Crinoïdes |kRinɔid| *s.m. pl.* (*t. zool.*) Crinoidi.

crinoline |kRinɔlin| *s.f.* **1** (*ancienn.*) [*jupe de dessous*] crinolina **2** (*vx.*) (*étoffe*) crinolina.

criocère |kRijɔsɛR| *s.m.* (*t.zool.*) criocera *f.*

crique |kRik| *s.f.* [*enfoncement du rivage*] cala, insenatura → **anse, 1 baie, calanque.**

criquet |kRikɛ| *s.m.* (*t.zool.*) cavalletta *f.* ◇ (*cour.*) *stridulation du criquet* stridulazione delle cavallette.

crise |kRiz| *s.f.* **1** (*méd., cour.*) crisi *inv.*; attacco* (*m.*): *crise épileptique* crisi epilettica → **2 accès, attaque** ~ *être pris d'une crise* essere colto da una crisi ‖ *crise d'appendicite* attacco di appendicite; *crise rhumatismale* attacco reumatico **2** (*par ext.*) [*accès psychologique à manifestations violentes*] crisi: *crise de nerfs* crisi di nervi ◇ (*loc. fam.*) *faire prendre à qqn. une crise* (*de nerfs*) far venire i nervi a qc. ~ *piquer une crise de colère, de rage* avere un accesso di collera, di rabbia ◇ (*par ext.*) *crise morale* crisi morale **3** (*par anal.*) (*événements, idées*) [*phase grave dans une évolution*] crisi: *période de crise* periodo di crisi; *crise économique, politique* crisi economica, politica; *crise ministérielle* crisi di governo.

crispant, ante |kRispɑ̃, ɑ̃t| *adj.* [*qui crispe, impatiente*] irritante, esasperante → **agaçant, irritant.**

crispation |kRispɑsjɔ̃| *s.f.* **1** [*mouvement de contraction qui diminue la surface d'un objet*] raggrinzimento (*m.*): *crispation de la peau, du cuir* raggrinzimento della pelle, del cuoio **2** (*méd.*) contrazione (involontaria) → **convulsion, spasme 3** (*fig.*) [*mouvement d'agacement, d'impatience*] gesto *m.* di stizza, d'impazienza # *donner des crispations à qqn.* irritare, esasperare qc.

crisper |kRispe| **A** *v.tr.* **1** [*contracter en ridant la surface*] raggrinzire (197), far (103) *intr.* raggrinzire: *le froid crispe la peau* il freddo raggrinzisce, fa raggrinzire la pelle; *le feu crispe le parchemin* il fuoco fa raggrinzire, raggrinzisce la pergamena → **rider 2** [*contracter les muscles*] (far) contrarre (190): *crisper les muscles* contrarre i muscoli; *angoisse, douleur qui crispe le visage* angoscia, dolore che fa contrarre il viso ♦ (*au p.p.*) *ne soyez pas crispé* non stia così contratto **3** (*fig., fam.*) [*causer une vive impatience*] dare (102) ai nervi (a): *il a le don de me crisper* riesce proprio a darmi ai nervi → **impatienter, irriter B** *v.pron. intr.* SE CRISPER [→ *tr.* 2] contrarsi: *sa figure se crispe* gli si contrae la faccia ◇ (*mains*) [*se refermer convulsivement*] *sa main se crispa sur le couteau* la mano si contrasse sul coltello.

crispin |kRispɛ̃| *s.m.* [*manchette de cuir cousue à certains gants*] manopola (*f.*): *gants à crispin d'escrimeur* guanti a manopola da scherma.

criss |kRis| *s.m.* kriss *inv.*

crissement |kRismɑ̃| *s.m.* [→ CRISSER] stridore, scricchiolio*: *le crissement des roues* lo stridore delle ruote → **grincement.**

crisser |kRise| *v.intr.* [*produire un bruit de frottement*] stridere*, scricchiolare: *crisser des dents* far scricchiolare i denti → **grincer, craquer.**

cristal, aux |kRistal, o| *s.m.* **I** **1** cristallo: *cristal de roche, de montagne* cristallo di roccia, di monte ◇ (*fig., poét.*) *une pureté de cristal* una purezza cristallina *adj.* → **limpide 2** [*variété de verre*] cristallo: *verres de cristal* bicchieri di cristallo; *cristal de Baccarat* cristallo di Baccarat; *boule de cristal d'une voyante* sfera di cristallo della veggente ◇ (*fig.*) *une voix de cristal* una voce cristallina **3** (*au plur.*) *les cristaux* i cristalli, gli oggetti di cristallo **II** **1** (*sc.*) cristallo: *cristal prismatique* cristallo prismatico ◇ (*par anal.*) *cristaux de glace, de givre* cristalli di ghiaccio, di brina **2** *au plur.* (*fam.*) carbonato *sing.* di sodio (in cristalli) (*cour.*).

cristallerie |kRistalRi| *s.f.* cristalleria: *cristallerie de Baccarat* cristalleria di Baccarat.

cristallier |kRistalje| *s.m.* [*armoire à cristaux*] cristalliera *f.*

cristallin |kRistalɛ̃| *s.m.* (*anat.*) *le cristallin* il cristallino.

cristallin, ine |kRistalɛ̃, in| *adj.* **1** cristallino: *eaux cristallines* acque cristalline [→ *son cristallin* suono cristallino → **limpide, pur 2** (*sc.*) cristallino: *systèmes cristallins* sistemi cristallini; *roche cristalline* roccia cristallina.

cristallisable |kRistalizabl(ə)| *adj.* [→ CRISTALLISER] cristallizzabile.

cristallisant, ante |kRistalizɑ̃, ɑ̃t| *adj.* [→ CRISTALLISER] cristallizzante.

cristallisation |kRistalizɑsjɔ̃| *s.f.* **1** (*sc.*) cristallizzazione: *cristallisation naturelle* cristallizzazione naturale; *cristallisation par dissolution et évaporation* cristallizzazione per soluzione ed evaporazione **2** [*concrétion de cristaux*] cristallizzazione: *de belles cristallisations* delle belle cristallizzazioni **3** (*fig., littér.*) (*sentiments, idées*) cristallizzazione, il cristallizzarsi (*m. inv.*): *la cristallisation des souvenirs, de la culture* la cristallizzazione, il cristallizzarsi dei ricordi, della cultura.

cristallisé, ée |kRistalize| *adj.* cristallizzato.

cristalliser |kRistalize| **A** *v.tr.* [*faire passer à l'état de cristaux*] cristallizzare: *cristalliser un sel par dissolution* cristallizzare un sale per soluzione ♦ (*au p.p.*) *sucre cristallisé* zucchero cristallizzato **B** *v.intr.* **1** [*passer à l'état cristallin*] cristallizzare (*aux.* avere, essere), cristallizzarsi (*pron.*): *substance qui cristallise lentement* sostanza che (si) cristallizza lentamente **2** (*sentiments, idées*) [*se fixer*] cristallizzarsi, cristallizzare.

cristallo- |kʀistalɔ| *préf.* (*signifiant 'cristal', correspond généralt. à*) cristallo: *cristallographie* cristallografia.

cristallogénie |kʀistalɔʒeni| *s.f.* cristallogenesi *inv.*

cristallographie |kʀistalɔgʀafi| *s.f.* (*minér.*) cristallografia.

cristallographique |kʀistalɔgʀafik| *adj.* (*minér.*) cristallografico*.

cristalloïde |kʀistalɔid| *adj. et s.m. et f.* cristalloide *s.m.*

cristallomancie |kʀistalɔmɑ̃si| *s.f.* cristallomanzia.

cristallophyllien, ienne |kʀistalɔfiljɛ̃, jɛn| *adj.* (*géol.*) cristallofilliano.

criste-marine |kʀistəmaʀin| *s.f.* → **crithme.**

critère |kʀitɛʀ|, (*vx.*) **critérium** |kʀiteʀjɔm| *s.m.* **1** (*philo., cour.*) criterio*: *le style n'est pas le seul critère pour juger une œuvre* lo stile non è l'unico criterio per giudicare un'opera **2** [*ce qui sert de base à un jugement*] ragione (*f.*): *ce n'est pas un critère* non è una ragione, una prova # *son seul critère est l'avis de son père* quel che dice suo padre è legge per lui (lei).

critérium |kʀiteʀjɔm| *s.m.* (*sport*) criterium (*inv.*): *critérium cycliste, hippique* criterium ciclistico, ippico.

crithme |kʀitm(ə)| *s.m.* (*t.bot.*) finocchio* marino.

criticailler |kʀitikɑje| *v.intr.* (*fam.*) [*critiquer, blâmer sans raison*] criticare *tr. et intr.* senza motivo, senza ragione (*cour.*).

criticisme |kʀitisism(ə)| *s.m.* (*philo.*) criticismo ◇ (*spécialt.*) criticismo kantiano.

critiquable |kʀitikabl(ə)| *adj.* [→ CRITIQUER 2] criticabile: *son attitude est critiquable* il suo atteggiamento è criticabile → **attaquable, discutable** Ⓒ **louable** 1.

1 **critique** |kʀitik| *adj.* **1** (*méd.*) critico*: *phase critique* (*d'une maladie*) fase critica (di una malattia); *temps critique* tempo critico **2** [*qui décide du sort de qqn.; qui amène un changement important*] critico: *se trouver dans une situation critique* trovarsi in una situazione critica → **dangereux, grave, décisif, crucial** **3** (*sc.*) critico: *point critique* punto critico; *pression, température, vitesse critique* pressione, temperatura, velocità critica.

2 **critique** |kʀitik| **I** *s.f.* [*examen en vue de porter un jugement*] critica* **1** [*art de juger les œuvres d'art, les ouvrages de l'esprit; le jugement lui-même*] critica: *critique dramatique, artistique* critica drammatica, artistica; *faire la critique d'une pièce de théâtre, d'un roman* fare la critica di un'opera teatrale, di un romanzo, recensire un romanzo; *ce livre a eu de bonnes critiques* quel libro ha avuto una critica favorevole, buone recensioni **2** [*jugement intellectuel, moral*] critica: *critique de la connaissance* critica della conoscenza; *critique philologique* critica filologica # *exercer une critique sévère sur soi-même* esercitare una severa autocritica **3** [*tendance de l'esprit à émettre des jugements sévères, défavorables*] critica: *prêter, donner prise à la critique* prestare il fianco alla critica; *ne pas admettre, ne pas supporter les critiques* non ammettere, non sopportare le critiche **II** *s.* **1** *s.m.* [*celui qui juge des ouvrages de l'esprit, des œuvres d'art*] critico*: *critique littéraire, d'art* critico letterario, d'arte; *critique sévère* critico severo → **commentateur** **2** *s.f.* [*ensemble des critiques*] critica: *la critique a bien accueilli son nouveau livre* la critica ha ben accolto il suo nuovo libro **III** *adj.* **1** [*qui décide de la valeur des ouvrages de l'esprit, des œuvres d'art*] critico: *analyses critiques* analisi critiche; *considérations critiques* considerazioni critiche **2** [*qui examine la valeur logique d'une assertion, l'authenticité d'un texte*] critico: *examen critique* esame critico; *notes critiques* note critiche; *édition critique* edizione critica ◇ (*par ext.*) *esprit critique* spirito critico ◇ (*loc.*) *d'un œil critique* con occhio critico → **curieux, soupçonneux** **3** [*qui critique, qui est porté à la critique*] critico → **négatif** Ⓒ I 3 **approbation, éloge**; III 2 **naïf**, 3 **constructif.**

critiquer |kʀitike| *v.tr.* **1** [*examiner (les ouvrages d'art ou d'esprit)*] criticare → **analyser, discuter, juger** **2** [*émettre un jugement, faisant ressortir les défauts de (qqn., qqch.)*] criticare: *critiquer injustement, avec violence* criticare ingiustamente, violentemente; *il a peur de se faire critiquer* ha paura di farsi criticare → **blâmer, condamner** Ⓒ 2 **admirer, approuver, louer** 1.

critiqueur |kʀitikœʀ| *s.m.* [*qui a la manie de critiquer*] criticone *s.*

croassement |kʀɔasmɑ̃| *s.m.* [→ CROASSER] il gracchiare *inv.*, gracchiamento (*rare*): *le croassement du corbeau* il gracchiare del corvo.

croasser |kʀɔase| *v.intr.* (*en parlant du corbeau, de la corneille*) [*crier*] gracchiare.

croate |kʀɔat| *adj.* [*de la Croatie*] croato.

croc |kʀo| *s.m.* **1** [*instrument muni d'un crochet*] gancio*, uncino: *croc de boucherie* gancio da macelleria → 1 **crochet** **2** [*longue perche ou instrument terminé par un crochet*] *croc à fumier* forca* *f.* per letame; *croc de palan, de remorque* gancio di paranco, di rimorchio → **fourche** **3** [*dent pointue de certains animaux*] dente canino: *les crocs d'un chien* i denti di un cane ◇ (*fig.*) *découvrir, montrer ses crocs* mostrare i denti **4** (*fig., fam.*) *avoir les crocs* [*très faim*] morire di fame **5** *moustaches en crocs* [*recourbées*] baffi (piegati) all'insù.

croc-en-jambe |kʀɔkɑ̃ʒɑ̃b| *s.m.* [*manière de faire tomber qqn. en lui tirant une jambe avec le pied*] sgambetto: *des crocs-en-jambe* degli sgambetti ◇ (*fig.*) [*manière déloyale de supplanter qqn.*] *faire un croc-en-jambe à qqn.* fare lo sgambetto a qc.

croche |kʀɔʃ| *s.f.* (*mus.*) croma # *double croche* biscroma; *triple croche* semibiscroma.

croche-pied |kʀɔʃpje| *s.m.* → **croc-en-jambe.**

crocher |kʀɔʃe| *v.tr.* (*mar.*) [*saisir avec un croc*] agganciare, incocciare: *crocher un palan* agganciare un paranco ✦ (*absolt.*) *l'ancre croche* l'àncora si aggancia *pron.* → **fixer (se), tenir.**

1 **crochet** |kʀɔʃɛ| *s.m.* **1** [*pièce de métal recourbée, pour prendre ou retenir qqch.*] uncino, gancio*: *crochet de fer* uncino di ferro; *crochet de boucherie* gancio da macelleria → **croc, pendoir** **2** [*attache mobile servant à fixer, à maintenir qqch.*] gancio, rampino: *pendre un tableau à un crochet* appendere un quadro a un gancio → **agrafe, croc, patte** **3** [*instrument présentant une extrémité recourbée*] *crochet à fumier* forcone per letame → **croc, fourche**; *crochet de serrurier* grimaldello → **passe-partout, rossignol**; *crochet à boutons* allacciabottoni *inv.* → **tire-boutons** **4** (*loc.*) *être, vivre aux crochets de qqn.* [*à ses frais*] vivere alle spalle di qc. **5** (*spécialt.*) uncinetto ◇ (*par ext.*) lavoro all'uncinetto # *faire du crochet* lavorare all'uncinetto **6** [*dent à une extrémité recourbée des reptiles*] dente velenifero.

2 **crochet** |kʀɔʃɛ| *s.m.* [*signe graphique* [ ]] parentesi *f. inv.* quadra: *mettre un mot entre crochets* mettere una parola fra parentesi (quadre).

3 **crochet** |kʀɔʃɛ| *s.m.* [*détour brusque*] svolta *f.*; deviazione (*f.*): *la route fait un crochet* la strada fa una svolta || *faire un crochet* fare una deviazione.

4 **crochet** |kʀɔʃɛ| *s.m.* (*boxe*) gancio*, 'crochet' (*inv.*): *envoyer un crochet du droit* allungare un gancio col destro.

5 **crochet** |kʀɔʃɛ| (*s.m.*) *crochet radiophonique, radio-crochet* concorso canoro per dilettanti.

crochetable |kʀɔʃtabl(ə)| *adj.* [→ CROCHETER 1] forzabile, che si può forzare (*loc.*): *serrure facilement crochetable* serratura facilmente forzabile.

crochetage |kʀɔʃtaʒ| *s.m.* [→ CROCHETER 1] scasso.

crocheter |kʀɔʃte| (7) *v.tr.* **1** [*ouvrir (une porte, une serrure) avec un crochet*] scassinare, forzare **2** [*piquer avec un crochet*] uncinare.

1 **crocheteur** |kʀɔʃtœʀ| *s.m.* [*celui qui crochète les serrures en vue de voler*] scassinatore* *s.*

2 **crocheteur** |kʀɔʃtœʀ| *s.m.* (*ancienn.*) [*celui qui portait des fardeaux à l'aide d'un crochet*] facchino → **porteur, portefaix.**

crochu, ue |kʀɔʃy| *adj.* **1** [*qui est recourbé en forme de croc*] adunco*, uncinato: *un nez crochu* un naso adunco; *des mains crochues* mani adunche → **courbé, recourbé** ◇ (*loc. fam.*) *avoir les mains crochues* essere avido **2** (*loc.*) *avoir des atomes crochus* [*des sympathies, des affinités*] avere simpatia reciproca.

croco |kʀɔko| *s.m.* → **crocodile** 2.

crocodile |kʀɔkɔdil| *s.m.* **1** (*t.zool.*) coccodrillo ◇ (*cour.*) *le crocodile vagit* il coccodrillo piange ◇ (*fig.*) *larmes de crocodile* lacrime di coccodrillo **2** [*peau de crocodile traitée*] coccodrillo: *sac en crocodile* borsa di coccodrillo ◇ (*abrév. fam.* '*croco*') *un portefeuille en croco* un portafogli di coccodrillo **3** (*ch. de fer*) coccodrillo.

Crocodiliens |kʀɔkɔdiljɛ̃| *s.m. pl.* (*t.zool.*) Coccodrilli.

crocus |kʀɔkys| *s.m.* (*t.bot.*) croco* ◇ (*cour.*) fiore di croco.

croire |kʀwa(ɑ)ʀ| (56) **A** *v.tr.* **1** [*tenir (qqch.) pour véritable, donner une adhésion de principe à*] credere (*tr. et intr.*): *croire une histoire* credere (a) una storia; *je crois ce que vous dites* credo (a) quello che dite; *il ne croit que ce qu'il voit* crede solo a quel che vede → **accepter, admettre**; *faire croire qqch.*

à qqn. far credere q.c. a qc. → **convaincre, persuader**; *croire naïvement qqch.* credere ingenuamente a q.c. → **avaler, gober** # *à ce que je crois* a mio avviso, a parer mio **2** CROIRE QQN. [*penser que ce qu'il dit est vrai*] credere (a) qc.: *vous pouvez croire cet homme* potete credergli; *croire qqn. sur parole* credere (a) qc. sulla parola → **fier (se)** ◇ (*fam.*) *je vous (te) crois!* [*je pense ainsi; c'est évident*] lo credo bene! **3** *loc.* EN CROIRE [*s'en rapporter à*] dare (102) ascolto, retta a: *si vous m'en croyez...* se mi date ascolto, retta... # *à l'en croire* stando a lui ◇ (*loc.*) *ne pas en croire ses yeux, ses oreilles* non credere ai propri occhi, alle proprie orecchie **4** *loc.* CROIRE QUE credere (che): *je crois qu'il viendra* credo che verrà, che venga; *je ne crois pas qu'il viendra, qu'il vienne* non credo che venga, che verrà; *je crois que c'est facile* credo sia facile; *je ne crois pas que ce soit facile* non credo sia facile; *croyez-vous qu'il vienne?* credete che venga?; *je croyais qu'il viendrait* credevo che sarebbe venuto; *nous lui avons fait croire que nous serions absents* gli abbiamo fatto credere che saremmo stati assenti; *j'avais cru que cela aurait été intéressant, mais je me suis trompé* avevo creduto che sarebbe stato interessante, ma mi sono sbagliato; *je crois que oui, que non* credo di sì, di no; *on croirait qu'il dort* si crederebbe, si direbbe che dorma; *j'aime à croire que...* voglio credere, sperare che... → **estimer, juger,** 1 **penser** **5** CROIRE (+ *inf.*) credere di (+ *inf.*): *je croyais réussir, mourir* credevo di riuscire, di morire **6** CROIRE QQN., QQCH. (+ *attribut*) credere: *on l'a cru mort* l'hanno creduto morto; *je le crois homme de parole* lo credo, stimo uomo di parola → **estimer, supposer** **B** *v.intr.* **I** [*croire à, croire en*] **1** *croire à une chose* credere a una cosa; *ne plus croire à rien* non credere più a nulla, in nulla; *croire en une chose* credere in una cosa → **fier (se)**; *croire aux promesses de qqn.* credere alle promesse di qc. # *le médecin crut à une pneumonie* il medico pensò a una polmonite ◇ (*fam.*) *il y croit dur comme fer* ci crede veramente, fermamente **2** CROIRE EN QQN. credere in qc., avere (97) *tr.* fiducia in qc.: *il croit en ses amis* crede, ha fiducia nei suoi amici; *croire en soi* aver fiducia in sé stesso → **compter (sur), fier (se)** **3** *croire à* [*considérer comme probable, imminent*]: *croire à la guerre* credere che la guerra sia imminente, credere nell'imminenza della guerra **4** [*être persuadé de l'existence, de la valeur de*] credere: *croire au Messie, à l'Évangile* credere nel Messia, nel Vangelo; *il croit encore au père Noël* crede ancora a babbo Natale; *croire en Dieu* credere in Dio **II** **1** [*avoir une attitude d'adhésion intellectuelle*] credere: *il croit sans comprendre* crede senza capire **2** [*avoir la foi religieuse*] credere **C** *v.pron. réfl.* SE CROIRE [→ *tr.* 1, 4] credersi: *il se croit perdu* si crede perduto; *il se croit qqn.* si crede qualcuno; *il se croit un gran homme* si crede un grand'uomo; *qu'est-ce qu'il se croit, celui-là?* (che) cosa si crede, quello? → **estimer (s'), imaginer (s')** Ⓒ A 1 **douter, nier.**

croisade |kʀwazad| *s.f.* **1** (*hist.*) crociata: *partir en croisade* partire per la crociata **2** [*tentative pour diriger l'opinion dans une lutte*] crociata: *croisade contre l'alcoolisme* crociata contro l'alcoolismo → 2 **campagne.**

croisé |kʀwaze| *s.m.* [*celui qui partait en croisade*] crociato: *l'armée des croisés* l'esercito dei crociati.

croisé, ée |kʀwaze| *adj.* **1** [*disposé en croix*] incrociato: *bâtons croisés* bastoni incrociati ◇ (*loc. fig.*) *rester les bras croisés* stare con le braccia incrociate **2** (*vêtements*) *veste croisée* giacca a doppiopetto; *tissu croisé* tessuto diagonale **3** (*versif.*) *rimes croisées* rime alternate; *vers croisés* versi alternati ◇ (*fig.*) *mots croisés* parole incrociate, cruciverba; *feux croisés* fuoco incrociato, fuoco di fila **4** [*qui est le résultat d'un croisement*] incrociato: *race croisée* razza incrociata → **hybride, bâtard.**

croisée |kʀwaze| *s.f.* **1** [*point où deux choses se coupent*] incrocio* *m.* → 1 **croisement** **2** [*châssis vitré qui ferme une fenêtre*] imposta, telaio* *m.* (di finestra) → **fenêtre** **3** (*archit.*) crociera: *croisée de transept* crociera del transetto.

1 **croisement** |kʀwazmɑ̃| *s.m.* **1** [→ 1 CROISER A; C] l'incrociarsi *inv.*, incrociamento (*vx.*): *le croisement de deux voitures sur une route* l'incrociarsi di due macchine su una strada # *le croisement des jambes* l'accavallamento delle gambe; *croisement des fils d'un tissu* trama (dei fili) di un tessuto **2** [*point où se coupent deux ou plusieurs voies*] incrocio*, crocicchio*, crocevia (*inv.*): *croisement d'un chemin et d'un autre, avec un autre* incrocio, crocicchio di una strada con un'altra, crocevia → **croisée, intersection** ◆ (*absolt.*) *vous vous arrêterez au croisement* vi fermerete all'incrocio, al crocevia → **carrefour.**

2 **croisement** |kʀwazmɑ̃| *s.m.* [*hybridation, métissage*] incrocio*: *améliorer une race de bovins par des croisements* migliorare una razza di bovini mediante incroci.

1 **croiser** |kʀwaze| **A** *v.tr.* **1** [*disposer (deux choses) en forme de croix*] incrociare: *croiser les jambes* incrociare, accavallare le gambe □ *se croiser les bras* [*ne rien faire*] incrociare le braccia **2** *croiser le fer* [*se battre à l'épée*] incrociare le spade # *croiser la baïonnette* puntare la baionetta **3** [*passer au travers de (une ligne, une route)*] incrociare: *la voie ferrée croise la route* la ferrovia incrocia la strada; *train qui en croise un autre* treno che ne incrocia un altro → **couper, traverser** ◇ (*par ext.*) *croiser qqn. dans la rue* incrociare, incontrare qc. per (la) strada; *ma lettre a dû croiser la vôtre* la mia lettera si è certamente incrociata con la vostra **B** *v.intr.* **1** (*en parlant des bords d'un vêtement*) [*passer l'un sur l'autre*] incrociarsi *pron.* **2** (*mar.*) [*aller et venir dans un même parage*] incrociare: *la flotte croise sur les côtes* la flotta incrocia lungo le coste **C** *v. pron.* SE CROISER **1** *intr.* [*être ou se mettre en travers l'un sur l'autre*] incrociarsi: *deux chemins qui se croisent à angle droit* due strade che si incrociano ad angolo retto **2** *réfl.* incrociarsi → *tr.* 1 □ **3** *réfl.* [*passer l'un à côté de l'autre en allant dans une direction différente*] incrociarsi → **rencontrer (se)** **4** *intr.* [*s'engager dans une croisade*] crociarsi (*raro*), partecipare *intr.* a una crociata.

2 **croiser** |kʀwaze| *v.tr.* [*accoupler (des animaux, des plantes d'espèces différentes)*] incrociare: *croiser deux chevaux de race* incrociare due cavalli di razza.

croisette |kʀwazɛt| *s.f.* **1** [*petite croix*] crocetta **2** (*t.bot.*) crocetta, lupinella.

croiseur |kʀwazœʀ| *s.m.* (*mar. milit.*) incrociatore: *croiseur léger* incrociatore leggero.

croisière |kʀwazjɛʀ| *s.f.* **1** (*mar. milit.*) crociera **2** [*voyage effectué par un paquebot, un navire de plaisance*] crociera: *croisière en Grèce* crociera in Grecia; *croisière aérienne* crociera aerea; *partir en croisière* partire in crociera.

croisillon |kʀwazijɔ̃| *s.m.* **1** [*la traverse d'une croix*] traversa *f.* ◇ (*archit.*) transetto **2** [*barre qui partage un châssis de fenêtre*] traversa ◇ (*au plur.*) *fenêtre à croisillons* finestra a crociera *sing.*

croissance |kʀwasɑ̃s| *s.f.* **1** [*le fait de croître, de grandir*] crescita, crescenza: *enfant arrêté dans sa croissance* bambino in ritardo di crescita; *troubles de croissance* disturbi della crescita → **développement** **2** (*choses*) [*accroissement, développement*] crescita, sviluppo (*m.*): *la croissance d'une ville* la crescita, lo sviluppo di una città ◇ (*écon.*) crescita.

croissant |kʀwasɑ̃| *s.m.* **1** [*forme échancrée de la Lune pendant qu'elle croît et décroît*] falce (*f.*): *croissant de lune* falce di luna **2** [*la forme du croissant de lune*] mezzaluna* (*f.*): *le fer en croissant de la faucille* la lama a mezzaluna della falce ◇ (*spécialt.*) *le croissant rouge* [*emblème de l'empire turc, de la relig. musulmane*] la mezzaluna rossa ◇ (*blas.*) crescente, mezzaluna **3** [*petite pâtisserie feuilletée, salée*] 'croissant' (*inv.*): *au petit déjeuner j'ai pris un café et un croissant* a colazione ho preso un caffè e un 'croissant'.

croissant, ante |kʀwasɑ̃, ɑ̃t| *adj.* crescente: *le nombre croissant des naissances* il numero crescente delle nascite.

croît |kʀwa| *s.m.* (*agric., dr.*) accrescimento annuo (per riproduzione) del bestiame.

croître |kʀwatʀ(ə)| (70) *v.intr.* **1** [*grandir progressivement*] crescere (128) (*aux.* essere): *les végétaux croissent lentement* i vegetali crescono lentamente → **développer (se), grandir,** 2 **pousser** ◇ (*fig.*) *mauvaise herbe croît toujours* (*se dit des enfants qui grandissent beaucoup*) la malerba cresce presto **2** (*littér.*) (*personnes*) → **grandir** ◇ (*loc.*) *il croissait en beauté, en grâce* cresceva in bellezza, in grazia ~ (*iron.*) *ne faire que croître et embellir* diventar grande e grosso **3** (*choses*) [*devenir plus grand, plus nombreux*] crescere: *croître en nombre, en volume* crescere di numero, di volume → **développer (se)**; *la fonte des neiges fait croître la rivière* il disgelo fa crescere il livello del fiume → **augmenter** ◇ (*loc. biblique*) *croissez et multipliez-vous* crescete e moltiplicatevi **4** (*végétaux*) [*pousser naturellement*] crescere → 2 **pousser, venir** Ⓒ 3 **décroître.**

croix |kʀwa| *s.f.* **1** croce: *le sup-*

plice de la croix il supplizio della croce; *le mystère de la Croix* il mistero della Croce; *le signe de la croix* il segno della croce # *faire le chemin de la Croix, un chemin de croix* fare la via Crucis ◇ (*fig.*) *porter sa croix* portare la propria croce; *chacun a sa croix, porte sa croix* ognuno ha, porta la sua croce → **calvaire,** 1 **épreuve** **2** [*ornement en bois ou en métal qui figure une croix*] croce: *croix de Lorraine* croce di Lorena; *croix grecque* croce greca; *croix gammée* croce uncinata → **svastika** **3** (*relig. chrét.*) croce: *croix processionnelle* croce processionale; *croix pectorale* croce pettorale → **crucifix** **4** [*bijou en forme de croix*] croce: *croix de diamants* croce di diamanti ◇ (*blas.*) croce **5** [*décoration de divers ordres de chevalerie*] croce: *la croix de Malte* la croce di Malta; *croix de la Légion d'honneur* croce della Legion d'onore; *croix de guerre* croce di guerra ♦ (*s.m.*) *grand-croix* gran croce **6** CROIX-ROUGE Croce Rossa: *le comité international de la Croix-Rouge* il comitato internazionale della Croce Rossa **7** [*marque formée de deux traits croisés*] croce: *faire une croix au bas d'un acte* fare una croce in calce a un atto ◇ (*fam.*) *faire une croix sur qqch.* fare una croce su q.c. ◇ (*broderie*) *point de croix* punto (a) croce **8** *loc.* EN CROIX in croce: *avoir, mettre les bras en croix* avere, mettere le braccia in croce **9** (*astron.*) *Croix du Sud* Croce del Sud.

cromlech |kʀɔmlɛk| *s.m.* (*archéol.*) cromlech *inv.*

cromorne |kʀɔmɔʀn(ə)| *s.m.* (*mus. anc.*) cromorno.

croquant |kʀɔkɑ̃| *s.m.* [*paysan révolté sous Henri IV et Louis XIII*] ⊠ ◇ (*péj.*) → **paysan.**

croquant, ante |kʀɔkɑ̃, ɑ̃t| *adj.* croccante: *cornichons croquants* cetriolini croccanti.

croque-au-sel (à la) |alakʀɔkosɛl| *loc. adv.* crudo e condito solo con sale *loc. inv.*

croquembouche |kʀɔkɑ̃buʃ| *s.m.* [*pièce montée formée de petits choux à la crème, caramélisés*] ⊠.

croque-mitaine |kʀɔkmitɛn| *s.m.* [*personne imaginaire qu'on évoque pour effrayer les enfants*] babau *inv.*, orco*: *viens te coucher ou j'appelle le croque-mitaine!* vieni a letto o chiamo il babau, l'orco! ◇ (*plais.*) [*personne sévère qui fait peur*] castigamatti (*inv.*): *des croque-mitaines* dei castigamatti; *c'est un vrai croque-mitaine* è proprio un castigamatti.

croque-monsieur |kʀɔkməsjø| *s.m. inv.* tosto *var.*, toast al prosciutto e formaggio.

croque-mort |kʀɔkmɔʀ| *s.m.* (*fam.*) [*employé des pompes funèbres*] becchino (*cour.*), beccamorti *inv.* (*péj.*): *des croque-morts* dei becchini, dei beccamorti ◇ (*fig.*) *tu as une figure de croque-mort!* [*un air sinistre, d'enterrement*] hai una faccia da funerale!

croquenot |kʀɔkno| *s.m.* (*fam.*) [*gros soulier*] scarpone.

1 **croquer** |kʀɔke| **A** *v.intr.* (*en parlant des choses que l'on broie avec les dents*) [*faire un bruit sec*] scrocchiare: *salade, fruit qui croque* insalata, frutto che scrocchia → **craquer** **B** *v.tr.* **1** [*broyer sous la dent*] masticare: *pastille à laisser fondre dans la bouche sans la croquer* pastiglia da lasciar sciogliere in bocca senza masticare # *chocolat à croquer* cioccolata in tavolette ♦ (*v.intr.*) *croquer dans une pomme* [*mordre*] addentare *tr.* una mela **2** (*loc.*) *croquer de l'argent* [*dépenser beaucoup*] dilapidare, sperperare denaro; *croquer un héritage* dilapidare un'eredità → **claquer.**

2 **croquer** |kʀɔke| *v.tr.* **1** → **ébaucher, esquisser** **2** (*loc. fam.*) *à croquer* da dipingere # *elle est jolie à croquer* è adorabile, deliziosa.

1 **croquet** |kʀɔkɛ| *s.m.* (*région.*) biscotto alle mandorle.

2 **croquet** |kʀɔkɛ| *s.m.* (*sport*) 'croquet' *inv.*

3 **croquet** |kʀɔkɛ| *s.m.* treccia *f.* ondulata.

croquette |kʀɔkɛt| *s.f.* crocchetta, polpettina: *croquettes de pommes de terre* crocchette di patate.

croqueur, euse |kʀɔkœʀ, øz| *s. et adj.* [*qui croque, mange avidement qqch.*] mangione divoratore* (*adj.*) ◇ (*fig., fam.*) *une croqueuse de diamants* una divoratrice di diamanti.

croquignole |kʀɔkiɲɔl| *s.f.* biscottino *m.* croccante.

croquignolet, ette |kʀɔkiɲɔlɛ, ɛt| *adj.* (*fam.*) → **mignon.**

croquis |kʀɔki| *s.m.* **1** [*esquisse, dessin rapide*] schizzo, bozzetto → **ébauche** # *croquis (d'un journal) de mode* figurini (di una rivista) di moda **2** (*géom.*) *croquis coté* disegno quotato → **épure.**

croskill |kʀɔskil| *s.m.* → **brise-mottes.**

crosne |kʀon| *s.m.* (*t.bot.*) stachys *f.* tuberina.

cross(-country) |kʀɔs(kuntʀi)| *s.m.* (*angl.*) corsa *f.* campestre, cross *inv.*, cross-country *inv.*

1 **crosse** |kʀɔs| *s.f.* **1** [*bâton pastoral d'évêque*] pastorale *m.* **2** (*sport*) *crosse de hockey, de golf* mazza da hockey, da golf **3** [*extrémité recourbée*] *crosse de violon* chiocciola, riccio* *m.* del violino; *crosse de piston* testa a croce dello stantuffo ◇ (*anat.*) *crosse de l'aorte* arco* *m.* dell'aorta, aortico.

2 **crosse** |kʀɔs| *s.f.* [*partie postérieure d'une arme à feu portative*] calcio* (*m.*): *la crosse du fusil* il calcio del fucile; *assommer qqn. à coups de crosse* ammazzare qc. (colpendolo) col calcio del fucile ◇ (*loc. milit.*) *mettre, lever la crosse en l'air* [*se rendre*] arrendersi.

crossé |kʀɔse| *adj. m.* (*relig.*) *abbé crossé et mitré* abate con pastorale e mitra (mitria) *loc. inv.*

crosser |kʀɔse| *v.tr.* **1** (*rare*) [*pousser avec une (1) crosse (2)*] spingere (119) con una mazza **2** (*vieilli, pop.*) → **malmener.**

crosses |kʀɔs| *s.f. pl.* (*pop.*) *chercher des crosses à qqn.* [*lui chercher querelle*] cercare briga con qc.

Crossoptérygiens |kʀɔsɔpteʀiʒjɛ̃| *s.m. pl.* (*t.zool.*) Crossopterigi.

crotale |kʀɔtal| *s.m.* **1** (*antiq.*) crotalo **2** (*t.zool.*) crotalo, serpente a sonagli.

croton |kʀɔtɔ̃| *s.m.* (*t.bot.*) croton *inv.*

crotte |kʀɔt| *s.f.* **1** [*excrément (globuleux) de certains animaux*] sterco *m. sing.*, escremento (*m.*): *crotte de brebis, de chèvre, de lapin* sterco, escrementi di pecora, di capra, di coniglio ◇ (*loc. fig.*) *c'est de la crotte de bique* [*chose sans valeur*] è robaccia **2** (*fam.*) (*interj. de dépit*) accidenti! → **zut** **3** *crotte de chocolat* [*bonbon de chocolat*] cioccolatino *m.* **4** (*vieilli*) → **fange, saleté.**

crotter |kʀɔte| **A** *v.tr.* (*vieilli*) → **souiller** **B** *v.intr.* (*vulg.*) [*faire des crottes*] cacare, defecare (*cour.*) **C** *v.pron. réfl.* SE CROTTER [*se salir avec de la boue*] infangarsi, inzaccherarsi.

crottin |kʀɔtɛ̃| *s.m.* sterco* (di cavallo).

crouillat, crouya |kʀuja|, **crouille** |kʀuj| *s.m.* (*pop., injurieux*) [*African du Nord*] arabo (*péj.*).

croulant, ante |kʀulɑ̃, ɑ̃t| **1** *adj.* [*qui menace ruine*] pericolante: *des murs croulants* muri pericolanti **2** *s.m.* (*fam.*) (*dans le langage des jeunes*) [*personne âgée ou d'âge mûr*] matusa (*s.inv.*): *ce n'est pas rigolo de se promener avec les croulants* [*les parents*] non è divertente andare a spasso con i matusa.

croule |kʀul| *s.f.* (*chasse*) **1** momento *m.* in cui la beccaccia canta **2** caccia* alla beccaccia.

crouler |kʀule| *v.intr.* **1** [*tomber ou menacer de tomber*] crollare (*aux.* essere): *cette maison menace de crouler* quella casa minaccia di crollare → **écrouler (s'), effondrer (s')** # *masse de neige qui croule* valanga che precipita ◇ (*par exagér.*) *la salle croulait sous les applaudissements* il teatro crollava sotto, per gli applausi **2** (*fig.*) [*s'effondrer*] crollare: *tous ses projets ont croulé* tutti i suoi progetti sono crollati, sono andati in fumo.

croup |kʀup| *s.m.* (*méd.*) crup.

croupade |kʀupad| *s.f.* sgroppata (del cavallo).

croupe |kʀup| *s.f.* **1** [*partie postérieure arrondie de certains animaux*] groppa → 2 **derrière, fesse** ◇ *loc.* EN CROUPE in groppa: *prendre qqn. en croupe* prendere qc. in groppa **2** (*fam.*) [*fesses, derrière humain*] didietro *m.* **3** [*sommet arrondi d'une colline, d'une montagne*] groppa (*raro*): *la croupe d'une colline* la groppa di una collina → **sommet.**

croupetons (à) |akʀuptɔ̃| *loc. adv.* [*dans une position accroupie*] coccoloni *adv.*, accoccolato (*adj.*): *se tenir à croupetons* star coccoloni.

croupi, ie |kʀupi| (*adj.*) *liquide croupi* [*devenu fétide pour avoir séjourné sans couler*] liquido stagnante.

croupier |kʀupje| *s.m.* 'croupier' *inv.*

croupière |kʀupjɛʀ| *s.f.* **1** [*longe de cuir que l'on passe sous la queue d'un cheval*] groppiera → **culeron** **2** *tailler des croupières à qqn.* [*lui créer des ennuis*] dar filo da torcere a qc.

croupion |kʀupjɔ̃| *s.m.* **1** [*extrémité postérieure du corps de l'oiseau*] codrione ◇ (*par ext.*) boccone del prete **2** (*plais.*) [*le derrière humain*] didietro, posteriore → **croupe.**

croupir |kʀupiʀ| *v.intr.* **1** (*personnes*) [*demeurer dans un état mauvais*] marcire (197) (*aux.* essere): *croupir dans la paresse, l'oisiveté, le vice* marcire nella pigrizia, nell'ozio, nel vizio → **pourrir** **2** (*par anal.*) imputridire (197): *eau qui croupit* acqua che imputridisce → **stagner.**

croupissant, ante |kʀupisɑ̃, ɑ̃t| (*adj.*) *eaux croupissantes* [*qui croupis-*

sent] acque stagnanti → **stagnant** ◇ (*fig.*) *vie croupissante* vita inattiva, oziosa → **inactif**

croupissement |kRupismɑ̃| *s.m.* (*littér.*) [→ CROUPIR 2] imputridimento (*cour.*).

croupon |kRupɔ̃| *s.m.* (*techn.*) groppone.

croustade |kRustad| *s.f.* [*croûte frite et croquante*; *pâté à croûte croquante*] ⊠.

croustillant, ante |kRustijɑ̃, ɑ̃t| *adj.* **1** [*qui croustille sous la dent*] croccante **2** [*qui est amusant, grivois*] piccante, salace: *une histoire croustillante* una storiella piccante → **piquant.**

croustiller |kRustije| *v.intr.* [*croquer sous la dent*] crocchiare # *des biscuits qui croustillent* biscotti croccanti.

croûte |kRut| *s.f.* **I** **1** [*partie extérieure du pain*] crosta: *manger la croûte* mangiare la crosta ◇ (*par ext.*) *des croûtes de pain* tozzi *m.* di pane (raffermo) → **croûton** **2** (*fig.*, *pop.*) *casser la croûte* [*manger*] mangiare (*cour.*); *gagner sa croûte* [*sa vie*] guadagnarsi il pane (*cour.*) **3** [*pâte cuite qui enveloppe un pâté, un vol-au-vent*] crosta: *la croûte d'un pâté* la crosta del 'pâté' **4** (*par anal.*) *la croûte du fromage* la crosta del formaggio **II** **1** [*partie superficielle durcie* (*du sol, etc.*)] crosta; incrostazione: *la croûte terrestre* la crosta terrestre ‖ *croûte de tartre* incrostazione di tartaro; *croûte calcaire* incrostazione calcarea → **dépôt** **2** (*méd.*, *cour.*) crosta: *faire tomber la croûte d'une plaie* staccare la crosta da una piaga → **escarre** **3** (*fig.*) crosta → 1 **couche** **III** (*fam.*) [*mauvais tableau*] crosta: *ce peintre ne fait que des croûtes* questo pittore fa solo croste **IV** (*fam.*) [*personne bornée, encroûtée dans la routine*] *c'est une vieille croûte* è una (vecchia) scarpa; *quelle croûte!* che imbecille! → **croûton.**

croûter |kRute| *v.intr.* (*pop.*) [*manger*; *casser la croûte*] sgranocchiare (*fam.*).

croûteux, euse |kRutø, øz| *adj.* [*qui a des croûtes*] crostoso ◇ (*méd.*) *eczéma croûteux* eczema crostoso.

croûton |kRutɔ̃| *s.m.* **1** [*l'extrémité d'un pain long*] cantuccio* (di pane): *manger le croûton* mangiare il cantuccio **2** [*petite croûte de pain frit*] crostino: *croûtons à l'ail* crostini all'aglio **3** (*fam.*) [*personne arriérée*] → **croûte** IV.

croyable |kRwajabl(ə)| *adj.* (*choses*) [→ CROIRE A 1] credibile: *c'est à peine croyable* è appena credibile, è quasi incredibile → **imaginable, possible** # *ce n'est pas croyable* è incredibile ⓒ **incroyable.**

croyance |kRwajɑ̃s| *s.f.* **1** [*le fait de croire une chose vraie*] fede: *la croyance à la grandeur de l'homme* la fede nella grandezza dell'uomo; *croyance dans, en qqch.* fede in q.c.; *croyance en Dieu* fede in Dio → **foi, confiance, conviction** **2** [*ce que l'on croit, spécialt. en matière religieuse*] credo *m.*, credenza: *croyance religieuse* credo religioso → **conviction, foi**; *respecter toutes les croyances* rispettare tutte le credenze → **doctrine, dogme** ◇ (*par ext.*) *il a renié ses croyances politiques* ha rinnegato il suo credo politico, la sua fede politica ⓒ 1 **défiance**; 2 **incroyance.**

croyant, ante |kRwajɑ̃, ɑ̃t| *adj.* [*qui a une foi religieuse*] credente → **pieux, religieux** # *il n'est plus croyant* non ha più la fede ✦ (*s.*) *un croyant* un credente → **fidèle** ◇ (*spécialt.*) *les croyants* [*nom que se donnent les Musulmans*] i credenti ⓒ **athée, incroyant.**

cru |kRy| *s.m.* **1** [*vignoble*] vigneto: *les grands crus de France* i grandi vigneti della Francia # *c'est un vin du cru* è un vino nostrano ◇ (*ellipt.*) *un grand cru* un gran vino → **vin** **2** (*loc. fig.*) *c'est de son* (*propre*) *cru* [*de son invention propre*] è farina del suo sacco ~ *ce n'est pas de ton, son cru* non è farina del tuo, del suo sacco.

cru, ue |kRy| *adj.* **1** [(*aliment, etc.*) *qui n'est pas cuit*] crudo: *oignons crus* cipolle crude; *aliments qui se mangent crus* cibi da consumare crudi ◇ (*fig.*) *avaler, manger qqn. tout cru* [*être furieux avec lui*] mangiarsi qc. vivo **2** (*per ext.*) crudo: *métal cru* metallo crudo; *soie crue* seta cruda, greggia* → **écru**; *lumière crue* luce cruda; *couleur crue* colore crudo → **vif** **3** [*exprimé sans ménagement*] crudo, brutale: *une description crue* una descrizione cruda, brutale → **réaliste** ◇ [*qui choque les bienséances*] spinto: *histoire un peu crue* barzelletta un po' spinta → **grivois, licencieux** ✦ (*adv.*) *parler cru* parlare crudamente, brutalmente → **crûment** **4** *loc. adv.* À CRU [*en portant sur la chose même*] direttamente *adv.* # *monter à cru* cavalcare a pelo, a bisdosso → **poil (à)** ⓒ 1 **cuit**; 3 **déguisé, voilé** 1.

cruauté |kRyote| *s.f.* **1** [*tendance à faire souffrir*] crudeltà (*inv.*): *affreuse cruauté* spaventosa crudeltà; *cruauté impitoyable* crudeltà spietata; *traiter qqn. avec cruauté* trattare crudelmente *adv.* qc. → **dureté, méchanceté** ◇ (*par ext.*) *la cruauté d'un geste, d'un acte* la crudeltà di un gesto, di un'azione **2** [*férocité de certains animaux*] ferocia*: *la cruauté des bêtes féroces* la ferocia delle belve **3** (*choses*) [*caractère de ce qui est nuisible*] crudeltà: *la cruauté du sort, de la fortune* la crudeltà della sorte, della fortuna → **dureté, rigueur** **4** *une, des cruauté(s)* [*action cruelle*] crudeltà: *c'est une cruauté inutile* è un'inutile crudeltà → **atrocité.**

cruche |kRyʃ| *s.f.* **1** [*récipient à col étroit, à large panse, à deux anses*] orcio* (*m.*): *cruche vernissée* orcio dipinto → **cruchon** ◇ [*contenu d'une cruche*] *une cruche de vin* un orcio di vino ◇ (*prov.*) *tant va la cruche à l'eau* (*qu'à la fin elle se casse*) tanto va la gatta al lardo che ci lascia lo zampino **2** (*fam.*) [*personne niaise, ignorante*] oca*: *c'est une vraie cruche* è proprio un'oca; *quelle cruche!* che oca! → **imbécile.**

cruchon |kRyʃɔ̃| *s.m.* **1** [*petite cruche*] orcetto: *boire un cruchon de vin* bere un orcetto di vino → **pichet** **2** [*personne niaise*] ochetta *f.* → **cruche** 2.

cruci- |kRysi| *préf.* (*signifiant 'croix', correspond généralt. à*) cruci: *cruciverbiste* cruciverbista.

crucial, ale, aux |kRysjal, o| *adj.* **1** [*fait en croix*] cruciforme: *incision cruciale* incisione cruciforme **2** [*fondamental, très important*] cruciale: *point crucial* punto cruciale; *moment crucial* momento cruciale; *année cruciale* anno cruciale → **capital, décisif** # *question cruciale* questione capitale.

Crucifèracées |kRysifeRase| *s.f. pl.* (*t.bot.*) Crocifere.

crucifère |kRysifɛR| **1** *adj.* (*bot.*) cruciforme ◇ (*archit.*) *chapiteau crucifère* capitello cruciforme **2** *s.f. pl.* → **Cruciféracées.**

crucifié, ée |kRysifje| *adj.* **1** [*mis en croix*] crocifisso ✦ (*s.m.*) *un crucifié* un crocifisso ✦ (*absolt.*) *le Crucifié* Gesù crocifisso **2** (*fig.*) [*supplicié, tourmenté*] sofferente: *une attitude crucifiée* un'aria sofferente.

crucifiement |kRysifimɑ̃| *s.m.* **1** [*supplice de la croix*] crocifissione (*f.*): *le crucifiement de saint Pierre* la crocifissione di San Pietro ✦ *absolt.* crocifissione di Gesù → **crucifixion** **2** (*relig.*) [*pratique mortifiante, douleur poussée à l'extrême*] mortificazione (*f.*): *le crucifiement de la chair* la mortificazione della carne → **mortification, supplice.**

crucifier |kRysifje| *v.tr.* **1** [*attacher* (*qqn.*) *sur la croix*] crocifiggere (109): *Jésus fut crucifié sur le Calvaire* Gesù fu crocifisso sul Calvario **2** (*mystique, relig.*) [*faire souffrir intensément*] mortificare → **supplicier, torturer.**

crucifix |kRysifi| *s.m.* [*représentation de Jésus crucifié*] crocifisso.

crucifixion |kRysifiksjɔ̃| *s.f.* crocifissione.

cruciforme |kRysifɔRm(ə)| *adj.* cruciforme: *plan cruciforme d'une église* pianta cruciforme di una chiesa.

cruciverbiste |kRysivɛRbist(ə)| *s.* cruciverbista → **mots-croisiste.**

crude ammoniac |kRudamɔnjak| *s.m.* (*techn.*) residuo del gas illuminante (usato come concime).

crudité |kRydite| *s.f.* **1** (*rare*) [*état de ce qui est cru, non cuit*] crudità *inv.* (*littér.*), crudezza **2** *au plur.* [*légumes, fruits consommés crus*] crudità **3** (*fig.*) crudezza: *crudité des couleurs, de la lumière* crudezza dei colori, della luce → **brutalité** **4** [*caractère cru*] crudezza: *crudité d'une expression* crudezza di un'espressione → **brutalité, réalisme.**

crue |kRy| *s.f.* [*élévation du niveau dans un cours d'eau*] piena # *la crue des eaux* la crescita delle acque → **montée** ⓒ **baisse.**

cruel, elle |kRyɛl| *adj.* crudele: *un homme cruel* un uomo crudele; *des parents cruels* genitori crudeli; *être cruel avec les animaux* essere crudele con gli animali ◇ (*choses*) *action, parole cruelle* azione, parola crudele; *il a l'air cruel* sembra crudele; *guerre cruelle* guerra crudele → **sanglant, féroce**; *sort cruel* sorte crudele; *c'est une cruelle épreuve pour lui* è una prova crudele per lui → **implacable, inexorable** # *une peine cruelle* un dolore atroce ⓒ **bon, humain.**

cruellement |kRyɛlmɑ̃| *adv.* **1** [→ CRUEL] crudelmente: *traiter qqn. cruellement* trattare crudelmente qc. **2** [*d'une façon douloureuse, pénible*] crudelmente: *souffrir cruellement* soffrire crudelmente → **douloureusement, atrocement.**

cruenté, ée |kRyɑ̃te| *adj.* (*méd.*) cruento: *plaie cruentée* piaga cruenta.

cruiser |kRuzœR| *s.m.* (*angl.*) cruiser *inv.*

crûment |kRymɑ̃| *adv.* **1** [→ CRU 3] crudamente, brutalmente: *se parler crûment* parlarsi crudamente, brutalmente → **carrément, brutalement, durement** **2** *éclairer crûment* [*d'une lumière crue*]

illuminare con una luce cruda, fredda *loc. inv.*
cruor |kryɔr| *s.m.* (*physiol.*) cruore (*littér.*).
crural, ale, aux |kryral, o| *adj.* (*anat.*) crurale: *arcade crurale* arco crurale → **fémoral.**
Crustacés |krystase| *s.m. pl.* (*t. zool.*) Crostacei ◇ (*cour.*) *une assiette de crustacés* un piatto di crostacei.
cruzeiro |kruseјro| *s.m.* (*port.*) cruzeiro *inv.*
cryo- |krijɔ| *préf.* (*signifiant 'froid', correspond généralt. à*) crio: *cryochirurgie* criochirurgia.
cryochirurgie |krijɔʃiryrʒi| *s.f.* criochirurgia*.
cryogène |krijɔʒɛn| *adj.* (*phys.*) criogeno.
cryolithe |krijɔlit| *s.f.* (*minér.*) criolite.
cryologie |krijɔlɔʒi| *s.f.* (*sc.*) criologia*.
cryoscopie |krijɔskɔpi| *s.f.* (*méd.*) crioscopia.
cryostat |krijɔsta| *s.m.* (*phys.*) criostato.
cryothérapie |krijɔterapi| *s.f.* (*méd.*) crioterapia.
cryoturbation |krijɔtyrbɑsjɔ̃| *s.f.* (*géol.*) movimento *m.* del suolo prodotto dal gelo.
crypte |kript(ə)| *s.f.* (*archit.*) cripta: *la crypte de la basilique de Saint-Denis* la cripta della basilica di Saint-Denis ◇ [*chapelle souterraine*] *une crypte du onzième siècle* una cripta dell'undicesimo secolo.
cryptique |kriptik| *adj.* criptico*.
crypto- |kriptɔ| *préf.* (*signifiant 'caché', correspond généralt. à*) critto, cripto: *cryptogramme* crittogramma, criptogramma.
cryptocommuniste |kriptɔkɔmynist(ə)| *adj. et s.* (*polit.*) criptocomunista.
cryptogame |kriptɔgam| *adj.* (*bot.*) crittogama.
Cryptogames |kriptɔgam| *s.m. pl.* (*t.bot.*) Crittogame *f.*
cryptogamie |kriptɔgami| *s.f.* (*bot.*) crittogamia.
cryptogamique |kriptɔgamik| *adj.* (*bot.*) crittogamico*: *maladies cryptogamiques* malattie crittogamiche.
cryptogénétique |kriptɔʒenetik| *adj.* (*méd.*) criptogenetico*: *maladie cryptogénétique* malattia crittogenetica.
cryptogramme |kriptɔgram| *s.m.* crittogramma, criptogramma: *chiffrer un cryptogramme* cifrare un crittogramma.
cryptographie |kriptɔgrafi| *s.f.* crittografia, criptografia.
cryptographique |kriptɔgrafik| *adj.* crittografico*, criptografico*: *message cryptographique* messaggio crittografico.
csardas, czardas |ks(gz)ardɑs| *s.f.* (*hongr.*) (*danse, mus.*) ciarda.
Cténaires |ktenɛr|, **Cténophores** |ktenɔfɔr| *s.m. pl.* (*t.zool.*) Ctenofori.
cubage |kybaʒ| *s.m.* [*évaluation d'un volume; volume évalué*] cubatura (*f.*): *le cubage d'air de cette pièce est insuffisant pour trois personnes* la cubatura, il volume d'aria di questa stanza è insufficiente per tre persone.
cubain, aine |kybɛ̃, ɛn| *adj.* [*de Cuba*] cubano.
cubature |kybatyr| *s.f.* (*géom.*) cubatura.
cube |kyb| *s.m.* **1** (*géom.*) cubo: *cubes de bois* cubi di legno; *en forme de cube* a forma di cubo; *ces maisons sont des cubes de béton* queste case sono cubi di cemento # *jeu de cubes* gioco delle costruzioni **2** (*math.*) *mètre, centimètre cube* metro, centimetro cubo ◇ (*spécialt.*) *cube d'un nombre* cubo di un numero; *le cube de 2 est 8* il cubo di 2 è 8 → **puissance 3** (*arg. scol.*) ripetente per la terza volta.
cubèbe |kybɛb| *s.m.* (*t.bot.*) cubebe.
cuber |kybe| **A** *v.tr.* [*évaluer* (*un volume*) *en unités cubiques*] cubare, calcolare il volume (di): *cuber des bois de construction* cubare, calcolare la cubatura di legname da costruzione → **jauger, mesurer** ◇ (*math.*) [*élever au cube*] elevare al cubo: *cuber un nombre* elevare un numero al cubo **B** *v.intr.* **1** [*avoir le volume de*] contenere (188) *tr.*, avere (97) *tr.* una capacità di: *cette citerne cube 200 litres* questa cisterna contiene 200 litri, ha una capacità di 200 litri **2** (*fig., fam.*) [*représenter une grande quantité*] contare (*cour.*), avere *tr.* peso (*cour.*): *cela cube!* (è una cosa che) conta!, ha il suo peso!
cubiculum |kybikylɔm| *s.m.* [*chambre sépulcrale, dans les catacombes*] cubicolo.
cubilot |kybilo| *s.m.* (*métall.*) cubilotto.
cubique |kybik| **1** *adj.* cubico*: *forme cubique d'une caisse* forma cubica di una cassa # *maison cubique* casa a forma di cubo ◇ (*minér.*) *système cubique* sistema cubico; *cristal cubique* cristallo cubico ◇ (*math.*) *racine cubique d'un nombre* radice cubica di un numero **2** *s.f.* (*math.*) cubica*.
cubisme |kybism(ə)| *s.m.* (*bx-arts*) cubismo.
cubiste |kybist(ə)| *adj.* cubista, cubistico*: *toile cubiste* tela, pittura cubista ✦ (*s.*) *un cubiste* un cubista.
cubital, ale, aux |kybital, o| *adj.* (*anat.*) cubitale, ulnare: *muscles cubitaux* muscoli cubitali; *os cubital* osso cubitale.
cubitus |kybitys| *s.m.* (*anat.*) ulna *f.*, cubito.
cuboïde |kybɔ(o)id| *adj. et s.m.* (*anat.*) cuboide.
cucul |kyky| *adj.* (*fam.*) [*niais, un peu ridicule*] sciocco* (*cour.*), ridicolo (*cour.*): *il est cucul, ce film* questo film è proprio sciocco.
cuculle |kykyl| *s.f.* [*capuchon de moine*] cocolla.
Cucurbitacées |kykyrbitase| *s.f. pl.* (*t.bot.*) Cucurbitacee.
cucurbite |kykyrbit| *s.f.* cucurbita.
cucurbitin, cucurbitain |kykyrbitɛ̃| *s.m.* (*méd., pop.*) cucurbitina *f.*
cueillaison |kœjɛzɔ̃| *s.f.* **1** (*littér.*) [→ CUEILLIR 2] raccolta (*cour.*) **2** tempo *m.*, epoca* della raccolta.
cueillette |kœjɛt| *s.f.* **1** [→ CUEILLIR 1] raccolta: *la cueillette des cerises, des pommes* la raccolta delle ciliegie, delle mele → **récolte** # *marchandises en cueillette* collettame **2** [*les fleurs, les fruits cueillis*] raccolto (*m.*): *une belle cueillette* un bel raccolto **3** (*sociol.*) *vivre de pêche, de chasse et de cueillette* vivere di pesca, di caccia e di raccolto.
cueilleur, euse |kœjœr, øz| *s.* **1** *s.* [*personne qui cueille*] coglitore*, raccoglitore* **2** *s.f.* (*techn.*) raccoglitrice.
cueillir |kœjir| (18) *v.tr.* **1** [*détacher de la tige*] cogliere (123): *cueillir des fleurs* cogliere fiori **2** (*fig., littér.*) [*prendre*] cogliere: *cueillir un baiser* cogliere un bacio; *cueillir des lauriers* cogliere, mietere allori → **moissonner, recueillir 3** (*fam.*) *cueillir qqn.* [*le prendre aisément au passage*] pizzicare, cogliere in flagrante (*cour.*) qc.: *cueillir un voleur* pizzicare, cogliere in flagrante un ladro → **pincer** # *il est venu nous cueillir à la gare* è venuto a prenderci alla stazione → **accueillir.**
cueilloir |kœjwar| *s.m.* (*agric.*) ingolla *f.* ◇ (*per ext.*) cesto (per raccogliere la frutta).
cui-cui |kɥikɥi| (*onomat., fam.*) [*pépiement des oiseaux*] cip cip ✦ *s.m.* pigolio*.
cuiller, cuillère |kɥijɛr| *s.f.* **1** [*ustensile de table ou de cuis.*] cucchiaio* (*m.*): *cuiller à soupe* cucchiaio da minestra; *cuiller à dessert* cucchiaio da dolce # *cuiller à café, petite cuiller* cucchiaino (da caffè); *cuiller à pot* ramaiolo → 2 **louche, pochon** ◇ [*contenu d'une cuiller*] cucchiaiata → **cuillerée 2** [*ustensile de forme analogue*] cucchiaia: *cuiller de verrier* cucchiaia da vetraio ◇ (*spécialt.*) *pêche à la cuiller* pesca con il cucchiaino *m.* **3** (*loc. fam.*) *serrer la cuiller* [*la main*] stringere la mano (*cour.*) ~ *faire une chose en deux coups de cuiller à pot* [*très vite*] fare una cosa in quattro e quattr'otto ~ *être à ramasser à la petite cuiller* [*être en piteux état*] essere da raccattare col cucchiaino ~ *ne pas y aller avec le dos de la cuiller* [*agir sans modération*] agire senza mezze misure.
cuillerée |kɥij(e)re| *s.f.* [*contenu d'un cuiller*] cucchiaio* *m.*, cucchiaiata: *prendre une cuillerée de sirop, de bouillon* prendere un cucchiaio, una cucchiaiata di sciroppo, di brodo.
1 **cuir** |kɥir| *s.m.* **1** [*peau des animaux séparée de la chair*] cuoio*; pelle (*f.*): *cuir lisse* cuoio liscio; *cuir brut, vert* cuoio greggio; *cuir corroyé* cuoio conciato; *semelles de cuir* suole di cuoio ‖ *cuir de bœuf* pelle di bue; *cuir de reptiles* pelle di rettili; *cuir suédé* pelle scamosciata → **daim**; *livre relié en cuir* libro rilegato in pelle # *cuir à rasoir* coramella **2** *cuir chevelu* cuoio capelluto **3** [*peau épaisse et dure*] pelle: *le cuir d'un chameau* la pelle di un cammello.
2 **cuir** |kɥir| *s.m.* (*fam.*) errore di legamento.
cuirasse |kɥiras| *s.f.* **1** [*arme défensive qui recouvre le buste*] corazza: *cavalier portant la cuirasse* cavaliere con la corazza → 1 **armure** ◇ (*loc. fig.*) *chercher, trouver le défaut de la cuirasse* [*l'endroit faible, le côté sensible*] cercare, trovare il tallone d'Achille **2** [*défense, protection*] corazza: *il a une cuirasse d'indifférence* ha una corazza di indifferenza **3** (*mar.*) corazza **4** [*tégument protecteur de certains animaux*] corazza: *cuirasse écailleuse des poissons* corazza a scaglie dei pesci → **carapace,** 1 **test.**
cuirassé, ée |kɥirase| *adj.* **1** corazzato ◇ (*spécialt.*) *navire cuirassé* nave corazzata ✦ (*s.m.*) *un cuirassé* una corazzata *f.* **2** (*fig.*) [*endurci, protégé*] corazzato: *cuirassé contre les passions* corazzato contro le passioni.

cuirassement |kɥiʀasmɑ̃| *s.m.* [→ CUIRASSER A] corazzatura *f.* ◇ (*par ext.*) [*la cuirasse elle-même*] corazza *f.*
cuirasser |kɥiʀase| **A** *v.tr.* [*revêtir, armer d'une cuirasse*] corazzare → **blinder B** *v.pron. réfl.* SE CUIRASSER [→ *tr.*] corazzarsi: *se cuirasser contre la douleur* corazzarsi contro il dolore → **aguerrir (s'), endurcir (s').**
cuirassier |kɥiʀasje| *s.m.* (*ancienn.*) corazziere ◇ (*milit.*) corazziere # *le cinquième cuirassier* il quinto reggimento corazzieri.
cuire |kɥiʀ| (75) **A** *v.tr.* **1** [*rendre propre à l'alimentation par le feu, la chaleur*] cuocere (129): *cuire de la viande, des légumes* cuocere la carne, la verdura; *cuire à point* cuocere a puntino; *cuire au four, au gril, à la broche* cuocere al forno, alla griglia, allo spiedo; *cuire à l'eau, à sec* cuocere in acqua, sul fuoco; *cuire à feu doux, à petit feu, à grand feu* cuocere a fuoco moderato, lento, vivo ◇ (*par ext.*) [*transformer par l'action du feu*] *cuire une poterie* cuocere la terracotta **2** (*loc. fam.*) *être dur à cuire* essere duro da convincere ~ *c'est un dur à cuire* è un osso duro ~ (*pop.*) *laisser qqn. cuire dans son jus* lasciar cuocere qc. nel proprio brodo **3** (*en parlant de la source de chaleur*) [*opérer la cuisson*] cuocere: *ce four cuit bien la pâtisserie* questo forno cuoce bene i dolci **B** *v.intr.* **1** [*devenir propre à l'alimentation par l'action du feu*] cuocere (*aux.* essere): *les pâtes doivent cuire dans beaucoup d'eau* la pasta deve cuocere in molta acqua; *faire cuire deux fois* far cuocere due volte; *aliment qui cuit bien, doucement* cibo che cuoce facilmente, lentamente **2** (*fig.*) [*être exposé à une grande chaleur*] bruciare (*aux.* essere), ardere (113) (*aux.* essere): *Paris cuisait au feu d'un dimanche d'août* Parigi bruciava, ardeva nel calore di una domenica di agosto ◇ (*fam.*) *cuire* (*dans son jus*) [*avoir très chaud*] cuocere, morire (198) dal (di) caldo: *ouvre les fenêtres, on cuit là-dedans!* apri le finestre, si cuoce, si muore dal caldo qui dentro! → **étouffer 3** [*produire une sensation d'échauffement, de brûlure*] bruciare: *les mains lui cuisent* gli (le) bruciano le mani; *les yeux me cuisent* mi bruciano gli occhi → 1 **piquer, brûler** ◇ (*prov.*) *trop gratter cuit, trop parler nuit* chi assai parla, spesso falla ✦ *impers.* EN CUIRE À QQN. [*entraîner des ennuis pour lui*] procurare *tr.* noie, fastidi a qc.: *il pourrait vous en cuire* (la cosa) potrebbe procurarvi delle noie, dei fastidi # *il vous en cuira* avrete delle noie.
cuisant, ante |kɥizɑ̃, ɑ̃t| *adj.* **I 1** (*rare*) [*qui produit une sensation douloureuse*] cocente (*cour.*); pungente (*cour.*): *une douleur cuisante* un dolore cocente ‖ *un froid cuisant* un freddo pungente → **âpre, mordant 2** (*fig.*) [*qui provoque une douleur très vive*] cocente; pungente: *une déception, une blessure cuisante* una delusione, una ferita cocente → **brûlant, douloureux** ‖ *une remarque cuisante* un'osservazione pungente; *des paroles cuisantes* parole pungenti → **blessant II** (*région.*) [*qui cuit facilement*] *des haricots cuisants* fagioli di facile cottura *loc. inv.*
cuiseur |kɥizœʀ| *s.m.* (*cuis.*) calderone.
cuisine |kɥizin| *s.f.* **1** [*pièce dans laquelle on prépare les aliments*] cucina: *chaises de cuisine* sedie da cucina; *couteau de cuisine* coltello da cucina; *batterie de cuisine* batteria da cucina ◇ (*par ext.*) *cuisine portative* cucina portatile ◇ (*milit.*) *cuisine roulante de l'armée* cucina da campo ◇ (*loc. fig.*) *parler en latin de cuisine* parlare in latino maccheronico **2** [*préparation des aliments*] cucina: *la cuisine chinoise* la cucina cinese; *recettes de cuisine* ricette di cucina; *faire la cuisine* fare la cucina, cucinare → **culinaire (art), gastronomie 3** [*aliments préparés qu'on sert aux repas*] cucina: *cuisine fine* cucina raffinata; *s'occuper de la cuisine* occuparsi della cucina; *c'est un amateur de bonne cuisine* è un amante della buona cucina **4** (*par ext.*) [*personnel qui travaille à la cuisine*] personale *m.* di cucina **5** (*fam.*) [*manœuvre, intrigue louche*] maneggio* *m.*, intrigo* (*m.*): *cuisine électorale* maneggi, intrighi elettorali.
cuisiner |kɥizine| **A** *v.intr.* [*faire la cuis.*] cucinare: *elle cuisine bien* cucina bene **B** *v.tr.* **1** [*préparer, accomoder*] cucinare: *cuisiner de bons petits plats* cucinare, preparare dei buoni piattini **2** (*fam.*) *cuisiner qqn.* [*chercher à obtenir de lui des aveux par tous les moyens*] torchiare qc.
cuisinette |kɥizinɛt| *s.f.* (*t. recom.*) [*kitchenette*] cucinino *m.*
cuisinier, ière |kɥizinje, jɛʀ| *s.* **1** *s.* [*personne qui a pour fonction de faire la cuis.*] cuoco*: *bonnet de cuisinier* berretto da cuoco; *les comptes de la cuisinière* i conti della cuoca; *une habile cuisinière* un'abile cuoca → **cordon (-bleu)**; *aide-cuisinier* aiuto cuoco → **marmiton** ◇ (*par ext.*) [*personne qui sait faire la cuis.*] *elle est très bonne cuisinière* è un'ottima cuoca **2** *s.m.* libro di cucina: *le cuisinier français* il libro della cucina francese.
cuisinière |kɥizinjɛʀ| *s.f.* cucina: *cuisinière à charbon, électrique* cucina a carbone, elettrica.
cuissage |kɥisaʒ| *s.m.* (*féod.*) *droit de cuissage* ius *inv.* primæ noctis.
cuissard |kɥisaʀ| *s.m.* [*partie de l'armure qui couvrait la cuisse*] cosciale.
cuissardes |kɥisaʀ| *s.f. pl. et adj.* (*bottes*) *cuissardes* stivali *s.m.* a metà coscia.
cuisse |kɥis| *s.f.* (*anat.*) coscia*: *short qui s'arrête à mi-cuisse* short che arriva a mezza coscia ◇ (*animaux*) *cuisse de mouton, de cochon* coscia di montone, di maiale; *cuisse de bœuf, de chevreuil* coscia di bue, di capriolo; *manger une cuisse de poulet* mangiare una coscia di pollo ◇ (*loc. fam.*) *il se croit sorti de la cuisse de Jupiter* [*être très orgueilleux*] si crede chissà chi.
cuisseau |kɥiso| *s.m.* cosciotto, coscio* di vitello.
cuisse-madame |kɥismadam| *s.f.* [*variété de poire*] coscia* di donna (*pop.*): *des cuisses-madame* delle cosce di donna.
cuisson |kɥisɔ̃| *s.f.* **1** [→ CUIRE A] cottura: *temps, degré de cuisson* tempo, grado di cottura; *cette viande demande une cuisson prolongée* questa carne richiede una lunga cottura **2** (*par anal.*) *cuisson industrielle* cottura industriale; *cuisson de la porcelaine, des poteries* cottura della porcellana, della ceramica **3** [*sensation analogue à une brûlure; douleur cuisante*] cociore *m.* (*littér.*), dolore *m.* cocente.
cuissot |kɥiso| *s.m.* **1** [*cuisse de gros gibier*] cosciotto: *cuissot de chevreuil, de sanglier* cosciotto di capriolo, di cinghiale **2** (*vx.*) → **cuissard.**
cuistance |kɥistɑ̃s| *s.f.* (*pop.*) → **cuisine.**
cuistot |kɥisto| *s.m.* [*cuisinier professionnel dans une communauté*] cuciniere.
cuistre |kɥistʀ(ə)| *s.m.* [*pédant, vaniteux et ridicule*] pedante ✦ (*adj.*) *il est un peu cuistre* è un po' pedante.
cuistrerie |kɥistʀəʀi| *s.f.* [*pédantisme, procédés de cuistre*] pedanteria.
cuit, cuite |kɥi, kɥit| *adj.* **1** [*qui a subi la cuisson afin d'être consommé*] cotto: *artichauts cuits* carciofi cotti; *aliment cuit à point* cibo cotto a puntino; *bifteck peu cuit* bistecca poco cotta → **bleu, saignant** # *épinards cuits au beurre* spinaci al burro ◇ (*par anal.*) *vin cuit* vino 'brûlé' *inv.* **2** [*qui a subi la cuisson pour un usage particulier*] cotto # *terre cuite* terracotta **3** (*loc. fig.*) *être cuit* [*pris, vaincu*] essere spacciato, fritto ~ *c'est du tout cuit* [*c'est réussi d'avance*] è scontato, è in tasca.
cuite |kɥit| *s.f.* **1** (*techn.*) cottura: *cuite de la porcelaine* cottura della porcellana; *donner une seconde cuite* dare una seconda cottura **2** (*loc. fam.*) *prendre une* (*bonne*) *cuite* [*s'enivrer*] prendere una (bella) sbornia, una (bella) cotta ~ *il a sa cuite* è sbronzo.
cuiter (se) |kɥite| *v.pron. intr.* (*fam.*) [*prendre une cuite* (2), *s'enivrer*] sbronzarsi, prendere (105) *tr.* una sbronza.
cuivrage |kɥivʀaʒ| *s.m.* (*techn.*) ramatura *f.*
cuivre |kɥivʀ(ə)| *s.m.* **1** rame: *alliages de cuivre* leghe di rame; *oxydes de cuivre* ossidi di rame; *sulfate de cuivre* solfato di rame; *cuivre embouti, repoussé* rame imbutito, sbalzato; *casseroles en cuivre* casseruole di rame; *gravure sur cuivre* incisione su rame **2** *au plur.* LES CUIVRES [*objets en cuivre*] i rami: *astiquer, faire briller les cuivres* lucidare i rami ◇ [*gravures sur cuivre*] incisioni *f.* su rame ◇ [*instruments à vent en cuivre*] ottoni: *orchestre de cuivres* orchestra di ottoni.
cuivré, ée |kɥivʀe| *adj.* **1** [*qui a la couleur rougeâtre du cuivre*] ramato; abbronzato: *reflets cuivrés* riflessi ramati ‖ *peau cuivrée* pelle abbronzata → **bronzé, hâlé 2** [*qui a un timbre éclatant* (*comme un instrument de cuivre*)] squillante: *voix cuivrée* voce squillante.
cuivrer |kɥivʀe| *v.tr.* **1** (*techn.*) [*recouvrir d'une feuille de cuivre*] ramare **2** [*bronzer, hâler*] abbronzare.
cuivreux, euse |kɥivʀø, øz| *adj.* **1** (*vx.*) [*qui contient du cuivre*] cuprico* **2** (*chim.*) *oxyde cuivreux* ossido rameoso, cuprite *s.f.*
cuivrique |kɥivʀik| *adj.* (*chim.*) rameico*.
cul |ky| *s.m.* **1** (*pop.*) [*derrière, postérieur humain*] sedere (*cour.*), culo (*vulg., trivial*): *le trou du cul* il buco del culo; *taper le cul par terre, faire un tape-cul* battere il sedere, il culo in terra; *renverser cul par-dessus tête* cadere a culo all'aria, a gambe all'aria; *donner, recevoir des coups de pied au*

cul dare, ricevere pedate nel sedere; *botter le cul* prendere a calci nel sedere, in culo ◇ (*loc. fig.*) *tomber sur le cul, en rester sur le cul* [*très étonné*] rimanere di stucco, cadere dalle nuvole ~ *se taper le cul par terre* (*de rire*) sganasciarsi, scompisciarsi dalle risa ~ *avoir le feu au cul* avere il fuoco nel sedere ~ *lécher le cul à qqn.* leccare il culo a qc. ~ *c'est un lèche-cul* è un leccaculo ~ *être comme cul et chemise* essere culo e camicia (con qc.) ~ *en avoir plein le cul* averne piene le palle ~ *péter plus haut que le cul* [*viser trop haut*] voler fare il passo più lungo della gamba *loc.* ◇ (*arg. milit.*) *tirer au cul* [*travailler le moins possible*] fare il lavativo, battere la fiacca: *c'est un tire-au-cul* è un lavativo **2** (*animaux*) (*s'emploie sans valeur triviale*) *cul-blanc* culbianco; *cul-rouge* codirosso **3** (*pop.*) (*t. d'injure*) stronzo: *quel cul!* che razza di stronzo! → **crétin, imbécile** ◆ (*adj.*) *ce qu'il est cul!* quanto è stronzo! **4** (*par anal.*) (*emploi non vulg.*) fondo, culo: *cul de bouteille, de verre* fondo di bottiglia, di bicchiere ◇ (*loc.*) *faire cul sec en buvant* scolare (un bicchiere) d'un fiato.

culasse |kylas| *s.f.* **1** culatta: *culasse d'un fusil, d'un canon* culatta di un fucile, di un cannone; *culasse mobile* culatta mobile; *charger par la culasse* caricare dalla culatta **2** [*partie supérieure du cylindre d'un moteur*] testata: *moteur à culasse rapportée* motore a testata rettificata; *joint de culasse* guarnizione della testata.

cul-blanc |kyblɑ̃| *s.m.* (*t.zool.*) culbianco*: *des culs-blancs* dei culbianchi.

culbutage |kylbytaʒe| *s.m.* (*rare*) [→ CULBUTER B] rovesciamento; ribaltamento.

culbute |kylbyt| *s.f.* **1** [*tour qu'on fait en mettant la tête en bas et les jambes en haut, de façon à retomber de l'autre côté*] capriola → **cabriole, galipette** ◇ (*natation*) virata **2** [*chute où l'on tombe brusquement à la renverse*] capitombolo *m.*, ruzzolone (*m.*): *il s'est rompu le cou en faisant une culbute dans l'escalier* si è rotto il collo facendo un ruzzolone, ruzzolando giù per le scale → **dégringolade** ◇ (*fig., fam.*) *faire la culbute* [*tomber dans la ruine*] fare un capitombolo; *le Ministère risque une culbute* il Ministero rischia di fare un capitombolo → 1 **chute** **3** (*fig., comm.*) *faire la culbute* rivendere a prezzo doppio.

culbuter |kylbyte| **A** *v.intr.* [*faire une culbute* (2), *tomber à la renverse*] ribaltarsi *pron.*, rovesciarsi (*pron.*): *voiture qui culbute* macchina che si ribalta → 2 **capoter, renverser** (**se**), **basculer,** 1 **tomber**; *embarcation qui culbute* imbarcazione che si rovescia → **chavirer** **B** *v.tr.* **1** [*faire tomber brusquement* (*qqn.*)] far (103) *intr.* cadere, travolgere (196): *pousser qqn. pour le culbuter* spingere qc. per farlo cadere → **renverser** **2** [*bousculer, pousser*] travolgere, mandare a gambe all'aria: *culbuter l'ennemi* travolgere il nemico; *il a tout culbuté sur son passage* passando ha travolto tutto, ha mandato tutto all'aria → **bouleverser, démolir** ◇ (*fig.*) rovesciare, abbattere: *culbuter le ministère* rovesciare il governo; *il a culbuté tous les obstacles* ha abbattuto tutti gli ostacoli → **renverser.**

culbuteur |kylbytœʀ| *s.m.* **1** (*techn.*) dispositivo di ribaltamento: *culbuteur de wagonnets à benne mobile* dispositivo di ribaltamento per vagoncini a bilico → **basculeur** **2** (*auto.*) bilanciere.

cul-de-basse-fosse |kydbɑsfos| *s.m.* segreta *f.*, cella *f.* sotterranea: *des culs-de-basse-fosse* delle segrete.

cul-de-jatte |kydʒat| *adj.* privo degli arti inferiori ◆ (*s.*) *un cul-de-jatte* una persona *f.* priva degli arti inferiori.

cul-de-lampe |kydlɑ̃p| *s.m.* **1** (*archit.*) 'cul-de-lampe' *inv.* **2** (*typogr.*) finale (finalino), 'cul-de-lampe'.

cul-de-poule (en) |ɑ̃kydpul| (*loc. subst. m.*) *bouche en cul-de-poule* [*qui s'arrondit et se resserre en faisant une petite moue*] bocchino: *faire la bouche en cul-de-poule* fare il bocchino.

cul-de-sac |kydsak| *s.m.* **1** [*rue sans issue*] vicolo cieco*, strada *f.* senza uscita: *des culs-de-sac* dei vicoli ciechi → **impasse** # *couloir, galerie se terminant en cul-de-sac* corridoio, galleria senza sbocco **2** (*fig.*) [*carrière, entreprise sans issue*] vicolo cieco: *cette situation est un cul-de-sac* questa situazione è un vicolo cieco, è senza uscita.

culée |kyle| *s.f.* (*maçonn.*) coscia*: *la culée d'un arc-boutant* la coscia di un arco di spinta → **contrefort** ◇ (*spécialt.*) spalla (di un ponte).

culer |kyle| *v.intr.* (*mar.*) [*aller en arrière*] indietreggiare (*aux.* essere, avere) → **reculer.**

culeron |kylʀɔ̃| *s.m.* sottocoda *inv.* (dei finimenti del cavallo).

culex |kylɛks| *s.m.* (*t.zool.*) culice.

culière |kyljɛʀ| *s.f.* [*sangle empêchant le harnais du cheval de glisser*] sottocoda *m. inv.*

culinaire |kylinɛʀ| *adj.* culinario*: *art culinaire* arte culinaria; *recettes culinaires* ricette culinarie → **gastronomique.**

culminant, ante |kylminɑ̃, ɑ̃t| *adj.* culminante: *astre qui passe à son point culminant* astro che passa al suo punto culminante, al suo culmine ◇ (*par ext.*) *point culminant d'une chaîne de montagnes* punto culminante di una catena di montagne ◇ (*fig.*) *le point culminant d'une histoire* il punto culminante di una storià → **apogée, sommet.**

culmination |kylminɑsjɔ̃| *s.f.* culminazione.

culminer |kylmine| *v.intr.* **1** (*astres*) [*passer par le point le plus élevé au-dessus de l'horizon*] culminare (*aux.* essere): *étoile qui culmine* stella che culmina **2** [*atteindre une hauteur plus grande*] dominare (*tr.*): *montagne, pic qui culmine au-dessus des sommets voisins* montagna, picco che domina le vette vicine → **dominer** ◇ (*fig.*) [*atteindre son maximum*] culminare → **plafonner.**

1 **culot** |kylo| *s.m.* **1** [*partie inférieure de certains objets*] *culot d'une cartouche* fondello di una cartuccia; *culot d'un obus* culatta *f.* di un proiettile ◇ [*partie inférieure d'une lampe d'église, d'un bénitier*] zoccolo: *culot d'une lampe* zoccolo di una lampada ◇ (*auto.*) *culot d'une bougie* corpo di una candela **2** [*ce qui s'amasse au fond d'un récipient*] residuo, deposito: *culot de centrifugation* residuo di centrifugazione **3** [*résidu qui se forme au fond d'une pipe*] gromma *f.*, gruma *f.*

2 **culot** |kylo| *s.m.* [*aplomb, audace*] faccia* *f.* tosta, sfacciataggine (*f.*): *il a du culot, un sacré culot!* ha una bella faccia tosta!; *quel culot!* che faccia tosta, che sfacciataggine!; *il a eu le culot de me foutre à la porte* ha avuto la faccia tosta di mettermi alla porta → **toupet.**

culottage |kylɔtaʒ| *s.m.* [→ 2 CULOTTER] l'ingrommare *inv.* una pipa ◇ (*par ext.*) l'essere *inv.* ingrommato, annerito.

1 **culotte** |kylɔt| *s.f.* **1** [*vêtement masculin qui couvre le corps de la ceinture aux genoux*] calzoni (corti) *m. pl.*, pantaloni (corti) (*m. pl.*): *les jambes d'une culotte* la gamba dei calzoni; *culotte de cheval* calzoni da equitazione; *user ses fonds de culotte sur les bancs de l'école* consumare i pantaloni sui banchi di scuola # *culottes courtes* calzoncini, pantaloncini ◇ (*par ext.*) *acheter à un enfant des culottes longues* comprare a un bambino i pantaloni lunghi → **pantalon** ◇ (*loc. fam.*) *trembler dans sa culotte* farsela addosso, nei calzoni (*pop.*) ~ *dans ce ménage, c'est la femme qui porte la culotte* in quella casa è la moglie che porta i pantaloni **2** [*vêtement féminin de dessous*] mutandine *pl.* → **slip** # *entre-jambe d'une culotte* cavallo delle mutande; *gaine-culotte* bustino ◇ (*par ext.*) *culotte de bébé, couche-culotte* mutandine da neonato **3** (*bouch.*) culatta **4** (*fam.*) [*perte importante au jeu*] *prendre une culotte* prendere una batosta (al gioco).

2 **culotte** |kylɔt| *s.f.* (*cuis.*) culaccio* *m.*

1 **culotté, ée** |kylɔte| *adj.* **1** *pipe culottée* [*dont le fourneau est couvert de* (1) *culot* (3)] pipa ingrommata **2** [*noirci par un dépôt*] annerito: *cuir culotté* cuoio annerito.

2 **culotté, ée** |kylɔte| *adj.* (*fam.*) [*qui a du* (2) *culot*] sfacciato, sfrontato → **effronté, gonflé** (*fam.*) # *ce qu'il peut être culotté, celui-là!* ha una faccia tosta, quello!

1 **culotter** |kylɔte| *v.tr.* [*mettre une culotte à* (*qqn.*)] mettere (155) i calzoni, i pantaloni (a qc.) Ⓒ **déculotter.**

2 **culotter** |kylɔte| *v.tr.* [*fumer* (*une pipe*) *jusqu'à ce qu'elle soit culottée*] ingrommare: *culotter une pipe* ingrommare una pipa ◆ (*au p.p.*) *une pipe bien culottée* una pipa ben ingrommata.

culottier, ière |kylɔtje, jɛʀ| *s.* [*personne qui confectionne des culottes, des pantalons*] pantalonaio*.

culpabilisation |kylpabilizɑsjɔ̃| *s.f.* (*psycho.*) senso *m.* di colpevolezza.

culpabiliser |kylpabilize| *v.tr.* (*psycho.*) [*donner un sentiment de culpabilité à*] dare (102) un sentimento di colpa (a).

culpabilité |kylpabilite| *s.f.* **1** [*état de celui qui est coupable*] colpevolezza: *établir la culpabilité d'un accusé* accertare la colpevolezza d'un imputato **2** (*psycho.*) *sentiment, complexe de culpabilité* sentimento, complesso di colpa → **autopunition** Ⓒ **innocence.**

culte |kylt(ə)| *s.m.* **1** culto: *culte de Dieu* culto di Dio; *culte de la raison* culto della ragione # *rendre un culte à un saint* venerare un santo **2** [*pratiques réglées par une relig.*] culto: *édifice consacré au culte* edificio consacrato al culto; *ministres du culte* ministri del culto → **liturgie** **3** [*service* *religieux protestant*] culto (protestante): *assister au culte* assistere al culto **4** [*admiration mêlée de vénération envers qqn. ou qqch.*] venerazione *f.*, culto: *rendre, vouer un culte à qqn.* avere una venerazione per qc.; *avoir un culte pour ses parents* nutrire venerazione per i propri genitori; *avoir le culte de l'argent* avere il culto del denaro → **amour, dévouement.**

cul-terreux |kytɛʀø| *s.m.* (*fam., péj.*) [*paysan*] contadinaccio*, zappaterra *inv.* ◇ (*au plur.*) *les culs-terreux* il contadiname *sing.*

-culteur |kyltœʀ| *suff.* (*signifiant 'cultivateur', correspond généralt. à*) coltore: *agriculteur* agricoltore.

cultisme |kyltism(ə)| *s.m.* cultismo, culteranesimo.

cultivable |kyltivabl(ə)| *adj.* [→ 1 CULTIVER] coltivabile: *espace cultivable* spazio coltivabile.

cultivateur, trice |kyltivatœʀ, tʀis| *s.* **1** *s.* [*personne qui cultive la terre*] coltivatore*: *les petits cultivateurs* i piccoli coltivatori ✦ (*adj.*) *peuple cultivateur* popolazione agricola **2** *s.m.* (*techn.*) coltivatore.

1 **cultivé, ée** |kyltive| *adj.* [*travaillé par la* (1) *culture*] coltivato: *terres cultivées* terre coltivate; *plantes cultivées* piante coltivate.

2 **cultivé, ée** |kyltive| *adj.* [*qui a de la* (2) *culture*] colto: *il est peu cultivé mais intelligent* è poco colto, ma è intelligente → **érudit, lettré** [C] **inculte.**

1 **cultiver** |kyltive| *v.tr.* **1** [*travailler* (*la terre*)] coltivare: *cultiver un champ, un coin de terre* coltivare un campo, un pezzo di terra ✦ (*au p.p.*) *terre cultiveé* terra coltivata **2** [*soumettre* (*une plante*) *à divers soins*] coltivare: *cultiver la vigne, des céréales* coltivare la vite, i cereali ✦ (*au p.p.*) *plante cultivée* pianta coltivata.

2 **cultiver** |kyltive| *v.tr.* **1** [*former par l'éducation*] coltivare: *cultiver les bonnes dispositions d'un enfant* coltivare le buone disposizioni di un bambino; *cultiver un goût, l'intelligence* coltivare un gusto, l'intelligenza → **éduquer, former 2** [*s'intéresser à* (*qqch.*)] coltivare: *cultiver les sciences* coltivare le scienze → **intéresser (s') 3** [*entretenir des relations amicales avec* (*qqn.*)] coltivare: *cultiver ses relations* coltivare le proprie amicizie; *c'est une relation qu'il est prudent de cultiver* è una relazione che conviene coltivare → **soigner.**

cultuel, elle |kyltɥɛl| *adj.* (*relig.*) cultuale, di culto (*loc. inv.*): *associations cultuelles* associazioni cultuali, di culto; *édifices cultuels* edifici di culto.

cultural, ale, aux |kyltyʀal, o| *adj.* [*relatif à la* (1) *culture*] colturale: *procédés culturaux, façons culturales* tecniche colturali.

culturalisme |kyltyʀalism(ə)| *s.m.* culturalismo.

-culture |kyltyʀ| *suff.* (*signifiant* (1) *'culture', correspond généralt. à*) coltura: *agriculture* agricoltura.

1 **culture** |kyltyʀ| *s.f.* **1** [*action de cultiver la terre*] coltivazione, coltura: *culture d'un champ, d'une exploitation* coltivazione di un campo, di un'azienda agricola; *culture irriguée* coltura irrigua → **agriculture** # *travaux de culture* lavori agricoli; *culture mécanique* motocoltura; *pays de petite, de moyenne, de grande culture* paese a piccolo, medio, grande sviluppo agricolo **2** *au plur.* [*terres cultivées*] colture: *l'étendue des cultures* la distesa delle colture **3** [*action de cultiver un végétal*] coltura, coltivazione: *cultures en serre* colture, coltivazioni in serra; *culture forcée* coltura, coltivazione forzata; *culture intensive, extensive* coltura, coltivazione intensiva, estensiva; *culture alterne, rotation de culture* coltivazione alternata, rotazione colturale; *culture des céréales* coltura dei cereali, cerealicoltura; *culture de la vigne* coltura della vite, viticoltura; *culture des huîtres* coltura di ostriche, ostricoltura; *culture fruitière, maraîchère* frutticoltura, orticoltura; colture ortofrutticole **4** (*biol.*) *culture microbienne* coltura microbica; *bouillon de colture* brodo (di coltura) → **bouillon.**

2 **culture** |kyltyʀ| *s.f.* **1** [*développement de certaines facultés de l'esprit; connaissances acquises*] cultura: *une vaste, une forte culture* una vasta, solida cultura; *culture historique, littéraire* cultura storica, letteraria; *c'est un homme dépourvu de culture* è un uomo privo di cultura ◇ (*par ext.*) *maison de la culture* casa della cultura; *culture de masse* cultura di massa **2** [*ensemble des aspects intellectuels d'une civilisation*] cultura: *la culture gréco-latine* la cultura greco-latina; *la culture occidentale* la cultura occidentale **3** CULTURE PHYSIQUE cultura fisica, ginnastica*: *séances de culture physique* sedute di cultura fisica, di ginnastica → **éducation (physique), gymnastique.**

culturel, elle |kyltyʀɛl| *adj.* [*relatif à la* (2) *culture*] culturale: *attaché culturel* addetto culturale.

culturisme |kyltyʀism(ə)| *s.m.* culturismo.

culturiste |kyltyʀist| *s.m. et adj.* culturista.

cumin |kymɛ̃| *s.m.* (*t.bot.*) cumino, falso anice (*cour.*) ~ *cumin des prés* carvi, cumino dei prati (*cour.*) ◇ [*les graines de la plante*] cumino.

cumul |kymyl| *s.m.* cumulo: *cumul d'actions* cumulo di azioni; *cumul des fonctions, des charges* cumulo di cariche, di incarichi; *impossibilité de cumul* divieto di cumulo.

cumulable |kymylabl(ə)| *adj.* [→ CUMULER] cumulabile.

cumulard |kymylaʀ| *s.m.* (*péj.*) cumulatore* *s.* (d'impieghi, di cariche), cumulista.

cumulatif, ive |kymylatif, iv| *adj.* (*dr.*) cumulativo: *donation cumulative* donazione cumulativa ◇ (*biol.*) *facteurs cumulatifs* fattori cumulativi ◇ (*écon.*) *processus cumulatif* processo cumulativo.

cumulativement |kymylativmɑ̃| *adv.* [*par accumulation*] cumulativamente.

cumuler |kymyle| *v.tr.* [*réunir en sa personne* (*plusieurs choses différentes*)] cumulare: *cumuler des droits* cumulare diritti; *cumuler deux fonctions* cumulare due cariche; *cumuler deux places, deux traitements* cumulare due impieghi, due stipendi.

cumulo-nimbus |kymylɔnɛ̃bys| *s.m.* (*météo.*) cumulonembo.

cumulo-stratus |kymylɔstʀatys| *s.m.* (*météo.*) cumulostrato.

cumulo-volcan |kymylɔvɔlkɑ̃| *s.m.* (*géol.*) cumulovulcano.

cumulus |kymylys| *s.m.* (*météo.*) cumulo.

cunéiforme |kyneifɔʀm(ə)| *adj.* **1** (*anat.*) cuneiforme: *os cunéiformes* ossa cuneiformi ✦ (*s.m.*) *les cunéiformes* le cuneiformi *f.* **2** *écriture cunéiforme* scrittura cuneiforme; *caractères cunéiformes* caratteri cuneiformi.

cuni(culi) culture |kyni(kyli)kyltyʀ| *s.f.* coniglicoltura.

cupide |kypid| *adj.* (*littér.*) cupido, avido (*cour.*): *âme cupide* anima cupida, avida; *un homme d'affaire cupide* un uomo d'affari avido → **âpre, avide.**

cupidement |kypidmɑ̃| *adv.* [→ CUPIDE] (*littér.*) cupidamente.

cupidité |kypidite| *s.f.* cupidigia* → **avidité** [C] **désintéressement.**

cupri-, cupro- |kypʀi, kypʀɔ| *préf.* (*signifiant 'cuivre', correspondent généralt. à*) cupri, cupro: *cuprifère* cuprifero; *cupro-ammoniacal* cuproammoniacale.

cuprifère |kypʀifɛʀ| *adj.* cuprifero: *minerai cuprifère* minerale cuprifero → **cuprique.**

cuprique |kypʀik| *adj.* (*chim.*) cuprico*.

cuprite |kypʀit| *s.f.* (*miner.*) cuprite.

cupro- |kypʀɔ| *préf.* → **cupri-.**

cupro-alliage |kypʀɔaljaʒ| *s.m.* (*métall.*) cuprolega* *f.*

cupro-ammoniacal, ale, aux |kypʀɔamɔnjakal, o| *adj.* (*chim.*) cuproammoniacale: *liqueur cupro-ammoniacale* soluzione cuproammoniacale.

cupro-nickel |kypʀɔnikɛl| *s.m.* cupronichel *inv.*

cupule |kypyl| *s.f.* (*bot.*) cupola → **induvie.**

Cupuliféracées |kypyliferase| *s.f. pl.* (*t.bot.*) Cupulifere.

curable |kyʀabl(ə)| *adj.* curabile: *malade curable* malato curabile → **guérissable** [C] **incurable.**

curaçao |kyʀaso| *s.m.* curaçao *inv.*

curage |kyʀaʒ| *s.m.* [→ CURER A] pulitura (*f.*): *le curage du bassin a été mal fait* la pulitura della vasca è stata fatta male.

curaillon |kyʀajɔ̃| *s.m.* (*péj.*) [*prêtre*] pretonzolo.

curare |kyʀaʀ| *s.m.* curaro.

curarisant, ante |kyʀaʀizɑ̃, ɑ̃t| *adj.* (*méd.*) curarizzante → **paralysant.**

curarisation |kyʀaʀizasjɔ̃| *s.f.* (*méd.*) curarizzazione.

curatelle |kyʀatɛl| *s.f.* (*dr.*) curatela: *mineur placé sous la curatelle de son oncle* minore messo sotto la curatela dello zio.

curateur, trice |kyʀatœʀ, tʀis| *s.* (*dr.*) curatore*: *curateur à la personne d'un aliéné* curatore di un malato di mente; *curateur à succession vacante* curatore di eredità giacente; *curateur ad hoc* curatore ad hoc.

curatif, ive |kyʀatif, iv| *adj.* curativo: *remède curatif* farmaco curativo.

Curculionidés |kyʀkyljɔnide| *s.m. pl.* (*t.zool.*) Curculionidi.

curcuma |kyʀkyma| *s.m.* (*t.bot.*) curcuma *f.*

1 **cure** |kyʀ| *s.f.* **I 1** (*méd., cour.*) cura: *cure d'air* cura d'aria; *faire une cure de raisin, une cure uvale* fare la cura dell'uva, l'ampeloterapia # *il lui faudrait une cure de repos* avrebbe bisogno di riposo ◇ (*par ext.*) [*usage abondant que l'on fait de qqch. par*

hygiène ou pour se soigner] cura → 1 **régime** **2** cura (termale): *faire une cure à Vichy* fare una cura termale a Vichy → **saison** **II** (*loc.*) *n'avoir cure d'une chose* [*ne pas s'en soucier*] non curarsi di una cosa: *il n'en a cure* non se ne cura.

2 **cure** |kyʀ| *s.f.* **1** [*fonction de curé*] cura (d'anime) ◇ (*par ext.*) [*paroisse*] parrocchia: *une cure de village* una parrocchia di campagna **2** [*résidence du curé*] canonica* → **presbytère.**

curé |kyʀe| *s.m.* **1** [*prêtre d'une paroisse*] parroco*, curato: *le curé et ses paroissiens* il parroco e i suoi parrocchiani; *monsieur le curé* il signor parroco, curato # *prêtre chargé d'aider le curé* vicario, curato **2** (*fam.*, *souvent péj.*) [*prêtre catholique*] prete: *il veut se faire curé* vuol farsi prete → **abbé** # *il bouffe du curé* è un mangiapreti.

cure-dent(s) |kyʀdɑ̃| *s.m.* [*petit instrument pour se curer les dents*] stuzzicadenti (*inv.*): *des cure-dents* degli stuzzicadenti.

curée |kyʀe| *s.f.* **1** (*vén.*) parte dell'animale ucciso (data in pasto ai cani); pasto *m.* (dei cani): *donner la curée aux chiens* dare il pasto ai cani **2** [*ruée vers les places, le butin*] *la curée des places* la caccia* ai posti; *se ruer à la curée* gettarsi a caccia di guadagni.

cure-ongles |kyʀɔ̃gl(ə)| *s.m. inv.* [*instrument pour se nettoyer les ongles*] pulisciunghie, nettaunghie.

cure-oreille |kyʀɔʀɛj| *s.m.* [*instrument pour* (*se*) *nettoyer l'intérieur de l'oreille*] pulisciorecchi (*inv.*): *des cure-oreilles* dei pulisciorecchi.

cure-pipe(s) |kyʀpip| *s.m.* nettapipe *inv.*, curapipe (*inv.*): *des cure-pipes* dei nettapipe, dei curapipe.

curer |kyʀe| **A** *v.tr.* [*nettoyer* (*qqch.*) *en raclant*] spurgare, (ri)pulire (197): *curer un fossé, un canal* spurgare un fossato, un canale □ *se curer les dents* pulirsi i denti con lo stuzzicadenti; *se curer les ongles* pulirsi le unghie → **nettoyer** ◇ (*région.*) *curer une casserole, un chaudron* raschiare una pentola, un paiolo → **récurer** **B** *v.pron. réfl.* SE CURER [→ *tr.*] pulirsi → *tr.* □.

curetage |kyʀtaʒ| *s.m.* (*méd.*) raschiamento (uterino).

cureter |kyʀte| (5) *v.tr.* (*méd.*) [*faire un curetage*] raschiare.

cureton |kyʀtɔ̃| *s.m.* → **curaillon.**

curette |kyʀɛt| *s.f.* **1** [*outil pour racler*] raschietto *m.* **2** (*méd.*) curetta, cucchiaio* *m.* per raschiamenti (*cour.*).

curial, ale, aux |kyʀjal, o| *adj.* (*rare*) [*d'une* (2) *cure*] parrocchiale: *la maison curiale* la casa parrocchiale → **presbytère.**

1 **curie** |kyʀi| *s.f.* **1** (*hist. rom.*) curia ◇ [*sénat de Rome*] curia **2** (*ecclés.*) *la curie* (*romaine*) la curia (romana); *cardinal de curie* cardinale di curia.

2 **curie** |kyʀi| *s.m.* (*phys.*) 'curie' *inv.*

curiethérapie |kyʀiteʀapi| *s.f.* (*méd.*) radioterapia, curieterapia.

curieusement |kyʀjøzmɑ̃| *adv.* **1** (*rare*) [→ CURIEUX I 1] curiosamente, con curiosità *loc. inv.* **2** [→ CURIEUX II] curiosamente, stranamente → **bizarrement, étrangement.**

curieux, euse |kyʀjø, øz| *adj.* **I** **1** [*qui est désireux de voir, de savoir*] curioso: *esprit curieux* spirito curioso; *ce garçon est curieux de tout* è un ragazzo curioso di tutto → **avide, désireux** **2** *sans compl.* [*qui cherche à connaître ce qui ne le regarde pas*] curioso: *vous êtes trop curieux* lei è troppo curioso → **indiscret** ♦ (*s.*) *une petite curieuse* una curiosetta; *un attroupement de curieux* un assembramento di curiosi **II** (*choses*) [*qui attire la curiosité*] curioso, strano: *c'est une chose curieuse* è una cosa curiosa, è curioso; *par une curieuse coïncidence* per una strana coincidenza; *ce qui est curieux, c'est que...* quel che è curioso, strano è che... → **bizarre, drôle, étrange** ♦ (*s.m.*) *le curieux de la chose est...* lo strano della faccenda è... ◇ (*loc.*) *ne me regardez pas comme une bête curieuse* non mi guardi come una bestia rara © I 1 **indifférent,** 2 **discret** 1; II **banal, ordinaire.**

curion |kyʀjɔ̃| *s.m.* (*hist. rom.*) curione.

curiosité |kyʀjozite| *s.f.* **I** **1** curiosità (*inv.*): *contenter, rassasier sa curiosité* accontentare, saziare la propria curiosità **2** [*désir de connaître les affaires d'autrui*] curiosità: *la curiosité est un vilain défaut* la curiosità è un brutto difetto; *il a été puni de sa curiosité* è stato punito per la sua curiosità → **indiscrétion** **II** UNE, DES CURIOSITÉ(S) [*objet recherché par les curieux, les amateurs*] curiosità: *magasin de curiosités* negozio di curiosità → **rareté** © I 1 **indifférence,** 2 **discrétion.**

curiste |kyʀist(ə)| *s.* chi segue, si sottopone a una cura termale *loc.*

curium |kyʀjɔm| *s.m.* (*chim.*) curio*.

curling |kœʀliŋ| *s.m.* (*angl.*) curling *inv.*

curriculum vitæ |kyʀikylɔmvite| *s.m.* (*lat.*) curriculum (vitæ) (*inv.*): *établir son curriculum vitæ* stendere il proprio curriculum.

curry |kyʀi| *s.m.* → **cari.**

curseur |kyʀsœʀ| *s.m.* (*techn.*) cursore.

cursif, ive |kyʀsif, iv| **I** *adj.* **1** corsivo: *lettres cursives* lettere corsive **2** (*fig.*) *style cursif* stile rapido, nervoso → **bref, rapide** **II** (*s.f.*) *la cursive* [*écriture tracée rapidement*] la corsiva, il corsivo (*m.*): *écrire en cursif* scrivere in corsivo → **anglaise.**

cursus |kyʀsys| *s.m.* (*lat.*) [*ensemble des études dans une matière*] curricolo.

curule |kyʀyl| *adj.* (*antiq. rom.*) curule: *chaise curule* sedia curule; *magistrats curules* magistrati curuli.

curvi- |kyʀvi| *préf.* (*signifiant 'courbe', correspond généralt. à*) curvi: *curviligne* curvilineo.

curviligne |kyʀviliɲ| *adj.* curvilineo: *polygone curviligne* poligono curvilineo → **courbé, incurvé.**

curvimètre |kyʀvimɛtʀ(ə)| *s.m.* curvimetro.

cuscute |kyskyt| *s.f.* (*t.bot.*) cuscuta.

cuspide |kyspid| *s.f.* (*anat., bot.*) cuspide.

custode |kystɔd| *s.f.* **1** (*relig.*) teca* **2** (*auto.*) pannello *m.* laterale posteriore # *glaces de custode* vetri laterali posteriori.

cutané, ée |kytane| *adj.* (*anat.*) cutaneo: *tissus cutanés* tessuti cutanei → **épidermique.**

cuticule |kytikyl| *s.f.* (*anat., bot.*) cuticola.

cutine |kytin| *s.f.* (*bot.*) cutina.

cutiréaction |kytiʀeaksjɔ̃| *s.f.* cutireazione: *des cutiréactions* delle cutireazioni ◇ (*par abrév.*) *cuti positive* cutireazione positiva; *faire une cuti* fare una cutireazione.

cuvage |kyvaʒ| *s.m.* fermentazione *f.* del mosto nel tino.

cuve |kyv| *s.f.* **1** [*récipient pour la fermentation du raisin*] tino (*m.*): *retirer le moût des cuves* togliere il mosto dai tini **2** [*grand récipient pour différents usages*] vasca*: *cuve de teinturier, de blanchisseur* vasca di tintoria, di lavanderia; *cuve à tanner* vasca per conceria → **bassine** ◇ (*photo.*) *cuve à laver, à développement* bacinella di lavaggio, di sviluppo → 1 **bac** ◇ (*chim.*) *cuve à mercure* vaschetta del mercurio.

cuveau |kyvo| *s.m.* (*région.*) piccolo tino, tinello.

cuvée |kyve| *s.f.* **1** (quantità *inv.* di) vino *m.* dello stesso tino # *ces tonneaux sont de la même cuvée* queste botti sono dello stesso tino **2** vino prodotto nello stesso vigneto.

cuvelage |kyvlaʒ|, **cuvellement** |kyvɛlmɑ̃| *s.m.* **1** (*techn.*) rivestimento (di un pozzo artesiano) **2** (*mines*) rivestimento (di un pozzo).

cuveler |kyvle| (4) *v.tr.* (*techn.*) [*garnir d'un cuvelage*] rivestire (un pozzo artesiano, un pozzo da miniera).

cuver |kyve| **A** *v.intr.* [*séjourner dans la cuve pendant la fermentation*] fermentare (nel tino): *faire cuver le vin* far fermentare il vino **B** *v.tr.* (*fig., fam.*) *cuver son vin* [*dissiper son ivresse en dormant*] smaltire (197) la sbornia → **digérer** ◇ (*par anal.*) *on le laissa cuver sa colère* gli lasciarono smaltire la rabbia.

cuvette |kyvɛt| *s.f.* **1** [*récipient large, peu profond*] catino *m.*, catinella: *cuvette de porcelaine, de faïence* catino di porcellana, di maiolica ◇ (*par ext.*) vaschetta del lavandino ◇ (*spécialt.*) *la cuvette* (*des cabinets*) la tazza, il vaso *m.* del gabinetto **2** (*techn.*) *la cuvette du baromètre* la vaschetta del barometro; *la cuvette du thermomètre* il bulbo *m.* del termometro **3** (*techn.*) *cuvette d'une montre* cassa di orologio; *cuvette d'un roulement à billes* cassa di cuscinetto a sfere; *cuvette de percussion* cassa di percussione **4** (*géogr.*) conca* → **bassin, creux,** 1 **dépression.**

cuvier |kyvje| *s.m.* (*ancienn., région.*) tinozza *f.* per il bucato.

cyanamide |sjanamid| *s.f.* (*chim.*) cianam(m)ide.

cyanhydrique |sjanidʀik| *adj.* (*chim.*) *acide cyanhydrique* acido cianidrico*.

cyan(o)- |sjan(ɔ)| *préf.* (*signifiant 'bleu sombre', correspond généralt. à*) cian(o): *cyanamide* cianammide; *cyanogène* cianogeno.

cyanogène |sjanɔʒɛn| *s.m.* (*chim.*) cianogeno.

Cyanophycées |sjanɔfise| *s.f. pl.* (*t.bot.*) Cianoficee.

cyanose |sjanoz| *s.f.* (*méd.*) cianosi *inv.* ◇ (*spécialt.*) morbo *m.* blu.

cyanosé, ée |sjanoze|, **cyanotique** |sjanotik| *adj.* cianotico*: *un visage cyanosé* un viso cianotico.

cyanoser |sjanoze| *v.tr.* (*méd.*) [*marquer, colorer de cyanose*] rendere (105) cianotico*.

cyanuration |sjanyʀasjɔ̃| *s.f.* (*chim.*) cianurazione.

cyanure |sjanyʀ| *s.m.* (*chim.*) cianuro: *cyanure de potassium, de zinc* cianuro di potassio, di zinco.
cyanurique |sjanuʀik| *adj.* (*chim.*) cianurico*.
cybernéticien, ienne |sibɛʀnetisjɛ̃, jɛn| *s.* [*spécialiste de cybernétique*] cibernetico* *m.*, studioso di cibernetica ✦ (*adj.*) cibernetico*: *recherches cybernéticiennes* ricerche cibernetiche.
cybernétique |sibɛʀnetik| *s.f.* cibernetica*.
cyclable |siklabl(ə)| *adj.* ciclabile: *piste cyclable d'une route* pista ciclabile di una strada.
cyclamen |siklamɛn| *s.m.* (*t.bot.*) ciclamino ✦ (*adj. inv.*) *robe cyclamen* vestito (color) ciclamino.
cyclane |siklan| *s.m.* (*chim.*) ciclano.
-cycle |sikl(ə)| *suff.* (*signifiant 'cerclé', correspond généralt. à*) ciclo: *hémicycle* emiciclo; *motocycle* motociclo.
1 **cycle** |sikl(ə)| *s.m.* **1** ciclo: *cycle solaire, lunaire* ciclo solare, lunare; *le cycle des saisons* il ciclo delle stagioni ◇ (*par ext.*) *le cycle liturgique* il ciclo liturgico ◇ (*sc.*) *cycles d'un phénomène périodique* cicli di un fenomeno periodico; *cycle du carbone* ciclo del carbonio; *cycle* (*d'un moteur à explosion*) *à deux, à quatre temps* ciclo (di un motore a scoppio) a due, a quattro tempi ◇ (*biol.*) *cycles physiologiques* cicli fisiologici ◇ (*géol.*) *cycle d'érosion* ciclo di erosione **2** (*littér.*) ciclo: *les trois grands cycles du moyen âge* i tre grandi cicli del medioevo **3** (*admin. scol.*) *cycle d'études* ciclo, corso di studi; *premier, second cycle* primo, secondo ciclo.
2 **cycle** |sikl(ə)| *s.m.* [*véhicule à deux roues*] bicicletta (*f.*): *magasin de cycles* negozio di biciclette ◇ (*par ext.*) industria *f.* ciclistica.
cyclique |siklik| *adj.* **1** (*sc., cour.*) ciclico*: *année cyclique* anno ciclico; *phénomènes cycliques* fenomeni ciclici ◇ (*chim.*) ciclico **2** (*littér.*) ciclico: *poèmes cycliques* poemi ciclici ◇ (*mus.*) *œuvre cyclique* opera ciclica.
cyclisme |siklism(ə)| *s.m.* ciclismo: *cyclisme professionnel, amateur* ciclismo professionistico, dilettantistico.
cycliste |siklist(ə)| **1** *adj.* ciclistico*: *courses cyclistes* corse ciclistiche # *coureurs cyclistes* ciclisti **2** *s.* ciclista: *l'arrivée des cyclistes* l'arrivo dei ciclisti.
cyclo- |siklɔ| *préf.* (*signifiant 'cercle', correspond généralt. à*) ciclo: *cyclostome* ciclostoma; *cyclomoteur* ciclomotore.
cyclo-cross |siklɔkʀɔs| *s.m. inv.* (*angl.*) ciclocross.
cycloïdal, ale, aux |siklɔidal, o| *adj.* (*géom.*) cicloidale: *courbe cycloïdale* curva cicloidale.
cycloïde |siklɔid| *s.f.* (*géom.*) cicloide.
cyclomoteur |siklɔmɔtœʀ| *s.m.* ciclomotore, motorino (*fam.*) → **vélomoteur**.
cyclomotoriste |siklɔmɔtɔʀist(ə)| *s.* ciclomotorista.
cyclonal, ale, aux |siklɔnal, o| *adj.* (*météo.*) ciclonico*: *aire cyclonale* zona ciclonica; *pluies cyclonales* piogge cicloniche.
cyclone |siklon| *s.m.* **1** (*météo.*) ciclone: *le cyclone et l'anticyclone* il ciclone e l'anticiclone **2** (*fig.*) *cette personne est un cyclone* quella persona è un ciclone; *arriver comme un cyclone, en cyclone* arrivare in tromba → **tromb e (en)**; *ce fut un cyclone de hurlements* ci fu un uragano di urla.
cyclonique |siklɔnik| *adj.* (*météo.*) ciclonico*: *pluies cycloniques* piogge cicloniche.
cyclope |siklɔp| *s.m.* **1** (*fig.*) ciclope: *travail de cyclopes* lavoro da ciclopi, ciclopico → **titan** **2** (*mythol.*) ciclope **3** (*t.zool.*) ciclope.
cyclopéen, éenne |siklɔpeɛ̃, eɛn| *adj.* **1** [*qui se rapporte aux cyclopes*] ciclopico*: *murs cyclopéens* mura ciclopiche # *les légendes cyclopéennes* le leggende dei ciclopi **2** (*fig.*) [*énorme, gigantesque*] ciclopico: *travail cyclopéen* lavoro ciclopico.
cyclo-pousse |siklɔpus| *s.m.* risciò *inv.* trainato da un ciclista.
cyclorameur |siklɔʀamœʀ| *s.m.* triciclo per bambini (guidato dai piedi).
cyclose |sikloz| *s.f.* (*biol.*) ciclosi *inv.*
Cyclostomes |siklɔstɔm| *s.m. pl.* (*t.zool.*) Ciclostomi.
cyclothymie |siklɔtimi| *s.f.* (*psycho.*) ciclotimia.
cyclotourisme |siklɔtuʀism(ə)| *s.m.* cicloturismo.
cyclotouriste |siklɔtuʀist(ə)| *s.* cicloturista.
cyclotron |siklɔtʀɔ̃| *s.m.* (*phys. nucléaire*) ciclotrone.
cygne |siɲ| *s.m.* **1** (*t.zool.*) cigno ◇ (*cour.*) *une blancheur de cygne* un candore di cigno; *un cou de cygne* un collo di cigno **2** (*loc. fig.*) *le chant du cygne* il canto del cigno ~ *le cygne de Cambrai* [*Fénelon*] il cigno di Cambrai **3** [*duvet de cygne*] piume *f. pl.* di cigno: *manteau garni de cygne* cappotto guarnito di piume di cigno **4** (*mécan.*) *col de cygne* collo d'oca *f.*
cylindrage |silɛ̃dʀaʒ| *s.m.* (*techn.*) cilindratura *f.*
cylindraxe |silɛ̃dʀaks(ə)| *s.m.* (*anat.*) cilindrasse, neurite *f.*
cylindre |silɛ̃dʀ(ə)| *s.m.* **1** (*géom.*) cilindro **2** [*rouleau employé pour soumettre un corps à une pression*] cilindro: *cylindres broyeurs* cilindri frantumatori; *cylindre d'un rouleau compresseur* cilindro di un rullo compressore → **rouleau** ◇ (*auto.*) *moteurs à deux cylindres opposés* motori a due cilindri contrapposti; *cylindres en V* cilindri a V; *chemise d'un cylindre* camicia di un cilindro ◇ (*fam.*) *une six cylindres* una (macchina) sei cilindri **3** *bureau à cylindre* scrivania a cilindro.
cylindrée |silɛ̃dʀe| *s.f.* cilindrata: *voiture de 1500 cm³ de cylindrée* macchina di 1500 cm³ di cilindrata ◇ (*ellipt.*) *une grosse, une petite cylindrée* una grossa, una piccola cilindrata.
cylindrer |silɛ̃dʀe| *v.tr.* [*donner la forme d'un cylindre à; faire passer sous un rouleau*] cilindrare.
cylindreur, euse |silɛ̃dʀœʀ, øz| *s.* operaio* addetto alla cilindratura.
cylindrique |silɛ̃dʀik| *adj.* cilindrico*: *colonne cylindrique* colonna cilindrica ◇ (*géom.*) *surface cylindrique* superficie cilindrica.
cymbale |sɛ̃bal| *s.f.* (*mus.*) [*instrument à percussion*] cimbalo *m.*, piatto *m.*
cymbalier |sɛ̃balje|, (*rare*) **cymbaliste** |sɛ̃balist(ə)| *s.m.* cembalista *s.*, suonatore* *s.* di piatti.
cymbalum |sɛ̃balɔm| *s.m.* (*mus.*) (*instrument à cordes*) cimbalo.
cyme |sim| *s.f.* (*bot.*) cima.
cynégétique |sineʒetik| **1** *adj.* cinegetico* **2** *s.f.* cinegetica*.
Cynipidés |sinipide| *s.m. pl.* (*t. zool.*) Cinipidi.
cynips |sinips| *s.m.* (*t.zool.*) cinipe.
cynique |sinik| *adj.* **1** (*antiq., philo. gr.*) cinico*: *l'école cynique* la scuola cinica ✦ (*s.*) *les cyniques* i cinici **2** (*fig.*) cinico: *un individu cynique* un uomo cinico; *une société cynique et féroce* una società cinica e feroce → **impudent** ✦ (*s.*) *un cynique* un cinico.
cyniquement |sinikmɑ̃| *adv.* [→ CYNIQUE 2] cinicamente.
cynisme |sinism(ə)| *s.m.* (*philo., cour.*) cinismo: *agir avec cynisme* agire con cinismo.
cyn(o)- |sin(ɔ)| *préf.* (*signifie 'chien', correspond généralt. à*) cin(o): *cynophile* cinofilo.
cynocéphale |sinɔsefal| *s.m.* cinocefalo.
cynodrome |sinɔdʀom| *s.m.* cinodromo.
cynoglosse |sinɔglɔs| *s.f.* (*t.bot.*) cinoglosso *m.*, lingua di cane (*cour.*).
cynophile |sinɔfil| *adj. et s.* cinofilo.
cynophilie |sinɔfili| *s.f.* cinofilia.
Cypéracées |sipeʀase| *s.f. pl.* (*t. bot.*) Ciperacee.
cypho-scoliose |sifɔskɔljoz| *s.f.* (*méd.*) cifoscoliosi *inv.*
cyphose |sifoz| *s.f.* (*méd.*) cifosi *inv.* → **gibbosité**.
cyprès |sipʀɛ| *s.m.* (*t.bot.*) cipresso.
cyprière |sipʀijɛʀ| *s.f.* [*bois de cyprès*] cipresseto *m.*
cyprin |sipʀɛ̃| *s.m.* (*t.zool.*) ciprino: *cyprin doré* ciprino dorato.
Cyprinidés |sipʀinide| *s.m. pl.* (*t. zool.*) Ciprinidi.
cypriote |sipʀijɔt| *adj.* [*de Chypre*] cipriota.
cyrillique |siʀil(l)ik| *adj.* cirillico*: *alphabet cyrillique* alfabeto cirillico.
cystectomie |sistɛktɔmi| *s.f.* (*chir.*) cistectomia.
cyst(i)- |sist(i)|, **cysto-** |sistɔ| *préf.* (*signifiant 'vessie', correspondent généralt. à*) cist(i); cisto: *cystectomie* cistectomia ‖ *cystoscopie* cistoscopia.
cysticerque |sistisɛʀk(ə)| *s.m.* (*t. zool.*) cisticerco*.
cystine |sistin| *s.f.* (*biol., chim.*) cistina.
cystique |sistik| *adj.* (*anat.*) cistico*: *bile cystique* bile cistica; *calculs cystiques* calcoli cistici.
cystite |sistit| *s.f.* (*méd.*) cistite.
cystographie |sistɔgʀafi| *s.f.* (*méd.*) cistografia.
cystoscope |sistɔskɔp| *s.m.* (*méd.*) cistoscopio*.
cystoscopie |sistɔskɔpi| *s.f.* (*méd.*) cistoscopia.
cystotomie |sistɔtɔmi| *s.f.* (*chir.*) cistotomia.
-cyte |sit(ə)| *suff.* (*signifiant 'cellule, cavité', correspond généralt. à*) cita, cito: *leucocyte* leucocita; *lymphocyte* linfocito.
cytise |sitiz| *s.m.* (*t.bot.*) citiso.
cyto- |sitɔ| *préf.* (*signifiant 'cellule, cavité', correspond généralt. à*) cito: *cytoplasme* citoplasma.
cytochimie |sitɔʃimi| *s.f.* (*biol., chim.*) citochimica*.

cytodiagnostic |sitɔdjagnɔstik| *s.f.* (*pathol.*) citodiagnosi *inv.*
cytogénétique |sitɔʒenetik| *s.f.* citogenetica*.
cytologie |sitɔlɔʒi| *s.f.* (*biol.*) citologia*.
cytologique |sitɔlɔʒik| *adj.* (*biol.*) citologico*.
cytologiste |sitɔlɔʒist(ə)| *s.* (*biol.*) citologo* *m.*
cytolyse |sitɔliz| *s.f.* (*pathol.*) citolisi *inv.*
cytoplasme |sitɔplasm(ə)| *s.m.* (*biol.*) citoplasma.
czar |tsaʀ| *s.m.* → **tsar.**
czimbalum |tʃimbalɔm| *s.m.* → **cymbalum.**

D

d |de| *s.m.* **1** [*quatrième lettre de l'alphabet*] d (*m. ou f.*): *d minuscule* d minuscolo; *D majuscule* D maiuscola ◇ (*télécom.*) *D comme Désiré* D come Domodossola **2** (*fam.*) *système D* [*le système des gens débrouillards*] l'arte di arrangiarsi **3** [*chiffre rom. représentant le nombre 500*] *D*.

d' (*art. indéf. élidé*; *art. partitif élidé*; *prép. élidée*) → 1 **de.**

da (oui) |wida| *interj.* (*plais.*) *oui-da!* [*oui, bien sûr*] sì, certo!

d'abord |dabɔr| *loc.adv.* → **abord.**

da capo |dakapo| *loc.adv.* (*mus.*) daccapo *s.m.*

dacron |dakrɔ̃| *s.m.* [*fibre textile synthétique*] dacron *inv.*

-dactyle |daktil| *suff.* (*signifiant 'doigt', correspond généralt. à*) dattilo: *artiodactyles* artiodattili.

dactyle |daktil| *s.m.* (*versif. gr., lat.*) dattilo.

dactylique |daktilik| *adj.* (*versif.*) dattilico*: *hexamètre dactylique* esametro dattilico.

dactylo- |daktilɔ| *préf.* (*signifiant 'doigt', correspond généralt. à*) dattilo: *dactylographie* dattilografia.

dactylo |daktilo| *s.f.* dattilografa: *dactylo qui tap une lettre à la machine* dattilografa che scrive una lettera a macchina ◇ (*en attribut, aussi m.*) *êtes-vous dactylo?* sa scrivere a macchina?

dactylographie |daktilɔgrafi| *s.f.* dattilografia ◇ (*abrév.*) *dactylo* dattilo(-grafia).

dactylographier |daktilɔgrafje| *v.tr.* [*écrire en dactylographie*] dattilografare, scrivere (182) a macchina → 2 **taper** ◆ (*au p.p.*) *texte dactylographié* testo dattiloscritto.

dactylographique |daktilɔgrafik| *adj.* dattilografico*.

1 **dada** |dada| *s.m.* **1** (*langage enfantin*) [*cheval*] cavallo: *à dada* a cavallo **2** (*fam.*) [*idée à laquelle on revient sans cesse*] pallino: *c'est son dada* è il suo pallino → **marotte.**

2 **dada** |dada| *s.m. inv.* (*bx-arts*) dada, dadaismo *var.* ◆ (*adj. inv.*) *le mouvement dada* il movimento dadaista *var.*

dadais |dadɛ| *s.m.* [*garçon niais et de maintien gauche*] babbeo: *espèce de grand dadais!* pezzo di babbeo! → **nigaud, sot.**

dadaïsme |dadaism(ə)| *s.m.* (*bx-arts*) dadaismo.

dadaïste |dadaist(ə)| *s.* dadaista.

dague |dag| *s.f.* **1** daga* **2** (*vén.*) [*défense de sanglier*] zanna del cinghiale.

daguet |dagɛ| *s.m.* [*cerf ou daim qui est dans sa deuxième année*] cerbiatto (fino a due anni).

dahir |dair| *s.m.* (*ar.*) dahir *inv.*

dahlia |dalja| *s.m.* (*t. bot.*) dalia *f.*

daigner |deɲe| *v.tr.* [*consentir à faire qqch.*] degnarsi (*pron.*) di: *il a daigné lui parler* si è degnato di parlargli → **condescendre (à)** ◇ (*formule de respect*) *daignez agréer mes hommages* vogliate gradire i miei omaggi.

daim |dɛ̃| *s.m.* **1** (*t. zool.*) daino **2** [*cuir suédé*] daino, pelle *f.* scamosciata: *veste de daim* giacca di daino, di pelle scamosciata.

daïmio |daimjo| *s.m.* (*hist. jap.*) daimio *inv.*

daine, dine |dɛn, din| *s.f.* (*rare*) femmina del daino → **daim.**

dais |dɛ| *s.m.* [*ouvrage de bois, pièce d'étoffe tendue au-dessus d'un autel ou d'un lit*] baldacchino → **ciel, baldaquin.**

daleau |dalo| *s.m.* → **dalot.**

dallage |dalaʒ| *s.m.* [→ DALLER] lastricatura *f.* ◇ [*ensemble de dalles*] pavimentazione *f.*, pavimento.

dalle |dal| *s.f.* **1** [*plaque de pierre dure destinée au pavement du sol*] lastra **2** (*pop.*) [*gosier*] becco* (*m.*): *se rincer la dalle* bagnarsi il becco **3** (*arg.*) *que dalle* un'acca ◇ (*fam.*) *j('en)'entrave que dalle* non ci capisco un'acca, un tubo.

daller |dale| *v.tr.* [*revêtir de dalles*] lastricare, pavimentare: *daller un trottoir* lastricare un marciapiede ◆ (*au p.p.*) *cuisine dallée* cucina pavimentata.

dalmate |dalmat| **1** *adj.* dalmata, dalmatico* **2** (*s.m.*) *le dalmate* [*la langue*] il dalmatico.

dalmatien |dalmasjɛ̃| *s.m.* (*t. zool.*) dalmata.

dalmatique |dalmatik| *s.f.* (*anc., liturg.*) dalmatica*.

dalot, daleau |dalo| *s.m.* **1** (*mar.*) ombrinale **2** (*techn.*) (canale di) scolo.

daltonien, ienne |daltɔnjɛ̃, jɛn| *adj. et s.* daltonico*.

daltonisme |daltɔnism(ə)| *s.m.* (*méd.*) daltonismo.

dam |dɑ̃| *s.m.* (*littér.*) *au grand dam de* (*qqn.*) [*à son préjudice*] a danno di (qc.) (*cour.*), a scapito di (qc.) (*cour.*).

damage |damaʒ| *s.m.* [→ DAMER 2] costipamento, spianamento del terreno.

damas |dama| *s.m.* (*tissage*) damasco* # *linge de table en damas* biancheria da tavola damascata.

damascène |damaʃɛn| *adj.* [*de Damas*] damasceno.

damasquinage |damaskinaʒ| *s.m.* [*art de damasquiner*] damaschinatura *f.*

damasquiné, ée |damaskine| *adj.* damascato: *poignard damasquiné* pugnale damascato.

damasquiner |damaskine| *v.tr.* [*incruster un filet d'or, d'argent, etc. formant un dessin*] damaschinare.

damasquinure |damaskinyʀ| *s.f.* → **damasquinage.**

damassé, ée |damase| *adj.* [*tissé comme le damas*] damascato: *nappe damassée* tovaglia damascata.

damasser |damase| *v.tr.* [*fabriquer en façon de damas*] damascare.

damassure |damasyʀ| *s.f.* [*travail, aspect d'un tissu damassé*] damascatura.

1 **dame** |dam| *s.f.* **I 1** dama, signora: *dame patronnesse* dama di carità, patronessa; *dame de compagnie* dama di compagnia; *agir en grande dame* agire da gran dama, signora; *c'est une dame* è una vera dama, signora **2** [*femme* (*mariée*)] signora: *qui est cette dame?* chi è quella signora?; *est-ce une dame ou une jeune fille?* è (una) signora o (una) signorina? ◇ (*fam.*) *ma petite dame, ma bonne dame* cara la mia signora **II** (*fig.*) **1** [*une des pièces maîtresses dans certains jeux*] ◇ (*échecs*) regina: *faire échec à la dame* dare scacco alla regina ◇ (*dames*) dama: *aller à dame* andare a dama ◇ (*cartes*) donna: *dame de pique* donna di picche **2** [*hie de paveur*] mazzeranga* **3** (*mar.*) scalmo *m.*, scalmiera.

2 **dame!** |dam| *interj.* (*fam., région.*) [*ma foi, pardi*] direi!, diamine: '*ils sont partis?*' '*dame, oui*' 'sono partiti?' 'eh, direi!, diamine'.

dame-d'onze-heures |damdɔ̃zœʀ| *s.f.* (*t. bot.*) latte *m.* di gallina.

dame-jeanne |damʒɑn| *s.f.* [*bonbonne*] damigiana: *des dames-jeannes clissées* damigiane impagliate.

damer |dame| *v.tr.* **1** (*échecs, dames*) [*amener* (*un pion*) *sur la dernière rangée et* (*aux dames seulement*) *le doubler d'un autre pion*] damare ◇ (*loc. fig.*) *damer le pion à qqn.* avere la meglio su qc. **2** (*techn.*) *damer une terre* [*la fouler avec une dame*] costipare, spianare un terreno.

damier |damje| *s.m.* (*jeux*) damiere, scacchiera *f.* → **échiquier** # *tissu en damier* tessuto a scacchi.

damnable |dɑnabl(ə)| *adj.* [*qui mérite la damnation*] riprovevole: *coutumes damnables* costumi riprovevoli → **condamnable.**

damnation |dɑ(a)nasjɔ̃| *s.f.* dannazione → **châtiment, supplice** Ⓒ **salut** 1.

damné, ée |dɑne| *adj.* **1** (*attribut après le nom*) dannato: *être l'âme damnée de qqn.* essere l'anima dannata di qc. ◆ (*s.*) *les damnés* i dannati # *souffrir comme un damné* soffrire le pene dell'inferno, come un'anima dannata **2** (*avant le nom*) (*fam.*) [*qui cause de l'humeur*] maledetto, dannato: *cette damnée histoire* questa maledetta, dannata storia → **maudit, sale** Ⓒ 1 **élu.**

damner |dɑne| **A** *v.tr.* **1** [*condamner aux peines de l'enfer*] dannare **2** (*choses*) [*conduire à la damnation*] dannare: *damner son âme* dannare la propria anima **B** *v. pron. réfl.* SE DAMNER [*faire en sorte d'être damné*] dannarsi:

◇ (*fam.*) *se damner pour qqn.* dannarsi per qc. 🄲 A **sauver.**

damoiseau |damwazo| *s.m.* **1** (*ancienn.*) [*jeune gentilhomme*] damigello **2** (*plais.*) [*jeune homme galant et vaniteux*] galante, cicisbeo.

dan |dan| *s.m.* [*degré de qualification des ceintures noires de judo*] dan *inv.*

danaïde |danaid| *s.f.* (*t.zool.*) danais *inv.*

dancing |dɑ̃siŋ| *s.m.* (*angl.*) dancing *inv.*

dandinement |dɑ̃dinmɑ̃| *s.m.* [→ DANDINER (SE)] dondolamento → **balancement, déhanchement.**

dandiner (se) |dɑ̃dine| *v. pron. réfl.* [*se balancer gauchement, se déhancher*] dondolarsi, ancheggiare *intr.*

dandy |dɑ̃di| *s.m.* (*angl.*) dandy *inv.*, damerino.

dandysme |dɑ̃dism(ə)| *s.m.* dandismo.

danger |dɑ̃ʒe| *s.m.* pericolo: *danger de mort* pericolo di morte; *cet automobiliste est un danger public* questo automobilista è un pericolo pubblico; → **péril**; *courir un danger* correre un pericolo → **risque** ◇ *loc.* EN DANGER in pericolo: *en danger de mort* in pericolo di vita; *ses jours sont en danger* la sua vita è in pericolo ◇ (*fam.*) *il n'y a pas de danger qu'il m'invite* non c'è pericolo che mi inviti.

dangereusement |dɑ̃ʒʀøzmɑ̃| *adv.* [→ DANGEREUX] pericolosamente # *il est dangereusement blessé, malade* è gravemente ferito, malato → **gravement, grièvement.**

dangereux, euse |dɑ̃ʒʀø, øz| *adj.* **1** (*choses*) [*qui constitue ou présente un danger*] pericoloso: *maladie dangereuse* malattia pericolosa → **grave**; *entreprise dangereuse* impresa pericolosa → **aventureux, hasardé, téméraire** # *s'engager sur un terrain dangereux* avventurarsi su un terreno minato **2** (*personnes*) [*qui a pouvoir de nuire*] pericoloso: *un fou dangereux* un pazzo pericoloso ◇ (*animaux*) *la vipère est dangereuse* la vipera è pericolosa 🄲 2 **inoffensif.**

dangerosité |dɑ̃ʒʀozite| *s.f.* [*état qui constitue un danger*] pericolosità *inv.*

danois, oise |danwa, waz| **1** *adj.* [*du Danemark*] danese **2** (*s.m.*) *le danois* [*la langue*] il danese ◇ (*t.zool.*) (cane) danese.

dans |dɑ̃| *prép.* (*REM. 'dans' ne se contracte jamais avec l'art. défini*) *marquant* **1** (*le lieu*) in*, dentro (a): *ce musée est dans Paris* quel museo è in, dentro Parigi; *il est dans sa chambre* è in camera (sua); *je l'ai lu dans un livre* l'ho letto in, su un libro; *ils sont dans la rue* sono in (i)strada; *monter dans une voiture, dans le train* salire in macchina, sul treno; *je l'ai trouvé dans Molière* l'ho trovato in Molière; *c'était dans ses projets* era nei suoi piani # *il était dans la foule* era in mezzo alla folla **2** (*la manière*) in; con*: *il est dans une mauvaise situation* è in una brutta situazione; *dans l'attente de* in attesa di ‖ *dans l'espoir de* con la speranza di; *dans l'intention de* con l'intenzione di; *dans ce but* con, a questo scopo # *il a agi dans les règles* ha agito secondo le regole **3** (*le temps*) in, durante; tra (fra), entro: *cela lui arriva dans son enfance* gli è accaduto in (nell')infanzia, durante l'infanzia; *dans les siècles passés* nei, durante i secoli scorsi, passati ‖ (*future*): *il partira dans quinze jours* partirà tra quindici giorni; *il finira dans la semaine* finirà entro la, in settimana; *dans une heure, dans un instant tout sera fini* fra un'ora, un minuto tutto sarà finito; *on l'aura dans la journée, dans le mois* lo avremo in giornata, entro il (la fine del) mese → **(d')ici** **4** *loc.* DANS LES [*un chiffre voisin de*] circa *adv.*, press'a poco: *cela coûte dans les deux cents francs* costa circa, press'a poco duecento franchi; *il a dans les cinquante ans* ha circa cinquant'anni → **environ.**

dansable |dɑ̃sabl(ə)| *adj.* [→ DANSER] ballabile.

dansant, ante |dɑ̃sɑ̃, ɑ̃t| *adj.* **1** danzante: *un chœur dansant* un coro danzante; *un reflet dansant* un riflesso danzante **2** [*qui fait danser*] ballabile: *musique dansante* musica ballabile # *thé dansant* tè danzante.

danse |dɑ̃s| *s.f.* **1** danza; ballo (*m.*): *pas, figure de danse* passo, figura di danza; *danse classique* danza classica ‖ *chaussons de danse* scarpette da ballo; *danses modernes* balli moderni; *piste, orchestre de danse* pista, orchestra da ballo; *réunions de danse* feste da ballo **2** (*par ext.*) *les danses norvégiennes de Grieg* le danze norvegesi di Grieg **3** (*fam.*) *entrer en danse* entrare in ballo; *mener la danse* guidare la danza → **scène** **4** (*méd.*) *danse de Saint-Guy* ballo di S. Vito.

danser |dɑ̃se| **A** *v.intr.* [*exécuter une danse*] danzare, ballare: *apprendre à danser* imparare a danzare, ballare; *danser en mesure* danzare a tempo; *endroits publics où l'on danse* locali pubblici dove si balla ◇ (*loc. fig.*) *ne pas savoir sur quel pied danser* non sapere che pesci pigliare ◇ (*prov.*) *quand le chat n'est pas là les souris dansent* quando non c'è la gatta i topi ballano **B** *v.tr.* [*exécuter* (*une danse*)] ballare: *danser une valse* ballare un valzer.

danseur, euse |dɑ̃sœʀ, øz| *s.* **1** [*personne qui danse par profession*] ballerino: *danseuse de ballet* ballerina del balletto; *première danseuse* prima ballerina; *couple de danseurs* coppia di ballerini → **ballerine** # *danseur de corde* acrobata **2** (*cyclisme*) *monter en danseuse* [*position du cycliste qui pédale debout*] pedalare rialzato (sulla sella).

dantesque |dɑ̃tɛsk| *adj.* dantesco*.

dantisme |dɑ̃tism(ə)| *s.m.* dantismo.

dantiste |dɑ̃tist(ə)| *s.* dantista, dantologo*.

danubien, ienne |danybjɛ̃, jɛn| *adj.* danubiano.

daphné |dafne| *s.m.* (*t.bot.*) dafne *f.*

daphnie |dafni| *s.f.* (*t.zool.*) dafnia.

darce |daʀs(ə)| *s.f.* → **darse.**

dard |daʀ| *s.m.* **1** [*organe pointu et creux de certains animaux*] pungiglione: *dard d'une abeille, d'un scorpion* pungiglione di un'ape, di uno scorpione → **aiguillon** **2** (*arbor.*) dardo.

darder |daʀde| *v.tr.* [*lancer ce qui est assimilé à un dard*] dardeggiare *intr.*; lanciare: *le soleil darde ses rayons* il sole dardeggia ‖ *darder* (*sur qqn.*) *des regards furibonds* lanciare occhiate furenti (a qc.) → **jeter.**

dare-dare |daʀdaʀ| *loc.adv.* (*fam.*) [*promptement*] in fretta e furia, in gran fretta: *accourir dare-dare* accorrere in fretta e furia, in gran fretta → **hâte (en toute), precipitamment.**

darique |daʀik| *s.f.* (*antiq. numism.*) darico* *m.*

darne |daʀn(ə)| *s.f.* [*tranche de gros poisson*] trancia*: *une darne de colin* una trancia di merluzzo.

darse, darce |daʀs(ə)| *s.f.* [*bassin abrité*] darsena: *la grande darce de Toulon* la grande darsena di Tolone.

dartre |daʀtʀ(ə)| *s.f.* (*méd.*) pitiriasi *inv.* semplice → **impétigo.**

darwinien, ienne |daʀwinjɛ̃, jɛn|, **darwiniste** |daʀwinist(ə)| *adj.* darv(w)iniano.

darwinisme |daʀwinism(ə)| *s.m.* (*philo.*) darv(w)inismo.

dasyure |dazjyʀ| *s.m.* (*t.zool.*) dasiuro.

databilité |databilite| *s.f.* databilità *inv.*

datable |databl(ə)| *adj.* [→ DATER B] databile: *document aisément datable* documento facilmente databile.

dataire |datɛʀ| *s.m.* (*ecclés.*) datario*.

datation |datɑsjɔ̃| *s.f.* [→ DATER A] datazione: *datation et signature d'un acte de vente* datazione e firma di un atto di vendita; *résoudre un problème de datation* risolvere un problema di datazione.

datcha |datʃa| *s.f.* [*maison de campagne russe*] dacia*.

date |dat| *s.f.* **1** data: *à quelle date?* in che data?; *en date du, à la date du* (*15 avril*) in data (15 aprile); *prendre date* fissare la data **2** [*l'époque où un événement s'est produit*] data: *une amitié de vieille date* un'amicizia di vecchia data; *une connaissance de fraîche date* una conoscenza di fresca data; *ils se connaissent de longue date* si conoscono da vecchia, da lunga data → **an, année** # *faire date* fare epoca.

dater |date| **A** *v.tr.* [*mettre la date sur un écrit, un acte*] datare: *dater une lettre* datare una lettera **B** *v.intr.* **1** DATER DE [*avoir commencé d'exister*] datare da: *ce traité date du XVIIIe siècle* questo trattato data dal XVIII secolo # *cela ne date pas d'hier* è una cosa di vecchia data; non risale certo a ieri → **remonter (à)** ◇ *loc. prép.* À DATER DE a decorrere da, a datare da: *à dater d'aujourd'hui* a decorrere, a datare da oggi **2** *absolt.* [*faire date*] segnare una data: *cet événement date dans sa vie* questo avvenimento segna una data nella sua vita → **marquer** ◇ [*être démodé*] essere (96) fuori moda: *costume qui date* vestito (che è) fuori moda.

daterie |datʀi| *s.f.* (*ecclés.*) dataria.

dateur, euse |datœʀ, øz| *adj.* [*timbre dateur qui sert à dater*] timbro *s.m.* a data, datario* *s.m.*

datif |datif| *s.m.* (*gram.*) dativo.

datif, ive |datif, iv| *adj.* (*dr.*) dativo: *tuteur datif* tutore dativo.

dation |dɑsjɔ̃| *s.f.* (*dr.*) dazione: *dation de tuteur* dazione di tutore.

datte [dat] *s.f.* [*fruit du dattier*] dattero (*m.*): *régime de dattes* casco di datteri; *datte sèche* dattero secco.

dattier |datje| *s.m.* (*t.bot.*) palma *f.* da datteri.

datura |datyʀa| *s.m.* (*t.bot.*) datura *f.*

daube |dob| *s.f.* (*cuis.*) *bœuf en daube* [*cuit à l'étouffée*] stufato *m.* di manzo.

1 **dauber** |dobe| *v.tr.* (*vx., littér.*) → **railler, dénigrer.**
2 **dauber** |dobe| *v.tr.* (*cuis.*) [*accommoder* (*une viande*) *en daube*] stufare.
daubière |dobjɛʀ| *s.f.* [*ustensile pour faire cuire des viandes en daube*] stufaiola.
1 **dauphin** |dofɛ̃| *s.m.* (*t.zool.*) delfino.
2 **dauphin** |dofɛ̃| *s.m.* (*hist. fr.*) delfino: *le dauphin du roi, du président* il delfino del re, del presidente.
dauphine |dofin| *s.f.* (*hist.fr.*) delfina.
dauphinelle |dofinɛl| *s.f.* (*t.bot.*) delfinio* *m.*
daurade, dorade |dɔʀad| *s.f.* (*t.zool.*) orata.
davantage |davɑ̃taʒ| *adv.* **1** (*modifiant un v.*) [*plus*] di più (*loc.*): *bien davantage* molto di più; *davantage encore* ancora di più; *il en voudrait davantage* ne vorrebbe di più ◇ (*modifiant le pron. 'le'*) *son frère est intelligent, mais il l'est davantage* suo fratello è intelligente, ma egli lo è ancora di più **2** [*plus longtemps*] oltre, più a lungo (*loc.*): *ne restez pas davantage* non restate oltre **3** DAVANTAGE QUE [*plus que*] più ... di: *la qualité importe bien davantage que la quantité* la qualità è molto più importante della quantità Ⓒ **moins.**
davier |davje| *s.m.* [*pince à longs bras de leviers et à mors très courts*] pinza *f.*, tenaglia (*f.*): *extraire une dent avec un davier* estrarre un dente con una pinza, una tenaglia.
de-, dé-, des-, dés- *préf.* (*indiquant 'éloignement, séparation, privation', correspondent généralt. à*) di-, dis-, s-: *désarmer* disarmare; *desserrer* di(s)serrare; *déshabiller* svestire; *désavantage* svantaggio → **dis-.**

de |d(ə)| *prép. REM. 1*: *'de' s'élide en 'd'' devant une voyelle ou un 'h' muet; REM. 2*: *le |ə| de 'de' tombe dans des expressions très courantes* (*formes, contractées ou non, possibles*):

m. sing.	(1)	[~~*de + le*~~]	→ *du*	**del**	→ (1) *prép.*	**di**	(*it.*)	[*devant une consonne ou un 'h' aspiré*]
	(2)	„	→ *du*	**dal**	→ (1)	**da**	„	[*dans les cas de* (1)]
	(3)	[~~*de + le*~~]	→ *du*	**dello**	→ (2)	**di**	„	[*dans les cas de* (1)]
	(4)	„	→ *du*	**dallo**	→ (2)	**da**	„	[*dans les cas de* (2)]
	(5)	„	→ *de l'*	**dell'**	→ (3)	**di**	„	[*devant une voyelle ou un 'h' muet*]
	(6)	„	→ *de l'*	**dall'**	→ (3)	**da**	„	[*dans les cas de* (5)]
m. pl.	(7)	[~~*de + les*~~]	→ *des*	**dei**	→ (4)	**di**	„	[*devant une consonne, une voyelle, un 'h' aspiré ou un 'h' muet*] *REM. la liaison devant une voyelle ou un 'h' muet est obligatoire*
	(8)	„	→ *des*	**dai**	→ (4)	**da**	„	[*dans les cas de* (7). + *REM.*]
	(9)	[~~*de + les*~~]	→ *des*	**degli**	→ (5)	**di**	„	[*dans les cas de* (7) + *REM.*]
	(10)	„	→ *des*	**dagli**	→ (5)	**da**	„	[*dans les cas de* (7) + *REM.*]
f. sing.	(11)		*de la*	**della**	→ (6)	**di**	„	[*dans les cas de* (1)]
	(12)		*de la*	**dalla**	→ (6)	**da**	„	[*dans les cas de* (1)]
	(13)	[~~*de + le*~~]	→ *de l'*	**dell'**	→ (7)	**di**	„	[*dans les cas de* (5)]
	(14)	„	→ *de l'*	**dall'**	→ (7)	**da**	„	[*dans les cas de* (5)]
	(15)	[~~*de + les*~~]	→ *des*	**delle**	→ (8)	**di**	„	[*dans les cas de* (7) + *REM.*]
	(16)	„	→ *des*	**dalle**	→ (8)	**da**	„	[*dans les cas de* (7) + *REM.*]

I (*introduit un compl.*) **1** (*lieu, provenance*) di da: *il vient de sortir de chez soi* è appena uscito di casa; *d'où êtes-vous? de Normandie, du Havre* di dove siete? della Normandia, di Le Havre; *ils viennent de l'école* vengono da scuola; *il est arrivé d'Amérique du Sud* è arrivato dal Sudamerica; *de Paris à Marseille* da Parigi a Marsiglia; *l'avion de Berlin* l'aereo da, di Berlino ◇ (*abstrait*) *se tirer d'embarras, d'affaire* tirarsi d'impiccio, fuori dagli impicci; *de là à l'épouser...* da lì a sposarlo, a sposarla... **2** (*temps*) [*à partir de* (*tel moment*)] da: *du 1ᵉʳ janvier au 31 décembre* dal 1° gennaio al 31 dicembre ◇ (*durée*) [*pendant*] di: *ils travaillent de nuit* lavorano di notte # *il ne fait rien de la journée* non fa niente (per) tutto il giorno **3** (*origine figurée*; *cause*) per, di: *il a été puni de ses fautes* è stato punito per i propri errori → 1 **pour**; *mourir de faim* morire di fame; *dommages de guerre* danni di guerra; *blanc de peur* bianco di, dalla paura; *ils sont heureux de voyager* sono contenti di viaggiare ◇ (*propos.* + *v. à l'ind. ou au subj.*) che (*conj.*): *nous sommes contrariés de ce qu'il fait* (*qu'il fasse*) *mauvais temps* siamo contrariati che faccia cattivo tempo ◇ (+ *inf.*) di: *nous sommes heureux de sortir avec vous* siamo felici di uscire con voi **4** (*moyen, instrument*) di, con: *il était armé d'un bâton* era armato di (un) bastone; *coup d'épée* colpo di spada → **avec 5** (*manière*) *je cite de mémoire* cito a memoria; *nous avons agi de concert* abbiamo agito di comune accordo; *il a accepté de grand coeur* ha accettato di cuore; *de l'avis de tous* secondo il parere di tutti → **selon, suivant 6** (*mesure*) di: *avancer d'un pas* avanzare di un passo; *je retarderai de cinq minutes* tarderò (di) cinque minuti; *tour haute de deux cents mètres* grattacielo alto duecento metri ◇ *loc.* DE... EN (*marque l'intervalle*) di... in: *de place en place* di posto in posto; *compter de dix en dix* contare di dieci in dieci ◇ (*dans une approximation*) *elle pouvait avoir de quarante à quarante-cinq ans* poteva avere dai quaranta ai quarantacinque anni **7** (*agent, auteur*) di: *œuvres de Bossuet* opere di Bossuet; *système de Taylor* sistema (di) Taylor ◇ (*voix passive*) da: *il n'est pas aimé de sa femme* non è amato da sua moglie (sua moglie non lo ama) → **par**; *le choc fut suivi d'une explosion* l'urto fu seguito da un'esplosione **II** (*marque des rapports de*) **1** (*appartenance*) di: *le fils de Pierre* il figlio di Pietro; *la famille de notre ami* la famiglia del nostro amico; *les livres de Pierre* i libri di Pietro **2** (*qualité, détermination*) di: *la couleur du ciel* il colore del cielo; *le prix d'une maison* il prezzo di una casa; *la valeur d'une idée* il valore di un'idea; *la bonté de Pierre* la bontà di Pietro **3** (*matière*) di: *pâté de foie* pasticcio di fegato d'oca; *sac de papier* sacco di carta; *tas de sable* mucchio di sabbia → 1 **en 4** (*genre, espèce*) di, da: *objet de luxe* genere, oggetto di lusso; *couteau de cuisine* coltello da cucina; *robe de bal* vestito da ballo ◇ (*abstrait*) *regard de pitié, paroles de haine* sguardo pietoso, parole piene di odio ◇ (*littér.*) *le Dieu de majesté* Dio in maestà **5** (*contenu, contenant*) di: *verre d'eau* bicchiere d'acqua; *paquet de cigarettes* pacchetto di sigarette ◇ (*avec un collectif*) *troupeau de brebis* gregge (di pecore); *collection de timbres* collezione di francobolli; *la moitié d'une somme* la metà di una somma; *la plupart des hommes* la maggior parte degli uomini; *un de nous* uno di noi; *c'est le seul de ses amis qui lui soit fidèle* è l'unico suo amico che gli sia fedele; *il est de mes amis* è un mio amico → **entre, parmi** ◇ (*dans la construction du superlatif relatif*) *le plus travailleur des deux* il più lavoratore dei due; *le moins bon de l'année* il meno buono dell'anno; *c'est l'as des as* è l'asso degli assi, è il campione dei campioni; *voilà le fin du fin* è il migliore tra i migliori → **entre, parmi 6** (*limitation*) (*après un adj.*) di: *il est rouge de figure* è rosso di (in) viso; *large d'épaules* largo di spalle **III** (*la fonction grammaticale exprimant le sens*) **1** (*pour introduire l'objet d'une action, la destination*) ◇ (*après les v. intr.*) di: *je me souviens de lui, de son père* mi ricordo di lui, di suo padre; *il doute de la verité* dubita della verità; *parler de tout* parlare di tutto; *penser du mal de qqn.* pensare male di qc.; *chapitre qui traite de la mode* capitolo che tratta di moda → 1 **(à) propos (de), (au) sujet (de)** ◇ (*après le nom*) *la taille des arbres* l'altezza degli alberi; *la pensée de la mort* il pensiero della morte; *abus de confiance* abuso di fiducia ◇ (*après l'adj.*) *il est avide de richesse* è avido di ricchezza; *amoureux de la première venue* innamorato della prima venuta **2** *appos.* (*après le nom*) di: *la ville de Paris* la città di Parigi; *ce maladroit d'un Tel* quello sbadato di... # *le mot de liberté* la parola libertà **3** *attribut* (*avec les v. 'traiter, qualifier'*) *il a qualifié ce journal de tendancieux* ha qualificato come tendenzioso questo, quel giornale; *il m'a traité de menteur* mi ha dato del bugiardo ◇ (*emphatique*) *ce ciel est d'un bleu!* il cielo è di un azzurro! ◇ (*vieilli*) *être de, que de* essere al posto di; *si j'étais de toi* se fossi (in) te, se fossi al tuo posto **4** (*devant un inf. sujet*) *il est ennuyeux de rester chez soi* è noioso stare a casa; *c'est à nous d'y aller* tocca a noi andarci ◇ (*inf. compl. d'objet*) *il ne cesse de parler* non smette (mai) di parlare **5** (*devant un adj., un p.p., un adv.*) ◇ (*emploi facultatif*) *nous avons trois jours* (*de*) *libres* abbiamo tre giorni liberi; *encore un carreau* (*de*) *cassé* ancora un vetro rotto ◇ (*emploi obligatoire*): (*avec* EN) *en voici une de terminée* eccone una finita; *il y en a deux de cassés* ce ne sono due rotti ◇ (*avec* NE... QUE) *il n'y a de beau que le vrai* di bello non c'è che il vero ◇ (*devant un adv.*) *cinq minutes de plus* cinque minuti in più ◇ (*devant un p. p., un adj.*) *il y en a quelques-uns seulement de blessés* ce ne sono solo alcuni feriti; *quoi de neuf?* che c'è di nuovo?; *rien de nouveau* nulla di nuovo.

de |d(ə)|, **du** |dy| (*pour 'de le'*), **de la** |d(ə) la|, **des** |de| (*pour 'de les'*) *art. partitif* (*art. précédant les noms de choses qu'on ne peut compter*) di, del, dello, della, dei, degli, delle [→ *aussi* de *REM.* 1, 2, *m. pl.* (7) *REM.*] **1** (*devant un nom concret*) *il boit du vin* beve (del) vino; *nous coupons du bois* tagliamo legna; *ils mangent des épinards* mangiano spinaci **2** (*abstrait*) *j'éprouve de la répulsion* provo repulsione; *il joue de la musique* suona musica; *elle joue du Chopin* suona (un pezzo di) Chopin; *c'est du Valéry* è (un brano di) Valéry **3** (*vx.*) (DE *devant adj., remplaçant 'du, de la, des'*) *il faut manger de bon gateau* bisogna mangiare del buon dolce.

1 **dé** |de| *s.m.* **1** dado: *jeu de dés* gioco dei dadi; *cornet à dés* bussolotto dei dadi ◇ (*fig.*) *coup de dés* impresa *f.* aleatoria, terno al lotto ~ *les dés sont jetés* il dado è tratto **2** (*archit., cuis.*) dado **3** (*mar.*) *dé du réa d'une poulie* dado della puleggia di un bozzello.

2 **dé** |de| *s.m.* [*étui qui protège le doigt qui pousse l'aiguille*] ditale ◇ (*fam.*) *un dé à coudre* [*verre à boire très petit*] un bicchierino (*cour.*).

dead-heat |dɛ(e)dit| *s.m.* (*angl.*) (*hippol.*) dead-heat *inv.*

déambulation |deɑ̃bylɑsjɔ̃| *s.f.* (*psychiatr., cour.*) [→ DÉAMBULER] deambulazione, andatura.

déambulatoire |deɑ̃bylatwaʀ| **1** *s.m.* (*archit.*) deambulatorio* **2** *adj.* [*relatif à la déambulation*] deambulatorio.

déambuler |deɑ̃byle| *v.intr.* [*marcher sans but précis*] passeggiare, deambulare (*littér.*) → **promener (se)**.

1 **débâcle** |debɑkl(ə)| *s.f.* **1** 'débâcle' *inv.*, disfatta: *retraite qui s'achève en débâcle* ritirata che si risolve in una 'débâcle', una disfatta → **déroute 2** [*effondrement soudain*] crollo *m.*, tracollo (*m.*): *c'est la débâcle pour son entreprise* è il crollo, il tracollo per la sua azienda.

2 **débâcle** |debɑkl(ə)| *s.f.* [*rupture de la couche de glace au moment du dégel*] disgelo *m.*, rottura dei ghiacci.

déballage |debalaʒ| *s.m.* **1** [→ DÉBALLER 1] sballatura *f.* **2** (*fam.*) [→ DÉBALLER 2] sfogo*.

déballer |debale| *v.tr.* **1** [*sortir et étaler ce qui était dans un contenant*] sballare; tirar fuori: *déballer des marchandises* sballare della merce ‖ *ouvrir sa valise et déballer ses affaires* aprire la valigia e tirar fuori i propri effetti personali **2** [*exposer sans retenue*] spiattellare: *il aime bien déballer ses petits secrets* gli piace spiattellare i suoi segreti Ⓒ 1 **emballer** 1.

débandade |debɑ̃dad| *s.f.* **1** [*le fait de ses disperser rapidement et en tous sens*] sbandamento *m.*, fuggifuggi (*m. inv.*): *débandade générale* sbandamento, fuggifuggi generale → 1 **débâcle, déroute, fuite 2** *loc. adv.* À LA DÉBANDADE [*dans la confusion*] in modo caotico: *des maisons bâties à la débandade* case costruite in modo caotico # *tout va à la débandade* va tutto a rotoli.

1 **débander** |debɑ̃de| *v.tr.* [*ôter la bande de*] sfasciare, sbendare: *débander une plaie* sfasciare una piaga; *on lui débanda les yeux* gli sbendarono gli occhi.

2 **débander (se)** |debɑ̃de| *v.pron. intr.* [*rompre les rangs et se disperser*] sbandarsi, disperdersi (163): *l'armée se débanda devant l'ennemi* l'esercito si sbandò di fronte al nemico # *en se débandant* allo sbaraglio.

débaptiser |debatize| *v.tr.* [*changer le nom de* (*un lieu*)] cambiare nome a: *débaptiser une rue* cambiare nome a una via.

débarbouillage |debaʀbujaʒ| *s.m.* [→ DÉBARBOUILLER] ripulita *f.*

débarbouiller |debaʀbuje| **A** *v.tr.* [*nettoyer la figure*] lavare la faccia: *débarbouiller un enfant* lavare la faccia a un bambino → **laver B** *v.pron.réfl.* SE DÉBARBOUILLER [→ *tr.*] lavarsi la faccia.

débarcadère |debaʀkadɛʀ| *s.m.* imbarcadero → **appontement, embarcadère, quai.**

débardage |debaʀdaʒ| *s.m.* (*mar.*) [→ DÉBARDER 1] scarico*, sbarco* ◇ (*techn.*) esbosco*; trasporto (di pietre) fuori della cava.

débarder |debaʀde| *v.tr.* **1** (*mar.*) [*décharger à quai*] scaricare, sbarcare **2** (*techn.*) [*transporter des bois hors de la coupe, la pierre hors de la carrière*] portare via (legname, della legna tagliata), trasportare (pietre) fuori della cava.

débardeur |debaʀdœʀ| *s.m.* **1** [*ouvrier qui débarde* (1)] scaricatore di porto → **docker 2** [*personne qui débarde* (2)] scaricatore, facchino **3** [*tricot court, collant, sans col ni manches*] canottiera *f.*

débarqué, ée |debaʀke| *adj.* [*qui vient de débarquer*] sbarcato ◆ (*s.*) *un nouveau débarqué* un nuovo arrivato.

débarquement |debaʀkəmɑ̃| *s.m.* **1** [→ DÉBARQUER A; B 1] sbarco*: *formalités de débarquement* formalità di sbarco; *on l'a arrêté à son débarquement* è stato arrestato allo sbarco **2** [*opération milit.*] sbarco: *troupes de débarquement* truppe da sbarco → **descente** Ⓒ 1 **embarquement.**

débarquer |debaʀke| **A** *v.tr.* [*faire sortir d'un navir*] sbarcare: *débarquer les passagers, les marchandises* sbarcare i passeggeri, le merci → 1 **décharger B** *v.intr.* **1** [*quitter un navire*] sbarcare (*aux.* essere): *tous les passagers ont débarqué à Marseille* tutti i passeggeri sono sbarcati a Marsiglia; *l'ennemi n'a pas pu débarquer* il nemico non è potuto sbarcare → 1 **descendre (à terre) 2** (*fam.*) [*arriver à l'improviste*] capitare: *ils ont débarqué chez moi* sono capitati a casa mia **3** (*fam.*) *il débarque* [*il n'est pas au courant; il est naïf*] cade (121) dalle nuvole (*cour.*) Ⓒ A **embarquer.**

débarras |debaʀa| *s.m.* **1** (*fam.*) [*délivrance de ce qui embarrassait*] sollievo (*cour.*), liberazione (*f.*): *bon débarras!* che sollievo, che liberazione! **2** [*endroit ou l'on remise les objets qui encombrent*] ripostiglio* → **grenier,** 2 **remise.**

débarrasser |debaʀase| **A** *v.tr.* [*dégager de ce qui embarrasse*] sgomb(e)rare, sbarazzare: *débarasser une pièce* sgomberare, sbarazzare una stanza # *vous pouvez débarrasser* (*la table*) può sparecchiare (la tavola); *débarasser qqn. de son manteau* prendere il cappotto a qc.; *débarasser d'un mal* liberare da un male → **soulager B** *v.pron. réfl.* SE DÉBARRASSER [→ *tr.*] sbarazzarsi, disfarsi (103): *se débarrasser d'un objet encombrant ou inutile* sbarazzarsi, disfarsi di un oggetto ingombrante o inutile; *se débarrasser d'un ennemi* sbarazzarsi di un nemico # *se débarrasser d'une affaire* liquidare un'impresa → **liquider, vendre.**

débat |deba| *s.m.* **1** [→ DÉBATTRE] discussione *f.*, dibattito: *éclaircir le débat* chiarire la discussione, il dibattito ◇ [*discussion organisée et dirigée*] dibattito: *débat télévisé* dibattito televisivo **2** *au plur.* [*discussion des assemblées politiques*] dibattito (*sing.*): *débats parlementaires* dibattito parlamentare ◇ (*dr.*) dibattimento *sing.*

débâter |debate| *v.tr.* [*débarrasser une bête de somme de son bât*] togliere (123) il basto (a): *débâter un âne* togliere il basto a un asino.

débâtir |debɑtiʀ| *v.tr.* (*cout.*) [*découdre le bâti de*] sbastire (197), togliere (123) l'imbastitura (a): *débâtir une jupe* sbastire una gonna.

débatteur, debater |debatœʀ| *s.m.* (*angl.*) (*polit.*) abile oratore, parlatore* *s.*

1 **débattre** |debatʀ(ə)| (76) *v.tr.* [*discuter avec un ou plusieurs interlocuteurs*] dibattere, discutere (134): *débattre une question* dibattere una questione; *débattre un prix* discutere un prezzo; *débattre les conditions d'un accord* discutere le condizioni di un accordo → **négocier.**

2 **débattre (se)** |debatʀ(ə)| *v. pron. réfl.* [*lutter en faisant beaucoup d'efforts*] dibattersi: *se débattre comme un beau diable, comme un forcené* dibattersi come un ossesso, come un forsennato → **démener (se).**

débauchage |deboʃaʒ| *s.m.* [→ DÉBAUCHER 1] licenziamento.

débauche |deboʃ| *s.f.* **1** [*excès condamnable dans la jouissance des plaisirs sensuels*] dissolutezza, vizio* (*m.*): *vivre dans la débauche* vivere nella dissolutezza, nel vizio → **dévergondage** # *excitation des mineurs à la débauche* incitamento dei minorenni alla prostituzione **2** [*usage déréglé de qqch.*] eccesso *m.*, orgia*: *l'auteur se livre à des débauches d'imagination* l'autore si lascia andare a eccessi di immaginazione; *une débauche de couleurs* un'orgia di colori.

débauché, ée |deboʃe| *adj.* [*qui vit dans la débauche*] dissoluto, debosciato: *ce jeune homme est débauché* quel giovane è dissoluto, debosciato ✦ (*s.*) *un débauché* un dissoluto, un debosciato → **libertin, noceur.**

débaucher |deboʃe| *v.tr.* **1** [*renvoyer des ouvriers, faute de travail*] licenziare → **congédier, licencier 2** (*fam.*) [*détourner qqn. de ses occupations, pour se divertir*] sviare (*cour.*): *se faire débaucher par un camarade* farsi sviare da un compagno 🄲 1 **embaucher.**

débaucheur, euse |deboʃœR, øz| *s.* (*fam.*) [*personne qui en débauche une autre*] corruttore* (*cour.*).

débile |debil| *adj.* **1** debole, gracile: *un enfant débile* un bambino gracile → **frêle, malingre 2** (*fig.*) [*sans aucune vigueur*] debole: *esprit débile* mente debole ✦ *s.* (*psycho., cour.*) *un débile* (*mental*) un ritardato mentale.

débilitant, ante |debilitɑ̃, ɑ̃t| *adj.* debilitante: *un climat débilitant* un clima debilitante ◇ (*fig.*) [*démoralisant*] demoralizzante, deprimente: *une atmosphère débilitante* un'atmosfera demoralizzante, deprimente.

débilité |debilite| *s.f.* (*psycho., cour.*) debolezza: *débilité mentale* debolezza, ritardo *m.* mentale 🄲 **force** 1, **vigueur.**

débiliter |debilite| *v.tr.* [*rendre débile*] debilitare → **affaiblir** ◇ [*démoraliser*] demoralizzare, deprimere (124).

débine |debin| *s.f.* (*pop.*) [*misère*] miseria nera: *être, tomber dans la débine* essere, cadere nella miseria (più) nera → **dèche, purée.**

1 **débiner** |debine| *v.tr.* (*fam.*) [*décrier*] sparlare *intr.* di (*cour.*): *débiner ses supérieurs* sparlare dei propri superiori → **dénigrer, médire.**

2 **débiner (se)** |debine| *v.pron.* (*fam.*) [*se sauver, s'enfuir*] svignarsela, squagliarsela.

1 **débit** |debi| *s.m.* **1** [→ 3 DÉBITER 1] smercio*: *article d'un bon débit* articolo di facile smercio **2** *débit de tabac* rivendita *f.* di tabacchi, tabaccheria (*f.*); *débit de boissons* chiosco* per bibite **3** [*manière d'énoncer, de réciter*] dizione *f.*, eloquio*: *débit lent, rapide* dizione lenta, rapida; eloquio lento, rapido → **élocution 4** [*quantité de fluide fournie*] portata (*f.*): *le débit d'une rivière, d'une source* la portata di un fiume, di una sorgente ◇ (*par ext.*) *le débit d'un moyen de transport* la portata di un mezzo di trasporto.

2 **débit** |debi| *s.m.* (*compt.*) debito, dare (*inv.*): *différence entre le débit et le crédit* differenza fra il dare e l'avere, saldo; *inscrire, porter au débit* registrare, segnare a debito → **doit, crédit,** 2 **avoir.**

débitable |debitabl(ə)| *adj.* **1** [→ 2 DÉBITER] tagliabile **2** [→ 1 DÉBITER] addebitabile: *compte débitable* conto addebitabile.

débitage |debitaʒ| *s.m.* (*techn.*) [→ 2 DÉBITER] taglio*; squadratura *f.* (del legno).

débitant, ante |debitɑ̃, ɑ̃t| *s.* [*personne qui tient un débit*] esercente # *débitant de tabac* tabaccaio, tabacchino.

1 **débiter** |debite| *v.tr.* [*rendre débiteur*] addebitare: *débiter qqn. d'une somme* addebitare una somma a qc.; *débiter un compte d'une somme* addebitare una somma su un conto 🄲 **créditer.**

2 **débiter** |debite| *v.tr.* [*découper une matière en morceaux utilisables*] tagliare: *débiter un chêne à la scie* tagliare una quercia con la sega # *débiter un boeuf* squartare, fare a pezzi un bue.

3 **débiter** |debite| *v.tr.* **1** [*écouler une marchandise par la vente au détail*] smerciare, vendere: *débiter une marchandise* smerciare, vendere una merce **2** (*péj.*) [*dire à la suite*] infilare: *débiter des lieux communs, des fadaises* infilare luoghi comuni, una sciocchezza dietro l'altra → **dégoiser** ◇ [*dire en public avec monotonie* (*un texte déjà étudié*)] recitare, pronunziare: *débiter sa plaidoirie, son sermon* recitare, pronunziare l'arringa, il sermone **3** [*faire s'écouler une quantité de fluide dans un temps donné*] erogare, fornire (197) ✦ (*au p.p.*) *le courant débité par la dynamo* la corrente erogata, fornita dalla dinamo **4** [*permettre le transport en un temps donné*] trasportare: *le métro débit 2000 passagers à l'heure* il metro trasporta 2000 passeggeri all'ora.

débiteur, trice |debitœR, tRis| *s.* **1** debitore*: *débiteur d'une somme prêtée, avancée* debitore di una somma prestata, anticipata → **emprunteur** ✦ (*adj.*) *solde débiteur d'un compte, d'un bilan* saldo debitore, passivo di un conto, di un bilancio **2** [*personne qui a une dette morale*] debitore: *je serai toujours votre débiteur pour le service que vous m'avez rendu* le sarò sempre debitore per il servizio che mi ha reso 🄲 **créancier, créditeur.**

débiteur, euse |debitœR, øz| *s.* **1** (*péj.*) [*personne qui débite des nouvelles, des sottises*] spacciatore* **2** [*ouvrier qui débite du bois, etc.*] tagliatore*: *débiteurs d'une ardoisière* tagliatori di una cava di ardesia.

déblai |deblɛ| *s.m.* [→ DÉBLAYER 1] sterro: *travaux de déblai* lavori di sterro, di sbancamento → **terrassement.**

déblaiment |deblɛmɑ̃| *s.m.* (*techn.*) sterro, sbancamento.

déblatérer |deblateRe| (8) *v.intr.* [*parler longtemps et avec violence contre qqn., qqch.*] inveire (197) → **vitupérer.**

déblayage |deblɛjaʒ| *s.m.* [→ DÉBLAYER] piazza *f.* pulita.

déblayer |deblɛje| (9) *v.tr.* **1** [*débarrasser un endroit de ce qui encombre, obstrue*] sgomb(e)rare: *déblayer l'entrée, le chemin* sgomb(e)rare l'ingresso, il passo → **dégager** ◇ [*faire des travaux de terrassement*] sterrare, sbancare **2** (*fig.*) *déblayer le terrain* [*faire disparaître les premiers obstacles*] spianare il terreno → **aplanir, préparer.**

déblocage |deblɔkaʒ| *s.m.* [→ 1 DÉBLOQUER 1] sbloccamento, sblocco*: *le déblocage des freins* lo sbloccamento, lo sblocco dei freni; *le déblocage des crédits* lo sblocco dei crediti, lo stanziamento (dei fondi); *le déblocage des salaires* lo sblocco dei salari ◇ (*fig.*) *déblocage d'une situation politique* sblocco di una situazione politica ◇ (*psycho.*) sblocco.

1 **débloquer** |deblɔke| *v.tr.* **1** [*remettre en marche une machine*] sbloccare ◇ [*remettre en circulation, en vente*] *débloquer des marchandises, des denrées* sbloccare delle merci, delle derrate; *débloquer un compte en banque* sbloccare un conto in banca # *débloquer des crédits* stanziare dei fondi **2** (*imprim.*) [*enlever une lettre bloquée pour la remplacer*] sostituire (197) le lettere capovolte.

2 **débloquer** |deblɔke| *v.intr.* (*très fam.*) [*divaguer, déraisonner*] dare (102) *tr.* i numeri.

débobiner |debɔbine| *v.tr.* [*dérouler*] srotolare ◇ (*techn.*) [*démonter les enroulements d'un dispositif électrique*] disfare (103) un avvolgimento elettrico.

déboire |debwaR| *s.m.* (*surtout au plur.*) [*impression pénible, désillusion*] delusione *f.*, disinganno: *éprouver, essuyer des déboires* provare, subire delle delusioni, dei disinganni; *il a eu de nombreux déboires dans ses affaires* ha avuto molte delusioni, molti insuccessi nei suoi affari → **déception, déconvenue.**

déboisement |debwazmɑ̃| *s.m.* [→ DÉBOISER] diboscamento.

déboiser |debwaze| *v.tr.* [*dégarnir un terrain des bois qui le recouvrent*] diboscare 🄲 **boiser, reboiser.**

déboîtement |debwatmɑ̃| *s.m.* [→ 1 DÉBOÎTER 2] lussazione *f.*, slogatura *f.*

1 **déboîter** |debwate| *v.tr.* **1** [*faire sortir de ce qui emboîte*] sconnettere (112): *déboîter des tuyaux* sconnettere dei tubi # *déboîter une porte* smontare una porta **2** (*méd., cour.*) [*sortir* (*un os*) *de l'articulation*] lussare, slogare: *elle s'est déboîté l'épaule* si è lussata, slogata la spalla → **désarticuler, luxer.**

2 **déboîter** |debwate| *v.intr.* (*voitures*) [*sortir d'une file*] uscire (201) (*aux.* essere) da una fila, da una colonna.

déborder (se) |debɔ̃de| *v.pron. intr.* (*littér.*) [*donner libre cours à ses sentiments*] sfogarsi (*cour.*), aprire (186) *tr.* il proprio animo → **épancher (s'), soulager (se).**

débonnaire |debɔnɛR| *adj.* [*doux, pacifique*] bonario*, bonaccione: *homme débonnaire* uomo bonario, bonaccione ◇ [*bonasse, inoffensif*] mite, inoffensivo: *un air débonnaire* un'aria mite, inoffensiva.

débonnairement |debɔnɛRmɑ̃| *adv.* (*littér.*) [→ DÉBONNAIRE] bonariamente (*cour.*).

débonnaireté |debɔnɛRte| *s.f.* (*littér.*) [*caractère de celui, ce qui est débonnaire*] bonarietà *inv.* (*cour.*), bonomia (*cour.*).

débordant, ante |debɔRdɑ̃, ɑ̃t| *adj.* [*qui déborde*] traboccante, straripante: *joie débordante* gioia traboccante, straripante → **exubérant** # *activité débordante* attività febbrile; *être débordant de vie, de santé* essere pieno di vita, scoppiare di salute ◇ (*milit.*) *mouvement débordant* movimento di aggiramento.

débordé, ée |debɔRde| *adj.* [*sub-*

mergé] sovraccarico*: *être débordé de travail* essere sovraccarico di lavoro ◇ (*fig.*) *il a été débordé par les événements* è stato sopraffatto dagli avvenimenti.

débordement |debɔʀdəmɑ̃| *s.m.* **1** [*le fait de se répandre en abondance*] torrente, valanga* (*f.*): *débordement de paroles, d'injures* torrente, valanga di parole, di ingiurie → **déluge, flot, torrent** # *débordement de joie* esplosione di gioia **2** (*milit.*) aggiramento: *manœuvre de débordement et d'encerclement* manovra di aggiramento e di accerchiamento.

déborder |debɔʀde| **A** *v.intr.* **1** [*répandre une partie de son contenu pardessus bord*] straripare, traboccare: *fleuve qui déborde* fiume che straripa # *un verre plein à déborder* bicchiere pieno fino all'orlo, colmo ◇ (*loc.*) *c'est la goutte d'eau qui fait déborder le vase* è la (classica) goccia che fa traboccare il vaso **2** (*du contenu*) [*se répandre pardessus bord*] traboccare (*aux.* essere): *l'eau a débordé du vase* l'acqua è traboccata dal vaso → 1 **couler, échapper (s')** **3** (*fig.*) DÉBORDER DE [*être plein d'un sentiment*] traboccare di: *cœur qui déborde de tendresse* cuore che trabocca di tenerezza → **éclater (de)** # *déborder de vie* essere pieno di vita; *déborder de santé* scoppiare di salute **B** *v.tr.* **1** [*dépasser le bord, être en saillie*] sporgere (119) (*intr.*): *maison qui déborde les autres* casa che sporge dalle altre ◇ (*milit.*) *déborder le front ennemi* aggirare il fronte nemico **2** *déborder le lit* [*tirer les draps de dessous les bords du matelas*] disfare (103) il letto # *enfant débordé* bambino scoperto (nel letto) Ⓒ B **border, reborder**.

débosseler |debɔsle| (4) *v.tr.* [*supprimer les bosses de*] (*techn.*) togliere (123) le ammaccature a: *débosseler une pièce d'argenterie* togliere le ammaccature a un pezzo di argenteria.

débotté (au) |odebɔte| *loc. adv.* [*à l'improviste*] alla sprovvista, di sorpresa.

débotter |debɔte| **A** *v.tr.* [*retirer les bottes de qqn.*] togliere (123) gli stivali a: *il le débotta* gli tolse gli stivali **B** *v.pron.réfl.* SE DEBOTTER [→ *tr.*] togliersi gli stivali.

débouchage |debuʃaʒ| *s.m.* [→ 1 DÉBOUCHER] sturamento.

débouché |debuʃe| *s.m.* **1** [*moyen d'assurer la vente d'un produit*] sbocco*: *ne pas trouver de débouchés* non trovare sbocchi ◇ [*lieu de cette vente*] sbocco, mercato: *ouvrir des débouchés* aprire nuovi sbocchi, mercati **2** [*perspective de situation*] prospettiva (*f.*): *débouchés offerts à un ingénieur* prospettive che si offrono a un ingegnere.

1 **déboucher** |debuʃe| *v.tr.* **1** [*débarrasser de ce qui bouche*] sturare: *déboucher un conduit, un lavabo* sturare un condotto, un lavandino **2** [*débarrasser de son bouchon*] stappare, sturare: *déboucher une bouteille avec un tirebouchon* stappare, sturare una bottiglia con il cavatappi → **ouvrir** Ⓒ **boucher** 1.

2 **déboucher** |debuʃe| *v.intr.* [*passer d'un lieu resserré dans un lieu plus ouvert*] sboccare: *déboucher d'une petite rue dans une grande artère* sboccare da una stradina in una grande arteria ◇ (*d'une voie, d'un passage*) sboccare, finire (197): *rue qui débouche sur une place* strada che sbocca su una piazza, finisce in una piazza.

débouchoir |debuʃwaʀ| *s.m.* [*instrument qui sert à déboucher un conduit*] *débouchoir à ventouse* sturalavandini *inv.* (a ventosa).

déboucler |debukle| *v.tr.* [*ouvrir en détachant une boucle*] sfibbiare, slacciare: *déboucler le ceinturon* sfibbiare, slacciare il cinturone → **dégrafer**.

déboulé |debule| *s.m.* **1** (*danse*) 'déboulé' *inv.* ◇ (*sport*) volata *f.* **2** *loc. adv.* AU DÉBOULÉ (*ou au débouler*) [*à la sortie du terrier*] all'uscita dalla tana # *tirer au lapin au déboulé* sparare su un coniglio nel momento in cui esce dalla tana.

débouler |debule| (*fam.*) **A** *v.intr.* [*tomber de haut en bas, en roulant*] rotolare (*aux.* essere), ruzzolare (*aux.* essere) **B** (*v.tr.*) *débouler l'escalier* [*descendre comme en roulant*] fare (103) le scale a rotoloni, a ruzzoloni.

déboulonnage |debulɔnaʒ|, **déboulonnement** |debulɔnmɑ̃| *s.m.* [→ DÉBOULONNER 1] lo sbullonare *inv.*

déboulonner |debulɔne| *v.tr.* **1** [*démonter ce qui était boulonné*] sbullonare: *déboulonner une pièce mécanique* sbullonare un pezzo meccanico **2** (*fam.*) [*déposséder qqn. de sa place, de son influence*] silurare (*cour.*).

débouquement |debukmɑ̃| *s.m.* (*mar.*) sbocco*.

débouquer |debuke| *v.intr.* (*mar.*) [*sortir de l'embouchure d'un canal*] sboccare.

débourber |debuʀbe| *v.tr.* **1** [*débarrasser de sa bourbe*] dragare: *débourber un étang, un canal* dragare uno stagno, un canale **2** [*retirer de la bourbe*] togliere (123) dal fango, spantanare (*rare*): *débourber un tombereau* togliere un carretto dal fango.

débourrage |debuʀaʒ| *s.m.* [→ DÉBOURRER A 1] lo sborrare *inv.* ◇ (*tissage*) [*nettoyage des cardes*] pulitura *f.* dei cardi; [*déchets provenant du travail de la laine*] cascame (di lana), borra *f.*

débourrer |debuʀe| **A** *v.tr.* **1** [*débarrasser de la bourre, du poil*] sborrare: *débourrer le cuir* sborrare il cuoio **2** [*débarrasser de ce qui bourre*] svuotare: *débourrer une pipe* svuotare una pipa **B** *v.intr.* (*arbor.*) [*éclore*] germogliare: *la vigne débourre* la vite germoglia.

débours |debuʀ| *s.m.* [*somme déboursée*] (e)sborso → **dépense, frais**.

déboursement |debuʀsəmɑ̃| *s.m.* [→ DÉBOURSER] (e)sborso.

débourser |debuʀse| *v.tr.* [*tirer une somme de sa bourse*] sborsare: *sans rien débourser* senza sborsare niente; *sans débourser un sou* senza sborsare un soldo → **dépenser, payer**.

debout |dəbu| **I** *adv.* **1** (*choses*) [*verticalement; sur l'un des bouts*] in piedi *loc.*, in senso verticale (*loc.*): *un tonneau debout* un barile in piedi, in senso verticale # *mettre un meuble debout* drizzare un mobile **2** (*personnes*) [*sur ses pieds*] in piedi: *se tenir, rester debout* stare in piedi; *se mettre debout* alzarsi in piedi ◇ *interj.* DEBOUT! in piedi! ◇ [*levé*] in piedi, alzato: *il est debout à 6 heures du matin* è in piedi alle 6 del mattino; *il va mieux, il est déjà debout* sta meglio, è già in piedi **3** *loc.* ÊTRE (ENCORE) DEBOUT [*être en bon état*] essere (ancora) in piedi: *cette muraille est toujours debout* quella muraglia è ancora in piedi ◇ (*fig.*) [*résister à la destruction*] *cette vieille institution tient encore debout* quella vecchia istituzione si regge ancora in piedi ◇ (*souvent négatif*) *argument qui ne tient pas debout* argomento che non sta in piedi; *théorie qui ne tient pas debout* teoria che non sta in piedi, che non si regge **II** *adj.* (*dr.*) *magistrature debout* magistrati della procura *loc.* ◇ (*mar.*) *vent debout* vento contrario, di prora.

débouté |debute| *s.m.* (*dr.*) rigetto: *jugement de débouté* sentenza di rigetto alla domanda → **rejet**.

déboutement |debutmɑ̃| *s.m.* (*dr.*) reiezione *f.*

débouter |debute| *v.tr.* (*dr., cour.*) [*rejeter par jugement, par arrêt, la prétention de qqn.*] respingere (119): *le tribunal l'a débouté de sa demande* il tribunale ha respinto la sua domanda; *débouter un plaideur de son appel* respingere la richiesta di appello di una parte in causa.

déboutonner |debutɔne| **A** *v.tr.* **1** [*ouvrir en dégageant les boutons de la boutonnière*] sbottonare: *déboutonner son pardessus* sbottonare il soprabito → **défaire** **2** (*escrime*) *déboutonner un fleuret* [*en ôter le bouton*] togliere (123) il bottone a un fioretto **B** *v.pron. réfl.* SE DÉBOUTONNER [*déboutonner ses vêtements*] sbottonarsi ◇ (*fig.*) [*parler librement, sans réserve*] sbottonarsi, confidarsi: *il se déboutonne facilement* si sbottona, si confida facilmente → **abandonner (s')** Ⓒ A 1 **boutonner**.

débraillé, ée |debʀaje| *adj.* **1** [*dont les vêtements sont en désordre, ouverts*] trasandato, sbracato: *tenue, mise débraillée* modo di vestire, abbigliamento trasandato, sbracato; *un air débraillé* un aspetto trasandato → **négligé** ✦ (*s.m.*) *le débraillé* la trascuratezza (*f.*): *le débraillé de sa tenue* la trascuratezza con cui si veste **2** [*sans retenue, décence*] *conversation débraillée* conversazione sboccata.

débrailler (se) |debʀaje| *v.pron. intr.* (*fam.*) [*se découvrir la poitrine d'une manière indécente*] scollacciarsi: *se débrailler en public* scollacciarsi in pubblico ◇ (*fig.*) *la conversation se débraille* la conversazione diventa sboccata, cade nel volgare.

débranchement |debʀɑ̃ʃmɑ̃| *s.m.* [→ DÉBRANCHER] disinserimento.

débrancher |debʀɑ̃ʃe| *v.tr.* (*électr., cour.*) [*arrêter un appareil électrique en supprimant son branchement*] disinserire (197): *débrancher un fer à repasser* disinserire, staccare la spina del ferro da stiro Ⓒ **brancher**.

débrayage |debʀɛjaʒ| *s.m.* **1** [→ DÉBRAYER A] disinnesto **2** [*cessation du travail; mouvement de grève*] sospensione *f.* del lavoro (per sciopero).

débrayer |debʀeje| (9) **A** *v.tr.* (*mécan., techn.*) [*séparer une pièce mobile de l'arbre moteur*] disinnestare ◇ (*auto.*) [*interrompre la liaison entre le moteur et les roues*] disinnestare (la frizione): *débrayer, passer les vitesses et embrayer* disinnestare, cambiare e innestare **B** *v.intr.* (*pop.*) [*cesser le travail dans une usine*] smontare (*aux.* essere, avere) (*cour.*), staccare (*cour.*): *on débraye à 6 heures* si stacca, si smonta alle 6 ◇ (*par ext.*) *les ouvriers ont débrayé ce matin* [*ils se sont mis en* *grève*] stamani gli operai hanno sospeso (*cour.*) il lavoro (per sciopero).

débridé, ée |debʀide| *adj.* [*sans retenue*] sbrigliato, sfrenato: *imagination débridée* fantasia sbrigliata, sfrenata → **dechaîné, effréné.**

débridement |debʀidmɑ̃| *s.m.* [→ DÉBRIDER] sbrigliamento.

débrider |debʀide| *v.tr.* (*chir.*) [*dégager qqch. de ce qui serre comme une bride*] sbrigliare: *débrider une hernie* sbrigliare un'ernia # *débrider un abcès* incidere un ascesso → **inciser, ouvrir.**

débris |debʀi| *s.m.* **1** (*rare au sing.*) [*reste d'un objet brisé*] frammento, coccio*: *les débris d'un vase* i frammenti, i cocci di un vaso; *débris de bouteille* cocci di bottiglia → **fragment, morceau, tesson** ◇ [*reste de ce qui est en partie consommé*] avanzi (*pl.*): *débris d'un repas* avanzi di un pasto **2** *au plur.* (*littér.*) [*ce qui reste de qqch.*] *les debris d'un état, d'un royaume* le vestigia *f.* di uno stato, di un regno; *les débris d'une armée* i resti di un esercito; *réunir les débris de sa fortune* mettere insieme le briciole *f.* della propria ricchezza.

débrocher |debʀɔʃe| *v.tr.* **1** [*retirer de la broche*] sfilare dallo spiedo **2** [*défaire la brochure d'un livre*] disfare (103) la brossura (di un libro).

débrouillage |debʀujaʒ| *s.m.* **1** [→ DÉBROUILLER B] lo sbrogliarsi *inv.* → **débrouillardise 2** → **débrouillement.**

débrouillard, arde |debʀujaʀ, aʀd(ə)| *adj.* (*fam.*) [*qui sait se débrouiller*] sveglio*: *c'est un garçon débrouillard* è un ragazzo sveglio ♦ (*s.*) *c'est un débrouillard* è un dritto → **habile, malin.**

débrouillardise |debʀujaʀdiz| *s.f.* [*qualité d'une personne débrouillarde*] capacità *inv.* di cavarsela, di sbrogliarsela.

débrouille |debʀuj| *s.f.* → **débrouillardise.**

débrouillement |debʀujmɑ̃| *s.m.* [→ DÉBROUILLER A 1] sbrogliamento.

débrouiller |debʀuje| **A** *v.tr.* **1** [*démêler ce qui est embrouillé*] sbrogliare: *débrouiller les fils d'un écheveau* sbrogliare i fili di una matassa **2** [*tirer de la confusion*] sbrogliare, risolvere (117): *débrouiller un cas compliqué* sbrogliare, risolvere un caso complicato → **2 démêler, éclaircir B** *v.pron.intr.* SE DÉBROUILLER (*fam.*) [*se tirer d'affaire*] cavarsela, sbrogliarsela: *apprendre à se débrouiller tout seul* imparare a cavarsela, a sbrogliarsela da solo # *que chacun se débrouille avec ce qu'il a* ognuno si arrangi con quello che ha → **arranger (s').**

débroussaillant, ante |debʀusajɑ̃, ɑ̃t| *s.m. et adj.* (*techn. agric.*) di(s)boscante.

débroussaillement |debʀusajmɑ̃| *s.m.* [→ DÉBROUSSAILLER] estirpamento.

débroussailler |debʀusaje| *v.tr.* [*débarrasser un terrain des broussailles*] sterpare (*littér.*) → **défricher.**

débuché, débucher |debyʃe| *s.m.* [*moment*] lo sbucare *inv.* della selvaggina (dal bosco): *sonner le débuché* suonare il corno allo sbucare della selvaggina dal bosco.

débucher |debyʃe| **A** *v.intr.* (*chasse, gros gibier*) [*sortir du bois*] uscire (201) (*aux.* essere) dal bosco: *le cerf a débuché* il cervo è uscito dal bosco **B** *v.tr.* [*faire sortir une bête du bois*] stanare → **débusquer.**

débusquer |debyske| *v.tr.* [*chasser le gibier du bois*] fare (103) *intr.* uscire (la selvaggina) dal bosco → **débucher** ◇ [*faire sortir de sa position*] stanare, snidare: *débusquer un ennemi* snidare un nemico → **chasser, déloger.**

début |deby| *s.m.* **1** [*commencement*] inizio*: *le début d'un livre* l'inizio di un libro # *appointements de début* stipendio iniziale ◇ (*temps*) *le début de la semaine, du mois, de l'année* l'inizio della settimana, del mese, dell'anno; *du début à la fin* dall'inizio, dal principio alla fine; *tout au début, au tout début* proprio all'inizio **2** *les débuts de qqn.* [*sa première apparition*] l'esordio*, il debutto di qc. # *faire ses débuts dans le monde* debuttare in società.

débutant, ante |debytɑ̃, ɑ̃t| *adj. et s.* principiante, debuttante.

débuter |debyte| *v.intr.* **1** (*personnes*) [*faire ses premiers pas dans une carrière*] cominciare, iniziare: *débuter comme dactylo* cominciare come dattilografa → **commencer** ◇ [*commencer à paraître sur la scène*] *débuter dans le monde* debuttare in società **2** (*choses*) [*commencer*] iniziare: *discours qui débute par une citation* discorso che inizia con una citazione → **finir, terminer 2.**

déca- |deka| *préf.* (*signifiant 'dix', correspond généralt. à*) deca: *décalitre* decalitro.

deçà (en) |ɑ̃dəsa| *loc. prép.* EN DEÇÀ DE, (*vx.*) AU DEÇÀ DE [*de ce côté-ci de*] al di qua di: *en deçà des Pyrénées* al di qua dei Pirenei # *rester en deçà de la vérité* fermarsi a un passo dalla verità **C** **(au) delà (de).**

décacheter |dekaʃte| (4) *v.tr.* [*ouvrir ce qui est cacheté*] dissigillare, aprire (186): *décacheter une lettre* dissigillare, aprire una lettera.

décade |dekad| *s.f.* decade: *la décade républicaine* la decade repubblicana ◇ (*abusiv.*) → **décennie.**

décadence |dekadɑ̃s| *s.f.* decadenza, declino (*m.*): *grandeur et décadence* fasto e decadenza; *être, tomber en décadence* essere, cadere in declino → **affaiblissement, 1 chute, déclin** ◇ [*les derniers siècles de l'empire romain*] *les poètes de la décadence* i poeti della decadenza.

décadent, ente |dekadɑ̃, ɑ̃t| *adj.* **1** decadente: *période, époque décadente* periodo, epoca decadente # *peuple décadent* popolo in decadenza **2** *école décadente* scuola decadentista ♦ (*s.*) *les décadents* i decadentisti.

décaèdre |dekaɛdʀ(ə)| (*géom.*) **1** *adj.* decaedrico* **2** *s.m.* decaedro.

décaféiné |dekafeine| *adj.* decaffeinato.

décaféiner |dekafeine| *v.tr.* [*traiter le café pour enlever la caféine*] decaffeinare ♦ (*au p.p.*) *café décaféiné* caffè decaffeinato.

décagone |dekagɔn| **1** *s.m.* (*géom.*) decagono: *un décagone régulier* un decagono regolare **2** *adj.* decagonale: *bassin décagone* vasca decagonale.

décagramme |dekagʀam| *s.m.* decagrammo.

décaissement |dekɛsmɑ̃| *s.m.* [→ DÉCAISSER 2] prelievo (di cassa): *d'importants décaissements* importanti prelievi **C** **encaissement.**

décaisser |dekese| *v.tr.* **1** [*retirer qqch. d'une caisse*] sballare, togliere (123) dalle casse: *décaisser des marchandises* sballare, togliere delle merci dalle casse **2** [*tirer d'une caisse une somme d'argent*] effettuare un prelievo di cassa, prelevare **C** **encaisser.**

décalage |dekalaʒ| *s.m.* **1** [*le fait de décaler dans l'espace, le temps*] sfalsamento, spostamento **2** [*manque de correspondance entre deux choses*] sfasatura (*f.*): *il y a décalage entre l'idéologie courante et la constitution* c'è una sfasatura fra l'ideologia corrente e la costituzione → **1 écart, désaccord.**

décalaminage |dekalaminaʒ| *s.m.* (*techn.*) disincrostazione *f.*

décalaminer |dekalamine| *v.tr.* [*ôter la calamine*] disincrostare.

décalcifiant, ante |dekalsifjɑ̃, ɑ̃t| *adj.* decalcificante: *régime décalcifiant* dieta decalcificante.

décalcification |dekalsifikɑsjɔ̃| *s.f.* decalcificazione: *décalcification osseuse* decalcificazione ossea.

décalcifier |dekalsifje| **A** *v.tr.* [*priver d'une partie de son calcium*] decalcificare: *l'abus du citron décalcifie l'organisme* l'abuso di limone decalcifica l'organismo **B** *v.pron.intr.* SE DÉCALCIFIER [→ *tr.*] decalcificarsi: *organisme qui se décalcifie* organismo che si decalcifica.

décalcomanie |dekalkɔmani| *s.f.* decalcomania.

décaler |dekale| *v.tr.* [*déplacer un peu de la position normale*] spostare, sfalsare: *décaler en avant, en arrière* spostare in avanti, indietro → **avancer, reculer** ◇ (*temps*) *décaler un horaire* spostare un orario.

décalitre |dekalitʀ(ə)| *s.m.* decalitro: *un double décalitre* un doppio decalitro.

décalogue |dekalɔg| *s.m.* decalogo* → **loi.**

décalotter |dekalɔte| *v.tr.* [*enlever la calotte de qqch.*] scoperchiare, togliere (123) la calotta.

décalquage |dekalkaʒ| *s.m.* [→ DÉCALQUER] ricalcatura *f.*, ricalco*.

décalque |dekalk(ə)| *s.m.* [*reproduction par décalquage*] ricalcatura *f.* → **décalcomanie.**

décalquer |dekalke| *v.tr.* [*reporter le calque de qqch. sur un support*] ricalcare, decalcare → **1 imprimer.**

décamètre |dekamɛtʀ(ə)| *s.m.* decametro.

décamper |dekɑ̃pe| *v.intr.* [*s'en aller précipitamment*] svignarsela (*aux.* essere), scappare (*aux.* essere) → **enfuir (s'), fuir, sauver (se).**

décan |dekɑ̃| *s.m.* (*astrol.*) decano, decade (*f.*): *le premier décan du Scorpion* il primo decano, la prima decade dello Scorpione.

décanat |dekana| *s.m.* (*ecclés.*) decanato.

décaniller |dekanije| *v.intr.* (*fam.*) [*décamper, partir*] sloggiare.

décantage |dekɑ̃taʒ| *s.m.*, **décantation** |dekɑ̃tɑsjɔ̃| *s.f.* [→ DÉCANTER] decantazione *f.* → **clarification.**

décanter |dekɑ̃te| *v.tr.* [*débarrasser un liquide de ses impuretés*] decantare → **clarifier, épurer** ◇ (*fig.*) *décanter ses idées* chiarire (197), decantare le proprie idee → **éclaircir.**

décanteur |dekɑ̃tœʀ| *s.m.* (*techn.*)

decantatore: *décanteur industriel* decantatore industriale.
décapage |dekapaʒ| *s.m.* [→ DÉCAPER] decapaggio*: *décapage chimique, mécanique* decapaggio chimico, meccanico.
décapant |dekapɑ̃| *s.m.* [*produit servant à décaper*] decapante → **abrasif.**
décapeler |dekaple| (4) *v.tr.* (*mar.*) [*dépouiller les mâts, les vergues de leur gréement*] sbittare, scappellare.
décaper |dekape| *v.tr.* [*nettoyer une surface métallique des dépôts qui la recouvrent*] decapare: *décaper du cuivre* decapare il rame → **poncer** ◇ [*débarrasser une surface de la crasse ou d'un enduit*] raschiare: *décaper des parquets sales* raschiare dei 'parquet' sporchi.
décapeur |dekapœʀ| *s.m.* (operaio*) addetto al decapaggio, decapatore.
décapeuse |dekapøz| *s.f.* (*techn.*) ruspa.
décapitation |dekapitɑsjɔ̃| *s.f.* [→ DÉCAPITER] decapitazione: *être condamné à la décapitation* essere condannato alla decapitazione.
décapiter |dekapite| *v.tr.* [*trancher la tête de qqn.*] decapitare → **guillotiner** ✦ (*au p.p.*) *un cadavre décapité* un cadavere decapitato.
Décapodes |dekapɔd| *s.m. pl.* (*t. zool.*) **1** (*mollusques*) Decapodi **2** (*crustacés*) Decapodi.
décapotable |dekapɔtabl(ə)| *adj.* [→ DÉCAPOTER] decappottabile: *voiture décapotable* auto decappottabile.
décapoter |dekapɔte| *v.tr.* [*enlever la capote de*] decappottare: *décapoter sa voiture* decappottare la propria auto.
décapsuler |dekapsyle| *v.tr.* [*enlever la capsule de*] decapsulare.
décapsuleur |dekapsylœʀ| *s.m.* [*ouvre-bouteilles pour enlever les capsules*] apribottiglie *inv.*, levacapsule *inv.*
décapuchonner |dekapyʃɔne| *v.tr.* [*ôter le capuchon de*] scappucciare, levare il cappuccio: *décapuchonner un stylo* levare il cappuccio di una penna stilografica.
décarbonater |dekaʀbɔnate| *v.tr.* (*chim.*) [*retirer l'acide carbonique de*] sottoporre (168) a decarbonatazione ✦ (*au p.p.*) *chaux décarbonatée* calce sottoposta a decarbonatazione.
décarburant, ante |dekaʀbyʀɑ̃, ɑ̃t| *adj.* (*chim.*) decarburante.
décarburation |dekaʀbyʀɑsjɔ̃| *s.f.* (*métall.*) decarburazione.
décarburer |dekaʀbyʀe| *v.tr.* (*métall.*) [*enlever le carbone contenu dans certains métaux*] decarburare: *décarburer la fonte* decarburare la ghisa.
décarcasser (se) |dekaʀkase| *v.pron.* (*fam.*) [*se donner beaucoup de peine*] darsi (102) un gran daffare → **démener (se).**
décasyllabe |dekasil(l)ab|, **décasyllabique** |dekasi(l)labik| *adj.* (*versif.*) decasillabo: *vers décasyllabe* verso decasillabo ✦ (*s.m.*) *poème écrit en décasyllabes* poema (scritto) in decasillabi.
décathlon |dekatlɔ̃| *s.m.* decathlon *inv.*
décathlonien |dekatlɔnjɛ̃| *s.m.* decathloneta.
décati, ie |dekati| *adj.* (*fam.*) [*qui a perdu sa fraîcheur*] sciupato (*cour.*), sfiorito (*cour.*).
décatir |dekatiʀ| **A** *v.tr.* (*tissage*) [*débarrasser une étoffe de l'apprêt*] decatizzare **B** *v.pron.intr.* SE DÉCATIR [*perdre sa fraîcheur*] sciuparsi, sfiorire (*intr.*): *comme elle s'est décatie!* come si è sciupata!
décatissage |dekatisaʒ| *s.m.* (*tissage*) decatissaggio*.
décatisseur, euse |dekatisœʀ, øz| **1** *s. et adj.* [*qui effectue le décatissage*] (operaio*) addetto al decatissaggio **2** *s.f.* (*techn.*) *décatisseuse* (macchina) decatizzatrice.
decauville |dəkovil| *s.m.* (*ch. de fer*) 'decauville' *f. inv.*
décavé, ée |dekave| *adj.* **1** (*fam.*) [*ruiné*] spiantato (*cour.*) # *il est complètement décavé* non ha più un soldo, una lira ✦ (*s.*) *un décavé* un giocatore* al verde **2** [*épuisé*] sfinito: *il a un de ces airs décavés!* ha un'aria talmente sfinita!
décaver |dekave| **A** *v.tr.* (*jeu*) [*gagner toute la cave d'un joueur*] sbancare: *décaver son adversaire* sbancare l'avversario **B** *v.pron.intr.* SE DÉCAVER [*perdre sa cave au jeu*] sbancarsi, ridursi (108) al verde.
décéder |desede| (8) *v.intr.* (*dr.*) (*personnes*) [*mourir*] decedere *il est décédé depuis dix ans* è deceduto da dieci anni.
décelable |de(ɛ)slabl(ə)| *adj.* [→ DÉCELER] rivelabile, scopribile (*rare*).
déceler |de(ɛ)sle| (6) *v. tr.* **1** [*découvrir ce qui était celé*] scoprire (186), svelare: *déceler un secret, une intrigue* scoprire, svelare un segreto, un intrigo # *déceler une fuite de gaz* localizzare, individuare una fuga di gas → **détecter 2** (*choses*) [*être l'indice de*] rivelare, denotare: *cette végétation décèle la présence de carbonate de chaux dans le sol* questa vegetazione rivela la presenza di carbonato di calcio nel suolo; *son ton décèle une certaine inquiétude* il suo tono rivela, denota una certa inquietudine → **révéler, trahir.**
décélération |deseleʀɑsjɔ̃| *s.f.* [→ DÉCÉLÉRER] decelerazione Ⓒ **accélération.**
décélérer |deseleʀe| (8) *v.tr.* [*ralentir*] decelerare.
décem- |desɛm| *préf.* (*signifiant* 'dix', *correspond généralt.* à) decem: *décemvir* decemviro.
décembre |desɑ̃bʀ(ə)| *s.m.* [*douzième mois de l'année*] dicembre: *au mois de décembre* nel mese di dicembre, in dicembre.
décemment |desamɑ̃| *adv.* **1** [→ DÉCENT] decentemente, dignitosamente: *se tenir, s'exprimer décemment* comportarsi, esprimersi decentemente, dignitosamente → **convenablement 2** [*raisonnablement*] in coscienza (*loc.*): *décemment, il ne pouvait pas refuser cette offre* in coscienza, non poteva rifiutare quell'offerta.
décemvir |desɛmviʀ| *s.m.* (*lat.*) (*hist. rom.*) decemviro.
décemvirat |desɛmviʀa| *s.m.* (*hist. rom.*) decemvirato.
décence |desɑ̃s| *s.f.* decenza: *garder une certaine décence* mantenere una certa decenza; *blesser, choquer la décence* offendere la decenza → **pudeur** ◇ (*par ext.*) decenza, pudore (*m.*): *vous pourriez avoir la décence de vous taire!* potrebbe avere la decenza, il pudore di tacere! Ⓒ **indécence.**
décennal, ale, aux |dese(ɛn)nal, o| *adj.* decennale: *magistrature décennale* magistratura decennale; *prix décennale* premio decennale ✦ (*s.*) *les décennales* i decennali.
décennie |dese(ɛn)ni| *s.f.* decennio* *m.*
décent, ente |desɑ̃, ɑ̃t| *adj.* **1** decente, dignitoso: *tenue décente* contegno decente, dignitoso → **bienséant, convenable, reservé 2** [*acceptable*] decente, dignitoso: *elle joue du piano d'une manière décente* suona il piano in modo decente, dignitoso → **correct** Ⓒ 1 **indécent.**
décentrage |desɑ̃tʀaʒ| *s.m.* [→ DÉCENTRER] scentraggio*: *décentrage d'un objectif* scentraggio di un obiettivo.
décentralisation |desɑ̃tʀalizɑsjɔ̃| *s.f.* [→ DÉCENTRALISER] decentramento (*m.*): *décentralisation politique, administrative* decentramento politico, amministrativo.
décentraliser |desɑ̃tʀalize| *v.tr.* [*rendre plus autonome ce qui est centralisé*] decentrare.
décentrer |desɑ̃tʀe| *v.tr.* [*déplacer le centre de*] scentrare.
déception |desɛpsjɔ̃| *s.f.* [*le fait d'être déçu*] delusione: *causer, éprouver une déception* causare, provare una delusione ◇ [*ce qui déçoit*] *ç'a été une déception pour moi* è stata una delusione per me → **désappointement, déconvenue, désillusion.**
décerner |desɛʀne| *v.tr.* **1** (*dr.*) [*ordonner juridiquement*] emettere (155), spiccare: *décerner un mandat d'arrêt, de depôt* spiccare un mandato d'arresto, di carcerazione **2** [*accorder à qqn. une distinction*] assegnare, attribuire (197).
décès |desɛ| *s.m.* (*admin., dr.*) decesso, morte (*f.*): *acte de décès* atto di decesso, di morte # *fermé pour cause de décès* chiuso per lutto.
décevant, ante |dɛsvɑ̃, ɑ̃t| *adj.* [*qui déçoit*] deludente: *un voyage décevant* un viaggio deludente.
décevoir |dɛsvwaʀ| (33) *v.tr.* [*tromper qqn. dans ses espoirs, ses attentes*] deludere (106): *cet élève m'a déçu* questo allievo mi ha deluso.
déchaîné, ée |deʃene| *adj.* [*déclenché dans toute sa violence*] scatenato: *vents déchaînés* venti scatenati # *passions déchaînées* passioni sfrenate → **démonté** ◇ (*personnes*) [*très excité*] *cet enfant est déchaîné* questo bambino è scatenato.
déchaînement |deʃɛnmɑ̃| *s.m.* [→ DÉCHAINER] lo scatenarsi *inv.*, scatenamento: *le déchaînement des éléments* lo scatenarsi degli elementi → **fureur** ◇ (*sentiments, passions*) *le déchaînement de la colère, de la violence, de la haine* lo scatenarsi della collera, della violenza, dell'odio # *un déchaînement de tendresse* uno slancio di tenerezza → **explosion,** 2 **transport.**
déchaîner |deʃene| **A** *v.tr.* [*donner libre cours à une force*] scatenare: *déchaîner les passions, la colère* scatenare le passioni, la collera → **provoquer, soulever**; *déchaîner l'hilarité générale, l'enthousiasme d'une foule* scatenare l'ilarità generale, l'entusiasmo della folla # *déchaîner l'opinion contre qqn.* sollevare l'opinione pubblica contro qc. → **ameuter B** *v.pron.intr.* SE DÉCHAINER [*se déclencher avec violence*] scatenarsi: *la tempête s'était déchaînée* la tempesta si era scatenata ◇ (*personnes*) [*s'emporter contre qqn., qqch.*] *il s'est dé-*

chaîné contre les députés de la majorité si è scatenato contro i deputati della maggioranza.

déchanter |deʃɑ̃te| *v.intr.* (*fam.*) [*rabattre de ses prétentions, perdre ses illusions*] abbassare *tr.* la cresta: *il commence à déchanter* comincia ad abbassar la cresta.

1 **décharge** |deʃaʀʒ(ə)| *s.f.* **1** [*lieu où l'on décharge*] scarico* *m.*, discarica*: *décharge publique* discarica pubblica **2** (*techn.*, *cour.*) *tuyau de décharge* tubo di scarico **3** (*archit.*) *voûte de décharge d'un pont* arco di scarico di un ponte.

2 **décharge** |deʃaʀʒ(ə)| *s.f.* **1** (*dr.*, *cour.*) liberazione, quietanza: *décharge de l'obligation alimentaire* liberazione dall'obbligo degli alimenti; *signer une décharge* firmare una quietanza → **quittance** **2** *loc.* À DÉCHARGE [*en levant les charges qui pèsent sur un accusé*] a discarico: *il faut dire à sa décharge* bisogna dire a suo discarico ⓒ 2 **charge (à)** 1.

3 **décharge** |deʃaʀʒ(ə)| *s.f.* **1** [→ 3 DÉCHARGER] scarica* → **fusillade, salve** **2** (*électr.*, *cour.*) *décharge électrique* scarica elettrica.

déchargement |deʃaʀʒəmɑ̃| *s.m.* **1** [→ 1 DÉCHARGER 1, 2] scarico*: *commencer le déchargement* cominciare lo scarico → **débarquement** **2** [→ 1 DÉCHARGER 3] scaricamento: *déchargement d'une arme à feu* scaricamento di un'arma da fuoco.

1 **décharger** |deʃaʀʒe| (3) *v.tr.* **1** [*débarrasser de sa charge* (*une personne, un navire, etc.*)] scaricare; sgravare: *décharger un wagon* scaricare un vagone || *décharger un porteur de son fardeau* sgravare, liberare un facchino del suo carico **2** [*enlever* (*un chargement*)] scaricare: *décharger des marchandises, des passagers* scaricare merci, passeggeri **3** *décharger une arme* [*en enlever la charge*] scaricare un'arma ✦ (*au p.p.*) *un pistolet déchargé* una pistola scarica *adj.* ⓒ 3 **charger** 1.

2 **décharger** |deʃaʀʒe| (3) **A** *v.tr.* **1** [*libérer* (*qqn.*) *d'une charge, d'une obligation, d'une responsabilité*] liberare, sollevare: *il a été déchargé de cet engagement* è stato liberato da quell'impegno → **dispenser** **2** [*libérer d'une accusation*) prosciogliere (123): *décharger un accusé* prosciogliere un imputato → **disculper, innocenter** **3** *décharger sa conscience* scaricare la (propria) coscienza → **soulager** **B** *v.pron.réfl.* SE DÉCHARGER [→ *tr.* 1] scaricar(si): *il s'est déchargé de certains travaux sur ses collaborateurs* ha scaricato certi lavori sui suoi collaboratori ⓒ A 3 **charger** 1.

3 **décharger** |deʃaʀʒe| (3) *v.tr.* [*faire partir* (*une arme à feu*) *sur* (*qqn.*), *dans* (*qqch.*)] scaricare: *il a déchargé trois coup de pistolet sur son adversaire, dans la vitrine* ha scaricato tre colpi di pistola sul (contro il) suo avversario, nella (contro la) vetrina → **tirer.**

décharné, ée |deʃaʀne| *adj.* [*très maigre*] scarno: *visage décharné* volto scarno → **étique** ◇ (*fig.*) *une colline décharnée* una collina brulla → **aride, sec.**

décharner |deʃaʀne| *v.tr.* [*amaigrir à l'extrême*] scheletrire (197), ridurre (108) a pelle e ossa: *cette maladie l'a complètement décharné* questa malattia lo ha ridotto a uno scheletro, a pelle e ossa.

déchaussé, ée |deʃose| *adj.* [*qui n'a plus de chaussure(s)*] scalzo: *pied déchaussé* piede scalzo.

1 **déchausser** |deʃose| **A** *v.tr.* **1** [*enlever les chaussures de qqn.*] scalzare, togliere (123) le scarpe (a): *son valet de chambre le déchausse* il suo cameriere lo scalza, gli toglie le scarpe **2** [*dénuder, dégarnir à la base*] scalzare: *déchausser un arbre, un mur* scalzare un albero, un muro **B** *v.intr.* (*ski*) [*ôter ses skis; perdre ses skis en tombant*] togliersi gli sci; perdere (163) gli sci (cadendo) **C** *v.pron.réfl.* SE DÉCHAUSSER [→ *tr.*] scalzarsi, togliersi le scarpe ⓒ C **chausser (se).**

2 **déchausser (se)** |deʃose| (*v. pron.intr.*) *dent qui se déchausse* [*qui va tomber de l'alvéole dentaire*] dente che si scalza ✦ (*au p.p.*) *une dent déchaussée* un dente scalzato.

déchaux |deʃo| *adj.* (*relig.*) scalzo: *carmes déchaux* carmelitani scalzi.

dèche |dɛʃ| *s.f.* (*pop.*) [*manque d'argent*] bolletta: *être dans la dèche* essere in bolletta, al verde → **misère, pauvreté.**

déchéance |deʃeɑ̃s| *s.f.* **1** [→ DÉCHOIR] decadenza: *la déchéance des mœurs* la decadenza dei costumi → 1 **chute, disgrâce** # *déchéance physique* decadimento fisico **2** (*dr.*) decadenza.

déchet |deʃɛ| *s.m.* **1** [*résidu inutilisable ou inconsommable d'une matière*] scarto; rifiuti (*pl.*): *déchets de viande* scarti di carne || *des poubelles pleines de déchets* pattumiere piene di rifiuti ◇ [*perte, diminution*] calo: *il y a du déchet* c'è un calo ◇ (*physiol.*) *les déchets de la nutrition* le sostanze *f.* di rifiuto della nutrizione **2** (*fig.*) [*personne déchue, méprisable*] relitto: *c'est un déchet de l'humanité* è un relitto umano.

déchiffrable |deʃifʀabl(ə)| *adj.* [→ DÉCHIFFRER 1] decifrabile ⓒ **indéchiffrable.**

déchiffrage |deʃifʀaʒ|, **déchiffrement** |deʃifʀəmɑ̃| *s.m.* [→ DÉCHIFFRER 1] decifрamento, decifrazione *f.*

déchiffrer |deʃifʀe| *v.tr.* **1** [*lire* (*ce qui est écrit en chiffres ou dans une écriture inconnue*)] decifrare: *déchiffrer un message* decifrare un messaggio; *déchiffrer des hiéroglyphes* decifrare dei geroglifici → **décoder** ◇ (*par ext.*) *écriture difficile à déchiffrer* scrittura difficile da leggere, da decifrare **2** *déchiffrer de la musique* [*la lire à première vue*] leggere uno spartito musicale a (prima) vista.

déchiffreur, euse |deʃifʀœʀ, øz| *s.* [*personne qui déchiffre*] decifratore*: *déchiffreur de manuscrits, de dépêches* decifratore di manoscritti, di dispacci.

déchiquetage |deʃiktaʒ| *s.m.* [→ DÉCHIQUETER] laceramento, spezzettamento.

déchiqueté, ée |deʃikte| *adj.* [*en lambeaux*] (ridotto) a brandelli, a pezzi # *main déchiquetée par un obus* mano dilaniata, maciullata da una granata ◇ (*bot.*) *feuille déchiquetée* foglia frastagliata.

déchiqueter |deʃikte| (5) *v.tr.* **1** [*déchirer irrégulièrement en petits morceaux*] tagliuzzare, fare (103) a brandelli: *déchiqueter une étoffe* tagliuzzare una stoffa # *déchiqueter à belles dents* mangiare a grandi morsi **2** (*fig.*) [*mettre en pièces*] fare, ridurre (108) a brandelli, a pezzi.

déchiqueteur, euse |deʃiktœʀ, øz| *s.* (*techn.*) sminuzzatrice *f.*

déchiqueture |deʃiktyʀ| *s.f.* [*découpure, taillade* (*surtout d'une étoffe*)] sforbiciata, taglio* *m.*

déchirant, ante |deʃiʀɑ̃, ɑ̃t| *adj.* [*qui déchire le cœur, qui émeut fortement*] straziante: *spectacle déchirant* spettacolo straziante; *des cris déchirants* grida strazianti, laceranti; *éprouver une douleur déchirante* provare un dolore straziante → **douloureux.**

déchiré, ée |deʃiʀe| *adj.* **1** [*qu'on a déchiré, qui s'est déchiré*] strappato, lacerato: *chemise déchirée* camicia strappata, lacerata; *muscle déchiré* muscolo strappato **2** [*qui souffre moralement*] straziato: *il est déchiré* è straziato **3** [*qui est tragiquement divisé*] spaccato, dilaniato: *le pays est déchiré* il paese è spaccato, dilaniato.

déchirement |deʃiʀmɑ̃| *s.m.* **1** [→ DÉCHIRER A 1] lacerazione *f.*, strappo: *le déchirement d'une étoffe* la lacerazione di una stoffa; *déchirement d'un muscle, d'une fibre* strappo di un muscolo, di una fibra → **déchirure** **2** (*fig.*) [*grande douleur morale*] strazio*: *le déchirement des séparations* lo strazio delle separazioni, degli addii **3** [*division brutale au sein d'une communauté*] spaccatura *f.*, dissidio*: *l'Europe est en proie à des grands déchirements* l'Europa è in preda a grandi dissidi.

déchirer |deʃiʀe| **A** *v.tr.* **1** [*mettre en morceaux; partager en deux*] strappare, lacerare: *déchirer une étoffe* strappare, lacerare una stoffa □ *se déchirer un muscle* strapparsi un muscolo ◇ (*fig.*) *déchirer le voile* squarciare il velo (del mistero); *déchirer le silence* lacerare il silenzio **2** [*causer une vive douleur physique*] straziare: *toux qui déchire la poitrine* tosse che strazia il petto; *un spectacle qui déchire le cœur* uno spettacolo che strazia il cuore # *le remords la déchire* il rimorso la dilania **3** [*troubler par de tragiques divisions*] dilaniare: *la guerre civile a déchiré le pays* la guerra civile ha dilaniato il paese → **diviser** **B** *v.pron.* SE DÉCHIRER **1** *intr.* [*devenir déchiré, se fendre*] strapparsi: *sa robe s'est déchirée* il suo vestito si è strappato ◇ (*par ext.*) *la nue se déchire* la nube si squarcia [→ *tr.* 1] **2** *récipr.* [*se faire réciproquement du mal*] tormentarsi, straziarsi: *des amants qui se déchirent* innamorati che si tormentano → **entre-déchirer (s').**

déchirure |deʃiʀyʀ| *s.f.* [*fente faite en déchirant*] strappo *m.*, lacerazione: *elle a fait une déchirure à sa robe* si è fatta uno strappo al vestito ◇ (*méd.*) *déchirure d'un muscle* strappo muscolare → **accroc.**

déchloration |deklɔʀasjɔ̃| *s.f.* declorazione.

déchloruration |deklɔʀyʀasjɔ̃| *s.f.* (*méd.*) declorurazione.

déchoir |deʃwaʀ| *v.intr. défectif* (*prés. ind.*: *je déchois, nous déchoyons, ils déchoient*; *p. simple*: *je déchus*; *fut.*: *je déchoirai, je décherrai* (*vx.*); *subj. prés.*: *que je déchoie*; *subj. p.*: *que je déchusse*; *p.p.*: *déchu*; *pas d'imp.*, *ni de p. prés.*) (*aux.* '*être, avoir*') [*tomber dans un état inférieur à celui où l'on était*] decadere (121) (*aux.* essere): *déchoir de* *son rang, de son poste* decadere dal proprio rango, dal proprio posto; *il est déchu de ses privilèges* è decaduto dai suoi privilegi → **déchu** ♦ (*absolt.*) *vous pouvez accepter sans déchoir* potete accettare senza degradarvi → **abaisser (s')**, 1 **déclasser (se), baisser** ◇ (*choses*) declinare, diminuire (197): *sa popularité commence à déchoir, a beaucoup déchu* la sua popolarità comincia a declinare, è molto diminuita.

déchristianisation |dekRistjanizɑsjɔ̃| *s.f.* [→ DÉCHRISTIANISER] scristianizzazione.

déchristianiser |dekRistjanize| *v.tr.* [*faire cesser* (*un pays, un groupe*) *d'être chrétien*] scristianizzare.

déchu, ue |deʃy| *adj.* [→ DÉCHOIR] decaduto: *prince déchu* (*de son trône*) principe decaduto (dal trono) ◇ (*relig. chrét.*) *ange déchu* angelo decaduto.

déci- |desi| *préf.* (*signifiant 'dixième partie', correspond généralt. à*) deci: *décimètre* decimetro; *décigramme* decigrammo.

décibar |desibaR| *s.m.* (*phys.*) decibar *inv.*

décibel |desibɛl| *s.m.* (*phys.*) decibel *inv.*

décidé, ée |deside| *adj.* **1** deciso: *un homme décidé* un uomo deciso; *un air décidé* un'aria decisa; *une allure décidée* un'andatura decisa → **résolu** **2** [*arrêté par décision*] deciso: *c'est* (*une*) *chose décidée* è deciso → **réglé, résolu.**

décidément |desidemɑ̃| *adv.* [→ DÉCIDÉ 2] decisamente: *décidément, je n'ai pas de chance!* decisamente, non ho fortuna!; *décidément, cette femme est folle* quella donna è decisamente pazza.

décider |deside| **A** *v.tr.* **1** [*prendre la décision* (2) *de*] decidere (130), stabilire (197): *c'est moi qui décide* sono io che decido ◇ *loc.* DÉCIDER QUE decidere che, di: *il a décidé qu'il n'ira pas travailler* ha deciso che non andrà, di non andare a lavorare **2** [*amener* (*qqn.*) *à agir*] convincere (193), decidere: *je l'ai décidée à partir* l'ho convinta, decisa a partire → **convaincre, persuader,** 1 **pousser** **3** *passif* ÊTRE DÉCIDÉ À essere (96) *intr.* deciso a: *il est décidé à tout* è deciso a tutto; *j'y suis décidé* sono deciso → **résolu** **B** *v.intr.* DÉCIDER DE QQCH. (*personnes*) [*en disposer en maître*] decidere di, su q.c.: *décider de l'éducation de ses enfants* decidere dell'educazione dei propri figli ◇ (*choses*) decidere (*tr.*): *cet événement a décidé de son sort* quell'avvenimento ha deciso il suo destino # *cela décidera de son avenir* da ciò dipenderà il suo avvenire ◇ *loc.* DÉCIDER DE (+ *inf.*) decidere di (+ *inf.*): *ils ont décidé de partir* hanno deciso di partire **C** *v.pron.* SE DÉCIDER **1** *passif* [*être résolu*] decidersi, risolversi: *ça s'est décidé très vite* la cosa è stata decisa molto rapidamente; *la question s'est décidée après une longue discussion* la questione si è, è stata risolta dopo una lunga discussione **2** *intr.* SE DÉCIDER À [*prendre la décision de*] decidersi a: *il s'est enfin décidé à partir* finalmente si è deciso a partire → **resoudre (se)** ♦ (*absolt.*) *décidez-vous, donc!* decidetevi, si decida dunque! **3** (*intr.*) *se décider pour* [*donner la préférence à*] decidersi, optare per → **choisir, opter, prononcer (se)** Ⓒ C 3 **hésiter.**

décidu, ue |desidy| *adj.* → **caduc.**

déciduale |desidɥal| *adj.f.* (*anat. méd.*) deciduale.

décigramme |desigRam| *s.m.* decigrammo.

décilitre |desilitR(ə)| *s.m.* decilitro.

décimal, ale, aux |desimal, o| **1** *adj.* (*math.*) decimale: *numération décimale* numerazione decimale; *nombre décimal* numero decimale **2** (*s.f.*) *la décimale* (cifra) decimale.

décimation |desimɑsjɔ̃| *s.f.* [→ DÉCIMER 2] decimazione: *ville condamnée à la décimation* città condannata alla decimazione.

décime |desim| *s.* **1** *s.f.* (*hist. fr.*) decima **2** *s.m.* (*dr. fisc.*) decima *f.*

décimer |desime| *v.tr.* **1** [*mettre à mort une personne sur dix*] decimare **2** (*par ext.*) [*faire périr un grand nombre de personnes*] decimare: *l'épidemie a décimé la population* l'epidemia ha decimato la popolazione.

décimètre |desimɛtR(ə)| *s.m.* decimetro.

décintrage |desɛ̃tRaʒ|, **décintrement** |desɛ̃tRəmɑ̃| *s.m.* (*techn.*) disarmo: *décintrage d'une arcade* disarmo di un'arcata.

décintrer |desɛ̃tRe| *v.tr.* (*techn.*) [*retirer d'une voûte les cintres qui ont servi à la construire*] disarmare.

décisif, ive |desizif, iv| *adj.* **1** (*choses*) decisivo: *la pièce décisive d'un procès* l'atto decisivo di un processo; *un argument décisif* un argomento decisivo; *bataille décisive* battaglia decisiva; *le moment décisif approche* si avvicina il momento decisivo → **capital, déterminant** **2** (*personnes*) → **décidé.**

décision |desizjɔ̃| *s.f.* **1** [*délibération définitive*] decisione: *décision irrévocable* decisione irrevocabile; *prendre une décision* prendere una decisione; *sa décision est prise* ha preso una decisione, ha deciso; *obliger qqn. à prendre une décision* costringere qc. a prendere una decisione → **décider** ◇ (*par ext.*) *une décision administrative* una decisione amministrativa **2** [*fermeté; esprit de résolution*] decisione: *agir avec décision* agire con decisione # *il a de la décision* è (un tipo) deciso Ⓒ 2 **hésitation.**

décisoire |desizwaR| *adj.* (*dr.*) decisorio*: *serment décisoir* giuramento decisorio.

déclamateur, trice |deklamatœR, tRis| *s. et adj.* **1** (*péj.*) declamatore* **2** (*antiq. rom.*) declamatore.

déclamation |deklamɑsjɔ̃| *s.f.* **1** [→ DÉCLAMER] declamazione, dizione **2** (*par ext.*) [*emploi de phrases pompeuses, emphatiques*] *tomber dans la déclamation* cadere nell'enfasi.

déclamatoire |deklamatwaR| *adj.* declamatorio*: *ton, style déclamatoire* tono, stile declamatorio.

déclamer |dekla(ɑ)me| *v.tr.* [*reciter à haute voix en marquant l'accent*] declamare: *déclamer un poème* declamare una poesia ◇ (*péj.*) *déclamer avec emphase* declamare con enfasi.

déclarable |deklaRabl(ə)| *adj.* [→ DÉCLARER A] dichiarabile.

déclaratif, ive |deklaRatif, iv| *adj.* **1** (*dr.*) dichiarativo: *jugement déclaratif d'absence* sentenza dichiarativa di assenza **2** (*gram.*) *verbe déclaratif* verbo dichiarativo.

déclaration |deklaRɑsjɔ̃| *s.f.* **1** [→ DÉCLARER A 1] dichiarazione: *faire une déclaration publique, solennelle* fare una dichiarazione pubblica, solenne ◇ (*spécialt.*) *une déclaration d'amour* una dichiarazione d'amore; *faire une déclaration à qqn.* fare una dichiarazione (d'amore) a qc. **2** (*dr.*) dichiarazione, denunzia: *déclaration de faillite* dichiarazione di fallimento; *déclarations d'état civil* denunzie, dichiarazioni di stato civile; *déclaration en douane* dichiarazione doganale; *faire sa déclaration d'impôts* fare la denunzia, la dichiarazione dei redditi **3** *déclaration de guerre* dichiarazione di guerra.

déclaratoire |deklaRatwaR| *adj.* (*dr.*) declaratorio*: *acte déclaratoire* atto declaratorio.

déclaré, ée |deklaRe| *adj.* dichiarato: *être l'ennemi déclaré de qqn.* essere il nemico dichiarato di qualcuno → **juré.**

déclarer |deklaRe| **A** *v.tr.* **1** [*faire connaître* (*un sentiment, etc.*) *d'une façon expresse*] dichiarare: *déclarer ses intentions à qqn.* dichiarare le proprie intenzioni a qc.; *déclarer son ignorance* dichiarare, confessare la propria ignoranza → **avouer**; *déclarer son amour* dichiarare il proprio amore; *déclarer la guerre à un pays* dichiarare guerra a un paese → **proclamer** # *revenir sur ce qu'on a déclaré* ritrattare le proprie dichiarazioni, ritrattarsi ◇ (*avec un attribut*) *on l'a déclaré coupable* è stato dichiarato, riconosciuto colpevole; *je le déclare mon héritier* lo nomino, lo dichiaro mio erede ◇ *loc.* DÉCLARER QUE (+ *ind.*) dichiarare che, affermare che (+ *ind.*): *il a déclaré que c'était faux* ha dichiarato che non era vero **2** [*faire connaître* (*à une autorité*) *l'existence de qqch.*] dichiarare, denunciare: *déclarer des marchandises à la douane* dichiarare delle merci alla dogana; *n'avez-vous rien à déclarer?* non ha, non avete nulla da dichiarare?; *déclarer ses revenus* dichiarare, denunciare i propri redditi; *déclarer une naissance* denunciare una nascita **B** *v.pron.* SE DÉCLARER **1** *intr.* [*donner son avis*] pronunciarsi: *il ne veut pas déclarer sur ce point* non vuole pronunciarsi su questo, quel punto; *se déclarer pour, contre* dichiararsi, pronunciarsi pro, contro **2** *réfl.* (*avec un attribut*) [*se dire*] dichiararsi, dirsi (132): *il se déclare lésé* si dichiara, si dice danneggiato ♦ (*absolt.*) [*déclarer son amour*] dichiararsi: *il n'ose se déclarer* non osa dichiararsi **3** *réfl.* (*phénomène dangereux*) [*se manifester*] manifestarsi; divampare *intr.* (*aux.* essere): *la fièvre s'est déclarée subitement* la febbre si è manifestata all'improvviso; *l'incendie s'est déclaré vers minuit* l'incendio è divampato verso mezzanotte.

déclassé, ée |deklɑse| *adj.* **1** [*qui n'appartient plus à sa classe sociale*] declassato ♦ (*s.*) *c'est un déclassé* è un decaduto **2** (*sport*) declassato **3** [*qu'on a* (1) *déclassé* (1)] declassato: *hôtel déclassé* albergo declassato ◇ (*ch. de fer*) *wagon déclassé* carrozza declassata.

déclassement |deklɑsmɑ̃| *s.m.* [→ 1 DÉCLASSER] declassamento.

1 **déclasser** |deklɑse| *v.tr.* **1** [*faire passer dans une classe, une catégorie inférieure*] declassare: *de telles occupations, de tels goûts vous déclassent*

simili occupazioni, simili gusti la declassano; *déclasser un wagon* declassare una carrozza; *déclasser un hôtel* declassare un albergo **2** (*sport*) *déclasser un concurrent* declassare, retrocedere (125) un concorrente ◇ (*ch. de fer*) *déclasser un voyageur* far (103) *intr.* cambiare classe a un viaggiatore.

2 **déclasser** |deklɑse| *v.tr.* [*déranger des objets classés*] mettere (155) in disordine, scompigliare: *déclasser les papiers, des livres* mettere in disordine le carte, dei libri

déclenchement |deklɑ̃ʃmɑ̃| *s.m.* **1** [→ DÉCLENCHER 1] scatto: *le déclenchement du chien d'un fusil armé* lo scatto del cane di un fucile carico **2** (*fig.*) [→ DÉCLENCHER 2] scoppio*: *le déclenchement d'une révolution* lo scoppio di una rivoluzione.

déclencher |deklɑ̃ʃe| *v.tr.* (*techn.*) **1** [*déterminer la production de* (*un phénomène*) *par un mécanisme*] attivare, azionare: *déclencher la sonnerie d'une horloge* attivare la suoneria di un orologio **2** (*fig.*) [*déterminer brusquement une action*] scatenare; provocare: *déclencher l'offensive* scatenare l'offensiva; ‖ *déclencher une révolte, une crise* scatenare una rivolta, provocare una crisi.

déclencheur |deklɑ̃ʃœʀ| *s.m.* (*techn.*) (dispositivo di) scatto, (congegno di) disinnesto.

déclic |deklik| *s.m.* **1** (*techn.*) (dispositivo di) scatto: *chronomètre à déclic* cronometro a scatto; *faire jouer un déclic* far funzionare un dispositivo di scatto **2** [*bruit sec produit par ce qui se déclenche*] scatto.

déclin |deklɛ̃| *s.m.* declino, il declinare (*inv.*): *le déclin d'une civilisation* il declino di una civiltà; *le déclin du jour* il declinare del giorno; *le déclin de la vie, de l'âge* il declinare della vita, dell'età; *être sur, à son déclin* essere in, al declino # *le soleil est à son déclin* il sole è al tramonto.

déclinable |deklinabl(ə)| *adj.* [→ 1 DÉCLINER 2, 3] declinabile.

déclinaison |deklinɛzɔ̃| *s.f.* **1** (*gram., cour.*) declinazione: *les cinq déclinaisons latines* le cinque declinazioni latine **2** (*astron., ling., phys.*) declinazione.

déclinant, ante |deklinɑ̃, ɑ̃t| *adj.* declinante: *forces déclinantes* forze declinanti.

déclination |deklinɑsjɔ̃| *s.f.*, **déclinement** |deklinmɑ̃| *s.m.* **1** [→ 2 DÉCLINER 2] declino *m.* **2** (*vx.*) → **pente.**

déclinatoire |deklinatwaʀ| **I** *adj.* (*dr.*) declinatorio*: *exceptions déclinatoires* eccezioni declinatorie **II** *s.m.* **1** (*dr.*) *élever un déclinatoire* sollevare una declinatoria *f.* **2** (*techn.*) declinometro, declinatore.

1 **décliner** |dekline| *v.tr.* **1** (*dr.*) [*carter une juridiction*] declinare: *décliner la compétence d'un tribunal* declinare il foro **2** [*repousser ce qui nous est proposé, attribué*] declinare: *décliner une invitation* declinare un invito → **refuser**; *décliner toute responsabilité* declinare ogni responsabilità → **rejeter** **3** (*gram.*) [*donner* (*à un nom, un adjectif, un pronom*) *toutes ses désinences*] declinare **4** (*fig.*) [*dire, énoncer*] declinare: *décliner son nom* declinare il proprio nome.

2 **décliner** |dekline| *v.intr.* **1** (*astron.*) [*s'éloigner de l'équateur de la sphère céleste*] declinare **2** [*être dans son déclin*] declinare: *le jour commence à décliner* il giorno comincia a declinare; *santé qui décline* salute che declina, in declino → **baisser,** 1 **tomber.**

déclivité |deklivite| *s.f.* declività *inv.*, declivio* (*m.*): *déclivité d'un terrain, d'une route* declività, declivio di un terreno, di una strada → **pente.**

déclouer |deklue| *v.tr.* [*défaire* (*ce qui est cloué*)] schiodare: *déclouer une caisse* schiodare una cassa ⓒ **clouer.**

décochement |dekɔʃmɑ̃| *s.m.* [→ DÉCOCHER 1] lo scoccare *inv.*

décocher |dekɔʃe| *v.tr.* **1** [*lancer avec un arc, une arme de trait*] scoccare: *décocher une flèche* scoccare una freccia ◇ (*par ext.*) [*lancer par une brusque détente*] sferrare: *décocher un coup à qqn.* sferrare un colpo a qc. **2** (*fig.*) [*envoyer comme une flèche*] lanciare: *décocher une œillade* lanciare un'occhiata; *décocher un trait de satire* lanciare una frecciata.

décoction |dekɔksjɔ̃| *s.f.* **1** (*pharm.*) decozione **2** [*liquide ainsi obtenu*] decotto *m.*, decozione → 1 **tisane, infusion** **3** (*fig., fam.*) *une décoction de coups de bâton* un sacco* *m.* di bastonate.

décodage |dekɔdaʒ| *s.m.* [→ DÉCODER] deciframento, decifrazione *f.*

décoder |dekɔde| *v.tr.* (*techn.*) [*analyser le contenu d'un message*] decodificare ◇ (*ling.*) [*analyser ou saisir intuitivement le sens d'un énoncé*] decodificare.

décodeur |dekɔdœʀ| *s.m.* [*personne, appareil qui effectue un décodage*] decodificatore* *s.*

décoiffer |dekwafe| *v.tr.* **1** [*déranger la coiffure*] spettinare: *le vent l'a décoiffée* il vento l'ha spettinata; *être décoiffé* essere spettinato → **dépeigner** **2** (*rare*) [*ôter ce qui coiffe, le chapeau*] togliere (123) il cappuccio, il cappello ◇ (*techn.*) *décoiffer une fusée, un obus* scappucciare un razzo, un obice. ⓒ 1 **recoiffer.**

décoincer |dekwɛ̃se| (2) *v.tr.* [*dégager ce qui est coincé, bloqué*] disincepparе, sbloccare: *décoincer un tiroir* sbloccare un cassetto ⓒ **coincer.**

décolérer |dekɔleʀe| (8) *v.intr.* (*emploi négatif*) *ne pas décolérer* [*ne pas cesser d'être en colère*] non calmarsi *pron.* ◇ (*fig.*) *la mer n'avait pas encore décoléré* il mare non si era ancora calmato.

décollage |dekɔlaʒ| *s.m.* **1** [→ DÉCOLLER A 1] scollamento **2** [→ DÉCOLLER B II 1] decollo: *décollage d'un avion* decollo di un aereo; *ne pas fumer pendant le décollage* è vietato fumare durante il decollo ⓒ 2 **atterrissage.**

décollation |dekɔlasjɔ̃| *s.f.* decollazione.

décollement |dekɔlmɑ̃| *s.m.* [→ DÉCOLLER A 1] scollamento ◇ (*méd.*) distacco*: *décollement de la rétine* distacco della retina.

décoller |dekɔle| **A** *v.tr.* **1** [*détacher ce qui est collé*] scollare, staccare: *décoller un timbre-poste* scollare, staccare un francobollo ◆ *au p.p.* (*fam.*) *oreilles décollées* orecchie a sventola **2** (*fig., pop.*) *décoller qqn.* [*ne plus le coller, l'importuner*] smettere (155) di importunare # *il ne nous a pas décollés une minute* non ci ha lasciati in pace un minuto **B** *v.intr.* **I** (*fam.*) (*s'emploie négativement*) [*s'en aller, partir*] andarsene (101) (via): *pas moyen de la faire décoller* non c'è modo di farla andar via ◇ (*sport*) staccarsi (*pron.*): *le cycliste a décollé du peloton* il ciclista si è staccato dal gruppo **II** **1** (*avion*) [*quitter le sol*] decollare: *l'avion vient de décoller* l'aereo ha appena decollato → **envoler (s')** **2** (*fam.*) [*maigrir*] dimagrire (197), deperire (197): *ce qu'il a décollé depuis sa maladie!* com'è dimagrito da quando si è ammalato! **C** *v.pron.intr.* SE DÉCOLLER **1** [→ *tr.* 1] scollarsi, staccarsi: *affiche qui se décolle* manifesto che si scolla, si stacca **2** (*méd.*) [*ne plus adhérer*] distaccarsi: *la rétine s'est décollée* la retina si è distaccata.

décolletage |dekɔltaʒ| *s.m.* **1** [→ DÉCOLLETER A 1] scollatura (*f.*): *décolletage hardi* scollatura audace **2** (*techn.*) filettatura *f.* **3** (*agric.*) scollettatura *f.*

décolleté, ée |dekɔlte| **1** *adj.* [*qui laisse voir le cou et une partie de la gorge, du dos*] scollato: *robe décolletée devant, dans le dos* vestito scollato davanti, dietro ◇ (*par ext.*) *femme très décolletée* donna molto scollata **2** *s.m.* 'decollete' *inv.*, scollatura (*f.*): *décolleté en pointe* scollatura a punta; *elle préfère les décolletés profonds* preferisce i 'décolleté' profondi, le scollature profonde ◇ (*par ext.*) [*les chairs laissées nues*] 'décolleté': *elle a un beau décolleté* ha un bel 'décolleté'.

décolleter |dekɔlte| (5) **A** *v.tr.* **1** [*couper un vêtement de manière à ce qu'il dégage le cou, le dos*] scollare un vestito **2** [*travailler par décolletage*] filettare: *tour à décolleter* tornio parallelo per filettare **3** (*agric.*) [*couper la partie supérieure* (*d'une racine*) *pour empêcher le développement du bourgeon*] scollettare **B** *v.pron. intr.* SE DÉCOLLETER [*porter un vêtement décolleté*] scollarsi.

décolleteur, euse |dekɔltœʀ, øz| *s.* **1** *s.* [*ouvrier qui fait le décolletage* (2)] filettatore *m.* **2** *s.f.* (*techn.*) filettatrice ◇ (*agric.*) scollettatrice.

décolonisation |dekɔlɔnizɑsjɔ̃| *s.f.* [→ DÉCOLONISER] decolonizzazione.

décoloniser |dekɔlɔnize| *v.tr.* [*permettre, effectuer la décolonisation de*] decolonizzare ◆ (*au p.p.*) *pays décolonisé* paese decolonizzato ◆ (*s.*) *les décolonisés* i popoli decolonizzati *adj.*

décolorant, ante |dekɔlɔʀɑ̃, ɑ̃t| *adj.* decolorante ◆ (*s.m.*) *l'eau de javel est un décolorant* la candeggina è un decolorante.

décoloration |dekɔlɔʀɑsjɔ̃| *s.f.* [→ DÉCOLORER] decolorazione: *décoloration des cheveux* decolorazione dei capelli.

décoloré, ée |dekɔlɔʀe| *adj.* decolorato, scolorito: *étoffe décolorée* stoffa decolorata, scolorita; *cheveux décolorés* capelli decolorati # *lèvres décolorées* labbra pallide ⓒ **coloré.**

décolorer |dekɔlɔʀe| **A** *v.tr.* [*altérer, effacer la couleur de*] decolorare, scolorire (197): *le soleil a décoloré les rideaux* il sole ha scolorito le tende □ *se décolorer les cheveux* decolorarsi i capelli **B** *v.pron.réfl.* SE DÉCOLORER [→ *tr.*] decolorarsi ◆ (*absolt.*) *elle s'est décolorée* si è fatta decolorare i capelli → **déteindre.**

décombres |dekɔ̃bʀ(ə)| *s.m.pl.* [*amas de matériaux*] macerie (*f.*): *blessé* *enterré sous les décombres* ferito sepolto sotto le macerie → **gravats, ruine.**

décommander |dekɔmɑ̃de| **A** *v.tr.* [*annuler la commande d'une marchandise*] annullare un ordine: *décommander une robe* annullare l'ordine di un vestito # *décommander une invitation, un repas* disdire un invito, un pranzo **B** *v.pron.intr.* SE DÉCOMMANDER [*annuler un rendez-vous, un engagement*] disdire (132) *tr.* un appuntamento, un impegno.

décompensation |dekɔ̃pɑ̃sɑsjɔ̃| *s.f.* (*méd.*) scompenso *m.*

décompléter |dekɔ̃plete| (8) *v.tr.* (*rare*) [*rendre incomplet*] scompletare.

décomplexé, ée |dekɔ̃plɛkse| *adj.* [*sans inhibitions*] disinibito.

décomplexer |dekɔ̃plɛkse| *v.tr.* (*fam.*) [*libérer de ses inhibitions, de ses complexes*] liberare dai complessi, sbloccare → **décontracter, défouler.**

décomposable |dekɔ̃pozabl(ə)| *adj.* [→ 1 DÉCOMPOSER] scomponibile.

1 **décomposer** |dekɔ̃poze| *v.tr.* [*diviser, séparer en éléments*] scomporre (168), decomporre (168) → **dissocier, séparer** ◇ (*chim.*) *décomposer de l'eau par électrolyse* separare l'acqua per elettrolisi ◇ (*phys.*) *décomposer la lumière solaire en ses couleurs fondamentales* scomporre la luce solare nei suoi colori fondamentali ◇ (*mécan.*) *décomposer une force* scomporre una forza ◇ (*gram.*) *décomposer un mot* scomporre una parola ◇ (*géom., math.*) *décomposer un produit en ses facteurs* scomporre un prodotto in fattori ◇ (*fig.*) *décomposer un problème pour mieux le résoudre* disarticolare, decomporre un problema per risolverlo meglio.

2 **décomposer** |dekɔ̃poze| **A** *v.tr.* **1** [*altérer chimiquement* (*une substance organique*)] decomporre (168): *la chaleur décompose les matières animales* il calore decompone le sostanze animali → **putréfier 2** [*altérer passagèrement* (*les traits du visage*)] decomporre, alterare: *la souffrance décompose ses traits* la sofferenza gli decompone i lineamenti ♦ (*au p.p.*) *il est décomposé* è disfatto **B** *v.pron.intr.* SE DÉCOMPOSER [→ *tr.* 1] decomporsi, alterarsi: *gibier qui commence à décomposer* selvaggina che comincia a decomporsi # *cadavre qui se décompose* cadavere in decomposizione.

1 **décomposition** |dekɔ̃pozisjɔ̃| *s.f.* [→ 1 DÉCOMPOSER] scomposizione: *décomposition chimique* scomposizione chimica; *décomposition de la lumière* scomposizione della luce ◇ (*fig.*) *décomposition d'un raisonnement* scomposizione di un ragionamento.

2 **décomposition** |dekɔ̃pozisjɔ̃| *s.f.* [→ 2 DÉCOMPOSER A 1] decomposizione: *cadavre en décomposition* cadavere in stato di decomposizione.

décompression |dekɔ̃pʀɛsjɔ̃| *s.f.* (*phys.*) decompressione: *accidents physiologiques provoqués par la décompression* disturbi fisiologici provocati dalla decompressione → **détente, dilatation.**

décompte |dekɔ̃t| *s.m.* **1** [*ce qu'il y a à déduire sur une somme que l'on paie*] detrazione (*f.*): *faire le décompte* calcolare le detrazioni → **réduction** ◇ (*fig.*) *trouver, éprouver du décompte* [*être désillusionné*] restare, rimanere deluso **2** [*décomposition d'une somme, d'un ensemble*] distinta *f.*

décompter |dekɔ̃te| *v.tr.* [*déduire, retrancher*] detrarre (190), dedurre (108).

déconcentration |dekɔ̃sɑ̃tʀɑsjɔ̃| *s.f.* (*écon., psycho.*) deconcentrazione.

déconcentrer |dekɔ̃sɑ̃tʀe| *v.tr.* **1** [*provoquer une décentralisation administrative*] decentrare: *déconcentrer l'autorité ministérielle* decentrare l'autorità ministeriale **2** [*diminuer la concentration de*] decentrare **3** [*cesser de concentrer son attention, de se concentrer*] deconcentrare, deconcentrarsi *pron.*

déconcertant, ante |dekɔ̃sɛʀtɑ̃, ɑ̃t| *adj.* sconcertante: *attitude déconcertante* atteggiamento sconcertante; *nouvelles contradictoires et déconcertantes* notizie contraddittorie e sconcertanti → **déroutant.**

déconcerter |dekɔ̃sɛʀte| *v.tr.* [*faire perdre contenance* (*à qqn.*); *jeter dans l'incertitude*] sconcertare: *il se laisse facilement déconcerter* si lascia sconcertare facilmente → **démonter, désorienter.**

déconfit, ite |dekɔ̃fi, it| *adj.* (*fig.*) [*penaud, dépité*] avvilito, depresso: *air déconfit* aria avvilita, depressa.

déconfiture |dekɔ̃fityʀ| *s.f.* **1** (*fam.*) [*échec, défaite morale*] disfatta: *la déconfiture d'un parti politique* la disfatta di un partito politico **2** (*fam.*) [*ruine financière*] dissesto *m.*, crollo (*m.*) finanziario*: *déconfiture d'un banquier* dissesto di un banchiere # *être, tomber en déconfiture* essere, diventare insolvente ◇ (*dr.*) insolvenza, decozione.

décongélation |dekɔ̃ʒelɑsjɔ̃| *s.f.* [→ DÉCONGELER] scongelazione, scongelamento *m.*

décongeler |dekɔ̃ʒle| (8) *v.tr.* [*ramener à une température supérieure à 0 °C*] scongelare: *décongeler de la viande* scongelare la carne Ⓒ **congeler.**

décongestion |dekɔ̃ʒɛstjɔ̃| *s.f.*, **décongestionnement** |dekɔ̃ʒɛstjɔnəmɑ̃| *s.m.* **1** (*méd.*) decongestionamento *m.* **2** [→ DECONGESTIONNER 2] decongestionamento: *décongestionnement du trafic* decongestionamento del traffico.

décongestionner |dekɔ̃ʒɛstjɔne| *v.tr.* **1** [*faire cesser la congestion de*] decongestionare: *décongestionner les poumons* decongestionare i polmoni **2** (*fig.*) → **dégager** Ⓒ **congestionner.**

déconnecter |dekɔnɛkte| *v.tr.* **1** (*électr.*) [*supprimer une connexion dans un circuit électrique*] disinserire (197) ◇ (*mécan.*) *déconnecter des pièces mécaniques* disinnestare dei pezzi meccanici **2** (*fig.*) → **séparer.**

déconner |dekɔne| *v.intr.* (*vulg.*) [*dire des absurdités, des conneries* (*vulg.*)] dire (132) *tr.* fesserie (*pop.*).

déconseiller |dekɔ̃seje| *v.tr.* [*conseiller de ne pas faire*] sconsigliare: *déconseiller à qqn. de faire qqch.* sconsigliare a qc. di fare q.c.; *il me l'a déconseillé* me lo ha sconsigliato # *c'est tout à fait déconseillé* è assolutamente sconsigliabile → **dissuader** Ⓒ **conseiller.**

déconsidération |dekɔ̃sideʀɑsjɔ̃| *s.f.* (*littér.*) [*perte de la considération*] discredito (*m.*): *jeter la déconsidération sur qqn.* gettare discredito su qc. → **discrédit.**

déconsidérer |dekɔ̃sideʀe| (8) **A** *v.tr.* [*priver* (*qqn.*) *de la considération, de l'estime*] screditare: *ce scandale l'a déconsidéré* quello scandalo lo ha screditato **B** *v.pron.intr.* SE DÉCONSIDÉRER [→ *tr.*] (di)screditarsi.

déconsigner |dekɔ̃siɲe| *v.tr.* **1** [*retirer de la consigne*] ritirare (dal deposito bagagli) **2** [*rembourser le prix de la consigne* (*d'un emballage*)] rimborsare il deposito di un vuoto a rendere.

décontamination |dekɔ̃taminɑsjɔ̃| *s.f.* (*phys.*) decontaminazione.

décontaminer |dekɔ̃tamine| *v.tr.* (*phys.*) [*supprimer l'activité nocive des corps irradiés par des éléments radioactifs*] decontaminare.

décontenancer |dekɔ̃tnɑ̃se| (2) **A** *v.tr.* [*faire perdre contenance à qqn.*] sconcertare: *il décontenance ses adversaires par son aplomb* sconcerta i suoi avversari con la sua faccia tosta; *il est tout décontenancé* è estremamente sconcertato → 2 **démonter B** *v.pron. intr.* SE DÉCONTENANCER [*perdre contenance*] confondersi (146): *il se décontenance facilement* si confonde facilmente.

décontracté, ée |dekɔ̃tʀakte| *adj.* **1** (*muscle*) [*relâché*] rilassato, disteso **2** (*par ext.*) *restez décontracté,* [*détendu*] si rilassi → **souple 3** (*fig., fam.*) [*insouciant, sans crainte ni angoisse*] indolente, menefreghista: *vivre très décontracté* vivere da gran menefreghista # *play-boy décontracté* play-boy disinibito ◇ [*libre, détendu*] rilassato, decontratto: *conduite décontractée* guida rilassata.

décontracter |dekɔ̃tʀakte| **A** *v.tr.* [*faire cesser la contraction musculaire*] rilassare, distendere (105): *décontracter ses muscles* rilassare, distendere i muscoli **B** *v.pron.réfl.* SE DÉCONTRACTER [*se détendre*] rilassarsi, distendersi.

décontraction |dekɔ̃tʀaksjɔ̃| *s.f.* **1** [*relâchement du muscle*] rilassamento *m.* **2** [*détente du corps*] distensione, rilassamento **3** (*fig., fam.*) [*insouciance*] indolenza, menefreghismo *m.*

déconvenue |dekɔ̃vny| *s.f.* [*désappointement causé par un insuccès, une mésaventure*] delusione, disappunto (*m.*): *éprouver une grande déconvenue* provare una grande delusione → **déception.**

décor |dekɔʀ| *s.m.* **1** [*ensemble servant à décorer* (*un intérieur*)] decorazione *f.*, arredamento: *un décor somptueux* un arredamento sontuoso # *les arts du décor* le arti decorative **2** (*ciné., télév., théât.*) [*représentation figurée du lieu où se passe l'action*] scena *f.*, scenario* ◇ (*loc.*) *changement de décor* cambiamento di scena **3** (*fam., véhicules*) *entrer dans le décor* [*quitter accidentellement la route*] uscire di strada.

décorateur, trice |dekɔʀatœʀ, tʀis| *s.* decoratore*, arredatore*: *décorateur d'intérieurs, d'appartements* decoratore (arredatore) di interni, di appartamenti → **ensemblier** # *décorateur d'églises* addobbatore di chiese ◇ (*par ext.*) *décorateur de théâtre* scenografo, decoratore.

décoratif, ive |dekɔʀatif, iv| *adj.* **1** decorativo: *art décoratif* arte decorativa → **ornemental** ◇ (*fam.*) *les arts déco* le arti decorative **2** (*par ext.*) *un tableau décoratif* [*qui décore bien*] un quadro decorativo; *un personnage décoratif* un personaggio decorativo.

décoration |dekɔʀɑsjɔ̃| *s.f.* **1** [→ 1 DÉCORER] decorazione, arredamento *m.* **2** [*l'ensemble de ce qui décore*] decorazione, arredamento # *la décoration d'une église* l'addobbo, gli arredi di una chiesa **3** [*insigne d'un ordre honorifique*] decorazione.

1 **décorer** |dekɔʀe| *v.tr.* [*pourvoir d'accessoires destinés à embellir*] decorare, addobbare, arredare: *décorer une vitrine* decorare, addobbare una vetrina → **orner.**

2 **décorer** |dekɔʀe| *v.tr.* [*remettre à qqn. une décoration, une insigne*] decorare: *décorer un soldat d'une médaille* decorare un soldato con una medaglia ♦ (*absolt.*) *il va être décoré* [*de la Legion d'honneur*] sarà decorato ♦ (*au p.p.*) *les gens décorés* i decorati ♦ (*s.*) *un décoré* un decorato.

décorner |dekɔʀne| *v.tr.* **1** [*dégarnir de ses cornes*] scornare ◇ (*fam.*) *il fait un vent à décorner les bœufs* tira un vento fortissimo **2** [*redresser ce qui est corné*] raddrizzare: *décorner la page d'un livre* raddrizzare le orecchie alla pagina di un libro.

décorticage |dekɔʀtikaʒ| *s.m.* [→ DÉCORTIQUER] sgusciatura *f.*; brillatura (*f.*): *décorticage des amandes* sgusciatura delle mandorle ‖ *décorticage du riz* brillatura del riso.

décortication |dekɔʀtikɑsjɔ̃| *s.f.* **1** scortecciatura: *décortication d'un arbre* scortecciatura di un albero **2** (*méd.*) decorticazione.

décortiquer |dekɔʀtike| *v.tr.* (*agric.*) [*dépouiller de son enveloppe*] sgusciare, sbucciare ♦ (*au p.p.*) *amandes, arachides décortiquées* mandorle, arachidi sgusciate ◇ (*fig.*) *décortiquer un texte* [*l'étudier dans les moindres détails*] spulciare un testo.

décorum |dekɔʀɔm| *s.m.sing.* decoro, convenienze (*f. pl.*): *observer le décorum* rispettare le convenienze → **bienséance.**

décote |dekɔt| *s.f.* (*fisc*) [*exonération appliquée à une contribution*] abbattimento *m.*, esonero *m.* degressivo.

découcher |dekuʃe| *v.intr.* [*coucher hors de chez soi; rester absent une nuit entière*] dormire, passare *tr.* la notte fuori (di) casa.

découdre |dekudʀ(ə)| (60) **A** *v.tr.* **1** [*défaire ce qui est cousu*] scucire (203): *découdre une doublure, un bouton* scucire una fodera, un bottone **2** (*vén.*) [*déchirer le ventre par une blessure en long*] sventrare: *cerf qui découd un chien* cervo che sventra un cane **B** *v.intr.* EN DÉCOUDRE [*se battre*] venire (202) (*aux.* essere) alle mani: *il est toujours prêt à en découdre* è sempre pronto a venire alle mani **C** *v.pron.intr.* SE DÉCOUDRE scucirsi: *le sac s'est décousu* il sacco si è scucito Ⓒ A **coudre.**

découler |dekule| *v.intr.* [*s'ensuivre par développement naturel*] conseguire (*aux.* essere), derivare (*aux.* essere): *les résultats qui en découlent* i risultati che ne conseguono, che ne derivano → **résulter.**

découpage |dekupaʒ| *s.m.* **1** [→ DÉCOUPER A 1] trinciamento; taglio*: *découpage d'une volaille* trinciamento di un pollo ‖ *découpage d'un gâteau* taglio di un dolce; *découpage des tôles à la cisaille, au burin* taglio delle lamiere con forbici, con il bulino; *découpage au chalumeau, à la presse* taglio con la fiamma ossidrica, con la pressa **2** [*image à découper ou découpée*] ritaglio: *découpage d'une image en carton* ritaglio di una figura di cartone; *faire des découpages* fare dei ritagli **3** (*ciné.*) sceneggiatura *f.*

découpe |dekup| *s.f.* [*empiècement pratiqué dans un vêtement comme garniture*] taglio* *m.*, motivo *m.*

découpé, ée |dekupe| *adj.* [*qui présente des entailles*] frastagliato.

découper |dekupe| **A** *v.tr.* **1** [*diviser en morceau* (*une pièce de viande qu'on sert à table*)] tagliare, trinciare: *découper un gigot* tagliare un cosciotto; *découper un poulet* trinciare un pollo # *couteau à découper* trinciante **2** [*couper régulièrement*] ritagliare: *découper un article de presse* ritagliare un articolo di giornale **B** *v.pron.intr.* SE DÉCOUPER SUR [*se détacher avec des contours nets*] stagliarsi in, contro: *montagnes qui se découpent sur le ciel* montagne che si stagliano nel cielo, contro il cielo.

découpeur, euse |dekupœʀ, øz| *s.* **1** *s.f.* (*techn.*) tagliatrice # *découpeur à bois* sega da traforo **2** *s.* [*ouvrier qui découpe*] ritagliatore* (*rare*).

découplé, ée |dekuple| (*adj.*) *bien découplé* [*de belle taille, bien bâti*] ben piantato, robusto: *un garçon bien découplé* un ragazzo ben piantato.

découpler |dekuple| *v.tr.* (*vén.*) [*détacher* (*des chiens couplés*) *pour qu'ils courent après la bête*] sciogliere (123) una coppia di cani.

découpure |dekupyʀ| *s.f.* **1** [→ DÉCOUPER A 2] ritaglio* (*m.*): *une découpure de journal* un ritaglio di giornale **2** [*bord découpé*] smerlatura: *découpures d'une dentelle* smerlature di un pizzo ◇ [*sinuosité*] frastagliatura: *les découpures d'une côte rocheuse* le frastagliature di una costa rocciosa.

décourageant, ante |dekuʀaʒɑ̃, ɑ̃t| *adj.* scoraggiante: *nouvelle décourageante* notizia scoraggiante ◇ (*personnes*) *vous êtes décourageant* lei mi scoraggia.

découragement |dekuʀaʒmɑ̃| *s.m.* [→ DÉCOURAGER] scora(ggia)mento, avvilimento: *se laisser aller au découragement* lasciarsi prendere dallo scoraggiamento Ⓒ **courage.**

décourager |dekuʀaʒe| (3) **A** *v.tr.* [*rendre qqn. sans courage, sans énergie*] scoraggiare, avvilire (197): *décourager qqn.* scoraggiare, avvilire qc. → **abattre, accabler, démoraliser** ♦ (*au p.p.*) *être découragé* essere scoraggiato, avvilito **B** *v.pron.intr.* SE DÉCOURAGER [→ *tr.*] scoraggiarsi: *il se décourage à la première difficulté* si scoraggia alla prima difficoltà Ⓒ **encourager.**

découronner |dekuʀɔne| *v.tr.* **1** [*priver de la couronne*] spodestare: *la révolution découronna le roi* la rivoluzione spodestò il re **2** (*fig.*) [*enlever le sommet, la cime de*] scoronare: *découronner un arbre* scoronare un albero Ⓒ **couronner.**

décours |dekuʀ| *s.m.* **1** (*astron.*) fase *f.* decrescente (della luna) **2** (*méd.*) fase decrescente: *le mal est dans le décours* la malattia è nella fase decrescente.

décousu, ue |dekuzy| *adj.* scucito: *ourlet décousu* orlo scucito ◇ (*fig.*) [*sans suite, sans liaison*] sconclusionato, sconnesso: *conversation décousue* conversazione sconclusionata → **incohérent.**

1 **découvert** |dekuvɛʀ| *s.m.* (*comm., cour.*) scoperto: *le découvert d'un compte* lo scoperto di un conto # *découvert du trésor* deficit del tesoro.

2 **découvert (à)** |adekuvɛʀ| *loc. adv.* **1** [*dans une position qui n'est pas couverte, protégée*] allo scoperto, in luogo scoperto: *se trouver à découvert dans la campagne* trovarsi allo scoperto in campagna **2** [*franchement, ouvertement*] allo scoperto: *agir à découvert* agire allo scoperto.

découvert, erte |dekuvɛʀ, ɛʀt(ə)| *adj.* scoperto: *femme aux épaules découvertes* donna con le spalle scoperte.

découverte |dekuvɛʀt(ə)| *s.f.* [→ DÉCOUVRIR A II 3] scoperta: *découverte d'un trésor* scoperta di un tesoro; *une découverte scientifique* una scoperta scientifica ◇ *loc.adv.* À LA DÉCOUVERTE alla scoperta: *aller, partir à la découverte* andare, partire alla scoperta, alla ventura.

découvreur |dekuvʀœʀ| *s.m.* scopritore* (*s.*): *un découvreur génial* uno scopritore geniale.

découvrir |dekuvʀiʀ| (23) **A** *v.tr.* **I** (*concret*) **1** [*dégarnir de ce qui couvre*] scoprire (186): *découvrir un plat* scoprire un piatto; *découvrir une statue* scoprire una statua ◇ [*laisser voir; montrer*] *robe qui découvre le dos* vestito che lascia scoperta la schiena → **dénuder** **2** [*priver de ce qui protège*] scoprire: *recul de l'infanterie qui découvre l'artillerie* arretramento della fanteria che scopre, lascia scoperta l'artiglieria → **exposer** # *découvrir une frontière* sguarnire una frontiera **II** (*abstrait*) **1** [*apercevoir*] scorgere (167): *du haut de la colline on découvre la mer* dall'alto della collina si scorge il mare; *découvrir un ami dans la foule* scorgere un amico tra la folla **2** [*faire connaître ce qui est caché*] svelare, rivelare: *découvrir ses projets à un ami* svelare i propri progetti a un amico → **divulguer, révéler** # *découvrir son cœur* aprire il (proprio) cuore ◇ (*fig.*) *découvrir son jeu* scoprire il proprio gioco **3** [*arriver à connaître* (*ce qui était resté caché ou ignoré*)] scoprire: *découvrir un trésor* scoprire un tesoro → **trouver**; *découvrir la cause d'une maladie* scoprire la causa di una malattia → **déceler**; *j'ai découvert que...* ho scoperto che... → **comprendre**; *craindre d'être découvert* temere di essere scoperto; *découvrir un secret, un complot* scoprire un segreto, un complotto ◇ (*sciences*) *découvrir un virus* scoprire un virus **B** *v.pron.* SE DÉCOUVRIR **1** *réfl.* [*ôter ce dont on est couvert*] scoprirsi → **déshabiller (se)** ◇ (*loc.*) *en avril, ne te découvre pas d'un fil* aprile, non ti scoprire ◇ [*ôter son chapeau*] scoprirsi il capo **2** *intr.* (*temps*) [*devenir moins couvert*] schiarirsi: *le ciel se découvre* il cielo si schiarisce → **dégager (se), éclaircir (s').**

décrassage |dekʀasaʒ|, **décrassement** |dekʀasmɑ̃| *s.m.* [→ DÉCRASSER] pulitura *f.*

décrasser |dekʀase| *v.tr.* [*débarrasser de la crasse*] pulire (197), togliere (123) lo sporco a: *décrasser un peigne* pulire un pettine; *décrasser du linge* togliere lo sporco alla biancheria → **laver, nettoyer** □ *se décrasser la figure* pulirsi la faccia.

décrépir |dekʀepiʀ| *v.tr.* [*dégarnir du crépi*] scrostare, scortecciare.

décrépit, ite |dekʀepi, it| *adj.* decrepito: *une vieillarde décrépite* una vecchia decrepita → **usé, vieux.**

décrépitude |dekʀepityd| *s.f.* decrepitezza.

decrescendo |dekʀeʃɛndo| *adv.* (*mus.*) decrescendo *s.m.inv.* ♦ (*s.m.inv.*) *un decrescendo* un decrescendo Ⓒ **crescendo.**
décret |dekʀɛ| *s.m.* **1** decreto: *décret présidentiel* decreto presidenziale; *décret-loi* decreto-legge; *le décret est publié au Journal Officiel* il decreto è pubblicato sulla Gazzetta Ufficiale → **arrêté**; 2 **ordonnance 2** (*littér.*) [*décision, volonté d'une puissance supérieure*] decreto: *les décrets de la Providence* i decreti della Provvidenza → **arrêt.**
décrétale |dekʀetal| *s.f.* (*dr.ecclés.*) decretale ◇ (*au plur.*) *les Décrétales* le Decretali.
décréter |dekʀete| (8) *v.tr.* **1** [*ordonner par un décret*] decretare: *décréter la mobilisation* decretare la mobilitazione **2** [*décider avec autorité*] decretare, stabilire (197): *il a décrété qu'on fera ceci* ha decretato, ha stabilito che si farà così.
décret-loi |dekʀɛlwa| *s.m.* decreto-legge: *des décrets-lois* dei decreti-legge.
décrier |dekʀije| *v.tr.* (*cour. au passif et au p.p.*) (*littér.*) [*attaquer dans sa réputation*] denigrare, diffamare → **calomnier, dénigrer** ♦ (*au p.p.*) *un personnage décrié* un personaggio criticato, denigrato.
décrire |dekʀiʀ| (51) *v.tr.* **1** [*représenter, par écrit ou oralement*] descrivere (182): *décrire une plante, un animal* descrivere una pianta, un animale; *décrire un paysage* descrivere un paesaggio; *décrire par le détail, en détail* descrivere dettagliatamente, minuziosamente → **détailler, dépeindre 2** [*tracer ou suivre une ligne courbe*] descrivere: *l'oiseau décrit des cercles* l'uccello descrive dei cerchi.
décrochage |dekʀɔʃaʒ| *s.m.* **1** [→ DÉCROCHER A 1] sganciamento: *levier de décrochage* leva di sganciamento **2** (*milit.*) [→ DÉCROCHER B] sganciamento.
décrochement |dekʀɔʃmɑ̃| *s.m.* [*état de ce qui est décroché* (A 1)] sganciamento ◇ (*géol.*) *décrochement du terrain* soliflussione *f.*, soliflusso.
décrocher |dekʀɔʃe| **A** *v.tr.* **1** [*détacher une chose qui était accrochée*] staccare, sganciare: *décrocher un tableau* staccare un quadro → 2 **dépendre** # *décrocher* (*le téléphone*), alzare il ricevitore, la cornetta del telefono **2** (*fam.*) [*atteindre, obtenir*] riuscire (201) *intr.* a ottenere, a strappare (*cour.*): *représentant qui décroche une commande* rappresentante che riesce a ottenere, a strappare un'ordinazione → **dénicher** # *décrocher une bonne situation* farsi una buona posizione **B** *v.intr.* (*milit.*) [*rompre le contact*] sganciarsi *pron.*
décrochez-moi-ça |dekʀɔʃemwasa| *s.m.inv.* bottega* *f.var.* del rigattiere # *acheter qqch. au décrochez-moi-ça* comprare q.c. dal rigattiere.
décroiser |dekʀwaze| *v.tr.* [*faire cesser d'être croisé*] disincrociare; sciogliere (123): *décroiser les bras, les jambes* disincrociare le braccia, le gambe ‖ *décroiser les fils d'un métier* sciogliere, sdoppiare i fili di un telaio.
décroissance |dekʀwasɑ̃s| *s.f.* [→ DÉCROÎTRE] calo *m.*, decrescita → **déclin, diminution.**
décroissant, ante |dekʀwasɑ̃, ɑ̃t| *adj.* decrescente: *par ordre décroissant* in ordine decrescente; *en nombre décroissant* in numero decrescente Ⓒ **croissant.**
décroissement |dekʀwasmɑ̃| *s.m.* [*mouvement de ce qui décroît*] calo, decrescita (*f.*): *décroissement des forces* calo delle forze → **diminution.**
décroît |dekʀwa(ɑ)| *s.m.* (*astron.*) fase (*f.*) decrescente della luna # *la lune est dans, sur son décroît* la luna è all'ultimo quarto.
décroître |dekʀwa(ɑ)tʀ(ə)| (70) *v.intr.* (*aux.* '*avoir, être*') [*diminuer progressivement*] decrescere (128) (*aux.* essere), calare (*aux.* essere): *les eaux ont décru, sont décrues* le acque sono decresciute, sono calate; *la fièvre a décru* la febbre è calata → **baisser, diminuer,** 1 **tomber** # *ses forces décroissent chaque jour* le sue forze diminuiscono di giorno in giorno → **affaiblir (s')** Ⓒ **accroître (s'), croître.**
décrottage |dekʀɔtaʒ| *s.m.* [→ DÉCROTTER] pulizia *f.*
décrotter |dekʀɔte| *v.tr.* [*nettoyer en ôtant la boue*] pulire (197), togliere (123) il fango a: *décrotter ses chaussures* pulire le scarpe.
décrotteur |dekʀɔtœʀ| *s.m.* [*celui qui fait métier de décrotter les chaussures*] lustrascarpe *s.inv.*
décrottoir |dekʀɔtwaʀ| *s.m.* [*lame de fer servant à décrotter les chaussures*] raschietto.
décrue |dekʀy| *s.f.* **1** [*quantité dont une masse d'eau a décru*] calo *m.*, abbassamento (*m.*): *la décrue des eaux* il calo, l'abbassamento delle acque **2** (*fig.*) [*décroissance, décroissement*] diminuzione, abbassamento → **baisse, diminution.**
décryptement |dekʀiptəmɑ̃|,
décryptage |dekʀiptaʒ| *s.m.* decriptazione *f.*
décrypter |dekʀipte| *v.tr.* [*traduire des messages chiffrés dont on ne possède pas la clef*] decifrare (un messaggio cifrato) → **déchiffrer, décoder.**
déçu, ue |desy| *adj.* [*non réalisé, trompé*] deluso: *espoirs déçus* speranze deluse ◇ (*personnes*) *une femme déçue* una donna delusa.
décubitus |dekybitys| *s.m.* decubito: *décubitus dorsal* decubito dorsale.
de cujus |dekyʒys| *s.m.* (*lat.*) (*dr.*) de cuius (*loc. subst. m.inv.*): *la volonté du de cujus* la volontà del de cuius.
déculasser |dekylase| *v.tr.* (*techn.*) *déculasser un fusil* [*en enlever la culasse*] togliere (123) la culatta a un fucile.
déculotter |dekylɔte| **A** *v.tr.* [*enlever la culotte, le pantalon de qqn.*] togliere (123) i pantaloni, le mutande a: *déculotter un enfant* togliere le mutande a un bambino **B** *v.pron.réfl.* SE DÉCULOTTER [→ *tr.*] togliersi le mutande, i pantaloni.
décuple |dekypl(ə)| *adj.* (*rare*) decuplo: *100 est décuple de 10* 100 è decuplo di 10 ♦ (*s.m.*) *le décuple* il decuplo.
décupler |dekyple| **A** *v.tr.* [*augmenter d'au moins dix fois*] decuplicare: *il avait décuplé sa fortune* aveva decuplicato la sua fortuna ◇ (*fig.*) *la colère décuplait ses forces* la collera moltiplicava le sue forze **B** *v.intr.* (*aux.* '*avoir, être*') [*devenir dix fois plus grand*] decuplicare (*aux.* essere): *l'indice du coût de la vie a décuplé* l'indice del costo della vita è decuplicato.
décurion |dekyʀjɔ̃| *s.m.* (*hist.milit. rom.*) decurione.
décurrent, ente |dekyʀɑ̃, ɑ̃t| *adj.* (*bot.*) *feuilles décurrentes* foglie decorrenti.
décuscuter |dekyskyte| *v.tr.* (*agric.*) [*éliminer la cuscute ou les graines de cuscute*] decuscutare: *décuscuter une plante* decuscutare una pianta.
décuscuteuse |dekyskytøz| *s.f.* (*agric.*) decuscutatrice.
décussé, ée |dekyse| *adj.* [*disposé en croix*] decussato ◇ (*bot.*) *feuilles décussées* foglie decussate.
décuver |dekyve| *v.tr.* (*techn.*) [*mettre le raisin, le vin hors de la cuve*] svinare.
dédaignable |dedɛɲabl(ə)| *adj.* (*surtout au négatif*) [→ DÉDAIGNER] trascurabile, disprezzabile: *cet avantage n'est pas dédaignable* questo vantaggio non è trascurabile.
dédaigner |dedeɲe| **A** *v.tr.* [*considérer avec dédain*] disdegnare: *dédaigner les honneurs* disdegnare gli onori ◇ [*négliger*] trascurare: *ce n'est pas à dédaigner* non è (una) cosa da trascurare # *dédaigner les injures* non curarsi delle ingiurie **B** *v.intr.* DÉDAIGNER DE (+ *inf.*) non degnarsi *pron.* di (+ *inf.*); disdegnare *tr.* di: *il dédaigne de répondre,* non si degna di rispondere Ⓒ B **daigner.**
dédaigneusement |dedɛɲøzmɑ̃| *adv.* [→ DÉDAIGNEUX] in modo sprezzante (*loc.inv.*): *traiter dédaigneusement qqn.* trattare qc. in modo sprezzante.
dédaigneux, euse |dedɛɲø, øz| *adj.* [*qui a ou exprime du dédain*] sdegnoso, sprezzante: *air dédaigneux* aria sdegnosa, sprezzante; *c'est un homme dédaigneux* è un uomo sprezzante → **fier, hautain, méprisant** ♦ (*s.*) *faire le dédaigneux* fare lo sdegnoso.
dédain |dedɛ̃| *s.m.* [*le fait de dédaigner, mépris exprimé*] (di)sdegno, (di)sprezzo: *répondre avec dédain* rispondere con sdegno, con disprezzo; *le dédain de l'argent* il disprezzo del denaro → **arrogance, mépris** # *considérer avec dédain* considerare con sufficienza; *sourire de dédain* sorriso di sufficienza, sorriso sprezzante.
dédale |dedal| *s.m.* **1** dedalo: *un dédale inextricable de ruelles* un dedalo inestricabile di stradine → **labyrinthe 2** (*fig.*) [*ensemble de choses embrouillées*] intrico*, groviglio*: *un dédale d'incertitudes et de complications* un intrico d'incertezze e di complicazioni → **complication, confusion.**
dédaléen, éenne |dedaleɛ̃, eɛn| *adj.* (*littér.*) dedaleo → **inextricable.**
1 **dedans** |d(ə)dɑ̃| *adv.* **1** [*à l'intérieur*] dentro: *vous attendrai-je dehors ou dedans?* vi devo aspettare fuori o dentro?; *oui, il est dedans* sì, è dentro ◇ (*loc.*) *il va lui rentrer dedans* [*le heurter violemment*] gli andrà addosso; [*se précipiter sur lui pour le battre*] lo pesterà ~ (*fam.*) *ficher,* (*pop.*) *foutre qqn. dedans* [*le tromper*] infinocchiare qc., mettere qc. nel sacco ~ (*pop.*) *mettre, foutre dedans* [*mettre en prison*] schiaffare dentro **2** *loc.adv.* LÀ-DEDANS là dentro: *il est caché là-dedans* è nascosto là dentro → **là** # *il y a du vrai là-dedans* c'è del vero in questo ~ DE DEDANS dall'interno: *quand on vient de dedans, il fait plus*

froid encore quando si viene dall'interno, fa ancora più freddo ~ PAR DEDANS dall'interno: *il est passé par dedans* è passato dall'interno ~ EN DEDANS all'interno: *vide en dedans* vuoto all'interno # *cette villa est mieux en dehors qu'en dedans* questa villa è più bella fuori che dentro; *marcher les pieds en dedans* camminare coi piedi in dentro.
2 **dedans** |dədɑ̃| **1** *s.m.* [*partie intérieure*] interno: *le dedans d'une maison* l'interno di una casa; *ce bruit vient du dedans* questo rumore viene dall'interno **2** *loc.adv.* AU(-)DEDANS all'interno, dentro (*adv.*): *au dedans et au dehors* all'interno e all'esterno, dentro e fuori ◇ *loc. prép.* AU(-)DEDANS DE dentro di, all'interno di: *au dedans de nous* dentro di noi.
dédicace |dedikas| *s.f.* **1** [*formule manuscrite sur (un livre) pour en faire hommage à qqn.*] dedica* → **dédicacer** **2** (*liturg.*) *la fête de la dédicace d'une église* la ricorrenza della dedicazione di una chiesa.
dédicacer |dedikase| (2) *v.tr.* [*mettre une dédicace sur*] fare (103), scrivere (182) una dedica ♦ (*au p.p.*) *livre dédicacé* libro con dedica.
dédicataire |dedikatɛʀ| *s.* destinatario* di una dedica.
dédicatoire |dedikatwaʀ| *adj.* dedicatorio*: *epître dédicatoire* epistola dedicatoria.
dédier |dedje| *v.tr.* **1** [*mettre (un ouvrage) sous le patronage de qqn., par une inscription imprimée ou gravée sur l'œuvre*] dedicare **2** [*consacrer, vouer*] dedicare, consacrare: *dédier ses efforts à l'intérêt public* dedicare, consacrare i propri sforzi all'interesse pubblico **3** [*consacrer au culte divin*] consacrare → **consacrer.**
dédire (se) |dediʀ| (48) *v.pron. réfl.* (*sauf 2e pers. pl. ind.*: '*vous dédisez*' *et impér.*: '*dédisez*') [*ne pas tenir sa parole*] ritrattarsi, disdirsi (132); venir (202) *intr.* meno (a): *après ce mensonge vous êtes obligés de vous dédire* dopo questa bugia siete costretti a ritrattarvi, a disdirvi → 1 **retracter** ‖ *se dédire d'une promesse, d'un engagement* venir meno a una promessa, a un impegno → **manquer (à).**
dédit |dedi| *s.m.* (*dr.*) recesso, disdetta (*f.*): *en cas de dédit* in caso di recesso, di disdetta ◇ [*le montant de l'indemnité*] penale *f.* (dovuta in caso di disdetta): *payer un dédit* pagare una penale.
dédommagement |dedɔmaʒmɑ̃| *s.m.* **1** [→ DÉDOMMAGER A 1] risarcimento: *obtenir une somme d'argent en dédommagement, à titre de dédommagement* ottenere una somma di denaro come, a titolo di risarcimento → **indemnité** # *dédommagement des frais* rimborso spese **2** (*fig.*) [→ DÉDOMMAGER A 2] ricompensa (*f.*): *c'est un dédommagement à ses peines* è una ricompensa per le sue pene → **consolation** # *votre amitié est pour lui un dédommagement à tous ses malheurs* la vostra amicizia lo ripaga di tutte le sue disgrazie.
dédommager |dedɔmaʒe| (3) **A** *v.tr.* **1** [*indemniser qqn. d'un dommage subi*] risarcire (197): *dédommager d'une perte* risarcire di una perdita → **payer** **2** (*fig.*) [*donner une compensation à qqn.*] (ri)compensare; ripagare: *comment pourrai-je jamais vous dédommager?* come potrò ricompensarvi? ‖ *le succès le dédommage de tant d'efforts* il successo lo ripaga di tanti sforzi **B** *v.pron.intr.* SE DÉDOMMAGER [→ *tr.* 1] rifarsi (103): *se dédommager de ses pertes* rifarsi delle proprie perdite.
dédorer |dedɔʀe| *v.tr.* [*ôter la dorure de qqch.*] sdorare (*vx.*) ♦ (*au p.p.*) *un cadre dédoré* una cornice che ha perduto la doratura.
dédouanement |dedwanmɑ̃| *s.m.* [→ DÉDOUANER A 1] sdoganamento.
dédouaner |dedwane| **A** *v.tr.* **1** [*faire sortir (qqch.) de la douane*] sdoganare: *dédouaner des marchandises* sdoganare delle merci **2** (*fig.*) *dédouaner qqn.* [*le relever du discrédit dans lequel il était tombé*] riscattare qc. **B** *v.pron.réfl.* SE DÉDOUANER [→ *tr.* 2] riscattarsi: *il cherche à se dédouaner* cerca di riscattarsi.
dédoublage |dedublaʒ| *s.m.* (*techn.*) **1** [*action d'enlever une doublure*] sfoderamento **2** [*action d'abaisser le dégré d'un alcool*] *dédoublage de l'alcool* diluizione *f.* dell'alcool con acqua.
dédoublement |dedubləmɑ̃| *s.m.* **1** [→ DÉDOUBLER] sdoppiamento: *le dédoublement d'un train* lo sdoppiamento d'un treno **2** (*psycho.*) *dédoublement de la personnalité* sdoppiamento della personalità.
dédoubler |deduble| **A** *v.tr.* [*partager en deux*] sdoppiare: *dédoubler une classe* sdoppiare una classe; *dédoubler un train* sdoppiare un treno → **diviser** **B** *v.pron.intr.* SE DÉDOUBLER [→ *tr.*] sdoppiarsi, dividersi (130) in due: *je ne peux pas me dédoubler* non posso dividermi, farmi in due.
dédramatiser |dedʀamatize| *v.tr.* [*faire perdre tout caractère dramatique*] sdrammatizzare Ⓒ **dramatiser.**
déductif, ive |dedyktif, iv| *adj.* (*philo.*) deduttivo.
1 **déduction** |dedyksjɔ̃| *s.f.* [→ 1 DÉDUIRE] detrazione → **décompte** # *déduction faite des arrhes versées* defalcata, detratta la caparra versata.
2 **déduction** |dedyksjɔ̃| *s.f.* [→ 2 DÉDUIRE] deduzione: *vos déductions sont un peu hasardeuses* le sue deduzioni sono un po' azzardate → **conclusion.**
1 **déduire** |dedɥiʀ| *v.tr.* [*retrancher une somme d'un total à payer*] detrarre (190), dedurre (108): *déduire d'un compte les sommes déjà versées* detrarre, dedurre da un conto le somme già versate → **défalquer, retenir.**
2 **déduire** |dedɥiʀ| **A** *v.tr.* [*conclure, tirer comme conséquence logique*] dedurre (108): *de ce que vous exposez, on peut déduire que...* da quanto lei dice, si può dedurre che... **B** *v.pron.passif* SE DÉDUIRE [→ *tr.*] dedursi: *la solution se déduit naturellement de l'hypothèse* la soluzione si deduce, si ricava naturalmente dall'ipotesi.
déesse |deɛs| *s.f.* **1** [*divinité féminine*] dea: *Vénus, déesse de l'amour* Venere, dea dell'amore **2** (*loc.*) *une allure de déesse* un incedere regale, da dea ~ *un port de déesse* un portamento regale ~ *un corps de déesse* un corpo statuario.
de facto |defakto| *loc. adv.* (*lat.*) (*dr.*) de facto, di fatto.
défaillance |defajɑ̃s| *s.f.* **1** [→ DÉFAILLIR 1] svenimento *m.*, mancamento (*m.*): *avoir une défaillance* avere uno svenimento → **évanouissement, faiblesse** # *tomber en défaillance* cadere in deliquio ◇ (*méd.*) collasso *m.* **2** (*choses*) [*faiblesse, incapacité*] debolezza; cedimento *m.*, 'défaillance' (*inv.*): *la défaillance des pouvoirs publics* la debolezza dei pubblici poteri ‖ *défaillance de la volonté* cedimento della volontà, 'défaillance' ◇ (*techn.*) *ce moteur a des défaillances* questo motore perde colpi **3** *loc.* SANS DÉFAILLANCE [*sans défaut, qui agit ou fonctionne sans faiblesse*] *une mémoire sans défaillance* una memoria di ferro; *politique sans défaillance* politica che non conosce insuccessi; *une surveillance sans défaillance* una sorveglianza continua, molto stretta.
défaillant, ante |defajɑ̃, ɑ̃t| *adj.* **1** (*des forces physiques ou morales*) [*qui s'affaiblit, décline*] debole, vacillante: *mémoire défaillante* memoria debole; *raison défaillante* ragione vacillante → **chancelant, faible** # *force défaillante* forza che vien meno **2** (*vx.*) [*qui fait défaut, qui manque*] che viene (vengono) a mancare *loc.* # *candidats défaillants et non excusés* candidati assenti ingiustificati ◇ (*dr.*) contumace: *témoin défaillant* testimone contumace.
défaillir |defajiʀ| (19) *v.intr.* **1** [*perdre momentanément ses forces physiques*] svenire (202) (*aux.* essere), venir (202) (*aux.* essere) meno: *être sur le point de défaillir* essere sul punto di svenire; *elle avait défailli au cours de la réception* era svenuta durante il ricevimento; *se sentir défaillir* sentirsi venir meno **2** (*choses*) [*s'affaiblir, décliner, diminuer*] diminuire (197) (*aux.* essere), affievolirsi (197) (*pron.*): *ses forces ont défailli* le sue forze sono diminuite; *sa mémoire commence à défaillir* la sua memoria comincia ad affievolirsi.
défaire |defɛʀ| (45) **A** *v.tr.* **1** [*réduire à l'état d'éléments; supprimer l'ordre de qqch.*] disfare (103): *défaire une corde, un nœud* disfare una corda, un nodo; *défaire sa valise* disfare la valigia; *défaire son lit* disfare il letto → **déballer** # *défaire la table* sparecchiare la tavola **2** [*détacher, dénouer les pièces d'un vêtement*] slacciare, sciogliere (123): *défaire une sangle* slacciare una cinghia; *défaire les souliers* slacciare, sciogliere le scarpe # *défaire sa cravate* disfare il nodo alla cravatta **B** *v.pron.* SE DÉFAIRE **1** *intr.* [*cesser d'être fait, arrangé*] disfarsi, sciogliersi: *nœud qui se défait* nodo che si disfa, si scioglie **2** *réfl.* [*se débarrasser de*] liberarsi (da), sbarazzarsi (di): *se défaire d'un importun* liberarsi, sbarazzarsi di un seccatore → **débarrasser (se), dégager (se), délivrer (se)**; *se défaire d'un employé* sbarazzarsi di un impiegato → **congédier, renvoyer** # *se défaire d'un défaut* liberarsi, correggersi da un difetto.
défait, aite |defɛ, ɛt| *adj.* **1** [*qui n'est plus fait, arrangé*] disfatto, sfatto: *lit défait* letto disfatto, sfatto # *nœud défait* nodo sciolto; *cheveux défaits* capelli sciolti → **désordre (en)** **2** [*qui semble épuisé*] disfatto, distrutto: *visage défait* viso disfatto; *mine défaite* aria distrutta **3** [*vaincu, mis en déroute*] sconfitto, travolto: *débris d'une armée défaite* resti di un esercito sconfitto.
défaite |defɛt| *s.f.* **1** [*perte d'une bataille, d'une guerre*] sconfitta, disfatta: *la défaite de 1871* la disfatta del 1871;

2 [*échec*] disfatta, sconfitta: *défaite électorale* disfatta, sconfitta elettorale # *la défaite d'une cause, d'une théorie* il fallimento di una causa, di una teoria © 2 **victoire.**

défaitisme |defetism(ə)| *s.m.* disfattismo → **pessimisme.**

défaitiste |defetist(ə)| *adj.* [*relatif au défaitisme*] disfattista: *propos défaitistes* discorsi disfattisti; *journal défaitiste* giornale disfattista ◆ (*s.*) *un défaitiste* un disfattista.

défalcation |defalkɑsjɔ̃| *s.f.* [→ DÉFALQUER] detrazione, defalcazione # *défalcation faite des frais, il vous reste tant* (dopo aver) defalcate, dedotte le spese le rimane tot.

défalquer |defalke| *v.tr.* [*retrancher d'une somme, d'une quantité*] defalcare © **ajouter, augmenter.**

défausser |defose| **A** *v.tr.* [*redresser*] raddrizzare: *défausser une clef* raddrizzare una chiave **B** *v.pron.réfl.* SE DÉFAUSSER (*jeu*) [*se débarrasser d'une carte inutile ou dangereuse à conserver*] scartare *tr.*, sfagliare (*tr.*): *se défausser de l'as de carreau* scartare l'asso di quadri.

1 **défaut** |defo| *s.m.* **1** [*absence de ce qui serait nécessaire ou désirable*] mancanza *f.*, difetto: *défaut d'attention* mancanza di attenzione; *défaut d'organisation* difetto di organizzazione → 2 **manque** ◇ (*math.*) *total approché par défaut* totale approssimato per difetto ◇ (*phys.*) *défaut de masse* difetto di massa ◇ *loc.* FAIRE DÉFAUT mancare, venir meno: *les forces m'ont fait défaut* mi sono mancate, mi sono venute meno le forze; *le temps nous fait défaut* ci viene a mancare il tempo → **manquer** **2** (*dr.*) contumacia* (*f.*): *condamner par défaut* condannare in contumacia → 1 **contumace, défaillance** # *faire défaut* essere contumace **3** *loc.* EN DÉFAUT in fallo, in difetto, in errore: *prendre, trouver qqn. en défaut* sorprendere, cogliere in fallo qc.; *être en défaut* essere in difetto; venir meno ai propri impegni **4** *loc.prép.* À DÉFAUT DE in mancanza di; al posto di: *à défaut d'un deux pièces je prendrai un studio* in mancanza di un appartamento di due locali prenderò un monolocale → 1 **faute (de)** ‖ *engager tel employé à défaut d'un autre* assumere un certo impiegato al posto di un altro.

2 **défaut** |defo| *s.m.* [*imperfection*] difetto: *défaut de prononciation, de conformation* difetto di pronuncia, di conformazione; *défaut d'une étoffe* difetto di una stoffa; *les défauts d'un auteur* i difetti di un autore; *vous avez beaucoup de défauts* lei ha molti difetti → **anomalie, vice.**

défaveur |defavœʀ| *s.f.* [*perte de la faveur, de l'estime*] disgrazia: *défaveur passagère* disgrazia passeggera; *être en défaveur auprès de qqn.* essere in disgrazia presso qc. # *s'attirer la défaveur du public* alienarsi il favore del pubblico ◇ [*disposition défavorable*] ostilità *inv.*, sfavore (*m.*): *défaveur d'un ministre* ostilità di un ministro.

défavorable |defavɔʀabl(ə)| *adj.* sfavorevole: *circonstances défavorables* circostanze sfavorevoli: *avis défavorable* parere sfavorevole → **contraire, désavantageux.**

défavorablement |defavɔʀabləmɑ̃| *adv.* [→ DÉFAVORABLE] sfavorevolmente.

défavoriser |defavɔʀize| *v.tr.* [*priver (qqn.) d'un avantage (consenti à un autre)*] sfavorire (197) → **désavantager, frustrer** ◆ (*au p.p.*) *candidat défavorisé* candidato svantaggiato; *être défavorisé par le sort* essere sfavorito dalla sorte.

défécation |defekɑsjɔ̃| *s.f.* [→ DÉFÉQUER] defecazione.

défectif, ive |defɛktif, iv| *adj.* (*gram.*) difettivo: *verbes défectifs* verbi difettivi.

défection |defɛksjɔ̃| *s.f.* defezione # *faire défection* defezionare.

défectueux, euse |defɛktɥø, øz| *adj.* **1** difettoso: *machine défectueuse* macchina difettosa → **imparfait, insuffisant, mauvais** **2** (*dr.*) *jugement défectueux* sentenza viziata.

défectuosité |defɛktɥozite| *s.f.* difettosità *inv.*

défendable |defɑ̃dabl(ə)| *adj.* [→ 1 DÉFENDRE A 1, 3; B 1] difendibile: *cette position n'est pas défendable* questa posizione non è difendibile.

défendeur, deresse |defɑ̃dœʀ, dʀɛs| *s.* (*dr.*) convenuto.

1 **défendre** |defɑ̃dʀ(ə)| (53) **A** *v.tr.* **1** [*protéger qqn. contre une attaque en se battant*] difendere (105): *défendre une frontière* difendere una frontiera; *défendre sa* (*propre*) *vie* difendere la propria pelle **2** *loc.* À SON CORPS DÉFENDANT suo malgrado: *il a accepté à son corps défendant* ha accettato suo malgrado **3** [*soutenir qqn. contre les accusations, les attaques*] difendere: *l'avocat a bien défendu son client* l'avvocato ha difeso bene il suo cliente; *défendre ses idées* difendere le proprie idee → **plaider (pour)** ◇ (*choses*) *vêtement qui défend du froid* indumento che difende, che protegge dal freddo → **garantir, préserver** **B** *v.pron.réfl.* SE DÉFENDRE **1** [*résister à une attaque*] difendersi: *se défendre les armes à la main* difendersi armi alla mano; *se défendre comme un lion* difendersi, battersi come un leone → **lutter** ◇ (*pop.*) [*être apte à faire qqch.*] difendersi, cavarsela: *il se défend bien en affaires* si difende bene negli affari **2** [*se justifier*] difendersi (da): *se défendre contre une accusation* difendersi da un'accusa ◇ *loc.* SE DÉFENDRE DE (+ *inf.*) [*refuser d'admettre*] non riconoscere (126) *intr.* di (+ *inf.*), negare *intr.* di (+ *inf.*): *il se défend d'être bon* nega di essere buono **3** *loc.* SE DÉFENDRE DE, CONTRE difendersi (da, contro), premunirsi (197) (contro): *se défendre du froid* difendersi dal freddo; *se défendre des* (*contre les*) *mauvaises tentations* premunirsi contro le cattive tentazioni → **préserver (se), protéger (se)** **4** *loc.* SE DÉFENDRE DE (+ *inf.*) [*s'empêcher, se refuser*] guardarsi bene dal (+ *inf.*); fare (103) *intr.* a meno di (+ *inf.*): *il se défend de conclure* si guarda bene dal concludere ‖ *il ne put se défendre de sourire* non poté fare a meno di sorridere; *on ne peut pas se défendre de l'estimer* non si può fare a meno di stimarlo **5** (*passif*) *votre position se défend* la sua posizione si difende.

2 **défendre** |defɑ̃dʀ(ə)| (53) *v.tr.* [*enjoindre à qqn. de ne pas faire (qqch.)*] proibire (197), vietare: *son père lui défend de sortir* suo padre gli proibisce, gli vieta di uscire; *défendre l'alcool à un malade* vietare l'alcool a un malato; *il est strictement défendu de fumer* è assolutamente vietato fumare.

défends |defɑ̃| *s.m.* → **défens.**

défendu, ue |defɑ̃dy| *adj.* [*interdit*] proibito, vietato: *le fruit défendu* il frutto proibito.

défenestration |defənɛstʀɑsjɔ̃| *s.f.* defenestrazione.

défenestrer |defənɛstʀe| *v.tr.* [*précipiter par la fenêtre*] defenestrare: *il fit défenestrer ses ennemis* fece defenestrare i suoi nemici.

défens |defɑ̃| *s.m.* (*dr.*) (*dans la loc.*) *bois en défens* bosco con divieto di pascolo o di taglio.

1 **défense** |defɑ̃s| *s.f.* **1** [→ 1 DÉFENDRE A 1] difesa: *la défense de la ville* la difesa della città; *ligne de défense* linea di difesa; *défense nationale* difesa nazionale; *défense contre avions* (difesa) antiaerea; *défense passive* difesa passiva ◇ (*sport*) difesa **2** (*fig.*) [→ 1 DÉFENDRE A 3] difesa: *la défense d'un idéal* la difesa di un ideale ◇ (*loc.*) *prendre la défense de* prendere le difese di **3** [→ 1 DÉFENDRE B 1] difesa: *moyens de défense* mezzi di difesa # *ne pas opposer de défense* non opporre resistenza ◇ (*techn.*) *pneus servant de défenses* pneumatici di protezione ◇ (*physiol.*) *la défense de l'organisme* la difesa dell'organismo ◇ (*dr.*) *légitime défense* legittima difesa **4** [→ 1 DÉFENDRE B 2] difesa, discolpa: *il n'a rien à dire pour sa défense* non ha nulla da dire in sua difesa; *on peut dire pour sa défense que...* a sua discolpa si può dire che... ◇ (*dr.*) *droit de la défense* diritto della difesa; *la parole est à la défense* la parola alla difesa.

2 **défense** |defɑ̃s| *s.f.* [→ 2 DÉFENDRE] divieto *m.*, proibizione: *défense d'affichage* divieto d'affissione; *faire défense à qqn. de faire qqch.* far divieto a qc. di fare q.c. # *défense d'entrer, de fumer* (è) proibito entrare, fumare © **autorisation, permission.**

3 **défense** |defɑ̃s| *s.f.* (*zool.*) zanna, difesa: *défenses du sanglier* zanne, difese del cinghiale.

défenseur |defɑ̃sœʀ| *s.m.* difensore: *défenseur des faibles* difensore dei deboli → **champion, protecteur** ◇ (*fig.*) *défenseur d'une théorie* difensore di una teoria → **avocat, champion** ◇ (*dr.*) *prendre un avocat comme défenseur* prendere come difensore un avvocato.

défensif, ive |defɑ̃sif, iv| *adj.* difensivo: *armes défensives* armi difensive; *alliance défensive* alleanza difensiva.

défensive |defɑ̃siv| *s.f.* difensiva: *être, se tenir sur la défensive* essere, stare sulla difensiva.

déféquer |defeke| (8) **A** *v.tr.* (*chim.*) [*opérer le filtrage de*] defecare: *déféquer une liqueur par précipitation* defecare un liquore per precipitazione **B** *v.intr.* (*physiol.*) [*expulser les matières fécales*] defecare → **chier** (*vulg.*), 1 **faire.**

déférence |defeʀɑ̃s| *s.f.* deferenza: *traiter qqn. avec déférence* trattare qc. con deferenza; *faire qqch. par déférence* fare q.c. per deferenza, per rispetto → **égard.**

déférent, ente |defeʀɑ̃, ɑ̃t| *adj.* deferente: *être déférent envers, à l'égard de qqn.* essere deferente verso qc., nei confronti di qc. → **respectueux** ◇ (*anat., sc.*) deferente: *canal déférent* canale deferente ◇ (*astron.*) deferente.

1 **déférer** |defeʀe| (8) *v.tr.* (*dr.*)

[*traduire* (*un accusé*) *devant l'autorité judiciaire compétente*] deferire (197): *déférer un coupable à la justice* deferire un colpevole alla giustizia.
2 **déférer** |defeʀe| (8) *v.intr.* [*céder à qqn. par respect*] rimettersi (155) *pron.* (a): *déférer à qqn.* rimettersi a qc.; *déférer à la décision de qqn.* rimettersi alla decisione di qc. → **rapporter (s'en).**
déferlement |defɛʀləmɑ̃| *s.m.* [→ DÉFERLER B] l'infrangersi *inv.* ◇ (*fig.*) *le déferlement des barbares en Gaule* l'irruzione *f.* dei barbari in Gallia.
déferler |defɛʀle| **A** *v.tr.* (*mar.*) [*déployer une voile, un pavillon*] spiegare → **déployer B** *v.intr.* (*se dit des vagues qui se brisent en roulant*) infrangersi (147) (*pron.*): *la mer déferlait sur les écueils* il mare s'infrangeva sugli scogli ◇ (*fig.*) [*se précipiter à la manière d'une vague*] dilagare (*aux.* essere), irrompere (176): *la foule déferle dans la rue* la folla dilaga nella strada; *les manifestants déferlèrent sur la place* i manifestanti dilagarono, irruppero nella piazza # *enthousiasme qui déferle* entusiasmo che prorompe.
déferrement |defɛʀmɑ̃| *s.m.*, **déferrure** |defeʀyʀ| *s.f.* [→ DÉFERRER] sferratura *f.*
déferrer |defeʀe| (*v.tr.*) *déferrer un cheval* [*lui retirer le fer ou les fers qu'il a aux sabots*] sferrare un cavallo.
défervescence |defɛʀvesɑ̃s| *s.f.* (*méd.*) defervescenza.
défi |defi| *s.m.* **1** [→ 1 DEFIER 1] sfida (*f.*): *lancer un défi* lanciare una sfida; *je relève le défi* accetto la sfida ◇ (*loc.*) *mettre qqn. au défi de faire qqch.* sfidare qc. a fare q.c. **2** [→ 1 DÉFIER 2] sfida: *attitude de défi* atteggiamento di sfida; *je considère cet acte comme un défi à mon autorité* considero questo atto come una sfida alla mia autorità # *un défi au bon sens* un oltraggio al buon senso.
défiance |defjɑ̃s| *s.f.* [→ 2 DÉFIER (SE)] diffidenza: *accueillir une nouvelle avec défiance* accogliere una notizia con diffidenza; *inspirer, éveiller la défiance* ispirare, suscitare diffidenza # *mettre en défiance* mettere in sospetto, insospettire; *son attitude nous avait mis en défiance* il suo atteggiamento ci aveva insospettito → **méfiance, suspicion.**
défiant, ante |defjɑ̃, ɑ̃t| *adj.* [*qui se défie*] diffidente, sospettoso: *caractère défiant* carattere diffidente; *regard défiant* sguardo sospettoso.
défibrer |defibʀe| *v.tr.* (*techn.*) [*dépouiller de ses fibres*] sfibrare: *défibrer la canne à sucre avant le broyage* sfibrare la canna da zucchero prima della torchiatura.
déficeler |defisle| (4) *v.tr.* [*dégager* (*un objet*) *des ficelles qui l'attachent*] sciogliere (123), disfare (103): *déficeler un paquet* sciogliere, disfare un pacchetto → **déballer, défaire** ⓒ **ficeler.**
déficience |defisjɑ̃s| (*s.f.*) *déficience mentale* deficienza mentale.
déficient, ente |defisjɑ̃, ɑ̃t| *adj.* [*qui présente une déficience*] debole: *organisme déficient* organismo debole # *intelligence déficiente* intelligenza limitata; *cet enfant est déficient en mathématiques* questo ragazzo è deficiente, scarso in matematica.
déficit |defisit| *s.m.* (*lat.*) (*fin., cour.*) deficit *inv.*, disavanzo: *déficit budgétaire* deficit di bilancio; *être en déficit* essere in deficit; *combler un déficit* colmare un deficit. ⓒ **bénéfice, excédent.**
déficitaire |defisitɛʀ| *adj.* (*fin.*) deficitario*: *budget déficitaire* bilancio deficitario # *entreprise déficitaire* azienda in deficit ◇ [*insuffisant*] scarso, carente: *récolte déficitaire* raccolto scarso ⓒ **bénéficiaire, excédentaire.**
1 **défier** |defje| *v.tr.* **1** [*mettre qqn. au défi de faire qqch.*] sfidare: *je vous défie de faire mieux* la sfido a far meglio ◇ (*choses*) *prix qui défient toute concurrence* prezzi che sfidano ogni concorrenza **2** (*fig.*) [*refuser de se soumettre à*] sfidare: *défier l'autorité, la mort* sfidare l'autorità, la morte → **affronter, braver.**
2 **défier (se)** |defje| *v.pron.intr.* (*littér.*) [*avoir peu de confiance en*] non fidarsi, diffidare (di) (*intr.*): *je me défie de ses promesses* non mi fido, diffido delle sue promesse; *se défier de soi-même* diffidare di sé stesso → **méfier (se), douter** ⓒ **fier (se).**
défigurer |defigyʀe| *v.tr.* **1** [*abîmer le visage de*] sfigurare: *être défiguré par la variole* essere sfigurato dal vaiolo **2** (*fig.*) [*donner une reproduction ou description fausse de*] travisare, falsare: *défigurer les faits* travisare i fatti; *défigurer la verité* travisare, falsare la verità → **dénaturer.**
1 **défilé** |defile| *s.m.* [*passage très encaissé entre deux hauteurs*] gola *f.*, stretta (*f.*): *surprendre l'ennemi à la sortie d'un défilé* sorprendere il nemico all'uscita di una gola → **couloir, passage** # *le défilé des Thermophiles* il passaggio delle Termopili.
2 **défilé** |defile| *s.m.* [→ 1 DÉFILER] sfilata *f.*, corteo: *défilé d'anciens combattants* sfilata di ex combattenti; *défilé de manifestants* corteo di manifestanti; *défilé de voitures* corteo di automobili # *défilé aux flambeaux* fiaccolata; *un défilé de touristes* una colonna di turisti; *un défilé de mode* una presentazione di modelli, un 'défilé'.
1 **défiler** |defile| *v.intr.* [*marcher en file, en colonne*; *se succéder sans interruption*] sfilare (*aux.* essere, avere): *ils ont défilé deux par deux* hanno sfilato, sono sfilati a due a due, due per due; *défiler musique en tête* sfilare con la banda in testa; *les visiteurs avaient défilé toute la journée dans le musée* i visitatori avevano sfilato tutto il giorno nel museo.
2 **défiler** |defile| *v.tr.* **1** [*défaire, détacher une chose enfilée*] sfilare: *défiler un collier* sfilare una collana **2** (*milit.*) *défiler des troupes* [*les disposer de manière à les soustraire à l'enfilade du feu ennemi*] defilare delle truppe.
3 **défiler (se)** |defile| *v.pron.intr.* (*fam.*) [*se cacher ou se récuser au moment critique*] svignarsela, squagliarsela: *ils se sont tous défilés* se la sono svignata, squagliata tutti.
défini, ie |defini| *adj.* **1** definito: *mot bien défini* parola ben definita # *avoir une tâche bien définie à remplir* aver un compito ben preciso da svolgere **2** (*gram.*) *article défini* articolo determinativo; *passé défini* passato remoto ⓒ **indéfini, indéterminé.**
définir |definiʀ| *v.tr.* [*déterminer par une formule précise*] definire (197): *définir un concept* definire un concetto; *définir un mot* definire un vocabolo, una parola; *une sensation difficile à définir* una sensazione difficile da definire; *conditions qui restent à définir* condizioni che restano da definire.
définissable |definisabl(ə)| *adj.* [→ DÉFINIR] definibile.
définitif, ive |definitif, iv| **1** *adj.* definitivo: *les résultats définitifs d'un examen* i risultati definitivi di un esame → **irrémédiable, irrévocable 2** (*loc.adv.*) *en définitive* in conclusione, in definitiva → **finalement** ⓒ **1 provisoire.**
définition |definisjɔ̃| *s.f.* [→ DÉFINIR] definizione: *définition d'un mot* definizione di un vocabolo ◇ (*théol.*) *la définition d'un dogme* la definizione di un dogma ◇ (*télév.*) *définition de l'image* definizione dell'immagine.
définitivement |definitivmɑ̃| *adv.* [→ DÉFINITIF 1] definitivamente: *il est parti définitivement* è andato via definitivamente.
définitoire |definitwaʀ| *adj.* definitorio*: *forme définitoire* forma definitoria.
déflagrateur |deflagʀatœʀ| *s.m.* (*techn.*) detonatore.
déflagration |deflagʀɑsjɔ̃| *s.f.* (*chim., cour.*) deflagrazione: *la déflagration a fait sauter toutes les vitres* la deflagrazione ha fatto saltare tutti i vetri.
déflagrer |deflagʀe| *v.intr.* (*chim., techn.*) [*s'enflammer en explosant*] deflagrare.
déflation |deflɑsjɔ̃| *s.f.* (*écon., géol.*) deflazione.
déflationniste |deflɑsjonist(ə)| *adj.* (*écon.*) deflazionistico*.
déflecteur |deflɛktœʀ| *s.m.* **1** *déflecteur d'une auto* deflettore di un'auto **2** (*mar.*) deflettore magnetico **3** (*techn.*) deflettore.
défleuri, ie |deflœʀi| *adj.* (*littér.*) [*qui a perdu ses fleurs*] sfiorito: *bouquet défleuri* 'bouquet' sfiorito.
défleurir |deflœʀiʀ| **A** *v.tr.* [*enlever les fleurs*] fare (103) *intr.* sfiorire: *la gelée a défleuri les pêchers* la gelata ha fatto sfiorire i peschi → **déflorer B** *v.intr.* [*perdre ses fleurs*] sfiorire (197) (*aux.* essere): *le pommier a défleuri* il melo è sfiorito → **1 faner (se), 1 flétrir (se).**
déflexion |deflɛksjɔ̃| *s.f.* (*méd., psychan., techn.*) deflessione.
défloraison |deflɔʀɛzɔ̃|, **défleuraison** |deflœʀɛzɔ̃| *s.f.* (*littér., bot.*) sfioritura.
déflorer |deflɔʀe| *v.tr.* [*faire perdre la virginité à* (*une fille*)] deflorare → **dépuceler** ◇ (*fig.*) *déflorer un sujet* [*lui enlever sa fraîcheur, sa nouveauté*] svilire un argomento.
défolier |defɔlje| *v.tr.* [*provoquer artificiellement la chute des feuilles des arbres*] defoliare: *défolier une plante* defoliare una pianta.
défonçage |defɔ̃saʒ|, **défoncement** |defɔ̃smɑ̃| *s.m.* **1** [→ DÉFONCER 1] sfondamento **2** (*agric.*) [→ DÉFONCER 2] scasso.
défoncé, ée |defɔ̃se| *adj.* **1** [*brisé, abîmé par enfoncement*] sfondato: *un fauteuil défoncé* una poltrona sfondata **2** [*qui présente de grandes inégalités, de larges trous*] dissestato: *route défoncée* strada dissestata.
défoncer |defɔ̃se| (2) *v.tr.* **1** [*briser, abîmer par enfoncement*] sfondare: *défoncer une porte* sfondare, abbattere una porta; *défoncer un siège* sfondare

una sedia → **éventrer** 2 (*agric.*) *défoncer un terrain* [*le labourer profondément*] scassare un terreno.
défonceuse |defɔ̃søz| *s.f.* (*techn. agric.*) aratro *m.* dissodatore, da scasso.
déformable |defɔʀmabl(ə)| *adj.* [→ DÉFORMER A 1] deformabile.
déformant, ante |defɔʀmɑ̃, ɑ̃t| *adj.* deformante: *miroir déformant* specchio deformante; *arthrite déformante* artrite deformante.
déformation |defɔʀmɑsjɔ̃| *s.f.* [→ DÉFORMER A 1] deformazione ◇ (*fig.*) *déformation de l'esprit* deformazione mentale; *déformation professionnelle* deformazione professionale.
déformer |defɔʀme| **A** *v.tr.* **1** [*altérer la forme de*] deformare: *un miroir qui déforme les images* uno specchio che deforma le immagini **2** [*altérer en changeant*] travisare: *vous déformez ma pensée* lei travisa il mio pensiero → **dénaturer, travestir B** *v.pron.intr.* SE DÉFORMER [*perdre sa forme*] sformarsi, deformarsi: *tes chaussures se sont déformées* le tue scarpe si sono sformate.
défoulement |defulmɑ̃| *s.m.* (*psycho.*) [→ DÉFOULER (SE)] disinibizione *f.*, sfogo* (*cour.*).
défouler (se) |defule| *v.pron.intr.* (*fam.*) [*libérer ses instincts, satisfaire des désirs devenus conscients*] disinibirsi (197) (*cour.*), sfogarsi (*cour.*).
défournage |defuʀnaʒ|, **défournement** |defuʀnəmɑ̃| *s.m.* (*techn.*) sfornatura *f.*
défourner |defuʀne| *v.tr.* (*techn.*) [*tirer d'un four*] sfornare: *défourner du pain* sfornare del pane.
défraîchi, ie |defʀeʃi| *adj.* [*qui a perdu sa fraîcheur*] sfiorito, sciupato Ⓒ **frais.**
défraîchir (se) |defʀeʃiʀ| *v.pron. intr.* [*perdre sa fraîcheur*] sciuparsi: *cette robe se défraîchit vite* questo vestito si sciupa presto ◇ (*fig.*) *son visage s'est défraîchi* il suo viso si è avvizzito ◆ (*au p.p.*) *vêtement défraîchi* abito spiegazzato, stazzonato; *une beauté un peu défraîchie* una bellezza un po' sfiorita; *des couleurs défraîchies* colori stinti.
défrayer |defʀeje| (9) *v.tr.* **1** [*décharger* (*qqn.*) *de ses frais*] spesare: *être défrayé de tout* essere spesato di tutto → **payer 2** (*fig.*) *défrayer la conversation, la chronique* [*être l'objet, le sujet essentiel*] essere (96) *intr.* al centro dei commenti, far parlare di sé.
défrichage |defʀiʃaʒ|, **défrichement** |defʀiʃmɑ̃| *s.m.* [→ DÉFRICHER] dissodamento: *le défrichage des forêts* il dissodamento delle foreste.
défricher |defʀiʃe| *v.tr.* [*rendre propre à la culture* (*une terre en friche*)] dissodare: *défricher un terrain, défricher une forêt* dissodare un terreno, una foresta.
défricheur |defʀiʃœʀ| *s.m.* [*celui qui défriche*] zappatore* *s.*, chi dissoda *loc.* → **pionnier.**
défriper |defʀipe| *v.tr.* [*remettre en état* (*ce qui est fripé*)] far (103) *intr.* perdere le grinze a → **défroisser.**
défriser |defʀize| *v.tr.* **1** [*défaire la frisure de*] stirare (i capelli): *le coiffeur lui a défrisé les cheveux* il parrucchiere le (gli) ha stirato i capelli **2** (*fig., fam.*) [*déplaire, contrarier* (*en parlant d'un fait*)] scocciare: *ça vous défrise?* le scoccia?; *il y a qqch. qui me défrise* c'è q.c. che mi scoccia, che non mi va Ⓒ **friser.**
défroisser |defʀwase| *v.tr.* [*remettre en état* (*ce qui était froissé*)] togliere (123) le spiegazzature a → **défriper.**
défroncer |defʀɔ̃se| (2) *v.tr.* [*défaire ce qui était froncé*] togliere (123) le grinze, le pieghe a Ⓒ **froncer.**
défroque |defʀɔk| *s.f.* [*vieux vêtements*] abiti *m. pl.* smessi → **frusques.**
défroqué, ée |defʀɔke| *adj.* [*qui a abandonné l'état de moine ou de prêtre*] spretato ◆ (*s.*) *un défroqué* uno spretato.
défroquer (se) |defʀɔke| *v.pron. intr.* [*abandonner l'état ecclés.*] spretarsi, sfratarsi.
défunt, unte |defœ̃, œ̃t| *adj. et s.* **1** (*littér.*) [*qui est mort*] defunto: *sa défunte mère* la sua defunta madre ◆ (*s.*) *les enfants de la défunte* i figli della defunta; *prière pour les défunts* preghiera per i defunti **2** (*fig., littér.*) [*passé*] defunto, passato (*cour.*): *ses amours défunts* i suoi passati amori.
dégagé, ée |degaʒe| *adj.* **1** [*qui n'est pas recouvert, encombré*] libero; scoperto: *vue dégagée* vista libera ‖ *front dégagé* fronte scoperta # *ciel dégagé* cielo terso **2** [*qui a de la liberté, de l'aisance*] disinvolto, spigliato: *démarche dégagée* andatura disinvolta; *un air, un ton dégagé* un'aria disinvolta, un tono spigliato → **désinvolte.**
dégagement |degaʒmɑ̃| *s.m.* **1** [→ DÉGAGER A II] sgombero: *dégagement de la voie publique* sgombero della pubblica via → **déllaiement 2** (*archit.*) (locale di) disimpegno: *cette maison manque de dégagements* questa casa manca di locali di disimpegno ◇ [*espace libre*] *il y a un grand dégagement devant notre maison* c'è un grande spazio libero davanti alla nostra casa **3** [→ DÉGAGER A I 3; B 4] emanazione *f.*, fuoriuscita (*f.*): *dégagement de gaz carbonique, de vapeur* emanazione di anidride carbonica, di vapore → **émanation.**
dégager |degaʒe| (3) **A** *v.tr.* **I 1** [*cesser d'engager, libérer d'un engagement*] ritirare, declinare: *dégager sa parole* ritirare la parola (data); *dégager sa responsabilité* declinare la propria responsabilità; *je dégage toute responsabilité dans cette affaire* declino ogni responsabilità in questa faccenda **2** [*libérer de ce qui enveloppe, retient*] liberare: *dégager un blessé des décombres* liberare un ferito dalle macerie # *dégagez ma main, s'il vous plaît* mi lasci la mano, per favore; *robe qui dégage les épaules* vestito che lascia scoperte le spalle; *cet habit dégage bien sa taille* questo abito mette in risalto la sua figura **3** [*laisser échapper* (*un fluide, une émanation*)] emanare, sprigionare: *les plantes dégagent du gaz carbonique* le piante emanano anidride carbonica; *dégager un parfum* emanare, sprigionare un profumo → **exhaler, répandre 4** [*isoler* (*un élément, un aspect*) *d'un ensemble*] trarre (190); cogliere (123): *dégager la morale des faits* trarre la morale dei fatti ‖ *dégager l'idée principale* cogliere l'idea base → **extraire, tirer 5** [*soustraire à* (*une obligation*)] sciogliere (123), liberare: *dégager qqn. de sa promesse* sciogliere qc. da una promessa; *dégager qqn. d'une charge, d'une obligation* liberare qc. da un incarico, da un obbligo **II** [*débarrasser* (*de ce qui encombre*)] sgombrare, liberare: *dégagez la table, pour qu'on puisse écrire* sgombrate, liberate il tavolo, perché si possa scrivere; *dégager la voie publique* sgombrare la pubblica via ◇ (*fam.*) *dégagez!* circolare! **B** *v.pron.* SE DÉGAGER **1** *réfl.* [→ *tr.* I 2] liberarsi, svincolarsi: *faire des efforts pour se dégager* fare sforzi per liberarsi **2** *réfl.* [→ *tr.* I 5] liberarsi (da): *se dégager d'une promesse* liberarsi da una promessa **3** *intr.* [→ *tr.* II] sgombrarsi, liberarsi: *la rue se dégage peu à peu* la via si sgombra a poco a poco; *mon nez se dégage* mi si libera il naso # *le ciel se dégage* il cielo si schiarisce, si rischiara → **éclaircir (s') 4** *intr.* [→ *tr.* I 3] sprigionarsi, emanare (*intr.*): *odeur qui se dégage d'un corps* odore che si sprigiona, che emana da un corpo **5** *réfl.* [*se faire jour*] venir (202) *intr.* alla luce, a galla: *la vérité se dégage peu à peu* la verità viene alla luce, a galla un po' alla volta → **manifester (se)** # *il se dégage de l'étude des faits que...* dallo studio, dall'esame dei fatti risulta, si deduce che...; *l'impression qui s'en dégage...* l'impressione che se ne trae, se ne ricava → 1 **ressortir, résulter.**
dégaine |degɛn| *s.f.* (*fam.*) [*tournure ridicule, bizarre*] aspetto *m.* ridicolo, goffo → **allure** # *quelle dégaine!* che buffo quello!, che buffa quella!
dégainement |degɛnmɑ̃| *s.m.* [→ DÉGAINER] sfoderamento.
dégainer |degene| *v.tr.* [*tirer* (*une arme blanche*) *de son fourreau, de la gaine*] sguainare: *dégainer une épée* sguainare una spada ◇ (*par ext.*) [*sortir son pistolet de l'étui*] sfoderare la pistola.
déganter |degɑ̃te| **A** *v.tr.* [*ôter les gants de*] togliere (123) (il guanto, i guanti) a: *déganter la main droite* togliere il guanto alla mano destra **B** *v.pron.réfl.* SE DÉGANTER [→ *tr.*] togliersi (il guanto, i guanti): *se déganter pour serrer la main* togliersi (il guanto, i guanti) per stringere la mano.
dégarnir |degaʀniʀ| **A** *v.tr.* **1** [*dépouiller totalement ou en partie de ce qui remplit*] vuotare: *dégarnir un appartement* vuotare un appartamento → **vider** ◇ [*dépouiller des garnitures*] sguarnire (197): *dégarnir un chapeau* sguarnire un cappello **2** (*milit.*) [*ôter les soldats de*] sguarnire: *on ne peut dégarnir ce front* non si può sguarnire questo fronte **B** *v.pron.intr.* SE DÉGARNIR [→ *tr.*] vuotarsi: *après le spectacle, la salle se dégarnit rapidement* dopo lo spettacolo, la sala si vuota rapidamente → **vider (se)** # *cet arbre se dégarnit, perd ses feuilles* questo albero si sfronda, si sfoltisce; *ses tempes se dégarnissent, ses cheveux tombent* si stempia, gli cadono i capelli.
dégasolinage |degazɔlinaʒ| *s.m.* [*traitement destiné à extraire d'un gaz naturel humide les hydrocarbures condensable qu'il contient*] degasolinaggio*.
dégasoliner, dégazoliner |degazɔline| *v.tr.* (*techn.*) [*traiter par dégazolinage* (*un gaz naturel humide*)] trattare col sistema del degasolinaggio.
dégât |degɑ| *s.m* [*dommage résultant d'une cause violente*] danno: *la gelée, la grêle ont fait de grands dégâts dans les vignobles* il gelo, la grandine hanno causato danni ingenti ai vigneti; *con-*

stater, estimer les dégâts accertare, valutare i danni ◇ (*fam.*) *il y a du dégât* ci sono danni ◇ (*fig.*) *limiter les dégâts* limitare i danni, evitare il peggio.
dégauchir |degoʃiʀ| *v.tr.* (*techn.*) [*rendre unie, droite* (*la surface d'une pièce*)] spianare, raddrizzare: *dégauchir une planche au rabot* spianare, livellare un'asse con la pialla.
dégauchisseuse |degoʃisøz| *s.f.* (*techn.*) piallatrice a filo (per raddrizzare).
dégazage |degazaʒ| *s.m.* [→ DÉGAZER] degassamento.
dégazer |degaze| *v.tr.* [*éliminer les gaz de* (*qqch.*)] degassare: *dégazer un pétrolier* degassare una petroliera.
dégel |deʒɛl| *s.m.* [→ DÉGELER 1] disgelo: *brusque dégel d'un cours d'eau* brusco disgelo di un corso d'acqua ◇ (*fig.*) disgelo, distensione *f.*
dégelée |de(ɛ)ʒle| *s.f.* [*volée de coups*] gragnola di botte: *une dégelée de coups de bâton* una gragnola di bastonate.
dégeler |de(ɛ)ʒle| (6) *v.tr.* **1** [*faire fondre ce qui était gelé*] (di)sgelare **2** (*fig., fam.*) *dégeler le public, l'auditoire* riscaldare, entusiasmare il pubblico, l'uditorio → **dérider 3** [*débloquer*] sbloccare, stanziare: *dégeler des crédits* sbloccare dei crediti, stanziare dei fondi.
dégénératif, ive |deʒeneʀatif, iv| *adj.* degenerativo: *processus dégénératif* processo degenerativo.
dégénéré, ée |deʒeneʀe| **1** *adj.* degenerato ◇ (*fam.*) *il est un peu dégénéré* è un po' degenerato **2** *s.* (*psycho.*) *un dégénéré* un degenerato.
dégénérer |deʒeneʀe| (8) *v.intr.* **1** (*littér.*) [*perdre les qualités naturelles de sa race*] degenerare: *races qui dégénèrent* razze che degenerano → **abâtardir (s')** ◇ (*par ext.*) [*s'avilir, se dégrader*] degenerare: *le goût dégénère* il gusto degenera, s'imbastardisce **2** *loc.* DÉGÉNÉRER EN [*se transformer en ce qui est pis*] degenerare in: *dispute qui dégénère en rixe* litigio che degenera in rissa → **tourner.**
dégénérescence |deʒeneʀesɑ̃s| *s.f.* **1** [→ DÉGÉNÉRER 1] degenerazione **2** (*méd.*) *dégénérescence d'un tissu* degenerazione di un tessuto.
dégingandé, ée |deʒɛ̃gɑ̃de| *adj.* (*fam.*) [*qui est comme disloqué dans la démarche*] dinoccolato, sbilenco*: *un grand diable tout dégingandé* uno spilungone tutto dinoccolato, sbilenco.
dégivrage |deʒivʀaʒ| *s.m.* [→ DÉGIVRER] sbrinamento.
dégivrer |deʒivʀe| *v.tr.* [*enlever le givre*] sbrinare: *dégivrer un réfrigérateur* sbrinare un frigorifero.
dégivreur |deʒivʀœʀ| *s.m.* [*appareil pour enlever le givre*] sbrinatore.
déglacer |deglase| (2) *v.tr.* **1** (*rare*) [*débarrasser de la glace*] disgelare, sciogliere (123) il ghiaccio (di): *déglacer une route* sciogliere il ghiaccio di una strada **2** (*techn.*) *déglacer du papier* (*en enlever le lustre*) opacizzare la carta 🄲 1 **glacer.**
déglinguer |deglɛ̃ge| *v.tr.* (*fam.*) [*disloquer*] sfasciare, scassare: *déglinguer un appareil* sfasciare un apparecchio → **démolir, désarticuler (se)** ◆ (*au p.p.*) *bicyclette toute déglinguée* bicicletta tutta scassata.
déglutir |deglytiʀ| *v.tr. et intr.* [*avaler*] deglutire (197).
déglutition |deglytisjɔ̃| *s.f.* deglutizione.
dégobiller |degɔbije| *v.tr. et intr.* (*fam.*) [*vomir*] fare (103) *tr.* i gattini, vomitare *tr.* (*cour.*).
dégoiser |degwaze| **A** *v.tr.* (*fam., péj.*) [*débiter*] raccontare, dire (132) (*cour.*): *dégoiser des âneries* raccontare stupidate, stupidaggini; *qu'est-ce qu'il dégoise?* ma cosa racconta? → 1 **dire B** *v.intr.* (*fam., péj.*) [*parler*] blaterare: *il n'a pas fini de dégoiser* non ha finito di blaterare.
dégommage |degɔmaʒ| *s.m.* il togliere *inv.* la gomma ◇ (*fam.*) [→ DÉGOMMER] licenziamento, siluramento.
dégommer |degɔme| *v.tr.* (*fam.*) [*destituer* (*qqn.*) *d'un emploi*] mandar via, licenziare (*cour.*) → **vider** (*fam.*) ◇ [*faire perdre une place* (*à qqn.*)] silurare → **limoger.**
dégonflage |degɔ̃flaʒ| *s.m.* (*fig., fam.*) [→ DÉGONFLER B] l'arrendersi *inv.*, lo sgonfiarsi *inv.*
dégonflé, ée [degɔ̃fle] *adj.* **1** [*qui est vidé de son air*] sgonfio*: *pneu dégonflé* pneumatico sgonfio **2** (*fam.*) [*sans courage, lâche*] fifone ◆ (*s.*) *passer pour un dégonflé* passare per un fifone, per uno che se la fa addosso.
dégonflement |degɔ̃fləmɑ̃| *s.m.* [→ DÉGONFLER A] sgonfiamento, sgonfiatura *f.*
dégonfler |degɔ̃fle| **A** *v.tr.* [*faire cesser d'être gonflé*] sgonfiare: *dégonfler un ballon* sgonfiare un pallone **B** *v.pron.intr.* SE DÉGONFLER **1** [→ *tr.*] sgonfiarsi: *le pneu se dégonfle* lo pneumatico si sgonfia **2** (*fam.*) [*manquer de courage, d'énergie au moment d'agir*] farsi (103) prendere dalla fifa, sgonfiarsi → **flancher.**
dégorgement |degɔʀʒəmɑ̃| *s.m.* **1** [*écoulement d'un liquide*] scolo, sgorgo*: *dégorgement d'une écluse* scolo di una chiusa ◇ (*méd.*) *dégorgement de la bile* travaso di bile → **écoulement,** 1 **épanchement, évacuation 2** [→ DÉGORGER A 2] spurgo*, scarico*: *dégorgement d'un égout* spurgo di una fogna **3** (*techn.*) [→ DÉGORGER A 3] sgrassatura *f.*, spurgo: *dégorgement des laines* sgrassatura della lana.
dégorgeoir |degɔʀʒwaʀ| *s.m.* (*techn.*) sfogatoio.*
dégorger |degɔʀʒe| (3) **A** *v.tr.* **1** [*faire sortir de soi un liquide*] scaricare: *égout qui dégorge de l'eau sale* fogna che scarica acqua sporca **2** [*vider, déboucher*] sgorgare, stasare; spurgare: *dégorger un évier* sgorgare un lavandino ‖ *dégorger un égout* spurgare una fogna **3** (*techn.*) [*débarrasser qqch. des matières étrangères*] sgrassare, spurgare: *dégorger le cuir* sgrassare la pelle; *dégorger la laine* sgrassare la lana → **laver, nettoyer, purifier** ◇ (*cuis.*) [*faire tremper des aliments pour les débarrasser des impuretés*] spurgare, tenere (188) a bagno nell'acqua **B** *v.intr.* **1** [*déborder, répandre son contenu de liquide*] sboccare (*aux.* essere), sfociare (*aux.* essere): *l'égout dégorge dans ce collecteur* la fogna sbocca in questo collettore → **déverser (se) 2** [*rendre un liquide*] buttar fuori *tr.* l'acqua; spurgare (*tr.*): *faire dégorger des concombres* far buttar fuori l'acqua ai cetrioli ‖ *faire dégorger des escargots* mettere a spurgare le lumache.
dégoter, dégotter |degɔte| **A** *v.tr.* (*fam.*) [*découvrir, trouver*] scovare (*cour.*), scoprire (186) (*cour.*): *il est impossible de le dégoter* è impossibile scovarlo **B** *v.intr.* (*pop.*) [*avoir tel air, telle allure*] presentarsi *pron.* (bene, male) (*cour.*), fare (103) *tr.* (una buona, cattiva) impressione (*cour.*) # *ton amie dégote bien* la tua amica fa colpo.
dégoulinade |degulinad| *s.f.* [*liquide qui dégouline, coule lentement; sa trace*] sgocciolatura # *il y a des dégoulinades sur les murs* ci sono delle macchie di umidità sulle pareti.
dégoulinement |degulinmɑ̃| *s.m.* [→ DÉGOULINER] sgocciolio*.
dégouliner |deguline| *v.intr.* [*couler lentement, goutte à goutte ou en filet*] sgocciolare, colare.
dégoupiller |degupije| *v.tr.* [*enlever la goupille de*] togliere (123) la coppiglia a.
dégourdi, ie |deguʀdi| *adj.* [*habile et actif*] sveglio*, svelto: *il n'est pas très dégourdi* non è molto sveglio → **malin** ◆ (*s.*) *c'est un dégourdi* è un tipo sveglio *adj.*
dégourdir |deguʀdiʀ| **A** *v.tr.* **1** [*faire sortir de l'engourdissement*] sgranchire (197) □ *se dégourdir les jambes* sgranchirsi le gambe **2** (*par ext.*) *dégourdir de l'eau* [*la chauffer légèrement*] intiepidire (197) un po' d'acqua **3** (*fig.*) [*débarrasser* (*qqn.*) *de sa timidité, de sa gêne*] svegliare, scaltrire (197): *le service militaire l'a dégourdi* il servizio militare lo ha svegliato → **dessaler B** *v.pron.* SE DÉGOURDIR **1** *réfl.* [→ *tr.* 1] sgranchirsi → *tr.* 1 □ **2** *intr.* [→ *tr.* 3] svegliarsi, scaltrirsi: *garçon qui commence à se dégourdir un peu* ragazzo che comincia a svegliarsi un po'.
dégoût |degu| *s.m.* **1** disgusto, nausea (*f.*): *le dégoût de la viande* il disgusto della carne; *manger jusqu'au dégoût* mangiare fino alla nausea → **répugnance, répulsion 2** [*aversion que l'on éprouve pour qqch., pour qqn.*] disgusto, ripugnanza (*f.*): *avoir du dégoût pour qqch., pour qqn.* provare disgusto, ripugnanza per q.c., per qc.; *éprouver un immense, un profond dégoût de toutes choses* provare un immenso, un profondo disgusto per tutto → **répugnance, répulsion, écœurement.**
dégoûtamment |degutamɑ̃| *adv.* [*d'une manière dégoûtante*] disgustosamente # *il mange dégoûtamment* mangia in modo disgustoso.
dégoûtant, ante |degutɑ̃, ɑ̃t| *adj.* **1** disgustoso, schifoso: *plat dégoûtant* piatto disgustoso; *c'est dégoûtant!* è disgustoso! ◇ (*fam.*) *tu es sale, dégoûtant* sei sporco, fai venire il voltastomaco **2** (*sens moral*) disgustoso: *c'est un type dégoûtant* è un essere disgustoso → **abject, ignoble** ◇ (*fam.*) [*grossier, obscène*] sporco*, sozzo: *raconter des histoires dégoûtantes* raccontare barzellette sporche → **cochon, sale** ◆ (*s.*) sporcaccione: *vous êtes un vieux dégoûtant* lei è un vecchio sporcaccione.
dégoûtation |degutasjɔ̃| *s.f.* (*fam.*) [*chose qui dégoûte; extrême saleté*] schifo (*m.*): *nettoyez votre chambre: c'est une dégoûtation* pulisca la sua camera: è uno schifo.
dégoûté, ée |degute| *adj.* [*qui éprouve facilement du dégoût* (*spécialt. pour la nourriture*)] schizzinoso, schi-

filtoso → **délicat, difficile** # *dégoûté de vivre* disgustato della vita, stanco di vivere → **las** ◇ *loc.* ÊTRE DÉGOÛTÉ DE avere il disgusto di, per: *il est dégoûté du poisson* ha il disgusto del pesce, il pesce lo disgusta → **las, lassé** ♦ (*s.*) *faire le dégoûté* fare il difficile, lo schizzinoso.

dégoûter |degute| **A** *v.tr.* **1** [*inspirer du dégoût*] disgustare, ripugnare: *tout cela me dégoûte* tutto ciò mi disgusta; *le lait me dégoûte* il latte mi disgusta, mi nausea → **déplaire** **2** *loc.* DÉGOÛTER DE [*ôter l'envie de*] sentire, provare nausea per...: *elle a fini par me dégoûter du fromage* ha finito col farmi provare nausea per il formaggio ◇ (*loc., plais.*) *si vous n'aimez pas ça, n'en dégoûtez pas les autres!* se a voi non piace, non fate venire il voltastomaco agli altri **B** *v.pron.intr.* SE DÉGOÛTER [*prendre en dégoût*] disgustarsi: *se dégoûter d'un plat, de qqn.* disgustarsi di un cibo, di qc.; *je me dégoûte* sono disgustato di me stesso, mi faccio schifo (*pop.*).

dégoutter |degute| *v.intr.* **1** [*couler goutte à goutte*] (s)gocciolare: *la pluie dégoutte le long du mur* la pioggia sgocciola lungo la parete; *la sueur lui dégoutte du front* il sudore gli sgocciola dalla fronte **2** [*laisser tomber goutte à goutte*] grondare: *cheveux qui dégouttent de pluie* capelli che grondano di pioggia.

dégradant, ante [degradɑ̃, ɑ̃t| *adj.* (*sens moral*) degradante: *action dégradante* azione degradante.

1 **dégradation** |degradɑsjɔ̃| *s.f.* **1** [→ 1 DÉGRADER A 1] degradazione: *tomber dans la plus abjecte dégradation* cadere nella più abbietta degradazione ◇ (*milit.*) *dégradation militaire* degradazione militare **2** [→ 1 DÉGRADER A 2] deterioramento *m.*, danno (*m.*): *la dégradation d'un bâtiment* il deterioramento di un fabbricato; *dégradations causées par le temps* danni causati dal tempo ◇ (*phys.*) *dégradation de l'énergie* degradazione dell'energia.

2 **dégradation** |degradɑsjɔ̃| *s.f.* [→ 2 DÉGRADER] digradazione: *dégradation insensible de la lumière* digradazione insensibile della luce.

dégradé |degrade| *s.m.* [*affaiblissement ou modification progressive d'une couleur, d'un éclairage*] digradazione *f.* # *des effets de dégradé* degli effetti di sfumatura.

1 **dégrader** |degrade| **A** *v.tr.* **1** (*littér.*) [*faire perdre sa dignité, son honneur à qqn.*] degradare, avvilire (197): *l'alcool dégrade l'homme* l'alcool degrada l'uomo → **abaisser, avilir** ◇ (*milit.*) *dégrader un officier* degradare un ufficiale **2** [*détériorer* (*un édifice, un objet*)] danneggiare, rovinare: *dégrader des monuments* danneggiare dei monumenti; *le temps dégrade les plus solides constructions* il tempo rovina le costruzioni più solide **B** *v.pron.* SE DÉGRADER **1** *réfl.* [→ *tr.* 1] degradarsi: *il se dégrade en acceptant ce compromis* si degrada accettando questo compromesso **2** *intr.* [→ *tr.* 2] andare (101) *intr.* in rovina, rovinarsi: *propriété qui se dégrade* proprietà che va in rovina ◇ (*phys.*) *l'énergie se dégrade* l'energia si degrada.

2 **dégrader** |degrade| **A** *v.tr.* [*affaiblir, diminuer progressivement un ton, une couleur*] sfumare: *dégrader les couleurs* sfumare i colori **B** *v.pron. intr.* SE DÉGRADER [→ *tr.*] digradare (*intr.*): *ton qui se dégrade* tono che digrada.

dégrafer |degrafe| **A** *v.tr.* [*défaire, détacher ce qui est agrafé*] slacciare **B** *v.pron.intr.* SE DÉGRAFER [→ *tr.*] slacciarsi: *sa robe s'est dégrafée* le si è slacciato il vestito Ⓒ **agrafer.**

dégraissage |degrɛsaʒ| *s.m.* [→ DÉGRAISSER 2] sgrassatura *f.*, smacchiatura (*f.*): *dégraissage de la laine* sgrassatura della lana; *dégraissage d'un vêtement* smacchiatura di un abito → **nettoyage.**

dégraisser |degrese| *v.tr.* **1** [*débarrasser qqch. de la couche de graisse qui recouvre*] digrassare, sgrassare: *dégraisser le bouillon, une sauce* digrassare, sgrassare il brodo, una salsa ◇ (*par anal.*) *dégraisser un porc* [*le délarder*] digrassare un maiale **2** [*nettoyer de ses taches de graisse*] smacchiare, digrassare: *dégraisser un vêtement* smacchiare, digrassare un abito → 2 **détacher.**

dégraisseur, euse |degrɛsœr, øz| *s.* [*personne dont le métier est de dégraisser les vêtements*] smacchiatore*.

1 **degré** |dəgre| *s.m.* (*littér.*) [*marche d'un escalier*] gradino (*cour.*), scalino (*cour.*).

2 **degré** |dəgre| *s.m.* **I** [*chacune des positions dans une hiérarchie*] **1** [*niveau, position dans un ensemble hiérarchisé*] gradino; grado: *les degrés de l'échelle sociale* i gradini della scala sociale → **échelon** ‖ *le plus bas degré, le plus haut degré de la hiérarchie sociale* il grado più basso, più alto della gerarchia sociale **2** [*état dans une évolution*] grado: *le premier, le dernier, le plus haut degré de qqch.* il primo, l'ultimo, il massimo grado di q.c. → 1 **stade** ◇ (*méd.*) *brûlure du second degré* ustione di secondo grado ◇ (*loc.*) *jusque à un certain degré* (fino) a un certo grado, punto ~ *au plus haut degré* in sommo grado → 1 **point** ◇ *loc. adv.* PAR DEGRÉ(S) per gradi, gradualmente (*adv.*): *s'avancer par degré vers un but* procedere per gradi, gradualmente verso uno scopo → **graduellement, progressivement, échelon (par), étape (par)** **II** [*dans un système organisé et sans idée de hiérarchie*] **1** [*proximité relative dans la parenté*] grado: *degrés de parenté* gradi di parentela; *le fils est le père sont parents au premier degré* il figlio e il padre sono parenti di primo grado **2** (*gram.*) *degré comparatif, superlatif* grado comparativo, superlativo **3** (*math.*) grado: *le degré d'un polinôme* il grado di un polinomio; *équation du premier, du second degré* equazione di primo, di secondo grado.

3 **degré** |dəgre| *s.m.* **1** [*la 360e partie de la circonférence*] grado: *angle de 90 degrés, ou angle droit* angolo di 90 gradi o angolo retto **2** [*division d'une échelle de température*] grado: *degré centigrade, Celsius* grado centigrado, Celsius; *la température a baissé d'un degré* la temperatura si è abbassata di un grado; *il fait 30 degrés à l'ombre* ci sono 30 gradi all'ombra ◇ (*spécialt.*) *degré de concentration d'un alcool* grado di concentrazione di un alcool; *alcool à 90 degrés* alcool a 90 gradi; *vin de 11, 12 degrés* vino di 11, 12 gradi; *degré alcoolique d'une liqueur* grado alcoolico di un liquore.

dégressif, ive |degresif, iv| *adj.* [*qui va en diminuant*] degressivo; decrescente: *taux dégressif* aliquota degressiva ‖ *mouvement dégressif* movimento decrescente.

dégrèvement |degrɛvmɑ̃| *s.m.* [→ DÉGREVER] sgravio*: *dégrèvement d'impôt* sgravio fiscale.

dégrever |degrəve| (6) *v.tr.* [*alléger, atténuer la charge fiscale*] sgravare: *dégrever un contribuable* sgravare un contribuente.

dégringolade |degrɛ̃gɔlad| *s.f.* (*fam.*) [→ DÉGRINGOLER] ruzzolone (*m.*): *quelle dégringolade!* che ruzzolone! → 1 **chute** ◇ (*fig.*) crollo *m.*, tracollo (*m.*): *la dégringolade d'une entreprise* il crollo, il tracollo di un'azienda; *la dégringolade des cours en Bourse* il crollo dei corsi in Borsa.

dégringoler |degrɛ̃gɔle| **A** *v.intr.* [*descendre précipitamment*] ruzzolare (*aux.* essere): *dégringoler d'un toit* ruzzolare dal tetto; *il a dégringolé dans l'escalier* è ruzzolato per le, dalle scale → 1 **tomber** # *la pluie dégringole* piove a dirotto ◇ (*fig.*) *entreprise qui dégringole* impresa che va a rotoli; *la Bourse a dégringolé* la Borsa è crollata **B** *v.tr.* [*descendre très rapidement*] scendere (105) a precipizio: *il a dégringolé l'escalier* ha sceso le scale a precipizio → **dévaler.**

dégriser |degrize| **A** *v.tr.* **1** [*tirer* (*qqn.*) *de l'état d'ivresse*] far (103) *intr.* passare la sbornia, l'ubriacatura a: *l'air frais l'a dégrisé* l'aria fresca gli ha fatto passare la sbornia **2** [*détruire les illusions, de* (*qqn.*)] disilludere (106), disincantare: *le voilà tout dégrisé* eccolo, è completamente disilluso → **désillusionner** **B** *v.pron.intr.* SE DÉGRISER [→ *tr.* 1] farsi passare l'ubriacatura, la sbornia: *il s'est vite dégrisé* si è fatto subito passare la sbornia Ⓒ A 1 **griser.**

dégrossir |degrosir| **A** *v.tr.* **1** [*travailler qqch. de manière à donner son aspect en enlevant le plus gros*] sgrossare, sbozzare: *dégrossir un bloc de marbre* sgrossare, sbozzare un blocco di marmo ◇ (*fig.*) sbozzare: *dégrossir un ouvrage* sbozzare un'opera **2** (*fam.*) *dégrossir qqn.* [*lui donner des rudiments de formation, de savoir-vivre*] sgrossare, dirozzare qc.: *dégrossir un élève* sgrossare, dirozzare un alunno **B** *v.pron.intr.* SE DÉGROSSIR [→ *tr.* 2] dirozzarsi: *il commence à se dégrossir* comincia a dirozzarsi.

dégrossissage |degrosisaʒ|, **dégrossissement** |degrosismɑ̃| *s.m.* [→ DÉGROSSIR A 1] sbozzatura *f.*

dégrouiller (se) |degruje| *v. pron.intr.* (*fam.*) [*se dépêcher*] spicciarsi, sbrigarsi → **grouiller (se).**

déguenillé, ée |degnije| *adj.* [*qui est vêtu de guenilles*] cencioso → **dépenaillé, haillonneux** ♦ (*s.*) *un déguenillé* uno straccione: *une troupe de déguenillés* un branco di straccioni.

déguerpir |degerpir| *v.intr.* [*abandonner précipitamment la place*] sloggiare, darsela (102) *pron.* (*aux.* essere) a gambe: *faire déguerpir un locataire* fare sloggiare un inquilino; *le voleur a déguerpi* il ladro se l'è data a gambe → **chasser, décamper, enfuir(s'), sauver (se).**

dégueulasse |degœ(ø)las| *adj.* (*vulg.*) [*sale, répugnant au physique ou au moral*] vomitevole (*pop.*), schifoso (*cour.*): *ne mange pas cette viande elle est dégueulasse* non mangiare questa carne è vomitevole, è schifosa ♦ (*s.*) *un dégueulasse* un mascalzone (*cour.*), un farabutto (*cour.*) → **salaud.**

dégueuler |degœle| *v.tr. et intr.* (*pop., vulg.*) [*vomir*] vomitare (*cour.*), dare (102) di stomaco (*cour.*) → **dégobiller** (*pop.*).

déguisé, ée |degize| *adj.* [*revêtu d'un déguisement*] travestito, mascherato: *un homme déguisé en femme* un uomo travestito da donna ◇ (*fig.*) *une ambition déguisée* una malcelata ambizione.

déguisement |degizmɑ̃| *s.m.* **1** [→ DÉGUISER A 1; B] travestimento: *un déguisement bien réussi* un travestimento ben riuscito **2** [*vêtement qui déguise*] travestimento: *déguisement pour un bal masqué* travestimento per un ballo in maschera # *il est méconnaissable sous un tel déguisement* mascherato in quel modo è irriconoscibile ◇ (*fig.*) *parler sans déguisement* parlare francamente, apertamente.

déguiser |degize| **A** *v.tr.* **1** [*vêtir (qqn.) de manière à rendre méconnaissable*] travestire; mascherare: *déguiser un homme en femme* travestire un uomo da donna || *déguiser en Arlequin* mascherare da Arlecchino **2** [*modifier pour tromper*] contraffare (103): *déguiser sa voix* contraffare la voce; *déguiser son écriture* contraffare la propria grafia **3** (*fig., littér.*) [*cacher sous des apparences trompeuses*] dissimulare (*cour.*), camuffare (*cour.*): *déguiser sa pensée* dissimulare il proprio pensiero; *déguiser la vérité* camuffare la verità **B** *v.pron.réfl.* SE DÉGUISER [→ *tr.* 1] travestirsi; mascherarsi: *se déguiser en agent de police* travestirsi da poliziotto || *se déguiser en Polichinelle* mascherarsi da Pulcinella.

dégustateur |degystatœʀ| *s.m.* [*celui dont le métier est de déguster les vins*] assaggiatore* *s.*

dégustation |degystɑsjɔ̃| *s.f.* [→ 1 DÉGUSTER] assaggio* *m.*, degustazione: *dégustation de vins* assaggio, degustazione di vini.

1 **déguster** |degyste| *v.tr.* [*boire ou manger avec grand plaisir; apprécier (une boisson, un aliment)*] gustare, assaporare: *déguster un bon vin* gustare, assaporare un buon vino; *déguster des friandises* assaporare delle ghiottonerie → **savourer.**

2 **déguster** |degyste| *v.tr.* (*pop.*) [*subir*] *déguster des coups* prendere (105) le botte (*cour.*); *qu'est-ce que j'ai dégusté!* quante ne ho prese! (*cour.*) (di batoste).

déhaler |deale| **A** *v.tr.* (*mar.*) [*déplacer un navire au moyen de ses amarres*] tonneggiare: *déhaler un navire* tonneggiare una nave **B** *v.pron.intr.* SE DÉHALER [→ *tr.*] tonneggiarsi: *le navire se déhale* la nave si tonneggia.

déhanché, ée |deɑ̃ʃe| *adj.* [*qui se déhanche, se dandine*] ancheggiante: *elle marchait, toute déhanchée* camminava tutta ancheggiante.

déhanchement |deɑ̃ʃmɑ̃| *s.m.* [→ DÉHANCHER (SE)] ancheggiamento.

déhancher (se) |deɑ̃ʃe| *v.pron. intr.* [*se balancer sur ses hanches, en marchant*] ancheggiare (*intr.*): *se déhancher en marchant* ancheggiare camminando → **dandiner (se), tortiller (se).**

déhiscence |deisɑ̃s| *s.f.* (*bot.*) deiscenza.

déhiscent, ente |deisɑ̃, ɑ̃t| *adj.* (*bot.*) deiscente.

1 **dehors** |dəɔʀ| *adv.* **1** [*à l'extérieur*] fuori: *aller dehors* andare fuori; *je serai dehors toute la journée* sarò fuori tutto il giorno; *jeter qqn. dehors* buttare fuori qc. **2** *loc. adv. et prép.* DE DEHORS da fuori: *il appelle de (du) dehors* chiama da fuori ~ PAR(-) DEHORS dal di fuori: *il est passé par dehors* è passato dal di fuori ~ EN DEHORS in fuori: *il marchait, les pieds en dehors* camminava coi piedi in fuori ◇ *loc. prép.* EN DEHORS DE fuori (di, da), oltre: *nous habitons en dehors de la ville* abitiamo fuori città; *tout ce qui se trouve en dehors de cette limite ne fait pas partie de la commune* tutto ciò che si trova oltre questo confine non fa parte del comune # *en dehors de cela, on peut dire que ...,* a parte questo, si può dire che ...; *c'est en dehors de la question, du sujet* (ciò) esula dalla questione, dall'argomento.

2 **dehors** |dəɔʀ| *s.m.* **1** LE DEHORS [*la partie extérieure, l'aspect extérieur*] l'esterno, il (di) fuori (*sing.*): *le dehors de cette boîte* l'esterno di questa scatola; *ce bruit vient du dehors* questo rumore viene dal di fuori, da fuori → **extérieur** # *les ennemis du dehors et du dedans* i nemici esterni e interni **2** LES DEHORS [*l'apparence extérieure*] l'apparenza *f. sing.*, le apparenze (*f.*): *sous les dehors plaisants* sotto apparenze scherzose; *il affecte les dehors d'une générosité qu'il n'a pas* ostenta le apparenze di una generosità che non ha **3** *loc.adv. et prép.* AU (-) DEHORS (di) fuori, esternamente (*adv.*): *le liquide se répand au-dehors* il liquido si versa di fuori; *il est grossier au dedans comme au dehors* è grossolano dentro e fuori # *capitaux placés au dehors* capitali investiti all'estero ~ DU DEHORS da fuori; esterno (*adj.*): *il vient du dehors* viene da fuori, dall'esterno || *les bruits du dehors* i rumori esterni ◇ *loc. prép.* AU DEHORS DE fuori di, da: *au dehors de ce pays* fuori di questo paese.

1 **déicide** |deisid| *s.m.* deicidio*.

2 **déicide** |deisid| *adj.* deicida: *peuple déicide* popolo deicida ♦ (*s.*) *un déicide* un deicida.

déification |deifikɑsjɔ̃| *s.f.* [→ DÉIFIER] deificazione.

déifier |deifje| *v.tr.* [*considérer comme un dieu*] deificare → **diviniser.**

déisme |deism(ə)| *s.m.* (*philo.*) deismo.

déiste |deist(ə)| *s. et adj.* deista *s.*

déité |deite| *s.f.* (*littér.*) [*divinité mythique; dieu ou déesse*] divinità (*inv.*): *les déités grecques* le divinità greche.

déjà |deʒa| *adv. de temps* **1** già: *il a déjà fini son travail* ha già finito il suo lavoro; *il est déjà quatre heures* sono già le quattro; *quand il arriva, son ami était déjà parti* quando arrivò, il suo amico se ne era già andato; *je l'ai déjà rencontré ce matin* l'ho già incontrato stamattina ◇ *loc. adv.* D'ORES ET DÉJÀ fin d'ora, sin d'ora **2** (*fam.*) (*renforçant une constatation*) già: *c'est déjà beaucoups si ...* è già molto se ...; *c'est déjà bien beau* è già bello ◇ (*en fin de phrase, pour réitérer une question*) a proposito (*loc.*): *comment vous appelez-vous, déjà?* a proposito, come si chiama (lei)?

déjanter |deʒɑ̃te| *v.tr.* [*faire sortir (un pneu) de la jante*] smontare uno pneumatico.

déjauger |deʒoʒe| (3) *v.intr.* (*mar.*) [*s'élever sur l'eau au-dessus de la ligne de flottaison (navire)*] emergere (114).

déjection |deʒɛksjɔ̃| *s.f.* (*méd.*) deiezione ◇ *au plur.* feci → **excrément.**

déjeté, ée |deʒte| *adj.* [*gauchi, tordu*] incurvato, curvo: *une planche déjetée* un'asse incurvata ◇ (*fam.*) *il est tout déjeté* è tutto sbilenco*.

déjeter |deʒte| (5) **A** *v.tr.* [*écarter de sa direction naturelle; de sa position normale*] incurvare, piegare: *le vent a déjeté touts les arbres* il vento ha piegato tutti gli alberi → **courber, déformer B** *v.pron.intr.* SE DÉJETER [→ *tr.*] incurvare *intr.*, incurvarsi: *sa colonne vertébrale s'est déjetée* la sua colonna vertebrale si è incurvata.

1 **déjeuner** |deʒœne| *v.intr.* [*prendre le repas du milieu de la journée*] far (103) *tr.* colazione, pranzare: *nous avons déjeuné au restaurant* abbiamo pranzato al ristorante # *à midi, je n'ai déjeuné que d'une pizza* a mezzogiorno ho mangiato solo una pizza.

2 **déjeuner** |deʒœne| *s.m.* **1** [*repas du milieu du jour*] pranzo, colazione (*f.*): *manger de la viande au déjeuner* mangiare carne a pranzo, a colazione; *il est à la maison à l'heure du déjeuner* è a casa all'ora di pranzo; *déjeuner sur l'herbe* colazione al sacco → **pique-nique 2** [*les mets du déjeuner (surtout celui du milieu du jour)*] pranzo: *un bon déjeuner* un buon pranzo **3** PETIT DÉJEUNER prima colazione **4** (*loc. fig.*) *c'est un déjeuner de soleil* [*objet, sentiment, entreprise qui ne dure pas longtemps*] è un sogno che svanisce all'alba, è qualcosa che dura lo spazio di un mattino.

déjouer |deʒwe| *v.tr.* [*faire échouer le jeu, les manœuvres de qqn.*] sventare: *déjouer un complot* sventare un complotto # *déjouer la surveillance* [*la tromper*] eludere la sorveglianza.

déjuger (se) |deʒyʒe| (3) *v.pron. intr.* [*revenir sur le jugement exprimé, un parti pris*] ricredersi: *il s'est déjugé* si è ricreduto → **changer (d'avis).**

de jure |deʒyʀe| *loc. adj. et adv.* (*lat.*) (*dr.*) de iure: *reconnaissance de jure d'un gouvernement* riconoscimento de iure di un governo.

delà |dəla| **I** *prép.* PAR(-)DELÀ [*plus loin que*] al di là di: *par delà les mers* al di là dei mari ◇ (*fig.*) *par-delà le bien et le mal* al di là del bene e del male; *par-delà les apparences* al di là delle apparenze **II** *adv.* (*de lieu*) **1** AU(-)DELÀ oltre, più in là: *la haie m'empêche de voir au delà* la siepe m'impedisce di vedere oltre; *la maison est un peu au delà* la casa è un po' più in là ◇ *loc. prép.* AU(-)DELÀ DE oltre, al di là di: *au delà de toute limite* oltre ogni limite; *au delà de ces montagnes, il y a la France* oltre quei monti, c'è la Francia; *l'Islande est au delà de l'Écosse* l'Islanda è al di là della Scozia # *la température n'ira pas au delà de 40 degrés* la temperatura non oltrepasserà i 40 gradi ◇ (*fig.*) *au-delà de toute imagination* oltre ogni credere; *c'est au delà de ma compétence* (ciò) esula dalla mia competenza **2** *loc. adv.* PAR(-)DELÀ dall'altra parte: *contournez le champ et attendez-nous par delà* fate il giro del campo e aspettateci dall'altra parte ~ EN DELÀ oltre (*adv.*): *restez sur la ligne de départ, ne vous mettez pas en delà* rimanete sulla linea di partenza e non andate oltre → 2 **dehors** 3 (*littér.*) *decà, delà* qua e là, di qua e di là © II 1 **deça (en).**

délabialiser |delabjalize| *v.tr.* (*phonét.*) [*ôter le caractère labial* (*à un phonème labial*)] delabializzare.

délabrement |delɑ(a)bRəmɑ̃| *s.m.* [→ DÉLABRER] rovina (*f.*): *le délabrement d'un édifice* la rovina, la fatiscenza di un edificio # *le délabrement de sa santé* il cattivo stato della sua salute.

délabrer |delɑbRe| **A** *v.tr.* [*mettre en mauvais état*] deteriorare, rovinare: *le temps a délabré cet édifice* il tempo ha deteriorato quell'edificio; *délabrer sa santé* rovinarsi la salute → **endommager, ruiner B** *v.pron. intr.* SE DÉLABRER [→ *tr.*] andare (101) *intr.* in rovina; deteriorarsi: *la maison se délabre* la casa va in rovina || *sa santé se délabre* la sua salute si deteriora, peggiora ◆ (*au p.p.*) *un vieux château délabré* un vecchio castello fatiscente, in rovina.

délacer |dela(ɑ)se| (2) *v.tr.* [*desserrer ou retirer* (*une chose lacée*)] slacciare: *délacer un corset* slacciare un corsetto; *délacer ses chaussures* slacciarsi le scarpe © **lacer.**

délai |delɛ| *s.m.* **1** [*temps accordé pour faire qqch.*] termine: *travail exécuté dans le délai fixé* lavoro eseguito nel termine fissato; *marchandise livrée dans les délais* merce consegnata nei termini; *expiration d'un délai* scadenza di un termine; *il faut régler la facture dans un délai de 30 jours* occorre pagare la fattura nel termine di 30 giorni, entro 30 giorni # *agir dans les délais* agire tempestivamente ◇ *loc.* À BREF DÉLAI a breve scadenza, entro breve tempo: *nous prendrons une décision à bref délai* prenderemo una decisione entro breve tempo **2** [*prolongation de temps accordé pour faire qqch.*] dilazione *f.*, proroga* (*f.*): *obtenir un délai de paiement* ottenere una dilazione nel pagamento; *dépasser le délai* esaurire la dilazione; *se faire donner un délai* farsi dare una proroga ◇ (*loc.*) *sans délai* senza indugi(o), immediatamente.

délaissé, ée |delese| *adj.* (*personnes*) [*laissé sans secours, qu'on néglige*] abbandonato, trascurato: *enfant délaissé* bambino abbandonato; *épouse délaissée* moglie trascurata → **abandonné** ◇ (*choses*) trascurato: *une profession un peu délaissée* una professione un po' trascurata.

délaissement |delɛsmɑ̃| *s.m.* (*littér.*) [→ DÉLAISSER] abbandono (*cour.*), trascuratezza *f.* (*cour.*) ◇ (*dr.*) *délaissement des choses assurées* abbandono delle cose assicurate.

délaisser |delese| *v.tr.* [*laisser de côté qqn.*; *abandonner une activité*] trascurare, abbandonare: *délaisser qqn.* trascurare, abbandonare qc.; *délaisser son travail* trascurare il proprio lavoro → **négliger, abandonner.**

délassant, ante |delɑsɑ̃, ɑ̃t| *adj.* [*qui délasse le corps ou l'esprit*] rilassante, distensivo: *un exercice délassant* un esercizio rilassante, distensivo; *une promenade délassante* una passeggiata distensiva.

délassement |delɑsmɑ̃| *s.m.* **1** [→ DÉLASSER] distensione *f.*, rilassamento → **détente, loisir** # *avoir besoin de délassement* aver bisogno di rilassarsi **2** [*ce qui délasse*] svago*, diversivo: *la lecture, la musique sont des délassements* la lettura, la musica sono degli svaghi → **amusement, distraction.**

délasser |delɑse| **A** *v.tr.* [*tirer de l'état de lassitude, de fatigue*] rilassare, distendere (105): *écouter de la musique délasse* (*l'esprit*) ascoltare della musica rilassa (distende lo spirito); *sa gaieté nous délasse* la sua allegria ci rilassa **B** *v.pron.réfl.* SE DÉLASSER [→ *tr.*] rilassarsi, distendersi: *partir en vacances pour se délasser* andare in vacanza per rilassarsi © **fatiguer, lasser.**

délateur, trice |delatœR, tRis| *s.* delatore*, spia *f.* → **dénonciateur.**

délation |delɑsjɔ̃| *s.f.* delazione, spiata: *faire une délation* fare una delazione, una spiata.

délavé, ée |delave| *adj.* slavato, sbiadito: *des yeux d'un bleu délavé* occhi di un azzurro slavato → **décoloré, pâle** # *couleurs délavées* colori scialbi: *le ciel est d'un bleu délavé* il cielo è di un azzurro pallido.

délaver |delave| *v.tr.* **1** [*enlever ou éclaircir avec de l'eau une couleur étendue sur du papier*] stemperare **2** [*imbiber d'eau*] impregnare, inzuppare: *l'inondation a délavé les terres* l'inondazione ha impregnato la terra.

délayage |delɛjaʒ| *s.m.* [→ DÉLAYER] diluizione *f.*, stemperatura (*f.*): *délayage de la farine* diluizione della farina ◇ (*fig.*) prolissità *f.inv.* # *faire du délayage* essere prolisso.

délayé, ée |deleje| *adj.* (*fig.*) [*diffus, prolixe*] prolisso, verboso.

délayer |deleje| (9) *v.tr.* [*détremper* (*une substance*) *dans un liquide*] diluire (197), stemperare: *délayer de la farine dans de l'eau* diluire un po' di farina nell'acqua; *délayer à chaud, à froid* diluire a caldo, a freddo; *délayer de la chaux, du plâtre, du mortier* stemperare della calce, del gesso, della malta → **diluer, dissoudre** ◇ (*fig.*) *délayer une pensée, une idée* diluire un pensiero, un concetto.

delco |dɛlko| *s.m.* (*auto.*) spinterogeno → **allumeur.**

deleatur |deleatyR| *s.m.inv.* (*typogr.*) deleatur.

délébile |delebil| *adj.* (*rare*) delebile (*cour.*): *encre délébile* inchiostro delebile © **indélébile.**

délectable |delɛktabl(ə)| *adj.* (*littér.*) [→ DÉLECTER (SE)] dilettevole, squisito: *mets délectable* piatto squisito → **délicieux, exquis.**

délectation |delɛktɑsjɔ̃| *s.f.* **1** [*plaisir que l'on savoure*] diletto *m.*, gusto (*m.*): *écouter de la musique avec délectation* ascoltare della musica con diletto, con grande piacere; *déguster un bon plat avec délectation* assaporare un buon piatto con gusto → **ravissement 2** (*théol.*) *délectation morose* dilettazione morosa.

délecter (se) |delɛkte| *v.pron.intr.* [*prendre un très grand plaisir* (*à qqch.*)] deliziarsi, dilettarsi: *je me suis délecté à l'écouter parler* mi sono deliziato a sentirlo parlare → 1 **goûter, savourer.**

délégataire |delegatɛR| *s.* (*dr.*) delegatario* *m.*

délégation |delegɑsjɔ̃| *s.f.* **1** [*acte par lequel on délègue qqn.; attribution, transmission pour un objet déterminé*] delega*: *délégation de pouvoir à qqn.* delega di poteri a qc. **2** [*ensemble des personnes déléguées*] delegazione: *président d'une délégation* capo delegazione; *faire partie d'une délégation* far parte di una delegazione; *envoyer une délégation* inviare una delegazione; *recevoir une délégation* ricevere una delegazione, una rappresentanza.

délégué, ée |delege| *s. et adj.* delegato; rappresentante (*s.*): *délégué à un congrès international* delegato a un congresso internazionale || *délégué du personnel* rappresentante del personale; *délégué syndical* rappresentante sindacale → 1 **émissaire, mandataire, représentant.**

déléguer |delege| (8) *v.tr.* **1** [*charger* (*qqn.*) *d'une mission*] delegare, deputare: *déléguer un représentant à une assemblée* delegare, deputare un rappresentante a una assemblea **2** *déléguer son autorité, son pouvoir à qqn.* [*les lui transmettre, confier*] delegare l'autorità, il potere a qc.

délestage |delɛstaʒ| *s.m.* [→ DÉLESTER 1] scarico* della zavorra.

délester |deleste| *v.tr.* **1** [*décharger de son lest*] scaricare la zavorra di: *délester un navire, un aérostat* scaricare la zavorra di una nave, di un aerostato **2** [*débarrasser d'un fardeau*] alleggerire (197) (qc.) di un peso, di un fardello → 1 **décharger** ◇ (*fig., iron.*) *le voleur l'a délesté de son portefeuille* il ladro lo ha alleggerito del portafoglio.

délétère |deletɛR| *adj.* **1** (*rare*) [*qui met la santé, la vie en danger*] tossico* (*cour.*): *gaz délétère* gas tossico → **nocif, nuisible 2** (*fig.*) deleterio* (*cour.*): *une propagande délétère* una propaganda deleteria.

délibérant, ante |delibeRɑ̃, ɑ̃t| *adj.* deliberante: *assemblée délibérante* assemblea deliberante.

délibératif, ive |delibeRatif, iv| *adj.* deliberativo: *avoir voix délibérative dans une assemblée* avere voto deliberativo in un'assemblea © **consultatif.**

délibération |delibeRɑsjɔ̃| *s.f.* **1** [→ DÉLIBÉRER] deliberazione, delibera: *délibération d'un jury* deliberazione di una giuria # *les délibérations prises par une assemblée* le decisioni prese da un'assemblea → **débat, examen 2** [*examen réfléchi*] attento esame (*m.*): *décision prise après mûre délibération* decisione presa dopo attento esame.

délibéré, ée |delibeRe| **1** *adj.* deliberato: *volonté délibérée* deliberata volontà → **intentionnel, réfléchi, voulu** ◇ (*loc.*) *de propos délibéré* di proposito, a bella posta ~ *d'un air délibéré* con aria risoluta, decisa **2** *s.m.*(*dr.*) deliberazione *f.* (in camera di consiglio): *mettre une affaire en délibéré* porre una causa in deliberazione.

délibérément |delibeRemɑ̃| *adv.* [→ DÉLIBÉRÉ 1] deliberatamente, volutamente.

délibérer |delibeRe| (8) *v.intr.* [*discuter avec d'autres personnes en vue d'une décision à prendre*] deliberare, decidere (130): *les membres du jury se retirent pour délibérer* i membri della giuria si ritirano per deliberare → **consulter(se).**

délicat, ate |delika, at| *adj.* **1** (*littér.*) [*qui plaît par la finesse des sensations*] delicato (*cour.*): *parfum délicat* profumo delicato; *teinte délicate* tinta delicata → **subtil** # *plaisirs délicats* piaceri sottili → **raffiné** ◇ (*par ext.*) [*léger, élégant*] *le toucher délicat d'un pianiste, d'un peintre* il tocco delicato di un pianista, di un pittore **2** [*fragile*] delicato: *peau délicate* pelle delicata; *enfant délicat* bambino delicato, gracile → **faible 3** [*complexe, difficile*] delicato, complesso: *une question, une situation délicate* una questione, una situazione delicata; *un problème délicat* un problema complesso → **difficile, embarrassant** # *une nuance délicate* una sfumatura sottile **4** (*personnes*) [*que sa grande sensibilité rend difficile à contenter*] schizzinoso, schifiltoso: *il ne faut pas être si délicat* non si deve essere così schizzinosi → **exigeant, difficile** ✦ (*s.*) *faire le délicat* fare lo schizzinoso **5** [*probe, scrupuleux*] scrupoloso, onesto: *une conscience délicate* una coscienza scrupolosa; *il est peu délicat en affaires* è poco onesto negli affari ◇ (*par ext.*) [*qui dénote la délicatesse*] delicato, fine: *s'il avait été plus délicat ...* se fosse stato più delicato...; *ce procédé n'est guère délicat* questo modo di fare non è fine # *c'est une attention, une pensée délicate de sa part* è un pensiero gentile da parte sua.

délicatement |delikatmɑ̃| *adv.* **1** [*avec finesse et précision*] delicatamente, finemente: *objet délicatement ciselé* oggetto finemente cesellato → **finement 2** [*avec douceur et légèreté*] delicatamente, leggermente: *saisir délicatement un papillon par ses ailes* prendere delicatamente una farfalla per le ali; *effleurer délicatement* sfiorare leggermente → **légèrement 3** [*d'une manière raffinée, recherchée*] delicatamente, squisitamente # *agir délicatement* agire con delicatezza → **élégamment.**

délicatesse |delikatɛs| *s.f.* **1** (*littér.*) [*qualité de ce qui est délicat*] delicatezza: *délicatesse des traits d'un visage* delicatezza, finezza dei lineamenti del viso → **joliesse 2** [*finesse et soins dans l'exécution*] raffinatezza, finezza ◇ [*légèreté dans la prise, le toucher*] delicatezza: *saisir un objet fragile avec délicatesse* prendere un oggetto fragile con delicatezza → **délicatement 3** [*caractère de ce qui est fragile, fin, tenu*] delicatezza, finezza: *la délicatesse et la blancheur de sa peau* la delicatezza e il candore della sua pelle **4** [*aptitude à juger finement*] finezza, delicatezza: *délicatesse de goût* finezza → **sensibilité** # *délicatesse de style* eleganza di stile **5** [*sensibilité morale dans les relations avec autrui*] delicatezza, discrezione: *se taire par délicatesse* tacere per delicatezza, per discrezione; *manque de délicatesse* mancanza di delicatezza → **discrétion** # *la délicatesse de ses manières* la raffinatezza dei suoi modi.

délice |delis| *s.* **1** *s.f. pl.* DÉLICES [*plaisir qui ravit, transporte*] delizie, piaceri (*m.*): *les délices de l'amour* le delizie, i piaceri dell'amore; *lieu de délices* luogo di delizie → **paradis, 1 plaisir, jouissance** # *faire ses délices de qqch.* andare pazzo per q.c. ◇ (*loc.*) *les délices de Capoue* gli ozi di Capua **2** *s.m.* [*plaisir vif et délicat*] delizia *f.*, gioia (*f.*): *quel délice de vivre ici!* che delizia vivere qui! → **félicité, joie** ◇ (*fam.*) *ce rôti est un délice* questo arrosto è una delizia, una squisitezza → **régal.**

délicieusement |delisjøzmɑ̃| *adv.* [→ DÉLICIEUX] deliziosamente: *il fait délicieusement bon* si sta deliziosamente bene ◇ [*d'une manière charmante*] divinamente: *elle joue délicieusement du piano* suona|il piano divinamente.

délicieux, ieuse |delisjø, jøz| *adj.* **1** delizioso: *une sensation délicieuse* una sensazione deliziosa; *robe délicieuse* vestito delizioso; *une femme délicieuse* una donna deliziosa → **agréable, charmant** # *une impression délicieuse* una impressione molto piacevole **2** [*très agréable au goût, aux sens*] delizioso, delicato: *mets délicieux* piatto delizioso; *un délicieux parfum* un profumo delicato # *fruits délicieux* frutta squisita.

délictueux, ueuse |deliktɥø, ɥøz| *adj.* (*dr., cour.*) delittuoso: *fait délictueux* fatto delittuoso.

délié |delje| *s.m.* [*la partie fine et déliée d'une lettre*] filetto.

délié, ée |delje| *adj.* **1** [*qui n'est plus lié*] slegato, sciolto: *cordons déliés* cordoni slegati, sciolti **2** (*fig.*) [*qui a une grande agilité*] agile, sciolto: *doigts déliés* dita agili, sciolte ◇ (*loc.*) *avoir la langue déliée* avere la lingua sciolta, essere di lingua sciolta **3** (*littér.*) [*fin, mince*] tenue, sottile: *fil délié* tenue filo; *taille déliée* vita sottile → **fin, mince 4** (*fig.*) *un esprit délié* uno spirito sottile, un ingegno acuto → **fin, subtil.**

délier |delje| *v.tr.* **1** [*dégager de ce qui lie*] slegare: *délier un fagot, une gerbe* slegare un fagotto, un fascio; *délier les mains d'un prisonnier* slegare le mani di un prigioniero → **1 détacher, libérer 2** [*défaire le nœud de*] snodare, disfare (103) i nodi (di): *délier une corde, des rubans* snodare una corda, dei nastri ◇ (*loc. fig.*) *il n'est même pas digne de lui délier le cordon de ses souliers* non è nemmeno degno di slegargli, di lustrargli le scarpe ~ *sans bourse délier* senza sborsare una lira, il becco di un quattrino **3** *délier la langue de qqn.* sciogliere la lingua a qc. ✦ (*adj.*) *avoir la langue déliée* avere la lingua sciolta, pronta **4** (*fig.*) [*libérer d'une obligation, d'un engagement*] sciogliere (123), liberare: *délier qqn. d'une promesse* sciogliere, liberare qc. da una promessa → **1 affranchir, dégager** ◇ (*théol.*) [*absoudre*] assolvere (117): *délier un fidèle d'un péché* assolvere un fedele da un peccato.

délimitation |delimitɑsjɔ̃| *s.f.* [→ DÉLIMITER] delimitazione: *délimitation des frontières* delimitazione delle frontiere.

délimiter |delimite| *v.tr.* [*déterminer en traçant des limites*] delimitare, determinare: *délimiter la frontière entre deux Etats* delimitare, determinare il confine fra due Stati; *clôtures qui délimitent une propriété* recinzione che delimita una proprietà ◇ (*fig.*) *délimiter les attributions de qqn.* definire, fissare le attribuzioni di qc.; *délimiter son sujet* restringere l'argomento → **définir, fixer.**

délinéer |delinee| *v.tr.* [*tracer d'un trait le contour* (*d'un objet*)] delineare.

délinquance |delɛ̃kɑ̃s| *s.f.* delinquenza: *délinquance juvénile* delinquenza giovanile → **criminalité.**

délinquant, ante |delɛ̃kɑ̃, ɑ̃t| *s.* (*dr., cour.*) delinquente, criminale: *délinquant primaire* delinquente senza precedenti penali; *délinquant récidiviste* delinquente recidivo; *les jeunes délinquants* i giovani criminali # *l'enfance délinquante* la delinquenza minorile.

déliquescence |delikesɑ̃s| *s.f.* **1** (*chim.*) deliquescenza **2** (*fig., fam.*) [*décadence complète*] decadenza, rovina: *tomber en déliquescence* andare in rovina, essere in decadenza; *régime en déliquescence* regime in decadenza; *société en déliquescence* società in rovina, in decadenza → **2 décomposition, ruine.**

déliquescent, ente |delikesɑ̃, ɑ̃t| *adj.* **1** (*chim.*) deliquescente **2** (*fig.*) [*décadent*] corrotto, decadente: *mœurs déliquescentes* costumi corrotti; *auteur déliquescent* autore decadente, decadentistico* → **décadent** ◇ (*fam.*) *il est bien déliquescent* è vecchio decrepito → **ramolli.**

délirant, ante |delirɑ̃, ɑ̃t| *adj.* **1** delirante: *fièvre délirante* febbre delirante; *idées délirantes* idee deliranti, strampalate # *un malade délirant* un malato che delira → **extravagant** ✦ (*s.*) *un délirant* un delirante **2** (*fig.*) [*qui manque de mesure, très exuberant*] sfrenato: *une imagination délirante* una immaginazione fervida, sfrenata ◇ [*totalement déraisonnable*] *c'est délirant!* è insensato, è irragionevole!; *exiger cela, c'est délirant* è irragionevole pretendere una cosa simile.

délire |delir| *s.m.* **1** delirio* → **divagation, égarement** # *avoir le délire* delirare ◇ (*loc.*) *c'est du délire* è una pazzia, è pazzesco ◇ (*rare*) *le délire de l'ambition, de la richesse* il delirio dell'ambizione, della ricchezza ◇ (*vieilli*) *délire poétique* delirio, furore poetico **2** [*enthousiasme exubérant*] delirio: *foule en délire* folla in delirio; *quand il apparut en scène, ce fut du délire* quando apparve in scena scoppiò il delirio.

délirer |delire| *v.intr.* **1** [*avoir le délire*] delirare, farneticare: *le malade délire* il malato delira → **divaguer** ◇ (*par ext.*) *il délire* sta farneticando → **2 dérailler, déraisonner 2** *délirer de joie* [*être dans un état d'exaltation*] non stare in sé dalla gioia.

delirium tremens |delirjɔmtremɛ̃s| *s.m.* (*lat.*) (*méd.*) delirium tremens *inv.*

1 **délit** |deli| *s.m.* **1** delitto: *commettre un délit* commettere un delitto; *délit contre la morale* delitto contro la morale; *délit puni par la loi* delitto punito dalla legge ◇ (*dr.*) *délit civil* illecito civile ~ (*spécialt.*) *délit par imprudence* delitto colposo **2** (*sens large*) *délit* (*pénal*) [*toute infraction à la loi*] reato, illecito penale: *acte constituant délit* atto che costituisce reato; *le corps du délit* il corpo del reato → **contravention, crime** ◇ (*spécialt.*) FLAGRANT DÉLIT flagrante delitto: *prendre qqn. en flagrant délit* cogliere qc. in flagrante, sul fatto.

2 **délit** |deli| *s.m.* (*techn.*) faglia *f.* ◇ (*loc.*) *en délit* in piano orizzontale.

1 **délivrance** |delivrɑ̃s| *s.f.* **1** [→ 1 DÉLIVRER A 1] liberazione: *délivrance d'un prisonnier* liberazione di un prigioniero → **libération 2** (*fig.*) [*soulagement*] liberazione, sollievo (*m.*): *la mort est une délivrance* la morte è una liberazione; *quelle délivrance!* che liberazione!, che sollievo!

2 **délivrance** |delivrɑ̃s| *s.f.* [→ 2 DÉLIVRER A] rilascio* *m.*, consegna:

délivrance d'un certificat, d'un passeport rilascio di un certificato, di un passaporto → **livraison, 1 remise** ◇ (*dr.*) *la délivrance de la chose vendue* rimessa della cosa venduta.

1 **délivrer** |delivʀe| **A** *v.tr.* **1** [*rendre libre*] liberare: *délivrer un prisonnier, un esclave* liberare un prigioniero, uno schiavo → **libérer 2** *délivrer qqn. de* liberare qc. da: *délivrer qqn. d'un importun* liberare qc. da un importuno; *délivrer qqn. d'un mal* liberare qc. da un male → **débarrasser, libérer B** *v.pron. réfl.* SE DÉLIVRER [→ *tr.* 1, 2] liberarsi: *se délivrer d'un fardeau* liberarsi di un fardello; *se délivrer d'une obsession* liberarsi da un'ossessione.

2 **délivrer** |delivʀe| **A** *v.tr.* (*admin., comm., cour.*) [*remettre* (*qqch.*) *à qqn.*] rilasciare, consegnare: *on lui a délivré un certificat, un reçu* gli hanno rilasciato un certificato, una ricevuta; *le médecin délivre une ordonnance* il medico rilascia una ricetta; *délivrer des marchandises* consegnare della merce **B** *v.pron. passif* SE DÉLIVRER [→ *tr.*] rilasciarsi: *le bureau où se délivrent les passeports* l'ufficio dove si rilasciano i passaporti.

déloger |delɔʒe| (3) **A** *v.tr.* [*faire sortir* (*qqn.*) *du lieu qu'il occupe*] sloggiare, far (103) *intr.* sloggiare: *déloger un locataire* sloggiare, far sloggiare un inquilino; *déloger l'ennemi de ses positions* sloggiare il nemico dalle sue posizioni → **chasser, expulser, vider** (*pop.*) **B** *v.intr.* (*fam.*) [*quitter son logement, sa place*] sloggiare: *délogez de là!* sloggiate! → **déguerpir, décamper.**

déloyal, ale, aux |delwajal, o| *adj.* [*qui n'est pas loyal*] sleale: *être déloyal envers qqn.* essere sleale con qc.; *concurrence déloyale* concorrenza sleale.

déloyauté |delwajote| *s.f.* [*manque de loyauté*] slealtà *inv.* # *faire acte de déloyauté* commettere un atto sleale → **fausseté, malhonnêteté, perfidie** ◇ (*par ext.*) *déloyauté d'un procédé* slealtà di un comportamento.

Delphinidés |dɛlfinide|, **Delphinidiens** |dɛlfinidjɛ̃| *s.m. pl.* (*t. zool.*) Delfinidi.

delta |dɛlta| *s.m.* **1** delta: *le delta du Rhône* il delta del Rodano **2** [*quatrième lettre de l'alphabet gr.*] delta (*m. ou f.*): *en forme de delta* a forma di delta ◇ (*aviat.*) *avion à ailes en delta, à ailes delta* aereo con ali a delta.

deltaïque |dɛltaik| *adj.* (*géogr.*) deltizio*: *plaine deltaïque* pianura deltizia.

deltaplane |dɛltaplan| *s.m.* deltaplano.

deltoïde |dɛltɔid| *adj. et s.m.* (*anat.*) deltoide.

déluge |delyʒ| *s.m.* **1** (*selon la Bible*) diluvio* (universale): *l'arche de Noé échappa au déluge* l'arca di Noè scampò al diluvio universale ◇ (*loc. fig.*) *remonter au déluge* risalire a Adamo ed Eva ~ *après moi le déluge!* dopo di me il diluvio! **2** [*pluie diluvienne*] diluvio ◇ (*par anal.*) *déluge de larmes* fiume, torrente di lacrime; *déluge de paroles* diluvio di parole → **torrent.**

déluré, ée |delyʀe| *adj.* [*qui a l'esprit vif et avisé*] sveglio*: *un enfant déluré* un bambino sveglio → **dégourdi, 2 malin** # *un air déluré* un'aria spigliata → **éveillé, vif** ◇ (*péj.*) [*d'une hardiesse excessive, provocante*] sfacciato, sfrontato: *c'est une fille bien délurée* è una ragazza molto sfacciata → **effronté.**

délustrer |delystʀe| *v.tr.* [*enlever le lustre, le brillant de* (*un tissu*)] delucidare, decatizzare.

démagnétiser |demaɲetize| *v.tr.* (*phys.*) [*détruire l'aimantation de*] smagnetizzare, demagnetizzare **C** **aimanter, magnétiser.**

démagogie |demagɔʒi| *s.f.* (*polit.*) demagogia*.

démagogique |demagɔʒik| *adj.* demagogico*: *discours démagogique* discorso demagogico.

démagogue |demagɔg| *s.m.* demagogo*: *le démagogue est le pire ennemi de la démocratie* il demagogo è il peggior nemico della democrazia ♦ *adj.* demagogico*: *orateur démagogue* oratore demagogico.

démailloter |demajɔte| *v.tr.* [*débarrasser* (*un enfant*) *du maillot*] sfasciare: *il démaillota l'enfant* sfasciò il bambino **C** **emmailloter.**

demain |d(ə)mɛ̃| *adv. et s.m.* **I** [*le jour suivant*] **1** *adv.* domani: *je dois le voir demain* lo devo vedere domani; *demain matin* domattina, domani mattina; *demain dans la matinée* domani in mattinata ◇ (*loc.*) *demain il fera jour* se ne parla domani; *demain on rase gratis* sì, domani!, aspetta e spera! ◇ (*fam.*) *c'est pas demain la veille* non è mica (per) domani, campa cavallo (che l'erba cresce) **2** *s.m.* domani: *vous avez demain, tout demain pour réfléchir* avete tutto domani per pensarci ◇ (*loc.*) *à demain* a domani ~ *il ne faut pas remettre à demain ce qu'on peut faire le jour même* chi ha tempo non aspetti tempo ~ *restez jusqu'à demain* fermatevi fino a domani ~ *d'ici à demain, d'ici demain le temps peut changer* da qui a domani il tempo può cambiare ~ *à partir de demain* da domani in poi ~ *demain en huit* domani (a) otto **II** [*dans un avenir* (*plus ou moins proche*)] **1** *adv.* domani: *aujourd'hui c'est ainsi, mais demain?* oggi è così, ma domani? **2** *s.m.* domani: *le monde de demain* il mondo di domani → **futur.**

démancher (se) |demɑ̃ʃe| **A** *v.tr.* (*fam.*) [*déglinguer, disloquer*] slogare (*cour.*) □ *se démancher le bras* slogarsi un braccio **B** *v.pron.réfl.* SE DÉMANCHER [→ *tr.*] slogarsi → *tr.* □.

demande |d(ə)mɑ̃d| *s.f.* **1** [→ DEMANDER A I 1] richiesta, domanda: *humble demande* umile richiesta; *à la demande générale* a, su richiesta generale; *demande d'emploi* domanda di impiego; *adresser, présenter une demande* fare, presentare una richiesta; *formuler une demande* formulare una richiesta; *accorder une demande* accogliere una richiesta; *satisfaire une demande* soddisfare (a) una domanda, (a) una richiesta, (a) un desiderio; *répondre favorablement à une demande* rispondere favorevolmente a una domanda, accogliere una richiesta; *faire qqch. sur la demande, à la demande de qqn.* fare q.c. su, dietro richiesta di qc. → **désir, souhait** ◇ [*écrit exprimant une demande*] domanda, istanza: *rédiger, adresser une demande* redigere, inoltrare una domanda; *dossier des demandes* fascicolo delle domande **2** *demande en mariage* richiesta di matrimonio, domanda di matrimonio **3** (*écon., cour.*) *la loi de l'offre et de la demande* la legge della domanda e dell'offerta **4** (*dr.*) istanza, domanda: *former une demande en divorce* presentare un'istanza di divorzio; *former une demande en dommages-intérêts* inoltrare una domanda di risarcimento (di) danni **5** (*cartes*) chiamata **6** (*vx.*) [*question*] domanda → **question** ◇ (*loc.*) *manuel par demandes et réponses* manuale a domande e risposte.

demandé, ée |d(ə)mɑ̃de| *adj.* [*qui fait l'objet de demandes*] richiesto.

demander |d(ə)mɑ̃de| **A** *v.tr.* **I 1** [*faire connaître à qqn.* (*ce qu'on désire obtenir de lui*)] chiedere (122), domandare: *demander qqch. à qqn.* chiedere, (domandare) q.c. a qc.; *il lui a demandé son stylo* gli ha chiesto la penna; *demander une faveur* chiedere un favore; → **solliciter;** *demander la permission de faire qqch.* chiedere il permesso di fare q.c.; *demander son dû* chiedere, reclamare il dovuto → **revendiquer, requérir** ◇ (*par ext.*) *demander secours* chiedere aiuto; *demander l'aumône* chiedere, (domandare) l'elemosina; *demander pardon* chiedere scusa; *demander tant de l'heure* chiedere tanto all'ora ◇ (*loc. fig.*) *s'enfuir sans demander son reste* darsela a gambe ◇ *loc.* DEMANDER À (+ *inf.*) chiedere di, desiderare (+ *inf.*): *il demande à s'asseoir* chiedere di sedersi; *il ne demande qu'à se laisser convaincre* non chiede di meglio che, vuole solo farsi convincere ~ DEMANDER DE (+ *inf.*) chiedere di, intimare di (+ *inf.*): *cette fois je vous demande de me répondre* questa volta vi chiedo di rispondermi; *je vous demande de m'en aller* vi chiedo di farmi andar via → **enjoindre, ordonner** ~ DEMANDER QUE (+ *subj.*) chiedere di (+ *inf.*): *je demande que vous m'écoutiez* vi chiedo di ascoltarmi → **ordonner, 1 sommer 2** [*prier de donner, d'apporter* (*qqch.*)] chiedere: *demander la note, l'addition* chiedere il conto **3** *demander des dommages-intérêts* [*réclamer par une demande en justice*] chiedere i danni, chiedere il risarcimento dei danni → **requérir 4** (*fam.*) [*vouloir, avoir envie de*] chiedere, desiderare: *il ne demande que ça* non chiede di meglio; *voilà ce que je demande* ecco quello che desidero → **désirer, souhaiter** ◇ *loc.* NE PAS DEMANDER MIEUX QUE non chiedere di meglio che; *je ne demande pas mieux que d'y aller* non chiedo di meglio che andarci **5** [*faire venir, faire chercher* (*qqn.*)] chiedere di (qc.): *demander qqn.* chiedere di qc.; *descendez, on vous demande* scenda, chiedono di lei ◇ [*faire savoir qu'on a besoin de*] *on demande une dactylo* cercasi dattilografa ~ *demander* (*la main d'*) *une jeune fille* chiedere la mano di una ragazza **6** [*faire connaître* (*ce qu'on attend de qqn.*)] chiedere, pretendere (105): *demander à qqn. plus qu'il n'en peut faire* chiedere a qc. più di quel che può dare (fare), pretendere troppo da qc. → **attendre (de), compter (sur)** ◇ (*fam.*) *il ne faut pas lui en demander trop* non si può pretendere troppo da lui ◇ (*compl. de choses*) *il demande beaucoup de* (*à*) *la vie* pretende troppo dalla vita **7** (*choses*) [*avoir pour condition de succès, de réalisation*] richiedere (122): *votre proposition demande réflexion* la vostra proposta richiede riflessione; *le voyage demande trois heures* il viaggio richiede tre ore → **exiger, necessiter, requérir, réclamer** ◇ *loc.* DEMANDER

À (+ *inf.*) avere bisogno di (+ *inf.*), dovere (138) (+ *inf.*): *cette toile demande à être examinée de près* questa tela deve essere guardata, va guardata da vicino **II** [*essayer de savoir* (*en interrogeant qqn.*)] chiedere, domandare: *demander son chemin à qqn.* chiedere la strada a qc.; *demander son nom a qqn.* chiedere il nome a qc. # *demander quand et pourquoi* voler sapere quando e perché ◇ (*fam.*) *je ne te demande pas l'heure qu'il est* impicciati degli affari tuoi ~ (*fam.*) *je vous demande; je vous le demande; je vous demande un peu* domando e dico! **B** *v.pron.réfl.* SE DEMANDER [*se poser une question à soi-même*] chiedersi, domandarsi: *je me demande ce qu'il va faire* mi chiedo cosa farà; *on se demande pourquoi il a agi ainsi* ci si domanda come mai abbia agito così.

demandeur, deresse |d(ə)mɑ̃dœʀ, dʀɛs| *s.* (*dr.*, *cour.*) attore* (in giudizio).

démangeaison |demɑ̃ʒɛzɔ̃| *s.f.* [*picotement de la peau*] prurito *m.*, pizzicore *m.* → **irritation, prurit** ◇ (*loc. fam.*) *avoir une démangeaison de* (+ *inf.*) [*une envie, un désir*] avere una voglia matta di (+ *inf.*)..

démanger |demɑ̃ʒe| (3) *v.intr.* **1** [*faire ressentir une démangeaison*] prudere*, dar (102) *tr.* prurito: *le bras, la jambe lui démange* gli prude il braccio, la gamba **2** *loc.* ÇA ME (LE...) DÉMANGE DE (+ *inf.*) [*j'ai* (*il a*) *extrêmement envie de*] muoio (muore) dalla voglia di (+ *inf.*): *ça me démange de lui dire son fait* muoio dalla voglia di dirgli il fatto suo ◇ (*loc.*) *la langue lui démange* gli prude la lingua.

démantèlement |demɑ̃tɛlmɑ̃| *s.m.* [→ DÉMANTELER] smantellamento.

démanteler |demɑ̃tle| (7) *v.tr.* [*démolir les murailles, les fortifications de*] smantellare, demolire (197): *démanteler un fort* smantellare, demolire un forte → **abattre** ◇ (*fig.*) *démanteler un empire* distruggere (136), demolire un impero.

démantibuler |demɑ̃tibyle| *v.tr.* (*fam.*) [*démolir; mettre en pièces*] sfasciare, scassare: *démantibuler un meuble* sfasciare un mobile → **déglinguer,** 1 **démonter, disloquer** ◆ (*au p.p.*) *appareil tout démantibulé* apparecchio tutto sfasciato.

démaquillant, ante |demakijɑ̃, ɑ̃t| *adj.* [*qui sert à démaquiller*] detergente: *lait démaquillant* latte detergente; *crème démaquillante* crema detergente ◆ (*s.m.*) *un démaquillant* un latte, una crema *f.* detergente *adj.*

démaquiller |demakije| **A** *v.tr.* [*enlever le maquillage, le fard de*] struccare: *démaquiller un acteur* struccare un attore; *démaquiller ses yeux* struccar(si) gli occhi **B** *v.pron.réfl.* SE DÉMAQUILLER [→ *tr.*] struccarsi: *elle s'est déjà démaquillée* si è già struccata.

démarcage |demaʀkaʒ| *s.m.* → **démarquage.**

démarcation |demaʀkɑsjɔ̃| *s.f.* **1** demarcazione: *ligne de démarcation* linea di demarcazione → **délimitation, frontière, séparation** **2** [*ce qui sépare nettement deux choses*] delimitazione → **limite.**

démarchage |demaʀʃaʒ| *s.m.* visita *f.* a domicilio (da parte di piazzisti o produttori a scopo di vendita).

1 **démarche** |demaʀʃ(ə)| *s.f.* **1** [*manière de marcher*] andatura, passo (*m.*): *démarche aisée* andatura semplice, naturale; *démarche assurée* passo sicuro, franco; *démarche majestueuse* andatura maestosa → **allure,** 2 **marche,** 1 **pas** # *démarche digne* portamento distinto **2** [*manière de progresser*] procedimento *m.*, processo (*m.*): *la démarche de la pensée* processo mentale; *démarche du raisonnement* procedimento logico → **cheminement.**

2 **démarche** |demaʀʃ(ə)| *s.f.* [*tentative auprès de qqn., d'une administration pour réussir une entreprise*] passo *m.*, intervento (*m.*): *faire des démarches* fare dei passi; *tenter une démarche* tentare un passo → **requête, sollicitation** # *démarches administratives* pratiche amministrative; *faire une démarche en faveur de qqn.* intervenire in favore di qc.

démarcheur, euse |demaʀʃœʀ, øz| *s.* [*vendeur qui sollicite la clientèle à domicile*] piazzista, produttore*.

démarier |demaʀje| **A** *v.tr.* **1** (*vx.*) [*séparer juridiquement* (*les époux*)] procedere (123) alla separazione (dei coniugi) → **divorcer** **2** (*agric.*) *démarier des betteraves* diradare le barbabietole **B** *v.pron.récipr.* SE DÉMARIER [→ *tr.* 1] separarsi: *ils se sont demariés* si sono separati.

démarquage, démarcage |demaʀkaʒ| *s.m.* **1** [→ DÉMARQUER 2] contraffazione *f.*, plagio*: *ce livre n'est qu'un démarquage servile* questo libro non è che un volgare plagio **2** [→ DÉMARQUER 1] cancellazione *f.* della marca, del marchio **3** (*sport*) [→ DÉMARQUER 4] smarcamento.

démarque |demaʀk(ə)| *s.f. spécialt. au plur.* (*comm.*) svendita, saldi *m.pl.*, sconti *m.pl.* → **démarquer** 3.

démarquer |demaʀke| *v.tr.* **1** [*priver de sa marque, de ses marques*] *démarquer du linge* togliere la marca alla biancheria **2** (*fig.*) [*reproduire*] contraffare (103), plagiare: *démarquer une œuvre d'art* contraffare un'opera d'arte; *démarquer un auteur* plagiare un autore → **copier** **3** [*baisser le prix d'un article*] abbassare il prezzo: *démarquer des articles pour les solder* abbassare il prezzo di alcuni articoli per svenderli come saldi **4** (*sport*) [*libérer un joueur du marquage adverse*] smarcare.

démarqueur |demaʀkœʀ| *s.m.* [*copiste, plagiaire*] plagiario* *s.* falsificatore* *s.*

démarrage |demaʀaʒ| *s.m.* **1** (*mar.*) [→ DÉMARRER A 1] disormeggio*: *démarrage d'un navire* disormeggio di una nave **2** [→ DÉMARRER B 2] *le démarrage d'une voiture* l'avviamento di un'auto, la partenza *f.* di un'auto; *démarrage en trombe* partenza fulminea, in quarta ◇ (*sport*) (*en parlant d'un coureur*) scatto: *un démarrage foudroyant* uno scatto fulminante, folgorante; *double démarrage* doppio scatto ◇ (*fig.*) [*départ, réussite*] lancio*, avvio*: *le démarrage d'une campagne électorale* il lancio di una campagna elettorale.

démarrer |demaʀe| **A** *v.tr.* **1** (*mar.*) [*larguer les amarres de* (*un navire*)] disormeggiare: *démarrer une embarcation* disormeggiare un'imbarcazione **2** (*rare*) [*mettre en marche, en mouvement*] avviare, mettere (155) in moto: *il n'a pas réussi à démarrer sa voiture* non è riuscito a mettere in moto la macchina **B** *v.intr.* **1** (*mar.*) [*rompre ses amarres, quitter le port*] salpare (*aux.* essere): *le paquebot venait de démarrer* la nave era appena salpata **2** [*commencer à rouler, partir*] partire (*aux.* essere), mettersi (*pron.*) in moto # *la voiture démarra brusquement* l'auto fece una brusca partenza ◇ (*fig.*) [*se mettre à marcher, réussir*] cominciare a funzionare, ingranare (*fam.*): *son affaire commence à démarrer* la sua attività comincia a funzionare, a ingranare; *ça démarre lentement* la cosa comincia a funzionare → 1 **partir.**

démarreur |demaʀœʀ| *s.m.* [*appareil servant à mettre en marche un moteur*] avviamento, motorino d'avviamento: *appuyer sur le démarreur* (*d'une auto*) azionare il motorino d'avviamento, mettere in moto (*cour.*).

démasclage |demasklaʒ| *s.m.* (*techn.*) demaschiatura *f.*

démasquer |demaske| *v.tr.* **1** [*enlever le masque de* (*qqn.*)] smascherare **2** (*fig.*) smascherare: *démasquer un bandit, un hypocrite* smascherare un bandito, un ipocrita → 1 **confondre, découvrir** ◇ (*par anal.*) *démasquer ses batteries* [*dévoiler ses intentions secrètes*] scoprire le proprie carte.

démastiquage |demastikaʒ| *s.m.* (*techn.*) asportazione *f.* del mastice.

démâter |demɑte| **A** *v.tr.* [*priver* (*un navire*) *de ses mâts*] disalberare, abbattere l'alberatura: *démâter un navire a coups de canon* abbattere l'alberatura di una nave a cannonate ◆ (*au p.p.*) *bateau démâté par la tempête* battello che la tempesta ha disalberato **B** *v.intr.* (*mar.*) [*perdre ses mâts*] perdere (163) *tr.* l'alberatura: *le navire risquait de démâter* la nave correva il pericolo di perdere l'alberatura, di venire disalberata.

d'emblée |dɑ̃ble| *loc. adv.* → **emblée.**

dème |dɛm| *s.m.* (*hist. gr.*) demo.

démêlage |demɛlaʒ| *s.m.* **1** [→ 2 DÉMÊLER 1] districamento, lo sbrogliare *inv.* **2** (*tissage*) cardatura *f.* **3** (*brasserie*) miscuglio*.

démêlé |demele| *s.m.* [*contestation née d'intérêts opposés*] lite *f.*, disputa (*f.*): *ils ont eu un démêlé à propos d'héritage* c'è stata fra loro una lite per questioni d'eredità → **débat, discussion** ◇ [*difficulté qui en résulte*] noia *f.*, guaio*: *il a eu des démêlés avec la justice* ha avuto delle noie con la giustizia.

1 **démêler** |demele| *v.tr.* [*séparer* (*ce qui était emmelé*)] districare, sbrogliare: *démêler les cheveux* districare i capelli → **coiffer, peigner.**

2 **démêler** |demele| *v.tr.* **1** [*débrouiller, éclaircir* (*une chose compliquée*)] districare, sbrogliare: *démêler une affaire délicate* districare, sbrogliare una faccenda delicata **2** (*littér.*) *avoir qqch. à démêler avec qqn.* avere q.c. da chiarire con qc.; *il ne veut rien avoir à démêler avec lui* non vuole avere nulla da spartire con lui.

démêloir |demɛlwaʀ| *s.m.* [*peigne à grosses dents servant à démêler les cheveux*] pettine rado.

démêlure |demɛlyʀ| *s.f.* [*petit touffe de cheveux enlevée par le peigne, le démêloir*] ciocca di capelli.

démembrement |demɑ̃bʀəmɑ̃| *s.m.* [→ DÉMEMBRER 1] smembramento, frazionamento: *démembrement d'une province, d'une commune* smembramento di una provincia, di un comune; *le démembrement d'une propriété* il frazionamento di una proprietà, di una tenuta.

démembrer |demɑ̃bʀe| *v.tr.* **1** (*fig.*) [*diviser en parties* (*ce qui forme un tout*)] smembrare, frazionare: *démembrer une propriété, un empire* frazionare una proprietà, smembrare un impero → **découper, partager 2** [*dépecer* (*un animal*) *en arrachant ses membres*] squartare.

déménagement |demenaʒmɑ̃| *s.m.* [→ DÉMÉNAGER B] trasloco*: *cadre de déménagement* cassone per traslochi, container; *fourgon de déménagement* camion, camioncino per traslochi; *faire son déménagement* fare il trasloco ◇ (*fam.*) [*le mobilier déménagé*] mobilio*, mobilia (*f.*): *votre déménagement est arrivé* il vostro mobilio è arrivato **C** **emménagement.**

déménager |demenaʒe| (3) **A** *v.tr.* [*transporter* (*des objets*) *d'un logement dans un autre*] traslocare: *déménager tous ses meubles* traslocare tutti i propri mobili **B** *v.intr.* **1** [*changer de logement*] traslocare, trasferirsi (197) (*pron.*): *nous déménageons à la fin de l'année* a fine anno traslochiamo, ci trasferiamo; *déménager à la cloche de bois* traslocare alla chetichella **2** (*fig., fam.*) *tu déménages* [*déraisonnes*] dài *tr.* i numeri **C** B 1 **emménager.**

déménageur |demenaʒœʀ| *s.m.* [*entrepreneur de déménagements*] impresario* di traslochi ◇ [*ouvrier qui fait les déménagements*] addetto ai traslochi.

démence |demɑ̃s| *s.f.* **1** demenza → **aliénation, folie 2** (*par ext.*) [*conduite extravagante*] follia: *c'est de la démence, de la pure démence d'agir ainsi* è una follia, è pura (mera) follia agire in questo modo.

démener (se) |dɛmne| *v.pron.réfl.* **1** [*s'agiter violemment*] dimenarsi: *se démener comme un beau diable* dimenarsi come un ossesso → 2 **débattre (se), remuer (se) 2** [*faire sans relâche de nombreux et grands efforts*] darsi (102) da fare, industriarsi: *il faut se démener pour réussir* bisogna darsi da fare per (poter) riuscire.

dément, ente |demɑ̃, ɑ̃t| *adj.* **1** (*personnes*) demente → **fou** ✦ (*s.*) *un dément* un folle, un pazzo **2** (*choses*) folle, pazzo: *acte dément* azione folle → **démentiel.**

démenti |demɑ̃ti| *s.m.* |→ DÉMENTIR A 1] [*ce qui dément qqch.*] smentita (*f.*): *son témoignage reste sans démenti* la sua testimonianza è rimasta senza smentita; *sa présence ici est un démenti aux accusations portées* la sua presenza qui è una smentita alle accuse fattegli → **dénégation, désaveu.**

démentiel, ielle |demɑ̃sjɛl| *adj.* **1** demenziale **2** [*absurde, fou*] pazzesco*: *c'est un projet absolument démentiel* è un progetto assolutamente pazzesco **C** 2 **raisonnable.**

démentir |demɑ̃tiʀ| (21) **A** *v.tr.* **1** [*contredire* (*qqn.*) *en prétendant qu'il n'a pas dit la vérité*] smentire (197), sconfessare: *démentir formellement un témoin* smentire formalmente un testimone; *je n'ai pas osé la démentir* non ho osato smentirla → **désavouer 2** [*prétendre* (*qqch.*) *contraire à la vérité*] smentire: *démentir un bruit* smentire certe voci; *démentir une nouvelle, un témoignage* smentire una notizia, una testimonianza → **nier 3** (*choses*) [*aller à l'encontre de*] smentire, essere (96) *intr.* in contrasto (con): *les résultats ont démenti les pronostics* i risultati hanno smentito, sono in contrasto con le previsioni → **infirmer B** *v.pron.intr.* SE DÉMENTIR [*cesser de se manifester* (*surtout au négatif*)] smentirsi, cessare (*intr.*): *un intérêt, un courage qui ne s'est pas démenti* un interesse, un coraggio che non si è mai smentito **C** A 2, 3; B **confirmer.**

démerder (se) |demɛʀde| *v.pron. réfl.* (*vulg.*) [*se débrouiller*] sbrogliarsela (*fam.*), cavarsela (*fam.*): *il s'est démerdé tout seul* se l'è cavata da solo.

démérite |demeʀit| *s.m.* (*littér.*) demerito: *où est son démérite dans cette affaire?* in cosa consiste, dove sta il suo demerito in questa faccenda? → 2 **faute, tort** **C** **mérite.**

démériter |demeʀite| *v.intr.* [*agir de manière à encourir le blâme, la désapprobation* (*de qqn.*)] demeritare # *démériter aux yeux de qqn.* rendersi immeritevole agli occhi di qc. **C** **mériter.**

démesure |deməzyʀ| *s.f.* dismisura → **excès, outrance** **C** **mesure, modération.**

démesuré, ée |deməzyʀe| *adj.* **1** smisurato, sconfinato: *un empire démesuré* un impero sconfinato → **immense 2** (*abstrait*) [*d'une très grande importance, intensité*] smisurato: *orgueil démesuré* orgoglio smisurato → **excessif, énorme** # *il a des prétentions démesurées* ha enormi pretese, ha pretese assurde **C** 2 **modéré.**

démesurément |deməzyʀemɑ̃| *adv.* [→ DÉMESURÉ] smisuratamente, a dismisura *loc.inv.* → **énormément, immensément.**

1 **démettre** |demɛtʀ(ə)| (71) **A** *v.tr.* [*déplacer* (*un os, une articulation*)] slogare, lussare: *il lui a démis le poignet* gli ha slogato il polso → **disloquer, luxer B** *v.pron.intr.* SE DÉMETTRE [→ *tr.*] slogarsi, lussarsi: *elle s'est démis le pied* si è slogata il piede.

2 **démettre (se)** |demɛtʀ(ə)| (71) *v.pron.réfl.* [*quitter* (*ses fonctions*)] dimettersi: *se démettre de ses fonctions* dimettersi (dalla propria carica) → **abandonner, démissionner,** 1 **partir.**

démeubler |demøble| *v.tr.* [*dégarnir* (*une pièce, une maison*) *de ses meubles*] smobiliare ✦ (*au p.p.*) *appartement démeublé* appartamento smobiliato, vuoto → **vide** **C** **meubler, remeubler.**

demeurant (au) |odəmœʀɑ̃| *loc. adv.* (*littér.*) [*pour ce qui reste* (*à dire*); *en ce qui concerne le reste*] dopo tutto, tutto sommato: *au demeurant je ne suis pas concerné* dopo tutto (è una cosa che) non mi riguarda affatto → **reste (au), ailleurs (d').**

1 **demeure** |dəmœʀ| *s.f.* **1** (*loc.*) *mise en demeure* [*sommation*] messa, costituzione in mora # *mettre qqn. en demeure de* ingiungere, intimare a qc. di; *c'est une véritable mise en demeure* è un vero e proprio ultimatum; *il y a péril en la demeure* [*le moindre retard serait dangereux*] ogni indugio è, sarebbe pericoloso → **ultimatum 2** *loc. adv.* À DEMEURE [*en permanence*] definitamente *adv.*, stabilmente (*adv.*): *s'installer à demeure à la campagne* stabilirsi definitivamente in campagna.

2 **demeure** |dəmœʀ| *s.f.* **1** [*maison généralt. belle ou importante*] reggia*, palazzo (*m.*): *une demeure seigneuriale* un palazzo signorile **2** (*littér.*) *la dernière demeure* [*le tombeau*] l'ultima dimora; *accompagner qqn. à sa dernière demeure* accompagnare qc. all'ultima dimora.

demeuré, ée |dəmœʀe| *adj.* (*fam.*) [*inintelligent; arriéré*] scemo, ritardato: *il est un peu demeuré* è un po' ritardato.

demeurer |dəmœʀe| *v.intr.* **1** (*aux. 'être'*) [*rester*] (re)stare (104), rimanere (174): *il ne peut pas demeurer en place, en repos* non riesce a stare, a rimanere fermo; *demeurer en arrière* rimanere, restare indietro; *demeurer à l'écart* rimanere in disparte ◇ (*fig.*) *en demeurer là* [*en rester là*] restare, rimanere al punto di prima ◇ (*choses*) *les choses en demeurent là* le cose sono al punto di prima, sono ferme a quel punto **2** (*aux. 'avoir'*) [*habiter, faire sa demeure*] abitare, dimorare: *nous avons demeuré à Paris pendant plusieurs années* abbiamo abitato, dimorato a Parigi (per) parecchi anni; *demeurer rue Molière, au numéro 12* abitare in via Molière, al numero 12 → **habiter, résider 3** (*aux. 'être'*) (*choses*) [*continuer d'exister*] restare, rimanere: *rien ne demeure plus des jours de vacances* non rimane, non resta più nulla dei giorni di vacanza; *ce qui demeure au fond de nous* quel che rimane, che resta nel nostro intimo → **persister, subsister, durer 4** (*aux. 'être'*) (*personnes*) [*continuer à être* (*dans un état, dans une situation*)] rimanere: *ils sont demeurés à l'état sauvage* sono rimasti allo stato selvaggio ◇ (*avec un attribution*) *j'en demeure d'accord avec vous* sono d'accordo, ne convengo con lei; *il est demeuré court* è rimasto a corto di argomenti (di idee).

demi- |d(ə)mi| *préf. inv.* (*désignant la 'division par deux' ou le 'caractère incomplet, imparfait', correspond généralt. à*) mezzo (+ *s.*), mezza (+ *s.*), semi (+ *s.*): *demi-litre* mezzo litro; *demi-lune* mezzaluna; *demi-cercle* semicerchio.

demi, ie |d(ə)mi| **I** *adj.* [*qui est la moitié d'un tout*] mezzo ◇ (*précédant un nom inv. et avec trait d'union*) → **demi-** ◇ *loc.* ET DEMI (*après un nom var.*) *un centimètre et demi* un centimetro e mezzo; *une douzaine et demie* una dozzina e mezza; *il est minuit et demi*(*e*) è mezzanotte e mezza ◇ (*prov.*) *à trompeur, trompeur et demi* a carne di lupo, zanne di cane **II** *s.* **1** *s.* [*la moitié d'une unité*] metà *f.*, mezzo: *un demi* un mezzo; *trois demis* tre mezzi → **moitié** ◇ [*la moitié d'un objet*] *'vous prenez un pain?' 'non, un demi seulement'* 'prende un pane?' 'no, soltanto mezzo; no, solo metà' **2** *s.m.* [*verre de bière*] *boire un demi* bere una birra *f.* grande **3** *s.f.* (*après une heure quelconque*) [*une demi-heure*] mezza: *nous partirons à la demie* partiremo alla mezza **4** *s.m.* (*sport*) mediano: *demi d'ouverture* mediano di spinta ◇ (*rugby*) *demi de mêlée* mediano d'apertura **III** *loc. adv.* **1** (*devant un adj., un p.p. ou un nom exprimant une qualité, auquel il est rattaché par un trait d'union*) a metà, semi; mezzo: *boîte demi-pleine, demi-remplie* scatola semipiena, piena a metà; *lumière demi-éteinte* luce semispenta → **presque** || *demi-bourgeois* mezzo borghese **2** (*devant un adj. ou un p.p*) À DEMI a metà, semi, mezzo: *à demi nus* mezzo nudi, seminudi → **semi-, mi-** ◇ (*par ext.*) *'êtes-vous satisfaits?' 'à demi'* 'siete soddisfatti?' 'a metà' → **partiellement** ◇ (*après un v.*) *ouvrir un tiroir demi* aprire un cassetto a metà; *je ne l'estime qu'à demi* lo stimo a metà; *faire qqch. à demi* fare q.c. a metà, in modo incompleto → **imparfaitement.**

demi-axe |d(ə)miaks(ə)| *s.m.* (*géom.*) semiasse.

demibarbare (à) |ad(ə)mibaʀbaʀ(ə)| *loc adj.* semibarbaro *adj.*

demi-botte |d(ə)mibɔt| *s.f.* [*botte qui ne monte qu'à mi-mollet*] mezzo stivale *m.*, tronchetto (*m.*): *demi-bottes à revers* tronchetti con risvolti → **bottine.**

demi-brigade |d(ə)mibʀigad| *s.f.* mezza brigata.

demi-cercle |d(ə)misɛʀkl(ə)| *s.m.* **1** semicerchio*: *table en demi-cercle* tavolo a semicerchio, a mezzaluna; *se tenir en demi-cercle* disporsi, essere disposti a semicerchio **2** (*geom.*) goniometro → **rapporteur.**

demi-circonférence |d(ə)misiʀkɔ̃feʀɑ̃s| *s.f.* (*géom.*) semicirconferenza.

demi-circulaire |d(ə)misiʀkylɛʀ| *adj.* semicircolare, a forma di semicerchio (*loc. inv.*): *pièces demi-circulaires* stanze semicircolari.

demi-clef |d(ə)mikle| *s.f.* (*mar.*) mezzocollo *m.*, mezzonodo (*m.*): *des demi-clefs* dei mezzicolli, dei mezzinodi.

demi-deuil |d(ə)midøj| *s.m.* mezzo lutto ♦ (*appos.*) *robe demi-deuil* vestito di mezzo lutto.

demi-dieu |d(ə)midjø| *s.m.* (*mythol.*) semidio* → **héros.**

demi-douzaine |d(ə)miduzɛn| *s.f.* mezza dozzina: *une demi-douzaine d'huîtres* una mezza dozzina di ostriche ◇ [*approximativement six*] *une demi--douzaine d'amis* una mezza dozzina di amici.

demi-droite |d(ə)midʀwat| *s.f.* (*géom.*) semiretta: *des demi-droites* delle semirette.

demie |d(ə)mi| *s.f.* → **demi.**

démieller |demjele| *v.tr.* [*enlever le miel de* (*la cire*)] smielare.

demi-espace |d(ə)miɛspas| *s.m.* (*géom.*) semispazio*.

demi-essieu |d(ə)miesjø| *s.m.* (*auto.*) semiasse.

demi-fin, fine |d(ə)mifɛ̃, fin| **1** *adj.* di media grossezza (*loc. inv.*): *aiguilles demi-fines* aghi di media grossezza ◇ (*spécialt.*) *bijouterie demi-fine* [*qui contient la moitié de son poids d'alliage*] bigiotteria *s.f.* **2** *s.m.* [*alliage d'or*] *bracelet en demi-fin* braccialetto in lega* *f.* d'oro.

demi-finale |d(ə)mifinal| *s.f.* (*sport*) semifinale: *des demi-finales* delle semifinali; *notre équipe a remporté la demi-finale* la nostra squadra ha vinto la semifinale.

demi-finaliste |d(ə)mifinalist(ə)| *s.* (*sport*) semifinalista.

demi-fond |d(ə)mifɔ̃| *s.m.* (*sport*) mezzofondo: *course de demi-fond* gara di mezzofondo.

demi-frère |d(ə)mifʀɛʀ| *s.m.* [*frère par le père ou la mère seulement*] fratellastro.

demi-gros |d(ə)migʀo| *s.m.* [*commerce intermédiaire entre la vente en gros et la vente au détail*] 'mi-gros', commercio* diretto.

demi-heure |d(ə)mijœʀ| *s.f.* mezz'ora: *il passe un autobus toutes les demi-heures* passa un autobus ogni mezz'ora; *attendez une demi-heure, une petite demi-heure* aspettate una mezz'ora, una mezz'oretta.

demi-jour |d(ə)miʒuʀ| *s.m.* [*clarté faible*] penombra *f.*, semioscurità (*f. inv.*): *demi-jour d'un intérieur* semioscurità di un interno → **crépuscule, pénombre.**

demi-journée |d(ə)miʒuʀne| *s.f.* mezza giornata: *avoir un emploi à la demi-journée* avere un impiego a mezza giornata.

démilitarisation |demilitaʀizɑsjɔ̃| *s.f.* [→ DÉMILITARISER] smilitarizzazione, demilitarizzazione Ⓒ **militarisation.**

démilitariser |demilitaʀize| *v.tr.* [*priver* (*un pays, une zone*) *de sa force militaire*] smilitarizzare Ⓒ **militariser.**

demi-litre |d(ə)militʀ(ə)| *s.m.* mezzo litro.

demi-longueur |d(ə)milɔ̃gœʀ| *s.f.* (*sport*) (*gagner d'une*) *demi-longueur* (vincere di una) mezza lunghezza.

demi-lune |d(ə)milyn| *adj.inv.* a mezzaluna (*loc.inv.*): *table demi-lune* tavolo a mezzaluna.

demi-mal |d(ə)mimal| *s.m.* [*inconvénient moins grave que celui qu'on prévoyait*] mezza malattia *f.*, mezzo malanno ◇ (*loc.*) *est-il blessé? non, il n'y a que demi-mal* è ferito? no, ma poteva finire, andare peggio.

demi-mesure |d(ə)mimzyʀ| *s.f.* **1** [*moyen insuffisant, provisoire, transitoire*] mezze misure (*pl.*): *avoir horreur des demi-mesures* aborrire le mezze misure → **compromis** **2** [*confection de costumes d'hommes d'après les mesures principales*] mezza misura **3** (*techn.*) mezza misura.

demi-mondaine |d(ə)mimɔ̃dɛn| *s.f.* [*femme du demi-monde, de mœurs légères*] donna di facili costumi → **1 poule.**

demi-monde |d(ə)mimɔ̃d| *s.m.* 'demi-monde' *inv.*

demi-mort, morte |d(ə)mimɔʀ, mɔʀt(ə)| *adj.* (*littér.*) mezzo morto (*cour.*): *ils sont demi-morts de froid* sono mezzo morti dal freddo.

demi-mot (à) |ad(ə)mimo| *s.m.* (*dans la loc. adv.*) À DEMI-MOT [*immédiatement*] al volo: *comprendre qqch. à demi-mot* capire q.c. al volo.

déminage |deminaʒ| *s.m.* [*opération par laquelle on démine* (*un terrain, etc.*)] sminamento.

déminer |demine| *v.tr.* [*débarrasser* (*un terrain, une partie de la mer*) *des mines*] sminare (un terreno, il mare, ecc.).

déminéralisation |demineʀalizɑsjɔ̃| *s.f.* [→ DÉMINERALISER] demineralizzazione.

déminéraliser |demineʀalize| *v. tr.* [*faire perdre ses sels minéraux à* (*un corps*)] demineralizzare.

démineur |deminœʀ| *s.m.* [*technicien du déminage*] sminatore.

demi-pause |d(ə)mipoz| *s.f.*(*mus.*) (pausa di) semibreve: *des demi-pauses* pause di semibreve.

demi-pension |d(ə)mipɑ̃sjɔ̃| *s.f.* mezza pensione: *prendre la demi-pension dans un hôtel* andare (stare) a mezza pensione in un albergo ◇ (*spécialt.*) *être à demi-pension dans un établissement scolaire* essere semiconvittore* *s.* in un istituto scolastico.

demi-pensionnaire |d(ə)mipɑ̃sjɔnɛʀ| *s.* [*elève qui suit le régime de la demi-pension*] semiconvittore*.

demi-place |d(ə)miplas| *s.f.* [*place à moitié prix*] biglietto *m.* ridotto: *prenez deux demi-places et une place entière* prenda due (biglietti) ridotti e uno intero → **demi-tarif.**

demi-plan |d(ə)miplɑ̃| *s.m.* (*géom.*) semipiano.

demi-portion |d(ə)mipɔʀsjɔ̃| *s.f.* (*fam.*) [*personne petite, insignifiante*] mezzacartuccia* (mezza cartuccia), mezzacalzetta (mezza calzetta).

demi-produit |d(ə)mipʀɔdɥi| *s.m.* (*écon.*) semilavorato: *des demi-produits* dei semilavorati.

demi-quart |d(ə)mikaʀ| *s.m.* [*moitié d'un quart de livre*] mezzo quarto di libbra (62,5 g).

demi-queue |d(ə)mikø| *adj. inv.* (*mus.*) a mezza coda (*loc. inv.*): *piano demi-queue* pianoforte a mezza coda ♦ (*s.m. inv.*) *un demi-queue* un pianoforte *var.* a mezza coda.

démis, ise |demi, iz| *adj.* (*os, articulation*) [*déplacé, luxé*] slogato, lussato: *un poignet démis* un polso slogato.

demi-saison |d(ə)misɛzɔ̃| *s.f.* mezza stagione: *vêtement de demi-saison* vestito di mezza stagione.

demi-sang |d(ə)misɑ̃| *s.m.inv.* [*cheval issu de reproducteurs dont un seul est de pur sang*] mezzosangue: *des demi-sang* dei mezzosangue Ⓒ **pur-sang.**

demi-sel |d(ə)misɛl| *adj.* [*qui n'est que légèrement salé*] leggermente, poco salato: *beurre demi-sel* burro leggermente salato ♦ (*s.m.inv.*) *un demi-sel* un formaggio* *var.* leggermente salato.

demi-sœur |d(ə)misœʀ| *s.f.* [*sœur par le père ou la mère seulement*] sorellastra.

demi-solde |d(ə)misɔld(ə)| *s.* **1** *s.f.* (*milit.*) mezza paga **2** *s.m.inv.* [*militaire qui touche une demi-solde*] *un demi-solde* un militare a mezza paga.

demi-sommeil |d(ə)misɔmɛj| *s.m.* dormiveglia *s.inv.* → **somnolence.**

demi-soupir |d(ə)misupiʀ| *s.m.* (*mus.*) pausa *f.* di croma: *des demi-soupirs* pause di croma.

démission |demisjɔ̃| *s.f.* **1** dimissione (*généralt. au plur.*): *il vient de donner sa démission* ha appena dato, rassegnato, le dimissioni; *accepter la démission de qqn.* accettare le dimissioni di qc. **2** (*fig.*) rinunzia # *donner sa démission de toute activité* rinunziare a ogni attività, abbandonare ogni attività → **abdication.**

démissionnaire |demisjɔnɛʀ| *adj. et s.m.* dimissionario*.

démissionner |demisjɔne| **A** *v. intr.* [*donner sa démission*] dare (102) *tr.*, rassegnare *tr.* le dimissioni, dimettersi *pron.* **B** *v.tr.* **1** (*iron.*) *on l'a démissionné* [*renvoyé*] è stato licenziato **2** (*fig., fam.*) [*renoncer à qqch.*] rinunziare: *si je ne réussis pas du premier coup, je démissionne* se non ce la faccio al primo colpo, ci rinunzio → **abandonner, renoncer.**

demi-tarif |d(ə)mitaʀif| *adj. et s.m.* tariffa *f.* ridotta (del 50%): *abbonnement* (*à*) *demi-tarif* abbonamento a tariffa ridotta (del 50%), a metà prezzo # *place, billet (à) demi-tarif* posto, biglietto a metà prezzo, col 50% di riduzione.

demi-teinte |d(ə)mitɛ̃t| *s.f.* 1 mezzatinta (mezza tinta): *peinture exécutée en demi-teintes* pittura eseguita a mezze tinte 2 [*sonorité adoucie*] tono *m.* sommesso: *chanter en demi-teinte* cantare in tono sommesso, sottovoce.

demi-tige |d(ə)mitiʒ| *s.f.* (*arbor.*) mezzo fusto (*m.*): *des demi-tiges* mezzi fusti.

demi-ton |d(ə)mitɔ̃| *s.m.*(*mus.*) semitono: *demi-ton diatonique, chromatique* semitono diatonico, cromatico.

demi-tour |d(ə)mituʀ| *s.m.* 1 mezzo giro: *demi-tour à droite* mezzo giro a destra ◇ (*milit.*) *demi-tour, droite!* fronte a destr! 2 (*par ext.*) *faire un demi-tour* fare marcia* *f.* indietro, fare dietro front.

démiurge |demjyʀʒ(ə)| *s.m.* 1 (*hist.gr., philo.*) demiurgo* 2 (*littér.*) [*créateur*] creatore*, artefice.

demi-vierge |d(ə)mivjɛʀʒ(ə)| *s.f.* [*jeune fille de mœurs très libres*] mezza vergine, verginella (*iron.*)

demi-watt |d(ə)miwat| *s.* 1 *s.m.* (*électr.*) mezzowatt 2 *s.f.* (lampada da) mezzowatt *m.*

démo- |demɔ| *préf.* (*signifiant 'peuple' correspond généralt. à*) demo: *démographique* demografico.

démobilisation |demɔbilizɑsjɔ̃| *s.f.* [→ DÉMOBILISER] smobilitazione: *procéder à la démobilisation générale* procedere alla smobilitazione generale Ⓒ **mobilisation.**

démobilisé |demɔbilize| *s.m.* [*militaire rendu à la vie civile*] congedato.

démobiliser |demɔbilize| *v.tr.* [*rendre à la vie civile* (*des troupes mobilisées*)] smobilitare ✦ (*au p.p.*) *soldat démobilisé* congedato *s.m.* ◇ (*fig., polit.*) [*cesser ou empêcher de mobiliser pour la défense d'une cause*] smobilitare.

démocrate |demɔkʀat| *adj. et s.* democratico*: *un démocrate convaincu* un democratico convinto; *un esprit démocrate* uno spirito democratico.

démocrate-chrétien, ienne |demɔkʀatkʀetjɛ̃, jɛn| *adj. et s.* (*polit.*) democristiano, democratico-cristiano.

démocratie |demɔkʀasi| *s.f.* democrazia: *démocratie parlementaire, présidentielle* democrazia parlamentare, presidenziale.

démocratique |demɔkratik| *adj.* 1 democratico*: *institutions démocratiques* istituzioni democratiche; *en régime démocratique* in regime democratico → **égalitaire** 2 [*libéral*] democratico: *esprit démocratique* spirito democratico; *loi démocratique* legge democratica.

démocratiquement |demɔkʀatikmɑ̃| *adv.* [→ DÉMOCRATIQUE] democraticamente.

démocratisation |demɔkʀatizɑsjɔ̃| *s.f.* [→ DÉMOCRATISER] democratizzazione.

démocratiser |demɔkʀatize| *v.tr.* [*rendre démocratique, populaire*] democratizzare.

démodé, ée |demɔde| *adj.* [*qui n'est plus à la mode*] fuori moda *loc.inv.*, passato di moda: *vêtement démodé* vestito fuori moda → **vieillot, suranné** # *théories démodées* teorie sorpassate; *procédés démodés* procedimenti superati Ⓒ **mode (à la)** 1.

démoder (se) |demɔde| *v.pron. intr.* [*passer de mode*] passare *intr.* di moda, essere (96) *intr.* fuori moda: *musique, habitude qui se démode vite* musica, abitudine che passa presto di moda.

démographie |demɔgʀafi| *s.f.* demografia.

démographique |demɔgʀafik| *adj.* demografico*: *bilan démographique* situazione demografica; *poussée démographique* spinta demografica.

demoiselle |d(ə)mwazɛl| *s.f.* I (*courtois ou iron.*) 1 [*jeulle fille*] madamigella: *quand ces demoiselles voudront bien m'écouter* quando (se) queste madamigelle si degneranno di ascoltarmi 2 *demoiselle d'honneur* damigella d'onore; *demoiselle de compagnie* damigella di compagnia II (*fig.*) 1 → **libellule** 2 *demoiselle de Numidie* → **grue** 3 (*techn.*) mazzapicchio* *m.*, pillo *m.* → 1 **dame, hie** 4 [*pièce de bois servant à ouvrir les doigts des gants*] allargaguanti *m. inv.*

démolir |demɔliʀ| *v.tr.* I DÉMOLIR QQCH. 1 [*défaire* (*une construction*) *en abattant pièce à pièce*] demolire (197): *démolir un bâtiment, un vieux quartier* demolire un edificio, un vecchio quartiere ✦ (*au p.p.*) *ville démolie par un bombardement* città distrutta da un bombardamento → **abattre, raser** 2 (*fig.*) demolire: *démolri une doctrine* demolire una dottrina; *démolir le crédit, l'autorité de qqn.* demolire la reputazione, l'autorità di qc. 3 [*mettre qqch. en pièces*] demolire, distruggere (136): *démolir une voiture* demolire un'automobile; *cet enfant démolit tous ses jouets* questo bambino distrugge tutti i giocattoli ◇ [*mettre en mauvais état*] rovinare, guastare: *ils m'ont démoli l'estomac* mi hanno rovinato lo stomaco II DÉMOLIR QQN. 1 (*fam.*) [*mettre hors de combat, en frappant*] massacrare di botte: *il s'est fait démolir* si è fatto massacrare (di botte) ◇ [*fatiguer*] spossare, prostrare: *la chaleur et le travail l'ont démoli* il caldo e il lavoro l'hanno spossato 2 [*ruiner la réputation, le crédit de qqn.*] demolire: *démolir un concurrent* demolire un concorrente # *démolir un auteur de théâtre* stroncare un autore teatrale.

démolissage |demɔlisaʒ| *s.m.* [→ DÉMOLIR II 2] stroncatura *f.*, demolizione (*f.*): *le démolissage d'un écrivain* la stroncatura di uno scrittore.

démolisseur, euse |demɔlisœʀ, øz| *s.* demolitore*: *un équipe de démolisseurs* una squadra di demolitori; *la pioche du démolisseur* il piccone del demolitore.

démolition |demɔlisjɔ̃| *s.f.* 1 [→ DÉMOLIR I 1] demolizione: *chantier de démolition* cantiere di demolizione 2 *au plur.* [*matériaux des constructions démolies*] macerie: *cadavres retrouvés sous les démolitions* cadaveri ritrovati sotto le macerie → **décombres, ruine**(s).

démon |demɔ̃| *s.m.* 1 [*ange déchu*] demonio*, diavolo → 1 **diable** 2 (*spécialt.*) LE DÉMON il demonio, il diavolo: *être possédé du démon* essere posseduto dal demonio ◇ (*loc. fig.*) *il a de l'esprit comme un démon* ne sa una più del diavolo 3 [*personne néfaste, méchante*] demonio: *cette femme est un vrai démon* quella donna è un vero demonio # *c'est un vrai petit demon* è un vero demonietto 4 *le démon du jeu, de la curiosité* il demone del giuoco, della curiosità; *le démon de midi* il demone, il diavolo del meriggio.

démonétisation |demɔnetizɑsjɔ̃| *s.f.* 1 [→ DÉMONÉTISER 1] ritiro *m.* dalla circolazione (di monete metalliche) 2 (*fig.*) [*discrédit*] discredito *m.*

démonétiser |demɔnetize| *v.tr.* 1 *démonétiser une monnaie* [*la retirer de la circulation*] ritirare dalla circolazione una moneta metallica 2 (*fig.*) → **déprécier, discréditer.**

démoniaque |demɔnjak| *adj.* demoniaco*, diabolico*: *sourire démoniaque* sorriso diabolico.

démonstrateur, trice |demɔ̃stʀatœʀ, tʀis| *s.* dimostratore*.

1 **démonstratif, ive** |demɔ̃stʀatif, iv| *adj.* 1 dimostrativo: *argument démonstratif* argomento dimostrativo; *preuve démonstrative* prova dimostrativa 2 (*gram.*) *adjectif démonstratif* aggettivo dimostrativo; *pronom démonstratif* pronome dimostrativo ✦ (*s.m.pl.*) *les démonstratifs* i dimostrativi.

2 **démonstratif, ive** |demɔstʀatif, iv| *adj.* (*personnes*) [*qui manifeste vivement ses sentiments*] espansivo: *un enfant peu démonstratif* un bambino poco espansivo.

démonstration |demɔ̃stʀɑsjɔ̃| *s.f.* 1 dimostrazione: *démonstration par l'absurde* dimostrazione per assurdo; *démonstration mathématique* dimostrazione matematica; *les faits sont la meilleure démonstration de ce que je dis* i fatti sono la miglior dimostrazione, la prova migliore di ciò che dico 2 [*action de montrer par des expériences*] dimostrazione: *démonstration d'un professeur* dimostrazione fatta dal professore; *démonstration faite par un vendeur* dimostrazione fatta da un venditore → **expérience** 3 *démonstration de joie, d'amitié* dimostrazione di gioia, di amicizia → **marque** 4 (*milit.*) *démonstration aérienne, terrestre, navale* dimostrazione aerea, terrestre, navale.

démonstrativement |demɔ̃stʀativmɑ̃| *adv.* [→ 1 DÉMONSTRATIF 1] dimostrativamente: *prouver démonstrativement* provare dimostrativamente, con una dimostrazione.

démontable |demɔ̃tabl(ə)| *adj.* [→ 1 DÉMONTER 1] smontabile: *jouet démontable* giocattolo smontabile Ⓒ **indémontable.**

démontage |demɔ̃taʒ| *s.m.* [→ 1 DÉMONTER 1] smontaggio*.

démonté, ée |demɔ̃te| *adj.* 1 [*dont on a démonté les éléments en pièces détachées*] smontato 2 *mer démontée* [*bouleversée par la tempête*] mare molto agitato 3 *cavalier démonté* [*jeté à bas ou privé de sa monture*] cavaliere disarcionato Ⓒ 2 **calme** 2.

1 **démonter** |demɔ̃te| *v.tr.* 1 [*défaire un tout, en séparant les éléments*] smontare: *démonter une machine, une pendule, un échafaudage* smontare una macchina, un pendolo, un'impalcatura 2 [*jeter qqn. à bas de sa monture*] disarcionare: *le cheval a démonté son cavalier* il cavallo ha disarcionato il cavaliere.

2 **démonter** |demɔ̃te| **A** *v.tr.* [*étonner au point de faire perdre l'assurance*] smontare, sconcertare: *cette objection*

l'a démontée quell'obiezione l'ha smontata → **déconcerter, interloquer B** *v. pron. intr.* SE DÉMONTER [→ *tr.*] smontarsi: *il ne s'est pas démonté pour si peu* non si è smontato per così poco.
démontrable |demɔ̃tRabl(ə)| *adj.* [→ DÉMONTRER] dimostrabile **C indémontrable.**
démontrer |demɔ̃tRe| *v.tr.* **1** [*établir la vérité* (*de qqch.*) *d'une manière rigoureuse*] dimostrare: *démontrer un théorème* dimostrare un teorema → **établir, prouver** ◇ (*fam.*) *démontrer par A plus B* [*rigoureusement*] dimostrare in modo inconfutabile **2** [*fournir une preuve de*] dimostrare, provare: *ces faits démontrent la nécessité d'une réforme* questi fatti dimostrano, provano la necessità di una riforma → **établir, indiquer.**
démoralisant, ante |demɔRalizɑ̃, ɑ̃t| *adj.* demoralizzante, scoraggiante: *un échec démoralisant* un insuccesso demoralizzante, scoraggiante → **déprimant.**
démoralisateur, trice |demɔRalizatœR, tRis| *adj.* [*qui tend à décourager*] disfattista, scoraggiante: *propagande démoralisatrice* propaganda disfattista, scoraggiante.
démoralisation |demɔRalizɑsjɔ̃| *s.f.* [→ DÉMORALISER A] demoralizzazione, scoraggiamento (*m.*): *démoralisation d'une armée* demoralizzazione, scoraggiamento di un esercito → **découragement.**
démoralisé, ée |demɔRalize| *adj.* demoralizzato.
démoraliser |demɔRalize| **A** *v.tr.* [*ôter le moral, le courage à*] demoralizzare, scoraggiare: *propagande défaitiste qui démoralise l'armée* propaganda disfattista che demoralizza l'esercito → **abattre, décourager B** *v.pron.intr.* SE DÉMORALISER [*se décourager*] demoralizzarsi, scoraggiarsi.
démordre |demɔRdR(ə)| (53) *v.intr.* DÉMORDRE DE (*surtout négatif*) [*rénoncer à*] rinunciare a, cedere, demordere (156) (*fam.*): *ne pas démordre de son avis* non voler rinunciare alla propria opinione; *il n'en démordra pas* non cede, non demorde → **abandonner, renoncer.**
démoscopie |demɔskɔpi| *s.f.* demoscopia.
démoscopique |demɔskɔpik| *adj.* demoscopico*.
démoucheter |demuʃte| (5) *v.tr.* [*dégarnir un fleuret de sa mouche*] togliere (123) il bottone (al fioretto).
démoulage |demulaʒ| *s.m.* [→ DÉMOULER] sformatura *f.*
démouler |demule| *v.tr.* [*retirer du moule*] togliere (123) dallo stampo; sformare: *démouler une statue en plâtre* togliere dallo stampo una statua di gesso ‖ *démouler un gâteau* sformare un dolce.
démoustication |demustikɑsjɔ̃| *s.f.* disinfestazione (dalle zanzare).
démultiplicateur |demyltiplikatœR| *s.m. et adj.* (*mécan.*) demoltiplicatore.
démultiplication |demyltiplikɑsjɔ̃| *s.f.* demoltiplicazione.
démultiplier |demyltiplije| *v.tr.* (*techn.*) [*réduire la vitesse de* (*dans la transmission d'un mouvement*)] demoltiplicare.
démunir |demynir| **A** *v.tr.* [*dépouiller d'une chose essentielle*] sguarnire (197), sfornire (197): *démunir une place forte de ses munitions* sguarnire, privare una piazzaforte delle munizioni; *être démuni de tout* essere sfornito di tutto → **dégarnir, 1 dépouiller** # *être démuni* (*d'argent*) essere a corto di denaro **B** *v.pron. réfl.* SE DÉMUNIR [→ *tr.*] privarsi, spossessarsi: *démunir de son argent* privarsi del proprio denaro → **dessaisir (se).**
démuseler |demyzle| (4) (*v.tr.*) *démuseler un chien* [*le libérer de sa muselière*] togliere (123) la museruola a un cane **C museler.**
démystification |demistifikɑsjɔ̃| *s.f.* [→ DÉMYSTIFIER] demistificazione **C mystification.**
démystifier |demistifje| *v.tr.* [*détromper les victimes d'une mystification collective*] demistificare, smitizzare **C mystifier.**
démythifier |demitifje| *v.tr.* [*supprimer en tant que mythe*] smitizzare, demistificare.
dénatalité |denatalite| *s.f.* denatalità *inv.*
dénationaliser |denasjɔnalize| *v.tr.* [*restituer à la propriété privée* (*une entreprise nationalisée*)] snazionalizzare.
dénatter |denate| *v.tr.* [*défaire les nattes de*] sciogliere (123) le trecce (di, a) # *dénatter ses cheveux* sciogliersi i capelli **C natter.**
dénaturant, ante |denatyRɑ̃, ɑ̃t| *adj. et s.m.* (*chim.*) denaturante.
dénaturé, ée |denatyRe| *adj.* **1** denaturato: *alcool, sel, sucre dénaturé* alcool, sale, zucchero denaturato **2** (*fig.*) [*altéré jusqu'à perdre les caractères naturels*] depravato: *mœurs dénaturées* costumi depravati → **dépravé, pervers** # *parents dénaturés* genitori snaturati.
dénaturer |denatyRe| *v.tr.* **1** (*chim.*) [*faire subir la dénaturation*] denaturare **2** (*abstrait*) [*changer la nature de, donner une fausse apparence à*] snaturare, travisare: *dénaturer un fait, un événement* snaturare un fatto, un avvenimento; *dénaturer la pensée de qqn.* travisare il pensiero di qc. → **déformer, travestir, déformer.**
dénazification |denazifikɑsjɔ̃| *s.f.* [→ DÉNAZIFIER] denazificazione.
dénazifier |denazifje| *v.tr.* [*débarrasser des influences nazies*] denazificare.
dendrite |dɛ̃(ɑ̃)dRit| *s.f.* (*anat., minér.*) dendrite.
dendro- |dɛ̃(ɑ̃)dRɔ| *préf.* (*signifiant 'arbre', correspond généralt. à*) dendro: *dendrologie* dendrologia.
-dendron |dɛ̃(ɑ̃)dRɔ̃| *suff.* (*signifiant 'arbre', correspond généralt. à*) dendro: *rhododendron* rododendro.
dénégation |denegɑsjɔ̃| *s.f.* **1** [→ DÉNIER] diniego* (*m.*): *malgré ses dénégations, on le crut coupable* malgrado i suoi dinieghi, fu ritenuto colpevole → **contestation, démenti, désaveu 2** (*dr.*) disconoscimento *m.*
déni |deni| *s.m.* (*dr.*) *déni* (*de justice*) diniego* di giustizia → **injustice.**
déniaisé, ée |denjeze| *adj.* [*qui a perdu son innocence*] smaliziato.
déniaiser |denjeze| *v.tr.* (*fam.*) [*faire perdre l'innocence à qqn.*] smaliziare (*cour.*): *déniaiser un jeune homme* smaliziare un ragazzo.
dénicher |deniʃe| *v.tr.* **1** [*enlever* (*un oiseau*) *du nid*] snidare **2** (*fig.*) [*faire sortir de sa cachette*] scovare, snidare: *dénicher un voleur* scovare un ladro; *on l'a déniché enfin!* finalmente lo hanno scovato! **3** [*découvrir à force de recherches*] scovare: *dénicher un objet rare* scovare un oggetto raro; *dénicher un appartement* scovare un appartamento # *dénicher une situation* riuscire a trovare un posto → **trouver, découvrir.**
dénicheur, euse |deniʃœR, øz| *s.* (*fig.*) [*personne qui sait découvrir des objets rares*] scopritore*: *dénicheur de livres rares, d'antiquités* scopritore di libri rari, di antichità.
dénicotiniser |denikɔtinize| *v.tr.* [*retirer la nicotine de*] denicotinizzare ♦ (*au p.p.*) *cigarettes dénicotinisées* sigarette denicotinizzate, senza nicotina.
denier |dənje| *s.m.* **1** [*anc. monnaie rom. d'argent*] denaro: *les trente deniers de Judas* i trenta denari di Giuda **2** [*anc. monnaie fr.*] denaro **3** *denier du culte* offerta *f.*, obolo dei fedeli **4** *au plur.* DE (SES) DENIERS con i propri soldi; *je l'ai payé de mes deniers* l'ho pagato con i miei soldi ◇ (*spécialt.*) *les deniers publics* [*les revenus de l'État*] il pubblico denaro **5** [*unité de finesse du fil de soie*] denaro.
dénier |denje| *v.tr.* [*refuser injustement d'accorder*] negare, disconoscere (126): *dénier qqch. à qqn.* negare q.c. a qc.; *vous ne pouvez lui dénier le droit de ...* non potete negargli, disconoscergli il diritto di ...
dénigrant, ante |denigRɑ̃, ɑ̃t| *adj.* (*choses*) [*qui dénigre*] denigratorio*: *paroles dénigrantes* parole denigratorie.
dénigrement |denigRəmɑ̃| *s.m.* [→ DÉNIGRER] denigrazione *f.* # *paroles de dénigrement* parole denigratorie ◇ *loc.* PAR DÉNIGREMENT in modo, in senso (di)spregiativo: *ce mot ne s'emploie aujourd'hui que par dénigrement* è una parola usata oggi, soltanto in senso (di)spregiativo.
dénigrer |denigRe| *v.tr.* [*attaquer la réputation de qqn., qqch.*] denigrare.
dénigreur, euse |denigRœR, øz| *s.* (*rare*) denigratore* → **détracteur.**
dénivelée |denivle| *s.f.* (*techn.*) dislivello *m.*
déniveler |denivle| (4) (*v.tr.*) *déniveler un terrain* [*le faire cesser d'être de niveau*] rendere (105) ineguale, disuguagliare un terreno **C niveler.**
dénivellation |denivɛl(l)ɑsjɔ̃| *s.f.*, **dénivellement** |denivɛlmɑ̃| *s.m.* [→ DÉNIVELER] dislivello (*m.*): *la dénivellation d'une route* il dislivello di una strada; *les dénivellations d'une région montagneuse* i dislivelli di una regione montuosa → **inégalité.**
dénombrable |denɔ̃bRabl(ə)| *adj.* [→ DÉNOMBRER] computabile, numerabile **C innombrable.**
dénombrement |denɔ̃bRəmɑ̃| *s.m.* [→ DÉNOMBRER] computo, conteggio # *dénombrement d'une population* censimento di una popolazione.
dénombrer |denɔ̃bRe| *v.tr.* [*faire le compte de, énoncer chaque élément en comptant*] computare, conteggiare # *dénombrer les habitants d'une ville* censire gli, fare (103) il censimento degli abitanti di una città.
dénominateur |denɔminatœR| *s.m.* (*math.*) denominatore: *réduire des fractions au même dénominateur* ridurre delle frazioni al comune denominatore; *numérateur et dénominateur* numeratore e denominatore.

dénominatif, ive |denɔminatif, iv| *adj.* (*ling.*) denominativo: *terme dénominatif* termine denominativo ✦ (*s.*) *les dénominatifs* i denominativi.
dénomination |denɔminɑsjɔ̃| *s.f.* denominazione, nome *m.* → **appellation.**
dénommer |denɔme| *v.tr.* **1** [*donner un nom à une chose, à une personne*] denominare, chiamare: *comment dénomme-t-on ce minéral?* come viene denominato, chiamato questo minerale? → **nommer, appeler 2** (*dr.*) [*nommer une personne dans un acte*] menzionare, citare: *témoin dénommé dans un acte d'accusation* testimone menzionato, citato in un atto d'accusa.
dénoncer |denɔ̃se| (2) *v.tr.* **1** [*annoncer la rupture de*] denunciare: *dénoncer un traité* denunciare un trattato → **annuler 2** [*faire connaître* (*une mauvaise action*)] denunziare: *dénoncer un scandale* denunziare uno scandalo ◇ (*par ext.*) [*signaler qqn. comme coupable*] *dénoncer ses complices* denunziare i propri complici.
dénonciateur, trice |denɔ̃sjatœʀ, tʀis| *s.* delatore*, denunziatore* ✦ (*adj.*) *lettre dénonciatrice* lettera denunziatrice → **mouchard, indicateur.**
dénonciation |denɔ̃sjɑsjɔ̃| *s.f.* **1** [→ DÉNONCER 1] denuncia*: *dénonciation d'un traité, d'un armistice* denuncia di un trattato, di un armistizio **2** [→ DÉNONCER 2] denunzia: *dénonciation d'un complice* denunzia di un complice → **délation, trahison.**
dénotation |denɔtɑsjɔ̃| *s.f.* (*philo.*) denotazione 🄲 **connotation.**
dénoter |denɔte| *v.tr.* [*désigner par une caractéristique*] denotare: *cette remarque dénote une certaine naïveté* tale osservazione denota una certa ingenuità.
dénouement, dénoûment |denumɑ̃| *s.m.* **1** [*manière dont se dénoue une action au théâtre*] epilogo*, finale **2** [*manière dont une affaire difficile se termine*] conclusione (*f.*): *un heureux dénouement* una felice conclusione; *brusquer le dénouement* affrettare la conclusione.
dénouer |denwe| **A** *v.tr.* **1** [*défaire une chose nouée*] sciogliere (123): *dénouer une corde* sciogliere una corda; *dénouer un ruban* sciogliere un nastro → **1 détacher** □ *se dénouer les cheveux* sciogliersi i capelli **2** (*fig.*) [*démêler, éclaircir*] risolvere (117), districare: *dénouer une intrigue* risolvere, districare un intrigo **B** *v.pron.* SE DÉNOUER **1** *réfl.* [→ *tr.* 1] sciogliersi → *tr.* 1 □ **2** *intr.* [*se délier*] sciogliersi: *les langues se dénouent* le lingue si sciolgono **3** *intr.* (*fig.*) [→ *tr.* 2] risolversi: *crise qui se dénoue* crisi che si risolve.
dénoyauter |denwajote| *v.tr.* [*séparer un fruit de son noyau*] snocciolare: *dénoyauter des fruits pour en faire de la confiture* snocciolare la frutta per farne marmellata.
denrée |dɑ̃ʀe| *s.f.* **1** derrata: *conservation de denrées périssables* conservazione di derrate deperibili; *denrées alimentaires* derrate, prodotti alimentari → **aliment, provision 2** (*fig.*) *une denrée rare* una rarità *inv.*
dense |dɑ̃s| *adj.* **1** denso, fitto: *brouillard dense* nebbia fitta; *une foule dense* una fitta folla **2** (*fig.*) [*qui renferme beaucoup d'éléments en peu de place*] conciso, stringato: *style dense* stile conciso, stringato → **concis, ramassé 3** (*phys.*, *cour.*) denso: *l'eau est plus dense que l'air* l'acqua è più densa dell'aria.
densimètre |dɑ̃simɛtʀ(ə)| *s.m.* densimetro.
densimétrie |dɑ̃simetʀi| *s.f.* densimetria.
densité |dɑ̃site| *s.f.* **1** densità (*inv.*): *densité de population* densità della popolazione **2** (*phys.*, *cour.*) densità.
dent |dɑ̃| *s.f.* **I 1** dente (*m.*): *dents du haut, du bas* denti superiori, denti inferiori; *dents de lait* denti di latte; *mal de dents* mal di denti; *dents de sagesse* denti del giudizio; *brosse à dents* spazzolino da denti; *perdre ses dents* perdere i denti; *se laver les dents* lavarsi i denti; *des dents gâtées* denti guasti; *une dent creuse* un dente cariato; *enfant qui fait, perce ses dents* bambino che mette i denti **2** (*loc.*) *serrer les dents* (*de douleur, de colère*) stringere i denti (per il dolore, per la collera) ~ *ne pas desserrer les dents* non aprir bocca ~ *parler entre ses dents* parlare tra i denti ~ *avoir les dents longues* avere grandi pretese ~ *être sur les dents* essere molto occupato ~ *quand les poules auront les dents* quando gli asini voleranno ~ *manger du bout des dents* sbocconcellare, mangiucchiare ~ *grincer les dents* digrignare i denti ~ *claquer des dents* (*de peur, de froid, de fièvre*) battere i denti (per la paura, il freddo, la febbre) ~ *n'avoir rien à se mettre sous la dent* non aver nulla da mettere sotto i denti ~ *montrer les dents* mostrare i denti → **menacer** ~ *se casser les dents* rompersi le corna, fare cilecca ~ *avoir, garder une dent contre qqn.* avere il dente avvelenato contro qc. ~ *avoir la dent dure* essere molto severo (verso qc. o q.c.) ◇ (*loc. pop.*) *avoir la dent* avere fame; *avoir les dents longues*: (*pr.*) avere una fame da lupi; (*fig.*) essere esigente, pretendere molto ◇ *loc.* À BELLES DENTS: *mordre à belles dents* mangiare a quattro palmenti; (*fig.*) *déchirer qqn. à belles dents* criticare spietatamente qc., tagliare i panni addosso a qc. → **calomnier, critiquer, médire** ~ COUP DE DENT morso, dentata *f.* ~ JUSQU'AUX DENTS fino ai denti: *être armé jusqu'aux dents* essere armato fino ai denti **II** (*techn.*, *cour.*) dente: *les dents d'une herse, d'un rateau* i denti di un erpice, di un rastrello; *dents d'un engrenage* denti di un ingranaggio; *dents d'un peigne* denti di un pettine → **came, denté** ◇ *loc.* EN DENTS DE SCIE dentato *adj.*, a pettine: *stationnement en dents de scie* parcheggio a pettine.
1 **dentaire** |dɑ̃tɛʀ| *s.f.* (*t.bot.*) dentaria.
2 **dentaire** |dɑ̃tɛʀ| *adj.* dentario*, dentale: *chirurgie dentaire* chirurgia dentaria, dentale; *prothèse dentaire* protesi dentaria; *abcès dentaire* ascesso dentario # *école dentaire* scuola odontoiatrica.
dental, ale, aux |dɑ̃tal, o| *adj.* (*phonét.*) dentale ✦ (*s.f.*) *une dentale* una dentale.
dent-de-lion |dɑ̃dəljɔ̃| *s.f.* → **pissenlit.**
denté |dɑ̃te| *s.m.* (*t.zool.*) dentice.
denté, ée |dɑ̃te| *adj.* dentato: *roue dentée* ruota dentata.
dentée |dɑ̃te| *s.f.* (*vén.*) dentata (del cane da caccia alla selvaggina) ◇ [*coup de défense du sanglier*] azzannata.
dentelaire |dɑ̃tlɛʀ| *s.f.* (*t.bot.*) dentellaria, piombaggine.
dentelé, ée |dɑ̃tle| *adj.* **1** dentellato, frastagliato: *côte dentelée* costa frastagliata ◇ (*bot.*) *feuille dentelée* foglia dentellata → **denté 2** (*anat.*) *muscle dentelé* muscolo dentato ✦ (*s.m.*) *le grand dentelé* il gran dentato.
denteler |dɑ̃tle| (4) *v.tr.* [*découper le bord de qqch. en forme de petites dents*] dentellare: *machine à denteler* macchina per dentellare → **découper, créneler.**
dentelle |dɑ̃tɛl| *s.f.* merletto *m.*, pizzo (*m.*): *dentelle de coton, de soie* pizzo di cotone, di seta; *col, jabot en dentelle* collo, davantino di pizzo; *dentelle au fuseau* merletto a tombolo.
dentellière |dɑ̃tə(ɛ)ljɛʀ| *s.f.* **1** [*ouvrière qui fait de la dentelle*] merlettaia **2** (*techn.*) macchina per la confezione di pizzi, merletti e trine.
dentelure |dɑ̃tlyʀ| *s.f.* **1** [*découpure en forme de dents*] dentellatura, frastagliatura ◇ (*archit.*, *bot.*) dentellatura, frastagliatura **2** [*sommets en dents de scie*] cime frastagliate.
dentier |dɑ̃tje| *s.m.* dentiera *f.*
dentifrice |dɑ̃tifʀis| *s.m.* dentifricio*: *tube de dentifrice* tubetto di dentifricio ✦ (*adj.*) *pâte, poudre, eau dentifrice* pasta, polvere, acqua dentifricia.
dentine |dɑ̃tin| *s.f.* (*anat.*) dentina.
dentiste |dɑ̃tist(ə)| *s.* dentista: *aller chez le dentiste* andare dal dentista # *cabinet de dentiste* gabinetto dentistico ✦ (*appos.*) *chirurgien dentiste* medico dentista, odontostomatologo*.
dentition |dɑ̃tisjɔ̃| *s.f.* **1** dentizione **2** [*ensemble des dents*] dentatura → **denture.**
denture |dɑ̃tyʀ| *s.f.* **1** (*littér.*) dentatura (*cour.*) → **dentition 2** (*techn.*) dentatura.
dénudation |denydɑsjɔ̃| *s.f.* **1** [→ DÉNUDER] denudazione **2** (*géol.*) denudazione.
dénudé, ée |denyde| *adj.* **1** [*à nu*] nudo: *bras dénudés* braccia nude **2** [*dégarni*] brullo, spoglio*: *sol dénudé* terreno brullo, spoglio # *crâne dénudé* [*chauve*] testa calva.
dénuder |denyde| **A** *v.tr.* [*mettre à nu, dépouiller*] denudare, scoprire (186): *retirer le gant en dénudant la main* togliere il guanto denudando la mano; *une robe qui dénude le dos* un abito che scopre la schiena; *dénuder un câble sous caoutchouc* scoprire un cavo gommato → **découvrir B** *v.pron. réfl.* SE DÉNUDER [→ *tr.*] spogliarsi, denudarsi: *les gens qui se dénudent sur les plages* le persone che si denudano, che si spogliano sulle spiagge.
dénué, ée |denɥe| *adj.* DÉNUÉ DE...: [*démuni, dépourvu de ...*] privo di ...: *être dénué de tout* essere privo di tutto, mancare di tutto; *ce livre est dénué d'intérêt* questo libro è privo di interesse; *c'est dénué de fondement* è privo di fondamento → **manquer.**
dénuement |denymɑ̃| *s.m.* [*etat de celui qui est dénué du nécessaire*] indigenza (*f.*): *être dans un grand dénuement* essere, vivere in grande indi-

genza, in grande povertà → **misère, pauvreté.**

dénuer (se) |denɥe| *v.pron.intr.* (*littér.*) [*se priver* (*de*)] spogliarsi, privarsi (*cour.*): *il s'est dénué de tout pour nourrir ses enfants* si è spogliato di tutto per nutrire i suoi figli.

dénutrition |denytʀisjɔ̃| *s.f.* denutrizione.

déodorant |deɔdɔʀɑ̃| *s.m.* deodorante → **désodorisant.**

déontologie |deɔ̃tɔlɔʒi| *s.f.* deontologia*: *déontologie médicale* deontologia medica # *code de déontologie* codice etico, deontologico.

déontologique |deɔ̃tɔlɔʒik| *adj.* deontologico*, etico*.

dépannage |depanaʒ| *s.m.* **1** [→ DÉPANNER 1] riparazione *f.* (di autoveicolo, ecc.): *voiture de dépannage* carro attrezzi (per trainare un'auto in panna, ecc.) **2** (*fam.*) [→ DÉPANNER 2] aiuto (*cour.*).

dépanner |depane| *v.tr.* **1** [*réparer un mécanisme en panne*] riparare: *dépanner une voiture, un appareil de télévision* riparare un'automobile, un televisore; *un mécanicien est venu nous dépanner* è venuto un meccanico a ripararci il guasto **2** (*fam.*) [*tirer qqn. d'embarras*] togliere (123) dagli impicci: *il a des ennuis, nous tâcherons de le dépanner* è nei guai, cercheremo di toglierlo dagli impicci.

dépanneur |depanœʀ| *s.m.* [*professionnel chargé de dépanner*] meccanico* riparatore, riparatore.

dépanneuse |depanøz| *s.f.* [*voiture de dépannage*] carro *m.* attrezzi.

dépaqueter |depakte| (5) *v.tr.* [*défaire* (*un paquet*); *retirer* (*le contenu d'un paquet*)] disfare (103) (un pacco), spacchettare [C] **empaqueter.**

dépareillé, ée |depaʀeje| *adj.* [*qui n'est pas complet, qui ne forme plus une paire, une collection*] spaiato, scompagnato: *un gant, un volume dépareillé* un guanto, un volume spaiato, scompagnato.

dépareiller |depaʀeje| *v.tr.* [*rendre incomplet* (*un ensemble, une série de choses semblables*)] scompagnare, spaiare: *dépareiller un service de table* scompagnare, spaiare un servizio da tavola.

déparer |depaʀe| *v.tr.* [*nuire à la beauté, au bon effet de*] deturpare: *cette construction dépare le quartier* questa costruzione deturpa il quartiere → **enlaidir** ◇ (*surtout au négatif*) [*gâter*] sfigurare, guastare: *cette pièce ne déparerait pas sa collection* questo pezzo non sfigurerebbe nella sua collezione.

1 **départ** |depaʀ| *s.m.* **1** [*le fait, l'action de partir*] partenza (*f.*): *départ en voyage* partenza per un viaggio; *préparatifs de départ* preparativi della partenza, del viaggio; *être sur le départ* essere (sul piede) di partenza ◇ (*sport*) *ligne de départ* linea di partenza; *signal de départ* segnale di partenza **2** [*le lieu d'où l'on part*] partenza: *quai du départ* marciapiede, banchina di partenza **3** [*le fait de quitter un lieu, une situation*] allontanamento: *exiger le départ d'un employé* esigere l'allontanamento di un impiegato → **démission, licenciement, renvoi 4** [*commencement d'une action*] inizio*; partenza: *nous n'avions pas prévu cela au départ* non avevamo previsto ciò all'inizio ‖ *point de départ d'une ligne de conduite* punto di partenza di una linea di condotta.

2 **départ** |depaʀ| *s.m.* (*dans la loc.*) *faire le départ entre deux choses* operare una distinzione *f.*, fare (103) distinzione fra due cose.

départager |depaʀtaʒe| (3) (*v.tr.*) *départager les votes, les votants* [*en faire cesser l'égalité*] procedere (125) *intr.* a un nuovo scrutinio, a un ballottaggio ◇ (*par ext.*) *question subsidiaire pour départager les gagnants d'un concours* domanda di spareggio tra i vincitori di un corcorso.

département |depaʀtəmɑ̃| *s.m.* dipartimento: *le département de la Seine* il dipartimento della Senna → **préfecture** ministero, dicastero, dipartimento degli Interni → **ministère.**

départemental, ale, aux |depaʀtəmɑ̃tal, o| *adj.* dipartimentale, provinciale: *commission départementale* commissione dipartimentale; *route départementale* strada provinciale.

1 **départir** |depaʀtiʀ| (21) *v.tr.* (*employé surtout au passif, à l'inf., au p.p. 'départi' et aux temps comp.*) [*attribuer en partage*] assegnare, suddividere (130): *les tâches qui leur ont été départies* i compiti che sono stati loro assegnati.

2 **départir (se)** |depaʀtiʀ| (21) *v.pron.intr.* [*se séparer de, abandonner une attitude*] abbandonare (*tr.*): *sans se départir de son impassibilité* senza abbandonare la sua impassibilità.

dépassant |depɑsɑ̃| *s.m.* (*cout., cour.*) guarnizione *f.*

dépassé, ée |depɑse| *adj.* **1** [*devancé, battu par un rival*] superato: *vous êtes dépassé dans ce domaine* lei è superato in questo campo **2** [*qu'on a abandonné, qui est périmé*] superato, sorpassato: *des théories dépassées* teorie superate, sorpassate → **démodé 3** [*qui ne peut plus maîtriser la situation*] sopraffatto: *dépassé par les événements* sopraffatto dagli eventi # *il est complètement dépassé* non è più all'altezza della situazione, non ce la fa più → **débordé.**

dépassement |depɑsmɑ̃| *s.m.* **1** [→ DÉPASSER A 1] sorpasso, superamento ◇ (*compt.*) *dépassement de crédit* superamento dei limiti del credito concesso **2** (*littér.*) [→ DÉPASSER C 2] superamento (di sé stesso) (*cour.*).

dépasser |depɑse| **A** *v.tr.* **1** [*aller plus loin que qqn., qqch.*] sorpassare, superare: *dépasser un véhicule* sorpassare, superare un veicolo → **devancer, doubler** # *il est interdit de dépasser* è proibito il sorpasso **2** [*aller plus loin que qqch.*] oltrepassare, superare: *dépasser l'endroit où il fallait s'arrêter* oltrepassare, superare il punto in cui bisognava fermarsi # *dépasser un cap* doppiare un capo **3** [*aller plus loin en quantité, dimensions, importance*] superare: *dépasser qqn. de la tête* superare qc. di una testa; *cela ne dépassera pas mille francs* non supererà i mille franchi → **excéder** # *cela dépasse mes possibilités* è superiore alle mie possibilità **4** [*faire plus qu'un autre dans un domaine*] superare: *dépasser qqn. en violence, en cruauté* superare qc. in violenza, in crudeltà → **surpasser 5** [*aller au delà de certaines limites*] andare (101) oltre, oltrepassare: *dépasser les instructions reçues* andare oltre le istruzioni ricevute; *dépasser les limites de la bienséance* oltrepassare i limiti della buona creanza; *tout cela dépasse la mesure* tutto ciò oltrepassa la misura, è il colmo! → **outrepasser** # *les mots ont dépassé sa pensée* le parole sono andate al di là del suo pensiero; *cela dépasse mes forces* (ciò) è superiore alle mie forze; *cela me dépasse* sono sconcertato, non riesco proprio a capire **B** *v.intr.* [*être plus long, trop long*] pendere da; sporgere (167) (*aux.* essere) da: *sa jupe dépasse un peu de son manteau* la sua gonna pende dal cappotto ‖ *une tige métallique dépasse du toit de la voiture* un'asta metallica sporge dal tetto della macchina **C** *v.pron. réfl.* SE DÉPASSER **1** [*se doubler les uns les autres*] superarsi, sorpassarsi: *les coureurs cherchent à se dépasser* i corridori cercano di superarsi, di sorpassarsi **2** [*faire effort pour être supérieur à ce qu'on est*] superarsi: *les efforts de l'homme pour se dépasser sont vains* sono vani gli sforzi dell'uomo per superarsi.

dépassionner |depasjɔne| *v.tr.* [*rendre moins passionné* (*une question*)] sdrammatizzare.

dépatouiller (se) |depatuje| *v.pron.* (*fam.*) [*se tirer d'une situation difficile*] sbrigarsela, sbrogliarsela: *laissez-le se dépatouiller tout seul* lasciate che se la sbrighi, se la sbrogli da solo → **débrouiller** (se).

dépavage |depavaʒ| *s.m.* [→ DÉPAVER] il disselciare *inv.*, rimozione *f.* del selciato [C] **pavage.**

dépaver |depave| *v.tr.* [*dégarnir de pavés*] disselciare: *dépaver une rue* disselciare una strada [C] **paver.**

dépaysé, ée |depeize| *adj.* [*mal à l'aise par changement de milieu*] spaesato → **perdu.**

dépaysement |depeizmɑ̃| *s.m.* [*état d'une personne dépaysée*] disorientamento ◇ [*changement agréable d'habitudes*] novità *f.inv.*, cambiamento (di abitudini, di ambiente): *rechercher le dépaysement* cercare la novità, il cambiamento.

dépayser |depeize| *v.tr.* [*mettre mal à l'aise par changement de milieu*] disorientare, spaesare: *ce milieu l'a dépaysé* è stato disorientato da questo ambiente → **dérouter, désorienter.**

dépeçage |depəsaʒ|, **dépècement** |depɛsmɑ̃| *s.m.* [→ DÉPECER] il fare *inv.*, il tagliare *inv.* a pezzi, smembramento (*rare*): *dépeçage d'un mouton* il fare a pezzi un montone, lo smembramento di un montone.

dépecer |depəse| (6) *v.tr.* [*mettre en morceaux un animal*] fare (103) a pezzi, smembrare (*rare*): *dépecer un chevreuil* fare a pezzi un capriolo → 2 **débiter, découper.**

dépêche |depɛʃ| *s.f.* dispaccio* (*m.*): *dépêche télégraphique* dispaccio telegrafico, telegramma.

1 **dépêcher** |depeʃe| *v.tr.* (*litter.*) [*envoyer qqn. en hâte*] inviare (*cour.*), spacciare (*arc.*): *dépêcher un messager* inviare, spacciare un messaggero.

2 **dépêcher (se)** |depeʃe| *v.pron. intr.* [*hâter, faire vite*] sbrigarsi, affrettarsi: *il s'est dépêché de finir* si è affrettato a finire; *dépêchez-vous* sbrigatevi → **presser (se)** ◇ (*sans pron.*) *allons, dépêchons* via, sbrighiamoci!

dépeigné, ée |depeɲe| *adj.* [*dont*

les cheveux sont en désordre] spettinato.
dépeigner |depeɲe| *v.tr.* [*décoiffer qqn.*] spettinare.
dépeindre |depɛ̃dʀ(ə)| (66) *v.tr.* [*décrire par le discours*] descrivere (182), dipingere (119): *il est bien tel qu'on me l'a dépeint* è come me l'hanno descritto; *on s'est trompé en le dépeignant ainsi* si sono sbagliati a dipingerlo in quel modo → **représenter.**
dépenaillé, ée |depənɑje, dɛpnɑje| *adj.* [*dont la mise est négligée*] trasandato → **débraillé.**
dépendance |depɑ̃dɑ̃s| *s.f.* **1** dipendenza: *rapport de dépendance* rapporto di dipendenza; *dépendance entre des faits* dipendenza tra più fatti → **corrélation 2** [→ 1 DÉPENDRE 3] dipendenza: *être sous la dépendance de qqn.* essere sotto la dipendenza di qc. → 2 **coupe, joung, assujettissement, servitude, sujétion** # *mettre qqn. dans la dépendance* asservire, assoggettare qc. **C indépendance.**
dépendances |depɑ̃dɑ̃s| *s.f.pl.* [*terre, bâtiment dépendant d'un domaine, d'un bien immeuble*] dipendenze: *dépendances d'un château* dipendenze di un castello # *les dépendances d'un hôtel, d'une villa* la 'dépendance' di un albergo, di una villa.
dépendant, ante |depɑ̃dɑ̃, ɑ̃t| *adj.* dipendente # *ces deux choses sont dépendantes l'une de l'autre* queste due cose dipendono l'una dall'altra, sono interdipendenti; *être dépendant de qqn.* essere sottomesso a qc.; *être dans une position dépendante* essere in una posizione di dipendenza.
1 **dépendre** |depɑ̃dʀ(ə)| (53) *v.intr.* **1** DÉPENDRE DE [*ne pouvoir se réaliser sans l'aide de*] dipendere (105) da: *l'effet dépend de la cause* l'effetto dipende dalla causa; *sa venue dépend de vous* la sua venuta dipende da voi; *si cela ne dépendait que de moi!* se non dipendesse che da me!; *cela dépend des circonstances* dipende dalle circostanze; '*est-ce que tu viendras?*' '*ça dépend*, 'verrai?' 'forse, dipende' → **résulter** # *termes qui dépendent les uns des autres* termini dipendenti gli uni dagli altri ♦ *impers.* (+ *inf.* + *que*) *il dépend de vous de réussir* dipende da voi che riusciate oppure no; *il ne dépend pas de moi qu'il vienne* non dipende da me che venga **2** [*faire partie de qqch.*] dipendere (da), appartenere (188) (a): *dépendre de telle juridiction* dipendere da una certa giurisdizione; *ce parc dépend de la propriété* questo parco appartiene, è annesso alla proprietà **3** [*être sous l'autorité de*] dipendere (da): *ne dépendre de personne* non dipendere da nessuno; *il ne dépend que de soi* non dipende che da sé stesso; *pays qui dépend économiquement d'une autre* nazione che dipende economicamente da un'altra.
2 **dépendre** |depɑ̃dʀ(ə)| (53) *v.tr.* [*retirer ce qui est pendu*] staccare: *dépendre un tableau* staccare un quadro (dal muro) → **décrocher, 1 détacher.**
dépens |depɑ̃| *s.m. pl.* (*dr., cour.*) spese *f.* processuali: *être condamné aux dépens* essere condannato al pagamento delle spese processuali, essere condannato alle spese.
dépens de (aux) |odepɑ̃d(ə)| *loc. prép.* **1** [*en faisant supporter la dépense par*] a spese di, alle spalle di: *je l'ai hébergé et il vit à mes dépens* l'ho ospitato e vive a mie spese, alle mie spalle → 1 **charge (à la),** 1 **crochet (au) 2** [*en causant du dommage à qqn. ou qqch.*] alle spalle di, a spese di: *s' amuser, rire aux dépens de qqn.* divertirsi, ridere alle spalle di qc.; *apprendre, savoir qqch. à ses dépens* imparare, sapere q.c. a proprie spese → **détriment (au).**
dépense |depɑ̃s| *s.f.* **1** [→ DÉPENSER A 1] spesa: *folle dépense* spesa folle; *dépense de mille francs* spesa di mille franchi; *argent de poche pour les menues dépenses* spiccioli per le piccole spese; *elle a engagé des dépenses, elle s'est engagée dans des dépenses* ha sostenuto delle spese; *faire la dépense d'un meuble* fare la spesa di un mobile; *faire face à la dépense* far fronte alla spesa; *pousser qqn. à la dépense* spingere qc. a fare spese; *regarder à la dépense* badare alle spese → **frais, payer 2** (*compt.*) uscita: *colonne des dépenses* colonna delle uscite, del dare → 2 **débit** # *dépenses publiques* spesa pubblica **3** (*fig.*) [*emploi, usage de qqch.*] dispendio* (*m.*): *dépense de forces* dispendio di forze, di energie; *dépense de temps* dispendio di tempo # *il a fait une inutile dépense d'érudition* ha fatto un inutile sfoggio di erudizione ◇ (*par ext.*) [*quantité d'une matière consommée*] consumo (*m.*): *la dépense d'essence d'une automobile* il consumo di benzina di un'automobile → **consommation C** 3 **économie.**
dépenser |depɑ̃se| **A** *v.tr.* **1** [*employer de l'argent* (*pour acheter qqch.*)] spendere (105): *dépenser une somme importante* spendere una grossa somma; *ne pas dépenser un sou* non spendere un soldo, una lira → **débourser** ♦ (*absolt.*) *dépenser sans compter trop* spendere e spandere, avere le mani bucate → **dilapider, dissiper 2** (*fig.*) [*consommer*] consumare, spendere: *ma voiture dépense dix litres aux cent kilomètres* la mia macchina consuma dieci litri ogni cento chilometri **3** (*fig.*) [*employer son temps, ses efforts*] spendere: *dépenser sa jeunesse* spendere la propria giovinezza; *dépenser ses forces* spendere le proprie forze → 2 **consommer B** *v.pron.réfl.* SE DÉPENSER [*faire des efforts*] darsi (102) da fare, prodigarsi: *se dépenser physiquement* [*se donner beaucoup de mouvement*] darsi da fare; *il se dépense sans compter* si prodiga molto, senza risparmio # *il se dépense trop* si affatica troppo → **fatiguer (se).**
dépensier, ière |depɑ̃sje, jɛʀ| *adj.* [*qui aime dépenser* (A 1)] spendaccione, scialacquatore*: *il est très dépensier* è un grande spendaccione → **dissipateur, gouffre C économe.**
déperdition |depɛʀdisjɔ̃| *s.f.* [*perte, diminution*] *déperdition de chaleur, de lumière* dispersione di calore, di luce; *déperdition de forces* perdita, diminuzione di forze.
dépérir |depeʀiʀ| *v.intr.* **1** [*s'affaiblir progressivement*] deperire (197) (*aux.* essere): *cet enfant dépérit faute de soins* questo bambino deperisce per mancanza di cure; *plante qui dépérit faute de soleil* pianta che deperisce per mancanza di sole → **étioler(s')** ◇ (*par ext.*) *sentir ses forces dépérir* sentirsi venir meno le forze **2** (*fig.*) [*s'acheminer vers la ruine, la destruction*] declinare: *civilisation qui dépérit* civiltà che declina, in declino → **mourir** # *entreprise en train de dépérir* impresa che si avvia al fallimento.
dépérissement |depeʀismɑ̃| *s.m.* **1** [→ DÉPÉRIR 1] deperimento: *état de dépérissement d'une personne* stato di deperimento di una persona; *dépérissement d'une plante* deperimento di una pianta → **étiolement 2** (*fig.*) decadenza *f.*, decadimento: *le dépérissement des valeurs morales* la decadenza dei valori morali; *signes de dépérissement* segni di decadimento.
dépersonnalisation |depɛʀsɔnalizɑsjɔ̃| *s.f.* (*méd., psycho.*) depersonalizzazione.
dépêtrer (se) |depetʀe| *v.pron. réfl.* [*se tirer* (*d'une situation*), *se dégager* (*de qqn.*)] liberarsi di, da; tirarsi fuori (da): *se dépêtrer de qqn.* liberarsi di qc.; *se dépêtrer des souvenirs* liberarsi dei ricordi || *se dépêtrer des difficultés* tirarsi fuori dalle difficoltà **C empêtrer.**
dépeuplé, ée |depœple| *adj.* [*qui a perdu ses habitants*] spopolato: *village dépeuplé* villaggio spopolato → **abandonné.**
dépeuplement |depœpləmɑ̃| *s.m.* [→ DÉPEUPLER] spopolamento: *dépeuplement d'un pays* spopolamento di un paese → **dépopulation.**
dépeupler |depœple| **A** *v.tr.* [*dégarnir d'habitants*] spopolare: *les épidémies ont dépeuplé le pays* le epidemie hanno spopolato il paese **B** *v.pron.intr.* SE DÉPEUPLER spopolarsi: *contrée qui se dépeuple* regione che si spopola **C repeupler.**
déphasage |defɑzaʒ| *s.m.* **1** (*phys.*) sfasamento, sfasatura *f.* **2** (*fam.*) [*le fait d'être déphasé*] sfasamento.
déphasé, ée |defɑze| *adj.* **1** (*phys.*) sfasato, fuori fase *loc.inv.* **2** (*fig.*) [*qui n'est pas en accord avec la réalité du présent*] sfasato, fuori fase: *je me sens complètement déphasée* mi sento del tutto sfasata, fuori fase.
dépiauter |depjote| *v.tr.* (*fam.*) [*dépouiller* (*un animal*) *de sa peau*] scuoiare, scorticare: *dépiauter un lapin* scuoiare, scorticare un coniglio → **écorcher** ◇ (*par ext.*) [*dépouiller d'une enveloppe adhérente*] pelare, sbucciare → **éplucher.**
dépilage |depilaʒ| *s.m.* (*techn.*) depilazione *f.* (delle pelli) → **débourrage.**
dépilation |depilɑsjɔ̃| *s.f.* (*méd., cour.*) depilazione → **épilation.**
dépilatoire |depilatwaʀ| *adj.* depilatorio*: *crème dépilatoire* crema depilatoria ♦ (*s.m.*) *un dépilatoire* un depilatorio.
1 **dépiler** |depile| *v.tr.* **1** [*faire tomber le poil*] depilare **2** (*techn.*) *dépiler les peaux* depilare le pelli.
2 **dépiler** |depile| *v.tr. et intr.* (*techn.*) [*abattre les piliers de houille*] demolire (197) i pilastri (di carbone).
1 **dépiquer** |depike| *v.tr.* (*agric.*) [*égrener les épis des céréales*] battere (il grano), trebbiare: *dépiquer le blé* battere il grano, trebbiare → **battre.**
2 **dépiquer** |depike| *v.tr.* **1** (*agric.*) [*ôter* (*un plant*) *d'une couche pour le repiquer en pleine terre*] sradicare: *dépiquer de la laitue* sradicare la lattuga **2** (*cout.*) [*défaire les piqûres*] scucire (203): *dépiquer une jupe* scucire una gonna → **découdre.**

dépistage |depistaʒ| *s.m.* [→ DÉPISTER 1, 2] ritrovamento; individuazione (*f.*): *dépistage d'un malfaiteur* ritrovamento di un malfattore ‖ *dépistage d'une maladie* individuazione d'una malattia.

dépister |depiste| *v.tr.* **1** [*retrouver (qqn.) en suivant sa trace*] rintracciare: *dépister un criminal* rintracciare un criminale **2** [*découvrir ce qui est peu apparent*] individuare: *dépister une maladie* individuare una malattia → **déceler 3** [*détourner de la piste*] sviare, mettere (155) fuori strada: *dépister la police* mettere fuori strada la polizia, sviare le indagini della polizia.

1 **dépit** |depi| *s.m.* [*chagrin mêlé de colère*] dispetto, rabbia (*f.*): *éprouver du dépit* provare dispetto, rabbia; *faire qqch. par dépit* fare q.c. per dispetto; *se mordre les lèvres de dépit* mordersi le labbra per la rabbia → **amertume** # *la réussite de son rival lui a causé du dépit* il successo del suo rivale lo ha indispettito.

2 **dépit** |depi| *loc.prép.* (EN) DÉPIT DE [*sans tenir compte de*] a dispetto di: *il a agi en dépit de mes conseils* ha agito a dispetto dei miei consigli # *en dépit du bon sens* contro ogni logica, in maniera cervellotica → **malgré, nonobstant.**

dépité, ée |depite| *adj.* [*qui éprouve du dépit*] indispettito: *un air dépité* un'aria indispettita.

dépiter |depite| *v.tr.* [*causer du dépit (à qqn.)*] indispettire (197): *cet échec l'a dépité* quell'insuccesso lo ha indispettito → 1 **chagriner.**

déplacé, ée |deplase| *adj.* **1** [*qui n'est pas à sa place*] spostato, fuori posto (*loc. inv.*): *meuble déplacé* mobile spostato, fuori posto **2** (*fig.*) [*qui n'est pas dans la situation appropriée*] inopportuno, fuori luogo (*loc.inv.*): *sa présence à la cérémonie était déplacée* la sua presenza alla cerimonia era inopportuna, fuori luogo ◇ [*qui manque aux convevenances*] sconveniente, fuori posto: *tenir des propos déplacés* fare discorsi sconvenienti, fuori posto → **incongru, inconvenant 3** *personne déplacée* [*qui a dû quitter son pays*] esule *s.*, fuor(i)uscito *s.*

déplacement |deplasmɑ̃| *s.m.* **1** [→ DÉPLACER A 1; B 1] spostamento: *déplacement d'air* spostamento d'aria ◇ (*mar.*) *déplacement d'un navire* dislocamento di una nave **2** [→ DÉPLACER A 2] trasferimento: *déplacement d'un fonctionnaire* trasferimento di un funzionario **3** [→ DÉPLACER B 2] spostamento, movimento # *moyen de déplacement* mezzo di locomozione **4** [*voyage auquel oblige un métier*] trasferta (*f.*): *être en déplacement* essere in trasferta; *indemnités de déplacement* indennità di trasferta, diaria *f.*

déplacer |deplase| (2) **A** *v.tr.* **1** [*changer une chose de place*] spostare: *déplacer un objet, des meubles* spostare un oggetto, dei mobili → **bouger, déménager** ◇ (*mar.*) dislocare: *navire qui déplace 1000 tonnes* nave che disloca 1000 tonnellate ◇ (*fig.*) *déplacer la question* spostare i termini della questione **2** [*faire changer qqn. de poste*] trasferire (197): *déplacer un employé* trasferire un impiegato → 2 **muter B** *v.pron.* SE DÉPLACER **1** *intr.* (*choses*) [*changer de place*] spostarsi: *masse d'air qui se déplace* massa d'aria che si sposta **2** *réfl.* (*êtres vivants*) [*quitter sa place, changer de place*] spostarsi, muoversi (157): *sans se déplacer* senza spostarsi, muoversi (di un passo); *les poissons se déplacent à l'aide des nageoires* i pesci si spostano per mezzo delle pinne → **bouger, circuler.**

déplaire |deplɛʀ| (68) **A** *v.intr.* **1** [*ne pas plaire; causer du dégoût, de l'aversion*] non piacere (149) (*aux.* essere), dispiacere (149) (*aux.* essere): *ce plat m'a déplu* questo piatto non mi è piaciuto → **degoûter, répugner** ◇ *personne qui déplaît* persona che non piace; *ce travail a déplu à tous* questo lavoro non è piaciuto a nessuno → **rebuter** # *cet homme me déplaît souverainement* quest'uomo mi sta sullo stomaco (*fam.*) ♦ (*impers.*) *il me déplaît d'agir ainsi* mi dispiace (di) agire così → **coûter 2** [*causer une irritation passagère*] seccare (*tr.*): *votre attitude a déplu au directeur* il vostro atteggiamento ha seccato il direttore → **contrarier, choquer, blesser, vexer** ◇ (*loc.*) *ne vous en déplaise* che vi piaccia o no **B** *v.pron.intr.* SE DÉPLAIRE [*ne pas se trouver bien* (*là où l'on est*)] non trovarsi bene, trovarsi a disagio: *elle se déplaît dans cette maison* in questa casa non si trova bene; *il se déplaît à Paris* non si trova bene a Parigi → **ennuyer(s')** ⓒ B **plaire (se).**

déplaisant, ante |deplɛzɑ̃, ɑ̃t| *adj.* **1** [*qui ne plaît pas*] sgradevole, antipatico*: *personne déplaisante* persona sgradevole, antipatica → **antipathique 2** [*qui contrarie*] sgradevole; sgarbato: *bruit déplaisant* rumore sgradevole ‖ *manières déplaisantes* modi sgarbati → **désobligeant** ⓒ 1 **plaisant.**

déplaisir |deplezir| *s.m.* [*impression désagréable*] dispiacere, disappunto: *c'est avec déplaisir que* è con dispiacere che; *à mon grand déplaisir* ... con mio grande disappunto ... → **contrariété, mécontentement** ⓒ **plaisir** 1.

déplanter |deplɑ̃te| *v.tr.* [*ôter de terre pour planter ailleurs*] sradicare, svellere (187): *déplanter un arbre* sradicare, svellere un albero ◇ (*par ext.*) *déplanter un piquet* spiantare un paletto ⓒ **planter, replanter.**

déplâtrer |deplɑtʀe| *v.tr.* (*chir.*) *déplâtrer un membre* [*le libérer du plâtre qui le soutient*] togliere (123) il gesso a un arto.

déplétion |deplesjɔ̃| *s.f.* (*méd.*) deplezione, esaurimento *m.*, impoverimento *m.*

dépliage |deplijaʒ|, **dépliement** |deplimɑ̃| *s.m.* [→ DÉPLIER] spiegatura *f.*

dépliant, ante |deplijɑ̃, ɑ̃t| **1** *s.m.* [*feuille insérée dans un livre, ou prospectus qu'on déplie pour le consulter*] 'depliant' *inv.*, pieghevole, opuscolo: *dépliant publicitaire* pieghevole pubblicitario **2** *adj.* [*qui se déplie*] pieghevole: *fauteuil dépliant* poltrona pieghevole → **pliant.**

déplier |deplije| **A** *v.tr.* [*étendre ce qui était plié*] spiegare, svolgere (196): *déplier une serviette* spiegare, svolgere un tovagliolo; *déplier une carte routière* spiegare una carta stradale # *déplier sa marchandise* sballare la merce **B** *v.pron.intr.* SE DÉPLIER [*s'étendre*] spiegarsi, aprirsi (186): *parachute qui se déplie pendant le saut* paracadute che si spiega, che si apre durante il lancio → **ouvrir(s')** ⓒ **plier.**

déplisser |deplise| **A** *v.tr.* [*défaire les plis*] togliere (123) le pieghe (a) **B** *v.pron. intr.* SE DÉPLISSER [→ *tr.*] perdere (163) *tr.* la piega: *cette jupe se déplisse facilement* questa gonna perde facilmente la piega ⓒ **plisser.**

déploiement |deplwamɑ̃| *s.m.* **1** [→ DÉPLOYER A 1] spiegamento: *manœuvre de déploiement d'une armée* manovra di spiegamento di un esercito **2** [→ DÉPLOYER A 2] manifestazione *f.*, dimostrazione (*f.*): *un grand déploiement d'amabilité* una grande manifestazione, dimostrazione di gentilezza → **démonstration, exhibition.**

déplomber |deplɔ̃be| *v.tr.* (*techn.*) [*dégarnir du sceau de plomb*] spiombare: *déplomber un colis* spiombare un pacco; *déplomber une dent* spiombare un dente.

déplorable |deplɔʀabl(ə)| *adj.* **1** [→ DÉPLORER 1] penoso, pietoso: *situation déplorable* situazione penosa; *il est dans un état déplorable* è in condizioni pietose, in uno stato pietoso → **attristant, navrant, lamentable 2** [→ DÉPLORER 2] deplorevole, increscioso: *incident, contretemps déplorable* incidente, contrattempo deplorevole, increscioso; *il est déplorable que* ... è increscioso che ... → **fâcheux 3** [*très mauvais*] deplorevole, riprovevole: *conduite déplorable* condotta deplorevole; *exemple déplorable* esempio riprovevole → **blâmable, détestable.**

déplorablement |deplɔʀabləmɑ̃| *adv.* [→ DÉPLORABLE] penosamente, incresciosamente.

déplorer |deplɔʀe| *v.tr.* **1** [*pleurer sur qqch.*] compiangere (165), deplorare: *déplorer les malheurs de qqn.* compiangere, deplorare le disgrazie di qc. → **compatir** # *déplorer la perte de qqn.* piangere la perdita di qc. **2** [*regretter beaucoup*] deplorare: *déplorer un événement* deplorare un avvenimento; *nous avons déploré votre absence* abbiamo deplorato la vostra assenza.

déployer |deplwaje| (10) **A** *v.tr.* **1** [*étendre largement*] spiegare, svolgere (196): *oiseau qui déploie ses ailes* uccello che spiega le ali; *déployer en éventail* spiegare a ventaglio; *déployer une armée* spiegare un esercito; *déployer une carte* spiegare una carta → **déplier** ◇ (*loc.*) *rire à gorge déployée* ridere a crepapelle **2** (*fig.*) [*montrer dans toute son étendue*] ostentare; dar (102) prova di: *déployer ses richesses* ostentare le proprie ricchezze ‖ *déployer un grand courage* dar prova di grande coraggio → **manifester, prodiguer B** *v.pron.intr.* SE DÉPLOYER [→ *tr.* 1] spiegarsi: *drapeau qui se déploie au vent* bandiera che si spiega al vento.

déplumé, ée |deplyme| *adj.* **1** [*qui a perdu des plumes*] spiumato **2** (*fam.*) [*qui perd ses cheveux*] pelato.

déplumer (se) |deplyme| *v.pron. intr.* [*perdre ses plumes naturellement*] spiumarsi ◇ (*fam.*) [*perdre ses cheveux*] spelarsi: *il commence à se déplumer* comincia a spelarsi.

dépoétiser |depɔetize| *v.tr.* [*priver de tout caractère poétique*] spoetizzare.

dépoitraillé, ée |depwatʀɑje| *adj.* (*fam.*) [*qui porte un vêtement largement ouvert sur la poitrine*] scamiciato, sbracato, discinto (*cour.*) → **débraillé.**

dépolariser |depɔlaʀize| *v.tr.* (*élec-*

tr.) [*supprimer la polarisation de*] depolarizzare.

dépoli, ie |depɔli| *adj.* [*qui a perdu son poli, son éclat*] opaco*: *glace dépolie* specchio opaco # *verre dépoli* vetro smerigliato.

dépolir |depɔliʀ| **A** *v.tr.* [*enlever le poli*] rendere (105) opaco, opacizzare; (*verre*) smerigliare **B** *v.pron.intr.* SE DÉPOLIR [→ *tr.*] opacizzarsi, diventare *intr.* opaco: *cette glace se dépolit peu à peu* questo specchio a poco a poco diventa opaco.

dépolissage |depɔlisaʒ| *s.m.* (*techn.*) opacizzazione *f.*, smerigliatura *f.* (del vetro).

dépolitiser |depɔlitize| *v.tr.* [*ôter tout caractère politique*] spoliticizzare: *dépolitiser un débat* spoliticizzare un dibattito.

dépolluer |depɔlɥe| *v.tr.* [*diminuer ou supprimer la pollution de* (*un lieu, un site urbain, industriel, etc.*)] disinquinare: *dépolluer une rivière* disinquinare un fiume → **épurer.**

dépollution |depɔlysjɔ̃| *s.f.* [→ DÉPOLLUER] disinquinamento *m.* → **épuration.**

déponent, ente |depɔnɑ̃, ɑ̃t| *adj.* (*gram. lat.*) deponente.

dépopulation |depɔpylɑsjɔ̃| *s.f.* [→ DÉPEUPLER B] spopolamento *m.* → **dépeuplement** © **repopulation.**

déport |depɔʀ| *s.m.* **1** (*dr.*) astensione *f.* (di un arbitro) **2** (*Bourse*) deporto ◇ (*fin.*) deporto.

déportation |depɔʀtɑsjɔ̃| *s.f.* [→ 1 DÉPORTER] deportazione.

déporté, ée |depɔʀte| *s.* [*interné d'un camp de concentration*] deportato: *camp de déportés* campo di deportati: *ancien déporté et prisonnier de guerre* ex deportato e prigioniero di guerra.

déportement |depɔrtəmɑ̃| *s.m.* **1** *au plur.* [*écart de conduite, excès*] dissolutezze *f.*, eccessi **2** [→ 2 DÉPORTER] sbandamento, sbandata (*f.*): *violent déportement* violenta sbandata → 1 **écart, embardée.**

1 **déporter** |depɔʀte| *v.tr.* [*infliger la peine de déportation à*] deportare: *déporter les auteurs d'un attentat* deportare gli autori di un attentato; *les Juifs furent déportés par centaines de milliers en Allemagne* gli Ebrei furono deportati a centinaia di migliaia in Germania.

2 **déporter** |depɔʀte| *v.tr.* [*entraîner hors de sa route*] fare (103) *intr.* sbandare: *le vent a déporté la voiture* il vento ha fatto sbandare l'auto → **dévier.**

déposant, ante |depozɑ̃, ɑ̃t| *s.* **1** (*dr.*) persona *f.* che depone in giudizio, testimone **2** [*personne qui fait un dépôt*] depositante: *le nombre des déposants à la Caisse d'épargne* il numero dei depositanti alla Cassa di risparmio.

dépose |depoz| *s.f.* (*techn.*) rimozione, smontaggio* (*m.*): *dépose d'une serrure* rimozione, smontaggio di una serratura ◇ (*ski*) *dépose de skieurs sur un sommet, un glacier* (*par hélicoptère*) trasporto *m.* di sciatori su una vetta, un ghiacciaio (in elicottero).

1 **déposer** |depoze| **A** *v.tr.* **I** (*sujet de personne*) **1** [*poser* (*une chose que l'on portait*)] posare, depositare; deporre (168), lasciare: *déposer un fardeau* posare un fardello ‖ *déposer une gerbe sur une tombe* deporre un mazzo di fiori su una tomba # *défense de déposer des ordures* divieto di scaricare immondizie, divieto di scarico ◇ (*fig.*) *déposer les armes* deporre le armi # *déposer le masque* levarsi, togliersi la maschera **2** [*laisser* (*qqn. quelque part*)] lasciare, far (103) *intr.* scendere: *déposez-moi ici* mi lasci qui, mi faccia scendere qui **3** [*mettre en lieu sûr, en dépôt*] depositare, lasciare: *déposer de l'argent à la banque* depositare denaro in banca → **verser** ◇ (*par anal.*) *déposer ses valises à la consigne* lasciare le valigie al deposito bagagli → **confier, mettre, remettre** ◇ (*par ext.*) *déposer une marque de fabrique* depositare un marchio di fabbrica ♦ (*au p.p.*) *marque déposée* marchio depositato **4** *déposer un roi, un empereur* [*le destituer*] deporre un re, un imperatore **5** (*dr., cour.*) *déposer une plainte en justice* proporre (168) una istanza giudiziale; *déposer un projet de loi, de résolution* presentare un progetto di legge, di risoluzione **II** (*sujet de chose*) (*se dit des liquides qui laissent un dépôt*) depositare: *les crues déposent beaucoup de limon* le piene depositano molto limo **B** *v.intr.* [→ *tr.* II] *cette liqueur dépose* questo liquore deposita → **décanter (se)** **C** *v.pron. intr.* SE DÉPOSER [→ *tr.* II *et intr.*] depositarsi: *la poussière se dépose sur les meubles* la polvere si deposita sui mobili; *laisser reposer du vin pour que la lie se dépose* far riposare il vino perché la feccia si depositi © A I 3 **retirer.**

2 **déposer** |depoze| *v.intr.* (*dr.*) [*déclarer ce que l'on sait d'une affaire*] deporre (168): *déposer contre, en faveur de qqn.* deporre contro, a favore di qc. → **témoigner.**

dépositaire |depozitɛʀ| *s.* **1** [*personne à qui l'on confie un dépôt*] depositario*: *dépositaire d'un trésor, d'une lettre* depositario di un tesoro, di una lettera ◇ [*commerçant qui a des marchandises en dépôt*] rivenditore* autorizzato, concessionario*: *être le seul dépositaire d'une marque sur une place* essere l'unico rivenditore autorizzato di una marca su una piazza → **concessionnaire** ◇ (*fig.*) (*littér.*) depositario: *le dépositaire d'un secret* il depositario di un segreto **2** (*dr.*) *dépositaire de l'autorité publique* pubblico ufficiale *m.*

1 **déposition** |depozisjɔ̃| *s.f.* [→ 1 DÉPOSER A I 4] deposizione: *la déposition d'un souverain* la deposizione di un sovrano.

2 **déposition** |depozisjɔ̃| *s.f.* [→ 2 DÉPOSER] deposizione: *faire une déposition* fare una deposizione → **témoignage.**

déposséder |depɔsede| (8) *v.tr.* [*priver* (*qqn.*) *de la possession* (*d'une chose*)] spossessare: *déposséder qqn. de ses biens, de sa charge* spossessare qc. dei beni, della carica → 1 **dépouiller** ♦ (*au p.p.*) *roi dépossédé* re spodestato.

dépossession |depɔsesjɔ̃| *s.f.* [→ DÉPOSSÉDER] spossessamento *m.*

dépôt |depo| *s.m.* **1** [→ 1 DÉPOSER A I 5] deposito: *dépôt d'un testament chez un notaire* deposito di un testamento presso un notaio; *dépôt légal* deposito legale ◇ (*dr., cour.*) *mandat de dépôt* mandato di cattura *f.*; *dépôt d'un projet de loi de résolution, d'une candidature* presentazione *f.* di un progetto di legge, di risoluzione, di una candidatura **2** [*ce qui est déposé*] deposito: *dépôts bancaires* depositi bancari **3** [*lieu où l'on dépose certaines choses*] deposito: *dépôt de marchandises* deposito di merci; *autobus au dépôt* autobus in deposito → **entrepôt,** 2 **magasin** ◇ [*prison où sont gardés les prisonniers de passage*] carcere provvisorio: *conduire un prévenu au dépôt* condurre un imputato nel carcere provvisorio **4** [→ 1 DÉPOSER A II; B] deposito: *dépôt des vins* deposito, sedimento dei vini; *dépôt dans une chaudière* deposito in una caldaia → **incrustation** ◇ (*géol.*) deposito → **alluvion, sédiment** © 1 **retrait.**

dépoter |depɔte| *v.tr.* **1** [*changer un liquide de vase*] travasare → **transvaser** **2** [*ôter une plante d'un pot pour la replanter*] svasare: *dépoter un géranium* svasare una pianta di geranio → **transplanter.**

dépotoir |depɔtwaʀ| *s.m.* **1** (*techn.*) stabilimento per la trasformazione dei materiali di scarico **2** (*fig., fam.*) [*endroit où l'on met des objets de rebut*] immondezzaio*.

dépouille |depuj| *s.f.* **1** [*peau que quittent certains animaux*] pelle, spoglia ◇ (*fig., littér.*) *dépouille mortelle* spoglia mortale → **cadavre** **2** *au plur.* [*tout ce qu'on enlève à l'ennemi sur le camp de bataille*] spoglie, bottino *m. sing.* di guerra.

dépouillé, ée |depuje| *adj.* **1** [*qui a perdu ses feuilles*] spoglio*, nudo → **dénudé** **2** (*littér.*) *style dépouillé* stile scarno, sobrio*.

1 **dépouillement** |depujmɑ̃| *s.m.* **1** [→ 1 DÉPOUILLER A I 2] spoliazione *f.* **2** [*état de celui qui est dépouillé* (A I 2)] privazione *f.*, rinunzia (*f.*): *dépouillement volontaire* privazione volontaria; *vivre dans le dépouillement* vivere nella rinunzia → **privation, détachement, renoncement** **3** [*absence d'ornement*] sobrietà (*f. inv.*): *le dépouillement du style* la sobrietà dello stile.

2 **dépouillement** |depujmɑ̃| *s.m.* [→ 2 DÉPOUILLER] spoglio*: *dépouillement de la correspondance* spoglio della corrispondenza; *dépouillement des votes* spoglio dei voti.

1 **dépouiller** |depuje| **A** *v.tr.* **I** **1** (*littér.*) [*dégarnir de ce qui couvre*] spogliare: *dépouiller qqn. de ses vêtements* spogliare qc. delle vesti; *l'automne dépouille les arbres de leurs feuilles* l'autunno spoglia gli alberi delle foglie → **dénuder** **2** [*déposséder qqn. en lui enlevant ce qu'il a*] depredare, spogliare: *des voleurs l'ont dépouillé* i ladri lo hanno depredato; *dépouiller qqn.* spogliare, depredare qc. (dei suoi beni) → **spolier, dévaliser** **II** (*littér.*) **1** [*abandonner, ôter* (*ce qui couvre*)] spogliarsi *pron.* di, togliere (123): *dépouiller ses vêtements* spogliarsi (dei vestiti), togliersi i vestiti **2** (*fig.*) *dépouiller tout orgueil* mettere (155) da parte l'orgoglio. **B** *v.pron.* **1** *réfl.* SE DÉPOUILLER [→ *tr.* I 1] spogliarsi (di), togliersi (il): *se dépouiller de ses vêtements* spogliarsi, togliersi i vestiti; *les arbres se dépouillent de leur feuillage* gli alberi si spogliano delle loro foglie → **ôter, perdre** **2** *intr.* [→ *tr.* I 2] spogliarsi (di): *se dépouiller de ses biens* spogliarsi dei propri beni.

2 **dépouiller** |depuje| *v.tr.* [*analyser, examiner minutieusement* (*un document*)] fare (103) lo spoglio*, spoglia-

re: *dépouiller son courrier* fare lo spoglio della, spogliare la corrispondenza; *dépouiller un scrutin* fare lo spoglio delle schede, scrutinare.

dépourvu, ue |depuRvy| *adj.* DÉPOURVU DE [*qui n'a pas de*] sprovvisto (di), privo (di): *fleur dépourvue de corolle* fiore sprovvisto, privo di corolla; *depourvu de qualités* privo di qualità → **sans, dénué** # *dépourvu d'argent* a corto di denaro ◇ *loc.* ÊTRE DÉPOURVU DE essere sprovvisto (di), privo (di): *ceux qui ont des diplômes et ceux qui en sont dépourvus* quelli che hanno dei diplomi e quelli che ne sono sprovvisti → **manquer (de).**

dépourvu (au) |odepuRvy| *loc. adv.* alla sprovvista: *prendre qqn. au dépourvu* prendere qc. alla sprovvista ◇ (*par ext.*) [*à l'improviste*] *votre question me prend tellement au dépourvu* la vostra domanda mi prende talmente alla sprovvista.

dépoussiérer |depusjeRe| (8) *v.tr.* [*débarrasser de sa poussière* (*une chose*) *par des moyens mécaniques*] togliere (123) la polvere (a), spolverare: *dépoussiérer un tapis* togliere la polvere a, spolverare un tappeto.

dépravation |depRavɑsjɔ̃| *s.f.* depravazione: *c'est de la dépravation!* questa è depravazione; *dépravation des mœurs* depravazione dei costumi → **corruption, vice.**

dépravé, ée |depRave| *adj.* depravato: *personne dépravée* persona depravata → **immoral**; *mœurs dépravées* costumi depravati → **corrompu** ◆ (*s.*) *un dépravé* un depravato → **pervers, vicieux.**

dépraver |depRave| *v.tr.* [*amener qqn. à la corruption morale*] depravare # *dépraver un adolescent* corrompere un adolescente → **pervertir.**

déprécation |depRekasjɔ̃| *s.f.* (*relig.*) deprecazione.

dépréciation |depResjɑsjɔ̃| *s.f.* [→ DÉPRECIER A1; B1] deprezzamento *m.*, svalutazione: *dépréciation des marchandises* deprezzamento delle merci; *dépréciation de la monnaie* deprezzamento, svalutazione della moneta → **dévalorisation.**

déprécier |depResje| **A** *v.tr.* **1** [*diminuer la valeur, le prix de*] deprezzare, sminuire (197) (il valore di): *déprécier une marchandise* deprezzare una merce → **avilir** ◇ (*fig.*) *défauts qui déprécient un ouvrage* difetti che sminuiscono il valore di un'opera → **abîmer 2** [*ne pas apprécier à sa valeur réelle*] sottovalutare: *déprécier qqn., qqch.* sottovalutare qc., q.c. ◇ [*chercher à déconsidérer*] sminuire: *déprécier les mérites de qqn.* sminuire i meriti di qc. → **critiquer, décrier, dénigrer, rabaisser** **B** *v.pron.intr.* SE DÉPRÉCIER **1** [*perdre de sa valeur*] deprezzarsi, svalutarsi: *cet article se déprécie en ce moment* quest'articolo si deprezza, si svaluta in questo momento; *monnaie qui se déprécie* moneta che si svaluta → **dévaloriser (se)** **2** [→ *tr.* 2] sminuirsi, sottovalutarsi: *il a la manie de se déprécier* ha la mania di sminuirsi; *ils se déprécient réciproquement* si sottovalutano reciprocamente.

déprédateur, trice |depRedatœR, tRis| *s. et adj.* (*littér.*) depredatore*, dilapidatore*: *déprédateurs des deniers publics* dilapidatori del pubblico denaro; *ministre déprédateur* ministro dilapidatore, colpevole di malversazione, di peculato.

déprédation |depRedɑsjɔ̃| *s.f.* **1** depredazione, depredamento (*m.*): *déprédations commises par les soldats* depredazioni commesse dai soldati → **dévastation** ◇ [*dommage matériel causé aux biens d'autrui, aux biens publics*] distruzione, guasto (*m.*): *les déprédations causées par les touristes* le distruzioni, i guasti causati dai turisti → 1 **dégradation, détérioration** **2** *déprédation des biens de l'État* [*dilapidation, malversation*] dilapidazione dei beni dello Stato, malversazione, peculato *m.*

déprendre (se) |depRɑ̃dR(ə)| (73) *v.pron.intr.* (*littér.*, *abstrait*) [*se dégager de ce qui retient*] disamorarsi; staccarsi: *se déprendre d'une personne* disamorarsi di una persona || *se déprendre d'une habitude* staccarsi da un'abitudine → **dégager (se), 1 détacher (se)** [C] **éprendre (s').**

dépressif, ive |depResif, iv| *adj.* **1** (*psycho., cour.*) depressivo: *états dépressifs* stati depressivi **2** [*qui enfonce, déprime*] deprimente ◇ (*fig.*) [*qui abat*] deprimente, scoraggiante.

1 **dépression** |depResjɔ̃| *s.f.* **1** [*enfoncement, concavité dans le relief*] depressione: *dépression de terrain* depressione del terreno → **creux** **2** (*météo., cour.*) *dépression atmosphérique* depressione atmosferica.

2 **dépression** |depResjɔ̃| *s.f.* **1** (*méd., cour.*) depressione: *avoir des moments de dépression* avere momenti di depressione → **mélancolie, neurasthénie** # *dépression nerveuse* esaurimento nervoso **2** (*econ., fin.*) *dépression economique* depressione economica.

dépressionnaire |depResjɔnɛR| *adj.* (*météo.*) depressionario*.

dépressurisation |depResyRizɑsjɔ̃| *s.f.* (*techn.*) depressurizzazione.

dépressuriser |depResyRize| *v.tr.* [*faire cesser l'état de pressurisation de*] depressurizzare: *dépressuriser un avion* depressurizzare un aereo(mobile).

déprimant, ante |depRimɑ̃, ɑ̃t| *adj.* [*qui déprime*] deprimente: *climat déprimant* clima deprimente → **débilitant** ◇ (*fig.*) *atmosphère morne et déprimante* atmosfera triste e deprimente → **démoralisant.**

déprimer |depRime| *v.tr.* [*affaiblir physiquement ou moralement*] deprimere (124): *je l'ai trouvé très déprimé* l'ho trovato molto depresso → **abattre, décourager, démoraliser.**

de profundis |depRɔfɔ̃dis| *s.m.* (*lat.*) de profundis *inv.*

dépuceler |depysle| (4) *v.tr.* (*vulg.*) [*déflorer*] sverginare (*cour.*).

1 **depuis** |dəpɥi| *prép.* **I** (*temps*) **1** [*à partir d'un moment passé*] da → **dès** ◇ *depuis le 15 mars* dal 15 marzo; *depuis le matin jusqu'au soir* dalla mattina alla sera → **de** ◇ *depuis lors* da allora (in poi), fin d'allora; '*depuis quand êtes-vous là?*' '*depuis mardi*' 'da quando siete qua?' 'da martedì' **2** [*à partir d'une époque, d'un événement passé*] dopo: *depuis la Révolution* dopo la Rivoluzione ◇ *loc. conj.* DEPUIS QUE da quando, dacché (*conj.*): *nous sommes sans nouvelles depuis qu'il est parti* siamo senza sue notizie da quando è partito **3** [*pendant la durée passée qui sépare du moment dont on parle*] da: *depuis longtemps* da molto tempo; *depuis toujours* da sempre; *depuis peu* da poco (tempo), di recente; *on vous cherche depuis dix minutes* la cercano da dieci minuti → **voilà** # *depuis le temps que je te le répète* ... è già un bel po' (di tempo) che te lo ripeto ... **II** (*espace*) **1** *loc.* DEPUIS... JUSQU'À [*de cet endroit à tel autre*] da... a: *depuis Paris jusqu'à Strasbourg* da Parigi a Strasburgo → **de** **2** (*employé seul, marque la provenance avec une idée de continuité*) da ... in poi; da: *depuis Tours il pleut* sta piovendo da Tours in poi || *on l'entend depuis la grille* lo sentono dal cancello → **de** **III** *loc.* DEPUIS... JUSQU'À (*exprime une succession ininterrompue dans une série*) da... a: *dèpuis le début jusqu'à la fin* dall'inizio alla fine; *depuis le premier jusqu'au dernier* dal primo all'ultimo ◇ (*ellipt., comm.*) da ... in su: *vestons depuis 300 francs* giacche da 300 franchi in su.

2 **depuis** |dəpɥi| *adv.* [*à partir d'une époque*] da allora *loc.*, dopo, poi: *il est parti après la guerre et nous ne l'avons pas revu depuis* è partito dopo la guerra e non l'abbiamo rivisto da allora; *depuis nous sommes inquiets* da allora siamo preoccupati.

dépuratif, ive |depyRatif, iv| *adj.* depurativo ◆ (*s.m.*) *un dépuratif* un depurativo.

dépuration |depyRɑsjɔ̃| *s.f.* depurazione.

dépurer |depyRe| *v.tr.* [*rendre plus pur*] depurare: *dépurer le sang* depurare il sangue → **purifier.**

députation |depytɑsjɔ̃| *s.f.* **1** [→ DÉPUTER] deputazione, delegazione → **mission** ◇ (*par ext.*) *une députation de six personnes* una delegazione di sei persone **2** [*fonction de député*] carica* di deputato, mandato *m.* parlamentare # *candidat à la députation* candidato alla camera dei deputati.

député |depyte| *s.m.* deputato (*s.*): *les députés du tiers état* i deputati del terzo stato → **représentant**; *la Chambre des députés* la Camera dei deputati; *madame le député* la deputatessa, la deputata; *elle est député communiste* è deputata comunista # *M. X, député-maire de Paris* l'on X, sindaco di Parigi.

députer |depyte| *v.tr.* [*envoyer* (*qqn.*) *comme député*] deputare, delegare: *députer un ambassadeur* deputare, delegare un ambasciatore; *députer des représentants à une assemblée* deputare dei rappresentanti a un'assemblea → **déléguer.**

déraciné, ée |deRasine| *adj.* [*arraché de son pays d'origine, de son milieu naturel*] sbandato, sradicato ◆ (*s.*) *un déraciné* uno sbandato; un espatriato.

déracinement |deRasinmɑ̃| *s.m.* **1** [→ DÉRACINER 1] sradicamento, estirpazione (*f.*): *le déracinement des arbres* lo sradicamento degli alberi → **arrachement** ◇ (*fig.*) *le déracinement d'un préjugé* l'estirpazione di un pregiudizio → **extirpation** **2** [→ DÉRACINER, 2] esilio*, relegazione *f.* [C] 1 **enracinement.**

déraciner |deRasine| *v.tr.* **1** [*arracher ce qui tient au sol par des racines*] sradicare, svellere (187): *l'orage a déraciné plusieurs arbres* il temporale ha sradicato diversi alberi → **arracher, enlever** ◇ (*fig.*) *déraciner une erreur*

estirpare un errore → **détruire 2** *déraciner qqn.* [*l'arracher de son pays d'origine, de son milieu naturel*] sradicare, fare (103) *intr.* espatriare qc.
déraillement |deRajmɑ̃| *s.m.* [→ 1 DÉRAILLER] deragliamento.
1 **dérailler** |deRaje| *v.intr.* [*sortir des rails, en parlant d'un wagon, d'un train*] deragliare: *faire dérailler un train* far deragliare un treno.
2 **dérailler** |deRaje| *v.intr.* [*fonctionner anormalement*] andar (101) male, fare (103) *tr.* i capricci: *notre machine à laver déraille* la nostra lavatrice va male # *voix, instrument de musique qui déraille* voce, strumento musicale che fa una stecca ◇ (*fam.*) [*s'écarter du bon sens*] dare (102) *tr.* i numeri, farneticare (*cour.*) → **divaguer.**
dérailleur |deRajœR| *s.m.* [*dispositif permettant d'engrener la chaîne (d'une bicyclette en marche) sur un autre pignon*] cambio* (di velocità): *dérailleur à trois, quatre vitesses* cambio a tre, a quattro marce ◇ (*ch. de fer*) deviatore, scambio* di sicurezza.
déraison |deRɛzɔ̃| *s.f.* (*littér.*) [→ DÉRAISONNER] insensatezza (*cour.*).
déraisonnable |deRɛzɔnabl(ə)| *adj.* [→ DÉRAISONNER] irragionevole: *conduite, décision déraisonnable* condotta, decisione irragionevole → **absurde, insensé.**
déraisonnablement |deRɛzɔnabləmɑ̃| *adv.* [→ DÉRAISONNABLE] irragionevolmente.
déraisonner |deRɛzɔne| *v.intr.* (*littér.*) [*tenir des propos dépourvus de raison, de bon sens*] sragionare (*cour.*), vaneggiare (*cour.*) → **déménager** (*fam.*), 2 **dérailler, divaguer.**
1 **dérangement** |deRɑ̃ʒmɑ̃| *s.m.* **1** [→ 1 DÉRANGER 1] disordine: *causer du dérangement dans les papiers de qqn.* mettere in disordine le carte di qc. **2** [*dérèglement* (*dans le fonctionnement*)] guasto ◇ *loc.* EN DÉRANGEMENT guasto *adj.*, fuori uso: *la ligne* (*téléphonique*) *est en dérangement* la linea (telefonica) è guasta, fuori uso.
2 **dérangement** |deRɑ̃ʒmɑ̃| *s.m.* [→ 2 DÉRANGER A] disturbo, fastidio*: *causer du dérangement* causare disturbo; *pour vous éviter du dérangement* per evitarvi un disturbo, per non darvi fastidio → **gêne,** 2 **trouble.**
1 **déranger** |deRɑ̃ʒe| (3) *v.tr.* **1** [*déplacer de son emplacement assigné, mettre en désordre*] mettere (155) fuori posto, in disordine: *déranger les livres d'une bibliothèque* mettere fuori posto, in disordine i libri di una biblioteca → **bouleverser, déplacer 2** [*changer de manière à troubler le fonctionnement, l'action*] guastare: *l'orage a dérangé le temps* il temporale ha guastato il tempo ♦ (*au p.p.*) *il a le cerveau un peu dérangé* ha il cervello un po' annebbiato; *cet enfant est dérangé* questo ragazzo ha un disturbo intestinale → **troublé.**
2 **déranger** |deRɑ̃ʒe| (3) **A** *v.tr.* [*gêner* (*qqn.*) *dans son travail, ses occupations*] disturbare: *excusez-moi de vous déranger, si je vous dérange* mi scusi se la disturbo; *vous pouvez fumer, ça ne me dérange pas* può fumare, non mi disturba → **importuner B** *v.pron.réfl.* SE DÉRANGER [→ *tr.*] disturbarsi: *ne vous dérangez pas pour moi* non si disturbi per me.
dérapage |deRapaʒ| *s.m.* (*aviat.*) 'dérapage' *inv.*, derapata *f.* ◇ (*par ext.*) *faire un dérapage sur une route mouillée, sur la neige* slittare, sbandare su una strada bagnata, sulla neve.
déraper |deRape| *v.intr.* **1** (*auto., motocyclettes, etc.*) [*glisser sur le sol*] slittare, sbandare: *il a dérapé et fait un tête à queue* ha slittato e ha fatto un testa-coda **2** (*mar.*) (*en parlant d'une ancre*) [*quitter prise sur le fond et laisser dériver le navire*] arare *tr.* ♦ (*absolt.*) *navire qui dérape* nave che ara.
déraser |deRɑze| *v.tr.* (*techn.*) [*abaisser le niveau*] abbassare il livello di: *déraser un mur* abbassare il livello di un muro ◇ [*enlever le sommet de*] rasare, pareggiare.
dératé, ée |deRate| *s.m.* (*loc.*) *courir comme un dératé* [*très vite*] correre a rotta di collo.
dératisation |deRatizɑsjɔ̃| *s.f.* [→ DÉRATISER] derattizzazione, disinfestazione (dai ratti).
dératiser |deRatize| *v.tr.* [*débarrasser* (*un lieu*) *des rats*] derattizzare, disinfestare (dai ratti).
derby |dɛRbi| *s.m.* (*sport*) derby *inv.*
derechef |dəRəʃɛf| *adv.* (*littér.*) [*une seconde fois; encore une fois*] daccapo; di nuovo *loc.*, dal principio *loc.*
déréglé, ée |deRegle| *adj.* **1** [*dont l'ordre, le fonctionnement a été troublé*] sregolato; irregolare: *appétit déréglé* appetito sregolato ‖ *pouls déréglé* polso irregolare **2** [*qui est hors de la règle, de l'équilibre*] sregolato, disordinato: *vie déréglée* vita sregolata, disordinata ◇ [*excessif, démesuré*] smisurato, sfrenato: *imagination, ambition déréglée* immaginazione, ambizione smisurata, sfrenata.
dérèglement |deRɛgləmɑ̃| *s.m.* **1** [*désordre, dérangement du fonctionnement*] irregolarità *f. inv.*, disfunzione *f.*, guasto: *le dérèglement du pouls* l'irregolarità del polso # *le dérèglement de l'esprit* il disordine mentale **2** [*le fait de s'écarter des règles de la morale, de l'équilibre et de la mesure*] sregolatezza *f.*, disordine.
dérégler |deRegle| (8) *v.tr.* **1** [*faire qu'une chose ne soit plus réglée*] guastare, sregolare: *l'orage a déréglé le temps* il temporale ha guastato il tempo; *dérégler une montre* guastare, sregolare un orologio → **bouleverser,** 1 **déranger, troubler 2** [*troubler l'ordre moral de*] depravare, rendere (105) sregolato: *dérégler les moeurs* depravare, rendere sregolati i costumi # *cette liaison a déréglé sa vie* quella relazione ha sconvolto la sua vita.
déréliction |deReliksjɔ̃| *s.f.* (*relig.*) abbandono *m.*, il sentirsi *m.inv.* derelitto → **délaissement** Ⓒ **aide 1, consolation.**
dérider |deRide| **A** *v.tr.* [*rendre moins soucieux, moins triste*] rasserenare: *rien ne le déride* niente lo rasserena → **egayer B** *v.pron.intr.* SE DÉRIDER [*sourire; rire*] sorridere (*intr.*): *il ne s'est pas déridé de la soirée* non ha sorriso per tutta la serata.
dérision |deRizjɔ̃| *s.f.* **1** derisione, scherno (*m.*): *dire qqch. par dérision* dire q.c. per derisione, per scherno # *tourner en dérision qqn., qqch.* farsi beffe di qc., q.c. → **dédain, ironie 2** [*chose insignifiante, dérisoire*] bazzecola: *c'est une dérision !* è una bazzecola!
dérisoire |deRizwaR| *adj.* [*insignifiant, ridicule*] irrisorio*: *un salaire dérisoire* un salario irrisorio.
dérivabilité |deRivabilite| *s.f.* derivabilità *inv.*
dérivatif, ive |deRivatif, iv| **1** *adj.* (*méd.*) derivativo, revulsivo ◇ (*ling.*) *suffixe dérivatif* suffisso derivato **2** *s.m.* [*ce qui permet de détourner l'esprit de ses préoccupations*] diversivo: *chercher un dérivatif aux ennuis de tous les jours* cercare un diversivo ai fastidi di ogni giorno.
1 **dérivation** |deRivɑsjɔ̃| *s.f.* **1** [→ 1 DÉRIVER 1] derivazione, diversione: *canal de dérivation* canale di derivazione, canale diversivo **2** (*électr., ling., math.*) derivazione.
2 **dérivation** |deRivɑsjɔ̃| *s.f.* **1** (*mar.*) deriva, scarroccio* *m.* → **dérive 2** (*artill.*) deriva.
dérive |deRiv| *s.f.* **1** (*aviat., mar.*) deriva: *angle de dérive* angolo di deriva; *navire en dérive* nave alla deriva ◇ [*dispositif qui empêche de dériver*] deriva **2** *loc. prép.* À LA DÉRIVE [*à vau-l'eau*] alla deriva: *aller à la dérive* andare alla deriva ◇ (*géol.*) *dérive des continents* deriva dei continenti **3** (*artill.*) (angolo *m.* di) deriva.
dérivé |deRive| *s.m.* derivato: *ce mot est un dérivé* questa parola è un derivato; *les dérivés de la houille* i derivati del carbon fossile.
dérivé, ée |deRive| *adj.* derivato: *mot dérivé* parola derivata; *produits dérivés d'un autre* prodotti derivati da un altro.
dérivée |deRive| *s.f.* (*math.*) derivata: *dérivée d'une fonction, d'un evariable* derivata di una funzione, di una variabile.
1 **dériver** |deRive| *v.tr.* **1** [*détourner des eaux de leurs cours*] deviare, derivare: *dériver un cours d'eau* deviare, derivare un corso d'acqua → **dévier 2** (*gram.*) [*tirer par dérivation*] derivare **3** (*math.*) [*calculer la dérivée*] derivare.
2 **dériver** |deRive| *v.intr.* [*provenir, découler, venir de*] derivare (*aux.* essere): *nos malheurs dérivent de la guerre* le nostre disgrazie derivano dalla guerra; *mot qui dérive de l'arabe* parola che deriva dall'arabo.
3 **dériver** |deRive| *v.intr.* [*s'écarter de sa direction*] derivare (*aux.* essere): andare (101) (*aux.* essere) alla deriva.
dériver |deRive|, **dériveter** (5) |deRivte| *v.tr.* (*techn.*) [*défaire ce qui est rivé, riveté*] schiodare.
dériveur |deRivœR| *s.m.* (*mar.*) **1** randa *f.* di cappa **2** imbarcazione *f.* con (lama di) deriva, dinghy *inv.*
dermatite |dɛRmatit| *s.f.* (*méd.*) dermatite.
dermato- |dɛRmatɔ| *préf.* (*signifiant* 'peau', *correspond généralt. à*) dermato: *dermatologie* dermatologia.
dermatologie |dɛRmatɔlɔʒi| *s.f.* dermatologia*.
dermatologiste |dɛRmatɔlɔʒist(ə)|, **dermatologue** |dɛRmatɔlɔg| *s.* dermatologo* *m.*
dermatomycose |dɛRmatɔmikoz| *s.f.* (*méd.*) dermatomicosi *inv.*
dermatose |dɛRmatoz| *s.f.* (*méd.*) dermatosi *inv.*
-derme |dɛRm(ə)| *suff.* (*signifiant* 'peau', *correspond généralt. à*) derma: *pachyderme* pachiderma.
derme |dɛRm(ə)| *s.m.* (*anat.*) derma *inv.*

dermique |dɛRmik| *adj.* (*anat.*) dermico*.
dermite |dɛRmit| *s.f.* → **dermatite.**
derm(o)- |dɛRm(ɔ)| *préf.* (*signifiant 'peau', correspond généralt. à*) dermo: *dermographie* dermografia.
dermographie |dɛRmɔgRafi| *s.f.* (*physiol.*) dermografia.
dermoïde |dɛRmɔid| *adj. et s.m.* (*méd.*) dermoide.
dernier, ière |dɛRnje, jɛR| **I 1** *adj.* (*avant le nom*) ultimo: *dernier train* ultimo treno; *dernières nouvelles* ultime notizie; *dernière chance, carte* ultima occasione, carta; *ce n'est pas la première fois et ce ne sera pas la dernière* non è la prima e non sarà l'ultima volta; *dépenser jusqu'à son dernier sou* spendere fino all'ultimo centesimo ◇ (*loc.*) *être à sa dernière heure* essere all'ultimo, agli sgoccioli ◇ (*après le nom*) *jugement dernier* giudizio finale ◇ (*attribut*) *il est dernier* è (l')ultimo; *il est bon dernier* è buon ultimo **2** *s.* ultimo: *le dernier de la classe* l'ultimo della classe; *la dernière des guerres* l'ultima delle guerre; *marcher le dernier* camminare per ultimo **3** *loc. adv.* EN DERNIER [*à la fin, après tous les autres*] all'ultimo, per ultimo: *nous nous occuperons de lui en dernier* ci occuperemo di lui in ultimo, per ultimo; *cela vient en dernier* ciò viene per ultimo **II** *adj.* **1** [*le plus haut, le plus grand*] massimo: *au dernier degré* al massimo grado; *protester avec la dernière énergie* protestare con la massima energia **2** [*le plus bas, le pire*] infimo: *une marchandise de dernière qualité, de dernier choix, de dernier ordre* una merce di infima qualità, di infima scelta, di infimo ordine ◆ (*s.*) *être traitée comme la dernière des dernières* essere trattata come l'ultima delle ultime **III** *adj.* [*qui est le plus proche du moment présent*] scorso, ultimo: *l'an dernier, mercredi dernier* l'anno scorso, mercoledì scorso; *nouvelles de la dernière heure* notizie dell'ultima ora; *s'habiller selon la dernière mode* vestirsi all'ultima moda ◆ (*s.*) *oui, répondi ce dernier* sì, rispose quest'ultimo # *le petit dernier* il più piccolo → **benjamin.**
dernièrement |dɛRnjɛRmɑ̃| *adv.* [*ces derniers temps*] ultimamente, recentemente: *il est venu nous voir tout dernièrement* è venuto a trovarci proprio ultimamente, recentemente → **récemment.**
dernier-né |dɛRnjene| *s.m.*, **dernière-née** |dɛRnjɛRne| *s.f.* → **né.**
derny |dɛRni| *s.m.* (*cyclisme*) derny *inv.* # *courses derrière derny* corse dietro motori.
dérobade |deRɔbad| *s.f.* [→ DÉROBER B 1] scappatoia, ritirata.
dérobé, ée |deRɔbe| *adj.* **1** [*volé*] rubato, sottratto: *receler des objets dérobés* nascondere oggetti rubati **2** *porte dérobée* [*qui permet de sortir d'une maison ou d'y entrer sans être vu*] porta segreta, nascosta.
dérobée (à la) |aladeRɔbe| *loc. adv.* [*en cachette*] di nascosto: *faire qqch. à la dérobée* fare q.c. di nascosto ◇ [*furtivement*] furtivamente (*adv.*): *regarder qqn. à la dérobée* guardare furtivamente qc.
dérober |deRɔbe| **A** *v.tr.* **1** (*littér.*) [*prendre furtivement*] trafugare (*cour.*), sottrarre (190) (*cour.*): *dérober le portefeuille à qqn.* trafugare, sottrarre il portafogli a qc. → **voler 2** [*obtenir qqch. par des moyens peu honnêtes*] carpire (197): *dérober un secret* carpire un segreto → **surprendre 3** [*soustraire à*] sottrarre: *dérober un criminel à la justice* sottrarre un criminale alla giustizia **4** (*choses*) [*cacher, dissimuler*] nascondere (159): *dérober son regard* nascondere, allontanare lo sguardo **B** *v.pron.* SE DÉROBER **1** *intr.* SE DÉROBER À [*échapper, se soustraire à*] sottrarsi a: *se dérober aux regards* sottrarsi agli sguardi ◇ (*fig.*) *se dérober à son devoir* sottrarsi al proprio dovere **2** *réfl. absolt.* [*éviter de répondre, d'agir*] schermirsi (197): *il cherche à se dérober* cerca di schermirsi **3** *réfl.* [*s'écarter de qqn.*] scostarsi: *le garçon ne se dérobait pas* il ragazzo non si scostava **4** *intr.* (*choses*) *le sol se dérobe sous ses pas* [*s'effondre*] gli manca il terreno sotto i piedi → **manquer.**
dérogation |deRɔgasjɔ̃| *s.f.* [→ 1 DÉROGER] deroga*.
dérogatoire |deRɔgatwaR| *adj.* (*dr.*) derogatorio*.
1 **déroger** |deRɔʒe| (3) *v.intr.* DÉROGER À [*s'écarter de ce que stipule une loi, une régle, etc.*] derogare a: *déroger à la loi* derogare alla legge; *déroger à ses habitudes* derogare alle proprie abitudini.
2 **déroger** |deRɔʒe| (3) *v.intr.* (*littér.*) [*faire une chose indigne de sa position, de ses principes*] degradarsi (*pron.*): *il croirait déroger en faisant ce métier* facendo questo mestiere avrebbe l'impressione di degradarsi → **abaisser (s').**
dérouillée |deRuje| *s.f.* (*fam.*) *prendre une dérouillée* [*des coups, une volée*] prendersi una manica*, una scarica* di botte.
1 **dérouiller** |deRuje| *v.intr.* (*fam.*) [*être battu, puni*] essere (96) pestato: *qu'est-ce qu'il a dérouillé !* lo hanno pestato ben bene (benbene)!
2 **dérouiller** |deRuje| **A** *v.tr.* (*fam.*) [*redonner de l'exercice à ce qui était rouillé*] diruggìnire (197) (*cour.*): *dérouiller sa mémoire* diruggìnire la memoria □ *se dérouiller les jambes en marchant* [*les dégourdir*] sgranchirsi (197) le gambe **B** *v.pron. réfl.* SE DÉROUILLER [→ *tr.*] sgranchirsi → *tr.* □.
déroulage |deRulaʒ| *s.m.* **1** [*déroulement*] svolgimento **2** (*techn.*) sfogliatura *f.*
déroulement |deRulmɑ̃| *s.m.* **1** [→ DÉROULER A 1] svolgimento: *le déroulement d'un câble* lo svolgimento di un cavo **2** [→ DÉROULER B] svolgimento: *le déroulement de l'action dans un film* lo svolgimento dell'azione in un film.
dérouler |deRule| **A** *v.tr.* **1** [*défaire ce qui était roulé*] svolgere (196), srotolare: *dérouler une bobine de fil* svolgere un rocchetto di filo; *dérouler un store* srotolare una stuoia → **dévider 2** [*passer en revue, développer successivement*] passare in rassegna; sviluppare: *dérouler les événements de la journée* passare in rassegna gli avvenimenti del giorno ‖ *le film déroule son action au XIXe siècle* il film sviluppa l'azione nell'Ottocento **B** *v.pron.intr.* SE DÉROULER [*s'écouler, se succéder* (*en parlant d'une suite d'événements*)] svolgersi: *le lieu où se déroule l'action* il luogo in cui si svolge l'azione; *la cérémonie s'est bien déroulée* la cerimonia si è svolta regolarmente.
déroutant, ante |deRutɑ̃, ɑ̃t| *adj.* [*qui déroute*] sconcertante, disorientante: *une attitude déroutante* un atteggiamento sconcertante → **déconcertant.**
déroute |deRut| *s.f.* **1** [*fuite desordonnée de troupes battues*] rotta: *mettre l'ennemi en déroute* mettere il nemico in rotta **2** (*fig.*) [*confusion, désordre*] scompiglio* *m.*, sfacelo (*m.*): *mettre la déroute dans les plans de qqn.* portare lo scompiglio nei piani di qc.
déroutement |deRutmɑ̃| (*s.m.*) *le déroutement d'un navire, d'un avion* [*le changement de route*] il dirottamento di una nave, di un aereo.
dérouter |deRute| **1** (*v.tr.*) *dérouter un navire, un avion* [*le faire changer d'itinéraire, de destination*] dirottare una nave, un aereo **2** [*rendre qqn. incapable de réagir*] disorientare, confondere (146): *dérouter un candidat par des questions inattendues* disorientare un candidato con domande inaspettate ◆ (*au p.p.*) *elle se sent déroutée* si sente disorientata, confusa.
derrick |dɛ(e)Rik| *s.m.* (*angl.*) derrik *inv.*, torre *f.* di trivellazione.
1 **derrière** |dɛRjɛR| **I** *prép.* **1** [*en arrière, au dos de*] dietro: *derrière la maison* dietro la casa; *se cacher derrière qqn.* nascondersi dietro qc.; *avoir les mains derrière le dos* tenere le mani dietro la schiena; *il a disparu derrière le tournant* è scomparso dietro la curva; *se cacher derrière les apparences* nascondersi dietro le apparenze ◇ *loc. prép.* DE DERRIÈRE da dietro: *il sortit de derrière la baie* uscì da dietro la siepe # *idées de derrière la tête* [*arrière-pensées*] pensieri riposti; secondi fini ~ PAR DERRIÈRE [*par la partie postérieure*] (da) dietro: *passez par derrière cette maison* passate dietro quella casa **2** [*à la suite de*] dietro (a): *marcher l'un derrière l'autre* camminare uno dietro l'altro → **après** ◇ (*fig.*) *laisser loin derrière soi* lasciare dietro di sé; *il a tous ses partisans derrière lui* [*ils le soutiennent*] può contare su tutti i suoi sostenitori; *il faut être toujours derrière lui* [*le surveiller*] bisogna sempre stargli dietro, appresso **II** *adv.* **1** [*du côté opposé à la face*] (di, da) dietro: *vêtement qui se boutonne derrière* vestito che si abbottona (da) dietro; *mettre un vêtement sans devant derrière* mettere un vestito con il davanti dietro, all'incontrario # *il est resté derrière* è rimasto indietro **2** *loc. adv.* PAR DERRIÈRE [*par l'arrière*] da dietro, alle spalle: *attaquer qqn. par derrière* attaccare qc. alle spalle # *il dit du mal de lui par derrière* sparla, parla male di lui Ⓒ **devant** 1, **avant** 1.
2 **derrière** |dɛRjɛR| *s.m.* **1** [*la partie postérieure de qqch.*] retro, parte *f.* posteriore: *le derrière d'une maison* il retro di una casa # *les roues de derrière* le ruote posteriori; *porte de derrière* porta, entrata di servizio → 2 **arrière** ◇ (*au plur.*) *les derrières d'une armée* la retroguardia *f. sing.* di un esercito **2** [*partie du corps de l'homme et de certains animaux*] sedere, didietro (*fam.*): *tomber sur le derrière* cadere sul sedere, sul didietro Ⓒ 1 **avant 2, devant 2, face, dessus** 2.

derviche |dɛʀviʃ| *s.m.* derviscio*.

dès-, dés- |des| *préf.* → **dé-**.

dès |dɛ| *prép.* **I** (*temps*) **1** [*à partir de*] fin da → **depuis** ◇ *dès cette époque, dès ce moment* fin da quell'epoca, fin da questo momento → **déjà** ◇ *dès à présent* fin d'ora → **désormais** # *se lever dès l'aube* alzarsi all'alba; *vous viendrez me voir dès mon retour* verrete a trovarmi appena sarò tornato ◇ (*loc.*) *dès l'abord* [*immédiatement*] di primo acchito **2** *loc.adv.* DÈS LORS [*dès ce moment, aussitôt*] da quel momento, subito *adv.*; [*en conséquence*] di conseguenza, quindi (*adv.*): *dés lors, il décida de partir* decise di partire subito || *il a fourni un alibi: dès lors on peut reconnaître son innocence* ha fornito un alibi: di conseguenza si può riconoscere la sua innocenza **3** *loc. conj.* DÈS LORS QUE [*dès l'instant où*] appena *conj.*; [*étant donné que, puisque*] dato che, poiché *conj.* **4** *loc. conj.* DÈS QUE [*dès l'instant où*] appena: *dès qu'il viendra* appena verrà; *dès que je fus parti ...* appena fui partito ... **II** (*lieu*) [*à partir de, depuis*] (fin) da: *dès l'entrée* (fin) dall'ingresso; *dès la porte* (fin) dalla porta.

1 **des** |de| *art.* → **de.**

2 **des** |de| (*art. indéf., plur. de 'un, une'*) **1** (*devant un nom commun*) dei *m.*, degli *m.*, delle (*f.*): *un livre, des livres* un libro, dei libri; *un homme, des hommes* un uomo, degli uomini; *une fille, des filles* una ragazza, delle ragazze (*REM. 'des' est remplacé par 'de' devant un adj., sauf si l'adj. fait corps avec le nom*) *il a de bonnes idées* ha delle buone idee; *il mange des petits pois* mangia piselli **2** (*devant un nom propre inv. qui prend la valeur d'un genre*) *des Jeanne d'Arc* delle Giovanne d'Arco **3** (*fam.*) (*devant un nom de nombre, avec une valeur emphatique*) *il soulève des cinquante kilos comme un rien* solleva dei pesi di cinquanta chili come niente; *se coucher à des une heure du matin* andare a letto all'una del mattino.

désabonnement |dezabɔnmɑ̃| *s.m.* [→ DÉSABONNER] disdetta *f.* di abbonamento.

désabonner |dezabɔne| **A** *v.tr.* [*faire cesser d'être abonné*] disdire (132) l'abbonamento (di) **B** *v.pron.intr.* SE DÉSABONNER [→ *tr.*] disdire *tr.*il proprio abbonamento [C] **abonner.**

désabusé, ée |dezabyze| *adj.* [*qui a perdu ses illusions*] disincantato, disilluso.

désabuser |dezabyze| *v.tr.* → **désenchanter, détromper.**

désaccord |dezakɔʀ| *s.m.* **1** (*personnes*) [*le fait de n'être pas d'accord*] disaccordo: *un léger désaccord* un leggero disaccordo ◇ *loc.* EN DÉSACCORD in disaccordo: *être, se trouver en désaccord avec qqn. sur qqch.* essere, trovarsi in disaccordo con qc. su q.c. **2** (*choses*) [*le fait de ne pas s'accorder*] contrasto, discordanza (*f.*): *désaccord entre une théorie et les faits* contrasto fra la teoria e i fatti # *il n'est pas en désaccord avec son temps* va di pari passo col suo tempo [C] 1 **accord** 1.

désaccordé, ée |dezakɔʀde| *adj.* (*mus.*) scordato: *piano désaccordé* pianoforte scordato.

désaccorder |dezakɔʀde| **A** *v.tr.* **1** [*détruire l'accord de* (*un instrument de musique*)] scordare: *l'humidité désaccorde les pianos* l'umidità scorda i pianoforti ✦ (*au p.p.*) *une guitare désaccordée* una chitarra scordata → **faux 2** (*par ext.*) [*rompre l'accord d'un ensemble*] stonare *intr.* (con): *cette draperie rouge désaccordait le tableau* quel panneggio rosso stonava con il quadro **B** *v.pron. intr.* SE DÉSACCORDER (*d'un instrument de musique*) scordarsi: *ce violon s'est désaccordé* questo violino si è scordato.

désaccoupler |dezakuple| *v.tr.* **1** (*vén.*) [*séparer des choses qui étaient par couples, par paires*] disaccoppiare, spaiare **2** (*techn.*) [*supprimer une liaison mécanique, électrique*] disaccoppiare [C] **accoupler.**

désaccoutumance |dezakutymɑ̃s| *s.f.* [→ DÉSACCOUTUMER B] disassuefazione [C] **accoutumance.**

désaccoutumer |dezakutyme| **A** *v.tr.* [*faire perdre une habitude à qqn.*] disabituare, far (103) *intr.* perdere una abitudine: *il faut le désaccoutumer de voler* bisogna fargli perdere l'abitudine di rubare **B** *v.pron.intr.* SE DÉSACCOUTUMER [→ *tr.*] disabituarsi, perdere (163) *tr.* l'abitudine: *elle s'est désaccoutumée de fumer* ha perso l'abitudine di fumare, si è disabituata al fumo [C] **accoutumer, habituer.**

désacralisant, ante |desakʀalizɑ̃, ɑ̃t| *adj.* [*qui tend à desacralizer*] dissacrante.

désacralisation |desakʀalizasjɔ̃| *s.f.* [→ DÉSACRALISER] dissacrazione, dissacramento *m.*

désacraliser |desakʀalize| *v.tr.* [*ne plus considérer comme sacré*] dissacrare, sconsacrare ◇ [*contester la valeur, l'importance de qqch.*] dissacrare: *désacraliser une institution* dissacrare un'istituzione [C] **sacraliser.**

désadapté, ée |dezadapte| *adj.* (*psycho.*) disadattato → **inadapté.**

désadapter |dezadapte| *v.tr.* [*faire cesser l'adaptation de*] disadattare [C] **adapter.**

désaéré, ée |dezaeʀe| *adj.* (*techn.*) disaerato.

désaffectation |dezafɛktasjɔ̃| *s.f.* (*dr.*) cambiamento *m.* di destinazione, d'uso (di un immobile).

désaffecté, ée |dezafɛkte| *adj.* [*qui a perdu sa destination première*] adibito ad altro uso, in disuso (*loc.*): *école désaffectée* scuola adibita ad altro uso; *chemin de fer désaffecté* ferrovia in disuso, fuori esercizio # *église désaffectée* chiesa sconsacrata.

désaffecter |dezafɛkte| *v.tr.* (*dr.*) [*faire cesser, changer l'affectation de* (*un immeuble*)] adibire (197), destinare ad altro uso [C] **affecter** 1.

désaffection |dezafɛksjɔ̃| *s.f.* disaffezione → **détachement** [C] **attachement.**

désagréable |dezagʀeabl(ə)| *adj.* **1** (*choses*) [*qui déplaît*] sgradevole, spiacevole: *odeur désagréable* odore sgradevole; *c'est une impression très désagréable* è un'impressione molto sgradevole; *chose désagréable à entendre, à voir* cosa spiacevole da sentire, da vedere; *il est désagréable de constater de ces faits* è spiacevole (dover) constatare simili fatti → **pénible 2** (*personnes*) [*qui se conduit de manière à choquer, irriter les autres*] sgradevole: *il est désagréable* è una persona sgradevole # *il a été très désagréable avec moi* è stato veramente poco gentile con me [C] **agréable.**

désagréablement |dezagʀeabləmɑ̃| *adv.* [→ DÉSAGRÉABLE 1] sgradevolmente: *être désagréablement surpris* essere sgradevolmente sorpreso [C] **agréablement.**

désagrégation |dezagʀegasjɔ̃| *s.f.* **1** [→ DÉSAGRÉGER A 1] disgregazione, disgregamento (*m.*): *désagrégation d'une pierre friable* disgregazione di una pietra friabile **2** (*fig.*) *désagrégation psychique* dissociazione (psichica) [C] **agrégation.**

désagréger |dezagʀeʒe| (3) **A** *v.tr.* **1** (*chim.*) [*décomposer en séparant les parties agrégées*] disgregare: *le gel a désagrégé la pierre* il gelo ha disgregato la pietra **2** [*décomposer qqch. en détruisant l'unité*] disgregare, fiaccare: *désagréger les résistances* fiaccare la resistenza **B** *v.pron.intr.* SE DÉSAGRÉGER [→ *tr.* 2] disgregarsi, crollare (*intr.*): *tout son système de défense s'est désagrégé* tutto il suo sistema di difesa si è disgregato, è crollato → **écrouler (s')** [C] **agréger.**

désagrément |dezagʀemɑ̃| *s.m.* [*chose désagréable; sujet de contrariété*] noia *f.*, seccatura (*f.*): *je vous cause bien des désagréments* vi do molte noie, seccature.

désaimanter |dezɛmɑ̃te| *v.tr.* (*techn.*) [*supprimer l'aimantation*] smagnetizzare [C] **aimanter.**

désaliéner |dezaljene| (8) *v.tr.* [*faire cesser l'aliénation, libérer*] disalienare.

désaltérant, ante |dezalteʀɑ̃, ɑ̃t| *adj.* [*qui désaltère*] dissetante: *le thé est très désaltérant* il tè è molto dissetante.

désaltérer |dezalteʀe| (8) **A** *v.tr.* [*apaiser la soif de qqn.*] dissetare: *désaltérer un malade* dissetare un malato; *boisson qui désaltère* bevanda dissetante → **désalterant B** *v.pron.réfl.* SE DÉSALTÉRER [→ *tr.*] dissetarsi: *se désaltérer à une source* dissetarsi a una sorgente.

désamorçage |dezamɔʀsaʒ| *s.m.* **1** [→ DÉSAMORCER 1] disinnesco* **2** (*électr.*) diseccitazione *f.*

désamorcer |dezamɔʀse| (2) *v.tr.* **1** [*enlever l'amorce de*] disinnescare: *désamorcer un pistolet* disinnescare una pistola **2** [*interrompre le fonctionnement de*] *désamorcer une dynamo* diseccitare una dinamo [C] **amorcer.**

désappointé, ée |dezapwɛ̃te| *adj.* [*qui n'a pas obtenu ce qu'il attendait*] deluso: *il a été tout désappointé* è rimasto molto deluso, molto male.

désappointement |dezapwɛ̃tmɑ̃| *s.m.* [*état d'une personne désappointé*] disappunto, delusione (*f.*): *cacher son désappointement* nascondere la propria delusione; *j'ai éprouvé un léger désappointement* ho provato una leggera delusione → **déception.**

désappointer |dezapwɛ̃te| *v.tr.* [*décevoir*] deludere (106): *je ne voudrais pas vous désappointer* non vorrei deluderla.

désapprendre |dezapʀɑ̃dʀ(ə)| (73) *v.tr.* (*littér.*) [*oublier ce qu'on a appris*] disimparare, disapprendere (*rare*): *il a désappris tout ce qu'il savait* ha disimparato tutto quello che sapeva.

désapprobateur, trice |dezapʀɔbatœʀ, tʀis| *adj.* [*qui désapprouve*] di disapprovazione (*loc. inv.*): *ton désap-*

probateur tono di disapprovazione [C] **approbateur.**

désapprobation |dezapʀɔbasjɔ̃| *s.f.* [→ DÉSAPPROUVER] disapprovazione: *murmure de désapprobation* mormorio di disapprovazione → **réprobation.**

désapprouver |dezapʀuve| *v.tr.* [*juger d'une manière défavorable*] disapprovare: *désapprouver un projet, la conduite de qqn.* disapprovare un progetto, il comportamento di qc. → **condamner, critiquer** [C] **approuver.**

désapprovisionner |dezapʀɔvizjɔne| *v.tr.* **1** [*priver de son approvisionnement*] privare dei rifornimenti **2** *désapprovisionner une arme à feu* [*vider le magasin de ses cartouches*] scaricare un'arma da fuoco [C] 1 **approvisionner.**

désarçonner |dezaʀsɔne| *v.tr.* **1** [*mettre hors des arçons*] disarcionare: *le cheval a désarçonné son cavalier* il cavallo ha disarcionato il cavaliere **2** (*fig.*) [*confondre qqn. dans une discussion*] sconcertare, disorientare: *cela me désarçonne* ciò mi sconcerta; *être désarçonné* essere disorientato → 2 **démonter.**

désargenté, ée |dezaʀʒɑ̃te| *adj.* (*fam.*) [*qui n'a plus d'argent*] squattrinato (*cour.*) # *je suis un peu désargenté en ce moment* in questo momento sono un po' al verde, in bolletta.

désargenter |dezaʀʒɑ̃te| *v.tr.* **1** [*dégarnir de la couche d'argent qui recouvre la surface*] disargentare **2** (*rare, fam.*) [*priver de son argent*] squattrinare.

désarmant, ante |dezaʀmɑ̃, ɑ̃t| *adj.* disarmante: *une naïveté désarmante* un'ingenuità disarmante → **touchant.**

désarmement |dezaʀməmɑ̃| *s.m.* **1** [→ DÉSARMER A 1; B 1] disarmo: *désarmement d'une forteresse* disarmo di una fortezza **2** (*mar.*) *désarmement d'un navire* disarmo di una nave **3** [*réduction ou suppression des armements*] disarmo: *conférences du désarmement* conferenze per il disarmo.

désarmer |dezaʀme| **A** *v.tr.* **1** [*enlever les armes à qqn.*] disarmare: *désarmer un malfaiteur* disarmare un malfattore **2** [*limiter ou supprimer les armements militaires de*] smilitarizzare, disarmare: *désarmer un pays* smilitarizzare, disarmare un paese **3** (*mar.*) *désarmer un navire* disarmare una nave **4** [*laisser sans défense; rendre moins sévère*] disarmare: *sa candeur me désarme* il suo candore mi disarma ◇ *passif* ÊTRE DÉSARMÉ essere disarmato: *il est désarmé devant les difficultés* è disarmato davanti alle difficoltà **B** *v.intr.* **1** [*diminuer les armements*] disarmare: *les grandes puissances ont décidé de désarmer* le grandi potenze hanno deciso di disarmare **2** [*céder, cesser* (*d'un sentiment hostile, violent*)] disarmare: *haine qui ne désarme pas* odio che non disarma.

désarrimer |dezaʀime| *v.tr.* (*mar.*) [*déranger* (*les marchandises arrimées*)] disistivare [C] **arrimer.**

désarroi |dezaʀwa(ɑ)| *s.m.* [*trouble moral qui entraîne l'indécision*] smarrimento: *désarroi de la conscience* smarrimento della coscienza → **égarement** # *il est en plein désarroi* è tutto sgomento, sbigottito.

désarticulation |dezaʀtikylɑsjɔ̃| *s.f.* disarticolazione.

désarticuler (se) |dezaʀtikyle| *v.pron.réfl.* [*plier ses membres, etc. en tous sens*] contorcersi (189): *clown qui se désarticule* pagliaccio che si contorce → **contorsionner(se)** ✦ (*au p.p.*) *pantin désarticulé* marionetta snodata.

désassemblage |dezasɑ̃blaʒ| *s.m.* (*techn.*) smontaggio* [C] **assemblage.**

désassembler |dezasɑ̃ble| *v.tr.* (*techn.*) [*défaire des pièces qui étaient assemblées*] smontare → 1 **démonter** [C] **assembler, monter** 2.

désassortir |dezasɔʀtiʀ| *v.tr.* **1** [*priver un ensemble d'une partie de ses éléments*] scompagnare: *désassortir un service à thé* scompagnare un servizio da tè → **dépareiller** **2** *désassortir un magasin* [*le démunir de son assortiment de marchandises*] sfornire (197) un negozio.

désastre |dezastʀ(ə)| *s.m.* **1** disastro, sciagura (*f.*): *désastre irréparable* sciagura irreparabile; *cette défaite fut un désastre* quella disfatta fu un disastro; *désastre qui frappe une famille, un pays* sciagura che colpisce una famiglia, un paese → **calamité, catastrophe, cataclysme** ◇ (*par exagér.*) *ce temps, c'est un vrai désastre!* questo tempo è veramente un disastro! **2** [*échec complet*] crollo, dissesto: *désastre financier* crollo, dissesto finanziario → **banqueroute, déconfiture, faillite** # *nous courons au désastre* andiamo dritti verso la catastrofe, la rovina.

désastreusement |dezastʀøzmɑ̃| *adv.* (*rare*) [→ DÉSASTREUX] disastrosamente (*cour.*).

désastreux, euse |dezastʀø, øz| *adj.* disastroso.

désatellisation |desatelizɑsjɔ̃| *s.f.* (*polit.*) (*pays satellites*) l'accedere *m. inv.* all'indipendenza.

désatomiser |dezatɔmize| *v.tr.* [*dénucléariser*] disatomizzare, denuclearizzare.

désavantage |dezavɑ̃taʒ| *s.m.* svantaggio*: *cette situation présente quelques désavantages* questa situazione presenta alcuni svantaggi → **désagrément** ◇ (*loc.*) *voir qqn. à son désavantage* [*le voir sous un jour défavorable*] vedere qc. sotto una cattiva luce ~ *tourner au désavantage de qqn.* tornare a svantaggio di qc. → **détriment, préjudice.**

désavantager |dezavɑ̃taʒe| (3) *v.tr.* [*mettre en désavantage*] sfavorire (197), svantaggiare; mettere (155) in situazione di svantaggio: *désavantager un héritier au profit d'un autre* sfavorire un erede a vantaggio di un altro ‖ *la position désavantageait nos troupes* la posizione metteva in situazione di svantaggio le nostre truppe [C] **avantager.**

désavantageusement |dezavɑ̃taʒøzmɑ̃| *adv.* [→ DÉSAVANTAGEUX] svantaggiosamente [C] **avantageusement.**

désavantageux, euse |dezavɑ̃taʒø, øz| *adj.* [*qui cause ou peut causer un désavantage*] svantaggioso [C] **avantageux.**

désaveu |dezavø| *s.m.* **1** [→ DÉSAVOUER 1] ritrattazione *f.*, sconfessione (*f.*): *désaveu public d'une opinion* ritrattazione pubblica di un'opinione; *désaveu de la politique d'un prédécesseur* sconfessione della politica di un predecessore → **dénégation** ◇ (*dr.*) *désaveu de paternité* disconoscimento di paternità **2** [→ DÉSAVOUER 2] riprovazione (*f.*): *encourir le désaveu de l'opinion* esporsi alla pubblica riprovazione.

désavouer |dezavwe| *v.tr.* **1** [*ne pas vouloir reconnaître pour sien*] rinnegare, ritrattare: *désavouer un ouvrage* rinnegare un'opera, la paternità di una opera; *désavouer une opinion* ritrattare un'opinione ◇ (*dr.*) *désavouer la paternité d'un enfant* disconoscere la paternità di un figlio **2** [*déclarer qu'on n'est pas d'accord avec qqn., les actes de qqn.*] sconfessare; disapprovare: *homme politique désavoué par son parti* uomo politico sconfessato dal proprio partito → **condamner, désapprouver** ‖ *désavouer la conduite de qqn.* disapprovare il comportamento di qc.

désaxé, ée |dezakse| *adj.* [*qui n'est pas dans son état normal*] sfasato, disorientato: *il est un peu désaxé* è un po' sfasato, disorientato ✦ (*s.*) *c'est un désaxé* [*un déséquilibré*] è uno squilibrato, un disadattato.

désaxer |dezakse| *v.tr.* [*faire sortir de l'état normal*] sfasare, disorientare ✦ (*au p.p.*) *cette vie l'a désaxé* questa vita lo ha sfasato, disorientato → **déséquilibrer.**

desceller |desele| *v.tr.* [*arracher, détacher ce qui est fixé dans la pierre*] smurare, svellere (187): *desceller la grille du jardin* smurare, svellere il cancello del giardino.

descendance |desɑ̃dɑ̃s| *s.f.* discendenza: *il a une nombreuse descendance* ha una numerosa discendenza → **progéniture.**

descendant, ante |desɑ̃dɑ̃, ɑ̃t| *adj.* discendente: *marée descendante* marea discendente, calante # *chemin descendant* discesa ✦ (*s.*) *un descendant* un discendente ◇ (*anat.*) *côlon descendant* colon discendente ◇ (*milit.*) *garde descendante* sentinella che smonta *loc.* ◇ (*mus.*) *gamme descendante* gamma, scala discendente ◇ (*math.*) *progression descendante* progressione discendente.

descendeur, euse |desɑ̃dœʀ, øz| *s.* (*cyclisme, ski*) discesista.

1 **descendre** |desɑ̃dʀ(ə)| (53) **A** *v.intr.* **I** (*personnes*) **1** [*aller du haut vers le bas*] scendere (105) (*aux.* essere): *descendre d'un arbre* scendere da un albero; *descendre par l'ascenseur, par l'escalier* scendere con l'ascensore, per le scale; *descendre en parachute* scendere col paracadute ◇ (*loc.*) *descendre dans la rue* [*aller manifester*] scendere in piazza ~ *descendre en ville* [*aller en ville*] andare (101) in città, in centro **2** [*aller vers le sud*] scendere: *nous descendons jusqu'à Arles* scendiamo fino ad Arles **3** [*loger*] scendere, prendere (105) *tr.* alloggio*, alloggiare: *descendre à l'hôtel Palace* scendere all'albergo Palace; *descendre chez des parents, des amis* prendere alloggio, alloggiare presso parenti, amici **4** [*cesser d'être monté*] scendere, smontare (*aux.* essere): *descendre de cheval* scendere, smontare da cavallo; *descendre du train en marche* scendere dal treno in corsa; *vous descendez à la prochaine?* scende alla prossima?; *descendre à terre* scendere a terra, sbarcare → **débarquer** **5** [*faire irruption*] fare (103) *tr.* irruzione: *la police est descendue dans cet hôtel* la polizia ha fatto irruzione in quell'albergo **6** [*aller vers ce qui est considéré comme plus bas*] scendere: *il est descendu dans mon estime* è sceso nella mia stima; *je ne l'aurais*

pas cru capable de descendre à une telle bassesse non l'avrei creduto capace di scendere così in basso; *il est descendu bien bas!* è sceso proprio in basso! → **baisser** # *descendre de haut* decadere → **déchoir** **7** *descendre jusqu'au (moindre) détail* [*examiner des choses de moins en moins importantes*] scendere nei (minimi) dettagli **II** (*choses*) **1** [*aller de haut en bas*] scendere: *les cours d'eau descendent vers la mer* i corsi d'acqua scendono verso il mare → 1 **couler**; *la nuit descend* scende, cala la notte → 1 **tomber**; *le soleil descend sur l'horizon* il sole scende all'orizzonte → 1 **coucher (se)** # *l'avion commence à descendre* l'aereo comincia la discesa **2** [*s'étendre de haut en bas*] scendere: *ce pardessus lui descend aux chevilles* quel soprabito gli (le) scende fino alle caviglie **3** [*aller en pente*] scendere: *colline qui descend en pente douce* collina che scende, digrada dolcemente **4** [*diminuer de niveau*] scendere: *l'eau commence à descendre* l'acqua comincia a scendere; *le thermomètre est descendu de quatre degrés depuis hier* il termometro è sceso di quattro gradi da ieri → **baisser** # *les prix descendent* i prezzi calano → **diminuer** **B** *v.tr.* **1** [*aller en bas*] scendere, discendere: *descendre l'escalier, une montagne* scendere le scale, una montagna; *descendre une rivière en canoë* (di)scendere un fiume in canoa **2** [*porter de haut en bas*] scaricare: *descendre des meubles d'un camion* scaricare dei mobili da un camion ◇ (*fam.*) *je vous descendrai en ville* vi scaricherò in città → 1 **déposer** **3** (*fam.*) [*faire tomber, abattre*] abbattere (*cour.*): *descendre une perdrix en plein vol* abbattere una pernice in volo ◇ (*pop.*) *descendre un malfaiteur d'un coup de revolver* stendere (105) un malfattore con una revolverata → **tuer** Ⓒ A I 1 **monter** 1.

2 **descendre** |desɑ̃dʀ(ə)| (53) *v.intr.* [*tenir son origine, être issu de*] discendere (105) (*aux.* essere): *descendre d'une vieille famille, d'une famille cossue* discendere da una vecchia famiglia, da una famiglia facoltosa → **venir (de)**.

descente |desɑ̃t| *s.f.* **I** [→ 1 DESCENDRE A] **1** (*personnes*) [→ 1 DESCENDRE A I 1, 2, 4] discesa: *descente dans un puits* discesa in un pozzo; *descente en parachute* discesa col paracadute ◇ *loc.* À LA DESCENTE [*en descendant*] all'arrivo *m.*, alla fermata: *à la descente du train, de l'autobus* all'arrivo del treno, alla fermata dell'autobus **2** [→ 1 DESCENDRE A I 5] irruzione: *descente de police* irruzione della polizia ◇ (*sport*) *descente dans le camp adverse* discesa nella metà campo avversaria ◇ (*ski*) *descente hommes, femmes* discesa libera maschile, femminile ◇ (*fam.*) *faire une descente dans une boîte de nuit* fare una puntatina in un locale notturno **3** (*choses*) [→ 1 DESCENDRE A II 1, 4] discesa: *descente en vol plané* discesa in volo planato ◇ (*méd.*) *descente d'un organe* abbassamento *m.*, discesa di un organo → 1 **chute, ptôse** **II** [→ 1 DESCENDRE B 2] il togliere *m. inv.*, il portare *m. inv.* (giù): *la descente d'un tableau* il togliere un quadro; *la descente d'une pièce de vin à la cave* il portare un fusto di vino in cantina # *descente de marchandises dans la cale* stivaggio di merci ◇ (*relig. chrét.*) *descente de croix* deposizione (dalla croce) **III** [*ce qui descend, va vers le bas*] **1** [*chemin, pente par laquelle on descend*] discesa: *descente vertigineuse* discesa vertiginosa; *freiner dans les descentes* frenare nelle discese ◇ (*archit.*) rampa (di scala) ~ *tuyau de descente* tubo di scarico **2** *descente de lit* [*petit tapis en bas du lit sur lequel on pose les pieds*] scendiletto *m.* → **carpette** **3** (*pop.*) *avoir une bonne descente* (*de gosier*) [*ingurgiter beaucoup*] essere una gola d'acquaio Ⓒ III 1 **montée.**

descripteur |dɛskʀiptœʀ| *s.m.* descrittore* *s.* # *il a de grandes qualités de descripteur* ha grandi qualità descrittive.

descriptif, ive |dɛskʀiptif, iv| *adj.* descrittivo: *poésie descriptive* poesia descrittiva ◇ (*géom.*) *géométrie descriptive* geometria descrittiva.

description |dɛskʀipsjɔ̃| *s.f.* [→ DÉCRIRE 1] descrizione: *faire une description de qqch., de qqn.* fare una descrizione di q.c., di qc. ◇ (*dans une œuvre litt.*) *description vivante, pittoresque* descrizione viva, pittoresca.

déséchouer |dezeʃwe| *v.tr.* (*mar.*) [*remettre à flot un navire échoué*] disincagliare → **renflouer.**

déségrégation |desegʀegasjɔ̃| *s.f.* soppressione della segregazione razziale.

désembourber |dezɑ̃buʀbe| *v.tr.* [*faire sortir de la boue*] togliere (123) dal pantano, spantanare (*rare*): *désembourber une charrette* togliere dal pantano, spantanare un carretto.

désembourgeoiser |dezɑ̃buʀʒwaze| **A** *v.tr.* [*enlever le caractère bourgeois à qqn.*] far (103) *intr.* perdere a qc. atteggiamenti borghesi **B** *v.pron.intr.* SE DÉSEMBOURGEOISER [→ *tr.*] perdere (163) *tr.* gli atteggiamenti borghesi: *il s'est désembourgeoisé* ha perso i suoi atteggiamenti borghesi.

désemparé, ée |dezɑ̃paʀe| *adj.* [*qui ne sait plus que dire, que faire*] sperduto: *il est tout désemparé depuis que sa femme est partie* è completamente sperduto, disorientato da quando sua moglie se ne è andata → **décontenancé** ◇ (*mar.*) *navire désemparé* nave in avaria *loc. inv.*

désemparer |dezɑ̃paʀe| **A** *v.tr.* (*mar.*) [*mettre (un navire) hors d'état de servir*] mettere (155) fuori uso **B** *v.intr.* (*littér.*) SANS DÉSEMPARER [*sans s'interrompre*] senza posa *loc.inv.*, ininterrottamente (*adv.*): *ils ont travaillé la nuit entière sans désemparer* hanno lavorato senza posa, ininterrottamente per tutta la notte.

désemplir |dezɑ̃pliʀ| **A** *v.intr.* (*à la forme négative*) [*ne pas désemplir, être constamment plein*] essere (96) (*aux.* essere) sempre pieno: *ce magasin ne désemplit pas* questo negozio è sempre pieno **B** *v.pron. intr.* SE DÉSEMPLIR [*se vider*] svuotarsi: *la salle se désemplit peu à peu* la sala si svuota a poco a poco.

désenchantement |dezɑ̃ʃɑ̃tmɑ̃| *s.m.* disincanto, disillusione (*f.*): *une sensation de désenchantement* una sensazione di disincanto, di disillusione.

désenchanter |dezɑ̃ʃɑ̃te| *v.tr.* **1** [*décevoir, désappointer*] disilludere (106), disingannare: *désenchanter qqn.* disilludere, disingannare qc. **2** (*littér.*) [*rompre l'enchantement*] rompere (176) l'incantesimo.

désenfler |dezɑ̃fle| *v.intr.* [*cesser d'être enflé*] sgonfiarsi (*pron.*): *son doigt a désenflé* il suo dito si è sgonfiato.

désengagement |dezɑ̃gaʒmɑ̃| *s.m.* [→ DÉSENGAGER] disimpegno: *politique de désengagement* politica di disimpegno Ⓒ **engagement.**

désengager |dezɑ̃gaʒe| (3) **A** *v.tr.* [*liberer d'un engagement*] disimpegnare **B** *v.pron.réfl.* SE DÉSENGAGER [→ *tr.*] disimpegnarsi: *se désengager d'une obligation* disimpegnarsi da un obbligo Ⓒ **engager.**

désengorgement |dezɑ̃gɔʀʒəmɑ̃| *s.m.* [→ DÉSENGORGER] disintasatura *f.*

désengorger |dezɑ̃gɔʀʒe| (3) *v.tr.* (*techn.*) [*faire cesser d'être engorgé*] sgorgare, sturare: *désengorger un tuyau* sgorgare, sturare un tubo.

désengrener |dezɑ̃gʀəne| (6) *v.tr.* (*techn.*) [*faire cesser d'être engrené*] disingranare: *désengrener les roues d'une machine* disingranare le ruote di una macchina.

désenivrer |dezɑ̃nivʀe| **A** *v.tr.* [*faire passer l'ivresse*] fare (103) *intr.* passare la sbornia, l'ubriacatura (a): *l'air pur le désenivra* l'aria pura gli fece passare la sbornia → **dessoûler** **B** *v. intr.* [*cesser d'être ivre*] cessare di essere ubriaco* # *il ne désenivre pas* la sbornia non gli passa più Ⓒ **enivrer.**

désennuyer |dezɑ̃nɥije| (11) **A** *v.tr.* [*délasser, distraire*] svagare, distrarre (190): *désennuyer qqn.* distrarre, svagare qc. ◆ (*absolt.*) *le cinéma désennuie* il cinema svaga, distrae **B** *v.pron.intr.* SE DÉSENNUYER [→ *tr.*] svagarsi, distrarsi.

désensabler |dezɑ̃sable| *v.tr.* [*dégager ce qui était ensablé*] disincagliare (imbarcazioni) Ⓒ **ensabler(s').**

désensibiliser |desɑ̃sibilize| *v.tr.* **1** (*photo.*) [*diminuer la sensibilité de (une émulsion photographique)*] desensibilizzare **2** (*méd.*) [*faire perdre sa sensibilité à (une dent)*] desensibilizzare.

désensorceler |dezɑ̃sɔʀsəle| (4) *v.tr.* [*faire cesser d'être ensorcelé*] disincantare; sciogliere (123) dall'incantesimo Ⓒ **ensorceler.**

désentoiler |dezɑ̃twale| *v.tr.* [*enlever la toile, l'entoilage de*] distaccare (tramite strappo o asportazione): *désentoiler un tableau* distaccare un quadro Ⓒ **entoiler.**

désentortiller |dezɑ̃tɔʀtije| *v.tr.* [*détortiller*] svolgere (196), storcigliare Ⓒ **entortiller.**

désentraver |dezɑ̃tʀave| *v.tr.* [*libérer de ses entraves*] liberare da ostacoli, ostruzioni; spastoiare (*rare*) Ⓒ **entraver** 1.

désenvaser |dezɑ̃vaze| *v.tr.* **1** [*débarrasser de la vase*] liberare dal fango: *désenvaser un bassin* liberare un bacino dal fango **2** [*sortir de la vase*] tirar fuori dal fango Ⓒ **envaser.**

désépaissir |dezepesiʀ| *v.tr.* [*rendre moins épais*] sfoltire: *désépaissir les cheveux* sfoltire i capelli.

déséquilibre |dezekilibʀ(ə)| *s.m.* **1** squilibrio*, scompenso: *déséquilibre des forces* squilibrio di forze → **instabilité, disproportion, inégalité** **2** (*méd.*) squilibrio, scompenso.

déséquilibré, ée |dezekilibʀe| *adj.* (*méd., cour.*) squilibrato: *il est un peu déséquilibré* è un po' squilibrato

◆ (*s.*) *c'est un déséquilibré* è uno squilibrato → **névrosé.**

déséquilibrer |dezekilibʀe| *v.tr.* **1** [*faire perdre l'équilibre à qqch., qqn.*] sbilanciare, squilibrare: *attitude qui déséquilibre le corps* posizione che sbilancia, che squilibra il corpo **2** (*méd.*) [*causer un déséquilibre mental*] sconvolgere (196) (la mente): *cette dernière épreuve l'a complètement déséquilibré* quest'ultimo dolore gli ha completamente sconvolto la mente ☐C 1 **équilibrer.**

désert |dezɛʀ| *s.m.* (*géogr., cour.*) deserto: *déserts froids* deserti freddi; *désert du Sahara, de Gobi* deserto del Sahara, di Gobi; *désert de sable* deserto sabbioso ◇ (*loc.*) *prêcher dans le désert* predicare, parlare nel deserto, al vento.

désert, erte |dezɛʀ, ɛʀt(ə)| *adj.* **1** deserto, disabitato: *île déserte* isola deserta, disabitata ◇ [*peu fréquenté*] deserto, poco frequentato: *quartier désert* quartiere deserto, poco frequentato **2** [*privé provisoirement de ses occupants*] deserto, vuoto: *château désert* castello deserto, vuoto ☐C 2 **occupé** 1.

déserter |dezɛʀte| **A** *v.tr.* [*abandonner un lieu où l'on devrait rester*] disertare, abbandonare: *déserter son poste* disertare, abbandonare il proprio posto, il proprio impiego → **quitter** ◆ (*au p.p.*) *village déserté par ses habitants* villaggio abbandonato dagli abitanti ◇ (*fig.*) *déserter son parti* disertare *intr.* dal proprio partito **B** *v.intr.* [*abandonner l'armée sans permission*] disertare: *une bonne partie de l'armée a déserté* una buona parte dell'esercito ha disertato.

déserteur |dezɛʀtœʀ| *s.m.* (*milit.*) disertore* (*s.*): *déserteur qui passe à l'ennemi* disertore che passa al nemico.

désertion |dezɛʀsjɔ̃| *s.f.* [→ DÉSERTER B] diserzione: *désertion en présence de l'ennemi* diserzione davanti al nemico # *désertion à l'ennemi* passaggio al nemico.

désertique |dezɛʀtik| *adj.* desertico*: *climat désertique* clima desertico; *région désertique* zona desertica → **aride, inculte** # *plante désertique* pianta deserticola.

désespérance |dezɛspeʀɑ̃s| *s.f.* (*littér.*) [*état de celui qui n'a aucune espérance*] disperazione (*cour.*) → **désespoir.**

désespérant, ante |dezɛspeʀɑ̃, ɑ̃t| *adj.* [*qui fait perdre espoir, qui lasse*] scoraggiante, sconfortante → **décourageant** # *une lenteur désespérante* una lentezza esasperante; *il fait un temps désespérant* fa un tempo veramente deprimente.

désespéré, ée |dezɛspeʀe| *adj.* **1** disperato: *je suis désespéré et dégoûté de tout* sono disperato e disgustato di tutto ◆ (*s.*) *un désespéré* un disperato ◇ (*par exagér.*) [*désolé, navré*] desolato, spiacente: *je suis désespéré de vous avoir fait attendre* sono desolato, spiacente di avervi fatto aspettare **2** [*qui exprime le désespoir*] disperato: *regard désespéré* sguardo disperato → **triste 3** [*extrême, dicté par le danger*] disperato: *tentative désespérée* tentativo disperato **4** [*qui ne laisse aucune espérance*] disperato: *la situation est désespérée* la situazione è disperata ◇ (*santé*) *c'est un cas désespéré* è un caso disperato.

désespérément |dezɛspeʀemɑ̃| *adv.* **1** [→ DÉSESPÉRÉ 1] disperatamente: *elle le regrettait désespérément* lo rimpiangeva disperatamente; *la salle restait désespérément vide* la sala rimaneva disperatamente vuota **2** [*avec acharnement*] disperatamente, accanitamente: *lutter désespérément contre qqn.* lottare disperatamente, accanitamente contro qc.

désespérer |desespeʀe| (8) **A** *v.intr.* **1** [*perdre l'espoir*] DÉSESPÉRER DE (*faire qqch.*) disperare di (poter fare q.c.): *il ne désespère pas de réussir un jour* non dispera di poter riuscire un giorno (o l'altro) ◇ (*littér.*) DÉSESPÉRER QUE (+ *subj.*) disperare che (+ *subj.*): *nous commençons à désespérer qu'il aille mieux* cominciamo a disperare che stia meglio; *je ne désespère pas qu'il* (*ne*) *réussisse* non dispero, ho la speranza che riesca **2** [*cesser d'espérer*] disperare, perdersi (163) *pron.* d'animo: *il ne faut pas désespérer, tout s'arrangera* non bisogna disperare, perdersi d'animo, tutto si accomoderà **B** *v.tr.* [*affliger, décevoir, décourager*] scoraggiare, far (103) *intr.* disperare: *cet enfant me désespère* questo bambino mi scoraggia, mi fa disperare → **désoler C** *v.pron. intr.* SE DÉSESPÉRER [*s'abandonner au désespoir*] disperarsi → **désoler** (**se**).

désespoir |dezɛspwaʀ| *s.m.* **1** [*désespérance, affliction extrême*] disperazione (*f.*): *sombrer dans le désespoir* piombare nella disperazione; *s'abandonner au désespoir* abbandonarsi alla disperazione; *être en proie au désespoir* essere in preda, essere ridotto alla disperazione → **affliction,** 1 **chagrin** ◇ (*au plur.*) *les désespoirs* i momenti di disperazione **2** (*par exagér.*) [*ce qui cause une grande contrariété*] disperazione: *cet enfant est le désespoir, fait le désespoir de ses parents* questo bambino è la disperazione dei suoi genitori ◇ *loc.* ÊTRE AU DÉSESPOIR [*regretter vivement*] essere desolato: *je suis au désespoir de n'avoir pu vous rendre service* sono desolato di non aver potuto esservi di aiuto **3** (*t.bot.*) *désespoir des peintres* sassifraga* *f.* ombrosa **4** *loc.adv.* (*dr., cour.*) *en désespoir de cause* come ultimo tentativo; come ultima risorsa.

déshabillage |dezabijaʒ| *s.m.* [→ DÉSHABILLER] lo spogliare *inv.*, lo spogliarsi *inv.*

déshabillé |dezabije| *s.m.* 'déshabillé' (*inv.*): *en déshabillé* in 'déshabillé'; *recevoir qqn. en déshabillé* ricevere qc. in 'déshabillé'.

déshabiller |dezabije| **A** *v.tr.* [*dépouiller qqn. de ses vêtements*] spogliare, svestire: *déshabiller un enfant pour le mettre au lit* spogliare, svestire un bambino per metterlo a letto; *déshabiller qqn. du regard* spogliare qc. con lo sguardo → **devêtir B** *v.pron. réfl.* SE DÉSHABILLER [→ *tr.*] spogliarsi, svestirsi: *se déshabiller dans une cabine de bain* spogliarsi, svestirsi in una cabina ◇ (*spécialt.*) *se déshabiller au vestiaire* [*ôter les vêtements destinés à être portés au-dehors*] togliersi (123) il cappotto (o altro) nel guardaroba.

déshabituer |dezabitɥe| **A** *v.tr.* [*faire perdre une habitude à qqn.*] disabituare (a), disassuefare (103) (da): *déshabituer qqn. de l'alcool* disabituare qc. all'alcool; disassuefare qc. dall'alcool → **désaccoutumer B** *v.pron. intr.* SE DÉSHABITUER [→ *tr.*] disabituarsi: *se déshabituer de fumer* disabituarsi al fumo; togliersi (123) il vizio del fumo.

désherbage |dezɛʀbaʒ| *s.m.* (*agric., cour.*) diserbatura *f.*

désherbant |dezɛʀbɑ̃| *s.m.* (*agric., chim.*) diserbante.

désherber |dezɛʀbe| *v.tr.* [*enlever les mauvaises herbes*] diserbare: *désherber les allées d'un parc* diserbare i viali di un parco → **sarcler** ◆ (*absolt.*) *le jardinier est en train de désherber* il giardiniere sta diserbando.

déshérence |dezeʀɑ̃s| *s.f.* (*dr.*) eredità *inv.* vacante: *succession en déshérence* successione per eredità vacante.

déshérité, ée |dezeʀite| **1** *adj.* diseredato ◇ [*privé d'avantages, de biens*] *il se croit déshérité* (*par la sort*) si crede diseredato dalla sorte # *les pays les plus déshérités* i paesi più sfavoriti, meno sviluppati **2** *s.* [*personne désavantagée par la nature*] diseredato.

déshériter |dezeʀite| *v.tr.* **1** [*priver qqn. de la succession*] diseredare: *menacer un parent de le déshériter* minacciare un parente di diseredarlo **2** [*priver des avantages naturels*] sfavorire (197), svantaggiare → **désavantager** # *la nature l'a bien déshérité* la natura gli è stata matrigna.

déshonnête |dezɔnɛt| *adj.* (*littér.*) [*contraire à la pudeur, aux bienséances*] disonesto: *gestes, paroles, pensées déshonnêtes* gesti, parole, pensieri, disonesti → **inconvenant, indécent.**

déshonneur |dezɔnœʀ| *s.m.* **1** disonore, vergogna (*f.*): *ne pas survivre au déshonneur* non sopravvivere al disonore, alla vergogna; *il n'y a pas de déshonneur à avouer sa pauvreté* non è un disonore, una vergogna confessare la propria povertà **2** [*celui, celle qui cause le déshonneur*] disonore: *être le déshonneur de la famille* essere il disonore della famiglia → **honte.**

déshonorant, ante |dezɔnɔʀɑ̃, ɑ̃t| *adj.* disonorevole, disonorante: *conduite déshonorante* comportamento disonorevole → **avilissant** # *trafics déshonorants* traffici disonesti.

déshonoré, ée |dezɔnɔʀe| *adj.* disonorato.

déshonorer |dezɔnɔʀe| **A** *v.tr.* **1** [*porter atteinte à l'honneur de qqn.*] disonorare: *déshonorer qqn. par des calomnies* disonorare qc. con delle calunnie → 2 **flétrir, salir** ◇ (*loc.*) *il se croirait déshonoré de travailler de ses mains* avrebbe l'impressione di disonorarsi lavorando manualmente, troverebbe disonorevole lavorare manualmente **2** *déshonorer une femme* [*abuser d'elle*] disonorare una donna **3** (*littér.*) [*faire tort à qqch.*] disonorare (*cour.*), infangare (*cour.*): *il déshonore le lieu avec sa présence* infanga il luogo con la sua sola presenza → **défigurer,** 1 **dégrader; souiller** # *déshonorer un édifice par des restaurations maladroites* deturpare un edificio con restauri maldestri → **abîmer B** *v.pron. réfl.* SE DÉSHONORER [→ *tr.*] disonorarsi: *vous vous déshonorez en agissant ainsi* comportandovi così vi disonorate.

deshuilage |dezɥilaʒ| *s.m.* [→ DÉSHUILER] disoleazione *f.*

deshuiler |desɥile| *v.tr.* [*enlever l'huile de*] disoleare → **dégraisser.**
déshydratant, ante |dezidʀatɑ̃, ɑ̃t| *adj.* (*chim.*) disidratante ◆ (*s.m.*) *un déshydratant* un disidratante.
déshydratation |dezidʀatɑsjɔ̃| *s.f.* [→ DÉSHYDRATER] disidratazione.
déshydraté, ée |dezidʀate| *adj.* **1** disidratato: *légumes déshydratés* verdure disidratate; *organisme déshydraté* organismo disidratato **2** (*fam.*) [*dés-séché, assoiffé*] disidratato: *je suis complètement déshydraté* sono completamente disidratato.
déshydrater |dezidʀate| **A** *v.tr.* [*enlever l'eau de*] disidratare, deidratare: *déshydrater partiellement du gypse pour obtenir du plâtre* disidratare parzialmente della pietra da gesso per ottenere del solfato di calcio **B** *v.pron.intr.* (*méd.*) SE DÉSHYDRATER [*perdre l'eau nécessaire à l'organisme*] disidratarsi: *il s'est déshydraté lors de sa dernière maladie* nel corso della sua ultima malattia si è disidratato.
déshypothéquer |dezipɔteke| (8) *v.tr.* (*dr.*) [*faire cesser d'être hypothéqué*] liberare da ipoteca* ⓒ **hypothéquer.**
désidérabilité |dezideʀabilite| *s.f.* (*écon.*) desiderabilità *inv.*
desiderata |dezideʀata| *s.m. pl.* (*lat.*) [*désirs, vœux*] desiderata: *veuillez nous faire connaître vos desiderata* vogliate farci conoscere i vostri desiderata → **revendication.**
design |dizajn, dezajn| *s.m.* (*angl.*) design *inv.*, disegno industriale.
désignation |deziɲɑsjɔ̃| *s.f.* **1** [→ DÉSIGNER] indicazione, menzione; designazione: *désignation des marchandises* indicazione delle merci; *désignation des postes précédemment occupés* menzione dei posti precedentemente occupati || *désignation d'un délégué* designazione di un delegato **2** [*ce qui désigne*] denominazione: *ce mot n'est pas une désignation courante* questa parola non è una denominazione corrente.
designer |dizajnœʀ, dezajnœʀ| *s.m.* (*angl.*) designer *inv.*
désigner |deziɲe| *v.tr.* **I 1** [*indiquer de manière à faire distinguer de tous les autres*] indicare, designare: *désigner un objet en le montrant* indicare, designare un oggetto mostrandolo; *désigner qqn. par son nom* indicare qc. col proprio nome → **montrer, appeler, nommer 2** [*être le signe linguistique de*] designare: *cette expression désigne les gens qui ...* questa espressione designa le persone che ... → **qualifier II 1** [*choisir qqn. pour une activité, un rôle*] designare: *le personnel est invité à désigner ses représentants* il personale è invitato a designare i propri rappresentanti; *désigner pour représenter* designare a rappresentare → **appeler, nommer 2** (*choses*) [*qualifier, destiner à*] qualificare (per): *ses qualités le désignent pour ce rôle* le sue qualità lo qualificano per quella carica ◇ (*loc.*) *il est tout désigné pour* è il più qualificato per.
désillusion |dezil(l)yzjɔ̃| *s.f.* disillusione, delusione: *éprouver des désillusions* subire delle disillusioni, avere delle delusioni; *quelle désillusion!* che delusione! → **deboire, déception.**
désillusionner |dezil(l)yzjɔne| *v.tr.* [*faire perdre une illusion à* (*qqn.*)] disilludere (106): *il a été bien désillusionné* è stato proprio disilluso → **décevoir** ⓒ **illusionner.**
désincarné, ée |dezɛ̃kaʀne| *adj.* (*souvent iron.*) [*qui néglige ou méprise les choses matérielles*] etereo, incorporeo: *il a un air désincarné* ha un aspetto etereo, incorporeo.
désincrustant, ante |dezɛ̃kʀystɑ̃, ɑ̃t| **1** *s.m.* (*chim.*) disincrostante **2** (*adj.*) *substances désincrustantes* sostanze disincrostanti.
désincrustation |dezɛ̃kʀystɑsjɔ̃| *s.f.* [→ DÉSINCRUSTER] disincrostazione.
désincruster |dezɛ̃kʀyste| *v.tr.* (*techn.*) [*nettoyer en débarrassant des incrustations, des dépôts*] disincrostare.
désinence |dezinɑ̃s| *s.f.* (*ling.*, *cour.*) desinenza.
désinentiel, ielle |dezinɑ̃sjɛl| *adj.* (*ling.*) desinenziale.
désinfectant, ante |dezɛ̃fɛktɑ̃, ɑ̃t| *adj.* disinfettante: *produit désinfectant* prodotto disinfettante ◆ *s. m.* (*méd.*, *cour.*) *un désinfectant* un disinfettante.
désinfecter |dezɛ̃fɛkte| *v.tr.* [*débarrasser des germes d'infection*] disinfettare: *désinfecter la chambre d'un malade* disinfettare la camera di un malato; *désinfecter une plaie* disinfettare una piaga → **assainir, purifier.**
désinfecteur |dezɛ̃fɛktœʀ| *adj.* *appareil désinfecteur* [*qui sert à désinfecter*] apparecchio per disinfezione *loc.*
désinfection |dezɛ̃fɛksjɔ̃| *s.f.* [→ DÉSINFECTER] disinfezione: *désinfection d'une plaie* disinfezione di una piaga; *désinfection de vêtements* disinfezione di vestiti → **antisepsie, asepsie, stérilisation** ⓒ **infection.**
désintégration |dezɛ̃tegʀɑsjɔ̃| *s.f.* (*phys.*) disintegrazione: *désintégration de la matière* disintegrazione della materia → **transmutation** ◇ (*géol.*) disgregazione.
désintégrer |dezɛ̃tegʀe| (8) **A** *v.tr.* (*phys.*, *cour.*) [*transformer la matière en énergie*] disintegrare: *désintégrer complètement* disintegrare completamente **B** *v.pron.intr.* SE DÉSINTÉGRER [→ *tr.*] disintegrarsi.
désintéressé, ée |dezɛ̃teʀese| *adj.* **1** disinteressato: *c'est un homme parfaitement désintéressé* è un uomo del tutto disinteressato → **altruiste, généreux 2** [*bénévole, gratuit*] disinteressato: *attitude désintéressée* atteggiamento disinteressato; *donner un conseil désintéressé* dare un consiglio disinteressato **3** [*objectif, impartial*] obiettivo: *jugement désintéressé* giudizio obiettivo.
désintéressement |dezɛ̃teʀɛsmɑ̃| *s.m.* **1** disinteresse, indifferenza (*f.*): *vivre dans le désintéressement de toutes choses* vivere nel disinteresse totale, nell'indifferenza per tutto → **altruisme** # *agir avec désintéressement* agire disinteressatamente **2** → **dédommagement, indemnisation.**
désintéresser |dezɛ̃teʀese| **A** *v.tr.* → **dédommager, indemniser B** *v.pron. intr.* SE DÉSINTÉRESSER DE QQCH. [*ne plus porter intérêt à*] disinteressarsi di q.c.: *se désintéresser de ses affaires* disinteressarsi dei propri affari → **négliger** ◇ (*compl. de personnes*) *il s'est complètement désintéressé de son fils* si è completamente disinteressato di suo figlio ⓒ B **intéresser (s').**
désintérêt |dezɛ̃teʀɛ| *s.m.* (*littér.*) disinteresse (*cour.*) → **indifférence.**
désintoxication |dezɛ̃tɔksikɑsjɔ̃| *s.f.* (*méd.*, *cour.*) disintossicazione: *cure de désintoxication* cura di disintossicazione, disintossicante.
désintoxiquer |dezɛ̃tɔksike| **A** *v.tr.* *désintoxiquer un alcoolique* [*le guérir d'une intoxication*] disintossicare un alcolizzato **B** *v.pron.réfl.* (*fam.*) SE DÉSINTOXIQUER [*se débarrasser de ses toxines*] disintossicarsi (*cour.*): *sentir le besoin de se désintoxiquer* sentire il bisogno di disintossicarsi.
désinvolte |dezɛ̃vɔlt(ə)| *adj.* disinvolto; sbrigativo, impertinente: *manières désinvoltes* modi disinvolti || *il est un peu trop désinvolte avec ses supérieurs* è un po' troppo sbrigativo con i suoi superiori → **sans-gêne.**
désinvolture |dezɛ̃vɔltyʀ| *s.f.* disinvoltura, impertinenza: *répondre avec désinvolture* rispondere con troppa disinvoltura, con impertinenza → **laisser--aller, légèreté.**
désir |deziʀ| *s.m.* **1** desiderio*: *désir ardent* desiderio ardente → **aspiration, envie, inclination;** *exprimer, formuler un désir* esprimere un desiderio → **souhait, vœu;** *vos désirs sont des ordres* i vostri (suoi) desideri sono ordini; *satisfaire tous ses désirs* soddisfare tutti i propri desideri; *prendre ses désirs pour des réalités* confondere i propri desideri con la realtà ◇ *loc.* DÉSIR DE (+ *inf.*) desiderio di (+ *inf.*): *le désir de réussir* il desiderio di riuscire **2** [*tendance aux plaisirs charnels*] desiderio: *la violence de son désir* la violenza del suo desiderio.
désirabilité |deziʀabilite| *s.f.* (*écon.*) desiderabilità *inv.*
désirable |deziʀabl(ə)| *adj.* **1** [→ DÉSIRER 1] desiderabile: *qualités désirables* qualità desiderabili → **enviable, tentant, souhaitable 2** [→ DÉSIRER 5] desiderabile: *une femme désirable* una donna desiderabile ⓒ **1 indésirable.**
désirer |deziʀe| *v.tr.* **1** [*éprouver le désir de*] desiderare: *désirer qqch.* desiderare q.c.; *si vous le désirez* se lo desidera, se vuole; *que désirez-vous?* che cosa desidera? → **ambitionner, aspirer (à), convoiter, souhaiter,** 1 **vouloir** ◇ (*loc.*) *n'avoir plus rien à désirer* non avere più nulla da desiderare ◇ (*prov.*) *cœur qui soupire n'a pas ce qu'il désire* chi dice ma, cuor contento non ha **2** *loc.* DÉSIRER QUE (+ *subj.*) desiderare che (+ *subj.*): *elle désire qu'il vienne la voir* desidera che egli venga a trovarla ◇ (*littér.*) DÉSIRER (DE) (+ *inf.*) desiderare (di) (+ *inf.*) (*cour.*): *désirer* (*de*) *vivre* desiderare (di) vivere → 1 **vouloir 3** *loc.* LAISSER À DÉSIRER lasciare a desiderare: *ce travail laisse à désirer* questo lavoro lascia a desiderare **4** *loc.* SE FAIRE DÉSIRER farsi desiderare: *ne te fais pas trop désirer!* non farti desiderare troppo! **5** [*éprouver des désirs amoureux*] desiderare: *désirer une femme* desiderare una donna → **convoiter.**
désireux, euse |deziʀø, øz| *adj.* DÉSIREUX DE (+ *inf.*) [*qui veut, a envie de*] desideroso di (+ *inf.*): *désireux de plaire* desideroso di piacere.
désistement |dezistəmɑ̃| *s.m.* **1** [→ DÉSISTER (SE) 1] ritiro, rinuncia* (*f.*): *le désistement du candidat républicain* il ritiro del candidato repubblicano **2** (*dr.*) *désistement d'action* desistenza *f.* da un'azione (giudiziaria), rinuncia a un'azione (giudiziaria).

désister (se) |deziste| *v.pron.réfl.* **1** (*polit., cour.*) [*se retirer*] rinunciare *intr.*, ritirarsi: *se désister en faveur de qqn.* rinunciare, ritirarsi a favore di qc. **2** (*dr.*) [*renoncer à*] desistere (116) (*intr.*): *se désister d'une action* desistere da un'azione → **abandonner, renoncer.**

désobéir |dezɔbeiʀ| *v.intr.* **1** [*ne pas obéir à qqn.*] disubbidire (197): *désobéir à ses parents* disubbidire ai genitori; *ces enfants ont désobéi* questi bambini hanno disubbidito **2** *désobéir à un ordre, à la loi* [*contrevenir; enfreindre, transgresser*] disubbidire a un ordine, alla legge.

désobéissance |dezɔbeisɑ̃s| *s.f.* [→ DÉSOBÉIR] disubbidienza.

désobéissant, ante |dezɔbeisɑ̃, ɑ̃t| *adj.* (*ne se dit guère que des enfants*) disubbidiente → **indiscipliné, indocile, insubordonné** Ⓒ **obéissant.**

désobligeance |dezɔbliʒɑ̃s| *s.f.* (*littér.*) [*disposition à désobliger qqn.*] scortesia (*cour.*), sgarbatezza (*cour.*): *son extrême désobligeance* la sua estrema scortesia.

désobligeant, ante |dezɔbliʒɑ̃, ɑ̃t| *adj.* [*qui désoblige; peu aimable*] scortese, sgarbato: *faire une remarque désobligeante* fare un'osservazione scortese → **désagréable.**

désobliger |dezɔbliʒe| (3) *v.tr.* (*littér.*) [*indisposer, froisser qqn.*] fare (103) dispiacere (a) (*cour.*): *vous me désobligeriez beaucoup en refusant* se rifiutaste mi fareste molto dispiacere.

désoccupé, ée |dezɔkype| *adj.* (*rare*) disoccupato (*cour.*) → **chômeur.**

désodorisant, ante |dezɔdɔʀizɑ̃, ɑ̃t| *adj.* deodorante → **déodorant** ✦ (*s.m.*) *un désodorisant* un deodorante.

désodorisation |dezɔdɔʀizɑsjɔ̃| *s.f.* [→ DÉSODORISER] deodorizzazione.

désodoriser |dezɔdɔʀize| *v.tr.* [*dépouiller un corps de son odeur; enlever les mauvaises odeurs*] deodorare.

désœuvré, ée |dezœvʀe| *adj.* [*qui ne fait rien*] sfaccendato: *un enfant désœuvré* un bambino sfaccendato → **inactif, oisif** ✦ (*s.*) *un désœuvré* uno sfaccendato.

désœuvrement |dezœvʀəmɑ̃| *s.m.* [*inoccupation*] inazione (*f.*): *son désœuvrement renforçait sa tristesse* l'inazione aumentava la sua tristezza ◇ (*loc.*) *faire qqch. par désœuvrement* fare q.c. per ingannare il tempo.

désolant, ante |dezɔlɑ̃, ɑ̃t| *adj.* [*qui contrarie*] deprimente: *il fait mauvais temps, c'est désolant!* fa brutto tempo, è deprimente → **contrariant, ennuyeux.**

désolation |dezɔlɑsjɔ̃| *s.f.* desolazione, disperazione: *cette nouvelle l'a plongé dans la désolation* quella notizia l'ha gettato nella desolazione, disperazione → **affliction.**

désolé, ée |dezɔle| *adj.* **1** desolato, squallido: *un endroit désolé* un luogo desolato, squallido **2** [*affligé*] desolato, afflitto: *avoir l'air désolé* avere l'aria desolata, afflitta **3** (*par exagér.*) *être désolé* essere desolato, spiacente # *désolé, je ne puis vous renseigner* mi spiace, non posso darvi alcuna informazione.

désoler |dezɔle| **A** *v.tr.* [*causer une affliction extrême à qqn.*] affliggere (110), desolare: *la mort de cet ami le désole* la morte di questo amico lo affligge, lo desola → **attrister, navrer, consterner** ◇ [*contrarier*] *ce contretemps me désole* questo contrattempo mi rattrista; sono desolato per questo contrattempo **B** *v.pron.intr.* SE DÉSOLER [→ *tr.*] affliggersi: *elle se désole de ne pouvoir vous aider* si affligge perché non può aiutarvi.

désolidariser |desɔlidaʀize| **A** *v. tr.* [*rompre les liens de solidarité avec, entre*] sciogliere il legame di solidarietà con **B** *v. pron.intr.* SE DÉSOLIDARISER [*cesser d'être solidaire*] sganciarsi (*fam.*), svincolarsi, non essere (96) *intr.* più solidale con: *se désolidariser de, d'avec ses collègues* sganciarsi dai propri colleghi, non essere più solidale con i propri colleghi → **abandonner.**

désopilant, ante |dezɔpilɑ̃, ɑ̃t| *adj.* [*qui fait rire de bon cœur*] (molto) spassoso, divertentissimo: *une farce désopilante* una farsa spassosa, divertentissima; *cet acteur est désopilant* questo attore è spassoso.

désopiler |dezɔpile| **A** *v.tr.* [*faire rire*] fare (103) *intr.* ridere, divertire **B** *v.pron.intr.* SE DÉSOPILER [*rire beaucoup*] sbellicarsi (dalle risa).

désordonné, ée |dezɔʀdɔne| *adj.* **1** disordinato: *maîtresse de maison désordonnée* padrona di casa disordinata **2** (*littér.*) [*qui n'est pas conforme à la morale*] disordinato (*cour.*), sregolato (*cour.*): *vie, conduite désordonnée* vita, condotta disordinata, sregolata → **dissolu, déréglé.**

désordre |dezɔʀdʀ(ə)| *s.m.* **1** disordine: *quel désordre!* che disordine! *désordre dans les affaires publiques* disordine negli affari pubblici; *mettre qqch. en désordre* mettere q.c. in disordine → **fouillis, pagaie, bouleverser, chambarder, 1 déranger**; *mettre du désordre dans une pièce* mettere (il) disordine in una stanza; # *tout est en désordre* è tutto sottosopra **2** [*trouble fonctionnel de l'organisme, etc.*] disturbo, turba *f.*, disfunzione (*f.*) # *désordre fonctionnel* squilibrio funzionale → **perturbation 3** [*absence d'ordre ou rupture de cet ordre*] disordine, scompiglio*: *semer le désordre* portare il disordine, lo scompiglio → **anarchie** ◇ *au plur.* [*manifestation d'indiscipline*] disordini: *de graves désordres ont éclaté* sono scoppiati gravi disordini → **agitation, bagarre, émeute**; **2 trouble.**

désorganisateur, trice |dezɔʀganizatœʀ, tʀis| *adj. et s.* che, chi disorganizza *loc.*

désorganisation |dezɔʀganizɑsjɔ̃| *s.f.* [→ DÉSORGANISER] disorganizzazione: *désorganisation d'une armée* disorganizzazione di un esercito → **2 trouble.**

désorganiser |dezɔʀganize| **A** *v.tr.* [*détruire l'organisation de*] disorganizzare: *désorganiser une administration* disorganizzare un'amministrazione # *désorganiser les plans de qqn.* sconvolgere i piani di qc. → **1 déranger, troubler** ✦ (*au p.p.*) *le parti est désorganisé* il partito è disorganizzato **B** *v.pron.intr.* SE DÉSORGANISER [→ *tr.*] disorganizzarsi, disgregarsi: *société qui se désorganise* società che si disorganizza, si disgrega → **désagréger (se).**

désorientation |dezɔʀjɑ̃tɑsjɔ̃| *s.f.* [→ DÉSORIENTER] disorientamento *m.*

désorienté, ée |dezɔʀjɑ̃te| *adj.* disorientato: *il est tout désorienté* è completamente disorientato → **dépaysé; embarrassé.**

désorienter |dezɔʀjɑ̃te| *v.tr.* [*rendre qqn. hésitant sur ce qu'il faut faire*] disorientare: *ton comportement me désoriente* il tuo comportamento mi disorienta → **déconcerter, troubler, embarrasser.**

désormais |dezɔʀmɛ| *adv.* [*à partir du moment actuel*] ormai, d'ora innanzi, d'ora in avanti: *désormais je ne l'écouterai plus* ormai non l'ascolterò più; *les portes seront désormais fermées après 5 h.* d'ora in avanti le porte saranno chiuse dopo le cinque → **1 avenir (à l'), dorénavant.**

désossé, ée |dezɔse| *adj.* disossato: *dinde désossée et farcie* tacchina disossata e ripiena.

désossement |dezɔsmɑ̃| *s.m.* [→ DÉSOSSER] disossamento.

désosser |dezɔse| *v.tr.* [*ôter les os*] disossare: *désosser une épaule de mouton* disossare una spalla di montone ◇ (*par anal.*) *désosser un poisson* diliscare un pesce.

désoxyder |dezɔkside| *v.tr.* (*chim.*) [*ôter l'oxyde, la rouille*] disossidare: *désoxyder un métal* disossidare un metallo Ⓒ **oxyder.**

despote |dɛspɔt| *s.m.* (*pr., fig.*) despota: *les satrapes gouvernaient en despotes* i satrapi governavano da despoti; *cet enfant est un despote* questo bambino è un despota → **tyran** ✦ (*adj.*) *mari despote* marito dispotico* → **despotique.**

despotique |dɛspɔtik| *adj.* dispotico*: *gouvernement despotique* governo dispotico → **tyrannique.**

despotiquement |dɛspɔtikmɑ̃| [→ DESPOTIQUE] *adv.* dispoticamente.

despotisme |dɛspɔtism(ə)| *s.m.* **1** dispotismo: *combattre le despotisme* combattere il dispotismo → **tyrannie 2** (*littér.*) [*toute autorité tyrannique*] dispotismo (*cour.*), tirannia *f.* (*cour.*): *le despotisme de certains parents* il dispotismo, la tirannia di alcuni genitori.

desquamatif, ive |dɛskwamatif, iv| *adj.* (*sc.*) desquamativo.

desquamation |dɛskwamɑsjɔ̃| *s.f.* (*géol., méd.*) desquamazione.

desquamer (se) |dɛskwame| *v. pron. intr.* (*méd., cour.*) [*se détacher par petites lamelles*] squamarsi: *la peau se desquame* la pelle si squama → **peler.**

desquels, desquelles |dekɛl| *pron. relatif* → **lequel.**

dessabler |desable| *v.tr.* [*ôter le sable de*] togliere (123) la sabbia (da).

dessaisir |desezir| **A** *v.tr.* (*dr.*) [*enlever à (qqn.) ce dont il est saisi*] *dessaisir un tribunal d'une affaire* togliere (123) una causa a un tribunale **B** *v.pron.réfl.* SE DESSAISIR DE [*se déposséder de*] privarsi: *se dessaisir de ses biens* privarsi dei propri beni Ⓒ **B garder.**

dessaisissement |desezismɑ̃| *s.m.* (*dr.*) spossessamento: *dessaisissement à l'égard d'un failli* spossessamento dei beni del fallito.

dessalaison |desalɛzɔ̃| *s.f.* → **dessalement.**

dessalement |desalmɑ̃|, **dessalage** |desalaʒ| *s.m.* **1** [→ DESSALER A 1] il dissalare *inv.* **2** (*voile, fam.*) [→ DESSALER B] scuffia *f.*

dessaler |desale| **A** *v.tr.* **1** [*rendre moins salé, ou faire cesser d'être salé*] dissalare: *dessaler la morue en la faisant tremper* dissalare il merluzzo mettendolo a bagno **2** (*fam.*) [*rendre moins* *niais*] sveltire (197) (*cour.*), svegliare → **déniaiser** ♦ (*au p.p.*) *elle est bien dessalée* è molto sveglia → **affranchi, dégourdi** **B** *v.intr.* (*fam., voile*) [*chavirer*] scuffiare **C** *v.pron.intr.* SE DESSALER [*se dégourdir*] svegliarsi: *il commence à se dessaler* comincia a svegliarsi.

dessaleur |desalœʀ| *s.m.* (*techn.*) dissalatore.

dessangler |desɑ̃gle| *v.tr.* [*enlever ou détendre les sangles de*] slacciare (le cinghie a): *dessangler un cheval* slacciare le cinghie a un cavallo.

dessaouler |desule| *v.tr. et intr.* → **dessoûler.**

desséchant, ante |deseʃɑ̃, ɑ̃t| *adj.* che inaridisce (*loc.*): *vent desséchant* vento che inaridisce ◇ (*fig.*) *études desséchantes* studi che inaridiscono.

dessèchement |desɛʃmɑ̃| *s.m.* [→ DESSECHER B 1] disseccamento, essiccazione (*f.*): *dessèchement de la peau* disseccamento della pelle; *dessèchement du bois* essiccazione del legno (del legname).

dessécher |deseʃe| (8) **A** *v.tr.* **1** [*rendre sec*] inaridire (197); disseccare: *chaleur qui dessèche la végétation* caldo che inaridisce la vegetazione → **brûler** ‖ *le soleil dessèche le sol* il sole dissecca il terreno ♦ (*au p.p.*) *fruits desséchés* frutta essiccata **2** [*rendre maigre*] fare (103) *intr.* dimagrire: *la maladie l'a desséché* la malattia lo ha fatto dimagrire ♦ (*au p.p.*) *un vieillard desséché* un vecchio rinsecchito → **décharné 3** (*fig.*) [*rendre insensible*] inaridire: *dessécher le cœur* inaridire il cuore → **endurcir B** *v.pron.intr.* SE DESSÉCHER **1** [*se déshydrater*] seccarsi, disidratarsi: *la peau se dessèche au soleil* la pelle si secca, si disidrata al sole **2** (*fam.*) [*maigrir*] consumarsi (*cour.*): *se dessécher de chagrin, de douleur* consumarsi dal dispiacere, di dolore.

dessein |desɛ̃| *s.m.* **1** (*littér.*) [*idée d'exécuter qqch.*] disegno (*cour.*), progetto (*cour.*): *nourrir de noirs desseins* nutrire loschi disegni; *avoir des desseins secrets* avere segreti progetti → **but, intention** # *dans le dessein de* con l'intenzione di, col proposito di; *former le dessein de* progettare di **2** *loc.adv.* À DESSEIN [*avec intention*] apposta (*adv.*): *il l'a fait à dessein* l'ha fatto apposta → **exprès.**

desseller |desele| *v.tr.* [*ôter la selle de*] dissellare: *desseller un cheval* dissellare un cavallo.

desserrage |desɛʀaʒ| *s.m.* [→ DESSERRER A 1] allentamento: *desserrage d'une vis* allentamento di una vite.

desserrer |deseʀe| **A** *v.tr.* **1** [*relâcher ce qui était serré*] allentare: *desserrer sa ceinture d'un cran* allentare la cintura di un buco; *desserrer une vis* allentare una vite; *desserrer l'étreinte* allentare la stretta **2** *desserrer les dents* [*ouvrir la bouche*] schiudere i denti ◇ (*loc.fig.*) *ne pas desserrer les dents* [*ne rien dire*] non aprir bocca **B** *v.pron.intr.* SE DESSERRER [*devenir moins serré*] allentarsi.

dessert |desɛʀ| *s.m.* 'dessert' *inv.*, frutta *f.* e/o dolce: *vin de dessert* vino da 'dessert'; *être au dessert* [*à la fin du repas*] essere alla frutta, al dolce.

1 **desserte** |desɛʀt(ə)| *s.f.* [*le fait de desservir une localité* (*transport*)] servizio* *m.*, collegamento (*m.*): *desserte d'un port par voie ferrée* servizio, collegamento ferroviario di un porto → 1 **service.**

2 **desserte** |desɛʀt(ə)| *s.f.* [*meuble où l'on met les plats, les couverts*] credenza → **buffet.**

dessertir |desɛʀtiʀ| *v.tr.* [*enlever* (*une pierre précieuse*) *de sa monture*] smontare: *dessertir un brillant de son chaton* smontare un brillante dall'incastonatura Ⓒ **sertir.**

desservant |desɛʀvɑ̃| *s.m.* [*ecclésiastique qui dessert une cure, une paroisse*] cappellano → **curé.**

1 **desservir** |desɛʀviʀ| (21) *v.tr.* **1** (*ecclés.*) [*faire le service d'une cure, d'une chapelle*] curare le anime di: *desservir une paroisse* curare le anime di una parrocchia **2** [*faire le service d'un lieu*] servire: *le chemin de fer ne dessert pas encore ce village* la ferrovia non serve ancora questo paese # *un omnibus dessert toutes les gares de la ligne* un (treno) locale si ferma a tutte le stazioni della linea ♦ (*au p.p.*) *ville bien desservie* città ben collegata, ben servita (dai mezzi di trasporto) **3** [*donner dans, faire communiquer*] dare (102) *intr.* su, mettere (155) in comunicazione: *l'entrée dessert plusieurs pièces* l'ingresso dà su diverse stanze.

2 **desservir** |desɛʀviʀ| (21) *v.tr.* [*débarrasser* (*une table*) *des plats*] sparecchiare: *desservir la table* sparecchiare la tavola ♦ (*absolt.*) *vous pouvez desservir* può sparecchiare.

3 **desservir** |desɛʀviʀ| (21) **A** *v.tr.* [*nuire à qqn.*] nuocere (160) *intr.*, danneggiare: *cela desservirait mes intérêts* ciò nuocerebbe ai miei interessi, danneggerebbe i miei interessi # *desservir qqn. auprès de ses amis* screditare qc. presso gli amici **B** *v.pron.réfl.* SE DESSERVIR [→ *tr.*] danneggiarsi: *il s'est desservi par la franchise* si è danneggiato con la sua franchezza Ⓒ A **aider.**

dessiccatif, ive |desikatif, iv| *adj.* (*techn.*) essiccativo ♦ (*s.*) *l'acide sulfurique est un dessiccatif* l'acido solforico è una sostanza *f.* essiccativa *adj.*

dessiccation |desikɑsjɔ̃| *s.f.* (*techn.*) dessiccazione, essiccazione → **déshydratation.**

dessiller |desije| (*v.tr.*) *dessiller les yeux à, de qqn.* [*l'amener à voir, à connaître ce qu'il ignorait*] aprire (186) gli occhi a qc. → **ouvrir (les yeux).**

dessin |desɛ̃| *s.m.* **1** disegno: *dessin qui représente un paysage* disegno che rappresenta un paesaggio; *dessin au trait* disegno al tratto # *dessin humoristique* vignetta umoristica ◇ (*ciné.*) *dessin animé* (film a) disegni animati, (*abusiv.*) cartoni *plur.* **2** [*l'art, la technique du dessin*] disegno: *école, professeur de dessin* scuola, professore di disegno; *papier à dessin* carta da disegno **3** [*représentation linéaire de la forme des objets*] disegno: *dessin géométrique* disegno geometrico; *dessin industriel* disegno tecnico → **épure 4** [*aspect linéaire des formes*] linea *f.*, forma (*f.*): *le dessin d'un visage* la forma, la linea di un viso → **contour, ligne.**

dessinateur, trice |desinatœʀ, tʀis| *s.* disegnatore*: *dessinateur industriel* disegnatore tecnico # *dessinateur humoristique* vignettista → **caricaturiste.**

dessiné, ée |desine| *adj.* **1** disegnato: *une bouche bien dessinée* una bocca ben disegnata **2** *loc.* BANDE DESSINÉE [*suite de dessins qui racontent une même histoire*] fumetto *s.m.*

dessiner |desine| **A** *v.tr.* **1** [*représenter ou suggérer par le dessin*] disegnare: *dessiner un paysage* disegnare un paesaggio; *dessiner qqch. sur le vif* disegnare q.c. al vivo, dal vero → 2 **croquer** ♦ (*absolt.*) *dessiner au crayon, à la plume, au pinceau* disegnare a matita, a penna, col pennello; *mal dessiner* disegnare male ◇ (*archit., techn.*) [*représenter par le dessin graphique*] disegnare **2** [*faire ressortir les contours, le dessin*] modellare, far (103) *intr.* risaltare: *vêtement qui dessine les formes du corps* abito che modella, fa risaltare le forme del corpo **B** *v.pron. intr.* SE DESSINER [*paraître avec un contour net*] stagliarsi, profilarsi: *ombre qui se dessine sur un mur* ombra che si staglia, si profila sul muro # *projets qui commencent à se dessiner* progetti che cominciano a delinearsi; *un sourire se dessina sur ses lèvres* le sue labbra abbozzarono un sorriso.

dessolement |desɔlmɑ̃| *s.m.* (*agric.*) cambiamento dell'avvicendamento delle colture, colturale Ⓒ **assolement.**

dessoler |desɔle| *v.tr.* (*agric.*) [*changer l'ordre des cultures d'une terre*] modificare l'avvicendamento delle colture, colturale Ⓒ **assoler.**

dessouder |desude| **A** *v.tr.* [*ôter la soudure de*] dissaldare **B** *v.pron.intr.* SE DESSOUDER [→ *tr.*] dissaldarsi.

dessoudure |desudyʀ| *s.f.* [→ DESSOUDER] dissaldatura.

dessoûler, dessaouler |desule| **A** *v.tr.* (*fam.*) [*tirer qqn. de l'ivresse*] far (103) *intr.* passare la sbornia (a qc.): *la peur l'a dessoûlé* la paura gli ha fatto passare la sbornia **B** *v.intr.* [*cesser d'être soûl*] smaltire (197) *tr.* la sbornia # *il ne dessoûle pas* [*il est toujours ivre*] è sempre ubriaco.

1 **dessous** |d(ə)su| *adv.* **1** [*à la face inférieure, dans la partie inférieure*] sotto: *le prix est marqué dessous* il prezzo è scritto sotto **2** *loc.* PAR-DESSOUS (da), (per di) sotto: *passez par-dessous* passate (da) sotto ~ EN DESSOUS [*contre la face inférieure*] sotto: *soulevez ce livre, le billet est en dessous* alzi il libro, il biglietto è sotto ~ CI-DESSOUS [*sous ce qu'on vient d'écrire, plus bas*] qui sotto, qui di seguito: *vous trouverez ci-dessous les prix* troverete i prezzi qui di seguito → **infra** ~ LÀ-DESSOUS [*sous cet objet, cette chose*] là, lì sotto: *le chat s'est caché là-dessous* il gatto si è nascosto là, lì sotto # *il y a qqch. là-dessous* c'è sotto q.c., gatta ci cova ◇ (*loc. fig.*) *rire en dessous* [*en dissimulant son rire*] ridere sotto i baffi ~ *regarder en dessous* [*sournoisement*] guardare di sottecchi ~ *agir en dessous* [*hypocritement*] agire sotto sotto, sott'acqua **3** *loc. prép.* PAR-DESSOUS (+ *compl.*) sotto (+ *compl.*): *le chat est passé par-dessous la clôture* il gatto è passato sotto lo steccato.

2 **dessous** |d(ə)su| *s.m.* **1** [*face inférieure de qqch.; ce qui est sous qqch.*] il disotto *inv.*, la parte *f.* inferiore: *le dessous des pieds* il disotto dei piedi; *le dessous d'une assiette* il disotto di un piatto # *les gens du dessous* quelli del piano di sotto → **bas (d'en)**; *les vêtements de dessous* la biancheria intima **2** [*nom de certains objets qui se placent*

sous qqch.] *dessous de bouteille* sottobottiglia; *dessous-de-plat* sottopiatto **3** (*fig.*) [*ce qui est caché*] retroscena (*inv.*): *les dessous de la politique* i retroscena della politica → **secret** ◇ (*spécialt.*) UN DESSOUS-DE-TABLE [*argent donné secrètement pour obtenir un avantage*] bustarella *f.*, sottobanco *adv.* **4** *au plur.* LES DESSOUS [*vêtements de dessous féminin*] biancheria *f. sing.* intima **5** (*loc.*) *être dans le trente-sixième dessous* [*dans une très mauvaise situation*] essere ridotto (a) uno straccio ~ *avoir le dessous* [*être dans un état d'infériorité*] avere la peggio **6** *loc.adv.* AU-DESSOUS [*en bas*] di sotto, da basso: *il n'y a personne au-dessous* non c'è nessuno di sotto, da basso # *on en trouve à cent francs et au-dessous* se ne trova (trovano) per cento franchi e anche meno **7** *loc.prép.* AU-DESSOUS DE [*plus bas que*] (al di)sotto di: *jupe au-dessous du genou* gonna sotto il, al disotto del ginocchio → **sous** # *cinq degrés au-dessous de zéro* cinque gradi sotto zero → **moins**; *être au-dessous de sa tâche* non essere all'altezza del proprio compito; *être au-dessous de tout* [*n'être capable de rien*] essere un inetto, una nullità → 2 **nul.**

dessous-de-bras |d(ə)sudbʀa| *s.m. inv.* sottoascella *f. var.*

dessous-de-table |d(ə)sudtabl(ə)| *s.m. inv.* → 2 **dessous** 3.

1 **dessus** |d(ə)sy| *adv.* **1** [*à la face supérieure, extérieure*] (lì) sopra, (lì) su: *prenez l'enveloppe, l'adresse est dessus* prenda la busta, c'è sopra l'indirizzo **2** (*idée de contact*) sopra, su: *elle a relevé sa robe pour ne pas marcher dessus* ha alzato il vestito per non camminarci sopra, su; *sauter, tomber, taper dessus* saltare, cadere, picchiare su → **sur** ◇ (*fig.*) [*tout contre*] *mettre le doigt dessus* [*deviner*] cogliere, dare nel segno; *si j'arrive à mettre la main dessus* se mi capita tra le mani; *vous avez le nez dessus* l'ha (proprio) sotto il naso → **saisir, trouver 3** *loc.* PAR-DESSUS al (di) sopra: *il a sauté par-dessus* è saltato (al di) sopra, è passato (per di) sopra ~ CI-DESSUS [*au-dessus de ce qu'on vient d'écrire, plus haut*] (qui) sopra: *voyez ci-dessus* vedi sopra → **supra** ~ LÀ-DESSUS [*sur cela*] (là, lì) sopra: *écrivez là-dessus* scriva lì sopra; (*fig.*) *comptez là-dessus!* ci può contare!; *là-dessus, il nous quitta* [*sur ce*] con questo, detto questo se ne andò; *je connais beaucoup de choses là-dessus* [*à ce sujet*] so molte cose in proposito, a questo proposito **4** *loc. prép.* PAR-DESSUS (+ *compl.*) sopra (+ *compl.*), al di sopra di (+ *compl.*): *il a sauté par-dessus le mur* è saltato, è passato sopra il (al di sopra del) muro ~ PAR-DESSUS TOUT [*principalement*] soprattutto: *soyez prudent par-dessus tout* soprattutto, sia prudente → 1 **surtout** ~ (*fam.*) *avoir par-dessus la tête de* (*qqch.*) [*en avoir assez*] averne fin sopra i capelli di (q.c.) ~ *par-dessus le marché* [*en plus*] per di più, per giunta.

2 **dessus** |d(ə)sy| *s.m.* **1** [*face, partie supérieure de qqch.*] il (di) sopra, la parte *f.* superiore: *le dessus de la main* il disopra, la parte superiore della mano; *le dessus d'une table* il sopra della tavola # *l'étage du dessus* il piano di sopra; *les voisins du dessus* i vicini di sopra → **(d'en) haut** ◇ (*loc.fig.*) *le dessus du panier* [*ce qu'il y a de meilleur*] il fior fiore **2** *loc.* DESSUS DE... [*nom de certains objets qui se placent sur qqch.*]: *le dessus de lit* il copriletto **3** *loc.* AVOIR LE DESSUS avere il sopravvento, avere la meglio: *avoir le dessus dans un combat, dans une discussion* avere il sopravvento, la meglio in un combattimento, in una discussione → **avantage, supériorité, gagner**; ~ *prendre, reprendre le dessus* prendere il sopravvento, rimettersi, riprendersi → **relever (se), remettre (se) 4** *loc.adv.* AU-DESSUS [*en haut, supérieur*] di sopra: *les chambres sont au-dessus* le camere sono di sopra # *la température atteint 40° (degrés) et au-dessus* la temperatura raggiunge 40° e oltre → **plus** ◇ (*fig.*) *il n'y a rien au-dessus* [*de mieux*] non c'è niente di meglio **5** *loc.prép.* AU-DESSUS DE [*plus haut que, supérieur à*] (al di) sopra (di), su: *l'avion est au-dessus de la mer* l'aereo è sopra il, sul mare; *les enfants au-dessus de quinze ans* i ragazzi al di sopra dei quindici anni; *le colonel est au-dessus du capitaine* il colonnello è al di sopra del capitano → **sur** ~ ÊTRE AU-DESSUS *de qqch.* essere al di sopra di q.c., superiore a q.c.: *il est au-dessus de ça* è superiore a tutto questo; *il est au-dessus de tout soupçon* è al di sopra di ogni sospetto.

dessus-de-lit |d(ə)sydli| *s.m.inv.* [*pièce d'étoffe qui recouvre la literie*] copriletto → **couvre-lit.**

dessus-de-plat |d(ə)sydpla| *s.m. inv.* [*couvercle dont on recouvre un plat*] copripiatti → **couvre-plat.**

déstabiliser |destabilize| *v.tr.* (*écon., polit.*) [*rompre un équilibre*] destabilizzare.

destalinisation |destalinizɑsjɔ̃| *s.f.* destalinizzazione.

destin |dɛstɛ̃| *s.m.* **1** destino: *destin cruel, impitoyable* destino crudele, impietoso; *croire au destin* credere al destino → **destinée, fatalité 2** [*ensemble des événements qui composent la vie d'un être humain, considérés comme résultant de causes distinctes de sa volonté*] destino, sorte (*f.*): *tournant du destin* svolta del destino; *on n'échappe pas à son destin* non si sfugge al proprio destino, alla propria sorte **3** [*ce qu'il adviendra de qqch.*] fortuna *f.*, avvenire: *le destin d'un ouvrage littéraire* la fortuna di un'opera letteraria.

destinataire |dɛstinatɛʀ| *s.* destinatario*: *l'adresse du destinataire* l'indirizzo del destinatario Ⓒ **expéditeur.**

destination |dɛstinɑsjɔ̃| *s.f.* **1** destinazione: *destination d'une somme d'argent* destinazione di una somma di denaro # *cet appareil n'a pas d'autre destination* questo apparecchio non ha altri usi → **emploi, usage 2** [*lieu où l'on doit se rendre*] destinazione, mèta: *partir pour une destination inconnue* partire per ignota destinazione → **but** ◇ *loc.* À DESTINATION a, con destinazione: *arriver à destination* arrivare a destinazione; *avion à destination de Paris* aereo con destinazione Parigi.

destinée |dɛstine| *s.f.* **1** (*littér.*) → **destin** 1 **2** [*destin particulier d'un être*] destino (*m.*): *tenir entre ses mains la destinée de qqn.* avere nelle proprie mani il destino di qc. **3** [*avenir, sort de qqch.*] sorte: *la destinée réservée à cette œuvre* la sorte riservata a quell'opera **4** (*littér.*) [*vie, existence*] esistenza (*cour.*): *unir sa destinée à qqn.* unire la propria esistenza a quella di un altro → **épouser** # *finir sa destinée* finire i propri giorni.

destiner |dɛstine| **A** *v.tr.* **1** [*fixer d'avance pour être donné à qqn.*] assegnare: *je vous destine ce poste* le assegno questo posto, impiego → **attribuer, réserver** # *je ne sais quel accueil il me destine* non so quale accoglienza mi riservi; *cette remarque vous était destinée* questa osservazione era diretta a voi **2** [*fixer d'avance pour être employé à un usage*] destinare: *destiner une somme à l'achat de qqch.* destinare una somma all'acquisto di q.c. → 1 **affecter 3** [*préparer qqn. à un emploi, à une occupation*] avviare, destinare: *son père le destine à la magistrature* suo padre lo avvia, lo destina alla magistratura **B** *v.pron.intr.* SE DESTINER [→ *tr.* 3] avviarsi (verso): *il se destine à la diplomatie* si avvia verso la diplomazia.

destituer |dɛstitɥe| *v.tr.* [*priver qqn. de sa charge, de sa fonction, de son emploi*] destituire (197): *magistrat destitué de ses fonctions* magistrato destituito dalle proprie funzioni → **révoquer, licencier, limoger, renvoyer.**

destitution |dɛstitysjɔ̃| *s.f.* destituzione, sospensione: *la dégradation civique entraîne la destitution de toutes fonctions* la perdita dei diritti civili comporta la destituzione, la sospensione da ogni funzione → 1 **déposition, renvoi** ◇ (*dr.*) *destitution de la tutelle* revoca* della tutela.

destrier |dɛstʀije| *s.m.* (*au moyen âge*) destriero.

destroyer |dɛstʀwaje, dɛstʀɔjœʀ| *s.m.* (*angl.*) [*contre-torpilleur*] cacciatorpediniere *inv.*

destructeur, trice |dɛstʀyktœʀ, tʀis| **1** *s.* distruttore*: *les Romains, destructeurs de Carthage* i Romani, distruttori di Cartagine **2** *adj.* distruttore, distruttivo: *guerre destructrice* guerra distruttrice → **meurtrier** ◇ (*fig.*) *philosophie destructrice* filosofia distruttiva → **subversif** Ⓒ 1 **créateur**; 2 **constructif.**

destructible |dɛstʀyktibl(ə)| *adj.* [→ DÉTRUIRE A 1, 2, 4] distruttibile: *matière destructible* materia distruttibile.

destructif, ive |dɛstʀyktif, iv| *adj.* distruttivo: *pouvoir destructif d'un explosif* potere distruttivo di un esplosivo.

destruction |dɛstʀyksjɔ̃| *s.f.* **1** [→ DÉTRUIRE A 1] distruzione: *destruction d'une ville par un incendie, par les bombardements* distruzione di una città a opera di un incendio, a opera dei bombardamenti **2** [→ DÉTRUIRE A 2] distruzione, alterazione (profonda): *destruction des tissus organiques* distruzione,, alterazione profonda dei tessuti organici **3** [→ DÉTRUIRE A 3] distruzione, annientamento (*m.*): *destruction d'une armée, d'un peuple* distruzione, annientamento di un esercito, di un popolo; *destruction des insectes* distruzione degli insetti → **extermination, massacre 4** [*action de faire disparaître, de démolir, de déchirer*] distruzione: *destruction de papiers compromettants* distruzione di carte compromettenti **5** [*le fait de ses dégrader jusqu'à disparaître*] distruzione: *la destruction des choses par le temps* la distruzione delle cose a opera del tempo → 1 **dégradation.**

destructuration |dɛstʀyktyʀɑsjɔ̃| *s.f.* [→ DESTRUCTURER] destrutturazione.

destructurer |dɛstʀyktyʀe| *v.tr.* [*faire perdre sa structure, son organisation systématique*] destrutturare: *destructurer une société* destrutturare una società.

désubjectiviser |desybʒɛktivize| *v.tr.* (*rare*) [*faire sortir* (*qqn.*) *de sa subjectivité*] oggettivare.

désuet, ète |des(z)ɥɛ, ɛt| *adj.* caduto in disuso, antiquato: *expression désuète* espressione caduta in disuso, antiquata → **démodé, suranné, vieillot** Ⓒ **moderne.**

désuétude |desɥetyd| *s.f.* [*abandon où est tombée* (*une chose*)] abbandono *m.*, disuso *m.* ◇ *loc.* TOMBER EN DÉSUÉTUDE cadere in disuso: *mots tombés en désuétude* parole cadute in disuso ◇ (*dr.*, *cour.*) *loi tombée en désuétude* legge caduta in desuetudine.

désuni, ie |dezyni| *adj.* disunito: *famille désunie* famiglia disunita ◇ (*sport*) *coureur de haies désuni* ostacolista dai movimenti disuniti.

désunion |dezynjɔ̃| *s.f.* disunione, disaccordo (*m.*): *désunion d'une famille* disunione, disaccordo di una famiglia.

désunir |dezyniʀ| *v.tr.* [*faire cesser l'union morale, jeter le désaccord entre*] disunire: *désunir une famille, un ménage* disunire una famiglia, una coppia di sposi → **brouiller** ✦ (*au p.p.*) *couple désuni* coppia disunita.

détachable |detaʃabl(ə)| *adj.* [→ 1 DÉTACHER A 1] staccabile, da staccare (*loc. inv.*): *coupons détachables* tagliandi staccabili; *supplément* (*de magazine*) *détachable* supplemento, inserto (di rotocalco) da staccare.

1 **détachage** |detaʃaʒ| *s.m.* [→ 1 DÉTACHER A 1, 2] distacco*.

2 **détachage** |detaʃaʒ| *s.m.* [→ 2 DÉTACHER] smacchiatura *f.* → **nettoyage.**

détachant |detaʃɑ̃| *s.m.* [*produit qui enlève les taches*] smacchiatore.

détaché, ée |detaʃe| **I** *adj.* **1** staccato; sciolto: *bouton détaché* bottone staccato ‖ *lien, ruban détaché* laccio, nastro sciolto **2** [*séparé d'un tout*] separato, staccato ◇ *loc.* PIÈCES DÉTACHÉES pezzi di ricambio: *marchand d'accessoires et de pièces détachées* negoziante di accessori e di pezzi di ricambio **3** [*qui a ou exprime du détachement*] distaccato: *il répondit d'un ton détaché* egli rispose con un tono distaccato → **désinvolte, indifférent II** *s.m.* (*mus.*) *un détaché* uno staccato.

détachement |detaʃmɑ̃| *s.m.* **1** [*état de celui qui est détaché de qqch.*] distacco*: *détachement par manque d'intérêt* distacco per mancanza d'interesse; *répondre, parler avec détachement, en affectant le détachement* rispondere, parlare con distacco, ostentando distacco → **désintérêt, indifférence, insensibilité, désinvolture, insouciance 2** (*milit.*, *cour.*) distaccamento **3** [*situation d'un fonctionnaire provisoirement affecté à d'autres fonctions*] assegnazione *f.* provvisoria, comando: *être en détachement* essere in assegnazione provvisoria, essere comandato.

1 **détacher** |detaʃe| **A** *v.tr.* **1** [*dégager* (*qqn.*, *qqch.*) *de ce qui attachait ou était attaché avec*] staccare, slegare: *détacher un boeuf de la charrue* staccare un bue dall'aratro # *détacher un vêtement* slacciare, sbottonare un vestito → **déboutonner, dégrafer 2** [*enlever* (*un élément*) *d'un ensemble*] staccare: *détacher une remorque, un wagon d'un convoi* staccare un rimorchio, un vagone da un convoglio; *détacher un timbre de l'enveloppe* staccare un francobollo dalla busta **3** (*loc.*) *ne pouvoir détacher ses regards, ses pensées de...* non poter staccare lo sguardo, il pensiero da... → **détourner, distraire 4** [*envoyer* (*qqn.*) *quelque part pour faire qqch.*] distaccare, dislocare: *détacher des troupes* distaccare delle truppe → 2 **dépêcher, envoyer 5** [*affecter provisoirement* (*un fonctionnaire*) *à un autre service*] distaccare, comandare: *détacher un employé à une autre place* distaccare un impiegato a un altro posto **6** [*ne pas lier*] staccare: *détacher ses lettres en écrivant* staccare, spaziare le lettere nello scrivere (scrivendo); *détacher nettement les syllabes* staccare chiaramente le sillabe ✦ (*au p.p.*) *notes détachées* appunti staccati **B** *v.pron.intr.* SE DÉTACHER **1** [*cesser d'être attaché*] staccarsi, slegarsi: *le chien s'est détaché* il cane si è slegato **2** [*se séparer*] staccarsi: *fruits qui se détachent de l'arbre* frutti che si staccano dall'albero; *les deux coureurs se sont détachés du peloton* i due corridori si sono staccati dal gruppo **3** [*apparaître nettement comme en sortant d'un fond*] spiccare *intr.*, risaltare (*intr.*): *le portrait se détache sur un fond sombre* il ritratto spicca, risalta su un fondo scuro → **découper (se), 1 ressortir 4** (*personnes*) [*ne plus être attaché par le sentiment, l'intelligence*] (di)staccarsi: *se détacher des plaisirs* staccarsi dai piaceri → **renoncer.**

2 **détacher** |detaʃe| *v.tr.* [*débarrasser des taches*] smacchiare: *donner au teinturier un costume à détacher* portare in tintoria un abito da smacchiare → **dégraisser, nettoyer.**

détacheur, euse |detaʃœʀ, øz| *s.* **1** [*personne qui nettoie les vêtements*] smacchiatore* **2** (*par appos.*) *flacon détacheur* flacone di smacchiatore *m.*

détail |detaj| *s.m.* **1** dettaglio*, minuto: *prix de détail* prezzo al dettaglio; *commerce, magasin de détail* commercio, negozio al dettaglio, al minuto; *vendre au détail* vendere al dettaglio, al minuto **2** [*action de considérer un ensemble dans ses éléments, un événement dans ses particularités*] descrizione *f.* particolareggiata: *relation d'un fait avec le détail des circonstances* relazione di un fatto con la descrizione particolareggiata delle circostanze → **énumération** # *faire le détail d'un compte* fare la specifica di un conto ◇ [*les éléments*] i dettagli *pl.*, i particolari (*pl.*): *entrer, se perdre dans le détail* entrare, perdersi nei dettagli, nei particolari ◇ *loc.adv.* EN DÉTAIL in dettaglio, dettagliatamente (*adv.*): *racontez-nous cela en détail* raccontateci tutto in dettaglio, dettagliatamente **3** [*élément non essentiel d'un ensemble*; *circonstance particulière*] dettaglio, particolare: *petit détail* piccolo dettaglio, particolare; *détail sans importance, insignifiant* un particolare senza importanza, insignificante; *je connais tous les détails* conosco tutti i dettagli, i particolari ◇ (*dans une œuvre*) *soigner les détails* [*ciseler, fignoler, lécher*] curare i particolari di un'opera, cesellare, rifinire un'opera ◇ (*loc.*) *c'est un détail* [*c'est une chose sans importance*] è una bazzecola, un particolare trascurabile **4** (*milit.*) sussistenza *f.*

détaillant, ante |detajɑ̃, ɑ̃t| *s.* (*comm.*) dettagliante (*m.*): *le grossiste approvisionne le détaillant* il grossista (ri)fornisce il dettagliante.

détaillé, ée |detaje| *adj.* dettagliato, particolareggiato: *récit détaillé* racconto dettagliato, particolareggiato; *exposé détaillé et complet sur une question* relazione dettagliata e completa su una questione → **circonstancié.**

détailler |detaje| *v.tr.* **1** [*vendre une marchandise par petites quantités*] vendere al minuto, al dettaglio: *détailler une denrée, une marchandise achetée en gros* vendere al minuto, al dettaglio un prodotto, una merce acquistata all'ingrosso **2** (*littér.*) [*considérer, exposer qqch. avec toutes ses particularités*] esporre (168) nei particolari, dettagliare → **énumérer.**

détaler |detale| *v.intr.* (*fam.*) [*s'en aller au plus vite*] svignarsela (*aux.* essere): *les enfants surpris détalèrent* i bambini colti sul fatto se la svignarono.

détartrage |detaʀtʀaʒ| *s.m.* [→ DÉTARTRER] rimozione *f.* del tartaro (dai denti).

détartrant |detaʀtʀɑ̃|, **détartreur** |detaʀtʀœʀ| *s.m.* [*produit empêchant ou diminuant la formation de tartre dans les conduits*] disincrostante.

détartrer |detaʀtʀe| *v.tr.* [*débarrasser du tartre*] disincrostare; togliere (123) il tartaro: *détartrer une chaudière, le radiateur d'un moteur* disincrostare una caldaia, il radiatore di un motore ‖ *se faire détartrer les dents* farsi togliere il tartaro dai denti Ⓒ **entartrer.**

détaxe |detaks(ə)| *s.f.* detassazione; sgravio* *m.*, esonero *m.* fiscale Ⓒ **surtaxe.**

détaxer |detakse| *v.tr.* [*réduire ou supprimer la taxe sur*] detassare; applicare uno sgravio, un esonero (fiscale): *détaxer une denrée* detassare un prodotto.

détecter |detɛkte| *v.tr.* [*déceler l'existence d'un corps, un phénomène caché*] individuare, rivelare, segnalare.

détecteur, trice |detɛktœʀ, tʀis| *s.m.* (*techn.*, *cour.*) rivelatore: *détecteur d'énergie* rivelatore di energia; *détecteur d'ondes* rivelatore di onde elettriche ◇ (*milit.*) *détecteur de mines* cercamine ✦ (*adj.*) *lampe détectrice* lampada spia.

détection |detɛksjɔ̃| *s.f.* [→ DÉTECTER] segnalazione, rivelazione, individuazione: *détection électromagnétique par radar* segnalazione, rivelazione elettromagnetica per mezzo di radar.

détective |detɛktiv| *s.m.* (*angl.*) **1** (*en Angleterre*) detective *inv.*, investigatore* (*s.*): *les détectives de Scotland Yard* i detective di Scotland Yard **2** *détective* (*privé*) [*personne chargée d'enquêtes policières privées*] investigatore, poliziotto privato # *agence de détectives privés* agenzia d'investigazioni (private).

déteindre |detɛ̃dʀ(ə)| (66) *v.intr.* **1** [*perdre sa couleur*] stingere (119): *cette étoffe déteint facilement* questa stoffa stinge facilmente → **décolorer (se) 2** *loc.* DÉTEINDRE SUR [*communiquer* *une partie de sa couleur à*] sbavare su: *cette gravure a déteint sur la page suivante* quest'incisione ha sbavato sulla pagina seguente ◇ (*fig.*) [*avoir de l'influence sur*] influenzare *tr.*, contagiare (*tr.*): *cette femme a déteint sur lui* quella donna lo ha influenzato, contagiato → **marquer.**

dételer |dɛ(e)tle| (4) **A** *v.tr.* [*détacher une bête attelée ou l'attelage*] staccare, sbardare: *le cocher dételle son cheval* il cocchiere stacca, sbarda il cavallo; *dételer une voiture, une charrue* staccare (le bestie) dalla carrozza, dall'aratro # *dételer des bœufs* togliere il giogo ai buoi **B** *v.intr.* [*cesser de faire qqch.*] fermarsi (*pron.*): *il a travaillé toute la journée sans dételer* ha lavorato tutta la giornata senza fermarsi → **arrêter (s').**

détendeur |detɑ̃dœʀ| *s.m.* (*techn.*) riduttore di pressione: *détendeur d'une bouteille d'air comprimé* riduttore di pressione di una bombola di aria compressa ◇ [*vanne d'une installation frigorifique*] valvola *f.* di espansione.

détendre |detɑ̃dʀ(ə)| (53) **A** *v.tr.* **1** [*relâcher ce qui était tendu*] rilasciare, allentare: *détendre un arc* rilasciare un arco # *détendre un ressort* far scattare una molla **2** [*faire cesser l'état de tension de*] distendere, rilassare: *détendre son esprit* distendere l'animo **3** (*phys.*) *détendre un gaz* [*en diminuer la pression*] espandere (184) un gas **B** *v.pron.* SE DÉTENDRE **1** *intr.* [→ *tr.* 1] *ressort qui se détend brusquement* molla che scatta bruscamente **2** *réfl.* [→ *tr.* 2] distendersi, rilassarsi: *détendez-vous!* si rilassi!, si distenda! → **décontracter (se).**

détendu, ue |detɑ̃dy| *adj.* [*qui n'est plus tendu*] disteso; rilassato: *ressort détendu* molla distesa ‖ *corps, muscle détendu* corpo, muscolo rilassato # *une atmosphère très détendue et même amicale* un'atmosfera serena e persino amichevole.

détenir |detniʀ| (27) *v.tr.* **1** [*garder, tenir en sa possession*] detenere (188), custodire (197): *détenir des objets en gage* detenere, custodire degli oggetti in pegno; *détenir un objet volé* custodire un oggetto rubato → **receler** **2** (*abstrait*) [*avoir, posséder*] detenere: *détenir le pouvoir* detenere il potere; *détenir le record du monde* detenere il primato mondiale, il record mondiale # *détenir un secret* custodire un segreto **3** [*garder, retenir qqn. en captivité*] detenere: *détenir un délinquant en prison* detenere un delinquente in prigione.

détente |detɑ̃t| *s.f.* **1** [*relâchement de ce qui est tendu*] distensione; rilascio* *m.*, scatto (*m.*): *détente d'un arc, d'un ressort* rilascio di un arco, rilascio, scatto di una molla **2** (*sport, cour.*) scatto: *il a une belle détente* ha un bello scatto **3** (*balist., cour.*) (*dans les armes à feu*) grilletto *m.* **4** (*fam.*) *personne dure à la détente* [*personne avare; de laquelle il est difficile d'obtenir qqch.*] persona avara, che non si lascia commuovere facilmente **5** (*phys., cour.*) espansione (di gas) ◇ (*dans un moteur*) scoppio* *m.* **6** [*relâchement d'une tension intellectuelle, morale etc.*] distensione, rilassamento (*m.*): *il n'a pas un moment de détente* non ha un solo momento di distensione, di rilassamento → **repos, répit** # *ces enfants ont besoin d'une détente* questi bambini hanno bisogno di un po' di riposo **7** [*diminution de la tension internat.*] distensione: *politique de coexistence et de détente* politica di coesistenza e di distensione.

détenteur, trice |detɑ̃tœʀ, tʀis| *s.* detentore*: *détenteur d'armes, de munitions* detentore di armi, di munizioni; *la détentrice d'un record* la detentrice di un record ◇ (*dr.*) *tiers détenteur* terzo detentore.

détention |detɑ̃sjɔ̃| *s.f.* **1** detenzione: *détention d'armes* detenzione di armi; *détention de titres* detenzione di titoli ◇ (*dr.*) detenzione **2** [→ DÉTENIR 3] detenzione, carcerazione: *arrestation et détention d'un criminel* arresto e detenzione di un criminale; *détention arbitraire* detenzione arbitraria → **captivité, emprisonnement** ◇ (*dr.pén.*) detenzione # *détention préventive* carcere preventivo.

détenu, ue |detny| *s.* detenuto: *détenu politique* detenuto politico; *détenu de droit commun* detenuto comune → **prisonnier.**

détergent, ente |detɛʀʒɑ̃, ɑ̃t| *adj.* [*détersif*] detergente ✦ (*s.m.*) *un détergent* un detergente, un detersivo.

détérioration |deteʀjɔʀɑsjɔ̃| *s.f.* [→ DÉTÉRIORER] deterioramento (*m.*): *détérioration d'un appareil, d'une machine* deterioramento di un apparecchio, di una macchina; *détérioration de marchandises* deterioramento di merci ◇ (*fig.*) *détérioration de la qualité* deterioramento della qualità ◇ (*psychiatr.*) *détérioration mentale* deterioramento mentale.

détériorer |deteʀjɔʀe| **A** *v.tr.* **1** [*mettre une chose en mauvais état, de sorte qu'elle ne puisse plus servir*] deteriorare, danneggiare: *détériorer un appareil, une machine* danneggiare un apparecchio, una macchina; *l'humidité détériore les tentures* l'umidità deteriora le tappezzerie → **abîmer, endommager, casser, démolir** **2** (*fig.*) [*corrompre, dépraver, pervertir*] guastare, rovinare: *détériorer sa santé par des excès* guastarsi, rovinarsi la salute con troppi abusi **B** *v.pron.intr.* SE DÉTÉRIORER [*s'altérer*] deteriorarsi, guastarsi: *les relations entre les deux pays se sont détériorées* le relazioni fra i due paesi si sono deteriorate, guastate.

déterminable |detɛʀminabl(ə)| *adj.* [DÉTERMINER A 1] determinabile: *grandeur déterminable* grandezza determinabile Ⓒ **indéterminable.**

déterminant, ante |detɛʀminɑ̃, ɑ̃t| **1** *adj.* determinante: *motif déterminant* motivo determinante **2** *s.m.* (*gram., cour.*) *les déterminants du nom* i determinanti del nome ◇ (*math.*) *un déterminant* un determinante ◇ (*biol.*) *théorie des déterminants* teoria dei determinanti.

déterminatif, ive |detɛʀminatif, iv| *adj.* **1** (*gram.*) determinativo: *adjectif déterminatif* aggettivo determinativo # *complément déterminatif* complemento indiretto **2** (*log.*) *proposition déterminative* proposizione relativa.

détermination |detɛʀminasjɔ̃| *s.f.* **1** [→ DÉTERMINER A 1] determinazione, accertamento (*m.*): *détermination de la latitude d'un lieu* determinazione della latitudine di un luogo **2** *la détermination d'un phénomène* la determinazione di un fenomeno **3** [*résultat psychologique de la décision*] determinazione, decisione: *sa détermination était bien arrêtée* la sua determinazione era molto ferma → 1 **résolution** **4** [*attitude de celui qui agit selon les décisions qu'il a prises*] determinazione, decisione: *agir avec détermination* agire con determinazione → **décision, fermeté** Ⓒ 4 **irrésolution.**

déterminé, ée |detɛʀmine| **I** *adj.* **1** determinato: *une quantité déterminée d'énergie* una determinata quantità d'energia → **arrêté, certain** **2** [*qui se détermine, se décide*] deciso, risoluto: *c'est un homme déterminé* è un uomo deciso, risoluto → **décidé, résolu** **3** (*philo., cour.*) determinato: *phénomènes entièrement déterminés* fenomeni interamente determinati **II** *s.m.* determinato (*rare*): *le déterminé et le déterminant* il determinato e il determinante Ⓒ I 2 **irrésolu.**

déterminer |detɛʀmine| **A** *v.tr.* **1** [*indiquer, délimiter avec précision*] determinare, stabilire (197): *déterminer le sens d'un mot* determinare il senso di una parola; *déterminer les détails d'une entreprise* stabilire i dettagli di un'impresa; *cette distance est difficile à déterminer* questa distanza è difficile da stabilire; *déterminer la date, le lieu* determinare, stabilire la data, il luogo → **délimiter, définir, évaluer, préciser** # *déterminer qui est l'auteur d'un texte* individuare (chi è) l'autore di un testo ◇ (*log., philo.*) determinare ◇ (*math.*) calcolare **2** [*entraîner la décision de qqn.*] determinare, spingere (119): *ses amis l'ont déterminé à partir* i suoi amici lo hanno determinato, spinto a partire → **décider** **3** (*choses*) [*être la cause de*] determinare: *conditions qui déterminent l'action humaine* condizioni che determinano l'azione dell'uomo → 1 **causer, provoquer** **B** *v.pron. intr.* SE DÉTERMINER À [*prendre la décision de*] determinarsi a, decidersi (130) a: *ils se sont déterminés à accepter* si sono determinati, decisi ad accettare → **décider (se), résoudre (se).**

déterminisme |detɛʀminism(ə)| *s.m.* (*philo.*) determinismo.

déterministe |detɛʀminist(ə)| *adj.* deterministico*: *hypothèse déterministe* ipotesi deterministica ✦ (*s.*) *un déterministe* un determinista.

déterré, ée |deteʀe| (*s.*) *avoir un air, une mine de déterré* [*un visage pâle, défait comme celui d'un cadavre*] avere un aspetto terreo *adj.*, cadaverico *adj.*

déterrer |deteʀe| *v.tr.* **1** [*retirer de terre*] dissotterrare, disseppellire (197): *déterrer un mort* dissotterrare, disseppellire un morto # *déterrer un arbre* sradicare un albero → **exhumer** **2** (*fig.*) [*découvrir*] scoprire (186), scovare: *déterrer un manuscrit* scoprire, scovare un manoscritto → **dénicher.**

détersif, ive |detɛʀsif, iv| *adj.* detergente, detersivo: *produit détersif* prodotto detergente ✦ (*s.m.*) *un détersif* un detersivo, un detergente.

détestable |detɛstabl(ə)| *adj.* [*très désagréable; très mauvais*] pessimo; orribile: *être d'une humeur détestable* essere di pessimo umore → **exécrable** ‖ *quel temps détestable!* che tempo orribile! → **affreux.**

détestation |detɛstɑsjɔ̃| *s.f.* **1** (*littér.*) [DÉTESTER 1, 2] detestazione → **horreur** **2** (*relig.*) *la détestation du* *péché* l'aborrimento *m.* del peccato → **exécration.**

détester |detɛste| **A** *v.tr.* **1** [*avoir de l'aversion pour*] detestare, aborrire (197): *détester le mensonge* detestare, aborrire la menzogna; *détester qqn.* detestare, odiare qc.; *va-t'en, je te déteste* vattene, ti detesto, ti odio → **haïr** **2** [*ne pas pouvoir supporter*] detestare, non sopportare: *elle déteste les enfants* detesta, non sopporta i bambini # *je n'ai pas détesté ce film* [*je l'ai aimé assez*] questo film non mi è dispiaciuto **B** *v.pron. récipr.* SE DÉTESTER [→ *tr.* 1] detestarsi, odiarsi: *ils se détestent* si detestano, si odiano.

détonant, ante |detɔnɑ̃, ɑ̃t| *adj.* detonante: *mélange détonant* miscela detonante.

détonateur |detɔnatœʀ| *s.m.* detonatore.

détonation |detɔnɑsjɔ̃| *s.f.* [→ DÉTONER] detonazione, scoppio* *m.*

détoner |detɔne| *v.intr.* [*exploser avec bruit et grande vitesse de décomposition*] detonare: *faire détoner un mélange gazeuse* far detonare una miscela gassosa.

détonner |detɔne| *v.intr.* **1** (*mus., cour.*) [*sortir du ton; chanter faux*] stonare: *tous les chanteurs ont détonné d'un demi-ton* tutti i cantanti hanno stonato di un semitono **2** [*ne pas être en harmonie*] stonare: *ce fauteuil empire détonne dans un salon moderne* questa poltrona stile impero stona in un salotto moderno.

détordre |detɔʀdʀ(ə)| (53) **A** *v.tr.* [*remettre dans son premier état une chose tordue*] spiegare, srotolare: *détordre du linge* spiegare la biancheria **B** *v.pron.intr.* SE DÉTORDRE [→ *tr.*] svolgersi (196): *câble qui se détord* cavo che si svolge ⓒ A **tordre.**

détortiller |detɔʀtije| *v.tr.* [*défaire ce qui est tortillé*] svolgere (196), sbrogliare: *détortiller des fils emmêlés* svolgere, sbrogliare dei fili ingarbugliati ⓒ **tortiller.**

détour |detuʀ| *s.m.* **1** [*tracé qui s'écarte du chemin direct*] curva *f.*, svolta (*f.*): *au détour du sentier* alla svolta del sentiero; *le chemin fait plusieurs détours avant d'arriver au village* la strada fa molte curve prima di arrivare al villaggio → **tournant** # *rivière qui fait un large détour* fiume che descrive una grande ansa **2** [*action de parcourir un chemin plus long que le chemin direct*] deviazione (*f.*): *détour obligatoire* deviazione obbligatoria; *j'ai fait un détour pour vous dire bonjour* ho fatto una deviazione per salutarvi → **déviation** **3** [*moyen indirect de faire ou d'éluder qqch.*] sotterfugio*; giro di parole: *user des détours pour parvenir à ses fins* usare dei sotterfugi per raggiungere i propri fini → **biais, faux-fuyant, ruse** ‖ *pas tant de détours, au fait!* pochi giri di parole, veniamo al fatto, al nocciolo della questione → **histoire, phrase** ◇ *loc.* SANS DÉTOUR [*simplement*] senza tante storie (*f. pl.*): *expliquez-vous sans détour!* si spieghi senza tante storie!

détourage |detuʀaʒ| *s.m.* (*techn., photo.*) delimitazione *f.* dei contorni.

détourer |detuʀe| *v.tr.* (*techn., photo.*) [*délimiter le contour exact*] delimitare i contorni.

détourné, ée |detuʀne| *adj.* **1** (*se dit d'un moyen indirect*) indiretto, traverso: *prendre des moyens détournés* procedere, agire per vie indirette, traverse **2** [*qui n'est pas exprimé directement*] indiretto, velato: *reproche détourné* rimprovero indiretto, velato rimprovero; *allusion détournée* allusione indiretta, velata allusione → **indirect.**

détournement |detuʀnəmɑ̃| *s.m.* **1** [→ DÉTOURNER A 1, 2] deviazione (*f.*): *détournement d'un cours d'eau* deviazione di un corso d'acqua # *détournement des échanges commerciaux* sviamento degli scambi commerciali; *détournement d'avion* dirottamento aereo **2** (*dr.*) sottrazione *f.*; peculato: *détournement de fonds, de titres* sottrazione di fondi, di titoli **3** (*dr.*) *détournement de mineur* sottrazione di minorenne.

détourner |detuʀne| **A** *v.tr.* **1** [*changer la direction de qqch.*] deviare: *détourner un cours d'eau* deviare un corso d'acqua; *détourner un convoi de son itinéraire* deviare un convoglio dall'itinerario → **dérouter** # *détourner un avion* dirottare un aereo **2** [*changer le cours de*] sviare: *détourner l'attention de qqn.* sviare l'attenzione di qc.; *détourner les soupçons* (*sur*) sviare i sospetti (su) **3** [*écarter qqn. du chemin à suivre*] sviare: *détourner qqn. de sa route* sviare qc. dalla propria strada ◇ (*fig.*) *détourner qqn. d'une occupation, de son travail* distogliere (123), sviare qc. da una occupazione, dal proprio lavoro → **devoyer**; *détourner qqn. d'un projet, d'une résolution* dissuadere qc. da un progetto, da una risoluzione **4** [*tourner d'un autre côté pour éviter*] voltare (da un'altra parte) # *détourner les yeux* volgere gli occhi altrove; *détourner ses regards* distogliere lo sguardo **5** [*soustraire à son profit*] sottrarre (190): *détourner des fonds, des valeurs* sottrarre dei fondi, dei valori → 2 **voler** **B** *v.pron.* SE DÉTOURNER [→ *tr.* 4] voltarsi: *se détourner pour ne pas voir* voltarsi per non vedere.

détoxication |detɔksikɑsjɔ̃| *s.f.* (*physiol.*) disintossicazione.

détracter |detʀakte| *v.tr.* (*littér.*) [*chercher à rabaisser*] denigrare (*cour.*): *détracter les mérites de qqn.* denigrare i meriti di qc.

détracteur, trice |detʀaktœʀ, tʀis| *s.* detrattore*: *les détracteurs d'un homme politique* i detrattori, gli avversari di un uomo politico → **accusateur,** 2 **critique** ⓒ **admirateur.**

détraqué, ée |detʀake| **I** *adj.* **1** [*dérangé dans son fonctionnement*] guasto: *machine détraquée* macchina guasta **2** *avoir le cerveau détraqué* [*dérangé, troublé*] avere il cervello annebbiato, sconvolto; *avoir l'estomac détraqué* stare male di stomaco **II** *s.* (*fig.*) *c'est un détraqué* è uno squilibrato → **déséquilibré.**

détraquer |detʀake| **A** *v.tr.* [*déranger dans son mécanisme*] guastare, rovinare: *détraquer un moteur* guastare, rovinare un motore → **déglinguer, dérégler, détériorer** □ *se détraquer l'estomac* rovinarsi, guastarsi lo stomaco **B** *v.pron.* SE DÉTRAQUER **1** *réfl.* (*fam.*) [*déranger*] rovinarsi, guastarsi → *tr.* □ **2** *intr.* (*fig.*) *le temps se détraque* [*se gâter*] il tempo si sta guastando.

1 **détrempe** |detʀɑ̃p| *s.f.* (*peint., cour.*) tempera: *peindre en, à la détrempe* dipingere a tempera ◇ [*ouvrage fait avec cette couleur*] tempera.

2 **détrempe** |detʀɑ̃p| *s.f.* (*techn.*) ricottura di addolcimento.

1 **détremper** |detʀɑ̃pe| *v.tr.* [*amollir ou délayer en mélangeant avec un liquide*] stemperare: *détremper des couleurs* stemperare dei colori → **délayer** ◆ (*au p.p.*) *terre détrempée par la pluie* [*très mouillé et amolli*] terra inzuppata dalla pioggia.

2 **détremper** |detʀɑ̃pe| *v.tr.* (*techn.*) [*faire perdre sa trempe à l'acier*] stemperare ◇ (*fig.*) [*amollir*] addolcire (197): *détremper les caractères* addolcire i caratteri.

détresse |detʀɛs| *s.f.* **1** [*sentiment d'abandon, de solitude que l'on éprouve dans une situation poignante*] sconforto *m.*, avvilimento (*m.*): *une âme en détresse* un animo preso dallo sconforto, dall'avvilimento → **désarroi** **2** [*situation très pénible*] indigenza, miseria: *la détresse des populations sinistrées* l'indigenza, la miseria delle popolazioni sinistrate; *être dans la détresse* essere in miseria **3** [*situation périlleuse d'un navire, d'un avion, etc.*] pericolo (*m.*): *signal de détresse* segnale di pericolo; *appel radiotélégraphique de détresse* segnale radiotelegrafico di pericolo; *en détresse* in pericolo → **perdition.**

détriment |detʀimɑ̃| (*s.m.*) *loc.* À (MON, SON) DÉTRIMENT, AU DÉTRIMENT DE [*au désavantage, au préjudice de*] a (mio, suo) danno, discapito; a danno di, a discapito di, a svantaggio di.

détritique |detʀitik| *adj.* (*geol.*) detritico*: *roches détritiques* rocce detritiche.

détritus |detʀitys| *s.m.* [*matériaux réduits à l'état de débris inutilisables*] residui *pl.*, rifiuti *pl.*, spazzatura (*f.*): *les détritus tombés des poubelles* i rifiuti caduti dalle pattumiere.

détroit |detʀwa| *s.m.* [*bras de mer entre deux terres rapprochées*] stretto: *détroit des Dardanelles* stretto dei Dardanelli → **bras** ◇ (*anat.*) stretto.

détromper |detʀɔ̃pe| **A** *v.tr.* [*tirer qqn. d'erreur*] disingannare: *je veux vous détromper sur ce point* voglio disingannarvi su questo punto → **désabuser** **B** *v.pron.intr.* SE DÉTROMPER [→ *tr.*] disilludersi (106), ricredersi: *détrompez-vous* disilludetevi.

détrônement |detʀonmɑ̃| *s.m.* [→ DÉTRONER 1] detronizzazione *f.*

détrôner |detʀone| *v.tr.* **1** [*déposséder de la souveraineté*] detronizzare: *détrôner un roi* detronizzare un re **2** (*fig.*) [*déposséder de la prééminence*] detronizzare → **éclipser.**

détrousser |detʀuse| *v.tr.* (*plais.*) [*dépouiller qqn., de ce qu'il porte en usant de la violence*] rapinare, derubare: *détrousser un passant* rapinare un passante → 2 **voler.**

détrousseur |detʀusœʀ| *s.m.* (*plais.*) [*celui qui détrousse*] rapinatore (*cour.*) → **voleur** # *détrousseur de grand chemin* brigante.

détruire |detʀɥiʀ| (75) **A** *v.tr.* **1** [*défaire entièrement, jeter bas* (*une construction*)] distruggere (136), demolire (197): *détruire un bâtiment* distruggere, demolire un edificio; *détruire de fond en comble* distruggere da cima a fondo → **abattre, démolir, raser** ◆ (*au p.p.*) *ville détruite* città distrutta **2** [*altérer jusqu'à faire disparaître*] distruggere: *détruire par le feu* distruggere col fuoco; *détruire une lettre* distruggere una lettera; *les acides détruisent les tissus organiques* gli acidi distruggono i tessuti organici → **anéantir 3** [*supprimer un être vivant en ôtant la vie*] distruggere, sterminare: *une épidémie qui détruit la population d'un village* un'epidemia che distrugge, che stermina la popolazione di un villaggio → **tuer, exterminer 4** (*fig.*) [*défaire entièrement ce qui est établi, organisé, élaboré*] distruggere (136), demolire: *cette mésaventure détruisit tous ses espoirs* quella disavventura distrusse, demolì ogni sua speranza; *détruire une illusion* distruggere un'illusione; *détruire un argument, une théorie* demolire un'argomentazione, una teoria # *détruire la rébellion* soffocare la rivolta **B** *v.pron.* SE DÉTRUIRE **1** *réfl.* [*se tuer*] uccidersi (130): *il a tenté de se détruire* ha cercato di uccidersi → **suicider** (se) **2** *récipr.* [*s'annuler; avoir une action contraire*] neutralizzarsi, annullarsi: *effects qui se détruisent* effetti che si neutralizzano, si annullano (a vicenda) [C] A 1 **bâtir, construire,** 2 **conserver,** 4 **édifier** 1, **fonder.**

dette |dɛt| *s.f.* **1** debito (*m.*): *faire, contracter des dettes* fare, contrarre dei debiti; *être en dette avec qqn.* essere in debito con qc.; *être criblé, perdu de dettes* essere oberato dai debiti, essere nei debiti fino al collo ◇ (*prov.*) *qui paye ses dettes s'enrichit* chi paga debito, acquista credito **2** (*fin.*) debito: *dette publique* debito pubblico; *dette perpétuelle, remboursable* debito irredimibile, redimibile **3** [*devoir qu'impose une obligation contractée envers qqn.*] debito: *acquitter une dette de reconnaissance* pagare un debito di riconoscenza → **engagement, obligation** [C] 1; 2 **créance.**

deuil |dœj| *s.m.* **1** [*douleur, affliction que l'on éprouve de la mort de qqn.*] lutto: *jour de deuil* giorno di lutto; *pays plongé dans le deuil* paese in lutto **2** [*mort d'un broche*] lutto: *il vient d'avoir plusieurs deuils dans sa famille* di recente ci sono stati parecchi lutti nella sua famiglia → **perte 3** [*signes extérieurs du deuil*] lutto: *vêtements de deuil* abiti da lutto; *porter le deuil* portare il lutto # *loc.* EN DEUIL in lutto: *être en grand deuil* essere in lutto stretto; *en demi-deuil* in mezzo lutto ◇ (*fam.*) *avoir les ongles en deuil* [*noirs, sales*] avere le unghie nere (*cour.*) **4** (*fam.*) *faire son deuil d'une chose* [*se résigner à en être privé*] farci una croce sopra: *tu peux en faire ton deuil* puoi farci una croce sopra!

deus ex machina |deysɛksmakina| *s.m.* (*lat.*) deus ex machina *loc. subst. m. inv.*

deutéragoniste |døteʀagɔnist| *s.m.* (*théât., anc.*) deuteragonista.

deutérium |døteʀjɔm| *s.m.* (*chim.*) deuterio*.

deutér(o)- |døteʀ(ɔ)| *préf.* (*signifiant 'deuxième', correspond généralt. à*) deuter(o): *deutérium* deuterio; *deutérocanonique* deuterocanonico.

deutéron |døteʀɔ̃|, **deuton** |døtɔ̃| *s.m.* (*phys.*) deutone.

deutschemark |dɔjtʃmaʀk, døtʃmaʀk| *s.m.* (*all.*) deutschemark *inv.*, marco* (tedesco occidentale).

deux |dø| **I** *adj. numér. inv.* **1** *cardinal* due: *les deux yeux* i due occhi; *les deux côtés de la rue* i due lati della strada; *deux cents* duecento; *deux fois plus* due volte (di) più → **double**; *ils sont venus tous deux, tous les deux* sono venuti tutti e due; *être deux, vivre à deux* essere in due, vivere in due **2** (*opposé à 'un, un seul'*) [*plusieurs*] due: *il n'y a pas deux poids et deux mesures* non ci sono due pesi e due misure ◇ (*opposé à 'le même'*) *l'amour et l'amitié cela fait deux* l'amore e l'amicizia sono due cose diverse ◇ (*opposé à 'beaucoup de, nombreux'*) *c'est à deux pas d'ici* è a due passi da qui; *vous y serez en deux secondes* in due minuti sarete lì, ci arriverete in due minuti → **quelque 3** *ordinal* [*deuxième*] due; secondo: *numéro deux* numero due ‖ *tome deux* tomo secondo # *à la puissance deux* al quadrato → **carré II** *s.m. inv.* **1** [*le nombre 2*] due: *deux à deux, deux par deux* a due a due; *un et un font deux, deux et deux font quatre* uno più uno due, due più due quattro; *couper en deux* tagliare in due; *nous sommes le deux* oggi è il due, ne abbiamo due ◇ (*cartes*) *le deux de trèfle* il due di fiori ◇ (*loc.*) *ceci est clair comme deux et deux font quatre* è chiaro come due e due fanno quattro, come la luce del sole ◇ (*danse*) *pas de deux* 'pas de deux' *inv.* **2** (*loc. fam.*) *en moins de deux* [*très vite*] in quattro e quattr'otto, in men che non si dica ~ *ne faire ni une ni deux* [*se décider rapidement*] non pensarci su due volte ~ ENTRE LES DEUX [*ni ceci, ni cela; à moitié*] una via di mezzo: *'fait-il chaud ou froid?' 'entre les deux'* 'fa caldo o freddo?' 'una via di mezzo' ◇ (*prov.*) *jamais deux sans trois* non c'è due senza tre **3** [*chiffre qui représente ce nombre*] due: *le deux romain* il due romano; *le deux arabe* il due arabo.

deux-deux-(à) |adødø| *loc. adj. et s.m. inv.* (*mus.*) quattro quarti: *mesure à deux-deux* tempo in quattro quarti.

deux-huit (à) |adøɥit| *loc. adj. et s.m. inv.* (*mus.*) due ottavi: *mesure à deux-huit* tempo in due ottavi.

deuxième |døzjɛm| **1** *adj. numér. ordinal* [*qui succède au premier*] secondo: *le deuxième chapitre d'un livre* il secondo capitolo di un libro; *le deuxième étage* il secondo piano → **second** # *un deuxième classe* [*un simple soldat*] un soldato semplice **2** *s.* (per) secondo (*adj. en fonction d'appos.*): *arriver le deuxième* arrivare (per) secondo; *elle est née la deuxième* è nata per seconda # *habiter au deuxième* abitare al secondo piano.

deuxièmement |døzjɛmmɑ̃| *adv.* [*en deuxième lieu*] in secondo luogo *loc.* → **secundo.**

deux-mâts |dømɑ| *s.m. inv.* (*mar.*) due alberi.

deux-pièces |døpjɛs| *s.m. inv.* **1** (*cout.*) due pezzi: *un deux-pièces en soie imprimée* un due pezzi di seta stampata **2** [*maillot de bains*] due pezzi **3** [*appartement de deux pièces*] due locali, due vani, bicamere: *un deux-pièces cuisine* due locali, due vani più cucina; un bicamere e cucina.

deux-points |døpwɛ̃| *s.m. inv.* (*signe de ponctuation*) due punti.

deux-quatre |døkatʀ(ə)| *loc. adj. et s.m. inv.* (*mus.*) due quarti: *mesure deux-quatre* tempo in due quarti.

deux-roues |døʀu| *s.f.* → **roue.**

deux-seize (à) |adøsɛz| *loc. adj. et s.m. inv.* (*mus.*) due sedicesimi: *mesure à deux-seize* tempo in due sedicesimi.

deux-temps |døtɑ̃| *s.m. inv.* motore *var.* a due tempi: *carburant pour les deux-temps* carburante per i motori a due tempi.

dévaler |devale| **A** *v.intr.* [*aller vers le bas, brutalement ou très rapidement*] precipitare (*aux.* essere): *rochers qui dévalent de la montagne* massi che precipitano dalla montagna → 1 **descendre,** 1 **tomber** ◇ [*être en pente raide*] *terrain qui dévale* terreno che precipita, è in forte pendenza **B** *v.tr.* [*descendre rapidement*] precipitarsi *pron.* (da): *il dévalait l'escalier à quatre à quatre* si precipitava giù dalla scala facendo quattro gradini per volta → **dégringoler** # *la voiture dévalait la pente à tombeau ouvert* l'automobile andava giù per la discesa a rotta di collo.

dévaliser |devalize| *v.tr.* [*voler à qqn. tout ce qu'il a sur lui, avec lui*] derubare: *dévaliser qqn.* derubare qc., ✦ (*pron.*) *se faire dévaliser* farsi derubare ◇ (*par ext.*) *dévaliser une maison* svaligiare una casa → **cambrioler.**

dévalorisation |devalɔʀizɑsjɔ̃| *s.f.* [→ DÉVALORISER] deprezzamento *m.*, svalutazione: *dévalorisation d'une marchandise* deprezzamento di una merce; *l'inflation entraîne la dévalorisation* l'inflazione provoca la svalutazione; *dévalorisation d'une monnaie* svalutazione, deprezzamento di una moneta → **dépréciation.**

dévaloriser |devalɔʀize| **A** *v.tr.* [*diminuer la valeur*] far (103) *intr.* perdere valore a: *la perte de cette pièce dévalorise la collection* la perdita di questo pezzo fa perdere valore alla collezione → **déprécier** ✦ (*au p.p.*) *marchandise dévalorisée* merce deprezzata ◇ (*spécialt.*) *dévaloriser la monnaie* svalutare la moneta **B** *v.pron.intr.* SE DÉVALORISER perdere (163) *tr.* valore, svalutarsi: *monnaie qui se dévalorise* moneta che perde valore, che si svaluta.

dévaluation |devalɥasjɔ̃| *s.f.* [→ DÉVALUER] svalutazione: *dévalutation de la livre* svalutazione della sterlina.

dévaluer |devalɥe| *v.tr.* [*abaisser la valeur légale de (une monnaie)*] svalutare: *dévaluer le franc* svalutare il franco.

devancement |dəvɑ̃smɑ̃| *s.m.* (*milit.*) *devancement d'appel* chiamata *f.* anticipata alle armi.

devancer |dəvɑ̃se| (2) *v.tr.* **1** [*être devant (d'autres qui avancent), laisser derrière soi*] superare, distanziare: *devancer tous les autres* superare tutti gli altri → **dépasser, distancer**; *devancer tous ses rivaux* superare tutti i rivali → **surpasser 2** [*arriver avant (qqn.) dans le temps*] precedere (125): *nous vous avons devancés au rendez-vous* vi abbiamo preceduti all'appuntamento ◇ (*littér.*) *devancer son siècle* precorrere (127) il proprio tempo **3** [*aller au devant de*] prevenire (202): *devancer une objection* prevenire una obiezione; *devancer les désirs de qqn.* prevenire i desideri di qc. → **prévenir 4** [*faire qqch. en avance*] anticipare: *devancer l'appel* anticipare la chiamata alle armi.

devancier, ière |dəvɑ̃sje, jɛʀ| *s.* precursore *m.*, predecessore (*m.*): *mar-*

cher sur les traces de ses devanciers seguire le orme dei propri predecessori → **prédécesseur** [C] **successeur.**

1 **devant** |d(ə)vɑ̃| **I** *prép.* **1** davanti a, dinanzi a → 1 **avant (en), face (en), vis-à-vis**: *ne vous mettez pas devant moi, je ne vois rien* non si metta davanti a me, non mi si metta davanti, non vedo nulla; *attendre devant la porte*, aspettare davanti alla porta **2** (*par ext.*) *pleurer devant tout le monde* piangere davanti a, dinanzi a tutti; *tous les hommes sont égaux devant la loi* tutti gli uomini sono uguali davanti alla legge → **(à l') égard (de)** ◇ (*fig.*) *avoir du temps, de l'argent devant soi* disporre ancora di tempo, di denaro ◇ (*dr.*) *par devant le notaire* davanti al notaio **II** *adv.* davanti, avanti: *marcher devant* camminare davanti; *vêtement qui se ferme devant* vestito che si abbottona davanti ◇ *loc.* PAR DEVANT sul davanti: *voiture endommagée par devant* automobile danneggiata sul davanti [C] **1 derrière** 1.

2 **devant** |d(ə)vɑ̃| *s.m.* **1** [*la partie qui est placée devant*] davanti *inv.*, parte *f.* anteriore: *le devant d'une voiture* il davanti di una automobile; *le devant d'une chemise* il davanti di una camicia; *le devant d'une maison* la parte anteriore di una casa → **façade**, *pattes de devant* zampe davanti, anteriori → **antérieur** ◇ (*fig.*) PRENDRE LES DEVANTS prendere l'iniziativa *f.*, fare la prima mossa (*f.*): *si on ne prend pas les devants en affaires on est perdu* negli affari, se non si prende l'iniziativa è la fine → **devancer** **2** *loc. prép.* AU-DEVANT DE incontro a: *nous irons au-devant de vous* vi verremo incontro ◇ (*fig.*) *aller au-devant du danger* andare incontro al pericolo # *aller au-devant des désirs de qqn.* prevenire i desideri di qc. → **prévenir** [C] **1 arrière** 2.

devanture |d(ə)vɑ̃tyʀ| *s.f.* **1** [*façade, revêtement du devant d'une boutique*] facciata, mostra: *faire repeindre, refaire la devanture d'un magasin* fare ridipingere, far rifare la facciata, la mostra di un negozio → **façade** **2** (*par ext.*) [*étalage des marchandises, soit à la vitrine, soit dehors*] vetrina, banco* *m.* di esposizione: *regarder les devantures des magasins* guardare le vetrine dei negozi → **étalage, vitrine.**

dévastateur, trice |devastatœʀ, tʀis| *adj.* devastatore*: *torrent dévastateur* torrente devastatore.

dévastation |devastɑsjɔ̃| *s.f.* [→ DÉVASTER] devastazione: *les dévastations de la guerre* le devastazioni della guerra → **ravage.**

dévaster |devaste| *v.tr.* [*ruiner* (*un pays*) *en détruisant totalement les richesses*] devastare: *les cultures ont été dévastées par la grêle* le colture sono state devastate dalla grandine → **ravager** ✦ (*au p.p.*) *région dévastée* regione devastata.

déveine |devɛn| *s.f.* (*fam.*) [*malchance*] scalogna, scarogna: *quelle déveine!* che scalogna! → 2 **guigne, poisse.**

développé |devlɔpe| *s.m.* (*poids, haltères*) distensione *f.* lenta.

développée |devlɔpe| *s.f.* (*math.*) evoluta.

développement |devlɔpmɑ̃| *s.m.* **1** (*concret*) [→ DÉVELOPPER A 2] sviluppo: *le développement d'une pellicule photographique* lo sviluppo di una pellicola fotografica **2** [→ DÉVELOPPER B 1] sviluppo: *développement d'un embryon, d'une plante* sviluppo di un embrione, di una pianta; *développement intellectuel* sviluppo intellettuale → **croissance, épanouissement** **3** [→ DÉVELOPPER B 2] sviluppo: *développement du commerce* sviluppo del commercio → **essor, extension**; *développement des sciences* sviluppo delle scienze → **progrès**; *les développements d'une affaire* gli sviluppi di una questione **4** [*exposition détaillée d'un sujet*] trattazione *f.* (dettagliata); particolare: *le développement d'un sujet* la trattazione (dettagliata) di un argomento → **exposé, détail** ‖ *entrer dans des développements superflus* entrare in particolari superflui ◇ (*mus.*) *développement d'un thème* sviluppo di un tema.

développer |devlɔpe| **A** *v.tr.* **1** [*étendre ce qui est plié, enroulé; donner toute son étendue à*] svolgere (196), spiegare: *développer un coupon de tissu* svolgere uno scampolo di stoffa; *armée qui développe ses ailes* esercito che spiega le ali → **déployer, étendre** ◇ (*algèbre, math.*) sviluppare: *développer une expression algébrique* sviluppare una espressione algebrica; *développer une fonction* sviluppare una funzione **2** (*photo.*) sviluppare: *développer une pellicule* sviluppare una pellicola; *donner une pellicule à développer* dare da sviluppare, fare sviluppare una pellicola **3** (*fig.*) [*faire croître; donner de l'ampleur à*] sviluppare: *développer le corps par des exercices physiques* sviluppare il corpo con esercizi fisici; *développer l'intelligence d'un enfant* sviluppare l'intelligenza di un bambino **4** [*exposer en détail, étendre en donnant plus de détails*] sviluppare, esporre (168) dettagliatamente: *développer un argument, un chapitre* sviluppare un argomento, un capitolo; *développer un projet* esporre dettagliatamente un progetto → **expliquer** **B** *v.pron. intr.* SE DÉVELOPPER **1** (*êtres vivants*) [*croître, s'épanouir*] svilupparsi: *adolescent qui se développe* adolescente che si sviluppa ✦ (*au p.p.*) *corps bien développé, poitrine bien développée* corpo ben sviluppato, petto ben sviluppato **2** [*prendre de l'extension, de l'importance*] svilupparsi: *l'affaire s'est développée grâce à une augmentation de capital* l'impresa si è sviluppata grazie a un aumento di capitale [C] A 4 **résumer.**

1 **devenir** |dəvniʀ| (27) *v.intr.* (*aux.* 'être') [*passer d'un état à* (*un autre*), *commencer à être* (*ce qu'on n'était pas*)] diventare, divenire (202): *devenir vieux* diventare vecchio; *il devient fou* diventa matto; *elle est devenue sa femme* è diventata sua moglie # *la situation devenait difficile* la situazione si faceva difficile ◇ (*dans les phrases interrogatives ou dubitatives*) *qu'allons-nous devenir?* che ne sarà di noi?; *que sont devenues vos belles résolutions?* che ne è dei vostri buoni propositi?; *qu'est devenue cette personne?* che ne è di quella persona?; *qu'étiez-vous donc devenus? nous vous cherchions depuis une heure* dove eravate (andati a finire), dove vi eravate cacciati? vi cercavamo da un'ora; *qu'est devenu mon chapeau?* che ne è del mio cappello? ◇ (*fam.*) *qu'est-ce que vous devenez?* (*à une personne qu'on n'a pas vue depuis quelque temps*) che fa di bello?

2 **devenir** |dəvniʀ| *s.m.* [→ 1 DEVENIR] divenire (*inv.*): *la conscience est en perpétuel devenir* la coscienza è in perpetuo divenire → **changement.**

déverbal, ale, aux |devɛʀbal, o| *adj. et s.m.* (*ling.*) deverbale.

dévergondage |devɛʀgɔ̃daʒ| *s.m.* [→ DÉVERGONDER (SE)] spudoratezza *f.*, sregolatezza *f.*

dévergondé, ée |devɛʀgɔ̃de| *adj.* (*se dit d'une personne jeune dont la conduite est trop libre*) spudorato, svergognato ✦ (*s.*) *une dévergondée* una spudorata, una svergognata.

dévergonder (se) |devɛʀgɔ̃de| *v.pron.intr.* [*devenir dévergondé*] perdere (163) *tr.* ogni (senso del) pudore.

déverrouillage |devɛʀujaʒ| *s.m.* [→ DÉVERROUILLER] il togliere *inv.* il catenaccio, il chiavistello (a una porta) ◇ (*génér.*) sblocco* # *déverrouillage d'une arme à feu* apertura dell'otturatore di un'arma da fuoco.

déverrouiller |devɛʀuje| *v.tr.* [*ouvrir en tirant le verrou*] togliere (123) il catenaccio, il chiavistello a: *déverrouiller une porte* togliere il catenaccio a una porta ◇ (*génér.*) sbloccare # *déverrouiller une arme* aprire l'otturatore di un'arma.

devers |dəvɛʀ| *prép.* PAR-DEVERS davanti a, in presenza di # *se pourvoir par-devers le juge*, ricorrere al giudice ◇ *loc.* PAR-DEVERS SOI in proprio possesso, nelle proprie mani: *garder des documents par-devers soi* conservare nelle proprie mani dei documenti.

dévers |devɛʀ| *s.m.* [*inclinaison transversale d'une voie de chemin de fer, d'une route dans les courbes*] sopraelevazione *f.*; inclinazione *f.* trasversale.

déversement |devɛʀsəmɑ̃| *s.m.* [→ DÉVERSER A 1; B] riversamento, scarico*.

déverser |devɛʀse| **A** *v.tr.* **1** [*déposer, laisser tomber en versant*] scaricare: *déverser du sable dans un chantier* scaricare della sabbia in un cantiere; *les avions ont déversé des tonnes de bombes sur l'objectif* gli aerei hanno scaricato tonnellate di bombe sull'obiettivo → 3 **décharger** **2** [*laisser sortir, répandre en grandes quantités, à flots*] scaricare, riversare: *chaque train déverse des flots de voyageurs* ogni treno scarica, riversa ondate di viaggiatori ◇ (*fig.*) *déverser sa rancune, son mépris* sfogare il proprio rancore, il proprio disprezzo **B** *v.pron.intr.* SE DÉVERSER [*couler d'un lieu dans un autre*] scaricarsi, riversarsi: *l'eau se déverse dans le bassin* l'acqua si scarica, si riversa nel bacino → **jeter (se).**

déversoir |devɛʀswaʀ| *s.m.* [*orifice par lequel s'écoule le trop-plein d'un canal, d'un réservoir*] sfioratore: *déversoir d'un barrage* sfioratore di una diga → 1 **vanne.**

dévêtir |devetiʀ| (25) **A** *v.tr.* [*dépouiller* (*qqn.*) *des ses vêtements*] svestire (100), spogliare: *dévêtir un enfant* svestire un bambino → **déshabiller** **B** *v.pron. réfl.* SE DÉVÊTIR [→ *tr.*] svestirsi, spogliarsi # *se dévêtir quand il fait chaud* scoprirsi, alleggerirsi quando fa caldo.

déviance |devjɑ̃s| *s.f.* (*psycho.*) deviazione.

déviant, ante |devjɑ̃, ɑ̃t| *adj.* (*psycho.*, *cour.*) deviante.
déviation |devjɑsjɔ̃| *s.f.* **1** [→ DÉVIER A] deviazione: *déviation d'un projectile* deviazione di un proiettile; *déviation d'un navire, d'un avion* deviazione di una nave, di un aereo; *déviation d'un rayon lumineux* deviazione di un raggio luminoso ◇ (*pathol.*) *déviation de la colonne vertébrale* deviazione della colonna vertebrale ◇ (*fig.*) *déviation doctrinale* deviazione dottrinale **2** [→ DÉVIER B] deviazione: *déviation de véhicules* deviazione di veicoli; *prendre une déviation* prendere una deviazione.
déviationnisme |devjɑsjɔnism(ə)| *s.m.* deviazionismo [C] **orthodoxie.**
déviationniste |devjɑsjɔnist(ə)| *adj.* deviazionistico* ✦ (*s.*) *les déviationnistes de droite, de gauche* i deviazionisti di destra, di sinistra.
dévidage |devidaʒ| *s.m.* [→ DÉVIDER 1] aspatura *f.* # *dévidage d'un écheveau* dipanamento di una matassa.
dévider |devide| *v.tr.* **1** (*techn.*) [*mettre en écheveau*] annaspare: *dévider du fil* annaspare il filo ◇ [*mettre en pelote* (*un écheveau*] dipanare **2** (*par ext.*) [*dérouler*] svolgere (196), srotolare: *dévider une bobine de fil* svolgere una bobina di filo; *dévider un cordage* srotolare, svolgere una fune → **filer 3** *dévider un chapelet* sgranare il rosario ◇ (*fig.*, *fam.*) *dévider son chapelet, son écheveau* vuotare il sacco.
dévideur, euse |devidœʀ, øz| *s.* [*personne qui dévide le fil, la laine*] aspatore*.
dévidoir |devidwaʀ| *s.m.* [*instrument dont on se sert pour dévider*] aspo, dipanatoio*: *dévidoir des cordiers* aspo dei cordai → **caret.**
dévier |devje| **A** *v.intr.* [*se détourner, être détourné de sa direction, de sa voie*] deviare: *dévier de son chemin* deviare dalla propria strada; *la balle a dévié* la pallottola ha deviato → 1 **écarter (s')** ◇ (*fig.*) *dévier de ses principes* deviare dai propri principi **B** *v.tr.* [*écarter de la direction normale*] deviare: *dévier la circulation* deviare la circolazione.
devin, devineresse |dəvɛ̃, dəvinʀɛs| *s.* (*antiq.*) indovino (*cour.*), divinatore* → **prophète,** 1 **voyant** ◇ (*loc.*) *je ne suis pas devin* non sono un indovino.
devinable |d(ə)vinabl(ə)| *adj.* [→ DEVINER 1] prevedibile → **prévisible.**
deviner |d(ə)vine| *v.tr.* **1** [*parvenir à connaître par conjecture, supposition, intuition*] indovinare: *deviner un secret* indovinare un segreto; *deviner la pensée, les intentions de qqn.* indovinare, intuire il pensiero, le intenzioni di qc.; *devinez qui m'a écrit, vous ne trouverez jamais!* indovini chi mi ha scritto, non lo immaginerebbe mai! → **découvrir, imaginer, pressentir** # *je devine où il veut en venir* immagino dove vuol arrivare **2** [*trouver le mot, la solution d'une énigme*] risolvere (117): *Œdipe devina l'énigme du Sphinx* Edipo risolse l'enigma della Sfinge → **résoudre, trouver.**
devinette |d(ə)vinɛt| *s.f.* [*question dont il faut deviner la réponse*] indovinello (*m.*): *poser, proposer une devinette* fare, proporre un indovinello → **énigme** ◇ *au plur.* [*jeu où l'on pose des questions*] indovinello (*sing.*): *jouer aux devinettes* giocare a indovinello.
devis |d(ə)vi| *s.m.* [*état détaillé des travaux à exécuter avec l'estimation des prix*] preventivo: *devis d'un imprimeur* preventivo di un tipografo; *demander un devis* chiedere un preventivo.
dévisager |devizaʒe| (3) *v.tr.* [*regarder avec attention, avec insistance*] squadrare, fissare: *dévisager qqn. d'une manière menaçante* squadrare qc. in modo minaccioso → **fixer.**
1 **devise** |d(ə)viz| *s.f.* **1** (*blas.*) divisa **2** [*paroles exprimant une pensée, un sentiment, un mot d'ordre*] motto *m.*, massima: '*liberté, égalité, fraternité*', *devise de la République française* 'libertà, uguaglianza, fratellanza', motto della Repubblica francese ◇ (*par ext.*) [*règle de vie, d'action*] motto: *c'est ma devise* è il mio motto.
2 **devise** |d(ə)viz| *s.f.* (*fin.*) divisa, valuta: *cours des devises étrangères* corsi delle divise estere; *devise forte* valuta pregiata → **change.**
deviser |dəvize| *v.intr.* (*littér.*) [*s'entretenir familièrement*] discorrere (127) → **converser,** 1 **parler.**
dévissage |devisaʒ| *s.m.* [→ DÉVISSER A] svitatura (*f.*): *dévissage d'un bouchon* svitatura di un tappo.
dévisser |devise| **A** *v.tr.* [*défaire ce qui est vissé*] svitare: *dévisser* (*le bouchon d'*) *un tube* svitare (il tappo di) un tubo **B** *v.intr.* (*alpinisme*) [*lâcher la prise et tomber*] precipitare (*aux.* essere) [C] A **visser.**
de visu |devizy| *loc. adv.* (*lat.*) de visu, coi propri occhi: *se rendre compte de visu* constatare de visu.
dévitalisation |devitalizɑsjɔ̃| *s.f.* (*méd.*) devitalizzazione.
dévitaliser |devitalize| *v.tr.* (*méd.*) [*priver* (*une dent*) *de son tissu vital* (*pulpe et nerfs*)] devitalizzare.
dévitaminé, ée |devitamine| *adj.* devitaminizzato.
dévoiement |devwamɑ̃| *s.m.* (*archit.*) inclinazione *f.* di canna fumaria o grondaia.
dévoilement |devwalmɑ̃| *s.m.* [→ DÉVOILER A 2; B 2] svelamento (*rare*) ◇ (*fig.*) *dévoilement des mystères* rivelazione *f.* dei misteri → **révélation.**
dévoiler |devwale| **A** *v.tr.* **1** [*enlever le voile de* (*qqn.*), *ce qui cache qqch.*] scoprire (186), svelare (*rare*): *dévoiler une statue* scoprire una statua → **découvrir** ✦ (*au p.p.*) *femme dévoilée* donna senza velo **2** (*fig.*) [*découvrir* (*ce qui était secret*)] svelare: *il ne veut pas dévoiler ses intentions* non vuole svelare le proprie intenzioni; *dévoiler un complot, un scandale* svelare un complotto, uno scandalo → **découvrir, révéler** # *dévoiler la fausseté de qqn.* smascherare la falsità di qc. → **démasquer B** *v.pron.* SE DÉVOILER **1** *réfl.* [→ *tr.* 1] togliersi (123) il velo: *musulmane qui se dévoile* musulmana che si toglie il velo **2** *intr.* [*se montrer, se manifester, devenir connu*] svelarsi: *le mystère se dévoile peu à peu* il mistero si svela a poco a poco → **apparaître,** 1 **paraître** [C] A 2; B 2 **cacher, taire.**
1 **devoir** |d(ə)vwaʀ| **A** *v.tr.* **I 1** [*avoir à payer* (*une somme d'argent*), *à fournir* (*qqch. en nature*) *à qqn.*] dovere (138): *il me doit dix mille francs* mi deve diecimila franchi; *l'argent qui m'est dû* il denaro che mi è dovuto → **dû** # *payer ce que l'on doit* pagare il dovuto **2** [*être redevable* (*à qqn. ou à qqch.*) *de ce qu'on possède*] dovere: *il lui doit sa situation* gli deve (è a lui che deve) la sua posizione; *sa réussite est due au hasard* il suo successo è dovuto al caso; *devoir sa vie à qqn.* dovere la vita a qc.; *ceux à qui il doit le jour* coloro ai quali egli deve la vita; *je lui dois d'être en vie* gli devo la vita → **tenir (de) 3** [*être tenu à* (*qqch.*) *par la loi, les convenances, la morale*] dovere: *un fils doit le respect à son père* un figlio deve rispetto al padre; *je lui dois bien cela* gli debbo almeno questo; *je me dois de le prévenir* è mio dovere avvertirlo **II** DEVOIR (+ *inf.*) **1** [*être dans l'obligation de* (*faire qqch.*)] dovere (+ *inf.*): *il doit terminer ce travail ce soir* deve finire questo lavoro stasera; *il a cru devoir refuser* ha creduto di dover rifiutare; *tu as agi comme tu devais* (*agir*) hai agito come dovevi → 1 **avoir (à)** ◇ (*exprimant 'la nécessité'*) *il n'arrive que ce qui doit arriver* non accade che quel che deve accadere; *cela devait arriver* doveva capitare! **2** [*avoir l'intention de*] (*en principe au condit.*) dovere: *je dois partir demain* dovrei partire domani → **penser 3** (*exprimant 'la vraisemblance, la probabilité, l'hypothèse'*) dovere: *on doit avoir froid dans un tel pays* deve far freddo in un simile paese ◇ (*par politesse*) *vous devez vous tromper* forse lei si sbaglia (vi sbagliate) ◇ (*dans le passé*) *il ne devait pas être bien tard quand il est parti* non doveva essere molto tardi quando se ne è andato; *il a dû tromper, il doit s'être trompé* deve essersi sbagliato **4** (*à l'imp. du subj., littér.*) [*quand même, quand bien même*] *dussé-je y consacrer ma fortune* dovessi sacrificarvi tutto quel che possiedo **B** *v.pron.* SE DEVOIR **1** *réfl.* [*être obligé de se consacrer à*] avere (97) *tr.* dei doveri verso: *se devoir à la patrie* avere dei doveri verso la patria **2** (*passif impers.*) *comme il se doit* come si deve ◇ (*fam.*) come previsto, come era da prevedere.
2 **devoir** |d(ə)vwaʀ| *s.m.* **1** [*obligation morale*] dovere: *le sentiment du devoir* il senso del dovere; *un homme de devoir* un uomo che ha il senso del dovere **2** [*ce qu'on doit faire*] dovere: *devoirs envers soi-même* doveri verso sé stesso; *accomplir, faire son devoir* compiere, fare il proprio dovere; *suivre son devoir* agire secondo il proprio dovere; *assumer tous les devoirs d'une charge* assumersi tutti i doveri di una carica → **obligation** ◇ (*loc.*) *il est de mon devoir de* (+ *inf.*) è mio dovere (+ *inf.*) ~ *se faire un devoir de* farsi un dovere di ~ *manquer à son devoir* venir meno al proprio dovere ~ *négliger ses devoirs* trascurare i propri doveri ~ SE METTRE EN DEVOIR DE [*se disposer à*] accingersi a: *il se mit en devoir d'allumer le feu* si accinse ad accendere il fuoco **3** *au plur.* (*vieilli*) doveri: *présentez mes devoirs à votre mère* (fate) i miei doveri a vostra madre → **hommage, respect** # *rendre à qqn. les derniers devoirs* rendere l'ultimo omaggio a qc. **4** [*exercice scolaire*] compito: *il fait ses devoirs à la maison* fa i compiti a casa; *corriger des devoirs* correggere i compiti.
dévolter |devɔlte| *v.tr.* (*électr.*) [*diminuer le voltage de*] diminuire (197) la tensione (di).
dévolu, ue |devɔly| **1** *adj.* [*acquis,*

échu par droit] devoluto: *succession dévolue à l'État faute d'héritiers* successione devoluta allo Stato per mancanza di eredi **2** (*s.m.*) *jeter son dévolu sur une personne, une chose* [*fixer son choix sur elle, manifester l'intention de l'obtenir*] mettere gli occhi su una persona, una cosa → **prétendre** (à) ◇ (*vx., dr. canon.*) *bénéfice vacant par dévolu* beneficio vacante per diritto di devoluzione *f.*

dévolution |devɔlysjɔ̃| *s.f.* (*dr.*) devoluzione: *la guerre de dévolution* la guerra di devoluzione.

devon |devɔ̃| *s.m.* (*pêche*) esca* *f.* artificiale.

dévonien, ienne |devɔnjɛ̃, jɛn| *adj.* (*géol.*) devoniano, devonico* ✦ (*s.m.*) *le dévonien* il devoniano.

dévorant, ante |devɔʀɑ̃, ɑ̃t| *adj.* **1** *une faim dévorante* una fame da lupo *loc.* → **avide** ◇ (*fig.*) *la curiosité dévorante des jeunes* l'insaziabile curiosità dei giovani → **insatiable 2** [*qui consume, détruit*] divoratore*: *un feu dévorant* un fuoco divoratore ◇ (*fig.*) *passion dévorante* passione divoratrice → **ardent, brûlant.**

dévorer |devɔʀe| *v.tr.* **1** [*manger en déchirant (avec les dents)*] divorare: *le lion dévore sa proie* il leone divora la preda; *les chenilles ont dévoré les feuilles du rosier* i bruchi hanno divorato le foglie del rosaio ◇ (*par exagér.*) *être dévoré par les moustiques* essere divorato dalle zanzare **2** (*personnes*) [*manger avidement, gloutonnement*] divorare → **engloutir, engouffrer 3** (*fig.*) *dévorer un livre* divorare un libro **4** *dévorer des yeux* divorare con gli occhi → **convoiter 5** [*faire disparaître rapidement*] divorare: *les flammes dévoraient l'édifice* le fiamme divoravano l'edificio → **consumer, détruire** ◇ (*fig.*) *le travail dévore tout mon temps* il lavoro assorbe tutto il mio tempo → **absorber 6** [*faire éprouver une sensation pénible*] divorare: *la soif le dévore* la sete lo divora → **tourmenter** # *être dévoré de remords* essere straziato dal rimorso.

dévoreur, euse |devɔʀœʀ, øz| *s.* (*rare*) [*personne qui dévore*] divoratore*.

dévot, ote |devo, ɔt| *adj.* devoto → **fervent, pieux; bigot** (*péj.*) # *les personnes dévotes* i devoti ✦ (*s.*) *un faux dévot* un bigotto, un baciapile → **cagot.**

dévotement |devɔtmɑ̃| *adv.* (*vieilli*) [→ DÉVOT] devotamente.

dévotion |devosjɔ̃| *s.f.* **1** devozione → **piété** ◇ (*péj.*) *être confit en dévotion* essere tutto devozione # *la fausse dévotion* il bigottismo → **bigoterie 2** *au plur.* [*pratiques*] devozioni: *faire ses dévotions* fare le devozioni **3** [*culte*] devozione: *la dévotion à la Sainte Vierge* la devozione alla Vergine ◇ (*fig.*) *il a une véritable dévotion pour sa fiancée* ha una vera adorazione per la fidanzata → **adoration, vénération** ◇ (*loc.*) *être à la dévotion de qqn.* [*lui être tout dévoué*] essere devotissimo a qc.

dévoué, ée |devwe| *adj.* devoto: *serviteur dévoué* servitore devoto; *c'est l'ami le plus dévoué* è l'amico più devoto, fedele → **fidèle** ◇ (*formules de politesse*) *votre tout dévoué* suo (vostro) devoto, devotissimo; *veuillez croire à mes sentiments dévoués* devotamente suo (vostro).

dévouement |devumɑ̃| *s.m.* **1** dedizione *f.*, abnegazione (*f.*): *le dévouement des soldats a sauvé la patrie* la dedizione, l'abnegazione dei soldati ha salvato la patria; *dévouement d'un savant à son œuvre* dedizione di uno studioso alla propria opera → **sacrifice 2** [*disposition à servir, à se dévouer à qqn.*] dedizione: *soigner qqn. avec (beaucoup de) dévouement* curare qc. con (molta) dedizione → **bonté.**

dévouer |devwe| **A** *v.tr.* [*vouer*] consacrare ◇ ETRE DÉVOUÉ À QQN. [*être prêt à le servir*] essere devoto a qc.: *il lui est tout dévoué* gli è totalmente devoto **B** *v.pron. réfl.* SE DÉVOUER **1** *absolt.* [*se sacrifier*] sacrificarsi: *il est toujours prêt à se dévouer* è sempre pronto a sacrificarsi **2** (*vieilli*) SE DÉVOUER (À) dedicarsi (a): *se dévouer corps et âme à une noble cause* dedicarsi anima e corpo a una nobile causa ◇ (*fam.*) *personne ne veut aller chercher le pain? allons, dévoue-toi!* nessuno vuole andare a prendere il pane? su, sacrificati!

dévoyé, ée |devwaje| *adj.* [*qui est sorti du droit chemin*] sviato, traviato: *jeune homme dévoyé* giovane traviato ✦ (*s.*) *un dévoyé* un dissoluto, uno scapestrato.

dévoyer |devwaje| (10) **A** *v.tr.* (*littér.*) [*détourner du droit chemin*] sviare, traviare → **pervertir B** *v.pron. intr.* SE DÉVOYER [→ *tr.*] sviarsi, traviarsi.

dextérité |dɛksteʀite| *s.f.* **1** [*adresse des mains; délicatesse, aisance dans l'exécution de qqch.*] destrezza: *manier le pinceau avec dextérité* usare il pennello con destrezza → 2 **adresse, agilité 2** (*fig.*) [*adresse d'esprit*] destrezza → **art, habileté** Ⓒ **gaucherie.**

dextralité |dɛkstʀalite| *s.f.* [*le fait d'être droitier*] destrismo *m.*

dextre |dɛkstʀ(ə)| *s.f.* (*vx., plais.*) [*main droite*] (mano) destra Ⓒ **senestre, gauche** 1.

dextrine |dɛkstʀin(ə)| *s.f.* (*chim.*) destrina.

dextro- |dɛkstʀɔ| *préf.* (*signifiant 'droite', correspond généralt. à*) destro: *dextrogyre* destrogiro.

dextrogyre |dɛkstʀɔʒiʀ| *adj.* (*chim., géom.*) destrogiro.

dextrorsum |dɛkstʀɔʀsɔm| *adj. inv. et adv.* (*lat.*) destrorso.

dextrose |dɛkstʀoz| *s.m.* (*chim.*) destrosio* → **glucose.**

dey |dɛ| *s.m.* dey *inv.*

di- |di| *préf.* (*signifiant 'deux fois', correspond généralt. à*) di: *dicotylédones* dicotiledoni.

dia- |dja| *préf.* (*signifiant 'séparation, distinction, à travers', correspond généralt. à*) dia: *diactrique* diacritico; *dialyse* dialisi.

dia |dja| *interj.* [*cri des charretiers pour faire aller leurs chevaux à gauche*] a sinistra ◇ (*fig., fam.*) *l'un tire à hue et l'autre à dia* l'uno tira (va) a destra, l'altro a sinistra.

diabète |djabɛt| *s.m.* (*méd.*) diabete.

diabétique |djabetik| *adj.* diabetico*: *coma diabétique* coma diabetico ✦ (*s.*) *un diabétique* un diabetico.

1 **diable** |djɑbl(ə)| *s.m.* **I 1** diavolo # *petit diable* diavoletto → **diablotin 2** [*le prince des démons ou des diables*] diavolo: *le diable tenta Ève* il diavolo tentò Eva → **démon** ◇ (*loc.*) *ne connaître, ne craindre ni Dieu ni diable* non aver paura di niente e di nessuno ~ *signer un pacte avec le diable* fare un patto col diavolo ~ *avoir le diable au corps* avere il diavolo in corpo ~ *faire le diable à quatre* fare il diavolo a quattro ~ *que le diable l'emporte* che il diavolo se lo porti ~ LE DIABLE M'EMPORTE SI... che il diavolo mi porti se...: *le diable m'emporte si j'y comprends un mot* il diavolo mi porti se ci capisco una parola ~ *tirer le diable par la queue* [*avoir peine a vivre faute de ressources*] far fatica a sbarcare il lunario, non accozzare il desinare con la cena ~ *c'est bien le diable si...* sarebbe veramente strano, straordinario se... ~ *ce n'est pas le diable* non è difficile, non è una cosa dell'altro mondo **3** *loc.fig.* AU DIABLE al diavolo: *envoyer qqn. au diable, à tous les diables, aux cinq cents diables* mandare qc. al diavolo → **rembarrer**; (*fam.*) *allez au diable!* andate al diavolo!; *au diable les importuns!* al diavolo gli scocciatori! # *habiter au diable (vauvert)*, (*fam.*) *au diable vert* abitare a casa del diavolo ~ À LA DIABLE [*sans soin*] alla diavola: *travail fait à la diable* lavoro fatto alla diavola, alla meno peggio ~ DU DIABLE [*excessif*] del diavolo: *il fait un froid du diable* fa un freddo del diavolo; *un vacarme de tous les diables* un baccano del diavolo ~ EN DIABLE [*très, terriblement*] maledettamente *adv.*, tremendamente (*adv.*): *il est paresseux en diable* è maledettamente pigro **4** *interj.* (*exprimant 'la surprise, l'étonnement admiratif ou indigne'* diavolo!: *diable! c'est un peu cher* diavolo! è un po' caro; *où diable est-il caché?* dove diavolo è nascosto?; *que diable!* che diavolo!, diamine! **5** (*prov.*) *le diable n'est pas si noir qu'on le peint* il diavolo non è così brutto come (lo) si dipinge ~ *c'est le diable qui bat sa femme et marie sa fille* son le nozze del diavolo ~ *quand le diable devient vieux il se fait ermite* il diavolo quando è vecchio si fa romito, si fa frate; quando la carne diventa frusta anche l'anima si aggiusta **II** (*personnes*) **1** [*enfant vif, turbulent, insupportable*] diavolo, diavoletto: *cet enfant est un vrai diable* questo bambino è un vero diavolo, un vero diavoletto → **diablotin** ✦ (*adj.*) *il est diable* è un po' diavolo, vivace **2** (*loc.*) *un pauvre diable* un povero diavolo ~ *un bon diable* [*brave homme*] un buon diavolo, un brav'uomo ~ *un grand diable* [*homme très grand*] uno spilungone **3** *loc.* UN DIABLE DE (*valeur d'adj.*) [*bizarre, singulier ou mauvais*] un diavolo di: *un diable d'homme* un diavolo d'uomo → **drôle** # *un diable d'affaire* una strana, una brutta faccenda.

2 **diable** |djɑbl(ə)| *s.m.* [*petit chariot à deux roues*] carrello portabagagli.

diablement |djɑ(a)bləmɑ̃| *adv.* (*fam.*) [*très*] maledettamente, terribilmente: *ce travail est diablement difficile* è un lavoro maledettamente difficile → **rudement.**

diablerie |djɑ(a)bləʀi| *s.f.* **1** diavoleria: *ces enfants inventent toujours mille diableries* questi bambini inventano sempre mille diavolerie **2** (*hist. litt.*) mistero *m.* (religioso medievale) **3** → **maléfice, sortilège.**

diablesse |djɑblɛs| *s.f.* diavolessa.

diablotin |djɑ(a)blɔtɛ̃| *s.m.* **1** [*petit diable*] diavoletto **2** [*enfant espiègle*]

diavoletto: *qu'est-ce que ces diablotins ont encore manigancé?* che cos'hanno ancora tramato questi diavoletti?
diabolique |djɑ(a)bɔlik| *adj.* 1 diabolico*: *pouvoir diabolique* potere diabolico → **démoniaque** 2 [*extrêmement méchant*] diabolico: *un visage diabolique* un viso diabolico; *machination diabolique* macchinazione diabolica → **infernal, satanique.**
diaboliquement |diabɔlikmɑ̃| *adv.* [→ DIABOLIQUE 2] diabolicamente: *il a agi diaboliquement* ha agito diabolicamente.
1 **diabolo** |djabɔlo| *s.m.* 1 diabolo 2 [*boisson*] *diabolo menthe, grenadine* limonata *f.* alla menta, alla granatina.
2 **diabolo** |djabɔlo| *s.m.* [*avant-train amovible pour les semi-remorques séparées de leur tracteur*] articolato.
diachronie |djakʀɔni| *s.f.* (*ling.*) diacronia.
diachronique |djakʀɔnik| *adj.* (*ling.*) diacronico*: *étude diachronique* studio diacronico.
diacide |djasid| *adj.* et *s.m.* → 1 **acide.**
diaclase |djaklɑz| *s.f.* (*géol.*) diaclasi *inv.*
diaconal, ale, aux |djakɔnal, o| *adj.* diaconale: *ornements diaconaux* ornamenti diaconali.
diaconat |djakɔna| *s.m.* (*relig. chrét.*) diaconato.
diaconesse |djakɔnɛs| *s.f.* (*relig. chrét.*) diaconessa.
diacoustique |djakustik| *s.f.* diacustica*.
diacre |djakʀ(ə)| *s.m.* (*relig. chrét.*) diacono.
diacritique |djakʀitik| *adj.* diacritico*: *signes diacritiques* segni diacritici.
diadème |djadɛm| *s.m.* diadema ◇ (*par ext.*) *un magnifique diadème de cheveux* una magnifica corona *f.* di capelli.
diadoque |djadɔk| *s.m.* diadoco*.
diagnose |djagnoz| *s.f.* (*biol., méd.*) diagnostica*.
diagnostic |djagnɔstik| *s.m.* diagnosi *f.inv.*
diagnostique |djagnɔstik| *adj.* diagnostico*: *signes diagnostiques du cancer* segni diagnostici del cancro.
diagnostiquer |djagnɔstike| *v.tr.* (*méd.*) [*reconnaître en faisant le diagnostic*] diagnosticare: *diagnostiquer une maladie* diagnosticare una malattia ◇ (*fig.*) *diagnostiquer une crise économique* diagnosticare una crisi economica.
diagnostiqueur |djagnɔstikœʀ| *s.m.* [*médecin dont le diagnostic est très sûr*] diagnosta.
diagonal, ale, aux |djagɔnal, o| *adj.* (*géom.*) diagonale.
diagonale |djagɔnal| *s.f.* 1 diagonale: *diagonale d'un rectangle* diagonale di un rettangolo # *la diagonale d'un tissu* lo sbieco di un tessuto → **biais** 2 *loc.* EN DIAGONALE in diagonale: *traverser une rue en diagonale* attraversare una strada in diagonale ◇ (*fig., fam.*) *lire en diagonale* [*très rapidement*] leggere affrettatamente *adv.*
diagonalement |djagɔnalmɑ̃| *adv.* [→ DIAGONALE 2] diagonalmente.
diagrammatique |djagʀamatik| *adj.* diagrammatico*.
diagramme |djagʀam| *s.m.* 1 diagramma, schema 2 (*math., stat.*) diagramma, grafico*: *diagramme de la fièvre* diagramma, grafico della febbre.
dialectal, ale, aux |djalɛktal, o| *adj.* dialettale: *forme dialectale* forma dialettale → **dialectalisme.**
dialectalisme |djalɛktalism(ə)| *s.m.* (*ling.*) dialettalismo.
dialecte |djalɛkt(ə)| *s.m.* dialetto.
dialecticien, ienne |djalɛktisjɛ̃, jɛn| *s.* dialettico* → **logicien.**
dialectique |djalɛktik| 1 *s.f.* (*philo., cour.*) dialettica*: *une dialectique rigoureuse* una dialettica rigorosa 2 *adj.* dialettico*: *méthode dialectique* metodo dialettico.
dialectiquement |djalɛktikmɑ̃| *adv.* [→ DIALECTIQUE 2] dialetticamente.
dialogue |djalɔg| *s.m.* 1 dialogo*: *dialogue vif, animé* dialogo vivace, animato → **conversation** ◇ (*par anal.*) *dialogue euroarabe, Nord-Sud* dialogo euro-arabo, Nord-Sud → **conférence** 2 (*ciné.*) dialogo (*spécialt. au plur.*): *dialogues d'un film* dialoghi di un film 3 (*litt.*) dialogo **C** 3 **monologue.**
dialoguer |djalɔge| **A** *v.intr.* [*avoir un dialogue*] dialogare → **converser** **B** *v.tr.* [*mettre en dialogue*] dialogare: *dialoguer un roman pour le porter à l'écran* dialogare un romanzo per portarlo sullo schermo.
dialoguiste |djalɔgist(ə)| *s.* dialoghista.
dialypétale |djalipetal| *adj.* (*bot.*) dialipetalo.
Dialypétales |djalipetal| *s.f. pl.* (*t.bot.*) Dialipetali *m.*
dialyse |djaliz| *s.f.* (*chim.*) dialisi *inv.*
diamant |djamɑ̃| *s.m.* (*abrév. pop.* '*diam*') 1 diamante # *diamant monté seul* solitario → **solitaire** ◇ (*chim.*) *poudre de diamants* polvere di diamanti 2 (*techn.*) *diamant de vitrier* diamante (da vetraio), diamante tagliavetro.
diamantaire |djamɑ̃tɛʀ| *s.m.* [*celui qui taille ou vend des diamants*] tagliatore* *s.* di diamanti, diamantaio*; commerciante *s.* in diamanti.
diamanté, ée |djamɑ̃te| *adj.* 1 [*garni de diamants*] ornato, guarnito di diamanti: *une main diamantée* una mano ornata di diamanti 2 [*garni d'une pointe de diamant*] munito di diamante.
diamantin, ine |djamɑ̃tɛ̃, in| *adj.* diamantino (*rare*) → **adamantin.**
diamétralement |djametʀalmɑ̃| *adv.* 1 [*selon le diamètre*] diametralmente: *les deux pôles sont diamétralement opposés* i due poli sono diametralmente opposti 2 *diamétralement opposés* [*absolument, entièrement*] diametralmente opposti: *concepts diamétralement opposés* concetti diametralmente opposti.
diamètre |djamɛtʀ(ə)| *s.m.* (*géom., cour.*) diametro: *demi-diamètre* semidiametro ◇ (*par ext.*) *le diamètre d'un arbre, d'un tube* il diametro di un albero, di un tubo → **calibre.**
diane |djan| *s.f.* diana: *battre, sonner la diane* battere, suonare la diana → **réveil.**
diantre! |djɑ̃tʀ(ə)| *interj.* (*vieilli*) (*exclam. qui marque 'l'imprécation, l'admiration'*) diamine!: *diantre, que c'est cher!* diamine, quant'è caro! → 1 **diable.**
diapason |djapazɔ̃| *s.m.* 1 (*mus.*) diapason *inv.* ◇ [*l'instrument*] diapason 2 (*fig.*) AU DIAPASON [*en harmonie avec*] in armonia *f.*, all'unisono: *être au diapason de qqn.* essere all'unisono con qc. # *il n'est plus au diapason* (*de la situation*) non è più all'altezza (della situazione).
diaphane |djafan| *adj.* diafano → **translucide** ◇ (*littér., fig.*) *eau diaphane* acqua diafana; *des mains diaphanes* (delle) mani diafane → **transparent.**
diaphragme |djafʀagm(ə)| *s.m.* 1 (*anat.*) diaframma 2 [*membrane vibrante de certains appareils acoustiques*] diaframma: *diaphragme de haut-parleur, de microphone* diaframma dell'altoparlante, del microfono 3 (*photo.*) diaframma: *diaphragme d'un appareil photographique* diaframma d'una macchina fotografica; *diaphragme iris* diaframma iride 4 [*contraceptif pour les femmes*] diaframma.
diaphragmer |djafʀagme| **A** *v.tr.* (*phys.*) [*munir d'un diaphragme*] munire (197) di diaframma **B** *v.intr.* (*photo.*) [*régler l'ouverture du diaphragme*] diaframmare.
diapositive |djapozitiv|, (*fam.*) **diapo** |djapo| *s.f.* diapositiva: *classeur pour diapositives* classificatore per diapositive; *passer des diapositives en couleur* proiettare diapositive a colori.
diapré, ée |djapʀe| *adj.* (*littér.*) [*de couleur variée et changeante*] *étoffe diaprée* stoffa cangiante → **chatoyant;** *papillon diapré* farfalla iridata; *lumière diaprée* luce iridescente.
diaprer |djapʀe| *v.tr.* (*littér.*) [*nuancer; parer de couleurs variées*] screziare; sfumare.
diaprure |djapʀyʀ| *s.f.* [*état de ce qui est diapré*] screziatura; sfumatura.
diarrhée |djaʀe| *s.f.* (*méd., cour.*) diarrea.
diaspora |djaspɔʀa| *s.f.* diaspora.
diastase |djastɑz| *s.f.* (*chim.*) diastasi *inv.* → **enzyme.**
diastasé, ée |djastɑze| *adj.* diastasato: *farine diastasée* farina diastasata.
diastasis |djastɑzis| *s.m. inv.* (*méd.*) diastasi *f.*
diastole |djastɔl| *s.f.* (*physiol., versif.*) diastole.
diathermie |djatɛʀmi| *s.f.* (*méd.*) diatermia.
diathèse |djatɛz| *s.f.* (*méd.*) diatesi *inv.*
diatomique |diatɔmik| *adj.* (*chim.*) diatomico*.
diatonique |diatɔnik| *adj.* diatonico*: *échelle, gamme diatonique* scala, gamma diatonica.
diatribe |djatʀib| *s.f.* diatriba: *se lancer dans une longue diatribe contre qqn.* lanciarsi in una lunga diatriba contro qc.
dichotomie |dikɔtɔmi| *s.f.* 1 (*bot.*) dicotomia 2 (*méd.*) spartizione di onorari tra medici 3 (*philo.*) dicotomia.
dichotomique |dikɔtɔmik| *adj.* dicotomico*.
dichromie |dikʀɔmi| *s.f.* dicromia.
dico |diko| *s.m.* → **dictionnaire.**
dicotylédone |dikɔtiledɔn| *adj.* (*bot.*) dicotiledone.
Dicotylédones |dikɔtiledɔn| *s.f. pl.* (*t.bot.*) Dicotiledoni.
dictame |diktam| *s.m.* 1 [*plante aromatique, espèce d'origan*] dittamo 2 (*poét.*) [*baume*] balsamo, conforto.
dictaphone |diktafɔn| *s.m.* dittafono.

dictateur, trice |diktatœʀ, tʀis| *s.* dittatore: *César, dictateur à vie* Cesare, dittatore a vita; *dictateur fasciste* dittatore fascista; (*fig.*) *faire le dictateur* fare il dittatore → **despote** ◇ *ton, allure de dictateur* tono, aria da dittatore.
dictatorial, iale, iaux |diktatɔʀjal, jo| *adj.* dittatoriale: *pouvoirs dictatoriaux* poteri dittatoriali ◇ (*fig.*) *ton dictatorial* tono dittatoriale.
dictature |diktatyʀ| *s.f.* dittatura: *dictature militaire* dittatura militare → **caporalisme;** *la dictature fasciste* la dittatura fascista; *dictature du prolétariat* dittatura del proletariato ◇ (*fig.*) *dictature littéraire* dittatura letteraria ◇ (*hist. rom.*) dittatura.
dictée |dikte| *s.f.* **1** [→ DICTER 1] dettatura: *écrire une lettre sous la dictée* scrivere una lettera sotto dettatura ◇ (*fig.*) *prendre une décision sous la dictée des événements* prendere una decisione dettata dagli avvenimenti; *agir sous la dictée des événements* agire sotto la spinta degli avvenimenti **2** [*exercice scolaire*] dettato (*m.*): *relire, corriger sa dictée* rileggere, correggere il dettato; *tu as trois fautes dans ta dictée* hai tre errori nel dettato # *dictée musicale* dettatura musicale.
dicter |dikte| *v.tr.* **1** [*dire qqch. à haute voix*] dettare: *dicter une lettre à sa secrétaire* dettare una lettera alla segretaria; *dicter ses instructions* dettare le proprie istruzioni **2** [*indiquer en secret à qqn. ce qu'il doit faire*] dettare, suggerire (197): *dicter à qqn. la conduite qu'il doit tenir* dettare, suggerire a qc. la condotta da seguire; *ses réponses ont été dictées* sono risposte che gli sono state dettate, suggerite **3** [*stipuler et imposer*] dettare: *dicter la paix* dettare la pace; *dicter ses conditions* dettare le proprie condizioni → **diktat.**
diction |diksjɔ̃| *s.f.* dizione: *professeur de diction* professore di dizione.
dictionnaire |diksjɔnɛʀ| *s.m.* **1** dizionario*, vocabolario*: *dictionnaire encyclopédique* dizionario enciclopedico → **encyclopédie;** *dictionnaire bilingue* dizionario, vocabolario bilingue; *dictionnaire français-italien, italien-français* dizionario, vocabolario francese-italiano, italiano-francese; *dictionnaire de médecine, de droit* dizionario medico, giuridico; *chercher un mot dans un dictionnaire* cercare una parola in un dizionario, in un vocabolario ◇ (*par ext.*) *le dictionnaire d'un auteur* il vocabolario di un autore → **lexique 2** (*fig.*) [*d'une personne qui sait tout*] dizionario: *c'est un vrai dictionnaire* è un vero dizionario, un dizionario ambulante → **bibliothèque, encyclopédie.**
dicton |diktɔ̃| *s.m.* [*sentence passée en proverbe*] detto, proverbio*.
-didacte |didakt(ə)| *suff.* (*signifiant 'enseigner', correspond généralt. à*) didatta: *autodidacte* autodidatta.
didacte |didakt(ə)| *s.* (*littér.*) didatta.
didactique |didaktik| *adj.* didattico*: *ouvrages didactiques* opere didattiche ◇ [*qui appartient à la langue des sciences et des techniques*] *avoir une façon didactique de s'exprimer* esprimersi con termini specialistici; *terme didactique inusité dans la langue courante* termine specialistico non usato correntemente.
didactiquement |didaktikmɑ̃| *adv.* [→ DIDACTIQUE] didatticamente.
didactisme |didaktism| *s.m.* didattismo.
didascalie |didaskali| *s.f.* (*antiq.*) didascalia.
dièdre |djɛdʀ(ə)| *adj.* (*géom.*) diedro: *angle dièdre* angolo diedro ◆ (*s.m.*) *un dièdre* un diedro.
diérèse |djeʀɛz| *s.f.* (*chir., phonét., versif.*) dieresi *inv.*
dièse |djɛz| *s.m.* (*mus.*) diesis (*inv.*): *dièse à la clef* diesis in chiave; *double dièse* doppio diesis ◆ (*adj.*) *jouer un do dièse au lieu d'un do naturel* suonare un do diesis invece di un do naturale Ⓒ **bécarre, naturel.**
diesel |djezɛl| *s.m.* (*mécan.*) diesel (*inv.*): *diesel à deux temps, quatre temps* diesel a due, quattro tempi ◆ (*appos.*) *moteur diesel* motore diesel; *un camion diesel* un (autocarro) diesel.
diéser |djeze| *v.tr.* (*mus.*) [*placer un dièse devant une note pour la hausser*] diesare.
dies irae |djɛsiʀe| *s.m.* (*lat.*) dies irae *inv.*
1 **diète** |djɛt| *s.f.* (*méd.*) dieta: *diète lactée* dieta lattea; *diète végétale* dieta vegetale; *mettre un malade à la diète* mettere un ammalato a dieta.
2 **diète** |djɛt| *s.f.* (*hist. polit.*) dieta.
diététicien, ienne |djetetisjɛ̃, jɛn| *s.* [*spécialiste de la diététique*] dietista, dietetista.
diététique |djetetik| **1** *adj.* dietetico*: *alimentation diététique* alimentazione dietetica **2** *s.f.* [*étude de l'hygiène alimentaire*] dietetica*.
diétothérapie |djetoteʀapi| *s.f.* (*méd.*) dietoterapia.
dieu |djø| *s.m.* **I** (*dans le monothéisme*) **1** (*avec la majuscule; sans art.*) Dio*: *un homme de Dieu* un uomo, un servo di Dio (*littér.*); *recommander son âme à Dieu* raccomandare l'anima a Dio ◇ (*prov.*) *l'homme propose, Dieu dispose* l'uomo propone e Dio dispone ~ *chacun pour soi et Dieu pour tous* ognuno per sé e Dio per tutti ◇ (*avec l'art.*) *le Dieu de la Bible* il Dio della Bibbia; *le Dieu des armées* il Dio degli eserciti; *croire en un Dieu* credere in un solo Dio; *prier le bon Dieu* pregare il buon Dio; *le bon Dieu vous récompensera* il buon Dio vi ricompenserà # *recevoir le bon Dieu* fare la (santa) comunione → **communier** ◇ (*fig.*) (*se dit d'un hypocrite*) *on lui donnerait le bon Dieu sans confession* lo si crederebbe un santo **2** *loc.* DIEU SAIT... (*pour appuyer une affirmation ou une négation*) Dio (solo) sa..., solo Iddio sa...: *Dieu sait si je dis la vérité* Dio sa se dico la verità ~ (*pour exprimer l'incertitude*) *cela va Dieu sait comme!* solo Dio sa come va! ~ *Dieu m'est témoin que...* Dio m'è testimone che... ~ *devant Dieu et devant les hommes* davanti a Dio e agli uomini ~ (*pour exprimer le souhait que Dieu intervienne en faveur de qqn.*) *à la grâce de Dieu* a Dio piacendo; *Dieu vous aide!* (che) Dio vi aiuti!; *Dieu vous bénisse!* (che) Dio vi benedica!; *Dieu le veuille!* (lo) voglia Iddio!; *Dieu me pardonne!* Dio mi perdoni!; *Dieu merci* grazie a Dio; *Dieu soit loué!* Dio sia lodato!; *plût à Dieu que...* Dio volesse (a Dio piacesse) che...; *à Dieu ne plaise* (*que*) Dio non voglia (che) ◇ (*pop.*) *c'est pas Dieu possible!* ma non è possibile! **3** (*interj.*) *ah, mon Dieu!* ah, mio Dio!; *bon Dieu!* Dio buono! ◇ (*jurons*) *nom de Dieu!* per Dio, perdio! **II** (*dans le polithéisme*) (*avec la minuscule; avec l'art.*) **1** dio: *Mars, le dieu de la guerre* Marte, il dio della guerra; *les dieux égyptiens* gli dei egizi; *les dieux de la Grèce* gli dei della Grecia → **divinité 2** (*loc.fig.*) *un dieu tutélaire* [*un protecteur*] un nume tutelare ~ *il est aimé des dieux* (*se dit de qqn. doué de talents, et que la chance favorise*) la fortuna lo ha baciato in fronte, è amato dagli dei (*littér.*) ~ *il est beau comme un dieu* (*grec*) è un adone; è bello come un dio ~ *jurer ses grands dieux* [*jurer solennellement*] giurare su tutti i santi **3** (*fig.*) [*personne divinisée*] dio: *c'est le dieu des acteurs* è il dio degli attori; *c'est son dieu* lo idolatra; è un dio per lui ◇ (*choses*) *faire de qqch. son dieu* [*en faire l'objet d'un culte*] idolatrare q.c.
diffamant, ante |difa(ɑ)mɑ̃, ɑ̃t| *adj.* [*qui diffame*] diffamatorio*: *paroles diffamantes* parole diffamatorie → **diffamatoire, infamant.**
diffamateur, trice |difa(ɑ)matœʀ, tʀis| *s.* diffamatore* → **calomniateur** ◆ *adj.* diffamatorio*.
diffamation |difa(ɑ)mɑsjɔ̃| *s.f.* **1** [→ DIFFAMER 1] diffamazione: *diffamation d'un adversaire, d'un ennemi* diffamazione di un avversario, di un nemico → **calomnie, médisance 2** (*dr.*) *les diffamations des journaux* le diffamazioni dei giornali.
diffamatoire |difa(ɑ)matwaʀ| *adj.* diffamatorio*: *imputation diffamatoire* imputazione diffamatoria; *pamphlets diffamatoires* libelli diffamatori.
diffamé |difa(ɑ)me| *adj.* (*blas.*) diffamato: *lion diffamé* leone diffamato.
diffamer |difa(ɑ)me| *v.tr.* **1** [*chercher à porter atteinte à la réputation de qqn.*] diffamare: *diffamer un adversaire* diffamare un avversario **2** (*dr., cour.*) [*commettre une diffamation en imputant à qqn. un fait vrai ou faux*] diffamare. Ⓒ 1 **louer** 1, **vanter.**
différé, ée |difeʀe| *adj.* differito: *crédit différé* credito differito # *émission différée de télévision* trasmissione televisiva registrata ◆ (*s.m.*) *émission en différé* trasmissione in differita *f.*
différemment |difeʀamɑ̃| *adv.* [→ DIFFÉRENT 1] diversamente, differentemente: *il n'est pas de votre avis, il pense différemment* non è del vostro parere, la pensa diversamente → **diversement, autrement.**
différence |difeʀɑ̃s| *s.f.* **1** differenza: *une légère différence* una leggera differenza → **nuance;** *différence considerable* notevole differenza → **dissemblance;** *différence de caractère entre deux personnes* differenza di carattere tra due persone; *différence d'interprétation, d'opinions* differenza di interpretazione, di opinioni → **divergence;** *il y a entre eux une grande différence d'âge* tra loro c'è una grande differenza di età; *faire la différence* (*entre deux choses*) fare la differenza (tra le due cose) → **distinction;** *il ne fait pas de différence entre eux* non c'è (alcuna) differenza tra loro ◇ *loc.prép.* À LA DIFFÉRENCE DE a differenza di: *à la différence des écrivains de son temps, il était un romantique* a differenza degli scrittori della sua epoca, era un romantico

2 (*log.*) *différence* (*spécifique*) differenza (specifica) **3** (*math.*) differenza: *différence entre deux grandeurs* differenza tra due grandezze; *différence en plus* differenza in più → **excédent, excès**; *différence en moins* differenza in meno → 1 **défaut**, 2 **manque**; *voilà déjà mille francs, vous paierez la différence* ecco qua mille franchi, pagherà lei la differenza → **reste, appoint** ◇ (*Bourse*) differenza © 1 **identité, ressemblance.**

différenciation |difeRɑ̃sjɑsjɔ̃| *s.f.* **1** [→ DIFFÉRENCIER B] differenziazione: *différenciation fonctionnelle* differenziazione funzionale ◇ (*biol.*) differenziazione **2** [→ DIFFÉRENCIER A] differenziazione: *procéder par différenciation* procedere per differenziazione.

différencié, ée |difeRɑ̃sje| *adj.* differenziato: *tissus, organes différenciés* tessuti, organi differenziati.

différencier |difeRɑ̃sje| **A** *v.tr.* **1** [*marquer ou apercevoir une différence entre*] differenziare: *différencier deux espèces auparavant confondues* differenziare due specie prima confuse → **distinguer, séparer** **2** (*math.*) [*calculer la différentielle de*] differenziare **B** *v.pron.intr.* SE DIFFÉRENCIER **1** [*être caracterisé par telle ou telle différence*] differenziarsi, distinguersi (135): *il se différencie des autres* si differenzia, si distingue dagli altri → **distinguer (se)** **2** [*devenir de plus en plus différent*] differenziarsi: *les cellules se différencient* le cellule si differenziano **3** [*se rendre différent*] differenziarsi, distinguersi: *les joueurs de l'équipe A ont revêtu un maillot rouge pour se différencier de leurs adversaires* i giocatori della squadra A hanno indossato una maglia rossa per differenziarsi, per distinguersi dagli avversari.

différend |difeRɑ̃| *s.m.* [*désaccord résultant d'une différence d'opinions, d'une oppositions d'intérêts*] controversia (*f.*): *avoir un différend avec qqn.* avere una controversia con qc.; *différend réglé à l'amiable par un compromis* controversia composta in modo amichevole con un compromesso → **désaccord, dispute.**

différent, ente |difeRɑ̃, ɑ̃t| *adj.* **1** differente: *différent à tous points de vue* differente sotto ogni punto di vista → **autre, dissemblable**; *quantités différentes* quantità differenti → **inégal**; *opinions différentes* opinioni differenti → **divergent** **2** *au plur.* (*avant le nom*) [*distincts*] diversi, vari: *différentes personnes me l'ont dit* diverse persone, varie persone me l'hanno detto → **divers, plusieurs** © 1 **pareil, semblable.**

différentiable |difeRɑ̃sjabl| *adj.* differenziabile.

différentiation |difeRɑ̃sjɑsjɔ̃| *s.f.* (*math.*) differenziazione.

différentiel, elle |difeRɑ̃sjɛl| *adj.* **1** (*math.*) differenziale: *calcul différentiel* calcolo differenziale; *équation différentielle* equazione differenziale ♦ (*s.f.*) *la différentielle* il differenziale *m.* **2** (*mécan.*) differenziale: *le palan différentiel* il paranco differenziale ♦ (*s.m.*) *le différentiel* il differenziale: *la boîte du différentiel* la scatola del differenziale **3** (*psycho.*) differenziale: *seuil différentiel* soglia differenziale **4** (*comm.*) *tarif différentiel* tariffa differenziale; *droit différentiel* dazio differenziale.

différentier |difeRɑ̃sje| *v.tr.* (*math.*) → **différencier** A 2.

1 **différer** |difeRe| (8) *v.intr.* **1** [*être différent*] differire (197) (*aux.* essere, avere): *mon opinion diffère sensiblement de la tienne* la mia opinione differisce sensibilmente dalla tua → **différencier (se), distinguer (se)**; *ils diffèrent en un point* differiscono in un punto → **diverger** **2** [*varier*] differire: *la notion de l'honneur diffère suivant les pays* la nozione di onore differisce a seconda dei paesi © **ressembler.**

2 **différer** |difeRe| (8) *v.tr.* **1** [*remettre à un autre temps la réalisation de qqch.*] differire (197): *différer un paiement, une échéance* differire un pagamento, una scadenza → **renvoyer, retarder** **2** (*littér.*) [*tarder, attendre*] tardare: *j'ai différé à le dire* ho tardato a dirlo # *partez sans* (*plus*) *différer* partite senza indugio, senza indugiare oltre.

difficile |difisil| *adj.* **1** difficile: *affaire, travail difficile* affare, lavoro difficile; *ce n'est pas si difficile* non è così difficile; *cela est difficile à faire, à dire* è difficile da fare, da dire; *il m'est difficile d'en parler* mi è difficile parlarne **2** [*qui demande un effort intellectuel, des capacités*] difficile: *texte, passage difficile* testo, passaggio difficile → **compliqué, confus, obscur**; *rôle, problème difficile* ruolo, problema difficile; *morceau de musique difficile* pezzo di musica difficile; *auteur difficile* autore difficile; *le russe est plus difficile que l'espagnol pour un français* per un francese il russo è più difficile dello spagnolo **3** [*qui présente quelque danger, une incommodité*] difficile: *lieu d'accès difficile* luogo di difficile accesso; *route difficile* strada difficile → **dangereux** **4** [*qui donne du souci, du mal*] difficile: *situation, position difficile* situazione, posizione difficile → **délicat, embarrassant**; *il y eut un moment difficile dans sa vie* ci fu un momento difficile nella sua vita; *avoir des débuts difficiles* avere degli inizi difficili → **douloureux, pénible** **5** (*personnes*) [*qui n'est pas aisé, agréable à frequenter*] difficile: *personne difficile* persona difficile; *enfant difficile* bambino difficile; *il est de caractère difficile* è di carattere difficile **6** (*personnes*) [*qui n'est pas facilement satisfait*] difficile: *être, se montrer difficile sur la nourriture* essere, mostrarsi difficile nel mangiare → **exigeant** ♦ (*s.*) *faire le, la difficile* fare il, la difficile © **facile.**

difficilement |difisilmɑ̃| *adv.* [→ DIFFICILE 1] difficilmente, con difficoltà (*loc.inv.*): *écriture difficilement lisible* scrittura difficilmente leggibile; *il y parvint difficilement* ci riuscì con difficoltà; *apprendre, travailler difficilement* imparare, lavorare con difficoltà.

difficulté |difikylte| *s.f.* **1** difficoltà (*inv.*): *difficulté d'une entreprise, d'un travail* difficoltà di un'impresa, di un lavoro; *difficulté d'un cas, d'un problème* difficoltà di un caso, di un problema → **complexité, complication** ♦ (*absolt.*) *aimer la difficulté* amare il difficile, la difficoltà **2** *loc.* DIFFICULTÉ À (+ *inf.*) difficoltà a (+ *inf.*): *difficulté à s'exprimer* difficoltà a esprimersi; *il a de la difficulté à comprendre cela* ha difficoltà a capire ~ (*vx.*) *difficulté de* → **difficulté (à)** **3** [*ce qui'il y a de difficile en qqch., chose difficile*] difficoltà, ostacolo (*m.*): *difficultés materielles, financières* difficoltà materiali, finanziarie; *surmonter, vaincre les difficultés* superare, vincere le difficoltà; *cela ne fait aucune difficulté* non presenta alcuna difficoltà → **embarras, ennui** ◇ [*passage difficile, obscur dans un texte*] difficoltà, passaggio* *m.* difficile: *les difficultés de Tacite* le difficoltà, i passaggi difficili di Tacito **4** (*spécialt. au plur.*) [*raison alléguée, opposition soulevée contre qqch.*] difficoltà: *faire des difficultés* fare difficoltà; *il n'a pas fait de difficultés pour venir* non ha fatto (delle) difficoltà per venire → **objection** **5** *loc.* EN DIFFICULTÉ in difficoltà: *alpiniste en difficulté* alpinista in difficoltà; *être en difficulté* trovarsi, essere in difficoltà; *mettre qqn. en difficulté* mettere qc. in difficoltà © 1 **facilité.**

difficultueux, euse |difikyltɥø, øz| *adj.* **1** difficoltoso **2** → **chicaneur, pointilleux** © 1 **facile**; 2 **accommodant.**

difforme |difɔRm(ə)| *adj.* deforme, difforme (*littér.*): *enfant difforme* bambino deforme.

difformité |difɔRmite| *s.f.* deformità (*inv.*): *difformités du pied* deformità del piede → **déformation** ◇ (*fig., littér.*) difformità *inv.*, anomalia.

diffraction |difRaksjɔ̃| *s.f.* (*phys.*) diffrazione: *diffraction de la lumière* diffrazione della luce.

diffus, use |dify, yz| *adj.* **1** diffuso: *une douleur diffuse* un dolore diffuso; *lumière diffuse* luce diffusa; *chaleur diffuse* calore diffuso **2** (*abstrait, littér.*) [*qui délaye sa pensée*] diffuso, prolisso: *un style diffus* uno stile diffuso, prolisso → **verbeux** ◇ (*par ext.*) *écrivain, orateur diffus* autore, oratore prolisso.

diffusément |difyzemɑ̃| *adv.* (*rare*) [→ DIFFUS] diffusamente: *parler, écrire diffusément* parlare, scrivere diffusamente.

diffuser |difyze| *v.tr.* **1** [*répandre dans toutes les directions*] diffondere (146): *diffuser la chaleur* diffondere il calore → **disperser, répandre** **2** [*émettre, transmettre*] trasmettere (155), diffondere: → **radiodiffusion** ♦ (*au p.p.*) *discours, concert diffusé en direct* discorso, concerto trasmesso in diretta **3** (*fig.*) [*répandre dans le public*] diffondere: *diffuser une nouvelle* diffondere una notizia; *diffuser des idées* diffondere delle idee **4** (*par ext.*) [*distribuer* (*un ouvrage de librairie*)] distribuire (197): *éditeur qui diffuse des livres, des magazines* editore che distribuisce libri, riviste.

diffuseur |difyzœR| *s.m.* **1** (*électr., techn.*) diffusore **2** [*celui qui diffuse*] distributore: *cet éditeur est le diffuseur de nos ouvrages* quest'editore è il distributore delle nostre opere.

diffusion |difyzjɔ̃| *s.f.* **1** trasmissione, diffusione # *émetteur de radio qui assure la diffusion d'un programme* stazione radio che trasmette un programma → **émission, transmission** **2** (*phys.*) diffusione: *diffusion des gaz* diffusione dei gas; *diffusion thermique* diffusione termica **3** (*fig.*) diffusione: *diffusion des richesses* diffusione delle ricchezze; *diffusion des connaissances humaines* diffusione, divulgazione delle conoscenze umane → **expansion, propagation**; **vulgarisation** **4** [*distribution*

(*d'un ouvrage*)] diffusione **5** *diffusion de l'impôt* diffusione dell'imposta.
digamma |digam(m)a| *s.m.* (*gr.*) digamma.
digérer |diʒeʀe| (8) *v.tr.* **1** [*faire la digestion de*] digerire (197): *il ne digère que les légumes* non digerisce che la verdura ✦ (*absolt.*) *il digère mal* digerisce male **2** (*fig.*) [*mûrir par la réflexion*] digerire: *je n'ai pas encore digéré ce traité* non ho ancora digerito questo trattato → **assimiler 3** (*fam.*) [*supporter patiemment* (*qqch. de fâcheux*)] digerire: *c'est bien dur à digérer* è duro, pesante da digerire → **avaler, 1 supporter.**
digest |dajʒɛst, diʒɛst| *s.m.* (*angl.*) digest *inv.*
digeste |diʒɛst(ə)| **1** *s.m.* (*dr. rom.*) digesto **2** *adj.* (*fam.*) [*qui se digère facilement*] (facilmente) digeribile → **digestible** © **2 indigeste.**
digestibilité |diʒɛstibilite| *s.f.* digeribilità *inv.*
digestible |diʒɛstibl(ə)| *adj.* [→ DIGÉRER 1] digeribile: *aliment facilement digestible* alimento facilmente digeribile © **indigeste.**
digestif, ive |diʒɛstif, iv| *adj.* **1** digerente: *appareil digestif* apparato digerente **2** [*relatif à la digestion*] digestivo: *trouble digestif* disturbo digestivo **3** [*qui facilite la digestion*] digestivo: *tisane digestive* tisana digestiva ✦ (*s.m.*) *un digestif* un digestivo.
digestion |diʒɛstjɔ̃| *s.f.* **1** digestione: *digestion pénible, laborieuse* digestione stentata, laboriosa ◇ [*moment où l'on digère*] *ne vous baignez pas pendant la digestion* non fate il bagno durante la digestione **2** (*chim.*) digestione.
digital, ale, aux |diʒital, o| *adj.* **1** digitale: *empreintes digitales* impronte digitali **2** (*angl.*) (*électron., informatique, math.*) digitale, numerico*: *calculateur digital* calcolatore digitale.
digitale |diʒital| *s.f.* (*t.bot.*) digitale.
digitaline |diʒitalin| *s.f.* (*pharm.*) digitalina.
digitaliser |diʒitalize| *v.tr.* (*informatique, math.*) [*codifier des informations*] digitalizzare.
digit(o)-, (i)- |diʒit(ɔ), i| *préf.* (*signifiant 'doigt', correspond généralt. à*) digiti: *digitigrade* digitigrado.
digitigrade |diʒitigʀad| *adj.* (*zool.*) digitigrado.
digne |diɲ| *adj.* **I** DIGNE DE degno di **1** [*qui mérite qqch.*] *personne digne d'admiration* persona degna d'ammirazione; *tout homme digne de ce nom* ogni uomo degno di questo nome; *il n'est pas digne de votre pardon* non è degno (è indegno) del vostro perdono # *il est digne de l'échafaud* merita la forca **2** [*qui est en accord, en conformité* (*avec qqn., qqch.*)] *roman digne d'un grand écrivain* romanzo degno d'un grande scrittore; *avoir un adversaire digne de soi* trovare un avversario degno di sé; *c'est le digne fils de son père* è il degno figlio di suo padre **II** *absolt.* [*qui a de la dignité*] degno, dignitoso: *personne digne* persona degna, dignitosa; *un air digne* un'espressione dignitosa → **grave, respectable** ◇ (*iron.*) *il était très digne dans ce costume* era molto dignitoso con quell'abito © **indigne.**
dignement |diɲmɑ̃| *adv.* **1** [*comme il faut, avec dignité*] degnamente, dignitosamente **2** (*vieilli*) [→ DIGNE I 2] degnamente, equamente: *vous serez dignement récompensé* lei sarà degnamente ricompensato → **justement** © **1 indignement.**
dignitaire |diɲitɛʀ| *s.m.* dignitario*: *un dignitaire de l'Église* un dignitario della Chiesa.
1 **dignité** |diɲite| *s.f.* dignità (*inv.*): *être élevé à la dignité de* essere elevato alla dignità di; *personne revêtue d'une dignité* persona investita di una dignità, di una carica ◇ (*personnes*) *les plus hautes dignités* le più alte dignità.
2 **dignité** |diɲite| *s.f.* **1** [*respect que mérite qqn.*] dignità (*inv.*): *dignité de l'homme* dignità dell'uomo → **grandeur, noblesse 2** [*respect de soi*] dignità: *avoir de la dignité* aver dignità; *manquer de dignité* mancare di dignità → **amour-propre, fierté, honneur.**
digression |digʀesjɔ̃| *s.f.* **1** digressione, excursus (*m. inv.*): *faire une digression* fare una digressione, un excursus **2** (*astron.*) digressione.
digue |dig| *s.f.* diga*, argine (*m.*): *digues fluviales* dighe, argini fluviali ◇ (*mar.*) molo *m.*
diktat |diktat| *s.m.* (*all.*) diktat *inv.*
dilapidateur, trice |dilapidatœʀ, tʀis| *adj. et s.* dilapidatore*, dissipatore* → **dissipateur** © **économe** 2.
dilapidation |dilapidɑsjɔ̃| *s.f.* [→ DILAPIDER] dilapidazione: *dilapidation d'un héritage* dilapidazione di un'eredità → **dissipation** ◇ [*gaspillage*] sperpero *m.*, spreco* *m.* © **économie.**
dilapider |dilapide| *v.tr.* [*dépenser* (*des biens*) *de manière excessive et désordonnée*] dilapidare: *dilapider sa fortune, son patrimoine* dilapidare i propri beni, il proprio patrimonio → **gaspiller** © **épargner.**
dilatable |dilatabl(ə)| *adj.* [→ DILATER A] dilatabile: *corps dilatable* corpo dilatabile → **expansible.**
dilatant, ante |dilatɑ̃, ɑ̃t| **1** *adj.* dilatante **2** *s.m.* (*chir.*) *un dilatant* un dilatatore: *la sonde est un dilatant* la sonda è un dilatatore.
dilatateur, trice |dilatatœʀ, tʀis| *adj.* (*anat.*) dilatatore*: *muscles dilatateurs* muscoli dilatatori.
dilatation |dilatɑsjɔ̃| *s.f.* [→ DILATER] dilatazione: *dilatation d'un pneu, d'un ballon* dilatazione di un pneumatico, di un pallone ◇ (*méd.*) *dilatation de la pupille* dilatazione della pupilla; *dilatation thérapeutique* dilatazione terapeutica ◇ (*phys.*) *dilatation d'un solide, d'un gaz* dilatazione di un solido, di un gas © **compression, contraction.**
dilaté, ée |dilate| *adj.* dilatato: *pores dilatés* pori dilatati.
dilater |dilate| **A** *v.tr.* [*augmenter le volume de* (*qqch.*)] dilatare: *la chaleur dilate les corps* il calore dilata i corpi; *dilater les narines, les pupilles* dilatare le narici, le pupille ◇ (*fig.*) allargare: *espérance, joie qui dilate le cœur* speranza, gioia che allarga il cuore → **épanouir** ◇ (*fam.*) *plaisanterie qui dilate la rate* scherzo che fa sbellicare dalle risa **B** *v.pron. intr.* SE DILATER [→ *tr.*] dilatarsi; allargarsi: *le cœur se dilate et se contracte* il cuore si dilata e si contrae ‖ *son cœur se dilate de joie* il suo cuore si allarga per la gioia © **contracter** 3.
dilatoire |dilatwaʀ| *adj.* (*dr.*) dilatorio*: *se servir de moyens dilatoires* usare mezzi dilatori ◇ (*par ext.*) *réponse dilatoire* risposta dilatoria.
dilection |dilɛksjɔ̃| *s.f.* (*littér., relig.*) dilezione: *la dilection du prochain* la dilezione, l'amore del prossimo → **amour.**
dilemme |dilɛm| *s.m.* (*philo., cour.*) dilemma: *comment sortir de ce dilemme?* come uscire da questo dilemma? → **alternative.**
dilettante |diletɑ̃t| *s.* **1** [*amateur passionné de musique, d'art*] dilettante: *des dilettantes* (*dilettanti, vx.*) dei dilettanti **2** [*personne qui s'occupe d'une chose en amateur*] dilettante: *faire son travail en dilettante* fare il proprio lavoro da dilettante ✦ (*adj.*) *je ne suis pas dilettante* non sono un dilettante *s.*
dilettantisme |diletɑ̃tism(ə)| *s.m.* dilettantismo # *faire qqch. avec, par dilettantisme* fare q.c. da dilettante → **amateurisme.**
diligemment |diliʒamɑ̃| *adv.* [→ DILIGENT] diligentemente.
1 **diligence** |diliʒɑ̃s| *s.f.* [*voiture à chevaux*] diligenza # *conducteur de diligence* cocchiere, postiglione.
2 **diligence** |diliʒɑ̃s| *s.f.* (*vx., littér.*) [*activité empressée, dans l'exécution d'une chose*] diligenza, sollecitudine: *quelle diligence!* che sollecitudine! → **célérité, empressement, zèle** # *faire diligence* fare in fretta, sbrigarsi.
diligent, ente |diliʒɑ̃, ɑ̃t| *adj.* diligente, zelante: *secrétaire diligent* segretario diligente, zelante © **lent, négligent.**
diluant |dilɥɑ̃| *s.m.* (*chim.*) diluente.
diluer |dilɥe| *v.tr.* [*délayer, étendre* (*une substance*) *dans un liquide*] diluire (197) ✦ (*au p.p.*) *alcool dilué* alcool diluito.
dilution |dilysjɔ̃| *s.f.* [→ DILUER] diluizione.
diluvial, ale, aux |dilyvjal, o| *adj.* (*géol.*) diluviale.
diluvien, ienne |dilyvjɛ̃, jɛn| *adj.* **1** diluviale: *époque diluvienne* epoca diluviale; *eaux diluviennes* acque diluviali **2** (*par exagér.*) *pluie diluvienne* [*très abondante*] pioggia torrenziale.
dimanche |dimɑ̃ʃ| *s.m.* [*premier jour de la semaine*] domenica* (*f.*): *les habits du dimanche* i vestiti della domenica, della festa → **dominical** # *la promenade du dimanche* la passeggiata domenicale ◇ *loc.* DU DIMANCHE (*se dit de personnes qui agissent en amateurs, sans expérience*) della domenica; dilettante (*adj.*): *un chauffeur du dimanche* un automobilista della domenica ‖ *un peintre du dimanche* un pittore dilettante ◇ (*prov.*) *tel qui rit vendredi, dimanche pleurera* chi ride di venerdì, piange di domenica.
dîme |dim| *s.f.* (*hist.*) decima: *payer la dîme* pagare la decima.
dimension |dimɑ̃sjɔ̃| *s.f.* **I 1** dimensione: *des objets de toutes les dimensions* oggetti di tutte le dimensioni → **taille**, *les dimensions d'un corps* le dimensioni di un corpo → **format 2** (*géom., cour.*) dimensione: *solide à trois dimensions* solido a tre dimensioni; *la troisième dimension* la terza dimensione **3** (*écon., phys., sociol.*) dimensione **II** (*fig.*) **1** [*importance*] dimensione, portata: *comment a-t-il pu commettre une faute de cette dimension?* come ha potuto commettere un errore di questa portata? → **grosseur, taille**

2 [*aspect dynamique et significatif d'une chose*] dimensione: *ce problème a des dimensions politiques* è un problema che ha dimensioni politiche.

dimensionnel, elle |dimɑ̃sjɔnɛl| *adj.* dimensionale: *analyse dimensionnelle* analisi dimensionale.

diminué, ée |diminɥe| *adj.* **1** [*rendu moins grand*] diminuito, ridotto: *quantité diminuée* quantità diminuita, ridotta → **réduit** # *tricot diminué* maglione confezionato calando le maglie ◇ (*archit.*) *colonne diminuée* colonna rastremata ◇ (*mus.*) *intervalles diminués* intervalli diminuiti **2** (*personnes*) [*amoindri, affaibli*] indebolito, menomato: *lorsque je serai moralement diminué par l'âge* quando sarò indebolito nel morale per l'età.

diminuendo |diminɥɛ̃(ɛn)do| *adv.* (*mus.*) diminuendo *s.m. inv.* ✦ (*s.m.*) *un diminuendo* un diminuendo *inv.* © **crescendo.**

diminuer |diminɥe| **A** *v.tr.* **1** [*rendre plus petit, moins grand*] diminuire (197), ridurre (108): *diminuer la longueur d'une jupe* diminuire, ridurre la lunghezza di una gonna; *diminuer le prix de l'or* diminuire il prezzo dell'oro; *diminuer la durée* diminuire la durata; *diminuer la vitesse* diminuire, ridurre la velocità → **abaisser** ◇ (*fig.*) *diminuer l'ardeur, le courage de qqn.* diminuire l'ardore, il coraggio di qc.; *la maladie a diminué ses forces* la malattia ha diminuito, ridotto le sue forze ◇ (*spécialt.*) *diminuer les mailles* (*d'un tricot*) calare le maglie **2** [*réduire la valeur de qqn.*] sminuire (197): *prendre plaisir à diminuer les mérites d'autrui* trarre piacere dallo sminuire i meriti altrui → **rabaisser B** *v.intr.* [*devenir moins grand, moins considérable*] **1** (*avec l'aux. 'avoir' pour indiquer 'l'action'*) diminuire (*aux.* essere), calare (*aux.* essere): *la chaleur a diminué* il calore è diminuito; *les réserves diminuent* le riserve diminuiscono, calano; *les prix diminuent* i prezzi diminuiscono, calano → **baisser,** 1 **tomber**; *les fraises ont diminué* le fragole sono diminuite (di prezzo); *ses forces ont diminué* le sue forze sono diminuite → 2 **décliner, faiblir** ◇ (*fig.*) *sa colère diminue* la sua collera diminuisce; *son crédit commence à diminuer* il suo credito comincia a diminuire → **décroître** **2** (*littér.*) (*avec l'aux. 'être' pour indiquer 'l'état'*) diminuire: *la chaleur est bien diminuée par rapport au mois d'août* il caldo è molto diminuito rispetto ad agosto © A 1 **augmenter**; B 1 **augmenter, croître.**

diminutif, ive |diminytif, iv| **1** *adj.* (*gram.*) diminutivo: *suffixe diminutif* suffisso diminutivo **2** *s.m.* diminutivo: *tablette est le diminutif de table* tavolino è il diminutivo di tavolo; *Pierrot est le diminutif de Pierre* Pierino è il diminutivo di Pietro © 1 **augmentatif.**

diminution |diminysjɔ̃| *s.f.* [→ DIMINUER B 1] diminuzione: *la diminution du nombre des décès* la diminuzione del numero dei decessi → **baisse, réduction** ◇ (*fig.*) *diminution d'un mal* diminuzione, regresso di un male; *diminution des forces* diminuzione, calo delle forze ◇ [*action de diminuer le nombre de mailles*] il calare *inv.* (il numero delle maglie) © **augmentation.**

dinar |dinaʀ| *s.m.* dinaro.

dînatoire |dinatwaʀ| (*adj.*) *goûter dînatoire* [*goûter abondant et tardif, qui sert de dîner*] merenda abbondante (che sostituisce la cena).

dinde |dɛ̃d| *s.f.* **1** [*femelle du dindon*] tacchina # *dinde de Noël* tacchino di Natale **2** (*fig.*) [*femme stupide*] oca*: *quelle petite dinde!* che ochetta!

dindon |dɛ̃dɔ̃| *s.m.* **1** (*t.zool.*) tacchino: *troupeau de dindons* branco di tacchini; *dindon faisant la roue* tacchino che fa la ruota; *se pavaner, se rengorger comme un dindon* pavoneggiarsi come un tacchino **2** (*fig.*) *être le dindon de la farce* [*la victime, la dupe*] essere lo zimbello di tutti.

dindonneau |dɛ̃dɔno| *s.m.* piccolo del tacchino.

dindonner |dɛ̃dɔne| *v.tr.* [*abuser, duper avec facilité*] abbindolare ✦ (*au p.p.*) *mari, amant dindonné* marito, amante abbindolato, tradito.

1 **dîner** |dine| *v.intr.* **1** [*prendre le repas du soir*] cenare: *nous dînons à huit heures* ceniamo alle otto; *dîner aux chandelles* cenare al lume di candela # *inviter, avoir qqn. à dîner* invitare, avere qc. a cena **2** (*région.*) [*prendre le repas de midi*] pranzare → 2 **déjeuner** ◇ (*prov.*) *qui dort dîne* chi dorme risparmia il pranzo.

2 **dîner** |dine| *s.m.* **1** [*repas du soir*] cena *f.* **2** (*région.*) [*repas de midi*] pranzo.

dînette |dinɛt| *s.f.* **1** [*petit repas*] pranzetto *m.* ◇ (*par ext.*) [*petit repas intime*] cenetta intima: *faire la dînette* fare una cenetta intima **2** *dînette de poupée* [*service de table servant de jouet aux enfants*] servizietto *m.* da tavola (per bambini) **3** (*dans une caravane*) [*séjour-salle à manger*] 'dînette' *inv.*

dîneur, euse |dinœʀ, øz| *s.* [*personne qui prend part à un dîner*] commensale, convitato.

dinghy |dingi| *s.m.* (*angl.*) dinghy *inv.*; canotto.

1 **dingo** |dɛ̃go| *s.m.* (*t.zool.*) dingo*.

2 **dingo** |dɛ̃go| *adj.* (*fam.*) [*fou*] matto, pazzo (*cour.*): *elle est complètement dingo!* è completamente matta, pazza! → **cinglé, dingue** ✦ (*s.m.*) *un dingo* un pazzo, un matto: *ce sont de vrais dingos* sono degli autentici pazzi.

dingue |dɛ̃g| *adj.* (*pop.*) [*fou, dingo*] matto, pazzo (*cour.*): *il est un peu dingue* è un po' matto ✦ (*s.*) *un dingue* un matto, un pazzo # *on devrait t'envoyer chez les dingues* dovresti andare al manicomio; dovresti farti curare.

dinguer |dɛ̃ge| *v.intr.* (*fam.*) (*après un v.*) [*tomber*] cadere (121) (*aux.* essere), finire (197) (*aux.* essere): *j'ai été dingué dans le ruisseau* sono andato a cadere, a finire nel ruscello ◇ (*loc.*) *envoyer dinguer* [*repousser violemment; (fig.) éconduire sans ménagement*] mandare a quel paese.

dinosaure |dinozɔʀ| *s.m.* (*paléont.*) dinosauro.

Dinosauriens |dinɔsɔʀjɛ̃| *s.m.pl.* (*paléont.*) Dinosauri.

diocésain, aine |djɔsezɛ̃, ɛn| *adj.* diocesano: *œuvres diocésaines* opere diocesane ✦ (*s.*) *les diocésains* i diocesani.

diocèse |diɔsɛz| *s.m.* **1** (*ecclés.*) diocesi *f.inv.* **2** (*antiq.rom.*) diocesi.

diode |djɔd| *s.f.* (*électr.*) diodo *m.*

dioïque |djɔik| *adj. et s.m.* (*bot.*) dioico*.

dionée |djɔne| *s.f.* (*t.bot.*) dionea.

dionysiaque |djɔnizjak| *adj.* **1** (*antiq. gr.*) dionisiaco*: *le culte dionisiaque* il culto dionisiaco ✦ (*s.f.*) *les dionysiaques* le feste dionisiache *adj.* → **bacchanale 2** (*littér.*) [*propre à l'inspiration, à l'enthousiasme*] dionisiaco: *poésie dionysiaque* poesia dionisiaca.

dioptrie |djɔptʀi| *s.f.* (*opt., phys.*) diottria.

diorama |djɔʀama| *s.m.* diorama.

diorite |djɔʀit| *s.f.* (*minér.*) diorite.

Dioscoréacées |djɔskɔʀease| *s.f. pl.* (*t.bot.*) Dioscoreacee.

dioxine |djɔksin| *s.f.* (*chim.*) diossina.

diphasé, ée |difɑze| *adj.* (*électr.*) bifase: *courant diphasé* corrente bifase.

diphényle |difenil| *s.m.* (*chim.*) difenile.

diphtérie |difteʀi| *s.f.* (*méd.*) difterite.

diphtérique |difteʀik| *adj.* (*méd.*) difterico*: *angine diphtérique* angina difterica ✦ (*s.*) *un diphtérique* un ammalato di difterite.

diphtongaison |diftɔ̃gezɔ̃| *s.f.* (*ling.*) dittongazione.

diphtongue |diftɔ̃g| *s.f.* **1** (*phonét., cour.*) dittongo* (*m.*): *diphtongue ascendante* dittongo ascendente **2** (*abusiv.*) [*hiatus formé de deux voyelles*] iato *m.*

diphtonguer |diftɔ̃ge| **A** *v.tr.* [*faire devenir dipthongue*] dittongare **B** *v.pron.intr.* SE DIPHTONGUER [*prendre la valeur d'une diphtongue*] dittongare *intr.* ✦ (*au p.p.*) *voyelle diphtonguée* vocale dittongata.

dipl(o)- |dipl(ɔ)| *préf.* (*signifiant 'double', correspond généralt. à*) diplo: *diplocoque* diplococco.

diplodocus |diplɔdɔkys| *s.m.* (*paléont.*) diplodoco*.

diploé |diplɔe| *s.m.* (*anat.*) diploe.

diplomate |diplɔmat| **I** *s.m.* **1** diplomatico*: *diplomate de carrière* diplomatico di carriera # *une femme diplomate* una funzionaria della carriera diplomatica **2** [*personne habile dans les relations sociales*] diplomatico **II** *adj.* [*sachant mener une affaire avec tact*] diplomatico: *elle n'est pas assez diplomate pour les réconcilier* non è sufficientemente diplomatica per riconciliarli → **habile, rusé.**

diplomatie |diplɔmasi| *s.f.* **1** diplomazia ◇ [*carrière diplomatique*] *entrer dans la diplomatie* entrare nella diplomazia # *personnel de la diplomatie* personale diplomatico → **diplomate 2** [*tact dans la conduite d'une affaire*] diplomazia → 2 **adresse, habileté.**

diplomatique |diplɔmatik| **I** *adj.* **1** [*relatif aux diplômes, aux chartes*] diplomatico*: *écritures diplomatiques* scritture diplomatiche **2** [*relatif à la diplomatie*] diplomatico: *relations diplomatiques* relazioni diplomatiche; *incident diplomatique* incidente diplomatico; *cérémonial, protocole diplomatique* cerimoniale, protocollo diplomatico; *intervenir par la voie diplomatique* intervenire per via diplomatica **3** (*fig.*) (*des actions, des manières*) diplomatico → **adroit, habile II** (*s.f.*) *la diplomatique* la diplomatica* → **paléographie** © I 3 **maladroit, grossier.**

diplomatiquement |diplɔmatikmɑ̃| *adv.* **1** [*selon la diplomatie*] diplomaticamente **2** [→ DIPLOMATIQUE I 3] diplomaticamente, con diplomazia *loc.inv.*

diplôme |diplom| *s.m.* **1** (*génér.*) titolo di studio # *équivalence des diplômes* equipollenza dei diplomi **2** (*spécialt.*) diploma; laurea (*f.*): *diplôme d'enseignement* diploma di insegnamento; *diplôme de fin d'études* diploma (di fine studi); *diplôme d'études supérieures* (*D.E.S.*) diploma di studi superiori; *diplôme d'infirmière* diploma di infermiera || *diplôme de Sciences politiques* laurea in Scienze politiche ◇ [*écrit attestant un diplôme*] diploma, attestato: *diplôme d'honneur* diploma d'onore **3** [*examen, concours de diplôme*] diploma: *passer un diplôme* sostenere un esame, presentarsi a un concorso (per ottenere un diploma) **4** (*ancienn.*) diploma: *diplôme impérial, royal* diploma imperiale, reale; *déchiffrer de vieux diplômes* decifrare vecchi diplomi.

diplômé, ée |diplome| *adj.* diplomato, laureato: *infirmière diplomée* infermiera diplomata ✦ (*s.*) *un diplômé* un diplomato.

diplômer |diplome| *v.tr.* [*décerner un diplôme à*] diplomare, laureare: *le jury les a tous diplômés* la commissione li ha diplomati tutti.

dipode |dipɔd| *s.m. et adj.* (*zool.*) bipede.

Dipsacées |dipsase| *s.f.pl.* (*t.bot.*) Dipsacacee.

1 **diptère** |diptɛʀ| *adj.* (*archit.*) diptero: *temple diptère* tempio diptero.

2 **diptère** |diptɛʀ| *adj.* [*qui a deux ailes*] dittero.

Diptères |diptɛʀ| *s.m. pl.* (*t.zool.*) Ditteri.

diptyque |diptik| *s.m.* **1** dittico* **2** (*fig.*) (*se dit d'une œuvre en deux parties*) dittico.

1 **dire** |diʀ| (48) *v.tr.* **I** [*exprimer, communiquer* (*la pensée, les sentiments, les intentions*) *par la parole*] **1** [*exprimer*] dire (132): *dire qqch. à qqn.* dire q.c. a qc.; *dire oui, non* dire di sì, di no; *dire bonjour, au revoir* dire buongiorno, arrivederci, salutare; *dire des bêtises* dire sciocchezze ◇ (*avec une subordonnée*) *il dit être malade, il dit qu'il est malade* dice di essere ammalato, che è ammalato; *il dit qu'il serait venu s'il avait pu* dice che sarebbe venuto se avesse potuto; *elle a dit qu'elle viendrait* ha detto che sarebbe venuta; *elle dit qu'elle viendra* dice che verrà ◇ (*avec une interrogative indirecte*) *dites-moi qui vous êtes, où vous allez, comment vous vous appelez* ditemi chi siete, dove andate, come vi chiamate; *j'ai qqch. à vous dire* ho q.c. da dirvi; *il ne l'a dit qu'à moi* l'ha detto solo a me → **confier**; *il l'a dit en public* l'ha detto in pubblico; *je vous l'ai dit cent fois* ve l'ho detto mille volte → **répéter**; *j'irais jusqu'à dire que* oserei persino dire che; *il ne sait plus que dire, quoi dire* non sa più che (cosa) dire; *que dites-vous? vous dites?* come dice? prego? ◇ (*prov.*) *toute vérité n'est pas bonne à dire* non sempre si può dire la verità ◇ (*avec 'penser'*) *dire ce qu'on pense* dire ciò che si pensa ◇ (*loc.*) *à ce qu'il dit* a suo dire ~ *d'après ce qu'il dit* da quel che dice ~ *il ne sait pas ce qu'il dit* non sa quel che dice ~ *à vrai dire* a dire il vero ~ *c'est beaucoup dire* non direi proprio ~ *c'est tout dire* è detto tutto ~ *pour tout dire* per farla breve ~ *dire son fait, ses vérités, ses quatre vérités à qqn.* dire il fatto suo a qc. ~ (*fam.*) *ce n'est pas une chose à dire* è una cosa da non dire ~ *cela va sans dire* è ovvio, va da sé ~ *ce n'est pas, c'est pas pour dire, mais le coup est réussi* non faccio per dire, non per vantarmi, ma il colpo è riuscito ~ *cela vous plaît à dire* lo dice tanto per dire ~ *c'est vous qui le dites!* lo dice lei! ~ *ce disant, elle s'en est allée* con ciò, col che se ne è andata ~ *ceci dit, il s'en alla* detto questo, ciò detto se ne andò ~ (*cela*) *soit dit en passant* sia detto per inciso ~ *entre nous soit dit* detto tra noi ~ *c'est moi qui vous le dis!* ve lo dico io! ~ *je vous l'avais dit* ve l'avevo detto ~ *il faut vous dire que* bisogna sapere, bisogna capire che ... ~ *je ne vous dis que cela* vi dico solo questo ~ *je ne vous le fais pas dire* non ve lo mando a dire ~ *ne pas l'envoyer dire à qqn.* non mandare a dire le cose; *à qui le dites-vous!* a chi lo dice (dite)!; *c'est donc ça, vous m'en direz tant!* ah, è così! ora capisco ~ *tu l'as dit!* l'hai detto!; *il se disait toujours la vérité* si diceva sempre la verità; *je me disais bien que c'était impossible* me lo dicevo bene, dicevo ben io che era impossibile ◇ (*en incise*) *je suis décidé, vous dis-je!* sono deciso, vi dico! ◇ (*à l'impér., comme interj.*) *dites donc, vous, là-bas!* ehi, lì! (dica, lei, lì!) ~ (*pop.*) *eh, dis donc!* ehi, tu, di' un po'!, senti un po'!; *non, mais, dis! tu es fou?* no, (ma) dico!, sei pazzo? **2** [*décider, convenir de* (*qqch.*)] dire: *venez un de ces jours, disons lundi* venite uno di questi giorni, diciamo, facciamo lunedì → **décider**; *ce qui est dit est dit* quel che è detto è detto; *tenez-vous-le pour dit* tenetevelo per detto; *il a gagné la première manche, mais tout n'est pas dit* ha vinto la prima 'manche', ma non è detta l'ultima parola; *aussitôt dit que fait, aussitôt fait* detto fatto; *c'est plus facile à dire qu'à faire* è più facile da dire che da fare # *à l'heure dite* all'ora fissata, stabilita; *tout est dit* il gioco è fatto **3** [*exprimer une opinion*] dire: *dire son avis* dire il proprio parere → **donner**; *dire du bien, du mal de qqch.* dire bene, male di q.c.; *que vont en dire les gens?* che ne dirà la gente? → **qu'en-dira-t-on**; *il a toujours son mot à dire* (*sur qqch.*) ha sempre q.c. da dire (su q.c.); *qu'en diriez-vous d'une promenade?* che ne direste di (fare) una passeggiata? **4** [*avoir une opinion, être tenté de croire*] dire: *qu'en dites-vous?* cosa (ne) dite? → **juger**, 1 **penser** ◇ *loc.* DIRE QUE e dire che...: *dire qu'il n'a pas encore vingt ans* e dire che non ha ancora vent'anni! ~ *qui l'eût dit?* chi l'avrebbe detto? ~ ON DIRAIT QUE (+ *ind.*) si direbbe che (+ *subj. ou ind.*); sembra, sembrerebbe che (+ *subj.*): *on dirait qu'il vient chez nous* si direbbe che venga (viene) da noi, sembra che venga da noi → **sembler**; (*cour.*) *on dirait un fou* lo si direbbe pazzo; *c'est du poisson? on dirait de la viande* è pesce? si direbbe (che è) carne; sembra, sembrerebbe carne → **croire** **5** [*raconter un fait, une nouvelle*] dire: *je vais vous dire la nouvelle* vi dico la novità → **raconter**; *je vais le dire à ma mère!* lo dirò, lo dico a mia madre! → **rapporter**; *je me suis laissé dire qu'il allait venir* ho sentito dire che sta per venire # *dire l'avenir* predire il futuro → **prédire** ◇ (*pour parler aux enfants*) *mon petit doigt me l'a dit* me lo ha detto l'uccellino, il dito mignolo ◇ *loc.* ON DIT si dice, dicono: *on dit qu'il est mort* si dice, dicono che sia morto; *il est réélu, dit-on* è stato rieletto, si dice (dicono) → **on-dit** **6** [*exprimer* (*sa volonté*)] dire: *allez lui dire de venir, qu'il vienne* andate a dirgli di venire; *qui vous a dit de faire cela?* chi vi ha detto di farlo?; *ne pas se le faire dire deux fois* non farselo dire due volte → **commander, ordonner** ✦ *absolt.* (*littér.*) *vous n'avez qu'à dire* non dovete fare altro che parlare; *j'ai dit* ho detto → 1 **parler** **7** *loc.* [*objecter*] dire: *qu'avez-vous à dire à cela?* cosa avete da dire a questo proposito, in proposito?; *il y a beaucoup à dire là-dessus* c'è molto da dire in proposito; *rien à dire, ça va* niente da dire, va bene; *il n'y a pas à dire* non c'è nulla da dire, c'è poco da dire; *vous avez beau dire et beau faire* avete un bel dire e un bel fare; *vous avez beau dire, c'est lui qui a raison* avete un bel dire, è lui che ha ragione → 1 **protester**; *quoi qu'on dise* per quanto si dica ◇ (*prov.*) *bien faire et laisser dire* (nella vita) bisogna agire bene e non curarsi delle chiacchiere; vivi e lascia vivere; lascia che dicano **8** [*lire, réciter*] dire: *dire la messe* dire la messa; *dire ses prières* dire le preghiere; *dire des vers* dire, recitare dei versi → **déclamer** ✦ (*absolt.*) *cet acteur dit bien* quest'attore ha una buona dizione **9** *absolt.* (*cartes*) [*parler, annoncer*] dichiarare: *c'est à vous de dire* tocca a lei dichiarare **II** [*exprimer par le langage*] **1** [*exprimer par écrit*] dire: *je vous ai dit dans ma lettre que* vi ho detto nella mia lettera che; *je ne sais ce que dit Taine à ce sujet* non so cosa dice Taine a questo proposito; *la loi, le code dit que* la legge, il codice dice che → **écrire** **2** (*avec un adv. ou une loc. adv.*) [*rendre plus ou moins clairement la pensée*] dire: *dire qqch. en peu de mots* dire q.c. in poche parole; *dire carrément* dire francamente; *dire crûment* dire crudamente; *il ne croit pas si bien dire* non sa che ciò che dice è la verità; *pour ainsi, pour mieux dire* per così, per meglio dire # *autrement dit* in altri termini, in altre parole → **exprimer** ◇ (*fam.*) *je sens comme qui dirait une brûlure* sento una specie di bruciore **3** [*employer* (*telle forme de la langue*)] dire: *comment dites-vous cela en italien?* come si dice (questo) in italiano?; *il est, comme on dit,* (*fam.*) *comme dit l'autre, fauché comme les blés* è, come si suol dire, proprio al verde; *si j'ose dire* se posso dirlo; *il a dit quelques mots* ha detto alcune parole; *il n'a pas dit mot* non ha detto verbo (una parola) ◇ (*avec un énoncé rapporté*) *il a dit*: '*je reviendrai*' ha detto: 'tornerò'; '*vous venez?*' *dit-il* 'venite?' disse ◇ *passif* SE DIRE dirsi, usarsi: *cela ne se dit plus* non si dice, non si usa più **4** (*en parlant d'un écrivain*) [*révéler qqch. de nouveau*] dire: *cet écrivain n'a rien à dire* questo scrittore non ha nulla da dire **III** (*fig.*) **1** [*faire connaître, exprimer par un signe quelconque*] dire → **exprimer, marquer** # *son silence dit beaucoup, en dit long* il suo silenzio è molto eloquente; *horloge qui dit l'heure exacte* orologio che dà l'ora esatta **2** (*fam.*) [*avoir tel aspect*] dire: *cela ne dit rien* ciò non dice (proprio) nulla #

qu'est-ce que ça dit? che valore ha? **3** *cela me dit, ne me dit rien* mi dice, non mi dice niente; mi va, non mi va; *si cela vous disait, nous irions nous promener* se vi va (se ne aveste voglia) potremmo fare una passeggiata; *cela ne me dit rien qui vaille* è un'idea che non mi va **4** *loc.* VOULOIR DIRE voler (195) dire: *que veut dire son retard?* che vuol dire, che significa il suo ritardo?; *qu'est-ce à dire?* come sarebbe a dire? → **signifier, c'est-à--dire.**

2 **dire** |diʀ| *s.m.* **1** *au plur.* [*ce qu'une personne dit, déclare, rapporte*] affermazioni (*f.*): *selon les dires des voisins* stando alle affermazioni dei vicini, a detta dei vicini → **parole 2** (*loc.*) *au dire, selon le dire de* a detta di: *au dire, selon le dire de tout le monde* a detta di tutti; *au dire des experts* a detta degli esperti **3** (*dr.*) *le dire des témoins* le affermazioni *pl.* dei testimoni.

direct, ecte |diʀɛkt, ɛkt(ə)| **I** *adj.* **1** diretto: *route directe* strada diretta # *le chemin le plus direct* la strada più corta ◇ (*fig.*) *il a fait une allusion directe à...* ha fatto (un')allusione diretta a ... **2** [*sans intermédiaire*] diretto: *contact direct* contatto diretto; *ses chefs directs* i suoi diretti superiori # *prendre une part directe dans une affaire* prendere parte diretta a un affare ◇ (*ling.*) *complément direct* complemento diretto; *style direct* stile diretto **3** [*qui ne s'arrête pas* (*ou peu*)] diretto: *train direct* (treno) diretto; *voiture directe pour Londres* vettura diretta per Londra **II** *s.m.* **1** (*boxe*) diretto **2** (*télécom.*) EN DIRECT in diretta (*f.*): *émission en direct* trasmissione in diretta.

directement |diʀɛktəmɑ̃| *adv.* **1** [→ DIRECT I 1] direttamente: *vous rentrez directement chez vous ou vous faites des courses?* rientra direttamente a casa o fa le spese? ◇ (*fig.*) *cela ne vous regarde directement* (ciò) non la riguarda direttamente, da vicino **2** [*entièrement* (*opposé*)] completamente, del tutto (*loc. inv.*): *deux caractères qui s'opposent directement* due caratteri completamente, del tutto opposti → **diamétralement** **3** [*sans intermédiaire*] direttamente; *directement du producteur au consommateur* direttamente dal produttore al consumatore → **immédiatement** [C] 1; 3 **indirectement.**

directeur, trice |diʀɛktœʀ, tʀis| **I** *s.* **1** direttore*: *directeur général d'une société* direttore generale di una società; *directeur de journal* direttore di giornale; *madame la directrice* la signora direttrice; *directeur d'école* direttore didattico ◇ (*mar.*) *chef directeur* direttore di macchina **2** (*hist.*) [*chacun des cinq membres du directoire*] direttore **3** *directeur* (*de conscience*), *directeur* (*spirituel*) direttore spirituale → **confesseur** **II** *adj.* **1** [*qui dirige*] direttivo: *comité directeur* comitato direttivo → **dirigeant** **2** (*fig.*) direttore, ispiratore*: *l'idée directrice d'un ouvrage* l'idea direttrice, ispiratrice di un'opera; *avoir un principe directeur* avere un principio ispiratore, informatore; *les lignes directrices principales d'une action* le principali direttrici di un'azione # *plan directeur d'urbanisme* piano regolatore generale ◇ (*géom.*) *plan directeur d'une conoïde* piano direttore di un conoide ◇ (*techn.*) *roue directrice d'une bicyclette* ruota direttrice di una bicicletta.

directif, ive |diʀɛktif, iv| *adj.* **I 1** [*qui dirige, imprime une direction, mais sans l'imposer*] direttivo **2** (*se dit d'un chef qui prend seul toutes les décisions relatives à la conception du programme d'action d'un groupe*) direttivo: *méthode directive* metodo direttivo ◇ (*psycho., psychan.*) *questionnaire directif* questionario direttivo **II** (*techn.*) *effet directif* direttivo (*s.m.*); *antenne directive* antenna direttiva.

direction |diʀɛksjɔ̃| *s.f.* **I 1** [→ DIRIGER A I 1] direzione: *assumer la direction des travaux* assumere la direzione dei lavori; *on lui a confié la direction de l'entreprise* gli hanno affidato la direzione dell'impresa → **gestion** # *être chargé de la direction d'un groupe* essere incaricato di dirigere un gruppo **2** [*fonction, poste de directeur*] direzione # *être nommé à la direction du personnel* essere nominato direttore del personale; *donner une direction à qqn.* conferire un incarico direttivo a qc.; *pendant sa direction* quando era direttore ◇ [*bâtiment, bureaux des directeurs*] *aller à la direction* andare in direzione **3** [*ensemble des services confiés à un directeur*] direzione: *direction de l'enseignement primaire* direzione dell'insegnamento elementare; *la direction artistique, technique* la direzione artistica, tecnica **II 1** (*astrol.*) direzione (planetaria) **2** (*sc.*) direzione: *la direction d'une force* la direzione di una forza **3** [*orientation; voie à suivre pour aller à un endroit*] direzione: *changement de direction* cambiamento di direzione; *la direction nord-sud* la direzione nord-sud; *dans toutes les directions* in tutte le direzioni; *quelle direction a-t-il prise?* che direzione ha preso?; *changer de direction* cambiare direzione ◇ (*loc.*) *dans la direction de..., en direction de...* in direzione di → 1 **vers** # *train en direction de Paris* treno per Parigi **4** (*fig.*) direzione: *faire des expériences dans une direction nouvelle* tentare esperienze in una nuova direzione # *imprimer une direction nouvelle à l'opinion* imprimere un nuovo orientamento all'opinione pubblica **5** (*techn., cour.*) sterzo (*m.*): *jeu dans la direction* gioco dello sterzo; *direction à vis, à crémaillère* sterzo a vite, a cremagliera; *direction douce, dure, démultipliée* sterzo dolce, duro, demoltiplicato; *il faut régler la direction* bisogna regolare lo sterzo # *direction assistée, asservie* servosterzo.

directionnel, elle |diʀɛksjɔnɛl| *adj.* (*techn.*) direzionale: *antenne directionnelle* antenna direzionale.

directive |diʀɛktiv| *s.f.* (*surtout au plur.*) direttiva: *donner des directives* dare delle direttive → **instruction,** 2 **ordre.**

directoire |diʀɛktwaʀ| *s.m.* **1** (*hist. fr.*) Direttorio* ◇ (*par ext.*) *un directoire européen* un direttorio europeo; *le style Directoire* lo stile direttorio ♦ (*par appos.*) *une commode Directoire* un cassettone direttorio **2** (*liturg.*) direttorio.

directorial, iale, iaux |diʀɛktɔʀjal, jo| *adj.* **1** direttoriale: *bureaux directoriaux* uffici direttoriali **2** (*hist.*) del Direttorio (*loc. inv.*): *le régime directorial* il regime del Direttorio.

directrice |diʀɛktʀis| *s.f.* (*géom.*) (linea) direttrice.

dirigé, ée |diʀiʒe| *adj.* [*mené, conduit par un chef*] diretto: *une affaire mal dirigée* un'impresa mal diretta.

dirigeable |diʀiʒabl(ə)| *adj.* [→ DIRIGER A II 1] dirigibile: *ballon dirigeable* dirigibile *s.* ♦ (*s.m.*) *un dirigeable* un dirigibile.

dirigeant, ante |diʀiʒɑ̃, ɑ̃t| **1** *adj.* dirigente, direttivo: *les classes dirigeantes* le classi dirigenti **2** *s.* dirigente: *les dirigeants d'une entreprise* i dirigenti di un'impresa → **directeur**; *les dirigeants d'un mouvement* i dirigenti di un movimento → 1 **chef.**

diriger |diʀiʒe| (3) **A** *v.tr.* **I 1** [*conduire, mener comme maître ou chef responsable*] dirigere (133): *diriger une usine* dirigere una fabbrica; *diriger des travaux* dirigere dei lavori; *diriger un théâtre, une école* dirigere un teatro, una scuola → **administrer, conduire, gérer** # *diriger une discussion, un débat* fare da moderatore in una discussione, in un dibattito ♦ (*au p.p.*) *économie dirigée* economia programmata, dirigistica → **dirigisme** **2** [*conduire l'activité de qqn.*] dirigere: *diriger des ouvriers* dirigere degli operai; *diriger une équipe* dirigere una squadra, un gruppo **3** [*exercer une action, une influence sur qqn.*] dirigere, guidare: *diriger le travail de qqn.* dirigere il lavoro di qc. → **suivre** # *diriger un élève* seguire un alunno; *diriger ses instincts* controllare i propri istinti **II 1** [*guider qqch. dans une direction*] guidare, dirigere: *diriger une voiture* guidare un'automobile # *diriger un avion* pilotare un aereo → **conduire** **2** *diriger vers, sur* dirigere verso, a: *diriger un convoi vers telle ville* dirigere un convoglio verso la tal città → **acheminer**; *diriger ses pas vers* dirigere i propri passi verso → 1 **aller** # *diriger un colis sur Paris* inviare un pacco a Parigi → 2 **expédier** ◇ *loc.* DIRIGER CONTRE dirigere contro: *cet article est dirigé contre vous* questo articolo è diretto contro di voi **3** [*orienter de manière à envoyer*] dirigere: *diriger une lampe de poche sur qqn., qqch.* dirigere, puntare una pila tascabile su qc., su q.c.; *diriger ses yeux, son regard vers* dirigere lo sguardo verso → 1 **porter, tourner**; *diriger son attention sur* dirigere la propria attenzione su **B** *v.pron. réfl.* SE DIRIGER dirigersi: *il se dirige vers la porte pour sortir* si dirige verso la porta per uscire; *bateau qui se dirige vers le rivage* nave che si dirige verso la riva.

dirigisme |diʀiʒism(ə)| *s.m.* (*polit.*) dirigismo.

dirigiste |diʀiʒist(ə)| *adj.* (*polit.*) dirigista: *les pays dirigistes* i paesi dirigisti ◇ [*du dirigisme*] dirigistico*: *méthodes dirigistes* metodi dirigistici ♦ (*s.*) *un dirigiste* un dirigista.

dirimant, ante |diʀimɑ̃, ɑ̃t| *adj.* (*dr.*) *empêchement dirimant* impedimento dirimente.

dis- |dis| *préf.* (*signifiant 'séparation, différence, défaut', correspond généralt. à*) dis: *discontinu* discontinuo.

disant |dizɑ̃| → **soi-disant.**

discal, ale, aux |diskal, o| *adj.* (*méd.*) del disco (*loc.inv.*): *hernie discale* ernia del disco.

discale |diskal| *s.f.* (*comm.*) calo *m.* (di merce).

discernable |disɛʀnabl(ə)| *adj.* [→ DISCERNER] discernibile [C] **indiscernable.**

discernement |disɛʀnəmɑ̃| *s.m.* discernimento: *manquer de discernement* mancare, essere privo di discernimento; *agir sans discernement* agire senza discernimento → **jugement,** 1 **sens (bon).**

discerner |disɛʀne| *v.tr.* **1** [*percevoir (un objet) par rapport à ce qui l'entoure*] discernere (180): *discerner la présence de qqn. dans l'ombre* discernere la presenza di qc. nell'ombra → **distinguer;** *discerner un bruit lointain* discernere un rumore lontano → **entendre** **2** [*se rendre compte précisement de la nature, de la valeur de qqch.*] discernere: *discerner le vrai du faux, le vrai d'avec le faux* discernere il vero dal falso; *discerner nettement la cause d'un phénomène* discernere chiaramente la causa di un fenomeno → **distinguer;** *discerner une nuance subtile dans un texte* discernere, cogliere una sottile sfumatura in un testo → **saisir** [C] 2 **confondre** 2.

disciple |disipl(ə)| *s.m.* discepolo (*s.*): *les disciples de Jésus Christ* i discepoli di Gesù Cristo; *elle a été une de ses disciples* è stata una delle sue discepole; *disciple d'Épicure* discepolo di Epicuro → **écolier, élève, adepte** [C] **maître.**

disciplinable |disiplinabl(ə)| *adj.* [→ DISCIPLINER] disciplinabile.

disciplinaire |disiplinɛʀ| *adj.* disciplinare: *mesures disciplinaires* provvedimenti disciplinari; *pouvoirs disciplinaires* poteri disciplinari; *sanction disciplinaire* sanzione disciplinare.

1 **discipline** |disiplin| *s.f.* **1** disciplina: *discipline sévère, de fer* disciplina severa, ferrea; *discipline militaire* disciplina militare; *conseil de discipline* consiglio di disciplina; *enfreindre la discipline* infrangere la disciplina ◇ [*règle de conduite que l'on s'impose*] *s'astreindre à une discipline sévère* assoggettarsi a una severa disciplina **2** (*vx.*) [*sorte de fouet*] disciplina.

2 **discipline** |disiplin| *s.f.* [*branche de la connaissance*] disciplina, materia: *disciplines scientifiques* discipline, materie scientifiche.

discipliné, ée |disipline| *adj.* disciplinato: *soldats disciplinés* soldati disciplinati; *écolier discipliné* scolaro disciplinato [C] **indiscipliné.**

discipliner |disipline| *v.tr.* **1** [*accoutumer à la discipline*] disciplinare: *discipliner un groupe* disciplinare un gruppo ◇ (*par ext.*) *discipliner ses instinct* disciplinare i propri istinti → **éduquer** **2** (*fig.*) *produit qui discipline les cheveux* prodotto che fissa, che tiene a posto i capelli.

disco- |diskɔ| *préf.* (*signifiant 'disque', correspond généralt. à*) disco: *discoïde* discoide.

discobole |diskɔbɔl| *s.m.* discobolo.

discoïde |diskɔid| *adj.* discoide.

Discomycètes |diskɔmisɛt| *s.m. pl.* (*t.bot.*) Discomiceti.

discontinu, ue |diskɔ̃tiny| *adj.* **1** [*qui n'est pas continu*] discontinuo ◇ (*math.*) *fonction discontinue* funzione discontinua **2** [*qui n'est pas continuel*] discontinuo: *mouvement, bruit discontinu* movimento, rumore discontinuo → **intermittent, temporaire** [C] 1 **continu;** 2 **continuel.**

discontinuer |diskɔ̃tinɥe| **A** *v.tr.* (*littér.*) [*ne pas continuer une chose commencée*] interrompere (176) (*cour.*): *discontinuer les visites* interrompere le visite **B** *v.intr.* [*cesser pour un temps*] cessare ◇ (*spécialt.*) SANS DISCONTINUER senza interruzione: *il pleut sans discontinuer depuis hier* piove senza interruzione da ieri # *il a parlé deux heures sans discontinuer* ha parlato per due ore senza smettere [C] **continuer.**

discontinuité |diskɔ̃tinɥite| *s.f.* discontinuità *inv.* ◇ (*math.*) discontinuità [C] **continuité**

disconvenir |diskɔ̃vniʀ| (27) *v.intr.* NE PAS DISCONVENIR DE (QQCH.) [*l'admettre, être d'accord*] non negare (q.c.): *je n'en disconviens pas* non lo nego; *je ne puis disconvenir que* non posso negare che [C] **convenir (de)** 2, **reconnaître.**

discophile |diskɔfil| *s.* discofilo.

discophilie |diskɔfili| *s.f.* discofilia.

discordance |diskɔʀdɑ̃s| *s.f.* **1** discordanza: *discordance des caractères, des opinions* discordanza di caratteri, di opinioni; *discordance de sons, de couleurs* discordanza di suoni, di colori **2** (*géol.*) *discordance de stratifications* discordanza di stratificazioni [C] 1 **accord** 1, **concordance.**

discordant, ante |diskɔʀdɑ̃, ɑ̃t| *adj.* **1** discordante, discorde: *caractères discordants* caratteri discordanti; *couleurs discordantes* colori discordanti; *voix discordantes* voci discordi → **incompatible, opposé, criard** # *instruments de musique discordants* strumenti musicali scordati → **dissonant, faux** **2** (*géol.*) *stratifications discordantes* stratificazioni discordanti [C] **concordant.**

discorde |diskɔʀd(ə)| *s.f.* (*littér.*) discordia: *entretenir, semer la discorde* alimentare, seminare la discordia → **désaccord** ◇ (*mythol.*) (dea del)la discordia ◇ (*loc.*) *brandon de discorde* causa di discordia; *pomme de discorde* pomo della discordia [C] **concorde, entente.**

discorder |diskɔʀde| *v.intr.* (*mus.*) [*être discordant*] discordare, stonare ◇ [*être en désaccord*] discordare, contrastare: *couleurs qui discordent* colori discordanti → **jurer** [C] **concorder.**

discothèque |diskɔtɛk| *s.f.* discoteca*.

discoureur, euse |diskuʀœʀ, øz| *s.* [*personne qui aime à discourir*] discorritore*.

discourir |diskuʀiʀ| (17) *v.intr.* [*parler sur un sujet en le développant longuement*] discorrere (127) → **disserter.**

discours |diskuʀ| *s.m.* **1** discorso: *discours à la louange, pour la défense de qqn.* discorso in lode, in difesa di qc.; *discours de clôture* discorso di chiusura; *faire, prononcer un discours* fare, pronunciare un discorso **2** (*péj.*) (*opposé à l'action*) discorso: *cela aura plus d'effet que tous les discours* (ciò) farà più effetto di qualsiasi discorso # *assez de discours, des faits* ci vogliono fatti e non parole; basta con le chiacchiere, ci vogliono i fatti **3** [*expression verbale de la pensée*] discorso: *les parties du discours* le parti del discorso → **parole, langage** ◇ (*ling., philo., rhétorique*) discorso **4** (*vieilli*) [*propos que l'on tient*] discorso: *discours futiles, frivoles* discorsi futili, frivoli; *le discours qu'il m'a tenu* il discorso che mi ha fatto.

discourtois, oise |diskuʀtwa, waz| *adj.* scortese, sgarbato: *paroles, manières discourtoises* parole, modi scortesi → **impoli** [C] **courtois, poli.**

discourtoisie |diskuʀtwazi| *s.f.* (*vx.*) [*manque de courtoisie*] scortesia (*cour.*), sgarbatezza (*cour.*) [C] **courtoisie.**

discrédit |diskʀedi| *s.m.* **1** discredito: *jeter le discrédit sur qqn.* gettare il discredito su qc.; *être en discrédit auprès de qqn.* essere in discredito presso qc. # *théorie tombée en discrédit* teoria ormai screditata → **déconsidération** **2** (*comm.*) discredito [C] 1 **crédit, considération, faveur** 1.

discréditer |diskʀedite| **A** *v.tr.* **1** [*faire perdre l'estime dont qqn., qqch. jouissait*] screditare, discreditare (*littér.*) → **déconsidérer** **2** (*comm.*) discreditare **B** *v.pron.intr.* SE DISCRÉDITER [→ *tr.* 1] screditarsi, discreditarsi: *il s'est discrédité dans l'esprit de son chef* si è discreditato presso il suo superiore.

1 **discret, ète** |diskʀɛ, ɛt| *adj.* **1** discreto: *c'est une personne discrète* è una persona discreta; *il est trop discret pour abuser de votre hospitalité* è troppo discreto per abusare della vostra ospitalità → **réservé, délicat** **2** (*choses*) discreto: *faire un reproche discret* fare un rimprovero discreto, un velato rimprovero → **modéré;** *allusion discrète* allusione discreta, velato accenno; *endroit, coin discret* luogo discreto, angolo appartato # *faire une cour discrète à qqn.* corteggiare discretamente qc.; *vêtements, bijoux discrets* vestiti, gioielli sobri → **distingué, sobre** **3** (*personnes*) [*qui garde le secret*] discreto: *un homme discret* un uomo discreto; *soyez discret là-dessus* sia discreto al riguardo [C] **indiscret.**

2 **discret, ète** |diskʀɛ, ɛt| *adj.* (*math.*) discreto: *quantité discrète* quantità discreta → **discontinu.**

discrètement |diskʀɛtmɑ̃| *adv.* **1** [→ 1 DISCRET 2] discretamente, con discrezione (*loc. inv.*): *il a agi discrètement* ha agito discretamente, con discrezione; *se conduire discrètement* comportarsi con discrezione # *s'habiller discrètement* vestirsi sobriamente **2** [*sans dire ce qui doit être tu*] discretamente [C] 1 **ostensiblement;** 2 **indiscrètement.**

discrétion |diskʀesjɔ̃| *s.f.* **1** discrezione: *manquer de discrétion* mancare di discrezione → 2 **réserve** # *il a trop de discrétion pour vous rendre visite sans prévenir* è troppo discreto per farvi visita senza preavvertirvi **2** [*qualité consistant à savoir garder les secrets d'autrui*] discrezione, riservatezza: *la discrétion est assurée* si assicura discrezione, riservatezza **3** (*loc.*) *être à la discrétion de qqn.* [*dépendre entièrement de lui*] essere alla mercé di qc. **4** *loc.adv.* À DISCRÉTION a volontà: *vin à discrétion* vino a volontà; *manger à discrétion* mangiare a volontà; *servez-vous à discrétion* si serva a volontà, a piacimento → **volonté (à)** [C] **indiscrétion.**

discrétionnaire |diskʀesjɔnɛʀ| *adj.* (*dr.*) discrezionale: *pouvoir discrétionnaire* potere discrezionale.

discriminant, ante |diskʀiminɑ̃, ɑ̃t| **1** *adj.* discriminante **2** *s.m.* (*math.*) discriminante.

discrimination |diskʀiminɑsjɔ̃| *s.f.* **1** discriminazione: *discrimination raciale* discriminazione razziale; *cette loi s'applique à tous sans discrimination* questa legge si applica a tutti senza discriminazione → **distinction** **2** (*psycho.*) discriminazione → **distinction.**

discriminatoire |diskRiminatwaR| *adj.* discriminatorio*: *mesures discriminatoires* provvedimenti discriminatori.
discriminer |diskRimine| *v.tr.* (*littér.*) [*faire la discrimination entre*] discriminare.
disculpation |diskylpɑsjɔ̃| *s.f.* (*rare*) [→ DISCULPER] discolpa © **accusation, inculpation.**
disculper |diskylpe| **A** *v.tr.* [*prouver l'innocence de qqn.*] discolpare, scagionare: *disculper qqn. à qui on impute une faute à tort* discolpare qc. ingiustamente accusato; *document qui disculpe un accusé* documento che discolpa, che scagiona un accusato → **innocenter,** 1 **justifier** **B** *v.pron. réfl.* SE DISCULPER [*se justifier, s'excuser*] discolparsi, scagionarsi: *se disculper auprès de qqn., aux yeux de qqn.* discolparsi presso qc., agli occhi di qc. © A **inculper.**
discursif, ive |diskyRsif, iv| *adj.* discorsivo: *méthode discursive* metodo discorsivo.
discussion |diskysjɔ̃| *s.f.* **1** discussione: *discussion d'un projet de loi* discussione di un disegno di legge; *discussion d'une équation* discussione di una equazione → **examen** **2** [*le fait de s'opposer* (*à une décision*) *par des arguments*] discussione: *allons, obéissez et pas de discussions* suvvia, obbedite e niente discussioni **3** [*échange d'arguments, de vues contradictoires*] discussione: *discussion sur, au sujet de...* discussione su, circa...; *discussion byzantine* discussione pedante, bizantinismo; *prendre part à la discussion* partecipare alla discussione → **débat, échange (de vues)** ◇ (*loc. prov.*) *de la discussion jaillit la lumière* è discutendo che la verità si fa strada **4** [*vive contestation*] discussione, litigio* (*m.*): *ils ont eu ensemble une violente discussion* hanno avuto una violenta discussione (tra di loro) → **altercation, dispute.**
discutable |diskytabl(ə)| *adj.* **1** [→ DISCUTER A 1] discutibile: *raison discutable* ragione discutibile; *opinion discutable* opinione discutibile; *mais c'est fort discutable* (ma) è molto discutibile → **contestable** **2** [*plutôt mauvais*] discutibile: *c'est d'un goût discutable* è di un gusto discutibile → **douteux** © **indiscutable.**
discutailler |diskytɑje| *v.intr.* (*péj.*) [*discuter*] parlare di cose futili, discutere (134) su quisquiglie.
discuté, ée |diskyte| *adj.* [*qui soulève des discussions*] discusso: *théorie très discutée* teoria molto discussa; *un homme très discuté* un uomo molto discusso.
discuter |diskyte| **A** *v.tr.* **1** [*examiner* (*qqch.*) *par un débat, en étudiant le pour et le contre*] discutere (134) (*tr. et intr.*): *discuter un point* discutere (su di) un punto; *discuter une opinion* discutere un'opinione; *discuter un projet de loi* discutere un progetto di legge → 1 **débattre; critiquer** **2** [*mettre en question, considérer comme peu certain, peu fondé*] discutere (*tr. et intr.*), mettere (155) in discussione: *discuter la vérité de qqch.* discutere sulla, mettere in discussione l'autenticità (la veridicità) di q.c. → **contester** **3** [*opposer des arguments* (*à une décision*), *refuser d'exécuter*] discutere, mettere in discussione: *vous n'avez pas à discuter mes ordres* non dovete discutere, mettere in discussione i miei ordini # *ne discutez pas* niente discussioni ◇ (*fam.*) *discuter le coup, le bout de gras* chiacchierare, ciarlare → **bavarder** **B** *v. intr.* [*parler avec d'autres en échangeant des idées sur un même sujet*] discutere (*tr. et intr.*): *discuter d'un, sur un point avec qqn.* discutere (su) un punto con qc.; *discuter avec l'ennemi* discutere, trattare con il nemico → **négocier, traiter**; *discuter* (*de*) *politique* discutere di politica; *discuter sur des détails* discutere i, sui dettagli; *on ne peut pas discuter avec lui* non si può discutere con lui.
discuteur, euse |diskytœR, øz| *s. et adj.* (*rare*) [*qui aime la discussion*] polemista → **raisonneur.**
disert, erte |dizεR, εRt(ə)| *adj.* (*littér.*) diserto → **éloquent.**
disette |dizεt| *s.f.* (*absolt.*) [*manque de choses nécessaires*] carestia: *année de disette* annata di carestia ◇ *loc.* DISETTE DE carenza di: *disette d'eau, de vivres* carenza di acqua, di viveri; *disette d'argent* carenza di denaro → **pénurie** ◇ (*fig.*) *il y a disette d'idées nouvelles* c'è carenza di nuove idee → **indigence** © **abondance.**
diseur, euse |dizœR, øz| *s.* **1** DISEUR DE: *diseur, diseuse de bonne aventure* [*chiromancien*] chiromante → 1 **voyant** ◇ (*péj.*) *diseur de bons mots* [*qui dit de bons mots en toute occasion*] burlone **2** [*personne qui récite, déclame*] dicitore*: *c'est un excellent diseur* è un eccellente dicitore **3** *absolt.* (*vx.*) *un* (*beau*) *diseur* un (buon) parlatore*.
disgrâce |disgRɑs| *s.f.* **1** [*perte des bonnes grâces, de la faveur de qqn.*] disgrazia: *tomber en disgrâce* cadere in disgrazia → **défaveur** # *la disgrâce de Fouquet* la destituzione di Fouquet **2** [*événement malheureux*] disgrazia, sventura: *pour comble de disgrâce* per colmo di disgrazia, di sventura → **infortune, malheur** **3** (*littér.*) [*manque de grâce*] disgrazia (*vx.*) → **laideur.**
disgracié, ée |disgRasje| *adj.* **1** [*qui est tombé en disgrâce*] caduto in disgrazia: *un ministre disgracié* un ministro caduto in disgrazia **2** (*fig.*) [*peu favorisé, mal partagé*] sfavorito, disgraziato: *être disgracié de, par la nature* essere sfavorito dalla natura, essere disgraziato → **défavorisé** # *visage disgracié* viso brutto © 2 **favori.**
disgracier |disgRasje| *v.tr.* [*priver qqn. de la faveur qu'on lui accordait*] far (103) *intr.* cadere in disgrazia: *disgracier un ministre* far cadere in disgrazia un ministro © **favoriser, protéger.**
disgracieux, ieuse |disgRasjø, jøz| *adj.* [*qui n'a aucune grâce*] sgraziato: *visage disgracieux* viso sgraziato → **laid** © **gracieux, agréable, aimable.**
disjoindre |disʒwɛ̃dR(ə)| (61) *v.tr.* **1** [*écarter les unes des autres* (*des parties jointes*)] disgiungere (150): *disjoindre les planches d'une table* disgiungere le assi di un tavolo → **désunir, séparer** **2** (*fig.*) [*séparer*] scindere (181), disgiungere: *disjoindre deux sujets* scindere, disgiungere due argomenti ◇ (*dr.*) *disjoindre deux causes* separare due cause © 1 **joindre;** 2 **rapprocher.**
disjoint, ointe |disʒwɛ̃, wɛ̃t| *adj.* **1** disgiunto, sconnesso: *planches disjointes* assi disgiunte, sconnesse **2** (*fig.*) distinto, separato: *questions disjointes* questioni ben distinte, separate → **différent, distinct** ◇ (*mus.*) *degré disjoint* grado disgiunto © **conjoint** 1.
disjoncteur |disʒɔ̃ktœR| *s.m.* (*électr.*) disgiuntore, interruttore automo.
disjonctif, ive |disʒɔ̃ktif, iv| *adj.* (*gram.*) disgiuntivo: *particule disjonctive* particella disgiuntiva ♦ *s.f.* UNE DISJONCTIVE una (proposizione) disgiuntiva ◇ (*philo.*) *le dilemme est un syllogisme disjonctif* il dilemma è un sillogismo disgiuntivo © **conjonctif, copulatif.**
disjonction |disʒɔ̃ksjɔ̃| *s.f.* separazione, disgiunzione: *disjonction de deux questions* separazione di due questioni ◇ (*dr.*) *disjonction de deux causes* separazione di due cause → **conjonction** ◇ (*gram.*) disgiunzione.
dislocation |dislɔkɑsjɔ̃| *s.f.* **1** [→ DISLOQUER A 1] lussazione, slogatura: *dislocation d'un os* lussazione di un osso; *dislocation d'un membre* slogatura di un arto **2** [*séparation violente*] distacco* (*m.*): *dislocation des pièces d'une machine* distacco dei pezzi di una macchina **3** (*fig.*) *la dislocation d'un empire* lo smembramento *m.*, la disgregazione di un impero → **dissolution** ◇ (*par anal.*) *la dislocation d'un cortège* la dispersione di un corteo → **dispersion** **4** (*géol.*) dislocazione.
disloquer |dislɔke| **A** *v.tr.* **1** [*déplacer violemment* (*les parties d'une articulation*)] lussare, slogare → **désarticuler** □ *se disloquer une épaule* lussarsi una spalla; *elle s'est disloqué le bras gauche* si è slogata il braccio sinistro **2** [*séparer violemment* (*les éléments de*)] sconnettere (112), disunire (197): *disloquer les rouages d'une machine* sconnettere gli ingranaggi di una macchina # *disloquer une machine* sfasciare una macchina → **casser, démolir** ◇ (*fig.*) *disloquer un empire* smembrare un impero **B** *v.pron.* SE DISLOQUER **1** *intr.* [→ *tr.* 2] disperdersi (163), sfasciarsi: *cortège qui se disloque* corteo che si disperde → **dissoudre, séparer (se)** **2** *réfl.* slogarsi → *tr.* 1 □.
disparaître |dispaRεtR(ə)| (72) *v. intr.* **I** [*ne plus être vu ou visible*] **1** [*cesser de paraître, d'être visible*] sparire (197) (*aux.* essere), scomparire (142) (*aux.* essere): *le soleil a disparu* il sole è scomparso; *la brume a disparu* la foschia è scomparsa → 1 **aller (s'en)** ◇ (*par ext.*) *la maison disparaît sous la verdure* la casa scompare, rimane nascosta nel verde **2** (*personnes*) [*s'en aller*] sparire: *elle a disparu sans laisser de traces* è sparita senza lasciare tracce; *disparaître furtivement* sparire, eclissarsi furtivamente ◇ (*en parlant d'objets qu'on ne peut retrouver*) sparire, volatilizzarsi *pron.* (*fam.*): *mes gants on disparu* i miei guanti sono spariti → **égarer (s')**; *elle ne trouve plus ses bas: ils n'ont pas disparu tout seuls* non trova più le calze: non si sono certo volatilizzate → **envoler (s'), volatiliser (se)** **3** FAIRE DISPARAÎTRE (*qqn., qqch.*) far (103) sparire: *faire disparaître un document compromettant* far sparire un documento compromettente → **escamoter** **II** [*cesser d'être, d'exister*] **1** (*être vivants*) scomparire, sparire: *toutes ces personnes ont disparu* tutte queste persone sono scomparse, sono sparite **2** (*choses*) *navire qui disparaît*

en mer nave che scompare in mare → **sombrer**; *le brouillard a disparu vers dix heures* la nebbia è scomparsa verso le dieci → **dissiper (se)** **3** (*fig.*) *ses craintes ont disparu en un clin d'œil* i suoi timori sono scomparsi in un batter d'occhio → **évanouir (s')**; *cette mode a disparu, est disparue depuis longtemps* questa moda è scomparsa da (molto) tempo, da molto → **perdre (se)** **4** FAIRE DISPARAÎTRE (*qqch.*) far sparire: *le temps a fait disparaître cette inscription* il tempo ha fatto sparire quella iscrizione → **effacer, détruire**; *medicament qui fait disparaître la fièvre* medicina che fa sparire, passare la febbre → **chasser**; *faire disparaître un obstacle* far sparire, rimuovere un ostacolo → 1 **lever**; *faire disparaître un doute* far sparire, dissipare un dubbio → **dissiper** [C] **apparaître, paraître** 1.

disparate |dispaRat| **1** *adj.* disparato: *ornements disparates* ornamenti disparati → **discordant, hétérogène, hétéroclite** ◇ [*dont les élements sont disparates*] *un mobilier disparate* un mobilio disparato **2** *s.f.* (*vx.*) → **disparité.**

disparité |dispaRite| *s.f.* disparità *inv.* → **dissemblance** [C] **accord** 1.

disparition |dispaRisjɔ̃| *s.f.* **1** scomparsa, sparizione: *la disparition du soleil à l'horizon* la scomparsa del sole all'orizzonte **2** [*action de partir d'un lieu*] partenza: *il n'a prévenu personne de sa disparition* non ha avvertito nessuno della sua partenza ◇ [*absence inexplicable*] sparizione, scomparsa: *la disparition de l'enfant remonte à huit jours* la scomparsa del bambino risale a otto giorni (fa); *la disparition d'une somme d'argent* la sparizione, la scomparsa di una somma di denaro **3** [*action de disparaître en cessant d'exister*] scomparsa: *la disparition d'espèces préhistoriques* la scomparsa di specie preistoriche; *la disparition d'une civilisation* la scomparsa di una civiltà → **mort; fin** [C] **apparition, réapparition.**

disparu, ue |dispary| *adj.* (*personnes*) [*qui a cessé d'exister*] scomparso: *marin disparu en mer* marinaio scomparso in mare ◆ *s.* estinto: *notre chère disparue* la nostra cara estinta ◇ [*soldat considéré comme mort*] disperso: *être porté disparu* essere dato per disperso [C] **vivant.**

dispatcher |dispatʃœR, -ɛR| *s.m.* (*angl.*) addetto al movimento (aereo, ferroviario, *etc.*); ripartitore (dell'energia elettrica).

dispatching |dispatʃiŋ| *s.m.* (*angl.*) servizio* movimento (aereo, ferroviario, *etc.*); servizio ripartizione dell'energia elettrica.

dispendieusement |dispɑ̃djøzmɑ̃| *adv.* [→ DISPENDIEUX] dispendiosamente # *vivre dispendieusement* vivere in modo dispendioso [C] **économiquement.**

dispendieux, ieuse |dispɑ̃djø, jøz| *adj.* dispendioso: *une façon de vivre dispendieuse* un tenore di vita dispendioso; *il a des goûts dispendieux* ha dei gusti dispendiosi → **coûteux, onéreux** [C] **économique.**

dispensaire |dispɑ̃sɛR| *s.m.* ambulatorio*, dispensario*.

dispensateur, trice |dispɑ̃satœR, tRis| *s.* dispensatore* → **distributeur, répartiteur.**

dispense |dispɑ̃s| *s.f.* dispensa: *dispense du service militaire* dispensa dal servizio militare; *dispense d'impôts* dispensa dalle imposte; *il a eu sa dispense du pape* ha avuto la dispensa dal Papa → **exemption, exonération** [C] **obligation.**

dispenser |dispɑ̃se| **A** *v.tr.* **1** (*personnes*) (*littér.*) [*distribuer*] dispensare, distribuire (197): *dispenser des bienfaits* dispensare benefici # *dispenser un enseignement* tenere dei corsi, insegnare → 1 **accorder, donner** **2** DISPENSER DE [*libérer qqn. d'une obligation*] dispensare (da), esonerare: *dispenser qqn. d'impôts* dispensare qc. dalle tasse → **exonérer**; *dispenser du service militaire* dispensare, esonerare dal servizio militare → **exempter**; *dispenser d'un devoir* dispensare, esimere da un dovere ◇ (*sujet de chose*) *sa réponse nous dispense de lui envoyer une lettre* la sua risposta ci dispensa, ci esime dallo scrivergli una lettera ◇ (*par politesse*) *dispensez-moi de vous raccompagner* dispensatemi dal riaccompagnarvi, permettetemi di non accompagnarvi # *dispensez-moi de vos réflexions* mi risparmi i suoi commenti → **épargner**; *je vous dispense à l'avenir de vos visites* vi dispenso dal venirmi ancora a trovare **B** *v.pron.réfl.* SE DISPENSER [→ *tr.* 2] esimersi*, dispensarsi: *se dispenser de travailler* esimersi, dispensarsi dal lavorare # *se dispenser de ses devoirs* sottrarsi ai propri doveri; *on ne peut pas se dispenser de les aider* non si può proprio fare a meno di aiutarli, esimersi dall'aiutarli.

disperser |dispɛRse| **A** *v.tr.* **1** [*jeter, répandre ça et là*] disperdere (163): *dispenser des morceaux de papier* disperdere dei pezzi di carta → **disséminer, répandre**; *le vent disperse la brume* il vento disperde la foschia → **dissiper** **2** [*répartir en divers endroits, de divers côtés*] disperdere: *disperser la foule* disperdere la folla ◇ (*fig.*) *disperser ses forces* disperdere le (proprie) forze **3** [*repousser, écarter*] disperdere: *disperser l'ennemi* disperdere il nemico → 2 **débander, chasser** **B** *v.pron. intr.* SE DISPERSER **1** [→ *tr.* 2] disperdersi: *la foule se dispersa après le spectacle* dopo lo spettacolo la folla si disperse **2** [*s'occuper à des activités trop diverses*] disperdersi: *il se disperse dans mille activités, dans des recherches inutiles* si disperde in mille attività, in ricerche inutili.

dispersif, ive |dispɛRsif, iv| *adj.* dispersivo.

dispersion |dispɛRsjɔ̃| *s.f.* **1** [→ DISPERSER A 1, 2] dispersione: *la dispersion des cendres par le vent* la dispersione delle ceneri per opera del vento; *dispersion d'une armée* dispersione, sbandamento di un esercito; *la dispersion des Juifs* la dispersione, la diaspora ebraica; *la dispersion des pièces d'une collection* la dispersione dei pezzi di una collezione ◇ (*phys.*) *dispersion de la lumière* dispersione della luce ◇ (*balist.*) *dispersion de tir* dispersione di tiro ◇ (*chim.*) *milieu de dispersion* ambiente di dispersione **2** (*fig.*) [→ DISPERSER A 2] *la dispersion de l'esprit* la dispersione della mente → **éparpillement**; *la dispersion des forces, de la pensée* la dispersione delle forze, del pensiero [C] **concentration.**

disponibilité |dispɔnibilite| *s.f.* **1** (*personnes*) disponibilità *inv.*, disposizione: *mise en disponibilité* collocamento in disponibilità, a disposizione; *être en disponibilité* essere a disposizione ◇ (*milit.*) disponibilità ◇ (*par ext.*) [*ensemble des militaires qui sont en état de disponibilité*] riserva **2** (*fig.*) disponibilità: *disponibilité d'esprit* disponibilità di spirito **3** (*choses dr.*) *la disponibilité des biens* la disponibilità dei beni ◇ *au plur.* LES DISPONIBILITÉS [*actif dont on peut immédiatement disposer*] le disponibilità [C] **indisponibilité.**

disponible |dispɔnibl(ə)| *adj.* **1** (*choses*) disponibile: *nous avons deux places disponibles* abbiamo due posti disponibili → **libre** ◇ (*dr.*) *valeurs disponibles* valori disponibili **2** (*personnes*) *fonctionnaire disponible* [*qui n'est pas en activité*] funzionario collocato in disponibilità; *officier disponible* ufficiale di riserva **3** [*qui n'est engagé par rien*] disponibile: *nous sommes disponibles pour cette affaire* siamo disponibili per questo affare.

dispos, ose |dispo, oz| *adj.* [*qui est en bonne disposition pour agir*] ben disposto: *je ne me sens pas très dispos* non sono molto ben disposto → **gaillard, forme (en)** # *il est frais et dispos* è fresco e in forma [C] **fatigué, indisposé.**

disposant, ante |dispozɑ̃, ɑ̃t| *s.* (*dr.*) disponente.

disposé, ée |dispoze| *adj.* **1** [*arrangé, placé*] disposto: *fleurs disposées avec goût* fiori disposti con (buon) gusto **2** *être disposé à* essere disposto a: *nous sommes tout disposés à vous rendre service* siamo del tutto disposti a farvi un favore → **prêt (à)** **3** *être bien, mal disposé pour, envers qqn.* essere ben, mal disposto verso qc., nei confronti di qc.: *il est bien disposé à votre égard* è ben disposto nei suoi confronti ◆ (*absolt.*) *être bien, mal disposé* [*être de bonne, de mauvais humeur*] essere ben, mal disposto.

disposer |dispoze| **A** *v.tr.* **1** [*arranger, mettre dans un certain ordre*] disporre (168): *disposer les couverts sur la table* disporre i coperti sulla tavola; *disposer des fleurs dans un vase* disporre, sistemare dei fiori in un vaso; *disposer en cercle* disporre a cerchio # *disposer en ligne* allineare → **aligner** **2** DISPOSER (QQN.) À [*préparer psychologiquement*] disporre, preparare: *disposer qqn. à une mauvaise nouvelle* disporre, preparare qc. a una brutta notizia ◇ [*engager qqn.* (*à faire qqch.*)] disporre, persuadere (164): *nous l'avons disposé à vous recevoir* l'abbiamo disposto, persuaso a ricevervi → **inciter** **B** *v.intr.* DISPOSER DE **1** [*avoir à sa disposition, avoir la possession, l'usage de*] disporre di: *il dispose d'une voiture* dispone di un'auto; *il peut se le permettre, avec les moyens dont il dispose* può permetterselo, con i mezzi di cui dispone; *vous pouvez en disposer, je n'en ai plus besoin* potete disporne, non ne ho più bisogno → 1 **avoir, prendre** ◇ (*dr.*) *disposer d'un bien* disporre di un bene **2** *disposer de qqn.* [*en faire ce que l'on veut, s'en servir*] disporre di qc.: *disposez de moi* disponete pure di me ◆ *absolt.* (*à un inférieur hiérarchique*) *vous pouvez disposer* (*de vous*) potete (può) andare **3** [*prendre des dispositions*] disporre, stabilire (197): *disposer par testament* disporre per testamento → **décider, prescrire** ◇ (*prov.*) *l'homme propose, Dieu dispose* l'uomo propone, Dio dispone **C** *v.pron.réfl.* SE DISPOSER À [*se mettre en état, en mesure de; être sur le point de*] disporsi, accingersi (119) a: *je me disposais à partir quand il est arrivé* mi disponevo, mi accingevo ad andar via quando è arrivato → **préparer (se)**.

dispositif |dispozitif| *s.m.* **1** (*techn., cour.*) dispositivo: *dispositif de sûreté, de commande* dispositivo di sicurezza, di comando **2** (*milit.*) dispositivo: *dispositif de défense, d'attaque* dispositivo di difesa, d'attacco **3** (*dr.*) dispositivo: *dispositif d'un jugement* dispositivo di una sentenza.

disposition |dispozisjɔ̃| *s.f.* **1** disposizione: *une disposition régulière d'objets* una disposizione ordinata d'oggetti; *disposition des pièces d'un appartement* disposizione dei vani di un appartamento → **distribution 2** *au plur.* [*moyens, précautions par lesquels on se dispose à qqch.*] provvedimenti *m.*, precauzioni: *prendre des dispositions* prendere dei provvedimenti, delle precauzioni → **mesure** # *j'ai pris toutes les dispositions nécessaires* ho fatto tutti i preparativi necessari → **précaution**; *il a pris ses dispositions pour partir en voyage* ha predisposto il necessario per partire **3** *loc.* DISPOSITION À predisposizione a; tendenza a: *disposition à contracter une maladie* predisposizione a contrarre una malattia → **prédisposition** || *disposition des prix à la hausse* tendenza dei prezzi al rialzo **4** [*état d'esprit passager*] disposizione (di spirito), stato *m.* d'animo: *être en bonne, en mauvaise disposition* essere in buona, cattiva disposizione di spirito → 1 **humeur** ◇ *au plur.* [*intentions envers qqn.*] disposizioni: *être dans de bonnes dispositions à l'égard de qqn.* avere buone disposizioni verso qc.; essere ben disposto verso qc. **5** [*aptitude à faire qqch. en bien ou en mal*] predisposizione: *avoir des dispositions pour l'étude* avere predisposizione allo studio # *il a une disposition à grossir* ha tendenza a ingrassare; *il a toutes les dispositions pour réussir* ha tutti i numeri per riuscire **6** *loc.* À... DISPOSITION a... disposizione: *avoir à sa disposition* avere a propria disposizione; *les moyens mis à notre disposition* i mezzi messi a nostra disposizione; *laisser qqch. à la disposition de qqn.* lasciare q.c. a disposizione di qc. ◇ (*personnes*) *se tenir, se mettre, être à la disposition de qqn.* tenersi, mettersi, essere a disposizione di qc.; *je suis à votre entière disposition* sono a vostra completa disposizione; *se mettre à la disposition de la police* mettersi a disposizione della polizia **7** (*dr.*) disposizione: *dispositions testamentaires* disposizioni testamentarie **8** [*point réglé par une loi, un arrête, un jugement*] norma, disposizione: *la disposition que renferme cet article* la norma contenuta in questo articolo.

disproportion |dispʀɔpɔʀsjɔ̃| *s.f.* sproporzione, disproporzione (*rare*): *disproportion de la peine et de la punition* sproporzione tra pena e punizione → **disparité, inégalité** # *disproportion d'âge, de fortune entre deux personnes* grande differenza di età, di ricchezza tra due persone Ⓒ **proportion**.

disproportionné, ée |dispʀɔpɔʀsjɔne| *adj.* sproporzionato: *récompense disproportionnée au mérite* ricompensa sproporzionata al merito; *réaction disproportionnée* reazione sproporzionata → **inégal** ♦ (*absolt.*) *taille disproportionnée* altezza sproporzionata, spropositata → **démesuré**.

dispute |dispyt| *s.f.* disputa, litigio* (*m.*): *dispute de ménage* disputa, litigio tra coniugi # *dispute d'amoureux* bisticcio tra innamorati; *chercher la dispute* cercar briga, attaccar briga → **discussion, querelle**.

disputer |dispyte| **A** *v.tr.* **1** [*lutter pour la possession ou la conservation d'une chose*] contendere (105): *disputer une femme à un ami* contendere una donna a un amico; *disputer la victoire à des rivaux* contendere la vittoria ai rivali; *disputer un poste à qqn.* contendere un posto a qc. # *disputer le terrain* [*le défendre pied à pied contre l'ennemi*] difendere il terreno → 1 **défendre 2** *disputer un match, un combat* disputare un incontro, un combattimento **3** (*fam.*) [*réprimander qqn.*] rimproverare: *elle s'est fait disputer par sa mère* si è fatta rimproverare da sua madre → **attraper, gronder B** *v.intr.* **1** (*vx., littér.*) [*avoir une discussion*] disputare, discutere (134): *disputer d'un sujet* disputare, discutere di un argomento; *disputer d'une question* discutere su un problema ◇ (*prov.*) *des goûts et des couleurs, il ne faut pas disputer* i gusti son gusti; de gustibus non est disputandum **2** (*littér.*) [*être en concurrence, en rivalité avec*] fare (103) a gara (*cour.*), gareggiare (*cour.*): *ces deux employés disputent de zèle* quei due impiegati fanno a gara, gareggiano in zelo **C** *v.pron.* SE DISPUTER **1** *récipr.* [→ *tr.* 1] disputarsi, contendersi: *animaux qui se disputent une proie* animali che si disputano, si contendono una preda **2** *récipr.* [*avoir querelle*] litigare *intr.*, bisticciare (*intr.*): *ils n'arrêtent pas de se disputer* non la smettono di litigare, bisticciare → **chamailler (se), quereller (se)**; *se disputer avec un ami* litigare con un amico **3** *passif* (*sport*) [*être disputé*] disputarsi: *le match s'est disputé hier à Paris* l'incontro si è disputato ieri a Parigi.

disquaire |diskɛʀ| *s.* venditore* di dischi.

disqualification |diskalifikɑsjɔ̃| *s.f.* [→ DISQUALIFIER A 1; B] squalifica*: *disqualification d'un concurrent* squalifica di un concorrente.

disqualifier |diskalifje| **A** *v.tr.* **1** [*exclure d'une épreuve, en raison d'une infraction au règlement*] squalificare: *disqualifier un boxeur* squalificare un pugile **2** (*fig.*) [*frapper de discrédit*] (di)screditare → **déshonorer B** *v.pron. réfl.* SE DISQUALIFIER [→ *tr.* 2] squalificarsi: *il s'est disqualifié en tenant de pareils propos* si è squalificato facendo simili discorsi Ⓒ **qualifier**.

disque |disk(ə)| *s.m.* **1** disco*: *disque microsillon de longue durée* disco microsolco a lunga durata, long-playing *inv.* → **microsillon** # *un (disque) 33 tours, 45 tours* un 33, un 45 giri ◇ (*fig., fam.*) *changer de disque* cambiare disco **2** (*sport*) disco: *lancer le disque* lanciare il disco # *lanceur de disque* discobolo **3** (*mécan.*) disco: *disque d'embrayage* disco della frizione; *freins à disque* freni a disco ◇ (*anat.*) *disque intervertébral* disco intervertebrale ◇ (*ch. de fer*) disco **4** *disque de stationnement* disco orario **5** disco: *le disque du soleil, de la lune* il disco solare, lunare.

dissection |disɛksjɔ̃| *s.f.* [→ DISSÉQUER 1] dissezione: *la dissection d'un cadavre* la dissezione di un cadavere; *instrument de dissection* strumento di dissezione; *table de dissection* tavolo di dissezione.

dissemblable |disɑ̃blabl(ə)| *adj.* dissimile: *ils sont trop dissemblables pour s'entendre* sono troppo dissimili per intendersi → **différent** Ⓒ **semblable**.

dissemblance |disɑ̃blɑ̃s| *s.f.* dissomiglianza → **différence, diversité**.

disséminatif, ive |diseminatif, iv| *adj.* (*bot.*) disseminativo.

dissémination |diseminɑsjɔ̃| *s.f.* **1** [→ DISSÉMINER A 1] disseminazione: *la dissémination des graines* la disseminazione dei semi → **dispersion 2** (*par ext.*) *la dissémination des troupes* la dispersione delle truppe → **éparpillement** ◇ (*fig.*) *la dissémination des idées* la diffusione delle idee → **diffusion, propagation**.

disséminer |disemine| **A** *v.tr.* **1** [*répandre en de nombreux points assez écartés*] disseminare: *le vent dissémine les graines de certains végétaux* il vento dissemina i semi di taluni vegetali → **disperser, semer 2** [*disperser*] disperdere (163): *disséminer les troupes* disperdere le truppe **B** *v.pron.intr.* SE DISSÉMINER [→ *tr.* 1] disperdersi: *les hommes se sont disséminés* gli uomini si sono dispersi.

dissension |disɑ̃sjɔ̃| *s.f.* dissenso *m.*, dissidio* (*m.*): *dissensions familiales* dissidi familiari; *mettre fin aux dissensions* mettere fine ai dissidi → **discorde, dissentiment** # *dissensions intestines* lotte intestine Ⓒ **concorde, harmonie**.

dissentiment |disɑ̃timɑ̃| *s.m.* [*différence dans la manière de juger, de voir*] dissenso, disaccordo: *il y a dissentiment entre nous sur ce point* c'è dissenso tra noi su questo punto → **conflit, désaccord** Ⓒ **accord** 1, **assentiment, entente**.

disséquer |diseke| (8) *v.tr.* **1** (*anat.*) [*diviser méthodiquement les parties d'un corps organisé en vue d'en étudier la structure*] sezionare, dissecare **2** (*fig.*) *disséquer un ouvrage* analizzare a fondo, sviscerare un'opera → **éplucher**.

disséquestration |disekɛstʀɑsjɔ̃| *s.f.* [→ DISSÉQUESTRER] dissequestro *m.*

disséquestrer |disekɛstʀe| *v.tr.* [*libérer une personne séquestrée*] dissequestrare.

dissertation |disɛʀtɑsjɔ̃| *s.f.* **1** [*texte où l'on disserte*] dissertazione → **discours, essai, traité 2** [*exercice écrit que doivent rédiger les élèves*] dissertazione → **composition**.

disserter |disɛʀte| *v.intr.* [*faire un développement écrit ou oral, sur une question, un sujet*] dissertare: *disserter sur la politique, de politique* dissertare sulla, di politica → **discourir, traiter**.

dissidence |disidɑ̃s| *s.f.* dissidenza, dissidio* (*m.*): *être en dissidence* essere in dissidio → **scission, sécession** ◇ (*par ext.*) [*groupe de dissidents*] dissidenti *m. pl.*

dissident, ente |disidɑ̃, ɑ̃t| *adj.* dissidente → **séparatiste** ♦ (*s.*) *les dissidents* i dissidenti.

dissimilation |disimilɑsjɔ̃| *s.f.* (*ling.*) dissimilazione.

dissimilitude |disimilityd| *s.f.* dissomiglianza → **dissemblance.**

dissimulateur, trice |disimylatœʀ, tʀis| *s. et adj.* dissimulatore*.

dissimulation |disimylɑsjɔ̃| *s.f.* **1** [→ DISSIMULER A 1] dissimulazione: *agir avec dissimulation* agire con dissimulazione → **duplicité, hypocrisie 2** [*action de dissimuler* (*de l'argent*)] dissimulazione, occultamento (*m.*): *dissimulation de bénéfices* dissimulazione di utili [C] 1 **franchise.**

dissimulé, ée |disimyle| *adj.* **1** [*caché*] dissimulato; occultato: *défaut bien dissimulé* difetto ben dissimulato ‖ *bénéfices dissimulés* utili occultati **2** [*qui dissimule*] falso: *ce garçon est très dissimulé* questo ragazzo è molto falso → **cachottier, sournois** ♦ (*s.*) *un dissimulé* un falso.

dissimuler |disimyle| **A** *v.tr.* **1** [*ne pas laisser paraître ce qu'on pense, ce qu'on éprouve, ce qu'on sait*] dissimulare: *dissimuler sa haine, sa joie* dissimulare il proprio odio, la propria gioia; *dissimuler, cacher ses véritables projets* dissimulare le proprie vere intenzioni; *dissimuler ses sentiments derrière un masque de...* dissimulare i propri sentimenti dietro una maschera di... → **cacher, taire** # *dissimuler une nouvelle à qqn.* nascondere una notizia a qc. ♦ *absolt.* fingere (119): *à quoi bon dissimuler?* perché mai fingere? → **feindre** ◇ (*par euphémisme*) *je ne vous dissimulerai pas que cette solution ne me convient guère* non le nasconderò che questa soluzione non mi va molto ◇ (*avec le condit.*) *je ne lui ai pas dissimulé que j'aurais préféré partir* non gli ho nascosto che avrei preferito partire **2** [*dérober, soustraire aux regards une chose concrète*] mascherare, nascondere (159): *tenture qui dissimule une porte* tappezzeria che maschera, nasconde una porta → **masquer,** 1 **voiler** ◇ (*par ext.*) [*rendre moins apparent, moins évident*] nascondere: *dissimuler les défauts de la peau en se fardant* nascondere i difetti della pelle truccandosi □ *se dissimuler le périls d'une entreprise* nascondersi i pericoli di un'impresa # *dissimuler une partie de ses bénéfices dans sa déclaration fiscale* occultare una parte dei propri guadagni nella dichiarazione dei redditi **B** *v.pron.* SE DISSIMULER **1** *réfl.* [*cacher sa présence ou la rendre très discrète*] nascondersi, dissimularsi: *se dissimuler derrière un pilier* nascondersi dietro un pilastro; *chercher à se dissimuler* cercare di dissimularsi, di nascondersi **2** (*passif*) *sentiment qui ne se dissimule pas facilement* sentimento che non si nasconde facilmente **3** *réfl.* [→ *tr.* 2] dissimularsi, nascondersi → *tr.* 2 □ # *il ne se dissimule pas qu'il est perdu* sa che è perduto, di essere perduto.

dissipateur, trice |disipatœʀ, tʀis| *s.* dissipatore*, sprecone → **dépensier, gaspilleur** ♦ (*adj.*) *administration dissipatrice* amministrazione allegra [C] **économe** 2.

dissipation |disipɑsjɔ̃| *s.f.* **1** [→ DISSIPER A 2] dissipazione: *dissipation d'un patrimoine* dissipazione di un patrimonio → **dilapidation 2** [*mauvaise conduite d'un écolier qui s'amuse pendant les cours*] disattenzione → **indiscipline, turbulence 3** (*littér.*) [*débauche*] dissipazione, dissolutezza: *vivre dans la dissipation* vivere nella dissipazione, nella dissolutezza [C] 1 **économie;** 2 **application, attention.**

dissipé, ée |disipe| *adj.* **1** [*qui s'amuse quand il faudrait écouter ou travailler*] disattento, svagato: *élève dissipé* scolaro disattento, svagato → **indocile, turbulent 2** (*littér.*) [*débauché*] dissipato: *mener une vie dissipée* condurre una vita dissipata → **dissolu** [C] 1 **appliqué, attentif.**

dissiper |disipe| **A** *v.tr.* **1** [*anéantir en dispersant*] dissipare, dileguare: *le soleil dissipe les nuages, les ténèbres* il sole dissipa, dilegua le nubi, le tenebre → **chasser** ◇ (*fig.*) *dissiper un malentendu* dissipare un malinteso → **éclaircir;** *dissiper les craintes, les doutes de qqn.* dissipare i timori, i dubbi di qc. → **ôter** # *dissiper les illusions de qqn.* distruggere le illusioni di qc. **2** [*dépenser follement*] dissipare: *dissiper son patrimoine, une fortune* dissipare il proprio patrimonio, una fortuna → **dépenser, gaspiller, prodiguer, dilapider B** *v.pron.* SE DISSIPER **1** *intr.* [→ *tr.* 1] dissiparsi, dissolversi (117): *la brume se dissipe* la foschia si dissolve → **disparaître** # *parfum qui se dissipe* profumo che svanisce → **évaporer (s')** ◇ (*fig.*) *ses inquiétudes se sont dissipées* le sue inquietudini si sono dissipate **2** (*récipr.*) *les élèves se dissipent mutuellement* gli alunni si distraggono a vicenda [C] A 1 **accumuler,** 2 **économiser;** B 2 **assagir.**

dissociable |disɔsjabl(ə)| *adj.* [→ DISSOCIER 2] dissociabile: *les deux problèmes ne sont pas dissociables* i due problemi non sono dissociabili, sono inscindibili [C] **indissociable.**

dissociation |disɔsjɑsjɔ̃| *s.f.* **1** [→ DISSOCIER 1] dissociazione: *dissociation d'un composé chimique en ses éléments* dissociazione di un composto chimico nei suoi elementi **2** (*fig.*) [*séparation*] dissociazione: *dissociation de deux problèmes* dissociazione di due problemi [C] **association, synthèse.**

dissocier |disɔsje| *v.tr.* **1** [*séparer des éléments qui étaient associés*] dissociare: *dissocier les molécules d'un corps* dissociare le molecole di un corpo → **désunir; séparer 2** (*abstrait*) *dissocier deux idées* dissociare due concetti [C] 1 **associer, réunir;** 2 **rapprocher.**

dissolu, ue |disɔly| *adj.* (*littér.*) dissoluto: *vie dissolue* vita dissoluta; *mœurs dissolues* costumi dissoluti → **corrompu, débauché, déréglé, relâché** [C] **rangé.**

dissoluble |disɔlybl(ə)| *adj.* → **soluble.**

dissolutif, ive |disɔlytif, iv| *adj.* dissolutivo ◇ (*chim.*) solvente.

dissolution |disɔlysjɔ̃| *s.f.* **1** dissoluzione, decomposizione: *dissolution des matières animales, végétales* dissoluzione, decomposizione delle sostanze animali, vegetali ◇ (*fig.*) *dissolution d'un empire* disgregazione, disfacimento *m.* di un impero → **ruine 2** (*dr.*) scioglimento (*m.*): *dissolution du mariage* scioglimento del matrimonio → **divorce;** *prononcer la dissolution d'une assemblée* pronunciare lo scioglimento di un'assemblea **3** (*littér.*) [*débauche, corruption*] dissolutezza: *dissolution des mœurs* dissolutezza dei costumi; *vivre dans la dissolution* vivere nella dissolutezza **4** (*phys.*) dissoluzione ◇ (*par ext.*) [*liquide résultant de la dissolution*] soluzione, soluto (*m.*): *dissolution cuproammoniacale* soluzione cuproammoniacale → **soluté,** 2 **solution** ♦ *absolt.* [*colle au caoutchouc*] mastice *m.*

dissolvant, ante |disɔlvɑ̃, ɑ̃t| *adj.* **1** dissolvente ♦ (*s.m.*) *un dissolvant* un dissolvente → **solvant** ◇ (*spécialt.*) [*produit pour ôter le vernis à ongles*] solvente **2** (*fig.*) [*qui détruit les principes, les croyances*] corruttore* → **subversif.**

dissonance |disɔnɑ̃s| *s.f.* **1** dissonanza ◇ (*mus.*) *résoudre une dissonance* risolvere una dissonanza **2** (*fig.*) *dissonance de tons dans un tableau* discordanza di toni (cromatici) di un quadro → **discordance;** *dissonance entre les principes et la conduite* discordanza tra principi e comportamento [C] 1 **euphonie, consonance;** 1, 2 **accord** 1, **harmonie.**

dissonant, ante |disɔnɑ̃, ɑ̃t| *adj.* **1** dissonante: *sons dissonants* suoni dissonanti ◇ (*mus.*) *accord dissonant* accordo dissonante **2** (*fig.*) discordante → **discordant** [C] 1 **concordant;** 2 **harmonieux.**

dissoner |disɔne| *v.intr.* [*faire dissonance*] dissonare, stonare [C] **accorder (s')** 2.

dissoudre |disudʀ(ə)| (63) **A** *v.tr.* **1** [*désagréger* (*un corps solide ou gazeux*) *au moyen d'un liquide*] sciogliere (123), dissolvere (117): *dissoudre le sucre dans le café* sciogliere lo zucchero nel caffè **2** (*dr.*) [*mettre legalement fin à*] sciogliere: *dissoudre un mariage* sciogliere un matrimonio; *dissoudre l'Assemblée nationale* sciogliere l'Assemblea nazionale **B** *v.pron.intr.* SE DISSOUDRE [→ *tr.* 1] sciogliersi, dissolversi: *savon qui se dissout dans l'eau* sapone che si scioglie nell'acqua [C] A 1 **cristalliser, précipiter,** 2 **constituer.**

dissuader |disɥade| *v.tr.* [*amener* (*qqn.*) *à renoncer à un projet, à faire qqch.*] dissuadere (164): *on l'a dissuadé de partir* l'hanno dissuaso dal partire; *dissuader l'ennemi* dissuadere, scoraggiare il nemico → **détourner** [C] **convaincre, persuader.**

dissuasif, ive |disɥasif, iv| *adj.* dissuasivo.

dissuasion |disɥɑzjɔ̃| *s.f.* [→ DISSUADER] dissuasione: *forces de dissuasion* forze di dissuasione, deterrente (militare); *parking de dissuasion* parcheggio di dissuasione, 'park-and-ride' [C] **persuasion.**

dissyllabe |disil(l)ab|, **dissyllabique** |disil(l)abik| *adj.* disillabo, disillabico* ♦ (*s.m.*) *un dissyllabe* un disillabo.

dissymétrie |disimetʀi| *s.f.* asimmetria, dissimmetria (*rare*) → **asymétrie** ◇ (*chim.*) *dissymétrie moléculaire* asimmetria molecolare [C] **symétrie.**

dissymétrique |disimetʀik| *adj.* asimmetrico* → **asymétrique** ◇ (*chim.*) *atome dissymétrique* atomo asimmetrico.

distance |distɑ̃s| *s.f.* **1** distanza: *distance entre deux lieux* distanza tra due luoghi; *à une grande distance* a (una) grande distanza; *franchir une distance* superare una distanza # *arbres plantés de distance en distance* alberi piantati a intervalli regolari ◇ (*astron.*) *distance apparente* distanza apparente ◇ (*géom.*) *distance de deux droites pa-*

rallèles distanza tra due rette parallele ◇ (*opt.*) *distance focale d'un miroir* distanza focale di uno specchio **2** (*personnes*) distanza: *distance des coureurs entre eux* distanza tra un corridore e l'altro; *il ne tiendra pas la distance* non terrà (al)la distanza; *prendre ses distances* prendere le distanze; *tenir qqn. à distance convenable, respectueuse* tenere qc. a (debita) distanza, a rispettosa distanza ◇ (*loc.*) *tenir à distance* tenere a distanza, mantenere le distanze **3** (*temps*) [*écart entre deux moments*] distanza, intervallo (*m.*): *à distance de deux ans* a distanza di due anni → 1 **écart, intervalle** **4** [*différence notable de rang, de condition, de valeur*] abisso *m.*, distanza: *il y a une distance entre l'intention et la réalisation* c'è un abisso tra l'intenzione e l'attuazione Ⓒ 1 **contiguïté;** 2 **familiarité, intimité;** 4 **égalité, similitude.**

distancer |distɑ̃se| (2) *v.tr.* [*dépasser d'une certaine distance*] distanziare: *se laisser distancer* lasciarsi distanziare → **dépasser** ◇ (*fig.*) *se laisser distancer par un concurrent* lasciarsi distanziare da un concorrente → **surpasser.**

distanciation |distɑ̃sjɑsjɔ̃| *s.f.* **1** [*distance créée entre deux choses, deux phénomènes*] distanziamento *m.* ◇ (*ling.*) distacco* *m.* ◇ (*fig.*) [*recul pris par rapport à qqn., qqch.*] distacco **2** (*théât.*) distacco.

distant, ante |distɑ̃, ɑ̃t| *adj.* **1** distante # *ces deux villes sont distantes l'une de l'autre d'environ vingt kilomètres* le due città distano circa venti chilometri l'una dall'altra → **éloigné, lointain** ◇ (*fig., temps*) *ces deux époques ne sont pas très distantes* queste due epoche non sono molto distanti → **éloigné** **2** (*personnes*) [*qui garde ses distances, décourage la familiarité*] distaccato, distante: *il a un air distant* ha un'aria distaccata → **froid, réservé** Ⓒ 1 **adjacent, contigu, voisin;** 2 **familier.**

distendre |distɑ̃dʀ(ə)| (73) **A** *v.tr.* [*augmenter les dimensions d'un corps par la tension*] dilatare, gonfiare: *gaz intestinaux qui distendent l'abdomen* gas intestinali che dilatano, gonfiano l'addome → **balloner** **B** *v.pron.intr.* SE DISTENDRE **1** [→ *tr.*] dilatarsi: *la peau se distend* la pelle si dilata **2** [*se relâcher, être moins serré* (*liens*)] allentarsi: *leurs rapports se sont distendus* i loro rapporti si sono allentati.

distension |distɑ̃sjɔ̃| *s.f.* **1** [*augmentation de volume que subit un corps*] dilatazione; elasticità (*inv.*): *distension de l'estomac* dilatazione dello stomaco ‖ *distension de la peau* elasticità della pelle **2** [*relâchement*] allentamento (*m.*): *distension d'une courroie, d'une corde* allentamento di una cinghia, di una corda Ⓒ 1 **contraction;** 2 **resserrement.**

distillateur |distilatœʀ| *s.m.* distillatore ◇ [*fabricant d'eau-de-vie*] distillatore, produttore di acquavite.

distillation |distilɑsjɔ̃| *s.f.* distillazione: *la distillation des moûts* la distillazione dei mosti.

distiller |distile| **A** *v.tr.* **1** [*laisser couler goutte à goutte*] distillare → **sécréter** ◇ (*fig.*) *distiller son venin* stillare il proprio veleno → **répandre** **2** [*soumettre à la distillation*] distillare # *distiller du pétrole* raffinare il petrolio ♦ (*au p.p.*) *eau distillée* acqua distillata **3** (*littér.*) [*élaborer*] elaborare: *l'abeille distille le miel* l'ape elabora il miele **B** *v.intr.* [*se séparer par distillation*] distillare (*aux.* essere): *le gazole commence à distiller vers 230°* il gasolio inizia a distillare verso i 230°.

distillerie |distilʀi| *s.f.* distilleria.

distinct, incte |distɛ̃(kt), distɛ̃kt(ə)| *adj.* **1** [*qui ne se confond pas avec qqch. d'analogue*] distinto: *problèmes distincts* problemi distinti → **autre, différent;** *idées claires et distinctes* idee chiare e distinte **2** [*qui se perçoit nettement*] distinto: *parler d'une voix distincte* parlare con voce distinta → 2 **clair, net** Ⓒ 1 **identique, même;** 2 **indistinct, confus.**

distinctement |distɛ̃ktəmɑ̃| *adv.* [→ DISTINCT 2] distintamente: *voir distinctement* vedere distintamente → **clairement, nettement** Ⓒ **confusément.**

distinctif, ive |distɛ̃ktif, iv| *adj.* distintivo: *caractère distinctif d'une espèce* carattere distintivo di una specie → **caractéristique** ◇ (*ling.*) *trait distinctif* elemento distintivo.

distinction |distɛ̃ksjɔ̃| *s.f.* **1** [→ DISTINGUER A 1] distinzione: *faire la distinction entre deux choses* fare una distinzione, distinguere tra due cose; *faire une distinction subtile* fare una sottile distinzione → **différenciation, discrimination** **2** [*le fait d'être distinct, séparé*] distinzione: *les distinctions sociales* le distinzioni sociali **3** (*par ext.*) *la distinction de sa naissance* la nobiltà della sua nascita → **noblesse** **4** [*marque d'estime, honneur qui récompense le mérite*] riconoscimento *m.*, distinzione: *distinction honorifique* riconoscimento, distinzione onorifica; *décerner, obtenir une distinction* conferire, ottenere un riconoscimento → 1 **dignité** **5** [*élégance, délicatesse dans la tenue et les manières*] distinzione # *il a de la distinction* è una persona distinta → **distingué** Ⓒ 2 **identité;** 5 **vulgarité.**

distinguable |distɛ̃gabl(ə)| *adj.* [→ DISTINGUER A] distinguibile.

distingué, ée |distɛ̃ge| *adj.* **1** (*littér.*) [*remarquable par son rang, son mérite*] insigne, celebre: *c'est un des peintres les plus distingués du siècle* è uno dei pittori più insigni del secolo → **éminent,** 1 **supérieur** # *une société distinguée* una società d' 'élite' → **choisi, crème, élite** **2** (*en formule de politesse, à la fin d'une lettre*) distinto: *recevez l'assurance de mes sentiments distingués* gradite i miei distinti saluti **3** [*qui a de la distinction* (5)] distinto, signorile: *votre amie est très distinguée* la sua amica è molto distinta ◇ (*fam.*) *ce papier à lettre fait distingué* questa carta da lettere fa distinto, fa fino (*iron.*) Ⓒ 1 **inférieur, médiocre, ordinaire;** 3 **vulgaire.**

distinguer |distɛ̃ge| **A** *v.tr.* **1** [*permettre de reconnaître* (*en parlant d'un trait caractéristique*)] distinguere (135), differenziare: *la raison distingue l'homme des animaux* la ragione distingue, differenzia l'uomo dagli animali → **différencier** **2** [*reconnaître* (*une personne ou une chose*) *pour distincte* (*d'une autre*)] distinguere: *on ne peut distinguer ces jumeaux l'un de l'autre* non è possibile distinguere questi due gemelli fra loro; *distinguer le bien et le mal, le vrai du faux* distinguere, discernere il bene dal male, il vero dal falso **3** [*mettre* (*qqn.*) *à part des autres, en le remarquant comme supérieur*] notare, distinguere: *je l'ai tout de suite distingué* l'ho notato immediatamente **4** [*percevoir d'une manière distincte*] distinguere: *on commence à distinguer les montagnes* si cominciano a distinguere le montagne; *distinguer qqn. au milieu de la foule* distinguere qc. tra la folla → **apercevoir, voir** ◇ (*fig.*) *une douceur où l'on distingue de l'amertume* una dolcezza in cui affiora una certa amarezza **B** *v.pron.intr.* SE DISTINGUER **1** [→ *tr.* 2] distinguersi: *ces espèces se distinguent par la couleur* sono specie che si distinguono per il colore **2** [*s'élever au-dessus des autres, se faire remarquer*] distinguersi, emergere (114) (*intr.*): *il s'est distingué par son courage* si è distinto per il suo coraggio; *chercher à se distinguer* cercare di distinguersi, di emergere; *il se distingua pendant la guerre* si distinse durante la guerra, in guerra → 1 **illustrer (s'), signaler (se)** ◇ (*par ext.*) *son style se distingue par la pureté* il suo stile si distingue per la purezza ◇ (*fam.*) *quel bon gâteau! la cuisinière s'est distinguée* che buona torta! la cuoca si è superata Ⓒ A 2, 4 **confondre** 2.

distinguo |distɛ̃go| *s.m.* [*action d'enoncer une distinction; cette distinction*] distinzione *f.*, precisazione *f.*

distique |distik| *s.m. et adj.* distico*.

distomatose |distɔmatoz| *s.f.* (*méd.*) distomatosi *inv.*

distordre |distɔʀdʀ(ə)| *v.tr.* (*rare*) storcere (189) → **tordre.**

distorsion |distɔʀsjɔ̃| *s.f.* **1** (*méd., sc., télécom.*) distorsione **2** (*fig.*) [*déséquilibre*] squilibrio* (*m.*): *distorsion entre l'offre et la demande* squilibrio tra (la) domanda e (l')offerta.

distraction |distʀaksjɔ̃| *s.f.* **1** distrazione: *travail qui porte des traces de distraction* lavoro che manifesta segni di distrazione → **inattention** ◇ [*action qui procède de la distraction; ce qui distrait*] distrazione, sbadataggine: *commettre des distractions* commettere distrazioni, sbadataggini, fare delle 'gaffe' → **absence, bévue** # *avoir des distractions* avere (delle) amnesie **2** [*diversion apportée par une occupation propre à délasser l'esprit; cette occupation*] distrazione, svago* (*m.*): *il faut à cet enfant un peu de distraction* questo ragazzo ha bisogno di un po' di svago; → **détente, diversion** # *distractions quotidiennes* passatempi quotidiani.

distraire |distʀɛʀ| (62) **A** *v.tr.* **1** (*littér.*) [*séparer d'un ensemble*] togliere (123); distrarre (190): *distraire une voiture d'un convoi* togliere una vettura da un convoglio → 1 **détacher, séparer** ‖ *distraire une somme d'argent d'un dépôt* distrarre una somma di denaro da un deposito **2** [*détourner* (*qqn.*) *de l'objet auquel il s'applique, de ce dont il est occupé*] distrarre, distogliere (123): *distraire qqn. de ses travaux* distrarre, distogliere qc. dalle proprie occupazioni; *ne vous laissez pas distraire* non lasciatevi distrarre; *distraire l'attention* distogliere l'attenzione **3** [*faire passer le temps agréablement*] distrarre: *comment distraire nos hôtes?* come distrarre, divertire i nostri ospiti? → **amuser, divertir** **B** *v.pron. réfl.* SE DISTRAIRE [→ *tr.* 2] distrarsi, svagarsi: *il a besoin de se distraire* ha bisogno di distrarsi

→ **amuser (s'), détendre (se)** C A 3 **ennuyer.**

distrait, aite |distʀɛ, ɛt| *adj.* (*personnes*) distratto: *il m'a paru distrait* mi è parso distratto; *il est distrait, toujours dans la lune* è distratto, sempre con la testa fra le nuvole → **absent** C **attentif.**

distraitement |distʀɛtmɑ̃| *adv.* [→ DISTRAIT] distrattamente.

distrayable |distʀɛjabl(ə)| *adj.* [*qui se distrait facilement*] distraibile.

distrayant, ante |distʀɛjɑ̃, ɑ̃t| *adj.* [*avec quoi l'on peut se distraire* (A 3; B)] divertente, distensivo, ameno: *film distrayant* film divertente; *lecture distrayante* lettura distensiva, amena C **ennuyeux.**

distribuer |distʀibɥe| *v.tr.* **1** [*donner qqch. à plusieurs personnes*] distribuire (197): *distribuer des vivres aux soldats* distribuire viveri ai soldati; *distribuer des tracts* distribuire manifestini; *distribuer des cartes aux joueurs* distribuire le carte ai giocatori → **donner** # *distribuer son travail à chacun* assegnare a ciascuno il proprio lavoro; *appareil qui distribue des cigarettes* distributore automatico di sigarette **2** [*donner au hasard*] distribuire: *distribuer des saluts, des sourires* distribuire saluti, sorrisi → **dispenser, prodiguer 3** [*répartir dans plusieurs endroits*] distribuire: *l'aorte distribue le sang dans l'organisme* l'aorta distribuisce il sangue nell'organismo → **amener, conduire 4** [*répartir selon un certain ordre*] distribuire ♦ (*au p.p.*) *appartement bien distribué* appartamento ben distribuito, disposto.

distributaire |distʀibytɛʀ| *adj. et s.* (*dr.*) assegnatario*.

distributeur, trice |distʀibytœʀ, tʀis| *s.* **1** *s.* [*personne, chose qui distribue*] distributore* # *distributeur de films* noleggiatore cinematografico **2** *s.m.* [*appareil servant à distribuer*] distributore: *distributeur d'essence* distributore, pompa *f.* di benzina → 2 **pompe**; *distributeur automatique* distributore automatico ◇ (*auto.*) *distributeur* (*d'allumage*) spinterogeno ◇ (*agric.*) *distributeur d'engrais* spandiconcime.

distributif, ive |distʀibytif, iv| *adj.* **1** distributivo: *justice distributive* giustizia distributiva **2** (*gram.*) *adjectifs numéraux distributifs* aggettivi numerali distributivi ◇ (*math.*) *opération distributive* operazione distributiva.

distribution |distʀibysjɔ̃| *s.f.* **1** distribuzione: *la distribution des richesses* la distribuzione delle ricchezze; *distribution du travail aux membres d'une équipe* distribuzione del lavoro ai membri di una squadra; *la distribution d'un film* la distribuzione di un film, il noleggio cinematografico # *la distribution d'une pièce, d'un film* gli interpreti, il cast di un'opera teatrale, di un film; *distribution des prix*, consegna dei premi; *distribution des eaux, de l'électricité* erogazione dell'acqua, dell'elettricità; *le secteur de la distribution* il settore distributivo ◇ [*service des postes*] *distribution du courrier* distribuzione della posta # *il n'y a pas de distribution le dimanche* non si distribuisce la posta di domenica ◇ (*auto., ling., techn., télécom.*) distribuzione **2** [*arrangement* (*de choses*) *selon un certain ordre*] impostazione, distribuzione: *distribution des chapitres dans un livre* impostazione dei capitoli in un libro # *distribution par classes* divisione per classi **3** [*division selon une certaine destination*] disposizione: *distribution d'un logement* disposizione di un appartamento.

distributionnel, elle |distʀibysjɔnɛl| *adj.* (*ling.*) distribuzionale.

distributivement |distʀibytivmɑ̃| *adv.* [→ DISTRIBUTIF 1] distributivamente.

distributivité |distʀibytivite| *s.f.* (*math.*) distributività *inv.*

district |distʀik(t)| *s.m.* [*division territoriale*] distretto, comprensorio* ◇ [*groupement administratif des communes voisines*] distretto, circondario* (intercomunale) ◇ *loc.* DE DISTRICT distrettuale *adj.*, comprensoriale *adj.*

distyle |distil| *adj.* (*archit.*) distilo.

dit, dite |di, dit| **I** *adj.* **1** [*surnommé*] detto, soprannominato: *Louis XV, dit le Bien-Aimé* Luigi XV, detto il Beneamato **2** (*dr.*) (*joint à l'art. défini, il sert à désigner ce dont on vient de parler*) detto, il suddetto: *ladite maison* detta casa, la suddetta casa; *ledit acheteur* detto acquirente, il suddetto acquirente **II** *s.m.* (*au moyen âge*) [*genre littéraire, petite pièce traitant d'un sujet familier ou d'actualité*] detto.

dithyrambe |ditiʀɑ̃b| *s.m.* **1** (*antiq. gr.*) ditirambo **2** (*littér.*) [*éloge enthousiaste*] ditirambo → **panégyrique.**

dithyrambique |ditiʀɑ̃bik| *adj.* **1** (*antiq.gr.*) ditirambico*: *poème dithyrambique* poema ditirambico **2** (*littér.*) ditirambico: *louanges dithyrambiques* elogi ditirambici.

dito |dito| *adv.* (*comm.*) idem (id.), come sopra (c.s.) → **idem, susdit.**

diurèse |djyʀɛz| *s.f.* (*méd.*) diuresi *inv.*

diurétique |djyʀetik| *adj. et s.m.* (*méd.*) diuretico*.

diurne |djyʀn(ə)| *adj.* **1** diurno: *rapaces diurnes* rapaci diurni ◇ (*astron.*) *le mouvement diurne* l'arco diurno **2** (*bot.*) *plante diurne* pianta diurna C **nocturne.**

diva |diva| *s.f.* (*vieilli*) [*cantatrice en renom*] diva.

divagation |divagɑsjɔ̃| *s.f.* **1** divagazione: *divagation d'un rêveur* divagazione di un sognatore **2** [*le fait de déraisonner*] delirio* (*m.*): *les divagations d'un malade* il delirio di un malato → **délire.**

divaguer |divage| *v.intr.* [*dire n'importe quoi, ne pas raisonner correctement*] sragionare, farneticare: *tu divagues* (tu) sragioni, (tu) farnetichi.

divan |divɑ̃| *s.m.* **1** divano: *divan-lit* divano letto **2** (*hist.*) divano ◇ (*par ext.*) [*l'empire ottoman*] impero ottomano.

divergence |divɛʀʒɑ̃s| *s.f.* **1** divergenza: *angle de divergence* angolo di divergenza → **dispersion 2** (*fig.*) divergenza, contrasto (*m.*): *divergence d'idées, de vues* divergenza d'idee, di vedute → **désaccord, 1 écart** C **1 convergence**; **2 accord 1.**

divergent, ente |divɛʀʒɑ̃, ɑ̃t| *adj.* **1** divergente: *rayons divergents* raggi divergenti ◇ (*math.*) *série divergente* serie divergente ◇ (*opt.*) *lentille divergente* lente divergente **2** (*fig.*) divergente, contrastante: *opinions divergentes* opinioni divergenti, contrastanti; *interprétations divergentes d'un fait* interpretazioni divergenti, contrastanti di un fatto C **1 convergent**; **2 concordant.**

diverger |divɛʀʒe| (3) *v.intr.* **1** [*aller en s'écartant de plus en plus*] divergere (114) **2** [*être en désaccord*] divergere, contrastare: *leurs interprétations divergent sur ce point* le loro interpretazioni divergono, contrastano su questo punto → **opposer (s')** C **converger.**

divers, erse |divɛʀ, ɛʀs(ə)| *adj.* **1** (*littér.*) [*changeant ou varié*] eterogeneo, vario*: *un peuple divers* un popolo eterogeneo **2** *au plur.* (*choses*) [*qui présentent des différences intrinsèques et qualitatives*] diversi, differenti: *les divers sens d'un mot* i diversi, i differenti significati di una parola → **varié** # *choses diverses* cose disparate → **hétéroclite** ◇ (*par ext.*) *frais divers, dépenses diverses* spese varie ♦ *s.m.pl.* (*dans une note de frais, un ordre du jour*) varie *f.* **3** (*dans un journal*) FAITS DIVERS (fatti di) cronaca* ♦ (*au sing.*) *un fait divers* una notizia, un fatto di cronaca **4** *au plur.* (*devant un subst.*) diversi, vari, parecchi*, più (*inv.*): *diverses personnes m'en ont parlé* diverse, varie, parecchie, più persone me ne hanno parlato; *en diverses occasions* in varie occasioni.

diversement |divɛʀsəmɑ̃| *adv.* [→ DIVERS 2] variamente, diversamente: *fait diversement interprété par les commentateurs* fatto variamente, diversamente interpretato dai commentatori → **différemment.**

diversi- |divɛʀsi| *préf.* (*signifiant 'divers', correspond généralt. à*) diversi: *diversifier* diversificare.

diversification |divɛʀsifikɑsjɔ̃| *s.f.* diversificazione.

diversifier |divɛʀsifje| (12) **A** *v.tr.* [*rendre divers*] diversificare, differenziare: *diversifier l'enseignement* diversificare, differenziare l'insegnamento → **varier B** *v.pron.intr.* SE DIVERSIFIER diversificarsi, differenziarsi: *les sciences se sont un peu diversifiées* le scienze si sono un po' diversificate, differenziate C A **assimiler, unifier.**

diversiforme |divɛʀsifɔʀm(ə)| *adj.* [*dont la forme est variable*] eteromorfo.

diversion |divɛʀsjɔ̃| *s.f.* **1** (*milit.*) diversione: *opérer une diversion avant d'attaquer* operare una diversione prima dell'attacco **2** (*fig., littér.*) [*action qui détourne qqn. de ce qui le préoccupe, le chagrine*] distrazione, diversivo (*m.*): *un travail régulier sera une diversion à son ennui* un lavoro regolare sarà una distrazione, un diversivo alla sua noia # *faire diversion à* distrarre (da), distogliere (da).

diversité |divɛʀsite| *s.f.* **1** diversità *inv.*, differenza: *diversité des goûts* diversità, differenza di gusti → **hétérogénéité, variété 2** [*divergence, écart, opposition*] discordanza: *diversité des jugements* discordanza di giudizi C **2 concordance, ressemblance.**

diverticule |divɛʀtikyl| *s.m.* **1** (*anat.*) diverticolo: *diverticule du côlon* diverticolo del colon **2** [*recoin*] luogo appartato; recesso.

divertimento |divɛʀtimɛnto| *s.m.* → **divertissement** 3.

divertir |divɛʀtiʀ| **A** *v.tr.* **1** [*distraire en récréant*] divertire: *le spectacle nous a divertis* lo spettacolo ci ha divertiti → **amuser, égayer, récréer 2** (*dr.*)

[*soustraire à son profit*] distrarre (190), sottrarre (190): *divertir une partie d'une succession* distrarre parte di una successione → **détourner B** *v.pron. réfl.* SE DIVERTIR [→ *tr.* 1] divertirsi, svagarsi: *vous avez l'air de bien vous divertir* sembra che vi divertiate molto ◇ *loc.* SE DIVERTIR À (+ *inf.*) divertirsi a (+ *inf.*): *se divertir à jouer aux échecs* divertirsi a giocare a scacchi ~ SE DIVERTIR DE [*se moquer, rire de*] divertirsi (di), ridere *intr.* (di): *se divertir de l'embarras de qqn.* divertirsi, ridere dell'imbarazzo, del disagio di qc.

divertissant, ante |divɛʀtisɑ̃, ɑ̃t| *adj.* [*qui distrait, en récréant*] divertente, spassoso: *spectacle divertissant* spettacolo divertente, spassoso → **distrayant** 🄲 **ennuyeux, fastidieux, triste.**

divertissement |divɛʀtismɑ̃| *s.m.* **1** [→ DIVERTIR A 1; B] divertimento: *il se livre à ce travail pour son divertissement personnel* si dedica a questo lavoro per divertimento, per piacere personale → 2 **agrément, amusement,** 1 **plaisir** ◇ [*moyen de se divertir*] svago*, passatempo: *la chasse et la pêche sont ses divertissements favoris* la caccia e la pesca sono i suoi svaghi, i suoi passatempi favoriti → 1 **jeu, passe-temps 2** (*vx.*) → **distraction 3** (*mus.*) divertimento: *divertissement de Mozart* divertimento di Mozart.

divette |divɛt| *s.f.* [*chanteuse d'opérette, de café-concert*] divetta.

dividende |dividɑ̃d| *s.m.* **1** (*math.*) dividendo **2** (*fin.*) dividendo, utile: *toucher un dividende* percepire un dividendo.

divin, ine |divɛ̃, in| **I** *adj.* **1** divino: *justice divine* giustizia divina; *la divine Providence* la divina Provvidenza **2** [*qui est dû à Dieu*] divino: *le culte divin* il culto divino ◇ (*par ext.*) *le divin Auguste* il divino Augusto, il divo Augusto (*littér.*) **3** [*excellent, parfait*] divino: *une musique divine* una musica divina ◇ [*très agréable*] splendido, delizioso: *il fait un temps divin* c'è (fa) un tempo splendido, delizioso **II** (*s.m.*) *le divin* il divino, il soprannaturale → **surnaturel.**

divinateur, trice |divinatœʀ, tʀis| *adj.* divinatorio*, divinatore*: *science divinatrice* scienza divinatoria → **divinatoire**; *esprit divinateur* mente divinatrice ✦ *s.* (*vx.*) indovino → **devin.**

divination |divinɑsjɔ̃| *s.f.* **1** divinazione: *divination de l'avenir* divinazione dell'avvenire → **prédiction 2** [*faculté, action de deviner, de prévoir*] chiaroveggenza → **intuition, sagacité.**

divinatoire |divinatwaʀ| *adj.* divinatorio*: *science divinatoire* scienza divinatoria.

divinement |divinmɑ̃| *adv.* **1** [*par l'action, par la vertu divine*] divinamente **2** [→ DIVIN I 3] divinamente: *elle chante divinement* canta divinamente → **excellement, parfaitement** 🄲 2 **mal** 1.

divinisation |divinizɑsjɔ̃| *s.f.* [→ DIVINISER] divinizzazione.

diviniser |divinize| *v.tr.* **1** [*mettre au rang des dieux*] divinizzare: *diviniser les héros* divinizzare gli eroi → **déifier** ✦ (*au p.p.*) *un homme divinisé* un uomo divinizzato **2** [*donner une grande valeur à*] divinizzare → **exalter, glorifier.**

divinité |divinite| *s.f.* **1** divinità (*inv.*): *la divinité du Verbe, de Jésus* la divinità del Verbo, di Gesù **2** [*être divin*] divinità: *adorer, honorer une divinité* adorare, onorare una divinità **3** [*personne ou chose qu'on adore*] dio* *m.*; dea.

diviser |divize| **A** *v.tr.* **1** [*séparer en plusieurs parties*] dividere (130): *diviser une somme* dividere una somma; *diviser un terrain, un domaine* dividere un terreno, una proprietà **2** [*partager en quantités égales plus petites*] dividere: *divisez-le en cinq* dividetelo in cinque (parti); *l'année est divisée en mois* l'anno è diviso in mesi **3** DIVISER PAR dividere per: *diviser un nombre par quatre* dividere un numero per quattro **4** [*séparer* (*un ensemble abstrait, un objet de pensée*) *en éléments*] dividere: *diviser un ouvrage littéraire en chapitres* dividere un'opera letteraria in capitoli → **classer 5** [*semer la discorde, la désunion entre*] dividere: *oppositions qui divisent les esprits* contrasti che dividono gli animi; *leurs opinions les divisent* le loro idee li dividono → **brouiller, désunir, opposer** ◇ (*loc. prov.*) *diviser pour régner* dividere per regnare **B** *v.pron. intr.* SE DIVISER [→ *tr.* 1] dividersi, essere (96) *intr.* diviso: *l'œuf se divise en cellules* l'uovo si divide in cellule; *route qui se divise en trois* strada che si divide in tre → **bifurquer, ramifier (se)** 🄲 A 5 **rapprocher.**

diviseur |divizœʀ| *s.m.* (*math.*) divisore: *commun diviseur* (*à plusieurs nombres entiers*) divisore comune (a parecchi numeri interi); *plus grand commun diviseur* massimo comun(e) divisore (M.C.D.) 🄲 **multiplicateur.**

divisibilité |divizibilite| *s.f.* divisibilità (*inv.*): *divisibilité de la matière* divisibilità della materia ◇ (*math.*) *caractères de divisibilité* criteri di divisibilità 🄲 **indivisibilité.**

divisible |divizibl(ə)| *adj.* [→ DIVISER A 1, 2, 4] divisibile ◇ (*math.*) *nombre divisible* numero divisibile 🄲 **indivisible.**

division |divizjɔ̃| *s.f.* **1** [→ DIVISER A 1, 2] divisione: *division d'une propriété en parts* divisione di una proprietà in parti → **partage 2** (*math.*) divisione: *les facteurs de la division* i fattori della divisione **3** *division du travail* divisione del lavoro **4** [→ DIVISER A 4] divisione: *division en classes* divisione in classi → **classification, subdivision 5** [*le fait de se diviser*] divisione: *division d'un fleuve en plusieurs bras* divisione di un fiume in più bracci → **ramification 6** [*trait qui divise*] divisione: *tracer des divisions sur une règle* tracciare delle divisioni su una riga ◇ (*spécialt.*) [*tiret à la fin d'une ligne*] divisione **7** (*abstrait*) [*partie d'un tout*] divisione: *divisions administratives d'un territoire* divisioni amministrative di un territorio; *les grandes divisions du règne animal* le grandi divisioni del regno animale **8** (*milit.*) divisione: *général de division* generale di divisione; *division blindée* divisione blindata **9** [*séparation, opposition d'intérêts, de sentiments*] divisione (*littér.*): *mettre, semer la division dans une famille, dans les esprits* mettere, seminare la divisione in una famiglia, negli animi → **désaccord, rupture 10** (*sport*) *première, deuxième division* serie A, serie B: *c'est une équipe de deuxième division* è una squadra di serie B 🄲 9 **union** 1.

divisionnaire |divizjɔnɛʀ| *adj.* **1** divisionale, divisionario*: *monnaie divisionnaire* moneta divisionale, divisionaria **2** (*milit.*) divisionale: *services divisionnaires* servizi divisionali ✦ (*s.*) *un divisionnaire* [*général de division*] un divisionario ◇ [*commissaire de police*] commissario di polizia.

divisme |divism(ə)| *s.m.* divismo.

divorce |divɔʀs| *s.m.* **1** divorzio*: *demander le divorce* chiedere il divorzio **2** [*séparation d'intérêts, de sentiments, etc.*] contrasto, disaccordo # *il y a divorce entre la théorie et la pratique* una cosa è la teoria, un'altra è la pratica 🄲 1 **mariage;** 2 **accord** 1, **union** 1.

divorcé, ée |divɔʀse| *adj. et s.* divorziato: *il a épousé une divorcée* ha sposato una divorziata.

divorcer |divɔʀse| (2) *v.intr.* [*se séparer par le divorce* (*de l'autre époux*)] divorziare: *elle a divorcé* (*d'*)*avec ce mari atroce* ha divorziato da quel marito crudele ✦ (*absolt.*) *il a décidé de divorcer* ha deciso di divorziare → **séparer (se)** 🄲 **marier (se), unir (s').**

divulgateur, trice |divylgatœʀ, tʀis| *s.* divulgatore*: *divulgateur de fausses nouvelles* divulgatore, propagatore* di notizie false → **propagateur.**

divulgation |divylgɑsjɔ̃| *s.f.* [→ DIVULGUER] divulgazione: *divulgation d'un secret* divulgazione di un segreto.

divulguer |divylge| *v.tr.* [*porter à la connaissance du public*] divulgare, diffondere (146): *divulguer une nouvelle* divulgare una notizia; *les journaux ont divulgué l'entretien* i giornali hanno diffuso la notizia del colloquio 🄲 **cacher, dissimuler, taire.**

dix |dis| **I** *adj. numér. inv.* (|di| *devant un nom commençant par une consonne*; |diz| *devant un nom commençant par une voyelle*; |dis| *dans les autre cas*) **1** *cardinal* dieci: *les dix doigts des deux mains* le dieci dita delle due mani; *dix fois plus* dieci volte di più; *ils étaient dix* erano (in) dieci; *répéter, recommencer dix fois la même chose* ripetere, ricominciare dieci volte la stessa cosa ◇ (*en composition*) *dix mille* diecimila **2** *ordinal* [*dixième*] dieci; decimo: *page dix* pagina dieci; *le dix du mois* il dieci del mese; *il est dix heures* sono le dieci ‖ *Charles dix* (*X*) Carlo decimo (X) **II** *s.m. inv.* **1** [*le nombre 10*] dieci: *dix et dix font vingt* dieci più dieci (uguale a) venti ◇ (*en composition*) *quatre-vingt-dix* novanta ◇ (*jeu*) *dix de carreau* dieci di quadri ◇ [*note correspondant à dix points*] *dix sur dix* dieci decimi **2** *un dix arabe* (*10*), *un dix romain* (*X*) un dieci arabo (10), un dieci romano (X).

dix-huit |dizɥit| **I** *adj. numér. inv.* **1** *cardinal* diciotto: *dix-huit cents* milleottocento; *il a dix-huit ans* ha diciotto anni **2** *ordinal* [*dix-huitième*] diciotto; diciottesimo: *le dix-huit août* il diciotto agosto ‖ *Louis dix-huit* (*XVIII*) Luigi diciottesimo (XVIII) **II** *s.m. inv.* [*le nombre 18*] diciotto.

dix-huitième |dizɥitjɛm| **1** *adj. numér. ordinal* diciottesimo: *le dix-huitième* (*siècle*) il diciottesimo secolo, il Settecento; *la dix-huitième partie* la diciottesima parte **2** *s.* diciottesimo: *être la dix-huitième sur une liste* essere la diciottesima di un elenco ✦ *s.f.* (*mus.*) diciottesima.

dixième |dizjɛm| **I** *adj. numér. ordinal* decimo: *le dixième siècle avant, après Jésus-Christ* il decimo secolo prima di, dopo Cristo; *la dixième partie* la decima parte **II** *s.* **1** *s.m.* decimo: *un dixième* un decimo; *les trois, les sept dixièmes* i tre, i sette decimi; *les neuf dixièmes* [*la quasi-totalité*] i nove decimi ◇ [*impôt du dixième du revenu sous l'ancien régime*] decima *f.* **2** *s.f.* (*mus.*) decima.
dixièmement |dizjɛmmɑ̃| *adv.* in decimo luogo *loc. inv.*
dix-neuf |diznœf| **I** *adj. numér. inv.* **1** *cardinal* diciannove # *dix-neuf cents francs* millenovecento franchi **2** *ordinal* [*dix-neuvième*] diciannove; diciannovesimo: *le dix-neuf septembre* il diciannove settembre; *page dix-neuf* pagina diciannove || *Jean dix-neuf* (*XIX*) Giovanni diciannovesimo (XIX) **II** *s.m. inv.* [*le nombre 19*] diciannove.
dix-neuvième |disnœvjɛm| *adj. numér. ordinal* diciannovesimo: *le dix-neuvième* (*siècle*) il diciannovesimo secolo, l'Ottocento ✦ (*s.m.*) *un dix-neuvième* un diciannovesimo.
dix-sept |dis(s)ɛt| **I** *adj. numér. inv.* **1** *cardinal* diciassette # *dix-sept cents* millesettecento **2** *ordinal* [*dix-septième*] diciassette; diciassettesimo: *le dix-sept du mois* il diciassette del mese || *Louis dix-sept* (*XVII*) Luigi diciassettesimo (XVII) **II** *s.m. inv.* [*le nombre 17*] diciassette.
dix-septième |dis(s)ɛtjɛm| *adj. numér. ordinal* diciassettesimo: *le dix-septième* (*siècle*) il diciassettesimo secolo, il Seicento; *la dix-septième partie* la diciassettesima parte ✦ (*s.*) *un dix-septième* un diciassettesimo: *être le dix-septième au classement* essere il diciassettesimo in classifica.
dizain |dizɛ̃| *s.m.* componimento di dieci versi.
dizaine |dizɛn| *s.f.* **1** (*math.*) decina, diecina: *dix dizaines forment une centaine* dieci decine formano un centinaio **2** [*réunion de dix personnes, de dix choses* (*ou environ*) *de même nature*] decina, diecina: *il y a une dizaine d'années* una decina d'anni fa; *ils étaient une dizaine* erano una decina **3** *une dizaine de chapelet* una decina (del rosario).
djebel |dʒebɛl| *s.m.* (*ar.*) gebel *inv.*
djellaba |dʒɛl(l)aba| *s.f.* gellaba *inv.*
do |do| *s.m.inv.* (*mus.*) do.
docile |dɔsil| *adj.* docile ◇ (*personnes*) *enfant docile* bambino docile → **obéissant** ◇ (*choses*) *caractère docile* carattere docile; *répondre d'un ton, d'une voix docile* rispondere con tono, con voce docile; *cheveux dociles* capelli docili → **facile, maniable** ◇ (*animaux*) *monture docile* cavallo docile 🄲 **indocile.**
docilement |dɔsilmɑ̃| *adv.* [→ DOCILE] docilmente: *obéir docilement* obbidire docilmente.
docilité |dɔsilite| *s.f.* **1** docilità (*inv.*): *enfant remarquable pour sa docilité* bambino che si distingue per la sua docilità → **sagesse** **2** (*littér.*) DOCILITÉ À docilità, disposizione a: *docilité aux enseignements du maître* docilità agli insegnamenti del maestro 🄲 **indocilité.**
docimologie |dɔsimɔlɔʒi| *s.f.* (*psycho.*) docimologia*.
docimologique |dɔsimɔlɔʒik| *adj.* docimologico*.
docimologue |dɔsimɔlɔg| *s.* docimologo*.
dock |dɔk| *s.m.* (*angl.*) **1** (*mar.*) bacino; banchina (*f.*): *dock de carénage, dock flottant* bacino di carenaggio, bacino galleggiante **2** [*hangars*] silo*; magazzino: *docks à blé* silos di grano.
docker |dɔkɛʀ| *s.m.* [*ouvrier qui travaille au chargement et au déchargement des navires*] scaricatore (di porto): *grève des dockers* sciopero degli scaricatori (di porto) → **débardeur.**
docte |dɔkt(ə)| *adj. et s.* dotto → **savant, érudit.**
doctement |dɔktəmɑ̃| *adv.* (*plais.*) [→ DOCTE] dottamente; pedantemente: *parler doctement* parlare dottamente.
docteur |dɔktœʀ| *s.m.* **I** **1** dottore: *les docteurs de l'Église* i dottori della Chiesa **2** [*personne qui est promue au plus haut grade universitaire dans une faculté*] persona *f.* che ha conseguito un dottorato, (*spécialt.*) una libera docenza: *il est docteur ès sciences* ha conseguito il dottorato in scienze # *docteur en médecine* dottore in medicina **II** [*médecin*] dottore, dottoressa (*f.*): *le docteur Marie Dupont* la dottoressa Marie Dupont; *appeler le docteur* chiamare il dottore ◇ (*appellatif*) *bonjour, docteur* buongiorno, dottore (dottoressa).
doctoral, ale, aux |dɔktɔʀal, o| *adj.* **1** (*rare*) [*qui a rapport aux docteurs*] dottorale **2** (*péj.*) [*pédantesque*] dottorale: *air, ton doctoral* aria, tono dottorale.
doctorat |dɔktɔʀa| *s.m.* [*grade de docteur*] dottorato; (*spécialt.*) libera docenza (*f.*): *doctorat de recherche* dottorato di ricerca || *doctorat ès lettres, en droit* libera docenza in lettere, in giurisprudenza; *thèse de doctorat* tesi per la libera docenza ◇ (*par ext.*) [*examen préliminaire au doctorat*] *passer son doctorat* sostenere l'esame di libera docenza.
doctoresse |dɔktɔʀɛs| *s.f.* (*vieilli*) [*femme munie du diplôme de docteur en médecine*] dottoressa → **docteur** II.
doctrinaire |dɔktʀinɛʀ| **1** *s.* dottrinario* **2** *adj.* [→ DOCTORAL 2] dottrinario, sentenzioso: *il parla d'un ton doctrinaire* parlò con tono dottrinario, sentenzioso.
doctrinal, ale, aux |dɔktʀinal, o| *adj.* dottrinale: *querelles doctrinales* dispute dottrinali.
doctrine |dɔktʀin| *s.f.* dottrina: *doctrine politique* dottrina politica; *doctrines religieuses, philosophiques* dottrine religiose, filosofiche; *doctrine chrétienne* dottrina cristiana.
document |dɔkymɑ̃| *s.m.* **1** documento: *original, copie d'un document* originale, copia di un documento **2** [*preuve, témoignage*] documento: *enregistrements, films utilisés comme documents* registrazioni, film utilizzati come documenti **3** (*dr. comm.*) documento.
1 **documentaire** |dɔkymɑ̃tɛʀ| *adj.* **1** documentario*: *filmer des scènes documentaires* filmare delle scene documentarie # *à titre documentaire* a titolo di informazione; *ce livre présente un réel intérêt documentaire* è un libro che possiede un reale interesse di documento **2** (*comm.*) documentario: *crédit documentaire* credito documentario # *traite, effet documentaire* tratta documentata.
2 **documentaire** |dɔkymɑ̃tɛʀ| *s.m.* documentario*: *documentaire sur la pêche à la baleine* documentario sulla pesca alla balena.
documentaliste |dɔkymɑ̃talist(ə)| *s.* documentalista.
documentariste |dɔkymɑ̃taʀist(ə)| *s.* documentarista.
documentation |dɔkymɑ̃tɑsjɔ̃| *s.f.* documentazione: *fiches de documentation* schede di documentazione; *une documentation riche* una ricca documentazione.
documenter |dɔkymɑ̃te| *v.tr.* **1** [*fournir des documents à*] documentare: *documenter qqn. sur une question* documentare qc. su una questione → **informer** ✦ (*au p.p.*) *il est bien documenté* è ben documentato, informato **2** [*appuyer sur des documents*] documentare ✦ (*au p.p.*) *thèse solidement documentée* tesi solidamente documentata.
dodéca- |dɔdeka| *préf.* (*signifiant 'douze', correspond généralt. à*) dodeca: *dodécaphonique* dodecafonico.
dodécaèdre |dɔdekaɛdʀ(ə)| *s.m.* (*géom.*) dodecaedro.
dodécagone |dɔdekagɔn| *s.m.* (*géom.*) dodecagono.
dodécaphonique |dɔdekafɔnik| *adj.* (*mus.*) dodecafonico* → **sériel.**
dodécaphonisme |dɔdekafɔnism(ə)| *s.m.* (*mus.*) dodecafonia *f.*
dodeliner |dɔdline| *v.intr.* [*balancer doucement* (*la tête*)] dondolare (*tr. et intr.*): *il s'endormait en dodelinant la tête* egli si addormentava dondolando la testa.
1 **dodo** |dodo| *s.m.* (*langage enfantin*) [*sommeil*] nanna *f.*, letto: *faire dodo* fare la nanna; *aller au dodo* andare a nanna, a letto; *mettre un enfant au dodo* mettere a letto un bambino.
2 **dodo** |dodo| *s.m.* → **dronte.**
dodu, ue |dɔdy| *adj.* (*fam.*) [*qui est bien en chair*] paffuto, grassottello → **gras** # *une poularde dodue* una grassa pollastra 🄲 **maigre** I.
dogaresse |dɔgaʀɛs| *s.f.* (*hist.*) dogaressa.
doge |dɔʒ| *s.m.* doge ◇ (*à Venise*) *le palais des doges* il palazzo ducale.
dogmatique |dɔgmatik| *adj.* **1** [*relatif au dogme*] dogmatico*: *théologie, philosophie dogmatique* teologia, filosofia dogmatica ✦ (*s.f.*) *la dogmatique* la dogmatica* **2** [*qui exprime ses opinions d'une manière péremptoire*] dogmatico: *ton dogmatique* tono dogmatico; *c'est un esprit dogmatique* è uno spirito dogmatico → **doctrinaire, systématique.**
dogmatiquement |dɔgmatikmɑ̃| *adv.* [→ DOGMATIQUE] dogmaticamente.
dogmatiser |dɔgmatize| *v.intr.* [*exprimer son opinion d'une manière absolue*] dogmatizzare: *il dogmatise sur tout* dogmatizza su tutto.
dogmatisme |dɔgmatism(ə)| *s.m.* dogmatismo.
dogme |dɔgm(ə)| *s.m.* **1** dogma: *les dogmes du christianisme* i dogmi del cristianesimo; *des dogmes politiques, scientifiques* dogmi politici, scientifici; *admettre comme un dogme que...* ammettere come un dogma che... → **loi** **2** (*absolt.*) *le dogme* [*l'ensemble des dogmes d'une religion*] i dogmi (*pl.*): *enseigner le dogme* insegnare i dogmi.

dogue |dɔg| *s.m.* **1** (*t. zool.*) bulldog *inv.* **2** (*fig.*) *être d'une humeur de dogue* [*être de mauvais humeur*] essere di umore nero # *c'est un dogue* è un tipo irascibile.

doigt |dwa| *s.m.* **I 1** dito*: *les cinq doigts de la main* le cinque dita della mano; *doigts longs, courts* dita lunghe, corte; *prendre avec ses doigts* prendere con le dita; *tenir entre ses doigts* tenere tra le dita; *manger avec ses doigts* mangiare con le dita; *lever le doigt* alzare il dito; *compter sur ses doigts* contare sulle dita # *empreinte du doigt* impronta digitale ◇ (*loc.*) *vous avez mis le doigt sur la difficulté* avete messo il dito sulla piaga ~ *y mettre les quatre doigts et le pouce* [*saisir à pleine main, avidement*] prendere a piene mani ~ *désigner, montrer du doigt* mostrare, indicare a dito ~ *ne rien faire de ses dix doigts* non sollevare, non alzare un dito ~ *se mordre les doigts* mordersi le dita, le mani ◇ (*prov.*) *entre l'écorce et le bois il ne faut pas mettre le doigt* tra moglie e marito non mettere il dito ◇ (*loc. fig.*) (*faire*) *toucher qqch. du doigt* (far) toccare con mano ~ *avoir un morceau de musique dans les doigts* avere un pezzo (musicale) sulla punta delle dita ~ *se mettre, se fourrer le doigt dans l'œil* [*se tromper grossièrement*] prendere un grosso granchio ~ *être obéi, servi au doigt et à l'œil* [*exactement, ponctuellement*] essere obbedito, servito a puntino ~ *faire marcher qqn. au doigt et à l'œil* comandare a bacchetta ~ *connaître, savoir qqch. sur le bout du doigt* conoscere, sapere q.c. a menadito, sulla punta delle dita ~ (*personnes*) *être comme les deux doigts de la main* [*très unis*] essere amici per la pelle, inseparabili **2** PETIT DOIGT mignolo ◇ (*loc.*) *mon petit doigt me l'a dit* me l'ha detto l'uccellino, il mignolo ~ *ne pas remuer le petit doigt* [*ne pas faire le moindre effort pour aider qqn.*] non muovere nemmeno un dito (a favore di qc.) **3** (*par anal.*) *les doigts d'un gant* le dita di un guanto **4** (*animaux*) dito: *doigts munis de griffes* dita munite di artigli **5** (*techn.*) nottolino ◇ (*photo.*) scatto **6** (*fig., littér.*) *le doigt de Dieu* la mano *f.* di Dio **II** [*mesure approximative, équivalant à un travers de doigt*] dito: *sa jupe est trop courte de trois doigts* la sua gonna è troppo corta di tre dita; *boire un doigt de vin* bere un dito di vino → **1 goutte** ◇ (*fig., fam.*) *faire un doigt de cour à une femme* fare un po' di corte a una donna → **brin** ◇ (*loc. fig.*) À UN DOIGT (DE) a un dito (da), vicinissimo (a): *la balle est passée à un doigt du cœur* la pallottola è passata a un dito dal cuore, vicinissimo al cuore ~ *être à deux doigts de qqch.* essere a un dito, a un capello da q.c. # *être à deux doigts de la mort* avere un piede nella fossa ~ *il s'en est fallu d'un doigt* c'è mancato poco, un pelo (*pop.*) → **cheveu.**

doigté |dwate| *s.m.* **1** (*mus.*) tocco*, diteggiatura (*f.*): *indiquer, étudier le doigté* indicare, studiare la diteggiatura; *ce pianiste a un bon doigté* è un pianista che ha un buon tocco, una buona diteggiatura ◇ (*par ext.*) *le doigté d'une dactylo* l'abilità *f. inv.* di una dattilografa **2** (*fig.*) [*savoir-faire*] tatto, diplomazia (*f.*): *ce genre d'affaire demande du doigté* è un genere d'affari che richiede tatto → **diplomatie, tact.**

doigter |dwate| **A** *v.intr.* (*mus.*) [*poser les doigts comme il convient pour jouer de certains instruments*] diteggiare # *sa manière de doigter est incorrecte* la sua diteggiatura è scorretta **B** *v.tr.* (*mus.*) [*indiquer le doigté sur la partition*] diteggiare, scrivere (182) la diteggiatura: *doigter un passage* scrivere la diteggiatura di un brano musicale.

doigtier |dwatje| *s.m.* [*sorte de fourreau destiné à protéger un doigt*] dito*: *doigtier de cuir* dito di cuoio.

doit |dwa| *s.m.* (*compt.*) debito, il dare *inv.* Ⓒ **avoir** 2, **actif, crédit.**

dol |dɔl| *s.m.* (*dr.*) dolo: *contrat entaché de dol* contratto viziato da dolo → **dolosif.**

dolce |dɔltʃe| *adv.* (*mus.*) dolce.

dolce vita |dɔlʃɛvita| *loc. subst. f.* dolce vita.

dolcissimo |dɔltʃisimo| *adv.* (*mus.*) dolcissimo.

doléances |dɔleɑ̃s| *s.f.pl.* [*plaintes*] lagnanze, lamentele: *faire, présenter ses doléances* esporre le proprie lagnanze → **réclamation** # *les cahiers de doléances des États Généraux* i documenti contenenti le rimostranze e le petizioni dei delegati agli Stati Generali del 1789.

doleau |dɔlo| *s.m.* (*techn.*) dolatora *f.*

dolent, ente |dɔlɑ̃, ɑ̃t| *adj.* lamentoso, dolente: *un ton dolent* un tono lamentoso → **plaintif** # *il est toujours dolent* si lagna sempre; *il était tout dolent* era molto infelice.

dolic, dolique |dɔlik| *s.m.* (*t. bot.*) dolico*.

dolicho- |dɔliko| *préf.* (*signifiant 'long', correspond généralt. à*) dolico: *dolichocéphale* dolicocefalo.

dolichocéphale |dɔlikɔsefal| *adj. et s.* dolicocefalo Ⓒ **brachycéphale.**

doline |dɔlin| *s.f.* (*géogr.*) dolina.

dollar |dɔlaʀ| *s.m.* dollaro ◆ (*par appos.*) *la zone dollar* l'area del dollaro.

dolman |dɔlmɑ̃| *s.m.* (*ancienn.*) dolman (*inv.*): *le dolman des hussards* il dolman degli ussari.

dolmen |dɔlmɛn| *s.m.* dolmen *inv.*

dolomie |dɔlɔmi|, **dolomite** |dɔlɔmit| *s.f.* **1** (*géol., minér.*) dolomite **2** *les Dolomites* [*Alpes d'Italie*] le Dolomiti.

dolomitique |dɔlɔmitik| *adj.* (*sc., cour.*) dolomitico*: *Alpes dolomitiques* Alpi dolomitiche; *calcaire dolomitique* calcare dolomitico.

dolosif, ive |dɔlozif, iv| *adj.* (*dr., cour.*) doloso: *manœuvres dolosives* manovre dolose; *crime dolosif* delitto doloso.

dom |dɔ̃| *s.m.* **1** [*titre donné à certains religieux*] don *inv.* **2** (*vx.*) [*titre donné aux nobles espagnols et portugais*] don: *dom Garcie de Navarre* Don Garcia di Navarra.

domaine |dɔmɛn| *s.m.* **1** [*terre possédée par un propriétaire*] proprietà *f.inv.*, tenuta *f.*, possedimento: *petit domaine* piccola proprietà, piccola tenuta # *domaine viticole* tenuta (viticola); *domaine féodal* feudo; *grand domaine* latifondo ◇ (*hist.*) *domaine de la couronne* domini della corona ◇ (*dr. admin.*) [*domaine de l'État*] beni *pl.* demaniali, demanio*: *domaine public* demanio pubblico **2** (*loc.*) *tomber dans le domaine public* diventare di dominio pubblico ~ *une nouvelle de domaine public* una notizia (divenuta) di dominio pubblico **3** [*ce qu'embrasse un art, un sujet*] sfera *f.*, campo: *le domaine de ses connaissances* la sfera, il campo delle proprie conoscenze → **cercle, étendue**; *dans tous les domaines* in tutti i campi; *ce domaine est encore fermé aux savants* questo campo è ancora chiuso agli scienziati → **sphère** ◇ (*spécialt.*) *le domaine de qqn.* [*l'ensemble de ce qu'il connaît*] campo: *l'art médiéval est son domaine* l'arte medi(o)evale è il suo campo, il suo terreno preferito # *je ne puis vous renseigner, ce n'est pas mon domaine* non posso informarla, non è di mia competenza → **1 rayon.**

domanial, iale, iaux |dɔmanjal, jo| *adj.* (*dr.*) demaniale: *forêts domaniales* foreste demaniali.

domanialité |dɔmanjalite| *s.f.* (*dr.*) demanialità *inv.*

1 **dôme** |dom| *s.m.* duomo: *le dôme de Milan* il duomo di Milano.

2 **dôme** |dom| *s.m.* **1** [*comble élevé de forme arrondie*] cupola (*f.*): *dôme hémisphérique* cupola emisferica; *le dôme du Panthéon, des Invalides* la cupola del Pantheon, degli Invalidi **2** (*littér.*) *un dôme de feuillages* una cupola, una volta di foglie ◇ (*poét.*) *le dôme du ciel* la volta *f.* del cielo → **voûte** **3** (*géol.*) altura (*f.*): *dôme volcanique* altura vulcanica.

domestication |dɔmɛstikɑsjɔ̃| *s.f.* **1** [→ DOMESTIQUER 1] addomesticamento (*m.*): *domestication d'animaux sauvages* addomesticamento di animali selvaggi → **apprivoisement** **2** (*fig.*) asservimento *m.*, assoggettamento *m.* Ⓒ **affranchissement** 1, **émancipation.**

domesticité |dɔmɛstisite| *s.f.* **1** [*ensemble des domestiques*] servitù (*inv.*): *domesticité d'une maison* la servitù di una casa → **personnel** **2** (*rare*) *la domesticité d'un animal* [*condition d'animal domestique*] la domesticità *inv.* di un animale.

domestique |dɔmɛstik| **I** *adj.* **1** [*qui concerne la vie à la maison, en famille*] domestico*: *économie domestique* economia domestica; *travaux domestiques* lavori domestici # *disputes domestiques* liti in famiglia ◇ (*antiq.*) *les dieux domestiques* gli dei domestici, i lari, i penati **2** (*animaux*) domestico: *le chien est un animal domestique* il cane è un animale domestico **II** *s.* **1** domestico: *domestiques d'une maison, d'un hôtel* domestici di una casa, di un albergo **2** (*spécialt.*) [*personne chargée du service personnel, chez un employeur*] cameriera *f.*, domestica* *f.*; (*officiellement*) collaboratrice *f.* familiare, colf (*f.*): *chercher une domestique* cercare una cameriera → **bonne, femme (de ménage, de chambre)** **3** (*péj.*) servo *m.*, serva (*f.*): *je ne suis pas son domestique* non sono il suo servo; *il nous traite comme des domestiques* ci tratta come delle serve → **esclave, larbin, valet.**

domestiquer |dɔmɛstike| *v.tr.* **1** [*rendre domestique*] addomesticare: *domestiquer un animal sauvage* addomesticare un animale selvaggio → **apprivoiser** **2** (*littér.*) [*amener à une soumission totale*] assoggettare, asservire (197): *domestiquer les peuples* assoggettare i popoli → **assujettir** Ⓒ 2 **affranchir** 1, **émanciper, libérer.**

domicile |dɔmisil| *s.m.* domicilio*: *être sans domicile* essere senza domicilio # *personne sans domicile* persona senza fissa dimora; *abandonner, quitter le domicile conjugal* abbandonare il tetto coniugale ◇ *loc.adv.* À DOMICILE a domicilio: *le facteur porte les lettres à domicile* il postino porta le lettere a domicilio; *travailler à domicile* lavorare a domicilio ◇ (*dr.*) *domicile d'une société* domicilio di una società; *changement de domicile* cambiamento di domicilio; *élection de domicile* elezione di domicilio.

domiciliaire |dɔmisiljɛʀ| *adj.* domiciliare: *visite, perquisition domiciliaire* visita, perquisizione domiciliare.

domiciliataire |dɔmisiljatɛʀ| *s.m.* (*dr.*) domiciliatario*.

domiciliation |dɔmisiljɑsjɔ̃| *s.f.* (*banque*) domicilio* (*m.*): *domiciliation d'un chèque* domicilio di un assegno; *domiciliation bancaire* domicilio bancario.

domicilier |dɔmisilje| *v.tr.* **1** (*admin.*) [*fixer, assigner un domicile à*] domiciliare (*rare*): *on l'a domicilié par erreur à une adresse qui n'est pas la sienne* l'hanno domiciliato per errore a un indirizzo che non è il suo ◇ (*comm.*) *domicilier une traite* domiciliare una cambiale **2** *au p.p. et adj.* domiciliato: *il est domicilié à Lyon* è domiciliato a Lione.

dominance |dɔminɑ̃s| *s.f.* (*biol.*) dominanza.

dominant, ante |dɔminɑ̃, ɑ̃t| *adj.* **1** dominante: *pays dominant* nazione dominante ◇ (*dr.*) *fonds dominant* fondo dominante ◇ (*biol.*) *gène dominant* gene dominante **2** [*qui est le plus important*] dominante: *qualité dominante* qualità dominante; *idées dominantes* idee dominanti; *vents dominants* venti dominanti; *idée dominante d'un ouvrage* motivo dominante di un'opera → 1 **général** **3** [*qui surplomble, surmonte*] dominante: *le château est dans une position dominante* il castello è in una posizione dominante ◇ (*fig.*) *il occupe une position dominante* occupa una posizione preminente → **éminent** Ⓒ **inférieur, sécondaire.**

dominante |dɔminɑ̃t| *s.f.* **1** dominante: *la dominante de son œuvre est l'ironie* la dominante della sua opera è l'ironia **2** (*mus.*) dominante: *sous-dominante* sottodominante; *sus-dominante* sopradominante.

dominateur, trice |dɔminatœʀ, tʀis| **1** *s.* (*littér.*) dominatore*: *Alexandre le Grand, dominateur de l'Asie* Alessandro il Grande, dominatore dell'Asia; *l'Angleterre fut la dominatrice des mers* l'Inghilterra fu la dominatrice dei mari **2** (*adj.*) dominatore: *pouvoir dominateur* potere dominatore; *force dominatrice* forza dominatrice.

domination |dɔminɑsjɔ̃| *s.f.* **I 1** dominazione, dominio* (*m.*): *domination despotique* dominazione dispotica; *vivre sous la domination étrangère* vivere sotto la dominazione straniera, il dominio straniero **2** (*fig.*) dominio, ascendente (*m.*): *il exerce sur tous une domination irrésistible* esercita su tutti un ascendente irresistibile; *domination de soi-même* dominio di sé, autocontrollo *m.* → **maîtrise II** *au plur.* (*théol.*) *les dominations* le dominazioni.

dominer |dɔmine| **A** *v.tr.* **1** [*avoir, tenir sous sa suprématie, sous sa domination*] dominare: *tyran qui domine un peuple* tiranno che domina un popolo; *concurrent qui domine son adversaire* concorrente che domina, sovrasta il suo avversario **2** (*fig.*) [*avoir une influence décisive sur*] dominare: *dominer un auditoire par son talent* dominare l'uditorio col proprio talento; *ce problème domine toute l'affaire* questo problema domina, condiziona tutta la faccenda → **subjuguer** **3** [*maîtriser*] dominare: *dominer ses passions, sa colère* dominare le proprie passioni, la propria ira; *dominer la situation* dominare la situazione → **contrôler** **4** [*avoir au-dessous de soi dans l'espace environnant*] dominare: *monument qui domine une ville* monumento che domina una città → **surplomber, surmonter** # *il domine ses voisins de la tête* è più alto di una testa dei suoi vicini, supera di un palmo i suoi vicini → **dépasser** **5** (*abstrait*) dominare: *écrivain qui domine son sujet* scrittore che domina la propria materia, che è padrone della propria materia; *son œuvre domine toute la littérature de sa génération* la sua opera domina tutta la letteratura della sua generazione **B** *v.intr.* DOMINER SUR, DANS... **1** (*littér.*) [*commander souverainement, avoir la suprématie sur*] dominare: *nation qui domine sur un continent* nazione che domina su un continente ◆ *absolt.* [*commander*] dominare, comandare: *il aime à dominer* gli piace dominare, comandare **2** [*excercer une influence qui l'emporte sur les autres*] eccellere (139) (su, tra): *il domine de très loin sur ses collègues* eccelle di gran lunga tra i suoi colleghi → **emporter (l'), triompher** **3** [*être le plus apparent, le plus fort, le plus important*] prevalere (191), dominare: *les femmes dominent dans cette assemblée* le donne prevalgono in questa assemblea; *un imprimé où le rouge domine* una stampa in cui (pre)domina il rosso → **emporter (l'), prédominer** **C** *v.pron.réfl.* SE DOMINER [→ *tr.* 3] dominarsi, controllarsi: *ne pleurez pas, dominez-vous* non pianga, si controlli.

1 **dominicain, aine** |dɔminikɛ̃, ɛn| *s.* domenicano: *les Dominicains* i Domenicani ◆ (*adj.*) *l'ordre dominicain* l'ordine domenicano, dei Domenicani.

2 **dominicain, aine** |dɔminikɛ̃, ɛn| *adj.* [*de l'île de Saint-Domingue*] dominicano: *la République dominicaine* la Repubblica dominicana.

dominical, ale, aux |dɔminikal, o| *adj.* **1** [*qui appartient au Seigneur*] dominicale: *l'oraison dominicale* l'orazione dominicale **2** [*qui a rapport au dimanche*] domenicale: *repos dominical* riposo domenicale; *promenade dominicale* passeggiata domenicale.

dominion |dɔminjɔn| *s.m.* (*angl.*) dominion *inv.*

domino |dɔmino| *s.m.* **1** (*ancienn.*) [*capuchon des prêtres*] domino ◇ [*costume de bal masqué*] domino **2** domino ◇ *au plur.* (*jeu*) *les dominos* il domino (*sing. inv.*): *une partie de dominos* una partita a domino; *jouer aux dominos* giocare a domino.

dommage |dɔmaʒ| *s.m.* **1** [*préjudice subi par qqn.*] danno: *dommage matériel et moral* danno materiale e morale; *subir un dommage* subire, patire un danno; *réparer un dommage* risarcire, riparare un danno → **détriment, tort** ◇ (*dr.*) *dommages-intérêts, dommages et intérêts* [*indemnité due en réparation du préjudice causé*] danni *pl.*, indennizzo *sing.*, risarcimento (*sing.*): *demander des dommages-intérêts* chiedere i danni **2** [*dégat matériel causé aux choses*] danno: *dommages que causent aux cultures la grêle, la gelée* danni che la grandine, il gelo causano alle colture → **dégât, ravage** **3** (*dr.*) *dommages de guerre* danni di guerra ◇ (*fam.*) [*indemnité touchée pour ces dommages*] (risarcimento dei) danni di guerra **4** (*en emploi déterminé*) [*chose fâcheuse*] peccato: *c'est dommage, c'est bien dommage* peccato, è un vero peccato; *quel dommage d'abattre de si beaux arbres!* (che) peccato abbattere alberi così belli! ◇ (*ellipt.*) *dommage que vous ne puissiez l'attendre!* peccato che non possiate aspettarlo!; *dommage!* peccato!

dommageable |dɔmaʒabl(ə)| *adj.* [*qui cause du dommage*] dannoso: *ces erreurs sont dommageables à la nation entière* questi errori sono dannosi per l'intera nazione → **fâcheux, nuisible, préjudiciable** Ⓒ **profitable, utile.**

domptable |dɔ̃tabl(ə)| *adj.* (*rare*) [→ DOMPTER] domabile Ⓒ **indomptable.**

dompter |dɔ̃te| *v.tr.* **1** [*réduire à l'obéissance un animal sauvage*] domare: *dompter des fauves* domare delle belve → 2 **dresser** **2** [*soumettre à son autorité*] domare: *dompter des rebelles* domare dei ribelli → **maîtriser,** 1 **mater, soumettre** ◇ (*fig.*) *dompter un caractère, ses passions* domare un carattere, le proprie passioni.

dompteur, euse |dɔ̃tœʀ, øz| *s.* domatore*: *dompteur de chevaux* domatore di cavalli; *dompteurs d'un cirque* domatori di un circo.

don |dɔ̃| *s.m.* **1** [→ DONNER A I 1] dono, regalo: *faire un don à qqn.* fare un dono a qc.; *faire don de qqch. à qqn.* far dono di q.c. a qc.; *don fait à l'occasion du jour de l'an* dono, regalo fatto per il primo dell'anno; *recevoir un don* ricevere un dono, un regalo ◇ (*dr.*) donazione *f.* ◇ (*fig.*) *le don de soi* il dono di sé → **dévouement, sacrifice** **2** [*avantage naturel*] dono: *le ciel l'a comblé de ses dons* il cielo l'ha colmato di doni → **bénédiction,** 1 **faveur,** 1 **grâce** **3** [*disposition innée pour qqch.*] predisposizione *f.*, dono: *don pour les sciences* predisposizione per le scienze; *avoir le don de la parole* avere il dono della parola → **aptitude; art,** 1 **génie, talent** ◇ (*iron.*) *il a le don de m'agacer* ha il potere di mandarmi in bestia.

don |dɔ̃| *s.m.*, **doña** |dɔɲa| *s.f.* (*esp.*) don *m.*, donna (*f.*): *don Quichotte* don Chisciotte.

donataire |dɔnatɛʀ| *s.m.* (*dr.*) donatario*.

donateur, trice |dɔnatœʀ, tʀis| *s.* donatore*: *généreux donateur* donatore generoso.

donation |dɔnɑsjɔ̃| *s.f.* (*dr.*, *cour.*) donazione: *faire une donation par acte notarié* fare una donazione con atto notarile → **don, libéralité.**

donc |dɔ̃k| *en tête de propos. au devant voyelle; ailleurs* |dɔ̃| *conj.* **1** (*sert à amener la conséquence, la conclusion de ce qui précède*) perciò, quindi: *il était là tout à l'heure: il n'est donc pas bien loin* era qui poco fa, perciò non è molto lontano; *j'ai refusé*: *donc, inutile d'insister* ho rifiutato: è quindi inutile insistere → **conséquent (par)** ◇ (*après une digression*) dunque, allora: *je disais donc que...* dicevo dunque che..., allora stavo dicendo che... **2** (*exprime 'la surprise, l'incrédulité'*) dunque, così: *voilà donc la vérité!* ecco dunque la verità!; *il voulait donc venir avec nous?* e così voleva venire con noi? → **ainsi,** # *allons donc!* su, andiamo!; *qui donc?* ma chi? ◇ (*emphatique*) (*renforce une assertion, une injonction*) su, ma: *taisez-vous donc!* su, state zitti!, ma state zitti!; *venez donc par ici!* su, venite da questa parte! ◇ (*fam.*) *dis donc!* senti un po'!; *dites donc, vous là-bas!* ehi! voi, laggiù! (dica, lei, laggiù!).

dondon |dɔ̃dɔ̃| *s.f.* (*fam.*) [*grosse femme*] grassona # *une grosse dondon* una cicciona.

donjon |dɔ̃ʒɔ̃| *s.m.* (*fortif.*) torrione: *le donjon de Vincennes* il torrione di Vincennes.

donJuan |dɔ̃ʒɥɑ̃| *s.m.* dongiovanni: *méfiez-vous, c'est un don Juan* attenzione, è un dongiovanni.

donjuanesque |dɔ̃ʒɥanɛsk(ə)| *adj.* dongiovannesco*.

donnant |dɔnɑ̃| (*loc. prov.*) *donnant, donnant* [*en donnant qu'à la condition de recevoir en échange, do ut des*] (non si dà) niente per niente.

donne |dɔn| *s.f.* il dare *m. inv.*, il distribuire *m. inv.* le carte da gioco # *à vous la donne* tocca a lei dare le carte → **distribution.**

donné, ée |dɔne| **I** *adj.* **1** [*qui a été donné*] dato, regalato: *propriété donnée en dot* proprietà data in dote; *c'est donné* è regalato **2** [*connu, déterminé*] dato: *à une distance donnée* ad una data distanza; *en un lieu donné* in un dato luogo **3** *loc.prép.* ÉTANT DONNÉ dato: *étant donné* (*données*) *les circonstances présentes il faut agir vite* date le presenti circostanze, bisogna agire presto → **vu** ◇ *loc.conj.* ÉTANT DONNÉ QUE (+ *ind.*) dato che, considerato che: *étant donné qu'il ne vient pas, nous pouvons partir* dato che, considerato che non viene, possiamo partire **II** *s.m.* LE DONNÉ ciò che è dato.

donnée |dɔne| *s.f.* dato (*m.*): *les données du problème* i dati del problema → **énoncé;** *données statistiques* dati statistici; *les données d'une science, d'une recherche expérimentale* i dati di una scienza, di una ricerca sperimentale → **renseignement, information.**

donner |dɔne| **A** *v.tr.* **I** DONNER (À QQN.) **1** [*abandonner à qqn. sans rien recevoir en retour*] dare (102), regalare (a qc.): *donner qqch. en récompense* dare q.c. come ricompensa; *donner de l'argent, un pourboire à qqn.* dare del denaro, la mancia a qc.; *donner qqch. pour s'en défaire* regalare q.c. per disfarsene; *je lui donnerai un livre pour son anniversaire* gli regalerò un libro per il suo compleanno # *donner des cadeaux à profusion* offrire, fare regali a profusione; *donner qqch. par testament* lasciare q.c. per testamento → **prodiguer** ◇ (*par exagér.*) [*vendre très bon marché*] regalare: *ce manteau est donné* questo cappotto è regalato; *cent francs! ce n'est pas donné!* cento franchi! non lo regalano proprio! ◇ (*fig.*) *donner son cœur à qqn.* donare, offrire il proprio cuore a qc.; *il lui a donné son amitié* gli ha offerto la sua amicizia; *donner son sang, sa vie pour la patrie* offrire, dare il proprio sangue, la propria vita per la patria **2** *loc.* DONNER (QQCH.) POUR, CONTRE (QQCH.) [*céder en échange d'autre chose*] dare, cedere (125) (q.c.) per, in cambio di (q.c.); scambiare (q.c.) con (q.c.): *donner qqch. contre, pour de l'argent* dare, cedere q.c. per, in cambio di denaro → **fournir** ~ DONNER (UNE SOMME) DE (QQCH.) offrire (una somma) per q.c.: *je vous en donne cent francs* (*d'une marchandise*) gliene offro cento franchi (per una merce) → **offrir** ~ DONNER (QQCH.) POUR (+ *inf.*) dare (q.c.) per (+ *inf.*): *donner tout au monde pour...* dare tutto l'oro del mondo per...; *je donnerais beaucoup pour savoir la vérité* darei non so che cosa per sapere la verità ◇ [*payer* (*qqn.*) *une certaine somme*] dare: *combien donne-t-il à ses ouvriers?* quanto dà ai suoi operai?; *on lui donne vingt francs* (*de*) *l'heure* gli danno venti franchi (al)l'ora **3** [*confier* (*une chose*) *à qqn., pour un service*] dare, portare: *donner une propriété à gérer* dare una proprietà in gestione; *donner ses chaussures au cordonnier* portare le scarpe dal calzolaio; *donner sa montre à réparer* portare l'orologio a riparare # *donner son passeport à un douanier* consegnare il passaporto a un doganiere **II** DONNER (À) **1** [*mettre à la disposition, à la portée de*] dare (a): *donner une lettre à son destinataire* dare una lettera al destinatario → 1 **porter, remettre**; *donner du travail à un chômeur* dare lavoro a un disoccupato; *donne-lui à boire* dagli da bere; *donner la main à qqn.* dare la mano a qc. # *voulez-vous donner des sièges aux invités?* volete portare delle sedie per gli ospiti? ◇ (*spécialt.*) *donner les cartes aux joueurs* dare, distribuire le carte ai giocatori: *c'est à vous de donner* tocca a lei dare le carte ◇ (*fig.*) *donner sa langue au chat* [*renoncer à deviner qqch.*] rinunciare (a capire), arrendersi *pron.* **2** [*organiser et offrir à des invités*] dare: *donner un bal, une réception* dare un ballo, un ricevimento; *donner un spectacle* dare uno spettacolo; *qu'est-ce qu'on donne cette semaine au cinéma?* che cosa danno al cinema questa settimana? **3** [*communiquer, exposer* (*qqch.*) *à qqn.*] dare: *je vais vous donner tous les détails sur cette question* vi darò tutti i particolari sulla questione; *donner son avis* dare, esprimere il proprio parere; *professeur qui donne des cours* professore che dà lezioni (private) **4** [*transmettre par contagion*] attaccare: *il lui a donné son rhume* gli ha attaccato il raffreddore **5** [*accepter de mettre à la disposition, à la portée de qqn.*] dare, concedere (125): *donnez-moi un peu de temps* datemi, concedetemi un po' di tempo → **laisser**; *donner son accord, son consentement* dare il proprio accordo, il proprio consenso; *donner sa parole* (*d'honneur*) dare la propria parola (d'onore) → 1 **accorder, octroyer** ◇ (*fig.*) *donner libre cours à sa colère* dare libero sfogo alla propria collera ~ *donner prise* dare appiglio **6** (*avec deux compl. de personnes*) dare: *donner sa fille* (*en mariage*) *à un jeune homme* dare la propria figlia (in sposa) a un giovanotto; *elle a donné deux fils à son mari* ha dato due figli a suo marito ◇ (*spécialt.*) *donner un voleur* (*à la police*) consegnare un ladro alla polizia; *son copain l'a donné* il suo compagno l'ha denunciato → **dénoncer** **7** [*assigner à qqn., à qqch.* (*une marque, un signe, etc.*)] dare: *donner un nom à un enfant* dare un nome a un bambino; *donner un titre à un ouvrage* dare un titolo a un'opera → **assigner, fixer,** 1 **imposer** ◇ *loc.* DONNER À (+ *inf.*) dare da, a (+ *inf.*): *donner une tâche à exécuter* dare un compito da svolgere; *on m'a donné cela à faire* mi hanno dato questo da fare **III** [*être l'auteur, la cause de*] **1** [*produire* (*une œuvre*)] produrre (108): *cet écrivain donne un roman par an* questo scrittore produce, pubblica un romanzo all'anno → **publier** **2** [*être la cause de*] dare: *cet enfant me donne bien du souci* questo ragazzo mi dà molte preoccupazioni; *donner l'occasion de...* dare (l')occasione di... → 1 **causer, susciter, fournir, procurer**; *donner bonne, mauvaise impression* dare, fare una buona, una cattiva impressione; *donner lieu* (*à*) dar luogo (a) → 1 **causer, provoquer**; *donner à penser* dar da pensare; *ce travail me donne chaud, soif* questo lavoro mi dà, mi fa venire caldo, sete ◇ (*choses concrètes*) dare, produrre: *cette vigne donne trente hectolitres de vin à l'hectare* questa vigna dà, produce trenta ettolitri di vino per ettaro ✦ (*absolt.*) *le blé a peu donné cette année* il grano ha reso poco quest'anno → **rapporter, rendre** ◇ (*fam.*) *je me demande ce que ça va donner* mi domando che ne verrà fuori, che cosa succederà (*cour.*) **3** [*effectuer sur une chose, ou une personne* (*une opération qui en modifie l'état*)] dare: *donner une couche de peinture à un banc* dare una mano di pittura a un banco; *donner un coup de peigne, un coup de brosse* dare un colpo di pettine, una spazzolata; *donner du corps* dare corpo; *cet argument donne de la valeur à sa thèse* questo argomento dà valore alla, avvalora la sua tesi ◇ (*loc.*) *donner le jour, la vie à un enfant* dare la vita a un bambino; *donner la vie à une initiative* dar vita a un'iniziativa; *donner la mort* mettere a morte **4** (*fig.*) [*accorder, attribuer prêter*] dare, attribuire (197): *quel âge lui donnez-vous?* che età gli date?; *donner de l'importance, de la valeur* dare, attribuire importanza, valore → **attacher** ◇ *loc.* DONNER POUR dare per: *donner une chose pour certaine, pour vraie* dare una cosa per certa, per vera **B** *v.intr.* **1** [*porter un coup* (*contre, sur*) sbattere, urtare: *le navire alla donner sur les écueils* la nave andò a sbattere, a urtare contro gli scogli; *il alla donner de la tête contre le mur* andò a sbattere la testa contro il muro ◇ (*fam.*) *ne savoir où donner de la tête* non sapere dove sbattere *tr.* la testa **2** [*se porter* (*dans, vers*)] cadere (121) (*aux.* essere): *donner dans un piège, une embuscade* cadere in un'imboscata → **engager (s'), jeter (se)**; *donner dans le panneau* cadere nella trappola ◇ (*fig.*) *donner dans un défaut, dans le ridicule* cadere in difetto, nel ridicolo **3** [*attaquer, charger, combattre*] attaccare, intervenire (202) (*aux.* essere): *l'armée va* *donner* l'esercito sta per attaccare; *faire donner les blindés* fare intervenire i mezzi blindati **4** *loc.* DONNER SUR [*être exposé, situé; avoir vue, accès sur*] dare, affacciarsi *pron.* su: *porte qui donne sur la rue, sur le jardin* porta che dà, che si affaccia sulla strada, sul giardino **C** *v.pron.* SE DONNER **1** *réfl.* [*faire don de soi-même*] darsi, dedicarsi: *se donner à l'étude* darsi, dedicarsi allo studio; *se donner à une cause, à un parti* darsi, dedicarsi a una causa, a un partito; *elle se donne à ses enfants* si dedica, si consacra ai suoi figli ◇ (*fig.*) *se donner des airs, de grands airs* darsi delle arie, darsi grandi arie; *se donner du mal, de la peine* darsi da fare, preoccuparsi **2** *passif* [*être donné*] regalarsi: *cet article ne se vend pas, cela se donne* quest'articolo non si vende, si regala ◇ [*avoir lieu, être représenté*] darsi, essere (96) *intr.* di scena: *l''Avare' se donne à la Comédie-Française ce soir* l' 'Avaro' si dà, è di scena alla 'Comédie-Française' questa sera **3** *réfl.* [*se faire passer*] spacciarsi, darsi: *se donner pour un progressiste* spacciarsi per progressista **4** *récipr.* darsi: *ils se donnent des baisers* si danno dei baci; *se donner la main* darsi la mano → **échanger** # *ils se donnèrent le mot pour arriver en même temps* si misero d'accordo per arrivare contemporaneamente → **entendre (s')**.

donneur, euse |dɔnœʀ, øz| *s.* **1** donatore*: *donneur de sang* donatore di sangue ◇ (*dans les greffes d'organes*) donatore **2** [*personne qui donne qqn. à la police*] confidente, delatore* # *donneur de la police* informatore della polizia → **dénonciateur, indicateur.**

don quichotte |dɔ̃kiʃɔt| *s.m.* don Chisciotte: *jouer les don Quichottes* fare il don Chisciotte.

don-quichottisme |dɔ̃kiʃɔtism(ə)| *s.m.* donchisciottismo.

dont |dɔ̃| *pron. relatif* [*dunquel, de qui*] **I** (*exprimant le compl. du v.*) **1** (*avec le sens adv. de 'd'où'*) da cui (dal quale, dalla quale, dai quali, dalle quali): *la chambre dont je sors* la camera da cui esco; *les mines dont on extrait la houille* le miniere da cui si estrae il carbone ◇ (*fig.*) *la classe sociale dont il est issu* il ceto sociale da cui proviene **2** (*moyen, instrument, agent, manière*) di cui, da cui: *les maux dont il a souffert* i mali di cui ha sofferto; *le coup dont il fut frappé* il colpo da cui fu colpito, che lo colpì # *la manière dont elle est habillée* il modo in cui si veste ◇ (*au sujet de qui, de quoi*) di cui: *cet homme dont je sais qu'il a été marié* quell'uomo che so essere stato sposato, di cui so che è stato sposato **II** (*exprimant l'objet*) di cui **1** (*objet du v.*) *l'homme dont on parle* l'uomo di cui si parla; *voilà ce dont il faut vous occuper* ecco ciò di cui dovete occuparvi **2** (*compl. de l'adj.*) *le malheur dont vous êtes responsable* la disgrazia di cui lei è responsabile; *c'est ce dont je suis fier* è ciò di cui sono fiero **III** (*exprimant le compl. de nom*) **1** DONT LE..., DONT LA..., DONT LES.. il cui..., la cui..., i cui..., le cui...: *une plante dont les fleurs durent un jour* una pianta i cui fiori durano un giorno; *la maison dont on aperçoit la façade* la casa di cui si scorge la facciata **2** (*partie d'un tout: compl. d'une expression partitive*) di cui, tra cui: *des livres dont trois sont reliés* dei libri di cui tre sono rilegati; *des livres dont j'ai gardé une dizaine* dei libri di cui ne ho conservato una decina ◇ (*amenant une propos. sans v.*) *c'est un long texte dont voici l'essentiel* è un lungo testo di cui ecco l'essenziale; *quelques-uns étaient là, dont votre père* c'erano alcune persone tra cui vostro padre.

donzelle |dɔ̃zɛl| *s.f.* donzella → **demoiselle.**

dopage |dɔpaʒ| *s.m.* **1** [→ DOPER] il drogarsi *inv.* **2** (*techn.*) drogaggio*.

dopant, ante |dɔpɑ̃, ɑ̃t| *s.m. et adj.* **1** [*substance chimique propre à doper, à dissiper la fatigue*] eccitante, stimolante → **doping, excitant, stimulant** **2** (*techn.*) consolidante, rinforzante.

doper |dɔpe| **A** *v.tr.* [*administrer un stimulant à*] drogare: *doper un cheval de course* drogare un cavallo da corsa ◇ (*par. ext.*) *doper qqn.* drogare qc. **B** *v.pron. réfl.* SE DOPER [→ *tr.*] prendere (105) *tr.* eccitanti: *se doper avant un examen* prendere degli eccitanti prima di un esame.

doping |dɔpiŋ| *s.m.* (*angl.*) doping (*inv.*): *administrer un doping* somministrare un doping.

dorade |dɔʀad| *s.f.* → **daurade.**

doré, ée |dɔʀe| *adj.* **1** dorato: *boutons dorés d'un uniforme* bottoni dorati di un'uniforme ◇ (*fig.*) *moissons dorées* messi dorate # *cheveux dorés* capelli d'oro, biondi **2** *la jeunesse dorée* [*jeunes gens riches, élégants et oisifs*] i giovani del bel mondo.

dorénavant |dɔʀenavɑ̃| *adv.* d'ora in poi *loc.*, d'ora in avanti (*loc.*): *dorénavant il viendra tous les dimanches* d'ora in poi, d'ora in avanti, verrà ogni domenica → **désormais.**

dorer |dɔʀe| *v.tr.* **1** [*revêtir d'une mince couche d'or*] (in)dorare: *dorer de la vaisselle* dorare il vasellame ◇ (*loc. fam.*) *dorer la pillule* (in)dorare la pillola → **tromper** **2** [*donner une teinte dorée à*] dorare; indorare: *faire dorer des pommes de terre* far dorare le patate ‖ *le soleil dorait les épis* il sole indorava le spighe.

d'ores et déjà |dɔʀzedeʒa| *adv.* → **ores.**

doreur, euse |dɔʀœʀ, øz| *s.* doratore*: *doreur sur bois* doratore del legno.

dorien, ienne |dɔʀjɛ̃, jɛn| *adj et s.* dorico*: *le dialecte dorien* il dialetto dorico.

dorique |dɔʀik| *adj.* dorico* ◇ (*archit.*) *l'ordre dorique* l'ordine dorico ♦ (*s.m.*) *le dorique* il dorico.

1 **doris** |dɔʀis| *s.f.* (*t. zool.*) echinoderma *m.*

2 **doris** |dɔʀis| *s.m.* (*mar.*) barca* *f.* da pesca a fondo piatto.

dorlotement |dɔʀlɔtmɑ̃| *s.m.* [→ DORLOTER] vezzeggiamento.

dorloter |dɔʀlɔte| *v.tr.* [*traiter délicatement, entourer de soins*] vezzeggiare, coccolare: *il se fait dorloter par sa femme* si fa vezzeggiare, coccolare dalla moglie; *dorloter un enfant* vezzeggiare, coccolare un bambino → **cajoler.**

dormant, ante |dɔʀmɑ̃, ɑ̃t| **I** *adj.* **1** (*rare*) dormiente **2** *eau dormante*, acqua stagnante → **immobile, stagnant** **3** (*techn.*) fisso: *châssis dormant* telaio fisso; *ligne dormante* lenza fissa **4** (*mar.*) fisso, dormiente: *manœuvres dormantes* manovre dormienti ◇ (*pêche*) *ligne dormante* lenza fissa **II** *s.m.* [*la partie fixe de la menuiserie dans laquelle vient s'emboîter la partie mobile du châssis*] **1** (*techn.*) infisso: *le dormant d'une porte, d'une fenêtre* l'infisso di una porta, di una finestra **2** (*mar.*) dormiente.

dormeur, euse |dɔʀmœʀ, øz| *s.* **1** *s.* [*personne en train de dormir*] dormiente: *dormeur qui ronfle et qui rêve* dormiente che russa e che sogna **2** *s.* [*personne qui dort beaucoup, aime à dormir*] dormiglione **3** *s.* → 2 **tourteau** **4** *s.f.* (*bijout.*) boccola a perno ◇ (*mobilier*) 'dormeuse' *inv.*, dormosa.

dormir |dɔʀmiʀ| (21) *v.intr.* **1** [*être dans l'état de sommeil*] dormire: *dormir d'un profond sommeil, d'un sommeil léger* dormire di un sonno profondo, di un sonno leggero; *dormir à poings fermés* dormire come un sasso, dormire della grossa; *dormir comme un loir* dormire come un ghiro; *ne dormir que d'un œil* dormire con un occhio solo; *dormir debout* dormire in piedi, cascare dal sonno # *histoire à dormir debout* storia che non sta né in cielo né in terra ◇ (*fig.*) *dormir sur ses deux oreilles* dormire fra due guanciali ◇ (*prov.*) *il ne faut pas réveiller le chat qui dort* non svegliare il can che dorme **2** (*se dit de la nature, d'une maison, d'un lieu dans le silence*) dormire: *la nature dort sous la neige* la natura dorme sotto la neve # *tout dort dans la maison* in casa tutto tace **3** (*fig.*) [*être dans l'inactivité*] *dormir sur son travail* addormentarsi sul lavoro; *laisser dormir une affaire* trascurare un affare; *capitaux qui dorment* capitali lasciati infruttiferi → **traîner** ◇ (*prov.*) *il n'est pire eau que l'eau qui dort* l'acqua cheta rovina i ponti.

dormitif, ive |dɔʀmitif, iv| *adj.* (*vx., méd.*) sonnifero, narcotico* → **soporifique.**

dormition |dɔʀmisjɔ̃| *s.f.* (*théol. cathol.*) dormizione, transito *m.*

dorsal, ale, aux |dɔʀsal, o| **I** *adj.* dorsale: *l'épine dorsale* la spina dorsale ◇ (*anat.*) *région dorsale de la main* regione dorsale della mano **II** *s.f.* **1** (*phonét.*) *consonne dorsale* (consonante) dorsale **2** (*géogr.*) *dorsale alpine* dorsale alpina.

dorso- |dɔʀsɔ| *préf.* (*signifiant 'dos', correspond généralt. à*) dorso: *dorso-palatal* dorsopalatale; *dorso-vélaire* dorsovelare.

dortoir |dɔʀtwaʀ| *s.m.* dormitorio*, camerata (*f.*): *le dortoir d'un internat* il dormitorio di un collegio; *le dortoir d'une caserne* la camerata di una caserma; *une ville-dortoir* una città-dormitorio.

dorure |dɔʀyʀ| *s.f.* **1** doratura: *dorure d'un cadre de tableau* doratura della cornice di un quadro ◇ (*par ext.*) *uniforme couvert de dorures* [*ornements dorés*] uniforme coperta da dorature **2** (*techn.*) [→ DORER 1] doratura: *dorure sur bois, sur cuir, sur métal* doratura su legno, su cuoio, su metallo.

doryphore |dɔʀifɔʀ| *s.m.* **1** (*t.zool.*) dorifora *f.* della patata **2** (*hist.gr.*) doriforo.

dos |do| *s.m.* **I** **1** [*partie du corps de l'homme qui s'étend des épaules jusqu'aux* *reins*] schiena *f.*, spalle (*f. plur.*): *dos droit, voûté* schiena dritta, curva; *dos voûté d'un veillard* spalle curve di un vecchio; *avoir mal au dos* avere mal di schiena ◇ *loc.* AU DOS in spalla; dietro le spalle: *sac au dos!* sacco in spalla! ‖ *mettez les mains au dos* mettete le mani dietro le spalle ~ DE DOS (*opposé à de face*) di spalle: *c'est elle vue de dos* è lei vista di spalle; *cette coiffure est mieux de dos* questa pettinatura è più bella vista di spalle ~ DANS LE DOS: (*pr.*) *robe décolletée dans le dos* vestito scollato sulla schiena, sulle spalle; (*fig.*) *passer la main dans le dos de qqn.* lisciare, leccare qc.; *faire froid dans le dos* far venire i brividi, far accapponare la pelle; *agir dans le dos de qqn.* agire all'insaputa di qc. ~ DERRIÈRE LE DOS: (*pr.*) *cacher qqch. derrière son dos* nascondere q.c. dietro le spalle; (*fig.*) *faire qqch. derrière le dos de qqn.* fare q.c. all'insaputa di qc. ~ DOS À DOS (*pr.*) *placer deux personnes dos à dos* mettere due persone schiena contro schiena; (*fig.*) *renvoyer deux personnes, deux parties dos à dos* licenziare due persone, due parti senza dar ragione né all'una né all'altra ~ SUR LE DOS: (*pr.*) *se coucher, s'allonger sur le dos* coricarsi, sdraiarsi supino; *avoir un sac sur le dos* avere un sacco in spalla; (*fig.*) *mettre qqch. sur le dos de qqn.* scaricare una colpa su qc.; *être toujours sur le dos de qqn.* stare sempre addosso a qc. ◇ (*loc. fig.*) *avoir bon dos* avere buone spalle ~ *courber le dos* chinare il capo, il dorso ~ (*fam.*) *en avoir plein le dos* averne piene le tasche, piena l'anima **2** *loc.* TOURNER LE DOS (*à qqch., à qqn.*) voltare le spalle (a q.c., qc.): *les acteurs ne doivent pas tourner le dos au public* gli attori non devono voltare le spalle al pubblico ◇ (*fig.*) *tous ses amis lui tournent le dos* tutti i suoi amici gli voltano le spalle ◇ (*par ext.*) *le village n'est pas dans cette direction, vous lui tournez le dos* [*vous marchez dans la direction opposée*] il villaggio non è in questa direzione, è nella direzione opposta ◇ (*loc. fig.*) *dès qu'il a le dos tourné* appena volta le spalle **3** [*face supérieure du corps des animaux*] dorso, groppa (*f.*): *dos d'un lapin* dorso di un coniglio; *transport à dos de chameau* trasporto a dorso di cammello; *faire le gros dos* inarcare il dorso; *monter sur le dos d'un cheval* salire sulla groppa di un cavallo **II 1** [*partie d'un vêtement qui couvre le dos*] spalle: *manteau à dos ample* cappotto a spalle larghe **2** [*dossier*] spalliera *f.*, schienale: *le dos d'une chaise* la spalliera della sedia **3** [*partie supérieure et convexe* (*d'une chose, d'un objet*)] dorso: *dos et paume de la main* dorso e palmo della mano; *dos d'une colline* dorso di una collina **4** [*côté opposé au tranchant*] costa *f.*, costola (*f.*): *dos d'une lame, d'un couteau* costa di una lama, di un coltello **5** [*partie d'un livre qui unit les deux plats*] dorso, costa: *titre au dos d'un livre* titolo sul dorso di un libro **6** [*envers d'un papier écrit*] tergo*, retro: *mettre son adresse au dos d'une enveloppe* mettere il proprio indirizzo a tergo, sul retro di una busta; *signer au dos* firmare a tergo *inv.* → **verso 7** [*style de natation*] dorso: *nager le dos, sur le dos* fare il dorso, nuotare sul dorso.

dosable |dozabl(ə)| *adj.* [→ DOSER] dosabile.

dosage |dozaʒ| *s.m.* [→ DOSER] dosaggio*: *faire un dosage* fare un dosaggio.

dose |doz| *s.f.* **1** dose: *dose mortelle d'un poison* dose mortale di un veleno; *à haute, à faible dose* a grandi, a piccole dosi; *mesurer la dose avec un compte-gouttes* misurare la dose col contagocce; *forcer la dose* esagerare la dose **2** [*quantité*] dose, razione: *aujourd'hui il a bu sa dose de vin* per oggi ha bevuto la sua dose, la sua razione di vino; *avoir une bonne dose de sottise* avere una buona dose di cretineria → **ration** ◇ (*fig.*) *forcer la dose* rincarare la dose.

doser |doze| *v.tr.* **1** [*déterminer la dose de* (*médicament*)] dosare: *compte-gouttes pour doser un remède* contagocce per dosare una medicina **2** [*déterminer la proportion des éléments*] dosare → **mesurer, proportionner, régler** ◇ (*fig.*) *il faut savoir doser l'ironie* si deve saper dosare l'ironia.

doseur |dozœʀ| *s.m.* (*techn.*) dosatore ♦ (*par appos.*) *bouchon doseur d'un flacon* tappo dosatore di un flacone.

dossard |dosaʀ| *s.m.* (*sport*) numero (di gara), pettorale.

1 **dossier** |dosje| *s.m.* [*partie d'un siège sur laquelle on appuie le dos*] spalliera *f.*, schienale: *le dossier d'une chaise* la spalliera di una sedia; *le dossier d'un siège de voiture* lo schienale del sedile di un'auto; *dossier réglable* schienale regolabile.

2 **dossier** |dosje| *s.m.* [*ensemble de documents relatifs à une affaire*] pratica* *f.*, incartamento, fascicolo: *le dossier d'un fonctionnaire, d'un détenu* il fascicolo, l'incartamento di un impiegato, di un detenuto; *établir un dossier* aprire una pratica, costituire un fascicolo; *étudier, examiner un dossier* studiare, esaminare una pratica, un incartamento.

dossière |dosjɛʀ| *s.f.* **1** [*partie du harnais d'un cheval soutenant les brancards*] portastanghe *m.inv.* **2** schiena della corazza.

dot |dɔt| *s.f.* dote: *coureur de dot* cacciatore di dote; *elle a une belle dot* ha una bella dote; *épouser une jeune fille pour sa dot* sposare la dote.

dotal, ale, aux |dɔtal, o| *adj.* (*dr.*) dotale: *biens dotaux* beni dotali; *régime dotal* regime dotale.

dotation |dɔtɑsjɔ̃| *s.f.* [→ DOTER 2] dotazione: *dotation d'un hôpital* dotazione di un ospedale.

doter |dɔte| *v.tr.* **1** [*pourvoir d'une dot*] dotare: *doter sa fille* dotare la propria figlia **2** [*fournir en équipement, en matériel*] dotare ♦ (*au p.p.*) *régiment doté d'armes modernes* reggimento dotato di armi moderne → **équiper 3** (*fig.*) [*pourvoir de certains avantages*] dotare: *la nature l'a doté de brillantes qualités* la natura lo ha dotato di brillanti qualità; *doter d'un pouvoir* dotare di un potere → 3 **investir.**

douaire |dwɛʀ| *s.m.* (*anc. dr.*) controdote *f.*, lucro dotale.

douairière |dwɛʀjɛʀ| *s.f.* (*fam.*) anziana aristocratica.

douane |dwan| *s.f.* dogana: *la douane d'un port* la dogana di un porto; *passer* (*à*) *la douane* passare la dogana, la visita doganale; *payer des droits de douane* pagare la dogana, il dazio doganale # *franchise des droits de douane* franchigia doganale; *formalités de douane* formalità doganali ◇ [*droit de douane*] *marchandise exemptée de douane* merce esente da dogana ◇ *au plur.* (*admin.*) *les douanes* la dogana, le dogane; *agent des douanes* agente di dogana; *administration des douanes* amministrazione delle dogane.

douanier |dwanje| *s.m.* doganiere.

douanier, ière |dwanje, jɛʀ| *adj.* doganale: *tarif douanier* tariffa doganale; *barrières douanières* barriere doganali.

douar |dwaʀ| *s.m.* [*agglomération de tentes des arabes nomades*] accampamento (nel Nordafrica) ◇ [*division administrative rurale en Afrique du Nord*] circondario* (nel Nordafrica).

doublage |dublaʒ| *s.m.* **1** [→ DOUBLER A 3] foderatura *f.*, fodera (*f.*): *doublage d'un vêtement* foderatura di un vestito **2** (*au théât.*) [*remplacement d'un acteur par un autre*] sostituzione *f.* **3** (*ciné.*) *doublage d'un film italien en français* doppiaggio* in francese di un film italiano.

double |dubl(ə)| **I** *adj.* doppio*; duplice: *mot à double sens* parola a doppio senso; *consonne double* consonante doppia; *boite à double fond* scatola a doppio fondo; *double whisky* doppio whisky; *fermer à double tour* chiudere a doppia mandata ‖ *pièce en double exemplaire* documento in duplice copia # *étoffe double face* stoffa 'double face' ◇ (*mus.*) *double croche* biscroma *s.f.* ◇ (*fig.*) doppio: *jouer un double jeu* fare il doppio gioco; *mener une double vie* condurre una doppia vita # *faire double emploi* (*avec qqch. d'autre*) costituire un doppione (di q.c. d'altro) **II** *s.m.* **1** [*quantité qui équivaut à deux fois une autre*] doppio: *dix est le double de cinq* dieci è il doppio di cinque; *il gagne le double, plus que le double* guadagna il doppio, più del doppio # *jouer quitte ou double* giocare a lascia o raddoppia **2** [*chose semblable à une autre*] doppione; copia (*f.*): *doubles de timbres* doppioni di francobolli ‖ *double d'une facture, d'un acte* copia di una fattura, di un atto → **duplicata, reproduction** ◇ *loc. adv.* EN DOUBLE: *avoir des timbres en double* avere dei doppioni di francobolli **3** (*tennis*) doppio: *double messieurs, dames, mixte* doppio maschile, femminile, misto.

doublé, ée |duble| **I** *adj.* **1** [*rendu ou devenu double*] raddoppiato **2** [*garni d'une doublure*] foderato, rivestito: *veste doublée* giacca foderata **3** *loc. fig.* DOUBLÉ DE e anche, e in più: *menteur doublé de lâche* bugiardo e anche vigliacco; *c'est une malhonnêteté doublée d'une sottise* è una disonestà e in più una stupidaggine **4** (*ciné.*) doppiato: *film américain doublé* film americano doppiato **II** *s.m.* (*orfèvrerie*) gioiello placcato: *un doublé or* un gioiello placcato (in) oro; *bracelet en doublé* braccialetto placcato (oro) → **plaqué.**

double-crème |dubləkʀɛm| *s.m. inv.* formaggio* *var.* doppia panna.

double(-)fond |dubləfɔ̃| *s.m.* (*mar.*) doppio fondo: *des doubles*(-)*fonds* dei doppi fondi.

1 **doublement** |dubləmɑ̃| *adv.* [→ DOUBLE I] doppiamente: *elle est*

doublement fautive è doppiamente colpevole.
2 **doublement** |dubləmɑ̃| *s.m.* [→ DOUBLER A 1] raddoppiamento, raddoppio*: *doublement du 't'* raddoppiamento della 't'; *doublement des effectifs* raddoppio degli effettivi.
doubler |duble| **A** *v.tr.* **1** [*rendre double*] raddoppiare, duplicare: *doubler une consonne* raddoppiare una consonante; *doubler la mise* raddoppiare la posta, la puntata; *il faut doubler la dose* bisogna raddoppiare la dose # *doubler une classe* ripetere un anno; *doubler le pas* allungare il passo → **accélérer** **2** [*mettre en double*] addoppiare: *doubler un fil* addoppiare un filo ◇ (*mar.*) *doubler les cordages* rinforzare il sartiame **3** [*garnir d'une doublure*] foderare, rivestire: *doubler un vêtement* foderare un vestito; *doubler de fourrure* foderare, rivestire di pelliccia **4** (*mar.*) [*dépasser en contournant*] doppiare: *doubler un cap* doppiare un capo → **franchir** **5** (*auto.*, *cour.*) *doubler un véhicule* [*le dépasser*] superare, sorpassare un veicolo # *défense de doubler* divieto di sorpasso **6** (*théât.*, *cour.*) [*remplacer* (*qqn.*) *qui ne peut jouer*] sostituire (197): *personne qui double un acteur* persona che sostituisce un attore **7** (*ciné.*) *doubler un film, un acteur* [*en faire le doublage*] doppiare un film, un attore **8** (*fam.*) *doubler qqn.* [*le trahir*] tradire (197) (*cour.*), scavalcare (*cour.*) qc. **B** *v.intr.* [*devenir double*] raddoppiare (*aux.* essere): *le chiffre des importations a doublé* l'ammontare delle importazioni è raddoppiato; *ces maisons ont doublé de valeur* queste case sono raddoppiate di valore **C** *v.pron.intr.* SE DOUBLER DE [*s'accompagner de*] sapere (177) *intr.* di: *compliment qui se double d'une moquerie* complimento che sa di presa in giro.
doublet |dublɛ| *s.m.* (*bijout.*, *cour.*) doppia *f.* **2** (*ling.*) doppione, allotropo.
doubleuse |dubløz| *s.f.* (*techn.*) addoppiatoio* *m.*
1 **doublon** |dublɔ̃| *s.m.* (*numism.*) doblone.
2 **doublon** |dublɔ̃| *s.m.* (*typogr.*) doppione.
doublure |dublyʀ| *s.f.* **1** [*matière* (*étoffe, etc.*) *qui sert à garnir la surface intérieure de qqch.*] fodera: *manteau à doublure de soie* cappotto con fodera di seta **2** (*théât.*) doppio* *m.* ◇ (*ciné.*) controfigura: *doublure pour les scènes dangereuses d'un film* controfigura per le scene pericolose di un film → **cascadeur.**
douce |dus| *adj.* → **doux.**
douce-amère |dusamɛʀ| *s.f.* → **morelle.**
douceâtre |dusɑtʀ(ə)| *adj.* dolciastro: *goût douceâtre* sapore dolciastro ◇ (*fig.*) mellifluo: *sourire douceâtre* sorriso mellifluo → **doucereux.**
doucement |dusmɑ̃| *adv.* **1** [*sans employer une grande énergie, sans hâte, sans violence*] piano, lentamente: *parler doucement* parlare piano; *marcher doucement* camminare lentamente; *voiture qui roule doucement* auto che va piano → **lentement** # *éclairer doucement* illuminare debolmente → **faiblement** **2** [*graduellement, insensiblement*] dolcemente: *la colline descend doucement vers la mer* la collina scende dolcemente verso il mare **3** [*sans heurter, sans faire de peine*] dolcemente, con dolcezza (*loc.*): *reprendre qqn. doucement* riprendere qc. con dolcezza **4** [*médiocrement; assez mal*] così così: *les affaires vont doucement* gli affari vanno così così → **couci-couça** **5** (*interj. pour inviter au calme, à la moderation*) piano! calma!: *doucement, ne nous emballons pas!* piano!, calma! non ci agitiamo!
doucereusement |dusʀøzmɑ̃| *adv.* (*rare*) [→ DOUCEREUX 2] mellifluamente.
doucereux, euse |dusʀø, øz| *adj.* **1** [*d'une douceur fade, peu agréable au goût*] dolciastro: *saveur doucereuse* sapore dolciastro **2** (*fig.*) [*d'une douceur affectée*] dolciastro, mellifluo: *ton doucereux* tono dolciastro, mellifluo → **mielleux, sucré** ◆ (*s.*) *faire le doucereux*, fare il lezioso, il mellifluo → **sucré.**
doucette |dusɛt| *s.f.* → **mâche.**
doucettement |dusɛtmɑ̃| *adv.* (*fam.*) [*très doucement*] pian pianino (*cour.*).
douceur |dusœʀ| *s.f.* **1** [*qualité de ce qui procure aux sens un plaisir délicat*] dolcezza, delicatezza: *la douceur d'une musique* la dolcezza di una musica; *la douceur d'un parfum* la delicatezza di un profumo # *la douceur de la peau, du velours* la morbidezza della pelle, del velluto; *la douceur du climat* la mitezza del clima **2** (*mécan.*) *douceur d'un mécanisme, d'un démarrage* dolcezza di un meccanismo, di una partenza ◇ *loc. adv.* (*fam.*) EN DOUCEUR con dolcezza, dolcemente (*adv.*): *voiture qui démarre en douceur* macchina che parte con dolcezza → **doucement** **3** [*impression douce, plaisir modéré et calme*] gioia: *les douceurs de l'amitié* le gioie dell'amicizia; *la douceur de vivre* la gioia di vivere → **joie, satisfaction** **4** [*qualité morale qui porte à être patient, conciliant, affectueux*] dolcezza, mitezza: *douceur de caractère* dolcezza, mitezza di carattere; *c'est la douceur même* è la dolcezza in persona → **bienveillance, bonté, gentillesse, indulgence** # *prendre qqn. par la douceur* prendere qc. con le buone **5** *au plur.* DOUCEURS [*friandises, sucreries*] dolciumi *m.* Ⓒ 4 **brutalité, dureté.**
douche |duʃ| *s.f.* **1** doccia*: *douche froide* doccia fredda; *douche écossaise* doccia scozzese; *prendre une douche* fare, farsi la doccia ◇ (*fam.*) *il a besoin d'une douche* [*d'être calmé*] ha bisogno di una doccia fredda **2** (*par ext.*) *cabinet de toilette avec douche* servizio con doccia **3** (*fig.*) [*ce qui détruit un espoir, une illusion*] doccia fredda: *il ne s'attendait pas à un pareil échec: quelle douche pour lui!* non si aspettava un simile insuccesso: che doccia fredda per lui! → **déception, désappointement.**
doucher |duʃe| **A** *v.tr.* **1** [*arroser au moyen d'une douche*] fare (103) la doccia a: *doucher un enfant* fare la doccia a un bambino; *nous avons été douchés par l'orage* ci siamo fatti una bella doccia sotto il temporale → **mouiller, tremper** ◇ (*fig., fam.*) *cet accueil l'a douché* [*l'a déçu de façon brutale*] quell'accoglienza lo ha gelato **2** (*fam.*) [*réprimander de manière brutale*] dare (102) una lavata di capo, una strigliata: *il s'est fait doucher par son père* ha preso una lavata di capo, una strigliata da suo padre **B** *v.pron.refl.* SE DOUCHER [→ *tr.* 1] farsi, fare *tr.* la doccia: *je me douche tous les matins* (mi) faccio la doccia tutte le mattine.
doué, ée |dwe| *adj.* **1** DOUÉ DE dotato di: *il est doué d'une bonne mémoire* è dotato di buona memoria **2** DOUÉ POUR dotato per, portato a, per: *étudiant doué pour les mathématiques* studente dotato per la matematica, portato alla, per la matematica; *un élève très doué* un allievo molto dotato → **bon.**
douer |dwe| *v.tr.* [*pourvoir de qualités, d'avantages*] dotare: *la nature l'a doué de beaucoup de patience* la natura l'ha dotato di molta pazienza.
douille |duj| *s.f.* **1** (*mécan.*) boccola, manicotto *m.* **2** (*électr.*) *douille à pas de vis, à baïonnette* portalampada *m. inv.* a vite, a baionetta **3** *douille d'une cartouche* bossolo *m.*
douillet, ette |dujɛ, ɛt| *adj.* **1** [*qui est doux, délicatement moelleux*] soffice, morbido: *lit, oreiller douillet* letto, guanciale soffice; *vêtement douillet* vestito morbido → **confortable, doux** ◇ (*par ext.*) *habiter un nid douillet* abitare in una casetta confortevole **2** (*personnes*) [*exagérément sensible aux petites douleurs physiques*] delicato, sensibile: *il ne faut pas être si douillet* non si deve essere così delicati Ⓒ 2 **courageux, endurant.**
douillette |dujɛt| *s.f.* **1** [*pardessus ouaté d'ecclésiastique*] soprabito *m.* imbottito (da ecclesiastico) **2** [*manteau ouaté de bébé*] cappottino *m.* imbottito, ovattato (da bambino) ◇ [*sorte de liseuse ouatée*] mantellina imbottita, ovattata (da donna).
douillettement |dujɛtmɑ̃| *adv.* [→ DOUILLET 1] mollemente: *être douillettement couché* essere mollemente sdraiato (nel proprio letto); *élever un enfant trop douillettement* educare un bambino troppo mollemente.
douleur |dulœʀ| *s.f.* dolore (*m.*): *douleur aiguë, lancinante* dolore acuto, lancinante; *cri de douleur* grido di dolore; *ressentir une douleur à l'épaule* sentire un dolore alla spalla; *être sensible à la douleur* essere sensibile al dolore; *remède qui calme la douleur* farmaco che calma il dolore; *éprouver une grande douleur* provare un grande dolore; *j'ai eu la douleur de perdre la mère* ho avuto il dolore di perdere mia madre → **affliction, 1 chagrin** ◇ (*prov.*) *les grandes douleurs sont muettes* il vero dolore è muto Ⓒ **plaisir 1, bonheur.**
douloureusement |duluʀøzmɑ̃| *adv.* [→ DOULOUREUX] dolorosamente.
douloureux, euse |duluʀø, øz| *adj.* doloroso: *sensation douloureuse* sensazione dolorosa; *une maladie douloureuse* una malattia dolorosa; *une perte douloureuse* una perdita dolorosa; *douloureuse nécessité* dolorosa necessità # *avoir les pieds douloureux* avere i piedi doloranti → **sensible, endolori** Ⓒ **agréable, plaisant.**
douro |duʀo| *s.m.* [*anc. monnaie d'argent esp.*] duro.
doute |dut| *s.m.* **1** dubbio*: *être dans le doute au sujet de qqch.* essere nel dubbio in merito a q.c.; *laisser qqn. dans le doute* lasciare q.c. nel dubbio; *cela est hors de doute* (ciò) è fuor di dubbio; *je mets en doute sa sincérité* metto in dubbio la sua sincerità; *avoir un doute, des doutes sur l'authenticité d'un docu-*

ment avere dei dubbi sull'autenticità di un documento; *il n'y a pas de doute* non c'è dubbio, è fuori dubbio; *éclaircir, dissiper un doute* chiarire, dissipare un dubbio; *il n'y a pas l'ombre d'un doute* non c'è ombra di dubbio; *nul doute qu'il ne soit averti, qu'il est averti* non c'è dubbio che sia stato avvertito → **hésitation, incertitude, perplexité** ◇ (*prov.*) *dans le doute, abstiens-toi* nel dubbio, astieniti **2** (*philo.*) dubbio scettico → **scepticisme 3** *loc. adv.* SANS DOUTE probabilmente (*adv.*): *sans doute arrivera-t-elle demain*, probabilmente arriverà domani; *sans doute qu'il l'a oublié* probabilmente se ne è dimenticato; *c'est sans doute vrai, mais...* probabilmente è vero, ma... → **apparemment, probablement, vraisemblablement** # *sans* (*aucun*) *doute, sans nul doute* senza (alcun) dubbio, certamente.

douter |dute| **A** *v.intr.* **1** [*être dans l'incertitude de*] dubitare: *je doute de son succès* dubito del suo successo; *il acceptera, n'en doutez pas* accetterà, non dubiti; '*est-ce qu'il viendra nous chercher?*' '*j'en doute fort*' 'verrà a cercarci?' 'ne dubito molto, ho i miei dubbi' ◇ *loc.* DOUTER QUE (+ *subj.*): *je doute fort qu'il vous reçoive* dubito molto che vi riceva **2** [*mettre en doute*] dubitare: *les sceptiques doutent de tout* gli scettici dubitano di tutto **3** (*loc.*) *ne douter de rien* [*n'hésiter devant aucun obstacle*] non aver (97) *tr.* paura di niente, non avere alcuna esitazione **4** [*ne pas avoir confiance en*] dubitare: *douter de qqn., de sa parole* dubitare di qc., della sua parola → 2 **défier (se), méfier (se) B** *v.pron.intr.* SE DOUTER [*considérer comme tout à fait probable*] aspettarsi, sospettare (*tr.*): *je m'en doutais* me lo aspettavo; *je ne m'en serais jamais douté* non me lo sarei mai aspettato, non l'avrei mai sospettato; *je ne me doutais de rien* non sospettavo nulla → **croire, deviner, imaginer, soupçonner** ◇ (*ind. ou condit.*) supporre (168) *tr.*, immaginare (*tr.*): *je me doute que c'est difficile* suppongo, immagino che sia difficile; *il est très mécontent, je m'en doute* deve essere molto scontento, immagino.

douteur, euse |dutœʀ, øz| *adj. et s.* (*littér.*) [*personne qui est portée à douter*] dubitatore* (*rare*).

douteusement |dutøzmɑ̃| *adv.* [→ DOUTEUX 1] dubbiosamente.

douteux, euse |dutø, øz| *adj.* **1** [*dont l'existence ou la réalisation n'est pas certaine*] dubbio*: *un fait douteux* un fatto dubbio; *sens douteux d'une phrase, d'une proposition* significato dubbio di una frase, di una proposizione; *son succès est douteux* il suo successo è dubbio → **incertain, ambigu, problématique** ◇ *loc.* IL EST DOUTEUX è poco probabile, è improbabile: *il est douteux qu'il vienne ce soir* è poco probabile, è improbabile che venga questa sera ~ IL N'EST PAS DOUTEUX è indubbio, è fuori dubbio: *il n'est pas douteux qu'il va venir, qu'il vienne* è indubbio, è fuori dubbio che verrà **2** (*péj.*) [*dont la qualité est mise en cause*] dubbio; poco sicuro: *plaisanterie d'un goût douteux* scherzo di dubbio gusto ‖ *viande douteuse* carne poco sicura; *des champignons douteux* funghi poco sicuri # *un jour douteux* una luce incerta → **faible** ◇ [*qui n'est guère propre*] non molto pulito: *verres douteux* bicchieri non molto puliti Ⓒ 1 **assuré.**

1 **douve** |duv| *s.f.* **1** [*fossé rempli d'eau, autour d'un château*] fossato (*m.*): *les douves d'un château* i fossati di un castello **2** (*agric.*) [*douve servant à l'écoulement des eaux*] fosso *m.*, fossa per lo scolo dell'acqua **3** (*turf*) riviera.

2 **douve** |duv| *s.f.* [*planche servant à la fabrication des tonneaux*] doga*.

doux, douce |du, dus| **I** *adj.* **1** [*qui a un goût faible ou sucré*] dolce: *doux comme le miel* dolce come il miele; *l'eau douce des rivières et des lacs* l'acqua dolce dei fiumi e dei laghi **2** [*agréable au toucher par son caractère lisse, souple*] morbido, soffice: *peau douce* pelle morbida; *lit, matelas très doux* letto, materasso molto soffice → **moelleux 3** [*qui épargne les sensations violentes, désagréables*] *cette année l'hiver a été doux* quest'anno l'inverno è stato mite → **clément**; *doux murmures* dolci mormorii → **léger**; *lumière douce* luce soffusa ◇ (*phonét.*) *consonnes douces* consonanti dolci **4** (*fig.*) [*qui procure une jouissance calme et délicate*] dolce: *une douce émotion* una dolce emozione; *mener une vie douce* far la dolce vita → **facile** # *évoquer des souvenirs très doux* evocare dolcissimi ricordi → **agréable 5** [*qui n'a rien d'extrême, d'excessif*] *pente douce* pendio dolce; *cuire à feu doux* cuocere a fuoco lento; *châtiment trop doux* castigo troppo mite, troppo blando → **faible 6** (*personnes*) [*qui ne blesse personne, n'impose rien, ne se met pas en colère*] mite, docile: *doux comme un agneau* mite come un agnello → **inoffensif**; *cet enfant est doux* questo bambino è buono, docile → **bienveillant, gentil, indulgent, patient** ♦ (*s.*) *c'est un doux* è un uomo mite *adj.*, è un buono **7** [*amoureux*] dolce: *un doux regard* uno sguardo dolce; *faire les yeux doux* fare gli occhi dolci # *un billet doux* un biglietto galante **8** (*techn.*) *fer doux* ferro dolce **II** *adv.* **1** (*fam.*) *filer doux* filare, rigare diritto **2** *loc. adv.* (*fam., vieilli*) *tout doux* calma!, andiamoci piano! **3** (*fam.*) EN DOUCE: *partir en douce* andar via alla chetichella; *il a fait ça en douce* lo ha fatto con discrezione; *en douce, il a réussi mieux que tout le monde* senza darlo a vedere, senza fare tanto strepito, è riuscito meglio di tutti Ⓒ I 1 **acide** 2, **amer, fort, piquaut, 2 dur,** 6 **agressif, brutal, violent.**

douzain |duzɛ̃| *s.m.* (*litt.*) strofa *f.* di dodici versi.

douzaine |duzɛn| *s.f.* **1** dozzina: *une douzaine d'œufs* una dozzina di uova; *douze douzaines* dodici dozzine, una grossa → **grosse**; *articles vendus à la douzaine* articoli venduti a dozzina; *mille francs la douzaine* mille franchi alla dozzina ◇ (*fig.*) *il y en a à la douzaine* [*en quantité*] ce n'è, ce ne sono a dozzine **2** *garçon d'une douzaine d'années* [*de douze ans environ*] ragazzo di una dozzina d'anni.

douze |duz| **I** *adj. numér. inv.* **1** *cardinal* dodici: *les douze mois de l'année* i dodici mesi dell'anno # *soixante--douze* settantadue; *quatre-vingt-douze* novantadue; *douze cents* milleduecento **2** *ordinal* [*douzième*] dodici; dodicesimo: *numéro douze* numero dodici; *douze heures trente* le dodici e trenta; *le douze mai* il dodici maggio ‖ *Louis douze* (*XII*) Luigi dodicesimo (XII) **II** *s.m. inv.* [*le nombre 12*] dodici: *trois fois quatre font douze* tre per quattro dodici.

douzième |duzjɛm| **I** *adj. numér. ordinal* **1** dodicesimo: *le douzième mois de l'année est décembre* il dodicesimo mese dell'anno è dicembre ♦ (*s.*) *arriver le, la douzième* arrivare dodicesimo, dodicesima **2** *la douzième partie de ...* [*fraction d'un tout divisé également en douze*] la dodicesima parte di ... ♦ (*s.m.*) *un douzième des candidats a été reçu* un dodicesimo dei candidati è stato promosso **II** *s.m.* (*dr.*) *douzième provisoire* esercizio* provvisorio (del bilancio statale).

douzièmement |duzjɛmmɑ̃| *adv.* [→ DOUZIÈME I 1] in dodicesimo luogo *loc. inv.*

-doxe |dɔks| *suff.* (*signifiant 'opinion', correspond généralt. à*) dosso: *paradoxe* paradosso.

doxologie |dɔksɔlɔʒi| *s.f.* (*ecclés.*) dossologia.

doyen, yenne |dwajɛ̃, jɛn| *s.* **1** decano: *le doyen d'une académie* il decano di un'accademia; *doyen du Sacré Collège* (cardinale) decano del Sacro Collegio; *doyen d'une collégiale, d'un chapitre* decano di una collegiata, di un capitolo # *la doyenne d'un couvent* la madre superiora di un convento ◇ (*spécialt.*) LE DOYEN D'ÂGE il decano, il più anziano: *le doyen d'âge ouvre la séance* il più anziano apre la seduta **2** *le doyen de la faculté de lettres* il preside della facoltà di lettere.

doyenné |dwajene| *s.m.* **1** decanato → **décanat 2** circoscrizione *f.* ecclesiastica di un decano **3** *une* (*poire de*) *doyenné f.* una pera decana.

doyenneté |dwajɛnte| *s.f.* [*qualité de doyen d'âge*] anzianità *inv.*

drachme |dʀakm(ə)| *s.f.* (*monnaie*) dracma.

draconien, ienne |dʀakɔnjɛ̃, jɛn| *adj.* draconiano, drastico*: *lois draconiennes* leggi draconiane → **rigoureux.**

drag |dʀag| *s.m.* **1** (*ancienn.*) [*chasse à courre simulée*] caccia* *f.* a cavallo **2** (*par ext.*) [*mail-coach, dans lequel les dames suivaient cette chasse*] 'berline' *f. inv.* ◇ (*loc.*) *la journée des drags* [*journée de courses à Auteuil*] l'ultimo giorno della stagione delle corse (a Auteuil).

dragage |dʀagaʒ| *s.m.* [→ 1 DRAGUER 1] dragaggio*: *le dragage d'un bassin* il dragaggio di un bacino ◇ (*spécialt.*) *dragage de mine* dragaggio di mine.

1 **dragée** |dʀaʒe| *s.f.* **1** [*amande ou noisette recouverte de sucre durci*] confetto (*m.*): *dragées de baptême* confetti di battesimo; *dragée à la liqueur* confetto al liquore; # *coupe à dragées* confettiera ◇ (*par anal., pharm.*) confetto **2** (*fig.*) *tenir la dragée haute à qqn.* far sospirare q.c. a qc., far allungare il collo a qc.

2 **dragée** |dʀaʒe| *s.f.* (*agric.*) miscuglio* *m.* di semi per foraggio.

drageoir |dʀaʒwaʀ| *s.m.* (*ancienn.*) confettiera *f.*

drageon |dʀaʒɔ̃| *s.m.* (*bot.*) pollone → 2 **rejet, rejeton.**

drageonnage |dʀaʒɔnaʒ|, **drageonnement** |dʀaʒɔnmɑ̃| *s.m.* (*bot.*) emissione *f.* di polloni.

drageonner |dʀaʒɔne| *v.intr.* (*bot.*)

(*en parlant d'un plante*) [*pousser des drageons*] emettere (155) *tr.* polloni.

dragon |dʀagɔ̃| *s.m.* **I** **1** drago*, dragone → **chimère, hydre** ◇ (*blas.*) drago **2** [*figure du démon*] *Saint Michel terrassant le dragon* San Michele che atterra il drago → **serpent** **3** (*plais.*) *un dragon de vertu* un campione di virtù **4**. (*zool.*) *dragon-volant* drago volante **II** (*milit.*) dragone.

dragone |dʀagɔn| *s.f.* **1** (*milit.*) dragona **2** [*courroie à la poignée d'un bâton de ski, qu'on passe autour du poignet*] laccio* *m.*, lacciolo *m.*

dragonnade |dʀagɔnad| *s.f.* [*persécution exercée par les dragons de Louis XIV*] ⊠.

drague |dʀag| *s.f.* **1** (*pêche*) rete per molluschi **2** draga*: *drague suceuse* draga ad aspirazione; *drague à godets*, draga a secchie, a catena di tazze; *drague à benne preneuse* draga a benna mordente; *drague hydrographique, flottante* draga galleggiante, natante **3** (*mar., milit.*) *drague pour mines sous-marines* dragamine *m.inv.*

1 **draguer** |dʀage| *v.tr.* **1** [*curer, nettoyer (le fond d'une rivière, d'un port) à la drague*] dragare: *draguer un bassin* dragare un bacino; *draguer un détroit miné par l'ennemi* dragare uno stretto minato dal nemico **2** (*mar.*) *l'ancre drague* (*le fond*) l'ancora ara (il fondo).

2 **draguer** |dʀage| *v.tr.* (*fam.*) [*chercher à racoler (spécialt. les jeunes filles)*] andare (101) a (caccia di) donne ✦ (*absolt.*) *il drague dans la rue* fa il pappagallo per la strada.

dragueur |dʀagœʀ| *s.m.* **1** [*ouvrier qui fait le dragage*] draghista, dragatore **2** [*bateau muni d'une drague*] draga* *f.* ◇ (*mar. milit.*) *dragueur de mines* dragamine *inv.*

dragueur, euse |dʀagœʀ, øz| *s.* (*fam.*) [*personne qui erre à la recherche d'une aventure amoureuse*] *c'est un dragueur* (*de filles*) è un pappagallo (*m.*); *une dragueuse* un'adescatrice *f.* (*cour.*).

draille |dʀɑj| *s.f.* (*mar.*) draglia.

drain |dʀɛ̃| *s.m.* **1** (*agric.*) tubo di drenaggio, canale di scolo **2** (*méd.*) drenaggio*: *placer un drain dans une plaie* mettere un drenaggio in una piaga.

drainage |dʀɛnaʒ| *s.m.* **1** [→ DRAINER 1] prosciugamento, drenaggio* di: *drainage d'un polder* prosciugamento di un polder → **dessèchement** **2** (*méd.*) drenaggio: *drainage d'une plaie* drenaggio di una piaga **3** (*fig.*) [→ DRAINER 3] rastrellamento, accaparramento: *drainage des capitaux* rastrellamento, accaparramento dei capitali.

draine, drenne |dʀɛn| *s.f.* (*t. zool.*) tordo *m.* maggiore.

drainer |dʀene| *v.tr.* **1** [*débarrasser (un terrain) de l'excès d'eau par le drainage*] prosciugare, drenare: *drainer un terrain* prosciugare un terreno → **assécher** **2** (*méd.*) [*favoriser l'écoulement des collections liquides (pus) de ...*] drenare: *drainer une plaie* drenare una piaga **3** (*fig.*) [*faire affluer en attirant vers soi*] attirare, rastrellare: *drainer la main-d'œuvre étrangère par une politique d'immigration* attirare, rastrellare la manodopera con una politica d'immigrazione # *drainer la circulation* [*l'écouler*] convogliare, smaltire il traffico Ⓒ 1 **irriguer.**

draisienne |dʀɛzjɛn| *s.f.* (*ancienn.*) draisina → **célérifère.**

drakkar |dʀakaʀ| *s.m.* (*hist. mar.*) drakar *inv.*

dramatique |dʀamatik| *adj.* drammatico*: *art dramatique* arte drammatica; *œuvre dramatique* opera drammatica → **théâtral;** *auteur dramatique* autore drammatico; *situation, dénouement dramatique* situazione drammatica, epilogo drammatico → **émouvant, poignant** # *critique dramatique* critica teatrale ◇ (*télév.*) *une (émission) dramatique* un originale *m.* televisivo ◇ (*fig.*) *la situation est dramatique* la situazione è drammatica; *cela n'a rien de dramatique* non c'è nulla di drammatico → **terrible, tragique.**

dramatiquement |dʀamatikmɑ̃| *adv.* [→ DRAMATIQUE] drammaticamente, in modo drammatico (*loc. inv.*): *l'affaire se termina dramatiquement* la faccenda si concluse in modo drammatico.

dramatisation |dʀamatizɑsjɔ̃| *s.f.* [→ DRAMATISER] drammatizzazione.

dramatiser |dʀamatize| *v.tr.* [*accorder une importance exagérée à*] drammatizzare: *il ne faut rien dramatiser* non bisogna drammatizzare → **exagérer** Ⓒ **dédramatiser.**

dramaturge |dʀamatyʀʒ(ə)| *s.* drammaturgo*.

dramaturgie |dʀamatyʀʒi| *s.f.* drammaturgia*.

-drame |dʀam| *suff.* (*signifiant 'action', correspond généralt. à*) dramma: *mélodrame* melodramma.

drame |dʀam| *s.m.* (*hist. litt., cour.*) dramma ◇ (*fig.*) *c'est un drame affreux* è un dramma spaventoso; *il ne faut pas en faire un drame* non bisogna farne un dramma # *drame passionnel* delitto passionale → **catastrophe, tragédie.**

drap |dʀa| *s.m.* **1** drappo, panno: *drap fin* drappo leggero; *gros drap* drappo pesante **2** (*spécialt.*) DRAP (DE LIT) lenzuolo*: *une paire de draps* un paio di lenzuola; *drap de dessous, de dessus* lenzuolo di sotto, di sopra; *draps brodés* lenzuola ricamate **3** *loc. fig.* DANS DE BEAUX DRAPS [*dans une situation critique*] nei pasticci, nei guai: *nous voilà dans de beaux draps* eccoci nei pasticci, nei guai!

drapé, ée |dʀape| **1** *adj.* [*garni d'un drap; qu'on a drapé; à plis*] drappeggiato: *robe drapée sur les épaules* vestito drappeggiato sulle spalle **2** *s.m.* [*ensemble des plis formés par l'étoffe d'un vêtement*] drappeggio*: *le drapé d'une robe* il drappeggio d'un vestito; *un beau drapé* un bel drappeggio.

drapeau |dʀapo| *s.m.* **1** bandiera (*f.*): *drapeau en berne* bandiera a mezza asta, abbrunata; *drapeau tricolore* bandiera tricolore; *hisser le drapeau blanc* alzare bandiera bianca → **étendard,** 2 **pavillon** **2** [*drapeau servant de signal*] bandierina (*f.*): *abaisser le drapeau à l'arrivée du premier concurrent* abbassare la bandierina all'arrivo del primo concorrente **3** (*fig.*) *être sous les drapeaux* [*en service dans l'armée*] essere sotto le armi **4** (*fam.*) *planter un drapeau* [*partir sans payer, faire une dette*] piantare un chiodo.

drapement |dʀapmɑ̃| *s.m.* [→ DRAPER A] il drappeggiare *inv.*, drappeggiamento (*rare*).

draper |dʀape| **A** *v.tr.* **1** [*habiller de vêtements amples, aux plis harmonieux*] drappeggiare **2** *draper un tissu* [*le disposer en plis harmonieux*] drappeggiare una stoffa **B** *v.pron.réfl.* SE DRAPER [→ *tr.* 1] drappeggiarsi: *se draper dans une cape* drappeggiarsi in una cappa ◇ (*fig.*) *se draper dans sa dignité, dans sa vertu* ammantarsi di dignità, di virtù.

1 **draperie** |dʀapʀi| *s.f.* **1** [*tissu de laine*] drappo *m.*, drapperia → **lainage** **2** [*étoffe, vêtement ample et formant de grands plis*] drappeggio* (*m.*): *une draperie ample* un ampio drappeggio **3** [*étoffe de tenture drapée*] tendaggio* (*m.*): *les draperies d'une fenêtre* il tendaggio di una finestra.

2 **draperie** |dʀapʀi| *s.f.* [*industrie, commerce du drap*] drapperia.

drapier, ière |dʀapje, jɛʀ| *s. m. et adj.* drappiere *s. m.*

drastique |dʀastik| *adj. et s.m.* (*méd.*) *un (purgatif) drastique* un purgante drastico*.

drave |dʀav| *s.f.* (*t.bot.*) draba.

dravidien, ienne |dʀavidjɛ̃, jɛn| *adj.* dravida, dravidico*: *race dravidienne* razza dravida; *langues dravidiennes* lingue dravidiche ✦ (*s.*) *un Dravidien* un Dravida.

drawback |dʀobak| *s.m.* (*angl.*) (*comm.*) restituzione *f.* di dazio.

1 **drège** |dʀɛʒ| *s.f.* (*pêche*) rete a strascico.

2 **drège** |dʀɛʒ| *s.f.* (*techn.*) pettine *m.* di ferro per sgranare il lino.

drelin |dʀəlɛ̃| *interj. et s.m.* (*vieilli*) → **dring.**

drenne |dʀɛn| *s.f.* → **draine.**

dressage |dʀɛsaʒ| *s.m.* **1** [→ 1 DRESSER A 2] montaggio*, installazione (*f.*): *dressage d'une tente* montaggio, installazione di una tenda; *dressage d'un lit* montaggio di un letto **2** (*techn.*) spianatura (*f.*): *dressage des tôles* spianatura delle lamiere → **planage** ◇ (*métall.*) raddrizzamento, raddrizzatura *f.* **3** [→ 2 DRESSER 1] ammaestramento, 'dressage' (*inv.*): *dressage des animaux de cirque* ammaestramento degli animali da circo.

1 **dresser** |dʀese| **A** *v.tr.* **1** [*tenir droit et verticalement*] (d)rizzare: *dresser la tête* rizzare il capo; *chien, cheval qui dresse les oreilles* cane, cavallo che rizza le orecchie ◇ (*loc.*) *dresser l'oreille* [*écouter attentivement*] rizzare gli orecchi **2** [*faire tenir droit*] erigere (133); montare: *dresser un monument, une statue* erigere un monumento, una statua ‖ *dresser un lit, une tente* montare un letto, una tenda → **monter** **3** *dresser la table, le couvert* apparecchiare; *dresser un plat* [*le présenter*] preparare un piatto **4** [*faire, établir avec soin ou dans la forme prescrite*] redigere (171): *dresser un inventaire, une liste* redigere un inventario, un elenco; *dresser un procès-verbal* redigere un verbale # *dresser un plan* tracciare un piano **5** (*abstrait*) *dresser une personne contre une autre* mettere (155) su, istigare una persona contro un'altra → **braquer,** 1 **monter** **B** *v.pron.* SE DRESSER **1** *réfl.* (*êtres vivants*) [*se mettre droit*] (d)rizzarsi: *se dresser sur la pointe des pieds pour mieux voir* rizzarsi, alzarsi sulla punta dei piedi per vedere meglio; *le chien se dressait sur ses pattes de derrière* il cane si drizzava sulle zampe

posteriori ◇ (*loc. fig.*) *se dresser sur ses ergots* [*prendre une attitude agressive, menaçante*] inalberarsi **2** *intr.* [*être droit*] ergersi (119): *montagne qui se dresse à l'horizon* montagna che si erge all'orizzonte; *les obstacles qui se dressent sur la route* gli ostacoli che si ergono sulla strada → **élever (s')** **3** *intr.* (*abstrait*) *se dresser contre qqn.* insorgere (167) contro qc.; *se dresser contre l'envahisseur, contre l'injustice* insorgere contro l'invasore, contro la ingiustizia → **opposer (s')**.

2 **dresser** |dRese| *v.tr.* **1** [*habituer (un animal) à faire docilement et régulièrement qqch.*] addestrare, ammaestrare: *dresser un chien à rapporter le gibier* addestrare un cane a riportare la selvaggina; *dresser des fauves, des animaux de cirque* addestrare, ammaestrare delle belve, degli animali da circo → **dompter** **2** (*fam.*) [*faire céder, plier qqn.*] raddrizzare: *je vais te dresser!* ti raddrizzo io!; *ça le dressera* (questo) lo raddrizzerà, gli servirà di lezione.

dresseur, euse |dRɛsœR, øz| *s.* [*personne qui dresse des animaux*] addestratore*, ammaestratore*: *dresseur de chiens* addestratore di cani.

dressoir |dReswaR| *s.m.* [*étagère, buffet où est exposée la vaisselle*] credenza *f.*

dreyfusard, arde |dRɛ(e)fyzaR, aRd(ə)| *adj. et s.* sostenitore* di Dreyfus.

dribble |dRibl(ə)| *s.m.* → **dribbling.**

dribbler |dRible| **A** *v.tr.* (*sport*) [*pousser devant soi la balle par petits coups successifs*] dribblare, scartare ◇ (*par ext.*) *dribbler un adversaire* dribblare, scartare un avversario **B** *v.intr.* (*sport*) [→ *tr.*] dribblare, fare (103) *tr.* il (un) dribbling.

dribbleur, euse |dRiblœR, øz| *s.* (*sport*) dribblatore*.

dribbling |dRibliŋ| *s.m.* (*angl.*) (*sport*) dribbling *inv.*

drift |dRift| *s.m.* (*angl.*) (*géol.*) drift *inv.*, deposito glaciale.

drill |dRij| *s.m.* (*t. zool.*) drillo.

drille |dRij| (*s.m.*) *un joyeux drille* [*joyeux compagnon, homme jovial*] un buontempone, un tipo ameno → **luron.**

dring |dRiŋ| *interj. et s.m.* drindrin *inv.*, dring dring *inv.*

drisse |dRis| *s.f.* (*mar.*) drizza.

drive |dRajv| *s.m.* (*angl.*) (*tennis*) d(i)ritto, drive *inv.*

1 **driver** |dRajvœR, dRivœR| *s.m.* (*angl.*) (*golf, tennis, jockey*) driver *inv.*

2 **driver** |dRajve, dRive| (*angl.*) **A** *v.intr.* (*tennis*) [*exécuter un drive*] eseguire (197) *tr.*, fare (103) *tr.* un d(i)ritto, un drive **B** *v.tr.* (*turf*) [*conduire un cheval attelé à un sulky dans une course*] guidare, condurre (108) un cavallo.

drogue |dRɔg| *s.f.* **1** [*médicament dont on conteste l'utilité*] intruglio* (*m.*): *toutes les drogues que lui ordonne son médecin lui font plus de mal que de bien* tutti gli intrugli che gli prescrive il suo medico gli fanno più male che bene ◇ (*méd.*) farmaco* *m.*, medicina **2** LA DROGUE la droga*: *c'est un trafiquant de drogue* è un trafficante di droga → **stupéfiant.**

drogué, ée |dRɔge| *adj.* drogato: *un homme drogué* un uomo drogato ♦ (*s.*) *un drogué* un drogato.

1 **droguer** |dRɔge| **A** *v.tr.* **1** *droguer un malade* [*lui faire prendre beaucoup de drogues* (1)] somministrare molti intrugli a un malato **2** [*faire prendre de la drogue, des stupéfiants*] drogare: *on l'a drogué* lo hanno drogato **B** *v.pron. réfl.* SE DROGUER **1** [→ *tr.* 1] intossicarsi, abusare *intr.* di medicine: *il se détruira la santé à force de se droguer* si rovinerà la salute a forza di intossicarsi **2** [→ *tr.* 2] drogarsi: *il se drogue depuis des années* si droga da anni.

2 **droguer** |dRɔge| *v.intr.* (*fam., vieilli*) *faire droguer qqn.* [*faire attendre qqn.*] fare (103) allungare il collo a qc. → **attendre.**

droguerie |dRɔgRi| *s.f.* **1** [*commerce des produits d'hygiène, de ménage, d'entretien*] commercio* *m.* di drogheria, di (articoli) casalinghi **2** [*magasin où se vend la droguerie*] drogheria; negozio* *m.* di (articoli) casalinghi: *acheter du dentifrice dans une droguerie* comprare il dentifricio in drogheria.

droguiste |dRɔgist(ə)| *s.* droghiere; negoziante di (articoli) casalinghi.

droit |dRwa| *s.m.* **I** **1** [*ce qui est conforme à une règle morale, sociale*] diritto: *droits naturels* diritti naturali; *les droits de l'homme* i diritti dell'uomo; *priver qqn. de ses droits* privare qc. dei propri diritti ◇ *loc.* AVOIR LE DROIT DE (+ *inf.*) avere il diritto di (+ *inf.*); avere il permesso di, potere: *il n'a pas le droit de me juger* non ha il diritto di giudicarmi ‖ *elles n'ont pas le droit de sortir le soir* non hanno il permesso, non possono uscire di sera, la sera → **permission** ~ AVOIR DROIT À (+ *subst.*) aver diritto a (+ *subst.*), meritare (+ *subst.*): *vous avez droit a des excuses* avete diritto a delle scuse ~ ÊTRE EN DROIT DE [*avoir le droit de*] avere il diritto di **2** [*ce qui est conforme à la loi, à un règlement*] diritto: *droits politiques, civiques, du citoyen* diritti politici, civici, del cittadino; *droits civils, privés* diritti civili, privati; *droit de chasse, de stationnement* diritto di caccia, di sosta; *droits d'auteur* diritti d'autore → 1 **faculté, privilège** **3** [*ce qui donne une autorité morale considérée comme légitime*] diritto: *les droits de l'amitié* i diritti dell'amicizia; *nous avons des droits à sa reconnaissance* abbiamo diritto a (della) riconoscenza da parte sua **4** [*somme d'argent, redevance exigée*] tassa *f.*, diritto: *droits d'inscription à l'université* tasse di iscrizione all'università # *droits de douane* dazi doganali → **impôt, taxe** **II** LE DROIT **1** [*ce qui constitue le fondement des droits de l'homme dans une société*] diritto → **légalité, justice, morale** # *faire droit à une demande* [*la satisfaire*] accogliere favorevolmente una domanda ◇ (*prov.*) *la force prime le droit* il diritto è del più forte, contro la forza la ragione non vale ◇ *loc. adv.* À BON DROIT a buon diritto: *il peut à bon droit se plaindre* può lamentarsi a buon diritto, ha tutte le ragioni di lamentarsi **2** [*règles juridiques en vigueur dans un état*] diritto: *droit romain, français* diritto romano, francese; *droit commun* diritto comune ◇ *loc. adv.* DE DROIT di diritto, legittimo (*adj.*): *la défense est de droit* la difesa è legittima; *de plein droit* di, con pieno diritto ~ QUI DE DROIT chi di dovere: *adressez-vous à qui de droit* rivolgetevi a chi di dovere ◇ (*spécialt.*) *droit public, privé* diritto pubblico, privato; *droit civil, pénal* (*criminel*) diritto civile, penale **3** [*la science juridique*] legge *f.*, giurisprudenza (*f.*): *c'est un étudiant en droit* è uno studente in legge; *il a fait son droit à Paris* ha studiato legge, giurisprudenza a Parigi; *faculté de droit* facoltà di giurisprudenza.

1 **droit, droite** |dRwa, dRwat| **I** *adj.* **1** d(i)ritto: *un arbre droit* un albero diritto; *barre droite* sbarra diritta; *la route est droite* la strada è diritta ◇ (*loc. fig.*) *se tenir droit* star dritto; *il est droit comme un piquet* è (sta) dritto come un fuso, come un palo ◇ (*géogr., cour.*) LIGNE DROITE linea retta: *il y a deux kilomètres en ligne droite* in linea retta ci sono due chilometri → 2 **droite** **2** [*vertical*] d(i)ritto: *écriture droite* scrittura dritta; *tiens la soupière bien droite!* tieni la zuppiera ben diritta!; *tu as fait tomber la chaise, remets-la droite* hai fatto cadere la sedia, rimettila dritta, in piedi → **debout** ◇ (*géom., cour.*) *angle droit* [*90 degrés*] angolo retto **3** [*dont les formes sont verticales; opposé à 'croisé'*] diritto: *veston droit* giacca diritta, a un petto; *jupe droite* gonna diritta **4** (*fig.*) [*qui ne s'écarte pas d'une règle (morale)*] retto: *un homme simple et droit* un uomo semplice e retto → **honnête,** 1 **juste** **II** *adv.* **1** [*en ligne droite*] d(i)ritto: *marcher droit* camminare diritto: *continuez tout droit* continui sempre diritto # *l'hôtel est tout droit devant vous* l'albergo è proprio di fronte, davanti a voi **2** *loc. fig.* MARCHER DROIT [*bien se conduire*] rigare, filare d(i)ritto: *depuis quelque temps cet enfant marche droit* da qualche tempo quel ragazzo riga, fila dritto **3** *loc. fig.* ALLER DROIT (*quelque part*) [*par la voie la plus courte*] andare d(i)ritto (in qualche posto): *aller droit au but* andar dritto allo scopo; *allez droit au fait* venga al dunque, al fatto (ai fatti) → **directement.**

2 **droit, droite** |dRwa, dRwat| **1** *adj.* destro: *la main droite* la mano destra; *le côté droit* il lato destro; *la rive droite d'une rivière* la riva destra di un fiume **2** *s.m.* [*le poing droit du boxeur*] destro: *un direct, un crochet du droit* un diretto, un gancio (di) destro.

1 **droite** |dRwat| *s.f.* **1** [*le côté droit, la partie droite*] destra: *à votre droite, sur votre droite* alla vostra destra, sulla vostra destra; *il ne sait pas distinguer sa droite de sa gauche* non sa distinguere la destra dalla sinistra; *tenir, garder sa droite* tenere, mantenere la destra **2** (*polit.*) destra: *la droite d'une assemblée politique* la destra di un'assemblea politica; *journal d'extrême droite* giornale di estrema destra ◇ (*fam.*) *voter à droite* votare a destra **3** [*la main droite*] destra **4** *loc. adv.* À DROITE a destra: *à droite et à gauche* a destra e a manca; *tourner à droite* girare a destra; *roulez à droite!* tenete, mantenete la destra! Ⓒ **gauche** 1.

2 **droite** |dRwat| *s.f.* (*géom.*) retta: *droites parallèles* rette parallele; *demi-droite* semiretta Ⓒ **courbe** 1.

droitement |dRwatmɑ̃| *adv.* [→ 1 DROIT I 4] giustamente (*rare*), francamente: *juger droitement* giudicare francamente Ⓒ **faussement, hypocritement.**

droitier, ière |dRwatje, jɛR| *adj.* **1** che usa normalmente la mano destra *loc.* ♦ (*s.*) *un droitier* uno che è solito

usare la mano destra **2** (*fam.*) [*de la droite politique*] destrorso ♦ (*s.*) *un droitier* un destrorso.
droitiste |dRwatist(ə)| *s. et adj.* (*polit.*) destrorso, destroide 🄲 **gauchiste.**
droiture |dRwatyR| *s.f.* rettitudine, dirittura: *droiture de caractère* rettitudine di carattere; *sa grande droiture morale* la sua grande dirittura morale → **franchise, honnêteté, loyauté.**
drolatique |dRɔlatik| *adj.* (*littér.*) [*qui a de la drôlerie, qui est récréatif, pittoresque*] divertente (*cour.*), spassoso (*cour.*): *un personnage drolatique* un personaggio divertente, spassoso; *une scène drolatique* una scena divertente, spassosa → **plaisant, amusant, cocasse.**
drôle |dRol| *adj.* **1** [*qui prête à rire par son originalité, sa singularité*] divertente, buffo: *vous trouvez cela drôle?* trovate la cosa divertente?; *il est drôle avec ce petit chapeau* è buffo con quel cappellino; *ce fantaisiste est très drôle* questo fantasista è molto divertente → **amusant, comique, marrant** (*fam.*), **plaisant, rigolo** (*fam.*); *une histoire drôle* una barzelletta, una storiella divertente **2** [*qui est anormal, étonnant*] strano: *nous trouvons drôle qu'il ait oublié de nous prévenir* ci sembra strano che abbia dimenticato di avvertirci → **bizarre, curieux, étonnant, étrange, singulier** ◇ (*personnes*) *je l'ai trouvé tout drôle* mi è sembrato un po' strano; *se sentir tout drôle* sentirsi un po' strano # *vous êtes drôle!, qu'auriez-vous fait à ma place?* vuole scherzare, lei! che avrebbe fatto al mio posto? ◇ *loc.* DRÔLE DE... (+ *subst.*) strano: *une drôle d'aventure* una strana avventura; *un drôle de type, de coco* uno strano tipo, un tipo strano; *faire une drôle de tête* fare una faccia strana ◇ (*fam., intensif*) *il faut une drôle de patience pour le supporter* ci vuole una bella pazienza per sopportarlo → 1 **sacré** 🄲 2 **normal.**
drôle, drôlesse |dRol, dRolɛs| *s.* **1** (*vx.*) [*coquin(e)*] marpione, briccone **2** (*région.*) (*sud de la France*) [*gamin, gamine*] ragazzotto.
drôlement |dRolmɑ̃| *adv.* **1** [→ DRÔLE 2] stranamente, in modo strano (*loc. inv.*): *elle est drôlement accoutrée* è conciata in modo strano → **bizarrement** **2** (*fam.*) [*de manière extraordinaire*] maledettamente; veramente (*cour.*), proprio (*cour.*): *les prix ont drôlement augmenté* i prezzi sono saliti maledettamente; *il fait drôlement froid aujourd'hui* fa maledettamente freddo oggi → 1 **bien, rudement** ‖ *elle est drôlement jolie, drôlement bien* è veramente carina, è proprio fatta bene.
drôlerie |dRolRi| *s.f.* **1** [*parole ou action drôle, pittoresque*] buffonata, pagliacciata: *dire des drôleries* dire buffonate, pagliacciate → **bouffonnerie** **2** [*caractère de ce qui est drôle, pittoresque*] comicità (*inv.*): *drôlerie d'une personne* comicità di una persona.
drôlesse |dRolɛs| *s.f.* (*vieilli*) [*femme effrontée; femme méprisable*] sgualdrina; megera.
dromadaire |dRɔmadɛR| *s.m.* (*t. zool.*) dromedario*.
-drome |dRom| *suff.* (*signifiant 'course', correspond généralt. à*) dromo; drome: *hippodrome* ippodromo ‖ *syndrome* sindrome.
drome |dRom| *s.f.* (*mar.*) droma, dara.
dronte |dRɔ̃t| *s.m.* (*t. zool.*) dronte → **dodo.**
drop-goal |dRɔpgol| *s.m.* (*angl.*) (*rugby*) drop *inv.*, salto-volo.
droppage |dRɔpaʒ| *s.m.* (*milit.*) lancio* (di paracadutisti): *zone de droppage* zona di lancio.
drop(p)er |dRɔpe| *v.tr.* **1** → **parachuter** **2** (*fig.*) [*abandonner ses études, ses métier, par rejet des valeurs sociales et culturelles de la société*] fare (103) l'hippy ♦ (*s.*) *un dropé* un hippy.
droséra |dRozeRa| *s.m.* (*t. bot.*) drosera *f.*
drosophile |dRozɔfil| *s.f.* (*t. zool.*) drosofila.
drosse |dRɔs| *s.f.* (*mar.*) frenello *m.*
drosser |dRɔse| *v.tr.* (*mar.*) [*entraîner vers la côte*] sospingere (119) verso la costa → 1 **dériver.**
dru, ue |dRy| **1** *adj.* [*qui pousse vigoureusement*] fitto; folto: *herbe haute et drue* erba alta e fitta; *une pluie drue* una pioggia fitta ‖ *une barbe drue et noire* una barba folta e nera → **épais, touffu, fort** **2** *adv.* forte, intensamente: *la pluie, la neige tombent dru* piove, nevica forte 🄲 1 **clairsemé.**
drug(-)store |dRœgstɔR| *s.m.* (*angl.*) drugstore *inv.*, emporio*.
druide |dRɥid| *s.m.* druida, druido.
druidique |dRɥidik| *adj.* druidico*.
druidisme |dRɥidism(ə)| *s.m.* druidismo.
drupe |dRyp| *s.f.* (*bot.*) drupa.
dry |dRaj| *adj. inv.* (*angl.*) secco* *var.*, dry: *champagne dry* 'champagne' secco; *extra-dry* extra secco ♦ (*s.m.inv.*) *un dry* un dry.
dryade |dRijad| *s.f.* **1** (*myth.*) driade **2** (*t. bot.*) driade.
dry-farming |dRajfaRmiŋ| *s.m.* (*angl.*) (*agric.*) aridocoltura *f.*, dry-farming *inv.*
du |dy| *art. défini contracté* → **de** *et* 1 **le.**
dû, due |dy| **I** *adj.* **1** [*que l'on doit*] dovuto: *somme due* somma dovuta # *port dû* porto assegnato, porto a carico del destinatario; *chose promise, chose due* ogni promessa è debito **2** *loc.* DÛ À [*qui est causé par*] dovuto a, imputabile a: *ses erreurs sont dues à son ignorance* i suoi errori sono imputabili alla sua ignoranza **3** (*dr.*) *acte en bonne et due forme* atto redatto nelle debite forme, secondo le forme prescritte **II** *s.m.* [*ce qui est dû*] dovuto: *payer son dû* pagare il dovuto.
dualisme |dɥalism(ə)| *s.m.* dualismo → **dualité.**
dualiste |dɥalist(ə)| *adj.* dualistico*: *système dualiste* sistema dualistico ♦ (*s.*) *un dualiste* un dualista.
dualité |dɥalite| *s.f.* dualità *inv.* 🄲 **unité.**
dubitatif, ive |dybitatif, iv| *adj.* dubitativo: *réponse dubitative* risposta dubitativa 🄲 **affirmatif.**
dubitation |dybitasjɔ̃| *s.f.* (*rhétorique*) dubitazione.
dubitativement |dybitativmɑ̃| *adv.* [→ DUBITATIF] dubitativamente: *répondre dubitativement* rispondere dubitativamente.
duc |dyk| *s.m.* **I** (*hist.*) duca*: *le duc de Guise* il duca di Guisa **II** (*t. zool.*) gufo ~ *grand duc* gufo reale ~ *moyen duc* gufo comune ~ *petit duc* assiolo.
ducal, ale, aux |dykal, o| *adj.* ducale: *couronne ducale* corona ducale.
ducat |dyka| *s.m.* (*monnaie*) ducato.
ducaton |dykatɔ̃| *s.m.* (*monnaie*) ducatone.
duce |dutʃe| *s.m.* (*hist., cour.*) duce.
duché |dyʃe| *s.m.* [*principauté à laquelle le titre de duc est attaché*] ducato.
duchesse |dyʃɛs| *s.f.* **1** duchessa: *madame la duchesse* la signora duchessa ◇ (*iron.*) *elle fait sa, la duchesse* [*affecte de grands airs*] si dà (delle) arie da gran dama **2** *poire duchesse inv.* pera duchessa **3** [*satin très brillant*] 'duchesse' *inv.*
ducroire |dykRwaR| *s.m.* (*comm.*) star *inv.* del credere.
-ducte |dykt| *suff.* (*signifiant 'conduit', correspond généralt. à*) dotto: *oviducte* ovidotto.
ductile |dyktil| *adj.* duttile: *métaux ductiles* metalli duttili.
ductilité |dyktilite| *s.f.* duttilità (*inv.*): *la ductilité de l'or* la duttilità dell'oro.
duègne |dɥɛɲ| *s.f.* (*ancienn.*) [*femme âgée, chargée de veiller sur la conduite d'une jeune femme*] 'chaperon' *m.inv.*
1 **duel** |dɥɛl| *s.m.* **1** duello: *se battre en duel* battersi in duello; *provoquer un duel* sfidare a duello **2** (*fig.*) *duel oratoire* duello oratorio, schermaglia *f.* oratoria → **joute.**
2 **duel** |dɥɛl| *s.m.* (*gram.*) duale.
duelliste |dɥelist(ə)| *s.m.* [*celui qui se bat en duel*] duellante *s.*
duettiste |dɥetist(ə)| *s.* duettista.
duetto |dɥe(ɛt)to| *s.m.* (*mus.*) (*rare*) duetto.
duffel-coat |dœfœlkot| *s.m.* (*angl.*) [*mauteau trois-quarts avec capuchon*] montgomery *inv.*
dugazon |dygɑzɔ̃| *s.f.* [*rôle d'amoureuse dans les opéras-comiques*] amorosa.
dugon |dygɔ̃|, **dugong** |dygɔ̃(g)| *s.m.* (*t. zool.*) dugongo*.
dulcifier |dylsifje| *v.tr.* (*vx.*) [*adoucir l'acidité ou l'amertume de (qqch.)*] dolcificare → **adoucir.**
dulcinée |dylsine| *s.f.* (*plais.*) dulcinea: *il est allé voir sa dulcinée* è andato a trovare la sua dulcinea.
dulcite |dylcit| *s.f.* (*chim.*) dulcite.
dulie |dyli| *s.f.* (*théol.*) dulia.
dum-dum |dumdum| *adj. inv.* dum-dum: *balle dum-dum* proiettile dum-dum ♦ (*s.f.*) *une dum-dum* un proiettile *m.* dum-dum *adj.*
dûment |dymɑ̃| *adv.* (*dr., cour.*) debitamente: *fait dûment constaté* fatto debitamente constatato 🄲 **indûment.**
dumping |dœmpiŋ, dɶpiŋ| *s.m.* (*angl.*) (*écon.*) dumping *inv.*
dune |dyn| *s.f.* (*géogr., cour.*) duna.
dunette |dynɛt| *s.f.* (*mar.*) cassero *m.*
duo |dɥo| *s.m.* **1** (*mus.*) [*composition pour deux voix*] duetto: *duo accompagné* duetto accompagnato → **duetto** ◇ [*pour deux instruments*] duo: *duo de violon* duo di violini **2** (*fig., fam.*) duetto, scambio*: *duo d'injures* duetto, scambio d'insulti **3** (*plais.*) [*couple; deux personnes*] duetto, coppia (*f.*): *ils font un curieux duo* fanno un bel duetto, una bella coppia, quei due **4** (*métall.*) duo *inv.*
duodécimal, ale, aux |dɥɔdesimal, o| *adj.* (*math.*) duodecimale.
duodénal, ale, aux |dɥɔdenal, o| *adj.* (*anat.*) duodenale.

duodénite |dɥɔdenit| *s.f.* (*méd.*) duodenite.
duodénum |dɥɔdenɔm| *s.m.* (*anat.*) duodeno.
dupe |dyp| **1** *s.f.* [*personne que l'on trompe sans qu'elle le soupçonne*] minchione *m.* (*fam.*), vittima di un inganno (di un imbroglio): *c'est une bonne dupe* è un povero minchione → 2 **pigeon** ◇ (*loc.*) *être la dupe de qqn.* essere ingannato, imbrogliato da qc. ~ *et moi j'en ai été la dupe!* e io ne ho fatto le spese! ~ *être la dupe d'une affaire, d'un marché* rimetterci in un affare ~ *prendre qqn. pour dupe* ingannare, imbrogliare qc. ~ *c'est un marché de dupes* è un imbroglio **2** (*adj.*) *être dupe* [*facile à tromper*] lasciarsi ingannare: *il n'est pas dupe de vos mensonges* non si lascia ingannare dalle vostre menzogne; *je ne suis pas dupe de ses grands airs* non mi lascio ingannare, impressionare dalle grandi arie che si dà.
duper |dype| *v.tr.* (*littér.*) [*prendre pour dupe*] ingannare (*cour.*) → **tromper** ◇ (*fam.*) [*avoir, posséder, rouler*] mettere (155) nel sacco, farla in barba a: *il est facile à duper* lo si mette facilmente nel sacco.
duperie |dypRi| *s.f.* (*littér.*) [→ DUPER] inganno *m.* (*cour.*), illusione (*cour.*) → **tromperie.**
dupeur, euse |dypœR, øz| *s.* [*personne qui se plaît à duper les autres*] imbroglione.
duplex |dyplɛks| *s.m.inv.* **1** (*télécom.*) duplex: *émission en duplex* trasmissione in duplex **2** duplex, appartamento *var.* di due piani.
duplicata |dyplikata| *s.m. inv.* (*dr., cour.*) duplicato *var.*, copia *f. var.* (conforme): *le duplicata d'une facture* il duplicato, la copia di una fattura; *le duplicata d'un diplôme, d'une quittance* la copia conforme di un diploma, di una ricevuta; *expédier un acte en duplicata* spedire un atto in duplice copia.
duplicateur |dyplikatœR| *s.m.* duplicatore, ciclostile: *duplicateur à alcool* duplicatore ad alcool.
duplication |dyplikɑsjɔ̃| *s.f.* → **duplex** 1.
duplicité |dyplisite| *s.f.* (*fig.*) doppiezza, duplicità *inv.* → **fausseté, hypocrisie.**
duquel |dykɛl| *pron. relatif* → **lequel.**
dur, dure |dyR| **I** *adj.* **1** duro: *des métaux durs* metalli duri → **resistent**; *viande dure* carne dura → **coriace**; *lit dur* letto duro → **rigide**; *crayon dur* matita dura; *des œufs durs* uova sode, dure → **solide** **2** [*qui résiste à l'effort, à une action*] duro: *cette porte est dure* questa porta è dura ◇ (*fig.*) *sommeil dur* sonno duro; *être dur d'oreille* essere duro d'orecchi; *avoir la tête dure* aver la testa dura; *avoir la vie dure* avere (la) vita dura, essere duro a morire ◇ DUR À... (*personnes*): *être dur à la tâche* essere resistente, resistere alla fatica; *être dur au mal* resistere al male; *être dur à la détente* essere taccagno ~ DUR À... (+ *inf.*) difficile da: *instrument dur à manier* strumento difficile da maneggiare # *aliment dur à digérer* cibo di difficile digestione ◇ (*fig.*) *cet affront est dur à digérer* è un'offesa dura, difficile da digerire **3** [*difficile*] difficile, duro: *ce problème est trop dur pour moi* questo problema è troppo difficile per me; *ce n'est pas dur* non è difficile **4** [*pénible à supporter, désagréable à voir, entendre*] duro: *une dure punition, une dure leçon* una dura punizione, una dura lezione → **sévère**; *avoir les traits* (*du visage*) *durs* avere i lineamenti duri # *mener, rendre la vie dure à qqn.* rendere la vita difficile a qc.; *climat dur* clima rigido → **âpre** **5** [*qui manque de cœur, d'humanité, d'indulgence*] duro: *personne dure* persona dura; *être dur, se montrer dur pour qqn., envers qqn.* essere duro, mostrarsi duro nei confronti di qc.; *la critique a été dure pour cet ouvrage* la critica è stata dura nei confronti di quest'opera → **inflexible, inhumain, sévère** **II** *adv.* (*fam.*) [*avec violence ou intensité*] sodo: *frapper, cogner dur* picchiare sodo → **fort**; *travailler dur* lavorare sodo **III** *s.* **1** *s.m.* [*ce qui est dur*] duro ◇ (*loc.*) *bâtiment en dur* costruzione in muratura ◇ (*aviat.*) *piste en dur* pista asfaltata **2** *s.m.* (*pop.*) [*train*] treno (*cour.*): *prendre le dur* prendere il treno **3** *s.f.* LA DURE: *coucher sur la dure* dormire sul duro *m.*, per terra ◇ *loc. adv.* À LA DURE duramente *adv.*, alla spartana: *être élevé à la dure* essere educato alla spartana **4** *s.* (*fam.*) [*personne qui n'a peur de rien*] duro: *c'est un dur, une dure* è un duro, una dura; *jouer les durs* fare il duro, i duri; *c'est un dur de dur* è proprio un duro # *c'est un dur à cuire* è un osso duro ◇ (*polit.*) *un dur* [*partisan d'une attitude intransigeante*] un duro, un falco* © I 1 **mou,** 3 **facile,** 5 **doux, tendre** 2.
durabilité |dyrabilite| *s.f.* durevolezza.
durable |dyRabl(ə)| *adj.* [→ DURER I 2, 3] duraturo, durevole: *une construction, un monument durable* una costruzione, un monumento duraturo; *un souvenir durable* un ricordo duraturo; *amitié, amour durable* amicizia, amore durevole © **passager** 2, **éphémère.**
durablement |dyRabləmɑ̃| *adv.* [→ DURABLE] durevolmente: *œuvrer durablement* operare durevolmente.
duralumin |dyralymɛ̃| *s.m.* (*métall.*) duralluminio*.
duramen |dyRamɛn| *s.m.* (*bot.*) durame.
durant |dyRɑ̃| *prép.* **1** (*avant le nom*) durante: *durant l'été* durante l'estate; *durant la nuit* durante la notte → 2 **pendant, (au) cours (de)** # *durant tout le XVIIe siècle* per tutto il XVII secolo **2** (*après le nom, dans quelques loc.*) per: *il a parlé une heure durant* ha parlato per un'ora intera; *travailler toute sa vie durant* lavorare (per) tutta la vita.
duratif, ive |dyRatif, iv| *adj.* (*ling.*) durativo → **imperfectif.**
durativité |dyRativite| *s.f.* (*ling.*) durativita *inv.*
durcir |dyRsiR| **A** *v.tr.* **1** [*rendre dur, ferme*] indurire (197): *la chaleur durcit la terre* il calore indurisce la terra **2** [*faire paraître dur, plus dur*] indurire, inasprire (197): *cette coiffure lui durcit les traits* questa pettinatura le indurisce i lineamenti **3** [*rendre plus ferme, plus intransigeant*] irrigidire (197): *ils ont durci leur attitude depuis cette réunion* hanno irrigidito il loro atteggiamento dopo quella riunione **B** *v.intr.* [*devenir dur, ferme*] indurire (*aux.* essere), diventare (*aux.* essere) duro: *le pain a durci rapidement* il pane è indurito, è diventato duro in breve tempo; *l'argile a déjà durci* l'argilla è già indurita, è diventata già dura → **rassir, sécher** © A 1 **amollir,** 2 **adoucir.**
durcissant |dyRsisɑ̃| *adj. et s.m.* (*techn.*) indurente.
durcissement |dyRsismɑ̃| *s.m.* **1** [→ DURCIR B] indurimento: *le durcissement de l'argile, du ciment* l'indurimento dell'argilla, del cemento **2** (*fig.*) [→ DURCIR A 3] irrigidimento, l'irrigidirsi (*inv.*): *le durcissement de son attitude politique* l'irrigidimento, l'irrigidirsi del suo atteggiamento politico.
durée |dyRe| *s.f.* [→ DURER I] durata: *pendant une durée de quinze jours* per una durata di quindici giorni → **temps,** 1 **espace,** 1 **période**; *la durée d'un spectacle, d'un voyage* la durata di uno spettacolo, di un viaggio ◇ *loc.* (DE LONGUE) DURÉE di lunga durata # (*disque*) *microsillon de longue durée* (disco) microsolco a lunga durata; *bonheur de courte durée* felicità di breve durata.
durement |dyRmɑ̃| *adv.* **1** [→ DUR I 4] duramente: *il a été durement éprouvé par cette perte* è stato duramente provato da quella perdita **2** [→ DUR I 5] duramente, aspramente: *parler, répondre durement* parlare, rispondere duramente © 2 **doucement, gentiment.**
dure-mère |dyRmɛR| *s.f.* (*anat.*) dura madre.
durendal, durandal |dyRɑ̃dal| *s.f.* [*nom de l'épée de Roland*] durlindana.
durer |dyRe| *v.intr.* **I** (*choses*) **1** [*avoir une durée de*] durare (*aux.* essere): *leur conversation a duré deux heures* la loro conversazione è durata due ore; *voilà des semaines que cela dure* è da settimane che dura; *cela a assez duré* è durato abbastanza; *cela n'a que trop duré* è durato anche troppo; *ça durera ce que ça durera* durerà quel che durerà **2** *absolt.* [*durer longtemps*] durare (molto), essere (96) (*aux.* essere) lungo: *l'hiver a duré cette année* l'inverno è durato molto, è stato lungo questo anno; *pourvu que ça dure!* purché duri!; *cela ne peut durer* così non può durare, così non può continuare # *faire durer le plaisir* prolungare il piacere **3** [*résister contre les causes de destruction*] durare: *ce costume a duré deux ans* quest'abito è durato due anni → **conserver (se), tenir** **II** (*personnes*) (*fam., région.*) [*demeurer là où on est, comme on est*] (*surtout à la forme négative*) *ne pouvoir durer en place* non riuscire (*aux.* essere) a star fermi; *je ne peux plus durer dans cette ville* non posso più resistere, restare (*aux.* essere) in questa città.
dureté |dyRte| *s.f.* durezza: *la dureté du diamant* la durezza del diamante; *dureté des traits du visage* durezza dei tratti del viso; *dureté d'âme* durezza di animo; *traiter qqn. avec dureté* trattare qc. con durezza → **insensibilité, rudesse** # *l'excessive dureté d'un châtiment* l'eccessiva severità di un castigo.
durillon |dyRijɔ̃| *s.m.* [*callosité*] durone: *un durillon sur la plante du pied droit* un durone sulla pianta del piede destro → **cal,** 2 **cor.**
durion |dyRjɔ̃| *s.m.* (*t. bot.*) durio*.
durit |dyRit| *s.f.* [*tuyau, conduite en caoutchouc traité pour les raccords de canalisations des moteurs à explosion*] guarnizione.

duumvir |dyɔmviʀ| *s.m.* (*lat.*) (*hist. rom.*) duumviro, duoviro (*rare*).
duumvirat |dyɔmviʀa| *s.m.* (*lat.*) (*hist. rom.*) duumvirato.
duvet |dyvɛ| *s.m.* **I 1** [*petites plumes molles et très légères des oisillons*] peluria *f.*, lanugine *f.*; piume (*f. pl.*): *duvet des poussins* peluria, lanugine dei pulcini || *oreiller, matelas de duvet* guanciale, materasso di piume **2** [*sac de couchage*] sacco* a pelo: *le duvet d'un campeur* il sacco a pelo di un campeggiatore **II** [*poils fins et doux sur le visage des jeunes gens, des femmes*] peluria, lanugine ◇ (*bot.*) *feuilles couvertes de duvet* foglie coperte di lanugine, foglie lanuginose.
duveté, ée |dyvte| *adj.* [*qui est couvert de duvet*] vellutata: *pêche duvetée* pesca vellutata; *lèvres duvetées* labbra vellutate.
duveteux, euse |dyvtø, øz| *adj.* [*qui a beaucoup de duvet*] lanuginoso.
dynamique |dinamik| **I** *adj.* **1** (*personnes, actes*) dinamico*, energico*: *ta cousine est très dynamique* tua cugina è molto dinamica **2** (*sc.*) dinamico: *electricité dynamique* elettricità dinamica **II** *s.f.* (*phys.*) *la dynamique* la dinamica* ◇ [*force qui entraîne*] *la dynamique de l'action* la dinamica dell'azione Ⓒ I 1 **mou.**
dynamiquement |dinamikmɑ̃| *adv.* [→ DYNAMIQUE I] (*mécan.*) dinamicamente.
dynamisme |dinamism(ə)| *s.m.* **1** (*philo.*) dinamismo: *le dynamisme de Bergson* il dinamismo di Bergson **2** (*fig.*) [*énergie, vitalité*] dinamismo: *il manque de dynamisme* manca di dinamismo.
dynamitage |dinamitaʒ| *s.m.* [→ DYNAMITER] il far saltare *inv.* con la dinamite.
dynamite |dinamit| *s.f.* dinamite # *attentat à la dynamite* attentato dinamitardo ◇ (*fam.*) *c'est de la dynamite, ce bonhomme* quell'uomo è un tipo esplosivo.
dynamiter |dinamite| *v.tr.* [*faire sauter à la dynamite*] far (103) *intr.* saltare con la dinamite.
dynamiteur, euse |dinamitœʀ, øz| *s.* [*auteur d'attentats à la dynamite*] dinamitardo.
dynam(o)- |dinam(ɔ)| *préf.* (*signifiant 'force', correspond généralt. à*) dinam(o): *dynamite* dinamite; *dynamomètre* dinamometro.
dynamo |dinamo| *s.f.* (*électr.*) dinamo (*inv.*): *dynamo à courant continu* dinamo a corrente continua.
dynamo-électrique |dinamɔelɛktʀik| *adj.* (*électr.*) dinamoelettrico*.
dynamomètre |dinamɔmɛtʀ(ə)| *s.m.* (*phys., physiol.*) dinamometro.
dynaste |dinast(ə)| *s.m.* dinasta.
dynastie |dinasti| *s.f.* dinastia: *la dynastie capétienne* la dinastia capetingia; *le fondateur d'une dynastie* il fondatore di una dinastia ◇ (*fig.*) *la dynastie des Bach* la dinastia dei Bach.
dynastique |dinastik| *adj.* dinastico*.
dyne |din| *s.f.* (*phys.*) dina.
dys- |dis| *préf.* (*signifiant 'difficulté, mauvais état', correspond généralt. à*) dis: *dystrophie* distrofia; *dysenterie* dissenteria.
dysenterie |disɑ̃tʀi| *s.f.* (*méd., cour.*) dissenteria.
dysentérique |disɑ̃teʀik| *adj.* (*méd.*) dissenterico*.
dysesthésie |disɛstezi| *s.f.* (*méd., psycho.*) disestesia.
dysesthésique |disɛstesik| *adj.* (*méd., psycho.*) disestesico*.
dysfonctionnement |disfɔ̃ksjɔnmɑ̃| *s.m.* (*méd., cour.*) disfunzione *f.*
dysharmonie |dis(z)aʀmɔni| *s.f.* (*méd.*) disarmonia.
dyslexie |dislɛksi| *s.f.* (*méd.*) dislessia.
dyslexique |dislɛksik| *adj.* (*méd.*) colpito da dislessia ✦ (*s.*) *un dyslexique* un dislessico* una persona *f.* colpita da dislessia.
dysménorrhée |dismenɔʀe| *s.f.* (*méd.*) dismenorrea.
dyspepsie |dispɛpsi| *s.f.* (*méd.*) dispepsia.
dyspepsique |dispɛpsik|, **dyspeptique** |dispɛptik| *adj. et s.* (*méd.*) dispeptico*.
dysphorie |disfɔʀi| *s.f.* (*méd.*) disforia.
dyspnée |dispne| *s.f.* (*méd.*) dispnea.
dystocie |distɔsi| *s.f.* (*méd.*) distocia*.
dystocique |distɔsik| *adj.* (*méd.*) distocico*.
dystonie |distɔni| *s.f.* (*méd.*) distonia.
dystonique |distɔnik| *adj.* (*méd.*) distonico*.
dystrophie |distʀɔfi| *s.f.* (*méd.*) distrofia.
dysurie |dis(z)yʀi| *s.f.* (*méd.*) disuria.
dysvitaminose |disvitaminoz| *s.f.* (*méd.*) disvitaminosi *inv.*
dytique |ditik| *s.m.* (*t.zool.*) ditìsco*.

E

e |ə| *s.m.* [*cinquième lettre de l'alphabet*] e (*m. ou f.*): *e ouvert, fermé* e aperta, chiusa; *e muet* e muta ◇ (*télécom.*): (*en France*) *E comme Eugène*; (*en Belgique*) *E comme Emile* E come Empoli ◇ (*abrév. de Est*) E.

é- |e|, **ef-** |ef|, **es-** |es| *préf.* (*marquant 'l'éloignement, la privation, etc.', correspondent généralt. à*) s: *égarer* smarrire.

eau |o| *s.f.* **I** **1** [*élément liquide*] acqua: *eau douce* acqua dolce; *eau courante* acqua corrente; *eau de source* acqua sorgiva; *eau potable* acqua potabile; *bouteille d'eau minérale* bottiglia di acqua minerale; *eau de pluie* acqua piovana; *eau lourde* acqua pesante; *eau baptismale* acqua battesimale; *eau bénite* acqua santa, acquasanta; *eau de robinet* acqua naturale # *chute d'eau* cascata; *eau de vaisselle* sciacquatura ◇ (*fam.*) *il est tombé beaucoup d'eau* è piovuto molto, è caduta molta pioggia **2** (*loc.*) *laver à grande eau* lavare senza fare economia d'acqua ~ *se laver à l'eau froide, chaude* lavarsi con acqua fredda, calda ~ *château d'eau* serbatoio d'acqua ~ *pièce, plan d'eau* specchio d'acqua ~ *jet d'eau* getto d'acqua ~ *moulin à eau* mulino ad acqua ~ *tomber à l'eau* cadere in acqua ◇ (*loc. fig.*) *mettre de l'eau dans son vin* venire a più miti consigli, ridurre le proprie pretese ~ *être comme l'eau et le feu* essere come il diavolo e l'acqua santa ~ *d'ici là il passera beaucoup d'eau sous les ponts* passerà molta acqua sotto i ponti ~ *nager entre deux eaux* barcamenarsi ~ *c'est un coup d'épée dans l'eau* è un buco nell'acqua ~ *se noyer dans un verre d'eau* perdersi in un bicchier d'acqua ~ *suer sang et eau* sudare sangue, sudare sette camicie ~ *être comme un poisson dans l'eau* essere nel proprio elemento ~ *clair comme de l'eau de roche* chiaro come la luce del sole ~ *vous apportez de l'eau à mon moulin* (con questo) venite a confermare quel che ho detto, portate acqua al mio mulino ~ *finir en eau de boudin* finire in una bolla di sapone ~ *se jeter à l'eau*: (*pr.*) buttarsi in acqua; (*fig.*) decidersi (ad agire) **3** (*loc.*) *prendre l'eau* [*être perméable* (*vêtements*)] prendere l'acqua, essere permeabile all'acqua ~ (*mar.*) *faire eau* fare acqua **4** *au plur.* LES EAUX le acque termali; *prendre les eaux* fare una cura termale, bere le acque # *une ville d'eaux* una stazione termale **5** [*quantité d'eau*] (*dans certaines expressions*) *basses eaux* [*niveau le plus bas d'un fleuve*] magra (*sing.*); *les grandes eaux* [*jets d'eau et cascades d'un parc*] l'apertura delle fontane e delle cascate (in un parco) ◇ (*dr. internat.*) *eaux territoriales* acque territoriali ◇ (*loc. fig.*) *naviguer, être dans les eaux de qqn.* [*le suivre, partager ses opinions*] seguire le orme, la scia di qc. ~ *pêcher en eaux troubles* pescare nel torbido **6** [*solution aqueuse*] acqua: *eau gazeuse* acqua gassata; *eau oxygénée* acqua ossigenata; *eau blanche* acqua vegetominerale # *eau de seltz* seltz ◇ (*spécialt.*) *eau de Javel* varechina, candeggina; *eau de cologne* (acqua di) colonia; *eau de toilette* 'eau de toilette'; *l'eau de rose* l'acqua di rose **II** (*loc.*) *avoir l'eau à la bouche* avere l'acquolina in bocca → **salive** ~ *être en eau* [*en sueur*] essere in un bagno di sudore ◇ (*au plur.*) *la perte des eaux* [*du liquide amniotique*] la perdita delle acque **III** (*fig.*) [*transparence, pureté* (*des pierres précieuses*)] acqua: *un diamant de la plus belle eau* un diamante d'acqua purissima ◇ (*fig., iron.*) *un escroc, un imbécile de la plus belle eau* un imbroglione, un imbecille della più bell'acqua, della migliore specie.

eau-de-vie |odvi| *s.f.* acquavite: *eau-de-vie de marc* acquavite di vinaccia, grappa → 2 **marc** # *cerises à l'eau-de-vie* ciliegie sotto spirito.

eau-forte |ofɔrt(ə)| *s.f.* (*bx-arts, cour.*) acquaforte # *graveur à l'eau-forte* acquafortista.

eaux-vannes |ovan| *s.f.pl.* acque nere, luride.

ébahir |ebaiʀ| **A** *v.tr.* [*frapper d'un grand étonnement*] stupire (197), meravigliare: *voilà une nouvelle qui m'ébahit* ecco una notizia che mi stupisce, che mi meraviglia → **abasourdir, stupéfier** ✦ (*au p.p.*) *je suis ébahi* sono stupito, stupefatto → **ahuri, stupéfait** **B** *v.pron. intr.* S'ÉBAHIR [→ *tr.*] stupirsi, meravigliarsi: *s'ébahir de qqch.* stupirsi, meravigliarsi di q.c.

ébahissement |ebaismɑ̃| *s.m.* [*étonnement extrême*] stupore, meraviglia *f.*

ébarbage |ebaʀbaʒ| *s.m.* [→ ÉBARBER] limatura *f.*; sbavatura *f.*

ébarber |ebaʀbe| *v.tr.* [*débarrasser des barbes, aspérités, bavures*] ◇ (*agric.*) sbramare, pilare ◇ (*métall.*) sbavare: *ébarber une pièce mécanique* sbavare un pezzo meccanico → **limer** ◇ (*typogr.*) *ébarber des feuilles de papier* rifilare dei fogli di carta → 1 **rogner.**

ébarbeur |ebaʀbœʀ| *s.m.*, **ébarbeuse** |ebaʀbøz| *s.f.* (*techn.*) sbavatrice *f.*; rifilatrice *f.*

ébarbeuse |ebaʀbøz| *s.f.* (*techn.*) sbattitrice.

ébarboir |ebaʀbwaʀ| *s.m.* (*métall.*) raschietto, raschiatoio* → **grattoir.**

ébarbure |ebaʀbyʀ| *s.f.* (*métall.*) sbavatura.

ébats |eba| *s.m.pl.* [*jeux*] giochi, trastulli ◇ (*loc.*) *prendre ses ébats* [*se divertir*] godersela, folleggiare.

ébattre (s') |ebatʀ(ə)| (76) *v.pron. intr.* (*littér.*) [*se donner du mouvement pour se divertir*] ruzzare *intr.*, folleggiare *intr.* → **folâtrer, jouer.**

ébaubi, ie |ebobi| *adj.* (*fam.*) [*frappé d'une stupeur admirative*] sbalordito, stupefatto: *il l'écoutait ébaubi* l'ascoltava sbalordito, stupefatto.

ébauchage |eboʃaʒ| *s.m.* [→ ÉBAUCHER A 1] sgrossatura *f.*, sbozzatura *f.* → **dégrossissage** [C] **finition.**

ébauche |eboʃ| *s.f.* [*première forme que l'on donne à une œuvre*] schizzo *m.*, abbozzo (*m.*): *l'ébauche d'un tableau* lo schizzo di un quadro; *l'ébauche d'une statue* l'abbozzo di una statua → **esquisse** ◇ (*fig.*) abbozzo, accenno (*m.*): *l'ébauche d'un sourire* l'abbozzo di un sorriso.

ébaucher |eboʃe| **A** *v.tr.* **1** [*donner la première forme à* (*une matière*)] sbozzare, sgrossare: *ébaucher une poutre, un bloc* sbozzare una trave, un blocco; *ébaucher un diamant* sgrossare un diamante → **dégrossir, épanneler** **2** [*donner la première forme à* (*un ouvrage*)] abbozzare: *ébaucher un tableau* abbozzare un quadro; *ébaucher une statue* abbozzare, sbozzare una statua; *ébaucher un roman, un projet* [*le concevoir, préparer dans les grandes lignes initiales*] abbozzare un romanzo, un progetto; *une idée à peine ébauchée* una idea appena abbozzata → **esquisser** ◇ (*fig.*) abbozzare, accennare: *ébaucher un salut* abbozzare, accennare un saluto **B** *v.pron.intr.* S'ÉBAUCHER [→ *tr.* 2] profilarsi, delinearsi: *un rapprochement s'ébauche entre les deux partis* si profila un riavvicinamento tra i due partiti.

ébaucheur |eboʃœʀ| *s.m.* [*ouvrier chargé d'ébaucher, de dégrossir*] sbozzatore* *s.*; abbozzatore* (*s.*): *ébaucheur de pierres* sbozzatore di pietre ‖ *ébaucheur de statues* abbozzatore di statue.

ébauchoir |eboʃwaʀ| *s.m.* [*outil pour ébaucher la pierre*] scalpello, subbia *f.* ◇ [*le bois*] sbozzino.

ébaudir |ebodiʀ| *v.tr.* (*vx.*) → **égayer, réjouir.**

ébavurer |ebavyʀe| *v.tr.* (*métall.*) [*débarrasser de ses bavures* (*une pièce estrampée*)] sbavare, togliere (123) le bave a.

Ébénacées |ebenase| *s.f.pl.* (*t.bot.*) Ebenacee.

ébène |ebɛn| *s.f.* [*bois de l'ébénier*] ebano (*m.*): *noir comme l'ébène* nero come l'ebano ◇ (*fig.*) *d'un noir d'ébène* (di un) nero ebano.

ébénier |ebenje| *s.m.* (*t.bot.*) ebano.

ébéniste |ebenist(ə)| *s.m.* ebanista.

ébénisterie |ebenist(ə)ʀi| *s.f.* ebanisteria.

éberlué, ée |ebɛʀlɥe| *adj.* (*fam.*)

[*ébahi, stupéfait*] sbalordito (*cour.*), stupefatto (*cour.*).

éberluer |ebɛʀlɥe| *v.tr.* (*vieilli*) [*étonner fortement, ébahir*] sbalordire (197) (*cour.*), stupire (197) (*cour.*).

éblouir |ebluiʀ| *v.tr.* **1** [*troubler par un éclat insoutenable*] abbagliare: *les phares de son auto nous éblouissaient* i fari della sua auto ci abbagliavano → **aveugler** **2** [*frapper d'admiration*] affascinare, abbagliare: *nous étions éblouis par ce spectacle* eravamo affascinati da quello spettacolo → **émerveiller** **3** [*impressionner, séduire*] impressionare, sbalordire (197): *il veut nous éblouir* vuole impressionarci, sbalordirci; *se laisser éblouir par les apparences* lasciarsi impressionare dalle apparenze.

éblouissant, ante |ebluisɑ̃, ɑ̃t| *adj.* **1** [*qui éblouit*] abbagliante; smagliante: *une lumière éblouissante* una luce abbagliante || *une blancheur éblouissante* un biancore smagliante → **aveuglant, éclatant** # *teint éblouissant* carnagione luminosa **2** (*fig.*) [*d'une beauté merveilleuse, d'une qualité brillante*] splendido, fantastico*: *une créature éblouissante* una splendida creatura; *une idée éblouissante* un'idea fantastica, luminosa.

éblouissement |ebluismɑ̃| *s.m.* **1** [→ ÉBLOUIR 1] abbagliamento ◇ [*trouble de la vue généralt. accompagné de vertige*] annebbiamento, offuscamento (della vista); capogiro: *avoir des éblouissements* avere annebbiamenti, offuscamenti (della vista); avere capogiri **2** (*fig.*) [*émerveillement; sujet d'émerveillement*] incanto, meraviglia (*f.*): *c'était un éblouissement* era un incanto.

ébonite |ebɔnit| *s.f.* ebanite.

éborgnage |ebɔʀɲaʒ| *s.m.* (*agric.*) accecamento.

éborgnement |ebɔʀɲəmɑ̃| *s.m.* [→ ÉBORGNER] accecamento (a un occhio).

éborgner |ebɔʀɲe| **A** *v.tr.* [*rendre borgne*] cavare un occhio a **B** *v.pron.* S'ÉBORGNER **1** *intr.* [→ *tr.*] cavarsi *tr.* un occhio, accecarsi: *j'ai failli m'éborgner* per poco non mi cavavo un occhio **2** *récipr.* cavarsi *tr.* gli occhi: *ils vont s'éborgner!* si caveranno gli occhi!

éboueur |ebwœʀ| *s.m.* [*boueur*] spazzino, netturbino.

ébouillanter |ebujɑ̃te| **A** *v.tr.* [*passer à l'eau bouillante*] sbollentare, dare (102) una scottata a: *ébouillanter des légumes* sbollentare la verdura → **blanchir** **B** *v.pron.réfl.* S'ÉBOUILLANTER [*se brûler avec de l'eau bouillante*] scottarsi.

éboulement |ebulmɑ̃| *s.m.* [*chute de terres, rochers, constructions qui s'éboulent*] frana *f.*, smottamento: *des mineurs victimes d'un éboulement* minatori vittime di una frana.

ébouler (s') |ebule| *v.pron.intr.* [*tomber par morceaux, en s'affaissant*] crollare *intr.*, franare (*intr.*): *cette muraille s'éboule* questo muro crolla → **écrouler (s'), effondrer (s')**.

ébouleux, euse |ebulø, øz| *adj.* [*qui peut s'ébouler*] franoso: *terrains ébouleux* terreni franosi.

éboulis |ebuli| *s.m.* [*amas lentement constitué de matériaux éboulés*] detriti *pl.*, ammasso di detriti → **éboulement.**

ébourgeonnage |ebuʀʒɔnaʒ|, **ébourgeonnement** |ebuʀʒɔnmɑ̃| *s.m.* (*agric.*) scacchiatura *f.* → **éborgnage, épamprage.**

ébourgeonner |ebuʀʒɔne| *v.tr.* (*agric.*) [*débarrasser (un arbre fruitier) des bourgeons superflus*] scacchiare: *ébourgeonner la vigne* scacchiare la vigna → **éborgner, épamprer.**

ébouriffant, ante |ebuʀifɑ̃, ɑ̃t| *adj.* (*fam.*) [*qui ébouriffe* (2)] strabiliante (*cour.*): *un succès ébouriffant* un successo strabiliante → **renversant.**

ébouriffé, ée |ebuʀife| *adj.* (*sujet de personne*) [*dont les cheveux sont en désordre*] arruffato, scompigliato → **échevelé, hirsute** ◇ (*choses*) [*hérissé*] ispido, irsuto.

ébouriffer |ebuʀife| *v.tr.* **1** [*relever en désordre (les cheveux)*] arruffare, scompigliare (i capelli) → **écheveler, hérisser** ✦ *au p.p.* scarmigliato: *il était tout ébouriffé* era tutto scarmigliato **2** (*fig., fam.*) [*surprendre au point de choquer*] sbalordire (197) (*cour.*): *cette nouvelle l'a ébouriffé* la notizia lo ha sbalordito → **ahurir.**

ébourrer |ebuʀe| *v.tr.* (*techn.*) [*dépouiller de sa bourre (une peau)*] depilare.

ébouter |ebute| *v.tr.* [*raccourcir en coupant le bout*] spuntare: *ébouter un bâton* spuntare un bastone.

ébranchage |ebʀɑ̃ʃaʒ|, **ébranchement** |ebʀɑ̃ʃmɑ̃| *s.m.* [→ ÉBRANCHER] potatura *f.* → **élagage, émondage.**

ébrancher |ebʀɑ̃ʃe| *v.tr.* [*dépouiller (un arbre) de ses branches*] potare → **élaguer, émonder.**

ébranchoir |ebʀɑ̃ʃwaʀ| *s.m.* (*agric.*) ronchetto, roncola *f.*

ébranlement |ebʀɑ̃lmɑ̃| *s.m.* **1** [→ ÉBRANLER A 1, 2] vibrazione *f.*, oscillazione (*f.*): *ébranlement du sol, des vitres sous l'effet d'une explosion* vibrazione del suolo, dei vetri per effetto di una esplosione → **commotion, tremblement** **2** (*fig.*) [*état chancelant, menace de ruine*] il vacillare *inv.*, vacillamento: *l'ébranlement d'un empire* il vacillare di un impero.

ébranler |ebʀɑ̃le| **A** *v.tr.* **1** [*faire trembler, vibrer par un choc*] scuotere (162), scrollare; far (103) *intr.* tremare, far *intr.* vacillare: *un coup l'ébranla* un colpo lo scosse || *détonation qui ébranle les vitres* detonazione che fa tremare i vetri → **secouer** **2** [*mettre en danger de crise ou de ruine*] scuotere, far vacillare: *une bombe a ébranlé cet immeuble, mais il ne s'est pas écroulé* una bomba ha scosso quel palazzo, che però non è crollato → **compromettre** ◇ (*fig.*) *les émeutes qui ont ébranlé le régime* le sommosse che hanno fatto vacillare il regime → **saper, compromettre** # *l'accident qui a ébranlé sa santé* l'incidente che ha compromesso la sua salute **3** [*rendre peu ferme, incertain (les opinions, le moral de qqn.)*] far vacillare: *ébranler la volonté, la foi de qqn.* far vacillare la volontà, la fede di qc. ◇ (*compl. de personne*) *ébranler qqn.* [*le troubler, le faire chanceler dans ses convictions*] scuotere, turbare qc.: *rien ne pouvait l'ébranler* nulla poteva scuoterlo, turbarlo **B** *v.pron.* S'ÉBRANLER **1** *intr.* [*être mis en branle, en mouvement*] muoversi (157), avviarsi # *la voiture s'ébranle* l'automobile si mette in moto, in movimento → **démarrer** **2** *réfl.* muoversi, avviarsi: *le cortège s'ébranle lentement* il corteo si muove, si avvia lentamente © A 2 **consolider.**

ébrasement |ebʀɑzmɑ̃| *s.m.* (*techn.*) strombo, sguancio*: *l'ébrasement d'une fenêtre* lo strombo di una finestra.

ébraser |ebʀɑze| *v.tr.* (*archit.*) [*percer une baie en ligne biaise*] strombare.

ébrécher |ebʀeʃe| (8) *v.tr.* **1** [*endommager en faisant des brèches sur le bord*] sbreccare, sbocconcellare ✦ (*au p.p.*) *assiettes ébréchées* piatti sbreccati, sbocconcellati **2** (*fig., fam.*) [*diminuer, entamer*] intaccare, compromettere (155): *cette erreur a ébréché sa réputation* questo errore ha intaccato, ha compromesso la sua reputazione → **écorner.**

ébréchure |ebʀeʃyʀ| *s.f.* [*partie ébréchée, petit morceau ébréché*] scheggiatura, sbocconcellatura: *les ébréchures d'une assiette* le scheggiature di un piatto.

ébriété |ebʀijete| *s.f.* [*ivresse*] ubriachezza, ebbrezza: *un individu en état d'ébriété* un individuo in stato di ubriachezza, di ebbrezza.

ébrouement |ebʀumɑ̃| *s.m.* [*sorte d'éternuement de certains animaux*] sbuffo ◇ (*par anal.*) fruscio*: *un ébrouement d'ailes* un fruscio d'ali.

ébrouer(s') |ebʀue| *v.pron.intr.* **1** (*se dit du cheval qui souffle bruyamment en secouant la tête*) sbuffare *intr.* **2** (*par anal.*) [*souffler. en s'agitant*] scrollarsi di dosso, sbuffare: *le plongeur s'ébroue en sortant de la piscine* il tuffatore si scrolla di dosso l'acqua uscendo dalla piscina.

ébruitement |ebʀɥitmɑ̃| *s.m.* [→ ÉBRUITER] divulgazione *f.*, fuga* (*f.*): *il faut empêcher l'ébruitement de cette nouvelle* bisogna impedire la divulgazione, la fuga di questa notizia.

ébruiter |ebʀɥite| **A** *v.tr.* [*divulguer*] divulgare, diffondere (146): *ébruiter une nouvelle* divulgare, diffondere una notizia **B** *v.pron.intr.* S'ÉBRUITER (*sujet de chose*) trapelare (*intr.*): *rien ne s'est ébruité de cet entretien secret* non è trapelato nulla di questo colloquio segreto → **répandre (se).**

ébulliomètre |ebyljɔmɛtʀ(ə)|, **ébullioscope** |ebyljɔskɔp| *s.m.* (*chim.*) ebullioscopio*, ebulliometro.

ébulliométrie |ebyljɔmetʀi|, **ébullioscopie** |ebyljɔskɔpi| *s.f.* ebulliometria, ebullioscopia.

ébulliométrique |ebyljɔmetʀik|, **ébullioscopique** |ebyljɔskɔpik| *adj.* ebullioscopico*.

ébullition |ebylisjɔ̃| *s.f.* **1** ebollizione: *point d'ébullition* punto di ebollizione # *attendre l'ébullition avant de jeter les pâtes* aspettare che l'acqua bolla prima di buttare la pasta **2** *loc. fig.* EN ÉBULLITION [*dans un état de vive agitation, de surexcitation*] in fermento: *tout le quartier était en ébullition* tutto il quartiere era in fermento, in agitazione → **effervescence, fermentation.**

éburné, ée |ebyʀne|, **éburnéen, éenne** |ebyʀneɛ̃, eɛn| *adj.* [*qui a la couleur, la consistance de l'ivoire*] eburneo # *substance éburnée* [*dentine*] dentina, avorio.

écaillage |ekajaʒ| *s.m.* **1** [→ ÉCAILLER A 1] *l'écaillage du poisson* lo squamare *inv.* il pesce ◇ [→ ÉCAILLER A 2] *l'écaillage des huîtres* la sgusciatura *f.*

delle ostriche **2** [→ ÉCAILLER B] scheggiatura *f.*; scrostatura (*f.*): *l'écaillage d'une poterie* la scheggiatura di un vaso || *l'écaillage d'un tableau* la scrostatura di un quadro.

écaille |ekɑj| *s.f.* **1** (*zool., cour.*) squama, scaglia: *les écailles des poissons, des reptiles* le squame dei pesci, le scaglie dei rettili ◇ (*bot.*) squama **2** [*parcelle, lamelle se détachant d'une chose*] scaglia: *des écailles de plâtre* delle scaglie di gesso **3** [*matière qui recouvre la carapace des grandes tortues de mer*] tartaruga*: *lunettes à monture en écaille* occhiali con montatura di tartaruga ◇ [*résine synthétique imitant cette matière*] finta tartaruga → **bakélite.**

écaillé, ée |ekɑje| *adj.* [*qui s'écaille*] scrostato, scheggiato: *peinture écaillée* pittura scrostata.

écailler |ekɑje| **A** *v.tr.* **1** [*dépouiller de ses écailles*] squamare: *écailler un poisson* squamare un pesce **2** [*ouvrir* (*une huître*)] sgusciare (un'ostrica) **3** [*faire tomber en écailles* (*un enduit, un vernis, etc.*)] scrostare: *écailler le plomb avant de faire une soudure* scrostare il piombo prima di fare una saldatura **B** *v.pron.intr.* S'ÉCAILLER [→ *tr.* 3] scrostarsi, scheggiarsi: *un mur qui s'écaille* un muro che si scrosta.

écailler, ère |ekɑje, ɛʀ| *s.* [*personne qui ouvre et vend des huîtres, des fruits de mer*] ostricaro, ostricaio* # *maître écailler* gestore di ristorante specializzato in frutti di mare.

écailleux, euse |ekɑjø, øz| *adj.* **1** [*qui a des écailles*] squamoso: *le dos écailleux du lézard* il dorso squamoso della lucertola **2** [*susceptible de se détacher par écailles*] scaglioso; squamoso: *surface écailleuse* superficie scagliosa || *peau écailleuse* pelle squamosa.

écaillure |ekɑjyʀ| *s.f.* **1** [*pellicule détachée d'une surface*] scrostatura: *les écaillures d'un vernis* le scrostature di una vernice **2** (*rare*) [*ensemble des écailles d'un reptile*] squame *pl.* (*cour.*); [*d'un poisson*] scaglie *pl.* (*cour.*), squame.

écale |ekal| *s.f.* [*enveloppe recouvrant la coque des noix et des amandes*] mallo *m.*; [*des noisettes*] cupola; [*des châtaignes*] riccio* *m.*

écaler |ekale| *v.tr.* [*dépouiller de l'écale*] smallare: *écaler une noix* smallare una noce.

écalure |ekalyʀ| *s.f.* (*techn.*) buccia*; guscio* *m.*

écang |ekɑ̃| *s.m.* (*techn.*) gramola *f.*, maciulla *f.*

écanguer |ekɑ̃ge| *v.tr.* (*techn.*) [*broyer* (*le chanvre, le lin*)] gramolare, maciullare.

écarlate |ekaʀlat| **1** *s.f.* scarlatto *m.* ◇ [*étoffe*] scarlattino *m.* **2** *adj.* scarlatto ◇ (*fig.*) *à ces mots, il devint écarlate* a quelle parole si fece scarlatto (in viso) → **cramoisi.**

écarquiller |ekaʀkije| *v.tr.* [*ouvrir démesurément* (*les yeux*)] spalancare, sgranare (gli occhi).

1 **écart** |ekaʀ| *s.m.* **1** [→ 1 ÉCARTER A 1] divaricazione *f.*, allargamento: *l'écart des jambes, des bras* la divaricazione delle gambe, delle braccia → **écartement, éloignement** # *l'écart des branches d'un compas* l'apertura delle aste di un compasso ◇ (*danse*) *grand écart* spaccata *f.* **2** [*différence entre deux grandeurs ou valeurs*] differenza *f.*, divario*: *écarts entre les températures du jour et de la nuit* differenze tra le temperature diurne e quelle notturne ◇ (*statistique*) *écart type* scarto quadratico medio → **variation 3** [→ ÉCARTER B 2] scarto: *son cheval a fait un écart* il suo cavallo ha fatto uno scarto; *faire un écart pour éviter un coup* fare uno scarto per scansare un colpo → **déviation 4** (*fig.*) *des écarts de conduite* delle scappate, scappatelle: *faire des écarts de langage* usare un linguaggio sconveniente → **erreur,** 2 **faute 5** *loc. adv.* À L'ÉCART [*dans un endroit écarté*] in disparte: *se tenir à l'écart* starsene in disparte ◇ (*fig.*) *tenir qqn. à l'écart* tenere in disparte qc. **6** *loc.prép.* À L'ÉCART DE [*loin de, à une certaine distance de*] lontano *adj.* da, distante *adj.* da: *la maison était un peu à l'écart de la route* la casa era un po' distante, lontana dalla strada ◇ (*fig.*) *se tenir à l'écart de l'agitation politique* tenersi lontano dall'agitazione politica Ⓒ 1 **rapprochement;** 2 **concordance.**

2 **écart** |ekaʀ| *s.m.* (*cartes*) [*action d'*(2) *écarter; les cartes écartées*] scarto.

écarté |ekaʀte| *s.m.* (*jeu de cartes*) 'écarté' *inv.*

écarté, ée |ekaʀte| *adj.* **1** [*éloigné des lieux de passage*] fuori (di) mano (*loc. adv.*): *endroit, chemin écarté* luogo, strada fuori (di) mano → **isolé 2** [*sensiblement éloigné l'un de l'autre*] distante.

écartelé |ekaʀtəle| *adj. m.* (*blas.*) inquartato.

écartèlement |ekaʀtɛlmɑ̃| *s.m.* **1** [→ ÉCARTELER 1] squartamento **2** (*fig.*) [→ ÉCARTELER 2] tormento, strazio* → **tiraillement.**

écarteler |ekaʀtəle| (7) *v.tr.* **1** [*déchirer en quatre un condamné en faisant tirer ses membres par quatre chevaux*] squartare **2** (*fig.*) [*tirailler*] dilaniare, straziare.

écartelure |ekaʀtəlyʀ| *s.f.* (*blas.*) inquartatura.

écartement |ekaʀtəmɑ̃| *s.m.* **1** [→ 1 ÉCARTER A 1, 2] divaricazione *f.*; allontanamento: *écartement des bras, des jambes* divaricazione delle braccia, delle gambe **2** [*espace qui sépare deux ou plusieurs choses*] distanza *f.*; scartamento → 1 **écart, distance** # *écartement des essieux* passo.

1 **écarter** |ekaʀte| **A** *v.tr.* **1** [*mettre plusieurs choses à quelque distance les unes des autres*] allargare, divaricare: *écarter les doigts* allargare le dita; *écarter les jambes* divaricare le gambe → **disjoindre, séparer, ouvrir 2** [*mettre à une certaine distance d'une chose, d'une personne*] scostare, allontanare: *écarter une table du mur* scostare un tavolo dal muro → **éloigner** ◇ [*éloigner* (*de soi*)] scartare, respingere (119): *écarter toute idée préconçue* scartare, respingere ogni idea preconcetta ◇ [*exclure*] escludere (106), eliminare: *on l'a écarté de la liste* è stato eliminato, escluso dalla lista → **éliminer 3** [*éloigner d'une direction*] portar fuori strada, far (103) *intr.* deviare: *prenez cette direction, cela ne vous écartera pas beaucoup* prendete questa direzione, non vi porterà molto fuori strada → **détourner, dévier B** *v.pron.* S'ÉCARTER **1** *intr.* [*s'ouvrir, se disperser*] aprirsi (186), scostarsi: *les nuages s'écartent et laissent voir un peu de ciel bleu* le nuvole si aprono e lasciano vedere un po' di (cielo) azzurro **2** *réfl.* [*s'éloigner* (*d'un lieu, d'une direction*)] scostarsi, allontanarsi: *écartez-vous de là* scostatevi, allontanatevi di lì (da qui) ◇ (*fig.*) *s'écarter du bon chemin* allontanarsi dalla giusta via; *cet artiste s'écarte de la nature* quell'artista si allontana dalla natura Ⓒ A 1 **rapprocher.**

2 **écarter** |ekaʀte| *v.tr.* (*cartes*) [*rejeter* (*une carte*) *de son jeu*] scartare.

écarteur |ekaʀtœʀ| *s.m.* **1** (*tauromachie*) aizzatore del toro **2** (*chir.*) divaricatore → **dilatateur.**

ecballium |ɛkbaljɔm| *s.m.* (*t.bot.*) ecballium *inv.*, cocomero asinino (*cour.*).

ecce homo |ɛkseɔmo| *s.m.inv.* (*lat.*) (*bx-arts*) ecce homo.

ecchymose |ekimoz| *s.f.* ecchimosi *inv.* → **bleu.**

ecclésial, ale, aux |eklezjal, o| *adj.* ecclesiale.

ecclésiastique |eklezjastik| **1** *adj.* ecclesiastico*: *l'état ecclésiastique* lo stato ecclesiastico; *ordres ecclésiastiques* ordini ecclesiastici → **religieux 2** *s.m.* ecclesiastico → **ministre, pasteur, prêtre** Ⓒ **laïc.**

écervelé, ée |esɛʀvəle| *adj.* [*qui est sans jugement*] scervellato → **étourdi, fou** ♦ (*s.*) *un écervelé* uno scervellato: *agir en écervelé, comme un écervelé* comportarsi da scervellato → **hurluberlu.**

échafaud |eʃafo| *s.m.* [*plate-forme destinée à l'exécution des condamnés*] patibolo: *finir sur l'échafaud* finire sul patibolo; *monter à l'échafaud* salire sul patibolo, andare al patibolo ◇ (*par ext.*) [*cette peine*] ghigliottina *f.*, decapitazione (*f.*): *il risque l'échafaud* rischia la ghigliottina, la decapitazione.

échafaudage |eʃafodaʒ| *s.m.* **1** [*construction temporaire soutenue par une charpente*] impalcatura *f.*, ponteggio*: *dresser un échafaudage* montare un'impalcatura, un ponteggio **2** [*assemblage de choses posées les unes sur les autres*] catasta (*f.*): *un échafaudage de livres* una catasta di libri → **pyramide** ◇ (*fig.*) mucchio*, cumulo: *un échafaudage de mensonges* un mucchio, un cumulo di menzogne.

échafauder |eʃafode| **A** *v.intr.* [*construire un échafaudage*] montare *tr.* un'impalcatura, un ponteggio **B** *v.tr.* (*fig.*) [*former par des combinaisons hâtives et fragiles*] architettare; imbastire (197): *échafauder un plan* architettare un piano || *échafauder une théorie* imbastire una teoria.

échalas |eʃalɑ| *s.m.* [*pieu en bois servant à soutenir un arbuste, un cep de vigne*] palo ◇ (*loc. fig.*) *il est raide comme un échalas* è ritto, rigido come un palo ~ *un grand échalas* [*une personne grande et maigre*] uno spilungone, una pertica* *f.* → 2 **perche.**

échalasser |eʃalɑse| *v.tr.* (*agric.*) [*soutenir* (*des arbres*) *à l'aide d'échalas*] impalare.

échalier |eʃalje| *s.m.* [*sorte d'échelle*] scaletta *f.* ◇ [*clôture mobile à l'entrée d'un champ*] recinzione *f.* mobile.

échalote |eʃalɔt| *s.f.* (*t.bot.*) scalogno *m.*

échancré, ée |eʃɑ̃kʀe| *adj.* [*creusé, découpé en creux*] scollato; incavato: *corsage échancré* camicetta scollata → **décolleté** || *littoral profondément échancré* litorale profondamente incavato.

échancrer |eʃɑ̃kʀe| *v.tr.* [*creuser*

ou découper en creux] incavare; scollare: *le courant a échancré la côte* la corrente ha incavato la costa → **évider** || *échancrer l'encolure d'une robe* scollare un abito → **décolleter.**

échancrure |eʃɑ̃kʀyʀ| *s.f.* [*partie échancrée*] scollatura, scollo (*m.*): *l'échancrure d'une blouse* la scollatura, lo scollo di una camicetta → **découpure** ◇ (*par anal.*) *échancrures d'une côte* insenature di una costa.

échange |eʃɑ̃ʒ| *s.m.* **1** [→ ÉCHANGER A 1] scambio*: *proposer un échange à un collectionneur* proporre uno scambio a un collezionista; *un échange de prisonniers* uno scambio di prigionieri ◇ (*dr.*) permuta *f.* → **troc** **2** (*écon.*) scambio: *les échanges internationaux* gli scambi internazionali; *les échanges commerciaux* gli scambi commerciali; *le volume des échanges* il volume degli scambi, dell'interscambio **3** [*communication réciproque* (*de documents, renseignements, etc.*)] scambio: *échange de lettres* scambio di lettere; *échange de politesses* scambio di cortesie; *échange de vues* scambio di vedute **4** (*biol.*) scambio: *échanges gazeux* scambi gassosi **5** *loc. adv.* EN ÉCHANGE in cambio: *donner, recevoir qqch. en échange* dare, ricevere q.c. in cambio → **contrepartie (en), remplacement (en), retour (en)** ✦ *loc. prép.* EN ÉCHANGE DE in cambio, in corrispettivo di: *donner une chose en échange d'une autre* dare una cosa in cambio di un'altra.

échangeable |eʃɑ̃ʒabl(ə)| *adj.* [→ ÉCHANGER A 1] permutabile Ⓒ **inéchangeable.**

échanger |eʃɑ̃ʒe| (3) **A** *v.tr.* **1** [*céder moyennant contrepartie*] scambiare: *échanger une marchandise contre une autre* scambiare una merce con un'altra ◇ (*sujet au plur.*) [*donner et recevoir* (*des choses équivalentes*)] scambiarsi (*pron.*): *les mariés ont échangé leurs anneaux* gli sposi si sono scambiati gli anelli **2** [*adresser et recevoir en retour*] scambiare, scambiarsi: *échanger un regard* scambiare, scambiarsi uno sguardo; *échanger des politesses, des injures* scambiarsi cortesie, insulti; *ils ont échangé des lettres* si sono scambiati delle lettere **B** *v.pron.* (*sens passif*) S'ÉCHANGER scambiarsi, essere (96) *intr.* scambiato: *les produits s'échangent contre les produits* i prodotti si scambiano, sono scambiati con i prodotti.

échangeur |eʃɑ̃ʒœʀ| *s.m.* **1** (*phys., techn.*) *échangeur* (*de chaleur*) scambiatore (di calore) **2** [*intersection routière à plusieurs niveaux*] svincolo.

échangiste |eʃɑ̃ʒist(ə)| *s.* (*dr.*) scambista.

échanson |eʃɑ̃sɔ̃| *s.m.* (*plais.*) [*personne qui sert à boire*] coppiere, ganimede ◇ (*ancienn.*) [*officier d'une cour, qui servait à boire à la table du prince*] coppiere.

échantillon |eʃɑ̃tijɔ̃| *s.m.* **1** [*petite quantité d'une marchandise qu'on montre pour donner une idée de l'ensemble*] campione, saggio*: *échantillon de vin* saggio, campione di vino; *vente à l'échantillon* vendita su campione # *boîte, cahier d'échantillons d'étoffes* campionario di stoffe; *foire d'échantillons* fiera campionaria **2** [*spécimen remarquable* (*d'une espèce, d'un genre*)] esempio* tipico*, esemplare: *vous avez là un échantillon de la beauté des femmes de notre ville* ecco un esempio tipico della bellezza delle donne della nostra città → **exemple, représentant** **3** (*statistique*) campione.

échantillonnage |eʃɑ̃tijɔnaʒ| *s.m.* **1** [→ ÉCHANTILLONNER 1] campionatura *f.*, campionamento **2** [*collection d'échantillons*] campionario* **3** (*statistique*) campionatura, prelevamento di campioni.

échantillonner |eʃɑ̃tijɔne| *v.tr.* **1** [*choisir des échantillons*] campionare: *échantillonner des draps* campionare delle lenzuola **2** (*statistique: en vue d'un sondage*) prelevare campioni.

échantillonneur, euse |eʃɑ̃tijɔnœʀ, øz| *s.* [*personne qui échantillonne*] campionatore*.

échappatoire |eʃapatwaʀ| *s.f.* [*moyen détourné par lequel on cherche à se tirer d'embarras*] via d'uscita, scappatoia: *aucune échappatoire n'est possible* non c'è via d'uscita → **dérobade, subterfuge.**

échappé, ée |eʃape| *s.* (*vieilli*) [*évadé*] evaso ◇ (*spécialt.*) *un échappé de Charenton* [*un fou*] un pazzo.

échappée |eʃape| *s.f.* **1** (*cyclisme*) fuga* **2** [*espace ouvert à la vue, à la lumière*] scorcio* *m.*, squarcio* *m.*; sprazzo (*m.*): *une échappée sur la campagne* uno scorcio di campagna || *échappée de soleil* sprazzo di sole **3** (*fig.*) *par échappées* [*à de rares moments*] a sprazzi.

échappement |eʃapmɑ̃| *s.m.* **1** (*auto., cour.*) scappamento, scarico*: *échappement libre* scappamento libero; *tuyau d'échappement muni d'un silencieux* tubo di scappamento, di scarico munito di silenziatore; *pot d'échappement* marmitta (di scarico) **2** (*techn.*) [*mécanisme d'horlogerie*] scappamento: *montre à échappement* orologio a scappamento; *échappement à recul, à ancre* scappamento a ritorno, ad ancora.

échapper |eʃape| **A** *v.intr.* (*aux.* 'avoir, être') **1** ÉCHAPPER À [*cesser d'être prisonnier de*] sfuggire (*aux.* essere) a: *le voleur avait, était échappé à la police* il ladro era sfuggito alla polizia **2** [*cesser d'être tenu, retenu*] sfuggire, scappare (*aux.* essere): *le verre lui est, a échappé des mains* il bicchiere gli è sfuggito di mano → **glisser, 1 tomber** ◇ (*fig.*) sfuggire: *son nom m'avait, m'était échappé* il suo nome mi era sfuggito; *elle sentait que son fils lui échappait* sentiva che suo figlio le sfuggiva **3** [*être produit involontairement*] sfuggire, scappare (di bocca): *je regrette les paroles qui m'ont échappé, qui me sont échappées* mi dispiace per le parole che mi sono sfuggite (di bocca); *ce secret lui est, a échappé* il segreto gli è sfuggito di bocca **4** [*éviter* (*qqn., qqch.*) *de menaçant*] sfuggire: *elle est échappée, a échappé à un accident* è sfuggita a un incidente ◇ (*choses*) [*n'être pas touché, compris par*] sfuggire: *rien ne lui avait, était échappé* non gli era sfuggito nulla **B** (*v.tr.*) *loc.* L'ÉCHAPPER BELLE scamparla bella **C** *v.pron.intr.* S'ÉCHAPPER **1** [*s'enfuir, se sauver*] scappare *intr.*, fuggire (*intr.*): *les prisonniers se sont échappés* i prigionieri sono scappati, fuggiti ◇ (*sport*) [*faire une échappée*] staccarsi, effettuare *tr.* una fuga: *cyclistes qui s'échappent du peloton* ciclisti che si staccano dal gruppo, che vanno in fuga **2** (*choses*) *le gaz qui s'échappe d'un tuyau* il gas che esce, che fuoriesce da un tubo.

écharde |eʃaʀd(ə)| *s.f.* [*petit fragment de bois ou d'épine qui a pénétré sous la peau*] scheggia*: *avoir une écharde dans le doigt* avere una scheggia nel dito.

échardonnage |eʃaʀdɔnaʒ| *s.m.* (*agric.*) mondatura *f.* (di un campo) dai cardi.

échardonner |eʃaʀdɔne| *v.tr.* (*agric.*) [*débarrasser* (*un terrain*) *des chardons*] mondare (un campo) dai cardi.

écharnage |eʃaʀnaʒ|, **écharnement** |eʃaʀnəmɑ̃| *s.m.* (*techn.*) scarnatura *f.*

écharner |eʃaʀne| *v.tr.* (*techn.*) [*débarrasser* (*une peau*) *de la chair qui y adhère*] scarnare.

écharneuse |eʃaʀnøz| *s.f.* (*techn.*) scarnatrice.

écharnoir |eʃaʀnwaʀ| *s.m.* (*techn.*) scarnatoio*.

écharpe |eʃaʀp(ə)| *s.f.* **1** sciarpa: *mettre une écharpe de laine* mettere una sciarpa di lana → **cache-col, cache-nez** **2** [*bande d'étoffe servant d'insigne*] fascia*, sciarpa: *l'écharpe tricolore des maires* la fascia tricolore dei sindaci **3** *loc. adv.* EN ÉCHARPE [*en bandoulière*] a tracolla, a bandoliera # *avoir un bras en écharpe* avere un braccio al collo ◇ [*de biais*] di sbieco, di traverso: *la voiture a été prise en écharpe par un camion* l'automobile è stata investita di traverso da un camion → **obliquement.**

écharper |eʃaʀpe| *v.tr.* **1** [*blesser, mutiler*] sfregiare, mutilare: *écharper son adversaire* sfregiare il proprio avversario → **balafrer** **2** [*déchiqueter, massacrer*] massacrare: *l'assassin a failli se faire écharper par la foule* per poco l'assassino non è stato massacrato dalla folla → **lyncher.**

échasse |eʃɑ(a)s| *s.f.* **1** [*long bâton pour marcher à une certaine hauteur au-dessus du sol*] trampolo *m.* ◇ (*plais.*) *elle est montée sur des échasses!* [*elle a de longues jambes*] che trampoli! ◇ (*fig.*) *monter sur des échasses* [*faire l'important*] stare (104), salire (199) in cattedra **2** (*t.zool.*) cavaliere *m.* d'Italia → **Échassiers.**

Échassiers |eʃɑ(a)sje| *s.m.pl.* (*t. zool.*) Trampolieri.

échauboulure |eʃobulyʀ| *s.f.* (*vétér.*) orticaria.

échaudage |eʃodaʒ| *s.m.* (*agric.*) stretta *f.*

échaudé |eʃode| *s.m.* (*pâtiss.*) [*gâteau léger de pâte échaudée, puis passée au four*] ⊠.

échaudé, ée |eʃode| *adj.* (*agric.*) *blé échaudé* grano che ha subìto la stretta *loc.*

échauder |eʃode| *v.tr.* **1** [*passer à l'eau chaude*] scaldare (con acqua bollente) ◇ (*cuis.*) [*tremper dans l'eau bouillante*] scottare, sbollentare: *échauder du céleri* scottare, sbollentare il sedano → **ébouillanter** **2** (*fig.*) *se faire échauder, être échaudé* [*subir une mésaventure*] essere scottato ◇ (*prov.*) *chat échaudé craint l'eau froide* gatto scottato dall'acqua calda, ha paura dell'acqua fredda.

échauffant, ante |eʃofɑ̃, ɑ̃t| *adj.* [*qui provoque de l'échauffement, de la constipation*] che riscalda *loc.*, che provoca costipazione *loc.* # *les aliments épicés sont échauffants* i cibi piccanti riscaldano, provocano costipazione © **rafraîchissant.**

échauffement |eʃofmɑ̃| *s.m.* **1** [→ ÉCHAUFFER A 1] riscaldamento: *échauffement d'une pièce mécanique* riscaldamento di un pezzo meccanico **2** [*altération due à la chaleur*] riscaldamento: *échauffement du bois, des céréales* riscaldamento del legno, dei cereali **3** (*vieilli*) [*état inflammatoire, irritation*] riscaldo (*pop.*) © 1 **refroidissement.**

échauffer |eʃofe| **A** *v.tr.* **1** [*rendre chaud par degrés*] riscaldare, surriscaldare: *frottement qui échauffe les roues* attrito che surriscalda le ruote ◇ (*fig.*) [*exciter*] eccitare, scaldare: *exciter les esprits* eccitare, scaldare gli animi ◇ (*loc.*) *échauffer la bile, les oreilles* mandare in bestia, fare andare in bestia, su tutte le furie → **irriter** **2** [*déterminer l'échauffement* (2) *de*] surriscaldare **B** *v. pron. réfl.* S'ÉCHAUFFER (*sport*) [*entraîner ses muscles avant l'épreuve*] riscaldarsi ◇ (*fig.*) [*s'animer, se passionner en parlant*] infervorarsi, accalorarsi: *s'échauffer en discutant* infervorarsi, accalorarsi nel discutere © A 1 **refroidir.**

échauffourée |eʃofuʀe| *s.f.* [*bagarre confuse et de courte durée*] tafferuglio* *m.*, parapiglia *m.inv.* ◇ (*milit.*) scaramuccia*.

échauguette |eʃogɛt| *s.f.* (*fortif.*) guardiola → **poivrière.**

èche, esche, aiche |ɛʃ| *s.f.* (*pêche*) esca*.

échéance |eʃeɑ̃s| *s.f.* **1** [*date d'expiration d'un délai, d'un engagement*] scadenza: *échéance d'un loyer, d'une traite* scadenza di un affitto, di una tratta; *faire face à une lourde échéance* affrontare una scadenza impegnativa → 2 **expiration, terme** **2** (*avec 'à'*) [*délai*] scadenza: *à longue, à brève échéance* a lunga, a breve scadenza.

échéancier |eʃeɑ̃sje| *s.m.* (*compt.*) scadenzario*.

échéant |eʃeɑ̃| *loc. adv.* LE CAS ÉCHÉANT [*si l'occasion se présente*] all'occorrenza: *je m'en occuperai, le cas échéant* all'occorrenza me ne occuperò → **occasion (à l').**

échéant, ante |eʃeɑ̃, ɑ̃t| *adj.* [*qui arrive à échéance*] in scadenza (*loc. inv.*): *effet échéant* effetto in scadenza.

1 **échec** |eʃɛk| *s.m.* **1** [*revers éprouvé par qqn.*] scacco*, smacco*: *essuyer, subir un échec* subire uno scacco, uno smacco → 2 **échouer** ◇ [*insuccès, faillite*] insuccesso, fiasco*: *tentative vouée à l'échec* tentativo destinato all'insuccesso; *son échec à l'examen* il suo fiasco all'esame **2** *loc.* EN ÉCHEC [*en position difficile face à un adversaire*] in scacco: *tenir qqn. en échec* tenere qc. in scacco → **embarrasser** © 1 **succès.**

2 **échec** |eʃɛk| *s.m.* **I** *au plur.* LES ÉCHECS **1** (*jeu*) gli scacchi: *partie d'échecs* partita a scacchi; *jouer aux échecs* giocare a scacchi **2** (*par ext.*) [*ensemble des pièces de ce jeu*] gli scacchi: *des échecs en ivoire, en ébène* scacchi d'avorio, d'ebano **II** *au sing.* (*jeu*) scacco*: *échec au roi, à la reine* scacco al re, alla regina; *faire échec, échec et mat* dare scacco, scacco matto; *vous êtes échec et mat* scacco matto!

échelette |eʃlɛt| *s.f.* **1** scaletta **2** [*ridelle de charrette*] sponda (di carro) **3** (*compt.*) *compte, comptabilité par échelettes* conto, contabilità a forma scalare **4** → **grimpereau.**

échelle |eʃɛl| *s.f.* **1** scala: *échelle pliante* scala a libretto; *échelle d'incendie* scala aerea; *monter sur une échelle, à l'échelle* salire su una scala, con una scala ◇ (*par anal.*) *échelle de corde* scala di corda ◇ (*mar.*) *échelle de coupée* scalandrone *m.* ◇ (*loc.*) *après lui, il faut* (*il n'y a plus qu'à*) *tirer l'échelle* [*on ne peut faire mieux que lui*] nessuno potrà fare meglio di lui ~ (*iron.*) *si vous ne savez même pas cela, il n'y a plus qu'à tirer l'échelle* se non sapete nemmeno questo, è inutile insistere ~ (*fig.*) *monter à l'échelle* [*prendre au sérieux une plaisanterie*] bere tutto ~ *faire la courte échelle à qqn.*: (*pr.*) [*l'aider à s'élever en lui offrant des points d'appui*] fare scala a qc.; (*fig.*) [*l'aider à réussir*] aiutare qc. a farsi strada **2** (*fig.*) scala: *échelle sociale* scala sociale; *échelle des valeurs* scala di valori → **hiérarchie, série** ◇ (*mus., psycho.*) scala ◇ (*écon.*) *échelle des salaires, des traitements* scala dei salari, degli stipendi, fascia* retributiva; *échelle mobile* scala mobile **3** [*rapport existant entre une longueur et sa représentation sur la carte*] scala: *1 mm représente 100 m à l'échelle de 1/100.000*[e] 1 mm rappresenta 100 m sulla scala 1/100.000; *charte à grande échelle* carta su grande scala; *échelle d'une maquette* scala di un plastico ◇ (*fig.*) *faire qqch. sur une grande échelle* fare q.c. su vasta scala, in grande ◇ [*série de divisions sur un instrument de mesure, un tableau*] scala: *échelle d'un thermomètre* scala di un termometro → **graduation** ◇ (*fig.*) À L'ÉCHELLE (DE) su scala: *ce problème se pose à l'échelle nationale* è un problema che si pone su scala nazionale; *à l'échelle de l'homme* a portata d'uomo, su scala umana → **mesure.**

échelon |eʃlɔ̃| *s.m.* **1** [*traverse d'une échelle*] piolo → **barreau,** 1 **degré** **2** [*position dans un rang, une carrière*] grado, gradino: *le dernier échelon* l'ultimo gradino; *s'élever par échelons* elevarsi, salire per gradi, gradualmente ◇ (*spécialt.*) [*position d'un fonctionnaire à l'intérieur d'un même grade*] scatto: *avancer d'un échelon* avanzare di uno scatto # *les échelons de solde* i livelli retributivi ◇ [*l'un des différents stades d'une administration*] livello → **niveau** ◇ *loc.* À L'ÉCHELON (DE) a livello (di): *à l'échelon communal, national* a livello, sul piano comunale, nazionale; *à l'échelon de la division, du corps d'armées* a livello di divisione, di corpo d'armata ◇ (*milit.*) scaglione: *rentrer à l'échelon* rientrare nello scaglione.

échelonnement |eʃlɔnmɑ̃| *s.m.* [→ ÉCHELONNER] scaglionamento.

échelonner |eʃlɔne| *v.tr.* **1** (*compl. de chose*) [*disposer par degrés*] scaglionare → **distribuer, répartir** ◇ [*distribuer régulièrement dans le temps*] ripartire (197), scaglionare: *échelonner un travail sur un an* ripartire un lavoro nell'arco di un anno; *échelonner des paiements* scaglionare, dilazionare i pagamenti → 1 **étaler** **2** (*milit.*) [*disposer des troupes par échelon*] scaglionare: *échelonner un régiment d'infanterie* scaglionare un reggimento di fanteria.

échenillage |ɛʃnijaʒ| *s.m.* [→ ÉCHENILLER 1] disinfestazione *f.* (dai bruchi).

écheniller |ɛʃnije| *v.tr.* **1** [*débarrasser* (*un arbre, une haie*) *des chenilles*] disinfestare (dai bruchi) **2** (*fig.*) [*débarrasser des éléments étrangers et nuisibles*] ripulire (197).

échenilloir |ɛʃnijwaʀ| *s.m.* (*agric.*) svettatoio*.

écheveau |ɛʃvo| *s.m.* **1** [*faisceau de fils*] matassa (*f.*): *écheveau de laine à mettre en pelote* matassa di lana da aggomitolare **2** (*fig.*) [*état embrouillé, complication*] groviglio*, matassa: *débrouiller, démêler l'écheveau d'une intrigue* dipanare, sbrogliare la matassa di un intrigo → **embrouillamini.**

échevelé, ée |eʃəvle| *adj.* **1** [*dont les cheveux sont en désordre*] arruffato; scarmigliato, spettinato: *une tête échevelée* una testa arruffata → **ébouriffé** || *une femme échevelée* una donna scarmigliata, spettinata **2** (*fig.*) [*désordonné, effréné*] sfrenato: *une danse échevelée* un ballo sfrenato # *romantisme échevelé* romanticismo scapigliato.

écheveler |eʃəvle| (4) *v.tr.* (*littér.*) [*dépeigner*] scarmigliare, arruffare (*cour.*).

échevin |ɛʃvɛ̃| *s.m.* **1** (*en Belgique et aux Pays-Bas*) [*magistrat adjoint au bourgmestre*] assessore comunale **2** (*hist. médiév.*) scabino.

échevinage |ɛʃvinaʒ| *s.m.* (*hist. médiév.*) scabinato.

échevinal, ale, aux |ɛʃvinal, o| *adj.* (*Belgique*) *collège échevinal* giunta comunale.

échidné |ekidne| *s.m.* (*t.zool.*) echidna *f.*

échiffre |eʃifʀ(ə)| *s.m.* (*techn.*) (*mur d'*)*échiffre* [*mur qui, dans un escalier, supporte les abouts des marches*] muro della scala ◇ (*par ext.*) [*charpente d'un escalier*] armatura *f.*, ossatura *f.* della scala.

1 **échine** |eʃin| *s.f.* **1** [*colonne vertébrale de l'homme et de certains animaux*] spina dorsale, schiena ◇ (*loc. fig.*) *courber, plier l'échine* [*se soumettre*] piegare la testa **2** (*bouch.*) lombata (di maiale).

2 **échine** |eʃin| *s.f.* (*archit.*) echino *m.*

échiner(s') |eʃine| *v.pron.intr.* [*s'éreinter*] rompersi (176) la schiena, sfiancarsi → **esquinter(s').**

échinocactus |ekinɔkaktys| *s.m.* (*t.bot.*) echinocactus *inv.*

échinocoque |ekinɔkɔk| *s.m.* (*t. zool.*) echinococco*.

Échinodermes |ekinɔdɛʀm(ə)| *s. m.pl.* (*t.zool.*) Echinodermi.

échiqueté, ée |eʃikte| *adj.* (*blas.*) scaccato, a scacchi *loc.inv.*

échiquier |eʃikje| *s.m.* **1** [*tableau sur lequel on joue aux échecs; damier, quadrillage*] scacchiera *f.* ◇ *loc.* EN ÉCHIQUIER a scacchiera: *arbres plantés en échiquier* alberi piantati a scacchiera ◇ (*blas.*) *écu divisé en échiquier* scudo diviso a scacchiera → **échiqueté** **2** (*fig.*) [*lieu où s'opposent plusieurs intérêts, plusieurs partis*] scacchiere: *l'échiquier européen* lo scacchiere europeo **3** (*admin. angl.*) scacchiere: *le chancelier de l'Échiquier* [*le ministre des Finances*] il cancelliere dello Scacchiere.

écho |eko| *s.m.* **1** eco* (*m.* ou *f.*): *les échos* gli echi *m.* ◇ (*électr.*) *écho radioélectrique* radioeco*, eco *m.* radioelettrico **2** [*lieu où l'écho se produit*] eco # *à tous les échos* [*dans toutes les directions*] ai quattro venti **3** [*ce qui est répété par qqn.*] eco: *j'en ai eu* *quelques échos* me ne è giunta l'eco; ne ho avuto sentore → **bruit, 1 nouvelle** # *les échos d'un journal* le brevi di cronaca di un giornale → **échotier 4** (*personnes*) eco, portavoce (*inv.*): *se faire, être l'écho de faux bruits* farsi eco, portavoce di false notizie ◇ (*choses*) eco, riflesso: *ses paroles n'étaient qu'un simple écho des miennes* le sue parole non erano che una semplice eco, un riflesso delle mie → **reflet** ◇ [*accueil et réaction favorable*] eco, risposta (*f.*): *sa protestation est restée sans écho* la sua protesta non ha avuto eco, risposta.

échographie |ekogʀafi| *s.f.* (*méd.*) ecografia.

échoir |eʃwaʀ| *v.intr. défectif* (*prés.*: *il échoit, ils échoient*; *p. simple*: *il échut*; *fut.*: *il échoira*; *condit. prés.*: *il échoirait*; *p. prés.*: *échéant*; *p.p.*: *échu*) (*aux.* 'être') **1** (*littér.*) [*être dévolu par le sort ou par un hasard*] toccare (*cour.*): *le sort qui m'échoit, m'est échu* la sorte che mi tocca, che mi è toccata → **advenir, revenir 2** [*arriver à échéance*] scadere (121): *le terme échoit le 15 janvier* il termine scade il 15 gennaio; *payer terme échu* pagare dopo la scadenza; *le délai est échu* il termine è scaduto.

écholalie |ekɔlali| *s.f.* (*psychiatr.*) ecolalia.

échophobie |ekɔfɔbi| *s.f.* (*méd.*) ecofobia.

1 **échoppe** |eʃɔp| *s.f.* [*petite boutique adossée contre un mur*] botteguccia*, chiosco* (*m.*): *une échoppe de cordonnier* una botteguccia di calzolaio.

2 **échoppe** |eʃɔp| *s.f.* (*techn.*) bulino *m.* → **burin.**

échopper |eʃɔpe| *v.tr.* (*techn.*) [*tailler ou enlever à* (2) *l'échoppe*] bulinare.

échotier |ekɔtje| *s.m.* [*rédacteur des échos dans un journal*] cronista (mondano).

échouage |eʃwaʒ| *s.m.* [→ 1 ÉCHOUER A 1] arenamento, incagliamento.

échouement |eʃumɑ̃| *s.m.* (*mar.*) arenamento, incagliamento.

1 **échouer** |eʃwe| **A** *v.intr.* **1** (*mar.*) [*toucher le fond par accident et être immobilisé*] arenarsi *pron.*, incagliarsi (*pron.*): *le navire a échoué contre un écueil* la nave si è arenata, si è incagliata su uno scoglio **2** (*fig.*) [*s'arrêter par lassitude, ou comme poussé par le hasard*] capitare (*aux.* essere), approdare (*aux.* essere): *le restaurant où ils avaient échoué* il ristorante dove erano capitati, approdati, andati a finire (*pop.*) **B** *v.tr.* (*mar.*) [*pousser jusqu'au contact avec la côte*] accostare (*intr.*): *le capitaine a échoué son navire* il capitano ha accostato **C** *v.pron. intr.* S'ÉCHOUER [→ *intr.* 1] arenarsi, incagliarsi: *le navire dut s'échouer* la nave fu costretta ad arenarsi.

2 **échouer** |eʃwe| *v.intr.* (*sujet de personne*) [*ne pas réussir*] fallire (197) (*aux.* essere); essere (96) respinto, bocciato: *vous avez échoué dans cette entreprise* siete falliti in questa impresa || *il a échoué à l'examen* è stato respinto, bocciato all'esame ◇ (*sujet de chose*) fallire: *toutes ses tentatives avaient échoué* tutti i suoi tentativi erano falliti; *faire échouer un plan* far fallire un piano → **manquer, rater.**

échu |eʃy| *adj.* [*arrivé à échéance*] scaduto: *terme échu* termine scaduto.

écimage |esimaʒ| *s.m.* [→ ÉCIMER] svettatura *f.*, cimatura *f.*

écimer |esime| *v.tr.* [*couper la cime d'un arbre*] svettare, cimare → **étêter.**

éclaboussement |eklabusmɑ̃| *s.m.* [*jaillissement*] schizzo.

éclabousser |eklabuse| **A** *v.tr.* **1** [*faire rejaillir un liquide salissant sur* (*qqn.*)] inzaccherare, infangare: *la voiture a éclaboussé les passants* l'auto ha inzaccherato, infangato i passanti → **arroser, asperger 2** (*fig.*) [*salir par contrecoup*] infangare, infamare: *être éclaboussé par des calomnies* essere infangato da calunnie ◇ [*humilier par l'étalage de son luxe*] mortificare, umiliare → **écraser B** *v.pron.réfl.* S'ÉCLABOUSSER inzaccherarsi, infangarsi: *elle s'est éclaboussée en arrosant le jardin* si è inzaccherata annaffiando il giardino.

éclaboussure |eklabusyʀ| *s.f.* **1** [→ ÉCLABOUSSER A 1] schizzo *m.*, spruzzo (*m.*): *éclaboussures d'encre, de sang* schizzi d'inchiostro, spruzzi di sangue → **tache 2** (*fig.*) [*tache* (*à la réputation, etc.*)] infamia # *si le scandale éclate, il en rejaillira sur vous quelques éclaboussures* se scoppierà lo scandalo, ne sarà infangato anche lei.

1 **éclair** |eklɛʀ| *s.m.* **1** lampo: *ciel sillonné d'éclairs* cielo solcato da lampi → 1 **foudre** ♦ (*par appos.*, *fam.*) [*très rapide*] lampo (*adj. inv.*): *il m'a fait une visite éclair* mi ha fatto una visita lampo; *fermeture éclair* chiusura, cerniera lampo; *guerre éclair* guerra lampo ◇ (*loc.*) *avec la rapidité de l'éclair* con la rapidità del lampo, del fulmine; *il est passé comme un éclair* è passato come un lampo → 1 **flèche 2** (*par anal.*) [*lumière vive, de courte durée*] lampo: *éclair de magnésium* lampo al magnesio # *éclair de soleil entre les nuages* sprazzo di sole fra le nuvole **3** (*fig.*) [*manifestation soudaine et passagère*] lampo, sprazzo: *un éclair de génie* un lampo di genio; *un éclair de lucidité* uno sprazzo di lucidità.

2 **éclair** |eklɛʀ| *s.m.* (*pâtiss.*) bigné *inv.*

éclairage |eklɛʀaʒ| *s.m.* **1** [→ ÉCLAIRER A I 1] illuminazione *f.*, luce (*f.*): *éclairage au gaz, électrique* illuminazione a gas, elettrica; *éclairage direct, indirect* luce diretta, indiretta; *éclairage obligatoire des véhicules* luci obbligatorie dei veicoli **2** [→ ÉCLAIRER B] illuminazione, luce: *le mauvais éclairage de cette pièce* la cattiva illuminazione di questa stanza; *l'éclairage est insuffisant pour une bonne photo* la luce è insufficiente per una buona foto ◇ (*peint.*) luce: *l'éclairage d'un tableau* la luce di un quadro **3** (*fig.*) *sous cet éclairage* sotto questa luce, da questo punto di vista → 1 **jour.**

éclairagiste |eklɛʀaʒist(ə)| *s.m.* [*technicien spécialisé dans la réalisation d'éclairages rationnels*] tecnico* dell'illuminazione, delle luci.

éclairant, ante |eklɛʀɑ̃, ɑ̃t| *adj.* [*qui a la propriété d'éclairer*] illuminante: *le pouvoir éclairant d'un gaz* il potere illuminante di un gas ◇ (*fig.*) *des explications peu éclairantes* spiegazioni poco chiarificatrici, poco illuminanti.

éclaircie |eklɛʀsi| *s.f.* **1** [*endroit clair qui apparaît dans un ciel nuageux*] schiarita: *profiter d'une éclaircie pour sortir* approfittare di una schiarita per uscire → **embellie** ◇ (*fig.*) *il y a une éclaircie dans les relations de ces pays* c'è una schiarita nei rapporti fra questi paesi **2** (*hortic.*, *sylvic.*) diradamento *m.*

éclaircir |eklɛʀsiʀ| **A** *v.tr.* **1** [*rendre plus clair*] schiarire (197): *éclaircir une teinture* schiarire una tintura ◇ (*fig.*) chiarire (197): *éclaircir une question embrouillée* chiarire una questione imbrogliata → **clarifier, élucider** ◇ (*vieilli*) [*dissiper*] chiarire, dissipare (*cour.*): *éclaircir les derniers doutes* chiarire, dissipare gli ultimi dubbi **2** [*rendre moins épais*] sfoltire (197): *elle a demandé au coiffeur de lui éclaircir les cheveux* ha chiesto al parrucchiere di sfoltirle i capelli # *éclaircir une sauce* [*en l'étendant d'eau*] allungare una salsa ◇ (*hortic.*, *sylvic.*) diradare **B** *v.pron. intr.* S'ÉCLAIRCIR **1** [→ *tr.* 1] schiarirsi, rischiararsi ◇ (*fig.*) *l'horizon politique s'est éclairci* l'orizzonte politico si è schiarito, si è rischiarato; *s'éclaircir la voix, la gorge* (*fam.*) schiarirsi la voce **2** [→ *tr.* 2] diradarsi: *les gens partaient, la foule s'éclaircissait* la gente andava via, la folla si diradava Ⓒ A 1 **assombrir.**

éclaircissage |eklɛʀsisaʒ| *s.m.* (*hortic.*) diradamento.

éclaircissement |eklɛʀsismɑ̃| *s.m.* [*explication d'une chose obscure ou douteuse*] spiegazione *f.*, chiarimento: *l'éclaircissement d'un passage controversé* la spiegazione di un passaggio controverso; *obtenir des éclaircissements* avere delle spiegazioni, dei chiarimenti.

éclaire |eklɛʀ| *s.f.* (*région.*) → **chélidoine.**

éclairé, ée |ekleʀe| *adj.* [*qui a de l'instruction, de l'esprit critique*] illuminato: *le despotisme éclairé* il dispotismo illuminato → **sage, sensé** # *un public éclairé* un pubblico preparato → **averti.**

éclairement |eklɛʀmɑ̃| *s.m.* (*phys.*) illuminamento: *unités d'éclairement* unità di illuminamento ◇ (*bot.*) illuminamento.

éclairer |ekleʀe| **A** *v.tr.* **I** **1** [*répandre de la lumière*] illuminare, rischiarare: *le soleil éclaire la terre* il sole illumina, rischiara la terra ◇ [*pourvoir de la lumière nécessaire*] fornire (197) la luce (elettrica): *les locataires sont chauffés et éclairés* agli inquilini sono forniti il riscaldamento e la luce ◇ (*par ext.*) [*permettre au jour de se répandre sur* (*qqch.*)] rischiarare: *pièce éclairée par une lucarne* stanza rischiarata da un lucernario; *deux larges baies éclairent le salon* due grandi finestre rischiarano il salotto **2** [*illuminer* (*le visage*); *rendre plus clair*] illuminare: *deux yeux noirs éclairaient son visage* due occhi neri illuminavano il suo viso **II** (*fig.*) **1** [*mettre* (*qqn.*) *en mesure de comprendre*] illuminare: *éclairez-nous sur ce sujet* illuminateci su questo argomento → **informer, renseigner, instruire 2** [*rendre intelligible*] chiarire (197): *un commentaire qui éclaire la pensée de l'auteur* un commento che chiarisce il pensiero dell'autore → **expliquer** ◇ (*cartes*) *éclairer le jeu* scoprire (186) il gioco; *éclairer* (*le tapis*) [*miser*] puntare **B** *v. intr.* [*répandre de la lumière*] far (103) *tr.* luce: *la bougie éclaire mal* la candela fa poca luce ◇ [*faire des éclairs*] lampeggiare: *il éclaire* lampeggia **C** *v. pron.* S'ÉCLAIRER **1** *réfl.* [→ *tr.* I 1] farsi luce: *prendre une bougie pour* *s'éclairer dans la cave* prendere una candela per farsi luce in cantina **2** *intr.* [→ *tr.* I 2] illuminarsi: *à ces mots, sa figure s'est éclairée* a quelle parole, il suo viso si è illuminato **3** *intr.* [→ *tr.* II 2] chiarirsi, diventare *intr.* chiaro: *maintenant, tout s'éclaire* adesso tutto si chiarisce, diventa chiaro ☒ A I 1 **obscurcir**, II 1 **embrouiller.**

éclaireur, euse |eklɛʀœʀ, øz| *s.* **1** *s.m.* [*soldat envoyé en reconnaissance*] esploratore: *détachement d'éclaireurs* distaccamento di esploratori ◇ (*fig.*) *on m'a envoyé en éclaireur* [*pour tâter le terrain*] mi hanno inviato in ricognizione, in avanscoperta ✦ *adj.* (*aviat.*) *avion éclaireur* aereo da ricognizione *loc.inv.* **2** *s.* [*scout français protestant ou israélite*] giovane esploratore*.

éclampsie |eklɑ̃psi| *s.f.* (*méd.*) *éclampsie puerpérale* eclampsia puerperale; *éclampsie infantile* eclampsia infantile.

éclat |ekla| *s.m.* **I 1** [*fragment d'un corps qui éclate, qu'on brise*] scheggia* (*f.*): *éclat de verre* scheggia di vetro; *blessé par un éclat d'obus* ferito da una scheggia di granata → **brisure, morceau** ◇ *loc.* EN ÉCLATS in frantumi: *vitre qui vole en éclats* vetro che va in frantumi **2** [*bruit violent et soudain*] scoppio*: *un éclat de rire* uno scoppio di risa # *rire aux éclats* ridere fragorosamente, sbellicarsi dalle risa **3** (*loc.*) *faire un éclat* [*provoquer un scandale*] fare uno scandalo **II 1** [*intensité d'une lumière vive*] luminosità *f. inv.*, splendore: *éclat d'une étoile, d'un astre* luminosità di una stella, di un astro → **clarté** ◇ [*lumière*] luce *f.*, scintillio* → 1 **feu, scintillement** # *l'éclat de la neige était insoutenable* il riverbero della neve era insopportabile **2** [*vivacité et fraîcheur d'une couleur; couleur vive et fraîche qui plaît*] luminosità: *l'éclat du teint* la luminosità della carnagione # *elle était dans tout l'éclat de sa jeunesse* era nel pieno splendore, fulgore della sua giovinezza; *une femme qui a de l'éclat* una donna splendida, che fa colpo **3** (*fig.*) [*caractère de ce qui est brillant, magnifique*] splendore: *dans tout son éclat* in tutto il suo splendore → **luxe, magnificence, richesse** ◇ *loc.* D'ÉCLAT [*remarquable, éclatant*] brillante *adj.*; clamoroso (*adj.*): *action d'éclat* azione brillante, clamorosa.

éclatant, ante |eklatɑ̃, ɑ̃t| *adj.* **1** [*qui fait un grand bruit*] squillante: *le son éclatant de la trompette* il suono squillante della tromba → **bruyant** **2** [*qui brille avec éclat*] luminoso, scintillante: *un rouge éclatant* un rosso luminoso; *la blancheur éclatante des pentes neigeuses* il bianco scintillante delle pendici nevose → **rutilant, vif, brillant, étincelant** # *d'une éclatante beauté* di una bellezza radiosa → **radieux, resplendissant** **3** (*fig.*) [*qui se manifeste de la façon la plus frappante*] lampante, clamoroso: *une vérité éclatante* una verità lampante; *une revanche éclatante* una rivincita clamorosa, lampante → **évident,** 1 **manifeste, remarquable, retentissant** ☒ 2 **terne.**

éclaté |eklate| *s.m.* (*techn.*) spaccato.

éclatement |eklatmɑ̃| *s.m.* [→ ÉCLATER A 1] scoppio*, esplosione (*f.*): *éclatement d'un pneu* scoppio di un pneumatico → **crevaison, explosion, rupture** ◇ (*fig.*) *l'éclatement d'un parti* la disgregazione *f.* di un partito.

éclater |eklate| **A** *v.intr.* **1** [*se rompre avec violence et avec bruit en projetant des fragments*] scoppiare (*aux.* essere), esplodere (144) (*aux.* essere): *la chaudière a éclaté* la caldaia è scoppiata, è esplosa; *le pneu arrière droit a éclaté* il pneumatico posteriore destro è scoppiato → **crever, exploser** # *des bourgeons qui éclatent* gemme che sbocciano → **ouvrir** (s') ◇ (*par anal.*) *ma tête va éclater* ho la testa che scoppia **2** [*retentir avec un bruit violent et soudain*] scoppiare, esplodere: *des rires avaient éclaté* erano scoppiate delle risate → **retentir** ◇ (*sujet de personne*) *la foule a éclaté en applaudissements bruyants* la folla è esplosa in scroscianti applausi; *l'enfant avait éclaté en sanglots* il bambino era scoppiato in singhiozzi; *éclater en invectives* esplodere in invettive **3** (*choses*) [*se manifester tout à coup ou de manière évidente*] scoppiare: *l'incendie a éclaté hier* l'incendio è scoppiato ieri; *la guerre a éclaté* è scoppiata la guerra → **déclarer** (se) ✦ *absolt.* (*fig.*) *colère qui éclate* collera che esplode; *la joie éclatait sur son visage* la gioia risplendeva sul suo viso; *la vérité éclate* la verità salta agli occhi **B** *v.tr.* (*loc. agric.*) *éclater une plante* separare i polloni da una pianta.

éclateur |eklatœʀ| *s.m.* (*électr.*) spinterometro.

éclectique |eklɛktik| *adj.* eclettico*: *être éclectique en littérature, en amour, en fait de lecture* essere eclettico in letteratura, in amore, in fatto di lettura ◇ (*philo.*) eclettico ✦ (*s.m.*) *les éclectiques* [*les philosophes éclectiques*] gli eclettici.

éclectiquement |eklɛktikmɑ̃| *adv.* [→ ÉCLECTIQUE] ecletticamente.

éclectisme |eklɛktism(ə)| *s.m.* **1** [*disposition d'esprit éclectique*] versatilità *f. inv.*, eclletticità (*f. inv.*): *faire preuve d'éclectisme dans ses lectures, dans ses relations* dar prova di versatilità, di eclletticità nelle letture, nelle proprie relazioni **2** (*philo.*) eclettismo → **syncrétisme.**

éclipse |eklips(ə)| *s.f.* **1** (*astron., cour.*) eclissi *inv.*, eclisse: *éclipse de soleil, de lune* eclissi solare, lunare; *éclipse totale, partielle* eclissi totale, parziale; *éclipse annulaire* eclissi anulare **2** (*fig.*) [*période de fléchissement, de défaillance*] crisi *inv.*, calo (*m.*): *cet athlète a connu une longue éclipse de forme* questo atleta ha avuto un lungo calo di forma ◇ *loc.* À ÉCLIPSES [*qui apparaît et disparaît de façon intermittente*] intermittente (*adj.*): *publicité à éclipses* pubblicità intermittente; *une activité à éclipses* una attività intermittente, saltuaria.

éclipser |eklipse| **A** *v.tr.* **1** [*provoquer l'éclipse de (un autre astre)*] eclissare: *la lune éclipse parfois le soleil* talvolta la luna eclissa il sole ◇ (*par anal.*) nascondere (159), offuscare: *nuage qui éclipse le soleil* nuvola che nasconde, offusca il sole → 1 **voiler** **2** (*fig.*) eclissare: *la gloire du disciple a éclipsé celle du maître* la gloria del discepolo ha eclissato quella del maestro; *éclipser ses rivaux* eclissare, superare di gran lunga i propri rivali → **surpasser** **B** *v. pron. intr.* (*fam.*) S'ÉCLIPSER [*s'en aller à la dérobée*] eclissarsi, svignarsela: *je me suis éclipsé avant la fin* mi sono eclissato, me la sono svignata prima della fine → **esquiver(s').**

écliptique |ekliptik| *s.m.* (*astron.*) eclittica* *f.*

éclisse |eklis| *s.f.* **1** [*éclat de bois*] scheggia* (di legno) ◇ [*plaque de bois mince*] fascia* ◇ (*chir.*) stecca* → **attelle** **2** (*ch. de fer*) ganascia*.

éclisser |eklise| *v.tr.* **1** (*chir.*) [*assujettir par des éclisses*] steccare **2** (*ch. de fer*) [*fixer à l'aide d'éclisses*] fissare con ganasce.

éclopé, ée |eklɔpe| *adj.* [*qui marche péniblement*] sciancato, zoppo → **boiteux, estropié** ✦ (*s.*) *un éclopé* uno sciancato, uno zoppo.

éclore |eklɔʀ| *v.intr. défectif* (*prés.*: *il éclôt, ils éclosent*; *fut.*: *il éclora*; *condit. prés.*: *il éclorait*; *subj. prés.*: *qu'il éclose*; *p.p.*: *éclos*; (*rare, sauf au prés., inf. et p.p.*) (*aux.* 'être') **1** [*sortir de l'œuf*] uscire (201) dal guscio: *les poussins viennent d'éclore* i pulcini sono appena usciti dal guscio ◇ (*par ext., œuf*) [*s'ouvrir*] schiudersi (106) *pron.*, aprirsi (186) (*pron.*): *l'œuf est éclos* l'uovo si è schiuso **2** (*se dit d'une fleur en bouton qui s'ouvre*) sbocciare → **épanouir** (s'), **fleurir** ✦ (*au p.p.*) *une fleur à peine éclose* un fiore appena sbocciato **3** (*fig.*) [*naître, paraître*] nascere (158), fiorire (197): *époque qui voit éclore de grands talents* epoca che vede nascere, fiorire grandi talenti ☒ 2 **faner** (se); 3 **disparaître.**

éclosion |eklozjɔ̃| *s.f.* **1** [→ ÉCLORE 1] lo schiudersi *m.inv.* (delle uova) **2** [*épanouissement* (*de la fleur*)] sbocciо* *m.*, lo sbocciare *m.inv.* **3** (*fig.*) [*naissance, apparition*] fioritura: *l'éclosion de nouveaux talents* la fioritura di nuovi talenti.

éclusage |eklyzaʒ| *s.m.* (*hydraulique*) transito attraverso una chiusa → **sassement.**

écluse |eklyz| *s.f.* (*hydraulique*) chiusa, conca*: *écluses d'un canal* chiuse, conche di un canale.

éclusée |eklyze| *s.f.* (*hydraulique*) concata.

écluser |eklyze| *v.tr.* **1** (*hydraulique*) [*faire passer* (*un bateau*) *par une écluse*] far (103) *intr.* passare (un natante) attraverso una chiusa **2** (*pop.*) [*boire*] trincare (*cour.*), tracannare (*cour.*).

éclusier, ière |eklyzje, jɛʀ| *s.* [*personne chargée de la manœuvre d'une écluse*] guardiano di chiusa.

écobuage |ekɔbɥaʒ| *s.m.* (*agric.*) debbio*.

écobuer |ekɔbɥe| *v.tr.* (*agric.*) [*enlever les herbes et les racines d'un terrain, les brûler et en fertiliser le sol avec les cendres*] debbiare.

écœurant, ante |ekœʀɑ̃, ɑ̃t| *adj.* **1** [*qui écœure, soulève le cœur*] nauseante, stomachevole: *une odeur écœurante* un odore nauseante; *un gâteau écœurant* un dolce stomachevole, nauseante → **dégoûtant** **2** (*fig.*) [*moralement répugnant, révoltant*] nauseante, disgustoso: *des flatteries écœurantes* lusinghe nauseanti; *une écœurante servilité* un servilismo disgustoso **3** [*qui cause une espèce de malaise, de decouragement*] sconcertante, sconfortante: *il a une facilité! c'est écœurant* è di una bravura sconcertante! → **décourageant, démoralisant.**

écœurement |ekœʀmɑ̃| *s.m.* **1**

[→ ÉCŒURER 1] nausea *f.*, disgusto → **nausée** 2 [→ ÉCŒURER 2] scoraggiamento, scoramento: *écœurement causé par une déception* scoraggiamento dovuto a una delusione.

écœurer |ekœʀe| *v.tr.* 1 [*dégoûter au point de donner envie de vomir; en inspirant de l'indignation*] nauseare, disgustare # *cette odeur de cuisine m'écœure* quest'odore di cucina mi dà la nausea ♦ (*absolt.*) *sauce trop grasse qui écœure* salsa troppo grassa che nausea, disgusta ◇ (*fig.*) *de tels procédés m'écœurent* questi modi di agire mi disgustano 2 [*décourager, démoraliser profondément*] scoraggiare, demoralizzare: *cet échec l'a écœuré* quell'insuccesso l'ha demoralizzato.

écoinçon |ekwɛ̃sɔ̃| *s.m.* (*maçonn.*) cantonale, angoliera *f.* ◇ [*pierre qui fait l'encoignure d'une porte, d'une fenêtre*] pietra *f.* angolare.

écolâtre |ekɔlɑtʀ(ə)| *s.m.* (*ancienn., ecclés.*) scolastico*.

école |ekɔl| *s.f.* 1 scuola: *la rentrée des écoles* la riapertura delle scuole, il primo giorno di scuola; *école primaire, élémentaire* scuola elementare; *école maternelle* scuola materna; *école de danse* scuola di danza; *école du soir* scuola serale; *école de garçons, de filles* scuola maschile, femminile ◇ (*loc.*) *faire l'école buissonnière* marinare la scuola; *je te renvoie à l'école, je te conseille de retourner à l'école* [*tu as encore besoin de t'instruire*] ti consiglio di tornare un po' a scuola ~ *sentir l'école* [*avoir l'air pédant*] avere un che di scolastico, di pedante 2 [*enseignement; l'ensemble des élèves et enseignants*] scuola: *une maîtresse qui fait l'école* una maestra che fa scuola; *l'école aura congé à telle date* la scuola farà vacanza in tale data → 2 **classe** 3 (*milit.*) scuola ◇ (*équit.*) *haute école* alta scuola 4 (*fig.*) *à l'école du monde, de la pauvreté* alla scuola della vita, degli stenti # *il a été à rude école* [*le malheur, les difficultés l'ont instruit*] le avversità lo hanno temprato 5 *absolt.* (*philo.*) *l'École* la Scolastica 6 [*groupe ou suite d'écrivains, d'artistes*] scuola: *l'école classique, romantique* la scuola classica, romantica; *l'école flamande, vénitienne* la scuola fiamminga, veneta ◇ *loc.* FAIRE ÉCOLE fare scuola → **mouvement** ~ *une théorie qui a fait école* una teoria che ha fatto scuola ~ *faire une école* [*faire une sottise, commettre une bévue*] fare una sciocchezza, una 'gaffe'.

écolier, ière |ekɔlje, jɛʀ| *s.* 1 [*enfant qui fréquente l'école*] scolaro ◇ (*loc.*) *prendre le chemin des écoliers* prendere la strada più lunga ♦ (*par appos.*) *papier écolier* scolastica* *f.* 2 (*fig.*) [*apprenti, débutant*] principiante: *c'est une faute d'écolier* è un errore da principiante.

écologie |ekɔlɔʒi| *s.f.* ecologia*.

écologique |ekɔlɔʒik| *adj.* ecologico*.

écologiste |ekɔlɔʒist(ə)| *s.* ecologo* *m.*; protezionista.

éconduire |ekɔ̃dɥiʀ| (75) *v.tr.* 1 [*repousser, ne pas accéder à la demande de (qqn.)*] respingere (119): *un des soupirants qu'elle a éconduits* uno degli spasimanti che ha respinto → **refuser** 2 [*congédier*] congedare: *je l'ai éconduit et je suis resté seul* l'ho congedato e sono rimasto solo.

économat |ekɔnɔma| *s.m.* economato; spaccio* (aziendale).

1 **économe** |ekɔnɔm| *s.* economo.

2 **économe** |ekɔnɔm| *adj.* economo, parsimonioso ◇ (*fig.*) *être économe de ses louanges* essere parco* di elogi [C] **dépensier; prodigue.**

économétricien, ienne |ekɔnɔmetʀisjɛ̃, jɛn| *s.* (*écon.*) [*économiste qui fait de l'économétrie*] econometrista.

économétrie |ekɔnɔmetʀi| *s.f.* (*écon.*) econometria.

économie |ekɔnɔmi| *s.f.* I 1 ÉCONOMIE POLITIQUE (*arg. scol. abrév.* '*éco. po.*') economia politica 2 [*activité, vie économique*] economia: *économie capitaliste, planifiée* economia capitalistica, pianificata 3 (*vx.*) economia (*cour.*) → **administration, gestion** II 1 L'ÉCONOMIE [*gestion où l'on évite la dépense inutile*] l'economia, il risparmio* (*m.*): *une économie de temps, de fatigue* una economia, un risparmio di tempo, di fatica → **épargne, parcimonie** # *il gère avec économie son avoir* amministra con parsimonia i suoi averi ◇ (*loc.*) *c'est une économie de bouts de chandelle* è una vera spilorceria, pidocchieria 2 UNE, DES ÉCONOMIE(S) [*somme d'argent que l'on a économisée*] risparmio, economia: *faire des économies* fare dei risparmi, risparmiare; *avoir des économies* avere dei risparmi → **pécule, 1 réserve** III (*littér.*) [*organisation des divers éléments d'un ensemble*] economia: *l'économie d'une œuvre littéraire* l'economia di una opera letteraria.

économique |ekɔnɔmik| *adj.* economico*: *activité économique d'un pays* attività economica di un paese ◇ (*par ext.*) *chauffage économique* riscaldamento economico [C] **coûteux.**

économiquement |ekɔnɔmikmɑ̃| *adv.* [→ ÉCONOMIQUE] economicamente, dal punto di vista economico (*loc. inv.*): *économiquement parlant* economicamente parlando # *les économiquement faibles* i meno abbienti ◇ (*par ext.*) *vivre économiquement* vivere economicamente.

économiser |ekɔnɔmize| *v.tr.* 1 [*dépenser, utiliser avec mesure*] economizzare, risparmiare: *économiser ses provisions pendant la guerre* economizzare, risparmiare le provviste durante la guerra → **ménager** ◇ (*fig.*) *savoir économiser son temps, ses forces* saper economizzare il proprio tempo, le proprie forze 2 [*mettre de côté en épargnant*] risparmiare, economizzare: *il économise un peu d'argent tous les mois* risparmia, economizza un po' ogni mese → **épargner** ♦ (*absolt.*) *il économise sur toutes choses pour payer son loyer* risparmia su tutto per pagare l'affitto.

économiseur |ekɔnɔmizœʀ| *s.m.* (*techn.*) economizzatore.

économisme |ekɔnɔmism(ə)| *s.m.* economismo.

économiste |ekɔnɔmist(ə)| *s.* economista.

écope |ekɔp| *s.f.* (*mar.*) sassola, gottazza.

écoper |ekɔpe| *v.tr.* 1 (*mar.*) [*vider (un bateau) avec une écope*] aggottare 2 (*fam.*) [*recevoir (un coup, un dommage)*] buscarsi: *il a écopé deux mois de prison* si è buscato due mesi di prigione.

écorçage |ekɔʀsaʒ| *s.m.* [→ ÉCORCER] scortecciamento.

écorce |ekɔʀs(ə)| *s.f.* 1 [*enveloppe d'un tronc d'arbre*] corteccia*, scorza: *écorce lisse, rugueuse* corteccia liscia, ruvida ◇ (*loc. fig.*) *il ne faut pas juger de l'arbre par l'écorce* non bisogna giudicare dalle apparenze 2 [*enveloppe coriace de certains fruits*] buccia*, scorza: *écorce de citron, d'orange* buccia, scorza di limone, d'arancia → **peau** 3 (*géol., cour.*) *écorce terrestre* crosta terrestre.

écorcer |ekɔʀse| (2) *v.tr.* [*dépouiller de son écorce*] *écorcer un arbre* scortecciare un albero; *écorcer une orange* sbucciare un'arancia; *écorcer du riz* brillare il riso; *écorcer des châtaignes, des marrons* sgusciare le castagne, i marroni → **peler, décortiquer.**

écorceur |ekɔʀsœʀ| *s.m.* (*agric.*) scortecciatore* *s.*

écorché |ekɔʀʃe| *s.m.* 1 [*homme écorché*] scorticato ◇ (*loc.*) *il criait, hurlait comme un écorché vif* urlava come se lo stessero scorticando vivo 2 (*bx-arts*) scorticato.

écorchement |ekɔʀʃəmɑ̃| *s.m.* [→ ÉCORCHER A 1, 2] scorticamento, scorticatura *f.*

écorcher |ekɔʀʃe| **A** *v.tr.* 1 [*dépouiller (un animal) de sa peau*] scorticare, scuoiare: *écorcher un lapin* scorticare, scuoiare un coniglio ◇ (*personnes*) *certains criminels étaient écorchés vifs* alcuni criminali venivano scorticati vivi ◇ (*loc.*) *il crie comme si on l'écorchait* urla come se lo scorticassero vivo 2 [*blesser en entamant superficiellement la peau*] scorticare, sbucciare → **égratigner, griffer** □ *elle s'est écorché la main* si è scorticata, graffiata la mano ◇ (*par anal.*) *sons discordants qui écorchent les oreilles* suoni discordanti che straziano le orecchie 3 (*fig.*) [*déformer, prononcer de travers*] storpiare: *il écorche tous les noms propres* storpia tutti i nomi propri; *écorcher le français* storpiare il francese → **estropier** ◇ [*faire payer trop cher (à un client)*] pelare, spennare: *un restaurant où nous nous sommes fait écorcher* un ristorante in cui ci siamo fatti pelare, spennare → 2 **estamper** **B** *v.pron. réfl.* S'ÉCORCHER [→ *tr.* 2] scorticarsi, escoriarsi: *elle s'est écorchée* si è scorticata, graffiata ♦ → *tr.* 2 □.

écorcherie |ekɔʀʃəʀi| *s.f.* (*techn.*) scorticatoio* *m.*

écorcheur |ekɔʀʃœʀ| *s.m.* [*celui qui écorche les bêtes pour la boucherie*] scortichino ♦ (*fig.*) [*estampeur, voleur*] truffatore* *s.*, ladro *s.*

écorchure |ekɔʀʃyʀ| *s.f.* [*déchirure légère de la peau*] scorticatura, graffio* *m.* → **égratignure, griffure.**

écorner |ekɔʀne| *v.tr.* [*casser un angle d'un objet*] *écorner des pages* fare (103) le orecchie alle pagine; *écorner une pierre* sbreccare una pietra; *écorner une assiette* sbreccare, sbocconcellare un piatto.

écornifler |ekɔʀnifle| *v.tr.* (*fam.*) [*se procurer quelque aubaine aux dépens d'autrui*] scroccare, sbafare → **grappiller, rafler.**

écornifleur, euse |ekɔʀniflœʀ, øz| *s.* [*pique-assiette, parasite*] scroccone, sbafatore*.

écornure |ekɔʀnyʀ| *s.f.* [*éclat d'une pierre, d'un meuble corné*] scheggia* ◇ [*brèche faite à un objet cassé*] scheggiatura.

écossage |ekɔsaʒ| *s.m.* [→ ÉCOSSER] sbaccellatura *f.*

écossais, aise |ekɔsɛ, ɛz| **1** *adj.* [*de l'Écosse*] scozzese: *les lacs écossais* i laghi scozzesi; *tissu écossais* tessuto scozzese; *douche écossaise* doccia scozzese **2** (*s.m.*) *l'écossais* [*langue celtique de Écosse*] lo scozzese.

écosser |ekɔse| *v.tr.* [*dépouiller* (*des pois, des haricots*) *de la cosse*] sgusciare.

écosystème |ekɔsistɛm| *s.m.* (*sc.*) ecosistema.

1 **écot** |eko| *s.m.* [*quote-part pour un repas à frais communs*] quota (*f.*): *chacun paiera son écot* ognuno pagherà la propria quota.

2 **écot** |eko| *s.m.* (*agric.*) toppo.

écoté, ée |ekɔte| *adj.* (*blas.*) nodoso.

écoulement |ekulmɑ̃| *s.m.* **1** [*mouvement d'un liquide qui s'écoule*] scarico*, scolo: *égout servant à l'écoulement des eaux-vannes* fognatura che serve allo scarico delle acque nere; *chéneau servant à l'écoulement des eaux* grondaia che serve allo scolo dell'acqua → **dégorgement, déversement** ◇ (*dr.*) *servitude d'écoulement des eaux* servitù di scolo delle acque ◇ (*phys., physiol., cour.*) deflusso, scorrimento: *vitesse d'écoulement* velocità di deflusso, di scorrimento; *écoulement des liquides organiques* deflusso dei liquidi organici → **excrétion, sécrétion** **2** (*par anal.*) [*mouvement de personnes, de véhicules*] deflusso: *faciliter l'écoulement de la foule* facilitare il deflusso della folla → **sortie** **3** [*possibilité d'écouler des marchandises*] smercio*; smaltimento: *écoulement de la production sur le marché* smercio della produzione sul mercato → **débouché.**

écouler |ekule| **A** *v.tr.* [*vendre de façon continue jusqu'à épuiser*] smaltire (197); smerciare: *écouler une marchandise* smaltire una merce → 3 **débiter** # *écouler de faux billets* [*les faire passer dans la circulation*] spacciare banconote false **B** *v.pron.* S'ÉCOULER **1** *intr.* [*couler hors d'un endroit*] scorrere (127) *intr.* (via), defluire (197) (*intr.*): *fente par où l'eau s'écoule* fessura da cui scorre, defluisce l'acqua → 1 **couler, déverser (se)** ◇ (*par anal.*) *la foule s'écoule lentement* la folla defluisce lentamente → 1 **sortir** ◇ (*temps*) trascorrere (127) *intr.*, passare *intr.* → 2 **passer (se)** ✦ (*au p.p.*) *les années écoulées* gli anni trascorsi, passati **2** (*sens passif*) [*être vendu jusqu'à s'épuiser*] smerciarsi, vendersi; essere smerciato, venduto.

écoumène |ekumɛn| *s.m.* (*géogr.*) ecumene *f.*

écourter |ekuʀte| *v.tr.* **1** (*vx.*) [*rendre plus court* (*en longueur*)] accorciare (*cour.*) → **raccourcir** # *écourter ses cheveux, sa barbe* dare una spuntatina ai capelli, alla barba ◇ (*spécialt.*) *écourter un chien, un cheval* [*leur couper la queue*] mozzare, spuntare la coda a un cane, a un cavallo **2** (*temps*) abbreviare, accorciare: *j'ai dû écourter mon séjour* ho dovuto abbreviare il mio soggiorno; *il est tard, tâchez d'écourter votre discours* è tardi, cerchi di abbreviare, accorciare il discorso → **abréger** **3** [*rendre anormalement court*] troncare: *fausser la pensée d'un auteur en écourtant les citations* falsare il pensiero di un autore troncandone le citazioni → **tronquer** ✦ (*au p.p.*) *un dénouement écourté* un finale tronco.

1 **écoute** |ekut| *s.f.* **1** (*loc.*) *être* AUX ÉCOUTES [*à un endroit où on peut guetter, écouter*] essere in ascolto; stare con l'orecchio teso, origliare # *journaliste aux écoutes de l'actualité* giornalista molto attento all'attualità **2** [*détection par le son*] *poste d'écoute* posto d'ascolto; *appareil d'écoute sous-marine* ecogoniometro → **sonar** **3** [*action d'écouter une communication téléphonique, la radio*] ascolto (*m.*): *restez à l'écoute* restate in ascolto; *prenez l'écoute* mettetevi in ascolto; *taux d'écoute* indice d'ascolto # *table d'écoute* centro d'intercettazione telefonica.

2 **écoute** |ekut| *s.f.* (*mar.*) scotta # *point d'écoute* bugna.

écouter |ekute| **A** *v.tr.* **1** [*s'appliquer à entendre, prêter attention à*] ascoltare: *vous n'avez pas écouté ce que je disais* non avete ascoltato quello che dicevo → 1 **prêter,** 1 **tendre (l'oreille)** ✦ (*au p.p.*) *un des orateurs les plus écoutés à la Chambre* uno degli oratori più ascoltati alla Camera ◇ (*loc.*) *écouter de toutes ses oreilles* essere tutt'orecchi ~ *n'écouter que d'une oreille* ascoltare con un orecchio solo ~ *écouter aux portes* origliare all'uscio ~ *écoute!, écoutez!* (*s'emploie pour attirer l'attention de l'interlocuteur*) senti!, senta! (sentite!) **2** [*accueillir avec faveur ce que dit qqn.*] ascoltare, dare (102) ascolto a: *écouter les conseils d'un ami* dare ascolto ai consigli di un amico; *Dieu a écouté nos prières* Dio ha ascoltato le nostre preghiere; *ces enfants n'écoutent pas leurs parents* questi bambini non ascoltano i genitori → **obéir, suivre, exaucer** **B** *v.pron.réfl.* S'ÉCOUTER [*écouter soi-même*] ascoltarsi # *il s'écoute parler* si compiace delle proprie parole ◇ [*suivre son inspiration*] seguire *tr.* il proprio istinto: *si je m'écoutais, je n'irais pas à ce rendez-vous* se seguissi il mio istinto, non andrei a quell'appuntamento ◇ [*prêter une trop grande attention à sa santé*] *ne vous écoutez pas tant, vous irez mieux* non date troppo peso ai vostri acciacchi, starete meglio → **observer(s').**

écouteur |ekutœʀ| *s.m.* (*techn.*) **1** (*télécom.*) ricevitore telefonico* **2** (*électr., acoustique*) cuffia *f.*; auricolare.

écoutille |ekutij| *s.f.* (*mar.*) boccaporto *m.*

écouvillon |ekuvijɔ̃| *s.m.* [*brosse cylindrique pour nettoyer un objet creux*] *écouvillon des boulangers* spazzaforno (*inv.*); *écouvillon de canon, de fusil* scovolo; *écouvillon pour nettoyer les bouteilles* scovolino → **goupillon** ◇ (*chir.*) specillo.

écouvillonnage |ekuvijɔnaʒ| *s.m.* **1** [→ ÉCOUVILLONNER 1] pulitura *f.* con lo spazzaforno **2** [→ ÉCOUVILLONNER 2] pulitura con lo scovolo **3** [→ ÉCOUVILLONNER 3] ripulitura *f.* con lo specillo.

écouvillonner |ekuvijɔne| *v.tr.* **1** (*techn.*) [*nettoyer avec l'écouvillon*] *écouvillonner un four* spazzare un forno con lo spazzaforno **2** *écouvillonner l'âme des armes à feu* scovolare un'arma da fuoco **3** (*chir.*) *écouvillonner une cavité naturelle* ripulire (197) con lo specillo una cavità naturale.

écrabouillage |ekʀabujaʒ|, **écrabouillement** |ekʀabujmɑ̃| *s.m.* (*fam.*) [→ ÉCRABOUILLER] spappolamento (*cour.*).

écrabouiller |ekʀabuje| *v.tr.* (*fam.*) [*écraser, réduire en bouillie*] spappolare (*cour.*).

écran |ekʀɑ̃| *s.m.* **1** [*panneau, enveloppe ou paroi*] schermo # *écran de cheminée* parafuoco di caminetto; *écran métallique* parascintille → **pare-étincelles** ◇ (*photo.*) *écrans colorés* filtri colorati **2** [*tout objet interposé qui dissimule ou protège*] schermo; cortina (*f.*): *faire un écran de sa main* farsi schermo con la mano ‖ *écran de fumée* cortina di fumo (fumogena) → **rideau** **3** *écran de projection* schermo di proiezione; *grand écran* schermo panoramico; *places* (*de cinéma*) *rapprochées de l'écran* posti (di cinema) vicini allo schermo; *l'écran d'un récepteur*) *de télévision* lo schermo televisivo, il video ◇ (*spécialt.*) *l'écran* [*l'art cinématographique*] lo schermo: *porter un roman à l'écran* portare un romanzo sullo schermo; *le petit écran* [*la télévision*] il piccolo schermo.

écrasant, ante |ekʀazɑ̃, ɑ̃t| *adj.* [*extrêmement lourd*] schiacciante, enorme: *un poids écrasant* un peso schiacciante, enorme; *une responsabilité écrasante* un'enorme responsabilità; *il a fait preuve d'une supériorité écrasante* ha dato prova di una superiorità schiacciante.

écrasé, ée |ekʀaze| *adj.* [*très aplati, court et ramassé*] schiacciato: *un nez écrasé* un naso schiacciato → **camard.**

écrasement |ekʀazmɑ̃| *s.m.* **1** [→ ECRASER A 1] schiacciamento: *l'écrasement d'une jambe* lo schiacciamento di una gamba **2** [*destruction complète* (*des forces d'un adversaire*)] repressione (*f.*): *l'écrasement d'une rébellion* la repressione di una rivolta → **anéantissement.**

écraser |ekʀaze| **A** *v.tr.* **1** [*aplatir et déformer par une forte compression, par un choc violent*] schiacciare: *la porte en se refermant lui a écrasé le doigt* richiudendosi, la porta gli ha schiacciato il dito; *attention, vous m'écrasez le pied!* attenzione, mi schiaccia il piede! → **broyer, comprimer** **2** [*renverser et passer sur le corps de*] investire: *il s'est fait écraser par une automobile* è stato investito da un'auto → **renverser** ◇ [*presser ou broyer* (*une substance*)] pestare, schiacciare: *écraser le raisin* pestare, pigiare l'uva; *écraser de l'ail* pestare l'aglio; *écraser du gravier* schiacciare la ghiaia → **concasser, cylindrer, fouler, piler** **3** (*fam.*) [*appuyer fortement et à fond sur*] premere *intr.*, pigiare (*intr.*): *écraser la pédale de frein, le champignon* premere, pigiare sul pedale del freno, sull'acceleratore **4** [*dominer par sa masse*] dominare, sovrastare: *un petit village écrasé par son église* un piccolo villaggio dominato, sovrastato dalla chiesa ◇ (*fig.*) [*dominer, humilier*] schiacciare, umiliare: *il nous écrase de son luxe, de son mépris* ci schiaccia con il suo lusso, con il suo disprezzo **5** [*faire succomber sous une force, un poids excessif*] gravare, opprimere (124): *le peuple était écrasé d'impôts* il popolo era gravato, oberato di tasse → **accabler,** 1 **surcharger** **6** [*vaincre, réduire totalement* (*un ennemi, une résistance*)] annientare: *écraser l'ennemi, l'insurrection* annientare il nemico, l'insurrezione → **anéantir** ◇ (*sport*) *notre équipe a été écrasée* la nostra squadra ha subìto una dura sconfitta **7** (*pop.*) EN ÉCRASER [*dormir profondément*] dormire della grossa ◇ (*arg.*) *écrase!* [*laisse tomber!*] lascia perdere! **B** *v.pron.intr.* S'ÉCRASER [→ *tr.* 1] sfracellarsi: *après une chute de vingt mètres il s'est écrasé sur le sol* dopo una caduta di venti metri si è sfracellato al suolo # *la foule s'écrasait dans le métro* la folla si accalcava, si stipava nella metropolitana.

écraseur, euse |ekʀɑzœʀ, øz| *s.* (*fam.*) [*conducteur maladroit et dangereux*] automobilista da strapazzo, pirata della strada.

écrémage |ekʀemaʒ| *s.m.* **1** [→ ÉCRÉMER 1] scrematura *f.* **2** (*fig.*) [*prélèvement des meilleurs éléments d'un groupe humain*] scrematura.

écrémer |ekʀeme| (8) *v.tr.* **1** [*dépouiller (le lait) de la crème*] scremare ♦ (*au p.p.*) *lait écrémé* latte scremato **2** (*fig.*) [*dépouiller des meilleurs éléments (un ensemble, un groupe)*] togliere (123), prendere (105) il meglio, il fior fiore da: *sa collection a déjà été écrémée* dalla sua collezione è già stato tolto il meglio.

écrémeuse |ekʀemøz| *s.f.* (*techn.*) scrematrice.

écrêtement |ekʀɛtmɑ̃| *s.m.* [→ ÉCRÊTER 1] livellamento, spianamento.

écrêter |ekʀete| *v.tr.* **1** (*constr.*) *écrêter une route* [*la niveler*] spianare, livellare una strada **2** (*artill.*) [*abattre la crête (d'un ouvrage fortifié)*] abbattere la cima (di una fortificazione) **3** (*agric.*) [*dépouiller (les tiges de maïs) de leurs crêtes*] cimare **4** (*fig.*, *phys.*) [*égaliser en supprimant les éléments extrêmes*] livellare.

écrevisse |ekʀəvis| *s.f.* (*t.zool.*) gambero *m.* di fiume, astaco* *m.* ◇ (*loc.*) *rouge comme une écrevisse* rosso come un gambero; *marcher, aller comme une écrevisse* [*à reculons*] fare come i gamberi.

écrier (s') |ekʀije| *v.pron.intr.* [*dire d'une voix forte et émue*] esclamare *intr.*; gridare (*tr.*): *'Mon Dieu' s'écria-t-il* 'Dio mio!' esclamò || *il s'écria qu'il n'accepterait jamais* gridò che non avrebbe mai accettato.

écrin |ekʀɛ̃| *s.m.* [*boîte ou coffret où l'on serre les objets précieux*] astuccio*, scrigno: *ranger l'argenterie dans les écrins* riporre l'argenteria negli astucci → **baguier, étui.**

écrire |ekʀiʀ| (51) **A** *v.tr.* **I 1** [*tracer des signes d'écriture*] scrivere (182): *effacez ce que vous avez écrit* cancellate quello che avete scritto ♦ (*absolt.*) *écrire mal, comme un chat* scrivere male, a zampe di gallina; *écrire gros, fin* scrivere grosso, fino, a grossi, a piccoli caratteri; *acheter de quoi écrire* comprare l'occorrente per scrivere; *machine à écrire* macchina da, per scrivere **2** *je ne sais pas écrire son nom* non so scrivere il suo nome; *écrire une adresse sur un carnet* scrivere un indirizzo su un taccuino; *il a écrit une longue lettre à sa mère* ha scritto una lunga lettera alla madre ♦ (*absolt.*) *il n'aime pas écrire* non gli piace scrivere ◇ [*annoncer par lettre*] scrivere: *je lui ai écrit que j'étais malade* gli ho scritto che ero (che sono) ammalato **II 1** [*composer (un ouvrage)*] scrivere: *il a commencé à écrire ses mémoires* ha incominciato a scrivere le sue memorie; *écrire en prose, en vers* scrivere in prosa, in versi ◇ [*faire métier d'écrivain*] scrivere: *il n'a rien écrit cette année* questo anno non ha scritto niente → **publier** **2** [*exprimer par le langage écrit*] scrivere: *écrire avec élégance* scrivere con eleganza **B** *v.pron. intr.* S'ÉCRIRE: *'appeler' s'écrit avec deux 'p'* 'appeler' si scrive con due 'p'.

écrit |ekʀi| *s.m.* **1** [*document écrit*] scritto: *écrit anonyme, signé* scritto anonimo, firmato → **manuscrit, imprimé** **2** [*composition littéraire, scientifique*] opera *f.*, scritto: *écrit posthume* opera postuma → 1 **livre, œuvre** **3** [*épreuves écrites d'un examen ou d'un concours*] scritto: *avoir de bonnes notes à l'écrit* avere buoni voti allo scritto **4** *loc.adv.* PAR ÉCRIT per iscritto: *mettez-moi tout ça par écrit* mettetemi tutto questo per iscritto.

écrit, ite |ekʀi, it| *adj.* **1** [*tracé par l'écriture*] scritto: *langue parlée et langue écrite* lingua parlata e lingua scritta; *les épreuves écrites d'un examen* le prove scritte di un esame **2** [*qui est voulu par la Providence ou le destin*] scritto: *c'était écrit* era, stava scritto; *il est écrit qu'on n'y arrivera jamais* è scritto che non ci riusciremo mai [C] 1 **oral, parlé.**

écriteau |ekʀito| *s.m.* [*surface portant une inscription*] cartello: *un écriteau annonçait que la maison était à vendre* un cartello annunciava che la casa era (è) in vendita → **pancarte.**

écritoire |ekʀitwaʀ| *s.f.* (*ancienn.*) [*petit coffret contenant tout ce qu'il faut pour écrire*] servizio* *m.* da scrittoio (*cour.*).

écriture |ekʀityʀ| *s.f.* **1** [*représentation de la parole et de la pensée par des signes*] scrittura: *écriture idéographique* scrittura ideografica; *écriture phonétique* scrittura fonetica; *écriture arabe, gothique* scrittura araba, gotica **2** [*manière personnelle de tracer les signes en écrivant*] scrittura, grafia: *avoir une belle écriture* avere una bella scrittura, una bella grafia; *une écriture illisible, de chat* una scrittura, una grafia illeggibile, a zampe di gallina; *imiter l'écriture de qqn.* imitare la grafia di qc. → **gribouillage, griffonnage** **3** (*littér.*) [*manière d'écrire d'une personne, d'une époque*] scrittura → 1 **style** **4** (*dr.*, *cour.*) scrittura: *écritures privées, publiques* scritture private, pubbliche # *faux en écriture privée, publique* falso in atto privato, pubblico ◇ (*au plur.*) *les faits énoncés par les écritures* i fatti esposti negli atti *m.* **5** (*compt.*) scrittura: *les écritures* le scritture, i libri contabili; *tenir les écritures* tenere le scritture, i libri contabili ◇ (*admin.*) *employé aux écritures* applicato; impiegato d'ordine **6** (*avec E majuscule*) *l'Écriture, les Écritures* [*les livres saints*] la Scrittura, le Scritture → **Bible.**

écrivailler |ekʀivɑje|, **écrivasser** |ekʀivase| *v.intr.* (*péj.*) [*composer des écrits sans valeur*] scribacchiare *tr.*

écrivailleur, euse |ekʀivɑjœʀ, øz|, **écrivaillon** |ekʀivɑjɔ̃|, **écrivassier, ière** |ekʀivasje, jɛʀ| *s.* (*péj.*) [*homme ou femme de lettres médiocre*] scrittorucolo, letterato da strapazzo.

écrivain |ekʀivɛ̃| *s.m.* **1** [*personne qui compose des ouvrages littéraires*] scrittore* *s.* **2** *écrivain public* scrivano pubblico.

écrivasser |ekʀivase| *v.intr.* → **écrivailler.**

écrivassier, ière |ekʀivasje, jɛʀ| *s.* → **écrivailleur.**

1 **écrou** |ekʀu| *s.m.* (*dr.*) immatricolazione *f.* al carcere: # *registre d'écrou* registro d'entrata dei carcerati ◇ *loc.* LEVÉE D'ÉCROU [*constatation de la remise en liberté d'un détenu*] dimissione dal carcere, scarcerazione *f.* → 2 **élargissement.**

2 **écrou** |ekʀu| *s.m.* (*mécan.*, *cour.*) dado: *écrou borgne* dado (a foro) cieco; *écrou à oreilles* dado con galletto.

écrouelles |ekʀuɛl| *s.f.pl.* (*vx.*) (*méd.*) scrofolosi *sing.inv.*, scrofola *sing.*

écrouer |ekʀue| *v.tr.* [*inscrire sur le registre d'écrou*] immatricolare (un carcerato); incarcerare → **incarcérer** [C] **élargir 2.**

écrouir |ekʀuiʀ| *v.tr.* (*métall.*) [*traiter (un métal) en le soumettant à l'écrouissage*] incrudire (197).

écrouissage |ekʀuisaʒ| *s.m.* (*métall.*) incrudimento.

écroulement |ekʀulmɑ̃| *s.m.* **1** [→ ÉCROULER(S') 1] crollo: *écroulement d'un mur, d'un édifice* crollo di un muro, di un edificio → **affaissement, effondrement** **2** [*fait de s'effondrer physiquement*] crollo: *écroulement physique* crollo fisico **3** (*fig.*) [*destruction soudaine et complète*] crollo, annientamento: *l'écroulement d'un empire, d'une entreprise* il crollo di un impero, di un'impresa → **anéantissement, ruine.**

écrouler (s') |ekʀule| *v.pron.intr.* **1** [*tomber soudainement de toute sa masse*] precipitare *intr.*, crollare (*intr.*): *des pans de murs s'écroulaient dans les flammes* pezzi di muro precipitavano fra le fiamme → **abattre (s'), crouler** **2** (*fig.*) [*subir une destruction, une fin brutale*] crollare: *sa fortune, son autorité s'est écroulée* la sua fortuna, la sua autorità è crollata → **sombrer** **3** (*fam.*) [*se laisser tomber lourdement*] crollare: *il s'écroula dans le fauteuil* crollò sulla poltrona → **affaler (s')** ◇ (*sport*) *il s'est écroulé dans la ligne d'arrivée* è crollato sulla linea del traguardo ♦ (*au p.p.*) *écroulé* [*affalé, accablé (de fatigue, par un malheur)*] distrutto: *il était complètement écroulé* era completamente distrutto.

écroûter |ekʀute| *v.tr.* **1** [*dégarnir de sa croûte*] scrostare ◇ (*métall.*) scriccare **2** (*agric.*) [*labourer superficiellement (une terre)*] dissodare superficialmente.

écroûteuse |ekʀutøz| *s.f.* (*agric.*) frangizolle *m.inv.*

écru, ue |ekʀy| *adj.* (*chanvre, soie*) [*qui n'est pas blanchi, lessivé*] greggio*: *toile, soie écrue* tela, seta greggia.

-ectasie |ɛktazi| *suff.* (*signifiant 'dilatation', correspond généralt. à*) ettasia, ectasia: *gastrectasie* gastrettasia, gastrectasia.

ectasie |ɛktazi| *s.f.* (*méd.*) ectasia.

ecthyma |ɛktima| *s.m.* (*méd.*) ectima.

ecto- |ɛktɔ| *préf.* (*signifiant 'au dehors', correspond généralt. à*) ecto: *ectoplasme* ectoplasma [C] **endo-.**

ectoderme |ɛktɔdɛʀm(ə)| *s.m.* (*biol.*) ectoderma.

-ectomie |ɛktɔmi| *suff.* (*signifiant 'ablation', correspond généralt. à*) ectomia: *tonsillectomie* tonsillectomia.

ectoparasite |ɛktɔpaʀazit| *s.m.* (*zool.*) ectoparassita ♦ (*adj.*) *insectes ectoparasites* insetti ectoparassiti.

ectopie |ɛktɔpi| *s.f.* (*anat.*, *méd.*) ectopia.

ectoplasme |ektɔplasm(ə)| *s.m.* ectoplasma.
ectropion |ektʀɔpjɔ̃| *s.m.* (*méd.*) [*renversement des paupières en dehors*] ectropion *inv.* → **éraillement** ◇ [*éversion de la muqueuse du col utérin*] ectropion.
écu |eky| *s.m.* **1** [*bouclier des hommes d'armes au moyen âge*] scudo ◇ (*blas.*) scudo → **écusson** **2** [*anc. monnaie fr., anc. pièce de cinq francs en argent*] scudo.
écubier |ekybje| *s.m.* (*mar.*) cubia *f.*
écueil |ekœj| *s.m.* **1** [*rocher, banc de sable à fleur d'eau*] scoglio*: *mer semée d'écueils* mare disseminato di scogli → **brisant, récif** **2** (*fig.*) [*obstacle dangereux, cause d'échec*] ostacolo, scoglio: *la vie est pleine d'écueils* la vita è piena di ostacoli → **achoppement (pierre d')** # *c'est là l'écueil* qui sta il difficile.
écuelle |ekɥɛl| *s.f.* [*sorte d'assiette large et creuse; son contenu*] scodella.
écuisser |ekɥise| *v.tr.* (*techn.*) [*faire éclater* (*le tronc d'un arbre*) *en l'abattant*] schiantare.
éculé, ée |ekyle| *adj.* **1** [*dont le talon est usé, déformé*] scalcagnato: *des savates éculées* delle ciabatte scalcagnate **2** (*fig.*) [*usé, défraîchi à force d'avoir servi*] sfruttato, logoro: *ce sont des plaisanteries éculées* sono battute sfruttate, logore.
écumage |ekymaʒ| *s.m.* [→ ÉCUMER B 1] lo schiumare *inv.*; depurazione (*f.*): *l'écumage du bouillon* lo schiumare il brodo ‖ *l'écumage de l'effluent urbain* la depurazione dell'effluente urbano.
écumant, ante |ekymɑ̃, ɑ̃t| (*adj.*) [*couvert de bave*] schiumante ◇ (*littér.*) [*couvert d'écume*] spumeggiante, spumoso.
écume |ekym| *s.f.* **1** [*mousse blanchâtre*] schiuma, spuma: *mer blanche d'écume* mare bianco di schiuma, di spuma **2** (*animaux*) schiuma: *taureau qui a l'écume à la bouche* toro che ha la schiuma alla bocca ◇ (*personnes*) schiuma: *la fureur lui mettait l'écume à la bouche* la rabbia gli faceva venire la schiuma, la bava alla bocca **3** [*impuretés, scories à la surface des métaux en fusion*] scorie *pl.* → 1 **crasse** **4** *écume* (*de mer*) [*silicate naturel de magnésium*] spuma, schiuma (di mare): *une pipe en écume* una pipa di schiuma (di mare).
écumer |ekyme| **A** *v.intr.* **1** [*se couvrir d'écume*] spumeggiare, schiumare → **moutonner** **2** (*animaux*) [*baver*] sbavare ◇ (*personnes*) *écumer* (*de rage*) avere (97) *tr.* la schiuma, la bava alla bocca (dalla rabbia) **B** *v.tr.* **1** [*débarrasser de l'écume, des impuretés*] schiumare: *écumer le pot-au-feu* schiumare il bollito **2** *écumer les mers, les côtes* [*y exercer la piraterie*] infestare i mari, le coste; schiumare il mare (*vx.*) ◇ [*prendre ce qui est profitable ou intéressant*] ripulire (197), saccheggiare: *les antiquaires ont écumé la région* gli antiquari hanno ripulito la zona.
écumeur |ekymœʀ| (*s.m.*) *écumeur* (*de mer*) [*pirate, corsaire*] pirata, corsaro.
écumeux, euse |ekymø, øz| *adj.* schiumoso, spumoso.
écumoire |ekymwaʀ| *s.f.* [*ustensile de cuisine pour écumer le bouillon*] schiumaiola, schiumarola ◇ (*loc.*) *comme une écumoire, en écumoire* [*criblé, percé de nombreux trous*] come un colabrodo *m. inv.*
écurer |ekyʀe| *v.tr.* (*dial., vieilli*) [*curer un puits; récurer des ustensiles de cuisine*] spurgare; ripulire (197).
écureuil |ekyʀœj| *s.m.* (*t.zool.*) scoiattolo ◇ (*loc.*) *agile comme un écureuil* agile come uno scoiattolo.
écurie |ekyʀi| *s.f.* **1** [*bâtiment destiné à loger des chevaux*] scuderia ◇ [*d'autres animaux*] stalla ◇ *loc.* (*se dit d'un local très sale*) *c'est une vraie écurie* è un vero porcile ~ *il ne faut pas entrer ici comme dans une écurie* [*d'une façon impolie*] non si deve entrare qui dentro come se fosse una taverna; questa non è una taverna! **2** [*ensemble des chevaux logés dans une écurie*] scuderia ◇ [*dans une étable*] stalla ◇ (*spécialt.*) *écurie* (*de courses*) [*ensemble des chevaux qu'un propriétaire fait courir*] scuderia ◇ (*par anal.*) *une écurie de voitures de course* una scuderia di macchine da corsa.
écusson |ekysɔ̃| *s.m.* **1** [*petit écu*] scudo, stemma **2** (*blas., cour.*) scudetto ◇ (*milit., cour.*) mostrina *f.*
écussonnage |ekysɔnaʒ| *s.m.* (*agric.*) [*type de greffe*] innesto a scudetto # *écussonnage à œil dormant* innesto a occhio, a gemma.
écussonner |ekysɔne| *v.tr.* **1** (*agric.*) [*greffer en écusson*] innestare a scudetto, a gemma **2** [*orner d'un écusson*] ornare con uno scudo, con uno stemma.
écussonnoir |ekysɔnwaʀ| *s.m.* (*agric.*) innestatoio*.
écuyer, yère |ekɥije, jɛʀ| *s.* **1** *s.m.* [*gentilhomme au service d'un chevalier*] scudiero **2** *s.m.* (*ancienn.*) [*intendant des écuries d'un prince*] cavallerizzo maggiore **3** *s.* [*personne sachant bien monter à cheval*] cavallerizzo: *les écuyers du cirque* i cavallerizzi del circo → **amazone, 1 cavalier.**
eczéma |ɛgzema| *s.m.* (*méd., cour.*) eczema.
eczémateux, euse |ɛgzematø, øz| *adj.* (*méd.*) eczematoso ✦ (*s.*) *un eczémateux* un ammalato affetto da eczema.
édaphique |edafik| *adj.* (*t.bot.*) edafico*.
edelweiss |edɛlvajs (vɛs)| *s.m.* (*t. bot.*) edelweiss *inv.*, stella *f.* alpina.
éden |edɛn| *s.m.* [*paradis*] eden *inv.*
édénique |edenik| *adj.* (*littér.*) edenico*.
édenté, ée |edɑ̃te| *adj.* [*qui a perdu ses dents*] sdentato ✦ (*s.*) *un édenté* uno sdentato.
édenter |edɑ̃te| *v.tr.* [*rompre les dents de qqch.* (*peigne, scie, etc.*)] sdentare.
Édentés |edɑ̃te| *s.m. pl.* (*t.zool.*) Sdentati.
édicter |edikte| *v.tr.* [*établir, prescrire par une loi, par un règlement*] decretare: *on a édicté que...* è stato decretato che... → **décréter** # *édicter des peines* comminare, infliggere delle pene; *édicter une loi* emanare una legge.
édicule |edikyl| *s.m.* **1** [*chapelle ou dépendance d'un édifice religieux*] edicola *f.* **2** [*petite construction édifiée sur la voie publique*] chiosco* ◇ [*chalet de nécessité, urinoir*] vespasiano, orinatoio*.
édifiant, ante |edifjɑ̃, ɑ̃t| *adj.* **1** edificante: *vie édifiante* vita edificante **2** (*iron.*) [*particulièrement instructif*] edificante, istruttivo: *voilà un témoignage édifiant sur les mœurs de l'époque* ecco una testimonianza edificante, istruttiva sui costumi dell'epoca.
1 **édification** |edifikasjɔ̃| *s.f.* **1** [→ 1 ÉDIFIER 1] edificazione, costruzione **2** (*fig.*) [*création, constitution*] edificazione: *l'édification de l'Europe unie* l'edificazione dell'Europa unita.
2 **édification** |edifikasjɔ̃| *s.f.* [→ 2 ÉDIFIER 1] edificazione: *pour l'édification des fidèles* per l'edificazione dei fedeli.
édifice |edifis| *s.m.* **1** edificio*: *les édifices publics* gli edifici pubblici → **construction, monument** **2** (*fig.*) [*ensemble vaste et organisé*] edificio, struttura (*f.*): *l'édifice social* l'edificio, la struttura sociale.
1 **édifier** |edifje| *v.tr.* **1** [*bâtir* (*un édifice*)] edificare → **construire** **2** [*établir, créer* (*un vaste ensemble*)] edificare: *le savoir édifié par l'humanité* il sapere edificato dall'umanità **C** 1 **détruire.**
2 **édifier** |edifje| *v.tr.* **1** [*porter à la vertu, à la piété*] edificare **2** (*iron.*) [*mettre à même de juger*] ragguagliare, informare: *après son dernier discours, nous voilà édifiés!* dopo il suo ultimo discorso, eccoci ragguagliati, edotti! **C** 1 **scandaliser.**
édile |edil| *s.m.* **1** [*magistrat municipal*] amministratore comunale **2** (*hist. rom.*) edile.
édilité |edilite| *s.f.* (*hist. rom.*) edilità *inv.*
édit |edi| *s.m.* **1** (*hist.*) editto: *l'édit de Nantes* l'editto di Nantes **2** (*antiq. rom.*) editto: *l'édit de Dioclétien* l'editto di Diocleziano.
éditer |edite| *v.tr.* **1** [*publier et mettre en vente* (*un livre*)] pubblicare, stampare: *éditer un auteur* pubblicare le opere di un autore **2** [*faire paraître* (*un texte qu'on annote, etc.*)] curare.
éditeur, trice |editœʀ, tʀis| *s.* **1** editore* ✦ (*par appos.*) *libraire éditeur* libraio editore; *société éditrice* società editrice, editore *m.* **2** [*érudit qui établit et fait paraître un texte*] curatore*.
édition |edisjɔ̃| *s.f.* **1** edizione, editoria → **publication** # *maison, société d'édition* casa, società editrice **2** [*ensemble, série des exemplaires d'un ouvrage publié*] edizione: *édition originale* edizione originale ◇ [*ensemble des exemplaires d'un journal imprimés en une fois*] edizione: *dernière édition* ultima edizione; *édition spéciale* edizione straordinaria **3** [*action d'éditer* (*un texte qu'on annote, etc.*)] edizione: *édition critique* edizione critica **4** [*métier, activité de l'éditeur*] editoria: *travailler dans l'édition* lavorare nell'editoria.
éditionner |edisjɔne| *v.tr.* [*marquer* (*les exemplaires d'une édition*) *d'une mention de tirage*] mettere (155), indicare il numero dell'edizione.
éditorial, iaux |editɔʀjal, jo| *s.m.* editoriale, articolo di fondo.
éditorialiste |editɔʀjalist(ə)| *s.* editorialista.
-èdre |ɛdʀ(ə)| *suff.* (*signifiant 'siège, base', correspond généralt. à*) edro: *dodécaèdre* dodecaedro.
édredon |edʀədɔ̃| *s.m.* [*couvre-pied de duvet* (*d'eider, d'oie, etc.*) *ou de plume*] piumino.
éducable |edykabl(ə)| *adj.* [→ ÉDUQUER] educabile **C** **inéducable.**

éducateur, trice |edykatœR, tRis| **1** *s.* educatore*: *les parents ne sont pas forcément de bons éducateurs* i genitori non sono necessariamente dei buoni educatori **2** *adj.* → **éducatif.**

éducatif, ive |edykatif, iv| *adj.* educativo, formativo: *des jeux éducatifs* giochi educativi → **pédagogique.**

éducation |edykɑsjɔ̃| *s.f.* **1** educazione: *recevoir une bonne éducation* ricevere una buona educazione: *éducation physique* educazione fisica → **gymnastique, sport**; *éducation sexuelle* educazione sessuale; *éducation civique* educazione civica # *Ministère de l'Éducation nationale* Ministero della pubblica istruzione **2** [*développement méthodique (d'un organe, d'une faculté)*] educazione: *éducation des réflexes, de la volonté* educazione dei riflessi, della volontà → **exercice** **3** [*connaissance et pratique des usages de la société*] educazione: *avoir de l'éducation* avere buona educazione, essere beneducato; *il manque d'éducation* manca di educazione, è maleducato → **politesse, savoir-vivre.**

édulcorant |edylkɔRɑ̃| *s.m.* dolcificante, edulcorante (*rare*).

édulcoration |edylkɔRɑsjɔ̃| *s.f.* [→ EDULCORER 1] dolcificazione.

édulcorer |edylkɔRe| *v.tr.* **1** (*pharm.*) [*adoucir par addition de sucre, de sirop*] addolcire (197), dolcificare: *édulcorer une tisane* addolcire, dolcificare una tisana **2** [*adoucir, affaiblir dans son expression*] addolcire: *rapporter des propos violents en les édulcorant* riferire parole violente cercando di addolcirle.

éduquer |edyke| *v.tr.* [*former par l'éducation*] educare → **élever.**

éfaufiler |efofile| *v.tr.* (*rare*) → **effiler.**

éfendi |efɛ̃di| *s.m.* → **effendi.**

effacé, ée |efase| *adj.* **1** [*qui a peu d'éclat*] spento, scialbo: *couleurs effacées* colori spenti, scialbi **2** (*fig.*) [*qui reste dans l'ombre*] modesto, riservato: *jouer un rôle effacé* interpretare una parte modesta → **modeste.**

effacement |efasmɑ̃| *s.m.* **1** [→ EFFACER A 1] cancellazione *f.* ◇ [*son résultat*] cancellatura *f.* **2** [*attitude effacée*] riserbo.

effacer |efase| (2) **A** *v.tr.* **1** [*faire disparaître sans laisser de trace*] cancellare: *effacer ce qui est écrit au tableau* cancellare quel che è scritto sulla lavagna; *le voleur a effacé ses empreintes* il ladro ha cancellato le proprie impronte → **gommer, gratter** ◇ [*rendre moins net, moins visible*] cancellare, sbiadire (197): *une inscription que le temps a effacée* una scritta che il tempo ha cancellato, sbiadito **2** (*fig.*) *effacer le passé* cancellare il passato **3** [*empêcher de paraître, de briller*] oscurare: *une réussite qui efface toutes les autres* un successo che oscura tutti gli altri → **eclipser** **B** *v.pron.* S'EFFACER **1** *intr.* [*disparaître*] cancellarsi, svanire (197) (*intr.*): *les souvenirs s'effacent* i ricordi si cancellano, svaniscono → **estomper (s')** **2** *réfl.* [*se tenir de façon à paraître ou à gêner le moins possible*] scansarsi, cedere *tr.* il passo (a): *s'effacer pour éviter un coup* scansarsi per evitare un colpo.

effaner |efane| *v.tr.* (*agric.*) [*débarrasser des fanes ou feuilles superflues*] sfogliare.

effanure |efanyR| *s.f.* (*agric.*) pacciame *m.*

effarant, ante |efaRɑ̃, ɑ̃t| *adj.* [*qui effare ou étonne en indignant*] spaventoso: *il est d'une inconscience effarante* è di un'incoscienza spaventosa → **effrayant, stupéfiant** ◇ (*fam.*) *c'est effarant* è spaventoso.

effaré, ée |efaRe| *adj.* **1** [*effrayé, égaré*] sbigottito, sgomento: *un regard effaré* uno sguardo sbigottito, sgomento; *un air effaré* un'aria sbigottita **2** (*blas.*) rampante: *cheval effaré* cavallo rampante.

effarement |efaRmɑ̃| *s.m.* [*état d'une personne effarée*] sgomento, smarrimento: *il y eut dans la foule un moment d'effarement* ci fu tra la folla un attimo di sgomento, di smarrimento → **effroi,** 2 **trouble.**

effarer |efaRe| *v.tr.* [*troubler en provoquant un effroi mêlé de stupeur*] sgomentare, sbigottire (197) → **affoler, effrayer.**

effarouchement |efaRuʃmɑ̃| *s.m.* [→ EFFAROUCHER 2] spavento.

effaroucher |efaRuʃe| *v.tr.* **1** [*effrayer (un animal) de sorte qu'on le fait fuir*] spaventare: *effaroucher le gibier* spaventare la selvaggina **2** [*mettre (qqn.) dans un état de crainte ou de défiance*] turbare, impaurire (197): *un rien suffit à l'effaroucher* basta un nulla per turbarlo ✦ (*au p.p.*) *un enfant tout effarouché* un bambino tutto impaurito Ⓒ 2 **rassurer.**

effarvatte |efaRvat| *s.f.* (*t.zool.*) cannaiola → **rousserolle.**

effecteur |efɛktœR| *adj. et s.m.* (*physiol.*) effettore*.

effectif |efɛktif| *s.m.* **1** effettivo: *l'effectif d'un bataillon* l'effettivo di un battaglione ◇ (*par anal.*) *l'effectif d'une classe, d'un parti* l'effettivo di una classe, di un partito **2** *au plur.* effettivi: *nous avons augmenté nos effectifs* abbiamo aumentato i nostri effettivi # *les effectifs d'une entreprise* il personale, l'organico di un'impresa.

effectif, ive |efɛktif, iv| *adj.* effettivo → **réel, tangible.**

effectivement |efɛktivmɑ̃| *adv.* **1** [→ EFFECTIF] effettivamente: *pourrons-nous nous y opposer effectivement?* potremo effettivamente opporci? → **réellement** **2** (*s'emploie pour confirmer une affirmation*) effettivamente, in effetti (*loc. inv.*): *effectivement, il s'est trompé* effettivamente, in effetti si è sbagliato → 1 **effet (en).**

effectuer |efɛktɥe| **A** *v.tr.* [*faire, exécuter*] effettuare; attuare, realizzare: *effectuer une opération* effettuare un'operazione ‖ *effectuer des réformes* attuare, realizzare delle riforme **B** *v.pron.intr.* S'EFFECTUER [*se faire, avoir lieu*] svolgersi (196), effettuarsi: *un mouvement qui s'effectue en deux temps* un movimento che si svolge in due tempi.

efféminé, ée |efemine| *adj.* effeminato → **féminin** Ⓒ **viril.**

efféminer |efemine| *v.tr.* (*littér.*) [*rendre efféminé*] effeminare → **amollir, émasculer.**

effendi |efɛ̃di| *s.m.* effendi *inv.*

efférent, ente |efeRɑ̃, ɑ̃t| *adj.* (*anat.*) *vaisseaux efférents* vasi efferenti Ⓒ **afférent** 2.

effervescence |efɛRvesɑ̃s| *s.f.* **1** effervescenza **2** (*fig.*) effervescenza, fermento (*m.*): *cet événement a mis tout le pays en effervescence* tutto il paese è in effervescenza, in fermento per l'accaduto → **fermentation, mouvement.**

effervescent, ente |efɛRvesɑ̃, ɑ̃t| *adj.* effervescente.

1 **effet** |efɛ| *s.m.* **1** effetto: *rapport de cause à effet* rapporto di causa ed effetto, nesso di causalità; *l'effet du hasard* l'effetto, le conseguenze del caso → **conséquence, résultat, suite** ◇ (*dr.*) *les effets d'un acte juridique* l'efficacia *f.* di un atto giuridico ◇ (*mécan.*) *machine à simple, à double effet* macchina a effetto semplice, doppio **2** (*phys., cour.*) effetto ◇ (*dans les jeux joués avec une balle*) *mettre trop d'effet* dare troppo effetto; *donner de l'effet à une balle de tennis* dare effetto a, tagliare una palla da tennis **3** (*dans des loc.*) [*exécution, réalisation*] vigore, effetto: *loi qui prend effet à telle date* legge che entra in vigore a una certa data ◇ *loc. adv.* EN EFFET (*s'emploie pour introduire un argument, une explication*) infatti, in effetti ~ À CET EFFET a questo fine (a tal fine), a questo (tale) scopo **4** [*impression produite (sur qqn.)*] effetto, impressione (*f.*): *produire un effet de surprise* produrre un effetto di sorpresa; *son intervention a fait très mauvais effet sur l'auditoire* il suo intervento ha fatto una pessima impressione sull'uditorio ◇ (*loc.*) *faire effet, faire de l'effet* fare effetto, fare un certo effetto ~ FAIRE L'EFFET DE fare l'effetto di: *il nous a fait l'effet d'un revenant* ci ha fatto l'effetto di un fantasma → **sensation (faire)** **5** [*impression esthétique*] effetto: *effet de contraste* effetto di luce; *manquer, rater son effet* sciupare l'effetto, non raggiungere lo scopo ✦ *absolt.* (*surtout péj.*) *des phrases à effet* frasi a effetto ◇ *au plur.* [*impression recherchée par des gestes*] pose *f.* # *faire des effets de jambes* mettere in mostra le gambe; *faire des effets de voix* produrre effetti di voce.

2 **effet** |efɛ| *s.m.* (*fin., cour.*) effetto, titolo: *effet de commerce* effetto, titolo (commerciale); *effets publics* titoli del debito pubblico.

effets |efɛ| *s.m. pl.* [*le linge et les vêtements*] effetti: *effets civils, militaires* effetti civili, militari.

effeuillage |efœjaʒ| *s.m.* **1** (*arbor.*) sfogliatura *f.* **2** [*mot fr. proposé pour 'strip-tease'*] spogliarello, strip-tease *inv.*

effeuillaison |efœjɛzɔ̃| *s.f.*, **effeuillement** |efœjmɑ̃| *s.m.* [*chute naturelle des feuilles*] defogliazione *f.*

effeuiller |efœje| *v.tr.* [*dépouiller de ses feuilles, de ses pétales*] sfogliare: *effeuiller la marguerite* sfogliare la margherita.

effeuilleuse |efœjøz| *s.f.* (*fam.*) [*femme qui pratique le strip-tease*] spogliarellista (*cour.*).

efficace |efikas| *adj.* **1** efficace: *un remède efficace* una medicina efficace → **actif, puissant** **2** (*personnes*) efficiente: *un collaborateur efficace* un collaboratore efficiente.

efficacement |efikasmɑ̃| *adv.* [→ EFFICACE] efficacemente.

efficacité |efikasite| *s.f.* **1** [*caractère de ce qui est efficace*] efficacia* → 1 **action** **2** [*capacité de produire le maximum avec le minimum d'effort*] efficienza: *il recherche l'efficacité* mira all'efficienza → **rendement.**

efficience |efisjɑ̃s| *s.f.* efficienza.

efficient, ente |efisjɑ̃, ɑ̃t| *adj.* **1** [*efficace, dynamique, capable de rendement*] efficiente **2** (*philo.*) *cause efficiente* causa efficiente.

effigie |efiʒi| *s.f.* **1** (*peint.*, *cour.*) effigie*, effige # *pendre, brûler qqn. en effigie* impiccare, bruciare qc. in effigie → **image, portrait** **2** [*représentation du visage d'une personne sur une monnaie, une médaille*] effigie.

effilage |efilaʒ|, **effilement** |efilmɑ̃| *s.m.* [→ EFFILER A 1] sfilacciatura *f.*

effilé |efile| *s.m.* [*frange formée en effilant la chaîne du tissu*] frangia* (*f.*): *les éffilés d'un châle* la frangia di uno scialle.

effilé, ée |efile| *adj.* [*mince et allongé*] affilato.

effiler |efile| **A** *v.tr.* **1** [*défaire* (*un tissu*) *fil à fil*] sfilacciare → **effilocher** **2** [*rendre effilé*] affilare → **allonger, amincir** # *effiler les cheveux* [*en amincissant les mèches à leur extrémité*] sfilare i capelli **B** *v.pron.intr.* S'EFFILER sfilacciarsi, sfilacciare (*intr.*): *une étoffe qui s'effile* una stoffa che si sfilaccia.

effilochage |efilɔʃaʒ| *s.m.* [→ EFFILOCHER] sfilacciatura *f.*, sfilatura *f.*

effiloche |efilɔʃ| *s.f.* (*techn.*) filo *m.* sulla cimosa ◇ *au plur.* [*soies non torses, appelées aussi 'soies folles'*] catarzo *m.sing.*

effilocher |efilɔʃe| **A** *v.tr.* [*effiler* (*des tissus, des chiffons*) *pour réduire en bourre, en ouate*] sfilacciare ✦ *au p.p.* [*effrangé*] sfilacciato **B** *v.pron.intr.* S'EFFILOCHER sfilacciarsi, sfilacciare (*intr.*): *étoffe usée qui s'effiloche* stoffa logora che si sfilaccia → **effiler** (**s'**).

effilocheur, euse |efilɔʃœR, øz| *s.* **1** *s.* [*personne qui effiloche* (*des chiffons*)] sfilacciatore* **2** *s.f.* (*techn.*) sfilacciatrice.

effilochure |efilɔʃyR| *s.f.* [*produit de l'effilochage*] sfilaccia*.

efflanqué, ée |eflɑ̃ke| *adj.* [*trop maigre*] (*animaux*) sfiancato: *une vieille rosse efflanquée* un vecchio ronzino sfiancato ◇ (*personnes*) allampanato, scheletrico*: *un grand garçon efflanqué* un ragazzone allampanato, scheletrico.

effleurage |eflœRaʒ| *s.m.* (*techn.*) sfioratura *f.*

effleurement |eflœRmɑ̃| *s.m.* [*caresse ou atteinte légère*] sfioramento → **frôlement** ◇ (*techn.*) *touches, commandes à effleurement* tasti, comandi a sfioramento, sensor *inv.*

effleurer |eflœRe| *v.tr.* **1** [*toucher légèrement*] sfiorare: *effleurer qqch. de la main* sfiorare q.c. con la mano → **frôler** **2** (*fig.*) [*examiner à peine* (*un sujet*)] sfiorare: *il n'a fait qu'effleurer le problème* ha appena sfiorato il problema ◇ (*choses*) *cette pensée ne m'avait jamais effleurée* questo pensiero non mi aveva mai sfiorata.

effleurir |eflœRiR| *v.intr.* (*chim.*, *minér.*) [*devenir efflorescent*] diventare efflorescente.

efflorescence |eflɔResɑ̃s| *s.f.* **1** (*chim.*, *minér.*) efflorescenza **2** (*littér.*) [*floraison d'un art, d'idées*] fioritura.

efflorescent, ente |eflɔResɑ̃, ɑ̃t| *adj.* **1** (*chim.*, *minér.*) efflorescente **2** [*en pleine floraison; luxuriant*] lussureggiante, in fiore (*loc. inv.*): *végétation efflorescente* vegetazione lussureggiante.

effluent, ente |eflyɑ̃, ɑ̃t| **1** *adj.* effluente **2** (*s.m.*) *effluent urbain* effluente, acque *f.pl.* reflue.

effluve |eflyv| *s.m.* **1** (*littér.*, *surtout au plur.*) [*émanation qui se dégage de qqch.*] effluvio* → **exhalaison** **2** *effluve électrique, magnétique* effluvio elettrico, magnetico.

effondrement |efɔ̃dRəmɑ̃| *s.m.* **1** [→ EFFONDRER (S') 1] crollo: *l'effondrement d'un mur* il crollo di un muro → **éboulement, écroulement** **2** [*chute, fin brutale*] crollo: *effondrement d'un empire, des cours de la Bourse* crollo di un impero, dei corsi in Borsa → **ruine** **3** [*état d'abattement extrême; écroulement physique*] abbattimento; crollo, collasso.

effondrer (s') |efɔ̃dRe| *v.pron.intr.* [*crouler sous le poids*] **1** (*sujet de chose*) crollare (*intr.*): *la galerie s'est effondrée sur les mineurs* la galleria è crollata addosso ai minatori → **affaisser** (**s'**), **ecrouler** (**s'**) ◇ (*fig.*) *toute son histoire s'effondre* tutta la sua storia crolla, viene a cadere **2** (*sujet de personne*) *s'effondrer dans le fauteuil* crollare sulla poltrona ◇ (*fig.*) *l'accusé a fini par s'effondrer* l'imputato alla fine è crollato **3** (*sport*) *il s'est effondré dans la ligne droite* è crollato sulla dirittura d'arrivo ✦ *au p.p.* [*très abattu*] prostrato, distrutto: *il est effondré* è prostrato, distrutto.

efforcer (s') |efɔRse| (2) *v.pron. intr.* [*faire tous ses efforts en vue de* (*faire, comprendre, etc.*)] sforzarsi (di), fare (103) *tr.* di tutto (per): *il s'efforce de me convaincre* fa di tutto per convincermi; *il s'efforce d'être aimable* si sforza di essere gentile → **appliquer(s'), évertuer(s')**.

effort |efɔR| *s.m.* **1** sforzo: *effort physique* sforzo fisico; *faites un petit effort d'imagination* fate un piccolo sforzo d'immaginazione, provate un po' a immaginare; *faire tous ses efforts* fare ogni sforzo; *je veux bien faire un effort* farò questo sforzo → **efforcer (s')**; **sacrifice**; *sans effort* senza sforzo → **facilement**; *c'est un partisan du moindre effort* [*un paresseux*] è uno che fa il minimo sforzo **2** (*sc.*, *techn.*) sforzo: *effort de traction* sforzo di trazione: *l'effort des arches d'un pont* lo sforzo sopportato dagli archi di un ponte.

effraction |efRaksjɔ̃| *s.f.* (*dr.*) scasso *m.*, effrazione: *vol avec effraction* furto con scasso.

effraie |efRɛ| *s.f.* (*t.zool.*) barbagianni *m.inv.*

effrangement |efRɑ̃ʒmɑ̃| *s.m.* [→ EFFRANGER] sfrangiatura *f.*

effranger |efRɑ̃ʒe| (3) **A** *v.tr.* [*effiler sur les bords de manière que les fils pendent*] sfrangiare **B** *v.pron.intr.* S'EFFRANGER [*s'effilocher*] sfilacciarsi, sfilacciare (*intr.*): *le pantalon commence à s'effranger au talon* l'orlo dei pantaloni comincia a sfilacciarsi.

effrayant, ante |efRɛjɑ̃, ɑ̃t| *adj.* [*qui inspire ou peut inspirer de la frayeur*] spaventoso, tremendo: *un cauchemar effrayant* un incubo spaventoso → **effroyable, épouvantable** ◇ (*fam.*) [*extraordinaire, extrême*] *il fait une chaleur effrayante* fa un caldo spaventoso, tremendo → **formidable.**

effrayé, ée |efReje| *adj.* [*qui éprouve une grande peur*] spaventato.

effrayer |efReje| (9) **A** *v.tr.* [*frapper de frayeur*] spaventare: *ils se sauvaient, effrayés par les flammes* scappavano, spaventati dalle fiamme → **épouvanter** **B** *v.pron.intr.* S'EFFRAYER [*avoir peur*] spaventarsi.

effréné, ée |efRene| *adj.* (*littér.*) [*qui est sans retenue*] sfrenato (*cour.*), smodato (*cour.*): *un désir effréné* un desiderio sfrenato, smodato → **démesuré, immodéré.**

effritement |efRitmɑ̃| *s.m.* [→ EFFRITER B] sgretolamento, sfaldamento: *l'effritement d'un bas-relief antique* lo sgretolamento di un bassorilievo antico → **désagrégation** ◇ (*fig.*) *l'effritement d'un parti politique* la disgregazione *f.* di un partito politico ◇ (*comm.*) *l'effritement des valeurs* il crollo dei titoli.

effriter |efRite| **A** *v.tr.* [*rendre friable; réduire en poussière*] sgretolare **B** *v.pron.intr.* S'EFFRITER [→ *tr.*] sgretolarsi, sfaldarsi: *une vieille fresque qui s'effrite* un vecchio affresco che si sgretola, si sfalda ◇ (*fig.*) assottigliarsi: *la majorité gouvernementale s'effrite à chaque vote* la maggioranza governativa si assottiglia ad ogni votazione.

effroi |efRwɑ(a)| *s.m.* (*littér.*) [*grande frayeur, souvent mêlée d'horreur*] spavento (*cour.*), terrore (*cour.*).

effronté, ée |efRɔ̃te| *adj.* [*qui est d'une insolence éhontée*] sfrontato, sfacciato ✦ (*s.*) *un effronté* uno sfrontato, uno sfacciato # *petit effronté!* sfacciatello!

effrontément |efRɔ̃temɑ̃| *adv.* [→ EFFRONTÉ] sfrontatamente, spudoratamente: *il mentait effrontément* mentiva sfrontatamente, spudoratamente.

effronterie |efRɔ̃tRi| *s.f.* [*caractère, attitude d'une personne effrontée*] sfacciataggine, sfrontatezza → **impudence, insolence.**

effroyable |efRwajabl(ə)| *adj.* [*qui remplit d'effroi, de terreur*] spaventoso, tremendo: *une effroyable catastrophe* una spaventosa, tremenda catastrofe → **terrible** ◇ (*fam.*) [*énorme, effrayant*] *un embouteillage effroyable* un ingorgo spaventoso, tremendo.

effroyablement |efRwajabləmɑ̃| *adv.* (*fam.*) [*excessivement, terriblement*] spaventosamente, tremendamente: *une affaire effroyablement compliquée* una faccenda spaventosamente, tremendamente complicata.

effusif, ive |efyzif, iv| *adj.* (*géol.*) effusivo.

effusion |efyzjɔ̃| *s.f.* **1** *effusion de sang* [*action de faire couler du sang*] spargimento *m.* di sangue: *l'ordre a été rétabli sans effusion de sang* l'ordine è stato ristabilito senza spargimento di sangue **2** (*littér.*) effusione: *je n'aime guère toutes ces effusions* non mi piacciono affatto tutte queste effusioni Ⓒ 2 **froideur.**

éfourceau |efuRso| *s.m.* (*techn.*) barroccio*.

égaiement |egɛmɑ̃|, **égayement** |egɛjmɑ̃| *s.m.* (*rare*) [→ ÉGAYER] il rallegrare *inv.*, l'allietare *inv.*

égailler (s') |egaje| *v.pron.intr.* [*se disperser, s'éparpiller*] disperdersi (163): *les étudiants se sont égaillés à la vue des policiers* gli studenti si sono dispersi alla vista dei poliziotti.

égal, ale, aux |egal, o| *adj.* **1** [*qui est de même quantité, dimension, nature, qualité ou valeur*] uguale: *diviser un tout en parties égales* dividere un tutto in parti uguali → **identique, même, équivalent** ◇ (*loc.*) *toutes choses égales d'ailleurs* [*en supposant que tous les autres éléments de la situations restent les mêmes*] stando così le cose ~ *n'avoir d'égal que* essere eguagliato solo da **2** [*qui met à égalité*] pari (*inv.*): *la partie n'est pas égale* la partita non è pari, è impari ◇ (*sport*) *faire jeu égal* (*se dit d'adversaires qui se montrent de force égale*) equivalersi **3** (*personnes*) *tous les hommes sont égaux devant la loi* tutti sono uguali davanti alla legge; la legge è uguale per tutti ✦ (*s.*) pari, uguale: *la femme est l'égale de l'homme* la donna è pari *adj.* all'uomo; *traiter d'égal à égal avec qqn.* trattare da pari a pari con qc.; *sans égal* senza pari ◇ *loc. prép.* À L'ÉGAL DE [*autant que*] al pari di, come *adv.* **4** (*par anal.*) [*qui est toujours le même*] uguale, regolare: *un pouls égal* un polso regolare → **constant, régulier** **5** (*loc.*) *ça m'est bien égal* per me è lo stesso, non me ne importa niente; *c'est égal* non fa niente, fa lo stesso [C] 1 **inégal, différent**; 4 **irrégulier.**

également |egalmɑ̃| *adv.* **1** [→ ÉGAL 1] in parti uguali (*loc. inv.*): *sa fortune doit être également partagée entre ses deux enfants* la sua fortuna deve essere divisa in parti uguali fra i due figli → **pareillement** **2** [*de même, aussi*] anche, pure: *je lui ai parlé, mais je tiens à vous en parler également* gli ho parlato, ma tengo a parlarne anche, pure a voi [C] 1 **inégalement.**

égaler |egale| *v.tr.* **1** [*être égal à*] avere (97) *tr.* uguali, avere pari: *une œuvre que rien n'égale en beauté* una opera che non ha uguali per bellezza ◇ [*avoir la même qualité, le même intérêt que*] uguagliare: *la réalité égale et souvent dépasse la fiction* la realtà uguaglia e spesso supera la fantasia **2** [*être égal en quantité à*] fare (103): *deux plus trois égalent cinq* due più tre fanno cinque, due e tre cinque → 1 **faire** **3** *égaler un record* [*réussir le même temps, le même nombre de points*] uguagliare un record.

égalisateur, trice |egalizatœʀ, tʀis| *adj.* uguagliatore* ◇ (*sport*) *le but égalisateur* la rete del pareggio *loc.*

égalisation |egalizɑsjɔ̃| *s.f.* [→ ÉGALISER] livellamento *m.*, uguagliamento (*m.*): *l'égalisation des salaires* il livellamento dei salari, la perequazione salariale ◇ (*sport*) *notre équipe a obtenu l'égalisation* la nostra squadra ha raggiunto il pareggio* *m.*, ha pareggiato.

égaliser |egalize| **A** *v.tr.* [*rendre égal*] livellare, parificare ◇ (*spécialt.*) *égaliser les cheveux* [*les couper d'égale longueur*] pareggiare i capelli; *égaliser le terrain* [*le niveler*] livellare il terreno **B** *v.intr.* (*sport*) [*obtenir le même nombre de points que l'adversaire*] pareggiare: *l'équipe X a égalisé à la 25e minute de la deuxième mi-temps* la squadra X ha pareggiato al 25° del secondo tempo.

égalitaire |egalitɛʀ| *adj.* egualitario*.

égalitarisme |egalitaʀism(ə)| *s.m.* egualitarismo.

égalitariste |egalitaʀist(ə)| *adj. et s.* egualitario*.

égalité |egalite| *s.f.* **1** [*caractère de ce qui est égal; de ce qui rend deux individus égaux*] uguaglianza: *cas d'égalité des triangles* casi di uguaglianza dei triangoli; *égalité devant la loi* uguaglianza davanti alla legge ◇ (*gram.*) *comparatif d'égalité* comparativo di uguaglianza ◇ *loc.prép.* À ÉGALITÉ DE a parità di: *à égalité de mérite, le plus âgé doit avoir la préférence* a parità di merito, il più anziano deve avere la preferenza # *les joueurs sont à égalité* (*de points*) i giocatori sono in parità → **ex aequo** **2** (*math.*) uguaglianza: *une égalité algébrique* un'uguaglianza algebrica **3** [*qualité de ce qui est constant, régulier*] stabilità *inv.*, regolarità (*inv.*): *j'admire l'égalité de son humeur* ammiro la stabilità del suo umore → **sérénité, tranquillité.**

égard |egaʀ| *s.m.* **1** [*déférence, respect*] riguardo ◇ *loc.* PAR ÉGARD POUR per riguardo a: *si je l'ai fait, c'est par égard pour votre famille* se l'ho fatto, è stato per riguardo alla vostra famiglia **2** *au plur.* [*ménagements dus à la politesse*] riguardi: *avoir des égards pour qqn.* avere dei riguardi per qc. **3** *loc.* AVOIR ÉGARD À [*action de considérer avec une particulière attention*] considerare (*v.tr.*): *il faut avoir égard aux circonstances* bisogna considerare le circostanze → **considération** **4** *loc.prép.* EN ÉGARD À [*en considération de, en tenant compte de*] in considerazione di..., tenuto conto di... ~ À L'ÉGARD DE [*pour ce qui concerne* (*qqn.*)] riguardo a, nei confronti di...: *votre indifférence à mon égard* la vostra indifferenza nei miei confronti → 1 **envers.**

égaré, ée |egaʀe| *adj.* [*qui est comme fou, qui trahit le désordre mental*] smarrito, sconvolto: *un regard égaré* uno sguardo smarrito.

égarement |egaʀmɑ̃| *s.m.* (*littér.*) [→ ÉGARER A 2] smarrimento (*cour.*) → **dérèglement, désordre.**

égarer |egaʀe| **A** *v.tr.* **1** [*mettre hors du bon chemin*] f(u)orviare → **fourvoyer** ◇ (*par anal.*) [*mettre une chose à une place qu'on oublie; perdre momentanément*] smarrire (197), perdere (163): *j'ai égaré mes clefs* ho smarrito le chiavi **2** (*fig.*) (*compl. de personne*) [*mettre hors du droit chemin*] sconvolgere (196); f(u)orviare: *la colère vous égare* la collera vi sconvolge ‖ *campagne de presse qui égare l'opinion* campagna di stampa che fuorvia l'opinione pubblica → **tromper** **B** *v.pron.intr.* S'ÉGARER [*se perdre*] smarrirsi, perdersi: *la lettre a dû s'égarer* la lettera si sarà smarrita ◇ [*faire fausse route; sortir du sujet*] divagare *intr.*, uscire (201) *intr.* dal seminato: *la discussion s'égare* la discussione divaga, esce dal seminato ◇ (*personnes*) (dis)perdersi (163): *s'égarer à force de digressions* disperdersi a furia di digressioni.

égayant, ante |egɛjɑ̃, ɑ̃t| *adj.* (*rare*) → **amusant.**

égayer |egeje| (9) **A** *v.tr.* **1** [*rendre gai, amuser*] divertire → **divertir, réjouir** **2** (*choses*) [*rendre agréable*] rallegrare, rendere (105) allegro: *des bibelots qui égaient une pièce* ninnoli che rallegrano, rendono allegro un ambiente **B** *v.pron. réfl.* S'ÉGAYER [→ *tr.* 1] *s'égayer aux dépens de qqn.* divertirsi, spassarsela alle spalle di qc.

égéen, éenne |eʒeɛ̃, eɛn| *adj.* [*relatif à la mer Egée*] egeo.

égérie |eʒeʀi| *s.f.* [*conseillère, inspiratrice d'un homme politique, d'un artiste*] ninfa Egeria.

égermer |eʒɛʀme| *v.tr.* (*agric.*) [*enlever les germes à*] togliere (123) i germi a.

égide |eʒid| *s.f.* (*littér.*) egida: *se mettre sous l'égide des lois* porsi sotto l'egida della legge → **protection.**

eginète |eʒinɛt| *adj.* [*de Egine*] egineta.

églantier |eglɑ̃tje| *s.m.* (*t.bot.*) rosa *f.* canina, rosa di macchia.

églantine |eglɑ̃tin| *s.f.* [*fleur de l'églantier*] rosa canina, rosa di macchia.

églefin |egləfɛ̃| *s.m.* (*t.zool.*) eglefino.

église |egliz| *s.f.* **I** (*avec un 'É' majuscule*) **1** Chiesa: *l'Église primitive* la Chiesa primitiva; *être membre de l'Église* essere membro della Chiesa; *l'Église souffrante* la Chiesa purgante → **chrétienté** **2** [*ensemble de fidèles unis, des ecclésiastiques*] Chiesa: *l'Église catholique* la Chiesa cattolica; *l'Église orthodoxe* la Chiesa ortodossa; *les Églises réformées* le Chiese riformate → **communion, religion** **II** (*avec un 'é' minuscule*) [*édifice consacré au culte de la relig. chrét.*] *REM. on dit 'temple' pour le culte protestant*) chiesa: *église paroissiale* chiesa parrocchiale; *église romane, gothique* chiesa romanica, gotica; *aller à l'église* andare in chiesa → **cathédrale, chapelle, basilique.**

églogue |eglɔg| *s.f.* egloga* → **bucolique, pastorale.**

ego |ego| *s.m.* (*lat.*) (*philo.*) ego *inv.* ◇ (*psychan.*) io *inv.*

égocentrique |egɔsɑ̃tʀik| *adj.* egocentrico*.

égocentrisme |egɔsɑ̃tʀism(ə)| *s.m.* egocentrismo.

égoïne |egɔin| *s.f.* [*petite scie à main, composée d'une lame terminée par une poignée*] saracco* *m.* ✦ (*appos.*) *scie égoïne* saracco.

égoïsme |egɔism(ə)| *s.m.* egoismo.

égoïste |egɔist(ə)| *adj.* **1** (*personnes*) egoista: *un homme égoïste* un uomo egoista ✦ (*s.*) *un égoïste* un egoista: *vivre en égoïste* vivere da egoista **2** (*choses*) [*caractérisé par l'égoïsme*] egoistico*: *une conduite égoïste* un comportamento egoistico.

égoïstement |egɔistəmɑ̃| *adv.* [→ ÉGOÏSTE] egoisticamente.

égolâtre |egɔlɑtʀ(ə)| *s.* egolatra.

égorgement |egɔʀʒəmɑ̃| *s.m.* [→ ÉGORGER] sgozzatura *f.* → **assassinat, meurtre.**

égorger |egɔʀʒe| (3) *v.tr.* [*tuer un animal, un être humain en lui coupant la gorge*] scannare, sgozzare: *égorger un cochon* scannare, sgozzare un maiale; *égorger qqn. avec un rasoir* sgozzare qc. con un rasoio → **saigner.**

égorgeur, euse |egɔʀʒœʀ, øz| *s.* [*assassin qui égorge ses victimes*] sgozzatore*.

égosiller (s') |egozije| *v.pron.intr.* **1** [*se fatiguer la gorge à force de parler, de crier*] sgolarsi → **époumoner(s')** **2** [*chanter le plus fort possible*] cantare *intr.* a squarciagola.

égotisme |egɔtism(ə)| *s.m.* (*littér.*) egotismo ◇ [*culte du soi*] egocentrismo → **narcissisme.**

égotiste |egɔtist(ə)| *s.* egotista ✦ *adj.* egotistico*.

égout |egu| *s.m.* [*canalisation souterraine pour l'écoulement des eaux ménagères et industrielles des villes*] fo-

gna *f.*, fognatura *f.* # *bouche d'égout* tombino; *réseau d'égouts* rete fognante.
égoutier |egutje| *s.m.* [*celui qui travaille à l'entretien des égouts*] fognaiolo.
égouttage |eguta ʒ|, **égouttement** |egutmɑ̃| *s.m.* [→ ÉGOUTTER] scolatura *f.*; sgrondo: *égouttage du fromage blanc* scolatura del siero.
égoutter |egute| **A** *v.tr.* [*débarrasser* (*une chose*) *du liquide qu'on fait écouler goutte à goutte*] far (103) *intr.* sgocciolare, far *intr.* sgrondare: *égoutter du linge* far sgocciolare, far sgrondare la biancheria **B** *v.pron. intr.* SE ÉGOUTTER [*perdre son eau goutte à goutte*] sgocciolare (*intr.*): *vaisselle qui s'égoutte sur l'évier* piatti che sgocciolano sul lavello.
égouttoir |egutwaʀ| *s.m.* [*ustensile servant à égoutter*] scolatoio* # *égouttoir à vaisselle* scolapiatti, rastrelliera; *égouttoir à bouteilles* portabottiglie → **porte-bouteilles**; *égouttoir à fromages* fiscella → **faisselle, clayon.**
égoutture |egutyʀ| *s.f.* [*liquide provenant de ce qui s'égoutte*] scolatura, sgocciolatura.
égrainage |egʀɛnaʒ| *s.m.* → **égrenage.**
égrainer |egʀɛne| *v.tr. et pron.* → **égrener.**
égrappage |egʀapaʒ| *s.m.* [→ ÉGRAPPER] sgranellatura *f.*
égrapper |egʀape| *v.tr.* [*détacher* (*les fruits*) *de la grappe*] sgranellare: *égrapper des raisins* sgranellare l'uva.
égrappoir |egʀapwaʀ| *s.m.* (*techn.*) sgrappolatoio*.
égratigner |egʀatiɲe| **A** *v.tr.* **1** [*écorcher, en déchirant superficiellement* (*la peau*)] graffiare, scalfire (197) → **érafler, griffer** ◇ (*par anal.*) *égratigner une reliure* graffiare, scalfire una rilegatura **2** (*fig.*) [*blesser légèrement par un mot piquant, un trait ironique*] punzecchiare; ferire (197): *les critiques l'ont quelque peu égratigné* i critici l'hanno punzecchiato un po' → 1 **piquer** ‖ *égratigner qqn. de ses railleries* ferire qc. con la propria ironia **B** *v.pron.réfl.* S'ÉGRATIGNER [→ *tr.* 1] graffiarsi, scorticarsi: *s'égratigner en cueillant des mûres* graffiarsi cogliendo le more.
égratignure |egʀatiɲyʀ| *s.f.* [*blessure superficielle et sans gravité*] graffio* *m.*, scalfittura: *il s'est tiré de l'accident sans une égratignure* è uscito dall'incidente senza un graffio.
égravillonner |egʀavijɔne| *v.tr.* (*arbor.*) [*débarrasser d'une partie de la terre* (*les racines d'un arbre qu'on transplante*)] spanare.
égrenage |egʀənaʒ|, **égrènement** |egʀɛnmɑ̃| *s.m.* **1** [→ ÉGRENER A 1] sgranatura (*f.*): *l'égrenage du maïs* la sgranatura del mais **2** [*fait de s'égrener*] lo sgranarsi *inv.*
égrener |egʀəne| (6) **A** *v.tr.* **1** [*dégarnir de ses grains* (*un épi, etc.*)] sgranare: *égrener du blé, du coton* sgranare il grano, il cotone **2** (*par anal.*) *égrener un chapelet* sgranare il rosario **3** [*présenter, faire entendre un à un, de façon détachée*] scandire (197): *le carillon égrène ses notes* il 'carillon' scandisce le note **B** *v.pron. intr.* S'ÉGRENER **1** [→ *tr.* 1] sgranarsi: *le blé trop mûr s'égrène* il grano troppo maturo si sgrana **2** [*s'allonger en file*] snodarsi: *le cortège commença à s'égrener lentement* il corteo cominciò a snodarsi lentamente.
égreneuse |egʀənøz| *s.f.* (*agric.*) sgranatrice.
égrillard, arde |egʀijaʀ, aʀd(ə)| *adj.* (*personnes*) [*qui se complaît dans des propos ou des sous-entendus licencieux*] sboccato: *dès qu'il a un peu bu, il devient égrillard* appena ha bevuto un po', diventa sboccato ◇ (*choses*) *un récit égrillard* un racconto salace.
égrisage |egʀizaʒ| *s.m.* (*techn.*) molatura *f.* → **polissage.**
égrisé *s.m.*, **égrisée** *s.f.* |egʀize| (*minér.*) polvere *f.* di diamante.
égriser |egʀize| *v.tr.* (*techn.*) [*polir par frottement* (*une gemme*) *avec un abrasif en poudre*] molare.
égrotant, ante |egʀɔtɑ̃, ɑ̃t| *adj.* (*littér.*) → **maladif, souffrant.**
égrugeage |egʀyʒaʒ| *s.m.* [→ ÉGRUGER] pestatura *f.*, macinazione *f.* → **pulvérisation.**
égrugeoir |egʀyʒwaʀ| *s.m.* (*techn.*) (piccolo) mortaio*.
égruger |egʀyʒe| (3) *v.tr.* [*réduire en granules, en poudre*] pestare, macinare: *égruger du poivre* pestare, macinare il pepe → **écraser, piler.**
égyptien, ienne |eʒipsjɛ̃, jɛn| **1** *adj.* [*de l'Égypte ancienne*] egizio*, egiziano: *l'ancienne civilisation égyptienne* l'antica civiltà egizia ◇ [*de l'Égypte moderne*] egiziano **2** (*s.m.*) *l'égyptien ancien* [*la langue des anc. Égyptiens*] l'antico egiziano; *l'égyptien moderne* [*dialecte ar.*] l'egiziano moderno.
égyptologie |eʒiptɔlɔʒi| *s.f.* egittologia*.
égyptologue |eʒiptɔlɔg| *s.* egittologo* *m.*
eh! |e| *interj.* (*variante de 'hé!'*) eh!, ehi! # *eh bien!* ebbene; *eh quoi!* e che!
éhonté, ée |eɔ̃te| *adj.* (*personnes*) [*qui n'a pas honte*] spudorato: *un tricheur éhonté* un imbroglione spudorato → **cynique, impudent** ◇ (*choses*) *c'est un mensonge éhonté* è una spudorata menzogna.
eider |ɛdɛʀ| *s.m.* (*t.zool.*) edredone → **édredon.**
eidétique |ɛjdetik| *adj.* (*philo., psycho.*) eidetico* ♦ (*s.*) *les eidétiques* i soggetti eidetici *adj.*
eidophore |eidɔfɔʀ| *s.m.* (*techn.*) eidophor *inv.*
einsteinien, ienne |ajnʃtajnjɛ̃, jɛn| *adj.* einsteiniano.
éjaculateur, trice |eʒakylatœʀ, tʀis| *adj.* (*anat.*) eiaculatore*: *canal éjaculateur* dotto eiaculatore.
éjaculation |eʒakylasjɔ̃| *s.f.* (*méd.*) eiaculazione.
éjaculatoire |eʒakylatwaʀ| *adj.* (*anat.*) eiaculatorio* → **éjaculateur.**
éjaculer |eʒakyle| *v.tr. et intr.* (*physiol.*) [*projeter avec force* (*le sperme*)] eiaculare *intr.*
éjectable |eʒɛktabl(ə)| *adj.* (*aviat.*) *siège éjectable* seggiolino eiettabile.
éjecter |eʒɛkte| *v.tr.* **1** [*rejeter au dehors*] espellere (143): *la douille est éjectée quand le tireur réarme* il bossolo viene espulso quando il tiratore ricarica **2** (*fam.*) [*expulser, renvoyer*] cacciare, scacciare: *il s'est fait éjecter avec perte et fracas* si è fatto cacciare, scacciare in malo modo.
éjecteur |eʒɛktœʀ| *s.m.* (*mécan.*) eiettore.
éjection |eʒɛksjɔ̃| *s.f.* **1** [→ ÉJECTER 1] eiezione, espulsione **2** (*fam.*) [*expulsion*] cacciata **3** (*physiol.*) deiezione.
élaboration |elabɔʀasjɔ̃| *s.f.* **1** (*fig.*) *l'élaboration d'une œuvre* l'elaborazione di un'opera → **composition, construction 2** (*physiol.*) elaborazione: *élaboration de la bile par le foie* elaborazione della bile da parte del fegato.
élaborer |elabɔʀe| *v.tr.* **1** [*préparer par un lent travail de l'esprit*] elaborare: *nous avons soigneusement élaboré ce plan* abbiamo elaborato accuratamente questo piano → **combiner, former 2** (*physiol.*) [*réaliser l'élaboration de*] elaborare.
élæis |eleis| *s.m.* → **éléis.**
élagage |elagaʒ| *s.m.* **1** [→ ÉLAGUER 1] potatura *f.*, sfrondatura *f.* **2** [→ ÉLAGUER 2] sfrondatura, lo sfrondare *inv.* → **taille.**
élaguer |elage| *v.tr.* **1** [*dépouiller* (*un arbre*) *des branches superflues*] potare, sfrondare → **ébrancher, tailler 2** (*fig.*) sfrondare: *il faut élaguer votre exposé* deve sfrondare la sua relazione ◇ [*retrancher*] sfrondare, tagliare: *il y a beaucoup à élaguer dans cet article* c'è molto da sfrondare, da tagliare in questo articolo.
élagueur |elagœʀ| *s.m.* [*ouvrier spécialisé dans l'élagage des arbres*] potatore* *s.*
1 **élan** |elɑ̃| *s.m.* **1** [*mouvement par lequel on s'élance*] slancio*: *rien ne peut arrêter l'élan de nos troupes* niente può fermare lo slancio delle nostre truppe; *le sauteur prend son élan* il saltatore prende lo slancio, la rincorsa ◇ (*philo.*) *l'élan vital* lo slancio vitale **2** (*fig.*) [*mouvement ardent, subit, qu'un vif sentiment inspire*] slancio: *parler avec élan* parlare con slancio, con entusiasmo; *il n'a jamais un élan vers elle* non ha mai uno slancio (d'affetto) per lei → 2 **transport, chaleur, vivacité.**
2 **élan** |elɑ̃| *s.m.* (*t.zool.*) alce → **orignal.**
élancé, ée |elɑ̃se| *adj.* [*mince et svelte*] slanciato: *une jeune fille élancée* una ragazza slanciata.
élancement |elɑ̃smɑ̃| *s.m.* [*douleur brusque, aiguë, lancinante*] fitta *f.*, dolore lancinante.
1 **élancer** |elɑ̃se| (2) *v.intr.* [*causer des élancements*] provocare *tr.* fitte, dolori lancinanti # *son doigt* (*lui*) *élance* ha dolori lancinanti al dito; *ça m'élance* mi fa un male cane (*fam.*); mi fa male da morire.
2 **élancer (s')** |elɑ̃se| (2) *v.pron. réfl.* [*se lancer en avant impétueusement*] lanciarsi, slanciarsi: *les passants s'élancèrent à la poursuite du voleur* i passanti si lanciarono all'inseguimento del ladro → **précipiter** (se), **ruer** (se).
élaps |elaps| *s.m.* (*t.zool.*) elape.
1 **élargir** |elaʀʒiʀ| **A** *v.tr.* **1** [*rendre plus large, plus ample*] allargare: *on a dû élargir la rue* è stato necessario allargare la strada; *faire élargir une jupe* fare allargare una gonna ◇ [*faire paraître plus large*] *une veste qui élargit les épaules* una giacca che rende più larghe le spalle **2** (*fig.*) ampliare, allargare: *il faut élargir le débat* bisogna ampliare, allargare il dibattito → **étendre** ♦ (*au p.p.*) *le gouvernement s'appuiera sur une majorité élargie* il governo si appoggerà su una maggioranza allargata, ampliata **B** *v.intr.* (*fam.*) [*prendre de la carrure*] irrobustirsi (197)

pron. (*cour.*): *il a élargi* si è irrobustito → **forcir C** *v.pron.intr.* S'ÉLARGIR [*devenir plus large*] allargarsi; ampliarsi: *sentier, route qui s'élargit* sentiero, strada che si allarga © A 1 **rétrécir.**

2 **élargir** |elaʀʒiʀ| *v.tr.* (*dr.*) [*mettre en liberté* (*un détenu*)] rimettere (155) in libertà, scarcerare: *élargir un prisonnier* rimettere un prigioniero in libertà, scarcerare un prigioniero → **libérer.**

1 **élargissement** |elaʀʒismɑ̃| *s.m.* [→ 1 ELARGIR A; C] allargamento; ampliamento.

2 **élargissement** |elaʀʒismɑ̃| *s.m.* (*dr.*) scarcerazione *f.*, liberazione (*f.*): *élargissement d'un prisonnier* scarcerazione, liberazione di un prigioniero → **libération.**

Élasmobranches |elasmɔbʀɑ̃ʃ| *s.m.pl.* (*t.zool.*) Elasmobranchi → **Sélaciens.**

élasticité |elastisite| *s.f.* **1** elasticità (*inv.*): *l'élasticité du caoutchouc, des gaz* l'elasticità della gomma, dei gas; *élasticité des artères, des poumons* elasticità delle arterie, dei polmoni **2** (*fig.*) [*possibilité de s'appliquer, de s'adapter*] elasticità: *tirer parti de l'élasticité d'un règlement* trarre vantaggio dall'elasticità di un regolamento; *l'élasticité de l'offre et de la demande* l'elasticità della domanda e dell'offerta © **rigidité, rigueur.**

élastique |elastik| **I** *adj.* **1** elastico*: *les gaz sont très élastiques* i gas sono molto elastici → **compressible, extensible, flexible** ◇ [*fait de matière élastique*] *bandage élastique* fascia elastica **2** (*fig.*) *une démarche élastique* un passo elastico; *une notion élastique* un concetto elastico ◇ (*péj.*) *une conscience élastique* una coscienza elastica ◇ (*milit.*) *défense élastique* difesa elastica **II** *s.m.* [*tissu souple contenant des fils de caoutchouc*] elastico: *bretelles en élastique* bretelle di elastico ◇ (*spécialt.*) [*ruban de caoutchouc*] *mettre des élastiques à des chaussettes* mettere l'elastico ai calzini © I 2 **rigide, rigoureux.**

élastomère |elastɔmɛʀ| *s.m.* (*chim.*) elastomero.

élater, élatère |elatɛʀ| *s.m.* (*t. zool.*) elaterio*.

Élatéridés |elateʀide| *s.m.pl.* (*t. zool.*) Elateridi.

Eldorado |ɛldɔʀado| *s.m.* eldorado.

éléatique |eleatik| *adj.* (*hist., philo.*) eleatico*.

électeur, trice |elɛktœʀ, tʀis| *s.* elettore*: *inscription d'un électeur sur une liste électorale* iscrizione di un elettore in una lista elettorale.

électif, ive |elɛktif, iv| *adj.* **1** elettivo: *chef électif* capo elettivo **2** *affinité élective* [*entente profonde*] affinità elettiva.

élection |elɛksjɔ̃| *s.f.* elezione: *procéder à l'élection du président* procedere all'elezione del presidente ◇ *loc.* D'ÉLECTION di elezione: *c'est sa patrie d'élection* è la sua patria d'elezione.

électivité |elɛktivite| *s.f.* (*rare*) elettività *inv.*

électoral, ale, aux |elɛktɔʀal, o| *adj.* elettorale: *campagne électorale* campagna elettorale.

électoralisme |elɛktɔʀalism(ə)| *s.m.* (*polit.*) elettoralismo.

électoraliste |elɛktɔʀalist(ə)| *adj.* (*polit.*) elettoralistico*.

électorat |elɛktɔʀa| *s.m.* elettorato.

électricien |elɛktʀisjɛ̃| *s.m.* [*technicien ou ouvrier spécialisé dans le matériel et les installations électriques*] elettricista.

électricité |elɛktʀisite| *s.f.* elettricità (*inv.*): *électricité statique* elettricità statica; *électricité dynamique* elettricità dinamica # *panne d'électricité* guasto all'impianto elettrico; interruzione nell'erogazione dell'elettricità; mancanza di corrente; *note d'électricité* bolletta della luce ◇ (*fam.*) *allumer, éteindre l'électricité* accendere (105), spegnere (185) la luce ◇ (*fig.*) *il y a de l'électricité dans l'air* [*les gens sont nerveux, excités*] c'è elettricità, tensione (nell'aria).

électrification |elɛktʀifikɑsjɔ̃| *s.f.* [→ ÉLECTRIFIER] elettrificazione: *l'électrification des chemins de fer* l'elettrificazione delle ferrovie.

électrifier |elɛktʀifje| *v.tr.* **1** [*faire fonctionner en utilisant l'énergie électrique*] elettrificare: *électrifier une ligne de chemin de fer* elettrificare una linea ferroviaria **2** [*pourvoir d'énergie électrique*] fornire (197) di energia elettrica: *électrifier un village* fornire un villaggio di energia elettrica.

électrique |elɛktʀik| *adj.* **1** elettrico*: *courant électrique* corrente elettrica; *résistance électrique* resistenza elettrica; *éclairage électrique* illuminazione elettrica **2** (*fig.*) [*qui évoque les effets de la décharge, du courant électrique*] elettrico: *une impression électrique* una scossa (elettrica).

électriquement |elɛktʀikmɑ̃| *adv.* [→ ÉLECTRIQUE 1] elettricamente: *horloge mue électriquement* orologio che funziona elettricamente.

électrisable |elɛktʀizabl(ə)| *adj.* (*électr.*) elettrizzabile.

électrisant, ante |elɛktʀizɑ̃, ɑ̃t| *adj.* (*fig.*) elettrizzante, entusiasmante: *une éloquence électrisante* un'eloquenza elettrizzante, entusiasmante.

électrisation |elɛktʀizɑsjɔ̃| *s.f.* [→ ÉLECTRISER 1] elettrizzazione.

électrisé, ée |elɛktʀize| *adj.* elettrizzato.

électriser |elɛktʀize| *v.tr.* **1** [*communiquer à* (*un corps*) *des charges électriques*] elettrizzare **2** (*fig.*) *l'orateur avait électrisé la foule* l'oratore aveva elettrizzato la folla → **enflammer, galvaniser.**

électro- |elɛktʀɔ| *préf.* (*signifiant 'électricité', correspond génėralt. à*) elettro: *électrodynamique* elettrodinamico; elettrodinamica.

électro-acoustique |elɛktʀɔakustik| *s.f.* (*phys.*) elettroacustica* ✦ *adj.* elettroacustico*.

électro-aimant |elɛktʀɔɛmɑ̃| *s.m.* (*phys.*) elettrocalamita *f.*, elettromagnete: *des électro-aimants* delle elettrocalamite, degli elettromagneti.

électrocardiogramme |elɛktʀɔkaʀdjɔgʀam| *s.m.* (*méd., cour.*) elettrocardiogramma.

électrocardiographe |elɛktʀɔkaʀdjɔgʀaf| *s.m.* (*méd.*) elettrocardiografo.

électrocardiographie |elɛktʀɔkaʀdjɔgʀafi| *s.f.* (*méd.*) elettrocardiografia.

électrocautère |elɛktʀɔkɔ(o)tɛʀ| *s.m.* (*méd.*) elettrocauterio*.

électrochimie |elɛktʀɔʃimi| *s.f.* elettrochimica*.

électrochimique |elɛktʀɔʃimik| *adj.* elettrochimico*.

électrochoc |elɛktʀɔʃɔk| *s.m.* (*méd., cour.*) elettrochoc *inv.*, elettroshock *inv.*

électrocoagulation |elɛktʀɔkɔagylɑsjɔ̃| *s.f.* (*méd.*) elettrocoagulazione.

électrocuter |elɛktʀɔkyte| *v.tr.* [*tuer par une décharge électrique*] folgorare, fulminare: *se faire électrocuter par accident* essere folgorato, essere fulminato accidentalmente; *il a failli s'électrocuter en touchant le fil* ha rischiato di essere folgorato toccando il filo elettrico.

électrocution |elɛktʀɔkysjɔ̃| *s.f.* [→ ÉLECTROCUTER] folgorazione; elettroesecuzione.

électrode |elɛktʀɔd| *s.f.* (*phys., cour.*) elettrodo *m.*

électrodiagnostic |elɛktʀɔdjagnɔstik| *s.m.* (*méd.*) elettrodiagnostica* *f.*

électrodynamique |elɛktʀɔdinamik| **1** *s.f.* (*électr.*) elettrodinamica* **2** *adj.* elettrodinamico*.

électrodynamomètre |elɛktʀɔdinamɔmɛtʀ(ə)| *s.m.* (*électr., phys.*) elettrodinamometro.

électro-encéphalogramme |elɛkʀɔɑ̃sefalɔgʀam| *s.m.* (*méd., cour.*) elettroencefalogramma: *des électro-encéphalogrammes* degli elettroencefalogrammi.

électro-encéphalographie |elɛktʀɔɑ̃sefalɔgʀafi| *s.f.* (*méd.*) elettroencefalografia.

électrofiltre |elɛktʀɔfiltʀ(ə)| *s.m.* (*phys.*) elettrofiltro.

électrogène |elɛktʀɔʒɛn| *adj.* (*électr.*) *groupe électrogène* gruppo elettrogeno.

électrologie |elɛktʀɔlɔʒi| *s.f.* elettrologia*.

électrolyse |elɛktʀɔliz| *s.f.* (*chim., phys.*) elettrolisi *inv.*

électrolyser |elɛktʀɔlize| *v.tr.* (*chim., phys.*) [*décomposer par électrolyse*] elettrolizzare.

électrolyseur |elɛktʀɔlizœʀ| *s.m.* (*chim., phys.*) elettrolizzatore.

électrolyte |elɛktʀɔlit| *s.m.* (*chim., phys.*) elettrolito.

électrolytique |elɛktʀɔlitik| *adj.* (*chim., phys.*) elettrolitico*.

électromagnétique |elɛktʀɔmaɲetik| *adj.* elettromagnetico*.

électromagnétisme |elɛktʀɔmaɲetism(ə)| *s.m.* (*phys., cour.*) elettromagnetismo.

électromécanicien |elɛktʀɔmekanisjɛ̃| *s.m.* elettromeccanico*.

électromécanique |elɛktʀɔmekanik| *adj.* elettromeccanico* ✦ *s.f.* (*mécan.*) elettromeccanica*.

électroménager |elɛktʀɔmenaʒe| *adj.m.* (*se dit de divers appareils ménagers utilisant l'énergie électrique*) elettrodomestico*: *un appareil électroménager* un elettrodomestico *s.m.* ✦ (*s. m.*) *l'électroménager* gli elettrodomestici *pl.*; l'industria *f.* degli elettrodomestici.

électrométallurgie |elɛktʀɔmetalyʀʒi| *s.f.* (*métall.*) elettrometallurgia*.

électromoteur, trice |elɛktʀɔmɔtœʀ, tʀis| *adj.* (*électr.*) elettromotore*: *force électromotrice* forza elettromotrice.

électron |elɛktʀɔ̃| *s.m.* (*phys.*) elettrone.

électronégatif, ive |elɛktʀɔnegatif, iv| *adj.* (*chim.*) elettronegativo Ⓒ **électropositif.**

électronicien, ienne |elɛktʀɔnisjɛ̃, jɛn| *s.* [*spécialiste de l'électronique*] studioso di elettronica; tecnico* elettronico*.

électronique |elɛktʀɔnik| **1** *adj.* elettronico*: *microscope électronique* miscroscopio elettronico; *calculateur électronique* calcolatore elettronico **2** *s.f.* elettronica*.

électron-volt |elɛktʀɔ̃vɔlt| *s.m.* (*phys.*) volt-elettrone, elettron-volt (*inv.*): *des électrons-volts* dei volt-elettroni.

électrophone |elɛktʀɔfɔn| *s.m.* [*appareil de reproduction d'enregistrements phonographiques sur disque*] giradischi *inv.* → **pick-up, tourne-disques.**

électrophorèse |elɛktʀɔfɔʀɛz| *s.f.* elettroforesi *inv.*

électropompe |elɛktʀɔpɔ̃p| *s.f.* (*techn.*) elettropompa.

électropositif, ive |elɛktʀɔpozitif, iv| *adj.* (*chim.*) elettropositivo Ⓒ **électronégatif.**

électropuncture, électroponcture |elɛktʀɔpɔ̃ktyʀ| *s.f.* (*méd.*) elettropuntura.

électroscope |elɛktʀɔskɔp| *s.m.* (*phys.*) elettroscopio*.

électrostatique |elɛktʀɔstatik| **1** *adj.* (*phys.*) elettrostatico*: *machines électrostatiques* macchine elettrostatiche **2** *s.f.* elettrostatica*.

electrotechnique |elɛktʀɔtɛknik| **1** *adj.* elettrotecnico* **2** *s.f.* elettrotecnica*.

électrothérapie |elɛktʀɔteʀapi| *s.f.* (*méd.*) elettroterapia.

électrothermie |elɛktʀɔtɛʀmi| *s.f.* (*électr.*) elettrotermia.

électrotrain |elɛktʀɔtʀɛ̃| *s.m.* (*ch. de fer*) elettrotreno.

électrum |elɛktʀɔm| *s.m.* (*lat.*) (*archéol.*) elettro.

élégamment |elegamɑ̃| *adv.* [→ ÉLÉGANT] elegantemente: *élégamment vêtu* vestito elegantemente.

élégance |elegɑ̃s| *s.f.* **1** eleganza: *élégance dans les proportions, les mouvements* eleganza nelle proporzioni, nei movimenti; *un style d'une grande élégance* uno stile di grande eleganza; *l'élégance de sa toilette* l'eleganza della sua 'toilette'; *savoir perdre avec élégance* saper perdere con eleganza, con stile **2** (*souvent péj.*) UNE ÉLÉGANCE, DES ÉLÉGANCES [*tournure, expression élégante*] eleganza → **ornement** Ⓒ **inélégance, vulgarité.**

élégant, ante |elegɑ̃, ɑ̃t| *adj.* elegante: *un tour élégant* un giro di frase elegante; *une femme élégante* una donna elegante; *un restaurant élégant* un ristorante elegante; *un procédé peu élégant* un modo di fare poco elegante → **gracieux.**

élégiaque |eleʒjak| *adj.* elegiaco*: *poèmes élégiaques* poemi elegiaci; *accents élégiaques* accenti elegiaci ✦ (*s.m.*) *les élégiaques latins* gli elegiaci latini.

élégie |eleʒi| *s.f.* (*littér.*) elegia*.

élégir |eleʒiʀ| *v.tr.* [*réduire les dimensions de* (*une pièce de bois*)] assottigliare.

éléis, élæis |eleis| *s.m.* (*t.bot.*) elæis *f.inv.*

élément |elemɑ̃| *s.m.* **I** [*partie constitutive d'une chose*] **1** elemento: *vous avez tous les éléments du problème* avete tutti gli elementi del problema → **composant(e), morceau,** 1 **partie** ◇ (*math.*) elemento ◇ (*techn.*) *éléments d'un radiateur, d'un accumulateur* elementi di un radiatore, di un accumulatore; *éléments préfabriqués* elementi prefabbricati **2** *au plur.* [*premiers principes sur lesquels on fonde une science, une technique*] elementi → **élémentaire** **3** [*personne appartenant à un groupe*] elemento: *il nous faut recruter de nouveaux éléments* dobbiamo reclutare nuovi elementi ◇ (*sing., collect.*) *l'élément féminin y était fortement représenté* l'elemento femminile era fortemente rappresentato **4** *au plur.* (*milit.*) *éléments blindés, motorisés* unità *f.inv.* blindate, motorizzate **II** [*substance considérée comme indécomposable*] **1** (*ancienn.*) *les quatre éléments* i quattro elementi **2** LES ÉLÉMENTS [*les forces de la nature*] gli elementi: *lutter contre les éléments déchaînés* lottare contro gli elementi scatenati **3** *l'élément de qqn.* [*le milieu, l'entourage ou il est à l'aise*] l'elemento di qc.: *être dans son élément* essere nel proprio elemento **4** (*chim.*) elemento Ⓒ I 3 **ensemble** 2.

élémentaire |elemɑ̃tɛʀ| *adj.* **1** (*sc., cour.*) elementare: *analyse élémentaire* analisi elementare; *particules élémentaires* particelle elementari; *traité de géométrie élémentaire* trattato di geometria elementare **2** [*très simple, réduit à l'essentiel*] elementare: *ce sont des précautions élémentaires* sono precauzioni elementari → **essentiel, rudimentaire** ◇ (*fam.*) *c'est élémentaire* [*c'est bien le moins*] è il minimo.

éléphant |elefɑ̃| *s.m.* (*t.zool.*) elefante ~ *éléphant de mer* elefante marino, foca* *f.* elefantina ◇ (*cour.*) *un éléphant femelle* un'elefantessa *f.* ◇ (*loc. fam.*) *un éléphant* [*une personne très grosse, à la démarche pesante*] un elefante, un pachiderma ~ *entrer comme un éléphant dans un magasin de porcelaine* (*se dit d'un lourdaud qui intervient dans une affaire délicate*) essere come un elefante in un negozio di porcellane ~ *il a une mémoire d'éléphant* [*il est rancunier*] è uno che se la lega al dito.

éléphanteau |elefɑ̃to| *s.m.* [*jeune éléphant*] elefantino.

éléphantesque |elefɑ̃tɛsk(ə)| *adj.* (*fam.*) [*énorme, d'une grosseur monstrueuse*] elefantesco*; elefantiaco*.

éléphantiasique |elefɑ̃tjazik| *adj.* (*méd.*) elefantiaco*, elefantisiaco*.

éléphantiasis |elefɑ̃tjazis| *s.f.* (*méd.*) elefantiasi *inv.*

éléphantin, ine |elefɑ̃tɛ̃, in| *adj.* (*rare*) [*relatif ou ressemblant à l'éléphant*] elefantino.

élevage |elvaʒ| *s.m.* [*art de faire naître des animaux* (*domestiques*), *de veiller à leur entretien, à leur reproduction*] allevamento: *l'élevage du bétail* l'allevamento del bestiame ✦ (*absolt.*) [*élevage du bétail*] allevamento (del bestiame), zootecnica (*f.*): *un pays d'élevage* una regione dedita all'allevamento (del bestiame), alla zootecnica.

élévateur, trice |elevatœʀ, tʀis| **I** *adj.* **1** (*anat.*) elevatore*: *muscle élévateur de la lèvre inférieure* muscolo elevatore del labbro inferiore **2** (*techn.*) elevatore ◇ (*électr.*) *transformeur élévateur de tension* trasformatore in salita **II** *s.m.* [*appareil capable d'élever à un niveau supérieur*] elevatore, montacarichi (*inv.*): *élévateur à godets, à fourche* elevatore a tazze, a forcella; *élévateur électrique* montacarichi elettrico; *élévateur oblique* montacarichi inclinato ✦ (*adj.*) *chariot élévateur* carrello elevatore.

élévation |elevɑsjɔ̃| *s.f.* **1** [→ ÉLEVER A I 1] innalzamento *m.*, sollevamento (*m.*): *élévation du bras* sollevamento del braccio **2** [*moment de la messe où le prêtre élève l'hostie*] elevazione **3** [*fait de s'élever*] innalzamento: *l'élévation du niveau des eaux* l'innalzamento del livello delle acque # *l'élévation du niveau de vie* il miglioramento del tenore di vita; *une forte élévation de température* un forte rialzo, aumento di temperatura; *élévation de la voix* aumento del tono della voce → **augmentation, hausse** **4** [*éminence, hauteur*] altura: *mouvement de troupes à l'abri d'une élévation* movimento di truppe al riparo di un'altura **5** (*fig.*) [→ ÉLEVER A II 1] promozione, avanzamento (*m.*): *son élévation au grade d'officier de la Légion d'honneur* la sua promozione al grado di ufficiale della Legion d'onore → **accession, ascension** **6** [*caractère élevé* (*de l'esprit, de l'âme*)] elevatezza: *une grande élévation de sentiments* una grande elevatezza di sentimenti → **hauteur, noblesse** Ⓒ 3 **baisse.**

élévatoire |elevatwaʀ| *adj.* (*techn.*) elevatore* → **élévateur.**

élève |elɛv| *s.* **1** [*personne qui reçoit ou suit l'enseignement d'un maître*] allievo, discepolo → **disciple** **2** [*écolier, écolière*] alunno, allievo: *c'est une excellente élève* è un'ottima allieva → **collégien** # *les élèves des lycées* gli studenti liceali → **lycéen** ◇ (*milit.*) allievo: *élève officier* allievo ufficiale.

élevé, ée |ɛlve| *adj.* **1** [*haut*] elevato, alto: *une colline peu élevée* una collina poco elevata; *acheter à un prix très élevé* comprare a un prezzo molto elevato, molto alto **2** (*littér.*) [*noble, supérieur moralement ou intellectuellement*] elevato: *une âme élevée* uno spirito elevato **3** BIEN ÉLEVÉ [*qui a reçu une bonne éducation, est poli*] beneducato ~ MAL ÉLEVÉ [*impoli*] maleducato, screanzato ✦ (*s.*) *il s'est conduit comme un mal élevé* si è comportato da maleducato, da screanzato ◇ (*fam.*) *c'est très mal élevé de dire ça* è molto scorretto (*cour.*) dire questo → **incorrect** Ⓒ 1 **bas, inférieur.**

élever |ɛlve| (6) **A** *v.tr.* **I** **1** [*mettre ou porter plus haut*] alzare, sollevare: *élever un étendard* alzare un vessillo; *élever les bras au-dessus de sa tête* alzare, sollevare le braccia sopra la testa → **hisser,** 1 **lever, soulever** ◇ [*tenir haut, dresser*] innalzare: *les arbres élèvent leurs branches vers le ciel* gli alberi innalzano i rami verso il cielo **2** [*faire monter à un niveau supérieur*] alzare, sopr(a)elevare: *élever la maison d'un étage* alzare, sopraelevare la casa di un piano → **hausser** ◇ [*construire* (*en hauteur*)] innalzare, erigere (133): *on lui a élevé une statue* gli hanno innalzato, gli hanno eretto una statua → **dresser, ériger** **3** [*soulever, susciter*] sollevare: *élever des obstacles, des objections* sollevare ostacoli, obiezioni **II** (*fig.*) **1** [*porter à un rang supérieur*] innalzare, promuovere (157): *le grade auquel il a été élevé* il grado al quale è stato promosso # *élever son âme vers Dieu* elevare l'anima a Dio **2** [*porter à un degré supérieur*] aumentare, elevare: *la banque a élevé le taux de l'escompte* la banca ha aumentato il tasso di sconto → **augmenter, relever**; *élever un nombre à la puissance trois* elevare un numero al cubo # *élever la voix* alzare la voce **3** [*rendre moralement ou intellectuellement supérieur*] elevare: *une lecture qui élève l'esprit* una lettura che eleva lo spirito **4** [*amener (un enfant) à son plein développement physique et moral*] allevare: *ce garçon a été élevé par ses grands-parents* questo ragazzo è stato allevato dai nonni → 1 **entretenir, nourrir, soigner** ◇ [*éduquer*] educare: *ils ne savent pas élever leurs enfants* non sanno educare i figli → **former** ◇ [*faire l'élevage de (un animal)*] allevare: *élever des chevaux, des lapins* allevare cavalli, conigli **B** *v. pron.* S'ÉLEVER **1** *intr.* [*monter*] innalzarsi, alzarsi: *l'avion s'est élevé difficilement* l'aereo si è alzato, ha decollato con difficoltà → **décoller** **2** *intr.* [*se dresser*] sorgere (167) *intr.*, ergersi (119): *un quartier où s'élèvent encore de vieux hôtels* un quartiere dove sorgono ancora vecchi palazzi **3** *intr.* (*fig.*) *s'élever contre* (*qqn., qqch.*) [*se dresser, intervenir pour combattre, dénoncer*] protestare *intr.* contro (qc., q.c.): *s'élever contre les abus* protestare contro gli abusi **4** *intr.* (*fig.*) [*se faire entendre*] alzarsi, farsi (103) sentire: *un cri s'éleva* si alzò un grido ◇ [*paraître soudain*] nascere (158) *intr.*, sorgere: *il s'est élevé une difficulté* è nata, è sorta una difficoltà **5** *réfl.* [→ *tr.* II 1] elevarsi, emergere (114) (*intr.*): *cercher à s'élever* cercare di elevarsi; *il s'est élevé par son seul travail* si è elevato, è emerso esclusivamente grazie al suo lavoro ◇ (*spécialt.*) S'ÉLEVER AU-DESSUS DE... [*dominer, mépriser (des préjugés, ce qu'on juge sans valeur)*] elevarsi al di sopra di...: *s'élever au-dessus de sa condition sociale* elevarsi al di sopra della propria condizione sociale **6** *intr.* [→ *tr.* II 2] aumentare *intr.*, crescere (128) (*intr.*): *la température s'élève* la temperatura aumenta, cresce ◇ (*spécialt.*) S'ÉLEVER À... [*atteindre*] ammontare *intr.* a...: *les réparations s'élèvent à cent mille francs* le riparazioni ammontano a centomila franchi [C] A 1 1 **baisser**.

éleveur, euse |ɛlvœʀ, øz| *s.* [*personne qui pratique l'élevage*] allevatore*: *éleveur de bœufs* allevatore di bovini; *éleveur de porcs* allevatore di suini; *propriétaire et éleveur de chevaux de course* proprietario e allevatore di cavalli da corsa # *éleveur de volaille* pollicoltore; *éleveur d'abeilles* apicoltore.

elfe |ɛlf(ə)| *s.m.* (*mythol.*) elfo → **sylphe.**

élider |elide| **A** *v.tr.* [*effacer (un élément vocalique) par l'élision*] elidere (130), apostrofare ✦ (*au p.p.*) *article élidé* articolo apostrofato **B** *v.pron. intr.* S'ÉLIDER [*subir l'élision*] elidersi.

éligibilité |eliʒibilite| *s.f.* eleggibilità *inv.*, elettività *inv.*

éligible |eliʒibl(ə)| *adj.* [→ ÉLIRE 1] eleggibile.

élimer |elime| *v.tr.* [*user (une étoffe) par le frottement*] logorare, consumare: *élimer ses vêtements* logorare i vestiti ✦ *au p.p.* liso *adj.*, logoro (*adj.*): *chemise élimée aux poignets* camicia lisa, logora ai polsi.

éliminateur, trice |eliminatœʀ, tʀis| *adj.* (*rare*) eliminatorio*: *méthode éliminatrice* metodo eliminatorio.

élimination |eliminɑsjɔ̃| *s.f.* **1** eliminazione: *procéder par élimination* procedere per eliminazione ◇ (*sport*) *élimination d'un concurrent, d'une équipe au second tour* eliminazione di un concorrente, di una squadra al secondo turno **2** (*physiol.*) eliminazione, escrezione # *les organes d'élimination* gli organi escretori → **excrétion** **3** (*math.*) eliminazione.

éliminatoire |eliminatwaʀ| **1** *adj.* eliminatorio*: *épreuve éliminatoire* prova eliminatoria **2** *s.f.* (*sport, cour.*) eliminatoria.

éliminer |elimine| *v.tr.* **1** [*écarter, faire disparaître, à la suite d'un choix, d'une sélection*] eliminare: *éliminer un candidat* eliminare un candidato; *les équipes éliminées de la Coupe* le squadre eliminate dalla Coppa → **exclure, rejeter** ◇ (*math.*) *éliminer les inconnues d'une équation* eliminare le incognite di una equazione **2** (*physiol.*) [*réaliser l'élimination de (déchets, toxines, etc.)*] eliminare → **excréter** ✦ (*absolt.*) *il élimine mal* elimina con difficoltà.

élingue |elɛ̃g| *s.f.* (*mar.*) braca*.

élinguer |elɛ̃ge| *v.tr.* (*mar.*) [*entourer (qqch.) d'une élingue pour le hisser*] imbracare.

élire |eliʀ| (55) *v.tr.* **1** [*nommer à une dignité, à une fonction par voie de suffrages*] eleggere (154): *élire à l'unanimité, à la majorité absolue, relative* eleggere all'unanimità, a maggioranza assoluta, relativa; *élire par voie de plébiscite* eleggere con plebiscito; *élire au suffrage universel* eleggere a suffragio universale **2** *élire domicile* eleggere il (proprio) domicilio.

élisabéthain, aine |elizabetɛ̃, ɛn| *adj.* elisabettiano: *le théâtre élisabéthain* il teatro elisabettiano.

élision |elizjɔ̃| *s.f.* (*gram., cour.*) elisione.

élite |elit| *s.f.* **1** 'elite' *inv.*, fior fiore (*m.*): *l'élite de la société* l''élite' della società → **fleur, crème** (*fam.*), **gratin** (*fam.*) ◇ *loc.* D'ÉLITE scelto *adj.*, eletto (*adj.*): *tireur d'élite* tiratore scelto; *troupes d'élite* truppe scelte; *des sujets d'élite* elementi scelti; *âme d'élite* animo eletto; *une nature d'élite* una natura eletta **2** (*au plur.*) *les élites* [*les personnes qui, par leur valeur propre, occupent le premier rang*] gli elementi *m.*, gli uomini *m.* di punta # *la responsabilité des élites* la responsabilità della classe dirigente.

élixir |eliksiʀ| *s.m.* (*pharm., cour.*) elisir.

elle, elles |ɛl| *pron. pers. f.* (*de la troisième personne*) **I** (*sujet*) **1** (*personnes*) ella (*littér.*), lei (*cour.*), essa (*rare*) (*REM. en italien le pron. sujet est souvent omis*): *elle est arrivée* (ella) è arrivata, (lei) è arrivata; *c'est elle qui l'a voulu!* l'ha voluto lei!; *elle nous l'a dit elle-même* ce lo ha detto lei stessa; *ni elle, ni moi ne pourrons venir* non potremo venire né lei, né io → **même** ◇ *au plur.* ELLES esse, loro (*fam.*): *elles viennent souvent chez nous* (esse) vengono spesso da noi; *ce sont elles qui m'ont renseigné* sono state loro ad informarmi **2** (*animaux, choses*) essa: *j'ai vu la pièce, elle n'était pas du tout intéressante* ho visto la commedia, non era affatto interessante ◇ *au plur.* ELLES esse: *voilà des cerises, elles sont bien mûres* ecco delle ciliegie, sono belle mature **II** (*compl.*) **1** (*personnes*) lei; sé (*réfl.*): *je ne vois qu'elle* vedo soltanto lei; *dites-le-lui, à elle* ditelo a lei; *adressez-vous à elle* rivolgetevi a lei; *je suis content d'elle* sono contento di lei → **la** || *ta sœur ne parle que d'elle-même* tua sorella parla solo di sé (stessa) → **soi** # *ces bijoux sont à elle* questi gioielli sono suoi ◇ *au plur.* ELLES loro, esse; sé (*réfl.*): *je les vois, elles* vedo proprio loro, le vedo proprio → **les**; *je l'ai dit à elles* l'ho detto a loro (a esse); *dites-le-leur, à elles* ditelo a loro (esse) → **leur** || *elles ne pensent qu'à elles-mêmes* non pensano che a sé stesse → **soi** **2** (*animaux, choses*) essa; sé (*réfl.*): *vous n'êtes pas forts en physique: c'est à elle que vous devez consacrer le plus d'efforts* non siete bravi in fisica: è su di essa che dovete concentrare i vostri sforzi || *les ruines que la guerre accumule derrière elle* le rovine che la guerra accumula dietro di sé ◇ *au plur.* ELLES esse; sé (*réfl.*): *nous vîmes des maisons au loin et nous nous dirigeâmes vers elles* vedemmo delle case in lontananza e ci dirigemmo verso di esse || *les avalanches entraînent tout avec elles* le valanghe trascinano tutto con sé **III** (*fam.*) (*désigne l'histoire, le fait dont on parle*) questa: *elle est bien bonne!* questa è buona!; *elle est raide, celle-là!* questa poi è grossa!

ellébore |e(ɛl)lebɔʀ| *s.m.* (*t.bot.*) elleboro ~ *ellébore blanc* elleboro bianco → **vératre** ~ *ellébore noir* (*rose de Noël*) rosa *f.* di Natale.

1 **ellipse** |elips(ə)| *s.f.* (*ling.*) ellissi *inv.* # *tour présentant une ellipse* costruzione ellittica ◇ (*par ext.*) [*art du raccourci ou du sous-entendu*] stringatezza, concisione.

2 **ellipse** |elips(ə)| *s.f.* (*géom.*) ellisse ◇ [*ovale*] ovale *m.*

ellipsographe |elipsɔgʀaf| *s.m.* (*math.*) ellissografo.

ellipsoïdal, ale, aux |elipsɔidal, o| *adj.* (*géom.*) ellissoidale.

ellipsoïde |elipsɔid| (*géom.*) **1** (*s.m.*) *ellipsoïde de révolution* ellissoide di rotazione **2** *adj.* [*qui a la forme d'une ellipse*] ellissoidale.

1 **elliptique** |eliptik| *adj.* ellittico*: *proposition elliptique* proposizione ellittica ◇ (*par ext.*) [*qui ne développe pas sa pensée*] conciso, stringato: *l'auteur est trop elliptique dans ce chapitre* l'autore è troppo conciso, stringato in questo capitolo.

2 **elliptique** |eliptik| *adj.* (*géom.*) ellittico*.

elliptiquement |eliptikmɑ̃| *adv.* [→ 1 ELLIPTIQUE] ellitticamente, per ellissi *loc. inv.*

élocution |elɔkysjɔ̃| *s.f.* elocuzione, esposizione: *facilité d'élocution* facilità di elocuzione, esposizione → **articulation.**

élodée, hélodée |elɔde| *s.f.* (*t. bot.*) elodea (canadensis *inv.*).

éloge |elɔʒ| *s.m.* **1** [*discours pour célébrer qqn., qqch.*] elogio*: *éloge fu-*

nèbre elogio funebre **2** [*jugement favorable qu'on exprime au sujet de qqn.*] elogio, encomio*: *recevoir des éloges* ricevere elogi, encomi; *accabler, couvrir d'éloges* colmare, coprire di elogi, di encomi; *faire l'éloge de qqn.* fare, tessere l'elogio di qc. → **compliment, félicitations, louange** # *c'est tout à son éloge* [*à son honneur*] torna tutto a suo merito © 2 **blâme, critique** 2.

élogieusement |elɔʒiøzmɑ̃| *adv.* [*en termes élogieux*] in termini elogiativi (*loc.*): *parler de qqn. élogieusement* parlare di qc. in termini elogiativi.

élogieux, ieuse |elɔʒjø, jøz| *adj.* [*qui renferme des éloges*] elogiativo: *parler de qqn. en termes élogieux* parlare di qc. in termini elogiativi → **flatteur, louangeur.**

éloigné, ée |elwaɲe| *adj.* (*dans l'espace ou dans le temps*) [*qui est à une certaine distance*] lontano: *se tenir éloigné du feu* tenersi lontano dal fuoco; *à une époque bien éloignée* in un'epoca molto lontana ◇ [*lointain, écarté*] *pays éloigné* paese lontano; *des parents éloignés* lontani parenti ◇ *loc.* ÊTRE ÉLOIGNÉ DE... (+ *inf.*) essere (ben) lungi da (+ *inf.*): *être éloigné de croire, de penser que...* essere lungi dal credere, dal pensare che... © **proche** 1.

éloignement |elwaɲmɑ̃| *s.m.* **1** [*mesure par laquelle on éloigne qqn.*] allontanamento: *l'éloignement des personnes suspectes* l'allontanamento delle persone sospette **2** (*personnes*) [*fait d'être éloigné*] lontananza (*f.*): *son éloignement a été de courte durée* la sua lontananza, assenza è stata di breve durata → **absence, séparation** ◇ (*choses*) distanza (*f.*): *l'immense éloignement du soleil* l'enorme distanza del sole **3** [*fait d'être éloigné dans le temps*] tempo: *avec l'éloignement, l'événement prend tout son sens* col (passare del) tempo l'evento acquista tutto il suo significato **4** (*fig.*) [*fait de se tenir à l'écart*] isolamento; estraniazione *f.* # *vivre dans l'éloignement du monde* vivere lontano dal mondo ◇ (*vieilli*) [*antipathie, aversion*] antipatia *f.*, avversione (*f.*): *éprouver un profond éloignement pour qqn.* provare una profonda antipatia, avversione per qc. © 2 **proximité.**

éloigner |elwaɲe| **A** *v.tr.* **1** [*mettre ou faire aller loin, à distance*] allontanare, scostare: *éloigner sa chaise de la table* allontanare, scostare la sedia dal tavolo → 1 **écarter, reculer,** 1 **repousser** **2** (*fig.*) [*écarter, détourner*] allontanare, distogliere (123): *ce qui l'éloigne de la religion* ciò che lo allontana dalla religione; *éloigner qqn. d'un projet* distogliere qc. da un progetto **B** *v.pron.intr.* S'ÉLOIGNER [→ *tr.* 1] allontanarsi, scostarsi: *ne t'éloigne pas d'ici* non ti allontanare (da qui) → 1 **aller (s'en),** 1 **partir** ◇ (*fig.*) *elle s'éloigne de lui* [*elle l'aime moins, s'en détache*] si sta allontanando da lui # *s'éloigner du sujet* uscire dal seminato → 1 **sortir.**

élongation |elɔ̃gɑsjɔ̃| *s.f.* **1** (*astron.*) elongazione, digressione ◇ (*phys.*) elongazione → **amplitude** **2** (*méd., cour.*) strappo *m.*, stiramento (*m.*): *une élongation musculaire* uno strappo muscolare ◇ (*chir.*) distensione; trazione.

élonger |elɔ̃ʒe| (3) *v.tr.* **1** (*mar.*) *élonger un câble* [*l'étendre*] distendere (105) un cavo; *élonger le rivage* [*le longer*] costeggiare la riva **2** (*méd.*) [*étirer* (*un nerf*)] tendere (105) (un nervo); eseguire (197) una trazione.

éloquemment |elɔkamɑ̃| *adv.* [*avec éloquence*] eloquentemente.

éloquence |elɔkɑ̃s| *s.f.* **1** eloquenza: *l'éloquence politique, religieuse* l'eloquenza politica, religiosa → **facilité** **2** (*par ext.*) *l'éloquence d'un geste* l'eloquenza di un gesto; *l'éloquence des chiffres* l'eloquenza delle cifre.

éloquent, ente |elɔkɑ̃, ɑ̃t| *adj.* **1** eloquente: *un orateur éloquent* un oratore eloquente; *s'exprimer en termes éloquents* esprimersi in termini eloquenti **2** [*expressif, révélateur*] eloquente: *regard, geste éloquent* sguardo, gesto eloquente → **parlant** # *ces chiffres sont éloquents* le cifre parlano chiaro.

élu, ue |ely| *adj.* **I** *adj.* **1** [*désigné par élection*] eletto ✦ (*s.*) *les élus* gli eletti # *les élus locaux* gli amministratori locali **2** (*relig.*) eletto ✦ (*s.*) *un élu* un eletto: *il y a beaucoup d'appelés, mais peu d'élus* molti sono i chiamati, ma pochi gli eletti **II** *s.* [*personne que le cœur choisit*] prescelto, eletto: *il va se marier, quelle est l'heureuse élue?* si sposa, chi è la fortunata prescelta?

éluant, ante |elɥɑ̃, ɑ̃t| *adj.* (*chim.*) eluente.

élucidation |elysidɑsjɔ̃| *s.f.* [→ ÉLUCIDER] delucidazione, chiarimento *m.* → **éclaircissement, explication.**

élucider |elyside| *v.tr.* [*rendre clair*] chiarire (197), delucidare: *l'enquête n'a pas encore permis d'élucider l'affaire* l'inchiesta non ha ancora permesso di chiarire la vicenda; *élucider une question embrouillée* chiarire una questione ingarbugliata → **clarifier, débrouiller.**

élucubration |elykybʀɑsjɔ̃| *s.f.* (*péj.*) elucubrazione: *voilà le fruit de ses élucubrations* ecco il frutto delle sue elucubrazioni.

éluder |elyde| *v.tr.* [*éviter avec adresse*] eludere (106): *éluder un problème* eludere un problema → **escamoter, tourner.**

éluer |elɥe| *v.tr.* (*chim.*) [*entraîner sélectivement* (*un corps*) *par un solvant approprié*] eluire (197).

élusif, ive |elyzif, iv| *adj.* elusivo, evasivo: *réponse élusive* risposta elusiva, evasiva → **evasif** © **précis, clair.**

élution |elysjɔ̃| *s.f.* (*chim.*) eluizione.

éluvial, ale, aux |elyvjal, o| *adj.* (*géol.*) eluviale: *formations éluviales* formazioni eluviali.

éluvion |elyvjɔ̃| *s.f.* (*géol.*) eluvio* *m.*

élyséen, éenne |elizeɛ̃, eɛn| *adj.* (*myth.*) elisio*.

élytre |elitʀ(ə)| *s.m.* (*zool.*) elitra (*f.*): *les élytres du hanneton* le elitre del maggiolino.

elzévir |ɛlzeviʀ| *s.m.* **1** [*livre imprimé par les Elzévir*] elzeviro **2** (*imprim.*) elzeviro.

elzévirien, ienne |ɛlzeviʀjɛ̃, jɛn| *adj.* (*typogr.*) elzeviriano, elzeviro.

em- |em, ɑ̃| *préf.* (*devant 'b, m, p'*) (*signifiant 'dans' et servant à la formation de mots composés, correspond généralt. à*) im: *empêchement* impedimento; *embellissement* imbellimento.

émaciation |emasjɑsjɔ̃| *s.f.* (*littér.*) emaciazione.

émacié, ée |emasje| *adj.* emaciato: *un visage émacié* un volto emaciato © **bouffi, gras.**

émacier |emasje| **A** *v.tr.* [*amaigrir*] emaciare: *la fatigue a émacié son visage* la fatica ha emaciato il suo viso **B** *v. pron.intr.* S'ÉMACIER [*s'amaigrir*] emaciarsi: *son visage s'est émacié* il suo viso si è emaciato.

émail, aux |emaj, o| *s.m.* **1** (*techn.*) smalto: *émail des peintres* smalto per pittori; *émaux peints* smalti dipinti **2** [*tôle, fonte émaillée*] smalto: *fourneau à gaz en émail* fornello a gas in smalto, smaltato **3** *l'émail des dents* lo smalto (dentario) **4** (*blas.*) smalto.

émaillage |emajaʒ| *s.m.* (*techn.*) smaltatura (*f.*): *émaillage de la fonte* smaltatura della ghisa.

émailler |emaje| *v.tr.* **1** [*recouvrir d'émail*] smaltare: *émailler un bracelet* smaltare un braccialetto; *faïence émaillée* ceramica smaltata **2** (*littér.*) [*orner de points de couleur vive*] smaltare (*rare*): *les fleurs qui émaillent les prés* i fiori che smaltano i prati → 1 **parer, parsemer** **3** [*semer* (*un ouvrage*) *d'ornements divers*] infiorare: *émailler un texte de citations* infiorare un testo di citazioni ◇ (*iron.*) *devoir émaillé de fautes grossières* compito infiorettato, infiorato di errori grossolani; *lettre émaillée de fautes* lettera infiorettata di spropositi.

émaillerie |emajʀi| *s.f.* [*art de fabriquer des émaux*] arte dello smalto, della smaltatura.

émailleur, euse |emajœʀ, øz| *s.* [*personne qui fabrique des émaux*] smaltista ◇ [*ouvrier spécialisé dans l'émaillage des métaux*] smaltatore*.

émaillure |emajyʀ| *s.f.* [*travail, ouvrage de l'émailleur*] smaltatura.

émanation |emanɑsjɔ̃| *s.f.* **1** emanazione: *le pouvoir, dans une démocratie, est une émanation de la volonté populaire* in uno stato democratico, il potere è un'emanazione della volontà popolare → **expression** **2** (*philo., théol.*) emanazione **3** [*émission ou exhalaison de particules impalpables, de corpuscules*] emanazione, esalazione: *des émanations gazeuses* emanazioni, esalazioni gassose; *émanations pestilentielles* esalazioni pestilenziali ◇ (*géol., phys.*) emanazione → **miasme.**

émancipateur, trice |emɑ̃sipatœʀ, tʀis| *s.* emancipatore* → **libérateur** ✦ (*adj.*) *idées émancipatrices* idee emancipatrici.

émancipation |emɑ̃sipɑsjɔ̃| *s.f.* **1** (*fig.*) [→ ÉMANCIPER A 1] emancipazione: *mouvement d'émancipation des colonies* movimento di emancipazione delle colonie; *l'émancipation de la femme* l'emancipazione della donna → **libération** **2** (*dr., cour.*) emancipazione: *émancipation de mineur* emancipazione di minore © 1 **asservissement.**

émanciper |emɑ̃sipe| **A** *v.tr.* **1** [*affranchir* (*qqn.*) *de la tutelle d'une autorité supérieure*] emancipare, rendere (105) libero: *émanciper la femme* emancipare la donna **2** (*dr., cour.*) [*affranchir un mineur de la puissance paternelle ou de la tutelle*] emancipare **B** *v.pron.* S'ÉMANCIPER **1** *intr.* [→ *tr.* 1] emanciparsi, rendersi indipendente: *la philosophie s'est émancipée de la théologie* la filosofia si è emancipata, si è resa indipendente dalla teologia **2** *réfl.* (*fam. et souvent péj.*) [*prendre des libertés*] emanciparsi: *elle m'a l'air de* *s'être drôlement émancipée* mi dà l'impressione di essersi un po' troppo emancipata → **affranchi** ⓒ A 1 **asservir.**

émaner |emane| *v.intr.* **1** [*provenir comme de sa source naturelle*] emanare (*intr. et tr.*): *ce décret émane du gouvernement* è un decreto emanato dal governo → **découler, 2 dériver** ◇ (*philo., théol.*) emanare, procedere (125) → **procéder** **2** [*provenir* (*d'une source phys.*)] emanare: *lumière, chaleur qui émane d'une source* luce, calore che emana da una fonte; *corps d'où émane une odeur* corpo che emana un odore → **dégager (se), exhaler (s')** ◇ (*fig.*) *le charme particulier qui émanait de cette femme* il fascino particolare che emanava da quella donna.

émargement |emaʀʒəmɑ̃| *s.m.* [→ ÉMARGER 1] emarginato: *émargement d'un contrat* emarginato di un contratto ◇ (*spécialt.*) *feuille d'émargement* [*feuille de présence signée par les intéressés*] foglio* di presenza.

émarger |emaʀʒe| (3) *v.tr.* **1** [*annoter, signer à la marge un compte, un état*] emarginare, firmare a margine: *émarger un état de traitement* firmare a margine una distinta di stipendio ✦ *absolt.* [*toucher le traitement affecté à un emploi*] riscuotere (162), incassare **2** [*priver de sa marge* (*une feuille, un livre*)] smarginare: *le frontispice a été émargé* il frontespizio è stato smarginato.

émasculation |emaskylasjɔ̃| *s.f.* (*méd.*) evirazione ◇ (*fig., littér.*) mutilazione: *émasculation d'une phrase* mutilazione di una frase.

émasculer |emaskyle| *v.tr.* [*priver* (*un mâle*) *des organes de la reproduction*] evirare → **castrer** ◇ (*fig.*) mutilare: *émasculer une idée* mutilare una idea; *le traducteur a émasculé la phrase* il traduttore ha mutilato la frase → **mutiler.**

embâcle |ɑ̃bɑkl(ə)| *s.m.* [*obstruction d'un cours d'eau*] ostruzione *f.*

emballage |ɑ̃balaʒ| *s.m.* imballaggio*, confezionamento: *papier, toile d'emballage* carta, tela da imballaggio ◇ (*comm.*) confezione (*f.*): *emballage consigné* confezione con deposito; vuoto a rendere; *emballage perdu* confezione a perdere; vuoto a perdere ◇ (*cyclisme*) scatto, volata *f.* finale.

emballement |ɑ̃balmɑ̃| *s.m.* **1** [*enthousiasme irréfléchi*] infatuazione (*f.*): *méfiez-vous des emballements* diffidate delle infatuazioni **2** [*régime anormal d'un moteur*] imballatura *f.*

1 **emballer** |ɑ̃bale| *v.tr.* **1** [*mettre* (*une marchandise, un objet*) *dans un emballage*] imballare, confezionare: *emballer soigneusement des verres* imballare accuratamente dei bicchieri → **empaqueter, envelopper** **2** (*fam.*) [*mettre* (*qqn.*) *en voiture*] imbarcare: *emballer un ami dans le train* imbarcare un amico sul treno → **embarquer** ◇ (*pop.*) [*arrêter, écrouer*] impacchettare, metter (155), portar dentro: *la police l'a emballé* la polizia lo ha impacchettato, lo ha messo (portato) dentro.

2 **emballer** |ɑ̃bale| **A** *v.tr.* **1** *emballer un moteur* [*le faire tourner trop vite*] imballare un motore **2** (*fig., fam.*) [*ravir, enthousiasmer*] entusiasmare (*cour.*), incantare (*cour.*): *le spectacle nous a emballés* lo spettacolo ci ha entusiasmato; *ça ne m'emballe pas!* non mi entusiasma affatto! → **enchanter, plaire** **3** (*pop.*) [*gronder, engueuler*] sgridare (*cour.*) **B** *v.pron.* S'EMBALLER **1** *intr.* [→ *tr.* 1] imballarsi: *le moteur s'emballe* il motore si imballa **2** *réfl.* (*fig.*) [→ *tr.* 2] agitarsi, entusiasmarsi: *ne t'emballe pas!* non agitarti, non entusiasmarti troppo! → **enthousiasmer (s')** **3** *intr.* (*se dit du cheval qui s'emporte*) imbizzarrirsi (197).

emballeur, euse |ɑ̃balœʀ, øz| *s.* [*personne spécialisée dans l'emballage des marchandises*] imballatore*, confezionatore*.

embarbouiller |ɑ̃baʀbuje| **A** *v.tr.* [*embrouiller* (*qqn.*) *dans ses idées*] confondere (146) **B** *v.pron.intr.* S'EMBARBOUILLER [→ *tr.*] imbrogliarsi: *s'embarbouiller dans des explications confuses* imbrogliarsi in spiegazioni confuse → **embarrasser (s'), empêtrer (s').**

embarcadère |ɑ̃baʀkadɛʀ| *s.m.* imbarcadero ⓒ **débarcadère.**

embarcation |ɑ̃baʀkasjɔ̃| *s.f.* imbarcazione, natante *m.*

embardée |ɑ̃baʀde| *s.f.* **1** (*mar.*) guizzata ◇ (*aviat.*) imbardata, alambardata **2** [*écart brusque d'une voiture*] sbandata.

embargo |ɑ̃baʀgo| *s.m.* (*dr. mar.*) embargo*: *mettre, lever l'embargo* mettere, togliere l'embargo ◇ (*par ext.*) [*mesure de contrainte empêchant la libre circulation d'un objet*] embargo.

embarquement |ɑ̃baʀkəmɑ̃| *s.m.* (*aviat., mar.*) imbarco*: *carte d'embarquement* carta d'imbarco; *quai d'embarquement* banchina d'imbarco ⓒ **débarquement.**

embarquer |ɑ̃baʀke| **A** *v.tr.* **1** [*mettre, faire monter dans un navire, un avion*] imbarcare: *embarquer des passagers à l'escale* imbarcare passeggeri allo scalo **2** (*par ext.*) [*charger*] caricare, imbarcare: *embarquer des marchandises dans un wagon* caricare merce su un vagone ◇ (*fam.*) *embarquer un ami dans le train* imbarcare un amico sul treno # *embarquer un malfaiteur* [*l'arrêter*] impacchettare un delinquente, metter (portar) dentro un delinquente → 1 **emballer** **3** (*fig.*) [*engager dans une affaire difficile*] imbarcare, coinvolgere (196): *embarquer qqn. dans une mauvaise affaire* imbarcare, coinvolgere qc. in una brutta faccenda → 1 **entraîner** **4** [*engager, commencer une chose*] avviare: *une affaire assez mal embarquée* un affare male avviato **5** [*recevoir par-dessus bord*] imbarcare: *le bateau embarque beaucoup d'eau* la nave imbarca molta acqua **B** *v.intr.* **1** [*monter à bord d'un bateau, d'un avion*] imbarcarsi (*pron.*): *il a embarqué pour le Maroc* si è imbarcato per il Marocco **2** [*passer et se répandre par-dessus bord*] imbarcare: *le bateau embarque* la nave imbarca **C** *v.pron.réfl.* S'EMBARQUER **1** [→ *tr.* 1] imbarcarsi: *s'embarquer pour les Amériques* imbarcarsi per l'America **2** (*fig.*) [→ *tr.* 3] imbarcarsi: *s'embarquer dans un procès interminable* imbarcarsi in un processo interminabile → 1 **lancer (se)** ⓒ A 1; B 1 **débarquer.**

embarras |ɑ̃baʀa| *s.m.* **I** **1** [*obstacle qui s'oppose à l'action de qqn., à la réalisation de qqch.*] ostacolo, complicazione (*f.*): *susciter des embarras à qqn.* creare ostacoli, complicazioni a qc. → **difficulté** ◇ [*ce qui cause du désagrément à qqn.*] peso, ostacolo: *je ne voudrais pas être un embarras pour vous* non vorrei esservi di peso → **gêne** **2** (*vx.*) → **embouteillage, encombrement** **3** (*méd., cour.*) *embarras gastrique* imbarazzo di stomaco **II** **1** [*position gênante, situation difficile*] imbarazzo, disagio* → **pétrin** # *se tirer d'embarras* cavarsela, trarsi d'impiccio (d'impaccio) ◇ (*spécialt.*) *embarras d'argent, financiers, pécuniaires* difficoltà *f.inv.* finanziarie ✦ (*absolt.*) *aider un ami dans l'embarras* aiutare un amico in difficoltà **2** [*perplexité, état de malaise*] imbarazzo: *vous n'avez que l'embarras du choix* (lei) non ha che l'imbarazzo della scelta; *ne pouvoir dissimuler son embarras* non poter nascondere il proprio imbarazzo ◇ (*loc.*) *faire de l'embarras, des embarras* [*faire des manières, manquer de naturel*] fare storie, complimenti ~ *un faiseur d'embarras* un cerimonioso → **façon, histoire.**

embarrassant, ante |ɑ̃baʀasɑ̃, ɑ̃t| *adj.* **1** (*fig.*) imbarazzante: *c'est une situation, une affaire embarrassante* è una situazione, una faccenda imbarazzante → **difficile, gênant** **2** → **encombrant.**

embarrassé, ée |ɑ̃baʀase| *adj.* **1** [*gêné dans ses mouvements*] ingombro, impedito: *il avait les mains embarrassées* aveva le mani ingombre, impedite # *avoir l'estomac embarrassé* avere lo stomaco imbarazzato **2** (*sujet de personne*) [*qui éprouve de l'embarras* (II 2)] imbarazzato: *il était embarrassé, il ne savait que répondre* era imbarazzato, non sapeva cosa rispondere → **indécis, perplexe** ◇ (*compl. de personne*) impacciato, confuso: *un air embarrassé* una aria impacciata, confusa → 2 **gauche, timide** **3** [*compliqué, sans clarté*] confuso, poco chiaro: *des explications embarrassées* spiegazioni confuse, poco chiare ⓒ 1 **libre.**

embarrasser |ɑ̃baʀase| **A** *v.tr.* **1** [*encombrer*] ingombrare, imbarazzare: *les livres qui embarrassent la table* i libri che ingombrano il tavolo # *cette valise m'embarrasse* questa valigia m'impaccia **2** [*mettre dans une position difficile*] imbarazzare, mettere (155) in imbarazzo: *ses questions m'embarrassent* le sue domande mi imbarazzano, mi mettono in imbarazzo → **gêner** **B** *v. pron.* S'EMBARRASSER **1** *réfl.* (*choses*) [→ *tr.* 1] *je me suis embarrassé inutilement d'un parapluie* mi sono portato dietro l'ombrello per niente; l'ombrello mi è stato solo d'impaccio; *voyager sans s'embarrasser d'un compagnon de route* viaggiare senza la seccatura di un compagno di viaggio **2** *intr.* S'EMBARRASSER DE [*se soucier*] preoccuparsi di, dar (102) *tr.* peso a: *s'embarrasser de l'avenir* preoccuparsi del futuro; *il s'embarrasse peu de son travail* non dà troppo peso al proprio lavoro → **inquiéter (s'), préoccuper (se)** # *il ne s'embarrasse pas de scrupules!* non si fa certo venire degli scrupoli! **3** *intr.* [*s'empêtrer*] impigliarsi, imbrogliarsi: *s'embarrasser dans sa traîne* imbrogliarsi nello strascico ◇ (*fig.*) *s'embarrasser dans ses explications, dans ses mensonges* impappinarsi nel dare spiegazioni, nel dire bugie → **embrouiller (s')** ⓒ A 1 **débarrasser.**

embarrer |ɑ̃baʀe| **A** *v.intr.* (*techn.*) [*placer un levier sous un fardeau pour le soulever*] far (103) *tr.* leva (con una sbarra) **B** *v.pron.intr.* S'EMBARRER (*se dit d'un cheval qui s'empêtre en passant une jambe de l'autre côté de la barre*) incespicare *intr.*

embase |ɑ̃bɑz| *s.f.* (*mécan.*) basamento (*m.*): *embase d'une enclume* basamento di un'incudine.

embasement |ɑ̃bɑzmɑ̃| *s.m.* (*archit.*) basamento → **soubassement.**

embastiller |ɑ̃bastije| *v.tr.* (*plais.*) → **incarcérer.**

embattage |ɑ̃bataʒ| *s.m.* (*mécan.*) cerchiatura *f.* a caldo.

emba(t)tre |ɑ̃batʀ(ə)| (76) *v.tr.* (*mécan.*) [*cercler* (*une roue*) *par embattage*] cerchiare a caldo.

embauchage |ɑ̃boʃaʒ| *s.m.*, **embauche** |ɑ̃boʃ| *s.f.* [→ EMBAUCHER] assunzione (*f.*): *il n'y a pas d'embauchage sur le chantier* non si fanno assunzioni in cantiere.

embaucher |ɑ̃boʃe| *v.tr.* [*engager* (*un ouvrier*)] assumere (118): *embaucher des maçons, des moissonneurs* assumere muratori, mietitori ⓒ **débaucher, licencier.**

embauchoir |ɑ̃boʃwaʀ| *s.m.* [*instrument qui sert à maintenir en forme les chaussures*] tendiscarpe (*inv.*): *embauchoir à ressort* tendiscarpe a molla.

embaumement |ɑ̃bommɑ̃| *s.m.* [→ EMBAUMER 1] imbalsamazione *f.*

embaumer |ɑ̃bome| *v.tr.* **1** [*remplir* (*un cadavre*) *de substances pour en assurer la conservation*] imbalsamare **2** [*remplir d'une odeur suave*] profumare: *les roses embaumaient la chambre* le rose profumavano la stanza → **parfumer** ✦ (*absolt.*) *cette rose embaume* questa rosa profuma ◇ (*fam.*) [*répandre une bonne odeur de*] odorare *intr.* di, sapere (177) *intr.* di: *cela embaume le jasmin* odora, sa di gelsomino.

embaumeur |ɑ̃bomœʀ| *s.m.* [*celui qui embaume les morts*] imbalsamatore* *s.*

embecquer |ɑ̃beke| *v.tr.* (*élevage*) [*gaver* (*une volaille*)] ingozzare.

embellie |ɑ̃beli| *s.f.* [*éclaircie*] schiarita ◇ (*mar.*) calma → **accalmie.**

embellir |ɑ̃beliʀ| **A** *v.tr.* [*rendre beau ou plus beau*] rendere (105) più bello, abbellire (197): *cette coiffure t'embellit* questa pettinatura ti rende più bella → **flatter** ◇ (*fig.*) *une pièce embellie de beaux tableaux* una stanza abbellita con dei bei quadri; *l'auteur a embelli ce personnage* l'autore ha abbellito quel personaggio # *vous embellissez la situation* lei fa apparire la situazione migliore di quanto non sia **B** *v.intr.* [*devenir beau, plus beau*] imbellire (197) (*aux.* essere), diventare (*aux.* essere) bello: *cet enfant embellit tous les jours* quel bambino diventa sempre più bello ⓒ **enlaidir.**

embellissement |ɑ̃belismɑ̃| *s.m.* [→ EMBELLIR A] abbellimento: *les récents embellissements de notre ville* gli abbellimenti apportati di recente alla nostra città → **décoration** ◇ (*fig.*) *vous avez apporté à cette histoire bien des embellissements* avete di molto abbellito questa storia ⓒ **enlaidissement.**

emberlificoter |ɑ̃bɛʀlifikɔte| **A** *v.tr.* [*entortiller, embrouiller* (*qqn.*)] infinocchiare: *ils ont cherché à l'emberlificoter* hanno cercato di infinocchiarlo → **embobiner B** *v.pron.intr.* S'EMBERLIFICOTER [*s'empêtrer*] impigliarsi: *s'emberlificoter dans une corde* impigliarsi in una corda ◇ (*fig.*) *s'emberlificoter dans une explication* impappinarsi nel dare una spiegazione.

emberlificoteur, euse |ɑ̃bɛʀlifikɔtœʀ, øz| *s.* [*personne qui emberlificote*] imbroglione, abbindolatore*.

embêtant, ante |ɑ̃bɛtɑ̃, ɑ̃t| *adj.* (*fam.*) [*qui embête* (2)] scocciante, seccante (*cour.*): *c'est bien embêtant cette histoire* questa storia è veramente scocciante, seccante → **ennuyeux.**

embêtement |ɑ̃bɛtmɑ̃| *s.m.* (*fam.*) [*chose qui donne du souci*] scocciatura *f.*, grana (*f.*): *avoir des embêtements* avere scocciature, grane → **contrariété, ennui.**

embêter |ɑ̃bete| **A** *v.tr.* (*fam.*) **1** [*ennuyer fortement*] annoiare (*cour.*): *ce spectacle m'embête* questo spettacolo mi annoia **2** [*contrarier*] scocciare, seccare (*cour.*): *ne l'embête pas!* non lo scocciare, seccare!; *cela m'embête d'être en retard* mi scoccia (di) essere in ritardo → **agacer B** *v.pron. intr.* (*fam.*) S'EMBÊTER annoiarsi (*cour.*): *il ne s'embête pas* non si annoia di certo.

embiellage |ɑ̃bjɛlaʒ| *s.m.* (*mécan.*) imbiellaggio*.

emblavage |ɑ̃blavaʒ| *s.m.* (*agric.*) semina *f.* (di cereali).

emblaver |ɑ̃blave| *v.tr.* (*agric.*) *emblaver un champ* [*y faire croître du blé, une céréale*] seminare un campo a grano, a cereali.

emblavure |ɑ̃blavyʀ| *s.f.* (*agric.*) terreno *m.* seminato a grano, a cereali; superficie* coltivata a grano, a cereali.

emblée (d') |dɑ̃ble| *loc.adv.* [*du premier coup, sans difficulté*] di primo acchito, immediatamente (*adv.*): *le projet a été adopté d'emblée* il progetto è stato immediatamente adottato → **aussitôt** # *marquer d'emblée un but* segnare un goal a freddo.

emblématique |ɑ̃blematik| *adj.* emblematico*: *la colombe, figure emblématique de la paix* la colomba, figura emblematica della pace → **allégorique, symbolique.**

emblème |ɑ̃blɛm| *s.m.* emblema: *l'emblème de la royauté* l'emblema della monarchia → 2 **insigne** ◇ (*fig.*) emblema, simbolo: *le lion est l'emblème du courage* il leone è l'emblema, il simbolo del coraggio → **symbole.**

embobeliner |ɑ̃bɔbline| *v.tr.* (*fam.*) [*circonvenir, entortiller*] infinocchiare, abbindolare (*cour.*) → **embobiner.**

embobiner |ɑ̃bɔbine| *v.tr.* **1** (*fam.*) [*tromper en embrouillant*] infinocchiare, abbindolare (*cour.*) → **emberlificoter, entortiller 2** (*rare*) → **bobiner.**

emboîtage |ɑ̃bwataʒ| *s.m.* **1** [→ EMBOÎTER A 2] cartonatura (*f.*): *l'emboîtage d'un livre* la cartonatura di un libro **2** [*étui, chemise d'un livre de luxe*] cofanetto, custodia *f.* (di cartone) **3** *au plur.* [*jeu* (*pour les enfants*) *d'objets qui s'emboîtent*] giochi a incastro.

emboîté |ɑ̃bwate| *s.m.* (*danse*) 'emboîté' *inv.*

emboîtement |ɑ̃bwatmɑ̃| *s.m.* [→ EMBOÎTER A 1] incastro, incastratura (*f.*): *emboîtement de deux pièces* incastro di due pezzi ◇ (*anat.*) *articulation par emboîtement réciproque* articolazione a incastro.

emboîter |ɑ̃bwate| **A** *v.tr.* **1** [*faire entrer* (*une chose*) *dans une autre*] incastrare → **encastrer, enchâsser 2** [*envelopper exactement comme une boîte*] *ces chaussures emboîtent très bien le pied* queste scarpe calzano benissimo; *emboîter un livre* cartonare un libro → **mouler 3** (*loc.*) *emboîter le pas à qqn.* (*aussi fig.*) [*le suivre pas à pas*] seguire le orme, i passi di qc. **B** *v.pron.intr.* S'EMBOÎTER [→ *tr.* 1] incastrarsi: *tables qui s'emboîtent* tavoli che si incastrano.

emboîture |ɑ̃bwatyʀ| *s.f.* (*techn.*) incastratura, incastro *m.*

embolie |ɑ̃bɔli| *s.f.* (*méd., cour.*) embolia: *mourir d'une embolie* morire per un'embolia.

embolisme |ɑ̃bɔlism(ə)| *s.f.* (*hist. anc.*) embolismo.

embonpoint |ɑ̃bɔ̃pwɛ̃| *s.m.* [*état d'un corps bien en chair*] grassezza *f.*, rotondità *f.inv.* → **corpulence** ◇ (*loc.*) *prendre de l'embonpoint* [*engraisser*] ingrassare, metter su pancia (*fam.*).

embossage |ɑ̃bɔsaʒ| *s.m.* (*mar.*) imbozzatura *f.*

embosser |ɑ̃bɔse| *v.tr.* (*mar.*) [*amarrer* (*un bateau*)] imbozzare: *navire embossé cap à l'est* nave imbozzata (con) rotta est.

embossure |ɑ̃bɔsyʀ| *s.f.* (*mar.*) traversino *m.*

embouche |ɑ̃buʃ| *s.f.* [*engraissement du bétail dans les prés*] ingrasso *m.* (al pascolo) # (*pré d'*) *embouche* prato da ingrasso.

emboucher |ɑ̃buʃe| *v.tr.* **1** [*mettre à sa bouche* (*un instrument à vent*)] imboccare: *emboucher une flûte* imboccare un flauto ◇ (*loc. fig.*) *emboucher la trompette* [*claironner partout qqch.*] dar fiato alle trombe, strombazzare q.c. a destra e a sinistra **2** *emboucher un cheval* [*lui mettre le mors*] mettere (155) il morso a un cavallo ◇ (*fig.*) *personne mal embouchée* [*qui dit des grossièretés*] persona sboccata.

embouchoir |ɑ̃buʃwaʀ| *s.m.* [*partie mobile d'un instrument à vent portant l'embouchure*] bocchino ◇ [*douille fixant un canon de fusil*] bocchino.

1 **embouchure** |ɑ̃buʃyʀ| *s.f.* [*bout d'un instrument à vent qu'on met contre les lèvres*] imboccatura: *l'embouchure d'une trompette* l'imboccatura di una tromba ◇ [*bec d'un instrument à anches*] bocchino *m.*

2 **embouchure** |ɑ̃buʃyʀ| *s.f.* **1** [*ouverture extérieure*] imboccatura: *l'embouchure d'une bonbonne* l'imboccatura della damigiana ◇ (*géogr.*) *embouchure d'un fleuve* foce di un fiume → **bouche 2** [*partie du mors placée dans la bouche du cheval*] imboccatura.

embouquement |ɑ̃bukmɑ̃| *s.m.* (*mar.*) imboccatura *f.*, imbocco*: *l'embouquement du port, d'un canal* l'imboccatura, l'imbocco del porto, di un canale.

embouquer |ɑ̃buke| **A** *v.intr.* (*mar.*) [*s'engager dans une passe étroite*] imboccare, inoltrarsi (*pron.*): *le navire embouque dans un détroit* la nave imbocca, si inoltra in uno stretto **B** *v.tr.* [→ *intr.*] *embouquer un canal, un port* imboccare un canale, entrare in un porto ⓒ **débouquer.**

embourber |ɑ̃buʀbe| **A** *v.tr.* [*enfoncer dans un bourbier*] impantanarsi *pron.* → **enliser** ✦ (*au p.p.*) *notre voiture était embourbée* la nostra macchina si era impantanata **B** *v.pron.intr.* S'EMBOURBER [→ *tr.*] impantanarsi: *nous nous sommes embourbés* ci siamo impan-

tanati ◇ (*fig.*) *embourber dans des explications confuses* impantanarsi in spiegazioni farraginose.
embourgeoisement |ãbuʀʒwazmã| *s.m.* [→ EMBOURGEOISER] imborghesimento.
embourgeoiser |ãbuʀʒwaze| **A** *v.tr.* (*littér.*) [*faire prendre des habitudes bourgeoises*] imborghesire (197) **B** *v.pron.intr.* S'EMBOURGEOISER imborghesire *intr.*, imborghesirsi: *embourgeoiser en prenant de l'âge* imborghesire col passare degli anni Ⓒ **désembourgeoiser.**
embourrure |ãbuʀyʀ| *s.f.* (*techn.*) *toile d'embourrure* imbottitura.
embout |ãbu| *s.m.* [*garniture fixée au bout d'un objet*] ghiera *f.*, puntale # *embout d'une seringue* becco di una siringa ◇ (*électr.*) *embout isolant* ghiera isolante.
embouteillage |ãbutɛjaʒ| *s.m.* **1** [*encombrement qui arrête la circulation*] ingorgo*, imbottigliamento: *il a été pris dans un embouteillage* è stato bloccato da un ingorgo, è rimasto imbottigliato (nel traffico) → **bouchon** ◇ (*par anal.*) *l'embouteillage des lignes téléphoniques* il sovraccarico* delle linee telefoniche **2** (*mar.*) imbottigliamento **3** (*vx.*) [*mise en bouteilles*] imbottigliamento (*cour.*).
embouteiller |ãbuteje| *v.tr.* **1** [*encombrer* (*une voie de communication*)] ingorgare, imbottigliare # *les lignes téléphoniques étaient embouteillées* le linee telefoniche erano sovraccariche **2** (*mar.*) *embouteiller la flotte dans une rade* imbottigliare la flotta in una rada **3** (*vx.*) [*mettre en bouteilles*] imbottigliare (*cour.*).
emboutir |ãbutiʀ| *v.tr.* **1** [*travailler* (*une plaque de métal*) *au marteau ou au repoussoir*] imbutire (197) **2** (*par anal.*) [*enfoncer en heurtant violemment*] ammaccare # *un camion a embouti l'arrière de ma voiture* un camion ha tamponato la mia auto ◇ (*par ext.*) *il s'est fait emboutir* gli hanno sfasciato la macchina **3** (*techn.*) [*revêtir d'une garniture de protection* (*une corniche, une moulure*)] guarnire (197) con una ghiera.
emboutissage |ãbutisaʒ| *s.m.* [→ EMBOUTIR 1] imbutitura (*f.*): *emboutissage à chaud, à froid* imbutitura a caldo, a freddo; *emboutissage à la main, à la machine* imbutitura a mano, a macchina.
emboutisseur |ãbutisœʀ| *s.m.* [*ouvrier qui emboutit* (1)] imbutitore.
emboutisseuse |ãbutisøz| *s.f.*, **emboutissoir** |ãbutiswaʀ| *s.m.* (*mécan.*) imbutitrice *f.*
embranchement |ãbʀãʃmã| *s.m.* **1** [→ EMBRANCHER A] diramazione *f.*, ramificazione (*f.*): *embranchement de deux canalisations* diramazione, ramificazione di due condutture → **ramification** ◇ [*point de jonction* (*de deux voies*)] incrocio*, bivio*: *à l'embranchement des deux routes* all'incrocio delle due strade → **bifurcation, 1 croisement** **2** [*chacune des grandes divisions du monde animal ou végétal*] sottotipo: *l'embranchement des Vertébrés* il sottotipo dei Vertebrati.
embrancher |ãbʀãʃe| **A** *v.tr.* [*raccorder* (*une voie, une canalisation*) *à une autre*] raccordare, collegare: *embrancher une voie ferrée à la ligne principale* raccordare un tronco ferroviario alla linea principale → **brancher** **B** *v.pron. intr.* S'EMBRANCHER [→ *tr.*] raccordarsi, innestarsi: *autoroute qui s'embranche sur une autre* autostrada che si raccorda a un'altra, si innesta su un'altra.
embraquer |ãbʀake| *v.tr.* (*mar.*) [*tendre, raidir* (*un cordage*)] tendere (105), tesare.
embrasement |ãbʀɑzmã| *s.m.* (*littér.*) [*illumination générale*] illuminazione *f.* (*cour.*): *l'embrasement du château de Versailles* l'illuminazione della reggia di Versailles.
embraser |ãbʀɑze| *v.tr.* (*littér.*) **1** [*incendier*] incendiare: *le feu a embrasé la forêt* il fuoco ha incendiato la foresta ◇ [*rendre très chaud*] arroventare, inf(u)ocare: *le soleil embrase l'air* il sole arroventa l'aria → **brûler** **2** [*illuminer*] infiammare: *ciel qu'embrase le soleil couchant* cielo infiammato dal tramonto **3** (*fig.*) infiammare: *l'amour embrase les cœurs* l'amore infiamma i cuori → **enflammer.**
embrassade |ãbʀasad| *s.f.* [→ EMBRASSER A 1] abbraccio* *m.* → **accolade.**
embrasse |ãbʀas| *s.f.* [*cordelière servant à retenir un rideau*] cordone *m.* (della tenda).
embrassé, ée |ãbʀase| *adj.* **1** (*blas.*) abbracciato **2** (*versif.*) *rimes embrassées* rime incrociate.
embrassement |ãbʀasmã| *s.m.* (*littér.*) [→ EMBRASSER A 1] abbraccio* → **embrassade, étreinte.**
embrasser |ãbʀase| **A** *v.tr.* **1** [*prendre et serrer affectueusement entre ses bras*] abbracciare → **accoler, étreindre** **2** [*donner un baiser, des baisers à* (*qqn.*)] baciare: *embrasser qqn. sur la joue, sur le front* baciare qc. sulle guance, sulla fronte **3** (*fig., littér.*) [*adopter* (*une opinion, un parti*)] abbracciare: *embrasser une carrière* abbracciare una carriera → **choisir, épouser** ◇ (*prov.*) *qui trop embrasse mal étreint* chi troppo vuole nulla stringe **4** [*saisir par la vue*] abbracciare: *embrasser d'un coup d'œil toute la ville* abbracciare con uno sguardo tutta la città ◇ (*fig.*) [*appréhender par la pensée*] abbracciare, comprendere (105): *un ouvrage qui embrasse toutes ces questions* una opera che abbraccia tutti questi argomenti → **comprendre, 1 concevoir** **B** *v. pron. récipr.* S'EMBRASSER [→ *tr.* 1, 2] abbracciarsi; baciarsi, sbaciucchiarsi: *ils s'embrassaient sur la bouche* si baciavano sulla bocca.
embrasseur, euse |ãbʀasœʀ, øz| *s.* [*personne qui embrasse à tout propos*] sbaciucchione (*fam.*) ✦ (*adj.*) *il n'est guère embrasseur* non è molto espansivo.
embrasure |ãbʀɑzyʀ| *s.f.* **1** *l'embrasure d'une porte, de la fenêtre* [*ouverture pratiquée dans un mur*] il vano *m.* di una porta, della finestra **2** → **créneau.**
embrayage |ãbʀɛjaʒ| *s.m.* (*mécan.*) innesto: *embrayage à friction* innesto a frizione; *disque d'embrayage* disco d'innesto della frizione ◇ (*auto.*) frizione (*f.*): *appuyer sur l'embrayage* schiacciare la frizione Ⓒ **débrayage.**
embrayer |ãbʀeje| (9) *v.tr.* **1** [*mettre en communication* (*une pièce mobile*) *avec l'arbre moteur*] innestare ✦ (*absolt., mécan., auto.*) innestare: *embrayer doucement* innestare lentamente (la frizione) **2** (*fam., pop.*) [*commencer, reprendre* (*un travail, une étude*)] attaccare (*fam.*), riprendere (105) (*cour.*) (il lavoro): *on embraye à 7 heures* si attacca alle 7 Ⓒ **1 débrayer.**
embrèvement |ãbʀɛvmã| *s.m.* (*techn.*) calettamento.
embrever |ãbʀəve| (6) *v.tr.* (*techn.*) [*assembler par embrèvement*] calettare.
embrigadement |ãbʀigadmã| *s.m.* [→ EMBRIGADER] irreggimentazione *f.*
embrigader |ãbʀigade| *v.tr.* [*rassembler sous une même autorité*] irreggimentare: *il ne veut pas se laisser embrigader* non vuole lasciarsi irreggimentare → **enrégimenter, enrôler.**
embringuer |ãbʀɛ̃ge| *v.tr.* (*fam.*) [*engager de façon fâcheuse, embarrassante*] incastrare, coinvolgere (196) (*cour.*): *se laisser embringuer* farsi incastrare; *il est embringué dans une sale affaire* è coinvolto in una sporca faccenda → **embarquer.**
embrocation |ãbʀɔkɑsjɔ̃| *s.f.* [*application d'un liquide huileux et calmant*] applicazione di un linimento ◇ [*ce liquide*] embrocazione, linimento *m.* → **onguent.**
embrochement |ãbʀɔʃmã| *s.m.* [→ EMBROCHER 1] infilzamento.
embrocher |ãbʀɔʃe| *v.tr.* **1** [*enfiler de la viande sur une broche*] infilzare (nello spiedo) **2** (*fam.*) [*transpercer* (*qqn.*) *d'un coup d'épée*] infilzare.
embronchement |ãbʀɔ̃ʃmã| *s.m.* (*techn.*) commettitura *f.*, incastro.
embroncher |ãbʀɔ̃ʃe| *v.tr.* (*techn.*) (*charpent*) [*disposer* (*des pièces*) *en les ajustant*] incastrare, eseguire (197) un incastro # *embroncher des tuiles* commettere tegole.
embrouillage |ãbʀujaʒ| *s.m.* (*fam.*) [*désordre, amas d'affaires embrouillées*] confusione *f.*, caos *inv.*
embrouillamini |ãbʀujamini| *s.m.* (*fam.*) [*désordre ou confusion extrême*] baraonda *f.* (*cour.*), caos *inv.* (*cour.*).
embrouille |ãbʀuj| *s.f.* (*pop.*) [*action, manière d'embrouiller, de tromper*] imbroglio* (*m.*): *quel sac d'embrouilles!* quanti imbrogli!
embrouillé, ée |ãbʀuje| *adj.* [*extrêmement compliqué et confus*] ingarbugliato, imbrogliato: *c'est une affaire très embrouillée* è una faccenda parecchio ingarbugliata Ⓒ **clair, simple.**
embrouillement |ãbʀujmã| *s.m.* [→ EMBROUILLER A 2] confusione *f.*, ingarbugliamento → **complication.**
embrouiller |ãbʀuje| **A** *v.tr.* **1** [*emmêler* (*des fils*)] ingarbugliare, imbrogliare → **enchevêtrer** ◇ (*fig.*) (*choses*) *embrouiller une affaire* ingarbugliare una faccenda **2** (*personnes*) [*faire perdre à* (*qqn.*) *le fil de ses idées*] imbrogliare, confondere (146): *embrouiller un adversaire* imbrogliare, confondere un avversario **B** *v.pron.intr.* S'EMBROUILLER (*fig.*) [→ *tr.* 2] imbrogliarsi, confondersi: *il s'embrouille dans ses explications* si imbroglia, si confonde nel dare spiegazioni → **embarrasser (s')** Ⓒ A 1 **débrouiller, démêler** 2.
embroussailler |ãbʀusɑje| **A** *v. tr.* [*couvrir de broussailles*] coprire (186) di rovi, di cespugli ✦ (*au p.p.*) *des cheveux embroussaillés* [*en broussailles*] capelli arruffati, scarmigliati **B** *v.pron.*

intr. S'EMBROUSSAILLER [→ *tr.*] coprirsi di rovi: *un champ à l'abandon qui s'est embroussaillé* un campo abbandonato che si è coperto di rovi Ⓒ A **débroussailler.**

embrumer |ɑ̃bʀyme| *v.tr.* [*couvrir de brume*] offuscare ♦ (*au p.p.*) *un horizon embrumé* un orizzonte offuscato ◇ (*fig.*) [*assombri*] *le front embrumé par les préoccupations* la fronte incupita dalle preoccupazioni.

embruns |ɑ̃bʀœ̃| *s.m. pl.* [*pluie fine formée par les vagues qui se brisent*] spruzzi → **poudrin.**

embryo- |ɑ̃bʀijɔ| *préf.* (*signifiant 'embryon', correspond généralt. à*) embrio: *embryologie* embriologia.

embryogénie |ɑ̃bʀijɔʒeni|, **embryogenèse** |ɑ̃bʀijɔʒə(e)nɛz| *s.f.* embriogenesi *inv.*

embryogénique |ɑ̃bʀijɔʒenik| *adj.* (*biol.*) embriogenico*, dell'embriogenesi *loc.inv.*

embryologie |ɑ̃bʀijɔlɔʒi| *s.f.* embriologia*.

embryologique |ɑ̃bʀijɔlɔʒik| *adj.* (*biol.*) embriologico*.

embryologiste |ɑ̃bʀijɔlɔʒist(ə)| *s.* embriologo*.

embryon |ɑ̃bʀijɔ̃| *s.m.* **1** embrione ◇ (*bot.*) embrione **2** (*fig.*) *un embryon d'organisation* un'organizzazione allo stato embrionale *adj.* → **commencement, germe.**

embryonnaire |ɑ̃bʀijɔnɛʀ| *adj.* (*biol.*) embrionale: *développement embryonnaire* sviluppo embrionale; *annexes embryonnaires* annessi embrionali ◇ (*fig.*) *à l'état embryonnaire* allo stato embrionale.

embryon(n)é, ée |ɑ̃bʀijɔne| *adj.* (*biol.*) embrionato.

embryotome |ɑ̃bʀijɔtɔm| *s.m.* (*chir.*) embriotomo.

embryotomie |ɑ̃bʀijɔtɔmi| *s.f.* (*chir.*) embriotomia.

embu, ue |ɑ̃by| *adj.* (*peint.*) opaco*: *couleurs embues* colori opachi ♦ *s.m.* [*ton, aspect terne d'un tableau embu*] prosciugo*.

embûches |ɑ̃byʃ| *s.f.pl.* [*difficultés se présentant comme un piège*] insidie # *un sujet plein d'embûches* un argomento molto insidioso.

embuer |ɑ̃bɥe| *v.tr.* [*couvrir d'une buée, d'une sorte de buée*] velare: *les larmes embuaient ses yeux* le lacrime gli velavano gli occhi ♦ (*au p.p.*) *pare-brise embué* parabrezza appannato.

embuscade |ɑ̃byskad| *s.f.* imboscata, agguato (*m.*): *tomber dans une embuscade* cadere in un'imboscata, in un agguato; *se tenir, être en embuscade* stare, essere in agguato → **aguets (aux).**

embusqué |ɑ̃byske| *s.m.* (*milit., cour.*) imboscato.

embusquer |ɑ̃byske| **A** *v.tr.* **1** [*mettre en embuscade; poster en vue d'une agression*] appostare: *embusquer des hommes derrière un petit bois* appostare degli uomini dietro un boschetto **2** [*affecter par faveur* (*qqn.*) *à un poste non exposé*] imboscare: *il a réussi à se faire embusquer* è riuscito a farsi imboscare **B** *v.pron.réfl.* S'EMBUSQUER **1** [→ *tr.* 1] appostarsi **2** [→ *tr.* 2] imboscarsi: *il a réussi à s'embusquer* è riuscito a imboscarsi.

éméché, ée |emeʃe| *adj.* (*fam.*) [*un peu ivre*] brillo, alticcio* → **gai, pompette.**

émeraude |ɛmʀod| *s.f.* [*pierre précieuse*] smeraldo (*m.*): *émeraudes brutes* smeraldi grezzi; *un collier d'émeraudes* una collana di smeraldi ◇ (*spécialt.*) *l'émeraude* [*la couleur*] il verde *m.* smeraldo ♦ *adj. inv.* verde smeraldo.

émergence |emɛʀʒɑ̃s| *s.f.* **1** [*sortie d'un rayon, d'un fluide*] emergenza: *émergence d'un nerf* punto di emergenza di un nervo **2** (*biol.*) emergenza **3** (*fig.*) [*apparition soudaine* (*dans une série d'événements ou d'idées*)] l'emergere *m. inv.*

émergent, ente |emɛʀʒɑ̃, ɑ̃t| *adj.* **1** *année émergente* [*à partir de laquelle on compte les années d'une ère*] anno emergente **2** (*opt.*) emergente.

émerger |emɛʀʒe| (3) *v.intr.* **1** [*réapparaître à la surface*] emergere (114): *l'îlot émerge à marée basse* l'isolotto emerge con la bassa marea **2** (*fig.*) emergere, apparire (142): *la vérité finit par émerger* la verità finisce per emergere.

émeri |ɛmʀi| *s.m.* [*roche métamorphique qui, réduite en poudre, est utilisée comme abrasif*] smeriglio* # *papier* (*d'*)*émeri* carta smerigliata; *bouchon à l'émeri* tappo smerigliato ◇ (*fig., fam.*) *il est bouché à l'émeri* [*particulièrement borné*] è duro di comprendonio, è tonto.

émerillon |ɛmʀijɔ̃| *s.m.* **1** (*t.zool.*) smeriglio* **2** (*techn.*) mulinello: *émerillon d'affourche* mulinello d'afforco; *poulie à émerillon* puleggia a mulinello ◇ (*pêche*) girella *f.*

émeriser |ɛmʀize| *v.tr.* (*techn.*) [*couvrir de poudre d'émeri*] coprire (186) di smeriglio.

émérite |emeʀit| *adj.* emerito: *un philologue émérite* un filologo emerito → **éminent** Ⓒ **novice.**

émersion |emɛʀsjɔ̃| *s.f.* **1** [→ ÉMERGER 1] emersione **2** (*astron.*) emersione Ⓒ **immersion.**

émerveillement |emɛʀvɛjmɑ̃| *s.m.* [→ ÉMERVEILLER B] meraviglia *f.*, incanto: *c'était un émerveillement* era una meraviglia, un incanto → **enchantement.**

émerveiller |emɛʀveje| **A** *v.tr.* [*frapper d'étonnement et d'admiration*] strabiliare, sbalordire (197): *son habileté a émerveillé tout le monde* la sua bravura ha strabiliato, ha sbalordito tutti → **éblouhir B** *v.pron.intr.* S'ÉMERVEILLER [*être frappé d'étonnement*] rimanere (174) *intr.* ammirato, strabiliato: *il s'est émerveillé de ce spectacle* è rimasto ammirato, strabiliato davanti a questo spettacolo Ⓒ A **décevoir.**

émétique |emetik| *adj. et s.m.* (*pharm.*) emetico* → **vomitif.**

émetteur, trice |emɛtœʀ, tʀis| *s.* **1** *s.* (*fin.*) emittente: *banque émettrice* banca emittente **2** *s.m.* (*radio*) *émetteur radiophonique, de télévision* emittente *f.* radiofonica, televisiva ♦ (*adj.*) *poste émetteur* apparecchio emittente ◇ [*station qui émet*] stazione *f.* radio emittente, emittente *f.* Ⓒ 2 **récepteur.**

émettre |emɛtʀ(ə)| (71) *v.tr.* **1** (*choses*) [*mettre en circulation*] emettere (155): *les billets émis par la Banque de France* le banconote emesse dalla Banca di Francia ◇ (*relig.*) *émettre des vœux* pronunciare i voti ◇ (*fig.*) [*exprimer*] esprimere (124), manifestare: *il a émis le vœu que...* ha espresso, manifestato il desiderio che... **2** (*sc.*) [*projeter hors de soi*] emettere: *émettre un son* emettere un suono ◇ (*radio, télév.*) [*envoyer* (*des images, des signaux*)] trasmettere (155) ♦ (*absolt.*) *émettre sur telle longueur d'onde* trasmettere su una certa lunghezza d'onda.

émeu |emø|, **émou** |emu| *s.m.* (*t.zool.*) emù *inv.*

émeute |emøt| *s.f.* [*soulèvement populaire*] sommossa, sedizione: *réprimer une émeute* reprimere una sommossa, una sedizione → **agitation, trouble.**

émeutier, ière |emøtje, jɛʀ| *s.* [*personne qui excite à une émeute ou qui y prend part*] rivoltoso, sedizioso: *disperser les émeutiers* disperdere i rivoltosi, i sediziosi.

-émie |emi| *suff.* (*signifiant 'sang', correspond généralt. à*) emia: *urémie* uremia.

émiettement |emjɛtmɑ̃| *s.m.* **1** [→ ÉMIETTER 1] sbriciolamento **2** [→ ÉMIETTER 2] spezzettamento.

émietter |emjete| *v.tr.* **1** [*réduire en miettes, en petits morceaux*] sbriciolare, sminuzzare: *il émiette du pain* sbriciola, sminuzza del pane **2** (*fig.*) spezzettare: *émietter une propriété* spezzettare una proprietà.

émigrant, ante |emigʀɑ̃, ɑ̃t| *s.* emigrante Ⓒ **immigrant.**

émigration |emigʀɑsjɔ̃| *s.f.* **1** [→ ÉMIGRER 1] emigrazione → **expatriation, migration 2** (*zool.*) migrazione Ⓒ 1 **immigration.**

émigré, ée |emigʀe| *s.* [*personne qui s'est expatriée pour des raisons politiques*] fuor(i)uscito, esule.

émigrer |emigʀe| *v.intr.* **1** (*personnes*) [*quitter son pays pour s'établir dans un autre*] emigrare (*aux.* essere), espatriare (*aux.* essere): *il a émigré pour des raisons politiques* è emigrato, espatriato per motivi politici → **expatrier (s')** ♦ (*absolt.*) *il a émigré* è emigrato **2** (*animaux*) migrare (*aux.* essere, avere): *les hirondelles émigrent* le rondini migrano Ⓒ 1 **immigrer.**

émilien, ienne |emiljɛ̃, jɛn| *adj.* [*de l'Emilie*] emiliano.

émincé |emɛ̃se| *s.m.* [*fine tranche*] fettina (*f.*): *émincé de viande* fettina di carne.

émincer |emɛ̃se| (2) *v.tr.* (*cuis.*) [*couper en tranches minces*] affettare, tagliare a fette sottili: *émincer un oignon* affettare una cipolla.

éminemment |eminamɑ̃| *adv.* [→ ÉMINENT] perfettamente; sommamente, prettamente: *j'en suis éminemment convaincu* ne sono perfettamente convinto → **parfaitement.**

1 **éminence** |eminɑ̃s| *s.f.* **1** (*anat.*) eminenza: *les éminences osseuses* le eminenze, le protuberanze ossee **2** [*élévation de terrain relativement isolée*] altura → **butte, hauteur** Ⓒ 2 **creux, dépression** 1.

2 **éminence** |eminɑ̃s| *s.f.* **1** [*titre d'honneur qu'on donne aux cardinaux*] eminenza: *Son Éminence le cardinal* Sua Eminenza il cardinale **2** (*fig.*) *éminence grise* eminenza grigia.

éminent, ente |eminɑ̃, ɑ̃t| *adj.* (*choses*) eccellente, eminente: *il a rendu d'éminents services* ha reso eccellenti servizi → **élevé, 1 insigne** ◇ (*personnes*) *mon éminent collègue* il mio egregio, esimio collega; *un éminent spécialiste* un eminente, insigne specialista Ⓒ **médiocre.**

éminentissime |eminɑ̃tisim| *adj.* (*ecclés.*) *éminentissime seigneur* eminentissimo signor cardinale.
émir |emiʀ| *s.m.* emiro.
émirat |emiʀa| *s.m.* emirato.
1 **émissaire** |emisɛʀ| *s.m.* **1** (*personnes*) emissario* **2** (*géogr., hydraulique*) emissario **3** (*anat.*) emissario.
2 **émissaire** |emisɛʀ| *adj.m.* → **bouc (émissaire).**
émissif, ive |emisif, iv| *adj.* (*phys.*) emissivo: *pouvoir émissif* potere emissivo.
émission |emisjɔ̃| *s.f.* **1** (*physiol.*) emissione: *émission d'urine* emissione d'orina **2** [*production* (*de sons vocaux*)] emissione **3** (*phys., télécom.*) emissione **4** [*ce qui est transmis par télécom.*] trasmissione: *émission radiophonique, télévisée* trasmissione radiofonica, televisiva; *programme des émissions de la soirée* programma delle trasmissioni serali; *émission en direct, en différé* trasmissione in diretta, differita **5** (*fin.*) *banque d'émission* banca di emissione; *émission de timbres-poste* emissione di francobolli.
émissole |emisɔl| *s.f.* (*t.zool.*) palombo *m.*
emmagasinage |ɑ̃magazinaʒ| *s.m.* [→ EMMAGASINER] immagazzinamento; magazzinaggio*.
emmagasiner |ɑ̃magazine| *v.tr.* [*mettre en magasin; entreposer* (*des marchandises*); *amasser*] immagazzinare; accumulare ◇ (*fig.*) immagazzinare: *emmagasiner des connaissances* immagazzinare conoscenze.
emmaillotement |ɑ̃majɔtmɑ̃| *s.m.* [→ EMMAILLOTER] fasciatura *f.*, il fasciare *inv.*
emmailloter |ɑ̃majɔte| *v.tr.* [*envelopper complètement*] fasciare: *emmailloter un doigt blessé* fasciare un dito ferito; *emmailloter un bébé* fasciare un bambino → **langer.**
emmanchement |ɑ̃mɑ̃ʃmɑ̃| *s.m.* [→ EMMANCHER A 1] immanicatura *f.* (*rare*); il mettere *inv.* il manico (a): *l'emmanchement d'un outil* l'immanicatura di un attrezzo.
emmancher |ɑ̃mɑ̃ʃe| **A** *v.tr.* **1** [*ajuster sur un manche, fixer dans un support*] mettere (155) il manico a: *emmancher un couteau* mettere il manico a un coltello; *emmancher un balai* mettere il manico a una scopa **2** (*fam.*) [*engager, mettre en train*] avviare (*cour.*), iniziare (*cour.*): *une affaire mal emmanchée* un affare mal avviato **B** *v.pron. intr.* S'EMMANCHER (*fam.*) [→ *tr.* 2] avviarsi (*cour.*), cominciare *intr.* (*cour.*) # *cela s'emmanche mal* si mette male, le cose si mettono male.
emmanchure |ɑ̃mɑ̃ʃyʀ| *s.f.* [*ouverture d'un vêtement, faite pour adapter une manche*] giro *m.* manica: *un veston étroit aux emmanchures* una giacca stretta al giro manica # *emmanchures basses, hautes* attaccature basse, alte → **entournure.**
emmêlement |ɑ̃mɛlmɑ̃| *s.m.* [→ EMMÊLER] aggrovigliamento: *l'emmêlement des fils* l'aggrovigliamento dei fili → **enchevêtrement** ◇ [*fait d'être emmêlé*] groviglio*.
emmêler |ɑ̃mele| *v.tr.* [*mêler l'un à l'autre*] ingarbugliare, imbrogliare: *emmêler les fils d'un écheveau* ingarbugliare, imbrogliare i fili di una matassa → **embrouiller** # *cheveux emmêlés* capelli arruffati **C** **démêler** 1.

emménagement |ɑ̃menaʒmɑ̃| *s.m.* [→ EMMÉNAGER] trasloco*; cambiamento di abitazione **C** **déménagement.**
emménager |ɑ̃menaʒe| (3) *v.intr.* [*s'installer dans un nouveau logement*] traslocare: *il a emménagé* ha traslocato **C** **déménager.**
emménagogue |ɑ̃(ɛm)menagɔg| *adj. et s.m.* emmenagogo*.
emmener |ɑ̃mne| (6) *v.tr.* **1** [*mener avec soi* (*qqn.*) *d'un lieu dans un autre*] portare (con sé): *emmenez-moi!* portatemi con voi!; *je t'emmène au cinéma* ti porto (con me) al cinema → **conduire** # *les agents ont emmené le prévenu* gli agenti hanno portato via l'imputato **2** (*milit., sport, cour.*) trascinare: *les avants étaient bien emmenés par le capitaine* gli attaccanti erano trascinati dal capitano **C** 1 **amener.**
emmenthal |ɛmɛ̃tal| *s.m.* emmenthal *inv.* ◇ (*abusiv.*) groviera *inv.*
emmerdant, ante |ɑ̃mɛʀdɑ̃, ɑ̃t| *adj.* (*vulg.*) [*embêtant, ennuyeux*] scocciante (*fam.*), seccante (*cour.*).
emmerdement |ɑ̃mɛʀdəmɑ̃| *s.m.* (*vulg.*) [*embêtement, gros ennui*] scocciatura *f.* (*fam.*), seccatura *f.* (*cour.*).
emmerder |ɑ̃mɛʀde| **A** *v.tr.* (*vulg.*) [*embêter, ennuyer*] rompere (176) le scatole (a), scocciare (*fam.*): *il commence à m'emmerder avec ses histoires* comincia a rompermi le scatole, a scocciarmi con le sue storie ◇ (*en manière de défi*) *je t'emmerde* [*je te tiens pour négligeable*] non ti prendo nemmeno in considerazione **B** *v.pron. intr.* S'EMMERDER (*vulg.*) [→ *tr.*] rompersi le scatole, scocciarsi (*fam.*): *on s'emmerde ici* ci si rompe le scatole qui, ci si scoccia # *qu'est-ce qu'on s'emmerde!* che rottura (di scatole)!
emmerdeur, euse |ɑ̃mɛʀdœʀ, øz| *s.* (*vulg.*) [*personne particulièrement embêtante*] rompiscatole *inv.*, scocciatore* (*fam.*).
emmétrer |ɑ̃metʀe| (8) *v.tr.* (*techn.*) [*disposer qqch. en vue d'en faciliter le métrage*] disporre (168) q.c. per facilitarne il metraggio.
emmétrope |ɑ̃metʀɔp| *adj.* (*physiol.*) emmetrope, emmetropico* ✦ (*s.*) *un emmétrope* un emmetrope.
emmétropie |ɑ̃metʀɔpi| *s.f.* (*physiol.*) emmetropia.
emmieller |ɑ̃mjele| *v.tr.* (*pop., plais.*) [*emmerder*] scocciare (*fam.*).
emmitoufler |ɑ̃mitufle| *v.tr.* (*fam.*) [*envelopper de vêtements chauds et moelleux*] imbacuccare ✦ (*au p.p.*) *emmitouflé jusqu'au cou* imbacuccato sino al collo.
emmurer |ɑ̃myʀe| *v.tr.* [*enfermer dans un cachot muré*] murare vivo # *des mineurs emmurés* dei minatori sepolti vivi.
émoi |emwa| *s.m.* (*littér.*) **1** [*agitation, effervescence*] agitazione *f.* (*cour.*), subbuglio* (*cour.*): *tout le quartier était en émoi* tutto il quartiere era in agitazione, in subbuglio **2** [*trouble qui naît de l'appréhension, ou d'une émotion sensuelle*] turbamento (*cour.*), emozione *f.* (*cour.*): *l'émoi du jeune homme était visible* il turbamento del giovane era evidente.
émollient, ente |emɔljɑ̃, ɑ̃t| *adj.* (*pharm.*) emolliente: *remède émollient* rimedio emolliente → **adoucissant** ✦ (*s.m.*) *un émollient* un emolliente.

émolument |emɔlymɑ̃| *s.m.* **1** *au plur.* indennità *f.sing.inv.* ◇ [*rétribution représentant un traitement fixe ou variable*] emolumenti → **appointements, rémunération** **2** (*dr.*) *émolument d'une succession* quota *f.* ereditaria.
émondage |emɔ̃daʒ| *s.m.* **1** [→ ÉMONDER 1] *l'émondage d'un arbre* la sfrondatura *f.*, la potatura *f.* di un albero **2** [→ ÉMONDER 2] *l'émondage du blé* la mondatura *f.* del grano.
émonder |emɔ̃de| *v.tr.* **1** [*débarrasser* (*un arbre*) *des branches mortes ou inutiles*] sfrondare, potare → **élaguer** **2** [*trier et nettoyer* (*des graines*)] mondare.
émondes |emɔ̃d| *s.f.pl.* (*agric.*) potatura *sing.*
émondeur |emɔ̃dœʀ| *s.m.* [*élagueur*] potatore* *s.*, sfrondatore (*rare*).
émondoir |emɔ̃dwaʀ| *s.m.* (*agric.*) roncola *f.*, potatoio*.
émorfilage |emɔʀfilaʒ| *s.m.* (*techn.*) raffilatura *f.*
émorfiler |emɔʀfile| *v.tr.* (*techn.*) [*débarrasser du morfil, des arêtes vives*] raffilare.
émotif, ive |emɔtif, iv| *adj.* **1** emotivo: *troubles émotifs* turbe emotive → **émotionnel** **2** (*personnes*) emotivo → **impressionnable, sensible** ✦ (*s.*) *un émotif* un emotivo.
émotion |emosjɔ̃| *s.f.* emozione: *l'émotion l'étouffait, le paralysait* l'emozione lo soffocava, lo paralizzava; *évoquer un souvenir avec émotion* evocare un ricordo con emozione, con commozione ◇ (*fam.*) *on n'a pas eu d'émotion* [*on n'a eu aucune inquiétude*] è filato tutto liscio **C** **froideur.**
émotionnable |emosjɔnabl(ə)| *adj.* [*émotif, impressionnable*] emozionabile, impressionabile.
émotionnel, elle |emosjɔnɛl| *adj.* (*psycho.*) emozionale: *états émotionnels* stati emozionali.
émotionner |emosjɔne| *v.tr.* (*fam.*) [*émouvoir*] commuovere (157) (*cour.*); emozionare (*cour.*).
émotivité |emɔtivite| *s.f.* emotività *inv.* → **impressionnabilité.**
émottage |emɔtaʒ|, **émottement** |emɔtmɑ̃| *s.m.* [→ ÉMOTTER] frangitura *f.* (delle zolle).
émotter |emɔte| *v.tr.* [*briser les mottes de terre restées entières dans un champ labouré*)] spezzare, frangere (147) (le zolle) → **herser, rouler.**
émotteuse |emɔtøz| *s.f.* [*herse servant à émotter*] frangizolle *m.inv.*
émou |emu| *s.m.* → **émeu.**
émouchet |emuʃɛ| *s.m.* (*zool.*) piccolo rapace ◇ (*t.zool.*) gheppio*.
émouchette |emuʃɛt| *s.f.* [*réseau de cordelettes flottantes servant à protéger un cheval contre les mouches*] scacciamosche *m.inv.*
émouchoir |emuʃwaʀ| *s.m.* [*chasse-mouches fait généralt. d'une queue de cheval attachée à un manche*] scacciamosche *inv.*
émoulage |emulaʒ| *s.m.* (*techn.*) molatura *f.*
émouleur |emulœʀ| *s.m.* [*ouvrier dont le métier est d'émoudre des instruments tranchants*] arrotino, molatore → **rémouleur, repasseur.**
émoulu, ue |emuly| *adj.* **1** *frais émoulu, fraîche émoulue* [*récemment sorti*(*e*) *d'une école*] appena uscito(a), fresco(a) di studi; *il est tout frais émou-*

lu de Polytechnique è appena uscito dal Politecnico **2** *se battre à fer émoulu* [*avec des armes affilées*] combattere con armi affilate.

émoussement |emusmɑ̃| *s.m.* [→ ÉMOUSSER] ottundimento: *émoussement de l'esprit* ottundimento della mente.

émousser |emuse| *v.tr.* **1** [*rendre moins coupant*] smussare ◇ [*rendre moins aigu*] spuntare: *émousser un fleuret* spuntare un fioretto → **épointer** ♦ (*au p.p.*) *mine de crayon émoussée* mina di matita spuntata **2** (*fig.*) [*rendre moins vif*] attenuare, diminuire (197): *l'habitude émousse le plaisir* l'abitudine attenua, diminuisce il piacere → **affaiblir, amortir** 🄲 1 **aiguiser.**

émoustillant, ante |emustijɑ̃, ɑ̃t| *adj.* [*qui émoustille*] eccitante, stuzzicante.

émoustiller |emustije| *v.tr.* (*fam.*) [*mettre de bonne humeur*] mettere (155) di buon umore, far (103) *intr.* andare su di giri: *le champagne les avait émoustillés* lo 'champagne' li aveva messi di buon umore, fatti andare su di giri.

émouvant, ante |emuvɑ̃, ɑ̃t| *adj.* [*qui émeut, qui fait naître une émotion*] commovente: *une cérémonie émouvante* una cerimonia commovente → **touchant.**

émouvoir |emuvwaʀ| (32) **A** *v.tr.* **1** [*agiter par une émotion*] turbare, scuotere (162): *cette nouvelle m'a beaucoup ému* la notizia mi ha molto scosso, turbato → **émotionner, remuer** **2** [*toucher en éveillant une sympathie, un intérêt*] commuovere (157): *c'est un auteur qui émeut le public* è un autore che sa commuovere, accattivarsi il pubblico **B** *v. pron.intr.* S'ÉMOUVOIR **1** [→ *tr.* 1] *sans s'émouvoir le moins du monde* senza scomporsi (168) affatto, minimamente **2** [→ *tr.* 2] commuoversi.

empaillage |ɑ̃pɑjaʒ| *s.m.* [→ EMPAILLER 1] impagliatura *f.* ◇ [→ EMPAILLER 2] impagliatura → **rempaillage.**

empaillement |ɑ̃pɑjmɑ̃| *s.m.* (*agric.*) approvvigionamento di paglia.

empailler |ɑ̃pɑje| *v.tr.* **1** [*garnir, envelopper de paille*] impagliare: *chaise empaillée* sedia impagliata; *empailler des verres* impagliare dei bicchieri **2** [*bourrer de paille* (*la peau d'animaux morts*)] impagliare: *oiseau empaillé* uccello impagliato ◇ (*fig.*) *il a l'air empaillé* [*peu dégourdi, empoté*] ha una aria goffa, impacciata.

empailleur, euse |ɑ̃pɑjœʀ, øz| *s.* **1** [*rempailleur*] impagliatore* **2** [*personne qui empaille des animaux*] impagliatore.

empalement |ɑ̃palmɑ̃| *s.m.* [→ EMPALER A 1] impalatura *f.*

empaler |ɑ̃pale| **A** *v.tr.* **1** [*soumettre au supplice du pal*] impalare **2** (*par ext.*) [*transpercer, embrocher*] infilzare **B** *v.pron.intr.* S'EMPALER [*tomber sur un objet pointu*] infilzarsi : *il est venu s'empaler sur un barreau de la grille* è andato a infilzarsi su un paletto della cancellata.

empanaché, ée |ɑ̃panaʃe| *adj.* [*orné d'un panache*] impennacchiato.

empannage |ɑ̃panaʒ| *s.m.* (*voile*) strambata *f.*

empanner |ɑ̃pane| (*mar.*) **A** *v.tr.* [*mettre* (*un navire*) *en panne*] mettere (155) in panna **B** *v.intr.* [*avoir les voiles frappées par le vent du côté de l'écoute*] prendere (105) a collo; strambare.

empaquetage |ɑ̃paktaʒ| *s.m.* [→ EMPAQUETER] confezione *f.*, confezionamento: *poids net à l'empaquetage* peso netto alla confezione.

empaqueter |ɑ̃pakte| (5) *v.tr.* [*faire un paquet de* (*qqch.*)] confezionare; impacchettare → 1 **emballer** 🄲 **dépaqueter.**

empaqueteur, euse |ɑ̃paktœʀ, øz| *s.* [*ouvrier, ouvrière qui fait des paquets, remplit des boîtes à la main*] impacchettatore*, confezionatore*.

emparer (s') |ɑ̃paʀe| *v.pron.intr.* **1** [*prendre violemment ou indûment possession* (*de qqch.*)] impadronirsi (197), impossessarsi: *les insurgés se sont emparés d'un dépôt d'armes* gli insorti si sono impadroniti di un deposito d'armi → **conquérir,** 1 **prendre** ◇ (*sujet de chose*) *l'émotion qui s'emparait de moi* l'emozione che si impadroniva di me, che mi attanagliava ◇ (*compl. de personne*) *s'emparer de qqn.* plagiare *tr.* qc. **2** [*se saisir* (*de qqch.*)] impossessarsi (di), afferrare (*tr.*): *le gardien de but a réussi à s'emparer du ballon* il portiere è riuscito a impossessarsi del pallone, ad afferrare il pallone.

empâtement |ɑ̃pɑtmɑ̃| *s.m.* **1** [*épaississement produisant un effacement des traits*] appesantimento **2** (*agric.*) ingrassamento (del pollame) **3** (*peint.*) impasto a corpo.

empâter |ɑ̃pɑte| **A** *v.tr.* **1** [*rendre épais, gras* (*les formes du visage, du corps*)] appesantire (197) **2** [*couvrir d'une pâte*] spalmare di pasta ◇ [*rendre pâteux*] impastare: *toutes ces liqueurs m'ont empâté la langue* tutti quei liquori mi hanno impastato la lingua **3** [*engraisser de pâtée* (*une volaille*)] ingrassare (il pollame) **B** *v.pron.intr.* S'EMPÂTER [*épaissir, grossir*] appesantirsi, ingrassare (*intr.*): *il commence à s'empâter* comincia ad appesantirsi 🄲 A 1; B **amaigrir.**

empathie |ɑ̃pati| *s.f.* (*philo., psycho.*) empatia.

empattement |ɑ̃patmɑ̃| *s.m.* **1** (*archit.*) basamento **2** (*auto.*) interasse.

empatter |ɑ̃pate| *v.tr.* (*techn.*) [*joindre, maintenir, soutenir avec des pattes*] calettare.

empaumer |ɑ̃pome| *v.tr.* (*fam.*) [*posséder* (*qqn.*) *en le trompant*] infinocchiare, fregare (*pop.*): *il s'est laissé empaumer* si è fatto infinocchiare, fregare → **rouler.**

empaumure |ɑ̃pomyʀ| *s.f.* **1** [*partie supérieure de la tête du cerf, qui porte les andouillers*] allargamento *m.* del corno mediano **2** [*partie du gant qui couvre la paume*] palmo *m.*, palma (del guanto).

empêchement |ɑ̃pɛʃmɑ̃| *s.m.* [*ce qui empêche d'agir*] impedimento: *il n'y a pas d'empêchement* non ci sono impedimenti; *en cas d'absence ou d'empêchement* in caso di assenza o d'impedimento → **contretemps, obstacle** ◇ (*dr.*) *empêchement de mariage* impedimento di matrimonio.

empêcher |ɑ̃peʃe| **A** *v.tr.* **1** [*rendre impossible* (*un événement*)] impedire (197), ostacolare: *j'ai tout fait pour empêcher ce mariage* ho fatto di tutto per impedire, per ostacolare questo matrimonio → **éviter, interdire** ♦ *impers.* (*il*) *n'empêche que, cela n'empêche pas que...* ciò non toglie che...: *cela n'empêche pas que je doive partir* ciò non toglie che io debba partire; *n'empêche que j'ai raison* ciò non toglie che io abbia ragione ◇ (*fam.*) *n'empêche* [*ce n'est pas une raison*] non vuol dire; non basta **2** *empêcher qqn. de faire qqch.* [*faire en sorte qu'il ne puisse pas*] impedire *intr.* a qc. di fare q.c.: *tu empêches les autres de travailler* impedisci agli altri di lavorare; *rien ne m'empêchera de faire ce que j'ai décidé* nulla m'impedirà di fare quel che ho deciso; *qu'est-ce qui, qui est-ce qui vous en empêche?* cosa, chi ve lo impedisce? **B** *v.pron.réfl.* S'EMPÊCHER DE (*surtout en tour négatif*) [*se défendre, se retenir de*] fare (103) *intr.* a meno di, trattenersi (188) dal: *il ne pouvait s'empêcher de rire* non poteva fare a meno di ridere, trattenersi dal ridere; *on ne peut s'empêcher de penser qu'il a raison* non si può fare a meno di pensare che ha ragione.

empêcheur, euse |ɑ̃pɛʃœʀ, øz| (*s.*) *empêcheur de danser en rond* [*trouble-fête*] guastafeste *inv.*

empeigne |ɑ̃pɛɲ| *s.f.* [*dessus d'une chaussure*] tomaia ◇ (*pop.*) *gueule d'empeigne* [*injure à l'adresse d'un individu antipathique*] brutto muso *m.*

empennage |ɑ̃pɛn(n)aʒ| *s.m.* **1** [→ EMPENNER] impennatura *f.* **2** (*aviat.*) impennaggio* ◇ [*ailettes d'une bombe d'avion*] impennaggio.

empenne |ɑ̃pɛn| *s.f.* [*partie du talon d'une flèche munie de plumes ou ailerons*] impennatura.

empenner |ɑ̃pe(ɛn)ne| *v.tr.* [*garnir* (*une flèche*) *de plumes, d'une empenne*] impennare ♦ (*au p.p.*) *flèche empennée* freccia impennata ◇ (*blas.*) impennare.

empereur |ɑ̃pʀœʀ| *s.m.* imperatore.

emperler |ɑ̃pɛʀle| *v.tr.* (*littér.*) [*couvrir comme de perles*] imperlare: *des prés emperlés de rosée* prati imperlati di rugiada.

empesage |ɑ̃pəzaʒ| *s.m.* [→ EMPESER] inamidatura *f.*, apprettatura *f.*

empesé, ée |ɑ̃pəze| *adj.* **1** [*qu'on a empesé*] inamidato: *col empesé* collo inamidato → **dur** **2** (*abstrait*) [*dépourvu de naturel*] impacciato: *un air empesé* un'aria impacciata; *style empesé* stile impacciato.

empeser |ɑ̃pəze| (6) *v.tr.* [*apprêter avec de l'empois*] inamidare, apprettare: *empeser le col d'une chemise* inamidare il collo di una camicia → **amidonner.**

empester |ɑ̃pɛste| **A** *v.tr.* [*dégager* (*une odeur désagréable*)] puzzare *intr.* (di): *la pièce empestait le moisi* la stanza puzzava di muffa → **puer** **B** *v.intr.* [*sentir très mauvais*] puzzare: *ça empeste, ici!* c'è una puzza, qui dentro!

empêtrer |ɑ̃petʀe| **A** *v.tr.* [*entraver, engager* (*qqn.*) *dans qqch. qui embarrasse*] impigliare ◇ (*fig.*) *il est encore empêtré dans des difficultés financières* è di nuovo impegolato in difficoltà finanziarie **B** *v.pron.réfl.* S'EMPÊTRER impigliarsi, impegolarsi: *l'oiseau s'est empêtré dans un filet* l'uccello s'è impigliato nella rete; *s'empêtrer dans ses mensonges* impegolarsi, impigliarsi nelle proprie bugie # *il s'empêtrait dans ses bagages* incespicava, inciampava nei propri bagagli.

emphase |ɑ̃faz| *s.f.* (*péj.*) enfasi (*inv.*): *parler avec emphase* parlare con enfasi → **déclamation, grandiloquence** 🄲 **simplicité.**

emphatique |ɑ̃fatik| *adj.* enfatico*: *un ton, un style emphatique* un tono, uno stile enfatico → **ampoulé, déclamatoire** [C] **simple.**
emphatiquement |ɑ̃fatikmɑ̃| *adv.* [→ EMPHATIQUE] enfaticamente [C] **simplement.**
emphysémateux, euse |ɑ̃fizematø, øz| *adj.* (*méd.*) [*propre à l'emphysème*] enfisematico* ◇ [*atteint d'emphysème pulmonaire*] enfisematoso ✦ (*s.*) *un emphysémateux* un enfisematoso.
emphysème |ɑ̃fizɛm| *s.m.* (*méd.*) enfisema: *emphysème pulmonaire* enfisema polmonare.
emphytéose |ɑ̃fiteoz| *s.f.* (*dr.*) enfiteusi *inv.*
emphytéote |ɑ̃fiteɔt| *s.* (*dr.*) enfiteuta.
emphytéotique |ɑ̃fiteɔtik| *adj.* (*dr.*) enfiteutico*: *bail, louage emphytéotique* locazione enfiteutica, enfiteusi *s.f.inv.*
empiècement |ɑ̃pjɛsmɑ̃| *s.m.* (*cout.*) sprone.
empierrement |ɑ̃pjɛʀmɑ̃| *s.m.* [→ EMPIERRER] inghiaiatura *f.*
empierrer |ɑ̃pje(ɛ)ʀe| *v.tr.* [*couvrir d'une couche de pierres, de caillasse*] imbrecciare, inghiaiare: *empierrer une route* imbrecciare una strada; *empierrer un fossé, un bassin* inghiaiare un fossato, un bacino.
empiétement |ɑ̃pjɛtmɑ̃| *s.m.* [→ EMPIÉTER 1] sconfinamento.
empiéter |ɑ̃pjete| (8) *v.intr.* **1** EMPIÉTER SUR [*gagner pied à pied sur* (*la propriété d'autrui*)] sconfinare su, invadere (153) *tr.* ◇ (*fig.*) *empiéter sur les droits de qqn.* usurpare i diritti, attentare ai diritti di qc. → **usurper** **2** (*choses*) *un baraquement qui empiète sur le trottoir* una baracca che sconfina sul marciapiede, che invade il marciapiede → 2 **chevaucher, mordre.**
empiffrer (s') |ɑ̃pifʀe| *v.pron.réfl.* (*fam.*) [*se gaver*] rimpinzarsi (*cour.*).
empilage |ɑ̃pilaʒ|, **empilement** |ɑ̃pilmɑ̃| *s.m.* **1** [→ EMPILER A 1] impilaggio*, accatastamento **2** [*entassement*] pila *f.*, mucchio*: *un empilement de caisses* un mucchio, una pila di casse.
empile |ɑ̃pil| *s.f.* (*pêche*) finale *m.*
empiler |ɑ̃pile| **A** *v.tr.* **1** [*mettre en pile, entasser*] impilare, accatastare: *empiler des livres* impilare dei libri **2** (*fam.*) [*duper en volant*] truffare (*cour.*) → **rouler, voler** **B** *v.pron. intr.* S'EMPILER [→ *tr.* 1] ammassarsi, ammucchiarsi: *les voyageurs s'empilaient sur la plate-forme* i viaggiatori si ammassavano sulla piattaforma.
empileur, euse |ɑ̃pilœʀ, øz| *s.* (*pop.*) [*celui qui dupe, vole*] truffatore*.
empire |ɑ̃piʀ| *s.m.* **1** [*autorité, domination absolue*] dominio*: *les États qui se sont disputé l'empire du monde* gli Stati che si sono contesi il dominio del mondo → **commandement, maîtrise** ◇ [*pouvoir, force ou action puissante*] effetto, influenza (*f.*): *il est sous l'empire de la drogue* è sotto l'effetto della droga **2** [*autorité souveraine d'un chef d'État portant le titre d'empereur*] impero: *l'empire romain* l'impero romano; *le Second Empire* il Secondo Impero; *style, meuble Empire* stile, mobile Impero **3** [*ensemble de territoires colonisés par une puissance*] impero: *l'Empire britannique* l'Impero britannico → **colonie** **4** (*loc.*) *pas pour un empire!* [*pour rien au monde*] per nessuna cosa al mondo!
empirer |ɑ̃piʀe| **A** *v.intr.* [*devenir pire*] peggiorare **B** *v.tr.* [*rendre pire*] peggiorare → **aggraver** [C] **améliorer.**
empirique |ɑ̃piʀik| *adj.* empirico* ◇ (*philo.*) empirico.
empiriquement |ɑ̃piʀikmɑ̃| *adv.* [*par des procédés empiriques*] empiricamente.
empirisme |ɑ̃piʀism(ə)| *s.m.* empirismo ◇ (*philo.*) empirismo: *l'empirisme anglais* l'empirismo inglese.
empiriste |ɑ̃piʀist(ə)| *adj.* (*philo.*) empiristico* ✦ (*s.*) *un empiriste* un empirista.
emplacement |ɑ̃plasmɑ̃| *s.m.* **1** [*lieu considéré comme propre à une construction*] ubicazione (*f.*): *l'emplacement d'un terrain de sport* l'ubicazione di un campo sportivo **2** [*place occupée autrefois par un monument disparu*] area (*f.*): *faire des fouilles sur l'emplacement d'une ville disparue* fare degli scavi sull'area di una città scomparsa.
emplanture |ɑ̃plɑ̃tyʀ| *s.f.* **1** (*mar.*) scassa **2** (*aviat.*) raccordo *m.* ala-fusoliera.
emplâtre |ɑ̃plɑtʀ(ə)| *s.m.* **1** [*pommade*] impiastro **2** (*pop.*) [*individu sans énergie*] impiastro: *quel emplâtre!* che impiastro! **3** (*fig., fam.*) [*aliment lourd et bourratif*] *ce couscous est un emplâtre* questo 'couscous' è un mattone.
emplette |ɑ̃plɛt| *s.f.* **1** [*achat* (*de marchandises courantes*)] compera, spesa: *faire ses emplettes* far compere, spese → **achat, course** **2** [*objet que l'on a acheté*] acquisto *m.*, compera: *montrez-moi vos emplettes* fatemi vedere i vostri acquisti → **achat.**
emplir |ɑ̃pliʀ| *v.tr.* **1** [*occuper par soi-même* (*une place vide, etc.*)] gremire (197), riempire (204): *la foule emplissait les rues* la folla gremiva le strade **2** (*littér.*) [*remplir*] riempire (*cour.*).
emploi |ɑ̃plwa| *s.m.* **1** [*action ou manière d'employer une chose; sa destination*] uso, impiego*: *faire un bon, un mauvais emploi de son temps* fare buono, cattivo uso del proprio tempo; *mode d'emploi* [*notice*] istruzioni per l'uso → **usage, utilisation** ◇ (*loc.*) *emploi du temps* orario (settimanale): *avoir un emploi du temps très chargé* avere un orario molto pesante ◇ (*fig.*) *cela fait double emploi* [*est inutile*] è un doppione **2** [*ce à quoi s'applique l'activité rétribuée d'un employé, d'un salarié*] lavoro, impiego: *il est sans emploi* è senza lavoro; *il cherche de l'emploi* cerca lavoro, un impiego; *offres, demandes d'emploi* offerte, domande d'impiego, di lavoro → **place, travail** ◇ (*écon.*) occupazione (*f.*): *les problèmes de l'emploi* i problemi dell'occupazione, occupazionali # *la création de nouveaux emplois* la creazione di nuovi posti di lavoro **3** [*genre de rôle dont est chargé un acteur*] parte *f.*, ruolo: *avoir, tenir l'emploi du jeune premier* interpretare la parte del primo attor giovane; *avoir le physique de l'emploi* avere il fisico del ruolo.
employé, ée |ɑ̃plwaje| *s.* impiegato: *employé de banque* impiegato di banca # *employé aux écritures* contabile.
employer |ɑ̃plwaje| (10) **A** *v.tr.* **1** [*faire servir à une fin*] usare, impiegare: *vous avez bien employé votre argent* avete usato, impiegato bene il vostro denaro; *employer tous les moyens* usare ogni mezzo; *vous avez employé un terme impropre* avete usato un termine improprio → **servir (se), utiliser** # *j'ai employé toute une journée à rédiger mon courrier* ci ho messo tutta la giornata a sbrigare la corrispondenza → **mettre** **2** [*faire travailler*] dare (102) lavoro a, occupare: *société qui emploie plusieurs milliers d'ouvriers* società che dà lavoro a, occupa parecchie migliaia di operai **B** *v.pron.* S'EMPLOYER **1** (*sens passif*) [→ *tr.*] usarsi: *cette expression ne s'emploie plus* questa espressione non si usa più **2** *réfl.* S'EMPLOYER À [*s'occuper avec ardeur ou dévouement*] dedicarsi a, adoperarsi per: *il faut s'y employer activement* bisogna dedicarvisi attivamente → **consacrer (se).**
employeur, euse |ɑ̃plwajœʀ, øz| *s.* (*dr. admin., cour.*) datore* di lavoro: *certificat de l'employeur* attestato del datore di lavoro.
emplumé, ée |ɑ̃plyme| *adj.* [*couvert, orné de plumes*] piumato.
empocher |ɑ̃pɔʃe| *v.tr.* [*toucher, recevoir* (*de l'argent*); *mettre dans sa poche*] intascare.
empoignade |ɑ̃pwaɲad| *s.f.* [*altercation, discussion violente*] alterco* *m.*
empoigne |ɑ̃pwaɲ| *s.f.* (*loc.*) *foire d'empoigne* groviglio* *m.* di interessi e di speculazioni disoneste.
empoigner |ɑ̃pwaɲe| **A** *v.tr.* **1** [*prendre en serrant dans la main*] prendere (105), agguantare: *il a empoigné le gamin au collet* ha preso il monello per il bavero → **saisir** **2** (*fig.*) [*émouvoir profondément*] avvincere (193): *cette lecture l'empoignait* quella lettura lo avvinceva **B** *v.pron. récipr.* S'EMPOIGNER [*se colleter; se quereller*] azzuffarsi; bisticciarsi.
empointure |ɑ̃pwɛ̃tyʀ| *s.f.* (*mar.*) (angolo *m.* d') impuntura.
empois |ɑ̃pwa| *s.m.* [*colle à base d'amidon, employée à l'apprêt du linge*] amido, salda *f.*
empoisonnant, ante |ɑ̃pwazɔnɑ̃, ɑ̃t| *adj.* (*fam.*) [*très ennuyeux, embêtant*] scocciante, seccante (*cour.*).
empoisonnement |ɑ̃pwazɔnmɑ̃| *s.m.* **1** [*introduction dans l'organisme d'une substance toxique*] avvelenamento: *empoisonnement dû à des champignons vénéneux* avvelenamento da funghi → **intoxication** ◇ [*meurtre par le poison*] avvelenamento **2** (*fam.*) [*ennui, embêtement*] scocciatura *f.*, seccatura *f.* (*cour.*).
empoisonner |ɑ̃pwazɔne| *v.tr.* **1** [*faire absorber du poison, infecter de poison*] avvelenare: *empoisonner une boisson* avvelenare una bevanda ◇ (*fam.*) *une gargote où on nous a empoisonnés* una bettola dove ci hanno avvelenato ✦ (*au p.p.*) *flèches empoisonnées* frecce avvelenate; *propos empoisonnés* parole velenose **2** [*empuantir, empester*] appestare ◇ [*altérer dans sa qualité, son agrément*] avvelenare, amareggiare: *des regrets qui empoisonnent la vie* rimpianti che avvelenano, amareggiano la vita → 1 **gâter** **3** (*fam.*) [*embêter*] scocciare, seccare (*cour.*): *il est bien empoisonné* è molto scocciato; *ça m'empoisonne* mi scoccia, mi secca.
empoisonneur, euse |ɑ̃pwazɔnœʀ, øz| *s.* **1** [*criminel qui use du*

poison] avvelenatore* **2** (*fam.*) [*personne qui ennuie tout le monde*] scocciatore*, seccatore* (*cour.*) → **poison.**

empoissonnement |ɑ̃pwasɔnmɑ̃| *s.m.* [→ EMPOISSONNER] ripopolamento (di un corso d'acqua) → **alevinage.**

empoissonner |ɑ̃pwasɔne| *v.tr.* [*peupler de poissons*] ripopolare: *empoissonner une rivière* ripopolare un fiume → **aleviner.**

emporium |ɑ̃pɔʀjɔm| *s.m.* (*antiq.*) emporio*.

emporté, ée |ɑ̃pɔʀte| *adj.* [*qui s'emporte facilement*] irascibile: *caractère emporté* carattere irascibile → **irritable, violent.**

emportement |ɑ̃pɔʀtəmɑ̃| *s.m.* **1** [*violent mouvement de colère*] impeto di collera **2** (*littér.*) [*élan, transport*] slancio*, passione (*f.*): *se jeter avec emportement dans une étude* buttarsi con passione nello studio.

emporte-pièce |ɑ̃pɔʀtəpjɛs| *s.m. inv.* **1** (*techn.*) fustella *f.var.* → **poinçonneuse** **2** *loc.adj.* À L'EMPORTE-PIÈCE [*mordant, incisif*] pungente *adj.*, mordace (*adj.*): *des mots à l'emporte-pièce* parole pungenti, mordaci.

emporter |ɑ̃pɔʀte| **A** *v.tr.* **1** [*prendre avec soi et porter hors d'un lieu*] portare via, portare con sé: *les voleurs ont emporté toute l'argenterie* i ladri hanno portato via tutta l'argenteria; *emporter une valise en voyage* portare (con sé) una valigia in viaggio ◇ (*fig.*) *il a emporté son secret dans la tombe* ha portato il suo segreto nella tomba ◇ (*loc.*) *vous ne l'emporterez pas en paradis* [*vous ne jouirez pas longtemps de ce bien, de ce succès*] presto o tardi la pagherete (la pagherà); *que le diable l'emporte!* (che) vada al diavolo!, che il diavolo se lo porti! **2** [*enlever avec rapidité, violence*] spazzare via, portare via: *le cyclone a tout emporté sur son passage* il ciclone ha spazzato via tutto al suo passaggio → **arracher, balayer** # *le mal qui l'a emporté en quelques heures* [*qui l'a fait mourir*] il male che lo ha stroncato in poche ore ◇ (*loc.*) *autant en emporte le vent* [*tout en sera emporté comme par le vent*] sono parole (promesse) gettate al vento, che il vento disperde **3** [*s'emparer de* (*qqch.*) *par la force*] conquistare, impadronirsi (197) (*pron.*): *emporter une position* conquistare una posizione → **enlever** ◇ (*loc.*) *emporter le morceau* [*réussir une affaire*] avere partita vinta **4** [*entraîner, pousser avec force*] travolgere (196): *la passion vous emporte* la passione vi travolge ◇ (*fig.*) *se laisser emporter par l'imagination* lasciarsi trasportare dalla fantasia **5** *loc.* L'EMPORTER [*avoir le dessus, se montrer supérieur*] vincere (193) *intr.*, spuntarla: *notre équipe l'a emporté par trois buts à un* la nostra squadra ha vinto, l'ha spuntata per tre reti a una → **triompher**; *la raison a fini par l'emporter sur le fanatisme* la ragione ha finito per spuntarla, per prevalere sul fanatismo → **prévaloir** **B** *v.pron.intr.* S'EMPORTER [*se laisser aller à des mouvements de colère, à des actes de violence*] infuriarsi, andare (101) *intr.* in collera → **éclater, fulminer.**

empoté, ée |ɑ̃pɔte| *adj.* (*fam.*) [*maladroit, lent*] imbranato, impacciato (*cour.*) ✦ (*s.*) *quel empoté!* che imbranato!

empourprer |ɑ̃puʀpʀe| **A** *v.tr.* (*littér.*) [*colorer de rouge*] imporporare → **rougir** **B** *v.pron.intr.* S'EMPOURPRER *son visage s'empourpra* [*rougit* (*de colère, de honte*)] il suo viso s'imporporò.

empoussiérer |ɑ̃pusjeʀe| (8) *v.tr.* [*recouvrir de poussière*] impolverare **C** **dépoussiérer.**

empreindre (s') |ɑ̃pʀɛ̃dʀ(ə)| (66) *v.pron.intr.* [*porter l'empreinte de*] improntarsi (a): *son visage commençait à s'empreindre de tristesse* il suo viso cominciava a improntarsi a tristezza.

empreint, einte |ɑ̃pʀɛ̃, ɛ̃t| *adj.* (*littér.*) [*marqué profondément*] improntato: *un poème empreint de sincérité* una poesia improntata a sincerità.

empreinte |ɑ̃pʀɛ̃t| *s.f.* **1** [*trace laissée par un corps qu'on presse*] impronta: *prendre l'empreinte d'une serrure* prendere l'impronta di una serratura → 2 **moulage** ◇ [*trace naturelle*] orma, impronta: *reconnaître les empreintes d'un animal sur le sol* riconoscere le orme di un animale sul terreno ◇ (*spécialt.*) EMPREINTES DIGITALES impronte digitali **2** (*fig.*) impronta: *il garde l'empreinte de son milieu familial* conserva l'impronta del suo ambiente familiare → **cachet, sceau.**

empressé, ée |ɑ̃pʀese| *adj.* [*qui est plein de zèle et de prévenances*] premuroso: *des courtisans empressés* cortigiani premurosi.

empressement |ɑ̃pʀɛsmɑ̃| *s.m.* **1** [→ EMPRESSER (s')] premura (*f.*): *il s'étonnait d'être reçu avec tant d'empressement* si stupiva di essere ricevuto con tanta premura **2** [*hâte qui inspire le zèle*] sollecitudine (*f.*): *obéir avec empressement* obbedire con sollecitudine, sollecitamente → **ardeur.**

empresser (s') |ɑ̃pʀese| *v.pron.* **1** *intr.* [*mettre de l'ardeur, du zèle à servir qqn. ou à lui plaire*] essere (96) *intr.* sollecito, darsi (102) da fare: *s'empresser auprès des jolies femmes* darsi da fare con le belle donne **2** *réfl.* S'EMPRESSER DE [*se hâter de*] affrettarsi a: *je m'empresse d'ajouter que...* mi affretto ad aggiungere che...

emprésurer |ɑ̃pʀezyʀe| *v.tr.* [*additionner de présure*] aggiungere (150) il caglio, il presame a ✦ (*au p.p.*) *lait emprésuré* latte cagliato.

emprise |ɑ̃pʀiz| *s.f.* **1** [*domination intellectuelle ou morale*] influenza, ascendente (*m.*): *exercer son emprise* esercitare la propria influenza, il proprio ascendente → **influence** **2** (*dr.*) esproprio* *m.*, espropriazione ◇ (*tr. pub.*) *l'emprise d'une voie ferrée* la sede di una linea ferroviaria.

emprisonnement |ɑ̃pʀizɔnmɑ̃| *s.m.* [→ EMPRISONNER 1] detenzione *f.*, carcerazione (*f.*): *emprisonnement correctionnel* detenzione correzionale → **détention, incarcération** # *une peine d'emprisonnement* una pena detentiva.

emprisonner |ɑ̃pʀizɔne| *v.tr.* **1** [*mettre en prison*] imprigionare, mettere (155) in prigione → **incarcérer** **2** [*tenir à l'étroit, serrer*] imprigionare: *il a la jambe emprisonnée dans un plâtre* ha una gamba imprigionata nel gesso.

emprunt |ɑ̃pʀœ̃| *s.m.* **1** [→ EMPRUNTER 1] prestito, mutuo: *faire un emprunt* fare un prestito, un mutuo ◇ (*écon.*) *emprunt public* prestito pubblico; *émettre, lancer un emprunt* emettere, lanciare un prestito; *souscrire à un emprunt* sottoscrivere un prestito; *emprunt à court, à moyen, à long terme* prestito a breve, a medio, a lungo termine **2** [→ EMPRUNTER 2] prestito: *les emprunts que Molière a faits à Plaute* i prestiti che Molière ha preso da Plauto ◇ (*ling.*) *c'est un emprunt à l'anglais* è un prestito dall'inglese, è una parola (un'espressione) mutuata dall'inglese **3** *loc. adj.* D'EMPRUNT [*qui vient d'ailleurs*] falso *adj.*, preso *adj.* a prestito: *il voyageait sous un nom d'emprunt* viaggiava sotto falso nome.

emprunté, ée |ɑ̃pʀœ̃te| *adj.* [*qui manque d'aisance ou de naturel*] impacciato → **embarrassé,** 2 **gauche.**

emprunter |ɑ̃pʀœ̃te| *v.tr.* **1** EMPRUNTER QQCH. À QQN. (*sujet de personne*) [*obtenir qqch. à titre de prêt*] prendere (105) q.c. a, in prestito da qc.: *emprunter un livre à un ami* prendere a, in prestito un libro da un amico **2** (*compl. de chose*) *emprunter une pensée à un auteur* prendere a prestito, mutuare (*littér.*) un pensiero da un autore **3** [*prendre* (*une voie*)] occupare: *le conducteur ne peut emprunter la moitié gauche de la chaussée* il guidatore non può occupare il lato sinistro della carreggiata.

emprunteur, euse |ɑ̃pʀœ̃tœʀ, øz| *s.* [*personne qui fait un emprunt d'argent*] mutuario*.

empuantir |ɑ̃pɥɑ̃tiʀ| *v.tr.* [*remplir* (*un lieu*), *gêner* (*qqn.*) *par une odeur infecte*] appestare, ammorbare → **empester.**

empuse |ɑ̃pyz| *s.f.* **1** (*t.zool.*) empusa **2** (*t.bot.*) empusa.

empyème |ɑ̃pjɛm| *s.m.* (*méd.*) empiema ◇ [*pleurésie purulente*] empiema pleurico*.

empyrée |ɑ̃piʀe| *s.m.* (*littér.*) empireo.

empyreume |ɑ̃piʀøm| *s.m.* (*chim. anc.*) odore empireumatico*.

ému, ue |emy| *adj.* (*personnes*) [*en proie à une émotion*] commosso: *on le sentait très ému* si capiva che era molto commosso ◇ (*choses*) *j'en ai gardé un souvenir ému* ne ho conservato un ricordo commosso.

émulation |emylɑsjɔ̃| *s.f.* emulazione.

émule |emyl| *s.* (*littér.*) emulo.

émulseur |emylsœʀ| *s.m.* (*techn.*) emulsionatore.

émulsif, ive |emylsif, iv| *adj.* (*chim., pharm.*) emulsionante.

émulsifiable |emylsifjabl(ə)| *adj.* (*chim.*) emulsionabile.

émulsifiant, ante |emylsifjɑ̃, ɑ̃t| *adj. et s.m.* (*chim.*) emulsionante.

émulsine |emylsin| *s.f.* (*chim.*) emulsina.

émulsion |emylsjɔ̃| *s.f.* **1** (*chim., cour.*) emulsione **2** (*photo., cour.*) *émulsion photographique* emulsione sensibile.

émulsionnant, ante |emylsjɔnɑ̃, ɑ̃t| *adj. et s.m.* (*chim.*) emulsionante.

émulsionner |emylsjɔne| *v.tr.* **1** [*mettre à l'état d'émulsion*] emulsionare **2** (*photo., cour.*) [*couvrir* (*le support*) *de l'émulsion sensible*] emulsionare.

en- |ɑ̃, en| *préf.* (*signifiant 'dans' et servant à la formation des v. comp., correspond généralt. à*) in: *encaisser* incassare; *enterrer* interrare.

1 **en** |ɑ̃| *prép.* **I** (*introduit un compl. de*) **1** (*lieu*) in*: *en classe* in aula; *en prison* in prigione; *un compte en*

banque un conto in banca; *monter en voiture* salire in macchina; *il passe ses vacances en Bretagne* passa le vacanze in Bretagna → **dans** ◇ [*sur*] in; a: *casque en tête* casco in testa ‖ *un genou en terre* un ginocchio a terra **2** (*matière*) di, in: *une statue en marbre* una statua di marmo; *reliure en cuir* rilegatura in cuoio → **de** ◇ (*domaine, point de vue*) in, di: *il est fort en mathématiques* è bravo in matematica; *docteur en droit* dottore in legge; *étudiant en lettres, en médecine* studente di lettere, di medicina; *sérieux en affaires* serio in, negli affari; *le premier en date* il primo in ordine di tempo; *en théorie* in teoria ◇ (*loc.adv.*) *en haut, en bas* (di) sopra, (di) sotto; *en face* di fronte; *en avant* avanti, davanti **3** (*temps*) in: *on laboure en automne* si ara in autunno; *en décembre* in dicembre; *en ce temps-là* in quel tempo, allora → **à, dans, 2 pendant**; *en quelle année?* in che anno?; *en ce beau jour* in questo bel giorno; *en 1960* nel 1960; *en l'an 1515* nell'anno 1515; *en l'an 2000* nel 2000 ◇ (*espace de temps*) *en dix minutes* in dieci minuti; *en moins de temps qu'il ne faut pour le dire* in men che non si dica; *samedi en huit* sabato (a) otto **4** (*manière, état, forme*) in: *en guerre* in guerra; *en voyage* in viaggio; *ne vous mettez pas en colère* non andate in collera; *je suis en faute* sono in colpa; *du sucre en poudre ou en morceaux* dello zucchero in polvere o in zollette; *une tragédie en cinq actes* una tragedia in cinque atti ◇ (*avec un nom attribut*) da; in: *il parle en connaisseur* parla da intenditore ‖ *le livre que j'ai reçu en cadeau* il libro che ho avuto in regalo → **comme** ◇ *loc.* EN TANT QUE da, in veste di: *il est venu en tant qu'expert* è venuto in veste, in qualità di esperto **5** *loc.* DE... EN...: *d'heure en heure* di ora in ora; *de Charybde en Scylla* da Scilla a Cariddi, dalla padella nella brace ◇ (*périodicité*) *de deux heures en deux heures* ogni due ore **II** *loc.* (*devant un indéf., un adj. neutre, un adv.*) in: *en tout* in tutto; *cela fait en tout dix mille francs* in tutto fa diecimila franchi; *en général, en particulier* in generale, in particolare; *faire les choses en grand* fare le cose in grande; *en plein dedans* in pieno centro # *en vain* invano; *cela ne me concerne en rien* la cosa non mi riguarda minimamente; *c'est vrai en gros* è vero a, nelle grandi linee ◇ *loc.* DE... EN...: *de bas en haut* dal basso in alto; *de mal en pis* di male in peggio **III** (*devant un p. prés.*) *l'appétit vient en mangeant* l'appetito viene mangiando; *en attendant* nell'attesa, in attesa (di).

2 **en** |ã| *pron. adv.* (*représentatif d'une chose, d'un énoncé et quelquefois d'une personne*) **I** (*compl. de v.*) **1** (*indique la provenance, l'origine*) ne: *aller chez lui? mais j'en viens* andare a casa sua? ne torno adesso; *il en tirera un joli bénéfice* ne trarrà un bel guadagno; *on en ferait un roman* se ne potrebbe fare un romanzo ◇ (*fig.*) (*cause, agent*) *il risque d'en mourir* rischia di morire, di morirne; *j'en ai été étonné* (ne) sono rimasto sorpreso; *je l'aime et j'en suis aimé* l'amo e ne sono riamato **2** (*avec un v. construit avec 'de'*) [*de cela*] ne: *de ce voyage je m'en souviendrai!* di quel viaggio me ne ricorderò!; *prends-en!* prendine! # *je vous en prie!* prego!; *passez, je vous en prie!* prego, dopo di lei! **3** (*loc.verb.*) *on s'en va* ce ne andiamo; *je m'en tiens là* mi fermo qui, non dico altro; *on n'en finit plus de...* non si finisce mai di...; *je m'en remets à vous* mi rimetto a voi **II** (*compl. de nom*) ne: *j'en connais les avantages* ne conosco i vantaggi; *les belles cerises! donnez-m'en quelques-unes* che belle ciliegie! me ne dia un po'; *ne m'en donnez pas* non datemene; *donnez-nous-en* datecene; *leur en parleras-tu?* gliene parlerai?; *tiens, en voilà un* to', eccone uno **III** (*compl. d'adj.*) ne: *montrez-vous-en digne* mostratevene degno; *il en est bien capable!* ne è capacissimo!

énallage |enalaʒ| *s.f.* (*styl.*) enallage.

enamourer (s') |ãnamuʀe|, **énamourer (s')** |enamuʀe| *v. pron. intr.* (*plais.*) [*s'éprendre*] invaghirsi (197) ✦ *au p.p.* [*amoureux, langoureux*] languido (*adj.*): *d'un air énamouré* con aria languida.

énanthème |enɑ̃tɛm| *s.m.* (*méd.*) enantema.

énantiotrope |enɑ̃tjɔtʀɔp| *adj.* (*chim.*) enantiotropo.

énarque |enaʀk(ə)| *s.m.* (*fam.*) [*anc. élève de l'École nationale d'admin.*] ⊠.

énarthrose |enaʀtʀoz| *s.f.* (*anat.*) enartrosi *inv.*

en-avant |ãnavã| *s.m.inv.* (*rugby*) passaggio* *var.* in avanti.

encabaner |ãkabane| *v.tr.* (*techn.*) [*préparer les branches où les vers à soie ferons leurs cocons*] preparare il bosco.

encablure |ãkablyʀ| *s.f.* (*mar.*) gomena: *à deux encablures du rivage* a due gomene dalla riva.

encadrement |ãkɑdʀəmã| *s.m.* **1** [→ ENCADRER 1] incorniciatura (*f.*): *l'encadrement d'un tableau* l'incorniciatura di un quadro ◇ [*ce cadre*] cornice *f.*; telaio*: *encadrement d'une glace* cornice di uno specchio ◇ (*fig.*) *l'encadrement d'une période littéraire* l'inquadramento di un periodo letterario **2** (*artill.*) aggiustamento **3** [→ ENCADRER 3] inquadramento # *personnel d'encadrement* quadri **4** (*écon.*) *l'encadrement du crédit* la stretta *f.* creditizia.

encadrer |ãkɑdʀe| *v.tr.* **1** [*entourer d'un cadre*] incorniciare: *faire encadrer une gravure* fare incorniciare una stampa ◇ (*fam.*) *c'est à encadrer* [*cela mérite d'être montré en exemple de ridicule*] è da mettere in quadro!; questa è buona, bella! **2** [*entourer à la manière d'un cadre*] incorniciare, inquadrare: *les longs cheveux encadraient son visage* i lunghi capelli le incorniciavano il viso ◇ (*sujet de personne*) *il arriva, encadré de ses deux fils* arrivò, attorniato dai due figli ◇ (*artill.*) *encadrer un objectif* (*de tir*) aggiustare un obiettivo (di tiro) **3** [*pourvoir de cadres* (*une troupe, un groupe de personnes*)] inquadrare: *encadrer les recrues* inquadrare le reclute; *encadrer le personnel d'une entreprise* inquadrare, dirigere il personale di un'azienda.

encadreur |ãkɑdʀœʀ| *s.m.* [*artisan qui fait ou pose des cadres*] corniciaio*.

encager |ãkaʒe| (3) *v.tr.* [*mettre en cage*] ingabbiare ◇ (*compl. de personne*) (*fam.*) [→ EMPRISONNER] ingabbiare.

encaissable |ãkɛsabl(ə)| *adj.* [→ ENCAISSER 1] incassabile.

encaisse |ãkɛs| *s.f.* [*sommes, valeurs qui sont en caisse*] (fondo *m.*, giacenza di) cassa: *encaisse d'une maison de commerce* (fondo di) cassa di una azienda commerciale # *l'encaisse métallique* [*valeurs en or et en argent d'une banque d'émission*] riserva metallica.

encaissé |ãkese| *adj.* incassato: *rivière, vallée encaissée* fiume incassato, vallata incassata.

encaissement |ãkɛsmã| *s.m.* **1** [→ ENCAISSER 1] incasso, riscossione (*f.*): *remettre un chèque à l'encaissement* presentare un assegno per l'incasso → **2 perception, 1 recouvrement** # *sauf encaissement* salvo buon fine **2** (*rare*) [→ ENCAISSER 3] incassatura (*f.*): *encaissement du lit d'une rivière* l'incassatura del letto di un fiume.

encaisser |ãkese| *v.tr.* **1** [*recevoir, toucher* (*de l'argent*)] incassare, riscuotere (162): *encaisser les loyers d'un immeuble* riscuotere gli affitti di uno stabile **2** (*fam.*) [*recevoir* (*des coups*)] incassare: *encaisser un direct* incassare un diretto # *c'est un boxeur qui encaisse bien* questo pugile è un ottimo incassatore ◇ [*supporter sans sourciller*] incassare, sopportare: *encaisser une défaite* incassare una sconfitta; *encaisser une critique* incassare, digerire una critica; *il n'encaissait pas les bourgeois* non sopportava, non digeriva i borghesi **3** [*resserrer entre des parois abruptes*] chiudere (106), racchiudere (106): *montagnes qui encaissent une vallée* montagne che chiudono una valle ◇ (*techn.*) *encaisser une route* aprire (186) una strada Ⓒ 1 **payer.**

encaisseur |ãkɛsœʀ| *s.m.* [*celui qui encaisse de l'argent*] esattore* *s.*

encalminé, ée |ãkalmine| *adj.* (*mar.*) in panna (*loc. inv.*): *navire encalminé* nave in panna.

encan (à l') |alãkã| *loc.adv.* (*littér.*) [*aux enchères*] all'incanto, all'asta (*cour.*): *mettre, vendre à l'encan* mettere, vendere all'incanto, all'asta ◇ (*fig.*) *mettre sa conscience à l'encan* vendersi la coscienza, vendere la propria coscienza.

encanaillement |ãkanɑjmã| *s.m.* [→ ENCANAILLER(S')] l'incanagliare *inv.*, l'incanagliarsi *inv.*

encanailler(s') |ãkanɑje| *v.pron. intr.* (*fam.*) [*fréquenter la canaille*] incanagliare (197) *intr.* (*cour.*), incanagliarsi (*cour.*).

encapuchonner |ãkapyʃɔne| **A** *v.tr.* (*techn.*) [*couvrir d'un capuchon*] incappucciare: *encapuchonner un faucon* incappucciare un falcone; *cheval encapuchonné* cavallo incappucciato **B** *v.pron.réfl.* (*personnes*) S'ENCAPUCHONNER [→ *tr.*] incappucciarsi.

encaquement |ãkakmã| *s.m.* [*mise en caque*] l'imbarilare *inv.* (aringhe).

encarpe |ãkaʀp(ə)| *s.m.* (*archit.*) encarpo.

encart |ãkaʀ| *s.m.* (*imprim.*) cartoncino ◇ [*feuille volante ou petit cahier que l'on insère dans une brochure*] inserto: *un encart publicitaire* un inserto pubblicitario.

encartage |ãkaʀtaʒ| *s.m.* [→ ENCARTER] l'incartonare *inv.*, il fissare *inv.* su cartoni ◇ [*encart*] inserto.

encarter |ãkaʀte| *v.tr.* **1** (*imprim.*) [*insérer* (*un encart*) *dans un volume*] inserire (197) un cartoncino **2** (*techn.*) [*placer un tissu entre des feuilles de carton*] incartonare ◇ [*fixer sur des cartons*] fissare su cartoni: *encarter des boutons* fissare dei bottoni su cartoni.

encarteuse |ɑ̃kaRtøz| *s.f.* (*techn.*) macchina per fissare oggetti su cartone.

encartonner |ɑ̃kaRtɔne| *v.tr.* → **encarter** 2.

en-cas |ɑ̃kɑ| *s.m.inv.* **1** [*casse-croûte prêt à toute heure*] spuntino *var.*, provviste *f.pl.* **2** [*ombrelle pouvant servir de parapluie*] ombrello *var.* (da sole e da pioggia).

encasteler(s') |ɑ̃kastəle| (6) *v. pron. intr.* (*vétér.*) (*se dit d'un cheval atteint d'encastelure*) diventare *intr.* incastellato.

encastelure |ɑ̃kastəlyR| *s.f.* (*vétér.*) incastellatura.

encastrable |ɑ̃kastRabl(ə)| *adj.* [→ ENCASTRER] *meubles encastrables* mobili componibili.

encastrement |ɑ̃kastRəmɑ̃| *s.m.* [→ ENCASTRER] incastratura *f.*, incastro ◇ (*par ext.*) [*entaille d'une pièce destinée à recevoir une autre pièce*] incastro.

encastrer |ɑ̃kastRe| *v.tr.* [*insérer dans une surface exactement creusée à cet effet*] incastrare: *encastrer une glace dans le mur* incastrare uno specchio nel muro ◇ (*techn.*) *encastrer un diamant dans le chaton* incastonare un diamante.

encaustiquage |ɑ̃kɔ(o)stikaʒ| *s.m.* [→ ENCAUSTIQUER] inceratura *f.*, lucidatura *f.* con encausto.

encaustique |ɑ̃kɔ(o)stik| *s.f.* **1** [*préparation à base de cire et d'essence qu'on utilise par faire reluire les meubles, les parquets*] cera: *passer un parquet à l'encaustique* incerare un 'parquet', dare la cera a un 'parquet' **2** (*bx-arts*) encausto *m.*, encaustica*.

encaustiquer |ɑ̃kɔ(o)stike| *v.tr.* [*passer à l'encaustique*] incerare, lucidare con la cera: *encaustiquer un meuble* incerare un mobile, lucidare un mobile con l'encausto → **cirer.**

encavement |ɑ̃kavmɑ̃| *s.m.* il mettere *inv.* in cantina (il vino).

encaver |ɑ̃kave| *v.tr.* [*mettre en cave* (*du vin*)] mettere (155) in cantina (il vino).

enceindre |ɑ̃sɛ̃dR(ə)| (66) *v.tr.* (*rare*) [*entourer d'une enceinte*] cingere (119) (*cour.*), cintare (*cour.*) → **ceindre, enclore.**

1 **enceinte** |ɑ̃sɛ̃t| *s.f.* **1** [*clôture qui entoure un espace pour en défendre l'accès*] recinto *m.*, recinzione; cinta: *une enceinte de pieux* un recinto, una recinzione di pali → **ceinture** || *le mur d'enceinte d'une place forte* il muro di cinta di una piazzaforte → **rempart** **2** [*cet espace*] recinto: *animaux vivant dans l'enceinte d'un parc* animali che vivono nel recinto di un parco; *enceinte réservée aux personnages officiels* recinto, spazio riservato alle autorità ✦ *absolt.* [*salle close*] sala, aula: *l'enceinte du tribunal* l'aula del tribunale ◇ (*par ext.*) *dans cette enceinte, dans une autre enceinte* in questa sede, in un'altra sede **3** (*électron.*) *enceinte* (*acoustique*) (*dans une chaîne de haute-fidélité*) [*ensemble de plusieurs haut-parleurs et d'un filtre de coupure, incorporés*] diffusore *m.* (acustico*), cassa (acustica).

2 **enceinte** |ɑ̃sɛ̃t| *adj.f.* [*femme en état de grossesse*] incinta: *elle est enceinte de trois mois* è incinta di tre mesi.

encens |ɑ̃sɑ̃| *s.m.* **1** incenso **2** (*fig.*) [*louanges excessives*] incensata *f.*, incensamento → **compliment, hommage** # *donner de l'encens à tout propos* incensare a sproposito.

encensement |ɑ̃sɑ̃smɑ̃| *s.m.* [→ ENCENSER 1] incensamento ◇ (*fig.*) [→ ENCENSER 2] incensamento, adulazione *f.*

encenser |ɑ̃sɑ̃se| *v.tr.* **1** [*honorer en agitant l'encensoir*] incensare: *encenser l'autel, un cercueil* incensare l'altare, un feretro ◇ (*par anal.*) (*se dit du cheval qui remue sa tête de bas en haut*) incensare *intr.* **2** (*fig.*) [*flatter, louer outre mesure*] incensare, sviolinare (*fam.*): *encenser un personnage influent* incensare, adulare un personaggio influente.

encenseur, euse |ɑ̃sɑ̃sœR, øz| *s.* [*personne chargée de l'encensoir*] incensatore*.

encensoir |ɑ̃sɑ̃swaR| *s.m.* [*cassolette où l'on brûle l'encens*] turibolo, incensiere ◇ (*fig., fam.*) *manier, donner des coups d'encensoir* [*flatter avec excès*] dare l'incensiere sul naso; incensare, sviolinare (*fam.*).

encépagement |ɑ̃sepaʒmɑ̃| *s.m.* (*agric.*) vitigni *pl.*

encéphale |ɑ̃sefal| *s.m.* (*anat.*) encefalo.

encéphalique |ɑ̃sefalik| *adj.* (*anat.*) encefalico*.

encéphalite |ɑ̃sefalit| *s.f.* (*méd.*) encefalite.

encéphalitique |ɑ̃sefalitik| *adj.* (*méd.*) encefalitico*.

encéphal(o)- |ɑ̃sefal(ɔ)| *préf.* (*signifiant 'cerveau', correspond généralt. à*) encefal(o): *encéphalite* encefalite; *encéphalogramme* encefalogramma.

encéphalogramme |ɑ̃sefalɔgRam| *s.m.* (*méd.*) encefalogramma.

encéphalographie |ɑ̃sefalɔgRafi| *s.f.* (*méd.*) encefalografia.

encéphaloïde |ɑ̃sefalɔid| *adj.* (*méd.*) encefaloide: *tumeurs encéphaloïdes* tumori encefaloidi ✦ (*s.f.*) *une encéphaloïde* un tumore *m.* encefaloide *adj.*

encéphalopathie |ɑ̃sefalɔpati| *s.f.* (*méd.*) encefalopatia.

encerclement |ɑ̃sɛRkləmɑ̃| *s.m.* [→ ENCERCLER] accerchiamento: *rompre l'encerclement* rompere l'accerchiamento.

encercler |ɑ̃sɛRkle| *v.tr.* [*entourer* (*un pays*) *d'un cercle d'alliances*] proteggere (154), difendere (105) ◇ (*milit.*) [*cerner de toutes parts*] accerchiare, circondare: *encercler une armée, l'ennemi* accerchiare un esercito, il nemico.

enchaînement |ɑ̃ʃɛnmɑ̃| *s.m.* **1** [*série de choses qui sont en rapport de dépendance*] *un fatal enchaînement de circonstances* un fatale complesso di circostanze; *l'enchaînement des vertèbres* l'incastro delle vertebre; *l'enchaînement des heures, des saisons* la successione *f.*, il succedersi *inv.* delle ore, delle stagioni → 2 **chaîne,** 2 **succession** ◇ (*danse*) 'enchaînement' *inv.* ◇ (*mus.*) successione armonica* di accordi **2** [*rapport entre les éléments*] concatenazione *f.*, connessione (*f.*): *l'enchaînement des idées* la concatenazione delle idee → **liaison, suite** # *discours qui manque d'enchaînement* discorso che manca di nesso logico ◇ [→ ENCHAÎNER A 4] ripresa *f.*

enchaîner |ɑ̃ʃene| **A** *v.tr.* **1** [*attacher avec une chaîne*] incatenare: *enchaîner un prisonnier* incatenare un prigioniero **2** (*fig.*) [*asservir, soumettre*] asservire, soggiogare; imbavagliare: *enchaîner un peuple* asservire, soggiogare un popolo → **assujettir** || *enchaîner la presse* imbavagliare la stampa # *il est enchaîné par la parole qu'il a donnée* è legato dalla parola data ◇ [*retenir en un lieu*] legare, incatenare: *les souvenirs qui nous enchaînent au sol natal* i ricordi che ci legano alla terra natia **3** [*unir par un ordre logique*] concatenare, connettere (112): *enchaîner des idées, des phrases, les parties d'un discours* concatenare delle idee, delle frasi, le parti di un discorso → **coordonner, lier** **4** *absolt.* (*théât.*) [*reprendre la suite des répliques*] riprendere (105) (le battute) # *on enchaîne!* si ricomincia! ◇ (*ciné.*) [*passer d'une séquence à une autre*] eseguire (197) una dissolvenza incrociata **B** *v.pron.récipr.* S'ENCHAÎNER [→ *tr.* 3] concatenarsi, susseguirsi: *ces idées s'enchaînent logiquement* queste idee si concatenano in modo logico.

enchanté, ée |ɑ̃ʃɑ̃te| *adj.* **1** [*magique*] magico*; incantevole: *un spectacle enchanté* uno spettacolo magico || *lieux enchantés* luoghi incantevoli **2** (*sujet de personne*) [*très content, râvi*] entusiasta; felicissimo, lietissimo: *je suis enchanté de mon séjour ici* sono entusiasta del mio soggiorno qui || *enchanté de faire votre connaissance* felicissimo, lietissimo di fare la sua conoscenza, di conoscerla ◇ (*ellipt.*) *enchanté!* piacere!, molto lieto!

enchantement |ɑ̃ʃɑ̃tmɑ̃| *s.m.* **1** [→ ENCHANTER 1] incantesimo, magia* (*f.*): *faire, rompre un enchantement* fare, rompere un incantesimo → **sortilège** # *comme par enchantement* come per incanto **2** [→ ENCHANTER 2] estasi (*f. inv.*): *il est dans l'enchantement* è in estasi; *cette nouvelle l'a mis dans l'enchantement* quella notizia lo ha mandato in estasi, in visibilio → **ravissement** ◇ [*sujet de joie*] *ce spectacle est un enchantement* questo spettacolo è un incanto.

enchanter |ɑ̃ʃɑ̃te| *v.tr.* **1** [*ensorceler par des paroles, par des opérations magiques*] ammaliare → **envoûter** **2** [*remplir d'un vif plaisir*] entusiasmare, incantare: *il en est enchanté* ne è entusiasmato, incantato; *vos propositions ne m'enchantent guère* le vostre proposte non mi entusiasmano, non m'incantano affatto → **ravir, charmer.**

enchanteur, teresse |ɑ̃ʃɑ̃tœR, tRɛs| **1** *s.* [*personne qui pratique des enchantements*] incantatore*, mago*: *les sortilèges d'un enchanteur* i sortilegi di un mago ◇ (*fig.*) [*personne douée d'un charme irrésistible*] conquistatore*, seduttore*: *méfiez-vous de cet enchanteur* non fidatevi di quel seduttore **2** *adj.* [*extrêmement séduisant*] affascinante, incantevole: *sourire enchanteur* sorriso affascinante, incantatore; *créature enchanteresse* creatura incantevole, affascinante → **charmant, ravissant.**

enchâssement |ɑ̃ʃɑsmɑ̃| *s.m.* **1** [→ ENCHÂSSER 1] incastonatura *f.* **2** [→ ENCHÂSSER 2] incastro.

enchâsser |ɑ̃ʃɑse| *v.tr.* **1** [*mettre* (*une pierre*) *dans une monture*] incastonare: *enchâsser un brillant dans le chaton d'une bague* incastonare un brillante in un anello → 2 **monter, sertir** 2 [*encastrer, fixer*] incastrare: *enchâsser un bas-relief dans un mur* incastrare un bassorilievo in un muro ◇ (*fig.*) inserire (197): *enchâsser une citation dans un discours, des mots dans une phrase* inserire una citazione in un discorso, delle parole in una frase 3 (*relig.*) [*mettre (les reliques) dans une châsse*] porre (168) (le reliquie) in una teca.

enchâssure |ɑ̃ʃɑsyʀ| *s.f.* (*techn.*) incastratura, incastro *m.*

enchatonnement |ɑ̃ʃatɔnmɑ̃| *s.m.* (*techn.*) incastonatura *f.*

enchatonner |ɑ̃ʃatɔne| *v.tr.* (*techn.*) [*enchâsser une pierre*] incastonare → **sertir.**

enchausser |ɑ̃ʃose| *v.tr.* (*hortic.*) [*couvrir (des légumes) pour les protéger*] coprire (186) (gli ortaggi) di paglia (o di letame) → 2 **pailler.**

enchemisage |ɑ̃ʃmizaʒ| *s.m.* [→ ENCHEMISER 2] *l'enchemisage d'un livre* la ricopertura *f.* di un libro ◇ [*chemise d'un livre*] custodia *f.*, fodera *f.* (di un libro).

enchemiser |ɑ̃ʃmize| *v.tr.* (*techn.*) 1 [*chemiser un projectile*] incamiciare 2 [*munir (un livre) d'une chemise protectrice*] ricoprire (186), foderare (un libro).

enchère |ɑ̃ʃɛʀ| *s.f.* 1 [*offre d'une somme supérieure aux offres précédentes*] offerta, licitazione: *faire, porter une enchère* fare un'offerta; *pousser les enchères* spingere le offerte; *folle enchère* folle licitazione # *couvrir une enchère, mettre une enchère supérieure* fare un rilancio 2 [*manière de vendre au plus offrant*] asta, incanto (*m.*): *vente aux enchères* vendita all'asta → **encan (à l')** 3 (*cartes, poker*) rilancio* *m.* ◇ (*bridge*) licitazione.

enchérir |ɑ̃ʃeʀiʀ| *v.intr.* 1 (*littér., fig.*) [*aller au-delà*] superare *tr.* ◇ *loc.* ENCHÉRIR SUR QQN. [*faire une enchère plus élevée*] rilanciare (un'offerta) → **dépasser, renchérir** 2 (*vieilli*) [*devenir plus cher*] rincarare (*aux.* essere).

enchérissement |ɑ̃ʃeʀismɑ̃| *s.m.* (*vieilli*) → **renchérissement.**

enchérisseur |ɑ̃ʃeʀisœʀ| *s.m.* (*sujet de personne*) [*qui fait une enchère*] offerente, concorrente (in un'asta): *vendre au plus offrant et dernier enchérisseur* vendere all'ultimo maggior offerente.

enchevalement |ɑ̃ʃ(ə)valmɑ̃| *s.m.* (*maçonn.*) puntellatura *f.*

enchevaucher |ɑ̃ʃ(ə)voʃe| *v.tr.* (*maçonn.*) [*faire joindre par recouvrement (des planches, etc.)*] accavallare, sovrapporre (168).

enchevauchure |ɑ̃ʃ(ə)voʃyʀ| *s.f.* (*maçonn.*) accavallamento *m.*, sovrapposizione.

enchevêtrement |ɑ̃ʃ(ə)vɛtʀəmɑ̃| *s.m.* [*amas de choses enchevêtrées*] groviglio*, intrico* → **embrouillement** ◇ (*fig.*) groviglio, intrico.

enchevêtrer |ɑ̃ʃ(ə)vetʀe| **A** *v.tr.* (*compl. de chose*) [*engager des choses l'une dans l'autre de façon désordonnée*] intricare, aggrovigliare: *enchevêtrer les fils d'un écheveau* intricare i fili della matassa → **embrouiller, emmêler** ◇ (*fig.*) ingarbugliare, complicare: *enchevêtrer une intrigue* ingarbugliare un intrigo **B** *v.pron.intr.* S'ENCHEVÊTRER (*fig.*) [→ *tr.*] ingarbugliarsi: *toutes ces idées s'enchevêtrent dans sa cervelle* tutte quelle idee gli si ingarbugliano nella testa ⓒ **démêler** 1.

enchevêtrure |ɑ̃ʃ(ə)vetʀyʀ| *s.f.* 1 (*maçonn.*) travatura 2 (*vétér.*) incapestratura.

enchevillement |ɑ̃ʃ(ə)vij(ə)mɑ̃| *s.m.* (*chir.*) infibulamento.

encheviller |ɑ̃ʃ(ə)vije| *v.tr.* (*chir.*) [*pratiquer un enchevillement*] infibulare.

enchifrené, ée |ɑ̃ʃifʀəne| *adj.* [*qui a le nez embarrassé par un rhume de cerveau*] *il est enchifrené* ha il naso intasato.

enchifrènement |ɑ̃ʃifʀɛnmɑ̃| *s.m.* (*rare*) [*embarras du nez*] intasamento (del naso).

enclave |ɑ̃klav| *s.f.* 1 [*terrain enfermé dans un autre*] fondo *m.* intercluso ◇ [*territoire enfermé dans un autre*] 'enclave' *inv.* 2 (*géol.*) inclusione.

enclavement |ɑ̃klavmɑ̃| *s.m.* [→ ENCLAVER 1] interclusione *f.*, inclusione *f.*

enclaver |ɑ̃klave| *v.tr.* 1 [*contenir, entourer (une enclave (1))*] intercludere (106), includere (106) 2 [*engager (une pièce) dans une autre*] inserire (197): *le prestidigitateur a enclavé ses deux anneaux* il prestigiatore ha inserito i due anelli uno nell'altro.

enclenche |ɑ̃klɑ̃ʃ| *s.f.* (*mécan.*) tacca*.

enclenchement |ɑ̃klɑ̃ʃmɑ̃| *s.m.* (*électr., mécan.*) innesto, inserimento.

enclencher |ɑ̃klɑ̃ʃe| *v.tr.* (*électr., mécan.*) [*faire fonctionner (un mécanisme) en rendant deux pièces solidaires*] ingranare, inserire (197): *une vitesse difficile à enclencher* una marcia dura da ingranare # *enclencher un mécanisme* avviare un meccanismo ◇ (*fig.*) *l'affaire est enclenchée* l'affare è avviato.

enclin, ine |ɑ̃klɛ̃, in| *adj.* [*porté naturellement à...*] propenso, incline: *je suis enclin à refuser* sono propenso, incline a rifiutare # *il est enclin à la méfiance* è portato alla diffidenza.

encliquetage |ɑ̃kliktaʒ| *s.m.* (*mécan.*) arpionismo: *encliquetage à rochet* arpionismo di arresto.

encliqueter |ɑ̃klikte| (5) *v.intr.* (*mécan.*) [*bloquer (un mécanisme) par encliquetage*] arrestare (un meccanismo).

enclise |ɑ̃kliz| *s.f.* (*gram.*) enclisi *inv.*

enclitique |ɑ̃klitik| *s.m.* (*ling.*) enclitica* *f.*

enclore |ɑ̃klɔʀ| (57) *v.tr.* (*littér.*) 1 [*entourer d'une clôture*] recintare (*cour.*): *enclore un terrain* recintare un terreno → **clôturer** 2 (*sujet de chose*) [*entourer d'une manière continue*] circondare (*cour.*), cingere (119): *murailles qui enclosent une ville* mura che cingono una città ♦ (*au p.p.*) *vivre enclos dans son univers* vivere chiuso nel proprio mondo.

enclos |ɑ̃klo| *s.m.* 1 [*espace entouré d'une clôture*] recinto 2 (*par ext.*) [*clôture*] recinto, steccato # *fermer l'enclos des poules* chiudere il pollaio.

enclouage |ɑ̃kluaʒ| *s.m.* 1 (*chir.*) inchiodamento 2 (*artill. anc.*) inchiodatura *f.*

enclouer |ɑ̃klue| *v.tr.* 1 (*chir.*) *enclouer un os fracturé* [*le maintenir par le procédé de l'enclouage*] inchiodare un osso fratturato 2 (*vétér.*) *enclouer un cheval* [*le blesser en le ferrant*] inchiodare un cavallo 3 (*artill. anc.*) *enclouer un canon* [*le mettre hors de service*] inchiodare un cannone.

enclouure |ɑ̃kluyʀ| *s.f.* (*vétér.*) inchiodatura.

enclume |ɑ̃klym| *s.f.* 1 (*techn.*) incudine: *l'enclume de maréchal* l'incudine da maniscalco → **bigorne** ◇ (*loc. fig.*) *être entre l'enclume et le marteau* essere tra l'incudine e il martello 2 (*anat.*) incudine.

encoche |ɑ̃kɔʃ| *s.f.* [*petite entaille*] tacca*, intaccatura → 1 **coche.**

encochement |ɑ̃kɔʃmɑ̃|, **encochage** |ɑ̃kɔʃaʒ| *s.m.* [→ ENCOCHER] intaccatura *f.*

encocher |ɑ̃kɔʃe| *v.tr.* [*faire une encoche à*] intaccare, fare (103) una tacca* # *encocher une flèche* [*l'appliquer à la corde de l'arc*] incoccare una freccia.

encodage |ɑ̃kɔdaʒ| *s.m.* (*informatique*) codifica* *f.* ◇ (*ling.*) codificazione *f.*

encoder |ɑ̃kɔde| *v.tr.* 1 (*informatique*) [*coder une information au moment de la saisie*] codificare 2 (*ling.*) [*produire (un message) selon les règles d'un code*] codificare.

encodeur |ɑ̃kɔdœʀ| *s.m.* [*celui qui encode*] codificatore* *s.*

encoignure |ɑ̃kɔ(wa)ɲyʀ| *s.f.* 1 [*angle intérieur formé par deux murs*] angolo *m.* (interno), canto *m.* (interno) → 2 **coin** 2 [*petit meuble d'angle*] cantonale *m.*, angoliera.

encollage |ɑ̃kɔlaʒ| *s.m.* [→ ENCOLLER] incollatura *f.*; imbozzimatura *f.* ◇ (*par ext.*) [*colle*] colla *f.*, bozzima *f.*

encoller |ɑ̃kɔle| *v.tr.* [*enduire de colle*] incollare; imbozzimare ◇ (*techn.*) *encoller un livre* apprettare un libro.

encolleur, euse |ɑ̃kɔlœʀ, øz| *s.* [*personne qui encolle les tissus*] imbozzimatore* ♦ *s.f.* (*techn.*) imbozzimatrice.

encolure |ɑ̃kɔlyʀ| *s.f.* 1 (*animaux*) [*partie du corps qui s'étend de la tête au poitrail*] incollatura ◇ (*turf*) *il a gagné d'une encolure* ha vinto di una incollatura 2 (*personnes*) [*mesure du tour de cou*] collo (*m.*): *une chemise d'encolure 39* una camicia con 39 di collo 3 [*partie du vêtement*] scollo *m.*, scollatura: *encolure montante* scollatura alta.

encombrant, ante |ɑ̃kɔ̃bʀɑ̃, ɑ̃t| *adj.* ingombrante: *un paquet encombrant* un pacco ingombrante → **embarrassant** ◇ (*fig.*) importuno: *un personnage encombrant* un importuno *s.*, una persona importuna.

encombre (sans) |sɑ̃zɑ̃kɔ̃bʀ(ə)| *loc.adv.* senza inconvenienti, senza intoppi: *voyage sans encombre* viaggio senza inconvenienti, senza intoppi.

encombré, ée |ɑ̃kɔ̃bʀe| *adj.* [*où il y a de l'encombrement*] ingombro, carico* # *des rues encombrées* delle vie ingorgate, intasate ◇ (*fig.*) *le marché est encombré* il mercato è saturo → **saturé.**

encombrement |ɑ̃kɔ̃bʀəmɑ̃| *s.m.* 1 [→ ENCOMBRER A 1] ingombramento, congestione *f.* ◇ (*fig.*) *l'encombrement du marché* la saturazione *f.* del mercato 2 [*choses qui encombrent*] ingombro, congestione ◇ [*embouteillage de véhicules*] ingorgo*, intasamento 3 [*dimensions d'un objet, l'espace qu'il occupe*] ingombro: *déterminer l'encombrement d'un véhicule* determinare l'ingombro di un veicolo.

encombrer |ãkɔ̃bʀe| **A** *v.tr.* **1** [*remplir en entravant*] ingombrare; ostruire (197): *un amas de paperasses encombrait la table* un mucchio di scartoffie ingombrava il tavolo → **obstruer** || *le camion encombrait la chaussée* l'autocarro ostruiva la carreggiata **2** (*fig.*) ingombrare, caricare: *encombrer sa vie de préoccupations inutiles* caricarsi di preoccupazioni inutili ♦ (*au p.p.*) *une profession encombrée* una professione satura, sfruttata → **encombré** **B** *v.pron.* S'ENCOMBRER **1** (*sens passif*) [*être encombré*] caricarsi, sovraccaricarsi: *ne t'encombre pas de bagages inutiles* non caricarti di bagagli inutili **2** *intr.* (*fig.*) [→ *tr.* 2] *il ne s'encombre pas de scrupules* non si fa grandi scrupoli **C** A 1 **dégager**.

encontre (à l') |alãkɔ̃tʀ(ə)| **1** *loc. adv.* [*contre, en s'opposant à une chose*] in contrario, contro (*adv.*): *je n'ai rien à dire à l'encontre* non ho nulla (da dire) in contrario # *je n'irai pas à l'encontre* non mi opporrò, non farò obiezioni **2** *loc.prép.* À L'ENCONTRE DE [*contre, à l'opposé de*] contro *prép.*, contrariamente a: *agir à l'encontre des conseils reçus* agire contrariamente ai, contro i consigli ricevuti ~ ALLER À L'ENCONTRE DE contrastare, opporsi a: *aller à l'encontre des intérêts de qqn.* contrastare, andare contro gli interessi di qc. # *votre demande ira a l'encontre du but recherché* la vostra richiesta sarà controproducente.

encorbellement |ãkɔʀbɛlmã| *s.m.* (*archit.*) aggetto, sbalzo: *balcon en encorbellement* balcone in aggetto.

encorder (s') |ãkɔʀde| *v.pron. réfl.* (*alpinistes*) [*s'attacher avec une corde pour constituer une cordée*] mettersi (155), disporsi (168) in cordata.

encore, (*poét.*) **encor** |ãkɔʀ| *adv.* **1** (*marquant 'la persistance d'une action ou d'un état'*) ancora: *vous êtes encore là?* siete ancora qui (là)? ◇ (*en tour négatif*) *il ne fait pas encore jour* non è ancora giorno # *je ne l'ai encore jamais rencontré* non l'ho mai incontrato finora **2** (*marquant 'une idée de répétition, de supplément'*) ancora: *je vous le dis encore une fois* ve lo dico ancora una volta; *j'en veux encore* ne voglio ancora, dell'altro; *encore un peu* ancora un po' # *quoi encore?* che altro c'è?; *mais encore?* (*se dit pour demander des précisions supplémentaires*) e poi? ◇ (*avec un adj. numér.*) *cinq minutes encore* ancora, altri cinque minuti; *j'en voudrais encore deux* ne vorrei (ancora) altri due ◇ (*avec un comparatif*) *ce sera encore mieux* andrà ancora meglio; *ses affaires vont encore pis que je ne le croyais* i suoi affari vanno ancora peggio di quanto pensassi **3** (*introduisant une restriction*) però, comunque; almeno: *cinq millions, ce n'est pas cher, encore, faut-il les avoir* cinque milioni non è caro, però bisogna averli || *si encore, encore s'il faisait un effort, on lui pardonnerait* se almeno facesse uno sforzo, gli si perdonerebbe; *si encore il venait* se almeno arrivasse; *si encore il était beau* se almeno fosse bello ◇ *loc.* ET ENCORE! (*pour restreindre ce qui vient d'être dit*): *on vous en donnera cinq cents francs, et encore!* vi daranno cinquecento franchi, se poi ve li daranno!; *il pourra s'en tirer tout juste, et encore!* riuscirà a cavarsela appena appena, chissà!, speriamo! **4** *loc. conj.* (*littér.*) ENCORE QUE → 1 **bien (que), quoique.**

encorné, ée |ãkɔʀne| *adj.* (*vétér.*) *javart encorné* giarda *s.f.*

encorner |ãkɔʀne| *v.tr.* [*frapper, blesser à coups de cornes*] incornare: *le taureau a encorné le cheval* il toro ha incornato il cavallo.

encornet |ãkɔʀnɛ| *s.m.* → **calmar.**

encourageant, ante |ãkuʀaʒã, ãt| *adj.* incoraggiante: *les premiers résultats sont encourageants* i primi risultati sono incoraggianti, confortanti **C** **décourageant.**

encouragement |ãkuʀaʒmã| *s.m.* **1** [→ ENCOURAGER] incoraggiamento: *prix d'encouragement* premio d'incoraggiamento → **incitation** **2** [*parole, acte qui encourage*] incoraggiamento, incentivo: *il a reçu peu d'encouragements* ha avuto pochi incoraggiamenti, pochi aiuti → 1 **aide, appui.**

encourager |ãkuʀaʒe| (3) *v.tr.* **1** [*inspirer du courage, de l'assurance à (qqn.)*] incoraggiare → **stimuler** # *encourager qqn. à bien faire* incitare, spronare qc. a fare bene ♦ (*au p.p.*) *encouragé par ce premier succès* incoraggiato, confortato da questo primo successo **2** [*aider ou favoriser par des subventions*] incoraggiare, favorire (197): *un État qui encourage l'industrie* uno Stato che incoraggia, favorisce l'industria; *encourager les talents* incoraggiare i talenti; *encourager un projet* incoraggiare, incentivare un progetto **C** 1 **décourager.**

encourir |ãkuʀiʀ| (17) *v.tr.* (*littér.*) [*se mettre dans le cas de subir (qqch. de fâcheux)*] incorrere (127) *intr.* in: *encourir la censure* incorrere nella censura → **exposer(s'), mériter.**

encrage |ãkʀaʒ| *s.m.* (*imprim.*) inchiostrazione *f.*

encrassement |ãkʀasmã| *s.m.* [→ ENCRASSER B] incrostamento.

encrasser |ãkʀase| **A** *v.tr.* **1** [*couvrir de crasse*] insudiciare, sporcare → **salir** **2** [*couvrir d'un dépôt qui empêche le bon fonctionnement*] incrostare: *une chaudière encrassée* una caldaia incrostata **B** *v.pron.intr.* S'ENCRASSER [→ *tr.* 2] incrostarsi: *le moteur s'est encrassé* il motore si è incrostato.

encre |ãkʀ(ə)| *s.f.* **1** [*liquide utilisé pour écrire*] inchiostro (*m.*): *encre d'imprimerie* inchiostro da stampa; *encre autographique ou à report* inchiostro autografico; *encre à copier ou communicative* inchiostro copiativo; *encre de Chine* inchiostro di china ◇ (*loc.fig.*) *noir comme de l'encre* nero come l'inchiostro ~ *une nuit d'encre* una notte nera come l'inchiostro ~ *se faire un sang d'encre* [*du souci, du mauvais sang*] guastarsi il sangue, farsi il sangue marcio ~ *cette histoire a fait couler beaucoup d'encre* questa storia ha fatto scorrere, versare fiumi d'inchiostro **2** [*liquide noir émis par certains céphalopodes*] inchiostro ◇ (*cuis.*) *calmars à l'encre* calamari cotti con il loro inchiostro **3** (*bot.*) inchiostro.

encrer |ãkʀe| *v.tr.* [*enduire d'encre*] inchiostrare: *encrer un rouleau* inchiostrare un rullo.

encreur |ãkʀœʀ| (*adj.m.*) *rouleau encreur* [*qui sert à encrer*] inchiostratore *s.m.* (per stampa).

encrier |ãkʀije| *s.m.* [*petit récipient où l'on met de l'encre*] calamaio* ◇ (*imprim., techn.*) calamaio.

encrine |ãkʀin| *s.m.* (*sc.*) encrinus *inv.*

encroué, ée |ãkʀue| *adj.* (*sylvic.*) impigliato.

encroûtement |ãkʀutmã| *s.m.* **1** [→ ENCROÛTER A 1] incrostazione *f.*, incrostamento **2** [→ ENCROÛTER B 2] fossilizzazione *f.*

encroûter |ãkʀute| **A** *v.tr.* **1** [*couvrir d'une croûte*] incrostare ◇ [*enduire de mortier*] intonacare **2** (*fig.*) [*rendre stupide, borné ou ignorant*] abbrutire (197): *ce genre de vie finit par l'encroûter* questo genere di vita finisce con l'abbrutirlo **B** *v.pron.intr.* S'ENCROÛTER **1** [→ *tr.* 1] incrostarsi; *la bouilloire s'est encroûtée* il bollitore si è incrostato **2** (*fig.*) [→ *tr.* 2] abbrutirsi, fossilizzarsi: *s'encroûter dans une vie médiocre* abbrutirsi, fossilizzarsi in una vita mediocre.

enculer |ãkyle| *v.tr.* (*très vulg.*) [*posséder physiquement* (*par sodomie*)] inculare.

encuvage |ãkyvaʒ|, **encuvement** |ãkyvmã| *s.m.* [→ ENCUVER] il mettere *inv.* nel tino.

encuver |ãkyve| *v.tr.* [*mettre dans une cuve*] mettere (155) nel tino.

encyclique |ãsiklik| *s.f.* (*ecclés.*) enciclica*.

encyclopédie |ãsiklɔpedi| *s.f.* enciclopedia: *encyclopédie de l'architecture* enciclopedia dell'architettura ◇ (*hist.*) *l'Encyclopédie* l'Enciclopedia ◇ (*fig.*) *une encyclopédie vivante* un'enciclopedia vivente, ambulante.

encyclopédique |ãsiklɔpedik| *adj.* enciclopedico* ◇ (*fig.*) *esprit encyclopédique* mente enciclopedica.

encyclopédisme |ãsiklɔpedism(ə)| *s.m.* (*philo.*) enciclopedismo.

encyclopédiste |ãsiklɔpedist(ə)| *s.m.* enciclopedista.

endémicité |ãdemisite| *s.f.* endemicità *inv.*

endémie |ãdemi| *s.f.* endemia.

endémique |ãdemik| *adj.* endemico* ◇ (*fig.*) *chômage endémique* disoccupazione endemica.

endenté, ée |ãdãte| *adj.* (*blas.*) dentato.

endentement |ãdãtəmã| *s.m.* (*techn.*) addentatura *f.*

endenter |ãdãte| *v.tr.* (*techn.*) **1** [*garnir de dents* (*une roue*)] dentellare, dentare (*rare*) **2** [*assembler* (*deux pièces*) *au moyen de dents*] ingranare, indentare *intr.*

endettement |ãdɛtmã| *s.m.* [→ ENDETTER(S')] indebitamento.

endetter |ãdete| **A** *v.tr.* [*engager dans des dettes*] indebitare: *l'achat de son appartement l'a endetté* l'acquisto dell'appartamento l'ha indebitato **B** *v. pron. réfl.* S'ENDETTER [→ *tr.*] indebitarsi.

endeuiller |ãdœje| *v.tr.* [*plonger dans le deuil, remplir de tristesse*] gettare nel lutto, addolorare: *cette catastrophe a endeuillé tout le pays* questa catastrofe ha gettato nel lutto tutto il paese → **attrister.**

endêver |ãdeve| *v.intr.* (*vieilli*) *faire endêver qqn.* [*le faire enrager*] fare arrabbiare qc. (*cour.*).

endiablé, ée |ãdjable| *adj.* [*d'une vivacité extrême*] indiavolato, scatenato: *une danse endiablée* un ballo scatenato; *ces gosses sont endiablés* questi ragazzini sono scatenati, hanno l'argento vivo addosso → **impétueux.**

endiguement |ɑ̃digmɑ̃| *s.m.* [→ ENDIGUER] arginamento.
endiguer |ɑ̃dige| *v.tr.* [*contenir au moyen de digues*] arginare: *endiguer un fleuve* arginare un fiume ◇ (*fig.*) [*retenir, contenir*] *les agents s'efforçaient d'endiguer le flot des manifestants* gli agenti cercavano di arginare l'ondata dei manifestanti.
endimancher (s') |ɑ̃dimɑ̃ʃe| *v. pron. réfl.* [*revêtir des habits du dimanche*] vestirsi a festa ♦ (*au p.p.*) *il a l'air endimanché* è tirato a lucido (come nelle grandi occasioni).
endive |ɑ̃div| *s.f.* **1** (*t.bot.*) indivia → **chicorée** **2** (*cour.*) [*pousse blanche de la chicorée de Bruxelles*] indivia belga* ◇ (*par comparaison*) *il est blanc, pâle comme une endive* è bianco, pallido come un cencio* *m.*
endivisionner |ɑ̃divizjɔne| *v.tr.* [*réunir, organiser en divisons* (*des unités militaires*)] raggruppare in divisioni.
endo- |ɑ̃dɔ| *préf.* (*signifiant 'en dedans', correspond généralt. à*) endo: *endocarde* endocardio; *endocardite* endocardite.
endocarde |ɑ̃dɔkard(ə)| *s.m.* (*anat.*) endocardio*.
endocardite |ɑ̃dɔkardit| *s.f.* (*méd.*) endocardite.
endocarpe |ɑ̃dɔkaʀp(ə)| *s.m.* (*bot.*) endocarpo.
endocrine |ɑ̃dɔkʀin| *adj.f.* (*physiol.*) *glande endocrine* ghiandola endocrina.
endocrinien, ienne |ɑ̃dɔkʀinjɛ̃, jɛn| *adj.* (*physiol.*) endocrino: *le système endocrinien* il sistema endocrino.
endocrinologie |ɑ̃dɔkʀinɔlɔʒi| *s.f.* endocrinologia*.
endocrinologiste |ɑ̃dɔkʀinɔlɔʒist(ə)|, **endocrinologue** |ɑ̃dɔkʀinɔlɔg| *s.* endocrinologo*.
endoctrinement |ɑ̃dɔktʀinmɑ̃| *s.m.* [→ ENDOCTRINER] indottrinamento.
endoctriner |ɑ̃dɔktʀine| *v.tr.* [*gagner à ses idées*] indottrinare, catechizzare.
endoderme |ɑ̃dɔdɛʀm(ə)| *s.m.* (*biol., bot.*) endoderma.
endogame |ɑ̃dɔgam| *adj.* endogamo.
endogamie |ɑ̃dɔgami| *s.f.* (*biol., sociol.*) endogamia.
endogamique |ɑ̃dɔgamik| *adj.* (*biol., sociol.*) endogamico*.
endogène |ɑ̃dɔʒɛn| *adj.* (*sc.*) endogeno.
endolori, ie |ɑ̃dɔlɔʀi| *adj.* [*devenu douloureux*] indolenzito: *avoir les membres endoloris* avere le membra indolenzite.
endolorir |ɑ̃dɔlɔʀiʀ| *v.tr.* [*rendre douloureux*] indolenzire (197).
endolorissement |ɑ̃dɔlɔʀismɑ̃| *s.m.* [*état du corps, d'un membre endolori*] indolenzimento.
endométrite |ɑ̃dɔmetʀit| *s.f.* (*méd.*) endometrite.
endommagement |ɑ̃dɔmaʒmɑ̃| *s.m.* [→ ENDOMMAGER] danneggiamento.
endommager |ɑ̃dɔmaʒe| (3) *v.tr.* [*causer de dégâts à*] danneggiare: *la gelée a endommagé les arbres fruitiers* la gelata ha danneggiato gli alberi da frutta → **abîmer, détériorer.**
endoparasite |ɑ̃dɔpaʀazit| *s.m.* (*biol.*) endoparassita.
endophasie |ɑ̃dɔfazi| *s.f.* (*psycho.*) endofasia.
endophyte |ɑ̃dɔfit| *adj.* (*biol.*) endofita ♦ (*s.m.*) *un endophyte* un endofita.
endoplasme |ɑ̃dɔplasm(ə)| *s.m.* (*biol.*) endoplasma.
endoréique |ɑ̃dɔʀeik| *adj.* (*géogr.*) endoreico*.
endormant, ante |ɑ̃dɔʀmɑ̃, ɑ̃t| *adj.* [*qui donne envie de dormir à force d'ennui*] soporifero (*plais.*), noiosissimo: *un discours, un film endormant* un discorso, un film soporifero, che fa dormire.
endormi, ie |ɑ̃dɔʀmi| *adj.* **1** [*qui est en train de dormir*] addormentato: *il se promenait à travers la ville endormie* passeggiava attraverso la città addormentata → **ensommeillé** **2** (*fam.*) (*personnes*) [*indolent, inerte*] *un enfant endormi* un bambino addormentato, pigro (*cour.*) ♦ (*s.*) *quel endormi!* che addormentato!, che imbranato! 🄲 1 **éveillé**; 2 **actif, remuant.**
endormir |ɑ̃dɔʀmiʀ| (21) **A** *v.tr.* **1** [*faire dormir*] addormentare: *bercer un bébé pour l'endormir* cullare un bimbo per addormentarlo ◇ [*provoquer un sommeil artificiel*] *endormir un malade avant de l'opérer* addormentare un malato prima di operarlo → **anesthésier** **2** [*donner envie de dormir à force d'ennui*] annoiare, far (103) *intr.* dormire: *cet orateur endort son auditoire* è un oratore che annoia, che fa dormire il pubblico → **assommer, ennuyer** **3** (*fig.*) [*atténuer, rendre moins vif*] attenuare, diminuire (197): *endormir la douleur* attenuare, diminuire il dolore; *endormir les soupçons* attenuare i sospetti # *endormir la vigilance de qqn.* eludere la vigilanza di qc.; *des discours destinés à endormir l'opinion publique* discorsi destinati ad addormentare l'opinione pubblica **B** *v.pron.intr.* S'ENDORMIR **1** [→ *tr.* 1] addormentarsi → **assoupir (s')** ◇ (*littér.*) *s'endormir du sommeil de la tombe* addormentarsi del sonno della morte; *s'endormir dans le Seigneur* addormentarsi, morire nel Signore ◇ (*loc. fig., fam.*) *s'endormir sur le rôti* [*se laisser aller à la satisfaction au lieu de rester actif et vigilant*] dormire sugli allori **2** [→ *tr.* 3] assopirsi (197): *ses remords s'étaient endormis à la longue* i suoi rimorsi si erano via via assopiti → **apaiser (s'), atténuer (s').**
endormissement |ɑ̃dɔʀmismɑ̃| *s.m.* [→ ENDORMIR B 1] addormentamento, l'addormentarsi *inv.*
endos |ɑ̃do| *s.m.* (*comm.*) girata *f.*
endoscope |ɑ̃dɔskɔp| *s.m.* (*méd.*) endoscopio*.
endoscopie |ɑ̃dɔskɔpi| *s.f.* (*méd.*) endoscopia.
endosmose |ɑ̃dɔsmoz| *s.f.* (*phys.*) endosmosi *inv.*
endossataire |ɑ̃dosatɛʀ| *s.* (*dr.*) giratario* *m.*
endossement |ɑ̃dosmɑ̃| *s.m.* (*comm.*) girata (*f.*): *endossement d'un chèque* girata di un assegno; *endossement en blanc* girata in bianco.
1 **endosser** |ɑ̃dose| *v.tr.* **1** [*mettre un vêtement*] indossare: *endosser l'uniforme* indossare l'uniforme → **revêtir** # *endosser la soutane* prendere l'abito (talare), la tonaca **2** [*prendre ou accepter la responsabilité de*] addossarsi, assumere (118): *endosser la paternité d'un enfant* addossarsi, assumere la paternità di un bambino; *j'en endosse toutes les conséquences* mi addosso, mi assumo tutte le conseguenze; *j'endosse cette affaire* mi addosso la responsabilità di questa faccenda → **assumer.**
2 **endosser** |ɑ̃dose| *v.tr.* (*comm.*) [*procéder à l'endossement de* (*un effet, un chèque*)] girare: *endosser un chèque* girare un assegno.
endosseur |ɑ̃dosœʀ| *s.m.* (*comm.*) girante.
endossure |ɑ̃dosyʀ| *s.f.* (*reliure*) indorsatura, indossatura (*rare*).
endothélial, ale, aux |ɑ̃dɔteljal, o| *adj.* (*anat.*) endoteliale.
endothélium |ɑ̃dɔteljɔm| *s.m.* (*anat.*) endotelio*.
endothermique |ɑ̃dɔtɛʀmik| *adj.* (*chim., mécan.*) endotermico*.
endotoxine |ɑ̃dɔtɔksin| *s.f.* (*biol., chim.*) endotossina.
1 **endroit** |ɑ̃dʀwa| *s.m.* **1** [*partie determinée d'un espace*] luogo*, posto: *il leur fallait un endroit où se réunir* avevano bisogno di un luogo, un posto in cui riunirsi; *à quel endroit?* in che posto?, dove?; *au même endroit* nello (allo) stesso posto → **1 lieu, place, où** ◇ [*localité*] *les gens de l'endroit sont très aimables* la gente del luogo è molto gentile; *un endroit perdu* un posto sperduto → **trou** ◇ (*fam.*) *aller au petit endroit* [*les w.c.*] andare in un posticino **2** [*place déterminée, partie localisée d'une chose; partie du corps*] punto: *à quel endroit* (*du corps*) *a-t-il été blessé?* in che punto è stato ferito? ◇ (*fig.*) [*partie de la personne morale*] *l'endroit sensible* il punto debole → 1 **point** **3** [*passage déterminé d'un ouvrage*] passo, punto: *les meilleurs endroits d'un roman* i passi migliori di un romanzo; *à cet endroit de l'histoire* a questo punto della storia → 1 **moment** # *rire au bon endroit* ridere al momento giusto **4** *loc.adv.* PAR ENDROITS [*ça et là*] a tratti, qua e là ~ *loc. prép.* (*littér.*) *à l'endroit de* [*envers*] verso *prép.*, nei confronti di.
2 **endroit** |ɑ̃dʀwa| *s.m.* [*côté destiné à être vu, dans un objet à deux faces*] d(i)ritto: *l'endroit d'une étoffe* il diritto di una stoffa → 2 **dessus** # *l'endroit d'un feuillet* il retto di un foglietto di carta → **recto** 🄲 **envers** 2.
enduire |ɑ̃dɥiʀ| (75) *v.tr.* [*recouvrir* (*une surface*) *d'une matière plus ou moins molle qui l'imprègne*] cospargere (114), spalmare # *enduire une affiche de colle* stendere la colla su un manifesto.
enduit |ɑ̃dɥi| *s.m.* **1** [*préparation qu'on applique sur la surface d'un corps*] strato: *enduit vitreux* strato vetroso; *étaler, étendre un enduit de goudron sur une surface* spalmare uno strato di catrame su una superficie → **revêtement** ◇ (*peint.*) imprimitura *f.* ◇ (*constr.*) intonaco* **2** (*pathol.*) patina (*f.*): *l'enduit de la langue* la patina linguale.
endurable |ɑ̃dyʀabl(ə)| *adj.* [→ ENDURER] sopportabile, tollerabile.
endurance |ɑ̃dyʀɑ̃s| *s.f.* [*aptitude à résister à la fatigue, à la souffrance*] resistenza: *l'endurance d'un coureur de fond* la resistenza di un fondista ◇ (*sport, auto.*) *épreuve d'endurance* prova di resistenza.
endurant, ante |ɑ̃dyʀɑ̃, ɑ̃t| *adj.* [*qui a de l'endurance*] resistente: *il est très endurant* è molto resistente.
endurci, ie |ɑ̃dyʀsi| *adj.* **1** [*qui avec le temps s'est fortifié, figé dans son*

opinion, son occupation] impenitente, incallito: *un célibataire endurci* uno scapolo impenitente; *un fumeur endurci* un fumatore incallito → **invétéré** 2 [*qui est devenu dur, insensible*] insensibile: *une âme endurcie* un animo insensibile.

endurcir |ɑ̃dyʀsiʀ| **A** *v.tr.* 1 [*rendre plus résistant* (*au mal*)] temprare: *un soldat que les campagnes ont endurci* un soldato temprato dalle campagne 2 [*rendre moins sensible moralement*] indurire: *l'ambition lui a endourci le cœur* l'ambizione gli ha indurito il cuore **B** *v.pron. intr.* S'ENDURCIR [→ *tr.* 2] indurirsi, diventare *intr.* insensibile # *s'endurcir dans le vice* incallirsi nel vizio **C** A **amollir, attendrir.**

endurcissement |ɑ̃dyʀsismɑ̃| *s.m.* [→ ENDURCIR A 2] insensibilità *f. inv.*, indifferenza *f.* → **insensibilité.**

endurer |ɑ̃dyʀe| *v.tr.* [*supporter avec patience*] sopportare, tollerare: *endurer la faim, la soif* sopportare, tollerare la fame, la sete; *endurer la fatigue, les privations* sopportare la fatica, le privazioni ◇ (*vieilli*) → **tolérer.**

-ène |ɛn| *suff.* (*désignant des 'hydrocarbures', correspond généralt. à*) ene: *éthylène* etilene.

énergétique |enɛʀʒetik| 1 *adj.* (*phys., physiol.*) energetico*: *puissance énergétique* potenza energetica; *les ressources énergétiques d'un pays* le risorse energetiche di un paese; *aliments énergétiques* alimenti energetici 2 *s.f.* energetica*.

énergie |enɛʀʒi| *s.f.* I energia*: *il poursuit son but avec une énergie indomptable* persegue il proprio scopo con indomabile energia; *se sentir plein d'énergie* sentirsi pieno d'energia # *frotter avec énergie* sfregare energicamente; *un style plein d'énergie* uno stile vigoroso → **dynamisme, volonté** II (*sc.*) 1 (*phys.*) energia: *énergie électrique, atomique* energia elettrica, atomica 2 (*physiol.*) energia, vigore (*m.*): *une dépense d'énergie* un dispendio di energia.

énergique |enɛʀʒik| *adj.* 1 energico*: *un remède énergique* un rimedio energico 2 [*qui a de l'énergie, de la volonté*] energico: *un homme énergique* un uomo energico; *une intervention énergique* un intervento energico → 1 **ferme, résolu** **C** 2 **faible.**

énergiquement |enɛʀʒikmɑ̃| *adv.* [→ ÉNERGIQUE 2] energicamente: *protester énergiquement* protestare energicamente → **fermement, résolument.**

énergumène |enɛʀgymɛn| *s.* energumeno → **agité, forcené.**

énervant, ante |enɛʀvɑ̃, ɑ̃t| *adj.* snervante, esasperante: *un bruit énervant* un rumore snervante → **agaçant, irritant** # *il est énervant avec ses allusions* mi dà ai nervi, mi esaspera con le sue allusioni.

énervation |enɛʀvɑsjɔ̃| *s.f.* [*supplice qui consistait à brûler les tendons des jarrets et des genoux*] enervazione ◇ (*chir.*) enervazione.

énervé, ée |enɛʀve| *adj.* [*qui se trouve dans un état de nervosité inhabituel*] irritato, innervosito # *être énervé* avere i nervi, essere nervoso; *il était très énervé* era molto nervoso ♦ (*fam.*) *quel énervé!* che nevrastenico*! → **nerveux** **C** **calme.**

énervement |enɛʀvəmɑ̃| *s.m.* [*état d'une personne énervée*] nervosismo, irritazione (*f.*): *il était dans un état d'énervement indescriptible* era in preda ad un nervosismo indescrivibile → **nervosité.**

1 **énerver** |enɛʀve| **A** *v.tr.* [*agacer, exciter, en provoquant de la nervosité*] innervosire (197), dare (102) *intr.* ai nervi a: *ses manies nous énervent* le sue manie ci innervosiscono, ci danno ai nervi **B** *v.pron. intr.* S'ÉNERVER [→ *tr.*] innervosirsi: *du calme! ne nous énervons pas!* calma! non innervosiamoci! **C** A **calmer.**

2 **énerver** |enɛʀve| *v.tr.* (*littér., vx.*) [*priver de nerf, de toute énergie*] snervare, infiacchire (197) → **affaiblir.**

enfaîteau |ɑ̃fɛto| *s.m.* (*maçonn.*) coppo, tegola *f.* (curva).

enfaîtement |ɑ̃fɛtmɑ̃| *s.m.* (*maçonn.*) colmo.

enfaîter |ɑ̃fete| *v.tr.* (*maçonn.*) [*couvrir d'un enfaitement, d'enfaîteaux*] coprire (186) con coppi, con tegole (curve).

enfance |ɑ̃fɑ̃s| *s.f.* 1 infanzia, fanciullezza: *dans son enfance* nell'infanzia, nella fanciullezza; *souvenirs d'enfance* ricordi d'infanzia; *il a eu une enfance heureuse* ha avuto un'infanzia felice 2 *sing. collectif* L'ENFANCE [*les enfants*] l'infanzia, i fanciulli (*m. pl.*): *œuvres pour l'enfance abandonnée* opere per l'infanzia abbandonata, per i fanciulli abbandonati 3 (*loc.*) *être, tomber en, dans l'enfance* (*se dit des vieillard*) [*dont les facultés mentales s'affaiblissent*] ricadere, ripiombare nell'infanzia 4 (*fig.*) [*première période d'existence* (*d'une chose*)] infanzia, primordi *m. pl.* → **commencement** # *une science encore dans l'enfance* una scienza che compie i primi passi ◇ (*fam.*) *c'est l'enfance de l'art* [*c'est élémentaire*] è (una cosa) elementare.

enfant |ɑ̃fɑ̃| *s.* 1 bambino, bimbo: *enfant prodige* bambino prodigio; *livres d'enfants, pour enfants* libri per bambini; *voiture d'enfant* carrozzella, carrozzina (per bambini); *ne faites pas l'enfant* non faccia il bambino; *un enfant gâté* un (bambino) viziato; *bon enfant* → **bon enfant** # *il me prend pour un enfant* mi considera un ingenuo; *l'enfant terrible d'un parti* l''enfant terrible' di un partito ◇ (*loc.*) *il n'y a plus d'enfants* (*se dit quand un enfant dit ou fait des choses qui ne sont pas de son âge*) è passato il tempo delle fate ~ (*fam.*) *c'est un jeu d'enfant* è un gioco da ragazzi ◇ (*spécialt.*) ENFANT DE CHŒUR chierichetto *m.*; (*fig.*) *il nous prend pour des enfants de chœur* [*des naïfs*] ci considera degli ingenui ♦ (*adj.*) *elle est restée très enfant* è rimasta molto bambina 2 [*fils ou fille*] figlio*: *elle attend un enfant* aspetta un figlio, un bambino; *elle a eu trois enfants* ha avuto tre figli; *enfant légitime, naturel* figlio legittimo, naturale # *l'enfant prodigue* il figliol prodigo; *un enfant trouvé* un trovatello ◇ (*t. d'affection*) *mon enfant, mes enfants* ragazzo mio, ragazzi miei 3 [*descendant*] figlio: *les enfants d'Adam* i figli di Adamo; *un enfant du peuple* un figlio del popolo; *enfant de troupe* figlio del reggimento.

enfantement |ɑ̃fɑ̃tmɑ̃| *s.m.* (*littér.*) [*création, production d'une œuvre*] creazione *f.*

enfanter |ɑ̃fɑ̃te| *v.tr.* 1 (*littér.*) [*créer, produire*] generare: *la colère enfante le crime* la collera genera il crimine # *enfanter une œuvre* creare una opera 2 (*vx.*) [*mettre au monde* (*un enfant*)] partorire (197) (*cour.*).

enfantillage |ɑ̃fɑ̃tijaʒ| *s.m.* [*manière d'agir qui ne convient qu'à un enfant*] bambinata *f.*, ragazzata *f.* → **puérilité.**

enfantin, ine |ɑ̃fɑ̃tɛ̃, in| *adj.* 1 infantile: *le langage enfantin* il linguaggio infantile → **infantile** 2 (*péj.*) [*qui ne convient guère qu'à un enfant*] infantile, puerile: *faire des réflexions enfantines* fare delle considerazioni infantili, puerili → **puéril** 3 (*fig.*) *un problème enfantin* [*très simple, très facile*] un problema semplicissimo, elementare → **élémentaire.**

enfariner |ɑ̃faʀine| *v.tr.* (*vieilli*) [*fariner*] infarinare ♦ *au p.p.* (*fam.*) [*couvert de farine, de poudre blanche*] infarinato (*cour.*): *le visage enfariné d'un pierrot* il viso infarinato di un 'pierrot' # *venir la gueule enfarinée, le bec enfariné* [*avec la naïve confiance d'obtenir ce qu'on demande*] presentarsi tutto speranzoso, pieno di speranza.

enfer |ɑ̃fɛʀ| *s.m.* I *au sing.* 1 inferno: *aller en enfer* andare all'inferno ◇ *loc.adv.* D'ENFER [*qui évoque l'enfer*] d'inferno; diabolico* (*adj.*): *c'était une vision d'enfer* era una visione d'inferno, apocalittica ‖ *un appétit d'enfer* una fame diabolica ~ *aller, rouler à un train d'enfer* andare, correre a rompicollo, all'impazzata ◇ (*prov.*) *l'enfer est pavé de bonnes intentions* l'inferno è lastricato di buone intenzioni 2 (*fig.*) [*lieu, occasion de cruelles souffrances*] inferno: *son foyer est devenu un enfer* la sua casa è diventata un inferno II *au plur.* [*lieu souterrain habité par les morts, séjour des ombres* (*dans plusieurs religions*)] inferi **C** I 1 **paradis.**

enfermer |ɑ̃fɛʀme| **A** *v.tr.* 1 [*mettre en un lieu d'où il est impossible de sortir*] rinchiudere (106): *on l'a puni et enfermé dans sa chambre* lo hanno punito e rinchiuso nella sua stanza # *il faut l'enfermer* (*dans un asile*) [*il faut l'interner, il est fou*] è matto da legare 2 [*entourer complètement*] cingere (119), circondare; racchiudere (106) → **ceindre, environner** ◇ (*dans une course*) [*serrer* (*un concurrent*) *à la corde, ou à l'intérieur du peloton*] stringere (131): *il s'est laissé enfermer* si è lasciato stringere (alla corda) **B** *v.pron.réfl.* S'ENFERMER 1 [*se barricader*] rinchiudersi, chiudersi (106): *il s'était enfermé dans son bureau* si era rinchiuso, chiuso nel suo ufficio 2 (*fig.*) [*se confiner*] chiudersi: *s'enfermer dans le silence* chiudersi nel mutismo # *s'enfermer dans son attitude* irrigidirsi nel proprio atteggiamento.

enferrer (s') |ɑ̃fɛʀe| *v.pron.* 1 *réfl.* [*se jeter sur l'épée de son adversaire*] infilzarsi, trafiggersi (110) 2 *intr.* (*fig.*) [*se prendre à ses propres mensonges, à ses propres pièges*] darsi (102) *tr.* la zappa sui piedi.

enfeu |ɑ̃fø| *s.m.* (*archéol.*) arcosolio*.

enfichable |ɑ̃fiʃabl(ə)| *adj.* (*électr.*) *modules enfichables* (*d'un téléviseur*) elementi modulari (di un televisore).

enficher |ɑ̃fiʃe| *v.tr.* (*électr.*) [*introduire une prise dans une fiche*] inserire (197).

enfiévrer |ɑ̃fjevʀe| (8) *v.tr.* (*littér.*) [*animer d'une sorte de fièvre, d'une vive ardeur*] accendere (105), infervorare:

cette lecture avait enfiévré son imagination questa lettura aveva acceso, infervorato la sua fantasia → **surexciter.**

enfilade |ɑ̃filad| *s.f.* **1** [*suite de chose à la file l'une de l'autre*] infilata: *toute une enfilade de chambres* un'infilata di stanze **2** (*milit.*) *tir d'enfilade* tiro d'infilata.

enfilage |ɑ̃filaʒ| *s.m.* [→ ENFILER A 1] infilatura *f.*

enfiler |ɑ̃file| **A** *v.tr.* **1** [*passer un fil à l'intérieur de* (*un objet percé*)] infilare: *enfiler une aiguille* infilare un ago ◇ (*loc. fam.*) *nous ne sommes pas là pour enfiler des perles* non siamo qui per perdere tempo in stupidaggini **2** [*mettre, passer* (*un vêtement*)] infilare: *enfiler sa veste* infilare la giacca **3** (*par ext.*) [*s'engager tout droit dans* (*une voie*)] infilare, imboccare: *il a tourné et enfilé la ruelle* ha girato e ha infilato il vicolo → 1 **prendre** **B** *v.pron. intr.* (*pop.*) S'ENFILER QQCH. [*l'avaler*] tracannare *tr.* (*cour.*) q.c. → **envoyer (s').**

enfileur, euse |ɑ̃filœr, øz| *s.* **1** [*personne chargée d'enfiler* (*des perles, des lices de métier à tisser*)] infilatrice *f.* **2** (*fig.*) *un enfileur de grands mots* un parolaio*, un ciarlatano.

enfin |ɑ̃fɛ̃| *adv.* **1** (*pour marquer le terme d'une longue attente*) finalmente, infine: *je vous ai enfin retrouvés* vi ho finalmente ritrovati; *enfin seuls!* finalmente soli! → 1 **fin (à la), finalement** **2** (*pour conclure, résumer*) insomma, in conclusione *loc. inv.*, in una parola (*loc. inv.*): *il y avait les parents, les frères, les oncles, enfin toute la famille* c'erano i genitori, i fratelli, gli zii, insomma, in una parola tutta la famiglia → **bref, mot (en un)** ◇ (*pour préciser ou corriger ce que l'on vient de dire*) *elle est blonde, enfin plutôt rousse* è bionda, o meglio, anzi rossa ◇ (*après 'mais, car'*) [*tout bien considéré, après tout*] insomma, dopotutto: *mais enfin, que fallait-il faire?* ma cosa bisognava fare, insomma?, dopotutto?; *car enfin ce n'est pas tout de crier, il faut agir* perché insomma, in definitiva non basta gridare, bisogna piuttosto agire ◇ (*introduisant une conclusion résignée*) insomma: *enfin on verra bien* insomma si vedrà C 1 **déjà.**

enflammé, ée |ɑ̃fla(ɑ)me| *adj.* **1** [*qui est en flamme*] ardente, infiammato: *un tison enflammé* un tizzone ardente **2** [*qui est dans un état inflammatoire*] infiammato: *des amygdales très enflammées* delle tonsille molto infiammate → **irrité** **3** [*rempli d'ardeur, de passion*] appassionato, infiammato: *un discours enflammé* un discorso appassionato, infiammato; *il lui avait envoyé une déclaration enflammée* le aveva mandato una dichiarazione appassionata → **ardent, passionné.**

enflammer |ɑ̃fla(ɑ)me| **A** *v.tr.* **1** [*mettre en flamme*] accendere (105), incendiare: *le bois est humide, je n'arrive pas à l'enflammer* la legna è umida, non riesco ad accenderla → **allumer** **2** [*mettre dans un état inflammatoire*] infiammare → **irriter** **3** [*remplir d'ardeur, de passion*] infiammare, infervorare → **électriser, embraser** **B** *v.pron. intr.* S'ENFLAMMER [*prendre feu*] incendiarsi, infiammarsi: *l'essence s'enflamme brusquement* la benzina si incendia improvvisamente → **brûler** ◇ [*s'animer, s'exalter*] infiammarsi, infervorarsi.

enflé, ée |ɑ̃fle| **1** *adj.* [*atteint d'enflure*] gonfio*, gonfiato: *il a un abcès, la joue est très enflée* ha un ascesso, la guancia è molto gonfia **2** *s.* (*fam.*) [*gros lourdaud, imbécile*] pezzo *m.* d'imbecille: *quel enflé!* che pezzo d'imbecille!

enfléchure |ɑ̃fleʃyr| *s.f.* (*mar.*) grisella.

enfler |ɑ̃fle| **A** *v.tr.* **1** [*provoquer l'enflure de* (*une partie du corps*)] gonfiare **2** [*augmenter la force de*] *l'orateur commence à enfler sa voix* l'oratore comincia ad alzare il volume, il tono della voce **3** (*littér.*) [*gonfler, augmenter de volume*] gonfiare, ingrossare: *le vent enfle les voiles* il vento gonfia le vele **B** *v.intr.* [*augmenter anormalement de volume par suite d'une enflure*] gonfiarsi (*pron.*): *sa cheville a enflé* gli si è gonfiata la caviglia.

enfleurage |ɑ̃flœraʒ| *s.m.* (*techn.*) enfleurage' *inv.*

enflure |ɑ̃flyr| *s.f.* **1** [*état* (*d'un organe*) *qui subit une augmentation anormale de volume*] gonfiore *m.* → **ballonnement, bouffissure, gonflement, tuméfaction** **2** (*littér.*) [*exagération, emphase*] ampollosità *inv.*

enfoiré, ée |ɑ̃fware| *adj. et s.* (*pop.*) *espèce d'enfoiré!* [*imbécile, idiot*] pezzo d'imbecille, di cretino!

enfoncé, ée |ɑ̃fɔ̃se| *adj.* infossato, incavato: *des yeux enfoncés* occhi infossati, incavati → 2 **cave.**

enfoncement |ɑ̃fɔ̃smɑ̃| *s.m.* **1** [→ ENFONCER A 1] conficcamento: *enfoncement d'un clou dans le mur* conficcamento di un chiodo nel muro **2** [*partie reculée, située vers le fond de qqch.*] avvallamento, fondo: *une maison située dans un enfoncement* una casa situata in un avvallamento → **creux** ◇ [*partie en retrait*] rientranza (*f.*): *un enfoncement du mur* una rientranza del muro → **renfoncement.**

enfoncer |ɑ̃fɔ̃se| (2) **A** *v.tr.* **1** [*faire aller vers le fond, faire pénétrer profondément*] conficcare, piantare: *enfoncer les pieux de la clôture* conficcare i pali della recinzione; *il m'enfonçait ses coudes dans les côtes* mi piantava i gomiti nelle costole → 1 **ficher, planter, rentrer** # *j'essaie de lui enfoncer ça dans la tête, dans le crâne* cerco di ficcarglielo in testa → **fourrer, mettre** ◇ (*loc. fig.*) *enfoncer le clou* battere il chiodo ◇ [*mettre* (*un chapeau*) *de telle façon que la tête y entre profondément*] calcare: *un béret enfoncé jusqu'aux oreilles* un berretto calcato sulle orecchie **2** (*fig.*) [*entraîner, pousser* (*dans une situation comparable à un fond, à un abîme*)] trascinare, sprofondare: *enfoncer qqn. dans l'erreur* trascinare, sprofondare qc. nell'errore **3** [*briser, faire plier en poussant, en pesant*] sfondare → **défoncer, forcer** ◇ (*loc. fig.*) *enfoncer une porte ouverte* sfondare una porta aperta **4** [*forcer* (*une troupe*) *à plier sur toute la ligne*] sbaragliare, travolgere (196) → **culbuter** ◇ (*fam.*) [*battre, surpasser en faisant preuve d'une très grande supériorité*] annientare (*cour.*), travolgere (*cour.*): *on les a enfoncés, les fameux champions!* li abbiamo annientati, i famosi campioni! **B** *v.intr.* [*aller vers le fond, pénétrer jusqu'au fond*] sprofondare (*aux.* essere), affondare (*aux.* essere): *les roues avaient enfoncé dans le sable, la vase* le ruote erano sprofondate nella sabbia, nel fango **C** *v.pron.* S'ENFONCER **1** *intr.* [*aller vers le fond, vers le bas*] affondare (*intr.*): *le navire s'enfonçait lentement* la nave affondava lentamente → **enliser (s')**, 2 **couler, sombrer** **2** *intr.* [*pénétrer profondément*] *la vis s'enfonce dans le bois* la vite penetra *intr.* nel legno **3** *réfl.* [*s'installer tout au fond*] sprofondarsi: *elle s'est enfoncée dans son fauteuil* si è sprofondata nella (sua) poltrona **4** *intr.* (*fig.*) [*être entraîné de plus en plus bas; se ruiner*] traviarsi, cadere (121) *intr.* sempre più in basso **5** *intr.* [*pénétrer, s'engager bien avant dans*] addentrarsi, inoltrarsi: *s'enfoncer dans un bois* addentrarsi in un bosco → **avancer (s')** ◇ (*fig.*) immergersi (114): *s'enfoncer dans sa rêverie* immergersi nelle proprie fantasticherie → **plonger (se).**

enfonceur, euse |ɑ̃fɔ̃sœr, øz| (*s.*) *enfonceur de porte*(*s*) *ouverte*(*s*) [*personne qui a l'habitude d'enfoncer une porte ouverte, de démontrer des évidences*] chi sfonda una porta aperta *loc.*, spaccone.

enfouir |ɑ̃fwir| **A** *v.tr.* [*mettre sous terre*] sotterrare, seppellire (197): *on n'a pas retrouvé le trésor qu'ils avaient enfoui* non si è ritrovato il tesoro che avevano sotterrato, sepolto → **enterrer** ◇ *loc.* ENFOUIR SOUS, DANS (QQCH.) seppellire, nascondere (159) sotto, in q.c.: *des braises enfouies sous la cendre* brace sepolta sotto la cenere; *enfouir ses mains dans ses poches* nascondere, sprofondare le mani in tasca ◇ (*fig.*) *enfouir ses talents* non sfruttare il proprio talento **B** *v.pron.réfl.* S'ENFOUIR [*se mettre par-dessous*] cacciarsi, nascondersi sotto: *s'enfouir sous ses draps* cacciarsi sotto le lenzuola.

enfouissement |ɑ̃fwismɑ̃| *s.m.* [→ ENFOUIR A] sotterramento, seppellimento.

enfouisseur |ɑ̃fwisœr| *s.m.* (*agric.*) sovesciatore.

enfourchement |ɑ̃furʃəmɑ̃| *s.m.* (*archit.*) spigolo ◇ (*menuis.*) commettitura *f.*

enfourcher |ɑ̃furʃe| *v.tr.* [*se mettre à califourchon sur*] inforcare: *enfourcher sa bicyclette* inforcare la bicicletta ◇ (*fam.*) *enfourcher son dada* [*reprende son sujet favori*] ribattere il chiodo.

enfournage |ɑ̃furnaʒ|, **enfournement** |ɑ̃furnəmɑ̃| *s.m.* **1** [→ ENFOURNER A 1] infornata *f.* **2** (*techn.*) infornatura *f.*

enfourner |ɑ̃furne| **A** *v.tr.* **1** [*mettre dans un four* (*du pain, un aliment, des poteries*)] infornare **2** (*fam.*) [*introduire, fourrer*] cacciare (*cour.*), ficcare (*cour.*): *il l'enfourna dans un taxi* lo cacciò, ficcò in un taxi **B** *v.pron.réfl.* S'ENFOURNER [→ *tr.* 2] infilarsi: *s'enfourner dans le métro* infilarsi nella metropolitana.

enfourneur |ɑ̃furnœr| *s.m.* [*ouvrier chargé des opérations d'enfournage*] infornatore.

enfreindre |ɑ̃frɛ̃dr(ə)| (66) *v.tr.* (*littér.*) [*ne pas respecter un engagement, une loi*] infrangere (165), trasgredire (197) *tr. et intr.* (a) → **transgresser, violer.**

enfuir (s') |ɑ̃fɥir| (22) *v.pron.intr.* **1** [*s'éloigner en fuyant, ou en hâte*] fuggire (*intr.*): *le prisonnier s'est enfui* il prigioniero è fuggito → **échapper (s'), filer, sauver (se)** **2** (*fig., poét.*) [*s'écou-*

ler, disparaître] fuggire (*cour.*), svanire (197) *intr.* (*cour.*): *le temps s'enfuit* il tempo fugge, svanisce → 1 **passer.**

enfumage |ɑ̃fymaʒ| *s.m.* (*apic.*) affumicatura *f.*

enfumer |ɑ̃fyme| *v.tr.* [*remplir ou environner de fumée*] affumicare: *le poêle enfumait la chambre* la stufa affumicava la stanza ◇ (*apic.*) *enfumer une ruche* affumicare un alveare.

enfutailler |ɑ̃fytɑje|, **enfûter** |ɑ̃fyte| *v.tr.* (*techn.*) [*mettre en fût, en futaille* (*du vin, du cidre*)] imbottare.

engagé, ée |ɑ̃gaʒe| *adj.* **1** [*mis par son engagement au service d'une cause*] impegnato: *un écrivain engagé* uno scrittore impegnato **2** [*qui s'est engagé dans l'armée*] arruolato, reclutato ✦ (*s.*) *les engagés et les appelés* i volontari e i coscritti **3** (*archit.*) *colonne engagée* mezza colonna.

engageant, ante |ɑ̃gaʒɑ̃, ɑ̃t| *adj.* [*qui attire, donne envie d'entrer en relations*] attraente; allettante: *un sourire engageant* un sorriso attraente → **attirant, séduisant** || *paroles, propositions engageantes* parole, proposte allettanti.

engagement |ɑ̃gaʒmɑ̃| *s.m.* **1** [*le fait de donner en gage*] l'impegnare *inv.*, il dare *inv.* in pegno **2** [→ ENGAGER B 1] impegno: *respecter ses engagements* rispettare i propri impegni **3** (*milit.*) ferma *f.*, arruolamento ◇ [*contrat par lequel certaines personnes louent leurs services*] assunzione *f.*; ingaggio*, scrittura (*f.*): *engagement d'un domestique* assunzione di un domestico || *engagement d'un acteur* scrittura di un attore **4** [*état d'une chose engagée dans une autre*] introduzione *f.*, inserimento **5** [*combat localisé et de courte durée*] scontro, scaramuccia* (*f.*): *blessé au cours d'un engagement de patrouilles* ferito durante uno scontro di pattuglie **6** [*attitude d'un intellectuel, d'un artiste qui s'engage dans l'action sociale, politique*] impegno.

engager |ɑ̃gaʒe| (3) **A** *v.tr.* **I** **1** [*mettre, donner* (*qqch.*) *en gage*] impegnare: *elle a dû engager ses bijoux* ha dovuto impegnare i gioielli **2** [*lier* (*qqn.*) *par une promesse ou une convention*] impegnare: *cela ne m'engage à rien* la cosa non mi impegna minimamente **3** [*recruter*] reclutare ◇ [*attacher à un service*] assumere (118), ingaggiare: *l'hôtel a engagé un nouveau cuisinier* l'albergo ha assunto un nuovo cuoco → **embaucher** **II** **1** [*faire entrer dans qqch. qui retient, dans un lieu difficile*] introdurre (108), inserire (197): *engager la clef dans la serrure* introdurre la chiave nella serratura → **introduire, mettre** # *engager le vaisseau dans une passe* far entrare la nave in un canale; *il a mal engagé sa voiture* ha posteggiato male la macchina ◇ (*escrime*) *engager le fer* incrociare le armi **2** (*fig.*) [*mettre en train, commencer*] iniziare, (in)cominciare: *engager la conversation* iniziare la conversazione, attaccare discorso **3** [*faire entrer* (*dans une situation qui ne laisse pas libre*)] coinvolgere (196); investire: *le conflit où le gouvernement a engagé le pays* il conflitto in cui il governo ha coinvolto il paese → **aventurer, embarquer** || *engager des capitaux dans une affaire* investire dei capitali in un affare → 2 **investir** ◇ (*turf*) *il a engagé deux chevaux dans le grand prix* ha iscritto due cavalli al gran premio **4** [*tenter d'amener* (*à quelque décision ou action*)] esortare, incitare: *je vous engage à la prudence* vi esorto alla prudenza → **appeler, exhorter, inciter** **B** *v.pron.* S'ENGAGER **1** *réfl.* [*se lier par une promesse, une convention*] impegnarsi: *s'engager à fournir de l'argent pour une entreprise* impegnarsi a fornire del denaro per un'impresa → **promettre** **2** *réfl.* [*contracter un engagement dans l'armée*] arruolarsi: *il s'est engagé dans l'aviation* si è arruolato in aviazione ◇ [*entrer au service de qqn.*] impiegarsi: *il s'est engagé comme chauffeur* si è impiegato, si è fatto assumere come autista **3** *intr.* (*mécan.*) [*entrer, se loger*] inserirsi: *tube qui s'engage dans une ouverture* tubo che si inserisce in un'apertura **4** *réfl.* [*s'introduire, pénétrer*] introdursi, penetrare (*intr.*): *il s'engagea dans un jardin* si introdusse in un giardino ◇ [*commencer à pénétrer*] *s'engager dans une voie* immettersi (155) in una strada **5** *réfl.* [*s'aventurer, se lancer*] avventurarsi, imbarcarsi Ⓒ A II 1 **dégager, retirer.**

engainer |ɑ̃gene| *v.tr.* [*mettre dans une gaine*] inguainare: *engainer un poignard* inguainare un pugnale ◇ (*par anal., bot.*) inguainare ✦ (*au p.p.*) *tiges engainées* steli guainati.

engazonnement |ɑ̃gɑzɔnmɑ̃| *s.m.* [→ ENGAZONNER] inerbimento, impiotamento.

engazonner |ɑ̃gɑzɔne| *v.tr.* [*ensemencer d'herbe*] inerbire (197) → **enherber.**

engeance |ɑ̃ʒɑ̃s| *s.f.* (*péj.*) [*catégorie de personnes méprisables*] genia.

engelure |ɑ̃ʒlyʀ| *s.f.* [*enflure douloureuse des mains ou des pieds, due au froid*] gelone *m.*

engendrement |ɑ̃ʒɑ̃dʀəmɑ̃| *s.m.* [→ ENGENDRER] procreazione *f.*, generazione *f.*

engendrer |ɑ̃ʒɑ̃dʀe| *v.tr.* **1** (*se dit de l'homme qui produit un enfant*) generare → **procréer** **2** (*fig.*) [*faire naître, avoir pour effet*] generare, far (103) *intr.* sorgere: *l'oisiveté engendre l'ennui* l'ozio genera la noia; *engendrer des querelles* far sorgere, provocare delle contese → **produire** # *votre ami n'engendre pas la mélancolie* quel vostro amico non dà certo malinconia ◇ (*géom.*) *droite qui engendre un cône* retta che genera un cono.

engerbage |ɑ̃ʒɛʀbaʒ| *s.m.* (*agric.*) affastellamento.

engerber |ɑ̃ʒɛʀbe| *v.tr.* (*agric.*) [*gerber*] affastellare, ammannare.

engin |ɑ̃ʒɛ̃| *s.m.* **1** arnese: *engins de chasse, de pêche* arnesi da caccia, da pesca **2** [*appareil, machine d'usage bien défini*] apparecchio, macchina (*f.*): *engins de levage, de manutention* apparecchi di sollevamento, macchine per manutenzione **3** (*milit.*) ordigno; mezzo: *engins de guerre* ordigni bellici || *engins blindés* mezzi blindati ◇ (*par ext.*) pezzo d'artiglieria, bocca* *f.* da fuoco **4** (*astronautique, milit.*) missile: *engins sol-sol, sol-air, air-sol, air-air* missili terra-terra, terra-aria, aria-terra, aria-aria.

engineering |ɛnʒinəʀiŋ, ɛnʒiniʀiŋ| *s.m.* (*angl.*) → **ingénierie** (*t. recomm.*).

englober |ɑ̃glɔbe| *v.tr.* **1** [*faire entrer dans un ensemble déjà existant*] annettere (112): *englober un territoire dans un autre* annettere un territorio a un altro → **annexer, joindre** **2** [*réunir en un tout* (*plusieurs choses ou personnes*)] conglobare: *englober tous ses griefs en une seule accusation* conglobare tutte le proprie lagnanze in una sola accusa Ⓒ 2 **séparer.**

engloutir |ɑ̃glutiʀ| *v.tr.* **1** [*avaler gloutonnement*] ingoiare, inghiottire (197): *engloutir la viande sans la mâcher* ingoiare la carne senza masticarla → **dévorer** ✦ *absolt.* [*s'empiffrer*] rimpinzarsi *pron.* **2** (*fig.*) dilapidare, dissipare: *il a englouti son héritage en moins d'un an* ha dilapidato l'eredità in meno di un anno → **gaspiller** **3** [*faire disparaître brusquement*] inghiottire: *le chalutier a été englouti dans la tempête* il peschereccio è stato inghiottito dalla tempesta.

engloutissement |ɑ̃glutismɑ̃| *s.m.* [→ ENGLOUTIR 3] inghiottimento # *l'engloutissement d'un navire* l'inabissarsi di una nave.

engluage |ɑ̃glyaʒ|, **engluement** |ɑ̃glymɑ̃| *s.m.* [→ ENGLUER] impaniatura *f.*, invischiamento.

engluer |ɑ̃glye| *v.tr.* **1** [*prendre à la glu* (*un oiseau*)] invischiare **2** [*enduire de glu, d'une matière gluante*] invischiare, impaniare.

engobage |ɑ̃gɔbaʒ| *s.m.* (*techn.*) l'ingobbiare *inv.*

engobe |ɑ̃gɔb| *s.m.* (*techn.*) ingobbio*.

engober |ɑ̃gɔbe| *v.tr.* (*techn.*) [*revêtir d'un engobe*] ingobbiare.

engommage |ɑ̃gɔmaʒ| *s.m.* (*techn.*) gommatura *f.*

engommer |ɑ̃gɔme| *v.tr.* (*techn.*) [*enduire de gomme*] gommare.

engoncer |ɑ̃gɔ̃se| (2) *v.tr.* (*se dit d'un vêtement qui fait paraître le cou enfoncé dans les épaules*) infagottare, insaccare: *ce manteau l'engonce* questo cappotto la infagotta.

engorgement |ɑ̃gɔʀʒəmɑ̃| *s.m.* [*état d'un conduit engorgé*] ingorgo*, intasamento ◇ (*méd.*) ingorgo: *engorgement laiteux* ingorgo mammario ◇ (*fig.*) *engorgement d'un marché* saturazione *f.* di un mercato.

engorger |ɑ̃gɔʀʒe| (3) *v.tr.* **1** [*obstruer* (*un conduit, un passage*)] intasare, ostruire (197): *vase qui engorge un canal* fango che intasa un canale → 1 **boucher** **2** (*méd.*) [*provoquer l'engorgement d'un organe*] occludere (106), ostruire Ⓒ 1 **dégorger.**

engouement |ɑ̃gumɑ̃| *s.m.* **1** [→ ENGOUER (s')] infatuazione (*f.*): *engouement pour un artiste, une idée* infatuazione per un artista, un'idea → **emballement** **2** (*méd.*) ostruzione *f.*, occlusione *f.*

engouer (s') |ɑ̃gwe| *v.pron.intr.* (*fig.*) [*se prendre d'une passion pour qqn. ou qqch.*] infatuarsi: *le public s'était engoué de ce chanteur* il pubblico si era infatuato di quel cantante → 2 **emballer** (s') Ⓒ **dégoûter (se).**

engouffrer |ɑ̃gufʀe| **A** *v.tr.* **1** (*fam.*) [*manger avidement et en grande quantité*] sbafare, ingollare **2** (*fig.*) [*engloutir*] inghiottire (197), assorbire (204): *il a engouffré la fortune de sa famille* ha inghiottito la fortuna della famiglia **B** *v.pron.intr.* S'ENGOUFFRER [*se précipiter avec violence dans un passage*] riversarsi ◇ (*sujet de personne*) riversarsi, precipitarsi: *la foule qui s'engouffre dans le métro* la folla che si riversa nella metropolitana.

engoulevent |ɑ̃gulvɑ̃| *s.m.* (*t.zool.*) ingoiavento *inv.*, succiacapre *inv.*
engourdi, ie |ɑ̃guʀdi| *adj.* [*qui est dans un état d'engourdissement*] intorpidito: *il avait les mains engourdies* aveva le mani intorpidite → **gourd, lent.**
engourdir |ɑ̃guʀdiʀ| **A** *v.tr.* **1** [*priver* (*un membre, le corps*) *de mobilité et de sensibilité*] intorpidire (197): *le froid engourdit ses mains* il freddo gli intorpidisce le mani → **paralyser** ✦ (*au p.p.*) *se sentir les jambes engourdies* sentirsi le gambe intorpidite **2** [*ralentir les fonctions vitales*] intorpidire: *l'âge engourdit le corps* gli anni intorpidiscono il corpo → **appesantir B** *v.pron. intr.* S'ENGOURDIR [*perdre sa mobilité, sa sensibilité*] intorpidirsi Ⓒ A 1 **dégourdir.**
engourdissement |ɑ̃guʀdismɑ̃| *s.m.* [*état* (*d'un membre*) *qui s'est engourdi*] intorpidimento → **torpeur.**
1 **engrais** |ɑ̃gʀɛ| *s.m.* [*substance que l'on mêle au sol pour le fertiliser*] concime, fertilizzante: *engrais végétaux, chimiques* concimi vegetali, fertilizzanti chimici.
2 **engrais** |ɑ̃gʀɛ| *s.m.* [*engraissement des animaux*] ingrasso: *mettre des bovins à l'engrais* mettere dei buoi all'ingrasso.
engraissement |ɑ̃gʀɛsmɑ̃| *s.m.* [→ ENGRAISSER A] ingrassamento.
engraisser |ɑ̃gʀese| **A** *v.tr.* [*rendre gras, faire grossir* (*des animaux*)] ingrassare: *engraisser du bétail pour la boucherie* ingrassare bestiame destinato al macello **B** *v.intr.* (*aux. 'avoir, être'*) [*devenir gras, prendre de l'embonpoint*] ingrassare (*aux.* essere): *il a, il est engraissé* è ingrassato → **grossir C** *v. pron.intr.* S'ENGRAISSER [*devenir gras et prospère*] ingrassarsi: *s'engraisser de la sueur du peuple* ingrassarsi alle spalle del popolo Ⓒ B **maigrir.**
engraisseur |ɑ̃gʀɛsœʀ| *s.m.* [*celui dont le métier est d'engraisser les bestiaux*] addetto all'ingrasso (del bestiame).
engramme |ɑ̃gʀam| *s.m.* (*psycho.*) engramma.
engrangement |ɑ̃gʀɑ̃ʒmɑ̃| *s.m.* [→ ENGRANGER] il riporre *inv.* nel granaio.
engranger |ɑ̃gʀɑ̃ʒe| (3) *v.tr.* [*mettre en grange*] riporre (168) nel granaio ◇ (*fig.*) [*mettre en réserve*] immagazzinare → **emmagasiner.**
1 **engraver** |ɑ̃gʀave| *v.tr.* (*techn.*) [*entailler* (*le plomb d'une gouttière, d'une lucarne*)] incidere (130) ◇ [*clouer par l'extrémité* (*une bande de plomb*)] inchiodare.
2 **engraver** |ɑ̃gʀave| **A** *v.tr.* [*échouer* (*une embarcation*) *sur un fond de sable, de gravier*] far (103) *intr.* arenare, far *intr.* incagliare **B** *v.pron. intr.* S'ENGRAVER [→ *tr.*] arenarsi, incagliarsi → **ensabler (s').**
engrêlé, ée |ɑ̃gʀele| *adj.* (*blas.*) spinato → **dentelé.**
engrêlure |ɑ̃gʀelyʀ| *s.f.* [*petit entre-deux de dentelle, à jours étroits*] smerlo *m.* ◇ (*blas.*) spinatura.
engrenage |ɑ̃gʀənaʒ| *s.m.* **1** (*mécan., cour.*) ingranaggio*: *engrenages à vis sans fin* ingranaggi a vite senza fine **2** (*fig.*) [*enchaînement de circonstances où l'on est pris*] ingranaggio: *il est pris dans l'engrenage de la violence* è preso nell'ingranaggio, nella spirale della violenza.
1 **engrener** |ɑ̃gʀəne| (6) *v.tr.* [*mettre en liaison* (*deux roues dentées*) *pour réaliser un engrenage*] ingranare: *roue qui engrène bien sur une autre* ruota che ingrana bene con un'altra ◇ (*fig.*) [*entraîner dans un engrenage*] ingranare *intr.*
2 **engrener** |ɑ̃gʀəne| (6) *v.tr.* (*techn.*) [*emplir de grain*] riempire di grano: *engrener la trémie d'un moulin* riempire di grano la tramoggia di un mulino ◇ (*par anal.*) *engrener une batteuse* riempire di grano una trebbiatrice.
engreneur |ɑ̃gʀənœʀ| *s.m.* (*techn.*) alimentatore meccanico* ◇ [*ouvrier chargé d'engrener une batteuse*] trebbiatore* *s.*
engrenure |ɑ̃gʀənyʀ| *s.f.* (*mécan.*) ingranaggio* *m.*, indentatura ◇ (*anat.*) sutura.
engrois |ɑ̃gʀwa(ɑ)| *s.m.* (*techn.*) cuneo, bietta *f.*
engrosser |ɑ̃gʀose| *v.tr.* (*vulg.*) [*rendre grosse, enceinte*] mettere (155) incinta (*cour.*), ingravidare (*cour.*).
engueulade |ɑ̃gœlad| *s.f.*, **engueulement** |ɑ̃gœlmɑ̃| *s.m.* (*vx., pop.*) [→ ENGUEULER A] lavata *f.* di capo (*cour.*), strapazzata *f.* (*cour.*): *passer une engueulade à qqn.* dare una lavata di capo a qc. ◇ [→ ENGUEULER B] lite *f.* # *ils ont eu une engueulade* [*une dispute*] si sono accapigliati.
engueuler |ɑ̃gœle| (*fam.*) **A** *v.tr.* [*réprimander*; *invectiver grossièrement et bruyamment*] strapazzare; ingiuriare (*cour.*) # *engueuler qqn. comme du poisson pourri* trattare qc. a pesci in faccia **B** *v.pron. récipr.* S'ENGUEULER [→ *tr.*] coprirsi (186) d'insulti (*cour.*), insultarsi: *les deux conducteurs se sont engueulés un bon coup* i due conducenti si sono coperti d'insulti, insultati per un bel pezzo Ⓒ A **complimenter.**
enguirlander |ɑ̃giʀlɑ̃de| *v.tr.* **1** [*orner de guirlandes, comme de guirlandes*] inghirlandare **2** (*fam.*) [*attraper* (*qqn.*)] dare (102) una strapazzata a (qc.).
enhardir |ɑ̃aʀdiʀ| **A** *v.tr.* [*rendre hardi, plus hardi*] imbaldanzire (197): *ses premiers succès l'avaient enhardi* i suoi primi successi l'avevano imbaldanzito → **encourager B** *v.pron.intr.* S'ENHARDIR [→ *tr.*] farsi (103) coraggio, imbaldanzirsi ◇ (*loc.*) *s'enhardir jusqu'à* (+ *inf.*) permettersi di (+ *inf.*), osare (+ *inf.*).
enharmonie |ɑ̃naʀmɔni| *s.f.* (*mus.*) enarmonia.
enharmonique |ɑ̃naʀmɔnik| *adj.* (*mus.*) enarmonico*.
enherber |ɑ̃nɛʀbe| *v.tr.* [*engazonner* (*un terrain*) *dont on veut faire un herbage*] inerbare.
énième |enjɛm| *adj. et s.* → **nième.**
énigmatique |enigmatik| *adj.* enigmatico*: *un sourire énigmatique* un sorriso enigmatico → **étrange, mystérieux, obscur.**
énigmatiquement |enigmatikmɑ̃| *adv.* (*rare*) [→ ÉNIGMATIQUE] enigmaticamente (*cour.*).
énigme |enigm(ə)| *s.f.* enigma *m.* ◇ (*loc.*) *trouver le mot de l'énigme*: (*pr.*) trovare la soluzione dell'enigma; (*fig.*) trovare il bandolo (della matassa) ~ *parler par énigmes* parlare per enigmi.
enivrant, ante |ɑ̃nivʀɑ̃, ɑ̃t| *adj.* inebriante: *un succès enivrant* un successo inebriante → **grisant.**
enivrement |ɑ̃nivʀəmɑ̃| *s.m.* [*sorte d'ivresse agréable, d'exaltation voluptueuse*] ebbrezza (*f.*): *il était encore dans l'enivrement de son succès* viveva ancora nell'ebbrezza del successo → **griserie.**
enivrer |ɑ̃nivʀe| **A** *v.tr.* **1** [*rendre ivre*] ubriacare → **griser, soûler 2** (*fig.*) [*remplir d'une sorte d'ivresse, d'une excitation*] inebriare: *sa beauté m'enivrait* la sua bellezza mi inebriava → **exalter, exciter B** *v.pron. intr.* S'ENIVRER **1** [*mettre en état d'ivresse*] ubriacarsi **2** [→ *tr.* 2] inebriarsi.
enjambée |ɑ̃ʒɑ̃be| *s.f.* [*grand pas*] falcata, passo (*m.*): *il les a rejoints en quelques enjambées* li ha raggiunti con poche falcate ◇ (*loc.*) *d'une enjambée*: (*pr.*) con una sola falcata; (*fig.*) [*en une seule fois, d'un coup*] in una sola volta.
enjambement |ɑ̃ʒɑ̃bmɑ̃| *s.m.* (*versif.*) 'enjambement' *inv.* → 1 **rejet.**
enjamber |ɑ̃ʒɑ̃be| **A** *v.tr.* [*franchir* (*un obstacle*) *en étendant la jambe*] saltare, scavalcare: *enjamber un fossé, le ruisseau* saltare un fosso, il ruscello → **sauter**; *pont qui enjambe un fleuve* ponte che scavalca, attraversa un fiume → **franchir** # *enjamber deux marches à la fois* fare le scale a due a due **B** *v. intr.* [*empiéter*] sporgere (167) (*aux.* essere) su: *cette poutre enjambe sur le mur du voisin* questa trave sporge sul muro del vicino.
enjaveler |ɑ̃ʒavle| (4) *v.tr.* (*agric.*) [*mettre* (*le blé*) *en javelles*] ammannare.
enjeu |ɑ̃ʒø| *s.m.* [*argent que l'on met en jeu*] posta (*f.*): *on nous proposa de doubler notre enjeu* ci fu proposto di raddoppiare la posta ◇ (*fig.*) *voilà l'enjeu du conflit* ecco la posta in gioco nel conflitto.
enjoindre |ɑ̃ʒwɛ̃dʀ(ə)| (61) *v.tr.* (*littér.*) [*ordonner expressément*] ingiungere (150), intimare → **prescrire.**
enjôler |ɑ̃ʒole| *v.tr.* [*prendre, abuser par de belles paroles*] abbindolare, raggirare: *il l'enjôla par ses beaux discours* lo abbindolò, lo raggirò con i suoi bei discorsi → **attraper, séduire.**
enjôleur, euse |ɑ̃ʒolœʀ, øz| *s.* [*personne qui enjôle*] abbindolatore* → **trompeur** ✦ *adj.* [*charmeur, séduisant*] lusingatore*: *un sourire enjôleur* un sorriso lusingatore.
enjolivement |ɑ̃ʒɔlivmɑ̃| *s.m.*, **enjolivure** |ɑ̃ʒɔlivyʀ| *s.f.* [*ornement destiné à enjoliver*] abbellimento *m.* ◇ [*addition destinée à enjoliver*] orpello *m.*, svolazzo *m.*
enjoliver |ɑ̃ʒɔlive| *v.tr.* [*orner de façon à rendre plus joli*] abbellire (197) → 1 **parer** ◇ (*fig.*) *il a enjolivé son récit* ha abbellito il suo racconto → **broder** Ⓒ **enlaidir.**
enjoliveur |ɑ̃ʒɔlivœʀ| *s.m.* (*auto., cour.*) coppa *f.* (della ruota), copri-mozzo *inv.*
enjolivure |ɑ̃ʒɔlivyʀ| *s.f.* → **enjolivement.**
enjoué, ée |ɑ̃ʒwe| *adj.* [*qui a de l'enjouement*] gaio*, allegro: *une voix enjouée* una voce gaia → **aimable, gai** Ⓒ **triste.**
enjouement |ɑ̃ʒumɑ̃| *s.m.* (*littér.*) [*disposition à une gaieté aimable*] letizia *f.*, gaiezza *f.* → **entrain.**

enjuiver |ɑ̃ʒɥive| *v.tr.* (*péj.*) [*pénétrer de l'influence juive*] ebraizzare.
enkysté, ée |ɑ̃kiste| *adj.* (*pathol.*) incistato.
enkystement |ɑ̃kistəmɑ̃| *s.m.* (*pathol.*) incistamento.
enkyster (s') |ɑ̃kiste| *v.pron.réfl.* (*pathol.*) [*s'enfermer dans un kyste*] incistarsi.
enlacement |ɑ̃lasmɑ̃| *s.m.* (*littér.*) [→ ENLACER 2] abbraccio*, amplesso → **embrassement.**
enlacer |ɑ̃lase| (2) *v.tr.* **1** [*entourer plusieurs fois en serrant*] avviluppare, avvinghiare: *lierre qui enlace un chêne* edera che avviluppa una quercia **2** [*serrer dans ses bras*] abbracciare, stringere (131) → **étreindre.**
enlaidir |ɑ̃lediʀ| **A** *v.tr.* [*rendre ou faire paraître laid*] imbruttire (197), rendere (105) brutto: *la maternité l'a déformée et enlaidie* la maternità l'ha sformata e imbruttita→ **défigurer** ✦ (*absolt.*) *la colère enlaidit* la collera imbruttisce **B** *v.intr.* [*devenir laid*] imbruttire (*aux.* essere): *j'ai trouvé qu'elle avait enlaidi* mi è parso che fosse imbruttita [C] A **embellir.**
enlaidissement |ɑ̃ledismɑ̃| *s.m.* [→ ENLAIDIR] imbruttimento.
enlevage |ɑ̃lvaʒ| *s.m.* **1** (*techn.*) decolorazione *f.* **2** (*aviron*) volata *f.*
enlevé, ée |ɑ̃lve| *adj.* [*exécuté avec brio*] eseguito, realizzato (con estro, maestria): *une scène magistralement enlevée* una scena eseguita, realizzata magistralmente.
enlèvement |ɑ̃lɛvmɑ̃| *s.m.* **1** [→ ENLEVER III 3] rapimento, ratto: *enlèvement d'enfant* rapimento di bambino; *enlèvement de mineur* ratto di minore → **kidnappage 2** [*action d'enlever une position milit.*] espugnazione *f.*, presa *f.* **3** [*action d'enlever des objets*] ritiro; raccolta (*f.*): *l'enlèvement des bagages, des marchandises* il ritiro dei bagagli, della merce ‖ *l'enlèvement des ordures menagères* la raccolta delle immondizie ◇ (*dr.*) *enlèvement de pièces* sottrazione *f.* di documenti.
enlever |ɑ̃lve| (6) *v.tr.* **I 1** [*porter vers le haut*] sollevare → 1 **lever, soulever 2** [*faire bondir ou partir à toute allure* (*un cheval*)] spingere (119) al galoppo **II 1** [*faire qu'une chose ne soit plus là où elle était*] togliere (123) → **ôter, retirer** ◇ [*en déplaçant*] togliere, rimuovere (157); portar via: *enlever un fauteuil du salon pour le mettre dans la chambre* togliere una poltrona dal salotto per metterla in camera ‖ *enlever les ordures* portar via le immondizie ◇ [*un vêtement*] togliere: *enlever son chapeau* togliere il cappello ◇ [*en séparant, en supprimant*] togliere, staccare: *on lui a enlevé les amygdales* gli hanno tolto le tonsille; *enlever une étiquette* togliere, staccare un'etichetta → 1 **détacher**; *enlever une tache* togliere una macchia → **effacer 2** (*fig.*) [*priver de* (*qqch. d'ordre moral*)] togliere: *vous m'enlevez tout espoir* mi togliete ogni speranza **III 1** [*prendre avec soi*] portar (via) (con sé): *les déménageurs viennent enlever les meubles* gli operai vengono a portar via i mobili → **emporter 2** [*s'assurer de*] assicurarsi *pron.*, ottenere (188): *enlever les suffrages de qqn.* assicurarsi i voti di qc. # *enlever une course* [*la gagner*] vincere una corsa **3** [*soustraire* (*une personne*) *à l'autorité de ceux qui en ont la garde*] rapire (197): *enlever un enfant* rapire un bambino → **ravir, kidnapper**; *enlever sa bien-aimée* rapire la donna amata.
enlevure |ɑ̃lvyʀ| *s.f.* (*techn.*) rilievo *m.*
enlier |ɑ̃lje| *v.tr.* (*maçonn.*) [*engager* (*des matériaux*) *les uns dans les autres*] commettere (155).
enlisement |ɑ̃lizmɑ̃| *s.m.* [→ ENLISER] sprofondamento (nel fango, nelle sabbie mobili), l'impantanarsi *inv.*
enliser |ɑ̃lize| **A** *v.tr.* [*enfoncer en terrain marécageaux*] sprofondare, affondare (nelle sabbie mobili, nel fango) → **embourber B** *v.pron.intr.* S'ENLISER [→ *tr.*] impantanarsi: *la voiture s'est enlisée* l'automobile si è impantanata ◇ (*fig.*) *s'enliser dans la médiocrité* sprofondare nella mediocrità; *les petits travaux quotidiens où s'enlise notre vie* i piccoli lavori quotidiani in cui si trova immersa la nostra vita.
enluminer |ɑ̃lymine| *v.tr.* **1** [*orner d'enluminures*] miniare **2** [*colorer vivement*] colorire (197).
enlumineur, euse |ɑ̃lyminœʀ, øz| *s.* [*artiste spécialisé dans l'enluminure*] miniatore* → **miniaturiste.**
enluminure |ɑ̃lyminyʀ| *s.f.* [*lettre, dessin ornant d'anciens manuscrits; l'art d'enluminer*] miniatura.
ennéacorde |e(ɛn)neakɔʀd(ə)| *s.m.* (*mus.*) enneacordo.
ennéade |e(ɛn)nead| *s.f.* enneade.
ennéagonal, ale, aux |e(ɛn)neagɔnal, o| *adj.* (*géom.*) ennagonale.
ennéagone |e(ɛn)neagɔn| *s.m.* (*géom.*) ennagono ✦ (*adj.*) *figure ennéagone* figura ennagonale.
ennéasyllabe |e(ɛn)neasilab| *adj.* (*versif.*) enneasillabo ✦ (*s.m.*) *un ennéasyllabe* un enneasillabo.
enneigé, ée |ɑ̃neʒe| *adj.* [*couvert de neige*] innevato: *col enneigé* passo innevato.
enneigement |ɑ̃nɛʒmɑ̃| *s.m.* [*état d'un endroit enneigé*] innevamento # *bulletin d'enneigement* bollettino della neve.
ennemi, ie |ɛnmi| *s.* **I 1** nemico*: *c'est son ennemi mortel* è il suo nemico mortale; *c'est son pire ennemi* è il suo peggior nemico; *un ennemi du genre humain* un nemico del genere umano; *les ennemis de l'Église* i nemici della Chiesa → **adversaire 2** [*toute chose qu'on juge contraire à son bien*] nemico: *le bruit est l'ennemi de notre époque* il rumore è il nemico del nostro tempo; *le mieux est l'ennemi du bien* il meglio è nemico del bene **II** *au plur. ou au sing. collectif* [*ceux contre lesquels on est en guerre*] nemico: *tomber entre les mains de l'ennemi* cadere nelle mani del nemico; *passer à l'ennemi* passare al nemico → **déserter** ✦ (*adj.*) *en pays ennemi* in territorio nemico; *l'armée ennemie, les canons ennemis* l'esercito nemico, i cannoni nemici [C] I **ami**; II **allié.**
ennoblir |ɑ̃nɔbliʀ| *v.tr.* [*conférer un caractère de noblesse*] nobilitare.
ennoblissement |ɑ̃nɔblismɑ̃| *s.m.* (*rare*) [*fait d'être ennobli*] nobilitamento, nobilitazione *f.*
ennuager (s') |ɑ̃nɥaʒe| (3) *v.pron. intr.* [*se couvrir de nuages*] annuvolarsi: *le ciel s'ennuage* il cielo si annuvola.
ennui |ɑ̃nɥi| *s.m.* **1** [*peine, contrariété qu'on éprouve*] difficoltà *f. inv.*, noia (*f.*): *se créer des ennuis* crearsi delle difficoltà; *avoir des ennuis d'argent* avere difficoltà, noie finanziarie; *tu ne crains pas qu'on te fasse des ennuix?* non hai paura che ti facciano delle difficoltà? → **préoccupation,** 1 **souci** # *l'ennui, c'est que...* il guaio, la seccatura è che... ◇ (*prov.*) *un ennui ne vient jamais seul* le disgrazie non vengono mai sole **2** [*impression de vide, de lassitude*] noia: *quelle soirée; on a failli mourir d'ennui!* che serata; per poco non morivamo di noia! **3** (*littér.*) [*mélancolie vague, lassitude morale*] abbattimento **4** (*vx.*) [*tristesse profonde, grand chagrin*] afflizione *f.*, tormento.
ennuyant, ante |ɑ̃nɥijɑ̃, ɑ̃t| *adj.* (*region., vieilli*) → **ennuyeux.**
ennuyé, ée |ɑ̃nɥije| *adj.* [*contrarié*] preoccupato, seccato: *je suis bien ennuyé, ils devraient être déjà là* sono molto preoccupato, dovrebbero essere già qui; *il avait l'air très ennuyé* sembrava molto preoccupato, seccato.
ennuyer |ɑ̃nɥije| (11) **A** *v.tr.* **1** [*causer du souci, de la contrariété à qqn.*] preoccupare; seccare: *ça m'annuie, cette petite fièvre* mi preoccupa questa febbriciattola; *il a l'air ennuyé* sembra preoccupato → **préoccuper, inquiéter** ‖ *cela m'ennuierait d'arriver en retard* mi seccherebbe arrivare in ritardo **2** [*importuner*] infastidire (197), importunare: *tu nous ennuies avec tes histoires!* ci infastidisci con le tue storie! → **agacer, embêter 3** [*remplir d'ennui* (2), *lasser l'intérêt de* (*qqn.*)] annoiare: *conférencier qui ennuie son auditoire* conferenziere che annoia il proprio uditorio → **barber** (*fam.*), **raser** (*fam.*) **B** *v.pron. intr.* S'ENNUYER **1** [*éprouver de l'ennui*] annoiarsi ◇ *loc.* S'ENNUYER À (+ *inf.*) annoiarsi a (+ *inf.*): *on s'ennuie à attendre* ci si annoia ad aspettare ~ S'ENNUYER DE (+ *inf.*) [*s'indisposer, se fâcher de*] seccarsi di (+ *inf.*), infastidirsi a (+ *inf.*): *on s'ennuie d'attendre* ci si secca ad aspettare **2** (*vieilli*) *s'ennuyer de qqn.* [*souffrir de son absence*] sentire *tr.* la mancanza di qc. [C] A 3 **distraire.**
ennuyeusement |ɑ̃nɥijøzmɑ̃| *adv. rare* [→ ENNUYEUX 2] noiosamente.
ennuyeux, euse |ɑ̃nɥiø, øz| *adj.* **1** [*qui cause de la contrariété, du souci*] seccante: *cela est bien ennuyeux* (ciò) è molto seccante → **contrariant, désagréable 2** [*qui engendre l'ennui* (2)] noioso: *un conférencier mortellement ennuyeux* un conferenziere terribilmente noioso → **assommant, endormeur, raseur** [C] 2 **intéressant.**
énoncé |enɔ̃se| *s.m.* **1** enunciato, enunciazione (*f.*): *l'énoncé d'un problème* l'enunciato di un problema → **texte 2** (*ling.*) enunciato.
énoncer |enɔ̃se| (2) **A** *v.tr.* [*exprimer en termes nets*] enunciare, citare: *le traité énonce un certain nombre de conditions* il trattato enuncia, cita un certo numero di condizioni → **exposer, formuler B** *v. pron.* S'ENONCER (*sens passif*) [*s'exprimer, parler*] esprimersi (124), parlare (*intr.*): *énoncez-vous plus clairement* si esprima, parli, parlate in un modo più chiaro.
énonciatif, ive |enɔ̃sjatif, iv| *adj.* enunciativo ◇ (*ling.*) *propositon énonciative* proposizione enunciativa.
énonciation |enɔ̃sjasjɔ̃| *s.f.* **1** enunciazione, esposizione: *l'énonciation*

des faits l'enunciazione, l'esposizione dei fatti → **énoncé** ◇ (*dr.*) *énonciation d'une clause dans un acte* citazione di una clausola in un atto → **mention** 2 (*ling.*) enunciazione.
enorgueillir |ɑ̃nɔʀgœjiʀ| **A** *v.tr.* [*rendre orgueilleux*] inorgoglire (197) **B** *v.pron.intr.* S'ENORGUEILLIR DE [*devenir orgueilleux*] inorgoglirsi di: *il s'enorgueillit de ce qui est dû au hasard* si inorgoglisce, va fiero di ciò che è invece dovuto al caso → **glorifier (se), prévaloir (se).**
énorme |enɔʀm(ə)| *adj.* **1** enorme: *une perte, une différence énorme* una perdita, una differenza enorme → **démesuré, extraordinaire** # *c'est énorme* è inaudito, è mostruoso **2** (*fam.*) (*personnes*) *un type énorme* un tipo straordinario, fenomenale Ⓒ **petit.**
énormément |enɔʀmemɑ̃| *adv.* (*sert de superlatif à 'beaucoup'*) moltissimo: *il a dépensé énormément d'argent* ha speso moltissimo denaro → **beaucoup** ✦ (*absolt.*) *il a énormément risqué* ha rischiato moltissimo.
énormité |enɔʀmite| *s.f.* **1** enormità (*inv.*): *l'énormité de ses prétentions* l'enormità delle sue pretese **2** UNE ÉNORMITÉ [*une très grosse faute, une bévue énorme*] enormità, sproposito *m.*
énouer |enwe| *v.tr.* (*techn.*) [*épinceter* (*une étoffe*)] pinzare.
enquérir (s') |ɑ̃keʀiʀ| (26) *v.pron. intr.* [*chercher à savoir*] informarsi (*cour.*): *s'enquérir de la santé de qqn.* informarsi della salute di qc. → **informer (s').**
enquête |ɑ̃kɛt| *s.f.* **1** (*dr., cour.*) indagine, inchiesta: *faire, ouvrir une enquête* fare, aprire un'indagine, una inchiesta; *inspecteur qui mène, conduit une enquête* ispettore che conduce una indagine ◇ (*dr. criminel*) *enquête préparatoire, préliminaire* inchiesta, indagine preliminare → **information 2** [*recherche méthodique reposant sur des témoignages*] indagine, inchiesta: *j'ai fait ma petite enquête* ho fatto la mia piccola indagine, inchiesta → **examen, investigation, sondage.**
enquêter |ɑ̃kete| *v.intr.* [*faire une enquête*] indagare, fare (103) *tr.* un'indagine: *il faut enquêter* bisogna indagare, fare un'indagine.
enquêteur, euse |ɑ̃kɛtœʀ, øz| *adj. et s.* [*personne qui mène une enquête*] inquirente; investigatore* ◇ (*spécialt. une enquête sociologique*) intervistatore*.
enquiquinant, ante |ɑ̃kikinɑ̃, ɑ̃t| *adj.* (*fam.*) [*qui enquiquine*] scocciante.
enquiquiner, enkikiner (*rare*) |ɑ̃kikine| *v.tr.* (*fam.*) (*synonyme euphémique de 'emmerder'*) scocciare.
enracinement |ɑ̃ʀasinmɑ̃| *s.m.* [→ ENRACINER] attecchimento.
enraciner |ɑ̃ʀasine| **A** *v.tr.* **1** [*faire prendre racine à* (*une plante*)] far (103) *intr.* attecchire **2** (*fig.*) [*fixer profondément dans l'esprit, le cœur*] radicare: *la littérature populaire a fini par enraciner cette légende* la letteratura popolare ha finito col radicare questa leggenda → **ancrer, implanter** ✦ (*au p.p.*) *une croyance antique et enracinée* una credenza antica e radicata **B** *v.pron.intr.* S'ENRACINER **1** [→ *tr.* 1] attecchire (197) (*intr.*): *arbre qui s'enracine* albero che attecchisce **2** [→ *tr.* 2] radicarsi: *une erreur qui va s'enracinant* un errore che va radicandosi Ⓒ A **déraciner.**
enragé, ée |ɑ̃ʀaʒe| *adj.* **1** [*fou de colère*] furibondo ◇ [*passionnée au plus haut degré*] *un joueur enragé* un giocatore accanito → **effréné** ✦ (*s.*) *un enragé du football* un fanatico* del calcio **2** [*atteint de la rage*] rabbioso: *des chiens enragés* dei cani rabbiosi ◇ (*fig., fam.*) *manger de la vache enragée* condurre una vita di stenti (*cour.*).
enrageant, ante |ɑ̃ʀaʒɑ̃, ɑ̃t| *adj.* (*rare*) [*qui fait enrager*] irritante, esasperante: *c'est enrageant* è una cosa irritante, che dà ai nervi → **rageant.**
enrager |ɑ̃ʀaʒe| (3) *v.intr.* [*éprouver un violent dépit*] essere (96) (*aux.* essere) furibondo → **rager** ◇ (*loc.*) *faire enrager qqn.* [*l'exaspérer en le taquinant*] mandare in bestia qc.
enraiement |ɑ̃ʀɛmɑ̃|, **enrayement** |ɑ̃ʀɛjmɑ̃| *s.m.* [→ 2 ENRAYER A 2] blocco*, arresto: *l'enraiement d'une épidémie* il blocco, l'arresto di un'epidemia.
enrayage |ɑ̃ʀɛjaʒ| *s.m.* [→ 2 ENRAYER A 1; B] inceppamento: *l'enrayage d'une arme à feu* l'inceppamento di un'arma da fuoco.
1 **enrayer** |ɑ̃ʀeje| (9) *v.tr.* (*agric.*) [*ouvrir le premier sillon dans* (*un champ*)] tracciare il primo solco (in un campo).
2 **enrayer** |ɑ̃ʀeje| (9) **A** *v.tr.* **1** [*empêcher accidentellement de fonctionner* (*un mécanisme*)] inceppare → **bloquer** **2** (*fig.*) [*arrêter dans son cours*] bloccare, arrestare: *enrayer une épidémie* bloccare, arrestare un'epidemia → **briser, juguler** **3** (*techn.*) [*équiper* (*une roue*) *en montant les rayons*] montare i raggi (di una ruota) **B** *v.pron.intr.* S'ENRAYER [→ *tr.* 1] incepparsi: *son fusil s'est enrayé* gli si è inceppato il fucile.
1 **enrayure** |ɑ̃ʀejyʀ| *s.f.* (*agric.*) primo solco* *m.* (tracciato in un campo).
2 **enrayure** |ɑ̃ʀejyʀ| *s.f.* (*maçonn.*) travatura a raggiera.
enrégimenter |ɑ̃ʀeʒimɑ̃te| *v.tr.* [*faire entrer dans un parti, une organisation ayant une discipline quasi milit.*] irreggimentare → **embrigader.**
enregistrable |ɑ̃ʀʒistʀabl(ə)| *adj.* [→ ENREGISTRER] registrabile.
enregistrement |ɑ̃ʀʒistʀəmɑ̃| *s.m.* **1** (*dr.*) registrazione *f.* # *droits d'enregistrement* imposta di registro; *administration de l'enregistrement, l'enregistrement* il registro **2** *enregistrement des bagages* accettazione *f.* in spedizione di bagagli appresso **3** [→ ENREGISTRER 2] registrazione: *l'enregistrement de petits faits* la registrazione di fatti di scarsa importanza **4** [→ ENREGISTRER 3] registrazione: *enregistrement d'une image* registrazione di un'immagine; *enregistrement du son* registrazione del suono; *cabine d'enregistrement* cabina di registrazione.
enregistrer |ɑ̃ʀʒistʀe| *v.tr.* **1** [*inscrire sur un registre*] registrare: *enregistrer une commande* registrare un ordine # *faire enregistrer ses bagages* spedire bagagli appresso **2** [*consigner par écrit*] registrare, annotare: *enregistrer un événement dans son journal* registrare, annotare un avvenimento nel proprio diario → **mentionner** ◇ [*prendre bonne note de*] prendere (105) nota di: *j'enregistre vos déclarations* prendo nota, prendo atto delle vostre dichiarazioni → **recueillir, relever** **3** (*techn., cour.*) [*transcrire et fixer sur un support matériel*] registrare: *enregistrer sur film* registrare su film, filmare → **filmer**; *enregistrer un son* registrare un suono; *musique enregistrée* musica registrata; *ce chanteur a enregistré plusieurs chansons pour telle maison de disques* quel cantante ha registrato diverse canzoni per una certa casa discografica.
enregistreur, euse |ɑ̃ʀʒistʀœʀ, øz| *adj.* registratore*: *appareil enregistreur et totalisateur* apparecchio registratore e totalizzatore # *caisse enregistreuse* registratore di cassa ✦ (*s.m.*) *enregistreur de pression* registratore di pressione # *enregistreur de temps* orologio da controllo.
enrhumé, ée |ɑ̃ʀyme| *adj.* [*atteint de rhume*] raffreddato: *je suis très enrhumé* sono molto raffreddato, ho un forte raffreddore.
enrhumer |ɑ̃ʀyme| **A** *v.tr.* [*causer le rhume de* (*qqn.*)] far (103) *intr.* venire il raffreddore a (qc.): *la moindre humidité suffit à l'enrhumer* la minima umidità basta a fargli venire il raffreddore ✦ (*au p.p.*) *il est bien enrhumé* ha un forte raffreddore, è molto raffreddato **B** *v.pron.intr.* S'ENRHUMER [*attraper un rhume*] prendere (105) *tr.* il raffreddore: *je me suis enrhumé* ho preso il raffreddore.
enrichi, ie |ɑ̃ʀiʃi| *adj.* **1** [*qui s'est enrichi*] arricchito: *un commerçant enrichi* un commerciante arricchito → **parvenu** **2** (*techn.*) arricchito: *uranium enrichi* uranio arricchito.
enrichir |ɑ̃ʀiʃiʀ| **A** *v.tr.* **1** [*rendre riche*] arricchire (197): *il a enrichi toute la multitude de ses parents* ha arricchito tutta la schiera dei suoi parenti **2** (*fig.*) (*compl. de chose*) arricchire: *il a enrichi sa collection de deux pièces rares* ha arricchito la propria collezione di due pezzi rari; *des lectures qui enrichissent l'esprit* letture che arricchiscono lo spirito → **neubler** **3** (*techn.*) *enrichir un minéral* arricchire un minerale **B** *v. pron. réfl.* S'ENRICHIR [*devenir riche*] arricchirsi: *tous les jours il s'enrichit davantage* si arricchisce ogni giorno di più → **fortune (faire)** Ⓒ A 1, 2 **appauvrir.**
enrichissant, ante |ɑ̃ʀiʃisɑ̃, ɑ̃t| *adj.* [*qui enrichit l'esprit*] che arricchisce (*loc.*): *une lecture enrichissante* una lettura che arricchisce Ⓒ **abêtissant.**
enrichissement |ɑ̃ʀiʃismɑ̃| *s.m.* **1** [→ ENRICHIR B] arricchimento: *l'enrichissement d'une classe, d'un pays* l'arricchimento di una classe, di un paese **2** [→ ENRICHIR A 1, 2] arricchimento: *travailler à l'enrichissement d'une collection* dedicarsi all'arricchimento di una collezione; *l'enrichissement de la langue* l'arricchimento della lingua **3** [→ ENRICHIR A 3] arricchimento: *usine d'enrichissement de l'uranium* stabilimento per l'arricchimento dell'uranio Ⓒ 1; 2 **appauvrissement.**
enrobage |ɑ̃ʀɔbaʒ|, **enrobement** |ɑ̃ʀɔbmɑ̃| *s.m.* [*action, manière d'enrober; enveloppe, couche qui enrobe*] copertura *f.*, rivestimento.
enrober |ɑ̃ʀɔbe| *v.tr.* [*entourer* (*un produit*) *d'une enveloppe ou d'une couche protectrice*] ricoprire (186), rivestire: *glace enrobée de chocolat* gelato ricoperto di cioccolato.
enrobeuse |ɑ̃ʀɔbøz| *s.f.* (*techn.*) confettatrice.
enrochement |ɑ̃ʀɔʃmɑ̃| *s.m.* (*ma-*

çonn.) scogliera *f.* artificiale; massicciata *f.*
enrocher |ɑ̃ʀɔʃe| *v.tr.* (*maçonn.*) [*établir sur un enrochement*] costruire (197) su una massicciata di pietra.
enrôlement |ɑ̃ʀolmɑ̃| *s.m.* [→ ENRÔLER] arruolamento, reclutamento → **engagement, recrutement.**
enrôler |ɑ̃ʀole| **A** *v.tr.* [*inscrire sur les rôles de l'armée*] arruolare, reclutare: *enrôler des matelots* reclutare marinai → **recruter** ◇ [*amener à entrer dans un groupe*] irreggimentare → **embrigader B** *v.pron.réfl.* S'ENRÔLER [→ *tr.*] arruolarsi.
enroué, ée |ɑ̃ʀwe| *adj.* [*devenu rauque*] rauco*, roco*: *voix enrouée* voce rauca, roca; *être enroué* essere rauco, roco; avere la raucedine.
enrouement |ɑ̃ʀumɑ̃| *s.m.* [*altération de la voix due à une inflammation du larynx*] raucedine *f.* → **graillement.**
enrouer (s') |ɑ̃ʀwe| *v.pron.intr.* [*devenir rauque*] diventare *intr.* rauco, arrochirsi (197): *il s'est enroué à force de crier* è diventato rauco a forza di gridare.
enroulement |ɑ̃ʀulmɑ̃| *s.m.* **1** [*ornement, objet en spirale*] voluta *f.* ◇ (*électr.*) avvolgimento (a spire) **2** [→ ENROULER A] avvolgimento # *enroulement des feuilles de la pomme de terre* accartocciamento delle foglie della patata; *enroulement du cordon ombilical autour du cou du fœtus* attorcigliamento del cordone ombelicale attorno al collo del feto.
enrouler |ɑ̃ʀule| **A** *v.tr.* [*rouler une chose* (*sur, autour de*)] avvolgere (196), arrotolare: *enrouler du fil sur une bobine* avvolgere del filo su una bobina → **bobiner**; *enrouler un pansement autour du poignet* avvolgere una benda (attorno) al polso **B** *v.pron.* S'ENROULER **1** *réfl.* [→ *tr.*] avvolgersi, arrotolarsi: *il s'est enroulé dans sa couverture* si è avvolto, arrotolato nella coperta **2** *intr.* [*entourer en faisant des spires*] snodarsi: *la route s'enroule à la colline comme une plante grimpante* la strada si snoda, si arrampica sulla collina come una pianta rampicante Ⓒ A **dérouler.**
enrouleur, euse |ɑ̃ʀulœʀ, øz| *adj.* [*qui sert à enrouler*] avvolgitore*: *cylindres enrouleurs* cilindri avvolgitori # *galet enrouleur* rullo di avvolgimento.
enrubanner |ɑ̃ʀybane| *v.tr.* [*garnir de rubans*] infiocchettare; ornare di nastri.
ensablement |ɑ̃sɑbləmɑ̃| *s.m.* [→ ENSABLER (S') 2] insabbiamento.
ensabler (s') |ɑ̃sɑble| *v.pron.intr.* **1** [*s'enfoncer dans le sable*] arenarsi: *le bateau s'est ensablé* la barca si è arenata **2** [*se remplir de sable*] insabbiarsi: *nos ports s'ensablent* i nostri porti si insabbiano.
ensachage |ɑ̃saʃaʒ| *s.m.* **1** [→ ENSACHER 1] insaccatura *f.*, insacchettamento **2** (*agric.*) insacchettamento.
ensacher |ɑ̃saʃe| *v.tr.* **1** [*mettre en sac*] insacchettare; insaccare: *ensacher des bonbons* insacchettare caramelle ‖ *ensacher du grain* insaccare della semenza **2** (*agric.*) [*mettre dans des sachets* (*des fruits qui sont sur l'arbre*) *pour les préserver*] insacchettare.
ensacheur, euse |ɑ̃saʃœʀ, øz| *s.* [*personne chargée de l'ensachage* (1) *à la main ou à la machine*] insaccatore* ◆ *s.f.* (*techn.*) insaccatrice.
ensanglanter |ɑ̃sɑ̃glɑ̃te| *v.tr.* [*tacher, souiller de sang*] insanguinare: *un linge ensanglanté* un panno insanguinato ◇ (*fig.*) *les guerres qui ont ensanglanté le pays* le guerre che hanno insanguinato il paese.
enseignant, ante |ɑ̃sɛɲɑ̃, ɑ̃t| *adj.* [*qui enseigne*] insegnante, docente: *le corps enseignant* il corpo insegnante, il personale docente ◆ *s.* (*surtout au plur.*) *les enseignants* gli insegnanti, i docenti.
1 **enseigne** |ɑ̃sɛɲ| *s.f.* **1** insegna: *enseigne lumineuse d'une pharmacie* insegna luminosa di una farmacia **2** (*milit., cour.*) insegna **3** *loc. conj.* (*littér.*) À TELLE ENSEIGNE QUE [*d'une manière telle, si vraie que*] a tal guisa che; a tal punto che (*cour.*), tanto che (*cour.*) → **tellement (que).**
2 **enseigne** |ɑ̃sɛɲ| *s.m.* **1** (*mar.*) *enseigne de vaisseau de seconde classe* guardiamarina (*inv.*); *enseigne de vaisseau de première classe* sottotenente di vascello **2** (*ancienn.*) [*officier qui portait le drapeau*] portabandiera *inv.*
enseignement |ɑ̃sɛɲmɑ̃| *s.m.* **1** [→ ENSEIGNER 1] istruzione (*f.*): *enseignement public, privé* istruzione, scuola pubblica, privata; *enseignement technique, professionnel* istruzione tecnica, professionale # *les problèmes, la réforme de l'enseignement* i problemi, la riforma della scuola ◇ [*profession, carrière des enseignants*] insegnamento: *entrer dans l'enseignement* entrare nell'insegnamento **2** (*littér.*) [*précepte, leçon*] insegnamento, ammaestramento: *les enseignements de l'expérience* gli insegnamenti, gli ammaestramenti dell'esperienza.
enseigner |ɑ̃seɲe| *v.tr.* **1** (*sujet de personne*) [*apprendre* (*qqch. à qqn.*)] insegnare: *il enseigne les mathématiques aux élèves de la dernière année* insegna matematica agli alunni dell'ultimo anno; *il comprend aisément tout ce qu'on lui enseigne* capisce facilmente tutto ciò che gli insegnano → **apprendre** ◇ (*fig.*) *il nous a enseigné la persévérance, la modestie* ci ha insegnato la perseveranza, la modestia **2** (*sujet de chose*) insegnare: *l'histoire, l'expérience nous ont enseigné que la dictature conduit à la guerre* la storia, l'esperienza ci insegnano che la dittatura porta alla guerra; *on m'a enseigné à ne négliger aucun détail* mi hanno insegnato a non trascurare nessun dettaglio.
ensellé, ée |ɑ̃sele| *adj.* (*se dit d'un cheval dont le dos présente une cambrure exagérée*) insellato.
ensellement |ɑ̃sɛlmɑ̃| *s.m.* (*géol.*) sella *f.*, insellatura *f.*
ensellure |ɑ̃selyʀ| *s.f.* [*concavité exagérée de la colonne vertébrale*] insellatura (lombare) ◇ (*chez les quadrupèdes*) insellatura ◇ (*chez l'homme*) lordosi *inv.*
1 **ensemble** |ɑ̃sɑ̃bl(ə)| *adv.* **1** insieme: *vivre ensemble* vivere insieme; *elles ne sont pas très bien ensemble* non stanno molto bene insieme, non vanno molto d'accordo → **collectivement 2** [*en même temps*] insieme: *venez ensemble* venite insieme → **simultanément.**
2 **ensemble** |ɑ̃sɑ̃bl(ə)| *s.m.* **1** [*unité tenant au synchronisme des mouvements*] accordo, sincronismo: *les troupes ont manœuvré avec un ensemble impressionnant* le truppe hanno manovrato con un accordo, un sincronismo impressionante ◇ (*iron.*) *ils mentent avec un ensemble touchant* mentono con un accordo commovente **2** [*la totalité des éléments réunis*] insieme: *étudier les détails sans perdre de vue l'ensemble* studiare i particolari senza perdere di vista l'insieme; *peindre la société dans son ensemble* dipingere la società nel suo insieme, complesso; *une vue d'ensemble* una visione d'insieme, globale ◇ (*avec un compl. au plur.*) *je les reconnais à l'ensemble de leurs actes* li riconosco dall'insieme, dal complesso delle loro azioni ◇ *loc. adv.* DANS L'ENSEMBLE in complesso, nell'insieme: *un homme d'affaires qui dans l'ensemble gagne assez d'argent* un uomo d'affari che in complesso guadagna parecchio denaro → **gros (en) 3** [*groupe de plusieurs personnes ou choses réunies en un tout*] insieme, complesso: *un ensemble de faits* un insieme, un complesso di fatti; *ensemble vocal, instrumental* complesso vocale, strumentale; *des ensembles architecturaux* dei complessi architettonici; *un grand ensemble* un complesso, un quartiere residenziale **4** [*pièces d'habillement assorties faites pour être portées ensemble*] completo, insieme: *un ensemble de plage* un completo da spiaggia ◇ [*chant simultané de plusieurs personnages dans une œuvre lyrique*] assieme **5** (*math.*) insieme: *la théorie des ensembles* la teoria degli insiemi, l'insiemistica.
ensemblier |ɑ̃sɑ̃blije| *s.m.* [*artiste qui crée des ensembles décoratifs*] arredatore* *s.*; architetto *s.* di interni.
ensembliste |ɑ̃sɑ̃blist(ə)| *adj.* (*math.*) insiemistico*.
ensemencement |ɑ̃smɑ̃smɑ̃| *s.m.* [→ ENSEMENCER 1] semina *f.*, seminagione *f.* (*littér.*).
ensemencer |ɑ̃smɑ̃se| (2) *v.tr.* **1** [*pourvoir de semences* (*une terre*)] seminare → **semer 2** [*aleviner* (*une rivière, un étang*)] ripopolare ◇ [*introduire des germes, des bactéries dans* (*un bouillon de culture, un milieu*)] inseminare.
enserrer |ɑ̃seʀe| *v.tr.* (*littér.*) [*entourer en serrant étroitement*] serrare dentro, rinchiudere (106).
enseuillement |ɑ̃sœjmɑ̃| *s.m.* (*archit.*) altezza *f.* del davanzale (di una finestra).
ensevelir |ɑ̃səvliʀ| **A** *v.tr.* **1** (*littér.*) [*mettre au tombeau*] seppellire (197) → **enterrer 2** [*faire disparaître sous un amoncellement*] seppellire: *l'avalanche avait enseveli plusieurs villages* la valanga aveva sepolto diversi villaggi ◇ (*fig.*) *un souvenir enseveli dans l'oubli* un ricordo sepolto nell'oblio **B** *v.pron. intr.* S'ENSEVELIR (*fig.*) [→ *tr.* 2] seppellirsi: *s'ensevelir dans la solitude, chez soi* seppellirsi nella solitudine, in casa.
ensevelissement |ɑ̃səvlismɑ̃| *s.m.* **1** (*littér.*) [*enterrement*] seppellimento **2** [*fait d'être enfoui, caché*] seppellimento.
ensiforme |ɑ̃sifɔʀm(ə)| *adj.* (*anat., bot.*) ensiforme.
ensilage |ɑ̃silaʒ| *s.m.* (*agric.*) insilamento.
ensiler |ɑ̃sile| *v.tr.* (*agric.*) [*mettre, conserver en silo*] insilare.
en-soi |ɑ̃swa| *s.m.* → **soi.**
ensoleillé, ée |ɑ̃sɔleje| *adj.* [*plein

de la lumière du soleil] assolato, soleggiato.
ensoleillement |ɑ̃sɔlɛjmɑ̃| *s.m.* [*temps pendant lequel une chose est ensoleillée*] insolazione *f.* # *journées d'ensoleillement d'une région* giornate di sole di una regione.
ensoleiller |ɑ̃sɔleje| *v.tr.* [*remplir de la lumière du soleil*] soleggiare, inondare di sole ◆ (*au p.p.*) *une façade ensoleillée* una facciata soleggiata → **ensoleillé.**
ensommeillé, ée |ɑ̃sɔmeje| *adj.* [*qui reste sous l'influence du sommeil*] insonnolito, assonnato: *il est encore tout ensommeillé* è ancora tutto insonnolito; *des yeux ensommeillés* occhi assonnati.
ensorcelant, ante |ɑ̃sɔʀsəlɑ̃, ɑ̃t| *adj.* [*qui séduit irrésistiblement*] ammaliatore*, maliardo: *un regard ensorcelant* uno sguardo ammaliatore → **fascinant, séduisant.**
ensorceler |ɑ̃sɔʀsəle| (4) *v.tr.* **1** [*soumettre à l'action d'un sortilège, jeter un sort sur* (*qqn.*)] stregare, affatturare: *une femme ensorcelée* una donna stregata → **envoûter, sort (jeter un)** **2** (*fig.*) [*charmer, séduire*] ammaliare, incantare.
ensorceleur, euse |ɑ̃sɔʀsəlœʀ, øz| *adj.* [*qui ensorcelle*] ammaliatore*, maliardo → **ensorcelant.**
ensorcellement |ɑ̃sɔʀsɛlmɑ̃| *s.m.* **1** [→ ENSORCELER 1] incantesimo, sortilegio* → **enchantement, envoûtement, sortilège** **2** (*fig.*) [*séduction irrésistible*] fascino; malia (*f.*): *subir l'ensorcellement féminin* subire il fascino femminile.
ensouple |ɑ̃supl(ə)| *s.f.* (*techn.*) subbio* *m.*
ensuite |ɑ̃sɥit| *adv.* **1** [*après cela, plus tard*] dopo, poi: *éveiller la curiosité pour la satisfaire ensuite* suscitare la curiosità per poi soddisfarla → **puis, suite (par la)** **2** [*derrière en suivant*] dopo, dietro: *venait ensuite le gros du cortège* dopo, dietro veniva il grosso del corteo ◇ (*fig.*) [*en second lieu*] poi, in secondo luogo (*loc.*): *d'abord, je ne veux pas; ensuite, je ne peux pas* per prima cosa, non voglio; poi, in secondo luogo, non posso 🄲 1 **d'abord.**
ensuivre (s') |ɑ̃sɥivʀ(ə)| (52) **A** *v.pron. intr.* **1** (*en loc.*) *et tout ce qui s'ensuit* e tutto ciò che ne deriva, che ne consegue **2** [*survenir en tant qu'effet naturel ou en tant que conséquence logique*] conseguire *intr.*, derivare *intr.* # *certains résultats s'ensuivent nécessairement* certi risultati sono la conseguenza necessaria → **découler, résulter** **B** *v.impers.* IL S'ENSUIT QUE [*il en résulte que*] ne consegue, ne deriva che ◇ (+ *ind., en phrase affirmative*) *il s'ensuit qu'il a tout perdu* ne consegue, ne deriva che ha perso tutto ◇ (+ *subj., en phrase négative ou interrogative*) *il ne s'ensuit pas que vous ayez raison* non ne consegue affatto che voi abbiate ragione; *est-ce qu'il s'ensuit qu'il ait tort?* ne risulta forse che abbia torto?
entablement |ɑ̃tabləmɑ̃| *s.m.* (*maçonn.*) cornicione ◇ (*archit.*) trabeazione *f.* ◇ [*corniche d'un meuble*] modanatura *f.*
entablure |ɑ̃tablyʀ| *s.f.* (*charpent.*) punto *m.* di unione.
entacher |ɑ̃taʃe| *v.tr.* **1** [*marquer d'une tache morale*] intaccare, macchiare: *cette condamnation entache son honneur* questa condanna intacca il suo onore → **salir, souiller, ternir** **2** [*gâter par un défaut*] viziare: *acte entaché de nullité* atto viziato di nullità.
entaillage |ɑ̃tɑjaʒ| *s.m.* (*rare*) [→ ENTAILLER A 1] intagliatura *f.*, intaccatura *f.*
entaille |ɑ̃tɑj| *s.f.* **1** [*coupure qui enlève une partie*] incisione, tacca* → **fente** # *entaille d'une greffe* spacco in un innesto **2** [*incision profonde dans les chairs*] taglio* *m.*, ferita → **estafilade.**
entailler |ɑ̃tɑje| **A** *v.tr.* **1** (*choses*) [*faire une entaille*] intaccare; incidere (130): *entailler une poutre* intaccare una trave ‖ *entailler un arbre fruitier* incidere un albero da frutta **2** (*personnes*) *il lui a entaillé le visage* gli ha sfregiato la faccia → **blesser, taillader** **B** *v. pron.* S'ENTAILLER [→ *tr.* 2] tagliarsi: *s'entailler un doigt* tagliarsi un dito.
entame |ɑ̃tam| *s.f.* [*premier morceau coupé*] prima fetta: *entame d'un jambon* prima fetta di un prosciutto → **bout.**
entamer |ɑ̃tame| *v.tr.* **I** **1** [*couper en incisant*] intaccare, incidere (130): *entamer la peau* incidere la pelle: *le coup lui entama l'os* il colpo gli intaccò l'osso **2** [*enlever une partie à* (*qqch.*)] intaccare, cominciare: *entamer un tonneau de vin* intaccare, cominciare una botte di vino; *entamer un pain* intaccare una pagnotta; *entamer son capital, son patrimoine* intaccare il proprio capitale, il proprio patrimonio; *la journée est déjà bien entamée* la giornata è già cominciata da un bel po' # *entamer à belles dents une tartine* addentare una tartina ◇ (*cartes*) *entamer une couleur* [*en prendre la première carte pour l'abattre*] giocare la prima carta di un colore **3** (*choses*) [*couper, pénétrer* (*une matière*)] intaccare, corrodere (175): *la rouille entame le fer* la ruggine intacca, corrode il ferro → 1 **manger, ronger** ◇ (*fig.*) *les blindés ont entamé la première ligne de résistance* i mezzi corazzati hanno sfondato la prima linea di resistenza **II** [*commencer, entreprendre* (*une chose à faire*)] iniziare; intavolare: *entamer une partie* iniziare una partita ‖ *entamer un sujet* intavolare, affrontare un argomento; *entamer des négociations* intavolare dei negoziati → **aborder, attaquer, amorcer, ouvrir** # *procès mal entamé* processo avviato male 🄲 II **achever.**
entartrage |ɑ̃taʀtʀaʒ| *s.m.* [→ ENTARTRER] incrostazione *f.*
entartrer |ɑ̃taʀtʀe| *v.tr.* [*recouvrir de tartre incrusté*] incrostare: *radiateur entartré* radiatore incrostato.
entassement |ɑ̃tɑsmɑ̃| *s.m.* [→ ENTASSER A 1] ammassamento, ammucchiamento: *l'entassement des marchandises dans un entrepôt* l'ammassamento delle merci in un deposito → **amoncellement** ◇ [*choses entassées*] mucchio*, ammasso: *un entassement de livres* un mucchio, un ammasso di libri → **amas, tas.**
entasser |ɑ̃tɑse| **A** *v.tr.* **1** [*mettre* (*des choses*) *en tas, généralt. sans ordre*] ammassare, ammucchiare: *il avait entassé tous ses vêtements dans une malle* aveva ammassato, ammucchiato tutti i vestiti in un baule; *entasser de l'argent* ammassare, accumulare denaro → **amonceler, empiler** ◆ (*absolt.*) *la passion d'entasser* la passione di accumulare (denaro) **2** [*réunir* (*des personnes*) *dans un espace trop étroit*] ammassare, stipare: *entasser des prisonniers dans une grange* ammassare, stipare dei prigionieri in un fienile → **serrer, tasser** **3** (*fig.*) *entasser des citations* moltiplicare le citazioni; *entasser sottise sur sottise* infilare una sciocchezza dopo l'altra **B** *v.pron. intr.* S'ENTASSER [→ *tr.* 2] stiparsi, ammassarsi: *les émigrés s'entassaient dans deux pièces* gli emigranti si stipavano, erano stipati in due stanze 🄲 A 1 **éparpiller.**
ente |ɑ̃t| *s.f.* **1** (*arbor.*) marza **2** *prune d'ente, d'Agen* [*pruneau*] prugna secca* **3** [*manche d'un pinceau*] manico* *m.* di pennello.
enté, ée |ɑ̃te| *adj.* **1** → **enter** **2** (*blas.*) *écu enté* scudo a fascia contromerlata.
entéléchie |ɑ̃teleʃi| *s.f.* (*hist. philo.*) entelechia.
entendement |ɑ̃tɑ̃dmɑ̃| *s.m.* [*faculté de comprendre*] intendimento: *l'entendement humain* l'umano intendimento ◇ [*ensemble des facultés intellectuelles*] intelletto, intelligenza *f.* → **intelligence, 1 raison** # *cela dépasse l'entendement* ciò va al di là di ogni comprensione, è assolutamente incomprensibile; *perdre l'entendement* perdere il ben dell'intelletto.
entendeur |ɑ̃tɑ̃dœʀ| *s.m.* (*loc.*) *à bon entendeur, salut* [*que celui qui comprend bien en fasse son profit*] a buon intenditore poche parole.
entendre |ɑ̃tɑ̃dʀ(ə)| (53) **A** *v.tr.* **I** **1** [*percevoir par l'ouïe*] sentire: *il n'entend pas ma voix* non sente la mia voce; *parlez plus fort, j'entends mal ce que vous dites* parli più forte, non sento bene quel che dice; *avez-vous entendu ce qu'il a dit?* avete sentito quel che ha detto? ◇ (*fig.*) *il ne l'entend pas de cette oreille* non ci sente da quell'orecchio ◇ (*prov.*) *il n'est pire sourd que celui qui ne veut pas entendre* non c'è peggior sordo di chi non vuol sentire ◇ *loc.* ENTENDRE PARLER DE sentir parlare di: *je n'ai plus entendu parler de lui depuis longtemps* non sento più parlare di lui da molto tempo; *ne pas vouloir entendre parler d'une chose* non voler sentire parlare di una cosa ~ ENTENDRE DIRE sentir dire: *j'ai déjà entendu dire cela* l'ho già sentito (dire); *je lui ai entendu dire qu'il était content* l'ho sentito dire che era (che è) contento ~ FAIRE ENTENDRE *un son, une parole* emettere (155), far (103) *intr.* sentire un suono, una parola **2** (*littér.*) [*écouter avec attention*] sentire, ascoltare: *il faut d'abord entendre ses raisons* prima di tutto dobbiamo sentire, ascoltare le sue ragioni; *on l'a condamné sans l'entendre* l'hanno condannato senza sentirlo, ascoltarlo; *personne têtue qui ne veut rien entendre* persona testarda che non vuole sentire niente → **écouter** ◇ *loc.* ENTENDRE RAISON sentir ragioni: *il ne veut pas entendre raison* non vuole sentir ragioni **3** [*écouter*] sentire, ascoltare: *aller entendre un concert, une conférence* andare a sentire un concerto, una conferenza ◇ *loc.* À L'ENTENDRE a sentirlo (sentirla), a sentir lui (lei): *à l'entendre, l'affaire serait sérieuse* a sentir lui (lei), la faccenda sarebbe seria **II** *loc.* ENTENDRE QUE (+ *subj.*), ENTENDRE (+ *inf.*) [*avoir l'inten-

tion, le dessin de] intendere (105), volere (195) (+ *subj.*, + *inf.*): *j'entends qu'on m'obéisse, j'entends être obéi* intendo, voglio che mi si ubbidisca, essere ubbidito → 1 **vouloir, exiger, prétendre** ◇ (*loc.*) *faites comme vous l'entendez* fate come volete, come vi pare → **désirer, préférer** **III** **1** (*littér.*) [*percevoir, saisir par l'intelligence*] intendere, capire (197) (*cour.*): *je n'entends rien à tout cela, je n'y entends rien* non (ci) capisco niente; *j'entends bien que vous n'en êtes pas responsable* capisco che lei non ne è responsabile; *laisser entendre* lasciar intendere; *donner à entendre* dar a intendere → **comprendre, admettre, reconnaître** ◆ (*absolt.*) *j'entends, j'entends bien* capisco, capisco benissimo **2** [*vouloir dire*] intendere: *qu'entendez-vous par ce mot?* cosa intendete (dire) con questa parola? **B** *v.pron.* S'ENTENDRE **1** (*sens passif*) [*être compris*] intendersi: *ce mot peut s'entendre de diverses manières* questa parola può intendersi, si può intendere in diversi modi; *(cela) s'entend* [*c'est évident, cela va de soi*] s'intende, si capisce ◇ [*être entendu*] sentirsi: *sa voix ne s'entend pas à plus de trois mètres* la sua voce non si sente a più di tre metri; *ce mot ne s'entend plus* quella parola non si sente più, non si dice più → **dire (se), employer (s')** **2** *réfl.* S'ENTENDRE À (+ *inf.*) [*être habile dans une chose, se connaître à*] essere (96) *intr.* abile nel (+ *inf.*), intendersi di (+ *inf.*): *elle s'entend à faire ce travail* è abile nel fare questo lavoro; *il s'y entend* se ne intende **3** *récipr.* [*se comprendre l'un l'autre*] capirsi: *ils n'ont pas réussi à s'entendre* non sono riusciti a capirsi; *s'entendre à demi-mot* capirsi al volo # *on ne s'entend plus ici* [*il y a trop de bruit*] non si sente niente ◇ [*se mettre d'accord*] mettersi (155) d'accordo, accordarsi: *entendons-nous bien sur l'heure du rendez-vous* mettiamoci bene d'accordo, accordiamoci bene sull'ora dell'appuntamento; *ils n'ont pas réussi à s'entendre sur le plan à suivre* non sono riusciti a mettersi d'accordo sul programma da seguire; *entendons-nous bien!* intendiamoci bene! → 2 **convenir** ◇ (*loc.*) *ils s'entendent comme larrons en foire* si intendono come i ladri alla fiera ~ S'ENTENDRE AVEC QQN. andare (101) *intr.* d'accordo con qc., intendersela con qc.: *ils s'entendent très bien, à merveille* s'intendono ottimamente, a meraviglia; *ils s'entendent comme chien et chat* vanno d'accordo come cane e gatto → 1 **accorder (s'), fraterniser, sympathiser.**

entendu, ue |ɑ̃tɑ̃dy| *adj.* **1** *un air, un sourire entendu* [*malin, complice*] una aria, un sorriso d'intesa *loc. inv.* **2** [*dont le sens est saisi*] inteso: *c'est entendu, c'est bien entendu* siamo intesi # *c'est une affaire entendue* è deciso ◆ (*ellipt.*) *entendu!* intesi! → 1 **accord (d')** ◇ *loc. adv.* BIEN ENTENDU beninteso *adv.*, naturalmente *adv.*, certo (*adv.*): '*vous acceptez?*' '*bien entendu!*' 'accettate?' 'naturalmente!, certo!; *bien entendu que oui* sì, naturalmente; certo che sì → **évidemment, naturellement** ◇ (*fam.*) *comme de bien entendu* ovviamente *adv.*, come era ovvio **3** *loc.* BIEN, MAL ENTENDU [*compris, mis en œuvre*] bene, male interpretato: *un zèle mal entendu* uno zelo male interpretato, un mal compreso zelo.

enténébrer |ɑ̃tenebʀe| (8) *v.tr.* (*littér.*) [*envelopper de ténèbres*] oscurare (*cour.*) → **assombrir, obscurcir** ◇ (*fig.*) oscurare, rattristare → **attrister** [C] **éclaircir**; **égayer.**

entente |ɑ̃tɑ̃t| *s.f.* **1** [*le fait de s'entendre, de s'accorder*] intesa, accordo (*m.*): *arriver, parvenir à une entente* arrivare, giungere a un'intesa, a un accordo → 1 **accord**; *entente tacite* intesa tacita, tacito accordo; *entente à l'amiable* accordo amichevole; *entente entre producteurs* intesa fra produttori → 2 **cartel, trust** **2** [*collaboration politique entre États*] intesa, alleanza: *politique d'entente* politica d'intesa → **alliance** ◇ (*spécialt.*) ENTENTE CORDIALE [*accord politique entre la France et l'Angleterre*] Intesa cordiale; *Triple Entente, l'Entente* Triplice Intesa, l'Intesa **3** *entente, bonne entente* [*relations amicales*] intesa, accordo: *il règne entre eux une entente parfaite* fra loro regna una perfetta intesa, un perfetto accordo **4** *loc.* À DOUBLE ENTENTE [*qu'on peut comprendre, entendre de deux façons*] a doppio senso: *une phrase à double entente* una frase a doppio senso.

enter |ɑ̃te| *v.tr.* (*arbor.*) [*greffer*] innestare.

entéralgie |ɑ̃teʀalʒi| *s.f.* (*méd.*) enteralgia*.

entérinement |ɑ̃teʀinmɑ̃| *s.m.* [→ ENTÉRINER 1] ratifica* *f.*, interinazione *f.*

entériner |ɑ̃teʀine| *v.tr.* **1** (*dr.*) [*rendre définitif (un acte) en l'approuvant juridiquement*] ratificare, sancire (197): *le tribunal a entériné les rapports d'experts* il tribunale ha ratificato, adottato le relazioni dei periti → **homologuer, ratifier, valider** **2** [*admettre, consacrer*] consacrare, avallare: *nous n'entérinerons pas le fait accompli* non avalleremo il fatto compiuto → **approuver.**

entérique |ɑ̃teʀik| *adj.* (*méd.*) enterico*.

entérite |ɑ̃teʀit| *s.f.* (*méd.*) enterite.

entér(o)- |ɑ̃teʀ(ɔ)| *préf.*, **-entère** |ɑ̃tɛʀ| *suff.* (*signifiant 'intestin', correspondent généralt. à*) enter(o); entere: *entérovaccin* enterovaccino ‖ *mésentère* mesentere.

entérocolite |ɑ̃teʀɔkɔlit| *s.f.* (*méd.*) enterocolite: *entérocolite muco-membraneuse* enterocolite muco-membranosa.

entérocoque |ɑ̃teʀɔkɔk| *s.m.* (*biol.*) enterococco*.

entérokinase |ɑ̃teʀɔkinɑz| *s.f.* (*physiol.*) enterochinasi *inv.*

entéropathie |ɑ̃teʀɔpati| *s.f.* (*méd.*) enteropatia.

entéro-rénal, ale, aux |ɑ̃teʀɔʀenal, o| *adj.* (*méd.*) entero-renale: *syndrome entéro-rénal* sindrome entero-renale.

entérovaccin |ɑ̃teʀɔvaksɛ̃| *s.m.* (*méd.*) enterovaccino.

enterrage |ɑ̃tɛʀaʒ| *s.m.* (*techn.*) interramento.

enterrement |ɑ̃tɛʀmɑ̃| *s.m.* **1** [→ ENTERRER A I 1] sepoltura *f.*, inumazione (*f.*): *procéder à l'enterrement* procedere alla sepoltura **2** [*cérémonies qui accompagnent l'enterrement*] funerale, esequie (*f. pl.*): *enterrement religieux, civil* funerale religioso, civile; esequie religiose, civili → **funérailles** ◇ (*fig.*) *avoir une tête, une mine d'enterrement* avere una faccia da funerale **3** [*cortège funèbre*] corteo funebre, funerale → **convoi, obsèques** **4** (*fig.*) *c'est l'enterrement de toutes leurs illusions* è la fine *f.* di tutte le loro illusioni → 1 **fin, mort**; *enterrement d'un projet de loi* insabbiamento di un progetto di legge → **abandon, 1 rejet** [C] 1 **exhumation.**

enterrer |ɑ̃teʀe| **A** *v.tr.* **I** **1** [*déposer le corps de (qqn.) dans la terre, dans une sépulture*] seppellire (197): *il est enterré dans ce cimetière* è sepolto in questo cimitero → **inhumer** # *ici est enterré...* qui giace... ◇ (*loc.*) *il est mort et enterré* è morto e sepolto **2** (*loc. fig.*) *vous nous enterrerez tous* ci seppellirete tutti; *enterrer sa vie de garçon* dare l'addio al celibato **3** (*fig.*) *enterrer un projet* insabbiare, abbandonare un progetto; *c'est une histoire enterrée* è una storia sepolta, dimenticata; *le scandale a été enterré* lo scandalo è (stato) sepolto, soffocato → **abandonner, oublier** **II** **1** [*enfouir dans la terre*] interrare, sotterrare: *enterrer des oignons de tulipe* interrare, sotterrare dei bulbi di tulipano; *enterrer une canalisation, un cours d'eau* interrare una conduttura, un fiume ◇ (*fig.*) *enterrer un secret, un chagrin* seppellire un segreto, un dolore → **cacher, ensevelir** **2** [*recouvrir d'un amoncellement*] seppellire: *il est resté enterré sous les décombres* è rimasto sepolto sotto le macerie → **engloutir, ensevelir** **B** *v.pron. intr.* S'ENTERRER (*fig.*) [→ *tr.* II 1] seppellirsi: *il est allé s'enterrer dans ce village* è andato a seppellirsi in quel villaggio → **cacher (se), isoler (s'), retirer (se)** [C] A II 1 **déterrer.**

entêtant, ante |ɑ̃tɛtɑ̃, ɑ̃t| *adj.* [*qui entête*] che dà alla testa *loc.*, che stordisce (*loc.*): *parfum entêtant* profumo che dà alla testa, che stordisce.

en-tête |ɑ̃tɛt| *s.m.* **1** [*inscription en tête de papiers employés dans l'administration, le comm.*] intestazione *f.* # *papier à lettre à en-tête* carta da lettera intestata **2** [*vignette placée en tête d'un chapitre*] illustrazione *f.*

entêté, ée |ɑ̃tete| *adj. et s.* [*qui fait preuve d'entêtement*] testardo, caparbio*.

entêtement |ɑ̃tɛtmɑ̃| *s.m.* [→ 2 ENTÊTER (S') 1] caparbietà *f.inv.*, testardaggine *f.* → **obstination, opiniâtreté** ◇ [*caractère d'une personne têtue*] *il est d'un entêtement incroyable* è di una caparbietà, di una testardaggine incredibile.

1 **entêter** |ɑ̃tete| *v.tr.* [*incommoder par des émanations qui montent à la tête*] stordire (197) *intr.*, dare (102) *intr.* alla testa: *vin qui entête* vino che dà alla testa → **étourdir.**

2 **entêter (s')** |ɑ̃tete| *v.pron. intr.* **1** [*persister dans une volonté, sans céder, avec obstination*] intestardirsi (197), ostinarsi: *s'entêter dans ses opinions* intestardirsi, ostinarsi nelle proprie opinioni → **buter (se), obstiner (s')** ◆ (*au p.p.*) *il est très entêté* è molto ostinato, testardo **2** (*littér.*, *vx.*) *s'entêter de qqn., de qqch.* [*s'y attacher au point de n'avoir rien d'autre en tête*] infatuarsi, incapricciarsi di qc., q.c.

enthalpie |ɑ̃talpi| *s.f.* (*phys.*) entalpia.

enthousiasmant, ante |ɑ̃tuzjasmɑ̃, ɑ̃t| *adj.* entusiasmante → **passionnant.**

enthousiasme |ɑ̃tuzjasm(ə)| *s.m.* **1** entusiasmo: *spectacle qui déchaîne l'enthousiasme de la foule* spettacolo che scatena l'entusiasmo della folla; *enthousiasme aveugle* entusiasmo cieco; *parler de qqn., de qqch. avec enthousiasme* parlare di qc., di q.c. con entusiasmo, entusiasticamente → **emballement, engouement** **2** [*allégresse, joie*] entusiasmo: *j'accepte avec enthousiasme* accetto con entusiasmo, con gioia; *débordements d'enthousiasme* eccessi di entusiasmo → **délire** **3** (*littér.*) [*délire sacré, inspiration divine*] entusiasmo, delirio* Ⓒ **indifférence.**

enthousiasmer |ɑ̃tuzjasme| **A** *v.tr.* [*remplir d'enthousiasme*] entusiasmare: *son interprétation a enthousiasmé l'auditoire* la sua interpretazione ha entusiasmato l'uditorio # *être enthousiasmé* [*ravi*] essere entusiasta **B** *v.pron. intr.* S'ENTHOUSIASMER [→ *tr.*] entusiasmarsi: *s'enthousiasmer pour qqn., qqch.* entusiasmarsi per qc., per q.c. → 2 **emballer (s'), engouer (s').**

enthousiaste |ɑ̃tuzjast(ə)| *adj.* **1** entusiasta: *applaudi par une salle enthousiaste* applaudito da un uditorio entusiasta; *un partisan enthousiaste des nouvelles doctrines* un fautore entusiasta delle nuove dottrine → **fanatique** **2** [*qui ressent de l'enthousiasme*] entusiastico*: *accueil enthousiaste* accoglienza entusiastica; *un éloge enthousiaste* un elogio entusiastico → **chaleureux, enflammé, lyrique** ♦ (*s.*) *c'est un enthousiaste* è un entusiasta → **ardent, passionné.**

enthymème |ɑ̃timɛm| *s.m.* (*log.*) entimema.

enticher (s') |ɑ̃tiʃe| *v.pron. intr.* [*prendre un goût extrême et irraisonné* (*pour qqn., qqch.*)] infatuarsi, invaghirsi (197): *il s'est entiché de cette femme* si è infatuato di quella donna → **engouer (s'), toquer (se), amouracher (s')** ♦ *au p.p.* ENTICHÉ DE infatuato di → **épris, fou** # *il est entiché de politique, de sport* ha il pallino della politica, è un patito dello sport.

1 **entier, ière** |ɑ̃tje, jɛʀ| *adj.* **1** intero → **total** ◇ (*après le nom, en épithète*) *manger un pain entier* mangiare una pagnotta intera; *lire un livre entier dans une soirée* leggere un libro intero in una serata; *payer place entière* pagare il posto, il biglietto (per) intero; *la nation, la ville entière* l'intera nazione, l'intera città; tutta la nazione, la città # *dans le monde entier* in tutto il mondo ◇ (*dans le temps*) *durant une année entière* per un anno intero, per tutto un anno ◇ *loc.* TOUT ENTIER tutto (intero): *il but le verre tout entier* bevve tutto il bicchiere, il bicchiere tutto intero; *le pays tout entier* tutto il paese, l'intero paese ~ *se livrer, se donner tout entier à* dedicarsi completamente a **2** (*après le nom, épithète ou attribut*) [*qui a toutes ses parties, à quoi il ne manque rien*] intero: *le pain est entier, on ne l'a pas entamé* il pane è intero, non è stato toccato # *un cheval entier* [*qui n'est pas châtré*] uno stallone ◇ (*math.*) *un nombre entier* un numero intero **3** (*choses abstraites*) [*qui n'a subi aucune altération*] intero, assoluto → **absolu, parfait, total** ◇ (*avant ou après le nom*) *une confiance entière* una fiducia assoluta, piena; *je lui parlais avec une entière liberté* gli parlavo con assoluta libertà # *sa réputation reste entière* la sua reputazione resta intatta; *la question reste entière* il problema resta insoluto, irrisolto → **intact** ♦ *s.* EN SON (LEUR) ENTIER nella sua (loro) interezza *f.*, per intero (*loc. adv.*): *rapporter un passage en son entier* riportare un brano per intero → **totalité** ◇ *loc. adv.* EN ENTIER per intero, interamente (*adv.*): *lire un livre en entier* leggere un libro per intero → **complètement, entièrement, intégralement.**

2 **entier, ière** |ɑ̃tje, jɛʀ| *adj.* (*personnes*) [*qui n'admet aucune demi-mesure*] (*après le nom*) integro, retto: *un homme entier, très entier* un uomo integro, integerrimo; un uomo retto, molto retto # *il est assez entier dans ses opinions* è piuttosto categorico nelle sue opinioni → **absolu, catégorique, obstiné.**

entièrement |ɑ̃tjɛʀmɑ̃| *adv.* [→ 1 ENTIER] interamente, completamente: *la maison a été entièrement détruite* la casa è andata completamente distrutta; *capital entièrement versé* capitale interamente versato → **complètement, totalement** Ⓒ **partiellement.**

entité |ɑ̃tite| *s.f.* entità (*inv.*): *entité rationnelle* entità razionale ◇ (*dr.*) *entité de droit public* ente *m.* (di diritto) pubblico; *entité juridique* ente giuridico.

entoilage |ɑ̃twalaʒ| *s.m.* **1** [→ ENTOILER] l'intelare *inv.* **2** [*toile pour entoiler*] tela *f.* per intelare, per rivestimenti ◇ [*reliure en toile*] rilegatura *f.* in tela.

entoiler |ɑ̃twale| *v.tr.* [*fixer sur une toile*] intelare, montare su tela: *entoiler une carte de géographie* montare su tela una carta geografica; *entoiler le col d'un vêtement* intelare il collo di un vestito ◇ (*spécialt.*) *des livres entoilés* [*reliés en toile*] libri rilegati in tela.

entoir |ɑ̃twaʀ| *s.m.* (*techn.*) innestatoio*.

entôlage |ɑ̃tolaʒ| *s.m.* (*pop.*) [→ ENTÔLER 2] truffa *f.* (*cour.*) → 2 **vol.**

entôler |ɑ̃tole| *v.tr.* **1** [*voler* (*un client*) *en parlant d'une prostituée*] spennare **2** (*pop.*) [*voler en trompant*] truffare (*cour.*).

entôleur, euse |ɑ̃tolœʀ, øz| *s.* (*pop.*) [*personne qui pratique l'entôlage*] truffatore* (*cour.*), ladro (*cour.*).

entolome |ɑ̃tɔlɔm| *s.m.* (*t.bot.*) entoloma.

entomo- |ɑ̃tɔmɔ| *préf.* (*signifiant 'insecte', correspond généralt. à*) entomo: *entomophile* entomofilo.

entomologie |ɑ̃tɔmɔlɔʒi| *s.f.* entomologia*.

entomologique |ɑ̃tɔmɔlɔʒik| *adj.* (*zool.*) entomologico*.

entomologiste |ɑ̃tɔmɔlɔʒist(ə)| *s.* entomologo*.

entomophage |ɑ̃tɔmɔfaʒ| *adj.* (*zool.*) entomofago*: *oiseau entomophage* uccello entomofago → **insectivore.**

entomophile |ɑ̃tɔmɔfil| *adj.* (*bot.*) entomofilo.

Entomostracés |ɑ̃tɔmɔstʀase| *s.m.pl.* (*t.zool.*) Entomostrachi.

entonnage |ɑ̃tɔnaʒ| *s.m.*, **entonnaison** |ɑ̃tɔnɛzɔ̃| *s.f.*, **entonnement** |ɑ̃tɔnmɑ̃| *s.m.* (*techn.*) imbottatura *f.* (*rare*).

1 **entonner** |ɑ̃tɔne| *v.tr.* **1** (*techn.*) [*verser* (*un liquide*) *dans un tonneau*] imbottare: *entonner du vin* imbottare il vino **2** (*fig., vieilli*) *entonner* (*de la nourriture à*) *qqn.* ingozzare, rimpinzare qc. (di cibo).

2 **entonner** |ɑ̃tɔne| *v.tr.* **1** [*commencer à chanter*] intonare: *entonner la Marseillaise* intonare la Marsigliese **2** (*fig.*) *entonner la louange de qqn.* tessere le lodi di qc. → 1 **louer, vanter.**

entonnoir |ɑ̃tɔnwaʀ| *s.m.* **1** [*instrument terminé par un tube et servant à transvaser un liquide*] imbuto: *entonnoir à vin* imbuto (da vino) ◇ *loc.* EN ENTONNOIR a (forma di) imbuto **2** [*cavité, excavation*] cratere: *entonnoir naturel* cratere naturale.

entoptique |ɑ̃tɔptik| *adj.* (*physiol.*) entoptico*, entottico*, endo-ottico*.

entorse |ɑ̃tɔʀs(ə)| *s.f.* **1** [*lésion douloureuse d'une articulation*] distorsione, storta (*fam.*): *se donner, se faire une entorse au pied* prendere una storta al piede → **foulure, luxation** **2** (*fig.*) DONNER, FAIRE UNE ENTORSE À fare uno strappo *m.* a: *faire une entorse au règlement* fare uno strappo al regolamento → **infraction.**

entortillage |ɑ̃tɔʀtijaʒ| *s.m.* (*rare*) → **entortillement.**

entortillement |ɑ̃tɔʀtijmɑ̃| *s.m.* [→ ENTORTILLER A 1; B] l'attorcigliarsi *inv.*, attorcigliamento: *l'entortillement du lierre* l'attorcigliarsi dell'edera.

entortiller |ɑ̃tɔʀtije| **A** *v.tr.* **1** [*envelopper* (*un objet*) *dans qqch. que l'on tortille*] avvolgere (196): *entortiller un bonbon dans du papier* avvolgere una caramella in una carta **2** (*fig.*) [*persuader* (*qqn.*) *en le trompant*] abbindolare, raggirare: *il a réussi à vous entortiller* è riuscito a raggirarvi; (*fam.*) *tu t'es laissé entortiller* ti sei fatto abbindolare → **circonvenir, emberlificoter,** 1 **avoir** **3** [*compliquer par des circonlocutions*] ingarbugliare, imbrogliare → **embrouiller** # *des phrases entortillées* delle frasi contorte, involute **B** *v.pron. réfl.* S'ENTORTILLER [→ *tr.* 1] attorcigliarsi, avvilupparsi: *le lierre s'entortille autour du tronc* l'edera si attorciglia intorno al tronco.

entour |ɑ̃tuʀ| *s.m.* **1** (*loc.*) *à l'entour* [*aux alentours*] intorno, tutt'intorno → **alentour** **2** *au plur.* (*littér.*) *les entours de la ville* [*les environs*] i dintorni (*cour.*) della città.

entourage |ɑ̃tuʀaʒ| *s.m.* **1** [*personnes qui vivent habituellement auprès de qqn.*] cerchia *f.*, 'entourage' (*inv.*): *une personne de son entourage* una persona della sua cerchia, del suo 'entourage' → **compagnie,** 2 **milieu** **2** [*ornement disposé autour de certains objets*] cornice (*f.*): *l'entourage d'une tombe* la cornice di una tomba.

entouré, ée |ɑ̃tuʀe| *adj.* [*qui est recherché, admiré ou soutenu par de nombreuses personnes*] apprezzato, ricercato: *une femme très entourée* una donna molto apprezzata, corteggiata.

entourer |ɑ̃tuʀe| **A** *v.tr.* **1** [*garnir de qqch. qu'on met tout autour*] cingere (119), circondare: *il a entouré de murs sa propriété* ha cinto, circondato di mura la sua proprietà → **ceindre** # *la mère entourait l'enfant de ses bras* la madre stringeva il figlio fra le braccia; *entourer ses pieds d'une couverture* avvolgersi i piedi in una coperta → **enrouler** ◇ (*fig.*) *entourer qqn. de soins, d'égards* circondare qc. di cure, di riguardi; *pourquoi entourer de mystère votre voyage?* perché circondare di mistero il vostro viaggio? **2** (*choses*) [*être autour de* (*qqch., qqn.*) *de manière à* *enfermer*] circondare, cingere: *une clôture entoure le jardin* una recinzione circonda, cinge il giardino → **ceinturer, enfermer** **3** (*personnes*) [*se tenir tout autour de*] circondare, accerchiare: *les soldats entourent la ville* i soldati circondano la città; *la police entoura les manifestants* la polizia circondò, accerchiò i manifestanti → **encercler** **4** (*personnes, choses*) [*être habituellement ou momentanément autour de* (*qqn.*)] circondare, attorniare: *les gens qui nous entourent* le persone che ci circondano, ci attorniano; *tout ce qui nous entoure* tutto ciò che ci circonda ♦ (*au p.p.*) *il était entouré de ses admirateurs* era circondato, attorniato dai suoi ammiratori **5** (*personnes*) [*s'occuper de* (*qqn.*); *l'aider, le soutenir*] circondare, attorniare # *ses amis l'entourent beaucoup, depuis son deuil* i suoi amici gli sono molto vicini, dopo il lutto che lo ha colpito **B** *v.pron. réfl.* S'ENTOURER DE [→ *tr.* 4] circondarsi di: *s'entourer d'objets d'art, de luxe* circondarsi di oggetti d'arte, di lusso; *savoir s'entourer d'amis* sapersi circondare d'amici © A 4, 5 **abandonner.**

entourloupette |ɑ̃tuʀlupɛt| *s.f.* (*fam.*) [*mauvais tour joué à qqn.*] tiro *m.* mancino: *il lui a fait une entourloupette* gli ha giocato un tiro mancino.

entournure |ɑ̃tuʀnyʀ| *s.f.* (*cout.*) giro *m.* manica (*inv.*): *entournure trop large, trop étroite* giro manica troppo largo, troppo stretto → **emmanchure** ◇ (*loc. fig.*) *être gêné dans les* (*aux*) *entournures* [*être mal à l'aise*] sentirsi a disagio.

entracte |ɑ̃tʀakt(ə)| *s.m.* **1** [*intervalle entre les parties d'un spectacle*] intervallo: *films publicitaires projetés à l'entracte* film pubblicitari proiettati durante l'intervallo **2** [*petite pièce musicale*] intermezzo (musicale) **3** [*temps d'arrêt, de repos*] pausa *f.*, intervallo: *les entractes d'une carrière politique* le pause in una carriera politica → **interruption.**

entraide |ɑ̃tʀɛd| *s.f.* [*aide réciproque*] aiuto *m.* reciproco*, mutua assistenza # *l'entraide sociale* l'assistenza sociale → **secours (mutuel).**

entraider (s') |ɑ̃tʀede| *v.pron. récipr.* [*s'aider mutuellement*] aiutarsi reciprocamente → **aider (s')** © **combattre (se).**

entrailles |ɑ̃tʀɑj| *s.f.pl.* **1** [*organes enfermés dans l'abdomen*] visceri *m.*, interiora: *les aruspices examinaient les entrailles des animaux sacrifiés* gli aruspici esaminavano i visceri degli animali sacrificati → **viscère, intestin** **2** (*littér.*) [*les organes de la gestation*] viscere, grembo *m.sing.* → **sein** **3** (*littér.*) [*la partie profonde, essentielle*] viscere, cuore (*m. sing.*): *il n'a pas d'entrailles* non ha viscere, non ha cuore; *les entrailles du sol* le viscere della terra; *il a pour cet enfant des entrailles de père* ama questo bambino con viscere di padre.

entrain |ɑ̃tʀɛ̃| *s.m.* [*vivacité et bonne humeur communicatives*] brio*, vivacità *f. inv.*; alacrità *f. inv.*, lena (*f.*): *avoir de l'entrain* avere brio; *être plein d'entrain* essere pieno di brio, di vivacità → **ardeur, enthousiasme, vivacité** ‖ *entrain au travail* alacrità, lena nel lavoro → 2 **cœur** © **apathie, calme** 1.

entraînable |ɑ̃tʀɛnabl(ə)| *adj.* [*qui peut être entraîné*] influenzabile; facile all'entusiasmo, all'esaltazione.

entraînant, ante |ɑ̃tʀɛnɑ̃, ɑ̃t| *adj.* [*qui* (1) *entraîne* (3)] avvincente; travolgente: *style entraînant* stile avvincente ‖ *orateur à l'éloquence entraînante* oratore dall'eloquenza travolgente.

1 **entraînement** |ɑ̃tʀɛnmɑ̃| *s.m.* [*mouvement impulsif, involontaire*] impeto, foga* *f.*; impulso: *l'entraînement des passions* l'impeto, la foga delle passioni; *dans l'entraînement de la discussion* nella foga della discussione → **chaleur,** 1 **feu** ‖ *céder à ses entraînements* cedere ai propri impulsi → 1 **élan, impulsion** # *l'entraînement des habitudes* la forza dell'abitudine.

2 **entraînement** |ɑ̃tʀɛnmɑ̃| *s.m.* **1** [→ 2 ENTRAÎNER A 1; B 1] allenamento; addestramento: *entraînement d'un athlète* allenamento di un atleta; *match, terrain d'entraînement* incontro, campo di allenamento ‖ *entraînement d'un cheval* addestramento di un cavallo **2** [→ 2 ENTRAÎNER A 2; B 2] allenamento, esercizio*: *il manque d'entraînement* manca di allenamento, di esercizio; *vous y parviendrez avec un peu d'entraînement* ci riuscirete con un po' di allenamento, di pratica.

1 **entraîner** |ɑ̃tʀene| *v.tr.* **1** [*traîner avec soi*] trascinare: *le courant entraîne le navire vers la côte* la corrente trascina la nave verso la costa → **emporter** ◇ (*mécan.*) *moteur qui entraîne une machine* motore che aziona una macchina **2** (*sujet de personne*) [*conduire* (*qqn.*) *avec soi*] guidare, portare: *danseur qui entraîne sa cavalière* ballerino che guida la propria partner → **emmener, pousser** ◇ (*fig.*) [*conduire en exerçant une pression morale*] trascinare: *il l'a entraîné dans sa ruine* l'ha trascinato nella rovina; *il se laisse entraîner par de mauvais camarades* si lascia trascinare da cattivi compagni **3** (*sujet de chose*) [*pousser* (*qqn.*) *par un enchaînement psychologique ou matériel*] trascinare, spingere (119): *son enthousiasme l'entraîne trop loin* il suo entusiasmo lo spinge, lo trascina troppo lontano; *son éloquence entraîne les foules* la sua eloquenza trascina le folle → **emporter,** 1 **pousser** ◇ *loc.* ENTRAÎNER À (+ *inf.*) portare a (+ *inf.*): *vos préjugés vous entraînent à être injustes* i vostri pregiudizi vi portano a essere ingiusti ~ *se laisser entraîner* lasciarsi trasportare **4** [*avoir pour conséquence inéluctable*] produrre (108), provocare: *cette imprudence risque d'entraîner de graves conséquences* questa imprudenza rischia di produrre, provocare gravi conseguenze → **provoquer, déclencher.**

2 **entraîner** |ɑ̃tʀene| **A** *v.tr.* **1** [*préparer* (*des animaux, des personnes*) *à une performance sportive*] allenare: *entraîner un cheval, un athlète en vue d'une course* allenare un cavallo, un atleta per una corsa; *entraîner une équipe de football* allenare una squadra di calcio → **exercer** **2** ENTRAÎNER À allenare a: *entraîner qqn. à un exercice* allenare qc. a un esercizio → **endurcir, former** **B** *v.pron. réfl.* S'ENTRAÎNER **1** [→ *tr.* 1] allenarsi: *ils s'entraînent pour le championnat* si allenano per il campionato **2** S'ENTRAÎNER À [→ *tr.* 2] allenarsi a, esercitarsi a: *s'entraîner à prendre la parole en public* allenarsi, esercitarsi a prendere la parola in pubblico ♦ (*au p.p.*) *orateur entraîné à la discussion* oratore allenato, rotto alla discussione → **rompu.**

entraîneur |ɑ̃tʀɛnœʀ| *s.m.* **1** [*personne qui entraîne les sportifs, les chevaux*] allenatore* (*s.*): *l'entraîneur d'un boxeur, d'une équipe de football* l'allenatore di un pugile, di una squadra di calcio; *elle est entraîneur de notre championne* è l'allenatrice della nostra campionessa → 2 **manager** ◇ (*cyclisme*) allenatore: *course avec entraîneur* corsa con allenatore ◇ (*fig.*) ENTRAÎNEUR DE trascinatore di: *un entraîneur de peuple* un trascinatore di folla **2** (*chim.*) trasportatore a palette raschianti.

entraîneuse |ɑ̃tʀɛnøz| *s.f.* 'entraîneuse' *inv.*

entrait |ɑ̃tʀɛ| *s.m.* (*maçonn.*) catena *f.*, trave *f.* di banchina.

entrant, ante |ɑ̃tʀɑ̃, ɑ̃t| *adj.* [*qui entre* (*dans un groupe*)] nuovo, entrante: *le nombre des élèves entrants va encore augmenter* il numero dei nuovi alunni aumenterà ancora ♦ *s.* (*surtout au plur.*) *les entrants* coloro che entrano *loc.*, i nuovi arrivati.

entrave |ɑ̃tʀav| *s.f.* **1** [*lien qu'on met aux jambes de certains animaux*] pastoia: *cheval qui brise ses entraves* cavallo che si libera dalle pastoie **2** (*fig.*) [*ce qui retient, gêne, assujettit*] freno *m.*, intralcio* (*m.*): *cette loi est une entrave à la liberté de presse* questa legge è un freno, un intralcio alla libertà di stampa → **empêchement, obstacle.**

entravé, ée |ɑ̃tʀave| *adj.* **1** [*qui a des entraves*] impastoiato ◇ (*fig.*) [*gêné*] ostacolato, impedito **2** (*cout.*) *jupe entravée* gonna a 'entrave' *inv.* **3** (*phonét.*) *voyelle entravée* vocale in sillaba chiusa.

1 **entraver** |ɑ̃tʀave| *v.tr.* **1** [*attacher* (*un animal*) *au moyen d'une entrave*] impastoiare: *entraver un cheval pour le ferrer* impastoiare un cavallo per ferrarlo **2** (*fig.*) [*empêcher, faire obstacle*] intralciare, ostacolare: *entraver la circulation* intralciare il traffico; *entraver les projets de qqn.* ostacolare i progetti di qc. → **freiner, obstruer.**

2 **entraver** |ɑ̃tʀave| *v.tr.* (*arg.*) [*comprendre*] capire (197) (*cour.*): *j'y entrave que dalle* non (ci) capisco un accidenti, non (ci) capisco un tubo (*pop.*).

entr(e)- |ɑ̃tʀ(ə)| *préf.* (*sert à former des mots composés*) **1** (*noms désignant l'intervalle*) *entracte* intervallo ◇ (*noms désignant une action mutuelle*) *entrevue* colloquio, incontro **2** (*v. désignant une action réciproque*) *s'entrelacer* intrecciarsi ◇ (*v. désignant une action qui ne se fait qu'à demi*) *entrevoir* intravvedere.

entre |ɑ̃tʀ(ə)| *prép. REM.*: *'entre' ne se contracte jamais avec l'art. Voir aussi la prép. it.* tra **I** (*marque une position*) **1** (*dans l'espace qui sépare des choses, des personnes*) tra, fra: *les Pyrénées s'étendent entre la France et l'Espagne* i Pirenei si estendono tra la Francia e la Spagna; *herbe qui pousse entre les pierres* erba che spunta tra le pietre; *il le tient entre ses doigts* lo tiene fra le dita; *distance comprise entre deux points* distanza compresa fra, tra due punti; *C est entre B et D* C è fra B e D; *8 est entre 7 et 9* 8 è fra 7 e 9 → **intervalle** # *ne le laissez pas entre ses mains* non lasciatelo in mano sua ◇ (*loc.*) *lire entre les lignes* leggere tra le righe ~ *parler entre ses dents* parlare tra i denti **2** (*dans le temps qui sépare deux dates, deux faits, deux éléments*) tra, fra: *je passerai entre 10 et 11 heures* passerò fra le 10 e le 11 → **entre-temps**; *entre la vie et la mort* tra la vita e la morte; *couleur entre le gris et le bleu* colore tra il grigio e il blu; *il a été pris entre deux feux* si è trovato tra due fuochi # *une femme entre deux âges* una donna di mezza età; *'fait-il beau?' 'entre les deux'* 'è bel tempo?' 'così, così; né bello né brutto' **3** (*avec des v. comme 'choisir, hésiter,' etc.*) tra, fra: *hésiter, choisir entre deux solutions possibles* esitare, scegliere fra due soluzioni possibili **II** [*au milieu de*] **1** (*en tirant d'un ensemble*) tra, fra: *choisir entre plusieurs solutions* scegliere tra diverse soluzioni; *il est brave entre les braves* è prode tra i prodi; *lequel d'entre vous accepte?* chi tra (di) voi, chi di voi accetta?; *aucun d'entre nous n'a fait cela* nessuno tra (di) noi, nessuno di noi lo ha fatto → **parmi** ◇ *loc.* ENTRE AUTRES fra l'altro: *entre autres choses* fra le altre cose, fra l'altro **2** (*suivi d'un pron. personnel ou d'un nom de personne au plur. sans art.*) tra, fra: *ils veulent rester entre eux, entre amis* vogliono restare tra di loro, tra amici; *cette affaire doit rester entre nous* questa faccenda deve restare tra noi; (*soit dit*) *entre nous* (sia) detto tra noi **III** (*marque des rapports de*) **1** (*réciprocité*) tra, fra: *les loups se dévorent entre eux* i lupi si divorano tra (di) loro, l'un l'altro; *ils ont entre eux des disputes* hanno delle liti fra (di) loro; *match entre deux équipes* incontro fra due squadre; *qu'y a-t-il exactement entre eux?* cosa c'è esattamente tra (di) loro? **2** (*comparaison*) tra, fra: *rapport, ressemblance entre deux choses* rapporto, somiglianza fra due cose.

entrebâillement |ɑ̃tʀəbajmɑ̃| *s.m.* [*intervalle formé par ce qui est entrebâillé*] spiraglio*: *l'entrebâillement de la porte* lo spiraglio della porta → **ouverture**.

entrebâiller |ɑ̃tʀəbaje| *v.tr.* [*ouvrir très peu*] socchiudere (106), schiudere (106) → **entrouvrir** ♦ (*au p.p.*) *une porte entrebâillée* una porta socchiusa.

entrebâilleur |ɑ̃tʀəbajœʀ| (*s.m.*) *entrebâilleur d'une porte* catenella *f.* di sicurezza di una porta.

entre-bande |ɑ̃tʀəbɑ̃d| *s.f.* (*techn.*) cimosa, vivagno (*m.*): *des entre-bandes* delle cimose.

entrechat |ɑ̃tʀəʃa| *s.m.* **1** (*danse*) scambietto: *entrechat à six battements* scambietto a sei battute **2** [*saut, gambade*] capriola (*f.*): *faire des entrechats* fare le capriole.

entrechoquement |ɑ̃tʀəʃɔkmɑ̃| *s.m.* [*choc réciproque de plusieurs choses ou personnes*] cozzo, contrasto: *l'entrechoquement des idées* il cozzo, il contrasto delle idee → **choc, collision**.

entrechoquer |ɑ̃tʀəʃɔke| **A** *v.tr.* [*heurter l'un contre l'autre*] picchiare; cozzare (l'uno contro l'altro): *entrechoquer des cailloux pour faire du feu* picchiare dei ciottoli l'uno contro l'altro per accendere il fuoco **B** *v.pron. récipr.* S'ENTRECHOQUER [→ *tr.*] cozzare *intr.* (l'uno contro l'altro), urtarsi: *wagons qui s'entrechoquent* vagoni che cozzano l'uno contro l'altro, che si urtano.

entrecolonnement |ɑ̃tʀəkɔlɔnmɑ̃| *s.m.* (*archit.*) intercolunnio*.

entrecôte |ɑ̃tʀəkot| *s.f.* (*bouch.*) costata, 'entrecôte' *inv.*

entrecoupé, ée |ɑ̃tʀəkupe| *adj.* [*interrompu à plusieurs reprises*] rotto (dal pianto): *une voix entrecoupée* una voce rotta (dal pianto) → **saccadé**.

entrecouper |ɑ̃tʀəkupe| *v.tr.* [*interrompre par intervalles*] frammezzare, intercalare: *entrecouper un récit de rires* frammezzare un discorso con delle risate → **entremêler** ♦ (*au p.p.*) *des paroles entrecoupées* [*interrompues*] parole smozzicate.

entrecroisé, ée |ɑ̃tʀəkʀwaze| *adj.* [→ ENTRECROISER] *lignes entrecroisées* linee incrociate.

entrecroisement |ɑ̃tʀəkʀwazmɑ̃| *s.m.* [→ ENTRECROISER] incrocio*, incrociatura *f.* ◇ (*maçonn.*) *entrecroisement de lattes* incrocio di correnti.

entrecroiser |ɑ̃tʀəkʀwaze| *v.tr.* [*croiser ensemble, à plusieurs reprises*] intrecciare: *entrecroiser des fils, des rubans* intrecciare fili, nastri → **entrelacer**.

entre-déchirer (s') |ɑ̃tʀədeʃiʀe| *v.pron. récipr.* (*littér.*) [*se déchirer mutuellement*] dilaniarsi (*cour.*), sbranarsi (*cour.*) l'un l'altro, a vicenda.

entre-détruire (s') |ɑ̃tʀədetʀɥiʀ| (75) *v.pron. récipr.* (*littér.*) [*se détruire mutuellement*] distruggersi (136) (*cour.*) a vicenda.

entre-deux |ɑ̃tʀədø| *s.m.inv.* **1** [*espace, état entre deux extrêmes*] via *f.var.* di mezzo: *être dans l'entre-deux* essere nella via di mezzo **2** (*cout.*) falsatura *f.var.* **3** (*basket*) rimessa *f.var.* a due.

entre-deux-guerres |ɑ̃tʀədøgɛʀ| *s.m.inv.* periodo *var.* fra due guerre ◇ (*spécialt.*) periodo fra le due guerre (mondiali).

entre-dévorer (s'), entre-dévorer (s') |ɑ̃tʀədevɔʀe| *v.pron. récipr.* (*littér.*) [*se dévorer mutuellement*] sbranarsi (*cour.*) l'un l'altro, a vicenda.

1 **entrée** |ɑ̃tʀe| *s.f.* **I** (*spatial*) **1** [*le fait d'entrer*] ingresso *m.*, entrata: *l'entrée des visiteurs dans le salon* l'ingresso dei visitatori nel salone; *faire son entrée dans une assemblée* fare il proprio ingresso in un'assemblea; *acteur qui fait son entrée* attore che fa la sua entrata, che entra in scena; *entrée soudaine, en trombe* irruzione, entrata improvvisa → **irruption** # *à son entrée, le silence se fit* al suo apparire, si fece silenzio → **arrivée**; *entrée d'un train en gare* arrivo in stazione di un treno **2** (*fig.*) ENTRÉE DANS, À: *depuis son entrée dans cette société* dalla sua entrata in questa società # *faire son entrée dans le monde* debuttare in società ◇ *loc.* ENTRÉE EN entrata in: *entrée en fonction, en charge* entrata in funzione, in carica; *entrée en action, en jeu* entrata in azione, in gioco **3** *au plur.* ENTRÉES [*l'argent qui entre dans un avoir*] entrate, redditi *m.* **4** [*possibilité d'entrer dans un lieu*] accesso *m.*, ingresso: *porte qui donne entrée dans une maison* porta che dà accesso a una casa; *interdire, refuser l'entrée* proibire, rifiutare l'accesso, l'ingresso ◇ (*spécialt.*) *entrée interdite* ingresso vietato; vietato l'ingresso; *entrée libre* ingresso libero → **accès** **5** [*accès à un spectacle, une manifestation*] ingresso, entrata: *carte, billet, bon d'entrée* tessera, biglietto, buono d'ingresso; *entrée gratuite* ingresso, biglietto gratuito; *entrée de faveur* ingresso di favore; *je vous ai obtenu deux entrées* ho ottenuto due biglietti (d'ingresso) per voi → **place** ◇ (*fig.*) *avoir ses entrées chez qqn., dans la maison de qqn.* avere libero accesso presso qc., a casa di qc. **6** (*écon.*) entrata # *payer les droits d'entrée* pagare i dazi d'importazione **7** [*accès, endroit par où l'on entre*] ingresso, entrata: *entrée de service* ingresso di servizio; *entrée d'une maison, d'un tunnel* ingresso di una casa, imbocco di una galleria ◇ (*par anal.*) *les entrées d'un dictionnaire* i lemmi *m.*, le voci di un dizionario **8** (*techn.*) *entrée d'air* presa d'aria ◇ (*radio*) *entrée de poste* bocca* di antenna **II** (*temporel*) (*loc. littér.*) *à l'entrée de la vie* [*au début*] all'inizio* *m.* della vita; *à l'entrée de l'hiver* all'inizio dell'inverno ◇ (*loc.*) *d'entrée de jeu* [*dès l'abord*] fin dall'inizio, fin dal primo momento **C** I 1 **sortie**.

2 **entrée** |ɑ̃tʀe| *s.f.* [*pièce située à l'entrée d'un édifice, d'un appartement*] ingresso *m.*, entrata: *veuillez attendre dans l'entrée* la prego di attendere nell'ingresso → **hall, vestibule**.

3 **entrée** |ɑ̃tʀe| *s.f.* [*mets qui se sert à l'entrée, au commencement du repas*] primo *m.*, prima portata.

entrefaites (sur ces) |syʀsezɑ̃tʀəfɛt| *loc. adv.* [*à ce moment*] nel frattempo, in quel mentre, intanto *adv.* → **alors**.

entrefer |ɑ̃tʀəfɛʀ| *s.m.* (*électr.*) traferro.

entrefilet |ɑ̃tʀəfilɛ| *s.m.* **1** [*court article inséré dans un journal*] trafiletto **2** (*typogr.*) trafiletto.

entregent |ɑ̃tʀəʒɑ̃| *s.m.* (*loc.*) *avoir de l'entregent* [*de l'adresse à se conduire en société*] sapersi (177) destreggiare, essere (96) dotato di 'savoir faire'.

entre-heurter (s') |ɑ̃tʀəœʀte| *v.pron. récipr.* → **entrechoquer** (s').

entre-jambes, entre jambes |ɑ̃tʀəʒɑ̃b| *s.m.* **1** [*partie d'un pantalon, d'une culotte entre les jambes*] cavallo: *slip à entre-jambes renforcé* slip con cavallo rinforzato **2** (*techn.*) traversa *f.*

entrelacé, ée |ɑ̃tʀəlase| *adj.* [*enlacé l'un dans l'autre*] intrecciato: *branches entrelacées* rami intrecciati.

entrelacement |ɑ̃tʀəlasmɑ̃| *s.m.* [→ ENTRELACER] intreccio*: *entrelacement de fils, de lignes* intreccio di fili, di linee → **entrecroisement, entrelacs** ◇ (*fig.*) [*chaîne, réseau, tissu*] intreccio, tessuto: *un entrelacement de souvenirs* un intreccio di ricordi.

entrelacer |ɑ̃tʀəlase| (2) **A** *v.tr.* [*enlacer l'un dans l'autre*] intrecciare: *entrelacer des fils, des rubans* intrecciare fili, nastri → **entrecroiser, tresser** **B** *v.pron. récipr.* S'ENTRELACER [→ *tr.*] intrecciarsi: *branches qui s'entrelacent* rami che si intrecciano → **enchevêtrer** (s') **C** A **délier**.

entrelacs |ɑ̃tʀəla| *s.m.* [*ornement composé de motifs entrelacés*] arabesco*: *les entrelacs de l'art arabe* gli arabeschi dell'arte araba.

entrelardé, ée |ɑ̃tʀəlaʀde| *adj.* [*mêlé de gras et de maigre*] lardellato.

entrelarder |ɑ̃tʀəlaʀde| *v.tr.* **1** [*piquer de lardons*] lardellare: *entrelarder une volaille avec une lardoire* lardellare un pollo con il lardatoio → **larder**

2 (*fig.*) *entrelarder son discours de citations* infiorare, lardellare il proprio discorso di citazioni → **farcir, truffer.**

entre-manger (s') |ɑ̃tʀəmɑ̃ʒe| (3) *v.pron. récipr.* (*littér.*) [*se manger, se dévorer l'un l'autre*] divorarsi l'un l'altro.

entremêler |ɑ̃tʀəmele| *v.tr.* **1** [*mêler* (*des choses différentes*)] mescolare, frammezzare: *les arbres entremêlaient leurs branches* gli alberi mescolavano i (loro) rami ◇ (*fig.*) *entremêler des banalités et des traits d'esprit* frammezzare banalità e arguzie → **mélanger, mêler** **2** ENTREMÊLER DE [*insérer dans* (*une chose, une durée*) *plusieurs éléments*] frammezzare con: *il entremêlait son discours de citations latines* frammezzava il (suo) discorso con citazioni latine ✦ (*au p.p.*) *paroles entremêlées de sanglots* parole frammiste a singhiozzi → **entrecoupé.**

entremets |ɑ̃tʀəmɛ| *s.m.* (*cuis., cour.*) piatto di mezzo, 'entremets' *inv.*

entremetteur, euse |ɑ̃tʀəmɛtœʀ, øz| *s.* [*personne qui sert d'intermédiaire dans les intrigues galantes*] mezzano, ruffiano.

entremettre (s') |ɑ̃tʀəmɛtʀ(ə)| (71) *v.pron. réfl.* [*intervenir entre deux ou plusieurs personnes*] intromettersi (155), immischiarsi: *s'entremettre dans une querelle* intromettersi in una lite; *il s'entremet dans les affaires qui ne le regardent pas* si intromette, si immischia in faccende che non lo riguardano → **interposer (s').**

entremise |ɑ̃tʀəmiz| *s.f.* **1** [→ ENTREMETTRE (S')] mediazione; intervento (*m.*): *offrir son entremise dans une affaire* offrire la propria mediazione in un affare || *se servir de l'entremise d'une personne influente* servirsi dell'intervento di una persona influente → **arbitrage, intervention** ◇ (*loc.*) *par l'entremise de* per mezzo di, tramite *prép.* → **intermédiaire, moyen** **2** (*mar.*) → **entretoise.**

entre-nerf(s) |ɑ̃tʀənɛʀ| *s.m.* (*reliure*) nervatura *f.*

entre-nœud |ɑ̃tʀənø| *s.m.* (*agric., bot.*) internodio*.

entre-nuire (s') |ɑ̃tʀənɥiʀ| (50) *v.pron. récipr.* (*littér.*) [*se nuire réciproquement*] danneggiarsi a vicenda (*cour.*): *ils se sont entre-nui* (*inv.*) si sono danneggiati a vicenda.

entrepont |ɑ̃tʀəpɔ̃| *s.m.* (*mar.*) interponte: *voyager dans l'entrepont* viaggiare nell'interponte.

entreposage |ɑ̃tʀəpozaʒ| *s.m.* [→ ENTREPOSER] deposito, immagazzinamento: *frais d'entreposage* spese di deposito, di magazzinaggio.

entreposer |ɑ̃tʀəpoze| *v.tr.* [*déposer dans un entrepôt*] depositare (in magazzino), immagazzinare: *entreposer des marchandises* immagazzinare merci ◇ [*déposer, laisser en garde*] depositare: *entreposer des meubles chez un ami* depositare dei mobili in casa di un amico.

entreposeur |ɑ̃tʀəpozœʀ| *s.m.* (*dr.*) depositario*, magazziniere.

entrepositaire |ɑ̃tʀəpozitɛʀ| *s. et adj.* (*dr.*) depositante.

entrepôt |ɑ̃tʀəpo| *s.m.* [*bâtiment servant de lieu de dépôt pour les marchandises*] deposito, magazzino: *marchandises en entrepôt* merci in deposito → **dock,** 2 **magasin** ◇ (*dr.*) deposito doganale.

entreprenant, ante |ɑ̃tʀəpʀənɑ̃, ɑ̃t| *adj.* **1** [*qui entreprend avec audace, hardiesse*] intraprendente, audace: *caractère, esprit entreprenant* carattere, spirito intraprendente; *il est trop entreprenant* è troppo audace → **audacieux, hardi** **2** [*hardi auprès des femmes*] intraprendente → **galant** Ⓒ 1 **hésitant;** 2 **timide.**

entreprendre |ɑ̃tʀəpʀɑ̃dʀ(ə)| (73) *v.tr.* **1** [*se mettre à faire* (*qqch.*)] intraprendere (105): *entreprendre une affaire, une étude* intraprendere un affare, uno studio → **commencer** ◇ *loc.* ENTREPRENDRE DE FAIRE QQCH. cercare di fare q.c., provarsi a fare q.c.: *dans ce livre l'auteur a entrepris de montrer que...* in questo libro l'autore ha cercato di mostrare, ha voluto mostrare che... → **essayer, tenter** **2** [*tâcher de convaincre, de séduire* (*qqn.*)] *entreprendre une femme* circuire, cercare di sedurre una donna; *entreprendre qqn. sur un sujet* cercare di intrattenere qc. su un argomento; *c'est un intarissable bavard; quand il vous entreprend, il n'en finit plus* è un tremendo chiacchierone; quando attacca un bottone, non la smette più.

entrepreneur, euse |ɑ̃tʀəpʀənœʀ, øz| *s.* **1** [*personne qui se charge de l'exécution d'un travail*] imprenditore*, appaltatore*, impresario*: *entrepreneur de peinture* appaltatore di lavori di imbiancatura; *entrepreneur* (*de bâtiment, de construction*) imprenditore edile, costruttore # *entrepreneur de transports* spedizioniere, vettore **2** [*personne qui dirige une entreprise pour son compte*] imprenditore: *petit entrepreneur* piccolo imprenditore → **patron.**

1 **entreprise** |ɑ̃tʀəpʀiz| *s.f.* **1** [*ce qu'on se propose d'entreprendre; mise à exécution d'un dessein*] impresa: *concerter, organiser une entreprise* concertare, organizzare un'impresa → **dessein, projet;** *réalisation, exécution d'une entreprise* realizzazione, attuazione di un'impresa; *succès, réussite, échec, faillite d'une entreprise* successo, riuscita, fallimento di un'impresa **2** (*dr.*) appalto (*m.*): *contrat d'entreprise* contratto di appalto; *donner, prendre à l'entreprise* dare, prendere in appalto → **louage, adjudication** **3** (*littér.*) [*action par laquelle on tente de porter atteinte aux droits, à la liberté de qqn.*] attacco* *m.* (*cour.*): *c'est une entreprise contre le droit des gens* è un attacco contro il diritto dei popoli → **attentat, violence** **4** *au plur.* [*tentatives de séduction*] attacchi *m. pl.*, tentativi di seduzione.

2 **entreprise** |ɑ̃tʀəpʀiz| *s.f.* (*écon., cour.*) impresa, azienda: *entreprise industrielle, commerciale* impresa, azienda industriale, commerciale; *entreprise agricole* azienda agricola; *entreprise privée, publique* azienda privata, pubblica → **société** ◇ (*spécialt.*) CHEF D'ENTREPRISE dirigente d'azienda, imprenditore → **entrepreneur.**

entrer |ɑ̃tʀe| **A** *v.intr.* (*aux.* 'être') **I** [*aller à l'intérieur de; passer dans un lieu, se mettre dans une situation*] **1** [*aller du dehors au dedans*] entrare: *entrer dans une maison, une pièce* entrare in una casa, in una stanza; *entrer dans l'eau* entrare in acqua; *entrer chez un commerçant* entrare da un negoziante, in un negozio; *on ne peut entrer dans ce pays sans visa* non si può entrare in quel paese senza visto → 1 **aller** # *entrer dans une voiture* salire in, su una macchina; *entrer dans son lit* mettersi a letto → 1 **monter** ◇ (*loc.*) *entrer en scène, en lice* entrare in scena, in lizza ✦ (*absolt.*) *entrer par la porte, par la fenêtre, par l'entrée de service* entrare dalla porta, dalla finestra, dall'ingresso di servizio; *frapper, sonner avant d'entrer* bussare, suonare prima di entrare # *défense d'entrer* vietato l'ingresso ◇ (*fam.*) (*d'un véhicule ou de ses occupants*) *entrer dans un obstacle, dans un arbre* andare (101) a sbattere contro un ostacolo, un albero → **percuter, tamponner;** *entrer dans le décor* andare fuori strada, uscire di strada ✦ *absolt.* (*pop.*) *une voiture lui est entrée dedans* una macchina gli è andata, arrivata addosso **2** (*choses*) *l'eau entre de toutes parts* l'acqua entra da tutte le parti → **pénétrer;** *faire entrer* far entrare → **introduire, mettre;** *cette valise n'entre pas dans le coffre de ma voiture* questa valigia non entra nel bagagliaio della mia auto; *le vent entre par la fenêtre* il vento entra dalla finestra ◇ (*loc.*) *cela entre comme dans du beurre* entra come nel burro **3** (*fig.*) *sentiments, passions qui entrent dans le cœur, dans l'âme* sentimenti, passioni che entrano, penetrano nel cuore, nell'anima; *le soupçon, le doute est entré dans son esprit* il sospetto, il dubbio è entrato nel suo animo, si è insinuato in lui → **insinuer (s'), pénétrer** **4** [*se mettre* (*dans une situation*); *commencer à faire partie de*] entrare: *entrer au service de qqn.* entrare al servizio di qc.; *entrer dans l'histoire, dans la légende* entrare nella storia, nella leggenda; *il est entré dans un parti, au parti* è entrato in un partito, nel partito; *entrer dans une affaire, dans un complot* entrare in un affare, in un complotto → **mêler (se)** # *entrer dans les ordres, entrer en religion* prendere gli ordini ◇ (*loc. fig.*) *entrer dans le monde* entrare, debuttare in società; *entrer dans la danse, en danse* entrare in ballo; *entrer dans le jeu, en jeu* entrare nel gioco, in gioco **5** (*temporel*) *entrer dans une période, dans sa dixième année* entrare in un periodo, nel decimo anno di età **6** *loc.* ENTRER EN [*commencer à être dans* (*un état*)] entrare in: *eau qui entre en ébullition* acqua che entra, va in ebollizione; *entrer en action* entrare in azione; *pays qui entre en guerre* paese che entra in guerra; *entrer en rapport, en relation avec qqn.* entrare in rapporto, in relazione con qc.; *entrer en politique* entrare in politica # *entrer en trances* cadere in 'trance' **7** *loc.* ENTRER DANS [*comprendre, saisir* (*ce que l'esprit pénètre*)] capire (197) *tr.*, condividere (130) (*tr.*): *entrer dans les sentiments de qqn.* capire i sentimenti di qc.; *entrer dans les soucis, les peines de qqn.* condividere gli affanni, le pene di qc.; *entrer dans les idées, les vues de qqn.* condividere le idee, i punti di vista di qc. → **partager** **II** [*faire partie de, être compris dans*] rientrare: *entrer dans une catégorie* rientrare in una categoria; *cela entre, n'entre pas dans ses intentions, dans mes projets* (ciò) rientra, non rientra nelle sue intenzioni, nei miei progetti # *faire entrer en* (*ligne de*) *compte* tenere conto di, prendere in considerazione; *de la colère entre dans sa décision* c'è della collera nella sua decisione **B** *v.tr.* [*faire entrer*] far (103) *intr.* entrare, introdurre (108): *entrer un meuble par la fenêtre* far entrare, introdurre un mobile dalla finestra; *entrer des marchandises dans un pays* introdurre delle merci in un paese → **introduire** ◇ [*enfoncer*] conficcare: *il lui entrait ses ongles dans la main* gli conficcava le unghie nella mano © A I 1 **sortir.**

entre-rail |ɑ̃tʀəʀɑj| *s.m.* (*ch. de fer*) scartamento → **écartement.**

entresol |ɑ̃tʀəsɔl| *s.m.* [*espace d'un bâtiment qui se trouve entre le rez-de--chaussée et le premier étage*] (piano) ammezzato, mezzanino: *habiter un entresol, dans un entresol* abitare all'ammezzato, al piano ammezzato.

entretaille |ɑ̃tʀətɑj| *s.f.* (*gravure*) tratto *m.* leggero.

entre-temps, entre temps |ɑ̃tʀətɑ̃| *adv.* [*dans cet intervalle de temps*] intanto, nel frattempo *loc. inv.*, frattanto.

1 **entretenir** |ɑ̃tʀətniʀ| (27) *v.tr.* **1** [*faire durer, faire persévérer*] mantenere (188): *entretenir le feu* mantenere vivo il fuoco; *entretenir de bons rapports* mantenere buoni rapporti → **maintenir** ◇ (*par anal.*) *entretenir* (*qqn.*) *dans* (*un état affectif ou psychologique*) tenere (188): *entretenir qqn. dans l'erreur* tenere qc. nell'errore **2** [*maintenir en bon état* (*une chose*)] tenere bene: *entretenir ses vêtements* tenere bene gli abiti → **conserver** # *entretenir une route* curare la manutenzione di una strada **3** [*pourvoir à la subsistance de* (*qqn.*)] mantenere: *entretenir une famille* mantenere la famiglia → 1 **charger (se), nourrir.**

2 **entretenir** |ɑ̃tʀətniʀ| (27) **A** *v.tr.* ENTRETENIR QQN. DE (QQCH.) [*lui en parler*] intrattenere (188) qc. su (q.c.) **B** *v.pron. intr.* S'ENTRETENIR [*converser* (*avec qqn.*)] intrattenersi, parlare (*intr.*): *s'entretenir avec qqn. de vive voix, par téléphone* intrattenersi, parlare con qc. a voce, per telefono → 2 **causer,** 1 **parler.**

entretenu, ue |ɑ̃tʀətny| *adj.* **1** [*maintenu dans le même état*] mantenuto, conservato **2** [*qui reçoit de l'argent pour ses besoins*] mantenuto: *femme entretenue* mantenuta *s.f.* → **demi--mondaine 3** [*tenu en bon état*] ben tenuto: *une voiture bien entretenue* un'auto ben tenuta.

1 **entretien** |ɑ̃tʀətjɛ̃| *s.m.* **1** [*soins, réparations, dépenses qu'exige le maintien en bon état*] manutenzione (*f.*): *entretien des routes* manutenzione delle strade; *frais, dépenses d'entretien* spese di manutenzione; *il faut en prévoir l'entretien* bisogna prevederne la manutenzione **2** [*ce qui est nécessaire à l'existence matérielle de qqn.*] mantenimento, sostentamento: *l'entretien d'un enfant au collège* il mantenimento di un ragazzo in collegio.

2 **entretien** |ɑ̃tʀətjɛ̃| *s.m.* [*conversation*] colloquio*, conversazione (*f.*): *avoir un entretien avec qqn.* avere un colloquio, una conversazione con qc.; *demander, accorder un entretien* chiedere, concedere un colloquio → **audience, entrevue.**

entretoile |ɑ̃tʀətwal| *s.f.* (*cout.*) tramezzo *m.*

entretoise |ɑ̃tʀətwaz| *s.f.* (*maçonn.*) traversa (di rinforzo).

entretoisement |ɑ̃tʀətwazmɑ̃| *s.m.* (*maçonn.*) il controventare *inv.*, controventatura *f.*

entretoiser |ɑ̃tʀətwaze| *v.tr.* [*maintenir l'écartement avec des entretoises*] controventare; rafforzare con traverse.

entre-tuer (s') |ɑ̃tʀətɥe| *v.pron. récipr.* [*se tuer mutuellement; se battre jusqu'à la mort*] uccidersi (130) l'un l'altro; battersi all'ultimo sangue.

entre-voie |ɑ̃tʀəvwa| *s.f.* [*espace entre deux voies de ch. de fer*] interbinario* *m.*

entrevoir |ɑ̃tʀəvwaʀ| (37) *v.tr.* **1** [*voir à demi*] intra(v)vedere (192), scorgere (167): *j'ai entrevu qqch. dans l'ombre* ho intravisto, scorto q.c. nell'ombra; *je ne l'ai qu'entrevu* l'ho appena intravisto → **apercevoir, distinguer 2** [*avoir une idée imprécise de* (*qqch.*)] intra(v)vedere: *entrevoir les difficultés, l'issue d'une entreprise* intravedere le difficoltà, l'esito di un'impresa → **deviner, soupçonner, pressentir.**

entrevous |ɑ̃tʀəvu| *s.m.* (*maçonn.*) intercapedine *f.*

entrevoûter |ɑ̃tʀəvute| *v.tr.* (*maçonn.*) [*garnir de plâtre* (*les entrevous*)] murare (lo spazio tra due travi).

entrevue |ɑ̃tʀəvy| *s.f.* [*rencontre concertée entre personnes qui ont à parler, à traiter une affaire*] abboccamento *m.*, colloquio* *m.*; incontro (*m.*): *avoir une entrevue avec qqn.* avere un abboccamento, un colloquio con qc. → 2 **entretien** ‖ *ménager une entrevue entre deux personnes* combinare un incontro fra due persone.

entrisme |ɑ̃tʀism(ə)| *s.m.* (*polit.*) infiltrazione *f.* di elementi sobillatori (in un partito, in un sindacato e sim.).

entropie |ɑ̃tʀɔpi| *s.f.* (*phys.*) entropia.

entropion |ɑtʀɔpjɔ̃| *s.m.* (*méd.*) entropion *inv.*

entroque |ɑ̃tʀɔk| *s.m.* (*géol.*) entroco*.

entrouvert, erte |ɑ̃tʀuvɛʀ, ɛʀt(ə)| *adj.* [*qui est à peine ouvert*] socchiuso, semiaperto: *fenêtre entrouverte* finestra socchiusa.

entrouvrir |ɑ̃tʀuvʀiʀ| (23) *v.tr.* [*ouvrir à demi, très peu*] socchiudere (106): *entrouvrir une porte, les rideaux* socchiudere una porta, le tende → **entrebâiller** ◇ (*fig.*) *la porte est entrouverte aux négociations* rimangono aperte le possibilità di un negoziato.

entuber |ɑ̃tybe| *v.tr.* (*pop.*) [*duper, rouler*] infinocchiare (*fam.*), imbrogliare (*cour.*).

enturbanné, ée |ɑ̃tyʀbane| *adj.* con un turbante in testa *loc.*

énucléation |enykleɑsjɔ̃| *s.f.* **1** (*bot.*) snocciolatura **2** (*chir.*) enucleazione.

énucléer |enyklee| *v.tr.* (*bot., chir.*) [*extirper par énucléation*] enucleare.

énumératif, ive |enymeʀatif, iv| *adj.* [*qui énumère*] che enumera *loc.*, che elenca *loc.* # *bordereau énumératif* distinta.

énumération |enymeʀɑsjɔ̃| *s.f.* [→ ÉNUMÉRER] enumerazione, elencazione → **compte, inventaire, 1 liste.**

énumérer |enymeʀe| (8) *v.tr.* [*énoncer une à une* (*les parties d'un tout*)] enumerare, elencare: *énumérer les articles d'un compte* enumerare, elencare le voci di un conto → **compter, détailler.**

énurésie |enyʀezi| *s.f.* (*méd.*) enuresi (*inv.*): *énurésie nocturne des enfants* enuresi notturna dei bambini.

envahir |ɑ̃vaiʀ| *v.tr.* **1** (*sujet de personne*) [*occuper d'une manière abusive*] invadere (153): *envahir un pays ennemi* invadere un paese nemico → **conquérir,** 1 **prendre 2** (*sujet de chose*) invadere: *les produits étrangers envahissent le marché* i prodotti stranieri invadono, inondano il mercato → **empiéter** ◇ (*animaux, plantes*) invadere, infestare: *les sauterelles envahissent la plaine* le cavallette invadono, infestano la pianura → **infester 3** [*occuper en entier*] prendere (105), impadronirsi (197) *pron.* di: *le sommeil l'envahissait doucement* il sonno lo prendeva lentamente → **couvrir,** 1 **remplir** ◇ (*choses morales*) prendere, pervadere (153): *sentiment, impression qui envahit qqn.* sentimento, impressione che prende, pervade qc. → **gagner.**

envahissant, ante |ɑ̃vaisɑ̃, ɑ̃t| *adj.* **1** [*excessif, débordant*] eccessivo; dilagante: *une ambition envahissante* una ambizione eccessiva ‖ *un soupçon envahissant* un sospetto dilagante **2** (*personnes*) invadente: *nous avons des voisins envahissants* abbiamo dei vicini invadenti → **importun, indiscret.**

envahissement |ɑ̃vaismɑ̃| *s.m.* [→ ENVAHIR 1, 2] invasione *f.*

envahisseur |ɑ̃vaisœʀ| *s.m.* [*celui qui envahit*] invasore: *repousser, chasser les envahisseurs* respingere, scacciare gli invasori.

envasement |ɑ̃vɑzmɑ̃| *s.m.* [→ ENVASER A 1] interramento: *l'envasement d'un canal* l'interramento di un canale.

envaser |ɑ̃vɑze| **A** *v.tr.* **1** [*remplir de vase*] interrare: *le port est envasé* il porto è interrato **2** [*enfoncer dans la vase*] impantanare: *barque envasée* barca impantanata → **embourber, enliser B** *v.pron. intr.* S'ENVASER [→ *tr.* 1] interrarsi: *le canal s'envase lentement* il canale s'interra a poco a poco © A **désenvaser.**

enveloppant, ante |ɑ̃vlɔpɑ̃, ɑ̃t| *adj.* **1** [*qui enveloppe*] avviluppante, avvolgente # *la cornée, membrane enveloppante de l'œil* la cornea, membrana che avvolge l'occhio ◇ (*géom.*) (*ligne*) *enveloppante* curva inviluppante, inviluppo *s.m.* **2** (*fig.*) [*qui séduit progressivement*] carezzevole, seducente: *des manières douces et enveloppantes* maniere dolci e carezzevoli → **captivant, séduisant.**

enveloppe |ɑ̃vlɔp| *s.f.* **I 1** [*chose souple qui sert à envelopper*] involucro *m.*; rivestimento (*m.*): *enveloppe en papier, en toile d'un colis, d'un paquet* involucro di carta, di tela, di un pacco, di un pacchetto → **emballage** ‖ *enveloppe protectrice, isolante* rivestimento protettivo, isolante ◇ (*techn.*) guaina **2** [*feuille de papier pliée et collée en forme de poche*] busta: *enveloppe doublée, à fenêtre* busta foderata, a finestrella; *enveloppe gommée* busta gommata; *mettre une lettre sous enveloppe* mettere una lettera nella busta, imbustare una lettera; *adresse écrite sur l'enveloppe* indirizzo scritto sulla busta ◇ (*par anal.*) *recevoir une enveloppe* [*une commission illicite*] ricevere una bustarella → **dessous-de-table, pot 3** (*sc.*) involucro, tegumento (*m.*): *enveloppes florales* involucri floreali; *en-*

veloppe des graines, des grains involucro dei semi **4** (*géom.*) inviluppo *m.* **5** (*écon.*) *l'enveloppe budgétaire de la Recherche* [*son budget*] il bilancio* *m.* della Ricerca **II** (*littér.*) [*ce qui constitue l'apparence extérieure d'une chose*] **1** *l'enveloppe mortelle* la spoglia mortale **2** [*air, aspect extérieur*] parvenza: *cacher son agressivité sous une enveloppe de douceur* nascondere la propria aggressività dietro una parvenza di dolcezza.

enveloppée |ɑ̃vlɔpe| *s.f.* (*géom.*) inviluppo *m.*

enveloppement |ɑ̃vlɔpmɑ̃| *s.m.* **1** [→ ENVELOPPER A 1] avvolgimento **2** (*méd.*) cataplasma, impiastro **3** (*milit.*) avvolgimento, aggiramento: *manœuvre d'enveloppement* manovra d'avvolgimento (avvolgente), d'aggiramento.

envelopper |ɑ̃vlɔpe| **A** *v.tr.* **1** [*entourer d'une chose souple qui couvre de tous côtés*] avvolgere (196): *envelopper un objet dans du papier, une étoffe* avvolgere un oggetto nella carta, in una stoffa → **couvrir, entourer, empaqueter** **2** (*littér.*) (*choses*) avviluppare, avvolgere (*cour.*): *les ténèbres enveloppent la terre* le tenebre avviluppano, avvolgono la terra **3** (*littér.*) ENVELOPPER DE [*entourer de qqch. qui cache*] avvolgere, circondare (*cour.*): *crime enveloppé de mystère* delitto avvolto nel, circondato di mistero → 1 **voiler** # *envelopper la réalité d'un voile* velare la realtà **B** *v.pron. intr.* S'ENVELOPPER DANS [→ *tr.* 3] chiudersi (106) in, trincerarsi dietro: *s'envelopper dans une certaine réserve* chiudersi in, trincerarsi dietro un certo riserbo → **confiner (se), retrancher (se).**

envenimé, ée |ɑ̃vnime| *adj.* **1** (*fig.*) [*plein de malveillance, de vénin*] malevolo, ostile: *propos envenimés* parole malevole, ostili → **fielleux, virulent** **2** [*infecté*] infetto: *plaie envenimée* piaga infetta.

envenimement |ɑ̃vnimmɑ̃| *s.m.* [→ ENVENIMER A 1] infezione (*f.*): *l'envenimement d'une plaie* l'infezione di una piaga.

envenimer |ɑ̃vnime| **A** *v.tr.* **1** [*infecter (une blessure)*] infettare, irritare: *il a envenimé cette écorchure en la grattant* ha infettato, irritato l'escoriazione grattandola → **enflammer, infecter, irriter** **2** (*fig.*) [*rendre plus virulent, plus pénible*] inasprire (197), esacerbare: *envenimer une querelle* inasprire una lite → **aggraver, attiser** **B** *v.pron. intr.* S'ENVENIMER **1** [→ *tr.* 1] infettarsi: *faute de soins, la blessure s'est envenimée* per mancanza di cure, la ferita si è infettata **2** [→ *tr.* 2] *la situation s'est envenimée* la situazione si è inasprita, si è aggravata Ⓒ A 1 **désinfécter**, 2 **apaiser.**

enverguer |ɑ̃vɛrge| *v.tr.* (*mar.*) [*attacher (une voile) à une vergue, par la ralingue supérieure*] inferire (205).

envergure |ɑ̃vɛrgyr| *s.f.* **1** *envergure d'un oiseau, d'un avion* [*l'étendue des ailes*] apertura alare di un uccello, di un aereo **2** [*ampleur, ouverture*] apertura, levatura: *esprit de grande, de large envergure* spirito, mente di vasta apertura; *son prédécesseur était d'une autre envergure* il suo predecessore era di ben altra levatura → **ouverture, calibre,** 1 **classe** ◇ (*choses*) *une manœuvre de grande envergure* una manovra di vasta portata → **ampleur, étendue** **3** (*mar.*) inferitura.

1 **envers** |ɑ̃vɛr| *prép.* **1** [*à l'égard de (qqn.)*] (*après un mot désignant 'un sentiment, une action'*) verso, nei confronti di *loc.*, con: *il est bien disposé envers vous* è ben disposto verso di voi, nei vostri confronti; *être plein d'indulgence envers les enfants* essere pieno di indulgenza con i, nei riguardi dei bambini → 1 **pour** ◇ (*chose morale*) *traître envers la patrie* traditore della patria **2** *loc.* ENVERS ET CONTRE TOUS [*en dépit de l'opposition générale*] a dispetto di tutti.

2 **envers** |ɑ̃vɛr| *s.m.* **I** L'ENVERS **1** [*le côté d'une chose opposé à celui qui doit être vu*] rovescio*: *l'envers et l'endroit* il rovescio e il diritto; *l'envers d'une médaille, d'une pièce de monnaie* il rovescio, il verso di una medaglia, di una moneta → 2 **derrière, revers** ◇ (*loc. fig.*) *l'envers du décor* l'altra faccia della luna ~ *l'envers de la médaille* il rovescio della medaglia **2** [*la face opposée, mais inséparable*] contrario*, opposto: *l'envers de la vérité* il contrario, l'opposto della verità; *les défauts sont l'envers des qualités* i difetti sono il contrario, l'opposto delle qualità → **contraire, inverse** **II** *loc. adv.* À L'ENVERS **1** [*du mauvais côté, du côté qui n'est pas fait pour être vu*] a rovescio, alla rovescia: *mettre un chandail à l'envers* mettere un maglione a rovescio; *lire un texte à l'envers* leggere un testo a rovescio, alla rovescia → **rebours (à)** # *sa voiture est rangée à l'envers* la sua auto è parcheggiata in senso contrario → **contresens (à)**; *ici, tout va à l'envers* qui va tutto storto → 1 **travers (de)**; (*fam.*) *faire des progrès à l'envers* progredire come i gamberi → **reculons (à)** **2** [*sens dessus dessous*] a soqquadro, sottosopra (*adv.*): *mes locataires ont laissé ma maison à l'envers!* gli inquilini mi hanno lasciato la casa a soqquadro, sottosopra! → **désordre (en)** # *avoir la tête, la cervelle à l'envers* avere la testa in subbuglio.

envi (à l') |alɑ̃vi| *loc. adv.* (*littér.*) [*à qui mieux mieux; en rivalisant*] a gara (*cour.*): *ils l'imitaient tous à l'envi* tutti facevano a gara nell'imitarlo.

enviable |ɑ̃vjabl(ə)| *adj.* [→ ENVIER] invidiabile: *une situation, une position enviable* una situazione, una posizione invidiabile → **désirable, souhaitable** Ⓒ **détestable.**

envider |ɑ̃vide| *v.tr.* (*techn.*) [*tourner (le fil de la trame) autour d'un fuseau, d'une bobine*] stracannare → **enrouler, renvider.**

envie |ɑ̃vi| *s.f.* **1** invidia: *éprouver de l'envie pour un rival heureux* provare invidia per un rivale fortunato; *digne d'envie* degno d'invidia, invidiabile; *exciter, attirer l'envie de ses voisins* suscitare, attirare l'invidia dei propri vicini → 1 **jalousie** ◇ (*loc.*) *regarder avec un œil d'envie* guardare con invidia, con occhi invidiosi ~ *il vaut mieux faire envie que pitié* è meglio essere invidiato che compatito **2** ENVIE DE [*désir de (posséder, faire qqch.)*] voglia di, desiderio *m.* di: *j'ai une folle envie de...* ho una voglia matta di...; *éprouver, ressentir l'envie, une grande envie de faire qqch.* provare, sentire il desiderio, una gran voglia di fare q.c.; *cela ne me donne guère envie de rire* questo non mi fa proprio venire la voglia di ridere, non mi fa davvero ridere; *j'ai envie de cette voiture* ho voglia di quella macchina → **besoin, désir** ◇ [*besoin organique*] voglia: *envie de manger, de dormir* voglia di mangiare, di dormire ◇ (*loc. pop.*) *ça l'a pris comme une envie de pisser* gliene è venuta voglia improvvisamente... ◇ *loc.* AVOIR ENVIE DE aver voglia di: *avoir envie de voyager* aver voglia di viaggiare; *j'irai quand j'en aurai envie* ci andrò quando ne avrò voglia, quando mi piacerà; *j'ai très envie de pleurer* ho una gran voglia di piangere ~ AVOIR ENVIE QUE desiderare che: *il a envie que vous restiez ici* desidera che restiate qui ~ *mourir d'envie de qqch.* morire dalla voglia di q.c.: *il en meurt, il en crève* (*pop.*) *d'envie* ne muore dalla voglia ~ *l'envie lui est venue, lui a pris d'aller à Paris* gli è presa la voglia, gli è venuta voglia, gli è saltato il ticchio di andare a Parigi ~ *quelle envie t'a pris?* che strana voglia ti ha preso? → **lubie** ~ *contenter, passer son envie* cavarsi, levarsi la voglia ~ *faire passer l'envie d'une chose à qqn.* far passare a qc. la voglia di q.c.; *je vais lui en ôter l'envie* gliene farò passare la voglia ♦ (*impers.*) *il lui venait une envie de...* gli veniva voglia di..., gli prendeva la voglia di... **3** *loc.* FAIRE ENVIE [*exciter le désir*] far gola, tentare (*v.tr.*): *ce voyage me fait envie* quel viaggio mi fa gola **4** (*fam.*) *envie de femme grosse* voglia di donna incinta **5** (*au plur.*) envies [*petits filets de peau autour des ongles*] pipita *sing.* → **peau.**

envier |ɑ̃vje| *v.tr.* **1** [*éprouver envers qqn. un sentiment d'envie* (1)] invidiare: *envier les autres* invidiare gli altri; *tout le monde l'envie* tutti lo invidiano → **jalouser** # *je vous envie d'être si peu frileux!* beato lei che è così poco freddoloso! **2** [*éprouver de l'envie* (1)] invidiare: *envier qqch. à qqn.* invidiare q.c. a qc.; *n'avoir rien à envier à personne* non aver nulla da invidiare a nessuno → **convoiter, désirer.**

envieux, euse |ɑ̃vjø, øz| **1** *adj.* [*qui éprouve de l'envie* (1)] invidioso: *esprit, caractère envieux* animo, carattere invidioso; *être envieux du bien d'autrui, de ce que les autres possèdent* essere invidioso del bene altrui, di ciò che gli altri possiedono → **jaloux, avide, cupide** ◇ (*choses*) *des regards envieux* degli sguardi invidiosi **2** (*s.*) *c'est un jaloux et un envieux* è un geloso e un invidioso # *faire des envieux* provocare l'invidia altrui.

enviné, ée |ɑ̃vine| *adj.* (*techn.*) che ha l'odore del vino *loc.* # *fût enviné* fusto che ha preso l'odore del vino.

environ |ɑ̃virɔ̃| **1** *adv.* [*à peu près; un peu plus, un peu moins*] (*devant un nom de nombre*) circa, all'incirca (*loc.*): *il y a environ deux ans* circa due anni fa; *un homme d'environ cinquante ans* un uomo di circa cinquant'anni, sulla cinquantina; *sa propriété vaut environ deux cent mille francs* la sua proprietà vale all'incirca duecentomila franchi → **approximativement, dans (les)** **2** *s.m. pl.* [*les alentours d'un lieu*] dintorni, vicinanze (*f.*): *la ville est sans intérêt, mais les environs sont très pittoresques* la città è priva d'interesse, ma i dintorni sono molto pittoreschi; *habiter dans les environs d'une grande ville* abitare nei dintorni, nelle vicinanze di una grande città ◇ (*loc.*) *aux environs* nei pressi di, in vicinanza di, nei dintorni di ◇ (*emploi critiqué*) *aux environs de Noël* [*un peu avant ou après*] verso Natale.

environnant, ante |ɑ̃viʀɔnɑ̃, ɑ̃t| *adj.* [*qui environne; qui est dans les environs*] circostante: *les bois environnants* i boschi circostanti → 1 **proche, voisin** 🄲 **éloigné, lointain.**

environnement |ɑ̃viʀɔnmɑ̃| *s.m.* **1** [*milieu où se trouvent les organismes vivants*] ambiente: *les problèmes de l'environnement* i problemi dell'ambiente, ambientali **2** [→ ENVIRONNER A 1] accerchiamento; circondamento.

environnemental, ale |ɑ̃viʀɔnmɑ̃tal| *adj.* [*de l'environnement*] ambientale.

environnementaliste |ɑ̃viʀɔnmɑ̃talist(ə)| *s.* [*spécialiste de l'étude de l'environnement*] ecologo*.

environner |ɑ̃viʀɔne| **A** *v.tr.* **1** [*être autour de, dans les environs de*] circondare, cingere (119): *les montagnes qui environnent la ville* le montagne che circondano, cingono la città **2** (*personnes*) *être environné d'amis* essere circondato da amici **B** *v.pron. réfl.* S'ENVIRONNER [→ *tr.* 2] circondarsi: *s'environner d'amis* circondarsi di amici.

envisageable |ɑ̃vizaʒabl(ə)| *adj.* [→ ENVISAGER] concepibile, immaginabile.

envisager |ɑ̃vizaʒe| (3) *v.tr.* **1** [*considérer sous un certain aspect*] considerare, esaminare: *envisager la situation* considerare la situazione; *envisager une question* esaminare una questione, un argomento → **regarder, voir** **2** [*prendre en considération*] pensare *intr.* a, avere (97) in mente: *il n'envisage que l'intérêt général* pensa solo all'interesse comune → **penser (à)** **3** [*prévoir*] prevedere (192): *envisager le pire* prevedere il peggio # *envisager une possibilité* contemplare una possibilità ◇ *loc.* ENVISAGER DE... (+ *inf.*) pensare di (+ *inf.*), progettare di (+ *inf.*): *il envisage de mettre ses enfants en pension* pensa di mettere in collegio i figli → **penser,** 2 **projeter.**

envoi |ɑ̃vwa| *s.m.* **1** [→ ENVOYER A II] invio*, spedizione (*f.*): *envoi de fleurs* invio di fiori; *envoi des marchandises* invio, spedizione delle merci; *envoi franco de port* spedizione franco di porto; *envoi contre remboursement* spedizione contro assegno (contrassegno) → 2 **expédition** ◇ [*ce qui a été envoyé*] invio, spedizione: *j'ai reçu votre envoi le 18 courant* ho ricevuto il vostro invio il 18 corrente ◇ (*football*) *coup d'envoi* calcio d'inizio **2** (*litt.*) commiato, congedo.

envoiler (s') |ɑ̃vwale| *v.pron. intr.* (*métall.*) [*se courber, se gauchir, en parlant du fer et de l'acier, lorsqu'on les trempe*] curvarsi, piegarsi → 2 **voiler.**

envol |ɑ̃vɔl| *s.m.* **1** [→ ENVOLER (s') 1] il levarsi *inv.*, l'alzarsi *inv.* in volo: *l'envol d'un oiseau* il levarsi, l'alzarsi in volo di un uccello ◇ (*fig.*) slancio* → **essor** **2** (*aviat., cour.*) decollo → **décollage.**

envolée |ɑ̃vɔle| *s.f.* **1** [→ ENVOLER (s') 1] volo *m.* **2** (*fig.*) [*élan dans l'inspiration*] volo: *envolées lyriques* voli lirici.

envoler (s') |ɑ̃vɔle| *v.pron. intr.* **1** [*prendre son vol*] prendere (105) *tr.* il volo, volar *intr.* via: *les oiseaux se sont envolés* gli uccelli hanno preso il volo, sono volati via; *s'envoler à tire-d'aile* volar via ad ali spiegate; *l'avion s'envola, malgré le brouillard* l'aereo prese il volo, decollò malgrado la nebbia → **décoller,** 1 **partir** ◇ (*avec ellipse du pron. pers.*) *le moindre bruit fera envoler cet oiseau* il minimo rumore farà volar via quell'uccello **2** (*fam.*) [*disparaître, passer subitement*] prendere il volo, volar via: *personne, ils se sont tous envolés* (non c'è) nessuno, hanno preso tutti il volo, sono spariti tutti; *je ne trouve pas ma montre, elle ne s'est pourtant pas envolée* non trovo l'orologio, non avrà mica preso il volo, eppure non può essere volato via → 1 **partir** **3** [*passer, s'enfuir*] *le temps s'envole* il tempo vola ◇ (*prov.*) *les paroles s'envolent, les écrits restent* verba volant, scripta manent **4** [*être emporté par le vent, par un souffle*] volar via: *la fumée s'envole* il fumo vola via; *son chapeau s'est envolé* le è volato via il cappello → 1 **voler** 🄲 1 **poser (se), atterrir**; 3, 4 **demeurer, rester.**

envoûtant, ante |ɑ̃vutɑ̃, ɑ̃t| *adj.* [*qui envoûte, séduit irrésistiblement*] ammaliatore*, avvincente: *un charme envoûtant* un fascino ammaliatore, magico → **captivant, ensorcelant.**

envoûtement |ɑ̃vutmɑ̃| *s.m.* **1** [→ ENVOÛTER 1] sortilegio*, maleficio*: *conjurer un envoûtement* scongiurare un maleficio → **sortilège** # *formules d'envoûtement* formule magiche **2** (*fig.*) [→ ENVOÛTER 2] suggestione *f.*, seduzione (*f.*): *la puissance d'envoûtement d'un poème* la capacità di suggestione di una poesia → 2 **charme.**

envoûter |ɑ̃vute| *v.tr.* **1** [*pratiquer la magie*] stregare, fare (103) un sortilegio (a) **2** (*fig.*) [*exercer sur qqn. un attrait irrésistible*] stregare, ammaliare: *il n'est plus lui-même, cette femme l'a envoûté* non è più lui, quella donna lo ha stregato → **charmer, fasciner.**

envoyé, ée |ɑ̃vwaje| *s.* [*personne qu'on a envoyée quelque part pour accomplir une mission*] inviato: *envoyé spécial d'un journal* inviato speciale di un giornale → 2 **correspondant.**

envoyer |ɑ̃vwaje| (14) **A** *v.tr.* **I** ENVOYER QQN. **1** [*faire aller, partir* (*qqn. quelque part*)] mandare, inviare: *envoyer un enfant à la montagne, en classe, chez sa grand-mère* mandare un bambino in montagna, a scuola, dalla nonna; *envoyer une délégation à la rencontre de qqn.* mandare una delegazione incontro a qc.; *envoyer qqn. dans l'autre monde* mandare qc. all'altro mondo ◇ (*fam.*) *envoyer qqn. au diable* mandare qc. al diavolo **2** [*faire aller* (*qqn.*) *quelque part* (*afin de faire qqch.*)] mandare, inviare: *envoyer une personne en course, en mission* mandare una persona a fare delle commissioni, in missione → 1 **dépêcher,** 1 **détacher** ◇ (*employé comme aux.*) ENVOYER (+ *inf.*) [*faire aller* (*qqn. quelque part pour*)] mandare a (+ *inf.*): *envoyer un enfant faire des courses* mandare un bambino a fare delle commissioni; *je l'enverrai chercher du pain* lo manderò a prendere il pane ◇ (*fig., fam.*) *il l'a envoyé promener, paître* lo ha mandato a quel paese ♦ (*absolt.*) *j'ai envoyé chercher un médecin* ho mandato a chiamare un dottore; *il ne le lui a pas envoyé dire* non gliel'ha mandato a dire **3** [*pousser, jeter* (*qqn. quelque part*)] mandare: *boxeur qui envoie son adversaire au tapis* pugile che manda al tappeto il suo avversario; *il l'envoya d'un coup de pied au bas de l'escalier* con un calcio lo mandò in fondo alla scala ◇ (*pop.*) *envoyer qqn. sur les roses* mandare al diavolo qc. **II** ENVOYER QQCH. **1** [*faire partir, faire parvenir* (*qqch. à qqn.*) *par l'intermédiaire de qqn., qqch.*] inviare, mandare: *envoyer un télégramme, une lettre* inviare, mandare un telegramma, una lettera; *envoyer un colis, un cadeau à qqn.* inviare un pacco, un regalo a qc.; *envoyer des excuses, des condoléances* mandare, inviare le scuse, le condoglianze → **adresser,** 2 **expédier** ♦ (*au p.p.*) *courrier envoyé par avion* posta (spedita per via) aerea # *envoyer sa démission* rassegnare le dimissioni ◇ (*mar.*) *envoyez!* issate! **2** [*faire parvenir* (*qqch.*) *à, jusqu'à* (*qqn., qqch.*)] lanciare, gettare: *envoyer une balle à un joueur* lanciare la palla a un giocatore; *envoyer une balle avec la main, avec une raquette* lanciare una palla con la mano, con la racchetta; *envoyer des pierres dans une vitre* gettare, lanciare sassi contro un vetro; *il m'envoie sa fumée dans la figure* mi getta il fumo in faccia → **jeter,** 1 **lancer** # *envoyer une gifle, un coup à qqn.* dare, appioppare uno schiaffo a qc., colpire qc.; *envoyer un coup de fusil* tirare una fucilata → **tirer** ◇ (*par ext.*) [*adresser à distance à* (*une personne*)] mandare: *il m'envoie des baisers, un sourire* mi manda baci, un sorriso # *sa réponse était bien envoyée* la sua risposta calzava bene **3** (*en aux.*) *envoyer dinguer, valser qqch.* buttare in aria, all'aria q.c.; *ces recherches ne donnent rien, je vais tout envoyer promener* queste ricerche non approdano a nulla, butterò tutto all'aria, pianto tutto **4** (*sujet de chose*) [*faire aller jusqu'à*] mandare, inviare: *le soleil nous envoie sa lumière* il sole ci manda la sua luce; *le cœur envoie le sang dans les artères* il cuore manda, invia il sangue alle arterie **B** *v.pron.* S'ENVOYER **1** *récipr.* [→ *tr.* II 1] *ils s'envoient régulièrement de longues lettres* si mandano regolarmente delle lunghe lettere **2** *réfl.* (*fam.*) [*prendre pour soi*] tracannare *tr.*, sbafare (*tr.*): *s'envoyer un verre de vin* tracannare un bicchiere di vino; *s'envoyer un bon repas* sbafare un buon pasto # *s'envoyer tout le travail, tout le chemin à pied* [*le faire péniblement, de mauvais gré*] sorbirsi tutto il lavoro, farsi tutta la strada a piedi; *s'envoyer en l'air* [*éprouver un plaisir intense, notamment le plaisir sexuel*] andare in estasi 🄲 A II **recevoir.**

envoyeur, euse |ɑ̃vwajœʀ, øz| *s.* [*personne qui envoie*] mittente: *faire retour à l'envoyeur* essere restituito al mittente → **expéditeur** 🄲 **destinataire.**

enzymatique |ɑ̃zimatik| *adj.* (*biol., chim.*) enzimatico*.

enzyme |ɑ̃zim| *s.f. ou m.* (*biol., chim.*) enzima *m.* → **diastase, ferment.**

enzymologie |ɑ̃zimɔlɔʒi| *s.f.* enzimologia*.

éocène |eɔsɛn| *adj.* (*géol.*) eocenico* ♦ (*s.m.*) *l'éocène* l'eocene.

éolien, ienne |eɔljɛ̃, jɛn| *adj.* **1** [*qui est mû par le vent*] eolico* ◇ (*spécialt.*) *une* (*machine*) *éolienne* [*roue métallique qui capte l'énergie du vent*] un aeromotore *s.m.* **2** (*par ext.*) *force, énergie éolienne* forza, energia eolica; *harpe* *éolienne* arpa eolia **3** (*géol.*) eolico.

éolique |eɔlik| *adj.* **1** (*ling.*) eolico* **2** [*éolien*] eolico; eolio*.

éolithe |eɔlit| *s.m.* (*anthrop., minér.*) eolito.

éon |eɔ̃| *s.m.* (*hist. philo.*) eone.

éosinophile |eozinɔfil| *adj. et s.m.* (*biol.*) eosinofilo.

épacte |epakt(ə)| *s.f.* (*astron.*) epatta.

épagneul, eule |epaɲœl| *s.* (*t. zool.*) 'epagneul' *inv.*

épais, aisse |epɛ, ɛs| **I** *adj.* **1** [*qui est gros, considéré dans son épaisseur*] spesso, grosso: *un mur épais* un muro spesso; *une épaisse tranche de pain* una grossa fetta di pane; *papier épais* carta spessa, grossa → **fort** ◇ (*avec un compl. de mesure*) *une couche épaisse de vingt centimètres* uno strato spesso venti centimetri, dello spessore di venti centimetri **2** [*dont l'abondance de matière nuit aux formes*] grosso, tozzo: *avoir des mains épaisses, des doigts épais* avere mani tozze, dita tozze → **court**; *taille épaisse, chevilles épaisses* vita grossa, caviglie grosse → **gros** **3** [*qui manque de finesse* (*au moral*)] grossolano, pesante: *un esprit épais* uno spirito pesante, grossolano; *ce mensonge est un peu épais!* questa bugia è un po' grossolana; *une plaisanterie épaisse* uno scherzo pesante → **gros, grossier** **4** [*dont les constituants sont nombreux et serrés*] fitto, folto: *feuillage épais* fogliame fitto; *chevelure épaisse* capigliatura fitta, folta; *d'épais sourcils* delle sopracciglia folte → **fourni, serré** ✦ (*s.m.*) *au plus épais de* nel più profondo di, nel mezzo di: *au plus épais de la foule* nel mezzo, nel cuore della folla ◇ (*d'un liquide*) [*qui a de la consistance*] denso, spesso: *soupe, sauce épaisse* minestra, salsa densa; *son sang est trop épais* il suo sangue è troppo denso → **consistant, visqueux** ◇ (*d'un gaz*) [*dense*] fitto, denso: *un brouillard épais* una fitta nebbia; *une épaisse fumée* un fumo denso ◇ [*obscur*] *une ombre épaisse* un'ombra fitta **II** *adv.* [*d'une manière serrée*] fitto, fittamente: *semer épais* seminare fitto ◇ (*fam.*) [*beaucoup*] molto: *il n'y en a pas épais!* non ce n'è molto! (*cour.*) → **lourd** Ⓒ I 1 **mince, fin** 1, 2 **fin, svelte,** 3 **délicat,** 4 **clairsemé, clair, léger, transparent.**

épaisseur |epɛsœʀ| *s.f.* **1** spessore (*m.*): *l'épaisseur de la peau de l'éléphant* lo spessore della pelle dell'elefante; *l'épaisseur d'un mur* lo spessore di un muro; *l'épaisseur d'un livre, d'un tissu, d'un papier* lo spessore di un libro, di un tessuto, di una carta → **grosseur** # *l'épaisseur d'une armoire* la profondità di un armadio → **profondeur** **2** (*avec un numér. ou un compl. de mesure*) spessore: *papier en double épaisseur* carta a doppio spessore; *une épaisseur de trente centimètres* uno spessore di trenta centimetri **3** [*caractère de ce qui est épais* (I 4), *serré*] foltezza (*rare*), spessezza (*rare*): *épaisseur de la chevelure, du feuillage* foltezza della capigliatura, del fogliame **4** [*caractère de ce qui est consistant, dense*] consistenza, densità (*inv.*): *l'épaisseur d'une sauce* la consistenza di una salsa; *l'épaisseur des ténèbres* la densità, la profondità delle tenebre → **densité** # *l'épaisseur du brouillard nous cachait le paysage* la nebbia fitta ci nascondeva il paesaggio **5** (*fig.*) (*des ouvrages de l'esprit*) [*consistance, profondeur, richesse*] profondità *inv.*, consistenza: *ce personnage manque d'épaisseur* quel personaggio manca di profondità # *ce roman a beaucoup d'épaisseur* è un romanzo molto profondo Ⓒ 1 **finesse, minceur; maigreur.**

épaissir |epesiʀ| **A** *v.intr.* **1** [*devenir épais, consistant, dense*] ispessirsi (197) (*pron.*): *dès que la crème épaissit, ôtez-la du feu* appena la crema si ispessisce toglietela dal fuoco **2** [*perdre sa minceur, sa sveltesse*] appesantirsi (197) (*pron.*): *sa taille a épaissi* la sua figura si è appesantita; *il épaissit en vieillissant* si appesantisce invecchiando → **grossir** **B** *v.tr.* [*rendre plus épais, plus consistant*] addensare: *épaissir un sirop par évaporation* addensare uno sciroppo per evaporazione; *épaissir une sauce en ajoutant de la farine* addensare, rendere più densa una salsa aggiungendo farina **C** *v.pron. intr.* S'ÉPAISSIR **1** [*devenir plus serré, plus compact*] infittire (197) *intr.*, infittirsi: *sa chevelure s'épaissit* la sua chioma si infittisce; *le brouillard s'épaissit* la nebbia s'infittisce ◇ (*fig.*) *le mystère s'épaissit autour de cette affaire* il mistero diventa più fitto intorno a quella faccenda **2** [→ *tr.* 2] appesantirsi: *sa taille s'est épaissie* la sua figura si è appesantita Ⓒ A 2 **maigrir**; C 1 **éclaircir (s').**

épaississant, ante |epesisɑ̃, ɑ̃t| *adj.* (*chim.*) addensante ✦ (*s.m.*) *un épaississant* un addensante.

épaississement |epesismɑ̃| *s.m.* **1** [→ ÉPAISSIR A 1; C 1] addensamento, ispessimento: *épaississement du sang* ispessimento del sangue # *l'épaississement du brouillard* l'addensarsi, l'infittirsi della nebbia **2** [*perte de la minceur*] appesantimento: *épaississement de la taille* appesantimento della linea.

épaississeur |epesisœʀ| *s.m.* (*chim.*) addensante.

épamprage |epɑ̃pʀaʒ|, **épamprement** |epɑ̃pʀəmɑ̃| *s.m.* [→ ÉPAMPRER] spampanamento, spampanatura *f.*

épamprer |epɑ̃pʀe| *v.tr.* [*débarrasser* (*la vigne*) *des pampres*] spampanare.

1 **épanchement** |epɑ̃ʃmɑ̃| *s.m.* [*écoulement d'un liquide ou d'un gaz organique*] fuor(i)uscita *f.*, travaso: *épanchement de synovie, synovial* fuoriuscita del liquido sinoviale, travaso sinoviale → **hydarthrose, écoulement, infiltration.**

2 **épanchement** |epɑ̃ʃmɑ̃| *s.m.* [*communication libre et confiante de sentiments, de pensées intimes*] effusione *f.*, sfogo*: *doux, tendres épanchements* dolci, tenere effusioni → **effusion, expansion** # *avoir besoin d'épanchement* avere bisogno di sfogarsi.

épancher |epɑ̃ʃe| **A** *v.tr.* [*communiquer librement*] confidare: *épancher son amour, ses secrets* confidare il proprio amore, i propri segreti → **confier, livrer** **B** *v.pron. intr.* S'ÉPANCHER **1** [→ *tr.*] confidarsi, sfogarsi: *il a besoin de s'épancher* ha bisogno di sfogarsi; *s'épancher dans un journal intime* sfogarsi in un diario intimo → **abandonner (s'), confier (se)** **2** (*littér.*) [*se répandre*] essere (96) *intr.* palese, manifesto: *son amour s'épanchait* il suo amore era palese.

épandage |epɑ̃daʒ| *s.m.* (*agric.*) emendamento → **amendement** # *champ d'épandage* terreno di decantazione (delle acque putride).

épandeur, euse |epɑ̃dœʀ, øz| *s. m. et f.* (*agric.*) spandiconcime *m. inv.*, spandiletame *m. inv.* ◇ (*techn.*) bitumatrice *f.*

épandre |epɑ̃dʀ(ə)| (53) *v.tr.* **1** (*littér.*) [*verser en abondance*] spargere (114), riversare: *il épandait sa bonté sur tous* riversava su tutti la sua bontà → **répandre, verser** **2** (*techn.*) [*étendre en dispersant*] spargere, spandere (184): *épandre du fumier, des engrais* spargere letame, concimi → **étendre.**

épanneler |epanle| (4) *v.tr.* (*sculpture*) [*dégrossir* (*un bloc de pierre, de marbre*)] sgrossare → **tailler.**

épanner |epane| *v.tr.* [*aplanir l'un des côtés de* (*un carreau de pierre meulière*)] spianare un lato (di una pietra molare).

épanoui, ie |epanwi| *adj.* **1** [*éclos, ouvert*] dischiuso, sbocciato: *une rose épanouie* una rosa dischiusa, sbocciata ◇ [*développé dans toutes ses possibilités, ses qualités*] *un corps épanoui* un corpo armoniosamente sviluppato **2** [*détendu par la joie*] raggiante, radioso: *un visage, un sourire épanoui* un viso, un sorriso raggiante, radioso.

épanouir |epanwiʀ| **A** *v.tr.* **1** [*ouvrir, faire ouvrir* (*une fleur*)] schiudere (106), far (103) *intr.* sbocciare: *la plante épanouit ses fleurs au printemps* la pianta schiude i suoi fiori a primavera **2** (*fig.*) [*détendre, en rendant joyeux*] illuminare (*rare*): *la joie, un bon mot épanouit leurs visages* la gioia, una battuta illumina i loro visi → **dérider, réjouir** # *espérance qui épanouit le cœur* speranza che allarga il cuore → **dilater** ✦ (*au p.p.*) *visage, sourire épanoui* viso, sorriso raggiante, radioso **3** [*permettre ou provoquer l'épanouissement de* (*qqn.*)] far *intr.* (ri)fiorire: *ce nouveau genre de vie l'a épanoui* questo nuovo genere di vita lo ha fatto rifiorire **B** *v. pron. intr.* S'ÉPANOUIR **1** [→ *tr.* 1] schiudersi, sbocciare (*intr.*): *la corolle s'épanouit* la corolla si schiude **2** (*fig.*) [→ *tr.* 2] illuminarsi: *visage qui s'épanouit de joie* volto che si illumina di gioia ◇ (*personnes*) illuminarsi: *à cette nouvelle, il s'est épanoui* a quella notizia si è illuminato (di gioia) **3** (*choses*) [*se développer librement*] manifestarsi, svilupparsi: *sa beauté, ses charmes commencent à s'épanouir* la sua bellezza, il suo fascino cominciano a manifestarsi Ⓒ A 2 **assombrir, attrister.**

épanouissement |epanwismɑ̃| *s.m.* **1** [→ ÉPANOUIR B 1] lo sbocciare (*inv.*): *l'épanouissement des roses* lo sbocciare delle rose → **éclosion, floraison** # *un épanouissement d'étincelles* un fascio di scintille → **gerbe** ◇ (*anat.*) ramificazione (*f.*): *épanouissement d'un nerf* ramificazione di un nervo → **ramification** **2** (*fig.*) [→ ÉPANOUIR B 2, 3] l'illuminarsi (*inv.*): *l'épanouissement du visage* l'illuminarsi del viso # *être dans tout l'épanouissement de sa beauté* essere nel pieno (rigoglio) della bellezza.

épar |epaʀ| *s.m.* → **épart.**

éparchie |epaʀʃi| *s.f.* (*antiq.*) eparchia.

épargnant, ante |epaʀɲɑ̃, ɑ̃t| *s.* [*personne qui épargne*] risparmiatore*: *l'inflation ruine les petits épargnants* l'inflazione rovina i piccoli risparmiatori.

épargne |epaʀɲ(ə)| *s.f.* **1** [→ ÉPAR-

GNER I 2] risparmio* (*m.*): *rembourser une dette par l'épargne* rimborsare un debito grazie al risparmio → **économie**; *caisse d'épargne* cassa di risparmio; *livret de caisse d'épargne* libretto di risparmio **2** [*ensemble des sommes mises en réserve*] risparmio: *la petite épargne* il piccolo risparmio **3** (*fig.*) *l'épargne du temps, des forces* il risparmio del tempo, delle forze → **économie.**

épargner |epaʀɲe| *v.tr.* **I** (*compl. de chose*) **1** [*dépenser avec mesure, de façon à garder une réserve*] risparmiare: *on n'a pas épargné le beurre dans ce plat* in questo piatto non si è risparmiato il burro → **économiser, ménager 2** [*conserver, accumuler*] risparmiare: *épargner une somme d'argent* risparmiare una somma di denaro → **économiser, thésauriser** ♦ (*absolt.*) *épargner sur tout, épargner sur la nourriture* risparmiare, economizzare su tutto, sul cibo; *épargner pour ses vieux jours* risparmiare per la vecchiaia → **lésiner 3** (*fig.*) [*employer avec mesure*] risparmiare, economizzare: *épargner ses pas, sa peine, ses forces* risparmiare i passi, la fatica, le forze; *je n'épargnerai rien pour vous donner satisfaction* non risparmierò niente per darvi soddisfazione → **négliger, compter, ménager 4** ÉPARGNER UNE CHOSE À QQN. [*ne pas la lui imposer*] risparmiare, evitare una cosa a qc.: *épargner un travail, une peine, un effort à qqn.* risparmiare, evitare un lavoro, una fatica, uno sforzo a qc.; *épargnez-moi vos explications, vos larmes* risparmiatemi le vostre spiegazioni, le vostre lacrime; *vous vous seriez épargné bien des ennuis, en restant chez vous* se foste rimasti a casa vi sareste risparmiati, avreste evitato un sacco di noie → **éviter II** (*compl. de personne*) **1** [*traiter avec ménagement, indulgence*] risparmiare: *il n'a épargné personne dans sa critique, dans son article* non ha risparmiato nessuno nella sua critica, nel suo articolo # *épargner la vieillesse, l'amour-propre de qqn.* rispettare la vecchiaia, l'amor proprio di qc. → **ménager, respecter** ◇ (*sujet de chose*) *la guerre a épargné ces populations* la guerra ha risparmiato questa popolazione; *l'épidémie ne l'a pas épargné* l'epidemia non l'ha risparmiato **2** [*laisser vivre*] risparmiare: *épargner un condamné* risparmiare un condannato; *pas un otage n'a été épargné* neppure un ostaggio è stato risparmiato; *les enfants seuls furent épargnés* solo i bambini furono risparmiati → **sauver** Ⓒ I 1 **utiliser,** 2 **dépenser;** II 1 **accabler, frapper.**

éparpillement |epaʀpijmɑ̃| *s.m.* [→ ÉPARPILLER] sparpagliamento: *un éparpillement de papiers* uno sparpagliamento di carte → **dissémination** ◇ (*fig.*) *éparpillement des efforts* dispersione *f.* degli sforzi Ⓒ **concentration.**

éparpiller |epaʀpije| **A** *v.tr.* **1** [*jeter, laisser tomber çà et là*] sparpagliare: *éparpiller de la paille, du foin sur le sol* sparpagliare paglia, fieno sul suolo → **disséminer, semer, étendre, disperser** ♦ (*au p.p.*) *papiers éparpillés* carte sparpagliate, sparse **2** [*disposer, distribuer irrégulièrement*] sparpagliare: *éparpiller des troupes le long de la frontière* sparpagliare truppe lungo il confine; *des amis que la vie a éparpillés aux quatre coins du pays* amici che la vita ha sparpagliato in tutti gli angoli del paese → **disperser, séparer 3** (*fig.*) *éparpiller ses forces, son talent* disperdere le proprie forze, il proprio talento **B** *v.pron. intr.* S'ÉPARPILLER **1** [→ *tr.* 1] sparpagliarsi: *la cendre s'est éparpillée* la cenere si è sparpagliata **2** [→ *tr.* 2] disperdersi (163): *la foule s'éparpilla en petits groupes* la folla si disperse in piccoli gruppi → **égailler (s') 3** (*fig.*) [*passer d'une idée à l'autre, d'une occupation à l'autre*] disperdersi → **papillonner** (*fam.*) Ⓒ **rassembler, réunir; concentrer.**

éparque |epaʀk(ə)| *s.m.* (*antiq.*) eparco*, eparca*.

épars, arse |epaʀ, aʀs(ə)| *adj.* sparso ◇ *au plur.* [*dispersés, éparpillés*] sparsi, sparse: *maisons éparses autour d'un village* case sparse intorno a un villaggio # *cheveux épars* capelli sciolti ◇ (*au sing.*) *chevelure éparse* chioma sciolta; *végétation éparse* vegetazione rada.

épart, épar |epaʀ| *s.m.* (*techn.*) [*poutre servant à maintenir l'écartement entre deux pièces*] traversa *f.* → **entretoise** ◇ [*barre pour fermer une porte*] spranga* *f.*

éparvin |epaʀvɛ̃|, **épervin** |epɛʀvɛ̃| *s.m.* (*vétér.*) sparaguagno, spavenio*.

épatamment |epatamɑ̃| *adv.* (*fam.*) [→ ÉPATANT] meravigliosamente bene: *ce costume vous va épatamment* questo vestito le sta meravigliosamente bene → **admirablement.**

épatant, ante |epatɑ̃, ɑ̃t| *adj.* (*fam.*) [*qui provoque l'admiration, donne un grand plaisir*] meraviglioso (*cour.*), splendido (*cour.*): *il fait un temps épatant* c'è un tempo splendido → 2 **chouette** (*fam.*), **formidable** # *c'est un type épatant* è un tipo formidabile, fantastico; *c'est épatant!* è magnifico!; *ce n'est pas épatant* non è niente affatto eccezionale.

épate |epat| *s.f.* (*fam.*) [→ ÉPATER 1] smargiassata, spacconata → **bluff, chiqué** # *il fait de l'épate* fa lo sbruffone ◇ (*loc.*) *le faire à l'épate* [*agir en visant à l'effet*] ricercare l'effetto.

1 **épaté, ée** |epate| *adj.* [*élargi à la base*] schiacciato: *nez épaté* naso schiacciato → **aplati, camus.**

2 **épaté, ée** |epate| *adj.* (*fam.*) [*très étonné*] stupefatto (*cour.*), sbalordito (*cour.*): *un air épaté* un'aria stupefatta, sbalordita.

épatement |epatmɑ̃| *s.m.* **1** [*état de ce qui est* (1) *épaté*] schiacciamento, appiattimento: *l'épatement du nez* lo schiacciamento del naso **2** (*fig., fam.*) [*état d'une personne étonnée*] sbalordimento (*cour.*), stupore (*cour.*) → **étonnement, stupéfaction.**

épater |epate| *v.tr.* **1** (*fig., fam.*) [*renverser d'étonnement*] sorprendere (105) (*cour.*), sbalordire (197) (*cour.*): *rien ne l'épate* niente lo sorprende → **ébahir, stupéfier** # *il veut épater la galerie* vuole far colpo sul pubblico **2** (*vieilli*) [*aplatir en élargissant la base*] appiattire (197), schiacciare.

épaulard |epolaʀ| *s.m.* (*t.zool.*) orca* *f.*

épaule |epol| *s.f.* **1** (*anat., cour.*) spalla: *être large d'épaules* essere largo di spalle; *charger, porter un fardeau sur les épaules* caricare, portare un peso sulle spalle → **carrure** ◇ (*fig.*) *responsabilité qui pèse, qui repose sur les épaules de qqn.* responsabilità che grava sulle spalle di qc.; *hausser, lever les épaules* alzare le spalle, stringersi nelle spalle → **dos** ◇ (*loc. fig.*) *avoir la tête sur les épaules* avere la testa sulle spalle ~ *changer son fusil d'épaule* cambiar idea, opinione, partito, ecc. ~ *donner un coup d'épaule à qqn.* [*lui venir en aide*] dare una mano a qc. **2** *les épaules du cheval, du mouton* il dorso *m. sing.* del montone, del cavallo ◇ [*partie d'un animal découpée pour la consommation*] spalla: *une épaule de veau* una spalla di vitello; *épaule désossée, roulée* spalla disossata, arrotolata.

épaulé-jeté |epoleʒ(ə)te| *s.m.* (*poids et haltères*) slancio* (a due braccia).

épaulement |epolmɑ̃| *s.m.* **1** [*mur de soutènement*] muro di sostegno **2** (*milit.*) parapetto di trincea **3** [*escarpement naturel*] scarpata *f.*

épauler |epole| **A** *v.tr.* **1** ÉPAULER QQN. [*l'aider dans sa réussite*] appoggiare, sostenere (188) qc.: *je vous épaulerai auprès du ministre* vi appoggerò presso il ministro → **aider, assister, soutenir 2** (*sujet de personne*) [*appuyer contre l'épaule*] imbracciare, spallare: *épauler un fusil* imbracciare un fucile **3** (*sujet de chose*) [*amortir la poussée par une maçonnerie pleine*] fare (103) *intr.* da contrafforte a: *mur de soutènement qui épaule un remblai* muro che fa da contrafforte a una scarpata **B** *v.pron. récipr.* S'ÉPAULER [→ *tr.* 1] spalleggiarsi, sostenersi: *ils se sont épaulés mutuellement* si sono spalleggiati a vicenda.

épaulette |epolɛt| *s.f.* **1** (*milit., cour.*) spallina: *galons fixés sur l'épaulette* galloni fissati sulla spallina **2** *épaulette de combinaison* spallina di sottoveste **3** *épaulette d'un veston* spallina di una giacca.

épaulière |epoljɛʀ| *s.f.* spallaccio* *m.*

épave |epav| *s.f.* **1** [*coque d'un navire naufragé; tout objet abandonné en mer*] relitto *m.* **2** (*dr.*) cosa smarrita **3** (*fig., littér.*) [*ce qui reste après une ruine*] relitto → **débris** ◇ [*personne désemparée*] *cet homme n'est plus qu'une épave* quell'uomo non è (più) che un relitto (umano).

épeautre |epotʀ(ə)| *s.m.* (*t.bot.*) spelta *f.*

épée |epe| *s.f.* **1** spada: *duel à l'épée* duello alla spada; *dégainer l'épée* sguainare la spada; *coup d'épée* colpo di spada; *passer au fil de l'épée* passare a fil di spada; *roman de cape et d'épée* romanzo di cappa e spada ◇ (*loc. fig.*) *un coup d'épée dans l'eau* un buco nell'acqua ~ *mettre à qqn. l'épée dans les reins* pungolare qc. ~ *épée de Damoclès* spada di Damocle → **éperonner, poursuivre 2** [*personne qui manie* (*plus ou moins bien*) *l'épée*] spada: *c'est une bonne épée* è una buona spada.

épeiche |epɛʃ| *s.f.* (*t.zool.*) picchio* *m.* rosso maggiore.

épeichette |epɛʃɛt| *s.f.* (*t.zool.*) picchio* *m.* rosso minore.

épeire |epɛʀ| *s.f.* (*t.zool.*) epeira, arenea diatemata.

épeirogénique |epɛʀɔʒenik|, **épirogénique** |epiʀɔʒenik| *adj.* (*géol.*) *mouvement épeirogénique* movimento epirogenetico*.

épéisme |epeism(ə)| *s.m.* [*escrime à l'épée*] scherma *f.* di spada.

épéiste |epeist(ə)| *s.* [*personne qui pratique l'épéisme*] spadista.

épeler |ɛple| (4) *v.tr.* **1** [*nommer successivement chacune des lettres d'un mot*] compitare: *voulez-vous épeler votre nom?* vuole compitare il suo nome?, vuole darmi il suo nome lettera per lettera? **2** [*lire lentement, avec difficulté*] sillabare, compitare: *j'épèle le russe mais je ne le lis pas bien* so sillabare, compitare il russo, ma non lo leggo bene → **ânonner**.

épellation |epe(ɛl)lɑsjɔ̃| *s.f.* [→ ÉPELER] compitazione.

épendyme |epɑ̃dim| *s.m.* (*anat.*) ependima *f.*

épenthèse |epɑ̃tɛz| *s.f.* (*ling.*) epentesi *inv.*

épépiner |epepine| *v.tr.* [*ôter les pépins d'un fruit*] togliere (123) i semi a (un frutto).

éperdu, ue |epɛʀdy| *adj.* **1** [*profondément troublé par une émotion violente*] pazzo, sconvolto: *éperdu de bonheur, de joie* pazzo di felicità, di gioia; *fuite éperdue* pazza fuga → **affolé, fou** # *regards éperdus* sguardi smarriti **2** (*dit de sentiment trés violent*) estremo, disperato: *un besoin éperdu de bonheur* un estremo, un disperato bisogno di felicità → **1 extrême, passionné, violent.**

éperdument |epɛʀdymɑ̃| *adv.* [→ ÉPERDU 1] perdutamente, follemente: *être éperdument amoureux* essere perdutamente, follemente innamorato → **follement** # *je m'en moque éperdument* me ne infischio altamente.

éperlan |epɛʀlɑ̃| *s.m.* (*t. zool.*) eperlano, sperlano.

éperon |epʀɔ̃| *s.m.* **1** [*pièce de métal fixée au talon du chevalier pour piquer les flancs du cheval*] sperone, sprone: *faire sonner ses éperons* far risuonare gli speroni # *piquer des éperons* spronare **2** (*zool., cour.*) sperone ◇ (*bot.*) *éperon de la capucine* sperone della cappuccina **3** [*pointe de la proue* (*d'un navire*)] rostro, sperone → **rostre 4** [*avancée en pointe*] sperone: *éperon d'une montagne* sperone di una montagna; *éperon rocheux* sperone roccioso.

éperonner |epʀɔne| *v.tr.* **1** [*piquer de l'éperon, des éperons*] spronare: *éperonner son cheval* spronare il cavallo **2** [*stimuler*] spronare, stimolare: *être éperonné par l'ambition* essere spronato dall'ambizione **3** [*munir, chausser d'éperons*] fornire (197) di speroni ✦ (*au p.p.*) *être botté et éperonné* essere munito di stivali e di speroni.

1 **épervier** |epɛʀvje| *s.m.* (*t.zool.*) sparviero.

2 **épervier** |epɛʀvje| *s.m.* (*fig.*) [*filet de pêche conique, garni de plomb*] sparviero, giacchio*.

épervière |epɛʀvjɛʀ| *s.f.* (*t.bot.*) pelosella.

épervin |epɛʀvɛ̃| *s.m.* → **éparvin.**

éphèbe |efɛb| *s.m.* (*antiq. gr.*) efebo ◇ (*iron.*) efebo.

éphédrine |efedrin| *s.f.* (*pharm.*) efedrina.

éphélide |efelid| *s.f.* (*méd.*) efelide, lentiggine (*cour.*).

éphémère |efemɛʀ| **1** *adj.* effimero, fugace: *gloire, succès éphémère* gloria effimera, successo effimero; *bonheur éphémère* felicità effimera, fugace; *apparition éphémère* fugace apparizione → **fugace, fugitif 2** *s.m.* (*t.zool.*) efemera *f.*, effimera *f.* 🄲 1 **durable.**

éphéméride |efemeʀid| *s.f.* **1** [*calendrier à feuilles détachables*] calendario* *m.* a blocco, a foglietti staccabili **2** [*liste des divers événements qui se sont produits le même jour*] ef(f)emeride: *l'éphéméride du 5 mars* l'effemeride del 5 marzo **3** *au plur.* (*astron.*) ef(f)emeridi: *les éphémérides d'une comète* le effemeridi di una cometa **4** (*sc.*) e(f)-femeride → **connaissance (des temps).**

éphod |efɔd| *s.m.* (*antiq.*) efod *inv.*

éphorat |efɔʀa| *s.m.* (*hist. gr.*) eforato.

éphore |efɔʀ| *s.m.* (*antiq. gr.*) eforo.

épi- |epi| *préf.* (*signifiant 'sur', correspond généralt. à*) epi: *épicycle* epiciclo.

épi |epi| *s.m.* **1** (*bot., cour.*) spiga* (*f.*): *un épi de blé, de seigle* una spiga di grano, di segale; *fleur en épi* fiore a spiga # *épi de maïs* pannocchia di granoturco; *les blés sont en épis* il grano è, ha spigato **2** (*par ext.*) [*petite mèche rebelle de cheveux*] ciuffo ribelle **3** (*techn.*) *épi de faîtage* spiga del tetto; *appareil en épi* muratura a spiga, a spina di pesce **4** [*ouvrage perpendiculaire au bord d'une rivière destiné à diriger le cours de l'eau*] pignone.

épiage |epjaʒ| *s.m.*, **épiaison** |epjɛzɔ̃| *s.f.* (*agric.*) spigatura *f.*

épiaire |epjɛʀ| *s.m.* (*t.bot.*) stachys *f. inv.*

épicarde |epikaʀd| *s.m.* (*anat.*) epicardio*.

épicarpe |epikaʀp(ə)| *s.m.* (*bot.*) epicarpo.

épice |epis| *s.f.* [*substance végétale servant à l'assaisonnement des mets*] spezie *pl.*, droga* → **aromate** # *pain d'épice* pane pepato ◇ *au plur.* (*anc. dr.*) *épices des juges* tributo *m.* in natura (che le parti offrivano al giudice).

épicé, ée |epise| *adj.* (*fig.*) [*qui contient des détails grivois*] piccante, salace: *un récit un peu épicé* un racconto un po' piccante, salace → **salé.**

épicéa |episea| *s.m.* (*t.bot.*) picea* *f.*, abete rosso.

épicène |episɛn| *adj.* epiceno, ambigenere.

épicentre |episɑ̃tʀ(ə)| *s.m.* epicentro: *épicentre sismique* epicentro sismico.

épicer |epise| (2) *v.tr.* [*assaisonner avec des épices*] aromatizzare, drogare: *épicer une sauce* aromatizzare, drogare una salsa ✦ (*au p.p.*) *une cuisine trop épicée* una cucina troppo piccante.

épicerie |episʀi| *s.f.* [*vente de nombreux produits de consommation courante* (*alimentation générale*); *ce magasin*] negozio* *m.* di (generi) alimentari; drogheria, salumeria ◇ [*produits d'alimentation qui se conservent*] provviste (*pl.*): *mettre l'épicerie dans un placard* mettere le provviste nella credenza.

épicier, ière |episje, jɛʀ| *s.* [*personne qui tient une épicerie, un commerce d'épicerie*] negoziante di (generi) alimentari; droghiere, salumiere ◇ (*fig., péj.*) *c'est un épicier* [*un homme à l'esprit étroit*] è un bottegaio*.

épicondyle |epikɔ̃dil| *s.m.* (*anat.*) epicondilo.

épicurien, ienne |epikyʀjɛ̃, jɛn| *adj.* **1** [*qui ne songe qu'au plaisir*] epicureo: *un joyeux épicurien* un allegro epicureo → **sensuel 2** (*philo.*) epicureo: *morale épicurienne* morale epicurea ✦ (*s.m.*) *les épicuriens* gli epicurei.

épicurisme |epikyʀism(ə)|, (*vx.*) **épicuréisme** |epikyʀeism(ə)| *s.m.* (*philo.*) epicureismo.

épicycle |episikl(ə)| *s.m.* (*astron.*) epiciclo.

épidémicité |epidemisite| *s.f.* epidemicità *inv.*

épidémie |epidemi| *s.f.* **1** epidemia: *épidémie de choléra, de grippe* epidemia di colera, d'influenza **2** (*fig.*) *une véritable épidémie de rires, de pleurs* una vera e propria epidemia di risate, di pianti → **contagion, 1 mode.**

épidémiologie |epidemjɔlɔʒi| *s.f.* (*méd.*) epidemiologia*.

épidémique |epidemik| *adj.* **1** (*méd.*) epidemico* **2** (*fig.*) epidemico, contagioso → **contagieux.**

épiderme |epidɛʀm(ə)| *s.m.* (*anat., bot.*) epidermide *f.*

épidermique |epidɛʀmik| *adj.* **1** epidermico*: *tissu épidermique* tessuto epidermico; *blessure épidermique* ferita epidermica, superficiale → **cutané 2** (*fig.*) (*sentiments*) epidermico: *sensibilité épidermique* sensibilità epidermica.

épidiascope |epidjaskɔp| *s.m.* (*techn.*) epidiascopio*, lavagna *f.* luminosa.

épididyme |epididim| *s.m.* (*anat.*) epididimo.

1 **épier** |epje| *v.intr.* (*rare*) [*monter en épi*] spigare (*aux.* essere, avere): *les blés vont épier* il grano sta per spigare.

2 **épier** |epje| *v.tr.* [*observer attentivement et secrètement*] spiare: *épier une personne suspecte* spiare una persona sospetta; *animal qui épie sa proie* animale che spia la preda → **guetter**; *épier les réactions de qqn.* spiare, sorvegliare le reazioni di qc. ✦ *absolt.* [*être à l'affût, aux aguets*] fare (103) la posta ◇ [*attendre avec espoir ou angoisse* (*un moment*)] spiare: *épier le moment où...* spiare il momento in cui...

épierrage |epjɛʀaʒ|, **épierrement** |epjɛʀmɑ̃| *s.m.* (*agric.*) spietratura *f.*

épierrer |epjeʀe| *v.tr.* [*débarrasser* (*un terrain*) *des pierres qui gênent la culture*] togliere (123), rimuovere (157) le pietre (da).

épierreuse |epjɛʀøz| *s.f.* (*agric.*) spietratore *m.*

épieu |epjø| *s.m.* [*bâton terminé par un fer plat, large et pointu*] spiedo.

épieur, euse |epjœʀ, øz| *s.* (*rare*) [*personne qui (2) épie*] spia *f.*, spione.

épigastre |epigastʀ(ə)| *s.m.* (*anat.*) epigastrio*.

épigastrique |epigastʀik| *adj.* (*anat.*) epigastrico*.

épigé, ée |epiʒe| *adj.* (*bot.*) epigeo.

épigénèse |epiʒenɛz| *s.f.* (*biol.*) epigenesi *inv.*

épigénie |epiʒeni| *s.f.* (*géol., minér.*) epigenia, epigenesi *inv.*

épiglotte |epiglɔt| *s.f.* (*anat.*) epiglottide.

épiglottique |epiglɔtik| *adj.* (*anat.*) epiglottico*.

épigone |epigɔn| *s.m.* (*littér.*) epigono.

épigrammatique |epigʀam(m)atik| *adj.* (*littér.*) epigrammatico*.

épigrammatiste |epigʀam(m)atist(ə)| *s.* epigrammista ✦ *adj.* epigrammatico*.

épigramme |epigʀam| *s.f.* epigramma *m.*
épigraphe |epigʀaf| *s.f.* epigrafe.
épigraphie |epigʀafi| *s.f.* epigrafia.
épigraphique |epigʀafik| *adj.* epigrafico*.
épigraphiste |epigʀafist(ə)| *s.* epigrafista.
épigyne |epiʒin| *adj.* (*bot.*) epigino.
épilation |epilɑsjɔ̃| *s.f.* [→ ÉPILER] depilazione.
épilatoire |epilatwaʀ| *adj.* depilatorio*: *crème épilatoire* crema depilatoria → **dépilatoire.**
épilepsie |epilɛpsi| *s.f.* (*méd.*) epilessia # *crise d'épilepsie* crisi epilettica.
épileptiforme |epilɛptifɔʀm(ə)| *adj.* (*méd.*) epilettiforme.
épileptique |epilɛptik| **1** *adj.* (*méd., cour.*) epilettico*: *convulsions épileptiques* convulsioni epilettiche **2** (*s.*) *un épileptique* un epilettico.
épiler |epile| *v.tr.* [*arracher les poils, les cheveux*] depilare: *se faire épiler les jambes* farsi depilare le gambe; *pince à épiler* pinzetta per depilare # *crème à épiler* crema depilatoria.
épillet |epijɛ| *s.m.* (*bot.*) spighetta *f.*
épilobe |epilɔb|, **épilobium** |epilɔbjɔm| *s.m.* (*t.bot.*) epilobio*.
épilogue |epilɔg| *s.m.* **1** epilogo*: *épilogues d'un récit, d'une pièce de théâtre* epiloghi di un racconto, di una opera teatrale → **conclusion** **2** (*fig.*) epilogo, conclusione (*f.*): *l'épilogue d'un procès* l'epilogo, la conclusione di un processo.
épiloguer |epilɔge| *v.intr.* ÉPILOGUER SUR [*faire de longs commentaires sur*] dilungarsi su, disquisire (197) su; cavillare su: *il ne sert à rien d'épiloguer sur ce qui vient de vous arriver* non serve a niente dilungarsi, disquisire su quel che vi è capitato → **discourir.**
épinard |epinaʀ| *s.m.* (*t.bot.*) spinacio*.
épincer |epɛ̃se| (2), **épinceter** |epɛ̃ste| (5) *v.tr.* (*agric.*) [*supprimer, entre deux sèves, les bourgeons qui ont poussé sur le tronc*] accecare.
épincer |epɛ̃se| (2), **épinceter** |epɛ̃ste| (5), **épinceler** |epɛ̃sle| (4) *v.tr.* (*techn.*) [*débarrasser (le drap) des nœuds, des impuretés*] pinzare → **énouer.**
épincetage |epɛ̃staʒ|, **épinçage** |epɛ̃saʒ| *s.m.* [→ ÉPINCER] pinzatura *f.*
épinceteur, euse |epɛ̃stœʀ, øz|, **épinceur, euse** |epɛ̃sœʀ, øz| *s.* addetto alla pinzatura.
épine |epin| *s.f.* **1** (*bot.*) spina: *les épines du rosier* le spine del rosaio → **aiguille, piquant** ◇ (*loc. fig.*) *tirer, enlever, ôter à qqn. une épine du pied* [*le délivrer d'un grand embarras*] togliere a qn. una spina dal cuore ◇ (*prov.*) *il n'y a pas de rose sans épines* non c'è rosa senza spina ◇ (*spécialt.*) *la couronne d'épines du Christ* la corona di spine di Cristo **2** [*piquant de certains animaux*] spina, aculeo (*m.*): *les épines des poissons* le spine dei pesci; *les épines du hérisson* gli aculei del riccio **3** (*anat.*) *épine dorsale* spina dorsale, colonna vertebrale ◇ (*géogr.*) dorsale.
épinette |epinɛt| *s.f.* (*mus.*) spinetta.
épineux, euse |epinø, øz| *adj.* **1** spinoso, pungente: *arbuste épineux* arbusto spinoso **2** (*fig.*) [*qui est plein de difficultés*] spinoso, scabroso: *question épineuse* questione spinosa; *affaire épineuse* faccenda scabrosa → **délicat, difficile, embarrassant** **3** (*anat.*) spinoso: *apophyse épineuse des vertèbres* apofisi spinosa delle vertebre.
épine-vinette |epinvinɛt| *s.f.* (*t. bot.*) crespino *m.*
épinglage |epɛ̃glaʒ| *s.m.* [→ ÉPINGLER 1] l'appuntare *inv.* (con spilli).
épingle |epɛ̃gl(ə)| *s.f.* **1** spillo *m.*, spilla (*dial.*): *piqûre d'épingle* puntura di spillo → **attache, 2 camion** # *pelote à épingles* puntaspilli ◇ (*loc. fig.*) *être tiré à quatre épingles* [*être vêtu avec un soin méticuleux*] essere in ghingheri ~ *tirer son épingle du jeu* [*se tirer adroitement d'une situation délicate*] cavarsela bene ~ *pointe d'épingle* [*chose extrêmement fine, fragile*] punta di spillo **2** [*objet servant à attacher, à fixer*] spilla, spillo: *épingles de cravate* spille da cravatta; *épingles de sûreté, de nourrice* spille di sicurezza, da balia # *épingles à chapeau* spilloni; *épingles à cheveux* forcine; *virage en épingle à cheveux* curva a gomito, tornante; *épingles à linge* mollette per (la) biancheria ◇ (*loc.*) *monter qqch. en épingle* [*le mettre en évidence*] mettere in evidenza q.c. (in modo esagerato).
épinglé, ée |epɛ̃gle| *adj.* **1** appuntato con uno spillo (una spilla) **2** (*se dit de certaines étoffes au tissage légèrement côtelé*) spinato, spigato: *velours épinglé* velluto spinato, spigato ✦ (*s.m.*) *de l'épinglé* stoffa spinata *adj.*, tessuto spinato *adj.* **3** (*fam.*) → **épingler** 2.
épingler |epɛ̃gle| *v.tr.* **1** [*attacher, fixer avec des épingles*] appuntare, fissare: *épingler un patron sur un tissu* appuntare un modello su un tessuto; *épingler une décoration* appuntare una decorazione **2** (*fam.*) *épingler qqn.* [*l'arrêter*] beccare, pizzicare (*pop.*) qc.: *se faire épingler* farsi beccare, pizzicare.
épinglerie |epɛ̃glǝʀi| *s.f.* [*fabrique d'épingles; industrie des épingles*] fabbrica* di spilli, di spille.
épinglier, ière |epɛ̃glije, ijɛʀ| *s.* [*personne qui fabrique des épingles*] spillaio* ✦ *s.m.* [*étui à épingles*] portaspilli *inv.*
épinicien, ienne |epinisjɛ̃, jɛn| *adj.* (*litt. gr.*) epinicio*.
épinicies |epinisi| *s.f.pl.* (*litt. gr.*) epinicio* *m.sing.*
épinière |epinjɛʀ| (*adj.f.*) *moelle épinière* midollo spinale *m.* ou *f.* → **moelle.**
épinoche |epinɔʃ| *s.f.* (*t.zool.*) spinarello *m.*
épinochette |epinɔʃɛt| *s.f.* (*t.zool.*) piccolo spinarello *m.*
épiphane |epifan| *adj.m.* (*antiq.*) epifane.
épiphanie |epifani| *s.f.* (*relig. chrét.*) epifania.
épiphénomène |epifenɔmɛn| *s.m.* (*méd., philo.*) epifenomeno.
épiphénoménisme |epifenɔmenism(ə)| *s.m.* (*philo.*) epifenomenismo.
épiphonème |epifɔnɛm| *s.m.* (*rhétorique*) epifonema.
épiphylle |epifil| **1** *adj.* (*bot.*) epifillo **2** *s.m.* (*t.bot.*) echinopsia *f.inv.*
épiphyse |epifiz| *s.f.* (*anat.*) epifisi *inv.*
épiphyte |epifit| *adj.* (*bot.*) epifito ✦ (*s.m.*) *un épiphyte* un'epifita *f.*
épiphytie |epifiti| *s.f.* (*bot.*) epifitia.
épiploon |epiplɔɔ̃| *s.m.* (*anat.*) epiploon *inv.*, omento.
épique |epik| *adj.* epico*: *genre, style épique* genere, stile epico ◇ (*iron.*) *il y eut des discussions épiques* ci furono delle discussioni epiche, memorabili.
épirogénique |epiʀɔʒenik| *adj.* → **épeirogénique.**
épirote |epiʀɔt| *adj.* [*de l'Épire*] epirota ✦ *s.* (*hist.*) *les Épirotes* gli Epiroti.
épiscopal, ale, aux |episkɔpal, o| *adj.* [*d'un évêque*] vescovile, episcopale: *palais épiscopal* palazzo vescovile.
épiscopat |episkɔpa| *s.m.* episcopato, vescovado.
1 **épiscope** |episkɔp| *s.m.* (*phys., techn.*) episcopio*.
2 **épiscope** |episkɔp| *s.m.* (*ecclés.*) vescovo, episcopo → **évêque.**
épisode |epizɔd| *s.m.* **1** episodio*: *ce n'est qu'un épisode dans sa vie* è solo un episodio nella sua vita → **circonstance, aventure, incident** **2** [*action secondaire dans un roman, un film, etc.*] episodio: *un épisode comique dans une histoire tragique* un episodio comico in una storia tragica **3** [*division d'un roman, d'un film, etc.*] episodio: *film à épisodes* film a episodi; *feuilleton à épisodes* romanzo sceneggiato a episodi, a puntate.
épisodique |epizɔdik| *adj.* **1** [*secondaire*] episodico*, secondario*: *c'est un événement épisodique* è un fatto episodico, secondario **2** [*intermittent*] episodico, saltuario*.
épisodiquement |epizɔdikmɑ̃| *adv.* [→ ÉPISODIQUE] episodicamente.
épisser |epise| *v.tr.* (*mar.*) [*assembler (deux cordages) en entrelaçant les torons*] impiombare (due funi).
épissoir |episwaʀ| *s.m.* (*mar.*) caviglia* *f.* per impiombare (funi).
épissure |episyʀ| *s.f.* (*mar., techn.*) impiombatura.
épistaxis |epistaksis| *s.f.* (*méd.*) epistassi *inv.*
épistémologie |epistemɔlɔʒi| *s.f.* (*philo.*) epistemologia*.
épistémologique |epistemɔlɔʒik| *adj.* (*philo.*) epistemologico*.
épistémologiste |epistemɔlɔʒist(ə)|, **épistémologue** |epistemɔlɔg| *s.* epistemologo*.
épistolaire |epistɔlɛʀ| *adj.* epistolare: *être en relations épistolaires avec qqn.* essere in relazioni epistolari, in corrispondenza con qc.
épitaphe |epitaf| *s.f.* epitaffio* *m.*
épite |epit| *s.f.* (*mar.*) cavicchio* *m.*
épithalame |epitalam| *s.m.* (*littér.*) epitalamio*.
épithélial, ale, aux |epiteljal, o| *adj.* (*biol.*) epiteliale: *tissu épithélial* tessuto epiteliale.
épithélioma |epiteljɔma|, **épithéliome** |epiteljom| *s.m.* (*méd.*) epitelioma → **cancer.**
épithélium |epiteljɔm| *s.m.* (*biol.*) epitelio*.
épithème |epitɛm| *s.m.* (*pharm., anc.*) epitema ◇ (*bot.*) epitema.
épithèse |epitɛz| *s.f.* (*ling.*) epitesi *inv.*
épithète |epitɛt| *s.f. et adj.* **1** (*gram.*) attributo *m.* **2** (*par ext.*) [*qualification (louangeuse ou injurieuse) donnée à qqn.*] epiteto.
épitoge |epitɔʒ| *s.f.* [*bande d'étoffe garnie d'hermine des magistrats*] batalo *m.*

épitomé |epitɔme| *s.m.* epitome *f.*, compendio*: *un épitomé de l'histoire de la Grèce* un'epitome, un compendio di storia della Grecia.
épître |epitʀ(ə)| *s.f.* **1** (*liturg. cathol.*) epistola: *la messe en est à l'épître* la messa è (arrivata) all'epistola **2** [*lettre*] epistola, lettera: *une épître en vers* epistola, lettera in versi ◇ (*iron.*) *il m'a envoyé une longue épître* mi ha mandato una lunga epistola, missiva.
épizootie |epizɔɔti| *s.f.* (*vétér.*) epizoozia, epizootia.
épizootique |epizɔɔtik| *adj.* (*vétér.*) epizootico* → **épidémique.**
éploré, ée |eplɔʀe| *adj. et s.* [*qui est tout en pleurs*] in lacrime *loc. inv.*; afflitto, sconsolato: *elle s'est enfuie tout éplorée* è fuggita tutta in lacrime ‖ *air, visage éploré* aria afflitta, viso sconsolato → **désolé, triste.**
éployé, ée |eplwaje| *adj.* **1** (*blas.*) spiegato **2** (*littér.*) [*déplié*] spiegato (*cour.*).
éployer |eplwaje| (10) *v.tr.* (*littér.*) *éployer ses ailes* spiegare (*cour.*) le ali → **déployer.**
épluchage |eplyʃaʒ| *s.m.* **1** [→ ÉPLUCHER 1] *épluchage des légumes* mondatura *f.* delle verdure; *épluchage des pommes de terre, des fruits* pelatura *f.*, sbucciatura *f.* delle patate, della frutta; *épluchage des étoffes* garzatura *f.* delle stoffe **2** (*fig.*) [→ ÉPLUCHER 2] lo spulciare *inv.*, spulciatura (*f.*): *l'épluchage des comptes* lo spulciare i conti.
éplucher |eplyʃe| *v.tr.* **1** [*nettoyer en enlevant les parties inutiles ou mauvaises*] mondare, pulire (197); pelare, sbucciare; sgusciare: *éplucher de la salade, des radis* mondare, pulire l'insalata, i ravanelli → **décortiquer, peler** ‖ *éplucher des pommes de terre* pelare, sbucciare patate; *éplucher des oranges* sbucciare arance ‖ *éplucher des noix, des pois* sgusciare noci, piselli # *éplucher une étoffe neuve* garzare una stoffa nuova **2** [*examiner minutieusement*] spulciare: *il épluchera votre article et y cherchera la petite bête* spulcerà il vostro articolo cercando il pelo nell'uovo → **critiquer, disséquer, crible (passer au).**
éplucheur, euse |eplyʃœʀ, øz| *s.* **1** *s.* [*personne qui épluche*] pelatore*, sbucciatore* **2** *s.m.* [*instrument qui épluche*] *couteau éplucheur* sbucciatore (di verdure, frutta); *batteur éplucheur* apritoio*.
épluchure |eplyʃyʀ| *s.f.* [*ce qu'on enlève à une chose en l'épluchant*] buccia*: *épluchures de pommes de terre, d'oranges* bucce di patate, di arance → **pelure.**
épode |epɔd| *s.f.* (*litt.*) epodo *m.*
épois |epwa| *s.m.* (*vén.*) pugnale, punta *f.* (del palco del cervo).
épointage |epwɛ̃taʒ| *s.m.* [→ ÉPOINTER] spuntatura *f.*
épointement |epwɛ̃tmɑ̃| *s.m.* [→ ÉPOINTER] spuntatura *f.*
épointer |epwɛ̃te| *v.tr.* [*émousser en ôtant, en cassant ou en usant la pointe*] spuntare: *épointer une aiguille* spuntare un ago.
1 **éponge** |epɔ̃ʒ| *s.f.* **I** **1** spugna: *éponge de toilette* spugna da bagno; *nettoyer avec une éponge* pulire con la spugna ♦ (*par appos.*) *tissu éponge* (tessuto di) spugna; *serviette éponge* asciugamano di spugna **2** (*loc. fig.*) *il boit comme une éponge* beve come una spugna ~ *il a une éponge dans le gosier* è una spugna ~ *presser l'éponge* [*soutirer de qqn. tout ce que l'on peut*] spremere qc. ~ *passer l'éponge sur* passare la spugna, dare un colpo di spugna su **II** (*t.zool.*) spugna: *pêcheur d'éponges* pescatore di spugne.
2 **éponge** |epɔ̃ʒ| *s.f.* (*vén., vétér.*) tallone *m.* (di ferro di cavallo) ◇ (*par métonymie*) [*tumeur au coude du cheval*] cappelletto *m.*, igroma *m.* del calcagno.
épongeage |epɔ̃ʒaʒ| *s.m.* [→ ÉPONGER A 1] spugnatura *f.*
éponger |epɔ̃ʒe| (3) **A** *v.tr.* **1** [*étancher (un liquide) avec une (1) éponge ou un chiffon*] asciugare, spugnare (*rare*): *épongez vite cette encre* asciugate in fretta questo inchiostro **2** [*essuyer, sécher*] asciugare, detergere (114): *éponger son front avec un mouchoir* asciugarsi la fronte col fazzoletto **3** (*fig.*) [*résorber (un excédent financier); absorber (ce qui est en trop)*] ripianare, pareggiare; riassorbire (197) **B** *v.pron. réfl.* S'ÉPONGER [→ *tr.* 2] *s'éponger le front avec un mouchoir* asciugarsi la fronte col fazzoletto.
éponte |epɔ̃t| *s.f.* (*techn.*) parete (di un filone minerario).
épontille |epɔ̃tij| *s.f.* (*mar.*) puntello *m.*
épontiller |epɔ̃tije| *v.tr.* (*mar.*) [*consolider par des épontilles*] puntellare.
éponyme |epɔnim| *adj.* (*antiq. gr.*) eponimo.
éponymie |epɔnimi| *s.f.* (*antiq. gr.*) eponimia.
épopée |epɔpe| *s.f.* epopea: *l'Énéide est une épopée* l'Eneide è un'epopea; *l'épopée napoléonienne* l'epopea napoleonica.
époque |epɔk| *s.f.* **1** epoca*: *l'époque des grandes invasions* l'epoca delle grandi invasioni → 1 **période**; *nous vivons une drôle d'époque!* viviamo in una strana epoca!; *faire époque* fare epoca # *il faut être de son époque, vivre avec son époque* bisogna vivere al passo col proprio tempo; *la belle époque* la 'belle époque', i primi del Novecento → **siècle** **2** [*période caractérisée par un style artistique*] epoca ◇ *loc.* D'ÉPOQUE d'epoca, antico (*adj.*): *une commode Louis XVI d'époque* un cassettone Luigi XVI d'epoca → **authentique** **3** L'ÉPOQUE DE QQCH. l'epoca di q.c.: *l'époque d'une rencontre* l'epoca, la data di un incontro → **date,** 1 **moment**; *l'époque des semailles, des vendanges* l'epoca, la stagione della semina, della vendemmia; *à pareille époque, à la même époque* alla stessa epoca, nello stesso periodo **4** (*géol.*) era: *l'époque carbonifère* l'era carbonifera.
épouillage |epujaʒ| *s.m.* [→ ÉPOUILLER A] lo spidocchiare *inv.*, il togliere *inv.* i pidocchi.
épouiller |epuje| **A** *v.tr.* [*débarrasser (un être vivant) de ses poux*] spidocchiare: *épouiller un chien* spidocchiare un cane **B** *v.pron. réfl.* S'ÉPOUILLER [→ *tr.*] spidocchiarsi: *un mendiant qui s'épouille* un mendicante che si spidocchia.
époumoner (s') |epumɔne| *v. pron. intr.* [*parler, crier très fort; se fatiguer (en parlant)*] spolmonarsi: *s'époumoner à expliquer qqch.* spolmonarsi a spiegare q.c. → **essouffler (s').**
épousailles |epuzɑj| *s.f.pl.* (*plais., vx.*) [*célébration d'un mariage*] sponsali *m.* → **mariage,** 1 **noce.**
épouse |epuz| *s.f.* → **époux.**
épousée |epuze| *s.f.* (*région., vx.*) [*celle qui se marie*] sposa → **mariée.**
épouser |epuze| *v.tr.* **1** [*prendre pour époux (épouse); se marier avec*] sposare: *il a épousé une divorcée* ha sposato una divorziata; *épouser une grosse dot* sposare una bella dote **2** (*fig.*) sposare: *épouser les idées de qqn.* sposare le idee di qc.; *épouser les intérêts de qqn. en le défendant, en l'aidant* sposare gli interessi di qc. difendendolo, aiutandolo → **partager, soutenir** **3** [*s'adapter exactement à (une forme)*] aderire (197) *intr.* (a): *robe qui épouse les formes du corps* vestito che aderisce alle forme del corpo → **mouler.**
épouseur |epuzœʀ| *s.m.* [*celui qui cherche à se marier et fait savoir ses intentions*] pretendente → **prétendant.**
époussetage |epustaʒ| *s.m.* [→ ÉPOUSSETER] spolveratura (*f.*): *époussetage des meubles* spolveratura dei mobili.
épousseter |epuste| (5) *v.tr.* [*nettoyer, en ôtant la poussière*] spolverare: *épousseter des meubles* spolverare i mobili.
époussette |epusɛt| *s.f.* (*région.*) [*petit balai*] scopetta, scopettina.
époustouflant, ante |epustuflɑ̃, ɑ̃t| *adj.* (*fam.*) [*extraordinaire, prodigieux*] sbalorditivo (*cour.*), strabiliante (*cour.*).
époustoufler |epustufle| *v.tr.* (*fam.*) [*jeter (qqn.) dans l'étonnement, la surprise admirative*] sbalordire (197) (*cour.*), strabiliare (*cour.*) → **épater, étonner.**
époutier |eputje| *v.tr.* → **épinceter, énouer.**
épouvantable |epuvɑ̃tabl(ə)| *adj.* **1** [*qui cause de l'épouvante*] spaventoso, orrendo: *des cris épouvantables* delle grida spaventose; *crime épouvantable* delitto orrendo → **effroyable, horrible, terrible, monstrueux**; *ce fut un supplice, une mort épouvantable* fu un supplizio orrendo, una morte orrenda → **affreux, atroce** **2** [*inquiétant, très mauvais*] spaventoso, orribile: *il a une mine épouvantable, il devrait se reposer un peu* ha un aspetto spaventoso, una bruttissima cera, dovrebbe riposare un po'; *il fait un temps épouvantable* c'è un tempo orribile → **affreux** **3** [*excessif*] terribile: *un bruit, un fracas épouvantable* un rumore, un fracasso terribile; *il entra dans une colère épouvantable* fu preso da una terribile collera → **violent.**
épouvantablement |epuvɑ̃tabləmɑ̃| *adv.* [→ ÉPOUVANTABLE] spaventosamente, orribilmente: *il est épouvantablement laid* è spaventosamente brutto; *il a été épouvantablement torturé* è stato orribilmente torturato.
épouvantail |epuvɑ̃taj| *s.m.* **1** spaventapasseri *inv.* ◇ (*fig.*) *il est habillé comme un épouvantail* è vestito come uno spaventapasseri **2** (*fig.*) [*objet, personne qui inspire la terreur*] spauracchio* → **croque-mitaine.**
épouvante |epuvɑ̃t| *s.f.* **1** [*peur violente et soudaine*] spavento *m.*, terrore (*m.*): *rester cloué, glacé d'épouvante* rimanere inchiodato, gelato dallo spavento; *cris, hurlements d'épouvante* grida, urla di terrore; *roman, film d'épou-*

vante romanzo, film del terrore → **effroi, frayeur, terreur** # *la vue de ce massacre l'a frappé, saisi d'épouvante* la vista di quel massacro lo ha terrorizzato → **affolement, panique** 2 [*vive inquiétude*] terrore, apprensione: *je vois venir la rentrée des classes avec épouvante* vedo con terrore, apprensione avvicinarsi l'inizio della scuola → **appréhension, crainte.**

épouvanté, ée |epuvɑ̃te| *adj.* [*rempli d'épouvante*] spaventato, terrorizzato: *il recula épouvanté* indietreggiò spaventato.

épouvanter |epuvɑ̃te| **A** *v.tr.* **1** [*remplir d'épouvante*] spaventare, terrorizzare: *épouvanter un enfant par des menaces* spaventare, terrorizzare un bambino con minacce → **effrayer, terrifier, terroriser** **2** [*causer de vives appréhensions à*] spaventare, terrorizzare: *la seule idée du mariage l'épouvante* la sola idea del matrimonio lo spaventa, lo terrorizza → **angoisser, inquiéter** **B** *v. pron. intr.* S'ÉPOUVANTER [*être saisi de frayeur*] spaventarsi: *quand on a sonné à la porte elle s'est épouvantée* quando hanno suonato alla porta si è spaventata.

époux, ouse |epu, uz| *s.* (*dr., littér.*) coniuge, sposo; marito *m.* (*cour.*), moglie *f.* (*cour.*): *les époux* i coniugi, gli sposi; *les futurs époux* i futuri sposi, i promessi sposi → 2 **conjoint** ‖ *prendre pour époux, pour épouse* prendere per marito, in moglie → **mari, femme** ◇ (*quand 'femme' serait ambigu*) *elle est plus mère qu'épouse* è più madre che moglie ◇ (*pop.*) *et comment va votre époux?, votre épouse?* come sta suo marito?, sua moglie, la (sua) signora?; *le bonjour à votre épouse* (mi) saluti sua moglie, la signora.

épreintes |eprɛ̃t| *s.f.pl.* (*méd.*) premito *m.sing.*

éprendre (s') |eprɑ̃dr(ə)| (73) *v.pron. intr.* **1** (*littér.*) [*être saisi, entraîné* (*par un sentiment, une passion*)] essere (96) *intr.* preso (*cour.*): *s'éprendre d'une grande passion pour la musique* essere preso da una grande passione per la musica **2** [*devenir amoureux* (*de qqn.*)] innamorarsi, invaghirsi (197): *s'éprendre de qqn.* innamorarsi di qc. → **épris** ◇ (*compl. de chose*) [*commencer à aimer*] appassionarsi: *s'éprendre de son travail* appassionarsi al, per il proprio lavoro → **passionner (se).**

1 **épreuve** |eprœv| *s.f.* **1** [*souffrance, malheur, danger*] prova: *vie pleine, remplie d'épreuves* vita piena di prove; *essuyer, subir, passer par de dures épreuves* sopportare, subire, passare attraverso dure prove → **malheur, peine** **2** *loc.* À L'ÉPREUVE alla prova: *mettre la patience de qqn. à dure épreuve* mettere a dura prova la pazienza di qc. ~ À TOUTE ÉPREUVE a tutta prova: *une patience à toute épreuve* una pazienza a tutta prova → **inébranlable** **3** [*essai qui permet de juger les qualités de qqch.*] prova: *épreuves de résistance* prove di resistenza; *épreuve d'outrance, à outrance* prova a oltranza → **essai, expérience** ◇ *loc.* À L'ÉPREUVE DE a prova di: *vêtement à l'épreuve de feu, des balles* vestito a prova di fuoco, di proiettile **4** [*acte imposé à qqn. et destiné à lui conférer une dignité, à le classer*] prova: *épreuves d'initiation* prove d'iniziazione; *épreuves d'un examen, d'un concours* prove d'esame, di concorso; *épreuves écrites, orales* prove scritte, orali; esami scritti, orali; *épreuves éliminatoires* prove eliminatorie ◇ [*compétition sportive*] gara, prova: *épreuves d'athlétisme* gare di atletica; *épreuves de vitesse, de fond* prove, gare di velocità, di fondo; *épreuve contre la montre* prova a cronometro → **compétition,** 1 **rencontre.**

2 **épreuve** |eprœv| *s.f.* **1** (*typogr., cour.*) bozza, prova: *corriger les fautes sur une épreuve* correggere gli errori di una bozza; *épreuve de mise en page* bozza di impaginazione, bozza impaginata **2** (*photo., cour.*) copia → **photographie** # *épreuve négative* negativo → **négatif, cliché.**

épris, ise |epri, iz| *adj.* **1** ÉPRIS DE [*pris de passion* (*pour qqch.*)] amante, appassionato di: *être épris de justice* essere amante della giustizia **2** [*amoureux* (*de qqn.*)] innamorato: *il est très épris de cette femme* è molto innamorato di quella donna → **éprendre (s')** ✦ (*absolt.*) *elle paraît très éprise* sembra molto innamorata.

éprouvant, ante |epruvɑ̃, ɑ̃t| *adj.* [*difficile à supporter*] spossante, stremante: *un climat éprouvant* un clima spossante, intollerabile.

éprouvé, ée |epruve| *adj.* **1** provato, sperimentato: *des qualités, des vertus éprouvées* qualità, virtù provate, sperimentate → **sûr** # *un ami éprouvé* un amico fedele, sicuro; *un spécialiste éprouvé* uno specialista provetto, un abile specialista → **expérimenté** **2** [*frappé par des épreuves, des malheurs*] provato: *c'est un homme très éprouvé* è un uomo molto provato dalle sventure → **malheureux.**

éprouver |epruve| *v.tr.* **1** [*essayer* (*qqch.*) *pour vérifier la valeur, la qualité*] provare, sperimentare: *éprouver différentes façons de procéder* provare, sperimentare diversi modi di agire → **expérimenter, essayer**; *éprouver les qualités, la valeur de qqn., de qqch.* provare, sperimentare le qualità, il valore di qc., di q.c.; *éprouver qqn.* provare qc., mettere qc. alla prova ✦ (*au p.p.*) *des qualités éprouvées* qualità provate, sperimentate **2** (*sujet de chose*) [*faire subir une épreuve, des souffrances à* (*qqn.*)] provare: *la perte de son père l'a bien éprouvé* la perdita di suo padre lo ha duramente provato; *la guerre a durement éprouvé ce pays* la guerra ha duramente provato questo paese → **frapper** ✦ (*au p.p.*) *c'est un homme éprouvé* è un uomo provato (dalle sventure) **3** [*apprécier, connaître par une expérience personnelle*] provare, verificare: *il éprouva, à ses dépens, qu'on ne pouvait se fier à eux* provò, verificò a sue spese che non ci si poteva fidare di loro → **constater** ◇ (*littér.*) ÉPROUVER SI... provare (*cour.*), accertare (*cour.*) se: *éprouver si un objet est résistant, un ami est dévoué* provare, accertare se un oggetto è resistente, se un amico è affezionato → **vérifier, voir** **4** [*avoir, ressentir* (*une sensation, un sentiment*)] provare, sentire: *éprouver un besoin, une impression* provare, sentire un bisogno, un'impressione; *éprouver de la tendresse, de l'amour pour qqn., qqch.* provare, sentire tenerezza, amore per qc., q.c. → 1 **concevoir**; *éprouver de la honte, un remords* provare, sentire vergogna, rimorso; *dites au médecin ce que vous éprouvez* dica al medico cosa sente, cosa si sente **5** (*choses*) [*subir* (*une action nuisible ou violente*)] subire (197): *ce projet éprouve des contretemps* questo progetto subisce dei contrattempi.

éprouvette |epruvɛt| *s.f.* (*techn.*) provetta; provino *m.*

epsilon |ɛpsilɔ̃| *s.m.* [*lettre de l'alphabet gr.*] epsilon *m. ou f.inv.*

épucer |epyse| (2) **A** *v.tr.* [*débarrasser des puces*] spulciare: *épucer un chien* spulciare un cane **B** *v.pron. réfl.* S'ÉPUCER [→ *tr.*] spulciarsi: *un singe qui s'épuce* una scimmia che si spulcia.

épuisant, ante |epɥizɑ̃, ɑ̃t| *adj.* [*qui fatigue beaucoup*] estenuante: *effort épuisant* sforzo estenuante.

épuisé, ée |epɥize| *adj.* [*à bout de forces*] esausto, sfinito: *un nageur épuisé* un nuotatore esausto; *épuisé de fatigue* sfinito dalla fatica.

épuisement |epɥizmɑ̃| *s.m.* **1** [→ EPUISER A I 1] [*état de ce qui est épuisé*] esaurimento: *épuisement des provisions* esaurimento delle provviste → **pénurie**; *exploiter un filon, une mine jusqu'à épuisement* coltivare un filone, una miniera fino all'esaurimento # *épuisement du sol, d'un cours d'eau* impoverimento del terreno, di un corso d'acqua → **appauvrissement** **2** [*absence de forces, grande faiblesse* (*physique*)] spossatezza (*f.*): *tomber dans l'épuisement* cadere in uno stato di spossatezza → 2 **abattement, fatigue, faiblesse** ◇ (*sens moral*) prostrazione (*f.*): *il est dans un état d'épuisement extrême* è in uno stato di estrema prostrazione.

épuiser |epɥize| **A** *v.tr.* **1** [*utiliser* (*qqch.*) *jusqu'à ce qu'il ne reste plus rien*] esaurire (197): *épuiser une mine* esaurire una miniera; *épuiser les réserves, les munitions* esaurire le riserve, le munizioni; *épuiser un stock, une édition* esaurire una scorta, un'edizione → 1 **consommer, user** ◇ (*fig.*) *épuiser tous les moyens* esaurire tutti i mezzi **2** [*user jusqu'au bout*] esaurire: *ce travail a épuisé toute son énergie* quel lavoro ha esaurito tutta la sua energia; *épuiser un sujet* esaurire un argomento # *épuiser la patience de qqn.* far perdere la pazienza a qc. → **lasser** **3** [*réduire à un affaiblissement complet* (*les forces, la santé de qqn.*; *qqch.*)] esaurire; spossare, stremare: *épuiser ses forces* esaurire le proprie forze → **exténuer** ‖ *cette maladie l'épuise* quella malattia lo spossa, lo strema ◇ (*fam.*) *son bavardage m'épuise* le sue chiacchiere mi snervano **B** *v.pron. intr.* S'ÉPUISER [*s'affaiblir complètement*] esaurirsi; spossarsi, sfinirsi (197): *ses forces s'épuisent lentement* le sue forze si esauriscono lentamente; *s'épuiser en efforts inutiles* esaurirsi, estenuarsi in sforzi inutili ‖ *s'épuiser à faire qqch.* spossarsi, sfinirsi a fare q.c.; *s'épuiser à force de crier, à crier* sfinirsi, spolmonarsi a forza di gridare, a gridare → **échiner (s'), éreinter (s'), fatiguer (se)** # *la maladie s'épuise peu à peu* la malattia regredisce a poco a poco; *je m'épuise à vous le répéter* mi ammazzo a ripetervelo.

épuisette |epɥizɛt| *s.f.* **1** (*pêche*) guadino *m.* **2** (*techn.*) sassola → **écope.**

épulide |epylid|, **épulie** |epyli| *s.f.* (*méd.*) epulide.

épulon |epylɔ̃| *s.m.* (*antiq. rom.*) epulone.

épulpeur |epylpœʀ| *s.m.* (*techn.*) depolpatore.
épurateur |epyʀatœʀ| *s.m.* (*techn.*) depuratore.
épuratif, ive |epyʀatif, iv|, **épuratoire** |epyʀatwaʀ| *adj.* (*rare*) depurativo (*cour.*), depuratorio*.
épuration |epyʀɑsjɔ̃| *s.f.* **1** [→ ÉPURER 1] depurazione: *épuration des eaux naturelles* depurazione delle acque naturali → **purification** **2** (*fig.*) [*purification, assainissement*] purificazione; moralizzazione, risanamento (*m.*): *épuration de la langue* purificazione della lingua ‖ *épuration des mœurs* moralizzazione, risanamento dei costumi **3** [→ ÉPURER 3] epurazione → **exclusion, purge.**
épure |epyʀ| *s.f.* (*géom.*) assonometria: *épure d'une voûte* assonometria di una volta → 2 **plan.**
épuré, ée |epyʀe| *adj.* [*rendu plus pur*] depurato: *liquide épuré* liquido depurato ◇ [*rendu plus correct, plus fin*] purificato.
épurement |epyʀmɑ̃| *s.m.* (*littér.*) [→ ÉPURER 2] purificazione *f.* (*cour.*), affinamento (*cour.*): *épurement du style* purificazione, affinamento dello stile.
épurer |epyʀe| *v.tr.* **1** [*rendre pur, plus pur*] depurare: *épurer de l'eau, un minerai* depurare l'acqua, un minerale → **purifier** **2** (*fig.*) [*rendre meilleur*] moralizzare, risanare: *épurer les mœurs* moralizzare, risanare i costumi → **améliorer** ◇ [*rendre plus correct, plus délicat*] affinare: *épurer le goût* affinare il gusto → **améliorer, perfectionner** **3** [*éliminer certains éléments de* (*un groupe, une société*)] epurare.
épurge |epyʀʒ(ə)| *s.f.* (*t.bot.*) catapuzia, scatapuzia.
épyornis |epjɔʀnis| *s.m.* → **æpyornis.**
équarrir |ekaʀiʀ| *v.tr.* **I** [*tailler pour rendre carré, régulier*] squadrare: *équarrir un bloc de marbre* squadrare un blocco di marmo; *équarrir une poutre* squadrare una trave; *équarrir un tronc* squadrare un tronco → **charpenter** ◆ *au p.p.* (*pr., fig.*) *mal équarri* [*grossier, à l'état d'ébauche*] fatto con l'accetta **II** [*couper en quartiers, dépecer* (*un animal mort*)] squartare: *équarrir un cheval* squartare un cavallo → **écorcher, découper.**
équarrissage |ekaʀisaʒ|, **équarrissement** |ekaʀismɑ̃| *s.m.* **1** [→ EQUARRIR I] squadratura *f.*, riquadratura (*f.*): *équarrissage d'une poutre* squadratura di una trave **2** [→ EQUARRIR II] squartamento: *équarrissage des animaux* squartamento degli animali.
équarrisseur |ekaʀisœʀ| *s.m.* [*celui dont le métier est d'équarrir les animaux*] macellatore.
équateur |ekwatœʀ| *s.m.* **1** (*astron., géogr.*) equatore **2** [*les régions comprises dans la zone équatoriale*] equatore **3** (*phys.*) *équateur magnétique* equatore magnetico.
équation |ekwɑsjɔ̃| *s.f.* **1** (*math., cour.*) equazione: *membres d'une équation* membri di un'equazione; *résoudre une équation* risolvere un'equazione **2** (*chim., cour.*) *équation chimique* equazione chimica.
équatorial, iale, iaux |ekwatɔʀjal, jo| **1** *adj.* equatoriale **2** *s.m.* (*astron.*) equatoriale.
équatorien, ienne |ekwatɔʀjɛ̃, jɛn| *adj.* [*de l'Équateur*] ecuadoriano.
équerrage |ekɛʀaʒ| *s.m.* (*techn.*) squadratura *f.* # *équerrage* (*en*) *gras* apertura angolare superiore a 90°; *équerrage* (*en*) *maigre* apertura angolare inferiore a 90°.
équerre |ekɛʀ| *s.f.* **1** [*instrument destiné à tracer des angles droits*] squadra: *équerre à dessiner* squadra da disegno; *double équerre, équerre en T* squadra a T, riga a T; *fausse équerre* squadra falsa **2** *loc.* À L'ÉQUERRE [*à angle droit*] a squadra, a squadro ~ EN ÉQUERRE [*disposé en équerre*] a squadra, in squadra: *athlète qui monte à la corde lisse, les jambes en équerre* atleta che sale la fune con le gambe a squadra ~ *loc. adv.* D'ÉQUERRE a squadra, ad angolo retto **3** (*techn.*) angolare *m.*, ferro *m.* ad angolo → **cornière.**
équerrer |ekeʀe| *v.tr.* [*donner à une pièce de bois l'équerrage voulu*] squadrare.
équestre |ekɛstʀ(ə)| *adj.* **1** equestre: *figure, statue équestre* figura, statua equestre **2** [*relatif à l'équitation*] equestre: *exercices équestres* esercizi equestri **3** (*antiq. rom.*) equestre: *ordre équestre* ordine equestre.
équeutage |ekøtaʒ| *s.m.* [→ ÉQUEUTER] spicciolatura *f.*
équeuter |ekøte| *v.tr.* [*dépouiller* (*un fruit*) *de sa queue*] spicciolare, depicciolare: *cerises équeutées* ciliegie spicciolate.
équi- |ekɥi| *préf.* (*signifiant 'égal', correspond généralt. à*) equi: *équiangle* equiangolo.
équiangle |ekɥiɑ̃gl(ə)| *adj.* (*géom.*) equiangolo: *un triangle équiangle* un triangolo equiangolo.
Équidés |eki(kɥi)de| *s.m.pl.* (*t.zool.*) Equidi.
équidistance |ekɥidistɑ̃s| *s.f.* equidistanza.
équidistant, ante |ekɥidistɑ̃, ɑ̃t| *adj.* (*géom., cour.*) equidistante ◇ (*cartographie*) *projection équidistante* proiezione equidistante.
équilatéral, ale, aux |ekɥilateʀal, o| *adj.* (*géom.*) equilatero: *triangle équilatéral* triangolo equilatero.
équilibrage |ekilibʀaʒ| *s.m.* [→ ÉQUILIBRER A] equilibratura *f.*, equilibramento: *l'équilibrage des roues d'une voiture* l'equilibratura delle ruote di un'automobile.
équilibrant, ante |ekilibʀɑ̃, ɑ̃t| *adj.* (*phys.*) equilibrante: *poids équilibrant* peso equilibrante, contrappeso *s.m.*
équilibration |ekilibʀɑsjɔ̃| *s.f.* **1** [*mise en équilibre*] equilibramento *m.*, equilibratura **2** (*méd.*) equilibrio* *m.*
équilibre |ekilibʀ(ə)| *s.m.* **1** (*sc.*) equilibrio*: *équilibre des forces* equilibrio delle forze; *équilibre stable, instable* equilibrio stabile, instabile; *équilibre chimique* equilibrio chimico ◇ (*phys.*) *équilibre radioactif* equilibrio radioattivo **2** [*position verticale stable*] equilibrio: *équilibre du corps* equilibrio del corpo; *exercice d'équilibre* esercizio d'equilibrio; *sens de l'équilibre* senso dell'equilibrio → **aplomb**; *perdre l'équilibre, son équilibre* perdere l'equilibrio ◇ *loc.* EN ÉQUILIBRE in equilibrio: *être, mettre en équilibre* essere, mettere in equilibrio **3** [*juste proportion entre des choses opposées*] equilibrio: *rétablir l'équilibre* ristabilire l'equilibrio → 1 **accord, harmonie** # *faire l'équilibre* equilibrare ◇ (*spécialt.*) *l'équilibre des pouvoirs dans la constitution* l'equilibrio dei poteri nella costituzione ◇ (*écon., fin.*) *équilibre budgétaire* pareggio* del bilancio; *équilibre de la balance commerciale* pareggio della bilancia commerciale ◇ (*psycho., cour.*) *c'est un homme très intelligent, mais il manque d'équilibre* è un uomo molto intelligente, ma manca di equilibrio ◇ [*agencement harmonieux*] *équilibre des volumes* equilibrio dei volumi → **proportion** Ⓒ 1; 2 **déséquilibre.**
équilibré, ée |ekilibʀe| *adj.* **1** equilibrato, stabile: *chargement équilibré* carico equilibrato, stabile → **stable** # *balance équilibrée* bilancia in equilibrio **2** (*fig.*) *caractère équilibré* carattere equilibrato; *il n'est pas très équilibré* non è molto equilibrato Ⓒ **déséquilibré.**
équilibrer |ekilibʀe| **A** *v.tr.* [*mettre en équilibre*] equilibrare: *équilibrer un poids par un contrepoids* equilibrare un peso con un contrappeso; *équilibrer une balance* equilibrare i due piatti della bilancia; *équilibrer les masses, les volumes* equilibrare le masse, i volumi → **contrebalancer, stabiliser** # *équilibrer le budget* pareggiare il bilancio **B** *v.pron. récipr.* S'ÉQUILIBRER [→ *tr.*] equilibrarsi: *ses qualités et ses défauts s'équilibrent* le sue qualità e i suoi difetti si equilibrano Ⓒ **déséquilibrer.**
équilibreur, euse |ekilibʀœʀ, øz| **1** *adj.* (*techn.*) equilibratore*: *organe équilibreur* organo equilibratore **2** *s.m.* (*aviat., artill.*) equilibratore.
équilibrisme |ekilibʀism(ə)| *s.m.* equilibrismo.
équilibriste |ekilibʀist(ə)| *s.* equilibrista → **acrobate.**
équille |ekij| *s.f.* (*t.zool.*) cicirello *m.*, ciccerello *m.*
équimoléculaire |ekɥimɔlekylɛʀ| *adj.* (*chim.*) equimolecolare.
équin, ine |ekɛ̃, in| *adj.* **1** equino **2** (*méd.*) *pied équin* piede equino.
équinoxe |ekinɔks(ə)| *s.m.* (*astron., géogr., cour.*) equinozio*: *équinoxe de printemps, d'automne* equinozio di primavera, di autunno.
équinoxial, iale, iaux |ekinɔksjal, jo| *adj.* (*astron., géogr.*) equinoziale: *ligne équinoxiale* linea equinoziale.
1 **équipage** |ekipaʒ| *s.m.* (*aviat., mar.*) equipaggio*: *homme d'équipage* uomo d'equipaggio; *équipage d'un avion* equipaggio di un aereo.
2 **équipage** |ekipaʒ| *s.m.* **1** (*milit.*) *train des équipages* treno **2** [*voitures, chevaux et le personnel qui en a charge*] equipaggio* # *l'équipage d'un prince* l'equipaggiamento di un principe **3** (*loc.*) *être en bon, mauvais équipage* [*bien ou mal vêtu*] essere ben vestito, mal vestito, male in arnese **4** (*techn.*) attrezzi *pl.*, attrezzatura (*f.*): *équipages de métiers* attrezzi, ferri del mestiere.
équipartition |ekɥipaʀtisjɔ̃| *s.f.* (*phys.*) equipartizione.
équipe |ekip| *s.f.* **1** gruppo *m.*, squadra: *travailler en équipe* lavorare in gruppo, in 'équipe' (*inv.*); *faire partie d'une équipe* far parte di un gruppo, di una 'équipe'; *équipe d'ouvriers* squadra di operai; *équipe de secours* squadra di soccorso # *esprit d'équipe* [*animant un groupe en parfait accord*] spi-

rito di corpo; *des chefs d'équipe* dei capisquadra; *la 2e équipe* [*dans le tournage d'un film*] la 2a 'troupe' **2** [*groupe de personnes qui se distraient ensemble*] compagnia, comitiva: *en voilà une équipe!* che compagnia! **3** [*groupe de sportifs*] squadra: *équipes de professionnels* squadre di professionisti; *équipe nationale* (squadra) nazionale; *équipe de football* squadra di calcio; *équipe de coureurs cyclistes* squadra di ciclisti; *jouer en équipe* giocare in squadra; *jouer par équipe* giocare a squadre.

équipé, ée |ekipe| *adj.* [*pourvu des choses necessaires à une activité*] attrezzato, equipaggiato: *cuisine toute équipée* cucina completamente attrezzata, arredata ◇ (*blas.*) *navire équipé* nave equipaggiata.

équipée |ekipe| *s.f.* **1** (*plais.*) [*sortie, promenade en toute liberté*] scorribanda: *leur équipée s'est terminée au poste de police* la loro scorribanda si è conclusa al posto di polizia **2** [*escapade*] scappata → **fredaine.**

équipement |ekipmɑ̃| *s.m.* **1** [*objets nécessaires à l'armement*] equipaggiamento: *équipement complet du fantassin* equipaggiamento completo del fante ◇ (*mar.*) equipaggiamento → **armement 2** [*action d'équiper; tout ce qui sert à équiper*] attrezzatura *f.*, equipaggiamento: *équipement de chasse, de pêche* attrezzatura, equipaggiamento da caccia, da pesca; *équipement de ski* attrezzatura sciistica; *équipement d'une usine, d'un port* attrezzatura di una fabbrica, di un porto # *l'équipement d'une région* le infrastrutture di una regione; *plan d'équipement national* piano di sviluppo nazionale; *biens d'équipement* beni strumentali.

équiper |ekipe| **A** *v.tr.* [*pourvoir des choses nécessaires à une activité*] equipaggiare; attrezzare: *équiper une armée* equipaggiare un esercito ‖ *équiper un local* [*pour une destination*] attrezzare un locale; *équiper un atelier* attrezzare un'officina → **aménager, 1 appareiller, outiller** # *équiper une automobile d'une boîte de vitesse automatique* dotare, munire un'auto del cambio automatico; *cuisine tout équipée* cucina completamente arredata → **munir B** *v.pron. réfl.* S'ÉQUIPER [→ *tr.*] equipaggiarsi, attrezzarsi: *s'équiper pour la chasse* equipaggiarsi, attrezzarsi per la caccia.

équipier, ière |ekipje, jɛʀ| *s.* (*sport*) giocatore* (di una squadra).

équipo(l)lé |ekɥipɔle| *adj.m.* (*blas.*) equipollente.

équipollence |ekɥipɔlɑ̃s| *s.f.* equipollenza ◇ (*géom.*) *équipollence de deux vecteurs* equipollenza tra due vettori.

équipollent, ente |ekɥipɔlɑ̃, ɑ̃t| *adj.* equipollente.

équipotentiel, elle |ekɥipɔtɑ̃sjɛl| *adj.* (*électr.*) equipotenziale.

Équisétinées |ekɥisetine| *s.f.pl.* (*t.bot.*) Equiseti *m.*

équisetum |ekɥisetɔm| *s.m.* (*t.bot.*) equiseto.

équitable |ekitabl(ə)| *adj.* **1** [*qui a de l'équité*] equo: *un homme équitable* un uomo equo → **impartial, intègre 2** [*conforme à l'équité*] giusto, equo: *une paix équitable* una pace giusta, equa Ⓒ 2 **partial, injuste.**

équitablement |ekitabləmɑ̃| *adv.* [→ ÉQUITABLE] equamente, in modo equo (*loc. inv.*): *juger équitablement des torts de chacun* giudicare in modo equo i torti di ognuno → **impartiallement** Ⓒ **injustement.**

équitant, ante |ekitɑ̃, ɑ̃t| *adj.* (*bot.*) *cotylédons équitants* cotiledoni equitanti.

équitation |ekitɑsjɔ̃| *s.f.* equitazione: *professeur d'équitation* maestro di equitazione; *faire de l'équitation* praticare l'equitazione.

équité |ekite| *s.f.* **1** [*prédisposition à la justice; justice impartiale*] imparzialità *inv.*, obiettività *inv.*; equità *inv.*, giustizia: *en toute équité, je reconnais qu'il a raison* in tutta obiettività riconosco che ha ragione ‖ *l'équité consiste à mettre chacun sur un pied d'égalité* l'equità, la giustizia consiste nel mettere ciascuno su un piano di uguaglianza → **impartialité 2** [*conception d'une justice naturelle*] equità, coscienza: *le juge prononce selon le droit, l'arbitre peut juger en équité* il giudice si pronuncia secondo la legge, l'arbitro può giudicare secondo coscienza ◇ (*par ext.*) [*caractère de ce qui est conforme à l'équité*] equità: *équité d'une loi, d'un arbitrage* equità di una legge, di un arbitrato Ⓒ 1 **iniquité, injustice, partialité.**

équivalence |ekivalɑ̃s| *s.f.* [*égalité, identité*] parità (*inv.*): *équivalence de droits* parità di diritti ◇ (*phys.*) *principe de l'équivalence mécanique de la chaleur* principio dell'equivalenza meccanica del calore ◇ (*sc.*) *relation d'équivalence* relazione di equivalenza ◇ [*assimilation d'un titre, d'un diplôme à un autre*] equipollenza.

équivalent |ekivalɑ̃| *s.m.* **1** equivalente, corrispettivo **2** (*gram.*) equivalente → **synonyme 3** (*chim.*) equivalente ◇ (*phys.*) *équivalent mécanique de la chaleur* equivalente meccanico del calore.

équivalent, ente |ekivalɑ̃, ɑ̃t| *adj.* **1** equivalente: *ces deux sommes sont équivalentes* queste due somme sono equivalenti → **égal** ◇ (*géom.*) *surfaces, volumes équivalents* superfici, volumi equivalenti ◇ (*cartographie*) *projection équivalente* proiezione equivalente **2** [*qui a la même valeur ou fonction*] equivalente: *ces deux expressions sont équivalentes* queste due espressioni sono equivalenti, si equivalgono → **synonyme** # *diplômes équivalents* titoli di studio equipollenti Ⓒ 1 **différent.**

équivaloir |ekivalwaʀ| (35) *v.intr.* ÉQUIVALOIR À [*avoir la même valeur en quantité que, la même fonction que*] equivalere (191) (*aux.* essere, avere) a: *cette réponse a équivalu à un refus* questa risposta è equivalsa, ha equivalso a un rifiuto.

équivoque |ekivɔk| **I** *adj.* **1** [*ambigu, qui n'est pas clair; de signification incertaine*] equivoco*: *faits équivoques* fatti equivoci; *phrases, réponses équivoques* frasi, risposte equivoche → **obscur, mystérieux** ◇ (*méd.*) *signes équivoques* sintomi equivoci **2** (*péj.*) [*douteux, louche*] equivoco; sospetto: *passé équivoque* passato equivoco; *regards équivoques* sguardi equivoci ‖ *allures équivoques* modi sospetti **II** *s.f.* **1** [*caractère de ce qui a un double sens*] equivoco *m.*, ambiguità (*inv.*): *une équivoque qui entretient la confusion* un equivoco che alimenta la confusione → **ambiguïté, malentendu**; *déclaration sans équivoque* dichiarazione senza ambiguità → **ambages (sans) 2** [*incertitude*] equivoco: *il n'y a aucune équivoque entre nous* non c'è alcun equivoco tra noi **3** (*vieilli*) → **calembour** Ⓒ I 1 **catégorique, net, clair,** 2 **franc.**

équivoquer |ekivɔke| *v.intr.* (*litter.*) [*user d'équivoques*] giocare sull'equivoco (*cour.*).

érable |eʀabl(ə)| *s.f.* (*t.bot.*) acero *m.*

érablière |eʀablijɛʀ| *s.f.* [*plantation d'érables*] acereta, acereto *m.*

éradication |eʀadikɑsjɔ̃| *s.f.* [*action d'arracher, d'extirper*] estirpazione, asportazione: *éradication des amygdales* asportazione delle tonsille → **arrachement.**

éraflement |eʀɑ(a)fləmɑ̃| *s.m.* (*rare*) [→ ÉRAFLER A] scalfittura *f.* (*cour.*).

érafler |eʀɑfle| **A** *v.tr.* **1** [*écorcher légèrement*] fare (103), provocare una scalfittura: *la balle n'a fait que l'érafler* il proiettile gli ha fatto, provocato solo una scalfittura, un graffio → **égratigner** □ *il s'est éraflé la main avec un clou* si è fatto una scalfittura alla mano con un chiodo; *elle s'est éraflé les genoux en tombant* si è graffiata le ginocchia, si è fatta un graffio alle ginocchia cadendo **2** (*par anal.*) *érafler le plâtre d'un mur, le bois d'un meuble* scalfire (197) l'intonaco di un muro, il legno di un mobile → **rayer B** *v.pron. réfl.* S'ÉRAFLER [→ *tr.* 1] scalfirsi (197), farsi un graffio ◆ → *tr.* 1 □.

éraflure |eʀɑflyʀ| *s.f.* [*entaille superficielle, écorchure légère*] scalfittura, graffio* (*m.*): *mur couvert d'éraflures* muro coperto di scalfitture, di graffi → **égratignure.**

éraillé, ée |eʀɑje| *adj.* **1** *des yeux éraillés* [*injectés de sang ou dont la paupière est renversée*] occhi arrossati **2** [*qui présente des déchirures superficielles*] ragnato: *tissu éraillé* tessuto ragnato **3** *voix éraillée* [*rauque*] voce rauca*.

éraillement |eʀɑjmɑ̃| *s.m.* **1** (*méd.*) *éraillement des yeux* rovesciamento delle palpebre **2** [→ ÉRAILLER A 1] scalfittura *f.* # *éraillement de la soie* ragnatura della seta **3** *éraillement de la voix* arrochimento della voce.

érailler |eʀaje| **A** *v.tr.* **1** [*déchirer superficiellement*] scalfire (197); sfilacciare: *erailler du bois, du cuir* scalfire del legno, del cuoio → **érafler, rayer** ‖ *érailler une étoffe* sfilacciare una stoffa **2** [*rendre rauque* (*la voix*)] arrochire (197) **B** *v.pron. intr.* S'ÉRAILLER **1** [→ *tr.* 1] sfilacciarsi: *cette étoffe commence à s'érailler* questa stoffa comincia a sfilacciarsi **2** [→ *tr.* 2] arrochirsi, diventare *intr.* rauco*: *s'érailler à force de crier* arrochirsi, diventare rauco a forza di gridare.

éraillure |eʀɑjyʀ| *s.f.* [*marque, rayure sur un tissu éraillé*] ragnatura (di una stoffa), difetto *m.* ◇ [*éraflure*] scalfittura.

érasmien, ienne |eʀasmjɛ̃, jɛn| *adj.* (*litt.*) erasmiano.

erbine |ɛʀbin| *s.f.* (*chim.*) ossido *m.* di erbio.

erbium |ɛʀbjɔm| *s.m.* (*chim.*) erbio*.

erbue |ɛʀby| *s.f.* → **herbue.**

ère |ɛʀ| *s.f.* **1** era; epoca*: *l'ère chrétienne débute avec la naissance du Christ* l'era cristiana comincia con la nascita

di Cristo → **âge, époque**; *l'ère industrielle, atomique* l'era industriale, atomica || *l'ère des croisades* l'epoca delle crociate **2** (*géol.*) era: *ère tertiaire, quaternaire* era terziaria, quaternaria.
érecteur, trice |eʀɛktœʀ, tʀis| *adj.* (*anat.*) erettore*: *muscles érecteurs* muscoli erettori.
érectile |eʀɛktil| *adj.* (*anat., bot.*) erettile.
érection |eʀɛksjɔ̃| *s.f.* **1** (*littér.*) [→ ÉRIGER A 1] erezione: *l'érection d'une chapelle, d'une statue* l'erezione di una cappella, di una statua → **construction, élévation** **2** [*le fait pour certains tissus ou organes de se redresser en devenant raides, durs et gonflés*] erezione.
éreintage |eʀɛ̃taʒ| *s.m.* [*critique sévère*] stroncatura *f.* → **éreintement.**
éreintant, ante |eʀɛ̃tɑ̃, ɑ̃t| *adj.* [*qui brise de fatigue*] spossante, stremante → **fatigant.**
éreinté, ée |eʀɛ̃te| *adj.* [*très fatigué*] spossato, stremato.
éreintement |eʀɛ̃tmɑ̃| *s.m.* **1** (*fig.*) [*critique très sévère et malveillante*] stroncatura *f.* **2** [*fatigue extrême d'une personne éreintée*] spossatezza *f.*, sfiancamento → **épuisement.**
éreinter |eʀɛ̃te| **A** *v.tr.* **1** [*excéder de fatigue*] stremare, sfibrare: *cette longue promenade nous avait érentés* quella lunga passeggiata ci aveva stremati → **accabler, briser** # *éreinter un cheval* sfiancare un cavallo **2** (*fig.*) [*critiquer (qqn.) de manière à détruir sa réputation*] demolire (197), stroncare: *éreinter un adversaire politique* demolire, stroncare un avversario politico → **démolir, maltraiter** **B** *v.pron. intr.* S'ÉREINTER [→ *tr.* 1] stremarsi, ammazzarsi: *il s'est éreinté à préparer le concours* si è stremato, si è ammazzato di lavoro per preparare il concorso.
éreinteur |eʀɛ̃tœʀ| *s.m.* [*celui qui critique violemment qqn.*] demolitore* *s.*, stroncatore* *s.* ✦ (*adj.*) *un critique éreinteur* un critico demolitore.
érémitique |eʀemitik| *adj.* (*littér.*) da eremita *loc. inv.*, eremitico*: *mener une vie érémitique* condurre una vita da eremita.
érepsine |eʀɛpsin| *s.f.* (*chim.*) erepsina.
-érèse |eʀɛz| *suff.* (*signifiant 'enlever', correspond généralt. à*) eresi: *aphérèse* aferesi; *diérèse* dieresi.
érésipèle |eʀezipɛl| *s.m.* → **érysipèle.**
éréthisme |eʀetism(ə)| *s.m.* (*littér.*) [*exaltation violente*] eccitabilità *f. inv.* (*cour.*) ◇ (*méd.*) *éréthisme cardiaque* eretismo cardiaco.
éreuthophobie |eʀøtɔfɔbi| *s.f.* (*psycho.*) ereutofobia.
1 **erg** |ɛʀg| *s.m.* (*géogr.*) erg *inv.* ◇ (*au plur.*) ergs, areg.
2 **erg** |ɛʀg| *s.m.* (*phys.*) erg *inv.*
ergastule |ɛʀgastyl| *s.m.* (*antiq. rom.*) ergastolo.
-ergie |ɛʀʒi| *suff.* (*signifiant 'travail, force', correspond généralt. à*) ergia*; ergismo: *énergie* energia || *synergie* sinergismo.
ergo- |ɛʀgɔ| *préf.* (*signifiant 'travail, force', correspond généralt. à*) ergo: *ergonomie* ergonomia.
ergographe |ɛʀgɔgʀaf| *s.m.* (*phys.*) ergografo.
ergonomie |ɛʀgɔnɔmi| *s.f.* ergonomia.

ergostérol |ɛʀgɔsteʀɔl| *s.m.* (*chim.*) ergosterolo.
1 **ergot** |ɛʀgo| *s.m.* (*animaux*) [*ongle supplémentaire, pointe recourbée*] sperone: *les ergots du coq, du chien* gli speroni del gallo, del cane ◇ (*loc.*) *monter, se dresser sur ses ergots* [*prendre une attitude fière et menaçante*] tirar fuori le unghie *f.*
2 **ergot** |ɛʀgo| *s.m.* **1** (*agric.*) sclerozio*: *ergot du blé, du seigle* sclerozio del grano, della segale **2** (*techn.*) naso.
ergotage |ɛʀgɔtaʒ| *s.m.* → **ergoterie.**
ergoté, ée |ɛʀgɔte| *adj.* **1** [*pourvu de* (1) *ergots*] speronato: *un oiseau ergoté* un uccello speronato **2** [*atteint de* (2) *ergot* (1)] cornuto: *seigle ergoté* segale cornuta → **cornu.**
ergoter |ɛʀgɔte| *v.intr.* [*trouver à redire sur des vétilles*] cavillare: *ergoter sur tout* cavillare su tutto → **chicaner** # *vous n'allez pas ergoter pour trois francs!* non vi metterete a discutere per tre franchi!
ergoterie |ɛʀgɔtʀi| *s.f.*, **ergotage** |ɛʀgɔtaʒ| *s.m.* [→ ERGOTER] cavillo *m.*
ergoteur, euse |ɛʀgɔtœʀ, øz| *s.* [*personne qui aime à ergoter*] cavillatore* → **chicanier** ✦ *adj.* cavilloso: *un être ergoteur* un individuo cavilloso.
ergothérapie |ɛʀgɔteʀapi| *s.f.* (*méd.*) ergoterapia.
ergotine |ɛʀgɔtin| *s.f.* (*pharm.*) ergotina.
ergotisme |ɛʀgɔtism(ə)| *s.m.* (*méd.*) ergotismo.
Éricacées |eʀikase| *s.f.pl.* (*t.bot.*) Ericacee.
ériger |eʀiʒe| (3) **A** *v.tr.* **1** [*placer, construire un monument*] erigere (133), innalzare: *ériger un temple, une statue* erigere un tempio, una statua → 1 **dresser, élever** **2** (*admin., littér.*) → **créer, établir, fonder** **3** (*fig.*) ÉRIGER EN [*donner le caractère de; faire passer à une condition plus élevée*] fare (103) di, elevare a: *ériger un criminel en héros* fare di un criminale un eroe; *ériger ses caprices en règle morale* fare dei propri capricci una regola di vita **B** *v.pron. réfl.* S'ÉRIGER EN [→ *tr.* 3] erigersi a, atteggiarsi a: *s'ériger en moraliste, en maître* erigersi, atteggiarsi a moralista, a padrone → **poser (se), présenter (se).**
érigéron |eʀiʒeʀɔ̃| *s.m.* (*t.bot.*) erigeron *inv.*
érigne |eʀiɲ| *s.f.* (*chir.*) tenacolo *m.*
éristale |eʀistal| *s.m.* (*t.zool.*) eristalis *f. inv.*
éristique |eʀistik| *adj.* (*hist., philo.*) eristico* ✦ (*s.*) *un éristique* un eristico ✦ (*s.f.*) *l'éristique* l'eristica*.
ermitage |ɛʀmitaʒ| *s.m.* [*habitation d'ermite*] eremo: *vivre dans un ermitage* vivere in un eremo.
ermite |ɛʀmit| *s.m.* **1** eremita, anacoreta: *vie d'ermite* vita da eremita ◇ (*fig.*) *vivre en ermite, comme un ermite* vivere da eremita, come un eremita **2** → **pagure.**
éroder |eʀɔde| *v.tr.* [*ronger*] corrodere (175); erodere (175): *acide qui érode un métal* acido che corrode un metallo || *le courant érode le lit des rivières* la corrente erode l'alveo dei fiumi.
érogène |eʀɔʒɛn| *adj.* (*méd., psychan.*) erogeno.
éros |eʀos| *s.m.* (*psycho.*) eros *inv.*

érosif, ive |eʀozif, iv| *adj.* (*géol.*) erosivo: *agents, facteurs érosifs* agenti, fattori erosivi.
érosion |eʀozjɔ̃| *s.f.* (*géogr.*) erosione: *érosion glaciaire, fluviale* erosione glaciale, fluviale; *érosion marine* erosione, abrasione marina.
érotique |eʀɔtik| *adj.* erotico*: *poésie érotique* poesia erotica; *rêves érotiques* sogni erotici.
érotiquement |eʀɔtikmɑ̃| *adv.* [→ ÉROTIQUE] eroticamente.
érotisation |eʀɔtizɑsjɔ̃| *s.f.* [→ ÉROTISER] erotizzazione.
érotiser |eʀɔtize| *v.tr.* [*donner un caractère érotique à*] erotizzare.
érotisme |eʀɔtism(ə)| *s.m.* erotismo: *l'érotisme dans l'œuvre de Verlaine* l'erotismo nell'opera di Verlaine; *érotisme d'un spectacle* erotismo di uno spettacolo → **sensualité.**
érotogène |eʀɔtɔʒɛn| *adj.* (*méd., psychan.*) erogeno, erotogeno: *points érotogènes* punti erogeni, erotogeni.
érotomane |eʀɔtɔman| *s. et adj.* (*méd., psychan.*) erotomane.
érotomanie |eʀɔtɔmani| *s.f.* (*méd., psychan.*) erotomania.
erpétologie, herpétologie |ɛʀpetɔlɔʒi| *s.f.* erpetologia*.
erpétologiste, herpétologiste |ɛʀpetɔlɔʒist(ə)| *s.m.* erpetologo*.
errance |ɛʀɑ̃s| *s.f.* (*littér.*) [→ ERRER I 1] vagabondaggio* *m.*, l'errare *m.inv.* → **flânerie.**
errant, ante |ɛʀɑ̃, ɑ̃t| *adj.* **1** errante: *la vie errante des peuples nomades* la vita errante dei popoli nomadi → **vagabond** # *chien errant* cane randagio → **perdu** **2** *chevalier errant* [*qui ne cesse de voyager*] cavaliere errante; *le juif errant* l'ebreo errante 🄲 1 **fixe.**
errata |ɛʀata| *s.m. inv.* [*liste de fautes d'impression d'un ouvrage*] errata corrige → **correction.**
erratique |ɛʀatik| *adj.* [*qui n'est pas fixe*] erratico* ◇ (*méd.*) *douleur erratique* dolore erratico ◇ (*géol.*) *blocs, roches erratiques* massi erratici, rocce erratiche.
erratum |ɛʀatɔm| *s.m. sing.* [*faute signalée dans un errata*] errore, correzione *f.*
erre |ɛʀ| *s.f.* **1** (*mar.*) abbrivo (*m.*): *diminuer l'erre* diminuire l'abbrivo ◇ (*loc.*) *se laisser glisser, continuer sur son erre* andare avanti per forza d'inerzia **2** *au plur.* (*vén.*) orme: *les erres d'un cerf* le orme di un cervo.
errements |ɛʀmɑ̃| *s.m.pl.* (*littér.*) [*manière d'agir habituelle et blamâble*] errori (*cour.*): *persévérer, retomber dans ses anciens errements* perseverare, ricadere negli antichi errori.
errer |ɛʀe| *v.intr.* **I** **1** [*aller de côté et d'autre, au hasard, à l'aventure*] errare, vagare: *mendiant, vagabond qui erre sur les chemins* mendicante, vagabondo che erra, vaga per le strade → **flâner, vagabonder** **2** (*fig.*) [*se manifester (fugitivement)*] vagare, errare: *un sourire errait sur ses lèvres* un sorriso errava sulle sue labbra → 1 **flotter,** 1 **passer** **II** (*littér.*) [*se tromper*] errare.
erreur |ɛʀœʀ| *s.f.* **I** **1** errore *m.*, sbaglio* (*m.*): *erreur grossière* errore, sbaglio grossolano; *faire, commettre une erreur* fare, commettere uno sbaglio, un errore → 2 **faute** ◇ *loc.* FAIRE ERREUR [*se tromper*] sbagliare, sbagliarsi: *vous faites erreur* (vi) sbagliate ~ IL Y A

ERREUR c'è un errore: *il y a erreur sur la personne* c'è un errore di persona ~ *être, tomber dans l'erreur* essere, cadere in errore; *induire en erreur* indurre in errore ◇ (*fam.*) *il n'y a pas d'erreur* [*c'est bien cela*] è proprio così, non c'è nessun errore **2** [*assertion, opinion fausse*] errore, sbaglio: *il est revenu de bien des erreurs* si è ravveduto di molti errori ◇ (*relig.*) errore, eresia **3** [*action regrettable, maladroite, déraisonnable*] errore: *il a commis une grossière erreur en négligeant de l'inviter* ha commesso un grosso errore non invitandolo; *erreurs de jeunesse* errori di gioventù → 2 **faute** **II** (*sens objectif*) [*chose fausse, erronée; élément inexact*] errore, sbaglio: *erreur de calcul* errore di calcolo; *sauf erreur ou omission* salvo errori od omissioni → 2 **faute, inexactitude** ◇ (*dr., cour.*) *erreur de fait, de droit* errore di fatto, di diritto; *erreur judiciaire* errore giudiziario ◇ (*prov.*) *erreur n'est pas compte* errore non paga debito Ⓒ I 1 **justesse, vérité**; II **certitude, réalité.**

erroné, ée |ɛʀɔne| *adj.* erroneo, errato: *affirmation erronée* affermazione erronea, errata; *citation erronée* citazione errata, sbagliata; *conclusions erronées* conclusioni erronee, errate → **faux, fautif, fondé (mal)** Ⓒ **exact, réel, vrai.**

erronément |ɛʀɔnemɑ̃| *adv.* [→ ERRONÉ] erroneamente: *on a prétendu erronément que...* è stato sostenuto erroneamente che... → **faussement.**

ers |ɛʀ| *s.m.* (*t.bot.*) ervo, ervum *inv.*

ersatz |ɛʀzats| *s.m.* (*all.*) [*produit alimentaire de remplacement*] surrogato: *ersatz de café* surrogato del caffè → **succédané** ◇ (*fig.*) *un ersatz de littérature* un surrogato di letteratura.

1 **erse** |ɛʀs(ə)| *s.f.* (*mar.*) birro *m.*

2 **erse** |ɛʀs(ə)| **1** *adj.* [*de Haute-Écosse*] dell'Alta Scozia (*loc. inv.*): *mœurs erses* costumi dell'Alta Scozia **2** (*s.m.*) *l'erse* [*dialecte celtique de la Haute-Écosse*] dialetto gaelico* (dell'Alta Scozia) → **gaélique.**

érseau |ɛʀso| *s.m.* (*mar.*) canestrello # *erseau d'aviron* stroppo del remo.

erubescence |ɛʀybesɑ̃s| *s.f.* erubescenza → **rougeur.**

érubescent, ente |ɛʀybesɑ̃, ɑ̃t| *adj.* erubescente: *fleurs érubescentes* fiori erubescenti.

éruciforme |ɛʀysifɔʀm(ə)| *adj.* (*zool.*) eruciforme: *larve éruciforme* larva eruciforme.

éructation |ɛʀyktasjɔ̃| *s.f.* (*littér.*) [→ ÉRUCTER A] eruttazione (*cour.*) → **renvoi, rot.**

éructer |ɛʀykte| **A** *v.intr.* (*littér.*) [*renvoyer par la bouche les gaz contenus dans l'estomac*] eruttare → **roter** **B** *v.tr.* (*fig.*) *éructer des injures* eruttare, vomitare ingiurie → **emettre,** 1 **lancer.**

érudit, ite |ɛʀydi, it| *adj.* erudito: *un historien érudit* uno storico erudito → 2 **cultivé** ♦ (*s.*) *un érudit* un erudito ◇ (*choses*) *ouvrage érudit* opera erudita.

érudition |ɛʀydisjɔ̃| *s.f.* erudizione: *un homme d'une rare érudition* un uomo di rara erudizione; *ouvrages d'érudition* opere di erudizione, erudite.

érugineux, euse |ɛʀyʒinø, øz| *adj.* [*qui a l'aspect du vert-de-gris*] (color) verderame *inv.*

éruptif, ive |ɛʀyptif, iv| *adj.* **1** (*géol.*) eruttivo: *roches éruptives* rocce eruttive, ignee **2** (*méd.*) *fièvre éruptive* febbre eruttiva.

éruption |ɛʀypsjɔ̃| *s.f.* **1** eruzione: *volcan en éruption* vulcano in eruzione **2** [*apparition soudaine (de taches, de boutons) sur la peau*] eruzione: *une éruption de furoncles* un'eruzione di foruncoli ◇ (*méd.*) *éruption dentaire* dentizione **3** (*fig.*) esplosione, scoppio* (*m.*): *éruption de joie, de colère* esplosione di gioia, di collera → **débordement, explosion.**

erysipèle |ɛʀizipɛl|, **érésipèle** |ɛʀezipɛl| *s.m.* (*méd.*) erisipela *f.*

érythémateux, euse |ɛʀitematø, øz| *adj.* (*méd.*) eritematoso: *lupus érythémateux* lupus eritematoso.

érythème |ɛʀitɛm| *s.m.* (*méd.*) eritema.

érythréen, éenne |ɛʀitʀeɛ̃, eɛn| *adj.* [*de l'Érythrée*] eritreo.

érythrine |ɛʀitʀin| *s.f.* **1** (*t.bot.*) eritrina **2** (*minér.*) eritrite.

érythro- |ɛʀitʀɔ| *préf.* (*signifiant 'rouge', correspond généralt. à*) eritro: *érythrocyte* eritrocita.

érythroblaste |ɛʀitʀɔblast(ə)| *s.m.* (*biol.*) eritroblasto.

érythrocyte |ɛʀitʀɔsit| *s.m.* (*biol.*) eritrocita, eritrocito → **hématie.**

érythrophobie |ɛʀitʀɔfɔbi| *s.f.* (*méd.*) eritrofobia.

érythrose |ɛʀitʀoz| *s.f.* (*méd.*) eritrosi *inv.*

érythrosine |ɛʀitʀozin| *s.f.* (*chim.*) eritrosina.

ès |ɛs| *prép.* (*avec un s. pl.*) [*dans les..., en matière de...*] in: *docteur ès lettres* dottore in lettere; *licence ès sciences* laurea in scienze.

esbigner (s') |ɛsbiɲe| *v.pron. intr.* (*pop., vieilli*) [*se sauver*] svignarsela, tagliare *tr.* la corda → **décamper.**

esbroufe |ɛsbʀuf| *s.f.* (*fam.*) [*étalage de manières prétentieuses et insolentes*] spacconata, sbruffonata → **bluff, chiqué, embarras** # *faire de l'esbroufe* fare lo spaccone, lo sbruffone ~ *faire qqch. à l'esbroufe* comportarsi da spaccone, fare lo spaccone → **estomac (à l')** ~ *vol à l'esbroufe* [*pratiqué tandis que la victime est bousculée par le voleur ou ses compères*] scippo Ⓒ **naturel, simplicité.**

esbroufer |ɛsbʀufe| *v.tr.* (*fam.*) [*en imposer à (qqn.) en faisant de l'esbroufe*] strabiliare (*cour.*), far (103) *intr.* restare a bocca aperta: *il cherche à nous esbroufer* cerca di strabiliarci → **bluffer, épater.**

esbroufeur, euse |ɛsbʀufœʀ, øz| *s.* (*fam.*) [*personne qui fait de l'esbroufe*] sbruffone, spaccone.

escabeau |ɛskabo| *s.m.* **1** [*siège de bois*] sgabello: *escabeau à trois, à quatre pieds* sgabello a tre, a quattro piedi → **tabouret** ◇ [*petit banc où l'on s'agenouille, où l'on pose les pieds*] sgabello, predella *f.* **2** [*marchepied à quelques degrés*] scaleo.

escabelle |ɛskabɛl| *s.f.* → **escabeau.**

escadre |ɛskadʀ(ə)| *s.f.* **1** [*force navale*] squadra **2** (*aviat.*) *escadre aérienne* squadra aerea.

escadrille |ɛskadʀij| *s.f.* **1** [*groupe d'avions*] squadriglia: *escadrille de chasse* squadriglia di caccia **2** (*mar.*) squadriglia.

escadron |ɛskadʀɔ̃| *s.m.* **1** [*unité de cavalerie*] squadrone: *escadron motorisé* squadrone motorizzato ◇ [*unité de l'armée de l'air*] squadriglia *f.* ◇ [*unité du train des équipages*] convoglio* ◇ (*spécialt.*) *chef d'escadrons* (*avec 's'*) comandante di squadrone; *chef d'escadron* (*sans 's'*) [*capitaine (cavalerie)*] capitano ◇ [*commandant (artill., gendarmerie)*] comandante **2** (*fig., plais.*) [*groupe important*] schiera *f.*, squadra (*f.*): *un escadron de jolies filles* una schiera di belle ragazze → **bataillon, troupe.**

escalade |ɛskalade| *s.f.* **1** [→ ESCALADER 1] l'arrampicarsi *m.inv.*, scalata: *escalade d'une grille* l'arrampicarsi su una cancellata **2** [*ascension, montée*] scalata: *escalade d'une montagne* scalata di una montagna **3** [*stratégie qui consiste à gravir les échelons de mesures milit. de plus en plus graves*] escalation (*inv.*): *escalade américaine au Viet Nam* escalation americana nel Vietnam ◇ (*par ext.*) *l'escalade de la violence* l'escalation, la spirale della violenza.

escalader |ɛskalade| *v.tr.* **1** [*enjamber, franchir, passer*] scavalcare, valicare: *les voleurs ont escaladé le mur du jardin* i ladri hanno scavalcato il muro del giardino **2** [*faire l'ascension de*] scalare, arrampicarsi *pron.* (su): *cordée d'alpinistes qui escaladent une montagne, un pic* cordata di alpinisti che scala una montagna, una vetta → **grimper, gravir,** 1 **monter** ◇ (*choses*) [*être disposé sur (une pente raide)*] arrampicarsi *pron.*, inerpicarsi *pron.* (su): *les maisons qui escaladent la colline* le case che si arrampicano, si inerpicano sulla collina.

escalator |ɛskalatɔʀ| *s.m.* (*angl.*) [*escalier mécanique*] scala *f.* mobile.

escale |ɛskal| *s.f.* **1** [*action de s'arrêter pour se ravitailler, pour embarquer ou débarquer des passagers, du fret*] scalo (*m.*): *port d'escale* porto di scalo; *l'avion fait escale à Londres* l'aereo fa scalo a Londra; *visiter une ville pendant l'escale* visitare una città durante lo scalo → **halte, relâche** **2** [*lieu offrant la possibilité de relâcher*] scalo: *arriver à l'escale* arrivare allo scalo; *escales d'une ligne aérienne* scali di una linea aerea → **échelle,** 1 **port, relâche.**

escalier |ɛskalje| *s.m.* **1** [*suite de degrés qui servent à monter et à descendre*] scala *f.*, scalinata (*f.*): *escalier extérieur* scala esterna; *escalier de service* scala di servizio; *escalier dérobé* scala segreta; *escalier circulaire, tournant* scala a chiocciola → **colimaçon, limaçon, spirale**; *escalier en fer à cheval* scalinata, scala a ferro di cavallo; *volées d'un escalier* rampe di una scala; *cage d'escalier* tromba delle scale; *monter, descendre l'escalier, les escaliers* salire, scendere le scale # *escalier d'honneur* scalone d'onore ◇ (*loc. fam.*) *avoir l'esprit de l'escalier* avere il senno di poi ~ (*prov.*) *l'esprit de l'escalier ne manque à personne* del senno di poi son piene le fosse **2** *escalier mécanique* [*escalier roulant*] scala mobile → **escalator** **3** *loc.* EN ESCALIER [*par degrés successifs*] a scala ◇ (*fig., fam.*) *coiffeur qui fait des escaliers dans les cheveux de son client* barbiere che taglia a scaletta i capelli di un cliente.

escalope |ɛskalɔp| *s.f.* (*cuis.*) scaloppina # *escalope panée* cotoletta impanata, alla milanese.

escamotable |ɛskamɔtabl(ə)| *adj.* [→ ESCAMOTER 1, 2] *train d'atterrissage* *escamotable* carrello d'atterraggio retrattile; *antenne escamotable* antenna retrattile; *meuble escamotable* mobile ribaltabile; *lit escamotable* letto estraibile.

escamotage |ɛskamɔtaʒ| *s.m.* **1** [→ ESCAMOTER 1] il far sparire *inv.*, il sottrarre *inv.* con destrezza: *escamotage d'un mouchoir, d'une carte* il far sparire un fazzoletto, una carta # *tour d'escamotage d'un prestidigitateur* gioco di prestigio, di destrezza di prestigiatore → **passe-passe** **2** [*action de dérober subtilement*] sottrazione (*f.*): *escamotage de papiers* sottrazione di documenti → 2 **vol** **3** (*aviat.*, *techn.*) *escamotage du train d'atterrissage d'un avion après l'envol* rientro del carrello d'atterraggio dell'aereo dopo il decollo **4** (*fig.*) [→ ESCAMOTER 3] elusione (*f.*): *escamotage d'un problème* elusione di un problema.

escamoter |ɛskamɔte| *v.tr.* **1** [*faire disparaître* (*qqch.*)] far (103) *intr.* sparire: *prestidigitateur qui escamote une carte* prestigiatore che fa sparire una carta; *un voleur lui a escamoté son portefeuille* un ladro gli ha fatto sparire, gli ha sfilato (*fam.*) il portafoglio → **dérober**, 1 **subtiliser** **2** (*techn.*) [*rentrer ou effacer* (*l'organe saillant d'une machine, d'un mécanisme*)] far *intr.* rientrare: *escamoter le train d'atterrissage d'un avion* far rientrare il carrello di un aereo **3** (*fig.*) [*éluder habilement de façon peu honnête*] eludere (106): *escamoter une difficulté, une objection* eludere una difficoltà, una obiezione → **éluder, esquiver, éviter** **4** *escamoter un mot* [*le prononcer très vite ou très bas pour qu'on ne l'entende pas*] mangiarsi una parola; *escamoter une note* [*ne pas la jouer*] saltare una nota.

escamoteur, euse |ɛskamɔtœʀ, øz| *s.* **1** [*personne qui escamote*] prestigiatore*, illusionista → **illusionniste, prestidigitateur** **2** [*personne qui escamote, dérobe subtilement qqch.*] borsaiolo, ladro: *un escamoteur de montres* un ladro d'orologi → **pickpocket.**

escampette |ɛskɑ̃pɛt| *s.f.* (*dans la loc.*) *prendre la poudre d'escampette* [*déguerpir, s'enfuir*] darsela a gambe, svignarsela.

escapade |ɛskapad| *s.f.* [*le fait d'échapper aux obligations, aux habitudes de la vie quotidienne*] scappatella, scappata: *faire una escapade* fare una scappatella → **équipée, fredaine,** 2 **fugue.**

escape |ɛskap| *s.f.* (*archit.*) [*fût d'une colonne, de la base au chapiteau*] scapo *m.* ◇ [*partie inférieure du fût, voisine de la base*] imoscapo *m.*

escarbille |ɛskaʀbij| *s.f.* [*fragment de houille incomplètement brûlé*] bruscolo *m.* (di carbone): *j'ai reçu une escarbille dans l'œil* mi è entrato un bruscolo in un occhio.

escarboucle |ɛskaʀbukl(ə)| *s.f.* [*variété de grenat* (*pierre précieuse*) *rouge foncé*] carbonchio* *m.* ◇ (*loc.*) *ses yeux brillaient comme des escarboucles* i suoi occhi brillavano come gemme.

escarcelle |ɛskaʀsɛl| *s.f.* (*ancienn.*) [*grande bourse que l'on portait suspendue à la ceinture*] scarsella ◇ (*plais.*) [*bourse, portefeuille*] borsa, portafoglio* *m.* # *je n'ai plus rien dans mon escarcelle* non ho più un soldo in tasca.

escargot |ɛskaʀgo| *s.m.* (*t.zool.*) lumaca* *f.*, chiocciola *f.* → **colimaçon, limaçon** ◇ (*cuis.*) *escargots à la bourguignonne* lumache alla borgognona ◇ (*loc.*) *aller, avancer comme un escargot* camminare come una lumaca.

escargotière |ɛskaʀgɔtjɛʀ| *s.f.* **1** [*parc où l'on élève les escargots*] vivaio* *m.* per lumache **2** [*plat pour cuire les escargots*] piatto *m.* per lumache.

escarmouche |ɛskaʀmuʃ| *s.f.* scaramuccia*: *escarmouche de patrouilles* scaramuccia tra pattuglie → **accrochage, échauffourée** ◇ (*fig.*) *escarmouches parlementaires* scaramucce parlamentari.

escarole |ɛskaʀɔl| *s.f.* → **scarole.**

escarotique, escharotique |ɛskaʀɔtik| *s.m. et adj.* (*méd.*) escarotico*.

1 **escarpe** |ɛskaʀp(ə)| *s.f.* (*fortif.*) [*talus de terre ou de maçonnerie audessus du fossé, du côté de la place*] scarpata, scarpa: *escarpe et contrescarpe* scarpa e controscarpa.

2 **escarpe** |ɛskaʀp(ə)| *s.m.* (*ancienn.*) [*assassin, voleur dangereux*] assassino, bandito.

escarpé, ée |ɛskaʀpe| *adj.* [*qui est en pente raide*] scosceso, ripido: *rives escarpées* rive scoscese → **abrupt**, 4 **pic** (**à**) # *chemin escarpé* strada impervia → **montant, raide** [C] **doux, facile.**

escarpement |ɛskaʀpəmɑ̃| *s.m.* [*versant en pente raide*] ripidezza *f.*, pendenza (*f.*): *l'escarpement d'un talus* la ripidezza di una scarpata.

escarpin |ɛskaʀpɛ̃| *s.m.* [*chaussure très fine, qui laisse le cou-de-pied découvert*] scarpino, ballerina (*f.*): *escarpins vernis* scarpini, ballerine di vernice.

escarpolette |ɛskaʀpɔlɛt| *s.f.* [*siège suspendu par des cordes et sur lequel on se place pour être balancé*] altalena → **balançoire.**

escarre, eschare |ɛskaʀ| *s.f.* (*méd.*) escara.

escarre, esquarre |ɛskaʀ| *s.f.* (*blas.*) trinciato *m.*

escarrification |ɛskaʀifikɑsjɔ̃| *s.f.* [→ ESCARRIFIER] escarificazione.

escarrifier |ɛskaʀifje| *v.tr.* (*méd.*) [*produire une escarre sur*] produrre (108) un'escara su.

eschatologie |ɛskatɔlɔʒi| *s.f.* (*théol.*) escatologia*.

eschatologique |ɛskatɔlɔʒik| *adj.* (*théol.*) escatologico*.

esche |ɛʃ| *s.f.* → **èche.**

escient (à bon) |abɔnesjɑ̃| *loc. adv.* [*avec discernement, à raison*] a ragion veduta, con cognizione di causa: *agir, parler à bon escient* agire, parlare a ragion veduta, con cognizione di causa.

esclaffer (s') |ɛsklafe| *v.pron. intr.* [*éclater de rire bruyamment*] scoppiare *intr.* a ridere, sbottare *intr.* in una risata → **pouffer.**

esclandre |ɛsklɑ̃dʀ(ə)| *s.m.* [*manifestation orale, bruyante et scandaleuse contre qqn. ou qqch.*] scenata *f.*, putiferio*: *faire un esclandre à qqn.* fare una scenata a qc.; *causer, faire de l'esclandre* causare, far scoppiare un putiferio → **scène, scandale.**

esclavage |ɛsklavaʒ| *s.m.* **1** schiavitù (*f. inv.*): *réduire en esclavage* ridurre in schiavitù; *tenir tout un peuple dans l'esclavage* tenere un popolo in schiavitù → **asservissement, servitude, captivité** **2** (*fig.*) schiavitù: *ce travail est un véritable esclavage* questo lavoro è una vera schiavitù; *l'esclavage de la drogue* la schiavitù della droga.

esclavagisme |ɛsklavaʒism(ə)| *s.m.* schiavismo.

esclavagiste |ɛsklavaʒist(ə)| *adj. et s.* schiavista.

esclave |ɛskla(ɑ)v| **1** *s.* schiavo: *esclave affranchi* schiavo affrancato; *un peuple d'esclaves* un popolo di schiavi; *esclave par la guerre* schiavo fatto in guerra → **captif, serf** ◇ (*fig.*) *il est devenu l'esclave de cette femme* è diventato schiavo di quella donna; *il est l'esclave de ses habitudes* è schiavo delle proprie abitudini **2** *adj.* schiavo, prigioniero: *il est esclave de ses besoins, de sa profession* è schiavo dei propri bisogni, della propria professione → **dépendant.**

esclavine |ɛsklavin| *s.f.* (*hist. médiév.*) schiavina.

esclavon |ɛsklavɔ̃| *s.m.* → **slavon.**

escogriffe |ɛskɔgʀif| *s.m.* [*homme de grande taille et d'allure dégingandée*] spilungone (*s.*): *un grand escogriffe* uno spilungone → **échalas.**

escomptable |ɛskɔ̃tabl(ə)| *adj.* [→ 1 ESCOMPTER] scontabile.

escompte |ɛskɔ̃t| *s.m.* **1** (*comm., cour.*) sconto: *taux d'escompte* tasso di sconto # *présenter une traite à l'escompte* scontare una tratta **2** *accorder, faire un escompte de 15%* concedere, fare uno sconto del 15% → 2 **prime,** 1 **remise** **3** (*Bourse*) sconto.

1 **escompter** |ɛskɔ̃te| *v.tr.* (*comm., cour.*) [*payer un effet de commerce avant l'échéance, moyennant une retenue*] scontare: *escompter une lettre de change* scontare una cambiale; *faire escompter un effet* far scontare un effetto cambiario.

2 **escompter** |ɛskɔ̃te| *v.tr.* [*s'attendre à* (*qqch.*) *et généralt. se comporter, agir en conséquence*] prevedere (192), contare *intr.* su: *j'escompte leur succès* prevedo, dò per scontato il loro successo; *obtenir le résultat escompté* ottenere il risultato previsto, sperato → **attendre, espérer, prévoir.**

escompteur |ɛskɔ̃tœʀ| *s.m.* [*celui qui fait l'escompte*] scontatore* *s.*, scontante ✦ (*adj.*) *banquier escompteur* banchiere scontatore.

escopette |ɛskɔpɛt| *s.f.* [*ancienne arme à feu portative à bouche évasée*] scoppietto *m.*, schioppetto *m.* → **tromblon.**

escorte |ɛskɔʀt(ə)| *s.f.* **1** scorta, distaccamento (*m.*): *convoi, prisonnier placés sous bonne escorte* convoglio, prigioniero posti sotto buona scorta; *des gardes lui furent donnés pour escorte* gli furono date alcune guardie di scorta; *faire escorte à qqn.* fare da scorta a qc., scortare qc. → **escorter** ◇ (*mar.*) scorta: *navire d'escorte* nave scorta → **escorteur** **2** [*cortège qui accompagne une personne*] seguito *m.*, corteo *m.* → **cortège, suite.**

escorter |ɛskɔʀte| *v.tr.* [*accompagner pour guider, protéger ou honorer pendant la marche*] scortare: *escorter un prisonnier* scortare un prigioniero; *escorter un convoi* scortare un convoglio → **convoyer, conduire** ◇ (*par ext.*) accompagnare: *ils ont escorté leur camarade jusqu'à la gare* hanno accompagnato il loro compagno fino alla stazione.

escorteur |ɛskɔʀtœʀ| *s.m.* (*mar.*) nave *f.* scorta.

escot |ɛsko| *s.m.* (*ancienn.*) [*serge de laine à tissu croisé*] saia *f.*, stoffa *f.* di lana.
escouade |ɛskwad| *s.f.* [*petite troupe, groupe de quelques hommes*] squadra, schiera.
escourgeon |ɛskuʀʒɔ̃|, **écourgeon** |ekuʀʒɔ̃| *s.m.* (*agric.*) orzo precoce ✦ (*en appos.*) *orge escourgeon* orzo precoce.
escrime |ɛskʀim| *s.f.* scherma: *faire de l'escrime* tirare di scherma, fare la scherma; *moniteur d'escrime* maestro di scherma; *escrime au fleuret, à l'épée, au sabre* scherma col fioretto, con la spada, con la sciabola → **tirer.**
escrimer (s') |ɛskʀime| (*v.pron. intr.*) *s'escrimer à faire qqch.* [*s'y appliquer avec de grands efforts*] sforzarsi di fare q.c.: *s'escrimer à faire des vers, à jouer du violon* sforzarsi di comporre versi, di suonare il violino → **évertuer (s')** ◇ (*fam.*) *s'escrimer des mâchoires, de la mâchoire* [*bien manger, manger avec appétit*] mangiare *intr.* a quattro palmenti.
escrimeur, euse |ɛskʀimœʀ, øz| *s.* schermitore*, schermidore: *escrimeur à l'épée* schermitore di spada, spadista → **épéiste.**
escroc |ɛskʀo| *s.m.* [*personne qui escroque, qui a l'habitude d'escroquer*] truffatore* *s.*, imbroglione (*s.*): *c'est un escroc, mais pas un voleur* è un imbroglione, ma non un ladro; *cette femme est un escroc* quella donna è una truffatrice → **filou.**
escroquer |ɛskʀɔke| *v.tr.* **1** [*obtenir* (*qqch.*) *de qqn. par fourberie, par des manœuvres frauduleuses*] scroccare, estorcere (189): *il leur a escroqué de l'argent en leur promettant des bénéfices fabuleux* ha estorto loro del denaro con la promessa di guadagni favolosi; *escroquer un dîner à qqn.* scroccare una cena a qc.; *escroquer une signature à qqn.* estorcere una firma a qc. → **approprier (s'), extorquer, soutirer** **2** *escroquer qqn.* [*lui soustraire par fourberie qqch.*] truffare qc. → 2 **estamper** (*fam.*), **filouter** (*fam.*).
escroquerie |ɛskʀɔkʀi| *s.f.* [→ ESCROQUER] truffa, imbroglio* *m.* → **fraude** ◇ (*spécialt.*) *escroquerie morale* [*abus de confiance, tromperie*] inganno *m.*
esculine |ɛskylin| *s.f.* (*chim.*) esculina.
ésérine |ezeʀin| *s.f.* (*pharm.*) fisostigmina, eserina.
esgourde |ɛsguʀd(ə)| *s.f.* (*arg.*) [*oreille*] orecchio* *m.* (*cour.*): *ouvre bien tes esgourdes* apri bene le orecchie.
ésotérique |ezɔteʀik| *adj.* **1** esoterico*: *une poésie ésotérique* una poesia esoterica → **hermétique, obscur** **2** (*philo.*) esoterico: *la doctrine ésotérique de Pythagore* la dottrina esoterica di Pitagora → **occulte.**
ésotérisme |ezɔteʀism(ə)| *s.m.* esoterismo.
1 **espace** |ɛspas| *s.m.* **I** [*lieu plus ou moins bien délimité, où peut se situer qqch.*] **1** [*surface, volume déterminé*] spazio*: *espace libre, vide, occupé* spazio libero, vuoto, occupato; *il n'y a pas assez d'espace* non c'è abbastanza spazio; *l'espace occupé par un meuble* lo spazio occupato da un mobile → **étendue,** 1 **lieu** # *espaces verts* [*jardins dans les villes*] zone, aree verdi ◇ (*spécialt.*) *espace vital* spazio vitale **2** [*étendue des airs, milieu extra-terrestre*] spazio: *exploration, conquête de l'espace* esplorazione, conquista dello spazio → **ciel,** 1 **éther** **3** [*mesure de ce qui sépare deux points, deux objets*] spazio: *espaces égaux entre les arbres d'une allée* spazi, intervalli uguali fra gli alberi di un viale; *espace entre deux bancs* spazio fra due banchi; *laisser un espace entre...* lasciare uno spazio tra... → **distance, intervalle, espacer** **II** (*philo.*, *sc.*) **1** [*milieu dans lequel l'homme localise ses perceptions*] spazio **2** *l'espace géométrique* [*milieu abstrait*] lo spazio geometrico; *l'espace à trois dimensions* lo spazio tridimensionale ◇ (*phys.*) *espace physique* spazio fisico **3** (*dans la relativité*) *Espace-Temps* spazio-tempo **III** (*avec compl.*) [*étendue de temps*] spazio: *pendant le même espace de temps* nello stesso spazio, lasso di tempo; *deux fois en l'espace d'un an* due volte nello spazio, nel giro di un anno → **laps.**
2 **espace** |ɛspas| *s.f.* (*typogr.*) spazio* *m.*
espacé, ée |ɛspase| *adj.* **1** [*qui est séparé par un espace*] distanziato; sparso: *bornes régulièrement espacées le long d'une route* pietre miliari regolarmente distanziate lungo una strada → **éloigné** ‖ *arbres espacés dans une clairière* alberi sparsi in una radura → **épars** **2** (*temps*) diradato, distanziato nel tempo: *visites espacées* visite diradate, distanziate nel tempo.
espacement |ɛspasmɑ̃| *s.m.* **1** [*dispositions de choses espacées*] spaziatura (*f.*): *l'espacement des mots, des lignes d'un texte* la spaziatura delle parole, delle righe di un testo ◇ [→ ESPACER 2] diradamento, il diradarsi (*inv.*): *l'espacement des visites* il diradamento, il diradarsi delle visite **2** [*distance entre deux choses qu'on a espacées*] distanza *f.*, intervallo: *réduire l'espacement entre deux poteaux* ridurre la distanza, l'intervallo tra due pali.
espacer |ɛspase| (2) *v.tr.* **1** [*ranger deux ou plusieurs choses de manière à laisser entre elles un intervalle*] distanziare: *espacer deux jalons* distanziare due picchetti → **distancer, échelonner** ◇ (*imprim.*) spaziare: *espacer les mots, les lignes* spaziare le parole, le righe **2** [*séparer par un intervalle de temps*] diradare, distanziare: *espacer ses visites* diradare le visite → **échelonner** # *espacer ses paiements* dilazionare i pagamenti.
espada |ɛspada| *s.f.* (*esp.*) (*taurom.*) espada *m.inv.*
espadon |ɛspadɔ̃| *s.m.* (*t.zool.*) pesce spada.
espadrille |ɛspadʀij| *s.f.* [*chaussure dont l'empeigne est de toile et la semelle de sparte tressée ou de corde*] scarpa di (tela con suola di) corda.
espagnol, ole |ɛspaɲɔl| **1** *adj.* [*de l'Espagne*] spagnolo: *le peuple espagnol* il popolo spagnolo → **hispanique** **2** (*s.m.*) *l'espagnol* [*la langue*] lo spagnolo.
espagnolette |ɛspaɲɔlɛt| *s.f.* (*techn.*) spagnoletta → **crémone.**
espagnolisme |ɛspaɲɔlism(ə)| *s.m.* spagnolismo.
1 **espalier** |ɛspalje| *s.m.* [*mur le long duquel on plante des arbres fruitiers*] spalliera *f.* ◇ *loc.* EN ESPALIER a spalliera: *culture en espalier* coltura a spalliera.
2 **espalier** |ɛspalje| *s.m.* (*anc. mar.*) spalliere.
espar |ɛspaʀ| *s.m.* (*mar.*) antenna *f.*, pennone.
espargoute |ɛspaʀgut|, **spargoute** |spaʀgut| *s.f.* → **spergule.**
espèce |ɛspɛs| *s.f.* **I** **1** specie (*inv.*): *de la même espèce* della stessa specie; *de toute espèce* di ogni specie, di ogni sorta; *des personnages de toute espèce, de la même espèce* individui di ogni specie, della stessa specie → **genre, qualité, sorte, acabit, farine** # *je ne discute pas avec des gens de votre espèce* non discuto con gente della vostra risma, con gente come voi; *cela n'a aucune espèce d'importance* non ha assolutamente alcuna importanza; *le seul de son espèce* unico nel suo genere **2** *loc.* UNE ESPÈCE DE... una specie di...: *il portait une espèce de chapeau de gendarme* portava una specie di cappello da gendarme → **sorte, manière** ◇ (*péj.*) (*personnes*) un pezzo *m.* di..., una specie di...: *une espèce d'idiot* un pezzo d'idiota ✦ (*au plur.*) *espèces d'imbéciles!* pezzi d'imbecilli! **3** (*dr.*) caso *m.*, fattispecie (*inv.*): *la présente espèce* il caso attuale → **affaire,** 1 **cas** ◇ (*loc.*) *cas d'espèce* [*qui nécessite une interprétation de la loi*] caso particolare ~ (*cour.*) *c'est un cas d'espèce* è un caso particolare, un caso specifico ~ *en l'espèce* nella fattispecie, nel caso specifico **II** **1** (*log.*) specie: *ensemble de caractères d'une espèce* insieme dei caratteri di una specie **2** (*sc. nat.*, *cour.*) specie: *espèces animales, végétales* specie animali, vegetali; *l'individu et l'espèce* l'individuo e la specie → **race, variété** **3** ESPÈCE HUMAINE specie umana, genere *m.* umano.
espèces |ɛspɛs| *s.f.pl.* **I** **1** (*théol.*) *les espèces* le specie eucaristiche **2** (*loc. littér.*) *sous les espèces de* [*sous la forme de*] sotto specie di, in specie di **3** (*philo.*) specie **II** [*toute monnaie ayant cours légal*] valuta *sing.*, moneta *sing.* ◇ (*loc.*) *en espèces* [*en argent* (*liquide*)] in contanti, per contanti # *payer en espèces sonnantes et trébuchantes* pagare in moneta sonante e ballante.
espérance |ɛspeʀɑ̃s| *s.f.* **1** L'ESPÉRANCE la speranza → **espoir** ◇ (*théol. chrét.*) la speranza **2** UNE ESPÉRANCE, L'ESPÉRANCE DE (QQCH.) una speranza, la speranza di (q.c.): *caresser, concevoir, nourrir des espérances* accarezzare, concepire, nutrire delle speranze; *fonder de grandes espérances sur qqch.* riporre grandi speranze in q.c.; *entretenir des espérances* coltivare la speranza; *contre toute espérance* contro, oltre ogni speranza → **attente** # *cet élève donne de grandes espérances* questo allievo promette molto bene → **promesse** **3** [*la personne ou la chose qui est l'objet de l'espérance*] speranza, promessa ◇ *au plur.* ESPÉRANCES [*biens qu'on attend d'un héritage*] eredità (*sing.*): *elle a des espérances* è in attesa di un'eredità; è in attesa (di un figlio).
espérantiste |ɛspeʀɑ̃tist(ə)| *adj.* [*relatif à l'espéranto*] esperantistico*: *congrès, réunion espérantiste* congresso esperantistico, riunione esperantistica, di esperantisti ✦ (*s.*) *un espérantiste* [*partisan de l'espéranto*] un esperantista.

espéranto |ɛspeRɑ̃to| *s.m.* esperanto *inv.*

espérer |ɛspeRe| (8) **A** *v.tr.* **1** [*considérer* (*ce que l'on désire*) *comme devant se réaliser*] sperare (*tr. et intr.*): *n'espère de lui aucune aide, aucun appui* non sperare da lui alcun aiuto, alcun appoggio; *espérer une récompense* sperare in una ricompensa; *espérer un miracle* sperare in un miracolo; *il n'espère plus rien* non ha più nulla da sperare; *je l'espère bien* (lo) spero bene; *je n'en espérais pas tant* non speravo tanto; *qu'espérait-il de plus?* cosa sperava, voleva di più? → **attendre, compter** ✦ (*absolt.*) *il arrivera, j'espère, avant mon départ* arriverà, spero, prima della mia partenza; *il espère encore* spera ancora **2** ESPÉRER (+ *inf.*) sperare di (+ *inf.*): *j'espère réussir* spero di riuscire; *il espérait vous voir* sperava di vedervi → **compter, 1 penser** ◇ (*appliqué au passé*) [*aimer à croire, à penser*] sperare di: *j'espère avoir fait ce qu'il fallait* spero di aver fatto quel che era necessario; *il espère avoir réussi* spera di esserci riuscito **3** ESPÉRER QUE sperare che (+ *subj.*): (*au prés.* + *fut.*) *j'espère qu'il viendra* spero che venga, che verrà ◇ (*en tour négatif* + *subj.*): *je n'espère pas qu'il vienne* non spero, non penso che venga ◇ (*au passé* + *condit.*): *j'espérais qu'il viendrait* speravo che venisse, che sarebbe venuto ◇ (*en tour négatif* + *condit. ou subj.*): *je n'espérais pas qu'il viendrait, qu'il vînt* non speravo che venisse; *il nous a laissé espérer que c'était possible* ci ha lasciato sperare che fosse possibile → **entrevoir** ◇ (*avec un v. au prés. ou au p.* + *ind.*) [*aimer à croire, à penser que*] *j'espère que tu vas bien* spero che tu stia bene; *espérons qu'il n'a rien entendu* speriamo che non abbia sentito niente **4** ESPÉRER QQN. [*espérer sa venue, sa présence*] aspettare qc.: *enfin vous voilà! je ne vous espérais plus* eccovi finalmente! non vi aspettavo più **B** *v.intr.* [*avoir confiance*] sperare: *allons, courage, il faut espérer* su coraggio, bisogna sperare; *espérer en Dieu* sperare in Dio; *espérer en l'avenir* sperare nell'avvenire; *espérer en des temps meilleurs* sperare in tempi migliori → **croire.**

espiègle |ɛspjɛgl(ə)| *adj.* (*enfant*) [*vif et malicieux, sans méchanceté*] birichino: *enfant espiègle* bimbo birichino; *un air espiègle* un'aria birichina, furba → **démon, diablotin** ✦ *s.* birba *f.*, birbante: *c'est une petite espiègle* è una piccola birba, è un birbantello; *une bande d'espiègles* una banda di birbe, di birbanti.

espièglerie |ɛspjɛgləRi| *s.f.* **1** [*caractère espiègle*] vivacità *inv.*, birichineria: *l'espièglerie des jeunes enfants* la vivacità, la birichineria dei bambini piccoli **2** [*tour d'espiègle*] birichinata, bambinata: *c'est une espièglerie d'enfant* è una birichinata da bambini, una bambinata → **gaminerie.**

espingole |ɛspɛ̃gɔl| *s.f.* → **escopette, tromblon.**

espion, onne |ɛspjɔ̃, ɔn| *s.* **1** [*personne chargée de recueillir clandestinement des renseignements secrets*] spia *f.*, agente *m.* segreto → **2 agent (secret) 2** [*personne payée par la police pour apporter des renseignements*] spia, informatore* → **indicateur, barbouze** (*pop.*).

espionite, espionnite |ɛspjɔnit| *s.f.* [*manie de voir des espions* (1) *partout*] ossessione di essere spiato.

espionnage |ɛspjɔnaʒ| *s.m.* spionaggio*: *romans d'espionnage* romanzi di spionaggio; *service d'espionnage* servizio di spionaggio, spionistico.

espionner |ɛspjɔne| *v.tr.* [*surveiller secrètement, pour faire un rapport ou par malveillance*] spiare: *espionner ses voisins* spiare i vicini # *mari qui fait espionner sa femme* marito che fa pedinare la moglie → **surveiller.**

esplanade |ɛsplanad| *s.f.* [*terrain plat aménagé en vue d'en dégager les abords*] spiazzo *m.*, piazzale *m.*

espoir |ɛspwaR| *s.m.* **1** L'ESPOIR DE (QQCH.), UN ESPOIR [*le fait d'espérer, d'attendre* (*qqch.*) *avec confiance*] la speranza *f.* di (q.c.), una speranza: *fol espoir* folle speranza; *j'ai le ferme espoir qu'il réussira* ho la ferma speranza che riuscirà; *caresser un espoir* accarezzare una speranza; *j'étais venu dans* (*avec*) *l'espoir de vous voir* ero venuto nella (con la) speranza di vederla; *il n'y a plus d'espoir* non c'è più speranza → **espérance, conviction, certitude** ◇ [*objet d'un espoir*] *vous êtes mon dernier, mon seul espoir* siete la mia ultima, unica speranza; *c'est un espoir du ski français* è una speranza dello sci francese **2** L'ESPOIR [*sentiment qui porte à espérer*] speranza: *être plein d'espoir* essere pieno di speranza; *lueur, rayon d'espoir* barlume, raggio di speranza → **espérance** Ⓒ 2 **désespoir, appréhension, crainte.**

esponton |ɛspɔ̃tɔ̃| *s.m.* (*ancienn.*) spuntone.

espressione (con) |kɔnɛspRɛsjɔne| *loc. adv.* (*mus.*) con espressione → **espressivo.**

espressivo |ɛspResivo| *adj.* (*mus.*) espressivo ✦ (*adv.*) *jouer espressivo* suonare con espressione *loc.*

1 **esprit** |ɛspRi| *s.m.* **I** *au sing.* **1** [*le principe pensant en général, opposé à l'objet de pensée, à la matière*] spirito: *l'esprit humain* lo spirito umano → **pensée** # *création de l'esprit* parto della fantasia; *jeu de l'esprit* gioco, esercizio intellettuale ◇ (*péj.*) *vue de l'esprit* [*position abstraite, théorique, ne s'appuyant pas sur le réel*] idea campata in aria **2** [*principe de la vie psychique, affective, intellectuelle*] spirito; animo: *un simple d'esprit* un povero di spirito; *avoir l'esprit belliqueux, changeant* avere uno spirito bellicoso, volubile → **âme, conscience, moi** || *disposition d'esprit, état d'esprit* stato d'animo ◇ (*loc.*) *avoir l'esprit ailleurs* avere la mente altrove ~ *petit esprit, esprit étroit* mente limitata, meschina ~ *où ai-je, où avais-je l'esprit?* ma dove ho, ma dove avevo la testa? ~ *largeur d'esprit* larghezza d'idee, di vedute ~ *perdre l'esprit* perdere il senno, uscire di senno ~ *avoir bon, mauvais esprit* essere benevolo, fiducioso, essere cattivo, diffidente ~ *je n'ai pas l'esprit à m'amuser en ce moment* non ho voglia, non mi va di divertirmi in questo momento ~ (*littér.*) *rendre l'esprit* rendere lo spirito, rendere l'anima a Dio ~ EN ESPRIT [*en imagination, par la pensée*] col pensiero: *voir en esprit* vedere col pensiero → **imaginer** **3** [*principe de la vie intellectuelle, opposé à la sensibilité*] spirito; mente (*f.*): *acuité, vivacité d'esprit* acutezza, vivacità di spirito; *présence d'esprit* presenza di spirito → **entendement, 1 pensée, 1 raison** || *esprit lucide* mente lucida; *idée, pensée qui vient à l'esprit* idea, pensiero che viene alla mente, in mente; *dites tout ce qui vous viendra à l'esprit* dite tutto quanto vi passerà per la mente, per la testa; *esprit subtil* mente, intelligenza acuta, sottile ◇ (*loc.*) *avoir l'esprit mal tourné* vedere il male ovunque **4** [*aptitude de l'intelligence*] spirito; senso: *esprit philosophique, mathématique* spirito filosofico, matematico; *esprit d'observation* spirito d'osservazione || *esprit des affaires, du commerce* senso degli affari, del commercio → **1 sens** ◇ (*loc.*) *avoir l'esprit de synthèse, d'analyse* avere capacità di sintesi, di analisi ~ *esprit de suite* costanza, impegno ~ *manquer d'esprit d'à-propos* mancare di senso dell'opportunità ~ *l'esprit de l'escalier* il senno di poi **II** *un, les esprit*(*s*) [*une, les personnes caracterisée*(*s*) *par une psychologie, une intelligence*] un animo, gli animi: *c'est un esprit romanesque* è un animo romantico, è una natura romantica; *calmer les esprits* calmare gli animi **III** *au plur.* (*précédé d'un poss.*) sensi: *perdre ses esprits* perdere i sensi; essere sconvolto, turbato; *reprendre ses esprits* riprendere i sensi → **évanouir (s')** **IV** L'ESPRIT (*sans compl.*) [*vivacité, ingéniosité dans la façon de concevoir et d'exposer qqch.*] lo spirito: *trait d'esprit, mot d'esprit* battuta di spirito → **finesse, humour** # *avoir de l'esprit, beaucoup d'esprit* essere spiritoso, molto spiritoso → **spirituel** ◇ (*loc. péj.*) *faire de l'esprit* fare dello spirito: *ce n'est pas le moment de faire de l'esprit* non è il momento di fare dello spirito **V** **1** ESPRIT DE [*attitude, idée qui détermine, oriente l'action*] spirito di: *esprit de révolte* spirito di rivolta; *esprit de justice, de charité, de sacrifice* spirito di giustizia, di carità, di sacrificio → **intention, volonté** ◇ (*loc.*) *avoir le bon esprit de faire qqch.* avere la volontà di fare q.c. ~ *dans un esprit de* in uno spirito di → **intention, but** ~ DANS CET ESPRIT con, in questo spirito: *c'est dans cet esprit qu'il convient d'envisager la chose* è con questo spirito, sotto questa luce che conviene considerare la cosa → **aspect** **2** [*fonds d'idées, de sentiments*] spirito: *l'esprit d'une société* lo spirito di una società; *esprit de corps, d'équipe* spirito di corpo → **solidarité** **3** [*le sens profond d'un texte*] spirito: *l'esprit d'une constitution* lo spirito di una costituzione; *l'esprit et la lettre* lo spirito e la lettera.

2 **esprit** |ɛspRi| *s.m.* **1** [*être vivant sans apparence perceptible*] spirito: *Dieu est un pur esprit* Dio è puro spirito; *le Saint-Esprit, l'Esprit Saint* lo Spirito Santo; *esprit malin, du mal* spirito maligno, del male → **démon** ◇ (*fig., fam.*) *n'être pas un pur esprit* essere fatto di carne **2** *un esprit, les esprits* [*être imaginaire des mythologies*] uno spirito, gli spiriti **3** [*âme d'un défunt, dans l'occultisme*] spirito: *évocation des esprits* evocazione degli spiriti → **fantôme, revenant, spectre.**

3 **esprit** |ɛspRi| *s.m.* (*dans des loc.*) [*émanation volatile d'un corps*] spirito: *esprit-de-sel* spirito di sale; *esprit-de-bois* spirito di legno; *esprit-de-vin* spirito di vino.

esprit-de-bois |ɛspʀidbwa|, **esprit-de-sel** |ɛspʀidsɛl|, **esprit-de-vin** |ɛspʀidvɛ̃| *s.m.* → 3 **esprit.**

-esque |ɛsk(ə)| *suff.* (*joint à des noms propres et signifiant 'à la façon de...', correspond généralt. à*) esco: *dantesque* dantesco.

esquicher |ɛskiʃe| *v.tr.* (*dial.*) [*comprimer, presser*] pigiare, schiacciare: *les voyageurs étaient esquichés dans le car* i passeggeri erano pigiati nel pullman.

esquif |ɛskif| *s.m.* (*littér.*) [*petite embarcation légère*] schifo, imbarcazione *f.* (*cour.*).

esquille |ɛskij| *s.f.* [*petit fragment qui se détache d'un os fracturé ou carié*] scheggia* (di osso): *extraire les esquilles* estrarre le schegge.

esquimau |ɛskimo| *s.m.* [*glace enrobée de chocolat qu'on tient comme les sucettes par un bâton*] pinguino, cremino.

esquimau, aude |ɛskimo, od| *adj.* [*de l'Amérique et du Groenland*] eschimese: *chien esquimau* cane eschimese.

esquintant, ante |ɛskɛ̃tɑ̃, ɑ̃t| *adj.* (*fam.*) [*très fatigant*] massacrante (*cour.*), sfibrante (*cour.*): *un voyage esquintant* un viaggio massacrante.

esquinté, ée |ɛskɛ̃te| *adj.* **1** [*abîmé, amoché*] sciupato, malconcio* **2** [*très fatigué*] sfinito, stanco* morto: *il est esquinté* è sfinito, stanco morto → **flapi, moulu.**

esquinter |ɛskɛ̃te| **A** *v.tr.* **1** (*fam.*) [*abîmer* (*qqch.*); *blesser* (*qqn.*)] scassare; massacrare: *esquinter sa voiture* scassare l'auto ◇ (*fig.*) [*critiquer très sévèrement*] demolire (197), stroncare: *esquinter un auteur, un film* demolire, stroncare un autore, un film → **éreinter** **2** [*fatiguer extrêmement*] ammazzare, sfinire (197) → **claquer, crever, épuiser** ✦ (*au p.p.*) *je suis esquinté* sono stanco morto, sono morto di fatica **B** *v.pron. réfl.* S'ESQUINTER [→ *tr.* 2] ammazzarsi: *je ne veux pas m'esquinter pour rien* non voglio ammazzarmi per niente.

esquisse |ɛskis| *s.f.* [*première forme d'une œuvre*] schizzo *m.*, abbozzo (*m.*): *ce n'est qu'une esquisse* è soltanto uno schizzo; *esquisse d'un roman* abbozzo di un romanzo → **croquis; ébauche** ◇ (*fig.*) accenno *m.*, abbozzo: *l'esquisse d'un sourire* un accenno di sorriso → **ébauche.**

esquisser |ɛskise| *v.tr.* **1** [*représenter, faire* (*en esquisse, à grands traits*)] schizzare, abbozzare: *esquisser un portrait, un paysage* schizzare, abbozzare un ritratto, un paesaggio; *détail à peine esquissé* particolare appena abbozzato; *esquisser les caractères d'un roman* abbozzare i personaggi di un romanzo; *esquisser le tableau d'une époque* abbozzare, disegnare il quadro di un'epoca → **ébaucher, indiquer** **2** (*fig.*) [*commencer à faire*] abbozzare, accennare: *esquisser un sourire, une moue* abbozzare, accennare un sorriso, una smorfia; *esquisser un geste* accennare un gesto; *esquisser un mouvement de recul* accennare a indietreggiare → **amorcer, ébaucher.**

esquive |ɛskiv| *s.f.* (*sport*) [*action d'esquiver un coup*] schivata.

esquiver |ɛskive| **A** *v.tr.* [*éviter adroitement*] schivare, scansare: *esquiver un coup de poing* schivare un pugno → **échapper** ◇ (*fig.*) *esquiver une difficulté* schivare, scansare una difficoltà → **dérober (se), éluder, escamoter** **B** *v.pron. intr.* S'ESQUIVER [*se retirer en évitant d'être vu*] svignarsela, andarsene (101) alla chetichella: *quand ils l'ont vu, ils se sont esquivés* quando lo hanno visto, se la sono svignata, se ne sono andati alla chetichella → **disparaître, échapper (s'), enfuir (s').**

essai |esɛ| *s.m.* **1** [*opération par laquelle on s'assure des qualités, des propriétés d'une chose*] prova *f.*; collaudo: *essais de laboratoire* prove di laboratorio; *banc d'essai* banco di prova; *faites un essai, vous verrez bien* fate una prova, provate e vedrete → **analyse, expérience** ‖ *essai de machines, de moteurs* collaudo di macchine, di motori; *vol d'essai* volo di collaudo # *pilote d'essai* pilota collaudatore; *essai d'un minerai* saggio di un minerale; *essai des monnaies* saggio delle monete → **vérification** ◇ (*loc.*) *prendre, engager à l'essai* assumere in prova ~ *mettre à l'essai* mettere alla prova ~ *coup d'essai* tentativo ◇ (*rugby*) meta (*f.*): *transformer un essai* andare in meta **2** [*ouvrage littéraire en prose*] saggio*: *essai historique, politique* saggio storico, politico **3** (*ciné.*) *bout d'essai* provino; *cinéma d'essai* cinema 'd'essai'.

essaim |esɛ̃| *s.m.* **1** [*groupe d'insectes, spécialt. d'abeilles*] sciame, nugolo: *un essaim de moucherons* uno sciame di moscerini; *un essaim de mouches* un nugolo di mosche **2** (*fig.*) *un essaim d'écoliers* uno sciame di scolari; *un essaim d'agents de police* un nugolo di poliziotti.

essaimage |esɛmaʒ| *s.m.* [→ ESSAIMER B] sciamatura *f.*

essaimer |eseme| **A** *v.tr.* [*envoyer au loin*] disseminare, spargere (114) **B** *v.intr.* (*animaux*) [*quitter un endroit habituel en essaim*] sciamare (*aux.* avere): *cette ruche a essaimé* le api di questo alveare hanno sciamato ◇ (*personnes*) sciamare (*aux.* essere): *ces émigrants ont essaimé dans tout le pays* quegli emigranti sono sciamati, si sono dispersi in tutto il paese → **disperser (se).**

essart |esaʀ| *s.m.* (*agric.*) terreno debbiato.

essartage |esaʀtaʒ|, **essartement** |esaʀtəmɑ̃| *s.m.* (*agric.*) debbio*.

essarter |esaʀte| *v.tr.* (*agric.*) [*défricher* (*un terrain boisé*) *en ôtant les broussailles*] debbiare → **débroussailler.**

essayage |esɛjaʒ| *s.m.* [→ ESSAYER A 1] prova (*f.*): *essayage d'une robe* prova di un abito; *salon d'essayage* sala di prova.

essayer |eseje| (9) **A** *v.tr.* **1** [*examiner si une chose répond aux caractères qu'elle doit avoir*] provare; saggiare, collaudare: *ce modèle a été essayé à l'usine* questo modello è stato provato in fabbrica; *essayer une robe, des chaussures* provare un abito, un paio di scarpe → **contrôler, éprouver, vérifier** ‖ *essayer sa force* saggiare, mettere alla prova la propria forza **2** [*examiner une chose pour la première fois pour voir si elle convient*] provare, assaggiare: *essayer un vin* provare, assaggiare un vino → 1 **goûter** ◇ (*avec le partitif*) *essayer d'un vin* fare l'assaggio di un vino ◇ (*personnes*) *essaie ce coiffeur* prova questo parrucchiere **3** [*expérimenter qqch. pour atteindre un but particulier*] provare *tr. et intr.*, tentare (*tr. et intr.*): *essayer tous les moyens* provare, tentare (con) tutti i mezzi; *j'ai tout essayé, sans résultat* ho provato, tentato tutto, senza risultati; *essayer la persuasion* provare con la persuasione **B** *v.intr.* ESSAYER DE (+ *inf.*) [*faire des efforts dans le dessein de*] cercare, tentare di (+ *inf.*): *prisonnier qui essaie de s'évader* prigioniero che cerca, tenta di evadere; *essayer de dormir* cercare, tentare di dormire; provare a dormire; *essayez de vous rappeler ce qui s'est passé* cerchi di ricordare, provi a ricordare quel che è successo → **chercher (à), tâcher (de), tenter (de)** ✦ (*absolt.*) *je vais essayer* (ci) proverò; cercherò, tenterò **C** *v.pron. réfl.* S'ESSAYER À [*faire l'essai de ses capacités pour*; *s'exercer à* (*sans bien savoir*)] cimentarsi in: *s'essayer à la course* cimentarsi nella corsa ◇ (+ *inf.*) [*faire une tentative en vue de*] arrischiarsi a (+ *inf.*): *s'essayer à parler en public* arrischiarsi a parlare in pubblico → **hasarder (se), risquer (se).**

essayeur, euse |esɛjœʀ, øz| *s.* **1** *s.* (*cout.*) sarto addetto alle prove **2** *s.m.* [*fonctionnaire préposé aux essais de l'or et de l'argent*] saggiatore* *s.*

essayiste |esejist(ə)| *s.m.* [*auteur d'essais littéraires*] saggista *s.*

1 **essence** |esɑ̃s| *s.f.* **1** essenza: *la logique est l'essence du raisonnement* la logica è l'essenza del ragionamento ◇ *loc. adv.* (*littér.*) PAR ESSENCE [*par sa nature*] per definizione: *le capitalisme est par essence individuel* il capitalismo è per definizione individualista → **essentiellement** **2** [*type idéal*] specie *inv.*, razza: *se croire d'une essence supérieure* credersi di una specie, di una razza superiore **3** (*philo.*) essenza → **substance** ◇ (*opposé à 'existence'*) essenza.

2 **essence** |esɑ̃s| *s.f.* **I** [*extrait concentré*] **1** [*produit liquide de la distillation du pétrole*] benzina: *pompe à essence, distributeur d'essence* pompa, distributore di benzina; *prendre de l'essence* far benzina; *faire le plein à un poste d'essence* fare il pieno a un distributore di benzina; *voiture en panne d'essence* auto rimasta senza benzina **2** [*liquide qu'on extrait des végétaux*] essenza: *essence de lavande* essenza di lavanda; *essence de térébenthine* essenza di trementina **3** [*extrait concentré d'aliments*] estratto (*m.*): *essence de légumes* estratto di verdure → **extrait** **4** (*alch.*) [*substance la plus pure de certains corps*] quintessenza → **elixir, quintessence** **II** [*espèce* (*d'un arbre*)] essenza: *essences à feuilles caduques, à feuilles persistantes* essenze a foglie caduche, a foglie persistenti.

essentialisme |esɑ̃sjalism(ə)| *s.m.* (*philo.*) essenzialismo **C** **existentialisme.**

essentiel, elle |esɑ̃sjɛl| **I** *adj.* **1** essenziale: *la nutrition est essentielle à la vie* la nutrizione è essenziale alla vita → **indispensable, 1 nécessaire, vital** **2** [*le plus important, très important*] fondamentale, essenziale: *principes essentiels d'une théorie* principi fondamentali di una teoria → **principal, fondamental, primordial**; *c'est un livre essentiel* è un testo fondamentale; *nous arrivons au point, au fait essentiel* arriviamo al punto, al fatto fondamentale, essenziale → **capital** **3** (*philo.*) essenziale, assoluto → **absolu** **II** *s.m.* [*le point le plus im-*

portant] essenziale: *vous oubliez l'essentiel!* dimenticate l'essenziale!; *nous sommes d'accord sur l'essentiel* siamo d'accordo sull'essenziale, sui punti fondamentali; *l'essentiel est de réussir* l'essenziale è riuscire → **principal, important** ◇ *loc.* L'ESSENTIEL DE... [*ce qu'il y a de plus important*] il grosso, la sostanza di...: *l'essentiel de sa fortune est en immeubles* il grosso della sua fortuna è costituito da beni immobili.

essentiellement |esɑ̃sjɛlmɑ̃| *adv.* **1** [→ ESSENTIEL I 1] fondamentalmente, essenzialmente: *l'homme est essentiellement faillible* l'uomo è fondamentalmente soggetto all'errore **2** [→ ESSENTIEL I 2] sostanzialmente, essenzialmente; assolutamente: *sa tâche consiste essentiellement à...* il suo compito consiste sostanzialmente, essenzialmente nel... → **principalement** ‖ *nous tenons essentiellement à cette garantie* teniamo assolutamente a questa garanzia → **absolument.**

esseulé, ée |esœle| *adj.* (*littér.*) [*qu'on laisse seul, sans compagnie*] (lasciato) solo (*cour.*), abbandonato (*cour.*): *se sentir esseulé* sentirsi solo, abbandonato → **délaissé, solitaire.**

essieu |esjø| *s.m.* (*techn.*) assale, asse: *essieu de charrette* assale, asse di carretto; *essieu avant, arrière d'une automobile* assale anteriore, posteriore di un'automobile.

essor |esɔʀ| *s.m.* **1** [*élan d'un oiseau qui s'envole*] volo: *oiseau qui prend son essor* uccello che spicca il volo → **envol, envolée** ◇ (*fig.*, *littér.*) slancio*, volo: *l'essor de son imagination* lo slancio della sua fantasia → 1 **élan, impulsion 2** [*développement hardi et fécond*] espansione *f.*, sviluppo: *essor d'une entreprise* espansione, sviluppo di un'impresa; *industrie en plein essor* industria in pieno sviluppo → **croissance** # *l'essor des arts* il progresso delle arti [C] 2 **déclin, stagnation.**

essorage |esɔʀaʒ| *s.m.* [→ ESSORER A] strizzatura *f.* ◇ [*avec une essoreuse*] centrifugazione *f.*

essorer |esɔʀe| **A** *v.tr.* [*débarrasser par pression* (*une chose mouillée*) *de l'eau qu'elle contient*] strizzare; centrifugare: *essorer du linge à la main* strizzare la biancheria a mano ‖ *linge essoré avec une essoreuse* biancheria centrifugata **B** *v.pron. réfl.* S'ESSORER [*s'élancer dans l'air*] librarsi in volo: *aigle qui s'essore* aquila che si libra in volo ✦ *au p.p.* (*blas.*) *oiseau essoré* uccello volante.

essoreuse |esɔʀøz| *s.f.* (*techn.*) **1** [*machine à essorer*] idroestrattore *m.* (centrifugo*), centrifuga* **2** [*appareil servant au turbinage du sucre*] centrifuga.

essorillement |esɔʀijmɑ̃| *s.m.* [→ ESSORILLER] taglio*, mozzatura *f.* delle orecchie.

essoriller |esɔʀije| *v.tr.* (*ancienn.*) [*couper les oreilles à qqn.*] mozzare le orecchie a ◇ (*par anal.*) *essoriller un chien* mozzare le orecchie a un cane.

essouchement |esuʃmɑ̃| *s.m.* [→ ESSOUCHER] estirpazione *f.* dei ceppi, delle radici.

essoucher |esuʃe| *v.tr.* [*débarrasser* (*un terrain*) *des souches*] estirpare i ceppi, le radici.

essoufflement |esufləmɑ̃| *s.m.* [→ ESSOUFFLER] affanno, fiatone → **suffocation** # *je n'en peux plus d'essoufflement* non ne posso più, sono senza fiato.

essouffler |esufle| **A** *v.tr.* [*mettre hors d'haleine*] lasciare senza fiato: *la montée m'a essoufflé* la salita mi ha lasciato senza fiato ✦ (*au p.p.*) *je suis essoufflé* sono senza fiato, ho il fiatone **B** *v.pron. intr.* S'ESSOUFFLER [→ *tr.*] sfiatarsi, spolmonarsi: *s'essouffler à force de crier* sfiatarsi, spolmonarsi a forza di gridare → **époumoner (s')** ◇ (*fig.*) [*perdre le souffle de l'inspiration*] esaurirsi (197), perdere (163) *tr.* l'ispirazione # *ce romancier s'essouffle, son dernier roman est décevant* la vena creativa di questo scrittore è in via di esaurimento, il suo ultimo romanzo è una delusione.

essuie-glace |esɥiglas| *s.m. inv.* (*auto.*, *cour.*) tergicristallo (*var.*): *des essuie-glace* dei tergicristalli.

essuie-main, essuie-mains |esɥimɛ̃| *s.m.* [*serviette à mains*] asciugamano: *des essuie-main, des essuie-mains* degli asciugamani → **serviette.**

essuie-meubles |esɥimœbl(ə)| *s.m. inv.* [*chiffon à poussière*] straccio* *var.*, strofinaccio* *var.* (per la polvere): *des essuie-meubles* degli stracci, degli strofinacci.

essuie-pieds |esɥipje| *s.m. inv.* [*paillasson pour s'essuyer les pieds*] zerbino *var.*, st(u)oino (*var.*): *des essuie-pieds* degli zerbini, degli stuoini.

essuie-plume |esɥiplym| *s.m.* [*morceau de drap qui sert à essuyer la plume*] nettapenne (*inv.*): *des essuie-plume, des essuie-plumes* dei nettapenne.

essuie-verres |esɥivɛʀ| *s.m. inv.* [*torchon fin pour essuyer les verres*] strofinaccio* *var.* (per i bicchieri): *des essuie-verres* degli strofinacci.

essuyage |esɥijaʒ| *s.m.* [→ 1 ESSUYER A] asciugatura *f.*; spolveratura (*f.*): *l'essuyage de la vaisselle* l'asciugatura delle stoviglie ‖ *l'essuyage des meubles* la spolveratura dei mobili.

1 **essuyer** |esɥije| (11) **A** *v.tr.* **1** [*sécher* (*ce qui est mouillé*) *avec du linge sec*] asciugare: *essuyer ses mains à une serviette, avec une serviette* asciugarsi le mani con un asciugamano ◇ (*par ext.*) *essuyer ses pieds* pulirsi i piedi ◇ [*ôter* (*ce qui mouille qqch.*)] asciugare: *essuyer l'eau qui a coulé sur la table* asciugare l'acqua che è caduta sul tavolo; *essuyer ses larmes* asciugarsi le lacrime → **éponger** ◇ (*fig.*, *fam.*) *essuyer les plâtres, les murs* [*occuper une habitation qui vient d'être achevée*] andare ad abitare in una casa nuova ◇ (*par métaph.*) [*subir le premier les conséquences d'une situation fâcheuse*] essere il primo a subirne le conseguenze, a farne le spese **2** (*par ext.*) [*ôter la poussière de* (*qqch.*) *en frottant*] pulire (197), spolverare: *essuyer les meubles avec un chiffon de laine* pulire, spolverare i mobili con uno straccio di lana → **épousseter B** *v.pron. réfl.* S'ESSUYER [→ *tr.* 1] asciugarsi: *s'essuyer en sortant du bain* asciugarsi uscendo dal bagno.

2 **essuyer** |esɥije| (11) *v.tr.* (*fig.*) [*avoir à supporter* (*qqch. de fâcheux*)] subire (197): *essuyer le feu de l'ennemi* subire il fuoco nemico; *essuyer des pertes* subire delle perdite; *essuyer des reproches* subire, sopportare dei rimproveri → **éprouver, subir.**

essuyeur, euse |esɥijœʀ, øz| *s.* [*personne qui essuie*] chi asciuga *loc.*; chi spolvera *loc.*

est |ɛst| *s.m.* [*point cardinal*] est: *à l'est* a est; *mosquée orientée vers l'est* moschea orientata a est → **levant, orient** ◇ (*par ext.*) [*lieu situé du côté de l'est*] *le vent souffle de l'est* il vento soffia da est; *longitude est* longitudine est; *Berlin-Est* Berlino Est; *le sud-est de la France* il sud-est della Francia ◇ (*spécialt.*) L'EST [*l'Alsace et la Lorraine*] l'Est (della Francia); [*les pays à l'est de l'Europe*] (l')Est: *relations entre l'Est et l'Ouest* relazioni fra Est e Ovest; *les pays de l'Est* i paesi dell'Est; *Allemagne de l'Est* Germania dell'Est.

establishment |ɛstabliʃmɛnt| *s.m.* (*angl.*) establishment *inv.*

estacade |ɛstakad| *s.f.* (*techn.*) sbarramento *m.*, frangiflutti *m.inv.* (a palafitte) → **digue, jetée.**

estafette |ɛstafɛt| *s.f.* [*militaire agent de liaison*] staffetta ◇ (*ancienn.*) *estafette à cheval* [*tout courrier chargé d'une dépêche*] staffetta a cavallo → 2 **courrier, messager.**

estafier |ɛstafje| *s.m.* (*ancienn.*) [*laquais armé*] staffiere ◇ (*péj.*) [*garde du corps*] gorilla *inv.*

estafilade |ɛstafilad| *s.f.* **1** [*entaille faite principalement au visage*] sfregio* *m.*; taglio* (*m.*): *estafilade au travers du menton* sfregio lungo il mento → **balafre, coupure** ‖ *se faire une estafilade en se rasant* farsi un taglio radendosi **2** *estafilade d'un bas de femme* smagliatura, sfilatura di una calza (da donna).

estagnon |ɛstaɲɔ̃| *s.m.* (*région.*) [*récipient en fer*] latta *f.*

est-allemand |ɛstalmɑ̃| *adj. et s.* [*de l'Allemagne de l'Est*] tedesco*(-) orientale.

estaminet |ɛstaminɛ| *s.m.* → **bistro.**

1 **estampage** |ɛstɑ̃paʒ| *s.m.* **1** [→ 1 ESTAMPER 1] stampaggio* # *estampage des monnaies* coniatura delle monete **2** [→ 1 ESTAMPER 2] goffratura *f.*

2 **estampage** |ɛstɑ̃paʒ| *s.m.* (*fig.*, *fam.*) [*escroquerie*] truffa *f.* (*cour.*), imbroglio* (*cour.*).

1 **estampe** |ɛstɑ̃p| *s.f.* (*techn.*) stampo (*m.*): *estampe d'orfèvre, de serrurier* stampo da orefice, da fabbro ferraio → **étampe.**

2 **estampe** |ɛstɑ̃p| *s.f.* [*image imprimée*] stampa, incisione: *estampes japonaises* stampe giapponesi → **gravure.**

1 **estamper** |ɛstɑ̃pe| *v.tr.* [*imprimer au moyen d'une matrice*] **1** (*sur du métal*) stampare: *estamper une feuille de métal* stampare un foglio di metallo # *estamper la monnaie* coniare, battere la moneta **2** (*sur du cuir, du carton*) goffrare: *estamper une feuille de cuir* goffrare un foglio di cuoio; *reliure estampée à froid* rilegatura goffrata a freddo.

2 **estamper** |ɛstɑ̃pe| *v.tr.* (*fam.*) [*voler, escroquer*] pelare, spellare: *se faire estamper au restaurant* farsi pelare, spellare al ristorante.

1 **estampeur** |ɛstɑ̃pœʀ| *s.m.* [*celui qui* (1) *estampe*] stampatore* (*s.*): *estampeur de bijoux* stampatore di gioielli ◇ (*techn.*) stampo ✦ (*adj.*) *balancier estampeur* [*pour estamper les monnaies*] conio* *s.m.*

2 **estampeur** |ɛstɑ̃pœʀ| *s.m.* (*fam.*) [*celui qui* (2) *estampe, escroque*] truffatore* *s.*, ladro *s.* → **escroc.**

estampie |ɛstɑ̃pi| *s.f.* (*mus.*) estampida.

estampillage |ɛstɑ̃pijaʒ| *s.m.* [→ ESTAMPILLER] stampigliatura *f.*

estampille |ɛstɑ̃pij| *s.f.* (*dr. fiscal*) *estampille d'un produit industriel* marchio* *m.* di un prodotto industriale; *estampille oblitérant un timbre* timbro *m.*, stampiglia che annulla un francobollo; *l'estampille des cartes à jouer, des briquets* il bollo *m.* delle carte da gioco, degli accendini.

estampiller |ɛstɑ̃pije| *v.tr.* **1** [*marquer d'une estampille attestant l'authenticité*] marchiare: *estampiller des produits manufacturés* marchiare dei manufatti **2** [*appliquer une estampille sur un document*] stampigliare: *estampiller des effets de commerce* stampigliare degli effetti commerciali **3** [*appliquer une marque constatant le paiement d'un droit fiscal*] bollare: *briquets estampillés* accendini bollati.

estarie |ɛstaʀi|, **starie** |staʀi| *s.f.* (*mar.*) stallia.

este |ɛst(ə)| *adj. et s.* → **estonien.**

1 **ester** |ɛste| *v.intr.* (*employé seulement à l'inf.*) (*dr.*) *ester en justice, en jugement* [*soutenir une action en justice comme demandeur ou défendeur*] comparire (142), presentarsi *pron.* in giudizio → **intenter, poursuivre** # *capacité d'ester en justice* capacità processuale attiva e passiva.

2 **ester** |ɛstɛʀ| *s.m.* (*chim.*) estere ◇ [*éther de carboxyle*] etere carbossilico*.

estérification |ɛsteʀifikɑsjɔ̃| *s.f.* (*chim.*) esterificazione.

estérifier |ɛsteʀifje| *v.tr.* (*chim.*) [*transformer en ester*] esterificare.

esterlin |ɛstɛʀlɛ̃| *s.m.* (*ancienn.*) 'esterlin' *inv.*

-esthésie |ɛstezi| *suff.* (*signifiant 'sensation, sensibilité', correspond généralt. à*) estesia: *hyperesthésie* iperestesia.

esthési(o)- |ɛstezi(ɔ)| *préf.* (*signifiant 'sensation, sensibilité', correspond généralt. à*) estesi(o): *esthésiomètre* estesiometro.

esthète |ɛstɛt| *s.* esteta: *il a un œil, un goût d'esthète* ha un occhio, un gusto da esteta ✦ *adj.* esteta (*s.*): *il est très esthète* è un vero esteta.

esthéticien, ienne |ɛstetisjɛ̃, jɛn| *s.* **1** [*personne qui s'occupe d'esthétique*] estetico* **2** [*specialiste des soins de beauté* (*maquillages, etc.*)] estetista: *esthéticienne d'un institut de beauté* estetista di un istituto di bellezza.

esthétique |ɛstetik| **I** *s.f.* **1** [*science du beau*] estetica* **2** [*beauté*] estetica: *sacrifier l'utilité à l'esthétique* sacrificare l'utilità all'estetica # *l'esthétique d'un visage* la bellezza, l'armonia di un viso **II** *adj.* **1** [*relatif au sentiment du beau*] estetico*: *jugement esthétique* giudizio estetico; *être doué de sens esthétique* essere dotato di senso estetico **2** [*qui a un certain caractère de beauté*] estetico, armonioso: *attitudes, gestes esthétiques* atteggiamenti, gesti armoniosi → **beau, harmonieux** **3** *chirurgie esthétique* chirurgia estetica ⓒ II 1, 2 **inesthétique.**

esthétiquement |ɛstetikmɑ̃| *adv.* [→ ESTHETIQUE II 1, 2] esteticamente: *esthétiquement, c'est un réussite* esteticamente è ben riuscito.

esthétisant, ante |ɛstetizɑ̃, ɑ̃t| *adj.* (*péj.*) estetizzante.

esthétiser |ɛstetize| *v.tr.* (*péj.*) [*vouloir à tout prix faire de l'esthétique*] estetizzare.

esthétisme |ɛstetism(ə)| *s.m.* estetismo.

estimable |ɛstimabl(ə)| *adj.* **1** rispettabile, stimabile: *une personne très estimable* una persona molto rispettabile → **honorable** # *c'est un garçon estimable* è un ragazzo a posto → 1 **bien** **2** [*qui a du mérite, sans être remarquable*] (*personnes*) buono: *un peintre estimable* un buon pittore ◇ (*choses*) pregevole: *c'est un ouvrage estimable* è un'opera pregevole ⓒ 1 **méprisable.**

estimateur |ɛstimatœʀ| *s.m.* → **expert.**

estimatif, ive |ɛstimatif, iv| *adj.* estimativo ◇ (*spécialt.*) *un devis estimatif* un preventivo *s.m.*

estimation |ɛstimɑsjɔ̃| *s.f.* **1** [→ ESTIMER A I 1] stima: *estimation d'une œuvre d'art par un expert* stima di una opera d'arte da parte di un esperto → **appréciation, évaluation** **2** [→ ESTIMER A I 2] stima, valutazione: *une estimation rapide* una rapida stima; *une estimation approximative* una valutazione approssimativa; *une estimation précise* una stima precisa → 1 **calcul, évaluation, aperçu, approximation** ◇ (*spécialt.*) *estimation du prix des travaux* [*devis*] preventivo *m.* dei lavori.

estimatoire |ɛstimatwaʀ| *adj.* estimatorio*.

estime |ɛstim| *s.f.* **I** (*fig.*) **1** stima: *avoir de l'estime pour qqn.* avere stima per qc.; *avoir, tenir qqn. en haute, en grande estime* tenere qc. in grande stima; *marques d'estime* manifestazioni di stima; *il a baissé, monté dans mon estime* è diminuito, cresciuto nella mia stima → **considération, respect** **2** [*sentiment qui attache du prix à qqch.*] considerazione: *il tient en haute estime ces méthodes d'éducation* ha in grande considerazione, apprezza molto questi metodi educativi → 1 **faveur, honneur** **II** (*mar.*) stima ◇ *loc. adv.* À L'ESTIME [*en estimant rapidement*] a occhio: *évaluer le poids d'un paquet à l'estime* valutare a occhio il peso di un pacchetto → **approximativement** ⓒ I **dedain, mépris.**

estimer |ɛstime| **A** *v.tr.* **I** **1** [*déterminer le prix, la valeur de* (*qqch.*) *par une appréciation*] stimare, valutare: *faire estimer un objet d'art par un expert* fare stimare un oggetto d'arte da un esperto; *estimer qqch., qqn. au-dessus, au-dessous de sa valeur* stimare q.c., qc. più, meno di quanto vale (valga); *estimer le cours d'une marchandise* stimare, valutare il corso di una merce → **apprécier** ◇ (*fig.*) apprezzare, stimare: *estimer les hommes à ce qu'ils valent* apprezzare, stimare gli uomini per quello che valgono; *une aide qu'on ne saurait assez estimer* un aiuto che non si potrà mai apprezzare a sufficienza **2** [*calculer approximativement*] valutare, calcolare: *estimer une distance au juger* valutare, calcolare a occhio una distanza; *le nombre des blessés est encore difficile à estimer* è ancora difficile valutare, calcolare il numero dei feriti **II** (*fig.*) **1** [*avoir une opinion sur* (*qqn., qqch.*)] (*introduisant un adj. attribut*) ritenere (188), stimare: *estimer indispensable de faire qqch.* ritenere indispensabile fare q.c. → **croire, trouver** ◇ (*introduisant un inf. ou une subordonnée, compl. d'objet*) ritenere, credere → **considérer,** 1 **penser** ◇ (*en phrase négative*) *il n'estime pas que ce soit utile* non lo ritiene opportuno, non crede che sia utile ◇ (+ *inf.*) *j'estime avoir fait mon devoir* ritengo, credo di aver fatto il mio dovere **2** [*avoir bonne opinion de, reconnaître la valeur de* (*qqn., qqch.*)] stimare; apprezzare: *estimer un employé* stimare un impiegato → **apprécier, considérer** ✦ (*au p.p.*) *notre estimé collègue et ami* il nostro stimato collega e amico ‖ *je n'estime pas ce genre de musique* non apprezzo questo genere di musica **B** *v.pron.* S'ESTIMER **1** *réfl.* (*avec un adj. attribut*) [*se trouver*] ritenersi, considerarsi: *s'estimer satisfait* ritenersi, considerarsi soddisfatto; *estimons-nous heureux* consideriamoci fortunati **2** (*récipr.*) *ils s'estiment beaucoup l'un l'autre* si stimano molto (a vicenda) ⓒ II 2 **dédaigner, mépriser.**

estivage |ɛstivaʒ| *s.m.* (*agric.*) monticazione *f.*, estivazione (*f.*): *estivage des bestiaux* monticazione, estivazione del bestiame.

estival, ale, aux |ɛstival, o| *adj.* [*d'été; propre à l'été*] estivo: *température estivale* temperatura estiva; *stations estivales* centri di soggiorno estivo, di villeggiatura estiva ⓒ **hivernal.**

estivant, ante |ɛstivɑ̃, ɑ̃t| *s.* [*personne qui fréquente une station estivale*] villeggiante.

estivation |ɛstivɑsjɔ̃| *s.f.* **1** (*bot.*) estivazione → **préfloraison** **2** (*zool.*) estivazione.

estiver |ɛstive| *v.tr.* [*faire passer l'été à*] estivare: *estiver des troupeaux* estivare le greggi ⓒ **hiverner.**

estoc (d') |dɛstɔk| *s.m.* (*dans la loc.*) *d'estoc et de taille* [*avec la pointe et le tranchant* (*de l'épée*)] di punta e di taglio.

estocade |ɛstɔkad| *s.f.* (*taurom.*) stoccata ◇ (*fig.*) *donner l'estocade à l'adversaire* [*l'achever*] dare il colpo *m.* di grazia all'avversario.

estomac |ɛstɔma| *s.m.* **1** (*anat., cour.*) stomaco*: *estomac fragile, paresseux* stomaco delicato, pigro; *aigreurs, brûlures, crampes d'estomac* acidità, bruciori, crampi allo stomaco; *se remplir, se caler l'estomac* riempirsi lo stomaco; *avoir une creux dans l'estomac* sentirsi lo stomaco vuoto, avere un vuoto allo stomaco ◇ (*méd.*) *lavage d'estomac* [*nettoyage par irrigation*] lavanda gastrica* *adj.* ◇ (*loc.*) *avoir un estomac d'autruche* avere uno stomaco di struzzo ~ *avoir l'estomac dans les talons* [*avoir faim*] non vederci dalla fame ~ *ouvrir l'estomac* [*donner faim*] stuzzicare l'appetito ~ *ça lui est resté sur l'estomac* gli è rimasto sullo stomaco **2** [*la partie du corps qui correspond à l'estomac*] stomaco: *le creux de l'estomac* la bocca dello stomaco; *boxeur qui frappe à l'estomac, qui travaille son adversaire à l'estomac* pugilatore che colpisce allo stomaco, che lavora l'avversario allo stomaco **3** (*fig.*) *avoir de l'estomac* aver fegato, faccia* *f.* tosta; *manquer d'estomac* mancare di fegato, non aver fegato ◇ (*fam.*) *faire qqch. à l'estomac* [*avec aplomb*] avere la faccia tosta di fare q.c.

estomaqué, ée |ɛstɔmake| *adj.* [*très étonné*] stupito, sbalordito → **ahuri, épaté.**

estomaquer |ɛstɔmake| *v.tr.*

(*fam.*) [*étonner, surprendre* (*par qqch. de choquant*)] stomacare: *sa conduite m'a estomaqué* il suo comportamento mi ha stomacato → **scandaliser** ♦ (*au p.p.*) *il en est estomaqué* (ne) è rimasto stomacato.

estompage |ɛstɔ̃paʒ| *s.m.* **1** [→ ESTOMPER A 1] sfumo **2** [→ ESTOMPER A 2] sfumatura *f.*

estompe |ɛstɔ̃p| *s.f.* [*petit rouleau servant à estomper les dessins*] sfumino *m.* ◇ (*par ext.*) [*dessin à l'estompe*] disegno *m.* a sfumo.

estompé |ɛstɔ̃pe| *adj.* [*qui a des contours voilés*] sfumato: *images estompées* immagini sfumate © **net, précis.**

estomper |ɛstɔ̃pe| **A** *v.tr.* **1** [*dessiner, ombrer avec l'estompe*] sfumare: ♦ (*absolt.*) *estomper légèrement* sfumare leggermente **2** [*rendre moins net, rendre flou*] rendere (105) sfumato: *la brume estompait le paysage* la nebbia rendeva sfumato il paesaggio → 1 **voiler** ♦ (*au p.p.*) *contours estompés* contorni sfumati **3** (*fig.*) (*d'un souvenir, d'un sentiment*) attenuare, smorzare → **atténuer B** *v.pron. intr.* S'ESTOMPER **1** [→ *tr.* 2] sfumare (*intr.*): *le paysage s'estompe dans la brume* il paesaggio sfuma nella nebbia **2** (*fig.*) [→ *tr.* 3] attenuarsi, smorzarsi: *les souvenirs s'estompent* i ricordi si attenuano © A 2 **dessiner, détacher** 1; 3 **préciser.**

estonien, ienne |ɛstɔnjɛ̃, jɛn|, **este** |ɛst(ə)| **1** *adj.* [*d'Estonie*] estone **2** (*s.m.*) *l'estonien* [*langue finno-ongrienne*] l'estone.

estoquer |ɛstɔke| *v.tr.* (*taurom.*) [*blesser à mort* (*le taureau*) *en portant l'estocade*] dare (102) il colpo di grazia (al toro).

estourbir |ɛstuʀbiʀ| *v.tr.* (*fam.*) [*assommer*] fare (103) la festa (a), fare la pelle (a) ◇ (*fig.*) [*étonner violemment*] sbalordire (197).

1 **estrade** |ɛstʀad| *s.f.* (*loc., vieilli*) *battre l'estrade* [*aller à la découverte*] battere il cammino *m.*

2 **estrade** |ɛstʀad| *s.f.* [*plancher élévé de quelques marches au-dessus du sol*] pedana, predella; podio* (*m.*): *estrade d'une salle de classe* pedana, predella di un'aula scolastica || *haranguer la foule du haut de l'estrade* arringare la folla dall'alto del podio # *dresser une estrade pour un match de boxe* montare un palco per un incontro di pugilato.

estradiot |ɛstʀadjo|, **stradiot** |stʀadjo|, **stradiote** |stʀadjɔt| *s.m.* (*hist.*) stradiotto, cappelletto.

estragon |ɛstʀagɔ̃| *s.m.* (*t.bot.*) dragoncello, estragone ◇ [*condiment*] dragoncello: *vinagre, moutarde à l'estragon* aceto, senape al dragoncello.

estran |ɛstʀɑ̃| *s.m.* (*géogr.*) spiaggia* *f.* morta, 'estran' *inv.*

estrapade |ɛstʀapad| *s.f.* **1** [*supplice qui consistait à faire tomber le patient au bout d'une corde, dans l'eau ou presque au sol*] tortura della corda **2** (*gymnastique*) esercizio* *m.* alla fune.

estrope |ɛstʀɔp| *s.f.* (*mar.*) stroppo (*m.*): *estrope de l'aviron* stroppo del remo.

estroper |ɛstʀɔpe| *v.tr.* (*mar.*) [*frapper une estrope sur qqch.*] stroppare: *estroper une poulie* stroppare un bozzello.

estropié, ée |ɛstʀɔpje| *adj.* [*qu'on a, qui s'est estropié*] storpio* ♦ (*s.*) *un estropié* uno storpio → **impotent, infirme.**

estropier |ɛstʀɔpje| *v.tr.* [*priver qqn. d'un membre, le mutiler*] storpiare: *ce coup lui a estropié le bras* quel colpo gli ha storpiato il braccio ♦ *au p.p.* storpiato *adj.*, storpio* (*s.*): *un estropié* uno storpio ◇ (*fig.*) *estropier un nom propre, un nom étranger* storpiare un nome proprio, un nome straniero → **écorcher**; *estropier les paroles de qqn. en les rapportant* travisare le parole di qc. riferendole; *estropier un texte, une citation* deformare un testo, una citazione.

estuaire |ɛstɥɛʀ| *s.m.* (*géogr.*) estuario*.

estudiantin, ine |ɛstydjɑ̃tɛ̃, in| *adj.* studentesco*: *vie estudiantine* vita studentesca → **étudiant.**

esturgeon |ɛstyʀʒɔ̃| *s.m.* (*t.zool.*) storione.

-et, -ette |e, ɛt| *suff. diminutif* (*correspond généralt. à*) etto, etta; ino, ina: *livret* libretto; *Juliette* Giulietta || *frisette* ricciolino; *pauvrette* poverina.

et |e| *conj.* (*de coordination*) e, ed (*devant une voyelle*) **1** *toi et moi* tu e (ed) io; *deux et deux font quatre* due e due quattro, due più due quattro → 1 **plus**; *il y a parfum et parfum, mensonge et mensonge* c'è profumo e profumo, bugia e bugia; *il parle l'anglais, et couramment* parla l'inglese (e) correntemente **2** (*dans les nombres comp.*) (*joignant 'un' aux dixaines*) *vingt et un, trente et un* ventuno, trentuno; *soixante et onze* settantuno ◇ (*littér.*) *cent et une fois* cento e una volta; *les mille et une nuits* le mille e una notte ◇ (*devant la fraction d'un nombre*) *deux heures et demie* le due e mezzo; *deux heures et quart, deux heures* (*et*) *un quart* le due e un quarto; *deux pages* (*et*) *un cinquième* due pagine e un quinto **3** (*emphatique, au début d'une phrase*) *et voici que tout à coup...* ed ecco che all'improvviso...

êta |ɛta| *s.m.* [*lettre de l'alphabet gr.*] eta *m. ou f. inv.*

étable |etabl(ə)| *s.f.* [*lieu, bâtiment où on loge les bestiaux, les bovidés*] stalla.

établi |etabli| *s.m.* [*table massive sur laquelle certains artisans travaillent*] banco*: *établi de menuisier* banco da falegname.

établi, ie |etabli| *adj.* **1** [*solide, stable*] stabilito, dimostrato: *vérité établie* verità stabilita, accertata → **avéré, sûr** # *usage, préjugé établi* uso affermato, pregiudizio radicato **2** [*en place*] costituito: *le gouvernement établi* il governo costituito # *les lois établies* le leggi in vigore.

établir |etabliʀ| **A** *v.tr.* **I 1** [*fixer* (*une chose*) *dans un lieu*] impiantare; stabilire (197): *établir une usine, une imprimerie dans une ville* impiantare, insediare una fabbrica, una tipografia in una città → **fonder, installer** || *établir son domicile, sa résidence à* stabilire il proprio domicilio, la propria residenza a **2** (*milit.*) → 2 **poster II** (*fig.*) **1** [*mettre en vigueur, en application*] costituire (197); istituire (197): *établir un gouvernement, une administration* costituire un governo, un'amministrazione → **instaurer, instituer** || *établir un impôt* istituire un'imposta # *établir l'ordre, la paix, la tranquillité* instaurare l'ordine, la pace, la tranquillità; *établir sa fortune, sa réputation sur* costruire, fondare la propria fortuna, la propria reputazione su → **bâtir, fonder** ♦ (*au p.p.*) *réputation établie* [*solide*] solida reputazione **2** [*placer* (*qqn.*) *dans une situation, une fonction*] insediare: *établir qqn. dans une charge* insediare qc. in una carica → **constituer 3** [*pourvoir* (*qqn.*) *d'un emploi, d'une situation*] sistemare: *il a bien établi tous ses enfants* ha sistemato (bene) tutti i suoi figli; *avoir une fille à établir* avere una figlia da sistemare, da sposare → **caser 4** [*fonder sur des arguments, sur des preuves*] fondare, basare: *établir sa démonstration, ses droits sur des faits* fondare, basare la propria dimostrazione, i propri diritti su fatti → **appuyer, baser 5** [*faire apparaître comme vrai*] provare, dimostrare: *établir un fait, la réalité d'un fait* provare, dimostrare un fatto, la realtà di un fatto: *nous établirons que c'est vrai* proveremo che è vero; *établir l'innocence d'un accusé* dimostrare l'innocenza di un imputato → **démontrer, prouver** # *établir des rapprochements entre plusieurs choses* fare un raffronto fra più cose **6** [*faire commencer* (*des relations*)] allacciare: *établir des relations, des liens d'amitié avec qqn.* allacciare rapporti, legami amichevoli con qc. → **nouer B** *v.pron.* S'ÉTABLIR **1** *réfl.* [→ *tr.* I 1] stabilirsi, insediarsi: *aller s'établir à Paris* (andare a) stabilirsi a Parigi → **installer** (s') ◇ [*prendre la profession de*] *s'établir épicier* mettere (155) *intr.* su, aprire *tr.* bottega di salumiere ◇ (*vieilli*) [*se marier*] sistemarsi **2** *réfl.* S'ÉTABLIR (+ *attribut*) [*s'instituer, se constituer, se poser en*] costituirsi, atteggiarsi (a): *s'établir juge des actes d'autrui* costituirsi giudice, atteggiarsi a giudice delle azioni altrui **3** *passif* [*prendre naissance, s'instaurer*] affermarsi, instaurarsi: *cette coutume aura peine à s'établir* questa abitudine stenterà ad affermarsi, si affermerà a fatica © A II 1 **abolir, supprimer.**

1 **établissement** |etablismɑ̃| *s.m.* **1** [→ ÉTABLIR A II 1] fondazione *f.*, istituzione (*f.*): *établissement d'un empire* fondazione di un impero; *l'établissement d'un tribunal* l'istituzione di un tribunale → **création, fondation, institution** # *l'établissement d'un régime, d'une religion* l'instaurazione di un regime, di una religione **2** [→ ÉTABLIR A I 1; B 1] insediamento: *l'établissement de l'ennemi dans une position fortifiée* l'insediamento del nemico in una posizione fortificata **3** [→ ÉTABLIR A II 4] accertamento, dimostrazione (*f.*): *l'établissement d'un fait* l'accertamento di un fatto # *procéder à l'établissement d'un devis* preparare, redigere un preventivo.

2 **établissement** |etablismɑ̃| *s.m.* **1** *au plur.* (*hist.*) *les établissements français de l'Inde* le colonie *f.*, gli insediamenti commerciali francesi in India **2** [*ensemble des installations pour l'exploitation d'une entreprise*; *l'entreprise elle-même*] impresa *f.*, azienda (*f.*): *établissement commercial, industriel* impresa, azienda commerciale, industriale; *établissement agricole* azienda agricola # *les établissements X* la ditta X → 2 **entreprise, société 3** [*ce qui est établi pour l'utilité publique*] ente, istituzione *f.*; istituto: *établissement public* ente pubblico; *établissement d'utilité publique* ente, istituzione di pubblica utilità; *établissement hospitalier* ente ospeda-

liero || *établissement financier, bancaire* istituto finanziario, bancario; *établissement scolaire* istituto scolastico # *établissement thermal, de bains* stabilimento termale, balneare **4** (*dr.*) domicilio*, sede *f.*

étage |etaʒ| *s.m.* **I** **1** piano: *les étages d'une maison* i piani di una casa; *immeuble à, de quatre étages* edificio di quattro piani; *loger, habiter au premier (étage), au troisième (étage)* abitare al primo (piano), al terzo (piano) # *étage en mansarde* attico; *grimper, escalader les étages* salire le scale **2** [*chacun des plans d'une chose superposés*] piano, ripiano # *terrain qui descend par étages* terreno che scende a terrazze, a gradoni ◇ (*mines*) *étage d'exploitation* livello di coltivazione **3** (*sc.*) strato **4** (*techn.*) stadio*: *étages de pression, de compression* stadi di pressione, di compressione ◇ (*électron., radio*) *étage d'amplification* stadio amplificatore ◇ [*chaque élément propulseur détachable d'une fusée*] stadio: *fusée à trois étages* razzo a tre stadi # *fusée à plusieurs étages* razzo multistadio **II** *loc.* DE BAS ÉTAGE [*d'espèce inférieure*] di bassa condizione (*f.*): *individu de bas étage* uomo di bassa condizione # *esprit de bas étage* spirito volgare, grossolano; *restaurant de bas étage* ristorante di infimo ordine.

étagement |etaʒmɑ̃| *s.m.* [→ ÉTAGER] disposizione *f.* a ripiani, a terrazze: *étagement des vignes* disposizione a terrazze dei vigneti.

étager |etaʒe| (3) *v.tr.* [*disposer par étages*] disporre (168) a ripiani, a terrazze → **échelonner, superposer.**

étagère |etaʒɛʀ| *s.f.* **1** [*planche, tablette*] mensola, ripiano *m.* **2** [*meuble formé de montants qui supportent des tablettes horizontales*] scaffale *m.*, scansia.

1 **étai** |etɛ| *s.m.* (*mar.*) strallo: *voiles d'étai* vele di strallo.

2 **étai** |etɛ| *s.m.* (*charpent.*) puntello: *poser des étais métalliques* collocare puntelli metallici; *soutenir par des étais* sostenere con puntelli, puntellare.

étaiement |etɛmɑ̃|, **étayement** |etɛjmɑ̃| *s.m.* → **étayage.**

étain |etɛ̃| *s.m.* **1** [*métal*] stagno: *bioxyde d'étain* biossido di stagno; *alliages d'étain* leghe di stagno; *vaisselle, pot en étain* vasellame, brocca di stagno; *souder à l'étain* saldare a stagno # *papier d'étain* stagnola **2** [*objet d'étain*] peltro: *étains ciselés, travaillés* peltri cesellati, lavorati.

étainier |etɛnje| *s.m.* [*artisan qui travaille l'étain*] peltraio*.

étal, als |etal| *s.m.* **1** [*table d'exposition dans les marchés publics*] bancarella *f.* → **éventaire** **2** [*table sur laquelle les bouchers débitent la viande*] banco* di macelleria ◇ (*par ext.*) [*débit de viande*] macelleria *f.*

étalage |etalaʒ| *s.m.* **1** [*exposition de marchandises*] esposizione *f.* ◇ (*admin.*) *droit d'étalage* tassa di posteggio*; *payer l'étalage* pagare il posteggio **2** [*vitrine d'exposition*] vetrina (*f.*): *s'attarder devant les étalages* soffermarsi davanti alle vetrine → **devanture** **3** [*action d'exposer avec ostentation*] sfoggio*, ostentazione (*f.*): *étalage de luxe, de richesse* sfoggio, ostentazione di lusso, di ricchezza ◇ *loc.* FAIRE ÉTALAGE DE [*exhiber*] fare sfoggio di, mettere in mostra: *faire étalage de ses qualités* fare sfoggio delle proprie qualità, mettere in mostra le proprie qualità; *faire un grand étalage d'érudition* fare un grande sfoggio di erudizione **4** (*métall.*) sacca* *f.* **5** (*techn., tissage*) stiramento.

étalager |etalaʒe| (3) *v.tr.* (*comm.*) [*mettre en vitrine, dans l'étalage (des marchandises)*] esporre (168), mettere (155) in mostra.

étalagiste |etalaʒist(ə)| *s.* [*personne dont le métier est d'aménager une vitrine*] vetrinista.

étale |etal| *adj.* (*mar.*) [*de niveau stationnaire*] fermo ◆ *s.m.* stanca* (*f.*): *l'étale de la marée* la stanca della marea.

étalement |etalmɑ̃| *s.m.* **1** (*dans l'espace*) [→ 1 ÉTALER A 2] spandimento; sparpagliamento: *étalement d'un tas de fumier* spandimento di un mucchio di letame || *étalement de papiers sur une table* sparpagliamento di carte su una tavola **2** (*dans le temps*) [→ 1 ÉTALER A III] scaglionamento: *étalement des paiements, des vacances* scaglionamento dei pagamenti, delle vacanze.

1 **étaler** |etale| **A** *v.tr.* **I** (*pr.*) **1** [*disposer de façon à faire occuper une grande surface, notamment pour montrer*] esporre (168), mettere (155) in mostra: *le marchand ambulant étale sa marchandise* il venditore ambulante espone, mette in mostra la propria merce # *étaler son jeu, ses cartes* scoprire il proprio gioco, le proprie carte; *étaler un journal* spiegare, aprire un giornale → **déployer** **2** [*étendre sur une grande surface en une couche fine*] stendere (105); spalmare: *étaler de la peinture* stendere la vernice || *étaler du beurre sur du pain* spalmare il burro sul pane **3** (*fam.*) [*faire tomber; jeter à terre*] stendere (*cour.*): *d'un coup de poing il l'a étalé* l'ha steso con un pugno **II** (*fig.*) [*montrer, dévoiler*] mostrare: *étaler sa force, sa puissance* mostrare la propria forza, la propria potenza ◇ (*péj.*) [*déployer avec vanité, ostentation*] fare (103) sfoggio di; ostentare: *étaler ses talents* fare sfoggio delle proprie capacità → **exhiber** || *étaler un luxe insolent* ostentare un lusso sfacciato **III** (*dans le temps*) [*répartir*] scaglionare: *étaler des paiements, des dépenses* scaglionare dei pagamenti, delle spese; *étaler les vacances* scaglionare le vacanze → **échelonner** **B** *v.pron.* S'ÉTALER **1** *réfl.* [*se montrer avec insistance, fatuité, impudeur*] mettersi in mostra: *s'étaler avec affectation, vanité* mettersi in mostra con affettazione, con vanità → **parader** **2** *réfl.* (*fam.*) [*prendre de la place en une posture abandonnée*] stravaccarsi, stendersi (*cour.*): *s'étaler dans un fauteuil* stravaccarsi, stendersi su una poltrona → **étendre (s')** ◇ [*tomber*] *il s'est étalé de tout son long* è caduto *intr.* lungo e disteso **3** *intr.* [→ *tr.* III] essere (96) *intr.* ripartito, scaglionato: *les paiements s'étalent sur trois mois* i pagamenti sono ripartiti, scaglionati in tre mesi © A I 1 **ramasser, replier.**

2 **étaler** |etale| (*mar.*) **A** *v.tr.* **1** *étaler la marée* [*mouiller sur place en attendant la marée contraire*] agguantare **2** *étaler une voie d'eau* [*empêcher l'eau de monter*] azionare le pompe di sentina; tamponare una falla **B** *v.intr.* [*devenir étale*] essere (96) in stanca: *la marée étale* la marea è in stanca.

étaleuse |etaløz| *s.f.* (*tissage*) stenditrice.

étalinguer |etalɛ̃ge| *v.tr.* (*mar.*) [*amarrer (un câble) à l'organeau d'une ancre*] ammanigliare.

étalingure |etalɛ̃gyʀ| *s.f.* (*mar.*) l'ammanigliare *m.inv.*

1 **étalon** |etalɔ̃| *s.m.* [*cheval entier destiné à la reproduction*] stallone: *étalon pur-sang* stallone purosangue ◆ (*en appos.*) [*reproducteur mâle d'une espèce domestique*] *âne, taureau étalon* asino, toro da monta *loc. inv.*

2 **étalon** |etalɔ̃| *s.m.* **1** [*modèle légal de mesure*] campione (di misura) ◆ (*en appos.*) *mètre étalon* metro campione; *kilogramme étalon* chilogrammo campione **2** (*écon.*) tallone: *systèmes d'étalon or* sistemi basati sul tallone aureo, sul gold standard.

étalonnage |etalɔnaʒ|, **étalonnement** |etalɔnmɑ̃| *s.m.* **1** [→ ÉTALONNER 1] verifica* *f.* **2** [→ ÉTALONNER 2] taratura *f.*

étalonner |etalɔne| *v.tr.* **1** [*vérifier (une mesure) par comparaison avec un (2) étalon*] sottoporre (168) a verifica: *mesure étalonnée par un vérificateur* misura sottoposta a verifica da parte di un verificatore **2** [*graduer un instrument conformément à l'étalon*] tarare: *étalonner un galvanomètre* tarare un galvanometro.

étamage |etamaʒ| *s.m.* [→ ÉTAMER 1] stagnatura (*f.*): *étamage du cuivre* stagnatura del rame.

étambrai |etɑ̃bʀɛ| *s.m.* (*mar.*) mastra *f.*

étamer |etame| *v.tr.* **1** [*recouvrir (un métal) d'une couche d'étain*] stagnare: *faire étamer une casserole* far stagnare un tegame ◆ (*au p.p.*) *cuivre étamé* rame stagnato **2** [*recouvrir (la face interne d'une glace) d'un amalgame d'étain et de mercure*] rivestire di stagno.

étameur |etamœʀ| *s.m.* [*celui dont le métier est d'étamer*] stagnaio*.

1 **étamine** |etamin| *s.f.* **1** [*étoffe mince, légère*] stamigna, 'étamine' (*inv.*): *étamine de laine* stamigna di lana **2** [*tissu peu serré de crin, de soie, de fil qui sert à cribler ou à filtrer*] stamigna, buratto *m.* # *passer la farine à l'étamine* passare al setaccio, setacciare la farina; *passer un liquide à l'étamine* colare un liquido.

2 **étamine** |etamin| *s.f.* (*bot.*) stame *m.*

étampage |etɑ̃paʒ| *s.m.* (*techn.*) stampaggio*.

étampe |etɑ̃p| *s.f.* (*techn.*) stampo *m.*

étamper |etɑ̃pe| *v.tr.* (*techn.*) [*travailler à l'étampe*] stampare → 1 **estamper.**

étampeur |etɑ̃pœʀ| *s.m.* [*celui qui étampe*] stampatore* *s.* → 1 **estampeur.**

étampure |etɑ̃pyʀ| *s.f.* (*techn.*) **1** [*chacun des trous d'un fer à cheval*] stampa **2** [*évasement d'un trou percé dans une plaque de métal*] ceca*.

étamure |etamyʀ| *s.f.* (*techn.*) [*matière qui sert à étamer*] stagno *m.* ◇ [*couche d'alliage qui couvre un vase étamé*] stagnatura.

étanche |etɑ̃ʃ| *adj.* [*qui ne laisse pas passer les fluides, ne fuit pas*] stagno: *embarcation étanche* imbarcazione stagna; *compartiments étanches* compartimenti stagni; *un tonneau étanche* una botte a tenuta stagna ◇ (*fig.*) CLOISON ÉTANCHE [*séparation absolue*] compartimento stagno: *cloisons étanches des classes sociales* compartimenti stagni fra classi sociali.

étanchéité |etɑ̃ʃeite| *s.f.* [*caractère de ce qui est étanche*] tenuta stagna; impermeabilità (*inv.*): *étanchéité d'un réservoir* tenuta stagna di un serbatoio || *étanchéité d'une montre* impermeabilità di un orologio # *couche d'étanchéité* strato d'impermeabilizzazione.

étancher |etɑ̃ʃe| *v.tr.* **1** [*arrêter (un liquide) dans son écoulement*] stagnare: *étancher le sang qui coule d'une plaie* stagnare il sangue che sgorga da una ferita ◇ (*mar.*) *étancher une voie d'eau* tamponare una falla → 1 **boucher** **2** *étancher le soif* [*l'apaiser en buvant*] placare la sete, dissetarsi *pron.* **3** (*techn.*) [*rendre étanche*] rendere (105) stagno, impermeabilizzare: *étancher une citerne* rendere stagna, impermeabilizzare una cisterna ◇ (*mar.*) *étancher un compartiment* rendere stagno un locale.

étançon |etɑ̃sɔ̃| *s.m.* (*techn.*) puntello → **béquille, 2 étai.**

étançonnement |etɑ̃sɔnmɑ̃| *s.m.* (*techn.*) puntellatura *f.*

étançonner |etɑ̃sɔne| *v.tr.* (*techn.*) [*soutenir à l'aide d'étançons*] puntellare: *étançonner un mur* puntellare un muro → **étayer.**

étang |etɑ̃| *s.m.* [*étendue d'eau moins vaste et moins profonde qu'un lac*] stagno: *étang salé* stagno salato.

étape |etap| *s.f.* **1** [*lieu où l'on s'arrête au cours d'un déplacement, d'un voyage*] tappa: *arriver à l'étape* giungere alla tappa ◇ (*sport*) *les étapes du tour de France cycliste* le tappe del giro ciclistico di Francia ◇ (*loc.*) *faire étape quelque part* [*s'y arrêter pour la nuit*] far tappa in un luogo ~ *brûler l'étape* [*ne pas s'arrêter à l'étape prévue*] tirare diritto ~ *brûler les étapes* bruciare le tappe **2** [*distance à parcourir pour arriver à l'étape*] tappa: *parcourir une longue étape* percorrere una lunga tappa → **route** ◇ (*sport*) *course par étapes* corsa a tappe; *étape contre la montre* tappa a cronometro; *premier au classement par étapes* primo nella classifica a tappe **3** (*fig.*) *les étapes de la vie* le tappe della vita; *une première étape vers un but* una prima tappa verso una meta → 1 **période, phase.**

étarquer |etaʀke| *v.tr.* (*mar.*) [*hisser et tendre le plus possible*] cazzare, tesare: *étarquer une voile* cazzare, tesare una vela.

1 **état** |eta| *s.m.* **I** [*manière d'être (d'une personne ou d'une chose) considérée dans ce qu'elle a de durable*] **1** stato; stadio*: *état permanent, momentané* stato permanente, momentaneo || *états successifs d'une évolution* stadi successivi di un'evoluzione **2** [*manière d'être physique, intellectuelle, morale (d'une personne)*] stato, condizioni (*f. pl.*): *état de santé* stato, condizioni di salute; *état d'inquiétude* stato di agitazione ◇ *loc.* ÉTAT GÉNÉRAL [*état de santé considéré indépendamment de toute affection particulière*] condizioni generali di salute ~ DANS, EN... ÉTAT in uno stato; in condizioni: *ses agresseurs l'ont mis dans un triste état* gli aggressori l'hanno ridotto in uno stato pietoso || *le malade est en meilleur état* il malato è incondizioni migliori # *être dans tous ses états* [*très agité, affolé*] essere fuori di sé, avere un diavolo per capello ~ ÉTAT D'ESPRIT [*disposition particulière de l'esprit*] stato d'animo, condizioni di spirito: *il a un curieux état d'esprit* è in uno strano stato d'animo, si trova in particolari condizioni di spirito → **mentalité** ~ ÉTAT D'ÂME [*disposition des sentiments*] stato d'animo → 1 **humeur** ~ ÉTAT DE CONSCIENCE [*fait psychique conscient (sensation, sentiment)*] stato di coscienza ~ EN ÉTAT DE... (+ *inf.*) [*capable de*] in grado di, in condizioni di (+ *inf.*): *je ne suis pas en état de le recevoir* non sono in grado, in condizioni di riceverlo → **disposé, prêt** ~ HORS D'ÉTAT DE... (+ *inf.*) [*incapable de*] in condizioni di non (+ *inf.*), nell'impossibilità *f.inv.* di (+ *inf.*): *mettre un adversaire hors d'état de nuire* mettere un avversario in condizioni di non nuocere, nell'impossibilità di nuocere **3** [*manière d'être (d'une chose)*] stato, condizioni: *l'état de ses finances* le sue condizioni finanziarie ◇ *loc.* EN BON, MAUVAIS ÉTAT in buono, cattivo stato; in buone, cattive condizioni: *livres d'occasion en bon état* libri usati in buono stato, in buone condizioni; *véhicule en bon état de marche* autoveicolo in buone condizioni d'uso ~ EN ÉTAT [*dans son état normal ou dans l'état antérieur*]: *mettre en état* mettere a posto, sistemare; *tenir, maintenir en état* mantenere, conservare in buono stato, in buone condizioni; *remettre en état* ripristinare, riattare; *remettre les choses en l'état* rimettere le cose al loro posto, in ordine; *tout doit demeurer, rester en état* tutto deve restare, rimanere così com'è ~ ÉTAT DE CHOSES stato di cose, situazione (*f.*): *cet état de choses ne peut pas durer* questo stato di cose, questa situazione non può durare; *dans cet état de choses* in queste condizioni, così stando le cose ~ *état de fait* stato di fatto ~ *état de guerre, d'alerte, de siège* stato di guerra, d'allarme, d'assedio ~ À L'ÉTAT (+ *adj.*) [*sous la forme*] allo stato (+ *adj.*): *à l'état brut* allo stato grezzo; *à l'état latent* allo stato latente ~ EN TOUT ÉTAT DE CAUSE [*dans tous les cas, n'importe comment*] in ogni caso, comunque (sia) → **toujours** ◇ (*dr.*) *état de cause* fase *f.* di un procedimento giudiziario **4** (*sc.*) *état solide, liquide, gazeux* stato solido, liquido, gassoso **5** *loc.* FAIRE ÉTAT DE... [*tenir compte de; mettre en avant*]: *je fais état de mon âge* chiedo che si tenga conto della mia età; *faire état d'un document* produrre un documento; *vous n'avez pas fait état de cela* lei non l'ha detto, dichiarato; *faire état de l'opinion d'un expert* citare l'opinione di un esperto → **citer** **II** [*situation (d'une personne) dans la société*] **1** *loc.* DE SON ÉTAT [*de son métier*] di mestiere, di professione: *il est boucher de son état* fa il macellaio di mestiere, di professione **2** (*dr.*) stato: *état de sujet français, italien* stato di cittadino francese, italiano; *état d'époux* stato maritale; *état de veuf* stato vedovile; *état civil* stato civile, anagrafe *f.* # *pièces, données d'état civil* documenti, dati anagrafici **3** (*ancienn.*) [*groupe social (clergé, noblesse...)*] stato ◇ (*spécialt.*) TIERS ÉTAT Terzo Stato ✦ *au plur.* ÉTATS GÉNÉRAUX Stati generali.

2 **État** |eta| *s.m.* **1** [*autorité souveraine s'exerçant sur un peuple*] Stato: *l'État et la nation* lo Stato e la nazione; *État libéral, démocratique* Stato liberale, democratico; *socialisme d'État* socialismo di Stato # *école d'État* scuola statale ◇ *loc.* CHEF D'ÉTAT capo di Stato ~ HOMME D'ÉTAT statista ~ AFFAIRE D'ÉTAT: (*pr., fig.*) affare di Stato ~ COUP D'ÉTAT colpo di Stato ~ *former un État dans l'État* costituire uno Stato nello Stato **2** (*opposé aux pouvoirs et aux services locaux*) [*gouvernement central*] Stato: *l'État et les communautés locales* lo Stato e le collettività locali; *industrie, monopole d'État* industria, monopolio di Stato, statale; *chemins de fer de l'État* Ferrovie dello Stato **3** UN ÉTAT [*groupement humain fixé sur un territoire déterminé*] uno Stato: *grands États* grandi Stati; *État tampon* Stato cuscinetto; *État fédéral, fédératif* Stato federale, federativo → **nation, pays** **4** (*spécialt.*) LES ÉTATS-UNIS (D'AMÉRIQUE) gli Stati Uniti (d'America) # *les habitants des États-Unis* gli Statunitensi, gli Americani → **américain.**

3 **état** |eta| *s.m.* [*écrit qui constate, décrit un état de choses à un moment donné*] *état de service d'un militaire* stato di servizio di un militare; *état de marchandises expédiées par voie maritime* distinta *f.* delle merci spedite per mare; *état des comptes et des dépenses* situazione *f.* contabile; *état de dettes* situazione debitoria ◇ (*dr.*) *état de frais* distinta delle spese; *état de situation* situazione patrimoniale; *état des lieux* stato, inventario* dei luoghi ◇ (*informatique*) *état* (*d'ordinateur*) tabulato.

étatique |etatik| *adj.* [*qui concerne l'État*] statale.

étatisation |etatizasjɔ̃| *s.f.* [*système économique dans lequel l'État gère certains services*] statalizzazione, statizzazione → **dirigisme** ◇ [*action d'étatiser une entreprise*] nazionalizzazione → **nationalisation.**

étatiser |etatize| *v.tr.* [*transformer en administration d'État; faire gérer par l'État*] statalizzare; nazionalizzare: *étatiser le commerce* statalizzare il commercio || *étatiser une entreprise* nazionalizzare un'impresa.

étatisme |etatism(ə)| *s.m.* [*doctrine polit. préconisant l'extension du rôle de l'État*] statalismo → **dirigisme.**

étatiste |etatist(ə)| *adj.* [*relatif à l'étatisme*] statalistico* ✦ *s.* [*partisan de l'étatisme*] statalista.

état-major |etamaʒɔʀ| *s.m.* **1** (*milit., cour.*) stato maggiore: *état-major d'armée* stato maggiore dell'Esercito; *état-major de la Défense nationale* stato maggiore della Difesa; *chef d'état-major* capo di stato maggiore → **commandement** # *état-major de division* comando di divisione ◇ (*mar.*) *état-major d'un navire* [*ensemble des officiers*] comando di una nave **2** [*ensemble des collaborateurs immédiats d'un chef, des personnages les plus importants d'un groupe*] stato maggiore: *l'état-major d'un parti, d'un syndicat* lo stato maggiore di un partito, di un sindacato; *l'état-major d'une entreprise* lo stato maggiore di un'impresa → **direction, tête.**

étatsunien, ienne |etazynjɛ̃, jɛn| *adj.* [*des États-Unis*] statunitense.

étau |eto| *s.m.* (*techn., cour.*) morsa (*f.*): *étau d'établi* morsa da banco # *étau à main* morsetto a cerniera ◇ (*loc.*

fig.) *être pris, serré dans un étau* essere stretto in una morsa ~ *l'étau se resserre autour des assiégés* il cerchio, la morsa si stringe attorno agli assediati → **cercle, étreinte.**

étayage |etɛjaʒ|, **étayement** |etɛjmɑ̃|, **étaiement** |etɛmɑ̃| *s.m.* (*techn.*) puntellamento: *travaux d'étayage* lavori di puntellamento.

étayer |eteje| (9) *v.tr.* **1** [*soutenir à l'aide d'étais*] puntellare: *étayer un mur, une voûte* puntellare un muro, una volta → **étançonner, soutenir** **2** (*fig.*) [*appuyer, soutenir*] sostenere (188) # *arguments qui étaient une déclaration* argomenti a sostegno di una dichiarazione.

et cætera, et cetera |ɛtseteʀa| (*abrév.* 'etc.') *loc. et s.m. inv.* etc., eccetera, ecc.

été |ete| *s.m.* [*saison la plus chaude de l'année*] estate *f.* ◇ *loc.* D'ÉTÉ estivo (*adj.*): *vacances d'été* vacanze estive; *tenue d'été* tenuta estiva.

éteignoir |etɛɲwaʀ| *s.m.* **1** [*ustensile qu'on pose sur une chandelle pour l'éteindre*] spegnitoio* ◇ (*loc.*) *en éteignoir* [*en forme de cône*] a imbuto **2** (*fig.*) [*ce qui arrête l'élan de l'esprit, de la gaieté*] doccia* *f.* fredda ◇ (*personnes*) musone *s.*, guastafeste (*s. inv.*): *il est toujours triste, c'est un éteignoir* è sempre triste, è un musone → **rabat-joie.**

éteindre |etɛ̃dʀ(ə)| (66) **A** *v.tr.* **1** [*faire cesser de brûler*] spegnere (185): *éteindre le feu* spegnere il fuoco ◇ [*faire cesser d'éclairer*] *éteindre la lumière, l'électricité* spegnere la luce **2** (*littér.*) [*diminuer l'ardeur, l'intensité de; faire cesser d'exister*] placare, estinguere (135); calmare (*cour.*): *une soif qu'on ne peut éteindre* una sete che non si può placare, inestinguibile || *éteindre la douleur* calmare il dolore → **apaiser, calmer, diminuer, assoupir** ◇ [*rendre moins vif*] smorzare, attenuare → **adoucir** ♦ (*au p.p.*) *une couleur éteinte* un colore spento, smorzato; *un regard éteint* uno sguardo spento, smorto; *parler d'une voix éteinte* parlare con voce spenta, fioca ◇ (*dr.*) *éteindre une dette* estinguere un debito → **1 acquitter, amortir** **B** *v.pron. intr.* S'ÉTEINDRE **1** [→ *tr.* 1] spegnersi, estinguersi: *faute de combustible, le feu s'est éteint* per mancanza di combustibile, il fuoco si è spento → **mourir** **2** [→ *tr.* 2] smorzarsi, attenuarsi → **disparaître, affaiblir (s'), passer** # *son souvenir ne s'éteindra jamais* il suo ricordo non si spegnerà, non svanirà mai **3** (*personnes*) [*mourir doucement*] spegnersi: *elle s'éteignit dans les bras de sa fille* si spense fra le braccia della figlia ◇ (*fig.*) *famille qui s'éteint* razza, famiglia che si estingue → **finir.**

éteint, einte |etɛ̃, ɛ̃t| *adj.* **1** [*qui ne brûle, n'éclaire plus*] spento: *chaudière éteinte* caldaia spenta; *voiture qui circule tous feux éteints* macchina che circola a fari spenti; *volcans éteints* vulcani spenti ◇ (*par anal.*) *chaux éteinte* calce spenta **2** (*fig.*) [*qui a perdu son éclat, sa vivacité*] spento: *couleur éteinte* colore spento → **décoloré, effacé**; *yeux éteints* occhi spenti ◇ (*par anal.*) *voix éteinte* voce spenta ◇ (*personnes*) [*qui est sans force, sans expression* (*par fatigue, maladie*)] logoro, consunto: *il est complètement éteint* è completamente logoro → **apathique, atone.**

étendage |etɑ̃daʒ| *s.m.* [*cordes, perches sur lesquelles on étend les objets à sécher*] stenditoio*.

étendard |etɑ̃daʀ| *s.m.* **1** (*ancienn.*) [*drapeau*] stendardo **2** [*signe de ralliement; symbole d'un parti, d'une cause*] bandiera *f.*, vessillo: *se ranger, combattre sous les étendards de...* schierarsi, combattere sotto la bandiera, il vessillo di...; *lever l'étendard de la révolte* innalzare la bandiera della rivolta.

étendoir |etɑ̃dwaʀ| *s.m.* [*dispositif, endroit pour étendre* (*le linge*)] stenditoio*.

étendre |etɑ̃dʀ(ə)| (53) **A** *v.tr.* **1** [*déployer* (*un membre, une partie du corps*) *dans sa longueur*] stendere (105), distendere (105): *étendre les bras, les jambes* stendere le braccia, le gambe → **allonger, étirer** # *l'oiseau étendait les ailes* l'uccello spiegava le ali **2** [*placer à plat ou dans sa plus grande dimension* (*ce qui était plié*)] stendere, distendere: *étendre du linge* stendere della biancheria; *étendre un tapis sur le parquet* stendere un tappeto sul 'parquet' **3** [*coucher* (*qqn.*) *de tout son long*] distendere, stendere: *étendre un blessé sur un lit* distendere un ferito su un letto; *étendre un homme sur le carreau* stendere a terra un uomo → **abattre** ◇ (*fam.*) *boxeur qui étend son adversaire* pugile che stende il suo avversario ◇ (*fig., arg. scol.*) bocciare: *se faire étendre au bachot* farsi bocciare alla maturità → **coller, refuser** **4** [*rendre* (*qqch.*) *plus long, large; faire couvrir une surface plus grande à*] stendere; spalmare: *étendre une chose dans sa longueur* stendere una cosa in lunghezza || *étendre du beurre sur du pain* spalmare del burro sul pane → **1 étaler** **5** *étendre une solution* [*la diluer*] diluire (197) una soluzione **6** [*rendre plus grand*] estendere, accrescere (128); ampliare: *étendre son influence* estendere, accrescere la propria influenza → **accroître, augmenter, 1 élargir** || *étendre une installation* ampliare un impianto **B** *v.pron.* S'ÉTENDRE **1** *intr.* [*augmenter en surface*] allargarsi: *tissu qui s'étend au lavage* tessuto che si allarga durante il lavaggio → **détendre (se), 1 élargir (s')** **2** *réfl.* (*personnes*) [*s'allonger, se coucher*] stendersi, sdraiarsi: *je vais m'étendre après le repas* vado a stendermi dopo mangiato; *être étendu* essere sdraiato **3** *intr.* [*couvrir, occuper un certain espace*] estendersi: *s'étendre à perte de vue* estendersi a perdita d'occhio **4** *intr.* [*prendre de l'extension, de l'ampleur*] estendersi, ampliarsi: *ses connaissances se sont étendues* le sue conoscenze si sono estese, accresciute → **augmenter, croître, développer (se)**; *le mal s'est étendu* il male si è esteso → **aggraver (s')**; *le supermarché s'est étendu* il supermercato si è ampliato **5** *intr.* (*personnes*) *s'étendre sur un sujet* dilungarsi su un argomento; *il s'étend trop là-dessus* si dilunga, si sofferma troppo su questo punto → **attarder (s')** [C] A 1, 2 **plier, replier,** 6 **diminuer, limiter.**

étendu, ue |etɑ̃dy| *adj.* [*qui a une grande étendue*] esteso, vasto: *forêt très étendue* foresta molto estesa, vasta; *connaissances étendues* vaste conoscenze → **spacieux, vaste** [C] **borné, restreint.**

étendue |etɑ̃dy| *s.f.* **1** [*l'espace perceptible, visible; l'espace occupé par qqch.*] estensione, distesa: *l'étendue d'un champ* l'estensione di un campo → **surface, 1 volume** **2** (*mus.*) *étendue d'une voix* estensione di una voce, registro *m.* vocale **3** [*importance, développement*] ampiezza, vastità *inv.* → **ampleur, longueur** # *mesurer toute l'étendue d'un mal, d'une catastrophe* valutare la portata, l'entità di un male, di una catastrofe → **3 portée**; *accroître l'étendue de ses connaissances* estendere il campo delle proprie conoscenze → **champ, domaine.**

éternel, elle |etɛʀnɛl| *adj.* **I** **1** (*relig., cour.*) eterno: *la vie éternelle* la vita eterna; *le salut éternel* la salvezza eterna # *le Père éternel* il Padreterno ♦ (*s.m.*) *l'Éternel* [*Dieu*] l'Eterno **2** [*qui dure très longtemps, dont on ne peut imaginer la fin*] eterno: *serments éternels* giuramenti eterni; *Rome, la Ville éternelle* Roma, Città eterna; *les neiges éternelles* le nevi eterne → **durable, impérissable** **II** (*avant le nom*) **1** [*qui ne semble pas devoir finir; qui ennuie, fatigue par la répétition*] continuo, eterno: *je suis lassé de ses éternelles récriminations* sono stanco delle sue continue recriminazioni → **continuel, incessant, interminable** ◇ (*personnes, actes*) [*qui est toujours dans le même état*] *c'est un éternel mécontent* è un eterno scontento **2** (*précédé le plus souvent de l'adj. poss.*) [*qui se trouve continuellement associé à qqch., à qqn.*] inseparabile, immancabile: *le voilà avec son éternel parapluie* eccolo con il suo inseparabile ombrello → **inséparable.**

éternellement |etɛʀnɛlmɑ̃| *adv.* **1** [*de tout temps, toujours; sans fin*] da sempre *loc.*; eternamente: *la loi du plus fort s'impose éternellement* la legge del più forte s'impone da sempre → **indéfiniment** **2** [*sans cesse, continuellement*] in eterno *loc.*, per sempre (*loc.*): *allez-vous rester là éternellement?* resterete lì per sempre?, in eterno? → **toujours.**

éterniser |etɛʀnize| **A** *v.tr.* **1** (*littér.*) [*rendre éternel, faire durer sans fin*] perpetuare, eternare: *cette découverte éternisera la mémoire de ce grand savant* questa scoperta perpetuerà il ricordo di questo grande scienziato → **immortaliser, perpétuer** **2** [*prolonger indéfinement, traîner en longueur*] tirare per le lunghe → **durer (faire)** **B** *v.pron. intr.* S'ÉTERNISER [*se perpétuer, se prolonger*] perpetuarsi: *les rivalités, les abus s'éternisent* le rivalità, gli abusi si perpetuano # *le débat s'éternise* il dibattito non finisce più, va per le lunghe → **finir.**

éternité |etɛʀnite| *s.f.* **I** (*sans compl.*) **1** eternità *inv.* ◇ (*relig.*) *songez à vous préparer pour l'éternité* pensi a prepararsi per l'eternità **2** [*un temps fort long*] eternità: *cette heure d'attente m'a paru une éternité* quest'ora di attesa mi è sembrata un'eternità; *il y a des éternités qu'on ne t'a vu* è un'eternità, sono secoli che non ti si vede **3** *loc.* DE TOUTE ÉTERNITÉ [*depuis toujours, de temps immémorial*] da sempre, da tempo immemorabile **II** L'ÉTERNITÉ DE... [*caractère de ce qui est éternel*] l'eternità di...: *l'éternité de l'esprit, de la matière* l'eternità dello spirito, della materia.

éternuement |etɛʀnymɑ̃| *s.m.* [*expiration brusque et bruyante par le nez et la bouche*] starnuto.

éternuer |etɛʀnɥe| *v.intr.* [*faire un éternuement*] starnutire (197), starnutare.

étésien |etezjɛ̃| *adj.m.* etesio*: *vents étésiens* venti etesii.

étêtage |etetaʒ|, **étêtement** |etɛtmɑ̃| *s.m.* [→ ÉTÊTER] svettatura *f.*, cimatura (*f.*): *étêtage des arbres fruitiers* svettatura degli alberi da frutto.

étêter |etete| *v.tr.* [*couper la tête de* (*un arbre*)] svettare, cimare: *étêter des saules* svettare dei salici.

éteuf |etœf| *s.m.* (*ancienn.*) [*petite balle pour jouer à la longue paume*] ⊠.

éteule |etœl| *s.f.* (*agric.*) stoppia.

éthane |etan| *s.m.* (*chim.*) etano.

1 **éther** |etɛʀ| *s.m.* (*littér.*) etere → **ciel, infini.**

2 **éther** |etɛʀ| *s.m.* (*chim.*, *cour.*) etere # *des éthers-sels* degli esteri.

éthéré, ée |eteʀe| *adj.* **1** (*chim.*) [*qui est de la nature de l'éther*] etereo: *substance éthérée* sostanza eterea **2** (*littér.*) [*aérien, léger*] etereo; elevato: *créature éthérée* creatura eterea || *sentiments éthérés* sentimenti elevati → **élevé, pur** ⓒ 2 **matériel, terre-à-terre.**

éthérifier |eteʀifje| *v.tr.* (*chim.*) [*convertir, transformer en éther*] eterificare → **estérifier.**

éthérisation |eteʀizɑsjɔ̃| *s.f.* (*méd.*) eterizzazione, anestesia (*cour.*): *éthérisation générale, locale* eterizzazione, anestesia totale, locale.

éthériser |eteʀize| *v.tr.* (*méd.*) [*insensibiliser par l'éther*] eterizzare, anestetizzare (*cour.*): *éthériser un malade* eterizzare, anestetizzare un malato.

éthérisme |eteʀism(ə)| *s.m.* (*méd.*) eterismo.

éthéromane |eteʀɔman| *adj. et s.* (*méd.*) eteromane.

éthéromanie |eteʀɔmani| *s.f.* (*méd.*) eteromania.

éthiopien, ienne |etjɔpjɛ̃, jɛn| *adj.* [*d'Éthiopie*] etiopico*, etiope: *la langue éthiopienne* l'etiopico.

éthique |etik| *s.f.* (*philo.*) etica* ♦ *adj.* [*qui concerne la morale*] etico*, morale → **morale.**

éthmoïdal, ale, aux |ɛtmɔidal, o| *adj.* (*anat.*) etmoidale: *les os éthmoïdaux* le ossa etmoidali.

ethmoïde |ɛtmɔid| *s.m.* (*anat.*) etmoide ♦ (*adj.*) *l'os ethmoïde* l'osso etmoidale.

ethnarchie |ɛtnaʀʃi| *s.f.* (*antiq. gr.*) dignità *inv.*, carica* dell'etnarca.

ethnarque |ɛtnaʀk(ə)| *s.m.* (*antiq. gr.*) etnarca*.

ethnie |ɛtni| *s.f.* etnia.

ethnique |ɛtnik| *adj.* etnico*: *groupes ethniques* gruppi etnici → **racial.**

ethnocentrisme |ɛtnɔsɑ̃tʀism(ə)| *s.m.* etnocentrismo.

ethnographe |ɛtnɔgʀaf| *s.* etnografo.

ethnographie |ɛtnɔgʀafi| *s.f.* etnografia.

ethnographique |ɛtnɔgʀafik| *adj.* etnografico*.

ethnolinguistique |ɛtnɔlɛ̃gɥistik| *adj.* etnolinguistico* ♦ *s.f.* etnolinguistica*.

ethnologie |ɛtnɔlɔʒi| *s.f.* etnologia* → **anthropologie.**

ethnologique |ɛtnɔlɔʒik| *adj.* etnologico*.

ethnologue |ɛtnɔlɔg| *s.* etnologo*.

éthologie |etɔlɔʒi|, **éthographie** |etɔgʀafi| *s.f.* etologia*.

éthologique |etɔlɔʒik| *adj.* etologico*.

éthopée |etɔpe| *s.f.* (*ling.*) etopea.

éthyle |etil| *s.m.* (*chim.*) etile.

éthylène |etilɛn| *s.m.* (*chim.*) etilene.

éthylénique |etilenik| *adj.* (*chim.*) etilenico*: *carbures éthyléniques* carburi etilenici.

éthylique |etilik| *adj.* **1** (*chim.*) etilico*: *alcool éthylique* alcool etilico **2** (*méd., cour.*) alcolico*: *intoxication éthylique* intossicazione alcolica ♦ (*s.*) *un éthylique* un alcolizzato → **alcoolique, ivrogne.**

éthylisme |etilism(ə)| *s.m.* (*méd.*) etilismo.

étiage |etjaʒ| *s.m.* [*baisse périodique des eaux d'un cours d'eau; le plus bas niveau des eaux*] magra *f.* ⓒ **crue.**

étier |etje| *s.m.* (*région.*) → **canal.**

étincelant, ante |etɛ̃slɑ̃, ɑ̃t| *adj.* [*qui étincelle*] scintillante; sfavillante, luccicante: *acier étincelant* acciaio scintillante || *des yeux étincelants de joie* occhi sfavillanti, luccicanti di gioia ◇ (*fig.*) *discours étincelant* [*brillant*] discorso brillante.

étinceler |etɛ̃sle| (4) *v.intr.* **1** [*briller au contact d'un rayon lumineux*] luccicare (*aux.* essere, avere), scintillare: *métal qui étincelle* metallo che luccica; *mer qui étincelle au clair de lune* mare che luccica, scintilla al chiaro di luna → **brasiller** **2** (*fig.*) *regards qui étincellent d'ardeur, de haine* sguardi che sprizzano *tr.* ardore, odio; sguardi sfavillanti di ardore, odio **3** (*choses abstraites*) [*avoir de l'éclat*] brillare, risplendere*: *son génie étincelait* il suo genio brillava, risplendeva.

étincelle |etɛ̃sɛl| *s.f.* **1** [*parcelle incandescente qui se détache d'un corps en combustion ou qui jaillit sous le choc de deux corps*] scintilla; favilla: *jeter des étincelles* sprizzare scintille; *étincelle électrique* scintilla elettrica || *étincelles qui crépitent* faville che scoppiettano ◇ (*loc. fig.*) *c'est l'étincelle qui a mis le feu aux poudres* è la scintilla che ha fatto divampare l'incendio **2** [*point, reflet brillant*] scintilla: *regard qui jette des étincelles* sguardo che sprizza scintille **3** (*fig.*) [*petite lueur*] barlume (*m.*): *une étincelle de raison, de courage* un barlume di ragione, di coraggio ◇ (*fam.*) *il a fait des étincelles* ha fatto faville, scintille.

étincellement |etɛ̃sɛlmɑ̃| *s.m.* [→ ÉTINCELER 1] luccichio*, sfavillio* → **scintillation.**

étiolé, ée |etjɔle| *adj.* [*qui s'est étiolé ou qu'on a étiolé*] (*plantes*) avvizzito, imbozzacchito: *une fleur étiolée* un fiore avvizzito, imbozzacchito ◇ (*personnes*) deperito: *un enfant étiolé* un bambino deperito ◇ (*fig.*) *une intelligence étiolée* un'intelligenza svigorita, inaridita.

étiolement |etjɔlmɑ̃| *s.m.* **1** [→ ÉTIOLER A 1] intristimento, l'imbozzacchire *inv.* → **dépérissement** **2** [→ ÉTIOLER A 2] deperimento, indebolimento → **affaiblissement, dépérissement** ◇ (*fig.*) *l'étiolement des facultés intellectuelles* l'indebolimento, l'indebolirsi *inv.* delle facoltà intellettuali ⓒ **force** 1, **vigueur.**

étioler |etjɔle| **A** *v.tr.* **1** [*rendre* (*une plante*) *grêle et décolorée*] far (103) *intr.* intristire, far *intr.* imbozzacchire: *l'obscurité étiole les plantes* l'oscurità fa intristire, fa imbozzacchire le piante → **rabougrir (se)** ◇ (*agric.*) [*faire pousser* (*certains légumes*) *à l'abri de l'air pour qu'ils restent blancs*] imbianchire (197) **2** (*compl. de personne*) [*rendre chétif, pâle*] indebolire (197), debilitare: *le manque de grand air, d'exercice étiole les enfants* la mancanza d'aria aperta, di esercizio indebolisce, debilita i bambini → **affaiblir** **3** (*fig.*) [*affaiblir, atrophier*] indebolire, svigorire (197) **B** *v.pron. intr.* S'ÉTIOLER **1** [→ *tr.* 2] indebolirsi, deperire (197) (*intr.*): *ce malade s'étiole* questo malato s'indebolisce, deperisce → **dépérir, languir** **2** (*fig.*) [→ *tr.* 3] indebolirsi, svigorirsi: *l'esprit, la mémoire s'étiolent dans l'oisiveté* la mente, la memoria si indeboliscono, si svigoriscono con l'ozio ⓒ A 3 **épanouir, fortifier.**

étiologie |etjɔlɔʒi| *s.f.* (*biol., méd.*) eziologia*.

étiologique |etjɔlɔʒik| *adj.* (*biol., méd.*) eziologico*.

étiologiquement |etjɔlɔʒikmɑ̃| *adv.* [→ ÉTIOLOGIQUE] eziologicamente.

étique |etik| *adj.* [*d'une extrême maigreur*] scheletrico* → **décharné** ⓒ **gras.**

étiquetage |etiktaʒ| *s.m.* [→ ÉTIQUETER] etichettatura *f.*

étiqueter |etikte| (5) *v.tr.* **1** [*marquer d'une étiquette*] etichettare: *étiqueter des marchandises* etichettare delle merci ♦ (*au p.p.*) *des bocaux étiquetés* barattoli etichettati **2** (*fig.*) etichettare, classificare: *on l'étiquette comme anarchiste* lo etichettano, lo classificano come anarchico → **dénommer** ♦ (*absolt.*) *après son intervention, on l'a aussitôt étiqueté* dopo il suo intervento, l'hanno subito classificato → **cataloguer, classer.**

étiqueteur, euse |etiktœʀ, øz| *s.* [*personne qui pose des étiquettes*] etichettatore*.

1 **étiquette** |etikɛt| *s.f.* **1** [*morceau de papier, de carton, fixé à un objet*] etichetta; marchio* (*m.*): *attacher, mettre une étiquette sur un colis* incollare, mettere un'etichetta su un pacco || *étiquette de garantie, de qualité* marchio di garanzia, di qualità → **label** **2** (*fig.*) *on ne peut les classer sous la même étiquette* non li si può classificare con la stessa etichetta.

2 **étiquette** |etikɛt| *s.f.* [*ordre des préséances; cérémonial*] etichetta: *respecter l'étiquette* rispettare l'etichetta → **protocole.**

étirable |etiʀabl(ə)| *adj.* (*rare*) → **ductile, élastique.**

étirage |etiʀaʒ| *s.m.* (*métall.*) trafilatura (*f.*): *étirage des métaux à froid* trafilatura dei metalli a freddo; *étirage à chaud au laminoir* trafilatura, laminazione a caldo dei metalli → **forgeage, laminage** ◇ (*techn.*) *étirage des peaux* stiratura *f.* delle pelli; *étirage des textiles dans les filatures* stiramento delle fibre tessili nelle filature; *banc d'étirage* stiratoio*; *étirage du verre* stiraggio* del vetro.

étirement |etiʀmɑ̃| *s.m.* **1** [→ ÉTIRER A] stiramento, allungamento → **allongement** **2** [→ ÉTIRER B 1] stiramento, stiracchiamento ◇ (*géol.*) *étirement des couches* assottigliamento degli strati → **laminage.**

étirer |etiʀe| **A** *v.tr.* [*allonger ou étendre par traction*] tendere (105); stirare: *corps qui peut être étiré sans se rompre* corpo che può essere teso senza rompersi || *étirer le verre* stirare il vetro; *étirer les cuirs, les peaux* stirare il cuoio, le pelli → **étendre** # *étirer les métaux* trafilare i metalli **B** *v.pron.* S'ÉTIRER **1** *réfl.* [*étendre ses membres*] stirarsi, stiracchiarsi; *s'étirer en bâillant* stirarsi, stiracchiarsi sbadigliando → **détendre** **2** *intr.* (*étoffes*) *tissu qui s'étire* tessuto elastico* *adj.* © A **comprimer, contracter** 3; B 1 **blotir (se).**

étireur, euse |etiRœR, øz| *s.* [*ouvrier qui procède à l'étirage*] trafilatore *m.*; stiratore* → **étirer.**

étireuse |etiRøz| *s.f.* (*techn.*) trafilatrice; stiratoio* *m.*, stiratrice → **étirer.**

étisie |etizi|, **hectisie** |ɛktizi| *s.f.* → **consomption.**

étoc |etɔk| *s.m.* (*mar.*) punta *f.* di scoglio.

étoffe |etɔf| *s.f.* **I** **1** stoffa: *étoffes de laine, de coton* stoffe di lana, di cotone; *étoffes de fibres synthétiques* stoffe di fibre sintetiche; *étoffe unie, imprimée* stoffa in tinta unita, stampata; *étoffe double face, réversible* stoffa 'double-face', rovesciabile; *étoffe inusable* stoffa molto resistente → **tissu** **2** *loc. fig.* AVOIR L'ÉTOFFE DE [*les qualités, les capacités de*] avere la stoffa di: *il n'a pas l'étoffe de l'homme d'état, de l'orateur* non ha la stoffa dello statista, dell'oratore ~ *avoir de l'étoffe* avere della stoffa ~ *manquer d'étoffe* non avere la stoffa → **valeur** **II** (*techn.*) [*morceau d'acier pour coutellerie*] acciaio* *m.* comune ◇ [*mélange d'étain et de plomb pour la fabrication des tuyaux d'orgue*] lega* di stagno e piombo.

étoffé, ée |etɔfe| *adj.* **1** (*style*) [*qui a des qualités de force, d'ampleur*] ricco*, ampio*: *un récit très étoffé* un racconto molto ricco, molto ampio **2** (*sujet animé*) [*qui a des formes amples*] ben pasciuto: *des chevaux étoffés* cavalli ben pasciuti ◇ (*choses*) *voix étoffée* [*pleine, étendue*] voce forte, piena.

étoffer |etɔfe| **A** *v.tr.* [*enrichir*] arricchire (197), ampliare: *étoffer un ouvrage* arricchire, ampliare un'opera; *il faudra étoffer le début de l'histoire* bisognerà arricchire, ampliare l'inizio della storia → **nourrir** # *étoffer un personnage* dar vigore, forza espressiva a un personaggio **B** *v.pron. intr.* S'ÉTOFFER (*personnes*) [*s'élargir, prendre de la carrure*] irrobustirsi (197): *il s'est étoffé depuis qu'il fait du sport* si è irrobustito da quando fa dello sport.

1 **étoile** |etwal| *s.f.* **I** [*astre*] stella: *étoile polaire* stella polare; *étoile filante* stella cadente, filante; *étoiles radioélectriques, radio-étoiles* stelle radioelettriche, radiostelle # *l'étoile du berger* [*la planète Vénus*] Venere ◇ (*fam.*) *à la belle étoile* [*en plein air, la nuit*] all'aperto, all'aria aperta **II** (*loc.*) *être né sous une bonne, une mauvaise étoile* essere nato sotto una buona, una cattiva stella ~ *avoir foi, être confiant en son étoile* confidare, credere nella propria stella → **chance, destin** **III** **1** [*objet disposé en rayons, rappelant l'étoile*] stella: *étoile à quatre, à cinq branches* stella a quattro, a cinque punte; *étoile de David* stella di Davide; *l'étoile jaune* la stella gialla # *les étoiles d'un officier* le stellette di un ufficiale; *général à quatre étoiles* generale di corpo d'armata ◇ (*servant à classer les catégories d'hôtel, etc.*) *un hôtel trois étoiles, un restaurant quatre étoiles* un albergo con tre stelle, un ristorante con quattro stelle ◇ [*fêlure rayonnante*] incrinatura (a raggiera): *étoile sur une vitre, un pare-brise* incrinatura (a raggiera) di un vetro, di un parabrezza ◇ (*typogr.*) asterisco* *m.*, stelletta **2** [*rond-point*] incrocio* *m.* a raggiera → **carrefour** **3** *loc.* EN ÉTOILE a stella, a raggiera: *routes, fêlures en étoile* strade, incrinature a stella, a raggiera; *moteur en étoile* motore a stella, stellare **4** *étoile de mer* stella marina → **astérie.**

2 **étoile** |etwal| *s.f.* [*personne dont la réputation, le talent brille*] divo *m.*, diva, stella: *les étoiles du cinéma* i divi, le stelle del cinema → 2 **vedette** ✦ (*appos.*) *danseur, danseuse étoile* primo ballerino, prima ballerina; *une étoile montante du football* un astro *m.* nascente del calcio.

étoilé, ée |etwale| *adj.* **1** [*semé d'étoiles*] stellato: *ciel étoilé* cielo stellato; *nuit étoilée* notte stellata # *des éventails étoilés de rubis* ventagli tempestati di rubini **2** [*qui porte des étoiles dessinées*; *disposé en étoile*] stellato; stellare: *la bannière étoilée* la bandiera stellata.

étoilement |etwalmɑ̃| *s.m.* (*littér.*) **1** [→ ÉTOILER B] l'ammantarsi *inv.*, il ricoprirsi *inv.* di stelle **2** [*disposition rayonnante*] disposizione *f.* stellare, a raggiera.

étoiler |etwale| **A** *v.tr.* **1** [*parsemer d'étoiles*] costellare: *les astres qui étoilent le ciel* gli astri che costellano il cielo **2** [*former une étoile*] disporsi (168) *pron.* a stella, a raggiera ◇ (*par anal.*) *étoiler une glace, une vitre* [*la fêler en forme d'étoile*] incrinare uno specchio, un vetro a raggiera **B** *v.pron. intr.* S'ÉTOILER [→ *tr.* 1] ammantarsi di stelle: *le ciel s'étoile* il cielo si ammanta di stelle.

étole |etɔl| *s.f.* stola: *étole sacerdotale, pastorale* stola sacerdotale, pastorale; *une étole de vison* una stola di visone.

étolien, ienne |etɔljɛ̃, jɛn| *adj.* [*de l'Étole*] etolo.

étonnamment |etɔnamɑ̃| *adv.* [→ ÉTONNANT] meravigliosamente; in modo sorprendente (*loc. inv.*): *être étonnamment bien* stare meravigliosamente bene‖ *il a changé étonnamment, depuis sa maladie* dopo la malattia è cambiato in modo sorprendente.

étonnant, ante |etɔnɑ̃, ɑ̃t| *adj.* **1** [*qui surprend, déconcerte par qqch. d'extraordinaire*] sorprendente; strano: *un événement étonnant* un avvenimento sorprendente; *une nouvelle étonnante* una notizia sorprendente → **déconcertant, surprenant** ‖ *je trouve étonnant qu'il ne m'ait pas prévenu* trovo strano che non mi abbia avvisato; *il est bien étonnant que cela ne se soit pas produit plus tôt* è molto strano che ciò non si sia verificato prima; *cela n'a rien d'étonnant* non c'è nulla di strano → **bizarre, curieux** **2** [*qui frappe par un caractère remarquable, accompli*] fantastico*, formidabile: *un livre étonnant* un libro fantastico, formidabile → **épatant, fantastique, formidable** ◇ (*personnes*) *c'est une femme étonnante* è una donna fantastica © 1 **habituel, normal, ordinaire.**

étonné, ée |etɔne| *adj.* [*surpris par qqch.*] sorpreso, meravigliato: *il paraissait étonné* sembrava sorpreso, stupito; *un regard étonné* uno sguardo sorpreso, meravigliato → **abasourdi, surpris.**

étonnement |etɔnmɑ̃| *s.m.* [*surprise causée par qqch. d'extraordinaire, d'inattendu*] meraviglia *f.*, sorpresa (*f.*): *causer de l'étonnement* destare meraviglia, sorpresa; *à mon étonnement, j'ai vu que...* con mia grande sorpresa, ho visto che...; *sans manifester le moindre étonnement* senza mostrare la (benché) minima sorpresa → **ahurissement, surprise** ◇ (*langue classique*) [*émotion violente*] stupore.

étonner |etɔne| **A** *v.tr.* [*causer de la surprise à* (*qqn.*)] stupire (197), sorprendere (105): *étonner par la beauté, la grandeur* stupire, sorprendere per la bellezza, la grandezza; *cela m'a bien étonné* ciò mi ha veramente stupito, sorpreso; *cela ne m'étonne pas, j'en ai vu bien d'autres* (ciò) non mi stupisce, non mi sorprende affatto, ne ho viste di peggio; *ça m'étonnerait* mi stupirebbe, mi sorprenderebbe → **abasourdir, surprendre, épater** ✦ (*au p.p.*) *air étonné* aria stupita; *regard étonné* sguardo sorpreso, meravigliato **B** *v.pron. intr.* S'ÉTONNER [→ *tr.*] stupirsi, meravigliarsi: *s'étonner de tout* stupirsi, meravigliarsi di tutto ◇ *loc.* S'ÉTONNER DE CE QUE (+ *ind. ou subj.*) meravigliarsi, stupirsi che (+ *subj.*): *je m'étonne de ce qu'il n'est, ne soit pas venu* mi meraviglio che non sia venuto ~ S'ÉTONNER DE (+ *inf.*) stupirsi, meravigliarsi di, nel (+ *inf.*): *il s'étonna de le voir arriver si vite* si stupì, si meravigliò di, nel vederlo arrivare così presto ~ S'ÉTONNER QUE (+ *subj.*) stupirsi, meravigliarsi che (+ *subj.*): *je m'étonne qu'il ne m'ait pas téléphoné* mi stupisce, mi meraviglio che non mi abbia telefonato.

étouffage |etufaʒ| *s.m.* (*agric.*) affumicatura *f.*

étouffant, ante |etufɑ̃, ɑ̃t| *adj.* [*qui fait qu'on étouffe, qu'on respire mal*] soffocante, opprimente: *chaleur étouffante* caldo soffocante, opprimente; *athmosphère étouffante* atmosfera soffocante, opprimente → **asphyxiant, suffocant.**

étouffé, ée |etufe| *adj.* **1** [*asphyxié par étouffement*] strozzato, soffocato # *feu étouffé* fuoco spento → **éteint** **2** (*bruit, son*) soffocato: *cris, rires étouffés* grida, risa soffocate, strozzate (in gola) ◇ (*fig.*) represso: *sentiments étouffés* sentimenti repressi; *tendances étouffées* tendenze represse.

étouffe-chrétien |etufkRetjɛ̃| *s.m.inv.* (*fam.*) [*aliment, mets qui étouffe, très épais*] pastone *var.*

étouffée (à l') |aletufe| (*loc. adv.*) *cuire à l'étouffée* [*à la vapeur*] cuocere a vapore, stufare; *viande à l'étouffée* stufato *s.m.*

étouffement |etufmɑ̃| *s.m.* **1** [→ ÉTOUFFER A 1] soffocamento, strozzamento **2** [*difficulté à respirer*] soffocamento: *sensation d'étouffement* senso di soffocamento → **suffocation, étranglement** **3** (*fig.*) [→ ÉTOUFFER A 5] repressione *f.*; soffocamento: *étouffement d'une révolte* repressione di una rivolta → **répression** ‖ *étouffement d'un scandale* soffocamento di uno scandalo → **dissimulation.**

étouffer |etufe| **A** *v.tr.* **1** [*asphyxier ou suffoquer* (*qqn.*), *rendre la respiration difficile*] soffocare, strozzare: *étouffer* *qqn. par strangulation* soffocare qc. per strangolamento ◇ (*sujet de chose*) *la chaleur m'étouffe* il caldo mi soffoca, mi opprime ◇ (*fam., iron.*) *les scrupules ne l'étouffent pas* [*il n'a aucun scrupule*] non è il tipo che si fa scrupoli; *ce n'est pas l'honnêteté qui l'étouffe* l'onestà non è il suo forte **2** [*gêner la croissance de* (*une plante*)] soffocare: *le lierre va étouffer cet arbre* l'edera rischia di soffocare quest'albero **3** [*priver de l'oxygène nécessaire à la combustion*] soffocare: *étouffer un incendie* soffocare, domare un incendio → **éteindre** **4** [*empêcher de se faire entendre, de se propager*] attutire (197), smorzare; attenuare: *des tapis étouffaient les pas* i tappeti attutivano i passi → **amortir, assourdir** ‖ *bruits étouffés* rumori attenuati, ovattati **5** [*faire taire; contenir, supprimer*] soffocare: *étouffer l'opinion publique* soffocare, mettere a tacere l'opinione pubblica; *étouffer l'opposition* soffocare, mettere a tacere l'opposizione; *étouffer un soupir, un sanglot* soffocare, trattenere un sospiro, un singhiozzo; *étouffer ses sentiments, ses émotions* soffocare i propri sentimenti, le proprie emozioni; *étouffer un scandale* soffocare uno scandalo; *étouffer dans l'œuf une révolte, un complot* soffocare sul nascere una rivolta, un complotto → **briser** **B** *v.intr.* [*respirer avec peine, difficulté; ressentir une impression d'oppression*] soffocare (*aux.* essere): *étouffer dans une pièce fermée* soffocare in una stanza chiusa → **suffoquer** ♦ (*absolt.*) *étouffer de rire* soffocare, sbellicarsi *pron.* dalle risa → **étrangler (s')** **C** *v.pron.* S'ÉTOUFFER **1** *intr.* [*perdre la respiration*] soffocarsi, strozzarsi: *s'étouffer en mangeant, en avalant de travers* soffocarsi, strozzarsi mangiando, per un boccone andato di traverso **2** (*récipr.*) *s'étouffer mutuellement* strozzarsi a vicenda ◇ [*se serrer les uns les autres dans la foule*] pigiarsi, accalcarsi → **écraser (s'), presser (se)** # *on s'étouffait à cette réception* a quel ricevimento c'era un pigia pigia, una calca...

étouffeur |etufœʀ| *s.m.* **1** [*celui qui étouffe*] strozzatore* *s.*, soffocatore* *s.* (*rare*) **2** (*techn.*) smorzatore.

étouffoir |etufwaʀ| *s.m.* **1** [*lieu où l'on étouffe*] forno, ambiente soffocante: *cette chambre est un étouffoir* questa stanza è un forno **2** [*récipient cylindrique pour étouffer et conserver les braises*] braciere **3** (*mus.*) smorzatore.

étoupe |etup| *s.f.* [*la partie la plus grossière de la filasse*] stoppa: *étoupe de chanvre, de lin* stoppa di canapa, di lino; *avoir les cheveux comme de l'étoupe* avere i capelli di stoppa.

étouper |etupe| *v.tr.* (*techn.*) [*garnir d'étoupe*] stoppare.

étoupille |etupij| *s.f.* (*artill.*) innesco* *m.* → **amorce, détonateur.**

étourderie |etuʀdəʀi| *s.f.* **1** (*fam.*) [*acte d'étourdi*] stupidaggine: *faire une étourderie* fare una stupidaggine → **imprudence, bévue** ◇ [*oubli, inattention*] sbadataggine, distrazione: *faute d'étourderie* errore di distrazione, di disattenzione **2** [*caractère de ce qui est étourdi*] sventatezza, sbadataggine: *l'étourderie des enfants* la sventatezza, la sbadataggine dei bambini → **distraction, inattention** ◇ *loc.* AVEC, PAR ÉTOURDERIE con sventatezza; per sbadataggine, per distrazione ⓒ 2 **attention, réflexion.**

étourdi, ie |etuʀdi| **I** *adj.* **1** [*qui agit sans réflexion*] sconsiderato, sventato → **distrait, inattentif, inconsidéré** **2** [*qui oublie facilement; qui manque de mémoire*] distratto, sbadato: *vous êtes trop étourdi pour faire ce travail* lei è troppo distratto, sbadato per fare questo lavoro ♦ (*s.*) *un étourdi* uno sbadato, un distratto → **distrait, écervelé** **II** *loc. adv.* À L'ÉTOURDIE sconsideratamente *adv.*, avventatamente (*adv.*): *agir à l'étourdie* agire sconsideratamente, avventatamente → **étourdiment, inconsidérément** ⓒ I 1 **attentif,** 2 **organisé.**

étourdiment |etuʀdimɑ̃| *adv.* [→ ÉTOURDI I 1] sconsideratamente, sbadatamente: *agir, parler étourdiment* agire, parlare sconsideratamente → **inconsidérément.**

étourdir |etuʀdiʀ| **A** *v.tr.* **1** [*faire perdre à demi connaissance*] stordire (197): *le coup de poing l'a étourdi* il pugno l'ha stordito → **assommer** **2** [*causer une sorte d'ivresse, de vertige*] stordire, inebriare: *le vin l'étourdit* il vino lo stordisce, lo inebria → **griser** **3** [*fatiguer par le bruit, les paroles*] intontire (197), stordire → **assourdir, fatiguer** **B** *v.pron. réfl.* S'ÉTOURDIR [*perdre la claire conscience de soi-même*] stordirsi: *boire pour s'étourdir* bere per stordirsi; *chercher à s'étourdir* cercare di stordirsi, di distrarsi → **distraire (se)** ◇ (*par ext.*) *s'étourdir de paroles* inebriarsi di parole → **enivrer (s').**

étourdissant, ante |etuʀdisɑ̃, ɑ̃t| *adj.* **1** [*qui étourdit par son bruit*] assordante: *vacarme étourdissant* fracasso assordante → **assourdissant** **2** [*qui fait sensation*] sbalorditivo, strabiliante: *un succès étourdissant* un successo sbalorditivo; *une virtuosité étourdissante* un virtuosismo strabiliante → **éblouissant, sensationnel.**

étourdissement |etuʀdismɑ̃| *s.m.* **1** [*sensation de tournoiement, d'engourdissement*] stordimento: *avoir un étourdissement* avere uno stordimento → **éblouissement, évanouissement** **2** (*fig.*) sbalordimento, stupore.

étourneau |etuʀno| *s.m.* **1** (*t. zool.*) storno **2** (*fig.*) [*personne inconsidérée, tête sans cervelle*] sventato, stordito: *quel étourneau!* che sventato!, che stordito!

étrange |etʀɑ̃ʒ| *adj.* [*contraire à ce qui est habituel*] strano: *un air, un sourire étrange* un'aria strana, uno strano sorriso; *étrange façon d'agir!* strano modo di comportarsi!; *un cas étrange* un caso strano → **rare, bizarre, curieux** ♦ (*s.m.*) *l'étrange* lo strano, la stranezza *f.* → **étrangeté** ⓒ **banal, courant** 1, **ordinaire.**

étrangement |etʀɑ̃ʒmɑ̃| *adv.* [→ ÉTRANGE] in modo strano *loc. inv.*, stranamente: *il était étrangement habillé* era vestito in modo strano → **bizarrement, curieusement.**

étranger, ère |etʀɑ̃ʒe, ɛʀ| **I** *adj.* **1** [*qui est d'une autre nation*] straniero: *les nations, les puissances étrangères* le nazioni, le potenze straniere; *langues étrangères* lingue straniere; *accent étranger* accento straniero; *Légion étrangère* la Legione straniera → **extérieur** **2** [*relatif aux rapports avec les autres nations*] estero: *Ministère des Affaires étrangères* Ministero degli Affari Esteri, degli Esteri; *politique étrangère d'un gouvernement* politica estera di un governo **3** [*qui n'appartient pas à un groupe* (*familial, social*)] estraneo: *se sentir étranger dans une réunion, un milieu* sentirsi estraneo in una riunione, in un ambiente; *être étranger à qqn., à un milieu* essere estraneo a qc., a un ambiente **4** (*choses*) ÉTRANGER À (QQN.) estraneo a (qc.): *ces préoccupations me sont étrangères* queste preoccupazioni mi sono estranee, non mi toccano; *ce visage ne m'est pas étranger* questo viso non mi è estraneo, nuovo # **inconnu** **5** (*personnes*) ÉTRANGER À (QQCH.) estraneo a; profano, incompetente di: *il est étranger à ce complot, à cette affaire* è estraneo a questo complotto, a questa faccenda ‖ *être étranger à l'art, au théâtre* essere profano, incompetente (in fatto) d'arte, di teatro → **ignorant, profane** # *être étranger à tout sentiment de pitié* essere incapace di ogni sentimento di pietà → **insensible** **6** (*choses*) [*qui ne fait pas partie de; qui n'a aucun rapport avec*] estraneo: *notes, considérations, digressions étrangères à un sujet, à un texte* note, considerazioni, digressioni estranee, non pertinenti a un argomento, a un testo → **distinct, extérieur** **7** CORPS ÉTRANGER corpo estraneo: *extraire un corps étranger d'une plaie* estrarre un corpo estraneo da una piaga **II** *s.* **1** *s.* [*personne qui est d'une autre nation*] straniero: *étranger qui réside en France* straniero residente in Francia ♦ *s.m.* (*collectif*) L'ÉTRANGER [*les étrangers et, plus souvent, l'ennemi*] lo straniero: *pays envahi par l'étranger* paese invaso dallo straniero **2** *s.* [*personne qui ne fait pas partie d'un groupe*] estraneo; forestiero: *ils se vouvoient devant les étrangers* davanti agli estranei si danno del lei → **inconnu** **3** *s.m.* [*pays étranger*] estero ◇ *loc.* À L'ÉTRANGER all'estero: *voyager à l'étranger* viaggiare all'estero; *aller vivre à l'étranger* andare a vivere all'estero ~ DE L'ÉTRANGER dall'estero: *nouvelles de l'étranger* notizie dall'estero ⓒ I 1 **autochtone;** II 1 **citoyen.**

étrangeté |etʀɑ̃ʒte| *s.f.* **1** [*caractère étrange*] stranezza, stravaganza: *étrangeté de caractère* stranezza di carattere; *étrangeté de mise* stravaganza nel vestire → **singularité** # *cela donne une impression d'étrangeté* fa una strana impressione **2** (*littér.*) [*action, chose étrange*] stranezza: *il y a des étrangetés dans ce livre* in questo libro ci sono delle stranezze.

étranglé, ée |etʀɑ̃gle| *adj.* [*resserré*] strozzato: *voix étranglée* [*gênée par un resserrement de la gorge*] voce strozzata ◇ (*méd.*) *hernie étranglée* ernia strozzata.

étranglement |etʀɑ̃gləmɑ̃| *s.m.* **1** [*état de ce qui est étranglé*] strozzatura (*f.*): *l'étranglement d'une vallée* la strozzatura di una valle → **rétrécissement** **2** (*méd.*) strozzamento: *étranglement herniaire* strozzamento erniario → **resserrement** **3** (*fig., littér.*) [→ ÉTRANGLER A 2] soffocamento: *étranglement des libertés* soffocamento delle libertà → **étouffement** **4** (*vx.*) [*compression ou obstruction des voies respiratoires*] strangolamento, soffocamento: *mourir d'étranglement* morire per strangolamento, soffocamento → **étouffement, suffocation** ⓒ 2 **élargissement** 1, **dilatation, distension;** 3 **libération.**

étrangler |etrɑ̃gle| **A** *v.tr.* **1** [*priver de respiration par une forte compression du cou*] strangolare, strozzare: *étrangler de ses mains, avec un nœud coulant* strangolare, strozzare con le proprie mani, con un nodo scorsoio ◇ (*fig.*) *voix étranglée* voce strozzata; *l'émotion l'étranglait* l'emozione gli serrava la gola **2** (*compl. de chose*) [*gêner ou supprimer*] soffocare: *étrangler la liberté* soffocare la libertà **3** (*mar.*) *étrangler une voile* strangolare una vela → **carguer** **B** *v.pron. intr.* S'ÉTRANGLER [→ *tr.* 1] strozzarsi: *cet enfant s'étrangle à force de crier* questo bambino si strozza a forza di gridare; *une voix qui s'étrangle* una voce che si strozza in gola.

étrangleur, euse |etrɑ̃glœr, øz| *s.* **1** *s.* [*celui, celle qui étrangle*] strangolatore* **2** *s.m.* (*auto.*) 'gicleur' *inv.*, spruzzatore.

étrangloir |etrɑ̃glwaʀ| *s.m.* (*mar.*) [*cordage servant à étrangler une voile*] imbroglio* ◇ [*appareil destiné à ralentir la course de la chaîne d'ancre*] arrestatoio*, strozzatoio*.

étrave |etʀav| *s.f.* (*mar.*) dritto *m.* di prora.

1 **être** |ɛtʀ(ə)| (43) **A** *v.intr.* (*dans sa valeur fondamentale*) **I** [*avoir une réalité*] (*personnes*) essere (96) (*aux.* essere): *être ou ne pas être* essere o non essere ◇ (*rare*) [*vivre*] essere, vivere (194): *il n'est plus* [*il est mort*] non è più ◇ (*choses*) essere: *que la lumière soit* che la luce sia; *cela n'est pas et ne sera pas* ciò non è e non sarà; *cela peut être* è possibile, può darsi; *cela étant* se è così, se le cose stanno così; *ainsi soit-il* così sia ◇ (*sc.*) (*au subj.*) *soit un triangle A B C, soient trois points en ligne droite* dato un triangolo A B C, dati tre punti in linea retta **II** (*suivi d'une prép.*, *d'un adv.*, *d'une loc. adv.*) **1** (*lieu*) essere, trovarsi (*pron.*): *j'y suis, j'y reste* ci sono, ci resto; *je suis à l'Hôtel de la Gare* sono, mi trovo all''Hôtel de la Gare'; *la voiture est au garage* la macchina è in garage; *les clefs sont sur la porte* le chiavi sono sulla porta → **trouver (se)** ◇ (*fig.*) *être à côté de la vérité* non essere nel vero; *être au-dessus de toute calomnie* essere al di sopra di ogni calunnia; *être à ce qu'on dit, à ce qu'on fait* [*avoir l'esprit à*] stare attento a ciò che si dice, a ciò che si fa; *être ailleurs* [*avoir l'esprit ailleurs*] essere altrove (con la mente), essere distratto ◇ *loc. fig.* Y ÊTRE esserci, capire (197): *ah! j'y suis!* ah! ci sono!, capisco!; *vous n'y êtes pas du tout* lei non ha capito affatto, non ha capito niente → **comprendre** **2** (*au passé avec un compl. de lieu, un inf.*) [*aller*] andare (101) (*aux.* essere), stare (104) (*aux.* essere): *j'ai été à Rome l'an dernier* sono andato, stato a Roma l'anno scorso; *nous avons été l'accompagner* siamo andati ad accompagnarlo **3** (*temps*) essere: *nous sommes au mois de mars, en mars, le 2 mars* siamo nel mese di marzo, in marzo, al 2 marzo; *on est au printemps* siamo all'inizio della primavera **III** (*avec certaines prép.*) **1** *loc.* ÊTRE À: *ceci est à moi* è mio, mi appartiene ◇ (*fig.*) *je suis à vous dans un instant* fra un istante sono a sua disposizione, sono da lei ◇ (*occupation*) *être à son travail, être à travailler* [*occupé à, en train de*] star lavorando; *elle est toujours à se plaindre* si lamenta sempre ◇ (*devant un inf.*: *but, nécessité*) *cette personne est à admirer* questa persona è da ammirare; *c'est à prendre ou à laisser!* prendere o lasciare!; *tout est à refaire!* (è) tutto da rifare! **2** *loc.* ÊTRE DE (*provenance*): *être de Normandie* essere della Normandia; *cette comédie est de Molière* questa commedia è di Molière; *cet enfant est de lui* quel bambino è suo ◇ (*participation*) [*faire partie, participer*] *vous êtes des nôtres, de la famille* siete dei nostri, della famiglia; *être de la fête* prendere parte alla festa ~ COMME SI DE RIEN N'ÉTAIT [*sans avoir l'air de participer, avec indifférence*] come se niente fosse: *il prit ma place comme si de rien n'était* prese il mio posto come se niente fosse; *nous nous sommes disputés hier, mais il a été aimable aujourd'hui comme si de rien n'était* ieri abbiamo litigato, ma oggi è stato gentile come se niente fosse stato **3** *loc.* EN ÊTRE [*faire partie de*] partecipare, esserci: *nous organisons une réception, en serez-vous?* organizziamo un ricevimento, parteciperete, ci sarete anche voi? ◇ [*se trouver*] *en être à la moitié du chemin* essere, trovarsi a metà strada; *j'en étais là de mes déductions* ero (arrivato) a quel punto con le mie deduzioni ◇ (*fig.*) *où en êtes-vous dans vos recherches?* a che punto siete con le vostre ricerche?; *ne plus savoir où l'on en est* [*perdre la tête*] non saper più a che punto si è, si sta ~ *en être pour sa peine, son argent* [*avoir perdu sa peine, son argent*] averci rimesso la fatica, il denaro; aver fatto una fatica, una spesa per niente **4** (*manière d'être*) *loc.* ÊTRE EN: *être en smoking* essere in smoking **5** *loc.* ÊTRE POUR: *être pour ou contre qqch.* essere a favore, per o contro q.c.; *être pour une politique indépendante* essere a favore di, favorevole a una politica indipendente ~ *être pour qqch. dans* [*être en partie responsable de*]: *vous avez été pour beaucoup dans sa décision* avete avuto una parte rilevante nella sua decisione, avete contribuito molto alla sua decisione ◇ (*région.*) (*devant un inf., avec une valeur de futur proche*) *nous sommes pour partir* stiamo per partire, stiamo partendo **6** *loc.* ÊTRE SANS [*n'avoir pas*]: *être sans abri* essere senza tetto; *être sans le sou* essere senza soldi, al verde ◇ (*devant un inf., à la forme négative*) *n'être pas sans savoir qqch.* [*ne pas l'ignorer*] non ignorare; *vous n'êtes pas sans avoir entendu dire que...* avete certamente inteso dire che... **B** *v.impers.* **1** (*surtout littér.*) IL EST, EST-IL, IL N'EST PAS...: *il est des gens que la vérité effraie* c'è gente che la verità spaventa; *est-il qqn. parmi vous qui veuille répondre?* c'è qc. fra voi che voglia rispondere?; *il n'est rien d'aussi beau* non c'è niente d'altrettanto bello ◇ *loc.* TOUJOURS EST-IL QUE [*de toute façon; en tout cas*] fatto sta che, resta il fatto che ~ IL N'EST QUE DE [*le mieux est de; il n'y a qu'à*] non c'è che da; basta ~ IL N'EST... QUE DE...: *il n'est de bon champagne que de France* il buono 'champagne' è solo francese ~ S'IL EN EST [*plus que tout autre*]: *un coquin s'il en est, s'il en fut* un furfante quant'altri mai, senza pari **2** (*moment dans le temps*) *'quelle heure est-il?' 'il est midi'* 'che ora è?, che ore sono?' 'è mezzogiorno'; *il est temps de partir* è ora di partire **C** C'EST, CE SERA, C'ÉTAIT, *etc.* **1** (*présentant une personne, une chose; rappelant ce dont il a été question*) *c'est une personne aimable* è una persona gentile; *ce sera très facile* sarà molto facile; *ce n'est rien* non è nulla; *qui est-ce?* chi è?; *qu'est-ce?* che (cos')è?; *laissez-le-moi ne serait-ce qu'un moment* lasciatemelo anche solo per un momento ◇ (*annonçant ce qui suit*: *cette tournure permettant de mettre en relief un élément de la phrase*) *c'est moi qui l'ai dit* l'ho detto io, sono stato io a dirlo; *c'est à vous d'agir* sta, tocca a voi agire; *est-ce difficile de le convaincre?* è difficile convincerlo? **2** *loc.* SI CE N'ÉTAIT..., *ellipt.* N'ÉTAIT... se non fosse per...: *si ce n'était l'amitié que j'ai pour vous, je vous dénoncerais* se non fosse per l'amicizia che ho per voi, vi denuncerei; *si ce n'était pour vous...* non fosse per voi, per lei... ~ C'EST-À-DIRE cioè, vale a dire ~ C'EST À QUI: *c'est à qui parlera le plus fort* si fa a gara a chi parla più forte ~ EST-CE QUE...? (*formule interrogative qui s'emploie concurremment avec l'inversion du sujet*): *est-ce-que vous venez?* venite? ~ N'EST-CE PAS? (*formule par laquelle on requiert l'adhésion d'un auditeur*): *vous êtes de mon avis, n'est-ce pas?* lei è del mio parere, (non è) vero?; *n'est-ce pas que j'ai raison?* (è) vero che ho ragione? **D** (*v. copulatif, suivi d'un subst., d'un pron., d'un adj., d'un inf., d'un adv.*) essere **1** (*subst.*) *mon père est avocat* mio padre è avvocato, fa l'avvocato; *ces messieurs sont des amis à papa* quei signori sono amici di papà **2** (*pron.*) *il n'est rien pour moi* non è niente per me; *il n'est plus lui-même* non è più lui **3** (*adj.*) *la terre est ronde* la terra è rotonda; *soyez gentil* sia gentile ✦ (*en emploi absolu*) *c'est vrai* è vero; *ce n'est pas possible* non è possibile ◇ (*suivi d'un inf., ou d'une complétive*) *il est bon de prendre des précautions* è bene prendere delle precauzioni; *il est impossible qu'il se soit trompé* è impossibile che si sia sbagliato ◇ (*en phrases négatives*) *il, ce n'est pas nécessaire de tout dire* non è necessario dire tutto; *il, ce n'est pas prudent que vous veniez aujourd'hui* non è prudente che veniate oggi **4** (*inf.*) *partir c'est mourir un peu* partire è un po' morire; *vouloir ce n'est pas pouvoir* volere non è potere **5** (*adv. ou compl. indirect*) *c'est pire* è peggio; *ce n'est pas pour des enfants* non è per bambini **E** (*v. aux. servant à former*) **1** (*la forme passive des v.tr.*) essere, venire (202): *être aimé* essere amato; *je suis accompagnée* sono accompagnata; *vous avez été critiqués* siete stati criticati; *il est loué par tout le monde* è, viene lodato da tutti; *beaucoup de progrès ont été faits dans le domaine de l'électronique* si sono fatti, sono stati fatti molti progressi nel campo dell'elettronica **2** (*les temps comp. de certains v. intr. tels que*: *'aller, venir, arriver, partir, naître, mourir, tomber' et peu d'autres*) essere: *elle était tombée* era caduta; *nous étions partis* eravamo partiti **3** (*les temps comp. de tous les v. pron.*) essere: *nous nous sommes repentis* ci siamo pentiti ◇ (*réfl.*) *elle s'est regardée dans la glace* si è guardata allo specchio ◇ *récipr.* (*tr., avec accord du p.p.*) *nous nous sommes vus*

ci siamo visti; (*intr.*, *sans accord du p.p.*) *ils se sont trouvé des pretextes pour partir* si sono trovati dei pretesti per andar via; (*si le v. ne peut avoir de compl. d'objet direct*) *ils se sont parlé, souri, succédé* si sono parlati, sorrisi, succeduti; *ils se sont plu dans cet endroit* sono stati bene in quel posto ◇ (*s'il est suivi d'un inf. ayant un sujet autre que celui du v.*) *elle s'est laissé voler* si è lasciata derubare **4** (*les temps comp. des v. impers.*) essere: *il est arrivé un accident, des accidents* è accaduto un incidente, sono accaduti degli incidenti.

2 **être** |ɛtʀ(ə)| *s.m.* **I** (*philo.*) L'ÊTRE l'essere ◇ (*spécialt.*) [*essence*] essenza *f.* **II** [*ce qui est*] **1** [*tout être vivant et animé*] essere: *les êtres vivants* gli esseri viventi; *être imaginaire* essere immaginario ◇ (*relig.*) *l'Être suprême* [*Dieu*] l'Essere supremo **2** [*personne, être humain*] individuo, essere → 1 **personne** ◇ (*péj.*) *qui est cet être-là* chi è quel tipo?; *quel être insupportable!* che essere, che tipo insopportabile!; *quel être!* che tipo! ◇ (*loc.*) *désirer qqch. de tout son être* desiderare q.c. con tutto il proprio essere [C] I **néant, non-être.**

étreindre |etʀɛ̃dʀ(ə)| (66) *v.tr.* **1** [*entourer avec les membres, avec le corps, en serrant étroitement*] stringere (131): *lutteur qui étreint son adversaire* lottatore che stringe il suo avversario; *une main lui étreignait le bras* una mano gli (le) stringeva il braccio → **serrer** ◇ (*prov.*) *qui trop embrasse mal étreint* chi troppo vuole nulla stringe **2** (*en parlant de sentiments*) stringere: *angoisse, détresse qui étreint le cœur* angoscia, sconforto che stringe il cuore → **oppresser, serrer** [C] 1 **desserrer, lâcher** 1, **relâcher** 1.

étreinte |etʀɛ̃t| *s.f.* **1** [→ ÉTREINDRE 1] stretta: *l'étreinte d'une main* la stretta di una mano ◇ [*pression exercée par ce qui étreint*] morsa: *l'armée resserre son étreinte autour de l'ennemi* l'esercito stringe la morsa attorno al nemico **2** [*action d'embrasser, de presser dans ses bras*] abbraccio* *m.*, stretta: *s'arracher aux étreintes de qqn.* liberarsi dell'abbraccio di qc. → **embrassement, enlacement.**

étrenne |etʀɛn| *s.f.* **1** (*souvent au plur.*) [*présent à l'occasion du premier jour de l'année*] strenna, regalo (*m.*): *il a eu de belles étrennes* ha avuto delle belle strenne, dei bei regali **2** [*gratification de fin d'année*] mancia*: *les facteurs, les boueux sont venus chercher leurs étrennes* i postini, i netturbini sono venuti a prendere la mancia.

étrenner |etʀene| **A** *v.tr.* [*être le premier à employer; utiliser pour la première fois*] inaugurare; mettere (155), indossare per la prima volta **B** *v.intr.* [*être le premier à souffrir de quelque inconvénient* (*coup, disgrâce, reproche*)] essere (96) (*aux.* essere) il primo a farne le spese, ad andarci di mezzo: *on a frappé les responsables, c'est malheureusement lui qui a étrenné* i responsabili sono stati colpiti e purtroppo è stato lui il primo a farne le spese, ad andarci di mezzo.

êtres |ɛtʀ(ə)| *s.m. pl.* (*loc. littér.*) *connaître les êtres d'une maison* [*la disposition des lieux*] conoscere gli angoli più riposti di una casa.

étrier |etʀije| *s.m.* **1** [*anneau métallique qui soutient le pied du cavalier*] staffa (*f.*): *se dresser sur ses étriers* drizzarsi sulle staffe ◇ (*loc.*) *boire le coup de l'étrier* [*le dernier coup avant de partir*] bere il bicchiere della staffa ~ *avoir le pied à l'étrier* [*être bien placé pour réussir*] essere con il piede nella staffa **2** [*sorte de bandage du pied*] staffa.

étrille |etʀij| *s.f.* **1** [*brosse de fer*] striglia **2** (*t.zool.*) portuno *m.*

étriller |etʀije| *v.tr.* **1** [*frotter, nettoyer avec l'étrille*] strigliare **2** (*fig.*) [*malmener, critiquer violemment*] maltrattare, strapazzare: *se faire étriller par la critique* farsi maltrattare, strapazzare dalla critica **3** (*fig.*) [*faire payer trop cher*] spennare, pelare: *nous nous sommes fait étriller dans cet hôtel* ci siamo fatti spennare, pelare in quell'albergo → 2 **estamper,** 2 **voler.**

étripage |etʀipaʒ| *s.m.* [→ ÉTRIPER A] sventramento: *étripage des animaux dans les abattoirs* sventramento degli animali nei macelli ◇ (*fig., fam.*) [*tuerie*] macello.

étriper |etʀipe| **A** *v.tr.* [*ôter les tripes à*] sventrare, sbudellare: *étriper un veau* sventrare un vitello → **vider B** *v. pron. réfl.* S'ÉTRIPER (*fig., fam.*) [*se battre en se blessant, se tuer*] sbudellarsi.

étriqué, ée |etʀike| *adj.* **1** (*vêtement*) [*qui est trop étroit*] stretto, striminzito: *une veste étriquée* una giacca stretta ◇ (*personnes*) striminzito, miserello: *un homme étriqué* un uomo striminzito **2** (*fig.*) [*sans ampleur, trop limité*] gretto, meschino: *un esprit étriqué* uno spirito gretto, meschino → **étroit, mesquin** # *mener une vie étriquée* condurre una vita grama [C] 1 **ample, flottant, large.**

étriquer |etʀike| *v.tr.* [*rendre trop étroit*] fare (103) (un abito, ecc.) troppo stretto: *le tailleur a étriqué cet habit* il sarto ha fatto questo abito troppo stretto, striminzito → **diminuer** ◇ (*sujet de chose*) [*faire paraître étroit*] striminzire (*raro*): *cette veste vous étrique* questa giacca la striminzisce [C] **élargir** 1.

étrive |etʀiv| *s.f.* (*mar.*) ormeggio* *m.* (in banchina).

étrivière |etʀivjɛʀ| *s.f.* [*courroie par laquelle l'étrier est suspendu à la selle*] staffile (*m.*): *allonger, raccourcir les étrivières* allungare, accorciare gli staffili ◇ (*loc.*) *donner des coups d'étrivière, les étrivières à qqn.* [*le battre, le corriger*] sferzare, picchiare qc.

étroit, oite |etʀwa, wat| *adj.* **1** [*qui a peu de largeur*] stretto: *route étroite et dangereuse* strada stretta e pericolosa; *épaules étroites* spalle strette; *vêtements, souliers trop étroits* vestiti troppo stretti, scarpe troppe strette → **étriqué, serré 2** (*espace*) [*de peu d'étendue, petit*] stretto, piccolo: *une étroite prison* una stretta prigione; *d'étroites limites* stretti limiti → **exigu** ◇ [*de peu d'extension*] stretto: *mot pris dans son sens étroit* parola intesa in senso stretto → **restreint 3** [*qui est borné*] ristretto, limitato: *des vues étroites* vedute ristrette, limitate; *esprit borné* [*sans largeur de vues, sans compréhension ni tolérance*] mentalità ristretta → **borné, mesquin 4** [*qui tient serré; intime*] stretto: *en étroite union* in stretta unione; *rester en rapports étroits avec qqn.* restare in stretti rapporti con qc. **5** *loc. adv.* À L'ÉTROIT [*dans un espace trop petit*] allo stretto, stretto (*adj.*): *ils sont logés bien à l'étroit* in casa stanno allo stretto, stretti; *être à l'étroit dans un costume* essere stretto in un vestito [C] 1 **large;** 2 **vaste;** 3 **compréhensif, large, relâché.**

étroitement |etʀwatmɑ̃| *adv.* **1** [→ ÉTROIT 4] strettamente: *tenir qqn. étroitement embrassé* tenere qc. strettamente abbracciato; *ces problèmes sont étroitement unis* questi problemi sono strettamente uniti **2** (*par ext.*) [*de près*] da vicino (*loc. inv.*): *sourveiller qqn. étroitement* sorvegliare qc. da vicino **3** [*rigoureusement, strictement*] rigorosamente, strettamente: *observer étroitement la règle* osservare strettamente la regola.

étroitesse |etʀwatɛs| *s.f.* **1** [*caractère de ce qui est étroit* (1, 2)] strettezza: *l'étroitesse d'une rue* la strettezza di una strada **2** [*caractère de ce qui est étroit* (3)] ristrettezza, limitatèzza: *l'étroitesse de ses idées* la ristrettezza delle sue idee.

étron |etʀɔ̃| *s.m.* [*matière fécale consistante et moulée*] stronzo (*vulg.*) → **crotte.**

étronçonner |etʀɔ̃sɔne| *v.tr.* (*arbor.*) [*couper la tête et les branches d'un arbre*] capitozzare.

étruscologie |etʀyskɔlɔʒi| *s.f.* etruscologia*.

étruscologue |etʀyskɔlɔg| *s.* etruscologo*.

étrusque |etʀysk(ə)| **1** *adj.* (*antiq.*) [*de l'Étrurie*] etrusco*: *le peuple étrusque* il popolo etrusco; *l'art étrusque* l'arte etrusca ✦ *s.* (*hist.*) *les Étrusques* gli Etruschi **2** (*s.m.*) *l'étrusque* [*la langue des Étrusques*] l'etrusco.

étude |etyd| *s.f.* **I** [*application méthodique de l'esprit cherchant à apprendre et à comprendre*] **1** [→ ÉTUDIER A 1] studio* (*m.*): *se consacrer à l'étude du droit* dedicarsi allo studio del diritto ◇ (*au plur.*) *les études* gli studi, le scuole: *faire de bonnes études* fare buoni studi, frequentare una buona scuola; *commencer, poursuivre, achever ses études* iniziare, continuare, terminare gli studi; *après les études primaires on fait les études secondaires* dopo le scuole elementari si frequentano le scuole secondarie; *études supérieures* studi superiori, universitari # *études obligatoires* scuola dell'obbligo; *examens de fin d'études* esami finali ◇ *loc.* FAIRE SES ÉTUDES studiare: *il fait ses études de médecine* studia medicina; *j'ai fait mes études en Suisse* ho studiato in Svizzera # *il fait ses études au lycée Condorcet* frequenta il liceo Condorcet **2** [→ ÉTUDIER A 2] studio: *l'étude de la nature* lo studio della natura; *l'étude des textes* lo studio dei testi ◇ [*examen systématique*] studio, esame (*m.*): *étude d'une question, d'un projet* studio, esame di una questione, di un progetto **II** [*ouvrage résultant de cette application d'esprit*] studio: *ce savant a publié une étude sur la linguistique* questo studioso ha pubblicato uno studio sulla linguistica; *les études d'un peintre* gli studi di un pittore; *études de Chopin* studi di Chopin → **essai, esquisse III** (*lieu*) **1** [*salle où les élèves travaillent en dehors des heures de cours; temps passé à ce travail*] studio: *l'étude d'un internat* lo studio di un collegio **2** [*local où travaille un notaire, un avoué, un huissier, un* *commissaire priseur*; *charge du notaire*, *de l'avoué*] studio.

étudiant, ante |etydjɑ̃, ɑ̃t| **1** *s.* [*personne qui fait des études supérieures et suit les cours d'une université, d'une grande école*] studente (universitario*), universitario: *étudiant en lettres, en médecine* studente di lettere, di medicina; *les étudiants de la faculté des sciences* gli studenti della facoltà di scienze **2** *adj.* studentesco*, universitario: *la vie étudiante* la vita studentesca, universitaria; *le monde étudiant et le monde ouvrier* il mondo studentesco e il mondo operaio → **estudiantin.**

étudié, ée |etydje| *adj.* **1** studiato: *un discours étudié* un discorso studiato **2** [*volontairement produit ou façonné*] studiato, artificioso: *des gestes étudiés* gesti studiati, artificiosi; *une joie étudiée* una contentezza artificiosa → **affecté, feint, contraint** ◇ (*personnes*) [*qui compose son attitude, son expression*] studiato.

étudier |etydje| **A** *v.tr.* **1** [*chercher à acquérir la connaissance de*] studiare: *étudier l'histoire, l'anglais* studiare la storia, l'inglese; *étudier le piano* studiare pianoforte ◇ [*apprendre par cœur*] imparare (a memoria): *élève qui étudie sa leçon* alunno che impara la lezione (a memoria) **2** [*chercher à comprendre par un examen*] studiare: *étudier une réaction chimique* studiare una reazione chimica; *étudier un texte, un auteur* studiare un testo, un autore → **analyser, observer**; *joueur qui étudie son partenaire* giocatore che studia il suo compagno **3** [*examiner afin de décider, d'agir*] studiare, esaminare: *étudier un projet, les propositions de qqn.* studiare, esaminare un progetto, le proposte di qc.; *suggestion qui mérite d'être étudiée attentivement* suggerimento che merita di essere studiato attentamente → **considérer B** *v.pron. réfl.* S'ÉTUDIER **1** [*se prendre pour objet de son étude*] studiarsi: *Socrate recommandait à l'homme de s'étudier afin de se connaître* Socrate raccomandava all'uomo di studiarsi per conoscersi **2** [*se composer une attitude lorsqu'on se sent observé, jugé*] studiarsi → **observer (s'), surveiller (se).**

étui |etɥi| *s.m.* [*enveloppe destinée à contenir certains objets*] astuccio*, custodia (*f.*): *étui de carton, de cuir* astuccio, custodia di cartone, di cuoio; *étui à ciseaux* astuccio per le forbici; *étui à lunettes* astuccio per occhiali; *étui à violon* custodia del violino → **gaine** ◇ (*spécialt.*) *étui d'une arme blanche* fodero di un'arma bianca; *étui à cigares, à cigarettes* portasigari *inv.*, portasigarette (*inv.*); *étui à bijoux* portagioie (*inv.*); *étui de parapluie* fodera *f.* di ombrello; *étui de cartouche* bossolo di cartuccia → **fourreau, gaine, douille**; *étui à couverts* portaposate *inv.*

étuvage |etyvaʒ|, **étuvement** |etyvmɑ̃| *s.m.* [→ ÉTUVER 1] sterilizzazione *f.*, disinfezione *f.*

étuve |etyv| *s.f.* **1** [*endroit clos dont on élève la température, pour provoquer la sudation*] stufa ◇ (*loc.*) *chaleur d'étuve* [*chaleur humide, pénible à supporter*] caldo afoso **2** (*techn.*) *étuve à désinfection, à stérilisation* apparecchio* *m.* di disinfezione, sterilizzatore *m.* → **autoclave 3** (*techn.*) forno *m.* di essiccazione, essiccatoio* *m.* → **séchoir.**

étuvée |etyve| *s.f.* → **étouffée (à l').**

étuver |etyve| *v.tr.* **1** [*faire passer à l'étuve* (2)] sterilizzare, disinfettare → **2 stériliser 2** [*cuire à l'étuvée*] cuocere (129) in stufato; stufare.

étuveur |etyvœʀ| *s.m.*, **étuveuse** |etyvøz| *s.f.* (*techn.*) essiccatoio* *m.*

étymologie |etimɔlɔʒi| *s.f.* etimologia*: *donner l'étymologie d'un mot* dare l'etimologia di una parola → **origine, racine, source.**

étymologique |etimɔlɔʒik| *adj.* etimologico*: *dictionnaire étymologique* dizionario etimologico; *sens étymologique d'un mot* senso etimologico di una parola.

étymologiquement |etimɔlɔʒikmɑ̃| *adv.* [→ ÉTYMOLOGIQUE] etimologicamente.

étymologiste |etimɔlɔʒist(ə)| *s.* etimologo*, etimologista.

étymon |etimɔ̃| *s.m.* (*ling.*) etimo.

eu- |ø| *préf.* (*signifiant 'bien', correspond généralt. à*) eu: *euphorie* euforia; *eucalyptus* eucalipto.

eu, eue |y| *p.p. du v.* → **1 avoir.**

eubage |øbaʒ| *s.m.* (*chez les Celtes*) [*prêtre lettré*] vate.

eubéen, éenne |øbeɛ̃, eɛn| *adj.* [*de l'Eubée*] eubeo.

eucalyptol |økaliptɔl| *s.m.* (*pharm.*) eucaliptolo.

eucalyptus |økaliptys| *s.m.* (*t.bot.*) eucalipto.

eucharistie |økaʀisti| *s.f.* eucarestia, eucaristia → **communion.**

eucharistique |økaʀistik| *adj.* eucaristico*: *congrès eucharistique* congresso eucaristico.

euclidien, ienne |øklidjɛ̃, jɛn| *adj.* (*math.*) euclideo: *géométrie euclidienne* geometria euclidea.

eucologe |økɔlɔʒ| *s.m.* (*relig.*) eucologio*.

eudémis |ødemis| *s.m.* (*t.zool.*) tortrice *f.* della vite.

eudémonisme |ødemɔnism(ə)| *s.m.* (*philo.*) eudemonismo: *l'eudémonisme d'Epicure* l'eudemonismo d'Epicuro.

eudiomètre |ødjɔmɛtʀ(ə)| *s.m.* (*phys.*) eudiometro.

eudiométrie |ødjɔmetʀi| *s.f.* (*phys.*) eudiometria.

eudiste |ødist(ə)| *s.m.* (*relig.*) eudista.

euganéen, éenne |øganeɛ̃, eɛn| *adj.* (*géogr.*) euganeo: *les Monts Euganéens* i Colli Euganei.

eugénésique |øʒenezik| *adj.* (*biol.*) eugenetico*.

eugenia |øʒenja| *s.m.inv.* (*t.bot.*) eugenia.

eugénique |øʒenik| *s.f.*, **eugénisme** |øʒenism(ə)| *s.m.* (*biol.*) eugenetica* *f.*, eugenica* *f.* ✦ *adj.* eugenetico*.

eugéniste |øʒenist(ə)| *s.* (*biol.*) eugenista.

euglène |øglɛn| *s.f.* (*t.zool.*) euglena.

euh! |ø| *interj.* (*marque 'l'embarras, le doute, l'étonnement, l'hésitation'*) mah!, oh!: *'c'est comme je vous le dis'* *'euh ! vous êtes sûr ?'* 'è come le dico io' 'mah! ne è sicuro?'

eulogie |ølɔʒi| *s.f.* (*relig.*) eulogia*.

Eumycètes |ømisɛt| *s.m.pl.* (*t. bot.*) Eumiceti.

eunecte |ønɛkt(ə)| *s.m.* (*t.zool.*) anaconda *inv.*

eunuchisme |ønykism(ə)| *s.m.* (*méd.*) eunuchismo.

eunucoïde |ønykɔid| *adj.* eunucoide.

eunuque |ønyk| *s.m.* eunuco*.

eupatoire |øpatwaʀ| *s.f.* (*t.bot.*) eupatorio* *m.*

eupepsie |øpɛpsi| *s.f.* (*méd.*) eupepsia.

eupeptique |øpɛptik| *adj. et s.m.* (*méd.*) eupeptico*.

euphémique |øfemik| *adj.* eufemistico*: *expression euphémique* espressione eufemistica.

euphémiquement |øfemikmɑ̃| *adv.* [→ EUPHÉMIQUE] eufemisticamente Ⓒ **crûment.**

euphémisme |øfemism(ə)| *s.m.* eufemismo: *employer un mot par euphémisme* usare una parola per eufemismo.

euphonie |øfɔni| *s.f.* (*ling.*, *mus.*) eufonia.

euphonique |øfɔnik| *adj.* (*ling.*, *mus.*) eufonico*.

euphoniquement |øfɔnikmɑ̃| *adv.* [→ EUPHONIQUE] eufonicamente.

euphorbe |øfɔʀb(ə)| *s.f.* (*t.bot.*) euforbia.

Euphorbiacées |øfɔʀbjase| *s.f. pl.* (*t.bot.*) Euforbiacee.

euphorie |øfɔʀi| *s.f.* euforia: *être en pleine euphorie* essere in uno stato di completa euforia.

euphorique |øfɔʀik| *adj.* euforico*: *être dans un état euphorique* essere in uno stato euforico.

euphorisant, ante |øfɔʀizɑ̃, ɑ̃t| *adj.* [*qui provoque l'euphorie, le bien-être*] eccitante: *des médicaments euphorisants* dei farmaci eccitanti, degli eccitanti ✦ (*s.m.*) *un euphorisant* un eccitante.

euphoriser |øfɔʀize| *v.tr.* [*procurer une sensation de bien-être*] rendere (105) euforico*.

euphraise |øfʀɛz|, **euphrasia** |øfʀazja| *s.f.* (*t.bot.*) eufrasia.

euphuisme |øfyism(ə)| *s.m.* (*hist. littér.*) eufuismo → **préciosité.**

eurafricain, aine |øʀafʀikɛ̃, ɛn| *adj.* euroafricano.

eurasiatique |øʀazjatik| *adj.* (*géogr.*) eurasiatico*.

eurasien, ienne |øʀazjɛ̃, jɛn| *adj.* [*de l'Eurasie*] eurasiatico*.

eurêka |øʀeka| *interj.* (*s'emploie lorsque on trouve subitement une solution, un moyen, une bonne idée*) eureka.

euristique |øʀistik| *adj. et s.f.* → **heuristique.**

eur(o)- |øʀ(ɔ)| *préf.* (*signifiant 'européen, de l'Europe', correspond généralt. à*) eur(o-): *euro-arabe* euro-arabo; *eurocommunisme* eurocomunismo.

eurocommunisme |øʀɔkɔmynism(ə)| *s.m.* (*polit.*) eurocomunismo.

eurocrate |øʀɔ(o)kʀat| *s.m.* eurocrate.

eurodollar |øʀɔdɔlaʀ| *s.m.* (*fin.*) eurodollaro.

euromarché |øʀɔmaʀʃe| *s.m.* (*fin.*) euromercato.

euromonnaie |øʀɔmɔnɛ| *s.f.* (*fin.*) eurodivisa.

européanisation |øʀɔpeanizasjɔ̃|, **européisation** |øʀɔpeizasjɔ̃| *s.f.* [→ EUROPÉANISER] europeizzazione.

européaniser |øʀɔpeanize|, **européiser** |øʀɔpeize| **A** *v.tr.* [*façonner à la civilisation européenne*] europeizzare **B** *v.pron. intr.* S'EUROPÉANISER [→ *tr.*] europeizzarsi: *le Japon s'est* *européanisé et américanisé* il Giappone si è europeizzato e americanizzato.

européanisme |øʀɔpeanism(ə)|, **européisme** |øʀɔpeism(ə)| *s.m.* europeismo.

européen, éenne |øʀɔpeɛ̃, eɛn| *adj.* [*de l'Europe*] europeo: *la civilisation européenne* la civiltà europea ◇ (*spécialt.*) [*qui concerne l'unification de l'Europe*] europeistico* ✦ (*s.*) *un européen* [*qui en est partisan*] un europeista.

europium |øʀɔpjɔm| *s.m.* (*chim.*) europio*.

eurovision |øʀɔvizjɔ̃| *s.f.* eurovisione.

eurythmie |øʀitmi| *s.f.* euritmia → **harmonie** ◇ (*méd.*, *mus.*) euritmia.

eurythmique |øʀitmik| *adj.* (*méd.*, *mus.*) euritmico*.

euscarien, ienne, euskarien, ienne |øskaʀjɛ̃, jɛn| *adj.* [*basque*] basco*.

eustache |østaʃ| *s.m.* (*fam.*, *vieilli*) [*couteau de poche à virole et à manche en bois*] coltello da tasca (a serramanico).

eustatique |østatik| *adj.* (*géol.*) eustatico*.

eustatisme |østatism(ə)| *s.m.* (*géol.*) eustatismo.

eutectique |øtɛktik| *adj.* (*phys.*) eutettico*: *mélange eutectique* miscela eutettica ✦ (*s.m.*) *un eutectique* un eutettico.

eutexie |øtɛksi| *s.f.* (*sc.*) *point, température d'eutexie* punto eutettico* *adj.*, temperatura eutettica.

euthanasie |øtanazi| *s.f.* (*méd.*) eutanasia.

-eux, -euse |ø, øz| *suff.* (*élément de nombreux adj., qui correspond généralt. à*) oso, osa: *peureux, peureuse* pauroso, paurosa; *cuivreux, cuivreuse* rameoso, rameosa.

eux |ø| **1** (*pron. compl. prépositionnel, forme tonique correspondant à 'ils'* → **il**; *plur. de 'lui'* → **lui**) loro: *je vis avec eux, chez eux* vivo con loro, da loro (a casa loro); *c'est à eux de parler* tocca a loro parlare; *l'un d'eux, d'entre eux* uno di loro; *nous pensons à eux* pensiamo a loro, li pensiamo: *ils ont fait cela à eux deux* lo hanno fatto loro due (da soli); *eux-mêmes* loro stessi, essi stessi → **même** **2** (*forme d'insistance*) loro: *eux, ils ne le feraient jamais* loro non lo farebbero mai; *ils n'oublient pas, eux* loro non dimenticano; non dimenticano, loro; *ce sont eux qui...* sono loro che... **3** (*sujet*) loro, essi: *si vous acceptez, eux refuseront* se voi accettate, loro, essi rifiuteranno.

évacuant, ante |evakɥɑ̃, ɑ̃t| *adj.* (*pharm.*) evacuante ✦ (*s.m.*) *un évacuant* un purgante.

évacuateur, trice |evakɥatœʀ, tʀis| *adj.* [*qui sert à évacuer les eaux*] sfioratore; di deflusso *loc. inv.*, di smaltimento *loc. inv.* ✦ (*s.m.*) *un évacuateur* uno sfioratore.

évacuation |evakɥɑsjɔ̃| *s.f.* **1** [→ ÉVACUER 1] evacuazione → **élimination** **2** [→ ÉVACUER 2] deflusso *m.*, efflusso *m.*, smaltimento (*m.*): *évacuation des eaux d'égout, des eaux d'un étang* deflusso delle acque di fogna, delle acque di uno stagno → **déversement** # *orifice d'évacuation* sfioratore → **déversoir** **3** [→ ÉVACUER 3] evacuazione: *évacuation d'un pays par une armée* evacuazione di un paese da parte di un esercito → **abondon**, 1 **départ** **4** [→ ÉVACUER 4] esodo *m.*; sfollamento (*m.*): *évacuation d'un territoire par la population* esodo da un territorio da parte della popolazione → **exode** || *évacuation d'une salle de spectacle par une sortie de secours* sfollamento di una sala di spettacolo attraverso un'uscita di sicurezza **5** [→ ÉVACUER 5] sgombero (*m.*): *évacuation des blessés, des prisonniers* sgombero dei feriti, dei prigionieri.

évacué, ée |evakɥe| *adj.* **1** (*sujet de chose*) [*dont on a fait partir les occupants*] evacuato: *ville évacuée* città evacuata → **vide** **2** (*sujet de personne*) *la population évacuée* la popolazione sfollata, evacuata ✦ (*s.*) *les évacués d'une région sinistrée* gli sfollati di una regione sinistrata.

évacuer |evakɥe| *v.tr.* **1** [*rejeter, expulser de l'organisme*] evacuare → **éliminer** **2** [*faire sortir* (*un liquide*) *d'un lieu*] scaricare, far (103) *intr.* defluire: *tuyau qui évacue l'eau d'un réservoir* tubo che scarica l'acqua di un serbatoio → **déverser** **3** [*cesser d'occuper militairement* (*un lieu, un pays*)] evacuare, abbandonare: *évacuer une position* evacuare, abbandonare una posizione → **abandonner, retirer** (**se**) **4** [*quitter* (*un lieu*) *en masse*] sgombrare; abbandonare: *le président fit évacuer la salle* il presidente fece sgombrare l'aula → **quitter**, 1 **sortir** || *les passagers et l'équipage durent évacuer le navire* i passeggieri e l'equipaggio dovettero abbandonare la nave → **abandonner, retirer** (**se**), **quitter**, 1 **sortir** **5** [*faire quitter en masse* (*un lieu où il est dangereux, interdit de demeurer*)] far *intr.* sfollare, evacuare: *évacuer la population d'une ville bombardée* far sfollare, far evacuare la popolazione di una città bombardata; evacuare una città bombardata.

évadé, ée |evade| *adj.* [*qui s'est échappé*] evaso: *prisonnier évadé* prigioniero evaso → **échappé, fugitif** ✦ (*s.*) *reprendre, capturer un évadé* riprendere, catturare un evaso.

évader (s') |evade| *v.pron. intr.* **1** [*s'échapper d'un lieu où l'on était retenu, enfermé*] evadere (153) *intr.*, fuggire (*intr.*): *s'évader d'une prison* evadere, fuggire da una prigone; *le prisonnier s'était évadé par la fenêtre* il prigioniero era evaso, fuggito attraverso la finestra → **enfuir** (**s'**), **sauver** (**se**) ◇ (*avec ellipse du pron. pers.*) *faire évader un prisonnier* far evadere un prigioniero **2** [*échapper volontairement à une réalité*] evadere, sottrarsi (190) (a): *s'évader du réel par le rêve, par l'imagination* evadere dalla realtà col sogno, con la fantasia; *s'évader de sa condition* sottrarsi alla propria condizione.

évagination |evaʒinɑsjɔ̃| *s.f.* (*biol.*) evaginazione, estroflessione Ⓒ **invagination**.

évaluable |evalɥabl(ə)| *adj.* [→ ÉVALUER] valutabile → **calculable**.

évaluation |evalɥɑsjɔ̃| *s.f.* [→ ÉVALUER] valutazione, stima: *évaluation d'une fortune, de biens* valutazione, stima di un patrimonio, di beni; *évaluation d'une distance, d'une longueur* valutazione, calcolo di una distanza, di una lunghezza → **estimation**, 1 **calcul** # *évaluation budgétaire* previsione delle entrate e delle uscite di bilancio ◇ (*dr.*) *évaluation de l'impôt* accertamento *m.* fiscale; *évaluation forfaitaire* accertamento presuntivo, forfettario ◇ [*la valeur, la quantité évaluée*] valutazione: *évaluation insuffisante* valutazione insufficiente → **valeur, mesure.**

évaluer |evalɥe| *v.tr.* **1** [*porter un jugement sur la valeur, le prix de*] valutare, stimare: *faire évaluer un meuble, un tableau par un expert* far valutare, stimare un mobile, un quadro da un esperto → **estimer, expertiser**; *sa maison est évaluée* (*à*) *un million* la sua casa è valutata un milione; *l'arbitre a évalué le dommage* l'arbitro ha valutato, stimato il danno # *évaluer un bien au-dessus, au-dessous de sa valeur* sopravvalutare, sottovalutare un bene **2** [*déterminer approximativement* (*une quantité*)] valutare, calcolare: *évaluer un volume, le débit d'une rivière* valutare, calcolare un volume, la portata di un fiume; *évaluer une distance à vue d'œil* valutare, calcolare una distanza a occhio; *foule évaluée à deux mille personnes environ* folla calcolata, valutata in duemila persone circa; *évaluer ses chances* valutare le proprie possibilità; *évaluer un risque* calcolare un rischio → **juger.**

évanescence |evanesɑ̃s| *s.f.* (*littér.*) evanescenza.

évanescent, ente |evanesɑ̃, ɑ̃t| *adj.* (*littér.*) evanescente: *image évanescente* immagine evanescente → **fugitif** Ⓒ **durable.**

évangéliaire |evɑ̃ʒeljɛʀ| *s.m.* evangeliario* → **missel.**

évangélique |evɑ̃ʒelik| *adj.* **1** evangelico*: *doctrine évangélique* dottrina evangelica → **chrétien** **2** [*qui est de la religion protestante fondée essentiellement sur les Évangiles*] evangelico: *Église luthérienne évangélique* Chiesa luterana evangelica ✦ (*s.*) *les évangéliques* gli evangelici.

évangélisateur, trice |evɑ̃ʒelizatœʀ, tʀis| *adj. et s.* evangelizzatore*.

évangélisation |evɑ̃ʒelizɑsjɔ̃| *s.f.* [→ ÉVANGÉLISER] evangelizzazione.

évangéliser |evɑ̃ʒelize| *v.tr.* [*prêcher l'Évangile à*] evangelizzare → **christianiser.**

évangélisme |evɑ̃ʒelism(ə)| *s.m.* (*théol.*) evangelismo.

évangéliste |evɑ̃ʒelist(ə)| *s.m.* **1** evangelista: *les quatre évangélistes* i quattro evangelisti **2** [*prédicateur itinérant de l'Église Réformée*] pastore evangelico*.

évangile |evɑ̃ʒil| *s.m.* **1** (*avec un 'É' majuscule*) [*enseignement de Jésus-Christ*] Vangelo **2** (*avec un 'é' minuscule*) [*chacun des livres de la Bible*] vangelo ◇ (*fig.*) *parole d'évangile* vangelo: *tout ce qu'il dit n'est pas parole d'évangile* tutto ciò che dice non è vangelo **3** [*document essentiel d'une croyance, d'une doctrine*] vangelo: *le 'Capital' de Karl Marx, évangile du marxisme* il 'Capitale' di Karl Marx, vangelo del marxismo.

évanoui, ie |evanwi| *adj.* **1** [*disparu*] svanito: *rêve évanoui* sogno svanito **2** (*personnes*) [*sans connaissance, en syncope*] svenuto, esanime: *rester longtemps évanoui* restare a lungo svenuto, esanime.

évanouir (s') |evanwiʀ| *v.pron. intr.* **1** [*disparaître sans laisser de traces*] svanire (197) *intr.*, dileguarsi: *il avait aperçu une ombre qui s'évanouit aussitôt* aveva scorto un'ombra che subito svanì, si dileguò; *sentiment, sensation, souvenir qui s'évanouit* sentimento, sensazione, ricordo che svanisce; *les ennemis s'évanouirent en un clin d'œil* i nemici si dileguarono in un batter d'occhio → **disparaître, effacer (s'), envoler (s'), enfuir (s'), fuir 2** [*perdre connaissance*] svenire (202) (*intr.*): *s'évanouir d'émotion, de douleur* svenire per l'emozione, per il dolore → **défaillir, pâmer (se)** © **2 revenir (à soi).**

évanouissement |evanwismɑ̃| *s.m.* **1** [→ ÉVANOUIR (s') 1] lo svanire *inv.*, il dileguarsi (*inv.*): *évanouissement d'une image* lo svanire, il dileguarsi di un'immagine; *l'évanouissement de ses espérances* il dileguarsi, il crollo delle sue speranze → **disparition, anéantissement 2** [→ ÉVANOUIR (s') 2] svenimento: *revenir d'un évanouissement prolongé* rinvenire dopo un lungo svenimento → **syncope.**

évaporabilité |evapɔʀabilite| *s.f.* evaporabilità *inv.*

évaporable |evapɔʀabl(ə)| *adj.* [→ EVAPORER (s') 1] evaporabile.

évaporateur |evapɔʀatœʀ| *s.m.* (*techn.*) evaporatore.

évaporation |evapɔʀɑsjɔ̃| *s.f.* [→ ÉVAPORER(S') 1] evaporazione.

évaporatoire |evapɔʀatwaʀ| *adj.* (*techn.*) evaporativo.

évaporé, ée |evapɔʀe| *adj.* [*qui a un caractère étourdi, léger*] svanito, svampito: *une jeune fille évaporée* una ragazza svanita, svampita → **étourdi, léger** ♦ (*s.*) *une évaporée* una svampita.

évaporer (s') |evapɔʀe| *v.pron. intr.* **1** [*se transformer en vapeur*] evaporare *intr.*, evaporarsi: *brume, rosée qui s'évapore à la chaleur du soleil* bruma, rugiada che evapora al calore del sole; *le contenu du flacon s'évapore* il contenuto del flacone (si) evapora → **vaporiser** ◇ (*avec ellipse du pron. pers.*) *faire évaporer de l'eau de mer* fare evaporare l'acqua di mare **2** (*fam.*) [*disparaître brusquement*] volatilizzarsi, eclissarsi: *à peine arrivé, il s'évapore* appena arrivato si volatilizza, si eclissa → **éclipser (s').**

évapotranspiration |evapɔtʀɑ̃spiʀɑsjɔ̃| *s.f.* (*climatologie*) evapotraspirazione.

évasé, ée |evɑze| *adj.* svasato: *amphore évasée* anfora svasata; *jupe évasée* gonna svasata © **rétréci.**

évasement |evɑzmɑ̃| *s.m.* [→ ÉVASER] svasatura *f.*, svasamento: *évasement d'un tube* svasatura, svasamento di un tubo → **agrandissement, 1 élargissement** © **rétrécissement.**

évaser |evɑze| **A** *v.tr.* [*élargir à l'orifice, à l'extrémité*] allargare; svasare: *évaser un tuyau* allargare un tubo **B** *v. pron. intr.* S'ÉVASER [→ *tr.*] svasarsi.

évasif, ive |evazif, iv| *adj.* evasivo: *réponse évasive* risposta evasiva → **3 vague, ambigu** # *il n'a rien promis, il est resté très évasif* non ha promesso nulla, è rimasto molto nel vago © **clair, net, précis.**

évasion |eva(ɑ)zjɔ̃| *s.f.* **1** [→ ÉVADER (s') 1] evasione: *tentative d'évasion* tentativo di evasione; *évasion d'un prisonnier de guerre* evasione, fuga di un prigioniero di guerra **2** (*fig.*) *évasion hors de la réalité par le sommeil, le rêve, la lecture* evasione dalla realtà con il sonno, il sogno, la lettura; *besoin d'évasion* bisogno di evasione, di svago → **distraction, divertissement.**

évasivement |evazivmɑ̃| *adv.* [→ ÉVASIF] evasivamente.

évasure |evɑzyʀ| *s.f.* svasatura: *l'évasure d'un entonnoir* la svasatura di un imbuto.

évêché |eveʃe| *s.m.* **1** [*juridiction d'un évêque; son territoire*] vescovado **2** [*dignité épiscopale; palais épiscopal*] vescovado.

évection |evɛksjɔ̃| *s.f.* (*astron.*) evezione.

éveil |evɛj| *s.m.* **1** (*loc.*) *donner l'éveil* [*inviter à la vigilance*] dare l'allarme, mettere in guardia ~ *être en éveil* [*sur ses gardes*] essere, stare all'erta, in guardia: *son attention est toujours en éveil* la sua attenzione è sempre all'erta, sveglia **2** [→ ÉVEILLER A 2] risveglio*: *l'éveil de l'intelligence, de l'imagination* il risveglio dell'intelligenza, dell'immaginazione **3** (*physiol.*) veglia *f.* → **veille** © **3 sommeil.**

éveillé, ée |eveje| *adj.* **1** [*qui ne dort pas*] sveglio* ◇ [*que l'on a sans dormir*] da sveglio (*loc. inv.*): *un rêve éveillé* un sogno da sveglio, a occhi aperti **2** [*plein de vie, de vivacité*] sveglio: *un enfant éveillé* un bambino sveglio → **2 alerte, vif** ◇ (*choses*) *un esprit éveillé* una mente sveglia; *un minois éveillé* un visino sveglio → **futé**; *avoir l'air éveillé* avere l'aria sveglia, sembrare sveglio # *avoir l'œil éveillé* avere l'occhio vivace © **1 endormi; 2 indolent, mou.**

éveiller |eveje| **A** *v.tr.* **1** (*littér.*) [*tirer du sommeil*] svegliare (*cour.*): *ne faites pas de bruit, vous allez l'éveiller* non fate rumore, lo sveglierete → **réveiller 2** [*faire manifester* (*une disposition etc.*); *faire naître ou, apparaître* (*un sentiment, une idée*)] suscitare, destare: *éveiller une passion, un désir* suscitare, destare una passione, un desiderio; *éveiller la défiance* suscitare diffidenza; *éveiller la curiosité pour la satisfaire* destare, suscitare la curiosità per soddisfarla; *éveiller les soupçons* destare sospetti → **exciter, provoquer, susciter B** *v.pron. intr.* S'ÉVEILLER **1** [*sortir du sommeil*] svegliarsi → **réveiller (se)** ◇ *loc.* S'ÉVEILLER À (*un sentiment*) [*éprouver pour la première fois*] svegliarsi, aprirsi (186) a: *s'éveiller à l'amour* svegliarsi, aprirsi all'amore **2** [→ *tr.* 2] destarsi: *sa curiosité s'éveille* la sua curiosità si desta.

éveilleur |evɛjœʀ| *s.m.* (*fig.*) [*celui qui éveille une personnalité, une intelligence*] stimolatore* *s.*

événement |evɛnmɑ̃| *s.m.* [*ce qui arrive, ce qui se produit*] avvenimento, evento: *l'événement a eu lieu, s'est passé, s'est produit il y a huit jours* l'avvenimento, l'evento ha avuto luogo, si è verificato otto giorni fa; *événement heureux* avvenimento lieto; *heureux événement* lieto evento; *événement qui fait date* avvenimento che fa epoca; *événement imprévu* evento imprevisto; *être dépassé par les événements* essere travolto dagli eventi → **fait, bonheur, accident, incident** ◇ (*fam.*) *lorsqu'il part en voyage, c'est un événement* quando fa un viaggio, è un avvenimento → **affaire, histoire.**

événementiel, ielle |evɛnmɑ̃sjɛl| *adj.* [*qui ne fait que décrire les événements*] cronachistico*: *histoire événementielle* storia cronachistica.

évent |evɑ̃| *s.m.* **I 1** [*narines des cétacés*] sfiatatoio* **2** (*techn.*) sfiatatoio **II** [*caractère de ce qui est éventé* (2)] l'essere *inv.* svanito.

éventail |evɑ̃taj| *s.m.* **1** [*instrument portatif qu'on agite pour produire de la fraîcheur*] ventaglio*: *déployer, agiter un éventail* spiegare, agitare un ventaglio **2** *loc.* EN ÉVENTAIL a ventaglio: *plis en éventail* pieghe a ventaglio **3** (*fig.*) ventaglio, gamma (*f.*): *éventail d'articles offerts à l'acheteur* ventaglio, gamma di articoli offerti al compratore → **choix** # *l'éventail des salaires* la fascia retributiva → **échelle.**

éventailliste |evɑ̃tajist(ə)| *s.* [*personne qui fabrique, vend des éventails*] ventagliaio*.

éventaire |evɑ̃tɛʀ| *s.m.* **1** [*plateau que les marchands ambulants portent devant eux*] cesta *f.*, cassetta (*f.*): *éventaire d'une vendeuse de fleurs* cesta di una fioraia → **corbeille 2** [*étalage de marchandises à l'extérieur d'une boutique*] banco* → **étal.**

éventé, ée |evɑ̃te| *adj.* **1** ventilato: *une rue très éventée* una strada molto ventilata **2** svanito: *parfum, vin éventé* profumo, vino svanito **3** [*découvert, connu*] sfumato, scoperto: *le secret est éventé* il segreto è sfumato, è scoperto; *c'est un truc éventé, personne ne s'y laissera prendre* il trucco è scoperto, nessuno ci cascherà.

éventer |evɑ̃te| **A** *v.tr.* **1** [*rafraîchir en agitant l'air*] far (103) vento (a), ventilare: *éventer qqn. avec un éventail* far vento a qc. col ventaglio, sventolare qc. col ventaglio **2** [*exposer au vent, à l'air*] sventolare, ventilare: *éventer des vêtements* sventolare gli abiti, far prendere aria agli abiti; *éventer le grain* sventolare, ventilare il grano **3** (*personnes*) sventare, scoprire (186): *éventer un complot* sventare un complotto; *éventer un piège* scoprire, sventare un tranello → **découvrir** ◇ (*loc.*) *éventer la mèche* sventare un complotto **B** *v.pron.* S'ÉVENTER **1** *réfl.* [→ *tr.* 1] sventolarsi, farsi *tr.* vento **2** *intr.* [*perdre son parfum, son goût au contact de l'air*] svanire (197) (*intr.*): *la bouteille était mal bouchée: le vin s'est éventé* la bottiglia era tappata male: il vino è svanito.

éventration |evɑ̃tʀɑsjɔ̃| *s.f.* **1** [→ ÉVENTRER A] sventramento *m.* **2** (*méd.*) eventrazione.

éventrer |evɑ̃tʀe| **A** *v.tr.* **1** [*déchirer en ouvrant le ventre*] sventrare → **étriper 2** (*compl. de chose*) [*éfoncer*] sfondare: *éventer une malle, un tonneau* sfondare un baule, una botte → **ouvrir B** *v.pron. réfl.* S'ÉVENTRER [→ *tr.* 1] squarciarsi *tr.* il ventre, fare (103) *tr.* harakiri → **hara-kiri.**

éventreur |evɑ̃tʀœʀ| *s.m.* [*celui qui éventre*] squartatore.

éventualité |evɑ̃tɥalite| *s.f.* **1** eventualità (*inv.*): *éventualité d'un événement* eventualità di un avvenimento; *envisager l'éventualité d'une guerre* contemplare l'eventualità di una guerra → **1 cas, hypothèse, possibilité 2** *une, des éventualité(s)* [*circonstance(s) pouvant survenir*] evenienza, eventualità: *être prêt; parer à toute éventualité* essere pronto, prepararsi a ogni evenienza;

pour toute éventualité per ogni evenienza, eventualità → **événement.**

éventuel, elle |evɑ̃tɥɛl| *adj.* (*choses*) **1** eventuale: *profits éventuels* eventuali profitti → **possible** ◇ (*personnes*) *le successeur éventuel* l'eventuale successore **2** (*dr.*) *clause éventuelle* clausola eventuale Ⓒ 1 **certain, sûr.**

éventuellement |evɑ̃tɥɛlmɑ̃| *adv.* [→ ÉVENTUEL 1] eventualmente: *j'aurais éventuellement besoin de votre concours* avrei eventualmente bisogno del vostro aiuto.

évêque |evɛk| *s.m.* **1** vescovo → **épiscopat, évêché** **2** (*loc.*) *plier des serviettes de table en bonnet d'évêque* [*en forme de mitre*] piegare i tovaglioli a cono ◇ (*fam., cuis.*) *bonnet d'évêque* boccone del prete **3** (*appos.*) *violet évêque* rosso vescovo.

éversion |evɛʀsjɔ̃| *s.f.* eversione.

évertuer (s') |evɛʀtɥe| *v.pron. intr.* [*faire tous ses efforts*] sforzarsi (di), fare (103) *tr.* ogni sforzo (per): *s'évertuer à expliquer, à démontrer qqch.* sforzarsi di, fare ogni sforzo per spiegare, per dimostrare q.c. → **appliquer** (s').

évhémérisme |evemeʀism(ə)| *s.m.* (*hist.*) evemerismo.

éviction |eviksjɔ̃| *s.f.* **1** [→ ÉVINCER 1] estromissione, allontanamento (*m.*): *éviction du chef d'un parti* estromissione, siluramento del capo di un partito → **expulsion, exclusion** **2** (*dr.*) evizione.

évidage |evidaʒ|, **évidement** |evidmɑ̃| *s.m.* [→ ÉVIDER 1] incavatura *f.*, incavo: *évidage d'une pièce de bois, d'une pierre* l'incavatura di un pezzo di legno, l'incavo di una pietra.

évidé, ée |evide| *adj.* [*qui a été échancré ou creusé*] incavato ◇ [*qui présente un espace vide*] forato.

évidemment |evidamɑ̃| *adv.* [*assurément, certainement*] evidentemente, certamente: '*vous acceptez?*' '*évidemment!*' 'accettate?' 'evidentemente!, certamente!'; *évidemment il se trompe* evidentemente, chiaramente si sbaglia.

évidence |evidɑ̃s| *s.f.* **1** evidenza: *la force de l'évidence* la forza dell'evidenza; *se rendre à l'évidence* arrendersi all'evidenza; *nier l'évidence* negare l'evidenza → **certitude** ◇ [*une chose évidente*] *c'est une évidence!* è evidente! *adj.* **2** *loc.* EN ÉVIDENCE in evidenza: *être en évidence* essere in evidenza; *mettre en évidence* mettere, porre in evidenza; evidenziare → **montrer, souligner** # *mise en évidence* evidenziazione **3** *loc. adv.* À L'ÉVIDENCE, DE TOUTE ÉVIDENCE secondo ogni evidenza; in modo certo: *de toute évidence cet écrit annule l'autre* secondo ogni evidenza questo scritto annulla l'altro ‖ *démontrer à l'évidence que* dimostrare in modo certo, esaurientemente che # *il est de toute évidence que* è del tutto evidente che.

évident, ente |evidɑ̃, ɑ̃t| *adj.* evidente, chiaro: *vérité évidente* verità evidente; *il est évident qu'il a menti* è evidente, chiaro che ha mentito; *c'est évident* è evidente, è chiaro; *c'est une chose évidente* è (una cosa) evidente → **certain, clair** # *preuve évidente* prova lampante; *c'est un fait évident aux yeux de tous* è un fatto notorio, è di pubblico dominio → **notoire, public** Ⓒ **contestable, discutable, douteux, incertain.**

évider |evide| *v.tr.* **1** [*creuser en enlevant une partie de la matière à la surface ou à l'intérieur*] incavare; scanalare: *évider la pierre, une pièce de bois* incavare la pietra, un pezzo di legno **2** (*cout.*) *évider un col, une manche* [*l'échancrer*] scollare un collo, scalfare una manica Ⓒ 1 **boucher** 1, **combler, remplir** 1.

évidoir |evidwaʀ| *s.m.* (*techn.*) trivella *f.*

évidure |evidyʀ| *s.f.* [*creux, trou d'un objet évidé*] incavo *m.*; scanalatura.

évier |evje| *s.m.* [*bassin percé d'un trou dans lequel on lave la vaisselle*] acquaio*, lavello.

évincement |evɛ̃smɑ̃| *s.m.* (*rare*) → **éviction.**

évincer |evɛ̃se| (2) *v.tr.* **1** [*écarter* (*qqn.*) *par intrigue*] estromettere (155), allontanare: *il est parvenu à l'évincer de cette place* è riuscito a estrometterlo, allontanarlo da quel posto; *être évincé d'une liste* essere estromesso, rimosso da un elenco → **chasser, éloigner** **2** (*dr.*) [*déposséder juridiquement* (*qqn.*)] evincere (193).

éviscération |eviseʀasjɔ̃| *s.f.* (*chir.*) eviscerazione.

évitabilité |evitabilite| *s.f.* evitabilità *inv.*

évitable |evitabl(ə)| *adj.* [→ ÉVITER] evitabile Ⓒ **inévitable.**

évitage |evitaʒ| *s.m.* (*mar.*) [*mouvement que fait un navire pour éviter*] virata *f.* ◇ [*changement cap pour cap* (*autour de l'ancre, à la machine*)] girata *f.* sull'ancora ◇ [*espace nécessaire à cette opération*] campo di virata.

évitement |evitmɑ̃| *s.m.* (*dans la loc.*) D'ÉVITEMENT di precedenza (*ch. de fer*): *voie d'évitement* binario di precedenza.

éviter |evite| *v.tr.* **1** [*faire en sorte de ne pas rencontrer* (*qqn., qqch.*), *de ne pas subir* (*une chose nuisible, désagréable*)] evitare: *éviter un coup* evitare, schivare un colpo; *éviter un choc, un obstacle* evitare un urto, un ostacolo; *éviter qqn., son regard* evitare qc., il suo sguardo; *il s'est caché pour l'éviter* si è nascosto per evitarlo, per scansarlo → **esquiver, fuir** **2** [*écarter, ne pas subir* (*ce qui menace*)] evitare: *éviter un accident, une catastrophe* evitare un incidente, una catastrofe; *éviter un danger* evitare, scongiurare un pericolo **3** *loc.* ÉVITER DE (+ *inf.*) evitare di, astenersi (188) *pron.* da (+ *inf.*): *évitez de lui parler* evitate di parlargli; *évitez de mentir* astenetevi dal mentire → **abstenir (s')** ~ ÉVITER QUE (+ *subj.*) evitare che (+ *subj.*): *j'évitais qu'il (ne) m'en parlât* evitavo che me ne parlasse **4** ÉVITER QQCH. À QQN. risparmiare, evitare q.c. a qc.: *je voulais vous éviter cette fatigue* volevo risparmiarvi la fatica → **épargner** ◇ (*sujet de chose*) *cela lui évitera des ennuis, lui évitera d'avoir des ennuis* ciò gli eviterà delle noie.

évocable |evɔkabl(ə)| *adj.* [→ ÉVOQUER I 1, 2] evocabile ◇ (*dr.*) *cause évocable* causa avocabile.

évocateur, trice |evɔkatœʀ, tʀis| *adj.* **1** [*qui a un pouvoir d'évocation*] evocativo: *image évocatrice* immagine evocativa; *style évocateur* stile evocativo → **suggestif** **2** [*qui peut évoquer par la magie*] evocatorio*: *rite évocateur* rito evocatorio.

évocation |evɔkasjɔ̃| *s.f.* **1** [→ ÉVOQUER I 1] evocazione → **incantation, sortilège** **2** [→ ÉVOQUER I 2] rievocazione: *évocation de souvenirs communs* rievocazione di ricordi comuni # *le pouvoir d'évocation d'un mot* il potere evocativo di una parola **3** (*dr.*) avocazione: *droit d'évocation* diritto di avocazione.

évocatoire |evɔkatwaʀ| *adj.* **1** (*dr.*) avocatorio*: *motifs évocatoires* motivi avocatori **2** [*qui donne lieu à une évocation*] evocatorio*: *cérémonie évocatoire* cerimonia evocatoria.

évolué, ée |evɔlɥe| *adj.* evoluto: *peuples, pays évolués* popoli, paesi evoluti, sviluppati; *une personne évoluée* una persona evoluta Ⓒ **arriéré, primitif, sauvage.**

1 **évoluer** |evɔlɥe| *v.intr.* (*aviat., mar.*) [*exécuter des évolutions*] compiere (140) *tr.* evoluzioni, evoluire (197): *escadre qui évolue* squadra navale che compie evoluzioni, che evoluisce → **manœuvrer.**

2 **évoluer** |evɔlɥe| *v.intr.* [*passer par une série de transformations*] subire (197) *tr.* una evoluzione, evolversi (*pron.*): *ses idées ont évolué* le sue idee si sono evolute, hanno subìto una evoluzione; *la situation a évolué* la situazione si è evoluta → **changer**, 1 **devenir** # *la chirurgie a beaucoup évolué depuis le siècle dernier* la chirurgia è molto progredita, ha fatto molti progressi dal secolo scorso ◇ (*méd.*) *maladie qui évolue* malattia che segue *tr.* il suo corso.

évolutif, ive |evɔlytif, iv| *adj.* evolutivo: *mouvement évolutif* movimento evolutivo ◇ (*méd.*) *maladie évolutive* malattia evolutiva.

1 **évolution** |evɔlysjɔ̃| *s.f.* evoluzione: *les évolutions d'un avion, d'une danseuse* le evoluzioni di un aereo, di una ballerina ◇ (*milit.*) evoluzione: *les évolutions des troupes au cours d'une bataille, d'une revue* le evoluzioni delle truppe nel corso di una battaglia, di una parata → **manœuvre.**

2 **évolution** |evɔlysjɔ̃| *s.f.* **1** evoluzione: *évolution lente, rapide* evoluzione lenta, rapida; *évolution des idées* evoluzione delle idee → **changement** # *considérer les choses dans leur évolution* considerare le cose nel loro evolversi → **devenir, mouvement** ◇ [*changement dans le caractère, les conceptions d'une personne, d'un groupe*] evoluzione: *il s'est produit chez lui une évolution* ha subìto un'evoluzione ◇ (*méd.*) *évolution d'une maladie* decorso *m.*, andamento di una malattia → 1 **cours, processus** **2** [*transformation progressive d'une espèce vivante en une autre*] evoluzione: *évolution discontinue* evoluzione discontinua Ⓒ 1 **immobilité, stabilité.**

évolutionnisme |evɔlysjɔnism(ə)| *s.m.* (*biol., philo.*) evoluzionismo Ⓒ **fixisme.**

évolutionniste |evɔlysjɔnist(ə)| *s.* (*biol., philo.*) [*partisan de l'évolution*] evoluzionista ✦ *adj.* [*qui se rapporte à l'évolution*] evoluzionistico*.

évoquer |evɔke| *v.tr.* **I** **1** [*appeler, faire apparaître par la magie*] evocare: *évoquer les âmes des morts* evocare le anime dei morti → **invoquer** **2** [*rappeler à la mémoire*] rievocare: *évoquer un fait ancien, un ami disparu* rievocare un vecchio episodio, un amico scomparso → **remémorer** **3** [*faire apparaître à l'esprit de qqn. par des images et des associations d'idées*] rappresentare, descrivere (182): *évoquer un pay-*

sage dans un livre rappresentare, descrivere un paesaggio in un libro → **décrire, représenter** ◇ (*spécialt.*) *évoquer un problème* [*le mentionner*] sfiorare, accennare *intr.* a un problema: *nous n'avons fait qu'évoquer le problème* abbiamo soltanto sfiorato il problema → **aborder, effleurer** ◇ (*sujet de chose*) [*faire penser à*] rievocare, richiamare: *mots qui évoquent des images, des idées* parole che rievocano, richiamano delle immagini, delle idee # *ce nom ne m'évoque rien* questo nome non mi dice nulla **II** (*dr.*) [*attirer à soi la connaissance d'une cause*] avocare → **examiner** [C] I 1 **conjurer 2.**

evzone |evzon| *s.m.* euzone.

ex- |ɛks| *préf.* (*signifiant 'hors de', correspond généralt. à*) es; s; ex: *exagérer* esagerare ‖ *excommunier* scomunicare ‖ *exérèse* exeresi.

ex- |ɛks| *prép.* (*devant un nom*) [*antérieurement*] ex: *l'ex-ministre* l'ex ministro.

ex abrupto |ɛksabʀypto| *loc. adv.* (*lat.*) [*brusquement, sans préambule*] all'improvviso, ex abrupto: *question posée ex abrupto* domanda rivolta all'improvviso, bruscamente → **abruptement.**

exacerbation |ɛgzasɛʀbɑsjɔ̃| *s.f.* (*littér.*) esacerbazione: *exacerbation d'une douleur* esacerbazione di un dolore → **exaspération, paroxysme** ◇ (*fig.*) *l'exacerbation d'une passion* l'esacerbarsi *m.inv.*, l'esasperazione di una passione [C] **apaisement.**

exacerbé, ée |ɛgzasɛʀbe| *adj.* esacerbato, esasperato: *orgueil exacerbé* orgoglio esacerbato; *sensibilité exacerbée* sensibilità esasperata.

exacerber |ɛgzasɛʀbe| *v.tr.* [*rendre* (*un mal*) *plus aigu, porter à son paroxysme*] esacerbare, inasprire (197): *ce traitement n'a fait qu'exacerber la douleur* questa cura non ha fatto che esacerbare, inasprire il dolore ◇ [*rendre plus violent, plus acerbe*] esasperare: *exacerber la colère* esasperare la collera → **exaspérer** ♦ (*au p.p.*) *sensibilité exacerbée* sensibilità esasperata [C] **apaiser, atténuer, calmer.**

exact, exacte |ɛgza(kt), ɛgzakt(ə)| *adj.* **I** (*choses*) **1** esatto, giusto: *c'est l'exacte vérité, c'est exact* è l'esatta verità, è esatto; *description exacte* descrizione esatta; *reproduction, copie exacte d'un texte* [*qui en reproduit fidèlement l'original*] riproduzione, copia esatta di un testo → **conforme, complet, correct,** 1 **juste, vrai** # *rendre un compte exact de ses actions* rendere conto esattamente delle proprie azioni → **sincère 2** [*qui est adéquat à son objet; qui est égal à la grandeur mesurée*] esatto: *nombre exact* numero esatto; *valeur exacte* valore esatto; *sciences exactes* scienze esatte → 1 **juste, précis;** *se faire une idée exacte de qqch.* farsi un'idea esatta, precisa di q.c. **II** (*personnes*) [*qui arrive à l'heure convenue*] puntuale: *être exact au rendez-vous* essere puntuale ad un appuntamento [C] I 1 **inexact, faux,** 2 **approximatif, imprécis, vague** 3.

exactement |ɛgzaktəmɑ̃| *adv.* [→ EXACT] esattamente: *ce n'est pas exactement la même chose* non è esattamente la stessa cosa → **fait (tout à)** # *reproduire exactement un texte* riprodurre fedelmente un testo → **fidèlement, parfaitement;** *deux choses qui s'adaptent exactement l'une à l'autre* due cose che si adattano perfettamente l'una all'altra; *il est arrivé exactement à 3 heures* è arrivato alle 3 in punto.

exaction |ɛgzaksjɔ̃| *s.f.* [*action d'exiger ce qui n'est pas dû ou plus qu'il n'est dû*] esazione abusiva, estorsione → **extorsion, malversation.**

exactitude |ɛgzaktityd| *s.f.* **I 1** esattezza, fedeltà (*inv.*): *exactitude d'un récit, des faits rapportés* esattezza, fedeltà di un racconto, dei fatti riferiti → **correction, fidélité, rigueur 2** [*égalité avec ce qui est mesuré*] esattezza: *exactitude d'une mesure, d'un compte* esattezza di una misura, di un conto → **précision II** [*précision, ponctualité*] puntualità (*inv.*): *il est d'une exactitude scrupuleuse* è di una scrupolosa puntualità [C] I **inexactitude, erreur, fausseté.**

ex æquo |ɛgzeko| *loc. adv.* (*lat.*) ex aequo, a pari merito: *élèves classés ex æquo* alunni classificati ex aequo; *premier ex æquo* primo a pari merito ♦ (*s. inv.*) *deux ex æquo* due ex aequo.

exagération |ɛgzaʒeʀɑsjɔ̃| *s.f.* **1** [→ EXAGÉRER A 1] esagerazione: *il y a beaucoup d'exagération dans ce qu'il raconte* c'è molta esagerazione in ciò che racconta; *sans exagération, on peut affirmer que...* si può affermare, senza esagerazione, che... → **amplification, enflure 2** *une exagération, des exagérations* [*des propos exagérés*] esagerazione; enormità *inv.* **3** [→ EXAGÉRER A 2] eccesso *m.* # *il est économe sans exagération* [*sans l'être trop*] è economo senza eccedere → **outrance** [C] 1 **mesure, modération.**

exagéré, ée |ɛgzaʒeʀe| *adj.* **1** esagerato, eccessivo: *développement exagéré des muscles* sviluppo eccessivo, esagerato dei muscoli; *un pessimisme exagéré* un eccessivo pessimismo → 1 **extrême, outré, excessif;** *prix exagérés* prezzi eccessivi → **astronomique 2** [*qui amplifie la réalité*] esagerato: *louanges, compliments exagérés* lodi esagerate, complimenti esagerati → **hyperbolique, superlatif** [C] **mesuré, modéré.**

exagérément |ɛgzaʒeʀemɑ̃| *adv.* [→ EXAGÉRÉ] esageratamente, eccessivamente → **trop.**

exagérer |ɛgzaʒeʀe| (8) **A** *v.tr.* **1** [*parler de* (*qqch.*) *en présentant comme plus grand, plus important que dans la réalité*] esagerare: *sans exagérer, j'ai bien attendu deux heures* senza esagerare, ho veramente aspettato due ore □ *il s'exagère l'importance de son travail* esagera, sopravvaluta l'importanza del suo lavoro **2** [*grossir, accentuer en donnant un caractère qui dépasse la normale*] esagerare: *exagérer une attitude* esagerare un atteggiamento → **amplifier, grandir 3** *absolt.* [*en prendre trop à son aise*] esagerare; eccedere: *vraiment, il exagère!* davvero esagera! → **abuser B** *v. pron.* S'EXAGÉRER QQCH. [*se représenter une chose comme plus importante qu'elle n'est*] → *tr.* 1 □ [C] A 1 **atténuer, minimiser.**

exaltant, ante |ɛgzaltɑ̃, ɑ̃t| *adj.* esaltante [C] **déprimant.**

exaltation |ɛgzaltɑsjɔ̃| *s.f.* **1** esaltazione: *état d'exaltation* stato di esaltazione → **enthousiasme, ivresse 2** (*littér.*) [*le fait d'exalter, de célébrer*] celebrazione, esaltazione: *l'exaltation de sa gloire* la celebrazione, l'esaltazione della sua gloria; *exaltation du nationalisme* esaltazione del nazionalismo → **glorification, louange.**

exalté, ée |ɛgzalte| *adj.* **1** esaltato: *sentiments exaltés* sentimenti esaltati → **délirant** # *imagination exaltée* immaginazione sovr(a)eccitata → **surexcité 2** (*personnes*) esaltato: *il est trop exalté* è troppo esaltato → **ardent, passionné** ♦ (*s.*) *cet attentat est le fait de quelques exaltés* questo attentato è opera di esaltati, di fanatici → **fanatique** [C] **calme** 2, **froid.**

exalter |ɛgzalte| *v.tr.* **1** [*élever* (*qqn.*) *au-dessus de l'état d'esprit ordinaire*] esaltare: *la perspective de son succès l'exalte* la prospettiva del successo lo esalta → **enthousiasmer, passionner 2** (*littér.*) [*glorifier ou élever très haut; proposer à l'admiration*] esaltare: *exalter les mérites de qqn.* esaltare i meriti di qc. → 1 **louer, vanter, magnifier 3** (*littér.*) [*rendre plus intense* (*un sentiment*)] esaltare: *les circonstances dramatiques exaltent l'esprit de sacrifice* le circostanze drammatiche esaltano lo spirito di sacrificio [C] 1 **calmer;** 2 **rabaisser; dénigrer.**

examen |ɛgzamɛ̃| *s.m.* **1** [→ EXAMINER A 1] esame: *examen superficiel, détaillé, minutieux* esame superficiale, dettagliato, minuzioso → **étude** ◇ (*dir., sc.*) *examen légal* perizia *f.* legale; *examen médical* esame medico, visita *f.* medica; *examen à la radioscopie* esame radioscopico **2** *examen de conscience* esame di coscienza **3** [→ EXAMINER A 3] esame: *examen écrit, oral* esame scritto, orale; *préparer un examen* preparare un esame; *se présenter à un examen* presentarsi a un esame; *passer l'examen de...* sostenere l'esame di..., gli esami di...; *être reçu à un examen* superare un esame, essere promosso a un esame; *être collé, recalé, refusé à un examen* essere respinto, bocciato a un esame; *examen d'entrée* esame d'ammissione; *examen de fin d'études* esame finale; *examen probatoire* esame di cultura generale.

examinateur, trice |ɛgzaminatœʀ, tʀis| *s.* esaminatore*: *jury formé de plusieurs examinateurs* commissione formata da più esaminatori.

examiner |ɛgzamine| **A** *v.tr.* **1** [*considérer avec attention, avec réflexion*] esaminare: *il va falloir examiner cela de plus près* occorrerà esaminare la cosa più da vicino; *examiner les qualités et les défauts, la valeur de qqch.* esaminare le qualità e i difetti, il valore di q.c.; *examiner une affaire en conférence* esaminare, discutere una questione in una riunione; *examiner sérieusement, avec attention, à fond* esaminare seriamente, attentamente, a fondo # *examiner un malade* visitare un malato **2** [*regarder très attentivement*] esaminare: *examiner une préparation au microscope* esaminare un preparato al microscopio; *examiner un terrain* esaminare un terreno → **prospecter** # *examiner qqn.* squadrare qc. → **dévisager 3** [*faire subir un examen à, soumettre un candidat à une épreuve*] esaminare: *examiner un élève sur les mathématiques* esaminare un alunno in matematica **B** *v.pron. réfl.* S'EXAMINER [*se considérer*] guardarsi, esaminarsi: *s'examiner dans la glace* guardarsi allo specchio.

exanthémateux, euse |ɛgzɑ̃tematø, øz|, **exanthématique**

|ɛgzɑ̃tematik| *adj.* (*méd.*) esantematico*.

exanthème |ɛgzɑ̃tɛm| *s.m.* (*méd.*) esantema.

exarchat |egzaʀka| *s.m.* (*hist.*) esarcato: *l'exarchat de Ravenne* l'esarcato di Ravenna.

exarque |ɛgzark(ə)| *s.m.* **1** (*hist.*) esarca* **2** [*dans l'église orthodoxe*] esarca.

exarthrose |ɛgzaʀtʀoz| *s.f.* exartrosi *inv.* → **luxation.**

exaspérant, ante |ɛgzaspeʀɑ̃, ɑ̃t| *adj.* esasperante: *bruit exaspérant* rumore esasperante → **irritant, agaçant, crispant.**

exaspération |ɛgzaspeʀɑsjɔ̃| *s.f.* **1** esasperazione → **agacement, énervement 2** (*littér.*) [→ EXASPÉRER A 1] esasperazione: *exaspération d'un mal* esasperazione, aggravamento *m.* di un male; *exaspération d'une douleur* esasperazione, esacerbazione di un dolore; *exaspération d'un désir, d'un sentiment* esasperazione, esaltazione di un desiderio, di un sentimento.

exaspérer |egzaspeʀe| (8) **A** *v.tr.* **1** [*rendre plus intense, plus pénible* (*un mal physique ou moral*)] esasperare: *exaspérer la souffrance* esasperare, esacerbare la sofferenza → **aggraver, exacerber** ◇ (*par ext.*) [*augmenter à l'excès*] *exaspérer un désir* esasperare un desiderio → **affoler, exciter 2** (*plus cour.*) [*irriter* (*qqn.*) *excessivement*] esasperare: *il m'exaspère avec ses plaintes, sa lenteur!* mi esaspera con i suoi piagnistei, con la sua lentezza → **agacer, crisper,** 1 **énerver** ♦ (*au p.p.*) *il était exaspéré* era esasperato **B** *v.pron. intr.* S'EXASPÉRER [→ *tr.* 1] esasperarsi: *souffrance, désir qui s'exaspère* sofferenza, desiderio che si esaspera Ⓒ A 1 **adoucir, affaiblir, atténuer, diminuer,** 2 **calmer.**

exaucement |ɛgzosmɑ̃| *s.m.* (*littér.*) [→ EXAUCER] esaudimento: *exaucement d'une prière* esaudimento di una preghiera.

exaucer |ɛgzose| (2) *v.tr.* [*satisfaire* (*qqn.*) *en lui accordant ce qu'il demande; accueillir favorablement*] esaudire (197): *le ciel l'a exaucé* il cielo lo ha esaudito; *exaucer une demande, une prière* esaudire una richiesta, una preghiera → **écouter.**

ex cathedra |ɛkskatedʀa| *loc. adv.* (*lat.*) *parler ex cathedra* [*du haut de la chaire*] parlare ex cathedra ◇ (*fig.*) parlare con tono cattedratico.

excavateur, trice |ɛkskavatœʀ, tʀis| *s.* (*techn., cour.*) escavatore *m.*, escavatrice *f.*, ruspa *f.* → **bouteur, bulldozer, pelle (mécanique).**

excavation |ɛkskavɑsjɔ̃| *s.f.* **1** [*creux dans un terrain*] cavità *inv.*; buca*: *excavation naturelle* cavità naturale → **caverne, grotte, cavité** ‖ *excavation creusée par une explosion* buca scavata da un'esplosione → **trou 2** (*rare*) [→ EXCAVER] scavo *m.*, escavazione: *procéder à l'excavation d'un puits* procedere allo scavo di un pozzo.

excaver |ɛkskave| *v.tr.* [*creuser*] scavare: *excaver le sol* scavare il terreno.

excédant, ante |ɛksedɑ̃, ɑ̃t| *adj.* [*qui excède* (II)] irritante, esasperante: *ces visites sont excédantes* queste visite sono irritanti, esasperanti → **exaspérant.**

excédent |ɛksedɑ̃| *s.m.* [*ce qui est en plus du nombre fixé*] eccedenza (*f.*): *excédent des exportations sur les importations* eccedenza delle esportazioni sulle importazioni; *payer un supplément pour un excédent de bagage* pagare un supplemento per un'eccedenza di bagaglio → 1 **surcharge, excès, surplus.**

excédentaire |ɛksedɑ̃tɛʀ| *adj.* [*qui est en excédent*] eccedente, esuberante: *production excédentaire* produzione eccedente, esuberante.

excéder |ɛksede| (8) *v.tr.* **I** EXCÉDER QQCH. **1** [*dépasser en nombre, en quantité; dépasser en durée*] eccedere (125), superare: *le prix de cet appartement n'excède pas cent mille francs* il prezzo di questo appartamento non eccede, non supera i centomila franchi **2** [*aller au-delà de* (*certaines limites*); *être plus fort que* (*une force, une capacité*)] andare (101) *intr.* oltre, al di là di, superare: *excéder son pouvoir, ses pouvoirs* andare al di là, abusare del proprio potere, dei propri poteri; *cela excède mes forces* ciò va al di là delle mie forze, supera le mie forze → **outrepasser II** EXCÉDER QQN. [*fatiguer en irritant*] esasperare, mandare in bestia qc.: *sa présence m'excède* la sua presenza mi esaspera, mi manda in bestia → **exaspérer, irriter.**

excellement |ɛksɛlamɑ̃| *adv.* (*littér.*) [→EXCELLENT] ottimamente (*cour.*), eccellentemente.

excellence |ɛksɛlɑ̃s| *s.f.* **1** (*littér.*) eccellenza: *l'excellence d'un vin* l'eccellenza di un vino → **perfection, supériorité** ◇ (*cour.*) *prix d'excellence* [*décerné aux meilleurs élèves*] premio* speciale per il migliore allievo **2** (*avec une majuscule*) [*titre honorifique donné aux ambassadeurs, ministres, évêques*] Eccellenza: *Son Excellence* (*abrév. S.E.*) Sua Eccellenza (S.E.) **3** *loc. adv.* PAR EXCELLENCE per eccellenza, per antonomasia: *Aristote fut appelé le philosophe par excellence* Aristotele fu chiamato il filosofo per eccellenza, per antonomasia Ⓒ 1 **médiocrité.**

excellent, ente |ɛksɛlɑ̃, ɑ̃t| *adj.* **1** ottimo, eccellente: *un vin excellent* un ottimo vino, un vino eccellente; *c'est excellent pour la santé* è ottimo per la salute; *excellente idée!* ottima idea!; *un excellent professeur* un ottimo professore → **admirable, merveilleux, parfait 2** [*qui a une grande bonté, une nature généreuse*] ottimo: *c'est un excellent homme* è un'ottima persona, un gran brav'uomo.

excellentissime |ɛksɛlɑ̃tisim| *adj.* [*titre donne aux sénateurs de Venise*] eccellentissimo: *excellentissimes seigneurs* eccellentissimi signori.

exceller |ɛksele| *v.intr.* [*être supérieur, excellent*] eccellere (139) (*aux.* essere, avere), emergere (114) (*aux.* essere): *exceller dans sa profession* eccellere nella propria professione → **briller** ◇ *loc.* EXCELLER À (+ *inf.*) eccellere nel (+ *inf.*): *il excelle à dessiner des caricatures* eccelle nel disegnare caricature ~ EXCELLER EN, DANS (+ *s.*) eccellere in (+ *s.*): *il excelle en histoire, dans ce travail* eccelle in storia, in questo lavoro.

excentration |ɛksɑ̃tʀɑsjɔ̃| *s.f.* (*sc., techn.*) [*déplacement du centre*] scentratura ◇ [*non-coïncidence du centre avec l'axe de rotation*] eccentricità *inv.*

excentrer |ɛksɑ̃tʀe| *v.tr.* (*techn.*) [*déplacer le centre, l'axe de*] scentrare.

1 **excentricité** |ɛksɑ̃tʀisite| *s.f.* **1** eccentricità (*inv.*): *l'excentricité de son caractère* l'eccentricità del suo carattere → **bizarrerie, extravagance 2** UNE EXCENTRICITÉ [*acte qui révèle cette manière d'être*] stravaganza, eccentricità: *faire des excentricités* fare delle stravaganze, delle eccentricità.

2 **excentricité** |ɛksɑ̃tʀisite| *s.f.* **1** (*astron., sc.*) eccentricità (*inv.*): *excentricité de l'orbite d'une planète* eccentricità dell'orbita di un pianeta ◇ (*géom.*) *excentricité d'une ellipse* eccentricità di una ellissi **2** (*par anal.*) *excentricité d'un quartier* [*son éloignement du centre de la ville*] eccentricità di un quartiere.

1 **excentrique** |ɛksɑ̃tʀik| *adj.* eccentrico*: *une femme excentrique* una donna eccentrica; *toilette excentrique* abito eccentrico, stravagante → **original** ♦ (*s.*) *un excentrique* un eccentrico.

2 **excentrique** |ɛksɑ̃tʀik| *adj.* **1** (*géom.*) eccentrico* **2** [*éloigné du centre*] eccentrico: *quartiers excentriques d'une ville* quartieri eccentrici, periferici di una città → **périphérique.**

3 **excentrique** |ɛksɑ̃tʀik| *s.m.* (*mécan.*) eccentrico*.

excentriquement |ɛksɑ̃tʀikmɑ̃| *adv.* **1** [→ 1 EXCENTRIQUE] eccentricamente **2** [→ 2 EXCENTRIQUE 1] eccentricamente.

excepté |ɛksɛpte| *prép. inv.* (*placé devant ce que l'on excepte*) [*à l'exception de*] eccetto, tranne: *tous furent découverts, excepté trois d'entre eux* furono tutti scoperti eccetto tre; *j'y vais à pied, excepté quand je suis malade* ci vado a piedi tranne, eccetto quando non sto bene → **hormis, sauf** ◇ *loc. conj.* EXCEPTÉ QUE salvo che: *tout s'est bien passé, excepté qu'il a plu pendant toute la semaine* è andato tutto bene, salvo che ha piovuto tutta la settimana → 1 **si (ce n'est que).**

excepté, ée |ɛksɛpte| *adj.* (*placé après le nom*) [*nom compris*] eccettuato, escluso; (*placé avant le nom*) tranne (*prép. inv.*): *il a terminé son courrier, ces deux lettres exceptées* ha sbrigato la corrispondenza, escluse, eccettuate queste due lettere; *tous les Britanniques, les Écossais exceptés* tutti gli abitanti della Gran Bretagna, eccettuati, tranne gli Scozzesi → **excepté** Ⓒ **compris, inclus.**

excepter |ɛksɛpte| *v.tr.* [*ne pas comprendre dans*] escludere (106), eccettuare: *excepter qqn. d'une mesure collective* escludere qc. da un provvedimento collettivo; *si l'on excepte deux ou trois cas* se si eccettuano, a eccezione di due o tre casi; *sans excepter personne* nessuno escluso → **exclure** ♦ *au p.p.* → **excepté.**

exception |ɛksɛpsjɔ̃| *s.f.* **1** [→ EXCEPTER] eccezione: *exception faite pour* fatta eccezione, eccezion fatta per; *faire une exception* fare un'eccezione # *tout le monde sans* (*aucune*) *exception* tutti, nessuno escluso ◇ (*dr.*) *alléguer, opposer une exception* sollevare un'eccezione; *exception de nullité* eccezione di nullità ◇ *loc.* D'EXCEPTION [*en dehors de ce qui est courant*] d'eccezione, eccezionale (*adj.*): *un numéro d'exception* un numero d'eccezione, eccezionale; *régime, loi d'exception* regime, legge eccezionale # *tribunal d'exception* tribunale speciale ~ *loc. prép.* À L'EX-

CEPTION DE a eccezione di, tranne (*prép.*): *ils ont tous été admis à l'exception d'un seul* sono stati ammessi tutti a eccezione di uno, tranne uno → **excepté, sauf 2** [*ce qui est en dehors du général, du commun*] eccezione: *les personnes de ce genre sont l'exception* [*sont rares*] (le) persone di questo genere sono l'eccezione; *à de rares exceptions près, on peut dire que...* a parte qualche (rara) eccezione, si può dire che...; *l'exception confirme la règle* l'eccezione conferma la regola → **anomalie, singularité.**

exceptionnel, elle |ɛksɛpsjɔnɛl| *adj.* eccezionale: *cas exceptionnel* caso eccezionale; *des circonstances exceptionnelles* circostanze eccezionali; *une occasion, une chance exceptionnelle* una occasione, una fortuna eccezionale → **remarquable, supérieur, extraordinaire** © **normal, courant** 1.

exceptionnellement |ɛksɛpsjɔnɛlmɑ̃| *adv.* [→ EXCEPTIONNEL] eccezionalmente → **extraordinairement, extrêmement.**

excès |ɛksɛ| *s.m.* **1** [*différence en plus entre deux quantités inégales*] eccedenza *f.*; eccesso: *l'excès des dépenses sur les recettes* l'eccedenza delle spese sulle entrate ‖ *total approché par excès* somma approssimata per eccesso → **excédent, reste, surplus 2** [*trop grande quantité; dépassement de la mesure normale des limites ordinaires*] eccesso: *contravention pour excès de vitesse* contravvenzione per eccesso di velocità; *un excès de précaution* un eccesso di cautela ◇ *loc.* AVEC EXCÈS [*sans mesure*] eccessivamente (*adv.*): *il mange, il dépense avec excès* mangia, spende eccessivamente ~ SANS EXCÈS [*modérément*] senza eccessi, moderatamente *adv.* ~ À L'EXCÈS, JUSQU'À L'EXCÈS smodatamente *adv.*, oltre misura: *boire à l'excès* bere smodatamente ◇ (*prov.*) *l'excès en tout est un défaut* il troppo storpia ◇ (*dr.*) *excès de pouvoir* eccesso di potere **3** UN, DES EXCÈS [*chose, action qui dépasse la mesure ordinaire*] eccesso: *les excès de la table* gli eccessi della tavola → **intempérance, abus, 2 licence** # *excès de langage* eccessiva libertà di linguaggio; intemperanze verbali; *faire des excès* eccedere, esagerare © **défaut** 1.

excessif, ive |ɛksesif, iv| *adj.* eccessivo: *une chaleur excessive* un caldo eccessivo → **énorme, 1 extrême** # *deux mille francs? c'est excessif!* duemila franchi? è troppo!, è un'esagerazione! ◇ (*personnes*) *il est excessif en tout* è eccessivo, esagerato in tutto → **1 extrême.**

excessivement |ɛksesivmɑ̃| *adv.* **1** [→ EXCESSIF] eccessivamente; smodatamente: *produits excessivement chers* prodotti eccessivamente cari → **exagérément, trop** ‖ *manger excessivement* mangiare smodatamente **2** (*emploi critiqué*) [*très, tout à fait*] estremamente: *c'est excessivement agréable* è estremamente piacevole → **extrêmement, infiniment.**

exciper |ɛksipe| *v.intr.* **1** (*dr.*) [*arguer d'une exception en justice*] eccepire (197) *tr.*, sollevare *tr.* eccezione su: *exciper de l'autorité de la chose jugée* eccepire l'autorità del giudicato **2** (*littér.*) EXCIPER DE [*se servir de* (*qqch.*) *pour sa défense*] invocare *tr.* (*cour.*), addure (108) *tr.* a pretesto: *exciper de sa bonne foi* invocare, addurre a pretesto la propria buona fede.

excipient |ɛksipjɑ̃| *s.m.* (*pharm.*) eccipiente.

exciser |ɛksize| *v.tr.* (*chir.*) [*enlever par excision*] asportare, rimuovere (157) (per escissione); praticare un'escissione: *exciser une tumeur* asportare un tumore.

excision |ɛksizjɔ̃| *s.f.* (*chir.*) asportazione, escissione: *excision d'une verrue* asportazione, escissione di una verruca → **incision.**

excitabilité |ɛksitabilite| *s.f.* **1** eccitabilità *inv.* → **irritabilité, sensibilité 2** (*biol.*) eccitabilità: *excitabilité musculaire* eccitabilità muscolare.

excitable |ɛksitabl(ə)| *adj.* [→ EXCITER] **1** eccitabile, emotivo: *un homme excitable* un uomo eccitabile, emotivo → **irritable, nerveux 2** (*physiol.*) eccitabile: *un nerf excitable* un nervo eccitabile.

excitant, ante |ɛksitɑ̃, ɑ̃t| *adj.* **1** eccitante: *projet excitant* progetto eccitante, entusiasmante; *beauté, femme excitante* bellezza, donna eccitante → **provocant, troublant** ◇ (*fam.*) *ce n'est pas* (*très*) *excitant* non è molto entusiasmante (*cour.*) → **intéressant 2** [*qui excite, stimule l'organisme*] eccitante, stimolante: *le café est excitant* il caffè è eccitante, stimolante ♦ (*s.m.*) *prendre un excitant* prendere un eccitante, uno stimolante © **1 calmant, ennuyeux**; **2 calmant.**

excitateur, trice |ɛksitatœʀ, tʀis| *s.* **1** *s.* (*littér.*) [*personne qui excite*] fomentatore*: *excitateur de troubles* fomentatore di disordini → **fauteur, instigateur 2** *s.m.* (*électr.*) eccitatore ♦ *s.f.* eccitatrice.

excitation |ɛksitɑsjɔ̃| *s.f.* **1** eccitazione; esaltazione: *excitation sexuelle* eccitazione sessuale ‖ *excitation intellectuelle, mentale* esaltazione intellettuale, mentale; *excitation de l'esprit* esaltazione dello spirito **2** [*action d'exciter qqn.*] incitamento *m.*; istigazione: *excitation au travail* incitamento al lavoro ‖ *excitation à la haine, à la violence* istigazione, incitamento all'odio, alla violenza → **incitation, encouragement, invitation 3** (*physiol.*) eccitamento (*m.*): *excitation d'une extrémité nerveuse* eccitamento di una terminazione nervosa **4** (*phys.*) eccitazione: *excitation en série, en dérivation* eccitazione in serie, in derivazione.

excitatrice |ɛksitatʀis| *s.f.* → **excitateur** 2.

excité, ée |ɛksite| **1** *adj.* eccitato: *il était tout excité et ne se tenait plus en place* era tutto eccitato e non stava più in sé → **agité, énervé 2** (*s.*) *un excité* uno scalmanato: *une bande de jeunes excités* un gruppo di giovani scalmanati © **calme 2, tranquille.**

exciter |ɛksite| **A** *v.tr.* **1** [*faire naître, provoquer* (*une réaction physique, mentale ou morale*)] eccitare; suscitare, destare: *exciter l'imagination* eccitare la fantasia → **1 causer, éveiller, provoquer** ‖ *exciter l'admiration* suscitare, destare l'ammirazione; *exciter l'enthousiasme* suscitare l'entusiasmo; *cette personne excite l'intérêt* questa persona suscita l'interesse → **solliciter 2** [*accroître, rendre plus vif* (*une sensation, un sentiment*)] eccitare: *exciter la colère* eccitare la collera; *exciter le courage, l'ardeur des combattants* eccitare il coraggio, l'ardore dei combattenti → **aviver, exalter, stimuler 3** EXCITER À [*pousser fortement à* (*une détermination difficile, une action violente*)] incitare a, istigare a: *exciter à l'action* incitare all'azione → **1 entraîner, 1 porter, 1 pousser**; *exciter qqn. à la révolte* istigare, incitare qc. alla rivolta **4** (*sujet de chose ou au passif*) [*augmenter l'activité psychique, intellectuelle de* (*qqn.*)] eccitare: *ces lectures l'excitent trop* queste letture lo eccitano troppo; *la boisson l'excite* il bere lo eccita → **agiter, passionner, enivrer** ◇ (*fam., négatif*) *ce travail ne l'excite pas beaucoup* questo lavoro non lo entusiasma (*cour.*) molto ◇ (*sujet de personne*) [*mettre en colère, en fureur*] mandare, fare (103) *intr.* andare in bestia: *exciter qqn. par des railleries* mandare, fare andare in bestia qc. prendendolo in giro → **irriter** # *on les a excités l'un contre l'autre* li hanno aizzati l'uno contro l'altro **5** [*éveiller le désir de* (*qqn.*)] eccitare: *femme qui excite les hommes* donna che eccita gli uomini **6** (*physiol.*) [*déclencher l'activité fonctionnelle de* (*un système excitable*)] eccitare, stimolare: *exciter un nerf, un muscle* eccitare, stimolare un nervo, un muscolo **7** (*électr.*) [*envoyer un courant dans*] eccitare **B** *v.pron. intr.* S'EXCITER [*s'énerver, s'irriter*] scaldarsi, innervosirsi (197) ◇ [*ressentir une excitation sensuelle*] eccitarsi ◇ (*fam.*) *s'exciter sur qqch.* [*y prendre un très grand intérêt*] entusiasmarsi (*cour.*) per q.c. © A 1 **arrêter, calmer**; 2 **réprimer**; 3 **retenir**; 4 **apaiser, calmer.**

excito-moteur, trice |ɛksitɔmɔtœʀ, tʀis| *adj.* (*physiol.*) eccitomotore*.

exclamatif, ive |ɛksklamatif, iv| *adj.* esclamativo: *phrase exclamative* frase esclamativa.

exclamation |ɛksklamɑsjɔ̃| *s.f.* **1** esclamazione: *pousser des exclamations* prorompere in esclamazioni → **interjection 2** *point d'exclamation* (!) punto esclamativo *adj.*

exclamer (s') |ɛksklame| *v.pron. intr.* [*pousser des exclamations*] esclamare (*intr.*): *par exemple! s'exclama-t-il* questa poi! esclamò → **écrier (s').**

exclu, ue |ɛkskly| *adj.* **1** escluso: *membres exclus* membri esclusi ♦ (*s.*) *les exclus* gli esclusi **2** (*choses*) [*qu'on refuse d'envisager*] escluso: *c'est une chose exclue* è escluso, è fuori discussione; *ne comptez pas sur mon aide, c'est tout à fait exclu!* non contate sul mio aiuto, è escluso nel modo più assoluto!; *il n'est pas exclu que...* non è escluso che... **3** [*non compté*] escluso: *jusqu'à mardi exclu* fino a martedì escluso.

exclure |ɛksklyʀ| (46) *v.tr.* **1** [*renvoyer, chasser* (*qqn.*) *d'un endroit où il était admis; ne pas employer* (*qqch.*)] escludere (106), allontanare: *exclure qqn. d'un syndicat, d'une équipe* escludere, allontanare qc. da un sindacato, da una squadra → **chasser, expulser, renvoyer 2** [*refuser d'envisager*] escludere: *j'exclus votre participation à cette affaire* escludo la vostra partecipazione all'affare ◇ (*sujet de chose*) *qualités, sentiments qui en excluent d'autres* qualità, sentimenti che ne escludono altri © 1 **inclure.**

exclusif, ive |ɛksklyzif, iv| *adj.*

1 esclusivo: *privilèges, droits exclusifs* privilegi, diritti esclusivi # *sa préoccupation exclusive* la sua unica (e sola) preoccupazione ◇ (*comm.*) *modèle exclusif* modello esclusivo 2 (*personnes*) assoluto, esclusivo: *il est trop exclusif* è troppo assoluto, esclusivo → 2 **entier; absolu** ⓒ 2 **large, tolérant.**

exclusion |ɛksklyzjɔ̃| *s.f.* 1 [*action d'exclure qqn.*] allontanamento *m.*, estromissione; esclusione: *prononcer l'exclusion de qqn.* decretare l'allontanamento, l'estromissione di qc. → **élimination, expulsion,** 1 **radiation** ‖ *exclusion des fonctions, des emplois publics* esclusione dai pubblici impieghi 2 [*action d'exclure qqch. d'un ensemble*] esclusione ◇ (*dr.*) *exclusion de certains biens d'une succession* esclusione di alcuni beni da una successione 3 *loc. prép.* À L'EXCLUSION DE [*en excluant*] a esclusione di, escludendo: *cultiver une activité à l'exclusion des autres* coltivare un'attività a esclusione delle altre, escludendo le altre → **(à l')exception (de)** ⓒ 1 **admission, réintégration;** 2 **inclusion.**

exclusive |ɛksklyziv| *s.f.* 1 (*dr. can.*) esclusiva 2 (*par ext.*) *prononcer l'exclusive* pronunciare l'esclusiva, la esclusione → **veto, interdit.**

exclusivement |ɛksklysivmɑ̃| *adv.* I 1 [*en excluant tout le reste*] esclusivamente, soltanto: *lire exclusivement des ouvrages philosophiques* leggere esclusivamente, soltanto opere filosofiche → **seulement, uniquement** 2 [*d'une manière exclusive, absolue*] in modo esclusivo (*loc.*): *aimer qqn. exclusivement* amare qc. in modo esclusivo II [*en ne comprenant pas*] escluso (*adj.*): *du mois de janvier au mois d'août exclusivement* da gennaio ad agosto escluso.

exclusivisme |ɛksklyzivism(ə)| *s.m.* (*rare*) esclusivismo: *exclusivisme d'une opinion* esclusivismo di un'opinione.

exclusivité |ɛksklyzivite| *s.f.* 1 [*propriété exclusive; droit exclusif (de vendre, publier)*] esclusiva, esclusività (*inv.*): *avoir l'exclusivité d'une marque* avere l'esclusiva di una marca; *droit d'exclusivité* diritto di esclusiva ◇ *loc.* EN EXCLUSIVITÉ in esclusiva: *film qui passe en exclusivité* film proiettato in esclusiva # *première, deuxième exclusivité* prima, seconda visione; *cinéma d'exclusivités* cinema di prima visione 2 [*produit exploité par une seule firme*] esclusiva: *c'est une exclusivité X* è una esclusiva X.

excommunication |ɛkskɔmynikɑsjɔ̃| *s.f.* [→ EXCOMMUNIER] scomunica*: *bulle d'excommunication* bolla di scomunica; *lancer, lever une excommunication* lanciare, togliere una scomunica ◇ (*fig.*) *s'exposer à l'excommunication de son propre parti* esporsi alla scomunica dal proprio partito.

excommunié, ée |ɛkskɔmynje| *adj.* scomunicato: *hérétique excommunié* eretico scomunicato ✦ (*s.*) *un excommunié* uno scomunicato.

excommunier |ɛkskɔmynje| *v.tr.* [*retrancher (qqn.) de la communion de l'Église catholique*] scomunicare: *excommunier un hérétique* scomunicare un eretico ◇ (*fig.*) escludere (106): *cette femme l'avait excommunié de sa vie* quella donna lo aveva escluso, bandito dalla propria vita → **exclure, rejeter.**

excoriation |ɛkskɔʀjɑsjɔ̃| *s.f.* [→ EXCORIER] escoriazione.

excorier |ɛkskɔʀje| A *v.tr.* [*écorcher légèrement*] escoriare, scorticare: *l'ongle a excorié la peau* l'unghia ha escoriato la pelle B *v.pron. intr.* S'EXCORIER [→ *tr.*] scorticarsi, prodursi (108) *tr.* una escoriazione: *il s'est excorié en tombant* cadendo si è scorticato, si è prodotto un'escoriazione.

excrément |ɛkskʀemɑ̃| *s.m.* escremento: *excréments de l'homme* escrementi umani; *évacuation des excréments* evacuazione degli escrementi → **déjection.**

excrémentiel, elle |ɛkskʀemɑ̃sjɛl|, (*vieilli*) **excrémenteux, euse** |ɛkskʀemɑ̃tø, øz| *adj.* escrementizio*: *matière excrémentielle* materia escrementizia.

excréter |ɛkskʀete| (8) *v.tr.* (*physiol.*) [*évacuer par excrétion*] evacuare, espellere (143) ✦ (*au p.p.*) *matières excrétées* materie escrete, escrezioni *s.f.*

excréteur, trice |ɛkskʀetœʀ, tʀis|, **excrétoire** |ɛkskʀetwaʀ| *adj.* escretore*, escretorio*: *canal excréteur* condotto escretore → **déférent.**

excrétion |ɛkskʀesjɔ̃| *s.f.* 1 (*physiol.*) escrezione: *excrétion des matières fécales, de l'urine, de la salive* escrezione delle feci, dell'urina, della saliva → **élimination, expulsion** ◇ [*sécrétion d'une glande*] secrezione, escrezione: *excrétion du sébum* secrezione sebacea → **sécrétion** 2 *au plur.* [*déchets de la nutrition*] escrementi *m.* → **excrément.**

excroissance |ɛkskʀwasɑ̃s| *s.f.* 1 escrescenza → **protubérance** ◇ (*bot.*) escrescenza, tubercolo *m.* → 1 **galle, tubercule** 2 (*fig.*) *l'argot, excroissance de la langue générale* il gergo, filiazione della lingua comune.

excursion |ɛkskyʀsjɔ̃| *s.f.* gita, escursione: *excursion scientifique* gita, escursione a scopo scientifico; *excursion en montagne* gita in montagna → **ascension, course.**

excursionner |ɛkskyʀsjɔne| *v. intr.* [*faire une excursion*] fare (103) *tr.* una gita, un'escursione.

excursionnisme |ɛkskyʀsjɔnism(ə)| *s.m.* escursionismo.

excursionniste |ɛkskyʀsjɔnist(ə)| *s.* escursionista, gitante ✦ (*adj.*) escursionistico*: *initiatives excursionnistes* iniziative escursionistiche.

excursus |ɛkskyʀsys| *s.m.* (*lat.*) excursus *inv.*

excusable |ɛkskyzabl(ə)| *adj.* [→ EXCUSER A 1, 2] scusabile, giustificabile: *à son âge, c'est excusable* alla sua età, è scusabile; *une colère bien excusable* una collera abbastanza giustificabile → **justifiable, pardonnable** # *elle est excusable d'avoir répondu ainsi* le si può perdonare di aver risposto in quel modo ⓒ **impardonnable, inexcusable.**

excuse |ɛkskyz| *s.f.* 1 [*raison alléguée pour se défendre d'une accusation, d'un reproche*] scusa: *donner, fournir une bonne excuse, une excuse valable* dare, fornire una buona scusa, una scusa valida; *chercher, inventer une excuse* cercare, inventare una scusa; *avoir toujours une excuse toute prête* avere sempre una scusa pronta; *une excuse pour ne rien faire* una scusa per non fare niente → 1 **justification** ◇ (*dr.*) *excuses légales* giustificazioni legali; *excuses absolutoires* circostanze assolutorie; *excuses atténuantes* circostanze attenuanti ◇ (*pop.*) *faites excuse* [*acceptez mes excuses*] chiedo scusa (*cour.*), scusatemi (*cour.*) 2 [*regret que l'on témoigne à qqn. de l'avoir offensé, gêné*] scusa: *je vous fais toutes mes excuses* vi faccio tutte le mie scuse; *exiger des excuses* esigere delle scuse → **pardon, regret** 3 [*motif que l'on invoque pour se dispenser de qqch.*] scusa, motivo (*m.*): *alléguer quelque excuse de santé pour éviter un voyage* addurre motivi di salute per evitare un viaggio → 1 **pretexte** ◇ (*spécialt.*) [*motif justifiant une absence*] giustificazione: *apporter un mot d'excuse* presentare la giustificazione.

excuser |ɛkskyze| A *v.tr.* 1 [*justifier (qqn., qqch.) en alléguant des excuses*] scusare: *il s'efforce vainement de l'excuser* si sforza invano di scusarlo → **disculper,** 1 **défendre** ◇ (*choses*) [*servir d'excuse à (qqn.)*] giustificare: *l'intention n'excuse pas la faute* l'intenzione non giustifica l'errore # *rien n'excuse une telle conduite* un simile comportamento non ammette scuse 2 [*décharger (qqn.) de ce dont on l'accusait*] scusare, perdonare: *veuillez m'excuser, excuser mon retard* vogliate scusarmi, perdonarmi del ritardo; *pour cette fois, je vous excuse* per questa volta la perdono → **absoudre, pardonner** ◇ (*fam.*) *excusez ma mauvaise écriture* voglia scusare la mia scrittura 3 [*dispenser (qqn.) d'une charge*] dispensare, esentare: *se faire excuser* farsi dispensare, esentare ◇ (*dr.*) *excuser un juré* dispensare un giurato 4 (*formules de politesse*) [*présenter, exprimer ses excuses, ses regrets (de qqch.)*] *excusez-moi* scusatemi, mi scusi; *vous m'excuserez* mi scuserete, mi scuserà; *excusez-moi si je ne peux pas vous accompagner* scusatemi se non posso accompagnarvi; *excuse-moi, mais je ne suis pas de ton avis* scusami, ma non sono del tuo parere ◇ (*fam., iron.*) *excusez du peu!* scusate, scusi se è poco! B *v.pron.* S'EXCUSER 1 *réfl.* [→ *tr.* 4] scusarsi: *s'excuser de qqch.* scusarsi di, per q.c.; *je m'excuse* (*s'emploie incorrectement pour 'excusez-moi'*) mi scuso, scusatemi, mi scusi 2 *réfl.* [→ *tr.* 1] scusarsi ◇ (*prov.*) *qui s'excuse, s'accuse* chi si scusa s'accusa; scusa non richiesta, accusa manifesta 3 *passif* [*être excusé, excusable*] *c'est une faute qui s'excuse* è uno sbaglio che si può perdonare, facilmente perdonabile.

exeat |ɛgzeat| *s.m. inv.* (*relig.*) exeat.

exécrable |ɛgzekʀabl(ə)| *adj.* 1 (*littér.*) [→ EXÉCRER A] esecrabile, esecrando: *action exécrable* azione esecrabile, esecranda; *une personne exécrable* una persona esecrabile → **abominable, détestable** 2 [*extrêmement mauvais*] spaventoso, orrendo: *odeur exécrable* odore spaventoso; *un film exécrable* un film orrendo, spaventoso → **dégoûtant** # *être d'une humeur exécrable* essere di pessimo umore; *la nourriture y est exécrable* vi si mangia da cane ⓒ 2 **bon, excellent.**

exécrablement |ɛgzekʀabləmɑ̃| *adv.* [→ EXÉCRABLE 2] spaventosamente, orrendamente # *il peint exécrablement* dipinge da cane, coi piedi.

exécration |ɛgzekʀɑsjɔ̃| *s.f.* (*littér.*) [→ EXÉCRER A] esecrazione: *avoir qqn., qqch. en exécration* avere in esecrazione qc., q.c.; *vouer qqn. à l'exécra-*

tion publique additare qc. alla pubblica esecrazione → **aversion, horreur.**

exécratoire |ɛgzekʀatwaʀ| *adj.* (*liturg.*) esecratorio*.

exécrer |ɛgzekʀe| (8) **A** *v.tr.* **1** [*haïr* (*qqn.*) *au plus haut point*] esecrare, detestare → **abhorrer, détester** **2** [*avoir de l'adversion, du dégoût pour* (*qqch.*)] detestare, aborrire (197): *exécrer l'odeur de l'essence* detestare l'odore della benzina; *exécrer le style d'un auteur* aborrire lo stile di un autore **B** *v.pron. récipr.* S'EXÉCRER [→ *tr.* 1] detestarsi: *s'exécrer mutuellement* detestarsi a vicenda [C] A **aimer.**

exécutable |ɛgzekytabl(ə)| *adj.* **1** [→ EXÉCUTER A I 1] eseguibile, attuabile: *plan facilement exécutable* piano facilmente eseguibile, attuabile → **facile** **2** [→ EXÉCUTER A I 2, 4] realizzabile: *projet exécutable* progetto realizzabile → **réalisable** # *cette musique est difficilement exécutable* è una musica di difficile esecuzione [C] **impossible.**

exécutant, ante |ɛgzekytɑ̃, ɑ̃t| *s.* **1** [*personne qui exécute* (*un ordre, une tâche, une œuvre*)] esecutore*: *ce n'est pas un créateur, mais un simple exécutant* non è un creatore, ma un semplice esecutore → **praticien** **2** (*mus., cour.*) esecutore: *orchestre de cinquante exécutants* orchestra di cinquanta esecutori ◇ [*tout interprète, même soliste*] *c'est un grand compositeur, mais un médiocre exécutant* è un grande compositore, ma un mediocre esecutore.

exécuter |ɛgzekyte| **A** *v.tr.* **I** EXÉCUTER QQCH. **1** [*mettre à effet, mener à accomplissement*] eseguire (204), attuare: *plan difficile à exécuter* piano difficile da eseguire, da attuare; *exécuter les ordres de qqn.* eseguire gli ordini di qc. → **accomplir, 1 faire** ✦ (*absolt.*) *le chef commande, les autres exécutent* il capo comanda, gli altri eseguono **2** (*dr.*) [*rendre réelles, effectives* (*des dispositions*)] *exécuter une loi, un jugement* attuare una legge, eseguire una sentenza; *exécuter un contrat* dare (102) esecuzione, attuazione a un contratto; *exécuter un traité* rendere (105) esecutivo, operante un trattato **3** [*réaliser* (*un projet, une décision*); *faire* (*un ouvrage*) *d'après un projet*] eseguire, fare (103): *exécuter une décoration* eseguire, fare una decorazione; *broderie exécutée à la main* ricamo eseguito, fatto a mano **4** (*mus., cour.*) [*interpréter, jouer*] eseguire: *exécuter au piano, au violon* eseguire al piano, al violino ◇ (*par ext.*) *exécuter un pas de danse* eseguire un passo di danza **II** EXÉCUTER QQN. **1** [*faire mourir* (*qqn.*)] giustiziare: *le condamné a été exécuté à l'aube* il condannato è stato giustiziato all'alba ◇ (*par ext.*) *bandits qui exécutent un mouchard* banditi che giustiziano un delatore → **abattre, tuer** **2** (*fig.*) *exécuter un adversaire* demolire (197), stroncare un avversario → **éreinter** ◇ (*sport*) [*battre complètement*] mettere (155) fuori combattimento: *il l'a exécuté en deux rounds* l'ha messo fuori combattimento in due riprese **3** (*dr.*) *exécuter un débiteur* [*procéder à l'exécution forcée sur ses biens*] promuovere (157) un'esecuzione forzata nei confronti di un debitore **B** *v.pron. réfl.* S'EXÉCUTER [*se déterminer à faire une chose pénible, désagréable*] ubbidire (197) *intr.*; rassegnarsi: *je lui ai demandé de m'aider, il s'est exécuté de bonne grace* gli ho chiesto di aiutarmi e ha ubbidito senza farsi pregare → **résoudre (se)** || *il faudra bien vous exécuter* bisognerà proprio che lei si rassegni.

exécuteur, trice |ɛgzekytœʀ, tʀis| *s.* **1** *s.m.* [*celui qui exécute un condamné*] esecutore di giustizia, boia *inv.* → **bourreau** **2** *s.* (*dr.*) *exécuteur testamentaire* esecutore* testamentario.

exécutif, ive |ɛgzekytif, iv| *adj.* esecutivo: *pouvoir exécutif* potere esecutivo ✦ (*s.m.*) *l'exécutif* l'esecutivo.

exécution |ɛgzekysjɔ̃| *s.f.* **I** **1** [→ EXÉCUTER A I 1] esecuzione, attuazione: *exécution d'un projet, d'un ordre* esecuzione, attuazione di un progetto, esecuzione di un ordine → **réalisation** ◇ (*loc.*) *mettre à exécution* mettere, porre in atto; attuare → **application (en), 1 pratique (en)** ✦ (*absolt.*) *passer de la conception à l'exécution* passare dall'ideazione all'attuazione **2** (*dr.*) esecuzione: *exécution forcée* esecuzione forzata ◇ (*dr. criminel*) *exécution d'une peine* esecuzione di una pena **3** [→ EXÉCUTER A I 3] esecuzione: *l'exécution des travaux a été confiée à cette entreprise* l'esecuzione dei lavori è stata affidata a questa impresa # *facilité d'exécution* destrezza; abilità manuale **4** (*mus., cour.*) [→ EXÉCUTER A I 4] esecuzione: *ce morceau ne présente aucune difficulté d'exécution* è un pezzo che non presenta nessuna difficoltà di esecuzione → **interprétation** **II** **1** (*dr.*) *exécution d'un débiteur* esecuzione forzata nei confronti di un debitore ◇ (*dr. comm.*) *exécution en Bourse* esecuzione forzata su titoli in Borsa **2** (*dr., cour.*) *exécution capitale*, (*absolt.*) *exécution d'un condamné* esecuzione capitale, esecuzione di un condannato; *peloton, poteau d'exécution* plotone, palo di esecuzione.

exécutoire |ɛgzekytwaʀ| *adj.* (*dr.*) esecutivo, esecutorio*: *formule exécutoire* formula esecutiva.

exèdre |ɛgzɛdʀ(ə)| *s.f.* (*archéol.*) esedra.

exégèse |ɛgzeʒɛz| *s.f.* esegesi (*inv.*): *exégèse biblique* esegesi biblica; *exégèse historique* esegesi storica → **commentaire, 2 critique** # *faire l'exégèse d'une dépêche diplomatique* interpretare un dispaccio diplomatico.

exégète |ɛgzeʒɛt| *s.m.* esegeta.

exégétique |ɛgzeʒetik| *adj.* esegetico* # *notes exégétiques* note esplicative.

1 **exemplaire** |ɛgzɑ̃plɛʀ| *adj.* [*qui peut servir d'exemple*] esemplare: *vertu exemplaire* virtù esemplare; *châtiment exemplaire* castigo esemplare; *mère exemplaire* madre esemplare → **sévère, édifiant, parfait.**

2 **exemplaire** |ɛgzɑ̃plɛʀ| *s.m.* **1** [*chacun des objets* (*surtout imprimés*) *reproduisant un type commun*] esemplare, copia (*f.*): *les exemplaires d'une gravure, d'un livre* gli esemplari, le copie di una stampa, di un libro; *exemplaire unique* esemplare unico; *en double exemplaire* in duplice copia → **copie, 2 épreuve** **2** [*chacun des individus d'une même espèce*] esemplare: *de beaux exemplaires d'une plante, d'un animal rare* dei begli esemplari di una pianta, di un animale raro → **échantillon, spécimen.**

exemplairement |ɛgzɑ̃plɛʀmɑ̃| *adv.* [→ 1 EXEMPLAIRE] esemplarmente, in modo esemplare (*loc. inv.*): *vivre exemplairement* vivere in modo esemplare # *il a été puni exemplairement* ha ricevuto una punizione esemplare.

exemplarité |ɛgzɑ̃plaʀite| *s.f.* esemplarità *inv.* ◇ (*dr.*) *l'exemplarité d'une peine* l'esemplarità di una pena.

exemplatif, ive |ɛgzɑ̃platif, iv| *adj.* (*en Belgique*) *à titre exemplatif* a titolo esemplificativo.

exemple |ɛgzɑ̃pl(ə)| *s.m.* **I** **1** [*action, manière d'être qu'on peut imiter*] esempio*: *bon exemple* buon esempio; *exemple à suivre* esempio da imitare; *suivre l'exemple de qqn.* seguire l'esempio di qc.; *prendre exemple sur qqn.* prendere esempio da qc. → **modèle, règle** ✦ (*absolt.*) *donner l'exemple* dare l'esempio, il buon esempio; *prêcher d'exemple* dare il buon esempio ◇ *loc. prép.* À L'EXEMPLE DE sull'esempio di, analogamente a → **instar (à l')** # *il agit en tout à l'exemple de son père* si comporta in tutto e per tutto come suo padre → **comme** **2** [*personne dont les actes sont dignes d'être imités*] esempio, modello: *ce maître est un exemple pour ses disciples* questo maestro è un esempio, un modello per i suoi discepoli → **modèle** **3** *loc.* FAIRE UN EXEMPLE, POUR L'EXEMPLE [*châtiment considéré comme pouvant servir de leçon* (*pour les autres*)]: *punir, châtier qqn. pour faire un exemple, pour l'exemple* punire, castigare qc. per dare l'esempio **II** **1** [*chose semblable ou comparable à celle dont il s'agit*] esempio: *l'unique, le seul exemple que je connaisse* l'unico, il solo esempio che io conosca → **1 cas** ◇ *loc.* SANS EXEMPLE senza pari, straordinario* (*adj.*): *c'est une aventure sans exemple* è un'avventura senza pari, straordinaria **2** [*cas, événement particulier servant à illustrer*] esempio: *voici un exemple de sa bêtise* ecco un esempio della sua stupidità; *donnez-moi un exemple* fatemi, datemi un esempio; *exemple bien choisi, mal choisi* esempio appropriato, non pertinente ◇ (*spécialt.*) *exemple de conjugaison* esempio di coniugazione; *exemples tirés des bons auteurs* esempi tratti dai buoni autori → **citation** **3** *loc. adv.* PAR EXEMPLE per esempio, a esempio: *considérons, par exemple, ce cas* prendiamo, per (ad) esempio, questo caso ~ (*dans le même emploi en fin de phrase*) *exemple...* per (ad) esempio: *il existe en Italie des volcans en attivité; exemple: l'Etna* esistono in Italia dei vulcani in attività: ad esempio, l'Etna ~ PAR EXEMPLE! (*marque ' l'étonnement, la surprise, l'incrédulité'*) ma guarda un po'!, questa poi!: *ça, par exemple!* questa poi!; *tiens, par exemple... mais c'est lui!* toh, guarda un po'... è proprio lui! ~ (*fam.*) PAR EXEMPLE (*marquant l'opposition*) però *adv.*, in compenso (*loc. inv.*): *il ne peut pas supporter les haricots; par exemple, il aime bien les petits pois* non può sopportare i fagioli, però, in compenso, gli piacciono i piselli → **1 contre (par), mais, revanche (en).**

exemplificateur, trice |ɛgzɑ̃plifikatœʀ, tʀis| *adj.* [*qui exemplifie*] esemplificativo.

exemplification |ɛgzɑ̃plifikɑsjɔ̃| *s.f.* [→ EXEMPLIFIER] esemplificazione.

exemplifier |ɛgzɑ̃plifje| *v.tr.* [*illustrer d'exemples*] esemplificare.

exempt |ɛgzɑ̃| *s.m.* [*personne exemptée d'une charge, d'un service*] esonerato: *les exempts de gymnastique iront à l'étude* gli esonerati dalla ginnastica andranno in studio.

exempt, empte |ɛgzɑ̃, ɑ̃t| *adj.* **1** [*qui est affranchi d'une charge, d'un service commun*] esente, esonerato: *être exempt du service militaire* essere esente, esonerato dal servizio militare; *être exempt d'impôts* essere esente dalle imposte → **libéré** ◇ (*choses*) *revue exempte de timbre* rivista esente da bollo **2** [*préservé d'un mal, d'un désagrément*] immune → **(à l')abri (de)** **3** [*qui n'est pas sujet à (un défaut, une tendance)*] privo: *être exempt d'ambition* essere privo d'ambizioni → **dépourvu** # *vous n'êtes pas exempt de vous tromper*; *personne n'en est exempt* lei non è immune da errori, infallibile; nessuno lo è ◇ (*choses*) *calcul exempt d'erreurs* calcolo privo di errori → **sans** [C] 1 **obligé.**

exempté, ée |ɛgzɑ̃te| *adj. et s.* [*qui est dispensé de*] esente, esonerato: *les exemptés de service* gli esenti, gli esonerati dal servizio.

exempter |ɛgzɑ̃te| **A** *v.tr.* **1** [*rendre (qqn.) exempt (d'une charge, d'un service commun)*] esentare, esonerare: *exempter du service militaire* esentare, esonerare dal servizio militare; *exempter qqn. d'impôts* esentare, esonerare qc. dalle tasse → **dégrever, exonérer, dispenser** # *exempter d'une obligation* esimere, liberare da un obbligo **2** (*littér.*) [*dispenser, mettre à l'abri de*] preservare (*cour.*): *son goût du travail l'exemptait de la paresse* la passione per il lavoro lo preservava dalla pigrizia → **garantir, préserver** **B** *v.pron. réfl.* S'EXEMPTER [→ *tr.* 2] esimersi*: *vous auriez pu vous en exempter* avreste potuto esimervene.

exemption |ɛgzɑ̃psjɔ̃| *s.f.* **1** esonero *m.*, esenzione: *exemption de service militaire* esonero dall'obbligo di leva; *exemption d'impôts* esenzione dalle imposte → **dégrèvement, exonération** # *exemption de peine* immunità → **immunité** ◇ (*dr. can.*) immunità *inv.* **2** (*littér.*) *exemption des peines* immunità dalle pene.

exequatur |ɛgzekwatyʀ| *s.m. inv.* (*lat.*) (*dr.*) exequatur: *donner l'exequatur* concedere l'exequatur.

exerçant, ante |ɛgzɛʀsɑ̃, ɑ̃t| *adj.* [*qui exerce une activité*] che esercita *loc.*, in attività (*loc. inv.*): *médecin exerçant* medico che esercita, in attività.

exercé, ée |ɛgzɛʀse| *adj.* [*devenu habile à force d'exercice*] esercitato, esperto: *une oreille exercée* un orecchio esercitato, esperto [C] **inhabile, maladroit.**

exercer |ɛgzɛʀse| (2) **A** *v.tr.* **1** [*soumettre à une activité régulière, en vue d'entretenir ou de développer*] esercitare, coltivare: *exercer son esprit* esercitare, coltivare la mente; *exercer sa mémoire* esercitare la memoria → 2 **cultiver** # *exercer les jeunes recrues au maniement des armes* addestrare le giovani reclute all'uso delle armi → **former, habituer** ◇ *loc.* EXERCER À (+ *inf.*) addestrare; esercitare a (+ *inf.*, + *s.*): *exercer les soldats à marcher au pas* addestrare i soldati a marciare al passo ‖ *exercer le corps à supporter la fatigue* esercitare il corpo alla fatica **2** [*mettre en usage (un moyen d'action, une disposition à agir)*] esercitare: *exercer un pouvoir, son autorité* esercitare un potere, la propria autorità; *exercer un contrôle sur la presse* esercitare un controllo sulla stampa; *personne qui exerce une grande influence* persona che esercita una grande influenza; *exercer sa bonté, sa méchanceté sur qqn.* esercitare, dimostrare la propria bontà, la propria cattiveria nei riguardi di qc.; *il a trouvé enfin le métier où il peut exercer son vrai talent* finalmente ha trovato il mestiere in cui può esercitare, mettere a frutto il suo vero talento → **déployer, employer** # *exercer son droit, son privilège* esercitare il proprio diritto, avvalersi di un privilegio; *exercer sa verve contre qqn.* fare dello spirito su qc. **3** [*pratiquer (des activités professionnelles)*] esercitare: *exercer un art, un métier* esercitare un'arte, un mestiere; *exercer un commerce* esercitare un commercio → 1 **faire** # *exercer les fonctions de maire* svolgere le funzioni di sindaco → 1 **acquitter (s')**, 2 **remplir** ◆ (*absolt.*) *ce notaire n'exerce plus, son fils lui a succédé* quel notaio non esercita più, gli è subentrato il figlio → **travailler** **B** *v.pron.* S'EXERCER **1** *réfl.* [→ *tr.* 1] esercitarsi, fare (103) *tr.* esercizi: *le bon pianiste s'exerce tous les jours* un buon pianista si esercita, fa esercizi ogni giorno → **étudier**, 2 **entraîner (s')** ◇ *loc.* S'EXERCER À (+ *inf.*): *s'exercer à calculer vite* esercitarsi, imparare a fare i calcoli in fretta → **apprendre** **2** *intr.* [*se manifester (à l'égard de, contre qqn. ou qqch.)*] colpire (197) *tr.*, sfogarsi (*pron.*): *la critique continue à s'exercer sur lui* la critica continua a colpirlo; *sa cruauté s'exerce contre tout le monde* la sua crudeltà di sfoga contro tutti # *sa méfiance s'exerce contre tout le monde* mostra diffidenza nei riguardi di tutti **3** *passif* [*être exercé*] esercitarsi, farsi sentire: *pouvoir, influence qui s'exerce sur qqn.* potere, influenza che si esercita su qc. # *sa patience s'est exercée dans cette circonstance* la sua pazienza è stata messa a dura prova in questa circostanza.

exercice |ɛgzɛʀsis| *s.m.* **I** **1** L'EXERCICE l'esercizio*; il moto: *acquérir le talent de la parole par un long exercice* raggiungere la padronanza della parola con un lungo esercizio → **apprentissage, travail** ‖ *le docteur lui a recommandé de faire un peu d'exercice* il dottore gli ha consigliato di fare del moto **2** (*milit.*, *cour.*) *l'exercice* l'esercitazione *f.* → **manœuvre** **3** esercizio: *un exercice* un esercizio; *exercices scolaires* esercizi scolastici; *exercices de calcul, de grammaire* esercizi di calcolo, esercizi grammaticali; *exercices pratiques* esercizi pratici; esercitazioni ◇ *au plur.* [*livre où sont rassemblés ces exercices*] libro *sing.* degli esercizi: *vous prenez vos exercices page 24* prendete il libro degli esercizi a pagina 24 ◇ (*mus.*, *cour.*) *chanteuse, pianiste qui fait des exercices* cantante, pianista che fa esercizi, che si esercita **4** *au plur.* (*relig.*) esercizi: *exercices spirituels* esercizi spirituali **II** **1** L'EXERCICE DE [*action d'exercer en employant, en mettant en usage*] l'esercizio di: *l'exercice du pouvoir* l'esercizio del potere; *l'exercice d'un droit* l'esercizio di un diritto **2** *exercice d'une profession, d'un métier* esercizio, pratica* *f.* di una professione, di un mestiere; *exercice illégal de la médecine* esercizio illegale della medicina; *outrage à magistrat dans l'exercice de ses fonctions* oltraggio a pubblico ufficiale nell'esercizio delle sue funzioni **3** *loc.* EN EXERCICE [*en activité, en service*]: *entrer en exercice* entrare in attività, in funzione # *président en exercice* presidente in carica **4** [*le fait de pratiquer (un culte)*] esercizio: *le libre exercice des cultes* il libero esercizio del culto **III** (*dr. comm.*, *fin.*, *cour.*) esercizio: *bilan en fin d'exercice* bilancio di fine esercizio; *clôture d'un exercice* chiusura di un esercizio.

exerciseur |ɛgzɛʀsizœʀ| *s.m.* (*gymnastique*) estensore → **extenseur.**

exérèse |ɛgzeʀɛz| *s.f.* (*chir.*, *méd.*) exeresi *inv.*, asportazione.

exergue |ɛgzɛʀg(ə)| *s.m.* **1** (*numism.*) esergo* **2** *loc. fig.* EN EXERGUE [*comme présentation*] come epigrafe: *mettre un proverbe en exergue à un texte* mettere un proverbio come epigrafe in un testo.

exfoliation |ɛksfɔljɑsjɔ̃| *s.f.* **1** [→ EXFOLIER (S') 1] scortecciamento (*m.*): *exfoliation de l'écorce d'un arbre* scortecciamento di un albero **2** [→ EXFOLIER (S') 2] sfaldamento (*m.*): *lamelles qui se détachent par exfoliation* lamelle che si staccano per sfaldamento ◇ (*méd.*) esfoliazione → **desquamation.**

exfolier (s') |ɛksfɔlje| *v.pron. intr.* **1** [*se détacher par feuilles*] scortecciarsi: *arbre qui s'exfolie* albero che si scorteccia **2** [*se détacher par lamelles*] sfaldarsi: *roche qui s'exfolie* roccia che si sfalda ◇ (*méd.*) esfoliare *intr.*

exhalaison |ɛgzalɛzɔ̃| *s.f.* esalazione → **émanation** # *exhalaisons odorantes* effluvi, odori gradevoli → **effluve, odeur.**

exhalation |ɛgzalɑsjɔ̃| *s.f.* [→ EXHALER A 1] esalazione ◇ (*physiol.*) traspirazione.

exhaler |ɛgzale| **A** *v.tr.* **1** [*dégager de soi et répandre au dehors (odeur, vapeur, gaz)*] esalare, emanare: *exhaler des effluves* esalare, emanare effluvi; *exhaler une odeur agréable, désagréable* esalare, emanare un odore gradevole, sgradevole **2** [*laisser échapper de sa gorge, de sa bouche (un souffle, un son)*] esalare: *exhaler le dernier soupir* esalare l'ultimo respiro → 1 **pousser, rendre** **3** (*littér.*) manifestare (*cour.*), estrinsecare: *exhaler sa joie dans le chant* manifestare, estrinsecare la propria gioia col canto → **exprimer, manifester** # *exhaler sa mauvaise humeur* dare sfogo al cattivo umore **B** *v.pron. intr.* S'EXHALER **1** [→ *tr.* 1] diffondersi (146): *vapeurs qui s'exhalent* vapori che si diffondono, si spandono **2** [*se manifester extérieurement*] manifestarsi, estrinsecarsi: *sentiments qui s'exhalent* sentimenti che si manifestano, si estrinsecano.

exhaure |ɛgzɔʀ| *s.f.* (*techn.*) eduzione: *pompe d'exhaure* pompa di eduzione.

exhaussement |ɛgzosmɑ̃| *s.m.* (*littér.*) [→ EXHAUSSER] elevazione *f.* (*cour.*), innalzamento (*cour.*).

exhausser |ɛgzose| *v.tr.* [*augmenter*

(*une construction*) *en hauteur*] alzare, rialzare; sopraelevare: *exhausser un mur* alzare, rialzare un muro → **surélever** || *exhausser une maison d'un étage* sopraelevare una casa di un piano [C] **abaisser.**

exhausteur |ɛgzostœʀ| *s.m.* (*techn.*) aspiratore.

exhaustif, ive |ɛgzostif, iv| *adj.* [*qui traite à fond un sujet*] esauriente: *bibliographie exhaustive* bibliografia esauriente; *étude exhaustive* studio esauriente → **complet** [C] **incomplet.**

exhaustion |ɛgzostjɔ̃| *s.f.* (*log.*) esaustione.

exhaustivement |ɛgzostivmɑ̃| *adv.* [→ EXHAUSTIF] esaurientemente.

exhaustivité |ɛgzostivite| *s.f.* esaustività *inv.*

exhérédation |ɛgzeʀedɑsjɔ̃| *s.f.* (*dr.*) diseredazione.

exhéréder |ɛgzeʀede| (8) *v.tr.* (*dr.*) [*déshériter*] diseredare: *exhéréder un parent* diseredare un parente.

exhiber |ɛgzibe| **A** *v.tr.* **1** [*montrer, faire voir* (*à qqn.*)] esibire (197), mostrare: *il exhibe son diplôme à tous ses amis* esibisce, mostra a tutti gli amici il suo diploma **2** (*dr.*) [*produire* (*un document officiel, une pièce*) *devant l'autorité*] esibire → **présenter, produire** **3** [*montrer avec ostentation, impudeur*] ostentare, sfoggiare: *exhiber ses richesses* ostentare, sfoggiare la propria ricchezza; *exhiber des toilettes tapageuses* sfoggiare abiti vistosi; *exhiber sa science* sfoggiare, far sfoggio della propria scienza → **étalage (faire),** 2 **parade (faire),** 1 **étaler** **B** *v.pron. réfl.* S'EXHIBER **1** [→ *tr.* 1] esibirsi: *saltimbanques qui s'exhibent sur la place* saltimbanchi che si esibiscono in piazza **2** [→ *tr.* 3] esibirsi, mettersi (155) in mostra: *elle aime à s'exhiber dans les réunions mondaines* le piace esibirsi, mettersi in mostra nelle manifestazioni mondane.

exhibition |ɛgzibisjɔ̃| *s.f.* **1** [→ EXHIBER A 1; B 1] esibizione: *exhibition de fauves dans un cirque* esibizione di fiere in un circo ◇ (*dr.*) *exhibition de pièces, du passeport* esibizione di documenti, del passaporto **2** [→ EXHIBER A 3] sfoggio* *m.*, ostentazione: *exhibition de toilettes fastueuses* sfoggio di abiti sfarzosi; *exhibition de luxe* ostentazione di lusso → **déploiement, étalage.**

exhibitionnisme |ɛgzibisjɔnism(ə)| *s.m.* (*psycho., cour.*) esibizionismo.

exhibitionniste |ɛgzibisjɔnist(ə)| *s.* (*psycho., cour.*) esibizionista ✦ *adj.* esibizionistico*, esibizionista.

exhortation |ɛgzɔʀtɑsjɔ̃| *s.f.* [→ EXHORTER] esortazione: *toutes nos exhortations n'ont servi à rien* tutte le nostre esortazioni non sono valse a nulla → **incitation.**

exhorter |ɛgzɔʀte| *v.tr.* EXHORTER QQN. À [*s'efforcer par des discours persuasifs à porter qqn. à faire qqch.*] esortare qc. a: *je vous exhorte à la patience, à patienter* vi esorto alla pazienza, ad aver pazienza → **encourager, inciter, inviter.**

exhumation |ɛgzymɑsjɔ̃| *s.f.* **1** [→ EXHUMER 1] *l'exhumation d'un corps* l'esumazione, la riesumazione di un corpo **2** (*fig.*) *l'exhumation d'un document enfoui dans des archives* l'esumazione, la riesumazione di un documento sepolto negli archivi; *exhumation de souvenirs* riesumazione di ricordi **3** *l'exhumation de ruines, de vestiges de l'antiquité* il disseppellimento *m.*, il dissotterramento *m.* di rovine, di vestigia dell'antichità.

exhumer |ɛgzyme| *v.tr.* **1** [*retirer* (*un cadavre*) *de la terre, du sol*] esumare, riesumare: *exhumer un corps pour l'autopsier* esumare, riesumare un corpo per sottoporlo ad autopsia → **déterrer** ◇ (*par anal.*) *exhumer une maison antique* riportare alla luce una casa antica **2** (*fig.*) [*tirer de l'oubli*] riesumare: *exhumer de vieilles rancunes, des souvenirs* riesumare vecchi rancori, dei ricordi → **rappeler, ressusciter** [C] 1 **inhumer.**

exigeant, ante |ɛgziʒɑ̃, ɑ̃t| *adj.* **1** esigente; severo: *caractère exigeant* carattere esigente; *une femme exigeante* una donna esigente → **difficile** || *c'est un censeur exigeant* è un severo censore; *c'est un critique exigeant* è un critico severo **2** (*en parlant d'un sentiment, d'une activité*) impegnativo: *profession exigeante* professione impegnativa [C] 2 **facile.**

exigence |ɛgziʒɑ̃s| *s.f.* **1** *au plur.* [*ce qu'une personne, une collectivité réclame, exige d'autrui*] esigenze, pretese: *si tu te laisses faire, ses exigences n'auront plus de limites* se ti mostri arrendevole, le sue pretese non avranno più limiti; *satisfaire aux exigences de qqn.* soddisfare le esigenze di qc. → **revendication** ◇ [*ce qu'on demande en argent* (*prix, salaire*)] richieste, pretese: *quelles sont vos exigences?* quali sono le vostre richieste, pretese?; *ses exigences sont exagérées, abusives* le sue pretese sono eccessive → **condition, prétention** **2** [*ce que l'homme réclame comme nécessaire* (*moralement*)] esigenza, bisogno (*m.*): *il a une grande exigence d'honnêteté* ha un gran bisogno di onestà **3** [*caractère d'une personne exigeante, difficile à contenter*] esigenze *pl.*, pretese (*pl.*): *il est d'une exigence insupportable* ha delle esigenze, delle pretese insopportabili.

exiger |ɛgziʒe| (3) *v.tr.* **1** [*demander impérativement*] esigere (141), pretendere (105): *il exige des réparations* esige, pretende un risarcimento; *les malfaiteurs exigent une rançon* i malviventi esigono un riscatto; *exiger le silence, la soumission* esigere il silenzio, la sottomissione; *être en droit d'exiger qqch.* avere il diritto di esigere, di pretendere q.c.; *exiger de qqn. un sacrifice* pretendere un sacrificio da qc.; *qu'exigez-vous de moi?* cosa pretendete, cosa volete da me? → **attendre, réclamer** **2** [*requérir comme nécessaire pour remplir tel rôle, telle fonction*] esigere, richiedere (122): *qualités qu'on exige d'un domestique* qualità che si richiedono a un domestico; *diplômes exigés pour être admis à un emploi* titoli di studio richiesti per essere assunto in un impiego ◇ (*sujet de chose*) *les circonstances exigent une action immédiate* le circostanze esigono, richiedono un'azione immediata; *travail qui exige beaucoup d'attention* lavoro che esige, richiede molta attenzione → 1 **imposer, réclamer** **3** *loc.* EXIGER QUE (+ *subj.*) esigere, pretendere che (+ *subj.*): *elle exige qu'il revienne* (lei) esige, pretende che lui torni → **commander, ordonner;** (+ *condit.*) *il exigea, avant de signer, qu'on lui réserverait ce droit* prima di firmare pretese che gli fosse riservato questo diritto.

exigibilité |ɛgziʒibilite| *s.f.* esigibilità (*inv.*): *exigibilité d'une dette* esigibilità di un debito.

exigible |ɛgziʒibl(ə)| *adj.* [→ EXIGER] esigibile.

exigu, uë |ɛgzigy| *adj.* [*d'une dimension insuffisante*] minuscolo, esiguo: *un appartement exigu* un appartamento minuscolo, esiguo.

exiguïté |ɛgzigɥite| *s.f.* [*caractère de ce qui est exigu, de dimension insuffisante*] piccolezza → **petitesse.**

exil |ɛgzil| *s.m.* esilio*: *condamner qqn. à l'exil* condannare qc. all'esilio; *envoyer en exil* mandare in esilio, esiliare; *aller, être en exil* andare, essere in esilio; *lieu, terre d'exil* luogo, terra d'esilio; *exil volontaire* esilio volontario → **bannissement, déportation** ◇ (*fig.*) *vivre loin d'elle est pour lui un dur exil* vivere lontano da lei è per lui un duro esilio → **éloignement, séparation.**

exilé, ée |ɛgzile| *adj.* **1** esiliato: *opposant politique exilé* avversario politico esiliato → **banni, expulsé** ✦ (*s.*) *un exilé* un esule, un fuor(i)uscito: *rappeler des exilés politiques* richiamare degli esuli, dei fuoriusciti politici → **banni, proscrit** **2** (*par ext.*) [*retiré très loin*] esiliato, relegato: *exilé au bout du monde* esiliato, relegato in capo al mondo ◇ (*fig.*) *notes exilées dans un coin de journal* notizie relegate in un angolo di giornale → **perdu.**

exiler |ɛgzile| **A** *v.tr.* [*envoyer* (*qqn.*) *en exil, l'éloigner d'un lieu*] esiliare → **bannir,** 1 **déporter, expulser** **B** *v.pron. réfl.* S'EXILER [*se condamner à un exil, s'installer loin de son pays*] esiliarsi; espatriare (*intr.*): *il ne veut pas s'exiler en Australie* non vuole esiliarsi, espatriare in Australia.

exinscrit, ite |ɛksɛ̃skʀi, it| *adj.* (*géom.*) exinscritto.

existant, ante |ɛgzistɑ̃, ɑ̃t| *adj.* **1** [*qui existe, qui a une réalité*] esistente, reale: *les choses existantes et les choses imaginaires* le cose reali e le cose immaginarie → **positif, réel** ✦ *s.* (*philo.*) *un existant* [*un être vivant*] un essere vivente *adj.* **2** [*qui existe actuellement*] attuale; vigente: *majorer les tarifs existants* aumentare le tariffe attuali, in vigore → **actuel, présent** ✦ *s.m.* (*comm.*) scorte *f. pl.*, giacenza (*f.*): *existant en magasin* scorte, giacenza di magazzino [C] 1 **irréel, virtuel.**

existence |ɛgzistɑ̃s| *s.f.* **I** [*le fait d'être ou d'exister*] esistenza: *j'ignorais l'existence de ce testament* ignoravo l'esistenza di questo testamento # *j'avais oublié son existence* avevo dimenticato che esistesse ◇ (*philo.*) esistenza **II** [*vie considérée dans sa durée, son contenu*] esistenza, vita: *traîner une existance misérable* trascinare un'esistenza miserabile; *conditions, moyens d'existence* condizioni di vita, mezzi di sussistenza; *quelle existence!* che vita!, che vitaccia!; *changer d'existence en se mariant* cambiar vita sposandosi.

existentialisme |ɛgzistɑ̃sjalism(ə)| *s.m.* (*philo., cour.*) esistenzialismo.

existentialiste |ɛgzistɑ̃sjalist(ə)| *adj.* esistenzialista, esistenzialistico* ✦ (*s.*) *les existentialistes* gli esistenzialisti.

existentiel, ielle |ɛgzistɑ̃sjɛl| *adj.* (*philo.*) esistenziale.
exister |ɛgziste| *v.intr.* **1** [*avoir une réalité; se trouver quelque part*] esistere (116) (*aux.* essere): *être imaginaire qui n'a jamais existé* essere immaginario che non è mai esistito; *cette ancienne coutume existe encore* questa antica tradizione esiste, sussiste ancora; *ces oiseaux n'ont jamais existé en Europe* questi uccelli non sono mai esistiti in Europa # *marchandises existant en magasin* merci giacenti in magazzino ✦ *impers.* IL EXISTE... [*il y a*] esiste (esistono), c'è (ci sono): *il existe un seul remède* esiste, c'è un solo rimedio; *il n'existe aucun hôtel dans ce quartier* non esiste, non c'è nessun albergo nel quartiere; *il n'existe plus de tels animaux* non esistono, non ci sono più simili animali; *il existe deux villes qui portent ce nom* esistono, ci sono due città con questo nome **2** [*vivre*] esistere, vivere (194) (*aux.* essere): *cesser d'exister* cessare di esistere, di vivere **3** (*sens fort*) [*avoir de l'importance*] esistere, contare: *le passé n'existe pas pour elle* il passato non esiste, non conta per lei → **compter.**
exit |ɛgzit| **1** *loc. verb.* uscita *s.f.* **2** *s.m. inv.* [*sortie d'un personnage*] uscita (*f. var.*): *après l'exit des girls l'orchestre reprend* dopo l'uscita delle ballerine riprende l'orchestra.
ex-libris |ɛkslibʀis| *s.m. inv.* (*lat.*) ex libris.
exo- |ɛgzɔ| *préf.* (*signifiant 'au dehors', correspond généralt. à*) eso: *exogène* esogeno C **endo-.**
exocet |ɛgzɔsɛ| *s.m.* (*t.zool.*) esoceto, pesce volante (*cour.*).
exocrine |ɛgzɔkʀin(ə)| *adj.* (*physiol.*) esocrino: *glandes exocrines* ghiandole esocrine.
exode |ɛgzɔd| *s.m.* esodo: *exode rural* esodo rurale ◇ (*par anal.*) *exode des capitaux* [*leur départ à l'étranger*] fuga* *f.* dei capitali.
exogame |ɛgzɔgam| *adj.* (*sociol.*) esogamo.
exogamie |ɛgzɔgami| *s.f.* (*sociol.*) esogamia.
exogamique |ɛgzɔgamik| *adj.* (*biol.*) esogamico*
exogène |ɛgzɔʒɛn| *adj.* esogeno.
exogénèse |ɛgzɔʒenɛz| *s.f.* (*biol., géol.*) esogenesi *inv.*
exondation |ɛgzɔ̃dɑsjɔ̃| *s.f.*,
exondement |ɛgzɔ̃dmɑ̃| *s.m.* [→ EXONDER (s')] ritiro *m.* delle acque.
exonder (s') |ɛgzɔ̃de| *v.pron. intr.* [*se découvrir, émerger*] riemergere (114) *intr.*, riaffiorare *intr.* ✦ (*au p.p.*) *terre exondée* terra riemersa.
exonération |ɛgzɔneʀɑsjɔ̃| *s.f.* [→ EXONÉRER] esonero *m.*, esenzione: *exonération fiscale* esonero, sgravio fiscale → **exemption, franchise, 1 abattement** C **majoration, surtaxe.**
exonérer |ɛgzɔneʀe| (8) *v.tr.* [*décharger* (*qqn.*) *de qqch. d'onéreux*] esonerare, esentare: *exonérer un contribuable* esonerare, esentare un contribuente ✦ (*au p.p.*) *marchandises exonérées* merci esenti (dai dazi doganali) C **majorer, surtaxer.**
exophtalmie |ɛgzɔftalmi| *s.f.* (*méd.*) esoftalmo *m.*
exophtalmique |ɛgzɔftalmik| *adj.* (*méd.*) esoftalmico*: *goitre exophtalmique* gozzo esoftalmico.

exorbitant, ante |ɛgzɔʀbitɑ̃, ɑ̃t| *adj.* **1** esorbitante, eccessivo: *prix exorbitant* prezzo esorbitante; *prétentions exorbitantes* pretese eccessive **2** (*dr.*) (+ *compl.*) derogativo, derogatorio*: *clauses exorbitantes du droit commun* clausole derogative al diritto comune → **dérogatoire.**
exorbité, ée |ɛgzɔʀbite| (*adj.*) *yeux exorbités* [*qui sortent de l'orbite*] occhi fuori dalle orbite ◇ [*tout grands ouverts d'étonnement, de peur, etc.*] occhi attoniti.
exorcisation |ɛgzɔʀsizɑsjɔ̃| (*littér.*) [→ EXORCISER] esorcizzazione.
exorciser |ɛgzɔʀsize| *v.tr.* [*chasser* (*les démons*); *délivrer* (*un possédé*) *des démons*] esorcizzare ◇ (*littér.*) *exorciser la peur, la haine* esorcizzare la paura, l'odio.
exorciseur |ɛgzɔʀsizœʀ| *s.m.* esorcizzatore* *s.*, esorcista.
exorcisme |ɛgzɔʀsism(ə)| *s.m.* esorcismo.
exorcistat |ɛgzɔʀsista| *s.m.* (*eccl.*) esorcistato.
exorciste |ɛgzɔʀsist(ə)| *s.m.* esorcista, esorcizzatore* *s.* → **exorciseur.**
exorde |ɛgzɔʀd(ə)| *s.m.* esordio*, preambolo: *après un bel exorde, il aborda son sujet* dopo un bell'esordio, un bel preambolo affrontò l'argomento C **conclusion, épilogue.**
exosmose |ɛgzɔsmoz| *s.f.* (*phys.*) esosmosi *inv.*
exosphère |ɛgzɔsfɛʀ| *s.f.* esosfera.
exotérique |ɛgzɔteʀik| *adj.* esoterico*.
exotérisme |ɛgzɔteʀism(ə)| *s.m.* esoterismo.
exothermique |ɛgzɔtɛʀmik| *adj.* (*phys.*) esotermico*.
exotique |ɛgzɔtik| *adj. et s.* esotico*: *plantes exotiques* piante esotiche; *danses exotiques* danze esotiche.
exotisme |ɛgzɔtism(ə)| *s.m.* esotismo.
expansé, ée |ɛkspɑ̃se| *adj.* (*techn.*) espanso: *polystyrène expansé* polistirolo espanso.
expansibilité |ɛkspɑ̃sibilite| *s.f.* (*phys.*) espansibilità *inv.*
expansible |ɛkspɑ̃sibl(ə)| *adj.* espansibile → **dilatable.**
expansif, ive |ɛkspɑ̃sif, iv| *adj.* espansivo: *un homme peu expansif* un uomo poco espansivo; *être d'un naturel expansif* essere espansivo per natura, avere un carattere espansivo → **ouvert, communicatif, exubérant** C **renfermé, réservé.**
expansion |ɛkspɑ̃sjɔ̃| *s.f.* **1** espansione: *expansion d'un pays hors de ses frontières* espansione di un paese fuori dai propri confini; *expansion économique* espansione economica → **extension** # *l'expansion d'une doctrine, des idées nouvelles* la diffusione, il diffondersi di una dottrina, delle nuove idee → **diffusion, propagation** **2** (*pensées, sentiments*) espansione, effusione → **effusion, 2 épanchement** **3** (*ling.*) espansione ◇ (*phys., cour.*) espansione: *expansion de l'air, des gaz* espansione dell'aria, dei gas ◇ (*bot., zool.*) sviluppo *m.* → **développement, épanouissement** C **1 recul, régression; 2 froideur, réserve 2.**
expansionnisme |ɛkspɑ̃sjɔnism(ə)| *s.m.* espansionismo.
expansionniste |ɛkspɑ̃sjɔnist(ə)| *s.* espansionista → **impérialiste** ✦ *adj.* espansionistico*: *politique expansionniste* politica espansionistica.
expansivité |ɛkspɑ̃sivite| *s.f.* espansività *inv.*
expatriation |ɛkspatʀijɑsjɔ̃| *s.f.* [→ EXPATRIER B] espatrio* *m.* C **rapatriement.**
expatrié, ée |ɛkspatʀije| *adj.* espatriato → **exilé, réfugié** ✦ (*s.*) *un expatrié* un emigrato, un esule, un fuor(i)uscito.
expatrier |ɛkspatʀije| **A** *v.tr.* (*rare*) [*obliger* (*qqn.*) *à quitter sa patrie*] esiliare → **exiler, expulser** ◇ (*par ext.*) *expatrier des capitaux* esportare capitali, portare capitali all'estero **B** *v.pron. réfl.* S'EXPATRIER [→ *tr.*] espatriare *intr.*, emigrare (*intr.*): *ouvriers qui s'expatrient pour trouver du travail* operai che espatriano, che emigrano per trovare lavoro → **émigrer, exiler (s').**
expectant, ante |ɛkspɛktɑ̃, ɑ̃t| *adj.* (*littér.*) [*qui reste dans l'attente*] d'attesa *loc. inv.* (*cour.*), attendista (*cour.*): *une attitude expectante* un atteggiamento d'attesa; *politique expectante* politica attendista, d'attesa → **attentiste, opportuniste.**
expectative |ɛkspɛktativ| *s.f.* **1** (*littér.*) [*attente fondée sur des promesses ou des probabilités*] aspettativa, attesa: *une longue expectative* una lunga aspettativa, attesa → **attente, espérance** **2** *loc.* DANS L'EXPECTATIVE in (prudente) attesa: *rester dans l'expectative* rimanere in prudente attesa.
expectorant, ante |ɛkspɛktɔʀɑ̃, ɑ̃t| *adj.* (*pharm.*) espettorante: *sirop expectorant* sciroppo espettorante ✦ (*s.m.*) *un expectorant* un espettorante.
expectoration |ɛkspɛktɔʀɑsjɔ̃| *s.f.* (*physiol.*) espettorazione; espettorato *m.* → **crachement, toux.**
expectoré, ée |ɛkspɛktɔʀe| *adj.* (*physiol.*) espettorato.
expectorer |ɛkspɛktɔʀe| *v.tr.* (*physiol.*) [*rejeter les mucosités des bronches*] espettorare → **cracher, tousser.**
expédient |ɛkspedjɑ̃| *s.m.* espediente: *nous trouverons toujours un expédient, sinon une véritable solution* troveremo sempre un espediente, se non una vera soluzione; *il ne savait plus à quels expédients recourir* non sapeva più a quali espedienti ricorrere ◇ [*moyen pour se procurer de l'argent*] espediente: *vivre d'expédients* vivere di espedienti.
expédient, ente |ɛkspedjɑ̃, ɑ̃t| *adj.* [*qui convient pour la circonstance*] opportuno, appropriato: *vous ferez ce que vous jugerez expédient* farete quel che riterrete più opportuno → **convenable, utile** C **inopportun, inutile.**
1 **expédier** |ɛkspedje| *v.tr.* **1** (*choses*) [*faire* (*qqch.*) *rapidement et sans soin, pour s'en débarrasser*] sbrigare in fretta, buttar giù: *écolier qui expédie ses devoirs* scolaro che sbriga in fretta, butta giù i compiti; *expédier une corvée* sbrigare in fretta un lavoro pesante; *expédier un repas* buttar giù, consumare in fretta un pasto → **bâcler** **2** (*personnes*) *expédier qqn.* [*en finir au plus vite avec lui pour s'en débarrasser*] sbarazzarsi *pron.* di qc., sbrigare qc.: *expédier un importun* sbarazzarsi di un importuno; *médecin qui expédie ses malades* medico che sbriga, visita frettolosamente i malati **3** (*dr.*) rilasciare copia conforme di C **1 fignoler.**
2 **expédier** |ɛkspedje| *v.tr.* **1** [*faire partir pour une destination*] spedire

(197), inviare: *expédier une lettre, un colis par la poste, par avion* spedire una lettera, un pacco per posta, per via aerea → **envoyer** **2** (*fam.*) [*envoyer* (*qqn.*) *au loin pour s'en débarrasser*] sbarazzarsi *pron.* di qc. (*cour.*) ◇ (*fig.*) *expédier qqn. au diable* mandare qc. al diavolo; *expédier qqn. dans l'autre monde* [*le tuer*] mandare, spedire qc. all'altro mondo Ⓒ 1 **recevoir.**

expéditeur, trice |ɛkspeditœʀ, tʀis| *s.* [*personne qui expédie qqch.*] mittente: *expéditeur d'une lettre, d'un colis* mittente di una lettera, di un pacco; *retour à l'expéditeur* restituzione al mittente → **envoyeur** ♦ (*adj.*) *gare expéditrice* stazione di partenza *loc.*; *compagnie expéditrice* compagnia di spedizioni *loc.*

expéditif, ive |ɛkspeditif, iv| *adj.* [*qui expédie promptement son travail*] sbrigativo, spiccio*: *être expéditif en affaires* essere sbrigativo negli affari → **actif, rapide** ◇ (*par ext.*) *le moyen le plus expéditif* il modo più sbrigativo, più spiccio → **court** Ⓒ **lent.**

1 **expédition** |ɛkspedisjɔ̃| *s.f.* [→ 1 EXPÉDIER 1] disbrigo* (*m.*): *l'expédition des affaires courantes* il disbrigo degli affari correnti, l'ordinaria amministrazione.

2 **expédition** |ɛkspedisjɔ̃| *s.f.* **1** [→ 2 EXPÉDIER 1] spedizione, invio* (*m.*): *expédition par avion* spedizione per via aerea; *expédition de marchandises pour l'étranger* invio di merci per l'estero; *expédition d'une lettre, d'un mandat, d'un colis par la poste* spedizione di una lettera, di un vaglia, di un pacco per posta → **envoi** **2** [*quantité de marchandises expédiées*] spedizione: *les expéditions ont augmenté* le spedizioni sono aumentate.

3 **expédition** |ɛkspedisjɔ̃| *s.f.* **1** (*milit., cour.*) spedizione: *les préparatifs d'une expédition* i preparativi di una spedizione; *expédition punitive* spedizione punitiva # *expédition rapide pour surprendre l'ennemi* incursione rapida per sorprendere il nemico; *expédition de police* rastrellamento, retata → **raid** **2** [*voyage d'exploration dans un pays lointain; hommes et matériel nécessaires*] spedizione: *organiser, financer une expédition scientifique* organizzare, finanziare una spedizione scientifica; *prendre part à une expédition* prendere parte a una spedizione ◇ (*fig.*) *c'est une véritable expédition* [*se dit d'un déplacement qui exige des préparatifs*] è una vera e propria spedizione **3** (*dr.*) copia autentica*.

1 **expéditionnaire** |ɛkspedisjɔnɛʀ| *s.* **1** [*employé chargé des expéditions dans une maison de commerce*] speditore* **2** [*employé d'administration chargé de la copie d'actes*] copista, impiegato di segreteria ♦ (*adj.*) *commis expéditionnaire* copista *s.*, impiegato *s.* di segreteria.

2 **expéditionnaire** |ɛkspedisjɔnɛʀ| *adj.* [*envoyé en expédition milit.*] di spedizione (*loc. inv.*): *armée, corps expéditionnaire* armata, corpo di spedizione.

expéditivement |ɛkspeditivmɑ̃| *adv.* [→ EXPÉDITIF] sbrigativamente.

expérience |ɛkspeʀjɑ̃s| *s.f.* **1** *l'expérience de qqch.* l'esperienza di q.c.: *de longues années d'expérience* lunghi anni di esperienza; *faire l'expérience de qqch.* fare l'esperienza di q.c.; *c'est une expérience qu'il ne recommencera pas!* è un'esperienza che non rifarà certamente!; *une nouvelle expérience amoureuse, sentimentale* una nuova esperienza amorosa, sentimentale → 1 **pratique, usage, éprouver, ressentir** **2** (*sans compl.*) [*la pratique que l'on a eue de qqch.; ensemble des acquisitions de l'esprit*] esperienza: *l'expérience l'a rendu sage* l'esperienza lo ha reso saggio; *l'expérience démontre, confirme que...* l'esperienza dimostra, conferma che...; *acquérir de l'expérience en vieillissant* acquisire, fare esperienza invecchiando; *les jeunes manquent d'expérience* i giovani mancano di esperienza **3** (*sc., cour.*) esperimento *m.*, esperienza: *faire une expérience, des expériences de physique, de chimie* fare un esperimento, un'esperienza, degli esperimenti, delle esperienze di fisica, di chimica → 1 **épreuve, essai, expérimentation** # *laboratoire d'expériences* laboratorio sperimentale, di ricerche **4** [*essai, tentative*] esperienza: *faire une expérience de vie commune* fare un'esperienza di vita comune; *tenter l'expérience* tentare l'esperienza, fare un tentativo.

expérimental, ale, aux |ɛkspeʀimɑ̃tal, o| *adj.* **1** sperimentale: *méthode, science expérimentale* metodo, scienza sperimentale; *études, recherches expérimentales* studi, ricerche sperimentali **2** [*qui constitue une expérience* (3)] sperimentale: *cultures expérimentales* colture sperimentali; *fusée expérimentale* razzo sperimentale; *à titre expérimental* a titolo sperimentale.

expérimentalement |ɛkspeʀimɑ̃talmɑ̃| *adv.* [→ EXPÉRIMENTAL 1] sperimentalmente: *cette théorie a été vérifiée expérimentalement* questa teoria è stata verificata sperimentalmente.

expérimentateur, trice |ɛkspeʀimɑ̃tatœʀ, tʀis| *s.* sperimentatore*.

expérimentation |ɛkspeʀimɑ̃tɑsjɔ̃| *s.f.* [→ EXPÉRIMENTER 2] sperimentazione: *l'expérimentation en physique* la sperimentazione in fisica.

expérimenté, ée |ɛkspeʀimɑ̃te| *adj.* [*qui est instruit par l'expérience* (2)] esperto, provetto: *c'est un homme expérimenté* è un uomo esperto; *médecin expérimenté* medico provetto, di provata esperienza → **éprouvé, expert** Ⓒ **débutant, inexpérimenté.**

expérimenter |ɛkspeʀimɑ̃te| *v.tr.* **1** [*éprouver, connaître par expérience*] sperimentare, provare: *on ne peut juger de cela sans l'avoir expérimenté* non si può farsene un'idea senza averlo sperimentato, provato → **éprouver** **2** [*pratiquer des opérations destinées à étudier qqch.*] sperimentare: *expérimenter un vaccin sur un cobaye* sperimentare un vaccino su una cavia; *expérimenter un nouveau procédé* sperimentare un nuovo procedimento → **éprouver, essayer, vérifier.**

expert, erte |ɛkspɛʀ, ɛʀt(ə)| **1** *adj.* esperto: *un technicien expert* un tecnico esperto; *il est expert dans cet art* è esperto in quest'arte; *expert en la matière* esperto in materia → **expérimenté, éprouvé, connaisseur** # *être expert à manier une arme* essere abile nel maneggiare un'arma **2** *s.m.* esperto: *c'est un expert en la matière* è un esperto in materia ◇ (*dr.*) perito, esperto: *expert assermenté* perito giurato; *l'avis des experts* il parere degli esperti; *médecin expert* perito medico ◇ [*personne qui sait reconnaître l'authenticité et la valeur des objets d'art*] stimatore* (*s.*): *expert en tableaux* stimatore di quadri; *consulter un expert* consultare uno stimatore → **estimateur** ◇ (*spécialt.*) *expert-comptable* [*personne qui sait organiser, vérifier les comptabilités*] ragioniere *s.*, perito commerciale Ⓒ 1 **inexpérimenté, amateur.**

expertise |ɛkspɛʀtiz| *s.f.* **1** (*dr., cour.*) perizia: *évaluation d'un dommage par expertise* valutazione di un danno tramite perizia; *expertise médico-légale* perizia medico-legale # *nouvelle expertise* controperizia → **contre-expertise** **2** [*estimation de la valeur d'un objet d'art*] stima ◇ [*étude de l'authenticité de cet objet par un expert*] perizia: *l'expertise a établi que ce tableau est une copie* la perizia ha accertato che questo quadro è una copia.

expertiser |ɛkspɛʀtize| *v.tr.* [*soumettre à une expertise*] valutare, stimare: *expertiser les dégâts* valutare i danni; *faire expertiser un tableau* far stimare, far periziare un quadro → **estimer, évaluer.**

expiable |ɛkspjabl(ə)| *adj.* [→ EXPIER] espiabile Ⓒ **inexpiable.**

expiation |ɛkspjɑsjɔ̃| *s.f.* espiazione: *châtiment infligé en expiation d'un crime* punizione inflitta a espiazione di un delitto → **réparation.**

expiatoire |ɛkspjatwaʀ| *adj.* espiatorio*: *la victime expiatoire* la vittima espiatoria.

expier |ɛkspje| *v.tr.* **1** [*réparer, en subissant une expiation*] espiare: *expier ses péchés par la pénitence* espiare i propri peccati con la penitenza **2** [*payer pour* (*en subissant une conséquence*)] pagare (il fio di): *expier ses imprudences* pagare le proprie imprudenze, il fio delle proprie imprudenze.

expirant, ante |ɛkspiʀɑ̃, ɑ̃t| *adj.* **1** [*qui est près d'expirer*] spirante, morente → **agonisant** # *le blessé était expirant* il ferito era in fin di vita **2** (*fig.*) [*qui va cesser d'être*] languente: *une flamme expirante* una fiamma languente # *parler d'une voix expirante* parlare con voce fievole.

expirateur |ɛkspiʀatœʀ| *adj. m.* (*anat.*) espiratore: *muscles expirateurs* muscoli espiratori.

1 **expiration** |ɛkspiʀɑsjɔ̃| *s.f.* [→ 1 EXPIRER] espirazione → **respiration** Ⓒ **inspiration.**

2 **expiration** |ɛkspiʀɑsjɔ̃| *s.f.* [*fin d'un terme convenu*] scadenza, lo scadere (*m. inv.*): *à l'expiration des délais* alla scadenza, allo scadere dei termini → **échéance** ◇ [*fin de la validité d'une convention*] *l'expiration d'une trêve* la scadenza, lo scadere di una tregua; *l'expiration d'un bail* la scadenza di un contratto di affitto Ⓒ **continuation.**

expiratoire |ɛkspiʀatwaʀ| *adj.* (*méd.*) espiratorio*.

1 **expirer** |ɛkspiʀe| *v.tr.* (*physiol., cour.*) [*expulser des poumons* (*l'air inspiré*)] espirare.

2 **expirer** |ɛkspiʀe| *v.intr.* **1** [*rendre le dernier soupir*] spirare (*aux.* essere): *elle a expiré dans les bras de sa mère* è spirata tra le braccia di sua madre; *il est sur le point d'expirer* sta per spirare → **mourir** ◇ (*fig.*) [*cesser d'être; prendre fin*] svanire (197) (*aux.* essere), scomparire (142) (*aux.* essere): *la parole expira sur ses lèvres* la parola gli

svani sulle labbra → **disparaître** **2** [*arriver à son terme*] scadere (121) (*aux.* essere): *bail qui expire* contratto di affitto che scade; *ce passeport expire le 1er septembre* questo passaporto scade il 1° settembre → **finir** [C] 1 **naître.**

explant |ɛksplɑ̃| *s.m.* (*biol.*) espianto.

explétif, ive |ɛkspletif, iv| *adj.* (*gram.*) espletivo.

explicable |ɛksplikabl(ə)| *adj.* [→ EXPLIQUER A 3] spiegabile, comprensibile: *cette erreur n'est pas explicable* questo errore non è spiegabile, non è comprensibile → **compréhensible** [C] **incompréhensible, inexplicable.**

explicatif, ive |ɛksplikatif, iv| *adj.* **1** (*choses*) esplicativo: *note explicative jointe à un dossier* nota esplicativa unita a una pratica; *notice explicative jointe à un appareil* nota esplicativa, istruzioni per l'uso allegate a un apparecchio → **notice** **2** (*gram., log.*) *proposition relative explicative* proposizione relativa esplicativa.

explication |ɛksplikɑsjɔ̃| *s.f.* **1** [→ EXPLIQUER A 1] spiegazione, commento (*m.*): *explication française, explication de textes* spiegazione, commento di un testo francese; *explication d'un auteur ancien* commento di un autore antico → **commentaire** # *explications jointes à un texte* note esplicative unite a un testo → **annotation,** 2 **note** **2** [*ce qui rend compte d'un fait*] spiegazione, motivo (*m.*): *quelle est l'explication de ce retard dans le courrier?* qual è la spiegazione, il motivo di questo ritardo della posta? → 1 **cause,** 2 **raison** **3** [*éclaircissement sur les intentions, la conduite*] spiegazione: *demander des explications à qqn.* chiedere una spiegazione, spiegazioni a qc.; *exiger une explication* pretendere una spiegazione → 1 **justification** **4** [*discussion dans laquelle on s'explique*] spiegazione, discussione: *ils ont eu une longue explication* hanno avuto una lunga spiegazione, discussione.

explicite |ɛksplisit| *adj.* **1** esplicito, chiaro: *sa déclaration est parfaitement explicite* la sua dichiarazione è perfettamente esplicita, chiara → **clair** **2** (*personnes*) esplicito: *il n'a pas été très explicite sur ce point* non è stato molto esplicito su questo punto **3** (*dr.*) esplicito: *clause explicite dans un texte* clausola esplicita in un testo → **exprès, formulé** [C] **implicite.**

explicitement |ɛksplisitmɑ̃| *adv.* [→ EXPLICITE] esplicitamente: *demande formulée explicitement* domanda formulata esplicitamente [C] **implicitement.**

expliciter |ɛksplisite| *v.tr.* [*énoncer formellement*] chiarire (197), precisare: *cette condition a été explicitée à plusieurs reprises* questa condizione è stata chiarita, precisata più volte → **formuler.**

expliquer |ɛksplike| **A** *v.tr.* **1** [*faire connaître, faire comprendre nettement, rendre clair* (*qqch.*)] spiegare: *expliquer ses projets, ses intentions à qqn.* spiegare i propri progetti, le proprie intenzioni a qc.; *expliquer un texte difficile, un théorème* spiegare un testo difficile, un teorema; *expliquer à qqn. le maniement d'un fusil, la règle d'un jeu* spiegare a qc. l'uso di un fucile, la regola di un gioco → **exposer, montrer** **2** [*faire connaître la raison, la cause de* (*qqch.*)] spiegare: *cela explique bien des choses!* questo spiega molte cose!; *comment expliquer ce brusque revirement?* come spiegare questo brusco voltafaccia? **3** *loc.* EXPLIQUER QUE spiegare che: *expliquez-lui que nous comptons sur lui* spiegategli che contiamo su di lui; *comment expliquez-vous qu'il puisse vivre sans travailler?* come spiegate che possa vivere senza lavorare? → 1 **dire, exposer, montrer (que)** **B** *v.pron.* S'EXPLIQUER **1** *réfl.* [→ *tr.* 1] spiegarsi: *je ne sais si je me suis bien expliqué* non so se mi sono spiegato (bene); *je m'explique* mi spiego **2** *réfl.* [→ *tr.* 2] giustificarsi: *elle s'est expliquée sur son absence* si è giustificata per l'assenza, ha giustificato la propria assenza → **disculper (se), justifier (se)**; *s'expliquer avec qqn.* giustificarsi con qc. **3** *récipr.* [*avoir une discussion*] spiegarsi: *après cette dispute ils se sont expliqués et ont fini par se mettre d'accord* dopo la lite si sono spiegati e hanno finito per mettersi d'accordo ◇ (*pop.*) [*se battre*] darsele (102) (*cour.*); fare (103) *intr.* a cazzotti, a pugni: *ils sont partis s'expliquer dehors* sono andati fuori a darsele **4** *réfl.* [*comprendre la raison, la cause de* (*qqch.*)] spiegarsi: *je m'explique mal ce que vous faites ici* non mi spiego bene che cosa facciate qui **5** *passif* [*être rendu intelligible*] spiegarsi: *cet accident ne peut s'expliquer que par une négligence* questo incidente si spiega soltanto con una negligenza.

exploit |ɛksplwa| *s.m.* **1** [*action remarquable, exceptionnelle*] impresa *f.*, 'exploit' (*inv.*): *exploit sportif* impresa sportiva, 'exploit' sportivo; *en gagnant cette course il a réalisé un véritable exploit* vincendo quella corsa ha realizzato un vero 'exploit', una vera prodezza → **prouesse, performance** ◇ (*fig., fam.*) *exploits galants* [*succès auprès des dames*] imprese galanti **2** (*dr.*) *exploit d'huissier* notifica* *f.* dell'ufficiale giudiziario.

exploitable |ɛksplwatabl(ə)| *adj.* [→ EXPLOITER 1] sfruttabile: *mine exploitable* miniera sfruttabile, coltivabile; *cette forêt n'est pas encore exploitable* questa foresta non è ancora sfruttabile # *domaine exploitable* fondo coltivabile; *données exploitables* dati utilizzabili.

exploitant, ante |ɛksplwatɑ̃, ɑ̃t| *s.* **1** [*personne, société qui se livre à une exploitation* (1, 2, 3)] gestore *m.*, esercente # *exploitant d'un domaine agricole* conduttore di un'azienda agricola; *propriétaire exploitant* coltivatore diretto; *petits exploitants* piccoli coltivatori **2** [*propriétaire ou directeur d'une salle de cinéma*] esercente, gestore.

exploitation |ɛksplwatɑsjɔ̃| *s.f.* **1** [→ EXPLOITER 1] sfruttamento (*m.*): *exploitation d'une terre, d'un domaine* sfruttamento di un terreno, di un podere → 1 **culture, valeur** **2** [*action de faire fonctionner en vue d'un profit*] esercizio* *m.*, gestione: *exploitation d'une ligne aérienne, d'une ligne de chemin de fer* esercizio di una linea aerea, di una linea ferroviaria **3** [*le bien exploité; le lieu où ce bien est mis en valeur*] impresa, azienda: *exploitation industrielle, commerciale* impresa, azienda industriale, commerciale; *exploitation agricole, rurale* azienda agricola, rurale **4** [→ EXPLOITER 3] sfruttamento: *exploitation de la crédulité publique* sfruttamento della credulità pubblica; *exploitation de l'homme par l'homme* sfruttamento dell'uomo da parte dell'uomo; *l'exploitation capitaliste* lo sfruttamento capitalista **5** (*informatique, statistique*) *l'exploitation des données* lo spoglio* *m.* dei dati; l'elaborazione dei dati.

exploité, ée |ɛksplwate| *adj.* [*mis en exploitation*] sfruttato: *terre exploitée* terreno sfruttato; *mine exploitée* miniera sfruttata, coltivata ◇ (*fig.*) *une classe sociale exploitée* una classe sociale sfruttata; *un travailleur exploité* [*mal payé*] un lavoratore sfruttato ♦ (*s.*) *les exploités* gli sfruttati [C] **exploiteur.**

exploiter |ɛksplwate| *v.tr.* **1** [*faire valoir* (*une chose*); *tirer parti de*] sfruttare; gestire (197): *exploiter une mine, un filon* sfruttare, coltivare una miniera, un filone; *exploiter un brevet* sfruttare un brevetto ‖ *exploiter un réseau de chemin de fer, une industrie* gestire una rete ferroviaria, un'industria **2** (*abstrait*) [*utiliser d'une manière avantageuse; faire rendre*] sfruttare, approfittare *intr.* di: *il faut exploiter la situation; elle ne durera pas* bisogna sfruttare la situazione, approfittare della situazione; non durerà a lungo → **profiter** **3** [*se servir de* (*qqn.*) *en n'ayant en vue que le profit*] sfruttare: *exploiter qqn.* sfruttare qc.; approfittare di qc., abusare di qc.; *patron qui exploite ses ouvriers* padrone che sfrutta gli operai; *exploiter la naïveté de la foule* sfruttare l'ingenuità della folla → **abuser (de)** **4** (*informatique, statistique*) *exploiter des données* fare (103) lo spoglio dei dati; elaborare dei dati.

exploiteur, euse |ɛksplwatœʀ, øz| *s.* [*personne qui tire un profit abusif d'une situation*] sfruttatore*, profittatore*: *un vil exploiteur* un vile sfruttatore → **profiteur.**

explorable |ɛksplɔʀabl(ə)| *adj.* [→ EXPLORER 1] esplorabile.

explorateur, trice |ɛksplɔʀatœʀ, tʀis| *s.* **1** *s.* esploratore* **2** *s.m.* (*méd.*) sonda *f.* ♦ (*adj.*) *stylet explorateur* stiletto esploratore.

exploration |ɛksplɔʀɑsjɔ̃| *s.f.* **1** [→ EXPLORER 1] esplorazione; perlustrazione: *exploration de l'Afrique, d'une ville* esplorazione dell'Africa, di una città ‖ *partir en exploration* partire in perlustrazione, in esplorazione → 3 **expédition** **2** (*abstrait*) *exploration du subconscient* esplorazione del subcosciente ◇ (*par ext.*) *exploration d'un sujet, d'un problème* esame *m.* approfondito, disamina di un argomento, di un problema → **approfondissement** **3** (*méd.*) esplorazione: *moyens d'exploration cliniques* strumenti clinici di esplorazione.

exploratoire |ɛksplɔʀatwaʀ| *adj.* (*polit.*) esplorativo: *entretiens exploratoires* colloqui esplorativi.

explorer |ɛksplɔʀe| *v. tr.* **1** [*parcourir* (*un pays mal connu*) *en l'étudiant avec soin*] esplorare; perlustrare: *explorer une île, une zone polaire* esplorare un'isola, una zona polare ‖ *nous avons exploré toute la maison, mais nous n'avons rien trouvé* abbiamo perlustrato tutta la casa, ma non abbiamo trovato nulla **2** (*fig.*) *explorer une science* approfondire (197) una scienza; *explorer une question* sviscerare, approfondire una questione → **approfondir, étudie**

3 (*méd.*) [*reconnaître, observer* (*un organe*) *à l'aide d'instruments*] esplorare: *sonde pour explorer les cavités naturelles* sonda per esplorare le cavità naturali → **ausculter, examiner, sonder.**

exploser |ɛksploze| *v.intr.* **1** [*faire explosion*] esplodere (144) (*aux.* essere), scoppiare (*aux.* essere): *la bombe a explosé ici* la bomba è esplosa, è scoppiata qui; *gaz qui explose au contact d'une flamme* gas che scoppia a contatto di una fiamma → **éclater, détoner** **2** (*sentiments*) *sa colère explosa* la sua collera esplose ◇ (*personnes*) scoppiare, prorompere (176): *exploser en injures, en imprécations* scoppiare, prorompere in ingiurie, in imprecazioni → **déborder** ✦ (*absolt., fam.*) *il a explosé* (*de colère*) è esploso (dalla rabbia).

exploseur |ɛksplozœʀ| *s.m.* (*techn.*) esploditore.

explosible |ɛksplozibl(ə)| *adj.* [→ EXPLOSER 1] esplosivo: *mélange gazeux explosible* miscela gassosa esplosiva.

explosif |ɛksplozif| *s.m.* esplosivo: *explosifs primaires* esplosivi detonanti; *explosifs secondaires* esplosivi deflagranti.

explosif, ive |ɛksplozif, iv| *adj.* **1** esplosivo: *onde explosive* onda esplosiva; *obus explosifs* granate esplosive **2** (*fig.*) *une situation explosive* una situazione esplosiva; *un tempérament explosif* un temperamento esplosivo **3** (*phonét.*) *consonne explosive* consonante esplosiva, occlusiva.

explosion |ɛksplozjɔ̃| *s.f.* **1** esplosione, scoppio* (*m.*): *explosion d'un obus* esplosione di una granata; *explosion d'un avion en plein vol* esplosione di un aereo in volo → **déflagration, éclatement** # *faire explosion* esplodere, scoppiare; *la chaudière a fait explosion* la caldaia è esplosa **2** (*fig.*) *explosion d'enthousiasme* esplosione di entusiasmo; *explosion de joie, de colère, de rires* scoppio di gioia, d'ira, di risa **3** (*techn.*) *moteur à explosion* motore a scoppio.

explosivité |ɛksplozivite| *s.f.* esplosività *inv.*

exponentiel, ielle |ɛkspɔnɑ̃sjɛl| *adj.* esponenziale: *équation exponentielle* equazione esponenziale ✦ (*s.f.*) *une exponentielle* un'esponenziale.

exportable |ɛkspɔʀtabl(ə)| *adj.* [→ EXPORTER 1] esportabile.

exportateur, trice |ɛkspɔʀtatœʀ, tʀis| *s.* esportatore*: *les exportateurs de céréales* gli esportatori di cereali → **expéditeur** ✦ (*adj.*) *pays exportateur de blé* paese esportatore di grano ⓒ **importateur.**

exportation |ɛkspɔʀtɑsjɔ̃| *s.f.* **1** [→ EXPORTER 1] esportazione: *exportation de matières premières* esportazione di materie prime; *exportation de capitaux* esportazione di capitali; *exportations visibles, invisibles* esportazioni visibili, invisibili **2** (*fig.*) *l'exportation d'une mode* l'esportazione di una moda ⓒ **importation.**

exporter |ɛkspɔʀte| *v.tr.* **1** [*envoyer et vendre hors d'un pays* (*ses produits*)] esportare: *exporter des marchandises* esportare merci ✦ (*absolt.*) *pour exporter il faut produire* per esportare bisogna produrre **2** (*fig.*) *exporter une mode, une innovation* esportare una moda, un'innovazione ⓒ **importer** 1.

exposant |ɛkspozɑ̃| *s.m.* (*math.*) esponente: *un exposant variable* un esponente variabile.

exposant, ante |ɛkspozɑ̃, ɑ̃t| *s.* espositore*: *les exposants d'une foire, d'un salon de peinture* gli espositori di una fiera, di una galleria (d'arte).

exposé |ɛkspoze| *s.m.* **1** UN EXPOSÉ DE [*développement par lequel on expose* (*un ensemble de faits, d'idées*)] esposizione *f.* di, narrazione *f.* di: *exposé des faits, de la situation* esposizione dei fatti, della situazione → **description, énoncé, récit** ◇ (*dr.*) esposto **2** UN EXPOSÉ [*bref discours sur un sujet précis, didactique*] una relazione *f.*, un'esposizione: *exposé oral, écrit* relazione, esposizione orale, scritta → **communication, conférence**; *déposer le texte d'un exposé* presentare il testo di una relazione # *exposé didactique* lezione → **enseignement, leçon.**

exposer |ɛkspoze| **A** *v.tr.* **1** [*disposer de manière à mettre en vue*] esporre (168): *exposer des objets dans une vitrine* esporre degli oggetti in una vetrina; *cette galerie, ce musée expose des Picasso* questa galleria, questo museo espone dei Picasso → 1 **étaler, présenter** **2** (*fig.*) [*présenter en ordre* (*des faits, des idées*)] esporre: *exposer un fait en détail* esporre un fatto nei dettagli → **décrire, énoncer, raconter** **3** [*disposer, placer dans la direction de*] orientare, esporre: *exposer un bâtiment au sud* orientare una costruzione a sud → **orienter** ✦ (*au p.p.*) *maison bien exposée* casa ben esposta; *façade exposée à l'ouest* facciata esposta, orientata a ovest ◇ *exposer à la chaleur* esporre al calore; *exposer un film à la lumière* esporre (alla luce), impressionare una pellicola → **présenter, soumettre, impressionner** ✦ (*au p.p.*) *cliché exposé* 'cliché' impressionato **4** EXPOSER QQN. À (+ *s.*) [*mettre qqn. dans une situation périlleuse*] esporre qc. a (+ *s.*): *le péril auquel on l'expose* il pericolo (a) cui lo si espone ✦ (*absolt.*) *exposer qqn.* mettere (155) qc. in pericolo ~ EXPOSER QQN. À (+ *inf.*) far (103) *intr.* correre a qc. il rischio di (+ *inf.*): *son insouciance l'a exposé plusieurs fois à perdre sa fortune* la sua noncuranza gli ha più volte fatto correre il rischio di perdere il proprio patrimonio ◇ [*risquer de perdre*] rischiare, mettere in pericolo: *exposer sa vie, sa fortune, sa réputation* rischiare, mettere in pericolo la propria vita, la propria fortuna, la propria reputazione → **compromettre, risquer** ◇ (*spécialt.*) *exposer un enfant* [*l'abandonner*] abbandonare un bambino → **abandonner** **B** *v.pron. réfl.* S'EXPOSER **1** [→ *tr.* 3] esporsi: *s'exposer au soleil* esporsi al sole **2** S'EXPOSER À [*se mettre dans le cas de subir*] esporsi a: *s'exposer à un péril, à un danger* esporsi a un pericolo → **affronter, chercher, risquer**; *s'exposer à la critique, aux critiques* esporsi alla critica, alle critiche; *en allant le voir, il s'exposera à de graves reproches* andandolo a trovare, si esporrà a gravi rimproveri → **encourir** ✦ *absolt.* [*se mettre en danger; se compromettre*] esporsi, compromettersi (155): *il a peur de s'exposer* ha paura di esporsi, di compromettersi ⓒ A 1 **cacher, dissimuler**; B 2 **dérober** (se).

exposition |ɛkspozisjɔ̃| *s.f.* **1** [→ EXPOSER 1] esposizione: *exposition de marchandises dans une vitrine* esposizione di merci in vetrina → **étalage, présentation** **2** UNE EXPOSITION [*présentation publique d'œuvres d'art*] mostra, esposizione: *une exposition de peinture, de sculpture* una mostra, un'esposizione di pittura, di scultura; *une exposition* (*des œuvres de*) *Van Gogh* una mostra, un'esposizione (delle opere) di Van Gogh; *une exposition industrielle, agricole* un'esposizione, una rassegna industriale, di prodotti agricoli → **foire, concours** **3** [*action de faire connaître, d'expliquer*] esposizione, narrazione → **exposé, narration, récit** ◇ (*litt.*) proemio* *m.* **4** [*position* (*d'un édifice, d'un terrain*)] esposizione: *exposition d'un bâtiment, d'une façade à l'ouest* esposizione di un edificio, di una facciata a ovest; *une bonne exposition* una buona esposizione → **orientation, situation** **5** (*photo., cour.*) esposizione **6** (*dr.*) abbandono (*m.*): *exposition d'un enfant nouveau-né* abbandono di un neonato → **abandon, délaissement.**

1 **exprès** |ɛkspʀɛ| *adj.* **1** *lettre exprès, colis exprès* [*remis immédiatement au destinataire*] lettera espressa, espresso *s.m.*, pacco espresso ✦ (*s.m.*) *un exprès* un espresso **2** (*vx.*) [*qui est chargé de transmettre la pensée, la volonté de qqn.*] *courrier exprès* messaggero *s.m.* ✦ (*s.m.*) *un exprès* un corriere, un messaggero.

2 **exprès** |ɛkspʀɛ| *adv.* [*avec intention*] apposta, appositamente: *elles sont venues exprès pour vous voir* sono venute apposta, appositamente per vedervi → **délibérément, intentionnellement** ◇ *loc.* TOUT EXPRÈS a bella posta ~ FAIRE EXPRÈS fare apposta: *pardon, je ne l'ai pas fait exprès* scusi, non l'ho fatto apposta; *c'est fait exprès* è fatto apposta ~ FAIRE EXPRÈS DE (+ *inf.*) fare (farlo) apposta a (+ *inf.*): *faire exprès de tomber* fare (farlo) apposta a cadere, cadere a bella posta ✦ *s.m.* (*ellipt.*) UN FAIT EXPRÈS [*coïncidence généralt. fâcheuse*]: *nous étions pressés et, comme un fait exprès, le train avait du retard* avevamo fretta e, neanche a farlo apposta, il treno era in ritardo ⓒ **involontairement.**

exprès, esse |ɛkspʀɛ, ɛs| *adj.* (*dr.*) espresso, esplicito: *condition expresse d'un contrat* condizione espressa, esplicita di un contratto; *défense expresse de...* (è fatto) espresso, esplicito divieto di...

1 **express** |ɛkspʀɛs| *adj.* (*ch. de fer*) *train express* treno espresso, (*anciənn.*) direttissimo ✦ (*s.m.*) *un express* un espresso, (*ancienn.*) un direttissimo.

2 **express** |ɛkspʀɛs| (*adj.*) *café express* caffè espresso ✦ (*s.m.*) *un express bien serré* un espresso ristretto.

expressément |ɛkspʀɛsemɑ̃| *adv.* **1** [→ 2 EXPRÈS] espressamente, esplicitamente: *cette condition est expressément énoncée dans le contrat* questa condizione è enunciata espressamente, esplicitamente nel contratto → **explicitement, nettement** # *il est expressément défendu de fumer* si fa espresso divieto di fumare **2** [*avec une intention bien déterminée*] apposta, a bella posta (*loc. inv.*): *je l'ai fait expressément pour vous voir* l'ho fatto apposta per vederla.

expressif, ive |ɛkspʀesif, iv| *adj.* espressivo: *un terme particulièrement expressif* un termine particolarmente espressivo; *un geste, un silence expressif* un gesto, un silenzio espressivo, eloquente → **éloquent, parlant**; *une mélodie expressive* una melodia espressiva [C] **inexpressif.**

expression |ɛkspʀɛsjɔ̃| *s.f.* **I** [*action ou manière d'esprimer ou de s'exprimer*] **1** [→ EXPRIMER A 1] espressione: *revendiquer la libre expression de la pensée, des opinions* rivendicare la libera espressione del pensiero, delle opinioni ◇ (*formule de politesse*) *veuillez agréer l'expression de mes sentiments distingués* (voglia gradire i miei più) distinti saluti; voglia gradire l'espressione della mia stima **2** [*mot ou groupe de mots*] espressione: *expression populaire, argotique* espressione popolare, gergale; *expression figurée* espressione figurata → **locution,** 3 **tour,** 1 **tournure** # *expression toute faite* frase fatta **3** (*math., cour.*) espressione: *expression algébrique* espressione algebrica # *réduire une fraction, une équation à sa plus simple expression* ridurre una frazione, un'equazione ai minimi termini ◇ (*loc. fig.*) *réduire qqch. à sa plus simple expression* ridurre q.c. ai minimi termini **4** [→ EXPRIMER A 3] espressione: *portrait plein d'expression* ritratto pieno di espressione; *musique, chant pleins d'expression* musica, canto pieni di espressione → 1 **style 5** [*le fait d'exprimer (les émotions, les sentiments) par le comportement extérieur*] espressione: *une expression ironique, indifférente* una espressione ironica, indifferente; *un regard sans expression* uno sguardo privo di espressione, inespressivo **II** [*ce par quoi qqn. ou qqch. s'exprime, se manifeste*] espressione: *la faim est l'expression d'un besoin* la fame è l'espressione di un bisogno; *la loi est l'expression de la volonté générale* la legge è l'espressione della volontà generale → **émanation, manifestation.**

expressionnisme |ɛkspʀɛsjɔnism(ə)| *s.m.* (*bx-arts*) espressionismo: *l'expressionnisme allemand, flamand* lo espressionismo tedesco, fiammingo ◇ (*par ext.*) *l'expressionnisme dans la littérature, au cinéma* l'espressionismo nella letteratura, nel cinema.

expressionniste |ɛkspʀɛsjɔnist(ə)| *adj.* espressionista: *peinture, peintre expressionniste* pittura, pittore espressionista ✦ (*s.*) *un expressionniste* un espressionista.

expressivité |ɛkspʀesivite| *s.f.* espressività *inv.*

exprimable |ɛkspʀimabl(ə)| *adj.* [→ EXPRIMER A] esprimibile: *un sentiment difficilement exprimable* un sentimento difficilmente esprimibile [C] **inexprimable.**

exprimer |ɛkspʀime| **A** *v.tr.* **1** [*faire connaître par le langage*] esprimere (124): *exprimer sa pensée en termes clairs* esprimere il proprio pensiero in termini chiari; *mots, termes qui expriment une idée, une nuance* parole, termini che esprimono un'idea, una sfumatura → **signifier 2** [*servir à noter (une quantité, une relation)*] esprimere, indicare: *le signe '=' exprime l'égalité* il segno '=' esprime, indica l'uguaglianza **3** [*rendre sensible, faire connaître par le moyen de l'art*] esprimere: *l'artiste exprime son univers intérieur* l'artista esprime il proprio mondo interiore → **peindre, représenter 4** [*rendre sensible par le comportement*] esprimere: *regard qui exprime l'étonnement* sguardo che esprime stupore; *tout en lui exprime la franchise* tutto in lui esprime sincerità → **manifester B** *v.pron. réfl.* S'EXPRIMER [→ *tr.* 1] esprimersi: *s'exprimer en français* esprimersi in francese; *il s'exprime bien* si esprime bene; *s'exprimer par gestes* esprimersi a gesti → 1 **parler** ✦ (*absolt.*) *il faut laisser cet adolescent s'exprimer* bisogna permettere a quel ragazzo di esprimersi [C] A 1 **cacher, taire.**

ex professo |ɛkspʀɔfɛso| *loc. adv.* (*lat.*) ex professo.

expromission |ɛkspʀɔmisjɔ̃| *s.f.* (*dr.*) espromissione.

expropriant, ante |ɛkspʀɔpʀijɑ̃, ɑ̃t| *adj.* (*dr.*) espropriante: *l'administration expropriante* l'amministrazione espropriante ✦ (*s.m.*) *un expropriant* un espropriante.

expropriation |ɛkspʀɔpʀijɑsjɔ̃| *s.f.* (*dr.*) espropriazione, esproprio* (*m.*): *expropriation forcée* espropriazione forzosa; *procédure de l'expropriation* procedura di esproprio.

exproprier |ɛkspʀɔpʀije| *v.tr.* (*dr.*) [*déposséder légalement (qqn.) de la propriété d'un bien*] espropriare: *exproprier un débiteur* espropriare un debitore; *exproprier qqn. pour cause d'utilité publique* espropriare qc. per pubblica utilità → **saisir** ✦ (*au p.p.*) *propriétaire exproprié* peoprietario espropriato ✦ (*s.*) *un exproprié* un espropriato.

expulsé, ée |ɛkspylse| *adj.* espulso, scacciato; sfrattato; *étranger expulsé* straniero espulso ✦ (*s.*) *un expulsé* un espulso; uno sfrattato.

expulser |ɛkspylse| *v.tr.* **1** [*chasser (qqn.) du lieu ou il était établi*] espellere (143), allontanare: *expulser qqn. de son pays* espellere, allontanare qc. dal suo paese; *il s'est fait expulser* si è fatto espellere, cacciar via ◇ (*spécialt.*) *expulser un locataire* sfrattare un inquilino ✦ (*au p.p.*) *les personnes expulsées,* (*s.*) *les expulsés* gli espulsi; gli sfrattati **2** [*faire évacuer (qqch.) de l'organisme*] espellere → **éliminer, évacuer.**

expulsion |ɛkspylsjɔ̃| *s.f.* **1** [→ EXPULSER 1] espulsione: *expulsion des étrangers* espulsione degli stranieri ◇ (*spécialt.*) *expulsion d'un locataire qui ne paie pas son loyer* sfratto *m.* di un inquilino che non paga l'affitto ◇ [*action d'exclure d'un groupe, d'une assemblée*] espulsione, allontanamento (*m.*): *expulsion des membres indisciplinés* espulsione, allontanamento dei membri indisciplinati → **exclusion, renvoi 2** [→ EXPULSER 2] espulsione: *expulsion de calculs* espulsione di calcoli → **élimination, évacuation.**

expurgation |ɛkspyʀgɑsjɔ̃| *s.f.* [→ EXPURGER] espurgazione.

expurgatoire |ɛkspyʀgatwaʀ| *adj.* espurgatorio*.

expurger |ɛkspyʀʒe| (3) *v.tr.* (*fig.*) [*supprimer dans (un texte) ce qui est contraire aux convenances, à un dogme*] espurgare: *la censure a expurgé le scénario de ce film* la censura ha espurgato la sceneggiatura di questo film → **épurer** ✦ (*au p.p.*) *édition expurgée* edizione espurgata.

exquis, ise |ɛkski, iz| *adj.* **1** [*qui est d'une délicatesse recherchée, raffinée*] squisito: *politesse exquise* gentilezza squisita → **délicat, raffiné 2** [*qui produit une impression très agréable par sa délicatesse*] squisito; delizioso: *un homme exquis* un uomo squisito → **délicieux** ‖ *temps exquis* tempo delizioso; *heure, journée exquise* ora, giornata deliziosa [C] 1 **commun, ordinaire;** 2 **mauvais, médiocre.**

exquisément |ɛkskizemɑ̃| *adv.* [→ EXQUIS] squisitamente.

exsangue |ɛgzɑ̃g| *adj.* **1** esangue: *organe exsangue* organo esangue **2** [*très pâle*] esangue: *lèvres exsangues* labbra esangui → **anémique, blafard, blême 3** (*fig.*) *une littérature exsangue* una letteratura esangue.

exsanguino-transfusion |ɛksɑ̃g(ɥ)inɔtʀɑ̃sfyzjɔ̃| *s.f.* (*méd.*) exsanguino-trasfusione.

exstrophie |ɛkstʀɔfi| *s.f.* (*méd.*) estrofia.

exsudat |ɛksyda| *s.m.* (*méd.*) essudato.

exsudatif, ive |ɛksydatif, iv| *adj.* (*méd.*) essudativo, essudatizio*.

exsudation |ɛksydɑsjɔ̃| *s.f.* (*méd.*) essudazione, trasudazione ◇ (*arbor.*) trasudazione.

exsuder |ɛksyde| **A** *v.tr.* [*émettre par suintement*] trasudare, sudare: *arbre qui exsude de la résine* albero che trasuda resina → **suer B** *v.intr.* [*sortir à la façon de la sueur*] essudare, trasudare: *le sang peut exsuder par les pores* il sangue può essudare attraverso i pori → **suinter.**

extase |ɛkstɑz| *s.f.* **1** estasi (*inv.*): *extase mystique* estasi mistica; *tomber en extase* andare in estasi → **contemplation 2** [*état d'exaltation extrême*] estasi: *être en extase devant qqn.* essere in estasi davanti a qc. → **béatitude, ivresse, ravissement.**

extasier (s') |ɛkstɑzje| *v.pron. intr.* [*manifester son ravissement*] andare (101) *intr.* in estasi, rimanere (174) *intr.* estasiato: *il n'y a pas de quoi s'extasier* non è il caso di andare in estasi → **pâmer (se)** ✦ (*au p.p.*) *extasié* estasiato, in estasi (*loc. inv.*): *elle demeurait là, extasiée* restava lì, estasiata, in estasi.

extatique |ɛkstatik| *adj.* **1** estatico*: *vision extatique* visione estatica **2** [*qui est ravi en extase*] estatico: *personne, air extatique* persona, aria estatica → **extasier (s').**

extemporané, ée |ɛkstɑ̃pɔʀane| *adj.* **1** (*pharm.*) estemporaneo: *médicament extemporané* farmaco estemporaneo **2** (*méd.*) estemporaneo: *analyse extemporanée, au cours d'une opération* analisi estemporanea, nel corso di una operazione.

extenseur |ɛkstɑ̃sœʀ| **1** *adj. m.* (*anat.*) estensore: *muscles extenseurs* muscoli estensori ✦ (*s.m.*) *l'extenseur de l'avant-bras* l'estensore dell'avambraccio **2** *s.m.* [*appareil permettant des exercices d'extension musculaire*] estensore → **exerciseur.**

extensibilité |ɛkstɑ̃sibilite| *s.f.* estensibilità *inv.*

extensible |ɛkstɑ̃sibl(ə)| *adj.* estensibile: *matière extensible* materiale estensibile → **élastique** ◇ (*fig.*) elastico*: *idées, jugements extensibles* idee elastiche, giudizi elastici.

extensif, ive |ɛkstɑ̃sif, iv| *adj.* **1** (*agric.*) *culture extensive* coltura estensiva **2** (*dr., ling., log.*) estensivo: *mot pris dans un sens extensif* parola presa in senso estensivo; *interprétation ex-*

tensive d'un texte juridique interpretazione estensiva di un testo giuridico 🄲 1 **intensif;** 2 **restreint, restrictif.**

extension |ɛkstɑ̃sjɔ̃| *s.f.* **I** 1 [→ ÉTENDRE B 1, 3, 4] aumento *m.*, incremento *m.*; sviluppo *m.*, estensione: *l'extension du volume d'un corps* l'aumento, l'incremento di volume di un corpo → **accroissement, augmentation,** 1 **élargissement** ‖ *cette entreprise a pris de l'extension* quell'impresa ha avuto un notevole sviluppo, una notevole estensione # *l'extension d'une épidémie* il propagarsi di un'epidemia; *l'extension d'une usine* l'ampliamento di una fabbrica → **propagation** 2 [*mouvement par lequel on étend un membre*] estensione: *mouvements d'extension et de flexion* movimenti di estensione e di flessione → **déploiement** ◇ (*méd., techn.*) trazione **II** [*action de donner à qqch. une portée plus générale*] estensione: *extension donnée à une loi, à une clause de contrat* estensione data a una legge, a una clausola contrattuale ◇ (*ling., log.*) estensione: *par extension* per estensione.

extenso (in) |inɛkstɛ̃so| *loc. adv.* (*lat.*) *et adj.* → **in extenso.**

extensomètre |ɛkstɑ̃sɔmɛtʀ(ə)| *s.m.* (*techn.*) estensimetro.

exténuant, ante |ɛkstenɥɑ̃, ɑ̃t| *adj.* estenuante, sfibrante: *des efforts exténuants* sforzi estenuanti.

exténuation |ɛkstenɥɑsjɔ̃| *s.f.* [→ EXTÉNUER] spossatezza, estenuazione: *état d'exténuation* stato di spossatezza → **épuisement, fatigue.**

exténuer |ɛkstenɥe| **A** *v.tr.* [*rendre faible par épuisement des forces*] estenuare, sfibrare: *cette longue marche l'a exténué* questa lunga marcia lo ha estenuato → **affaiblir, épuiser B** *v.pron. intr.* S'EXTÉNUER [→ *tr.*] estenuarsi: *s'exténuer à crier* estenuarsi a forza di gridare.

extérieur |ɛksteʀjœʀ| *s.m.* 1 [*le dehors; la partie externe de qqch.*] esterno: *l'extérieur d'une maison* l'esterno di una casa; *nos sens nous font communiquer avec l'extérieur* i sensi ci fanno comunicare con l'esterno → 2 **dehors** ◇ *loc.* À L'EXTÉRIEUR fuori (*adv.*): *rentrez les chaises, ne les laissez pas à l'extérieur* portate dentro le sedie, non lasciatele fuori ~ DE L'EXTÉRIEUR dal di fuori, dall'esterno: *voir, juger de l'extérieur* vedere, giudicare dal di fuori, dall'esterno ◇ (*spécialt.*) [*les pays étrangers*] estero: *relations avec l'extérieur* relazioni con l'estero 2 (*ciné.*) esterno: *les extérieurs de ce film ont été réalisés en Italie* gli esterni di quel film sono stati girati in Italia 🄲 1 **intérieur, dedans** 2.

extérieur, eure |ɛksteʀjœʀ| *adj.* **I** 1 EXTÉRIEUR À [*qui est situé en dehors de qqch.*] esterno a: *circonférence extérieure à une autre* circonferenza esterna a un'altra → 1 **dehors (en)** ◇ (*fig.*) [*qui ne fait pas partie de qqch.*] estraneo: *des considérations extérieures au sujet* considerazioni estranee all'argomento → **étranger** 2 [*qui est, qui existe dehors*] esterno: *cour extérieure* cortile esterno; *surface extérieure d'un récipient* superficie esterna di un recipiente; *boulevards extérieurs* viali esterni, di circonvallazione; *la réalité extérieure* la realtà esterna → **objectif,** 1 **externe** # *activités extérieures de qqn.* [*hors de son activité principale*] attività secondarie di qc. ◇ [*qui concerne les pays étrangers*] estero: *politique extérieure* politica estera **II** [*que l'on peut voir du dehors*] esteriore: *aspect extérieur* aspetto esteriore; *manifestation extérieure d'un sentiment* manifestazione esteriore di un sentimento → **apparent, visible** 🄲 II **intérieur, interné.**

extérieurement |ɛksteʀjœʀmɑ̃| *adv.* 1 [*à l'extérieur*] esternamente: *extérieurement, la maison est très jolie* esternamente, la casa è molto graziosa 2 (*dans les manifestations, les gestes*) [*en apparence*] esteriormente: *il a l'air gai, mais il ne l'est qu'extérieurement* sembra allegro, ma lo è solo esteriormente, in apparenza → **apparemment** 🄲 2 **intérieurement.**

extériorisation |ɛksteʀjɔʀizɑsjɔ̃| *s.f.* [→ EXTÉRIORISER] esteriorizzazione, manifestazione: *extériorisation d'un sentiment* esteriorizzazione, manifestazione di un sentimento.

extérioriser |ɛksteʀjɔʀize| **A** *v.tr.* [*exprimer, manifester ce qui n'existait que dans la conscience*] esternare, manifestare: *extérioriser ses sentiments* esternare, manifestare i propri sentimenti ◇ (*psycho.*) esteriorizzare **B** *v.pron. intr.* S'EXTÉRIORISER [→ *tr.*] manifestarsi, esteriorizzarsi: *sa colère ne s'extériorise pas* la sua collera non si manifesta, non si esteriorizza 🄲 A **intérioriser, renfermer.**

extériorité |ɛksteʀjɔʀite| *s.f.* esteriorità *inv.*, apparenza 🄲 **intériorité.**

exterminateur, trice |ɛkstɛʀminatœʀ, tʀis| *adj.* sterminatore*: *l'ange exterminateur* l'angelo sterminatore.

extermination |ɛkstɛʀminɑsjɔ̃| *s.f.* [→ EXTERMINER A] sterminio* (*m.*): *l'extermination d'un peuple* lo sterminio di un popolo; *camp d'extermination* campo di sterminio; *guerre d'extermination* guerra di sterminio → **anéantissement, destruction, massacre.**

exterminer |ɛkstɛʀmine| **A** *v.tr.* [*faire périr jusqu'au dernier*] sterminare: *les nazis tentèrent d'exterminer les juifs* i nazisti tentarono di sterminare gli Ebrei → **anéantir, supprimer B** *v. pron. intr.* (*fam.*) S'EXTERMINER À [*se épuiser, s'éreinter*] ammazzarsi (a forza) di: *s'exterminer à travailler* ammazzarsi a forza di lavorare, ammazzarsi di lavoro.

externat |ɛkstɛʀna| *s.m.* 1 esternato 2 [*condition d'externe dans les hôpitaux*] pratica* *f.* ospedaliera.

1 **externe** |ɛkstɛʀn(ə)| *adj.* [*qui est en dehors, tourné vers l'extérieur*] esterno: *parties, faces externes* parti, facce esterne; *médicament pour l'usage externe* farmaco per uso esterno → **extérieur** ◇ (*géom.*) *angles externes* angoli esterni 🄲 **interne.**

2 **externe** |ɛkstɛʀn(ə)| *s.* [*élève qui ne vit pas en pension*] esterno # *externe surveillé* semiconvittore ◇ [*étudiant, étudiante en médecine, qui assiste les internes dans le service des hôpitaux*] studente (studentessa) in medicina (che fa pratica ospedaliera).

exterritorialité |ɛkstɛʀitɔʀjalite| *s.f.* extraterritorialità (*inv.*): *prérogatives d'exterritorialité* privilegi di extraterritorialità → **extra-territorialité.**

extincteur, trice |ɛkstɛ̃ktœʀ, tʀis| *s.m.* estintore: *extincteur à mousse* estintore schiumogeno ✦ (*adj.*) *une substance extinctrice* una sostanza estinguente; *un appareil extincteur* un estintore *s.m.*

extinction |ɛkstɛ̃ksjɔ̃| *s.f.* 1 [→ ÉTEINDRE A 1] spegnimento *m.*, estinzione: *extinction d'un feu, d'un incendie* spegnimento, estinzione di un fuoco, di un incendio ◇ (*milit.*) *extinction des feux, des lumières* silenzio* (*m.*): *clairon qui sonne l'extinction des feux dans un casernement* trombettiere che suona il silenzio in una caserma 2 [*le fait de perdre son existence ou son efficacité*] estinzione: *l'extinction d'une ancienne famille* l'estinzione di un'antica famiglia → **disparition,** 1 **fin** # *lutter contre la maladie jusqu'à l'extinction de ses forces* lottare contro la malattia fino allo stremo delle forze → **épuisement** 3 *extinction de voix* [*perte momentanée de la voix*] abbassamento *m.* di voce → **aphonie** 4 (*dr.*) *extinction d'un droit, d'une obligation* estinzione di un diritto, di una obbligazione → **abolition, annulation.**

extirpable |ɛkstiʀpabl(ə)| *adj.* [→ EXTIRPER] estirpabile 🄲 **inextirpable.**

extirpateur |ɛkstiʀpatœʀ| *s.m.* (*agric.*) estirpatore.

extirpation |ɛkstiʀpɑsjɔ̃| *s.f.* (*littér.*) [→ EXTIRPER 1] estirpazione, estirpamento *m.* ◇ (*agric.*) *extirpation des mauvaises herbes* estirpazione delle erbacce ◇ (*chir.*) *extirpation d'un polype* estirpazione, asportazione di un polipo.

extirper |ɛkstiʀpe| *v.tr.* 1 (*littér.*) [*faire disparaître complètement*] estirpare: *extirper les abus, les vices* estirpare gli abusi, i vizi → **détruire** 2 (*agric.*) [*déraciner*] estirpare: *extirper les mauvaises herbes* estirpare le erbacce → **sarcler** ◇ (*chir.*) [*extraire*] *extirper une tumeur* estirpare, asportare un tumore 3 (*fam.*) [*faire sortir* (*qqn., qqch.*) *avec difficulté*] strappare: *extirper qqn. de son lit* strappare, tirar giù qc. dal letto → **arracher, tirer.**

extorquer |ɛkstɔʀke| *v.tr.* [*obtenir* (*qqch.*) *par la force, la menace ou la ruse*] estorcere (189), carpire (197): *extorquer à qqn. un consentement* estorcere, carpire un consenso a qc.; *extorquer de l'argent* estorcere denaro; *extorquer à qqn. une signature, une promesse* carpire, strappare a qc. una firma, una promessa → **escroquer,** 2 **voler.**

extorqueur, euse |ɛkstɔʀkœʀ, øz| *s.* [*personne qui extorque*] chi estorce *loc.*

extorsion |ɛkstɔʀsjɔ̃| *s.f.* [→ EXTORQUER] estorsione: *l'extorsion d'une signature* l'estorsione di una firma; *extorsion de fonds sous la menace* estorsione di denaro sotto minaccia → **chantage.**

extra- |ɛkstʀa| *préf.* 1 (*signifiant 'en dehors', correspond généralt. à*) extra, estra: *extra-légal* extralegale, estralegale 2 (*augmentatif, correspondant généralt. à*) extra, stra: *extrajudiciaire* extragiudiziale, stragiudiziale → **super-, ultra-.**

1 **extra** |ɛkstʀa| *s.m. inv.* 1 [*ce que l'on fait d'extraordinaire; chose ajoutée à ce qui est habituel*] extra: *faire des extra* fare degli extra → **supplément** ◇ (*en parlant de boissons, de mets inhabituels et meilleurs*) *nous allons faire un petit extra, nous dînerons au champagne* ci concederemo un piccolo extra, ceneremo con 'champagne' 2 [*domesti-*

que supplémentaire] extra: *engager deux extra* assumere due extra.
2 **extra** |ɛkstra| *adj. inv.* (*fam.*) [*extraordinaire, supérieur* (*qualité d'un produit, produit*)] extra: *un vin extra* un vino extra.
extra(-)cellulaire |ɛkstʀasely-lɛʀ| *adj.* (*biol., chim.*) extracellulare.
extraconjugal, ale, aux |ɛks-tʀakɔ̃ʒygal, o| *adj.* extraconiugale.
extra-courant |ɛkstʀakuʀɑ̃| *s.m.* (*électr.*) extracorrente *f.*
extracteur |ɛkstʀaktœʀ| *s.m.* (*chir., techn.*) estrattore.
extractible |ɛkstʀaktibl(ə)| *adj.* [→ EXTRAIRE] estraibile: *un autoradio extractible* un'autoradio estraibile.
extractif, ive |ɛkstʀaktif, iv| *adj.* estrattivo: *industries extractives* industrie estrattive.
extraction |ɛkstʀaksjɔ̃| *s.f.* **I 1** [→ EXTRAIRE A I 1] estrazione: *extraction de sable, de pierres dans une carrière* estrazione di sabbia, di pietre da una cava; *extraction de la houille* estrazione del carbone ◇ (*chir., cour.*) *extraction d'une dent* estrazione di un dente; *extraction d'une balle* estrazione di una pallottola → **arrachement, extirpation** **2** [→ EXTRAIRE A II 1] estrazione: *extraction d'une essence par distillation* estrazione di un'essenza per distillazione **3** (*math.*) estrazione: *extraction de la racine cubique* estrazione della radice cubica **II** (*loc.*) *être de haute, de basse extraction* [*origine*] essere di alta, di bassa estrazione, di alto, basso rango.
extrader |ɛkstʀade| *v.tr.* (*dr.*) [*livrer par l'extradition*] estradare: *extrader un assassin* estradare un assassino.
extradition |ɛkstʀadisjɔ̃| *s.f.* (*dr. internat.*) estradizione: *demander l'extradition d'un criminel* chiedere l'estradizione di un criminale.
extrados |ɛkstʀado| *s.m.* (*archit., aviat.*) estradosso.
extra(-)dotal, ale, aux |ɛks-tʀadɔtal, o| *adj.* (*dr.*) extradotale.
extra-dry |ɛkstʀadʀaj| *adj. inv.* extrasecco* *var.*, extra dry.
extra-fin, fine |ɛkstʀafɛ̃, fin| *adj.* **1** [*très fin, très petit*] extrafino: *petits pois extra-fins* piselli extrafini # *aiguille extra-fine* ago molto fine, sottilissimo **2** [*supérieur*] superiore, sopraffino: *qualité extra-fine* qualità superiore, sopraffina; *chocolats extra-fins* cioccolatini di qualità superiore, finissimi.
extra-fort, forte |ɛkstʀafɔʀ, fɔʀ-t(ə)| **1** *adj.* extraforte: *moutarde extra--forte* senape extraforte **2** *s.m.* [*ruban dont on garnit intérieurement les ourlets, les coutures*] passafino, passamano: *extra-fort en soie* passafino, passamano di seta.
extragalactique |ɛkstʀagalak-tik| *adj.* (*astron.*) extragalattico*: *matière extragalactique* materia extragalattica.
extraire |ɛkstʀɛʀ| (62) **A** *v.tr.* **I 1** [*tirer* (*qqch.*) *du lieu dans lequel il se trouve enfoncé, retenu*] estrarre (190): *extraire la houille d'une mine* estrarre il carbone da una miniera; *extraire un blessé de sa voiture* estrarre un ferito dalla macchina ◇ (*chir., cour.*) [*extirper, retirer*] *extraire une dent* estrarre, estirpare un dente; *on lui a extrait une balle de la jambe* gli hanno estratto una pallottola dalla gamba **2** [*tirer un passage d'un livre, d'un écrit*] estrarre: *extraire un passage d'un livre* estrarre un brano da un libro **II 1** [*séparer une substance du corps dont elle fait partie*] estrarre: *extraire le jus d'un fruit* estrarre il succo da un frutto; *extraire l'essence des fleurs* estrarre l'essenza dai fiori → **exprimer, tirer** ◇ (*chim.*) *extraire un gaz par distillation* estrarre un gas per distillazione → **isoler** **2** (*abstrait*) [*tirer*] estrarre, cogliere (123): *extraire la quintessence d'un long traité* estrarre, cogliere la quintessenza di un lungo trattato → **résumer** **3** (*math.*) [*calculer*] estrarre: *extraire la racine carrée d'un nombre* estrarre la radice quadrata di un numero **B** *v. pron. réfl.* (*fam.*) S'EXTRAIRE tirarsi fuori: *s'extraire de sa voiture* [*en sortir à grand-peine*] tirarsi fuori dalla macchina.
extrait |ɛkstʀɛ| *s.m.* **1** [*produit qu'on retire d'une substance*] estratto: *extrait de quinquina* estratto di china; *extrait de lavande* estratto di lavanda; *extrait de viande* estratto di carne **2** [*passage tiré d'un texte*] brano: *citer des extraits d'un auteur* citare dei brani, dei passi di un autore; *lire quelques extraits d'un ouvrage* leggere alcuni brani di una opera; *extrait d'un discours* brano, estratto di un discorso → **citation** ◇ *au plur.* [*morceaux choisis*] brani, passi scelti: *extraits des poètes du XVIe siècle* brani, passi scelti dei poeti del '500 ◇ [*copie conforme* (*d'un acte*)] estratto: *extrait de naissance* (estratto dell'atto) di nascita; *extrait du casier judiciaire* estratto del casellario giudiziale → **copie.**
extrajudiciaire |ɛkstʀaʒydisjɛʀ| *adj.* (*dr.*) extragiudiziale, stragiudiziale: *acte extrajudiciaire* atto extragiudiziale, stragiudiziale.
extra-légal, ale, aux |ɛkstʀa-legal, o| *adj.* extralegale, estralegale.
extra-lucide |ɛkstʀalysid| (*adj.*) *voyant extra-lucide* [*qui prédit l'avenir*] chiaroveggente *s.f.*
extra-muros |ɛkstʀamyʀos| *adv.* (*lat.*) fuori le mura *loc. inv.* ♦ *adj.* esterno: *quartier extra-muros* quartiere esterno, periferico → **extérieur.**
extraordinaire |ɛkstʀaɔʀdinɛʀ| *adj.* **1** [*qui n'est pas ordinaire, commun*] straordinario*: *prendre des mesures extraordinaires* prendere dei provvedimenti straordinari; *budget extraordinaire* bilancio straordinario; *assemblée extraordinaire* assemblea straordinaria → **anormal, exceptionnel, inhabituel** ◇ *loc.* PAR EXTRAORDINAIRE [*par un événement peu probable*] per caso, per avventura: *si, par extraordinaire, il ne venait pas...* se per caso non venisse... **2** [*qui étonne, suscite la surprise ou l'admiration*] straordinario; inverosimile: *aventure extraordinaire* avventura straordinaria → **étrange, singulier**; *cela n'a rien d'extraordinaire* non c'è niente di straordinario, di strano ‖ *il a inventé une histoire extraordinaire pour justifier son retard* ha inventato una storia inverosimile per giustificare il ritardo # *je trouve extraordinaire qu'il ne nous ait pas prévenus* è strano che non ci abbia avvisati; *un costume, un langage extraordinaire* un vestito, un linguaggio stravagante, bizzarro → 1 **excentrique, bizarre, drôle** **3** [*très grand; remarquable dans son genre*] straordinario: *force extraordinaire* forza straordinaria; *une beauté extraordinaire* una bellezza straordinaria → **sublime, exceptionnel,** 1 **extrême** ◇ (*personnes*) *homme extraordinaire* uomo straordinario ◇ (*fam.*) [*très bon*] eccezionale: *ce vin est extraordinaire* questo vino è eccezionale # *ce film est extraordinaire* è un film eccellente → **fameux** ♦ (*s.m.*) *l'extraordinaire* [*ce qui est extraordinaire*] lo straordinario [C] 1 **ordinaire;** 2 **banal, commun;** 3 **médiocre, moyen.**
extraordinairement |ɛkstʀa-ɔʀdinɛʀmɑ̃| *adv.* **1** [→ EXTRAORDINAIRE 1] straordinariamente **2** [*d'une manière étrange, bizarre*] stranamente, bizzarramente: *elle est vêtue extraordinairement* è vestita stranamente, bizzarramente **3** [*d'une manière, de mesure peu commune*] straordinariamente: *il est extraordinairement grand* è straordinariamente alto; *il a chanté extraordinairement* ha cantato straordinariamente → **extrêmement, très** # *extraordinairement bien* benissimo; *elle l'aime extraordinairement* lo ama immensamente.
extra-parlementaire |ɛkstʀa-paʀləmɑ̃tɛʀ| *adj.* extraparlamentare.
extra(-)patrimonial, ale, aux |ɛkstʀapatʀimɔnjal, o| *adj.* (*dr.*) extrapatrimoniale.
extrapolation |ɛkstʀapɔlasjɔ̃| *s.f.* (*sc.*) estrapolazione ◇ (*fig.*) estrapolazione, conseguenza.
extrapoler |ɛkstʀapɔle| *v.intr.* (*sc.*) [*calculer les valeurs d'une fonction connue empiriquement*] estrapolare ◇ (*fig.*) [*appliquer une chose connue à un autre domaine pour en déduire qqch.*] estrapolare, dedurre (108).
extra-sensible |ɛkstʀasɑ̃sibl(ə)| *adj.* extrasensibile.
extra-sensoriel, elle |ɛkstʀa-sɑ̃sɔʀjɛl| *adj.* (*psycho.*) extrasensoriale: *perception extra-sensorielle* percezione extrasensoriale.
extrasystole |ɛkstʀasistɔl| *s.f.* (*physiol.*) extrasistole.
extra(-)terrestre |ɛkstʀatɛʀɛs-tʀ(ə)| *adj. et s.* extraterrestre.
extra-territorial, ale, aux |ɛkstʀatɛʀitɔʀjal, o| *adj.* extraterritoriale.
extra-territorialité |ɛkstʀatɛ-ʀitɔʀjalite| *s.f.* extraterritorialità *inv.* → **exterritorialité.**
extra-urbain, aine |ɛkstʀayʀ-bɛ̃, ɛn| *adj.* extraurbano.
extra-utérin, ine |ɛkstʀayteʀɛ̃, in| *adj.* (*méd.*) extrauterino: *grossesse extra-utérine* gravidanza extrauterina [C] **intra-utérin.**
extravagance |ɛkstʀavagɑ̃s| *s.f.* **1** stravaganza: *l'extravagance de sa conduite, de ses actes* la stravaganza del suo comportamento, delle sue azioni **2** *une extravagance, des extravagances* [*idée, parole, action extravagante*] stravaganza: *je n'ai pas le temps d'écouter ses extravagances* non ho il tempo di ascoltare le sue stravaganze → **divagation,** 1 **excentricité.**
extravagant, ante |ɛkstʀavagɑ̃, ɑ̃t| *adj.* **1** stravagante: *idées, théories extravagantes* idee, teorie stravaganti; *costume extravagant* abito stravagante → 1 **excentrique, bizarre, grotesque** # *dépenses extravagantes* spese eccessive → **excessif** **2** (*personnes*) [*très excentrique*] stravagante, bizzarro: *un personnage extravagant* un personaggio stravagante, bizzarro ♦ (*s.*) *un extravagant*

uno stravagante → **détraqué, fou** ⓒ 1 **raisonnable, sensé.**

extravaguer |ɛkstʀavage| *v.intr.* (*plais.*) [*penser, parler, agir sans raison ni sens*] sragionare: *la fièvre le fait extravaguer* la febbre lo fa sragionare → **délirer, déraisonner, divaguer.**

extravasation |ɛkstʀavɑzɑsjɔ̃| *s.f.* (*méd.*) travaso *m.*, fuoruscita → **exsudation.**

extravaser (s') |ɛkstʀavɑze| *v. pron. intr.* [*se répandre hors de son contenant naturel* (*liquides organiques*)] travasarsi: *bile qui s'extravase* bile che si travasa → 1 **couler.**

extraversion |ɛkstʀavɛʀsjɔ̃| *s.f.* → **extroversion.**

extraverti, ie |ɛkstʀavɛʀti| *adj. et s.* → **extroverti.**

1 **extrême** |ɛkstʀɛm| *adj.* **1** (*espace, temps*) estremo: *l'extrême droite, l'extrême gauche* l'estrema destra, l'estrema sinistra; *l'extrême fin de l'année, du mois* l'estrema fine dell'anno, del mese → **dernier** ◇ (*fig.*) *pousser qqch. à son point extrême* spingere q.c. all'estremo (*s.m.*); *à l'extrême opposé* all'estremo opposto **2** (*littér.*) [*qui est au plus haut point ou degré*] estremo: *joie extrême* estrema, immensa gioia; *extrême urgence* estrema urgenza → **extraordinaire, suprême** # *à l'extrême rigueur* a stretto rigore **3** (*après le nom*) [*le plus éloigné de la moyenne, du juste milieu*] estremo; estremista: *situations extrêmes* situazioni estreme → **excessif, immodéré** ‖ *avoir des opinions extrêmes en politique* avere opinioni estremiste in politica → **extrémiste** ◇ (*personnes*) [*qui n'a pas de mesure*] eccessivo, esagerato: *être extrême en tout* essere eccessivo, esagerato in tutto → **excessif, outré** ⓒ 1 **moyen;** 2 **faible, ordinaire;** 3 **modéré.**

2 **extrême** |ɛkstʀɛm| *s.m.* **I** LES EXTRÊMES **1** *surtout au plur.* [*les deux extrêmes limites d'une chose*] gli estremi → **contraire, opposé** ◇ (*loc.*) *les extrêmes se touchent* gli estremi si toccano ◇ (*prov.*) *aux maux extrêmes, les extrêmes remèdes* a mali estremi, estremi rimedi **2** [*situation, décision extrême*] estremo: *se porter aux extrêmes* portarsi agli estremi **3** (*sc.*) *les extrêmes d'une proportion* gli estremi di una proporzione ◇ (*log.*) *les extrêmes d'un syllogisme* i due termini di un sillogismo **II** *au sing.* **1** *d'un extrême à l'autre* da un estremo all'altro **2** *loc. adv.* À L'EXTRÊME all'estremo: *pousser, porter* (*jusqu'*)*à l'extrême* spingere, portare (fino) all'estremo.

extrêmement |ɛkstʀɛmmɑ̃| *adv.* [→ 1 EXTRÊME] estremamente: *une personne extrêmement intelligente* una persona estremamente intelligente; *famille extrêmement riche* famiglia estremamente ricca → **immensément, exceptionnellement, extraordinairement.**

extrême-onction |ɛkstʀɛmɔ̃ksjɔ̃| *s.f.* (*relig. cathol.*) estrema unzione.

extrême-oriental, ale, aux |ɛkstʀɛmɔʀjɑ̃tal, o| *adj.* dell'Estremo Oriente *loc. inv.*

extremis (in) |inɛkstʀemis| *loc. adv.* (*lat.*) → **in extremis.**

extrémisme |ɛkstʀemism(ə)| *s.m.* estremismo: *extrémisme en politique* estremismo in politica ⓒ **modération.**

extrémiste |ɛkstʀemist(ə)| *s.* estremista: *un parti d'extrémistes* un partito di estremisti ♦ (*adj.*) estremista, estremistico*: *les députés les plus extrémistes* i deputati più estremisti ⓒ **modéré.**

extrémité |ɛkstʀemite| *s.f.* **1** estremità *inv.*; confine (*m.*): *l'extrémité du doigt* l'estremità del dito; *il loge à l'extrémité de la rue* abita all'estremità della via, in fondo alla via → **bout,** 1 **fin** ‖ *l'extrémité d'un champ* il confine di un campo; *aux extrémités du monde* ai confini, agli estremi del mondo → **limite** **2** *au plur.* LES EXTRÉMITÉS [*les pieds et les mains*] le estremità: *avoir les extrémités glacées* avere le estremità congelate **3** (*loc.*) *le malade est à toute extrémité, à la dernière extrémité* [*à l'agonie*] l'ammalato è agli estremi **4** (*avec un v.* + *prép.* 'à') [*décision, action extrême; excès de violence*] *se porter aux extrémités* trascendere; *en venir à des extrémités* venire, passare a vie di fatto ⓒ 1 **centre, milieu** 1.

extremum |ɛkstʀemɔm| *s.m.* (*lat.*) (*math.*) estremo.

extrinsèque |ɛkstʀɛ̃sɛk| *adj.* estrinseco*: *causes extrinsèques* cause estrinseche ◇ (*fin., numism.*) *valeur extrinsèque d'une monnaie* valore nominale di una moneta ⓒ **intrinsèque.**

extrorse |ɛkstʀɔʀs(ə)| *adj.* (*bot.*) *étamine extrorse* stame estrorso.

extroversion |ɛkstʀɔvɛʀsjɔ̃| *s.f.* (*psycho.*) estroversione.

extroverti, ie |ɛkstʀɔvɛʀti| *adj. et s.* (*psycho.*) estroverso ⓒ **introverti.**

extrusion |ɛkstʀyzjɔ̃| *s.f.* (*géol.*) estrusione.

exubérance |ɛgzybeʀɑ̃s| *s.f.* **1** esuberanza; rigoglio* (*m.*): *l'exubérance du style* l'esuberanza dello stile → **abondance, profusion** ‖ *l'exubérance de la végétation* il rigoglio della vegetazione → **luxuriance** # *exubérance de paroles* ridondanza, sovrabbondanza di parole **2** [*exaltation dans le comportement, les propos*] esuberanza: *manifester sa joie avec exubérance* manifestare la propria gioia con esuberanza → **exagération** ⓒ 1 **indigence, pauvreté;** 2 **calme** 1, **froideur.**

exubérant, ante |ɛgzybeʀɑ̃, ɑ̃t| *adj.* **1** esuberante; rigoglioso: *une imagination exubérante* una fantasia esuberante → **abondant, débordant, surabondant** ‖ *végétation exubérante* vegetazione rigogliosa → **luxuriant** **2** (*personnes, sentiments*) esuberante: *garçon exubérant* ragazzo esuberante; *caractère exubérant* carattere esuberante → **débordant, expansif** ⓒ 1 **maigre** 1, **pauvre;** 2 **calme** 2, **froid.**

exulcération |ɛgzylseʀɑsjɔ̃| *s.f.* (*méd.*) esulcerazione.

exulcérer |ɛgzylseʀe| (8) *v.tr.* (*méd.*) [*ulcérer légèrement*] esulcerare.

exultation |ɛgzyltɑsjɔ̃| *s.f.* (*littér., relig.*) [→ EXULTER] esultanza → **allégresse, gaieté.**

exulter |ɛgzylte| *v.intr.* [*être transporté d'une joie extrême*] esultare: *il exulte, il est aux anges!* esulta, è al settimo cielo! → **jubiler** ◇ *loc.* EXULTER DE (+ *inf.*) essere esultante, esultare per (+ *inf.*): *il exulte d'avoir gagné le prix* è esultante per aver vinto il premio, perché ha vinto il premio → **réjouir (se)** ~ EXULTER EN (+ *p.prés.*) esultare nel (+ *inf.*): *tous exultaient en apprenant cette nouvelle* tutti esultavano nell'apprendere quella notizia, a quella notizia ⓒ **désespérer (se), désoler (se).**

exutoire |ɛgzytwaʀ| *s.m.* [*ce qui permet de se débarrasser d'un besoin*] sfogo*: *trouver dans la musique un exutoire* trovare uno sfogo nella musica.

ex-voto |ɛksvɔto| *s.m. inv.* (*lat.*) (*relig.*) ex voto: *suspendre des ex-voto* appendere degli ex voto.

eye-liner |ajlajnœʀ| *s.m.* (*angl.*) eye-liner *inv.*

eyra |ɛʀa| *s.m.* (*t.zool.*) eira *inv.*

F

f |ɛf| *s.m. ou f.* **1** [*sixième lettre de l'alphabet*] f: *f minuscule* f minuscolo; *F majuscule* F maiuscola ◇ (*télécom.*): (*en France*) *F comme François*; (*en Belgique*) *F comme Frédéric* F come Firenze **2** (*employé par abrév.*) f: *il s'en f...* se ne f(rega) → 1 **foutre**; *F.M.* [*francmaçon*] F.M.; *F.B.* [*franc belge*] F.B.; *F.F.* [*franc français*] F.F.; *F.S.* [*franc suisse*] F.S.

fa |fɑ(a)| *s.m.inv.* (*mus.*) fa: *clef de fa* chiave di fa; *sonate en fa majeur* sonata in fa maggiore.

fable |fɑbl(ə)| *s.f.* **1**(*litt., cour.*) favola: *les fables de La Fontaine* le favole di La Fontaine → **apologue**; *la morale de la fable* la morale della favola **2** (*littér.*) [*mensonge élaboré*] fantasia; storia: *c'est une pure fable* è pura fantasia → **imagination, invention** ‖ *il se demandait quelle fable il inventerait pour se faire excuser* si chiedeva che storia avrebbe mai inventato per farsi perdonare **3** *être la fable de qqn.* essere la favola di qc.; *il est la fable du quartier* è la favola del quartiere → 1 **risée.**

fabliau |fɑblijo| *s.m.* (*littér.*) favolello.

fablier |fɑblije| *s.m.* [*recueil de fables*] raccolta *f.* di favole; favole *f.pl.*

fabricant, ante |fabʀikɑ̃, ɑ̃t| *s.* **1** [*personne qui fabrique des produits commerciaux*] fabbricante, produttore*: *fabricant de papier, de tissus* fabbricante, produttore di carta, di tessuti # *fabricant de meubles* mobiliere **2** [*personne qui dirige une entreprise*] industriale, imprenditore* → **industriel** # *un petit fabricant* un artigiano → **artisan.**

fabricateur, trice |fabʀikatœʀ, tʀis| *s.* (*péj.*) [→ FABRIQUER 4] *fabricateur de fausse monnaie, de faux papiers* falsario* → **falsificateur** ◇ (*fig.*) *fabricateur de fausses nouvelles* inventore* di notizie false → **inventeur.**

fabrication |fabʀikɑsjɔ̃| *s.f.* **1** [→ FABRIQUER 1, 3] fabbricazione, produzione: *fabrication à la main, à la machine* fabbricazione, lavorazione a mano, a macchina; *fabrication en* (*grande*) *série* fabbricazione, produzione in serie; *produit de fabrication française* prodotto di fabbricazione, di produzione francese; *défaut, secret de fabrication* difetto, segreto di fabbricazione, segreto di fabbrica; *frais de fabrication* costi di fabbricazione, di produzione # *fabrication artisanale, industrielle* lavorazione artigianale, industriale → **production** **2** [*confection*] confezione: *la fabrication d'une jupe* la confezione di una gonna # *est-ce une robe de votre fabrication?* è un vestito confezionato da lei? **3** (*fig.*) [→ FABRIQUER 4] *fabrication de fausses nouvelles* invenzione di notizie false ◇ (*péj.*) *c'est de la pure fabrication* è (una) pura invenzione.

fabricien |fabʀisjɛ̃| *s.m.* [*membre d'un conseil de fabrique* (2)] fabbriciere → **marguillier.**

fabrique |fabʀik| *s.f.* **1** fabbrica*: *marque de fabrique* marchio di fabbrica; *prix de fabrique* prezzo di fabbrica → **manufacture** **2** *le conseil de fabrique, la fabrique* [*les clercs, les laïcs chargés de l'administration, de l'entretien d'une église*] il consiglio di fabbriceria, la fabbriceria.

fabriquer |fabʀike| *v.tr.* **1** [*faire* (*qqch.*) *par un travail exécuté sur une matière*] fabbricare, costruire (197): *il a fabriqué de ses propres mains ce petit appareil* ha costruito, fabbricato questo apparecchietto con le sue mani → **confectionner** **2** (*fam.*) [*faire*] fare (103), combinare: *qu'est-ce que tu fabriques?* cosa stai facendo, combinando? **3** [*faire, produire à l'aide de matières premières transformées*] fabbricare, produrre (108): *fabriquer des outils, des tissus* fabbricare, produrre arnesi, tessuti; *objet fabriqué en série* oggetto fabbricato, prodotto in serie → **manufacturer** # *éléments fabriqués à l'avance* (elementi) prefabbricati → **préfabriqué** **4** [*élaborer, faire* (*en imitant et de manière à tromper*)] fabbricare: *fabriquer de la fausse monnaie* fabbricare moneta falsa # *fabriquer de fausses nouvelles* inventare notizie false → **forger** ✦ (*au p.p.*) *c'est une histoire fabriquée de toutes pièces* è una storia inventata di sana pianta → **faux.**

fabulateur, trice |fabylatœʀ, tʀis| *adj.* **1** (*littér.*) [*relatif à la fabulation* (2)] favoleggiatore* (*rare*): *la fonction fabulatrice* la funzione favoleggiatrice **2** (*psycho., cour.*) favoleggiatore → **mythomane** ✦ (*s.*) *les enfants sont souvent des fabulateurs* i bambini sono spesso dei mitomani.

fabulation |fabylɑsjɔ̃| *s.f.* **1** (*psycho., cour.*) favoleggiamento *m.* → **mythomanie** **2** (*littér.*) [*activité de l'imagination*] favoleggiamento, invenzione.

fabuler |fabyle| *v.intr.* (*psycho.*) [*elaborer des fabulations* (1)] favoleggiare.

fabuleusement |fabyløzmɑ̃| *adv.* [→ FABULEUX 2] favolosamente → **extrêmement, prodigieusement.**

fabuleux, euse |fabylø, øz| *adj.* **1** (*littér.*) [*qui appartient à la fable*] favoloso: *animaux fabuleux* animali favolosi, leggendari; *une histoire fabuleuse* una storia favolosa, immaginaria → **légendaire, mythique, mytologique** **2** [*invraisemblable quoique réel*] favoloso, straordinario*: *une vie aux aventures fabuleuses* una vita di avventure favolose, straordinarie → **extraordinaire, fantastique, prodigieux** ◇ (*intensif*) [*énorme, exagéré*] favoloso, enorme: *un prix fabuleux* un prezzo favoloso; *des sommes fabuleuses* cifre enormi 🄲 **1 historique.**

fabuliste |fabylist(ə)| *s.m.* favolista *s.*

façade |fasad| *s.f.* **1** facciata: *quatre pièces en façade et deux sur cour* quattro stanze sulla facciata e due sul cortile → 2 **devant, front** **2** (*fig.*) parvenza, apparenza: *n'avoir qu'une façade d'honnêteté* avere solo una parvenza di onestà; *ce n'est qu'une façade* è solo (un')apparenza # *un patriotisme de façade* un patriottismo puramente esteriore → **extérieur** **3** (*pop.*) *elle est allée se refaire la façade* [*se farder*] è andata a rifarsi la facciata.

face |fas| *s.f.* **1** faccia*: *une face large, pleine, colorée* una faccia larga, piena, colorita; *détourner la face* voltare la faccia → **figure, tête, visage** ◇ (*littér.*) [*surface*] *la face de la terre* la faccia della terra ◇ (*fig.*) *se cacher, se voiler la face* nascondersi, coprirsi la faccia ◇ *loc.* À LA FACE DE QQN., *du monde* [*devant, en présence de*] davanti a qc., davanti alla gente; *il me jette ses preuves à la face* mi getta in faccia le sue prove ~ PERDRE LA FACE perdere la faccia ~ SAUVER LA FACE salvare la faccia **2** [*côté* (*de qqch.*) *qui porte une figure*] faccia # *la face d'une monnaie* il recto di una moneta; *jouer à pile ou face* giocare a testa o croce; *côté face* [*l'endroit*] diritto *m.* **3** [*chacun des côtés, des aspects d'une chose*] faccia, aspetto (*m.*): *les faces d'un prisme* le facce di un prisma; *considérer un objet sous toutes ses faces* considerare un oggetto sotto tutti gli aspetti; *il prétend changer la face du monde* pretende di cambiare la faccia del mondo, il mondo ◇ (*fig.*) *les choses ont bien changé de face* le cose hanno cambiato completamente faccia → 1 **tournure** **4** *loc. verb.* FAIRE FACE (À) [*présenter la face, l'avant tourné vers un certain côté*] essere (96) di fronte (a): *l'hôtel faisait face à l'église* l'albergo era di fronte, dirimpetto alla chiesa ◇ (*fig.*) far fronte a, fronteggiare: *faire face à l'attaque* far fronte all'attacco, fronteggiare l'attacco; *faire face à une dépense, à des obligations* far fronte a una spesa, a degli obblighi → 2 **parer** (**à**), 1 **répondre** (**à**) **5** *loc. prép.* FACE À [*vis-à-vis de*] di fronte a: *chambre d'hôtel face à la mer* camera d'albergo di fronte al mare, con vista sul mare **6** *loc. adv.* EN FACE in faccia: *regarder qqn. en face* guardare qc. in faccia; *il le lui a dit en face* glielo ha detto in faccia; *regarder le péril, la mort en face* guardare il pericolo, la morte in faccia; *il faut voir les choses en face* bisogna guardare le cose in faccia **7** *loc. prép.* EN FACE DE [*vis-à-vis de*] di fronte a: *ils restaient muets l'un en face de l'autre* stavano in silenzio uno di fronte all'altro; *la maison d'en face* la casa di fronte ◇ (*fig.*) *il n'a pas peur en face du danger* non ha paura di fronte al pericolo **8** *loc. adv.* FACE À FACE faccia a faccia: *il se trouva face à face avec un ancien camarade* si trovò faccia a faccia con un ex compagno → **vis-à-vis** ♦ *s.m. inv.* → **face(-)à(-)face** **9** *loc. adv.* DE FACE di faccia: *un portrait de face* un ritratto di faccia ◇ [*de là où l'on voit le devant*] di fronte: *choisir une loge de face* scegliere un palco di fronte alla scena centrale.

face(-)à(-)face |fasafas| *s.m. inv.* [*débat organisé entre deux personnalités et destiné à un large public*] contraddittorio* *var.*, dibattito *var.* (a due): *face à face télévisé* contraddittorio, dibattito a due televisivo; *organiser un face à face* organizzare un dibattito a due.

face-à-main |fasamɛ̃| *s.m.* [*lorgnon à manche que l'on tient à la main*] occhialino, occhialetto: *des faces-à-main* degli occhialini.

facétie |fasesi| *s.f.* [*plaisanterie burlesque*] buffonata, facezia: *c'est une facétie* è una buffonata → 2 **farce, bouffonnerie**; *échanger des facéties* scambiarsi facezie, battute scherzose # *cet enfant fait des facéties* questo bambino fa il buffone.

facétieusement |fasesjøzmɑ̃| *adv.* (*rare*) [→ FACÉTIEUX] in modo faceto *loc.inv.*

facétieux, euse |fasesjø, øz| *adj.* (*littér.*) [*qui aime à dire ou à faire des facéties*] faceto, burlone → **farceur, moqueur** ♦ (*s.*) *un facétieux* un burlone Ⓒ **sérieux.**

facettage |fasetaʒ| *s.m.* (*techn.*) sfaccettatura *f.*

facette |fasɛt| *s.f.* **1** faccetta: *facettes d'un diamant* faccette di un diamante **2** (*fig.*) À FACETTES [*à plusieurs aspects*] sfaccettato *adj.*, articolato (*adj.*): *un raisonnement à facettes* un ragionamento sfaccettato, articolato ◇ (*zool.*) *les yeux à facettes des insectes* gli ommatidi.

facetter |fasete| *v.tr.* (*techn.*) [*tailler à facettes*] sfaccettare ♦ (*au p.p.*) *diamant facetté* diamante sfaccettato.

fâché, ée |fɑʃe| *adj.* **1** FÂCHÉ DE QQCH. [*qui est désolé, regrette*] spiacente, dispiaciuto (per + *s.*; di + *inf.*): *je suis fâché de ce contretemps* sono spiacente per questo contrattempo; *nous sommes bien fâchés de n'avoir pu l'aider* siamo veramente spiacenti, dispiaciuti di non averlo potuto aiutare → **désolé** **2** [*mécontent*] contrariato, scontento: *il a un air fâché* ha un'aria contrariata, scontenta → **contrarié** # *je ne suis pas fâché que ce soit fini* meno male che è finita **3** FÂCHÉ CONTRE QQN. [*en colère contre*] adirato con qc.: *il est fâché contre moi* è adirato con me **4** FÂCHÉ AVEC QQN. [*brouillé*] seccato # *il est fâché avec moi* ce l'ha con me; *ils sont fâchés* [*en mauvais termes*] hanno litigato, sono in rotta.

fâcher |fɑʃe| **A** *v.tr.* [*mettre dans un état d'irritation*] indisporre (168), seccarsi (*pron.*): *cela me fâche de voir un tel désordre* mi secca (vedere) tutto questo disordine; *ne sors pas, cela va fâcher ton père* non uscire, tuo padre si seccherà → **irriter, mécontenter** **B** *v. pron.intr.* SE FÂCHER (*contre qqn.*) [*se mettre en colère*] arrabbiarsi, seccarsi (con qc.): *si tu continues, je vais me fâcher* se continui, mi arrabbio → **emporter(s'), irriter(s')** # *se fâcher avec qqn.* litigare, romperla con qc.; *se fâcher à mort* litigare a morte → **brouiller (se), rompre** ◇ (*récipr.*) *ils se sont fâchés* sono in rotta fra di loro.

fâcherie |fɑʃʀi| *s.f.* [*brouille, désaccord*] dissapore *m.*, screzio* (*m.*): *fâcherie provenant d'un malentendu* screzio dovuto a un malinteso.

fâcheusement |fɑʃøzmɑ̃| *adv.* **1** [→ FÂCHEUX 1] spiacevolmente **2** [→ FÂCHEUX 2] fastidiosamente.

fâcheux, euse |fɑʃø, øz| *adj.* **1** (*littér.*) [*qui est une cause de déplaisir ou de souffrance*] spiacevole, increscioso: *une fâcheuse nouvelle* una notizia incresciosa # *une fâcheuse affaire* un brutto affare; *événement fâcheux*, infausto avvenimento → **malheureux, mauvais** **2** [*qui porte préjudice*] fastidioso, spiacevole: *contretemps fâcheux* spiacevole contrattempo → **contrariant, regrettable** # *c'est fâcheux* [*cela arrive mal à propos*] è inopportuno, è una seccatura → **inopportun** ♦ (*s.*) *un fâcheux* un seccatore*, un importuno → **importun, indiscret.**

facho |faʃo| *s.* (*fam.*) *un facho* [*un fasciste*] un nero, un fascista.

facial, ale, als, aux |fasjal, o| *adj.* facciale: *angle facial* angolo facciale; *chirurgie faciale* chirurgia facciale.

faciès, facies |fasjɛs| *s.m.* **1** (*ethnogr., méd., physiol.*) facies (*f.inv.*): *le facies indien* la facies indiana **2** (*sc.*) *facies d'une plante* facies di una pianta; *facies glaciaire* facies glaciale.

facile |fasil| *adj.* **1** facile: *il fait des travaux faciles* fa dei lavori facili; *c'est facile* è facile; *très facile* molto facile, facilissimo; *passage, texte facile* brano, testo facile # *un homme de facile accès* un uomo facilmente accessibile → **aisé, simple** ◇ (*loc.*) *c'est facile comme bonjour, facile comme tout* [*très facile*] è facilissimo, è un gioco da ragazzi ~ *avoir le travail facile* lavorare con facilità ~ FACILE À, POUR (QQN.) facile a, per (qc.): *la chose est facile pour un homme de sa trempe* la cosa è facile per un uomo della sua tempra; *ce lui est facile* (ciò) gli è facile ◇ (*avec un inf. sujet*) *bavarder est facile* è facile spettegolare ♦ *impers.* IL EST FACILE DE (+ *inf.*) è facile (+ *inf.*): *il est facile de refuser* è facile rifiutare **2** FACILE À (+ *inf.*) facile da (+ *inf.*), a (+ *inf. passif.*): *chose facile à faire* cosa facile da fare, a farsi; *cela est plus facile à dire qu'à faire* è più facile a dirsi che a farsi # *chose facile à réussir* cosa che riesce facilmente ◇ (*personnes*) *un homme facile à contenter, à satisfaire* un uomo che si accontenta facilmente, facilmente contentabile; *un homme facile à vivre* [*dont l'humeur est accommodante, égale*] un uomo di carattere facile **3** (*péj.*) [*sans profondeur, sans recherche*] scontato; facile: *c'est une plaisanterie un peu facile* è una battuta scontata ‖ *musique facile* musica facile **4** (*personnes*) facile: *caractère facile* carattere facile; *femme facile* donna facile, di facili costumi # *un homme facile* un uomo conciliante → **accommodant, conciliant** Ⓒ 1 **difficile**; 3 **recherché**; 4 **farouche.**

facilement |fasilmɑ̃| *adv.* [*avec facilité; sans effort, sans peine*] facilmente, agevolmente: '*vous pouvez faire cela?*' '*facilement*' 'potete farlo?' 'facilmente, agevolmente' → **aisément, naturellement** ◇ [*pour peu de chose*] facilmente, con facilità (*loc. inv.*): *il se vexe facilement* si offende facilmente, con facilità; *matière qui se casse facilement* sostanza che si rompe facilmente Ⓒ **difficilement.**

facilité |fasilite| *s.f.* **1** facilità (*inv.*): *un travail d'une grande facilité* un lavoro di una grande facilità, molto facile; *il y parviendra avec facilité* ci riuscirà con facilità, facilmente → **simplicité** **2** *surtout au plur.* [*moyen qui permet de faire qqch. sans effort, sans peine*] facilitazioni, agevolazioni: *apporter, fournir, procurer à qqn. toutes facilités pour...* dare, procurare a qc. tutte le facilitazioni, le agevolazioni per...; *facilités de paiement, pour le paiement* facilitazioni, agevolazioni di pagamento → **moyen, occasion, possibilité** # *avoir la facilité de faire un voyage* avere l'opportunità di fare un viaggio **3** [*disposition à faire qqch. sans peine, sans effort*] facilità: *écrire avec facilité* scrivere con facilità → **aptitude, disposition, habileté** ◇ *loc.* FACILITÉ À, POUR attitudine a: *facilité à peindre* attitudine alla pittura; *facilité pour le travail, pour l'étude* attitudine al lavoro, allo studio ♦ (*absolt.*) *cet enfant n'a aucune facilité* questo ragazzo non ha nessuna attitudine **4** [*agrément, naturel*] spontaneità (*inv.*): *son style a de la grâce et de la facilité* il suo stile è pieno di grazia e spontaneità Ⓒ 1 **difficulté.**

faciliter |fasilite| *v.tr.* [*rendre facile, moins difficile*] facilitare, agevolare: *faciliter une entrevue* facilitare un abboccamento; *son entêtement ne facilitera pas les choses* la sua testardaggine non faciliterà le cose → **ménager.**

façon |fasɔ̃| *s.f.* **1** [*action de donner une forme à qqch., de la mettre en œuvre*] DE (LA, MA, SA...) FAÇON di mia, sua... creazione, invenzione # *c'est bien une idée de sa façon* è proprio una sua idea, una sua invenzione; *il lui a joué un tour de sa façon* [*un mauvais tour*] gli ha giocato un tiro dei suoi, un brutto tiro **2** [*travail de l'artiste, de l'artisan*] fattura: *payer la façon d'un habit* pagare la fattura di un abito; *la réparation a coûté cent francs de façon* la riparazione è costata cento franchi di fattura, di manodopera → **main-d'œuvre, confection** ◇ (*par ext.*) *la façon d'une robe* [*la forme qu'on lui a donnée*] la fattura, il taglio *m. di un abito ◇ *loc.* À FAÇON [*en exécutant le travail sans fournir la matière première*] *couturière à façon* sarta che lavora con la stoffa fornita dalla cliente ~ *châle façon cachemire* scialle tipo 'cachemire' **3** (*agric.*) lavorazione (agricola): *terre qui demande trois façons* terreno che richiede tre lavorazioni **4** (*littér.*) FAÇON DE [*espèce de, sorte de*] specie di (*cour.*): *une façon de secrétaire* una specie di segretario **5** FAÇON DE (+ *inf.*) [*manière d'agir, de faire*] modo *m.* di (+ *inf.*): *il y a plusieurs façons de procéder* ci sono parecchi modi di procedere; *c'est une façon de parler* è un modo di dire ♦ (*absolt.*) *façon de parler* per modo di dire; *c'est une façon de voir, un point de vue* è un modo di vedere, un punto di vista ◇ (*prov.*) *la façon de donner vaut mieux que ce qu'on donne* il modo di donare vale più del dono che si fa ◇ *loc.* LA FAÇON DONT... il modo in cui..., con cui...: *la façon dont on applique les lois* il modo in cui si applicano le leggi **6** *loc.* DE... FAÇON [*de telle manière*] in (...) modo: *ne réponds pas de cette façon!* non rispondere in questo modo!; *de quelle façon cela s'est produit?* in che modo, come è accaduto? → **comment, ainsi** ~ *de toute façon* in ogni modo, comunque ~ *s'exprimer de façon précise, approximative* esprimersi in modo preciso, approssimativo ~ *on peut dire, d'une façon générale...* in linea di massima, in generale si può dire... ~ DE FAÇON QUE (+ *subj.*) in modo che (+ *subj.*): *approchez-vous de façon qu'on vous entende* avvicinatevi in modo che vi si senta, vi (si) possa sentire ~ DE FAÇON À... (+ *inf.*) in modo da... (+ *inf.*) ~ DE FAÇON À CE QUE... (+ *subj.*) in modo che... (+ *subj.*): *il se plaça de façon à être vu, à ce que je le voie* si mise in modo da essere visto, in modo che io lo vedessi **7** *loc.* À LA FAÇON DE come *adv.*, a guisa di (*littér.*): *il parlait à la façon d'un orateur* parlava come un vero oratore → **guise, comme** ~ *il veut vivre à sa façon* vuol vivere a suo modo, a modo suo ~ EN AUCUNE FAÇON in nessun caso, assolutamente (*adv.*): *cela ne modifie en aucune façon nos rapports* ciò non modifica assolutamente i nostri rapporti → **nullement** **8** *au plur.* [*manières propres à une personne*] modi, maniere: *ses façons me déplaisent* i suoi modi non mi piacciono → **comportement, manière** **9** FAIRE DES FAÇONS [*manières affectées*] fare moine: *elle fait des façons* fa un sacco di moine, fa la smorfiosa ◇ [*manières cérémonieuses*] complimenti (*m.*): *ne faites pas tant de façons pour accepter* accettate senza (fare) tanti complimenti, tante storie **10** *loc. adv.* SANS FAÇON [*simplement*] senza complimenti: *j'accepte sans façon l'offre que vous me faites* accetto senza complimenti l'offerta che mi fate ♦ (*adj.*) *une personne sans façon* una persona alla mano *loc.*, alla buona (*loc.*): *il est vraiment sans façon* è proprio alla mano → **sans-gêne** # *agir avec, sans façon* agire con semplicità ◇ (*choses*) *un petit dîner sans façon* una cenetta senza cerimonie, alla buona.

faconde |fakɔ̃d| *s.f.* (*littér.*) facondia, verbosità (*inv.*): *faconde intarissable* facondia, verbosità inesauribile; *il n'a rien perdu de sa faconde* non ha affatto perso in facondia.

façonnage |fasɔnaʒ|, **façonnement** |fasɔnmɑ̃| *s.m.* [→ FAÇONNER 1] lavorazione *f.*

façonné, ée |fasɔne| *adj.* [*travaillé, ouvré*] lavorato, operato: *étoffe façonnée* stoffa lavorata, operata.

façonner |fasɔne| *v.tr.* **1** [*donner à* (*une matière, une chose*) *une forme particulière*] plasmare, modellare: *façonner de la terre glaise pour faire un pot* plasmare la creta per fare un vaso → **ouvrer, travailler** **2** (*littér.*) [*faire* (*un ouvrage*) *en travaillant la matière*] sagomare, lavorare: *façonner une pièce mécanique* sagomare un pezzo meccanico → **confectionner, fabriquer** **3** (*agric.*) *façonner une terre, un champ* lavorare, arare una terra, un campo → **labourer** **4** [*former peu à peu* (*qqn.*) *par l'éducation, l'habitude*] formare, plasmare: *façonner un enfant* formare, plasmare un fanciullo ◇ (*sujet de chose*) *une forte éducation puritaine l'a façonné* una forte educazione puritana l'ha formato, plasmato.

façonnier, ière |fasɔnje, jɛʀ| **1** *s. et adj.* [*personne qui travaille à façon* (2)] chi, che lavora con materiale fornito dal cliente *loc.* → **artisan, ouvrier** ♦ (*appos.*) *ouvrier façonnier* operaio cottimista ♦ *s.m.* (*informatique*) [*société qui assure le traitement des données pour le compte d'autres sociétés*] 'service bureau' *inv.* **2** *s.* [*qui fait trop de façons, de cérémonies*] persona *f.* complimentosa, cerimoniosa Ⓒ 2 **naturel, simple.**

fac-similé |faksimile| *s.m.* facsimile (*inv.*): *des fac-similés* dei facsimile → **copie** Ⓒ **original.**

factage |faktaʒ| (*s.m.*) *services de factage* [*livraison*] servizi di trasporto, di corriere; *payer le factage* pagare il trasporto ◇ (*postes*) [*distribution par le facteur du courrier*] recapito (della posta).

1 **facteur** |faktœʀ| (*s.m.*) *facteur d'orgues, de pianos* [*fabricant*] fabbricante *s.* di organi, di pianoforti.

2 **facteur** |faktœʀ| *s.m.* [*celui qui distribue les lettres, imprimés, etc.*] postino *s.*, portalettere *s.inv.*

3 **facteur** |faktœʀ| *s.m.* **1** (*math., sc., cour.*) fattore: *facteur numérique, algébrique* fattore numerico, algebrico; *facteur positif, négatif* fattore positivo, negativo; *mise en facteurs* scomposizione in fattori → **coefficient** ◇ (*phys.*) fattore, coefficiente: *facteur de charge* fattore di carico; *facteur de sécurité* coefficiente di sicurezza **2** [*chacun des éléments contribuant à un résultat*] fattore, elemento: *les facteurs de la production* i fattori di produzione → **élément** ♦ (*appos.*) *le facteur chance, le facteur prix* il fattore fortuna, il fattore prezzo **3** (*biol., sc. humaines*) *les facteurs de l'hérédité* i fattori ereditari ◇ (*psycho.*) *facteur d'émotivité* fattore (di) emotività ♦ (*en appos., méd.*) *facteur rhésus* fattore Rh.

factice |faktis| *adj.* **1** [*qui est imité, qui n'est pas naturel*] finto, artificiale: *marbre factice* finto marmo; *barbe factice* barba finta **2** (*fig.*) artificioso, fittizio*: *les plaisirs factices de l'ivresse* i piaceri fittizi dell'ebbrezza; *tout, dans ce livre, est factice* tutto, in questo libro, è artificioso → **artificiel** ♦ *s.* (*littér.*) *le factice* [*ce qui est factice*] l'elemento fittizio *adj.*, l'artificioso Ⓒ **naturel, vrai.**

facticement |faktismɑ̃| *adv.* [→ FACTICE] in modo fittizio *loc.*, artificiosamente.

facticité |faktisite| *s.f.* [*caractère de ce qui est factice, artificiel*] artificiosità *inv.*

factieux, euse |faksjø, øz| **1** *adj.* [*qui exerce* (*contre le pouvoir*) *une opposition violente tendant à provoquer des troubles*] fazioso: *parti factieux* partito fazioso → **révolutionnaire, réactionnaire, séditieux** **2** (*s.m.*) *un factieux* un fazioso: *une poignée de factieux* un pugno di faziosi → **agitateur, insurgé.**

1 **faction** |faksjɔ̃| *s.f.* fazione: *pays en proie aux factions* paese in preda alle fazioni.

2 **faction** |faksjɔ̃| *s.f.* [*action d'un soldat chargé de la surveillance*] fazione → 1 **garde, guet** ◇ *loc.* EN FACTION, DE FACTION di guardia: *être en faction* essere di guardia, montare la guardia; *mettre un homme de faction au coin d'une rue* mettere un uomo di guardia all'angolo della strada → **guet.**

factionnaire |faksjɔnɛʀ| *s.m.* [*soldat en faction*] sentinella (*f.*): *relever un factionnaire de quatre heures en quatre heures* dare il cambio a una sentinella ogni quattro ore → **sentinelle.**

factitif, ive |faktitif, iv| *adj.* (*gram.*) fattivo, causativo: *verbes intransitifs à valeur factitive* verbi intransitivi con valore fattitivo, causativo.

factorerie |faktɔʀʀi| *s.f.* (*comm.*) agenzia commerciale all'estero.

factoriel, ielle |faktɔʀjɛl| **1** *adj.* fattoriale: *analyse factorielle* analisi fattoriale **2** *s.f.* (*math.*) *factorielle* prodotto *m.* fattoriale.

factoring |faktɔʀiŋ| *s.m.* (*angl.*) → **affacturage** (*t. recomm.*).

factotum |faktɔtɔm| *s.m.* factotum (*s.inv.*): *des factotums* dei factotum → **intendant.**

factuel, elle |faktɥɛl| *adj.* (*philo.*) di fatto *loc.inv.*, fattuale: *données factuelles* dati di fatto, fattuali; *preuve factuelle* prova fattuale.

factum |faktɔm| *s.m.* (*littér.*) [*mémoire, libelle d'un ton violent*] libello: *des factums politiques* dei libelli politici → **pamphlet** ◇ (*dr.*) memoria *f.*

facturation |faktyʀasjɔ̃| *s.f.* (*comm.*) fatturazione ◇ [*bureau où l'on établit les factures*] (ufficio* *m.*) contabilità *inv.*

1 **facture** |faktyʀ| *s.f.* **1** [*manière dont est faite une œuvre d'art*] stile *m.*, tecnica*: *la facture d'un sonnet, d'un dessin* lo stile, la tecnica di un sonetto, di un disegno → **manière, 1 style, technique** **2** (*techn.*) *la facture d'un piano* la costruzione, la fattura di un pianoforte.

2 **facture** |faktyʀ| *s.f.* (*comm., cour.*) fattura; bolletta: *dresser, régler une facture* compilare, pagare una fattura → **compte,** 3 **état,** 2 **note** ‖ *la facture du gaz, du téléphone, de l'électricité* la bolletta del gas, del telefono, della luce ◇ [*décompte, note d'une somme à payer*] conto (*m.*): *la facture du boucher* il conto del macellaio; *il m'a présenté la facture* mi ha presentato il conto # *payer la facture* pagare le spese.

facturer |faktyʀe| *v.tr.* [*porter* (*une marchandise, un service*) *sur une facture*] fatturare, mettere (155) in conto: *cet article n'a pas été facturé* quest'articolo non è stato fatturato, messo in conto ♦ (*au p.p.*) *produit facturé mille francs* prodotto fatturato (a) mille franchi.

facturier, ière |faktyʀje, jɛʀ| *s.* **1** *s.* [*employé(e) chargé(e) de dresser les factures, de tenir les livres*] fatturista ♦ *s.f.* (*techn.*) *facturière* fatturatrice ♦ (*adj.*) *dactylo facturière* dattilografa fatturista **2** *s.m.* [*livre*] copiafatture *inv.*

facule |fakyl| *s.f.* (*astron.*) facola.

facultaire |fakyltɛʀ| *adj.* di, della facoltà *loc.*; universitario*.

facultatif, ive |fakyltatif, iv| *adj.* facoltativo: *épreuves d'examen facultatives* prove d'esame facoltative; *arrêt facultatif* fermata facoltativa Ⓒ **obligatoire.**

facultativement |fakyltativmɑ̃| *adv.* [→ FACULTATIF] facoltativamente.

1 **faculté** |fakylte| *s.f.* **1** (*littér.*) facoltà *inv.* (*cour.*): *laisser à qqn. la faculté de choisir* lasciare a qc. la facoltà di

scegliere **2** [*aptitude, capacité*] facoltà, capacità (*inv.*): *il ne jouit plus de toutes ses facultés* (*mentales, intellectuelles*) non è più in possesso di tutte le sue facoltà (mentali, intellettuali); *il a une grande faculté de travail* ha una grande capacità lavorativa **3** (*philo. anc.*) facoltà: *les facultés de l'âme* le facoltà dell'anima → **fonction.**

2 **faculté** |fakylte| *s.f.* (*abrév. arg. étudiant 'fac.'*) **1** [*corps des professeurs d'une même discipline dans une université*] facoltà (*inv.*): *la faculté de lettres, de médecine* la facoltà di lettere, di medicina # *étudiant de faculté* studente universitario **2** (*absolt.*) *la faculté* [*le corps médical, les médecins*] il corpo *m.* medico* ◇ (*fam.*) [*le médecin*] il medico (*m.*): *c'est ordonné par la faculté* è prescritto dal medico.

fada |fada| *adj. et s.m.* [*un peu fou*] picchiato, s(u)onato → **cinglé, dingue.**

fadaise |fadɛz| *s.f.* [*propos sot, insignifiant*] scempiaggine: *il ne dit que des fadaises* racconta solo scempiaggini → **baliverne, niaiserie.**

fadasse |fadas| *adj.* (*fam.*) [*trop fade*] insipido, scipito: *cette boisson est plutôt fadasse* questa bevanda è piuttosto insipida, non sa di niente # *une chevelure d'un blond fadasse* capelli di un biondo slavato.

fadasserie |fadasʀi| *s.f.* (*fam.*) [*caractère fadasse*] insipidezza (*cour.*), scipitezza (*cour.*).

fade |fad| *adj.* **1** [*qui manque de saveur, de goût*] insipido, scipito: *aliment fade* cibo insipido, scipito; *boisson fade* bevanda insipida → **insipide** **2** [*sans éclat*] sbiadito, scialbo: *une couleur fade* un colore sbiadito, scialbo → **délavé, pâle, 1 terne** # *une blonde un peu fade* una bionda un po' slavata **3** (*fig.*) [*qui est sans caractère*] insignificante, insulso: *une beauté un peu fade* una bellezza un po' insignificante; *des compliments fades* dei complimenti insulsi.

fadé, ée |fade| *adj.* (*iron., pop.*) [*réussi dans son genre*] insuperato: *ses films sont toujours moches, mais le dernier, il est fadé!* i suoi film sono sempre uno strazio, ma l'ultimo rimarrà insuperato.

fadement |fadmɑ̃| *adv.* [→ FADE 3] in modo insulso *loc. inv.*, in modo scialbo (*loc. inv.*): *tout ce qu'il dit, il le dit fadement* tutto quel che dice, lo dice in modo insulso.

fadeur |fadœʀ| *s.f.* **1** [*caractère de ce qui est fade*] insipidezza, scipitezza **2** (*fig.*) insulsaggine: *la fadeur de ses discours* l'insulsaggine dei suoi discorsi.

fading |fɑ(ɛ)diŋ| *s.m.* (*angl.*) **1** (*radio*) fluttuazione *f.*, affievolimento → **évanouissement** (*t. recomm.*) **2** (*auto.*) diminuzione *f.* di efficienza (dei freni), fading *inv.*

fado |fado| *s.m.* (*port.*) (*mus.*) fado *inv.*

faf |faf| *s.* (*fam.*) *un faf* [*un fasciste*] un nero, un fascista (*cour.*).

fafiot |fafjo| *s.m.* (*pop.*) [*billet de banque*] bigliettone.

fagne |faŋ| *s.f.* (*dans les Ardennes*) [*petit marais tourbeux*] piccola torbiera.

fagot |fago| *s.m.* [*faisceau de menu bois*] fascina (*f.*): *allumer le feu avec un fagot* accendere il fuoco con una fascina → **brande, fascine, javelle** ◇ (*loc.*) *vin, bouteille de derrière les fagots* [*le meilleur vin, vieilli à la cave*] vino della miglior qualità ~ (*loc. prov.*) *il y a fagot et fagot* non bisogna far d'ogni erba un fascio ~ *sentir le fagot* [*être suspect d'hérésie*] puzzare di eresia.

fagotage |fagɔtaʒ| *s.m.* [*accoutrement*] abbigliamento inelegante, goffo.

fagoter |fagɔte| *v.tr.* (*fig.*) [*arranger, habiller mal, sans goût*] infagottare: *elle fagote ses enfants d'une façon inimaginable* infagotta i figli in modo incredibile → **accoutrer, affubler** ◆ (*au p.p.*) *elle est mal fagotée* è infagottata.

fagotin |fagɔtɛ̃| *s.m.* (*région., vx.*) piccola fascina *f.*

faiblard, arde |fɛblaʀ, aʀd(ə)| *adj.* (*fam.*) [*un peu faible*] deboluccio*: *se sentir faiblard* sentirsi deboluccio ◇ (*fig.*) *son raisonnement est assez faiblard* il suo ragionamento è abbastanza deboluccio, fiacco.

faible |fɛbl(ə)| **I** *adj.* **1** (*personnes*) [*qui manque de force, de solidité*] debole: *un homme, une femme faible* un uomo, una donna debole; *se sentir faible* sentirsi debole; *avoir le cœur faible* avere il cuore debole; *avoir, se sentir les jambes faibles* avere, sentirsi le gambe deboli, fiacche ◇ (*choses*) *poutre trop faible pour supporter un poids* trave troppo debole per sopportare un peso → **fragile** **2** [*qui n'est pas en état de résister, de lutter*] debole: *pays faible* paese debole ◇ (*personnes*) *se sentir faible devant l'adversité* sentirsi impotente di fronte alle avversità → **impuissant** ◆ (s.) *les économiquement faibles* i meno abbienti ◇ (*plais.*) *le sexe faible* il sesso debole **3** [*qui manque de capacités intellectuelles*] debole, scarso: *élève, étudiant faible* alunno, studente debole, scarso; *il est faible en maths* è scarso in matematica → **médiocre** **4** [*sans force, sans valeur*] debole, fiacco*: *raisonnement faible* ragionamento debole, fiacco; *ce chapitre est le plus faible du livre* questo è il capitolo più fiacco del libro; *style faible* stile fiacco ◇ (*personnes*) *c'est un homme faible et craintif* è un uomo debole e timoroso; *il a toujours été trop faible avec ses enfants* è sempre stato troppo debole con i figli **5** (*choses*) [*qui a peu d'intensité*] fievole, fioco*: *d'une voix faible* con voce fioca, fievole; *une faible lumière* une luce fioca → **insuffisant** ◇ (*météo.*) *vent faible à modéré* vento da debole a moderato **6** [*peu considérable*] piccolo, ridotto: *faible quantité* piccola quantità; *faible taille* taglia ridotta → **petit** **7** *le côté, le point, la partie faible* il lato, il punto debole, il tallone di Achille; *le latin est le point faible de cet élève* il latino è il punto debole di questo alunno → **insuffisance** **II** *s.m.* **1** (*personnes*) debole: *défendre le faible* difendere i deboli; *c'est un faible, on le mène facilement* è un debole, si fa guidare facilmente ◇ (*par ext.*) *faible d'esprit* debole di mente, d'intelletto → **imbécile** **2** [*goût, penchant*] debole: *le champagne c'est mon faible* lo 'champagne' è il mio debole; *il a un faible pour les jolies femmes* ha un debole per le belle donne → **prédilection.**

faiblement |fɛbləmɑ̃| *adv.* **1** [→ FAIBLE I 1, 2] debolmente, fiaccamente: *combattre, résister, se défendre faiblement* combattere, resistere, difendersi debolmente, fiaccamente **2** [*à un faible degré*] debolmente, fiocamente: *la lampe éclaire faiblement* il lume illumina debolmente → **doucement, peine (à), peu.**

faiblesse |fɛblɛs| *s.f.* **1** [*manque de force, de vigueur physique*] debolezza: *faiblesse extrême* debolezza estrema ◇ (*spécialt.*) UNE FAIBLESSE [*défaillance, vertige*] uno svenimento *m.*, un mancamento (*m.*): *elle a eu une faiblesse* ha avuto un mancamento **2** [*manque de résistance, incapacité à résister*] debolezza: *la faiblesse d'un régime* la debolezza di un regime → **fragilité** **3** [*manque de capacités intellectuelles*] deficienza, incapacità (*inv.*): *la faiblesse d'un élève* le deficienze di un alunno **4** [*défaut de qualité d'une production d'esprit*] inconsistenza, fiacchezza: *faiblesse d'un argument, d'un raisonnement* inconsistenza di un'argomentazione, di un ragionamento → **insuffisance** # *roman d'une grande faiblesse* romanzo molto fiacco; *une faiblesse* un difetto, una deficienza → **lacune** **5** [*manque de force morale, d'énergie*] debolezza, fiacchezza: *faiblesse de caractère* debolezza di carattere; *se laisser entraîner, mener par faiblesse* lasciarsi trascinare, guidare per debolezza; *avoir la faiblesse de* avere la debolezza di; *si vous avez la faiblesse de lui céder, il recommencera* se avrete la debolezza di cedergli, ricomincerà # *être d'une grande faiblesse, d'une faiblesse coupable envers qqn.* essere molto debole, di una colpevole indulgenza nei confronti di qc. → **indulgence** ◇ (*spécialt.*) UNE, DES FAIBLESSE(S) debolezza: *chacun a ses faiblesses* ognuno ha le proprie debolezze → **2 défaut** **6** [*manque d'intensité, d'importance*] inconsistenza, scarsezza: *faiblesse du nombre* inconsistenza numerica; *la faiblesse de ses ressources* la scarsezza, la modestia delle sue risorse 🄲 **1 force 1, vigueur.**

faiblir |fɛbliʀ| *v.intr.* **1** (*personnes*) [*devenir faible*] indebolirsi (197) *pron.*, scemare (*aux. essere*): *le pouls faiblit* il polso s'indebolisce; *ses forces faiblissent* le sue forze scemano, vengono meno; *malade qui faiblit* ammalato che s'indebolisce → **affaiblir (s')** **2** [*perdre de sa force, de son ardeur*] scemare; cedere: *son courage faiblit peu à peu* il suo coraggio scema, viene meno a poco a poco || *faiblir devant l'adversité* cedere di fronte alle avversità; *il a faibli cent mètres avant l'arrivée* ha ceduto cento metri prima del traguardo → **amollir (s')** **3** (*choses*) [*perdre de son intensité, de son importance*] calare (*aux.* essere), diminuire (197) (*aus.* essere): *le vent faiblit* il vento cala, diminuisce → **diminuer** ◇ (*fig.*) *son espoir, sa patience faiblit* la sua speranza viene meno, la sua pazienza si esaurisce **4** [*ne plus opposer de résistence*] (cominciare a) cedere: *branche, poutre qui faiblit sous un poids* ramo, trave che comincia a cedere, che cede sotto un peso; *la première ligne des troupes ennemies a faibli sous le choc* la prima linea nemica ha ceduto sotto l'urto → **céder, fléchir, plier** **5** (*œuvres*) [*devenir faible, moins bon*] calare di tono, scadere (121) (*aux.* essere): *cette pièce commence bien, mais faiblit au troisième acte* la commedia comincia bene, ma cala di tono, scade al terzo atto.

faïence |fajɑ̃s| *s.f.* faenza, ceramica*: *la salle de bains est recouverte de petits carreaux de faïence* il bagno è ricoperto di piastrelle di ceramica; *assiette de faïence* piatto di Faenza ◇ (*loc.*)

se regarder en chiens de faïence [*se défier du regard*] guardarsi in cagnesco.
faïencé, ée |fajɑ̃se| *adj.* [*qui imite la faïence*] maiolicato.
faïencerie |fajɑ̃sʀi| *s.f.* **1** industria e commercio* *m.* della faenza, della maiolica; fabbrica* di maiolica **2** [*articles de faïence*] ceramiche *pl.*, maioliche *pl.*
faïencier, ière |fajɑ̃sje, jɛʀ| *s.* [*fabricant ou marchand de faïence*] maiolicaio* ♦ (*adj.*) *ouvrier faïencier* ceramista *s.* # *l'industrie faïencière* l'industria della ceramica, della maiolica.
faignant, ante |fɛɲɑ̃, ɑ̃t| *adj. et s.* → **feignant.**
1 **faille** |faj| *s.f.* [*tissu de soie à gros grain, qui se tient*] faglia.
2 **faille** |faj| *s.f.* **1** [*cassure, défaut*] pecca*, incrinatura: *il y a désormais une faille dans notre amitié* c'è ormai un'incrinatura nella nostra amicizia # *ce raisonnement est sans faille* il ragionamento non fa una grinza **2** (*géol.*) faglia.
failli, ie |faji| *s.* (*dr.*, *cour.*) fallito ♦ (*adj.*) *commerçante faillie* commerciante fallita.
faillibilité |fajibilite| *s.f.* fallibilità *inv.* © **infaillibilité.**
faillible |fajibl(ə)| *adj.* fallibile: *tout homme est faillible* tutti gli uomini sono fallibili © **infaillible.**
faillir |fajiʀ| *v.intr.* (*rare, sauf inf. et temps comp.*) (*prés.*: *je faux, tu faux, il faut, nous faillons*; *imp.*: *je faillais, nous faillions*; *p. simple*: *je faillis*; *fut.*: *je faudrai*; *condit.*: *je faudrais*; *subj. prés.*: *que je faille*; *subj. imp.*: *que je faillisse*; *p. prés.*: *faillant*; *p.p.*: *failli*) **I** FAILLIR (+ *inf.*) correre (127) *tr.* il rischio di, essere (96) (*aux.* essere) sul punto di: *j'ai failli tomber* ho corso il rischio di cadere, sono stato sul punto di cadere; *ils ont failli être en retard* hanno corso il rischio, hanno rischiato di essere (di arrivare) in ritardo; *elle avait failli lui avouer son secret* era stata sul punto di svelargli il suo segreto **II** (*littér.*) [*manquer à, négliger* (*ce que l'on doit faire*)] mancare (*aux.* essere), venir (202) (*aux.* essere) meno a: *faillir à son devoir* mancare, venir meno al proprio dovere → **dérober (se)** # *je n'y faillirai pas* non mancherò.
faillite |fajit| *s.f.* **1** (*comm.*, *cour.*) fallimento (*m.*): *être en faillite* essere in fallimento → **déconfiture, ruine** # *faillite simple* bancarotta semplice; *faillite frauduleuse* bancarotta fraudolenta; *faire faillite* fallire **2** [*échec complet*] fallimento: *la faillite de la science* il fallimento della scienza # *la faillite de ses espérances* il crollo delle sue speranze.
faim |fɛ̃| *s.f.* **1** fame: *avoir faim, très faim* (*fam.*), *grand faim* (*littér.*) avere fame, molta fame, una gran fame; *c'est un mort-de-faim, un crève-la-faim* è un morto di fame → **famélique** ◇ (*loc.*) *faim de loup* fame da lupi ~ *j'ai une de ces faims!* ho una fame!, ho una fame che non ci vedo! ~ *cela donne faim* fa venire fame ~ *calmer, tromper sa faim* calmare, ingannare la fame ~ *rester sur sa faim*: (*pr.*) rimanere, restare con la fame; (*fig.*) rimanere deluso ~ *mourir, crever de faim* morire, crepare di fame ~ *ne pas manger à sa faim* non mangiare abbastanza **2** (*fig.*) *avoir faim de tendresse, de liberté* avere sete, bisogno di tenerezza, di libertà → **appétit, besoin, soif.**
faîne |fɛn| *s.f.* [*fruit du hêtre*] faggina, faggiola.
fainéant, ante |fɛneɑ̃, ɑ̃t| *s.* [*personne qui ne veut rien faire*] fannullone, pigro: *au travail, fainéants!* al lavoro, fannulloni! ♦ (*adj.*) *elle est fainéante* è una fannullona *s.* → **paresseux** © **travailleur.**
fainéanter |fɛneɑ̃te| *v.intr.* [*faire le fainéant, vivre en fainéant*] poltrire (197), oziare: *il a fainéanté toute la journée* ha poltrito tutto il giorno → **paresser.**
fainéantise |fɛneɑ̃tiz| *s.f.* [*caractère du fainéant*] fannullaggine, poltroneria ◇ [*état du fainéant*] inazione, ozio* *m.* → **oisiveté, paresse.**
1 **faire** |fɛʀ| (45) **A** *v.tr.* **1** [*réaliser qqch.*] fare (103): *faire une maison, un meuble* fare una casa, un mobile → **construire, fabriquer;** *oiseau qui fait son nid* uccello che fa il nido; *faire le pain* fare il pane ◇ (*par ext.*) *faire sa fortune* fare fortuna; *faire une loi* fare una legge; *faire un roman* fare un romanzo □ SE FAIRE [*former en soi*] farsi: *se faire une idée exacte de qqch.* farsi un'idea esatta di q.c.; *se faire du mauvais sang* farsi cattivo sangue # *il s'est fait du souci* se ne è fatto un cruccio; è stato in pensiero, si è preoccupato **2** (*emplois spéciaux*)[*engendrer*; *produire hors de soi*] fare: *faire un enfant* fare un figlio; *la chatte a fait ses petits* la gatta ha fatto i piccoli # *il lui a fait un enfant* l'ha messa incinta ◇ [*évacuer*] fare, farla: *il a fait dans son lit* l'ha fatta a letto; *faire ses besoins* fare i (propri) bisogni **3** [*se fournir en*; *obtenir*] fare: *faire de l'essence* fare benzina; *il a fait beaucoup d'argent* ha fatto molti soldi; *faire du blé* fare il grano → **approvisionner(s')** **4** (*fam.*) [*voler* (*à qqn.*)] fregare: *on lui a fait son portefeuille* gli hanno fregato il portafoglio ◇ [*dévaliser*] ripulire (197): *faire un joaillier* ripulire un gioielliere **5** (*choses*) [*constituer* (*quant à la quantité, la forme, la qualité*)] fare: *deux et deux font quatre* due più due fanno quattro # *couleurs qui font un ensemble harmonieux* colori che armonizzano fra loro; *cela ne fait pas assez* non basta ◇ (*prov.*) *une hirondelle ne fait pas le printemps* una rondine non fa primavera **6** (*personnes*) essere (96) (*intr.*): *faire un bon mari* essere un buon marito; *il fera un excellent avocat* sarà un ottimo avvocato; *cet enfant fait sa joie* questo bambino è la sua gioia ◇ *loc.* NE FAIRE QU'UN, N'EN FAIRE QU'UN fare, essere tutt'uno → **un** **7** [*effectuer un mouvement, une opération, un travail*] fare: *faire un pas, un saut, une danse* fare un passo, un salto, una danza; *faire des signes* fare segni, segnali; *faire le ménage, la cuisine* fare le pulizie, la cucina; *faire du tennis* fare del tennis; *faire des recherches* fare delle ricerche; *avoir beaucoup à faire* avere molto da fare, essere molto indaffarato; *ne rien faire de ses dix doigts* non fare niente di niente; *qu'est-ce que vous faites ici?* che (ci) fate qui?; *mais qu'est-ce qu'ils font?* ma che fanno? → **fabriquer, exécuter** # *une bonne à tout faire* una (domestica) tuttofare; *ce n'est ni fait ni à faire* [*c'est très mal fait*] è fatto coi piedi, è fatto da cani ◇ *loc.* AVOIR À FAIRE AVEC, À avere a che fare con: *je n'ai rien à faire avec lui* non ho niente a che fare, a che vedere con lui; *j'ai eu à faire avec lui* ho avuto a che fare con lui → **affaire** **8** [*exercer une activité suivie*] fare: *faire un métier* fare un mestiere; *'que fait-il dans la vie?' 'il est électricien'* 'che cosa, che mestiere fa?' 'fa l'elettricista'; *faire son droit* [*ses études de droit*] fare legge # *faire des études de...* studiare... ◇ (*pop.*) *il a fait instituteur* [*il est devenu instituteur*] è diventato maestro **9** [*accomplir, exécuter* (*une action*)] fare: *faire une erreur* fare un errore; *quoi qu'il fasse, il n'y parviendra pas* qualsiasi cosa faccia, non ci riuscirà; *faites le nécessaire* fate il necessario; *il ne sait plus ce qu'il fait* non sa più quello che fa; *quoi, que faire?* che fare?; *il n'y a plus rien à faire* non c'è più niente da fare; *il ne veut rien faire sans vous consulter* non vuole fare niente senza consultarvi; *aussitôt dit, aussitôt fait* detto fatto → **décider, entreprendre** # *faire un mensonge* dire una bugia; *c'est bien fait pour lui* [*c'est mérité*] gli sta bene, ben gli sta ◇ (*loc.*) *ce qui est fait est fait* ciò (quel) che è fatto è fatto ~ (*fam.*) *rien à faire!* niente da fare! ~ À TANT FAIRE QUE, TANT QU'À FAIRE già che ci siamo, mentre ci siamo → **tant** ~ FAIRE QQCH. (*pour qqn., pour qqch.*) fare q.c. (per qc., per q.c.): *puis-je faire qqch. pour vous?* posso fare q.c. per voi (lei)?, posso esservi (esserle) utile?; *pouvez-vous faire qqch. pour ces orphelins?* [*donner de l'argent*] potete fare q.c. per questi orfanelli? # *il n'est pas responsable, il n'a rien fait pour cela* non è colpa sua, non c'entra per niente ~ (*fam.*) *il faut le faire!* [*il faut en être capable*] non è da tutti!; ci vuole un bel coraggio! ~ (*fam.*) LE FAIRE À [*faire qqch. d'une certaine manière, généralt. pour abuser qqn.*]: *le faire au bluff* farlo per bluffare; *il l'a fait au sentiment* l'ha buttata sul sentimentale; *le faire au chiqué* far qualcosa con ostentazione ~ *il ne faut pas nous la faire* [*essayer de nous tromper*] non bisogna cercare di farcela, a noi non la si fa ◇ [*exécuter une prescription*] fare: *faire son devoir* fare il proprio dovere; *faire pénitence* fare penitenza; *faire les quatre volontés de qqn.* farsi in quattro per qc. → **accomplir** **10** [*être la cause, l'agent de*] fare: *faites-moi plaisir* fatemi questo piacere; *vous lui avez fait* (*du*) *mal* gli avete fatto (del) male ◇ (*choses*) *l'explosion a fait du bruit* l'esplosione ha fatto rumore; *la vue du sang ne lui fait rien* la vista del sangue non gli fa nessun effetto; *cela ne lui fait ni chaud ni froid* non gli fa né caldo né freddo; *cela ne fait rien* non fa niente → 2 **importer** # *qu'est-ce que ça peut bien vous faire?* [*en quoi cela vous concerne-t-il?*] che v'importa?, che ve ne importa? ◇ *loc.* FAIRE... À QQCH., Y FAIRE: *cela ne fait rien à la chose, à l'affaire* questo non cambia le cose; *nous ne pouvons rien y faire* non possiamo farci niente → **changer** ~ (*fam.*) *savoir y faire* saperci fare ~ FAIRE QUE (*employé à l'impér. ou au subj.*) (+ *subj.*): *fasse le ciel qu'il revienne bientôt* voglia il cielo che torni presto; (*avec l'ind.*) *sa négligence a fait qu'il a perdu beaucoup d'argent* la sua negligenza gli ha fatto perdere molto denaro ~ (*fam.*) *ça fait que...* è così che..., per cui... ~ SE LAISSER FAIRE → **lais-**

ser **11** [*parcourir un trajet, une distance; franchir*] fare: *faire un trajet* fare un tragitto; *faire dix kilomètres à pied* fare dieci chilometri a piedi; *faire cent kilomètres, du cent à l'heure* fare (i) cento (chilometri) all'ora # *faire le mur, la grille* [*passer par-dessus*] scavalcare il muro, il cancello ◇ (*fam.*) [*parcourir pour visiter*] fare: *faire la Bretagne* fare la Bretagna; *agent commercial qui fait Paris* agente di commercio che fa (la piazza di) Parigi; *j'ai fait tous les magasins pour trouver cet article* ho fatto (passare) tutti i negozi per trovare questo articolo # *faire les poches, les tiroirs de qqn.* frugare nelle tasche, nei cassetti di qc.; *faire les poubelles* frugare fra le immondizie **12** (*fam.*) [*durer, quant à l'usage*] durare *intr.* (*aux.* essere): *ce chapeau m'a fait deux ans* questo cappello mi è durato due anni → **durer** **13** [*exprimer par la parole* (*surtout en incise*)] fare, dire (132): '*demain*', *fit-il* 'domani', disse ◇ [*exprimer, prononcer*] *il a fait 'aïe'* ha fatto, detto 'ahi'; *il a fait 'non' en hochant la tête* ha fatto segno di no, ha detto 'no' scuotendo la testa → 1 **dire**, 1 **répondre** **14** [*former, présenter*] fare: *tissu qui fait des plis* tessuto che fa delle pieghe; *la route fait un coude* la strada fa un gomito; '*journal*' *fait* '*journaux*' *au pluriel* 'journal' fa 'journaux' al plurale ◇ (*fam.*) *mur qui fait six mètres de haut* muro alto sei metri, di sei metri; '*combien cela fait-il?*' '*ça fait mille francs*' 'quanto fa?' 'fa mille franchi' → 1 **avoir, mesurer** **15** *impers.* [*constituer* (*un certain temps*)] essere: *ça fait huit jours qu'il n'est pas venu* sono otto giorni che non viene **16** (*fam.*) [*subir quelque trouble physique*] avere (97): *faire de la fièvre* avere la febbre; *il a fait une angine* ha avuto un'angina; *il a fait la grippe* ha avuto l'influenza **17** [*arranger, disposer* (*qqch.*) *comme il faut*] fare: *faire un lit* fare un letto; *faire la chambre* fare la camera; *faire la vaisselle* fare i piatti; *la manicure m'a fait les mains* la 'manicure' mi ha fatto le mani → **nettoyer, ranger** **18** FAIRE QQN. (+ *s.*) [*lui donner le titre de*] fare qc.: *on l'a fait chevalier de la Légion d'honneur* l'hanno fatto cavaliere della Legion d'onore # *je vous fais juge* mi rimetto al suo giudizio; giudichi lei ◇ *loc.* FAIRE QQN., QQCH. (+ *adj.*) fare, rendere (105) qc., q.c.: *il les a faits riches* li ha fatti, resi ricchi; *faire la vie dure à qqn.* rendere la vita dura a qc. → **rendre** ◇ [*représenter, donner comme*] *ne le faites pas plus méchant qu'il n'est!* non fatelo più cattivo di quanto non sia! ◇ (*fam.*) [*donner un prix à* (*qqch.*)] mettere (155): *je vous le fais cinquante francs* ve lo metto cinquanta franchi → **évaluer, vendre** **19** FAIRE... DE (QQN., QQCH.) fare: *faire d'un capitaine un commandant* fare di un capitano un comandante; '*qu'allez-vous faire de votre fils?*' '*nous en ferons un médecin*' 'che farete di vostro figlio?' 'ne faremo un medico'; *vous en avez fait un enfant gâté, un ingrat* ne avete fatto un bambino viziato, un ingrato → **changer, transformer (en)** ◇ (*choses*) *il en a fait tout un drame* ne ha fatto un dramma ~ N'AVOIR QUE FAIRE DE non sapere (177) che farsene di: *il n'a que faire de tous ces costumes* non sa che farsene di tutti questi vestiti ◇ [*disposer de, mettre en un endroit*] '*qu'avez-vous fait de l'enfant?*' '*je l'ai laissé à sa mère*' 'che ne avete fatto del bambino?' 'l'ho lasciato a sua madre' ~ (*fam.*) *qu'est-ce que j'ai bien pu faire de mes lunettes?* ma cosa (ne) ho fatto degli occhiali?, dove (diavolo) ho cacciato gli occhiali? **20** [*jouer un rôle* (*dans un spectacle, un jeu*)] fare: *faire Harpagon dans 'l'Avare' de Molière* fare Arpagone nell''Avaro' di Molière ◇ [*métier; situation*] *faire le domestique* fare il domestico; *faire le difficile* fare il difficile; *il a fait l'imbécile* ha fatto l'imbecille ◇ (*choses*) [*servir aussi de*] fare da: *salle à manger qui fait salon* stanza da pranzo che fa da salotto ◇ [*imiter intentionnellement, chercher à passer pour*] fare: *vieillard qui veut faire le jeune homme* vecchio che vuol fare il giovanotto; *faire le Don Juan* fare il dongiovanni; *faire le mort* fare il morto ~ FAIRE SON, SA (+ *s.*) (*idée d'habitude*) fare il, la: *faire son Don Juan* fare il dongiovanni; *elle fait sa mijaurée* fa la smorfiosa → **contrefaire, imiter, simuler** **21** FAIRE (+ *adj., nom sans art., le plus souvent inv.*) [*avoir l'air de, donner l'impression*] dimostrare: *elle fait vieux* (*vieille*) *pour son âge* dimostra più dell'età che ha; *faire chic, riche* fa 'chic', ricco ◇ *faire bien* [*avoir belle allure* (*dans un décor*)] stare (104) bene: *le tableau qui est dans le salon ferait mieux dans l'entrée* il quadro che è nel salotto starebbe meglio nell'ingresso → 1 **paraître** **B** FAIRE (+ *inf.*) [*factif*] fare: *faire tomber un objet* far cadere un oggetto; *faire taire qqn.* far tacere qc.; *faire construire une maison à* (*par*) *un architecte* far costruire una casa a (da) un architetto; *ma femme, je l'ai fait partir* ('*fait*' *reste inv.*) mia moglie, l'ho fatta partire; *on lui fait étudier la géographie* gli fanno studiare la geografia; *faites-le(s') asseoir* fatelo sedere; *faire réparer ses chaussures* far riparare le scarpe # *faites-le prévenir par son père* avvisatelo tramite suo padre ◇ (*spécialt.*) FAIRE FAIRE far fare: *j'ai fait faire un costume à* (*par*) *mon tailleur* ho fatto fare un vestito al (dal) sarto ◇ [*attribuer, prétendre*] *ses biographes le font mourir en 1450* i biografi lo fanno morire nel 1450 **C** *v.impers.* **1** [*conditions de l'atmosphère ou du milieu*] fare: *il fait jour, il fait nuit, il fait clair* fa giorno, fa notte, fa chiaro; *quel temps fait-il? il fait beau, mauvais* che tempo fa? fa bello (è bello), fa brutto # *il fait soleil, du soleil* c'è il sole ◇ (*fam.*) *il fait soif* [*on a soif*] abbiamo sete **2** *loc.* IL FAIT BON, BEAU (+ *inf.*) è bello: *il fait bon vivre avec vous* è bello vivere con voi, si vive bene con voi # *il fait mauvais les provoquer* è meglio non provocarli **D** *v.intr.* [*agir*] fare: *il a bien fait* ha fatto bene; *faites comme vous voulez* fate come volete; *faites comme chez vous* fate come se foste a casa vostra ~ FAIRE BIEN DE, MIEUX DE (+ *inf.*) far bene a, far meglio a (+ *inf.*): *vous feriez bien de partir dès maintenant* fareste bene a partire immediatamente; *il aurait mieux fait de partir* avrebbe fatto meglio a partire ~ EN FAIRE: *en faire à sa tête, à sa fantaisie* fare di testa propria; *il n'en fait qu'à sa tête* fa solo quello che gli pare, fa solo di testa sua ~ NE FAIRE QUE, QUE DE (+ *inf.*) [*faire seulement*] non fare (altro) che (+ *inf.*): *il ne fait que bâiller* non fa (altro) che sbadigliare ~ NE FAIRE QUE, QUE DE [*venir de*] (*exprimant un passé récent*) essere appena: *il ne fait qu'arriver* è appena arrivato → **venir** **E** SE FAIRE **I** *pron.* **1** *intr.* SE FAIRE (+ *adj.*) [*commencer à être*] farsi, diventare (*intr.*): *se faire vieux* farsi vecchio; *produit qui se fait rare* prodotto che si fa, che diventa raro → 1 **devenir** ♦ (*impers.*) *il se fait tard* si fa tardi **2** *loc. fam.* S'EN FAIRE [*être soucieux*] prendersela (105): *ne vous en faites pas, vous aurez sûrement des nouvelles demain* non ve la prendete, non state a preoccuparvi, avrete sicuramente notizie domani; (*fam.*) [*se gêner*] scomporsi (168): *il ne s'en fait pas, celui-là!* è un tipo che non si scompone, quello! **3** *passif* [*être fait*] farsi, essere fatto: *Paris ne s'est pas fait en un jour* Parigi non si è fatta in un giorno; *voilà ce qui se fait de mieux dans le genre* ecco quanto (si fa) di meglio in questo campo **4** *intr.* [*être pratiqué couramment; être à la mode*] farsi; andare (101) (*intr.*): *cela se faisait au moyen âge* (questo) si faceva nel medioevo, era l'usanza ‖ *les bottes se font beaucoup cette année* gli stivali vanno molto quest'anno → 1 **porter (se)** **5** *impers.* [*être, arriver*] succedere (125) *intr.*, darsi (102): *il pourrait bien se faire que...* potrebbe benissimo succedere, darsi che... # *comment se fait-il qu'il parte déjà?* come mai parte di già? **II** *réfl.* **1** [*se former*] farsi: *cet homme s'est fait seul* quest'uomo si è fatto da solo ♦ (*intr.*) *fromage qui se fait* formaggio che (si) stagiona **2** [*devenir volontairement*] farsi: *femme qui se fait belle* donna che si fa bella; *se faire humble* farsi umile, umiliarsi → **rendre (se)** **3** SE FAIRE À [*s'habituer à*] abituarsi a: *il s'est fait à ce genre de vie* si è abituato a questo genere di vita; *je ne peux pas m'y faire* non mi ci posso abituare, non posso abituarmici → **accoutumer (se)** **4** (*loc.fam.*) *il faut se le faire* [*le supporter*] bisogna sopportarlo, sopportarselo **F** *passif* **1** ÊTRE FAIT POUR [*destiné à*] essere fatto per: *cette voiture n'est pas faite pour transporter dix personnes* quest'automobile non è fatta per (portare) dieci persone → **fait** **2** (*littér.*) C'EN EST FAIT DE... [*c'est fini de*] è finito: *c'en est fait de la vie facile* è finita la vita facile; *c'en est fait pour moi* [*je suis perdu*] per me è finita.

2 **faire** |fɛʀ| *s.m.* **1** (*bx-arts, littér.*) [*manière de faire une œuvre*] tecnica* *f.*, stile: *le faire d'un artiste, d'un écrivain* la tecnica, lo stile di un artista, di uno scrittore → **façon, technique** **2** [*fait d'agir*] il fare *inv.*, azione (*f.*): *il y a loin du dire au faire* tra il dire e il fare c'è di mezzo il mare.

faire-part |fɛʀpaʀ| *s.m.inv.* [*lettre, billet qui annonce une nouvelle*] partecipazione (*f. var.*): *envoyer un faire-part, des faire-part* inviare una partecipazione, delle partecipazioni; *faire-part de mariage, de décès* partecipazione di nozze, di morte.

faire-valoir |fɛʀvalwaʀ| *s.m.inv.* (*agric., dr.*) conduzione *f.var.* (di una azienda agricola); coltivazione (*f.var.*): *les divers modes de faire-valoir* le varie forme di conduzione ‖ *faire-valoir direct* coltivazione diretta.

fair-play |fɛʀplɛ| *s.m.inv.* fair play

♦ *adj.* corretto: *il n'est pas très fair-play* non è molto corretto → **franc-jeu** (*t. recomm.*).

faisabilité |fəzabilite| *s.f.* (*techn.*) fattibilità *inv.*, attuabilità (*inv.*): *étude de faisabilité* studio di fattibilità.

faisable |fəzabl(ə)| *adj.* [→ 1 FAIRE A 1] fattibile, realizzabile: *la chose est faisable* la cosa è fattibile → **possible, réalisable**; *très faisable* fattibilissimo → **facile** [C] **infaisable.**

faisan, ane |fəzɑ̃, an| *s.* **1** (*t.zool.*) fagiano ◇ (*cour.*) *le faisan criaille* il fagiano schiamazza ♦ (*adj.*) *poule faisane* fagianella, gallina prataiola **2** (*arg.*) [*individu qui vit d'affaires louches*] imbroglione, lestofante.

faisandage |fəzɑ̃daʒ| *s.m.* [→ FAISANDER] frollatura *f.*

faisandé, ée |fəzɑ̃de| *adj.* **1** *viande faisandée* [*qui commence à se corrompre*] carne frolla **2** (*fig.*) *littérature faisandée* letteratura corrotta, marcia → **corrompu, malsain.**

faisandeau |fəzɑ̃do|, **faisanneau** |fəzano| *s.m.* [*jeune faisan*] fagiano giovane → **faisan.**

faisander |fəzɑ̃de| *v.tr.* [*soumettre (le gibier) à un commencement de décomposition, pour lui faire acquérir un fumet*] frollare.

faisanderie |fəzɑ̃dʀi| *s.f.* [*élevage de faisans*] fagianaia, fagianiera.

faisceau |fɛso| *s.m.* **1** fascio*: *balai fait d'un faisceau de brindilles* scopa fatta con un fascio di ramoscelli # *mettre les fusils en faisceau* disporre i fucili a piramide **2** (*antiq. rom.*) *les faisceaux* i fasci ◇ (*hist. mod. it.*) fascio **3** (*choses comparées à des faisceaux*) ◇ (*anat.*) *faisceau nerveux* fascio nervoso ◇ (*archit.*) *colonne en faisceau* [*formée d'un assemblage de petites colonnes*] fascio polistilo *adj.*, colonna fascicolata *adj.* ◇ (*bot.*) *faisceaux libéro-ligneux* fasci libro-legnosi ◇ (*math.*) *faisceau harmonique* fascio armonico di rette ◇ (*phys.*) *faisceau lumineux* fascio luminoso → **pinceau** ◇ (*sc.*) *faisceau électronique* fascio elettronico # *faisceau hertzien* ponte radio **4** [*ensemble de choses (abstraites) rassemblées*] fascio: *un faisceau d'habitudes* un fascio di abitudini.

faiseur, euse |fəzœʀ, øz| *s.* **1** *s.* FAISEUR DE [*celui qui fait, fabrique qqch.*] facitore*, creatore* (di) # *un faiseur de meubles d'art* un ebanista; *un faiseur de barrages, de ponts* un costruttore di dighe, di ponti; *c'est un faiseur d'embarras* è un vanesio, un presuntuoso; *faiseuse d'anges* [*avorteuse*] donna che pratica aborti → **bâtisseur, constructeur** **2** (*s.m.*) *le bon faiseur* il sarto **3** *s.* (*rare*) [*personne qui agit*] facitore, realizzatore* ◇ (*prov.*) *les grands diseurs ne sont pas les grands faiseurs* chi troppo parla, poco fa **4** *s.m.* (*péj.*) [*celui qui cherche à se faire valoir*] sbruffone *s.*, spaccone *s.* → **hâbleur.**

faisselle |fɛsɛl| *s.f.* (*techn.*) fiscella.

fait |fɛ| *s.m.* **I** LE FAIT DE [*action de faire*] (il) fatto di: *le fait de parler* il fatto di parlare → 2 **acte**, 1 **action** ◇ *loc.* N'ÊTRE PAS LE FAIT DE [*être inhabituel chez qqn.*] non essere il forte di: *la générosité n'est pas son fait* la generosità non è il suo forte ~ *prendre qqn.* SUR LE FAIT prendere, cogliere qc. sul fatto, in flagrante ◇ (*au plur.*) *les faits et gestes de qqn.* [*ses activités*] vita, morte e miracoli di qc. **2** [*action mémorable, remarquable*] fatto: *fait d'armes, de guerre* fatto d'arme, di guerra → **exploit** # *les hauts faits* le gesta **3** *voie de fait* via di fatto **4** *prendre fait et cause pour qqn.* [*sa défense, son parti*] prendere le difese di qc.; mettersi, schierarsi dalla parte di qc. **5** (*dr.*) fatto: *fait qui comporte une peine* fatto che comporta una pena **II** **1** [*ce qui est arrivé, ce qui a eu lieu*] fatto: *déroulement des faits* svolgimento dei fatti; *mettre qqn. devant le fait accompli* mettere qc. davanti al fatto compiuto → **affaire, aventure, événement** ◇ *loc.* LE FAIT QUE (+ *ind.* ou *subj.*) (*selon le degré de réalité*) il fatto che (+ *subj.*): *le fait que Napoléon est mort en exil...* il fatto che Napoleone sia morto in esilio...; *le fait que vous soyez mon ami ne vous autorise pas à...* il fatto che lei sia mio amico non l'autorizza a... ~ DU FAIT DE [*par suite de*] in seguito a, a causa di ~ DU FAIT QUE per il fatto che, dato che → **puisque** ~ DU SEUL FAIT QUE per il solo fatto che **2** *loc.* FAITS DIVERS [*nouvelles peu importantes d'un journal*] cronaca* *f.sing.*: fatti, notizie *f.* di cronaca ◇ (*au sing.*) *un fait divers* un fatto di cronaca **3** [*ce qui existe réellement*] fatto: *juger sur les faits, d'après les faits* giudicare dai, sulla base dei fatti; *c'est un fait* è un fatto; *le fait est que vous avez raison* il fatto è, fatto sta che avete ragione → **réalité, réel** ◇ *loc.adv.* PAR LE FAIT, DE FAIT, EN FAIT [*en réalité*] in realtà, di fatto, effettivamente (*adv.*): *en fait, les choses se sont passées tout autrement* in realtà le cose sono andate in tutt'altro modo → **effectivement, réellement** ~ TOUT À FAIT completamente *adv.*, del tutto: *il est tout à fait guéri* è completamente, del tutto guarito **4** [*cas, sujet particulier dont il est question*] fatto: *être sûr de son fait* essere sicuro del fatto proprio; *aller, venir au fait* venire al fatto, al sodo ◇ (*ellipt.*) *au fait!* al sodo! ◇ (*loc.*) *être au fait de* [*au courant de*] essere al corrente di ~ AU FAIT (*en tête de phrase*) [*à propos, à ce sujet*] a proposito ~ EN FAIT DE (QQN., QQCH.) [*en matière de*] in fatto di: *en fait d'intelligence, il n'est pas un as!* in fatto di intelligenza, non è un campione **5** (*dr.*) fatto: *pouvoir de fait, gouvernement de fait* potere di fatto, governo di fatto; *énonciation des faits* enunciazione dei fatti; *fait nouveau* fatto nuovo **6** (*sc.*) fatto; *faits sociaux* fatti sociali → **phénomène.**

fait, faite |fɛ, fɛt| *p.p.* et *adj.* **1** [*qui est constitué, a tel aspect*] fatto: *être bien fait, mal fait* essere ben fatto, mal fatto; *une femme bien faite* una donna ben fatta → **bâti** **2** [*qui est arrivé à son plein développement*] fatto, maturo: *un homme fait* un uomo fatto, maturo; *un fromage fait* un formaggio fatto, stagionato → **mûr** ◇ *loc.* TOUT FAIT [*fait à l'avance, tout prêt*] *idées toutes faites* idee preconcette; *une formule toute faite* una formula bell'e pronta; *un costume tout fait* un abito bell'e fatto, di confezione ♦ (*s.*) *acheter du tout fait* comperare un abito confezionato in serie **3** [*qui est fardé*] fatto, truccato: *des yeux faits* occhi truccati ◇ [*verni*] fatto, smaltato: *ongles faits* unghie fatte, smaltate **4** (*personnes*) (*fam.*) *être fait* [*pris*] essere preso: *être fait comme un rat* essere (preso) in trappola (come un topo) # *nous sommes faits* siamo fritti.

faîtage |fɛtaʒ| *s.m.* (*techn.*) [→ FAÎTE] colmo ◇ [*couverture du faîte* (*plomb, zinc, tuiles*)] copertura *f.*

faîte |fɛt| *s.m.* **1** [*la partie la plus élevée d'un édifice*] colmo: *le faîte d'une maison* il colmo di una casa ◇ (*par ext.*) cima (*f.*): *grimper au faîte d'un arbre* salire in cima a un albero; *le faîte d'une montagne* la cima di una montagna → **cime, haut, sommet** **2** (*fig.*) apice, fastigio*: *être au faîte de la gloire* essere all'apice della gloria, ai fastigi della gloria → **apogée,** 2 **comble** **3** (*techn.*) colmo, fastigio: *ligne de faîte* colmo, displuvio* → **faîtage** ◇ (*géogr.*) *ligne de faîte* spartiacque *inv.*, displuvio.

faîteau |fɛto| *s.m.* [*ornement qui recouvre le faîtage*] ornamento di comignolo.

faîtière |fɛtjɛʀ| *s.f.* (*techn.*) **1** tegola di colmo ♦ (*adj.*) *tuile faîtière* tegola di colmo **2** [*lucarne dans un toit pour donner du jour*] lucernario* *m.*

fait-tout *s.m.inv.*, **faitout** |fɛtu| *s.m.* [*récipient à deux poignée et à couvercle*] bastardella *f.var.*, pentola (*f. var.*): *des fait-tout, faitouts en aluminium* bastardelle di alluminio.

faix |fɛ| *s.m.* **1** (*techn.*) assestamento (di una costruzione) **2** (*méd.*) feto e materiale abortivo **3** (*littér.*) [*charge très pesante, penible à porter*] fardello, peso: *le faix des obligations* il peso degli obblighi; *le faix des années* il fardello, il peso degli anni → **poids.**

fakir, faquir |fakiʀ| *s.m.* **1** fachiro **2** (*relig.*) fachiro.

fakirisme |fakiʀism(ə)| *s.m.* fachirismo.

falaise |falɛz| *s.f.* (*géogr.*) falesia, scogliera (a picco): *les falaises de Normandie, de Douvres* le falesie della Normandia, le (bianche) scogliere di Dover.

falarique |falaʀik| *s.f.* falarica*.

falbala |falbala| *s.m.* **1** *au plur.* [*ornements excessifs; grande toilette*] fronzoli: *il déteste les falbalas des grandes réceptions* odia i fronzoli dei grandi ricevimenti **2** [*bande d'étoffe ornant le bas d'une robe, d'un rideau*] falpalà *inv.* → **volant.**

Falconidés |falkɔnide| *s.m.pl.* (*t. zool.*) Falconiformi.

Falconiformes |falkonifɔʀm| *s. m.pl.* → **Falconidés.**

faldistoire |faldistwaʀ| *s.m.* (*liturg.*) faldistorio*.

falerne |falɛʀn(ə)| *s.m.* falerno.

fallacieusement |fa(l)lasjøzmɑ̃| *adv.* (*rare*) [→ FALLACIEUX] in modo fallace *loc.inv.*

fallacieux, euse |fa(l)lasjø, øz| *adj.* (*littér.*) [*trompeur*] fallace: *promesses fallacieuses* promesse fallaci; *arguments fallacieux* argomenti fallaci → **captieux, spécieux.**

1 **falloir** |falwaʀ| *v. impers.* (*aux.* 'avoir') (*ind. prés.*: *il faut*; *imp.*: *il fallait*; *p. simple*: *il fallut*; *p. comp.*: *il a fallu*; *fut.*: *il faudra*; *subj. prés.*: *qu'il faille*; *subj. imp.*: *qu'il fallût*) **I** [*être l'objet d'un besoin, d'une nécessité*] bisognare (*aux.* essere), aver (97) bisogno, occorrere (127) (*aux.* essere) **1** IL FAUT (QQCH.) bisogna(no), occorre (occorrono): *combien vous faut-il?* di quanto avete bisogno?, quanto vi occorre?; *il me faut dix mille francs*

pour demain ho bisogno di, mi occorrono diecimila franchi per domani; *il faut beaucoup d'argent* occorre, ci vuole molto denaro; *il lui faut qqn. pour l'aider* ha bisogno di qualcuno per aiutarlo; *il faut un prétexte* occorre, ci vuole un pretesto ◇ (*personnes*) *il me faut deux ouvriers* mi occorrono due operai **2** IL FAUT (+ *inf.*) bisogna, occorre, è necessario (+ *inf.*): *il faut l'avertir tout de suite* bisogna, occorre avvisarlo subito **3** IL FAUT QUE (+ *subj.*) bisogna, occorre, è necessario che (+ *subj.*): *il faut que je vous voie, c'est indispensable* bisogna che ci incontriamo, è indispensabile # *il faut, il a fallu qu'il arrive en ce moment!* [*il est venu comme par une fatalité*] deve, doveva arrivare proprio adesso ! **4** *loc.* IL LE FAUT (*'le' remplaçant l'inf. ou la propos.*) è necessario: *vous irez le voir, il le faut* andrete a trovarlo, è necessario ◇ (*avec ellipse de la séquence*) *il a l'art de ne dire que ce qu'il faut* possiede, ha l'arte di dire solo il necessario; *louer et blâmer quand il faut* lodare e biasimare quando è necessario ◇ *loc.* COMME IL FAUT come si deve, a modo: *se conduire, s'exprimer comme il faut* comportarsi, esprimersi come si deve ◆ *adj.* (*fam.*) *un bourgeois très comme il faut* un borghese molto per bene, proprio come si deve, a modo **II** IL FAUT (+ *inf.*), IL FAUT QUE (+ *subj.*) [*il est nécessaire, selon la logique du raisonnement*] bisogna (+ *inf.*): *dire des choses pareilles! il faut avoir perdu l'esprit!* dire cose simili! bisogna proprio aver perso la ragione! # *encore faut-il que ce soit possible* sempre che sia possibile.

2 **falloir (s'en)** |falwaʀ| *v.impers.* IL S'EN FAUT DE [*il manque*] mancare, mancarci: *je n'ai pu réunir la somme, il s'en faut de la moitié* non ho potuto raccogliere la somma, me ne manca la metà; *il s'en est fallu de peu que je parte* c'è mancato poco che partissi → **manquer** # *il s'en faut d'un point qu'il n'ait été admissible* per un punto non è stato ammesso; *il n'est pas sot, tant s'en faut* [*il est loin d'être sot*] non è stupido, tutt'altro; *il est perdu ou peu s'en faut* è perso o quasi → **presque.**

falot |falo| *s.m.* **1** [*grande lanterne*] lanternone → **fanal** **2** (*arg. milit.*) consiglio* di guerra (*cour.*).

falot, ote |falo, ɔt| *adj.* [*insignifiant, sans personnalité*] scialbo, insignificante: *personnage falot* personaggio scialbo → **insignifiant, 1 terne** Ⓒ **brillant.**

falsifiable |falsifijabl(ə)| *adj.* [→ FALSIFIER] falsificabile.

falsificateur, trice |falsifikatœʀ, tʀis| *s.* → **fraudeur, contrefacteur, faussaire.**

falsification |falsifikɑsjɔ̃| *s.f.* **1** [→ FALSIFIER] falsificazione, contraffazione; sofisticazione, adulterazione: *falsification d'un document, d'une carte d'identité* falsificazione, contraffazione di un documento, di una carta di identità ‖ *falsification du lait, du vin* sofisticazione, adulterazione del latte, del vino → **fraude** ◇ (*fig.*) *falsification de l'histoire, de la vérité* falsificazione della storia, della verità **2** *falsification d'un auteur* plagio* *m.*, contraffazione.

falsifier |falsifje| *v.tr.* [*altérer volontairement dans le dessein de tromper*] falsificare, contraffare; sofisticare, adulterare: *falsifier des billets de banque* falsificare banconote; *falsifier une date sur un acte, un document* falsificare una data su un atto, un documento ‖ *falsifier une marchandise* sofisticare, adulterare una merce → **adultérer, 1 altérer, maquiller, truquer** ◇ (*fig.*) *falsifier la pensée de qqn.* [*en la rapportant inexactement*] falsare il pensiero di qc. → **dénaturer, fausser.**

faluche |falyʃ| *s.f.* [*béret traditionnel des étudiants*] berretto *m.* goliardico*.

falun |falœ̃| *s.m.* 'falun' *inv.*, concime calcareo.

faluner |falyne| *v.tr.* (*techn. agric.*) [*couvrir* (*un sol siliceux*) *de falun pour l'amender*] emendare, ammendare (un terreno) con concime calcareo.

falunière |falynjɛʀ| *s.f.* (*techn.*) miniera di 'falun'.

falzar, phalzar |falzaʀ| *s.m.* (*pop.*) [*pantalon*] brache *f.pl.* (*cour.*).

famé, ée |fame| *adj.* (*spécialt.*) *mal famé* malfamato: *maison, rue mal famée* casa, strada malfamata.

famélique |famelik| *adj.* famelico*: *des chats faméliques* gatti famelici ◇ (*fig.*) *un air famélique* un'aria famelica.

fameusement |famøzmɑ̃| *adv.* (*fam.*) [*très*] molto: *c'est fameusement bien peint* è molto ben dipinto → **très, rudement.**

fameux, euse |famø, øz| *adj.* **1** (*littér.*) famoso (*cour.*): *Messaline est fameuse par ses débauches* Messalina è famosa per le sue dissolutezze; *région fameuse par, pour ses crus* regione famosa per i suoi vigneti → **célèbre, renommé** **2** (*avant le nom, iron.*) [*dont on a beaucoup parlé*] famoso (*avant ou après le nom*): *c'était le fameux jour où nous nous sommes disputés* era il famoso giorno in cui abbiamo litigato **3** (*avant le nom*) [*remarquable en son genre*] perfetto, terribile: *une fameuse canaille* una perfetta canaglia; *il a attrapé un fameux coup de soleil* si è preso una terribile insolazione → **beau, rude** **4** (*après le nom*) [*très bon*] ottimo, eccellente (*avant ou après le nom*): *un vin fameux* un vino ottimo, eccellente → **excellent** ◇ (*après le nom, à la négative*) [*d'une qualité médiocre*] (*ce n'est*) *pas fameux* non è un gran che; *ce devoir n'est pas fameux* questo compito non è un gran che Ⓒ 1 **inconnu, obscur;** 3 **insignifiant, petit;** 4 **mauvais.**

familial, ale, aux |familjal, o| *adj.* familiare, in famiglia (*loc. inv.*): *vie, réunion familiale* vita, riunione familiare; *ennuis familiaux* noie in famiglia, familiari → **domestique** ◇ (*spécialt.*) *allocations familiales* assegni familiari; *une* (*voiture*) *familiale* una familiare *s.f.*

familiariser |familjaʀize| **A** *v.tr.* [*rendre familier* (*avec qqch.*)] familiarizzare, rendere (105) familiare a: *familiariser un soldat au maniement des armes* familiarizzare un soldato al maneggio delle armi → **accoutumer, habituer** **B** *v.pron.intr.* SE FAMILIARISER **1** [*devenir familier avec qqn.*] familiarizzarsi: *enfant, oiseau qui se familiarise* bambino, uccello che si familiarizza → **apprivoiser(s')** **2** *se familiariser avec* (*qqch.*) familiarizzarsi con; assuefarsi (103) a: *se familiariser avec une langue étrangère* familiarizzarsi con una lingua straniera ‖ *se familiariser avec le danger* assuefarsi al pericolo.

familiarité |familjaʀite| *s.f.* **1** familiarità *inv.* → **intimité** ◇ (*fig.*) *une longue familiarité avec les grandes œuvres classiques* una lunga familiarità con i grandi classici **2** *traiter qqn. avec une familiarité excessive, déplacée* trattare qc. con eccessiva familiarità, con una familiarità fuori luogo → **désinvolture, effronterie** # *parler à qqn. avec familiarité* parlare familiarmente a, con qc. **3** *au plur.* (*péj.*) DES FAMILIARITÉS [*façons trop libres, inconvenantes*] libertà, licenze: *prendre, se permettre des familiarités avec qqn.* prendersi, permettersi delle libertà, delle licenze con qc. → **liberté, privauté** Ⓒ 2 **réserve** 2.

familier, ière |familje, jɛʀ| **I** *s.m.* (*pas de f.*) **1** (amico*) intimo: *les familiers de Un tel* gli (amici) intimi di Tizio → **ami** **2** [*celui qui fréquente assidûment un lieu*] frequentatore **s.*, cliente abituale: *les familiers d'un club* i frequentatori abituali di un club → **habitué** **II** *adj.* **1** familiare, abituale: *voix familière* voce familiare; *vivre au milieu d'objets familiers* vivere circondato da oggetti familiari; *le mensonge lui est familier* la bugia gli è abituale; è abituato a dire bugie **2** [*accessible, simple*] affabile, familiare: *il n'est pas familier* è poco affabile ◇ (*péj.*) *manières trop familières* modi troppo familiari, confidenziali; *un domestique trop familier* un domestico dai modi troppo familiari **3** *mot familier* termine familiare; *langue, expression familière* lingua, espressione familiare Ⓒ II 2 **distant, respectueux.**

familièrement |familjɛʀmɑ̃| *adv.* [→ FAMILIER II 2] affabilmente, familiarmente: *ils causaient familièrement* chiacchieravano affabilmente; *traiter qqn. familièrement* trattare familiarmente qc. → **simplement.**

familistère |familistɛʀ| *s.m.* → **coopérative (de consommation).**

famille |famij| *s.f.* **I** **1** (*sens restreint*) famiglia: *fonder une famille* [*avoir un, des enfants*] creare una famiglia; *la Sainte Famille* la Sacra Famiglia: *être chargé de famille* avere una famiglia a carico # *pension de famille* pensione familiare; *chef de famille* capofamiglia ◇ (*plais.*) *promener toute sa petite famille* portare a spasso i marmocchi → **marmaille** ◇ *loc.* DES FAMILLES [*à l'usage des familles*] in famiglia: *un petit bridge des familles* un piccolo bridge in famiglia **2** (*sens large*) famiglia: *branches de la famille* rami della famiglia; *être de la même famille* essere della stessa famiglia, dello stesso sangue; *fête, dîner de famille* festa, cena in famiglia → **sang** # *nom de famille* cognome ◇ (*loc.*) *laver son linge sale en famille* lavare i panni sporchi in famiglia **3** (*par ext.*) famiglia, stirpe: *la famille royale* la famiglia reale; *la famille des Habsbourg* la famiglia degli Asburgo; *jeune homme de bonne famille* giovanotto di buona famiglia; *fils de famille* figlio di famiglia, di papà → **descendance** **II** (*fig.*) **1** (*avec un adj.*) famiglia, scuola: *famille littéraire* famiglia, scuola letteraria → **école** **2** (*sc.*) famiglia: *la famille des Bovidés, des Rosacées* la famiglia dei Bovidi, delle Rosacee **3** *famille de mots* famiglia di parole; *famille de langues* gruppo *m.*, ceppo *m.* linguistico*.

famine |famin| *s.f.* **1** [*disette générale d'aliments*] carestia: *les famines des Indes* le carestie dell'India **2** (*dans cer-*

taines expressions) [*faim*] miseria, fame: *crier famine* piangere miseria; *salaire de famine* stipendio da fame → **misère** Ⓒ 1 **abondance.**

1 **fan** |fan| *s.m.* (*angl.*) ammiratore* *s.*, fan (*s. inv.*): *les fans d'un chanteur* gli ammiratori, i fan di un cantante.

2 **fan** |fɑ̃| *s.m.* (*angl.*) (*aviat.*) soffiante *f.*, ventola *f.*

fana |fana| *adj.* (*fam.*) [*fanatique*] fanatico*: *elle en est fana* ne è fanatica → **fanatique** ✦ (*s.*) *un, une fana* un fanatico, una fanatica.

fanal, aux |fanal, o| *s.m.* **1** fanale: *fanal rouge de locomotive* fanale rosso di locomotiva; *fanaux de côté, de position* fanali di navigazione, di posizione → 1 **feu** **2** (*vx.*) [*lanterne*] lanterna (*cour.*): *circuler la nuit un fanal à la main* circolare di notte con una lanterna in mano → **falot, flambeau.**

fanatique |fanatik| *adj.* **1** fanatico*: *extrémiste fanatique* estremista fanatico ✦ (*s.*) *les excès des fanatiques* gli eccessi dei fanatici → **exalté** **2** FANATIQUE DE: *il est fanatique de musique* è fanatico per la musica, è appassionato di musica → **passionné, fou** ✦ (*s.*) *un fanatique du football* un fanatico, un appassionato del calcio → **fana.**

fanatiquement |fanatikmɑ̃| *adv.* [→ FANATIQUE] fanaticamente: # *être fanatiquement dévoué à qqn.* essere ciecamente attaccato a qc.

fanatiser |fanatize| *v.tr.* [*rendre fanatique*] fanatizzare: *fanatiser les foules, le public* fanatizzare le folle, il pubblico.

fanatisme |fanatism(ə)| *s.m.* fanatismo.

fanchon |fɑ̃ʃɔ̃| *s.f.* (*région.*) [*fichu, mouchoir posé sur la tête et noué sous le menton*] fazzoletto *m.* (da testa).

fandango |fɑ̃dɑ̃go| *s.m.* (*esp.*) (*mus.*) fandango*: *des fandangos* dei fandanghi.

fane |fan| *s.f.* (*bot.*) gambo *m.* e foglia (di alcuni ortaggi): *fanes de carottes, de radis* gambi e foglie di carote, di ravanelli.

fané, ée |fane| *adj.* **1** [→ 1 FANER] appassito, avvizzito: *un bouquet fané* un mazzo di fiori appassito(i) **2** (*fig.*) *une beauté fanée* una bellezza sfiorita, appassita; *une étoffe, une toilette fanée* una stoffa sciupata, un abito sciupato # *couleur fanée* [*passée, très douce*] colore sbiadito → **flétri** Ⓒ 2 **vif.**

1 **faner** |fane| **A** *v.tr.* [*faire perdre* (*à une plante*) *sa fraîcheur*] fare (103) *intr.* appassire: *le vent chaud a fané les dernières roses* il vento caldo ha fatto appassire le ultime rose → 1 **flétrir, sécher** # *faner une étoffe* scolorire una stoffa **B** *v.pron.intr.* SE FANER [→ *tr.*] appassire (197) *intr.*, sfiorire (197) (*intr.*): *plante, fleur qui se fane* pianta, fiore che appassisce, sfiorisce → 1 **flétrir (se)** ◇ (*fig.*) *jeunesse qui se fane* giovinezza che appassisce, sfiorisce.

2 **faner** |fane| *v.tr.* [*retourner* (*un végétal fauché*) *pour faire sécher*] rivoltare, far (103) *intr.* seccare (l'erba falciata): *faner de la luzerne* rivoltare l'erba medica ✦ *absolt.* [*faire les foins*] fare il fieno.

faneur, euse |fanœʀ, øz| *s.* **1** *s.* [*personne qui fane*] chi rivolta l'erba per farla seccare **2** *s.f.* (*agric.*) *faneuse* voltafieno *m. inv.*

fanfare |fɑ̃faʀ| *s.f.* **1** [*air de mus. généralt. exécuté par des trompettes, des cuivres*] fanfara: *fanfare* (*militaire*) fanfara # *sonner le réveil en fanfare* suonare la sveglia ◇ (*fig., fam.*) *réveil en fanfare* [*réveil brutal*] brusco risveglio **2** [*orchestre*] banda, fanfara: *la fanfare municipale* la banda municipale.

fanfaron, onne |fɑ̃faʀɔ̃, ɔn| *adj.* [*qui se vante avec exagération*] spavaldo; fanfarone *s.*, spaccone (*s.*): *une attitude fanfaronne devant le danger* un atteggiamento spavaldo di fronte al pericolo ‖ *il est fanfaron* è un fanfarone, uno spaccone ✦ (*s.*) *faire le fanfaron* fare il fanfarone, lo spaccone → **bravache, crâneur, fendant** # *les propos fanfarons d'un Don Juan* le vanterie di un dongiovanni.

fanfaronnade |fɑ̃faʀɔnad| *s.f.* fanfaronata, spacconata, smargiassata: *ses fanfaronnades ne nous impressionnent pas* le sue fanfaronate, le sue smargiassate non ci impressionano affatto → **rodomontade, vantardise.**

fanfaronner |fɑ̃faʀɔne| *v.intr.* (*vieilli*) [*faire des fanfaronnades*] fare (103) *tr.*, dire (132) *tr.* spacconate; fare *tr.* lo spaccone → **vanter (se).**

fanfreluche |fɑ̃fʀəlyʃ| *s.f.* [*ornement léger de la toilette ou de l'ameublement* (*souvent péj.*)] fronzolo (*m.*): *il y a trop de fanfreluches sur cette robe* ci sono troppi fronzoli su questo vestito.

fange |fɑ̃ʒ| *s.f.* (*littér.*) [*boue presque liquide*] melma (*cour.*), fango* *m.* (*cour.*) ◇ (*fig.*) *on l'a traîné dans la fange* è stato trascinato nel fango.

fangeux, euse |fɑ̃ʒø, øz| *adj.* fangoso, melmoso: *mare fangeuse* stagno fangoso, melmoso → **boueux.**

fangothérapie |fɑ̃goteʀapi| *s.f.* (*méd.*) fangoterapia.

fanion |fanjɔ̃| *s.m.* [*petit drapeau*] gagliardetto, guidone: *fanion de la Légion* gagliardetto della Legione ◇ [*emblème d'une organisation*] gagliardetto: *fanion d'un club* gagliardetto di un circolo.

fanon |fanɔ̃| *s.m.* **1** [*repli de la peau sous le cou de certains animaux*] giogaia *f.*; barbiglio*, bargiglio*: *fanon de taureau* giogaia del toro ‖ *fanon de dindon* barbiglio, bargiglio del tacchino **2** (*zool.*) fanone: *les fanons de la baleine* i fanoni della balena **3** [*pendant de la mitre d'un évêque*] fanone.

fantaisie |fɑ̃tezi| *s.f.* **1** fantasia: *l'artiste a donné libre cours à sa fantaisie* l'artista ha dato (libero) corso alla sua fantasia **2** *loc.* DE FANTAISIE fantasia (*inv.*): *bijoux de fantaisie* gioielli fantasia # *uniforme de fantaisie* uniforme fuori ordinanza ✦ (*appos.*) *des boutons fantaisie* bottoni fantasia **3** [*œuvre d'imagination*] fantasia ◇ (*mus.*) *fantaisie chromatique et fugue de Bach* fantasia cromatica e fuga di Bach **4** [*désir, goût passager, singulier*] fantasia, capriccio* (*m.*): *il lui a pris la fantaisie de...* (+ *inf.*) gli è presa la fantasia, gli è venuto l'estro di... (+ *inf.*); *satisfaire, se passer une fantaisie* soddisfare, concedersi un capriccio → **caprice** **5** (*loc.*) *à, selon la fantaisie de qqn.* [*ce qui plaît à qqn.*] secondo il capriccio di qc. # *agir selon sa fantaisie* agire a modo proprio; *vivre à sa fantaisie* vivere come pare e piace; *à votre fantaisie* come vi pare; *il n'en fait qu'à sa fantaisie* non fa se non quello che gli pare → **goût, gré, 1 humeur** **6** [*originalité amusante, imagination dans les initiatives*] fantasia: *elle est pleine de fantaisie, elle a beaucoup de fantaisie* ha molta fantasia; *n'avoir aucune fantaisie* non avere nessuna fantasia; *vie, existence qui manque de fantaisie* vita, esistenza priva di fantasia → **originalité.**

fantaisiste |fɑ̃tezist(ə)| **I** *adj.* **1** [*qui agit à sa guise*] estroso: *cet étudiant est un peu trop fantaisiste* quello studente è un po' troppo estroso → **amateur, dilettante, fumiste** ✦ (*s.*) *c'est un fantaisiste* è un estroso **2** (*choses*) fantasioso: *nouvelle, interprétation fantaisiste* notizia, interpretazione fantasiosa **II** *s.* fantasista.

fantasia |fɑ̃tazja| *s.f.* (*équit.*) fantasia.

fantasmagorie |fɑ̃tasmagɔʀi| *s.f.* fantasmagoria.

fantasmagorique |fɑ̃tasmagɔʀik| *adj.* fantasmagorico*: *une apparition fantasmagorique* un'apparizione fantasmagorica → **fantastique.**

fantasmatique |fɑ̃tasmatik| *adj.* (*psycho.*) fantasma *inv.* (*après le subst.*).

fantasme |fɑ̃tasm(ə)| *s.m.* fantasma, illusione (*f.*): *vivre de fantasmes* vivere di illusioni, di fantasmi; *il a des fantasmes de richesse* ha illusioni di ricchezza → **imagination.**

fantasmer |fɑ̃tasme| *v.intr.* [*se laisser aller à des fantasmes*] fantasticare.

fantasque |fɑ̃task(ə)| *adj.* **1** [*qui est sujet à des sautes d'humeur*] lunatico*, bizzarro → **capricieux, changeant, lunatique** ✦ *s.* (*rare*) lunatico: *c'est un fantasque* è un lunatico **2** (*littér.*) (*choses*) [*bizzarre*] strano, bizzarro: *des figures fantasques* strane figure.

fantassin |fɑ̃tasɛ̃| *s.m.* [*soldat d'infanterie*] fante, fantaccino.

fantastique |fɑ̃tastik| **I** *adj.* **1** [*créé par l'imagination*] fantastico*: *être, animal fantastique* essere, animale fantastico; *conte fantastique* racconto fantastico → **fabuleux, imaginaire, surnaturel** # *cinéma fantastique et de science-fiction* cinema dell'orrore e di fantascienza **2** [*énorme, étonnant*] fantastico: *une réussite fantastique* un successo fantastico; *c'est fantastique!* è fantastico! **II** (*s.m.*) *le fantastique* il fantastico.

fantastiquement |fɑ̃tastikmɑ̃| *adv.* [→ FANTASTIQUE I 2] fantasticamente → **extraordinairement, terriblement.**

fantoche |fɑ̃tɔʃ| *s.m.* **1** fantoccio*, pupazzo → **pantin, polichinelle** **2** (*fig.*) [*personne sans consistance ni volonté*] fantoccio: *cet homme n'est qu'un fantoche* quest'uomo è solo un fantoccio ✦ (*appos.*) *un gouvernement fantoche* un governo fantoccio.

fantomatique |fɑ̃tɔmatik| *adj.* fantomatico* → **spectral.**

fantôme |fɑ̃tom| *s.m.* **1** fantasma: *maison hantée par les fantômes* casa abitata dai fantasmi; *apparaître, disparaître, s'évanouir comme un fantôme* apparire, scomparire, svanire come un fantasma → 2 **esprit, revenant, spectre** ◇ [*personne, animal très maigre*] fantasma **2** [*personnage ou chose qui hante l'esprit*] *les fantômes du passé* i fantasmi del passato; *les fantômes de l'imagination* i fantasmi dell'immaginazione; *se* *battre contre des fantômes* combattere contro i fantasmi, i mulini a vento → **illusion** **3** (*fig.*) *le train fantôme* il treno fantasma; *un gouvernement fantôme* un governo fantasma.

fanzine |fɑ̃zin| *s.m.* (*amér.*) [*petite revue spécialisée, destinée surtout aux amateurs de bandes dessinées, de science-fiction, etc.*] fanzine *f.inv.*

faon |fɑ̃| *s.m.* [*petit du cerf, du daim ou du chevreuil*] cerbiatto; piccolo (del daino, del capriolo): *une biche et son faon* una cerva e il suo cerbiatto.

faquir |fakiʀ| *s.m.* → **fakir.**

farad |faʀad| *s.m.* (*phys.*) farad *inv.*

faramineux, euse, (*rare*) **pharamineux, euse** |faʀaminø, øz| *adj.* (*fam.*) [*fantastique*] esorbitante, fantastico* → **étonnant, extraordinaire, prodigieux** ◇ (*par ext.*) *des prix faramineux* [*très élevés*] prezzi esorbitanti, astronomici.

farandole |faʀɑ̃dɔl| *s.f.* (*danse*) farandola.

faraud, aude |faʀo, od| *adj.* (*vx.*) [*fier*] fiero, altero ♦ (*s.*) *faire le faraud* [*crâner, faire le malin*] fare il furbo.

1 **farce** |faʀs(ə)| *s.f.* [*hachis d'aliments servant à farcir*] ripieno *m.*, farcia*.

2 **farce** |faʀs(ə)| *s.f.* **1** farsa ◇ (*fig., fam.*) *être le dindon de la farce* essere lo zimbello di tutti **2** (*fig.*) farsa: *la vie est une farce* la vita è una farsa; *cela tourne à la farce* sta diventando una farsa → **comédie** **3** [*tour plaisant qu'on joue à qqn.*] scherzo *m.*, tiro (*m.*): *une bonne farce* [*qui réussit*] uno scherzo ben riuscito, un bel tiro; *une mauvaise farce* un brutto scherzo, un brutto tiro; *élèves qui font des farces à leur maître* alunni che fanno degli scherzi al loro maestro **4** [*objet du commerce servant à faire une force*] scherzo (di carnevale) → **attrape, mystification,** 2 **niche.**

farceur, euse |faʀsœʀ, øz| *s.* [*personne qui plaisante et raconte des histoires pour mystifier*] burlone, mattacchione: *sacré farceur!* dannato burlone!; sempre in vena di scherzi! → **blagueur, plaisantin** ♦ (*adj.*) *elle est très farceuse* è una gran burlona *s.*

farci, ie |faʀsi| *adj.* **1** [*rempli de* (1) *farce*] farcito, ripieno: *tomates farcies* pomodori farciti, ripieni **2** (*péj.*) [*rempli de*] infarcito: *j'ai la tête farcie de ses histoires* ho la testa infarcita, piena delle sue storie; *il est farci de préjugés* è infarcito, pieno di pregiudizi → **bourré, plein.**

farcir |faʀsiʀ| **A** *v.tr.* **1** [*remplir, garnir de farce*] farcire (197): *farcir une volaille, des tomates* farcire un pollo, dei pomodori **2** (*fig., péj.*) infarcire (197): *farcir un écrit de citations* infarcire uno scritto di citazioni → **truffer, bourrer** **3** [*s'envoyer, se taper*] farsi (103) *pron.*; sobbarcarsi (*pron.*): *se farcir un bon repas* farsi una bella mangiata || *elle s'est farci tout le travail* si è sobbarcata tutto il lavoro **B** *v.pron. réfl.* (*pop.*) SE FARCIR *se farcir qqch.* [→ *tr.* 3] farsi q.c.; sobbarcarsi q.c. # *il faut se le farcir* (*choses, personnes*) [*il faut le supporter*] bisogna sciropparselo.

fard |faʀ| *s.m.* **1** [*produit qu'on applique sur le visage pour en changer l'aspect naturel*] trucco*, belletto, 'fard' (*inv.*): *fard gras, brillant, sec, mat* trucco grasso, brillante, secco, opaco → **maquillage** # *fard pour le teint* fondo tinta; *fard des joues* belletto per guance, 'fard'; *fard des lèvres* rossetto (per labbra); *fard à paupières* ombretto; *elle ne met pas de fard* non si trucca → **fond (de teint),** 1 **poudre** **2** *loc. adj. et adv.* (*fig.*) *sans fard* [*sans artifice*] senza fronzoli; francamente: *un discours sans fard* un discorso senza fronzoli || *parler sans fard* parlare francamente **3** (*fam.*) (*personnes*) *piquer un fard* [*rougir*] diventare rosso, arrossire.

fardage |faʀdaʒ| *s.m.* (*comm.*) il dissimulare *inv.* (merce scadente) sotto merce di buona qualità.

farde |faʀd(ə)| *s.f.* (*en Belgique*) [*chemise, dossier*] cartella, camicia*.

fardé, ée |faʀde| *adj.* [*qui a du fard, qu'on a fardé*] truccato, imbellettato: *femme très fardée* donna molto truccata; *des yeux fardés* occhi truccati → **fait.**

fardeau |faʀdo| *s.m.* **1** fardello: *un lourd, un pesant fardeau* un pesante fardello; *porter un fardeau sur ses épaules* portare un fardello sulle spalle → 1 **charge** **2** (*fig.*) peso, fardello: *le fardeau de ses responsabilités* il peso, il fardello delle proprie responsabilità; *le fardeau des dettes* il peso, il gravame dei debiti # *c'est un fardeau d'élever trois enfants* è pesante, duro allevare tre figli.

1 **farder** |faʀde| **A** *v.tr.* **1** [*mettre du fard à*] truccare, imbellettare: *farder un acteur* truccare un attore → **grimer, maquiller** **2** (*fig., littér.*) [*déguiser la véritable nature de* (*qqch.*)] mascherare, camuffare: *farder sa pensée* mascherare, camuffare il proprio pensiero ◇ (*comm.*) *farder sa marchandise* dissimulare merce scadente sotto merce di buona qualità → **embellir** **B** *v.pron. réfl.* SE FARDER [→ *tr.* 1] truccarsi, imbellettarsi: *cette jeune fille se farde trop, est trop fardée* questa ragazza si trucca troppo, è troppo truccata.

2 **farder** |faʀde| *v.intr.* **1** (*techn.*) [*se tasser, s'affaisser sous son propre poids*] cedere: *mur qui farde* muro che cede → **céder** **2** (*mar.*) [*se gonfler sous l'effet du vent*] gonfiarsi (*pron.*): *voile qui farde* vela che si gonfia.

farfadet |faʀfadɛ| *s.m.* [*esprit follet*] folletto.

farfelu, ue |faʀfəly| *adj.* (*fam.*) [*un peu fou, bizarre*] strambo, balzano: *il est farfelu* è strambo; *une idée farfelue* un'idea balzana, stramba.

farfouiller |faʀfuje| *v.intr.* (*fam.*) [*fouiller en bouleversant tout*] frugare, rovistare: *il farfouille dans mes affaires* fruga tra le mie cose → **fourgonner, fureter, trifouiller.**

fargues |faʀg(ə)| *s.f.pl.* (*mar.*) falchetta *sing.*

faribole |faʀibɔl| *s.f.* [*propos vain et frivole*] frivolezza, stupidaggine: *dire, conter des fariboles* dire, raccontare stupidaggini → **baliverne, bêtise.**

farinacé, ée |faʀinase| *adj.* farinaceo: *substances farinacées* sostanze farinacee → **farineux.**

farine |faʀin| *s.f.* **1** farina: *farine de blé, de maïs, de riz* farina di grano, di granturco, di riso; *farine lactée* farina lattea ◇ (*par ext.*) *farine de lin* farina di lino; *farine de poisson* farina di pesce **2** *fleur de farine* fior di farina ◇ (*loc.*) *séparer le son de la farine* separare la crusca dalla farina → **mouture** ◇ (*loc. fig.*) *des gens de même farine* persone della stessa risma, dello stesso stampo ~ (*fam.*) *se faire rouler dans la farine* farsi fregare (*pop.*).

fariner |faʀine| **A** *v.tr.* [*saupoudrer, enrober de farine*] infarinare **B** *v.intr.* [*prendre un aspect farineux*] squamarsi (*pron.*): *peau qui farine* pelle che si squama.

farineux, euse |faʀinø, øz| *adj.* **1** [*qui contient de la farine*] farinaceo: *légume farineux* legume farinaceo ♦ (*s.*) *un farineux* un farinaceo → **féculent** **2** [*couvert de farine*] farinoso: *pain dont la croûte est encore farineuse* pane la cui crosta è ancora farinosa **3** [*qui donne l'impression de la farine*] farinoso: *gruyère farineux* groviera farinoso; *chocolat farineux* cioccolata farinosa.

farlouse |faʀluz| *s.f.* → **pipit.**

farniente |faʀnjɛnte, faʀnjɑ̃t| *s.m.* [*douce oisiveté*] il dolce far niente (*inv.*): *aimer le farniente* amare il dolce far niente.

farouche |faʀuʃ| *adj.* **1** [*qui n'est pas apprivoisé*] selvatico*: *ces moineaux ne sont pas farouches* questi passeri non sono selvatici → **sauvage** **2** (*personnes*) poco socievole, scontroso: *un enfant farouche* un bambino poco socievole, scontroso → **insociable, misanthrope, sauvage** # *elle n'est pas farouche* [*elle ne repousse pas les amoureux*] non fa la scontrosa, è di facile approccio **3** [*d'une rudesse sauvage*] accanito: *c'est mon adversaire le plus farouche* è il mio più accanito avversario → **acharné** ◇ (*choses morales*) feroce, accanito: *un air farouche* un'aria feroce; *haine farouche* odio feroce; *opposer une farouche résistance* opporre una resistenza accanita, tenace → **acharné, tenace** C 1 **familier, sociable.**

farouchement |faʀuʃmɑ̃| *adv.* [→ FAROUCHE 3] tenacemente, fermamente: *il s'y est farouchement opposé* vi si è tenacemente, fermamente opposto; *il est farouchement décidé* è fermamente deciso → **violemment.**

fart |faʀ(t)| *s.m.* [*cire dont on enduit la semelle des skis*] sciolina *f.*

fartage |faʀtaʒ| *s.m.* [→ FARTER] sciolinatura *f.*

farter |faʀte| *v.tr.* [*enduire de fart*] sciolinare.

fascé, ée |fase| *adj.* (*blas.*) fasciato: *écu fascé d'argent et d'azur* scudo fasciato d'argento e d'azzurro.

fasciation |fasjɑsjɔ̃| *s.f.* (*bot.*) fasciazione.

fasciculaire |fasikylɛʀ| *adj.* (*bot.*) fascicolare.

fascicule |fasikyl| *s.m.* fascicolo, dispensa (*f.*): *publication par fascicules* pubblicazione in fascicoli, a dispense → **livraison.**

fasciculé, ée |fasikyle| *adj.* [*disposé en faisceau*] fascicolato ◇ (*bot.*) *racine fasciculée* radice fascicolata ◇ (*archit.*) *colonne fasciculée* colonna fascicolata, fascio polistilo.

fascinant, ante |fasinɑ̃, ɑ̃t| *adj.* affascinante, incantevole: *beauté fascinante* bellezza affascinante, incantevole ◇ (*fig.*) *un esprit, un être fascinant* una mente, un essere affascinante.

fascinateur, trice |fasinatœʀ, tʀis| *adj.* (*littér.*) → **fascinant.**

fascination |fasinɑsjɔ̃| *s.f.* **1** [→ FASCINER 1] affascinamento (*m.*): *pouvoir de fascination d'un hypnotiseur* potere di affascinamento di un ipnotizzatore **2** [*irrésistible séduction*] fascino *m.*; fascinazione (*littér.*): *la fascination du monde oriental* il fascino del mondo orientale; *la fascination de l'aventure* il fascino, il richiamo dell'avventura → **appel, 2 charme.**

fascine |fasin| *s.f.* fascina, fastello *m.* ◇ (*techn.*) *parapet de fascines* parapetto di fascine.

fasciner |fasine| *v.tr.* **1** [*maîtriser, immobiliser par la seule puissance du regard*] incantare, affascinare → **hypnotiser** **2** (*fig.*) *la ville fascine les paysans* la città affascina i contadini; *se laisser fasciner par des promesses* lasciarsi incantare da promesse → **captiver, charmer, séduire.**

fascisant, ante |faʃizɑ̃, ɑ̃t| *adj.* [*de tendance fasciste*] fascisteggiante.

fascisme |fas(ʃ)ism(ə)| *s.m.* **1** fascismo **2** (*par ext.*) *le fascisme hitlérien* il fascismo hitleriano.

fasciste |fas(ʃ)ist(ə)| **1** *s.* fascista **2** (*adj.*) *régime, dictature fasciste* regime, dittatura fascista; *mouvement néo-fasciste* movimento neofascista Ⓒ **antifasciste.**

faséole |fazeɔl| *s.f.* → **féverole.**

faseyer (8), **faseiller** |fazeje| *v.intr.* (*mar.*, *voiles*) [*battre au vent*] fileggiare → **ralinguer.**

1 **faste** |fast(ə)| fasto: *le faste d'une cérémonie* il fasto di una cerimonia; *le faste oriental* il fasto orientale → **apparat, luxe, 1 pompe** Ⓒ **simplicité.**

2 **faste** |fast(ə)| *adj.* **1** *jour faste* giorno fausto, fasto (*littér.*); *il considère le vendredi comme un jour faste* considera il venerdì come un giorno fausto **2** (*antiq. rom.*) *jour faste* giorno fasto Ⓒ **1 néfaste.**

fastes |fast(ə)| *s.m.pl.* **1** (*antiq. rom.*) fasti: *fastes consulaires* fasti consolari → **calendrier** **2** [*annales, histoire*] fasti.

fastidieusement |fastidjøzmɑ̃| *adv.* [→ FASTIDIEUX] fastidiosamente.

fastidieux, euse |fastidjø, øz| *adj.* fastidioso, noioso: *une énumération fastidieuse* una fastidiosa elencazione; *il est fastidieux, avec ses histoires* è noioso, con tutte le sue storie → **assommant, ennuyeux, insupportable** Ⓒ **amusant, intéressant.**

fastueusement |fastɥøzmɑ̃| *adv.* [→ FASTUEUX] fastosamente, sfarzosamente: *on l'a reçu fastueusement* è stato ricevuto fastosamente.

fastueux, euse |fastɥø, øz| *adj.* fastoso, sfarzoso: *un fastueux décor* un fastoso, uno sfarzoso scenario → **riche, somptueux** Ⓒ **simple.**

fat |fa(t)| *adj. m.* [*infatué, vaniteux*] fatuo *m. ou f.*, vanesio* (*m. ou f.*): *il est un peu fat* è un po' fatuo; *un air fat* un'aria fatua ✦ (*s.m.*) *quel fat!* che vanesio! → **avantageux** Ⓒ **modeste.**

fatal, ale, als |fatal| *adj.* **1** fatale: *le moment, l'instant fatal* il momento, l'attimo fatale; *un air fatal* un'aria fatale **2** (*littér.*) [*qui donne la mort*] fatale: *porter le coup fatal* dare il colpo fatale → **mortel** **3** [*qui a des effets désastreux*] fatale: *c'est une étourderie qui peut vous être fatale* è una distrazione che può esservi fatale → **funeste** ◇ (*par ext.*) *une femme fatale* [*qui séduit et perd les hommes*] una donna fatale **4** [*qui doit arriver inévitablement*] fatale: *il a refusé? oui, c'était fatal* ha rifiutato? sì, era fatale → **inévitable, obligatoire.**

fatalement |fatalmɑ̃| *adv.* [→ FATAL 4] fatalmente → **forcément, inévitablement.**

fatalisme |fatalism(ə)| *s.m.* fatalismo.

fataliste |fatalist(ə)| *s.* fatalista ✦ (*adj.*) *il est trop fataliste* è troppo fatalista; *attitude fataliste* atteggiamento fatalista, fatalistico*.

fatalité |fatalite| *s.f.* **1** fatalità (*inv.*): *fatalité de la mort* fatalità della morte **2** [*force surnaturelle*] destino *m.*, fato *m.* (*littér.*): *c'est la fatalité!* è il destino! → **destin** **3** [*hasard malheureux*] fatalità: *je ne sais par quelle fatalité elle prit le bateau qui devait sombrer* non so per quale fatalità ha preso la nave che sarebbe poi naufragata → **malédiction.**

fatidique |fatidik| *adj.* fatidico*: *jour fatidique* giorno fatidico.

fatigabilité |fatigabilite| *s.f.* (*littér.*, *sc.*) affaticabilità *inv.* (*cour.*).

fatigant, ante |fatigɑ̃, ɑ̃t| *adj.* **1** [→ FATIGUER A 1] faticoso, pesante: *exercice fatigant* esercizio faticoso; *journée fatigante* giornata faticosa; *travail fatigant* lavoro pesante, faticoso **2** [*qui importune, lasse*] seccante, scocciante (*fam.*): *c'est fatigant de ne jamais trouver ce qu'on cherche* è seccante, scocciante non trovare mai quel che si cerca; *il est fatigant avec ses histoires* scoccia, rompe l'anima (*pop.*) con le sue storie → **ennuyeux, lassant** Ⓒ **1 reposant.**

fatigue |fatig| *s.f.* **1** fatica*, stanchezza: *grande fatigue* gran fatica; *légère fatigue* leggera stanchezza; *fatigue des jambes* stanchezza di gambe; *je tombe, je suis mort de fatigue* non mi reggo in piedi, sono stanco morto dalla fatica; *la fatigue du voyage* la fatica, la stanchezza del viaggio → **lassitude** # *fatigue générale* affaticamento generale **2** (*surtout au plur.*) *se remettre des fatigues du voyage* rimettersi dalle fatiche del viaggio **3** (*techn.*) fatica: *rupture par fatigue* rottura per fatica Ⓒ **1 détente, repos.**

fatigué, ée |fatige| *adj.* **1** [*dont l'activité est diminuée par suite d'un effort excessif*] affaticato, stanco*: *cœur fatigué* cuore affaticato; *cerveau fatigué* mente affaticata; *personne fatiguée* persona affaticata, stanca; *se sentir fatigué* sentirsi stanco → **épuisé, éreinté, fourbu** **2** (*choses, aspect*) tirato, stanco: *figure fatiguée* aspetto tirato; *un air fatigué* un'aria stanca → **tiré** **3** [*dérangé*] fuori posto *loc. inv.*, in disordine (*loc. inv.*): *avoir l'estomac, le foie fatigué* avere lo stomaco, il fegato fuori posto, in disordine **4** [*qui a beaucoup servi, a perdu sa fraîcheur*] malconcio*, malandato: *vêtements fatigués* abiti malconci; *souliers fatigués* scarpe malandate → **abîmé, défraîchi, usé** **5** FATIGUÉ DE stanco di, stufo di: *je suis fatigué d'attendre* sono stanco, stufo di aspettare; *être fatigué de qqn.* essere stanco, averne abbastanza di qc.

fatiguer |fatige| **A** *v.tr.* **1** [*causer de la fatigue à*] affaticare, stancare: *lecture qui fatigue les yeux* lettura che affatica, stanca gli occhi; *cette longue marche m'a fatigué* questa lunga marcia mi ha affaticato, stancato; *les études le fatiguent* lo studio lo affatica → **épuiser, éreinter** **2** (*sujet de personne*) stancare: *fatiguer son personnel, ses élèves* stancare il proprio personale, i propri alunni; *fatiguer son cheval* stancare il proprio cavallo; *fatiguer une bête en la poursuivant* stancare una bestia inseguendola → **forcer** ◇ (*agric.*) *fatiguer la terre, un arbre* stancare la terra, un albero ◇ (*fam.*) *fatiguer la salade* [*la remuer*] mescolare l'insalata **3** [*rebuter par l'ennui, par l'importunité*] annoiare, infastidire (197): *fatiguer ses auditeurs* annoiare gli ascoltatori; *fatiguer qqn. par des demandes, des plaintes répétées* infastidire, annoiare qc. con ripetute richieste, lamentele → **importuner, ennuyer, raser** **B** *v.intr.* **1** (*d'un mécanisme*) [*peiner*] faticare, arrancare: *le moteur fatigue dans la montée* il motore fatica, va sotto sforzo (*fam.*) in salita **2** (*sujet de choses*) [*subir des déformation dues à un trop grand effort*] cedere, piegarsi (*pron.*): *poutre qui fatigue sous une trop forte poussée* trave che cede, si piega sotto una spinta troppo forte → **déformer(se), plier** ◇ (*mar.*) *navire qui fatigue* nave che fatica **C** *v.pron. réfl.* **1** SE FATIGUER [→ *tr.* 1] affaticarsi, stancarsi: *se fatiguer en travaillant trop* affaticarsi, stancarsi a forza di lavorare # *il ne s'est pas trop fatigué* non si è certo ammazzato di fatica, sciupato; *je me fatigue à lui expliquer cela depuis deux heures* è da due ore che mi spolmono a spiegarglielo → **époumoner, fouler(se), lasser(se)** ◇ (*fam.*) [*faire des efforts inutiles*] affannarsi: *ne vous fatiguez pas (à mentir), je sais tout* non vi affannate (a dire bugie), so già tutto **2** SE FATIGUER DE [*avoir assez de, se lasser de*] stancarsi di, annoiarsi di, venire (202) *intr.* a noia: *on se fatigue des meilleures choses* ci si stanca anche delle cose più belle; anche le cose più belle vengono a noia; *on se fatigue d'aller au cinéma* ci si stanca di andare sempre al cinema Ⓒ A 1 **reposer** 1.

fatras |fatʀa| *s.m.* [*amas de choses sans valeur*] accozzaglia *f.*, farragine (*f.*): *un fatras de vieux papiers* una farragine di vecchie carte ◇ (*fig.*) *esprit encombré d'un fatras de connaissances mal assimilés* mente piena di un'accozzaglia, di una farragine di cognizioni mal assimilate.

fatuité |fatɥite| *s.f.* fatuità *inv.* → **infatuation, vanité** # *un air de fatuité* un'espressione fatua Ⓒ **modestie.**

fatum |fatɔm| *s.m.* (*littér.*) → **destin.**

fauber, faubert |fobɛʀ| *s.m.* (*mar.*) redazza *f.*

faubourg |fobuʀ| *s.m.* **1** [*quartiers périphériques d'une ville*] sobborgo* → **banlieue** ◇ (*fig.*) *les faubourgs* gli operai dei sobborghi, della periferia **2** [*quartiers d'une ville qui ont jadis été périphériques*] ⊠ *faubourg Saint-Germain* ⊠.

faubourien, ienne |foburjɛ̃, jɛn| *adj.* [*qui appartient aux faubourgs (de Paris)*] dei sobborghi *loc. inv.*, della periferia (di Parigi) (*loc. inv.*): *accent faubourien* accento dei sobborghi (di Parigi).

faucard |fokaʀ| *s.m.* (*agric.*) falce *f.* (col manico lungo).

fauchage |foʃaʒ| *s.m.* **1** [→ 2 FAUCHER A 1] falciatura (*f.*): *le fauchage d'un pré* la falciatura di un prato → **fauchaison** **2** (*artill.*) [*mécanisme de tir destiné à battre un terrain*] roncone.

fauchaison |foʃɛzɔ̃| *s.f.* [→ 2 FAUCHER A 1] falciatura ◇ [*époque ou sai-*

son où l'on fauche] falciatura → **fauchage, fenaison, moisson.**

fauche |foʃ| *s.f.* (*fam.*) [*le fait d'être sans argent*] bolletta: *plus un sou, c'est la fauche* manco una lira, siamo in bolletta, al verde ◇ [*chose fauchée, volée*] *de la fauche* bottino *m.*, refurtiva.

fauché, ée |foʃe| *adj.* **1** [*qu'on a fauché*] mietuto, falciato: *blés fauchés* frumento mietuto; *pré fauché* prato falciato **2** (*fam.*) [*sans argent*] squattrinato, in bolletta *loc.inv.*, al verde (*loc. inv.*): *je suis fauché comme les blés* sono al verde, sono in bolletta ✦ *s.* spiantato, squattrinato: *ce sont des fauchés* sono degli spiantati, degli squattrinati.

1 **faucher** |foʃe| *v.tr.* (*fam.*) [*voler*] fregare, soffiare: *on m'a fauché mon portefeuille* mi hanno fregato, sgraffignato il portafoglio; *il lui a fauché sa femme* gli ha soffiato la moglie → 1 **prendre,** 2 **barboter, chiper.**

2 **faucher** |foʃe| **A** *v.tr.* **1** [*couper avec une faux, une faucheuse*] falciare, mietere: *faucher l'herbe, le foin* falciare l'erba, il fieno; *faucher une prairie* falciare un prato; *faucher des céréales, du blé* mietere cereali, grano → **moissonner** ✦ (*absolt.*) *il est temps de faucher* è tempo di mietere ◇ (*fig.*, *fam.*) *faucher l'herbe sous les pieds de qqn.* fare lo sgambetto a qc. **2** [*faire tomber*] falciare, abbattere: *soldats fauchés par le tir des mitrailleuses* militari falciati dal tiro delle mitragliatrici → **abattre,** 2 **coucher** ◇ (*fig.*) *fauchés par la mort* falciati dalla morte **B** *v.intr.* **1** [*marcher en décrivant un demi-cercle avec la jambe*] falciare, sbalestrare: *cheval qui fauche* cavallo che falcia **2** (*artill., chasse*) [*donner à une arme un mouvement de va-et-vient horizontal*] falciare: *tirer en fauchant* sparare falciando.

faucheur, euse |foʃœʀ, øz| *s.* [*personne qui fauche*] falciatore* ◇ (*par métaph., littér.*) *la Faucheuse* la Morte.

faucheur |foʃœʀ|, **faucheux** |foʃø| *s.m.* (*t.zool.*) [*insecte voisin de l'araignée*] falangio*, opilione ◇ (*fam.*) *avoir des jambes de faucheux* avere le gambe (magre) come stecchi, come trampoli.

faucheuse |foʃøz| *s.f.* (*agric.*) falciatrice: *il conduisait la faucheuse* guidava la falciatrice → **moissonneuse.**

faucille |fosij| *s.f.* falce, falcetto (*m.*): *moissonner à la faucille* mietere con la falce → **serpe** ◇ (*fig.*) *la faucille et le marteau* (la) falce e (il) martello.

faucon |fokɔ̃| *s.m.* **1** (*t.zool.*) falco*; falcone: *le faucon est un rapace diurne* il falco è un rapace diurno ‖ *chasse au faucon* caccia col falcone; *apprivoiser, dresser un faucon* addomesticare, ammaestrare un falcone → **fauconnerie,** 1 **volerie** ◇ (*fig., polit.*) *les faucons et les colombes* i falchi e le colombe **2** → **fauconneau** 2.

fauconneau |fokɔno| *s.m.* **1** [*jeune faucon*] falchetto, falconetto **2** (*ancienn.*) [*petit canon léger des XVIe et XVIIe s.*] falconetto.

fauconnerie |fokɔnʀi| *s.f.* **1** falconeria, caccia* col falco: *fauconnerie de haut vol* caccia con falconi, con falchi da logoro; *fauconnerie de bas vol* caccia con falchi di basso volo → **volerie** **2** [*art d'élever ou de dresser les oiseaux de proie*] falconeria **3** [*lieu où l'on élève les faucons*] falconara (*vx.*).

fauconnier |fokɔnje| *s.m.* falconiere.

faufil |fofil| *s.m.* [*fil passé en faufilant*] (filo dell')imbastitura *f.*

faufilage |fofilaʒ| *s.m.* [→ FAUFILER A] imbastitura *f.*

faufiler |fofile| **A** *v.tr.* [*coudre à grands points pour maintenir provisoirement les parties d'un ouvrage*] imbastire (197): *faufiler un ourlet, une manche* imbastire un orlo, una manica → **bâtir** ◇ (*fig.*) [*introduire adroitement*] introdurre (108), inserire (197) abilmente: *parmi ces pièces d'argent il en a faufilé une fausse* fra quelle monete d'argento ne ha introdotta una falsa **B** *v. pron. réfl.* SE FAUFILER [*passer, se glisser adroitement à travers*] intrufolarsi, infilarsi: *un resquilleur qui se faufile entre les files d'attente* un portoghese che si intrufola nella coda (di persone che aspettano) → 1 **couler (se), glisser (se)** # *une moto qui se faufile dans la circulation* una moto che si districa nel traffico.

1 **faune** |fon| *s.m.* (*mythol.*) fauno.

2 **faune** |fon| *s.f.* **1** fauna: *la faune et la flore des Alpes* la fauna e la flora delle Alpi # *faune ailée* alifauna **2** (*péj.*) (*personnes*) *la faune de Saint-Germain-des-Prés* la fauna di Saint-Germain-des-Prés.

faunesque |fonɛsk(ə)| *adj.* (*littér.*) faunesco*: *visage faunesque* viso faunesco.

faunique |fonik|, **faunistique** |fonistik| *adj.* (*sc.*) faunistico*.

faunistique |fonistik| *s.f.* (*sc.*) faunistica*.

faussaire |fosɛʀ| *s.* falsario*, falsificatore*: *faussaire qui fabrique des billets de banque* falsario che fabbrica biglietti di banca; *faussaire qui imite une signature* falsario, falsificatore che imita una firma.

faussement |fosmɑ̃| *adv.* **1** [→ FAUX I 1] falsamente, ingiustamente: *être faussement accusé de vol* essere falsamente, ingiustamente accusato di furto **2** [→ FAUX I 2] erroneamente, falsamente: *se persuader faussement d'une chose* convincersi erroneamente, falsamente di una cosa **3** (*devant un adj.*) [*d'une manière affectée, simulée*] apparentemente: *un ton faussement indifférent* un tono apparentemente indifferente, di falsa indifferenza # *un air faussement modeste* un'espressione, un'aria di falsa modestia.

fausser |fose| **A** *v.tr.* **1** [*rendre faux; déformer la vérité, l'exactitude de*] falsare, svisare: *erreur qui fausse un calcul* errore che falsa un calcolo → 1 **altérer, dénaturer** **2** [*deformer (qqch.); faire perdre sa justesse*] distorcere (189), deformare: *fausser l'esprit de qqn.* distorcere, deformare la mente di qc.; *ces lectures lui ont faussé le jugement* queste letture hanno distorto il suo giudizio **3** [*déformer (un objet) par une pression excessive*] storcere (189); forzare: *fausser une clé* storcere una chiave ‖ *fausser une serrure* forzare una serratura → **forcer, tordre** **4** *loc.* FAUSSER COMPAGNIE, (LA) POLITESSE À QQN. [*le quitter brusquement*] piantare in asso qc. **B** *v.pron. intr.* SE FAUSSER [→ *tr.* 2] alterarsi; deformarsi: *sa voix se faussait un peu* la sua voce si era un po' alterata.

1 **fausset** |fosɛ| *s.m.* VOIX DE FAUSSET [*voix suraiguë*] falsetto, voce *f.* di testa: *chanter en fausset* cantare in falsetto Ⓒ **basse.**

2 **fausset** |fosɛ| *s.m.* (*techn.*) zipolo.

fausseté |foste| *s.f.* **1** falsità (*inv.*): *démontrer la fausseté d'une accusation* dimostrare la falsità di un'accusa **2** [*mensonge*] falsità, inganno *m.* → **déloyauté, dissimulation, hypocrisie** Ⓒ 1 **justesse, véracité;** 2 **franchise.**

1 **faute** |fot| *s.f.* [*manque*] mancanza ◇ *loc. prép.* FAUTE DE [*par manque de*] per, in mancanza di, per insufficienza di: *il fut relâché, faute de preuves* fu rilasciato per (in) mancanza, per insufficienza di prove ◇ (*prov.*) *faute de grives, on mange des merles* [*on se contente de ce qu'on a*] in mancanza di cavalli, trottano gli asini ◇ (+ *inf.*) *faute d'y être allés, vous n'imaginez pas comment c'est* non essendoci stati, se non ci siete stati, non potete immaginare com'è ◇ *loc.* SANS FAUTE [*à coup sûr, certainement*] senza fallo, senz'altro, senza meno: *venez demain, sans faute* venite domani, senza fallo, senz'altro; *sans faute, je serai là à midi* ci sarò senz'altro, senza meno a mezzogiorno ~ NE PAS SE FAIRE FAUTE DE [*ne pas manquer de*] non mancare di: *il ne s'est pas fait faute d'en parler* non ha mancato di parlarne # *il ne s'est pas fait faute de le critiquer* non ha perso l'occasione di criticarlo.

2 **faute** |fot| *s.f.* **1** [*manquement à la règle morale, au devoir; mauvaise action*] colpa, mancanza: *faute vénielle* colpa, mancanza veniale; *commettre, faire une faute* commettere una mancanza, fare uno sbaglio; *avouer sa faute* ammettere, confessare la propria colpa → **méfait** # *prendre, surprendre qqn. en faute* cogliere qc. in fallo ◇ (*relig.*) peccato *m.*, colpa: *confesser ses fautes* confessare i propri peccati ◇ *loc. prov. faute avouée est à moitié pardonnée* peccato confessato è mezzo perdonato ◇ (*dr.*) colpa: *faute civile, pénale* colpa civile, penale # *faute contractuelle* inadempienza contrattuale **2** [*manquement à une règle, à un principe*] errore *m.*, sbaglio* (*m.*): *lourde faute, faute grossière* errore, sbaglio madornale, grossolano; *faute commise par bêtise, par maladresse* (*par négligence*) errore commesso per stupidità, per imperizia; *faute d'étourderie, d'inattention* errore di distrazione; *fautes d'ortographe* errori di ortografia; *fautes de langage* errori di lingua; *faire cinq fautes dans une dictée* fare cinque errori in un dettato; *fautes de frappe* errori di battuta; *faute d'impression, faute typographique* errore di stampa → **errata,** 2 **coquille** # *liste de fautes* errata ◇ (*tennis*) fallo (*m.*): *faute de pied* fallo di piede; *double faute* doppio fallo ✦ (*absolt.*) *faute !* fallo!; *faute* [*dehors*] out *adv.* **3** [*manière d'agir maladroite, imprudente*] errore: *le meurtrier a commis une faute en retournant sur les lieux du crime* l'assassino ha commesso un errore ritornando sul luogo del delitto → **erreur, maladresse** **4** (*dans des expressions*) [*responsabilité d'une action*] colpa: *c'est (de) sa faute, c'est bien (de) sa faute* è (per) colpa sua, è soltanto (per) colpa sua; *c'est la faute de son frère* è colpa di suo fratello; *tout est de ma, sa faute* è tutta colpa mia, sua # *ce n'est vraiment pas sa faute s'il a si bien réussi* [*il n'y est pour rien*] non è certo (per) merito suo se è riuscito ◇ *loc.* PAR LA FAUTE DE per colpa di: *c'est arrivé par la faute de son*

frère, par sa faute è successo, accaduto per colpa di suo fratello, per colpa sua ◇ (*avec 'à' renforçant le poss.*) *est-ce ma faute, à moi?* è forse colpa mia?; *à qui la faute?* di chi è la colpa?

fauter |fote| *v.intr.* (*fam.*, *vx.*) [*se laisser séduire, se donner* (*en parlant d'une femme*)] cedere (*cour.*), darsi (102) *pron.* (*cour.*).

fauteuil |fotœj| *s.m.* **1** [*siège à dossier et à bras pour une personne*] poltrona (*f.*): *fauteuil rembourré* poltrona imbottita; *s'asseoir dans un fauteuil* sedersi in (una) poltrona; *fauteuil roulant pour malade* poltrona a rotelle per ammalati; *tomber, s'affaler, se carrer dans un fauteuil* lasciarsi cadere, sprofondare, sistemarsi a proprio agio in una poltrona # *fauteuil de toile, pliant* sedia a sdraio, sdraia; *fauteuil à bascule* sedia a dondolo → **transatlantique, berceuse** ◇ (*théât.*) *fauteuil d'orchestre* poltrona di platea **2** *fauteuil d'académicien* seggio*, posto di accademico # *siéger au fauteuil, occuper le fauteuil* [*présider*] sedere alla presidenza, presiedere ◇ *loc. fam.* (*sport*) *il est arrivé dans un fauteuil* [*il est arrivé premier sans peine*] ha vinto in carrozza.

fauteur, trice |fotœʀ, tʀis| *s.* [*personne qui favorise qqch. de blâmable*] fomentatore*, istigatore*: *fauteur de désordre* fomentatore di disordini; *fauteur de rébellions* istigatore di rivolte # *fauteur de troubles* sobillatore; *fauteur de guerre* guerrafondaio → **provocateur.**

fautif, ive |fotif, iv| *adj.* **1** [*qui est en faute*] in colpa *loc. inv.*, colpevole: *il se sentait fautif* si sentiva in colpa, colpevole → **coupable** ✦ (*s.*) *c'est lui le fautif dans cette affaire* è lui il colpevole in questa faccenda **2** (*choses*) [*qui renferme des fautes, des défauts*] errato, inesatto: *calcul fautif* calcolo errato; *citation fautive* citazione inesatta → **erroné** Ⓒ 1 **innocent**; 2 **correct, exact.**

fautivement |fotivmɑ̃| *adv.* [→ FAUTIF 2] in modo errato *loc. inv.*, sbagliato.

fauve |fov| **I** *adj.* **1** (*se dit des animaux féroces*) feroce → **féroce, sauvage** ✦ (*s.m.*) *un fauve* una belva *f.*, una bestia *f.* feroce, una fiera *f.* (*littér.*) # *chasse aux fauves, aux grands fauves* caccia grossa **2** [*d'un jaune tirant sur le roux*] fulvo, rossiccio*: *ton, couleur fauve* tono fulvo, colore rossiccio # *cheval fauve* cavallo baio **3** *odeur fauve* [*forte et animale*] odore di selvatico **II** (*s.m. pl.*) *les Fauves* [*école fr. de peinture*] i 'Fauves' ✦ (*adj.*) *la période fauve de Matisse* il periodo 'fauve' *inv.* di Matisse → **fauvisme.**

fauverie |fovʀi| *s.f.* [*lieu clos où vivent les grands fauves dans un zoo*] serraglio* *m.* (di belve, di bestie feroci).

fauvette |fovɛt| *s.f.* (*t.zool.*) silvia ~ *fauvette des Alpes, des roseaux* canareccione *m.* → **rousserolle** ~ *fauvette à tête noire* capinera ~ *fauvette grisette* sterpazzola.

fauvisme |fovism(ə)| *s.m.* fauvismo.

faux |fo| *s.f.* **1** falce **2** (*anat.*) falce: *faux du cerveau, du cervelet* falce del cervello, del cervelletto; *grandes, petites faux du peritoine* grandi, piccole falci del peritoneo.

faux, fausse |fo, fos| **I** *adj.* **1** [*qui n'est pas vrai*] falso, sbagliato: *c'est faux!* è falso!, è sbagliato!; *un faux bruit* una falsa diceria, false voci; *faux témoignage* falsa testimonianza; *un faux témoin* un testimonio falso; *une date fausse* una data sbagliata, inesatta; *un résultat faux* un risultato sbagliato, falso → **erroné**; *avoir des idées fausses sur une question* avere di un problema un'idea sbagliata ◇ *loc.* IL EST FAUX QUE (+ *subj.*) non è vero, è falso che (+ *ind.*): *il est faux que vous m'ayez vu là, je n'y étais pas* non è vero che mi avete visto lì, non c'ero ~ IL EST FAUX DE (+ *inf.*) è sbagliato (+ *inf.*), non è giusto (+ *inf.*): *il est faux de croire* è sbagliato credere, non è giusto credere **2** (*choses*) [*qui n'est pas vraiment ce qu'il paraît être ou veut paraître*] falso, finto: *perles fausses* perle false, finte ◇ (*le plus souvent devant le nom*) *une fausse maigre* una falsa magra; *fabriquer de la fausse monnaie* coniare monete false; fabbricare moneta falsa; *fausses clefs* chiavi false; *faux nom* falso nome; *faux papiers* documenti falsi; *faux passeport* passaporto falso; *fausse fenêtre* finestra finta # *fausses cartes* carte truccate; *un faux ménage* un concubinato; *faux semblant* apparenza fallace, finzione; *de fausses raisons* finte ragioni, scuse; *faux motifs* motivi infondati ◇ (*personnes*) falso: *faux prophète* falso profeta; *un homme faux* un falso (s.); *il est faux comme un jeton*, (*fam.*) *c'est un faux jeton* è falso come Giuda # *il a l'air, le regard faux* ha un'aria, uno sguardo ambiguo; (*fam.*) *c'est un faux frère* è un Giuda; (*littér.*) *un faux ami* [*mots qui n'ont pas le même sens dans deux langues tout en paraissant semblables*] ⊠ **3** [*qui n'est pas ce qu'on le nomme*] (*'faux' s'emploie devant un grand nombre de noms de choses pour marquer une désignation impropre ou approximative*) *fausse couche* aborto spontaneo; *faux col* solino, colletto (staccabile); *faux plafond, faux plancher* controsoffitto, soppalco; *faux frais* spese accessorie, minute; piccole spese ◇ (*personnes*) *un faux savant* un sapientone, un saccentone; *un faux grand homme* un pallone gonfiato **4** [*qui n'est pas naturel* (*à qqn.*)] finto: *porter une fausse barbe* portare una barba finta → **emprunté, postiche** **5** [*qui n'est pas justifié, fondé*] infondato, vano: *fausse crainte* timore infondato; *fausses espérances* speranze vane → **vain** # *une fausse alerte, une fausse alarme* un falso allarme; *un faux problème* un falso problema, un problema inesistente **6** [*qui n'est pas comme il doit être*] falso, sbagliato: *faire un faux pas, un faux mouvement* fare un passo falso, un movimento falso; *faire fausse route* imboccare la strada sbagliata, battere una cattiva strada # *être dans une situation fausse* essere in una situazione equivoca → **équivoque** **7** (*esprit, facultés*) *avoir le jugement faux, le goût faux, l'esprit faux* non avere capacità di giudizio, non avere buon senso ◇ (*par ext.*) sbagliato, inesatto: *statistique fausse* statistica inesatta; *argument, raisonnement faux* argomentazione sbagliata, ragionamento sbagliato; *votre opération est fausse* la vostra operazione è sbagliata; *faire un faux sens* dare un'interpretazione sbagliata → **inexact** **8** [*qui n'est pas naturel, vraisemblable* (*dans une œuvre*)] falso: *ses personnages sont faux, ses descriptions sont fausses* i suoi personaggi sono falsi, le sue descrizioni sono false; *couleur fausse, ton faux* colore, tono falso **9** [*qui n'est pas dans le ton juste, qui manque d'harmonie*] falso, scordato, stonato: *fausse note* nota falsa; *avoir la voix fausse* avere la voce stonata; *ce piano est faux* questo piano è scordato ✦ (*adv.*) *chanter faux* essere, cantare stonato; *jouer faux*: (*personnes*) stonare (nel suonare); (*instruments*) essere scordato → **détonner** **10** *loc. adv.* À FAUX (*se dit d'une pièce ne portant pas directement sur son point d'appui*) non in sesto, non in equilibrio # *être placé en porte à faux* trovarsi in equilibrio instabile ◇ [*à tort, injustement*] ingiustamente *adv.*, a torto: *accuser à faux* accusare ingiustamente, a torto → **faussement** **II** *s.m.* **1** [*ce qui est faux*] falso: *discerner le vrai d'avec le, du faux* discernere il vero dal falso # *vivre, se complaire dans le faux* vivere, provare soddisfazione nella falsità → **illusion, mensonge** **2** [*contrefaçon ou falsification d'un écrit*] falso: *faux en écriture* falso in scrittura; *faire, commettre un faux* commettere un falso; *ce testament est un faux* questo testamento è un falso; *faux intellectuel* falso ideologico ◇ (*fig.*) *s'inscrire en faux contre...* opporre una smentita a... **3** [*pièce artistique ou rare qui est fausse*] falso: *ce tableau est un faux* questo quadro è un falso; *votre Vermeer est un faux* il vostro Vermeer è un falso Ⓒ **I juste** I.

faux-bourdon |foburdɔ̃| *s.m.* (*mus.*) falsobordone.

faux-filet |fofilɛ| *s.m.* (*bouch.*) controfiletto: *un bifteck dans le faux-filet* una bistecca di controfiletto.

faux-fuyant |fofɥijɑ̃| *s.m.* [*échappatoire, prétexte*] sotterfugio*, scappatoia (*f.*): *chercher vainement des faux-fuyants* cercare invano sotterfugi, scappatoie.

faux-monnayeur |fomɔnɛjœʀ| *s.m.* [*celui qui fabrique de la fausse monnaie*] falsario* *s.* (di monete).

faux-plat |fopla| *s.m.* (*géogr.*) falsopiano: *des faux-plats* dei falsopiani.

I **faveur** |favœʀ| *s.f.* **1** UNE FAVEUR favore (*m.*): *il le combla de faveurs* lo colmò di favori → **bienfait** ◇ *au plur.* (*littér., euphémisme*) favori: *elle lui accorde ses faveurs* [*elle a des relations intimes avec lui*] (lei) gli concede i propri favori # *les dernières faveurs* [*le fait pour une femme de se donner à un homme*] la prova d'amore **2** [*bienfait, décision indulgente qui avantage qqn.*] favore, piacere (*m.*): *accorder une faveur* accordare un favore, fare un piacere; *demander, solliciter une faveur* chiedere un favore, un piacere; *faites-moi la faveur d'intervenir pour moi auprès du ministre* mi faccia il favore di intervenire per me presso il ministro ◇ *loc.* DE FAVEUR di favore: *un traitement de faveur* un trattamento di favore **3** [*le pouvoir acquis auprès de qqn.*] favore: *il a gagné la faveur du public, du pays* si è guadagnato il favore del pubblico, il consenso del paese → **considération** ◇ *loc.* EN FAVEUR favorito *adj.*, prediletto (*adj.*): *un courtisan en faveur* un cortigiano favorito, prediletto **4** *loc. prép.* EN FAVEUR DE [*en considération de*] in considerazione di: *on lui a pardonné en faveur de sa belle conduite* gli hanno perdonato in considerazione del suo buon comportamento ◇ (*spécialt.*) *en ma faveur, en ta faveur* in mio favore, in tuo favore; [*au profit, au bénéfice, dans l'intérêt de*] in, a favore di: *le jugement a été rendu en votre faveur* il giudizio è stato emesso in vostro favore, il giudizio vi è stato favorevole; *il s'est déclaré en faveur de mon projet* si è dichiarato a favore del, favorevole al mio progetto ~ *loc. prép.* À LA FAVEUR DE [*en profitant de*] col favore di: *il s'est enfui à la faveur de la nuit* è fuggito col favore delle tenebre → 1 **grâce.**

2 **faveur** |favœʀ| *s.f.* [*ruban*] nastro (*m.*): *paquet noué d'une faveur rose* pacchetto legato con un nastro rosa.

favisme |favism(ə)| *s.m.* (*méd.*) favismo.

favorable |favɔʀabl(ə)| *adj.* **1** favorevole: *il a été favorable à mon projet* è stato favorevole al mio progetto **2** [*qui est à l'avantage de qqn. ou de qqch.*] favorevole, propizio*: *circonstances favorables* circostanze favorevoli; *cette plante a trouvé un terrain favorable pour se développer* questa pianta ha trovato un terreno favorevole, propizio al proprio sviluppo; *le moment était favorable pour lui parler* era il momento propizio per parlargli → **opportun, bon** # *sa demande a reçu un accueil favorable* la sua domanda ha avuto favorevole accoglienza, è stata accolta favorevolmente [C] 1 **hostile.**

favorablement |favɔʀabləmɑ̃| *adv.* [→ FAVORABLE 2] favorevolmente: *ma demande a été accueillie favorablement* la mia domanda è stata accolta favorevolmente.

favori, ite |favɔʀi, it| **I** *adj.* **1** [*qui plaît particulièrement à qqn.*] preferito, favorito: *mes lectures favorites* le mie letture preferite; *Balzac est son auteur favori* Balzac è il suo autore preferito ✦ (*s.*) *c'est son favori* è il suo favorito; *c'est le favori de maman* è il cocco di mamma → **préféré, chouchou** **2** [*qui est considéré comme le gagnant probable*] favorito: *il est parti favori* è partito favorito, è partito col favore del pronostico *loc. inv.* **II** *s.* **1** *le favori d'un ministre, d'un roi* il favorito di un ministro, di un re → **favorite** **2** (*hippol., cour.*) favorito: *il a joué le favori* ha puntato sul favorito; *les favoris et les outsiders* i favoriti e gli outsider.

favoris |favɔʀi| *s.m.pl.* [*touffe de poils qu'on laisse pousser sur la joue*] fedine *f.*, favoriti: *il porte des favoris* (egli) porta le fedine, i favoriti.

favoriser |favɔʀize| *v.tr.* **1** [*agir en faveur de*] favorire (197), sostenere (188): *favoriser un parti, une entreprise* favorire, sostenere un partito, un'impresa; *l'examinateur a favorisé ce candidat* l'esaminatore ha favorito quel candidato; *favoriser un débutant* favorire, sostenere un principiante → **aider, avantager** **2** (*choses*) [*être favorable à qqn.*] favorire: *les événements l'ont favorisé* gli eventi lo hanno favorito ✦ (*au p.p.*) *des hommes favorisés par le talent* uomini favoriti dal talento **3** [*aider, contribuer au développement, au succès de* (*qqch.*)] favorire: *la faiblesse du pouvoir favorisa l'insurrection* la debolezza del potere favorì l'insurrezione; *l'obscurité a favorisé sa fuite* l'oscurità ha favorito la sua fuga; *favoriser l'éclosion d'un sentiment* favorire lo sbocciare di un sentimento → **faciliter** **4** (*littér.*) *la nature l'a favorisé de ses dons* la natura gli ha elargito i propri doni.

favorite |favɔʀit| *s.f.* favorita: *madame de Pompadour, favorite de Louis XV* madame de Pompadour, favorita di Luigi XV → **favori** II 1.

favoritisme |favɔʀitism(ə)| *s.m.* favoritismo → **népotisme.**

favus |favys| *s.m.* (*méd.*) favo.

fayard |fajaʀ| *s.m.* (*région.*) → **hêtre.**

1 **fayot** |fajo| *s.m.* (*pop.*) [*haricot sec*] fagiolo (secco*) (*cour.*): *un gigot avec des fayots* un cosciotto d'agnello con fagioli.

2 **fayot** |fajo| *s.m.* (*arg. milit., péj.*) [*sous-officier rengagé*] firmaiolo ◇ [*militaire, employé qui fait du zèle*] (tipo) zelante (*cour.*): *c'est un fayot* è uno zelante, un tipo zelante ✦ (*adj.*) *ce qu'il peut être fayot!* com'è zelante!

fayottage |fajɔtaʒ| *s.m.* [→ FAYOTTER] zelo → **zèle.**

fayot(t)er |fajɔte| *v.intr.* (*arg. milit.*) [*faire du zèle*] fare (103) *tr.* lo zelante, essere (96) (*aux.* essere) zelante: *fayotter pour se faire bien voir* fare lo zelante per mettersi in mostra.

fazenda |fazɛnda| *s.f.* (*port.*) fazenda *inv.*

féal, ale, aux |feal, o| *s.m.* (*littér., plais.*) [*partisan, ami dévoué et fidèle*] seguace fedele, amico fidato.

fébricule |febʀikyl| *s.f.* (*méd.*) febbricola, febbretta, febbriciattola.

fébrifuge |febʀifyʒ| *adj.* febbrifugo*, antipiretico* → **antipyrétique** ✦ (*s.*) *l'aspirine est un fébrifuge* l'aspirina è un febbrifugo, un antipiretico.

fébrile |febʀil| *adj.* **1** (*méd., cour.*) febbrile; di, della febbre (*loc.*): *pouls fébrile* polso febbrile; *état fébrile* stato febbrile → **fiévreux** # *il est fébrile* è febbricitante, ha un po' di febbre **2** [*qui manifeste une agitation excessive*] febbrile: *mouvements fébriles* movimenti febbrili → **excité** # *personne fébrile* persona nervosa → **énervé, nerveux.**

fébrilement |febʀilmɑ̃| *adv.* [→ FÉBRILE 2] febbrilmente.

fébrilité |febʀilite| *s.f.* [*état d'excitation, d'agitation intense*] agitazione febbrile, eccitazione (frenetica): *elle préparait ses effets avec fébrilité* preparava i propri effetti personali in preda all'agitazione, all'eccitazione → **excitation, fièvre, nervosité.**

fécal, ale, aux |fekal, o| *adj.* fecale: *les matières fécales* le materie fecali, le feci; *colibactéries fécales* colibatteri fecali → **excrément.**

fèces |fɛs| *s.f.pl.* **1** (*physiol.*) feci: *expulsion des fèces* espulsione delle feci **2** (*pharm.*) sedimento *m.sing.*, feccia* *sing.*

fécial, aux |fesjal, o| *s.m.* (*rare au sing.*) (*antiq. rom.*) feziale.

fécond, onde |fekɔ̃, ɔ̃d| *adj.* **1** [*capable de se reproduire*] fecondo, fertile: *les hybrides ne sont pas féconds* gli ibridi non sono fecondi **2** (*animaux*) fecondo, prolifico*: *race féconde* razza feconda, prolifica; *les lapins sont très féconds* i conigli sono molto fecondi → **prolifique** **3** (*choses*) [*qui produit beaucoup*] fecondo, fertile: *terres fécondes* terre feconde, fertili; *un travail fécond* un lavoro fecondo, proficuo; *idée féconde* idea feconda; *esprit fécond* mente feconda; *écrivain fécond* scrittore fecondo, dalla vena facile → **prolifique, fertile** ◇ *loc.* FÉCOND EN fecondo di, ricco di: *journée féconde en événements* giornata feconda, ricca di avvenimenti → **riche** [C] 1 **stérile.**

fécondabilité |fekɔ̃dabilite| *s.f.* fecondabilità *inv.*

fécondable |fekɔ̃dabl(ə)| *adj.* [→ FÉCONDER 1, 2, 3] fecondabile.

fécondant, ante |fekɔ̃dɑ̃, ɑ̃t| *adj.* fecondante, fecondativo.

fécondateur, trice |fekɔ̃datœʀ, tʀis| *adj. et s.* (*littér.*) fecondatore* → **fécondant.**

fécondation |fekɔ̃dɑsjɔ̃| *s.f.* [→ FÉCONDER 1, 2] fecondazione: *fécondation artificielle* fecondazione artificiale → **insémination.**

féconder |fekɔ̃de| *v.tr.* **1** [*transformer* (*un ovule, un œuf*) *en embryon*] fecondare ◇ (*bot.*) *le pollen féconde l'oosphère* il polline feconda l'oosfera **2** [*rendre* (*une femelle*) *pleine*] fecondare: *femelle fécondée par le mâle* femmina fecondata dal maschio ◇ [*rendre* (*une femme*) *enceinte*] mettere (155) incinta (una donna) **3** *féconder la terre* fecondare il terreno → **fertiliser** **4** (*fig.*) *méditation qui féconde l'esprit* meditazione che feconda lo spirito → **enrichir.**

fécondité |fekɔ̃dite| *s.f.* **1** fecondità (*inv.*): *période de fécondité* periodo di fecondità; *une fécondité exceptionnelle* una fecondità eccezionale **2** *fécondité d'un sol* fecondità, fertilità *inv.* di un terreno **3** (*fig.*) fecondità, fertilità: *la fécondité de son imagination, de son esprit* la fecondità della sua immaginazione, la fertilità del suo ingegno [C] **stérilité.**

fécule |fekyl| *s.f.* fecola: *la pomme de terre est très riche en fécule* la patata è molto ricca di fecola.

féculent, ente |fekylɑ̃, ɑ̃t| *adj.* **1** contenente (che contiene) fecola, farinaceo: *des aliments féculents* alimenti contenenti (che contengono) fecola ✦ (*s.m.*) *des féculents* farinacei, sostanze *f.* che contengono fecola **2** [*état d'un liquide épais qui dépose*] feccioso, feculento: *liquide féculent* liquido feccioso.

fed(d)ayin |fedajin| *s.m.* fedain *inv.*

fédéral, ale, aux |fedeʀal, o| *adj.* **1** federale: *l'Allemagne fédérale* la Germania federale; *l'armée fédérale* l'esercito federale ◇ [*qui concerne une fédération d'États*] federativo, federale: *lien, pacte fédéral entre plusieurs États* vincolo federativo, patto federale fra più Stati → **fédératif** **2** [*relatif à un gouvernement central, dans un État fédéral*] federale: *justice, police fédérale* giustizia, polizia federale; *district fédéral* distretto federale ✦ (*s.*) *les fédéraux* [*les Nordistes dans la guerre de sécession des États-Unis*] i Nordisti, le truppe *f.* federali **3** *union fédérale de syndicats* unione federale di sindacati, confederazione sindacale.

fédéraliser |federalize| *v.tr.* [*organiser en fédération*] federare, riunire (197) in federazione.

fédéralisme |fedeʀalism(ə)| *s.m.* federalismo.

fédéraliste |fedeʀalist(ə)| *adj.* federalistico*, federalista: *doctrines, tendances fédéralistes* dottrine, tendenze federalistiche, federaliste ♦ (*s.*) *un fédéraliste* un federalista.

fédérateur, trice |federatœʀ, tʀis| *adj.* [*qui tend à fédérer*] federalistico*, federativo: *tendances fédératrices* tendenze federalistiche, federative ♦ (*s.*) *le meilleur fédérateur de l'industrie française* il miglior accentratore, organizzatore dell'industria francese.

fédératif, ive |fedeʀatif, iv| *adj.* federativo: *un État fédératif* uno Stato federativo.

fédération |fedeʀɑsjɔ̃| *s.f.* federazione: *projet de fédération européenne* progetto di federazione europea; *fédération sportive* federazione sportiva; *Fédération française de football* Federazione calcio francese → **association, 1 union** # *fédération ouvrière* confederazione operaia → **syndicat.**

fédéré, ée |fedeʀe| *adj.* federato: *les États fédérés de l'U.R.S.S., des États-Unis* gli Stati federati dell'U.R.S.S., degli Stati Uniti; *les cantons fédérés de Suisse* i cantoni federati, confederati della Svizzera ♦ *s.* (*hist.*) *les fédérés de 1792, de 1815* i federati del 1792, del 1815 ◇ [*soldat insurgé de la Commune de Paris, en 1871*] comunardo → **communard.**

fédérer |fedeʀe| (8) **A** *v.tr.* [*réunir en une fédération*] federare, riunire (197) in federazione **B** *v.pron.réfl.* SE FÉDÉRER [→ *tr.*] federarsi.

fée |fe| *s.f.* fata: *contes, histoires de fées* racconti di fate, fiabe; *bonne fée, fée bienfaisante* buona fata, fatina; *fée méchante et revêche, fée Carabosse* strega, vecchia strega; *la fée Morgane* la fata Morgana ◇ (*loc.*) *avoir des doigts de fée, travailler comme une fée* avere dita, mani di fata (fatate) # *c'est un vrai conte de fées* è proprio una fiaba; *la fée du logis* l'angelo della casa.

feed-back |fidbak| *s.m.* (*angl.*) (*cybernétique*) (contro)reazione *f.*, retroazione *f.*, feed-back *inv.* → **rétroaction.**

feeder |fidœʀ| *s.m.* (*angl.*) (cavo) alimentatore, linea *f.* di alimentazione.

féerie |fe(e)ʀi| *s.f.* **1** (*théât.*) 'féerie' *inv.* **2** (*fig.*) [*spectacle splendide, merveilleux*] spettacolo *m.* fantastico, fantasmagoria.

féerique |fe(e)ʀik| *adj.* [*qui appartient au monde des fées*] fiabesco* ◇ (*fig.*) incantevole, magico*: *vision féerique* visione magica, incantevole.

feignant, ante, faignant, ante |fɛɲɑ̃, ɑ̃t| *s.* (*pop.*) [*fainéant*] sfaticato, fannullone: *c'est un feignant!* è uno sfaticato, un fannullone! → **paresseux** ♦ (*adj.*) *elle est feignante* è (una) sfaticata.

feindre |fɛ̃dʀ(ə)| (65) *v.tr.* **1** [*donner pour réel* (*un sentiment, une qualité que l'on n'a pas*)] fingere (119): *feindre l'étonnement, la joie* fingere stupore, gioia → **2 affecter, simuler** ♦ (*au p.p.*) *une émotion feinte* un'emozione finta, una finta emozione **2** FEINDRE DE [*faire semblant de*] fingere, far (103) finta di: *il feignait de ne rien comprendre aux allusions* fingeva, faceva finta di non capire le allusioni **3** *absolt.* (*littér.*) fingere: *inutile de feindre* inutile fingere → **mentir.**

feint, feinte |fɛ̃, fɛ̃t| *adj.* **1** [*qui n'est pas véritable, sincère*] finto, simulato: *une douleur feinte* un dolore finto, simulato → **artificiel, simulé** **2** [*imité pour la symétrie, l'agrément*] finto: *porte, fenêtre feinte* porta, finestra finta → **postiche** Ⓒ 1 **sincère**; 2 **authentique, vrai.**

feinte |fɛ̃t| *s.f.* **1** finta: *boxeur qui fait une feinte* pugile che fa una finta; *les feintes d'un footballeur* le finte di un calciatore **2** (*fig., fam.*) [*attrape, piège*] tranello *m.*, trappola **3** (*vieilli*) [→ FEINDRE 1] finzione, finta → **ruse, tromperie** # *dites-nous sans feinte ce qu'il en est* diteci come stanno realmente le cose.

feinter |fɛ̃te| **A** *v.tr.* (*fig., fam.*) [*tromper* (*qqn.*) *par une feinte*] ingannare, infinocchiare: *il est plus malin que moi, j'ai été bien feinté* è più dritto di me, mi ha infinocchiato ben bene → 1 **avoir, tromper** ◇ (*fam., sport*) [*tromper* (*un adversaire*) *par une feinte*] fintare: *l'avant-centre a marqué le but, après avoir feinté un joueur de la défense* il centravanti ha segnato la rete dopo aver fintato un difensore **B** *v.intr.* (*sport*) [*faire une feinte*] fintare: *l'escrimeur feinte et touche* lo schermitore finta e tocca.

feinteur, euse |fɛ̃tœʀ, øz| *s.* (*football, fig.*) [*celui qui fait des feintes habiles*] dribblatore*.

feld-maréchal, aux |fɛldmaʀeʃal, o| *s.m.* feldmaresciallo: *des feld-maréchaux* dei feldmarescialli.

feldspath |fɛldspat| *s.m.* (*minér.*) feldspato.

feldspathique |fɛldspatik| *adj.* (*minér.*) feldspatico*: *roche feldspathique* roccia feldspatica.

fêle, felle |fɛl| *s.f.* (*techn.*) tubo *m.* da soffiatore.

fêlé, ée |fele| *adj.* **1** [*qui présente une fêlure*] incrinato: *une assiette fêlée et ébréchée* un piatto incrinato e sbreccato **2** *voix fêlée* voce rotta, fessa **3** *avoir la tête, le cerveau fêlé* [*être un peu fou*] essere tocco*.

fêler |fele| **A** *v.tr.* [*fendre légèrement un objet sans que les parties se disjoignent*] incrinare: *fêler une vitre* incrinare un vetro **B** *v.pron.intr.* SE FÊLER incrinarsi: *la glace s'est fêlée* lo specchio si è incrinato.

félibre |felibʀ(ə)| *s.m.* (*hist. littér.*) felibro.

félibrige |felibʀiʒ| *s.m.* (*hist. littér.*) felibrismo.

félicitations |felisitɑsjɔ̃| *s.f.pl.* **1** felicitazioni, rallegramenti (*m.*): *faire, adresser des félicitations* fare, porgere le felicitazioni, i rallegramenti → **congratulation** # *toutes mes félicitations* le mie congratulazioni!, complimenti! **2** [*chaleureuse approbation*] complimenti *m.*, congratulazioni: *recevoir les félicitations d'un supérieur pour le travail qu'on a exécuté* ricevere i complimenti, le congratulazioni di un superiore per il lavoro svolto → **éloge** Ⓒ 1 **condoléances**; 2 **blâme.**

félicité |felisite| *s.f.* (*littér.*) **1** felicità *inv.* (*cour.*); letizia → **béatitude** **2** *au plur.* [*joies, plaisirs*] gioie (*cour.*), piaceri *m.* (*cour.*): *les félicités de l'amour* le gioie dell'amore.

féliciter |felisite| **A** *v.tr.* **1** [*assurer* (*qqn.*) *de la part qu'on prend à sa joie, à ce qui lui arrive d'heureux*] congratularsi *pron.* con; rallegrarsi *pron.* con: *féliciter un couple qui annonce son mariage* rallegrarsi, congratularsi con una coppia (di fidanzati) che annunzia il proprio matrimonio → **congratuler** **2** [*complimenter* (*qqn.*) *sur sa conduite*] congratularsi con; fare (103) i complimenti a: *il m'a félicité d'avoir été si prudent* si è congratulato con me, mi ha fatto i complimenti per la mia prudenza → **applaudir, approuver** **B** *v.pron.réfl.* SE FÉLICITER [*s'estimer heureux, content*] rallegrarsi, compiacersi (149): *nous nous félicitons de l'heureuse issue de cette affaire* ci rallegriamo, ci compiacciamo per l'esito favorevole di questo affare → **réjouir (se)** ◇ [*s'approuver soi-même*] compiacersi: *je me félicite de mon choix, d'avoir choisi cela* mi compiaccio della scelta che ho fatto Ⓒ A 2 **blâmer**; B **déplorer.**

Félidés |felide| *s.m.pl.* (*t.zool.*) Felidi.

félin, ine |felɛ̃, in| **1** (*s.m.*) *un félin* un felino; *les grands félins* i grandi felini → **fauve** ◇ (*t.zool.*) *les Félins* i Felini **2** *adj.* [*qui a les mouvements doux, souples et gracieux du chat*] felino: *une grâce féline* una grazia felina.

fellag(h)a |fe(ɛl)laga| *s.m.* (*ar.*) fellaga *inv.*

fellah |fe(ɛl)la| *s.m.* (*ar.*) fellah *inv.*

fellation |fɛlɑsjɔ̃| *s.f.* fellazione.

félon, onne |felɔ̃, ɔn| *adj.* (*féod.*) fellone, traditore*: *un vassal félon* un vassallo fellone, traditore → **traître.**

félonie |felɔni| *s.f.* (*féod.*) fellonia: *commettre un acte de félonie* macchiarsi di fellonia, commettere un atto fellonesco → **trahison.**

felouque |f(ə)luk| *s.f.* (*mar.*) feluca*.

fêlure |felyʀ| *s.f.* [*fente d'une chose fêlée*] crepa, incrinatura: *fêlure d'une assiette* incrinatura di un piatto.

femelle |fəmɛl| **I** *s.f.* **1** femmina: *la chèvre est la femelle du bouc* la capra è la femmina del becco **2** (*pop., péj.*) [*femme*] femmina **II** *adj.* **1** (*animaux et plantes*) femmina: *une souris femelle* un topo femmina; *un palmier femelle* una palma femmina # *un démon femelle* [*une femme mauvaise*] una donna diabolica **2** (*techn.*) femmina: *un tuyau femelle* un tubo femmina; *une prise femelle* una presa (femmina).

féminin, ine |feminɛ̃, in| *adj.* **1** femminile: *sexe féminin* sesso femminile; *charme féminin* fascino femminile ◇ (*loc.*) *l'éternel féminin* l'eterno femminino **2** [*qui a les caractères de la femme*] femmineo; femminile: *il a un beau visage, des traits un peu féminins* ha un bel viso, dei lineamenti un po' femminei → **efféminé** ‖ *elle est très féminine* è molto femminile **3** [*qui a rapport aux femmes*] femminista; femminile: *revendications féminines* rivendicazioni femministe ‖ *journaux féminins* giornali femminili **4** (*gram.*) femminile: *genre féminin* genere femminile; *nom, adjectif féminin* nome, aggettivo femminile ♦ (*s.m.*) *le féminin* il femminile: *ce nom est du féminin* questo nome è (di genere) femminile *adj.* **5** (*versif.*) *rime féminine* rima femminile Ⓒ 1 **masculin, viril.**

féminisant, ante |feminizɑ̃, ɑ̃t| *adj.* (*biol.*) femminilizzante: *action féminisante de l'hormone femelle* azione femminilizzante dell'ormone femminile.

féminisation |feminizɑsjɔ̃| *s.f.* (*rare, biol.*) femminilizzazione.

féminiser |feminize| **A** *v.tr.* **1** [*former le caractère, l'aspect féminin*

à] femminilizzare, effeminare → **efféminer 2** (*rare, gram.*) rendere (105) femminile: *le mot 'entrecôte' qui était masculin, a été féminisé par l'Académie* la parola 'entrecôte' che era maschile, è stata resa femminile dall'"Académie' **B** *v.pron.réfl.* SE FÉMINISER [*devenir efféminé*] effeminarsi.
féminisme |feminism(ə)| *s.m.* femminismo.
féministe |feminist(ə)| *adj.* femminista: *propagande feministe* propaganda femminista ♦ (*s.*) *une féministe* una femminista.
féminité |feminite| *s.f.* femminilità *inv.*
femme |fam| *s.f.* **I 1** (UNE) FEMME [*tout être humain femelle adulte*] donna: *une belle, une jolie femme* una bella donna, una donna carina; *elle est femme à se venger* è una donna capace di vendicarsi; *cette femme est professeur, c'est un professeur femme* quella donna è (una) professoressa # *une femme professeur, une femme docteur, une femme écrivain*, una professoressa, una dottoressa, una scrittrice **2** (*collectif*) LA FEMME la donna: *mouvement de libération de la femme* movimento di liberazione della donna, movimento femminista; *émancipation de la femme* emancipazione della donna ◇ (*en attribut*) *elle est femme, très femme* è femminile, molto femminile ◇ [*jeune fille nubile ou qui n'est plus vierge*] donna: *à présent, c'est une femme* adesso è (una) donna **3** JEUNE FEMME giovane donna; *femme célibataire, mariée* donna nubile, sposata **4** BONNE FEMME (*vieilli*) [*femme*] donnetta, buona donna **II** [*épouse*] moglie*, sposa: *c'est sa femme* è sua moglie; *prendre femme* prendere moglie; *prendre pour femme* prendere in sposa, in moglie ◇ (*dr.*) *la femme une telle* la signora tal dei tali **III** *loc.* FEMME DE CHAMBRE [*attachée au service intérieur d'une maison, d'un hôtel*] cameriera → **servante** ~ FEMME DE MÉNAGE [*qui vient faire le ménage dans une maison*] domestica*, donna (a ore).
femmelette |famlɛt| *s.f.* [*personne faible, sans force, craintive*] femminuccia*, donnicci(u)ola: *il tremble, c'est une femmelette* trema proprio come una donnicciuola.
fémoral, ale, aux |femɔRal, o| *adj.* (*anat.*) femorale: *veine fémorale* vena femorale.
fémur |femyR| *s.m.* (*anat., cour.*) femore: *col du fémur* collo del femore.
fenaison |fənɛzɔ̃| *s.f.* (*agric.*) fienagione.
fendage |fɑ̃daʒ| *s.m.* (*techn.*) taglio*: *le fendage du diamant, de l'ardoise* il taglio del diamante, dell'ardesia.
fendant |fɑ̃dɑ̃| *s.m.* **1** *faire le fendant* [*le fanfaron, le malin*] fare lo spaccone, assumere un atteggiamento arrogante **2** (*vx., escrime*) fendente **3** [*vin suisse réputé*] ⊠.
fendeur |fɑ̃dœR| *s.m.* [*ouvrier qui travaille à fendre le bois*] taglialegna *inv.* ◇ [*ouvrier qui travaille l'ardoise*] tagliatore di ardesia.
fendillement |fɑ̃dijmɑ̃| *s.m.* [→ FENDILLER] screpolatura (*f.*): *le fendillement de la peau* la screpolatura della pelle.
fendiller |fɑ̃dije| **A** *v.tr.* [*faire de petites fentes superficielles a qqch.*] screpolare, far (103) *intr.* screpolare: *le grand froid fendille les pierres* il grande freddo screpola, fa screpolare le pietre **B** *v.pron. intr.* SE FENDILLER screpolarsi: *peau qui se fendille sous l'effet du froid* pelle che si screpola per effetto del freddo; *la peinture se fendille* la vernice si screpola → **craqueler, crevasser (se), gercer (se).**
fendoir |fɑ̃dwaR| *s.m.* (*techn.*) fenditoio*.
fendre |fɑ̃dR(ə)| (53) **A** *v.tr.* **1** [*couper ou diviser un corps solide*] spaccare, fendere (105); tagliare: *fendre une bûche en deux* spaccare, fendere un ceppo in due ‖ *fendre un diamant, de l'ardoise* tagliare un diamante, l'ardesia → **cliver, diviser** ◇ (*loc.*) *il gèle à pierre fendre* c'è un freddo che spacca le pietre **2** (*fig.*) *fendre le cœur, l'âme* spezzare il cuore, straziare l'anima; *ce spectacle me fend le cœur* questo spettacolo mi spezza il cuore; *des cris à fendre l'âme* grida strazianti **3** [*s'ouvrir un chemin à travers qqch.*] fendere: *le navire fend les flots* la nave fende i flutti; *fendre la foule pour se frayer un passage* fendere la folla per aprirsi un varco → 1 **écarter B** *v.pron.intr.* SE FENDRE **1** [*s'ouvrir, se couvrir de fentes*] crepare *intr.*, creparsi: *un vieux mur qui se fend* un vecchio muro che crepa, si crepa → **craqueler (se), crevasser (se)** ◇ (*loc. pop.*) *se fendre la pipe* [*rire aux éclats*] sbellicarsi dalle risa, dal ridere; sganasciarsi dalle, per le risa **2** (*fig.*) [→ *tr.* 2] *mon cœur se fend* mi si spezza il cuore **3** (*escrime*) [*porter une jambe en avant pour toucher l'adversaire*] portare *tr.* un affondo **4** (*fam.*) *se fendre de* [*se décider à offrir, à payer*] sforzarsi a, fare (103) *tr.* lo sforzo di offrire: *il s'est fendu d'une bouteille* si è sforzato a, ha fatto lo sforzo di offrire una bottiglia.
fendu, ue |fɑ̃dy| *adj.* **1** [*coupé*] spaccato, tagliato: *du bois fendu* legna spaccata **2** [*qui présente une fente*] aperto, con spacco (*loc. inv.*): *jupe fendue derrière* gonna aperta, con spacco sul dietro **3** [*qui présente une entaille*] spaccato; screpolato: *crâne fendu* cranio spaccato ‖ *lèvre fendue* labbro screpolato **4** [*qui présente une lézarde, une fêlure*] crepato **5** [*ouvert en longueur, comme une fente*] tagliato: *des yeux fendus en amande* occhi tagliati a mandorla.
fenestration |f(ə)nɛstRasjɔ̃| *s.f.* (*techn.*) apertura (in una parete) ◇ (*chir.*) fenestrazione.
fenêtrage |f(ə)nɛtRaʒ|, **fenestrage** |f(ə)nɛstRaʒ| *s.m.* (*archit.*) finestrato.
fenêtre |f(ə)nɛtR(ə)| *s.f.* **1** finestra: *appartement à trois fenêtres sur la rue* appartamento con tre finestre (che danno) sulla strada; *l'appui de la fenêtre* il davanzale della finestra; *la fenêtre donne, a vue sur le parc* la finestra dà, guarda sul parco; *passer, sauter, jeter par la fenêtre* passare, saltare, gettare dalla finestra # *fenêtres d'un train* finestrini di un treno; *retenir un coin côté fenêtre* riservare un posto vicino al finestrino ◇ (*par ext.*) *fenêtre à guillotine* finestra a ghigliottina; *ouvrir, fermer une fenêtre* aprire, chiudere una finestra ◇ (*loc.*) *jeter son argent par les fenêtres* buttare il denaro dalla finestra ◇ (*loc. fig.*) *ouvrir une fenêtre sur* aprire uno spiraglio su **2** *enveloppe à fenêtre* busta (a) finestra.
fenil |fəni(l)| *s.m.* fienile → **grange.**
fennec |fenɛk| *s.m.* (*t.zool.*) fennec *inv.*, megaloto.
fenouil |fənuj| *s.m.* (*t.bot.*) finocchio*.
fenouillet |fənujɛ| *s.m.*, **fenouillette** |fənujɛt| *s.f.* (*t.bot.*) finocchiella *f.*, mirride *f.*
fente |fɑ̃t| *s.f.* **1** [*faille étroite et longue*] fenditura, crepa: *fentes de l'écorce terrestre, d'une surface* fenditure, crepe della crosta terrestre, di una superficie **2** [*interstice très étroit*] fessura, fenditura → 3 **jour** # *mettre son œil aux fentes d'une palissade* sbirciare attraverso una palizzata **3** [*ouverture étroite et profonde*] fessura: *fente dans un mur* fessura in un muro; *fente d'une tirelire* fessura di un salvadanaio; *la fente d'une boîte à lettres* la fessura di una buca delle lettere # *fente d'une poche* apertura di una tasca **4** *fente d'une jupe* spacco* di una gonna: *veston à fentes sur les côtés* giacca con spacchi laterali.
féodal, ale, aux |feɔdal, o| **1** *adj.* feudale: *société féodale du moyen âge* società feudale del medioevo; *le droit féodal* il diritto feudale **2** *s.m.* [*riche possesseur de terres avec leurs paysans*] feudatario*.
féodalement |feɔdalmɑ̃| *adv.* [→ FÉODAL 1] secondo il diritto feudale *loc.*, per diritto feudale *loc.*
féodalisme |feɔdalism(ə)| *s.m.* [*caractère féodal*] feudalità (*f. inv.*): *le féodalisme des institutions* la feudalità delle istituzioni.
féodalité |feɔdalite| *s.f.* **1** [*forme d'organisation polit. et sociale médiév.*] feudalesimo *m.* **2** (*fig., péj.*) [*grande puissance économique, financière ou sociale qui tend à devenir autonome dans l'État*] feudo *m.*
fer |fɛR| *s.m.* **I 1** ferro: *alliages de fer* leghe di ferro, ferroleghe; *fer forgé* ferro battuto; *fil de fer* fil(o) di ferro; *paille de fer* paglietta, paglia di ferro; *âge du fer* età del ferro; *transport par fer* trasporto ferroviario # *rideau de fer* saracinesca, serranda; *chemin de fer* ferrovia, strada ferrata **2** *loc.* DE FER di ferro, ferreo (*adj.*): *avoir une santé de fer* avere una salute di ferro; *avoir une volonté de fer* avere una volontà ferrea, di ferro → **inflexible**; *avoir une main, une poigne de fer* avere la mano, il pugno di ferro → **fort, résistant, robuste** ◇ (*loc.*) *une main de fer dans un gant de velours* pugno di ferro in guanto di velluto **II** [*objet, instrument en fer, en acier*] **1** [*partie en fer d'un instrument, d'une arme*] ferro, lama (*f.*): *le fer d'une lance* il ferro, la lama di una lancia; *le fer et le manche d'une pelle* la lama e il manico di una vanga ◇ *en fer de lance* [*pointu*] appuntito *adj.*, a punta; *le fer de lance d'une armée, d'une organisation* la punta avanzata, la punta di diamante di un esercito, di un'organizzazione **2** (*techn.*) *fer chaud, fer rouge* ferro caldo, ferro rovente; *fer à gaufrer les étoffes* calandra *f.* per goffrare le stoffe; *fers de relieur* goffatrici *f.* per legatoria; *le marquage des bœufs au fer rouge* la marchiatura dei buoi a fuoco ◇ (*spécialt.*) FER (À REPASSER) ferro da stiro: *fer éléctrique* ferro elettrico; *un coup de fer* [*un repassage rapide*] un colpo di ferro, una stiratina *f.* (*fam.*); FER À FRISER arric-

ciacapelli *inv.*, calamistro **3** (*escrime*) [*épée, fleuret*] ferro, spada *f.*, fioretto: *croiser le fer* incrociare i ferri, le spade **4** *au plur.* LES FERS [*le forceps*] il forcipe (*sing.*): *accouchement avec les fers* parto col forcipe **5** FER À CHEVAL ferro di cavallo ◇ *loc.* EN FER À CHEVAL a ferro di cavallo: *arc, table en fer à cheval* arco, tavolo a ferro di cavallo **6** *au plur.* LES FERS i ferri: *mettre un prisonnier aux fers* mettere un prigioniero ai ferri → 1 **chaîne, menotte** ◇ (*fig.*) *être dans les fers* essere schiavo.

féra |fɛʀa| *s.f.*, **férat, ferrat** |feʀa| *s.m.* (*t.zool.*) coregono *m.* bianco.

fer-blanc |fɛʀblɑ̃| *s.m.* [*tôle de fer doux, recouverte d'une couche d'étain*] latta (*f.*): *boîte fer-blanc* scatola di latta; *des fers-blancs* delle latte.

ferblanterie |fɛʀblɑ̃tʀi| *s.f.* **1** industria, commercio* *m.* di (articoli) casalinghi (di latta, zinco, ottone, ecc.) **2** (articoli) casalinghi *m.pl.* (di latta, zinco, ottone, ecc.).

ferblantier |fɛʀblɑ̃tje| *s.m.* [*celui qui fabrique, vend de la ferblanterie*] stagnaio*, lattoniere.

-fère |fɛʀ| *suff.* (*signifiant 'qui porte, qui renferme', correspond généralt. à*) fero: *diamantifère* diamantifero.

férial, ale, aux |feʀjal, o| *adj.* (*liturg. cathol.*) feriale: *office férial* ufficio feriale.

férie |feʀi| *s.f.* (*antiq. rom., liturg. cathol.*) feria.

férié, ée |feʀje| *adj.* (*se dit d'un jour où l'on ne travaille pas*) festivo: *les dimanches sont des jours fériés* le domeniche sono giorni festivi Ⓒ **ouvrable.**

férir |feʀiʀ| *v.tr.* (*employé seulement à l'inf. dans l'expression*) SANS COUP FÉRIR senza colpo ferire.

ferler |fɛʀle| *v.tr.* (*mar.*) [*relever (une voile) tout le long et au-dessus d'une vergue sur l'avant*] serrare: *ferler les voiles carrées* serrare le vele quadrate Ⓒ **déployer.**

fermage |fɛʀmaʒ| *s.m.* **1** [*mode d'exploitation agricole*] affitto, affittanza *f.* (di un fondo rustico) **2** [*loyer d'une ferme*] (canone di) affitto.

fermail, aux |fɛʀmaj, o| *s.m.* (*archéol.*) fermaglio*, borchia *f.*

1 **ferme** |fɛʀm(ə)| **I** *adj.* **1** [*qui a de la consistance, qui se tient*] duro, sodo: *ces tomates sont un peu fermes* [*pas très mûres*] questi pomodori sono un po' duri; *les chairs fermes des personnes jeunes* le carni sode delle persone giovani; *sol ferme* terreno sodo, fermo # *terre ferme* terraferma **2** *loc.* FERME SUR SES JAMBES fermo, sicuro sulle gambe **3** *loc.* DE PIED FERME [*sans bouger, sans reculer*] a piè fermo → **immobile** ◇ (*fig.*) *il attend la critique de pied ferme* aspetta le critiche con impassibilità **4** [*qui n'hésite pas, qui a de l'assurance*] sicuro, fermo: *marcher d'un pas ferme* camminare con passo sicuro → **assuré, décidé** # *achat, vente ferme* acquisto, vendita irrevocabile **II** *adv.* **1** [*avec force, vigeur*] con forza *loc.inv.*, forte: *poussez ferme!* spingete forte! → **dur, fort** # *discuter ferme* discutere animatamente; *tenir ferme* tener duro **2** [*beaucoup*] molto, parecchio: *on avait bu ferme* si era bevuto parecchio # *travailler ferme* lavorare sodo **3** [*d'une manière définitive*] definitivamente, in modo irrevocabile (*loc. inv.*): *acheter, vendre ferme* comprare, vendere definitivamente Ⓒ I 1 **mou.**

2 **ferme** |fɛʀm(ə)| *s.f.* **1** (*dr.*) affitto *m.*, affittanza: *bail à ferme* contratto d'affitto agrario; *donner ses terres à ferme* dare le proprie terre in affitto **2** [*exploitation agricole ainsi louée*] fondo *m.* agricolo (concesso in affitto) **3** (*par ext.*) [*toute exploitation agricole*] azienda (agricola), fattoria: *ferme d'élevage* azienda zootecnica; *ferme viticole* azienda viticola → **domaine, métairie** ◇ [*les bâtiments de la ferme*] fattoria: *les troupeaux rentrent le soir à la ferme* le greggi di sera rientrano alla fattoria → **maison.**

3 **ferme** |fɛʀm(ə)| *s.f.* **1** (*archit.*) capriata **2** (*théât.*) spezzato *m.*

fermé, ée |fɛʀme| *adj.* **1** [*qui ne communique pas avec l'extérieur; qu'on a fermé*] chiuso: *mer fermée* mare chiuso; *le magasin est fermé* il negozio è chiuso ◇ (*fig.*) *une société fermée, un club fermé* una società chiusa, un circolo chiuso **2** (*géom.*) *courbe fermée* curva chiusa **3** [*peu expansif*] chiuso, riservato: *il a l'air fermé* sembra chiuso, riservato # *visage fermé* viso impenetrabile **4** FERMÉ À negato per: *il a l'esprit fermé aux mathématiques* è negato per la matematica **5** (*ling.*) chiuso: *'é' fermé* 'e' chiusa.

fermement |fɛʀməmɑ̃| *adv.* **1** [*d'une manière ferme*] saldamente: *tenir fermement un objet dans ses mains* tenere saldamente un oggetto fra le mani **2** [→ 1 FERME I 4] fermamente: *croire fermement qqch.* credere fermamente in q.c.

ferment |fɛʀmɑ̃| *s.m.* **1** fermento, causa (*f.*): *ferment de discorde* fermento di discordia; *individus qui sont des ferments d'indiscipline* individui che sono causa di indisciplina → 1 **agent** **2** [*substance qui détermine la fermentation d'une autre*] enzima, fermento → **diastase, enzyme.**

fermentateur |fɛʀmɑ̃tatœʀ| *s.m.* (*techn.*) fermentatore.

fermentatif, ive |fɛʀmɑ̃tatif, iv| *adj.* fermentativo.

fermentation |fɛʀmɑ̃tɑsjɔ̃| *s.f.* **1** [→ FERMENTER 1] fermentazione: *fermentation alcoolique* fermentazione alcoolica **2** (*fig.*) fermento *m.*, subbuglio* *m.* → **effervescence.**

fermenter |fɛʀmɑ̃te| *v.intr.* **1** [*être en fermentation*] fermentare: *le moût de raisin fermente dans la cuve* il mosto fermenta nel tino ✦ (*au p.p.*) *fromage fermenté* formaggio fermentato; *boissons fermentées et alcoolisées* bevande sottoposte a fermentazione alcoolica **2** (*fig.*) essere (96) (*aux.* essere) in fermento: *passions qui fermentent* passioni (che sono) in fermento.

fermentescible |fɛʀmɑ̃tesibl(ə)| *adj.* fermentabile, fermentescibile.

fermer |fɛʀme| **A** *v.tr.* **1** [*boucher un passage, une ouverture*] chiudere (106): *fermer la porte* chiudere la porta; *fermer une armoire, une valise* chiudere un armadio, una valigia; *dépêchez-vous, on ferme!* (fate) presto, si chiude!; *fermer les rideaux* chiudere, tirare le tende **2** [*réunir les parties d'un tout*] chiudere: *fermer la main* chiudere la mano; *fermer la bouche* chiudere la bocca; *fermer une lettre, un paquet* chiudere una lettera, un pacco; *fermer son parapluie* chiudere l'ombrello → **cacheter**; *fermer son veston* chiudere, abbottonare la giacca → **boutonner** ◇ (*loc. pop.*) *fermez-la!, la ferme!* chiudete, chiudi il becco!, piantatela! → **boucler** **3** [*rendre infranchissable*] chiudere, sbarrare: *fermer un chemin, un passage* chiudere, sbarrare una strada, un passaggio → **barrer,** 1 **boucher, obstruer** # *fermer tout accès à qqn.* vietare l'accesso a qc. **4** (*fig.*) [*arrêter (par un mécanisme)*] chiudere; spegnere (185): *fermer l'eau, le robinet* chiudere l'acqua, il rubinetto ‖ *fermer l'électricité* spegnere la luce; *fermez ce poste de radio* spegnete quella radio → **éteindre** **5** (*fig.*) [*rendre inaccessible*] sbarrare: *fermer une carrière à qqn.* sbarrare la strada a qc., bloccare la carriera a qc. ◇ (*loc.*) *fermer son cœur à la pitié* chiudere il proprio cuore alla pietà **6** [*mettre une borne à, une fin à*] chiudere: *fermer une liste, un compte, une souscription* chiudere una lista, un conto, una sottoscrizione; *fermer la parenthèse* chiudere la parentesi; *le plus petit fermait la marche* il più piccolo chiudeva la marcia → **arrêter, clore** **B** *v.intr.* **1** [*être, rester fermé*] chiudere, restare (*aux.* essere) chiuso: *magasin qui ferme un jour par semaine* negozio che chiude un giorno alla settimana **2** [*être en état d'être fermé ou de fermer qqch.*] chiudere, chiudersi (*pron.*): *cette porte, cette serrure ferme mal* questa porta, questa serratura (si) chiude male; *ce bocal ferme hermétiquement* questo barattolo si chiude ermeticamente, è a chiusura ermetica **C** *v.pron.* SE FERMER **1** *réfl.* [→ *tr.* 1] chiudersi: *la porte s'est fermée toute seule* la porta si è chiusa da sola ◇ *loc.* SE FERMER À chiudersi a: *pays qui se ferme aux étrangers, aux produits de l'étranger* paese che si chiude agli stranieri, ai prodotti stranieri **2** *passif* [→ *tr.* 2] chiudersi: *cette boîte se ferme facilement* questa scatola si chiude facilmente # *robe qui se ferme dans le dos* abito che si allaccia dietro Ⓒ **ouvrir.**

fermeté |fɛʀməte| *s.f.* **1** [*état de ce qui est ferme, consistant*] compattezza, consistenza: *pâte qui a de la fermeté* pasta che ha consistenza → **consistance, dureté** # *fermeté des chairs* sodezza delle carni **2** [*état de ce qui est assuré, décidé*] sicurezza: *fermeté de la main* sicurezza della mano; *fermeté d'exécution* sicurezza di esecuzione; *fermeté du style* sicurezza dello stile → **sûreté, vigueur** **3** [*qualité d'une personne que rien n'ébranle*] fermezza: *fermeté d'âme, de caractère* fermezza d'animo, di carattere; *sa douceur cache une grande fermeté* la sua mitezza nasconde una grande fermezza → **détermination,** 1 **résolution, poigne** Ⓒ 3 **mollesse.**

fermette |fɛʀmɛt| *s.f.* casa di campagna.

fermeture |fɛʀmətyʀ| *s.f.* **1** [*dispositif servant à fermer*] chiusura: *fermeture d'une porte* chiusura di una porta; *fermeture d'un coffre-fort* chiusura di una cassaforte; *fermeture à boutons d'un manteau* chiusura con bottoni di un cappotto ◇ (*spécialt.*) FERMETURE ÉCLAIR cerniera lampo, chiusura lampo **2** [→ FERMER A 1, 2] chiusura: *heures de fermeture d'un musée* orario di chiusura di un museo; *arriver après la fermeture des bureaux* arrivare dopo la chiusura degli uffici Ⓒ 2 **ouverture.**

fermier, ière |fɛʀmje, jɛʀ| *s.* **1** [*toute personne exploitant un domaine agricole*] fattore*, coltivatore*: *un riche fermier* un ricco coltivatore → **agriculteur, cultivateur, paysan 2** *appos.* [*de ferme*] di fattoria *loc.inv.*, di campagna (*loc. inv.*): *beurre fermier* burro di fattoria # *poulet fermier* pollo ruspante.
fermion |fɛʀmjɔ̃| *s.m.* (*phys.*) fermione.
fermium |fɛʀmjɔm| *s.m.* (*chim.*) fermio*.
fermoir |fɛʀmwaʀ| *s.m.* [*attache ou agrafe destinée à tenir ferme* (*un sac, un bijou, un livre, etc.*)] fermaglio*, cerniera *f.*
féroce |feʀɔs| *adj.* **1** (*animaux*) feroce: *bêtes féroces* bestie feroci → **sanguinaire** 1, **sauvage 2** (*fig.*) [*cruel et impitoyable*] feroce, spietato: *il a été féroce avec son rival* è stato spietato con il suo rivale; *air, regard féroce* aria, sguardo feroce **3** (*par exagér.*) terribile: *appétit, faim féroce* appetito, fame terribile → **terrible** # *une envie féroce* un desiderio folle, una voglia matta.
férocement |feʀɔsmɑ̃| *adv.* [→ FEROCE 1, 2] ferocemente, selvaggiamente; spietatamente.
férocité |feʀɔsite| *s.f.* ferocia*: *la férocité du tigre* la ferocia della tigre → **cruauté.**
ferrade |fɛʀad| *s.f.* (*région.*) [*action de marquer le bétail au fer rouge*] marchiatura (a fuoco).
ferrage |fɛʀaʒ| *s.m.* [→ FERRER 1] ferratura (*f.*): *ferrage d'un cheval* ferratura di un cavallo # *ferrage d'une roue* chiodatura di una ruota.
ferraillage |fɛʀɑjaʒ| *s.m.* (*techn.*) armatura *f.* (in strutture di cemento armato).
ferraille |fɛʀɑj| *s.f.* **1** rottame *m.* di ferro: *tas de ferraille* mucchio di rottami; *commerce de la ferraille, des ferrailles* commercio del rottame ◇ (*métall.*) *mise à la ferraille* rottamazione ◇ (*cour.*) *cette voiture est bonne à mettre à la ferraille* quest'auto è un ferrovecchio, è da buttar via; *faire un bruit de ferraille* fare un rumore di ferraglia, sferragliare **2** [*petite monnaie*] moneta spicciola, spiccioli (*m.pl.*): *je vous donne toute ma ferraille* le do tutti i miei spiccioli → **mitraille.**
ferraillement |fɛʀɑjmɑ̃| *s.m.* [*bruit de ferraille*] sferragliamento.
ferrailler |fɛʀɑje| *v.intr.* **1** (*péj.*) [*se battre au sabre ou à l'épée*] duellare (facendo grande rumore con la sciabola o la spada) **2** [*faire un bruit de ferraille*] sferragliare.
ferrailleur |fɛʀɑjœʀ| *s.m.* **1** [*marchand de ferraille*] ferravecchio* **2** [*ouvrier spécialisé dans l'armature des constructions du béton armé*] ferraiolo **3** (*péj.*) [*celui qui aime à se battre à l'épée*] spadaccino → **bretteur.**
ferrant |fɛʀɑ̃| *adj. m.* → **maréchal-ferrant.**
ferrarais, aise |fɛʀaʀɛ, ɛz| *adj.* [*de Ferrare*] ferrarese.
ferrate |fɛʀat| *s.m.* (*chim.*) ferrato.
ferré, ée |fɛʀe| *adj.* **1** [*garni de fer*] ferrato: *bâton ferré* bastone ferrato # *souliers ferrés* scarpe chiodate **2** (*ch. de fer*) ferrato, ferroviario*: *voie ferrée* strada ferrata, ferrovia (*s.f.*); *réseau ferré* rete ferroviaria → **ferroviaire 3** [*très savant*] ferrato: *être ferré sur un sujet* essere ferrato su un argomento.
1 **ferrement** |fɛʀmɑ̃| *s.m.* (*techn.*) ferramento → **ferrure.**
2 **ferrement** |fɛʀmɑ̃| *s.m.* [→ FERRER 1] ferratura *f.* → **ferrage.**
ferrer |fɛʀe| *v.tr.* **1** [*garnir de fer, d'acier*] ferrare: *ferrer un cheval* ferrare un cavallo # *ferrer une roue* chiodare una ruota **2** (*pêche*) *ferrer le poisson* uncinare il pesce.
ferret |fɛʀɛ| *s.m.* [*bout métallique*] puntale ◇ (*par ext.*) *des ferrets de diamants* [*ornés de diamants*] puntali di diamante.
ferretier |fɛʀtje|, **ferratier** |fɛʀatje| *s.m.* (*techn.*) martello da maniscalco.
ferreur |fɛʀœʀ| *s.m.* [*ouvrier qui ferre*] ferratore ◇ *ferreur de chevaux* maniscalco*.
ferreux |fɛʀø| *adj.m.* (*chim.*) ferroso: *chlorure ferreux* cloruro ferroso; *mineral ferreux* minerale ferroso; *métaux non ferreux* metalli non ferrosi.
ferri- |fɛʀi| *préf.* (*signifiant 'fer' et indiquant la présence de 'fer trivalent', correspond généralt. à*) ferri: *ferrique* ferrico.
ferricyanure |fɛʀisjanyʀ| *s.m.* (*chim.*) ferricianuro.
ferrique |fɛʀik| *adj.* (*chim.*) ferrico*: *oxyde ferrique* ossido ferrico.
ferrite |fɛʀit| *s.f.* (*chim.*) ferrite ◇ (*informatique*) *mémoire à ferrite* memoria a ferrite.
ferro- |fɛʀɔ| *préf.* (*signifiant 'fer' et indiquant la présence de 'fer bivalent', correspond généralt. à*) ferro: *ferro-alliage* ferro lega; *ferrocyanure* ferrocianuro.
ferro-alliage |fɛʀɔaljaʒ| *s.m.* (*métall.*) ferrolega* *f.*
ferrocyanure |fɛʀɔsjanyʀ| *s.m.* (*chim.*) ferrocianuro.
ferroélectricité |fɛʀɔelɛktʀisite| *s.f.* (*phys.*) ferroelettricità *inv.*
ferromagnétique |fɛʀɔmaɲetik| *adj.* (*phys.*) ferromagnetico*.
ferromagnétisme |fɛʀɔmaɲetism(ə)| *s.m.* (*phys.*) ferromagnetismo.
ferronnerie |fɛʀɔnʀi| *s.f.* [*objets, ornements, garnitures artistiques en fer*] lavori *m.pl.* artistici in ferro # *décoration de ferronnerie* decorazione di ferro lavorato ◇ [*rampes, grilles, balcons de fer forgé*] lavori in ferro battuto.
ferronnier |fɛʀɔnje| *s.m.* chi fabbrica, vende oggetti in ferro battuto *loc.*
ferronnière |fɛʀɔnjɛʀ| *s.f.* 'ferronnière' *inv.*
ferroprussiate |fɛʀɔpʀysjat| *s.m.* (*chim.*) ferrocianuro di potassio.
ferrotypie |fɛʀɔtipi| *s.f.* (*techn.*) ferrotipia.
ferroutage |fɛʀutaʒ| *s.m.* (*techn.*) trasporto misto stradale-ferroviario*.
ferroviaire |fɛʀɔvjɛʀ| *adj.* ferroviario*: *réseau ferroviaire* rete ferroviaria.
ferrugineux, euse |fɛʀyʒinø, øz| *adj.* ferruginoso: *eaux, boues ferrugineuses* acque ferruginose, fanghi ferruginosi.
ferrure |fɛʀyʀ| *s.f.* [*garniture de fer, métal*] guarnizione in ferro, ferramenti (*m. pl.*): *les ferrures d'une porte* i ferramenti di una porta.
ferry-boat |fɛʀe(i)bot| *s.m.* (*abrév.* '*ferry*', *pl.* '*ferries*') (*angl.*) → **transbordeur** (*t. recomm.*).
fertile |fɛʀtil| *adj.* **1** fertile, fecondo: *champ fertile* campo fertile; *terre fertile en blés* terra fertile di grano → **productif 2** (*fig.*) FERTILE (EN) fecondo, ricco* (di): *imagination fertile* immaginazione fertile → **fécond, prodigue**; *période fertile en événements* periodo fecondo, ricco di avvenimenti; *Montaigne est fertile en métaphores* Montaigne è ricco di metafore **C** 1 **stérile.**
fertilement |fɛʀtilmɑ̃| *adv.* (*rare*) [→ FERTILE] fertilmente.
fertilisable |fɛʀtilizabl(ə)| *adj.* [→ FERTILISER] fertilizzabile.
fertilisant, ante |fɛʀtilizɑ̃, ɑ̃t| *adj.* fertilizzante.
fertilisation |fɛʀtilizɑsjɔ̃| *s.f.* [→ FERTILISER] fertilizzazione: *la fertilisation des sols* la fertilizzazione dei terreni → **amendement.**
fertiliser |fɛʀtilize| *v.tr.* [*rendre fertile* (*une terre*)] fertilizzare → **amender.**
fertilité |fɛʀtilite| *s.f.* fertilità (*inv.*): *la fertilité d'une terre* la fertilità di una terra → **fécondité** ◇ (*fig.*) *fertilité d'imagination* fertilità, fecondità *inv.* di immaginazione.
féru, ue |feʀy| *adj.* [*qui est très épris*] innamorato, appassionato: *être féru d'une science* essere innamorato, appassionato di una scienza → **passionné** # *il est féru de cette femme* ha perduto la testa per quella donna.
férule |feʀyl| *s.f.* **1** ferula: *distribuer des coups de férule* distribuire colpi di ferula **2** (*fig.*) *être sous la férule de qqn.* essere sotto il giogo *m.* di qc. → **autorité,** 2 **pouvoir 3** (*t.bot.*) ferola, ferula.
fervemment |fɛʀvamɑ̃| *adv.* (*rare*) [*avec ferveur*] fervidamente.
fervent, ente |fɛʀvɑ̃, ɑ̃t| *adj.* **1** fervente: *chrétien fervent* cristiano fervente; *c'est un républicain fervent* è un fervente repubblicano ◆ (*s.*) *les fervents de Beethoven* i patiti di Beethoven → **admirateur 2** [*où il entre de la ferveur*] ardente, fervido: *un amour fervent* un amore ardente → **brûlant.**
ferveur |fɛʀvœʀ| *s.f.* fervore *m.*; entusiasmo (*m.*): *prier avec ferveur* pregare con fervore ‖ *accomplir un travail avec ferveur* compiere un lavoro con entusiasmo.
fesse |fɛs| *s.f.* (*anat., cour.*) natica*, gluteo *m.*, chiappa (*vulg.*) → **croupe, cul** (*pop.*), 2 **derrière, fessier** # *botter les fesses de qqn.* prendere qc. a calci nel sedere; *poser ses fesses* [*s'asseoir*] sedersi, mettersi a sedere; *histoires de fesses* storielle piccanti, barzellette spinte; *aller voir de la fesse* andare a uno spettacolo di nudo ◇ (*fig.*) *serrer les fesses, avoir chaud aux fesses* [*avoir peur*] farsela addosso (dalla paura).
fessée |fese| *s.f.* **1** [*coups donnés sur les fesses*] sculacciata: *il a reçu la fessée, une bonne fessée* si è preso una (bella) sculacciata **2** (*fig.*) [*défaite humiliante*] smacco* *m.*, batosta.
fesse-mathieu |fɛsmatjø| *s.m.* (*vx.*) [*usurier*] usuraio*, strozzino ◇ (*par ext.*) [*avare*] taccagno, spilorcio*: *des fesse-mathieux* dei taccagni, degli spilorci.
fesser |fese| *v.tr.* [*battre en donnant des coups sur les fesses*] sculacciare.
fessier |fesje| *s.m.* (*fam.*) [*les deux fesses*] il sedere, le chiappe *f. pl.* → 2 **derrière.**
fessier, ière |fesje, jɛʀ| *adj.* (*anat.*)

gluteo: *région fessière* regione glutea; *les muscles fessiers* i (muscoli) glutei ◆ (*s.*) *le grand, le petit fessier* il grande, il piccolo gluteo.

fessu, ue |fɛsy| *adj.* (*fam.*) [*qui a de grosses fesses*] *qu'elle est fessue!* che sederone!, che sederona!

festin |fɛstɛ̃| *s.m.* festino: *quel festin!* che festino → **gueuleton** (*fam.*).

festival, als |fɛstival| *s.m.* **1** festival (*inv.*): *les festivals de musique* i festival musicali; *ce film a obtenu le premier prix au festival de Cannes* questo film ha ottenuto il primo premio al festival di Cannes **2** (*fig., fam.*) [*brillante manifestation du talent de qqn.*] festival: *ce joueur nous a donné un véritable festival* quel giocatore ci ha offerto un vero festival.

festivalier, ière |fɛstivalje, jɛʀ| *adj.* del, di un festival *loc.* ◆ (*s.*) *un festivalier* un frequentatore* di festival.

festivité |fɛstivite| *s.f. surtout au plur.* (*iron.*) [*fête, réjouissance*] festeggiamento (*m.*): *festivités à l'occasion d'un anniversaire* festeggiamenti in occasione di un anniversario.

feston |fɛstɔ̃| *s.m.* **1** festone **2** (*cout.*) festone, smerlo # *lingerie à festons* biancheria smerlata.

festonner |fɛstɔne| *v.tr.* **1** [*orner de festons*] ornare di festoni **2** (*cout.*) [*broder de manière à faire des festons*] smerlare; rifinire (197) con festoni: *col festonné* collo smerlato ‖ *festonner une pièce de lingerie* rifinire con festoni un capo di biancheria.

festoyer |fɛstwaje| (10) *v.intr.* [*prendre part à une fête, à un festin*] bisbocciare, far (103) *tr.* bisboccia, far festa.

fêtard, arde |fɛtaʀ, aʀd(ə)| *s.* (*fam.*) [*personne qui fait la fête*] festaiolo, bisboccione: *vous êtes des fêtards!* siete dei festaioli! → **noceur, viveur.**

fête |fɛt| *s.f.* **I** **1** festa, festività (*inv.*): *fêtes périodiques* feste, festività periodiche; *la fête du Saint-Sacrement, la Fête-Dieu* la festività del Corpus Domini, il Corpus Domini; *la fête des Saints, la Toussaint* la festa di Ognissanti, i Santi (*fam.*) # *jour de fête* giorno festivo, di festa; *la fête des Morts, le Jour des Morts* la commemorazione dei Defunti, i Morti (*fam.*) **2** [*jour de la fête du saint dont qqn. porte le nom*] onomastico* (*m.*): *souhaiter à qqn. sa fête* augurare a qc. buon onomastico, fare a qc. gli auguri per l'onomastico ◇ (*loc. pop.*) *ça va être ta fête* [*gare à toi*] guai a te! **3** [*réjouissance publique*] festa: *fête nationale* festa nazionale; *les fêtes de fin d'année* le feste di fine anno; *la fête des mères, des pères* la festa della mamma, del papà; *salle des fêtes* salone delle feste ◇ (*loc. prov.*) *ce n'est pas tous les jours fête* non è sempre festa **4** (*loc.*) *faire la fête* [*mener une vie de plaisir*] fare la bella vita → **foire, 2 noce** **II** (*dans des expressions*) *un air de fête* un'aria di festa; *il se fait une fête de* [*il s'en réjouit*] è contento di..., si rallegra molto di... ◇ *loc.* EN FÊTE in festa: *la nature est en fête* la natura è in festa ~ FAIRE FÊTE À QQN. far festa a qc. ~ ÊTRE À LA FÊTE essere pienamente soddisfatto (di) # *il n'a jamais été à pareille fête* non è mai stato così contento.

Fête-Dieu |fɛtdjø| *s.f.* (*liturg. cathol.*) Corpus Domini (*m.inv.*): *procession de la Fête-Dieu* processione del Corpus Domini.

fêter |fete| *v.tr.* [*consacrer, marquer par une fête; faire fête à*] festeggiare, commemorare: *fêter une victoire* festeggiare, commemorare una vittoria; *fêter un ami* festeggiare un amico → **célébrer, commémorer.**

fétiche |fetiʃ| *s.m.* feticcio*.

féticheur |fetiʃœʀ| *s.m.* [*prêtre des religions à fétiches*] stregone.

fétichisme |fetiʃism(ə)| *s.m.* feticismo.

fétichiste |fetiʃist(ə)| *adj. et s.* feticistico*, feticista.

fétide |fetid| *adj.* fetido, puzzolente: *l'haleine fétide de certains malades* l'alito fetido di alcuni malati → **nauséabond, puant.**

fétidité |fetidite| *s.f.* fetore *m.* → **puanteur.**

fétu |fety| *s.m.* [*brin* (*de paille*)] fuscello, festuca* *f.* ◇ (*loc. fig.*) *être emporté, traîné comme un fétu* essere portato via, trascinato via come un fuscello.

fétuque |fetyk| *s.f. ou m.* (*t.bot.*) festuca* *f.*

1 **feu** |fø| *s.m.* **I** **1** LE FEU fuoco*: *allumer du feu, faire du feu* accendere il fuoco, fare il fuoco; *mettre le feu à qqch.* dare fuoco a q.c., appiccare il fuoco a q.c. → **enflammer** ◇ *loc.* DE FEU di fuoco: *les langues de feu de la Pentecôte* le lingue di fuoco della Pentecoste; *cela s'est inscrit en lettres de feu dans sa mémoire* gli si è stampato nella memoria a lettere di fuoco ~ EN FEU in fiamme: *la maison était en feu* la casa era in fiamme ◇ (*loc. fig.*) *faire feu de tout bois* [*utiliser tous les moyens en son pouvoir*] usare ogni mezzo ~ *faire feu* fare scintille ~ *mettre le feu aux poudres* dar fuoco alle polveri ~ *jouer avec le feu* scherzare col fuoco ~ *j'en mettrais ma main au feu* metterei la mano sul fuoco ~ *jeter de l'huile sur le feu* gettare olio sul fuoco, soffiare sul fuoco ~ (*pop.*) *avoir le feu au derrière* [*fuir, se précipiter*] avere il fuoco sotto la sedia, il sedere; darsela a gambe ~ *péter du feu, le feu* [*avoir une activité débordante*] avere il fuoco addosso ◇ (*prov.*) *il n'y a pas de fumée sans feu* non c'è fumo senza fuoco **2** [*matières rassemblées et allumées*] fuoco: *s'installer auprès du feu* mettersi vicino al fuoco → 1 **foyer** ◇ (*loc.*) *feu de joie, de camp* falò (*inv.*) ~ *le coin du feu* l'angolo del camino ~ *feu de paille*: (*pr., fig.*) fuoco di paglia **3** [*source de chaleur*] fuoco; fiamma (*f.*): *mettre un plat sur le feu* mettere una pietanza sul fuoco; *cuire à feu doux, à petit feu, à grand feu* cuocere a fuoco lento, a fuoco vivo ‖ *plat qui va au feu* piatto resistente alla fiamma; *cuisinière électrique à trois feux* cucina elettrica a tre fiamme ◇ *loc.* COUP DE FEU: (*pr.*) fiammata (*f.*); (*fig.*) il pieno del lavoro **4** (*méd.*) *pointes de feu* cauterizzazioni *f.* **5** [*embrasement, incendie*] incendio*, fuoco: *un seul quartier de la ville a échappé au feu* un solo quartiere della città è scampato all'incendio; *le feu est à la maison* la casa prende fuoco; *il y a le feu* c'è l'incendio ◇ (*fig.*) *au feu!* al fuoco!; *ne t'énerve pas, il n'y a pas le feu* abbi pazienza, non prende fuoco la casa; *éteindre un feu* spegnere un incendio ~ *mettre un pays à feu et à sang* mettere un paese a ferro e fuoco ◇ (*loc. fig.*) *faire la part du feu* [*abandonner qqch. pour sauver le reste*] salvare il salvabile **6** [*ce qui sert à allumer le tabac*] fuoco: *avez-vous du feu?* ha del fuoco?, ha da accendere?, ha un fiammifero? **II** **1** *coup de feu* sparo; colpo d'arma da fuoco ~ *arme à feu* arma da fuoco **2** *ne pas faire long feu* [*ne pas durer longtemps*] avere breve durata, essere di breve durata: *leur association n'a pas fait long feu* la loro associazione ha avuto breve durata, è stata di breve durata **3** [*tir d'armes à feu*] fuoco: *le baptême du feu* il battesimo del fuoco; *ouvrir le feu sur un objectif* aprire il fuoco su un obbiettivo; *faire feu* fare fuoco → **tir** ◇ (*loc. fig.*) *se trouver, être entre deux feux* trovarsi, essere tra due fuochi **4** *feu d'artifice* fuoco d'artificio **5** (*pop.*) [*pistolet, revolver*] arma *f.* (*cour.*), pistola *f.* (*cour.*): *il a sorti son feu* ha tirato fuori l'arma **III** **1** [*toute source de lumière*] luce (*f.*): *feux des projecteurs* luci dei proiettori; *les feux de la rampe* [*au théâtre*] le luci della ribalta **2** [*signal lumineux*] faro; fanale; luce: *feu fixe, tournant, à éclipse* faro fisso, girevole, a eclissi → **phare** ‖ *feux d'un navire* fanali di una nave → **fanal** ‖ (*auto.*) *feux de position, de stationnement* luci di posizione, di sosta # *feux de route* fari; (*feux*) *clignotants* lampeggiatori, indicatori di direzione ◇ [*réglant la circulation routière*] semaforo: *carrefour équipé de feux tricolores* incrocio dotato di semaforo, incrocio semaforizzato; *feu rouge, jaune, vert* semaforo rosso, giallo, verde # *brûler, griller un feu rouge* passare col rosso ◇ (*loc. fig.*) *donner le feu vert* dare via *f.* libera, il via **3** [*éclat*] scintillio*: *les feux d'un diamant* lo scintillio di un diamante; *le feu du regard* lo scintillio dello sguardo # *pierre qui jette des feux* pietra scintillante **4** *feu follet* fuoco fatuo ◇ (*loc.*) *feu de Saint Elme* fuoco di S. Elmo **IV** (*fig.*) **1** [*sensation de chaleur intense, de brûlure*] fuoco, fiamme (*f.pl.*): *le feu lui monte au visage* le fiamme gli salgono al viso; *le feu du rasoir* [*irritation*] l'arrossamento provocato dal rasoio ◇ *loc.* EN FEU in fiamme: *avoir les joues en feu* avere le guance in fiamme **2** [*ardeur des sentiments, des passions*] fuoco, foga* (*f.*): *le feu de la colère* il fuoco della collera; *le feu de l'éloquence* la foga dell'eloquenza; *dans le feu de l'action, de la dispute* nella foga dell'azione, del litigio; *parler avec feu* parlare con foga; *avoir le feu sacré* ardere di sacro fuoco → **exaltation** # *feu de l'imagination* fervore della fantasia ◇ *loc.* DE FEU focoso *adj.*, di fuoco: *tempérament de feu* temperamento focoso ~ (*fam.*) *être tout feu, tout flamme(s)* *pour* fare fuoco e fiamme per.

2 **feu** |fø| *s.m.* (*vx.*) [*foyer*] focolare, famiglia *f.* ◇ (*loc.*) *n'avoir ni feu ni lieu* non avere né foco né loco.

feu, feue, feus |fø| *adj.* (*dr., littér., plais.*) (*avant le nom*) [*qui est mort depuis peu de temps*] defunto: *son feu père* il suo defunto padre; *la feue impératrice* la defunta imperatrice → **défunt** ◇ *inv.* (*avant l'art., le poss.*) *feu la mère de Madame une telle* la

defunta madre della signora tal dei tali; *feu sa mère* la sua defunta madre.
feudataire |fødatɛʀ| *s.* (*hist.*) feudatario*.
feudiste |fødistə| *s.m.* (*dr.*) feudista.
feuil |fœj| *s.m.* (*techn.*) foglio* sottile, pellicola *f.* sottile.
feuillage |fœjaʒ| *s.m.* **1** [*ensemble des feuilles d'un arbre*] fogliame, foglie (*f.pl.*): *feuillage du chêne, du lierre* fogliame della quercia, dell'edera; *berceau de feuillage* bersò di foglie **2** [*rameaux coupés, couverts de feuilles*] frasche (*f.pl.*): *se faire un lit de feuillage* farsi un letto di frasche **3** *les feuillages d'un chapiteau* i fogliami del capitello.
feuillaison |fœjɛzɔ̃| *s.f.* fogliazione → **foliation.**
feuillant, antine |fœjɑ̃, ɑ̃tin| *s.* **1** *s.* (*relig.*) fogliante *m.*, fogliantina *f.* **2** *s.m.pl.* (*hist.*) foglianti.
feuillard |fœjaʀ| *s.m.* **1** ramo spaccato in due (per cerchiare botti): *feuillard de chataîgnier, de saule* cerchio per botti di castagno, di salice **2** (*métall.*) reggetta *f.*, nastro di ferro: *feuillard à chaud* nastro a caldo ♦ (*adj.*) *fer feuillard* [*en lames larges et plates*] nastro *s.m.* (di ferro).
feuille |fœj| *s.f.* **I 1** (*bot., cour.*) foglia: *feuille dentelée* foglia dentellata; *charpente d'une feuille* struttura di una foglia; *les nervures d'une feuille* le nervature di una foglia; *à la chute des feuilles* al cader delle foglie ◇ (*loc.*) *descendre en feuille morte* scendere a foglia morta ◇ (*personnes*) *trembler comme une feuille* tremare come una foglia **2** *feuille de vigne* [*feuille sculptée cachant le sexe des statues nues*] foglia di fico **3** (*littér.*) [*pétale*] petalo ◇ (*fig., fam.*) *giroflée à cinq feuilles* [*la main qui gifle*] ceffone (che lascia il segno delle cinque dita) **II 1** [*morceau de papier rectangulaire*] foglio* (*m.*): *face d'une feuille* facciata di un foglio; *feuille blanche, vierge* foglio bianco, vergine; *feuille de papier à lettres* foglio di carta da lettere; *feuille volante* foglio volante; *feuille d'impression* foglio di stampa **2** [*papier, document, état*] foglio; cartella: *feuille de paye* foglio paga; *feuille de route* foglio di viaggio; *feuille de présence* foglio di presenza || *feuille d'impôt* cartella delle imposte, delle tasse (*fam.*) **3** [*périodique* (*journal, hebdomadaire*)] giornale (*m.*): *une feuille d'extrême gauche* un giornale di estrema sinistra ◇ (*loc. fam.*) *feuille de chou* foglio, giornale locale (di poco conto) **4** [*plaque mince* (*d'une matière quelconque*)] foglio: *feuille de carton, de métal* foglio di cartone, di metallo **5** (*pop.*) [*oreille*] orecchio* *m.* (*cour.*): *être dur de la feuille* [*un peu sourd*] essere duro d'orecchi.
feuillée |fœje| *s.f.* **1** (*littér.*) [*abri que forme le feuillage des arbres*] frascato *m.* **2** (*au plur.*) *les feuillées* [*tranchée destinée à servir de latrines aux troupes en campagne*] latrine da campo.
feuille-morte |fœjmɔʀt(ə)| *adj. inv.* [*d'une couleur rouille*] color (di) foglia morta (*loc.inv.*): *soie feuille-morte* seta color (di) foglia morta.
feuiller |fœje| *v.tr.* (*techn.*) [*pratiquer une feuillure*] scanalare: *feuiller une planche* scanalare un'asse → **feuillure** 2.
feuillet |fœjɛ| *s.m.* **1** foglietto, foglio* # *tourner les feuillets d'un livre* girare le pagine di un libro → 1 **page** **2** [*troisième poche de l'estomac des ruminants*] foglietto, omaso *inv.* **3** (*biol.*) *feuillets embryonnaires* foglietti embrionali.
feuilletage |fœjtaʒ| *s.m.* [→ FEUILLETER 2] (preparazione *f.* della) pasta *f.* sfoglia.
feuilleté, ée |fœjte| *adj.* **1** [*qui présente des feuilles, des lames superposées*] stratificato: *roche feuilletée* roccia stratificata; *pare-brise en verre feuilleté* parabrezza in vetro laminato **2** *pâte feuilletée* pasta sfoglia; *gâteau feuilleté* dolce di pasta sfoglia ♦ (*s.m.*) *un feuilleté* una sfogliata *f.* (dolce, salata).
feuilleter |fœjte| (5) *v.tr.* **1** [*tourner les pages de* (*un livre, un cahier*)] sfogliare: *je n'ai pas lu ce roman, je n'ai fait que le feuilleter* questo romanzo non l'ho letto, l'ho solo sfogliato → **parcourir** **2** *feuilleter de la pâte* [*la beurrer et la plier plusieurs fois*] fare (103) la pasta sfoglia.
feuilleton |fœjtɔ̃| *s.m.* **1** [*fragment, chapitre d'un roman qui paraît régulièrement dans un journal*] puntata *f.* ◇ (*radio*) romanzo a puntate ◇ (*télév.*) teleromanzo, sceneggiato televisivo; serie *f.* televisiva **2** *roman-feuilleton* romanzo d'appendice, romanzo a puntate ◇ (*fig.*) *c'est du roman-feuilleton* [*une histoire invraisemblable*] è un romanzo!, è la realtà *f. inv.* romanzesca! **3** [*partie d'un journal réservée pour une rubrique régulière*] rubrica (*f.*): *le feuilleton littéraire* la rubrica letteraria.
feuilletoniste |fœjtɔnist(ə)| *s.* [*personne qui écrit des romans-feuilletons*] appendicista.
feuilleton(n)esque |fœjtɔnɛsk| (*adj.*) *un style feuilletonesque* uno stile da romanzo d'appendice *loc.inv.*
feuillette |fœjɛt| *s.f.* [*tonneau dont la capacité varie de 114 à 140 litres*] botte (di 114-140 litri).
feuillu, ue |fœjy| *adj.* **1** [*qui a beaucoup de feuilles*] frondoso, fronzuto: *chêne feuillu* quercia frondosa → **touffu** **2** [*qui porte des feuilles*] *arbres feuillus* latifoglie *s.f.*
feuillure |fœjyʀ| *s.f.* (*techn.*) **1** [*entaille, rainure dans un panneau*] incavo *m.*, scanalatura **2** [*entaille recevant le bâti*] battuta.
feulement |følmɑ̃| *s.m.* [*cri du tigre*] urlo (della tigre).
feuler |føle| *v.intr.* (*du tigre*) [*crier*] urlare ◇ (*du chat*) [*grogner*] miagolare, gnaulare.
feutrage |føtʀaʒ| *s.m.* **1** [→ FEUTRER A] feltratura *f.* **2** [→ FEUTRER B; C] infeltrimento.
feutre |føtʀ(ə)| *s.m.* **1** feltro: *chapeau de feutre* cappello di feltro **2** [*chapeau de feutre*] (cappello di) feltro: *il est coiffé d'un feutre gris* ha in testa un feltro grigio **3** *feutres d'un piano, d'une machine à écrire* feltri, feltrini di un piano, di una macchina da scrivere **4** (*crayon*) *feutre* pennarello (*nom déposé*).
feutré, ée |føtʀe| *adj.* **1** (*techn.*) feltrato: *étoffe feutrée* stoffa feltrata **2** [*qui a pris l'aspect du feutre après lavage*] infeltrito: *lainage feutré* indumento di lana infeltrito **3** [*étouffé, peu sonore*] attutito: *bruit feutré* rumore attutito # *marcher à pas feutrés* camminare a passi felpati → 1 **discret, silencieux.**
feutrer |føtʀe| **A** *v.tr.* (*techn.*) [*garnir de feutre*] feltrare, imbottire (197) di feltro: *feutrer une selle* imbottire di feltro una sella **B** *v.intr.* [*prendre l'aspect du feutre*] infeltrire (197) (*aux.* essere): *un lainage qui feutre* un tessuto di lana che infeltrisce **C** *v.pron.intr.* SE FEUTRER [→ *intr.*] infeltrirsi.
feutrine |føtʀin| *s.f.* [*tissu de laine feutré*] panno *m.* lenci: *jupe de feutrine* gonna di panno lenci.
fève |fɛv| *s.f.* **1** (*t.bot.*) fava ◇ (*cour.*) [*la graine*] fava: *écosser des fèves* sgusciare delle fave ◇ (*par ext.*) *fèves de cacao* grani *m.*, semi *m.* di cacao **2** *fève des Rois* [*fève, petite figurine que l'on met dans un gâteau le jour de la fête des Rois* (*6 janvier*)] ⊠.
féverole |fɛvʀɔl|, **faverole** |favʀɔl| *s.f.* (*t.bot.*) favetta.
févier |fevje| *s.m.* (*t.bot.*) spinacristi *f. inv.*
février |fevʀije| *s.m.* [*second mois de l'année*] febbraio*.
fez |fɛz| *s.m.* fez *inv.*
fi! |fi| *interj.* **1** (*vx.*) (*exprimant 'le dédain, le dégoût'*) oibò → **pouah!** **2** FAIRE FI DE [*dédaigner, mépriser*] infischiarsi (di q.c.): *il a fait fi de mes conseils* se ne è infischiato dei miei consigli.
fiabilité |fjabilite| (*techn.*) affidabilità *inv.*, fidatezza ◇ (*par ext., cour.*) fidatezza.
fiable |fjabl(ə)| *adj.* (*techn.*) affidabile: *matériel fiable* materiale affidabile ◇ (*par ext.*) *c'est une personne fiable* è una persona su cui si può fare affidamento, degna di fiducia.
fiacre |fjakʀ(ə)| *s.m.* [*voiture à cheval*] carrozza *f.*, vettura *f.* di piazza # *cocher de fiacre* vetturino, fiaccheraio.
fiançailles |fjɑ̃sɑj| *s.f.pl.* fidanzamento *m.sing.*; promessa *sing.* di matrimonio: *bague de fiançailles* anello di fidanzamento; *rompre ses fiançailles* rompere il fidanzamento.
fiancé, ée |fjɑ̃se| *s.* fidanzato: *les deux fiancés* i due fidanzati → **futur.**
fiancer |fjɑ̃se| (2) **A** *v.tr.* [*engager par une promesse de mariage*] fidanzare (a, con qc.): *les parents ont fiancé leur fille* i genitori hanno fidanzato la figlia → **promettre** **B** *v.pron. réfl.* SE FIANCER [→ *tr.*] fidanzarsi: *ils se sont fiancés hier* si sono fidanzati ieri.
fiasco |fjasko| *s.m.* [*échec*] fiasco*: *l'entreprise a fait fiasco* l'impresa ha fatto fiasco, è fallita; *cette pièce est un fiasco* quest'opera teatrale è un fiasco.
fiasque |fjaskə| *s.f.* fiasco* (*m.*): *une fiasque de vin* un fiasco di vino.
fiat |fjat| *s.m.inv.* (*psycho.*) e sia!
fibranne |fibʀan| *s.f.* (*textile*) viscosa.
fibre |fibʀ(ə)| *s.f.* **1** fibra: *les fibres du bois* le fibre del legno; *les fibres de la viande* le fibre della carne ◇ (*anat.*) *fibres musculaires* fibre muscolari; *fibres nerveuses* fibre nervose **2** *fibre textile* fibra tessile; *fibre synthétique, artificielle* fibra sintetica, artificiale; *fibre de verre* lana di vetro; *fibres optiques* fibre ottiche **3** [*matière fabriquée à partir de fibres*] fibra: *une mallette en fibre* una valigetta di fibra; *panneau de fibres* pannello di fibre **4** (*fig.*) LA FIBRE [*le sentiment*] sentimento (*m.*): *la fibre pa-*

ternelle il sentimento paterno; *faire jouer la fibre patriotique* sollecitare il sentimento patriottico → **corde, sentiment.**
fibreux, euse |fibʀø, øz| *adj.* fibroso: *tissu fibreux* tessuto fibroso; *chair fibreuse* carne fibrosa ◇ (*techn.*) *construction en panneaux fibreux* costruzione in pannelli fibrosi, di fibre.
fibrillaire |fibʀil(l)ɛʀ| *adj.* (*méd.*) fibrillare.
fibrillation |fibʀil(l)ɑsjɔ̃| *s.f.* (*chim., méd.*) fibrillazione.
fibrille |fibʀil| *s.f.* fibrilla: *les fibrilles d'une racine* le fibrille di una radice.
fibrine |fibʀin| *s.f.* (*physiol.*) fibrina.
fibrinogène |fibʀinɔʒɛn| *s.m.* (*physiol.*) fibrinogeno.
fibr(o)- |fibʀ(ɔ)| *préf.* (*signifiant 'fibre', correspond généralt. à*) fibro: *fibrome* fibroma; *fibrociment* fibrocemento.
fibrociment |fibʀɔsimɑ̃| *s.m.* fibrocemento.
fibrome |fibʀom| *s.m.* (*méd.*) fibroma.
fibroscopie |fibʀɔskɔpi| *s.f.* (*méd.*) fibroscopia: *fibroscopie digestive* fibroscopia digestiva.
fibule |fibyl| *s.f.* fibula.
ficaire |fikɛʀ| *s.f.* (*t.bot.*) ficaria.
ficelage |fislaʒ| *s.m.* [→ FICELER 1] legatura *f.* (con spago).
ficelé, ée |fisle| *adj.* 1 [→ FICELER 1] legato (con spago): *paquet ficelé* pacco legato con spago ◇ (*plais.*) *on l'a retrouvé ficelé comme un saucisson* l'hanno ritrovato legato come un salame 2 (*fam.*) *mal ficelé* [*habillé*] infagottato 3 (*fig.*) *un travail bien ficelé* [*bien fait*] un lavoro ben fatto.
ficeler |fisle| (4) *v.tr.* 1 [*attacher, lier avec de la ficelle*] legare (con spago): *ficeler un paquet* legare un pacco; *ficeler un prisonnier à un poteau* legare un prigioniero a un palo 2 (*rare, fam.*) [*habiller*] infagottare.
ficelle |fisɛl| *s.f.* I 1 [*corde mince*] spago* *m.*, cordicella: *bouts de ficelle* pezzi di spago; *lier, attacher avec des ficelles* legare con dello spago; *défaire la ficelle d'un colis* disfare lo spago di un pacco 2 (*fig.*) *les ficelles qui font mouvoir les marionettes* i fili che fanno muovere le marionette; *celui qui tire les ficelles* chi tiene le fila → **fil** 3 [*artifice caché*] trucco* (*m.*): *les ficelles d'un art, d'un métier* i trucchi di un'arte, di un mestiere; *la ficelle est un peu grosse* il trucco è troppo evidente → **truc** II (*fam.*) [*galon*] gallone *m.* d'ufficiale III [*petite baguette* (*de pain*)] filoncino *m.*, sfilatino *m.*
fichant, ante |fiʃɑ̃, ɑ̃t| *adj.* 1 (*milit.*) *tir fichant* tiro ficcante 2 (*fam., vieilli*) [*ennuyeux*] scocciante.
1 **fiche** |fiʃ| *s.f.* [*cheville, tige de bois ou de métal*] cavicchio* (*m.*): *fiche d'arpenteur* cavicchio di geometra ◇ (*électr.*) *fiches d'alimentation* spine di corrente; *fiches de standard téléphonique* spine di centralino telefonico.
2 **fiche** |fiʃ| *s.f.* 1 [*feuille, carton*] scheda, cartellino (*m.*): *faire, remplir une fiche* compilare, riempire una scheda; *fiche médicale, bancaire* scheda medica, bancaria; *consulter des fiches dans un fichier* consultare delle schede in uno schedario 2 (*jeu ancien*) gettone *m.*, 'fiche' *inv.*
1 **ficher** |fiʃe| *inf.* (*cour.*) *'fiche'*, *p.p. 'fiché'*, *'fichu'* (*fam.*) (*s'emploie par euphémisme à la place de 'foutre'*) **A** *v.tr.* 1 [*faire*] combinare: *je n'ai rien fichu ajourd'hui* oggi non ho combinato nulla 2 [*donner*] appioppare, mollare: *je lui ai fiché une gifle* gli ho appioppato, mollato un ceffone → 2 **flanquer** # *ne pas ficher* (*en fiche*) *un coup, une rame, une secousse* non fare assolutamente nulla; *je te fiche mon billet qu'il viendra* [*je te le garantis*] scommetto, ti garantisco che verrà; *fiche-moi la paix* lasciami in pace, non seccarmi 3 [*mettre*] sbattere, gettare: *elle s'est fait ficher à la porte* si è fatta sbattere alla porta, buttar fuori; *on va le ficher en prison* lo sbatteranno in prigione # *ils ont fichu le gouvernement par terre* hanno rovesciato il governo → **renverser** ◇ (*loc.*) *ficher qqn. dedans* [*le faire se tromper*] farci cascare qc. ~ *ficher* (*fiche*) *le camp* [*décamper, partir*] svignarsela, tagliare la corda 4 (*vieilli*) (*p.p. 'fiché'*) *ficher un pieu en terre* piantare un palo per terra; *ficher un clou dans un mur* conficcare un chiodo nel muro → **planter B** *v.pron.* 1 (*réfl.*) *se fiche* [*tomber*] cadere (121) (*intr.*): *il s'est fiché, fichu par terre* è caduto per terra 2 (*intr.*) *se fiche dedans* [*se tromper*] cascarci 3 *intr.* SE FICHER, SE FICHE DE [*se moquer*] prendersi (105) gioco di, prendere *tr.* in giro: *il s'est fichu de moi* si è preso gioco di me, mi ha preso in giro → **moquer (se), railler** ◇ (*spécialt.*) *je m'en fiche* [*ça m'est égal*] me ne infischio, me ne frego: *il se fichait pas mal du résultat* se ne infischiava, se ne fregava del risultato # *je m'en fiche et m'en contrefiche* me ne strafrego, me ne strafotto (*vulg.*).
2 **ficher** |fiʃe| *v.tr.* [*mettre en fiche*] schedare, annotare: *ficher un renseignement* schedare, annotare un'informazione; *ficher des gens* schedare delle persone.
fichet |fiʃɛ| *s.m.* (*au trictrac*) [*petite* (2) *fiche*] pedina *f.*
fichier |fiʃje| *s.m.* [*meuble, classeur, collection de fiches*] schedario*.
fichtre! |fiʃtʀ(ə)| *interj.* (*fam.*) (*exprime 'l'étonnement, l'admiration'*) caspita!, diamine!
fichtrement |fiʃtʀəmɑ̃| *adv.* [*extrêmement*] eccezionalmente, maledettamente, estremamente: *ce petit vin est fichtrement bon!* questo vinello è eccezionalmente buono!
fichu |fiʃy| *s.m.* [*pièce d'étoffe dont les femmes se couvrent la tête*] scialletto, fazzoletto → **châle.**
fichu, ue |fiʃy| *adj.* 1 (*fam.*) [*détestable, mauvais*] orribile (*cour.*), detestabile (*cour.*): *il a un fichu caractère* ha un carattere orribile, un caratteraccio # *fichu temps!* tempaccio; *fichu métier* un mestieraccio! → **maudit** 2 (*fam.*) [*dans une fâcheuse situation*] spacciato: *il n'en a plus pour longtemps, il est fichu* non ne ha (più) per molto, è spacciato → **perdu** # *mon costume est fichu* il mio vestito è da buttare (via) 3 [*arrangé, mis dans un certain état*] conciato, vestito male: *elle est fichue comme quatre sous, comme l'as de pique* è conciata male, è mal vestita ◇ (*par ext.*) MAL FICHU [*souffrant; contrefait, difforme*] conciato male; indisposto; mal fatto 4 (*fam.*) [*capable de*] capace di (*cour.*), in grado di (*cour.*): *elle n'est pas fichue de gagner sa vie* non è capace, non è in grado di guadagnarsi da vivere.
fictif, ive |fiktif, iv| *adj.* 1 [*créé par l'imagination*] fittizio*, immaginario*: *des personnages fictifs* dei personaggi fittizi, immaginari → **imaginaire** ◆ (*s.*) *mêler le réel au fictif* mescolare il reale con l'irreale, con l'immaginario 2 [*qui n'existe qu'en apparence*] finto, falso: *promesses fictives* false promesse → **faux, feint** 3 (*écon.*) fittizio, convenzionale.
fiction |fiksjɔ̃| *s.f.* 1 [*fait imaginé, inventé*] finzione → **invention** 2 [*création de l'imagination, en littér.*] narrativa: *livre de fiction* opera di narrativa (racconto, romanzo) ◆ (*avec valeur d'adj. inv.*) *science-fiction* fantascienza; *politique-fiction* fantapolitica* 3 (*dr., écon.*) finzione giuridica → 1 **convention.**
fictivement |fiktivmɑ̃| *adv.* [→ FICTIF] in modo fittizio *loc.inv.*
ficus |fikys| *s.m.* (*t.bot.*) ficus *inv.* → **figuier.**
fidéicommis |fideikɔmi| *s.m.* (*dr.*) fedecommesso.
fidéicommissaire |fideikɔmisɛʀ| *s.m.* fedecommissario*.
fidéisme |fideism(ə)| *s.m.* (*philo., relig.*) fideismo.
fidéiste |fideist(ə)| *adj.* fideistico* ◆ (*s.*) *un fidéiste* un fideista.
fidéjusseur |fideʒysœʀ| *s.m.* (*dr.*) fideiussore.
fidéjussion |fideʒysjɔ̃| *s.f.* (*dr.*) fideiussione.
fidèle |fidɛl| I *adj.* 1 FIDÈLE (À ENVERS QQN.) fedele, devoto (a qc.): *ami fidèle* amico fedele, devoto; *chien fidèle* cane fedele; *employé, serviteur fidèle* impiegato, servo fedele, devoto; *rester fidèle à un chef d'État* restare fedele a un capo di Stato; *elle est fidèle à son mari* è fedele a suo marito → **dévoué, loyal** 2 FIDÈLE (À QQCH.) fedele (a q.c.): *être fidèle à ses promesses* essere fedele, tener fede alle proprie promesse ◇ (*loc.*) *rester fidèle à soi-même* essere coerente con sé stesso 3 [*qui ne s'écarte pas de la vérité*] fedele, esatto: *historien fidèle* storico fedele; *récit fidèle* racconto fedele, esatto; *traduction fidèle* traduzione fedele II *s.* 1 [*personne fidèle à*] fedele: *les fidèles du gouvernement* i fedeli del governo ◇ [*un client fidèle*] *je suis une fidèle des Galeries* sono una fedele cliente delle 'Galeries' 2 [*personne unie à une religion* (*par la foi*)] fedele, credente: *l'assemblée des fidèles* l'assemblea dei fedeli → **croyant** [C] 1 1 **infidèle** 1, **traître.**
fidèlement |fidɛlmɑ̃| *adv.* [→ FIDÈLE I 3] fedelmente, esattamente: *citer, reproduire fidèlement* citare, riprodurre fedelmente, esattamente ◇ (*à la fin d'une lettre*) *fidèlement vôtre* fedelmente (il) vostro.
fidélité |fidelite| *s.f.* 1 FIDÉLITÉ (À, ENVERS QQN.) fedeltà *inv.* (a qc.): *fidélité du chien* fedeltà del cane; *fidélité conjugale* fedeltà coniugale; *jurer fidélité* giurare fedeltà 2 FIDÉLITÉ (À QQCH.) fedeltà (a q.c.): *fidélité à ses promesses* fedeltà alle proprie promesse 3 [*conformité à la vérité*] fedeltà, esattezza: *fidélité d'un traducteur, d'une reproduction* fedeltà di un traduttore, di una riproduzione → **véracité** 4 HAUTE FIDÉLITÉ alta fedeltà, hi-fi *inv.* [C] 1 **trahison.**
fiduciaire |fidysjɛʀ| *adj.* 1 (*dr.*) *héritier fiduciaire* erede fiduciario* ◆ (*s.m.*) *le fiduciaire* il fiduciario 2 (*écon.*)

fiduciario: *monnaie, circulation fiduciaire* moneta, circolazione fiduciaria; *société fiduciaire* società fiduciaria.

fiduciairement |fidysjɛʀmɑ̃| *adv.* [→ FIDUCIAIRE 1] a titolo fiduciario *loc.inv.*

fief |fjɛf| *s.m.* **1** (*féod.*) feudo: *domaine, bien donné en fief* dominio, bene dato in feudo **2** (*fig.*) [*domaine où qqn. est maître*] feudo: *fief électoral* feudo elettorale # *l'égyptologie est son fief* l'egittologia è il suo campo.

fieffé, ée |fjefe| *adj.* [*qui possède au plus haut degré un défaut, un vice*] matricolato, di prim'ordine (*loc. inv.*): *un coquin fieffé* un furfante matricolato, di prim'ordine; *un fieffé menteur* un bugiardo matricolato → **fini, parfait.**

fiel |fjɛl| *s.m.* **1** (*animaux*) fiele, bile (*f.*): *fiel de bœuf* fiele di bue **2** (*fig.*) [*amertume qui s'accompagne de méchanceté*] fiele, bile: *compliments pleins de fiel* complimenti pieni di fiele → **acrimonie, haine.**

fielleux, euse |fjɛlø, øz| *adj.* [*plein de fiel* (2)] bilioso, pieno di fiele: *homme, caractère fielleux* uomo, carattere bilioso → **haineux, méchant** # *paroles fielleuses* parole astiose.

fiente |fjɑ̃t| *s.f.* [*excrément d'oiseau*] sterco* (*m.*): *fiente de pigeon* sterco di piccione.

fienter |fjɑ̃te| *v.intr.* [*faire de la fiente*] defecare.

-fier |fjɛ| *suff.* (*signifiant 'faire, rendre, transformer en', correspond généralt. à*) ficare: *magnifier* magnificare; *justifier* giustificare.

fier (se) |fje| *v.pron.intr.* [*accorder sa confiance* (*à qqn. ou à qqch.*)] fidarsi (di), fare (103) *tr.* affidamento (su): *je me fie entièrement à vous* mi fido completamente di voi; *je me fie à votre jugement* mi fido del vostro giudizio; *ne vous y fiez pas* non fidatevi; *on ne sait plus à qui se fier* non si sa più su chi fare assegnamento → **abandonner (s'), remettre (s'en).**

fier, fière |fjɛʀ| *adj.* **1** [*qui se croit supérieur aux autres*] superbo, altezzoso: *il est fier, il ne parle à personne* è superbo, non parla con nessuno → **hautain, prétentieux** ◇ (*surtout négatif*) *il n'est pas fier* è (un tipo) alla buona ◇ (*plais.*) *il est fier comme Artaban* è pieno di boria ✦ (*s.*) *faire le fier* darsi delle arie, fare il pretenzioso **2** (*littér.*) fiero: *démarche fière* andatura fiera; *il est trop fier pour accepter votre argent* è troppo fiero per accettare denaro da voi # *port fier et majestueux* portamento regale, maestoso **3** FIER DE (QQN., QQCH.) fiero, orgoglioso di (qc., q.c.): *je l'ai fait et j'en suis fier* l'ho fatto e ne sono fiero; *elle est fière de ses enfants* va fiera dei propri figli, è orgogliosa dei propri figli → **heureux, satisfait** **4** (*avant le nom*) *il a un fier culot!* ha una bella faccia tosta! → **sacré** Ⓒ 1 **familier, simple**; 3 **honteux.**

fier-à-bras |fjɛʀabʀa| *s.m.* [*fanfaron*] spaccone, gradasso: *des fier(s)-à-bras* degli spacconi, dei gradassi → **matamore.**

fièrement |fjɛʀmɑ̃| *adv.* [→ FIER 2] orgogliosamente, fieramente → **dignement.**

fiérot |fjeʀo| *adj.* **1** [*prétentieux d'une manière puérile*] vanesio*: *il est un peu fiérot* è piuttosto vanesio; *il fait le fiérot* fa il vanesio **2** [*fier de qqch., d'une manière enfantine*] fiero, soddisfatto: *il est tout fiérot de son succès* è tutto fiero, soddisfatto del suo successo.

fierté |fjɛʀte| *s.f.* **1** [*attitude arrogante*] altezzosità *inv.*, superbia: *il montre un peu trop de fierté à l'égard de ses collègues* dimostra troppa altezzosità, troppa superbia nei confronti dei colleghi → **hauteur** **2** (*littér.*) [*sentiment élevé de la dignité*] fierezza → **amour-propre, orgueil** **3** [*le fait d'être fier de qqch.*] orgoglio* *m.*, fierezza: *c'est sa fierté* è, costituisce il suo orgoglio, il suo vanto → **contentement, satisfaction** # *il en tire une juste fierté* ne va giustamente fiero Ⓒ 3 **honte.**

fieu |fjø| *s.m.* (*dial.*) → **fil(s).**

fièvre |fjɛvʀ(ə)| *s.f.* **1** (*méd., cour.*) febbre: *fièvre erratique, périodique* febbre intermittente, periodica; *fièvres cérébrales* febbri cerebrali; *fièvre jaune* febbre gialla; *fièvre aphteuse* febbre aftosa, afta epizootica; *fièvre de cheval* febbre da cavallo; *avoir de la fièvre* avere la febbre ◇ (*au plur.*) *les fièvres* [*fièvre paludéenne*] le febbri malariche **2** (*fig.*) [*vive agitation, état passionné*] eccitazione (febbrile); calore (*m.*): *la fièvre du départ* l'eccitazione della partenza ‖ *discuter avec fièvre* discutere con calore → **excitation, fébrilité** **3** FIÈVRE DE (+ *inf.*) febbre, passione di (+ *inf.*): *la fièvre d'écrire* la febbre, la passione dello scrivere → **amour, passion.**

fiévreusement |fjevʀøzmɑ̃| *adv.* [→ FIÉVREUX 2] febbrilmente.

fiévreux, euse |fjevʀø, øz| *adj.* **1** [*qui a ou dénote la fièvre*] febbricitante: *des mains fiévreuses* mani febbricitanti # *se sentir fiévreux* sentirsi la febbre (addosso) **2** (*fig.*) [*intense, hâtif*] febbrile: *activité fiévreuse* attività febbrile; *la vie fiévreuse de la ville* il ritmo febbrile della vita di città → **fébrile** **3** [*agité, inquiet*] febbrile: *attente fiévreuse* attesa febbrile Ⓒ 3 **calme** 2.

fifille |fifij| *s.f.* (*t. enfantin*) [*fille*] cocca*: *la fifille à son papa* la cocca di papà.

fifre |fifʀ(ə)| *s.m.* [*flûte en bois*] piffero ◇ (*par ext.*) [*joueur de fifre*] pifferaio*.

fifrelin |fifʀəlɛ̃| *s.m.* (*vx.*) [*petite chose, monnaie sans valeur*] cicca* *f.*, patacca* *f.* ◇ (*loc.*) *cela ne vaut pas un fifrelin* non vale una cicca, un bel nulla.

fifty-fifty |fiftififti| *loc. adv.* (*angl.*) fifty-fifty, metà-metà: *partager fity-fifty* dividere fifty-fifty, metà-metà.

figaro |figaʀo| *s.m.* (*fam.*) figaro.

figement |fiʒmɑ̃| *s.m.* (*rare*) → **congélation.**

figer (se) |fiʒe| (3) *v.pron. intr.* **1** [*se solidifier par le froid*] rapprendersi (105): *la sauce s'est figée* la salsa si è rappresa **2** (*fig.*) [*se fixer dans une certaine attitude*] irrigidirsi (197): *se figer dans une attitude* irrigidirsi in un atteggiamento # *sourire qui se fige* sorriso che si raggela ✦ (*au p.p.*) *locution figée* locuzione consacrata; *expression figée* frase fatta; *sourire figé* sorriso stereotipato.

fignolage |fiɲɔlaʒ| *s.m.* [→ FIGNOLER] rifinitura *f.* (accurata): *le fignolage d'un dessin* la rifinitura accurata, minuziosa di un disegno Ⓒ **bâclage.**

fignoler |fiɲɔle| *v.tr.* (*fam.*) [*exécuter avec un soin minutieux*] rifinire (197) (con cura minuziosa) (*cour.*): *il fignole son dessin* rifinisce (con cura minuziosa) il disegno → **parfaire** ✦ (*au p.p.*) *travail, devoir fignolé* lavoro, compito rifinito con cura → **léché** Ⓒ **bâcler.**

fignoleur, euse |fiɲɔlœʀ, øz| *s.* [*personne qui fignole*] rifinitore*; perfezionista.

figue |fig| *s.f.* **1** [*fruit comestible du figuier*] fico* (*m.*): *figues séchées* fichi secchi **2** *figue de Barbarie* [*fruit comestible d'une plante grasse*] fico d'India **3** *loc. adj.* MI-FIGUE, MI-RAISIN ambiguo *adj.*; né lieto né triste: *il m'a fait un accueil mi-figue, mi-raisin* mi ha fatto un'accoglienza ambigua ‖ *un sourire mi-figue, mi-raisin* un sorriso né lieto né triste.

figuerie |figʀi| *s.f.* (*rare*) [*lieu planté de figuiers*] ficheto *m.*

figuier |figje| *s.m.* (*t.bot.*) fico* ~ *figuier de l'Inde* fico del Bengala, d'India → **oponce.**

figuline |figylin| *s.f.* figulina.

figurant, ante |figyʀɑ̃, ɑ̃t| *s.* **1** (*ciné., théât.*) comparsa *f.* **2** (*fig.*) *nation réduite au rôle de figurant* nazione relegata al rango di comparsa.

figuratif, ive |figyʀatif, iv| *adj.* figurativo: *art figuratif* arte figurativa ✦ (*s.*) *un figuratif* [*un artiste*] un figurativo.

figuration |figyʀasjɔ̃| *s.f.* **1** (*ciné., théât.*) le comparse *pl.* ◇ [*rôle de figurant*] comparsa: *faire de la figuration* fare la comparsa **2** [*représentation sous forme visible*] raffigurazione, rappresentazione.

figurativement |figyʀativmɑ̃| *adv.* [→ FIGURATIF] in modo figurativo *loc.inv.*

figure |figyʀ| *s.f.* **I** **1** figura, illustrazione: *les figures d'un texte* le figure, le illustrazioni di un testo # *livre, édition ornée de figures* libro illustrato, edizione illustrata ◇ (*bx-arts, blas., cartes*) figura **2** (*loc.*) *figure de proue* [*sculpture à la proue des anciens navires*] polena ~ *il n'a plus figure humaine* è completamente sfigurato, è irriconoscibile **3** FAIRE FIGURE fare figura ◇ (*personnes*) FAIRE FIGURE DE fare la figura di, passare per: *il fait figure de grand homme* fa la figura di grand'uomo, passa per un grand'uomo ‖ (*choses*) *le libéralisme fait figure de doctrine démodée* il liberalismo passa per una dottrina fuori moda **4** [*personnalité marquante*] figura: *les grandes figures de l'histoire, d'une époque* le grandi figure della storia, di un'epoca → **personnage** **5** (*géom.*) figura: *figure plane* figura piana; *une courbe, une pyramide sont des figures* una curva, una piramide sono delle figure; *projection de figures* proiezione di figure **6** (*danse, sport*) figura: *figures libres, imposées en patinage* figure libere, obbligatorie del pattinaggio **II** **1** [*partie antérieure de la tête de l'homme*] faccia*, viso (*m.*): *il a une figure maigre* ha una faccia magra, il viso magro → **face, visage** # *casser la figure à qqn.* rompere il muso a qc. **2** [*air, mine*] aspetto *m.*, aria: *il a une drôle de figure* ha un aspetto, un'aria strana # *il fait une drôle de figure* fa una faccia strana ◇ (*loc.*) *faire bonne figure* avere l'aria contenta ~ *faire triste, piètre figure*: (*pr.*) avere l'aria triste, preoccupata; (*fig.*) fare brutta, cattiva figura **III** [*représentation par le lan-*

gage] figura: *figures de rhétorique* figure retoriche; *figures de mots* figure di parola; *figures de construction* figure di costrutto.

figuré, ée |figyRe| *adj.* **1** figurato: *sens figuré* senso figurato; *langage, style figuré* linguaggio, stile figurato ♦ (*s.*) *au propre et au figuré* in senso proprio e figurato **2** (*milit.*) *ennemi figuré* nemico finto, fittizio **3** (*archit.*) *chapiteau figuré* capitello figurato.

figurément |figyRemɑ̃| *adv.* **1** [→ FIGURÉ 1] figuratamente, metaforicamente # *parler figurément* parlare per metafore, per immagini **2** [*au figuré*] in senso figurato (*loc. inv.*): *mot pris figurément* parola usata in senso figurato.

figurer |figyRe| **A** *v.tr.* **1** [*représenter* (*qqn., qqch.*)] rappresentare, raffigurare: *figurer des montagnes sur une carte* rappresentare delle montagne su una carta **2** (*sujet de chose*) [*être l'image de*] raffigurare, rappresentare: *la scène figure un intérieur bourgeois* la scena raffigura, rappresenta un interno signorile ◇ (*relig.*) *vérité figurée par une parabole* verità simboleggiata, rappresentata da una parabola → **symboliser** **B** *v.intr.* **1** (*théât., fig.*) [*jouer un rôle sans importance*] fare (103) da comparsa **2** [*apparaître, se trouver*] comparire (142), figurare: *son nom ne figure pas sur la liste* il suo nome non compare, non figura sulla lista **C** *v.pron. réfl.* SE FIGURER [*se représenter par la pensée, l'imagination*] figurarsi, immaginarsi: *il se figure les choses autrement qu'elles ne sont* si figura, s'immagina le cose diversamente da come sono; *il se figure pouvoir réussir* (s')immagina di poter riuscire; *tu ne peux pas te figurer comme il est bête* non puoi immaginarti quanto sia stupido → **imaginer (s')**, **représenter (se)**.

figurine |figyRin| *s.f.* [*statuette de petite dimension*] statuetta, figurina: *figurine de Noël* statuetta, figurina di Natale.

figuriste |figyRist(ə)| *s.* [*personne qui fait des figures en plâtre*] figurinaio*: *mouleur-figuriste* modellatore figurinaio.

fil |fil| *s.m.* **I** **1** filo: *fil de lin, de soie, de nylon* filo di lino, di seta, di nailon; *fil de trame, de chaîne d'un tissu* filo di trama, di ordito di un tessuto ◇ *loc.* DROIT FIL drittofilo: *une jupe droit fil* una gonna in drittofilo **2** [*fil de lin*] (filo di) lino: *des draps de fil, pur fil* lenzuola di lino, di puro lino **3** *fil à coudre* filo cucirino, da cucito; *bobine de fil* rocchetto, spagnoletta di filo; *fil à bâtir* filo da imbastire ◇ (*loc. fig.*) *malice cousue de fil blanc* astuzia troppo scoperta; *de fil en aiguille* a poco a poco, impercettibilmente ~ *mince comme un fil* sottile, esile come un filo ~ *donner du fil à retordre à qqn.* dare del filo da torcere a qc. ~ *avoir un fil sur la langue* balbettare leggermente **4** *les fils d'un câble, d'une ficelle* i fili di un cavo, di uno spago; *fil de canne à pêche* filo della canna da pesca # *marionnettes à fils* marionette ◇ (*mar.*) *fil de caret* spago per gomene ◇ (*loc. fig.*) *tenir dans sa main les fils d'une affaire* tenere in mano le fila di un affare; ~ *ne tenir qu'à un fil* essere attaccato a un filo: *sa vie ne tient plus qu'à un fil* la sua vita è attaccata a un filo ~ *avoir un fil à la patte* avere una palla al piede **5** *fil métallique* filo metallico; *fil d'acier* filo d'acciaio ◇ *loc.* FIL À PLOMB filo a piombo ~ FIL DE FER fil(o) di ferro: *clôture en fil de fer barbelé* recinzione di filo spinato ◇ (*loc. fig.*) *il n'a pas inventé le fil à couper le beurre* [*il n'est pas bien malin*] non è un'aquila **6** [*conducteur électrique*] filo: *fil électrique* filo elettrico; *fils télégraphiques, téléphoniques* fili telegrafici, telefonici # (*fam.*) *qui est au bout du fil?* chi parla? (*cour.*); *donner, passer un coup de fil* fare una telefonata, dare un colpo di telefono **7** *le fil de l'araignée, du ver à soie* il filo del ragno, del baco da seta **8** [*sens de fibres*] direzione *f.*, senso delle fibre: *couper un morceau de viande dans le fil* tagliare un pezzo di carne nel senso delle fibre, per il suo verso **II** (*fig.*) [*cours, enchaînement*] filo: *le fil de la conversation* il filo della conversazione; *suivre le fil de ses idées* seguire il filo delle proprie idee; *perdre le fil* perdere il filo → **suite** ◇ (*loc.*) *se laisser aller* AU FIL DE L'EAU lasciarsi andare sul filo della corrente, lasciarsi portare dalla corrente ◇ (*loc. fig.*) *au fil des jours* alla lunga, col (passar del) tempo **III** (*fig.*) [*partie coupante d'une lame*] filo: *fil d'un couteau, d'un rasoir* filo di un coltello, di un rasoio # *donner le fil à une lame* affilare una lama; *passer au fil de l'épée* passare a fil di spada, infilzare → **tranchant.**

filable |filabl(ə)| *adj.* [→ FILER] filabile.

fil-à-fil |filafil| *s.m.inv.* [*tissu de laine en fils de deux couleurs alternées*] ⊠.

filage |filaʒ| *s.m.* [→ FILER A 1] filatura *f.*

filament |filamɑ̃| *s.m.* **1** filamento: *filaments de bave, de moisissures* filamenti di bava, di muffa ◇ [*filandre de la viande*] filamento **2** (*électr.*) *ampoule dont le filament est grillé* lampadina il cui filamento è bruciato.

filamenteux, euse |filamɑ̃tø, øz| *adj.* filamentoso: *matière filamenteuse* materia filamentosa.

filandière |filɑ̃djɛR| (*adj.*) *les sœrs filandières* [*les Parques*] le Parche *s.f.*

filandre |filɑ̃dR(ə)| *s.f.* (*rare*) [*fibre longue et coriace de certaines viandes, de certains légumes*] filamento fibroso (*cour.*).

filandreux, euse |filɑ̃dRø, øz| *adj.* **1** [*rempli de fibres dures*] filoso, fibroso: *viande filandreuse* carne filosa, fibrosa **2** (*fig.*) *phrase filandreuse* [*enchevêtrée*] frase involuta, arzigogolata.

filant, ante |filɑ̃, ɑ̃t| *adj.* **1** filante; vischioso: *étoile filante* stella filante; *sauce filante* salsa filante ‖ *liquide filant* liquido vischioso **2** *pouls filant* [*très faible*] polso molto debole.

filariose |filaRjoz| *s.f.* (*méd.*) filariosi *inv.*, filariasi *inv.*

filasse |filas| *s.f.* **1** (*tissage*) filaccia*, stoppa: *filasse de chanvre, de lin* filaccia, stoppa di canapa, di lino **2** (*fig.*) *cheveux blond filasse* capelli d'un biondo stoppa ♦ (*adj. inv.*) *cheveux filasse* capelli di stoppa *loc.*

filateur |filatœR| *s.m.* [*propriétaire, directeur d'une filature*] filandiere.

1 **filature** |filatyR| *s.f.* **1** (*tissage*) filatura: *filature de la laine, du coton* filatura della lana, del cotone **2** [*usine où est fabriqué le fil*] filanda: *les filatures de Roubaix* le filande di Roubaix.

2 **filature** |filatyR| *s.f.* [→ FILER A 6] pedinamento *m.*

fil de fer |fild(ə)fɛR| *s.m.* → **fil** I 5.

file |fil| *s.f.* **1** fila: *file de gens* fila di persone; *prendre la file* mettersi in fila, in coda → **queue, ligne, colonne** # *file d'attente devant un guichet* coda davanti a uno sportello ◇ (*aviat.*) *file d'attente* fila di attesa **2** (*milit.*) *section de trois files sur dix rangs* squadra di tre file su dieci schiere **3** *chef de file* capofila* *m.*, capogruppo* *m.* **4** *loc. adv.* EN FILE, À LA FILE in fila: *marcher, se suivre à la file* camminare in fila, andare uno dietro l'altro; *avancer en file indienne, à la file indienne* avanzare in fila indiana ~ EN DOUBLE FILE in doppia fila, su due file: *stationner en double file* parcheggiare in doppia fila; *voitures qui roulent en double file* macchine che procedono su due file, corsie.

filé |file| *s.m.* (*techn.*) filato.

filer |file| **A** *v.tr.* **1** [*transformer en fil*] filare: *filer du lin, de la laine* filare il lino, la lana; *filer du verre* filare il vetro; *bibelots en verre filé* ninnoli di vetro filato # *machine à filer* filatrice ◇ (*fig.*) *filer un mauvais coton* essere a mal partito; essere in cattive acque **2** (*animaux*) filare: *l'araignée file sa toile* il ragno fila la sua tela **3** (*mar.*) [*dérouler*] filare: *filer un câble, les amarres* filare un cavo, le gomene → **dévider** ◇ (*par ext.*) *navire qui file trente nœuds* nave che fila a trenta nodi **4** (*mus.*) *filer un son* filare un suono ◇ (*littér.*) *filer une métaphore* filare una metafora ◇ (*fig., fam.*) *filer le parfait amour* filare il perfetto amore, amarsi con perfetta intesa ◇ (*par ext.*) *filer les cartes* [*les découvrir lentement*] spillare le carte **5** FILER DOUX [*être docile, soumis*] filare, rigare dritto **6** [*suivre qqn. pour le surveiller*] pedinare: *policier qui file un suspect* poliziotto che pedina una persona sospetta **7** (*pop.*) [*donner*] mollare, rifilare, appioppare: *file-moi cent francs!* mollami cento franchi; *elle lui a filé une gifle* gli ha rifilato, appioppato uno schiaffo → **refiler** **B** *v. intr.* **1** [*couler lentement sans que les gouttes se séparent*] filare (*aux.* essere): *sirop qui file* sciroppo che fila; *le gruyère fondu file* il groviera fuso fila **2** *une maille qui file* [*dont la boucle de fil se défait*] una maglia che si sfila *pron.* ◇ (*par ext.*) *son bas a filé* le si è smagliata *pron.* una calza **3** [*aller droit devant soi*] filare (*aux.* essere) (via): *le messager fila comme une flèche, comme un zèbre* il messaggero filò via come un razzo; (*fig., fam.*) *le temps file* il tempo corre, fila via veloce → **courir** **4** (*fam.*) [*s'en aller*] filare (*aus.* essere, avere) (*cour.*), sloggiare: *filer à l'anglaise* filare all'inglese; *allons, filez!* forza, filate!

1 **filet** |filɛ| *s.m.* **1** (*anat.*) *filet nerveux* filetto, frenulo nervoso; *filet, frein de la langue* frenulo linguale ◇ (*bot.*) filamento **2** (*archit.*) *les filets d'un chapiteau* i listelli di un capitello **3** (*imprim.*) trafiletto: *colonnes séparées par un filet* colonne separate da un trafiletto **4** [*relief spiralé d'une vis*] filetto, pane **5** [*écoulement fin et continu*] filo: *un filet d'eau* un filo d'acqua; *un filet de fumée, d'air* un filo di fumo, d'aria ◇ (*fig.*) *un filet de voix* un filino di voce # *un filet de vinaigre* un goccio d'aceto.

2 **filet** |filɛ| *s.m.* **1** (*bouch.*) filetto: *du filet de bœuf grillé* del filetto di manzo ai ferri **2** (*poissons*) *filets de*

sole filetti di sogliola; *filets de hareng* filetti di aringa.
3 **filet** |filɛ| *s.m.* **1** [*réseau à larges mailles servant à capturer des animaux*] rete *f.*; retino: *filets de pêche, filets à poissons* reti da pesca ‖ *filet à papillons* retino (per farfalle) ◇ (*loc. fig.*) *tendre un filet* tendere un agguato; *un beau coup de filet* una bella retata; *attirer qqn. dans ses filets* adescare qc. **2** [*réseau de mailles pour envelopper, tenir, retinir*] rete: *filet à provision* rete per la spesa; *filet à cheveux* retìna, reticella per i capelli **3** *filet de ping-pong, de tennis* rete da ping-pong, da tennis; *envoyer la balle au ras du filet, dans le filet* mandare la palla radente la rete, in rete **4** [*grand filet tendu par précaution sous des acrobates*] rete ◇ (*loc. fig.*) *travailler sans filet* lavorare senza rete, accollarsi dei rischi.
filetage |filtaʒ| *s.m.* [→ FILETER 1] filettatura *f.*
fileté |filte| *s.m.* (*tissage*) tessuto operato (con fili in rilievo).
fileter |filte| (7) *v.tr.* **1** [*faire le filet d'une vis*] filettare **2** [*tirer un métal à la filière*] trafilare.
fileur, euse |filœʀ, øz| *s.* **1** [*personne qui file une matière textile à la main*] filatore*: *fileuse à son rouet* filatrice all'arcolaio **2** (*techn.*) filatore **3** [*industriel qui exploite une filature*] filandiere *m.*
filial, ale, aux |filjal, o| *adj.* filiale: *amour, respect filial* amore, rispetto filiale.
filiale |filjal| *s.f.* (*comm.*) filiale; consociata.
filialement |filjalmɑ̃| *adv.* [→ FILIAL] filialmente.
filiation |filjɑsjɔ̃| *s.f.* **1** (*dr.*) filiazione: *filiation légitime, naturelle* filiazione legittima, naturale; *filiation adoptive* filiazione adottiva **2** (*littér.*) [*lien de descendance directe*] discendenza (*cour.*) **3** [*succession de choses issues les unes des autres*] filiazione, derivazione: *la filiation des idées, des événements* la filiazione, la catena delle idee, degli avvenimenti; *la filiation des mots* la derivazione delle parole → **enchaînement, liaison.**
filibustier |filibystje| *s.m.* → **flibustier.**
Filicinées |filisine| *s.f.pl.* (*t.bot.*) Felci.
filière |filjɛʀ| *s.f.* **I** **1** (*techn.*) filiera: *faire passer un métal par la filière* far passare un metallo attraverso la filiera ◇ (*mécan.*) filiera **2** (*biol., phys.*) filiera **3** [*succession de formalités à accomplir avant de parvenir à un résultat*] trafila: *passer par la filière* seguire la trafila **II** (*comm.*) 'filière' *inv.*
filiforme |filifɔʀm(ə)| *adj.* **1** filiforme: *pattes filiformes* zampe filiformi ◇ (*fam.*) [*d'une extrême minceur*] filiforme (*cour.*): *elle est filiforme* è filiforme **2** (*méd.*) *pouls filiforme* polso sottile.
filigrane |filigʀan| *s.m.* **1** filigrana (*f.*): *ouvrage de filigrane, en filigrane* lavoro di filigrana, in filigrana **2** [*dessin imprimé dans la pâte du papier qui peut se voir par transparence*] filigrana: *filigrane des billets de banque* filigrana dei biglietti di banca ◇ (*fig.*) *lire en filigrane* leggere fra le righe.
filigrané |filigʀane| *adj.* **1** *bracelets d'argent filigrané* braccialetti d'argento lavorato in filigrana **2** *papier filigrané* carta filigranata.
filin |filɛ̃| *s.m.* (*mar.*) canapo.
filasse |fijas| *s.f.* (*péj.*) [*jeune fille*] ragazzotta: *une grande filasse un peu niaise* una ragazzotta un po' ingenua.
1 **fille** |fij| *s.f.* **1** LA FILLE DE QQN., SA FILLE, *etc.* (*opposé à 'fils'*) figlia, figliola: *fille aînée* figlia maggiore → **enfant** ◇ (*fam.*) *la fille Un tel* la signorina Tal dei tali (*cour.*) → **mademoiselle** ◇ (*souvent iron.*) *ma fille!* figlia mia! **2** (*littér.*) [*descendante*] discendente, figlia: *une fille de rois* una discendente di sangue reale, una figlia di re; *la fille d'Eva* la figlia d'Eva, la donna.
2 **fille** |fij| *s.f.* **1** [*enfant ou jeune être humain du sexe féminin*] (*opposé à 'garçon'*) ragazza: *garçons et filles* ragazzi e ragazze; maschi e femmine # *c'est une fille, ce bébé?* è una femmina questo bebè? ◇ (*par ext.*) *lycée de filles* liceo femminile **2** (*avec un déterm.*) [*jeune fille ou jeune femme*] ragazza: *il a épousé une fille de son âge* ha sposato una ragazza della sua età; *une jolie fille* una bella ragazza; *un beau brin de fille* un bel pezzo di ragazza, di figliola; *c'est une chic fille* è una ragazza in gamba ◇ *loc.* FILLE À MARIER ragazza da marito ◇ (*prov.*) *la plus belle fille du monde ne peut donner que ce qu'elle a* né pastorella né figlia di re potrà mai dare quel che non c'è **3** (*en attribut*) *elle est bonne fille* è una brava figliuola; *elle est assez belle fille* è una ragazza piuttosto bella **4** *petite fille* ragazzina → **fillette** ◇ *loc.* GRANDE FILLE signorina: *obéis, comme une grande fille!* obbedisci, come una signorina! ~ JEUNE FILLE ragazza: *une grande, une petite jeune fille* una ragazza grande, una ragazza piccola; *une jeune fille et un jeune homme* una ragazza e un ragazzo → **demoiselle** ~ VIEILLE FILLE zitella **5** [*nom donné à certaines religieuses*] figlia: *filles du Calvaire* figlie del Calvario **6** FILLE DE serva, ragazza: *fille de cuisine* ragazza di cucina # *fille d'auberge, de ferme* inserviente di locanda, di fattoria ◇ (*par ext.*) *fille d'honneur* [*femme attachée à la personne d'une princesse*] damigella d'onore **7** FILLE-MÈRE ragazza madre **8** (*loc*). *fille des rues, fille de joie, fille publique* prostituta, donna di strada, mondana.
fillér |filɛʀ| *s.m.* [*monnaie hongroise*] fillér *inv.*
fillette |fijɛt| *s.f.* **1** [*petite fille surtout dans les premières années de l'adolescence*] ragazzina, giovinetta: *fillette de onze ans* ragazzina di undici anni; *cette enfant fait déjà fillette* questa bimba sembra già una giovinetta ◇ (*comm.*) *rayon fillettes* reparto giovinetta **2** (*pop.*) [*demi-bouteille*] mezza bottiglia (*cour.*).
filleul, eule |fijœl| *s.* [*celui, celle qu'on a tenu sur les fonts baptismaux*] figlioccio*.
film |film| *s.m.* **1** (*photo., cour.*) pellicola (*f.*): *un mètre de film comporte 52 images* un metro di pellicola contiene 52 immagini **2** [*œuvre cinématographique*] film (*inv.*): *film muet, parlant* film muto, parlato; *film publicitaire* film pubblicitario; *film en noir et blanc, en couleur* film in bianco e nero, a colori; *réaliser, tourner un film* realizzare, girare un film → **cinema** # *film à grand spectacle* superproduzione; *films d'animation* film d'animazione; *film de long métrage* lungometraggio ◇ (*par ext.*) *le film* [*l'art cinématographique*] il cinema *inv.* **3** (*fig.*) [*déroulement* (*d'événements*)] filmato: *le film des événements de la semaine* il filmato degli avvenimenti della settimana **4** (*angl., techn.*) pellicola, strato sottile: *film d'huile* pellicola, strato sottile d'olio.
filmable |filmabl(ə)| *adj.* [→ FILMER 1] filmabile.
filmage |filmaʒ| *s.m.* [→ FILMER 1] il filmare *inv.*; le riprese *f.pl.* (di un film) → **tournage.**
filmer |filme| *v.tr.* **1** [*enregistrer sur un film cinématographique*] filmare, riprendere (105): *filmer une scène en studio* filmare, girare una scena in studio → **tourner** **2** (*techn.*) [*enduire d'une pellicule protectrice*] rivestire (con un sottile strato protettivo).
filmique |filmik| *adj.* filmico*.
filmographie |filmɔgʀafi| *s.f.* filmografia.
filmographique |filmɔgʀafik| *adj.* filmografico*.
filmologie |filmɔlɔʒi| *s.f.* filmologia*.
filmothèque |filmɔtɛk| *s.f.* filmoteca*.
filon |filɔ̃| *s.m.* **1** (*minér.*) filone: *filon de cuivre* filone ramifero, di rame; *exploiter un filon* coltivare un filone; *puissance d'un filon* spessore di un filone → 2 **veine** ◇ (*fig.*) *exploiter un filon comique* sfruttare un filone comico; *ce sujet est un filon de...* questo argomento è una miniera di...→ 3 **mine** **2** (*fam.*) [*moyen, occasion de s'enrichir ou d'améliorer son existence*] cuccagna *f.*, bazza (*f.*): *trouver le filon* trovare la cuccagna, la pacchia; *un bon filon* una bazza.
filoselle |filozɛl| *s.f.* [*bourre de soi mélangée à du coton*] bavella, filaticcio* *m.* di seta.
filou |filu| *s.m.* (*vieilli*) → **escroc, voleur.**
filouter |filute| (*vieilli*) **A** *v.tr.* [*voler adroitement*] truffare, sgraffignare (*fam.*): *filouter une montre* sgraffignare un orologio; *filouter qqn.* truffare qc. **B** *v.intr.* [*tricher au jeu*] barare.
filouterie |filutʀi| *s.f.* (*vieilli*) → **larcin, escroquerie, tricherie.**
fils |fis| *s.m.* **1** LES FILS DE QQN., SON FILS (*opposé à '*(1) *fille'*) figlio*: *c'est le fils de M. X* è il figlio del signor X; *avoir deux fils et une fille* avere due figli e una figlia; *Duval, père et fils* Duval, padre e figlio (figli); *le fils, les fils Durand* il figlio, i figli Durand; il giovane, i giovani Durand; *mon fils* figlio mio; ragazzo mio → **enfant** ◇ (*péj.*) *fils à papa* figlio di papà ◇ (*prov.*) *tel père, tel fils* tale padre, tale figlio; *à père avare, fils prodigue* a padre avaro, figliuol prodigo **2** (*relig. chrét.*) *fils de Dieu, fils de l'homme* figlio di Dio, figlio dell'uomo ◆ (*absolt.*) *le Fils* il Figlio **3** ◇ (*littér.*) [*homme considéré par rapport à son pays natal*] figlio: *les fils de la France* i figli della Francia → **citoyen** **4** [*celui qui doit son état à*] figlio: *fils de ses œuvres* figlio delle proprie opere.
filtrable |filtʀabl(ə)| *adj.* → **filtrant.**
filtrage |filtʀaʒ| *s.m.* **1** [→ FILTRER A 1, 2] filtrazione *f.* ◇ (*radio*) filtraggio*: *capacité de filtrage* capacità di

filtraggio **2** (*fig.*) [*contrôle*] controllo, censura (*f.*): *le filtrage des nouvelles* la censura delle notizie.

filtrant, ante |filtʀɑ̃, ɑ̃t| *adj.* **1** *verre filtrant* vetro filtrante **2** (*biol.*) *virus filtrant* virus filtrabile.

filtration |filtʀɑsjɔ̃| *s.f.* filtrazione → **filtrage.**

filtre |filtʀ(ə)| *s.m.* **1** filtro: *filtre en étoffe* filtro di stoffa # *filtre pour le thé* colino per il tè; (*café*) *filtre* caffè filtrato **2** (*sc., techn., cour.*) filtro ◇ (*auto.*) *filtre à air, à essence, à huile* filtro dell'aria, del carburante, dell'olio **3** (*bout*) *filtre* filtro: *le filtre d'une cigarette* il filtro della sigaretta.

filtrer |filtʀe| **A** *v.tr.* **1** [*faire passer à travers un filtre*] filtrare: *filtrer de l'eau pour la rendre potable* filtrare dell'acqua per renderla potabile → **purifier** **2** (*par anal.*) *filtrer la lumière, les sons* filtrare la luce, i suoni # *jour filtré* luce smorzata **3** [*soumettre à un contrôle, à une vérification, à un tri*] passare al vaglio, passare al setaccio: *le censure filtre sévèrement les nouvelles* la censura passa severamente al vaglio, al setaccio le notizie ◇ [*prendre le bon et laisser le mauvais de qqch.*] setacciare **B** *v.intr.* **1** [*s'écouler en passant à travers un filtre ou un corps poreux*] filtrare (*aux.* essere), colare (*aux.* essere): *ce café filtre lentement* questo caffè filtra, cola lentamente; *l'eau filtre à travers le sable* l'acqua filtra attraverso la sabbia **2** [*passer*] filtrare: *lumière qui filtre à travers les volets* luce che filtra attraverso le imposte ◇ (*fig.*) *la nouvelle a fini par filtrer* la notizia ha finito col, per filtrare; *la vérité finira par filtrer* la verità finirà per, col trapelare.

1 **fin** |fɛ̃| *s.f.* **1** [*point d'arrêt d'un phénomène dans le temps*] fine: *à la fin de mai, fin mai* alla fine di maggio, a fine maggio; *du commencement à la fin de la séance* dall'inizio alla fine della seduta; *la fin de l'année* la fine dell'anno → **limite, terme** ◇ (*comm., fin.*) *traite à payer fin mai* tratta con scadenza fine maggio; *effet payable fin courant* effetto con scadenza fine corrente mese ◇ *loc.adv.* À LA FIN in definitiva, dopotutto: *à la fin, elle lui a pardonné* dopotutto, gli ha perdonato → **définitive (en), enfin, finalement** # *à la fin des fins* alla fin fine ◇ (*fam.*) *tu m'ennuies à la fin* mi scocci, insomma **2** [*derniers éléments d'une durée*] fine: *une fin de mois difficile* una fine mese difficile; *en fin de séance* a fine seduta; *en fin de carrière* a fine carriera; *il n'a pu assister qu'à la fin du match* ha potuto assistere solamente alla fine dell'incontro ✦ (*adj.*) *un personnage fin de siècle* un personaggio 'fin de siècle' *inv.* **3** (*spécialt.*) *faire une fin* [*se marier, prendre une situation stable et sûre*] sistemarsi *pron.* **4** [*cessation de l'existence d'un être, d'un phénomène*] fine: *la fin du monde* la fine del mondo; *c'est la fin de tout!* è la fine!; *le mot de la fin* la parola fine → **disparition** ◇ (*pop.*) *c'est la fin des haricots!* è finita!, non c'è più niente da fare (*cour.*) ◇ *loc.* METTRE FIN À mettere, porre fine a: *il est temps de mettre fin à cette affaire* è ora di mettere, porre fine a questa faccenda; *mettre fin à ses jours* mettere, porre fine ai propri giorni, suicidarsi ~ PRENDRE FIN finire, aver termine: *la séance a pris fin très tard* la seduta è finita, ha avuto termine molto tardi ~ *loc.adj. et adv.* SANS FIN in continuazione, senza fine: *discourir sans fin* discorrere in continuazione; *des développements sans fin* degli sviluppi senza fine ◇ (*techn.*) *chaîne, vis sans fin* catena, vite senza fine **5** [*mort de qqn.*] fine: *fin prématurée, tragique* fine prematura, tragica → **mort** **6** [*cessation par achèvement*] fine, termine (*m.*): *mener à bonne fin une étude, une affaire* portare a termine uno studio, condurre in porto un affare → **aboutissement** [C] 1 **commencement, début.**

2 **fin** |fɛ̃| *s.f.* **1** *souvent au plur.* [*chose qu'on veut réaliser*] fine *m.*, scopo (*m.*): *arriver, en venir à ses fins* raggiungere, conseguire il proprio fine, i propri scopi → **but** ◇ (*loc.*) *à cette fin, à ces fins* a tal fine, a questo scopo; *à cette fin, nous avons décidé...* a questo scopo, abbiamo deciso... ~ *à toutes fins utiles* per ogni evenienza, per ogni occorrenza ~ *à seule fin de, à seules fins de* al solo fine di, al solo scopo di; *à quelle fin?* a che scopo?, a che fine? ~ (*prov.*) *qui veut la fin, veut les moyens* chi vuole il fine, accetta i mezzi ~ *la fin justifie les moyens* il fine giustifica i mezzi; *fin en soi* fine a sé stesso **2** [*terme auquel un être ou une chose tend*] fine: *les causes et les fins* la causa e il fine *sing.* → **destination, finalité** ◇ (*théol.*) *les fins dernières* i novissimi *m.* **3** FIN DE NON-RECEVOIR rifiuto (*m.*): *il m'a opposé un fin de non-recevoir* mi ha opposto un rifiuto ◇ (*dr.*) irricevibilità *inv.*

fin, fine |fɛ̃, fin| *adj.* **I** [*extrême*] estremo, remoto: *le fin fond de* (*un lieu*) l'estremo limite, la parte più remota di (un luogo) # *le fin fond des bois* il folto dei boschi; *le fin mot d'une histoire* la parola chiave di una storia ✦ *adv.* [*tout à fait*] perfettamente, del tutto (*loc. inv.*): *elle est fin prête* è perfettamente pronta; *fin soûl* del tutto ubriaco, ubriaco fradicio → **complètement** **II** **1** [*qui est de la dernière pureté*] fino: *or fin* oro fino → **pur** # *pierres fines* pietre preziose → 1 **précieux** **2** [*qui est de la matière la plus choisie*] fine; prelibato: *lingerie fine* biancheria fine ‖ *un fin morceau* un boccone prelibato; *souper fin* cena prelibata, coi fiocchi # *vins fins* vini pregiati; *eau-de-vie fine* acquavite di prima qualità; *épicerie fine* leccornie; *fines herbes* erbe aromatiche ✦ *s. m.* (*dans la loc.*) *le fin du fin* il fior fiore, il non plus ultra **3** [*d'une grande acuité*] fine, sottile: *avoir l'oreille fine* aver l'udito fine, sottile → **sensible** ◇ (*par anal.*) *avoir le nez fin* avere buon naso, avere fiuto **4** [*qui marque de la subtilité d'esprit*] fine, acuto: *observations justes et fines* osservazioni giuste e acute; *esprit fin* mente acuta, sottile **5** (*personnes*) [*qui excelle dans une activité réclamant de l'adresse et du discernement*] fine, accorto: *fin connaisseur* fine intenditore → **adroit, habile** # *fin gourmand* buongustaio raffinato **6** (*par ext.*) [*d'une habileté qui s'accompagne de ruse*] furbo, dritto (*fam.*): *il se croit plus fin que les autres* si crede più furbo, più dritto degli altri → **astucieux, finaud,** 2 **malin, rusé** # *jouer au plus fin* giocare d'astuzia ◇ (*par ext., iron.*) *c'est fin, ce que tu as fait là!* bella roba hai combinato! **III** **1** [*dont les éléments sont très petits*] fine, sottile: *sable fin* sabbia fine; *une pluie fine* una pioggia fine, sottile → **menu** # *sel fin* sale fino ✦ (*adv.*) *moudre fin* macinare fino **2** [*délié*] fine, sottile: *branches fines* rami sottili; *cheveux fins et soyeux* capelli sottili e di seta; *taille fine* vita sottile; *traits fins* lineamenti fini, delicati; *pinceau fin* pennello sottile **3** [*qui est très mince*] fine, leggero: *papier fin* carta fine; *souliers fins* scarpe leggere; *tissu fin* tessuto leggero ◇ [*mince dans l'exécution*] delicato: *touches fines* tocchi delicati **4** [*difficile à percevoir*] sottile, fine: *les plus fines nuances de la pensée* le più sottili sfumature del pensiero → **ténu.**

finage |finaʒ| *s.m.* [*limites, étendue d'un territoire communal*] circoscrizione *f.* (comunale).

final, ale, als, aux, ales |final, o| *adj.* **1** finale: *voyelle finale* vocale finale; *accords finals d'un air* accordi finali di un'aria → **dernier** # *point final* punto fermo; *terme final* termine ultimo; *mettre le point final à une affaire, à un débat* mettere un punto fermo, porre fine a una faccenda, a un dibattito **2** (*philo.*) finale: *cause finale* causa finale **3** (*gram.*) finale: *conjonction finale* congiunzione finale; *propositions finales* proposizioni finali [C] 1 **initial.**

1 **finale** |final| *s.f.* **1** (*gram.*) finale: *finale accentuée* finale accentata **2** (*danse*) finale **3** (*sport, cour.*) finale: *disputer, remporter la finale* disputare, vincere la finale; *seizièmes, huitièmes, quarts de finale* sedicesimi, ottavi, quarti di finale; *demi-finales* semifinali ◇ (*fig.*) *en finale* [*pour terminer*] per finire.

2 **finale** |final| *s.m.* (*mus.*) finale.

finalement |finalmɑ̃| *adv.* [*à la fin, pour finir*] infine: *ils se sont finalement quittés* si sono infine lasciati ◇ [*en dernière analyse*] in definitiva *loc. inv.*, in ultima analisi (*loc. inv.*): *je ne vois pas, finalement, ce qu'il y a gagné* non vedo, in definitiva, che cosa ci ha guadagnato → **définitive (en).**

finalisme |finalism(ə)| *s.m.* (*philo.*) finalismo.

1 **finaliste** |finalist(ə)| *s.* (*philo.*) finalista ✦ *adj.* finalistico*: *théories finalistes* teorie finalistiche.

2 **finaliste** |finalist(ə)| *s.* (*sport*) finalista.

finalité |finalite| *s.f.* finalità *inv.* ◇ (*biol.*) finalità.

finance |finɑ̃s| *s.f.* **1** *au plur.* finanze: *finances publiques* finanze pubbliche; *ministre des Finances* ministro delle Finanze # *être employé aux Finances* essere impiegato nell'amministrazione finanziaria, alle Finanze (*fam.*) **2** (*fam.*) (*personne*) *ses finances vont mal* le sue finanze sono traballanti **3** *au sing.* [*grandes affaires d'argent; activité bancaire, boursière*] (alta) finanza: *s'occuper de finance* occuparsi di alta finanza; *être dans la finance* essere nell'alta finanza; *la haute finance internationale* l'alta finanza internazionale → **financier** I # *termes de finance* termini finanziari **4** (*loc.*) *obtenir qqch. moyennant finance* ottenere q.c. pagando in moneta sonante.

financement |finɑ̃smɑ̃| *s.m.* [→ FINANCER A] finanziamento: *financement d'une industrie par l'État* finanziamento di una industria da parte dello Stato.

financer |finɑ̃se| (2) **A** *v.tr.* [*soutenir financièrement* (*une entreprise*); *procurer les capitaux nécessaires*] finanziare: *financer une affaire* finanziare un'impresa; *société qui finance un journal* società che finanzia un giornale **B** *v. intr.* (*plais.*) [*payer*] pagare, sborsare: *il ne regarde pas à la dépense, c'est son père qui finance* non bada a spese, è il padre che paga.

financier, ière |finɑ̃sje, jɛʀ| **I** *s.* finanziere → **banquier, capitaliste** **II** *adj.* **1** finanziario*: *soucis financiers* preoccupazioni finanziarie **2** [*relatif aux fin. publiques*] finanziario: *politique financière* politica finanziaria; *crise financière* crisi finanziaria; *groupe financier* gruppo finanziario **3** (*cuis.*) *sauce financière* finanziera *s.f.*

financièrement |finɑ̃sjɛʀmɑ̃| *adv.* [*en matière de fin.*] finanziariamente: *société, État financièrement prospère* società, Stato finanziariamente prospero ◇ (*fam.*) [*en ce qui concerne l'argent*] finanziariamente, dal punto di vista finanziario (*loc. inv.*): *financièrement, la situation est bonne* finanziariamente parlando, la situazione è buona → **materiellement.**

finasser |finase| *v.intr.* [*agir avec une finesse qui confine à la déloyauté*] fare (103) *tr.* il furbo, il dritto (*fam.*) → **ruser.**

finasserie |finasʀi| *s.f.* [*procédé d'une personne qui finasse*] furbizia, drittezza (*fam., rare*).

finasseur, euse |finasœʀ, øz|, **finassier, ière** |finasje, jɛʀ| *s.* (*vieilli*) [*personne qui finasse*] furbacchione (*cour.*), volpone (*cour.*).

finaud, aude |fino, od| *adj.* [*qui cache de la finesse sous un air de simplicité*] scaltro, furbo: *un paysan finaud* un contadino scaltro → **futé, matois, roué, rusé** ◆ (*s.*) *la petite finaude avait tout deviné* la furbacchiona aveva indovinato tutto.

finauderie |finodʀi| *s.f.* [*caractère ou façon d'agir de celui qui est finaud*] scaltrezza, furberia → **malice.**

fine |fin| *s.f.* [*eau-de-vie naturelle de qualité supérieure*] acquavite (di prima qualità): *un verre de fine* un bicchiere di acquavite (sopraffina).

fine de claire |find(ə)klɛʀ| *s.f.* → **claire.**

finement |finmɑ̃| *adv.* **1** [*avec finesse, subtilité*] finemente, sottilmente **2** [*avec habileté*] abilmente: *il a finement calculé son coup* ha abilmente calcolato il colpo → **adroitement** **3** [*d'une manière fine, délicate*] finemente: *objet finement ouvragé* oggetto finemente lavorato.

finerie |finʀi| *s.f.* (*métall.*) raffinatoio* *m.* (per la ghisa).

fines |fin| *s.f.pl.* **1** [*charbon en morceaux très petits*] carbon fossile *m.sing.* minuto **2** [*granulat de très petites dimensions*] filler *m.sing. inv.*

finesse |finɛs| *s.f.* **I** UNE, LES FINESSE(S) [*chose difficile à comprendre, à manier*] finezza, sottigliezza: *connaître toutes les finesses d'une langue, d'un art* conoscere tutte le finezze d'una lingua, di un'arte **II** LA FINESSE **1** [*qualité de ce qui est délicat et bien exécuté*] finezza, delicatezza: *finesse d'exécution* finezza di esecuzione; *finesse d'une broderie* finezza di un ricamo; *finesse de touche* delicatezza di tocco **2** [*acuité des sens*] finezza, acutezza **3** [*aptitude à discerner les pensées les plus délicates*] acutezza, finezza: *finesse d'esprit, de jugement* acutezza d'ingegno, di giudizio; *finesse de goût* finezza di gusto **4** [*extrême délicatesse*] sottigliezza, finezza: *finesse d'un fil, d'une aiguille* sottigliezza di un filo, di un ago; *finesse des traits* finezza, delicatezza dei lineamenti; *finesse des cheveux* finezza dei capelli; *finesse de la taille* sottigliezza della vita # *finesse d'une poudre* impalpabilità di una cipria © II 4 **épaisseur.**

finette |finɛt| *s.f.* [*étoffe de coton croisée dont l'envers est pelucheux*] felpa (di cotone).

fini, ie |fini| *adj.* **1** [*achevé, terminé*] finito, terminato: *mon travail est fini* il mio lavoro è finito; *ses études sont finis* i suoi studi sono terminati ◇ (*industrie*) *produits finis, semi-finis* prodotti finiti, semilavorati **2** [*mené à sa perfection*] perfetto, finito: *tout ce qu'il fait est merveilleusement fini* tutto ciò che fa è perfetto; *vêtement bien fini* vestito finito, rifinito bene ◆ (*s.m.*) *le fini* [*ce qui est soigné, jusque dans les détails*] la finitezza *f.*, la rifinitura *f.* → **perfection** **3** (*péj.*) [*achevé, parfait en son genre*] (fatto e) finito: *c'est un voyou fini* è una canaglia fatta e finita # *un menteur fini* un bugiardo matricolato, di tre cotte → **fieffé** **4** (*personnes*) *c'est un homme fini* [*qui a perdu toute possibilité de réussir*] è un uomo finito **5** (*philo.*) finito: *êtres finis* esseri finiti → **limité** ◆ (*s.m.*) *le fini et l'infini* il finito e l'infinito **6** (*math.*) *nombre entier fini* numero intero finito; *grandeur finie* grandezza finita © 5; 6 **infini.**

finir |finiʀ| (15) **A** *v.tr.* [*mener à sa fin*] **1** [*conduire une occupation, un travail à son terme*] finire (197): *finir un ouvrage* finire un lavoro; *il a presque fini* ha quasi finito → **achever, terminer** ◇ (+ *inf.*) *finissez de faire votre travail* finite (di fare) il vostro lavoro; *vous n'avez pas fini de vous disputer?* avete finito di litigare? **2** [*mener une période à son terme*] finire: *finir ses jours à la campagne* finire i propri giorni in campagna; *finir sa dernière année de droit* finire l'ultimo anno di giurisprudenza **3** [*mener une quantité à épuisement*] finire: *finir un verre, un plat* finire un bicchiere, un piatto ◇ (*fam.*) [*utiliser jusqu'au bout*] *on ne lui achètera pas de souliers; il finira ceux de son frère* non gli compreremo le scarpe; finirà quelle di suo fratello → **user** **4** [*mettre un terme à*] finirla, smetterla (155): *finissez ces bavardages* finitela con queste chiacchiere; *voyons, finis!* su, finiscila!, smettila! → **arrêter, cesser** ◇ (+ *inf.*) [*cesser de*] finire di, smettere (155) di (+ *inf.*): *finissez de vous plaindre!* finitela, smettetela di lamentarvi!; *la pluie ne finit pas de tomber* non smette di piovere → **interrompre (s')** **B** *v.intr.* [*arriver à sa fin*] **1** [*arriver à son terme dans le temps*] finire: *le spectacle finira vers minuit* lo spettacolo finirà verso mezzanotte; *il est temps que cela finisse* è ora che finisca → **cesser, achever (s'), terminer (se)** **2** [*avoir telle ou telle conclusion*] finire: *tout cela finira mal* tutto ciò finirà male; *tout est bien ce qui finit bien* tutto è bene quel (ciò) che finisce bene # *un film qui finit bien* un film a lieto fine; *je me demande comment cela finira* mi domando come andrà a finire ◇ (*personnes*) *ce garçon commence à mal tourner, je crois qu'il finira mal* questo ragazzo sta prendendo una cattiva piega, credo che finirà male **3** [*arriver au terme de sa vie*] morire (198): *finir dans un accident* morire in un incidente → **mourir, périr** **4** [*arriver à son terme dans l'espace*] finire: *le sentier finissait là* il sentiero finiva la → **arrêter (s')** # *rue finissant en cul-de-sac* strada senza sbocco, senza uscita → **terminer (se)** **5** FINIR PAR (+ *inf.*) finire per, finire col (+ *inf.*): *je finirai bien par le trouver* finirò bene per trovarlo; *tout finit par s'arranger* tutto finisce col sistemarsi; *il a fini par comprendre, par accepter* ha finito col capire, coll'accettare **C** EN FINIR **1** [*mettre fin à une chose longue, désagréable*] finirla, smetterla: *que d'explications! il n'en finit plus!* quante spiegazioni! non la finisce più!; *il faut en finir* bisogna finirla; *il est temps d'en finir* è ora di finirla → **tarir** ◇ *loc.* EN FINIR AVEC QQCH. [*arriver à une solution*] venire (202) a capo di, risolvere (117) *tr.* q.c.: *on n'en finira jamais avec cette affaire* non verremo mai a capo di questa storia → **épuiser, régler, résoudre** ~ EN FINIR AVEC QQN. farla finita con qc., sbarazzarsi di qc. ~ (*fam.*) EN FINIR DE smetterla di, piantarla di: *il n'en finirait pas de raconter ses aventures* non la smetterebbe più di raccontare le proprie avventure → **arrêter (s')** **2** (*toujours négatif*) N'EN PAS (PLUS) FINIR [*être trop long*] non finire più: *un discours qui n'en finit plus* un discorso che non finisce più; *il n'en finit pas de s'habiller* non finisce più di vestirsi # *des applaudissements à n'en plus finir* applausi a non finire © A 1 **commencer.**

finish |finiʃ| *s.m.* (*angl.*) **1** (*sport*) *match au finish* incontro a termine ◇ [*aptitude à finir* (*dans une course*)] sprint *inv.*, rush *inv.* finale: *coureur bien doué, mais qui manque encore de finish* corridore che ha buone doti, ma (che) manca ancora di sprint, di rush finale **2** *loc. fig., fam.* AU FINISH [*à l'usure, en épuisant les résistances*] in extremis: *elle l'a obtenu au finish* l'ha ottenuto in extremis.

finissage |finisaʒ| *s.m.* (*techn.*) [*action de finir une fabrication, une pièce*] finissaggio*, rifinitura *f.* → **finition, ajustage** ◇ (*d'une étoffe*) finissaggio, apprettatura *f.*

finissant, ante |finisɑ̃, ɑ̃t| *adj.* [*en train de finir*] che sta per finire *loc.*, che volge al termine (*loc.*): *le siècle finissant* il secolo che sta per finire, che volge al termine # *la société finissante* la società in declino.

finisseur, euse |finisœʀ, øz| *s.* **1** (*techn.*) rifinitore*: *finisseuse d'une maison de couture* rifinitrice di una sartoria **2** (*sport*) [*athlète, coureur qui finit bien une épreuve*] sprinter (*inv.*): *un bon finisseur* un buono sprinter.

finition |finisjɔ̃| *s.f.* **1** [*opérations terminant la fabrication d'un objet*] finitura, rifinitura # *c'est une bonne voiture, mais sa finition est insuffisante* è una buona auto, ma è rifinita male **2** *les finitions* [*les derniers travaux*] le finiture: *les finitions d'une maison* le finiture di una casa; *couturière qui fait les finitions* sarta che esegue le (ri)finiture.

finlandais, aise |fɛ̃lɑ̃dɛ, ɛz| *adj.* [*de Finlande*] finlandese → **finnois.**

finnois, oise |finwa, waz| **1** *adj.* [*du peuple qui vit en Finlande*] finnico*, finlandese: *civilisation, littérature finnoise* civiltà, letteratura finnica **2** (*s.m.*) *le finnois* [*la langue*] il finlandese.

finno-ougrien, ienne |finɔugʀijɛ̃, ijɛn| (*adj.*) *langues finno-ougriennes* lingue ugro-finniche ✦ (*s.m.*) *le finno-ougrien* [*les langues de ce groupe*] il gruppo ugro-finnico*.

fiole |fjɔl| *s.f.* **1** fiala, flacone *m.* → **flacon 2** (*fig., fam.*) *se payer la fiole de qqn.* menare qc. per il naso, farsi beffa di qc. → **tête.**

fion |fjɔ̃| *s.m.* (*pop.*) [*cachet final, dernière main*] ultimo tocco*, tocco finale: *coup de fion* ultimo tocco, tocco finale.

fiord |fjɔʀ(d)| *s.m.* → **fjord.**

fioriture |fjɔʀityʀ| *s.f.* **1** (*mus.*) fioritura **2** [*ornement*] fronzolo (*m.*), fioritura: *les fioritures d'un dessin* i fronzoli di un disegno ◇ (*péj.*) *fioritures de style* fioritura *sing.* di stile.

-fique |fik| *suff.* (*signifiant 'qui fait', correspond généralt. à*) fico: *maléfique* malefico; *prolifique* prolifico.

firmament |fiʀmamɑ̃| *s.m.* (*littér.*) firmamento: *le bleu du firmament* l'azzurro del firmamento, del cielo → **ciel, empyrée** # *rien de nouveau sous le firmament* [*ici-bas*] niente di nuovo sotto il sole.

firman |fiʀmɑ̃| *s.m.* (*hist.*) firmano.

firme |fiʀm(ə)| *s.f.* [*entreprise industrielle ou commerciale; sa raison sociale*] azienda, ditta ◇ (*par ext.*) *les grosses firmes de l'industrie automobile* le grandi case automobilistiche → **2 établissement, maison.**

fisc |fisk| *s.m.* fisco*: *frauder le fisc* frodare il fisco # *les recettes du fisc* le esattorie delle imposte.

fiscal, ale, aux |fiskal, o| *adj.* fiscale, tributario*: *fraude fiscale* frode fiscale; *dégrèvements fiscaux* sgravi fiscali; *politique, législation fiscale* politica, legislazione tributaria.

fiscalement |fiskalmɑ̃| *adv.* [→ FISCAL] fiscalmente.

fiscalisation |fiskalizɑsjɔ̃| *s.f.* [→ FISCALISER] fiscalizzazione.

fiscaliser |fiskalize| *v.tr.* (*fin.*) [*soumettre à l'impôt*] fiscalizzare: *fiscaliser une tranche de revenus* fiscalizzare una fascia di redditi.

fiscalité |fiskalite| *s.f.* fiscalità *inv.* # *la réforme de la fiscalité* la riforma fiscale, tributaria.

fissi- |fisi| *préf.* (*signifiant 'fendu', correspond généralt. à*) fissi: *fissipède* fissipede.

fissible |fisibl(ə)| *adj.* (*phys.*) fissile.

fissile |fisil| *adj.* **1** fissile: *schiste fissile* scisto fissile **2** (*abusiv.*) → **fissible.**

fission |fisjɔ̃| *s.f.* (*phys.*) fissione.

fissuration |fisyʀɑsjɔ̃| *s.f.* [→ FISSURER B] fessurazione.

fissure |fisyʀ| *s.f.* **1** fessura, crepa: *fissure d'un mur* fessura, crepa di un muro; *fissure d'un vase* crepa di un vaso → **fêlure, lézarde** # *fissures de la peau* screpolature della pelle → **gerçure** ◇ (*fig.*) *il y a une fissure dans leur amitié* c'è una incrinatura nella loro amicizia → **brèche, coupure 2** (*anat.*) *fissure de Sylvius* scissura di Silvio.

fissurer |fisyʀe| **A** *v.tr.* [*diviser par fissures*] crepare → **crevasser, fendre** ✦ (*au p.p.*) *plafond fissuré* soffitto crepato **B** *v.pron. intr.* SE FISSURER [→ *tr.*] creparsi, fessurarsi: *mur qui se fissure* muro che si crepa, si fessura.

fiston |fistɔ̃| *s.m.* (*pop.*) [*fils*] figlio* (*cour.*), figliolo (*cour.*) ◇ (*appellatif pour une jeune garçon*) giovanotto: *viens par ici, fiston!* vieni qui, giovanotto!

fistot |fisto| *s.m.* (*arg. milit.*) [*élève officier de l'École navale* (*1*[er] *année*)] ⊠.

fistulaire |fistylɛʀ| *adj.* → **fistuleux.**

fistule |fistyl| *s.f.* (*méd.*) fistola: *fistule gastrique* fistola gastrica ✦ (*absolt.*) *fistule* [*fistule à l'anus*] fistola anale.

fistuleux, euse |fistylø, øz| *adj.* (*méd.*) fistoloso: *ulcère fistuleux* ulcera fistolosa.

fistuline |fistylin| *s.f.* (*t.bot.*) fistulina.

fixable |fiksabl(ə)| *adj.* [→ FIXER A 1] fissabile.

fixage |fiksaʒ| *s.m.* (*photo., techn.*) fissaggio.

fixateur |fiksatœʀ| *s.m.* [*vaporisateur qui projette un fixatif*] vaporizzatore (per sostanze fissative) ◇ (*biol., photo.*) fissatore.

fixatif |fiksatif| *s.m.* (*techn.*) fissativo; fissatore (per capelli).

fixation |fiksɑsjɔ̃| *s.f.* **1** (*sc.*) fissazione: *fixation de l'oxygène par l'hémoglobine du sang* fissazione dell'ossigeno da parte dell'emoglobina del sangue ◇ (*photo.*) *fixation de l'image photographique* fissaggio* *m.* dell'immagine fotografica → **fixage 2** [*le fait de faire tenir solidement une chose matérielle*] fissaggio: *crochets de fixation* ganci di fissaggio ◇ (*ski*) *fixations de sécurité* attacchi *m.* di sicurezza # *la fixation d'un poteau en terre* l'ancoraggio di un palo in terra **3** (*personnes*) [*le fait de se fixer*] lo stabilirsi *m.inv.* (in un luogo) # *la fixation des nomades* la sedentarizzazione dei nomadi **4** (*psychan.*) *fixation au père* complesso *m.* di Edipo **5** [*action de déterminer*] determinazione, fissazione: *la fixation du prix du blé* la determinazione del prezzo del grano → **détermination** # *la fixation d'une heure, d'un lieu de rendez-vous* il fissare l'ora e il luogo di un appuntamento.

fixe |fiks(ə)| *adj.* **I** (*position*) **1** [*qui ne bouge pas*] fisso: *un point fixe* un punto fisso; *châssis fixe d'une fenêtre* telaio fisso di una finestra; *barre fixe d'une salle de gymnastique* sbarra fissa di una palestra; *vagabond sans domicile fixe* vagabondo senza fissa dimora → **immobile, dormant 2** *avoir la vue, le regard fixe* avere lo sguardo fisso; *avoir les yeux fixes* avere gli occhi fissi **3** (*interj. milit.*) *fixe!* fissi! **II** (*état*) **1** [*qui ne change pas*] indelebile; continuo, fisso: *couleur fixe* colore indelebile; *encre bleue fixe* inchiostro blu indelebile → **immuable, invariable** ‖ *feu fixe* (*opposé à 'clignotant'*) segnale luminoso continuo ◇ (*météo.*) *beau fixe* bello stabile ◇ (*fig.*) *leurs relations sont au beau fixe* i loro rapporti sono sul bello stabile **2** [*réglé d'une façon précise et définitive*] fisso, determinato: *poser des règles fixes* porre delle regole fisse; *cela revient à date fixe* si verifica a scadenza fissa; *recevoir à jour fixe* ricevere a giorni fissi; *manger à heure fixe* mangiare a un'ora fissa; *menu à prix fixe* menù a prezzo fisso; *magazin à prix fixes* negozio a prezzi fissi → **défini, déterminé** ◇ (*spécialt.*) IDÉE FIXE idea fissa **3** [*assuré, régulier*] fisso: *revenu fixe* reddito fisso; *appointements fixes* stipendio fisso ✦ (*s.m.*) *un fixe* [*appointements fixes*] un fisso: *représentant qui touche un fixe en dehors de ses commissions* rappresentante che percepisce un fisso oltre alle provvigioni.

fixé, ée |fikse| *adj.* (*psychan.*) fissato ✦ (*s.*) *les fixés* i fissati.

fixe-chaussette |fiksəʃosɛt| *s.m.* [*support-chaussette*] giarrettiera *f.* (da uomo): *des fixe-chaussettes* delle giarrettiere.

fixement |fiksəmɑ̃| *adv.* [*d'un regard fixe*] fissamente: *il la regarda fixement* la guardò fissamente.

fixer |fikse| **A** *v.tr.* **1** [*établir d'une manière durable à une place*] fissare: *fixer les volets avec des crochets* fissare le imposte con dei ganci → **attacher, maintenir 2** (*fig.*) *fixer ses idées sur le papier* fissare le proprie idee sulla carta; annotare le proprie idee **3** FIXER QQN. [*du regard*] fissare qc.: *elle le fixait sévèrement* lo fissava severamente ◇ *loc.* FIXER *les yeux, son regard* SUR QQN., SUR QQCH. fissare gli occhi, lo sguardo su qc., su q.c. ✦ (*au p.p.*) *les yeux fixés au ciel, en terre* gli occhi rivolti al cielo, fissi a terra **4** (*fig.*) *fixer son attention sur un objet* fissare la propria attenzione su un oggetto **5** [*choisir d'une façon déterminée*] prefiggersi (109), scegliersi (178): *se fixer une ligne de conduite* prefiggersi, scegliersi una linea di condotta **6** (*techn.*) *fixer un pastel, un fusain* fissare un pastello, un carboncino ◇ (*photo.*) *fixer une image, un cliché* fissare una immagine, un 'cliché' **7** [*rendre stable et immobile*] fissare: *l'usage a fixé le sens de cette expression* l'uso ha fissato il significato di quest'espressione → **arrêter 8** [*faire qu'une personne ne soit plus dans l'incertitude*] precisare, chiarire (197): *fixer qqn. sur qqch.* [*le renseigner*] precisare, chiarire q.c. a qc.; *je l'ai fixé sur vos intentions* gli ho chiarito le vostre intenzioni ✦ (*au p.p.*) *je ne suis pas encore fixé, pas très fixé* non ho ancora deciso, sono molto indeciso; *être fixé sur le compte de qqn.* essere informato, saperla lunga sul conto di qc. → **décidé 9** [*régler d'une façon déterminée, définitive*] fissare, stabilire (197): *fixer une règle, un principe, des conditions* fissare, stabilire una regola, un principio, delle condizioni; *fixer un rendez-vous* fissare un appuntamento; *fixer une date* fissare una data; *fixer un prix* fissare un prezzo → **assigner, indiquer, déterminer** ✦ (*au p.p.*) *les limites fixées par la loi* i limiti fissati dalla legge; *au jour fixé* il giorno fissato, stabilito **B** *v.pron.intr.* SE FIXER **1** [→ *tr.* 1] stabilirsi: *il s'est fixé définitivement à Paris* si è stabilito definitivamente a Parigi → **installer (s') 2** [→ *tr.* 4] fissarsi: *les regards se fixaient sur elle* gli sguardi erano fissati su di lei # *mon choix s'est fixé sur tel article* la mia scelta è caduta su questo articolo **3** [*se stabiliser*] stabilizzarsi: *l'orthographe s'est progressivement fixée* l'ortografia si è progressivamente stabilizzata.

fixisme |fiksism(ə)| *s.m.* (*sc.*) fissismo.
fixité |fiksite| *s.f.* fissità (*inv.*): *la fixité du regard* la fissità dello sguardo.
fjord, fiord |fjɔʀ(d)| *s.m.* fiordo.
flabellé, ée |flabɛle| *adj.* (*bot.*, *zool.*) flabellato.
flac! |flak| *interj.* (*onomat. imitant le bruit de l'eau qui tombe, de ce qui tombe dans l'eau*) clop!, clof!
flaccidité |flaksidite| *s.f.* [*état de ce qui est flasque*] flaccidezza, flaccidità *inv.* (*rare*): *flaccidité des chairs* flaccidezza delle carni 🄲 **fermeté, tonicité.**
flache |flaʃ| *s.f.* (*région.*, *techn.*) **1** [*creux dans le sol où séjourne l'eau*] pozzanghera → **flaque** **2** [*partie affaissée d'un pavage*] buca*, avvallamento *m.* **3** [*dépression, creux à l'arête d'une poutre, etc.*] smussatura.
flacherie |flaʃʀi| *s.f.* [*maladie mortelle des vers à soie*] flaccidezza.
flacon |flakɔ̃| *s.m.* flacone, boccetta (*f.*): *flacon de parfum* flacone, boccetta di profumo; *flacon de pilules* flacone di pillole.
flaconnage |flakɔnaʒ| *s.m.*, **flaconnerie** |flakɔnʀi| *s.f.* [*fabrication des flacons de verre*] fabbricazione *f.* di boccette, di flaconi ◇ (*comm.*) [*'la flaconnerie' nom generique des flacons*] le boccette *f.pl.*, i flaconi *m.pl.*
flaconnier |flakɔnje| *s.m.* **1** operaio* di una fabbrica di boccette, di flaconi **2** [*étui contenant plusieurs flacons*] portaboccette *inv.*, portaflaconi *inv.*
fla-fla |flafla| *s.m.* (*fam.*) [*recherche de l'effet*] posa (*f.*): *des fla-flas* delle pose → **chichi, façon, esbroufe** # *il fait trop de fla-flas* posa troppo.
flagellant |flaʒɛ(l)lɑ̃| *s.m.* (*hist. relig.*) flagellante.
flagellation |flaʒɛ(l)lɑsjɔ̃| *s.f.* [→ FLAGELLER 1] flagellazione: *supplice de la flagellation* supplizio della flagellazione; *la flagellation de Jésus-Christ* la flagellazione di Gesù Cristo.
flagelle |flaʒɛl|, **flagellum** |flaʒɛ(l)lɔm| *s.m.* (*sc.*) flagello.
flagellé, ée |flaʒe(ɛl)le| **1** *adj.* (*sc.*) flagellato **2** *s.m. pl.* (*t.zool.*) *les Flagellés* i Flagellati.
flageller |flaʒe(ɛl)le| *v.tr.* **1** [*battre de coups de fouet*] flagellare → **fouetter** **2** (*fig.*, *littér.*) [*fustiger*] flagellare, fustigare.
flageolant, ante |flaʒɔlɑ̃, ɑ̃t| *adj.* [→ FLAGEOLER] tremante, vacillante → **chancelant** ◇ (*loc.*) *jambes flageolantes* gambe che fanno giacomo giacomo.
flageoler |flaʒɔle| *v.intr.* [*trembler de faiblesse, de peur*] tremare, vacillare # *jambes qui flageolent* gambe che fanno giacomo giacomo, che tremano ◇ (*personnes*) *flageoler sur ses jambes* vacillare sulle (proprie) gambe; avere (97) *tr.* le gambe che fanno giacomo giacomo.
1 **flageolet** |flaʒɔlɛ| *s.m.* [*flûte à bec*] piffero, flautino: *air de flageolet* motivo, aria di piffero.
2 **flageolet** |flaʒɔlɛ| *s.m.* [*petit haricot*] fagiolo nano.
flagorner |flagɔʀne| *v.tr.* [*flatter bassement, servilement*] lisciare, leccare.
flagornerie |flagɔʀnəʀi| *s.f.* [*flatterie grossière et basse*] leccatura, lisciatura: *il a obtenu ce poste par des flagorneries* ha ottenuto questo posto a forza di leccature, di leccare.
flagorneur, euse |flagɔʀnœʀ, øz| *s. et adj.* [*qui flagorne*] piaggiatore*, adulatore* → **flatteur.**
flagrance |flagʀɑ̃s| *s.f.* (*dr.*) flagranza.
flagrant, ante |flagʀɑ̃, ɑ̃t| *adj.* **1** (*dr.*, *cour.*) flagrante: *flagrant délit* delitto flagrante **2** [*évident, patent*] flagrante, evidente: *injustice flagrante* flagrante, evidente ingiustizia; *la préméditation est flagrante* la premeditazione è evidente, lampante.
flair |flɛʀ| *s.m.* **1** [*faculté de discerner par l'odeur*] fiuto: *le flair du chien* il fiuto del cane → **odorat** **2** (*fig.*) [*aptitude instinctive à prévoir, deviner*] fiuto: *il a eu du flair dans cette affaire* ha avuto fiuto in questo affare → **intuition, perspicacité.**
flairer |flɛʀe| *v.tr.* **1** (*animaux*) [*reconnaître ou trouver par l'odeur*] annusare, fiutare: *chien qui flaire son maître* cane che annusa il proprio padrone; *flairer le gibier* fiutare la selvaggina ◇ (*personnes*) [*sentir avec insistance*] annusare, odorare: *flairer un mets* annusare, odorare un piatto **2** (*fig.*) [*discerner qqch. par intuition*] fiutare, subodorare: *il a flairé un piège là-dessous* ha fiutato una trappola → **soupçonner, subodorer.**
flaireur, euse |flɛʀœʀ, øz| *s. et adj.* [*personne qui flaire*] chi, che fiuta *loc.*; chi, che annusa *loc.*
flamand, ande |flamɑ̃, ɑ̃d| **1** *adj.* [*de Flandre*] fiammingo*: *peintres flamands* pittori fiamminghi **2** (*s.m.*) *le flammand* [*parler néerlandais de Belgique*] il fiammingo.
flamant |flamɑ̃| *s.m.* (*t.zool.*) fenicottero.
flambage |flɑ̃baʒ|, **flambement** |flɑ̃bmɑ̃| *s.m.* **1** [→ FLAMBER B 1] *flambage d'un mets* cottura *f.* alla fiamma di una pietanza; *flambage d'un instrument chirurgical* sterilizzazione *f.* di uno strumento chirurgico alla fiamma **2** (*techn.*) incurvatura *f.*, incurvamento.
flambant, ante |flɑ̃bɑ̃, ɑ̃t| *adj.* **1** [→ FLAMBER A] ardente, fiammante: *charbon flambant* carbone ardente **2** (*fam.*, *vieilli*) [*beau, superbe*] bellissimo, magnifico*: *une voiture toute flambante* un'automobile bellissima, magnifica **3** *loc.* FLAMBANT NEUF [*tout neuf*] nuovo fiammante: *maison flambant neuf* (*neuve*) casa nuova fiammante.
flambart, flambard |flɑ̃baʀ| *s.m.* **1** [*charbon à demi consumé*] carbone semiconsumato **2** (*fam.*) *faire le flambard* [*le fanfaron*] fare lo sbruffone, il vanesio.
flambe |flɑ̃b| *s.f.* **1** (*dial.*) [*feu clair*] fiammata → **flambée** **2** (*techn.*) spada a lama ondulata **3** (*t.bot.*) giaggiolo *m.*, iris *m.inv.*
flambé, ée |flɑ̃be| *adj.* **1** [*passé à la flamme*] alla fiamma (*loc.inv.*): *crêpes flambées* 'crêpes' alla fiamma; *bananes flambées* banane alla fiamma **2** (*fig.*, *fam.*) [*perdu, ruiné*] (bell'e) fritto, rovinato: *il est flambé!* è bell'e fritto # *cette affaire est flambée* questo affare è andato a farsi friggere, benedire → **fichu, foutu.**
flambeau |flɑ̃bo| *s.m.* **1** [*mèche enduite de cire, de résine, pour éclairer*] fiaccola (*f.*): *allumer un flambeau* accendere una fiaccola; *à la lueur des flambeaux* alla luce delle fiaccole → **torche** # *marche, retraite aux flambeaux* fiaccolata **2** (*littér.*) [*ce qui éclaire* (*intellectuellement ou moralement*)] fiaccola: *le flambeau de la vérité, de la liberté, du progrès* la fiaccola della verità, della libertà, del progresso → **lumière** **3** [*candélabre, chandelier*] candelabro, candeliere: *flambeau d'or, d'argent* candelabro d'oro, d'argento.
flambée |flɑ̃be| *s.f.* **1** [*feu vif et assez bref*] fiammata, vampata: *faire une flambée pour se réchauffer* fare una fiammata per scaldarsi **2** (*fig.*) [*explosion d'un sentiment violent, d'une action*] esplosione, vampata: *flambée de colère* esplosione d'ira, vampata di collera.
flambement |flɑ̃bmɑ̃| *s.m.* → **flambage** 2.
flamber |flɑ̃be| **A** *v.intr.* [*brûler; être l'objet d'une combustion vive avec flammes et lumière*] bruciare (*aux.* essere), ardere (113) (*aux.* essere): *bois sec, papier qui flambe* legna secca, carta che brucia; *la grange a flambé et l'on n'a pu éteindre l'incendie* il granaio è bruciato e non si è potuto spegnere l'incendio **B** *v.tr.* **1** [*passer à la flamme*] abbruciacchiare, fiammeggiare: *flamber une volaille* abbruciacchiare, fiammeggiare un pollo # *flamber un instrument de chirurgie* [*pour le stériliser*] sterilizzare uno strumento chirurgico alla fiamma; *flamber les cheveux* bruciare, strinare le punte dei capelli **2** (*fig.*) [*dépenser follement*] bruciare, far (103) fuori: *il a flambé sa fortune en peu de temps* ha bruciato, fatto fuori la propria fortuna in poco tempo.
flamberge |flɑ̃bɛʀʒ(ə)| (*s.f.*) *mettre flamberge au vent* [*tirer l'épée; s'apprêter à se battre*] sguainare la spada, mettere la lancia in resta.
flambeur |flɑ̃bœʀ| *s.m.* (*arg.*) *c'est un flambeur* [*il joue gros jeu*] è uno che rischia grosso.
flamboiement |flɑ̃bwamɑ̃| *s.m.* [*éclat de ce qui flamboie*] sfavillio*, scintillio*; il divampare (*inv.*): *le flamboiement du soleil* lo sfavillio del sole ‖ *le flamboiement d'un incendie* il divampare di un incendio.
flamboyant, ante |flɑ̃bwajɑ̃, ɑ̃t| **I** *adj.* **1** [→ FLAMBOYER] scintillante, fiammeggiante: *épée, armure flamboyante* spada, armatura scintillante → **brillant, étincelant** # *des yeux flamboyants de haine, de colère* occhi accesi d'odio, di collera **2** (*archit.*) *gothique flamboyant* gotico fiorito, fiammeggiante **II** *s.m.* (*t.bot.*) albero corallo.
flamboyer |flɑ̃bwaje| (10) *v.intr.* [*jeter par intervalles des flammes, des reflets éclatants de lumière*] divampare (*aux.* essere), fiammeggiare (*aux.* avere, essere): *on voyait flamboyer l'incendie* si vedeva divampare l'incendio # *yeux qui flamboient* occhi fiammeggianti, scintillanti → **briller.**
flamenco |flamɛnko| *s.m.* (*esp.*) flamenco*.
flamine |flamin| *s.m.* (*hist. rom.*) flàmine.
flamingant, ante |flamɛ̃gɑ̃, ɑ̃t| *adj.* [*qui parle flamand; où l'on parle flamand*] di lingua fiamminga (*loc. inv.*): *la Belgique flamingante* il Belgio di lingua fiamminga ✦ *s.* [*partisan de l'autonomie de la Flandre*] autonomista fiammingo*.

1 **flamme** |fla(ɑ)m| *s.f.* **1** fiamma: *flamme d'un briquet* fiamma di un accendino; *le feu jette des flammes* il fuoco manda fiamme **2** (*au plur.*) *les flammes* [*l'incendie*] le fiamme: *édifice qui est la proie des flammes* edificio in preda alle fiamme; *dévoré par les flammes* divorato dalle fiamme; (*jeter*), *livrer aux flammes* gettare, dare alle fiamme ◇ *loc.* EN FLAMMES in fiamme: *maison en flammes* casa in fiamme ◇ (*fig.*) *jeter, lancer feu et flammes* [*être en colère*] fare fuoco e fiamme **3** [*éclat, brillant*] luminosità *inv.*, splendore (*m.*): *la flamme de son regard* la luminosità del suo sguardo **4** (*fig.*) [*ardeur, animation*] ardore *m.*, fiamma: *il parle avec flamme* parla con ardore; *la flamme de l'enthousiasme, de l'idéal* la fiamma dell'entusiasmo, dell'ideale # *orateur plein de flamme* oratore infervorato **5** (*littér.*) [*passion amoureuse*] amore (*m.*): *déclarer sa flamme* dichiarare il proprio amore.

2 **flamme** |fla(ɑ)m| *s.f.* [*petit drapeau étroit et long*] fiamma.

3 **flamme** |flam| *s.f.* (*vétér.*) lancetta (da veterinario): *soigner un cheval avec la flamme* curare un cavallo con la lancetta.

flammé, ée |fla(ɑ)me| *adj.* (*techn.*) fiammato.

flammèche |flamɛʃ| *s.f.* [*parcelle enflammée qui se détache d'un brasier*] scintilla: *une flammèche a mis le feu au bâtiment* una scintilla ha appiccato il fuoco all'edificio.

flammerole |flamʀɔl| *s.f.* (*dial.*, *vx.*) → **follet (feu).**

1 **flan** |flɑ̃| *s.m.* **1** (*cuis.*) budino, 'flan' *inv.* # *flan au caramel* 'crème caramel' **2** [*disque destiné à recevoir une empreinte par pression*] tondello: *flan d'une monnaie, d'une médaille* tondello di una moneta, di una medaglia ◇ (*typogr.*) flano **3** (*pop.*) *en être, en rester comme deux ronds de flan* [*muet d'étonnement*] restare, rimanere di stucco.

2 **flan** |flɑ̃| *s.m.* (*pop.*) *c'est du flan* [*de la blague*] è una frottola ◇ (*loc. adv.*) *un travail à la flan* un lavoro fatto alla meno peggio.

flanc |flɑ̃| *s.m.* **1** fianco*: *se coucher sur le flanc* coricarsi sul fianco ◇ (*loc. fig.*) *être sur le flanc* essere stanco morto ~ *mettre sur le flanc* [*exténuer*] sfiancare ~ (*pop.*) *tirer au flanc* [*paresser*] battere la fiacca ~ *se battre les flancs* fare un buco nell'acqua, darsi da fare senza concludere nulla ✦ (*s.*) *un tire-au-flanc* uno scansafatiche ◇ (*animaux*) *cheval qui bat des flancs* cavallo sfiancato **2** (*choses*) fiancata *f.*, fianco: *flanc d'un vaisseau* fiancata di un bastimento; *le flanc d'une montagne* il fianco di una montagna ◇ *loc.* À FLANC DE (*sur le flanc de*) sul fianco di: *une maison a flanc de coteau* una casa sul fianco di una collinetta, (a mezza costa ◇ (*fortif.*) fianco **3** (*milit.*) fianco: *les flancs d'une colonne* i fianchi di una colonna; *sur son flanc droit, sur ses flancs* sul fianco destro, sui fianchi; *prêter le flanc* presentare il fianco → **aile 4** (*fig.*) *prêter le flanc à la critique, à la médisance* prestare il fianco alle critiche, alla maldicenza **5** (*blas.*) fianco.

flanc-garde |flɑ̃gaʀd(ə)| *s.f.* (*milit.*) *des flancs-gardes* [*détachements protégeant les flancs d'une troupe en marche*] dei reparti *m.* di fiancheggiamento.

flancher |flɑ̃ʃe| *v.intr.* (*fam.*) [*céder, faiblir*] cedere, mollare: *le cœur du malade a flanché brusquement* il cuore del malato ha ceduto bruscamente; *il semblait résolu, mais il a flanché au dernier moment* sembrava deciso, ma ha mollato all'ultimo momento → **dégonfler (se)** # *les troupes ont flanché* le truppe sono indietreggiate, hanno indietreggiato.

flanconade |flɑ̃kɔnad| *s.f.* (*escrime*) fianconata.

flandrin |flɑ̃dʀɛ̃| *s.* [*homme grand, d'allure gauche*] spilungone → **dadais.**

flâne |flɑn| *s.f.* → **flânerie.**

flanelle |flanɛl| *s.f.* flanella: *pantalon de flanelle* pantaloni di flanella ◇ (*fam.*) *avoir les jambes en flanelle* aver le gambe di ricotta.

flâner |flɑne| *v.intr.* **1** [*se promener sans hâte*] bighellonare, gironzolare: *j'ai flâné dans les rues* ho bighellonato per le strade → **balader (se), musarder 2** [*s'attarder, travailler lentement*] perdere (163) *tr.* tempo: *faire qqch. sans flâner* fare q.c. senza perdere tempo Ⓒ 2 **hâter (se).**

flânerie |flɑnʀi| *s.f.* [→ FLÂNER 1] il bighellonare *m.inv.*, l'andare *m.inv.* a zonzo: *des interminables flâneries* l'andare continuamente a zonzo.

flâneur, euse |flɑnœʀ, øz| *s.* [*personne qui flâne* (1)] bighellone, sfaccendato: *les flâneurs du dimanche* gli sfaccendati della domenica → **badaud, promeneur** ✦ *adj.* [*qui aime à ne rien faire*] sfaticato: *un garçon un peu flâneur* un ragazzo un po' sfaticato → **oisif.**

flanquement |flɑ̃kmɑ̃| *s.m.* (*fortif.*) opera *f.* di fiancheggiamento.

1 **flanquer** |flɑ̃ke| *v.tr.* **1** [*être sur le côté de qqch.*] fiancheggiare: *les pavillons qui flanquent le bâtiment central* i padiglioni che fiancheggiano la costruzione centrale **2** (*milit.*) [*proteger sur le flanc*] fiancheggiare: *détachement flanquant une colonne* distaccamento che fiancheggia una colonna **3** FLANQUÉ DE fiancheggiato da: *un château flanqué de tourelles* un castello fiancheggiato da torrette ◇ (*péj.*) (*personnes*) *il était flanqué de ses gardes du corps* era fiancheggiato, scortato dalle sue guardie del corpo.

2 **flanquer** |flɑ̃ke| *v.tr.* (*fam.*) **1** [*jeter brutalement ou brusquement*] appioppare, mollare: *flanquer une gifle à qqn.* appioppare, mollare uno schiaffo a qc. # *flanquer un coup* menare un colpo; *se flanquer par terre* [*tomber*] cadere lungo e disteso ◇ (*fig.*) *flanquer un employé à la porte* mettere (155) un impiegato alla porta → **renvoyer 2** [*donner*] mettere: *flanquer la frousse* mettere fifa.

flapi |flapi| *adj.* (*fam.*) [*épuisé, éreinté*] sfinito (*cour.*), spossato (*cour.*): *nous sommes flapis* siamo sfiniti, spossati.

flaque |flak| *s.f.* [*nappe de liquide stagnant*] pozzanghera: *chemin couvert de flaques d'eau* strada coperta, piena (*pop.*) di pozzanghere → **mare.**

flash |flaʃ| *s.m.* (*angl.*) **1** flash (*inv.*): *des flashes* dei flash; *flash électronique* flash elettronico **2** (*ciné.*, *télév.*) breve sequenza *f.* # *un flash publicitaire* uno spot pubblicitario **3** (*presse*) flash.

flash-back |flaʃbak| *s.m.* (*angl.*) (*ciné.*) flashback *inv.*

1 **flasque** |flask(ə)| *adj.* [*qui manque de fermeté*] flaccido, floscio*: *chair flasque* carne flaccida; *peau flasque* pelle floscia, flaccida → **mou,** 1 **mollasse.**

2 **flasque** |flask(ə)| *s.f.* [*petit flacon plat*] fiasca*, fiaschetta.

3 **flasque** |flask(ə)| *s.* **1** *s.f.* (*techn.*) flangia* **2** *s.m.* (*artill.*) coscia *f.* **3** *s.m.* [*partie métallique d'une roue d'automobile*] coppa *f.*

flatter |flate| **A** *v.tr.* **I** (*sujet de personne*; *compl. d'être animé*) **1** [*louer excessivement qqn. pour plaire, séduire*] adulare, lusingare: *il flatte son patron* adula il suo padrone; *sans vous flatter, vous êtes irremplaçable* senza volere lusingare, adulare, lei è insostituibile → **encenser, flagorner 2** *flatter qqn. de qqch.* [*le lui laisser faussement espérer*] allettare qc. con q.c.: *il y a longtemps qu'on le flatte de cette espérance* è da molto tempo che lo allettiamo con questa speranza → **bercer, leurrer 3** [*caresser un animal avec la main*] accarezzare: *flatter un chien* accarezzare un cane **II** (*sujet de chose*) **1** [*être agréable à, faire concevoir de la fierté*] lusingare: *cette distinction me flatte et m'honore* questo riconoscimento mi lusinga e mi onora; *cela flatte sa vanité* ciò lusinga la sua vanità → 1 **toucher** ✦ (*au p.p.*) *je suis flatté qu'il vienne* sono lusingato che venga **2** [*faire paraître plus beau*] abbellire (197): *ce portrait, cette coiffure la flatte* questo ritratto, questa pettinatura la abbellisce → **avantager, embellir** ✦ (*au p.p.*) *portrait flatté* ritratto ritoccato **III** FLATTER QQCH. **1** [*encourager, favoriser*] incoraggiare, favorire (197): *flatter les manies, les vices de qqn.* incoraggiare, favorire le manie, i vizi di qc. **2** [*affecter agréablement les sens*] accarezzare: *couleurs qui flattent les yeux* colori che accarezzano gli occhi; *douce musique qui flatte l'oreille* dolce musica che accarezza l'orecchio → **charmer B** *v.pron.réfl.* **1** SE FLATTER DE (+ *inf.*) [*être persuadé*] illudersi di: *il se flatte de réussir* si illude di riuscire → **espérer 2** SE FLATTER QUE (+ *ind.*) illudersi che (+ *ind.* *ou subj.*) **3** SE FLATTER DE (+ *s. ou inf.*) [*tirer orgueil, vanité*] andare (101) *intr.*, essere (96) *intr.* fiero di: *elle se flatte de sa réussite, d'avoir si bien réussi* va fiera del suo successo; è fiera di essere riuscita così bene → **prévaloir (se), targuer (se) 4** *absolt.* (*littér.*) [*se juger trop favorablement*] vantarsi → **vanter (se).**

flatterie |flatʀi| *s.f.* [→ FLATTER A I] [*propos qui flatte*] adulazione, lusinga*: *il est sensible à la flatterie* è sensibile all'adulazione, alle lusinghe; *il nous a fait mille flatteries* ci ha fatto mille lusinghe, moine → **adulation.**

flatteur, euse |flatœʀ, øz| **I** *s.* [*personne qui flatte*] adulatore*: *un vil flatteur* un vile adulatore; *n'écoutez pas les flatteurs* non date retta agli adulatori **II** *adj.* **1** [*qui loue trop ou de façon intéressée*] adulatore: *il n'est pas flatteur* non è (un) adulatore **2** [*qui flatte l'amour-propre*] lusinghiero: *une comparaison flatteuse* un confronto lusinghiero; *ce n'est pas flatteur!* non è lusinghiero! → **avantageux, élogieux 3** [*qui embellit*] lusinghiero: *faire un tableau flatteur de la situation* fare un quadro lusinghiero della situazione.

flatteusement |flatøzmɑ̃| *adv.* [→

FLATTEUR II] lusinghevolmente (*rare*) in modo lusinghiero *loc. inv.*
flatulence |flatylɑ̃s| *s.f.* flatulenza.
flatulent, ente |flatylɑ̃, ɑ̃t| *adj.* flatulento.
flatuosité |flatɥozite| *s.f.* [*gaz accumulé dans les intestins ou expulsé du tube digestif*] flatulenza → **vent.**
flavescent, ente |flavesɑ̃, ɑ̃t| *adj.* (*littér.*) flavescente (*rare*).
1 **fléau** |fleo| *s.m.* **1** (*agric.*) correggiato **2** [*pièce rigide d'une balance*] giogo*, asta (*f.*): *le fléau oscille autour du couteau* il giogo, l'asta oscilla intorno al bilico **3** (*ancienn.*) *fléau d'armes* mazzafrusto.
2 **fléau** |fleo| *s.m.* **1** [*calamité qui s'abat sur un peuple*] flagello, calamità (*f.inv.*): *le fléau de la guerre, de la peste* il flagello della guerra, della peste; *les fléaux de la nature* le calamità naturali → **cataclysme, catastrophe, désastre** **2** [*personne ou chose nuisible*] flagello: *Attila, le fléau de Dieu* Attila, flagello di Dio; *le directeur est un fléau* il direttore è un flagello, una peste.
fléchage |fleʃaʒ| *s.m.* [→ FLÉCHER] segnalazione *f.* (di una strada) con cartelli indicatori; cartellonistica* *f.* stradale.
1 **flèche** |flɛʃ| *s.f.* **1** [*arme de jet*] freccia*: *lancer une flèche avec un arc, une arbalète* scagliare una freccia con l'arco, con la balestra; *tirer, décocher une flèche* tirare, scoccare una freccia ◇ (*loc. fig.*) *partir, filer comme une flèche* partire, scappare via come un razzo, una saetta ~ *monter en flèche* salire alle stelle ~ *faire flèche de tout bois* tentare ogni mezzo **2** (*fig.*) [*trait d'esprit, raillerie*] frecciata **3** [*comble pyramidal ou conique d'une construction*] guglia*: *la flèche d'une cathédrale* la guglia di una cattedrale → **aiguille** ◇ (*agric., techn.*) picchetto *m.* (dell'agrimensore) ◇ (*mar.*) freccia, controranda **4** *flèche de signalisation routière* freccia di segnaletica stradale; *suivez les flèches* seguite le frecce, le indicazioni **5** [*ce qui avance en pointe*] timone (*m.*): *la flèche d'un char* il timone di un carro # *flèche d'une charrue* bure di un aratro ◇ (*archit.*) freccia ◇ (*artill.*) coda ◇ (*balist.*) vertice *m.* di parabola ◇ (*géom.*) saetta ◇ (*techn.*) *la flèche d'une grue* il braccio di una gru **6** *loc.* EN FLÈCHE in testa: *se trouver en flèche* essere in testa, all'avanguardia.
2 **flèche** |flɛʃ| *s.f.* (*bouch.*) lardello *m.*
fléché |fleʃe| (*adj.*) *itinéraire fléché* itinerario segnalato, indicato con frecce.
flécher |fleʃe| (8) *v.tr.* [*garnir de flèches; de panneaux de signalisation*] segnalare (una strada) con cartelli indicatori.
fléchette |fleʃɛt| *s.f.* [*petite flèche qui se lance à la main contre une cible*] freccetta, freccina: *jeu de fléchettes* gioco delle freccette.
fléchir |fleʃiʀ| **A** *v.tr.* **1** [*faire plier sous un effort, une pression*] flettere (145), piegare: *fléchir le corps en avant* flettere, piegare il corpo in avanti; *fléchir le genou, les genoux* flettere il ginocchio, inginocchiarsi; *fléchir le bras* piegare il braccio → **courber, ployer** **2** (*fig.*) [*faire céder peu à peu*] persuadere (164): *il essaie de fléchir son père qui s'oppose à ses projets* cerca di persuadere suo padre che si oppone ai suoi progetti ◇ (*littér.*) *fléchir la colère de qqn.* placare l'ira di qc. **B** *v.intr.* **1** [*se courber sous un effort, une pression*] curvarsi *pron.*, cedere: *la poutre commence à fléchir* la trave comincia a curvarsi; *sentir ses genoux, ses jambes fléchir* sentirsi cedere le ginocchia, le gambe; *il ne fléchira pas, sa résolution est prise* non cederà, la sua decisione è presa **2** (*fig.*) [*perdre de sa force, de sa rigueur*] venir (202) (*aux.* essere) meno: *ses résolutions fléchissent* i suoi proponimenti vengono meno **3** [*baisser, diminuer*] calare (*aux.* essere), scendere (105) (*aux.* essere): *les prix ont fléchi* i prezzi sono calati; *la courbe de production fléchit* la curva della produzione scende.
fléchissement |fleʃismɑ̃| *s.m.* **1** [→ FLÉCHIR A 1] piegamento, flessione (*f.*): *le fléchissement du genou* il piegamento, la flessione del ginocchio → **flexion** **2** [→ FLÉCHIR A 2] cedimento **3** [→ FLÉCHIR B 3] flessione: *fléchissement des cours en Bourse* flessione dei corsi in Borsa → **baisse, diminution.**
fléchisseur |fleʃisœʀ| *adj.m.* (*anat.*) *muscles fléchisseurs* muscoli flessori ♦ (*s.*) *le fléchisseur du bras* il (muscolo) flessore del braccio.
flegmatique |flɛgmatik| *adj.* flemmatico*: *les Britanniques ont la réputation d'être flegmatiques* i Britannici hanno la fama di essere flemmatici → **froid, impassible** ♦ (*s.*) *un flegmatique* un flemmatico.
flegmatiquement |flɛgmatikmɑ̃| *adv.* [*avec flegme*] flemmaticamente.
flegme |flɛgm(ə)| *s.m.* flemma (*f.*): *faire perdre son flegme à qqn.* far perdere la flemma, la calma a qc. → **froideur, impassibilité.**
flegmon |flɛgmɔ̃| *s.m.* → **phlegmon.**
flémingite |flemɛ̃ʒit| *s.f.* (*plais.*) [*grande paresse*] poltronite, lazzaronite: *flémingite aiguë* poltronite acuta.
flemmard |flemaʀ| *adj.* (*fam.*) [*qui n'aime pas faire d'efforts, travailler*] pigro (*cour.*), indolente (*cour.*): *elle est flemmarde* è pigra, indolente → **paresseux; cossard** ♦ (*s.*) *quel flemmard!* che pigrone!, che fannullone! → **fainéant.**
flemmarder |flemaʀde| *v.intr.* (*fam.*) [*avoir la flemme; ne rien faire*] poltrire (197) (*cour.*).
flemme |flɛm| *s.f.* (*fam.*) [*grande paresse*] fiacca*: *avoir la flemme, tirer sa flemme* battere la fiacca → **cosse.**
fléole |fleɔl| *s.f.* (*t.bot.*) fleo *m.*, coda di topo.
flet |flɛ| *s.m.* (*t.zool.*) passera *f.* di mare.
flétan |fletɑ̃| *s.m.* (*t.zool.*) ippoglosso, halibut *inv.*
flétri, ie |fletʀi| *adj.* **1** [*qui a perdu sa forme, sa sève, ses couleurs*] appassito, avvizzito: *feuilles flétries d'une salade* foglie appassite dell'insalata → **fané** **2** [*qui est flasque et ridé*] avvizzito, sciupato: *peau flétrie* pelle avvizzita; *visage flétri* viso sciupato, appassito.
1 **flétrir** |fletʀiʀ| **A** *v.tr.* **1** [*faire perdre sa forme naturelle, son port et ses couleurs à une plante*] far (103) *intr.* appassire: *la chaleur a flétri ces fleurs* il caldo ha fatto appassire questi fiori → **décolorer, 1 faner, sécher** **2** (*littér.*) [*dépouiller de son éclat, de sa fraîcheur*] avvizzire (197), sciupare: *l'âge a flétri son visage* l'età ha avvizzito, sciupato il suo viso → 1 **altérer, rider** **B** *v.pron. intr.* SE FLÉTRIR [*se faner*] appassire (197) *intr.*, appassirsi: *plante qui se flétrit par manque d'eau* pianta che appassisce per mancanza d'acqua → **avilir.**
2 **flétrir** |fletʀiʀ| *v.tr.* **1** [*marquer (un criminel) d'un fer rouge*] marchiare con il ferro rovente: *en France on flétrissait les criminels sur l'épaule* in Francia si marchiavano i criminali sulla spalla con il ferro rovente **2** [*vouer à l'opprobre*] infamare, infangare: *flétrir le nom, la réputation de qqn.* infamare, infangare il nome, la reputazione di qc. → **stigmatiser** # *flétrir* (*qqn., qqch.*) *d'une épithète infamante* bollare (qc., q.c.) con un epiteto infamante.
flétrissement |fletʀismɑ̃| *s.m.* [*nom de certaines maladies des plantes*] avvizzimento, marciume.
1 **flétrissure** |fletʀisyʀ| *s.f.* [*état d'une plante flétrie*] avvizzimento *m.*, appassimento *m.* ◇ (*fig.*) *flétrissure de la peau* avvizzimento della pelle.
2 **flétrissure** |fletʀisyʀ| *s.f.* (*littér.*) [*grave atteinte à la réputation, à l'honneur*] infamia, ignominia → **déshonneur, infamie.**
fleur |flœʀ| *s.f.* **I** **1** fiore (*m.*): *pollinisation, fécondation d'une fleur* impollinazione, fecondazione di un fiore; *bouquet, couronne, guirlande de fleurs* mazzo, corona, ghirlanda di fiori; *arbres en fleur(s)* alberi in fiore; *fleur en bouton, qui s'ouvre, s'épanouit, se fane, se flétrit* fiore in boccio, che si apre, sboccia, appassisce, avvizzisce; *porter une fleur à sa boutonnière* portare un fiore all'occhiello ◇ (*loc.*) *être belle, fraîche comme une fleur* essere bella, fresca come un fiore ◇ (*prov.*) *il ne faut pas battre une femme, même avec une fleur* non si deve picchiare una donna neppure con un fiore **2** [*plante qui porte des fleurs*] fiore: *pot de fleurs* vaso di fiori: *cultiver, arroser des fleurs* coltivare, innaffiare i fiori **3** [*reproduction, imitation de cette partie du végétal*] fiore: *chapeau à fleurs* cappello con fiori; *papier, tissu à fleurs* carta, tessuto a fiori ◇ (*spécialt.*) FLEUR DE LIS giglio*, fiordaliso **4** *loc. fam.* COMME UNE FLEUR con grande facilità (*cour.*), molto facilmente (*cour.*): *il est arrivé premier comme une fleur* ha vinto con grande facilità ~ *jeter des fleurs à qqn.* lodare qc. ~ *couvrir qqn. de fleurs* elogiare, lodare qc. ~ *une vie semée de fleurs* una vita cosparsa di fiori, una vita facile ~ *faire une fleur à qqn.* fare un favore a qc. **5** *la petite fleur bleue* [*sentimentalité un peu mièvre et romanesque*] il sentimentalismo *m.* romantico ♦ (*adj.*) *il est très fleur bleue* è molto sentimentale → **sentimental** **6** [*ornement poétique*] fiore, infioratore (*pl.*): *les fleurs de rhétorique* i fiori retorici, le infiorature retoriche **7** *loc.* À LA, DANS LA FLEUR DE nel fiore di: *être dans la fleur de sa jeunesse* essere nel fiore della giovinezza; *mourir à la fleur de l'âge* morire nel fiore degli anni **8** [*ce qu'il y a de meilleur, de plus beau, de plus distingué*] (fior) fiore: *la fleur de la chevalerie* il (fior) fiore della cavalleria; *la fine fleur de la société* il (fior) fiore della società → **crème, élite** **II** **1** FLEUR DE FARINE fior di farina ~ *fleur de soufre, de plâtre, de chaux* fior di zolfo, di gesso, di calce **2** *fleur(s) de vin, de vinaigre* fiori

del vino, dell'aceto **III** (*techn.*) *la fleur d'une peau* il fiore di una pelle.

fleuraison |flœRɛzɔ̃| *s.f.* → **floraison.**

fleur de (à) |aflœRd(ə)| *loc. prép.* [*presque au niveau, sur le même plan*] a fior di: *les rochers, les icebergs à fleur d'eau sont dangereux pour les navires* le rocce, gli iceberg a fior d'acqua sono pericolosi per le navi # *yeux à fleur de tête* occhi sporgenti ◇ (*fig.*) *sensibilité à fleur de peau* sensibilità a fior di pelle.

fleurdelisé, ée |flœRdəlize| *adj.* [*orné de fleurs de lis*] gigliato: *drapeau fleurdelisé* bandiera gigliata.

fleurer |flœRe| *v.intr.* (*littér.*) [*répandre une odeur agréable*] avere (97) *tr.* odore (di), sapere (177) (di): *le vent fleure la menthe et le thym* il vento odora, sa di menta e di timo → **embaumer.**

fleuret |flœRɛ| *s.m.* **1** (*escrime*) fioretto: *fleuret moucheté* fioretto rintuzzato **2** (*techn.*) fioretto.

fleureter |flœRte| (5) *v.intr.* [*courtiser*] fare (103) *tr.* il galante.

fleurette |flœRɛt| *s.f.* **1** (*fig.*) [*propos galants*] frasi *pl.* galanti ◇ (*loc.*) *conter fleurette à une femme* far la corte a una donna **2** [*petite fleur*] fiorellino *m.*

fleurettiste |flœRɛtist(ə)| *s.* [*escrimeur au fleuret*] fiorettista.

fleuri, ie |flœRi| *adj.* **1** [*en fleurs, couvert de fleurs*] fiorito: *arbre fleuri* albero fiorito, in fiore; *jardin, pré fleuri* giardino, prato fiorito # *la saison fleurie* la stagione dei fiori, la primavera; *Pâques fleuries* domenica delle Palme **2** [*garni ou orné de fleurs*] fiorito: *vase fleuri* vaso fiorito, di fiori; *tissu fleuri* tessuto fiorito, a fiori **3** (*fig.*) [*qui a la fraîcheur de la santé*] fresco*: *un teint fleuri* un colorito fresco **4** [*très orné, précieux*] *style fleuri* stile fiorito; *gothique fleuri* gotico fiorito.

fleurir |flœRiR| **A** *v.intr.* **1** (*plantes*) [*produire des fleurs, être en fleur*] fiorire (197) (*aux.* essere), essere (96) (*aux.* essere) in fiore: *le rosier va fleurir* il roseto sta per fiorire **2** (*personnes*) (*plais.*) *son nez fleurit* il suo naso fiorisce → **bourgeonner** **3** (*fig.*) [*être dans tout son éclat*] fiorire: *le Romantisme fleurissait en France au XIX*e *siècle* il Romanticismo fioriva in Francia nel XIX secolo **B** *v.tr.* [*orner de fleurs*] infiorare, adornare di fiori: *fleurir un salon, une table* infiorare un salotto, una tavola # *fleurir une tombe de chrysanthèmes* coprire una tomba di crisantemi; *fleurir qqn.* mettere un fiore all'occhiello di qc.

fleurissant, ante |flœRisɑ̃, ɑ̃t| *adj.* [*couvert de fleurs*] fiorito, in fiore (*loc. inv.*): *jardin fleurissant* giardino fiorito, in fiore.

fleuriste |flœRist(ə)| *s.* **1** fioraio*, fiorista: *voiture ambulante de fleuriste* carrettino del fioraio **2** [*personne qui cultive des fleurs pour les vendre*] floricoltore*.

fleuron |flœRɔ̃| *s.m.* **1** [*ornement en forme de fleur*] fiorone: *fleurons d'une couronne* fioroni di una corona ◇ (*fig.*) *le plus beau fleuron de sa couronne* il più prezioso dei suoi beni **2** (*bot.*) flosculo.

fleuronné, ée |flœRɔne| *adj.* **1** ornato di fioroni **2** (*bot.*) formato da flosculi.

fleuve |flœv| *s.m.* **1** [*grande rivière qui se jette dans la mer*] fiume: *source, cours, lit d'un fleuve* sorgente, corso, letto di un fiume **2** [*coulant, ce qui coule*] fiume: *fleuve de boue, de lave* fiume di fango, di lava; *fleuve de sang, de larmes* fiume di sangue, di lacrime → **flot** # *fleuve de glace* ghiacciaio ◇ (*fam.*) *avoir une barbe de fleuve* avere una barba fluente (*cour.*) ◇ (*mythol.*) *le fleuve du Styx, du Léthé* il fiume Stige, Lete.

flexibilité |flɛksibilite| *s.f.* flessibilità (*inv.*): *flexibilité de l'osier* flessibilità del vimine → **élasticité, souplesse.**

flexible |flɛksibl(ə)| *adj.* **1** (*choses*) flessibile, elastico*: *jonc flexible* giunco flessibile → **élastique, souple** ◇ (*techn.*) *transmission flexible* trasmissione flessibile **2** [*qui cède, qui s'accommode facilement*] docile, arrendevole: *caractère flexible* carattere docile, arrendevole → **malléable, souple.**

flexion |flɛksjɔ̃| *s.f.* **1** flessione: *flexion d'un ressort* flessione di una molla; *flexion de l'avant-bras, de la jambe, du genou* flessione dell'avambraccio, della gamba, del ginocchio → **fléchissement** ◇ (*mécan.*) *module de flexion* modulo di flessione; *résistance à la flexion* resistenza alla flessione **2** (*ling.*) flessione: *flexion verbale* flessione verbale.

flexionnel, elle |flɛksjɔnɛl| *adj.* (*ling.*) *langue flexionnelle* lingua flessiva.

flexueux, euse |flɛksɥø, øz| *adj.* (*littér.*) flessuoso (*cour.*): *tige flexueuse* stelo flessuoso.

flexuosité |flɛksɥozite| *s.f.* (*littér.*) flessuosità *inv.*

flibuster |flibyste| *v.tr.* (*fam.*) [*voler*] grattare (*pop.*), fregare (*pop.*): *on a flibusté mon sac* mi hanno grattato, fregato la borsa.

flibustier |flibystje| *s.m.* [*pirate*] filibustiere, pirata → **boucanier, corsaire** ◇ (*fig.*) filibustiere, mascalzone.

flic |flik| *s.m.* (*pop.*) [*agent de police*] piedipiatti *inv.*, poliziotto (*cour.*): *vingt-deux, voilà (v'là) les flics!* attenzione, arrivano i piedipiatti! # *c'est un vrai flic!* è proprio un carabiniere!

flic flac |flikflak| *interj. fam.* (*exprimant 'un claquement, un bruit d'eau'*) cic ciac.

flingot |flɛ̃go|, **flingue** |flɛ̃g| *s.m.* (*pop.*) [*fusil*] schioppo, fucile (*cour.*).

flinguer |flɛ̃ge| *v.tr.* (*pop.*) [*tirer sur (qqn.) avec une arme à feu*] sparare *intr.* (a) (*cour.*).

flint-glass |flintglas|, **flint** |flint| *s.m.* (*angl.*) (*techn.*) flint *inv.*

flipper |flipœR| *s.m.* (*amér.*) flipper *inv.*

flirt |flœRt| *s.m.* (*angl.*) **1** flirt (*inv.*): *avoir un flirt avec qqn.* avere un flirt con qc. **2** [*personne avec laquelle on flirte*] innamorato *s.*, fiamma (*f.*): *c'est son dernier flirt* è la sua ultima fiamma → **amoureux.**

flirter |flœRte| *v.intr.* [*avoir un flirt (avec qqn.)*] flirtare: *ils ont flirté beaucoup ensemble* hanno flirtato a lungo ◇ (*fig.*) *ministre qui flirte avec l'opposition* ministro connivente, che va a braccetto con l'opposizione.

flirteur, euse |flœRtœR, øz| *s. et adj.* chi, che ama flirtare *loc.* # *elle est assez flirteuse* è abbastanza civetta.

floc! |flɔk| *interj.* (*exprimant 'le bruit d'un plongeon'*) patapum, patapunfete.

1 **floche** |flɔʃ| (*adj.*) *soie floche* [*qui n'est que légèrement torse*] seta poco torta, bavellina *s.f.*

2 **floche** |flɔʃ| *s.f.* → **houppette.**

flocon |flɔkɔ̃| *s.m.* **1** [*petite touffe de laine, de soie, de coton*] fiocco*, bioccolo **2** (*par ext.*) *un flocon de vapeur* una nuvola *f.* di vapore; *la neige tombe à gros flocons* la neve cade a larghe falde (*f.*); *flocons de céréales* fiocchi di cereali.

floconneux, euse |flɔkɔnø, øz| *adj.* [*qui est en flocons*] fioccoso: *nuages floconneux* nuvole fioccose.

floculation |flɔkylasjɔ̃| *s.f.* (*chim.*) flocculazione → 2 **précipitation.**

floculer |flɔkyle| *v.intr.* (*chim.*) [*précipiter par floculation*] flocculare.

flonflons |flɔ̃flɔ̃| *s.m.pl.* [*accords bruyants de certains morceaux de musique populaire*] musichette *f.* popolari: *les flonflons d'un bal de village* le musichette di un ballo di paese.

flopée |flɔpe| *s.f.* (*pop.*) [*grande quantité*] sfilza, mucchio* (*m.*): *avoir une flopée d'enfants* avere una sfilza, un mucchio di bambini.

flor- |flɔR|, **flori-** |flɔRi| *préf.* (*signifiant 'fleur', correspondent généralt. à*) fior, fiori, flori: *floraison* fioritura; *floriculture* fioricoltura, floricoltura.

floraison |flɔRɛzɔ̃|, **fleuraison** |flœRɛzɔ̃| *s.f.* [*époque de l'épanouissement des fleurs*] fioritura: *pommiers en pleine floraison* meli in piena fioritura; *la floraison approche* la fioritura si avvicina ◇ (*fig.*) *une floraison de talents* una fioritura di talenti.

floral, ale, aux |flɔRal, o| *adj.* **1** floreale: *exposition florale* esposizione floreale **2** (*bot.*) fiorale: *les organes floraux* gli organi fiorali.

floralies |flɔRali| *s.f.pl.* esposizione *sing.* di fiori.

-flore |flɔR| *suff.* (*signifiant 'fleur', correspond généralt. à*) floro: *labiatiflore* labiatifloro; *biflore* bifloro.

flore |flɔR| *s.f.* flora: *la flore alpestre* la flora alpestre ◇ (*méd.*) *flore microbienne* flora batterica.

floréal |flɔReal| *s.m.* (*hist. fr.*) fiorile, floreale.

florentin, ine |flɔRɑ̃tɛ̃, in| *adj.* [*de Florence*] fiorentino.

florès |flɔRɛs| *s.m.* (*dans la loc.*) *faire florès* [*obtenir des succès, de la réputation*] aver successo, far furore → **briller, réussir.**

floriculture |flɔRikyltyR| *s.f.* floricoltura.

Floridées |flɔRide| *s.f.pl.* (*t.bot.*) Floridee.

florifère |flɔRifɛR| *adj.* (*bot.*) fiorifero: *plante florifère* pianta fiorifera.

florilège |flɔRilɛʒ| *s.m.* florilegio* → **anthologie.**

florin |flɔRɛ̃| *s.m.* fiorino.

florissant, ante |flɔRisɑ̃, ɑ̃t| *adj.* (*fig.*) [*qui fleurit*] fiorente, florido: *peuple, pays florissant* popolo, paese fiorente; *commerce florissant* commercio florido → **prospère, riche** ◇ [*qui témoigne d'une bonne santé*] *santé florissante* salute florida; *un teint florissant, une mine florissante* un colorito sano, un aspetto florido.

flot |flo| *s.m.* **I** **1** *au plur.* [*eaux en mouvement*] onde *f.*, flutti: *les flots de la mer, d'un lac* le onde del mare, di un lago; *se laisser porter, bercer au gré des flots* lasciarsi portare, cullare dalle onde → 1 **onde,** 1 **vague** ◇ (*au* *sing.*) *le flot* [*la marée montante*] marea *f.* montante, crescente # *l'heure du flot* l'ora, il momento dell'alta marea **2** [*ce qui est ondoyant, se déroule en vagues*] onda # *des flots de ruban* nastro a onde, ondeggiante **3** [*quantité considérable de liquide versé*] fiume, torrente: *verser des flots de larmes* versare fiumi di lacrime; *événement qui fait couler des flots d'encre* avvenimento che fa versare fiumi d'inchiostro → **fleuve, torrent 4** (*fig.*) [*ce qui est comparé aux flots* (*écoulement abondant*)] ondata *f.*, fiumana (*f.*): *flots de lumière* ondate di luce; *un flot de voyageurs* una fiumana di viaggiatori → **foule, affluence, fleuve** ◇ (*abstrait*) *un flot de souvenirs, d'idées* un'ondata di ricordi, di idee; *flots de paroles, d'injures* fiumi, torrenti di parole, d'ingiurie ◇ *loc.adv.* À (GRANDS) FLOTS a fiumi → **abondamment** # *le soleil entre à flots dans la pièce* il sole inonda la stanza **II** *loc.adj.* À FLOT [*qui flotte*] a galla, galleggiante (*adj.*): *navire à flot* nave galleggiante ◇ (*fig.*) *être à flot* [*cesser d'être submergé par les difficultés* (*d'argent, de travail*)] rimanere, stare a galla; *mettre, remettre à flot* (*qqn., qqch.*) riportare a galla (qc., q.c.).

flottabilité |flɔtabilite| *s.f.* (*mar., phys.*) galleggiabilità *inv.*

flottable |flɔtabl(ə)| *adj.* **1** *cours d'eau flottable* [*sur lequel du bois peut flotter*] corso d'acqua atto alla fluitazione **2** [→ 1 FLOTTER A 1] galleggiabile: *bouée flottable* boa galleggiabile.

flottage |flɔtaʒ| *s.m.* [*transport par eau de bois flotté*] fluitazione *f.*, flottazione *f.* # *train de flottage* zattera di legname.

flottaison |flɔtɛzɔ̃| *s.f.* (*mar.*) galleggiamento (*m.*): *ligne de flottaison* linea di galleggiamento; *plan de flottaison* piano di galleggiamento.

flottant, ante |flɔtɑ̃, ɑ̃t| *adj.* **1** [*qui flotte*] galleggiante, natante: *glaces flottantes* ghiacci galleggianti; *îles flottantes* isole natanti, galleggianti **2** [*qui flotte au gré du vent; qui ondoie librement*] vagante; svolazzante: *nuages flottants* nuvole vaganti ‖ *vêtement flottant* vestito svolazzante # *cheveux flottants* capelli al vento ◇ (*pathol.*) *rein flottant* rene mobile ◇ (*techn.*) *moteur flottant* motore sospeso **3** (*fig.*) [*qui n'est pas fixe ou assuré*] fluttuante: *dette flottante* debito fluttuante; *monnaie flottante* moneta fluttuante → **variable** ◇ (*sc.*) *virgule flottante* virgola mobile **4** [*qui change sans cesse, ne s'arrête à rien de précis*] instabile: *caractère flottant* carattere instabile, indeciso → **indécis, irrésolu**; *son attention est flottante* la sua attenzione è instabile.

flottard, arde |flɔtaʀ, aʀd(ə)| **1** *s.m.* (*arg. scol.*) [*élève qui prépare l'École navale*] ⊠ **2** *adj.* (*fam.*) [*où il y a trop d'eau; trop liquide*] troppo liquido (*cour.*), annacquato (*cour.*): *une sauce flottarde* una salsa troppo liquida # *un café flottard* un caffè tutto acqua.

flottation |flɔtɑsjɔ̃| *s.f.* (*techn.*) flottazione, flottaggio* *m.*

1 **flotte** |flɔt| *s.f.* **1** flotta: *la flotte de la Méditerranée* la flotta del Mediterraneo; *la flotte* (*de guerre*) la flotta (da guerra); *flotte de commerce* flotta mercantile → **escadre 2** *flotte aérienne* flotta aerea.

2 **flotte** |flɔt| *s.f.* (*fam.*) [*eau*] acqua (*cour.*): *boire de la flotte* bere (dell'acqua); *tomber à la flotte* cadere in acqua # *il tombe de la flotte* piove → **pluie.**

flottement |flɔtmɑ̃| *s.m.* **1** [*mouvement d'ondulation*] ondeggiamento → **agitation, balancement 2** (*fig.*) [*état incertain dû à des hésitations*] incertezza *f.*, disorientamento: *un flottement se produisit dans l'assemblée* nell'assemblea ci fu un momento di incertezza → **indécision** # *il y a du flottement* c'è (dell') indecisione **3** (*écon.*) *flottement des monnaies* fluttuazione *f.* delle monete.

1 **flotter** |flɔte| **A** *v.intr.* **1** [*être porté sur un liquide*] galleggiare: *épave qui flotte à la dérive* relitto che galleggia alla deriva → **surnager 2** [*être en suspension dans les airs*] aleggiare, fluttuare: *brume qui flotte au-dessus des prés* foschia che aleggia sui prati → 1 **voler, voltiger 3** [*bouger, remuer* (*au gré du vent*)] sventolare, ondeggiare: *faire flotter un drapeau* fare sventolare una bandiera → **ondoyer, onduler** # *vêtements qui flottent* vestiti che svolazzano **4** [*être instable, errer*] errare, vagare: *un sourire flottait sur ses lèvres* un sorriso errava sulle sue labbra ◇ (*fig.*) *laisser flotter ses pensées, son attention* lasciar vagare i propri pensieri, la propria attenzione **B** (*v.tr.*) *flotter du bois* [*le lâcher dans un cours d'eau pour qu'il soit transporté*] fluitare, flottare del legname ✦ (*au p.p.*) *bois flotté* legno fluitato Ⓒ A 1 **couler** 2.

2 **flotter** |flɔte| *v.impers.* (*pop.*) [*pleuvoir*] piovere (166) (*cour.*).

flotteur |flɔtœʀ| *s.m.* **1** [*objet capable de flotter*] galleggiante: *flotteurs en liège, en verre* galleggianti di sughero, di vetro → **bouée** ◇ (*techn.*) *flotteur d'alarme d'une machine à vapeur* galleggiante di allarme di una macchina a vapore **2** (*sc.*) galleggiante.

flottille |flɔtij| *s.f.* flottiglia: *flottille de pêche* flottiglia da pesca.

flou, e |flu| *adj.* **1** [*dont les contours sont peu nets*] sfumato; sf(u)ocato: *tons flous* toni sfumati ‖ *images floues* figure sfocate; *photo floue* foto sfocata ✦ *s.m.* (*ciné.*) 'flou' *inv.* **2** [*qui n'a pas de forme nette*] vaporoso, morbido: *coiffure floue* pettinatura vaporosa, morbida; *robe floue* vestito morbido **3** (*fig.*) [*incertain, indécis*] vago*, incerto: *pensée floue* pensiero vago → 3 **vague.**

flouer |flue| *v.tr.* (*fam., vieilli*) [*voler* (*qqn.*) *en le dupant*] gabbare.

fluage |flyaʒ| *s.m.* (*techn.*) scorrimento (viscoso).

fluate |flyat| *s.m.* (*chim.*) fluorato.

fluctuant, ante |flyktɥɑ̃, ɑ̃t| *adj.* [*inconstant, instable*] incostante, instabile: *il est fluctuant dans ses opinions, dans ses goûts* è incostante nelle proprie opinioni, nei suoi gusti # *prix fluctuants* prezzi fluttuanti → **changeant** Ⓒ **invariable.**

fluctuation |flyktɥɑsjɔ̃| *s.f.* **1** [*mouvement d'oscillation d'un liquide*] ondeggiamento *m.* → **balancement, oscillation 2** *surtout au plur.* (*fig.*) fluttuazione: *fluctuations du cours des changes* fluttuazione del corso dei cambi; *fluctuation de l'opinion publique* fluttuazione dell'opinione pubblica → **changement.**

fluctuer |flyktɥe| *v.intr.* **1** [*être fluctuant, changer*] fluttuare **2** (*rare*) [*flotter*] galleggiare.

fluet, ette |flyɛ, ɛt| *adj.* [*mince et d'apparence frêle*] esile, sottile: *corps long et fluet* corpo lungo ed esile; *jambes fluettes* gambe sottili; *une voix fluette* una voce esile → **faible.**

1 **fluide** |flɥid| *adj.* **1** fluido: *huile très fluide* olio molto fluido; *pâte fluide* impasto fluido → **clair** ◇ (*fig.*) [*coulant*] fluido, scorrevole: *style fluide* stile fluido; *la circulation est fluide* il traffico è scorrevole **2** [*difficile à saisir, à apprécier*] fluido, fluttuante: *situation fluide* situazione fluida; *pensée fluide* pensiero fluttuante → **fluctuant, insaisissable** Ⓒ 1 **épais.**

2 **fluide** |flɥid| *s.m.* **1** fluido: *expansivité des fluides* espansività dei fluidi **2** [*force, influence mystérieuse qui émanerait de qqn., de qqch.*] fluido: *fluide astral* fluido astrale; *fluide électrique* fluido elettrico; *le fluide d'un guérisseur* il fluido di un guaritore → **émanation, flux.**

fluidifiant, ante |flɥidifiɑ̃, ɑ̃t| *adj.* fluidificante.

fluidification |flɥidifikɑsjɔ̃| *s.f.* (*chim.*) fluidificazione.

fluidifier |flɥidifje| *v.tr.* [*faire passer à l'état fluide*] fluidificare.

fluidité |flɥidite| *s.f.* fluidità (*inv.*): *fluidité du sang* fluidità del sangue.

fluor |flyɔʀ| *s.m.* (*chim.*) fluoro ✦ (*adj.*) *spath fluor* → **spath, fluorine.**

fluoration |flyɔʀɑsjɔ̃| *s.f.* fluorazione.

fluorescence |flyɔʀesɑ̃s| *s.f.* (*phys.*) fluorescenza.

fluorescent, ente |flyɔʀesɑ̃, ɑ̃t| *adj.* fluorescente: *corps fluorescent* corpo fluorescente; *lumière fluorescente* luce fluorescente.

fluorhydrique |flyɔʀidʀik| *adj.* (*chim.*) fluoridrico*.

fluorimétrie |flyɔʀimetʀi| *s.f.* (*phys., techn.*) fluorimetria.

fluorine |flyɔʀin| *s.f.* (*minér.*) fluorite.

fluorose |flyɔʀoz| *s.f.* (*méd.*) fluorosi *inv.*

fluoruration |flyɔʀyʀɑsjɔ̃| *s.f.* fluorazione.

fluorure |flyɔʀyʀ| *s.m.* (*chim.*) fluoruro: *fluorure de sodium* fluoruro di sodio.

1 **flûte** |flyt| *s.f.* **1** (*mus., cour.*) flauto (*m.*): *flûte de Pan* flauto di Pan; *flûte traversière* flauto traverso, traversiere, tedesco; *petite flûte* flauto piccolo; *flûte à bec* flauto a becco # *flûte à l'oignon* zufolo ◇ (*loc.*) *être du bois dont on fait les flûtes* [*être très accommodant*] essere senza nerbo **2** [*pain de forme mince et allongée*] filoncino *m.*, sfilatino *m.* (*région.*) → **baguette 3** [*verre à pied, haut et étroit*] 'flûte' *m.inv.*, bicchiere *m.* a calice: *une flûte à champagne* un 'flûte' da 'champagne' **4** *au plur.* (*fam.*) [*les jambes*] gambe ◇ (*loc.*) *jouer des flûtes, se tirer des flûtes* [*se sauver*] darsela a gambe → **courir.**

2 **flûte** |flyt| *interj.* (*marquant 'l'impatience, la déception'*) caspita!, accidenti!: *flûte alors, j'ai perdu mon stylo!* accidenti!, ho perso la penna! → **zut!**

3 **flûte** |flyt| *s.f.* (*ancienn.*) [*navire de guerre*] flauto.

flûté, ée |flyte| *adj.* [*semblable au son de la flûte*] flautato: *voix flûtée* voce flautata Ⓒ **aigu.**

flûteau |flyto|, **flutiau** |flytjo| *s.m.* **1** [*flûte qui sert de jouet à un enfant*] zufolo **2** → **plantain.**

flûtiste |flytist(ə)| *s.* flautista.

fluvial, ale, aux |flyvjal, o| *adj.* fluviale: *navigation fluviale* navigazione fluviale.

fluviatile |flyvjatil| *adj.* fluviatile: *sédiments fluviatiles* sedimenti fluviatili.

fluvio-glaciaire |flyvjɔglasjɛʀ| *adj.* (*géol.*) fluvioglaciale: *cône fluvio-glaciaire* conoide fluvioglaciale.

fluviomètre |flyvjɔmɛtʀ(ə)| *s.m.* (*sc.*) fluviometro, idrometro.

flux |fly| *s.m.* **1** (*sc.*) flusso: *flux artériel, veineux* flusso arterioso, venoso; *flux laminaire* flusso laminare ◇ (*méd.*) *flux menstruel* flusso mestruale **2** (*littér.*) [*grande quantité*] fiume, diluvio*: *un flux de paroles, de protestations* un fiume, un diluvio di parole, di proteste → **flot** **3** [*marée montante*] flusso, marea *f.* montante **4** (*phys.*) *flux lumineux* flusso luminoso; *flux électrique, magnétique* flusso elettrico, magnetico.

fluxion |flyksjɔ̃| *s.f.* **1** (*méd., cour.*) flussione: *fluxion de poitrine* flussione pleuropolmonaria → **pneumonie** **2** [*gonflement inflammatoire des gencives ou des joues*] tumefazione # *joues gonflées par la fluxion* guance tumefatte **3** (*math.*) *méthode des fluxions* calcolo differenziale.

fobérisme |fɔbeʀism(ə)| *s.m.* (*zool.*) foberismo.

foc |fɔk| *s.m.* (*mar.*) fiocco*: *le grand foc et le petit foc* il gran fiocco e la trinchettina *f.*

focal, ale, aux |fɔkal, o| **1** *adj.* (*phys.*) focale: *axe focal* asse focale; *distance focale* distanza focale ✦ (*s.f.*) *objectif à focale variable* obiettivo a focale variabile **2** *s.f.* (*géom.*) focale.

focalisation |fɔkalizɑsjɔ̃| *s.f.* [→ FOCALISER] focalizzazione.

focaliser |fɔkalize| *v.tr.* **1** (*sc.*) [*concentrer en un point*] focalizzare **2** (*fig.*) [*concentrer*] focalizzare: *focaliser les points essentiels d'un programme* focalizzare i punti essenziali di un programma.

focométrie |fɔkɔmetʀi| *s.f.* (*opt.*) focometria.

foehn, föhn |føn| *s.m.* (*all.*) foehn *inv.*, föhn *inv.*

foène, foëne, fouëne |fwɛn| *s.f.* [*gros harpon*] arpone *m.*, rampone *m.*

fœtal, ale, aux |fetal, o| *adj.* (*sc.*) fetale: *membranes fœtales* membrane fetali.

fœtus |fetys| *s.m.* feto: *annexes du fœtus* annessi del feto, annessi fetali.

fofolle |fɔfɔl| *adj.* → **fou-fou.**

foi |fwa| *s.f.* **I** (*sens objectif dans des loc.*) **1** (*littér.*) [*assurance donnée d'être fidèle à sa parole*] parola: *se fier à la foi d'autrui* fidarsi della parola altrui; *violer sa foi* non mantenere la parola data; *foi d'honnête homme!* parola di gentiluomo, d'onore! → **engagement, promesse** ◇ *loc.* (*en tête de phrase, en incise*) MA FOI [*certes, en effet*] certo, in effetti: *c'est ma foi vrai* in effetti è vero **2** *loc.* SUR LA FOI DE su(lla) testimonianza di: *sur la foi des témoins* (basandosi) su(lla) testimonianza dei testimoni # *oseriez-vous le condamner sur la foi de tels gens?* osereste condannarlo prestando fede a gente simile? ◇ (*sujet de chose*) FAIRE FOI far fede: ~ *sous la foi du serment* sotto giuramento → **prouver, témoigner** ◇ (*dr.*) EN FOI DE QUOI in fede di che, in fede di ciò: *en foi de quoi j'ai signé le présent certificat* in fede (di ciò) ho firmato il presente certificato **3** (*spécialt.*) BONNE FOI buonafede: *abuser de la bonne foi de qqn.* approfittare della buonafede di qc.; *en toute bonne foi* con la massima buonafede, sinceramente → **droiture, franchise** ~ MAUVAISE FOI malafede ◇ (*dr.*) *possesseur de bonne foi* possessore di buona fede **4** (*mar., opt.*) *ligne de foi* linea di fede **II** (*sens subjectif*) **1** [*le fait de croire qqn.*] (*avec quelques v.* + *adj.*) fede: *un témoin digne de foi* un testimone degno di fede, attendibile; *ajouter foi à des paroles* prestar fede a delle parole **2** [*confiance absolue* (*en qqn., qqch.*)] fiducia, fede: *avoir foi en qqn.* aver fiducia in qc.; *sa foi en l'avenir* la sua fiducia, la sua fede nell'avvenire ◇ (*par anal.*) *foi politique* fede politica **3** [*le fait de croire en Dieu*] fede: *foi chancelante* fede vacillante; *avoir la foi* aver fede; *acte de foi* atto di fede; *il voit avec les yeux de la foi* vede con gli occhi della fede; *article, profession de foi* articolo, professione di fede → **croyance** ◇ (*loc.iron.*) *il n'y a que la foi qui sauve* [*se dit de ceux qui se forgent des illusions*] beato chi ha fede ~ *n'avoir ni foi ni loi* non avere né Dio né patria.

foie |fwa| *s.m.* **1** (*anat., cour.*) fegato: *maladie de foie* malattia del fegato → **hépatique** **2** (*animaux*) *huile de foie de morue* olio di fegato di merluzzo; *manger du foie de veau* mangiare fegato di vitello; *pâté de foie* pasticcio di fegato ◇ (*loc. fam.*) *avoir les jambes en pâté de foie* [*molles*] aver le gambe che fanno giacomo giacomo ◇ (*spécialt.*) FOIE GRAS [*foie d'oie ou de canard engraissé pour faire des pâtés*] fegato d'oca **3** (*loc.*) *se manger, se ronger le foie* mangiarsi, rodersi il fegato ~ (*pop.*) *avoir les foies* [*avoir peur*] aver fifa.

foie-de-bœuf |fwadbœf| *s.m.* → **fistuline.**

1 **foin** |fwɛ̃| *s.m.* **1** [*herbe des prairies fauchée et séchée*] fieno: *botte, meule de foin* mannello, covone di fieno → **fourrage** ◇ (*loc.*) *il est bête à manger du foin* è una vera bestia, è un asino **2** *au plur.* fieno (*sing.*): *couper les foins* tagliare il fieno; *faire les foins* fare il fieno; *rhume des foins* raffreddore da fieno **3** *foin d'artichaut* barba *f.* di carciofo.

2 **foin** |fwɛ̃| *s.m.* (*fam.*) *faire du foin* [*du scandale, du bruit*] fare un putiferio: *il en a fait un foin* ha fatto scoppiare un putiferio.

3 **foin** |fwɛ̃| *interj.* (*vieilli*: *marque 'le dédain, le mépris, le degoût'*) al diavolo!, all'inferno!: *foin des richesses!* al diavolo le ricchezze!

foire |fwaʀ| *s.f.* **1** fiera; esposizione: *foire aux bestiaux* fiera del bestiame ‖ *la foire de Bruxelles, de Paris* l'esposizione di Bruxelles, di Parigi → **exposition** ◇ (*loc. fig.*) *ils s'entendent comme des larrons en foire* si intendono come i ladri alla fiera **2** [*fête foraine*] luna park *m.inv.*, parco* *m.* di divertimenti **3** (*fig., fam.*) [*lieu bruyant où règnent le désordre et la confusion*] fiera, babele ◇ (*pop.*) *faire la foire* far baldoria, gozzovigliare → 2 **bombe, fête, noce.**

foirer |fwaʀe| *v.intr.* (*fig., fam.*) [*rater, échouer lamentablement*] far (103) *tr.* fiasco, cilecca ◇ (*techn.*) *vis qui foire* vite spanata ◇ (*milit.*) *obus qui foire* obice che fa cilecca.

foireux, euse |fwaʀø, øz| *adj. et s.* (*fam.*) [*qui échoue lamentablement*] fallito.

fois |fwa| *s.f.* [*cas, moment où un fait se produit*] **I** (*sans prép.*) **1** (una) volta: *c'est arrivé une fois, une seule fois* è successo una volta, una sola volta; *encore une fois* ancora una volta, un'altra volta; *une bonne fois, une fois pour toutes* una buona volta, una volta per tutte; *on n'a pas besoin de le lui dire deux fois* non se lo fa dire due volte; *je vous l'ai dit vingt, cent fois* ve l'ho detto venti, cento volte; *plus d'une fois, plusieurs fois, mainte(s) fois* più d'una volta, parecchie volte, tante volte; *bien des fois, de nombreuses fois* molte volte ◇ (*prov.*) *une fois n'est pas coutume* una rondine non fa primavera **2** (*marquant 'le temps, la répétition'*) volta: *une fois l'an* una volta all'anno; *une fois par mois* una volta al mese; *une fois tous les huit jours* (una volta) ogni otto giorni; *c'est la première et la dernière fois que je vous en parle* è la prima e l'ultima volta che ve ne parlo; *chaque fois* ogni volta; *la prochaine fois* la prossima volta; *la seule et unique fois* la sola e unica volta ◇ (*pop.*) DES FOIS [*certaines fois*] alle volte, per caso: *si des fois vous allez le voir, dites-lui...* se alle volte, se per caso andate a trovarlo, ditegli... → **parfois, quelquefois** **3** (*servant d'antécédent à un relatif*) *la fois que, où...* la volta che, in cui...; *pensez aux fois où il vous a menti* pensate alle volte in cui, quante volte vi ha mentito **II** (*précédé d'une prép.*) volta: *en plusieurs fois* in più volte; *payer en une fois* pagare in una volta; *pour la première fois* per la prima volta; *pour une fois* per una volta, una volta tanto; *y regarder à deux fois* pensarci due volte, pensarci bene # *par deux fois* in due riprese; *s'y prendre à deux fois* far q.c. in due riprese **III** *loc.adv.* **1** À LA FOIS [*en même temps*] insieme *avv.*, al tempo stesso; allo, nello stesso tempo, contemporaneamente (*adv.*): *il est à la fois aimable et distant* è nello stesso tempo, a un tempo amabile e sostenuto; *ne parlez pas tous à la fois* non parlate tutti contemporaneamente, insieme ◇ (*prov.*) *il ne faut pas courir deux lièvres à la fois* non bisogna tenere il piede in due staffe, in due scarpe **2** (*vx., région.*) UNE FOIS una volta → **autrefois, jadis** ◇ [*un jour*] un giorno, una volta: *j'étais une fois à Paris* una volta, un giorno ero a Parigi; *il y avait une fois..., il était une fois...* c'era una volta... **3** UNE FOIS QUE [*dès que, dès l'instant où*] una volta che, quando: *une fois qu'il s'est mis qqch. en tête, il ne veut plus rien entendre* quando, una volta che si è messo q.c. in testa, non vuole più intendere ragione ◇ *ellipt.* (*dans une propos. participe*) *une fois en mouvement, il ne s'arrête plus* una volta partito, non si ferma più **4** (*dans diverses loc. conj.* + QUE) *toutes les fois que* tutte le volte che, ogni volta che **5** (*pop.*) *des fois que* (+ *condit.*) [*pour le cas où, si par hasard, si jamais*] delle volte che (+ *subj.*); nel caso in cui, che (+ *subj.*) ✦ (*absolt.*) *non, mais des fois!* ma insomma! **IV** (*servant d'élément multiplicateur ou diviseur*) **1** volta: *quantité* *deux fois plus grande, plus petite qu'une autre* quantità due volte più grande, più piccola di un'altra # *trois fois quatre* (*font*) *douze* tre per quattro (fa) dodici ◇ (*par hyperb.*) *cent fois pire, mille fois plus avantageux* cento volte peggio, mille volte più conveniente **2** (*devant un adj. à valeur numérique*) volta: *un chêne trois fois centenaire* una quercia tre volte centenaria # *un usage plusieurs fois séculaire* un uso plurisecolare **3** (*équivalent d'un superlatif*) volta: *vous avez mille fois raison* avete mille volte ragione; *c'est trois fois rien* è tre volte zero.

foison (à) |afwazɔ̃| *loc. adv.* [*en grande quantité*] a bizzeffe, a iosa: *nous en avons à foison* ne abbiamo a bizzeffe, a iosa → **abondamment, beaucoup.**

foisonnant, ante |fwazɔnɑ̃, ɑ̃t| *adj.* [*qui foisonne* (1)] abbondante, copioso → **abondant.**

foisonnement |fwazɔnmɑ̃| *s.m.* **1** [*abondance*] abbondanza *f.* **2** [→ FOISONNER 3] aumento di volume: *foisonnement de la chaux* aumento di volume della calce **3** (*fig.*) *le foisonnement des pensées* il pullulare *inv.* delle idee.

foisonner |fwazɔne| *v.intr.* **1** [*être en grande abondance*] abbondare, pullulare: *le gibier foisonne dans ce bois* la selvaggina abbonda in questo bosco; *les occasions foisonnent* le occasioni pullulano → **abonder** **2** FOISONNER EN, DE pullulare di; abbondare di: *la place foisonnait de gens* la piazza pullulava di gente → **abonder, regorger** **3** [*augmenter de volume*] aumentare, crescere (128) di volume: *la chaux mouillée foisonne* la calce bagnata aumenta, cresce di volume → **gonfler** ◇ (*fig.*) *idée qui foisonne* idea che si sviluppa, che prende piede.

fol, folle |fɔl| *adj.* → **fou.**

folasse |fɔlas| *adj.f.* (*fam., péj.*) [*un peu folle, déséquilibrée*] un po' matta, pazzoide.

folâtre |fɔlɑtʀ(ə)| *adj.* [*qui incite à la plaisanterie*] giocoso, faceto: *gaieté folâtre* gaiezza giocosa; *il n'était pas d'humeur folâtre* non era di umore faceto.

folâtrer |fɔlɑtʀe| *v.intr.* [*s'amuser de façon folâtre*] folleggiare, fare (103) *tr.* il burlone → **batifoler.**

foliacé, ée |fɔljase| *adj.* fogliaceo: *pétiole foliacé* picciolo fogliaceo.

foliaire |fɔljɛʀ| *adj.* (*bot.*) fogliare, di foglia *loc.inv.*

foliation |fɔljɑsjɔ̃| *s.f.* (*bot.*) fogliazione.

folichon, onne |fɔliʃɔ̃, ɔn| *adj.* (*surtout en emploi négatif*) PAS FOLICHON [*pas gai, pas drôle*] poco divertente # *il n'est pas folichon* non è molto divertente; *cela n'a rien de folichon* non è una cosa da ridere, non c'è niente di comico (in tutto questo).

folie |fɔli| *s.f.* **1** follia, pazzia; mania: *accès de folie, coup de folie* accesso di follia, di pazzia → **aliénation, délire, démence** || *folie des grandeurs* mania di grandezza → **mégalomanie**; *folie de la persécution* mania di persecuzione **2** [*manque de jugement; absence de raison*] follia, incoscienza: *c'est de la* (*pure*) *folie* è (pura) follia, son cose da pazzi → **absurdité** # *c'est folie de vouloir...* [*il est fou, absurde de*] è pazzesco, assurdo volere...; *vous n'aurez pas la folie de faire cela* non sarete così incoscienti, folli da far una cosa simile → **inconscience** ◇ *loc.* À LA FOLIE alla follia: *il l'aime à la folie* (egli) l'ama alla follia **3** [*caractère déraisonnable*] follia: *la folie de son geste* la follia del suo gesto ◇ (*spécialt.*) UNE FOLIE una follia, una pazzia: *faire une folie, des folies* commettere una follia, una pazzia; fare follie, pazzie; *vous avez fait une folie en nous offrant ce cadeau* avete fatto una pazzia, una follia a farci questo regalo → **extravagance, sottise** # *c'est sa folie, l'une de ses folies* è un suo capriccio; è una delle sue manie.

folié, ée |fɔlje| *adj.* (*bot.*) fogliato, fronzuto ◇ [*qui a l'épaisseur d'une feuille*] laminato ◇ (*sc.*) fogliato.

folio |fɔljo| *s.m.* **1** foglio* # *le folio 18 recto, 18 verso* il recto 18, il verso 18 **2** (*typogr.*) numero di pagina, delle pagine: *changer les folios* cambiare i numeri di pagina, delle pagine.

foliole |fɔljɔl| *s.f.* (*bot.*) fogliolina: *les trois folioles d'une feuille de trèfle* le tre foglioline di una foglia di trifoglio ◇ (*par ext.*) sepalo *m.*

folklore |fɔlklɔʀ| *s.m.* folclore, folklore.

folklorique |fɔlklɔʀik| *adj.* **1** folcloristico*: *costume folklorique* costume folcloristico; *manifestation folklorique* manifestazione folcloristica **2** (*fam.*) [*pittoresque, mais sans importance*] folcloristico: *une réunion politique un peu folklorique* una riunione politica un po' folcloristica.

folkloriste |fɔlklɔʀist(ə)| *s.m.* folclorista.

folle, |fɔl|, **folle-avoine** |fɔlavwan| → **fou.**

follement |fɔlmɑ̃| *adv.* **1** [→ FOU II 1, 2, 3] follemente, pazzamente: *il est follement amoureux* è follemente, pazzamente innamorato **2** [*au plus haut point*] oltremodo, estremamente: *il est follement gai* è oltremodo, estremamente allegro → **extrêmement.**

follet, ette |fɔlɛ, ɛt| *adj.* **1** POIL(S) FOLLET(S) [*première barbe légère; duvet*] peluria *s.f.*; lanugine *s.f.* **2** FEU FOLLET [*petite flamme*] fuoco* fatuo; (*esprit*) *follet* (spirito) folletto.

folliculaire |fɔ(l)likylɛʀ| **1** *s.m.* (*péj.*) [*mauvais journaliste*] gazzettiere, giornalista *s.* da strapazzo **2** *adj.* (*sc.*) follicolare.

follicule |fɔ(l)likyl| *s.m.* (*anat., pathol.*) follicolo: *follicule dentaire* follicolo dentario ◇ (*bot.*) follicolo.

folliculine |fɔ(l)likylin| *s.f.* (*biol.*) follicolina.

folliculite |fɔ(l)likylit| *s.f.* (*méd.*) follicolite.

fomentateur, trice |fɔmɑ̃tatœʀ, tʀis| (*s.*) *fomentateur de troubles* fomentatore*, istigatore* di disordini → **fauteur (de troubles).**

fomentation |fɔmɑ̃tɑsjɔ̃| *s.f.* (*littér., fig.*) [→ FOMENTER] fomentazione ◇ (*vieilli, méd.*) *fomentation humide* fomentazione umida.

fomenter |fɔmɑ̃te| *v.tr.* [*susciter ou entretenir* (*un sentiment ou une action néfaste*)] fomentare: *fomenter des troubles, la révolte* fomentare disordini, la ribellione.

fonçage |fɔ̃saʒ| *s.m.* (*techn.*) **1** [→ 1 FONCER 1] applicazione *f.*, inserimento del fondo (in): *le fonçage d'un tonneau* l'applicazione, l'inserimento del fondo in una botte **2** [*action de creuser*] scavo: *le fonçage d'un puits* lo scavo di un pozzo → **forage** **3** *fonçage du papier peint* patinatura *f.* della carta da parati.

foncé |fɔ̃se| *adj.* (*couleurs*) [*qui est d'une nuance sombre*] scuro, cupo: *un bleu foncé* un azzurro scuro, cupo; *peau foncée, teint foncé* pelle scura, carnagione scura → **brun** [C] **clair, pâle.**

1 **foncer** |fɔ̃se| (2) *v.tr.* **1** (*techn.*) [*garnir d'un fond*] mettere (155) il fondo (a), fornire (197) di fondo: *foncer un tonneau* mettere il fondo a una botte ◇ (*cuis.*) *foncer un moule* guarnire uno stampo **2** [*charger en couleur pour rendre plus sombre*] scurire (197), caricare: *foncer une teinte* scurire, caricare una tinta.

2 **foncer** |fɔ̃se| (2) *v.intr.* [*devenir foncé*] scurirsi (197) (*pron.*): *ses cheveux ont foncé* i suoi capelli si sono scuriti.

3 **foncer** |fɔ̃se| (2) *v.intr.* **1** [*se jeter impétueusement sur*] scagliarsi *pron.* contro, avventarsi *pron.* su: *foncer sur l'ennemi* scagliarsi contro il nemico, avventarsi sul nemico → **attaquer, 2 charger** ◇ (*pop.*) *foncer dans le tas* lanciarsi, gettarsi (nel mucchio) (*cour.*) **2** [*aller très vite, droit devant soi*] filare: *il fonce à toute allure* fila a gran velocità ◇ (*fig.*) buttarsi *pron.* ◇ (*fam.*) *foncer dans le brouillard* [*aller hardiment de l'avant*] buttarsi a capofitto (*cour.*).

foncier, ière |fɔ̃sje, jɛʀ| *adj.* **1** (*choses*) [*qui constitue, relatif à un bien-fonds*] fondiario*: *propriété foncière* proprietà fondiaria; *crédit foncier* credito fondiario ♦ (*s.m.*) *le foncier* imposta *f.* fondiaria ◇ (*personnes*) [*qui possède un bien-fonds*] *propriétaire foncier* proprietario terriero **2** [*qui est au fond de la nature, du caractère de qqn.*] congenito, innato: *qualités, aptitudes foncières* qualità, attitudini congenite, innate → **inné.**

foncièrement |fɔ̃sjɛʀmɑ̃| *adv.* [*essentiellement*] fondamentalmente: *foncièrement bon, égoïste* fondamentalmente buono, egoista.

fonction |fɔ̃ksjɔ̃| *s.f.* **I** (*personnes*) **1** funzione, mansione: *il s'acquitte bien de ses fonctions* svolge bene le proprie funzioni, mansioni → **rôle, tâche** ◇ (*liturg. cathol.*) funzione ◇ (*dr. constitutionnel*) *fonction législative, exécutive, juridictionnelle* funzione legislativa, esecutiva, giurisdizionale **2** [*profession considérée comme contribuant à la vie de la société*] funzione, carica*: *fonction de directeur, de magistrat* funzione, carica di direttore, di magistrato; *fonction publique, administrative* funzione, carica pubblica, amministrativa # *la fonction publique* il pubblico impiego; *les fonctions de qqn.* i doveri, gli obblighi di qc. → **fonctionnaire** ◇ *loc.* EN FONCTION in carica: *être, rester en fonction* essere, restare in carica ~ FAIRE FONCTION DE svolgere le mansioni di: *il fait fonction de directeur* egli svolge le mansioni di direttore **II** (*choses*) **1** funzione: *remplir une fonction* avere una funzione; *faire fonction de* fungere da, servire da → **rôle**; **utilité** **2** [*ensemble des propriétés concourant à un même but*] funzione: *fonctions de nutrition, de reproduction* funzioni della nutrizione (nutritive); della riproduzione (riproduttive); *les fonctions du foie, du cœur* le funzioni, la funzionalità del fegato, del cuore ◇ (*loc.*) *la fonction crée l'organe* la funzione crea, sviluppa l'organo **3** [*ensemble des propriétés d'une unité, d'un système*] funzione: *fonction d'un arc-boutant, d'un piston* funzione di un puntello, di un pistone ◇ (*ling.*) *adjectif en fonction de substantif* aggettivo in funzione di sostantivo ◇ (*chim.*) *fonctions chimiques* funzioni chimiche ◇ (*suivi d'un mot en appos.*) *fonction acide, base* funzione di acido, di base (basica) **III** **1** *fonction algébrique* funzione (algebrica) **2** *loc.* ÊTRE FONCTION DE essere in funzione di → 1 **dépendre (de)** **3** *loc.* EN FONCTION DE [*relativement à*] in relazione a, in funzione di: *considérer qqch. en fonction de* considerare q.c. in relazione a, in funzione di → **rapport (par)** # *la mode varie en fonction de l'âge* la moda cambia con l'età.

fonctionnaire |fɔ̃ksjɔnɛʀ| *s.m.* impiegato (dello Stato), pubblico* dipendente; funzionario* (di ruolo): *fonctionnaire des Postes* impiegato alle Poste; *révoquer, casser un fonctionnaire* destituire un impiegato ‖ *les hauts fonctionnaires* gli alti funzionari; *fonctionnaire international* funzionario internazionale.

fonctionnalisme |fɔ̃ksjɔnalism(ə)| *s.m.* (*archit.*) funzionalismo ◇ (*sc.*) *fonctionnalisme et structuralisme* funzionalismo e strutturalismo.

fonctionnarisation |fɔ̃ksjɔnaʀizasjɔ̃| *s.f.* [→ FONCTIONNARISER] burocratizzazione.

fonctionnariser |fɔ̃ksjɔnaʀize| *v.tr.* [*assimiler aux fonctionnaires*] burocratizzare: *personnel fonctionnarisé d'une entreprise publique* personale burocratizzato di un ente pubblico.

fonctionnarisme |fɔ̃ksjɔnaʀism(ə)| *s.m.* (*péj.*) [*prépondérance des fonctionnaires*] burocratismo.

fonctionnel, elle |fɔ̃ksjɔnɛl| *adj.* **1** (*sc.*) funzionale: *troubles fonctionnels d'un organe* disturbi funzionali, disfunzione di un organo; *psychologie, linguistique fonctionnelle* psicologia, linguistica funzionale ◇ (*math.*) *calcul fonctionnel* calcolo, analisi funzionale **2** (*choses*) [*qui remplit avant tout une fonction pratique*] funzionale: *meubles fonctionnels* mobili funzionali.

fonctionnellement |fɔ̃ksjɔnɛlmɑ̃| *adv.* [→ FONCTIONNEL] dal punto di vista funzionale *loc.*, funzionalmente.

fonctionnement |fɔ̃ksjɔnmɑ̃| *s.m.* [→ FONCTIONNER] funzionamento: *fonctionnement d'un organe* funzionamento di un organo; *vérifier le bon fonctionnement d'une machine* verificare il buon funzionamento di una macchina → 2 **marche, travail.**

fonctionner |fɔ̃ksjɔne| *v.intr.* [*accomplir une fonction*] funzionare: *appareil qui fonctionne bien* apparecchio che funziona bene; *faire fonctionner une machine* far funzionare una macchina → 1 **aller, marcher** ◇ (*par ext.*) *organisation, institution qui fonctionne mal* organizzazione, istituzione che funziona male.

fond |fɔ̃| *s.m.* **I** (*concret*) **1** fondo: *le fond d'une poche, d'un sac* il fondo di una tasca, di una borsa; *le fond du verre est sale* il fondo del bicchiere è sporco; *le sucre est resté au fond* lo zucchero è rimasto sul fondo ◇ (*métaph.*) *toucher le fond du désespoir* toccare il fondo della disperazione **2** *un fond* (*de verre, etc.*) il fondo, un dito: *il en reste un fond* ne rimane solo il fondo, un dito; *versez-m'en un fond* me ne versi un dito **3** *le fond de l'eau, de la mer, d'un fleuve* il fondo dell'acqua del mare, di un fiume → **bas-fond, haut-fond;** *le fond de la vallée* il fondo della valle, il fondovalle* # *bateau qui touche le fond* nave che si incaglia, si arena; *envoyer par le fond* mandare a picco (a fondo), affondare **4** [*profondeur*] profondità *f.inv.* # *il n'y a pas assez de fond pour plonger* il fondo è troppo basso per tuffarsi; non è abbastanza profondo per tuffarsi ◇ (*d'une mine*) [*intérieur*] *mineur de fond, qui a dix ans de fond* minatore di profondità, che ha sulle spalle dieci anni di lavoro in profondità **II** **1** [*partie opposée à l'entrée, à l'ouverture*] fondo; sfondo: *le fond de la salle* il fondo della sala; *le fond d'une armoire* il fondo di un armadio; *un fond de tiroir* un fondo di cassetto ‖ *le fond d'un golfe* lo sfondo di un golfo # *au fond des bois* nel folto dei boschi **2** [*partie d'un vêtement éloignée des bords*] fondo: *le fond d'une casquette* il fondo di un berretto; *le fond d'une culotte* il fondo delle mutande **3** (*techn.*) fondazioni *f. pl.*: *le mur monte de fond* [*repose directement sur les fondations*] il muro poggia sulle fondazioni, parte dalle fondazioni; *colonne montant de fond, du fond* colonna che poggia sulle fondazioni ◇ (*loc.*) *de fond en comble* da cima a fondo **4** [*partie qu'on voit derrière; arrière-plan*] fondo; (*fig.*) sfondo: *toile de fond* tela, scena di fondo; (*fig.*) sfondo; *vases grecs anciens à figures noires sur fond rouge* antichi vasi greci con figure nere su fondo rosso # *fond d'une tapisserie* canovaccio → **canevas** ◇ (*fig.*) *un fond de tableau décourageant, optimiste* un quadro scoraggiante, ottimistico **5** [*base sensible mettant en valeur des sensations d'un autre ordre*] sottofondo, fondo: *fond sonore* sottofondo (musicale); *bruit de fond* rumore di fondo **6** FOND DE TEINT [*crème colorée*] fondo tinta **7** (*fam.*) LE FOND DE L'AIR [*température réelle, de base*] temperatura dell'aria (*cour.*) **III** (*abstrait*) **1** [*élément intime ou fondamental*] fondo, profondo: *découvrir le fond de son cœur* scoprire il fondo, il profondo del proprio animo # *nous touchons ici au fond du problème, de la question* eccoci giunti al nocciolo del problema, della questione **2** *loc. adv.* AU FOND in fondo (in fondo): *on l'a blâmé, mais au fond il n'avait pas tort* lo hanno biasimato, ma, in fondo (in fondo), non aveva torto → **réalité (en)** ~ (*fam.*) DANS LE FOND in fondo (in fondo) (*cour.*) ~ À FOND profondamente, a fondo: *respirer à fond* respirare profondamente; *étudier qqch. à fond* studiare a fondo q.c. → **complètement, entièrement** **3** [*élément essentiel*] fondo: *un fond d'honnêteté* un fondo di onestà; *le fond historique d'une légende* il fondo storico di una leggenda → **fonds** **4** (*dr.*) sostanza *f.*; merito: *conditions de fond et de forme du mariage* condizioni di sostanza (sostanziali) e di forma (formali) del matrimonio ‖ *plaider au fond* trattare il merito **5** [*ce qui fait la matière d'une œuvre*] contenuto, sostanza: *critiques, remarques sur le fond* critiche, osservazioni sul contenuto, sulla sostanza → **contenu, substance** **6** *loc.adj.* DE FOND di fondo: *écrire un article de fond dans un journal* scrivere un articolo di fondo su un giornale ~ FAIRE FOND SUR (QQN., QQCH.) fare affidamento su (qc.), fare assegnamento su (qc., q.c.) **IV** (*sport*) fondo: *avoir du fond* possedere, essere dotato di fondo ◇ (*athlétisme*) *courses de fond, de demi-fond, de grand fond* gare di fondo, di mezzo fondo, di gran fondo Ⓒ I **surface, dessus,** 1 **bord, entrée** 1; III **apparence, extérieur** 2.

fondable |fɔ̃dabl(ə)| *adj.* [→ FONDER A 1] fondabile.

fondamental, ale, aux |fɔ̃damɑ̃tal, o| *adj.* **1** fondamentale: *lois fondamentales de l'État* leggi fondamentali dello Stato; *une question fondamentale* una questione fondamentale, di fondo **2** [*qui se manifeste, qui s'exerce avant toute chose, et à fond*] profondo: *un mépris fondamental* un profondo disprezzo → **foncier, radical** **3** (*mus.*) *fréquence, onde, composante fondamentale* frequenza, onda, componente fondamentale; *accords fondamentaux* accordi fondamentali Ⓒ 1 **accessoire** 1, **secondaire.**

fondamentalement |fɔ̃damɑ̃talmɑ̃| *adv.* [*essentiellement*] fondamentalmente, essenzialmente: *notions fondamentalement opposées* concetti fondamentalmente, essenzialmente opposti → **totalement.**

fondant |fɔ̃dɑ̃| *s.m.* (*techn.*) fondente: *chaux utilisée comme fondant* calce usata come fondente.

fondant, ante |fɔ̃dɑ̃, ɑ̃t| *adj.* **1** [*qui fond*] fondente: *la température de la glace fondante est le zéro de l'échelle centésimale* la temperatura del ghiaccio fondente, che si scioglie è di zero gradi secondo la scala centigrada **2** [*qui se dissout dans la bouche*] fondente: *bonbons fondants* caramelle fondenti; *poire fondante* pera fondente ♦ (*s.m.*) *des fondants* dei fondenti, dei 'fondant' *inv.*

fondateur, trice |fɔ̃datœʀ, tʀis| *s.* **1** fondatore*: *fondateur d'un empire* fondatore di un impero → **créateur** **2** (*dr. comm.*) *fondateur d'une société* fondatore di una società ♦ (*adj.*) *les membres fondateurs* i soci fondatori.

fondation |fɔ̃dasjɔ̃| *s.f.* **1** [→ FONDER A 1] fondazione: *fondation d'un parti, d'une société* fondazione di un partito, di una società → **création** **2** (*dr., relig.*) fondazione: *la fondation Thiers* la fondazione Thiers.

fondations |fɔ̃dasjɔ̃| *s.f.pl.* fondazioni, fondamenta: *creuser les fondations d'un immeuble* scavare le fondazioni, le fondamenta di uno stabile.

fondé, ée |fɔ̃de| *p.p.* → **fonder.**

fondé de pouvoir |fɔ̃dedpuvwaʀ| *s.m.* (*dr., cour.*) procuratore, institore.

1 **fondement** |fɔ̃dmɑ̃| *s.m.* **1** fondamento: *rumeur sans fondement, dénouée de tout fondement* voci senza fondamento, infondate, prive di alcun fondamento; *la loi a pour fondement l'assentiment du plus grand nombre* la legge trova il suo fondamento nell'assenso della maggioranza → **motif,** 1 **raison** **2** [*point de départ logique d'un ensemble de connaissances*] principio*: *le fondement de la morale* il principio della morale → **principe** **3** *au plur.* [*bases, assises*] fondamenta *f.*, basi (*f.*): *jeter,*

poser les fondements d'un empire gettare le fondamenta di un impero → **fondation.**

2 **fondement** |fɔ̃dmɑ̃| *s.m.* (*fam.*) [*anus, derrière*] sedere, deretano.

fonder |fɔ̃de| **A** *v.tr.* **1** [*poser les bases, les principes de qqch.*] fondare, costituire (197) → **créer**; *fonder un parti* fondare, costituire un partito; *fonder une société* fondare, costituire una società → **constituer, créer** ◇ (*spécialt.*) *fonder une ville* fondare una città ◇ (*fig.*) *fonder une science, une école littéraire* fondare una scienza, una scuola letteraria ◇ (*dr.*) *fonder un lit dans un hôpital, un prix* creare un posto letto in un ospedale, istituire (197) un premio **2** FONDER (QQCH.) SUR [*établir sur*] fondare, basare (q.c.) su; riporre (168) (q.c.) in: *fonder son pouvoir sur la force* fondare, basare il proprio potere sulla forza → **baser** || *je fonde de grands espoirs sur vous* ripongo in voi le mie speranze ♦ (*au p.p.*) *récit fondé sur des documents authentiques* narrazione basata su documenti autentici **3** [*constituer le fondement de*] dare (102) fondamento, sostegno a → 1 **justifier, motiver** # *voilà ce qui fonde la réclamation* il reclamo si fonda, si basa su ciò ◇ (*au passif*) *une opinion bien fondée, mal fondée* un'opinione fondata, infondata; *un reproche fondé* un rimprovero fondato; *c'est une interprétation qui me paraît fondée* è un'interpretazione che mi sembra fondata, giusta → 1 **juste, raisonnable** ◇ (*personnes*) ÊTRE FONDÉ À (+ *inf.*) [*avoir de bonnes raisons pour*] avere fondati, buoni motivi per; avere fondate, buone ragioni per: *être fondé à croire qqch.* avere fondate, buone ragioni per credere q.c. **B** *v.pron.intr.* SE FONDER [*se baser*] fondarsi, basarsi: *sur quoi vous fondez-vous pour affirmer cela?* su (che) cosa vi fondate, vi basate per affermare una cosa simile?

fonderie |fɔ̃dʀi| *s.f.* (*métall.*) fonderia: *fontes préparées dans une fonderie* ghise preparate in una fonderia # *fonderie sous pression* pressofusione.

fondeur |fɔ̃dœʀ| *s.m.* **1** direttore di fonderia **2** [*ouvrier d'une fonderie, des hauts fourneaux*] fonditore.

fondeuse |fɔ̃døz| *s.f.* (*techn.*) fonditrice.

fondoir |fɔ̃dwaʀ| *s.m.* (*techn.*) reparto di un mattatoio (per la fusione dei grassi).

fondouk |fɔ̃duk| *s.m.* (*dans les pays arabes, emplacement où se tient le marché; entrepôt*) fondaco*.

1 **fondre** |fɔ̃dʀ(ə)| (44) **A** *v.tr.* **1** [*rendre liquide par l'action de la chaleur*] fondere (146); sciogliere (123): *fondre des métaux* fondere metalli → **liquéfier** || *le soleil a fondu la neige* il sole ha sciolto la neve **2** [*fabriquer avec une matière fondue*] fondere: *fondre une cloche, une statue* fondere una campana, una statua → **mouler** **3** (*fig.*) [*combiner intimement*] fondere: *fondre un ouvrage dans, avec un autre* fondere due opere (insieme) → **amalgamer** **B** *v.intr.* **1** (*d'un solide*) [*passer à l'état liquide par l'effet de la chaleur*] sciogliersi *pron.*, fondersi *pron.*; fondere: *la neige a fondu* la neve si è sciolta → **liquéfier** (**se**) || *le plomb fond aisément* il piombo (si) fonde facilmente ◇ (*loc.*) *fondre en pleurs, en larmes* sciogliersi in lacrime **2** [*se dissoudre dans un liquide*] sciogliere, sciogliersi: *laisser fondre le sucre dans son café* far sciogliere lo zucchero nel caffè; *cela fond dans la bouche* si scioglie in bocca **3** [*diminuer rapidement*] sparire (197): *l'argent lui fond dans les mains* il denaro sparisce in mano sua, ha le mani bucate → **disparaître** # *il a fondu depuis sa maladie* è molto dimagrito dopo quella malattia **C** *v.pron.* **1** SE FONDRE *réfl.* [→ *tr.* 3] fondersi: *maison de commerce qui se fond dans, avec telle autre* ditta che si fonde con un'altra → **fusionner** **2** *intr.* [→ *intr.* 1, 2] svanire (197) *intr.*, dissolversi (117): *silhouette qui se fond dans la brume* figura che svanisce nella bruma, si dissolve nella nebbia → **dissiper** (**se**).

2 **fondre** |fɔ̃dʀ(ə)| (44) *v.intr.* FONDRE SUR [*s'abattre avec violence*] piombare addosso (a), su: *l'aigle fond sur sa proie* l'aquila piomba addosso alla, sulla preda; *les malheurs qui viennent de fondre sur lui* le disgrazie che gli sono piombate addosso → 3 **foncer.**

fondrière |fɔ̃dʀijɛʀ| *s.f.* [*trou plein d'eau de boue*] pozzanghera.

fonds |fɔ̃| *s.m.* **I** *fonds* (*de commerce*) [*ensemble des biens mobiliers et des droits appartenant à un commerçant*] azienda *f.* commerciale; *fonds de terre* fondo rustico → 2 **établissement, exploitation** **II** (*spécialt. au plur.*) **1** [*capital placé*] fondi, capitali: *dépenser tous ses fonds* impiegare tutti i capitali; *prêter à fonds perdu* prestare a fondo perduto; *fonds public, d'État* fondi, titoli pubblici, dello Stato **2** [*capital servant au financement*] capitali, fondi: *mise de fonds* investimento (di capitali); *posséder les fonds nécessaires à une entreprise* possedere i fondi necessari per un'impresa # *bailleur de fonds* [*commanditaire*] finanziatore, investitore ◇ (*au sing.*) *fonds de roulement, de garantie* fondo di rotazione, di garanzia; *Fonds monétaire international* Fondo monetario internazionale; *Fonds social européen* Fondo sociale europeo **3** [*argent comptant*] fondi: *manier des fonds considérables* maneggiare ingenti fondi, somme; *dépôts de fonds dans une banque* depositi di fondi, di denaro in una banca → **espèces,** 1 **somme** ◇ *loc.* ÊTRE EN FONDS [*disposer d'argent*] avere disponibilità finanziarie **III** *sing. et plur.* [*ressources propres à qqch. ou personnelles à qqn.*] filone: *il y a là un fonds très riche que les historiens devraient exploiter* ecco un filone prezioso che gli storici dovrebbero sfruttare → **filon,** 3 **mine** # *le fonds 'Un tel'* il fondo, il lascito 'Tal dei tali' → **legs.**

fondu, ue |fɔ̃dy| **I** *adj.* **1** [*amené à l'état liquide*] fuso; sciolto: *plomb fondu* piombo fuso; *neige fondue* neve sciolta **2** *des tons fondus* [*flous*] toni sfumati → **dégradé** ♦ (*s.m.*) *le fondu d'un tableau* lo sfumato di un quadro **II** *s.m.* (*ciné.*) *fondu enchaîné* dissolvenza *f.* incrociata.

fondue |fɔ̃dy| *s.f.* (*cuis.*) fonduta, 'fondue' *inv.* (al formaggio).

fong(i)- |fɔ̃ʒ(i)| *préf.* (*signifiant 'champignon', correspond généralt. à*) fung(i): *fongicide* fungicida.

fongible |fɔ̃ʒibl(ə)| *adj.* (*dr.*) fungibile.

fongicide |fɔ̃ʒisid| *adj. et s.* (*chim.*) fungicida ◇ (*agric.*) anticrittogamico*.

fongiforme |fɔ̃ʒifɔʀm(ə)| *adj.* fungoide, a forma di fungo *loc.inv.*

fongique |fɔ̃ʒik| (*agric., méd.*) crittogamico*, micotico*; da funghi *loc. inv.*

fongosité |fɔ̃gozite| *s.f.* (*méd.*) fungosità *inv.*, fungo* *m.*

fongueux, euse |fɔ̃gø, øz| *adj.* (*méd.*) fungoso.

fongus |fɔ̃gys| *s.m.* (*méd.*) fungo*, fungosità *f.inv.*

fontaine |fɔ̃tɛn| *s.f.* **1** fontana, fonte: *édifier une fontaine publique* costruire una fontana pubblica; *fontaines monumentales* fonti monumentali **2** (*prov.*) *il ne faut pas dire 'Fontaine je ne boirai pas de ton eau'* finché uno ha denti in bocca, non sa quel che gli tocca **3** (*vx.*) [*source*] fonte (*cour.*), fontana (*littér.*).

fontainier |fɔ̃tenje| *s.m.* fontaniere.

fontanelle |fɔ̃tanɛl| *s.f.* (*anat.*) fontanella.

1 **fonte** |fɔ̃t| *s.f.* **1** [→ 1 FONDRE B 1, 2] scioglimento (*m.*): *la fonte des neiges, des glaces* scioglimento delle nevi, dei ghiacci **2** [→ 1 FONDRE A 2] fusione: *fonte d'une cloche, d'une statue* fusione di una campana, di una statua ◇ *loc.* (*techn.*) *jeter une statue en fonte* fondere una statua.

2 **fonte** |fɔ̃t| *s.f.* **1** [*alliage de fer et de carbone*] ghisa: *une cocotte, une poêle en fonte* una pentola, una stufa di ghisa; *tuyaux de fonte* tubi di ghisa **2** (*imprim.*) *une fonte de cicéro* un assortimento *m.* di caratteri cicero.

fontes |fɔ̃t| *s.f.pl.* [*les deux fourreaux pour les pistolets d'une selle*] fondine da sella.

fontis |fɔ̃ti|, **fondis** |fɔ̃di| *s.m.* (*techn.*) smottamento, cedimento del terreno.

fonts |fɔ̃| (*s.m.pl.*) *fonts baptismaux* fonte *sing.* battesimale → **baptistère** # *tenir un enfant sur les fonts* tenere un bambino a battesimo.

football |futbol| *s.m.* (*sport*) (gioco* del) calcio, football (*inv.*): *une équipe de football est composée d'avants, de demis, d'arrières et d'un gardien de but* una squadra di calcio è composta da attaccanti, mediani e mezzali, terzini e un portiere ◇ (*abrév. fam.*) *jouer au foot* giocare al calcio (*cour.*) ◇ (*par ext.*) *football de table* calcio-balilla *inv.*, calcetto → **baby-foot.**

footballeur, euse |futbolœʀ, øz|, **footballer** |futbolœʀ| *s.* [*joueur, joueuse de football*] calciatore*.

footing |futiŋ| *s.m.* (*angl.*) footing (*inv.*): *il fait du footing chaque matin* ogni mattina fa un po' di footing.

for |fɔʀ| *s.m.* (*dans la loc.*) *en, dans mon* (*son, etc.*) FOR INTÉRIEUR [*au fond de soi-même*] tra me e me (sé e sé, ecc.), nel mio (suo, ecc.) intimo: *dans son for intérieur, il a dû reconnaître ses torts* tra sé e sé, nel suo intimo, ha dovuto riconoscere i suoi torti.

forage |fɔʀaʒ| *s.m.* [→ FORER] perforazione *f.*; trivellazione (*f.*): *perceuse pour le forage des pièces métalliques* trapano per la perforazione di pezzi metallici || *forage d'un puits* trivellazione di un pozzo; *forages de prospection* trivellazioni di ricerca, sondaggi → **sondage.**

forain |fɔʀɛ̃| **I** *adj.* **1** *marchand, commerçant forain* venditore ambulante ♦ (*s.*) *des forains* dei venditori ambulanti **2** (*loc.*) *fête foraine* [*à l'occasion d'une foire*] parco* *m.* di divertimenti, luna park (*m. inv.*) ~ *baraque foraine* baraccone *m.* da fiera → **foire 3** (*mar.*) *rade foraine* rada foranea **II** *s.* [*personne qui organise des distractions foraines*] baracconista; impresario* dello spettacolo viaggiante.

Foraminifères |fɔʀaminifɛʀ| *s.m.pl.* (*t.zool.*) Foraminiferi.

forban |fɔʀbɑ̃| *s.m.* **1** [*pirate qui agissait à son profit*] filibustiere → **corsaire 2** (*par ext.*) *ce financier est un forban* [*sans scrupules*] quel finanziere è un filibustiere → **bandit.**

forçage |fɔʀsaʒ| *s.m.* (*hortic.*) forzatura (*f.*): *forçage des primeurs* forzatura delle primizie.

forçat |fɔʀsa| *s.m.* **1** (*ancienn.*) [*bagnard ou galérien*] galeotto **2** [*condamné aux travaux forcés*] forzato ◇ (*loc.*) *travailler comme un forçat* lavorare come un dannato, come un negro.

1 **force** |fɔʀs(ə)| *s.f.* **I** [*la force de qqn.*] **1** forza: *force physique* forza fisica; *ne plus avoir la force de marcher, de parler* non avere più la forza di camminare, di parlare; *lutter à forces égales* lottare a forze, ad armi pari; *être à bout de force, sans force* essere allo stremo delle forze, essere sfinito → **vigueur** ◇ (*au plur.*) *ménager ses forces* risparmiare le proprie forze; *ce travail est au-dessus de ses forces* questo lavoro è superiore alle sue forze; *reprendre ses forces* riprendere le proprie forze; *il criait de toutes ses forces* gridava con tutte le sue forze, a più non posso ◇ *loc.* EN FORCE con sforzo, sotto sforzo: *courir, nager en force* correre, nuotare con sforzo ~ DE FORCE di forza: *épreuve de force* prova di forza # *tour de force* sforzo intenso, 'tour de force' ~ DANS LA FORCE DE L'ÂGE [*dans la maturité*] nel pieno vigore degli anni **2** [*capacités intellectuelles et morales*] forza: *force d'âme* forza d'animo; *force morale* forza morale; *force de caractère* forza di carattere; *ils sont de la même force* (*physique, morale*) sono di uguale forza (fisica, morale) → **courage, énergie, fermeté, volonté** # *ils sont de la même force au tennis, en mathématiques* a tennis, in matematica sono dello stesso livello → **niveau II** [*la force d'un groupe, de qqch.*] **1** forza: *force militaire d'un pays* forza militare di un paese; *la force publique* la forza pubblica; *force de frappe* forza d'urto # *la force de dissuasion nucléaire* il deterrente nucleare; *la force armée* la truppa ◇ *loc.* EN FORCE in forze: *être en force* essere in forze; *arriver, attaquer en force* giungere, attaccare in forze, in massa **2** *au plur.* [*ensemble des armées*] forze: *les forces armées françaises* le forze armate francesi; *forces navales, aériennes* forze navali, aeree; forze di mare, dell'aria; *les forces de police, de l'ordre* le forze di polizia, dell'ordine → **armée, troupe 3** [*résistance d'un objet*] resistenza; solidità (*inv.*): *force d'une barre* resistenza di una sbarra ‖ *force d'un mur* solidità di un muro → **résistance, robustesse, solidité 4** [*intensité d'action d'une chose*] forza; intensità (*inv.*): *la force du vent* la forza del vento; *la force d'un argument, d'une idée* la forza di un argomento, di una idea ‖ *la force d'un sentiment, d'un désir* l'intensità di un sentimento, di un desiderio # *la force d'un coup* la violenza di un colpo ◇ (*loc.*) *dans toute la force du mot, du terme* [*dans l'acception la plus signifiante*] nel vero senso della parola **5** (*typogr.*) *force de corps d'un caractère* forza di corpo di un carattere **III 1** (*personnes*) [*pouvoir de contrainte*] forza: *situation de force* posizione di forza; *coup de force* atto di forza; *employer alternativement la force et la douceur* usare un po' la forza, un po' la dolcezza → **contrainte, violence 2** *la force de* (*qqch.*) (la) forza di (q.c.): *par la force des choses* per forza di cose; *faire qqch. par la force de l'habitude* fare q.c. per forza di abitudine, per abitudine; *la force des choses* la forza dei fatti; *avoir force de loi* aver forza di legge ◇ (*dr.*) *force majeure* forza maggiore ◇ *loc.* FORCE EST DE [*il faut*] è giocoforza: *force est de reconnaître qu'il a raison* è giocoforza riconoscere che ha ragione **3** *loc.adv.* DE FORCE di forza, a viva forza: *prendre, enlever de force qqch. à qqn.* prendere, togliere di forza, a viva forza q.c. a qc. # *il obéira de gré ou de force* obbedirà per amore o per forza, con le buone o con le cattive ~ PAR FORCE [*en recourant ou en cédant à la force*] con la forza: *prendre, obtenir qqch. par la force* prendere, ottenere q.c. con la forza ~ À TOUTE FORCE [*en dépit de tous les obstacles*] a tutti i costi, a ogni costo: *il voulait à toute force que nous l'accompagnions* voleva a tutti i costi, a ogni costo che lo accompagnassimo **IV** [*principe d'action physique ou morale*] **1** (*phys.*) forza: *résultante de deux forces* risultante di due forze; *équilibre des forces* equilibrio delle forze; *force ascensionnelle d'un ballon* forza, spinta ascensionale di un pallone; *force centrifuge, centripète* forza centrifuga, centripeta ◇ (*électr.*) *faire installer la force chez soi* far mettere la corrente industriale nella propria abitazione **2** (*loc. fig.*) *c'est une force de la nature* (*se dit d'une personne dotée d'une vitalité irrésistible*) è una forza della natura **V** *loc. prép.* À FORCE DE (+ *s.*) [*grâce à beaucoup de*] con molto (+ *adj.* + *s.*): *à force de patience il finira par réussir* con molta pazienza riuscirà → **avec** ◇ (+ *v.*) *à force d'y réfléchir, vous finirez par résoudre le problème* a forza di riflettere, finirete col risolvere il problema Ⓒ 1 1 **débilité, faiblesse.**

2 **force** |fɔʀs(ə)| *adv.* (*littér.*, *vx.*) [*beaucoup de*] molto *adj.* (*cour.*): *il nous a reçu avec force sourires* ci ha ricevuti con molti, tanti sorrisi.

forcé, ée |fɔʀse| *adj.* **1** [*qui est imposé par la force*] forzato; forzoso: *l'avion a dû faire un atterrissage forcé* l'aereo ha dovuto effettuare un atterraggio forzato → **inéluctable; inévitable,** 1 **nécessaire** ‖ *cours forcé d'une monnaie* corso forzoso di una moneta # *conséquence forcée* conseguenza inevitabile ◇ (*fam.*) (*pour marquer le caractère nécessaire d'un événement*) inevitabile (*cour.*): *c'est forcé!* è inevitabile!; *il perdra, c'est forcé* perderà, è inevitabile → **évident, fatal 2** [*qui s'écarte du naturel*] forzato: *un sourire, un rire forcé* un sorriso, un riso forzato; *une comparaison forcée* un paragone forzato.

forcement |fɔʀsəmɑ̃| *s.m.* [→ FORCER A 1] forzatura (*f.*): *le forcement d'un coffre, d'une serrure* la forzatura di una cassaforte, di una serratura.

forcément |fɔʀsemɑ̃| *adv.* [*par une conséquence inévitable*] per forza *loc. inv.*, inevitabilmente: *cela doit forcément se produire* (questo) deve succedere per forza, succederà inevitabilmente.

forcené, ée |fɔʀsəne| *adj.* [*animé d'une rage folle ou d'une folle ardeur*] furioso, forsennato: *des cris forcenés* grida furiose; *une résistance forcenée* una resistenza forsennata → **furieux** # *un chasseur forcené* un cacciatore accanito → **acharné** ✦ (*s.*) *un forcené* un forsennato: *s'agiter, crier comme un forcené* dimenarsi, gridare come un forsennato, un ossesso.

forceps |fɔʀsɛps| *s.m.* (*chir.*) forcipe.

forcer |fɔʀse| (3) **A** *v.tr.* **1** [*faire céder* (*qqch.*) *par force*] forzare: *forcer un coffre* forzare una cassaforte; *forcer une serrure, une porte* forzare una serratura, una porta → **briser, fracturer** ◇ (*fig.*) *forcer la porte de qqn.* introdursi con la forza in casa di qc. **2** [*faire céder* (*qqn.*) *par la force ou la contrainte*] costringere (131), forzare: *il faut le forcer* bisogna costringerlo; *forcer la main à qqn.* forzare la mano a qc. → **contraindre,** 1 **obliger 3** FORCER À... (QQCH.) costringere, obbligare a... (q.c.): *cela me force à une action immédiate* ciò mi obbliga ad agire immediatamente; *on me force à partir* mi costringono a partire → 1 **obliger, réduire** ✦ *au p.p.* FORCÉ À, DE (+ *inf.*) costretto a (+ *inf.*): *me voilà forcé de partir* eccomi costretto a partire **4** [*obtenir que l'on vous prenne en considération*] imporsi (168) *pron.* a, strappare: *forcer l'admiration, l'estime de tout le monde* imporsi all'ammirazione, alla stima, strappare l'ammirazione, la stima di tutti → **emporter 5** [*imposer un effort excessif à*] forzare: *chanteur, orateur qui force sa voix* cantante, oratore che forza la voce # *coureur qui passe en tête pour forcer l'allure* corridore che passa in testa per fare l'andatura; *forcer un cheval* spossare, sfiancare un cavallo → **accélérer** ◇ (*hortic.*) *cultures forcées* colture forzate ◇ (*vén.*) *forcer un lièvre à la course* stancare una lepre **6** [*dépasser* (*la mesure normale*)] esagerare, aumentare: *forcer la dose* esagerare la dose; *forcer la note* aumentare, appesantire il conto → **augmenter, exagérer 7** [*altérer, déformer par une interprétation abusive*] forzare: *forcer la vérité* forzare, deformare la verità → **dénaturer, solliciter B** *v.intr.* **1** (*mar.*) forzare: *forcer sur les avirons* forzare (al massimo) sui remi # *la brise force* il vento si sta rinforzando **2** (*techn.*) (*d'un mécanisme*) [*fournir un effort*] sforzare ◇ [*subir un effort*] essere (96) (*aux.* essere) sotto sforzo **3** (*sport*) forzare: *il est arrivé sans forcer* è arrivato senza forzare; *faire un exercice sans forcer* [*en souplesse*] fare un esercizio senza forzare, senza eccessivo sforzo **C** *v.pron. intr.* SE FORCER [*faire un effort sur soi-même*] sforzarsi, fare (103) *tr.* sforzi: *il n'aime pas se forcer* non gli piace sforzarsi, fare sforzi; *il se force à sourire* si sforza di sorridere → 1 **obliger (s'), contraindre (se).**

forcerie |fɔʀsəʀi| *s.f.* (*hortic.*) serra di forzatura, serra per colture forzate.

forces |fɔʀs| *s.f.pl.* (*techn.*) cesoie.

forcing |fɔʀsiŋ| *s.m.* (*sport*) (*angl.*) forcing *inv.*

forcipressure |fɔʀsipʀesyʀ| *s.f.* (*méd.*) forcipressura.

forcir |fɔʀsiʀ| *v.intr.* [*devenir plus fort, plus gros*] irrobustirsi (197) *pron.*, diventare (*aux.* essere) più robusto: *cet enfant a forci* questo bambino si è irrobustito, è diventato più robusto → **fortifier (se), grossir.**

forclore |fɔʀklɔʀ| *v.tr.* (*employé seulement à l'inf. et au p.p. 'forclos'*) (*dr.*) [*priver du bénéfice d'un droit non exercé dans les délais fixés*] far (103) *intr.* decadere, escludere (106) (per superati termini); precludere (106).

forclusion |fɔʀklyzjɔ̃| *s.f.* (*dr.*) decadenza, esclusione (da un diritto) per superati termini; preclusione.

forer |fɔʀe| *v.tr.* **1** [*percer un trou dans* (*une matière dure*)] (per)forare: *forer une clef* forare una chiave; *forer une roche* (per)forare una roccia **2** [*former* (*un trou*) *en creusant mécaniquement*] trivellare: *forer un puits* trivellare un pozzo.

foresterie |fɔʀɛstəʀi| *s.f.* (*techn.*) silvicoltura.

forestier, ière |fɔʀɛstje, jɛʀ| **I** *s.m.* [*celui qui exerce une charge dans une forêt*] guardia *f.* forestale; guardaboschi *inv.* **II** *adj.* [*qui est couvert de forêts; qui appartient à la forêt*] boschivo, boscoso; forestale: *région forestière* regione boschiva, boscosa ‖ *agent, garde forestier* guardia forestale; *code forestier* legge forestale; *chemin forestier* strada forestale # *essences forestières* essenze di bosco, silvestri; *maison forestière* casa della guardia forestale, del guardaboschi.

foret |fɔʀɛ| *s.m.* (*techn.*) punta *f.* (del trapano, del succhiello): *foret aléseur* punta dell'alesatoio → **perceuse, vilebrequin, vrille** ◇ (*chir.*) trapano.

forêt |fɔʀɛ| *s.f.* **1** foresta, selva (*littér.*); bosco* (*m.*): *forêt vierge* foresta vergine; *forêt dense, impénétrable* foresta, selva fitta, impenetrabile; *forêts domaniales* foreste demaniali, del demanio; *à la lisière, à l'orée de la forêt* all'estremità, ai margini della foresta → **bois** ‖ *forêt en taillis* bosco ceduo, ceduo (*m.*); *forêt de haute futaie* bosco d'alto fusto; *forêt de jeunes arbres* bosco giovane → **futaie** **2** EAUX ET FORÊTS [*administration chargée de la conservation des forêts de l'État*] Azienda *sing.* di Stato delle foreste demaniali **3** [*ensemble très dense*] foresta, selva: *une forêt de colonnes* una foresta, una selva di colonne.

foreur |fɔʀœʀ| *s.m.* [*ouvrier qui fore*] perforatore; trivellatore.

foreuse |fɔʀøz| *s.f.* (*techn.*) [*machine servant à forer*]: (*le métal*) trapano *m.* → **perceuse**; (*les roches*) perforatrice → **perforatrice, trépan.**

forfaire |fɔʀfɛʀ| (45) *v.* (*défectif employé seulement à l'inf., à l'ind. prés. sing. et aux temps composés*) **A** *v.tr.* (*dr. féod.*) *forfaire un fief pour cause de félonie* [*le rendre confiscable pour quelque forfait*] rendere (105) confiscabile un feudo per fellonia **B** *v.intr.* (*littér., vx.*) [*agir contre le devoir*] trasgredire (186) (a) *tr. et intr.*, mancare (a) (*aux.* essere, avere).

1 **forfait** |fɔʀfɛ| *s.m.* (*littér.*) [*crime énorme*] misfatto, scelleratezza (*f.*): *commettre, expier un forfait* commettere, espiare un misfatto → **crime, 2 faute.**

2 **forfait** |fɔʀfɛ| *s.m.* 'forfait' *inv.*, prezzo forfettario: *faire un forfait* stabilire un 'forfait', un prezzo forfettario ◇ *loc.* À FORFAIT a 'forfait', forfettariamente(*adv.*): *vendre, acheter à forfait* vendere, comprare a 'forfait'; *travailler à forfait* lavorare a 'forfait', forfettariamente.

3 **forfait** |fɔʀfɛ| *s.m.* (*hippol.*) 'forfait' (*inv.*): *déclarer forfait pour un cheval* dichiarare 'forfait' per un cavallo ◇ (*cour.*) *déclarer forfait*: (*pr., fig.*) dichiarare 'forfait', ritirarsi.

forfaitaire |fɔʀfɛtɛʀ| *adj.* forfettario*, a 'forfait' (*loc. inv.*): *prix forfaitaire* prezzo forfettario, a 'forfait'; *impôt forfaitaire* imposta forfettaria.

forfaita(i)riser |fɔʀfɛta(ɛ)ʀize|, **forfaitiser** |fɔʀfɛtize| *v.tr.* [*déterminer, fixer forfaitairement un prix*] forfettizzare.

forfaiture |fɔʀfɛtyʀ| *s.f.* **1** (*féod.*) fellonia ◇ (*littér.*) [*manque de loyauté*] slealtà *inv.* (*cour.*) **2** (*dr.*) prevaricazione.

forfanterie |fɔʀfɑ̃tʀi| *s.f.* **1** [*vantardise impudente*] millanteria **2** [*action, parole de fanfaron, de vantard*] bravata, fanfaronata → **fanfaronnade, vantardise.**

forficule |fɔʀfikyl| *s.m.* (*t.zool.*) forbicina *f.*, forficola *f.* → **perce-oreille.**

forge |fɔʀʒ(ə)| *s.f.* **1** fucina, forgia*; laboratorio* *m.*; officina: *forge de maréchal-ferrant* forgia, fucina di maniscalco; *forge de serrurier* fucina di fabbro ferraio ‖ *forge d'orfèvre* laboratorio di orefice ◇ (*loc.*) *ronfler comme un soufflet de forge* ronfare, russare come un mantice **2** (*techn. anc.*) ferriera ◇ (*par ext.*) ferriera, (stabilimento *m.* di) fucinatura ◇ *au plur.* fonderia (*sing.*): *maître de forges* padrone di una fonderia.

forgé, ée |fɔʀʒe| *adj.* **1** fucinato, forgiato: *métaux forgés* metalli fucinati, forgiati # *fer forgé* ferro battuto; *grille, balustrade en fer forgé* inferriata, balaustra in ferro battuto **2** (*fig.*) [*fabriqué, inventé*] costruito, inventato: *exemple forgé* esempio costruito; *histoire forgée de toutes pièces* storia inventata di sana pianta.

forgeable |fɔʀʒabl(ə)| *adj.* [→ FORGER] fucinabile, forgiabile.

forgeage |fɔʀʒaʒ| *s.m.* (*techn.*) fucinatura *f.*, forgiatura (*f.*): *forgeage à chaud, à froid* fucinatura, forgiatura a caldo, a freddo.

forger |fɔʀʒe| (3) **A** *v.tr.* **1** [*travailler, façonner* (*un métal, un alliage*) *à la forge*] fucinare, forgiare: *forger un fer de cheval* fucinare, forgiare un ferro di cavallo; *presse à forger hydraulique* pressa idraulica per fucinatura, per forgiare → **battre** ◇ (*prov.*) *c'est en forgeant qu'on devient forgeron* sbagliando s'impara **2** (*fig.*) [*élaborer d'une manière artificielle ou pénible*] inventare; coniare: *forger une image* inventare una immagine → **fabriquer** ‖ *forger un mot nouveau* coniare una parola nuova □ *se forger un idéal* crearsi un ideale; *se forger des illusions* farsi delle illusioni ◇ [*inventer faussement*] inventare: *forger une excuse* inventare una scusa **B** *v.pron.réfl.* SE FORGER [*imaginer à sa fantaisie*] crearsi; farsi (103) → *tr.* 2 □.

forgeron |fɔʀʒəʀɔ̃| *s.m.* [*celui qui travaille à la forge*] fabbro (ferraio*); maniscalco* → **maréchal-ferrant.**

forgeur, euse |fɔʀʒœʀ, øz| *s.* **1** *s.m.* [*personne qui façonne un objet, un métal à la forge*] fucinatore, forgiatore: *forgeur de couteaux* fucinatore, forgiatore di coltelli **2** *s.* (*fig.*) [*personne qui forge* (A 2), *qui invente faussement*] *un forgeur de contes* un bugiardo, un raccontafavole *inv.*, un cacciaballe (*pop.*); *un forgeur de calomnies* un calunniatore*, un maldicente.

forint |fɔʀint| *s.m.* [*monnaie hongroise*] forint *inv.*

forjeter |fɔʀʒəte| (5) **A** *v.tr.* (*archit.*) [*construire en saillie*] costruire (197) in aggetto **B** *v.intr.* [*sortir de l'alignement, de l'aplomb*] sporgere (167) (*aux.* essere) (in fuori); aggettare: *mur, bâtiment qui forjette* muro, costruzione che sporge, che aggetta.

forlancer |fɔʀlɑ̃se| (2) *v.tr.* (*vén.*) [*faire sortir* (*une bête*) *de son gîte*] stanare, scovare (la selvaggina).

forlane |fɔʀlan| *s.f.* furlana.

forligner |fɔʀliɲe| *v.intr.* **1** [*déchoir, forfaire*] decadere (121) (*aux.* essere), scadere (121) (*aux.* essere) **2** (*vx.*) [*dégénérer de la vertu de ses ancêtres*] tralignare.

forlonger |fɔʀlɔ̃ʒe| (3) *v.tr.* (*vén.*) [*laisser en arrière, distancer*] distanziare, lasciare indietro: *cerf qui forlonge la meute* cervo che distanzia, che lascia indietro la muta (di cani).

formage |fɔʀmaʒ| *s.m.* (*techn.*) formatura *f.*, sagomatura *f.*

formaldéhyde |fɔʀmaldeid| *s.m.* (*chim.*) formaldeide *f.*

formalisation |fɔʀmalizasjɔ̃| *s.f.* [→ 1 FORMALISER] formalizzazione.

1 **formaliser** |fɔʀmalize| *v.tr.* [*réduire* (*un système de connaissances*) *à ses structures formelles*] formalizzare ✦ (*au p.p.*) *logique formalisée* logica formalizzata.

2 **formaliser (se)** |fɔʀmalize| *v.pron.intr.* [*être choqué d'un manquement aux formes*] formalizzarsi, prendersela (105): *il ne faut pas vous formaliser de cet oubli, de ses manières* non dovete formalizzarvi, prendervela per questa (sua) dimenticanza, per questi suoi modi → **offenser (s'), vexer (se).**

formalisme |fɔʀmalism(ə)| *s.m.* (*arts, philo.*) formalismo ◇ (*dr.*) *formalisme juridique, administratif* formalismo giuridico, amministrativo.

formaliste |fɔʀmalist(ə)| *adj.* formalistico*: *religion formaliste* religione formalistica; *mathématicien, peintre formaliste* matematico, pittore formalistico ✦ (*s.*) *un formaliste* un formalista.

formalité |fɔʀmalite| *s.f.* formalità (*inv.*): *formalités de douanes* formalità di dogana, pratiche doganali; *par pure formalité* per mera formalità; *ce n'est qu'une petite formalité, une simple formalité* è solo una piccola formalità, una semplice formalità → **forme, procédure** ◇ (*loc.*) *sans aucune formalité* [*en toute simplicité*] senza nessuna formalità, senza cerimonie.

formant |fɔʀmɑ̃| *s.m.* (*ling.*) formante *f.*

format |fɔʀma| *s.m.* formato: *livre de petit format* libretto di piccolo formato; *format d'un tableau* formato di un quadro.

formateur, trice |fɔʀmatœʀ, tʀis| *adj.* formativo, formatore*: *influence formatrice* influenza formativa; *éléments formateurs* elementi formatori, formativi ✦ *s.* formatore ◇ (*région., Belgique*) *le formateur* (*du nouveau gouvernement*) il Presidente del Consiglio incaricato.

formatif, ive |fɔʀmatif, iv| *adj.* formativo → **formateur.**

formation |fɔʀmɑsjɔ̃| *s.f.* **1** formazione: *être en cours, en voie de formation* essere in via di formazione; *formation et différenciation du système nerveux* formazione e differenziazione del sistema nervoso ✦ (*absolt.*) *époque, âge de la formation* età dello sviluppo → **puberté** **2** (*géol.*) *formation sédimentaire* formazione sedimentaria **3** [*groupement de personnes*] formazione: *les grandes formations politiques, syndicales* le grandi formazioni politiche, sindacali; *formation sportive* formazione, squadra sportiva → **groupe, unité, équipe** ◇ (*milit.*) *formation aérienne* formazione aerea **4** [*éducation intellectuelle et morale*] formazione, educazione: *la formation du caractère, du goût* la formazione, l'educazione del carattere, del gusto; *avoir reçu une solide formation littéraire* avere ricevuto una solida formazione, preparazione letteraria ◇ (*spécialt.*) *formation professionnelle* formazione professionale, addestramento *m.* professionale; *stage de formation* corso di formazione, tirocinio di addestramento → **apprentissage.**

-forme |fɔʀm(ə)| *suff.* (*signifiant 'qui a la forme, l'aspect de...', correspond généralt. à*) forme; a forma di (*loc.*): *épileptiforme* epilettiforme ‖ *piriforme* a forma di pera.

forme |fɔʀm(ə)| *s.f.* **I** [*apparence, aspect visible*] **1** forma: *avoir une forme régulière, symétrique, irrégulière* avere una forma regolare, simmetrica, irregolare; *objet de forme sphérique* oggetto di forma sferica; *prendre forme* prendere forma **2** [*être ou objet confusément aperçu*] forma, figura: *une forme imprécise disparaît dans la nuit* una forma, una figura indistinta sparisce nella notte → 1 **ombre** **3** [*apparence extérieure*] forma: *donner sa forme à un vase* dare forma a un vaso ◇ *loc.* EN FORME DE a forma di: *des sourcils en forme de virgule* sopracciglia a forma di virgola ~ SOUS LA FORME DE in veste di; sotto l'apparenza di ~ SOUS FORME DE sotto forma di, in forma di: *médicament administré sous forme de cachets* farmaco somministrato sotto forma di 'cachet' **4** *les formes* [*les contours du corps humain*] le forme: *formes rondes, élancées* forme rotonde, slanciate; *les formes et les couleurs* le forme e i colori; *beauté des formes* bellezza delle (di) forme **II** [*réalisation particulière et concrète d'un fait général*] forma: *les différentes formes de l'énergie, de la vie* le diverse forme di energia, di vita → **aspect,** 1 **état, variété**; *étude des formes* studio delle forme → **morphologie;** *forme du singulier, du féminin* forma singolare, femminile; *donner à une idée une forme nouvelle* dare una forma, un'espressione nuova a una idea; *opposer la forme au fond, au contenu* distinguere la forma dalla sostanza, dal contenuto → **expression,** 1 **style** **III** [*manière d'agir, de procéder*] **1** [*formalité, règle*] forma: *les formes de l'étiquette* le forme dell'etichetta; *dans les formes, en forme* nelle dovute forme, in piena regola **2** (*dr.*) *vice de forme* vizio di forma; *contrat en bonne et due forme* contratto secondo le forme prescritte ◇ (*loc.*) *pour la forme* per (semplici) esigenze di forma **IV** [*condition physique favorable*] forma: *être en pleine forme pour courir un cent mètres* essere in piena forma per correre i cento metri ◇ (*philo.*) forma, struttura **V** **1** [*ce qui sert à donner une forme déterminée à un produit manufacturé*] forma → **gabarit, modèle, patron** ◇ (*techn.*) *forme de modiste* forma di modista ◇ (*spécialt.*) *chapeau haut de forme* cappello *m.* a cilindro; *un haut-de-forme* un cilindro *m.* **2** (*imprim.*) forma **3** [*moule creux*] *forme à fromage* forma da formaggio.

formé, ée |fɔʀme| *adj.* formato; maturo: *jeune fille formée* ragazza formata, in età da marito ‖ *un esprit formé* una mente matura.

formel, elle |fɔʀmɛl| *adj.* **1** formale; categorico*: *déclaration formelle* dichiarazione formale → **clair, explicite, précis** ‖ *démenti formel* categorica smentita; *refus formel* rifiuto categorico → **absolu, catégorique** # *preuve formelle* prova certa, irrefutabile ◇ (*personnes*) categorico: *il a été formel sur ce point* è stato categorico, molto esplicito su questo punto **2** [*qui considère la forme, l'apparence*] formale; esteriore: *classement, plan formel* classificazione, schema formale → **formaliste** ‖ *politesse formelle* gentilezza esteriore **3** (*arts, littér.*) formale: *analyse formelle d'un poème* analisi formale di una poesia **4** (*log.*) *la logique formelle* la logica formale → **structural** ◇ (*philo.*) *cause formelle* causa formale.

formellement |fɔʀmɛlmɑ̃| *adv.* **1** [→ FORMEL 1] tassativamente: *interdire formellement une manifestation* proibire tassativamente una manifestazione → **absolument** # *la vérité a été formellement établie* la verità è stata accertata in modo irrefutabile **2** [→ FORMEL 2] formalmente, da un punto di vista formale (*loc.inv.*): *raisonnement formellement juste* ragionamento formalmente esatto, esatto da un punto di vista formale.

former |fɔʀme| **A** *v.tr.* **I** **1** [*donner l'être et la forme*] concepire (197); formulare: *nous avons formé l'idée de nous associer* abbiamo concepito, avuto la idea di associarci ‖ *former des vœux pour le succès de qqn.* formulare voti, auguri per il successo di qc.; *former un jugement, des désirs* formulare un giudizio, desideri **2** [*faire exister* (*un ensemble, une chose complexe*)] formare; costituire (197): *former un train, un convoi* formare un treno, un convoglio; *le premier ministre forme son gouvernement* il primo ministro forma il governo ‖ *former une bibliothèque* costituire una biblioteca; *former une société* costituire, fondare una società → **établir, fonder** ◇ (*choses*) [*être la cause de, constituer*] formare: *dépôts qui forment des stalactites* depositi che formano stalattiti **II** [*donner une certaine forme à* (*qqch.*)]: *former les temps d'un verbe* formare i tempi di un verbo; *phrase mal formée* frase costruita male → **construire** ◇ [*cultiver, élever, instruire*] *l'instituteur forme l'intelligence des enfants* il maestro educa, forma l'intelligenza dei bambini; *former son goût par de bonnes lectures* educare il gusto con buone letture; *former un apprenti* istruire (197) un apprendista ◇ (*prov.*) *les voyages forment la jeunesse* i viaggi formano i giovani **III** **1** [*entrer dans un ensemble*] formare, costituire: *parties qui forment un tout, un ensemble* parti che formano un tutto, che costituiscono un insieme; *les personnes qui forment l'assemblée* le persone che formano, che costituiscono l'assemblea → **composer, constituer** **2** [*prendre la forme, l'aspect, l'apparence de*] fare (103); presentare: *former bloc autour d'un leader* far blocco attorno a un capo → 1 **faire, présenter** ‖ *la route forme une série de courbes* la strada presenta una serie di curve **B** *v.pron.intr.* SE FORMER **1** [*acquérir, recevoir l'être et la forme*] formarsi: *manière dont la terre s'est formée, dont les êtres se sont formés* modo in cui s'è formata la terra, si sono formati gli esseri; *les sentiments qui se forment en nous* i sentimenti che si formano in noi **2** [*prendre une certaine forme*] disporsi (168); svilupparsi: *l'armée se forma en ordre de bataille* l'esercito si dispose in ordine di battaglia → **développer (se)** ‖ *cette jeune fille s'est formée de bonne heure* questa ragazza s'è sviluppata molto presto **3** [*s'instruire, se cultiver*] formarsi, istruirsi.

formiate |fɔʀmjat| *s.m.* (*chim.*) formiato: *formiate de sodium* formiato sodico, di sodio.

formica |fɔʀmika| *s.m.* (*nom déposé*) formica *f.*

formication |fɔʀmikɑsjɔ̃| *s.f.* (*vieilli, méd.*) formicolio* *m.*

formidable |fɔʀmidabl(ə)| *adj.* **1** formidabile: *coup formidable* colpo formidabile # *un nombre formidable de* un numero enorme di → **énorme, extraordinaire** **2** (*fam.*) (*emploi critiqué; avec une valeur de superlatif exprimant l'admiration*) formidabile, sensazionale: *un livre, un film formidable* un libro, un film formidabile, sensazionale; *j'ai eu une idée formidable* ho avuto una idea formidabile → **épatant, sensationnel, terrible** **3** (*vieilli*) [*qui inspire une grande crainte*] tremendo, terribile → **effrayant, redoutable.**

formidablement |fɔʀmidabləmɑ̃| *adv.* (*fam.*) [*énormément*] enormemente, formidabilmente: *ça me fait formidablement plaisir* mi fa enormemente piacere → **terriblement, très.**

formique |fɔʀmik| *adj.* (*chim.*) formico*: *acide formique* acido formico.

formol |fɔʀmɔl| *s.m.* (*chim.*) formalina *f.*, formolo.

formoler |fɔʀmɔle| *v.tr.* [*désinfecter au formol*] disinfettare con formalina.

formulable |fɔʀmylabl(ə)| *adj.* [→ FORMULER 1, 2] formulabile.

formulaire |fɔʀmylɛʀ| *s.m.* **1** [*recueil de formules*] formulario*: *formulaire des notaires* formulario notarile; *formulaire des pharmaciens* formulario farmaceutico **2** [*formule où sont imprimées des questions*] modulo, formulario: *remplir un formulaire* compilare un modulo, un formulario → **formule, questionnaire.**

formulation |fɔʀmylɑsjɔ̃| *s.f.* [→ FORMULER 1, 3] formulazione.

formule |fɔʀmyl| *s.f.* **I** **1** (*dr.*) formula: *formule exécutoire d'un jugement* formula esecutiva di una sentenza **2** (*magie, relig.*) *formule incantatoire, magique* formula magica **3** *formules de politesse* formule di cortesia; *formules épistolaires* formule epistolari **II** **1** [*expression concise résumant un ensemble* *de significations*] formula ◇ (*biol.*) *formule cellulaire d'un liquide* formula cellulare di un liquido; *formule leucocytaire du sang* formula leucocitaria del sangue; *formule dentaire* formula dentaria ◇ (*bot.*) *formule florale* formula floreale ◇ (*chim.*) *formule chimique* formula chimica; *formule moléculaire de l'eau* formula molecolare dell'acqua; *formule brute* formula grezza; *formule développée* formula di struttura, di costituzione ◇ (*math.*) *formule algébrique* formula algebrica **2** [*solution type* (*d'un problème*); *manière de procéder*] formula, soluzione: *il a trouvé, adopté une bonne formule* ha trovato, scelto una buona formula, soluzione → **méthode, procédé** # *formule de paiement* modalità di pagamento → 2 **mode** ◇ [*manière de présenter un divertissement, un service*] *une nouvelle formule de spectacle, de revue* una nuova formula di spettacolo, di rivista; *une nouvelle formule de restaurant* un nuovo tipo di ristorante **3** [*expression concise, nette d'une idée*] slogan *m.inv.*; massima: *formule publicitaire* slogan pubblicitario → **aphorisme, proverbe** || *la formule du Cogito* la massima del Cogito; *formule renfermant un conseil* massima che contiene un consiglio ◇ [*mode d'expression*] *formule toute faite* frase fatta → **cliché** **4** *remplir une formule de télégramme* riempire un modulo *m.* di telegramma → **formulaire.**

formuler |fɔʀmyle| *v.tr.* **1** [*énoncer avec la précision, la netteté d'une formule*] formulare: *formuler une demande, une réclamation* formulare una domanda, un reclamo; *formuler une plainte* (*en justice*) formulare un ricorso, presentare una denuncia → **exposer, exprimer,** 1 **déposer** **2** [*exprimer*] formulare, manifestare: *formuler un souhait, des vœux* formulare un augurio, (dei) voti; *formuler tout haut ses craintes* manifestare apertamente i propri timori → **former, émettre** **3** [*mettre, rédiger en formule, d'après une formule*] redigere (171): *formuler un acte notarial* redigere un atto notarile → **établir** # *formuler un médicament* preparare un farmaco.

fornicateur, trice |fɔʀnikatœʀ, tʀis| *s.* (*relig., plais.*) fornicatore*.

fornication |fɔʀnikɑsjɔ̃| *s.f.* (*relig., plais.*) fornicazione.

forniquer |fɔʀnike| *v.intr.* (*relig., plais.*) [*commettre le péché de fornication*] fornicare.

fornix |fɔʀniks| *s.m.* (*anat.*) fornice.

fors |fɔʀ| *prép.* (*vx.*) → **excepté, sauf.**

forsythia |fɔʀsitja| *s.m.* (*t.bot.*) forsythia *f.*

1 **fort** |fɔʀ| *adv.* **I** **1** [*avec de la force physique, en fournissant un gros effort*] forte: *frapper fort* colpire forte; *serrer très fort* chiudere molto forte; *respirez fort!* respirate forte! **2** [*avec une grande intensité*] forte: *le vent souffle fort* il vento soffia forte; *parler, crier fort* parlare, gridare forte ◇ *loc.* Y ALLER FORT [*exagérer*] esagerare *v.intr.* **II** (*vieilli*) (*adv. de quantité*) **1** (*avec un v.*) molto, assai: *j'en doute fort* ne dubito molto, assai # *il aura fort à faire pour vous convaincre* avrà un bel da fare per convincervi; *cet homme me déplaît fort* quest'uomo non mi piace affatto → **beaucoup** **2** (*devant un adj. ou un adv.*) molto: *un homme fort occupé* un uomo molto occupato; *je le sais fort bien* lo so molto bene → **très,** 1 **bien.**

2 **fort** |fɔʀ| *s.m.* **1** [*personne qui a la force* (*morale, matérielle*)] forte: *protéger le faible contre le fort* proteggere il debole dal forte → **puissant** **2** *les forts des Halles* [*les employés des anciennes Halles de Paris*] i facchini dei Mercati generali di Parigi (ora distrutti).

3 **fort** |fɔʀ| *s.m.* (*milit., cour.*) forte → **forteresse, fortin.**

fort, forte |fɔʀ, fɔʀt| **I** *adj.* **1** [*qui a de la force physique, un grand pouvoir d'action*] forte, robusto: *un homme fort* un uomo forte, robusto; *le sexe fort* il sesso forte; *être fort comme un Turc, comme un bœuf* essere forte come un toro → **robuste, vigoureux, costaud** ◇ (*loc.*) *prêter main-forte à qqn.* dare man forte a qc.; *recourir à la manière forte* usare la maniera forte, la violenza **2** [*considérable par les dimensions*] grande, grosso → **grand, gros** ◇ (*personnes et surtout femmes: euphémisme pour gros*) *femme forte, un peu forte* donna prosperosa, in carne → **corpulent;** *personne forte des hanches* persona larga di fianchi; *une forte poitrine* un petto prosperoso, un seno forte; *avoir la taille assez forte* essere di corporatura piuttosto grossa → **large** **3** [*qui a une grande force intellectuelle*] forte, ferrato: *être fort sur une question* essere ferrato su un argomento; *être fort à un exercice, un jeu* essere forte, abile in un esercizio, in un giuoco → **bon, doué, habile** ◇ (*par plais.*) *il est très fort pour parler, c'est un fort en gueule* è bravo solo a parole → **bavard** ◇ (*choses, fam.*) *j'ai lu son dernier roman, ce n'est pas très fort* ho letto il suo ultimo romanzo, non è un gran che → **intelligent** **4** (*choses*) [*qui résiste*] forte, resistente: *fil fort* filo forte; *papier fort* carta resistente; *colle forte* colla forte **5** [*fortifié*] *une place forte* una piazzaforte; *un château fort* una roccaforte, una fortezza; *un coffre-fort* una cassaforte **6** (*sur le plan moral*) [*qui est capable de résister*] forte: *être fort dans l'adversité, dans l'épreuve* essere forte nelle avversità, nelle traversie → **courageux, énergique,** 1 **ferme** # *une forte tête* un tipo ribelle, una testa calda **7** [*qui agit beaucoup ou efficacement*] forte, violento: *coup très fort* colpo fortissimo, violento; *forte poussée* forte spinta; *un vent fort* un forte vento → **énergique, violent** ◇ (*avant le nom*) [*qui dépasse la normale*] forte: *forte montée, forte descente* forte salita, discesa; salita, discesa ripida; *forte fièvre* febbre alta, forte; *payer une forte somme* pagare una forte somma; *il a de fortes chances* ha forti probabilità → **gros** # *fortes chutes de neige* abbondanti nevicate → **abondant** ◇ (*après le nom*) *payer le prix fort* pagare un alto prezzo **8** [*dont l'intensité a une grande action sur les organes des sens*] forte: *accent fort* accento forte; *consonne forte* consonante forte; *lumière forte* luce forte, intensa ◇ (*mus.*) *temps fort* tempo forte; *voix forte* voce forte → **sonore** ◇ (*par ext.*) *des odeurs fortes* odori forti; *tabac fort* tabacco forte; *goût fort, saveur forte* sapore forte; *café, thé fort* caffè, tè forte; *liqueurs fortes* liquori forti # *haleine forte* alito pesante; *moutarde forte* senape piccante; *fromage fort* formaggio piccante ◇ (*abstrait*) *douleur trop forte* dolore troppo forte, intenso → **grand, intense** # *à plus forte raison* a maggior ragione; *faire une forte impression sur qqn.* fare una grande impressione a, su qc.; *avoir une forte envie de gifler qqn.* avere una gran voglia di prendere a schiaffi qc. **9** [*difficile à croire ou à supporter par son caractère excessif*] *ça c'est fort!, c'est un peu fort!* questa poi!, questa è proprio grossa!; *la plaisanterie est un peu forte* è uno scherzo un po' pesante → **exagéré, inouï** ◇ (*fam.*) *elle est forte celle-là!* (*se dit d'une histoire, d'une aventure étonnante*) buona questa!, questa è buona!; *le plus fort, c'est que...* il più bello è che...; *ce qu'il y a de plus fort, c'est que...* quel che è peggio è che... → **extraordinaire** ◇ (*loc.*) *c'est plus fort que de jouer au bouchon* incredibile, ma vero **10** [*qui agit avec force*] *les explosifs les plus forts* i più potenti esplosivi; *un remède fort* un rimedio efficace → **efficace** **11** (*personnes*) [*qui a un grand pouvoir d'action, de l'influence*] potente, forte: *il est fort parce qu'il est riche* è potente perché è ricco → **influent, puissant** ◇ *loc.* ÊTRE FORT DE [*puiser sa force, sa confiance dans*] farsi forte di: *être fort de la protection, de l'aide de qqn.* farsi forte della protezione, dell'aiuto di qc. ~ *se porter fort pour qqn.* rendersi garante per qc. ~ SE FAIRE FORT *inv.* DE (+ *inf.*) [*se déclarer assez fort pour*] dirsi sicuro di (+ *inf.*): *elle se fait fort de réussir* si dice sicura di riuscire → **targuer (se), vanter (se)** **12** [*qui a la force, ou n'hésite pas à employer la contrainte*] forte: *État, gouvernement fort* Stato, governo forte; *l'homme fort du régime* l'uomo forte del regime; *une armée forte* un esercito forte ◇ (*au jeu*) *garder la carte la plus forte pour la dernière levée* conservare la carta più forte per l'ultima giocata **13** [*qui agit efficacement, produit des effets importants*] *sentiment plus fort que la raison* sentimento più forte della ragione; *c'est plus fort que moi* è più forte di me **II** *s.m.* **1** [*le côté, l'aspect fort qui révèle le plus de puissance, de valeur*] lato forte: *le fort et le faible d'une personne* il lato forte e il lato debole di una persona ◇ (*après un poss.*) forte: *c'est son fort* è il suo forte ◇ (*fam., iron.*) *la générosité n'est pas son fort* la generosità non è il suo forte **2** (*fig.*) *au fort de l'été, de l'hiver* nel bel mezzo dell'estate, dell'inverno; in piena estate, in pieno inverno; *le fort de la forêt* il folto della foresta → 3 **cœur,** 1 **milieu** [C] 1 1 **faible, fragile,** 2 **mince** 1, 3 **faible, nul** 2, 7 **doux, faible.**

forte |fɔʀte| *adv.* (*mus.*) forte: *passage à exécuter forte* passo da eseguire forte ◆ (*s.m.inv.*) *des forte* dei forte [C] **piano** 2.

fortement |fɔʀtəmɑ̃| *adv.* **1** [*avec force*] fortemente, con forza (*loc. inv.*): *serrer fortement* stringere fortemente, con forza → 1 **fort, vigoureusement** # *désirer, espérer fortement* desiderare, sperare intensamente; *je vous y exhorte fortement* vi esorto vivamente → **vivement, intensément** **2** [*beaucoup, très*] molto, parecchio: *des contours fortement marqués* contorni molto marcati; *il a été fortement intéressé par ce projet* questo progetto l'ha parecchio, molto interessato; *boîter fortement* zoppicare parecchio → **nettement.**

forte-piano |fɔʀtepjano| *adv.* (*mus.*) forte-piano ♦ (*s.m.inv.*) *des forte-piano* dei forte-piano.
forteresse |fɔʀtəʀɛs| *s.f.* **1** fortezza: *investir une forteresse* assediare une fortezza; *forteresse imprenable, inexpugnable* fortezza imprendibile, inespugnabile → **citadelle,** 3 **fort 2** (*par ext.*) *forteresse volante* fortezza volante.
fortiche |fɔʀtiʃ| *adj.* (*fam.*) **1** [*fort robuste*] ben piantato, ben messo → **costaud 2** [*habile, malin, calé*] dritto: *c'est un fortiche* è un dritto.
fortifiable |fɔʀtifjabl(ə)| *adj.* [→ FORTIFIER] fortificabile.
fortifiant, ante |fɔʀtifjɑ̃, ɑ̃t| *adj. et s.m.* (*aliments, boissons*) [*qui fortifie*] ricostituente, tonico*: *nourriture fortifiante* cibo ricostituente; *médicament fortifiant* farmaco ricostituente → **reconstituant, 1 tonique** ♦ (*s.m.*) *un fortifiant* un ricostituente, un tonico.
fortification |fɔʀtifikɑsjɔ̃| *s.f. spécialt. au plur.* fortificazione *sing.*, fortificazioni.
fortifier |fɔʀtifje| *v.tr.* **1** [*rendre fort, vigoureux; donner plus de force à*] fortificare, irrobustire (197): *l'exercice fortifie le corps* l'esercizio fortifica, irrobustisce il corpo # *nourriture qui fortifie* cibo corroborante; *remède qui fortifie* ricostituente → **soutenir 2** (*abstrait*) corroborare, rafforzare: *fortifier son âme* corroborare lo spirito; *fortifier sa volonté* rafforzare la (propria) volontà # *le temps fortifie l'amitié* il tempo rinsalda l'amicizia → **augmenter, renforcer 3** [*munir d'ouvrages de défense*] fortificare ♦ (*au p.p.*) *ville fortifiée* città fortificata **C** 1 **affaiblir.**
fortifs |fɔʀtif| *s.m.pl.* (*pop.*) [*les anciennes fortifications de Paris*] fortificazioni *f.*, bastioni di Parigi.
fortin |fɔʀtɛ̃| *s.m.* fortino.
fortiori |fɔʀsjɔʀi| *loc.adv.* → **a fortiori.**
fortissimo |fɔʀtisimo| *adv.* (*mus.*) fortissimo ♦ (*s.m.inv.*) *un fortissimo* un fortissimo **C** **pianissimo.**
fortuit, uite |fɔʀtɥi, ɥit| *adj.* fortuito, casuale: *un événement fortuit* un avvenimento fortuito; *cas fortuit* caso fortuito → **accidentel, imprévu** ♦ (*s.m.*) *le fortuit* il caso.
fortuitement |fɔʀtɥitmɑ̃| *adv.* [*par hasard*] per caso, fortuitamente: *c'est arrivé fortuitement* è accaduto per caso, casualmente → **accidentellement.**
fortune |fɔʀtyn| *s.f.* **I 1** UNE FORTUNE [*ensemble des biens, des richesses*] fortuna, patrimonio* (*m.*): *grande, grosse fortune* ingente fortuna, grosso patrimonio; *les biens qui composent sa fortune* i beni che costituiscono la sua fortuna, il suo patrimonio; *partager sa fortune entre ses enfants* dividere il patrimonio tra i propri figli; *administrer, gérer sa fortune* amministrare, gestire il proprio patrimonio → 2 **argent, capital, richesse** # *situation de fortune* situazione finanziaria, patrimoniale **2** LA FORTUNE [*ensemble de biens d'une valeur considérable*] le ricchezze *pl.*, i beni (*m.pl.*): *avoir, posséder de la fortune* avere, possedere dei beni, delle ricchezze # *épouser une femme sans fortune* sposare una donna senza dote ◇ (*loc.*) *faire fortune* fare fortuna **II 1** (*littér.*) [*hasard, sort*] fortuna (*cour.*), sorte (*cour.*): *les caprices de la fortune* i capricci della fortuna, della sorte; *la fortune lui fut contraire* la sorte gli fu avversa # *être favorisé par la fortune* essere fortunato **2** *la Fortune* la (dea) Fortuna **3** (*dans des expressions*) [*événements heureux ou malheureux*] sorte, ventura: *la fortune des armes* la sorte, il responso delle armi → **chance** ◇ *loc.* BONNE FORTUNE [*chance heureuse*] fortuna, successo (*m.*): *avoir la bonne, heureuse fortune de* avere la fortuna di ~ MAUVAISE FORTUNE [*malheur, malchance*] cattiva, mala sorte; sfortuna: *faire contre mauvaise fortune bon cœur* [*se résigner*] far buon viso a cattiva sorte ~ *chercher, tenter fortune* cercare fortuna; tentare la sorte, la fortuna → **aventure** ~ *être l'artisan de sa fortune, bâtir sa fortune* essere artefice della propria fortuna, del proprio successo; *revers de fortune* rovescio di fortuna ~ (*fam.*) *dîner à la fortune du pot* [*sans façon*] mangiare q.c. così alla buona ~ DE FORTUNE di fortuna, improvvisato (*adj.*): *une installation de fortune* una sistemazione di fortuna, improvvisata; *des moyens de fortune* mezzi di fortuna ◇ (*mar.*) *voile de fortune* fortuna, vela di fortuna: *fortune carrée* vela di fortuna quadrata **4** (*choses*) [*carrière, destin*] fortuna: *la fortune d'une œuvre d'art, d'un livre* la fortuna di un'opera d'arte, di un libro.
fortuné, ée |fɔʀtyne| *adj.* **1** [*qui a de la fortune*] facoltoso, abbiente → **aisé, riche 2** (*littér.*) [*heureux*] felice (*cour.*): *un séjour fortuné* un felice soggiorno.
forum |fɔʀɔm| *s.m.* (*antiq. rom.*) foro ◇ (*fig*). foro ◇ [*colloque, symposium*] convegno, simposio*.
forure |fɔʀyʀ| *s.f.* (*techn.*) foro *m.*, buco* (*m.*): *la forure d'une clef* il foro, il buco di una chiave.
fosse |fos| *s.f.* **1** fossa, buca*: *creuser, faire une fosse* scavare, fare una fossa, una buca; *fosse aux ours, aux lions* fossa degli orsi, dei leoni; *fosse à purin* fossa per il letame; *fosse fixe, étanche, septique* fossa settica, biologica → **excavation, fossé** # *jeter un prisonnier dans une fosse* gettare un prigioniero in una segreta; *fosse d'aisances* pozzo nero → **oubliette** ◇ (*auto.*) buca ◇ (*ch. de fer*) *fosse à piquer* fossa a fuoco ◇ (*techn.*) *fosse de remplissage* fossa di riempimento **2** [*trou creusé en terre pour l'inhumation des morts*] fossa: *fosse commune* fossa comune; *ensevelir, enterrer qqn. dans une fosse* seppellire, sotterrare qc. in una fossa → **tombe** ◇ (*fig.*) *creuser sa fosse* scavarsi la fossa **3** (*géol.*) *fosse géologique* fossa, depressione geologica **4** (*anat.*) *fosses nasales* fosse nasali; *fosses orbitaires* fosse, cavità *inv.* orbitali.
fossé |fose| *s.m.* **1** (*concret*) fosso, fossato: *fossés qui bordent une roue* fossi, fossati che fiancheggiano una strada; *la voiture est allée dans le fossé* la macchina è andata a finire nel fosso → **canal, tranchée** ◇ (*loc. prov.*) *au bout du fossé la culbute* [*la ruine*] tutti i nodi vengono al pettine **2** (*fortif.*) fossato; buca* (*f.*): *fossé plein d'eau* fossato pieno d'acqua → 1 **douve** ‖ *fossé antichars* buca anticarro ◇ (*géol.*) fossa *f.* **3** (*abstrait*) [*cassure, rupture*] rottura *f.*, frattura (*f.*): *le fossé s'est élargi entre eux* la rottura, la frattura fra di loro si è fatta più profonda → **abîme.**
fossette |fosɛt| *s.f.* **1** fossetta **2** (*au jeu de billes*) buchetta.
fossile |fo(ɔ)sil| *adj.* **1** (*géol., cour.*) fossile: *plantes, végétaux, animaux fossiles* piante, vegetali, animali fossili; *combustibles fossiles* combustibili fossili ♦ (*s.m.*) *un fossile* un fossile **2** (*fig., fam.*) [*qui est très arriéré*] fossile, antiquato: *idées fossiles* idee fossili → **démodé, vieux** ♦ *s.m.* (*personnes*) *un vieux fossile* un vecchio fossile.
fossilifère |fo(ɔ)silifɛʀ| *adj.* (*géol.*) fossilifero: *calcaire fossilifère* calcare fossilifero.
fossilisation |fo(ɔ)silizɑsjɔ̃| *s.f.* (*géol.*) fossilizzazione.
fossiliser |fo(ɔ)silize| *v.tr.* **1** [*rendre fossile; amener à l'état de fossile*] fossilizzare → **pétrifier 2** (*fig., fam.*) fossilizzare ♦ (*au p.p.*) *mœurs fossilisées d'un pays rétrograde* usanze antiquate di un paese arretrato → **arriéré.**
fossoir |foswaʀ| *s.m.* mazza *f.* per vigneti.
fossoyer |fo(ɔ)swaje| (10) *v.tr.* [*creuser* (*une fosse, un fossé*)] scavare: *fossoyer une tombe* scavare una tomba.
fossoyeur |fo(ɔ)swajœʀ| *s.m.* **1** [*celui qui creuse les fosses dans un cimetière*] becchino, affossatore **2** (*fig., littér.*) [*personne qui anéantit, ruine qqch.*] affossatore: *les fossoyeurs d'une civilisation, d'une doctrine* gli affossatori di una civiltà, di una dottrina → **démolisseur.**
fou, fol, folle |fu, fɔl| **I** *s.* FOU *ou* FOL **1** (*ne s'emploie plus en psychiatr.*) [*personne atteinte de troubles mentaux*] pazzo, matto: *fou délirant* pazzo furioso; *fou visionnaire* pazzo visionario → **aliéné, dément** ◇ (*fig.*) *maison de fous* casa, gabbia di matti ◇ (*fam.*) *histoire de fous* barzelletta di matti; storia pazzesca*, da manicomio # *c'est une véritable histoire de fous que vous me racontez là!* è pazzesco quel che mi dite ◇ (*littér.*) *la folle du logis* [*l'imagination*] l'immaginazione (*cour.*), la fantasia (*cour.*) **2** (*ancienn.*) [*bouffon*] buffone ◇ (*échecs*) alfiere **3** [*personne qui se comporte d'une manière extravagante*] pazzo: *un jeune fou* un giovane pazzo; *une vieille folle* una vecchia pazza; *courir comme un fou* correre come un pazzo **4** [*personne d'une gaieté vive et exubérante*] matto: *les enfants ont fait les fous toute la journée* i bambini han fatto i matti tutta la giornata ◇ (*prov.*) *plus on est de fous, plus on rit* molta brigata, vita beata **5** (*t.zool.*) sula *f.* **II** *adj.* ('*fol*' *devant un s. sing. commençant par une voyelle ou un* '*h*' *aspiré*: '*fol espoir, fol hasard*'; *ou par archaïsme, par plaisanterie et dans des loc. toutes faites*: '*fol qui s'y fie*') **1** [*qui est hors de soi*] pazzo, folle: *fou de joie, de colère* pazzo, folle di gioia, di collera; *sa lenteur me rend fou* la sua lentezza mi rende pazzo, mi fa impazzire # *il y a de quoi devenir fou!* c'è da impazzire!, da ammattire! **2** FOU DE pazzo di; fanatico* di: *elle est folle de lui* è (innamorata) pazza di lui → **amoureux, fanatique** ‖ *être fou de musique, de peinture* essere fanatico di musica, di pittura; andar matto per la musica, la pittura **3** [*qui se comporte d'une façon peu sensée*] matto, squilibrato: *il est fou à lier* è matto da legare; *il faut être fou pour...* bisogna essere matti, squilibrati per... → **anormal, bizarre,**

déraisonnable ◇ (*fam.*) *il n'est pas fou* non è mica stupido, è un dritto *s.* # *regard fou* [*qui dénote la folie*] sguardo stralunato; *fou rire* [*rire que l'on ne peut réprimer*] risarella (*fam.*) → **hagard** ◇ (*choses, notions abstraites*) [*contraire à la raison, à la sagesse*] folle, pazzesco*: *idée folle* idea folle, pazzesca; *l'amour fou* l'amore folle, il folle amore → **absurde, déraisonnable** ◇ (*dr.*) *folle enchère* offerta di aggiudicatario inadempiente **4** (*par anal.*) (*après un s.*) [*dont le mouvement est irrégulier, incontrôlable*] impazzito: *boussole folle* bussola impazzita # *herbes folles* erbacce; *moteur fou* motore imballato ◇ (*fam.*) *patte folle* [*jambe qui boite*] gamba matta, zoppa **5** (*se dit de plantes sauvages*) *folle avoine* avena fatua, selvatica **6** (*après le s.*) *un succès fou* un successo strepitoso; *prix fou* prezzo pazzesco; *il y avait un monde fou à cette réception* c'era un sacco di gente a quel ricevimento; *il a eu un mal fou pour y parvenir* per lui, è stata una faticaccia riuscirci; ha faticato un sacco per riuscirci → **énorme, immense, prodigieux**; *ce collier, c'est fou ce qu'il est cher* è pazzesco quanto è cara questa collana **7** (*vx. en psychiatr.*) [*atteint de troubles mentaux*] pazzo (*cour.*), matto (*cour.*): *il est à moitié fou* è mezzo matto # *il est devenu fou et on a dû l'enfermer* è impazzito e hanno dovuto rinchiuderlo (in manicomio) Ⓒ II 3 **équilibré, sensé.**

fouace |fwas|, **fougasse** |fugas| *s.f.* (*région.*) [*galette cuite*] focaccia*.

fouage |fwaʒ| *s.m.* (*féod.*) focatico*.

fouaille |fwɑj| *s.f.* (*ven.*) frattaglie *pl.* di cinghiale (date in pasto ai cani).

fouailler |fwɑje| *v.tr.* (*vx., littér.*) [*frapper de coups de fouet répétés*] fustigare, sferzare (ripetutamente) → **battre, fouetter.**

foucade |fukad| *s.f.* (*littér., vx.*) [*élan capricieux, emportement passager*] capriccio* *m.* (*cour.*), ghiribizzo *m.* (*cour.*): *c'est une foucade, ça lui passera* è un capriccio, gli passerà → **caprice, toquade, fantaisie.**

1 **foudre** |fudʀ(ə)| *s.* **I** *s.f.* **1** [*décharge électrique qui se produit par temps d'orage*] fulmine *m.*, folgore: *la foudre éclate, tombe* il fulmine scoppia, cade; *arbres frappés par la foudre* alberi colpiti dal fulmine → 1 **éclair, tonnerre** **2** (*fig.*) *coup de foudre* colpo di fulmine, 'coup de foudre' *inv.* **3** (*au plur.*) *les foudres* [*condamnation, reproches*] i fulmini: *les foudres de l'Église* i fulmini della Chiesa **II** *s.m.* (*iron.*) *un foudre de guerre* un fulmine di guerra.

2 **foudre** |fudʀ(ə)| *s.m.* **1** [*grand tonneau*] grossa botte (*f.*): *un foudre de vin* una grossa botte di vino → **futaille** **2** (*techn.*) galleria *f.* aerodinamica del vento.

foudroiement |fudʀwamɑ̃| *s.m.* (*rare*) [→ FOUDROYER 1] folgorazione *f.*

foudroyant, ante |fudʀwajɑ̃, ɑ̃t| *adj.* [*qui a la violence de la foudre*] fulmineo, folgorante: *attaque foudroyante* attacco fulmineo; *succès foudroyant* successo folgorante.

foudroyer |fudʀwaje| (10) *v.tr.* **1** [*frapper, tuer par la foudre, par une décharge électrique*] fulminare, folgorare: *deux personnes ont été foudroyées pendant l'orage* due persone sono rimaste folgorate durante il temporale ◇ (*par anal.*) *il a été foudroyé par le courant à haute tension* è stato fulminato dalla corrente ad alta tensione **2** [*tuer, anéantir avec soudaineté*] fulminare: *une crise cardiaque l'a foudroyé* è stato fulminato da una crisi cardiaca ◇ (*par métaph.*) *foudroyer qqn. du regard* fulminare, folgorare qc. con lo sguardo.

fouet |fwɛ| *s.m.* **I** **1** frusta *f.*, sferza (*f.*): *donner un coup de fouet* dare un colpo di frusta; dare una frustata, una sferzata; *faire claquer son fouet* fare schioccare la frusta # *fouet de manège* frustino, scudiscio → **chambrière** ◇ (*ancienn.*) *fouet de guerre, d'armes* mazzafrusto → 1 **fléau** ◇ *loc.* DE PLEIN FOUET in pieno: *joueur qui frappe sa balle de plein fouet* giocatore che colpisce in pieno la palla # *tir de plein fouet* tiro diretto, radente ◇ (*fig.*) COUP DE FOUET [*excitation, impulsion vigoureuse*] frustata *f.*, sferzata (*f.*): *médicament qui donne un coup de fouet à l'organisme* medicinale che dà una frustata, una sferzata all'organismo # *l'imagination en reçoit un coup de fouet* l'immaginazione ne riceve uno stimolo intenso ◇ [*douleur soudaine*] fitta *f.* **2** [*cordelette qui sert à serrer un livre à la reliure*] cordicella *f.* ◇ (*mar.*) *poulie à fouet* bozzello a coda **3** (*zool.*) *le fouet de l'aile* l'estremità *f.inv.* dell'ala; *le fouet de la queue* [*touffe de poil*] il fiocco* della coda **4** [*appareil servant à battre les sauces, les œufs, etc.*] frullino, frusta: *fouet mécanique* frullino meccanico **II** [*châtiment infligé avec un fouet ou des verges*] frustata, sferzata # *le supplice du fouet* la flagellazione → **flagellation.**

fouettard, arde |fwɛtaʀ, aʀd(ə)| (*adj.*) *père fouettard*; *mère fouettarde* [*personnages dont on menace les enfants*] orco* *s.m.*, babau *s.m.inv.*; orchessa *s.f.* → **croquemitaine.**

fouetté, ée |fwete| **1** (*adj*). *crème fouettée* [*battue*] panna montata **2** *s.m.* (*danse*) *un fouetté* una piroetta *f.*

fouettement |fwɛtmɑ̃| *s.m.* [→ FOUETTER A 1, 2; B 1] lo sferzare *inv.*, il picchiare (*inv.*): *le fouettement de la pluie sur les vitres* lo sferzare, il picchiare della pioggia sui vetri.

fouetter |fwete| **A** *v.tr.* **1** [*frapper avec un fouet*] frustare, sferzare: *être fouetté jusqu'au sang* essere frustato a sangue; *fouetter un cheval* frustare un cavallo → **flageller, fouailler** ◇ (*loc.*) *avoir d'autres chats à fouetter* avere altre gatte da pelare **2** [*frapper comme avec un fouet*] sferzare: *la pluie lui fouettait le visage* la pioggia gli sferzava il viso ◇ [*battre vivement*] sbattere, frullare: *fouetter des œufs en neige* sbattere, frullare delle uova a neve; *crème fouettée* panna montata **3** (*fig.*) [*stimuler*] stimolare: *fouetter le désir* stimolare il desiderio → **allumer, exciter** **B** *v.intr.* **1** [→ *tr.* 2] picchiare, (s)battere: *la pluie fouette contre les volets* la pioggia picchia, batte contro le imposte; *une jument qui fouette de la queue* una giumenta che sbatte *tr.* la coda **2** (*pop.*) [*sentir mauvais*] puzzare (*cour.*) # *ça fouette ici!* che puzza c'è qui! → **puer** **3** (*pop.*) [*avoir peur*] farsela (103) *pron.* sotto, addosso (per la paura).

fou-fou |fufu|, **fofolle** |fɔfɔl| *adj.* [*un peu fou, folle*] pazzerellone.

1 **fougasse** |fugas| *s.f.* (*vx.*) [*mine explosive souterraine*] mina (*cour.*).

2 **fougasse** |fugas| *s.f.* (*région.*) → **fouace.**

fouger |fuʒe| (3) *v.intr.* (*vén., sangliers*) [*fouiller le sol à coups de boutoir*] grufolare.

fougeraie |fuʒʀɛ| *s.f.* [*lieu, champ où poussent les fougères*] felceta, felceto (*m.*): *fougeraie artificielle* felceta artificiale.

fougère |fuʒɛʀ| *s.f.* (*t.bot.*) felce.

fougerole |fuʒʀɔl| *s.f.* piccola felce.

1 **fougue** |fug| *s.f.* [*ardeur impétueuse*] foga*, impeto (*m.*): *la fougue de la jeunesse* la foga, l'impeto giovanile; *la fougue d'un orateur* la foga di un oratore → 1 **élan, emportement** Ⓒ **calme** 1, **froideur.**

2 **fougue** |fug| *s.f.* (*mar.*) albero *m.* di contromezzana → 2 **perroquet.**

fougueusement |fugøzmɑ̃| *adv.* [*avec* (1) *fougue*] impetuosamente: *attaquer fougueusement* attaccare impetuosamente.

fougueux, euse |fugø, øz| *adj.* [*qui a de la* (1) *fougue*] focoso, impetuoso: *cheval fougueux* cavallo focoso; *jeunesse fougueuse* gioventù focosa, impetuosa; *caractère fougueux* carattere focoso → **ardent, enthousiaste** Ⓒ **calme** 2, **froid.**

fouille |fuj| *s.f.* **1** [→ FOUILLER A 1] scavo (*m.*): *fouille à ciel ouvert* scavo a cielo aperto **2** [→ FOUILLER A 2] perquisizione, ispezione: *fouille des bagages en douane* ispezione dei bagagli alla dogana; *les individus arrêtés dans la rafle ont été soumis à une fouille en règle* gli individui arrestati nella retata sono stati sottoposti a una perquisizione in piena regola.

fouillé, ée |fuje| *adj.* [*approfondi dans le détail*] approfondito: *une étude très fouillée* uno studio molto approfondito.

fouiller |fuje| **A** *v.tr.* **1** [*creuser* (*un sol, un emplacement*) *pour y chercher qqch.*] fare (103) scavi (in, su), scavare: *fouiller un terrain riche en vestiges de l'antiquité* fare scavi in un terreno ricco di vestigia dell'antichità **2** [*explorer avec soin en tous sens*] battere; scavare un terreno, ispezionare: *fouiller les buissons* battere i cespugli ‖ *douanier qui fouille des bagages* doganiere che ispeziona i bagagli → **examiner, visiter** # *fouiller qqn., un voleur* perquisire qc., un ladro **3** (*arts*) [*tailler en évidant*] intagliare ◇ (*abstrait*) [*creuser, approfondir*] approfondire (197): *fouiller une description* approfondire una descrizione **B** *v.intr.* **1** [*faire un creux dans le sol*] scavare: *animaux qui fouillent pour trouver leur nourriture* animali che scavano per trovare il cibo → **fouir** **2** [*faire des recherches*] frugare, rovistare: *fouiller dans ses poches* frugarsi nelle tasche; *fouiller dans les tiroirs* rovistare nei cassetti → **chercher, fouiner** ◇ (*fig.*) *fouiller dans le passé, dans ses souvenirs* frugare nel passato, nei ricordi **C** *v.pron. réfl.* SE FOUILLER (*fam.*) *il peut se fouiller* [*il ne doit pas espérer obtenir ce qu'il désire*] se lo può togliere (123) dalla testa; può scordarselo; *tu peux toujours te fouiller* puoi togliertelo dalla testa → **brosser** (se).

fouilleur, euse |fujœʀ, øz| *s.* **1** *s.* [*personne qui aime à fouiller* (B 2)] rovistatore*: *un fouilleur d'archives* un rovistatore d'archivi → **fouineur, fureteur, rat (de bibliothèque)** ♦ (*s.f.*) fouilleuse [*femme qui, dans les services de police ou de douane, est chargée de fouiller les femmes*] addetta alla perquisizione **2** *s.f.* (*agric.*) aratro-talpa *m.*

fouillis |fuji| *s.m.* (*fam.*) [*objets réunis pêle-mêle*] disordine (*cour.*), guazzabuglio* (*cour.*): *quel fouillis!* che disordine!; *en fouillis* in disordine → **désordre, confusion, fatras** ◇ (*fig.*) *un fouillis d'idées, de souvenirs confus* un guazzabuglio di idee, di ricordi confusi.

fouinard, arde |fwinaʀ, aʀd(ə)| *adj. et s.* (*fam.*) [*fouineur*] curiosone (*cour.*), ficcanaso *s. inv. al f.* (*cour.*).

fouine |fwin| *s.f.* (*t.zool.*) faina: *la fouine saigne les volailles* la faina sgozza i gallinacei ◇ (*par compar.*) *curieux, rusé comme une fouine* curioso, furbo come una faina; *cet homme a une tête de fouine* quell'uomo ha una faccia da faina → **chafouin.**

fouiner |fwine| *v.intr.* (*fam.*) [*fouiller indiscrètement dans les affaires des autres*] frugare (*cour.*), ficcare *tr.* (*cour.*) il naso: *il n'aime pas qu'on vienne fouiner dans ses affaires* non gli piace che si ficchi il naso nelle sue cose → **fureter.**

fouineur, euse |fwinœʀ, øz| *adj.* [*qui cherche indiscrètement, fouine partout*] curioso: *il a l'air fouineur et soupçonneux* ha un'aria curiosa e sospettosa → **curieux, fureteur** ♦ (*s.*) *une petite fouineuse* una curiosetta.

fouir |fwiʀ| *v.tr.* (*surtout en parlant des animaux*) [*creuser* (*la terre, le sol*)] scavare: *les taupes fouissent leurs galeries dans le jardin* le talpe scavano le loro gallerie nel giardino.

fouisseur, euse |fwisœʀ, øz| *s.m.* (*se dit des animaux qui creusent le sol avec une grande facilité*) (animale) scavatore ♦ (*adj.*) *pattes fouisseuses* zampe scavatrici.

foulage |fulaʒ| *s.m.* [→ FOULER A 1] follatura *f.*, pigiatura (*f.*): *foulage du raisin* follatura, pigiatura dell'uva → **écrasement** ◇ (*tissus*) follatura, gualca* *f.*, feltratura *f.* ◇ (*cuirs, peaux*) pressatura *f.*, cilindratura *f.*

foulant, ante |fulɑ̃, ɑ̃t| (*adj.*) **1** *pompe aspirante et foulante* [*qui élève le niveau d'un liquide par pression*] pompa aspirante e premente **2** (*pop.*) (*surtout négatif*) [*fatigant*] faticoso (*cour.*), pesante (*cour.*): *ce n'est pas un travail bien foulant* non è un lavoro molto faticoso, molto pesante → **fouler (se), cassant.**

foulard |fulaʀ| *s.m.* **1** 'foulard' *inv.*, fazzoletto (di seta) **2** [*coiffure faite avec un mouchoir*] fazzoletto.

foule |ful| *s.f.* **1** folla: *foule grouillante* folla brulicante; *se mêler à la foule* mescolarsi tra la folla → **affluence, monde** # *il y a foule* c'è ressa **2** LA FOULE (*opposé à 'l'élite'*) la massa → **1 masse, multitude** **3** (*personnes, choses*) UNE FOULE DE [*un grand nombre de*] un gran numero *m.*, una (gran) quantità di: *une foule de clients est venue aujourd'hui* oggi è venuto un gran numero di clienti; *une foule de faits, de documents* una (gran) quantità di fatti, di documenti # *une foule de gens pensent que c'est faux* molta gente pensa che è falso **4** *loc.* EN FOULE [*en grand nombre*] in massa: *le public est venu en foule* il pubblico è venuto in massa.

foulée |fule| *s.f.* (*équit.*) battuta ◇ (*athlétisme*) falcata, battuta: *ce coureur a une magnifique foulée* questo corridore ha una magnifica falcata; *coureur de haies qui fait treize foulées* ostacolista che fa trecidi battute # *suivre un adversaire dans sa foulée* [*de près*] stare alle calcagna di un avversario ◇ (*fig.*) *dans la foulée* di, sullo slancio; *dans la foulée de* nella scia di ◇ (*vén.*) pesta.

fouler |fule| **A** *v.tr.* **1** (*techn.*) [*presser* (*qqch.*) *en appuyant à plusieurs reprises*] gualcare, follare: *fouler des cuirs* gualcare il cuoio; *fouler du drap* follare, feltrare un panno ◇ (*cuis.*) *fouler la pâte* lavorare la pasta **2** (*littér.*) [*presser* (*le sol*) *en marchant dessus*] calcare, calpestare: *fouler le sol de la patrie* calcare, calpestare il suolo della patria ◇ (*par ext.*) FOULER AUX PIEDS [*marcher avec violence sur* (*qqn., qqch.*)] calpestare: *être foulé aux pieds dans la foule* essere calpestato nella calca → **piétiner** ~ (*fig.*) *fouler aux pieds les devoirs, les convenances* calpestare i doveri, le regole della buona creanza → **bafouer** **3** □ *elle s'est foulée la cheville, le pied, le poignet* [*elle s'est donnée une foulure*] si è slogata la caviglia, il piede, il polso ◇ (*fam.*) *se fouler la rate* [*se donner du mal*] darsi (102) da fare (*cour.*) **B** *v. pron. réfl.* SE FOULER **1** (*fam.*) *ne pas se fouler* [*ne pas se fatiguer*] non ammazzarsi di fatica; *il a fait ça sans se fouler* lo ha fatto senza ammazzarsi di fatica **2** → *tr.* 3 □.

foulerie |fulʀi| *s.f.* (*techn.*) reparto *m.* gualcatura; reparto follatura.

fouleur, euse |fulœʀ, øz| *s.* [*personne qui effectue le foulage*] follatore* ♦ *s.f.* (*tissage*) follatrice.

fouloir |fulwaʀ| *s.m.* (*techn.*) follatoio*: *fouloir à raisin* follatoio per uva.

foulon |fulɔ̃| (*s.m.*) *terre à foulon* terra da purgo* ◇ (*techn.*) *moulin à foulon* follone, gualchiera *f.*

foulonnier |fulɔnje| *s.m.* (*techn.*) folloniere.

foulque |fulk(ə)| *s.f.* (*t.zool.*) folaga*.

foultitude |fultityd| *s.f.* (*vieilli, fam.*) *une foultitude de raisons* un sacco* *m.*, un mucchio* *m.* di ragioni → **beaucoup.**

foulure |fulyʀ| *s.f.* [*légère entorse*] slogatura: *foulure du poignet* slogatura del polso.

1 **four** |fuʀ| *s.m.* **1** forno: *four de boulanger* forno per pane; *mettre au four* mettere in forno, infornare; *sortir du four* levare dal forno, sfornare # *petits fours* pasticcini, paste ◇ (*loc.*) *ouvrir la bouche comme un four* spalancare la bocca come un forno ~ *il fait noir comme dans un four* è buio pesto **2** [*partie d'une cuisinière*] forno: *rôti cuit au four* arrosto (cotto) al forno **3** (*techn.*) fornace *f.*, forno: *four à brique* fornace da mattoni; *four au charbon* forno a carbone.

2 **four** |fuʀ| *s.m.* [*insuccès, spécialt. d'une manifestation artistique*] fiasco*: *faire un four* fare fiasco; *la représentation a été un four complet* lo spettacolo è stato un vero fiasco.

fourbe |fuʀb(ə)| *adj.* [*qui trompe en feignant l'honnêteté*] subdolo: *il est fourbe et menteur* è subdolo e falso → **faux, hypocrite, sournois** ◇ (*choses*) *un air fourbe* un'aria furbesca ♦ (*s.*) *un fourbe* un impostore ⓒ **franc, honnête, loyal.**

fourberie |fuʀbəʀi| *s.f.* **1** [*caractère du fourbe*] doppiezza, falsità (*inv.*): *agir avec fourberie* agire con doppiezza, falsità → **hypocrisie** **2** (*littér.*) *une fourberie* [*tromperie hypocrite*] un'impostura → **ruse, trahison.**

fourbi |fuʀbi| *s.m.* (*fam.*) **1** [*tous les objets que possède un soldat*] armamentario* → **attirail, barda** **2** [*les affaires que possède qqn.; choses en désordre*] carabattole *f.pl.*; baraonda (*f.*): *voilà tout mon fourbi* ecco tutte le mie carabattole ‖ *on ne s'y reconnaît pas dans ce fourbi!* non ci si raccapezza in questa baraonda! **3** [*tout objet dont on ne peut dire le nom*] coso, affare: *qu'est-ce que c'est que ce fourbi?* cos'è questo coso, questo affare? → **bidule, chose, machin, truc.**

fourbir |fuʀbiʀ| *v.tr.* [*nettoyer un objet de métal pour le rendre brillant*] forbire (197), lustrare: *fourbir sa batterie de cuisine* forbire, lustrare la batteria da cucina → **astiquer** ◇ (*fig.*) *fourbir ses armes* affilare le armi.

fourbissage |fuʀbisaʒ| *s.m.* [→ FOURBIR] forbitura *f.* → **astiquage.**

forbisseur |fuʀbisœʀ| *s.m.* [*celui qui polit ou monte les armes blanches*] spadaio*, armaiolo → **armurier.**

fourbu, ue |fuʀby| (*adj.*) *cheval fourbu* [*épuisé de fatigue*] cavallo stremato, spossato ◇ (*personnes*) *il se sentait vidé, fourbu* si sentiva svuotato, stremato → **éreinté, moulu, rompu.**

fourbure |fuʀbyʀ| *s.f.* (*vétér.*) arrembatura.

fourche |fuʀʃ(ə)| *s.f.* **I** (*agric.*) forca*: *fourche à deux dents* forca a due denti, bidente ◇ (*mar.*) forca **II** **1** [*disposition en forme de fourche; partie présentant cette position*] forcella: *fourche de bicyclette, de motocyclette* forcella della bicicletta, della motocicletta; *fourche d'un arbre* forcella di un albero **2** (*loc.*) *les Fourches Caudines* le Forche Caudine; (*fig.*) *passer sous les fourches caudines* passare sotto le forche caudine.

fourchée |fuʀʃe| *s.f.* (*agric.*) forcata.

fourche-fière |fuʀʃəfjɛʀ| *s.f.* (*dial., vx.*) [*fourche à deux dents et à long manche*] forcone *m.* (*cour.*).

fourcher |fuʀʃe| **A** (*v.intr.*) *la langue lui a fourché* [*il a prononcé un mot au lieu d'un autre*] ha avuto *tr.* un lapsus → **lapsus** ◇ (*vx.*) [*se diviser en forme de fourche*] biforcarsi *pron.* (*cour.*): *chemin qui fourche* sentiero che si biforca **B** *v.tr.* (*agric.*) [*manipuler avec une fourche*] smuovere (157) con la forca: *fourcher la terre, le fumier* smuovere la terra, il letame con la forca.

fourchette |fuʀʃɛt| *s.f.* **I** **1** forchetta: *fourchette à dessert, à poisson, à escargots, à huîtres* forchetta da dolce, da pesce, per lumache, per ostriche ◇ (*loc.*) *avoir un joli, un bon coup de fourchette* essere una buona forchetta **2** [*pièce ou organe en forme de fourchette*] (*anat.*) *fourchette du sternum* forchetta sternale ◇ (*artill., auto.*) forcella ◇ (*horlogerie*) forchetta dell'ancora ◇ (*zool.*) furcella, forcella **II** **1** (*cartes*) *prendre son adversaire en fourchette* prendere l'avversario in forchetta **2** (*écon.*) forcella.

fourchon |fuʀʃɔ̃| *s.m.* [*dent d'une fourche, d'une fourchette*] rebbio*.

fourchu, ue |fuʀʃy| *adj.* biforcuto, forcuto: *arbre fourchu* albero biforcuto; *pied fourchu* piede biforcuto, caprino # *chemin fourchu* sentiero che si biforca.

1 **fourgon** |fuʀgɔ̃| *s.m.* (*boulangerie*) attizzatoio*, riavolo.

2 **fourgon** |fuʀgɔ̃| *s.m.* **1** furgone: *fourgon automobile* autofurgone; *fourgon mortuaire, funèbre* carro funebre, furgone → **corbillard** **2** [*wagon d'un train servant au transport des bagages*] bagagliaio*: *fourgon de tête, de queue* bagagliaio di testa, di coda.

fourgonner |fuʀgɔne| *v.intr.* **1** [*remuer la braise du four avec un* (1) *fourgon*] sbraciare *tr.*, attizzare *tr.* le braci → **tisonner** **2** (*fig.*) [*fouiller* (*dans qqch.*) *en dérangeant tout*] frugare, rovistare → **fouiller, fourrager.**

fourgonnette |fuʀgɔnɛt| *s.f.* furgoncino *m.*, camioncino *m.*

fourguer |fuʀge| *v.tr.* (*fam.*) [*vendre, placer* (*une mauvaise marchandise*)] rifilare: *il nous a fourgué son pain rassis* ci ha rifilato il pane raffermo → **refiler.**

fouriérisme |fuʀjeʀism(ə)| *s.m.* [*doctrine d'organisation sociale et politique exposée par Fourier*] ⊠.

fouriériste |fuʀjeʀist(ə)| *s. et adj.* [*partisan du fouriérisme*] ⊠.

fourmi |fuʀmi| *s.f.* **1** (*t.zool.*) formica*: ◇ (*cour.*) *fourmi noire, rouge* formica nera, rossa; *fourmis ailées* formiche alate ◇ (*symbole de petitesse*) *d'avion on voyait les gens comme des fourmis* dall'aereo si vedevano le persone come formiche ◇ (*par anal.*) *c'est une fourmi* [*une personne laborieuse, économe*] è una formica **2** (*fig.*) *avoir des fourmis dans les membres* avere un formicolio *m.sing.* nelle membra, sentirsi formicolare le membra.

fourmilier |fuʀmilje| *s.m.* (*t.zool.*) formichiere.

fourmilière |fuʀmiljɛʀ| *s.f.* [*habitation commune où vivent les fourmis*] formicaio* *m.* ◇ (*fig.*) *cette ville est une véritable fourmilière* questa città è un vero formicaio → **ruche.**

fourmi-lion, fourmilion |fuʀmiljɔ̃| *s.m.* (*t.zool.*) formicaleone, mirmicoleone: *des fourmis-lions, des fourmilions* dei formicaleoni.

fourmillant, ante |fuʀmijɑ̃, ɑ̃t| *adj.* brulicante, formicolante → **grouillant.**

fourmillement |fuʀmijmɑ̃| *s.m.* **1** [→ FOURMILLER 1] brulichio*, formicolio*: *un fourmillement de vers, d'insectes* un brulichio di vermi, di insetti → **grouillement, pullulement** ◇ (*fig.*) *un fourmillement d'idées, d'événements* un pullulare *inv.* di idee, l'incalzare *inv.* degli avvenimenti → **foisonnement** **2** [→ FOURMILLER 2] formicolio.

fourmiller |fuʀmije| *v.intr.* **1** [*s'agiter ou être en grand nombre*] formicolare, brulicare → **pulluler** ◇ (*par ext.*) *les erreurs fourmillent dans ce texte* gli errori pullulano, abbondano in questo testo → **abonder** ◇ *loc.* FOURMILLER DE essere (96) (*aux.* essere) pieno di, pullulare di: *cette déclaration fourmille d'inexactitudes* questa dichiarazione è piena di inesattezze **2** [*être le siège d'une sensation de picotement*] formicolare: *les mains me fourmillent* le mani mi formicolano, sento un formicolio alle mani → **démanger.**

fournaise |fuʀnɛz| *s.f.* **1** fornace **2** (*fig.*) [*endroit très chaud, surchauffé*] fornace, forno (*m.*): *cette chambre sous les combles est une vraie fournaise en été* questa stanza sotto i tetti è una vera fornace, un vero forno in estate.

fourneau |fuʀno| *s.m.* **I** **1** (*techn., cour.*) forno: *fourneau à bois, à charbon* forno a legna, a carbone ◇ HAUT FOURNEAU altoforno: *des hauts fourneaux* degli altiforni **2** [*appareil sur lequel on fait cuire les aliments*] fornello: *les feux d'un fourneau* le fiamme di un fornello; *fourneau à gaz, à alcool* fornello a gas, a spirito → **réchaud** # *fourneau de cuisine* cucina economica → **cuisinière** **II** **1** [*partie évasée d'une pipe où brûle le tabac*] fornello (della pipa) **2** (*explosifs*) *fourneau de mine* fornello di mina.

fournée |fuʀne| *s.f.* **1** infornata, forno (*m.*): *le boulanger fait deux fournées par jour* il fornaio fa due infornate, due forni al giorno **2** (*fig., plais.*) *fournée de touristes* infornata di turisti.

fourni, ie |fuʀni| *adj.* **1** fornito, provvisto: *cette librairie est vraiment bien fournie* questa libreria è proprio ben fornita **2** [*où la matière abonde*] folto, fitto: *une barbe, une chevelure fournie* una barba, una capigliatura folta → **dru, épais.**

fournier, ière |fuʀnje, jɛʀ| *s.* (*ancienn.*) [*personne qui tenait un four à pain*] fornaio* (*cour.*).

fournil |fuʀni| *s.m.* forno; laboratorio* di panetteria.

fourniment |fuʀnimɑ̃| *s.m.* [*objets d'équipement du soldat, d'une profession*] armamentario*, equipaggiamento → **fourbi.**

fournir |fuʀniʀ| **A** *v.tr.* **1** [*pourvoir de ce qui est nécessaire*] fornire (197), rifornire (197): *fournir qqn. de, en qqch.* fornire q.c. a qc., rifornire qc. di q.c.; *négociant qui fournit de vins et de boissons un grand restaurant* negoziante che fornisce vini e bibite a un grande ristorante; *c'est ce marchand qui nous fournit en produits d'entretien* questo è il negoziante che ci rifornisce di casalinghi → **alimenter, approvisionner** ◇ (*sans compl. indirect*) *fournir une famille, des troupes* rifornire una famiglia, delle truppe **2** *fournir qqch. à qqn.* [*faire avoir qqch. à qqn.*] fornire, procurare q.c. a qc.: *fournir des renseignements à qqn.* fornire informazioni a qc.; *je vous en fournirai les moyens* vi fornirò, vi procurerò i mezzi; *cela me fournira l'occasion, le prétexte que je cherchais* ciò mi fornirà l'occasione, il pretesto che cercavo ◇ (*en parlant d'entreprises économiques, comm., financières*) fornire, rifornire (di): *ce magasin nous fournit tous les produits dont nous avons besoin* quel negozio ci fornisce tutti i prodotti, ci rifornisce di tutti i prodotti che ci occorrono; *fournir des armes, des vivres à une armée* rifornire un esercito di armi, di viveri → **livrer, vendre** **3** [*produire*] produrre (108), dare (102): *vignoble qui fournit un vin estimé* vigna che produce, che dà un vino pregiato # *école qui fournit des spécialistes* scuola che sforna, produce specialisti ◇ (*fig.*) *il a dû fournir un effort considérable* ha dovuto compiere uno sforzo notevole → 1 **faire** **B** *v.intr.* FOURNIR À [*contribuer, en tout ou en partie, à*] provvedere (192) a, partecipare a: *fournir à la dépense, à l'entretien* provvedere, partecipare alla spesa, al mantenimento → **participer, subvenir** **C** *v.pron. réfl.* SE FOURNIR [→ *tr.* 1] fornirsi, rifornirsi: *se fournir chez un marchand* fornirsi, rifornirsi in un negozio.

fournissement |fuʀnismɑ̃| *s.m.* (*comm.*) quota *f.* di partecipazione, apporto (conferito da un socio a una società) ◇ (*dr.*) ripartizione *f.* tra condividenti (dei lotti spettanti a ciascuno di essi): *compte de fournissement* conto di ripartizione.

fournisseur, euse |fuʀnisœʀ, øz| *s. et adj.* fornitore*: *changer de fournisseur* cambiare fornitore.

fourniture |fuʀnityʀ| *s.f.* [→ FOURNIR A 1] approvvigionamento *m.*; fornitura: *être chargé de la fourniture* essere incaricato dell'approvvigionamento → **approvisionnement** ‖ *on trouve dans cette librairie toutes les fournitures scolaires* in questa libreria si trovano tutte le forniture scolastiche → **provision.**

fourrage |fuʀaʒ| *s.m.* foraggio* # *granier à fourrage* fienile.

fourrager |fuʀaʒe| (3) **A** *v.intr.* [*chercher en remuant, en mettant du désordre*] frugare, rovistare: *fourrager dans un tiroir, dans des papiers* frugare, rovistare in un cassetto, tra le carte → **fouiller, fourgonner** **B** *v.tr.* [*mettre en désordre en manipulant*] scompigliare, mettere (155) a soqquadro: *fourrager des papiers* scompigliare delle carte.

fourrager, ère |fuʀaʒe, ɛʀ| *adj.* foraggiero # *betterave fourragère* barbabietola da foraggio.

1 **fourragère** |fuʀaʒɛʀ| *s.f.* **1** [*champ consacré à la production du fourrage*] campo *m.* (di foraggio): *fourragère de luzerne* campo di erba medica **2** [*charrette servant au transport du fourrage*] carro *m.* da foraggio.

2 **fourragère** |fuʀaʒɛʀ| *s.m.* (*milit.*) cordellina: *la fourragère d'un régiment* la cordellina della divisa di un reggimento.

fourrageur |fuʀaʒœʀ| *s.m.* (*loc.*) *charger. en fourrageurs* [*en ordre dispersé*] caricare in ordine sparso.

fourré |fuʀe| *s.m.* [*massif épais et touffu de végétaux de taille moyenne, d'arbustes à branches basses*] folto: *le fourré d'un bois* il folto di un bosco.

fourré, ée |fuʀe| *adj.* **I** (*escrime*) COUP FOURRÉ colpo d'incontro ◇ (*fig., fam.*) [*attaque hypocrite, coup en traître*] tiro mancino (*cour.*) **II** [*garni intérieurement*] ripieno, farcito: *bonbons fourrés* (*à la confiture, à la crème*) caramelle ripiene (di marmellata, di crema); *gâteau fourré* torta farcita **III** [*doublé de fourrure*] foderato (di pelliccia): *gants fourrés* guanti foderati.

fourreau |fuʀo| *s.m.* **1** [*enveloppe allongée, destinée à recevoir un objet*] fodero, guaina (*f.*): *fourreau d'épée* fodero di spada; *fourreau de parapluie* fodero di ombrello → **étui, gaine** ◇ (*zool.*) pliche *f.pl.* genitali **2** [*robe de femme, très moulante*] vestito aderente, 'fourreau' *inv.* ♦ (*par appos.*) *robe, jupe fourreau* abito, gonna a tubo, a guaina.

fourrer |fuʀe| **A** *v.tr.* **I** [*doubler de fourrure*] foderare (di pelliccia): *fourrer un manteau avec du lapin* foderare un cappotto con pelo di coniglio ◇ (*mar.*) *fourrer un cordage* [*l'entourer avec du bitord*] fasciare un cavo **II** **1** [*faire entrer*] ficcare, infilare: *fourrer ses mains dans ses poches* ficcarsi le mani in tasca; *fourrer ses doigts dans son nez* ficcarsi, mettersi le dita nel naso ◇ (*fig.*) *il fourre son nez dans mes affaires* ficca, mette il naso nei fatti miei **2** [*faire entrer brutalement ou sans ordre*] cacciare, ficcare: *fourrer une valise sous un meuble* cacciare una valigia sotto un mobile; *on l'a fourré en prison* l'hanno cacciato, sbattuto in prigione → 2 **flanquer, mettre** # *fourrer qqch. dans la tête, dans le crâne de qqn.* mettere, ficcare q.c. in testa a qc.; *je ne sais qui vous a fourré de telles idées dans la tête* chissà chi vi ha messo queste idee in testa **3** [*placer sans soin*] ficcare, cacciare: *qu'ai-je fait de mon stylo, où ai-je pu le fourrer?* che ne ho fatto della penna? dove l'avrò cacciata? **4** (*péj.*) *il est tout le temps fourré chez nous* è sempre piantato in casa nostra **B** *v.pron.réfl.* SE FOURRER **1** [*se mettre, se placer* (*dans, sous qqch.*)] ficcarsi, cacciarsi: *se fourrer sous les couvertures* ficcarsi, cacciarsi sotto le coperte **2** (*fig.*) *se fourrer dans une mauvaise affaire, dans un guêpier* cacciarsi, mettersi nei pasticci, in un ginepraio → **jeter (se)** ~ *se fourrer le doigt dans l'œil* (*jusqu'au coude*) prendere un granchio (enorme).

fourre-tout |fuʀtu| *s.m.* (*fam.*) [*pièce, placard, meuble où l'on fourre toute sorte de choses*] sgabuzzino (*cour.*), bugigattolo, ripostiglio* (*cour.*) ◇ [*sac où l'on fourre toute sorte de choses*] sporta *f.* (*cour.*).

fourreur |fuʀœʀ| *s.* [*personne qui confectionne et vend des vêtements de fourrure*] pellicciaio*.

fourrier |fuʀje| *s.m.* **1** (*fig., littér.*) (*se dit de celui ou de ce qui annonce ou prépare qqch.*) foriero → **avant-courseur** **2** (*milit.*) furiere: *le fourrier de la compagnie* il furiere della compagnia ✦ (*adj.*) *sergent-fourrier* sergente di fureria, furiere.

fourrière |fuʀjɛʀ| *s.f.* [*lieu de dépôt d'animaux, de voitures, saisis et retenus par la police*] deposito *m.* municipale: *aller chercher son chien, sa voiture à la fourrière* andare a riprendersi il cane, la macchina al deposito municipale # *mise à la fourrière d'une voiture* rimozione forzata di un'auto.

fourrure |fuʀyʀ| *s.f.* **I** **1** [*peau d'animal munie de son poil, préparée pour servir de vêtement*] pelliccia*: *fourrure à long poil, à poil ras* pelliccia a pelo lungo, a pelo rasato; *chasseur de fourrures* cacciatore di animali da pelliccia; *un manteau de fourrure* una pelliccia → **trappeur** **2** [*poil particulièrement beau, epais de certains animaux*] pelame (*m.*): *la fourrure du chat angora* il pelame del gatto d'angora → 1 **pelage** **3** (*blas.*) pelliccia **II** [*plaque de bois, de métal*] piastra di rivestimento.

fourvoiement |fuʀvwamɑ̃| *s.m.* (*littér.*) [*le fait de s'égarer, de se tromper*] sviamento, traviamento (*cour.*) ◇ (*fig.*) → **égarement.**

fourvoyer |fuʀvwaje| (10) **A** *v.tr.* **1** [*mettre hors de la voie; détourner du bon chemin*] fuorviare, sviare: *ce guide nous a fourvoyés* la guida ci ha fuorviato → **égarer** **2** (*fig., littér.*) [*tromper*] fuorviare, traviare: *les mauvais exemples l'ont fourvoyé* i cattivi esempi lo hanno fuorviato, traviato **B** *v.pron.intr.* SE FOURVOYER [→ *tr.* 2] equivocare *intr.*, sbagliarsi: *ici le traducteur s'est fourvoyé* qui il traduttore ha equivocato, si è sbagliato → **perdre (se).**

foutaise |futɛz| *s.f.* [*chose insignifiante, sans intérêt*] fesseria: *c'est la foutaise!* è una fesseria!

foutoir |futwaʀ| *s.m.* (*vulg.*) [*grand désordre*] casino, bordello → **bordel.**

1 **foutre** |futʀ(ə)| (*n'est usité qu'aux temps suivants*: *ind. prés.*: *je fous, tu fous, il fout, nous foutons, vous foutez, ils foutent*; *imp.*: *je foutais, etc.*; *fut.*: *je foutrai, etc.*; *impér.*: *fous, foutons, foutez*; *subj. prés.*: *que je foute, etc.*; *p. prés.*: *foutant*; *temps comp.*: *j'ai foutu, j'avais foutu, etc.*) **A** *v.tr.* (*pop.*) **1** [*faire*] fare (103) (*cour.*), combinare (*cour.*): *un paresseux qui ne fout rien de toute la journée* un pigro che non fa, che non combina nulla tutto il giorno # *qu'est-ce que ça peut me foutre? j'en ai rien à foutre* che me ne frega? non me ne frega niente **2** [*donner*] mollare: *tais-toi, ou je te fous une baffe!* taci, o ti mollo uno scapaccione! → 2 **flanquer** **3** [*mettre*] sbattere: *foutez cela par terre* sbattetelo per terra; *foutre qqn. à la porte* sbattere qc. fuori, mettere qc. alla porta # *foutre le camp* squagliarsela, battersela; *ça la fout mal* [*c'est fâcheux, regrettable*] è seccante **B** *v.pron.* SE FOUTRE DE (*pop.*) **1** *intr.* [*se moquer*] infischiarsi di, fregarsene di: *il s'en fout complètement* se ne infischia, se ne frega completamente **2** *réfl.* [→ *tr.* 3] buttarsi: *il s'est foutu par terre* si è buttato per terra.

2 **foutre!** |futʀ(ə)| *interj.* (*vulg.*) → **fichtre!**

foutriquet |futʀikɛ| *s.m.* (*péj.*) [*personnage insignifiant et incapable*] sempliciotto *s.*, nullità *f. inv.*

foutu, ue |futy| *adj.* (*pop.*) **1** (*avant le nom*) [*mauvais*] cattivo (*cour.*), brutto (*cour.*) # *il a un foutu caractère* ha un caratteraccio → 1 **sacré, sale** **2** (*après le nom*) [*perdu, ruiné ou condamné*] spacciato (*cour.*), fregato; rovinato (*cour.*): *c'est un type foutu* è un individuo ormai spacciato; è fregato **3** [*dans tel ou tel état*] fatto (*cour.*): *bien foutu* ben fatto, ben piantato; *mal foutu* mal fatto; mal ridotto # *être mal foutu* essere distrutto (per la stanchezza), malconcio; essere indisposto ◇ [*capable*] capace (*cour.*), in grado di *loc. inv.* (*cour.*): *il n'est pas foutu de réussir* non è capace, non è in grado di riuscire.

fovéa |fɔvea| *s.f.* (*anat.*) fovea.

fox |fɔks| *s.m.* → **fox-terrier.**

foxé, ée |fɔkse| *adj.* (*viticulture*) *goût foxé, saveur foxée* gusto, sapore foxy *inv.*

fox-hound |fɔksawnd| *s.m.* (*t.zool.*) fox-hound *inv.*

fox-terrier |fɔkstɛʀje|, **fox** |fɔks| *s.m.* (*t.zool.*) fox-terrier *inv.*

fox-trot |fɔkstʀɔt| *s.m.* (*danse*) fox-trot *inv.*

1 **foyer** |fwaje| *s.m.* **I** **1** [*espace aménagé dans une maison pour y faire du feu*] focolare, camino: *soirées passées devant le foyer* serate trascorse davanti al focolare, al camino → **âtre, cheminée** ◇ [*dalle qu'on scelle en avant du foyer*] caminiera *f.* **2** [*le feu qui brûle dans le foyer*] fuoco* # *foyer d'incendie* focolaio d'incendio **3** (*techn.*) *foyer d'une chaudière, d'une locomotive* focolare di una caldaia, di una locomotiva **II** **1** [*point d'où rayonne la chaleur, la lumière*] fonte (*f.*): *un puissant foyer lumineux* una potente fonte luminosa, di luce → **source** ◇ (*opt.*) fuoco **2** (*géom.*) fuoco: *distance du foyer à la courbe* distanza tra il fuoco e la curva **3** [*point central d'où provient qqch.*] focolaio*: *le foyer de la révolte* il focolaio della rivolta ◇ (*méd.*) *foyer tuberculeux* focolaio di tubercolosi; *les îlots insalubres, foyers d'épidemie* i quartieri insalubri, focolai d'epidemia.

2 **foyer** |fwaje| *s.m.* **1** [*lieu où se réunit, où habite la famille*] casa *f.*, focolare: *le foyer paternel, conjugal* la casa paterna, il focolare domestico; *rester au foyer* restare in casa → 2 **demeure, maison, ménage** # *femme au foyer* casalinga; *rentrer dans ses foyers* tornare al tetto natio, tornare a casa ◇ [*famille*] famiglia (*f.*): *fonder un foyer* formare una famiglia, mettere su casa **2** [*local servant de lieu de réunion, d'asile*] casa, pensionato: *foyer du soldat* casa del soldato; *foyer d'étudiants* pensionato per studenti, casa dello studente **3** [*salle d'un théâtre où l'on fume, boit*] ridotto, 'foyer' *inv.*

frac |fʀak| *s.m.* frac *inv.*, marsina *f.*

fracas |fʀaka| *s.m.* fracasso ◇ (*loc.*) *il a été chassé avec perte et fracas* [*brutalement*] è stato cacciato in malo modo.

fracassant, ante |fʀakasɑ̃, ɑ̃t| *adj.* **1** [*très bruyant*] fragoroso, assordante **2** (*fig.*) *une déclaration fracassante* una dichiarazione clamorosa, a effetto *loc.inv.*

fracassement |fʀakas(ə)mɑ̃| *s.m.* [→ FRACASSER A] fracassamento.

fracasser |fʀakase| **A** *v.tr.* [*mettre en pièces; briser avec violence*] fracassare: *fracasser une vitrine* fracassare una vetrina → **briser, casser** **B** *v.pron.réfl.* SE FRACASSER [→ *tr.*] fracassarsi: *la barque s'est fracassée sur un écueil* la barca si è fracassata su uno scoglio.

fraction |fʀaksjɔ̃| *s.f.* **1** (*math.*) frazione: *fraction algébrique* frazione algebrica **2** [*partie d'une totalité*] frazione, parte: *pendant une fraction de seconde* per una frazione di secondo; *une fraction importante de l'assemblée a voté contre le projet* una larga parte dell'assemblea ha votato contro il progetto **3** (*liturg.*) *la fraction du pain* la frazione del pane.

fractionnaire |fʀaksjɔnɛʀ| *adj.* (*math.*) frazionario*: *nombre fractionnaire* numero frazionario.

fractionnel, elle |fʀaksjɔnɛl| *adj.* **1** frazionale **2** [*qui tend à diviser*] frazionistico*: *activité fractionnelle au sein d'un parti* attività frazionistica, di correnti in seno a un partito.

fractionnement |fʀaksjɔnmɑ̃| *s.m.* [→ FRACTIONNER] frazionamento: *le fractionnement des partis* il frazionamento dei partiti ◇ (*chim.*) frazionamento.

fractionner |fʀaksjɔne| **A** *v.tr.* [*diviser* (*une totalité*) *en parties, en fractions*] frazionare → **partager** ✦ (*au p.p.*) *distillation fractionnée* distillazione frazionata **B** *v.pron.réfl.* SE FRACTIONNER [→ *tr.*] frazionarsi: *l'assemblée s'est fractionnée en trois groupes* l'assemblea si è frazionata in tre gruppi.

fractionnisme |fʀaksjɔnism(ə)| *s.m.* frazionismo.

fractionniste |fʀaksjɔnist(ə)| *s.* (*polit.*) frazionista ✦ *adj.* frazionistico*; di, delle correnti *loc.*

fracture |fʀaktyʀ| *s.f.* **1** (*méd., cour.*) frattura: *fracture simple* frattura semplice; *fracture du crâne* frattura del cranio → **fêlure** **2** (*géol.*) frattura.
fracturer |fʀaktyʀe| **A** *v.tr.* **1** [*blesser par une fracture*] fratturare: *fracturer un os* fratturare un osso → **casser, rompre** □ *elle s'est fracturé une côte* si è fratturata una costola **2** [*briser avec effort*] scassinare: *fracturer une porte, une serrure* scassinare una porta, una serratura **B** *v.pron. réfl.* [→ *tr.* 1] FRATTURARSI → *tr.* 1 □.
fragile |fʀaʒil| *adj.* **1** fragile: *fragile comme du verre* fragile come vetro → **cassant** **2** (*personnes*) [*de constitution faible*] delicato: *cet enfant est très fragile, il attrape toutes les maladies* questo bambino è molto delicato, prende tutte le malattie; *avoir l'estomac fragile* avere lo stomaco delicato → **chétif, malingre, delicat** # *une santé fragile* una salute malferma, cagionevole **3** [*qui est facile à ébranler, menacé de ruine*] effimero, precario*: *prospérité, autorité, puissance fragile* prosperità, autorità, potenza effimera, precaria; *bonheur fragile* felicità effimera → **changeant** # *hypothèse fragile* ipotesi inconsistente Ⓒ 1 **solide**; 2 **fort, robuste**; 3 **durable, stable, sûr.**
fragilement |fʀaʒilmɑ̃| *adv.* [→ FRAGILE 3] precariamente: *puissance économique fragilement établie* potenza economica costituita precariamente.
fragilisation |fʀaʒilizɑsjɔ̃| *s.f.* [→ FRAGILISER] infragilimento *m.*
fragiliser |fʀaʒilize| *v.tr.* [*rendre* (*qqn., qqch.*) *plus fragile*] rendere (105) (più) fragile: *le savon alcalin fragilise les cheveux* il sapone alcalino rende più fragili i capelli.
fragilité |fʀaʒilite| *s.f.* **1** fragilità (*inv.*): *fragilité du verre, de la porcelaine* fragilità del vetro, della porcellana **2** (*personnes*) *la fragilité de cet enfant nous inquiète* la fragilità di questo bambino ci preoccupa **3** (*fig.*) *fragilité de la gloire, de la puissance* precarietà *inv.* della gloria, della potenza → **instabilité** # *fragilité d'une théorie, d'une hypothèse* inconsistenza di una teoria, di un'ipotesi Ⓒ 1 **solidité.**
fragment |fʀagmɑ̃| *s.m.* **1** frammento: *les fragments d'un vase, d'une statue* i frammenti di un vaso, di una statua; *réduire, briser en fragments* ridurre in frammenti → **bout, débris, éclat, morceau** **2** (*fig.*) [*partie ou extrait d'un texte*] frammento, estratto: *fragments des lyriques grecs* frammenti di lirici greci; *fragments d'une lettre, d'une déposition* frammenti di una lettera, estratti di una deposizione → **citation, extrait** ◇ [*passage*] brano, passo.
fragmentaire |fʀagmɑ̃tɛʀ| *adj.* frammentario*: *documentation fragmentaire* documentazione frammentaria → **incomplet, partiel** Ⓒ **complet, entier** 1.
fragmentairement |fʀagmɑ̃tɛʀmɑ̃| *adv.* [→ FRAGMENTAIRE] frammentariamente, in modo frammentario *loc. inv.*
fragmentation |fʀagmɑ̃tɑsjɔ̃| *s.f.* [→ FRAGMENTER] frammentazione ◇ (*biol., bot.*) *fragmentation du chromosome* frammentazione del cromosoma → **division, segmentation.**
fragmenter |fʀagmɑ̃te| *v.tr.* [*partager, séparer en fragments*] frantumare, spezzettare: *fragmenter un bloc de pierre* frantumare, spezzettare un blocco di pietra # *fragmenter la publication d'un ouvrage* frazionare la pubblicazione di un'opera; *fragmenter un capital* dividere un capitale → **diviser, morceler** ◆ (*au p.p.*) *œuvre fragmentée* opera costituita di frammenti Ⓒ **rassembler, réunir.**
fragrance |fʀagʀɑ̃s| *s.f.* (*littér.*) [*odeur agréable*] fragranza (*cour.*) → **parfum.**
fragrant, ante |fʀagʀɑ̃, ɑ̃t| *adj.* (*littér., vx.*) fragrante (*cour.*).
1 **frai** |fʀɛ| *s.m.* **1** (*zool.*) fregola (*f.*): *la saison, le temps du frai* la stagione, il tempo della fregola; *la pêche est interdite pendant le frai* la pesca è vietata durante la fregola **2** [*œufs de batraciens, de poissons fécondés*] fregolo: *du frai de carpes* fregolo di carpe **3** [*très jeune poisson*] avannotto.
2 **frai** |fʀɛ| *s.m.* (*techn.*) usura *f.* delle monete.
fraîche |fʀɛʃ| *s.f.* (*dans la loc.adv.*) À LA FRAÎCHE [*à l'heure où il fait frais, le soir*] col fresco, al fresco: *se promener à la fraîche* passeggiare col fresco.
fraîchement |fʀɛʃmɑ̃| *adv.* **1** [*depuis très peu de temps*] recentemente, di recente *loc. inv.*; di fresco (*loc. inv.*): *il est fraîchement débarqué à Paris* è arrivato recentemente, di recente a Parigi → **récemment** ‖ *des chemises fraîchement repassées* camicie stirate di fresco **2** [*avec une froideur marquée*] con freddezza *loc.inv.*, freddamente: *il fut fraîchement reçu par la population* fu ricevuto con freddezza, freddamente dalla popolazione → **froidement** Ⓒ 2 **chaleureusement.**
fraîcheur |fʀɛʃœʀ| *s.f.* **I** [*température fraîche*] frescura; fresco* (*m.*): *la fraîcheur de l'air* la freschezza dell'aria, la frescura ‖ *une sensation de fraîcheur* una sensazione di fresco; *chercher, trouver un peu de fraîcheur* cercare, trovare un po' di fresco **II** **1** [*qualité de ce qui est nouvellement produit ou fourni et n'a subi aucune altération*] freschezza: *la fraîcheur d'un œuf, d'un poisson* la freschezza di un uovo, di un pesce **2** [*qualité de ce qui respire la santé et la vie*] freschezza: *la fraîcheur de son teint* la freschezza della sua carnagione; *il a terminé la course dans un état de fraîcheur remarquable* ha terminato la corsa in condizioni di notevole freschezza ◇ (*en parlant de ce qui touche la vue, l'odorat, l'ouïe*) *fraîcheur d'un coloris* freschezza di un colore ◇ (*en parlant des sentiments, des idées*) *la fraîcheur d'un premier amour* la freschezza di un primo amore → **pureté** # *fraîcheur d'âme* innocenza d'animo → **innocence, jeunesse.**
fraîchir |fʀɛʃiʀ| *v.intr.* [*devenir frais, ou plus frais*] rinfrescare, rinfrescarsi (*pron.*): *le vent fraîchit* il vento rinfresca; *le temps fraîchit* il tempo (si) rinfresca → **raffraîchir (se).**
frairie |fʀeʀi| *s.f.* (*dial.*) [*fête patronale d'un village*] festa del patrono.
frais |fʀɛ| *s.m. pl.* **1** [*dépenses*] spese (*f.*): *frais d'habillement* spese di vestiario; *faire, engager beaucoup de frais, de grands frais* fare, sostenere molte spese; *tous frais payés* una volta pagate le spese; *rentrer dans ses frais, faire ses frais* coprire le spese → **coût, débours, dépense** # *frais de déplacement* indennità di trasferta, diaria **2** (*loc.*) *aux frais de qqn.* a spese di qc.; *à grands frais*: (*pr.*) con grande spesa; (*fig.*) [*en se donnant beaucoup de peine*] con grande fatica, con grande dispendio di energia ~ *à peu de frais, à moindres frais*: (*pr.*) con poca spesa, con minor spesa; (*fig.*) [*en se donnant peu de mal, moins de mal*] con poca, con minor fatica ~ *se mettre en frais*: (*pr.*) darsi alle spese, non badare alla spesa; (*fig.*) [*faire des efforts*] prodigarsi: *elle s'est mise en frais pour ses invités* si è prodigata per i suoi invitati ~ *faire les frais*: (*pr.*) provvedere alle spese: *il a dû faire les frais tout seul* ha dovuto provvedere alle spese, sostenere la spesa da solo; (*fig.*) *faire les frais de qqch.* [*être celui qui paie, la victime*] far(ne) le spese; subire: *ce seront encore les contribuables qui feront les frais de cette politique* saranno ancora i contribuenti a fare le spese di questa politica; *faire les frais de la conversation* [*être celui qui contribue le plus* (*à qqch.*)] sostenere la conversazione ~ *en être pour ses frais*: (*pr., fig.*) [*ne rien obtenir en échange de ses dépenses, de ses efforts*] restare con le pive nel sacco ~ *sur* (*de*) *nouveaux frais* con nuove spese **3** (*écon.*) *frais d'une entreprise* costi, spese di un'azienda; *frais de production, d'exploitation* costi, spese di produzione, di esercizio; *frais généraux* spese generali ◇ (*comm.*) *frais spéciaux, directs* costi variabili; *frais généraux* costi fissi **4** (*dr.*) spese: *frais d'enregistrement* spese di registrazione; *frais de justice* spese processuali; *frais de jugement* spese di sentenza; *être condamné aux frais, aux frais et dépens* essere condannato al pagamento delle spese processuali → **dépens** **5** *loc.* FAUX FRAIS [*dépenses accidentelles*] imprevisti, spese straordinarie; piccole spese.
frais |fʀɛ|, **fraîche** |fʀɛʃ| *adj.* **I** **1** [*légèrement froid*] fresco*: *un vent frais* un vento fresco; *un petit air frais* un'arietta fresca, un venticello fresco ◇ (*loc.*) *on ne peut vivre d'amour et d'eau fraîche* non si vive di solo amore ◆ (*adv.*) *il fait frais ce matin* stamattina fa fresco; *boire frais* bere fresco, freddo ◆ (*s.m.*) *le frais* il fresco: *prendre le frais* prendere il fresco, respirare un po' d'aria fresca → **fraîcheur** ◇ (*fam.*) *on l'a mis au frais* [*en prison*] l'hanno messo al fresco **2** [*sans chaleur, sans cordialité*] freddo: *on lui a reservé un accueil plutôt frais* gli è stata riservata un'accoglienza piuttosto fredda, l'hanno accolto freddamente **II** **1** [*qui vient d'arriver*] fresco, recente: *de fraîche date* di fresca data, recente; *découvrir des traces toutes fraîches* scoprire orme ancora fresche; *vous n'avez pas de nouvelles plus fraîches?* non avete notizie più recenti, più fresche?; *peinture fraîche* [*pas encore séchée*] vernice fresca → **neuf, nouveau, récent** ◆ *adv.* (*devant un p.p.*) [*depuis très peu de temps*] di recente *loc. inv.*, di fresco (*loc. inv.*): *un livre frais paru* un libro uscito di recente, un libro fresco di stampa; *l'odeur du foin frais coupé* l'odore del fieno tagliato di fresco → **fraîchement, nouvellement** # *frais émoulu du lycée* uscito fresco fresco dal liceo **2** [*qui est tout nouvellement produit* (*en parlant de choses corruptibles*)] fresco: *du pain, du lait, du beurre frais* pane, latte, burro fresco; *des œufs frais* uova fresche di giornata ◇ [*consommé*

sans préparation de conservation] *légumes frais* ortaggi freschi **3** [*qui a ou garde de l'éclat, de la vitalité, de la jeunesse*] fresco, sano: *une fille appétissante et fraîche comme une rose* una ragazza appetitosa e fresca come una rosa; *avoir le teint frais* avere una carnagione fresca; *être frais et dispos* essere fresco e riposato **4** (*fam.*) (*en parlant de qqn. qui s'est mis dans une fâcheuse situation*) fresco, fritto: *eh bien ! cette fois, nous voilà frais !* (eb)bene, questa volta stiamo freschi, siamo fritti! **5** (*mar.*) *vent frais* vento fresco # *il vente gros frais* spira un vento teso **6** (*choses*) [*en bon état*] fresco, nuovo: *ce costume n'est pas très frais, il faudrait le repasser* questo vestito non è fresco (di stiratura), bisognerebbe stirarlo **7** [*qui donne une impression vivifiante de pureté*] fresco: *la fraîche odeur d'un bouquet de violettes* il profumo fresco di un mazzo di viole **8** (*dans l'ordre moral*) puro, fresco Ⓒ I 1 **chaud;** II 1 **ancien, vieux.**

fraisage |fʀɛzaʒ| *s.m.* (*techn.*) fresatura *f.*

1 **fraise** |fʀɛz| *s.f.* **1** [*fruit du fraisier*] fragola: *fraises des bois* fragole di bosco, fragoline; *fraises de culture* fragole coltivate, fragoloni (*m.*); *tarte aux fraises* torta di fragole ♦ *adj. inv.* (rosso) fragola: *des rubans fraise* nastri color fragola **2** (*loc.*) *aller aux fraises* (*pr., fig., plais.*) [*aller dans les bois en galante compagnie*] andare a coglier fragole, andare in camporella ~ (*pop.*) *sucrer les fraises* [*être agité d'un tremblement*] avere le mani che tremano **3** (*pop.*) [*figure*] faccia* (*cour.*) # *ramener sa fraise* [*se manifester hors de propos*] intervenire a sproposito.

2 **fraise** |fʀɛz| *s.f.* (*bouch.*) omento *m.*, rete → **mésentère.**

3 **fraise** |fʀɛz| *s.f.* **1** [*collerette portée aux XVI*ᵉ *et XVII*ᵉ *siècles*] gorgiera: *fraise à la Médicis* gorgiera alla Medici **2** (*par anal.*) [*membrane qui pend sous le bec du dindon*] bargiglio* *m.*

4 **fraise** |fʀɛz| *s.f.* (*techn.*) fresa ◇ (*chir.*) trapano *m.*

1 **fraiser** |fʀeze| *v.tr.* (*boulangerie*) [*briser la pâte*] impastare (il pane).

2 **fraiser** |fʀeze| *v.tr.* (*techn.*) [*évaser l'orifice d'un trou*] incavare con l'accecatoio, praticare ceche ◇ [*travailler les métaux à froid*] fresare # *machine à fraiser* fresatrice.

fraiseur |fʀɛzœʀ| *s.m.* [*ouvrier qui exécute des travaux de fraisage*] fresatore.

fraiseuse |fʀɛzøz| *s.f.* (*techn.*) fresatrice.

fraisier |fʀezje| *s.m.* (*t.bot.*) fragola *f.*

fraisière |fʀɛzjɛʀ| *s.f.* [*plantation de fraisiers*] fragolaia, fragoleto *m.*

fraisure |fʀezyʀ| *s.f.* (*techn.*) ceca*, accecatura.

framboise |fʀɑ̃bwaz| *s.f.* **1** [*fruit du framboisier*] lampone (*m.*): *confiture, sirop de framboise* marmellata, sciroppo di lampone **2** [*liqueur, eau-de-vie de framboise*] (acquavite di) lampone.

framboisé |fʀɑ̃bwaze| *adj.* al gusto di lampone (*loc. inv.*): *vin framboisé* vino al gusto di lampone, con un retrogusto di lampone.

framboiser |fʀɑ̃bwaze| *v.tr.* [*parfumer à la framboise*] aromatizzare al lampone.

framboisier |fʀɑ̃bwazje| *s.m.* (*t. bot.*) lampone.

framée |fʀame| *s.f.* (*hist.*) framea.

franc |fʀɑ̃| *s.m.* **1** [*unité monétaire légale de la France*] franco*: *anciens francs* vecchi franchi; *nouveau franc* nuovo franco **2** (*hors de France*) *franc belge, franc suisse* franco belga, franco svizzero.

franc, franque |fʀɑ̃, fʀɑ̃k| *s. et adj.* (*hist.*) franco*: *les tribus franques* le tribù franche ◇ (*vx.*) *langue franque* lingua franca.

franc, franche |fʀɑ̃, fʀɑ̃ʃ| *adj.* **I 1** *en loc.* [*sans entrave, ni gêne, ni obligation*] libero: *avoir ses coudées franches* avere le mani libere; *franc du collier* libero da collare (di animale da tiro) ◇ (*spécialt.*) *corps francs* corpi franchi → **franc-tireur** ◇ (*mar.*) *barre franche* barra a mano *loc.inv.* ◇ (*sport*) COUP FRANC calcio di punizione, tiro libero; *but, panier marqué sur coup franc* rete, cesto segnato su punizione, tiro libero **2** [*libéré de certaines servitudes; exempt de charges, taxes*] franco*: *port franc* porto franco; *zone franche* zona franca; *expédition franc de port* (*généralt. inv.*) spedizione franco di porto → **franco** **II 1** [*qui s'exprime ou se présente ouvertement*] franco, sincero: *soyez franc !* sia sincero!; *nous avons eu une franche explication* abbiamo avuto una franca spiegazione → **honnête, loyal, sincère** # *il est franc comme l'or* è schietto come l'acqua di fonte ♦ *adv.* (*littér.*) [*franchement*] francamente (*cour.*), apertamente (*cour.*): *à parler franc* a parlare francamente, apertamente **2** [*pur, simple*] schietto: *couleurs franches* colori schietti **3** (*précédant le nom, péj.*) [*qui est véritablement tel*] vero (e proprio): *une franche canaille* una vera canaglia; *c'est une franche comédie* è una vera e propria commedia → **achevé, fieffé, vrai.**

français, aise |fʀɑ̃sɛ, ɛz| **1** *adj.* [*de France*] francese: *la République française* la Repubblica francese ◇ (*loc. adv.*) *à la française* alla francese: *jardin à la française* giardino alla francese **2** (*s.m.*) *le français* [*la langue*] il francese: *écrire, traduire en bon français* scrivere, tradurre in buon francese ◇ (*loc. fam.*) *vous ne comprenez pas le français?* non capite quel che vi si dice?

franc-bord |fʀɑ̃bɔʀ| *s.m.* **1** [*terrain en bordure d'une rivière*] golena *f.* **2** (*mar.*) bordo libero.

franc-bourgeois |fʀɑ̃buʀʒwa| *s.m.* (*au moyen âge*) borghese.

franche |fʀɑ̃ʃ| *s.f.* (*mar.*) franchia.

franchement |fʀɑ̃ʃmɑ̃| *adv.* **1** [*sans hésitation; d'une manière décidée*] con decisione *loc.inv.*, in modo deciso (*loc.inv.*): *appuyez-vous franchement* appoggiatevi con decisione → **carrément, résolument** **2** [*sans équivoque, nettement*] chiaramente: *poser franchement un problème* formulare chiaramente un problema ◇ (*devant un adj.*) [*indiscutablement, vraiment*] veramente, francamente: *c'est franchement mauvais* è veramente, francamente cattivo **3** [*sans détour, sans dissimulation*] francamente, sinceramente: *je vous le dis franchement* ve lo dico francamente, sinceramente → **loyalement, sincèrement** ◇ (*ellipt.*) *franchement !* (*exclamation marquant 'l'irritation, l'impatience'*) questa poi!, adesso basta!

franchir |fʀɑ̃ʃiʀ| *v.tr.* **1** [*passer par-dessus* (*un obstacle*)] superare, attraversare: *franchir un mur, un ruisseau* superare un muro, attraversare un ruscello; *franchir un col* superare, valicare un passo # *franchir le Rubicon* varcare il Rubicone ◇ (*fig.*) *franchir tous les obstacles, toutes les difficultés* superare ogni ostacolo, tutte le difficoltà → **surmonter, vaincre** **2** [*aller au delà de*] oltrepassare, superare: *franchir une limite* oltrepassare un limite → 1 **passer** # *franchir la frontière* varcare la frontiera; *le coureur a franchi la ligne d'arrivée* il corridore ha tagliato il traguardo **3** [*traverser* (*un passage*); *aller d'un bout à l'autre de qqch.*] attraversare: *franchir les mers* attraversare gli oceani → **parcourir, traverser** # *l'espace à franchir* lo spazio da percorrere ◇ (*temps*) *sa réputation a franchi les siècles* la sua fama ha vinto, superato i secoli.

franchisage |fʀɑ̃ʃizaʒ| *s.m.* (*dr. comm.*) concessione *f.*, rappresentanza *f.*

franchise |fʀɑ̃ʃiz| *s.f.* **I** (*dr., cour.*) (*se dit de certaines exemptions ou exonérations*) franchigia*: *franchise postale, douanière* franchigia postale, doganale ◇ (*assurances*) franchigia **II** [*qualité de celui qui est franc*] franchezza: *il nous a parlé avec beaucoup de franchise* ci ha parlato con molta franchezza → **droiture, loyauté, sincérité** Ⓒ II **dissimulation, fausseté, hypocrisie.**

franchisé |fʀɑ̃ʃize| *s.m.* (*dr. comm.*) concessionario*.

franchiseur |fʀɑ̃ʃizœʀ| *s.m.* (*dr. comm.*) concedente.

franchissable |fʀɑ̃ʃisabl(ə)| *adj.* [→ FRANCHIR] valicabile: *col franchissable en hiver* colle valicabile in inverno.

franchissement |fʀɑ̃ʃismɑ̃| *s.m.* [→ FRANCHIR] passaggio*; superamento: *le franchissement d'un col* il passaggio di un colle ‖ *le franchissement d'un obstacle* il superamento di un ostacolo → **passage.**

francien |fʀɑ̃sjɛ̃| *s.m.* (*ling.*) franciano.

francique |fʀɑ̃sik| *s.m.* [*langue des anc. Francs*] francone.

francisation |fʀɑ̃sizasjɔ̃| *s.f.* **1** [→ FRANCISER 1] francesizzazione: *la francisation de Buonaparte en Bonaparte* la francesizzazione di Buonaparte in Bonaparte **2** [→ FRANCISER 2] atto *m.* di registrazione (di una nave come francese).

franciscain, aine |fʀɑ̃siskɛ̃, ɛn| *s.* francescano ♦ (*adj.*) *l'art franciscain* l'arte francescana.

franciser |fʀɑ̃size| *v.tr.* **1** [*revêtir d'une forme, d'un caractère français*] francesizzare **2** (*mar.*) [*reconnaître pour français par l'acte de francisation*] registrare (una nave) come francese.

francisque |fʀɑ̃sisk(ə)| *s.f.* [*hache de guerre des Francs*] francesca*.

francité |fʀɑ̃site| *s.f.* francità *inv.*

francium |fʀɑ̃sjɔm| *s.m.* (*chim.*) francio*.

franc-jeu |fʀɑ̃ʒø| *s.m.* (*t. recomm. pour 'fair-play'*) 'fair-play' *inv.*

franc-maçon, onne |fʀɑ̃masɔ̃, ɔn| *s.m.* massone ♦ (*adj.*) *la presse franc-maçonne* la stampa massone, massonica.

franc-maçonnerie |fʀɑ̃masɔnʀi| *s.f.* massoneria → **maçonnerie** ◇ (*fig.*) [*alliance secrète entre personnes de même profession, de mêmes idées*] mafia: *la franc-maçonnerie des marchands de canons* la mafia dei trafficanti d'armi.

franc-maçonnique |fʀɑ̃masɔnik| *adj.* massonico* → **maçonnique.**

franco- |fʀɑ̃kɔ| *préf.* **1** (*signifiant 'français', correspond généralt. à*) franco: *francophile* francofilo; *francophobe* francofobo **2** (*exprimant 'un rapport entre la France et un autre peuple', correspond généralt. à*) franco-: *les guerres franco-allemandes* le guerre franco-tedesche, franco-prussiane.

franco |fʀɑ̃ko| *adv.* **1** franco: *franco de port* franco di porto; *franco long du bord* (*F.L.B.*) franco bordo **2** (*pop.*) [*franchement, carrément*] con decisione (*loc. inv.*): *allez-y franco!* forza, con decisione!

francolin |fʀɑ̃kɔlɛ̃| *s.m.* (*t.zool.*) francolino.

franconien, ienne |fʀɑ̃kɔnjɛ̃, jɛn| *adj.* [*qui appartient à la Franconie*] francone ✦ *s.* (*hist.*) *les Franconiens* i Franconi.

francophile |fʀɑ̃kɔfil| *adj. et s.* francofilo.

francophilie |fʀɑ̃kɔfili| *s.f.* francofilia.

francophobe |fʀɑ̃kɔfɔb| *adj. et s.* francofobo.

francophobie |fʀɑ̃kɔfɔbi| *s.f.* francofobia.

francophone |fʀɑ̃kɔfɔn| *adj.* francofono, di lingua francese (*loc. inv.*): *les Africains francophones* gli Africani francofoni, di lingua francese ✦ (*s.*) *les francophones du Canada* i francofoni del Canada.

francophonie |fʀɑ̃kɔfɔni| *s.f.* francofonia.

franc-parler |fʀɑ̃paʀle| *s.m.* libertà *f.inv.* di linguaggio: *il a son franc-parler* parla (si esprime) con libertà di linguaggio.

franc-quartier |fʀɑ̃kaʀtje| *s.m.* (*blas.*) quarto franco*.

franc-tireur |fʀɑ̃tiʀœʀ| *s.m.* franco* tiratore → **maquisard, partisan, résistant** ◇ (*fig.*) *agir en franc-tireur* fare il franco tiratore → **indépendant.**

frange |fʀɑ̃ʒ| *s.f.* **1** frangia*: *la frange d'un tapis* la frangia di un tappeto → **passementerie** **2** *frange* (*de cheveux*) frangia, frangetta ◇ (*fig.*) [*limite imprécise entre deux états, deux nations*] frangia → **marge** ◇ [*minorité, plus ou moins marginale*] frangia.

frangeant |fʀɑ̃ʒɑ̃| *adj.m.* (*géogr.*) *récif frangeant* frangente *s.m.*, barriera *s.f.* corallina.

franger |fʀɑ̃ʒe| (3) *v.tr.* [*garnir, orner de franges*] frangiare, ornare di frange ✦ (*au p.p.*) *des vagues frangées d'écume* onde orlate di schiuma.

frangin, ine |fʀɑ̃ʒɛ̃, in| *s.* (*pop.*) [*frère, sœur*] fratello *m.* (*cour.*), sorella *f.* (*cour.*).

frangipane |fʀɑ̃ʒipan| *s.f.* **1** (*pâtiss.*) crema, torta di mandorle **2** (*parfumerie*) frangipane *m.*

frangipanier |fʀɑ̃ʒipanje| *s.m.* (*t.bot.*) frangipani *inv.*

franglais |fʀɑ̃glɛ| *s.m.* 'franglais' *inv.*

franklin |fʀɑ̃klin| *s.m.* (*phys.*) franklin *inv.*

franquette (à la bonne) |a labɔnfʀɑ̃kɛt| *loc.adv.* [*sans façon, sans cérémonie*] alla buona, senza cerimonie: *restez donc, on dînera à la bonne franquette* rimanete pure, mangeremo alla buona → **simplement.**

franquisme |fʀɑ̃kism(ə)| *s.m.* (*hist. esp.*) franchismo.

franquiste |fʀɑ̃kist(ə)| *s.* (*hist. esp.*) franchista ✦ (*adj.*) *l'Espagne franquiste* la Spagna franchista.

frappage |fʀapaʒ| *s.m.* (*rare*) [*frappe* (*des monnaies*)] coniatura *f.*, coniazione *f.* (di monete).

frappant, ante |fʀapɑ̃, ɑ̃t| *adj.* [*qui frappe, fait une vive impression*] impressionante, notevole: *une ressemblance frappante* una somiglianza impressionante, sorprendente → **étonnant, impressionnant, saisissant** # *un contraste frappant* un notevole, singolare contrasto.

1 **frappe** |fʀap| *s.f.* **1** [*action, manière de taper à la machine*] battuta: *faute de frappe* errore di battuta → **dactylographie** # *le manuscrit est à la frappe* il manoscritto è alla battitura **2** (*techn.*) coniazione (di monete), conio* *m.* **3** (*boxe, football*) battuta **4** (*milit.*) *force de frappe* forza d'urto *m.*

2 **frap(p)e** |fʀap| *s.f.* (*pop.*) [*voyou*] teppista *s.*, guappo *m.* (*région.*).

frappe-devant |fʀapdəvɑ̃| *s.m. inv.* (*techn.*) mazza *f. var.*

frappement |fʀapmɑ̃| *s.m.* [→ FRAPPER A 1] il battere (*inv.*): *le frappement des baguettes sur le tambour* il battere delle bacchette sul tamburo.

frapper |fʀape| **A** *v.tr.* **1** [*donner des coups plus ou moins rudes à* (*qqn., qqch.*)] colpire (197); battere: *il l'a frappé au menton* l'ha colpito al mento → **battre** ‖ *frapper un clou avec un marteau* battere un chiodo con un martello ✦ (*absolt.*) *un boxeur qui frappe sec* un pugile che picchia sodo **2** (*techn.*) [*marquer* (*qqch.*) *d'une empreinte par un choc, une pression*] battere: *frapper les épingles* battere gli spilli; *frapper la toile* battere la tela # *velours frappé* velluto stampato; *frapper la monnaie* coniare la moneta, battere moneta ◇ (*fig., littér.*) *des vers bien frappés* versi ben torniti **3** *frapper du vin* [*le refroidir au réfrigérateur ou avec de la glace*] mettere (155) il vino in frigorifero, in ghiaccio; *champagne frappé* 'champagne' ghiacciato **4** [*atteindre d'un coup porté avec une arme*] colpire: *la balle l'a frappé en pleine poitrine* la pallottola l'ha colpito in pieno petto; *frappé à mort* colpito mortalmente, a morte ◇ (*fig.*) [*atteindre de quelque mal*] *le grand malheur qui l'a frappée* la grande disgrazia che l'ha colpita **5** [*donner, porter* (*un coup*)] battere: *le régisseur a frappé les trois coups* il direttore di scena ha battuto i tre colpi **6** [*affecter d'une impression vive et soudaine*] colpire, sorprendere (105): *il a frappé tout le monde par son énergie* ha colpito, sorpreso tutti con la sua energia → **étonner, saisir** # *être frappé de stupeur* essere colto, preso da stupore **B** *v.intr.* [*donner un coup, des coups*] battere, picchiare: *frapper sur la table, contre un mur* battere sulla tavola, contro il muro # *frapper* (*à la porte*) bussare (alla porta); *entrez sans frapper* entrare senza bussare **C** *v.pron.intr.* SE FRAPPER [→ *tr.* 1] ◇ (*fig.*) [*s'inquiéter, se faire du souci*] abbattersi, preoccuparsi: *un malade qui se frappe* un malato che si abbatte.

frappeur, euse |fʀapœʀ, øz| *adj.* (*spiritisme*) *esprits frappeurs* spiriti percotitori ✦ *s.* [*ouvrier chargé de frapper* (*les monnaies*), *d'estamper* (*les cuirs, etc.*)] coniatore*.

frasque |fʀask(ə)| *s.f.* [*écart de conduite*] scappata, trascorso (*m.*): *des frasques de jeunesse* scappate, scappatelle giovanili, trascorsi di gioventù → **fredaine.**

frater |fʀatɛʀ| *s.m.* (*vx.*) [*frère lai*] frate laico*, converso ◇ [*aide d'un barbier*] aiuto barbiere ◇ [*aide d'un chirurgien*] aiuto chirurgo*.

fraternel, elle |fʀatɛʀnɛl| *adj.* fraterno: *l'amour fraternel* l'amore fraterno ◇ [*affectueux, amical; cordial*] *un sourire, un geste fraternel* un sorriso, un gesto fraterno ◇ (*personnes*) *il s'est montré très fraternel avec moi* si è mostrato molto fraterno con me.

fraternellement |fʀatɛʀnɛlmɑ̃| *adv.* [→ FRATERNEL] fraternamente.

fraternisation |fʀatɛʀnizɑsjɔ̃| *s.f.* [→ FRATERNISER] fraternizzazione.

fraterniser |fʀatɛʀnize| *v.intr.* [*faire acte de fraternité*] fraternizzare: *fraterniser avec qqn.* fraternizzare con qc.

fraternité |fʀatɛʀnite| *s.f.* fratellanza, fraternità (*inv.*): *un élan de fraternité* uno slancio di fratellanza; *fraternité d'armes* fratellanza d'armi → **solidarité, camaraderie** ◇ (*relig.*) confraternita.

1 **fratricide** |fʀatʀisid| *s.m.* fratricidio*.

2 **fratricide** |fʀatʀisid| *s.* fratricida ✦ (*adj.*) *des guerres, des haines fratricides* guerre fratricide, odi fratricidi.

fratrie |fʀatʀi| *s.f.* (*démogr.*) fratria.

fraude |fʀod| *s.f.* frode: *inspecteurs chargés de la répression des fraudes* ispettori incaricati della repressione delle frodi, nucleo antisofisticazioni; *fraude fiscale* frode fiscale # *fraude électorale* broglio elettorale ◇ *loc.adv.* EN FRAUDE di contrabbando, di frodo: *produit qui passe la frontière en fraude* prodotto che passa la frontiera di contrabbando.

frauder |fʀode| **A** *v.tr.* [*commettre une fraude au détriment de*] frodare: *frauder le fisc* frodare il fisco → **voler** **B** *v.intr.* [*être coupable de fraude*] imbrogliare, frodare: *frauder sur le poids des denrées* imbrogliare, rubare sul peso della merce.

fraudeur, euse |fʀodœʀ, øz| *s.* frodatore*; sofisticatore* → **falsificateur.**

frauduleusement |fʀodyløzmɑ̃| *adv.* [→ FRAUDULEUX] fraudolentemente.

frauduleux, euse |fʀodylø, øz| *adj.* fraudolento: *intention frauduleuse* intenzione fraudolenta; *banqueroute frauduleuse* bancarotta fraudolenta; *banqueroutier frauduleux* bancarottiere fraudolento.

fraxinelle |fʀaksinɛl| *s.f.* (*t.bot.*) frassinella, ornello *m.*

1 **frayer** |fʀeje| (9) **A** *v.tr.* [*tracer ou ouvrir* (*un chemin*) *par le passage*] aprire (186) (una strada, un varco): *écarter les branches pour frayer un passage* scostare i rami per aprire un passaggio, per aprirsi un varco ✦ (*au p.p.*) *les chemins frayés* le strade battute, le vie note **B** *v.pron. intr.* SE FRAYER [→ *tr.*] *se frayer un chemin à travers la foule* aprirsi un varco, farsi (103) largo tra la folla.

2 **frayer** |fʀeje| (9) *v.intr.* **1** (*poissons*) [*déposer ses œufs; les féconder*] deporre (168) *tr.* le uova, fecondare *tr.* le uova **2** (*fig.*) [*avoir des relations familières et suivies*] frequentare *tr.*, le-

gare: *il frayait peu avec ses collègues* frequentava poco i colleghi, legava poco con i colleghi.

frayeur |fʀɛjœʀ| *s.f.* [*peur très vive*] spavento *m.*; panico* (*m.*): *trembler de frayeur* tremare per lo spavento; *il s'est remis de sa frayeur* si è rimesso dallo spavento ‖ *causer de la frayeur* causare panico; *être saisi de frayeur* essere preso dal panico.

fredaine |fʀədɛn| *s.f.* [*écart de conduite sans gravité*] scappatella, trascorso (*m.*): *des fredaines de jeunesse* delle scappatelle, dei trascorsi di gioventù → **frasque.**

fredon |fʀədɔ̃| *s.m.* (*vx.*) [*roulade*] gorgheggio* (*cour.*) ◇ [*gai refrain*] motivetto (*cour.*).

fredonnement |fʀədɔnmɑ̃| *s.m.* [→ FREDONNER] il canticchiare *inv.*, il canterellare *inv.*

fredonner |fʀədɔne| *v.tr.* [*chanter (un air) à mi-voix, à bouche fermée*] canticchiare, canterellare → **chantonner.**

freezer |fʀizœʀ| *s.m.* (*angl.*) freezer *inv.*; congelatore.

frégate |fʀegat| *s.f.* **1** (*mar.*) fregata **2** (*t.zool.*) fregata.

frein |fʀɛ̃| *s.m.* **1** (*mécan., cour.*) freno: *frein à patin, a tambour, à disque* freno a pattino, a tamburo, a disco; *frein à main* freno a mano; *pédale de frein d'une automobile* pedale del freno di un'automobile; *frein moteur* freno motore # *donner un coup de frein* fare una frenata; (*fig.*) frenare (q.c.) ◇ (*fig.*) *mettre un frein à qqch.* mettere, porre un freno a q.c. # *une imagination sans frein* una fantasia sfrenata, sbrigliata **2** (*loc. fig.*) *ronger son frein* mordere il freno.

freinage |fʀɛnaʒ| *s.m.* [→ FREINER A] frenata *f.*; frenatura (*f.*): *bon, mauvais freinage* buona, cattiva frenata *f.* ◇ (*auto.*) *épreuve de démarrage-freinage* prova di partenza-frenata; *dispositifs de freinage* dispositivi di frenatura ◇ (*fig.*) rallentamento Ⓒ **accélération.**

freiner |fʀene| **A** *v.intr.* [*ralentir; arrêter au moyen de freins*] frenare: *il freina brusquement* frenò bruscamente; *voiture qui freine bien* macchina che frena bene **B** *v.tr.* [*ralentir dans son mouvement*] frenare: *le vent freinait les coureurs* il vento frenava i corridori ◇ (*fig.*) *freiner le progrès* frenare il progresso → **contrarier** Ⓒ **accélérer**; B **encourager.**

freineur |fʀɛnœʀ| *s.m.* [*agent chargé de la commande des freins dans un triage*] frenatore.

freinte |fʀɛ̃t| *s.f.* (*comm.*) sfrido *m.*, calo *m.*

frelatage |fʀəlataʒ| *s.m.* [→ FRELATER] adulterazione *f.*, sofisticazione *f.* → **fraude.**

frelater |fʀəlate| *v.tr.* [*altérer dans sa pureté*] adulterare, sofisticare → **dénaturer, falsifier** ✦ (*au p.p.*) *un vin frelaté* un vino adulterato, sofisticato ◇ (*fig.*) [*qui n'est pas pur, pas naturel*] innaturale, sofisticato: *des plaisirs, des sentiments frelatés* piaceri, sentimenti innaturali.

frêle |fʀɛl| *adj.* **1** [*qui donne une impression de fragilité*] esile: *de frêles colonnettes* esili colonnine **2** (*personnes*) fragile; gracile: *frêle créature* fragile creatura ‖ *une jeune fille un peu frêle* una ragazza gracilina.

frelon |fʀəlɔ̃| *s.m.* (*t.zool.*) calabrone.

freluche |fʀəlyʃ| *s.f.* [*petite houppe de soie sortant d'une ganse, d'un gland*] nappina (di seta).

freluquet |fʀəlykɛ| *s.m.* [*jeune homme frivole et prétentieux*] bellimbusto → **godelureau.**

frémir |fʀemiʀ| *v.intr.* **1** [*s'agiter avec un bruissement*] stormire (197), mormorare: *les peupliers frémissent au vent* i pioppi stormiscono al vento; *le vent frémit dans le feuillage* il vento mormora tra le foglie → **bruire, frissonner** **2** (*personnes*) [*être agité d'un tremblement*] fremere: *frémir de...* fremere di..., per...; *frémir d'indignation* fremere di sdegno; *frémir d'épouvante, de honte* fremere per lo spavento, per la vergogna # *c'est à faire frémir!* è una cosa raccapricciante!, da fare rabbrividire!

frémissant, ante |fʀemisɑ̃, ɑ̃t| *adj.* fremente, tremante → **tremblant** ◇ (*fig.*) *une sensibilité frémissante* una vibrante sensibilità → **vibrant.**

frémissement |fʀemismɑ̃| *s.m.* **1** [→ FRÉMIR 1] fruscio*, lo stormire (*inv.*): *le frémissement des roseaux* lo stormire delle canne → **bruissement, murmure** **2** [→ FRÉMIR 2] fremito; tremore: *frémissement de colère* fremito di collera → **frisson** ‖ *frémissement des lèvres* tremore delle labbra.

frênaie |fʀɛnɛ| *s.f.* [*terrain planté de frênes*] frassineto *m.*

frêne |fʀɛn| *s.m.* (*t.bot.*) frassino.

frénésie |fʀenezi| *s.f.* frenesia: *il se mit à travailler avec frénésie* si mise a lavorare con frenesia → **fièvre, folie, fureur.**

frénétique |fʀenetik| *adj.* frenetico*: *des applaudissements, des cris frénétiques* applausi frenetici, grida frenetiche → **délirant, effréné, violent.**

frénétiquement |fʀenetikmɑ̃| *adv.* [→ FRÉNÉTIQUE] freneticamente.

fréquemment |fʀekamɑ̃| *adv.* [→ FRÉQUENT] frequentemente, di frequente (*loc. inv.*): *cela arrive fréquemment* (ciò) accade frequentemente, di frequente → **souvent.**

fréquence |fʀekɑ̃s| *s.f.* **1** frequenza: *la fréquence de ses visites* la frequenza delle sue visite ◇ (*ling.*) *fréquence d'un mot* frequenza di una parola **2** (*électr.*) frequenza: *courants alternatifs à basse, moyenne, haute fréquence* correnti alternate a bassa, media alta frequenza → 1 **cycle** ◇ (*radio*) *modulation de fréquence* modulazione di frequenza ◇ (*acoustique*) *fréquence d'un son* frequenza di un suono.

fréquencemètre |fʀekɑ̃smɛtʀ(ə)| *s.m.* (*phys.*) frequenziometro.

fréquent, ente |fʀekɑ̃, ɑ̃t| *adj.* frequente: *de fréquents orages* frequenti temporali; *c'est une situation fréquente en temps de guerre* è una situazione frequente in tempo di guerra → **commun, courant** Ⓒ **rare.**

fréquentable |fʀekɑ̃tabl(ə)| *adj.* [→ FRÉQUENTER] frequentabile: *un individu peu fréquentable* un individuo poco frequentabile.

fréquentatif, ive |fʀekɑ̃tatif, iv| *adj.* (*gram.*) frequentativo: *préfixe, suffixe fréquentatif* prefisso, suffisso frequentativo; *verbe fréquentatif* verbo frequentativo → **itératif.**

fréquentation |fʀekɑ̃tasjɔ̃| *s.f.* **1** [→ FRÉQUENTER 1] il frequentare *m. inv.*, frequentazione (*rare*): *la fréquentation des théâtres, des musées* il frequentare i teatri, i musei **2** [→ FRÉQUENTER 2] compagnia: *il a de mauvaises fréquentations* frequenta cattive compagnie; *ce garçon est une mauvaise fréquentation pour notre fils* quel ragazzo è una cattiva compagnia per nostro figlio # *choisir ses fréquentations* scegliere le persone da frequentare.

fréquenté, ée |fʀekɑ̃te| *adj.* frequentato: *une promenade très fréquentée* una passeggiata molto frequentata.

fréquenter |fʀekɑ̃te| *v.tr.* **1** [*aller souvent, habituellement dans un lieu*] frequentare: *fréquenter les bals* frequentare i balli → **hanter** # *un établissement mal fréquenté* un locale pubblico malfamato **2** [*avoir des relations habituelles avec (qqn.)*] frequentare: *il fréquentait des voisins* frequentava dei vicini **3** (*région.*) [*voir fréquemment qqn. pour des raisons sentimentales*] corteggiare, frequentare: *la fille qu'il fréquente* la ragazza che corteggia, che frequenta Ⓒ 2 **abandonner, éviter.**

frère |fʀɛʀ| *s.m.* **1** fratello: *son frère aîné* (*fam.*), *son grand frère* (il) suo fratello maggiore; *son frère cadet* (*fam.*), *son petit frère* (il) suo fratello minore; *il lui ressemble comme un frère* gli assomiglia come un fratello, si assomigliano come due gocce d'acqua **2** [*membre de la même famille humaine, fidèle de la même religion*] fratello: *mes (bien chers) frères* fratelli miei, cari fratelli ◇ [*appellation de certains ordres religieux*] frate, fratello: *les frères mineurs, prêcheurs* i frati minori, predicatori; *les frères des écoles chrétiennes* i fratelli delle scuole cristiane; *il a été élevé chez les frères* è stato educato dai frati **3** [*homme qui a avec la personne considérée une communauté d'origine, d'intérêt, d'idées*] amico*, compagno (*s.*): *un faux frère* un falso amico, un traditore; *frère d'armes* compagno di armi, commilitone → **ami, camarade, compagnon** # *les frères maçons*, (*fam.*) *les frères Trois-points* i frammassoni, i massoni ◇ (*fam.*) *vieux frère* amico mio, vecchio mio ✦ (*appos.*) *des peuples frères* popoli fratelli **4** (*fig.*) [*chose, notion apparentées*] fratello: *les vices sont frères, les vertus sont sœurs* i vizi sono fratelli, le virtù sorelle **5** (*fam.*) [*un des éléments d'une paire*] uguale (*cour.*), gemello (*cour.*): *vous avez un joli vase, j'ai vu son frère chez mon antiquaire* lei ha un bel vaso, ne ho visto uno uguale, ho visto il gemello dal mio antiquario.

frérot |fʀeʀo| *s.m.* (*fam.*) [*petit frère*] fratellino (*cour.*).

fresque |fʀɛsk(ə)| *s.f.* **1** [*procédé de peinture murale; œuvre peinte d'après ce procédé*] affresco* (*m.*): *les fresques romaines de Pompéi* gli affreschi romani di Pompei **2** [*vaste composition littéraire présentant un tableau d'ensemble*] affresco, quadro (*m.*): *le romancier a voulu peindre une fresque de son temps* il romanziere ha voluto dipingere un affresco, tracciare un quadro del proprio tempo.

fresquiste |fʀɛskist(ə)| *s.* (af)freschista, frescante (*littér.*).

fressure |fʀesyʀ| *s.f.* [*ensemble des gros viscères d'un animal*] corata, coratella.

fret |fʀɛ| *s.m.* **1** [*prix du transport des marchandises; leur transport*] nolo, noleggio*: *navire donné à fret* nave data a noleggio, a nolo; *navire pris à fret* nave presa a noleggio, a nolo **2** [*cargaison d'un navire; chargement d'un avion, d'un camion*] carico*: *débarquer, décharger son fret* sbarcare, scaricare il carico ◇ [*transport de marchandises*] trasporto merci: *avions de fret* aerei da trasporto merci, da carico.

fréter |fʀete| (8) *v.tr.* **1** (*véhicules*) [*prendre en location*] prendere (105) a nolo, noleggiare: *ils frétèrent une voiture* presero a nolo, noleggiarono una macchina **2** (*navires*) [*donner en location*] noleggiare, dare (102) a nolo.

fréteur |fʀetœʀ| *s.m.* [*personne qui donne en location un navire*] armatore → **armateur.**

frétillant, ante |fʀetijɑ̃, ɑ̃t| *adj.* [*qui frétille*]: (*poisson*) guizzante; (*chien*) scodinzolante ◇ [*gai, sémillant*] euforico*: *le voilà tout frétillant* guardatelo come è euforico.

frétillement |fʀetijmɑ̃| *s.m.* [*mouvement de ce qui frétille*]: (*poisson*) guizzo; (*chien*) scodinzolio*.

frétiller |fʀetije| *v.intr.* [*s'agiter par petits mouvements rapides*] guizzare; scodinzolare: *poisson qui frétille* pesce che guizza, che dà un guizzo || *le chien frétillait de la queue* il cane scodinzolava ◇ (*personnes*) saltellare: *il frétillait de joie* saltellava dalla gioia → **trémousser (se).**

fretin |fʀətɛ̃| *s.m.* **1** [*petits poissons*] minutaglia (*f.*): *rejeter le fretin à l'eau* ributtare in acqua la minutaglia **2** *menu fretin* [*ce qu'on considère comme négligeable*]: (*choses*) minutaglia; (*personnes*) gentucola *f.*

frettage |fʀɛtaʒ| *s.m.* [→ FRETTER] cerchiatura *f.*

1 **frette** |fʀɛt| *s.f.* (*mécan.*) cerchio* *m.* (della ruota), ghiera.

2 **frette** |fʀɛt| *s.f.* **1** (*blas.*) cancello *m.* **2** (*archit.*) meandro *m.*, greca*.

fretté |fʀete| *adj.* (*blas.*) cancellato.

fretter |fʀete| *v.tr.* [*garnir d'une* (1) *frette*] cerchiare, munire (197) di ghiera: *fretter un moyeu* cerchiare il mozzo di una ruota.

freudien, ienne |fʀødjɛ̃, jɛn| *adj.* freudiano.

freudisme |fʀødism(ə)| *s.m.* freudismo.

freux |fʀø| *s.m.* (*t.zool.*) corvo comune, corvo nero.

friabilité |fʀijabilite| *s.f.* friabilità *inv.*

friable |fʀijabl(ə)| *adj.* friabile: *galette à pâte friable* dolce di pasta friabile.

friand |fʀijɑ̃| *s.m.* (*cuis.*) [*petit pâté feuilleté garni d'un hachis de viande*] rustico* ◇ [*petit gâteau à pâte d'amandes*] ⊠.

friand, ande |fʀijɑ̃, ɑ̃d| *adj.* FRIAND DE [*qui aime particulièrement* (*un aliment*)] ghiotto di: *il est friand de gibier* è ghiotto di selvaggina ◇ (*fig.*) [*qui recherche et aime qqch.*] avido, bramoso: *être friand de compliments* essere avido di complimenti → **avide.**

friandise |fʀijɑ̃diz| *s.f.* [*petite pièce de confiserie ou de pâtisserie*] dolciumi *m.pl.*, dolcetto *m.* → **sucrerie.**

fric |fʀik| *s.m.* (*pop.*) [*argent*] grana *f.*, quattrini *pl.*

fricandeau |fʀikɑ̃do| *s.m.* (*cuis.*) fricandò *inv.*

fricassée |fʀikase| *s.f.* **1** (*cuis.*) fricassea → **gibelotte** **2** (*pop.*) *fricassée de museaux* [*embrassade*] baci *m. pl.* e abbracci *m.pl.* (*cour.*), sbaciucchiamenti *m.pl.*

fricasser |fʀikase| *v.tr.* [*faire cuire en fricassée*] cucinare in fricassea.

fricatif, ive |fʀikatif, iv| *adj.* (*ling.*) fricativo: *consonnes fricatives* consonanti fricative → **spirante** ✦ (*s.f.*) *les fricatives* le fricative.

fric-frac |fʀikfʀak| *s.m.* (*pop.*) [*effraction, cambriolage avec effraction*] furto con scasso (*cour.*), rapina *f.* (*cour.*): *une série de fric-frac(s)* una serie di furti con scasso, di rapine.

friche |fʀiʃ| **1** *s.f.* [*terre non cultivée*] sodaglia, terreno *m.* incolto **2** *loc. adv. ou adj.* EN FRICHE [*inculte*] incolto (*adj.*): *laisser des champs en friche* lasciare dei campi incolti → **abandon (à l')** ◇ (*fig.*) *laisser ses dons en friche* non (saper) mettere a frutto le proprie capacità.

frichti |fʀiʃti| *s.m.* (*fam.*) [*repas, plat que l'on prépare*] pasto (*cour.*); pietanza *f.* (*cour.*) → **fricot.**

fricot |fʀiko| *s.m.* (*fam.*) [*ragoût, mets grossièrement cuisiné*] sbobba *f.* → **frichti, rata.**

fricotage |fʀikɔtaʒ| *s.m.* (*fam.*) [*trafic malhonnête*] imbroglio* (*cour.*), truffa *f.* (*cour.*).

fricoter |fʀikɔte| **A** *v.tr.* (*fam.*) [*manigancer, mijoter*] tramare (*cour.*), macchinare (*cour.*): *qu'est-ce que tu fricotes encore?* cosa stai tramando, macchinando? **B** *v.intr.* (*fam.*) [*trafiquer*] intrallazzare, trafficare (*cour.*).

fricoteur, euse |fʀikɔtœʀ, øz| *s.* (*fam.*) [*trafiquant(e), malhonnête*] trafficone, intrallazzatore*.

1 **friction** |fʀiksjɔ̃| *s.f.* frizione: *se faire faire une friction chez le coiffeur* farsi fare una frizione dal barbiere.

2 **friction** |fʀiksjɔ̃| *s.f.* **1** (*phys.*) attrito (*m.*): *forces de friction* forze d'attrito → **frottement** ◇ (*géol.*) *brèche de friction* breccia di frizione ◇ (*mécan.*) *cône, galet, roue de friction* cono, rullo, ruota di frizione; *embrayage à friction* innesto a frizione, frizione **2** (*fig.*) (*personnes*) attrito, dissapore (*m.*): *point de friction* punto d'attrito, di disaccordo.

frictionnel, elle |fʀiksjɔnɛl| *adj.* (*phys.*) da, di attrito (*loc. inv.*): *pertes frictionnelles* perdite da attrito.

frictionner |fʀiksjɔne| *v.tr.* [*administrer une friction à* (*qqn., une partie du corps*)] frizionare → **frotter.**

fridolin |fʀidɔlɛ̃| *s.m.* (*durant la Seconde Guerre mondiale*) [*Allemand*] crucco*.

frigidaire |fʀiʒidɛʀ| *s.m.* (*nom déposé, abusiv.*) [*tout réfrigérateur*] frigorifero, frigo *inv.* (*fam.*) ◇ (*fig., fam.*) *encore un projet qu'on va mettre au frigidaire* ecco un altro progetto che metteranno a dormire, nel cassetto.

frigidarium |fʀiʒidaʀjɔm| *s.m.* (*archéol.*) frigidario*, frigidarium *inv.*

frigide |fʀiʒid| *adj.* (*méd., cour.*) frigido: *femme frigide* donna frigida.

frigidité |fʀiʒidite| *s.f.* (*méd., cour.*) frigidità *inv.*, frigidezza.

frigo |fʀigo| *s.m.* (*fam.*) **1** [*viande frigorifiée*] carne *f.* congelata (*cour.*) **2** [*réfrigérateur*] frigo *inv.*, frigorifero (*cour.*): *mettre un rôti au frigo* mettere un arrosto in, nel frigo.

frigoporteur |fʀigɔpɔʀtœʀ| *adj.* (*phys., techn.*) *fluide frigoporteur* fluido refrigerante, di raffreddamento *loc.inv.*

frigorie |fʀigɔʀi| *s.f.* (*phys.*) frigoria.

frigorifier |fʀigɔʀifje| *v.tr.* [*soumettre au froid pour conserver*] congelare; refrigerare → **congeler, réfrigérer** ✦ *au p.p.* (*fam.*) *je suis frigorifié* sono congelato, ghiacciato → **gelé.**

frigorifique |fʀigɔʀifik| *adj.* [*qui sert à produire le froid*] frigorifero, refrigerante: *wagon, chambre frigorifique* vagone frigorifero, cella frigorifera; *mélange frigorifique* miscela refrigerante → **réfrigérant.**

frigoriste |fʀigɔʀist(ə)| *s.m.* frigorista.

frileusement |fʀiløzmɑ̃| *adv.* [*avec un geste frileux*] freddolosamente.

frileux, euse |fʀilø, øz| *adj.* [*qui est très sensible au froid*] freddoloso.

frilosité |fʀilozite| *s.f.* [*sensibilité au froid*] freddolosità *inv.*

frimaire |fʀimɛʀ| *s.m.* [*troisième mois de l'année républicaine*] frimaio*.

frimas |fʀimɑ| *s.m. surtout au plur.* (*poét.*) [*brouillard formant des dépôts de givre*] galaverna *f.sing.*, brinata *f. sing.*

frime |fʀim| *s.f.* **1** (*fam.*) [*semblant, apparence trompeuse*] scena, finta: *c'est de la frime* è tutta scena, è tutta una finta → **comédie** **2** (*arg.*) [*visage, mine*] muso *m.*, faccia* (*cour.*).

frimer |fʀime| *v.tr.* [*faire de l'épate, bluffer*] (*fam.*) fare (103) lo sbruffone (con).

frimousse |fʀimus| *s.f.* (*fam.*) [*visage enfantin*] musino *m.*, faccino *m.* → 1 **minois.**

fringale |fʀɛ̃gal| *s.f.* (*fam.*) **1** [*faim violente et pressante*] fame (da lupi) (*cour.*): *j'ai la fringale, une de ces fringales!* ho una fame! **2** (*fig.*) [*désir violent, irrésistible*] smania (*cour.*), (gran) voglia (*cour.*): *j'ai une fringale de films* ho una voglia pazza di andare al cinema → **envie.**

fringant, ante |fʀɛ̃gɑ̃, ɑ̃t| *adj.* **1** (*se dit d'un cheval très vif*) focoso, vivace **2** [*dont l'allure dénote la vitalité, la belle humeur*] brioso, vispo → 2 **alerte, pimpant, sémillant.**

Fringillidés |fʀɛ̃ʒil(l)ide| *s.m.pl.* (*t.zool.*) Fringillidi.

fringuer |fʀɛ̃ge| **A** *v.tr.* (*pop.*) [*habiller*] vestire (*cour.*): *bien fringué* ben vestito **B** *v.pron.réfl.* SE FRINGUER [→ *tr.*] mettersi (155) in ghingheri.

fringues |fʀɛ̃g| *s.f.pl.* (*pop.*) [*vêtements*] vestiti *m.* (*cour.*), panni *m.* (*cour.*).

frioulan, ane |fʀijulɑ̃, an| *adj.* [*du Frioul*] friulano.

friper |fʀipe| *v.tr.* [*défraîchir en froissant*] sgualcire (197), spiegazzare: *elle a fripé sa robe* ha sgualcito il vestito ✦ *au p.p.* (*fig.*) *visage fripé* viso avvizzito, pieno di rughe.

friperie |fʀipʀi| *s.f.* **1** [*vieux habits; linge usagé*] vestiti *m.pl.* usati; roba usata **2** [*commerce de fripier*] commercio* *m.* del rigattiere, rigatteria (*rare*) # *s'enrichir dans la friperie* arricchirsi facendo il rigattiere ◇ [*boutique de fripier*] bottega* del rigattiere # *il a acheté son veston à la friperie* ha comprato la sua giacca dal rigattiere.

fripier, ière |fʀipje, jɛʀ| *s.* [*personne qui revend d'occasion des habits, du linge*] rigattiere *m.*

fripon, onne |fʀipɔ̃, ɔn| *s.* (*se dit à un enfant malicieux, une fille coquette*) briccone, birba (*f.*): *ah, le petit fripon!*

che bricconcello!, che birba! → **brigand, coquin** ◆ *adj.* [*qui a qqch. de malin, d'un peu provocant*] *un petit air fripon* un'aria maliziosa, civettuola.

friponner |fʀipɔne| *v.tr.* (*vx.*) [*voler, escroquer* (*qqn.*)] truffare (*cour.*), gabbare (*cour.*).

friponnerie |fʀipɔnʀi| *s.f.* (*littér.*, *vieilli*) [*caractère, action de fripon*] furfanteria, bricconeria.

fripouille |fʀipuj| *s.f.* (*fam.*) [*homme sans scrupules*] mascalzone *m.* → **canaille, crapule, escroc.**

fripouillerie |fʀipujʀi| *s.f.* [*escroquerie*] canagliata, mascalzonata.

friquet |fʀikɛ| *s.m.* (*t.zool.*) passera *f.* mattugia*.

frire |fʀiʀ| (*seulement*: *prés*: *je fris, tu fris, il frit*; *fut.*: *je frirai, tu friras, ils friront*; *condit.*: *je frirais, tu frirais, ils friraient*; *impér.*: *fris*; *p.p.*: *frit*) **A** *v.tr.* [*faire cuire dans un corps gras bouillant*] friggere (148): *poêle à frire* padella per friggere **B** *v.intr.* [*cuire dans la friture*] friggere: *faire frire* far friggere; *mettre à frire du poisson* mettere del pesce a friggere.

frisage |fʀizaʒ| *s.m.* [→ FRISER A 1] arricciatura *f.*, arricciamento (dei capelli).

frisant, ante |fʀizɑ̃, ɑ̃t| (*adj.*) *lumière frisante* [*rasante*] luce radente.

frise |fʀiz| *s.f.* **1** (*archit.*, *cour.*) fregio* *m.* **2** (*décorations*) lista ◇ (*théât.*) cielo *m.*, celetto *m.*

frise (cheval de) |ʃ(ə)valdə fʀiz| *s.m.* (*milit.*) cavallo di frisia: *des chevaux de frise* cavalli di frisia.

frisé, ée |fʀize| *adj.* [*disposé en boucles fines et serrées*] riccio*, ricciuto: *frisé comme un mouton* riccio, ricciuto come un agnellino; *velours frisé* velluto ricciuto, accotonato → **bouclé, crépu** ◇ (*hortic.*) riccio: *chicorée frisée* indivia riccia, ricciolina *s.f.*

friselis |fʀizli| *s.m.* (*littér.*) [*faible frémissement*] fruscio* (*cour.*), lo stormire *inv.*

friser |fʀize| **A** *v.tr.* **1** [*mettre en boucles*] arricciare: *cheveux frisés* capelli arricciati → **boucler** **2** [*passer au ras de*; *effleurer*] sfiorare: *la lumière frise son visage* la luce sfiora il suo viso → **frôler, raser** ◇ (*fig.*) [*approcher de très près*] rasentare, sfiorare: *scène qui frise le ridicule* scena che rasenta, sfiora il ridicolo; *friser la soixantaine* sfiorare i sessant'anni **B** *v.intr.* [*être ou devenir frisé*] arricciarsi *pron.*, diventare (*aux.* essere) riccio*: *ses cheveux frisent* i capelli le si arricciano, diventano ricci # *fer à friser* arricciacapelli.

frisette |fʀizɛt| *s.f.* [*petite boucle de cheveux frisés*] ricciolino *m.*, ricciolo (*m.*): *se faire des frisettes* farsi i ricciolini.

frisolée |fʀizɔle| *s.f.* (*agric.*) accartocciamento *m.* (delle foglie di patate).

frison |fʀizɔ̃| *s.m.* [*boucle d'une frisure*] ricciolo ◇ (*techn.*, *cour.*) truciolo, limatura *f.*

frison, onne |fʀizɔ̃, ɔn| **1** *adj.* [*de la Frise hollandaise et orientale*] frisone, della Frisia (*loc.inv.*): *l'archipel frison* l'arcipelago frisone; *race frisonne* razza frisona **2** (*s.m.*) *le frison* [*la langue*] il frisone.

frisottant, ante |fʀizɔtɑ̃, ɑ̃t|, **frisotté, ée** |fʀizɔte| *adj.* [*qui frisotte*] leggermente arricciato.

frisotter |fʀizɔte| **A** *v.tr.* [*friser en petites boucles serrées*] arricciare leggermente: *cheveux frisottés* capelli leggermente arricciati **B** *v.intr.* [*friser en petites ondulations serrées*] arricciarsi *pron.* leggermente.

frisquet, ette |fʀiskɛ, ɛt| *adj.* [*un peu froid*] freschetto, frescolino: *il fait frisquet ce matin* fa freschetto stamattina ◆ *s.m.* (*littér.*) [*petit froid vif et piquant*] frescolino (*cour.*).

frisson |fʀisɔ̃| *s.m.* **1** [*tremblement convulsif et passager*] brivido: *des frissons de froid* brividi di freddo; *donner le frisson* far venire i brividi; *avoir le frisson* avere i brividi, rabbrividire ◇ (*fig.*) *frisson d'épouvante, d'horreur* brivido di spavento, di orrore → **frémissement, tremblement** **2** (*poét.*) [*léger mouvement*; *bruit léger qui accompagne ce mouvement*] tremolio*; fruscio*: *le frisson des herbes agitées par le vent* il tremolio dell'erba mossa dal vento.

frissonnant, ante |fʀisɔnɑ̃, ɑ̃t| *adj.* [*qui frissonne*] tremolante.

frissonnement |fʀisɔnmɑ̃| *s.m.* (*littér.*) [*léger frisson*] fremito (*cour.*); tremolio* (*cour.*).

frissonner |fʀisɔne| *v.intr.* **1** [*avoir le frisson, être agité de frissons*] tremare, rabbrividire (197): *frissonner de fièvre* tremare per la febbre; *frissonner de froid* rabbrividire dal freddo **2** [*être saisi d'un léger tremblement produit par une vive émotion*] fremere; rabbrividire: *frissoner de joie, de plaisir* fremere di gioia, di piacere; *frissonner d'horreur* fremere per l'orrore → **frémir, tressaillir** ‖ *frissonner de peur* rabbrividire dalla paura **3** (*choses*) (*poét.*) [*trembler légèrement*] tremolare.

frisure |fʀizyʀ| *s.f.* [→ FRISER] arricciatura ◇ [*boucle, frisette*] ricciolo *m.*

frit, frite |fʀi, fʀit| *adj.* **1** fritto: *poisson frit* pesce fritto; *pommes* (*de terre*) *frites* patate fritte **2** (*fig.*, *fam.*) (*personnes*) [*perdu, fichu*] fritto: *on est frit* siamo fritti.

frite |fʀit| *s.f. spécialt. au plur.* [*petit morceau de pomme de terre que l'on mange frit et chaud*] patatina (fritta), patata fritta: *bifteck frites* bistecca con patatine, con patate fritte; *un cornet de frites* un cartoccio di patatine fritte → **chips.**

friterie |fʀitʀi| *s.f.* friggitoria; chiosco* per la vendita di patatine fritte.

friteuse |fʀitøz| *s.f.* (*cuis.*) padella per friggere.

fritillaire |fʀiti(l)lɛʀ| *s.f.* (*t.bot.*) fritillaria.

frittage |fʀitaʒ| *s.m.* (*techn.*) [*vitrification préparatoire de certains mélanges*] calcinazione *f.* ◇ [*agglomération des poudres métalliques*] sinterizzazione *f.*

fritte |fʀit| *s.f.* (*techn.*) fritta, marzacotto *m.*

fritter |fʀite| *v.tr.* (*techn.*) [*soumettre au frittage*] calcinare la fritta; sinterizzare.

friture |fʀityʀ| *s.f.* **I** **1** frittura: *friture à l'huile, à la graisse* frittura nell'olio, nel grasso **2** [*aliments et spécialt. poissons frits*] frittura, fritto (*m.*): *une friture de goujons* una frittura di ghiozzi; *il aime beaucoup la petite friture* gli piace molto il fritto misto (di pesce) **3** [*matière grasse qui sert à frire*] grasso *m.* (per frittura) **4** (*Belgique*) → **friterie** **II** (*radio, télécom.*) (*bruit de*) *friture* [*grésillement qui se produit par moments dans les appareils de radio ou de téléphone*] crepitio* *m.*, ronzio* *m.*

fritz |fʀits| *s.m.* (*fam.*) [*Allemand*] crucco* (*péj.*).

frivole |fʀivɔl| *adj.* (*choses*) frivolo, futile: *une discussion frivole* una discussione frivola, futile → **insignifiant, léger, superficiel** ◇ (*personnes*) frivolo: *jeune homme frivole* giovanotto frivolo Ⓒ **grave, sérieux.**

frivolement |fʀivɔlmɑ̃| *adv.* [→ FRIVOLE] futilmente; con frivolezza *loc.inv.*

frivolité |fʀivɔlite| *s.f.* **1** [*caractère d'une personne frivole*] frivolezza: *la frivolité de cette jeune fille* la frivolezza di quella ragazza **2** [*chose frivole*] frivolezza → **bagatelle, futilité** **3** *au plur.* [*petits articles de mode, de parure*] chiacchierini *m.*, 'frivolité' *inv.* → **colifichet, fanfreluche.**

1 **froc** |fʀɔk| *s.m.* (*pop.*) [*pantalon*] pantaloni *pl.* (*cour.*), brache *f.pl.* (*cour.*).

2 **froc** |fʀɔk| *s.m.* **1** (*vieilli*) [*habit de moine*] tonaca* *f.*, saio* **2** (*loc.*) *jeter le froc aux orties* buttare la tonaca alle ortiche ~ *porter le froc* portare la tonaca, il saio.

froid |fʀwa| *s.m.* **1** freddo: *le chaud et le froid* il caldo e il freddo; *coup de froid* colpo di freddo, infreddatura; *vague de froid* ondata di freddo; *il fait froid* fa freddo; *avoir froid* aver freddo; *prendre, attraper froid* prendere freddo, un'infreddatura → **frisquet** ◇ (*fam.*) *un froid noir, un froid de canard, de chien, de loup* un freddo cane; *on meurt, on crève de froid, ici* si muore di freddo, si battono i denti dal freddo qui ◇ (*loc. fig.*) *n'avoir pas froid aux yeux* non aver paura di niente, nemmeno del diavolo **2** (*fig.*) freddo: *cela me fait froid dans le dos rien que d'y penser* mi viene freddo solo a pensarci; *cela ne me fait ni chaud ni froid* non mi fa né caldo né freddo # *ces mots ont jeté un froid dans l'assistance* quelle parole hanno avuto l'effetto di una doccia fredda sui presenti, hanno raggelato i presenti **3** (*loc.*) *nous sommes en froid* [*brouillés, fâchés*] siamo in rotta, abbiamo litigato Ⓒ 1 **chaleur, chaud.**

froid, froide |fʀwa, fʀwad| *adj.* **I** freddo: *un vent, un temps froid* un vento, un tempo freddo; *le moteur est encore froid, laissez-le tourner* il motore è ancora freddo, lasciatelo girare; *avoir des sueurs froides* sudare freddo → **frais, glacé** # *à table! tout va être froid!* a tavola! si raffredda tutto! ◇ (*techn.*) *chambre froide* cella frigorifera **II** *fig.* **1** freddo: *un caractère froid* un carattere freddo → 2 **calme, flegmatique;** *une femme froide* una donna fredda → **frigide;** *un ton froid, détaché* un tono freddo, distaccato → **distant, réservé**; *un homme froid et impitoyable* un uomo freddo e spietato → **dur, insensible** # *une colère, une rage froide* una collera, una rabbia contenuta, repressa; *ça me laisse froid* la cosa mi lascia (del tutto) indifferente ◇ (*loc.*) *garder la tête froide* conservare la mente lucida, fredda ~ *conserver son sang-froid* conservare la calma, mantenere il sangue freddo **2** (*art*) *un style froid* uno stile freddo → **inexpressif,** 1 **terne** **III** *loc. adv.* À FROID a freddo: *battre, forger le fer à froid* battere, fucinare il ferro a freddo; *laminer à froid* laminare a freddo; *pour démarrer à froid, tirez le starter* per partire a freddo, tirate lo starter ◇ (*sport*) *prendre, cueillir un adversaire à froid* sorprendere, colpire un avversario a freddo ◇ (*fig.*) *s'emporter, s'exciter à froid sur un sujet* adirarsi, entusiasmarsi a freddo su un argomento Ⓒ I **chaud**; II 1 **ardent, chaleureux, enthousiaste, sensible,** 2 **émouvant, expressif.**

froidement |fʀwadmɑ̃| *adv.* [→ FROID II 1] freddamente, con freddezza (*loc. inv.*): *on l'a reçu froidement* è stato ricevuto con freddezza, freddamente; *juger froidement les résultats* giudicare freddamente i risultati → **calmement** ◇ [*avec insensibilité*] *il l'abattit froidement d'un coup de revolver* lo abbatté freddamente con un colpo di rivoltella.

froideur |fʀwadœʀ| *s.f.* **1** freddezza: *une froideur méprisante* una freddezza sprezzante → **flegme, impassibilité; détachement, réserve** **2** (*art*) *la froideur de son style* la freddezza del suo stile → **sécheresse.**

froidure |fʀwadyʀ| *s.f.* **1** (*littér.*) freddura **2** (*méd.*) congelamento *m.*

froissable |fʀwasabl(ə)| *adj.* **1** [→ FROISSER A 1; B 1] facile a sgualcirsi, a spiegazzarsi **2** (*fig.*) [→ FROISSER A 3; B 3] permaloso.

froissement |fʀwasmɑ̃| *s.m.* **1** [→ FROISSER A 1; B 1] sgualcitura *f.*, spiegazzamento **2** [→ FROISSER B 2] *froissement d'un muscle* [*claquage*] stiramento di un muscolo, muscolare **3** [*bruissement de ce qui est froissé*] fruscio*: *froissement d'une étoffe* fruscio di una stoffa **4** (*fig.*) [*ce qui blesse qqn. dans son amour-propre*] offesa *f.*, ferita (*f.*): *des froissements d'amour-propre* offese, ferite dell'amor proprio → **blessure** ◇ [*choc de caractères, d'intérêts en conflit*] attrito, dissapore → 2 **friction, heurt.**

froisser |fʀwase| **A** *v.tr.* **1** [*chiffoner, faire prendre de faux plis à* (*une étoffe, du papier*)] sgualcire (197), spiegazzare → **friper** **2** [*meurtrir par forte pression*] ammaccare, produrre (108) una contusione a **3** (*fig.*) [*blesser légèrement* (*qqn.*) *dans son amour-propre, dans sa délicatesse*] offendere (105), urtare: *je ne voulais pas vous froisser* non volevo offenderla → **désobliger, vexer** **B** *v.pron.* SE FROISSER **1** [→ *tr.* 1] sgualcirsi, spiegazzarsi: *un tissu qui ne se froisse pas* una stoffa che non si sgualcisce, ingualcibile **2** [→ *tr.* 2] *se froisser un muscle* prodursi uno stiramento muscolare **3** [→ *tr.* 3] offendersi Ⓒ **défroisser.**

froissure |fʀwasyʀ| *s.f.* (*rare*) [*trace laissée par le froissement*] sgualcitura, spiegazzatura → 1 **pli.**

frôlement |fʀolmɑ̃| *s.m.* [→ FRÔLER] sfioramento.

frôler |fʀole| *v.tr.* [*toucher presque ou toucher légèrement en passant*] sfiorare: *la voiture a frôlé le trottoir* la macchina ha sfiorato il marciapiede → **effleurer, raser** ◇ (*fig.*) *il a frôlé la mort* ha sfiorato la morte.

frôleur, euse |fʀolœʀ, øz| *s.* **1** *s.f.* [*aguicheuse, allumeuse*] adescatrice, allettatrice **2** *s.m.* [*maniaque cherchant les occasions de frôler et toucher les femmes*] pomicione (*pop.*), struscione (*rare*).

fromage |fʀɔmaʒ| *s.m.* **1** formaggio*, cacio*: *fromage* (*de lait*) *de chèvre* formaggio caprino; *fromage frais* formaggio fresco; *fromage qui fermente, dessèche, coule* formaggio che fermenta, secca, fa la goccia # *cloche à fromage* copriformaggio **2** (*fig.*) [*situation, place aussi avantageuse que peu fatigante*] sinecura *f.* → **sinécure** # *obtenir un bon fromage* ottenere una buona sistemazione, riuscire a piazzarsi bene **3** (*par anal. de forme, cuis.*) sformato, pasticcio*: *fromage de tête* soppressata *f.*, pasticcio di carne di maiale.

fromager |fʀɔmaʒe| *s.m.* **1** industriale caseario*, formaggiaio* ◇ [*marchand de fromages*] formaggiaio, caciaio* **2** (*t.bot.*) ceiba *f.*

fromager, ère |fʀɔmaʒe, ɛʀ| *adj.* [*relatif au fromage*] caseario*: *industrie fromagère* industria casearia.

fromagerie |fʀɔmaʒʀi| *s.f.* [*local où l'on fabrique et vend en gros des fromages*] caseificio* *m.* ◇ [*industrie, commerce de fromages*] industria casearia; commercio* *m.* caseario*.

from(e)gi |fʀɔmʒi|, **from(e)ton** |fʀɔmtɔ̃| *s.m.* (*pop.*) [*fromage*] cacio*.

froment |fʀɔmɑ̃| *s.m.* [*blé*] frumento, grano: *farine de froment* farina di frumento, di grano.

fromental |fʀɔmɑ̃tal| *s.m.* (*t.bot.*) avena *f.*, erba *f.* altissima.

fronce |fʀɔ̃s| *s.f.* [*petit pli rond qui se forme quand on tire un fil dans un tissu*] crespa, increspatura # *les fronces* l'arricciatura; *jupe à fronces* gonna arricciata.

froncement |fʀɔ̃smɑ̃| *s.m.* [→ FRONCER 1] *froncement ae sourcils* l'aggrottare *inv.* le sopracciglia.

froncer |fʀɔ̃se| (2) *v.tr.* **1** [*plisser, rider en contractant, en resserrant*] aggrottare, corrugare: *elle fronçait les sourcils* aggrottava le sopracciglia **2** [*plisser* (*une étoffe*) *en formant des fronces*] arricciare, increspare.

froncis |fʀɔ̃si| *s.m.* [*suite de plis que l'on fait à une étoffe*] pieghe *f.pl.*, crespe *f.pl.*

frondaison |fʀɔ̃dɛzɔ̃| *s.f.* **1** [*le feuillage des arbres*] fogliame *m.sing.*, fronde *pl.* **2** (*bot.*) fogliazione: *l'époque de la frondaison* l'epoca della fogliazione.

1 **fronde** |fʀɔ̃d| *s.f.* fionda: *faire tournoyer une fronde* far roteare la fionda; *lancer une pierre avec une fronde* lanciare un sasso con la fionda.

2 **fronde** |fʀɔ̃d| *s.f.* **1** (*hist.*) Fronda **2** *un vent de fronde* [*de révolte*] un vento di fronda.

3 **fronde** |fʀɔ̃d| *s.f.* (*bot.*) fronda, sporofillo (*m.*): *les frondes des fougères* le fronde, gli sporofilli delle felci.

fronder |fʀɔ̃de| *v.tr.* [*attaquer ou railler sans respect*] attaccare, schernire (197): *fronder le gouvernement* attaccare il governo → **attaquer, critiquer** # *fronder le pouvoir* sfidare il potere.

frondeur, euse |fʀɔ̃dœʀ, øz| *s.* **1** *s.* (*hist.*) frondista, partigiano della Fronda **2** *s.* [*personne qui fronde*] frondista, oppositore* ♦ (*adj.*) *peuple frondeur* popolo ribelle; *propos frondeurs* discorsi sovversivi; *esprit frondeur* [*enclin à l'impertinence*] spirito ribelle, mordace **3** *s.m.* (*ancienn.*) [*soldat armé de la fronde*] fromboliere.

front |fʀɔ̃| *s.m.* **I** **1** fronte (*f.*): *un front haut, large* una fronte alta, ampia; *s'éponger le front* asciugarsi la fronte; *gagner son pain à la sueur de son front* guadagnarsi il pane col sudore della fronte ◇ (*animaux*) *cheval qui a une étoile au front* cavallo che ha una stella sulla fronte ◇ (*loc. fig.*) *courber le front* chinare il capo; *relever le front* alzare la fronte, il capo; *marcher le frônt haut* camminare a testa alta **2** (*loc.*) *avoir le front de* avere la faccia tosta, la sfacciataggine di → **audace, impudence** **II** **1** [*face antérieure*] fronte, facciata (*f.*): *le front d'un bâtiment* la fronte, la facciata di un edificio → **façade, fronton** # *front de mer* [*avenue en bordure de la mer*] lungomare ◇ (*loc.*) *faire front* fronteggiare, resistere → **résister** **2** (*milit.*) LE FRONT il fronte: *les combattants du front* i combattenti del fronte; *mourir, tomber au front* morire, cadere al fronte → **champ (d'honneur)** **3** (*polit.*) fronte: *le Front populaire* il Fronte popolare; *Front de libération nationale* (*F.L.N.*) Fronte di liberazione nazionale (dell'Algeria) → **bloc, groupement, ligue** **4** *loc.adv.* DE FRONT di fronte, di petto: *attaquer de front l'ennemi* attaccare di fronte, frontalmente il nemico; *aborder de front un problème* prendere di petto un problema ◇ [*sur la même ligne, côte à côte*] fianco a fianco; contemporaneamente (*adv.*): *chevaux attelés de front* cavalli attaccati fianco a fianco || *mener, faire marcher de front plusieurs affaires* trattare, mandare avanti parecchi affari contemporaneamente → 1 **ensemble, fois (à la)** **5** (*techn.*) *front de taille* fronte di taglio; *front d'attaque* fronte d'attacco ◇ (*météo.*) *front chaud, froid d'un cyclone* fronte caldo, freddo di un ciclone ◇ (*géom.*) *plan de front* piano di fronte, frontale (*adj.*); *droite de front* retta di fronte, frontale.

frontail |fʀɔ̃taj| *s.m.* (*chevaux*) frontale, frontino.

frontal, ale, aux |fʀɔ̃tal, o| *adj.* (*anat.*) frontale: *os frontal* osso frontale; *muscle frontal* muscolo frontale ◇ (*géom.*) *plan frontal* piano frontale, di fronte (*loc. inv.*); *droite frontale* retta frontale, di fronte ♦ (*s.m.*) *le frontal* il frontale.

frontalier, ière |fʀɔ̃talje, jɛʀ| *s.* [*habitant d'une région frontière*] frontaliero, abitante in una zona di frontiera ♦ (*adj.*) *ville frontalière* città di frontiera; *population frontalière* popolazione frontaliera.

fronteau |fʀɔ̃to| *s.m.* **1** [*bandeau de la coiffe de certaines religieuses*] frontale **2** [*bijou porté sur le front*] 'ferronnière' *f.inv.*

frontière |fʀɔ̃tjɛʀ| *s.f.* **1** [*limite d'un territoire, de deux États*] frontiera, confine (*m.*): *frontière artificielle* frontiera convenzionale; *frontières naturelles* confini naturali; *poste de police, de douane installé à la frontière* posto di polizia, di dogana situato al confine, alla frontiera; *incident de frontière* incidente di frontiera; *dans nos frontières* entro i nostri confini → **démarcation** ◇ (*par ext.*) *frontières linguistiques* confini linguistici **2** (*fig.*) limite *m.*, confine: *être à la frontière de* essere ai limiti, alle soglie di; *aux frontières de la vie* ai confini della vita → **limite, séparation** **3** (*appos., adj.inv.*) di frontiera *loc.inv.*, di confine (*loc.inv.*): *région, zone, ville frontière* regione, zona, città di frontiera → **frontalier, limitrophe.**

frontisme |fʀɔ̃tism(ə)| *s.m.* (*polit.*) frontismo.

frontispice |fʀɔ̃tispis| *s.m.* (*typogr.*) frontespizio*.

frontiste |fʀɔ̃tist(ə)| *s.* (*polit.*) frontista ♦ *adj.* frontista, frontistico*.
fronton |fʀɔ̃tɔ̃| *s.m.* **1** (*archit.*) frontone: *fronton d'un temple grec* frontone di un tempio greco **2** [*mur contre lequel on joue a la pelote basque*] muro d'appoggio.
frottage |fʀɔtaʒ| *s.m.* [→ FROTTER] strofinamento, strofinio* ◇ (*spécialt.*) [*travail du frotteur*] lucidatura *f.* (dei pavimenti).
frottée |fʀɔte| *s.f.* **1** [*tartine frottée d'ail*] bruschetta **2** (*fam.*) [*volée de coups*] scarica* di botte → 3 **pile, raclée.**
frottement |fʀɔtmɑ̃| *s.m.* **1** [→ FROTTER] sfregamento, strofinamento: *bruit de frottement* rumore di sfregamento, di strofinamento → 2 **friction** ◇ (*méd.*) *frottement pleural* sfregamento pleurico **2** (*techn.*) attrito: *freinage par frottement* frenatura ad attrito; *ajustage à frottement* aggiustaggio ad attrito; *chaleur produite par le frottement* calore prodotto dall'attrito **3** (*fig.*) [*difficulté, friction*] attrito, dissapore: *il y a eu des frottements* ci sono stati degli attriti, dei dissapori.
frotter |fʀɔte| **A** *v.tr.* **1** [*exercer une pression accompagnée de mouvement*] sfregare, strofinare: *frotter une table du doigt* strofinare un tavolo con il dito **2** [*rendre plus propre, plus luisant en frottant*] strofinare, sfregare: *frotter le plancher, le parquet* strofinare il pavimento, il 'parquet'; *frotter pour polir* sfregare per lucidare → **astiquer, poncer** # *frotter le linge* stropicciare i panni **3** (*fig.*) stropicciarsi, sfregare: *frotter ses yeux, se frotter les yeux pour mieux voir* stropicciarsi, sfregarsi gli occhi per vederci meglio; *se frotter les mains* sfregarsi le mani → **réjouir (se)** ◇ (*loc.*) *frotter les oreilles à qqn.* tirare le orecchie a qc. **4** [*enduire par frottement, par friction*] spalmare, cospargere (114): *frotter d'huile, de graisse, de pommade* spalmare, cospargere di olio, di grasso, con una pomata; dare una passata di olio, di grasso, di pomata **B** *v.intr.* (*techn.*) (*se dit d'une surface qui glisse mal sur une autre*) fare (103) *tr.* attrito: *pièces d'un mécanisme qui frottent* pezzi di un meccanismo che fanno attrito **C** *v.pron.* SE FROTTER **1** *intr.* [*frotter son corps*] strofinarsi, sfregarsi: *chat qui se frotte contre les jambes de qqn.* gatto che si strofina contro le gambe di qc. **2** *réfl.* [*s'enduire*] spalmarsi, cospargersi: *se frotter de crème* spalmarsi, cospargersi di crema **3** (*intr.*) *se frotter à qqn.* [*l'attaquer*] provocare *tr.*, stuzzicare *tr.* qc.: *il vaut mieux ne pas se frotter à ces gens-là* è meglio non provocare, non stuzzicare gente simile # *ne vous y frottez pas* non vi immischiate.
frotteur, euse |fʀɔtœʀ, øz| *s.* **1** *s.* [*celui qui frotte les planchers, les parquets*] lucidatore* (di pavimenti) **2** *s.m.* (*techn.*) *frotteur à sabot, à patin* strisciante a ceppe, a pattino **3** *s.* (*pop.*) [*frôleur, frôleuse*] pomicione, struscione (*rare*).
frottis |fʀɔti| *s.m.* **1** (*peint.*) velo, velatura *f.* di colore **2** (*biol.*) striscio*.
frottola |fʀɔtɔla| *s.f.* (*mus.*) frottola.
frou-frou, froufrou |fʀufʀu| *s.m.* fruscio*, fru-fru (*inv.*): *un frou-frou d'ailes* un fruscio d'ali → **bruissement.**
froufroutant, ante |fʀufʀutɑ̃, ɑ̃t| *adj.* [*qui froufroute*] frusciante.
froufrouter |fʀufʀute| *v.intr.* [*produire un froufrou*] frusciare, far (103) *tr.* fru-fru.
froussard, arde |fʀusaʀ, aʀd(ə)| *adj.* (*pop.*) [*peureux, poltron*] fifone ♦ (*s.*) *quels froussards!* che fifoni!
frousse |fʀus| *s.f.* (*pop.*) [*peur*] fifa, tremarella: *avoir la frousse* avere fifa, avere la tremarella.
fructidor |fʀyktidɔʀ| *s.m.* (*hist. fr.*) fruttidoro.
fructifère |fʀyktifɛʀ| *adj.* (*bot.*) fruttifero: *rameau fructifère* ramo fruttifero.
fructification |fʀyktifikɑsjɔ̃| *s.f.* [→ FRUCTIFIER 1] fruttificazione: *époque, saison de la fructification* periodo, stagione della fruttificazione.
fructifier |fʀyktifje| *v.intr.* **1** [*produire des fruits, des récoltes*] fruttificare; dare (102) *tr.* frutti: *arbre qui fructifie tardivement* albero che dà frutti tardivi **2** (*fig.*) [*produire un effet, des résultats avantageux*] fruttare, dare buoni frutti: *idée qui fructifie* idea che dà buoni frutti ◇ (*comm., cour.*) *faire fructifier son capital* far fruttare il capitale → **rapporter, rendre.**
fructose |fʀyktoz| *s.m.* (*chim.*) fruttosio*.
fructueusement |fʀyktɥøzmɑ̃| *adv.* [*avec fruit, succès*] proficuamente: *travailler fructueusement* lavorare proficuamente → **profitablement.**
fructueux, euse |fʀyktɥø, øz| *adj.* proficuo, fruttuoso: *ses efforts ont été fructueux* i suoi sforzi sono stati proficui, fruttuosi: *collaboration fructueuse* proficua collaborazione → **avantageux, profitable** # *essai peu fructueux* tentativo poco redditizio Ⓒ **improductif.**
frugal, ale, aux |fʀygal, o| *adj.* frugale: *repas frugal* pasto frugale; *vie frugale* vita frugale → **austère, simple.**
frugalement |fʀygalmɑ̃| *adv.* [→ FRUGAL] frugalmente.
frugalité |fʀygalite| *s.f.* frugalità (*inv.*): *la frugalité d'un repas* la frugalità di un pasto.
frugivore |fʀyʒivɔʀ| *adj. et s.* (*zool.*) frugivoro.
1 **fruit** |fʀɥi| *s.m.* **I 1** frutto: *fruit charnu, sec* frutto carnoso, secco; *fruit à pépins, à noyau* frutto con semi, con nocciolo **2** *au plur.* LES FRUITS i frutti: *les fruits d'un arbre* i frutti di un albero; *fruits de mer* frutti di mare ◇ [*considérés comme aliments*] la frutta (*f.sing.*): *fruits cuits* frutta cotta; *fruits de saison* frutta di stagione; *corbeille de fruits* cesta di frutta; *salade, macédoine de fruits* macedonia (di frutta); *qu'est-ce que vous prenez comme dessert: des fruits ou du fromage?* che cosa prendete per 'dessert': frutta o formaggio? **3** (*loc. fig.*) *le fruit défendu* il frutto proibito ~ *fruit sec* [*étudiant, personne qui n'a rien donné de ce qu'elle semblait promettre*] fallito → **raté II 1** *le fruit d'une union, d'un mariage* il frutto di un'unione, di un matrimonio **2** *au plur.* (*dr.*) frutti: *fruits naturels* frutti naturali; *fruits civils* frutti civili; *fruits pendants* frutti pendenti → **rapport, revenu** # *fruits industriels* profitti industriali **3** (*fig.*) [*résultat avantageux que produit qqch.*] frutto, risultato: *le fruit de profondes réflexions* il frutto, il risultato di profonde riflessioni; *le fruit de l'expérience* il frutto dell'esperienza; *une telle erreur ne tarda pas à porter ses fruits* un errore simile non tardò a dare i suoi frutti → **avantage, profit** ◇ *loc.* AVEC FRUIT, SANS FRUIT [*avec profit; sans profit*] con profitto; senza frutto, senza risultato: *il a lu avec fruit les auteurs classiques* ha letto con profitto i classici.
2 **fruit** |fʀɥi| *s.m.* (*maçonn.*) scarpa *f.*
fruité, ée |fʀɥite| *adj.* [*qui a un goût de fruit frais*] fruttato; che sa (sanno) di frutta: *vin fruité* vino fruttato ‖ *des liqueurs fruitées* liquori che sanno di frutta.
fruiterie |fʀɥitʀi| *s.f.* frutteria; negozio* *m.* di fruttivendolo, di ortofrutticoli.
fruiticulteur |fʀɥitikyltœʀ| *s.m.* frutticoltore.
1 **fruitier, ière** |fʀɥitje, jɛʀ| **I** *adj.* frutticolo, da frutta (*loc.inv.*): *production fruitière* produzione frutticola; *arbres fruitiers* alberi da frutta, fruttiferi # *culture des arbres fruitiers* frutticoltura; *jardin fruitier* frutteto **II** *s.* **1** *s.m.* [*lieu planté d'arbres fruitiers*] frutteto → **verger** ◇ [*local où l'on conserve les fruits frais*] fruttaio*: *pommes, poires conservées dans un fruitier* mele, pere conservate in un fruttaio **2** *s.* [*marchand qui tient une fruiterie*] fruttivendolo, fruttaiolo.
2 **fruitier, ière** |fʀɥitje, jɛʀ| *s.* **1** *s.f.* (*dans les régions avoisinantes de la Suisse*) [*coopérative de fabrication des fromages*] caseificio* *m.* (sociale) → **fromagerie 2** *s.m.* [*fabricant de fromage, dans ces régions*] formaggiaio* → **fromager.**
frumentacé, ée |fʀymɑ̃tase| *adj.* (*bot.*) frumentaceo.
frumentaire |fʀymɑ̃tɛʀ| *adj.* (*hist. rom.*) frumentario*: *lois frumentaires* leggi frumentarie.
frusques |fʀysk(ə)| *s.f.pl.* (*pop.*) [(*vieux*) *habits*] stracci *m.*, cenci (*m.*): *de vieilles frusques* vecchi stracci, cenci → **fringues, hardes.**
fruste |fʀyst(ə)| *adj.* **1** consumato, frusto: *médaille, sculpture fruste* medaglia, scultura consumata, frusta # *un marbre encore fruste* un marmo ancora scabro **2** [*mal dégrossi*] rozzo: *il est un peu fruste* è un po' rozzo; *manières frustes* maniere rozze → **inculte, lourd, primitif** Ⓒ 2 **cultivé** 2, **raffiné.**
frustrant, ante |fʀystʀɑ̃, ɑ̃t| *adj.* (*psycho., cour.*) frustrante.
frustration |fʀystʀɑsjɔ̃| *s.f.* **1** [→ FRUSTRER 2, 3] frustrazione: *sentiment de frustration* senso di frustrazione; *il supporte mal les frustrations* sopporta male le frustrazioni **2** (*dr.*) *frustration d'un heritier* defraudazione di un erede Ⓒ 1 **satisfaction.**
frustratoire |fʀystʀatwaʀ| *adj.* (*dr.*) frustratorio*: *acte frustratoire* azione frustratoria.
frustrer |fʀystʀe| *v.tr.* **1** (*dr.*) [*priver qqn. d'un bien, d'un avantage*] defraudare: *frustrer un héritier de sa part* defraudare un erede della propria parte → **déposséder,** 1 **dépouiller 2** [*priver qqn. d'une satisfaction*] frustrare: *cet échec l'a frustré* questo insuccesso l'ha frustrato; *être, se sentir frustré* essere, sentirsi frustrato **3** (*psychan., cour.*) [*mettre dans une situation de frustration*] frustrare ♦ (*au p.p.*) frustrato ♦ (*s.*) *les frustrés* i frustrati.
frutescent, ente |fʀytesɑ̃, ɑ̃t| *adj.* (*bot.*) frutescente: *plante frutescente* pianta frutescente.

Fucacées |fykase| *s.f.pl.* (*t.bot.*) Fucacee.
fuchsia |fyʃja, fyksja| *s.m.* (*t.bot.*) fucsia *f.*
fuchsine |fyksin| *s.f.* (*chim.*) fucsina.
fucus |fykys| *s.m.* (*t.bot.*) fuco*.
fuégien, ienne |fɥeʒjɛ̃, jɛn| *adj.* [*de Terre de Feu*] fuegino.
fuel-oil |fjulɔjl|, **fuel** |fjul| *s.m.* (*angl.*) [*mazout*] nafta *f.*
fugace |fygas| *adj.* fugace, fuggevole: *beauté fugace* bellezza fugace; *impression, sensation, souvenir fugace* impressione, sensazione, ricordo fugace, fuggevole → **fugitif,** 2 **passager** # *mémoire fugace* memoria labile ⓒ **durable, permanent.**
fugacité |fygasite| *s.f.* (*littér.*) fugacità *inv.*, fuggevolezza: *fugacité d'une impression* fugacità, fuggevolezza di una impressione.
-fuge |fyʒ| *suff.* (*signifiant 'fuir, faire fuir', correspond généralt. à*) fuga; fugo: *transfuge* transfuga ‖ *fébrifuge* febbrifugo; *vermifuge* vermifugo.
fugitif, ive |fyʒitif, iv| *adj.* **1** fuggitivo, fuggiasco*: *prisonnier fugitif* prigioniero fuggiasco, latitante ✦ (*s.*) *la police est à la poursuite des fugitifs* la polizia è alla ricerca dei fuggitivi, dei fuggiaschi → **évadé, fuyard** **2** (*se dit de ce qui passe rapidement, de sensations très brèves*) fuggevole, fugace: *vision, image fugitive* visione, immagine fuggevole, fugace; *idée, émotion fugitive* idea, emozione fuggevole → **fugace,** 2 **passager** ⓒ 2 **durable.**
fugitivement |fyʒitivmɑ̃| *adj.* [→ FUGITIF 2] fuggevolmente, fugacemente.
1 **fugue** |fyg| *s.f.* (*mus.*) fuga*.
2 **fugue** |fyg| *s.f.* fuga*: *faire une fugue* fare una fuga, fuggire → **escapade, fuite** ◇ (*psycho.*) fuga.
fugué, ée |fyge| *adj.* (*mus.*) fugato: *composition fuguée* composizione fugata.
fugueur, euse |fygœʀ, øz| *s. et adj.* (*psycho.*) chi, che è soggetto a fughe *loc.*
führer |fyʀœʀ| *s.m.* führer *inv.*
fuie |fɥi| *s.f.* (*région.*) → **pigeonnier.**
fuir |fɥiʀ| (22) **A** *v.intr.* **1** [*s'éloigner en toute hâte de qqn. ou qqch. de menaçant*] fuggire (*aux.* essere), scappare (*aux.* essere): *fuir devant qqn., devant un danger* fuggire davanti a qc., davanti al pericolo; *fuir précipitamment, à toutes jambes* fuggire precipitosamente, a gambe levate → **enfuir (s'), décamper, détaler** **2** (*choses*) [*s'éloigner par un mouvement rapide*] fuggire: *le paysage fuit devant mes yeux* il paesaggio fugge davanti ai miei occhi ◇ (*du temps*) [*passer rapidement*] *le temps fuit* il tempo fugge → **évanouir (s')** **3** [*s'échapper par une issue*] fuoriuscire (201) (*aux.* essere): *eau qui fuit d'un réservoir* acqua che fuoriesce da un serbatoio **4** [*laisser échapper (un liquide, etc.) par une fente*] perdere (163): *tonneau qui fuit* botte che perde → **perdre** **B** *v.tr.* **1** [*chercher à éviter*] sfuggire, evitare: *fuir qqn., la présence de qqn.* sfuggire, evitare qc., la presenza di qc.; *on les fuit comme la peste* li sfuggono come la peste; *fuir un danger* sfuggire, evitare un pericolo # *fuir les responsabilités* rifuggire dalle responsabilità, sottrarsi alle responsabilità **2** (*littér.*) (*sujet de chose*) [*se refuser à (qqn.)*] sfuggire *intr.* (a qc.): *le sommeil me fuit* il sonno mi sfugge ⓒ B 1 **affronter.**
fuite |fɥit| *s.f.* **I** (*êtres vivants*) **1** [→ FUIR A 1] fuga*: *une fuite éperdue, précipitée* una fuga disperata, precipitosa; *être en fuite* essere in fuga; (*d'un délinquant*) essere latitante; *mettre en fuite* mettere in fuga; *prendre la fuite* [*se mettre à fuir*] darsi alla fuga ◇ (*par anal.*) *la fuite des cerveaux* la fuga dei cervelli **2** [→ FUIR B 1] fuga, il sottrarsi (*m. inv.*): *fuite devant ses responsabilités* fuga davanti alle proprie responsabilità, il sottrarsi alle proprie responsabilità **II** (*choses*) **1** [→ FUIR A 2] fuga: *la fuite des galaxies* la fuga delle galassie; *fuite des capitaux à l'étranger* la fuga dei capitali all'estero **2** [→ FUIR A 3, 4] perdita, fuga: *fuite d'eau* perdita d'acqua; *fuite de gaz* fuga, fuoruscita di gas ◇ [*issue, fissure*] fessura: *il y a une fuite dans le tuyau* c'è una fessura nel tubo **3** [*disparition de documents secrets*] fuga: *il y a eu des fuites* ci sono state delle fughe **4** [*aspect des choses qui semblent fuir*] fuga ◇ (*géom.*) *point de fuite* punto di fuga ⓒ I 1 **approche,** 2 **résistance;** II 2 **permanence.**
fulcre |fylkʀ(ə)|, **fulcrum** |fylkʀɔm| *s.m.* (*bot.*) fulcro.
fulgurant, ante |fylgyʀɑ̃, ɑ̃t| *adj.* **1** folgorante: *clarté fulgurante* luce folgorante; *regard fulgurant* sguardo folgorante → **brillant, éclatant** ◇ (*fig.*) *idée, découverte fulgurante* idea, scoperta folgorante ◇ (*méd.*) *douleur fulgurante* dolore folgorante **2** [*rapide comme l'éclair*] fulmineo: *des progrès fulgurants* progressi fulminei.
fulguration |fylgyʀɑsjɔ̃| *s.f.* **1** (*phys.*) lampo *m.* ◇ (*métall.*) lampo (dell'argento) **2** (*méd., cour.*) folgorazione.
fulgurer |fylgyʀe| *v.intr.* [*briller comme l'éclair*] folgorare, lampeggiare → **étinceler.**
fuligineux, euse |fyliʒinø, øz| *adj.* fuligginoso: *teinte fuligineuse* tinta fuligginosa → **noirâtre.**
full |ful| *s.m.* (*angl.*) (*au poker*) full (*inv.*): *full aux as, aux rois, aux dames* full di assi, di re, di regine.
fulmicoton, fulmi-coton |fylmikɔtɔ̃| *s.m.* (*chim.*) fulmicotone.
fulmi(n)- |fylmi(n)| *préf.* (*signifiant 'foudre', correspond généralt. à*) fulmi(n): *fulmicoton* fulmicotone.
fulminant, ante |fylminɑ̃, ɑ̃t| *adj.* **1** fulminante: *poudre fulminante* polvere fulminante; *capsule fulminante* capsula fulminante → **détonant, amorce** **2** [*qui est en colère et profère des menaces*] irascibile: *un patron fulminant* un principale irascibile ◇ [*chargé de menaces*] minaccioso: *une lettre fulminante* una lettera minacciosa.
fulminate |fylminat| *s.m.* (*chim.*) fulminato.
fulmination |fylminɑsjɔ̃| *s.f.* (*dr. can.*) fulminazione.
fulminer |fylmine| **A** *v.intr.* **1** (*chim.*) [*faire explosion*] esplodere (144) (*aux.* essere): *la nitroglycérine fulmine très violemment par le choc* la nitroglicerina esplode molto violentemente all'urto → **détoner, exploser** **2** [*se laisser aller à la colère; éclater en menaces, en reproches*] esplodere, scagliarsi (*pron.*): *fulminer contre qqn.* esplodere, scagliarsi contro qc. → **emporter (s'),** tonner **B** *v.tr.* [*formuler avec véhémence*] lanciare, scagliare: *fulminer des imprécations, des reproches contre qqn.* scagliare, lanciare imprecazioni, rimproveri contro qc. ◇ (*dr. can.*) *fulminer l'excommunication* lanciare la scomunica.
fulminique |fylminik| *adj.* (*chim.*) fulminico*.
fumable |fymabl(ə)| *adj.* [→ 1 FUMER] fumabile.
1 **fumage** |fymaʒ| *s.m.* [→ 3 FUMER] affumicamento, affumicatura (*f.*): *le fumage des jambons* l'affumicamento, l'affumicatura dei prosciutti.
2 **fumage** |fymaʒ| *s.m.* [→ 4 FUMER] concimazione *f.*
fumagine |fymaʒin| *s.f.* (*bot.*) fumaggine.
fumaison |fymɛzɔ̃| *s.f.* [→ 4 FUMER] concimazione → 2 **fumage.**
fumant, ante |fymɑ̃, ɑ̃t| *adj.* **1** fumante: *cendres encore fumantes* ceneri ancora fumanti **2** [*qui émet de la vapeur*] fumante: *soupe fumante* minestra fumante ◇ (*chim.*) fumante **3** (*fam.*) *un coup fumant* [*coup admirablement réussi*] un bel colpo (*cour.*) ◇ (*fig.*) *fumant de colère* schiumante di collera.
Fumariacées |fymaʀjase| *s.f.pl.* (*t.bot.*) Fumariacee.
fumé |fyme| *s.m.* (*imprim.*) stampone.
fumé, ée |fyme| *adj.* [*qu'on a* (3) *fumé*] affumicato: *jambon, saumon fumé* prosciutto, salmone affumicato ◇ (*par anal.*) *verres fumés* [*noircis à la fumée*] lenti affumicate.
fume-cigare |fymsigaʀ|, **fume-cigarette** |fymsigaʀɛt| *s.m.inv.* [*petit tube au bout duquel on adapte le cigare, la cigarette*] bocchino *var.*
fumée |fyme| *s.f.* **1** fumo (*m.*): *fumée du feu, d'une bougie* fumo del fuoco, di una candela; *nuage, panache de fumée* nube, pennacchio di fumo; *fumée qui sort de la cheminée d'un paquebot* fumo che esce dal fumaiolo di un piroscafo ◇ (*maçonn.*) *conduit de fumée* canna fumaria *adj.* ◇ (*loc.*) *s'en aller, s'évanouir en fumée* andare in fumo, sfumare ◇ (*prov.*) *il n'y a pas de fumée sans feu* non c'è fumo senza arrosto **2** [*vapeur qu'exhale un liquide ou un corps humide*] fumo, vapore (*m.*): *la fumée de la soupe* il fumo, il vapore della minestra → **exhalaison, fumet** **3** (*au plur.*) *les fumées du vin, de l'ivresse* i fumi del vino, della sbornia → **excitation.**
1 **fumer** |fyme| *v.tr.* [*faire brûler en aspirant la fumée par la bouche*] fumare: *fumer une cigarette, un cigare* fumare una sigaretta, un sigaro; *fumer la cigarette* fumare sigarette; *fumer l'opium* fumare oppio → 1 **griller** ✦ (*absolt.*) *fumer comme un vapeur* fumare come un turco, come una ciminiera; *défense de fumer* vietato fumare.
2 **fumer** |fyme| *v.intr.* **1** [*dégager de la fumée*] fumare: *le cratère de l'Etna fume depuis quelques jours* il cratere dell'Etna fuma da qualche giorno → **fumerolle** **2** [*exhaler de la vapeur (d'un liquide ou d'un corps humide)*] fumare: *vêtements mouillés qui fument devant le feu* vestiti bagnati che fumano davanti al fuoco ◇ (*chim.*) (*en parlant de certaines substances volatiles*) *neige carbonique qui fume* neve carbonica che fuma **3** (*fig.*) *fumer de colère* [*ressentir une colère violente*] schiumare di collera.

3 **fumer** |fyme| *v.tr.* [*soumettre à l'action de la fumée*] affumicare: *fumer de la viande, du lard, du poisson* affumicare della carne, della pancetta, del pesce ✦ (*au p.p.*) *saumon fumé* salmone affumicato; *verres fumés* [*lunettes noires*] lenti affumicate.

4 **fumer** |fyme| *v.tr.* [*répandre du fumier sur une terre*] concimare: *fumer un camp* concimare un campo → **fertiliser.**

fumerie |fymʀi| *s.f.* fumeria.

fumerolle |fymʀɔl| *s.f.* (*géol.*) fumarola.

fumeron |fymʀɔ̃| *s.m.* fumacchio*.

fumet |fymɛ| *s.m.* **1** [*odeur agréable émanant des viandes cuites*] profumo, odorino: *le fumet du rôti* il profumo, l'odorino dell'arrosto → **fumée 2** [*bouquet du vin*] aroma, 'bouquet' *inv.* **3** [*émanation odorante que dégagent le gibier et certains animaux sauvages*] (odore di) selvatico*.

fumeterre |fymtɛʀ| *s.f.* (*t.bot.*) fumaria.

fumeur, euse |fymœʀ, øz| *s.* [*personne qui a l'habitude de* (1) *fumer*] fumatore*.

fumeux, euse |fymø, øz| *adj.* **1** fumoso: *flamme fumeuse* fiamma fumosa **2** (*fig.*) *idées, explications fumeuses* idee, spiegazioni oscure, nebulose → **obscur,** 3 **vague.**

fumier |fymje| *s.m.* **1** [*mélange des litières et des déjections des chevaux et bestiaux, utilisé comme engrais*] letame **2** (*pop.*) (*très injurieux*) [*homme méprisable*] porco*: *c'est un beau fumier!* è un bel porco! → **ordure, salaud.**

fumigateur |fymigatœʀ| *s.m.* (*hortic.*) fumigatore, palo iniettore ◇ (*méd.*) inalatore.

fumigation |fymigɑsjɔ̃| *s.f.* **1** fumigazione **2** (*méd., cour.*) inalazione **3** (*agric.*) affumicatura.

fumigatoire |fymigatwaʀ| *adj.* (*méd., techn.*) fumigatorio*.

fumigène |fymiʒɛn| *adj.* fumogeno: *grenades fumigènes* bombe (a mano) fumogene.

fumiger |fymiʒe| (3) *v.tr.* [*soumettre à des fumigations*] affumicare; disinfestare.

fumiste |fymist(ə)| *s.m.* **1** fumista **2** (*fig., fam.*) [*qui ne fait rien sérieusement, sur qui on ne peut compter*] venditore *s. di fumo, fumista (*s.*): *il n'a pas tenu sa promesse, quel fumiste!* non ha mantenuto la sua promessa, che venditore di fumo! → **amateur, fantaisiste** ✦ (*adj.*) *elle est un peu fumiste* è una venditrice di fumo.

fumisterie |fymistəʀi| *s.f.* (*fam.*) [*action, chose entièrement dépourvue de sérieux*] presa in giro: *ce beau programme est une vaste fumisterie* questo bel programma è una grossa presa in giro.

fumivore |fymivɔʀ| *adj.* fumivoro: *appareil fumivore* apparecchio fumivoro.

fumoir |fymwaʀ| *s.m.* 'fumoir' *inv.*, sala *f.* per fumatori: *le fumoir d'un théâtre* il 'fumoir' di un teatro.

fumure |fymyʀ| *s.f.* [*amendement d'une terre par incorporation de fumier*] concimazione ◇ (*par ext.*) [*quantité de fumier ou d'engrais apporté sur un champ*] concime *m.*

funambule |fynɑ̃byl| *s.* funambolo → **acrobate, danseur (de corde).**

funambulesque |fynɑ̃bylɛsk(ə)| *adj.* funambolesco*: *odes funambulesques* odi funambolesche ◇ (*fig.*) rocambolesco*: *projet funambulesque* progetto rocambolesco → **bizarre, extravagant.**

funèbre |fynɛbʀ(ə)| *adj.* **1** funebre: *ornements funèbres* addobbi funebri: *entreprise de pompes funebres* impresa di pompe funebri; *cérémonie funebre* cerimonia funebre; *marche funèbre* marcia funebre → **funéraire, mortuaire** # *estrade funèbre* catafalco **2** [*qui se rapporte à la mort*] funebre: *veillée funèbre* veglia funebre → **mortuaire** # *cloche funèbre* campana a morto → **glas** ◇ (*par ext.*) funereo: *un air funèbre* un'aria funerea; *une mine funèbre* un aspetto funereo; *voix funèbre* voce funerea → **sépulcral, lugubre,** 1 **sinistre.**

funérailles |fyneʀɑj| *s.f.pl.* funerale *m.sing.*, esequie → **enterrement, obsèques.**

funéraire |fyneʀɛʀ| *adj.* funerario*: *vase funéraire* vaso funerario # *dalle, pierre funéraire* pietra tombale → **funèbre.**

funeste |fynɛst(ə)| *adj.* **1** (*littér.*) [*qui cause la mort*] esiziale: *épidémie, maladie funeste* epidemia, malattia esiziale → **fatal, mortel** # *accident funeste* incidente fatale ◇ [*qui fait présager la mort*] infausto, funesto: *pressentiment funeste* infausto, funesto presentimento **2** [*qui peut entraîner un malheur, de graves dommages*] funesto: *erreurs funestes* errori funesti; *cela peut avoir des suites funestes* ciò può avere conseguenze funeste ◇ *loc.* FUNESTE À funesto, fatale a, per: *son audace lui a été funeste* la sua audacia gli è stata funesta, fatale # *politique funeste aux intérêts d'un pays* politica nociva agli interessi di un paese.

funiculaire |fynikylɛʀ| **I** *s.m.* funicolare (*f.*): *un funiculaire à crémaillère* una funicolare a cremagliera **II** *adj.* **1** funicolare: *chemin de fer funiculaire* (ferrovia) funicolare **2** (*anat.*) funicolare: *hernie funiculaire* ernia funicolare.

funicule |fynikyl| *s.m.* (*anat., bot.*) funicolo.

fur |fyʀ| *s.m.* **1** (*dans la loc. adv.*) *au fur et à mesure* man mano, via via **2** (*dans la loc. prép.*) *au fur et à mesure de* secondo, a seconda di **3** (*dans la loc. conj.*) *au fur et à mesure que* man mano che, via via che.

furax |fyʀaks| *adj.inv.* (*arg. scol., fam.*) → **furieux.**

furet |fyʀɛ| *s.m.* **1** (*t.zool.*) furetto ◇ (*fig.*) [*personne qui cherche partout pour découvrir qqch.*] ficcanaso *s.* **2** (*jeu de société*) gioco* dell'anello.

furetage |fyʀtaʒ| *s.m.* **1** (*fig.*) [→ FURETER 1] il curiosare *inv.* **2** [→ FURETER 2] caccia* *f.* col furetto.

fureter |fyʀte| (7) *v.intr.* **1** [*chercher, s'introduire partout avec curiosité*] curiosare, ficcare *tr.* il naso: *fureter dans tous les coins* curiosare, ficcare il naso dappertutto; *indiscret qui furète dans tous les tiroirs* un indiscreto che curiosa, fruga in tutti i cassetti → **fouiller, fouiner 2** [*chasser au furet*] cacciare col furetto.

fureteur, euse |fyʀtœʀ, øz| *s.* (*fig.*) [*personne qui cherche, fouille partout en quête de découvertes*] ficcanaso, curiosone: *des fureteuses* delle ficcanaso, delle curiosone → **chercheur, fouilleur** # *fureteur de bibliothèques* topo di biblioteca ✦ *adj.* curioso, indiscreto: *des yeux fureteurs* occhi curiosi, indagatori* → **curieux, indiscret.**

fureur |fyʀœʀ| *s.f.* **I 1** [*colère folle, sans mesure*] furore *m.*, ira: *accès, crise de fureur* accesso, impeto di furore, d'ira; *sa fureur ne connaît plus de borne* è cieco di furore # *entrer en fureur* montare su tutte le furie; *mettre qqn. en fureur* far arrabbiare qc., far andare qc. su tutte le furie; *être en fureur* essere adirato, infuriato; *attaquer, se battre avec fureur* attaccare, battersi furiosamente → **énrager 2** (*choses*) furore, impeto (*m.*): *la fureur des flots* il furore, l'impeto delle onde # *la fureur des combats* la violenza dei combattimenti **3** *au plur.* [*mouvement de folle colère*] furie: *entrer dans des fureurs inexprimables* montare su tutte le furie **II 1** (*littér.*) furore, esaltazione: *fureur poétique* furore poetico, esaltazione poetica; *fureur prophétique* furore profetico **2** [*passion sans mesure*] follia, passione: *il aimait les femmes à la fureur* amava le donne alla follia; gli piacevano pazzamente le donne; *la fureur de rimer, de discuter* la passione dello scrivere versi, del discutere → **manie,** 1 **rage** ◇ *loc.* FAIRE FUREUR far furore, furoreggiare: *mode, pièce, chanson qui fait fureur* moda, commedia, canzone che fa furore, che furoreggia → **engouement, succès.**

furfuracé, ée |fyʀfyʀase| *adj.* [*qui a l'apparence du son*] forforaceo ◇ (*méd.*) *desquamation furfuracée* desquamazione forforosa.

furfural |fyʀfyʀal|, (*abusiv.*) **furfurol** |fyʀfyʀɔl| *s.m.* (*chim.*) furfurolo.

furia |fyʀja, fuʀja| *s.f.* furia.

furibard, arde |fyʀibaʀ, aʀd(ə)| *adj.* (*fam.*) → **furibond.**

furibond, onde |fyʀibɔ̃, ɔ̃d| *adj.* furibondo, furente: *il est furibond* è furibondo, fuori di sé; *air furibond* aria furibonda, furente; *des yeux furibonds* uno sguardo furente → **furieux.**

furie |fyʀi| *s.f.* **1** furia: *mettre qqn. en furie* far andare qc. su tutte le furie # *lionne en furie* leonessa infuriata; *mer en furie* mare infuriato; *attaquer avec furie* attaccare furiosamente; *s'abandonner à la furie du jeu* lasciarsi vincere dalla febbre del gioco ◇ (*fig.*) *la furie des passions* la furia delle passioni **2** (*mythol.*) Furia ◇ (*fig.*) [*femme que la haine, la vengeance emportent jusqu'à la fureur*] arpia, megera.

furieusement |fyʀjøzmɑ̃| *adv.* [→ FURIEUX 2, 3] furiosamente.

furieux, euse |fyʀjø, øz| *adj.* **1** furioso: *un fou furieux* un pazzo furioso; *accès de folie furieuse* accesso di follia furiosa ✦ (*s.*) *un furieux* un pazzo: *il faut enfermer ces furieux* quei pazzi sono da chiudere in manicomio → **forcené** # *une haine furieuse* un odio esacerbato **2** [*en proie à une folle colère*] furente, furioso: *être furieux contre qqn.* essere furente, furioso contro qc.; *il est furieux que je lui aie dit ses vérités* è furioso perché gli ho detto il fatto suo → **furibond** ◇ (*animaux*) *un lion, un taureau furieux* un leone, un toro infuriato ◇ (*choses*) *air furieux* aria furente; *regards furieux* sguardi furenti, furiosi; *gestes furieux* gesti furiosi; *cris furieux* grida furibonde **3** [*qui a un caractère d'extrême violence*] furioso, impetuoso: *vent, torrent furieux* vento furioso, torrente impetuoso; *une attaque furieuse* un attacco furioso; *une charge furieuse* una carica impetuosa → **violent.**

furioso |fyʀjozo| *adj.* (*mus.*) furioso: *allegro furioso* allegro furioso.

furoncle |fyʀɔ̃kl(ə)| *s.m.* (*méd., cour.*) foruncolo: *ouvrir un furoncle* incidere un foruncolo → **clou.**

furonculeux, euse |fyʀɔ̃kylø, øz| *adj.* foruncoloso: *abcès furonculeux* ascesso foruncoloso.

furonculose |fyʀɔ̃kyloz| *s.f.* (*méd.*) foruncolosi *inv.*

furtif, ive |fyʀtif, iv| *adj.* furtivo: *regard, coup d'œil furtif* sguardo furtivo, occhiata furtiva; *sourire furtif* sorriso furtivo; *geste furtif* cenno furtivo → 1 **discret, rapide.**

furtivement |fyʀtivmɑ̃| *adv.* [→ FURTIF] furtivamente, alla chetichella (*loc. inv.*): *s'esquiver furtivement sur la pointe des pieds* svignarsela furtivamente in punta di piedi → **dérobée (à la), cachette (en).**

fusain |fyzɛ̃| *s.m.* **1** (*t.bot.*) fusaggine *f.*, berretta *f.* da prete (*pop.*) **2** [*charbon friable employé pour dessiner*] carboncino ✦ (*par appos.*) *crayon fusain* carboncino.

fusainiste |fyzɛnist(ə)|, **fusiniste** |fyzinist(ə)| *s.* artista che disegna a carboncino.

fusant, ante |fyzɑ̃, ɑ̃t| (*adj.*) *fusée fusante* spoletta che fa esplodere il proiettile prima dell'urto; *obus fusant* granata a tempo ✦ (*s.m.*) *un fusant* un proiettile a tempo.

fuscine |fysin| *s.f.* (*antiq. rom.*) tridente *m.*

fuseau |fyzo| *s.m.* **1** fuso **2** *loc.* EN FUSEAU [*qui a la forme d'un fuseau*] fusiforme *adj.*, affusolato *adj.*, a fuso: *colonne en fuseau* colonna affusolata → **fuselé** # *jambes en fuseau* gambe sottili, a stecchi ✦ (*par appos.*) *pantalon fuseau* pantaloni a tubo, a staffa **3** (*anat.*) *fuseau neuro-musculaire* fuso neuro-muscolare ◇ (*biol.*) *fuseau achromatique, central* fuso acromatico, centrale ◇ (*géom.*) *fuseau sphérique* fuso sferico ◇ (*géogr., cour.*) *fuseau horaire* fuso orario.

1 **fusée** |fyze| *s.f.* **I** [*projectile qui emporte avec lui le combustible nécessaire à sa propulsion*] **1** (*feu d'artifice*) razzo *m.* (pirotecnico*): *fusée blanche, éclairante* razzo bianco, illuminante; *fusée à parachute* razzo a pioggia **2** *fusée-engin* missile *m.*, razzo; *fusée antichar* missile, razzo anticarro; *fusée air-sol, sol-air* missile aria-terra, terra-aria; *rampe de lancement de fusées* rampa di lancio per missili; *fusée gigogne, à étages* razzo pluristadio; *fusées interplanétaires, interstellaires* razzi, missili spaziali, interplanetari; *envoyer une fusée sur la Lune* mandare un razzo sulla Luna **II** (*techn. milit.*) spoletta, detonatore (*m.*): *fusée percutante* spoletta a percussione.

2 **fusée** |fyze| *s.f.* (*auto.*) fusello *m.* → **boîte.**

fusel |fyzɛl| *s.m.* (*chim.*) (*huile de*) *fusel* fuselol(o), olio* di flemma.

fuselage |fyzlaʒ| *s.m.* (*aviat.*) fusoliera *f.*

fuselé, ée |fyzle| *adj.* [*en forme de fuseau*] affusolato: *doigts fuselés* dita affusolate; *jambes fuselées* gambe affusolate ◇ (*archit.*) *colonne fuselée* colonna affusolata.

fuseler |fyzle| (4) *v.tr.* [*donner la forme d'un fuseau à* (*qqch.*)] affusolare.

fuséologie |fyzeɔlɔʒi| *s.f.* (*sc.*) missilistica*.

fuser |fyze| *v.intr.* **1** (*techn.*) [*couler, se répandre en fondant*] colare (*aux.* essere): *cire, bougie qui fuse* cera, candela che cola ◇ (*pyrotechnie*) (*se dit de la poudre qui brûle sans détoner*) bruciare senza esplodere **2** [*partir, jaillir comme une fusée*] scoppiare (*aux.* essere), prorompere (176): *les rires fusaient de toutes parts* le risa scoppiavano, prorompevano da ogni parte.

fusette |fyzɛt| *s.f.* [*petit tube sur lequel est enroulé du fil*] spagnoletta.

fusibilité |fyzibilite| *s.f.* (*phys.*) fusibilità (*inv.*): *fusibilité des métaux* fusibilità dei metalli.

fusible |fyzibl(ə)| **1** *adj.* fusibile **2** *s.m.* (*électr.*) fusibile, valvola *f.* → **coupe-circuit, plomb.**

fusiforme |fyzifɔʀm(ə)| *adj.* fusiforme.

1 **fusil** |fyzi| *s.m.* **1** fucile: *fusil de guerre, de chasse* fucile da guerra, da caccia; *balle de fusil* pallottola di fucile # *coup de fusil* fucilata **2** (*personnes*) *un excellent fusil* un ottimo fucile **3** (*loc.*) *changer son fusil d'épaule* [*d'opinion, de parti*] cambiare bandiera, voltare gabbana ◇ (*fam.*) *n'allez pas dans ce restaurant, c'est le coup de fusil!* [*addition très élevé*] non andate in quel ristorante, vi danno certe stangate!

2 **fusil** |fyzi| *s.m.* **1** (*vx.*) *pierre à fusil* [*silex donnant une étincelle avec une petite pièce d'acier*] pietra *f.* focaia **2** [*instrument donnant une étincelle et servant à allumer le gaz*] accendigas *inv.*

fusilier |fyzilje| *s.m.* fuciliere: *fusilier marin* fuciliere di marina.

fusillade |fyzijad| *s.f.* [*décharge de coups de fusil*] fucilate *pl.* ◇ [*combat à coups de fusil, d'arme à feu*] sparatoria: *le crépitement d'une fusillade* il crepitio di una sparatoria.

fusiller |fyzije| *v.tr.* **1** [*tuer* (*qqn.*) *par une décharge de coups de fusil*] fucilare: *être fusillé pour trahison* essere fucilato per tradimento → 1 **passer (par les armes), exécuter** **2** *fusiller qqn. du regard* [*foudroyer*] fulminare qc. con lo sguardo **3** (*pop.*) [*abîmer, détériorer*] scassare: *fusiller un moteur* scassare un motore.

fusilleur |fyzijœʀ| *s.m.* comandante di un plotone di esecuzione.

fusil-mitrailleur |fyzimitʀɑjœʀ| *s.m.* (*milit.*) fucile mitragliatore.

fusion |fyzjɔ̃| *s.f.* **I** **1** (*phys., cour.*) fusione; scioglimento (*m.*): *point de fusion* punto di fusione; *fusion nucléaire* fusione nucleare → 1 **fonte, liquéfaction** ‖ *fusion de la glace* scioglimento del ghiaccio **2** [*dissolution d'un corps dans un liquide*] scioglimento: *la fusion du sucre dans l'eau* lo scioglimento dello zucchero nell'acqua **II** (*fig.*) unione, comunione: *fusion des cœurs, des esprits* unione, comunione di cuori, di spiriti → **réunion** ◇ (*en parlant de personnes morales, de réalités sociales, historiques*) fusione: *fusion de races* fusione di razze; *fusion de sociétés, d'entreprises* fusione di società, di imprese.

fusionnement |fyzjɔnmɑ̃| *s.m.* [→ FUSIONNER] fusione (*f.*): *fusionnement de deux entreprises* fusione di due aziende.

fusionner |fyzjɔne| **A** *v.tr.* [*unir par fusion*] fondere (146) **B** *v.intr.* [*s'unir par fusion*] fondersi *pron.* → 1 **fondre (se).**

fustanelle |fystanɛl| *s.f.* fustanella.

fustet |fystɛ| *s.m.* (*t.bot.*) scotano.

fustigation |fystigɑsjɔ̃| *s.f.* (*littér.*) fustigazione.

fustiger |fystiʒe| (3) *v.tr.* **1** (*littér.*) [*corriger à coups de bâton, de fouet*] fustigare → **battre, fouetter** **2** (*fig., littér.*) [*blâmer violemment*] fustigare.

1 **fût** |fy| *s.m.* **1** [*tronc d'arbre*] tronco* # *bois de haut fût* bosco d'alto fusto, fustaia → **futaie** **2** [*tige d'une colonne entre la base et le chapiteau*] fusto, scapo: *fût monolithe, appareillé* fusto monolitico, a rocchi sovrapposti; *fût lisse, à cannelures* fusto liscio, scanalato **3** (*techn.*) *fût d'un fusil* cassa del fucile; *fût de charrue* trave *f.*, bure *f.* dell'aratro; *fût d'un mât* fusto dell'albero; *fût d'un archet de violon* mazza *f.* dell'archetto del violino.

2 **fût** |fy| *s.m.* [*tonneau*] fusto, barile: *fût en perce* barile in spillatura # *petit fût d'eau-de-vie* barilotto di acquavite; *vin qui sent le fût* vino che sa di botte → **baril.**

futaie |fytɛ| *s.f.* [*groupe d'arbres de haut fût*] fustaia; bosco* *m.* d'alto fusto # *arbre qui croît en futaie* albero di alto fusto.

futaille |fytɑj| *s.f.* **1** [*récipient de bois en forme de tonneau*] botte, barile (*m.*): *futailles de vin* botti di vino → 2 **fût** **2** [*les tonneaux, les fûts, etc.*] bottame *m.*, botti (*pl.*): *ranger la futaille dans un chai* sistemare le botti in cantina.

futaine |fytɛn| *s.f.* (*tissu*) fustagno *m.*

futé, ée |fyte| *adj.* [*qui est plein de finesse, de malice*] astuto, furbo: *un paysan futé* un contadino astuto, furbo; *un air futé* un'aria furba → **rusé** ✦ (*s.*) *un petit futé* un furbacchione.

futée |fyte| *s.f.* (*techn.*) mastice *m.*

futile |fytil| *adj.* **1** futile, frivolo: *discours, propos futiles* discorsi futili, frivoli; *sous un prétexte futile* con un futile pretesto; *s'occuper de choses futiles* occuparsi di cose futili **2** (*personnes*) frivolo: *une femme futile* una donna frivola → **léger, superficiel** 🄲 1 **grave, important;** 2 **sérieux.**

futilement |fytilmɑ̃| *adv.* [→ FUTILE] futilmente, con frivolezza *loc.inv.*

futilité |fytilite| *s.f.* **1** futilità (*inv.*): *la futilité d'un raisonnement* la futilità di un ragionamento; *la futilité d'une vie consacrée aux plaisirs* la futilità di una vita dedita ai piaceri → **frivolité** # *futilité d'esprit* povertà di spirito **2** [*chose futile*] quisquilia, futilità: *perdre son temps en futilités* perdere tempo in quisquilie → **bagatelle, broutille** 🄲 1 **gravité** 1, **importance.**

futur, ure |fytyʀ| **I** *adj.* **1** futuro, avvenire (*inv.*): *besoins actuels et futurs* fabbisogni presenti e futuri; *les générations futures* le generazioni future, avvenire; *la vie future* la vita futura → **prochain** **2** (*l'adj. précédant presque toujours le nom*) [*qui sera dans l'avenir*] futuro: *les futurs époux* i futuri sposi ✦ (*s.*) *le futur, la future* il futuro sposo, la futura sposa → **fiancé** **II** *s.m.* **1** futuro: *que ferons-nous dans le futur?* cosa faremo in futuro? → 1 avenir **2** (*gram.*) futuro: *futur simple, antérieur* futuro semplice, anteriore; *conjuguer un verbe au futur* coniugare un verbo al futuro ◇ (*fig.*) *vous feriez mieux d'en parler au futur* lei farebbe bene a parlarne al condizionale.

futurible |fytyʀibl(ə)| *adj. et s.m.* futuribile.

futurisme |fytyʀism(ə)| *s.m.* futurismo.

futuriste |fytyʀist(ə)| *adj.* futurista ♦ (*s.*) *un futuriste* un futurista ◇ [*qui évoque l'état futur de l'humanité tel qu'on croit pouvoir l'imaginer*] avveniristico*, futuristico*: *une architecture futuriste* una architettura avveniristica, fantascientifica.

futurologie |fytyʀɔlɔʒi| *s.f.* futurologia*.

futurologue |fytyʀɔlɔg| *s.* futurologo*.

fuyant, ante |fɥijɑ̃, ɑ̃t| **I** *adj.* **1** [*qui fuit, échappe à toute prise*] sfuggente: *regard fuyant* sguardo sfuggente; *caractère, homme fuyant* carattere, uomo sfuggente → **évasif** **2** (*peint.*) *une perspective fuyante* una prospettiva fuggente **II** *s.* **1** (*s.m.*) *le fuyant* [*l'ensemble des lignes fuyantes; la perspective*] la fuga *f.* di rette parallele **2** (*s.f.*) *une fuyante* una retta di fuga.

fuyard |fɥijaʀ| *s.m.* [*celui qui s'enfuit*] fuggiasco*, fuggitivo → **fugitif** ◇ [*soldat qui abandonne son poste*] fuggiasco: *rejoindre un fuyard* riprendere un fuggiasco.

G

g |ʒe| *s.m.* **1** [*septième lettre de l'alphabet*] g (*m. ou f.*): *g minuscule* g minuscolo; *G majuscule* G maiuscola ◇ (*télécom.*): (*en France*) *G comme Gaston*; (*en Belgique*) *G comme Gustave* G come Genova **2** (*employé par abrév.*) (*gramme*) g ◇ (*symb. de l'intensité de la pesanteur*) g.

gabardine |gabaRdin| *s.f.* (*tissu*) 'gabardine' (*m. ou f.inv.*): *gabardine de laine* 'gabardine' di lana; *pantalon de gabardine* calzoni di 'gabardine' ◇ (*par ext.*) [*imperméable en gabardine*] 'gabardine'.

gabare, gabarre |gabaR| *s.f.* **1** (*mar.*) gabarra **2** [*filet de pêche*] sciabica*.

gabarier |gabaRje| *v.tr.* (*techn.*) [*construire conformément à un gabarit*] sagomare; aggarbare.

gabarit |gabaRi| *s.m.* **1** (*mar.*) garbo, sagoma *f.* # (*dans un arsenal*) *salle des gabarits* sala a tracciare **2** (*techn.*) calibro, strumento verificatore ◇ (*ch. de fer, transports*) *gabarit de chargement, de voie* sagoma limite, sagoma di carico **3** [*type, modèle*] tipo, genere: *du même gabarit* dello stesso tipo → **acabit, genre.**

gabbro |gabRo| *s.m.* (*minér.*) gabbro.

gabegie |gabʒi| *s.f.* [*désordre résultant d'une mauvaise administration ou gestion*] amministrazione disordinata, sperpero *m.* → **gaspillage.**

gabelle |gabɛl| *s.f.* gabella.

gabelou |gablu| *s.m.* **1** (*péj.*) [*employé d'octroi; douanier*] daziere, doganiere **2** (*anciennn.*) [*commis de la gabelle*] gabelliere.

gabier |gabje| *s.m.* (*mar.*) gabbiere.

gabion |gabjɔ̃| *s.m.* **1** gabbione: *gabions d'un parapet* gabbioni di un parapetto **2** (*région.*) [*grand panier rustique*] cestone.

gabionnage |gabjɔnaʒ| *s.m.* costruzione *f.*, posa *f.* di gabbioni; gabbionata *f.*

gable, gâble |gɑbl(ə)| *s.m.* (*archit.*) ghimberga* *f.*

gabonais, aise |gabonɛ, ɛz| *adj.* [*du Gabon*] gabonese.

gâchage |gɑʃaʒ| *s.m.* **I** [→ GÂCHER I] impasto, impastatura *f.* **II** **1** [→ GÂCHER II 1] abborracciamento: *gâchage du travail* abborracciamento (del lavoro), lavoro abborracciato **2** [→ GÂCHER II 2] *gâchage du temps* perdita *f.*, spreco* di tempo → **gaspillage.**

gâcher |gɑʃe| *v.tr.* **I** [*délayer* (*du mortier, du plâtre*) *avec de l'eau*] impastare, intridere (130) **II** (*fig.*) **1** [*faire* (*un ouvrage*) *grossièrement, sans aucun soin*] abborracciare, acciabattare: *gâcher son travail* abborracciare il lavoro → **bâcler, saboter** **2** *gâcher qqch.* [*en faire un mauvais emploi*] sprecare, sciupare q.c.: *gâcher son argent, son talent, une occasion* sprecare il proprio denaro, il proprio talento, un'occasione → **manquer, gaspiller** ✦ (*au p.p.*) *une vie gâchée* una vita sciupata, sprecata ◇ [*gâter, troubler*] rovinare: *il nous gâche le plaisir* (*de*) ci rovina il piacere (di) **3** *gâcher le métier* [*travailler à trop bon marché*] svilire (197) il mestiere.

gâchette |gɑ(a)ʃɛt| *s.f.* (*techn.*) **1** (*serrures*) nottolino *m.* **2** (*armes à feu*) grilletto (*m.*): *appuyer sur la gâchette* premere il grilletto.

gâcheur, euse |gɑʃœR, øz| *s.* **1** *s.m.* [*ouvrier qui gâche le plâtre, le mortier*] calcinaio* **2** *s.* [*personne qui gâche ce qu'elle fait*] sciupone # *gâcheur de papier* [*mauvais écrivain*] imbrattacarte.

gâchis |gɑʃi| *s.m.* **1** [*mortier fait de plâtre, de chaux, de ciment*] impasto (di gesso, calce, ecc.) **2** [*amas de choses gâchées* (*abîmées, brisées, renversées*)] scompiglio*: *gâchis de lettres éparpillées* scompiglio di lettere sparse ovunque **3** [*situation confuse, embrouillée*] caos *inv.*, disordine: *gâchis politique* disordine politico; *nous sommes en plein gâchis* siamo in pieno caos → **désordre, pagaïe** **4** [*gâchage, gaspillage*] spreco*, sciupio*: *ne jetez pas ces fruits, c'est du gâchis* non gettate questa frutta, è uno spreco; *il y a du gâchis dans cette maison* in questa casa si fanno sprechi inutili.

gadget |gadʒɛt| *s.m.* (*amér.*) gadget *inv.*

Gadidés |gadide| *s.m.pl.* (*t.zool.*) Gadidi.

gadin |gadɛ̃| *s.m.* (*fam.*) [*chute* (*d'une personne*)] caduta (*f.*): *il a ramassé un gadin* ha rimediato una caduta.

gaditan, ane |gaditɑ̃, an| *adj.* [*de Cadix*] gaditano.

gadolinium |gadɔlinjɔm| *s.m.* (*chim.*) gadolinio*.

gadoue |gadu|, (*pop.*) **gadouille** |gaduj| *s.f.* [*terre détrempée*] fango* *m.*, melma: *patauger dans la gadoue* sguazzare nel fango.

gaélique |gaelik| **1** *adj.* [*relatif aux Gaëls*] gaelico*: *ballades gaéliques* ballate gaeliche **2** (*s.m.*) *le gaélique* [*la langue*] il gaelico → **irlandais.**

1 **gaffe** |gaf| *s.f.* (*mar.*) gaffa, alighiero *m.*

2 **gaffe** |gaf| *s.f.* **1** (*fam.*) [*action, parole intempestive ou maladroite*] cantonata, 'gaffe' (*inv.*): *faire une gaffe* prendere una cantonata, fare una 'gaffe' → **bévue,** 2 **impair, maladresse** **2** *absolt.* (*pop.*) *fais gaffe* [*fais attention*] sta' attento (*cour.*), fa' attenzione (*cour.*).

gaffer |gafe| **A** *v.intr.* **1** [*faire une gaffe, un impair*] prendere (105) *tr.* una cantonata, un granchio, fare (103) *tr.* una 'gaffe' **2** *absolt.* (*pop.*) [*regarder attentivement*] stare (104) attento (*cour.*), fare attenzione (*cour.*): *gaffe un peu!* stai (sta') un po' attento!, fai (fa') attenzione! **B** *v.tr.* (*mar.*) [*accrocher avec une gaffe*] afferrare, agganciare (con la gaffa).

gaffeur, euse |gafœR, øz| *s.* (*fam.*) 'gaffeur' *m.inv.* → **maladroit** ✦ (*adj.*) *il est gaffeur* è un tipo *s.* che fa spesso (delle) 'gaffe'.

gag |gag| *s.m.* (*ciné.*) gag *f.inv.*, trovata *f.* (comica): *un bon gag* una bella trovata, un'idea brillante.

gaga |gaga| *s. et adj.* (*fam.*) (*surtout attribut*) [*gâteux*] rimbambito, rincitrullito.

gage |gaʒ| *s.m.* **I** [*ce qu'on dépose ou laisse entre les mains de qqn. à titre de garantie*] **1** [*chose remise pour garantir le paiement d'une dette*] pegno: *laisser sa montre en gage* lasciare in pegno il proprio orologio → **caution** **2** (*jeux de société*) [*pénitence que le joueur perdant doit exécuter*] pegno **3** (*fig.*) [*ce qui représente un garant ou une garantie*] pegno, garanzia (*f.*): *gage de fidélité* pegno, promessa *f.* di fedeltà; *je ne veux d'autre gage que votre parole* non voglio altra garanzia che la vostra parola; *donner des gages* dare delle garanzie → **assurance, promesse** **II** *au plur.* [*salaire d'un domestique*] salario* *sing.*, paga* (*f. sing.*): *les gages d'une cuisinière* il salario di una cuoca → **appointements** ◇ (*par ext.*) *être aux gages de qqn.* [*être payé par lui pour quelque activité à son service*] essere al servizio, alle dipendenze di qc. ◇ *loc. péj.* À GAGES [*payé pour remplir tel ou tel rôle*] prezzolato (*adj.*): *un musicien à gages* un musicista prezzolato # *tueur à gages* sicario.

gager |gaʒe| (3) *v.tr.* [*exprimer un simple avis* (*en n'engageant que son opinion*)] scommettere (155): *gageons qu'il ne tiendra pas sa promesse* scommettiamo che non manterrà la promessa.

gageure |gaʒyR| *s.f.* (*littér.*) [*action, projet, opinion si étrange, si difficile, qu'on dirait un pari à tenir*] assurdità *inv.*, pazzia: *c'est une gageure* è un'assurdità, è una pazzia!

gagman |gagman| *s.m.* (*angl.*) autore di (una) gag: *des gagmen* degli autori di gag.

gagnable |gaɲabl(ə)| *adj.* (*rare*) [→ GAGNER A I 2] vincibile.

gagnage |gaɲaʒ| *s.m.* (*dial.*) [*pâturage; champ où le gibier va prendre sa nourriture*] pascolo (*cour.*); pastura *f.* (*cour.*).

gagnant, ante |gaɲɑ̃, ɑ̃t| **1** *adj.* [*qui gagne*] vincente: *numéro gagnant* numero vincente; *tout le monde donne ce cheval gagnant* tutti danno (per) vincente quel cavallo **2** *s.* [*la personne qui gagne*] vincitore*: *le gagnant du gros lot* il vincitore del primo premio ◇ [*le* *cheval, le billet, etc. qui gagne*] il cavallo, il biglietto, ecc. vincente.

gagne-pain |gɑɲpɛ̃| *s.m.inv.* [*ce qui permet à qqn. de gagner sa vie*] mezzo *var.* di sostentamento, fonte *f. var.* di reddito # *un gagne-pain honorable* un lavoro che permette di vivere onorevolmente → **emploi.**

gagne-petit |gɑɲpəti| *s.m.inv.* persona *f.var.* che guadagna poco.

gagner |gaɲe| **A** *v.tr.* **I** [*s'assurer* (*un profit matériel*)] **1** [*par un travail, par une activité*] guadagnare: *gagner de l'argent* guadagnare denaro; *gagner tant par mois* guadagnare (un) tanto al mese; *gagner de quoi vivre, gagner sa vie, sa croûte* guadagnarsi da vivere, di che vivere, un tozzo di pane → 1 **toucher** # *voici cent francs, vous les avez bien gagnés* ecco cento franchi, ve li siete (ben) meritati **2** [*par le jeu, par un hasard favorable*] vincere (193): *gagner le gros lot* vincere il primo premio → **ramasser, empocher** ◇ (*par ext.*) *la carte qui gagne* la carta vincente **II** **1** [*acquérir, obtenir* (*un avantage*)] ottenere (188), guadagnarsi: *il y a gagné une certaine réputation* ha ottenuto una certa reputazione; *vous avez bien gagné vos vacances* ve le siete proprio guadagnate, ve le siete meritate le vacanze ◇ (*par ext.*) *gagner du temps* [*faire une économie de temps*] guadagnar tempo; *prenez ce raccourci, vous gagnerez un bon quart d'heure* prenda questa scorciatoia, guadagnerà un buon quarto d'ora ◇ (*avec un compl. indéterminé*) *ne vous embarquez pas dans cette affaire, vous n'y gagnerez rien* (*de bon*) non imbarcatevi in questa faccenda, non ne ricaverete niente di buono → **retirer, tirer** ✦ (*absolt.*) *vous y gagnerez* ci guadagnerete; *gagner au change* guadagnarci nel cambio ◇ *loc.* GAGNER EN guadagnare in: *il a gagné en largeur* ha guadagnato in larghezza; *son style a gagné en force* il suo stile ha guadagnato in forza → **augmenter, croître** ~ GAGNER DE (+ *inf.*) [*obtenir l'avantage de*] avere il vantaggio di (+ *inf.*): *vous y gagnerez d'être enfin tranquille* avrà finalmente il vantaggio di essere tranquillo **2** [*obtenir* (*les dispositions favorables d'autrui*)] guadagnare, guadagnarsi: *gagner l'estime de qqn.* guadagnare, guadagnarsi la stima di qc. → **attirer (s'), conquérir, plaire** ◇ [*se rendre favorable* (*qqn.*)] convincere (193): *se laisser gagner par les prières de qqn.* lasciarsi convincere dalle preghiere di qc.; *nous l'avons enfin gagné à notre cause* alla fine l'abbiamo conquistato alla nostra causa → **convaincre, persuader** **III** (*dans une compétition, une rivalité*) **1** [*obtenir, remporter* (*l'enjeu*)] vincere, ottenere: *gagner le prix* vincere, ottenere il premio; *gagner la coupe* vincere la coppa **2** [*être vainqueur dans* (*la compétition*)] vincere: *gagner une bataille, un procès* vincere una battaglia, un processo; *gagner un pari, un match* vincere una scommessa, una partita ✦ (*absolt.*) *vous avez gagné, félicitations* avete vinto, complimenti; *boxeur qui gagne aux points* pugile che vince ai punti → **réussir** **3** *gagner qqn. de vitesse* [*arriver avant lui en allant plus vite*] battere qc. in velocità → **dépasser, devancer** ◇ (*fig.*) *déjouer les plans d'un rival en le gagnant de vitesse* sventare i piani di un rivale battendolo sul tempo **4** GAGNER DU TERRAIN *sur qqn.* guadagnar terreno su qc.: *l'ennemi a gagné du terrain* il nemico ha guadagnato terreno ◇ (*fig.*) *l'incendie gagne du terrain* l'incendio guadagna terreno → **étendre (s')** # *idées qui gagnent du terrain* idee che prendono piede **IV** [*atteindre* (*une position*) *en parcourant la distance qui en sépare*] **1** [*atteindre en se déplaçant*] raggiungere (150): *le navire a gagné le rivage* la nave ha raggiunto la riva; *gagner la sortie* raggiungere l'uscita **2** [*atteindre en s'étendant*] raggiungere, dilagare *intr.* (in): *l'inondation gagne les bas quartiers* l'inondazione raggiunge i quartieri bassi, dilaga nei quartieri bassi; *l'instruction gagne toutes les couches de la population* l'istruzione raggiunge tutti gli strati della popolazione → **propager (se), progresser, répandre (se),** 1 **toucher** **3** [*agir sur* (*qqn.*) *par une impression*] cogliere (123): *le froid, le sommeil, la faim, la fatigue commençaient à nous gagner* cominciavano a coglierci il freddo, il sonno, la fame, la stanchezza → **emparer (s')** **B** *v.intr.* **1** GAGNER À (+ *inf.*) [*retirer quelque avantage, avoir une meilleure position*] guadagnarci *pron.* a (+ *inf.*), trarre (190) vantaggio a (+ *inf.*): *c'est un homme qui gagne, qui ne gagne pas à être connu* è un uomo che ci guadagna, che non trae alcun vantaggio a essere conosciuto **2** [*s'étendre au détriment de qqn., qqch.*] propagarsi *pron.*, dilagare: *l'incendie gagne* l'incendio si propaga ◇ (*mar.*) *gagner au vent* essere in sopravvento.

gagneur, euse |gɑɲœʀ, øz| *s.* (*rare*) [*personne qui gagne*] vincitore* (*cour.*): *un gagneur de batailles* un vincitore di battaglie.

gai, gaie |ge| *adj.* **1** (*êtres vivants*) allegro, gaio*: *un caractère gai* un carattere allegro; *gai comme un pinson* allegro come un fringuello → **content,** # *un gai luron* un buontempone ◇ [*dont la gaieté provient d'une légère ivresse*] allegro, brillo: *être un peu gai* essere piuttosto allegro, un po' brillo → **éméché, gris** # *avoir le vin gai* avere la sbornia allegra **2** (*choses*) allegro: *un visage gai* un viso allegro; *conversation gaie* conversazione allegra **3** [*qui inspire de la gaieté*] divertente; allegro: *un auteur gai* un autore divertente → **amusant, comique, divertissant,** 1 **drôle** ‖ *j'aime ces couleurs gaies* mi piacciono questi colori allegri; *c'est la pièce la plus gaie de l'appartement* è la stanza più allegra dell'appartamento → **plaisant, riant** ◇ (*iron.*) *nous voilà encore en panne, c'est gai!* un altro guasto, che allegria!, andiamo bene! Ⓒ 1 **triste;** 2 **triste, sombre;** 3 **attristant.**

gaïac |gajak| *s.m.* (*t.bot.*) guaiaco*: ◇ (*cour.*) *bleu de gaïac* blu di guaiaco.

gaïacol, gayacol |gajakɔl| *s.m.* (*chim.*) guaiacolo.

gaiement, gaîment |gemɑ̃| *adv.* [→ GAI 1, 2] allegramente: *chanter gaiement* cantare allegramente ◇ (*loc.*) *allons-y gaiement!* su, forza!

gaieté, gaîté |gete| *s.f.* **1** [*bonne humeur*] allegria, gaiezza: *folle gaieté* pazza allegria; *perdre, retrouver sa gaieté* perdere, ritrovare la propria gaiezza → **enjouement, entrain, joie** # *mettre en gaieté* mettere di buon umore, rallegrare → **égayer, réjouir** ◇ *loc. adv.* DE GAIETÉ DE CŒUR a cuor leggero, di buon animo: *il ne renonce pas de gaieté de cœur à cette habitude* non rinuncia a cuor leggero, volentieri a questa abitudine **2** [*caractère de ce qui marque ou traduit un tel état*] gaiezza, vivacità (*inv.*): *la gaieté de la conversation, d'une couleur* la gaiezza, la vivacità della conversazione, di un colore **3** [*trait, acte, geste, propos manifestant un tel état*] amenità *inv.* → **plaisanterie** ◇ (*iron.*) *voilà les gaietés de la province* ecco le amenità della provincia Ⓒ 1; 2 **chagrin, tristesse.**

gaillard |gajaʀ| *s.m.* **1** (*mar.*) cassero: *gaillard d'arrière* cassero di poppa **2** → **dunette.**

gaillard, arde |gajaʀ, aʀd(ə)| **I** *adj.* **1** [*plein de vie, du fait de sa bonne santé*] gagliardo, vigoroso: *il est encore très gaillard* è ancora molto gagliardo, molto vigoroso → 2 **alerte, allègre, vif** # *vieillard encore très gaillard* vecchio ancora arzillo → **vert** **2** [*d'une gaieté un peu libre*] piccante, salace: *propos gaillards* discorsi piccanti; *un compliment gaillard* un complimento salace → **léger, leste, licencieux** **II** (*s.*) *un gaillard* [*un homme plein de vigueur et d'entrain*] un pezzo d'uomo, un uomo vigoroso; *un grand et solide gaillard* un gran pezzo d'uomo → **luron** ◇ (*par anal.*) *une gaillarde* [*une femme hardie, aux allures un peu libres*] una bersagliera ◇ (*fam.*) [*gars, lascar*] individuo *m.*, tipo: *ce sont des gaillards qu'il faut avoir à l'œil* sono individui che bisogna tener d'occhio # *attends un peu, mon gaillard!* aspetta un po', bello mio!; *ah! je vous prends, mes gaillards!* vi ho colto sul fatto, cari miei!

gaillarde |gajaʀd(ə)| *s.f.* (*mus., typogr.*) gagliarda.

gaillardement |gajaʀdəmɑ̃| *adv.* [→ GAILLARD I 1] vigorosamente # *porter gaillardement sa cinquantaine* portare bene i (propri) cinquant'anni ◇ [*avec entrain, bonne humeur*] allegramente: *supporter gaillardement qqch.* sopportare allegramente q.c.

gaillardie |gajaʀdi|, **gaillarde** |gajaʀd(ə)| *s.f.* (*t.bot.*) gaillardia.

gaillardise |gajaʀdiz| *s.f.* [*propos gaillard, un peu libre*] discorsi *m.pl.* piccanti, salaci ◇ (*vieilli*) [*bonne humeur, gaieté un peu libre*] allegria, buonumore *m.*

gaillet |gajɛ| *s.m.* (*t.bot.*) caglio*.

gain |gɛ̃| *s.m.* **1** [→ GAGNER A I 2] vincita *f.*, vittoria (*f.*): *le gain d'une bataille* la vincita di una battaglia; *le gain d'un procès* la vittoria in un processo → **succès, victoire** # *avoir, obtenir gain de cause* avere causa vinta, spuntarla **2** [*ce qu'on gagne*] guadagno: *les gains d'un ouvrier, d'un chef d'entreprise* il guadagno di un operaio, di un dirigente d'azienda; *gain illicite* guadagno illecito # *compensation des gains et des pertes* conguaglio dei profitti e delle perdite **3** (*fig.*) [*avantage*] beneficio*, profitto: *le gain qu'on retire d'une lecture* il beneficio, il profitto che si trae da una lettura → 1 **fruit, profit** # *un gain de temps* un risparmio di tempo → **économie** Ⓒ 2 **dépense, perte.**

gaine |gɛn| *s.f.* **1** [*enveloppe ayant la forme de l'objet qu'elle protège*] guaina, fodero (*m.*): *la gaine d'une épée* la guaina di una spada; *la gaine d'un pistolet* il fodero di una pistola; *tirer un poignard de sa gaine* estrarre un pugnale dal fodero → **étui, fourreau** # *gaine de cuir* astuccio di cuoio; *gaine d'une paire de ciseaux* astuccio di un paio di forbici **2** [*sous-vêtement féminin en tissu élastique*] guaina, bustino *m.* **3** (*archit.*) piedestallo *m.*, zoccolo (*m.*): *gaine de stuc, de marbre* zoccolo di stucco, di marmo → **piédestal, sellette, socle 4** (*techn.*) *gaine d'aérage* condotto *m.* di aerazione ◇ (*mar.*) *gaine d'une voile* bighero *m.* di una vela.

gainer |gene| *v.tr.* **1** (*techn.*) [*mettre une gaine à*] inguainare, rivestire ◇ (*mar.*) *gainer une voile* inguainare una vela **2** [*mouler comme fait une gaine*] modellare: *jambes gainées de soie* gambe ben modellate da calze di seta; *elle était bien gainée dans sa robe* il vestito le modellava perfettamente il corpo.

gainerie |gɛnʀi| *s.f.* [*art, ouvrage, commerce du gainier*] lavoro *m.* dell'astucciaio ◇ [*fabrique de gaines, d'étuis*] fabbrica* di astucci, di guaine e simili.

gainier, ière |genje, jɛʀ| *s.* [*personne qui vend, fabrique des étuis*] astucciaio*.

gal |gal| *s.m.* (*phys.*) gal *inv.*

gala- |gala|, **galact(o)-** |galakt(ɔ)| *préf.* (*signifiant 'lait', correspondent généralt. à*) gala, galatt(o): *galactagogue* galattagogo; *galactique* galattico.

gala |gala| *s.m.* gala *inv.*, ricevimento: *soirée de gala* serata di gala → **cérémonie, réception.**

galactagogue |galaktagɔg| *adj.* (*pharm.*) galattagogo* ✦ (*s.m.*) *un galactagogue* un galattagogo.

galactique |galaktik| *adj.* (*astron.*) galattico*: *nuage, nébuleuse galactique* nube, nebulosa galattica.

galactogène |galaktɔʒɛn| *adj. et s.m.* (*pharm.*) galattogeno.

galactomètre |galaktɔmɛtʀ(ə)| *s.m.* (*techn.*) galattometro.

galactophore |galaktɔfɔʀ| *adj.* (*anat.*) galattoforo: *vaisseaux galactophores* condotti galattofori.

galactose |galaktoz| *s.m.* (*chim.*) galattosio*.

galalithe |galalit| *s.f.* (*chim.*) galalite.

galamment |galamɑ̃| *adv.* [→ GALANT I 1] galantemente, cavallerescamente: *offrir galamment sa place à une dame* offrire cavallerescamente il posto a una signora.

galant, ante |galɑ̃, ɑ̃t| **I** *adj.* **1** [*empressé, prévenant avec les femmes*] galante, cavalleresco*: *soyez galant, et offrez votre place à cette dame* sia galante, cavaliere e ceda il posto a questa signora **2** [*qui a rapport aux relations amoureuses*] galante: *ton, propos galants* tono, discorsi galanti # *surprendre qqn. en galante compagnie* sorprendere qc. in dolce compagnia **3** (*vieilli*) *un galant homme* un galantuomo* *s.* → **généreux II** *s.m.* (*littér., plais.*) [*amoureux, soupirant*] corteggiatore, cavaliere: *elle est fière de tous ses galants* va fiera di tutti i suoi corteggiatori ◇ (*par ext.*) *vert galant* [*homme à femmes*] donnaiolo.

galanterie |galɑ̃tʀi| *s.f.* **1** [*politesse empressée auprès des femmes*] galanteria, cavalleria: *la vieille galanterie française* la vecchia galanteria francese # *il manque de galanterie* non è galante **2** [*propos flatteurs adressés à une femme*] galanteria, complimento (*m.*): *galanterie d'un goût douteux* complimento di dubbio gusto; *il prodigue des galanteries* dispensa galanterie, complimenti **3** [*intrigue amoureuse*] avventura galante: *avoir une galanterie* avere un'avventura galante → **aventure, liaison.**

galantine |galɑ̃tin| *s.f.* (*cuis.*) galantina: *galantine de volailles* galantina di pollo.

galapiat |galapja| *s.m.* (*fam.*) [*vaurien*] fannullone # *un petit galapiat* un monello → **polisson.**

galaxie |galaksi| *s.f.* **1** [*la voie lactée*] via lattea **2** (*astron.*) galassia.

galbe |galb(ə)| *s.m.* **1** (*bx-arts*) sagoma *f.*, garbo: *le galbe d'une colonne* la sagoma di una colonna; *le galbe d'une commode Louis XV* la sagoma di un cassettone Luigi XV; *le galbe d'un vase* il garbo di un vaso # *le galbe d'un chapiteau* l'entasi di un capitello **2** [*contour harmonieux d'un corps ou d'une partie du corps*] profilo, linea (*f.*): *un visage d'un beau galbe* un viso con un bel profilo; *des jambes d'un galbe parfait* gambe dalla linea perfetta; *le galbe des hanches* la linea, la rotondità dei fianchi.

galbé, ée |galbe| *adj.* **1** [*qui présente un galbe caractéristique*] armonioso, aggraziato # *colonne galbée* colonna rastremata **2** (*par ext.*) [*bien fait*] ben fatto, ben tornito: *un corps bien galbé* un corpo ben fatto; *des jambes bien galbées* gambe ben tornite.

galber |galbe| *v.tr.* [*donner du galbe à*] sagomare: *galber une colonne, un vase* sagomare una colonna, un vaso.

galbord |galbɔʀ| *s.m.* (*mar.*) torello.

gale |gal| *s.f.* **1** [*maladie contagieuse de la peau*] scabbia, rogna: *avoir la gale* avere la scabbia **2** *une gale* [*une personne très méchante*] una peste → **peste.**

galéasse, galéace |galeas| *s.f.* (*mar.*) galeazza → **mahonne.**

galéjade |galeʒad| *s.f.* (*région.*) [*histoire inventée ou exagérée*] fandonia (*cour.*), panzana (*cour.*) → 2 **blague.**

galéjer |galeʒe| (8) *v.intr.* (*région.*) [*dire des galéjades*] raccontare *tr.* fandonie, panzane (*cour.*) → **blaguer, plaisanter.**

galène |galɛn| *s.f.* (*minér.*) galena: *poste à galène* radio a galena.

galénique |galenik| *adj.* (*méd., pharm.*) galenico*.

galénisme |galenism(ə)| *s.m.* (*hist. méd.*) galenismo.

galéopithèque |galeɔpitɛk| *s.m.* (*t.zool.*) galeopiteco*.

galère |galɛʀ| *s.f.* **1** (*mar.*) galera, galea: *galères des pirates, des Turcs* galere dei pirati, dei Turchi → **galiote** ◇ (*loc.*) *que diable allait-il faire dans cette galère?* come diavolo ha fatto a imbarcarsi in quella avventura? ~ *vogue la galère* succeda quel che deve succedere **2** (*au plur.*) *les galères* [*la peine de ceux qui étaient condamnés à ramer sur les galères de l'État*] galera *sing.* ◇ (*par ext.*) lavori *m.* forzati: *condamner aux galères* condannare ai lavori forzati.

galerie |galʀi| *s.f.* **1** [*lieu de passage ou de promenade, couvert, beaucoup plus long que large*] galleria: *la galerie des glaces du château de Versailles* la galleria degli specchi del castello di Versailles # *galerie autour d'un bâtiment* deambulatorio (attorno a un edificio); *galerie vitrée* veranda; *galerie à arcades* portico; *galerie intérieure d'un appartement* corridoio (interno) di un appartamento → **corridor, couloir, vestibule, véranda, portique** ◇ (*dans une église*) [*sorte de tribune continue sur le pourtour intérieur*] ambulacro *m.*, deambulatorio* *m.* ◇ (*par anal.*) *galerie marchande* [*galerie bordée de boutiques*] galleria **2** [*magasin où sont exposés des objets d'art en vue de la vente*] galleria (d'arte): *les galeries de la Rive gauche, à Paris* le gallerie (d'arte) della 'Rive gauche' a Parigi ◇ (*par métonymie*) [*collection d'objets d'art ou de science dans un musée*] galleria: *galerie de tableaux* galleria di quadri, pinacoteca*; *galerie d'art, de peinture* galleria d'arte, di pittura; *les galeries du Muséum* le gallerie del Museum **3** [*balcon à plusieurs rangs de spectateurs*] galleria: *première, seconde galerie* prima, seconda galleria → **paradis, poulailler 4** (*loc.*) *parler, poser pour la galerie* parlare, posare per la platea, il pubblico ~ *impressionner, amuser la galerie* impressionare, divertire la platea, il pubblico **5** [*rebord ménagé sur le toit d'une voiture*] portabagagli (*m.inv.*): *fixer des bagages sur la galerie d'une automobile* sistemare i bagagli sul portabagagli di un'automobile → **porte-bagages 6** [*chemin, passage souterrain*] galleria: *boisage d'une galerie* armatura di una galleria; *galeries dans un égout* gallerie di una fognatura; *galeries de taupe* gallerie di talpa; *galeries d'une nécropole* gallerie di una catacomba → **boyau, tunnel.**

galérien |galeʀjɛ̃| *s.m.* [*homme condamné à ramer sur les galères*] galeotto ◇ (*par ext.*) galeotto, forzato: *chaîne de galérien* catena da forzato → **bagnard** ◇ (*loc.*) *mener une vie de galérien* fare una vita da galera.

galet |galɛ| *s.m.* **I** [*caillou usé et poli par le frottement de l'eau de la mer ou des torrents*] ciottolo: *plage couverte de galets* spiaggia coperta di ciottoli # *plage de galets* spiaggia ciottolosa **II** (*techn.*) rotella *f.*; rullo: *galet d'un fauteuil, d'un lit* rotella di una poltrona, di un letto ‖ *mécanisme à galets* meccanismo a rulli → **roulette.**

galetas |galta| *s.m.* [*logement misérable et sordide*] topaia *f.*, tugurio* → **réduit, taudis** ◇ (*vx.*) [*local aménagé sous les combles*] soffitta *f.*

1 **galette** |galɛt| *s.f.* **1** [*gâteau plat et arrondi fait d'un mélange très simple*] focaccia*: *galette des Rois* focaccia dell'Epifania ◇ (*région.*) [*crêpe de farine de sarrasin ou de maïs*] frittella ◇ (*mar.*) galletta **2** (*loc.*) *plat comme une galette* schiacciato, piatto **3** [*objet en forme de galette*] *siège recouvert d'une galette de cuir* sedile ricoperto di un cuscino *m.* di cuoio.

2 **galette** |galɛt| *s.f.* (*pop.*) [*argent*] grana: *avoir de la galette* avere la grana.

galetteux, euse |galɛtø, øz| *adj.* (*pop.*) [*qui a de la fortune*] granoso.

galeux, euse |galø, øz| *adj.* **1** [*atteint de la gale*] rognoso, scabbioso: *chien galeux* cane rognoso ◇ (*fig.*) *brebis galeuse* pecora nera ✦ (*s.*) *un galeux* [*individu méprisable qu'on se refuse à fréquenter*] una rogna *f.* **2** [*qui*

a rapport à la gale] di scabbia *loc.inv.*, di rogna (*loc. inv.*): *éruption galeuse* eruzione di scabbia, di rogna.
galhauban |galobɑ̃| *s.m.* (*mar.*) paterazzo.
galibot |galibo| *s.m.* [*manœuvre travaillant au service des voies dans les galeries de mines*] manovale, ragazzo di miniera.
1 **galiléen, éenne** |galileɛ̃, eɛn| **1** *adj.* [*de Galilée*] galileo, di Galilea *loc.inv.* **2** (*s.m.*) *le Galiléen* [*Jésus-Christ*] il Galileo.
2 **galiléen, éenne** |galileɛ̃, eɛn| *adj.* [*relatif aux travaux de Galilée*] galileiano.
galimafrée |galimafʀe| *s.f.* (*vx.*) [*mets peu appétissant*] intruglio* *m.*
galimatias |galimatja| *s.m.* (*péj.*) [*discours, écrit confus, inintelligible*] sproloquio* → **charabia.**
galion |galjɔ̃| *s.m.* (*mar.*) galeone.
galiote |galjɔt| *s.f.* (*mar.*) galeotta.
galipette |galipɛt| *s.f.* (*fam.*) [*cabriole, culbute*] capriola (*cour.*): *faire des galipettes* fare capriole.
galipot |galipo| *s.m.* (*bot.*) trementina *f.* di Bordeaux ◇ (*mar.*) mastice per calafatare.
galipoter |galipɔte| *v.tr.* (*mar.*) [*enduire de galipot*] spalmare di mastice.
1 **galle** |gal| *s.f.* (*bot.*) galla, cecidio* (*m.*): *galles du chêne, noix de galle* noce di galla.
2 **galle** |gal| *s.m.* (*hist. rom.*) gallo.
gallec |galɛk| *s.m.* → 2 **galle.**
gallican, ane |gal(l)ikɑ̃, an| *adj.* gallicano: *le rite gallican* il rito gallicano ✦ (*s.*) *un gallican* un gallicano.
gallicanisme |gal(l)ikanism(ə)| *s.m.* gallicanismo, gallicanesimo.
gallicisme |gal(l)isism(ə)| *s.m.* gallicismo, francesismo.
Galliformes |gal(l)ifɔʀm(ə)| *s.m. pl.* (*t.zool.*) Gallinacei, Galliformi.
gallinacé, ée |gal(l)inase| *adj.* (*zool.*) gallinaceo ✦ (*s.m.pl.*) *les Gallinacés* → **Galliformes.**
gallique |gal(l)ik| *adj.* (*chim.*) gallico*: *acide gallique* acido gallico.
gallium |galjɔm| *s.m.* (*chim.*) gallio*.
gallo- |gal(l)ɔ| *préf.* (*signifiant 'gaulois', correspond généralt. à*) gallo(-): *gallomanie* gallomania; *gallo-romain* gallo-romano.
gallo, gallot |galo|, **gallec** |galɛk| *s.m.* [*dialecte fr. parlé en Bretagne*] ⊠.
gallois, oise |galwa, waz| *adj.* [*du pays de Galles*] gallese: *les mineurs gallois* i minatori gallesi ✦ (*s.m.*) *le gallois* [*la langue*] il gallese → **celtique.**
gallomanie |gal(l)ɔmani| *s.f.* gallomania.
gallon |galɔ̃| *s.m.* [*mesure anglaise*] gallone.
gallo-romain, aine |gal(l)ɔʀɔmɛ̃, ɛn| *adj.* gallo-romano: *l'empire gallo-romain* l'impero gallo-romano ✦ *s.* (*hist.*) *les Gallo-Romains* i Gallo-Romani.
gallo-roman |gal(l)ɔʀɔmɑ̃| *s.m.* (*ling.*) gallo-romanzo.
gallup |galœp| *s.m.* (*angl.*) sondaggio* d'opinione.
galoche |galɔʃ| *s.f.* **1** [*sabot à dessus de cuir et semelle de bois*] zoccolo *m.* **2** (*loc. fam.*) *menton en galoche* bazza, mento ricurvo.
galon |galɔ̃| *s.m.* **1** [*ruban de tissu qui sert à border ou orner*] passamano, gallone: *galon de soie, d'argent* passamano di seta, d'argento → **passementerie, ruban** **2** (*milit.*) gallone: *galons d'un sous-officier* galloni di sottufficiale; *gagner ses galons* guadagnarsi i galloni → **ficelle** (*fam.*) ◇ (*fig.*) *prendre du galon* avanzare di grado.
galonné |galɔne| *adj.* gallonato: *revers galonnées* risvolti gallonati ✦ *s.m.* (*fam.*) *un galonné* [*un officier; un sous-officier*] un ufficiale; un sottufficiale.
galonner |galɔne| *v.tr.* [*orner, border de galon*] gallonare.
galop |galo| *s.m.* **1** galoppo: *au petit, au grand galop* al piccolo, al gran galoppo; *cheval qui part au galop* cavallo che parte al galoppo ◇ (*fig.*) *courir le grand galop* andare di gran carriera **2** (*loc. fig.*) *galop d'essai* [*examen d'entraînement*] preesame ~ AU GALOP! alla svelta!, di corsa!: *allons! au travail et au galop!* al lavoro e di corsa! **3** (*mus.*) galoppo.
galopade |galɔpad| *s.f.* galoppata.
galopant, ante |galɔpɑ̃, ɑ̃t| *adj.* galoppante ◇ (*fig.*) *phtisie galopante* tisi galoppante.
galoper |galɔpe| *v.intr.* **1** [*aller au galop*] galoppare, andare (101) (*aux.* essere) al galoppo: *les chevaux galopaient* i cavalli galoppavano ◇ (*par ext.*) *les gamins galopaient derrière lui* i monelli gli galoppavano dietro **2** (*fig.*) [*aller, faire vite, se hâter*] galoppare: *son imagination galope* la sua fantasia galoppa.
galopeur, euse |galɔpœʀ, øz| *s.* galoppatore*.
galopin |galɔpɛ̃| *s.m.* **1** [*jeune garçon chargé des commissions*] galoppino, fattorino **2** [*enfant espiègle, effronté*] monellaccio* → **garnement, polisson.**
galoubet |galubɛ| *s.m.* [*instrument à vent ressemblant au flageolet, dont on joue surtout dans la France méridionale*] ⊠.
galurin |galyʀɛ̃|, **galure** |galyʀ| *s.m.* (*pop.*) [*chapeau*] cappello (*cour.*).
galvanique |galvanik| *adj.* galvanico*: *pile, électricité galvanique* pila, elettricità galvanica.
galvanisation |galvanizɑsjɔ̃| *s.f.* **1** (*fig.*) [→ GALVANISER 2] galvanizzazione **2** (*méd., techn.*) galvanizzazione.
galvaniser |galvanize| *v.tr.* **1** [*électriser au moyen du courant galvanique*] galvanizzare **2** (*fig.*) [*animer d'une énergie soudaine, souvent passagère*] galvanizzare: *orateur qui galvanise la foule* oratore che galvanizza la folla → **électriser, 1 entraîner, exalter, exciter** **3** (*techn.*) [*recouvrir* (*un métal*) *d'une couche d'un autre métal par galvanisation*] galvanizzare, metallizzare → **métalliser** ✦ *au p.p.* (*spécialt.*) *fil de fer galvanisé* fil(o) di ferro zincato; *tôle galvanisée* lamiera zincata.
galvanisme |galvanism(ə)| *s.m.* (*électr.*) galvanismo.
galvano- |galvanɔ| *préf.* (*concernant 'le galvanisme, la galvanisation', correspond généralt. à*) galvano: *galvanomètre* galvanometro; *galvanoplastique* galvanoplastico.
galvano |galvano| *s.m.* (*abrév.*) → **galvanotype.**
galvanocautère |galvanɔkɔ(o)tɛʀ| *s.m.* (*chir.*) galvanocauterio*.
galvanomètre |galvanɔmɛtʀ(ə)| *s.m.* (*électr.*) galvanometro: *galvanomètre balistique* galvanometro balistico.
galvanoplastie |galvanɔplasti| *s.f.* (*métall.*) galvanoplastica*: *galvanoplastie en creux, en relief* galvanoplastica in cavo, in rilievo.
galvanoplastique |galvanɔplastik| *adj.* (*métall.*) galvanoplastico*.
galvanotype |galvanɔtip| (*abrév.* '*galvano*') *s.m.* (*typogr.*) galvanotipia *f.*
galvanotypie |galvanɔtipi| *s.f.* (*typogr.*) galvanotipia.
galvauder |galvode| *v.tr.* [*compromettre* (*un avantage, un don, une qualité*) *par un mauvais usage*] compromettere (155), svilire (197): *galvauder un nom prestigieux* svilire, disonorare un nome prestigioso; *galvauder sa réputation* compromettere la propria reputazione → **avilir** # *galvauder son talent, ses dons* sprecare il proprio talento, le proprie capacità → **gaspiller, perdre.**
galvaudeux, euse |galvodø, øz| *s.* (*vieilli*) [*vagabond, propre à rien, vivant d'expédients*] scioperato, buono a nulla.
gambade |gɑ̃bad| *s.f.* [*saut marquant de la gaieté, le besoin de s'ébattre*] salto *m.*, capriola: *gambades de clown* salti clowneschi, da pagliaccio; *faire des gambades* fare capriole → **bond, cabriole.**
gambader |gɑ̃bade| *v.intr.* [*faire des gambades*] saltare, saltellare: *gambader de joie* saltare, saltellare dalla gioia.
gambe |gɑ̃b| *s.f.* **1** *au plur.* (*mar.*) *gambes* (*de revers*) rigge **2** (*mus.*) *viole de gambe* viola da gamba.
gamberge |gɑ̃bɛʀʒ(ə)| *s.f.* (*pop.*) → **réflexion, 1 pensée.**
gamberger |gɑ̃bɛʀʒe| (3) (*pop.*) **A** *v.intr.* → **réfléchir, méditer** **B** *v.tr.* → **calculer, combiner.**
gambette |gɑ̃bɛt| *s.m.* ou *f.* **1** (*pop.*) [*jambe*] gamba *f.* (*cour.*): *jouer, tricoter des gambettes* svignarsela, darsela a gambe **2** (*t.zool.*) pettegola *f.*
gambiller |gɑ̃bije| *v.intr.* (*pop.*) [*danser sur un rythme très vif*] dimenarsi *pron.* (*cour.*) → **trémousser (se).**
gambit |gɑ̃bi| *s.m.* (*échecs*) gambetto: *jouer gambit* fare gambetto.
gambusie |gɑ̃byzi| *s.f.* (*t.zool.*) gambusia.
-game |gam| *suff.* (*signifiant 'mariage', correspond généralt. à*) gamo: *monogame* monogamo; *polygame* poligamo.
gamelle |gamɛl| *s.f.* **1** gamella, gavetta: *gamelle de soldat, de campeur* gamella, gavetta del soldato, del campeggiatore **2** (*fig., pop.*) *ramasser une gamelle* [*tomber*] fare un ruzzolone; [*subir un échec*] subire uno smacco, uno scacco (*cour.*).
gamète |gamɛt| *s.m.* (*biol.*) gamete: *gamète mâle et femelle* gamete maschile e femminile.
-gamie |gami| *suff.* (*signifiant 'mariage', correspond généralt. à*) gamia: *monogamie* monogamia; *bigamie* bigamia.
gamin, ine |gamɛ̃, in| **I** *s.* **1** (*fam.*) [*enfant, adolescent(e)*] ragazzino, ragazzo: *une gamine de onze ans* una ragazzina di undici anni → **gosse** ◇ (*pop.*) (*marquant 'la filiation'*) [*fils, fille encore jeune*] figlio (figlia) (*cour.*): *son gamin* suo figlio ✦ (*adj.*) *elle est encore gamine* è ancora una ragazzina *s.* **2** [*garçon, fille d'un milieu populaire*] monello: *un*

gamin de Paris un monello di Parigi → **galopin, garnement** **II** *adj.* [*jeune et espiègle*] birichino, malizioso: *air gamin* aria birichina, maliziosa.

gaminer |gamine| *v.intr.* (*rare*) [*faire le gamin, jouer comme un gamin*] fare (103) *tr.* (*cour.*) il monello, giocare (*cour.*) come un monello.

gaminerie |gaminʀi| *s.f.* [*comportement, acte, propos dignes d'un gamin*] monelleria, ragazzata: *il a passé l'âge de ces gamineries* non ha più l'età per queste ragazzate → **enfantillage.**

gamma |gam(m)a| *s.m.inv.* (*ling.gr.*) gamma ◇ (*astron.*) *point gamma* punto gamma ◇ (*phys.*) *rayons gamma* raggi gamma.

gammare |gam(m)aʀ| *s.m.* (*t.zool.*) gammarus *inv.*

gammathérapie |gam(m)ateʀapi| *s.f.* (*méd.*) gammaterapia.

gamme |gam| *s.f.* **1** (*mus.*) gamma: *gamme ascendante, descendante* gamma ascendente, discendente → **échelle** # *faire ses gammes au piano* fare le scale al pianoforte **2** (*par anal.*) [*série de couleurs en gradation naturelle*] gamma: *gamme de nuances* gamma di toni, di sfumature ◇ (*fig.*) *toute la gamme des sentiments* tutta la gamma dei sentimenti ◇ (*radio*) *gamme d'ondes, de frequences* gamma d'onde, di frequenze ◇ (*spécialt.*) *gamme de produits* gamma di prodotti.

gammée |game| (*adj.f.*) *croix gammée* [*dont les branches sont coudées en forme de gamma*] croce uncinata, svastica* *s.f.*

gamo- |gamɔ| *préf.* (*signifiant 'mariage', correspond généralt. à*) gamo: *gamopétale* gamopetalo; *gamosépale* gamosepalo.

gamopétale |gamɔpetal| *adj.* (*bot.*) gamopetalo.

Gamopétales |gamɔpetal| *s.f. pl.* (*t. bot.*) Gamopetale.

gamosépale |gamɔsepal| *adj.* (*bot.*) gamosepalo.

ganache |ganaʃ| *s.f.* **1** (*fam.*) [*personne sans intelligence, sans capacité*] babbeo (*m.*): *c'est une vieille ganache* è un vecchio imbecille → **imbécile, incapable** **2** (*vétér., cheval*) ganascia*.

gandin |gɑ̃dɛ̃| *s.m.* [*jeune élégant raffiné et plus ou moins ridicule*] damerino, zerbinotto.

gandoura |gɑ̃duʀa| *s.f.* gandura.

gang |gɑ̃g| *s.m.* gang *f.inv.*, ganga* *f.*

ganga |gɑ̃ga| *s.m.* (*t.zool.*) ganga* *f.*

ganglion |gɑ̃glijɔ̃| *s.m.* (*anat.*) ganglio*: *ganglions lymphatiques* gangli linfatici, linfoghiandole *f.*, linfonodi; *ganglions du cou, de l'aine* gangli del collo, dell'inguine ◇ (*fam.*) *cet enfant a des ganglions* questo bambino ha le ghiandole *f.* ingrossate.

ganglionnaire |gɑ̃glijɔnɛʀ| *adj.* (*anat.*) gangliare; linfonodale.

gangrène |gɑ̃gʀɛn| *s.f.* **1** (*pathol.*) cancrena: *il faut amputer la partie malade pour arrêter la gangrène* bisogna amputare la parte malata per arrestare la cancrena **2** (*fig.*) [*ce qui pourrit, corrompt*] piaga*, cancrena: *le racisme est une gangrène sociale* il razzismo è una piaga, una cancrena sociale → **corruption, pourriture.**

gangrener |gɑ̃gʀəne| **A** *v.tr.* **1** (*pathol.*) [*affecter de gangrène*] far (103) *intr.* andare in cancrena **2** [*corrompre, empoisonner*] corrompere (176) **B** *v. pron. intr.* SE GANGRENER [→ *tr.* 1] incancrenire (197) *intr.*, andare (101) *intr.* in cancrena: *plaie qui se gangrène* piaga che incancrenisce, che va in cancrena ♦ (*au p.p.*) *membre gangrené* arto incancrenito, necrotico* *adj.*

gangreneux, euse |gɑ̃gʀənø, øz| *adj.* gangrenoso, cancrenoso: *plaie gangreneuse* piaga gangrenosa, cancrenosa.

gangster |gɑ̃gstɛʀ| *s.m.* (*amér.*) gangster *inv.*, malfattore: *film de gangsters* film di gangster → **bandit** ◇ [*crapule*] farabutto, mascalzone: *ce financier est un vrai gangster* questo finanziere è un vero farabutto.

gangstérisme |gɑ̃gsteʀism(ə)| *s.m.* gangsterismo, banditismo.

gangue |gɑ̃g| *s.f.* **1** (*minér.*) ganga*: *gangue terreuse, métallique* ganga terrosa, metallica **2** (*fig., péj.*) → **enveloppe.**

gangué, ée |gɑ̃ge| *adj.* coperto, incrostato di ganga.

ganoïde |ganɔid| *adj.* (*zool.*) ganoide: *écailles ganoïdes* squame ganoidi.

Ganoïdes |ganɔid| *s.m.pl.* (*t.zool.*) Ganoidi.

ganse |gɑ̃s| *s.f.* [*cordonnet ou ruban étroit servant à border, à faire des brides, à orner*] cordoncino *m.*, fettuccia*.

ganser |gɑ̃se| *v.tr.* [*garnir d'une ganse*] guarnire (197) con una fettuccia.

gant |gɑ̃| *s.m.* **1** guanto: *une paire de gants* un paio di guanti; *gants de peau, de laine* guanti di pelle, di lana; *gants fourrés* guanti foderati; *gant de crin* guanto di crine; *gant de toilette* guanto di spugna → 1 **main**; *mettre des gants* mettere (mettersi) i guanti; *enlever ses gants* togliersi i guanti # *gant de boxe* guantone da pugile **2** *loc.* RETOURNER QQN. COMME UN GANT [*le faire changer complètement d'avis*] rigirare qc.: *il l'a retourné comme un gant* l'ha rigirato come ha voluto ~ *aller comme un gant* calzare come un guanto, andare a pennello ~ *une main de fer dans un gant de velours* un pugno di ferro in guanto di velluto ~ *jeter le gant* gettare il guanto ~ *relever le gant* raccogliere il guanto, accettare la sfida ~ (*fam.*) *prendre, mettre des gants* prendere le dovute precauzioni → **forme** ~ (*fam.*) *se donner les gants* (*de qqch.*) attribuirsi il merito (di q.c.).

gantelée |gɑ̃tle|, **ganteline** |gɑ̃tlin| *s.f.* (*t.bot.*) campanula.

gantelet |gɑ̃tlɛ| *s.m.* **1** (*ancienn.*) [*gant d'une armure*] guanto di ferro, manopola *f.* **2** [*morceau de cuir avec lequel certains artisans protègent la paume de leurs mains*] guardamano *inv.*

ganter |gɑ̃te| **A** *v.tr.* **1** [*mettre un gant, des gants*] inguantare, mettere (155) i guanti: *main difficile à ganter* mano difficile da inguantare; *un monsieur ganté et cravaté* un signore inguantato e incravattato **2** (*gants*) [*aller*] calzare (*intr.*): *ces gants vous gantent très bien* questi guanti le calzano a pennello **B** *v.pron.réfl.* SE GANTER [→ *tr.* 1] inguantarsi, mettersi i guanti.

ganterie |gɑ̃tʀi| *s.f.* guanteria.

gantier, ière |gɑ̃tje, jɛʀ| *s.* guantaio* ♦ (*adj.*) *marchand gantier* negoziante, commerciante di (in) guanti *loc. inv.*

gap |gap| *s.m.* (*angl.*) [*écart entre deux réalités*; *retard*] divario*, gap *inv.*

garage |gaʀaʒ| *s.m.* **1** [→ GARER A] parcheggio*: *garage d'un véhicule* parcheggio di un veicolo ◇ (*ch. de fer*) *voie de garage* binario morto **2** (*spécialt.*) [*abri destiné à recevoir des véhicules*] 'garage' *inv.*, rimessa (*f.*): *rentrer sa voiture au garage* mettere l'auto in 'garage', in rimessa # *garage d'avions* aviorimessa; *garage d'automobiles, d'autobus* autorimessa, 'garage' d'autobus; *sortie de garage* uscita (di) autoveicoli, passo carrabile → **dépôt** **3** [*entreprise commerciale s'occupant de tout ce qui concerne l'entretien et les réparations des automobiles*] autofficina (*f.*): *personnel d'un garage* personale di un'autofficina.

garagiste |gaʀaʒist(ə)| *s.* **1** [*personne qui tient un garage*] garagista *m.* **2** [*personne qui assure les travaux d'entretien d'un véhicule*] meccanico* (*m.*): *faire réparer sa voiture par son garagiste* far riparare l'automobile dal meccanico.

garance |gaʀɑ̃s| *s.f.* **1** (*t.bot.*) robbia, garanza **2** *appos. inv.* [*rouge vif*] color robbia, rosso vivo.

garant, ante |gaʀɑ̃, ɑ̃t| *s.* **1** *s.* (*dr.*) garante; fideiussore (*m.*): *se rendre garant* rendersi garante → **responsable** **2** *s.* (*loc.*) ÊTRE, SE PORTER GARANT DE [*répondre de*] essere, farsi garante di: *se porter garant de la conduite de qqn.* farsi garante del comportamento di qc.; *je suis garant que* sono garante che, garantisco che **3** *s.m.* [*chose qui garantit*] garanzia (*f.*): *sa profession est le garant de sa liberté* la sua professione è la garanzia della sua libertà; *votre amitié est mon meilleur garant* la vostra amicizia è la mia migliore garanzia → **assurance, garantie** **4** *s.m.* (*mar.*) tirante (di un paranco).

garantie |gaʀɑ̃ti| *s.f.* **1** garanzia: *contrat de garantie* contratto di garanzia; *montre sous garantie* orologio in garanzia; *bulletin de garantie* certificato di garanzia # *garantie contre les risques* assicurazione contro i rischi ◇ (*dr.*) *garantie accessoire* garanzia collaterale; *garantie d'éviction* garanzia per evizione; *garantie bancaire* garanzia, fideiussione bancaria **2** [*ce qui sert à garantir*] garanzia: *cet employé présente toutes les garanties* questo impiegato presenta ogni garanzia (tutte le garanzie) # *prendre des garanties* prendere delle precauzioni.

garantir |gaʀɑ̃tiʀ| *v.tr.* **I** **1** [*assurer sous sa responsabilité* (*qqch.*) *à qqn.*] garantire (197): *lois garantissant les libertés du citoyen* leggi che garantiscono, che assicurano le libertà del cittadino ◇ (*dr.*) *le donneur d'aval garantit le paiement de la traite* l'avallante garantisce il pagamento della tratta → **cautionner** **2** [*assurer de la bonne qualité ou du bon fonctionnement*] garantire: *cette voiture n'est pas neuve, mais le vendeur me l'a garantie* quest'auto non è nuova, ma il venditore me l'ha garantita **3** [*donner pour sûr, pour vrai, en prenant l'affirmation sous sa propre responsabilité*] garantire, assicurare: *je peux vous garantir le fait* posso assicurarvi il fatto; *je vous garantis le succès de...* vi garantisco il successo di... → 2 **répondre, certifier, attester** ◇ *loc.* GARANTIR QUE garantire, assicurare che...: *je te garantis que tout ira bien* ti garantisco che andrà tutto bene **II** [*mettre à l'abri de*] riparare, proteggere (154): *volets qui garantissent du vent, du soleil* imposte che riparano dal vento, dal sole → 1 **défendre, protéger.**

garbure |garbyr| *s.f.* [*dans le sud-ouest de la France, soupe épaisse faite de pain de seigle, de choux, de lard et de confit d'oie*] ⊠.

garce |gars(ə)| *s.f.* **1** (*fam.*) (*se dit d'une femme dont on a à se plaindre pour quelque raison*) strega*, carogna: *ah! la garce!* che carogna! → **chameau, chipie, salope** ◇ (*par anal.*) *cette garce de vie* questa vitaccia, questa vita da cani → **chien** ♦ (*adj.*) *elle est un peu garce* è una carognetta *s.* **2** (*vulg.*) [*fille de mauvaise vie*] puttana ◇ (*loc. pop.*) *fils de garce* figlio di puttana.

garcette |garsɛt| *s.f.* (*mar.*) gerlo *m.*

garçon |garsɔ̃| *s.m.* **1** [*enfant mâle*] ragazzo: *les filles et les garçons* le ragazze e i ragazzi; le femmine e i maschi # *cette petite est un vrai garçon, un garçon manqué* questa bambina è proprio un maschiaccio; *lycée de garçons* liceo maschile ◇ *loc.* PETIT GARÇON [*enfant entre l'âge du bébé et la douzième année environ*] ragazzino, ragazzetto: *il le traite en petit garçon* lo tratta come un ragazzino → **garçonnet** ~ GRAND GARÇON giovanotto: *tu es un grand garçon* (*se dit à un enfant pour lui marquer de la considération, faire appel à sa raison*) sei un giovanotto (ormai) ~ *jeune garçon* [*adolescent*] ragazzo, adolescente **2** [*jeune homme*] ragazzo, giovane: *un garçon de vingt ans* un ragazzo, un giovane di vent'anni; *mon garçon* ragazzo mio; *un beau garçon* un bel ragazzo; *c'est un garçon distingué, bien élevé* è un ragazzo distinto, beneducato **3** [*jeune homme non marié*] scapolo, celibe: *rester garçon* rimanere celibe; *vieux garçon* vecchio scapolo, scapolone → **célibataire** # *enterrer sa vie de garçon* dar l'addio al celibato ◇ (*spécialt.*) *garçon d'honneur* [*dans un mariage*] paggio* **4** [*homme en service ou employé subalterne*] garzone, lavorante: *garçon épicier, boucher* garzone di droghiere, di macellaio; *garçon coiffeur* lavorante parrucchiere # *garçon de courses* fattorino → **coursier**; *garçon d'écurie* mozzo di stalla; *garçon de café, de restaurant, d'hôtel* cameriere; *donner le pourboire au garçon* dare la mancia al cameriere → **serveur.**

garçonne |garsɔn| *s.f.* [*jeune fille menant une vie indépendante*] 'garçonne' (*inv.*): *cheveux à la garçonne* capelli alla 'garçonne'.

garçonnet |garsɔnɛ| *s.m.* [*petit garçon*] ragazzino, ragazzetto.

garçonnier, ière |garsɔnje, jɛr| *adj.* [*qui, chez une fille, rappelle les allures d'un garçon*] mascolino: *manières garçonnières* atteggiamenti mascolini.

garçonnière |garsɔnjɛr| *s.f.* [*petit appartement pour une personne seule*] 'garçonnière' *inv.*

garde- |gard(ə)| *préf.* (*signifiant 'garde', correspond généralt. à*) guarda: *garde-côte*, guardacoste; *garde-pêche* guardapesca.

1 **garde** |gard(ə)| *s.f.* **1** [→ GARDER A I 1] custodia: *mettre des bijoux, des titres en garde dans une banque* mettere dei gioielli, dei titoli in custodia presso una banca → **conservation, surveillance** # *mettre, tenir sous bonne garde* mettere, tenere al sicuro ◇ (*dr.*) *garde judiciaire* custodia giudiziaria; *le tuteur a la garde du mineur* il tutore ha la custodia del minore **2** (*après une prép.*) [→ GARDER A I 1, 2] sorveglianza, custodia: *confier un enfant à la garde de qqn.* affidare un bambino alla sorveglianza di qc. → **soin** **3** [→ GARDER A I 3] guardia, sorveglianza: *poste de garde* posto di guardia; *chien de garde* cane da guardia; *faire bonne garde* fare buona guardia # *garde de nuit* vigilanza notturna → 1 **veille** ◇ *loc.* DE GARDE di guardia: *tour de garde* turno di guardia; *médecin de garde* medico di guardia; *être de garde* essere di guardia, di sentinella # *farmacie de garde* farmacia di turno ◇ (*loc.*) *monter la garde* montare la guardia ~ *descendre la garde* smontare la guardia **4** [*position de défense en vue d'éviter un coup, un danger*] guardia ◇ (*escrime, boxe*) *en garde!* in guardia!; *être en garde* stare in guardia **5** (*loc.*) *mettre qqn. en garde* mettere in guardia qc.: *je vous mets en garde contre ses procédés* vi metto in guardia contro il suo modo di fare ~ *être en garde contre qqn. ou qqch.* stare in guardia contro qc. o q.c. ~ *être, se tenir, se mettre sur ses gardes* stare in guardia, sulla difensiva, mettersi in guardia **6** *loc.* PRENDRE GARDE [*faire attention* (*pour éviter un danger, se protéger*)] fare attenzione: *prenez garde!* attenzione!, state attenti!; *prenez garde aux voitures en traversant la rue* fate attenzione alle automobili attraversando la strada; *prendre garde de ne pas faire qqch.* stare attento a non fare q.c.; *prenez garde qu'il va revenir* state attenti che sta per tornare; *prenez garde qu'il ne s'en aperçoive* (*pas*)*!* fate attenzione che non se ne accorga! **7** (*littér.*) *n'avoir garde de faire une chose* [*s'abstenir soigneusement de la faire*] guardarsi bene dal fare una cosa (*cour.*).

2 **garde** |gard(ə)| *s.f.* **1** [*groupe de personnes qui gardent*] guardia: *garde d'honneur* guardia d'onore; *garde impériale* guardia imperiale; *garde nationale* guardia nazionale # *la garde municipale* il corpo dei vigili urbani **2** [*ensemble des soldats en armes qui occupent un poste, exercent une surveillance*] guardia: *corps de garde* corpo di guardia # *plaisanterie de corps de garde* scherzo da caserma.

3 **garde** |gard(ə)| *s.f.* **1** *garde d'une épée, d'un sabre* [*rebord placé entre la lame et la poignée*] guardia, elsa di una spada, di una sciabola; *enfoncer* (*une épée*) *jusqu'à la garde* immergere, affondare (una spada) fino all'elsa **2** *pages de garde, gardes* [*pages qui se trouvent au commencement et à la fin d'un livre, entre le titre et la couverture*] risguardo *m.sing.*, (pagine di) guardia **3** *au plur.* (*techn., serrures*) fernette **4** (*mar.*) paranchi *m. pl.*

4 **garde** |gard(ə)| *s.* **I** *s.m.* **1** [*celui qui garde une chose, un dépôt, un lieu*] guardia (*f.*): *garde champêtre* guardia campestre; *garde forestier* guardia forestale, guardaboschi *inv.* → **gardien, surveillant** # *garde des sceaux* guardasigilli **2** [*celui qui a la garde d'un prisonnier*] guardia, secondino → **gardien, geôlier** **3** [*celui qui veille sur la personne d'un souverain, d'un prince, d'un chef d'armée, etc.*] guardia: *garde du corps* guardia del corpo; *il ne sort jamais qu'avec son garde du corps* non esce mai senza la guardia del corpo **4** [*soldat d'une garde*] guardia: *garde impérial, municipal, républicain* guardia imperiale, municipale, repubblicana **II** *s.f.* **1** [*celle qui garde un malade*] infermiera (di guardia): *garde de jour* infermiera di guardia durante il giorno; *garde de nuit* infermiera di guardia durante la notte → **garde-malade** **2** [*celle qui garde un enfant*] bambinaia → **nurse.**

gardé, ée |garde| *adj.* **1** *chasse gardée* [*réservée à son propriétaire*] riserva di caccia, bandita **2** (*loc.*) *toute*(*s*) *proportion*(*s*) *gardée*(*s*) fatte le debite proporzioni.

garde-à-vous |gardavu| *s.m.* [*position immobile du soldat debout, prêt à exécuter un ordre*] attenti (*inv.*): *se mettre, rester au garde-à-vous* mettersi, restare sull'attenti.

garde-barrière |gard(ə)barjɛr| *s.* [*personne qui surveille un passage à niveau*] casellante; guardabarriere (*inv.*): *des gardes-barrière*(*s*) dei casellanti, dei guardabarriere.

garde-bœuf |gardəbœf| *s.m.* (*t. zool.*) guardabuoi (*inv.*): *des garde-bœuf*(*s*) dei guardabuoi.

garde-boue |gardəbu| *s.m. inv.* (*auto.*) parafango* (*var.*): *bosseler le garde-boue* ammaccare il parafango → **aile (de voiture).**

garde champêtre |gardʃɑ̃pɛtr(ə)| *s.m.* → 4 **garde.**

garde-chasse |gardəʃas| *s.m.* guardiacaccia (*inv.*): *des gardes-chasse*(*s*) dei guardiacaccia.

garde-chiourme |gardəʃjurm(ə)| *s.m.* (*ancienn.*) [*surveillant des forçats*] guardaciurma *inv.*, guardaforzati (*inv.*): *des garde*(*s*)*-chiourme*(*s*) dei guardaciurma ◇ [*surveillant brutal*] aguzzino.

garde-corps |gardəkɔr| *s.m.inv.* **1** (*mar.*) guardacorpo **2** [*parapet établi pour empêcher de tomber*] parapetto *var.*, ringhiera *f.var.* → **garde-fou.**

garde-côte |gardəkot| *s.m. et adj.* (*mar.*) guardacoste (*inv.*): *des garde-côte*(*s*) dei guardacoste.

garde-feu |gardəfø| *s.m.inv.* [*grille métallique que l'on place devant la cheminée pour se préserver des étincelles*] parafuoco* (*var.*): *un garde-feu devant la cheminée* un parafuoco davanti al camino → **paravent.**

garde-fou |gardəfu| *s.m.* [*parapet, balustrade pour empêcher de tomber*] parapetto, ringhiera (*f.*): *des garde-fous* dei parapetti → **barrière, garde-corps.**

garde-frein |gardəfrɛ̃| *s.m.* [*employé de ch. de fer chargé de manœuvrer les freins à main*] frenatore: *des gardes-frein*(*s*) dei frenatori.

garde-magasin |gardəmagazɛ̃| *s.m.* **1** [*employé chargé de garder un magasin*] magazziniere: *des gardes-magasin*(*s*) dei magazzinieri **2** (*milit.*) magazziniere.

garde-malade |gard(ə)malad| *s.* [*personne qui garde et soigne les malades*] infermiere: *des gardes-malades* degli infermieri, delle infermiere.

garde-manger |gardmɑ̃ʒe| *s.m. inv.* [*petite armoire mobile, généralt. garnie de toile métallique, dans laquelle on conserve des aliments*] moscaiola *f. var.*, dispensa *f. var.*

garde-meuble |gardəmœbl(ə)| *s.m.* magazzino (per la custodia di mobili): *des garde-meuble*(*s*) dei magazzini.

gardénal |gardenal| *s.m.* (*nom déposé*) fenobarbital *inv.*

garde-nappe |gaRdənap| *s.m.* [*petit plateau pour protéger la nappe*] (*sous les assiettes*) sottopiatto: *des garde-nappe(s)* dei sottopiatti ◇ (*sous les bouteilles*) sottobottiglia ◇ (*sous les verres*) sottobicchiere.

gardénia |gaRdenja| *s.m.* (*t.bot.*) gardenia *f.*

garden-party |gaRdɛnpaRti| *s.f.* (*angl.*) garden-party (*m. inv.*): *des garden-parties* dei garden-party.

garde-pêche |gaRdəpɛʃ| *s.m.* **1** guardapesca (*inv.*): *des gardes-pêche* dei guardapesca ◇ (*appos.*) *vedette garde-pêche* [*petite embarcation pour la surveillance des pêches côtières*] vedetta guardacoste *inv.* → **garde-côte** **2** [*navire de guerre qui protège les pêcheurs dans certaines régions*] nave *f.* guardapesca.

garde-place |gaRdəplas| *s.m.* (*ch. de fer*) portacartellino (per posti prenotati): *des garde-place(s)* dei portacartellini.

garde-port |gaRdəpɔR| *s.m.* (*comm.*) agente magazziniere: *des garde-port(s)* degli agenti magazzinieri.

garder |gaRde| **A** *v.tr.* **I** **1** [*prendre soin de* (*une personne, un animal*)] custodire (197), badare *intr.* a: *garder des bestiaux* custodire, guardare del bestiame; *garder un enfant* badare a un bambino, guardare un bambino → **veiller (sur), surveiller** ◇ (*fig., fam.*) *dites donc! nous n'avons pas gardé les cochons ensemble* senta un po', non siamo mica andati a scuola insieme! ◇ (*prov.*) *à chacun son métier, les vaches seront bien gardées* a ciascuno il suo mestiere e tutto andrà meglio **2** [*empêcher une personne de s'en aller, de sortir*] sorvegliare: *garder un prisonnier* sorvegliare un prigioniero → **détenir** # *garder à vue* guardare a vista **3** [*rester dans un lieu pour le surveiller, pour défendre qqn. ou qqch.*] sorvegliare: *garder une maison, un magasin* sorvegliare una casa, un negozio; *garder une porte, une entrée* sorvegliare una porta, un ingresso ◇ (*par anal.*) *garder la chambre* [*ne pas la quitter*] rimanere (174) *intr.* in camera, non uscire (201) *intr.* dalla camera: *le malade doit garder la chambre plusieurs jours* l'ammalato deve rimanere in casa, non può uscire per parecchi giorni; *garder le lit* rimanere a letto **4** (*littér.*) [*protéger, préserver* (*de qqch.*)] preservare (*cour.*): *garder qqn. de l'erreur* preservare qc. dall'errore → **garantir** # *Dieu me garde de la maladie* Dio mi scampi dalla malattia **II** **1** [*empêcher qu'une chose ne se gâte, ne disparaisse*] conservare, tenere (188): *il est difficile de garder la viande pendant les grosses chaleurs* è difficile conservare la carne quando fa molto caldo; *garder des marchandises en entrepôt* tenere delle merci in magazzino **2** [*conserver pour soi, ne pas se dessaisir de*] conservare, tenere (per sé): *garder qqch. que l'on vous a confié* tenere (per sé) q.c. che è stato affidato **3** [*conserver sur soi* (*un vêtement, un bijou*)] tenere: *gardez votre chapeau* tenga pure il cappello **4** [*retenir une personne avec soi*] trattenere (188): *garder qqn. à dîner* trattenere qc. a pranzo; *il m'a gardé une heure* mi ha trattenuto un'ora # *garder un collaborateur, un employé* tenere un collaboratore, un impiegato → **tenir** **5** [*ne pas divulguer, ne pas communiquer*] mantenere (188); tenere (per sé): *garder un secret* mantenere un segreto ‖ *gardez cela pour vous* se lo tenga per sé; *gardez vos réflections pour vous* tenga pure per lei le sue considerazioni **6** (*fig.*) [*continuer à avoir*] mantenere, conservare: *suivre un régime pour garder la ligne* seguire una dieta per mantenere, conservare la linea; *garder son calme* mantenere la calma # *garder son sérieux* restare serio; *garder le silence* osservare il silenzio; *garder rancune* serbare rancore → **observer** **7** (*avec un adj. attribut*) tenere: *garder les yeux baissés* tenere gli occhi bassi → **tenir** **III** [*mettre de côté, en réserve*] tenere: *si vous arrivez le premier, gardez-moi une place* se arriva per primo, mi tenga un posto → **réserver** ◇ (*loc.*) *garder une dent contre qqn.* avere il dente avvelenato contro qc. ~ *garder une poire pour la soif* mettere in serbo q.c. per il bisogno ~ *garder pour la bonne bouche* serbare il meglio per la fine **IV** [*observer fidèlement, avec soin*] osservare, mantenere: *garder le jeûne* osservare il digiuno; *garder ses distances* mantenere le distanze → **respecter** **B** *v.pron.* SE GARDER **1** *réfl.* SE GARDER DE (+ *nom de personne ou de chose abstraite*) [*prendre garde à*] diffidare *intr.* di, guardarsi da: *il faut se garder des jugements hâtifs* bisogna diffidare dei giudizi affrettati → **2 défier (se), méfier (se)** ◇ *loc.* SE GARDER DE (+ *inf.*) [*s'abstenir soigneusement de*] guardarsi da (+ *inf.*): *lui écrire? je m'en garderai bien!* scrivergli? me ne guarderò bene! **2** *passif* [*se conserver*] conservarsi: *ce fromage ne se garde pas plus de deux jours* questo formaggio non si conserva per più di due giorni Ⓒ A I 3 **abandonner,** II 4 **renvoyer,** IV **négliger.**

garderie |gaRdəRi| *s.f.* **1** [*école, local où l'on garde les enfants en bas âge ou les jeunes élèves des écoles en dehors des heures de classe*] asilo *m.* infantile, giardino *m.* d'infanzia → **crèche, jardin (d'enfants)** **2** (*Eaux et For.*) comprensorio* *m.* di sorveglianza (di una guardia forestale).

garde-rivière |gaRdəRivjɛR| *s.m.* agente della polizia fluviale.

garde-robe |gaRdəRɔb| *s.f.* **1** guardaroba *m.inv.*, armadio* *m.* (guardaroba): *ses garde-robes sont pleines de vêtements neufs* i suoi guardaroba, i suoi armadi sono pieni di vestiti nuovi → **penderie** **2** (*par ext.*) [*l'ensemble des vêtements d'une personne*] guardaroba, vestiario* *m.* **3** (*vx.*) [*lieu où l'on plaçait autrefois la chaise percée*] gabinetto *m.* (*cour.*): *aller à la garde-robe* andare al gabinetto → **cabinet, 2 selle.**

gardeur, euse |gaRdœR, øz| *s.* guardiano: *gardeuse d'oies* guardiana d'oche; *gardeur de vaches* guardiano di mucche → **gardien.**

garde-voie |gaRdəvwa| *s.m.* [*employé de ch. de fer, soldat chargé de garder la voie*] guardalinee (*inv.*): *des gardes-voie(s)* dei guardalinee.

garde-vue |gaRdəvy| *s.f.* [*visière protégeant les yeux contre les excès de lumière*] visiera.

gardian |gaRdjɑ̃| *s.m.* [*gardien de bœufs, de taureaux, etc. dans la Camargue*] bùttero.

gardien, ienne |gaRdjɛ̃, jɛn| *s.* **1** guardiano, custode: *gardien de nuit* guardiano notturno; *gardien de musée* custode di museo; *gardien judiciaire* custode giudiziario → 4 **garde, veilleur** # *gardien de prison* guardia carceraria; *gardien d'un hôtel, d'un immeuble* portiere di un albergo, di un caseggiato → **concierge, portier** ◇ (*sport*) *gardien de but* portiere ◇ (*fig.*) *le Sénat, gardien de la Constitution* il Senato, custode della Costituzione ✦ (*adj.*) *ange gardien* angelo custode **2** *gardiens de la paix* [*agents de police ou sergents de ville*] agenti di pubblica sicurezza; vigili urbani.

gardiennage |gaRdjɛnaʒ| *s.m.* [*emploi de gardien; service du gardien*] sorveglianza *f.*, custodia *f.*

gardon |gaRdɔ̃| *s.m.* (*t.zool.*) lasca* *f.* ◇ (*loc.*) *frais comme un gardon* sano come un pesce.

1 **gare** |ga(ɑ)R| *s.f.* **1** stazione (ferroviaria): *gare de voyageurs* stazione viaggiatori; *gare terminus* stazione terminale, di testa; *gare de triage* stazione di smistamento # *gare de marchandises* scalo merci; *chef de gare* capostazione ◇ *loc.* EN GARE in stazione: *l'entrée du train en gare* l'entrata in stazione del treno **2** (*spécialt.*) *gare maritime* stazione marittima; *gare d'autobus, gare routière de voyageurs* stazione autolinee, stazione delle autocorriere; *gare aérienne* aerostazione → **aérogare** **3** (*navigation*) ormeggio* *m.*, scalo *m.* **4** (*pop.*) *à la gare!* (*exclamation pour 'envoyer promener' qqn. ou qqch.*) al diavolo!

2 **gare!** |gaR| *interj.* [*attention!*] attento!, attenti! ◇ (*loc.*) *ils sont arrivés sans crier gare* sono arrivati senza avvertire, inaspettatamente ~ GARE À... attenzione a..., attenti a...: *gare à la peinture* attenti alla vernice ◇ (*menace*) *gare à toi, si tu désobéis!* guai a te se disobbedisci!

garenne |gaRɛn| *s.f.* garenna: *lapin de garenne* coniglio di garenna, coniglio selvatico.

garer |gaRe| **A** (*v.tr.*) *garer un véhicule* [*le mettre en un lieu sûr ou spécialt. aménagé*] posteggiare, parcheggiare un veicolo: *garer sa voiture au bord du trottoir* posteggiare, parcheggiare l'auto lungo il marciapiede ◇ [*le rentrer dans un garage*] mettere (155) un veicolo in 'garage' ◇ (*ch. de fer*) *garer un train sur une voie de garage* convogliare un treno su un binario morto **B** *v.pron.réfl.* SE GARER **1** [→ *tr.*] posteggiare *intr.*, parcheggiare (*intr.*): *je me suis garé dans une rue adjacente* ho posteggiato, ho parcheggiato in una strada adiacente **2** [*prendre garde d'éviter, faire en sorte d'éviter*] scansare *tr.*, evitare (*tr.*): *se garer des voitures* scansare le auto; *il s'est garé des coups* ha scansato, ha evitato i colpi → **protéger (se).**

gargamelle |gaRgamɛl| *s.f.* (*pop.*) [*gorge, gosier*] gargarozzo *m.*

gargantua |gaRgɑ̃tɥa| *s.m.* [*gros mangeur*] mangione.

gargantuesque |gaRgɑ̃tɥɛsk(ə)| *adj.* [*digne de Gargantua*] pantagruelico*, gargantuesco*.

gargariser (se) |gaRgaRize| *v. pron.* **1** *réfl.* [*se rincer* (*l'arrière-bouche, la gorge*) *avec de l'eau ou un liquide médicamenteux*] gargarizzare *intr.*, fare (103) *tr.* i gargarismi **2** *intr.* (*fam.*) [*se délecter, savourer*] riempirsi *tr.*, sciacquarsi *tr.* la bocca di: *il se gargarise* *de lieux communs* si riempie la bocca di luoghi comuni.

gargarisme |gaRgaRism(ə)| *s.m.* gargarismo.

gargote |gaRgɔt| *s.f.* (*péj.*) gargotta, bettola.

gargotier, ière |gaRgɔtje, jɛR| *s.* [*personne qui tient une gargote*] bettoliere, taverniere.

gargouille |gaRguj| *s.f.* (*archit.*) doccione (*m.*): *gargouilles sculptées* doccioni scolpiti.

gargouillement |gaRgujmɑ̃| *s.m.* [→ GARGOUILLER] gorgoglio*, gorgogliamento: *les gargouillements de la fontaine* i gorgoglii della fontana → **glouglou** ◇ (*par ext.*) *gargouillements gastro-intestinaux* brontolii, gorgoglii gastrointestinali → **borborygme.**

gargouiller |gaRguje| *v.intr.* [*produire un bruit d'eau qui coule*] gorgogliare ◇ [*produire des gargouillements dans le corps*] brontolare, gorgogliare: *avoir les intestins qui gargouillent* avere l'intestino che brontola.

gargouillis |gaRguji| *s.m.* → **gargouillement.**

gargousse |gaRgus| *s.f.* (*techn.*) cartoccio* *m.*

garibaldien, ienne |gaRibaldjɛ̃, jɛn| *adj.* (*hist.*) garibaldino ✦ (*s.*) *un garibaldien* un garibaldino.

garnement |gaRnəmɑ̃| *s.m.* **1** (*sens faible*) [*jeune garçon turbulent, insupportable*] discolo, monello → **galopin** **2** (*vieilli*) → **vaurien, voyou.**

garni |gaRni| *s.m.* (*vieilli*) [*maison, chambre meublée*] appartamento ammobiliato; camera *f.* ammobiliata: *loger en garni* abitare in una camera ammobiliata.

garniérite |gaRnjeRit| *s.f.* (*minér.*) garnierite.

garnir |gaRniR| **A** *v.tr.* **1** [*pourvoir d'éléments destinés à protéger ou à renforcer*] rivestire, rinforzare: *mur garni de carreaux de faïence* muro rivestito di piastrelle di ceramica; *garnir de plaques d'acier* rivestire, rinforzare con lastre d'acciaio → **blinder**; *garnir de bois* rivestire di legno → **boiser** ◇ (*mar.*) *garnir un cordage* rinforzare, fasciare un cavo **2** [*pourvoir de tous les éléments dont la présence est nécessaire ou normale*] riempire, attrezzare, dotare: *garnir un rayonnage de livres* riempire una scaffalatura di libri ✦ (*au p.p.*) *bourse, portefeuille bien garnis* (*d'argent*) borsa, portafoglio ben forniti ◇ (*vieilli*) *maison, appartement, chambre garnis* [*des meubles et objets nécessaires*] casa, appartamento, camera ammobiliati; *hôtel garni* [*sans restaurant*] albergo 'meublé' *inv.* → **garni, meublé** ◇ (*par ext.*) [*couvrir, recouvrir un espace*] riempire, ricoprire (186): *le peu de feuilles qui garnissait les branches* le poche foglie che ricoprivano i rami → 1 **occuper** **3** [*pourvoir d'éléments qui s'ajoutent à titre d'accessoires ou d'ornements*] guarnire (197), ornare: *garnir une robe de dentelle, de passementeries* guarnire un vestito di merletto, di passamanerie; *garnir un manteau de fourrure* guarnire un cappotto di pelliccia → **orner** ✦ (*au p.p.*) *plat de viande garni* (*de légumes*) piatto di carne con contorno **B** *v. pron. intr.* SE GARNIR [*s'emplir*] riempirsi: *la salle se garnissait peu à peu* (*de gens*) la sala si riempiva a poco a poco Ⓒ A 2 **dégarnir.**

garnison |gaRnizɔ̃| *s.f.* guarnigione, presidio* (*m.*): *vie de garnison* vita di guarnigione; *être en garnison, tenir garnison à Metz* essere di guarnigione, di stanza, essere stanziato a Metz.

garnissage |gaRnisaʒ| *s.m.* **1** [→ GARNIR A 1] rivestimento **2** [→ GARNIR A 3] guarnizione *f.*

garnisseur, euse |gaRnisœR, øz| *s.* [*ouvrier qui pose des garnitures*] guarnitore*.

garniture |gaRnityR| *s.f.* **1** [*ce qui peut servir à garnir une chose, pour la renforcer, la compléter ou l'orner*] ornamenti *m. pl.*, accessori (*m. pl.*): *garniture de cheminée* ornamenti del camino; *guarniture de foyer* accessori per camino → **ornement, parure** # *garniture de lit* completo di biancheria da letto ◇ (*mar.*) *garniture d'un mât, d'une voile* guarnitura, guarnimento *m.* di un albero, di una vela ◇ (*imprim.*) *garniture de bois, de fonte* margine *m.*, marginatura di legno, di ghisa ◇ (*techn.*) *garnitures métalliques, en cuir, en caoutchouc* guarnizioni metalliche, di cuoio, di gomma; *garniture de frein* guarnizione per freno, ferodo *m.* (*nom déposé*) **2** [*ce qui remplit, accompagne, en cuisine*] ripieno *m.*; contorno (*m.*): *garniture d'un vol-au-vent* ripieno di un 'vol-au-vent' ‖ *garniture d'un plat de viande* contorno di un piatto di carne.

1 **garou** |gaRu| *s.m.* → **loup-garou.**

2 **garou** |gaRu| *s.m.* (*t.bot.*) erba *f.* corsa, dittinella *f.*

garrigue |gaRig| *s.f.* gariga* → **maquis.**

1 **garrot** |gaRo| *s.m.* (*vétér.*) garrese.

2 **garrot** |gaRo| *s.m.* **1** [*lien servant à comprimer l'artère principale d'un membre pour arrêter une hémorragie*] laccio* emostatico* **2** [*instrument de supplice, pour étrangler*] garrot(t)a *f.*

garrotte |gaRɔt| *s.f.* [*supplice du garrot*] garrot(t)a.

garrotter |gaRɔte| *v.tr.* [*attacher, lier très solidement comme un garrot*] legare (stretto): *garrotter un prisonnier* legare un prigioniero ◇ (*fig.*) imbavagliare.

gars |gɑ| *s.m.* (*fam.*) [*garçon, homme*] ragazzo; tipo: *un brave gars* un bravo ragazzo; *un beau gars* un bel ragazzo ‖ *c'est un drôle de gars* è uno strano tipo → **type** # *des gars du milieu* dei malviventi ◇ (*appellation fam.*) *eh, les gars!* ehi, ragazzi!

gascon, onne |gaskɔ̃, ɔn| *adj. et s.* **1** [*de la Gascogne*] guascone ✦ (*s.m.*) *le gascon* [*le dialecte d'oc*] il guascone **2** (*loc. fig.*) *histoire de Gascon* guasconata *s.f.* ~ *promesse de Gascon* promessa da marinaio.

gasconnade |gaskɔnad| *s.f.* guasconata, fanfaronata: *dire des gasconnades* dire guasconate, fanfaronate.

gasconnisme |gaskɔnism(ə)| *s.m.* (*ancienn.*) espressione *f.*, parola *f.* guascone.

gas-oil |gɑzɔjl; gɑzwal| *s.m.* (*chim.*, *cour.*) gasolio* → **gazole** (*t.recomm.*).

gaspillage |gaspijaʒ| *s.m.* [→ GASPILLER] spreco*, sperpero: *gaspillage d'argent* spreco, sperpero di denaro → **dilapidation, dissipation** ◇ (*fig.*) *gaspillage de forces, de talent* spreco di forze, di talento Ⓒ **économie, épargne.**

gaspiller |gaspije| *v.tr.* [*dépenser, consommer sans discernement*] sperperare, scialacquare; sprecare: *gaspiller sa fortune, son argent* sperperare, scialacquare i propri beni, il proprio denaro ‖ *gaspiller l'eau en période de sécheresse* sprecare l'acqua in periodo di siccità ◇ (*fig.*) *gaspiller son temps, ses forces* sprecare il proprio tempo, le proprie forze Ⓒ **conserver, économiser, épargner.**

gaspilleur, euse |gaspijœR, øz| *s.* [*qui gaspille*] sprecone, scialacquatore* ✦ (*adj.*) *il est très gaspilleur* è un grande sprecone *s.*

gastéro- |gasteRɔ| *préf.* (*signifiant 'ventre, estomac', correspond généralt. à*) gastero: *Gastéromycètes* Gasteromiceti; *Gastéropodes* Gasteropodi.

Gastéromycètes |gasteRɔmisɛt| *s.m.pl.* (*t.bot.*) Gasteromiceti.

Gastéropodes |gasteRɔpɔd| *s.m. pl.* (*t.zool.*) Gasteropodi.

gastralgie |gastRalʒi| *s.f.* (*méd.*) gastralgia*.

gastralgique |gastRalʒik| *adj.* (*méd.*) gastralgico*.

-gastre |gastR(ə)| *suff.* (*signifiant 'ventre, estomac', correspond généralt. à*) gastro: *épigastre* epigastro.

gastrectomie |gastRɛktɔmi| *s.f.* (*chir.*) gastrectomia.

gastrique |gastRik| *adj.* gastrico*: *suc gastrique* succo gastrico ✦ (*s.*) *un gastrique* un ammalato di gastrite.

gastrite |gastRit| *s.f.* (*méd.*) gastrite.

gastr(o)- |gastRɔ| *préf.* (*signifiant 'ventre, estomac', correspond généralt. à*) gastro: *gastro-entérite* gastroenterite; *gastro-intestinal* gastrointestinale.

gastro-duodénal, ale, aux |gastRɔdɥɔdenal, o| *adj.* (*anat.*, *méd.*) gastroduodenale.

gastro-entérique |gastRɔɑ̃teRik| *agg.* (*anat.*, *méd.*) gastroenterico*.

gastro-entérite |gastRɔɑ̃teRit| *s.f.* (*méd.*) gastroenterite: *des gastro-entérites* delle gastroenteriti.

gastro-entérologie |gasRɔɑ̃teRɔlɔʒi| *s.f.* gastroenterologia*.

gastro-entérologue |gastRɔɑ̃teRɔlɔg| *s.* (*méd.*) gastroenterologo*.

gastro-intestinal, ale, aux |gastRɔɛ̃tɛstinal, o| *adj.* (*anat.*, *méd.*) gastrointestinale: *troubles gastro-intestinaux* distrubi gastrointestinali.

gastronome |gastRɔnɔm| *s.m.* gastronomo → **gourmet.**

gastronomie |gastRɔnɔmi| *s.f.* gastronomia.

gastronomique |gastRɔnɔmik| *adj.* gastronomico*: *recette gastronomique* ricetta gastronomica.

gastroscope |gastRɔskɔp| *s.m.* (*méd.*) gastroscopio*.

gastroscopie |gastRɔskɔpi| *s.f.* (*méd.*) gastroscopia.

gastrotomie |gastRɔtɔmi| *s.f.* (*chir.*) gastrotomia.

gastrula |gastRyla| *s.f.* (*biol.*) gastrula.

gâté, ée |gɑte| *adj.* **1** [*abîmé par putréfaction*] guasto, marcio*: *fruits gâtés* frutta marcia; *dent gâtée* dente guasto, cariato → **carié** **2** ENFANT GÂTÉ bambino (ragazzo) viziato # *être l'enfant gâté de...* essere il cocco di... → **chéri.**

1 **gâteau** |gɑto| *s.m.* **1** (*pâtiss.*) dolce, torta (*f.*): *un gâteau à la crème* un dolce, una torta alla crema; *gâteau d'anniversaire* torta di compleanno; *gâteau des Rois* [*contenant la fève*]

torta dell'Epifania # *gâteaux secs* pasticceria secca; *petits gâteaux* pasticcini, paste ◇ (*loc. fig., fam.*) *il a eu part au gâteau* [*au profit*] ha avuto la sua fetta di torta; *ce n'est pas du gâteau* [*ce n'est ni agréable ni facile*] non è uno scherzo; non è cosa da poco **2** (*par anal.*) formella (*f.*): *gâteau de plâtre* formella di gesso # *gâteau de miel* favo ◇ (*techn.*) forma *f.*

2 **gâteau** |gato| *adj.inv.* (*fam.*) *papa-gâteau, maman-gâteau* [*qui gâte les enfants*] papà, mamma di pasta frolla *loc.*

gâte-métier |gɑtmetje| *s.m.inv.* [*qui fait une concurrence déloyale*] guastamestieri *s.*

1 **gâter** |gɑte| **A** *v.tr.* **1** (*surtout au passif*) [*détériorer en pourrissant, en putréfiant*] guastare: *des fruits gâtés par l'humidité* frutta guastata dall'umidità → 1 **altérer, avarier** **2** [*priver de sa beauté, de ses qualités naturelles*] rovinare: *cette bâtisse gâte la vue, la perspective* questa costruzione rovina la vista, la prospettiva → **défigurer, enlaidir** **3** GÂTER QQCH. [*en compromettre le résultat*] rovinare q.c.: *gâter les affaires* rovinare gli affari; *tout gâter* rovinare tutto ◇ (*loc.*) *ce qui ne gâte rien* [*comme avantage supplémentaire*] cosa che (il che) non guasta affatto: *elle est jolie, bien élevée et, de plus, riche, ce qui ne gâte rien* è carina, educata e, per di più, ricca, il che non guasta affatto **4** [*affaiblir, diminuer, détruire en privant de son effet agréable*] rovinare, sciupare: *cette mauvaise nouvelle nous a gâté nos vacances* questa brutta notizia ci ha rovinato le vacanze → **empoisonner, gâcher** **B** *v.pron.intr.* **1** SE GÂTER [→ *tr.* 1] marcire (197) *intr.*, avariarsi: *fruits qui commencent à se gâter* frutta che comincia a marcire **2** [*se détériorer*] guastarsi: *le temps se gâte* il tempo si guasta → **brouiller (se)** # *les choses se gâtent* le cose si mettono male; *attention, cela va se gâter* attenzione, la cosa finirà male.

2 **gâter** |gɑte| *v.tr.* [*traiter (un enfant, une personne quelconque) en comblant de prévenances, de cadeaux, de gentillesses*] viziare: *c'est trop, vous me gâtez!* è troppo, mi state viziando! # *sa grand-mère l'a gâté pour Noël* sua nonna a Natale l'ha colmato di regali ◇ (*en parlant d'un temps, d'événements exceptionnellement favorables*) *quel beau temps, nous sommes gâtés* che bel tempo, siamo proprio fortunati.

gâterie |gɑtʀi| *s.f.* **1** [→ 2 GÂTER] moina, vezzo *m.* **2** *au plur.* [*menus cadeaux*] regalini *m.* ◇ (*spécialt.*) [*friandises*] leccornie, ghiottonerie.

gâte-sauce |gɑtsos| *s.m.inv.* [*marmiton*] sguattero *var.*

gâteux, euse |gɑtø, øz| *s. et adj.* [*personne affaiblie particulièrement dans ses facultés intellectuelles*] rimbambito, rimbecillito: *un vieillard gâteux* un vecchio rimbambito, rimbecillito ◇ (*spécialt.*) [*qui devient stupide sous l'empire d'un sentiment violent*] *la joie le rend gâteux* la gioia lo rimbecillisce; *il adore cette petite, il en est gâteux* adora quella ragazzina, ne va pazzo.

gâtisme |gɑtism(ə)| *s.m.* [*état de celui qui est gâteux*] rimbambimento, incretinimento # *en voilà un raisonnement! c'est du gâtisme* che ragionamento! è roba da pazzi.

gatte |gat| *s.f.* (*mar.*) gatta, lavarello *m.*

1 **gauche** |goʃ| **1** *adj.* sinistro: *côté gauche* lato sinistro; *rive gauche de la Seine* riva sinistra della Senna; *main gauche* mano sinistra ◇ (*loc. fig.*) *se lever du pied gauche* alzarsi male, di cattivo umore ◆ (*s.m.*) *un crochet du gauche* [*du poing gauche*] un gancio sinistro *adj.* ◆ *s.f.* LA GAUCHE [*le côté gauche*] la sinistra: *s'asseoir à la gauche de qqn.* sedersi alla sinistra, a sinistra di qc.; *à ma gauche, sur notre gauche* alla mia sinistra, alla nostra sinistra ◇ *loc. fig.* JUSQU'À LA GAUCHE fino al collo, completamente (*adv.*): *il est endetté jusqu'à la gauche* è indebitato fino al collo ~ *loc. adv.* À GAUCHE a sinistra: *doubler à gauche* sorpassare a sinistra; *demi-tour à gauche, gauche!* fianco sinistr, sinistr! ~ (*fig.*) *mettre de l'argent à gauche* mettere da parte del denaro ~ *passer l'arme à gauche* tirare le cuoia, morire ~ *à droite et à gauche* a destra e a manca, di qua e di là ~ *de droite et de gauche* da ogni parte **2** *s.f.* LA GAUCHE [*les gens qui professent des idées avancées, progressistes*] la sinistra: *gouvernement, politique de gauche* governo, politica di sinistra; *extrême gauche* estrema sinistra ◇ (*loc.adv.*) *être à gauche* essere di sinistra 🄲 1 **droit** 2; 2 **droite** 1.

2 **gauche** |goʃ| *adj.* (*personnes*) [*maladroit et disgracieux*] goffo, maldestro: *geste, air gauche* gesto goffo, aria maldestra, goffa; *un enfant gauche* un ragazzo goffo, maldestro # *manières gauches* modi impacciati, sgraziati; *attitude gauche* atteggiamento impacciato.

3 **gauche** |goʃ| *adj.* [*qui est de travers, qui présente une déviation*] sbilenco*, sghembo: *planche gauche* asse sbilenca ◇ (*géom.*) *courbe gauche* curva sghemba.

gauchement |goʃmɑ̃| *adv.* [→ 2 GAUCHE] goffamente, maldestramente: *imiter gauchement un geste* imitare goffamente un gesto → **maladroitement** # *s'y prendre gauchement* agire in modo maldestro.

gaucher, ère |goʃe, ɛʀ| *adj.* [*qui se sert ordinairement de la main gauche*] mancino: *ce joueur de tennis est gaucher* quel tennista è mancino ◆ (*s.*) *un gaucher* un mancino 🄲 **droitier.**

gaucherie |goʃʀi| *s.f.* **1** [*manque, d'adresse, d'aisance, de grâce*] goffaggine, impaccio* (*m.*): *gaucherie d'adolescent* goffaggine di adolescente → **embarras** **2** [*acte, geste gauche*] balordaggine: *gaucherie commise par ignorance* balordaggine commessa per ignoranza.

gauchir |goʃiʀ| **A** *v.intr.* (*en parlant des choses planes*) [*perdre sa forme, se contourner*] deformarsi *pron.*, diventare (*aux.* essere) sbilenco*: *planche qui gauchit* asse che si deforma, che diventa sbilenca → **courber (se), déformer (se)** **B** *v.tr.* **1** [*rendre gauche*] curvare: *gauchir un battant de porte* curvare il battente di una porta → **tordre** **2** (*fig.*) [*altérer, déformer, fausser*] alterare, falsare: *gauchir un fait* alterare un fatto 🄲 B 1 **redresser.**

gauchisant, ante |goʃizɑ̃, ɑ̃t| *adj.* [*dont les idées se rapprochent de celles de la gauche*] sinistroide, sinistrorso.

gauchisme |goʃism(ə)| *s.m.* (*polit.*) ultrasinistra *f.*

gauchissement |goʃismɑ̃| *s.m.* [→ GAUCHIR B 1] deformazione *f.*, storcimento → **déformation** ◇ (*fig.*) → **altération, déviation.**

gauchiste |goʃist(ə)|, (*abrév. fam.*).

gaucho |goʃo| *s. et adj.* (*polit.*) estremista ultrà *inv.*, di sinistra.

gaucho |go(t)ʃo| *s.m.* (*esp.*) gaucho *inv.*

gaude |god| *s.f.* (*t.bot.*) guada.

gaudriole |godʀijɔl| *s.f.* **1** (*fam.*) [*propos gai, plaisanterie un peu leste*] storiella piccante: *débiter des gaudrioles* raccontare storielle piccanti → **gauloiserie, grivoiserie** **2** *la gaudriole* [*la débauche*] bagordi (*m.pl.*): *il ne pense qu'à la gaudriole* non pensa che a far bagordi → **bagatelle.**

gaufrage |gofʀaʒ| *s.m.* [→ GAUFRER] goffratura *f.*

gaufre |gofʀ(ə)| *s.f.* **1** (*pâtiss.*) 'gaufre' *inv.*, cialda: *moule à gaufre* stampo per cialde **2** [*gâteau de cire des abeilles*] favo *m.*

gaufrer |gofʀe| *v.tr.* [*imprimer sur (une étoffe, du cuir, du papier) des motifs ornementaux en relief ou en creux*] goffrare: *gaufrer une étoffe* goffrare un tessuto; *fer à gaufrer* ferro per goffrare ◆ (*au p.p.*) *papier gaufré* carta goffrata.

gaufrette |gofʀɛt| *s.f.* [*petite gaufre*] cialdino *m.* ◇ [*biscuit sec feuilleté, parfois fourré de crème, de confiture*] wafer *m.inv.*

gaufreur, euse |gofʀœʀ, øz| *s.* [*personne qui gaufre*] goffratore* ◇ *au f.* (*techn.*) goffratrice.

gaufrier |gofʀije| *s.m.* stampo per cialde.

gaufroir |gofʀwaʀ| *s.m.* (*techn.*) calandra *f.* per goffrare.

gaufrure |gofʀyʀ| *s.f.* goffratura.

gaulage |golaʒ| *s.m.* [→ GAULER] bacchiatura *f.*, abbacchiatura (*f.*): *le gaulage des noix* la bacchiatura delle noci.

gaule |gol| *s.f.* **1** [*longue perche*] pertica* ◇ (*pour abattre les fruits d'un arbre*) bacchio* *m.* **2** (*pêche*) canna da pesca.

gauler |gole| *v.tr.* [*battre un arbre avec une gaule pour faire tomber les fruits*] bacchiare: *gauler un châtaignier* bacchiare un castagno; *gauler des noix, des pommes* bacchiare delle noci, delle mele.

gaullien, ienne |goljɛ̃, jɛn| *adj.* di, relativo a De Gaulle *loc.*

gaullisme |golism(ə)| *s.m.* gollismo.

gaulliste |golist(ə)| *adj. et s.* gollista: *politique gaulliste* politica gollista.

gaulois, oise |golwa, waz| *adj.* **1** [*de Gaule*] gallico*: *les peuples gaulois, la race gauloise* i popoli gallici, la razza gallica → **celtique** # *moustache à la gauloise* baffi spioventi ◆ *s.* (*hist.*) *les Gaulois* i Galli **2** [*qui a une gaieté rude, franche et un peu leste*] salace, piccante: *l'esprit gaulois de Rabelais* lo spirito salace, arguto di Rabelais; *histoire gauloise* storiella salace, piccante.

gauloise |golwaz| *s.f.* [*cigarette de tabac brun, de la Régie fr.*] ⊠.

gauloisement |golwazmɑ̃| *adv.* [→ GAULOIS 2] in modo arguto, salace *loc. inv.*

gauloiserie |golwazʀi| *s.f.* [*propos licencieux*] discorso *m.*, storiella salace: *dire, raconter des gauloiseries* dire, raccontare storielle salaci, piccanti # *la gauloiserie d'un récit* la salacità di un racconto.

gaulthérie |golteʀi| *s.f.* (*t.bot.*) gualteria.

gaupe |gop| *s.f.* (*pop.*) [*femme malpropre; prostituée*] sporcacciona.

gaur |gɔʀ| *s.m.* (*t.zool.*) gaur *inv.*

gauss |gos| *s.m.* (*phys.*) gauss *inv.*

gausser (se) |gose| *v.pron.intr.* (*littér.*) [*se moquer ouvertement* (*de qqn., de qqch.*)] burlarsi (*cour.*), beffarsi (*cour.*): *on se gausse de lui* ci si burla di lui → **railler** ♦ (*absolt.*) *vous vous gaussez!* scherzate!, lei scherza!

gavage |gavaʒ| *s.m.* [→ GAVER A] ingozzamento ◇ (*méd.*) alimentazione *f.* con la sonda.

gave |gav| *s.m.* [*cours d'eau, torrent pyrénéen*] ⊠.

gaver |gave| **A** *v.tr.* [*faire manger de force et abondamment* (*les animaux qu'on veut engraisser*)] ingozzare: *gaver des oies* ingozzare delle oche ◇ (*par anal.*) *gaver un enfant de gâteaux* rimpinzare, ingozzare un bambino di dolci → **bourrer, gorger** ◇ (*fig.*) *nos professeurs nous ont gavés de connaissances inutiles* i nostri professori ci hanno imbottito di nozioni inutili **B** *v.pron.réfl.* SE GAVER [*manger avec excès*] rimpinzarsi, ingozzarsi: *il se gave de gateaux* si rimpinza di dolci → **bourrer (se)** ◇ (*fig.*) *se gaver de romans policiers* imbottirsi di romanzi gialli.

gaveur, euse |gavœʀ, øz| *s.* **1** *s.* [*personne qui gave les volailles*] chi ingozza (il pollame) *loc.* **2** *s.f.* (*techn.*) ingozzatrice.

gavial, als |gavjal| *s.m.* (*t.zool.*) gaviale.

gavotte |gavɔt| *s.f.* (*mus.*) gavotta.

gavroche |gavʀɔʃ| *s.m. et adj.* [*gamin de Paris, spirituel et moqueur*] ⊠.

gaz |gɑz| *s.m.* **1** gas (*inv.*): *gaz comprimé, raréfié* gas compresso, rarefatto; *gaz rares* gas rari # *gaz carbonique* anidride carbonica; *gaz sulfureux* anidride solforosa **2** *le gaz* [*corps gazeux utilisable pour l'éclairage, le chauffage*] il gas: *compteur à gaz* contatore del gas; *gaz de ville* gas di città; *cuisinière, réchaud à gaz* cucina, fornello a gas; *compagnie du gaz* azienda, società del gas; *employé du gaz* impiegato del gas ◇ (*spécialt.*) *bec de gaz* [*pour l'éclairage des voies publiques*] lampione ◇ (*fig., fam.*) *il y a de l'eau dans le gaz* c'è aria di burrasca **3** [*corps gazeux destiné à produire des effets nocifs sur l'organisme*] gas: *gaz asphyxiants, lacrymogènes, hilarants* gas asfissianti, lacrimogeni, esilaranti; *gaz de combat* gas di guerra; *chambre à gaz* camera a gas # *masque à gaz* maschera antigas **4** [*mélange gazeux utilisé dans les moteurs dits à explosion*] gas: *gaz d'échappement* gas di scarico; *compression, combustion des gaz* compressione, combustione dei gas ◇ (*loc. fig.*) *à pleins gaz* a tutto gas.

gaze |gɑz| *s.f.* [*tissu léger à armure complexe, à fils sinueux*] garza: *étoffe de gaze* stoffa di garza; *bande, pansement de gaze* benda, fascia di garza.

gazé, ée |gɑze| *adj. et s.* [*intoxiqué par le gaz de combat*] ga(s)sato.

gazéification |gazeifikɑsjɔ̃| *s.f.* [→ GAZÉIFIER 1] gassificazione.

gazéifier |gazeifje| *v.tr.* **1** (*chim.*) [*faire passer à l'état de gaz*] gassificare → **sublimer, vaporiser** **2** [*faire dissoudre du gaz carbonique dans* (*un liquide*)] gas(s)are: *gazéifier une eau minérale* gas(s)are un'acqua minerale ♦ (*au p.p.*) *boisson gazéifiée* bibita gas(s)ata.

gazelle |gazɛl| *s.f.* (*t.zool.*) gazzella ◇ (*fig.*) *des yeux de gazelle* occhi di gazzella.

1 **gazer** |gɑze| *v.tr.* [*intoxiquer par un gaz de combat*] gas(s)are ♦ (*au p.p.*) *les gazés de 1914-1918* i gas(s)ati, i colpiti dal gas della guerra 1914-1918.

2 **gazer** |gɑze| *v.intr.* **1** (*fam.*) [*aller à toute vitesse, à pleins gaz*] andare (101) (*aux.* essere) a tutta birra, a tutto gas → **filer,** 3 **foncer** **2** (*fam.*) (*personnes*) [*aller bien*] andar bene, magnificamente: '*ça va?*' '*ça gaze*' 'come va?' 'magnificamente' ◇ (*choses*) [*marcher*] funzionare: *ça ne pourra pas gazer* non potrà funzionare; *ça gaze* (la cosa) funziona.

gazetier, ière |gaztje, jɛʀ| *s.* (*ancienn.*) [*personne qui rédigeait, publiait une gazette*] gazzettante (*rare*).

gazette |gazɛt| *s.f.* **1** (*ancienn.*) [*journal, revue*] gazzetta **2** [*personne qui aime à colporter des nouvelles*] gazzettino *m.* → **bavard.**

gazeux, euse |gɑzø, øz| *adj.* **1** [*relatif au gaz; de la nature des gaz*] gassoso: *état gazeux* stato gassoso; *corps, fluide gazeux* corpo, fluido gassoso **2** [*qui contient du gaz en dissolution*] gas(s)ato: *eau, boisson gazeuse* acqua, bibita gas(s)ata; *eau minérale non gazeuse* acqua minerale non gas(s)ata ◇ (*méd.*) *gangrène gazeuse* cancrena gassosa.

gazier, ière |gɑzje, jɛʀ| **1** *adj.* del gas (*loc.inv.*): *industrie gazière* industria del gas **2** *s.m.* [*ouvrier, employé d'une compagnie du gaz*] gassista.

gazoduc |gɑ(a)zɔdyk| *s.m.* (*techn.*) gasdotto.

gazogène |gɑ(a)zɔʒɛn| *s.m.* (*techn.*) gas(s)ogeno.

gazole |gɑzɔl| *s.m.* gasolio*.

gazomètre |gɑ(a)zɔmɛtʀ(ə)| *s.m.* gas(s)ometro.

gazon |gɑzɔ̃| *s.m.* **1** [*herbe courte et fine*] erba *f.*, erbetta (*f.*): *s'asseoir sur le gazon* sedersi sull'erba ◇ (*hortic.*) piota *f.*, zolla *f.* erbosa **2** [*surface couverte de gazon*] tappeto erboso, prato (all'inglese).

gazonnant, ante |gɑzɔnɑ̃, ɑ̃t|, **gazonneux, euse** |gɑzɔnø, øz| *adj.* da prato (*loc.inv.*): *plantes gazonnantes* erbe da prato.

gazonné, ée |gɑzɔne| *adj.* [*où pousse du gazon*] erboso: *talus gazonné* pendio erboso, inerbito.

gazonnement |gɑzɔnmɑ̃|, **gazonnage** |gɑzɔnaʒ| *s.m.* [*action de revêtir de gazon*] impiotamento, inerbimento.

gazonner |gɑzɔne| **A** *v.tr.* [*revêtir de gazon*] impiotare, inerbire **B** *v.intr.* [*pousser en gazon*] appratire (197) (*aux.* essere) ◇ [*se couvrir de gazon*] (ri)coprirsi (186) *pron.* d'erba: *les prés gazonnent* i prati si (ri)coprono d'erba.

gazouillant, ante |gazujɑ̃, ɑ̃t| *adj.* [*qui gazouille*] cinguettante: *oiseau gazouillant* uccello cinguettante # *ruisseau gazouillant* ruscello che mormora.

gazouillement |gazujmɑ̃| *s.m.* [→ GAZOUILLER 1] cinguettio*; mormorio*.

gazouiller |gazuje| *v.intr.* **1** [*produire un bruit léger et doux*] cinguettare; mormorare: *oiseaux qui gazouillent* uccelli che cinguettano ‖ *ruisseau qui gazouille* ruscello che mormora **2** (*d'un petit enfant*) [*faire entendre des sons articulés*] balbettare → **babiller.**

gazouilleur, euse |gazujœʀ, øz| *adj.* [*qui gazouille*] cinguettante; balbettante: *oiseau gazouilleur* uccello cinguettante ‖ *enfant gazouilleur* bambino balbettante.

gazouillis |gazuji| *s.m.* [*bruit produit par un ensemble de gazouillements*] cinguettio*; mormorio*: *le gazouillis des oiseaux* il cinguettio degli uccelli ‖ *le gazouillis des ruisseaux* il mormorio dei ruscelli.

geai |ʒɛ| *s.m.* (*t.zool.*) ghiandaia *f.*

géant, ante |ʒeɑ̃, ɑ̃t| **1** *s.* gigante*: *pas de géant* passo da gigante; *les géants de la mythologie* i giganti della mitologia ◇ (*fig.*) *les géants de la pensée, de l'art* i giganti del pensiero, dell'arte → 1 **génie, héros** **2** *adj.* gigante, gigantesco*: *un paquet géant* un pacco gigante → **colossal, énorme, gigantesque** Ⓒ 1 **nain**; 2 **petit.**

gecko |ʒeko| *s.m.* (*t.zool.*) geco*.

-gée |ʒe| *suff.* (*signifiant 'terre', correspond généralt. à*) geo: *apogée*, apogeo; *hypogée* ipogeo.

géhenne |ʒeɛn| *s.f.* **1** (*Bible*) geenna → **enfer** **2** (*vieilli*) [*torture appliquée aux criminels*] tortura ◇ (*fig.*) [*souffrance intense, intolérable*] tormento *m.*, strazio* *m.*

geignard, arde |ʒɛɲaʀ, aʀd(ə)| *adj.* (*fam.*) [*qui se lamente à tout propos*] piagnucoloso → **pleurnicheur** # *une musique geignarde* una musica lamentosa, lagnosa → **plaintif** ♦ (*s.*) *un geignard* un piagnone, un piagnucolone.

geignement |ʒɛɲmɑ̃| *s.m.* (*rare*) [→ GÉMIR 1] gemito (*cour.*), lamento (*cour.*) → **gémissement, plainte.**

geindre |ʒɛ̃dʀ(ə)| (65) *v.intr.* **1** [*faire entendre des plaintes faibles et inarticulées*] gemere: *geindre de douleur* gemere di dolore → **gémir, plaindre (se)** ◇ (*choses*) *une girouette rouillée qui geint à tous les vents* una girandola arrugginita che geme a ogni colpo di vento **2** [*se lamenter à tout propos, sans raison valable*] piagnucolare, frignare.

geisha, ghesha |gɛʃa| *s.f.* geisha *inv.*

gel |ʒɛl| *s.m.* **1** gelo: *rigueur du gel* rigore del gelo; *le gel a fait éclater les tuyauteries* il gelo ha fatto scoppiare le tubazioni **2** (*chim., phys.*) gel *inv.*, gelo **3** (*écon.*) congelamento: *gel des crédits, des capitaux* congelamento dei crediti, dei capitali.

gélatine |ʒelatin| *s.f.* gelatina # *gélatine de poisson* colla di pesce.

gélatiné, ée |ʒelatine| *adj.* ricoperto di gelatina.

gélatineux, euse |ʒelatinø, øz| *adj.* gelatinoso: *sauce gélatineuse* salsa gelatinosa.

gélatino-bromure |ʒelatinɔbʀɔmyʀ| *s.m.* (*chim., techn.*) gelatina *f.* bromurata ◇ (*photo.*) *gélatino-bromure d'argent* gelatina bromurata d'argento, emulsione *f.* fotografica* al bromuro.

gélatino-chlorure |ʒelatinɔklɔʀyʀ| *s.m.* (*chim., techn.*) gelatina *f.* al cloruro.

gelé, ée |ʒ(ə)le| *adj.* **1** [*transformé en glace*] gelato: *rivière gelée* fiume gelato **2** [*dont les tissus organiques sont brûlés par le froid*] gelato; congelato: *plantes gelées* piante gelate || *mains gelées* mani congelate, gelate **3** [*très froid*] gelato, congelato: *avoir les pieds gelés* avere i piedi gelati, congelati; *être gelé jusqu'aux os* essere gelato fino alle ossa, al midollo **4** (*écon.*) *crédits, capitaux gelés* crediti, capitali congelati.
1 **gelée** |ʒ(ə)le| *s.f.* gelata: *gelées hâtives* gelate precoci → **gel** # *gelée blanche* brinata, brina ◇ (*météor.*) gelicidio* *m.*
2 **gelée** |ʒ(ə)le| *s.f.* [*suc de substance animale* (*viande, etc.*) *qui s'est coagulé en se refroidissant*] gelatina: *poulet à la, en gelée* pollo in gelatina ◇ (*par anal.*) *gelée de pommes* gelatina di mele; *gelée royale* pappa reale.
geler |ʒ(ə)le| (7) **A** *v.tr.* **1** [*rendre gelé*] ghiacciare, gelare: *le froid a gelé la mare* il freddo ha ghiacciato, ha gelato la pozzanghera **2** [*désorganiser par un froid excessif* (*des tissus vivants ou végétaux*)] congelare, gelare: *geler le nez et les oreilles* congelare, gelare il naso e le orecchie; *les nuits printanières trop froides gèlent les bourgeons* le notti primaverili troppo fredde gelano i germogli **3** (*écon.*) [*bloquer, immobiliser, mettre en réserve*] congelare: *geler des crédits, des contingents* congelare dei crediti, dei contingenti **B** *v.intr.* **1** [*se transformer en glace*] gelare (*aux.* essere): *la mer gèle rarement dans les fiords* il mare gela di rado nei fiordi → **congeler (se)** ◇ (*par ext.*) *plantes qui ont gelé* [*qui sont endommagées par le froid*] piante che sono gelate **2** [*souffrir du froid*] gelare: *fermez donc la fenêtre, on gèle ici!* chiudete la finestra, qui si gela! → **grelotter** ♦ (*sujet impers.*) *il a gelé cette nuit* questa notte è gelato; *il gèle à pierre fendre* c'è un gelo che spacca le pietre **C** *v.pron.intr.* SE GELER [*avoir très froid*] gelare *intr.*, congelarsi: *ne restez pas dehors à vous geler* non restate fuori a gelare, a congelarvi **C** B 1 **dégeler.**
gélif, ive |ʒelif, iv| *adj.* gelivo: *arbres gélifs* alberi gelivi ◇ (*géol.*) *pierres gélives* pietre gelive.
gélifiant |ʒelifjɑ̃| *s.m.* (*chim.*) gelificante.
gélifier |ʒelifje| **A** *v.tr.* (*chim.*) [*transformer en gel*] gelificare **B** *v.pron. intr.* SE GÉLIFIER [→ *tr.*] gelificarsi.
gélinotte |ʒelinɔt| *s.f.* (*t.zool.*) francolino *m.* di monte.
gélivité |ʒelivite| *s.f.* (*géol.*) gelività *inv.*
gélose |ʒeloz| *s.f.* gelosio* *m.* → **agar-agar.**
gélule |ʒelyl| *s.f.* (*pharm.*) capsula.
gelure |ʒ(ə)lyʀ| *s.f.* (*méd.*) congelamento *m.* → **froidure.**
gémeau, elle, eaux |ʒemo, ɛl, o| **1** *adj. et s.* (*vx.*) → **jumeau** **2** (*s.m. pl.*) *les Gémeaux* [*troisième signe du Zodiaque*] i Gemelli.
gémellaire |ʒeme(ɛl)lɛʀ| *adj.* gemellare: *grossesse gémellaire* gravidanza gemellare.
gémelliparité |ʒeme(ɛl)lipaʀite| *s.f.* (*méd.*) gemelliparità *inv.*
gémellité |ʒeme(ɛl)lite| *s.f.* (*méd.*) gemellarità *inv.*
gémellologie |ʒeme(ɛl)lɔlɔʒi| *s.f.* gemellologia*.
gémination |ʒeminasjɔ̃| *s.f.* geminazione ◇ (*ling.*) geminazione.
géminé, ée |ʒemine| *adj.* (*archit.*) *colonnes géminées* colonne binate; *fenêtres géminées* finestre geminate, bifore *s.f.* → **jumelé** ◇ (*biol.*) *noyaux géminés* nuclei geminati ◇ (*bot.*) *organes géminés* organi geminati, appaiati ◇ (*phonét.*) *consonnes géminées* consonanti geminate, doppie.
gémir |ʒemiʀ| *v.intr.* **1** [*exprimer sa souffrance d'une voix plaintive et inarticulée*] gemere, lamentarsi (*pron.*): *le malade gémit* il malato geme, si lamenta → **geindre, lamenter (se), plaindre (se)** **2** (*choses*) [*émettre une sorte de murmure prolongé et plaintif*] gemere: *le vent gémit dans les arbres* il vento geme tra gli alberi.
gémissant, ante |ʒemisɑ̃, ɑ̃t| *adj.* [*qui gémit*] lamentoso: *une voix gémissante* una voce lamentosa → **plaintif.**
gémissement |ʒemismɑ̃| *s.m.* [→ GÉMIR] gemito, lamento: *gémissements de douleur* gemiti di dolore; *pousser des gémissements* emettere gemiti → **lamentation, plainte** ◇ (*par ext.*) *le gémissement du vent* il gemito del vento.
gemmation |ʒɛm(m)asjɔ̃| *s.f.* (*biol., bot.*) gemmazione.
gemme |ʒɛm| **1** *s.f.* (*minér., cour.*) gemma **2** (*adj.m.*) *sel gemme* salgemma *s.m.inv.*
gemmé, ée |ʒe(ɛm)me| *adj.* (*littér.*) gemmato.
gemmifère |ʒɛm(m)ifɛʀ| *adj.* (*bot.*) gemmifero.
gemmule |ʒe(ɛm)myl| *s.f.* (*bot.*) gemmula.
gémonies |ʒemɔni| *s.f.pl.* (*dans la loc.*) *vouer qqn. aux gémonies* [*l'accabler publiquement de mépris, d'opprobre*] mettere qc. alla gogna.
gênant, ante |ʒɛnɑ̃, ɑ̃t| *adj.* [*qui gêne, crée de la gêne*] imbarazzante; fastidioso: *position gênante* posizione imbarazzante; *je ne peux lui dire qu'il se trompe, c'est gênant* non posso dirgli che (si) sbaglia, è imbarazzante → **embarrassant, pénible** || *une infirmité gênante* un'infermità fastidiosa.
gencive |ʒɑ̃siv| *s.f.* (*anat., cour.*) gengiva: *inflammation des gencives* infiammazione delle gengive ◇ *surtout au plur.* (*pop.*) [*la mâchoire, les dents*] muso *m.sing.*, grugno (*m.sing.*): *un grand coup de poing dans les gencives* un gran pugno sul muso.
gendarme |ʒɑ̃daʀm(ə)| *s.m.* **1** gendarme: *être arrêté par les gendarmes* essere arrestato dai gendarmi # *jouer au gendarme et au voleur* giocare a guardie e ladri ◇ (*loc. fam.*) *faire le gendarme* fare il carabiniere ~ *c'est un gendarme* (*se dit d'une femme grande et autoritaire*) è un carabiniere **2** (*pop.*) [*hareng-saur*] aringa* *f.* affumicata (*cour.*) **3** [*paillette, défaut dans une pierre précieuse, un diamant*] ghiacciolo.
gendarmer (se) |ʒɑ̃daʀme| *v. pron.intr.* [*s'irriter, s'emporter pour une cause légère*] inalberarsi: *se gendarmer contre qqn., qqch.* inalberarsi con qc., per q.c. → **emporter (s')** ◇ [*protester, réagir vivement*] reagire (197) *intr.* decisamente: *il a dû se gendarmer pour le faire tenir tranquille* ha dovuto reagire decisamente per farlo stare buono → **fâcher (se).**
gendarmerie |ʒɑ̃daʀməʀi| *s.f.* gendarmeria: *gendarmerie départementale* gendarmeria dipartimentale.
gendre |ʒɑ̃dʀ(ə)| *s.m.* genero → **beau-fils.**
-gène |ʒɛn| *suff.* (*signifiant 'naissance, origine', correspond généralt. à*) geno: *thermogène* termogeno.
gène |ʒɛn| *s.m.* (*biol.*) gene: *gène dominant, récessif* gene dominante, recessivo.
gêne |ʒɛn| *s.f.* **1** [→ GÊNER A 1] difficoltà *inv.*; malessere (*m.*): *avoir, sentir de la gêne dans la respiration* avere difficoltà *pl.* di respirazione; *éprouver une certaine gêne à avaler* avere una certa difficoltà a inghiottire → **difficulté** || *éprouver une sensation de gêne* provare un senso di malessere **2** [→ GÊNER A 2] fastidio* *m.*, incomodo (*m.*): *je voudrais être sûr de ne vous causer aucune gêne* vorrei essere sicuro di non darle nessun fastidio → **embarras, ennui, incommodité, 2 dérangement** ◇ (*prov.*) *où* (*il*) *y a de la gêne,* (*il n'*) *y a pas de plaisir* dove c'è disagio non c'è piacere ◇ (*loc.*) *être, vivre dans la gêne* [*manquer d'argent*] essere, vivere in ristrettezze economiche **3** [→ GÊNER A 3] imbarazzo *m.*, disagio* (*m.*): *éprouver de la gêne* sentirsi in imbarazzo, a disagio; provare disagio; *il y eut un moment de gêne, de silence* ci fu un momento di imbarazzo, di silenzio → **confusion, embarras** ◇ (*loc. adv. employée adj.*) SANS GÊNE [*qui prend ses aises, sans s'inquiéter de l'opinion, ou de la commodité d'autrui*] sfrontato *adj.*, sfacciato (*adj.*): *je n'ai jamais vu personne d'aussi sans gêne* non ho mai visto nessuno così sfrontato, così sfacciato → **désinvolte, effronté, impoli** ♦ (*s.*) *c'est un sans gêne* è uno sfacciato; *je déteste son sans gêne* [*ses manières sans gêne*] detesto la sua sfacciataggine, la sua frontatezza.
généalogie |ʒenealɔʒi| *s.f.* genealogia*: *généalogie d'un pur-sang, d'animaux de race* genealogia di un purosangue, di animali di razza; *généalogie des espèces vivantes* genealogia delle specie viventi.
généalogique |ʒenealɔʒik| *adj.* genealogico*: *pièce, document généalogique* atto, documento genealogico; *livres généalogiques* libri genealogici; *arbre généalogique* albero genealogico.
généalogiquement |ʒenealɔʒikmɑ̃| *adv.* [*par la généalogie*] genealogicamente: *noblesse authentique, généalogiquement établie* nobiltà autentica, genealogicamente accertata.
généalogiste |ʒenealɔʒist(ə)| *s.m.* genealogista.
génépi, genépi |ʒenepi| *s.m.* (*t. bot.*) genepì *inv.* ◇ [*la liqueur*] genepì.
gêner |ʒene| **A** *v.tr.* **1** [*mettre (un être vivant) à l'étroit ou mal à l'aise, en causant une gêne physique*] dare (102) fastidio (a): *ces souliers me gênent* queste scarpe mi danno fastidio; *est-ce que la fumée vous gêne?* le dà fastidio il fumo?; *ce paquet me gêne* questo pacchetto mi dà fastidio → **embarrasser, encombrer, 2 déranger, incommoder** ◇ (*par ext.*) *le terrain difficile gêne le mouvement des troupes* il terreno impervio ostacola, intralcia il movimento delle truppe → 1 **entraver** **2** [*mettre dans une situation embarrassante, difficile, où s'exerce une contrainte*] ostacolare, intralciare: *j'ai été gêné*

par le manque de temps, de place sono stato ostacolato dalla mancanza di tempo, di spazio → **embarrasser, empêcher** ◇ [*infliger à qqn. l'importunité d'une présence, d'une démarche*] dare fastidio (a), disturbare: *je crains de vous gêner en m'installant chez vous* temo di darvi fastidio, di disturbarvi sistemandomi in casa vostra → 2 **déranger, importuner** ✦ (*absolt.*) *il a toujours peur de gêner* ha sempre paura di dar fastidio, di disturbare ✦ (*au p.p.*) *je me trouve un peu gêné* [*à court d'argent*] mi trovo un po' in difficoltà, a corto di denaro **3** [*mettre mal à l'aise*] mettere (155) in imbarazzo, a disagio: *vous me gênez, votre question me gêne* mi mettete in imbarazzo, la vostra domanda mi mette in imbarazzo; *avoir l'air gêné* avere l'aria imbarazzata → **intimider, troubler** **B** *v.pron.réfl.* SE GÊNER [*s'imposer quelque contrainte physique ou morale*] disturbarsi, incomodarsi: *ne vous gênez pas, je vous en prie* non si disturbi, la prego # *un homme avec qui l'on ne se gêne pas* un uomo col quale non si fanno complimenti → **contraindre (se)** ◇ (*iron.*) *ne vous gênez pas!* fate, faccia pure!, non fate, non faccia complimenti!

1 **général, ale, aux** |ʒeneʀal, o| *adj.* **1** generale: *idées, observations générales* idee, osservazioni generali, generiche; *assemblée générale* assemblea generale; *grève générale* sciopero generale; *mobilisation générale* mobilitazione generale; *culture générale* cultura generale; *médecine générale* medicina generale; *direction générale* direzione generale; *quartier général* quartier generale → **total** ✦ (*s.m.*) *aller du particulier au général* passare dal particolare al generale ◇ (*théât.*) *la* (*répétition*) *générale* l'anteprima *s.f.*, la prova generale **2** (*milit.*) generale: *assemblée générale* adunata generale; *alarme générale* allarme generale ✦ (*s.f.*) LA GÉNÉRALE la generale: *sonner la générale* suonare la generale **3** *loc.* EN GÉNÉRAL in generale, generalmente (*adv.*): *parler en général* parlare in generale; *c'est en général ce qui arrive* è quello che succede generalmente → **communément, généralement** ~ *en règle générale* di regola, di norma ~ *d'une manière générale* in generale, genericamente *adv.* [C] 1 **individuel, particulier, partiel.**

2 **général, ale, aux** |ʒeneʀal, o| *s.* **1** *s.m.* (*milit., cour.*) generale: *général en chef* generale in capo; *général de brigade, de division, de corps d'armée* generale di brigata, di divisione, di corpo d'armata; *général d'armée et commandant en chef* generale d'armata e comandante in capo **2** *s.m.* (*par anal.*) [*celui qui est à la tête d'un ordre religieux*] generale: *le général des Jésuites, des Dominicains* il generale dei Gesuiti, dei Domenicani → **supérieur** **3** *s.f.* [*supérieure de certains ordres religieux*] madre generale *adj.*, generalessa **4** *s.f.* [*la femme d'un général*] generalessa: *madame la générale* la signora generalessa.

généralat |ʒeneʀala| *s.m.* generalato.

générale |ʒeneʀal| *s.f.* → 2 **général** 3, 4.

généralement |ʒeneʀalmɑ̃| *adv.* [→ 1 GENERAL 1] in generale *loc. inv.*, generalmente: *généralement parlant* parlando in generale, genericamente; *il fait généralement beau à cette époque de l'année* generalmente, in genere fa bel tempo in questo periodo dell'anno → **habituellement, ordinairement** # *usage très généralement répandu* usanza diffusissima → **communément.**

généralisable |ʒeneʀalizabl(ə)| *adj.* [→ GÉNÉRALISER 1] generalizzabile: *mesures généralisables* misure generalizzabili, suscettibili di generalizzazione.

généralisateur, trice |ʒeneʀalizatœʀ, tʀis| *adj.* generalizzatore*.

généralisation |ʒeneʀalizɑsjɔ̃| *s.f.* **1** [→ GÉNÉRALISER 1] estensione, generalizzazione: *risques de généralisation d'un conflit* pericoli di estensione di un conflitto; *souhaiter la généralisation d'une mesure* auspicare la generalizzazione di un provvedimento → **extension** **2** [→ GÉNÉRALISER 2] generalizzazione: *généralisation hâtive, imprudente* generalizzazione affrettata, imprudente.

généraliser |ʒeneʀalize| *v.tr.* **1** [*étendre, appliquer qqch. à l'ensemble ou à la majorité des individus*] generalizzare, estendere (105): *généraliser une mesure* generalizzare, estendere un provvedimento ✦ (*au p.p.*) *crise généralisée* crisi generalizzata **2** *absolt.* [*étendre à un ensemble ce qui est observé sur un nombre limité de cas*] generalizzare: *il vaut mieux ne pas généraliser* è meglio non generalizzare [C] 1 **limiter.**

généralissime |ʒeneʀalisim| *s.m.* (*milit., cour.*) generalissimo.

généraliste |ʒeneʀalist(ə)| *s.m.* medico* generico*.

généralité |ʒeneʀalite| *s.f.* **1** [*caractère de ce qui est général*] genericità *inv.*, generalità (*inv*).: *généralité d'une proposition* genericità, generalità di una proposta ◇ (*au plur.*) *orateur qui se perd dans de vagues généralités* oratore che si perde nel vago delle generalità, che rimane sulle generali **2** LA GÉNÉRALITÉ DES... la maggior parte di, la generalità di...: *dans la généralité des cas* nella maggior parte, nella maggioranza dei casi; *c'est l'opinion de la généralité des hommes* questa è l'opinione della maggior parte degli uomini → 1 **majorité, plupart (la)** **3** (*polit. esp.*) *la Généralité de Catalogne* [*gouvernement autonome régional*] la Generalità della Catalogna.

générateur, trice |ʒeneʀatœʀ, tʀis| **1** *adj.* generatore*: *fonction génératrice* funzione generatrice ◇ (*fig.*) *principe générateur* principio generatore ◇ (*géom.*) *ligne génératrice d'une surface* linea generatrice di una superficie **2** *s.m.* (*techn.*) *générateur de vapeur* generatore di vapore ✦ (*s.f.*) *génératrice d'éléctricité* generatore *m.* elettrico → **dynamo.**

génératif, ive |ʒeneʀatif, iv| *adj.* generativo.

génération |ʒeneʀɑsjɔ̃| *s.f.* **1** generazione: *génération asexuée, sexuée* generazione agamica, sessuata; *génération spontanée* generazione spontanea → **reproduction** **2** generazione: *de génération en génération* di generazione in generazione → **progéniture** ~ *la jeune, la nouvelle génération* la nuova generazione **3** (*géom.*) *génération d'une surface, d'un solide* generazione di una superficie, di un solido.

généré |ʒeneʀe| (8) *v.tr.* (*ling., sc.*) [*produire, engendrer*] generare.

généreusement |ʒeneʀøzmɑ̃| *adv.* **1** [*en montrant de la grandeur d'âme*] generosamente: *se conduire généreusement envers un vaincu* comportarsi generosamente, magnanimamente con un vinto **2** [*avec libéralité, abondance*] *récompenser généreusement qqn.* ricompensare generosamente, lautamente qc.; *verser généreusement à boire* versare copiosamente da bere.

généreux, euse |ʒeneʀø, øz| *adj.* **1** (*personnes*) generoso: *vainqueur généreux envers le vaincu* vincitore generoso con il vinto; *sentiments généreux* sentimenti generosi; *actes généreux* azioni generose; *généreux donateur* generoso donatore; *don, geste généreux* dono, gesto generoso → **bon, charitable, humain** ✦ (*s.*) *faire le généreux* fare il generoso **2** (*choses*) *terre généreuse* terra generosa, fertile; *vin généreux* vino generoso → **corsé** [C] 1 **égoïste, mesquin, avare.**

1 **générique** |ʒeneʀik| *adj.* generico*: *terme générique* termine generico.

2 **générique** |ʒeneʀik| *s.m.* (*ciné., télév.*) *le générique*: (*au début*) i titoli *pl.* di testa; (*à la fin*) i titoli di coda.

générosité |ʒeneʀozite| *s.f.* generosità (*inv.*): *générosité exagérée* generosità esagerata; *faire preuve de générosité* dare prova di generosità → **abnegation, désintéressement** ◇ *au plur.* [*dons*] elargizioni: *faire des générosités* fare elargizioni # *ses générosités l'ont ruiné* la sua munificenza lo ha mandato in rovina.

-génèse |ʒenɛz|, **-genèse** |ʒənɛz| *suff.* (*signifiant 'naissance, formation, production', correspond généralt. à*) genesi: *biogénèse* biogenesi.

genèse |ʒənɛz| *s.f.* (*Bible*) genesi *inv.* ◇ (*fig.*) *la genèse d'une œuvre d'art* la genesi di un'opera d'arte; *genèse d'un sentiment* genesi di un sentimento.

génésiaque |ʒenezjak| *adj.* della genesi (*loc.inv.*): *jours génésiaques* giorni della genesi; *les personnages génésiaques* i personaggi della genesi.

-génésie |ʒenezi| *suff.* (*signifiant 'naissance, formation, production', correspond généralt. à*) genesi: *palingénésie* palingenesi.

génésique |ʒenezik| *adj.* (*vx.*) → **sexuel.**

genet |ʒ(ə)nɛ| *s.m.* [*petit cheval de race esp.*] ginnetto.

genêt |ʒ(ə)nɛ| *s.m.* (*t.bot.*) ginestra *f.*

généticien, ienne |ʒenetisjɛ̃, jɛn| *s.* genetista.

génétique |ʒenetik| **1** *adj.* (*biol.*) genetico* ◇ (*par ext.*) [*relatif aux gènes*] genico* **2** *s.f.* (*biol.*) genetica*.

génétiquement |ʒenetikmɑ̃| *adv.* [→ GÉNÉTIQUE 1] geneticamente, dal punto di vista genetico *loc.inv.*

génétisme |ʒenetism(ə)| *s.m.* → **empirisme** (*philo.*).

genette |ʒ(ə)nɛt| *s.f.* (*t.zool.*) genetta.

gêneur, euse |ʒɛnœʀ, øz| *s.* [*personne qui gêne, empêche d'agir librement*] seccatore*, scocciatore*.

genevois, oise |ʒənvwa, waz| *adj.* [*de Genève*] ginevrino.

genévrier |ʒənevʀije| *s.m.* (*t.bot.*) ginepro.

génial, ale, aux |ʒenjal, o| *adj.* geniale: *géniale invention* invenzione geniale; *idée géniale* idea geniale; *un mathématicien génial* un matematico geniale.

génialement |ʒenjalmɑ̃| *adv.* [→ GÉNIAL] genialmente, magistralmente: *œuvre génialement traduite* opera magistralmente tradotta.

génialité |ʒenjalite| *s.f.* (*rare*) genialità *inv.* (*cour.*).

-génie |ʒeni| *suff.* (*signifiant 'production, formation', correspond généralt. à*) genia: *embryogénie* embriogenia.

1 **génie** |ʒeni| *s.m.* **1** *le génie de* [*caractères distinctifs qui forment la nature propre d'une chose, d'une réalité vivante, son originalité, son individualité*] il genio* di, l'indole *f.*, la peculiarità *f.inv.* di: *le génie d'une race, d'un peuple, d'un pays* il genio, l'indole di una razza, di un popolo, di un paese ◇ (*par ext.*) [*disposition naturelle*] genio: *il a le génie du mal* ha il genio del male; *il a le génie des affaires* ha il genio, il bernoccolo degli affari **2** [*aptitude supérieure de l'esprit qui rend qqn. capable de créations, d'inventions extraordinaires*] genio: *génie poétique, musical* genio poetico, musicale; *avoir du génie* avere genio ◇ *loc.* DE GÉNIE di genio, geniale (*adj.*): *un homme de génie* un uomo di genio; *œuvre, invention de génie* opera, invenzione geniale; *vous avez eu un trait de génie* avete avuto un lampo di genio → **génial** **3** [*personne qui a du génie*] genio: *génie méconnu* genio incompreso; *ce n'est pas un génie* non è un genio.

2 **génie** |ʒeni| *s.m.* **1** [*être surnaturel doué d'un pouvoir magique*] genio*: *bon génie* buon genio, genietto; *génie protecteur* genio protettore → **démon,** 2 **esprit** **2** [*être allégorique personnifiant une idée abstraite*] genio: *le génie des arts* il genio delle arti; *le génie de la liberté* il genio della libertà.

3 **génie** |deni| *s.m.* **1** (*milit., cour.*) *génie militaire* genio* militare; *génie maritime* genio navale; *soldats, officiers du génie* soldati, ufficiali del genio **2** GÉNIE CIVIL [*art des constructions; ensemble des ingéuieurs civils*] edilizia *f.*, ingegneria *f.* civile: *il travaille dans le génie civil* lavora nel campo dell'edilizia # *travaux de génie civil* opere civili.

genièvre |ʒənjɛvʀ(ə)| *s.m.* **1** → **genévrier** **2** [*fruit du genévrier*] coccola *f.* **3** [*eau-de-vie*] (acquavite *f.* di) ginepro.

genièvrerie |ʒənjɛvʀəʀi| *s.f.* distilleria di ginepro.

génique |ʒenik| *adj.* (*biol.*) genico*: *carte génique des chromosomes* carta genica dei cromosomi.

génisse |ʒenis| *s.f.* [*jeune vache qui n'a pas encore vêlé*] giovenca*.

génital, ale, aux |ʒenital, o| *adj.* genitale: *parties génitales* parti genitali; *fonctions génitales* funzioni genitali; *cycle génital* ciclo genitale.

géniteur, trice |ʒenitœʀ, tʀis| *s.* **1** *s.* (*plais.*) genitore*: *nos géniteurs* i nostri genitori **2** *s.m.* (*zool.*) riproduttore → **reproducteur.**

génitif |ʒenitif| *s.m.* genitivo: *génitif possessif* genitivo possessivo; *génitif de qualité* genitivo di qualità; *génitif absolu* genitivo assoluto.

génito- |ʒenitɔ-| *préf.* (*signifiant 'génital', correspond généralt. à*) genito: *génito-urinaire* genitourinario.

génito-urinaire |ʒenitɔyʀinɛʀ| *adj,* (*anat.*) genitourinario*: *organes génito-urinaires* organi genitourinari; *appareil génito-urinaire* apparato genitourinario; *maladie génito-urinaire* malattia genitourinaria.

génocide |ʒenɔsid| *s.m.* genocidio*.

génois, oise |ʒenwa, waz| *adj.* [*de Gênes*] genovese ♦ *s.f.* (*pâtiss.*) pan *m. inv.* di Spagna.

génotype |ʒenɔtip| *s.m.* (*biol.*) genotipo.

genou, oux |ʒ(ə)nu| *s.m.* **1** (*anat., cour.*) ginocchio*: *s'enfoncer jusqu'aux genoux* sprofondare fino alle ginocchia; *frôler du genou* sfiorare col ginocchio; *prendre un enfant sur ses genoux* prendere un bambino sulle ginocchia; *tomber aux genoux de qqn.* cadere, gettarsi alle ginocchia di qc. ◇ (*fig.*) *être sur les genoux* [*très fatigué*] essere morto di stanchezza, essere stanco morto ◇ *loc. adv.* À GENOUX in ginocchio, ginocchioni (*adv.*): *se mettre à genoux*: (*pr.*) mettersi in ginocchio, ginocchioni; (*fig.*) *c'est à se mettre à genoux* [*c'est admirable*] c'è da rimanere a bocca aperta, di stucco ~ *tomber, se jeter à genoux* cadere, buttarsi in ginocchio, ginocchioni ~ *demander à genoux, à deux genoux* chiedere in ginocchio ~ *prier à genoux* pregare in ginocchio **2** (*mar., techn.*) ginocchio.

genouillère |ʒ(ə)nujɛʀ) *s.f.* **1** [*ce qu'on attache au genou pour le protéger*] ginocchiera, ginocchiello (*m.*): *bottes à genouillère* stivali con ginocchiera ◇ (*sport*) *genouillères de gardien de but* ginocchiere da portiere **2** (*techn.*) [*charnière mobile*] giunto *m.* a gomito ◇ [*partie coudée d'un tuyau*] gomito *m.*

genre |ʒɑ̃ʀ| *s.m.* **1** genere, tipo: *du même genre* dello stesso genere, dello stesso tipo; *unique en son genre* unico nel suo genere; *genre de vie* genere di vita; *le genre humain* il genere umano; *les genres littéraires* i generi letterari; *je n'aime pas ce genre de manteau* non mi piace questo tipo di cappotto → **espèce, sorte,** 2 **mode** **2** (*gram., ling.*) genere: *le genre masculin, féminin d'un mot* il genere maschile, femminile di una parola **3** [*façons de s'habiller, de se comporter*] maniere (*f.pl.*): *cette jeune fille a un mauvais genre* quella ragazza ha cattive maniere; *avoir bon genre* avere belle maniere # *je n'aime pas son genre* non mi piace il suo modo di fare → **allure, manière(s)** ◇ (*avec une appos.*) *son appartement est du genre bohème* il suo appartamento fa tanto 'bohème' **4** *loc. faire du genre, se donner du genre* [*affecter certaines manières*] assumere atteggiamenti affettati → 2 **affectation** ~ *ce n'est pas mon genre* [*ce n'est pas de mon goût, ce n'est pas dans mes goûts*] non è il mio genere; non è per (da) me.

1 **gens** |ʒɑ̃| *s.m. et f. pl.* (*plur. de 'gent'*) (*l'adj. qui précède 'gens' se met au f. tandis que celui qui suit reste au m.*: *'toutes ces bonnes gens, ces vieilles gens sont ennuyeux'; les braves gens sont hospitaliers'*) **1** (*personnes en nombre indeterminé*) gente (*f. sing.*): *peu de gens* poca gente; *beaucoup de gens, bien des gens* molta gente; *la plupart des gens* la maggior parte della gente, la maggioranza; *les petites gens* la gente modesta; *gens sans aveu* gente senza scrupoli; *des gens bien* gente per bene; *ce sont des gens sympathiques, de braves gens* è gente simpatica, è brava gente → **homme,** 1 **personne** # *les vieilles gens* i vecchi, la gente vecchia; *ce sont de sales gens* è gentaglia **2** JEUNES GENS [*gens jeunes célibataires, filles et garçons*] giovani (*m.*): *un groupe de jeunes gens* un gruppo di giovani; *j'aime la compagnie des jeunes gens* mi piace la compagnia dei giovani ◇ (*plur. de 'jeune homme'*) ragazzi (*m.*): *les jeunes filles et les jeunes gens* le ragazze e i ragazzi **3** GENS DE (*suivi d'un nom désignant l'état, la profession*) gente di: *gens de loi* gente di toga, uomini *m.* di legge; *gens d'Église* gente di chiesa, ecclesiastici; *gens de mer* gente di mare # *gens d'affaires* uomini d'affari; *gens de maison, de service* persone di servizio, servitù; *gens de lettres* letterati **4** *droit des gens* diritto delle genti, diritto internazionale pubblico *adj.*

2 **gens** |ʒɛ̃s| *s.f.* (*antiq. rom.*) gente.

gent |ʒɑ̃| *s.f.* (*vx.*) → **race.**

gentiane |ʒɑ̃sjan| *s.f.* (*t.bot.*) genziana ◇ [*toute boisson à base de racine de gentiane*] genziana.

gentil |ʒɑ̃ti| *s.m.* (*hist. relig.*) gentile.

gentil, ille |ʒɑ̃ti, ij| *adj.* **1** [*qui plaît par la grâce familière de ses formes, de son allure, de ses manières*] carino, grazioso: *un gentil visage* un viso grazioso, carino; *une gentille petite robe* un vestitino grazioso, un bel vestitino; *elle est gentille comme tout* è proprio carina → **agréable, aimable, charmant** # *cette petite est gentille comme un cœur* è un amore di bambina **2** [*qui plaît par sa délicatesse morale, sa douceur, sa bienveillance*] gentile, cortese: *gentille attention* gentile, cortese attenzione; *vous êtes trop gentil* lei è troppo gentile; *j'ai reçu votre gentille lettre* ho ricevuto la vostra gentile, cortese lettera; *être gentil avec qqn., pour qqn.* essere gentile, cortese con qc., verso qc. → **délicat, généreux** **3** (*enfants*) bravo, buono: *les enfants sont restés bien gentils toute la journée* i bambini sono stati bravissimi, buonissimi, tutto il giorno → **sage, tranquille** **4** [*d'une certaine importance*] *il en coûte la gentille somme de...* costa la bella somma di..., la bellezza *s.f.* di... → **coquet** Ⓒ 1 **désagréable;** 3 **insupportable.**

gentilhomme |ʒɑ̃tijɔm|, *pl.* **gentilshommes** |ʒɑ̃tizɔm| *s.m.* gentiluomo*: *gentilhomme de vieille souche, de haut lignage* gentiluomo di antica stirpe, di alto lignaggio; *gentilhomme campagnard* gentiluomo di campagna; *agir, se conduire en gentilhomme* comportarsi da gentiluomo → **gentleman.**

gentilhommière |ʒɑ̃tijɔmjɛʀ| *s.f.* villa di campagna.

gentilité |ʒɑ̃tilite| *s.f.* (*hist., relig.*) gentilità *inv.* (*littér.*), i gentili *m. pl.* Ⓒ **chrétienté.**

gentillesse |ʒɑ̃tijɛs| *s.f.* gentilezza, cortesia: *il a eu la gentillesse de m'aider* ha avuto la gentilezza, la cortesia di aiutarmi; *je vous remercie de votre gentillesse* vi ringrazio della vostra gentilezza, della vostra cortesia → **obligeance, amabilité** # *je vous remercie de toutes les gentillesses que vous avez eues pour moi* la ringrazio per tutte le attenzioni che ha avuto per me → **attention, prévenance.**

gentillet, ette |ʒɑ̃tijɛ, ɛt| *adj.* [*assez gentil; petit et gentil*] carino, grazioso: *c'est gentillet, ce petit jardin* è carino, questo giardinetto ◇ (*par ext.*) *un roman gentillet* [*agréable mais insignifiant*] un romanzetto.

gentiment |ʒɑ̃timɑ̃| *adv.* [→ GENTIL 1, 2] gentilmente: *accueillez-le gentiment* accoglietelo gentilmente → **aimablement** ◇ [*sagement*] tranquillamente, assennatamente: *s'amuser gentiment* divertirsi tranquillamente.

gentleman |dʒɛntləman| *s.m.* **1** gentleman*: *des gentlemen* dei gentlemen; *se comporter en gentleman* comportarsi da gentleman **2** (*turf*) *course de gentlemen* corsa di gentlemen.

gentlemen's agreement |dʒɛntləmɛnsagʀimɛnt| *s.m.* (*amér.*) gentlemen's agreement *inv.*, tacito accordo.

génuflecteur, trice |ʒenyflɛktœʀ, tʀis| *adj.* **1** [*qui fait des génuflexions*] genuflettente ✦ (*s.*) *un génuflecteur* un genuflettente **2** (*fig.*) → **adulateur, servile.**

génuflexion |ʒenyflɛksjɔ̃| *s.f.* genuflessione: *faire des génuflexions devant l'autel* fare genuflessioni, genuflettersi davanti all'altare → **agenouillement.**

géo- |ʒeɔ| *préf.* (*signifiant 'terre', correspond généralt. à*) geo: *géocentrisme* geocentrismo; *géographie* geografia.

géocentrique |ʒeɔsɑ̃tʀik| *adj.* (*astron.*) geocentrico*: *mouvement géocentrique d'une planète* movimento geocentrico di un pianeta; *système astronomique géocentrique* sistema astronomico geocentrico.

géocentrisme |ʒeɔsɑ̃tʀism(ə)| *s.m.* (*astron.*) geocentrismo.

géochimie |ʒeɔʃimi| *s.f.* (*sc.*) geochimica*.

géode |ʒeɔd| *s.f.* (*minér.*) geode *m.*

géodésie |ʒeɔdezi| *s.f.* (*géogr.*) geodesia.

géodésique |ʒeɔdezik| *adj.* (*géogr.*) geodetico*.

géodynamique |ʒeɔdinamik| *s.f.* (*géol.*) geodinamica*: *géodynamique interne, externe* geodinamica interna, esterna ✦ (*adj.*) geodinamico*.

géographe |ʒeɔgʀaf| *s.* geografo.

géographie |ʒeɔgʀafi| *s.f.* geografia: *géographie humaine, linguistique, économique* geografia umana, linguistica, economica; *professeur de géographie* professore di geografia; *la géographie de la France, de la Méditerranée* la geografia della Francia, del Mediterraneo ◇ (*abrév. fam.*) GÉO: *faire de la géo* studiare geografia (*cour.*).

géographique |ʒeɔgʀafik| *adj.* geografico*: *réalité géographique* realtà geografica; *carte géographique* carta geografica.

géographiquement |ʒeɔgʀafikmɑ̃| *adv.* [*quant à la géographie*] geograficamente.

géoïde |ʒeɔid| *s.m.* (*sc.*) geoide.

geôle |ʒol| *s.f.* [*cachot, prison*] prigione, carcere *m.*

geôlier, ière |ʒolje, jɛʀ| *s.* (*littér.*) [*personne qui garde les prisonniers*] carceriere (*cour.*) → **gardien.**

géologie |ʒeɔlɔʒi| *s.f.* geologia*: *géologie descriptive, régionale* geologia descrittiva, regionale; *la géologie du bassin parisien* la geologia della pianura parigina.

géologique |ʒeɔlɔʒik| *adj.* geologico*: *carte géologique* carta geologica; *les temps géologiques* le età geologiche.

géologiquement |ʒeɔlɔʒikmɑ̃| *adv.* [*quant à la géologie*] geologicamente.

géologue |ʒeɔlɔg| *s.* geologo*.

géomagnétique |ʒeɔmaɲetik| *adj.* (*sc.*) geomagnetico*.

géomagnétisme |ʒeɔmaɲetism(ə)| *s.m.* (*sc.*) geomagnetismo.

géomancie |ʒeɔmɑ̃si| *s.f.* geomanzia.

géométral, ale, aux |ʒeɔmetʀal, o| (*adj.*) *plan géométral* piano stazione, geometrale *s.m.* ✦ (*s.m.*) *un géométral* un geometrale, un piano stazione.

géomètre |ʒeɔmɛtʀ(ə)| *s.m.* **1** [*spécialiste de la géométrie*] esperto *s.* di geometria, geometra *s.* (*rare*) **2** (*par appos.*) (*arpenteur*) *géomètre* [*technicien qui s'occupe du levé des plans, du nivellement*] geometra, agrimensore **3** (*t.zool.*) geometra → **arpenteuse, phalène.**

géométricité |ʒeɔmetʀisite| *s.f.* geometricità *inv.*

Géométridés |ʒeɔmetʀide| *s.m.pl.* (*t.zool.*) Geometridi.

géométrie |ʒeɔmetʀi| *s.f.* geometria: *géométrie plane, dans l'espace* geometria piana, nello spazio; *géométrie analytique, descriptive, projective* geometria analitica, descrittiva, proiettiva; *étudier, enseigner la géométrie* studiare, insegnare la geometria # *figure de géométrie* figura geometrica.

géométrique |ʒeɔmetʀik| *adj.* geometrico*: *méthode, démonstration géométrique* metodo geometrico, dimostrazione geometrica; *figure géométrique* figura geometrica; *formes géométriques d'un édifice* forme geometriche di un edificio; *exactitude, précision, rigueur géométrique* esattezza, precisione geometrica, rigore geometrico → **mathématique.**

géométriquement |ʒeɔmetʀikmɑ̃| *adv.* [→ GÉOMÉTRIQUE] geometricamente: *démontrer, prouver géométriquement* dimostrare, provare geometricamente.

géométriser |ʒeɔmetʀize| *v.tr.* **1** [*rendre géométrique*] geometrizzare **2** [*rapporter à la géométrie*] geometrizzare.

géomorphologie |ʒeɔmɔʀfɔlɔʒi| *s.f.* (*sc.*) geomorfologia*.

géophage |ʒeɔfaʒ| *adj.* (*vx.*) geofago*.

géophile |ʒeɔfil| *s.m.* (*t.zool.*) geofilo.

géophysicien, ienne |ʒeɔfizisjɛ̃, jɛn| *s.* geofisico*.

géophysique |ʒeɔfizik| *s.f.* (*sc.*) geofisica* ✦ *adj.* geofisico*: *études géophysiques* studi geofisici.

géopolitique |ʒeɔpɔlitik| *s.f.* geopolitica* ✦ (*adj.*) geopolitico*: *théories géopolitiques* teorie geopolitiche.

géorgien, ienne |ʒeɔʀʒjɛ̃, jɛn| **1** *adj.* [*de la Géorgie*] georgiano **2** (*s.m.*) *le géorgien* [*la langue*] il georgiano.

géorgique |ʒeɔʀʒik| *adj.* (*hist. litt.*) georgico*: *genre, poème géorgique* genere, poema georgico ✦ (*s.f.pl.*) *les Géorgiques* le Georgiche.

géostation |ʒeɔstɑsjɔ̃| *s.f.* (*astronautique*) stazione terrestre.

géostationnaire |ʒeɔstɑsjɔnɛʀ| *adj.* (*astronautique*) geostazionario*: *satellite géostationnaire* satellite geostazionario.

géosynclinal, aux |ʒeɔsɛ̃klinal, o| *s.m.* (*géol.*) geosinclinale *f.*

géotechnique |ʒeɔtɛknik| **1** *adj.* geotecnico* **2** *s.f.* geotecnica*.

géothermie |ʒeɔtɛʀmi| *s.f.* (*sc.*) geotermia.

géothermique |ʒeɔtɛʀmik| *adj.* (*sc.*) geotermico*: *degré géothermique* grado geotermico.

géotropisme |ʒeɔtʀɔpism(ə)| *s.m.* (*biol.*) geotropismo.

géotrupe |ʒeɔtʀyp| *s.m.* (*t.zool.*) geotrupe.

Géphyriens |ʒefiʀjɛ̃| *s.m.pl.* (*t. zool.*) Gefirei.

gérance |ʒeʀɑ̃s| *s.f.* gestione, gerenza: *gérance d'une entreprise* gestione, gerenza di un'impresa; *gérance de trois ans* gestione triennale; *donner un fonds de commerce en gérance* dare un'azienda commerciale in gestione → **administration, gestion** # *gérance d'immeubles* amministrazione di condomini.

Géraniées |ʒeʀanje|, **Géraniacées** |ʒeʀanjase| *s.f.pl.* (*t.bot.*) Geraniacee.

géranium |ʒeʀanjɔm| *s.m.* **1** (*t. bot.*) geranio* **2** → **pélargonium.**

gérant, ante |ʒeʀɑ̃, ɑ̃t| *s.* gestore*, gerente: *gérant d'une succursale* gestore di una succursale; *gérant d'un fonds de commerce* gestore di un'azienda commerciale → **administrateur, directeur** # *gérant d'immeubles* amministratore di condomini ◇ (*par ext.*) *gérant d'un journal, d'un périodique* [*directeur responsable de la publication*] direttore responsabile di un giornale, di un periodico.

gerbage |ʒɛʀbaʒ| *s.m.* [→ GERBER 2] accatastamento.

gerbe |ʒɛʀb(ə)| *s.f.* **1** [*botte de céréales coupées*] covone (*m.*): *gerbe de blé, d'avoine* covone di grano, d'avena; *mettre les gerbes en tas après la moisson* ammucchiare i covoni dopo la mietitura # *mettre le blé en gerbes* accovonare il grano **2** [*botte de fleurs coupées à longues tiges*] fascio* *m.*, mazzo (*m.*): *gerbes de roses* fasci di rose; *offrir une gerbe à une mariée* offrire un mazzo, un fascio di fiori a una sposa **3** [*forme de ce qui s'épanouit*] fascio; getto (*m.*): *gerbes de colonnes* fasci di colonne → 1 **bouquet, faisceau** ‖ *gerbe d'eau qui jaillit d'un bassin* getto d'acqua che zampilla da una vasca; *gerbe d'écume, d'étincelle* getto di schiuma, di scintille.

gerber |ʒɛʀbe| *v.tr.* **1** (*agric.*) [*mettre en gerbes*] accovonare → **engerber** **2** [*mettre* (*des tonneaux*) *les uns sur les autres*] accatastare, impilare.

gerbeur, euse |ʒɛʀbœʀ, øz| **I** *adj.* (*agric.*) accovonatore *s.m.* **II** *s.* **1** *s.f.* (apparecchio* *m.*) elevatore *m.* per botti **2** *s.m.* accatastatore, impilatore.

gerbier |ʒɛʀbje| *s.m.* [*grand tas de gerbes isolé dans les champs*] bica* *f.*, barca* *f.* → 2 **meule.**

gerbille |ʒɛʀbij| *s.f.* (*t.zool.*) gerbillo *m.*

gerboise |ʒɛʀbwaz| *s.f.* (*t.zool.*) gerboa *m.*

gercer |ʒɛʀse| (2) **A** *v.tr.* [*faire des petites crevasses, en parlant de l'action du froid ou de la sécheresse*] screpolare → **crevasser** ✦ (*au p.p.*) *lèvres gercées* labbra screpolate **B** *v.pron.intr.* SE GERCER [→ *tr.*] screpolarsi: *mains qui se gercent* mani che si screpolano.

gerçure |ʒɛʀsyʀ| *s.f.* **1** [→ GERCER]

screpolatura: *gerçures aux mains* screpolature delle mani → **crevasse** 2 [*petite fente à la surface de qqch.*] screpolatura, crepa: *gerçures d'un enduit* screpolature, crepe di un intonaco.
gérer |ʒeʀe| (8) *v.tr.* **1** [*administrer (les intérêts, les affaires d'un autre)*] gestire (197), amministrare: *gérer un commerce* gestire un negozio, un'azienda commerciale; *gérer un domaine, une affaire* amministrare una proprietà, una impresa **2** (*en parlant de ses propres affaires*) [*administrer*] amministrare: *gérer son avoir avec économie* amministrare i propri averi con oculatezza.
gerfaut |ʒɛʀfo| *s.m.* (*t.zool.*) girifalco*, girfalco*.
gériatrie |ʒeʀjatʀi| *s.f.* (*méd.*) geriatria.
1 **germain, aine** |ʒɛʀmɛ̃, ɛn| *adj.* **1** *cousins germains* cugini germani, di primo grado *loc.inv.* ✦ (*s.*) *des germains* cugini germani *adj.* **2** (*dr.*) *frères germains* fratelli germani ✦ (*s.*) *les germains* i germani.
2 **germain, aine** |ʒɛʀmɛ̃, ɛn| *adj. et s.* (*hist.*) [*de la Germanie*] germano, germanico* → **germanique**.
germandrée |ʒɛʀmɑ̃dʀe| *s.f.* (*t. bot.*) camedrio* *m.*
germanique |ʒɛʀmanik| *adj.* **1** [*qui a rapports aux Germains*] germanico*: *langues germaniques* lingue germaniche **2** [*de l'Allemagne, des pays de langue et de civilisation allemandes*] germanico: *les pays latins et les pays germaniques* i paesi latini e i paesi germanici → **allemand**.
germanisant, ante |ʒɛʀmanizɑ̃, ɑ̃t| *adj.* [*qui affectionne ce qui est germanique, allemand*] germanofilo ✦ (*s.*) *un germanisant* un germanista.
germanisation |ʒɛʀmanizɑsjɔ̃| *s.f.* [→ GERMANISER] germanizzazione.
germaniser |ʒɛʀmanize| *v.tr.* [*imposer le caractère germanique*] germanizzare ✦ (*au p.p.*) *pays germanisé par l'occupation allemande* paese germanizzato dall'occupazione tedesca.
germanisme |ʒɛʀmanism(ə)| *s.m.* (*ling.*) germanismo.
germaniste |ʒɛʀmanist(ə)| *s.* germanista.
germanium |ʒɛʀmanjɔm| *s.m.* (*chim.*) germanio*.
germano- |ʒɛʀmanɔ| *préf.* (*se rapportant 'aux Allemands, à l'Allemagne', correspond généralt. à*) germano: *germanophile* germanofilo.
germanophile |ʒɛʀmanɔfil| *adj. et s.* germanofilo.
germanophilie |ʒɛʀmanɔfili| *s.f.* germanofilia.
germanophobe |ʒɛʀmanɔfɔb| *adj. et s.* germanofobo.
germanophobie |ʒɛʀmanɔfɔbi| *s.f.* germanofobia.
germe |ʒɛʀm(ə)| *s.m.* **1** germe: *germes microbiens, pathogènes* germi microbici, patogeni ◇ (*bot.*) germe, germoglio*: *germes de blé* germi, germogli di grano; *ôter les germes des pommes de terre* togliere i germogli delle patate **2** (*fig.*) [*principe, élément de développement de qqch.*] germe: *germe de maladie* germe di (della) malattia; *germe d'une idée* germe di una idea; *germes d'une crise économique* germi, origini di una crisi economica → **origine, 1 cause.**
germen |ʒɛʀmɛn| *s.m.* (*biol.*) germen *inv.*
germer |ʒɛʀme| *v.intr.* (*se dit des graines, bulbes, tubercules qui poussent leur germe au dehors*) germogliare (*aux.* essere, avere), germinare (*aux.* essere, avere): *plante qui germe* pianta che germoglia; *semence qui germe dans le sol* semenza che germoglia sotto terra ✦ (*au p.p.*) *pommes de terre germées* patate germogliate ◇ (*fig.*) *cette idée commence à germer dans les esprits* quest'idea comincia a germinare, germogliare negli animi → **former (se), naître.**
germicide |ʒɛʀmisid| *adj.* germicida.
germinal |ʒɛʀminal| *s.m.* (*hist. fr.*) germinale.
germinal, ale, aux |ʒɛʀminal, o| *adj.* (*biol.*) germinale: *cellule germinale* cellula germinale.
germinateur, trice |ʒɛʀminatœʀ, tʀis| *adj.* (*bot.*) germinativo.
germinatif, ive |ʒɛʀminatif, iv| *adj.* germinativo ◇ (*embryol.*) *vésicule germinative* vescicola germinativa ◇ (*biol.*) germinale: *plasma germinatif* plasma germinale.
germination |ʒɛʀminɑsjɔ̃| *s.f.* germinazione, germogliatura.
germoir |ʒɛʀmwaʀ| *s.m.* (*techn.*) germinatoio*.
gérondif |ʒeʀɔ̃dif| *s.m.* (*gram.*) gerundio*.
géronte |ʒeʀɔ̃t| *s.m.* (*vx.*) [*vieillard crédule, facile à berner*] vecchio* credulone.
gérontisme |ʒeʀɔ̃tism(ə)| *s.m.* (*méd.*) senescenza *f.*, senilità *f.inv.* precoce.
géront(o)- |ʒeʀɔ̃t(ɔ)| *préf.* (*signifiant 'vieillard', correspond généralt. à*) geronto: *gérontocratie* gerontocrazia.
gérontocratie |ʒeʀɔ̃tɔkʀasi| *s.f.* gerontocrazia.
gérontologie |ʒeʀɔ̃tɔlɔʒi| *s.f.* (*méd.*) gerontologia*.
gérontologue |ʒeʀɔ̃tɔlɔg|, **gérontologiste** |ʒeʀɔ̃tɔlɔʒist(ə)| *s.* gerontologo*.
gerseau |ʒɛʀso| *s.m.* (*mar.*) stroppo.
gerzeau |ʒɛʀzo| *s.m.* (*t.bot.*) gettaione, mazzettone.
gésier |ʒezje| *s.m.* [*troisième poche digestive des oiseaux*] ventriglio* ◇ (*pop.*) [*estomac, ventre*] gozzo, pancia* *f.* (*cour.*).
gésir |ʒeziʀ| *v.intr. défectif* (*seulement ind. prés.: je gis, tu gis, il gît, nous gisons, vous gisez, ils gisent.*; *ind. imp.: je gisais, tu gisais, il gisait, nous gisions, vous gisiez, ils gisaient*; *p. prés.: gisant*) (*littér.*) **1** [*être couché, étendu, sans mouvement*] giacere (149): *malade qui gît sur son lit* malato che giace nel letto **2** [*être enterré*] *ci-gît* [*ici repose*] qui giace.
gesse |ʒɛs| *s.f.* (*t.bot.*) cicerchia.
gestation |ʒɛstasjɔ̃| *s.f.* **1** (*physiol., cour.*) gestazione, gravidanza: *gestation de la femme* gestazione della donna **2** (*fig.*) *une œuvre en gestation* una opera in gestazione, in preparazione.
gestatoire |ʒɛstatwaʀ| *adj.* (*vx.*) *chaise gestatoire* sedia gestatoria → **sedia gestatoria.**
1 **geste** |ʒɛst(ə)| *s.m.* **1** gesto; cenno: *gestes lents, brusques* gesti lenti, bruschi ‖ *geste approbateur* cenno di assenso; *geste de salut* cenno di saluto; *faire un geste de la main* fare un cenno con la mano → **signe** ◇ (*loc. fig.*) *avoir le geste large* [*être généreux; donner, accorder généreusement*] essere generoso **2** (*fig.*) [*acte, action*] atto, gesto: *geste d'autorité* atto, gesto di autorità; *geste de générosité* atto, gesto di generosità; *faire un beau geste* fare un bel gesto ◇ (*au plur.*) *les faits et gestes de qqn.* → 2 **geste.**
2 **geste** |ʒɛst(ə)| *s.f.* (*hist. litt.*) *chanson de geste* canzoni di gesta *pl.* ◇ (*au plur.*) *les faits et gestes de qqn.* [*toute sa conduite*] vita, morte e miracoli di qc.
gesticulant, ante |ʒɛstikylɑ̃, ɑ̃t| *adj.* gesticolante: *foule gesticulante* folla gesticolante.
gesticulation |ʒɛstikylɑsjɔ̃| *s.f.* [→ GESTICULER] gesticolamento *m.*
gesticuler |ʒɛstikyle| *v.intr.* [*faire beaucoup de gestes, trop de gestes*] gesticolare: *gesticuler en parlant* gesticolare parlando.
gestion |ʒɛstjɔ̃| *s.f.* [→ GÉRER] gestione, amministrazione: *gestion d'un patrimoine, d'une fortune* amministrazione di un patrimonio, di una fortuna; *une bonne, sage gestion* una buona, oculata gestione → **administration, direction** ◇ (*fin. publ.*) *compte de gestion* conto di gestione ◇ (*dr. civ.*) *gestion d'affaires* gestione d'affari.
gestionnaire |ʒɛstjɔnɛʀ| *adj.* gestionale, di gestione (*loc.inv.*): *compte gestionnaire* conto di gestione ✦ *s.* gerente ◇ (*spécialt.*) *un gestionnaire* un sottufficiale addetto alla sussistenza.
gestuel, elle |ʒɛstɥɛl| **1** *adj.* gestuale, del gesto *loc.inv.* **2** *s.f.* gestualità *inv.*
getter |gɛtɛʀ| *s.m.* (*angl.*) (*phys.*) getter *inv.*, assorbente metallico*.
geyser |ʒɛzɛʀ| *s.m.* (*géol.*) geyser *inv.*
ghetto |gɛ(e)to| *s.m.* **1** ghetto: *l'extermination du ghetto de Varsovie* lo sterminio del ghetto di Varsavia **2** [*lieu où vit une communauté, séparée du reste de la population*] ghetto ◇ (*fig.*) [*situation de ségrégation*] ghetto.
ghilde |gild(ə)| *s.f.* → **guilde.**
giaour |ʒjauʀ| *s.m.* (*hist.*) giaurro.
gibbeux, euse |ʒibø, øz| *adj.* gibboso, gobbo.
gibbon |ʒibɔ̃| *s.m.* (*t.zool.*) gibbone.
gibbosité |ʒibozite| *s.f.* (*méd.*) gibbosità *inv.*, gibbo *m.* (*vx.*), gobba ◇ (*par anal.*) *gibbosité du sol* gibbosità del terreno.
gibecière |ʒibsjɛʀ| *s.f.* [*sac qu'on porte en bandoulière*] carniere *m.*; tascapane *m. inv.* ◇ (*vieilli*) [*sac de cuir des écoliers, porté à l'épaule*] cartella a tracolla.
gibelin |ʒiblɛ̃| *s.m.* (*hist. it.*) ghibellino.
gibelinisme |ʒiblinism(ə)| *s.m.* (*hist. it.*) ghibellinismo.
gibelotte |ʒiblɔt| *s.f.* (*cuis.*) fricassea (al vino bianco): *gibelotte de lapin* fricassea di coniglio; *lapin en gibelotte* coniglio in fricassea.
giberne |ʒibɛʀn(ə)| *s.f.* giberna → **cartouchière.**
gibet |ʒibɛ| *s.m.* **1** [*potence où l'on exécute les condamnés à la pendaison*] patibolo, forca* (*f.*): *condamner, envoyer un criminel au gibet* condannare, mandare un criminale al patibolo **2** [*instrument de supplice*] patibolo # *le gibet du Christ* la croce di Cristo.
gibier |ʒibje| *s.m.* **1** [*tous les animaux bons à manger que l'on prend à la chasse*] selvaggina *f.*, cacciagione

(*f.*): *pays qui abonde en gibier* zona ricca di selvaggina, di cacciagione; *pièce de gibier* capo di selvaggina; *appâts, pièges à gibier* esche, trappole per selvaggina; *poursuivre, rabattre le gibier* inseguire, ribattere la selvaggina; *manger du gibier* mangiare della cacciagione **2** (*fig.*) [*personne qu'on cherche à prendre, à attraper, à duper*] preda (*f.*): *voilà un gibier facile* ecco una facile preda ◇ (*loc.*) *gibier de potence* [*personne qui mérite d'être pendue*] pendaglio* da forca, avanzo di galera.

giboulée |ʒibule| *s.f.* [*pluie soudaine, quelquefois accompagnée de vent, de grêle, suivie d'une éclaircie*] acquazzone *m.*, piovasco* (*m.*): *les giboulées de mars* gli acquazzoni di marzo → **averse, ondée.**

giboyeux, euse |ʒibwajø, øz| *adj.* ricco* di selvaggina, di cacciagione: *pays giboyeux* zona ricca di selvaggina, di cacciagione.

gibus |ʒibys| *s.m.* gibus *inv.* ♦ (*adj.*) *un chapeau gibus* un gibus *s.m.*

giclée |ʒikle| *s.f.* [*jet de liquide qui gicle*] schizzo *m.*, schizzata.

giclement |ʒikləmɑ̃| *s.m.* [→ GICLER] schizzo, lo schizzare *inv.*

gicler |ʒikle| *v.intr.* (*liquides*) [*jaillir, rejaillir avec une certaine force*] schizzare (*aux.* essere): *le sang giclait de sa blessure* il sangue gli (le) schizzava dalla ferita; *la boue a giclé sur le passants* il fango è schizzato sui passanti → **éclabousser.**

gicleur |ʒiklœʀ| *s.m.* 'gicleur' *inv.*, spruzzatore: *gicleur de ralenti* 'gicleur' del minimo.

gifle |ʒifl(ə)| *s.f.* [*coup donné du plat ou du revers de la main sur la joue de qqn.*] schiaffo *m.*, ceffone (*m.*): *donner, flanquer, recevoir une gifle* dare, mollare, ricevere uno schiaffo; *je lui ai donné, envoyé une paire de gifles* gli ho dato, lasciato andare un paio di ceffoni → **soufflet, 1 claque, 2 tape** ◇ (*fam.*) *tête à gifles* faccia da schiaffi ◇ (*fig.*) [*affront, humiliation*] schiaffo morale: *il a pris une de ces gifles* ha avuto un tale schiaffo morale.

gifler |ʒifle| *v.tr.* [*frapper* (*qqn.*) *sur la joue, du plat ou du revers de la main*] schiaffeggiare, prendere (105) a schiaffi: *gifler un insolent* schiaffeggiare un insolente; *gifler un enfant* prendere a schiaffi un ragazzo → **souffleter** ◇ (*par ext.*) *visage giflé par la pluie, par le vent* viso sferzato dalla pioggia, dal vento → **2 cingler, fouetter** ◇ (*fig.*) *des mots qui giflent* parole sferzanti.

giga- |ʒiga| *préf.* (*signifiant 'un milliard', correspond généralt. à*) giga: *gigahertz* gigahertz; *gigawatt* gigawatt.

gigantesque |ʒigɑ̃tɛsk(ə)| *adj.* gigantesco*, colossale: *homme d'une taille gigantesque* uomo di statura gigantesca, colossale; *édifice, monument gigantesque* edificio, monumento gigantesco, colossale → **colossal, énorme** ◇ (*fig.*) *l'œuvre gigantesque de Balzac* l'opera gigantesca di Balzac; *entreprise gigantesque* impresa colossale, ciclopica → **énorme, étonnant** ⓒ **petit.**

gigantesquement |ʒigɑ̃tɛskəmɑ̃| *adv.* [→ GIGANTESQUE] gigantescamente.

gigantisme |ʒigɑ̃tism(ə)| *s.m.* (*bot., méd.*) gigantismo: *gigantisme infantile* gigantismo infantile; *gigantisme acromégalique* gigantismo acromegalico ◇ (*fig.*) gigantismo.

gigantographie |ʒigɑ̃tɔgʀafi| *s.f.* gigantografia.

gigantomachie |ʒigɑ̃tɔmaʃi| *s.f.* (*mythol.*) gigantomachia.

gigogne |ʒigɔɲ| *adj.* **1** *mère gigogne* [*femme qui a, ou qui aime s'entourer de beaucoup d'enfants*] mamma prolifica*, mamma chioccia* **2** *meubles gigognes* [*qui s'emboîtent les uns dans les autres*] *table gigogne* servitore *s.m.*; *lit gigogne* mobile letto ◇ (*aéronautique*) *fusée gigogne* missile pluristadio*, multistadio*.

gigolette |ʒigɔlɛt| *s.f.* 'gigolette' *inv.*

gigolo |ʒigɔlo| *s.m.* (*fam.*) 'gigolo' *inv.*

gigot |ʒigo| *s.m.* **1** [*cuisse de mouton, d'agneau, de chevreuil coupée pour être mangée*] cosciotto, 'gigot' (*inv.*): *tranche de gigot rôti* fetta di cosciotto arrosto; *manger un gigot, du gigot* mangiare un cosciotto, del cosciotto → **cuissot 2** (*fam.*) [*jambe, cuisse d'une personne*] coscia* (*f.*): *avoir de bons gigots* avere le cosce, le gambe solide **3** (*appos.*) *manches gigot* [*bouffantes aux épaules et serrées au coude*] maniche a sbuffo.

gigoter |ʒigɔte| *v.intr.* (*fam.*) [*agiter ses membres, son corps*] sgambettare, dimenarsi (*pron.*): *enfant qui gigote* bambino che sgambetta; *se débattre en gigotant* agitarsi dimenandosi → **trémousser (se).**

1 **gigue** |ʒig| *s.f.* **1** (*pop.*) *une grande gigue* [*une fille grande et maigre*] una spilungona → **bringue 2** (*fam.*) *avoir de grandes gigues* [*jambes*] avere le gambe lunghe ◇ (*cuis., vén.*) *gigue de chevreuil* coscia* di capriolo.

2 **gigue** |ʒig| *s.f.* (*danse*) giga*.

gilde |ʒild(ə)| *s.f.* → **guilde.**

gilet |ʒilɛ| *s.m.* **1** gilè *inv.*, panciotto: *costume trois pièces comprenant un gilet* completo da uomo con gilè; *gilet de velours, de soie* panciotto, gilè di velluto, di seta; *poche de gilet* taschino del gilè, del panciotto ◇ (*loc. fig.*) *venir pleurer dans le gilet de qqn.* (andare a) piangere sulla spalla di qc. **2** *gilet de sauvetage* [*gilet gonflé à l'air comprimé qui permet de flotter*] giubbotto di salvataggio **3** [*sous-vêtement*] *gilet de peau* canottiera *f.*, maglietta *f.* ◇ [*tricot à manches longues ouvert devant*] golf *inv.*

gin |dʒin| *s.m.* (*angl.*) gin (*inv.*): *cocktail au gin et au citron* cocktail a base di gin e limone.

gindre, geindre |ʒɛ̃dʀ(ə)| *s.m.* [*ouvrier boulanger qui pétrit le pain*] impastatore* *s.*

gingembre |ʒɛ̃ʒɑ̃bʀ(ə)| *s.m.* (*t.bot.*) zenzero ◇ (*par ext.*) *biscuits au gingembre* biscotti allo zenzero.

gingival, ale, aux |ʒɛ̃ʒival, o| *adj.* gengivale: *muqueuse gingivale* mucosa gengivale.

gingivite |ʒɛ̃ʒivit| *s.f.* (*méd.*) gengivite: *gingivite expulsive* gengivite espulsiva.

ginglard |ʒɛ̃glaʀ|, **ginglet** |ʒɛ̃glɛ| *s.m.* → **ginguet.**

ginguet, ette |ʒɛ̃gɛ, ɛt| *adj.* (*région.*) *vin ginguet* [*un peu aigre, acide*] vino asprigno, aspretto ♦ (*s.m.*) *boire du ginguet* bere un vino asprigno.

ginko |ʒɛ̃ko| *s.m.* (*t.bot.*) ginco*, ginko.

ginseng |ʒɛ̃sɑ̃g| *s.m.* (*t.bot.*) ginseng *inv.*

giorno (à) |adʒɔʀno, aʒjɔʀno| *loc. adv.* a giorno: *salles, jardins éclairés à giorno* sale, giardini illuminati a giorno.

girafe |ʒiʀaf| *s.f.* **1** (*t.zool.*) giraffa ◇ (*cour.*) *cou de girafe* collo da giraffa **2** (*ciné., radio, télév.*) giraffa.

girafeau |ʒiʀafo| *s.m.* piccolo della giraffa.

girandole |ʒiʀɑ̃dɔl| *s.f.* **1** girandola: *girandole formant des festons* girandola che forma festoni; *girandole d'un feu d'artifice* girandola di un fuoco d'artificio → **gerbe 2** [*chandelier à plusieurs branches*] girandola.

girasol |ʒiʀasɔl| *s.m.* (*minér.*) girasole.

giration |ʒiʀɑsjɔ̃| *s.f.* [*mouvement circulaire*] rotazione, girazione (*vx.*): *rayon de giration* raggio di girazione ◇ (*mar.*) *cercle de giration* cerchio di girazione.

giratoire |ʒiʀatwaʀ| *adj.* giratorio*; rotatorio*: *mouvement giratoire* moto giratorio ‖ *sens giratoire* senso rotatorio, circolazione rotatoria.

giraumon(t) |ʒiʀomɔ̃| *s.m.* (*t.bot.*) zucca* *f.* comune.

giravion |ʒiʀavjɔ̃| *s.m.* (*aviat.*) aerogiro.

girelle |ʒiʀɛl| *s.f.* (*t.zool.*) donzella.

girodyne |ʒiʀɔdin| *s.m.* (*aviat.*) girodina *f.*

girofle |ʒiʀɔfl(ə)| *s.m.* (*clou de*) *girofle* [*bouton des fleurs du giroflier, utilisé comme épice*] chiodo di garofano.

giroflée |ʒiʀɔfle| *s.f.* (*t.bot.*) violacciocca*.

giroflier |ʒiʀɔflije| *s.m.* (*t.bot.*) eugenia *f.*

girolle |ʒiʀɔl| *s.f.* (*t.bot.*) cantarello *m.*, gallinaccio* *m.* # *poulet aux girolles* pollo con funghi.

giron |ʒiʀɔ̃| *s.m.* **1** [*partie du corps allant de la ceinture aux genoux, chez une personne assise*] grembo: *le giron maternel* il grembo materno **2** (*littér.*) *enfant élevé dans le giron maternel* bambino allevato nel grembo, nel seno della famiglia ◇ (*par ext.*) *le giron de l'Église* [*la communion des fidèles*] il grembo, il seno della Chiesa **3** (*blas.*) girone, grembo **4** [*largeur de la marche de l'escalier*] pedata (*f.*): *cette marche a vingt-cinq centimètres de giron* questo scalino ha una pedata di venticinque centimetri # *marche à giron droit* scalino a pianta diritta.

girond, onde |ʒiʀɔ̃, ɔ̃d| *adj.* (*pop.*) (*personnes*) [*bien fait; bien en chair*] bene in carne *loc.inv.*, prosperoso.

girondin, ine |ʒiʀɔ̃dɛ̃, in| *adj.* **1** (*hist.*) girondino: *le parti girondin* il partito girondino ♦ (*s.m.*) *les Girondins et les Jacobins* i Girondini e i Giacobini **2** [*de la Gironde*] *le vignoble, le paysage girondin* i vigneti, il paesaggio della Gironda *loc. inv.*

girouette |ʒiʀwɛt| *s.f.* [*plaque tournante qui indique la direction du vent*] banderuola: *girouette qui grince en tournant* banderuola che cigola girando ◇ (*fig.*) *ne vous fiez pas à lui, c'est une girouette* non fidatevi di lui, è una banderuola; *il change d'avis comme une girouette* cambia parere come una banderuola → **pantin.**

gisant, ante |ʒizɑ̃, ɑ̃t| **1** *adj.* [*qui gît*] giacente **2** *s.m.* statua *f.* giacente (nei monumenti sepolcrali).

gisement |ʒizmɑ̃| *s.m.* **1** giacimento: *un gisement d'or, de tourbe, de soufre* un giacimento aurifero (d'oro), di torba, di zolfo; *prospecter une contrée riche en gisements* esplorare una regione ricca di giacimenti; *découvrir un gisement pétrolifère, métallifère* scoprire un giacimento petrolifero, metallifero → **bassin,** 1 **gîte** ◇ (*minér.*) [*disposition des couches de minéraux*] giacitura *f.* **2** (*mar.*) *gisement d'un navire* posizione *f.* di una nave.

gît |ʒi| → **gésir.**

gitan, ane |ditɑ̃, an| *s.* **1** *s.* gitano, zingaro: *gitans de Camargue* gitani della Camarga ✦ (*adj.*) *un flamenco gitan* un flamenco gitano **2** *s.f.* [*cigarette de la Régie fr. des tabacs*] ⊠.

1 **gîte** |ʒit| *s.m.* **1** (*littér.*) [*lieu où l'on trouve à se loger, où l'on peut coucher*] alloggio* (*cour.*): *offrir le gîte et le couvert a qqn.* offrire vitto e alloggio a qc. → **abri,** 2 **demeure, logement, maison** **2** (*chasse*) tana *f.*, covo # *lever un lièvre au gîte* stanare una lepre **3** (*minér.*) deposito, filone: *gîte houiller* deposito, filone carbonifero; *gîte aurifère* deposito, filone aurifero.

2 **gîte** |ʒit| *s.m.* (*bouch.*) *gîte à la noix* soccoscio*, sottocoscio*.

3 **gîte** |ʒit| *s.f.* (*loc. mar.*) *donner de la gîte* ingavonarsi *v.pron.*, sbandare *v.intr.*

gîter |ʒite| **A** *v.intr.* **1** (*mar.*) [*donner de la gîte, s'incliner sur un bord*] ingavonarsi *pron.*, sbandare (*aux.* essere, avere) ◇ [*être échoué*] essere arenato, incagliato: *le bâteau gîte sur ce fond* l'imbarcazione è arenata, incagliata su questo fondale **2** (*littér.*, *vx.*) [*avoir son gîte quelque part*] alloggiare (*cour.*) → **demeurer, loger** # *une auberge où gîter pour la nuit* una locanda dove pernottare **B** *v.tr.* (*vx.*) [*pourvoir d'un gîte*] alloggiare, albergare.

givrage |ʒivʀaʒ| *s.m.* (*aviat.*) incrostazione *f.* di ghiaccio.

givre |ʒivʀ(ə)| *s.m.* [*couche de glace fine et blanche*] brina *f.*, galaverna (*f.*): *cristaux de givre* cristalli di brina → 1 **gelée (blanche).**

givrer |ʒivʀe| **A** *v.tr.* **1** [*couvrir de givre*] brinare ✦ (*au p.p.*) *arbres givrés* alberi coperti di brina **2** (*confiserie*) *orange givrée* sorbetto d'arancia **3** [*couvrir d'une couche blanche comme le givre*] cospargere (114), spruzzare ✦ (*au p.p.*) *frites givrées de sel* patate fritte cosparse, spruzzate di sale **B** *v. pron.intr.* SE GIVRER [→ *tr.*] (ri)coprirsi (186) di brina: *pare-brise, pales d'hélice qui se givrent* parabrezza, pale d'elica che si (ri)coprono di brina.

givreux, euse |ʒivʀø, øz| *adj.* (*bijout.*) *pierres, diamants givreux* pietre, diamanti macchiati da ghiaccioli *loc.* → **glaceux.**

givrure |ʒivʀyʀ| *s.f.* (*techn.*) ghiacciolo *m.*, ghiaccio* *m.*

glabre |glɑbʀ(ə)| *adj.* glabro, imberbe: *menton, visage glabre* mento, viso glabro, imberbe ◇ (*bot.*) imberbe: *tiges, feuilles, plantes glabres* gambi, foglie, piante imberbi Ⓒ **barbu, poilu.**

glaçage |glasaʒ| *s.m.* **1** [→ 2 GLACER 1] apprettatura *f.*, lucidatura (*f.*): *glaçage des étoffes* apprettatura delle stoffe; *glaçage du papier* lucidatura della carta ◇ (*photo.*) *glaçage des épreuves photographiques* smaltatura *f.* delle copie fotografiche **2** [→ 2 GLACER 3] glassatura *f.*

glaçant, ante |glasɑ̃, ɑ̃t| *adj.* (*fig.*) [*qui glace*] raggelante: *attitudes, manières glaçantes* atteggiamenti, modi raggelanti → **froid, glacial.**

1 **glace** |glas| *s.f.* **1** [*eau congelée*] ghiaccio* (*m.*): *froid comme la glace* freddo come il ghiaccio; *patiner sur la glace* pattinare sul ghiaccio ◇ (*loc. fig.*) *être de glace* essere di ghiaccio ~ *un accueil de glace* un'accoglienza glaciale, gelida ~ *rompre, briser la glace* rompere il ghiaccio **2** [*crème glacée; sorbet*] gelato *m.*; *sorbetto* (*m.*): *manger une glace à la vanille* mangiare un gelato alla vaniglia # *cornet de glace* cono gelato ◇ [*couche de blanc d'œuf sur les gâteaux*] glassa.

2 **glace** |glas| *s.f.* **1** [*plaque de verre ou de cristal*] vetro (*m.*): *glaces de sécurité* vetri di sicurezza; *glace de vitrine, de porte* vetro di una vetrina, di una porta **2** [*plaque de verre préparée pour refléter les images*] specchio* (*m.*): *armoire à glace* armadio a specchio; *se voir, se regarder dans une glace* vedersi, guardarsi allo specchio → **miroir** ◇ (*auto.*) finestrino (*m.*): *baisser, lever les glaces* abbassare, alzare i finestrini.

glacé, ée |glase| *adj.* **1** [*converti en glace*] ghiacciato: *neige glacée* neve ghiacciata → **gelé** # *crème glacée* gelato; *chocolat glacé* gelato da passeggio di cioccolato, pinguino → 2 **esquimau, glace** **2** [*très froid*] gelido, freddissimo: *eau, pluie glacée* acqua, pioggia gelida; *chambre glacée* stanza gelida, freddissima; *vent glacé* vento gelido ◇ [*refroidi par de la glace artificielle*] ghiacciato: *orangeade glacée* aranciata ghiacciata; *café glacé* caffè ghiacciato, caffè freddo; *servir glacé* servire ghiacciato **3** [*très froid, qui n'est pas à la température normale du corps*] gelato, congelato: *avoir les mains, les pieds glacés* avere le mani, i piedi gelati, congelati → **gelé** ◇ (*par ext.*) *être glacé* essere gelato, congelato → **transi** **4** (*fig.*) [*empreint d'une grande froideur*] gelido, glaciale: *air glacé* aria gelida, glaciale; *accueil glacé* accoglienza gelida, glaciale → **indifférent, hostile** **5** (*confiserie, pâtiss.*) glassato, candito: *fruits, marrons glacés* frutti, marroni glassati, canditi **6** [*qui a un apprêt brillant*] inamidato, apprettato: *col glacé* colletto inamidato; *tissu glacé* tessuto apprettato; *gants en chevreuil glacé* guanti di pelle di capriolo apprettata, guanti glassati # *papier glacé* carta 'glacé', patinata Ⓒ 1 **fondu;** 2 **brûlant;** 3 **bouillant;** 4 **chaleureux.**

1 **glacer** |glase| (2) *v.tr.* **1** [*convertir* (*un liquide*) *en glace*] ghiacciare, gelare → **congeler** ✦ (*au p.p.*) *neige glacée* neve ghiacciata # *crème glacée* gelato; *chocolat glacé* gelato da passeggio ricoperto di cioccolato, pinguino → 2 **esquimau, glace** **2** [*refroidir à la glace artificielle*] mettere (155) in ghiaccio: *glacer du champagne* mettere in ghiaccio dello 'champagne' → **frapper** ✦ (*au p.p.*) *boisson glacée* bibita ghiacciata; *servir glacé* servire ghiacciato # *café glacé* caffè freddo **3** [*causer une vive sensation de froid, pénétrer d'un froid très vif*] far (103) *intr.* gelare, intirizzire (197): *cette petite pluie me glace* questa pioggerellina mi fa gelare, mi intirizzisce → **transir** ✦ (*au p.p.*) *eau, pluie glacée* acqua, pioggia gelata # *vent glacé* vento gelido, glaciale **4** (*fig.*) [*paralyser, décourager par sa froideur ou quelque aspect rebutant*] raggelare: *attitude qui glace les gens* atteggiamento che raggela le persone ✦ *au p.p.* → **glacé** **5** (*fig.*) *glacer d'horreur, d'effroi* [*frapper d'une émotion violente et profonde, qui cloue sur place*] agghiacciare: *ce hurlement dans la nuit les glaça d'horreur* quell'urlo nella notte li agghiacciò d'orrore → **pétrifier** Ⓒ 1 **dégeler;** 3 **réchauffer.**

2 **glacer** |glase| (2) *v.tr.* **1** (*techn.*) [*garnir d'un apprêt, d'un enduit*] apprettare; lucidare: *glacer des étoffes* apprettare le stoffe → **calandrer, cirer** ‖ *glacer du papier* lucidare la carta; *glacer des peaux* lucidare, glassare le pelli **2** (*peint.*) [*revêtir d'un glacis*] velare **3** (*confiserie, pâtiss.*) [*recouvrir de sucre transparent*] glassare; candire (197): *glacer des biscuits* glassare dei biscotti ‖ *glacer des fruits* candire della frutta ✦ (*au p.p.*) *marrons glacés* marroni glassati, canditi: *fruits glacés* frutta candita.

glaceur |glasœʀ| *s.m.* [*ouvrier employé au glaçage*] apprettatore; lucidatore.

glaceux, euse |glasø, øz| *adj.* (*bijout.*) macchiato di ghiaccioli, ghiacciato: *diamant glaceux* diamante macchiato di ghiaccioli, ghiacciato → **givreux.**

glaciaire |glasjɛʀ| *adj.* glaciale: *calotte, relief glaciaire* calotta, rilievo glaciale ◇ (*géol.*) *période glaciaire* periodo glaciale.

glacial, ale, als, aux |glasjal, o| *adj.* **1** glaciale: *air, vent glacial* aria, vento glaciale; *océan glacial* oceano glaciale **2** (*fig.*) *un accueil glacial* una accoglienza glaciale, gelida; *un homme glacial* un uomo glaciale → **insensible, froid** Ⓒ 1 **chaud,** 2 **accueillant, chaleureux.**

glacialement |glasjalmɑ̃| *adv.* (*rare*) [→ GLACIAL 2] glacialmente, gelidamente.

glaciation |glasjɑsjɔ̃| *s.f.* (*géol.*) glaciazione.

1 **glacier** |glasje| *s.m.* ghiacciaio*: *glaciers polaires* ghiacciai polari.

2 **glacier** |glasje| *s.m.* [*celui qui prépare ou débite des glaces*] gelataio* *s.*, gelatiere (*s.*): *pâtissier-glacier* pasticciere-gelataio.

glacière |glasjɛʀ| *s.f.* **1** [*armoire hermétiquement close et tapissée de matières isolantes pour conserver la glace*] ghiacciaia: *mettre un bloc de glace dans la glacière* mettere un blocco di ghiaccio nella ghiacciaia ◇ (*abusiv.*) [*réfrigérateur*] frigorifero *m.* **2** (*fam.*) [*lieu extrêmement froid*] ghiacciaia: *cette chambre est une glacière, une vraie glacière* questa camera è una ghiacciaia, una vera ghiacciaia.

glaciologie |glasjɔlɔʒi| *s.f.* (*sc.*) glaciologia*.

glaciologique |glasjɔlɔʒik| *adj.* glaciologico*.

glaciologue |glasjɔlɔg| *s.* studioso, esperto di glaciologia.

1 **glacis** |glasi| *s.m.* **1** [*talus incliné qui s'étend en avant d'une fortification*] spalto **2** (*archit.*) conversa *f.*, compluvio*.

2 **glacis** |glasi| *s.m.* [*mince couche de couleur, transparente, qu'on étend*

sur des couleurs déjà sèches] velatura (*f.*): *étendre les glacis sur une toile* distendere la velatura su una tela.

glaçon |glasɔ̃| *s.m.* **1** [*morceau de glace*] pezzo di ghiaccio: *froid comme un glaçon* freddo come un pezzo di ghiaccio; *la rivière charrie des glaçons* il fiume trasporta dei pezzi di ghiaccio ◇ [*petit cube de glace artificielle*] cubetto di ghiaccio: *mettre un glaçon dans son verre* mettere un cubetto di ghiaccio nel bicchiere **2** (*fig.*, *fam.*) [*personne froide, surtout en amour*] pezzo di ghiaccio: *c'est un vrai glaçon* è un vero pezzo di ghiaccio.

gladiateur |gladjatœʀ| *s.m.* gladiatore.

glaïeul |glajœl| *s.m.* (*t.bot.*) gladiolo ◇ (*cour.*) *gerbe de glaïeuls* fascio di gladioli.

glaire |glɛʀ| *s.f.* **1** [*blanc d'œuf cru*] albume (*m.*): *séparer la glaire et le jaune d'œuf* separare l'albume dal tuorlo **2** [*matière visqueuse que sécrètent les muqueuses dans certains états pathologiques*] muco* *m.*

glaireux, euse |glɛʀø, øz| *adj.* [*qui a la nature ou l'aspect de la glaire*] mucoso.

glaise |glɛz| *s.f.* [*terre grasse compacte et plastique, imperméable*] creta: *ébauche en glaise d'une statue* abbozzo in creta di una statua → **argile, marne** ✦ (*adj.*) *terre glaise* creta *s.f.*

glaiseux, euse |glɛzø, øz| *adj.* [*qui contient de la glaise*] cretaceo: *sol glaiseux* terreno cretaceo.

glaive |glɛv| *s.m.* **1** (*hist. rom.*) gladio* **2** (*littér.*) [*symbole de la guerre, de la justice divine*] spada *f.*

glanage |glanaʒ| *s.m.* [→ GLANER 1] spigolatura *f.*

gland |glɑ̃| *s.m.* **1** [*fruit du chêne*] ghianda (*f.*): *ramasser des glands pour les cochons* raccogliere ghiande per i maiali ◇ (*passementerie*) *glands de cordelière, de coussin* ghiande di cordone, di cuscino; *gland de soie, d'or* ghianda di seta, d'oro **2** (*anat.*) glande.

glandage |glɑ̃daʒ| *s.m.* (*agric.*) luogo* dove si raccolgono le ghiande ◇ (*ancienn.*) [*droit de ramasser les glands*] ghiandatico*, escatico*.

glande |glɑ̃d| *s.f.* **1** (*anat.*, *cour.*) ghiandola: *glandes salivaires, mammaires, sudoripares* ghiandole salivari, mammarie, sudoripare; *glandes ouvertes* (*exocrines*) ghiandole a secrezione esterna (esocrine); *glandes closes* (*endocrines*) ghiandole a secrezione interna (endocrine); *glande pinéale* (*épiphyse*) ghiandola pineale (epifisi); *glande pituitaire* (*hypophyse*) ghiandola pituitaria (ipofisi); *glandes, capsules surrénales* ghiandole surrenali; *glande, corps tyroïde* ghiandola tiroidea (tiroide); *glandes génitales, reproductrices, sexuelles* ghiandole genitali, riproduttrici, sessuali **2** (*pathol.*) adenoma *m.* → **adénome** ◇ (*cour.*) *enfant qui a des glandes* bambino linfatico* *adj.* → **adénite.**

glandulaire |glɑ̃dylɛʀ| *adj.* **1** [*qui a la nature ou la forme d'une glande*] glanduloso **2** [*qui a rapport aux glandes*] ghiandolare: *troubles glandulaires* turbe ghiandolari.

glandule |glɑ̃dyl| *s.f.* (*anat.*) piccola ghiandola: *glandules thymiques, thyroïdes* piccole ghiandole timiche, tiroidee.

glanduleux, euse |glɑ̃dylø, øz| *adj.* → **glandulaire.**

glane |glan| *s.f.* [→ GLANER 1] spigolatura: *droit de glane* diritto di spigolatura.

glaner |glane| *v.tr.* **1** [*ramasser dans les champs, après la moisson, les épis qui ont échappé aux moissonneurs*] spigolare: *glaner un champ* spigolare un campo; *glaner du froment* spigolare il frumento # *glaner quelques épis* raccattare qualche spiga ✦ (*absolt.*) *trouver à glaner* trovare da spigolare **2** (*fig.*) [*recueillir par-ci par-là des bribes dont on peut tirer parti*] spigolare: *il n'y a plus rien à glaner* non c'è più nulla da spigolare → **butiner, grappiller.**

glaneur, euse |glanœʀ, øz| *s.* [*personne qui glane*] spigolatore*.

glanure |glanyʀ| *s.f.* [*ce que l'on glane*] spigolatura ◇ (*spécialt.*, *fig.*) [*courte note sur un sujet sc.*] spigolature *pl.*

glapir |glapiʀ| **A** *v.intr.* **1** (*se dit des animaux qui poussent un cri* (*aboi, etc.*) *bref et aigu*) guaire (197); stridere, squittire (197): *le renard glapit* la volpe guaisce; *un petit chien qui glapit* un cagnolino che guaisce ‖ *l'épervier, la grue glapissent* lo sparviero, la gru stridono; *le lapin glapit* il coniglio stride, squittisce **2** (*personnes*) [*faire entendre une voix aigre, des cris aigus*] guaire **B** (*v.tr.*) *glapir des injures* [*crier d'une voix très aiguë*] urlare (degli) insulti con voce stridula.

glapissant, ante |glapisɑ̃, ɑ̃t| *adj.* [*qui glapit*] mugolante; stridulo: *animal glapissant* animale mugolante ‖ *une personne glapissante* una persona dalla voce stridula.

glapissement |glapismɑ̃| *s.m.* [*cri aigu de certains animaux*] strido*, grido: *le glapissement du chacal* il grido dello sciacallo ◇ (*personnes*) *il poussait des glapissements* emetteva strida.

glaréole |glaʀeɔl| *s.f.* (*t.zool.*) glareola.

glas |glɑ| *s.m.* [*tintement d'une cloche d'église pour annoncer la mort d'une personne*] rintocco* a morto # *sonner le glas* sonare a morto ◇ (*loc. fig.*) *sonner le glas d'une mode, d'une institution* segnare la fine di una moda, di un'istituzione.

glaucome |glokom| *s.m.* (*méd.*) glaucoma.

glauque |glok| *adj.* glauco*: *lumière glauque* luce glauca → **verdâtre.**

glèbe |glɛb| *s.f.* (*littér.*) gleba ◇ (*féod.*) *serfs attachés à la glèbe* servi della gleba.

gléchome, glécome |glekom| *s.m.* (*t.bot.*) glechoma, edera *f.* terrestre.

1 **glène** |glɛn| *s.f.* (*anat.*) glene.

2 **glène** |glɛn| *s.f.* (*mar.*) duglia, rotolo *m.*

gléner |glene| (8) *v.tr.* (*mar.*) [*lover un cordage*] abbisciare.

glénoïdal, ale, aux |glenɔidal, o| *adj.* (*anat.*) glenoidale, glenoideo: *cavité glénoïdale de l'omoplate* cavità glenoidale, glenoidea della scapola.

glénoïde |glenɔid| *adj.* (*anat.*) glenoideo → **glénoïdal** ✦ (*s.f.*) *la glénoïde du tibia* la glenoide della tibia.

gliome |glijom| *s.m.* (*méd.*) glioma.

glissade |glisad| *s.f.* [*mouvement que l'on fait en glissant*] scivolone *m.*, sdrucciolone (*m.*): *faire une glissade* fare uno scivolone; *faire des glissades sur la glace* fare scivoloni sul ghiaccio ◇ (*danse*) passo *m.* strisciato → **glissé** ◇ (*aviat.*) scivolata: *glissade sur l'aile, sur la queue* scivolata d'ala, di coda.

glissage |glisaʒ| *s.m.* trasporto (del legname) mediante la slitta → **schlittage.**

glissance |glisɑ̃s| *s.f.* [*caractère glissant*] scivolosità *inv.*, sdrucciolevolezza.

glissando |glisɑ̃do| *s.m.* (*mus.*) glissando, nota *f.* scivolata.

glissant, ante |glisɑ̃, ɑ̃t| *adj.* **1** [*où l'on glisse facilement*] scivoloso, sdrucciolevole: *pavé glissant* selciato scivoloso; *chaussée glissante* fondo sdrucciolevole ◇ (*fig.*) pericoloso: *terrain glissant* terreno pericoloso, minato; *pente glissante* china pericolosa **2** [*qui glisse facilement entre les mains ou le long d'un autre corps*] scivoloso: *savon glissant* sapone scivoloso # *poisson glissant qui échappe des mains* pesce guizzante che sfugge dalle mani.

glissé, ée |glise| *adj.* (*danse*) *un pas glissé* un passo strisciato ✦ (*s.m.*) *un glissé* uno strisciato.

glissement |glismɑ̃| *s.m.* [*mouvement de ce qui glisse*] scivolamento; scorrimento: *glissement d'un traîneau sur la neige* scivolamento di una slitta sulla neve ‖ *glissement d'un rideau le long de sa tringle* scorrimento di una tenda lungo la riloga ◇ (*mécan.*) *faciliter le glissement des pièces d'une machine au moyen d'un lubrifiant* facilitare lo scorrimento dei pezzi di una macchina con lubrificante # *frottement de glissement* attrito radente ◇ (*par ext.*) *glissement de terrain* [*déplacement plus ou moins lent des couches superficielles de l'écorce terrestre*] frana *f.*, smottamento ◇ (*fig.*) *le résultat des élections marque un léger glissement à gauche* il risultato delle elezioni segna un leggero slittamento a sinistra → 2 **évolution.**

glisser |glise| **A** *v.intr.* **1** [*se déplacer d'un mouvement continu, volontaire ou non, sur une surface lisse*] scivolare (*aux.* essere), sdrucciolare (*aux.* essere, avere): *elle a glissé sur une pente raide* è scivolata su un pendio ripido; *ils ont glissé sur un parquet ciré, sur une peau de banane* sono sdrucciolati, hanno sdrucciolato su un 'parquet' lucidato, su una buccia di banana ◇ (*loc.*) *glisser des mains* scivolare, sfuggire dalle mani: *le verre m'a glissé des mains* il bicchiere mi è scivolato di mano, m'è sfuggito dalle mani → **échapper,** 1 **tomber** **2** [*avancer comme en glissant*] scivolare: *cygne, embarcation qui glisse au fil de l'eau* cigno, imbarcazione che scivola sul pelo dell'acqua ◇ (*par métaph.*) [*passer, doucement, graduellement, insensiblement*] *la majorité gouvernementale glisse vers la droite* la maggioranza governativa scivola, slitta a destra ◇ (*loc. fig.*) *glisser sur une mauvaise pente* prendere una brutta china **3** [*passer légèrement* (*sur qqch.*)] scivolare, scorrere (127) (*aux.* essere): *ses doigts glissent doucement sur les touches* le sue dita scivolano, scorrono dolcemente sui tasti → **courir,** 1 **passer** ◇ (*par métaph.*) *regard qui glisse sur les choses* sguardo che sfiora *tr.* le cose → **effleurer** **4** (*fig.*) [*ne pas approfondir, ne pas insister*] sorvolare, passarci (*aux.* essere) sopra: *n'insistons pas, glissons* non insistiamo, sorvoliamo, passiamoci sopra **B** *v.tr.* [*faire passer, introduire adroitement ou* *furtivement* (*qqch.*)] infilare: *glisser un levier sous une pierre* infilare una leva sotto una pietra; *glisser du courrier sous la porte de qqn.* infilare la posta sotto la porta di qc.; *glisser un billet dans une enveloppe* infilare un biglietto nella busta → **insinuer, 1 passer** ◇ (*fig.*) *glisser un mot à l'oreille de qqn.* sussurrare una parola all'orecchio di qc. **C** *v. pron.* SE GLISSER **1** *réfl.* [*passer, pénétrer adroitement ou subrepticement quelque part*] infilarsi, introdursi (108): *se glisser dans ses draps* infilarsi sotto le lenzuola → **faufiler (se)** # *se glisser sous une clôture* strisciare sotto una recinzione **2** *intr.* (*fig.*) *un soupçon s'était glissé en moi* un sospetto si era fatto strada, si era insinuato in me; *une erreur s'est glissée dans le texte* è sfuggito un errore nel testo.

glissière |glisjɛʀ| *s.f.* [*pièce métallique retenant par une rainure une autre pièce que le mouvement ferait dévier*] guida (di scorrimento) # *fermeture à glissière* chiusura lampo → 1 **coulisse** ◇ (*techn.*) *glissière de sécurité* barriera di sicurezza, guardrail *m.inv.*

glissoire |gliswaʀ| *s.f.* [*chemin de glace où les enfants s'amusent à glisser*] pista, scivolo *m.* di neve ghiacciata.

global, ale, aux |glɔbal, o| *adj.* globale; totale, complessivo: *conception, solution globale* concezione, soluzione globale → **entier, total** ‖ *revenu global* reddito totale, complessivo; *somme globale* somma totale ◇ (*pédagogie*) *méthode globale* metodo globale Ⓒ **partiel.**

globalement |glɔbalmɑ̃| *adv.* [→ GLOBAL] globalmente, complessivamente.

globalisation |glɔbalizɑsjɔ̃| *s.f.* [→ GLOBALISER] globalizzazione.

globaliser |glɔbalize| *v.tr.* [*prendre, présenter d'une manière globale*] globalizzare.

globalisme |glɔbalism(ə)| *s.m.* globalismo.

globalité |glɔbalite| *s.f.* globalità *inv.*

globe |glɔb| *s.m.* **1** [*boule, sphère*] globo: *le centre, le diamètre d'un globe* il centro, il diametro di un globo ◇ (*anat.*) *globe de l'œil, oculaire* globo dell'occhio, globo oculare **2** GLOBE (TERRESTRE) globo (terrestre); mappamondo **3** [*sphère ou demi-sphère creuse de verre, de cristal*] globo, campana *f.* di vetro: *globe d'un luminaire* globo di un lume; *pendule sous globe* pendolo sotto una campana di vetro ◇ (*fig.*) *mettre sous globe qqn., qqch.* mettere sotto una campana di vetro qc., q.c.

globe-trotter |glɔbtʀɔtœʀ| *s.m.* (*angl.*) [*voyageur qui parcourt le monde*] globe-trotter (*inv.*): *des globe-trotters* dei globe-trotter.

globigérine |glɔbiʒeʀin| *s.f.* (*sc.*) globigerina: *boue à globigérine* fango a globigerina.

globulaire |glɔbylɛʀ| **1** *adj.* globulare: *masses globulaires* ammassi globulari; *anémie globulaire* anemia globulare # *numération globulaire d'une analyse de sang* conteggio dei globuli nell'analisi del sangue **2** *s.f.* (*t.bot.*) globularia.

globule |glɔbyl| *s.m.* globulo: *globules de la lymphe* globuli della linfa; *globules rouges* globuli rossi, eritrociti, emazie; *globules blancs* globuli bianchi, leucociti ◇ (*biol.*) *globules polaires* globuli polari.

globuleux, euse |glɔbylø, øz| *adj.* globuloso: *œil globuleux* occhio globuloso.

globulin |glɔbylɛ̃| *s.m.* (*physiol.*) piastrina *f.*, trombocita → **plaquette.**

globuline |glɔbylin| *s.f.* (*biol.*) globulina.

globulinurie |glɔbylinyʀi| *s.f.* (*méd.*) globulinuria.

glockenspiel |glɔkɛnʃpil| *s.m.* (*all.*) (*mus.*) glockenspiel *inv.*, campanelli *pl.*

gloire |glwaʀ| *s.f.* **1** gloria: *être avide de gloire* essere avido di gloria; *se couvrir de gloire* coprirsi di gloria; *célébrer, vanter la gloire de qqn.* celebrare, decantare la gloria di qc. → **célébrité, honneur, renom** # *dire, publier qqch. à la gloire de qqn.* dire, pubblicare q.c. in onore di qc.; *poème à la gloire de* poema in onore di; *il faut le dire à sa gloire* bisogna dirlo a suo onore → **éloge 2** LA GLOIRE DE QQCH. il merito *m.* di q.c.: *s'attribuer toute la gloire de qqch.* attribuirsi tutto il merito di q.c. → **mérite** ◇ (*loc.*) *se faire gloire de* vantarsi, gloriarsi di: *se faire gloire d'une mauvaise action* vantarsi, gloriarsi di una cattiva azione ~ *rendre gloire à* rendere gloria a ~ *gloire à Dieu* gloria a Dio **3** UNE GLOIRE [*personne célèbre*] una gloria, una celebrità (*inv.*): *il fut une des gloires de son siècle* fu una delle glorie, delle celebrità del suo secolo → **célébrité 4** (*bx-arts*) gloria: *Christ en gloire, au tympan d'une église romane, gothique* Cristo in gloria, sul timpano di una chiesa romanica, gotica Ⓒ 1 **obscurité, déshonneur.**

glome |glɔm| *s.m.* (*vétér.*) glomo.

gloméris |glɔmeʀis| *s.m.* (*t.zool.*) glomere.

glomérule |glɔmeʀyl| *s.m.* [*petit amas*] agglomerato ◇ (*anat.*) glomerulo: *glomérules de Malpighi* glomeruli di Malpighi; *glomérules cérébelleux, glandulaires, olfactifs* glomeruli cerebellari, ghiandolari, olfattivi ◇ (*bot.*) glomerulo.

gloria |glɔʀja| *s.m.inv.* (*liturg. cathol.*) gloria.

glorieusement |glɔʀjøzmɑ̃| *adv.* [→ GLORIEUX 1] gloriosamente: *mourir glorieusement* morire gloriosamente.

glorieux, euse |glɔʀjø, øz| *adj.* **1** glorioso: *glorieux exploits* gloriose imprese; *histoire glorieuse d'un pays* storia gloriosa di un paese; *général glorieux* glorioso generale; *glorieux conquérant* glorioso conquistatore; *mort glorieuse* morte gloriosa # *journée glorieuse* giornata memorabile; *nom glorieux* nome illustre → **célèbre, fameux, illustre** ✦ *s.f.* (*hist.fr.*) *les trois Glorieuses* [*les 27, 28 et 29 juillet 1830*] le tre gloriose giornate del 27, 28, 29 luglio 1830 **2** (*littér.*, *péj.*) [*qui a une trop bonne opinion de sa situation*] fiero (*cour.*), orgoglioso (*cour.*): *glorieux de sa richesse, de son rang* fiero, orgoglioso della propria ricchezza, del proprio rango → **vaniteux** ✦ *s.* (*vx.*) *un glorieux* un vanaglorioso (*cour.*) Ⓒ 2 **modeste.**

glorificateur, trice |glɔʀifikatœʀ, tʀis| *adj. et s.* (*littér.*) glorificatore*.

glorification |glɔʀifikɑsjɔ̃| *s.f.* [→ GLORIFIER A] glorificazione.

glorifier |glɔʀifje| **A** *v.tr.* [*honorer qqn., qqch. en proclamant ses mérites, sa gloire*] glorificare, gloriare: *glorifier une victoire* glorificare una vittoria; *glorifier Dieu* glorificare, gloriare Dio → **célébrer, exalter** # *poème qui glorifie les actions de qqn.* poema che esalta le azioni di qc. → **chanter B** *v.pron. intr.* SE GLORIFIER [*se faire gloire, tirer gloire de*] gloriarsi → **flatter (se).**

gloriole |glɔʀjɔl| *s.f.* vanagloria, gloriola (*rare*): *raconter ses succès par pure gloriole* raccontare i propri successi per pura vanagloria.

glose |gloz| *s.f.* glossa, chiosa: *glose marginale* glossa a margine → **explication, 2 note.**

gloser |gloze| *v.tr.* [*expliquer par une glose, un commentaire*] chiosare, glossare → **annoter, commenter.**

glossaire |glɔsɛʀ| *s.m.* glossario*: *le glossaire du bas latin* il glossario del basso latino ◇ (*par ext.*) [*dictionnaire qui décrit un dialecte*] dizionario* dialettale.

glossateur |glɔsatœʀ| *s.m.* glossatore.

glossématique |glɔsematik| *s.f.* glossematica*.

glossine |glɔsin| *s.f.* (*t.zool.*) glossina.

glossite |glɔsit| *s.f.* (*méd.*) glossite.

gloss(o)- |glɔsɔ| *préf.* (*signifiant 'langue', correspond généralt. à*) glosso: *glossotomie* glossotomia.

glosso-pharyngien, ienne |glɔsɔfaʀɛ̃ʒjɛ̃, jɛn| *adj.* (*anat.*) glossofaringeo: *nerf glosso-pharyngien* nervo glossofaringeo.

glossotomie |glɔsɔtɔmi| *s.f.* (*chir.*) glossotomia.

glottal, ale, aux |glɔtal, o| *adj.* glottale.

glotte |glɔt| *s.f.* (*anat.*) glottide: *coup de glotte* colpo di glottide.

glottique |glɔtik| *adj.* [*relatif à la glotte*] glottale.

glouglou |gluglu| *s.m.* **1** (*onomat., fam.*) (*bruit que fait un liquide qui coule*) glu glu *inv.*, glo glo *inv.* **2** [*cri du dindon, de la dinde*] glu glu.

glouglouter |gluglute| *v.intr.* [*produire un glouglou*] gloglottare, fare (103) *tr.* glo glo, glu glu → **gargouiller.**

gloussant, ante |glusɑ̃, ɑ̃t| *adj.* [*qui fait un bruit de gloussement*] chioccio*: *rire gloussant* risata chioccia.

gloussement |glusmɑ̃| *s.m.* [*cri de la poule, de la gélinotte*] il chiocciare *inv.* ◇ (*par anal.*) *gloussements de satisfaction* risatine *f.* di soddisfazione.

glousser |gluse| *v.intr.* **1** [*pousser des cris brefs, répétés*] chiocciare: *la poule glousse* la gallina chioccia **2** (*par anal.*) [*rire en poussant de petits cris*] ridere (130) a singhiozzi.

glouteron |glutʀɔ̃| *s.m.* → **bardane.**

glouton, onne |glutɔ̃, ɔn| **1** *adj.* [*qui mange avidement, excessivement, en engloutissant les morceaux*] ingordo, vorace: *un enfant glouton* un bambino ingordo → **goinfre, goulu, vorace** # *appétit glouton* appetito insaziabile ✦ (*s.*) *un glouton* un ingordo **2** *s.m.* (*t.zool.*) ghiottone.

gloutonnement |glutɔnmɑ̃| *adv.* [*à la façon d'un glouton*] ingordamente: *manger gloutonnement* mangiare ingordamente ◇ (*fig.*) *lire gloutonnement* leggere avidamente.

gloutonnerie |glutɔnʀi| *s.f.* [*avidi-*

té de glouton] ingordigia*: *une écœurante gloutonnerie* una ingordigia nauseante.

glu |gly| *s.f.* **1** (*bot.*) pania, vischio* *m.* **2** colla forte.

gluant, ante |glyɑ̃, ɑ̃t| *adj.* [*qui est de la nature de la glu*] vischioso, appiccicoso: *mains gluantes* mani appiccicose → **poisseux.**

gluau |glyo| *s.m.* [*branche ou planchette enduite de glu pour prendre les petits oiseaux*] paniuzza *f.*, panione.

glucide |glysid| *s.m.* (*chim.*) glucide, glicide.

glucidique |glysidik| *adj.* glucidico*.

glucinium |glysinjɔm| *s.m.* (*chim.*) berillio*, glucinio*.

gluc(o)- |glyk(ɔ)| *préf.* (*signifiant 'doux, sucre', correspond généralt. à*) gluc(o): *glucide* glucide; *glucomètre* glucometro.

glucomètre |glykɔmɛtʀ(ə)|, **glycomètre** |glikɔmɛtʀ(ə)| *s.m.* glucometro.

glucose |glykoz| *s.m.* (*chim.*) glucosio*.

glucoside |glykozid| *s.m.* (*chim.*) glucoside.

glume |glym| *s.f.* (*bot.*) gluma.

glumelle |glymɛl| *s.f.* (*bot.*) glumetta, glumella.

glutamique |glytamik| *agg.* glutammico*.

gluten |glytɛn| *s.m.* glutine.

glutineux, euse |glytinø, øz| *adj.* glutinoso.

glycémie |glisemi| *s.f.* (*physiol.*) glicemia.

glycémique |glisemik| *adj.* glicemico*.

glycéride |gliseʀid| *s.f.* (*chim.*) gliceride *m.*

glycérie |gliseʀi| *s.f.* (*t.bot.*) glyceria.

glycérine |gliseʀin| *s.f.*, **glycérol** |gliseʀɔl| *s.m.* (*chim.*) glicerina *f.*, glicerolo *m.*

glycérique |glyseʀik| *adj.* (*chim.*) *acide glycérique* acido glicerico*.

glycérophosphate |gliseʀɔfɔsfat| *s.m.* (*méd.*) glicerofosfato.

glycine |glisin| *s.f.* (*t.bot.*) glicine *m.*

glyco- |glikɔ| *préf.* (*signifiant 'doux, sucré', correspond généralt. à*) glico: *glycogénèse* glicogenesi, *glycosurie* glicosuria.

glycocolle |glikɔkɔl| *s.m.* (*chim.*) glicocolla *f.*

glycogène |glikɔʒɛn| *s.m.* (*biol.*) glicogeno.

glycogénèse |glikɔʒenɛz| *s.f.* (*physiol.*) glicogenesi *inv.*

glycogénie |glikɔʒeni| *s.f.* → **glycogénèse.**

glycogénique |glikɔʒenik| *adj.* (*physiol.*) glicogenico*.

glycol |glikɔl| *s.m.* (*chim.*) glicol *inv.*, glicole.

glycolyse |glikɔliz| *s.f.* (*chim.*) glicolisi *inv.*

glycomètre |glikɔmɛtʀ(ə)| *s.m.* → **glucomètre.**

glycosurie |glikozyʀi| *s.f.* (*méd.*) glicosuria.

glycosurique |glikozyʀik| *adj. et s.* (*méd.*) affetto da glicosuria.

glyphe |glif| *s.m.* (*archéol.*) glifo.

glyptique |gliptik| *s.f.* gliptica*, glittica*.

glypto- |gliptɔ| *préf.* (*signifiant 'gravé', correspond généralt. à*) glipto, glitto: *glyptographie* gliptografia, glittografia.

glyptodon |gliptɔdɔ̃|, **glyptodonte** |gliptɔdɔ̃t| *s.m.* (*paléont.*) gliptodonte.

glyptographie |gliptɔgʀafi| *s.f.* gliptografia, glittografia.

glyptothèque |gliptɔtɛk| *s.f.* gliptoteca*, glittoteca*: *la glyptothèque de Munich* la glittoteca di Monaco.

gnaf, gniaf |ɲaf| *s.m.* (*pop.*) → **cordonnier.**

gnangnan, gnian-gnian |ɲɑ̃ɲɑ̃| *adj.inv.* (*fam.*) [*mou, sans énergie, à qui le moindre effort arrache des plaintes*] pappa *s.var.* molle: *elles sont un peu gnangnan* sono un po' pappe molli → 1 **mollasse.**

gneiss |gnɛs| *s.m.* (*minér.*) gneiss *inv.*

gneisseux, euse |gnɛsø, øz|, **gneissique** |gnɛsik| *adj.* (*minér.*) che ha la natura dello gneiss *loc.*

gnète |gnɛt| *s.f.* (*t.bot.*) gnetum *m. inv.*

gnocchi |ɲɔki| *s.m.pl.* (*cuis.*) gnocchi.

gnognote, gnognotte |ɲɔɲɔt| *s.f.* (*fam.*) *c'est de la gnognote* [*quelque chose de tout à fait négligeable*] è una bazzecola.

gnôle, gnole, gniole, gnaule |ɲol| *s.f.* (*fam.*) [*eau-de-vie, alcool*] grappa (*cour.*) # *un petit verre de gnôle* un grappino.

gnome |gnom| *s.m.* gnomo → **lutin, nain.**

gnomique |gnɔmik| *adj.* gnomico*: *poésie gnomique* poesia gnomica.

gnomon |gnɔmɔ̃| *s.m.* gnomone.

gnomonique |gnɔmonik| *s.f.* gnomonica*: *traité de gnomonique* trattato di gnomonica.

gnon |ɲɔ̃| *s.m.* (*pop.*) [*coup*] botta (*f.*): *donner, recevoir des gnons* dare, ricevere delle botte.

-gnose |gnoz|, **-gnosie** |gnozi|, **-gnostique** |gnɔstik| *suff.* (*signifiant 'connaissance', correspondent généralt. à*) gnosi; gnosia; gnostico: *diagnose* diagnosi || *géognosie* geognosia || *diagnostique* diagnostico.

gnose |gnoz| *s.f.* (*philo.*) gnosi *inv.*

gnoséologie |gnozeɔlɔʒi| *s.f.* (*philo.*) gnoseologia*.

gnoséologique |gnozeɔlɔʒik| *adj.* (*philo.*) gnoseologico*.

gnosticisme |gnɔstisism(ə)| *s.m.* (*philo.*) gnosticismo.

gnostique |gnɔstik| *s. et adj.* gnostico*.

gnou |gnu| *s.m.* (*t.zool.*) gnu *inv.*

go (tout de) |tudgo| *loc.adv.* (*fam.*) [*directement, sans détour*] chiaro e tondo; senza (tanti) complimenti # *n'allez pas lui avouer cela tout de go* non andate a spiattellarglielo in faccia ◊ [*librement, sans façon ni cérémonie*] senza (tanti) complimenti: *il est entré tout de go* è entrato senza tanti complimenti.

gobelet |gɔblɛ| *s.m.* **1** [*récipient pour boire*] boccale, ciotola *f.* → **godet, timbale** ◊ (*par ext.*) *boire un gobelet de vin* bere un boccale di vino **2** [*instrument de prestidigitation; récipient servant à lancer les dés*] bussolotto.

gobelin |gɔblɛ̃| *s.m.* 'gobelin' *inv.*

gobe-mouche(s) |gɔbmuʃ| *s.m.* **1** (*t.zool.*) pigliamosche (*inv.*): *des gobe-mouches* dei pigliamosche **2** (*fig., fam., vieilli*) [*homme crédule*] credulone → 2 **gogo, naïf** ◊ (*loc.*) *faire le gobe-mouche dans les rues* fare il perdigiorno, bighellonare per le strade → **badaud.**

gober |gɔbe| **A** *v.tr.* **1** [*avaler brusquement en aspirant et généralt. sans mâcher*] ingoiare, trangugiare: *gober une huître* ingoiare un'ostrica; *gober un œuf cru* trangugiare un uovo crudo ◊ (*fam.*) sbafare (*pop.*) ◊ (*pop.*) [*attraper, choper*] acchiappare: *on l'a gobé* l'hanno acchiappato ◊ (*fig., fam.*) *il gobe tout ce qu'on lui dit* beve tutto quel che gli si dice → **avaler 2** (*fam.*) [*estimer, apprécier*] digerire (197): *elle ne le gobe pas beaucoup* non lo può digerire **B** *v.pron.intr.* SE GOBER [*avoir une haute opinion de soi-même; être plein de suffisance*] darsi (102) delle arie; assumere (118) *tr.* un'aria di sufficienza, di superiorità.

goberger (se) |gɔbɛʀʒe| (3) *v. pron. intr.* [*prendre ses aises, bien se traiter, faire bombance*] godersela, far (103) *tr.* baldoria, bisboccia.

gobeur, euse |gɔbœʀ, øz| *s. et adj.* (*fam.*) [*crédule, naïf*] credulone.

gobie |gɔbi| *s.m.* (*t.zool.*) (*rare*) gobione, ghiozzo (di fiume).

godage |gɔdaʒ| *s.m.* [*état de ce qui gode*] falsa piega* *f.*, grinza *f.* → **godet** 3.

godailler |gɔdaje| *v.intr.* → **goder.**

godasse |gɔdas| *s.f.* (*fam.*) [*chaussure*] scarpa (*cour.*).

godelureau |gɔdlyʀo| *s.m.* (*péj.*) [*jeune élégant*] damerino, zerbinotto → **freluquet.**

goder |gɔde|, **godailler** |gɔdaje| *v.intr.* (*cout.*) [*faire de faux plis*] fare (103) *tr.* brutte, false pieghe, grinze: *jupe qui gode* (*godaille*) gonna che fa brutte pieghe.

godet |gɔdɛ| *s.m.* **1** [*petit récipient à boire sans pied ni anse*] ciotola *f.*, scodella *f.* → **gobelet** ◊ (*pop.*) bicchierino, bicchiere → **verre 2** (*méc.*) tazza (*f.*): *roue à godets* ruota a tazze; *chaîne à godets* catena (di draga) a tazze **3** [*faux pli d'un vêtement, d'une étoffe*] piega* *f.* falsa, sbuffo ◊ (*cout.*) *jupe à godets* gonna a 'godet'.

godiche |gɔdiʃ| *adj.* (*fam.*) [*benêt, maladroit*] goffo: *qu'il est godiche!, quel air godiche!* come è goffo!, che aria goffa! ♦ (*s.*) *quelle godiche, cette fille!* che sempliciotta, quella ragazza!

godille |gɔdij| *s.f.* **1** (*mar.*) remo *m.* di coda (da bratto) **2** (*ski*) [*technique de descente*] cortoraggio* *m.*, scodinzolo *m.*

godiller |gɔdije| *v.intr.* **1** [*manœuvrer* (*une embarcation*) *avec la godille*] brattare, vogare a bratto **2** [*faire la godille, en ski*] fare (103) *tr.* il cortoraggio, lo scodinzolo.

godillot |gɔdijo| *s.m.* [*chaussure milit.*] scarpone ◊ (*fam.*) [*gros soulier*] scarpa *f.* (*cour.*), scarpone (*cour.*) → **godasse.**

godiveau |gɔdivo| *s.m.* (*cuis.*) chenella *f.*

godron |gɔdʀɔ̃| *s.m.* **1** [*ornement creux ou saillant aux bords de la vaisselle d'argent*] ovolo, baccello ◊ (*archit., menuis.*) baccello **2** (*ancienn.*) [*gros pli rond et empesé d'une fraise, d'un jabot*] cannoncino: *collerette à godrons* gorgiera a cannoncini.

godronnage |gɔdʀɔnaʒ| *s.m.* [→

GODRONNER 2] pieghettatura (*f.*): *le godronnage élégant d'un jabot* l'elegante pieghettatura di un davantino.
godronner |gɔdʀɔne| *v.tr.* **1** [*border, orner de godrons*] ornare con ovoli, con baccelli **2** [*plisser, friser en godrons*] pieghettare ✦ (*au p.p.*) *manchette godronnée* polsino pieghettato.
goéland |gɔelɑ̃| *s.m.* (*t.zool.*) gavina *f.*
goélette |gɔelɛt| *s.f.* **1** [*bateau léger à deux mâts*] goletta: *goélette de pêche* goletta da pesca, peschereccio* *m.* **2** [*voile aurique*] vela aurica* ✦ (*appos.*) *misaine goélette* randa di trinchetto *loc. inv.* → **fortune.**
goémon |gɔemɔ̃| *s.m.* [*algues marines*] 'goémon' *inv.* → **varech** ◇ (*par ext.*) [*engrais fait de goémon*] concime di 'goémon'.
1 **gogo** |gɔgo| *s.m.* (*fam.*) [*homme crédule et niais*] credulone, sempliciotto: *c'est bon pour les gogos* va bene per i creduloni → **naïf.**
2 **gogo (à)** |agɔgo| *loc.adv.* (*fam.*) [*abondamment, à discrétion*] in abbondanza, a profusione: *avoir tout à gogo* avere tutto in abbondanza, a volontà.
goguenard, arde |gɔgnaʀ, aʀd(ə)| *adj.* [*qui a l'air de se moquer d'autrui*] canzonatorio*, beffardo: *ton, sourire goguenard* tono, sorriso canzonatorio, beffardo → **moqueur, narquois.**
goguenardise |gɔgnaʀdiz| *s.f.* [*plaisanterie, raillerie*] burla, presa in giro: *un ton de goguenardise* un tono da burla, da presa in giro.
goguette |gɔgɛt| *s.f.* (*dans la loc. fam.*) EN GOGUETTE [*émoustillé, légèrement ivre*] brillo (*adj.*): *être en goguette* essere brillo.
goï, goïm |gɔi| *s.m.* → **goy.**
goinfre |gwɛ̃fʀ(ə)| *s.m. et adj.* [*individu qui mange avec excès et salement*] mangione *s.*, ingordo *s.* → **glouton, goulu** # *se jeter sur un plat comme un goinfre* gettarsi su un piatto come un maiale.
goinfrer (se) |gwɛ̃fʀe| *v.pron.réfl.* [*manger comme un goinfre*] rimpinzarsi, abbuffarsi.
goinfrerie |gwɛ̃fʀəʀi| *s.f.* [*manière de manger du goinfre*] voracità *inv.*, ingordigia*.
goitre |gwatʀ(ə)| *s.m.* (*méd., cour.*) gozzo.
goitreux, euse |gwatʀø, øz| *adj.* **1** [*qui est de la nature du goitre*] gozzuto # *tumeur goitreuse* gozzo **2** [*qui est atteint d'un goitre*] gozzuto ✦ (*s.*) *un goitreux* un gozzuto.
golden |gɔldɛn| *s.f.inv.* [*pomme à manger au couteau, à peau jaune et à chair juteuse*] golden (delicious). ✦ (*appos.*) *des pommes golden* delle mele golden.
golf |gɔlf| *s.m.* **1** (*sport*) golf *inv.* # *golf-miniature* minigolf **2** *culottes, pantalon de golf, des golfs* [*bouffants, et serrés au-dessous du genou*] calzoni alla zuava.
golfe |gɔlf(ə)| *s.m.* (*géogr.*) golfo: *le golfe du Mexique* il golfo del Messico # *petit golfe* baia *f.*
golfeur, euse |gɔlfœʀ, øz| *s.* (*sport*) golfista, giocatore* di golf.
golmot(t)e |gɔlmɔt| *s.f.* → **lépiote, amanite.**
goménol |gɔmenɔl| *s.m.* (*nom déposé*) (*méd.*) gomenolo.
goménolé, ée |gɔmenɔle| *adj.* (*méd.*) gomenolato.
gomina |gɔmina| *s.f.* (*nom déposé*) [*pommade pour les cheveux*] brillantina.
gominer (se) |gɔmine| *v.pron. réfl.* [*passer ses cheveux à la gomina*] impomatarsi *tr.* i capelli: *elle s'est gominée, elle s'est gominé les cheveux* si è impomatata i capelli ✦ (*au p.p.*) *cheveux gominés* capelli impomatati.
gommage |gɔmaʒ| *s.m.* [→ GOMMER 1] gommatura (*f.*): *gommage des tissus, des étoffes* gommatura dei tessuti, delle stoffe.
gomme |gɔm| *s.f.* **1** gomma: *gomme arabique, d'Arabie* gomma arabica ◇ (*par ext.*) *gomme-gutte* gomma gutta, gommagutta; *pastilles de gomme* pastiglie di gomma; *gomme à mâcher* [*chewing-gum*] gomma da masticare, chewing-gum *m.inv.* # *gommes-résines* gommoresine; *boules de gomme* gommoni **2** [*bloc de caoutchouc servant à effacer*] gomma (per cancellare) **3** (*bot.*) gommosi *inv.*; mal *m.* della gomma ◇ (*pathol.*) gomma **4** (*pop.*) *un individu, un type à la gomme* [*incapable, sans valeur*] un buono a nulla, un rammollito **5** (*pop.*) *mettre la gomme, toute la gomme* [*activer l'allure* (*d'un véhicule, d'un moteur*)] spingere a fondo, al massimo (un motore).
gommé, ée |gɔme| *adj.* [*enduit de gomme*] gommato: *enveloppe gommée* busta gommata; *papier gommé* carta gommata.
gomme-gutte |gɔmgyt| *s.f.* → **gomme** 1.
gommer |gɔme| *v.tr.* **1** (*techn.*) [*enduire de gomme*] gommare, ingommare: *gommer les bords d'une enveloppe* gommare, ingommare i bordi di una busta **2** [*effacer avec une gomme*] cancellare: *gommer un dessin, un mot* cancellare un disegno, una parola ◇ (*fig.*) *gommer les difficultés* attenuare le difficoltà.
gomme-résine |gɔmʀezin| *s.f.* → **gomme** 1.
gommeux, euse |gɔmø, øz| **1** *adj.* [*qui produit de la gomme*] gommoso: *arbres gommeux et résineux* alberi gommosi e resinosi ◇ [*qui est de la nature de la gomme*] *substance gommeuse* sostanza gommosa **2** *s.m.* [*autrefois, jeune homme d'une élégance excessive et ridicule*] damerino, gagà *inv.*
gommier |gɔmje| *s.m.* (*bot.*) albero gommifero *adj.*
gommifère |gɔ(m)mifɛʀ| *adj.* → **gummifère.**
gommose |gɔmoz| *s.f.* → **gomme** 3.
gonade |gɔnad| *s.f.* (*anat.*) gonade.
gonadique |gɔnadik| *adj.* gonadico*.
gonadostimuline |gɔnadɔstimylin|, **gonadotrophine** |gɔnadɔtʀɔfin| *s.f.* (*biol.*) gonadostimolina, gonadotropina.
gonadotrope |gɔnadɔtʀɔp| *adj.* (*biol.*) gonadotropo.
-gonal |gɔnal| *suff.* (*signifiant 'angle', correspond généralt. à*) gonale: *orthogonal* ortogonale.
gond |gɔ̃| *s.m.* (*techn., cour.*) cardine, ganghero → **charnière** ◇ (*loc. fig.*) *sortir de ses gonds* uscire dai gangheri, essere fuori dai gangheri ~ *jeter, mettre qqn. hors de ses gonds* far uscire qc. dai gangheri.
gondolage |gɔ̃dɔlaʒ|, **gondolement** |gɔ̃dɔlmɑ̃| *s.m.* [→ GONDOLER A 1; B 1] imbarcamento, imbarcatura (*f.*): *le gondolage du bois* l'imbarcamento, l'imbarcatura del legno.
gondolant, ante |gɔ̃dɔlɑ̃, ɑ̃t| *adj.* (*pop.*) [*qui fait rire*] spassoso (*cour.*), divertente (*cour.*): *c'est gondolant, cette histoire* è spassosa, è divertente questa storia → **amusant, tordant.**
gondole |gɔ̃dɔl| *s.f.* gondola ◇ [*présentoir de libre-service*] gondola.
gondoler |gɔ̃dɔle| **A** *v.intr.* **1** [*se recourber dans certaines parties*] curvarsi *pron.*, piegarsi *pron.*, incurvarsi (*pron.*): *planche qui gondole* asse che si curva; *carton qui gondole* cartone che si piega; *tôle qui gondole* lamiera che s'incurva, si deforma **2** (*mar.*) [*être relevé de l'avant et de l'arrière comme une gondole*] sollevarsi *pron.* come una gondola **B** *v.pron.intr.* SE GONDOLER **1** [→ *intr.* 1] incurvarsi; piegarsi: *cette planche s'est gondolée* quest'asse si è incurvato **2** (*fam.*) [*se tordre de rire*] torcersi (189) dal ridere, sbellicarsi dalle risa.
gondolier, ière |gɔ̃dɔlje, jɛʀ| *s.* gondoliere *m.*
-gone |gɔn| **1** *suff.* (*signifiant 'angle', correspond généralt. à*) gono: *décagone* decagono **2** *suff.* (*signifiant 'génération', correspond généralt. à*) gonio: *oogone* oogonio.
gonfanon |gɔ̃fanɔ̃|, **gonfalon** |gɔ̃falɔ̃| *s.m.* (*au moyen âge*) gonfalone, vessillo → **oriflamme.**
gonfanonier |gɔ̃fanɔnje|, **gonfalonier** |gɔ̃falɔnje| *s.m.* (*ancienn.*) [*porteur du gonfalon*] gonfaloniere, vessillifero: *gonfalonier de justice* gonfaloniere di giustizia.
gonflage |gɔ̃flaʒ| *s.m.* [→ GONFLER] gonfiatura (*f.*): *gonflage des pneus* gonfiatura dei pneumatici.
gonflé, ée |gɔ̃fle| *adj.* **1** → **gonfler** **2** (*fam.*) *être gonflé à bloc* [*rempli d'une ardeur et d'une assurance à toute épreuve*] essere su di giri ◇ (*pop.*) *il est vraiment gonflé!* [*il est courageux, il a du culot*] ha proprio un bel coraggio!; ha una bella faccia tosta! Ⓒ **2** **dégonflé, peureux, timide.**
gonflement |gɔ̃fləmɑ̃| *s.m.* [→ GONFLER] gonfiatura *f.*; gonfiore: *gonflement d'un ballon* gonfiatura di un pallone ‖ *gonflement d'une partie du corps* gonfiore, tumefazione di una parte del corpo # *gonflement d'un organe* rigonfiamento di un organo → **dilatation, enflure** ◇ (*fig.*) [*augmentation exagérée*] aumento (eccessivo): *gonflement de la circulation des billets* aumento delle banconote in circolazione → **inflation.**
gonfler |gɔ̃fle| **A** *v.tr.* **1** [*distendre en remplissant d'air, de gaz*] gonfiare: *gonfler un ballon, un pneu* gonfiare un pallone, un pneumatico; *gonfler sa poitrine, ses joues* gonfiare il petto, le guance **2** [*faire augmenter de volume*] gonfiare ✦ (*au p.p.*) *torrent gonflé par les pluies* torrente gonfio* *adj.* per le piogge; *yeux gonflés de larmes* occhi gonfi di lacrime; *éponge gonflée d'eau* spugna intrisa d'acqua **3** (*fig.*) [*remplir à l'excès ou complètement*] riempire: *ses succès l'ont gonflé d'orgueil* i successi lo hanno riempito d'orgoglio # *cœur gonflé de chagrin* cuore gonfio di dolore; *cœur gonflé d'enthousiasme* cuore traboccante d'entusiasmo **4** [*exagérer, surestimer*] gonfiare: *gonfler l'importance*

d'un incident gonfiare (la portata di) un incidente; *gonfler le nombre des manifestants* gonfiare il numero dei manifestanti **B** *v.intr.* [*augmenter de volume*] gonfiare (*aux.* essere), gonfiarsi (*pron.*): *crème, pâte qui gonfle* crema, pasta che si gonfia; *le genou a gonflé* il ginocchio si è gonfiato → **enfler, grossir C** *v.pron.intr.* SE GONFLER [*devenir gonflé, enflé*] gonfiarsi ◇ (*fig.*) *se gonfler d'orgueil* gonfiarsi d'orgoglio 🄲 A 1 **dégonfler.**

gonfleur |gɔ̃flœʀ| *s.m.* (*techn.*) gonfiatoio* # *gonfleur à air comprimé* pompa ad aria compressa.

gong |gɔ̃(g)| *s.m.* gong *inv.* ◇ (*boxe*) *coup de gong qui annonce le début d'un round* colpo di gong che annuncia l'inizio di una ripresa.

gongorisme |gɔ̃gɔʀism(ə)| *s.m.* gongorismo.

-gonie |gɔni(ə)| *suff.* (*signifiant 'génération', correspond généralt. à*) gonia: *cosmogonie* cosmogonia.

gonio- |gɔnjɔ| *préf.* (*signifiant 'angle', correspond généralt. à*) gonio: *goniomètre* goniometro.

goniomètre |gɔnjɔmɛtʀ(ə)| *s.m.* (*géom.*) goniometro ◇ (*radio*) → **radiogoniomètre.**

goniométrie |gɔnjɔmetʀi| *s.f.* (*géom.*) goniometria.

goniométrique |gɔnjɔmetʀik| *adj.* (*géom.*) goniometrico*.

go(n)nelle |gɔnɛl| *s.f.* (*t.zool.*) gunnello *m.*, farfalla di mare.

gonochorisme |gɔnɔkɔʀism(ə)| *s.m.* (*biol.*) gonocorismo.

gonococcie |gɔnɔkɔksi| *s.f.* (*méd.*) gonorrea → **blennorragie.**

gonocoque |gɔnɔkɔk| *s.m.* (*méd.*) gonococco*.

gonze |gɔ̃z| *s.m.*, **gonzesse** |gɔ̃zɛs| *s.f.* **1** *s.m.* (*arg.*) [*gars, homme*] tipo **2** *s.f.* (*vulg.*) [*femme*] tipa (*fam.*) # *c'est ma gonzesse* è la mia donna.

gord |gɔʀ| *s.m.* (*pêche*) chiusa *f.*, pescaia *f.*

gordien |gɔʀdjɛ̃| (*adj.m.*) *nœud gordien* nodo gordiano.

goret |gɔʀɛ| *s.m.* **1** [*jeune cochon*] maialino, lattonzolo ◇ (*fam.*) [*enfant sale*] *va te laver, petit goret!* va a lavarti, porcellino! **2** (*mar.*) frettazzo.

gorfou |gɔʀfu| *s.m.* (*t.zool.*) pinguino dal ciuffo.

1 **gorge** |gɔʀʒ(ə)| *s.f.* **I 1** (*anat., cour.*) gola: *serrer la gorge* serrare, stringere la gola; *couper la gorge à qqn.* tagliare la gola a qc., sgozzare qc. → **kiki** (*pop.*) ◇ (*loc. fig.*) *prendre qqn. à la gorge* prendere qc. per la gola, per il collo ~ *mettre à qqn. le couteau, le pistolet sur, sous la gorge* mettere il coltello, la pistola alla gola di qc. ~ *tendre la gorge* piegare il collo; non opporre resistenza ◇ (*animaux*) petto (*m.*): *gorge d'un oiseau, d'un pigeon* petto di un uccello, di un piccione **2** (*littér.*) [*seins de la femme*] seno *m.* (*cour.*), petto (*cour.*) → **buste, poitrine II 1** [*cavité intérieure du cou*] gola: *mal de gorge* mal di gola; *voix de gorge* voce di gola, gutturale; *gorge serrée par l'angoisse* gola serrata dall'angoscia; *l'odeur âcre nous prenait à la gorge* l'odore pungente ci prendeva alla gola; *crier à pleine gorge* gridare a piena gola, a squarciagola; *chanter à pleine gorge* cantare a gola spiegata; *rire à gorge déployée* ridere a piena gola → **gosier** ◇ (*loc. fig.*) *faire rentrer à qqn. ses mots dans la gorge* far rimangiare a qc. le sue parole ~ *avoir un chat, une boule dans la gorge* essere rauco, avere la raucedine **2** (*loc.*) *faire des gorges chaudes de qqch.* [*se répandre en plaisanteries malveillantes*] fare scherzi da prete a qc. → **moquer (se)** ~ *il a rendu gorge* [*il a restitué de force ce qu'il avait pris par des moyens illicites*] è stato costretto a restituire il maltolto.

2 **gorge** |gɔʀʒ(ə)| *s.f.* **1** [*vallée étroite et encaissée*] gola: *les gorges du Tarn* le gole del Tarn ◇ (*fortif.*) gola **2** [*partie creuse, cannelure, rainure*] gola; scanalatura: *gorge d'une poulie* gola di una carrucola || *gorge d'un étui de cartouche* scanalatura di un bossolo (di cartuccia).

gorge-de-pigeon |gɔʀʒdəpiʒɔ̃| *adj.inv.* [*d'une couleur à reflets changeants comme la gorge du pigeon*] cangiante *var.*

gorgée |gɔʀʒe| *s.f.* [*quantité de liquide qu'on avale en un seul mouvement de déglutition*] sorso *m.*, sorsata: *boire à petites gorgées* bere a piccoli sorsi.

gorger |gɔʀʒe| (3) **A** *v.tr.* **1** [*remplir* (*de nourriture*) *avec excès*] ingozzare, rimpinzare: *ils nous ont gorgés des produits de leur ferme* ci hanno ingozzato, rimpinzato dei prodotti della loro fattoria **2** *au p.p.* GORGÉ DE... [*complètement imprégné, saturé*] impregnato, intriso di...: *terre gorgée d'eau* terra impregnata, intrisa d'acqua **B** *v.pron. réfl.* SE GORGER [→ *tr.* 1] ingozzarsi, rimpinzarsi → **bourrer (se), empiffrer (s').**

gorgerette |gɔʀʒəʀɛt| *s.f.* (*ancienn.*) [*collerette de femme*] gorgiera, goletta.

gorgerin |gɔʀgəʀɛ̃| *s.m.* **1** (*ancienn.*) [*partie inférieure d'un casque servant à protéger le cou*] gorgiera *f.*, goletta *f.* **2** (*archit.*) gola *f.*

gorget |gɔʀʒɛ| *s.m.* (*techn.*) **1** [*rabot pour faire les moulures dites 'gorges'*] incorsatoio* **2** [*petite moulure ou gorge*] scanalatura *f.*, gola *f.*

gorgone |gɔʀgɔn| *s.f.* **1** (*archit., mythol.*) gorgone **2** → **polypier.**

gorgonzola |gɔʀgɔ̃zɔla| *s.m.* gorgonzola *inv.*

gorille |gɔʀij| *s.m.* **1** (*t.zool.*) gorilla *inv.* **2** (*fam.*) [*garde du corps*] gorilla.

gosier |gozje| *s.m.* **1** [*arrière-gorge et pharynx*] gola *f.*, strozza (*f.*): *gosier obstrué, serré* gola chiusa → **dalle** (*pop.*) ◇ (*anat.*) *l'isthme du gosier* l'istmo delle fauci *f.pl.* **2** [*siège de la voix*] gola: *chanter, crier à plein gosier* cantare, gridare a piena gola, a squarciagola → **égosiller (s').**

gospel |gɔspɛl| *s.m.inv.* (*angl.*) gospel.

gosse |gɔs| *s.* **1** (*fam.*) [*enfant, jeune garçon ou fille*] bambino *m.*, bambina (*f.*): *un gosse d'une dizaine d'années* un bambino di circa dieci anni; *un sale gosse* un bambino terribile # *c'est un grand gosse, un vrai gosse* è un bambinone ◇ (*fam., pop.*) *avoir une femme et des gosses* avere moglie e figli ✦ (*adj.*) *j'étais encore tout gosse* ero ancora bambino → **môme 2** (*pop.*) *un beau gosse* un fusto; *être beau gosse* essere un fusto; *une belle gosse* un tocco (un pezzo) di ragazza.

gothique |gɔtik| *adj.* **1** (*bx-arts*) gotico*: *architecture gothique* architettura gotica; *cathédrale gothique* cattedrale gotica ✦ (*s.m.*) *le gothique* il gotico **2** *écriture gothique* scrittura gotica ✦ (*s.m.*) *le gothique, le gotique* [*la langue*] il gotico.

gotique |gɔtik| → **gothique** 2.

gouache |gwaʃ| *s.f.* (*peint.*) tempera, guazzo (*m.*): *tableau peint à la gouache* quadro dipinto a tempera ◇ (*par ext.*) *une gouache* [*ce tableau*] una tempera, un guazzo.

gouacher |gwaʃe| *v.tr.* (*peint.*) [*rehausser de touches de gouache*] dipingere (119) a tempera, a guazzo ✦ (*au p.p.*) *dessin gouaché* disegno a guazzo.

gouaille |gwɑj|, **gouaillerie** |gwɑjʀi| *s.f.* [*caractère de celui qui aime à plaisanter en se moquant*] motteggio* *m.*, scherno *m.*

gouailler |gwɑje| *v.intr.* (*littér.*) [*dire des railleries*] motteggiare, scherzare → **moquer (se).**

gouaillerie |gwɑjʀi| *s.f.* → **gouaille.**

gouailleur, euse |gwɑjœʀ, øz| *adj.* [*qui aime à railler*] beffardo, schernitore*: *sourire gouailleur* sorriso beffardo → **moqueur, railleur.**

goualante |gwalɑ̃t| *s.f.* (*fam.*) [*chanson, complainte pop.*] cantilena (*cour.*), lamento *m.* (*cour.*).

goualeuse |gwaløz| *s.f.* (*fam.*) [*chanteuse des rues*] cantante, cantastorie *s. inv.*

gouape |gwap| *s.f.* (*pop.*) [*voyou*] canaglia, birbante (*s.*): *ce type est une petite gouape* quel tipo è una piccola canaglia.

goudron |gudʀɔ̃| *s.m.* (*techn.*) catrame: *goudron de houille* catrame di litantrace ◇ (*tr. pub., cour.*) *goudron pour route* bitume (per pavimentazione stradale).

goudronnage |gudʀɔnaʒ| *s.m.* [→ GOUDRONNER] (in)catramatura *f.* ◇ (*spécialt.*) *goudronnage des routes* bitumatura *f.*, asfaltatura *f.* delle strade.

goudronner |gudʀɔne| *v.tr.* [*enduire ou imbiber de goudron*] (in)catramare ✦ (*au p.p.*) *une route goudronnée* una strada asfaltata.

goudronneur |gudʀɔnœʀ| *s.m.* [*ouvrier qui goudronne*] catramatore, asfaltatore.

goudronneuse |gudʀɔnøz| *s.f.* (*techn.*) catramatrice, bitumatrice.

gouet |gwɛ| *s.m.* (*région., vx.*) [*grosse serpe de bûcheron*] roncone.

gouffre |gufʀ(ə)| *s.m.* **1** [*trou vertical, large et profond*] baratro, abisso → **précipice** ◇ (*fig.*) *le gouffre du néant, de l'oubli* il baratro del nulla, dell'oblio; *un gouffre de malheurs, de souffrances* un abisso di miserie, di sofferenze; *être au bord du gouffre* essere sull'orlo del baratro, del precipizio ◇ (*spécialt.*) *ce procès est un gouffre* questo processo è un pozzo di San Patrizio, un pozzo senza fondo → **ruine 2** [*courant tourbillonnaire*] vortice: *le gouffre du Maelstrom* i vortici del Maelstrom.

gouge |guʒ| *s.f.* (*techn.*) sgorbia.

gougère |guʒɛʀ| *s.f.* [*tarte ou chou au fromage*] ⊠.

goujat |guʒa| *s.m.* **1** [*homme dont les indélicatesses sont offensantes*] cafone (*s.*): *vous êtes un goujat* lei è un cafone → **malotru, mufle** ◇ (*vieilli*) [*rustre*] buzzurro *s.*, zotico* *s.* **2** (*vx.*) [*valet d'armée*] saccomanno, saccardo.

goujaterie |guʒatʀi| *s.f.* [*caractère,*

conduite de goujat] cafonaggine ◇ [*action de goujat*] cafonata → **grossièreté, impolitesse, muflerie.**

1 **goujon** |guʒɔ̃| *s.m.* (*techn.*) **1** [*petite gouge de sculpteur*] sgorbia *f.* **2** [*cheville de bois, de métal*] tassello, bietta *f.* ◇ [*broche qui unit les deux parties d'une charnière*] perno → **goupille** ◇ [*clou à deux pointes*] spinotto **3** [*axe de poulie*] asse, perno di puleggia.

2 **goujon** |guʒɔ̃| *s.m.* (*t.zool.*) ghiozzo.

goulag |gulag| *s.m.* gulag *inv.*

goulasch, goulache |gulaʃ| *s.m. ou f.* (*cuis.*) gulasch *m.inv.*

goulée |gule| *s.f.* (*fam.*) [*grosse bouchée*] boccone *m.* ◇ [*grosse gorgée*] (grande) sorso *m.* ◇ (*par ext.*) *une goulée d'air* una boccata d'aria.

goulet |gulɛ| *s.m.* **1** [*passage, couloir étroit*] gola *f.*, stretta *f.* **2** [*entrée étroite d'un port, d'une rade*] imboccatura (*f.*): *franchir le goulet* passare (oltrepassare) l'imboccatura **3** (*vx.*) → **goulot.**

goulot |gulo| *s.m.* [*col étroit d'un récipient*] collo: *goulot d'une bouteille* collo di una bottiglia; *boire au goulot* bere a collo, a fiasco ◇ (*fig.*) *goulot d'étranglement* strozzatura *f.*

goulotte |gulɔt| *s.f.* (*techn.*) **1** canale *m.* di scolo **2** [*conduit incliné*] scivolo *m.*

goulu, ue |guly| *adj.* **1** [*qui mange avec avidité*] ingordo, ghiotto → **glouton** # *regards goulus* sguardi avidi, bramosi → **avide** ✦ (*s.*) *un goulu* un ingordo, un ghiottone **2** (*t.bot.*) *pois goulus, gourmands* (piselli) mangiatutto *s.m.inv.*, taccole *s.f.* → **mangetout** 🄲 1 **frugal, sobre.**

goulûment |gulymɑ̃| *adv.* [→ GOULU 1] avidamente, ingordamente: *manger goulûment* magiare avidamente, ingordamente.

goum |gum| *s.m.* (*ancienn.*) [*contingent milit. fourni par une tribu à l'armée fr. en Algérie*] ⊠.

goumier |gumje| *s.m.* (*ancienn.*) [*cavalier d'un goum*] ⊠.

goupil |gupi(l)| *s.m.* → **renard.**

goupille |gupij| *s.f.* (*techn.*) co(p)piglia.

1 **goupiller** |gupije| *v.tr.* (*techn.*) [*fixer avec des goupilles*] cop(p)igliare, incop(p)igliare: *goupiller une roue sur son axe* cop(p)igliare una ruota sull'asse.

2 **goupiller** |gupije| *v.tr.* (*fam.*) [*arranger, combiner*] arrangiare, combinare # *ça s'est bien, mal goupillé* la cosa si è messa bene, si è messa male.

goupillon |gupijɔ̃| *s.m.* [*instrument liturgique pour asperger d'eau bénite*] aspersorio*.

gourance |guʀɑ̃s| *s.f.* (*pop.*) [→ GOURER (SE)] cantonata, granchio* *m.*

gourbi |guʀbi| *s.m.* **1** [*habitation sommaire des Arabes*] ⊠ → **cabane** **2** [*abri de tranchée*] rifugio* ◇ [*habitation misérable et sale*] stamberga* *f.*, tugurio*.

gourd, gourde |guʀ, guʀd(ə)| *adj.* [*engourdi et comme perclus par le froid*] intorpidito, intirizzito: *avoir les doigts gourds* avere le dita intorpidite.

1 **gourde** |guʀd(ə)| *s.f.* **1** [*bouteille ou bidon protégé par une enveloppe*] borraccia*, fiaschetta **2** (*t.bot.*) lagenaria, zucca* da vino (*pop.*).

2 **gourde** |guʀd(ə)| *s.f.* [*personne niaise, maladroite*] tonto *s.*, stupido *s.* ✦ (*adj.*) *elle est un peu gourde* è un po' tonta; *ce qu'il est gourde!* com'è tonto!

gourdin |guʀdɛ̃| *s.m.* [*gros bâton lourd et solide*] randello, manganello.

gourer (se) |guʀe| *v.pron.intr.* (*pop.*) [*se tromper*] prendere (105) *tr.* una cantonata, un granchio; fare (103) *tr.*, dire (132) *tr.* una castroneria.

gourgandine |guʀgɑ̃din| *s.f.* (*fam.*) [*femme facile, dévergondée*] sgualdrina.

gourmand, ande |guʀmɑ̃, ɑ̃d| *adj.* **1** [*qui aime la bonne nourriture, mange par plaisir*] goloso; ghiotto di: *il est très gourmand* è molto goloso ‖ *il est très gourmand de gibier* è ghiotto di cacciagione ✦ (*s.*) *un gourmand raffiné* un raffinato buongustaio* → **gastronome, gourmet** ◇ (*fig.*) avido, bramoso: *jeter sur une femme des regards gourmands* lanciare sguardi avidi, bramosi su una donna; *être gourmand d'honneurs, de flatteries* essere avido, assetato di onori, di lusinghe; *son associé est gourmand* [*il exige trop d'argent*] il suo socio è avido (di denaro) **2** (*arbor.*) *branche gourmande* pollone *s.m.*, succhione *s.m.* ✦ (*s.m.*) *élaguer les gourmands* potare i polloni, i succhioni 🄲 1 **frugal.**

gourmander |guʀmɑ̃de| *v.tr.* (*littér.*) [*reprendre qqn. en lui adressant des reproches sévères*] redarguire (197), rimproverare (*cour.*) → **gronder, réprimander.**

gourmandise |guʀmɑ̃diz| *s.f.* **1** [*caractère, défaut de celui qui est gourmand*] golosità *inv.*, ghiottoneria **2** *au plur.* [*mets capables de plaire à un gourmand*] ghiottonerie, leccornie → **friandise.**

gourme |guʀm(ə)| *s.f.* **1** (*méd.*) crosta lattea ◇ (*vétér.*) cimurro *m.* **2** (*loc.*) *jeter sa gourme* [*faire ses premières frasques*] fare le prime scappatelle.

gourmé, ée |guʀme| *adj.* [*qui affecte un maintien grave, raide*] compassato: *une personne gourmée* una persona compassata; *air, maintien gourmé* aspetto, contegno compassato → **affecté, important.**

gourmet |guʀmɛ| *s.m.* [*personne qui apprécie les raffinements en matière de boire et de manger*] buongustaio* (*s.*): *il est gros mangeur, mais ce n'est pas un gourmet* è un mangione, ma non un buongustaio → **gastronome.**

gourmette |guʀmɛt| *s.f.* **1** [*chaînette qui fixe le mors dans la bouche du cheval*] barbazzale *m.* **2** (*bijout.*) catena (a maglie piatte).

gournable |guʀnabl(ə)| *s.f.* (*mar.*) caviglia (di legno).

gourou |guʀu| *s.m.* → **guru.**

gousse |gus| *s.f.* **1** (*bot.*) baccello *m.*; siliqua **2** *gousse d'ail* [*chacun des éléments de la tête de l'ail*] spicchio* *m.* d'aglio.

gousset |gusɛ| *s.m.* **1** (*ancienn.*) [*petite bourse*] borsello, borsellino **2** [*petite poche de gilet ou de pantalon*] taschino # *montre de gousset* orologio da tasca **3** (*techn.*) squadra *f.* d'attacco, supporto a mensola **4** (*blas.*) gherone.

goût |gu| *s.m.* **I** **1** gusto: *aliment agréable au goût* alimento gradevole al gusto, di gusto gradevole **2** [*saveur*] sapore, gusto: *goût acide, amer, fade, fort d'un aliment* sapore, gusto acido, amaro, insipido, forte di un alimento; *goût de moisi, de pourri, de roussi* sapore di ammuffito, di marcio, di bruciaticcio ◇ (*loc. fig.*) *mettre en goût* attirare, allettare ~ *faire passer à qqn. le goût du pain* [*lui ôter la vie; lui faire perdre l'envie de recommencer*] togliere di mezzo qc.; far passare a qc. la voglia di ricominciare **II** (*fig.*) **1** [*aptitude à sentir, à discerner les beautés et les défauts d'une œuvre, etc.*] gusto: *avoir le goût délicat, difficile* essere di gusti delicati, difficili ◇ [*avis, jugement, opinion*] parere, giudizio*: *à mon goût, ceci ne vaut rien* a mio parere, giudizio, non vale niente **2** LE (BON) GOÛT il (buon) gusto: *avoir du goût* avere (buon) gusto; *manquer de goût* mancare di gusto, essere privo di (buon) gusto; *femme habillée, coiffée avec goût* donna vestita, pettinata con gusto → **élégance** **3** GOÛT DE, POUR (QQCH.) [*penchant*] *avoir un goût très vif, un goût passionné pour une chose* avere una grande passione, un debole per una cosa; *mettez donc du goût dans ce que vous faites* mettete(ci) un po' d'entusiasmo in quello che fate ◇ (*loc.*) *prendre goût à...* prendere gusto nel... → **disposition, vocation** ~ ÊTRE AU GOÛT DE piacere (a) → **plaire**: *cela est à mon goût* (ciò) è di mio gradimento, di mio gusto → **gré, guise** **4** *au plur.* [*tendances, préférences*] gusti, interessi: *être liés par des goûts communs* avere gusti, interessi in comune; *des goûts bizarres, maladifs, dépravés* gusti bizzarri, morbosi, depravati ◇ (*loc. prov.*) *des goûts et des couleurs on ne dispute point* sui gusti non si discute; de gustibus... ~ *tous les goûts sont dans la nature* i gusti son gusti ◇ (*spécialt.*) [*inclination amoureuse pour une personne*] debole, inclinazione (*f.*): *avoir du goût pour qqn.* avere un debole per qc. → **faible** # *trouver qqn. à son goût* trovare qc. di proprio gusto **5** DE (TEL OU TEL) GOÛT (*se dit des choses qui dénotent, révèlent tel ou tel goût*) di (questo o quel) gusto: *bijou de mauvais goût* gioiello di cattivo gusto; *vêtements, meubles de bon goût, d'un goût douteux* vestiti, mobili di buon gusto, di dubbio gusto; *il serait de mauvais goût d'insister* sarebbe di cattivo gusto insistere **6** *loc.* DANS LE GOÛT, AU GOÛT... di gusto: *tableau dans le goût classique, moderne* quadro di gusto classico, moderno 🄲 II 3 **aversion, dégoût.**

1 **goûter** |gute| **A** *v.tr.* **1** [*percevoir, apprécier par le sens du goût*] assaggiare, gustare: *goûtez notre vin* assaggiate, gustate il nostro vino; *cuisinier qui goûte une sauce* cuoco che assaggia una salsa; *expert qui goûte un vin* esperto che assaggia, degusta un vino → 1 **déguster** **2** [*éprouver avec plaisir* (*une sensation, une émotion*)] gustare, assaporare; godersi: *il goûtait le plaisir de...* gustava, assaporava il piacere di... ‖ *il goûtait le repos* si godeva il riposo **3** (*littér.*) [*trouver à son goût, juger favorablement*] apprezzare (*cour.*): *il ne goûte pas la poésie* non apprezza la poesia → **aimer, estimer** **B** *v.intr.* **1** GOÛTER À [*prendre un peu d'une chose dont on n'a pas encore bu ou mangé*] assaggiare (*tr.*): *goûtez-y, vous m'en direz des nouvelles!* assaggiate, poi mi direte! **2** GOÛTER DE [*boire ou manger pour la première fois*] assaggiare

◇ (*fig.*) [*faire l'épreuve de*] provare (*tr.*): *il a goûté du métier* ha provato il mestiere → **tâter (de)** **3** [*faire une collation, entre le déjeuner et le diner*] far (103) *tr.* merenda: *goûter à cinq heures* far merenda alle cinque # *donner à goûter aux enfants* dare la merenda ai bambini.

2 **goûter** |gute| *s.m.* [*repas léger entre le dejeuner et le dîner*] merenda (*f.*): *voilà du chocolat pour ton goûter* eccoti del cioccolato per merenda; *c'est l'heure du goûter* è l'ora della merenda → **collation.**

gouteur, euse |gutœʀ, øz| *s.* [*personne dont le métier est de goûter (une boisson, etc.)*] assaggiatore*.

1 **goutte** |gut| *s.f.* **I** **1** goccia*: *goutte de rosée* goccia di rugiada; *il n'est pas tombé une goutte d'eau depuis des mois* sono mesi che non cade una goccia d'acqua ◇ (*fam.*) *avoir la goutte au nez* avere la goccia al naso ◇ (*loc.*) *ne pas avoir une goutte de sang dans les veines* non avere una goccia di sangue nelle vene ~ *jusqu'à la dernière goutte de sang* fino all'ultimo; fino all'ultima goccia di sangue ~ *suer à grosses gouttes* grondare sudore **2** (*par métaph.*) *goutte de lumière, de soleil* sprazzo *m.* di luce, di sole **3** (*loc.*) *se ressembler comme deux gouttes d'eau* somigliarsi come due gocce d'acqua; ~ *boire, épuiser jusqu'à la dernière goutte* bere, consumare fino all'ultima goccia ~ *pressurer jusqu'à la dernière goutte* spremere fino all'ultima goccia ~ *il n'y en a plus (pas) une goutte* non ce n'è più nemmeno una goccia ◇ (*loc. prov.*) *c'est la goutte d'eau qui fait déborder le vase* è la goccia che fa traboccare il vaso ~ *c'est une goutte d'eau dans la mer, dans l'océan* è una goccia nel mare ◇ *loc.adv.* GOUTTE À GOUTTE a goccia a goccia: *couler goutte à goutte* colare a goccia a goccia → **dégouliner, égoutter (s'), goutter** **4** (*par ext.*) [*très petite quantité (de boisson)*] goccio* (*m.*): '*voulez-vous du café?*' '*juste une goutte*' 'vuole del caffè?' 'proprio un goccio'; *une goutte de vin ne vous fera pas de mal* un goccio, un goccetto di vino non le farà male → **doigt, larme** ◇ (*fam.*) *boire la goutte* [*boire un petit verre d'alcool*] bere un goccio, prendere un bicchierino ◇ (*techn.*) MÈRE (PREMIÈRE) GOUTTE crovello (*m.*): *vin, cidre de mère (première) goutte* vino, sidro di crovello **5** (*pharm.*) goccia ◇ *au plur.* [*nom donné à certains médicaments qui sont prescrits et administrés en gouttes*] gocce ◇ (*archit.*) goccia ◇ (*bijout.*) *goutte d'eau* goccia d'acqua.

2 **goutte** |gut| *adv. de négation* (*plais.,vx.*) NE... GOUTTE [*ne... pas*] non... niente, nulla: *n'y voir goutte* non vederci niente, nulla; *n'y entendre goutte* non capirci niente.

3 **goutte** |gut| *s.f.* (*méd., cour.*) gotta: *avoir la goutte* avere la gotta; *une attaque de goutte* un attacco di gotta, un accesso gottoso *adj.*

goutte-à-goutte |gutagut| *s.m. inv.* apparecchiatura *f.var.* per trasfusioni ◇ (*par ext.*) *pratiquer des goutte-à-goutte* effettuare delle trasfusioni.

gouttelette |gutlɛt| *s.f.* [*petite goutte d'un liquide*] gocciolina.

goutter |gute| *v.intr.* [*couler goutte à goutte*] (s)gocciolare: *eau qui goutte d'un robinet* acqua che gocciola da un rubinetto, stillicidio di un rubinetto → **dégoutter.**

gouttereau |gutʀo| *adj.m.* (*archit.*) *murs gouttereaux* muri di gronda *loc.inv.*

goutteux, euse |gutø, øz| *adj.* [*qui se rapporte à la (3) goutte*] gottoso: *déformation goutteuse de la cheville* deformazione gottosa della caviglia ◇ [*atteint de la (3) goutte*] *un vieillard goutteux* un vecchio gottoso ✦ (*s.*) *un goutteux* un gottoso.

gouttière |gutjɛʀ| *s.f.* **1** [*canal fixé au bord inférieur des toits*] grondaia: *goutière en zinc* grondaia di zinco → **chéneau** **2** [*appareil destiné à immobiliser un membre dans le cas de fracture*] doccia* **3** (*anat.*) doccia, solco* (*m.*): *gouttières vertébrales* solchi vertebrali **4** (*vx.*) [*partie inférieure d'un toit, d'où l'eau tombe goutte à goutte*] gronda, grondaia.

gouvernable |guvɛʀnabl(ə)| *adj.* [→ GOUVERNER] governabile: *peuple difficilement gouvernable* popolo difficilmente governabile.

gouvernail |guvɛʀnaj| *s.m.* **1** [*plan mince orientable servant à régler la direction, les évolutions d'un navire*] timone ◇ (*aviat.*) *gouvernail de direction, de profondeur* timone di direzione, di profondità **2** (*fig.*) [*ce qui sert à diriger, conduire des affaires*] timone: *saisir, tenir, abandonner le gouvernail* prendere, tenere, abbandonare il timone.

gouvernant |guvɛʀnɑ̃| *s.m.* **1** *les gouvernants* [*ceux qui détiennent et exercent le pouvoir politique, le pouvoir exécutif*] i governanti → **gouvernement** **2** (*vx.*) → **gouverneur.**

gouvernante |guvɛʀnɑ̃t| *s.f.* **1** [*femme à qui l'on confie la garde et l'éducation d'un ou plusieurs enfants*] governante **2** [*femme chargée de s'occuper d'une personne seule*] governante.

1 **gouverne** |guvɛʀn(ə)| *s.f.* [*dispositif servant à la conduite d'un avion, d'un dirigeable, d'une fusée*] timone (*m.*): *gouvernes d'un avion* timone di profondità, timone di direzione, alettoni di un aereo → **gouvernail** ◇ (*mar.*) timone.

2 **gouverne** |guvɛʀn(ə)| *s.f.* ◇ *loc.* POUR VOTRE, SA GOUVERNE [*pour servir de règle de conduite*] per vostra, sua norma; per vostra, sua buona regola: *sachez, pour votre gouverne, qu'il vaut mieux recommander les lettres importantes* sappiate, per vostra norma, per regolarvi, che è meglio spedire per raccomandata le lettere importanti.

gouverné |guvɛʀne| *s.m.* (*surtout au plur.*) *les gouvernés* (*opposé à gouvernants*) i governati, i sudditi.

gouvernement |guvɛʀnəmɑ̃| *s.m.* **1** governo: *gouvernement central révolutionnaire* governo centrale rivoluzionario → **état** **2** [*le pouvoir exécutif*] governo: *gouvernement français, italien* governo francese, italiano ◇ [*le corps des ministres*] *chef du gouvernement* capo del governo; *faire tomber un gouvernement* far cadere un governo ◇ [*structure politique de l'État*] *gouvernement absolu, démocratique, républicain* governo assoluto, democratico, repubblicano → **système** # *gouvernement parlementaire* regime parlamentare **3** (*par ext.*) *gouvernement d'une famille, d'une maison* governo di una famiglia, di una casa # *le gouvernement de soi-même* il controllo di sé.

gouvernemental, ale, aux |guvɛʀnəmɑ̃tal, o| *adj.* [*relatif au pouvoir exécutif, au ministère*] governativo: *la politique gouvernementale* la politica governativa # *organes gouvernementaux* organi di governo; *l'équipe gouvernementale* la compagine ministeriale ◇ [*qui soutient le gouvernement, le ministère*] *journal, parti gouvernemental* giornale, partito governativo.

gouverner |guvɛʀne| **A** *v.tr.* **I** [*exercer le pouvoir politique sur*] governare: *gouverner les peuples, les hommes* governare i popoli, gli uomini → **conduire, diriger** ✦ (*au p.p.*) *les gouvernés* [*ceux qui doivent obéir au pouvoir politique*] i governati *s.m.*; i sudditi *s.m.* ✦ *absolt.* [*diriger les affaires publiques d'un état*] governare: *le roi ne gouverne pas, il règne* il re regna ma non governa **II** **1** (*littér., vx.*) [*exercer une influence déterminante sur la conduite de (qqn.)*] governare (*cour.*); comandare (*cour.*): *il se laisse gouverner par sa femme* si lascia comandare dalla moglie → **diriger** # *gouverner ses sentiments* dominare i propri sentimenti → **maîtriser** **2** [*exercer son empire sur*] dominare, governare: *l'interêt gouverne le monde* l'interesse domina, governa il mondo → **dominer** **3** [*régir*] reggere (154): *en latin, le verbe actif gouverne l'accusatif* in latino il verbo attivo regge l'accusativo **4** (*mar.*) [*diriger une embarcation*] governare ✦ (*absolt.*) *gouverner vent arrière* governare col vento in poppa **B** *v.intr.* (*en parlant d'une embarcation*) [*être dirigé*] governare: *le bateau ne gouverne plus* la nave non governa più **C** *v.pron.réfl.* SE GOUVERNER [→ *tr.* 1] governarsi # *droit des peuples à se gouverner eux-mêmes* diritto dei popoli all'autogoverno.

gouverneur |guvɛʀnœʀ| *s.m.* governatore: *gouverneur militaire* governatore militare.

goy, goï |gɔj|, *pl.* **goym** |gɔim|, **goyim** |gɔjim| *s.m.* (*hébr.*) goi *inv.*

goyave |gɔjav| *s.f.* [*fruit du goyavier*] guaiava.

goyavier |gɔjavje| *s.m.* (*t.bot.*) guaiava *f.*

grabat |gʀaba| *s.m.* [*lit misérable*] giaciglio*, cuccia* *f.*

grabataire |gʀabatɛʀ| *adj. et s.* (*vx.*) [*qui est malade et ne quitte pas le lit*] infermo (*cour.*).

grabuge |gʀabyʒ| *s.m.* (*fam.*) [*dispute, querelle bruyante; désordre qui en résulte*] tafferuglio*, baruffa (*f.*): *il pourrait y avoir du grabuge* potrebbe scoppiare un tafferuglio, una baruffa → **bagarre, bataille.**

1 **grâce** |gʀɑs| *s.f.* **I** **1** [*ce qu'on accorde à qqn. pour lui être agréable, sans que cela lui soit dû*] grazia: *demander, solliciter, obtenir, recevoir une grâce* chiedere, sollecitare, ottenere, ricevere una grazia → 1 **don,** 1 **faveur** ◇ (*fig., par hyperb.*) (*formule de politesse*) *me ferez-vous la grâce d'accepter?* mi farà l'onore, il piacere di accettare? → **honneur** **2** (*loc.*) *être, rentrer dans les bonnes grâces de qqn.* essere, tornare nelle (buone) grazie di qc. **3** (*loc.*) *rentrer en grâce* tornare in grazia ~ *trouver grâce devant qqn., aux yeux de qqn.* trovar grazia presso qc., agli occhi di qc. ~ *de grâce* [*je vous en prie*] di gra-

zia, prego ◇ (*dr.*) *délai, terme de grâce* dilazione, termine di grazia **4** [*titre d'honneur*] *votre grâce* vostra grazia **5** [*la bonté divine*; *les faveurs qu'elle dispense*] grazia: *la grâce de Dieu* la grazia di Dio → **faveur** ◇ (*plais.*, *vx.*) *an de grâce* anno di grazia ◇ (*loc.*) *Louis, par la grâce de Dieu, roi de France et de Navarre* Luigi, per grazia di Dio, re di Francia e di Navarra ~ *à la grâce de Dieu* [*comme il plaira à Dieu*; *n'importe comment*] come Dio vorrà **6** (*théol. chrét.*) grazia: *être en état de grâce* essere in stato di grazia **7** [*le don, l'inspiration*] *avoir la grâce* avere l'ispirazione: *pour créer de telles œuvres, il faut avoir la grâce* per creare opere simili, bisogna avere l'ispirazione **II** **1** [*pardon, remise de peine, de dette accordée bénévolement*] grazia: *requête, supplique pour obtenir une grâce* domanda, supplica per ottenere una grazia ◇ (*sans art.*) *demander, crier grâce* chiedere, implorare grazia → **miséricorde** ◇ (*ellipt.*) *grâce!* (fate la) grazia!, pietà! → **pitié** ◇ (*loc.*) *faire grâce à qqn. d'une dette, d'une obligation* dispensare, liberare qc. da un debito, da un obbligo ◇ (*fig.*) *je vous fais grâce du détail* le risparmio i particolari; *faites-moi grâce de vos observations!* mi risparmi le sue osservazioni! **2** COUP DE GRÂCE colpo di grazia: *donner, porter le coup de grâce* dare il colpo di grazia **3** (*dr. pén.*) grazia: *recours en grâce* domanda di grazia **III** **1** (*dans des expressions*) [*reconnaissance, remerciements*] grazie (*pl.*): *rendre grâce* rendere grazie → **remercier** ◇ (*par ext.*) *action de grâce, de grâces* [*témoignage de reconnaissance rendu à Dieu*] ringraziamento *m.* ✦ (*absolt.*) *les grâces* [*prière de remerciement qui se dit après le repas*] la preghiera *sing.* di ringraziamento **2** *loc.prép.* GRÂCE À grazie a: *grâce à son aide, nous avons pu y arriver* grazie al suo aiuto, ci siamo potuti arrivare; *c'est grâce à vous que...* è grazie a voi che...; *grâce à Dieu, tout s'est bien passé* grazie a Dio, è andato tutto bene.

2 **grâce** |gʀɑs| *s.f.* **1** [*sorte de charme qui réside dans les personnes, les choses*] grazia: *avoir de la grâce* avere grazia; *une femme bien faite, mais sans grâce* una donna ben fatta, ma priva di grazia; *grâce des gestes, des mouvements* grazia nei gesti, nei movimenti; *évoluer, danser avec grâce* muoversi, danzare con grazia; *s'exprimer, badiner avec grâce* esprimersi, scherzare con grazia → **élégance, facilité, aisance** ◇ (*au plur.*) *les grâces* le grazie, le attrattive → **beauté** ◇ (*souvent iron.*) *faire des grâces* fare delle moine → **façon** **2** (*loc.*) *faire qqch.* DE BONNE GRÂCE fare q.c. di buon grado, volentieri: *il a accueilli ma demande avec beaucoup de bonne grâce* ha accolto la mia domanda con molta gentilezza → **gentillesse, amabilité** ~ AVOIR MAUVAISE GRÂCE (À) [*être mal venu de, n'être pas bien placé pour*] far male a: *il aurait mauvaise grâce à se plaindre, de se plaindre* farebbe male a lamentarsi **3** (*mythol.*) *les trois Grâces* le tre Grazie Ⓒ 1 **lourdeur, maladresse.**

gracier |gʀasje| *v.tr.* [*faire grâce à un condamné*] graziare: *condamné gracié par le chef de l'État* condannato graziato dal capo dello Stato.

gracieusement |gʀasjøzmɑ̃| *adv.* **1** [*à titre gracieux*] gratuitamente, in omaggio *loc. inv.* # *un cadeau sera remis gracieusement à tout acheteur* a ogni acquirente verrà offerto un omaggio **2** [*avec grâce*] graziosamente, con grazia (*loc.inv.*): *elle a souri gracieusement* (lei) ha sorriso graziosamente, con grazia **3** [*d'une manière gracieuse*] gentilmente: *accueillir gracieusement qqn.* accogliere gentilmente qc.

gracieuseté |gʀasjøzte| *s.f.* **1** [*manière aimable, pleine de bonne grâce*] gentilezza, cortesia → **amabilité** **2** (*vieilli*) [*don gracieux*] omaggio* *m.* → **cadeau, don.**

gracieux, ieuse |gʀasjø, jøz| *adj.* **1** [*qui est accordé, sans être dû, sans que rien soit exigé en retour*] gratuito, grazioso (*littér.*): *prêter un concours gracieux* prestare un aiuto gratuito; *faire qqch. à titre gracieux* fare q.c. a titolo gratuito, gratuitamente → **gratuit** **2** [*qui a de la grâce*; *qui est aimable*] aggraziato; grazioso: *un corps svelte et gracieux* un corpo slanciato e aggraziato → **charmant, élégant** || *geste gracieux* gesto grazioso; *un enfant gracieux* un bambino grazioso **3** (*vx.*) [*bienveillant, bon*] grazioso, benevolo: *notre gracieux souverain* il nostro grazioso sovrano Ⓒ 2 **disgracieux, laid.**

gracile |gʀasil| *adj.* [*mince et délicat*] esile: *svelte et gracile* esile e slanciato; *cette fillette a des formes graciles* questa ragazzina è di corporatura esile → **élancé, grêle** Ⓒ **épais, trapu.**

gracilité |gʀasilite| *s.f.* [*minceur délicate*] esilità *inv.*

gracioso |gʀasjozo| *adv.* (*mus.*) grazioso.

gradation |gʀadɑsjɔ̃| *s.f.* **1** gradazione: *gradation d'effets* gradazione di effetti # *par gradation* per gradi → **graduellement** ◇ (*mus.*, *peint.*, *rhétorique*) gradazione **2** (*par ext.*) [*degré*] gradazione: *passer par une suite de gradations* passare attraverso un succedersi di gradazioni Ⓒ **saut, saute.**

-grade |gʀad| *suff.* (*signifiant 'marcher'*, *correspond généralt. à*) grado: *plantigrade* plantigrado.

1 **grade** |gʀad| *s.m.* [*degré d'une hiérarchie*] grado: *avancer, monter en grade* salire di grado → **échelon** # *grade universitaire* [*attesté par un diplôme conféré après examen*] titolo universitario; *casser un sous-officier, un officier de son grade* degradare un sottufficiale, un ufficiale ◇ (*loc. fam.*) *en prendre, prendre qqch. pour son grade* [*se faire réprimander vertement*] ricevere una lavata di capo ~ *il en a eu pour son grade* ha avuto quel che si meritava.

2 **grade** |gʀad| *s.m.* (*géom.*) grado.

gradé |gʀade| *s.m.* [*qui a un grade* (*inférieur*) *dans l'armée*] graduato.

gradient |gʀadjɑ̃| *s.m.* (*météo.*, *sc.*, *techn.*) gradiente.

gradin |gʀadɛ̃| *s.m.* **1** [*chacun des bancs disposés en étages dans un amphithéâtre*] gradinata (*f.*): *des gradins de vélodrome, de stade* gradinate di velodromo, di stadio **2** [*les différents plans d'un terrain*] gradone # *collines, cultures en gradins* colline, colture a terrazze; *gradins de gazon* gradini erbosi → **étage** ◇ (*techn.*) gradino.

gradine |gʀadin| *s.f.* (*techn.*) gradina.

graduation |gʀadɥɑsjɔ̃| *s.f.* graduazione: *graduation centésimale d'un thermomètre* graduazione centesimale di un termometro.

gradué, ée |gʀadɥe| *adj.* **1** graduato: *exercices gradués* esercizi graduati **2** [*qui porte une graduation*] graduato: *thermomètre gradué* termometro graduato.

graduel, elle |gʀadɥɛl| *adj.* **1** graduale: *l'aggravation graduelle d'une maladie* il graduale aggravarsi di una malattia → **progressif** **2** (*liturg.*) *versets graduels* (versetti del) graduale *s.m.* ✦ (*s.m.*) *le graduel* il graduale Ⓒ 1 **brusque.**

graduellement |gʀadɥɛlmɑ̃| *adv.* [→ GRADUEL 1] gradualmente: *amener graduellement un art à sa perfection* portare gradualmente un'arte alla perfezione.

graduer |gʀadɥe| *v.tr.* **1** [*augmenter graduellement*] graduare: *graduer les difficultés* graduare le difficoltà; *graduer l'intérêt, les effets* graduare l'interesse, gli effetti **2** [*diviser en degrés*] graduare: *graduer une éprouvette, une règle* graduare una provetta, una riga.

graffiti |gʀafiti| *s.m.pl.* [*inscriptions ou dessins griffonnés sur les murs, les portes*] graffiti, scritte *f.var.* ◇ (*archéol.*) *les graffiti des catacombes* i graffiti delle catacombe.

graillement |gʀɑjmɑ̃| *s.m.* [*son de voix enrouée, rauque*] gracchiamento, voce *f.* rauca.

1 **grailler** |gʀɑje| *v.intr.* (*en parlant des corneilles*) [*crier*] gracchiare → **criailler.**

2 **grailler** |gʀɑje| *v.intr.* (*vén.*) [*sonner du cor pour rappeler les chiens*] suonare *tr.* il corno (per chiamare i cani).

3 **grailler** |gʀɑje| *v.tr.* (*pop.*) → 1 **manger.**

1 **graillon** |gʀɑjɔ̃| *s.m.* (*pop.*) [*mucosité épaisse expectorée*] sputacchio*, scaracchio* → **crachat.**

2 **graillon** |gʀɑjɔ̃| *s.m.* **1** *au plur.* [*morceaux de gras frits qui restent d'un plat*] unto *sing.*, untume *sing.* **2** (*péj.*) [*odeur ou goût de graisse brûlée*] rifritto: *cuisine qui sent le graillon* cucina che puzza di rifritto ◇ [*mauvaise cuisine à la graisse*] cucina *f.* grassa.

graillonnant, ante |gʀɑjɔnɑ̃, ɑ̃t| *adj.* [*qui graillonne*] gracchiante.

1 **graillonner** |gʀɑjɔne| *v.intr.* [*prendre une odeur de graillon*] sapere (177) di rifritto.

2 **graillonner** |gʀɑjɔne| *v.intr.* **1** [*parler d'une voix grasse, enrouée*] gracchiare **2** (*fam.*) [*cracher*] sputacchiare (*cour.*).

1 **grain** |gʀɛ̃| *s.m.* **1** [*fruit comestible des graminées*] chicco*: *grain de blé, de riz* chicco di grano, di riso # *ôter les grains d'un épi* sgranare una spiga ◇ (*spécialt.*) LES GRAINS, LE GRAIN [*les grains récoltés des céréales*] granaglie *f.pl.*, cereali (*pl.*): *conservation du grain* conservazione delle granaglie # *jeter du grain aux oiseaux* gettare miglio agli uccelli ◇ (*par ext.*) *poulet de grain* [*poulet de qualité supérieure nourri exclusivement de grain*] pollo ruspante *adj.* **2** (*cout.*) GRAIN D'ORGE grana *f.*, granaglia *f.* ◇ (*méd.*) orzaiolo → **orgelet** ◇ (*menuis.*) zeppa *f.* **3** [*semence*] seme, semenza *f.* → **graine** # *semer le grain* seminare (le sementi) **4** [*fruit, graine menue et arrondie de certaines plantes*] chicco, grano: *grain de raisin* chicco,

acino d'uva; *grain de café* chicco di caffè; *grain de poivre* grano di pepe; *café, poivre en grains* caffè, pepe in grani # *haricots en grains* fagioli da sgranare **5** (*par anal.*) *grain d'ambre* grano d'ambra; *grain de chapelet* grano del rosario ◇ (*pharm.*) granulo ◇ [*petite parcelle arrondie*] granello: *grain de sable, de poussière*, granello granellino di sabbia, di polvere # *grain de grêle* chicco di grandine ◇ (*loc. fam.*) *mettre, mêler son grain de sel* [*intervenir, s'immiscer mal à propos* (*dans une conversation, une affaire*)] immischiarsi, ficcare il naso: *il faut toujours qu'il vienne mettre son grain de sel* deve sempre immischiarsi, ficcare il naso **6** (*par anal.*) *granit à gros grains, à petits grains* granito a grana grossa, piccola ◇ (*spécialt.*) GRAIN DE BEAUTÉ [*petite tache brune de la peau*] neo **7** LE GRAIN [*aspect d'une surface plus ou moins grenue*] grana: *grain de la peau* grana della pelle; *grain d'un cuir, d'un papier* grana di un pellame, di una carta; *grain d'une étoffe* grana di una stoffa; *soie gros grain* seta a grana grossa ◇ (*photo.*) *grain d'une plaque, d'une pellicule photographique* grana di una lastra, di una pellicola fotografica ◇ (*gravure*) grana ◇ (*fig.*) [*très petite quantité*] briciolo, pizzico*: *il n'a pas un grain de bon sens* non ha un briciolo di buon senso; *un grain de fantaisie, de folie* un pizzico di fantasia, di follia → **pointe, brin** ✦ (*absolt.*) *il a un* (*petit*) *grain* [*il est un peu fou*] è un po' tocco, gli manca una rotella.

2 **grain** |gʀɛ̃| *s.m.* **1** [*vent violent; averse soudaine et brève*] tempesta *f.*; rovescio* → **ondée** **2** (*loc.*) *veiller au grain* [*être prudent, surveiller la situation*] stare all'erta **3** (*mar.*) vento di groppo.

grainage |gʀɛnaʒ| *s.m.* → **grenage.**

graine |gʀɛn| *s.f.* **1** (*bot.*) seme (*m.*): *germination, pousse des graines* germinazione dei semi # *semer des graines* seminare (le sementi) ◇ (*spécialt.*) *la graine, de la graine de...* [*les graines, la semence*] i semi, semi di... # *plante qui monte en graine* pianta che fa semenza **2** (*loc. fig.*) *monter en graine* (*se dit d'une jeune fille qui avance en âge et tarde à se marier*) diventare matura, invecchiare senza trovare marito ~ *en prendre de la graine* [*en tirer un exemple, une leçon*] prendere esempio (da qc.): *ton frère a commencé à travailler à 18 ans; prends-en de la graine!* tuo fratello ha cominciato a lavorare a 18 anni; prendi esempio da lui **3** (*péj.*) GRAINE DE [*pour exprimer ce qu'on pense qu'une personne sera dans l'avenir*] *surveillez ce jeune homme, c'est de la graine de voyou* attenti a quel giovanotto è sulla cattiva strada; *graine d'assassin!* razza d'assassino! ◇ (*par ext.*) *mauvaise graine* [*enfant dont on ne présage rien de bon*] cattivo soggetto *m.* **4** (*loc. fam.*) *casser la graine* [*casser la croûte*] mangiare, fare uno spuntino **5** (*par anal.*) [*nom donné à l'œuf du ver à soie*] seme del baco da seta.

grainer |gʀɛne| *v.tr.* → 2 **grener.**

graineterie |gʀɛnt(ə)ʀi, gʀɛnɛtʀi| *s.f.* [*magasin du grainetier*] negozio* *m.* di granaglie ◇ (*par ext.*) commercio* *m.* di granaglie.

grainetier, ière |gʀɛntje, jɛʀ| *s.* [*personne qui vend des grains, des graines destinés à la consommation*] granaiolo.

grainier, ière |gʀɛnje, jɛʀ| *s.* [*personne qui vend des graines de semence*] negoziante di sementi.

graissage |gʀɛsaʒ| *s.m.* [→ GRAISSER] lubrificazione *f.*; ingrassaggio*: *le graissage empêche le grippage* la lubrificazione impedisce il grippaggio ‖ *lavage et graissage d'une auto* lavaggio e ingrassaggio di una macchina # *huiles de graissage* oli lubrificanti.

graisse |gʀɛs| *s.f.* **1** [*substance onctueuse répartie dans le corps de l'homme et des mammifères*] grasso *m.*, adipe (*m.*): *excès de graisse* eccesso di grasso; *bourrelet de graisse* cuscinetto di grasso adiposo *adj.* # *prendre de la graisse* ingrassare; *mauvaise graisse* ciccia (*fam.*) → **adiposité, embonpoint** **2** [*cette substance d'origine animale ou végétale*] grasso: *graisses animales, végétales, minérales* grassi animali, vegetali, minerali → **gras** ◇ (*par ext.*) *tache de graisse* macchia di unto *m.*, frittella **3** [*altération des vins, des bières, etc., qui leur donne une consistance visqueuse*] filante *m.*

graisser |gʀese| **A** *v.tr.* **1** [*enduire, frotter d'un corps gras*] lubrificare, ingrassare: *graisser les engrenages d'une machine* lubrificare, ingrassare gli ingranaggi di una macchia → **oindre** ◇ (*loc. fam.*) *graisser la patte à qqn.* [*le soudoyer*] ungere (150) qc., ungere le ruote, le carrucole a qc. ~ *graisser ses bottes* [*se préparer à partir*] far fagotto **2** [*tacher de graisse; rendre gras*] ungere, sporcare di grasso **B** *v.intr.* (*techn.*) [*tourner en graisse*] alterarsi *pron.*, andare (101) (*aux.* essere) a male: *le collage empêche le vin de graisser* la chiarificazione impedisce al vino di alterarsi, di andare a male.

graisseur |gʀɛsœʀ| *s.m.* [*ouvrier qui opère le graissage*] ingrassatore ◇ (*techn.*) ingrassatore.

graisseux, euse |gʀɛsø, øz| *adj.* **1** [*de la nature de la graisse*] adiposo: *tissu graisseux* tessuto adiposo **2** [*taché de graisse*] unto: *cheveux graisseux* capelli unti → **gras.**

gram |gʀam| *s.m.* (*sc.*) gram (*inv.*): *gram positif, négatif* gram-positivo, gram-negativo.

Graminacées |gʀaminase| *s.f.pl.* (*t.bot.*) Graminacee → **graminée.**

graminée |gʀamine| *s.f.* (*bot.*) graminacea ◇ (*par ext.*) → **herbe.**

grammage |gʀa(m)maʒ| *s.m.* (*techn. papier*) grammatura *f.*

grammaire |gʀa(m)mɛʀ| *s.f.* (*ling., cour.*) grammatica*: *règle, faute de grammaire* regola, errore di grammatica; *grammaire descriptive, normative* grammatica descrittiva, normativa ◇ (*par ext.*) [*livre, traité, manuel de grammaire*] grammatica ◇ (*par anal.*) [*ensemble des règles d'un art*] elementi *m.pl.* basilari: *grammaire de la peinture* elementi basilari della pittura.

grammairien, ienne |gʀa(m)mɛʀjɛ̃, jɛn| *s.* [*qui s'occupe de grammaire*] grammatico*: *un grammairien puriste* un grammatico purista.

grammatical, ale, aux |gʀam(m)atikal, o| *adj.* grammaticale: *mots grammaticaux* termini grammaticali; *analyse grammaticale* analisi grammaticale; *phrases grammaticales* frasi grammaticali.

grammaticalement |gʀam(m)atikalmɑ̃| *adv.* [→ GRAMMATICAL] grammaticalmente.

grammaticalité |gʀam(m)atikalite| *s.f.* grammaticalità *inv.*

grammatiste |gʀam(m)atist(ə)| *s.m.* (*hist. gr.*) grammatista.

-gramme |gʀam| *suff.* (*signifiant 'lettre, écriture', correspond généralt. à*) gramma: *télégramme* telegramma; *cardiogramme* cardiogramma.

gramme |gʀam| *s.m.* **1** grammo **2** (*fig.*) [*très petite quantité*] pizzico*, oncia* (*f.*): *il n'a pas un gramme de bon sens* non ha un pizzico, un'oncia di buon senso.

gramophone |gʀamɔfɔn| *s.m.* (*vieilli*) [*phonographe à disques*] grammofono, fonografo.

grand, grande |gʀɑ̃, gʀɑ̃d| *adj.* **I** (*dans l'ordre physique*) **1** [*dont la hauteur, la taille dépasse la moyenne*] (*personnes*) alto; (*choses*) alto, grande: *un homme grand et mince* un uomo alto e snello ‖ *de grands arbres* alberi grandi, alti **2** [*qui atteint toute sa taille*] grande: *tu comprendras quand tu seras grand* capirai quando sarai grande ◇ (*par ext.*) *les grandes personnes* [*les adultes*] i grandi *s.* ✦ *s.* (*fam.*) *les grands* i grandi, gli adulti: *comme un grand* come uno grande, come una persona adulta ◇ (*fam.*) *mon grand* [*en s'adressant à un enfant*] giovanotto ◇ (*loc.*) *être assez grand pour...* essere abbastanza grande da, per...: *je suis assez grand pour savoir ce que j'ai à faire* sono abbastanza grande per sapere cosa devo fare **3** [*dont la longueur, la surface ou le volume dépasse la moyenne*] grande: *grand appartement* grande appartamento; *une grande ville* una grande città; *le plus grand barrage du monde* la più grande diga del mondo; *marcher à grands pas* camminare a grandi passi → **étendu, spacieux, vaste** # *ouvrir la fenêtre toute grande* spalancare la finestra; *grand ouvert* spalancato; *les yeux grands ouverts, grand* (*adv.*) *ouverts* (con) gli occhi spalancati **4** (*en parlant des mesures*) grande: *grande quantité* gran quantità; *grand nombre* gran numero # *grand âge* tarda età, età avanzata; *objectif grand angle* (obiettivo) grandangolare **5** [*très abondant ou très intense, très important*] grande: *grande foule* gran folla → **nombreux** # *grande fortune* grosso patrimonio; *grand froid* freddo intenso; *recevoir un gran coup* ricevere un duro colpo → **gros** ◇ (*loc.*) *il n'y a pas grand monde* non c'è molta gente, c'è poca gente ~ *laver à grande eau* lavare con acqua abbondante, in molta acqua ~ *au grand air* [*en plein air*] all'aperto, all'aria aperta **II** (*dans l'ordre qualitatif*) **1** [*important*] grande: *grands événements* grandi eventi; *grand chagrin* grande (gran) dolore; *grand mérite* grande (gran) merito ◇ (*sans art.*) *avoir grand avantage* avere un notevole vantaggio; *faire grand tort* fare un gran torto; *avoir grand besoin de* avere un gran bisogno di, molto bisogno di **2** (*équivalent d'un superlatif*) *grand travailleur* gran lavoratore; *grand blessé* [*blessé grave*] ferito grave **3** (*majoratif, qui distingue parmi les autres*) *les grandes puissances* le grandi potenze;

les grands vins i grandi vini → **meilleur, 1 principal** ✦ (*s.*) *les quatre grands* i quattro grandi **4** (*personnes*) [*qui a une importance sociale ou politique* (*condition, rang, dignité*)] grande: *un grand personnage* un gran personaggio; *grand seigneur* gran signore; *grande dame* gran dama; *le grand monde* il gran mondo ✦ *s.* (*vx.*) *les grands* i nobili **5** [*qui a de la valeur*] grande: *grand homme* grand'uomo; *un grand champion* un grande campione → **fameux, illustre** # *grandes actions* azioni nobili; *c'est du grand art* è arte sublime **III** (*dans des expressions, sous la forme masculine, au f.*) *grand-rue* via principale; *grand-route* strada maestra; *grand-messe* messa grande, messa solenne; *avoir grand-faim, grand-soif* avere molta fame, molta sete; *j'ai grand-peur que cela ne tourne mal* temo che (la cosa) vada male ◇ (*loc.adv.*) *à grand-peine* a malapena ~ *pas grand-chose* (un) gran che → **grand-chose IV** *adv.* **1** *voir grand* avere grandi progetti, grandi idee **2** *loc.* EN GRAND in grande: *il a réalisé en grand ce que vous avez fait en petit* ha realizzato in grande quello che voi avete fatto in piccolo.

grand-angulaire |gʀɑ̃tɑ̃gylɛʀ| *adj. et s.m.* (*photo.*) grandangolare.

grand-chose |gʀɑ̃ʃoz| *s.inv.* **1** (*dans des phrases négatives*) PAS GRAND-CHOSE [*peu de chose*] (un) gran che: *cela ne vaut pas grand-chose* non vale (un) gran che **2** (*fam.*) *un, une pas grand-chose* [*qqn. pour qui l'on éprouve du mépris*] una nullità (*f.*) # *des pas grand-chose* della gentucola.

grand-croix |gʀɑ̃kʀwa| *s.f.inv.* [*décoration la plus élevée dans l'ordre de la Légion d'honneur*] gran croce *var.*

1 **grand-duc** |gʀɑ̃dyk| *s.m.* **1** granduca* **2** (*fam.*) *faire la tournée des grands-ducs* [*la tournée des restaurants, des cabarets luxueux*] fare il giro dei locali di lusso.

2 **grand-duc** |gʀɑ̃dyk| *s.m.* → **duc** II.

grand-ducal, ale, aux |gʀɑ̃dykal, o| *adj.* granducale; (*Belgique, Luxembourg*) lussemburghese.

grand-duché |gʀɑ̃dyʃe| *s.m.* granducato.

grande-duchesse |gʀɑ̃ddyʃɛs| *s.f.* granduchessa.

grandelet, ette |gʀɑ̃dlɛ, ɛt|, **grandet, ette** |gʀɑ̃dɛ, ɛt| *adj.* (*fam.*) [*qui commence à devenir grand*] grandicello: *ce n'est pas encore une jeune fille, mais elle est grandelette* non è ancora una ragazza, ma è (già) grandicella.

grandement |gʀɑ̃dmɑ̃| *adv.* **1** [*beaucoup, tout à fait*] grandemente, molto: *il a grandement contribué au succès* ha grandemente, molto contribuito al successo → **fortement** # *il a grandement de quoi vivre* ha largamente di che vivere → **amplement 2** [*dans des proportions et avec une ampleur qui dépasse l'ordinaire*] in grande *loc.inv.*; da gran signore (*loc.inv.*): *faire les choses grandement* far le cose in grande → **généreusement** ‖ *être logé grandement* essere alloggiato da gran signore.

grand ensemble |gʀɑ̃tɑ̃sɑ̃bl(ə)| *s.m.* complesso edilizio* residenziale.

grandesse |gʀɑ̃dɛs| *s.f.* (*hist.*) grandezza.

grandeur |gʀɑ̃dœʀ| *s.f.* **I** (*sens absolu*) **1** grandezza: *grandeur d'une entreprise, d'un projet* grandezza di una impresa, di un progetto → **étendue, importance** # *grandeur d'un sacrifice* nobiltà di un sacrificio; *grandeur d'un crime* enormità di un crimine ◇ (*fig.*) *grandeur d'un État* grandezza di uno Stato; *air de grandeur* aria di grandezza → **gloire, 2 pouvoir, puissance** ◇ (*loc.*) *regarder qqn. du haut de sa grandeur* [*avec un air de superiorité*] guardare qc. dall'alto in basso ~ *Votre Grandeur* Vostra Eccellenza ~ *il a la folie des grandeurs* ha manie di grandezza ◇ (*littér.*) *avoir le goût des grandeurs* avere il gusto del grandioso **2** [*élévation, noblesse*] grandezza, nobiltà (*inv.*): *grandeur d'âme* grandezza, nobiltà di animo **II** (*sens relatif*) **1** [*qualité de ce qui est plus ou moins grand*] grandezza; misura: *choses d'égale grandeur* cose di uguale grandezza → **dimension** ‖ *des livres de toutes les grandeurs* libri di ogni misura, dimensione; di tutte le misure, dimensioni → **format** # *grandeur d'un phénomène* estensione di un fenomeno → **amplitude** ◇ *loc.adj.* GRANDEUR NATURE [*aux dimension réelles*] in grandezza naturale (*loc.inv.*): *un portrait grandeur nature* un ritratto in grandezza naturale; *un jouet grandeur nature* un giocattolo in grandezza naturale **2** (*astron.*) grandezza: *étoile de première grandeur* stella di prima grandezza → **magnitude III** (*sc.*) grandezza: *définition, mesure d'un grandeur* definizione, misura di una grandezza; *échelle des grandeurs* scala delle grandezze → **quantité**.

Grand-Guignol |gʀɑ̃giɲɔl| (*s.m.*) *c'est du Grand-Guignol* [*un spectacle d'une horreur sanglante, mélodrammatique*] è granghignolesco* *adj.*, è raccapricciante *adj.*

grand-guignolesque |gʀɑ̃giɲɔlɛsk(ə)| *adj.* granghignolesco*, raccapricciante.

grandiloquence |gʀɑ̃dilɔkɑ̃s| *s.f.* magniloquenza, grandiloquenza.

grandiloquent, ente |gʀɑ̃dilɔkɑ̃, ɑ̃t| *adj.* magniloquente, grandiloquente → **pompeux.**

grandiose |gʀɑ̃djoz| *adj.* grandioso: *paysage, spectacle grandiose* paesaggio, spettacolo grandioso → **imposant, magnifique, majestueux** ✦ (*s.m.*) *le grandiose* il grandioso.

grandiosement |gʀɑ̃djozmɑ̃| *adv.* [→ GRANDIOSE] grandiosamente.

grandir |gʀɑ̃diʀ| **A** *v.intr.* (*aux.* 'avoir, être') **1** [*devenir plus grand*] crescere (128) (*aux.* essere): *il a grandi de cinq centimètres* è cresciuto cinque centimetri; *cet enfant a, est grandi* questo ragazzo è cresciuto **2** [*devenir plus intense*] crescere, aumentare (*aux.* essere): *le mécontentement grandissait* il malcontento cresceva, aumentava; *le vacarme ne cesse de grandir* il chiasso continua ad aumentare **3** [*gagner en autorité, en noblesse*] *il sort grandi de cette épreuve* esce ingigantito, nobilitato da questa prova **B** *v.tr.* **1** [*rendre ou faire paraître plus grand*] ingrandire (197), far (103) grande: *microscope qui grandit les objets* microscopio che ingrandisce gli oggetti → **agrandir** # *les hauts talons la grandissent* i tacchi alti la rendono più alta **2** [*imaginer plus grand*] ingigantire (197): *l'imagination grandit les dangers* l'immaginazione ingigantisce i pericoli → **exagérer 3** [*donner plus de grandeur, de noblesse*] nobilitare: *cela ne le grandit pas à mes yeux* è una cosa che non lo nobilita certo ai miei occhi; *vertus qui grandissent un homme* virtù che nobilitano un uomo → **élever C** *v.pron. intr.* SE GRANDIR [*se rendre plus grand*] farsi più alto: *se grandir en se haussant sur la pointe des pieds* farsi più alto alzandosi sulla punta dei piedi ◇ (*fig.*) → **élever (s')** 🄲 A 1 **rapetisser, 2 diminuer.**

grandissant, ante |gʀɑ̃disɑ̃, ɑ̃t| *adj.* [*qui grandit peu à peu, qui va croissant*] crescente: *bruit grandissant* rumore crescente; *une impatience grandissante* un'impazienza crescente.

grandissement |gʀɑ̃dismɑ̃| *s.m.* (*vieilli*) [→ GRANDIR] ingrandimento → **agrandissement** ◇ (*opt.*) → **grossissement.**

grandissime |gʀɑ̃disim| *adj.* (*fam.*) [*très grand*] grandissimo (*cour.*).

grand-mère |gʀɑ̃mɛʀ| *s.f.* **1** [*mère du père ou de la mère de qqn.*] nonna: *les grands-mères* le nonne; *grand-mère maternelle, paternelle* nonna materna, paterna → **aïeul(e) 2** (*fam.*) *une vieille grand-mère* [*vieille femme*] una nonnetta, una vecchietta.

grand-messe |gʀɑ̃mɛs| → **messe.**

grand-oncle |gʀɑ̃tɔ̃kl(ə)| *s.m.* [*frère du grand-père ou de la grand-mère*] prozio*: *un de mes grands-oncles* un mio prozio.

grand-peine (à) |agʀɑ̃pɛn| *loc. adv.* → **grand.**

grand-père |gʀɑ̃pɛʀ| *s.m.* **1** [*père du père ou de la mère de qqn.*] nonno: *les grands-pères* i nonni; *grand-père paternel, maternel* nonno paterno, materno → **aïeul 2** (*fam.*) *un vieux grand-père* [*homme âgé, vieillard*] un nonnetto, un vecchietto.

grands-parents |gʀɑ̃paʀɑ̃| *s.m. pl.* [*le grand-père et la grand-mère, du côté paternel ou maternel*] nonni.

grand-tante |gʀɑ̃tɑ̃t| *s.f.* [*sœur du grand-père ou de la grand-mère*] prozia: *une de ses grands-tantes* una sua prozia.

grange |gʀɑ̃ʒ| *s.f.* [*bâtiment clos servant à abriter la récolte*] granaio* *m.*; pagliaio* *m.*, fienile (*m.*): *battre en grange* battere (il grano) nel granaio ‖ *dormir dans une grange* dormire in un pagliaio, in un fienile.

grangée |gʀɑ̃ʒe| *s.f.* (*agric.*) contenuto *m.* di un granaio, di un pagliaio, d'un fienile # *une grangée de blé* un granaio (pieno) di grano.

grani- |gʀani| *préf.* (*signifiant* 'grain', *correspond généralt. à*) grani: *granivore* granivoro.

granit(e) |gʀanit| *s.m.* (*minér.*) granito: *bloc de granit* blocco di granito ◇ (*fig.*) *cœur de granit* cuore di pietra.

granité, ée |gʀanite| **1** *adj.* [*qui présente des grains comme le granit*] granulare → **grenu 2** *s.m.* [*tissu de laine à gros grains*] stoffa *f.* a grana grossa ◇ [*glace granulée*] granita *f.*

graniter |gʀanite| *v.tr.* (*techn.*) [*peindre, moucheter* (*une surface*) *de manière à imiter le granit*] dipingere (119), macchiettare imitando il granito: *graniter des stucs, une toile* dipingere stucchi, una tela imitando il granito.

graniteux, euse |gʀanitø, øz| *adj.* (*minér.*) granitico*.

granitique |granitik| *adj.* granitico*: *roches granitiques* rocce granitiche ◇ (*fig., littér.*) *une sérénité granitique* una serenità granitica.
granitoïde |granitɔid| *adj.* (*minér.*) granitoide, granulare.
granivore |granivɔr| *adj.* (*zool.*) granivoro: *oiseaux granivores* uccelli granivori ✦ (*s.m. pl.*) *les Granivores* i Granivori.
granulaire |granylɛr| *adj.* (*sc.*) granulare.
granulat |granyla| *s.m.* (*techn.*) materiale inerte.
granulation |granylasjɔ̃| *s.f.* **1** (*méd., métall., techn.*) granulazione **2** *surtout au plur.* granulazioni: *surface qui présente des granulations* superficie che presenta granulazioni.
granule |granyl| *s.m.* (*pharm.*) granulo: *granules homéopathiques* granuli omeopatici.
granulé, ée |granyle| **1** *adj.* [*qui présente des granulations*] granulare **2** *s.m.* (*pharm.*) granulo.
granuler |granyle| *v.tr.* [*réduire en granules*] granulare: *granuler du plomb, de l'étain* granulare il piombo, lo stagno.
granuleux, euse |granylø, øz| *adj.* granuloso: *papier granuleux* carta granulosa; *peau granuleuse* pelle granulosa ◇ (*méd.*) *tumeur granuleuse* tumore granuloso Ⓒ **lisse** 1.
granulie |granyli| *s.f.* (*méd.*) granulia.
granulome |granylɔm| *s.m.* (*méd.*) granuloma.
granulométrie |granylɔmetri| *s.f.* (*sc.*) granulometria ◇ (*techn.*) granulometria, pezzatura.
grape-fruit, grapefruit |grɛpfrut| *s.m.* (*angl.*) pompelmo → **pamplemousse.**
-graphe |graf|, **-graphie** |grafi| *suff.* (*signifiant 'écrire', correspondent généralt. à*) grafo; grafia: *télégraphe* telegrafo ‖ *biographie* biografia.
graphe |graf| *s.m.* (*log., math.*) grafo.
graphème |grafɛm| *s.m.* (*ling.*) grafema.
graphie |grafi| *s.f.* grafia.
-graphique |grafik| *suff.* (*signifiant 'écrire', correspond généralt. à*) grafico*: *monographique* monografico.
graphique |grafik| **I** *adj.* grafico*: *signes, caractères graphiques* segni, caratteri grafici; *arts graphiques* arti grafiche **II** *s.* **1** *s.m.* (*sc.*) grafico, diagramma: *graphique cartésien* diagramma cartesiano → 2 **courbe** **2** *s.f.* (*techn.*) grafica*.
graphiquement |grafikmɑ̃| *adv.* [→ GRAPHIQUE I] graficamente.
graphisme |grafism(ə)| *s.m.* [*caractères particuliers d'une écriture individuelle*] grafia *f.* ◇ [*aspect des signes graphiques, considérés sur le plan esthétique*] grafica* *f.*, grafismo (*rare*).
graphiste |grafist(ə)| *s.m.* [*spécialiste des arts graphiques*] grafico*.
graphitage |grafitaʒ| *s.m.* (*techn.*) grafitazione *f.*, grafitaggio*.
graphite |grafit| *s.m.* (*minér.*) grafite *f.*
graphiter |grafite| *v.tr.* [*enduire de graphite; mélanger à du graphite*] grafitare.
graphiteux, euse |grafitø, øz|, **graphitique** |grafitik| *adj.* [*qui contient du graphite*] grafitico*.
grapho- |grafɔ| *préf.* (*signifiant 'écrire', correspond généralt. à*) grafo: *graphologie* grafologia.
graphologie |grafɔlɔʒi| *s.f.* grafologia*.
graphologique |grafɔlɔʒik| *adj.* grafologico*: *analyse graphologique* analisi grafologica.
graphologue |grafɔlɔg| *s.* grafologo*: *expert graphologue* perito grafologo; perito calligrafo.
graphomètre |grafɔmɛtr(ə)| *s.m.* grafometro.
grappe |grap| *s.f.* [*assemblage de fleurs ou de fruits*] grappolo (*m.*): *grappes de raisin* grappoli d'uva; *grappes de glycine* grappoli di glicine ◇ (*fig.*) *grappes humaines* grappoli umani; *des grappes de voyageurs* grappoli di viaggiatori ◇ (*loc.*) *par grappes* a grappoli.
grappillage |grapijaʒ| *s.m.* [→ GRAPPILLER B 1] racimolatura (*f.*): *le grappillage de la vigne* la racimolatura della vite ◇ (*fig.*) [*petits larcins*] furtarelli *pl.* → **gratte.**
grappiller |grapije| **A** *v.tr.* **1** [*prendre de-ci, de-là* (*des fruits, des fleurs*)] cogliere (123), raccogliere (123): *grappiller des mûres* cogliere, raccogliere more → **cueillir, ramasser** **2** (*fig.*) [*prendre, recueillir au hasard*] racimolare, raggranellare: *grappiller des nouvelles* racimolare, raggranellare notizie ◇ (*spécialt.*) *grappiller quelques sous* racimolare qualche soldo **B** *v.intr.* **1** [*cueillir les petites grappes de raisin qui restent dans une vigne après la vendange*] racimolare *tr.* **2** (*fig.*) [*faire de petits profits secrets*] grattare *tr.* (*pop.*).
grappillon |grapijɔ̃| *s.m.* [*partie d'une grappe de raisin ou petite grappe entière*] racimolo.
grappin |grapɛ̃| *s.m.* **1** (*mar.*) [*petite ancre d'embarcation*] grappino ◇ [*crochet d'abordage à l'extrémité d'un cordage*] grappino → **crampon, croc** ◇ (*fig., fam.*) *quand il a mis le grappin sur vous, il ne vous lâche plus* quando ti ha agganciato non ti molla più **2** (*techn.*) grappino: *grappin de pêche* grappino da pesca.
gras, grasse |grɑ, grɑs| *adj.* **I** **1** (*choses*) grasso: *matière grasse* sostanza grassa, grasso (*s.m.*); *bouillon gras* brodo grasso; *crème grasse pour peaux sèches* crema grassa per pelli secche ✦ (*s.m.*) *le gras de la viande* il grasso della carne # *le gras de la jambe* [*le mollet*] il polpaccio ◇ (*chim.*) *corps gras* corpi grassi, lipidi *s.m.* → **lipide** ◇ (*relig. cathol.*) *jours gras* giorni di grasso; *Mardi-Gras* Martedì Grasso ✦ (*employé adv.*) *faire gras, manger gras* [*manger de la viande*] mangiar carne **2** (*personnes*) grasso: *il est gras et bedonnant* è grasso e panciuto; *être gras comme un porc, comme un moine* essere grasso come un maiale, come un tordo; *être gras à lard* essere grassissimo, grasso come un porco → **adipeux, gros** ◇ (*pop.*) *il est gras du bide* è un pancione *s.*✦ (*s.*) *les gras et les maigres* i grassi e i magri ◇ (*animaux*) *chapon gras* cappone grasso ◇ (*spécialt.*) *foie gras* pasticcio di fegato d'oca, 'foie gras' *inv.* **3** [*enduit, sali de graisse*] grasso: *avoir les cheveux gras* avere i capelli grassi → **graisseux, huileux** **4** (*vieilli*) *propos gras* [*licencieux*] discorsi grassi **II** (*par anal.*) **1** [*qui évoque la graisse par sa consistance*] grasso: *terre argileuse et grasse* terra argillosa e grassa → **onctueux** ◇ (*par ext.*) *toux grasse* tosse catarrosa ◇ (*spécialt.*) *vin gras* vino attaccato dal filante ◇ (*bot.*) *plantes grasses* piante grasse → **Cactées** **2** (*en parlant d'un son*) [*important par le volume, l'épaisseur*] grasso: *rire gras* grassa risata → **pâteux** # *avoir la langue grasse, le parler gras* avere la erre moscia; *voix grasse* voce piena → **grasseyer** **3** (*imprim.*) *caractères gras* grassetto *s.m.sing.*, neretto *s.m.sing.* ✦ (*s.m.*) *écrire en gras* scrivere in grassetto **4** [*abondant*] lauto: *la prime n'est pas grasse* non è certo un lauto premio; *distribuer de grasses récompenses* distribuire laute ricompense ◇ (*loc.*) *dormir la grasse matinée, faire* (*la*) *grasse matinée* alzarsi (molto) tardi, poltrire a letto ✦ *adv.* (*pop.*) *il n'y a pas gras à manger* non c'è gran che (*cour.*) da mangiare Ⓒ I 1 **maigre** 1.
gras-double |gradubl(ə)| *s.m.* [*membrane comestible de l'estomac du bœuf*] trippa *f.* (di manzo): *des gras-doubles* delle trippe.
grassement |grasmɑ̃| *adv.* **1** [→ GRAS II 4] grassamente, lautamente: *payer grassement* pagare grassamente, lautamente → **généreusement** **2** [→ GRAS II 2] grassamente, grossolanamente: *parler, rire grassement* parlare, ridere grassamente, grossolanamente.
grasseyant, ante |grasɛjɑ̃, ɑ̃t| *adj.* (*ling.*) (che parla) con la erre moscia *loc.*
grasseyement |grasɛjmɑ̃| *s.m.* (*ling.*) pronuncia* *f.* della erre moscia; il parlare *inv.* con la erre moscia.
grasseyer |graseje| **A** *v.intr.* (*ling.*) [*parler avec une prononciation gutturale ou peu distincte des 'r'*] parlare con la erre moscia; dare (102) *tr.* il suono uvulare alla 'r' ✦ (*au p.p.*) *'r' grasseyé* 'r' moscia, 'r' pronunciata alla parigina **B** (*v.tr.*) *grasseyer les 'r'* [→ *intr.*] parlare *intr.* con la erre moscia, pronunciare le erre mosce.
grassouillet, ette |grasujɛ, ɛt| *adj.* [*assez gras et rebondi*] grassottello, grassoccio* → **potelé.**
graticulation |gratikylasjɔ̃| *s.f.* (*peint.*) il graticolare *m.inv.*
graticuler |gratikyle| *v.tr.* (*peint.*) [*diviser* (*un dessin, une peinture*) *en carrés égaux que l'on reproduit*] graticolare.
gratification |gratifikasjɔ̃| *s.f.* **1** gratifica*, regalia: *gratification de fin d'année* gratifica, regalia di fine anno; *gratification cachée, illicite* gratifica sottobanco, illecita → **dessous-de-table, pot-de-vin, étrenne** ◇ (*spécialt.*) [*prime*] gratifica, premio* *m.* **2** (*psycho.*) incoraggiamento (*m.*): *c'est un enfant qui a besoin de gratification* è un ragazzo che ha bisogno di incoraggiamenti, di essere incoraggiato Ⓒ 2 **frustration.**
gratifier |gratifje| *v.tr.* [*pourvoir libéralement de quelque avantage*] gratificare: *elle le gratifia d'un sourire reconnaissant* lo gratificò di un sorriso riconoscente # *on l'a gratifié d'un nouveau bureau* gli hanno assegnato un nuovo ufficio ✦ *absolt.* (*psycho.*) incoraggiare: *gratifier un enfant* incoraggiare un ragazzo ◇ (*iron.*) *gratifier un garnement d'une paire de gifles* appioppare, affibbiare un paio di schiaffi a un monello → **donner.**

gratin |gʀatɛ̃| *s.m.* **1** (*cuis.*) AU GRATIN al 'gratin': *macaroni au gratin* maccheroni al 'gratin', gratinati (*adj.*); *un gratin de pommes de terre* patate al 'gratin' **2** (*fig.*, *fam.*) [*élite*] crema *f.* (della società): *il fréquente le gratin* frequenta la crema (della società).

gratiné, ée |gʀatine| *adj.* **1** (*cuis.*) gratinato ✦ (*s.f.*) *une gratinée* una zuppa di cipolle gratinata **2** (*fig.*, *fam.*) [*extraordinaire, dans l'outrance ou le ridicule*] favoloso, straordinario*: *c'est une histoire gratinée* è una storia favolosa, straordinaria # *il est gratiné, son chapeau!* che roba, il suo cappello!

gratiner |gʀatine| **A** *v.tr.* (*cuis.*) [*faire cuire en gratin*] gratinare: *gratiner des pommes de terre* gratinare delle patate **B** *v.intr.* (*vieilli*) [*s'attacher et rissoler en cuisant*] attaccarsi *pron.* sul fondo (del recipiente) → **cramer.**

gratiole |gʀasjɔl| *s.f.* (*t.bot.*) graziola.

gratis |gʀatis| *adv.* gratis: *assister gratis à un spectacle* assistere gratis a uno spettacolo; *avoir le vivre et le couvert gratis* avere vitto e alloggio gratis → **gratuitement, œil (à l')** (*pop.*) ◇ (*loc. plais.*) *demain on rasera gratis* sì, domani!; col cavolo! ~ (*loc. lat.*) *gratis pro Deo* gratis et amore Dei ✦ (*adj.*) *spectacle, billet gratis* spettacolo, biglietto gratuito.

gratitude |gʀatityd| *s.f.* gratitudine: *sentiment de gratitude* sentimento di gratitudine; *marques de gratitude* segni di gratitudine; *manifester, exprimer sa gratitude à qqn.* manifestare, esprimere la propria gratitudine a qqn. → **reconnaissance.**

grattage |gʀataʒ| *s.m.* [→ GRATTER A 1] raschiatura *f.*, grattatura (*f.*): *grattage de la façade d'une maison* raschiatura della facciata di una casa → **ravalement** ◇ (*chir.*) *grattage d'un os* raschiamento d'un osso.

gratte |gʀat| *s.f.* **1** (*fam.*) [*petit profit obtenu en grappillant*] furtarello *m.* # *faire de la gratte* far la cresta (sulla spesa) **2** [*gale, grattelle*] rogna, scabbia **3** (*mar.*) raschietta **4** (*agric.*) sarchiello *m.*

gratte-ciel |gʀatsjɛl| *s.m.inv.* grattacielo *var.*

gratte-dos |gʀatdo| *s.m.inv.* [*baguette portant une petite main permettant de se gratter le dos*] manina *f. var.*

grattelle |gʀatɛl| *s.f.* (*vieilli*, *fam.*) [*gale légère, gratte*] rogna, scabbia (in forma) leggera.

grattement |gʀatmɑ̃| *s.m.* [→ GRATTER A 2] grattamento ◇ [*bruit de ce qui gratte*] il grattare *inv.*

gratte-papier |gʀatpapje| *s.m. inv.* (*péj.*) [*modeste employé chargé des écritures*] scribacchino *var.* ◇ (*vx.*) [*mauvais écrivain*] imbrattacarte *s.*

gratter |gʀate| **A** *v.tr.* **1** [*frotter avec qqch. de dur en entamant très légèrement la surface*] grattare, raschiare: *gratter une porte pour en ôter la peinture* raschiare una porta per toglierne la vernice # *gratter légèrement la terre pour y semer des graines* sarchiare la terra per la semina ◇ (*loc.*) *gratter le papier* scribacchiare **2** (*en employant les ongles, les griffes*) grattare, raspare: *gratter un tissu pour enlever une tache* grattare un tessuto per togliere una macchia; *chien qui gratte le sol* cane che raspa il terreno ◇ (*prov.*) *trop parler nuit, trop gratter cuit* chi assai ciarla, spesso falla □ *se gratter la tête* grattarsi la testa ◇ (*loc. fig.*) *gratter une vieille plaie* riaprire una piaga ◇ (*par ext.*, *fam.*) [*faire éprouver une démangeaison*] prudere* *intr.*, pizzicare (*intr.*): *ça me gratte terriblement* mi prude terribilmente # *poil à gratter* polverina (per grattare) **3** [*faire disparaître ce qui est sur la surface ainsi frottée*] raschiare: *gratter un mot, une inscription* raschiare una parola, una scritta → **effacer, enlever** **4** (*fig.*, *fam.*) [*recueillir tout ce qui peut être utilisé*] ripulire (197): *gratter les fonds de tiroir* ripulire i cassetti ◇ [*prélever à son profit, mettre de côté par de petits moyens*] grattare: *c'est une affaire où il n'y a pas grand-chose à gratter* è un affare su cui c'è poco da grattare → **grappiller** ✦ (*absolt.*) *gratter sur tout, sur la dépense* fare la cresta su tutto, sulla spesa **5** (*fam.*) [*dépasser (un concurrent)*] superare (*cour.*), sorpassare (*cour.*): *gratter une voiture* superare, sorpassare un'auto → **devancer, 1 griller** # *coureur cycliste qui gratte ses concurrents dans une côte* ciclista che brucia gli avversari in salita **B** *v.intr.* **1** *gratter à la porte* [*au lieu de frapper (par discrétion, timidité)*] bussare piano alla porta ◇ (*par ext.*) *gratter du violon, de la guitare* [*en jouer médiocrement*] grattare *tr.* (*pop.*) strimpellare *tr.* il violino, la chitarra **2** (*pop.*) [*travailler*] sgobbare (*fam.*) **C** *v.pron. réfl.* SE GRATTER **1** [*gratter l'endroit qui démange*] grattarsi: *se gratter jusqu'au sang* grattarsi a sangue ✦ → *tr.* 2 □ **2** (*pop.*) *tu peux toujours te gratter* [*tu n'obtiendras rien*] aspetta e spera!; campa cavallo! → **fouiller (se).**

grattoir |gʀatwaʀ| *s.m.* [*canif qui sert à gratter l'écriture et les taches*] raschietto ◇ (*techn.*) raschietto, raschiatoio* ◇ [*lame de métal où l'on gratte ses chaussures avant d'entrer*] raschietto.

gratuit, uite |gʀatɥi, ɥit| *adj.* **1** gratuito: *enseignement gratuit et obligatoire* istruzione gratuita e obbligatoria; *entrée gratuite à un spectacle* ingresso gratuito a uno spettacolo; *échantillon gratuit* campione gratuito → **libre** **2** (*fig.*) gratuito: *hypothèse, imputation gratuite* [*qui n'a pas de fondement, de preuve*] ipotesi, imputazione gratuita; *acte gratuit* [*irrationnel*] atto gratuito → **arbitraire, hasardeux** ⓒ 1 **payant.**

gratuité |gʀatɥite| *s.f.* gratuità *inv.* ◇ (*fig.*) *la gratuité d'une affirmation* la gratuità di un'affermazione.

gratuitement |gʀatɥitmɑ̃| *adv.* **1** [→ GRATUIT 1] gratuitamente: *soigner un malade gratuitement* curare gratuitamente un malato → **gratis, gracieusement** **2** [→ GRATUIT 2] gratuitamente: *prêter gratuitement à qqn. des intentions mauvaises* attribuire gratuitamente a qualcuno delle cattive intenzioni # *agir gratuitement, par simple caprice, par jeu* agire senza motivo, per semplice capriccio, per gioco.

grau |gʀo| *s.m.* **1** (*région.*) canale di comunicazione **2** [*défilé, passage montagneux*] gola *f.*

gravatier |gʀavatje| *s.m.* addetto allo scarico di calcinacci, del materiale di demolizione; manovale scaricatore.

gravats |gʀavɑ| *s.m.pl.* [*débris provenants d'une démolition*] calcinacci, materiale *sing.* di demolizione: *tas de gravats* mucchio di calcinacci → **décombre, plâtras.**

grave |gʀav| *adj.* **1** grave, serio*: *un personnage grave* un personaggio grave → **austère**; *air grave* aria grave → **sérieux**; *un grave magistrat* un magistrato grave; *de graves réflexions* gravi riflessioni; *situation grave, grave affaire* situazione grave, faccenda grave; *de graves ennuis* gravi difficoltà; *devenir subitement grave* farsi improvvisamente serio; *avoir des motifs, des raisons graves pour...* aver seri motivi, gravi ragioni per... → **important, sérieux**; *l'heure, le moment est grave* l'ora, il momento è grave → **1 critique, dramatique, tragique** ◇ (*par ext.*) *blessé grave* ferito grave **2** *son, note grave* suono, nota grave → **bas** # *voix grave* voce profonda ✦ (*s.*) *le grave* [*le registre des sons graves*] il suono grave, le note *f.pl.* gravi: *passer du grave à l'aigu* passare dalle note gravi a quelle acute ◇ (*gram.*) *accent grave* accento grave ⓒ 1 **léger, frivole, bénin**; 2 **aigu.**

graveleux, euse |gʀavlø, øz| *adj.* **1** [*qui contient du gravier*] ghiaioso: *terre graveleuse* terra ghiaiosa → **caillouteux, pierreux** ◇ (*spécialt.*) *fruit graveleux* [*dont la chair contient de petits amas de corps durs*] frutto granuloso **2** (*littér.*) [*très licencieux*] osceno (*cour.*): *contes, propos graveleux* racconti, discorsi osceni, licenziosi.

gravelle |gʀavɛl| *s.f.* (*méd.*, *vx.*) renella, litiasi *inv.*

gravelure |gʀavlyʀ| *s.f.* (*rare*) [*propos, discours, anecdotes graveleux*] oscenità *inv.* → **grivoiserie, obscénité.**

gravement |gʀavmɑ̃| *adv.* [→ GRAVE 1] gravemente: *gravement menacé* minacciato gravemente; *gravement blessé* gravemente ferito → **grièvement** # *parler gravement* parlare con serietà → **dignement.**

graver |gʀave| *v.tr.* **1** [*tracer en creux sur une matière dure*] incidere (130): *graver une inscription, des caractères* incidere un'iscrizione, dei caratteri; *graver un nom sur un arbre* incidere un nome su un albero; *graver à l'eau-forte* incidere all'acquaforte ✦ (*au p.p.*) *portrait gravé au burin* ritratto inciso col bulino ✦ (*absolt.*) *instruments servant à graver* strumenti per incidere, per intagliare **2** [*reproduire par le procédé de la gravure*] stampare: *faire graver des cartes de visite* far stampare dei biglietti da visita **3** (*fig.*) [*rendre durable (dans l'esprit, le cœur)*] imprimere (124): *ce souvenir est gravé dans ma mémoire* questo ricordo è impresso, stampato nella mia memoria → **2 imprimer.**

graveur |gʀavœʀ| *s.m.* [*personne dont la profession est de graver (1)*] incisore: *graveur sur bois, sur pierre* incisore su legno, su pietra; *graveur de monnaies* incisore di monete.

gravide |gʀavid| *adj.* (*méd.*, *zool.*) gravido, pregno: *jument gravide* cavalla gravida, pregna.

gravidique |gʀavidik| *adj.* (*méd.*) gravidico*.

gravier |gʀavje| *s.m.* **1** [*ensemble de petits cailloux servant au revêtement des allées, dans un jardin, etc.*] ghiaia (*f.*): *le gravier d'une allée* la ghiaia di un viale; *ratisser le gravier* rastrellare la ghiaia **2** (*géol.*) ghiaia.

gravillon |gʀavijɔ̃| *s.m.* [*fin gravier*] ghiaino, ghiaietta (*f.*): *répandre du gravillon, des gravillons sur une route* spargere il ghiaino, la ghiaietta su una strada.
gravillonnage |gʀavijɔnaʒ| *s.m.* [*opération de répandre du gravillon sur une route*] inghiaiatura *f.*
gravimétrie |gʀavimetʀi| *s.f.* (*sc.*) gravimetria.
gravimétrique |gʀavimetʀik| *adj.* (*sc.*) gravimetrico*.
gravir |gʀaviʀ| *v.tr.* [*monter avec effort* (*une pente rude*)] inerpicarsi *pron.* su, scalare: *gravir un raidillon* inerpicarsi per un sentiero ripido; *gravir une côte* inerpicarsi per una salita; *gravir une colline, une montagne* scalare una collina, una montagna → **escalader.**
gravitation |gʀavitɑsjɔ̃| *s.f.* (*astron., phys.*) gravitazione: *les lois de la gravitation* le leggi della gravitazione → **attraction.**
gravitationnel, elle |gʀavitasjɔnɛl| *adj.* (*phys.*) gravitazionale.
1 **gravité** |gʀavite| *s.f.* gravità (*inv.*): *gravité simple, sans apprêt* gravità semplice, senza ostentazione; *la gravité de la question, du problème* la gravità della questione, del problema; *gravité d'une maladie* gravità di una malattia # *un accident sans gravité* un incidente non grave → **austérité,** 2 **dignité, componction.**
2 **gravité** |gʀavite| *s.f.* (*phys.*) gravità (*inv.*): *centre de gravité* centro di gravità, baricentro → **pesanteur** ◇ (*ch. de fer*) *triage par gravité* smistamento a gravità.
graviter |gʀavite| *v.intr.* GRAVITER AUTOUR (DE) [*tourner autour* (*d'un centre d'attraction*)] gravitare intorno (a): *les planètes gravitent autour du soleil* i pianeti gravitano intorno al sole ◇ (*fig.*) *les gens qui gravitent autour du ministre* le persone che gravitano intorno al ministro.
gravois |gʀavwa| *s.m.pl.* (*vieilli*) → **gravats.**
gravure |gʀavyʀ| *s.f.* **1** [→ GRAVER 1] incisione: *la gravure d'une inscription* l'incisione di un'iscrizione; *la gravure d'un bijou* l'incisione di un gioiello; *gravure en pierres dures* incisione in pietre dure; *gravure sur métaux* incisione su metalli; *gravure à l'eau-forte* incisione all'acquaforte ◇ (*spécialt.*) *la gravure* [*procédé de reproduction*] l'incisione a stampa **2** [→ GRAVER 2] stampa, incisione: *gravure en couleurs* stampa a colori → 2 **estampe, illustration** # *gravure de mode* figurino (di moda) ◇ (*par ext.*) [*toute image reproduisant un tableau, une photographie, etc.*] riproduzione: *accrocher des gravures au mur* attaccare delle riproduzioni al muro → **reproduction, photographie.**
gré |gʀe| *s.m.* **1** *loc.* AU GRÉ DE [*selon le goût, la volonté de*] di gusto di, di gradimento di; a piacimento di: *trouver qqn., qqch. à son gré* trovare qc. di proprio gusto, di proprio gradimento ‖ *agissez à votre gré* agite a vostro piacimento; *nous ne pouvons pas le changer à notre gré* non possiamo cambiarlo a nostro piacimento → **convenance, guise** ◇ (*loc. fig.*) *au gré des événements, des circonstances* secondo gli eventi, le circostanze; a seconda degli eventi, delle circostanze ~ *cela est préférable, à mon gré* [*à mon avis, à mon sens*] secondo me, a mio parere, è preferibile ~ DE SON PLEIN GRÉ spontaneamente, di propria iniziativa: *il est venu de son plein gré* è venuto spontaneamente, di sua iniziativa → **volontairement** ~ DE BON GRÉ di buon grado: *obéir de bon gré* obbedire di buon grado → 2 **grâce (de bonne)** ~ *de gré ou de force* per amore o per forza ~ DE GRÉ À GRÉ mettendosi d'accordo, consensualmente # *marché, contrat de gré à gré* licitazione privata ~ CONTRE LE GRÉ contro la volontà: *faire qqch. contre le gré de ses parents* far q.c. contro la volontà dei genitori ~ BON GRÉ MAL GRÉ volente o nolente: *j'accepte bon gré mal gré cette solution* volente o nolente, accetto questa soluzione **2** *loc.* SAVOIR GRÉ [*avoir de la reconnaissance pour qqn.*] essere grato.
grèbe |gʀɛb| *s.m.* (*t.zool.*) svasso.
grébiche |gʀebiʃ|, **grébige** |gʀebiʒ|, **gribiche** |gʀibiʃ| *s.f.* (*techn.*) **1** (*imprim.*) [*numéro d'inscription d'un manuscrit sur le registre d'un imprimeur*] numero *m.* d'ordine ◇ [*ligne où se trouve le nom de l'imprimeur*] colofone *m.* **2** (*reliure*) rilegatura volante **3** [*garniture métallique du bord d'un vêtement, d'un objet de maroquinerie*] guarnizione.
grec, grecque |gʀɛk| **1** *adj.* [*de Grèce*] greco*: *les îles grecques* le isole greche; *le peuple grec* il popolo greco; *la mythologie grecque* la mitologia greca # *la civilisation grecque antique* la civiltà dell'antica Grecia ◇ (*loc. fig.*) *renvoyer aux calendes grecques* rimandare alle calende greche ♦ *s.* (*hist.*) *les Grecs* i Greci → **hellène** **2** (*s.m.*) *le grec* [*la langue*] il greco: *le grec classique et le grec moderne* il greco antico e il greco moderno.
gréciser |gʀesize| *v.tr.* [*donner une forme grecque à* (*un mot*)] grecizzare → **helléniser.**
grécité |gʀesite| *s.f.* grecità *inv.* → **hellénisme.**
gréco-latin, ine |gʀekɔlatɛ̃, in| *adj.* greco-latino: *les humanités gréco-latines* le lettere greco-latine.
gréco-romain, aine |gʀekɔʀɔmɛ̃, ɛn| *adj.* greco-romano: *art, polythéisme gréco-romain* arte greco-romana, politeismo greco-romano ◇ (*sport*) *lutte gréco-romaine* lotta greco-romana.
grecque |gʀɛk| *s.f.* **1** (*bx-arts, cour.*) greca*: *grecque ornant une frise d'architecture* greca che orna un fregio architettonico; *orner d'une grecque* decorare, ornare con una greca **2** (*techn.*) intaccatura per grecaggio.
gredin, ine |gʀədɛ̃, in| *s.* [*personne malhonnête, méprisable*] furfante, mascalzone → **bandit, coquin, malfaiteur** ◇ (*sens atténué*) (*fam.*) briccone, birbante # *petit gredin, je vais te tirer les oreilles!* bricconcello, birbantello, ti tirerò le orecchie!
gredinerie |gʀədinʀi| *s.f.* (*vieilli*) [*manière d'agir, action de gredin*] furfanteria → **friponnerie.**
gréement |gʀemɑ̃|, **gréage** |gʀeaʒ| *s.m.* (*mar.*) attrezzatura *f.*
gréer |gʀee| *v.tr.* (*mar.*) [*garnir* (*un bâtiment, un mât*) *de voiles, poulies, cordages*] attrezzare, allestire (197): *navire gréé en goélette* nave attrezzata a goletta.
greffage |gʀɛfaʒ| *s.m.* [→ GREFFER A] innesto, innestatura *f.*
1 **greffe** |gʀɛf| *s.m.* [*bureau où l'on garde les minutes des actes de procédure*] cancelleria (*f.*): *le greffe du tribunal* la cancelleria del tribunale; *déposer un dossier au greffe* depositare un fascicolo in cancelleria.
2 **greffe** |gʀɛf| *s.f.* **1** [*greffon végétal*] innesto *m.*, marza: *greffe qui prend bien* innesto che attecchisce bene ◇ (*par anal.*) *greffe animale* tessuto *m.*, organo *m.* da innesto **2** (*agric.*) innesto, innestatura: *greffe en couronne, en écusson* innesto a corona, a scudetto **3** (*chir.*) trapianto (*m.*): *greffe de tissus, d'organes* trapianto di tessuti, di organi; *greffe expérimentale opérée sur des animaux* trapianto sperimentale effettuato su animali.
greffer |gʀefe| **A** *v.tr.* [*insérer une greffe, soumettre à l'opération de la greffe*] innestare: *greffer un arbre* innestare un albero ◇ (*chir.*) trapiantare, innestare: *greffer une cornée prélevée sur un cadavre* trapiantare una cornea prelevata da un cadavere; *on lui a greffé un rein* gli hanno trapiantato un rene **B** *v.pron.intr.* SE GREFFER SUR (*fig.*) [*s'ajouter à*] aggiungersi (150) a, innestarsi su: *de nouvelles difficultés se sont greffées sur celles qui existaient déjà* si sono aggiunte nuove difficoltà a quelle che già esistevano, si sono innestate nuove difficoltà su quelle che già esistevano # *des complications imprévues sont venues se greffer là-dessus* sono sopraggiunte complicazioni impreviste.
greffier |gʀefje| *s.m.* [*officier public préposé au greffe*] cancelliere: *greffier du tribunal civil* cancelliere del tribunale civile.
greffoir |gʀɛfwaʀ| *s.m.* (*agric.*) innestatoio*.
greffon |gʀɛfɔ̃| *s.m.* **1** (*agric.*) marza *f.*, innesto: *choix des greffons sur les arbres-étalons* selezione di marze su alberi campione → 2 **greffe** **2** (*chir.*) frammento di tessuto, di organo: *prélever un greffon* prelevare un frammento di (un) tessuto, di (un) organo.
grégaire |gʀegɛʀ| *adj.* gregario*: *tendance, instinct grégaire* tendenza gregaria, istinto gregario.
grégarisme |gʀegaʀism(ə)| *s.m.* gregarismo.
grège |gʀɛʒ| (*adj.*) *soie grège* seta greggia* ◇ (*par ext.*) *fil grège* filo greggio*.
grégorien, ienne |gʀegɔʀjɛ̃, jɛn| *adj.* (*liturg.*) gregoriano: *rite grégorien* rito gregoriano; *réforme grégorienne* riforma gregoriana; *calendrier grégorien* calendario gregoriano; *chant grégorien* canto gregoriano ♦ (*s.*) *le grégorien* il (canto) gregoriano.
grègues |gʀɛg| *s.f.pl.* (*ancienn.*) [*haut-de-chausses*] brache → 1 **culotte** ◇ (*loc. fig., vx.*) *tirer ses grègues* [*s'enfuir*] darsela a gambe (*cour.*).
1 **grêle** |gʀɛl| *adj.* **1** [*d'une longueur, d'une finesse excessive*] esile, sottile: *silhouette grêle d'un pont métallique* profilo esile di un ponte metallico → **fin, fluet,** 1 **mince, filiforme** ◇ (*fig.*) *voix grêle* voce esile, sottile **2** (*anat.*) *intestin grêle* intestino tenue.
2 **grêle** |gʀɛl| *s.f.* (*météo.*) grandine, gragnola: *il est tombé beaucoup de grêle* è caduta molta grandine ◇ (*fig.*) *une grêle de balles* una gragnola di pallottole ◇ (*loc.*) *accabler qqn. sous une grêle*

d'injures investire qc. con una valanga di improperi.
grêlé, ée |gʀele| *adj.* [*marqué par la petite vérole*] butterato: *visage grêlé* viso butterato.
grêler |gʀele| **A** *v.impers.* (*se dit quand il tombe de la grêle*) grandinare (*aux.* essere, avere): *il va grêler* sta per grandinare → 1 **grésiller B** *v.tr.* [*gâter, dévaster par la grêle*] flagellare (di grandine): *toute cette région a été grêlée* tutta questa regione è stata flagellata dalla grandine.
grelin |gʀəlɛ̃| *s.m.* (*mar.*) gherlino: *grelin de halage, d'amarrage* gherlino d'alaggio, d'ormeggio.
grêlon |gʀɛlɔ̃| *s.m.* chicco* di grandine.
grelot |gʀəlo| *s.m.* [*sonnette constituée d'une boule de métal creuse*] sonaglio*, bubbolo: *grelot attaché au collier d'un cheval, d'un chien* sonaglio (attaccato) al collo di un cavallo, di un cane ◇ (*loc. pop.*) *avoir les grelots* [*avoir peur, trembler*] avere la tremarella.
grelottant, ante |gʀəlɔtɑ̃, ɑ̃t| *adj.* [*qui grelotte*] tremante, tremebondo: *elle est toute grelottante* è tutta tremante, tremebonda.
grelottement |gʀəlɔtmɑ̃| *s.m.* [→ GRELOTTER] tremore, tremito # *un grelottement de fièvre* un brivido di febbre.
grelotter |gʀəlɔte| *v.intr.* **1** [*trembler de froid*] tremare di, per il freddo → **claquer (des dents), frissonner, trembler** ◇ (*par anal.*) *grelotter de peur* tremare di, per la paura; *grelotter de fièvre* tremare di, per la febbre **2** [*avoir très froid*] gelare (*aux.* essere): *on grelotte ici, fermez les fenêtres* qui si gela, chiudete le finestre → **geler.**
greluchon |gʀəlyʃɔ̃| *s.m.* (*vieilli*) [*amant de cœur*] mantenuto, ganzo → **gigolo.**
grémil |gʀemil| *s.m.* (*t.bot.*) litospermo.
grenache |gʀənaʃ| *s.m.* [*cépage noir cultivé dans le Languedoc, le Roussillon; le vin qu'on en tire*] ⊠.
grenadage |gʀənadaʒ| *s.m.* (*milit.*) lancio* di granate.
1 **grenade** |gʀənad| *s.f.* [*fruit du grenadier*] melagrana, granata.
2 **grenade** |gʀənad| *s.f.* (*milit.*) bomba, granata: *grenade à main* bomba a mano; *grenade fumigène, incendiaire* bomba fumogena, incendiaria; *grenade sous-marine* bomba antisommergibile, di profondità; *dégoupiller une grenade* disinnescare una granata.
grenadeur |gʀənadœʀ| *s.m.* (*milit.*) lanciabombe *inv.*
1 **grenadier** |gʀənadje| *s.m.* (*t.bot.*) melograno.
2 **granadier** |gʀənadje| *s.m.* (*milit.*) granatiere ◇ (*par métaph.*) *un vrai grenadier* [*un homme de grande taille; une femme grande, d'allure virile*] un (vero) granatiere; una (vera) granatiera *f.* ◇ (*loc.*) *boire comme un grenadier* bere come una spugna.
grenadille |gʀənadij| *s.f.* (*t.bot.*) granadiglia.
grenadin |gʀənadɛ̃| *s.m.* **1** (*t.bot.*) garofano (scempio*) **2** (*cuis.*) [*tranche de veau peu épaisse, entourée d'une mince couche de lard*] fricandò *inv.*
grenadine |gʀənadin| *s.f.* (*sirop*) granatina.
grenage |gʀənaʒ|, **grainage** |gʀɛnaʒ| *s.m.* (*techn.*) granitura *f.*; granulazione *f.*
grenaillage |gʀənɑjaʒ| *s.m.* (*techn.*) granigliatura *f.*, sabbiatura *f.* metallica*.
grenaille |gʀənɑj| *s.f.* **1** [*métal réduit en grains*] graniglia (metallica), granuli *m.pl.* di metallo # *cartouche chargée de grenaille de plomb* cartuccia di pallini di piombo **2** (*agric.*) mondiglia: *jeter, donner la grenaille aux poules* gettare, dare la mondiglia alle galline.
grenaillement |gʀənɑjmɑ̃| *s.m.* [→ GRENAILLER] granitura *f.*; granulazione *f.*
grenailler |gʀənɑje| *v.tr.* (*techn.*) [*réduire en petits grains*] granulare; granigliare.
grenailleuse |gʀənɑjøz| *s.f.* (*techn.*) granigliatrice, sabbiatrice (metallica).
grenat |gʀəna| **1** *s.m.* (*minér.*) granato: *variété noire de grenat* varietà nera di granato **2** (*adj. inv.*) granata: *couleur grenat* color granata; *velours grenat* velluto granata.
1 **grener** |gʀəne| (6) *v.intr.* (*agric.*) [*produire de la graine*] granire (197): *le blé grène mal cette année* il frumento granisce male quest'anno.
2 **grener** |gʀəne| (6), **grainer** |gʀene| *v.tr.* (*techn.*) [*réduire en petits grains*] granulare: *grener du métal* granulare un metallo # *grener de la terre* sbriciolare la terra; *grener du sel, du sucre* sottoporre a cristallizzazione il sale, lo zucchero.
grenier |gʀənje| *s.m.* **1** [*partie d'un bâtiment rural, où l'on conserve les grains et les fourrages*] *grenier à blé* granaio*; *grenier à foin* fienile → **fenil, grange** ◇ (*fig.*) *cette région est un vrai grenier* questa regione è un vero granaio **2** (*par ext.*) [*étage supérieur d'une maison, sous les combles*] soffitta *f.*, solaio*: *fouiller une maison de la cave au grenier* mettere a soqquadro una casa dalla cantina al solaio → 1 **comble, mansarde.**
grenouillage |gʀənujaʒ| *s.m.* (*polit., fam.*) [*intrigues louches, tractations immorales*] brogli *pl.* (*cour.*).
grenouille |gʀənuj| *s.f.* (*t.zool.*) rana ◇ (*cour.*) *grenouille verte, rousse* rana verde, rossa; *coassements des grenouilles* gracidii di rane; *larve de grenouille* larva di rana → **têtard.**
grenouillère |gʀənujɛʀ| *s.f.* (*rare*) (*sauf comme nom de lieu-dit*) [*lieu marécageux, habité par des grenouilles*] ranocchiaia.
grenouillette |gʀənujɛt| *s.f.* **1** (*t.bot.*) aquatilis *m.inv.* **2** (*méd.*) ranula.
grenu, ue |gʀəny| *adj.* **1** (*se dit de la peau, des tissus dont le grain est apparent*) granuloso: *cuir grenu* cuoio granuloso ◇ (*géol.*) granitico*: *roches grenues* rocce granitiche **2** (*bot.*) granoso: *épis grenus* spighe granose.
grès |gʀɛ| *s.m.* **1** (*géol., cour.*) arenaria *f.*, grès (*inv*).: *grès siliceux, calcaires, gypseux* arenarie silicee, calcaree, gessose; *carrière de grès* cava di arenaria; *pavé, moellon de grès* lastra, blocco di arenaria **2** [*terre glaise de sable fin dont on fait des poteries*] terraglia (*f.*): *pot de grès* vaso in terraglia # *grès cérame* grès porcellanato; *grès flammés, flambés* grès cotti a fiamma ardente.
grésil |gʀezi(l)| *s.m.* [*variété de grêle, fine, blanche et dure*] nevischio*.
grésillement |gʀezijmɑ̃| *s.m.* [*léger crépitement*] sfrigolio*, crepitio*: *le grésillement de la friture* lo sfrigolio del friggere.
1 **grésiller** |gʀezije| *v.impers.* (*rare*) (*se dit du grésil qui tombe*) cadere (121) (*aux.* essere) nevischio: *il a plu et grésillé* ha piovuto ed è caduto (del) nevischio → **grêler.**
2 **grésiller** |gʀezije| *v.intr.* [*produire un crépitement rapide et assez faible*] crepitare, sfrigolare.
gressin |gʀesɛ̃| *s.m.* grissino.
1 **grève** |gʀɛv| *s.f.* [*terrain plat (formé de sables, graviers) situé au bord de la mer ou d'un cours d'eau*] greto *m.* (del fiume); spiaggia* (del mare): *grèves de la Gironde* greti della Gironda → 1 **plage, rivage** ‖ *vagues qui déferlent sur la grève* onde che si infrangono sulla spiaggia ◇ (*par ext.*) [*banc de sable mobile*] banco* *m.* (mobile) di sabbia: *les grèves de la Loire* i banchi di sabbia della Loira.
2 **grève** |gʀɛv| *s.f.* [*cessation volontaire et collective du travail décidée par des salariés*] sciopero (*m.*): *grève de solidarité* sciopero di solidarietà; *grève générale* sciopero generale; *grève perlée* sciopero a singhiozzo; *grève tournante* sciopero articolato, a scacchiera; *grève surprise, sauvage* sciopero (a gatto) selvaggio; *grève sur le tas, grève des bras croisés* sciopero bianco, a braccia incrociate; *grève du zèle* sciopero bianco; *grève du lait* sciopero dei lattai; *grève du gaz, des transports* sciopero del gas, dei trasporti; *faire grève, se mettre en grève* far sciopero, mettersi (entrare) in sciopero; *syndicat qui lance un ordre, un mot de grève* sindacato che indice uno sciopero → **arrêt (de travail), débrayage** ◇ (*par anal.*) *grève de l'impôt* [*refus concerté et collectif d'acquitter les contributions légales*] rifiuto *m.* di pagare le tasse # *piquet de grève* picchetto di vigilanza (durante lo sciopero); *briseur de grève, ouvrier qui refuse de faire la grève* crumiro → **jaune** ◇ (*par ext.*) *faire la grève de la faim* fare lo sciopero della fame.
grever |gʀəve| (6) *v.tr.* [*frapper de charges financières, de servitudes*] gravare, gravare *intr.* su: *dépenses qui grèvent un budget* spese che gravano (su) un bilancio; *succession grevée d'hypothèques* successione gravata di ipoteche; *grever l'économie d'un pays* gravare sull'economia di un paese → **alourdir** ◇ (*dr.*) *grever d'hypothèque* gravare di ipoteca.
gréviste |gʀevist(ə)| *s.* [*salarié qui fait grève*] scioperante: *négocier la reprise du travail avec les grévistes* negoziare la ripresa del lavoro con gli scioperanti # *gréviste de la faim* chi fa lo sciopero della fame.
gribouillage |gʀibujaʒ| *s.m.* [→ GRIBOUILLER] scarabocchio*, pasticcio*: *buvard couvert de gribouillages* carta assorbente piena di scarabocchi → **gribouillis.**
gribouille |gʀibuj| *s.m.* [*personne mal avisée qui se jette stupidement dans les ennuis*] sempliciotto *s.*, sciocco* (*s.*): *une attitude de gribouille* un atteggiamento da sempliciotto.
gribouiller |gʀibuje| **A** *v.intr.* [*faire des gribouillages*] fare (103) *tr.* sca-

rabocchi: *gribouiller sur son cahier* fare scarabocchi sul proprio quaderno → **griffonner B** *v.tr.* [*écrire, dessiner de manière confuse*] scarabocchiare, pasticciare ♦ (*au p.p.*) *une page toute gribouillée* una pagina piena di scarabocchi, tutta pasticciata.

gribouilleur, euse |gʀibujœʀ, øz| *s.* [*personne qui gribouille*] scarabocchione → **barbouilleur** ◇ [*mauvais écrivain*] imbrattacarte *inv.* ◇ [*mauvais peintre*] imbrattatele *inv.*

gribouillis |gʀibuji| *s.m.* [*dessin, écriture informe*] scarabocchio*, pasticcio* → **gribouillage.**

grièche |gʀijɛʃ| *adj.* (*t.zool.*) *pie-grièche* (a)verla *s.f.*, (a)velia *s.f.*

grief |gʀijɛf| *s.m.* **1** (*dr.*) *griefs d'appel* motivi d'appello **2** *au plur.* [*sujet, motif de plainte* (*généralt. contre une personne*)] lamentele *f.*, lagnanze (*f.*): *exposer, formuler ses griefs* esporre, manifestare le proprie lamentele, le proprie lagnanze; *ses griefs sont justifiés* le sue lamentele sono giustificate → **reproche** # *avoir des griefs contre qqn.* avere motivi di risentimento contro qc. ◇ (*loc.*) *faire grief de qqch. à qqn.* rimproverare q.c. a qc.

grièvement |gʀijɛvmɑ̃| (*adv.*) *grièvement blessé* [*gravement blessé*] gravemente ferito **C** **légèrement.**

griffade |gʀifad| *s.f.* colpo *m.* di artiglio, unghiata.

griffe |gʀif| *s.f.* **1** [*ongle pointu et crochu de certains animaux* (*mammifères, oiseaux, reptiles*)] artiglio* *m.*, unghia: *coup de griffe* colpo di artiglio, unghiata; *le chat sort ses griffes* il gatto mette fuori le unghie ◇ (*loc. fig.*) *montrer les griffes* mettere fuori le unghie ~ *rentrer ses griffes* rinfoderare, ritrarre le unghie, gli artigli ~ *tomber sous la griffe de qqn.* cadere, cascare nelle grinfie di qc.; cadere tra, sotto le unghie di qc. ~ *arracher une personne des griffes d'une autre* strappare a qc. una persona di sotto le unghie; strappare una persona dalle grinfie di un'altra **2** (*bot.*) rizoma *m.*, radice: *griffe d'asperge, de renoncule* rizoma di asparago, di ranuncolo **3** (*techn.*) grappa, griffa: *griffe de plombier, de tapissier, de doreur* grappa dell'idraulico, del tappezziere, del doratore # *griffe à musique* rastro ◇ (*bijout.*) graffa ◇ [*crampons qui aident certains ouvriers à grimper* (*aux arbres, aux poteaux*)] rampone *m.* **4** [*empreinte imitant une signature*] firma; tocco* *m.*, mano: *ce manteau porte la griffe d'un grand couturier* questo cappotto porta la firma di un grande sarto ‖ *on reconnaît la griffe de l'auteur* si riconosce il tocco, la mano dell'autore.

griffer |gʀife| *v.tr.* [*égratigner d'un coup de griffe ou d'ongle*] graffiare: *le chat m'a griffé* il gatto mi ha graffiato.

griffeur, euse |gʀifœʀ, øz| *adj. et s.* [*qui griffe*] graffiatore*.

griffon |gʀifɔ̃| *s.m.* **1** [*animal fabuleux*] grifone **2** (*zool.*) rapace **3** (*t.zool.*): (*oiseau*) rondone; (*chien*) grifone ~ *griffon italien* spinone **4** [*endroit où l'eau d'une source sort du sol*] scaturigine *f.*

griffonnage |gʀifɔnaʒ| *s.m.* **1** [→ GRIFFONNER 1] scarabocchio*, pasticcio* → **gribouillage, gribouillis** **2** [→ GRIFFONNER 2] scarabocchio: *ce sont des griffonnages de jeunesse* sono scarabocchi di gioventù.

griffonner |gʀifɔne| *v.tr.* **1** [*écrire qqch. d'une manière confuse, peu lisible*] scarabocchiare, scribacchiare: *les médecins griffonnent leurs ordonnances* i medici scarabocchiano le loro ricette; *griffonner son nom* scarabocchiare il proprio nome ♦ (*absolt.*) [*faire des lettres, des signes, des dessins informes*] fare (103) scarabocchi: *griffonner sur un buvard* fare scarabocchi su una carta assorbente → **gribouiller** **2** [*rédiger à la hâte*] buttar giù, scarabocchiare: *griffonner un billet* buttar giù un biglietto.

griffonneur, euse |gʀifɔnœʀ, øz| *s.* (*rare*) [*personne qui griffonne*] imbrattacarte *inv.*, scarabocchione.

griffu, ue |gʀify| *adj.* [*armé de griffes ou d'ongles longs et crochus*] artigliato, munito d'artigli: *des pattes griffues* zampe artigliate, munite di artigli.

griffure |gʀifyʀ| *s.f.* [*égratignure*] graffiatura, graffio* *m.* → **écorchure, éraflure.**

grigner |gʀiɲe| *v.intr.* (*techn.*) [*faire des plis*] fare (103) *tr.* grinze, pieghe: *étoffe qui grigne* stoffa che fa grinze, pieghe.

grignotage |gʀiɲɔtaʒ| *s.m.* (*fig.*) [→ GRIGNOTER B 2] (progressiva) erosione *f.*

grignotement |gʀiɲɔtmɑ̃| *s.m.* [→ GRIGNOTER B 1] rosicchiamento, il rosicchiare *inv.*

grignoter |gʀiɲɔte| **A** *v.intr.* **1** [*manger en rongeant*] sgranocchiare **2** [*manger très peu, du bout des dents*] pilucare, mangiucchiare → **chipoter** **B** *v.tr.* **1** [*manger qqch. petit à petit, lentement, en rongeant*] sgranocchiare, rosicchiare: *grignoter un biscuit* sgranocchiare, mangiucchiare un biscotto; *souris qui grignote un fromage* topo che rosicchia un formaggio → **ronger** **2** (*fig.*) [*détruire peu à peu, lentement*] rosicchiare: *grignoter son capital* rosicchiare il proprio capitale; *grignoter un adversaire* rosicchiare punti, posti a un avversario → 1 **manger** **3** (*fig.*) [*s'approprier, gagner*] rosicare: *il n'y a rien à grignoter dans cette affaire* non c'è nulla da rosicare in questo affare.

grignoteuse |gʀiɲɔtøz| *s.f.* (*techn.*) spinatrice.

grigou |gʀigu| *s.m.* (*fam.*) [*avare*] spilorcio* (*cour.*), taccagno (*cour.*): *quel grigou!* che spilorcio!; *un vieux grigou* un vecchio spilorcio, taccagno.

gri-gri |gʀigʀi| *s.m.* → **gris-gris.**

gril |gʀi(l)| *s.m.* **1** [*ustensile de cuisine*] griglia *f.*, graticola (*f.*): *bifteck cuit sur le gril* bistecca cotta sulla griglia # *gril pour rôties* tostapane → **grille-pain** ◇ (*loc. fig.*) *être sur le gril* essere, stare sui carboni accesi, sulle spine **2** (*techn.*) griglia, paratoia *f.* ◇ (*théât.*) graticcia *f.* **3** (*mar.*) griglia di carenaggio **4** (*méd.*) *gril costal* gabbia *f.* toracica.

grill |gʀil| *s.m.* → **grill-room.**

grillade |gʀijad| *s.f.* [*viande grillée*] grigliata: *j'ai mangé une grillade* ho mangiato una grigliata, della carne alla griglia, ai ferri.

1 **grillage** |gʀijaʒ| *s.m.* [*treillis le plus souvent métallique qu'on met aux fenêtres, aux portes à jour, etc.*] griglia *f.*, grata (*f.*): *grillage en métal* griglia di metallo ◇ [*clôture en treillis de fils de fer*] rete *f.* metallica*: *jardins enclos d'un grillage* giardini recintati con una rete metallica → **claire-voie.**

2 **grillage** |gʀijaʒ| *s.m.* **1** [→ 1 GRILLER A 3] tostatura *f.*, abbrustolimento: *grillage des cacahuètes* tostatura delle arachidi **2** (*chim.*) arrostimento ◇ (*tissage*) *le grillage des étoffes* la gazatura *f.* delle stoffe.

grillager |gʀijaʒe| (3) *v.tr.* [*munir d'un grillage*] chiudere (106) con, munire (197) di una rete metallica, di una grata; (re)cintare ♦ (*au p.p.*) *fenêtre grillagée* finestra munita di grata; *guichet grillagé* sportello con grata.

grillageur |gʀijaʒœʀ| *s.m.* chi fabbrica, pone in opera reti metalliche, grate e simili.

grille |gʀij| *s.f.* **1** [*assemblage à claire-voie de barreaux fermant une ouverture*] cancello *m.*; inferriata; grata: *fermer, ouvrir la grille* chiudere, aprire il cancello ‖ *grilles d'une fenêtre* inferriate di una finestra ‖ *grille d'un confessionnal* grata di un confessionale; *grille du parloir d'un couvent, d'une prison* grata del parlatorio di un convento, di una prigione # *grille d'égout* chiusino (di tombino); *les grilles aux fenêtres d'une prison* le sbarre alle finestre di una prigione ◇ (*loc. fig.*) *être, mettre sous les grilles* [*en prison*] essere, mettere dietro le sbarre **2** [*clôture généralt. formée de barreaux montants et parallèles*] cancellata: *la grille du jardin public* la cancellata dei giardini pubblici **3** (*techn.*) *la grille d'un fourneau, d'un foyer* la griglia di un forno, di un focolare **4** (*électr.*) griglia: *lampe à double grille* lampada a doppia griglia **5** [*quadrillage pour le chiffrement et le déchiffrement des messages*] griglia ◇ (*par anal.*) *grille de mots croisés* reticolato *m.* di cruciverba ◇ (*spécialt.*) *grille des salaires* tabella salariale ◇ (*radio, télév.*) *grille des programmes* schema *m.* dei programmi, palinsesto *m.* ◇ (*auto.*) *la grille de départ* la griglia di partenza.

grille-pain |gʀijpɛ̃| *s.m.inv.* [*appareil sur lequel on grille des tranches de pain*] tostapane.

1 **griller** |gʀije| **A** *v.tr.* **1** [*faire cuire, rôtir sur le gril*] cuocere (129) alla griglia, ai ferri: *griller du boudin* cuocere del sanguinaccio alla griglia # *griller des marrons* abbrustolire le castagne ♦ (*au p.p.*) *viande grillée* (*sur des braises*) carne alla griglia, ai ferri, sulla brace; *pain grillé* pane tostato, abbrustolito ◇ (*tissage*) *griller des étoffes* [*les faire passer à la flamme pour en enlever le duvet*] gazare **2** [*chauffer à l'excès*] scottare: *la flambée lui grillait le visage* la fiammata gli scottava il viso → **brûler** ◇ (*par ext.*) bruciare: *la gelée grille les bourgeons* il gelo brucia i germogli **3** [*torréfier*] tostare: *griller du café* tostare il caffè ♦ (*au p.p.*) *amandes grillées* mandorle tostate ◇ (*fam.*) *griller une cigarette* fumare una sigaretta **4** (*électr., cour.*) [*mettre hors d'usage par un court-circuit ou par un courant trop intense*] bruciare: *griller une résistance* bruciare una resistenza **5** (*fig.*) *griller un feu rouge* bruciare un semaforo; *griller les étapes* bruciare le tappe → **brûler** **6** (*fam.*) [*dépasser, supplanter un concurrent*] bruciare: *un coureur cycliste qui se fait griller à l'arrivée* un corridore ciclista che si fa bruciare sul traguardo **B** *v.intr.* **1** [*se rôtir sur le*

gril] cuocere (*aux.* essere) alla griglia, ai ferri; arrostirsi (197) (*pron.*): *côtelettes qui grillent* cotolette che cuociono alla griglia || *les châtaignes grillent* le castagne si arrostiscono **2** (*fam.*) *on grille ici* [*il fait trop chaud*] qui si va arrosto, si bolle **3** (*fig.*) GRILLER DE... [*brûler*] bruciare, ardere (113) di...: *griller d'impatience* bruciare, ardere d'impazienza # *nous grillons de vous entendre* moriamo dalla voglia di sentirvi © B 2 **geler.**

2 **griller** |gRije| *v.tr.* [*fermer d'une grille*] chiudere (106), recintare con una grata, con una inferriata → **grillager** ✦ (*au p.p.*) *fenêtre grillée* finestra munita di grata.

grilloir |gRijwaR| *s.m.* (*tissage*) gazatrice *f.*, (macchina *f.*) bruciapelo *inv.*

grillon |gRijɔ̃| *s.m.* (*t.zool.*) grillo ~ *grillon des champs, du foyer* grillo campestre, domestico* ~ *grillon-taupe, taupe-grillon* grillotalpa*.

grill-room |gRilRum| *s.m.* (*angl.*) (*abrév.* '*grill*') grill(-room) (*inv.*): *des grill-rooms* dei grill(-room).

grimaçant, ante |gRimasɑ̃, ɑ̃t| *adj.* [*qui grimace*] contratto: *visage grimaçant* viso contratto # *bouche grimaçante* bocca contratta in una smorfia.

grimace |gRimas| *s.f.* **1** [*contorsion du visage involontaire ou faite à dessein*] smorfia; boccaccia*: *grimace de dégoût, de douleur* smorfia di disgusto, di dolore || *les enfants s'amusent à se faire des grimaces* i bambini si divertono a farsi le boccacce ◇ (*loc. fig.*) FAIRE LA GRIMACE arricciare il naso, fare la faccia schifata (*pop.*): *quand on lui a offert ce poste il a fait la grimace* quando gli hanno offerto quel posto ha arricciato il naso, ha fatto la faccia schifata **2** [*mauvais pli* (*d'une étoffe, d'un habit*)] grinza, piega* **3** *au plur.* (*fig.*) [*mines affectées*] smorfie, moine: *voilà bien des grimaces!* quante smorfie!, quante moine! → **simagrée, singerie** **4** (*archéol.*) mascherone *m.*

grimacer |gRimase| (2) *v.intr.* **1** [*faire des grimaces*] fare (103) *tr.* smorfie: *grimacer de douleur* fare smorfie di dolore **2** [*faire un faux pli*] fare le grinze, fare (un) difetto: *sa veste grimace dans le dos* la sua giacca fa le grinze, fa (un) difetto dietro le spalle.

grimacier, ière |gRimasje, jɛR| *adj.* **1** [*qui a l'habitude de faire des grimaces*] smorfioso: *un enfant grimacier* un bambino smorfioso **2** [*qui minaude avec affectation*] affettato, smorfioso.

grimage |gRimaʒ| *s.m.* [*maquillage de théâtre*] trucco*.

grimaud |gRimo| *s.m.* (*péj.*) **1** (*vieilli*) [*homme inculte ou pédant*] ignorante *s.*, pedante *s.* ◇ [*mauvais écrivain*] scribacchino, imbrattacarte *s. inv.* **2** (*vx.*) [*écolier des petites classes*] scolaretto *s.*

grime |gRim| *s.m.* (*vx. théât.*) ruolo, parte *f.* del vecchio ridicolo ◇ (*par ext.*) attore che interpreta la parte del vecchio ridicolo.

grimer |gRime| *v.tr.* [*farder, maquiller pour le théâtre, le cinéma, etc.*] truccare.

grimoire |gRimwaR| *s.m.* **1** scritto illeggibile, indecifrabile **2** libro di magia per stregoni.

grimpant, ante |gRɛ̃pɑ̃, ɑ̃t| **1** *adj.* [*qui grimpe, a l'habitude de grimper*] rampicante: *plante grimpante* pianta rampicante **2** *s.m.* (*pop.*) [*pantalon*] brache *f.pl.*

grimpée |gRɛ̃pe| *s.f.* [*ascension rude et pénible*] arrampicata, salita.

grimper |gRɛ̃pe| **A** *v.intr.* **1** [*monter en s'aidant des mains et des pieds*] arrampicarsi (*pron.*): *grimper aux arbres, sur un arbre* arrampicarsi sugli alberi, su un albero; *elle a grimpé à l'échelle* si è arrampicata sulla scala ◇ (*en parlant de plantes*) *le lierre grimpe jusqu'au toit* l'edera si arrampica fino al tetto **2** [*monter avec effort sur un lieu élevé, d'accès difficile*] arrampicarsi, inerpicarsi (*pron.*): *ils ont grimpé sur une montagne* si sono arrampicati, inerpicati su una montagna; *il grimpa sur la table* si arrampicò, salì sul tavolo ✦ (*au p.p.*) *un couvreur grimpé sur un toit* un conciatetti arrampicato sul tetto ◇ (*choses*) *la route grimpe dur* la strada si inerpica ripidamente **3** (*fig., fam.*) [*monter, s'élever, augmenter rapidement*] andare (101) (*aux.* essere) alle stelle: *les prix ont grimpé* i prezzi sono andati alle stelle **B** *v.tr.* [*gravir*] salire (199): *grimper un escalier quatre à quatre* salire i gradini di una scala a quattro per volta.

grimpereau |gRɛ̃pRo| *s.m.* (*t.zool.*) rampichino.

grimpette |gRɛ̃pɛt| *s.f.* (*fam.*) [*chemin court en pente rapide*] salita erta (*cour.*), sentiero *m.* ripido (*cour.*).

grimpeur, euse |gRɛ̃pœR, øz| **1** *adj.* [*qui a l'habitude de grimper*] rampicante: *oiseaux grimpeurs* uccelli rampicanti **2** *s.* (*alpinisme*) *un grimpeur* uno scalatore*, un alpinista ◇ (*cyclisme*) *un grimpeur* [*coureur qui excelle à monter les côtes*] uno scalatore.

Grimpeurs |gRɛ̃pœR| *s.m. pl.* (*t. zool.*) Scansori, Rampicanti (*pop.*).

grinçant, ante |gRɛ̃sɑ̃, ɑ̃t| *adj.* **1** [*qui grince*] cigolante, stridente: *charrette aux essieux grinçants* carretto dagli assali cigolanti **2** (*fig.*) [*acerbe*] stridente; acido: *une musique grinçante* una musica stridente → **discordant** || *des compliments grinçants* complimenti acidi → **aigre.**

grincement |gRɛ̃smɑ̃| *s.m.* **1** [→ GRINCER 1] cigolio*, stridio*: *grincement d'une porte* cigolio di una porta; *grincement des roues d'une charrette* cigolio, stridio delle ruote di una carretta # *grincement d'une plume sur le papier* lo stridore della penna (del pennino) sulla carta **2** *grincement de dents* [→ GRINCER 2] stridore di denti.

grincer |gRɛ̃se| (2) *v.intr.* **1** (*choses*) [*produire un son aigu et prolongé, désagréable*] cigolare, stridere*: *roue, essieux qui grincent* ruota, assali che cigolano, stridono → **crier** **2** *loc.* GRINCER DES DENTS [*faire entendre un son en serrant les mâchoires*] digrignare i denti: *grincer des dents de douleur* digrignare i denti per il dolore; *grincer des dents de colère* digrignare i denti per la collera.

grincheux, euse |gRɛ̃ʃø, øz| *adj.* [*d'humeur maussade et revêche*] scorbutico*, bisbetico* → **acariâtre, hargneux** ◇ (*par ext.*) *humeur grincheuse* carattere scontroso ✦ (*s.*) *c'est un vieux grincheux* è un vecchio scorbutico.

gringalet |gRɛ̃galɛ| *s.m. et adj.* (*péj.*) [*homme de petite taille, de corps maigre et chétif*] nanerottolo, mingherlino: *ce gringalet ne me fait pas peur* quel nanerottolo non mi fa paura ✦ (*adj.*) mingherlino: *il était un peu gringalet* era un po' mingherlino.

griot |gRijo| *s.m.* (*agric.*) tritello, cruschello.

griot, griotte |gRijo, gRijɔt| *s.* [*noir d'Afrique à la fois poète, musicien et sorcier*] stregone.

griotte |gRijɔt| *s.f.* **1** [*cerise à chair très acidulée*] visciola, amarena **2** (*minér.*) (marmo *m.*) mischio* *m.*

grippage |gRipaʒ| *s.m.* (*mécan.*) grippaggio*, inceppamento.

grippal, ale, aux |gRipal, o| *adj.* [*propre à la grippe*] influenzale: *état grippal* stato influenzale.

1 **grippe** |gRip| *s.f.* *dans la loc.* PRENDRE EN GRIPPE [*avoir une antipathie soudaine à l'égard de qqn., de qqch.*] prendere in antipatia: *l'instituteur a pris ce garçon en grippe* il maestro ha preso in antipatia questo ragazzo.

2 **grippe** |gRip| *s.f.* (*méd., cour.*) influenza: *épidémie de grippe* epidemia d'influenza; *attraper, avoir la grippe* prendere, avere l'influenza.

grippé, ée |gRipe| *adj.* **1** [*atteint de la grippe*] influenzato: *elle est grippée et reste à la maison* è influenzata e non esce di casa **2** (*méd.*) *faciès grippé* facies peritoneale **3** (*techn.*) *moteur grippé* motore grippato.

grippement |gRipmɑ̃| *s.m.* **1** (*mécan.*) grippaggio*, inceppamento → **grippage** **2** (*méd.*) contrazione *f.* del viso.

gripper |gRipe| *v.intr.* **1** (*en parlant des étoffes*) [*se froncer, se retirer*] raggrinzirsi (197) *pron.*, increspαrsi *pron.* **2** (*mécan.*) [*se coincer, s'arrêter par l'effet du frottement, du manque de lubrifiant*] grippare, gripparsi (*pron.*): *le moteur va gripper si on ne le graisse pas* il motore (si) grippa, s'inceppa se non viene lubrificato.

grippe-sou |gRipsu| *s.m.* [*avare qui fait de petits gains sordides, de misérables économies*] avaraccio* *s.* strozzino (*s.*): *des grippe-sou(s)* degli avaracci, degli strozzini ✦ (*adj.*) *il est assez grippe-sou* è un bello strozzino *s.*

gris, grise |gRi, gRiz| **I** *adj.* **1** (*couleur*) grigio*: *les tons gris d'un ciel d'automne* i toni grigi di un cielo autunnale; *la lumière grise d'un jour sans soleil* la luce grigia di un giorno senza sole ◇ (*par ext.*) *il fait gris* [*le temps est couvert*] il tempo, il cielo è grigio ◇ (*par méton.*) *éminence grise* eminenza grigia ◇ (*spécialt.*) *cheveux gris* capelli grigi, brizzolati; *poils gris* peli grigi → 1 **argenté** **2** (*loc. fig.*) *faire grise mine à qqn.* [*lui faire mauvais visage, médiocre accueil*] fare cattivo viso a qc. → **maussade** **3** [*qui est plus ou moins ivre*] brillo, sbronzo: *au milieu du repas il était un peu gris* a metà pranzo era un po' brillo, un po' sbronzo **II** *s.m.* **1** [*couleur grise*] grigio: *gris perle* grigio perla; *gris souris* grigio topo; *peindre des volets en gris* dipingere di grigio le imposte; *il est habillé de gris* è vestito di grigio ✦ (*adj.*) *robe gris-souris* abito grigio topo **2** [*robe d'un cheval, caractérisée par un mélange de poils blancs, noirs et autres*] leardo: *gris pommelé* leardo pomellato **3** [*tabac ordinaire de la Régie fr. enveloppé de papier gris*] tabacco* scuro, forte: *un paquet de gris* un pacchetto di tabacco scuro, forte.

grisaille |gRizɑj| *s.f.* **1** (*arts*) chia-

roscuro *m.*, 'grisaille' (*inv.*): *peindre en grisaille* dipingere a chiaroscuro **2** [*caractère terne, atmosphère morne, manque d'éclat ou d'intérêt*] grigiore (*m.*): *la grisaille d'une vie sans histoire* il grigiore di una vita anonima.
grisant, ante |gʀizɑ̃, ɑ̃t| *adj.* [*qui grise* (A2) *en exaltant, en surexcitant*] inebriante: *un parfum grisant* un profumo inebriante → **enivrant, excitant** # *elle est grisante dans cette toilette* è affascinante con quel vestito.
grisard |gʀizaʀ| *s.m.* **1** → **blaireau** ◇ [*goéland rayé*] giovane gabbiano **2** (*t.bot.*) gattice **3** arenaria *f.* molto dura.
grisâtre |gʀizɑtʀ(ə)| *adj.* grigiastro: *jour grisâtre* luce grigiastra.
grisbi |gʀizbi| *s.m.* (*arg.*) [*argent*] malloppo: *touchez pas au grisbi* giù le mani dal malloppo.
grisé |gʀize| *s.m.* [*teinte grise obtenue par des hachures, par un pointillé* (*sur une gravure, une carte, etc.*)] retinatura *f.*
griser |gʀize| **A** *v.tr.* **1** [*rendre gris*] dare (102) *intr.* alla testa (a qc.): *vin qui grise* vino che dà alla testa **2** [*mettre dans un état d'excitation physique comparable aux premières impressions de l'ivresse*] inebriare, dare alla testa: *l'air vif des montagnes grise* l'aria pura delle montagne inebria; *les succès l'ont grisé* i successi gli hanno dato alla testa **B** *v.pron.réfl.* SE GRISER (*fig.*) [*s'exalter, se repaître* (*de qqch. d'exaltant*)] inebriarsi, ubriacarsi: *se griser de ses propres paroles* inebriarsi con le proprie parole.
griserie |gʀizʀi| *s.f.* [→ GRISER A 2; B] ebrezza: *la griserie de la vitesse* l'ebrezza della velocità ◇ (*fig.*) *la griserie du succès, du pouvoir* l'ebrezza del successo, del potere.
griset |gʀizɛ| *s.m.* **1** [*petit chardonneret*] giovane cardellino **2** [*petit requin*] capopiatto.
grisette |gʀizɛt| *s.f.* **1** (*vx.*) [*fille de petite condition* (*ouvrière de modes*), *de mœurs faciles et hardies*] grisetta, 'grisette' *inv.* **2** (*vx.*) [*étoffe commune de teinte grise*] grisetta **3** (*région.*, *t. zool.*) grisetta.
gris-gris, gri-gri |gʀigʀi| *s.m.* [*amulette des peuplades noires de l'Afrique*] amuleto, talismano (dei negri d'Africa).
grisoller |gʀizɔle| *v.intr.* (*rare*) (*en parlant de l'alouette*) [*faire entendre son chant*] trillare.
grison |gʀizɔ̃| *s.m.* (*vx.*) uomo* anziano.
grisonnant, ante |gʀizɔnɑ̃, ɑ̃t| *adj.* [*qui grisonne*] brizzolato: *cheveux grisonnants* capelli brizzolati.
grisonnement |gʀizɔnmɑ̃| *s.m.* [→ GRISONNER] incanutimento.
grisonner |gʀizɔne| *v.intr.* (*poil*) [*commencer à devenir gris, à avoir le poil gris par l'effet de l'âge*] incanutire (197) (*aux.* essere), diventare (*aux.* essere) grigio*: *ses cheveux grisonnent* i suoi capelli incanutiscono, diventano grigi; *il commence à grisonner* comincia a incanutire, a brizzolare.
grisou |gʀizu| *s.m.* grisù *inv.*, gas *inv.* di miniera: *coup de grisou* esplosione di grisù.
grisoumètre |gʀizumɛtʀ(ə)| *s.m.* (*techn.*) rivelatore di gas.
grive |gʀiv| *s.f.* (*t.zool.*) tordo *m.* ~ *grive commune* tordo comune ~ *grive musicienne, grive des vignes* tordo sassello ◇ (*loc.*) *soûl comme une grive* ubriaco fradicio, marcio ◇ (*prov.*) *faute de grives, on mange des merles* in mancanza di cavalli gli asini trottano.
grivelé, ée |gʀivle| *adj.* (*vx.*) chiazzato di grigio e bianco.
griveler |gʀivle| (4) *v.intr.* **1** (*vx.*) [*tirer d'un emploi des profits illicites*] fare (103) *tr.* guadagni illeciti **2** [*être coupable de grivèlerie* (2)] scroccare *tr.*
grivèlerie |gʀivɛlʀi| *s.f.* **1** [→ GRIVELER 1] guadagno *m.* illecito; mangeria **2** consumazione presa senza pagare; scrocco* *m.*
grivelure |gʀivlyʀ| *s.f.* [*coloration, nuance blanche, grise et brune*] punteggiatura, picchiettatura in bianco e nero.
griveton |gʀivtɔ̃|, **grif(f)ton** |gʀiftɔ̃| *s.m.* (*pop.*) soldato semplice (*cour.*).
grivois, oise |gʀivwa, waz| *adj.* [*qui est d'une gaieté licencieuse, un peu hardie*] salace, licenzioso: *un conteur grivois* un narratore salace; *chansons grivoises* canzoni licenziose → **égrillard, gaulois.**
grivoiserie |gʀivwazʀi| *s.f.* [*caractère de ce qui est grivois*] salacità *inv.*, licenziosità *inv.*
grizzli, grizzly |gʀizli| *s.m.* (*t. zool.*) grizzly *inv.*
grœnendael |gʀɔ(n)ɛndal| *s.m.* (*t.zool.*) grœnendael *inv.*
groenlandais, aise |gʀɔɛ̃lɑ̃dɛ, ɛz| *adj.* [*de Groenland*] groenlandese.
grog |gʀɔg| *s.m.* grog *inv.*
grognard |gʀɔɲaʀ| *s.m.* (*hist.*) soldato della vecchia guardia (di Napoleone I).
grognasse |gʀɔɲas| *s.f.* (*péj.*, *pop.*) [*femme vieille et laide*] vecchia megera (*cour.*), vecchia strega* (*cour.*).
grogne |gʀɔɲ| *s.f.* (*fam.*) [*mécontentement exprimé en grognant*] brontolamento *m.* (*cour.*), mugugno *m.* (*cour.*).
grognement |gʀɔɲmɑ̃| *s.m.* **1** [→ GROGNER 1] grugnito: *grognement du cochon* grugnito del maiale **2** [→ GROGNER 2] brontolio*, borbottamento: *des grognements de protestation* brontolii di protesta.
grogner |gʀɔɲe| *v.intr.* **1** (*en parlant du cochon, du sanglier, de l'ours, etc.*) [*pousser son cri*] grugnire (197) ◇ [*émettre un bruit sourd, une sorte de grondement*] ringhiare → **gronder** **2** [*manifester son mécontentement par de sourdes protestations*] brontolare, borbottare: *grogner contre qqn.* borbottare, brontolare contro qc.; *obéir en grognant* obbedire brontolando → **bougonner, grommeler.**
grognerie |gʀɔɲʀi| *s.f.* (*rare*) [→ GROGNER 2] brontolamento *m.*
grogneur, euse |gʀɔɲœʀ, øz| *adj.* (*rare*) [*qui grogne souvent par mécontentement*] brontolone (*cour.*), borbottone (*cour.*).
grognon, onne |gʀɔɲɔ̃, ɔn| *adj.* [*qui a l'habitude de grogner; qui est d'une humeur maussade, désagréable*] grugnone, musone: *une femme grognon* (*grognonne*) una donna brontolona, una grugnona; *enfant grognon, qui pleure, se plaint sans cesse* bambino grugnone, musone, che piange e si lamenta continuamente → **bougon** # *un air grognon* un'aria imbronciata ♦ (*s.*) *un vieux grognon* un vecchio brontolone, borbottone → **ronchon** [C] **aimable.**
grognonner |gʀɔɲɔne| *v.intr.* [*pousser des grognements comme le pourceau*] grugnire (197) ◇ [*faire le grognon*] brontolare, borbottare.
groin |gʀwɛ̃| *s.m.* [*museau du porc, du sanglier, propre à fouir*] grugno.
groisil |gʀwazi(l)| *s.m.* (*techn.*) polvere *f.* di vetro.
grol(l)e |gʀɔl| *s.f.* (*pop.*) → **chaussure, soulier.**
grommeler |gʀɔmle| (4) **A** *v.intr.* [*murmurer, se plaindre entre ses dents*] borbottare, brontolare: *obéir en grommelant* obbedire borbottando → **bougonner, grogner** **B** *v.tr.* [*dire en grommelant*] borbottare, brontolare: *grommeler des injures entre ses dents* borbottare, brontolare insulti tra i denti.
grommellement |gʀɔmɛlmɑ̃| *s.m.* [→ GROMMELER] borbottamento, brontolio*.
grondant, ante |gʀɔ̃dɑ̃, ɑ̃t| *adj.* [*qui gronde*] ringhiante: *fauves grondants* bestie feroci ringhianti ◇ (*fig.*) *foule grondante* folla rumoreggiante.
grondement |gʀɔ̃dmɑ̃| *s.m.* [→ GRONDER A] rombo, brontolio*: *grondement du canon, d'un moteur* rombo del cannone, di un motore; *grondement de tonnerre* rombo, brontolio del tuono.
gronder |gʀɔ̃de| **A** *v.intr.* [*produire un bruit sourd, grave et terrible*] tuonare, brontolare: *le canon gronde* il cannone tuona, romba; *le tonnerre gronde* il tuono brontola ◇ (*fig.*) *l'émeute gronde* la sommossa sta per scoppiare **B** *v.tr.* [*réprimander* (*un enfant*)] sgridare, rimproverare: *gronder un enfant désobéissant* sgridare un bambino disobbediente; *tu vas te faire gronder* ti farai sgridare, rimproverare → **attraper, disputer** (*fam.*) ◇ [*réprimander amicalement* (*qqn.*)] *nous devons vous gronder d'avoir fait une telle folie, un si beau cadeau* dobbiamo sgridarvi per aver fatto una simile follia, un regalo così bello.
gronderie |gʀɔ̃dʀi| *s.f.* [→ GRONDER B] sgridata, rimprovero *m.*
grondeur, euse |gʀɔ̃dœʀ, øz| *adj. et s.* [*propre à celui qui gronde qqn., qui bougonne*] collerico*, brontolone, stizzoso: *humeur grondeuse* umore collerico, brontolone; *un ton grondeur* un tono collerico; *voix grondeuse* voce stizzosa → **coléreux.**
grondin |gʀɔ̃dɛ̃| *s.m.* (*t.zool.*) triglia *f.*
groom |gʀum| *s.m.* (*angl.*) fattorino (in un albergo, un circolo, ecc.), groom *inv.*
gros, grosse |gʀo, gʀos| **I** *adj.* **1** [*qui, dans son genre, dépasse la mesure ordinaire*] grosso: *une grosse pierre* una grossa pietra; *grosse valise* grossa valigia; *grosse voiture* grossa auto # *gros caractères* caratteri cubitali; *gros chat* gattone; *grosse vague* cavallone ◇ (*personnes*) grasso, grosso: *gros et court* piccolo e grasso; *gros et grand* grande e grosso; *être gros comme une boule* essere grasso come una palla; *être gros comme une barrique* essere grosso come un barile, come una botte → **corpulent, gras, ventripotent** # *un gros homme* un omone; *une grosse femme, une grosse dame* un donnone; *un gros bébé* un bambinone ◇ (*loc.*) *faire les gros yeux* fare gli occhiacci ~ *chat qui fait le gros dos* gatto che fa la gobba ◇ (*loc. fig.*) *avoir les yeux*

plus gros que le ventre essere molto goloso, molto avido, avere gli occhi più grandi della pancia (*pop.*) ~ *être Gros-Jean comme devant* restare con un palmo di naso **2** (*exprimant les dimensions relatives*) grosso, grande: *gros comme le poing* grosso come un pugno; *gros comme une tête d'épingle* grosso, grande come la capocchia di uno spillo; *gros comme une puce* grosso come una pulce; *gros comme une maison* grande come una casa **3** [*désignant une catégorie de grande taille par rapport à une autre*] grosso: *gros sel* sale grosso; *gros gibier* grossa selvaggina, selvaggina nobile # *le gros intestin* intestino crasso; *gros pain* pagnotta **4** [*qui est temporairement, anormalement gros*] gonfio*: *se sentir l'estomac, le ventre gros* sentirsi lo stomaco gonfio, la pancia gonfia → **ballonné, gonflé** # *gros temps* tempaccio; *grosse mer* mare grosso ◇ (*fig.*) *avoir le cœur gros* avere il cuore gonfio ◇ (*après le nom*) *femme grosse* donna gravida → 2 **enceinte** ◇ *loc.* GROS DE [*qui recèle certaines choses en germe, en puissance*] gravido di, carico* di: *nuée grosse d'orage* nuvola gravida, carica di pioggia; *un fait gros de conséquences* un fatto gravido di conseguenze **5** [*abondant, important*] grosso, abbondante: *grosse chute de neige* abbondante nevicata; *grosse récolte* abbondante raccolto # *grosse averse* forte acquazzone; *gros appétit* fame da lupi ◇ (*spécialt.*) *un gros kilo* un chilo abbondante; *un gros quart d'heure* un buon quarto d'ora → **bon** ◇ (*constr.*) *le gros œuvre* il rustico* *s.m.* di un edificio ◇ (*loc.*) *jouer gros jeu* giocare forte ~ *gagner le gros lot* vincere il primo premio ~ *le plus gros est fait* il più è fatto, il grosso è fatto **6** (*personnes*) *un gros buveur* un gran bevitore; *un gros mangeur* un mangione; *gros bourgeois* ricco borghese; *gros capitaliste* grosso capitalista; *gros commerçant* grosso commerciante ◇ (*fam.*) *un gros bonnet, une grosse légume* un alto papavero, un pezzo grosso **7** [*dont les effets sont importants*] grosso, forte: *grosse voix* voce grossa; *faire la grosse voix pour gronder qqn.* fare la voce grossa per rimproverare qc.; *gros baiser* grosso bacio, bacione; *gros bruit* forte rumore; *gros rhume* forte raffreddore → 1 **fort, intense** # *gros bleu* azzurro carico, intenso; *grosse fièvre* febbre alta, febbrone; *grosse erreur* grave errore → **grave, violent** **8** [*qui manque de raffinement, de finesse, de délicatesse*] grossolano, grosso: *avoir de gros traits* avere lineamenti grossolani; *gros drap* stoffa grossa; *gros vin* vino grosso, ordinario → **grossier, ordinaire** # *gros travaux* lavori pesanti → **pénible**; *grosse plaisanterie* scherzo pesante; *gros mot* [*mot grossier*] parolaccia → **vulgaire** **9** [*pour renforcer une qualification péjorative*] gran(de): *gros fainéant* gran fannullone; *gros malin* gran furbacchione → **grand** **II** *adv.* **1** [*dans de grandes dimensions*] grosso, grande: *écrire gros* scrivere grosso ◇ (*loc.*) *jouer gros* giocare forte ~ *il y a gros à parier que...* c'è da scommettere la testa che... ~ *risquer gros* rischiare forte, grosso ~ *en avoir gros sur le cœur* essere accorato **2** *loc.adv.* EN GROS [*en grandes dimensions*] in grosso, in grande: *c'est écrit en gros sur l'écriteau* è scritto in grande, bello grosso sul cartello ◇ [*en grande quantité*] all'ingrosso: *vente en gros ou au détail* vendita all'ingrosso o al dettaglio ◇ [*dans les grandes lignes, sans entrer dans les détails*] a grandi linee: *dites-moi en gros ce dont il s'agit* ditemi a grandi linee di che cosa si tratta → **grosso modo** **III** *s.* **1** *s.* [*personne grosse*] *un bon gros* un pacioccone; un grassone ◇ (*fam.*) *un gros plein de soupe* un pancione, un trippone **2** *s.m.pl.* (*pop.*) LES GROS [*personnes riches, influentes*] i ricchi (*cour.*), i potenti (*cour.*): *les petits payent pour les gros* i poveri pagano per i ricchi **3** *s.m.* [*la plus grande quantité de qqch.*] grosso: *le gros de l'assemblée* il grosso dell'assemblea; *le gros de l'armée* il grosso dell'esercito ◇ (*loc.*) *le gros de l'été* [*le moment le plus intense*] il pieno dell'estate; *le gros d'un travail* [*la partie la plus importante*] il grosso di un lavoro; *le gros de l'affaire* il nocciolo della faccenda → **essentiel** **4** *s.m.* (*comm., cour.*) ingrosso: *commerce de gros* commercio all'ingrosso; *maison de gros* ditta che pratica il commercio all'ingrosso; *prix de gros* prezzi all'ingrosso Ⓒ III 4 **détail.**

gros-bec |gʀobɛk| *s.m.* (*t.zool.*) frosone: *des gros-becs* dei frosoni.

groseille |gʀozɛj| *s.f.* [*fruit du groseillier*] ribes *m.inv.* (rosso): *gelée, sirop de groseille(s)* gelatina, sciroppo di ribes ✦ *adj.inv.* rosso ribes.

groseillier |gʀozeje| *s.m.* (*t.bot.*) ribes *inv.* ~ *groseillier rouge, à grappes* ribes rosso, a grappoli ~ *groseillier épineux, à maquereau* ribes spinoso, uva *f.* spina ~ *groseillier noir* ribes nero → 1 **cassis.**

gros-grain |gʀogʀɛ̃| *s.m.* 'gros-grain' (*inv.*): *des gros-grains* dei 'gros-grain'; *le gros-grain d'un chapeau* il 'gros-grain' di un cappello.

gros-porteur |gʀopɔʀtœʀ| *adj. et s.m.* aereo *s.m.* a grande capacità, jumbo (jet) *s.m.inv.*

grosse |gʀos| *s.f.* **1** (*dr.*) copia (in forma esecutiva): *grosse d'un contrat, d'un jugement* copia (in forma esecutiva) di un contratto, di una sentenza; *faire une grosse* redigere una copia in forma esecutiva **2** (*comm., cour.*) grossa, dodici dozzine (*pl.*): *une grosse de peignes* una grossa di pettini.

grosserie |gʀosʀi| *s.f.* [*vaisselle d'argent*] argenteria.

grossesse |gʀosɛs| *s.f.* [*état d'une femme enceinte*] gravidanza: *grossesse nerveuse, fausse grossesse* gravidanza nervosa, immaginaria; *mener sa grossesse à terme* portare a termine la gravidanza # *robe de grossesse* abito pre-maman.

grosseur |gʀosœʀ| *s.f.* **1** (*sens absolu*) [*état d'une personne grosse*] grassezza, grossezza → **corpulence, embonpoint** **2** (*sens relatif*) [*volume de ce qui est plus ou moins gros*] grandezza, grossezza: *grosseur d'un paquet* grandezza di un pacco; *trier des œufs selon leur grosseur* fare la cernita delle uova secondo la grossezza # *des fils de grosseur différente* fili di diverso spessore; *une bague à la grosseur de son doigt* un anello grosso come il dito, della misura del dito **3** *une grosseur* [*sorte d'enflure ou de boule, visible ou sensible au palper*] gonfiore *m.*, tumefazione: *avoir une grosseur à l'aine* avere una tumefazione all'inguine.

grossier, ière |gʀosje, jɛʀ| *adj.* **1** [*qui est de mauvaise qualité ou qui est façonné rudimentairement*] grossolano: *travail grossier* lavoro grossolano; *dessin grossier* disegno grossolano; *grossière imitation* imitazione grossolana # *matière grossière* materia grezza; *instrument grossier* strumento rudimentale; *lavage grossier* lavaggio sommario; *vêtement grossier* vestito da quattro soldi → **commun, ordinaire** ◇ (*fig.*) *solution grossière* soluzione approssimativa; *je n'en ai qu'une idée grossière* non ne ho che un'idea vaga, approssimativa → **imprécis, approximatif** **2** [*qui manque de finesse, de grâce*] grossolano, rozzo: *visage aux traits grossiers* viso dai lineamenti grossolani → **épais, lourd** **3** [*digne d'un esprit peu subtil, peu cultivé*] grossolano; volgare: *faute, erreur grossière* errore grossolano; *ignorance grossière* grossolana ignoranza, ignoranza crassa → **gros, maladroit** ‖ *plaisirs grossiers* piaceri volgari; *mot grossier* parola volgare, parolaccia; *propos grossiers* discorsi volgari → **choquant, cru** **4** [*qui agit d'une manière contraire aux bienséances*] villano, grossolano: *un homme grossier envers les femmes* un uomo grossolano, villano con le donne; *quel grossier personnage!* che persona villana!, che villano!; *il a été grossier avec nous* si è comportato da villano con noi → **incorrect, insolent** Ⓒ 2 **fin.**

grossièrement |gʀosjɛʀmɑ̃| *adv.* **1** [→ GROSSIER 1] grossolanamente: *bois grossièrement équarri* legno squadrato grossolanamente; *motif grossièrement dessiné* motivo disegnato grossolanamente → **maladroitement, sommairement** # *calculer grossièrement un prix de revient* calcolare sommariamente un prezzo di costo → **approximativement**; *se tromper grossièrement* sbagliarsi di grosso → **lourdement** **2** [→ GROSSIER 4] villanamente: *répondre grossièrement à qqn.* rispondere villanamente a qc. → **brutalement, effrontément.**

grossièreté |gʀosjɛʀte| *s.f.* **1** [*ignorance ou mépris des bonnes manières*] grossolanità *inv.*, villania: *la grossièreté de ses manières* la grossolanità, la villania dei suoi modi **2** [*caractère d'une personne grossière dans son langage*] volgarità *inv.*, scurrilità (*inv.*): *la grossièreté de ces jeunes gens est incroyable* la volgarità, la scurrilità di quei giovani è incredibile **3** [*mot, propos grossier*] volgarità, scurrilità: *dire, débiter des grossièretés* dire, raccontare delle volgarità, delle scurrilità Ⓒ 1 **politesse, raffinement.**

grossir |gʀosiʀ| **A** *v.intr.* **1** (*personnes*) [*devenir gros, plus gros*] ingrassare (*aux.* essere), ingrassarsi (*pron.*): *elle a beaucoup grossi* (si) è molto ingrassata; *régime qui empêche de grossir* dieta che non fa ingrassare → **engraisser** ◇ (*choses*) ingrossarsi *pron.*; gonfiarsi (*pron.*): *la rivière a grossi* il fiume si è ingrossato ‖ *la joue s'est mise à grossir après l'extraction de la dent* la guancia ha cominciato a gonfiarsi dopo l'estrazione del dente **2** [*augmenter en nombre, en importance, en intensité*] crescere (128) (*aux.* essere): *la foule des badauds avait grossi* la folla dei curiosi era cresciuta; *bruit qui grossit* rumore che cresce → **augmenter** **B** *v.tr.* **1** [*faire *paraître gros, plus gros*] ingrossare; ingrandire (197): *ce vêtement vous grossit* questo vestito la ingrossa, la ingrassa ♦ (*absolt.*) *les jupes froncées grossissent* le gonne arricciate ingrossano ‖ *verre qui grossit les objets* lente che ingrandisce gli oggetti; *microscope qui grossit mille fois* microscopio che ingrandisce mile vollte **2** [*rendre plus nombreux, plus important*] ingrossare: *troupes qui grossissent une armée* truppe che ingrossano le file di un esercito; *dette qui vient grossir un déficit* debito che viene a ingrossare un deficit; *grossir le nombre des mécontents* ingrossare il numero dei malcontenti → **accroître, augmenter** **3** [*amplifier, exagérer*] gonfiare, ingigantire (197): *on a grossi l'affaire à des fins politiques* hanno gonfiato, ingigantito la faccenda per fini politici **C** A 1 **maigrir**; B 3 **minimiser.**

grossissant, ante |gRosisɑ̃, ɑ̃t| *adj.* [*qui fait paraître plus gros*] d'ingrandimento *loc.inv.*, che ingrandisce (*loc.*): *verre grossissant* lente d'ingrandimento.

grossissement |gRosismɑ̃| *s.m.* **1** [→ GROSSIR A 1] ingrossamento: *grossissement anormal d'une personne* ingrossamento, ingrassamento anormale di una persona; *grossissement d'une tumeur* ingrossamento di un tumore **2** [*accroissement apparent de la taille d'un objet, grâce à un instrument interposé*] ingrandimento: *lunette, télescope à fort grossissement* lente, telescopio a forte ingrandimento **3** (*fig.*) [→ GROSSIR B 3] *voir les choses, les gens avec un certain grossissement* vedere le cose, le persone con la lente *f.* d'ingrandimento.

grossiste |gRosist(ə)| *s.* grossista, commerciante all'ingrosso **C** **détaillant.**

grosso modo |gRɔsomɔdo| *loc. adv.* grosso modo, a grandi linee: *dites-nous grosso modo de quoi il s'agit* diteci grosso modo, a grandi linee di che cosa si tratta **C** **précisément.**

grotesque |gRɔtɛsk(ə)| **1** *adj.* grottesco*: *personnage grotesque* personaggio grottesco; *accoutrement grotesque* abbigliamento grottesco; *une histoire banale et grotesque* una storia banale e grottesca → **burlesque, extravagant, ridicule** **2** *s.m.* [*ce qui est grotesque*] ridicolaggine (*f.*): *il est d'un grotesque achevé* è di una estrema ridicolaggine ◇ (*arts, litt.*) grottesco: *le grotesque dans l'art* il grottesco nell'arte.

grotesquement |gRɔtɛskəmɑ̃| *adv.* [→ GROTESQUE 1] grottescamente.

grotesques |gRɔtɛsk(ə)| *s.f. pl.* (*arts*) grottesche: *peintre de grottesques* pittore di grottesche.

grotte |gRɔt| *s.f.* grotta, caverna: *grotte marine* grotta marina; *grottes préhistoriques* grotte, caverne preistoriche.

grouillant, ante |gRujɑ̃, ɑ̃t| *adj.* [*qui grouille, remue en masse confuse*] brulicante: *foule grouillante* folla brulicante; *place grouillante de monde* piazza brulicante di gente.

grouillement |gRujmɑ̃| *s.m.* [→ GROUILLER A] brulichio*: *le grouillement de la foule* il brulichio della folla.

grouiller |gRuje| **A** *v.intr.* **1** (*en parlant d'éléments nombreux*) [*remuer, s'agiter en masse confuse*] brulicare: *la foule grouillait sur la place* la folla brulicava nella piazza → **fourmiller, pulluler** **2** (*choses*) [*présenter une agitation confuse; être plein de, abonder en*] brulicare: *cette branche grouille d'insectes* quel ramo brulica di insetti; *rue qui grouille de monde* strada che brulica di gente **B** *v.pron.intr.* (*pop.*) SE GROUILLER [*se dépêcher, se hâter*] muoversi (157) (*cour.*), spicciarsi (*cour.*): *allons, grouillez-vous* su, spicciatevi!, sbrigatevi!

grouillot |gRujo| *s.m.* (*Bourse*) fattorino, commesso (in borsa).

groupage |gRupaʒ| *s.m.* [*action de réunir des colis ayant une même destination*] trasporto a collettame.

groupe |gRup| *s.m.* **1** gruppo: *groupe compact* gruppo compatto; *le groupe de tête dans une course* il gruppo di testa in una corsa; *groupe social, ethnique* gruppo sociale, etnico; *psychologie du groupe* psicologia di gruppo; *groupe fermé* gruppo chiuso; *travail en groupe* lavoro di gruppo; *groupe politique, parlementaire* gruppo politico, parlamentare; *groupe financier, industriel* gruppo finanziario, industriale; *groupe de pression* gruppo di pressione # *groupe humain* collettività umana **2** (*milit.*) nucleo: *section comprenant trois groupes* squadra che comprende tre nuclei # *groupe franc* commando ◇ [*unité dans l'armée de l'air*] stormo **3** [*ensemble de choses*] gruppo: *groupe d'arbres* gruppo di alberi; *groupe de langues* gruppo linguistico # *groupe scolaire* complesso scolastico ◇ (*techn.*) *groupe électrogène* gruppo elettrogeno ◇ (*biol.*) *groupes sanguins* gruppi sanguigni.

groupement |gRupmɑ̃| *s.m.* [→ GROUPER] raggruppamento: *groupement de matériel de guerre sur un point stratégique* raggruppamento di materiale bellico in un punto strategico; *groupement syndical* raggruppamento sindacale; *groupement de partis politiques* raggruppamento, coalizione *f.* di partiti politici # *groupement d'achat* cooperativa di acquisti; *groupement de producteurs agricoles* consorzio di produttori agricoli ◇ (*milit.*) *groupement tactique* raggruppamento tattico.

grouper |gRupe| **A** *v.tr.* [*mettre ensemble*] raggruppare: *grouper des objets* raggruppare oggetti; *grouper dans une même classe* raggruppare in una stessa classe → **classer, ranger, réunir** **B** *v.pron.intr.* SE GROUPER [→ *tr.*] riunirsi (197), raggrupparsi: *se grouper autour d'un chef* riunirsi intorno a un capo **C** B **disperser (se).**

groupuscule |gRupyskyl| *s.m.* gruppuscolo.

1 **gruau** |gRyo| *s.m.* **1** seme di avena privato della crusca; farina *f.* di avena ◇ [*plat à base de gruau*] farinata *f.*, semolino di avena **2** fior di farina: *pain de gruau* pane di fior di farina.

2 **gruau** |gRyo| *s.m.* (*rare*) piccolo della gru.

grue |gRy| *s.f.* **1** (*t.zool.*) gru *inv.* ◇ (*cour.*) *la grue craquète, glapit* la gru stride ◇ (*loc. fig.*) *faire le pied de grue* starsene impalato ad aspettare **2** (*fig., pop.*) [*femme de mœurs légères et vénales*] battona, mondana **3** [*machine de levage et de manutention*] gru: *grue montée sur rails* gru montata su binari; *grue à vapeur, électrique* gru a vapore, elettrica; *grue de chantier* gru da cantiere; *grue flottante* gru galleggiante → **derrick** ◇ (*ciné.*) *grue de prise de vues* carrello *m.* per riprese cinematografiche, gru.

gruger |gRyʒe| (3) *v.tr.* (*littér.*) [*duper qqn. en affaires; le dépouiller de son bien*] turlupinare: *il s'est fait gruger par des aigrefins* si è fatto turlupinare da certi truffatori → **spolier, 2 voler.**

grume |gRym| *s.f.* **1** acino *m.* d'uva **2** *bois de, en grume* [*couvert de son écorce*] tronco* *m.* d'albero, legno con la corteccia.

grumeau |gRymo| *s.m.* grumo: *grumeaux de sel, de sable* grumi di sale, di sabbia; *grumeux dans une sauce* grumi di una salsa; *grumeux de sang* grumi di sangue.

grumeler |gRymle| (4) **A** *v.tr.* [*couvrir de grumeaux, d'espèces de grumeaux*] (r)aggrumare **B** *v.pron.intr.* SE GRUMELER [*se mettre en grumeaux*] (r)aggrumarsi: *lait qui tourne et se grumelle* latte che si caglia e si raggruma.

grumeleux, euse |gRymlø, øz| *adj.* [*qui présente des granulation, qui est en grumeaux*] granuloso; grumoso: *poires grumeleuses* pere granulose ‖ *sauce grumeleuse* salsa grumosa.

grumelure |gRymlyR| *s.f.* (*métall.*) bolla.

grutier |gRytje| *s.m.* [*ouvrier ou mécanicien qui manœuvre une grue*] gruista.

gruyère |gRyjɛR| *s.m.* gruviera *m. ou f. inv.*, groviera (*m. ou f. inv.*): *une meule de gruyère* una forma di gruviera; *les yeux du gruyère* gli occhi, i buchi del gruviera; *gruyère rapé* gruviera grattugiato.

gryphée |gRife| *s.f.* (*t.zool.*) grifea.

guanaco |gwanako| *s.m.* (*t.zool.*) guanaco*.

guano |gwano| *s.m.* guano.

guarani |gwaRani| *s.m.* guarani *inv.*

guatémalien, ienne |gwatemaljɛ̃, jɛn| *adj.* [*de Guatémala*] guatemalteco*.

1 **gué** |ge| *s.m.* (*géogr., cour.*) guado: *passer un gué* passare un guado; *traverser à gué* passare a guado, guadare → **passage.**

2 **gué**! |ge| *interj.* (*vx. ou dans des refrains de chanson*) (*exprimant 'la joie'*) evviva!

guéable |geabl(ə)| *adj.* [→ GUÉER] guadabile: *la rivière est guéable en été* il fiume è guadabile in estate.

guèbre |gɛbR(ə)| *s.* (*vieilli, hist.*) ghebro.

guède |gɛd| *s.f.* (*t.bot.*) guado *m.* ◇ [*extrait de la plante employé en teinturerie*] guado.

guéer |gee| *v.tr.* (*rare*) [*passer à gué*] guadare (*cour.*): *guéer un cours d'eau* guadare un corso d'acqua.

guelfe |gɛlf(ə)| *s.m.* (*hist. it.*) guelfo.

guelte |gɛlt(ə)| *s.f.* (*comm.*) percentuale sulle vendite, premio* *m.* di produzione → **boni, gratification, 2 prime.**

guenille |gənij| *s.f.* **1** *au plur.* [*vêtement en lambeaux*] stracci *m.*, cenci (*m.*): *un clochard en guenilles* un barbone coperto di stracci → **haillon, hardes** **2** (*littér.*) [*homme usé par l'âge, la maladie, la débauche*] cencio*, straccio* → **loque.**

guenon |gənɔ̃| *s.f.* **1** scimmia femmina **2** [*femme très laide*] racchiona, bertuccia*.

guépard |gepaR| *s.m.* (*t.zool.*) ghepardo.

guêpe |gɛp| *s.f.* **1** (*t.zool.*) vespa ◇ (*cour.*) *guêpe qui bourdonne* vespa che ronza; *taille de guêpe* vita, vitino di vespa **2** (*fig.*) *une fine guêpe* [*une femme rouée*] una dritta, una volpona → **mouche (fine)** ◇ (*loc. fam.*) *pas folle, la guêpe!* [*il* (*elle*) *a trop de ruse pour se laisser tromper*] dritto lui! (dritta lei!); che drittone! (che drittona!)

guêpier |gepje| *s.m.* **1** (*t.zool.*) gruccione, grottaione **2** [*nid de guêpes*] vespaio*: *enfumer un guêpier* affumicare un vespaio ◇ (*fig.*) *se fourrer, tomber dans un guêpier* cacciarsi in un vespaio, in un ginepraio.

guêpière |gɛpjɛʀ| *s.f.* [*gaine étroite qui amincit la taille*] busto *m.*

guère |gɛʀ| *adv.* **1** NE... GUÈRE [*pas beaucoup, pas très*] non... (molto); gran che: *vous n'êtes guère raisonnable* lei non è molto ragionevole; *je n'ai guère de courage* non ho molto coraggio; *vous ne l'avez guère bien reçu* non lo avete ricevuto molto bene; *la plus vieille n'a guère plus de soixante ans* la più anziana non ha più di sessanta anni; *il ne va guère mieux* non sta molto meglio; *cela ne se dit guère* non si dice (molto); *ce mot n'est plus guère employé* questa parola non è più usata → **peu** ‖ *je n'aime guère ce quartier* questo quartiere non mi piace gran che; *cette robe ne lui va guère* quel vestito non le sta gran che bene # *il n'y a guère que deux heures qu'il est parti* è andato via non più di due ore fa **2** [*pas longtemps*] non... a lungo, non... molto: *la paix ne dura guère* la pace non durò a lungo; *je ne tarderai guère* non tarderò molto ◇ [*pas souvent, presque jamais*] non... spesso, raramente: *vous ne venez guère nous voir* non venite spesso a trovarci → **rarement.**

guéret |geʀɛ| *s.m.* (*agric.*) maggese ◇ (*par ext.*) *laisser une terre en guérets* lasciare una terra a maggese.

guéri, ie |geʀi| *adj.* [*rétabli d'un mal physique*] guarito: *il a été très malade, mais le voilà guéri* è stato molto malato, ma eccolo guarito, eccolo (di nuovo) in piedi ◇ (*fig.*) *être guéri de* non volerne più sapere di, averne abbastanza di → **revenu (de)** # *j'en suis guéri, de dépenser pour de pareilles bêtises!* mi è passata la voglia di spendere (soldi) per simili sciocchezze!

guéridon |geʀidɔ̃| *s.m.* (*ameublement*) tavolino rotondo (con una gamba a tre piedi).

guérilla |geʀija| *s.f.* guerriglia: *guérilla sanglante, meurtière* guerriglia sanguinosa, cruenta.

guérillero |geʀijeʀo| *s.m.* guerrigliero: *les guérilleros espagnols* i guerriglieri spagnoli → **franc-tireur.**

guérir |geʀiʀ| **A** *v.tr.* **1** [*délivrer d'un mal physique; rendre la santé à* (*qqn.*)] guarire (197): *guérir un malade* guarire un malato # *ce remède l'a guéri de la fièvre* quel farmaco gli ha fatto passare la febbre **2** [*faire cesser* (*une maladie*)] guarire, far (103) *intr.* passare: *médicament qui guérit la bronchite* medicina che guarisce, fa passare la bronchite **3** (*fig.*) [*délivrer d'un mal moral*] guarire, liberare: *il faut le guérir de cette obsession, de ce souci* bisogna guarirlo, liberarlo da questa ossessione, da questa preoccupazione → **débarrasser, ôter** **B** *v.intr.* [*recouvrer la santé; aller mieux et sortir de maladie*] guarire (*aux.* essere): *après deux mois de maladie elle a guéri* dopo due mesi di malattia è guarita → **rétablir (se)** ◇ (*par ext.*) *la plaie, la blessure a guéri vite* la piaga, la ferita è guarita in fretta → **cicatriser (se), fermer (se)**; *rhume mal soigné, qui ne guérit pas* raffreddore trascurato che non guarisce, che non passa **C** *v.pron.intr.* SE GUÉRIR **1** [→ *tr.* 1] guarire (*intr.*): *il se guérira peu à peu* guarirà a poco a poco **2** (*fig.*) [→ *tr.* 3] guarire, liberarsi: *il finira par se guérir de cette manie* finirà col guarire, col liberarsi da questa mania; *il ne s'est pas encore guéri de ses préjugés* non si è ancora liberato dai suoi pregiudizi → **débarrasser (se), corriger (se).**

guérison |geʀizɔ̃| *s.f.* [→ GUÉRIR] guarigione: *convalescent en voie de guérison* convalescente in via di guarigione; *guérison complète* guarigione completa → **rétablissement.**

guérissable |geʀisabl(ə)| *adj.* [→ GUÉRIR A 1, 2] guaribile, curabile: *mal guérissable* male guaribile, curabile; *blessé guérissable* ferito curabile.

guérisseur, euse |geʀisœʀ, øz| *s.* guaritore*, praticone → **rebouteur.**

guérite |geʀit| *s.f.* (*milit.*, *cour.*) garitta, garetta: *monter la garde dans sa guérite* montare la guardia nella garitta.

guerre |gɛʀ| *s.f.* **1** guerra: *déclarer la guerre à un pays* dichiarare guerra a un paese; *faire la guerre* fare la guerra, guerreggiare; *soldat qui va à la guerre* soldato che va in guerra; *navire de guerre* nave da guerra # *matériel de guerre* materiale bellico; *marine de guerre* marina militare; *nom de guerre* nome di battaglia ◇ *loc.* EN GUERRE in guerra: *nations en guerre* nazioni in guerra; *entrer en guerre* entrare in guerra ~ DE GUERRE di guerra: *état de guerre* stato di guerra; *opérations de guerre* operazioni di guerra, belliche; *crime de guerre* crimine di guerra; *sur le pied de guerre* sul piede di guerra ◇ (*loc. prov.*) *si tu veux la paix prépare la guerre* se vuoi la pace prepara la guerra **2** (*par. ext.*) *guerre économique, de propagande, idéologique* guerra economica, di propaganda, ideologica; *guerre des nerfs* guerra dei nervi; *guerre froide* guerra fredda; *guerre ouverte, déclarée entre deux personnes* guerra aperta tra due persone; *être en guerre avec tout le monde* essere in guerra con tutti; *faire la guerre à qqch.* fare, muovere guerra a q.c.; *faire la guerre aux injustices* muovere guerra alle ingiustizie ◇ (*loc. fam.*) *à la guerre comme à la guerre* bisogna fare di necessità virtù **C** 1 **paix.**

guerrier, ière |gɛʀje, jɛʀ| **I** *s.* (*collectif*) LE GUERRIER il guerriero, il soldato ◇ (*ancienn.*) guerriero: *les guerriers francs* i guerrieri franchi → **soldat** **II** *adj.* **1** (*littér.*) [*relatif à la guerre, au combat, aux armes*] guerresco*: *chant guerrier* canto guerresco, di guerra → **militaire** **2** [*qui aime la guerre*] guerriero: *nation, race guerrière* nazione, razza guerriera → **belliqueux.**

guerroyer |gɛʀwaje| (10) *v.intr.* [*faire la guerre* (*contre qqn.*)] guerreggiare: *le seigneur guerroyait contre ses vassaux* il signore guerreggiava contro i vassalli.

guet |gɛ| *s.m.* **1** [→ GUETTER] guardia *f.*, posta (*f.*): *faire le guet* fare la guardia, la posta ◇ (*loc.*) *avoir l'œil au guet* tenere gli occhi ben aperti ~ *avoir l'oreille au guet* stare con l'orecchio teso ~ *être au guet* essere in agguato **2** (*vx.*) [*surveillance exercée de nuit par la troupe ou la police*] guardia notturna (*cour.*), vigilanza *f.* notturna (*cour.*): *sentinelle chargée du guet* sentinella incaricata della vigilanza notturna; *postes de guet* posti di guardia → 2 **faction, 1 garde.**

guet-apens |gɛtapɑ̃| *s.m.* **1** [*fait d'attendre qqn. en un endroit pour exercer sur lui des actes de violence, le tuer*] agguato, imboscata (*f.*): *attirer qqn. dans un guet-apens* attirare qc. in un'imboscata; *tomber dans un guet-apens* cadere in un'imboscata, in un agguato **2** (*par ext.*) [*machination en vue de nuire gravement à qqn. qu'on veut surprendre*] tranello, trappola (*f.*): *c'est un guet-apens* è un tranello, una trappola.

guêtre |gɛtʀ(ə)| *s.f.* [*enveloppe* (*de tissu*) *qui recouvre le haut de la chaussure*] ghetta: *une paire de guêtres* un paio di ghette.

guêtrer |getʀe| **A** *v.tr.* (*rare*) [*chausser de guêtres*] mettere (155) le ghette (a) # *être guêtré* portare le ghette **B** *v.pron.réfl.* SE GUÊTRER [→ *tr.*] mettersi *tr.* le ghette.

guêtron |gɛtʀɔ̃| *s.m.* (*vx.*) [*guêtre à courte tige*] ghettina *f.*, mezza ghetta *f.*

guetter |gete| *v.tr.* **1** [*épier, observer*] spiare, fare (103)) la posta (a): *guetter qqn.* spiare qc.; *le chat guette la souris* il gatto fa la posta al topo ✦ (*absolt.*) *guetter à sa fenêtre* spiare dalla finestra **2** [*attendre avec impatience* (*une chose à venir*) *en étant attentif à ne pas* (*la*) *laisser échapper*] aspettare: *guetter une occasion favorable* aspettare un'occasione favorevole; *guetter un signal* aspettare un segnale → **affût (être à l')** **3** (*sujet de chose*) [*attendre* (*qqn.*) *en faisant peser sur lui une menace*] minacciare: *la mort, la maladie le guette* la morte, la malattia lo minaccia → **menacer.**

guetteur |getœʀ| *s.m.* **1** [*celui qui guette, qui est chargé de guetter*] spia (*f.*): *guetteur à l'affût* spia in agguato **2** [*soldat qui veille dans une tranchée, un poste d'écoute*] sentinella *f.*, vedetta *f.* → **sentinelle.**

gueulante |gœlɑ̃t| *s.f.* (*arg. scol.*) [*clameur de protestation ou d'acclamation*] grida *pl.* di protesta (*cour.*), di approvazione (*cour.*).

gueulard |gœlaʀ| *s.m.* (*techn.*) bocca* *f.*

gueulard, arde |gœlaʀ, aʀd(ə)| *adj.* **1** [*qui a l'habitude de gueuler, de parler haut et fort*] urlatore*, che (chi) urla *loc.* ✦ (*s.*) *un gueulard* un urlatore # *faites taire ce gueulard!* fate tacere quel tale che urla! **2** (*pop.*) → **gourmand.**

gueule |gœl| *s.f.* **I** [*bouche de certains animaux*] bocca*: *la gueule d'un chien, d'un reptile* la bocca di un cane, di un rettile ◇ (*loc.*) *se jeter dans la gueule du loup* gettarsi in bocca al lupo **II** (*pop.*) [*bouche d'une personne*] **1** (*servant à parler, crier*) becco* *m.* (*fam.*): *ferme ta gueule!* [*tais-toi*] chiudi il becco! ◇ (*loc.*) *il est un fort en gueule, une grande gueule* è solo un gran chiacchierone, è capace solo di chiacchierare! **2** (*servant à manger*) bocca (*cour.*) # *une fine gueule* un buongustaio → **gourmet, gourmand** ◇ (*loc.*) *s'en mettre plein la gueule* rimpinzarsi ~ *avoir la gueule de bois* (*par suite d'un excès de boisson*) avere la bocca impastata (per aver bevuto troppo) **3** (*pop.*) [*figure, visage*] faccia* (*cour.*); muso *m.* (*fam.*), grugno *m.* (*fam.*): *il a une bonne gueule* ha una faccia simpatica ‖ *il a une sale gueule* ha un brutto muso, un brutto ceffo; *casser la gueule à qqn.* rompere il muso, il grugno a qc.; *se casser la gueule* [*tomber*] rompersi il muso # *soldat qui va se faire casser la gueule* soldato che va a farsi ammazzare ◇ (*loc.*) *faire la gueule* fare il muso → **bouder** ~ *faire une gueule d'enterrement* fare una faccia da funerale ◇ (*arg. milit.*) *les gueules cassées* [*les mutilés de guerre*] i mutilati al viso ◇ (*arg. du Nord*) *les gueules noires* [*les mineurs*] i minatori *m.* (*cour.*) **4** (*fam.*) (*se dit de l'aspect, de la forme d'un objet*) forma (*cour.*): *ce chapeau a une drôle de gueule* questo cappello ha una strana forma ◇ *loc.* AVOIR DE LA GUEULE fare bella figura, essere di effetto: *ce tableau a de la gueule* è un quadro di effetto **III** [*ouverture par laquelle entre ou sort qqch.*] bocca: *la gueule d'un four, d'un pot, d'un canon* la bocca di un forno, di un vaso, di un cannone.

gueule-de-loup |gœldəlu| *s.f.* **1** (*t.bot.*) bocca* di leone **2** (*techn.*) tubo *m.*, fumaiolo *m.* a gomito **3** (*archit.*) modanatura a becco di civetta.

guelement |gœlmɑ̃| *s.m.* (*fam.*) [→ GUEULER] strillo (*cour.*), urlo* (*cour.*).

gueuler |gœle| **A** *v.intr.* (*fam.*) [*parler, chanter, crier très fort*] sbraitare (*cour.*), urlare (*cour.*): *il gueule pour un rien* sbraita per niente; *faire gueuler son poste de radio* far urlare la radio → **beugler, brailler** ◇ (*pop.*) [*protester*] protestare (*cour.*): *les nouveaux impôts vont faire gueuler les commerçants* le nuove tasse faranno protestare i commercianti **B** *v.tr.* (*fam.*) [*proférer en criant*] urlare, gridare: *gueuler des insultes, des ordres* urlare insulti, gridare ordini.

gueules |gœl| *s.m.* (*blas.*) rosso.

gueuleton |gœltɔ̃| *s.m.* (*fam.*) [*repas gai, d'ordinaire entre amis, où l'on mange et boit avec excès*] mangiata *f.*, scorpacciata (*f.*): *faire un bon gueuleton* fare una bella mangiata; *faire un gueuleton à tout casser* fare una mangiata formidabile → **festin.**

gueuletonner |gœltɔne| *v.intr.* [*faire un gueuleton*] fare (103) *tr.* una mangiata, una scorpacciata.

1 **gueuse** |gøz| *s.f.* (*métall.*) pane *m.* di ghisa.

2 **gueuse** |gøz| *s.f.* → **gueux** 2.

gueuse, gueuze |gøz| *s.f.* [*bière belge*] ⊠.

gueuser |gøze| *v.intr.* (*vx.*) [*vivre en gueux*; *mendier*] vivere (194) da pezzente; mendicare.

gueuserie |gøzʀi| *s.f.* **1** (*vieilli*) azione vile, spregevole (*cour.*) **2** (*littér.*, *vx.*) [*condition de gueux*] indigenza.

gueux, gueuse |gø, gøz| *s.* **1** (*vx.*) [*personne qui vit d'aumônes*] pezzente (*cour.*), accattone (*cour.*): *mener une vie de gueux* fare una vita da, vivere da pezzente → **mendiant, miséreux** **2** (*loc.*) *courir la gueuse* [*se débaucher*] correre la cavallina.

1 **gui** |gi| *s.m.* (*t.bot.*) vischio* ◇ (*loc.*) *au gui l'an neuf!* viva l'anno nuovo!

2 **gui** |gi| *s.m.* (*mar.*) boma *inv.*

guibol(l)e |gibɔl| *s.f.* (*pop.*) [*jambe*] zampa (*fam.*).

guibre |gibʀ(ə)| *s.f.* (*mar.*) serpa, serpe.

guiches |giʃ| *s.f.pl.* [*mèches de cheveux frisés plaquées sur le front, les tempes*] tirabaci *m.*, virgole.

guichet |giʃɛ| *s.m.* **1** [*petite ouverture pratiquée dans une porte, un mur*] sportello, portello: *guichet grillé, grillagé* sportello con grata → **judas** # *guichet d'un confessionnal* grata di un confessionale **2** [*petite ouverture par laquelle le public communique avec les employés d'un bureau*] sportello: *faire la queue au guichet* fare la coda allo sportello; *se présenter au guichet de la poste* presentarsi allo sportello della posta # *guichet de location* botteghino, biglietteria (di teatro, di cinema); *les guichets de la gare* la biglietteria della stazione; *troupe qui joue à guichets fermés* compagnia teatrale che recita davanti a un tutto esaurito **3** *les guichets du Louvre, des Tuileries* i passaggi, i fornici del Louvre, delle Tuileries.

guichetier, ière |giʃtje, jɛʀ| *s.* [*personne qui est préposée à un guichet*] sportellista.

guidage |gidaʒ| *s.m.* **1** (*mécan.*, *techn.*) guida *f.* **2** (*aviat.*, *astronautique*) guida; radioguida *f.* → **radioguidage.**

1 **guide** |gid| *s.m.* **1** (*personnes*) guida (*f.*): *guide de montagne* guida alpina; *guide d'un musée* guida di un museo; *servir de guide à qqn.* fare da guida a qc.; *suivez le guide!* seguite la guida! → **cicérone** **2** (*fig.*) guida; modello: *le guide d'un peuple* la guida di un popolo → 1 **chef, conseiller** ‖ *maîtres qu'on prend pour guides* maestri che vengono presi come, a modello ◇ (*choses*) *n'avoir d'autre guide que son caprice* essere guidati solo dal proprio capriccio **3** [*ouvrage contenant des renseignements utiles*] guida: *guide illustré de l'Italie* guida illustrata dell'Italia **4** (*techn.*) guida → **glissière.**

2 **guide** |gid| *s.f.* [*jeune fille appartenant à un mouvement féminin de scoutisme*] guida.

guide-âne |gidɑn| *s.m.* [*petit livre, aide-mémoire contenant des instructions élémentaires pour guider les débutants*] bignamino, bigino: *des guide-âne(s)* dei bignamini, dei bigini → **pense-bête.**

guideau |gido| *s.m.* **1** (*mar.*) scivolo: *dresser des guideaux* costruire uno scivolo **2** (*pêche*) rete *f.* a sacco.

guider |gide| **A** *v.tr.* **1** [*accompagner en montrant le chemin*] guidare, accompagnare: *guider un touriste* guidare un turista; *guider un aveugle pour traverser la rue* guidare un cieco nell'attraversare la strada → **conduire, 2 piloter** **2** [*faire aller, pousser dans une certaine direction*] guidare, dirigere (133): *cavalier guidant son cheval* cavaliere che guida il suo cavallo → **diriger, mener** ◇ (*techn.*) *avion, fusée guidés par radio* aereo, razzo radioguidati → **radioguider** ◇ (*choses*) *l'étoile qui guida les Rois mages* la stella che guidò i re Magi **3** (*fig.*) [*entraîner dans une certaine direction morale, intellectuelle*; *aider à choisir une direction*] guidare, indirizzare: *il se laisse guider par son flair* si lascia guidare dal suo fiuto; *guider un enfant dans le choix d'une carrière* indirizzare un ragazzo nella scelta della carriera → **éclairer, orienter, conseiller** **B** *v.pron.réfl.* SE GUIDER (SUR) [*se diriger d'après qqch. que l'on prend pour repère*] orientarsi (con): *se guider sur le soleil, les étoiles* orientarsi con il sole, con le stelle # *se guider sur l'exemple de qqn.* comportarsi seguendo l'esempio di qc., regolarsi sull'esempio di qc.

guiderope |gidʀɔp| *s.m.* [*cordage que les pilotes d'aérostats laissent traîner sur le sol dans certaines manœuvres*] cavo moderatore, cavo ammortizzatore.

guides |gid| *s.f.pl.* **1** [*lanières de cuir, attachées au mors d'un cheval attelé et servant à le diriger*] redini, guide: *tirer sur les guides, lâcher les guides* tirare, allentare le redini → **rêne(s)** **2** (*loc.*) *mener la vie à grandes guides* [*faire de grandes dépenses*] vivere da gran signore; fare il nababbo.

guidon |gidɔ̃| *s.m.* **1** [*petite saillie à l'extrémité du canon d'une arme à feu, qui donne la ligne de mire*] mirino # *viser plein guidon* mirare, prendere la mira **2** (*typogr.*) *guidon de renvoi* richiamo; asterisco* **3** [*tube de métal qui commande la roue directrice d'une bicyclette, d'une motocyclette*] manubrio*: *guidon de vélo de course* manubrio di bicicletta da corsa; *poignées de guidon* manopole di manubrio **4** (*mar.*) guidone; gagliardetto ◇ (*milit.*) guidone.

guignard |giɲaʀ| *s.m.* (*t.zool.*) piviere tortolino, piviere solitario*.

guignard, arde |giɲaʀ, aʀd| *adj.* (*vieilli, fam.*) [*qui a la guigne*] scalognato, iellato: *je suis guignard aujourd'hui* oggi sono scalognato, iellato → **malchanceux** ✦ (*s.*) *c'est une guignarde* è una scalognata.

1 **guigne** |giɲ| *s.f.* **1** [*petite cerise à longue queue*] ciliegia* lustrina, ciliegia tenerina **2** (*fam.*) *se soucier de qqn., de qqch. comme d'une guigne* [*très peu, pas du tout*] farsi un baffo di qc., di q.c.; infischiarsi di qc., di q.c.

2 **guigne** |giɲ| *s.f.* (*fam.*) [*mauvaise chance qui semble s'attacher à qqn.*] scalogna, iella: *une guigne noire* una scalogna nera; *avoir la guigne* avere scalogna, iella; *porter la guigne à qqn.* portare iella, scalogna a qc. Ⓒ **chance, veine** 4.

guigner |giɲe| *v.tr.* **1** [*regarder à la dérobée* (*et généralt. avec convoitise*)] sbirciare: *guigner une femme au passage* sbirciare una donna mentre passa **2** (*fig.*) [*guetter avec convoitise*] adocchiare, mettere (155) gli occhi su: *guigner une place, un beau parti* adocchiare un posto, mettere gli occhi su un buon partito.

guignier |giɲje| *s.m.* (*rare*) (*t.bot.*) ciliegio* lustrino, ciliegio tenerino.

guignol |giɲɔl| *s.m.* **1** [*théâtre de marionnettes où l'on joue des pièces dont Guignol est le héros*] teatro dei burattini: *mener ses enfants au guignol* accompagnare i bambini al teatro dei burattini # *c'est du guignol!* è una buffonata! **2** [*personne involontairement comique ou ridicule*] burattino, pagliaccio*: *ne fais donc pas le guignol* su, non fare il burattino, il pagliaccio → **pantin** ◇ (*pop.*) gendarme (*cour.*).

guignolet |giɲɔlɛ| *s.m.* [*liqueur peu alcoolisée faite avec des* (1) *guignes* (1)] ciliegiolo.

guignon |giɲɔ̃| *s.m.* (*vieilli, fam.*) → 2 **guigne.**

guilde, gilde |gild(ə)| *s.f.* **1** associazione (di consumatori di un certo prodotto): *la guilde du disque* l'associazione degli amici del disco **2** (*au moyen âge*) gilda, corporazione.

guilledou |gijdu| *s.m.* (*loc. fam.*) *courir le guilledou* [*aller en quête d'aventures galantes*] andare in cerca di avventure galanti; correre la cavallina.

guillemet |gijmɛ| *s.m.* [*signe typographique* ('...') *qu'on emploie pour isoler un mot, un groupe de mots*] virgoletta (*f.*): *mettre une citation entre guillemets* mettere una citazione tra virgolette; *ouvrir, fermer les guillemets* aprire, chiudere le virgolette.

guillemot |gijmo| *s.m.* (*t.zool.*) uria *f.*

guilleret, ette |gijʀɛ, ɛt| *adj.* [*qui manifeste une gaieté vive, pétulante*] pimpante, vispo: *il est tout guilleret dès le matin* è tutto pimpante, pieno di brio fin dal mattino → **frétillant, fringant, gai** # *air guilleret* aria allegra Ⓒ **triste.**

guillochage |gijɔʃaʒ| *s.m.* [→ GUILLOCHER] incisione *f.*, cesellatura *f.*

guilloché, ée |gijɔʃe| *adj. et s.* [*orné de guillochis*] cesellato, inciso: *boîtier de montre guilloché* cassa di orologio cesellata.

guillocher |gijɔʃe| *v.tr.* [*orner de traits gravés, sculptés en creux et entrecroisés*] incidere (130), cesellare: *guillocher une plaque de cuivre, un cadre d'ébène* incidere una lastra di rame, una cornice di ebano.

guillochis |gijɔʃi| *s.m.* (*techn.*) incisione *f.*, cesellatura *f.*

guillochure |gijɔʃyʀ| *s.f.* [*trait gravé sur un objet guilloché*] (a)rabescatura, incisione: *guillochures d'un bijou* (a)rabescature, incisioni di un gioiello.

guillotine |gijɔtin| *s.f.* **1** ghigliottina: *dresser la guillotine* innalzare la ghigliottina; *envoyer un criminel à la guillotine* mandare un criminale alla ghigliottina → **échafaud** **2** *fenêtre à guillotine* finestra a ghigliottina.

guillotiner |gijɔtine| *v.tr.* [*faire mourir par le supplice de la guillotine*] ghigliottinare → **décapiter.**

guimauve |gimov| *s.f.* **1** (*t.bot.*) altea, bismalva ~ *guimauve rose* malvone *m.*, malvarosa **2** (*pâte de*) *guimauve* [*pâte molle et sucrée*] pasticca* (emolliente) all'altea ◇ (*fig.*) *une sentimentalité de guimauve, à la guimauve* un sentimentalismo all'acqua di rose, sdolcinato.

guimbarde |gɛ̃baʀd(ə)| *s.f.* **1** (*techn.*) ghimbarda **2** [*vieille voiture délabrée*] macinino *m.*, carretta → **tacot.**

guimberge |gɛ̃bɛʀʒ| *s.f.* (*archit.*) ghimberga*.

guimpe |gɛ̃p| *s.f.* **1** [*morceau de toile qui couvre la tête, encadre le visage des religieuses*] soggolo *m.* **2** [*sorte de plastron formant dos, que l'on porte avec une robe décolletée, une veste de tailleur*] pettorina.

guincher |gɛ̃ʃe| *v.intr.* (*pop.*) [*danser dans un bal public*] far (103) *tr.* quattro salti (*cour.*).

guindage |gɛ̃daʒ| *s.m.* (*mar., techn.*) ghindaggio*.

guindé, ée |gɛ̃de| *adj.* [*qui manque de naturel, a de la raideur*] compassato, sostenuto: *avoir un air guindé* prendere un'aria compassata, sostenuta → **contraint** # *style guindé* stile ricercato; *il était un peu guindé dans ses vêtements* era un po' impacciato in quei vestiti.

guindeau |gɛ̃do| *s.m.* (*mar.*) argano.

1 **guinder (se)** |gɛ̃de| *v.pron.intr.* (*personnes*) [*devenir guindé*] fare (103) *tr.* il sostenuto.

2 **guinder** |gɛ̃de| *v.tr.* (*mar., techn.*) [*élever* (*un mât, un fardeau*) *avec un palan, une machine*] issare, ghindare.

guinée |gine| *s.f.* (*monnaie*) ghinea.

guingois (de) |d(ə)gɛ̃gwa| *loc. adv.* (*fam.*) [*de travers*] di traverso (*cour.*), di sghembo: *cette planche est placée de guingois* quest'asse è messa di traverso; *il est assis de guingois* è seduto di traverso → **obliquement** Ⓒ 1 **droit.**

guinguette |gɛ̃gɛt| *s.f.* [*café populaire où l'on consomme et où l'on danse, le plus souvent en plein air dans la verdure*] ⊠.

guiper |gipe| *v.tr.* **1** (*techn.*) [*passer un brin de textile sur* (*ce qui est déjà tors*)] rivestire, attorcere (189) ◇ (*spécialt.*) *guiper des franges* [*les tordre au guipoir*] torcere le frange **2** (*techn.*) [*imiter sur velin la dentelle nommée 'guipure'*] eseguire (197) una 'guipure' **3** (*électr.*) [*entourer* (*un fil électrique*) *d'un isolant*] rivestire, isolare.

guipoir |gipwaʀ| *s.m.* (*techn.*) torcitoio*.

guipure |gipyʀ| *s.f.* (*dentelle*) 'guipure' (*inv.*): *guipure de Venise* 'guipure' di Burano; *col de guipure* collo di 'guipure'.

guirlande |giʀlɑ̃d| *s.f.* ghirlanda.

guise |giz| **1** *s.f.* (*loc.*) À SA GUISE [*selon son goût, sa volonté propre*] a proprio modo, a proprio piacimento: *laissez chacun vivre, agir à sa guise* lasciate che ognuno viva, agisca a modo suo # *à votre guise* come volete; *il n'en fait qu'à sa guise* agisce solo di testa sua **2** *loc.prép.* EN GUISE DE [*en manière de, comme*] come, a mo' di: *on lui a donné ce petit emploi en guise de consolation* gli hanno dato questo piccolo impiego come, a mo' di contentino (consolazione) ◇ [*à la place de*] al posto di, invece di: *il portait un simple ruban en guise de cravate* portava un semplice nastro al posto, invece della cravatta.

guitare |gitaʀ| *s.f.* chitarra: *guitare électrique, hawaïenne* chitarra elettrica, hawaiana; *jouer de la guitare* suonare la chitarra.

guitariste |gitaʀist(ə)| *s.* chitarrista.

guitoune |gitun| *s.f.* (*fam.*) [*tente*] (*cour.*): *guitoune de campeur* tenda da campeggiatore.

guivre |givʀ(ə)| *s.f.* (*blas.*) biscione *m.* → **serpent.**

guivré, ée |givʀe| *adj.* (*blas.*) ornato da biscione, portante un biscione.

gulden |guldɛn| *s.m.* [*monnaie holl.*] gulden *inv.*, fiorino (d'oro).

gummifère, gommifère |gɔ(m)mifɛʀ| *adj.* gommifero.

gunitage |gynitaʒ| *s.m.* (*techn.*) gunitaggio* → **projection** (*t.recomm.*).

gunite |gynit| *s.f.* (*techn.*) gunite.

guppy |gypi| *s.m.* (*t.zool.*) pesce milione.

guru, gourou |guʀu| *s.m.* [*maître spirituel*] guru *inv.*

gus(s) |gys| *s.m.* (*pop.*) [*type, mec*] tipo, tizio* → **bidasse.**

gustatif, ive |gystatif, iv| *adj.* gustativo; gustatorio*: *sensibilité gustative* sensibilità gustativa; *papilles gustatives* papille gustative ‖ *nerf gustatif* nervo gustatorio.

gustation |gystɑsjɔ̃| *s.f.* [*perception des saveurs par le goût*] gusto (*m.*): *les organes de la gustation* gli organi del gusto.

gutta-percha |gytapɛʀka| *s.f.* guttaperca*.

guttural, ale, aux |gytyʀal, o| *adj.* gutturale: *voix gutturale* voce gutturale ◇ (*phonét.*) *consonne gutturale* consonante gutturale ✦ (*s.f.*) *une gutturale* una gutturale → **vélaire.**

guzla |gyzla| *s.f.* (*mus.*) guzla.

gym |ʒim| *s.f.* (*fam.*) → **gymnastique.**

gymkhana |ʒimkana| *s.m.* gincana *f.*, gimcana (*f.*): *gymkhana automobile, motocycliste* gincana automobilistica, motociclistica.

gymnase |ʒimnɑz| *s.m.* **1** [*établissement, salle où l'on pratique les exercices du corps*] palestra *f.* ◇ (*hist. gr.*) ginnasio* **2** (*en Allemagne, en Suisse*) [*école secondaire*] ginnasio.

gymnasiarque |ʒimnazjaʀk(ə)| *s.m.* (*hist. gr.*) ginnasiarca*.

gymnaste |ʒimnast(ə)| *s.* ginnasta → **acrobate.**

gymnastique |ʒimnastik| *s.f.* ginnastica*: *appareils de gymnastique* attrezzi da ginnastica; *gymnastique suédoise, médicale, corrective, rythmique* ginnastica svedese, medica, correttiva, ritmica → **éducation (physique)** ◇ (*par ext.*) *quelle gymnastique pour nettoyer ce plafond!* che ginnastica per pulire quel soffitto! ◇ (*fig.*) *gymnastique de l'esprit* ginnastica mentale → **exercice.**

gymnique |ʒimnik| **1** *adj.* (*antiq.*) ginnico*: *jeux gymniques du cirque* giochi ginnici del circo **2** *s.f.* ginnica*.

gymn(o)- |ʒimn(ɔ)| *préf.* (*signifiant 'nu', correspond généralt. à*) gimno, ginno: *Gymnospermes* Gimnosperme.

gymnosophiste |ʒimnɔsɔfist(ə)| *s.m.* gimnosofista.

Gymnospermes |ʒimnɔspɛʀm(ə)| *s.f.pl.* (*t.zool.*) Gimnosperme → **Conifères.**

gymnote |ʒimnɔt| *s.m.* (*t.zool.*) gimnoto, anguilla *f.* elettrica*.

-gyne |ʒin| *suff.* (*signifiant 'femme', correspond généralt. à*) gino: *androgyne* androgino.

gynécée |ʒinese| *s.m.* **1** gineceo → **harem** **2** (*bot.*) gineceo.

gynéco- |ʒinekɔ| *préf.* (*signifiant 'femme', correspond généralt. à*) gineco: *gynécologie* ginecologia.

gynécologie |ʒinekɔlɔʒi| *s.f.* ginecologia*.

gynécologique |ʒinekɔlɔʒik| *adj.* ginecologico*: *examen gynécologique* esame ginecologico.

gynécologiste |ʒinekɔlɔʒist(ə)|, **gynécologue** |ʒinekɔlɔg| *s.* ginecologo* → **accoucheur.**

gypaète |ʒipaɛt| *s.m.* (*t.zool.*) gipeto, avvoltoio* degli agnelli.

gypse |ʒips(ə)| *s.m.* (*minér., cour.*) gesso: *cristaux de gypse* cristalli di gesso; *lits de gypse* giacimenti di gesso.

gypseux, euse |ʒipsø, øz| *adj.* [*de la nature du gypse*] gessoso.

gypsophile |ʒipsɔfil| *s.f.* (*t.bot.*) nebbia.

-gyre, -gire |ʒiʀ| *suff.* (*signifiant 'cercle', correspondent généralt. à*) giro: *lévogyre* levogiro.

gyrin |ʒiʀɛ̃| *s.m.* (*t.zool.*) girinide.

gyr(o)-, gir(o)- |ʒiʀ(ɔ)| *préf.* (*signifiant 'cercle', correspondent généralt. à*) giro: *gyrocompas* girobussola.
gyrocompas |ʒiʀɔkɔ̃pɑ| *s.m.* (*techn.*) girobussola *f.*, bussola *f.* giroscopica*.

gyromètre |ʒiʀɔmɛtʀ(ə)| *s.m.* (*aviat.*) girometro.
gyropilote |ʒiʀɔpilɔt| *s.m.* (*aviat.*) giropilota.
gyroscope |ʒiʀɔskɔp| *s.m.* giroscopio*.

gyroscopique |ʒiʀɔskɔpik| *adj.* giroscopico*: *compas gyroscopique* bussola giroscopica; *effet gyroscopique* effetto giroscopico.
gyrostat |ʒiʀɔsta| *s.m.* (*sc.*) girostato.

H

h |aʃ| *s.m. ou f.* **1** [*huitième lettre de l'alphabet*] h: *h aspiré* h aspirata; *h muet* h muta ◊ (*télécom.*) *H comme Henri* H come hôtel **2** (*employé par abrév.*) *rayons H* raggi H; *bombe H* bomba H ◊ (*abrév. de Hautesse*) H ◊ *l'heure H* l'ora X, l'ora zero.

***ha!** |ɑ, hɑ| *interj.* **1** (*sert à donner plus de force à l'expression*) ah! **2** (*exprime 'la douleur, la surprise'*) ah! ♦ (*s.*) *pousser des ho! et des ha!* proferire esclamazioni di sorpresa **3** (*surtout redoublée, exprime 'le rire'*) *ha, ha!* ah, ah!

***habanera** |abaneʀa| *s.f.* habanera.

habile |abil| *adj.* **I** **1** abile: *ouvrier habile et expérimenté* operaio abile ed esperto; *politicien habile* abile politico → **capable, émérite, expert** ◊ (*par ext.*) *des mains, des doigts habiles* mani, dita abili # *l'affaire est entre des mains habiles* l'affare è in buone mani; *il ne faut pas être bien habile pour faire cela* non ci vuole una grande abilità per fare una cosa del genere ◊ (*péj.*) *habile flatteur* abile adulatore ♦ *s.* (*généralt. péj.*) *les habiles* [*les malins*] i furbi ◊ *loc.* HABILE À (+ *inf.*) abile nel (+ *inf. suivi du compl. d'objet*; + *s.*): *il est habile à travailler ce métal* è abile nel lavorare questo metallo; *il est habile à travailler* è abile nel suo lavoro → **apte, 1 propre** ~ HABILE À (*qqch.*) abile in (q.c.): *être habile à un jeu d'adresse* essere abile in un gioco di prestigio **2** (*dans le domaine intellectuel*) abile: *écrivain habile et froid* scrittore abile e freddo **3** (*par ext.*) [*qui est fait avec adresse et intelligence*] abile: *une manœuvre habile* un'abile manovra ◊ (*spécialt.*) (*en parlant d'une œuvre d'art, d'une œuvre littéraire*) ben congegnato, ingegnoso: *un film habile* un film ben congegnato; *c'est habile, sans être génial* è ben congegnato, senza essere geniale **II** (*dr.*) capace: *rendre une personne habile à contracter* rendere una persona capace di contrattare Ⓒ I 1 **gauche 2, inhabile, maladroit, malhabile, sot.**

habilement |abilmɑ̃| *adv.* [→ HABILE I] abilmente, con abilità (*loc. inv.*): *travailler habilement* lavorare abilmente, con abilità; *homme politique qui conduit habilement une négociation* uomo politico che conduce abilmente un negoziato → **adroitement** ◊ (*loc.*) *tirer habilement son épingle du jeu* cavarsela elegantemente e con abilità Ⓒ **maladroitement.**

habileté |abilte| *s.f.* **I** **1** abilità *inv.*, destrezza: *extrême habileté d'un exécutant, d'un musicien* estrema abilità di un esecutore, di un musicista; *habileté de main* destrezza di mano → **brio, virtuosité, 2 adresse, dextérité** # *habilité dans les relations sociales* diplomazia nelle relazioni sociali → **diplomatie, perspicacité, savoir-faire** **2** [*acte, procédé habile*] trucco* *m.*, astuzia: *les habiletés du métier* i trucchi del mestiere → **artifice, ficelle, truc** **II** (*dr.*) capacità *inv.* → **habilité** Ⓒ I 1, 2 **gaucherie, inhabileté, maladresse.**

habilitation |abilitɑsjɔ̃| *s.f.* (*dr.*) abilitazione.

habilité |abilite| *s.f.* (*dr.*) capacità *inv.* → **capacité.**

habiliter |abilite| *v.tr.* (*dr.*) [*conférer (à un incapable) la capacité juridique*] autorizzare; rendere (105) capace: *habiliter un incapable à...* autorizzare un incapace a... ◊ [*rendre (qqn.) légalement capable d'accomplir certains actes*] abilitare, autorizzare: *il est habilité à passer ce marché* è abilitato, autorizzato a stipulare questo contratto.

habillage |abijaʒ| *s.m.* **1** [→ HABILLER A 6] preparazione *f.*, approntamento # *habillage d'un arbre* sfrondatura di un albero **2** [→ HABILLER A 5] rivestimento, decorazione (*f.*): *habillage d'une bouteille* rivestimento, rivestitura di una bottiglia **3** [→ HABILLER A 1; B 1] il vestire *inv.*, il vestirsi *inv.* Ⓒ **déshabillage.**

habillé, ée |abije| *adj.* **1** [*couvert de vêtements*] vestito ◊ (*spécialt. dans une tenue où l'on peut être vu*) *elle est bien habillée* è ben vestita; *habillé de blanc* vestito di bianco; *je ne puis vous recevoir, je ne suis pas habillé* non posso riceverla, non sono vestito; *se coucher tout habillé* andare a letto vestito **2** [*dans une tenue (de soirée)*] elegante: *une robe habillée* un vestito elegante; *elle était trop habillée pour la circonstance* era troppo elegante per la circostanza; *tissu, couleur qui fait habillé* tessuto, colore che rende elegante → **chic, élégant** Ⓒ 1 **nu, dévêtu**; 2 **négligé.**

habillement |abijmɑ̃| *s.m.* **1** [→ HABILLER A 1, 2] abbigliamento; equipaggiamento: *dépenses d'habillement* spese per l'abbigliamento; *magasin d'habillement* negozio di abbigliamento ‖ *l'habillement des troupes* l'equipaggiamento della truppa **2** [*les habits dont on est vêtu*] abbigliamento: *un habillement bizarre, grotesque* un abbigliamento curioso, grottesco → **mise, tenue.**

habiller |abije| **A** *v.tr.* **1** [*couvrir (qqn.) de ses vêtements habituels*] vestire: *habiller un enfant* vestire un bambino ◊ (*bx-arts*) *habiller une académie, une figure nue* vestire un nudo **2** [*fournir qqn. en vêtements*] vestire, equipaggiare # *officier chargé d'habiller les recrues* ufficiale addetto all'equipaggiamento delle reclute → **équiper** ◊ [*faire et vendre des vêtements à*] vestire: *le grand couturier qui habille la présidente* il grande sarto che veste la presidentessa ♦ (*absolt.*) *ce tailleur habille bien* questo sarto lavora, veste bene **3** *loc.* HABILLER EN, DE vestire in, da: *habillé en civil* (vestito) in borghese; *habillé en soldat* vestito da soldato; *enfants qu'on habille en Pierrot* bambini vestiti da Pierrot; *habiller qqn. de façon grotesque* vestire qc. in modo grottesco → **accoutrer, endimancher (s'), déguiser, travestir** # *habiller de laine* vestire di lana; *habiller à l'antique* vestire all'antica → **draper** **4** (*par ext., en parlant des vêtements*) vestire: *cette robe vous habille bien* è un vestito che la veste bene → **1 aller, 1 convenir** ♦ (*absolt.*) *ce tissu habille bien* questo tessuto veste bene **5** (*par anal.*) [*couvrir comme d'un vêtement*] rivestire, ricoprire (186): *habiller de housses des chaises, des fauteuils* rivestire, ricoprire sedie, poltrone con fodere → **entourer, envelopper** # *habiller des bouteilles* vestire bottiglie ◊ (*fig.*) *habiller un texte* [*en fausser le sens, la portée*] falsare il significato di un testo ~ (*fam.*) *habiller qqn.* [*en dire du mal*] sparlare *intr.* di qc. → **calomnier** ◊ [*envelopper*] vestire: *orateur qui habille de phrases sonores des pensées banales* oratore che veste con frasi altisonanti pensieri banali → **orner, 1 parer** **6** (*techn.*) [*apprêter une chose pour l'usage qu'on en veut faire*] preparare, approntare: *habiller un poisson* preparare un pesce # *habiller une montre* montare un orologio; *habiller un arbre* sfrondare un albero → **ajuster** **B** *v.pron.réfl.* S'HABILLER **1** [*mettre ses habits*] vestirsi: *s'habiller de pied en cap* vestirsi da capo a piedi; *il lui faut une heure pour s'habiller* le (gli) ci vuole un'ora per vestirsi → **(s')arranger, vêtir (se)** **2** [*mettre telle sorte d'habits*] vestirsi, vestire (*intr.*): *s'habiller de noir* vestirsi, vestire di nero; *s'habiller à la dernière mode* vestirsi, vestire all'ultima moda; *comment t'habilles-tu?* come ti vesti? ♦ (*absolt.*) *cette femme ne sait pas s'habiller* quella donna non sa vestirsi ◊ [*revêtir des habits de cérémonie, de soirée*] agghindarsi, vestirsi di tutto punto, mettersi (155) elegante (*fam.*): *faut-il s'habiller pour cette réception?* bisogna agghindarsi, mettersi elegante per questo ricevimento? **3** [*se pourvoir d'habits*] vestirsi: *s'habiller sur mesure* vestirsi su misura; *s'habiller de neuf* vestirsi con abiti nuovi Ⓒ A 1 **déshabiller, dévêtir.**

habilleur, euse |abijœʀ, øz| *s.* **1** *s.m.* [*ouvrier corroyeur qui habille les peaux*] conciatore* *s.* **2** *s.m.* [*pêcheur chargé de préparer la morue*] preparatore dei merluzzi **3** *s.* [*personne qui aide les acteurs à s'habiller*] vestiarista.

habit |abi| *s.m.* **1** *au plur.* gli abiti, i vestiti: *brosse à habits* spazzola per abiti; *habits du dimanche* vestiti della domenica, della festa; *mettre, enlever ses habits* mettersi, togliersi i vestiti → **vêtement** 2 [*vêtement caractéristique d'une époque, ou propre à une fonction*] abito, tenuta (*f.*): *habit de gala* abito di gala; *habit de chasse* tenuta da caccia # *habit militaire* uniforme militare ◇ (*loc.*) *prendre l'habit* [*devenir prêtre, moine*] prendere, vestire l'abito ♦ (*prov.*) *l'habit ne fait pas le moine* l'abito non fa il monaco 3 [*costume de cérémonie*] abito da cerimonia, da sera: *des hommes en habit* uomini in abito da cerimonia; *l'habit est obligatoire* è obbligatorio l'abito da sera → **tenue.**

habitabilité |abitabilite| *s.f.* abitabilità *inv.* ◇ (*par ext.*) *habitabilité d'une voiture* abitabilità di un'automobile.

habitable |abitabl(ə)| *adj.* abitabile: *maison, logement habitable* casa, appartamento abitabile # *voilier habitable* cabinato Ⓒ **inhabitable.**

habitacle |abitakl(ə)| *s.m.* 1 (*d'une auto.*) abitacolo ◇ (*d'un avion*) carlinga* *f.* → **poste (de pilotage)** ◇ (*mar.*) abitacolo, chiesuola *f.* 2 (*poét., relig.*) dimora *f.* → **demeure.**

habitant, ante |abitɑ̃, ɑ̃t| *s.* 1 (*sens génér.*) abitante: *les habitants du globe terrestre* gli abitanti del globo terrestre; *tous les habitants de la terre* tutti gli abitanti della terra; *habitants des cavernes* abitanti delle caverne 2 [*personne qui a sa demeure ou sa résidence habituelle en un lieu déterminé*] abitante: *recensement des habitants* censimento degli abitanti; *nombre d'habitants au kilomètre carré* numero di abitanti per chilometro quadrato ◇ (*collectif*) *loger chez l'habitant* [*chez les gens du pays*] alloggiare presso privati, in casa privata 3 [*personne qui habite une maison*] occupante: *les habitants d'un grand immeuble* gli occupanti di un grande stabile → **occupant.**

habitat |abita| *s.m.* 1 [*milieu géographique, biologique*] habitat *inv.* 2 [*milieu humain*] insediamento: *habitat rural, urbain* insediamento rurale, urbano ◇ [*ensemble des conditions d'habitation, de logement*] *amélioration de l'habitat* miglioramento degli alloggi (*pl.*); *politique de l'habitat* politica della casa *f.*, dell'edilizia *f.* residenziale.

habitation |abitɑsjɔ̃| *s.f.* 1 abitazione: *locaux à usage d'habitation* locali ad uso (di) abitazione 2 [*lieu où l'on habite*] abitazione, casa: *changer d'habitation* cambiare abitazione, casa → **domicile, logement, maison**; *habitations à loyer modéré* (*H.L.M.*) case popolari.

habité, ée |abite| *adj.* abitato: *maison habitée* casa abitata; *des régions habitées* regioni abitate Ⓒ **inhabité.**

habiter |abite| **A** *v.tr. ou intr.* [*avoir sa demeure*] abitare (*intr.*): *il habite* (*à*) *Paris* abita a Parigi; *habiter la ville* (*en ville*), (*à*) *la campagne* abitare in città, in campagna; *habiter un quartier mal famé* abitare in un quartiere malfamato; *il habite* (*au*) *2* (*de la*) *rue de Rome* abita in via Roma (al) 2; *habiter chez des amis* abitare presso amici; *habiter avec qqn.* abitare con qc., coabitare **B** *v.tr.* [*être comme dans une demeure*] abitare, risiedere (183) (*intr.*): *l'âme fiévreuse qui habite ce corps* l'anima sofferente che abita questo corpo, che risiede in questo corpo # *la croyance qui l'habite* la fede che lo anima → **animer, posséder.**

habituation |abitɥɑsjɔ̃| *s.f.* (*psycho. animale*) assuefazione → **accoutumance.**

habitude |abityd| *s.f.* 1 abitudine: *de vieilles habitudes* vecchie abitudini; *prendre une bonne, une mauvaise habitude* prendere una buona, una cattiva abitudine, → **pli**; *être esclave de ses habitudes* essere schiavo delle proprie abitudini; *changer d'habitudes* cambiare abitudini; *cela n'est pas son habitude, dans ses habitudes* non è sua abitudine, non rientra nelle sue abitudini ◇ *loc.* PAR HABITUDE per abitudine: *il le fait par habitude* lo fa per abitudine → **machinalement** ~ *à son habitude; selon, suivant son habitude; comme à son habitude* come al (suo) solito, come è sua abitudine ~ AVOIR L'HABITUDE DE (+ *inf.*) avere l'abitudine di (+ *inf.*), essere solito (+ *inf.*): *je n'ai pas l'habitude de répéter* non ho l'abitudine di ripetere, non sono solito ripetere ◇ (*collectif*) [*l'ensemble des habitudes de qqn.*] *l'habitude est une seconde nature* l'abitudine è una seconda natura 2 [*usage d'une collectivité, d'un lieu*] abitudine: *ce sont les habitudes de l'endroit* sono le abitudini del posto; *avoir des habitudes de paysan, de bourgeois* avere abitudini contadine, borghesi → **manière, coutume, mœurs, tradition, usage** 3 [*accoutumance par familiarité avec une action, une situation, une chose, un être*] abitudine: *l'habitude des longues promenades* l'abitudine alle lunghe passeggiate; *c'est une question d'habitude, vous vous y ferez* è una questione di abitudine, vi ci abituerete → **expérience,** 1 **pratique** ◇ *loc.* AVOIR L'HABITUDE DE (+ *s.*) essere abituato a (+ *s.*), essere pratico di (+ *s.*): *elle a l'habitude des enfants* è abituata ai bambini, è pratica di bambini; *je n'ai pas l'habitude de cette voiture, de ces méthodes* non sono pratico di questa automobile, abituato a questi metodi # *acteur qui a une grande, une longue habitude de la scène* attore che ha una grande, una lunga pratica della scena, esperienza scenica 4 *loc. adv.* D'HABITUDE [*comme d'ordinaire*] di solito, solitamente (*adv.*): *d'habitude, je me lève tard* di solito mi alzo tardi; *il vient d'habitude le mardi* di solito, solitamente viene il martedì → **généralement, habituellement** # *le café est meilleur que d'habitude* il caffè è migliore del solito; *il n'est pas comme d'habitude* non è come al solito → **ordinairement.**

habitué, ée |abitɥe| *s.* cliente abituale, 'habitué' (*inv.*): *un habitué de la maison* un cliente abituale, un 'habitué' della casa; *ce sont des habitués* sono degli 'habitué' → **client, familier.**

habituel, elle |abitɥɛl| *adj.* 1 abituale, consueto: *gestes habituels* gesti abituali, consueti; *ce comportement ne lui est pas habituel* non è il suo comportamento abituale, consueto → **coutumier, commun, familier** 2 [*constant, ou très fréquent*] consueto, solito: *ce n'est pas très habituel* non è molto consueto; *c'est l'histoire habituelle, le coup habituel* è la solita storia, il solito scherzo → **classique** # *au sens habituel du terme* nell'accezione comune del termine; *il est dans son état habituel* è nel suo stato normale.

habituellement |abitɥɛlmɑ̃| *adv.* 1 [→ HABITUEL 1] solitamente, di solito (*loc. inv.*): *il est habituellement vêtu d'un complet bleu* solitamente, di solito porta un completo blu → **ordinaire (d')** 2 [→ HABITUEL 2] abitualmente, generalmente: *il écoute habituellement les informations* ascolta abitualmente il giornale radio; *il fait habituellement plus chaud en mars* generalmente in marzo fa più caldo.

habituer |abitɥe| **A** *v.tr.* 1 [*faire prendre l'habitude de*] abituare: *habituer un enfant au froid, à la fatigue* abituare un bambino al freddo, alla fatica; *personne ne les a habitués à la politesse* nessuno li ha abituati ad essere gentili; *il faut l'habituer à prendre ses responsabilités* bisogna abituarlo ad assumersi le proprie responsabilità → **endurcir,** 2 **entraîner** 2 *passif* ÊTRE HABITUÉ À [*avoir l'habitude de*] essere abituato a: *nous sommes habitués au bruit, nous y sommes habitués* siamo abituati al rumore, ci siamo abituati; *les enfants ne sont pas habitués à rester seuls* i bambini non sono abituati a restare soli **B** *v.pron.réfl.* S'HABITUER À [*prendre l'habitude de*] abituarsi a: *les yeux s'habituent à l'obscurité* gli occhi si abituano all'oscurità; *à la longue on s'habitue à cette température, à ce climat* col tempo ci si abitua a questa temperatura, a questo clima; *s'habituer à parler, à improviser devant un auditoire* abituarsi a parlare, a improvvisare davanti a un auditorio → **adapter (s'),** 1 **faire (se)** Ⓒ A **déshabituer.**

habitus |abitys| *s.m.* (*méd.*) habitus (*inv.*): *habitus physiologique* habitus fisiologico → **habitude.**

***hâblerie** |ɑbləʀi| *s.f.* [*propos, manière d'être du hâbleur*] fanfaronata → **gasconnade, vantardise.**

***hâbleur, euse** |ɑblœʀ, øz| *s.* [*personne qui a l'habitude d'exagérer, de se vanter*] fanfarone, spaccone: *c'est un hâbleur* è un fanfarone, uno spaccone ♦ *adj.* borioso, vanaglorioso.

***hache** |aʃ| *s.f.* ascia*, scure: *abattre un arbre à coups de hache* abbattere un albero a colpi di ascia, di scure # *hache à main* accetta; *hache du bourreau* mannaia ◇ (*fig.*) *fait, taillé à coups de hache* fatto, tagliato con l'ascia.

*** haché, ée** |aʃe| *adj.* 1 [*coupé en petits morceaux*] tritato, macinato: *viande hachée* carne tritata, macinata # *bifteck haché* hamburger, svizzera ♦ (*s.m.*) *du haché* del tritato, della carne tritata *adj.*, macinata *adj.* 2 [*entrecoupé, interrompu*] frammentario*: *style haché* stile frammentario → **heurté, saccadé.**

***hache-légumes** |aʃlegym| *s.m. inv.* [*hachoir à légumes*] tritatutto, tritaverdure.

***hacher** |aʃe| *v.tr.* 1 [*couper en menus morceaux avec un instrument tranchant*] tritare: *hacher du persil, des oignons* tritare prezzemolo, cipolle ♦ (*absolt.*) *hachoir qui hache fin, gros* tritatutto che trita fine, grosso 2 (*fig.*) SE FAIRE HACHER [*être disposé à tout souffrir pour défendre qqn., qqch.*] farsi (103) fare a pezzi: *elle se ferait hacher pour vous* si farebbe fare a pezzi per voi 3 (*techn.*) [*entailler avec une hache, un ciseau*] tagliare 4 (*dessin, gravure*) [*sillonner de hachures*] tratteggiare.

***hachette** |aʃɛt| *s.f.* [*petite hache*] accetta: *hachette à bois* accetta da legno.

***hache-viande** |aʃvjɑ̃d| *s.m.inv.* [*hachoir à viande*] tritacarne.

***hachis** |aʃi| *s.m.* [*préparation de viande ou de poisson hachés très fin*] trito: *hachis de porc* trito di carne di maiale # *boulette de hachis* polpetta di carne → **croquette.**
***hachisch** |aʃiʃ| *s.m.* → **haschisch.**
***hachoir** |aʃwaʀ| *s.m.* [*instrument qui sert à hacher*] mezzaluna* *f.*; tritatutto *inv.*
***hachure** |aʃyʀ| *s.f.* [*traits parallèles ou croisés dans un dessin, une gravure, une carte*] tratteggio* *m.*
***hachurer** |aʃyʀe| *v.tr.* [*couvrir de hachures*] tratteggiare → **hacher, rayer** ✦ (*au p.p.*) *parties hachurées d'une carte* parti tratteggiate, a tratteggio di una carta (geografica).
***haddock** |adɔk| *s.m.* [*chair de l'aiglefin*] eglefino (affumicato).
***hadji** |adʒi|, ***hadj** |adʒ| *s.m.* (*ar.*) hadji *inv.*
hafnium |afniɔm| *s.m.* (*chim.*) afnio*, hafnio*.
***hagard, arde** |agaʀ, aʀd(ə)| *adj.* [*qui a une expression égarée et farouche*] stravolto, sconvolto: *air hagard* aria stravolta, sconvolta; *visage hagard* viso stravolto → **effaré;** *œil hagard* sguardo stravolto.
hagiographe |aʒiɔgʀaf| *s.* agiografo ◇ (*par ext.*) [*biographe trop élogieux*] agiografo ✦ *adj.* agiografico*: *livre hagiographe* libro agiografico.
hagiographie |aʒiɔgʀafi| *s.f.* agiografia.
hagiographique |aʒjɔgʀafik| *adj.* agiografico*: *récits hagiographiques* racconti agiografici.
hagiologie |aʒjɔlɔʒi| *s.f.* agiologia*.
hagiologique |aʒjɔlɔʒik| *adj.* agiologico*.
***haie** |ɛ| *s.f.* **1** siepe: *haies d'aubépines* siepi di biancospini; *prairie bordée de haies* prato cinto da siepi; *haie vive* siepe naturale; *tailler une haie* potare una siepe → **bourdure** ◇ (*spécialt.*) COURSE DE HAIES: (*équit.*) corsa (di) siepi; (*athlétisme*) corsa a ostacoli: *3000 haies* 3000 siepi ‖ *400 mètres haies* 400 (metri) ostacoli **2** [*file de personnes bordant une voie pour laisser le passage à qqn., à un cortège*] siepe, ala: *une haie d'agents de police* una siepe, un cordone di poliziotti; *cortège qui défile entre deux haies de spectateurs* corteo che sfila fra due ali di spettatori; *former, faire la haie* far ala # *haie d'honneur* picchetto d'onore **3** (*techn.*) bure.
***haïk** |aik| *s.m.* (*ar.*) haik *inv.*
***haillon** |ɑjɔ̃| *s.m.* [*lambeau d'étoffe servant de vêtement*] straccio*, cencio*: *couvert de haillons* coperto di stracci, cencioso; *un mendiant en haillons* un mendicante coperto di stracci → **guenille, loque.**
***haillonneux, euse** |ɑjɔnø, øz| *adj.* [*en haillons*] cencioso.
***haine** |ɛn| *s.f.* **1** [*sentiment violent qui pousse à vouloir du mal a qqn. et à se rejouir du mal qui lui arrive*] odio* (*m.*): *haine implacable, jurée, déclarée* odio implacabile, giurato, dichiarato; *avoir, concevoir, éprouver de la haine pour qqn.* avere, concepire, provare un odio per qc.; *prendre qqn. en haine* prendere qc. in odio → **aversion, répulsion** ◇ *au plur.* rancori (*m.*): *haines sourdes* sordi rancori; *de vieilles haines* vecchi rancori **2** [*aversion profonde pour qqch.*] odio, ripugnanza: *j'ai pris la vie en haine* ho preso in odio la vita Ⓒ **1 amour.**
***haineusement** |ɛnøzmɑ̃| *adv.* [→ HAINEUX] astiosamente, con odio *loc.inv.*
***haineux, euse** |ɛnø, øz| *adj.* **1** [*naturellement porté à la haine*] astioso, malevolo: *caractère haineux* carattere astioso, malevolo → **malveillant, vindicatif 2** [*qui trahit la haine*] astioso, carico* di odio: *regards haineux* sguardi astiosi, carichi di odio **3** [*inspiré par la haine*] malevolo: *une joie haineuse* una gioia malevola → **fielleux, venimeux.**
***haïr** |aiʀ| (16) *v.tr.* **1** [*avoir (qqn.) en haine*] odiare: *haïr ses ennemis* odiare i propri nemici → **détester, exécrer** ◇ (*avec un compl. de cause*) *je le hais de m'avoir toujours trompé* lo odio per avermi sempre ingannato **2** [*avoir (qqch.) en haine*] odiare, detestare: *haïr le vice, le péché, les plaisirs* odiare il vizio, il peccato, i piaceri; *je hais cette façon de parler* odio, detesto questo modo di parlare Ⓒ **aimer.**
***haire** |ɛʀ| *s.f.* [*grossière chemise portée par esprit de mortification et de pénitence*] cilicio* *m.*
***haïssable** |aisabl(ə)| *adj.* [*qui mérite d'être haï*] odioso, detestabile: *un individu haïssable* un individuo detestabile; *il a fait un temps haïssable cet été* quest'estate c'è stato un tempo odioso → **détestable, exécrable, odieux.**
haïtien, ienne |aisjɛ̃, jɛn| *adj.* [*de Haïti (Antilles)*] haitiano: *coutumes haïtiennes* costumi haitiani.
***halage** |a(ɑ)laʒ| *s.m.* [→ HALER 2] alaggio*: *halage d'une péniche du bord d'un fleuve* alaggio di una chiatta lungo un fiume ◇ (*par ext.*) (*chemin de*) *halage* [*chemin qui longe un cours d'eau pour permettre le halage des bateaux*] alzaia *f.*
***halbran** |albʀɑ̃| *s.m.* anatroccolo selvatico*.
***hâle** |ɑl| *s.m.* [*couleur brune que prend la peau exposée à l'air et au soleil*] abbronzatura (*f.*): *le hâle lui va bien* l'abbronzatura le (gli) sta bene, le dona → **bronzage.**
***hâlé, ée** |ɑle| *adj.* [*bruni par le soleil*] abbronzato: *peau hâlée* pelle abbronzata → **bronzé, cuivré.**
***hale-bas** |albɑ| *s.m. inv.* (*mar.*) caricabbasso.
haleine |alɛn| *s.f.* **1** [*air qui sort des poumons pendant l'expiration*] alito (*m.*): *haleine fraîche, parfumée* alito fresco, profumato; *haleine qui sent l'ail, le tabac, l'alcool* alito che sa di aglio, di tabacco, di alcool; *avoir mauvaise haleine* avere l'alito cattivo **2** [*la respiration: inspiration et expiration*] respiro (*m.*): *respirer d'une haleine égale* avere un respiro regolare → **souffle** # *avoir l'haleine courte* avere il fiato grosso, il fiatone ◇ *loc.* À PERDRE HALEINE a perdifiato: *courir à perdre haleine* correre a perdifiato ~ *être hors d'haleine* essere senza fiato, trafelato ~ REPRENDRE HALEINE riprendere fiato: *laissez-nous reprendre haleine* lasciateci riprendere fiato ~ *retenir son haleine* trattenere il fiato, il respiro ~ D'UNE (SEULE) HALEINE (tutto) d'un fiato: *débiter une phrase d'une seule haleine* pronunciare una frase tutta d'un fiato → **2 trait (d'un)** ~ TENIR QQN. EN HALEINE [*maintenir son attention en éveil; maintenir dans un état d'incertitude, d'attente*] far stare qc. col fiato sospeso, sulle spine: *la curiosité me tient en haleine* la curiosità mi fa stare col fiato sospeso, sulle spine **3** *travail de longue haleine* [*qui exige beaucoup de temps et d'efforts*] lavoro di lungo respiro.
***haler** |a(ɑ)le| *v.tr.* **1** (*mar.*) [*tirer sur*] alare: *haler un câble à la main* alare un cavo a mano ◇ [*tirer au moyen d'un cordage*] issare: *haler une bouée à bord* issare a bordo una boa **2** [*remorquer (un bateau) au moyen d'un cordage tiré du rivage*] alare: *chevaux qui halent une péniche* cavalli che alano una chiatta.
***hâler** |ɑle| *v.tr.* [*rendre (la peau, le teint) plus ou moins brun ou rougeâtre, en parlant de l'air et du soleil*] abbronzare → **bronzer, brunir.**
***haletant, ante** |altɑ̃, ɑ̃t| *adj.* [*qui halète*] ansante, ansimante; affannoso: *chien, cheval haletant* cane, cavallo ansante, ansimante ‖ *respiration haletante* respiro affannoso → **précipité** ◇ (*fig.*) *être haletant d'impatience* [*très impatient*] fremere d'impazienza.
***halètement** |alɛtmɑ̃| *s.m.* [*respiration précipitée*] affanno, respiro affannoso: *halètement d'une personne qui a couru* affanno, respiro affannoso di una persona che ha corso # *le halètement d'un train* l'ansimare di un treno.
***haleter** |alte| (7) *v.intr.* **1** [*respirer à un rythme précipité; être à bout de souffle*] ansimare, essere (96) senza fiato: *haleter après une course* ansimare, essere senza fiato dopo una corsa # *haleter d'émotion* avere il cuore in gola per l'emozione **2** [*être tenu en haleine*] trattenere (188) *tr.* il fiato, il respiro: *tout l'auditoire haletait* tutto l'uditorio tratteneva il fiato, il respiro.
***haleur, euse** |a(ɑ)lœʀ, øz| *s.* [*personne qui fait métier de haler les bateaux le long des cours d'eau*] bardotto *m.*
***half-track** |aftʀak| *s.m.* (*angl.*) (*milit.*) semicingolato: *des half-tracks* dei semicingolati.
halieutique |aljøtik| *adj.* [*qui concerne la pêche*] ittico*; pescherecció*: *politique halieutique* politica ittica, della pesca ‖ *activité halieutique* attività peschereccia ✦ (*s.f.*) *l'halieutique* l'alieutica*.
***hall** |ol| *s.m.* hall *f.inv.*, atrio*: *hall d'hôtel* hall, atrio di albergo; *hall de la gare* atrio della stazione → **2 entrée, vestibule.**
***hallage** |alaʒ| *s.m.* (*comm.*) tassa *f.* di posteggio (in un mercato).
hallali |alali| *s.m.* (*chasse*) hallali (*inv.*): *sonner l'hallali* suonare l'hallali.
***halle** |al| *s.f.* **1** [*vaste emplacement couvert où se tient un marché, un commerce en gros*] mercato *m.* coperto: *halle aux vins* mercato del vino → **2 marché, hangar, 1 magasin** ◇ (*par ext.*) capannone *m.* **2** *au plur.* LES HALLES i Mercati Generali ✦ (*absolt.*) *les Halles (centrales) de Paris* le 'Halles' (ora demolite).
***hallebarde** |albaʀd(ə)| *s.f.* (*ancienn.*) alabarda ◇ (*loc. fam.*) *il pleut, il tombe des hallebardes* [*il pleut à verse*] piove a catinelle, a dirotto.
***hallebardier** |albaʀdje| *s.m.* (*ancienn.*) alabardiere.
***hallier** |alje| *s.m.* [*groupe de buissons serrés et touffus*] boscaglia *f.*, mac-

chia (*f.*): *halliers épais, impénétrables* boscaglie fitte, impenetrabili.
***hallstattien, ienne** |alstatjẽ, jɛn| *adj.* (*sc.*) hallstattiano.
hallucinant, ante |al(l)ysinɑ̃, ɑ̃t| *adj.* **1** allucinante; impressionante: *vision hallucinante* visione allucinante ‖ *une ressemblance hallucinante* una somiglianza impressionante → **extraordinaire** **2** (*méd.*) allucinogeno.
hallucination |al(l)ysinɑsjɔ̃| *s.f.* allucinazione: *hallucinations visuelles, auditives* allucinazioni visive, uditive → **illusion, rêve** ◇ [*erreur des sens, illusion*] *être victime d'une hallucination* essere vittima di un'allucinazione # *j'ai cru le voir ici, je dois avoir des hallucinations* mi è sembrato di vederlo qui, devo avere le traveggole.
hallucinatoire |al(l)ysinatwaʀ| *adj.* allucinatorio*: *vision hallucinatoire* visione allucinatoria; *psychoses hallucinatoires* psicosi allucinatorie.
halluciné, ée |al(l)ysine| *adj.* allucinato: *fou, toxicomane halluciné* pazzo, tossicomane allucinato; *un air halluciné* un'aria allucinata → **égaré, bizarre** ✦ (*s.*) *les visions d'un halluciné* le visioni di un allucinato → **visionnaire.**
halluciner |al(l)ysine| *v.tr.* (*rare*) [*produire des hallucinations; rendre halluciné*] allucinare (*cour.*).
hallucinogène |al(l)ysinɔʒɛn| *adj. et s.m.* allucinogeno.
***halo** |alo| *s.m.* **1** alone: *le halo des réverbères dans le brouillard* l'alone dei lampioni nella nebbia **2** (*photo.*) alone **3** [*auréole*] alone, aureola (*f.*): *un halo de gloire* un alone, un'aureola di gloria.
***halogénation** |alɔʒenɑsjɔ̃| *s.f.* (*chim.*) alogenazione.
***halogène** |alɔʒɛn| *adj.* (*chim.*) *des corps halogènes* degli alogeni *s.m.* ✦ (*s.m.*) *un halogène* un alogeno.
***haloïde** |alɔid| *adj.* (*chim.*) *sels haloïdes* sali aloidi ✦ (*s.m.*) *un haloïde* un aloide.
***hâloir** |ɑlwaʀ| *s.m.* (*région., techn.*) essiccatoio* (per canapa, per formaggi).
***halte** |alt(ə)| **1** *s.f.* [*arrêt, temps d'arrêt*] sosta: *une courte halte* una breve sosta; *faire halte* fare una sosta ◇ (*ch. de fer*) fermata ◇ (*sur les autoroutes*) *aire de halte simple* area di parcheggio* *m.* **2** *interj.* (*milit.*) HALTE! alt!: *peloton, halte!* plotone, alt! # *dire halte! à la guerre* dire basta alla guerra; *halte-là!* altolà! → **qui-vive**? 🄲 2 **marche**! 2.
haltère |altɛʀ| *s.m.* (*sport*) peso, manubrio* # *poids et haltères* sollevamento pesi, pesistica*.
haltérophile |alteʀɔfil| *s.m.* [*athlète qui pratique le sport des poids et haltères*] pesista.
haltérophilie |alteʀɔfili| *s.f.* (*sport*) sollevamento *m.* pesi, pesistica*.
***hamac** |amak| *s.m.* amaca* (*f.*): *se balancer dans un hamac* dondolarsi su un'amaca.
hamadryade |amadʀijad| *s.f.* (*mythol.*) amadriade.
hamadryas |amadʀijɑs| *s.m.* (*t.zool.*) amadriade *f.*
***hambourgeois, oise** |ɑ̃buʀʒwa, waz| *adj.* [*de Hambourg*] amburghese.
***hamburger** |ɑ̃buʀgœʀ| *s.m.* (*amér.*) hamburger *inv.*
***hameau** |amo| *s.m.* [*petit groupe de maisons dans la campagne*] frazione *f.*, cascinale.
hameçon |amsɔ̃| *s.m.* **1** (*pêche*) amo: *le poisson a avalé l'hameçon, a mordu à l'hameçon* il pesce ha abboccato all'amo **2** (*loc. fig.*) *mordre à l'hameçon, gober l'hameçon* [*se laisser prendre*] abboccare all'amo → **appât, piège.**
***hammam** |amam| *s.m.* bagno turco*.
1 ***hampe** |ɑ̃p| *s.f.* **1** [*long manche de bois auquel est fixé le fer d'une arme d'hast, une croix, un drapeau*] asta **2** (*bot.*) stelo *m.*
2 ***hampe** |ɑ̃p| *s.f.* (*vén.*) petto *m.* di cervo ◇ (*bouch.*) piccione *m.*, nasello *m.*
***hamster** |amstɛʀ| *s.m.* (*t.zool.*) criceto.
***han**! |ɑ̃, hɑ̃| *interj.* (*onomat.*) (*cri sourd d'un homme qui fait un violent effort, un soupir*) ah! ✦ (*s.m.*) *faire, pousser un han* tirare un sospiro.
***hanap** |anap| *s.m.* (*ancienn.*) [*grand vase à boire en métal*] nappo.
***hanche** |ɑ̃ʃ| *s.f.* (*anat., cour.*) anca*, fianco* (*m.*): *articulation de la hanche* articolazione dell'anca; *hanches étroites, larges* fianchi stretti, larghi; *tour de hanches* giro di fianchi; *rouler, balancer les hanches* ancheggiare, muovere le anche; *mettre les poings sur les hanches* mettersi le mani ai, sui fianchi ◇ (*équit., zool.*) anca ◇ (*mar.*) anca.
***hanché, ée** |ɑ̃ʃe| *adj.* appoggiato sull'anca.
***hand-ball** |ɑ̃dbal| *s.m.* (*all.*) (*sport*) pallamano *f.*, hand-ball *inv.*
***handicap** |ɑ̃dikap| *s.m.* (*angl.*) **1** (*sport*) handicap (*inv.*): *cheval qui rend ving-cinq mètres dans un handicap* cavallo che concede venticinque metri in un handicap **2** (*fig.*) *son âge est un sérieux handicap* la sua età è un serio handicap, uno svantaggio*.
***handicapé, ée** |ɑ̃dikape| *adj.* menomato, (h)andicappato: *il est vraiment handicapé depuis son accident* è veramente menomato, andicappato dopo l'incidente ✦ (*s.*) *un handicapé* un (h)andicappato, un minorato.
***handicaper** |ɑ̃dikape| *v.tr.* **1** [*mettre* (*qqn.*) *en état d'infériorité*] svantaggiare, (h)andicappare: *sa timidité le handicape* è svantaggiato dalla sua timidezza → **défavoriser** **2** (*sport*) [*imposer à* (*un cheval, un concurrent*) *un désavantage quelconque selon la formule du handicap*] andicappare: *cheval sévèrement handicapé* cavallo fortemente andicappato.
***hangar** |ɑ̃gaʀ| *s.m.* capannone, hangar *inv.* → **entrepôt, 2 remise** # *hangar à locomotives* deposito locomotive ◇ (*par ext.*) *hangar à récoltes, à fourrages* capannone per foraggi.
***hanneton** |antɔ̃| *s.m.* **1** (*t.zool.*) maggiolino **2** (*fam.*) *qui n'est pas piqué des hannetons* [*qui se manifeste dans toute sa force*] non è uno scherzo, non è cosa da poco.
***hanséatique** |ɑ̃seatik| *adj.* anseatico*: *ville, ligue hanséatique* città, lega anseatica.
***hanté, ée** |ɑ̃te| *adj.* abitato, frequentato dagli spiriti, dagli spettri: *château hanté* castello abitato, frequentato dagli spiriti.
***hanter** |ɑ̃te| *v.tr.* **1** (*esprits, fantômes*) [*revenir dans un lieu*] abitare, frequentare: *on dit que des fantômes hantent cette maison* dicono che dei fantasmi abitino, frequentino quella casa **2** [*obséder, poursuivre*] ossessionare, assillare: *ce souvenir le hantait* quel ricordo lo ossessionava, assillava **3** (*littér.*) [*fréquenter* (*un lieu*) *d'une manière habituelle, familière*] frequentare (*cour.*): *hanter les mauvais lieux* frequentare luoghi malfamati.
***hantise** |ɑ̃tiz| *s.f.* [*caractère obsédant d'une idée, d'une pensée, d'un souvenir*] ossessione: *la hantise du péché, de la mort* l'ossessione del peccato, della morte → **idée (fixe).**
haplologie |aplɔlɔʒi| *s.f.* aplologia*.
***happening** |apəniŋ| *s.m.* (*amér.*) happening *inv.*
***happer** |ape| *v.tr.* **1** [*saisir, attraper brusquement et avec violence*] afferrare: *happer qqn. par la manche* afferrare qc. per la manica # *être happé par un train* essere risucchiato da un treno **2** (*animaux*) [*saisir brusquement dans la bouche, la gueule, le bec*] afferrare, ghermire (197): *chien qui happe un morceau de viande* cane che afferra, ghermisce un pezzo di carne.
***happy end** |apiɛnd| *s.m. ou f.* (*angl.*) lieto fine *m.*
***haquet** |akɛ| *s.m.* [*charrette étroite et longue*] barroccio*.
***hara-kiri** |aʀakiʀi| *s.m.* (*jap.*) harakiri *inv.* ◇ (*plais.*) (*se*) *faire hara-kiri* [*se suicider*] suicidarsi, fare harakiri.
***harangue** |aʀɑ̃g| *s.f.* **1** [*discours solennel prononcé devant une assemblée, un haut personnage*] arringa*: *une harangue violente* una violenta arringa **2** [*discours pompeux et ennuyeux; remontrance interminable*] predica*, predicozzo *m.*
***haranguer** |aʀɑ̃ge| *v.tr.* [*adresser une harangue à*] arringare: *haranguer des soldats, le peuple* arringare i soldati, la folla.
***haras** |aʀɑ| *s.m.* (*hippol.*) (stazione *f.* di) monta *f.* equina.
***harassant, ante** |aʀasɑ̃, ɑ̃t| *adj.* [*qui harasse*] massacrante, sfibrante: *travail harassant* lavoro massacrante, sfibrante → **fatigant.**
***harasser** |aʀase| *v.tr.* (*surtout aux temps comp. et p.p.*) [*accabler de fatigue*] sfinire (197), sfiancare: *l'excursion nous a harassés* la gita ci ha sfiancati; *être harassé de travail, d'écrire* essere sfinito dal lavoro, a forza di scrivere # *être harassé de fatigue* essere distrutto dalla fatica.
***harcèlement** |aʀsɛlmɑ̃| *s.m.* [→ HARCELER] assillo, l'assillare (*inv.*): *le harcèlement des créanciers* l'assillo dei creditori # *guerre de harcèlement* guerra di logoramento; *tir de harcèlement* tiro di disturbo → **guérilla.**
***harceler** |aʀsəle| (7) *v.tr.* [*soumettre sans répit à de petites attaques*] assillare, non dare (102) tregua (a): *ses créanciers ne cessent de le harceler* i suoi creditori lo assillano in continuazione, non gli danno tregua; *harceler l'ennemi par d'incessantes escarmouches* non dar tregua al nemico con continue scaramucce; *être harcelé de soucis* essere assillato da preoccupazioni # *harceler un lièvre* incalzare una lepre.
***harde** |aʀd(ə)| *s.f.* [*couples de chiens courants attachés ensemble dans une chasse à courre*] muta: *harde de six*

chiens muta di sei cani ◇ (*vén.*) guinzaglio* *m.*
***hardes** |ard(ə)| *s.f.pl.* (*péj.*) [*vêtements pauvres et usagés*] stracci (*m.*): *un paquet de vieilles hardes* un pacco di vecchi stracci → **nippes.**
***hardi, ie** |ardi| *adj.* **1** [*qui manifeste, dénote un tempérament, un esprit prompt à oser sans se laisser intimider*] ardito, audace: *guerriers hardis* arditi guerrieri; *entreprise hardie* impresa ardita; *un projet particulièrement hardi* un progetto particolarmente ardito; *hardi à l'excès* eccessivamente audace → **audacieux, aventureux, intrépide, entreprenant** ◇ (*blas.*) *coq hardi* gallo ardito **2** (*péj.*, *vieilli*) [*qui manifeste un grand mépris des convenances*] sfacciato, sfrontato: *une fille hardie* una ragazza sfacciata, sfrontata → **effronté, impudent, insolent** # *décolleté hardi* scollatura audace; *vous ne trouvez pas ce passage un peu hardi?* non trovate questo passaggio un po' spinto, audace? → **osé** **3** [*original, neuf*] ardito: *imagination, position hardie* immaginazione, posizione ardita **4** *loc. interj.* HARDI! (*expression servant à encourager et pousser en avant*) forza!, coraggio!: *hardi, les gars!* forza, coraggio, ragazzi! → **courage** ◇ (*fam.*) *hardi petit!* forza, dai!
***hardiesse** |ardjɛs| *s.f.* **1** (*littér.*) [*qualité de celui qui, de ce qui est hardi*] arditezza, audacia*: *avoir, montrer de la hardiesse* avere, mostrare arditezza, audacia; *la hardiesse de cette entreprise* l'audacia di quell'impresa → **courage, intrépidité** ◇ (*péj.*) *il a la hardiesse de soutenir cela!* ha l'ardire *m. inv.*, la sfrontatezza di sostenere una cosa simile! **2** [*action, idée, parole, expression hardie*] audacia, libertà (*inv.*): *se permettre certaines hardiesses* permettersi certe audacie, libertà.
***hardiment** |ardimɑ̃| *adv.* [→ HARDI 1] audacemente, coraggiosamente: *s'exposer hardiment aux dangers* esporsi audacemente, coraggiosamente ai pericoli → **courageusement** # *parler hardiment* parlare chiaro → **carrément** ◇ [→ HARDI 2] sfrontatamente, spudoratamente: *nier hardiment* negare sfrontatamente, spudoratamente → **impudemment, effrontément.**
***hard-top** |ardtɔp| *s.m.* (*angl.*) tettuccio* rigido, hard-top *inv.*
***hardware** |ardwɛr| *s.m.* (*amér.*) (*informatique*) hardware *inv.*
***harem** |arɛm| *s.m.* harem (*inv.*): *le harem du palais du sultan* l'harem del palazzo del sultano → **gynécée.**
***hareng** |arɑ̃| *s.m.* (*t.zool.*) aringa* *f.* ◇ (*cour.*) *hareng saur* aringa affumicata; *filets de hareng* filetti di aringa; *pêche au hareng* pesca delle aringhe ◇ (*loc. fam.*) *être serrés comme des harengs* essere pigiati come sardine.
***harengère** |arɑ̃ʒɛr| *s.f.* [*femme grossière, criarde, mal embouchée*] lavandaia, pescivendola.
***hargne** |arɲ(ə)| *s.f.* [*mauvaise humeur se traduisant par des propos acerbes, un comportement agressif, parfois haineux*] astio* (*m.*): *attaquer, répliquer avec hargne* attaccare, ribattere con astio # *j'étais dans une hargne!* ero talmente in collera!
***hargneusement** |arɲøzmɑ̃| *adv.* [→ HARGNEUX] astiosamente.
***hargneux, euse** |arɲø, øz| *adj.* [*qui est plein de hargne, qui dénote de la hargne*] astioso: *une femme hargneuse* una donna astiosa; *caractère hargneux* carattere astioso; *ton hargneux* tono astioso → **revêche, acariâtre, grincheux** # *chien hargneux* cane ringhioso → **méchant.**
1 ***haricot** |ariko| *s.m.* **1** (*t.bot.*) fagiolo ◇ (*cour.*) *haricots grimpants, à rames* fagioli rampicanti, cespitosi; *haricots mange-tout* fagioli mangiatutto; *pied de haricot* pianta di fagioli; *planter des haricots* piantare fagioli **2** *au plur.* [*gousses comestibles de cette plante*] fagioli # *haricots verts* fagiolini, cornetti (*région.*) ◇ [*graines des espèces 'à écosser' qui se mangent fraîches ou sèches*] fagioli: *haricots blancs, rouges* fagioli bianchi, rossi; *gigot de mouton aux haricots* cosciotto di montone con fagioli; *faire* (*cuire*), *manger des haricots* fare (cuocere), mangiare fagioli → 1 **fayot** (*pop.*) ◇ (*sing.*) *un haricot* [*une gousse de*] un (baccello di) fagiolo **3** (*loc. pop.*) *des haricots!* [*vous n'aurez rien du tout*] col cavolo!, un cavolo! ~ *c'est la fin des haricots* [*la fin de tout*] è finita!
2 ***haricot** |ariko| *s.m.* (*cuis.*) *haricot de mouton* [*ragoût de mouton*] stufato di montone.
***haridelle** |aridɛl| *s.f.* [*mauvais cheval maigre et efflanqué*] ronzino *m.*, brocco* *m.*
***harki** |arki| *s.m.* (*ar.*) soldato indigeno (spec. in Nordafrica).
harmonica |armɔnika| *s.m.* **1** armonica* *f.* a bocca **2** (*phys.*) *harmonica chimique* armonica chimica.
harmoniciste |armɔnisist(ə)| *s.* suonatore* di armonica.
harmonie |armɔni| *s.f.* **1** armonia: *les règles, les lois de l'harmonie classique* le regole, le leggi dell'armonia classica; *traité d'harmonie* trattato di armonia; *étudier l'harmonie* studiare armonia ◇ (*mus.*) *table d'harmonie* cassa armonica (*adj.*); *l'harmonie municipale* la banda comunale **2** (*littér.*) [*ensemble des caractères qui rendent un discours agréable à l'oreille*] armonia: *morceau dépourvu d'harmonie* brano privo di armonia; *l'harmonie des vers* l'armonia dei versi → **euphonie** **3** [*accord entre les diverses parties d'un tout; effet qui en résulte*] armonia: *l'harmonie des parties d'un ensemble* l'armonia delle parti di un insieme; *harmonie des vues, des sentiments de plusieurs personnes* armonia delle vedute, dei sentimenti di diverse persone → **communauté, concordance, conformité** ◇ *loc.* ÊTRE EN HARMONIE AVEC essere in armonia con: *ces deux choses sont en parfaite harmonie* queste due cose sono in perfetta armonia ◇ (*philo.*) *harmonie préétablie* armonia prestabilita **4** (*littér.*) [*accord, bonnes relations entre personnes*] armonia: *l'harmonie qui règne dans une société, une famille* l'armonia che regna in una società, in una famiglia; *vivre en parfaite harmonie* vivere in perfetta armonia → **entente, paix,** 1 **union** **5** [*beauté régulière*] armonia: *harmonie des volumes, des proportions dans un tableau* armonia dei volumi, delle proporzioni in un quadro; *harmonie d'un visage* armonia di un viso → **beauté, régularité, équilibre** **6** (*math.*) *rapport d'harmonie* proporzione armonica *adj.*
harmonieusement |armɔnjøzmɑ̃| *adv.* [→ HARMONIEUX] armoniosamente: *chanter harmonieusement* cantare armoniosamente; *univers harmonieusement ordonné* universo armoniosamente ordinato.
harmonieux, euse |armɔnjø, øz| *adj.* **1** armonioso: *voix harmonieuse* voce armoniosa → **mélodieux** **2** (*langage*) [*qui a de l'harmonie*] armonioso: *style harmonieux* stile armonioso; *périodes harmonieuses* periodi armoniosi **3** [*dont l'accord entre les divers éléments produit de l'harmonie*] armonioso, armonico*: *système harmonieux* sistema armonioso; *formes, couleurs harmonieuses* forme, colori armoniosi; *développement harmonieux* sviluppo armonico, armonioso.
harmonique |armɔnik| *adj.* **1** (*mus.*) armonico*: *gamme, échelle harmonique* scala armonica; *son harmonique* suono armonico ◆ *s.m. ou f.* armonica* (*f.*): *deuxième, troisième harmonique* seconda, terza armonica **2** [*qui concourt à l'harmonie, ou dont toutes les parties sont en harmonie*] armonico: *unité harmonique* unità armonica; *relation harmonique* relazione armonica → **harmonieux** **3** (*géom.*) *division harmonique* divisione armonica ◇ (*math.*) *série harmonique* serie armonica.
harmoniquement |armɔnikmɑ̃| *adv.* (*math.*, *mus.*) armonicamente.
harmonisation |armɔnizasjɔ̃| *s.f.* [→ HARMONISER] armonizzazione ◇ (*phonét.*) *harmonisation vocalique* armonia vocalica.
harmoniser |armɔnize| **A** *v.tr.* **1** [*mettre en harmonie, en accord*] armonizzare; conciliare: *harmoniser des couleurs* armonizzare dei colori; *harmoniser les législations fiscales* armonizzare le legislazioni fiscali → 2 **accorder, arranger** ‖ *harmoniser les intérêts de plusieurs personnes* conciliare gli interessi di più persone **2** (*mus.*) [*combiner une mélodie avec d'autres parties ou des suites d'accords*] armonizzare: *harmoniser un chant* armonizzare un canto **B** *v.pron.intr.* S'HARMONISER [→ *tr.* 1] armonizzare *intr.*, essere (96) *intr.* in armonia: *couleurs qui s'harmonisent* colori che armonizzano (tra loro); *ses sentiments s'harmonisent avec le paysage* i suoi sentimenti sono in armonia col paesaggio → 2 **accorder (s').**
harmoniste |armɔnist(ə)| *s.m.* armonista *s.*
harmonium |armɔnjɔm| *s.m.* (h)armonium (*inv.*): *jouer de l'harmonium à l'église* suonare l'armonium in chiesa.
***harnachement** |arnaʃmɑ̃| *s.m.* **1** [→ HARNACHER 1] il bardare *inv.*, bardatura *f.* ◇ [*ensemble des harnais*] bardatura **2** [*accoutrement*] bardatura.
***harnacher** |arnaʃe| *v.tr.* **1** [*mettre le harnais à* (*un cheval, un animal de selle*)] bardare: *harnacher les chevaux* bardare i cavalli ◆ (*au p.p.*) *cheval richement harnaché* cavallo riccamente bardato **2** (*au p.p.*) *être harnaché* [*être habillé d'une manière lourde et ridicule*] essere (96) bardato: *être grotesquement harnaché* essere bardato in modo grottesco.
***harnais** |arnɛ| *s.m.* **1** [*équipement d'un cheval de selle, de trait, de tout animal de travail*] finimenti (*pl.*): *changer les harnais d'un cheval* cambiare i finimenti di un cavallo **2** (*ancienn.*) [*armure, équipement complet d'un homme d'arme*] armatura *f.* ◇ (*fig.*) *blanchi sous le harnais* [*vieilli dans le métier*]

invecchiato nel mestiere **3** (*techn.*) licci *pl.* # *harnais d'engrenage* serie, coppia d'ingranaggi.

***haro** |aRo| (*loc.*) *crier haro sur* (*qqn.*, *qqch.*) [*dénoncer à l'indignation de tous*] inveire, scagliarsi pubblicamente contro qc., q.c.

harpagon |aRpagɔ̃| *s.m.* [*homme d'une grande avarice*] avaro, spilorcio*.

1 ***harpe** |aRp(ə)| *s.f.* **1** arpa: *la harpe de David* l'arpa di Davide **2** (*t. zool.*) arpa.

2 ***harpe** |aRp(ə)| *s.f.* **1** (*maçonn.*) addentellato *m.*, ammorsato *m.* **2** (*vén.*) unghia di cane **3** (*dial.*) [*nom d'instruments en forme de griffe, de croc*] uncino *m.*

***harpie** |aRpi| *s.f.* **1** (*mythol.*) arpia ◇ (*fig.*) *une vieille harpie* una vecchia arpia → **mégère** **2** (*t.zool.*) arpia.

***harpiste** |aRpist(ə)| *s.* arpista.

***harpon** |aRpɔ̃| *s.m.* **1** (*pêche*) arpione, fiocina (*f.*): *fusil à harpon pour la pêche sous-marine* fucile ad arpione per la pesca subacquea; *pêche au harpon* pesca con l'arpione **2** (*techn.*) arpese.

***harponnage** |aRpɔnaʒ|, ***harponnement** |aRpɔnmɑ̃| *s.m.* [→ HARPONNER 1] l'arpionare *inv.*, il fiocinare *inv.*

***harponner** |aRpɔne| *v.tr.* **1** [*atteindre, accrocher avec un harpon ou un instrument du même genre*] arpionare, fiocinare: *harponner une baleine* arpionare, fiocinare una balena **2** (*fam.*) [*arrêter, saisir brutalement*] agguantare: *harponner un malfaiteur* agguantare un malfattore.

***harponneur** |aRpɔnœR| *s.m.* [*matelot qui lance le harpon*] fiociniere, ramponiere.

***hart** |aR| *s.m.* (*vx.*) **1** [*lien d'osier, de bois flexible pour attacher les fagots, etc.*] ritorta *f.* (*cour.*) **2** [*corde avec laquelle on pendait les condamnés*] capestro ◇ [*la pendaison elle-même*] impiccagione *f.* (*cour.*).

haruspice |aRyspis| *s.m.* → **aruspice.**

***hasard** |azaR| *s.m.* **I** **1** LE HASARD [*cause fictive d'événements apparemment inexplicables*] il caso, la sorte (*f.*): *caprices du hasard* capricci del caso, della sorte; *lois du hasard* leggi del caso → **destin, sort** # *faire la part du hasard dans une prévision* valutare il rischio, tener conto dell'imponderabile in una previsione **2** *loc.adv.* AU HASARD [*n'importe où, sans réflexion*] a caso, a casaccio: *coups tirés au hasard* colpi sparati a caso; *conseils donnés au hasard* consigli dati a caso, a casaccio → **bonheur (au petit)** ~ À TOUT HASARD [*en prévision ou dans l'attente de toute espèce d'événements possibles*] per ogni evenienza; ad ogni buon conto: *il était venu là à tout hasard* era venuto per ogni evenienza ‖ *à tout hasard, essayez* ad ogni buon conto, provi pure ~ PAR HASARD per caso, per combinazione: *comme par hasard* come per caso, per combinazione; *une fois par hasard* una volta per caso; *si par hasard* se per caso; *rencontrer par hasard* incontrare per caso ◇ *loc.prép.* AU HASARD DE... [*selon les hasards de*] secondo..., a seconda di...: *au hasard des rencontres* secondo gli incontri, a seconda degli incontri **3** *jeu de hasard* gioco d'azzardo **II** **1** [*événement fortuit; concours de circonstances inattendu et inexplicable*] caso, combinazione (*f.*): *quel hasard!* che caso!, che combinazione!; *c'est un vrai, un pur hasard* è un vero, un puro caso; *un heureux hasard* un caso fortunato, una bella combinazione → **coïncidence** # *un hasard malheureux* una sfortunata circostanza, coincidenza **2** (*littér.*) [*risque, circonstance périlleuse*] rischio* (*cour.*): *les hasards de la guerre* i rischi della guerra → **aléa.**

***hasardé, ée** |azaRde| *adj.* (*littér.*) **1** [*risqué*] rischioso (*cour.*), arrischiato (*cour.*): *entreprise hasardée* impresa rischiosa **2** [*dont l'issue est douteuse*] azzardoso, azzardato: *démarche hasardée* passo azzardoso, azzardato **3** [*peu sûr, avancé à la légère*] avventato (*cour.*): *hypothèse hasardée* ipotesi avventata → **téméraire.**

***hasarder** |azaRde| **A** *v.tr.* **1** (*littér.*) [*livrer* (*qqch.*) *aux risques du hasard, du sort*] arrischiare, rischiare: *hasarder sa vie* arrischiare la propria vita; *hasarder sa réputation* rischiare, mettere a repentaglio la propria reputazione → **aventurer, exposer, risquer** **2** [*entreprendre* (*qqch.*) *en courant le risque d'échouer ou de déplaire*] azzardare, tentare: *hasarder une démarche* azzardare, tentare un passo; *hasarder une question* azzardare, arrischiare una domanda **B** *v.pron.* SE HASARDER **1** *réfl.* [*aller, se risquer en un lieu où il y a du danger*] avventurarsi: *il n'est pas prudent de s'y hasarder* non è prudente avventurarcisi → **aventurer (s')** **2** *intr.* SE HASARDER À [*se risquer à*] azzardarsi a: *se hasarder à demander qqch.* azzardarsi a chiedere, osare chiedere q.c.

***hasardeux, euse** |azaRdø, øz| *adj.* [*qui expose à des hasards; qui comporte des risques*] azzardato, rischioso: *parole, conjecture hasardeuse* parola, congettura azzardata; *entreprise hasardeuse* impresa azzardata, rischiosa → **aléatoire, aventureux, dangereux.**

haschichisme |aʃiʃism(ə)| *s.m.* → **cannabisme.**

***haschisch, *haschich** |aʃiʃ| *s.m.* hascisc *inv.*, haschisch (*inv.*): *hallucinations occasionnées par le haschisch* allucinazioni provocate dall'haschisch; *prendre du haschisch* prendere l'haschisch.

***hase** |ɑz| *s.f.* (*chasse*) lepre femmina; coniglia → **lapine.**

hast |ast|, **haste** |ast(ə)| *s.m.* (*ancienn.*) asta *f.*, lancia* (*f.*): *arme d'hast* arma d'asta.

***hastaire** |astɛR| *s.m.* (*hist. rom.*) astato.

***hâte** |ɑt| *s.f.* **1** [*grande promptitude* (*dans l'exécution d'un travail, etc.*)] fretta: *la hâte d'en avoir terminé* la fretta di finire, di finirla; *hâte excessive* fretta eccessiva → 1 **précipitation, impatience**; *il avait hâte de sortir* aveva fretta di uscire ◇ (*loc.*) *n'avoir qu'une hâte* [*qu'un désir*] avere un solo desiderio ~ *mettre de la hâte, peu de hâte à faire qqch.* essere sollecito, poco sollecito nel fare q.c. **2** *loc.adv.* SANS HÂTE [*calmement*] senza fretta: *marcher sans hâte* camminare senza fretta ~ EN HÂTE [*avec promptitude, rapidité*] in fretta: *on l'envoya en hâte* lo mandarono in fretta # *venez en toute hâte!* venite d'urgenza! ~ À LA HÂTE [*avec précipitation, au plus vite*] frettolosamente (*adv.*): *travail fait à la hâte* lavoro fatto frettolosamente.

***hâte** |ɑt|, ***haste** |ast(ə)| *s.f.* (*vx.*) [*broche à rôtir*] spiedo *m.* (*cour.*) ◇ [*viande rôtie*] spiedata, spiedo.

***hâtelet** |ɑtlɛ| *s.m.* (*vx.*) → **brochette.**

***hâter** |ɑte| **A** *v.tr.* **1** (*littér.*) [*faire arriver plus tôt, plus vite*] affrettare (*cour.*): *hâter son départ* affrettare la partenza → **avancer, brusquer, presser** **2** [*faire évoluer plus vite, rendre plus rapide*] affrettare, accelerare: *hâter le pas* affrettare il passo; *hâter le mouvement* accelerare il ritmo → **presser, accélérer, activer** **B** *v.pron.réfl.* SE HÂTER [*se dépêcher, se presser*] affrettarsi, sbrigarsi: *hâtez-vous* affrettatevi, sbrigatevi; *se hâter vers la sortie* affrettarsi verso l'uscita; *se hâter de sortir, de terminer un travail* affrettarsi ad uscire, a terminare un lavoro → **courir, précipiter (se).**

***hâtier** |ɑtje| *s.m.* [*grand chenet de cuisine, muni de crochets sur lesquels on appuie les broches*] alare.

***hâtif, ive** |ɑtif, iv| *adj.* **1** [*dont l'évolution est trop rapide*] precoce: *développement hâtif* sviluppo precoce → **prématuré** **2** [*qui se fait ou a été fait trop vite, avec une hâte excessive*] affrettato, frettoloso: *travail hâtif* lavoro affrettato, frettoloso **3** (*agric.*) primaticcio*: *fraises hâtives* fragole primaticce.

***hâtivement** |ɑtivmɑ̃| *adv.* [→ HÂTIF 2] affrettatamente, frettolosamente.

***hauban** |obɑ̃| *s.m.* **1** (*mar.*) sartia (*f.*): *haubans des mâts supérieurs* sartie degli alberi superiori **2** [*câble métallique de maintien*] cavo ◇ (*aviat.*) *haubans renforçant les ailes des premiers avions* cavi di rinforzo delle ali dei primi aeroplani.

***haubanage** |obanaʒ| *s.m.* (*aviat.*) controventatura *f.*

***haubaner** |obane| *v.tr.* (*aviat.*, *mar.*) [*assujettir, consolider au moyen de haubans*] controventare.

***haubert** |obɛR| *s.m.* (*ancienn.*) [*chemise de maille que portaient les hommes d'armes au moyen âge*] usbergo*.

***hausse** |os| *s.f.* **1** (*action de s'élever, d'augmenter*) rialzo *m.*, aumento (*m.*): *hausse de la température* rialzo, aumento della temperatura; *hausse sensible de l'indice des prix* aumento sensibile dell'indice dei prezzi; *hausse du coût de la vie* aumento del costo della vita, rincaro della vita # *le baromètre est en hausse* il barometro sta salendo → **augmentation, élévation, montée** ◇(*Bourse*) *jouer à la hausse* giocare al rialzo ◇ (*loc. fig.*) *ses actions sont en hausse* le sue azioni sono in rialzo **2** (*balist.*) alzo *m.* **3** (*techn.*) rialzo ◇ (*barrages*) paratoia **C** 1 **baisse.**

***hausse-col** |oskɔl| *s.m.* (*ancienn.*, *milit.*) gorgiera (*f.*): *des hausse-cols* delle gorgiere.

***haussement** |osmɑ̃| (*s.m.*) *haussement d'épaules* [→ HAUSSER A 2] alzata *f.*, scrollata *f.* di spalle.

***hausser** |ose| **A** *v.tr.* **1** [*donner plus d'ampleur, d'intensité à*] alzare: *hausser la voix, le ton* alzare la voce, il tono → **enfler** **2** [*mettre à un niveau plus élevé*] sollevare, alzare: *manivelle pour hausser l'affût d'une mitrailleuse* manovella per sollevare l'affusto di una mitragliatrice; *hausser les épaules* alzare, scrollare le spalle → 1 **lever** **B** *v.*

pron.réfl. SE HAUSSER [→ *tr.* 2] alzarsi: *se hausser sur la pointe des pieds* alzarsi sulla punta dei piedi.

***haussier** |osje| *s.m.* (*Bourse*) rialzista.

***haussière, aussière** |osjɛʀ| *s.f.* (*mar.*) gomena.

***haut** |o| **I** *s.m.* **1** [*dimension dans le sens vertical, de la base au sommet*] altezza (*f.*): *la tour Eiffel a trois cent vingt mètres de haut* la torre Eiffel ha un'altezza di trecentoventi metri, è alta trecentoventi metri → **altitude, hauteur** **2** [*position élevée sur la verticale*] alto: *parler du haut de la tribune* parlare dall'alto della tribuna # *tomber du haut du cinquième étage* cadere dal quinto piano ◇ (*loc. fig.*) *tomber de son haut* [*éprouver une extrême surprise*] cadere dalle nuvole **3** [*partie, région haute d'une chose*] parte *f.* alta, superiore: *au haut du mur* sulla parte alta del muro; *objets dessinés dans le haut d'un tableau* oggetti disegnati nella parte alta, superiore di un quadro → **sommet** # *déplacement vers le haut* spostamento verso l'alto; *rouler du haut d'un escalier, du haut en bas* ruzzolare giù dalle scale, fino in fondo alle scale ◇ (*mus.*) *le haut* le note *f.pl.* alte ◇ (*mar.*) *les hauts d'un navire* l'alberatura *f.* di una nave **4** (*dial.*) [*terrain élevé*] altura *f.* (*cour.*): *les Hauts de Meuse* le Alture lungo la Mosa → **hauteur, montagne** **II** *adv.* **1** [*en un point haut sur la verticale*] alto, in alto (*loc. inv.*): *monter, sauter haut, plus haut* salire, saltare in alto, più in alto; *tenir haut, plus haut* tenere alto, più alto; *lever haut, plus haut* alzare in alto, più in alto **2** *loc.adj.* (*à valeur adv.*) *haut les mains!* (*sommation faite à un adversaire*) mani in alto! ~ *haut la main* [*avec autorité, en surmontant aisément tous les obstacles*] con la massima facilità **3** [*en un point reculé dans le temps*] lontano: *remonter plus haut, reprendre les choses de plus haut* rifarsi, riprendere il discorso più da lontano; risalire più indietro nel tempo → **loin** ◇ (*loc.*) *plus haut* [*précédemment*] sopra, in precedenza → **ci-dessus, supra** **4** (*intensité*) [*à haute voix*] ad alta voce *loc. inv.*, forte: *lire tout haut* leggere ad alta voce; *penser tout haut* pensare ad alta voce; *parlez plus haut* parlate più forte ◇ [*sans craindre de se faire entendre*] chiaro: *je le dirai bien haut, s'il le faut* lo dirò chiaro e tondo, se necessario; *parler haut et clair* parlare chiaro e tondo → **franchement, hautement** ◇ (*sons*) *monter haut* [*atteindre des notes élevées, aiguës*] prendere delle note alte **5** (*puissance*) alto, in alto (*loc. inv.*): *il prétend, il vise trop haut* mira troppo in alto # *des personnes haut placées* persone altolocate **6** (*prix, valeurs*) *monter haut* arrivare a un prezzo elevato; *estimer très haut certaines qualités* stimare moltissimo certe qualità; *placer qqn. très haut dans son estime* porre qc. molto in alto nella propria stima **III** *loc.adv.* **1** DE HAUT [*d'un point haut sur la verticale*] dall'alto: *voir qqch. de haut* vedere q.c. dall'alto; *tomber de haut* cadere dall'alto ◇ (*fig.*) *voir les choses de haut* [*d'une vue générale et sereine*] vedere le cose dall'alto ~ *le prendre de (très) haut* [*réagir avec arrogance*] reagire (a q.c.) con (molta) arroganza ~ *regarder, traiter qqn. de haut en bas* guardare, trattare qc. dall'alto in basso **2** EN HAUT [*dans la région, la partie (la plus) haute*] in alto; in cima: *il loge en haut et moi en bas* lui abita in alto (di sopra), io in basso (dabbasso) || *tout en haut* (proprio) in cima; *gilet boutonné jusqu'en haut* panciotto abbottonato fino in cima # *par en haut* dall'alto ◇ [*en direction du haut*] in alto, verso l'alto: *regarder en haut* guardare in alto; *mouvement de bas en haut* movimento dal basso verso l'alto **3** *loc.prép.* EN HAUT DE [*dans la partie supérieure de*] in cima a: *en haut de la côte* in cima al dosso **4** D'EN HAUT [*de la partie supérieure*] dall'alto: *la lumière vient d'en haut* la luce viene dall'alto ◇ [*du ciel, de Dieu; d'une autorité supérieure*] dal cielo; dall'alto: *une inspiration d'en haut* una ispirazione dal cielo || *des ordres qui viennent d'en haut* ordini che vengono dall'alto.

***haut, *haute** |o, ot| *adj.* **I** **1** (*dimension*) alto: *mur haut de deux mètres* muro alto due metri; *de hautes montagnes* alte montagne; *une tour assez haute* una torre abbastanza alta; *homme de haute taille* uomo di alta statura; *pas plus haut qu'une botte* alto come un soldo di cacio; *talons hauts* tacchi alti → **élevé** # *hautes cheminées* ciminiere **2** [*mis ou porté au-dessus de la position normale ou habituelle*] alto: *marcher la tête haute* camminare a testa alta → **levé** ◇ (*loc.*) *avoir la haute main dans une affaire* [*y avoir l'autorité*] avere la parte principale in un affare ◇ (*escrime*) *garde haute* guardia alta ◇ (*mar.*) *pavillon haut* bandiera alzata **3** [*situé au-dessus, par rapport aux choses de même espèce, ou au reste de la chose*] elevato, alto: *un lieu haut* un luogo elevato; *les hautes branches d'un arbre* i rami alti di un albero; *le plus haut point* il punto più alto, il punto culminante; *la haute Savoie, le haut Rhin* l'alta Savoia, l'alto Reno **4** (*dans le temps: avant le nom*) [*près de l'origine, de la source*] remoto; alto: *la plus haute antiquité* la più remota antichità || *le haut moyen âge* l'alto medioevo **5** (*en intensité*) [*fort, intense*] alto: *haute pression* alta pressione; *haute fréquence* alta frequenza ◇ (*sons, voix*) alto, forte: *à haute voix* ad alta voce; *notes hautes* note alte; *pousser, jeter les hauts cris* cacciare, gettare alte, forti grida; protestare violentemente → **sonore, retentissant** # *n'avoir jamais une parole plus haute que l'autre* parlare sempre con lo stesso tono; non alzare mai la voce **6** (*sur l'échelle des prix, des valeurs cotées*) alto, elevato: *haut prix* prezzo alto, elevato; *hauts salaires* stipendi alti; *les cotons sont hauts* i corsi del cotone sono alti → **élevé** ◇ (*jeux*) *hautes cartes* carte alte **II** (*abstrait: avant le nom*) **1** (*dans l'ordre de la puissance sociale et politique*) alto: *hauts fonctionnaires* alti funzionari; *la haute finance* l'alta finanza; *hautes sphères* alte sfere; *la haute société* l'alta società; *en haut lieu* in alto luogo → **éminent, grand, important** ✦ (*s.m.*) *le Très-Haut* [*Dieu*] l'Altissimo ✦ *s.f.* (*fam.*) *la haute* l'alta società (*cour.*) ◇ (*diplomatie*) *les hautes puissances contractantes* le alte potenze contraenti **2** (*dans l'échelle des valeurs*) superiore, alto: *haute intelligence* intelligenza superiore; *avoir, donner une haute idée de...* avere, dare un alto concetto di... # *les hauts faits* le gesta eroiche; *les hauts lieux de la civilisation occidentale* i grandi centri della civiltà occidentale **3** [*très grand*] alto: *instrument de haute précision* strumento di alta precisione; *haute fidélité* alta fedeltà; *disque microsillon de haute fidélité* (disco) microsolco ad alta fedeltà; *une haute idée de soi-même* un'alta idea, un alto concetto di sé → **exagéré** # *c'est de la plus haute fantaisie* è pura e semplice fantasia; *communication de la plus haute importance* comunicazione di estrema, della massima importanza; *des prétentions du plus haut comique* pretese del tutto assurde, insensate; *tenir en haute estime* tenere in grande considerazione Ⓒ I **bas**, 5 **faible, grave.**

***hautain, aine** |otɛ̃, ɛn| *adj.* [*dont les manières sont dédaigneuses; qui montre de l'arrogance*] altero, altezzoso: *homme hautain* uomo altero; *manières hautaines, air hautain* modi alteri, altezzosi, aria altera, altezzosa, → **altier, orgueilleux.**

***hautbois** |obwɑ| *s.m.* (*mus.*) oboe.

***hautboïste** |obɔist(ə)| *s.* oboista.

***haut-de-chausse(s)** |odʃos| *s.m.* (*ancienn.*) [*partie de l'habillement masculin allant de la ceinture aux genoux*] brache *f. pl.* → **chausses,** 1 **culotte.**

***haut-de-forme** |odfɔʀm(ə)| *s.m.* [*chapeau d'homme haut et cylindrique, qui se porte avec la redingote ou l'habit*] tuba *f.*, cilindro: *des hauts-de-forme* delle tube, dei cilindri ✦ (*adj.*) *des chapeaux hauts-de-forme* dei cappelli a cilindro *loc.inv.*

***haute** |ot(ə)| *s.f.* alta società *inv.*

***haute-contre** |otkɔ̃tʀ(ə)| *s.* **1** *s.f.* (*mus.*) contralto *m.* **2** *s.m.* [*chanteur qui a cette voix*] contralto ✦ (*adj.inv.*) *ténor haute-contre* tenore contralto.

***hautement** |otmɑ̃| *adv.* **1** [*fortement*] altamente: *c'était hautement comique* era altamente comico **2** [*tout haut et sans craindre de se faire entendre*] apertamente, chiaramente: *déclarer, professer hautement* dichiarare, professare apertamente, chiaramente → **franchement, nettement.**

***hautesse** |otɛs| *s.f.* [*anc. titre honorifique*] Altezza: *Sa Hautesse* Sua Altezza.

***hauteur** |otœʀ| *s.f.* **I** **1** altezza: *hauteur d'un mur, d'une tour* altezza di un muro, di una torre ◇ (*personnes*) *se dresser de toute sa hauteur* ergersi in tutta la propria statura → **taille** ◇ (*géom.*) *hauteur d'un triangle, d'une pyramide, d'un cylindre* altezza di un triangolo, di una piramide, di un cilindro **2** [*position déterminée sur la verticale*] altezza: *hauteur vertigineuse* altezza vertiginosa; *à hauteur d'homme* ad altezza d'uomo; *fenêtre à hauteur d'appui* finestra a altezza di gomito; *se trouver à une certaine hauteur* trovarsi a una certa altezza ◇ (*astron.*) *hauteur d'un astre* altezza di un astro ✦ *absolt.* (*aviat.*) *prendre de la hauteur* [*s'élever de plus en plus*] prendere quota ◇ (*sport*) *saut en hauteur* salto in alto *m.* **3** *loc.prép.* À LA HAUTEUR DE all'altezza di: *être à la hauteur de la situation* essere all'altezza della situazione # *mettre une chose à la hauteur d'une autre* mettere una cosa al livello di un'altra → **niveau** ◇ (*loc. fam.*) *il n'est pas à* *la hauteur* non è all'altezza, non è in grado ◇ (*mar.*) *être à la hauteur d'un cap, d'une île* essere all'altezza di un capo, di un'isola ◇ [*au niveau de, sur la même ligne que*] all'altezza, in corrispondenza di: *je vous attends à* (*la*) *hauteur de la poste* vi aspetto all'altezza della posta **4** [*terrain, lieu élevé*] altura: *maison sur une hauteur* casa su un'altura; *les hauteurs qui dominent la ville* le alture che dominano la città **5** (*mus.*) *hauteur d'un son* altezza, acutezza di un suono **II** **1** [*caractère élevé* (*d'une personne, d'une chose d'ordre moral*)] elevatezza, altezza: *hauteur de vues* elevatezza di vedute → **grandeur, noblesse** **2** (*péj.*) [*caractère, attitude de celui qui regarde les autres de haut, avec mépris*] alterigia*: *parler avec hauteur* parlare con alterigia.

***haut-fond** |ofɔ̃| *s.m.* [*sommet sous-marin dangereux pour la navigation*] bassofondo: *des hauts-fonds* (dei) bassofondi.

***haut-le-cœur** |olkœʀ| *s.m.inv.* [*soulèvement de l'estomac*] conato *var.* di vomito: *avoir un haut-le-cœur* avere un conato di vomito → **nausée** ◇ (*fig.*) *cela me donne des haut-le-cœur* [*cela me dégoûte*] (questa cosa) mi fa venire la nausea *f.*

***haut-le-corps** |olkɔʀ| *s.m.inv.* [*mouvement brusque et involontaire marquant une vive surprise, l'indignation ou la révolte*] sussulto *var.*, balzo (*var.*): *avoir, faire un haut-le-corps* avere, dare un sussulto, un balzo → **sursaut, tressaillement.**

***haut-parleur** |opaʀlœʀ| *s.m.* (*techn.*) altoparlante: *des haut-parleurs* degli altoparlanti.

***haut-relief** |oʀəljɛf| *s.m.* (*bx-arts*) altorilievo: *des hauts-reliefs* degli altorilievi.

***hauturier, ière** |otyʀje, jɛʀ| *adj.* (*mar.*) altuiriero, d'altura (*loc.inv.*): *navigation hauturière* navigazione alturiera, d'altura # *pilote hauturier* alturiere, alturiero.

***havage** |avaʒ| *s.m.* (*techn.*) taglio* orizzontale (del carbone).

***havanais, aise** |avanɛ, ɛz| **1** *adj.* [*de la Havane*] dell'Avana *loc.inv.*, avanese **2** *s.m.* [*petit chien à poils soyeux et longs*] avanese.

***havane** |avan| **1** *s.m.* avana (*inv.*): *une boîte de havanes* una scatola di avana **2** *adj.inv.* avana: *reliure en maroquin havane* rilegatura in marocchino avana.

***hâve** |ɑv| *adj.* [*amaigri et pâli par la faim, la fatigue, la souffrance*] smunto, patito: *gens hâves et déguenillés* gente smunta, patita e cenciosa → **émacié** # *visage, teint hâve* viso, colorito smorto → **blafard, blême.**

***haveneau** |avno|, ***havenet** |avnɛ| *s.m.* (*pêche*) retino (per la pesca dei gamberetti e sim.).

***havre** |ɑvʀ(ə)| *s.m.* (*littér.*) [*abri, port, refuge*] oasi *f.inv.* (*cour.*), rifugio* (*cour.*): *un havre de paix* un'oasi di pace; *un havre pour l'esprit* un rifugio per lo spirito.

***havresac** |ɑ(a)vʀəsak| *s.m.* (*milit.*, *cour.*) zaino.

hawaïen, ïenne |awajɛ̃, jɛn| *adj.* [*des îles Hawaï*] hawaiano: *guitare hawaïenne* chitarra hawaiana ◇ (*géol.*) *éruption volcanique du type hawaïen* eruzione vulcanica di tipo hawaiano.

***hayon** |ɛjɔ̃| *s.m.* [*partie mobile articulée tenant lieu de porte à l'arrière d'une camionnette, d'une voiture de tourisme*] portellone posteriore, terza (quinta) porta *f.*

***hé!** |e, he| *interj.* (*sert à interpeller, à appeler, à attirer l'attention*) ehi!: *hé! vous, là-bas* ehi! voi, laggiù!; ehilà, voi! ◇ HÉ! HÉ! (*indique 'l'approbation, l'appréciation, l'ironie, la moquerie', selon le ton*) eh! eh!; guarda, guarda!

***heaume** |om| *s.m.* (*au moyen âge*) [*casque des combattants*] elmo ◇ (*blas.*) elmo.

***heaumier** |omje| *s.m.* (*vx.*) fabbricante di elmi.

hebdomadaire |ɛbdɔmadɛʀ| *adj.* [*qui appartient à la semaine, se renouvelle chaque semaine*] settimanale: *repos hebdomadaire du dimanche* riposo settimanale della domenica; *revue, bulletin hebdomadaire* rivista, bollettino settimanale ✦ (*s.m.*) *un hebdomadaire,* (*fam.*) *un hebdo* un ebdomadario*, un settimanale; (*vieilli*) *un hebdomadaire illustré* un settimanale illustrato, un rotocalco*.

hebdomadairement |ɛbdɔmadɛʀmɑ̃| *adv.* [*une fois par semaine*] settimanalmente.

hebdomadier, ière |ɛbdɔmadje, jɛʀ| *s.* (*relig.*) ebdomadario* *m.* → **semainier.**

hébergement |ebɛʀʒəmɑ̃| *s.m.* [→ HÉBERGER] il dare *inv.* asilo, alloggio (a) # *la capacité d'hébergement d'une zone touristique* la capacità ricettiva, la ricettività di una zona turistica; *centre d'hébergement pour réfugiés, émigrés* centro (di) raccolta (per) profughi, (per) emigranti.

héberger |ebɛʀʒe| (3) *v.tr.* **1** [*loger* (*qqn.*) *chez soi*] ospitare, alloggiare: *pouvez-vous nous héberger pour la nuit?* potete ospitarci, alloggiarci per la notte? → **abriter** ✦ (*au p.p.*) *être hébergé pendant une semaine par un ami* essere ospitato da un amico per una settimana **2** [*accueillir, recevoir sur son sol*] dare (102) asilo (a): *héberger des réfugiés* dare asilo a dei profughi.

hébété, ée |ebete| *adj.* [*rendu stupide*] inebetito: *regard hébété, yeux hébétés* sguardo inebetito, occhi inebetiti; *il est hébété de douleur, de joie* è inebetito per il dolore, la gioia → **abruti.**

hébétement |ebɛtmɑ̃| *s.m.* [*état d'une personne hébétée*] ebetismo → **abrutissement.**

hébéter |ebete| (8) *v.tr.* **1** [*rendre* (*qqn.*) *stupide*] inebetire (197), stupidire (197) → **abêtir, abrutir** **2** (*rare*) [*enlever toute vivacité, toute subtilité à* (*l'esprit, l'intelligence*)] intorpidire (197) (*cour.*): *l'alcool hébète le cerveau, l'esprit, la raison* l'alcool intorpidisce il cervello, la mente, la ragione → **engourdir.**

hébétude |ebetyd| *s.f.* (*littér.*) **1** ebetudine, ebetismo *m.* ◇ (*méd.*) ebetismo **2** [*état de celui qui est hébété, stupide*] ebetismo: *hébétude de l'ivresse* ebetismo provocato dall'ubriachezza → **abrutissement, stupeur.**

hébraïque |ebʀaik| *adj.* ebraico*: *alphabet, langue hébraïque* alfabeto ebraico, lingua ebraica; *revue des études hébraïques* rivista di studi ebraici; *université hébraïque de Jérusalem* università ebraica di Gerusalemme.

hébraïsant, ante |ebʀaizɑ̃, ɑ̃t|, **hébraïste** |ebʀaist(ə)| *s. et adj.* ebraista (*s.*): *un congrès d'hébraïsants* un congresso di ebraisti.

hébraïser |ebʀaize| **A** *v.intr.* [*se servir de tournures propres à la langue hébraïque; vivre selon les coutumes, les dogmes hébraïques*] ebraizzare ◇ [*étudier l'hébreu, le parler*] ebraizzare **B** *v.tr.* [*marquer du caractère de la civilisation hébraïque*] ebraizzare ✦ (*au p.p.*) *des populations hébraïsées* popolazioni ebraizzate.

hébraïsme |ebʀaism(ə)| *s.m.* ebraismo.

hébreu |ebʀø| **I** *s.m.* **1** Ebreo: *la Bible, livre sacré des Hébreux* la Bibbia, libro sacro degli Ebrei → **juif** **2** *l'hébreu* [*la langue hébraïque*] l'ebraico* ◇ (*fam.*) *c'est de l'hébreu* [*c'est inintelligible*] è arabo → **chinois** **II** *adj. m.* (*au f., on emploie 'israélite, juive'*) ebreo, ebraico*: *le peuple hébreu* il popolo ebreo, ebraico; *un texte hébreu* un testo ebraico.

hécatombe |ekatɔ̃b| *s.f.* ecatombe, strage: *les hécatombes et les destructions de la guerre* le ecatombi, le stragi e le distruzioni della guerra → **boucherie, carnage, massacre** ◇ (*plais.*) *quatre-vingts pour cent de recalés à cet examen, quelle hécatombe!* l'ottanta per cento di respinti a quell'esame, che strage!

hectare |ɛktaʀ| *s.m.* ettaro: *une ferme de cinquante hectares* una fattoria di cinquanta ettari.

hectique |ɛktik| *adj.* (*méd.*) *fièvre hectique* febbre etica.

hectisie |ɛktizi| *s.f.* → **consomption.**

hect(o)- |ɛkto| *préf.* (*signifiant 'cent', correspond généralt. à*) ett(o): *hectomètre* ettometro.

hecto |ɛkto| *s.m.* (*abrév.*) → **hectogramme; hectolitre.**

hectogramme |ɛktɔgʀam| *s.m.* ettogrammo, etto (*fam.*).

hectolitre |ɛktɔlitʀ(ə)| *s.m.* ettolitro.

hectomètre |ɛktɔmɛtʀ(ə)| *s.m.* ettometro.

hectométrique |ɛktɔmetʀik| *adj.* ettometrico*: *bornes hectométriques le long des routes* cippi ettometrici lungo le strade.

hectowatt |ɛktɔwat| *s.m.* (*phys.*) ettowatt *inv.*

hédonisme |edɔnism(ə)| *s.m.* (*philo.*) edonismo.

hédoniste |edɔnist(ə)| **1** *s.* (*philo.*) edonista ✦ (*adj.*) *un philosophe hédoniste* un filosofo edonista **2** *adj.* [*relatif à l'hédonisme*] edonistico*: *morale hédoniste* morale edonistica.

hédonistique |edɔnistik| *adj.* (*philo.*) edonistico*: *principe hédonistique* principio edonistico.

hégélianisme |egeljanism(ə)| *s.m.* (*philo.*) hegelismo, hegelianismo.

hégélien, ienne |egeljɛ̃, jɛn| *adj.* (*philo.*) hegeliano: *la dialectique hégélienne* la dialettica hegeliana, di Hegel ✦ (*s.*) *un hégélien* un hegeliano.

hégémonie |eʒemɔni| *s.f.* **1** egemonia: *conquérir l'hégémonie du monde* conquistare l'egemonia sul mondo → **prépondérance** # *guerre d'hégémonie* guerra egemonica **2** (*antiq. gr.*) egemonia.

hégire |eʒiʀ| *s.f.* (*hist. ar.*) egira.

***heimatlos** |ajmatlos, ɛmatlos| *adj. inv.* (*all.*) (*rare*) [*apatride*] apolide *var.* ✦ (*s.*) *un heimatlos* un apolide.

***hein** |ɛ̃, hɛ̃| *interj.* **1** (*fam. d'interrogation*) come?, che cosa?: *hein? qu'est-ce que tu dis?* come? cosa dici? → **comment, pardon 2** (*se joint à une phrase, interrogative ou exclamative, pour marquer 'la surprise, l'étonnement', pour demander une approbation, etc.*) eh? vero?: *vous viendrez, hein?* verrete, vero?, eh?

hélanca |elanka| *s.f.inv.* [*fibre synthétique élastique*] filanca* *var.*

***hélas** |elɑs| *interj.* (*exprimant 'la douleur, le regret'*) ahimè, purtroppo: *hélas! les beaux jours sont finis* ahimè, purtroppo sono finiti i bei giorni; '*va-t-il mieux?*' '*hélas! non*' 'sta meglio?' 'ahimè, no'.

***héler** |ele| (8) *v.tr.* [*appeler de loin, pour faire venir*] chiamare: *héler un taxi, un porteur* chiamare un taxi, un facchino.

hélianthe |eljɑ̃t| *s.m.* (*t.bot.*) girasole, elianto.

hélianthème |eljɑ̃tɛm| *s.m.* (*t. bot.*) eliantemo.

hélice |elis| *s.f.* **1** elica*: *hélice d'un navire* elica di una nave; *hélices d'un avion* eliche di un aereo; *ventilateur à hélice* ventilatore ad elica **2** (*géom.*) elica: *hélice conique, sphérique* elica conica, sferica → **spirale** ◇ (*anat., archit.*) elice.

héliciculture |elisikyltyʀ| *s.f.* elicicoltura.

hélicoïdal, ale, aux |elikɔidal, o| *adj.* elicoidale ◇ (*mécan.*) *mouvement hélicoïdal* movimento elicoidale.

hélicoïde |elikɔid| **1** *adj.* (*géom.*) elicoide, elicoidale: *parabole hélicoïde* parabola elicoide, elicoidale **2** *s.m.* (*math.*) *un hélicoïde* un elicoide.

hélicon |elikɔ̃| *s.m.* (*mus.*) bombardone.

hélicoptère |elikɔptɛʀ| *s.m.* elicottero.

-hélie |eli| *suff.*, **hélio-** |eljɔ| *préf.* (*signifiant 'soleil', correspondent généralt. à*) elio: *périhélie* perielio; *héliothérapie* elioterapia.

héligare |eligaʀ| *s.f.* [*gare d'hélicoptères*] eliporto *m.*

héliocentrique |eljɔsɑ̃tʀik| *adj.* (*astron.*) eliocentrico*: *théorie héliocentrique de Copernic* teoria eliocentrica di Copernico.

héliographie |eljɔgʀafi| *s.f.* (*photo.*) eliografia.

héliograveur |eljɔgʀavœʀ| *s.m.* (*imprim.*) fotocalcografo.

hélio(gravure) |eljɔ(gʀavyʀ)| *s.f.* (*imprim.*) fotocalcografia # *héliogravure rotative* rotocalcografia → **rotogravure.**

heliomètre |eljɔmɛtʀ(ə)| *s.m.* (*astron.*) eliometro.

hélion |eljɔ̃| *s.m.* (*phys.*) elione.

hélioscope |eljɔskɔp| *s.m.* elioscopio*.

heliostat |eljɔsta| *s.m.* (*phys.*) eliostato.

héliothérapie |eljɔteʀapi| *s.f.* (*méd.*) elioterapia.

héliothérapique |eljɔteʀapik| *adj.* (*méd.*) elioterapico*.

héliotrope |eljɔtʀɔp| *s.m.* **1** (*t.bot.*) eliotropio* → **tournesol 2** (*minér.*) eliotropia *f.*, eliotropio.

héliotropisme |eljɔtʀɔpism(ə)| *s.m.* eliotropismo.

héliotypie |eljɔtipi| *s.f.* (*techn.*) eliotipia.

héliport |elipɔʀ| *s.m.* eliporto.

héliporté, ée |elipɔʀte| *adj.* trasportato a mezzo (di) elicottero: *commando héliporté* commando trasportato a mezzo elicottero.

hélium |eljɔm| *s.m.* (*chim.*) elio*: *ballon gonflé à l'hélium* pallone gonfiato con elio.

hélix |eliks| *s.m.* **1** (*anat.*) elice *f.* **2** (*t.zool.*) elice.

hellène |e(ɛl)lɛn| *adj.* [*de la Grèce ancienne* (*Hellade*) *ou moderne*] ellenico*, greco* → **grec** ✦ *s.* (*hist.*) *les Hellènes* gli Elleni.

hellénique |e(ɛl)lenik| *adj.* ellenico*: *civilisation, langue hellénique* civiltà, lingua ellenica.

hellénisant, ante |e(ɛl)lenizɑ̃, ɑ̃t| *s.* **1** ellenista, grecista **2** (*hist.*) ellenizzante ✦ (*adj.*) *juif hellénisant* ebreo ellenizzante.

helléniser |e(ɛl)lenize| **A** *v.tr.* [*donner un caractère grec à*] ellenizzare → **gréciser B** *v.pron.réfl.* s'HELLÉNISER [*prendre un caractère grec*] ellenizzarsi.

hellénisme |e(ɛl)lenism(ə)| *s.m.* **1** (*ling.*) ellenismo, grecismo: *latin mêlé d'hellénismes* latino frammisto a ellenismi, a grecismi **2** (*hist.*) ellenismo.

helléniste |e(ɛl)lenist(ə)| *s.* ellenista.

hellénistique |e(ɛl)lenistik| *adj.* ellenistico*.

helminthologie |ɛlmɛ̃tɔlɔʒi| *s.f.* (*sc.*) elmintologia*.

hélodée |elɔde| *s.f.* → **élodée.**

helvelle |ɛlvɛl| *s.f.* (*t.bot.*) elvella.

helvète |ɛlvɛt| *adj.* (*hist.*) elvetico* → **suisse** ✦ (*s.*) *les Helvètes* gli Elvezi.

helvétique |ɛlvetik| *adj.* [*relatif à la Suisse*] elvetico*, svizzero: *la Confédération helvétique* la Confederazione elvetica → **suisse.**

helvétisme |ɛlvetism(ə)| *s.m.* (*ling.*) elvetismo.

***hem!** |ɛm, hɛm| *interj.* → **hum.**

héma- |ema|, **hémat(o)-** |ematɔ|, **hémo-** |emɔ| *préf.* (*signifiant 'sang', correspondent généralt. à*) ema; emat(o); emo: *hématie* emazia ‖ *hématologie* ematologia ‖ *hémoglobine* emoglobina.

hémarthrose |emaʀtʀoz| *s.f.* (*méd.*) emartro *m.*

hématémèse |ematemɛz| *s.f.* (*méd.*) ematemesi *inv.*

hématie |emasi, emati| *s.f.* (*biol.*) emazia, globulo *m.* rosso.

hématine |ematin| *s.f.* (*biol., chim.*) ematina.

hématique |ematik| *adj.* (*méd.*) ematico*: *crise hématique* crisi ematica.

hématite |ematit| *s.f.* (*minér.*) ematite.

hémato- |ematɔ| *préf.* → **héma-.**

hématologie |ematɔlɔʒi| *s.f.* ematologia*.

hématologiste |ematɔlɔʒist(ə)|, **hématologue** |ematɔlɔg| *s.* (*méd.*) ematologo*.

hématome |ematom| *s.m.* (*méd.*) ematoma.

hématose |ematoz| *s.f.* (*physiol.*) ematosi *inv.*

hématozoaire |ematɔzɔɛʀ| *s.m.* (*t.zool.*) ematozoo # *hématozoaire du paludisme* plasmodio.

hématurie |ematyʀi| *s.f.* (*méd.*) ematuria.

hémérocalle |emeʀɔkal| *s.f.* (*t.bot.*) emerocallide.

hémi- |emi| *préf.* (*signifiant 'à moitié', correspond généralt. à*) emi, semi: *hémicycle* emiciclo; *hémisphérique* emisferico, semisferico.

hémicycle |emisikl(ə)| *s.m.* emiciclo: *hémicycle d'un théâtre* emiciclo di un teatro; *hémicycle de l'Assemblée nationale* emiciclo dell'Assemblea nazionale.

hémièdre |emjɛdʀ(ə)|, **hémiédrique** |emjedʀik| *adj.* (*minér.*) emiedrico*: *cristaux hémièdres* cristalli emiedrici.

hémiédrie |emjedʀi| *s.f.* (*minér.*) emiedria.

hémione |emjɔn| *s.m.* (*t.zool.*) emiono.

hémiparésie |emipaʀezi| *s.f.* (*méd.*) emiparesi *inv.*

hémiplégie |emipleʒi| *s.f.* (*méd.*) emiplegia*.

hémiplégique |emipleʒik| *adj.* (*med.*) emiplegico* ✦ (*s.*) *un hémiplégique* un emiplegico.

Hémiptères |emiptɛʀ| *s.m.pl.* (*t.zool.*) Emitteri → **Rhynchotes** ✦ (*adj.*) *un insecte hémiptère* un emittero *s.m.*

hémisphère |emisfɛʀ| *s.m.* **1** (*géom.*) emisfero, semisfera *f.* **2** (*géogr.*) emisfero: *hémisphère nord* (*boréal*), *sud* (*austral*) emisfero nord (boreale), sud (australe); *chaque méridien divise le globe en deux hémisphères* ogni meridiano divide il globo in due emisferi ◇ (*astron.*) *hémisphère septentrional, méridional* emisfero settentrionale, meridionale **3** (*phys.*) *hémisphères de Magdebourg* emisferi di Magdeburgo **4** (*anat.*) *hémisphères cérébraux* emisferi cerebrali.

hémisphérique |emisfeʀik| *adj.* emisferico*, semisferico*: *calotte hémisphérique* calotta emisferica, semisferica.

hémistiche |emistiʃ| *s.m.* (*versif.*) emistichio*.

hémithorax |emitɔʀaks| *s.m.* (*méd.*) emitorace.

hémitropie |emitʀɔpi| *s.f.* (*minér.*) emitropia.

hémo- |emɔ| *préf.* → **héma-.**

hémoculture |emɔkyltyʀ| *s.f.* (*biol.*) emocoltura.

hémocyanine |emɔsjanin| *s.f.* (*biol., chim.*) emocianina.

hémodialyse |emɔdjaliz| *s.f.* (*méd.*) emodialisi *inv.*

hémoglobine |emɔglɔbin| *s.f.* (*biol.*) emoglobina.

hémolyse |emɔliz| *s.f.* (*méd.*) emolisi *inv.*

hémolysine |emɔlizin| *s.f.* (*biol.*) emolisina.

hémopathie |emɔpati| *s.f.* (*méd.*) emopatia.

hémophile |emɔfil| *adj.* (*méd.*) emofiliaco*, emofilico* ✦ (*s.*) *un hémophile* un emofiliaco.

hémophilie |emɔfili| *s.f.* (*méd.*) emofilia.

hémoptysie |emɔptizi| *s.f.* (*méd.*) emottisi *inv.*

hémoptysique |emɔptizik| *adj.* (*méd.*) emottoico* ✦ (*s.*) *un hémoptysique* un emottoico.

hémorragie |emɔʀaʒi| *s.f.* **1** (*méd.*) emorragia*: *hémorragie interne* emorragia interna; *hémorragie cérébrale* emorragia cerebrale; *arrêter une hémorragie par un garrot* arrestare un'emorragia con un laccio emostatico **2** [*perte de vies humaines*] perdita: *l'hémorragie causée par une guerre* le perdite causate da una guerra ◇ (*fig.*) [*perte, fuite*] emorragia, fuga*: *l'hémorragie des capitaux* l'emorragia, la fuga dei capitali; *l'hémorragie des cerveaux* la fuga dei cervelli.

hémorragique |emɔRaʒik| *adj.* (*méd.*) emorragico*: *accidents hémorragiques* incidenti emorragici.

hémorroïdal, ale, aux |emɔRɔidal, o| *adj.* (*méd.*) **1** emorroidale, emorroidario*: *varices hémorroïdales* varici emorroidali, emorroidarie **2** (*anat.*) emorroidario: *veines hémorroïdales* vene emorroidarie.

hémorroïde |emɔRɔid| *s.f. surtout au plur.* (*méd.*) emorroidi: *il a des hémorroïdes* ha le emorroidi.

hémostase |emɔstɑz|, **hémostasie** |emɔstɑzi| *s.f.* (*méd.*) emostasi *inv.*

hémostatique |emɔstatik| *adj.* (*chir., pharm.*) emostatico*: *pinces hémostatiques* pinze emostatiche ✦ (*s.m.*) *les hémostatiques* gli emostatici.

hendéca- |ɛ̃deka| *préf.* (*signifiant 'onze', correspond généralt. à*) endeca: *hendécasyllabe* endecasillabo.

hendécasyllabe |ɛ̃dekasi(l)lab| *s.m.* endecasillabo ✦ (*adj.*) *vers hendécasyllabe* verso endecasillabo.

***henné** |ene| *s.m.* (*t.bot.*) henna *f.*, 'henné' *inv.*

***hennin** |enɛ̃| *s.m.* [*coiffure féminine du moyen âge*] 'hennin' *inv.*

***hennir** |eniR| *v.intr.* (*en parlant du cheval*) [*pousser un cri*] nitrire (197).

***hennissant, ante** |enisɑ̃, ɑ̃t| *adj.* [*qui hennit*] che nitrisce *loc.*

***hennissement** |enismɑ̃| *s.m.* [*cri du cheval*] nitrito.

henry |ɑ̃Ri| *s.m.* (*électr.*) 'henry' (*inv.*): *des henrys* degli 'henry'.

***hep!** |ɛp, hɛp| *interj.* (*servant à appeler*) ehi!: *hep! vous, là-bas...* ehi! voi, laggiù...

héparine |epaRin| *s.f.* (*biol.*) eparina.

hépatique |epatik| *adj.* **1** (*anat., méd.*) epatico*: *artère hépatique* arteria epatica; *colique hépatique* colica epatica **2** [*qui souffre du foie*] epatico ✦ (*s.*) *un hépatique* un epatico.

Hépatiques |epatik| *s.f. pl.* (*t. bot.*) Epatiche.

hépatite |epatit| *s.f.* (*méd.*) epatite: *hépatite chronique, virale* epatite cronica, virale.

hépat(o)- |epat(ɔ)| *préf.* (*signifiant 'foie', correspond généralt. à*) epat(o): *hépatologie* epatologia.

hépatologie |epatɔlɔʒi| *s.f.* (*méd.*) epatologia*.

hépatose |epatoz| *s.f.* (*méd.*) epatosi *inv.*

hept(a)- |ɛpt(a) *préf.* (*signifiant 'sept', correspond généralt. à*) ept(a); etta: *heptasyllabe* eptasillabo ‖ *heptagone* ettagono.

heptacorde |ɛptakɔRd(ə)| *s.m.* (*mus.*) **1** eptacordo ✦ (*adj.*) *lyre heptacorde* eptacordo *s.m.* **2** [*gamme de sept sons*] eptacordo.

heptaèdre |ɛptaɛdR(ə)| *s.m.* (*géom.*) ettaedro, eptaedro.

heptagonal, ale, aux |ɛptagɔnal, o| *adj.* (*géom.*) ettagonale.

heptagone |ɛptagɔn| *s.m.* (*géom.*) ettagono: *un heptagone régulier* un ettagono regolare.

heptamètre |ɛptamɛtR(ə)| *adj.* (*versif.*) settenario* ✦ (*s.*) *un heptamètre* un settenario.

heptasyllabe |ɛptasil(l)ab| *adj.* (*versif.*) eptasillabo.

héraldique |eRaldik| **1** *adj.* [*relatif au blason*] araldico*: *science héraldique* scienza araldica: *figure, ornement héraldique* figura araldica, ornamento araldico **2** *s.f.* L'HÉRALDIQUE l'araldica: *livre d'héraldique* libro di araldica.

héraldiste |eRaldist(ə)| *s.* [*spécialiste du blason*] araldista.

***héraut** |eRo| *s.m.* **1** (*au moyen âge*) *héraut* (*d'armes*) araldo **2** (*fig., littér.*) araldo → **messager.**

herbacé, ée |ɛRbase| *adj.* (*bot.*) erbaceo: *tige herbacée* stelo erbaceo; *plantes herbacées* piante erbacee # *filet herbacé* filo d'erba.

herbage |ɛRbaʒ| *s.m.* [*prairie naturelle dont l'herbe est consommée sur place par le bétail*] pascolo (permanente).

herbe |ɛRb(ə)| *s.f.* **1** (*bot.*) erba ~ *herbes aquatiques* erbe acquatiche ~ *herbes médicinales, officinales* erbe medicinali, officinali ~ *herbe au chantre* erba crociona ~ *herbe aux chats* erba di gatti ~ *herbe à éternuer* botton d'argento ◇ (*spécialt.*) FINES HERBES [*herbes aromatiques, qui servent à l'assaisonnement*] erbe aromatiche: *omelette aux fines herbes* frittata con erbe aromatiche **2** [*plante herbacée, graminée sauvage*] erba: *propriété envahie par les herbes* proprietà invasa dall'erba ◇ (*spécialt.*) *mauvaise herbe* malerba, erbaccia*: *pousser comme une mauvaise herbe* crescere come la malerba; *enlever, arracher les mauvaises herbes* estirpare, sradicare le erbacce **3** *sing.* (*collectif*) [*végétation naturelle de plantes herbacées peu élevées*] *touffe, brin d'herbe* ciuffo, filo d'erba; *herbe drue, haute, touffue* erba fitta, alta, folta; *herbe séchée* erba essiccata; *déjeuner sur l'herbe* colazione sull'erba; *marcher, courir dans l'herbe, sur l'herbe* camminare, correre in mezzo all'erba, sull'erba ◇ (*loc.*) *couper l'herbe sous les pieds de qqn.* tagliare l'erba sotto i piedi a qc., fare lo sgambetto a qc. **4** [*cette végétation cultivée*] erba: *l'herbe des pelouses* l'erba dei prati **5** *loc.* EN HERBE [*se dit des céréales qui, au début de leur croissance, sont vertes, courtes et molles*] in erba: *blé en herbe* grano in erba ◇ (*personnes*) *un pianiste en herbe* un pianista in erba ◇ (*loc. fig.*) *manger son blé en herbe* [*dépenser un bien productif avant qu'il n'ait rapporté*] dilapidare un bene (prima che abbia fruttato).

herbette |ɛRbɛt| *s.f.* (*vx.*) erbetta (*cour.*).

herbeux, euse |ɛRbø, øz| *adj.* erboso: *sentiers herbeux* sentieri erbosi → **herbu** ◇ (*géogr.*) erbaceo.

herbicide |ɛRbisid| *adj.* erbicida, diserbante ✦ (*s.m.*) *un herbicide* un erbicida, un diserbante.

herbier |ɛRbje| *s.m.* [*collection de plantes*] erbario*.

herbivore |ɛRbivɔR| *adj.* erbivoro: *animal herbivore* animale erbivoro ✦ *s. m. pl.* (*t.zool.*) *les Herbivores* gli Erbivori.

herborisateur, trice |ɛRbɔRizatœR, tRis| *s.* (*rare*) erborizzatore* (*cour.*).

herborisation |ɛRbɔRizɑsjɔ̃| *s.f.* [→ HERBORISER] erborazione, erborizzazione.

herboriser |ɛRbɔRize| *v.intr.* [*recueillir des plantes là où elles poussent spontanément, pour les utiliser en herboristerie*] erborare, erborizzare.

herboriste |ɛRbɔRist(ə)| *s.* erborista.

herboristerie |ɛRbɔRist(ə)Ri| *s.f.* erboristeria.

herbu, ue |ɛRby| *adj.* erboso: *prairie herbue* prato erboso → **herbeux.**

(h)erbue |ɛRby| *s.f.* (*agric.*) terreno *m.* da pascolo.

hercule |ɛRkyl| *s.m.* ercole # *être bâti en hercule* avere una corporatura erculea; *hercule de foire* [*qui fait des tours de force*] lottatore da circo → **lutteur.**

herculéen, éenne |ɛRkyleɛ̃, eɛn| *adj.* erculeo: *force herculéenne* forza erculea.

hercynien, ienne |ɛRsinjɛ̃, jɛn| *adj.* (*géol.*) ercinico*: *plissements hercyniens* corrugamenti ercinici.

1 ***hère** |ɛR| (*s.m.*) *pauvre hère* [*miséreux qui inspire la pitié*] povero diavolo, povero cristo.

2 ***hère** |ɛR| *s.m.* (*vén.*) cerbiatto.

héréditaire |eReditɛR| *adj.* **1** ereditario*: *droit héréditaire* diritto ereditario; *biens héréditaires* beni ereditari; *titre héréditaire* titolo ereditario **2** [*qui se transmet par voie de reproduction, des parents aux descendants*] ereditario: *caractères héréditaires* caratteri ereditari ◇ (*biol.*) *patrimoine héréditaire* patrimonio ereditario: *maladie héréditaire* malattia ereditaria **3** [*hérité des parents, des ancêtres par l'habitude, la tradition*] atavico*: *haine, aversion héréditaire* odio atavico, avversione atavica.

héréditairement |eRe ditɛRmɑ̃| *adv.* [→ HÉRÉDITAIRE 1, 2] per via ereditaria *loc.inv.*, ereditariamente: *caractères qui se transmettent héréditairement* caratteri che si trasmettono per via ereditaria, ereditariamente ◇ (*dr.*) *posséder héréditairement un immeuble* possedere un immobile per via ereditaria, per eredità.

hérédité |eRedite| *s.f.* **I** [*caractère héréditaire; transmission par voie de succession*] ereditarietà (*inv.*): *hérédité de la couronne* ereditarietà della corona ◇ (*dr.*) eredità (*inv.*): *accepter, refuser l'hérédité* accettare, rifiutare un'eredità **II** **1** (*biol.*) eredità, ereditarietà: *hérédité raciale* eredità razziale; *lois de l'hérédité formulées par Mendel* leggi dell'ereditarietà formulate da Mendel; *hérédité des caractères acquis* ereditarietà dei caratteri acquisiti **2** [*l'ensemble des caractères, des dispositons que l'on hérite de ses parents, de ses aïeux*] eredità: *une lourde hérédité* una pesante eredità; *hérédité maternelle, paternelle* eredità materna, paterna.

hérédo- |eRedɔ| *préf.* (*signifiant 'héritier', correspond généralt. à*) eredo: *hérédosyphilis* eredosifilide, eredolue.

hérédo(syphilis) |eRedɔ(sifilis)| *s.f.* (*méd., vx.*) eredosifilide, eredolue (*cour.*), lue congenita (*cour.*).

hérésiarque |eRezjaRk(ə)| *s.m.* (*relig.*) eresiarca*.

hérésie |eRezi| *s.f.* **1** (*relig. cathol.*) eresia: *théologien coupable d'hérésie* teologo colpevole di eresia; *être suspect d'hérésie* essere sospetto di eresia **2** [*idée, théorie, pratique qui heurte les opinions considérées comme justes et raisonnables*] eresia: *hérésie scientifique* eresia scientifica ◇ (*plais.*) *servir du* *bourgogne rouge avec le poisson! Quelle hérésie!* servire del borgogna rosso con il pesce! Che eresia! → 1 **sacrilège.**

hérétique |eRetik| *adj.* **1** (*relig. cathol.*) eretico*: *fondateur d'une secte hérétique* fondatore di una setta eretica; *l'Église excommunie les hérétiques* la Chiesa scomunica gli eretici **2** [*entaché d'hérésie*] eretico: *doctrine hérétique* dottrina eretica → **hétérodoxe** **3** (*adj. et s.*) [*qui soutient une opinion, une doctrine contraire aux idées reçues*] eretico → **dissident.**

***hérissé, ée** |eRise| *adj.* **1** [*dressé*] irto, ispido: *poils, cheveux hérissés* peli, capelli irti, ispidi **2** *loc.* HÉRISSÉ DE [*muni, garni de choses saillantes sur une surface*] irto di: *surface hérissée de clous* superficie irta di chiodi; *tête hérissée de cheveux roux* testa irta di capelli rossi; *parcours hérissé d'obstacles* percorso irto di ostacoli; ◇ (*fig.*) *texte hérissé de citations, de difficultés* testo irto, denso di citazioni, di difficoltà.

***hérissement** |eRismɑ̃| *s.m.* **1** [→ HÉRISSER A 1] il rizzarsi (*inv.*): *l'hérissement des poils d'un chien* il rizzarsi dei peli di un cane **2** [→ HÉRISSER A 3; B 2] irrigidimento: *hérissement de colère, de rage* irrigidimento dovuto alla collera, alla rabbia.

***hérisser** |eRise| **A** *v.tr.* **1** (*animaux*) [*dresser ou faire dresser les poils, les plumes*] rizzare: *le chat hérisse ses poils* il gatto rizza il pelo; *le froid hérisse les poils* il freddo fa rizzare i peli **2** [*garnir, munir de choses pointues*] rendere (105) irto: *pointes, clous qui hérissent une planche, une paroi* punte, chiodi che rendono irta una tavola, una parete # *hérisser un fortin de barbelés* munire un fortino di filo spinato **3** [*disposer défavorablement* (*qqn.*) *en inspirant de la colère, de la défiance*] irritare, indisporre (168): *tout cela me hérisse* tutto ciò mi irrita, m'indispone → **irriter, horripiler** **B** *v.pron.intr.* SE HÉRISSER **1** [→ *tr.* 1] rizzarsi: *ses cheveux se hérissent sur sa tête* gli (le) si rizzano i capelli in testa **2** (*personnes*) [*manifester son opposition, sa colère*] inalberarsi, andare (101) *intr.* in collera: *à cette proposition, il se hérissa* a questa proposta si inalberò, andò in collera; *il se hérisse à la moindre remarque* si inalbera alla minima osservazione → **fâcher (se), irriter (s').**

***hérisson** |eRisɔ̃| *s.m.* **1** (*t.zool.*) riccio* ~ *hérisson de mer* riccio di mare → **oursin** **2** [*personne d'un caractère, d'un abord difficile*] istrice, porcospino: *c'est un vrai hérisson* è proprio un istrice, un porcospino **3** (*t.bot.*) steccherino **4** (*techn.*) spazzola *f.* sferica; spuntoni *pl.* ◇ (*mar.*) grappino ◇ (*agric.*) erpice.

héritage |eRitaʒ| *s.m.* **1** [*patrimoine lassé par une personne décédée et transmis par succession*] eredità (*f. inv.*): *faire un héritage, un grand héritage* entrare in possesso di un'eredità, di una grossa eredità; *laisser un bien pour héritage, en héritage* lasciare un bene in eredità **2** [*ce qui est transmis comme par succession*] eredità, retaggio*: *héritage spirituel* eredità spirituale; *héritage de croyances, de coutumes, d'une civilisation* retaggio di credenze, di usanze, di una civiltà.

hériter |eRite| **A** *v.intr.* **1** [*devenir propriétaire* (*d'un bien*), *titulaire* (*d'un droit*) *par voie de succession*] ereditare (*tr.*): *hériter d'un immeuble* ereditare un (bene) immobile ◆ (*absolt.*) *depuis qu'il a hérité, il mène grand train* da quando ha ereditato, vive da gran signore **2** (*fam.*) [*recueillir, recevoir qqch. par un don*] ereditare (*cour.*): *j'ai hérité d'un beau tapis* ho ereditato un bel tappeto ◇ (*par anal.*) *j'ai hérité ses qualités* ho ereditato le sue qualità **B** *v.tr.* [*recevoir, recueillir* (*qqch.*) *par héritage, par voie de succession*] ereditare: *une maison qu'il a héritée de son père* una casa che ha ereditato da suo padre ◇ (*sans compl. direct*) *il a hérité d'un oncle* ha ereditato da uno zio.

héritier, ière |eRitje, jɛR| *s.* **1** [*personne qui reçoit des biens en héritage*] erede: *l'héritier d'une grande fortune* l'erede di un grosso patrimonio → **légataire, successeur** # *héritière, riche héritière* ereditiera, ricca ereditiera **2** (*dr.*) erede: *qualité, titre d'héritier* qualità, titolo di erede; *héritiers légitimes* eredi legittimi; *héritier ab intestat* erede ab intestato, legittimo: *héritier testamentaire* erede testamentario **3** [*continuateur, successeur*] erede: *héritier de la gloire, d'une civilisation* erede della gloria, di una civiltà **4** (*fam.*) [*enfant*] erede: *attendre un héritier* aspettare l'erede.

hermaphrodisme |ɛRmafRɔdism(ə)| *s.m.* (*biol.*) ermafroditismo, ermafrodismo.

hermaphrodite |ɛRmafRɔdit| *adj.* **1** ermafrodito: *statue de dieu hermaphrodite* statua di dio ermafrodito ◆ (*s.m.*) *un hermaphrodite* un ermafrodito **2** (*bot., zool.*) ermafrodito.

herméneutique |ɛRmenøtik| *adj.* ermeneutico*: *l'art herméneutique* l'arte ermeneutica ◆ (*s.f.*) *l'herméneutique* l'ermeneutica*.

hermès |ɛRmɛs| *s.m.* (*bx-arts*) statua *f.* di Ermes, di Mercurio ◇ [*tête ou buste surmontant une gaine*] erma *f.*

herméticité |ɛRmetisite| *s.f.* ermeticità *inv.*

hermétique |ɛRmetik| **I** *adj.* **1** ermetico*: *fermeture hermétique d'un récipient* chiusura ermetica di un recipiente → **étanche** **2** (*fig.*) ermetico: *poète hermétique* poeta ermetico; *un style hermétique* uno stile ermetico; *un visage strictement hermétique* un viso assolutamente ermetico, inespressivo → **fermé, impénétrable, obscur** **II** *s.f.* (*philo.*) *l'hermétique* la filosofia ermetica *adj.*, l'ermetismo *m.*

hermétiquement |ɛRmetikmɑ̃| *adv.* [→ HERMÉTIQUE I 1] ermeticamente: *récipient fermé hermétiquement* recipiente chiuso ermeticamente; *volets hermétiquement clos* imposte ermeticamente chiuse.

hermétisme |ɛRmetism(ə)| *s.m.* (*litt.*) ermetismo: *l'hermétisme de la poésie contemporaine* l'ermetismo della poesia contemporanea.

hermine |ɛRmin| *s.f.* **1** (*t.zool.*) ermellino *m.* ◇ (*cour.*) *le pelage de l'hermine* la pelliccia dell'ermellino → **martre (blanche)** **2** [*peau, fourrure de l'hermine*] ermellino: *une étole d'hermine* una stola di ermellino ◇ (*blas.*) ermellino.

* **herniaire** |ɛRnjɛR| **1** *s.f.* (*t.bot.*) erniaria **2** *adj.* (*méd.*) erniario*: *bandage herniaire* cinto erniario.

***hernie** |ɛRni| *s.f.* **1** (*méd.*) ernia: *hernie abdominale* ernia addominale; *hernie étranglée* ernia strozzata **2** [*gonflement d'une chambre à air à travers une déchirure d'un pneu*] rigonfio* *m.*

hernié, ée |ɛRnje| *adj.* (*méd.*) erniato.

héroï-comique |eRɔikɔmik| *adj.* eroicomico*: *poème héroï-comique* poema eroicomico.

1 **héroïne** |eRɔin| *s.f.* eroina: *Jeanne d'Arc, héroïne nationale française* Giovanna d'Arco, eroina nazionale francese ◇ (*par ext.*) *héroïne de roman* eroina, protagonista di romanzo.

2 **héroïne** |eRɔin| *s.f.* (*pharm.*) eroina.

héroïnomane |eRɔinɔman| *s. et adj.* eroinomane.

héroïnomanie |eRɔinɔmani| *s.f.* eroinomania.

héroïque |eRɔik| *adj.* **1** eroico*: *poésie héroïque* poesia eroica; *les temps héroïques* i tempi eroici ◇ (*plais.*) *au temps héroïque de leur rencontre* nello storico momento del loro incontro → **mémorable** **2** [*qui est digne d'un héros; qui dénote de l'héroïsme*] eroico: *courage héroïque* coraggio eroico; *résistance héroïque* resistenza eroica; *une décision héroïque* una decisione eroica **3** (*personnes*) [*qui fait preuve d'héroïsme*] eroico: *les héroïques défenseurs de Verdun* gli eroici difensori di Verdun → **brave, courageux.**

héroïquement |eRɔikmɑ̃| *adv.* [→ HÉROÏQUE 3] eroicamente, da eroe (*loc. inv.*): *souffrir héroïquement* soffrire eroicamente; *se conduire héroïquement* comportarsi da eroe.

héroïsation |eRɔizɑsjɔ̃| *s.f.* [*apothéose* (*digne*) *d'un héros*] eroicizzazione.

héroïsme |eRɔism(ə)| *s.m.* eroismo, eroicità (*f.inv.*): *héroïsme d'un soldat* eroismo di un soldato; *actes d'héroïsme* atti di eroismo; *héroïsme d'un geste* eroicità di un gesto; *faire preuve d'un héroïsme sublime* dare prova di sublime eroismo → **grandeur** ◇ (*plais.*) *vivre avec une femme pareille, c'est de l'héroïsme* vivere con una donna simile, è proprio un atto di eroismo.

***héron** |eRɔ̃| *s.m.* (*t.zool.*) airone.

***héros** |eRo| *s.m.* **1** (*mythol., cour.*) eroe: *Hercule, héros vainqueur d'Athènes* Ercole, eroe vincitore di Atene; *héros de la Résistance* eroe della Resistenza; *combattants qui meurent, qui tombent en héros* combattenti che muoiono, che cadono da eroi → **brave** **2** [*tout homme digne de gloire, par son dévouement total à une cause, à une œuvre*] eroe: *Pierre le Grand, héros national russe* Pietro il Grande, eroe nazionale russo; *héros de la foi, de la science* eroe della fede, della scienza **3** [*personnage principal d'une œuvre littéraire, dramatique, cinématographique*] eroe; protagonista: *le héros romantique* l'eroe romantico; *le héros du jour* l'eroe, il personaggio del giorno ‖ *le triste héros d'un fait divers* il triste protagonista di un fatto di cronaca; *le héros d'une aventure* l'eroe, il protagonista di un'avventura; *le héros de la fête* l'eroe, il protagonista della festa.

herpès |ɛRpɛs| *s.m.* (*méd.*) erpete.

herpétique |ɛRpetik| *adj.* (*méd.*) erpetico*.

herpétisme |ɛRpetism(ə)| *s.m.* (*méd.*) erpetismo.

(h)erpétologie |ɛRpetɔlɔʒi| *s.f.* erpetologia*.

***hersage** |ɛʀsaʒ| *s.m.* (*agric.*) erpicatura *f.*
***herse** |ɛʀs(ə)| *s.f.* **1** (*agric.*) erpice *m.* **2** (*ancienn.*) [*grille armée de fortes pointes, à l'entrée d'un château fort*] saracinesca* **3** (*liturg.*) saettia **4** (*théât.*) bilancia*.
***herser** |ɛʀse| *v.tr.* (*agric.*) [*soumettre à l'action de la herse*] erpicare: *herser une terre* erpicare un terreno → **labourer** ♦ (*au p.p.*) *des champs hersés* campi erpicati.
hertz |ɛʀts| *s.m.* (*électr.*) hertz *inv.*
hertzien, ienne |ɛʀts(dz)jɛ̃, jɛn| *adj.* hertziano: *ondes hertziennes* onde hertziane # *relais, faisceau hertzien* ponte radio.
hésitant, ante |ezitɑ̃, ɑ̃t| *adj.* **1** (*personnes*) esitante: *demeurer hésitant* rimanere esitante, essere indeciso → **incertain, irrésolu** ◇ (*choses*) [*fluctuant, douteux*] incerto: *la victoire demeura longtemps hésitante* la vittoria rimase a lungo incerta → **douteux** **2** [*qui manque d'assurance, de fermeté*] incerto: *voix hésitante* voce incerta # *pas hésitant* passo vacillante.
hésitation |ezitɑsjɔ̃| *s.f.* esitazione: *n'avoir plus aucune hésitation* non avere più alcuna esitazione; *il a fini par se décider, par accepter après bien des hésitations* ha finito per decidersi, per accettare dopo molte esitazioni # *lever les dernières hésitations de qqn.* vincere le ultime resistenze di qc.; *il eut une minute d'hésitation* ebbe un attimo di smarrimento.
hésiter |ezite| *v.intr.* **1** [*être dans un état d'incertitude, ne pas pouvoir prendre une décision*] esitare: *se décider après avoir longtemps hésité* decidersi dopo aver esitato a lungo; *il n'y a pas à hésiter* non c'è da esitare; *il n'hésita pas une seconde* non esitò un secondo (un istante); *prendre une décision sans hésiter* prendere una decisione senza esitare → **tâter (se)** # *n'hésitez plus, le temps presse* non aspettate oltre, il tempo stringe → **attendre, tergiverser** ◇ *loc.* HÉSITER SUR essere (96) (*aux.* essere) incerto su: *hésiter sur l'orthographe d'un mot* essere incerto sull'ortografia di una parola ~ HÉSITER ENTRE esitare tra: *hésiter entre deux solutions* esitare tra due soluzioni → **osciller** ~ HESITER À esitare a: *hésiter à engager une bataille* esitare ad attaccare battaglia → **craindre (de)** **2** [*marquer de l'indécision* (*par un temps d'arrêt, un mouvement de recul*)] esitare: *cheval qui hésite devant l'obstacle* cavallo che esita davanti all'ostacolo ◇ (*spécialt.*) *hésiter en parlant* [*par timidité, défaut de mémoire ou d'élocution*] stentare a parlare, parlare stentatamente.
hétaïre |etaiʀ| *s.f.* (*antiq. gr.*) etèra, cortigiana ◇ (*littér.*) → **prostituée.**
hétairie, hétérie |eteʀi| *s.f.* (*antiq. gr.*) eteria.
hétér(o)- |eteʀ(ɔ)| *préf.* (*signifiant* '*autre*', *correspond généralt. à*) etero: *hétérocyclique* eterociclico; *hétérodoxie* eterodossia [C] **homo-.**
hétéroclite |eteʀɔklit| *adj.* [*dont les parties sont de différentes sortes et mal assorties*] composito, disparato: *édifice hétéroclite* edificio composito; *des objets hétéroclites* oggetti disparati, eterogenei.
hétérocyclique |eteʀɔsiklik| *adj.* (*chim.*) eterociclico*.
hétérodoxe |eteʀɔdɔks(ə)| *adj.* (*relig.*) eterodosso: *opinion hétérodoxe* opinione eterodossa → **hérétique** ◇ (*par ext.*) *savant aux idées hétérodoxes* scienziato dalle idee eterodosse [C] **orthodoxe.**
hétérodoxie |eteʀɔdɔksi| *s.f.* (*relig.*) eterodossia.
hétérodyne |eteʀɔdin| *s.f.* (*radio*) eterodina.
hétérogamie |eteʀɔgami| *s.f.* (*biol.*) eterogamia [C] **isogamie.**
hétérogène |eteʀɔʒɛn| *adj.* **1** eterogeneo: *corps hétérogène* corpo eterogeneo **2** [*qui n'a pas d'unité*] eterogeneo: *nation hétérogène* nazione eterogenea → **composite, disparate, divers** [C] **homogène.**
hétérogénéité |eteʀɔʒeneite| *s.f.* eterogeneità *inv.*
hétérogreffe |eteʀɔgʀɛf| *s.f.* (*chir.*) eteroinnesto *m.*
hétéronome |eteʀɔnɔm| *adj.* eteronomo [C] **autonome.**
hétéronomie |eteʀɔnɔmi| *s.f.* eteronomia.
hétérosexuel, elle |eteʀɔsɛksɥɛl| *adj.* eterosessuale ♦ (*s.*) *un hétérosexuel*, (*fam.*) *un hétéro* un eterosessuale [C] **homosexuel.**
hétérozygote |eteʀɔzigɔt| *adj.* (*biol.*) eterozigote [C] **homozygote.**
hetman |ɛtmɑ̃, an|, **ataman** |atamɑ̃| *s.m.* (*hist. russe*) etmano, atamano.
***hêtraie** |ɛtʀɛ| *s.f.* [*lieu planté de hêtres*] faggeta, faggeto *m.*
***hêtre** |ɛtʀ(ə)| *s.m.* (*t.bot.*) faggio* ◇ [*son bois*] *meuble en hêtre* mobile di faggio.
***heu**! |ø| *interj.* (*marquant* '*l'embarras, le doute, la difficulté à trouver ses mots*') ehm!
heur |œʀ| *s.m.* (*seulement dans la loc.*) *avoir l'heur de plaire à qqn.* [*la chance*] avere la fortuna *f.* di piacere a qc. [C] **malheur.**
heure |œʀ| *s.f.* **1** ora: *dans vingt-quatre heures* fra ventiquattr'ore; *demi-heure, quart d'heure* mezz'ora (mezzora), quarto d'ora; *en une heure, en quelques heures* in un'ora, in alcune ore; *deux heures avant, plus tôt* due ore prima; *deux heures après, plus tard* due ore dopo; *délai de vingt-quatre heures* proroga di ventiquattr'ore; *une heure de route, de chemin de fer* un'ora di strada, di treno; *semaine de quarante heures* (*de travail*) settimana di quaranta ore (lavorative); *ouvrier payé à l'heure* operaio pagato a ore; *il touche quinze francs* (*de*) *l'heure* prende quindici franchi l'ora, all'ora; *faire cent kilomètres à l'heure, du cent à l'heure* fare i cento (chilometri) all'ora; *rouler à cent à l'heure* andare a cento all'ora; *il faut une bonne, une grande heure de marche pour arriver au centre* ci vuole un'ora buona di cammino per arrivare al centro; *voilà une heure qu'on t'attend, dépêche-toi un peu* ti aspettiamo da una ora, su, spicciati!; *revenez dans une heure* (ri)tornate fra un'ora # *une petite heure* un'oretta, circa un'ora; *une petite demi-heure* una mezz'oretta ◇ (*plais.*) *s'embêter à cent sous* (*de*) *l'heure* [*au plus haut point*] annoiarsi maledettamente, a morte **2** (*abrév.* '*h*') [*chiffre indiquant sur une horloge les 24 divisions du jour solaire*] ora: *0 heure* ora zero; *heure locale* ora locale; *heure légale* ora legale; *demander l'heure* chiedere l'ora; *quelle heure est-il?* che ore sono? che ora è?; *il est huit heures passées* sono le otto passate → **minuit** # *à cinq heures juste*(*s*), *sonnant*(*es*), *tapant*(*es*) alle cinque precise, in punto; *six heures un quart, et quart* le sei e un quarto; *deux heures dix* le due e dieci; *six heures moins vingt* le sei meno venti; *six heures moins un quart, moin le quart* le sei meno un quarto; *trois heures ont sonné* sono suonate le tre, sono le tre suonate; *sur le coup de midi* allo scoccare di mezzogiorno, a mezzogiorno in punto ◇ (*ellipt.*) *de deux à trois* (*heures*), *de cinq à sept* (*heures*) dalle due alle tre, dalle cinque alle sette ◇ (*mar.*) *heure de bord* ora di bordo ♦ (*absolt.*) *commencer avant l'heure* cominciare prima del tempo; *arriver après l'heure* arrivare in ritardo; *arriver, être à l'heure* arrivare, essere puntuale, in orario; *n'avoir pas d'heure* [*négliger d'observer un horaire régulier*] non avere orario ◇ (*loc.*) *chercher midi à quatorze heures* [*chercher des difficultés où il n'y en a pas*] cercare il pelo nell'uovo; complicarsi la vita ~ (*fam.*) *avant l'heure c'est pas l'heure, après l'heure c'est plus l'heure* ogni cosa a suo tempo ~ ~ (*fam.*) *je ne vous demande pas l'heure qu'il est!* [*je ne vous ai pas adressé la parole, mêlez-vous de ce qui vous regarde*] non ho chiesto il vostro parere (*cour.*) **3** (*liturg. cathol.*) *heures canoniales* ore canoniche; (*livres d'*)*Heures* libri d'ore **4** [*moment de la journée selon son emploi ou l'aspect sous lequel il est considéré*] ora: *aux heures des repas* alle ore dei pasti; *heures d'affluence, de pointe* ore di punta; *une heure indue* un'ora inopportuna, sconveniente; *à une heure avancée* a tarda ora; *heures creuses* ore buche, libere; ore di minor traffico, di morbida; *j'ai une heure creuse de neuf à dix* ho un'ora buca, libera dalle nove alle dieci; *c'est l'heure d'aller se coucher* è ora di andare a letto ◇ (*avec un poss.*) *il est poète à ses heures* [*quand ça lui chante, selon sa fantaisie*] è poeta quando gli fa comodo, quando gli va ◇ (*loc.*) *à la première heure* di prima mattina ~ (*fig.*) *nouvelles de* (*la*) *dernière heure* notizie dell'ultima ora ◇ (*loc. adv.*) *à la bonne heure* alla buon'ora, finalmente ~ (*iron.*) *eh bien! à la bonne heure, ne vous gênez pas!* ma sì, fate pure con comodo! **5** [*moment de la vie d'un individu ou d'une société*] ora, momento (*m.*): *aux heures de bonheur* nelle ore, nei momenti felici; *connaître dans sa vie des heures agréables, heureuses* conoscere nella propria vita momenti piacevoli, felici → **époque, instant, temps** ◇ (*avec un poss.*) [*moment particulier de la vie, qui en modifie le cours*] *il sait qu'il aura son heure, que son heure viendra* sa che verrà (anche) il suo momento → 3 **tour** # *avoir son heure de gloire, de célébrité* avere il proprio quarto d'ora di gloria, di celebrità ◇ (*spécialt.*) *heure suprême, dernière* [*les derniers instants d'une vie*] l'ora suprema, l'ultima ora ◇ (*ellipt.*) *son heure est venue, a sonné* è giunta la sua ora, la sua ora è suonata ♦ (*absolt.*) *l'heure* [*l'heure actuelle*] l'ora, il momento: *difficultés, problèmes de l'heure* difficoltà, problemi del momento; *l'heure est grave* l'ora, il momento è grave ◇ (*spécialt.*) *l'heure H* l'ora **X**, l'ora 0

6 *loc.* À L'HEURE QU'IL EST [*à l'heure actuelle*] in questo momento, attualmente: *à l'heure qu'il est il doit être loin* in questo momento, ormai dev'essere lontano ~ À TOUTE HEURE [*à tout moment de la journée*] a tutte le ore, in ogni momento # *pharmacie ouverte à toute heure* farmacia a orario continuato ~ POUR L'HEURE [*pour le moment*] per ora, per il momento: *pour l'heure, je ne peux rien faire* per ora, per il momento non posso fare niente ~ SUR L'HEURE [*sur-le-champ*] all'istante: *il obéit sur l'heure* ubbidì all'istante → **immédiatement** ~ TOUT À L'HEURE [*dans un moment*] tra poco; [*il y a un moment*] poco fa, poc'anzi: *je le verrai tout à l'heure* lo vedrò tra poco; *à tout à l'heure* a tra poco, arrivederci a più tardi || *je l'ai vu tout à l'heure* l'ho visto poco fa, poc'anzi; *la conversation de toute à l'heure* la conversazione di poco fa ~ D'HEURE EN HEURE [*toutes les heures*] ogni ora; [*d'une heure à l'autre*] di ora in ora: *remède à prendre d'heure en heure* medicina da prendere ogni ora || *la situation s'aggrave d'heure en heure* la situazione peggiora di ora in ora ~ D'UNE HEURE À L'AUTRE [*en l'espace d'une heure, d'un moment à l'autre*] da un momento all'altro: *la situation peut changer d'une heure à l'autre* la situazione può cambiare da un momento all'altro ~ DE BONNE HEURE [*à une heure matinale*; *en avance*] di buon'ora, presto: *se lever de bonne heure* alzarsi di buon'ora, presto; *de très bonne heure* molto presto; *de trop bonne heure* troppo presto; *cette année les cerises ont été mûres de bonne heure* quest'anno le ciliegie sono maturate presto, prima.

heureusement |œʀøzmɑ̃| *adv.* **1** [→ HEUREUX I 1] fortunatamente, per fortuna (*loc.inv.*): *heureusement, il est indemne* fortunatamente, per fortuna è incolume # *il a enfin compris, heureusement* grazie al cielo, finalmente ha capito; *heureusement pour moi, pour lui* per mia fortuna, per sua fortuna **2** [→ HEUREUX I 2] felicemente: *conclure heureusement une affaire* concludere felicemente un affare **3** [→ HEUREUX I 3] felicemente, in modo felice (*loc.inv.*): *ce concept est heureusement exprimé* questo concetto è espresso felicemente, in modo felice **C** 1 **malheureusement, hélas.**

heureux, euse |œʀø, øz| *adj.* **I 1** (*personnes*) [*qui bénéficie d'une chance favorable, que le sort favorise*] fortunato: *être heureux au jeu, en affaires* essere fortunato al gioco, negli affari; *s'estimer heureux de, que* ritenersi fortunato di, che → **chanceux, veinard** # *il a liquidé l'affaire, trop heureux de n'avoir pas tout perdu* ha risolto la faccenda, fin troppo contento di non aver perso tutto; *trop heureux si je peux vous être utile* ben felice se posso esserle utile **2** (*choses*) [*favorable*] felice: *un heureux résultat* un felice risultato; *l'heureuse issue d'une entreprise* il felice esito di un'impresa; *un choix heureux* una felice scelta, una scelta indovinata # *un heureux hasard* una fortunata coincidenza, un caso fortunato; *un coup heureux* un bel colpo; *une heureuse nouvelle* una lieta notizia (novella) ◇ (*par ext.*) *un choix heureux* una scelta indovinata; *un heureux caractère* un buon carattere; *un heureux changement* un cambiamento opportuno; *une heureuse nature, un heureux naturel* una natura, un carattere gioviale → **bon** ♦ (*impers.*) *c'est heureux pour vous* è una fortuna per voi, buon per voi ◇ (*iron.*) *enfin vous avez compris, c'est heureux!* finalmente avete capito, meno male! ◇ (*ellipt.*) *encore heureux qu'on ne lui ait pas volé son passeport!* può considerarsi ancora fortunato che non gli abbiano rubato il passaporto!, meno male che non gli hanno rubato il passaporto! ◇ (*loc. fig.*) *avoir la main heureuse* avere la mano felice ~ *être né sous une heureuse étoile* essere nato sotto una buona stella ~ *être d'heureux augure pour...* essere di buon auspicio per... **3** (*esthétique*) [*dont la justesse, l'habileté semblent dues à la chance*] felice, indovinato: *expression heureuse* espressione felice; *un heureux choix de mots* una indovinata scelta di vocaboli → **réussi II 1** (*personnes*) [*qui jouit du bonheur*] felice: *il a tout pour être heureux* ha tutto per essere felice # *heureux comme un roi, comme un poisson dans l'eau* contento come una pasqua ◇ (*exclam.*) *heureux celui qui...!* beato, felice colui che... → **bienheureux** ◇ *loc.* ÊTRE HEUREUX DE essere contento, lieto di: *je suis très heureux de votre succès, de vous revoir* sono molto contento, lieto del vostro successo, di rivedervi → **content, satisfait** # *très heureux d'avoir fait votre connaissance* felicissimo di averla conosciuta → **enchanté, ravi** ~ *je suis très heureux qu'il aille mieux* sono molto contento che stia meglio ♦ (*s.*) *faire un, des heureux* fare la felicità di qualcuno **2** [*qui exprime le bonheur*] felice, contento: *un air, un visage heureux* un'aria, un viso felice **3** (*choses*) [*marqué par le bonheur*] favorevole, felice: *condition heureuse* condizione favorevole; *vie heureuse* vita felice.

(h)euristique |øʀistik| **1** *adj.* euristico*: *méthode heuristique* metodo euristico **2** *s.f.* euristica*.

***heurt** |œʀ| *s.m.* **1** [→ HEURTER A 1] urto, colpo: *éviter le heurt* evitare l'urto; *déplacer sans heurt un objet fragile* spostare un oggetto fragile senza fargli prendere colpi → **choc** # *heurt de deux, de plusieurs voitures* scontro di due, di più macchine **2** (*fig.*) [→ HEURTER A 2] contrasto, scontro: *il y a entre eux des heurts continuels* fra loro ci sono continui contrasti, scontri; *leur collaboration ne va pas sans quelques heurts* la loro collaborazione non è priva di qualche contrasto.

***heurté, ée** |œʀte| *adj.* [*qui manque de fondu, qui est fait de contrastes très appuyés*] contrastante: *couleurs heurtées* colori contrastanti; *contours heurtés* contorni contrastanti # *style heurté* stile rude → **abrupt.**

***heurter** |œʀte| **A** *v.tr.* **1** [*toucher rudement, en entrant brusquement en contact avec*] urtare: *heurter qqn., qqch. en courant* urtare qc., q.c. correndo; *elle a heurté un meuble* ha urtato *intr.* contro un mobile → **cogner** ◇ [*faire entrer brutalement en contact*] *heurter son front, sa tête contre, à qqch.* (s)battere la fronte, la testa contro q.c.; urtare q.c. con la fronte, la testa **2** (*fig.*) [*contrecarrer* (*qqn.*) *d'une façon qui choque et provoque une résistance*] offendere (105); cozzare *intr.* contro: *heurter les sentiments, les idées de qqn.* offendere i sentimenti, le idee di qc.; *heurter le bon sens, le goût* offendere il buon senso, il gusto || *heurter les intérêts, les préjugés* cozzare contro gli interessi, i pregiudizi → **blesser, contrarier, vexer** # *heurter de front qqn.* opporsi decisamente a qc., prendere qc. di petto **B** *v.intr.* **1** HEURTER À [*frapper avec intention à*] bussare a, picchiare a, su: *heurter à la porte, à la vitre* bussare alla porta, picchiare sul vetro → **frapper 2** HEURTER CONTRE [*entrer rudement en contact avec*] battere, picchiare contro: *il a heurté contre une marche* ha battuto, è sbattuto contro un gradino; *il a heurté du front contre le mur* ha picchiato *tr.* la fronte contro il muro → **cogner, 2 taper C** *v.pron.* SE HEURTER **1** *réfl.* [*se cogner*] urtare *intr.*, sbattere (*intr.*): *se heurter contre, à un mur* urtare, sbattere contro un muro ◇ (*fig.*) [*rencontrer un obstacle d'ordre humain, moral*] incontrare (*tr.*): *se heurter à une difficulté* incontrare una difficoltà; *ses idées se heurtèrent à une forte opposition* le sue idee incontrarono una forte opposizione # *il s'est heurté à un refus catégorique* gli hanno opposto un categorico rifiuto **2** *récipr.* [*se cogner l'un l'autre*] urtarsi, scontrarsi: *passants pressés qui se heurtent* passanti frettolosi che si urtano; *les deux voitures se sont heurtées de plein fouet* le due automobili si sono scontrate in pieno ◇ (*fig.*) *avec des caractères si différents ils ne peuvent que se heurter* [*entrer en conflit*] avendo caratteri così diversi non possono che urtarsi continuamente, che cozzare l'uno contro l'altro; *ces couleurs se heurtent* [*font un violent contraste*] questi colori contrastano, fanno a pugni (*fam.*) → **accrocher (s'), affronter (s').**

***heurtoir** |œʀtwaʀ| *s.m.* **1** [*marteau adapté à la porte d'entrée d'une maison, dont on se sert pour frapper*] battente, batacchio* **2** (*techn.*) paraurti *inv.*, ammortizzatore.

hévéa |evea| *s.m.* (*t.bot.*) hevea *f.*

hex(a)- |ɛgz(a)| *préf.* (*signifiant 'six', correspond généralt. à*) es(a): *hexagonal* esagonale; *hexose* esos(i)o.

hexacorde |ɛgzakɔʀd(ə)| *s.m.* (*mus.*) esacordo.

hexaèdre |ɛgzaɛdʀ(ə)| *adj. et s.m.* (*géom.*) esaedro.

hexagonal, ale, aux |ɛgzagɔnal, o| *adj.* **1** (*géom.*) esagonale: *pyramide hexagonale* piramide esagonale **2** (*souvent péj.*) [*de l'Hexagone* (*français*)] francese ♦ (*s.m.*) *l'hexagonal* il francese (parlato in Francia).

hexagone |ɛgzagɔn| **1** *s.m.* (*géom.*) esagono: *hexagone régulier* esagono regolare ◇ (*spécialt.*) *l'Hexagone* (*français*) [*la France* (*à cause de la forme de sa carte*)] l'esagono francese, la Francia **2** *adj.* (*vx.*) → **hexagonal.**

hexamètre |ɛgzamɛtʀ(ə)| *adj. et s.m.* (*versif.*) esametro.

hexamoteur, trice |ɛgzamɔtœʀ, tʀis| *adj.* (*techn.*) esamotore* ♦ (*s.m.*) *un hexamoteur* un (aeroplano) esamotore.

hexapode |ɛgzapɔd| *adj. et s.* (*zool.*) esapodo.

hexapodie |ɛgzapɔdi| *s.f.* (*versif. anc.*) esapodia.

hexavalent, ente |ɛgzavalɑ̃, ɑ̃t| *adj.* (*chim.*) esavalente.

hexose |εgzoz| *s.m.* (*chim.*) esos(i)o*.
***hi**! |i, hi| *interj.* (*répétée, figure le rire et, parfois, les pleurs*) ih!, ah!
hiatal, ale, aux |jatal, o| *adj.* (*anat., méd.*) iatale: *hernie hiatale* ernia iatale.
***hiatus** |jatys| *s.m.* (*lat.*) **1** (*ling.*) iato **2** (*fig.*) [*interruption, lacune*] iato, frattura (*f.*): *un hiatus entre deux époques historiques* uno iato, una frattura tra due periodi storici **3** (*anat.*) iato, hiatus *inv.*
hibernal, ale, aux |ibεRnal, o| *adj.* [*relatif à l'engourdissement d'hiver*] invernale; letargico*: *travaux hibernaux* lavori invernali ‖ *sommeil hibernal* sonno letargico, letargo invernale ◇ (*zool.*) *sommeil hibernal* sonno letargico.
hibernant, ante |ibεRnɑ̃, ɑ̃t| *adj.* ibernante: *animaux hibernants* animali ibernanti.
hibernation |ibεRnɑsjɔ̃| *s.f.* ibernazione ◇ (*méd.*) *hibernation artificielle* ibernazione artificiale.
hiberner |ibεRne| *v.intr.* [*passer l'hiver dans un état d'engourdissement*] ibernare, andare (101) (*aux.* essere) in letargo.
hibiscus |ibiskys| *s.m.* (*t.bot.*) ibisco*.
***hibou, oux** |ibu| *s.m.* **1** (*t. zool.*) gufo → **duc (grand)** ~ *hibou moyen duc* gufo comune ~ *hibou des marais* gufo di palude **2** (*vx.*) [*homme triste, solitaire*] orso (*cour.*), gufo: *un vieux hibou taciturne* un vecchio orso, gufo taciturno.
***hic** |ik| *s.m.* (*lat.*) (*fam.*) [*point difficile, essentiel d'une chose, d'une affaire*] busillis *inv.*, dilemma: *voilà le hic, c'est bien là le hic* qui sta il busillis, il dilemma.
hic et nunc |ikεtnɔ̃k| *loc.adv.* (*lat.*) [*sur-le-champ, sans délai*] all'istante, senza indugio.
***hickory** |ikɔRi| *s.m.* (*t.bot.*) hickory *inv.* ◇ (*cour.*) *bois de hickory* legno di hickory.
***hideur** |idœR| *s.f.* [*qualité, état de ce qui est hideux; laideur extrême*] bruttezza, laidezza: *la hideur de ces lieux misérables* la bruttezza di questi luoghi miserabili; *la hideur d'un visage* la laidezza di un viso ◇ (*fig.*) *hideur morale* bruttura morale.
***hideusement** |idøzmɑ̃| *adv.* [→ HIDEUX] orrendamente: *il a été hideusement défiguré par l'explosion* è stato orrendamente sfigurato dall'esplosione.
***hideux, euse** |idø, øz| *adj.* [*d'une laideur repoussante, horrible*] orrendo, laido: *corps, visage hideux* corpo, viso orrendo ◇ (*fig.*) *chose hideuse à voir* cosa orrenda a vedersi → **ignoble, répugnant.**
***hie** |i| *s.f.* (*techn.*) mazzeranga*, mazzapicchio* *m.*
hiémal, ale, aux |jemal, o| *adj.* (*littér., sc.*) iemale, invernale (*cour.*): *plantes hiémales* piante iemali; *sommeil hiémal de certains animaux* sonno invernale di certi animali → **hibernal.**
hier |jεR| *adv.* **1** ieri: *hier matin* ieri mattina; *hier soir, hier au soir* ieri sera ✦ (*s.m.*) *vous aviez tout hier pour vous décider* avevate tutto ieri per decidervi **2** [*dans un passé récent, à une date récente*] ieri: *la politique d'hier ne peut être celle d'aujourd'hui* la politica di ieri non è quella di oggi; *sa fortune, son mariage ne datent que d'hier* la sua fortuna, il suo matrimonio sono di ieri, sono molto recenti; *je m'en souviens comme si c'était hier* me ne ricordo come fosse ieri; *sa fortune ne date pas d'hier* la sua fortuna non è di ieri, risale a parecchio tempo addietro # *ça ne date pas d'hier* non è una novità ◇ (*loc. fam.*) *il n'est pas né d'hier* non è nato ieri.
***hiérarchie** |jeRaRʃi| *s.f.* gerarchia: *les degrés, les échelons de la hiérarchie* i gradi, i gradini della gerarchia; *la hiérarchie militaire* la gerarchia militare → **1 ordre, subordination** ◇ (*par ext.*) gerarchia, scala: *la hiérarchie des valeurs* la gerarchia, la scala dei valori → **classement, classification, 1 ordre.**
***hiérarchique** |jeRaRʃik| *adj.* gerarchico*: *degré hiérarchique* grado gerarchico; *par la voie hiérarchique* per via gerarchica; *suivre la voie hiérarchique* seguire la via gerarchica.
***hiérarchiquement** |jeRaRʃikmɑ̃| *adv.* [→ HIÉRARCHIQUE] gerarchicamente: *société organisée hiérarchiquement* società organizzata gerarchicamente, in modo gerarchico.
***hiérarchisation** |jeRaRʃizɑsjɔ̃| *s.f.* [→ HIÉRARCHISER] il gerarchizzare *m.inv.*
***hiérarchiser** |jeRaRʃize| *v.tr.* [*organiser, régler selon une hiérarchie, d'après un ordre hiérarchique*] gerarchizzare: *hiérarchiser une société* gerarchizzare una società.
hiératique |jeRatik| *adj.* ieratico*: *gestes hiératiques* gesti ieratici, maestosi ◇ (*ling.*) *écriture hiératique* scrittura ieratica.
hiératiquement |jeRatikmɑ̃| *adv.* [→ HIÉRATIQUE] ieraticamente.
hiératisme |jeRatism(ə)| *s.m.* ieraticità (*f.inv.*): *l'hiératisme d'un visage* la ieraticità di un viso.
***hiér(o)-** |jeR(ɔ)| *préf.* (*signifiant 'sacré', correspond généralt. à*) ger(o): *hiérarchie* gerarchia; *hiéroglyphe* geroglifico.
hiéroglyphe |jeRɔglif| *s.m.* geroglifico* ◇ (*fig.*) geroglifico.
hiéroglyphique |jeRɔglifik| *adj.* geroglifico*: *écriture hiéroglyphique* scrittura geroglifica; *caractère hiéroglyphique* carattere geroglifico.
hiérosolymitain, aine |jeRɔsɔlimitε̃, εn| *adj.* [*de Jerusalem*] yerosolimitano.
***hi-fi** |ifi| *s.f. et adj.* (*angl.*) [*haute-fidélité*] hi-fi *inv.*, alta fedeltà *inv.* → **fidélité.**
***hifiste** |ifist(ə)| *s. et adj.* [*amateur de hi-fi*] appassionato di hi-fi, di alta fedeltà.
***highlander** |ajlɑ̃dœR| *s.m.* (*angl.*) highlander *inv.*
***hi-han** |iɑ̃| (*onomat.*) hi ho ✦ (*s.m.*) *âne qui pousse des hi-hans* asino che fa hi ho, che raglia.
***hilaire** |ilεR| *adj.* (*anat., bot.*) ilare, dell'ilo *loc.inv.*
hilarant, ante |ilaRɑ̃, ɑ̃t| *adj.* [*qui excite à la gaieté*] esilarante: *histoire hilarante* storia esilarante ◇ (*chim.*) *gaz hilarant* gas esilarante.
hilare |ilaR| *adj.* ilare: *visage hilare* viso ilare.
hilarité |ilaRite| *s.f.* ilarità (*inv.*): *plaisanterie qui déchaîne l'hilarité générale* scherzo che provoca l'ilarità generale.
***hile** |il| *s.m.* **1** (*bot.*) ilo: *hile de la fève* ilo della fava **2** (*anat.*) ilo: *hile du foie* ilo epatico.
himalayen, yenne |imalajε̃, jεn| *adj.* [*de l'Himalaya*] himalaiano.
***hindi** |indi| *s.m.* hindi *inv.*
hindou, oue |ε̃du| *adj.* [*de l'Inde*] indiano, indù (*inv.*): *castes de la société hindoue* caste della società indiana, indù ◇ (*spécialt.*) [*adepte de l'hindouisme*] induista → **hindouiste.**
hindouisme |ε̃duism(ə)| *s.m.* induismo.
hindouiste |ε̃duist(ə)| *adj.* induistico*: *rites hindouistes* riti induistici ✦ (*s.*) *un hindouiste* un induista.
hinterland |intεRlɑ̃d| *s.m.* (*dr., géogr.*) retroterra *inv.*, hinterland *inv.*
hipparchie |ipaRʃi| *s.f.* (*antiq. gr.*) ipparchia.
hipparque |ipaRk(ə)| *s.m.* (*antiq. gr.*) ipparco*.
***hippie, *hippy,** *pl.* ***hippies** |ipi| *s. et adj.* (*amér.*) (*abrév. fam. 'hip'*) hippy *inv.*
hippique |ipik| *adj.* ippico*: *concours hippique* concorso ippico.
hippisme |ipism(ə)| *s.m.* [*sport hippique; ensemble des exercices équestres*] ippica* *f.* → **équitation.**
hipp(o)- |ip(ɔ)| *préf.* (*signifiant 'cheval', correspond généralt. à*) ipp(o): *hippique* ippico; *ippocampe* ippocampo.
hippocampe |ipɔkɑ̃p| *s.m.* **1** (*t.zool.*) ippocampo, cavalluccio* di mare **2** (*mythol.*) ippocampo.
hippodrome |ipɔdRom| *s.m.* ippodromo.
hippogriffe |ipɔgRif| *s.m.* ippogrifo.
hippologie |ipɔlɔʒi| *s.f.* ippologia*.
hippomobile |ipɔmɔbil| *adj.* [*mû par un ou plusieurs chevaux*] ippotrainato.
hippophagique |ipɔfaʒik| (*adj.*) *boucherie hippophagique* macelleria equina → **chevalin.**
hippopotame |ipɔpɔtam| *s.m.* **1** (*t.zool.*) ippopotamo **2** (*fig., fam.*) [*personne énorme*] elefante, mastodonte.
hippurique |ipyRik| *adj.* (*chim.*) *acide hippurique* acido ippurico*.
hirondelle |iRɔ̃dεl| *s.f.* **1** (*t.zool.*) rondine **2** *hirondelle de mer* → **sterne** **3** (*loc.*) *une hirondelle ne fait pas le printemps* una rondine non fa primavera **4** (*cuis.*) *nid d'hirondelle* [*nid de la salangane*] nido di rondine **5** (*pop.*) [*agent cycliste*] poliziotto *m.* in bicicletta ◇ [*resquilleur à une réception, un buffet*] sbafatore* *s.*, scroccone *s.*
hirsute |iRsyt| *adj.* **1** irsuto: *tête hirsute* testa irsuta; *barbe hirsute* barba irsuta, ispida → **ébouriffé, échevelé** **2** (*sc.*) irsuto.
hispanique |ispanik| *adj.* ispanico* → **ibérique.**
hispanisant, ante |ispanizɑ̃, ɑ̃t|, **hispaniste** |ispanist(ə)| *s.* ispanista.
hispanisme |ispanism(ə)| *s.m.* (*ling.*) ispanismo, spagnolismo.
hispan(o)- |ispan(ɔ)| *préf.* (*signifiant 'espagnol', correspond généralt. à*) ispan(o)-: *hispano-américain* ispano-americano.
hispano-américain, aine |ispanɔameRikε̃, εn| *adj.* ispano-americano: *guerre hispano-américaine* guerra ispano-americana.

hispano-arabe |ispanɔaʀab|, **hispano-moresque** |ispanɔmɔʀɛsk(ə)| *adj.* ispano-arabo.
hispanophone |ispanɔfɔn| *adj. et s.* di lingua spagnola *loc.inv.* ♦ *s.* chi, colui (colei) che parla spagnolo *loc.*
***hisse (oh!)** |ois| *interj.* oh! issa!
***hisser** |ise| **A** *v.tr.* **1** (*mar.*) [*élever, faire monter au moyen de cordages, de cordes*] issare: *hisser un mât* issare un albero # *hisser les couleurs* alzare la bandiera **2** [*tirer en haut et avec effort*] issare, tirar su: *hisser un fardeau au moyen d'une grue* issare, tirar su un carico con la gru → **élever B** *v.pron.réfl.* SE HISSER [→ *tr.* 2] issarsi: *se hisser sur un mur* issarsi su un muro → **grimper, 1 monter** # *se hisser sur la pointe des pieds* alzarsi, sollevarsi sulla punta dei piedi → **hausser (se).**
histamine |istamin| *s.f.* (*biol.*) istamina.
histidine |istidin| *s.f.* (*biol., chim.*) istidina.
histiocyte |istjɔsit| *s.m.* (*biol.*) istiocito.
histo- |istɔ| *préf.* (*signifiant 'tissu', correspond généralt. à*) isto: *histologie* istologia.
histoire |istwaʀ| *s.f.* **I** storia: *histoire ancienne, contemporaine* storia antica, contemporanea; *histoire de l'art, de la littérature* storia dell'arte, della letteratura; *professeur d'histoire* professore di storia; *les sources, les documents de l'histoire* le fonti, i documenti della storia; *le témoignage, le jugement de l'histoire* la testimonianza, il giudizio della storia; *le cours, le sens de l'histoire* il corso, il senso della storia; *l'histoire jugera, dira s'il a eu raison d'agir ainsi* giudicherà la storia se ha fatto bene a comportarsi così ◇ (*par ext.*) *acheter une histoire, une histoire de France* comprare un libro di storia, una storia di Francia ◇ *loc.* LAISSER SON NOM DANS L'HISTOIRE passare alla storia: *cet homme a laissé son nom dans l'histoire* questo uomo è passato alla storia **II** HISTOIRE NATURELLE [*anc. désignation des sciences naturelles*] storia naturale, scienze *pl.* naturali: *professeur d'histoire naturelle* professore di scienze naturali → **science III** UNE, DES HISTOIRE(S) **1** [*récit d'actions, d'événements réels ou imaginaires*] storia: *raconter une histoire, des histoires* raccontare una storia, delle storie; *histoire vraie* storia vera → **anecdote** # *la morale de cette histoire* la morale della favola; *bonne histoire* storiella, barzelletta; *histoires marseillaises* storielle marsigliesi **2** [*histoire inventée, invraisemblable ou destinée à tromper, à mystifier*] storia, fandonia: *tout ça, ce sont des histoires* sono storie, sono fandonie → **baliverne, 2 blague, mensonge** # *raconter des histoires* raccontare frottole, balle (*pop.*) **3** (*par ext.*) [*suite, succession d'événements*] storia, faccenda: *il faut oublier cette histoire* bisogna dimenticare questa storia, questa faccenda; *c'est une toute autre histoire* è tutta un'altra storia, è tutta un'altra cosa; *c'est toujours la même histoire* è sempre la stessa storia, la stessa solfa (*fam.*); *allons, pas d'histoires!* andiamo, poche storie!; *faire des histoires pour rien* far delle storie per niente, farla lunga per una cosa da niente → **affaire** # *il m'est arrivé une drôle d'histoire* mi è capitata una cosa strana; *se fourrer dans une sale histoire* cacciarsi nei pasticci; *s'il n'accepte pas leurs conditions il va s'attirer des histoires* se non accetta le loro condizioni avrà delle seccature, delle grane (*pop.*) → **ennui(s), aventure 4** [*événements compliqués*] faccenda, avvenimento (*m.*): *c'est (toute) une histoire* è tutta una faccenda; *quand il part en voyage, c'est toute une histoire* quando fa un viaggio è un grande avvenimento ◇ (*loc. fam.*) HISTOIRE DE (+ *inf.*) (*marque 'le but, l'intention'*) tanto per, solo per...: *il a dit cela histoire de rire* l'ha detto tanto per ridere; *histoire de voir* solo per vedere → 1 **pour 5** (*fam.*) [*chose, objet quelconque*] roba, cosa: *qu'est-ce que c'est que cette histoire-là?* cos'è questa roba? → **affaire, machin, truc.**
histologie |istɔlɔʒi| *s.f.* (*sc.*) istologia*.
histologique |istɔlɔʒik| *adj.* (*sc.*) istologico*: *coupe histologique* sezione istologica; *préparation, examen histologique* preparato, esame istologico.
historicité |istɔʀisite| *s.f.* storicità *inv.*
historié, ée |istɔʀje| *adj.* istoriato: *lettres historiées d'un manuscrit du moyen âge* caratteri istoriati di un manoscritto del medioevo.
historien, ienne |istɔʀjɛ̃, jɛn| *s.* **1** storico* *m.*; studioso: *historien et historiographe* storico e storiografo; *historien impartial* storico imparziale → **chroniqueur, mémorialiste** || *historien d'un pays, d'une époque historique* studioso di un paese, di un'epoca storica; *les historiens de la Révolution française* gli studiosi, gli storici della Rivoluzione francese **2** (*fam.*) studente *m.*, studentessa *f.* di storia.
historier |istɔʀje| *v.tr.* (*bx-arts*) [*décorer de scènes à personnages, spécialt. tirées de l'Écriture sainte*] istoriare: *historier un chapiteau* istoriare un capitello.
historiette |istɔʀjɛt| *s.f.* storiella, aneddoto (*m.*): *historiette amusante, comique* storiella divertente, comica → **anecdote, conte, 2 nouvelle.**
historiographe |istɔʀjɔgʀaf| *s.m.* storiografo.
historique |istɔʀik| **1** *adj.* storico*: *ouvrage, narration, recueil historique* opera, narrazione, collezione storica; *circonstances historiques* circostanze storiche; *études historiques* studi storici; *critique historique* critica storica; *grammaire, dictionnaire historique* grammatica storica, dizionario storico; *personnage historique* personaggio storico; *famille historique* famiglia storica; *événement historique* evento storico → **réel, célèbre, connu** # *monument historique* monumento nazionale; *inspection des monuments historiques* soprintendenza alle belle arti **2** *s.m.* [*exposé chronologique des faits*] cronistoria (*f.*): *faire l'historique d'une événement* fare la cronistoria di un avvenimento.
historiquement |istɔʀikmɑ̃| *adv.* [→ HISTORIQUE 1] storicamente: *fait historiquement exact* fatto storicamente esatto.
historisme |istɔʀism(ə)| *s.m.* (*philo.*) storicismo.
histrion |istʀijɔ̃| *s.m.* (*littér., péj.*) istrione *s.*, commediante *s.*
hitlérien, ienne |itlɛʀjɛ̃, jɛn| *adj.* hitleriano: *parti hitlérien* partito hitleriano → **national-socialiste, nazi.**
***hit-parade** |itpaʀad| *s.m.* (*angl.*) hit-parade *f.inv.*, graduatoria *f.* dei successi: *des hit-parades* delle hit-parade → **palmarès.**
***hittite** |itit| *adj.* (*hist. antiq.*) ittita ♦ (*s.*) *les Hittites* gli Ittiti.
hiver |ivɛʀ| *s.m.* inverno: *hiver rigoureux, rude* inverno rigido, duro; *longues soirées d'hiver* lunghe sere d'inverno, invernali; *jardin d'hiver* giardino d'inverno # *plantes d'hiver* piante invernali; *sports d'hiver* sport invernali; *blé d'hiver* grano invernengo ◇ *loc.* EN HIVER in inverno, d'inverno: *nous sommes en hiver* siamo in inverno; *en hiver je fais du ski* d'inverno vado a sciare ⓒ **été.**
hivernage |ivɛʀnaʒ| *s.m.* **1** (*mar.*) scalo invernale, porto di rilascio: *hivernage d'une expédition polaire* scalo invernale di una spedizione polare **2** [*séjour des bestiaux à l'étable pendant l'hiver*] svernamento **3** [*saison des pluies, dans les régions tropicales*] stagione *f.* delle piogge.
hivernal, ale, aux |ivɛʀnal, o| *adj.* invernale: *froid hivernal, brume hivernale* freddo invernale, nebbia invernale ⓒ **estival.**
hivernant, ante |ivɛʀnɑ̃, ɑ̃t| *s.f.* persona che passa l'inverno, che sverna in una zona climatica.
hiverner |ivɛʀne| **A** *v.intr.* [*passer l'hiver à l'abri, dans un lieu*] svernare, passare *tr.* l'inverno: *hiverner à Cannes* svernare, passare l'inverno a Cannes **B** (*v.tr.*) *hiverner une terre* [*labourer cette terre avant l'hiver*] arare un terreno prima dell'inverno; *hiverner les bestiaux* [*les mettre à l'étable pendant l'hiver*] fare (103) *intr.* invernare, svernare le bestie.
***ho!** |o, ho| *interj.* (*exprimant 'l'étonnement, l'indignation'*) ehi!; oh! → **eh!, hé!, oh!**
***hobby** |ɔbi| *s.m.* (*angl.*) hobby *inv.*, pallino → **passe-temps.**
***hobereau** |ɔbʀo| *s.m.* **1** (*t.zool.*) lodolaio* → **faucon 2** [*gentilhomme campagnard de petite noblesse, qui vit sur ses terres*] signorotto di campagna.
***hochement** |ɔʃmɑ̃| (*s.m.*) [→ HOCHER] *hochement de tête* sc(u)otimento di testa, cenno del capo # *d'un hochement de tête* scuotendo la testa.
***hoche-queue, *hochequeue** |ɔʃkø| *s.m.* (*t.zool.*) cutrettola *f.*, batticoda (*f.*): *des hochequeues* delle cutrettole → **bergeronnette.**
***hocher** |ɔʃe| (*v.tr.*) *hocher la tête* [*la secouer (de haut en bas, ou de droite à gauche)*] scuotere (162), scrollare la testa: *hocher la tête en signe de dénégation, de mépris* scuotere la testa in segno di diniego, di disapprovazione.
***hochet** |ɔʃɛ| *s.m.* [*jouet de petits enfants formé d'un manche et d'une partie qui fait du bruit quand on la secoue*] ninnolo, gingillo: *agiter un hochet pour calmer un bébé* agitare un ninnolo per calmare un bambino.
***hockey** |ɔkɛ| *s.m.* (*sport*) hockey (*inv.*): *hockey sur gazon* hockey su prato; *hockey sur glace* hockey su ghiaccio, (*en Suisse*) disco su ghiaccio.
***hockeyeur** |ɔkɛjœʀ| *s.m.* [*joueur de hockey*] hockeista; (*sur gazon*) pratista.
hoirie |waʀi| *s.f.* (*dr.*) *avance, avan-*

cement d'hoirie anticipo *m.* su un futuro legato.
***holà**! |ɔla, hɔla| **1** *interj.* (*sert à appeler, à modérer*) olà, ehi: *holà! pas si vite!* olà, ehi, non così in fretta! **2** *s.m.* (*dans la loc.*) *mettre le holà à* [*mettre fin, bon ordre à*] farla finita con, smetterla con.
***holding** |ɔldiŋ| *s.m.* (*écon.*) holding *f.inv.* → **trust.**
***hold-up** |ɔldœp| *s.m.inv.* (*amér.*) [*attaque à main armée*] rapina *f.var.*, assalto *var.* a mano armata: *hold-up d'une banque* rapina a mano armata di una banca; *hold-up d'un fourgon postal* assalto a mano armata a, di un furgone postale.
***hollandais, aise** |ɔl(l)ɑ̃dɛ, ɛz| **1** *adj.* [*de Hollande*] olandese → **néerlandais** **2** (*s.m.*) *le hollandais* [*la langue*] l'olandese.
1 ***hollande** |ɔl(l)ɑ̃d| *s.f.* **1** [*toile de Hollande*] olanda, olandina **2** [*porcelaine de Hollande*] porcellana olandese **3** [*variété de pomme de terre*] patata olandese.
2 ***hollande** |ɔl(l)ɑ̃d| *s.m.* **1** [*fromage de Hollande*] formaggio* olandese **2** (*papeterie*) carta *f.* d'Olanda.
***hollywoodien, ienne** |ɔliwudjɛ̃, jɛn| *adj.* hollywoodiano.
holmium |ɔlmjɔm| *s.m.* (*chim.*) olmio*.
holo- |ɔlɔ| *préf.* (*signifiant 'entier', correspond généralt. à*) olo: *holocauste* olocausto; *holographie* olografia.
holocauste |ɔlɔkost(ə)| *s.m.* (*hist. relig.*) olocausto: *l'autel des holocaustes* l'altare degli olocausti ◇ (*fig., littér.*) *s'offrir en holocauste à la patrie, à une cause* offrirsi in olocausto alla patria, per una causa.
holocène |ɔlɔsɛn| *s.m.* (*géol.*) olocene.
hologramme |ɔlɔgʀam| *s.m.* (*sc.*) ologramma.
holographie |ɔlɔgʀafi| *s.f.* (*sc.*) olografia.
holométabole |ɔlɔmetabɔl| *adj.* (*zool.*) olometabolo *adj. et s.*
holothurie |ɔlɔtyʀi| *s.f.* (*t.zool.*) oloturia.
***homard** |ɔmaʀ| *s.m.* **1** (*t.zool.*) gambero marino ~ *homard d'Europe* astice, elefante di mare ~ *homard de Norvège* scampo → **langoustine** **2** (*loc. fam.*) *être rouge comme un homard* essere rosso come un gambero.
***home** |om| *s.m.* **1** (*angl.*) [*le foyer, le logis*] casa *f.*, focolare: *l'intimité du home* l'intimità della casa, del focolare ◇ (*loc.*) *at home* [*à la maison*] a casa **2** *home d'enfants* [*sorte de pension de famille pour enfants*] kinderheim *inv.*
homélie |ɔmeli| *s.f.* omelia, fervorino *m.* → **sermon.**
homéo-, homœo- |ɔmeɔ| *préf.* (*signifiant 'semblable', correspondent généralt. à*) omeo: *homéopathie* omeopatia → **homo-.**
homéopathe |ɔmeɔpat| *s.* omeopatico*: *consulter un homéopathe* consultare un omeopatico ♦ (*adj.*) *médecin homéopathe* medico omeopatico.
homéopathie |ɔmeɔpati| *s.f.* (*méd.*) omeopatia.
homéopathique |ɔmeɔpatik| *adj.* (*méd.*) omeopatico*: *remède homéopathique* farmaco omeopatico; *dose homéopathique* dose omeopatica.
homéostasie |ɔmeɔstazi| *s.f.* (*physiol.*) omeostasi *inv.*
homéostat |ɔmeɔsta| *s.m.* (*cybernétique*) omeostato.
homéotéleute |ɔmeɔtelœt| *s.f.* (*philologie*) omeoteleuto *m.*
homéothermie |ɔmeɔtɛʀmi| *s.f.* (*biol.*) omeotermia.
homérique |ɔmeʀik| *adj.* omerico*: *les poèmes homériques* i poemi omerici; *personnage homérique* personaggio omerico; *lutte homérique* zuffa omerica ◇ (*loc.*) *rire homérique* risata omerica.
1 **homicide** |ɔmisid| *adj.* omicida: *guerre homicide* guerra omicida; *un chauffeur homicide* un automobilista omicida → **meurtrier** ♦ *s.* (*littér., vx.*) *un homicide* un omicida (*cour.*) → **assassin, criminel.**
2 **homicide** |ɔmisid| *s.m.* omicidio*: *homicide involontaire* omicidio preterintenzionale; *être accusé d'homicide volontaire* essere accusato di omicidio volontario, intenzionale.
hominidés |ɔminide| *s.m.pl.* ominidi ◇ (*au sing.*) *un hominidé* un ominide.
hominiens |ɔminjɛ̃| *s.m.pl.* (*anthrop.*) → **hominidés.**
hommage |ɔmaʒ| *s.m.* **1** omaggio*; attenzione (*f.*): *recevoir l'hommage de nombreux admirateurs* ricevere l'omaggio di numerosi ammiratori ‖ *elle est sensible aux hommages* è sensibile alle attenzioni → **compliment, flatterie** ◇ (*formule de politesse*) ossequio*, omaggio: *présenter ses hommages* porgere i propri ossequi, i propri omaggi; *daignez agréer, Madame, mes respectueux hommages* voglia gradire, gentile signora, i miei rispettosi ossequi → **civilité** **2** [*marque de vénération*] onore, omaggio: *rendre hommage à Dieu* rendere onore a Dio; *rendre hommage au mérite* rendere onore, omaggio al merito; *rendre hommage à qqn.* rendere omaggio a qc., ossequiare qc. → **culte** **3** [*don respectueux*] omaggio: *hommage de l'éditeur, de l'auteur* omaggio dell'editore, dell'autore; *auteur qui fait (l')hommage de son livre* autore che fa omaggio del proprio libro (a qc.) # *daignez agréer ceci en hommage de ma reconnaissance* vogliate gradire questo in segno della mia riconoscenza → **expression, témoignage** **4** (*féod.*) omaggio: *jurer foi et hommage* giurare fedeltà e omaggio.
hommasse |ɔmas| *adj.* (*péj.*) [*qui ressemble à un homme par l'allure, les manières, en parlant d'une femme*] mascolino: *elle est un peu hommasse* è un po' mascolina.
homme |ɔm| *s.m.* **I** uomo*: *l'homme est un 'animal raisonnable'* l'uomo è un 'animale ragionevole' ◇ (*loc.*) *être digne du nom d'homme* essere degno di chiamarsi uomo ~ *ce n'est qu'un homme* [*avec toutes ses faiblesses*] è un essere umano **II** **1** [*être humain mâle et adulte*] uomo: *les hommes et les femmes* gli uomini e le donne → **mâle**; *homme fait* uomo fatto; *un vieil homme*, un (uomo) anziano, un vecchio; *homme d'action* uomo d'azione; *homme de peu* uomo da poco (dappoco); *homme de génie* uomo di genio; *homme de bien* uomo dabbene; *saint homme* sant'uomo; *galant homme* galantuomo; *grand homme* grand'uomo; *homme marié* uomo sposato # *parvenir à l'âge d'homme* arrivare all'età adulta; *porter des vêtements d'homme* indossare abiti maschili; *homme à femmes* donnaiolo; *une voix d'homme* una voce virile ◇ (*condition*) *homme du monde* uomo di mondo; *un homme du peuple* un uomo del popolo, un popolano; *l'homme de la rue* l'uomo della strada, l'uomo comune; *l'homme du jour* l'uomo, il personaggio del giorno ◇ (*profession*) *homme d'État* uomo di Stato, statista; *homme politique* uomo politico; *homme de loi* uomo di legge; *homme d'affaires* uomo d'affari; *homme de lettres* uomo di lettere, letterato; *homme de science* uomo di scienza, scienziato; *homme de peine* uomo di fatica; *homme d'église* uomo di chiesa ◇ (*précédé d'un poss.*) *le parti a trouvé son homme* il partito ha trovato l'uomo adatto; *je suis votre homme* io sono il vostro uomo ◇ *loc.* ÊTRE HOMME À... essere (il) tipo da: *je ne suis pas homme à me dégonfler* non sono il tipo da scoraggiarmi ~ *d'homme à homme* da uomo a uomo **2** [*l'homme considéré quant aux qualités propres à son sexe*] uomo: *ose le répéter si tu es homme* ripetilo se sei un uomo!; *les eunuques ne sont pas des hommes* gli eunuchi non sono uomini; *à quinze ans il était déjà un homme* a quindici anni era già uomo; *il se fait homme* sta diventando uomo; *ne pleure pas! Sois un homme!* non piangere, comportati da uomo! ◇ (*pop.*) *c'est mon homme* è il mio uomo → **mari, amant** **III** [*individu dépendant d'une autorité* (*civile ou militaire*)] uomo: *lancer ses hommes à l'attaque* lanciare i propri uomini all'attacco; *le chef de chantier et ses hommes* il capocantiere e i suoi uomini, i suoi operai → **ouvrier, soldat** ◇ *loc.* COMME UN SEUL HOMME [*avec un ensemble parfait*] all'unisono, come un solo uomo: *ils ont agi comme un seul homme* hanno agito all'unisono **IV** JEUNE HOMME giovane, ragazzo: *un jeune homme de vingt ans* un giovane, un ragazzo di vent'anni; *un jeune homme et une jeune fille* un ragazzo e una ragazza; *un tout jeune homme* un ragazzo, un giovanottello → **adolescent, garçon, gars** # *un grand jeune homme* un giovanotto ◇ (*pop.*) [*fils*] *votre jeune homme* il vostro ragazzo ◇ (*fam.*) [*petit garçon*] giovanotto: *bonjour, jeune homme!* buongiorno, giovanotto!; *eh, jeune homme, vous pourriez dire merci* ehi, giovanotto, potreste dire grazie.
homme-grenouille |ɔmgʀənuj| *s.m.* sommozzatore, uomo* rana: *des hommes-grenouilles* dei sommozzatori, degli uomini rana.
homme-sandwich |ɔmsɑ̃dwitʃ| *s.m.* uomo* sandwich: *des hommes-sandwiches* degli uomini sandwich.
homo- |ɔmɔ| *préf.* (*signifiant 'semblable, le même', correspond généralt. à*) omo: *homogène* omogeneo; *homonyme* omonimo Ⓒ **hétéro-.**
homochromie |ɔmɔkʀɔmi| *s.f.* (*biol.*) omocromia.
homofocal, ale, aux |ɔmɔfɔkal, o| *adj.* (*opt.*) omofocale.
homogène |ɔmɔʒɛn| *adj.* **1** (*en parlant d'un tout, d'un ensemble*) omogeneo: *un ensemble homogène* un insieme omogeneo; *substance homogène* sostanza omogenea; *pâte, liquide homogène* impasto, liquido omogeneo ◇ (*fig.*)

groupe, réunion homogène gruppo omogeneo, riunione omogenea; *formation, équipe homogène* formazione, squadra omogenea, affiatata → **cohérent,** 1 **uniforme** # *livre, œuvre homogène* libro unitario, opera unitaria, coerente ◇ (*math.*) *fonction, polynôme homogène* funzione omogenea, polinomio omogeneo **2** *au plur.* (*en parlant des parties*) omogenei: *les parties homogènes, les éléments homogènes d'une substance chimiquement pure* le parti omogenee, gli elementi omogenei di una sostanza chimicamente pura → **semblable** © **hétérogène.**

homogénéisateur |ɔmɔʒeneizatœʀ| *s.m.* (*technol.*) omogeneizzatore.

homogénéisation |ɔmɔʒeneizɑsjɔ̃| *s.f.* (*techn.*) [→ HOMOGÉNÉISER] omogeneizzazione: *homogénéisation du lait, d'un liquide organique avant centrifugation* omogeneizzazione del latte, di un liquido organico prima della centrifugazione.

homogénéiser |ɔmɔʒeneize|, **homogénéifier** |ɔmɔʒeneifje| *v.tr.* (*techn.*) [*rendre homogène*] omogeneizzare: *homogénéiser une substance* omogeneizzare una sostanza ♦ (*au p.p.*) *lait homogénéisé* latte omogeneizzato.

homogénéité |ɔmɔʒeneite| *s.f.* omogeneità (*inv.*): *homogénéité d'une substance* omogeneità di una sostanza ◇ (*fig.*) *l'homogénéité d'un parti* l'omogeneità di un partito → **cohérence, cohésion, harmonie, unité** © **hétérogénéité.**

homographe |ɔmɔgʀaf| *adj.* (*ling.*) omografo: *mots homographes* parole omografe ♦ (*s.m.*) *des homographes* degli omografi.

homographie |ɔmɔgʀafi| *s.f.* (*géom.*) omografia.

homographique |ɔmɔgʀafik| *adj.* (*géom.*) omografico*: *figures homographiques* forme omografiche; *fonction homographique* funzione omografica.

homogreffe |ɔmɔgʀɛf| *s.f.* (*chir.*) omoinnesto *m.*

homologable |ɔmɔlɔgabl(ə)| *adj.* [→ HOMOLOGUER] omologabile.

homologation |ɔmɔlɔgɑsjɔ̃| *s.f.* **1** [→ HOMOLOGUER 1] omologazione; approvazione; *homologation administrative, judiciaire* omologazione amministrativa, giudiziaria || *l'homologation des nouveaux tarifs* l'approvazione delle nuove tariffe **2** [→ HOMOLOGUER 2] omologazione: *homologation d'une performance* omologazione di una prova © 2 **annulation.**

homologie |ɔmɔlɔʒi| *s.f.* (*géom., sc.*) omologia*.

homologique |ɔmɔlɔʒik| *adj.* (*sc.*) omologico*.

homologue |ɔmɔlɔg| *adj.* **1** [*équivalent*] equivalente # *le grade de chef d'escadron est homologue de celui de chef de bataillon* il grado di maggiore di artiglieria equivale a quello di maggiore di fanteria ♦ (*s.*) *l'ouvrier américain a un revenu plus élevé que son homologue français* l'operaio americano ha un reddito più alto del suo collega francese **2** (*anat., chim., sc.*) omologo* ◇ (*géom.*) *côtés homologues de deux triangles semblables* lati omologhi di due triangoli simili.

homologuer |ɔmɔlɔge| *v.tr.* **1** (*dr.*) [*approuver* (*un acte*) *par une mesure lui donnant force exécutoire*] omologare, registrare; approvare: *homologuer un partage de succession, un concordat* omologare, registrare una divisione di successione, un concordato → **ratifier, sanctionner, valider** || *le gouvernement a homologué les nouveaux tarifs des chemins de fer* il governo ha approvato le nuove tariffe ferroviarie ◇ (*spécialt.*) *homologuer une nouvelle voiture* omologare una nuova auto **2** [*reconnaître, confirmer officiellement*] omologare: *homologuer un record* omologare un record.

homonyme |ɔmɔnim| **1** *adj.* (*gram.*) omonimo: *noms, adjectifs homonymes* nomi, aggettivi omonimi; *mots homonymes et homographes* parole omonime e omografe ♦ (*s.m.*) *jeux de mots utilisant les homonymes* giochi di parole basati sugli omonimi **2** *s.* [*personnes, villes, etc., qui portent le même nom*] omonimo: *confondre qqn. avec un de ses homonymes* confondere qc. con un suo omonimo.

homonymie |ɔmɔnimi| *s.f.* omonimia: *il y a homonimie entre ces deux mots* c'è omonimia fra queste due parole.

homophone |ɔmɔfɔn| *adj.* (*ling.*) omofono: *mots homophones* parole omofone ♦ (*s.m.*) *des homophones* degli omofoni.

homophonie |ɔmɔfɔni| *s.f.* **1** (*mus.*) omofonia, monodia **2** (*ling.*) omofonia © 1 **polyphonie.**

homopolaire |ɔmɔpɔlɛʀ| *adj.* (*chim.*) omopolare.

Homoptères |ɔmɔptɛʀ| *s.m.pl.* (*t. zool.*) Omotteri.

homosexualité |ɔmɔsɛksɥalite| *s.f.* omosessualità *inv.*

homosexuel, elle |ɔmɔsɛksɥɛl| *s.* (*abrév. fam.* 'homo') omosessuale ♦ (*adj.*) *tendances homosexuelles* tendenze omosessuali © **hétérosexuel.**

homozygote |ɔmɔzigɔt| *adj. et s.m.* (*biol.*) omozigote © **hétérozygote.**

homuncule, homoncule |ɔmɔ̃kyl| *s.m.* (*hist. sc.*) omuncolo.

honchets |ɔ̃ʃɛ| *s.m.* → **jonchet.**

hondurien, ienne |ɔ̃dyʀjɛ̃, jɛn| *adj.* [*du Honduras*] onduregno.

***hongre** |ɔ̃gʀ(ə)| *adj.* [*châtré, en parlant du cheval*] castrato: *poulain hongre* puledro castrato ♦ (*s.m.*) *un attelage de hongres* un tiro di cavalli castrati.

***hongroierie** |ɔ̃gʀwaʀi| *s.f.* (*techn.*) industria, commercio* *m.* di pelli all'allume di rocca.

***hongrois, oise** |ɔ̃gʀwa, waz| **1** *adj.* [*de Hongrie*] ungherese: *blouses, broderies hongroises* camicette, ricami ungheresi; *musique hongroise* musica ungherese → **tsigane, magyar** **2** (*s.m.*) *le hongrois* [*langue finno-ongrienne*] l'ungherese.

honnête |ɔnɛt| *adj.* **I** onesto: *une vie, une conduite honnête* una vita, una condotta onesta; *une femme honnête* una donna onesta; *je suis une honnête femme, Monsieur!* sono una donna onesta, signore!; *c'est un honnête homme* è un onest'uomo; *c'est un homme foncièrement honnête* è un uomo fondamentalmente onesto → **droit, franc, intègre, loyal** **II** **1** (*choses*) [*qui se conforme à certaines normes raisonnables*] discreto: *une honnête moyenne* una media discreta; *obtenir des résultats honnêtes* ottenere discreti risultati → **convenable, correct** # *nous avons fait un repas honnête, sans plus* abbiamo fatto un pasto passabile, niente di più → **acceptable, correct** **2** (*littér., vx.*) *honnête homme* [*homme du monde, agréable et distingué par les manières comme par l'esprit*] gentiluomo *s.m.* © 1 **malhonnête.**

honnêtement |ɔnɛtmɑ̃| *adv.* **1** [→ HONNÊTE I] onestamente: *gérer honnêtement une affaire* amministrare onestamente un'azienda: *il m'a honnêtement mis en garde* mi ha onestamente messo in guardia → **loyalement,** 1 **bien** ◇ *ellipt.* [*franchement*] *honnêtement, n'étiez-vous pas au courant?* sinceramente, onestamente, non eravate al corrente? **2** [→ HONNÊTE II 1] decentemente, discretamente: *son travail est honnêtement payé* il suo lavoro è retribuito decentemente; *il s'en tire très honnêtement* se la cava piuttosto discretamente, se la cava abbastanza bene → **correctement, passablement.**

honnêteté |ɔnɛtte| *s.f.* onestà (*inv.*): *un homme d'une parfaite honnêteté* un uomo di specchiata, esemplare onestà; *l'honnêteté de ses intentions* l'onestà delle sue intenzioni; *honnêteté en affaires* onestà negli affari; *ayez l'honnêteté de le reconnaître* abbiate l'onestà di riconoscerlo → **droiture, integrité, probité, correction** © **malhonnêteté.**

honneur |ɔnœʀ| *s.m.* **I** [*dignité morale*] onore: *homme d'honneur* uomo d'onore; *le code de l'honneur* il codice d'onore; *bandit d'honneur* autore di un delitto d'onore; *défendre, sauver son honneur* difendere, salvare il proprio onore; *mon honneur est en jeu* è in gioco il mio onore; *je l'atteste sur l'honneur* lo giuro sul mio onore → **fierté** ◇ *loc.* POINT D'HONNEUR punto d'onore: *se faire un point d'honneur de qqch.* farsi un punto d'onore di q.c. # *mettre un point d'honneur, son point d'honneur à* mettersi di puntiglio a... ~ *donner sa parole d'honneur* dare la propria parola d'onore, giurare sul proprio onore ~ (*exclam.*) (*ma*) *parole d'honneur!* parola d'onore! **II** **1** [*considération qui s'attache au mérite, à la vertu, aux talents*] onore: *il s'en est tiré avec honneur* ne è uscito con onore; *c'est tout à son honneur* va tutto a suo onore → **gloire, réputation** # *travailler pour l'honneur* lavorare per la gloria ◇ *loc.* ÊTRE EN HONNEUR essere in auge: *cette pratique est actuellement en honneur* questa abitudine è attualmente in auge, sulla cresta dell'onda → 1 **mode (à la), vogue (en)** ~ (RE)METTRE EN HONNEUR ripristinare, riproporre (168): *remmettre en honneur d'anciennes coutumes* ripristinare, riproporre antiche usanze ~ ÊTRE L'HONNEUR DE essere l'orgoglio di: *être l'honneur de la famille* essere l'orgoglio della famiglia → **fierté** ~ *mourir au champ d'honneur* morire sul campo **2** [*traitement spécial destiné à honorer qqn.*] onore: *à vous l'honneur* a lei l'onore!; *je n'ai pas mérité cet honneur* non ho meritato questo onore; *faites-moi l'honneur d'être mon témoin* mi faccia l'onore di farmi da testimone; *faire un grand honneur à qqn.* rendere un grande onore a qc. # *c'est lui faire trop d'honneur* non merita tanto; *sauf votre honneur* (parlando) col dovuto rispetto, con rispetto parlando ◇ (*ellipt.*) *à qui ai-je l'honneur* (*de parler*)*?* con chi ho l'onore di parlare? ◇ *loc.* EN L'HON-

NEUR DE (QQN.) in onore di qc.: *on va donner une fête en son honneur* si darà una festa in suo onore → **hommage (en)** ~ EN L'HONNEUR DE (UN ÉVÉNEMENT) per festeggiare (un avvenimento): *en l'honneur de son mariage* per festeggiare il suo matrimonio ~ (*fam.*) EN QUEL HONNEUR? in onore di chi?, come mai?: *en quel honneur cette nouvelle toilette?* in onore di chi, come mai questa nuova 'toilette'? ~ L'HONNEUR DE (+ *inf.*) l'onore di (+ *inf.*): *je vous fais l'honneur de vous recevoir* vi faccio l'onore di riceverví; *il a l'honneur de siéger dans cette assemblée* ha l'onore di far parte di questa assemblea → **prérogative, privilège, 1 faveur, 1 grâce** ◇ (*prov.*) *à tout seigneur tout honneur* onore al merito **3** *loc.* D'HONNEUR d'onore: *garçon, demoiselle d'honneur* paggio, damigella d'onore; *cour d'honneur d'un bâtiment* cortile d'onore di un edificio; *vin d'honneur* vino d'onore; *prix, tableau d'honneur* premio d'onore, albo d'onore; *croix d'honneur* croce d'onore; *légion d'honneur* legion d'onore # *président, membre d'honneur* presidente, membro onorario **4** *loc.* FAIRE HONNEUR À (QQN.) fare onore a qc.: *élève qui fait honneur à son maître* alunno che fa onore al proprio maestro; *ces scrupules vous font honneur* questi scrupoli vi fanno onore ~ FAIRE HONNEUR À (QQCH.) fare onore a q.c.: *faire honneur à ses engagements, à ses obligations* fare onore ai propri impegni, ai propri doveri; onorare i propri impegni, i propri obblighi; *faire honneur à sa signature* fare onore alla propria firma; (*fam.*) *faire honneur à un repas* fare onore a un pasto **III** *au plur.* LES HONNEURS **1** [*témoignages d'honneur*] onori, onoranze (*f.*): *honneurs militaires* onori militari; *honneurs funèbres* onoranze funebri; *obtenir les honneurs de la guerre* ottenere gli onori di guerra; *faire à qqn. les honneurs d'une maison* fare gli onori di casa a, con qc. **2** (*aux cartes, spécialt. au bridge*) onori 🄲 I **déshonneur.**

***honnir** |ɔniʀ| *v.tr.* (*vieilli*) [*dénoncer, vouer à la détestation et au mépris publics de façon à couvrir de honte*] vilipendere (105), vituperare: *il est honni partout, par tout le monde* egli è ovunque vilipeso, è vilipeso da tutti ◇ (*loc.*) *honni soit qui mal y pense!* mal ne incolga a colui che male pensa, sia biasimato chi ne pensa male!

honorabilité |ɔnɔʀabilite| *s.f.* onorabilità (*inv.*): *un homme d'une parfaite honorabilité* un uomo di specchiata onorabilità → **respectabilité.**

honorable |ɔnɔʀabl(ə)| *adj.* **1** [*qui mérite d'être honoré, estimé*] onorato, rispettabile: *une famille honorable* una famiglia onorata, rispettabile ◇ (*en parlant d'un parlementaire*) onorevole: *mon honorable collègue* (il) mio onorevole collega **2** [*qui attire la considération, le respect*] onorevole: *profession honorable* professione onorevole; *une fin honorable* una fine onorevole; *classement honorable* classifica onorevole; *faire amende honorable* fare ammenda onorevole ◇ (*blas.*) *pièces honorables de l'écu* pezze onorevoli di scudo **3** [*qui atteint un niveau jugé moyen, suffisant*] onorevole, decoroso: *un résultat assez honorable* un risultato abbastanza onorevole, decoroso → **convenable, honnête.**

honorablement |ɔnɔʀabləmɑ̃| *adv.* **1** [→ HONORABLE 1] onoratamente: *se conduire, vivre honorablement* comportarsi, vivere onoratamente # *il est honorablement connu dans le quartier* è conosciuto nel quartiere come persona rispettabile, onorata **2** [→ HONORABLE 3] decorosamente, dignitosamente: *il a de quoi vivre honorablement* ha di che vivere decorosamente, dignitosamente.

honoraire |ɔnɔʀɛʀ| *adj.* onorario*: *professeur honoraire* professore onorario; *président, membre honoraire d'une société* presidente, membro onorario di una società.

honoraires |ɔnɔʀɛʀ| *s.m.pl.* onorario* *sing.*, parcella (*f.sing.*): *les honoraires d'un médecin* l'onorario di un medico; *les honoraires d'un avocat* la parcella di un avvocato → **émolument.**

honorariat |ɔnɔʀaʀja| *s.m.* [*qualité, dignité de celui qui conserve le titre après avoir cessé d'exercer la fonction*] carica* *f.* onorifica*, titolo onorifico*.

honoré, ée |ɔnɔʀe| *adj.* **1** (*politesse*) onorato, lusingato: *je suis très honoré* sono molto onorato, lusingato **2** (*dans des express., en s'adressant à qqn.*) esimio*, egregio*: *mon honoré confrère* mio esimio, egregio collega → **honorable** ♦ *s.f.* (*comm.*) pregiata (lettera): *j'ai bien reçu votre honorée du 10 courant* ho ricevuto la pregiata vostra del 10 corrente mese.

honorer |ɔnɔʀe| **A** *v.tr.* **I** **1** [*procurer de l'honneur à*] onorare, fare (103) onore a: *ce savant honore son pays* questo scienziato onora il suo paese; *cette franchise vous honore* questa franchezza le fa onore **2** [*rendre honneur à, traiter avec beaucoup de respect et d'égard*] onorare: *honorer Dieu, les saints* onorare Dio, i santi; *honorer son père et sa mère* onorare il padre e la madre; *honorer la mémoire de qqn.* onorare la memoria di qc. → **adorer** ◇ (*par ext.*) *il veut bien m'honorer de son amitié* mi onora della sua amicizia; *votre confiance m'honore* la vostra fiducia mi onora **3** [*tenir en haute estime*] onorare ♦ (*au p.p.*) *famille estimée et honorée* famiglia stimata e onorata → **respecter** **II** (*comm.*) [*acquitter, payer afin de faire honneur à un engagement*] onorare: *honorer une lettre de change* onorare una cambiale ◇ (*par ext.*) *honorer sa signature* far onore alla propria firma **B** *v.pron. réfl.* S'HONORER DE [*tirer honneur, orgueil, fierté de*] onorarsi di: *je m'honore de son estime* mi onoro della sua stima; *je m'honore d'être son ami* mi onoro d'essere suo amico → **enorgueillir (s'), gloire (se faire)** 🄲 A I 1 **déshonorer.**

honorifique |ɔnɔʀifik| *adj.* onorifico*: *fonctions honorifiques* cariche onorifiche; *titres honorifiques* titoli onorifici # *distinctions honorifiques* onorificenze ◇ *loc.* À TITRE HONORIFIQUE a titolo onorifico: *président à titre honorifique* presidente a titolo onorifico.

honoris causa |ɔnɔʀiskoza| *loc. adj. inv.* (*lat.*) DOCTEUR HONORIS CAUSA dottore honoris causa: *homme d'État nommé docteur honoris causa de l'Université de Paris* Statista proclamato dottore honoris causa dell'Università di Parigi.

***honte** |ɔ̃t| *s.f.* **1** [*déshonneur, humiliation*] onta; vergogna: *honte à celui, à ceux qui* onta a colui, a coloro che; *infliger, essuyer la honte d'un affront* infliggere, subire l'onta di un affronto ‖ *quelle honte!* che vergogna!; *être la honte de sa famille* essere la vergogna della propria famiglia; *c'est une honte!* è una vergogna!, è uno sconcio! ◇ (*loc.*) *à la honte de qqn.* in onta a qc., ad onta di qc. **2** [*sentiment pénible de son humiliation, de son abaissement devant les autres*] vergogna: *avoir honte* aver vergogna; *avoir honte de sa conduite* provare vergogna per la propria condotta; *rougir de honte* arrossire per la vergogna; *mourir de honte* morire di vergogna → **confusion** **3** *loc.* FAIRE HONTE À QQN. essere la vergogna di qc.: *ce garçon fait honte à son père* questo ragazzo è la vergogna di suo padre; *tu me fais honte* sei la mia vergogna ◇ (*par ext.*) *cet écolier fait honte à tous ses camarades par son application* questo scolaro fa vergognare, umilia tutti i suoi compagni con il suo impegno → **humilier** **4** *loc.* FAIRE HONTE (À QQN.) DE QQCH. svergognare *v.tr.* qc. per q.c.: *faites-lui honte, il le mérite bien* svergognatelo, se lo merita proprio **5** FAUSSE HONTE, MAUVAISE HONTE [*honte éprouvée, par un scrupule excessif ou par timidité, à propos de qqch., qui n'est pas blâmable*] vergogna → **2 réserve, respect, 2 retenue** # *acceptez sans fausse honte* accettate senza vergognarvene **6** [*sentiment de gêne inspiré par la fausse honte*] ritegno *m.*, pudore (*m.*): *étaler son luxe sans honte* ostentare il proprio lusso senza ritegno; *la honte qui l'empêche d'être naturel* il pudore che gli impedisce d'essere spontaneo.

***honteusement** |ɔ̃tøzmɑ̃| *adv.* [→ HONTEUX 1] vergognosamente: *fuir honteusement* scappare vergognosamente # *il est honteusement mal payé* è pagato in un modo vergognoso.

***honteux, euse** |ɔ̃tø, øz| *adj.* **1** [*qui cause de la honte*] vergognoso: *action honteuse* azione vergognosa; *fuite honteuse* fuga vergognosa → **avilissant, dégradant, déshonorant** # *une honteuse pensée* un turpe pensiero; *un honteux chantage* un vile ricatto → **inavouable** **2** [*qui éprouve un sentiment de honte*] vergognoso: *il est honteux d'avoir été ridicule* si sente vergognoso, imbarazzato d'essere stato ridicolo → **penaud, confus** ◇ *loc.* ÊTRE HONTEUX DE vergognarsi di, provare vergogna per: *il est honteux de son ignorance* si vergogna della sua ignoranza **3** (*épithète, après le nom*) *les pauvres honteux* i poveri che si vergognano della loro condizione; *un chrétien honteux* un cristiano che si vergogna della sua religione.

***hop!** |ɔp, hɔp| *interj.* **1** (*sert à stimuler, à faire sauter*) op (là): *allez, hop!* hop là!, su!, op!, op là! **2** (*sert à exprimer un geste, une action brusque*) su!, op!: *et hop! allons-y* su!, op!

hôpital, aux |ɔ(o)pital, o| *s.m.* ospedale: *personnel médical d'un hôpital* personale medico di un ospedale; *salles d'un hôpital* corsie di un ospedale; *lit d'hôpital psychiatrique* letto di ospedale psichiatrico; *navire, bateau-hôpital* nave ospedale; *hôpital militaire* ospedale militare; *envoyer, admettre un malade dans un hôpital, à l'hôpital* mandare, ricoverare un malato in ospedale, all'ospedale # *médecin, chirurgien des hôpitaux* medico, chirurgo ospedaliero.

hòplite |ɔplit| *s.m.* (*antiq. gr.*) oplita.
***hoquet** |ɔkɛ| *s.m.* [*contraction spasmodique du diaphragme produisant un appel d'air qui fait un bruit rauque*] singhiozzo, singulto: *hoquets d'origine nerveuse* singhiozzi d'origine nervosa; *avoir le hoquet* avere il singhiozzo, singhiozzare.
***hoqueter** |ɔkte| (5) *v.intr.* [*avoir un hoquet, le hoquet*] singhiozzare: *hoqueter bruyamment* singhiozzare rumorosamente.
***hoqueton** |ɔktɔ̃| *s.m.* (*ancienn.*) [*veste que les hommes d'armes portaient sous le haubert*] casacca* *f.* ◇ [*casaque* (*de paysan*)] *hoqueton de berger* casacca da pastore.
horaire |ɔʀɛʀ| **I** *adj.* orario*: *vitesse, moyenne horaire* velocità, media oraria; *salaire horaire* paga oraria; *fuseau horaire* fuso orario **II** *s.m.* **1** [*relevé des heures de départ, de passage, d'arrivée des services de transport*] orario: *horaire de chemins de fer, de bateaux, d'avions* orario dei treni, delle navi, degli aerei; *horaire souple, variable* orario variabile; *consulter l'horaire des chemins de fer* consultare l'orario ferroviario **2** [*emploi du temps heure par heure*] orario: *afficher l'horaire des cours* affiggere l'orario scolatico; *avoir un horaire chargé* avere un orario pesante → **programme.**
***horde** |ɔʀd(ə)| *s.f.* orda: *les hordes mongoles* le orde mongole ◇ (*péj.*) *une horde de gamins excités* un'orda, una torma di ragazzi scalmanati.
***horion** |ɔʀjɔ̃| *s.m.* (*littér., généralt. au plur.*) [*coup violent*] botta *f.*, percossa (*f.*): *donner, échanger des horions* dare, darsi delle botte.
horizon |ɔʀizɔ̃| *s.m.* **1** orizzonte: *ligne d'horizon* linea dell'orizzonte; *teinte bleuâtre de l'horizon* tinta azzurrognola dell'orizzonte; *plaine qui s'étend jusqu'à l'horizon* pianura che si estende fino all'orizzonte; *voir, apercevoir qqch. à l'horizon* vedere, scorgere qc. all'orizzonte; *scruter l'horizon* scrutare l'orizzonte; *chaîne de montagnes qui limite l'horizon* catena di monti che limita l'orizzonte ◇ (*fig.*) *l'horizon politique, économique* l'orizzonte politico, economico; *menace de crise à l'horizon* minaccia di crisi all'orizzonte; *faire un tour d'horizon* fare un giro d'orizzonte; *ce livre m'a dévoilé, ouvert des horizons* questo libro mi ha svelato, aperto nuovi orizzonti **2** (*géol.*) orizzonte.
horizontal, ale, aux |ɔʀizɔ̃tal, o| *adj.* **1** orizzontale: *plan horizontal* superficie orizzontale; *ligne horizontale* linea orizzontale ◇ (*écon., fig.*) *intégration horizontale* integrazione orizzontale ◇ (*fam.*) *prendre la position horizontale* [*se coucher, s'allonger*] mettersi in posizione orizzontale, stendersi (*cour.*) **2** *loc. adv.* À L'HORIZONTALE in posizione orizzontale 🄲 1 **vertical.**
horizontalement |ɔʀizɔ̃talmɑ̃| *adv.* [→ HORIZONTAL 1] orizzontalmente.
horizontalité |ɔʀizɔ̃talite| *s.f.* orizzontalità *inv.*
horloge |ɔʀlɔʒ| *s.f.* **1** orologio* *m.* (a muro, di torre, di campanile): *horloge à balancier* orologio a bilanciere; *la tour de l'horloge* la torre dell'orologio; *horloge de précision* orologio di precisione; *horloge électrique* orologio elettrico; *horloge à quartz* orologio al quarzo; *horloge digitale* orologio digitale; *horloge qui avance, retarde* orologio che va avanti, che va indietro (che ritarda); *mettre une horloge à l'heure* regolare un orologio; *monter, remonter une horloge* caricare, ricaricare un orologio **2** (*loc.*) *être réglé comme une horloge* [*avoir des habitudes très régulières*] essere un orologio.
horloger, ère |ɔʀlɔʒe, ɛʀ| **1** *s.* [*personne qui fabrique, répare, vend des objets d'horlogerie*] orologiaio*: *horloger bijoutier* orologiaio gioielliere **2** *adj.* [*relatif à l'horlogerie*] orologiero: *l'industrie horlogère* l'industria orologiera.
horlogerie |ɔʀlɔʒʀi| *s.f.* orologeria: *horlogerie de précision* orologeria di precisione; *pièces d'horlogerie* pezzi di orologeria; *tenir un magasin d'horlogerie* gestire un'orologeria.
***hormis** |ɔʀmi| *prép.* (*littér., vieilli*) [*à part*] salvo, tranne: *hormis les cas de force majeure* salvo i casi di forza maggiore; *tout, hormis ceci* tutto, tranne questo → **excepté, hors, sauf** 🄲 **compris (y).**
hormonal, ale, aux |ɔʀmɔnal, o| *adj.* ormonale, ormonico*: *différenciation hormonale des sexes* differenziazione ormonale dei sessi; *troubles hormonaux* disfunzioni ormoniche.
hormone |ɔʀmɔn| *s.f.* (*biol.*) ormone (*m.*): *hormones hypophysaires, pancréatiques, gonadotropes* ormoni ipofisari, pancreatici, gonadotropi; *hormones des glandes surrénales* ormoni delle ghiandole surrenali; *hormones sexuelles mâles, femelles* ormoni sessuali maschili, femminili.
hormonothérapie |ɔʀmɔnɔteʀapi| *s.f.* (*méd.*) ormonoterapia.
***hornblende** |ɔʀnblɛ̃d| *s.f.* (*minér.*) orneblenda.
horo- |ɔʀɔ| *préf.* (*signifiant 'heure', correspond généralt. à*) oro: *horoscope* oroscopo*.
horodateur |ɔʀɔdatœʀ| *s.m.* orologio* marcatempo.
horoscope |ɔʀɔskɔp| *s.m.* oroscopo: *tirer l'horoscope de qqn.* fare l'oroscopo di qc.; *lire son horoscope* leggere il proprio oroscopo.
horoscopie |ɔʀɔskɔpi| *s.f.* oroscopia.
horoscopique |ɔʀɔskɔpik| *adj.* oroscopico *.
horreur |ɔʀœʀ| *s.f.* **I** (*sens subjectif*) **1** orrore (*m.*): *frémir d'horreur* fremere d'orrore; *cette vue la remplissait d'horreur* quella vista la riempiva d'orrore → **effroi, épouvante, peur, répulsion** ◇ (*littér.*) *horreur sacrée* sacro orrore ◇ *loc.* FAIRE HORREUR (À) fare orrore (a), fare ribrezzo (a): *action qui fait horreur* azione che fa orrore; *personne qui fait horreur* persona che fa ribrezzo **2** [*sentiment violemment défavorable qu'une chose inspire*] orrore, paura: *l'horreur du risque* l'orrore, la paura del rischio; *l'horreur de l'eau, de la lumière* la paura dell'acqua, della luce; *l'horreur d'agir* la paura di agire; *inspirer au peuple l'horreur du crime* ispirare nel popolo l'orrore del delitto → **aversion, dégoût, répugnance, phobie** **3** *loc.* AVOIR HORREUR DE avere orrore di, detestare: *ils ont horreur de la guerre* hanno orrore della guerra, detestano la guerra → **détester, exécrer, haïr** ◇ (*sens affaibli*) *il a horreur de ce prénom* detesta quel nome; *j'ai horreur de me lever tôt* detesto alzarmi presto **4** *loc.* AVOIR, PRENDRE (QQN., QQCH) EN HORREUR avere, prendere in odio (qc., q.c.): *j'ai cette ville en horreur* ho in odio questa città; *je commence à le prendre en horreur* comincio a prenderlo in odio → **haine, 1 grippe (en)** **II** (*sens objectif*) **1** orrore: *l'horreur d'un crime* l'orrore di un delitto; *quelle horreur d'avoir fait cela!* che orrore aver fatto una simile cosa! → **monstruosité** ◇ (*par exagér., fam.*) *jolie elle? Une horreur!* bella lei? È un orrore!; *ce tableau? Une véritable horreur!* quel quadro? Un vero e proprio orrore! ◇ (*exclam. fam.*) *quelle horreur!* che orrore! **2** *au plur.* orrori, atrocità (*inv.*): *les horreurs de la guerre* gli orrori della guerra; *commettre des horreurs* commettere atrocità ◇ (*plais.*) *c'est le musée des horreurs* è il museo degli orrori **3** *au plur.* [*propos obscènes*] sconcezze, oscenità (*inv.*): *dire des horreurs* dire sconcezze → **grossièreté, obscénité** ◇ (*sens affaibli*) *ne dis pas d'horreurs* non dire assurdità *inv.* ◇ [*imputations outrageantes*] *débiter des horreurs sur ses voisins* dire peste e corna dei vicini.
horrible |ɔʀibl(ə)| *adj.* **1** orribile, orrendo: *une mort horrible* una morte orribile; *horrible vision* orribile visione; *crime horrible* delitto orrendo, spaventoso; *un temps horrible* un tempo orribile; *un horrible petit chapeau* un orribile, orrendo cappellino → **affreux, atroce, effrayant, épouvantable, detestable, exécrable** # *cris horribles* grida spaventose ♦ (*s.m.*) *le goût de l'horrible* il gusto dell'orrido **2** [*qui passe les bornes* (*d'une chose désagréable ou dangereuse*)] tremendo, terribile: *une chaleur horrible* un caldo tremendo; *une soif horrible* una sete terribile → **intolérable, excessif, 1 extrême, terrible.**
horriblement |ɔʀibləmɑ̃| *adv.* [→ HORRIBLE 1] orribilmente, orrendamente: *un nain horriblement contrefait* un nano orribilmente deforme ◇ (*par exagér.*) *c'est horriblement cher* è terribilmente, tremendamente caro → **extrêmement.**
horrifiant, ante |ɔʀifjɑ̃, ɑ̃t| *adj.* [*qui horrifie*] raccapricciante: *faire un tableau horrifiant de la situation* fare un quadro raccapricciante della situazione → **épouvantable, terrifiant.**
horrifier |ɔʀifje| *v.tr.* (*surtout passif et au p.p.*) **1** [*remplir, frapper d'horreur*] inorridire (197): *air, visage horrifié* aria, faccia inorridita **2** [*scandaliser*] scandalizzare: *elle fut horrifiée par le prix de ce fauteuil* fu scandalizzata dal prezzo di quella poltrona.
horrifique |ɔʀifik| *adj.* [*qui cause de l'horreur*] orrido, orribile.
horripilant, ante |ɔʀipilɑ̃, ɑ̃t| *adj.* [*qui horripile*] esasperante → **agaçant, exaspérant.**
horripilation |ɔʀipilɑsjɔ̃| *s.f.* **1** (*physiol.*) orripilazione, pelle d'oca → **hérissement** **2** [→ HORRIPILER 2] esasperazione.
horripiler |ɔʀipile| *v.tr.* **1** (*physiol.*) [*causer l'horripilation*] far (103) *intr.* venire la pelle d'oca (a) **2** [*agacer, impatienter, exaspérer*] esasperare, irritare.
***hors** |ɔʀ| **I** *prép.* (*dans des express.*) [*à l'extérieur de, au delà de*] fuori: *exemplaires hors commerce* esemplari

fuori commercio; *fonctionnaire hors cadre(s)* impiegato statale fuori ruolo; *modèle hors série* modello fuori serie ◇ (*fig.*) *destin hors série* destino eccezionale; *talent hors ligne, hors pair* talento eccezionale, senza pari ◇ (*milit.*) *compagnie, section hors rang* compagnia, reparto fuori comando **II** *loc.prép.* **1** HORS DE [*en dehors de*] fuori di (da): *poisson qui saute hors de l'eau* pesce che guizza fuori dell'acqua, dall'acqua ◇ (*ellipt.*) *hors d'ici!* fuori (di qui)! ◇ (*par anal.*) *hors du monde,* fuori dal mondo, lontano dal mondo **2** (*loc.*) *hors d'atteinte* fuori tiro, inaccessibile *adj.* ~ *hors de portée* fuori portata ~ *hors du sujet* fuori tema ~ *mettre hors de cause* mettere fuori causa ~ *hors du temps* fuori tempo ~ *hors de saison* fuori stagione ~ *hors de danger* fuori pericolo ~ *hors d'état de nuire* non in grado di nuocere ~ *mettre hors de combat* mettere fuori combattimento ~ *hors d'haleine* senza fiato, sfiatato *adj.* ~ *hors d'usage* fuori uso ~ *hors de prix* carissimo *adj.* ~ *il est hors de doute que...* è indubbio *adj.*, non c'è dubbio che... ~ *hors de soi* fuori di sé ◇ (*loc. fam.*) *être hors du coup* essere estraneo all'impresa, non essere della partita.

***hors-bord** |ɔʀbɔʀ| *s.m.inv.* fuoribordo: *courses de hors-bord* gare di fuoribordo.

***hors(-)concours** |ɔʀkɔ̃kuʀ| *adj. inv.* fuori concorso *loc. inv.*; fuori gara (*loc. inv.*): *participer hors(-)concours* partecipare fuori concorso ‖ *être* (*mis*) *hors(-)concours* essere (messo) fuori gara ✦ (*s.m.inv.*) *les hors-concours* i partecipanti fuori concorso.

***hors-d'œuvre** |ɔʀdœvʀ(ə)| *s.m. inv.* **1** [*petit plat froid que l'on sert au début du repas*] *hors-d'œuvre variés* antipasto *sing.* misto (antipasti misti); *saucisson, radis servis en hors-d'œuvre* salame, ravanelli serviti per antipasto **2** (*archit.*) aggetto *var.*, costruzione *f.var.* esterna.

***horse-power** |ɔʀspawœʀ| *s.m. inv.* (*angl.*) (*mécan.*) horse-power.

***hors-jeu** |ɔʀʒø| *s.m.inv.* (*sport*) fuorigioco: *marquer un but sur hors-jeu* segnare una rete in fuorigioco ✦ (*adj.*) *joueur hors-jeu* giocatore (in) fuorigioco.

***hors-la-loi** |ɔʀlalwa| *s.m.inv.* fuorilegge (*s.*): *ces bandits sont des hors-la-loi* quei banditi sono dei fuorilegge ✦ (*adj.*) *mettre qqn. hors-la-loi* mettere, dichiarare qc. fuorilegge.

***hors-texte** |ɔʀtɛkst(ə)| *s.m.inv.* illustrazione *f.var.*, tavola *f.var.* fuori testo.

hortensia |ɔʀtɑ̃sja| *s.m.* (*t.bot.*) ortensia *f.* ◇ (*cour.*) *pot d'hortensia* vaso di ortensie; *hortensias roses, blancs, bleus* ortensie rosa, bianche, azzurre.

horticole |ɔʀtikɔl| *adj.* orticolo: *exposition horticole* mostra orticola # *productions, cultures horticoles* produzioni, coltivazioni ortive.

horticulteur |ɔʀtikyltœʀ| *s.m.* orticoltore.

horticulture |ɔʀtikyltyʀ| *s.f.* orticoltura: *horticulture forcée* orticoltura forzata.

hosanna |ozan(n)a| *s.m.* osanna (*inv.*): *des hosannas* degli osanna.

hospice |ɔspis| *s.m.* **1** ospizio*, ricovero: *hospice de vieillards* ospizio, ricovero per anziani; *finir à l'hospice* finire in un ospizio → **asile** **2** [*maison où des religieux donnent l'hospitalité aux pèlerins, aux voyageurs*] ospizio: *l'hospice du Grand-Saint-Bernard* l'ospizio del Gran San Bernardo.

1 **hospitalier, ière** |ɔspitalje, jɛʀ| *adj.* [*relatif aux hôpitaux, aux hospices*] ospedaliero: *établissements, services hospitaliers* istituti, servizi ospedalieri.

2 **hospitalier, ière** |ɔspitalje, jɛʀ| *adj.* **1** [*qui pratique volontiers l'hospitalité*] ospitale: *il est très hospitalier, sa maison est ouverte à tous* è molto ospitale, la sua casa è aperta a tutti → **accueillant** **2** [*où l'hospitalité est pratiquée*] ospitale: *une région très hospitalière* una regione molto ospitale.

hospitalisation |ɔspitalizɑsjɔ̃| *s.f.* [→ HOSPITALISER] ricovero *m.* (in ospedale), ospedalizzazione.

hospitaliser |ɔspitalize| *v.tr.* [*faire entrer, admettre* (*qqn.*) *dans un établissement hospitalier, un hôpital*] ricoverare, ospedalizzare: *hospitaliser un malade* ricoverare, ospedalizzare un malato; *j'ai dû faire hospitaliser mon père* ho dovuto far ricoverare mio padre all'ospedale ✦ (*au p.p.*) *les* (*malades*) *hospitalisés* i ricoverati *s.*

hospitalisme |ɔspitalism(ə)| *s.m.* (*psycho.*) ospedalismo.

hospitalité |ɔspitalite| *s.f.* ospitalità (*inv.*): *merci de votre aimable hospitalité* grazie della vostra cortese ospitalità; *donner, offrir l'hospitalité à qqn.* dare, offrire ospitalità a qc.; *demander, accepter, recevoir l'hospitalité* chiedere, accettare, ricevere ospitalità → **accueil, réception.**

hospitalo-universitaire |ɔspitalɔynivɛʀsitɛʀ| (*adj.*) *centre hospitalo-universitaire* (*C.H.U.*) ospedale universitario*, clinica universitaria.

hospodar |ɔspɔdaʀ| *s.m.* (*hist.*) ospodaro.

hostellerie |ɔstɛlʀi| *s.f.* → **hôtellerie.**

hostie |ɔsti| *s.f.* ostia: *consécration de l'hostie* consacrazione dell'ostia; *ciboire contenant des hosties* ciborio contenente le ostie.

hostile |ɔstil| *adj.* **1** ostile: *foule hostile et menaçante* folla ostile e minacciosa; *nature hostile* natura ostile; *forces hostiles* forze ostili; *action hostile* azione ostile; *accueil hostile* accoglienza ostile; *silence, regard hostile* silenzio, sguardo ostile → **inamical, néfaste** **2** *loc.* HOSTILE À... ostile a, contrario a...: *il est hostile à ce projet, à cette opinion* è ostile, contrario a quel progetto, a quell'opinione → **défavorable, contraire, opposé.**

hostilité |ɔstilite| *s.f.* **1** ostilità (*inv.*): *hostilité envers, contre qqn.* ostilità verso, contro qc.; *acte d'hostilité* atto di ostilità → **antipathie, haine** **2** *au plur.* ostilità: *cessation des hostilités* cessazione delle ostilità; *commencer, engager les hostilités* iniziare, aprire le ostilità → **conflit.**

***hot** |ɔt| *adj. et s.m.* (*amér.*) (*mus. jazz*) hot *inv.*

***hot-dog** |ɔtdɔg| *s.m.* (*amér.*) hot dog (*inv.*): *des hot-dogs* degli hot dog ◇ (*inv.*) *les marchands de hot-dog* i venditori di hot dog.

hôte, hôtesse |ot, otɛs| *s.* **I** **1** *s.* [*personne qui donne l'hospitalité, qui reçoit qqn.*] ospite, padrone di casa: *hôtesse aimable, cordiale* ospite, padrona di casa gentile, cordiale → **amphitryon, maître (de maison)** # *remercier ses hôtes* ringraziare i propri anfitrioni **2** (*s.f.*) *hôtesse* (*de l'air*) hostess *inv.* ◇ (*par ext.*) *l'hôtesse d'une exposition, d'une foire* la hostess di un'esposizione, di una fiera ◇ (*vieilli*) *l'hôtesse d'une auberge* l'ostessa di una locanda, la locandiera **3** *s.m.* (*biol.*) ospite: *le champignon parasite et son hôte* il fungo parassita e il suo ospite **II** **1** *s.* [*personne qui reçoit l'hospitalité*] (*f. hôte*) ospite: *hôte de marque* ospite di riguardo; *recevoir, loger un hôte, une hôte, ses hôtes* ricevere, ospitare un ospite, un'ospite, i propri ospiti → **invité** **2** (*s.*) *un hôte payant* un ospite pagante, un pensionante ◇ (*par ext.*) *les hôtes d'une chambre d'hôtel, d'un appartement meublé* gli ospiti, i locatari di una camera d'albergo, di un appartamento ammobiliato.

hôtel |o(ɔ)tɛl| *s.m.* **1** [*maison meublée où on loge, offrant les commodités du service*] albergo*: *hôtel de première classe* albergo di prima categoria; *hôtel de tourisme* albergo turistico; *hôtel-restaurant* albergo-ristorante; *le hall, la réception d'un hôtel* la hall, il ricevimento di un albergo; *garçon, femme de chambre d'un hôtel* cameriere, cameriera di un albergo; *rat d'hôtel* topo d'albergo **2** [*demeure citadine d'un riche particulier*] palazzo: *un vieil hôtel du XVIIIe siècle* un vecchio palazzo del '700 **3** MAÎTRE D'HÔTEL [*chez un riche particulier*] maggiordomo; (*dans un restaurant*) 'maitre' (*inv.*): *appeler le maître d'hôtel* chiamare il maggiordomo; il 'maitre' **4** [*grand édifice destiné à un établissement publ.*] *hôtel de la Monnaie* zecca* (*f.*); *hôtel des ventes* casa *f.* delle aste; *hôtel de ville* municipio*, palazzo comunale → **mairie.**

hôtel-Dieu |o(ɔ)tɛldjø| *s.m.* [*l'hôpital principal de certaines villes*] ospedale maggiore: *les hôtels-Dieu* gli ospedali maggiori.

hôtelier, ière |o(ɔ)təlje, jɛʀ| **1** *s.* [*personne qui tient un hôtel*] albergatore* **2** *adj.* [*relatif aux hôtels, à l'hôtellerie*] alberghiero: *industrie hôtelière* industria alberghiera; *école hôtelière* scuola alberghiera.

hôtellerie |o(ɔ)tɛlʀi| *s.f.* **I** **1** [*hôtel ou restaurant d'apparence rustique, confortable ou même luxueux*] taverna ◇ (*vieilli*) [*auberge*] locanda **2** [*bâtiment d'une abbaye destiné à recevoir les hôtes*] foresteria **II** [*métier, profession d'hôtelier, industrie hôtelière*] industria alberghiera: *crise de l'hôtellerie* crisi dell'industria alberghiera; *travailler dans l'hôtellerie* lavorare nell'industria alberghiera # *école d'hôtellerie* scuola alberghiera.

hôtesse |otɛs| *s.f.* → **hôte.**

***hotte** |ɔt| *s.f.* **1** [*grand panier ou cuve, qu'on porte sur le dos au moyen de bretelles*] gerla: *hotte de vendangeur* gerla di vendemmiatore; *la hotte du père Noël* la gerla di Babbo Natale **2** (*constr.*) cappa: *hotte d'une cheminée* (*de cuisine*) cappa del camino (di cucina).

***hottentot, ote** |ɔtɑ̃to, ɔt| **1** *adj.* [*relatif à une population de pasteurs nomades de l'Afrique du Sud-Ouest*] ottentotto: *population hottentote* popolazione ottentotta; *Vénus hottentote* Ve-

nere ottentotta **2** (*s.m.*) *le hottentot* [*la langue des Hottentots*] l'ottentotto.
***hou**! |u, hu| *interj.* uh!: *hou! la vilaine!* uh! cattiva!
***houblon** |ublɔ̃| *s.m.* (*t.bot.*) luppolo.
***houblonnage** |ublɔnaʒ| *s.m.* (*techn.*) luppolizzazione *f.*
***houblonnière** |ublɔnjɛʀ| *s.f.* [*champ de houblon*] luppoleto *m.*
***houe** |u| *s.f.* [*pioche à lame assez large dont on se sert pour les binages*] zappa # *houe à main* zappetta.
***houille** |uj| *s.f.* (*géol.*) **1** carbone *m.*, carbon fossile: *gisement de houille* giacimento di carbone; *filon, veine de houille* filone, vena di carbon fossile; *mine de houille* miniera di carbone; **2** *houille blanche* [*énergie hydraulique fournie par les chutes d'eau en montagne*] carbone bianco.
***houiller, ère** |uje, ɛʀ| *adj.* [*qui renferme des couches de houille*] carbonifero: *gisement, bassin houiller* giacimento, bacino carbonifero ◇ [*relatif à la houille*] *industries houillères* industrie carbonifere.
***houillère** |ujɛʀ| *s.f.* [*mine de houille*] miniera di carbone, di carbon fossile: *exploitation d'une houillère* coltivazione di una miniera di carbone, di carbon fossile.
***houle** |ul| *s.f.* [*mouvement ondulatoire qui agite la mer sans faire déferler les vagues*] mareggio* *m.*, onda lunga: *forte, grosse houle* forte, intenso mareggio ◇ *au plur.* [*grosses vagues d'une mer agitée*] marosi *m.*, cavalloni *m.* ◇ (*fig.*) *une houle humaine* un'ondata di folla.
***houlette** |ulɛt| *s.f.* **1** (*littér.*) [*bâton de berger*] vincastro *m.* ◇ (*par métaph.*) *la houlette de l'évêque* il pastorale *m.* del vescovo → 1 **crosse** **2** (*techn.*) trapiantatoio* *m.*
***houleux, euse** |ulø, øz| *adj.* **1** [*agité par la houle*] mosso, agitato: *mer houleuse* mare mosso, agitato **2** (*fig.*) [*agité, troublé*] burrascoso: *assemblée, séance houleuse* assemblea, seduta burrascosa → **mouvementé, orageux** [C] 2 **calme** 2, **paisible.**
***houp**! |up, hup| *interj.* → **hop**!
***houppe** |up| *s.f.* **1** [*assemblage de brins de fil, de laine, de soie formant une touffe*] nappa, fiocco* *m.* → **houppette** ◇ (*spécialt.*) *houppe à poudrer* piumino *m.* da cipria **2** *houppe de cheveux* ciuffo *m.* di capelli; *houppe de poils* ciuffo di peli ◇ (*anat.*) papille *pl.* nervose.
***houppelande** |uplɑ̃d| *s.f.* [*long vêtement de dessus, très ample et ouvert par-devant*] mantello *m.*, cappa → **cape.**
***houppette** |upɛt| *s.f.* [*petite houppe*] nappina # *houppette à poudre de riz* piumino da cipria.
***hourd** |uʀ| *s.m.* (*ancienn.*) palco*, impalcatura *f.* (per gli spettatori di un torneo) ◇ (*fortif.*) caditoia *f.*, piombatoia *f.*
***houri** |uʀi| *s.f.* (*relig. musulmane*) uri *inv.*
***hourra** |uʀa, huʀa| *s.m.* [*cri d'enthousiasme, d'acclamation*] (h)urrà (*inv.*): *pousser des hourras* lanciare degli urrà ◆ (*interj.*) *hourra! Hip, hip, hip; hourra!* urrà! Hip, hip, hip; urrà!
***hourvari** |uʀvaʀi| *s.m.* **1** (*vén.*) grido dei cacciatori; suono di tromba (per richiamare i cani sulla traccia) **2** (*littér.*) [*grand tumulte*] frastuono (*cour.*), fracasso (*cour.*).
***housard** |uzaʀ| *s.m.* → **hussard.**
***houseau** |uzo| *s.m.* [*sorte de jambière, simulant la tige d'une botte*] gambale: *houseaux lacés, boutonnés, de toile* gambali allacciati, abbottonati, di tela.
***houspiller** |uspije| *v.tr.* [*harceler de reproches, de critiques*] strapazzare, bistrattare: *il s'est fait houspiller* si è fatto strapazzare → **attraper.**
***housse** |us| *s.f.* **1** [*enveloppe souple recouvrant et protégeant certains objets* (*meubles, vêtements, etc.*)] fodera: *housses des sièges* fodere delle sedie; *housse d'une machine à écrire* fodera, custodia di una macchina da scrivere # *les housses de sièges d'une voiture* le foderine dei sedili, i coprisedili di un'auto; *housse à vêtements* sacco, custodia per abiti **2** [*sorte de couverture attachée à la selle et qui couvre la croupe du cheval*] gualdrappa.
***houssine** |usin| *s.f.* (*vieilli*) [*baguette de houx, et par ext. toute baguette flexible*] bacchetta, verga* flessibile.
***houx** |u| *s.m.* (*t.bot.*) agrifoglio*, alloro spinoso (*cour.*) ◇ (*cour.*) *le gui et le houx de la Noël* il vischio e l'agrifoglio di Natale.
hovercraft |ovœ(ɛ)ʀkʀaf(t)| *s.m.* (*angl.*) hovercraft *inv.* → **aéroglisseur.**
***hublot** |yblo| *s.m.* [*petite fenêtre étanche généralement ronde des navires*] oblò (*inv.*): *les rangées de hublots d'un transatlantique* le file di oblò di un transatlantico ◇ (*par ext.*) [*fenêtre circulaire dans un avion*] finestrino: *regarder par le hublot* guardare dal finestrino.
***huche** |yʃ| *s.f.* [*grand coffre de bois rectangulaire à couvercle plat*] cassa; madia: *huche à vêtements* cassa per abiti || *huche à provisions* madia per le provviste; *huche au pain, à pain* madia per il pane; *huche à pétrir* madia per impastare il pane.
***hue**! |y, hy| *interj.* (*mot dont on se sert pour inciter un cheval, pour le faire tourner à droite*) arri!,ih! # *allez, hue!* ih, va!
***huée** |ɥe| *s.f.* **1** [*cri de dérision, de réprobation poussé par une assemblée, une réunion de personnes*] schiamazzo (*m.*): *orateur interrompu par des sifflets et des huées* oratore interrotto da fischi e schiamazzi # *s'enfuir sous les huées de la foule* fuggire fra le urla della folla **2** (*vén.*) clamore *m.*, schiamazzo.
***huer** |ɥe| **A** *v.tr.* [*pousser des cris de dérision, des cris hostiles contre* (*qqn.*)] fischiare: *on l'a hué* lo hanno fischiato, subissato di schiamazzi; *huer un orateur, un acteur* fischiare un oratore, un attore → **conspuer, siffler** **B** *v.intr.* [*pousser son cri, en parlant de la chouette, du hibou*] stridere*.
***huguenot, ote** |ygno, ɔt| *s.* (*hist. fr.*) ugonotto → **protestant** ◆ (*adj.*) *parti huguenot* partito ugonotto.
huilage |ɥilaʒ| *s.m.* [→ HUILER] oliatura (*f.*): *huilage des machines* oliatura delle macchine.
huile |ɥil| *s.f.* **1** olio* (*m.*): *huiles végétales alimentaires* oli vegetali alimentari; *huile de colza, de coton, de lin* olio di colza, di cotone, di lino; *huile de ricin* olio di ricino; *huiles animales* oli di origine animale; *huile de foie de morue* olio di fegato di merluzzo; *huiles minérales* oli minerali; *huile de graissage* olio lubrificante; *huile camphrée* olio canforato; *huile solaire* olio solare; *peinture à l'huile* pittura ad olio; *assaisonner avec de l'huile et du vinaigre* condire con olio e aceto; *vidanger l'huile d'une voiture* fare il cambio dell'olio all'automobile ◇ (*liturg.*) *les saintes huiles* l'olio *sing.* santo **2** (*loc.*) *mer d'huile* mare liscio come l'olio ~ TACHE D'HUILE macchia d'olio: *idée qui fait tache d'huile* idea che si estende a macchia d'olio ~ *jeter de l'huile sur le feu* gettare olio sul fuoco, sulle fiamme ◇ (*loc. fam.*) *huile de coude* olio di gomito **3** *surtout au plur.* (*fam.*) [*personnage important*] pezzo *m.* grosso, alto papavero (*m.*): *c'est une des huiles du parti* è uno dei pezzi grossi del partito → **légume (grosse).**
huiler |ɥile| *v.tr.* [*frotter, oindre avec de l'huile*] oliare: *huiler les rouages d'une machine* oliare gli ingranaggi di una macchina → **graisser, lubrifier** ◆ (*au p.p.*) *serrure bien huilée* serratura ben oliata # *papier huilé* carta oleata; *salade trop huilée* insalata con troppo olio.
huilerie |ɥilʀi| *s.f.* **1** [*usine où l'on fabrique des huiles*] oleificio* (*m.*): *les huileries de Marseille* gli oleifici di Marsiglia **2** [*commerce des huiles*] commercio* *m.* dell'olio: *s'enrichir dans l'huilerie* arricchirsi con il commercio dell'olio ◇ [*industrie agricole de la fabrication des huiles végétales*] industria olearia.
huileux, euse |ɥilø, øz| *adj.* **1** [*qui est de la nature de l'huile*] oleoso: *médicament injectable en solution huileuse* farmaco iniettabile in soluzione oleosa **2** [*qui est ou semble frotté, imbibé d'huile*] unto, untuoso: *cheveux huileux* capelli unti, grassi; *peau huileuse* pelle untuosa, grassa → **graisseux, gras.**
huilier |ɥilje| *s.m.* [*ustensile de table contenant deux burettes pour l'huile et le vinaigre*] oliera *f.*
huis |ɥi| *s.m.* **1** (*loc.*) *à huis clos* a porte *f.* chiuse ◇ (*dr.*) *audience à huis clos* udienza a porte chiuse; *le huis-clos* il processo a porte chiuse; *tribunal qui ordonne le huis-clos* tribunale che ordina che il processo si svolga a porte chiuse **2** (*vx.*) [*porte d'une maison*] uscio* (*cour.*).
huisserie |ɥisʀi| *s.f.* (*techn.*) infisso (*m.*): *huisserie en bois, métallique* infissi di legno, metallici.
huissier |ɥisje| *s.m.* **1** usciere: *donner son nom, le motif de sa visite à l'huissier* dare il proprio nome, specificare il motivo della visita all'usciere ◇ (*par ext.*) *les huissiers d'une faculté* i bidelli di una facoltà universitaria; *les huissiers de la Chambre des députés* i commessi della Camera dei deputati → **appariteur** **2** (*dr.*) messo, ufficiale giudiziario*: *si vous refusez de payer, je vous enverrai l'huissier* se rifiutate di pagare, vi manderò l'ufficiale giudiziario.
***huit** |ɥi(t)| **I** *adj. numér. inv.* (*se prononce* [ɥi] *devant un nom commençant par une consonne*; [ɥit] *dans tous les autres cas*) **1** *cardinal* otto: *journée de huit heures* giornata di otto ore; *dans huit jours, d'aujourd'hui en huit* fra otto giorni, oggi a otto; *donner ses huit jours à un domestique* dare gli otto giorni a un domestico **2** *ordinal* [*huitième*] otto; ottavo: *le huit mai* l'otto maggio || *Henri huit* (*VIII*) Enrico ot-

tavo (VIII); *huit ou neuvième* ottavo o nono **II** *s.m. inv.* (*'t' toujours prononcé*) [*le nombre 8*] otto: *cinq et trois font huit* cinque e tre otto; *dix-huit, vingt-huit* diciotto, ventotto; *huit romain, arabe* otto romano, arabo ◇ (*cartes*) *le huit de pique* l'otto di picche.

***huitain** |ɥitɛ̃| *s.m.* [*petit poème de huit vers*] poesia *f.* di otto versi, ottava *f.* ◇ [*strophe de huit vers*] ottava (rima *f.*).

***huitaine** |ɥitɛn| *s.f.* [*ensemble de huit choses, d'environ huit choses de même sorte*] *une huitaine de jours* otto giorni circa ♦ *absolt.* UNE HUITAINE [*huit jours*] otto giorni: *il part dans une huitaine* parte fra otto giorni, oggi (a) otto ◇ (*dr.*) *la cause a été remise à huitaine* la causa è stata rinviata di otto giorni.

***huitante** |ɥitɑ̃t| *adj. et s.m.inv.* (*région., Suisse*) ottanta.

***huitième** |ɥitjɛm| **1** *adj. numér. ordinal* ottavo: *la huitième merveille du monde* l'ottava meraviglia del mondo **2** (*s.*) *arriver le huitième dans une compétition* arrivare ottavo *adj.* in una gara **3** *adj. subst.* ottavo: *trois huitièmes* tre ottavi ◇ (*sport*) *huitième de finale* ottavi *pl.* di finale.

***huitièmement** |ɥitjɛmmɑ̃| *adv.* [→ HUIT I 2] in ottavo luogo *loc.*

huître |ɥitʀ(ə)| *s.f.* **1** (*t.zool.*) ostrica* ◇ (*cour.*) *huîtres perlières* ostriche perlifere; *bancs d'huîtres* banchi di ostriche; *plat, fourchette à huîtres* piatto, forchetta da ostriche **2** (*fig., fam.*) [*personne stupide*] grullo *m.*, balordo *m.*

***huit-reflets** |ɥiʀflɛ| *s.m.inv.* [*chapeau de soie haut de forme très brillant, sur le fond duquel on peut distinguer huit reflets*] cilindro *var.*, cappello *var.* a cilindro.

huîtrier, ière |ɥitʀije, ijɛʀ| *adj. industrie huîtrière* [*relatif aux huîtres, à leur élevage*] industria delle ostriche, ostricoltura → **ostréiculture.**

***hulotte** |ylɔt| *s.f.* (*t.zool.*) allocco* *m.*, gufo *m.* selvatico*.

***hululement** |ylylmɑ̃| *s.m.* [*cri des oiseaux de nuit*] stridio*, urlo.

***hululer, ululer** |ylyle| *v.intr.* (*en parlant des oiseaux de nuit*) [*crier*] stridere*.

***hum!** |œm, hœm| *interj.* uhm!, ehm!: *hum! cela cache qqch.!* uhm!, ehm! c'è sotto qualcosa!

humain, aine |ymɛ̃, ɛn| **I** *adj.* **1** umano: *corps humain* corpo umano; *chair humaine* carne umana; *faiblesse humaine* debolezza umana; *respect humain* rispetto umano; *destinée, condition humaine* destino umano, condizione umana; *justice divine et justice humaine* giustizia divina e giustizia umana; *créature humaine* creatura umana; *le genre humain* il genere umano; *les sciences humaines* le scienze umane; *anatomie, physiologie humaine* anatomia, fisiologia umana; *c'est au-dessus des forces humaines* è al di là delle forze umane **2** [*qui est compréhensif et compatissant*] umano, indulgente: *il est très humain* è molto umano → **bon II** *s.m.* **1** umano: *l'humain et le divin* l'umano e il divino **2** (*littér.*) [*être humain*] uomo*, umano (*surtout plur.*): *les humains* gli uomini, gli (esseri) umani; *vivre séparé des humains, du reste des humains* vivere separato dagli uomini, dal resto degli uomini → 1 **gens, homme.**

humainement |ymɛnmɑ̃| *adv.* **1** [→ HUMAIN I 1] umanamente: *il a fait tout ce qui était humainement possible pour l'aider, pour le sauver* ha fatto tutto ciò che era umanamente possibile per aiutarlo, per salvarlo **2** [→ HUMAIN I 2] umanamente, con umanità (*loc. inv.*): *traiter humainement un ennemi, un coupable* trattare con umanità un nemico, un colpevole → **charitablement** Ⓒ 2 **inhumainement.**

humanisation |ymanizɑsjɔ̃| *s.f.* umanizzazione.

humaniser |ymanize| **A** *v.tr.* **1** [*mettre à la portée de l'homme*] mettere (155) alla portata dell'uomo: *humaniser une règle, une philosophie* mettere una regola, una filosofia alla portata dell'uomo **2** [*rendre plus humain, plus sociable, plus civilisé*] umanizzare: *humaniser les rapports entre les peuples* umanizzare i rapporti fra i popoli **B** *v.pron.réfl.* S'HUMANISER [→ *tr.* 2] umanizzarsi, civilizzarsi: *personne qui s'humanise* persona che si umanizza, si civilizza.

humanisme |ymanism(ə)| *s.m.* umanesimo.

humaniste |ymanist(ə)| **1** *s.m.* umanista: *ce philosophe est un humaniste* quel filosofo è un umanista **2** *adj.* umanistico*: *doctrine humaniste* dottrina umanistica; *philosophies humanistes* filosofie umanistiche.

humanitaire |ymanitɛʀ| *adj.* umanitario*: *organisation philanthropique et humanitaire* organizzazione filantropica e umanitaria; *droit humanitaire* diritto umanitario; *sentiments humanitaires* sentimenti umanitari → **humain, bon.**

humanitarisme |ymanitaʀism(ə)| *s.m.* umanitarismo.

humanitariste |ymanitaʀist(ə)| *adj.* (*péj.*) umanitario*: *utopies humanitaristes* utopie umanitarie ♦ (*s.*) *un humanitariste bêlant* un filantropo belante.

humanité |ymanite| *s.f.* umanità (*inv.*): *humanité et divinité de Jésus-Christ* umanità e divinità di Gesù Cristo; *sentiment, geste d'humanité* sentimento, gesto di umanità; *traiter un coupable, un prisonnier avec humanité* trattare un colpevole, un prigioniero con umanità; *histoire de l'humanité* storia dell'umanità, del genere umano Ⓒ **inhumanité.**

humanités |ymanite| *s.f.pl.* [*étude de la langue et de la littérature gr. et lat.*] studi *m.* classici, umanistici: *faire ses humanités* fare gli studi classici, umanistici ◇ (*en Belgique*) [*études secondaires*] istruzione *sing.* secondaria.

humble |œ̃bl(ə)| *adj.* **I** (*personnes*) umile: *il était humble et soumis* era umile e sottomesso → **effacé, modeste** ◇ (*littér.*) *un humble bûcheron* un umile boscaiolo → **pauvre, modeste** ♦ (*s.*) *les humbles* gli umili **II** (*choses*) **1** umile: *aveu humble* umile, timida confessione; *air, contenance, manières, ton humbles* aria, contegno, modi, tono umili → **timide** ◇ (*loc.*) *à mon humble avis* a mio modesto parere **2** (*littér.*) [*qui est sans éclat, sans prétention*] modesto, umile: *un humble présent* un modesto regalo; *une humble demeure* un'abitazione modesta, un'umile dimora; *l'humble violette* l'umile violetta → **pauvre.**

humblement |œ̃bləmɑ̃| *adv.* [→ HUMBLE I] umilmente: *remercier Dieu humblement* ringraziare umilmente Dio; *parler humblement de soi* parlare umilmente di sé; *je vous ferai humblement remarquer que...* le farò umilmente notare che...

humectage |ymɛktaʒ| *s.m.* [→ HUMECTER] inumidimento, umidificazione *f.* ◇ (*techn.*) *humectage des étoffes, du papier* umettazione *f.* delle stoffe, della carta.

humecter |ymɛkte| **A** *v.tr.* [*rendre humide*; *mouiller légèrement*] inumidire (197), umettare: *rosée qui humecte l'herbe* rugiada che inumidisce l'erba; *ses yeux s'humectèrent* i suoi occhi si inumidirono (di lacrime); *humecter son doigt* umettare il dito □ *s'humecter les lèvres* umettarsi le labbra **B** *v.pron. réfl.* S'HUMECTER → *tr.* □.

***humer** |yme| *v.tr.* **1** [*aspirer par le nez pour sentir*] annusare, fiutare: *humer une odeur, un parfum* annusare un odore, un profumo **2** [*aspirer par le nez en respirant*] respirare, aspirare: *humer l'air, le vent* respirare, aspirare l'aria, il vento; *humer avec délices l'air frais du matin* respirare con gioia l'aria fresca del mattino.

huméral, ale, aux |ymeʀal, o| *adj.* (*anat.*) omerale: *artère humérale* arteria omerale # *les saillies humérales* le sporgenze dell'omero.

huméro- |ymeʀɔ| *préf.* (*signifiant 'humérus', correspond généralt. à*) omero-: *huméro-cubitale* omero-cubitale.

humérus |ymeʀys| *s.m.* (*anat.*) omero: *col et tête de l'humérus* collo e testa dell'omero.

1 **humeur** |ymœʀ| *s.f.* **1** [*ensemble des dispositions, des tendances dominantes qui forment le caractère*] umore (*m.*): *saute d'humeur* sbalzo d'umore; *humeur brouillonne, litigieuse* umore irascibile, litigioso → **naturel, tempérament** # *humeur chagrine, maussade* carattere malinconico, scontroso; *incompatibilité d'humeur* incompatibilità di carattere **2** [*disposition particulière, momentanée qui ne constitue pas un trait de caractère*] umore: *l'humeur du moment* l'umore del momento; *selon, suivant son humeur* secondo il suo umore ◇ (*littér.*) *agir par humeur* agire per capriccio (*cour.*) → **caprice, fantaisie, impulsion** ◇ *loc.* D'HUMEUR À in vena di: *être, se sentir d'humeur à faire qqch.* essere, sentirsi in vena di fare q.c. ~ BONNE HUMEUR, BELLE HUMEUR umorismo *m.*; buon umore: *récit plein de bonne humeur* racconto pieno di umorismo → **entrain, gaieté** ‖ *être de bonne humeur, en bonne humeur* essere di buon umore; *il n'est pas de très bonne humeur* non è molto di buon umore ~ MAUVAISE HUMEUR cattivo umore: *il est de mauvaise humeur aujourd'hui* oggi è di cattivo umore ~ *humeur sombre, noire* umore nero **3** (*littér.*) [*mauvaise humeur*] stizza, cattivo umore: *mouvement d'humeur* gesto di stizza → **irritation** # *cela me donne de l'humeur* ciò mi irrita, mi dà fastidio.

2 **humeur** |ymœʀ| *s.f.* **1** (*vieilli*) [*liquide organique du corps humain*] umore (*m.*): *humeurs séreuses* umori sierosi ◇ (*cour.*) *humeur aqueuse, humeur vitreuse de l'œil* umore acqueo, umore vitreo dell'occhio **2** *au plur.* (*vx.*) *les humeurs* [*le sang, la bile, la sueur, la salive, la lymphe, etc.*] gli umori: *les*

humeurs viciées, causes de maladie gli umori viziati, causa di malattie; *humeurs froides* umori freddi.
humide |ymid| *adj.* umido: *murs humides* muri umidi; *souterrain humide* sotterraneo umido; *terre humide de pluie* terra umida di pioggia; *front humide de sueur* fronte umida di sudore; *yeux humides de larmes* occhi umidi di lacrime; *temps humide* tempo umido; *pays humide* paese umido Ⓒ **sec.**
humidificateur |ymidifikatœʀ| *adj. et s.m.* (*techn.*) umidificatore *s.m.* → **saturateur.**
humidification |ymidifikɑsjɔ̃| *s.f.* [→ HUMIDIFIER] umidificazione.
humidifier |ymidifje| *v.tr.* [*rendre humide*] umidificare: *humidifier l'air* umidificare l'aria → **humecter.**
humidité |ymidite| *s.f.* umidità (*inv.*): *humidité d'un sol* umidità di un pavimento; *métal rongé par l'humidité* metallo corroso dall'umidità; *humidité de l'air, du climat* umidità dell'aria, del clima Ⓒ **sécheresse.**
humiliant, ante |ymiljɑ̃, ɑ̃t| *adj.* umiliante: *aveu humiliant* confessione umiliante; *essuyer un échec humiliant* subire uno smacco umiliante → **avilissant, mortifiant.**
humiliation |ymiljɑsjɔ̃| *s.f.* [→ HUMILIER] umiliazione: *vivre dans l'humiliation* vivere nell'umiliazione; *rougir d'humiliation* arrossire per l'umiliazione; *infliger, endurer une humiliation* infliggere, sopportare un'umiliazione → **affront.**
humilié, ée |ymilje| *adj.* umiliato: *cruellement humilié de son échec* crudelmente umiliato per lo smacco subìto → **honteux.**
humilier |ymilje| **A** *v.tr.* [*abaisser, rabaisser d'une manière outrageante ou avilissante*] umiliare: *humilier son semblable* umiliare il prossimo → **mortifier B** *v.pron.réfl.* S'HUMILIER [→ *tr.*] umiliarsi: *s'humilier devant qqn.* umiliarsi davanti a qc.
humilité |ymilite| *s.f.* umiltà (*inv.*): *ton d'humilité* tono di umiltà; *en signe d'humilité* in segno d'umiltà; *agir dans un profond esprit d'humilité* agire con profonda umiltà; *s'effacer devant qqn. par humilité* cedere il passo a qc. per umiltà, per deferenza → **soumission, modestie** ◇ (*littér.*) *l'humilité de sa condition* l'umiltà della propria condizione.
humoral, ale, aux |ymɔʀal, o| *adj.* umorale: *théorie humorale* dottrina umorale.
humorisme |ymɔʀism(ə)| *s.m.* (*hist. méd.*) umorismo.
humoriste |ymɔʀist(ə)| *adj.* umorista: *écrivain humoriste* (scrittore) umorista ✦ (*s.*) *un humoriste* un umorista.
humoristique |ymɔʀistik| *adj.* umoristico*: *récit humoristique* racconto umoristico; *dessin humoristique* vignetta umoristica.
humour |ymuʀ| *s.m.* umorismo, humour (*inv.*): *l'humour et l'ironie* l'umorismo e l'ironia; *humour noir* umorismo nero; *l'humour britannique* lo humour britannico; *avoir de l'humour, le sens de l'humour* avere humour, avere il senso dell'umorismo; *manquer d'humour* mancare di senso dell'umorismo, di humour.
humus |ymys| *s.m.* humus (*inv.*): *couche d'humus* strato di humus → **terreau.**

***hune** |yn| *s.f.* (*mar.*) coffa # *mâts de hune* alberi di gabbia.
***hunier** |ynje| *s.m.* (*mar.*) vela *f.* di gabbia.
hunnique |ynik| *adj.* [*des Uns*] unnico*, unno.
***huppe** |yp| *s.f.* **1** (*t.zool.*) upupa **2** (*par ext.*) [*touffe de plumes que certains oiseaux ont sur la tête*] ciuffo *m.* di piume, cresta → **crête.**
***huppé, ée** |ype| *adj.* **1** [*qui porte une huppe*] crestato: *alouette huppée* allodola crestata **2** (*fam.*) [*de haut rang, haut placé*] altolocato (*cour.*): *des gens très huppés* persone molto altolocate ◇ (*spécialt.*) [*riche*] ricco* (*cour.*): *des gens huppés* persone ricche.
***hurdler** |œʀdlœʀ| *s.m.* (*angl.*) (*sport*) ostacolista *s.*
***hure** |yʀ| *s.f.* **1** testa del cinghiale, grugno *m.* del maiale **2** [*préparation faite avec des morceaux de hure* (*de porc*)] testina.
***hurlant, ante** |yʀlɑ̃, ɑ̃t| *adj.* **1** urlante: *foule hurlante* folla urlante **2** [*qui produit un effet violent*] stridente: *couleurs hurlantes* colori stridenti.
***hurlement** |yʀləmɑ̃| *s.m.* **1** (*animaux*) [→ HURLER A 1] ululo, ululato **2** (*personnes*) [→ HURLER A 2] urlo*: *hurlements de terreur* urla di terrore ◇ (*choses*) *les hurlements du vent* gli ululati del vento.
***hurler** |yʀle| **A** *v.intr.* **1** (*animaux*) [*pousser des cris aigus et prolongés*] ululare, urlare: *chien qui hurle à la lune* cane che ulula alla luna → **aboyer** ◇ (*loc. fig.*) *il faut hurler avec les loups* bisogna adattarsi alle circostanze; chi va col lupo impara a urlare **2** (*personnes*) [*pousser des cris prolongés et violents*] urlare: *hurler de rage, de terreur* urlare di rabbia, di terrore → **crier 3** [*parler, crier, chanter de toutes ses forces*] urlare: *la foule hurlait* la folla urlava → **brailler, vociférer 4** [*produire un son, un bruit semblable à un hurlement*] ululare; stridere*: *le vent hurle* il vento ulula ‖ *freins qui hurlent* freni che stridono **B** *v.tr.* [*exprimer par des hurlements*] urlare: *hurler sa douleur* urlare il proprio dolore ◇ [*dire avec emportement, fureur, en criant très fort*] *hurler des injures, des menaces* urlare insulti, minacce.
***hurleur, euse** |yʀlœʀ, øz| **1** *adj.* [*qui hurle, pousse des hurlements*] urlatore → **braillard** ✦ (*s.*) *un hurleur* un urlone, un urlatore **2** *s.m.* (*t.zool.*) urlone ✦ (*adj.*) *singe hurleur* scimmia urlatrice.
hurluberlu |yʀlybɛʀly| *s.m.* [*personne extravagante, qui parle et agit d'une manière bizarre, inconsidérée*] tipo strampalato, strambo → **écervelé** ✦ (*adj.*) *il est un peu hurluberlu* è un po' strambo.
***huronien, ienne** |yʀɔnjɛ̃, jɛn| *adj.* (*géogr.*) (h)uroniano.
hurrah |yʀa| *s.m. et interj.* → **hourra.**
hurricane |œʀikan| *s.m.* (*angl.*) (*en Amérique centrale*) [*cyclone*] uragano.
***hussard** |ysaʀ| *s.m.* ussaro: *régiments de hussards* reggimenti di ussari ◇ (*loc.*) *à la hussarde* brutalmente *adv.*, in modo brutale.
***hussite** |ysit| *s.m.* (*hist. relig.*) ussita.
***hutte** |yt| *s.f.* [*abri rudimentaire, fait principalement de bois, de terre, de paille*] capanna, capanno (*m.*): *huttes des populations primitives* capanne delle popolazioni primitive; *hutte de chasseur* capanno del cacciatore.
hyacinthe |jasɛ̃t| *s.f.* **1** (*minér.*) giacinto *m.* ◇ (*littér.*) [*étoffe de la couleur de la hyacinthe*] giacinto (*rare*) **2** (*vx.*) → **jacinthe.**
hyades |jad| *s.f.pl.* (*astron.*) iadi.
hyal(o)- |jal(ɔ)| *préf.* (*signifiant 'verre', correspond généralt. à*) ial(o): *hyalographie* ialografia.
hyalographie |jalɔgʀafi| *s.f.* ialografia.
hybridation |ibʀidɑsjɔ̃| *s.f.* (*biol.*) ibridazione.
hybride |ibʀid| *adj.* ibrido: *œuvre hybride* opera ibrida; *c'est une solution hybride* è una soluzione ibrida ◇ (*biol.*) *plantes, animaux hybrides* piante, animali ibridi ✦ (*s.m.*) *un hybride* un ibrido ◇ (*ling.*) *mots hybrides* parole ibride.
hybrider |ibʀide| *v.tr.* (*biol.*) [*soumettre à hybridation*] ibridare.
hydarthrose |idaʀtʀoz| *s.f.* (*méd.*) idrartro (*m.*): *hydarthrose au genou* idrartro al ginocchio.
hydracide |idʀasid| *s.m.* (*chim.*) idracido.
hydrargyrisme |idʀaʀʒiʀism(ə)| *s.m.* (*méd.*) idrargirismo.
hydratant, ante |idʀatɑ̃, ɑ̃t| *adj. et s.* idratante: *substance hydratante* sostanza idratante; *crème hydratante* crema idratante.
hydratation |idʀatɑsjɔ̃| *s.f.* (*chim., méd.*) idratazione Ⓒ **déshydratation.**
hydrate |idʀat| *s.m.* (*chim.*) idrato: *hydrate de chlore* cloro idrato; *hydrate de carbone* idrato di carbonio, carboidrato.
hydrater |idʀate| **A** *v.tr.* [*combiner avec de l'eau*] idratare **B** *v.pron.intr.* S'HYDRATER [*passer à l'état d'hydrate*] idratarsi Ⓒ **déshydrater.**
hydraulicien |idʀolisjɛ̃| *s.m.* ingegnere idraulico*.
hydraulicité |idʀolisite| *s.f.* (*chim.*) idraulicità *inv.*
hydraulique |idʀolik| **I** *adj.* **1** idraulico*: *roue hydraulique* ruota idraulica; *moteur hydraulique* motore idraulico; *presse hydraulique* pressa idraulica; *freins hydrauliques* freni idraulici; *ouvrage, installation hydraulique* impianto idraulico **2** (*spécialt.*) *énergie hydraulique* energia idraulica **II** *s.f.* idraulica*.
hydravion |idʀavjɔ̃| *s.m.* (*techn.*) idrovolante # *base d'hydravions* idroscalo.
-hydre |idʀ(ə)| *suff.* (*signifiant 'eau', correspond généralt. à*) idro: *anhydre* anidro.
hydre |idʀ(ə)| *s.f.* (*mythol.*) idra.
hydrémie |idʀemi|, **hydrohémie** |idʀɔemi| *s.f.* (*méd.*) idremia.
-hydrie |idʀi|, **-hydrique** |idʀik| *suff.* (*désignant les 'hydracides', correspondent généralt. à*) idria; idrico: *hypochlorhydrie* ipocloridria ‖ *bromhydrique* bromidrico.
hydrique |idʀik| *adj.* (*sc.*) idrico* ◇ (*méd.*) *diète hydrique* dieta idrica.
hydr(o)- |idʀ(ɔ)| *préf.* **1** (*signifiant 'eau', correspond généralt. à*) idro: *hydrologie* idrologia **2** (*chim.*) (*signifiant 'hydrogène', correspond généralt. à*) idro: *hydrocarbure* idrocarburo.
hydrobase |idʀɔbɑz| *s.f.* [*base aérienne pour hydravion*] idroscalo *m.*
hydrocarbonate |idʀɔkaʀbɔnat| *s.m.* (*chim.*) carbonato basico*.

hydrocarbure |idʀɔkaʀbyʀ| *s.m.* (*chim.*) idrocarburo: *hydrocarbures acycliques, cycliques* idrocarburi aciclici, ciclici; *les huiles minérales sont des hydrocarbures* gli oli minerali sono idrocarburi; *pollution par les hydrocarbures* inquinamento da idrocarburi.
hydrocéphale |idʀɔsefal| *adj.* (*pathol.*) idrocefalico* ◆ (*s.*) *un hydrocéphale* un idrocefalico.
hydrocéphalie |idʀɔsefali| *s.f.* (*pathol.*) idrocefalia.
hydrochore |idʀɔkɔʀ| *adj.* (*bot.*) idrocoro.
hydrochorie |idʀɔkɔʀi| *s.f.* (*bot.*) idrocoria.
hydrocortisone |idʀɔkɔʀtizɔn| *s.f.* (*biol., chim.*) idrocortisone *m.*
hydrocution |idʀɔkysjɔ̃| *s.f.* (*méd.*) idrocuzione.
hydrodynamique |idʀɔdinamik| **1** *adj.* idrodinamico* **2** *s.f.* idrodinamica*.
hydro-électricité |idʀɔelɛktʀisite| *s.f.* energia* idroelettrica*.
hydro-électrique |idʀɔelɛktʀik| *adj.* idroelettrico*: *énergie hydro-électrique* energia idroelettrica; *centrale, usine hydro-électrique* centrale idroelettrica.
hydro-extracteur |idʀɔɛkstʀaktœʀ| *s.m.* (*techn.*) idroestrattore.
hydrofoil |idʀɔfɔjl| *s.m.* (*angl.*) [*embarcation à ailes portantes*] aliscafo, idroplano → **hydroglisseur.**
hydrofuge |idʀɔfyʒ| *adj.* (*techn.*) idrofugo*, impermeabile.
hydrofuger |idʀɔfyʒe| *v.tr.* (*techn.*) [*rendre hydrofuge*] impermeabilizzare.
hydrogène |idʀɔʒɛn| *s.m.* idrogeno: *isotopes de l'hydrogène* isotopi dell'idrogeno; *hydrogène lourd* idrogeno pesante; *bombe à hydrogène* bomba all'idrogeno.
hydrogéné, ée |idʀɔʒene| *adj.* (*chim.*) idrogenato.
hydrogéner |idʀɔʒene| (8) *v.tr.* (*chim.*) [*combiner avec l'hydrogène*] idrogenare.
hydrogéologie |idʀɔʒeɔlɔʒi| *s.f.* (*sc.*) idrogeologia*.
hydroglisseur |idʀɔglisœʀ| *s.m.* [*bateau glisseur à fond plat mû par une hélice aérienne*] idroscivolante ◇ [*bateau à ailes portantes*] aliscafo → **hydrofoil.**
hydrographe |idʀɔgʀaf| *s.* idrografo.
hydrographie |idʀɔgʀafi| *s.f.* idrografia.
hydrographique |idʀɔgʀafik| *adj.* idrografico*.
hydrologie |idʀɔlɔʒi| *s.f.* idrologia*.
hydrologique |idʀɔlɔʒik| *adj.* idrologico*.
hydrologiste |idʀɔlɔʒist(ə)|, **hydrologue** |idʀɔlɔg| *s.* idrologo*.
hydrolyse |idʀoliz| *s.f.* (*chim.*) idrolisi *inv.*
hydrolytique |idʀɔlitik| *adj.* (*chim.*) idrolitico*.
hydromécanique |idʀɔmekanik| *adj.* idromeccanico*.
hydromel |idʀɔmɛl| *s.m.* [*boisson faite d'eau et de miel*] idromele.
hydromètre |idʀɔmɛtʀ(ə)| **1** *s.m.* (*phys.*) idrometro **2** *s.f.* (*t.zool.*) idrometra *m.*
hydrométrie |idʀɔmetʀi| *s.f.* (*phys.*) idrometria.
hydrométrique |idʀɔmetʀik| *adj.* (*phys.*) idrometrico*.
hydrophile |idʀɔfil| **1** *adj.* idrofilo: *coton hydrophile* cotone idrofilo **2** *s.m.* (*t.zool.*) idrofilo piceo.
hydrophilie |idʀɔfili| *s.f.* idrofilia.
hydrophobe |idʀɔfɔb| *adj. et s.* (*chim., méd.*) idrofobo.
hydrophobie |idʀɔfɔbi| *s.f.* (*méd.*) idrofobia.
hydropique |idʀɔpik| *adj.* (*pathol.*) idropico* ◆ (*s.*) *un hydropique* un idropico.
hydropisie |idʀɔpizi| *s.f.* (*pathol.*) idropisia.
hydropneumatique |idʀɔpnømatik| *adj.* (*mécan.*) idropneumatico*: *freins hydropneumatiques* freni idropneumatici; *suspension hydropneumatique d'une automobile* sospensione idropneumatica di un'automobile.
hydroptère |idʀɔptɛʀ| *s.m.* [*type d'hydroglisseur*] aliscafo (con motori a getto), jetfoil *inv.*
hydroscope |idʀɔskɔp| *s.m.* (*opt.*) idroscopio*.
hydrosoluble |idʀɔsɔlybl(ə)| *adj.* (*sc.*) idrosolubile.
hydrosphère |idʀɔsfɛʀ| *s.f.* (*géogr.*) idrosfera.
hydrostatique |idʀɔstatik| (*sc.*) **1** *s.f.* idrostatica* **2** *adj.* idrostatico*: *balance hydrostatique* bilancia idrostatica.
hydrosulfite |idʀɔsylfit| *s.m.* (*chim.*) idrosolfito.
hydrothérapie |idʀɔteʀapi| *s.f.* (*méd.*) idroterapia.
hydrothérapique |idʀɔteʀapik| *adj.* idroterapico*, idroterapeutico*.
hydrothermal, ale, aux |idʀɔtɛʀmal, o| *adj.* idrotermale.
hydrotropisme |idʀɔtʀɔpism(ə)| *s.m.* (*biol., bot.*) idrotropismo.
hydroxyde |idʀɔksid| *s.m.* (*chim.*) idrossido.
hydroxyle |idʀɔksil| *s.m.* (*chim.*) idrossile, ossidrile.
***hyène** |jɛn| *s.f.* (*t.zool.*) iena.
hygiène |iʒjɛn| *s.f.* igiene: *hygiène corporelle* igiene del corpo, personale; *manque d'hygiène* mancanza di igiene; *mesures d'hygiène collectives* misure di igiene collettiva; *hygiène publique* igiene pubblica; *hygiène mentale* igiene mentale → **salubrité, santé** # *soins d'hygiène* cure igieniche.
hygiénicité |iʒjenisite| *s.f.* igienicità *inv.*
hygiénique |iʒjenik| *adj.* igienico*: *promenade hygiénique* passeggiata igienica ◇ (*par euphém.*) *papier hygiénique* carta igienica; *serviette hygiénique* assorbente igienico.
hygiéniquement |iʒjenikmɑ̃| *adv.* [→ HYGIÉNIQUE] igienicamente.
hygiéniste |iʒjenist(ə)| *s.* igienista.
hygro- |igʀɔ| *préf.* (*signifiant 'humide', correspond généralt. à*) igro: *hygrométrie* igrometria.
hygroma |igʀɔma| *s.m.* (*méd.*) igroma.
hygromètre |igʀɔmɛtʀ(ə)| *s.m.* (*phys.*) igrometro.
hygrométrie |igʀɔmetʀi| *s.f.* (*phys.*) igrometria ◇ (*par ext.*) umidità *inv.* atmosferica*.
hygrométrique |igʀɔmetʀik| *adj.* (*phys.*) igrometrico*: *état hygrométrique de l'air* stato igrometrico dell'aria.
hygroscope |igʀɔskɔp| *s.m.* (*phys.*) igroscopio*.
hygroscopie |igʀɔskɔpi| *s.f.* (*phys.*) igroscopia.
hygroscopique |igʀɔskɔpik| *adj.* (*phys.*) igroscopico*.
hygrostat |igʀɔsta| *s.m.* (*techn.*) igrostato.
hyl(e)- |il(ə)|, **hyl(o)-** |il(ɔ)| *préf.* (*signifiant 'matière', correspondent généralt. à*) ilo: *hylozoïsme* ilozoismo.
hylozoïsme |ilɔzɔism(ə)| *s.m.* (*philo.*) ilozoismo.
hymen |imɛn| *s.m.* (*anat.*) imene.
hymen |imɛn|, **hyménée** |imene| *s.m.* (*littér.*) imenei *pl.*, imeneo: *les liens, les fruits de l'hymen, de l'hyménée* i legami, i frutti degli imenei, dell'imeneo.
hyménial, ale, aux |imenjal, o| *adj.* (*bot.*) imeniale.
hyménium |imenjɔm| *s.m.* (*bot.*) imenio*.
hymén(o)- |imen(ɔ)| *préf.* (*signifiant 'membrane', correspond généralt. à*) imen(o): *hyménoptères* imenotteri.
Hyménoptères |imenɔptɛʀ| *s.m. pl.* (*t.zool.*) Imenotteri ◇ (*au sing.*) *un hyménoptère* un imenottero.
hymne |imn(ə)| *s.* **1** *s.m. ou f.* [*dans la tradition chrét., chant à la louange de Dieu*] inno (*m.*): *chanter un (une) hymne* cantare un inno → **cantique, psaume** **2** *s.m.* [*chant, poème lyrique exprimant la joie, l'enthousiasme, célébrant une personne, une chose*] inno: *hymne de reconnaissance* inno di gratitudine; *l'hymne national français* l'inno nazionale francese ◇ (*antiq. classique*) *hymnes orphiques* inni orfici; *hymnes homériques* inni omerici.
hyper- |ipɛʀ| *préf.* (*signifiant 'au-dessus, au delà', correspond généralt. à*) iper: *hyperacidité* iperacidità © **hypo-.**
hyperacidité |ipɛʀasidite| *s.f.* (*méd.*) iperacidità *inv.*
hyperazotémie |ipɛʀazɔtemi| *s.f.* (*méd.*) iperazotemia.
hyperazoturie |ipɛʀazɔtyʀi| *s.f.* (*méd.*) iperazoturia.
hyperbare |ipɛʀbaʀ| *adj.* (*méd.*) iperbarico*: *chambre hyperbare* camera iperbarica.
hyperbole |ipɛʀbɔl| *s.f.* **1** (*rhétorique*) iperbole → **exagération** **2** (*géom.*) iperbole.
hyperbolique |ipɛʀbɔlik| *adj.* **1** (*rhétorique*) iperbolico*: *style hyperbolique* stile iperbolico; *des compliments hyperboliques* complimenti iperbolici, eccessivi → **emphatique, grandiloquent** **2** (*géom.*) iperbolico: *fonctions hyperboliques* funzioni iperboliche © **1 mesuré, simple.**
hyperboliquement |ipɛʀbɔlikmɑ̃| *adv.* [→ HYPERBOLIQUE 1] iperbolicamente.
hyperboréen, éenne |ipɛʀbɔʀeɛ̃, eɛn| *adj.* (*littér.*) iperboreo → **arctique, septentrional.**
hypercalorique |ipɛʀkalɔʀik| *adj.* ipercalorico*.
hyperchlorhydrie |ipɛʀklɔʀidʀi| *s.f.* (*méd.*) ipercloridria.
hypercholestérolémie |ipɛʀkɔlɛsteʀɔlemi| *s.f.* (*méd.*) ipercolesterolemia.
hypercorrect, ecte |ipɛʀkɔʀɛkt, ɛkt(ə)| *adj.* (*ling.*) ipercorretto.
hypercritique |ipɛʀkʀitik| **1** *s.f.* ipercritica*: *l'hypercritique dans la question homérique* l'ipercritica nella questione omerica **2** *adj.* ipercritico* ◆ (*s.*) *un hypercritique* un ipercritico.

hyperdosage |ipɛRdozaʒ| *s.m.* iperdosaggio*.
hyperdose |ipɛRdoz| *s.f.* iperdose: *une hyperdose de cocaïne* un'iperdose di cocaina.
hyperémèse |ipeRemɛz| *s.f.* iperemesi *inv.*
hyperémotif, ive |ipeRemɔtif, iv| *adj. et s.* iperemotivo.
hyperémotivité |ipeRemɔtivite| *s.f.* (*psycho.*) iperemotività *inv.*
hyperesthésie |ipeRɛstezi| *s.f.* (*méd.*) iperestesia, ipersensibilità *inv.*
hyperfréquence |ipɛRfRekɑ̃s| *s.f.* (*radio*) iperfrequenza.
hyperglobulie |ipɛRglɔbyli| *s.f.* (*méd.*) iperglobulia.
hyperglycémie |ipɛRglisemi| *s.f.* (*méd.*) iperglicemia → **diabète.**
hyper(h)émie |ipɛRemi| *s.f.* (*méd.*) iperemia.
hyperhidrose |ipeRidRoz| *s.f.* (*méd.*) iperidrosi *inv.*
hypermarché |ipɛRmaRʃe| *s.m.* ipermercato → **supermarché.**
hyperménorrhée |ipɛRmenɔRe| *s.f.* (*méd.*) ipermenorrea Ⓒ **aménorrhée.**
hypermétrie |ipɛRmetRi| *s.f.* ipermetria.
hypermétrope |ipɛRmetRɔp| *adj.* (*méd.*) ipermetrope ✦ (*s.*) *un hypermétrope* un ipermetrope Ⓒ **myope.**
hypermétropie |ipɛRmetRɔpi| *s.f.* (*méd.*) ipermetropia Ⓒ **myopie.**
hypernerveux, euse |ipɛRnɛRvø, øz| *adj. et s.* ipernervoso.
hyperplasie |ipɛRplazi| *s.f.* (*pathol.*) iperplasia → **hypertrophie.**
hyperprotecteur, trice |ipɛRpRɔtɛktœR, tRis| *adj.* (*psycho., cour.*) iperprotettivo: *une mère hyperprotectrice* una madre iperprotettiva.
hyperprotection |ipɛRpRɔtɛksjɔ̃| *s.f.* (*psycho.*) iperprotezione.
hyperréalisme |ipɛRRealism(ə)| *s.m.* (*bx-arts*) iperrealismo.
hyperréaliste |ipɛRRealist(ə)| *adj.* iperrealista, iperrealistico* ✦ (*s.*) *un hyperréaliste* un iperrealista.
hypersalivation |ipɛRsalivɑsjɔ̃| *s.f.* (*méd.*) ipersalivazione.
hypersécrétion |ipɛRsekResjɔ̃| *s.f.* (*physiol.*) ipersecrezione.
hypersensibilité |ipɛRsɑ̃sibilite| *s.f.* ipersensibilità *inv.*
hypersensible |ipɛRsɑ̃sibl(ə)| *adj. et s.* ipersensibile.
hypersonique |ipɛRsɔnik| *adj.* (*aviat.*) ipersonico*: *vitesses hypersoniques* velocità ipersoniche → **supersonique.**
hypertendu, ue |ipɛRtɑ̃dy| *adj. et s.* (*méd.*) iperteso.
hypertension |ipɛRtɑ̃sjɔ̃| *s.f.* (*méd.*) ipertensione: *hypertension vasculaire, artérielle* ipertensione vascolare, arteriosa Ⓒ **hypotension.**
hyperthymique |ipɛRtimik| *adj.* ipertimico*.
hyperthyroïdie |ipɛRtiRɔidi| *s.f.* (*méd.*) ipertiroidismo *m.*
hyperthyroïdien, ienne |ipɛRtiRɔidjɛ̃, jɛn| *adj. et s.* (*méd.*) ipertiroideo.
hypertonie |ipɛRtɔni| *s.f.* (*méd.*) ipertonia.
hypertoxique |ipɛRtɔksik| *adj.* ipertossico*.
hypertrophie |ipɛRtRɔfi| *s.f.* **1** (*méd.*) ipertrofia **2** (*fig.*) ipertrofia, sviluppo *m.* eccessivo: *l'hypertrophie des industries parasitaires* l'ipertrofia, lo sviluppo eccessivo delle industrie parassitarie # *l'hypertrophie de sa sensibilité* la sua sensibilità ipertrofica Ⓒ 1 **atrophie, hypotrophie.**
hypertrophié, ée |ipɛRtRɔfje| *adj.* (*méd.*) ipertrofico* ◇ (*fig.*) *une sensibilité hypertrophiée* una sensibilità ipertrofica.
hypertrophier |ipɛRtRɔfje| **A** *v.tr.* [*produire l'hypertrophie*] rendere (105) ipertrofico, ipertrofizzare **B** *v.pron.intr.* S'HYPERTROPHIER [*se développer exagérément*] diventare *intr.* ipertrofico, ipertrofizzarsi: *organe qui s'hypertrophie* organo che diventa ipertrofico.
hypervitaminique |ipɛRvitaminik| *adj* ipervitaminico*.
hypervitaminose |ipɛRvitaminoz| *s.f.* (*méd.*) ipervitaminosi *inv.*
hyphe |if| *s.m.* (*t.bot.*) ifa *f.*
Hyphomycètes |ifɔmisɛt| *s.m.pl.* (*t.bot.*) Ifomiceti.
hypne |ipn(ə)| *s.f.*, **hypnum** |ipnɔm| *s.m.* (*t.bot.*) hypnum *f.inv.*
hypn(o)- |ipn(ɔ)| *préf.* (*signifiant 'sommeil', correspond généralt. à*) ipno: *hypnotiser* ipnotizzare.
hypnologie |ipnɔlɔʒi| *s.f.* ipnologia*.
hypnologue |ipnɔlɔg| *s.m.* ipnologo*.
hypnopathie |ipnɔpati| *s.f.* (*méd.*) ipnopatia.
hypnopédie |ipnɔpedi| *s.f.* ipnopedia.
hypnose |ipnoz| *s.f.* ipnosi *inv.*
hypnotique |ipnɔtik| *adj.* **1** ipnotico*: *état hypnotique* stato ipnotico **2** (*méd.*) ipnotico → **narcotique, somnifère** ✦ (*s.m.*) *un hypnotique* un ipnotico.
hypnotiser |ipnɔtize| **A** *v.tr.* **1** [*endormir* (*qqn.*) *par l'hypnotisme*] ipnotizzare **2** (*fig.*) [*éblouir, fasciner*] affascinare, incantare: *être hypnotisé par qqn., par sa personnalité* essere affascinato da qc., dalla sua personalità → **fasciner, magnétiser B** *v.pron. intr.* S'HYPNOTISER *sur une chose* [→ *tr.* 2] incantarsi su una cosa.
hypnotiseur |ipnɔtizœR| *s.m.* ipnotizzatore* *s.* → **magnétiseur.**
hypnotisme |ipnɔtism(ə)| *s.m.* ipnotismo.
hyp(o)- |ip(ɔ)| *préf.* (*signifiant 'au-dessous, en deçà', correspond généralt. à*) ip(o): *hypochlorhydrie* ipocloridria.
hypoacidité |ipɔasidite| *s.f.* (*méd.*) ipoacidità *inv.*
hypoazotémie |ipɔazɔtemi| *s.f.* (*méd.*) ipoazotemia.
hypoazoturie |ipɔazɔtyRi| *s.f.* (*méd.*) ipoazoturia.
hypocalorique |ipɔkalɔRik| *adj.* ipocalorico*.
hypocentre |ipɔsɑ̃tR(ə)| *s.m.* (*géol.*) ipocentro.
hypochloreux |ipɔklɔRø| *adj.m.* (*chim.*) ipocloroso.
hypochlorhydrie |ipɔklɔRidRi| *s.f.* (*méd.*) ipocloridria.
hypochlorite |ipɔklɔRit| *s.m.* (*chim.*) ipoclorito.
hypocondre |ipɔkɔ̃dR(ə)| *s.m.* **1** (*anat.*) ipocondrio* **2** [*hypocondriaque*] ipocondriaco*.
hypocondriaque |ipɔkɔ̃dRijak| *adj.* ipocondriaco* ✦ (*s.*) *un hypocondriaque* un ipocondriaco.
hypocondrie |ipɔkɔ̃dRi| *s.f.* (*méd.*) ipocondria.
hypocrisie |ipɔkRizi| *s.f.* ipocrisia: *hypocrisie du faux dévot* ipocrisia del bigotto; *l'hypocrisie de son regard* l'ipocrisia del suo sguardo; *tout cela est pure hypocrisie* tutto ciò è pura ipocrisia.
hypocrite |ipɔkRit| **1** *s.* ipocrita: *faire l'hypocrite* fare l'ipocrita → **fourbe 2** *adj.* (*personnes*) ipocrita: *homme hypocrite* uomo ipocrita; *il est très hypocrite* è molto ipocrita → **dissimulé, faux, menteur** ◇ (*choses*) *sourire, ton hypocrite* sorriso, tono ipocrita; *promesses hypocrites* promesse ipocrite → **fallacieux.**
hypocritement |ipɔkRitmɑ̃| *adv.* [→ HYPOCRITE 2] ipocritamente.
hypoderme |ipɔdɛRm(ə)| *s.m.* (*bot., zool.*) ipoderma.
hypodermique |ipɔdɛRmik| *adj.* (*anat., méd.*) ipodermico*: *piqûre hypodermique* iniezione ipodermica; *seringue hypodermique* siringa ipodermica.
hypodermoclyse |ipɔdɛRmɔkliz| *s.f.* (*méd.*) ipodermoclisi *inv.*
hypogastre |ipɔgastR(ə)| *s.m.* (*anat.*) ipogastrio*.
hypogastrique |ipɔgastRik| *adj.* (*anat., méd.*) ipogastrico*: *douleurs hypogastriques* dolori ipogastrici.
hypogé, ée |ipɔʒe| *adj.* (*bot.*) ipogeo.
hypogée |ipɔʒe| *s.m.* (*archéol.*) ipogeo: *hypogées égyptiens* ipogei egiziani.
hypoglobulie |ipɔglɔbyli| *s.f.* (*méd.*) ipoglobulia.
hypoglosse |ipɔglɔs| *adj.* (*anat.*) *nerf grand hypoglosse* ipoglosso *s.m.* ✦ (*s.m.*) *l'hypoglosse* l'ipoglosso.
hypoglycémie |ipɔglisemi| *s.f.* (*méd.*) ipoglicemia.
hypohidrose |ipɔidRoz| *s.f.* (*méd.*) ipoidrosi *inv.*
hypophyse |ipɔfiz| *s.f.* (*anat.*) ipofisi *inv.*
hypoplasie |ipɔplazi|, **hypoplastie** |ipɔplasti| *s.f.* (*bot., méd.*) ipoplasia.
hyposécrétion |ipɔsekResjɔ̃| *s.f.* (*méd.*) iposecrezione.
hypostase |ipɔstɑz| *s.f.* **1** (*philo., théol.*) ipostasi *inv.* **2** (*ling., méd.*) ipostasi.
hypostatique |ipɔstatik| *adj.* (*méd., théol.*) ipostatico*.
hypostyle |ipɔstil| *adj.* (*archéol.*) ipostilo: *portique, temple hypostyle* portico, tempio ipostilo.
hyposulfite |ipɔsylfit| *s.m.* (*chim.*) iposolfito.
hyposulfureux, euse |ipɔsylfyRø, øz| *adj.* (*chim.*) iposolforoso.
hypotendu, ue |ipɔtɑ̃dy| *adj. et s.* (*méd.*) ipoteso.
hypotension |ipɔtɑ̃sjɔ̃| *s.f.* (*méd.*) ipotensione Ⓒ **hypertension.**
hypoténuse |ipɔtenyz| *s.f.* (*géom.*) ipotenusa.
hypothalamus |ipɔtalamys| *s.m.* (*anat.*) ipotalamo.
hypothécable |ipɔtekabl(ə)| *adj.* [→ HYPOTHÉQUER] ipotecabile.
hypothécaire |ipɔtekɛR| *adj.* ipotecario*: *garantie hypothécaire* garanzia ipotecaria; *créancier hypothécaire* creditore ipotecario; *inscription hypothécaire* iscrizione ipotecaria; *prêt hypothécaire* prestito ipotecario.
hypothèque |ipɔtɛk| *s.f.* (*dr.*) ipoteca*: *hypothèque judiciaire* ipoteca giudiziale; *mainlevée d'une hypothèque* can-

cellazione di un'ipoteca; *emprunter sur hypothèque* prendere a prestito su ipoteca, contrarre un prestito ipotecario; *grever un immeuble d'une hypothèque* gravare un immobile di ipoteca → **gage, garantie** ◇ (*par ext.*) (*polit.*) *hypothèque qui pèse sur les relations entre deux pays* ipoteca che grava sulle relazioni fra due paesi.

hypothéquer |ipɔteke| (8) *v.tr.* [*grever d'une hypothèque*] ipotecare: *hypothéquer un immeuble* ipotecare uno stabile ♦ (*au p.p.*) *biens, terrains hypothéqués* beni, terreni ipotecati ◇ (*dr.*) [*garantir par une hypothèque*] *hypothéquer une créance* ipotecare un credito ◇ (*fig.*) *hypothéquer l'avenir* ipotecare l'avvenire.

hypothermie |ipɔtɛrmi| *s.f.* (*méd.*) ipotermia.

hypothèse |ipɔtɛz| *s.f.* **I** ipotesi (*inv.*): *selon cette hypothèse* secondo questa ipotesi; *dans l'hypothèse où* (+ *condit.*) nell'ipotesi in cui (+ *subj.*); *par hypothèse* per ipotesi; *émettre, énoncer, examiner une hypothèse* avanzare, formulare, esaminare un'ipotesi → **supposition II 1** (*math.*) ipotesi: *le segment BC étant par hypothèse égal à AB* dato per ipotesi il segmento AB uguale a BC → **axiome, postulat 2** (*sc.*) [*propos. relative à l'explication de phénomènes naturels*] ipotesi, assunto (*m.*): *hypothèse de travail* ipotesi di lavoro; *hypothèse expérimentale* ipotesi sperimentale; *formuler une hypothèse* formulare un'ipotesi → **conjecture.**

hypothétique |ipɔtetik| *adj.* ipotetico*: *fait hypothétique* fatto ipotetico; *compter sur un héritage hypothétique* contare su un'ipotetica eredità ◇ (*gram.*) *proposition hypothétique* proposizione ipotetica, periodo ipotetico ♦ (*s.f.*) *une hypothétique* una (proposizione) ipotetica.

hypothétiquement |ipɔtetikmɑ̃| *adv.* [→ HYPOTHÉTIQUE] ipoteticamente.

hypothymique |ipɔtimik| *adj.* ipotimico*.

hypothyroïdie |ipɔtiʀɔidi| *s.f.* (*méd.*) ipotiroidismo *m.*

hypothyroïdien, ienne |ipɔtiʀɔidjɛ̃, jɛn| *adj. et s.* (*méd.*) ipotiroideo: *un (sujet) hypothyroïdien* un (soggetto) ipotiroideo.

hypotonie |ipɔtɔni| *s.f.* (*méd., physiol.*) ipotonia.

hypotonique |ipɔtɔnik| *adj.* (*méd.*) ipotonico*: *sérum hypotonique* siero ipotonico.

hypotrophie |ipɔtʀɔfi| *s.f.* (*méd., physiol.*) ipotrofia.

hypso- |ipsɔ| *préf.* (*signifiant 'hauteur', correspond généralt. à*) ipso: *hypsométrie* ipsometria.

hypsométrie |ipsɔmetʀi| *s.f.* (*sc.*) ipsometria.

hysope |izɔp| *s.f.* (*t.bot.*) issopo *m.*

hystérectomie |isteʀɛktɔmi| *s.f.* (*chir.*) isterectomia.

hystérie |isteʀi| *s.f.* (*psychiatr.*) isteria, isterismo *m.* ◇ (*cour.*) isterismo: *c'est de l'hystérie collective* questo è isterismo collettivo.

hystériforme |isteʀifɔʀm(ə)| *adj.* (*pathol.*) isteriforme.

hystérique |isteʀik| *adj.* isterico*: *rires, cris hystériques* risate, grida isteriche; *une femme un peu hystérique* una donna un po' isterica ♦ (*s.*) *un hystérique* un isterico.

hystér(o)- |isteʀ(ɔ)| *préf.* (*signifiant 'utérus', correspond généralt. à*) ister(o): *hystérectomie* isterectomia.

hystérotomie |isteʀɔtɔmi| *s.f.* (*chir.*) isterotomia.

I

i |i| *s.m.* **1** [*neuvième lettre de l'alphabet*] i (*m. ou f.*): *i minuscule* i minuscolo; *I majuscule* I maiuscola ◇ (*loc. fig.*) *mettre les points sur les i* mettere i puntini sugli i ◇ (*télécom.*): (*en France*) *I comme Irma*; (*en Belgique*) *I comme Isidore* I come Imola **2** (*dans les chiffres romains*) I = 1 **3** (*symb. de l'iode*) I.
iambe |jɑ̃b| *s.m.* (*versif.*) giambo ◇ [*poème formé d'iambes*] giambo.
iambique |jɑ̃bik| *adj.* (*versif.*) giambico*: *trimètre iambique* trimetro giambico.
iatro- |jatʀɔ| *préf.* (*signifiant 'médecin', correspond généralt. à*) iatro: *iatrochimie* iatrochimica.
-iatre |jatʀ(ə)| *suff.* (*signifiant 'médecin', correspond généralt. à*) iatra: *pédiatre* pediatra; *psychiatre* psichiatra.
-iatrie |jatʀi| *suff.* (*signifiant 'médecin', correspond généralt. à*) iatria: *pédiatrie* pediatria; *psychiatrie* psichiatria.
iatrochimie |jatʀɔʃimi| *s.f.* iatrochimica*.
iatrogène |jatʀɔʒɛn|, **iatrogénique** |jatʀɔʒenik| *adj.* iatrogeno.
ibère |ibɛʀ| *adj.* [*relatif à l'Ibérie*] iberico*: *civilisation ibère* civiltà iberica ✦ *s.* (*hist.*) *les Ibères* gli Iberi, gli Iberici.
ibéride |ibeʀid| *s.f.* (*t.bot.*) iberide.
ibérique |ibeʀik| *adj.* [*relatif à l'Espagne et au Portugal*] iberico*: *péninsule ibérique* penisola iberica → **hispanique.**
ibérisme |ibeʀism(ə)| *s.m.* (*ling.*) iberismo.
ibidem |ibidɛm| *adv.* ibidem, ivi.
ibis |ibis| *s.m.* (*t.zool.*) ibis *inv.*
-ible |ibl(ə)| *suff.* (*indiquant 'la possibilité d'être', correspond généralt. à*) ibile: *éligible* eleggibile; *extinguible* estinguibile.
icaque |ikak| *s.f.* **1** [*fruit de l'icaquier*] prugna icaco: *des icaques* delle prugne icaco **2** → **icaquier.**
icaquier |ikakje| *s.m.* (*t.bot.*) prugno icaco: *des icaquiers* dei prugni icaco.
iceberg |ajsbɛʀg, isbɛʀg| *s.m.* (*angl.*) iceberg *inv.*
ice-boat |ajsbot| *s.m.* (*angl.*) (*rare*) slitta *f.* a vela, ice-boat *inv.*
icefield |ajsfild| *s.m.* (*angl.*) (*géogr.*) ice-field *inv.*
icelui |isəlɥi|, *f.* **icelle** |isɛl|, *m. pl.* **iceux** |isø|, *f. pl.* **icelles** |isɛl| *pron. et adj. dém.* (*vx.*) → **celui(-ci), celle(-ci), ceux(-ci), celles(-ci).**
ichneumon |iknømɔ̃| *s.m.* **1** (*t. zool.*) icneumonide **2** (*vx.*) → **mangouste.**
ichor |ikɔʀ| *s.m.* (*méd.*) icore → **sanie.**
ichoreux, euse |ikɔʀø, øz| *adj.* (*méd.*) icoroso.
ichty(o)-, ichthy(o)- |iktj(ɔ)| *préf.* (*signifiant 'poisson', correspond généralt. à*) itti(o): *ichtyocolle* ittiocolla; *ichtyol* ittiolo.
ichtyocolle |iktjɔkɔl| *s.f.* (*techn.*) ittiocolla.
ichtyoïde |iktjɔid| *adj.* [*qui ressemble à un poisson*] pisciforme.
ichtyologie |iktjɔlɔʒi| *s.f.* ittiologia*.
ichtyologique |iktjɔlɔʒik| *adj.* ittiologico*.
ichtyologiste |iktjɔlɔʒist(ə)| *s.* ittiologo*.
ichtyophage |iktjɔfaʒ| *adj. et s.* ittiofago* → **piscivore.**
ichtyophagie |iktjɔfaʒi| *s.f.* ittiofagia*.
ichtyosaure |iktjɔsɔʀ| *s.m.* (*paléont.*) ittiosauro.
ichtyose |iktjoz| *s.f.* (*méd.*) ittiosi *inv.*
ici |isi| *adv.* **I** *de lieu* **1** [*dans ce lieu; le lieu où se trouve celui qui parle*] qui, qua: *ici et là* qui e là; *Monsieur X..., ici présent* il signor X..., qui presente; *on est bien ici* si sta bene qui; *ici repose, ici gît* qui riposa, qui giace; *vous êtes ici chez vous* qui siete come a casa vostra; *il fait plus frais ici qu'à Paris* fa più fresco qui che a Parigi → **ci** ◇ (*loc.*) *d'ici* di qui ◇ [*à cet endroit*] *veuillez signer ici* per favore, firmi qui **2** *loc.* PAR ICI [*par cet endroit, dans cette direction*] (per) di qui (per di qua), da questa parte: *par ici la sortie* l'uscita è (per) di qui, da questa parte ◇ [*dans les environs, dans ce pays*] da queste parti: *il habite par ici* abita da queste parti **3** *loc.adv.* ICI-BAS [*dans ce bas monde*] quaggiù *adv.*, in questo mondo: *les choses d'ici-bas* le cose di quaggiù, terrene **4** [*à l'endroit où l'on se trouve, que l'on désigne, dans un discours, un écrit*] qui, a questo punto (*loc.*): *je me sers ici de ce mot* mi servo qui, a questo punto di questa parola **II** *de temps* **1** (*loc.*) *jusqu'ici* [*jusqu'à présent*] fin qui (fin qua), finora *adv.* (fino ad ora) **2** *loc.* D'ICI (*marquant le point de départ dans le temps*) da qui (di qui), entro (*prép.*): *d'ici demain* da qui a domani, entro domani; *d'ici trois jours* di qui a tre giorni, entro tre giorni # *d'ici peu* fra poco.
icône |ikon| *s.f.* icona: *icônes byzantines, russes* icone bizantine, russe.
iconique |ikɔnik| *adj.* iconico*.
icon(o)- |ikɔn(ɔ)| *préf.* (*signifiant 'image', correspond généralt. à*) icon(o): *iconoclasme* iconoclastia; *iconographe* iconografo.
iconoclasme |ikɔnɔklasm(ə)| *s.m.*, **iconoclastie** |ikɔnɔklasti| *s.f.* [*doctrine, mouvement des iconoclastes*] iconoclastia *f.*
iconoclaste |ikɔnɔklast(ə)| *s.m.* **1** (*hist.*) iconoclasta *s.* ✦ (*adj.*) *les empereurs iconoclastes* gli imperatori iconoclasti **2** (*par ext.*) [*celui qui proscrit ou détruit les œuvres d'art*] iconoclasta ✦ (*adj.*) *fureur iconoclaste* furore iconoclasta 🄲 **iconolâtre.**
iconoclastie |ikɔnɔklasti| *s.f.* → **iconoclasme.**
iconographe |ikɔnɔgʀaf| *s.m.* iconografo.
iconographie |ikɔnɔgʀafi| *s.f.* **1** iconografia: *iconographie religieuse* iconografia religiosa **2** [*ensemble d'images*] iconografia: *l'iconographie chrétienne, bouddhique* l'iconografia cristiana, buddista.
iconographique |ikɔnɔgʀafik| *adj.* iconografico*.
iconolâtre |ikɔnɔlɑtʀ(ə)| *s.* iconolatra 🄲 **iconoclaste.**
iconolâtrie |ikɔnɔlɑtʀi| *s.f.* iconolatria.
iconologie |ikɔnɔlɔʒi| *s.f.* iconologia*.
iconologiste |ikɔnɔlɔʒist(ə)|, **iconologue** |ikɔnɔlɔg| *s.* iconologista.
iconoscope |ikɔnɔskɔp| *s.m.* (*télév.*) iconoscopio*.
iconostase |ikɔnɔstɑz| *s.f.* iconostasi *inv.*
icosaèdre |ikozaɛdʀ(ə)| *s.m.* (*géom.*) icosaedro.
ictère |iktɛʀ| *s.m.* (*méd.*) ittero → **jaunisse.**
ictérique |ikteʀik| *adj.* (*méd.*) itterico* ✦ (*s.*) *un ictérique* un itterico.
ictus |iktys| *s.m.* **1** (*versif.*) ictus *inv.* **2** (*pathol.*) ictus: *ictus apoplectique* ictus; colpo apoplettico → **attaque.**
-ide |id| *suff.* → **-oïde.**
ide |id| *s.m.* (*t.zool.*) ido.
idéal, als, aux |ideal, o| *s.m.* **1** ideale: *idéal de beauté* ideale di bellezza; *avoir un idéal* avere un ideale; *chercher à réaliser son idéal* cercare di realizzare il proprio ideale **2** L'IDÉAL l'ideale: *aspirations vers l'idéal* aspirazioni all'ideale ◇ (*loc.*) *l'idéal ce serait, c'est de partir aujourd'hui* l'ideale sarebbe, è partire oggi; *l'idéal ce serait, c'est que tu viennes avec nous* l'ideale sarebbe che tu venissi con noi, è che tu venga con noi 🄲 1 **réalité.**
idéal, ale, als, aux |ideal, o| *adj.* **1** ideale: *un monde idéal* un mondo ideale **2** [*qui atteint toute la perfection*] ideale: *beauté, formes idéales* bellezza, forme ideali; *perfection idéale* perfezione ideale → **absolu** **3** (*fam.*) [*parfait, rêvé*] ideale: *c'est un mari idéal* è un marito ideale; *c'est la solution ideale* è la soluzione ideale 🄲 1 **réel.**
idéalement |idealmɑ̃| *adv.* [→ IDÉAL] idealmente.
idéalisateur, trice |idealizatœʀ, tʀis| *adj.* idealistico*.
idéalisation |idealizɑsjɔ̃| *s.f.* [→ IDÉALISER] idealizzazione.
idéaliser |idealize| *v.tr.* [*revêtir d'un caractère idéal*] idealizzare: *peintre qui*

idéalise son modèle pittore che idealizza il proprio modello → **embellir** ◻C **rabaisser, enlaidir.**

idéalisme |idealism(ə)| *s.m.* idealismo: *idéalisme platonicien* idealismo platonico ◻C **réalisme.**

idéaliste |idealist(ə)| *adj.* idealistico* ✦ (*s.*) *un idéaliste* un idealista.

idéalité |idealite| *s.f.* idealità *inv.*

idéation |ideɑsjɔ̃| *s.f.* ideazione.

idée |ide| *s.f.* **I** **1** idea: *idée de nombre, d'étendue* idea di numero, di estensione; *idées innées* idee innate **2** [*toute représentation élaborée par la pensée*] idea: *idée claire, nette, juste* idea chiara, precisa, giusta; *association d'idées* associazione d'idee; *suivre, perdre le fil de ses idées* seguire, perdere il filo delle proprie idee; *avoir des idées fausses* avere delle idee sbagliate # *avoir une haute idée de soi* avere un'alta opinione di sé stesso; *avoir des idées gaies* vedere tutto rosa; *avoir des idées noires* vedere nero; *sauter d'une idée à l'autre* saltare di palo in frasca ◇ (*spécialt.*) *idée fixe* idea fissa, chiodo fisso ◇ (*loc.*) *l'idée de* (+ *inf.*) l'idea, la prospettiva di (+ *inf.*) → **perspective** ~ *l'idée que...* l'idea che... ~ *à l'idée de, à la seule idée que...* all'idea di, alla sola idea che... **3** [*vue élémentaire, approximative*] idea: *pour vous* (*en*) *donner une idée* per darvi (darvene) un'idea; *n'avoir aucune idée, pas la moindre idée de...* non avere nessuna idea, la più pallida idea di...; *on n'a pas idée de cela* [*on ne peut même pas se représenter une chose pareille*] non se ne ha un'idea; non ce lo si può nemmeno immaginare ◇ (*loc.*) *j'ai idée que cela finira bientôt* [*il me semble que*] ho idea che finirà presto **4** [*conception purement imaginaire, fausse ou irréalisable*] idea: *se faire des idées* [*s'imaginer qqch.*] farsi delle idee; *en voilà, une idée!* bella idea!, che bella trovata! → **chimère, rêve** **5** [*vue que l'intelligence élabore dans le domaine de la connaissance, de la création artistique*] idea: *il me vient une idée* mi viene una idea; *changer d'idée* cambiare idea; *c'est une bonne, une heureuse idée* è una buona, una felice idea → **projet,** 2 **plan** # *prendre l'idée d'un roman dans un fait divers* prendere spunto per un romanzo da un fatto di cronaca → **source, sujet** ◇ (*loc.*) *avoir l'idée de* [*concevoir le projet, s'imaginer de*] avere l'idea di ◇ *au plur.* [*pensées neuves, fortes, heureuses*] idee: *ouvrage plein d'idées* opera piena di idee **6** [*façon particulière de se représenter le réel, de voir les choses*] idee (*pl.*): *j'ai mon idée sur la question* ho le mie idee in proposito → **opinion** # *idée reçue* preconcetto, pregiudizio; *juger, agir à son idée* giudicare, agire alla propria maniera ◇ *au plur.* [*ensemble des opinions d'un individu ou d'un groupe social en quelque domaine*] idee: *communion d'idées* comunione di idee; *chacun a ses idées* ciascuno ha le proprie idee → **théorie** # *cela n'est pas dans mes idées* non fa parte del mio modo di pensare ◇ (*spécialt.*) *idées politiques* idee politiche; *il a des idées avancées* ha delle idee avanzate; *avoir des idées étroites, larges* avere una mentalità ristretta, larghe vedute **II** (*loc.*) *j'ai dans l'idée qu'il ne viendra pas* ho l'impressione che non verrà; *on ne m'ôtera pas ça de l'idée* nessuno me lo toglierà dalla testa; *tout cela n'était vrai qu'en idée* [*en imagination*] tutto ciò era vero solo nell'immaginazione **III** (*philo.*) idea.

idéel, elle |ideɛl| *adj.* dell'idea *loc. inv.* → **conceptuel.**

idem |idɛm| *adv.* idem.

identifiable |idɑ̃tifjabl(ə)| *adj.* [→ IDENTIFIER] identificabile; individuabile.

identification |idɑ̃tifikɑsjɔ̃| *s.f.* [→ IDENTIFIER] identificazione; individuazione: *l'identification d'une chose à une autre* l'identificazione di una cosa con un'altra.

identifier |idɑ̃tifje| **A** *v.tr.* **1** [*considérer comme identique*] identificare: *identifier une chose avec, à une autre, une chose et une autre* identificare una cosa con, a un'altra → **assimiler,** 2 **confondre** **2** (*sans compl. second*) [*reconnaître*] identificare, individuare: *je le connais, mais je n'arrive pas à l'identifier* lo conosco, ma non riesco a individuarlo, non ricordo chi sia ◇ (*spécialt.*) [*reconnaître du point de vue de l'état civil*] *identifier un voleur* identificare un ladro; *identifier un cadavre d'après ses empreintes digitales* identificare un cadavere dalle impronte digitali **3** [*reconnaître comme appartenant à une espèce ou classe*] individuare, identificare: *un bruit étrange que je n'arrivais pas à identifier* uno strano rumore che non riuscivo a individuare, a identificare; *identifier un problème* individuare un problema **B** *v.pron. réfl.* S'IDENTIFIER [*se faire ou devenir identique*] identificarsi: *acteur qui s'identifie avec son personnage* attore che si identifica con il (suo) personaggio ◇ (*psycho.*) *il s'identifie à son père* si identifica con il padre ◻C A 1 **différencier.**

identique |idɑ̃tik| *adj.* **1** identico*: *objet, être identique à un autre* oggetto, essere identico a un altro; *aboutir à des conclusions identiques* giungere a identiche conclusioni **2** [*qui est unique, quoique perçu, conçu ou nommé de manières différentes*] identico → **même (le), un** ◇ (*math.*) identico ◻C 1 **différent.**

identiquement |idɑ̃tikmɑ̃| *adv.* [→ IDENTIQUE] identicamente ◻C **différemment.**

identité |idɑ̃tite| *s.f.* **1** identità *inv.* **2** (*psycho.*) *identité personnelle* identità personale; *problème psychologique de l'identité du moi* problema psicologico dell'identità dell'io ◇ (*par ext.*) → **permanence** **3** (*dr., cour.*) identità: *établir l'identité de qqn.* accertare l'identità di qc.; *pièce d'identité* [*pièce officielle prouvant l'identité d'une personne*] documento d'identità; *carte, photo d'identité* carta, foto d'identità ◇ (*log., math.*) identità.

idéo- |ideɔ| *préf.* (*signifiant 'idée', correspond généralt. à*) ideo: *idéogramme* ideogramma; *idéographique* ideografico.

idéogramme |ideɔgʀam| *s.m.* (*ling.*) ideogramma.

idéographie |ideɔgʀafi| *s.f.* (*ling.*) ideografia.

idéographique |ideɔgʀafik| *adj.* ideografico* → **hiéroglyphique.**

idéologie |ideɔlɔʒi| *s.f.* (*philo., cour.*) ideologia*.

idéologique |ideɔlɔʒik| *adj.* (*philo., cour.*) ideologico*.

idéologue |ideɔlɔg| *s.m.* (*philo., cour.*) ideologo*.

idéo-moteur, trice |ideɔmɔtœʀ, tʀis| *adj.* (*psycho.*) *action idéo-motrice* azione ideomotoria.

ides |id| *s.f.pl.* idi (*f. ou m.*): *César fut assassiné aux ides de mars* Cesare fu assassinato alle idi di marzo.

idio- |idjɔ| *préf.* (*signifiant 'propre, spécial', correspond généralt. à*) idio: *idiopathique* idiopatico.

idiolecte |idjɔlɛkt(ə)| *s.m.* (*ling.*) idioletto.

idiomatique |idjɔmatik| *adj.* idiomatico*: *expression idiomatique* espressione idiomatica.

idiome |idjom| *s.m.* (*ling.*) idioma → 2 **langue.**

idiopathie |idjɔpati| *s.f.* (*méd.*) idiopatia.

idiopathique |idjɔpatik| *adj.* (*méd.*) idiopatico* → **essentiel.**

idiosyncrasie |idjɔsɛ̃kʀazi| *s.f.* (*méd., cour.*) idiosincrasia.

idiot, idiote |idjo, idjɔt| **I** *adj.* **1** idiota, stupido: *il est complètement idiot* è completamente idiota; *réflexion idiote* riflessione stupida → 1 **bête** ✦ (*impers.*) *ce serait idiot de refuser* sarebbe stupido rifiutare **2** (*méd.*) idiota **II** *s.* **1** idiota, cretino: *me prenez-vous pour un idiot?* mi prendete per un idiota?; *espèce d'idiot!* pezzo d'idiota!, pezzo di cretino!; *faire l'idiot* [*simuler de la bêtise, de la naïveté*] fare il cretino → **crétin, imbécile** **2** (*méd.*) idiota ◇ (*fam.*) *l'idiot du village* [*simple d'esprit, innocent*] lo scemo del paese.

idiotement |idjɔtmɑ̃| *adv.* [→ IDIOT I 1] idiotamente, stupidamente.

idiotie |idjɔsi| *s.f.* **1** idiozia: *c'est une idiotie de refuser* è un'idiozia rifiutare; *ne dites pas d'idioties!* non dica idiozie, stupidaggini!; *ne lisez pas cette idiotie* non leggete una simile idiozia → **stupidité, bêtise** **2** (*méd.*) idiozia → **crétinisme.**

idiotifier |idjɔtifje| *v.tr.* [*abêtir, rendre idiot*] istupidire (197), rimbecillire (197).

idiotisme |idjɔtism(ə)| *s.m.* idiotismo.

idoine |idwan| *adj.* **1** (*plais.*) *voilà l'homme idoine* [*celui qui convient parfaitement en l'occurrence*] ecco l'uomo che fa per voi *loc.* **2** (*dr., vx.*) idoneo → **approprié.**

idolâtre |idɔlɑtʀ(ə)| *adj. et s.* idolatra.

idolâtrer |idɔlɑtʀe| **A** *v.tr.* [*aimer avec passion en rendant une sorte de culte*] idolatrare: *idolâtrer ses enfants* idolatrare i propri figli → **adorer** **B** *v. pron. réfl., récipr.* S'IDOLÂTRER [→ *tr.*] idolatrarsi: *amants qui s'idolâtrent* amanti che si idolatrano.

idolâtrie |idɔlɑtʀi| *s.f.* idolatria ◇ (*par ext.*) *un culte de la personnalité qui va jusqu'à l'idolâtrie* un culto della personalità che si spinge fino all'idolatria.

idolâtrique |idɔlɑtʀik| *adj.* idolatrico*.

idole |idɔl| *s.f.* idolo (*m.*): *culte des idoles* culto degli idoli → **fétiche** ◇ (*par ext.*) *c'est une idole des jeunes* è un idolo dei giovani; *être l'idole des foules* essere l'idolo delle folle; *faire de qqn. son idole* fare di qc. il proprio idolo, idolatrare qc.

idylle |idil| *s.f.* idillio* *m.* → 1 **amou-**

rette ◇ (*litt.*) idillio → **églogue, pastorale.**
idyllique |idilik| *adj.* idillico*: *tableau idyllique* quadro idillico.
if |if| *s.m.* (*t.bot.*) tasso.
igame |igam| *s.m.* [*mot résultant des initiales de 'inspecteur général de l'administration en mission extraordinaire', préfet chargé de coordonner l'action des préfets dans une vaste circonscription*] ⊠.
igamie |igami| *s.f.* [*circonscription administrée par un igame*] ⊠.
igloo, iglou |iglu| *s.m.* iglò *inv.*
igname |iɲ(gn)am| *s.f.* (*t.bot.*) igname *m.*
ignare |iɲaʀ| *adj.* [*qui n'a reçu aucune instruction*] ignorante → **ignorant, inculte.**
igné, ée |igne| *adj.* **1** (*littér.*) [*qui a les caractères du feu*] igneo: *substance ignée* sostanza ignea → **ardent 2** (*géol.*) igneo: *roches ignées* rocce ignee.
ign(i)- |ign(i)| *préf.* (*signifiant 'feu', correspond généralt. à*) igni: *ignifuge* ignifugo; *ignition* ignizione.
ignifugation |ignifygasjɔ̃| *s.f.*,
ignifugeage |ignifyʒaʒ| *s.m.* (*techn.*) ignifugazione *f.*
ignifuge |ignifyʒ| *adj.* (*techn.*) ignifugo*: *matière ignifuge* sostanza ignifuga ✦ (*s.m.*) *un ignifuge* un ignifugo.
ignifugeant, ante |ignifyʒɑ̃, ɑ̃t| *adj. et s.m.* → **ignifuge.**
ignifuger |ignifyʒe| (3) *v.tr.* [*rendre ininflammable; imprégner de substances ignifuges*] rendere (105) ignifugo*, ignifugare.
ignipuncture |ignipɔ̃ktyʀ| *s.f.* (*méd.*) ignipuntura.
ignition |ignisjɔ̃| *s.f.* (*phys.*) ignizione.
ignitron |ignitʀɔ̃| *s.m.* (*électron.*) ignitron *inv.*
ignivome |ignivɔm| *adj.* (*rare*) ignivomo.
ignoble |iɲɔbl(ə)| *adj.* **1** ignobile: *un ignoble individu* un ignobile individuo; *une conduite ignoble* un comportamento ignobile → **abject, infâme, odieux 2** [*d'une laideur affreuse ou d'une saleté repoussante*] immondo: *un taudis ignoble* un immondo tugurio ◇ (*par exagér.*) [*très déplaisant*] spaventoso: *un ignoble accent faubourien* uno spaventoso accento di periferia Ⓒ **beau, noble.**
ignoblement |iɲɔbləmɑ̃| *adv.* [→ IGNOBLE 1] ignobilmente.
ignominie |iɲɔmini| *s.f.* ignominia: *se couvrir d'ignominie* coprirsi d'ignominia; *ignominie d'une condamnation* ignominia di una condanna; *s'abaisser aux pires ignominies* abbassarsi alle peggiori ignominie → **turpitude** Ⓒ **gloire, honneur.**
ignominieusement |iɲɔminjøzmɑ̃| *adv.* [→ IGNOMINIEUX] ignominiosamente → **honteusement.**
ignominieux, euse |iɲɔminjø, øz| *adj.* ignominioso: *condamanation ignominieuse* condanna ignominiosa → **honteux.**
ignorance |iɲɔʀɑ̃s| *s.f.* **1** ignoranza: *reconnaissez votre ignorance sur ce sujet* riconoscete la vostra ignoranza sull'argomento → **incompétence** # *tenir qqn. dans l'ignorance de qqch.* tenere qc. all'oscuro di q.c. ✦ (*absolt.*) *pécher par ignorance* peccare d'ignoranza **2** [*manque d'instruction, de savoir, de culture génér.*] ignoranza: *ignorance crasse* ignoranza crassa.
ignorant, ante |iɲɔʀɑ̃, ɑ̃t| *adj.* **1** IGNORANT DE ignaro di: *être ignorant des événements, des usages* essere ignaro degli avvenimenti, delle usanze **2** [*qui manque de connaissances ou de pratique dans un certain domaine*] ignorante: *ignorant en histoire* ignorante di storia; *un élève ignorant* un alunno ignorante ✦ (*s.*) *vous parlez en ignorant* lei parla da ignorante; *faire l'ignorant* [*feindre de ne pas savoir de quoi il s'agit*] fare lo gnorri **3** [*qui manque d'instruction, de savoir*] ignorante: *ignorant comme une carpe* ignorante come una talpa → **ignare, illettré, inculte** Ⓒ **instruit.**
ignorantin |iɲɔʀɑ̃tɛ̃| (*adj.m.*) *frères ignorantins* [*nom qu'avaient pris, par humilité, les religieux de l'ordre de Saint-Jean-de-Dieu*] fratelli ignorantelli ✦ (*s.m.*) *les ignorantins* gli Ignorantelli.
ignoré, ée |iɲɔʀe| *adj.* [*qui n'est pas su, connu*] sconosciuto, ignorato: *événements ignorés* avvenimenti ignorati, sconosciuti → **inconnu.**
ignorer |iɲɔʀe| **A** *v.tr.* **1** [*ne pas connaître, ne pas savoir*] ignorare: *j'ignore tout de cette affaire* ignoro tutto, non so niente di questa faccenda; *le public ignore cet auteur* il pubblico ignora, non conosce questo autore # *nul n'est censé ignorer la loi* si presume che tutti conoscano la legge ◇ (*spécialt.*) *ignorer qqn.* [*le traiter comme si sa personne ne méritait aucune considération*] ignorare qc. **2** (*suivi d'une proposition*) ignorare, non sapere (177): *il ignorait vous avoir fait tant de peine* ignorava, non sapeva di avervi fatto tanto male ◇ (*interrogative indirecte*) *ils ignorent qui je suis* ignorano, non sanno chi io sia, chi sono io; *nous ignorions qui il était* ignoravamo chi fosse; *j'ignorais si vous viendriez* non sapevo se sareste venuti ◇ *loc.* IGNORER QUE (+ *ind., subj.*) ignorare che (+ *ind.*): *vous ignorez que c'est un de mes amis* ignorate, non sapete che è (un) mio amico **3** [*ne pas avoir l'expérience de*] ignorare, non conoscere (126): *ignorer les maux, les plaisirs* ignorare i mali, i piaceri **B** *v.pron. réfl.* S'IGNORER [*ne pas connaître sa nature*] non conoscersi, misconoscersi (126) # *c'est un chrétien qui s'ignore* è cristiano senza saperlo.
iguane |igwan| *s.m.* (*t.zool.*) iguana *f.*
Iguanidés |igwanide| *s.m.pl.* (*t. zool.*) Iguanidi.
iguanodon |igwanɔdɔ̃| *s.m.* (*paléont.*) iguanodonte.
igue |ig| *s.f.* (*dial.*) → **aven.**
il- |il| *préf.* → **in-.**
il, ils |il| *pron. pers. m.* **I 1** (*représentant un nom m. de personne*) *sing.* egli, lui; *pl.* essi, loro (*le plus souvent sous-entendus*): *il est beau* (egli, lui) è bello; *ils sont aimables* (essi, loro) sono gentili **2** (*représentant un nom m. de chose*) *sing.* esso; *pl.* essi (*le plus souvent sous-entendus*): *le train? il est parti* il treno? (esso) è partito; *vos disques? ils sont chez moi* i vostri dischi? (essi) sono a casa mia **3** ILS (*désignant des personnes indéterminées*: *gouvernement, administration, riches, etc.*) essi (*presque toujours sous-entendu*): *ils ont augmenté le tabac* hanno aumentato le sigarette **II 1** (*sert à introduire les v. impers., et tous les v. employés impers.*; *ne s'exprime jamais en it.*): *il a neigé toute la nuit* è nevicato tutta (la) notte; *il faut le faire* bisogna farlo; *il y a une difficulté, des difficultés* c'è (v'è) una difficoltà, ci (vi) sono delle difficoltà; *il ne tient qu'à vous* dipende solo da voi; *il est vrai, il est possible* è vero, è possibile **2** (*omission de 'il', dans de nombreuses loc. figées*) *tant y a* tanto che; comunque; *m'est avis* mi sembra, suppongo; *mieux vaut* tanto vale; (*pop.*) *faut pas s'en faire* non bisogna prendersela (*cour.*).
ilang-ilang |ilɑ̃ilɑ̃| *s.m.* (*t.bot.*) ilang-ilang *inv.*
île |il| *s.f.* **1** (*géogr., cour.*) isola: *groupe d'îles* gruppo di isole; *les îles Britanniques* le isole britanniche; *une île déserte* un'isola deserta → **archipel** # *îles des fleuves et des rivières* isole dei fiumi → **atterrissement, javeau** ◇ (*spécialt.*) *l'île de la Cité* 'l'île de la Cité' ◇ (*par ext.*) *l'Île de France* 'l'Île de France' **2** *les Îles* [*les Antilles*] le Antille.
iléo-cæcal, ale, aux |ileɔsekal, o| *adj.* (*anat.*) ileocecale.
iléon |ileɔ̃| *s.m.* (*anat.*) ileo.
iles |il| *s.m.pl.* (*rare, anat.*) ilio* *sing.* → **ilion, hanche.**
iléus |ileys| *s.m.* (*méd.*) ileo.
iliaque |iljak| *adj.* (*anat.*) iliaco*: *artères iliaques* arterie iliache.
îlien, îlienne |iljɛ̃, iljɛn| *adj.* [*qui habite une île*] isolano → **insulaire** ✦ (*s.*) *les îliens* gli isolani.
ilion |iljɔ̃|, **ilium** |iljɔm| *s.m.* (*anat.*) ilio*.
illégal, ale, aux |i(l)legal, o| *adj.* illegale: *exercice illégal d'une profession* esercizio illegale di una professione; *détention illégale de qqch.* detenzione illegale di q.c. → **illicite, irrégulier.**
illégalement |i(l)legalmɑ̃| *adv.* [→ ILLÉGAL] illegalmente.
illégalité |i(l)legalite| *s.f.* illegalità *inv.* ◇ [*acte illégal*] illegalità → **abus.**
illégitime |i(l)leʒitim| *adj.* **1** (*dr., cour.*) illegittimo: *enfant illégitime* figlio illegittimo → **adultérin, naturel** ◇ [*qui n'est pas conforme au droit moral*] *acte illégitime* azione illegittima → **illégal, irrégulier 2** [*qui n'est pas justifié*] illegittimo, ingiustificato.
illégitimement |i(l)leʒitimmɑ̃| *adv.* [→ ILLÉGITIME] illegittimamente → **indûment.**
illégitimité |i(l)leʒitimite| *s.f.* (*dr.*) illegittimità *inv.*
illettré, ée |i(l)letʀe| *adj. et s.* **1** [*qui ne sait ni lire, ni écrire*] illetterato, analfabeta ✦ (*s.*) *un illettré* un analfabeta **2** (*vieilli*) → **ignorant.**
illicite |i(l)lisit| *adj.* illecito: *moyens illicites* mezzi illeciti; *profits illicites* profitti illeciti → **1 interdit, prohibé.**
illicitement |i(l)lisitmɑ̃| *adv.* [→ ILLICITE] illecitamente.
illico |i(l)liko| *adv.* (*fam.*) [*sur-le-champ*] all'istante *loc. inv.*, seduta stante *loc. inv.* → **aussitôt, immédiatement.**
illimité, ée |i(l)limite| **1** *adj.* illimitato: *pouvoirs, moyens illimités* poteri, mezzi illimitati; *ses ressources sont illimitées* le sue risorse sono illimitate → **immense, grand, infini** ◇ [*qui n'est pas limité, dont la grandeur n'est pas fixée*] illimitato, indeterminato: *pour une durée illimitée* per una durata illimitata, a tempo indeterminato → **indéfini, indéterminé 2** (*s.m.*) *l'illimité* [*l'infini*] l'infinito Ⓒ **fini; 1 limité.**
illisibilité |i(l)lizibilite| *s.f.* [*caractère de ce qui est matériellement illisible*] illeggibilità *inv.*

illisible |i(l)lizibl(ə)| *adj.* [*qu'on ne peut lire*] illeggibile: *signature illisible* firma illeggibile → **indéchiffrable** ◇ [*dont la lecture est insupportable*] *c'est un ouvrage illisible!* è un'opera illeggibile!

illisiblement |i(l)liziblәmɑ̃| *adv.* [→ ILLISIBLE] in modo illeggibile *loc. inv.*, illeggibilmente.

illogique |i(l)lɔʒik| *adj.* illogico*: *raisonnement, conduite illogique* ragionamento, comportamento illogico → **incohérent.**

illogiquement |i(l)lɔʒikmɑ̃| *adv.* (*rare*) [→ ILLOGIQUE] illogicamente.

illogisme |i(l)lɔʒism(ə)| *s.m.* [*manque de logique*] illogicità *f.inv.* ◇ [*chose illogique*] *c'est un illogisme flagrant* è un'evidente illogicità.

illuminable |i(l)lyminabl(ə)| *adj.* (*rare*) [→ ILLUMINER] illuminabile.

illumination |i(l)lyminɑsjɔ̃| *s.f.* **I** **1** [*inspiration subite, lumière soudaine qui se fait dans l'esprit*] illuminazione → **idée, 1 trait (de génie)** **2** (*théol.*) illuminazione: *par illumination du Saint-Esprit* per illuminazione dello Spirito Santo **II** [→ ILLUMINER A 1] illuminazione: *illumination d'un monument* illuminazione di un monumento → **éclairage** Ⓒ II **obscurcissement.**

illuminé, ée |i(l)lymine| *adj.* **1** illuminato: *paquebot tout illuminé* piroscafo tutto illuminato; *ville illuminée* città illuminata **2** (*fig.*) [*qui a une vision*] illuminato ♦ *s.* (*hist. relig.*) *les Illuminés* gli Illuminati Ⓒ **sombre.**

illuminer |i(l)lymine| **A** *v.tr.* **1** [*éclairer d'une vive lumière*] illuminare: *éclair qui illumine le ciel* lampo che illumina il cielo ◇ (*spécialt.*) [*orner de lumières* (*un monument, une rue*)] *illuminer les monuments de la ville* illuminare i monumenti cittadini **2** (*par ext.*) [*mettre un reflet, un éclat lumineux sur*] illuminare: *un éclair de joie illumina sa face* un lampo di gioia gli illuminò il viso **3** (*relig.*) illuminare **B** *v.pron. intr.* S'ILLUMINER [→ *tr.* 2] illuminarsi: *ses yeux s'illuminèrent de joie* i suoi occhi si illuminarono di gioia Ⓒ A 1 **obscurcir,** 2 **assombrir.**

illuminisme |i(l)lyminism(ə)| *s.m.* (*hist. relig.*) dottrina *f.*, movimento degli illuminati.

illusion |i(l)lyzjɔ̃| *s.f.* **I** **1** illusione: *les illusions des sens* le illusioni dei sensi; *une illusion de fraîcheur* un'illusione di frescura; *donner l'illusion de* dare l'illusione di ◇ (*spécialt.*) *illusion d'optique* illusione ottica **2** [*apparence dépourvue de réalité*] illusione: *illusions dues au trucage, à la prestidigitation* illusioni dovute al trucco, alla prestidigitazione → **mirage, vision** **II** **1** [*opinion fausse, croyance erronée qui abuse l'esprit par son caractère séduisant*] illusione: *agréables illusions* piacevoli illusioni; *avoir, se faire des illusions* avere, farsi illusioni (illudersi); *dire adieu à ses illusions* dire addio alle proprie illusioni, ai propri sogni → **idée, chimère, rêve, utopie** # *caresser une illusion* accarezzare un sogno **2** (*absolt.*) *le pouvoir de l'illusion* il potere dell'illusione ◇ *loc.* FAIRE ILLUSION [*duper, tromper, en donnant de la réalité une apparence flatteuse*] illu- (106), darla (102) a intendere: *-che à faire illusion* cerca di darla -dere.

-onner |i(l)lyzjɔne| **A** *v.tr.* (*rare*) [*séduire ou tromper par l'effet d'une illusion*] illudere (106) **B** *v.pron. réfl.* S'ILLUSIONNER [→ *tr.*] illudersi: *s'illusionner sur qqn., qqch.* illudersi su qc., q.c. → **abuser (s'), leurrer (se).**

illusionnisme |i(l)lyzjɔnism(ə)| *s.m.* illusionismo.

illusionniste |i(l)lyzjɔnist(ə)| *s.* illusionista → **prestidigitateur.**

illusoire |i(l)lyzwaʀ| *adj.* illusorio* → **faux, trompeur, vain** # *il est illusoire d'espérer* è vano sperare Ⓒ **réel, sûr.**

illusoirement |i(l)lyzwaʀmɑ̃| *adv.* [→ ILLUSOIRE] illusoriamente, in modo illusorio *loc. inv.* → **fallacieusement.**

illustrateur |i(l)lystʀatœʀ| *s.m.* illustratore* *s.*

illustration |i(l)lystʀɑsjɔ̃| *s.f.* **1** illustrazione: *illustration de livres d'enfants* illustrazione di libri per bambini ◇ [*action d'éclairer, d'illustrer par des explications, des exemples*] illustrazione; esemplificazione: *vous avez là l'illustration de nos idées* eccovi l'illustrazione delle nostre idee **2** (*vx.*) → **célébrité, gloire.**

illustre |i(l)lystʀ(ə)| *adj.* **1** illustre: *vies des hommes illustres* vite degli uomini illustri; *un écrivain illustre* uno scrittore illustre → **célèbre, fameux, glorieux** ◇ (*plais.*) *un illustre inconnu* un illustre sconosciuto **2** (*choses*) illustre: *d'illustre naissance* di nascita illustre ◇ (*littér.*) *actions illustres* azioni illustri → **éclatant.**

illustré, ée |i(l)lystʀe| **1** *adj.* illustrato: *édition illustrée* edizione illustrata; *journal illustré* (giornale) illustrato, rotocalco; *livre illustré* libro illustrato **2** (*s.m.*) *un illustré* un illustrato, una rivista *f.*

1 **illustrer** |i(l)lystʀe| **A** *v.tr.* (*littér.*) [*rendre illustre*] illustrare **B** *v.pron. intr.* (*littér.*) S'ILLUSTRER [→ *tr.*] illustrarsi: *s'illustrer par un fait d'armes* illustrarsi per un fatto d'armi.

2 **illustrer** |i(l)lystʀe| *v.tr.* **1** [*orner de figures, d'images* (*un ouvrage*)] illustrare: *dessinateur, graveur dont le métier est d'illustrer des livres* disegnatore, incisore che illustra libri per professione **2** [*rendre plus clair par des exemples*] illustrare: *illustrer de notes, de commentaires un texte* illustrare con note, con un commento un testo.

illustrissime |i(l)lystʀisim| *adj.* (*plais., vx.*) illustrissimo (*cour.*).

illuvial, ale, aux |i(l)lyvjal, o| *adj.* (*géol.*) alluvionale: *zone illuviale* [*d'accumulation*] zona alluvionale.

illuviation |i(l)lyvjɑsjɔ̃| *s.f.* (*géol.*) alluvione.

illuvion |i(l)lyvjɔ̃|, **illuvium** |i(l)lyvjɔm| *s.m.* illuvione *f.*

îlot |ilo| *s.m.* **1** [*très petite île*] isolotto **2** [*petit espace isolé*] oasi (*f.inv.*): *des îlots de verdure* delle oasi di verde ◇ (*anat.*) *îlots pancréatiques* isole *f.* pancreatiche ◇ (*fig.*) *des îlots de résistance* focolai di resistenza **3** [*groupe de maisons*] isolato: *démolir un îlot insalubre* demolire un isolato poco salubre **4** (*circulation*) *îlot directionnel* isola direzionale.

ilote |ilɔt| *s.* (*hist. gr.*) ilota ◇ (*fig.*) *traiter qqn. comme un ilote* trattare qc. come uno schiavo.

ilotisme |ilɔtism(ə)| *s.m.* (*hist. gr.*) condizione *f.* d'ilota.

image |imaʒ| *s.f.* **I** **1** immagine: *il voyait son image dans la glace* vedeva la propria immagine nello specchio → **reflet** ◇ (*phys.*) *image réelle, virtuelle, au miroir* immagine reale, virtuale, speculare ◇ (*physiol.*) *image rétinienne* immagine retinica ◇ (*photo.*) *image photographique* immagine fotografica, fotogramma *m.* → 2 **épreuve** ◇ (*télév.*) immagine, video (*m.inv.*): *perdre l'image et le son* perdere l'audio e il video ◇ (*ciné.*) fotogramma: *film pris image par image* film ripreso fotogramma per fotogramma **2** [*représentation* (*d'un objet*) *par les arts graphiques ou plastiques*] immagine: *image fidèle, ressemblante* immagine fedele, somigliante **3** [*petite estampe*] figura, illustrazione: *images qui illustrent un texte* figure che illustrano un testo → **gravure, illustration** # *album, livre d'images* album, libro illustrato; *image pieuse* immaginetta; *collection d'images* collezione di figurine ◇ (*loc. fam.*) *c'est un enfant sage comme une image* [*calme, posé*] è (un bambino tranquillo come) un angioletto **II** (*abstrait*) **1** [*reproduction exacte ou représentation analogique d'un être, d'une chose*] immagine: *cet enfant est l'image de son père* questo bambino è l'immagine, il ritratto del padre; *Dieu créa l'homme à son image* Dio creò l'uomo a propria immagine → **ressemblance, portrait, reflet** **2** [*ce qui évoque une réalité*] immagine: *la fuite de l'eau, image du temps qui s'écoule* lo scorrere dell'acqua, immagine del tempo che passa; *c'est l'image de la société moderne* è l'immagine della società moderna → **symbole** **3** [*expression de l'abstrait par le concret, dans le discours*] immagine: *image banale, usée* immagine banale, trita e ritrita; *écrivain qui s'exprime par des images* scrittore che si esprime per immagini → **comparaison, métaphore** **4** (*math., phys.*) immagine **III** **1** [*reproduction mentale d'une perception ou impression antérieure*] immagine: *image visuelle, auditive* immagine visiva, (a)uditiva; *chasser une image de son esprit* scacciare un'immagine dalla propria mente; *conserver l'image d'une personne chérie* conservare l'immagine di una persona amata; *évoquer une image* rievocare una immagine → 2 **souvenir** **2** [*produit de l'imagination*] immagine: *images incohérentes du rêve* immagini incoerenti del sogno; *images trompeuses* immagini ingannevoli, illusioni → **illusion, vision.**

imagé, ée |imaʒe| *adj.* [*orné d'images, de métaphores*] figurato, imaginifico* (*littér.*): *langage, style imagé* linguaggio, stile figurato, imaginifico.

imagerie |imaʒʀi| *s.f.* [*ensemble d'images de même origine ou de même inspiration*] stampe *pl.*, iconografia: *imagerie populaire, romantique* stampe popolari, romantiche.

imagier, ière |imaʒje, jɛʀ| *s.* **1** [*sculpteur, peintre du moyen âge*] scultore*, pittore* del medioevo **2** fabbricante, venditore* di immagini, di stampe popolari ♦ (*adj.*) [*qui concerne les images, l'illustration*] *industrie imagière* industria delle stampe popolari *loc. inv.*

imaginable |imaʒinabl(ə)| *adj.* [→ IMAGINER A 1; B 1] immaginabile: *toutes les couleurs possibles et imaginables* tutti i colori possibili e immaginabili; *cela n'était pas imaginable autrefois* un tempo (ciò) non era immaginabile → **concevable** Ⓒ **inimaginable.**

imaginaire |imaʒinɛʀ| *adj.* **1** immaginario*: *romancier qui crée un personnage imaginaire* romanziere che crea un personaggio immaginario; *danger imaginaire* pericolo immaginario → **irréel, fictif** # *animaux imaginaires* animali favolosi; *être imaginaire* essere leggendario ◇ (*par ext.*) *malade imaginaire* malato immaginario ◆ (*s.m.*) *l'imaginaire* l'immaginario **2** (*math.*) *nombre imaginaire* numero immaginario Ⓒ **réel.**

imaginatif, ive |imaʒinatif, iv| (*adj.*) immaginativo: *esprit immaginatif* mente immaginativa ◆ (*s.*) *un grand imaginatif* una persona *f.* dotata di grande immaginazione ◆ *s.f.* (*vx.*) → **imagination** I.

imagination |imaʒinɑsjɔ̃| *s.f.* **I 1** immaginazione: *cela a frappé son imagination* è una cosa che ha colpito la sua immaginazione **2** [*imagination créatrice*] immaginazione, fantasia: *une imagination fertile* una fertile immaginazione, fantasia; *l'imagination déforme la réalité* l'immaginazione deforma la realtà → **fantaisie, invention**; *jalousie avivée par l'imagination* gelosia ravvivata dall'immaginazione; *s'abandonner à son imagination* abbandonarsi alla propria immaginazione, fantasticare ◆ (*absolt.*) *avoir de l'imagination* avere fantasia, inventiva; *manquer totalement d'imagination* mancare completamente di fantasia, d'immaginazione ◇ (*par ext.*) *avec un peu d'imagination, il aurait pu se tirer d'affaire* con un po' d'immaginazione, d'inventiva avrebbe potuto cavarsela ◇ [*création, inspiration artistique ou litt.*] *romancier plein d'imagination* romanziere pieno di immaginazione, d'inventiva **II** UNE, DES IMAGINATION(S) [*ce que qqn. imagine*; *chose imaginaire, extravagante*] fantasia: *c'est une pure imagination!* è pura fantasia! → **chimère, rêve.**

imaginative |imaʒinativ| *s.f.* → **imagination.**

imaginé, ée |imaʒine| *adj.* [*inventé*] inventato: *histoire imaginée de toutes pièces* storia inventata di sana pianta → **forgé.**

imaginer |imaʒine| **A** *v.tr.* **1** [*se représenter dans l'esprit*] immaginare: *j'imagine très bien la scène* (mi) immagino benissimo la scena; *contrairement à ce que j'avais imaginé...* contrariamente a quello che avevo immaginato...; *vous ne pouvez imaginer à quel point il m'ennuie* non potete immaginare (immaginarvi) quanto mi annoi → **croire, 1 concevoir** # *qu'allez-vous imaginer là?* cosa le salta in mente? □ *s'imaginer qqn., qqch.* immaginarsi qc., q.c.; *je me l'imaginais autrement* me lo immaginavo diverso (diversamente) ◇ *loc.* IMAGINER QUE immaginare che: *j'imagine qu'il a voulu plaisanter* immagino che abbia voluto scherzare → **supposer 2** [*inventer*] immaginare, ideare: *imaginer un expédient* immaginare, escogitare un espediente ◇ (*loc.*) *imaginer de* (+ *inf.*) [*avoir l'idée de*] pensare, immaginare di (+ *inf.*) **B** *v.pron. réfl.* S'IMAGINER **1** [*se représenter, concevoir*] immaginarsi → **figurer** (se) → *tr.* 1 □ **2** [*croire à tort*] immaginare: *si tu t'imagines que je vais céder, tu te fais des illusions* se t'immagini, se credi che io stia per cedere, ti sbagli **3** [*se voir*] immaginarsi: *elle s'imaginait à quarante ans* si immaginava a quarant'anni.

imago |imago| *s.m. ou f.* **1** (*biol.*) imago *f.inv.*, immagine *f.* **2** (*psychan.*) immagine: *imago paternelle* immagine paterna.

imam |imam|, **iman** |imɑ̃| *s.m.* imano.

imamat |imama|, **imanat** |imana| *s.m.* (*rare*) imanato.

imbattable |ɛ̃batabl(ə)| *adj.* imbattibile: *un champion imbattable* un campione imbattibile → **invincible** ◇ (*par ext.*) *record imbattable* primato imbattibile; *soldes à des prix imbattables* saldi a prezzi imbattibili.

imbécile |ɛ̃besil| *adj.* **1** imbecille, scemo: *il faut être imbécile pour ne pas comprendre cela* bisogna essere imbecille, scemo per non capirlo → 1 **bête, idiot** ◇ (*par ext.*) *air imbécile* aria scema, stupida ◆ (*s.*) *un imbécile* un imbecille, uno scemo: *c'est un imbécile, le dernier, le rois des imbéciles* è un imbecille, l'ultimo, il re degli imbecilli; *il me prend pour un imbécile!* mi prende per un imbecille, uno scemo!; *imbécile heureux* [*satisfait*] scemo contento → **abruti, crétin, idiot** ◇ (*t. d'injure*) *espèce d'imbécile* pezzo d'imbecille, di scemo **2** (*méd.*) imbecille → **arriéré** ◆ (*s.*) *un imbécile* un imbecille Ⓒ **intelligent.**

imbécillité |ɛ̃besilite| *s.f.* **1** imbecillità *inv.*, scemenza → **bêtise, idiotie** ◇ (*par ext.*) *faire, dire des imbécillités* fare, dire delle imbecillità, delle scemenze → **ânerie, sottise 2** (*méd.*) imbecillità Ⓒ **intelligence.**

imberbe |ɛ̃bɛʀb(ə)| *adj.* imberbe: *garçon imberbe* ragazzo imberbe Ⓒ **barbu.**

imbiber |ɛ̃bibe| **A** *v.tr.* [*pénétrer, imprégner d'eau, d'un liquide*] imbevere (120), impregnare: *imbiber une compresse d'eau oxygénée* imbevere, impregnare una garza d'acqua ossigenata **B** *v. pron. intr.* S'IMBIBER [→ *tr.*] imbeversi; inzupparsi: *les corps poreux s'imbibent par capillarité* i corpi porosi s'imbevono per capillarità ◇ (*fam.*) *s'imbiber de vin, d'alcool* [*en boire à l'excès*] riempirsi di vino, d'alcool come una spugna ◆ (*au p.p.*) *il est complètement imbibé* è ubriaco fradicio → **aviné.**

imbibition |ɛ̃bibisjɔ̃| *s.f.* [→ IMBIBER] imbibizione → **imprégnation.**

imbrication |ɛ̃bʀikɑsjɔ̃| *s.f.* [*disposition de choses imbriquées*] embricatura ◇ (*fig.*) connessione, interconnessione.

imbriqué, ée |ɛ̃bʀike| *adj.* **1** (*se dit de choses qui se recouvrent partiellement, à la manière des tuiles d'un toit*) embricato: *plaques de métal imbriquées* lastre di metallo embricate; *écailles, plumes imbriquées* squame, piume embricate **2** [*formé d'éléments imbriqués*] embricato: *clocher imbriqué d'une église romane* campanile embricato di una chiesa romanica **3** (*fig.*) (*se dit de choses étroitement liées*) connesso: *les deux affaires sont trop imbriquées* le due faccende sono troppo connesse, legate fra loro.

imbriquer |ɛ̃bʀike| **A** *v.tr.* [*disposer* (*des choses*) *de façon qu'elles soient imbriquées*] embricare **B** *v.pron. récipr.* S'IMBRIQUER [→ *tr.*] embricarsi.

imbroglio |ɛ̃bʀɔljo| *s.m.* imbroglio* → **confusion, mélange** ◇ (*théât.*) commedia *f.* d'intreccio.

imbu, ue |ɛ̃by| *adj.* [*imprégné, pénétré* (*de sentiment, d'idées*)] imbevuto → 2 **plein** ◇ (*par ext.*) *être imbu de soi-même, de sa supériorité* [*se croire supérieur aux autres*] essere pieno di sé → **infatué.**

imbuvable |ɛ̃byvabl(ə)| *adj.* **1** [*qui n'est pas buvable*] imbevibile: *ce vin est imbuvable* questo vino è imbevibile **2** (*fig., fam.*) insopportabile: *cet homme-là est imbuvable* quell'uomo è insopportabile.

imide |imid| *s.m.* (*chim.*) imide *f.*

imitable |imitabl(ə)| *adj.* [→ IMITER] imitabile: *sa signature est facilement imitable* la sua firma è facilmente imitabile.

imitateur, trice |imitatœʀ, tʀis| *s.* imitatore*: *ce n'est qu'un pâle imitateur* è solo un pallido imitatore ◇ (*spécialt.*) *imitateur professionel* imitatore di professione; *un excellent imitateur au music-hall* un eccellente imitatore di music-hall ◇ [*personne qui imite* (*les œuvres d'autrui*)] *les imitateurs de Racine* gli imitatori di Racine.

imitatif, ive |imitatif, iv| *adj.* imitativo: *harmonie imitative* armonia imitativa.

imitation |imitɑsjɔ̃| *s.f.* **1** imitazione: *imitation outrée, comique* imitazione eccessiva, comica; *faire des imitations* fare delle imitazioni → **caricature, parodie** ◇ [*reproduction consciente ou inconsciente de gestes, d'actes*] *instinct d'imitation* istinto d'imitazione, imitativo; *esprit d'imitation* spirito d'imitazione, imitativo **2** [*le fait de prendre qqn., une œuvre pour modèle*] imitazione: *l'imitation d'un maître, des ancêtres* l'imitazione di un maestro, degli antenati; *l'imitation des anciens* l'imitazione degli antichi **3** [*œuvre sans originalité, imitée d'un modèle*] imitazione: *imitation servile* pedissequa imitazione **4** [*reproduction artificielle d'un objet, d'une matière*; *objet imité d'un autre*] imitazione: *fabriquer des imitations de meubles anciens* fabbricare imitazioni di mobili antichi → **copie, reproduction** ◆ (*par appos.*) *reliure imitation cuir* rilegatura in finta pelle, in similpelle → **simili 5** (*mus.*) imitazione: *imitation régulière, canonique* imitazione regolare, canonica **6** *loc. prép.* À L'IMITATION DE come *adv.*, imitando; sul modello di: *elle s'habille à l'imitation de sa mère* si veste come, imitando sua madre.

imité, ée |imite| *adj.* imitato → **emprunté, faux.**

imiter |imite| *v.tr.* **1** [*chercher à reproduire*] imitare: *imiter ses camarades* imitare i compagni; *imiter les gestes, l'accent de qqn.* imitare i gesti, l'accento di qc.; *imiter le cri d'un animal* imitare il verso di un animale; *l'enfant imite ce qu'il voit, ce qu'il entend* il bambino imita ciò che vede, ciò che sente → **copier, singer** ◇ [*faire comme* (*qqn.*)] *il leva son verre et tout le monde l'imita* alzò il bicchiere e tutti lo imitarono **2** [*prendre pour modèle, pour exemple*] imitare: *imiter qqn. en tout* imitare qc. in tutto **3** [*prendre pour modèle* (*l'œuvre, le style d'un autre*)] imitare: *imiter servilement un original* imitare pedissequamente un originale → **plagier 4** [*s'efforcer de reproduire, dans l'intention de faire passer la reproduction pour authentique*] imitare: *faussaire qui imi-*

te une signature falsario che imita una firma → **contrefaire** **5** (*choses*) [*produire le même effet que*] imitare: *des peintures qui imitent la mosaïque* dipinti che imitano il mosaico → **ressembler.**

immaculé, ée |im(m)akyle| *adj.* **1** immacolato: *la Vierge immaculée* la Vergine immacolata, l'Immacolata ◇ (*par anal.*) [*exempt de toute souillure morale*] immacolato → **pur** **2** (*choses*) [*sans une tache*] immacolato → 2 **propre** ◇ [*d'une blancheur parfaite*] immacolato: *neige immaculée* neve immacolata; *du linge immaculé* biancheria immacolata.

immanence |im(m)anɑ̃s| *s.f.* (*philo.*) immanenza 🄲 **trascendance.**

immanent, ente |im(m)anɑ̃, ɑ̃t| *adj.* (*philo.*) immanente ◇ (*par ext.*) *justice immanente* giustizia immanente 🄲 **transcendant.**

immanentisme |im(m)anɑ̃tism(ə)| *s.m.* (*philo.*) immanentismo 🄲 **transcendantalisme.**

immangeable |ɛ̃mɑ̃ʒabl(ə)| *adj.* immangiabile.

immanquable |ɛ̃mɑ̃kabl(ə)| *adj.* immancabile, inevitabile → **fatal** ◇ [*qui ne peut manquer d'atteindre son but*] infallibile: *ce procédé est immanquable* è un procedimento infallibile.

immanquablement |ɛ̃mɑ̃kabləmɑ̃| *adv.* [→ IMMANQUABLE] immancabilmente → **infailliblement; sûrement.**

immarcescible |im(m)aʀsesibl(ə)| *adj.* (*bot.*) immarcescibile, non marcescente ◇ (*fig.*) *une foi immarcescible* una fede immarcescible.

immariable |ɛ̃maʀjabl(ə)| *adj.* difficile da maritare: *une femme, un homme immariable* una donna, un uomo difficile da maritare.

immatérialisme |im(m)ateʀjalism(ə)| *s.m.* (*philo.*) immaterialismo.

immatérialiste |im(m)ateʀjalist(ə)| *s.m.* immaterialista *s.*

immatérialité |im(m)ateʀjalite| *s.f.* immaterialità *inv.*

immatériel, elle |im(m)ateʀjɛl| *adj.* **1** (*philo.*) immateriale **2** [*qui ne semble pas de nature matérielle*] immateriale, etereo.

immatriculation |im(m)atʀikylɑsjɔ̃| *s.f.* immatricolazione, iscrizione: *plaque d'immatriculation d'une automobile* targa d'immatricolazione di un'automobile; *carte d'immatriculation à la Sécurité sociale* documento d'iscrizione alla Previdenza sociale.

immatriculer |im(m)atʀikyle| *v. tr.* [*inscrire sur un registre public dit 'matricule'*] immatricolare; iscrivere (182): *immatriculer une voiture neuve* immatricolare un'autovettura nuova ‖ *étudiant qui se fait immatriculer à la Faculté de Droit* studente che s'iscrive alla Facoltà di Giurisprudenza.

immature |im(m)atyʀ| *adj.* (*sc.*) immaturo.

immaturité |im(m)atyʀite| *s.f.* (*littér.*) immaturità *inv.* (*cour.*).

immédiat, ate |im(m)edja, at| *adj.* **1** (*espace*) immediato: *au voisinage immédiat de votre maison* nelle immediate vicinanze di casa vostra **2** (*temps*) immediato: *successeur immédiat* successore immediato; *une réaction immédiate* una reazione immediata ◆ *s.m. loc.* DANS L'IMMÉDIAT: *rien ne presse, du moins dans l'immédiat* [*pour le moment*] non c'è fretta, almeno per il momento **3** (*philo.*) *cause immédiate* causa immediata; *effet immédiat* effetto immediato **4** (*chim.*) *principe immédiat* principio immediato 🄲 3 **médiat.**

immédiatement |im(m)edjatmɑ̃| *adv.* **1** immediatamente: *précéder, suivre immédiatement* precedere, seguire immediatamente ◇ [*à l'instant même, tout de suite*] subito, immediatamente: *il avait immédiatement aperçu quel parti on pouvait tirer de l'affaire* aveva capito subito che vantaggio si poteva trarre dall'affare; *sortez immédiatement!* uscite immediatamente! → **aussitôt, instantanément** **2** (*philo.*) immediatamente, direttamente.

immédiateté |im(m)edjatte| *s.f.* [*qualité de ce qui est immédiat*] immediatezza.

immémorial, ale, aux |im(m)emɔʀjal, o| *adj.* [*qui remonte à une époque si ancienne qu'elle est sortie de la mémoire*] immemorabile: *de temps immémorial* da tempo immemorabile.

immense |im(m)ɑ̃s| *adj.* **1** immenso: *la mer immense* l'immenso mare; *l'espace immense* lo spazio immenso → **grand, vaste** ◇ (*par anal.*) *une foule immense* un'immensa folla; *une immense fortune* un immenso patrimonio → **colossal, démesuré, énorme** # *un immense avantage* un enorme vantaggio **2** [*qui n'a ni bornes ni mesure*] illimitato, infinito 🄲 **1 infime, petit.**

immensément |im(m)ɑ̃semɑ̃| *adv.* [→ IMMENSE 1] immensamente → **extrêmement** # *il est immensément riche* è enormemente ricco.

immensité |im(m)ɑ̃site| *s.f.* **1** immensità *inv.* ◆ (*absolt.*) *l'immensité* l'immensità, l'immenso *m.*, l'infinito (*m.*): *se perdre dans l'immensité* perdersi nell'immensità → **1 espace, infini** ◇ (*par anal.*) *l'immensité de ses richesses* l'immensità delle sue ricchezze **2** [*état, caractère de ce qui est immense; grandeur sans bornes ni mesure*] immensità: *l'immensité de Dieu, de la nature* l'immensità di Dio, della natura.

immensurable |im(m)ɑ̃syʀabl(ə)| *adj.* [*impossible à mesurer, à évaluer*] incommensurabile → **immense, incommensurable** 🄲 **mesurable.**

immergé, ée |im(m)ɛʀʒe| *adj.* [*plongé, noyé dans un liquide, dans la mer*] immerso; sommerso: *câble immergé* cavo immerso; *parties immergées d'un navire* parti immerse di una nave ‖ *terres immergées* terre sommerse # *plantes immergées* [*qui croissent dans l'eau*] piante acquatiche ◇ (*par anal., astron.*) *planète immergée* pianeta immerso 🄲 **flottant.**

immerger |im(m)ɛʀʒe| (3) **A** *v.tr.* [*plonger dans un liquide*] immergere (114) # *immerger le corps d'un matelot mort en mer* calare in mare il corpo di un marinaio morto **B** *v.pron. réfl.* S'IMMERGER [→ *tr.*] immergersi: *sous-marin qui s'immerge* sottomarino che si immerge.

immérité, ée |im(m)eʀite| *adj.* immeritato: *honneurs immérités* onori immeritati; *reproches immérités* rimproveri ingiusti, immeritati → **injuste.**

immersif, ive |im(m)ɛʀsif, iv| *adj.* (*sc., techn.*) per immersione *loc. inv.*

immersion |im(m)ɛʀsjɔ̃| *s.f.* [→ IMMERGER] immersione: *immersion d'un câble* immersione di un cavo; *baptême par immersion* battesimo per immersione ◇ (*spécialt.*) *objectif à immersion* obiettivo a immersione ◇ (*astron.*) immersione → **éclipse** 🄲 **émersion.**

immettable |ɛ̃mɛtabl(ə)| *adj.* (*se dit d'un vêtement qu'on ne peut ou n'ose mettre*) non portabile: *robe immettable* vestito non portabile.

immeuble |im(m)œbl(ə)| **1** *s.m.* [*maison, grand bâtiment urbain, à plusieurs étages*] stabile, palazzo, immobile: *immeuble de cinq, dix étages* stabile, palazzo di cinque, dieci piani; *gérant, syndic d'immeubles* amministratore di stabili, di condomini; *habiter un appartement dans un immeuble* abitare un appartamento in uno stabile, in un palazzo **2** *adj.* (*dr.*) immobile: *biens immeubles par nature, par destination* beni immobili per natura, per destinazione ◆ (*s.m.*) *un immeuble* [*un bien immeuble*] un (bene) immobile: *patrimoine composé de meubles et d'immeubles* patrimonio composto di beni mobili e immobili.

immigrant, ante |im(m)igʀɑ̃, ɑ̃t| **1** *s.* immigrante: *l'assimilation des immigrants* l'assimilazione degli immigranti **2** *adj.* (*rare*) immigrante 🄲 **autochtone, émigrant.**

immigration |im(m)igʀɑsjɔ̃| *s.f.* immigrazione: *courant, mouvement d'immigration* flusso, movimento d'immigrazione, immigratorio; *office national d'immigration* ufficio nazionale d'immigrazione 🄲 **émigration.**

immigré, ée |im(m)igʀe| *adj. et s.* immigrato.

immigrer |im(m)igʀe| *v.intr.* (*rare*) [*entrer dans un pays étranger pour s'y établir*] immigrare.

imminence |im(m)inɑ̃s| *s.f.* imminenza: *l'imminence du danger* l'imminenza del pericolo → **approche, proximité.**

imminent, ente |im(m)inɑ̃, ɑ̃t| *adj.* imminente: *danger imminent* pericolo imminente → **immédiat** 🄲 **lointain.**

immiscer (s') |im(m)ise| (2) *v. pron.intr.* [*s'ingérer, s'introduire mal à propos dans (une affaire)*] immischiarsi, intromettersi (155): *s'immiscer dans les affaires de qqn.* immischiarsi nei fatti di qc., intromettersi nelle faccende di qc. → **mêler (se).**

immixtion |im(m)ikstjɔ̃| *s.f.* [→ IMMISCER (S')] ingerenza, intromissione: *immixtion dans la vie privée de qqn.* ingerenza nella vita privata di qc.

immobile |im(m)ɔbil| *adj.* **1** immobile: *rester, se tenir immobile* rimanere, stare immobile; *immobile comme une statue* immobile come una statua ◇ (*choses*) *eau immobile* acqua ferma → **stagnant** **2** (*fig.*) immobile → **invariable.**

immobilier, ière |im(m)ɔbilje, jɛʀ| *adj.* **1** (*dr.*) immobiliare: *biens immobiliers* beni immobiliari ◆ (*s.m.*) *l'immobilier* l'edilizia *f.*, il settore immobiliare **2** [*qui concerne un immeuble, des immeubles*] immobiliare: *vente immobilière* vendita immobiliare; *société immobilière* società immobiliare.

immobilisation |im(m)ɔbilizɑsjɔ̃| *s.f.* **1** immobilizzazione: *immobilisation d'un membre blessé* immobilizzazione di un arto ferito ◇ (*fin.*) *immobilisation de capitaux* immobilizzo *m.* di capitali → **gel** **2** (*dr.*) immobilizzazione.

immobiliser |im(m)ɔbilize| **A** *v.tr.*

1 [*rendre immobile, maintenir dans l'immobilité ou l'inactivité*] immobilizzare: *immobiliser une armée* immobilizzare un esercito → **arrêter** # *immobiliser un corps en mouvement* bloccare un corpo in movimento ◇ (*fin.*) *immobiliser des capitaux* immobilizzare dei capitali → **geler** 2 (*dr.*) [*convertir fictivement en immeuble*] immobilizzare **B** *v. pron. intr.* S'IMMOBILISER [→ *tr.* 1] rimanere (174) *intr.* immobile.

immobilisme |im(m)ɔbilism(ə)| *s.m.* immobilismo → **conservatisme.**

immobiliste |im(m)ɔbilist(ə)| *adj.* immobilistico* ✦ (*s.*) fautore* dell'immobilismo.

immobilité |im(m)ɔbilite| *s.f.* immobilità (*inv.*): *l'immobilité complète* assoluta immobilità; *la maladie le condamne à l'immobilité* la malattia lo costringe all'immobilità; *immobilité de l'eau, de l'air* l'immobilità dell'acqua, dell'aria ◇ (*fig.*) *immobilité d'une situation* immobilità di una situazione.

immodération |im(m)ɔdeʀɑsjɔ̃| *s.f.* (*rare*) [*manque de modération, de mesure*] immoderatezza.

immodéré, ée |im(m)ɔdeʀe| *adj.* immoderato, smodato: *désirs immodérés* desideri immoderati; *dépenses immodérées* spese smodate → **excessif.**

immodérément |im(m)ɔdeʀemɑ̃| *adv.* [→ IMMODÉRÉ] smodatamente, senza moderazione (*loc. inv.*): *boire immodérément* bere smodatamente, senza moderazione.

immodeste |im(m)ɔdɛst(ə)| *adj.* (*littér.*) immodesto: *attitude immodeste* comportamento immodesto → **impudique.**

immodestie |im(m)ɔdɛsti| *s.f.* (*littér.*) immodestia.

immolateur |im(m)ɔlatœʀ| *s.m.* (*vx.*) immolatore* *s.* → **sacrificateur.**

immolation |im(m)ɔlɑsjɔ̃| *s.f.* (*littér.*) [→ IMMOLER] immolazione.

immoler |im(m)ɔle| **A** *v.tr.* (*littér.*) 1 [*tuer en sacrifice à la divinité*] immolare: *immoler une victime sur l'autel* immolare una vittima sull'altare → **sacrifier** 2 [*faire périr*] uccidere (130): *immoler les innocents et les coupables* uccidere gli innocenti e i colpevoli → **tuer** 3 (*fig.*) [*abandonner* (*qqch.*) *dans un esprit de sacrifice ou d'obéissance*] immolare, sacrificare: *il a tout immolé à sa patrie* ha immolato, sacrificato tutto per la patria **B** *v.pron. réfl.* S'IMMOLER [*faire le sacrifice de sa vie*] immolarsi: *s'immoler à la patrie* immolarsi per la patria ◇ (*fig.*) [*faire le sacrifice de ses intérêts*] sacrificarsi: *s'immoler à son devoir* sacrificarsi per il dovere.

immonde |im(m)ɔ̃d| *adj.* 1 immondo: *taudis immonde* tugurio immondo → **dégoûtant** 2 [*ignoble*] turpe, immondo: *vice immonde* turpe vizio; *les actions les plus immondes* gli atti più immondi, più turpi 3 (*relig.*) *animaux immondes* animali immondi; *l'esprit immonde* [*le démon*] lo spirito immondo.

immondices |im(m)ɔ̃dis| *s.f.pl.* immondizie, spazzatura (*sing.*): *enlèvement des immondices par les services de la voirie* rimozione delle immondizie, della spazzatura da parte del servizio di nettezza urbana.

immoral, ale, aux |im(m)ɔʀal, o| *adj.* (*personnes*) immorale: *personne immorale* persona immorale → **corrompu** ◇ (*choses*) *conduite immorale* comportamento immorale.

immoralement |im(m)ɔʀalmɑ̃| *adv.* [→ IMMORAL] immoralmente.

immoralisme |im(m)ɔʀalism(ə)| *s.m.* immoralismo.

immoraliste |im(m)ɔʀalist(ə)| *adj.* [*caractérisé par l'immoralisme*] immorale ✦ (*s.*) *un immoraliste* un immoralista.

immoralité |im(m)ɔʀalite| *s.f.* immoralità (*inv.*): *immoralité d'une société* immoralità di una società; *immoralité d'un ouvrage* immoralità di un'opera.

immortaliser |im(m)ɔʀtalize| **A** *v.tr.* [*rendre immortel dans la mémoire des hommes*] immortalare: *les poètes ont immortalisé les grands hommes* i poeti hanno immortalato i grandi uomini **B** *v.pron. réfl.* S'IMMORTALISER [→ *tr.*] immortalarsi: *s'immortaliser par des actions mémorables* immortalarsi con atti memorabili.

immortalité |im(m)ɔʀtalite| *s.f.* 1 immortalità (*inv.*): *immortalité de l'âme* immortalità dell'anima ✦ (*absolt.*) *croyance à l'immortalité* [*à la vie future*] fede nell'immortalità 2 (*littér.*) immortalità: *aspirer à l'immortalité* aspirare all'immortalità.

immortel, elle |im(m)ɔʀtɛl| *adj.* 1 immortale: *l'âme est immortelle* l'anima è immortale ◇ (*par ext.*) *créer une œuvre immortelle* creare un'opera immortale; *un amour immortel* un amore eterno, immortale 2 [*célèbre, glorieux*] immortale: *poèmes immortels* poemi immortali ✦ *s.m.* (*surtout au plur.*) *les Immortels* [*les Académiciens*] gli Immortali.

immortelle |im(m)ɔʀtɛl| *s.f.* (*t. bot.*) sempreverde *m.*

immotivé, ée |im(m)ɔtive| *adj.* immotivato: *action immotivée* azione immotivata; *réclamation immotivée* reclamo immotivato → **injustifié.**

immuabilité |im(m)ɥabilite| *s.f.* [*immutabilité*] immutabilità *inv.*

immuable |im(m)ɥabl(ə)| *adj.* immutabile: *Dieu éternel et immuable* Dio eterno e immutabile; *les lois immuables de la nature* le leggi immutabili della natura ◇ (*par ext.*) immutabile, immutato: *passion immuable* passione immutabile, immutata; *bonheur immuable* immutata felicità ◇ (*personnes*) *immuable dans ses convictions* fermo, saldo nelle sue convinzioni Ⓒ **changeant.**

immuablement |im(m)ɥabləmɑ̃| *adv.* [→ IMMUABLE] immutabilmente.

immun, une |im(m)œ̃, yn| *adj. et s.* immune.

immunisant, ante |im(m)ynizɑ̃, ɑ̃t| *adj.* immunizzante: *sérum immunisant* siero immunizzante.

immunisation |im(m)ynizɑsjɔ̃| *s.f.* [→ IMMUNISER] immunizzazione.

immuniser |im(m)ynize| *v.tr.* [*rendre réfractaire aux agents pathogènes, à une maladie infectieuse*] immunizzare: *immuniser par le vaccin* immunizzare con il vaccino ✦ (*au p.p.*) *personne immunisée* persona immunizzata ◇ (*fig.*) [*à l'abri* (*de*), *protégé* (*contre*)] *personne n'est immunisé contre certaines tentations* nessuno è immune da certe tentazioni.

immunitaire |im(m)ynitɛʀ| *adj.* (*biol.*) immunitario*.

immunité |im(m)ynite| *s.f.* 1 immunità (*inv.*): *immunité parlementaire, diplomatique* immunità parlamentare, diplomatica → **franchise, privilège** 2 (*biol.*) immunità: *immunité naturelle, acquise* immunità naturale, acquisita.

immuno- |im(m)ynɔ| *préf.* (*signifiant 'immun, immunité', correspond généralt. à*) immuno: *immunoglobine* immunoglobina.

immunochimie |im(m)ynɔʃimi| *s.f.* immunochimica*.

immunocompétent, ente |im(m)ynɔkɔ̃petɑ̃, ɑ̃t| *adj.* (*biol.*) immunocompetente.

immunodépresseur |im(m)ynɔdepʀesœʀ| *adj. et s.m.* → **immunosuppresseur.**

immunodépressif, ive |im(m)ynɔdepʀesif, iv| *adj.* (*méd.*) immunodepressivo.

immunogène |im(m)ynɔʒɛn| *adj.* (*méd.*) immunogeno.

immunoglobine |im(m)ynɔglɔbin| *s.f.* (*biol.*) immunoglobina.

immunologie |im(m)ynɔlɔʒi| *s.f.* (*biol., méd.*) immunologia*.

immunologique |im(m)ynɔlɔʒik| *adj.* immunologico*.

immunologiste |im(m)ynɔlɔʒist(ə)| *s.* immunologo*.

immunosuppresseur |im(m)ynɔsypʀesœʀ| *s.m.* immunosoppressivo, immunodepressivo, immunosopprimente.

immunothérapie |im(m)ynɔteʀapi| *s.f.* (*méd.*) immunoterapia.

immunotolérant, ante |im(m)ynɔtɔleʀɑ̃, ɑ̃t| *adj.* immunotollerante.

immunotransfusion |im(m)ynɔtʀɑ̃sfyzjɔ̃| *s.f.* (*méd.*) immunotrasfusione.

immutabilité |im(m)ytabilite| *s.f.* immutabilità *inv.*

impact |ɛ̃pakt| *s.m.* impatto: *point d'impact* punto d'impatto ◇ (*fig.*) effetto, impatto; incidenza *f.*, ripercussione *f.*

impaction |ɛ̃paksjɔ̃| *s.f.* (*méd.*) riduzione di una frattura (con dislocazione di frammenti).

impair |ɛ̃pɛʀ| *s.m.* → 2 **gaffe.**

impair, aire |ɛ̃pɛʀ| *adj.* 1 [*qui ne peut être divisé par deux en donnant des nombres entiers*] dispari (*inv.*): *nombres impairs* numeri dispari; *jours impairs* giorni dispari ◇ (*jeu: roulette, etc.*) *numéros impairs* numeri dispari ✦ *s.m.* dispari (*inv.*): *jouer à pair ou impair* giocare a pari o dispari 2 (*sc. nat.*) impari ◇ (*anat.*) *organes impairs* organi impari Ⓒ **pair.**

impala |impala| *s.m.* (*t.zool.*) impala *inv.*

impalpable |ɛ̃palpabl(ə)| *adj.* 1 impalpabile: *ombres impalpables* ombre impalpabili 2 [*délié, tenu*] impalpabile: *poussière impalpable* polvere impalpabile → **fin.**

impanation |ɛ̃panɑsjɔ̃| *s.f.* (*relig.*) impanazione.

imparable |ɛ̃paʀabl(ə)| *adj.* (*sport*) imparabile: *un tir imparable* un tiro imparabile.

impardonnable |ɛ̃paʀdɔnabl(ə)| *adj.* imperdonabile: *c'est une faute impardonnable* è un errore imperdonabile → **inexcusable** ◇ (*personnes*) *on serait impardonnable de s'en désintéresser* sarebbe imperdonabile disinteressarsene.

imparfait |ɛ̃paʀfɛ| *s.m.* (*gram.*) im-

perfetto: *imparfait de l'indicatif* imperfetto indicativo.
imparfait, aite |ɛ̃paʀfɛ, ɛt| *adj.* **1** imperfetto, incompleto: *connaissance imparfaite* conoscenza imperfetta, incompleta; *guérison imparfaite* guarigione incompleta, non perfetta → **incomplet** **2** [*qui manque de fini*] imperfetto: *imitation imparfaite* imitazione imperfetta; *œuvre imparfaite* [*défectueuse*] opera imperfetta → **grossier** **3** [*qui, par essence, ne saurait être parfait*] imperfetto: *l'homme est imparfait* l'uomo è imperfetto.
imparfaitement |ɛ̃paʀfɛtmɑ̃| *adv.* [→ IMPARFAIT] imperfettamente.
impari- |ɛ̃paʀi| *préf.* (*signifiant 'impair', correspond généralt. à*) impari: *imparidigité* imparidigitato; *imparipenné* imparipennato.
imparidigité |ɛ̃paʀidiʒite| *adj.m.* (*anat.*) imparidigitato.
imparipenné, ée |ɛ̃paʀipe(ɛn)-ne| *adj.* (*bot.*) imparipennato.
imparisyllabique |ɛ̃paʀisil(l)abik| *adj. et s.* (*gram.*) imparisillabo.
imparité |ɛ̃paʀite| *s.f.* imparità *inv.*
impartageable |ɛ̃paʀtaʒabl(ə)| *adj.* [*qui ne peut être partagé*] indivisibile.
impartial, ale, aux |ɛ̃paʀsjal, o| *adj.* imparziale: *juge impartial* giudice imparziale → **neutre, objectif** ◇ (*choses*) *verdict impartial* verdetto imparziale; *critique impartiale* critica imparziale.
impartialement |ɛ̃paʀsjalmɑ̃| *adv.* [→ IMPARTIAL] imparzialmente.
impartialité |ɛ̃paʀsjalite| *s.f.* imparzialità (*inv.*): *impartialité d'un jugement* imparzialità di un giudizio → **équité.**
impartir |ɛ̃paʀtiʀ| *v.tr.* (*usité seulement à l'inf., ind. prés. et p.p.*) [*donner en partage*] concedere (125): *les dons que la nature nous a impartis* i doni che la natura ci ha concessi, ci ha dato in sorte ◇ (*par ext.*) *le sujet qui m'a été imparti* il tema che mi è stato assegnato, affidato ◇ (*dr.*) [*accorder*] concedere, accordare: *impartir un délai* concedere, accordare una proroga 🄲 **refuser.**
impasse |ɛ̃pɑs| *s.f.* **1** [*petite rue sans issue*] vicolo *m.* cieco*, strada senza uscita: *s'engager dans une impasse* imboccare un vicolo cieco, una strada senza uscita → **cul-de-sac** **2** (*fig.*) [*situation sans issue favorable*] vicolo cieco: *être dans une impasse* essere in un vicolo cieco, non avere via d'uscita ◇ (*fin.*) *impasse budgétaire* mancanza temporanea di fondi **3** (*jeu: bridge, belote*) *faire, tenter une impasse* fare, provare una 'impasse' *inv.*
impassibilité |ɛ̃pasibilite| *s.f.* impassibilità (*inv.*): *impassibilité d'un diplomate* impassibilità di un diplomatico; *sans se départir de son impassibilité* senza perdere la propria impassibilità → **calme.**
impassible |ɛ̃pasibl(ə)| *adj.* impassibile: *visage impassible* viso impassibile; *rester impassible devant la mort* restare impassibile di fronte alla morte → 2 **calme, froid, impénétrable.**
impassiblement |ɛ̃pasibləmɑ̃| *adv.* (*rare*) [*avec impassibilité*] impassibilmente.
impatiemment |ɛ̃pasjamɑ̃| *adv.* [*avec impatience*] impazientemente.
impatience |ɛ̃pasjɑ̃s| *s.f.* **1** impazienza: *l'impatience de la jeunesse* l'impazienza della giovinezza **2** impazienza, insofferenza: *mouvements d'impatience* gesti d'impazienza; *donner des signes d'impatience* dare segni d'impazienza, d'insofferenza; *attendre avec impatience* aspettare con impazienza; *brûler, griller d'impatience* friggere, bruciare, fremere d'impazienza # *je suis dans l'impatience de vous voir* sono impaziente di vedervi **3** (*vieilli, fam.*) *avoir des impatiences dans les jambes* [*sorte d'irritation nerveuse*] avere il nervoso nelle gambe → **fourmi(s).**
impatient, ente |ɛ̃pasjɑ̃, ɑ̃t| *adj.* **1** impaziente: *un homme jeune et impatient* un uomo giovane e impaziente **2** IMPATIENT DE (+ *inf.*) impaziente di (+ *inf.*): *il est impatient de vous revoir* è impaziente di rivedervi → **avide, désireux** **3** (*choses*) *attente impatiente* attesa impaziente; *geste impatient* gesto impaziente.
impatientant, ante |ɛ̃pasjɑ̃tɑ̃, ɑ̃t| *adj.* [*qui impatiente*] irritante.
impatiente |ɛ̃pasjɑ̃t| *s.f.* (*t.bot.*) impatiens *inv.*
impatienter |ɛ̃pasjɑ̃te| **A** *v.tr.* [*faire perdre patience à*] far (103) *intr.* perdere la pazienza (a), impazientire (197): *vous m'impatientez avec vos raisonnements* mi fate perdere la pazienza, mi impazientite con i vostri ragionamenti; *impatienter son auditoire* impazientire, irritare l'uditorio → **agacer, 1 énerver** **B** *v.pron. intr.* S'IMPATIENTER [→ *tr.*] perdere (163) *tr.* la pazienza, impazientirsi, spazientirsi (197): *dépêchez-vous, il s'impatiente!* spicciatevi, sta perdendo la pazienza, si sta spazientendo; *s'impatienter contre qqn.* perdere la pazienza, spazientirsi con qc. # *il s'impatiente de vous voir* è impaziente di vedervi 🄲 B **patienter.**
impatronisation |ɛ̃patʀɔnizɑsjɔ̃| *s.f.* (*rare*) [→ IMPATRONISER] lo spadroneggiare *m.inv.*
impatroniser |ɛ̃patʀɔnize| *v.tr.* (*rare*) → **établir, imposer.**
impavide |ɛ̃pavid| *adj.* (*littér., plais.*) impavido: *impavide devant le danger* impavido di fronte al pericolo.
impayable |ɛ̃pɛjabl(ə)| *adj.* **1** (*fam.*) [*d'une bizarrerie extraordinaire, très comique*] impagabile: *aventure impayable* avventura impagabile; *il est impayable!* è impagabile! **2** (*vx.*) [*qu'on ne saurait payer trop cher, inestimable*] impagabile (*cour.*): *un service impayable* un servizio impagabile.
impayé, ée |ɛ̃peje| *adj.* [*qui n'a pas été payé*] insoluto, non pagato: *traite impayée* tratta insoluta ♦ (*s.m.*) *les impayés* [*les effets, billets, valeurs impayées*] gli effetti insoluti.
impeccabilité |ɛ̃pekabilite| *s.f.* (*vx., relig.*) impeccabilità *inv.*
impeccable |ɛ̃pekabl(ə)| *adj.* **1** (*relig.*) impeccabile ◇ (*littér.*) → **infaillible** **2** [*sans défaut*] impeccabile: *tenue impeccable* modo di vestire impeccabile → **irréprochable** ◇ (*fam.*) [*parfait*] perfetto, formidabile: *il a été impeccable en cette occasion* è stato perfetto, formidabile in quell'occasione **3** [*d'une propreté parfaite*] impeccabile: *une chemise impeccable* una camicia impeccabile.
impeccablement |ɛ̃pekabləmɑ̃| *adv.* [→ IMPECCABLE 2] impeccabilmente.
impécunieux, euse |ɛ̃pekynjø, øz| *adj.* (*rare, littér.*) [*qui manque d'argent*] inope → **besogneux, pauvre.**
impécuniosité |ɛ̃pekynjozite| *s.f.* (*vieilli, littér.*) [*manque d'argent*] inopia.
impédance |ɛ̃pedɑ̃s| *s.f.* (*électr.*) impedenza.
impedimenta |ɛ̃pedimɛ̃ta| *s.m.pl.* **1** (*milit.*) impedimenti (*vx.*), carriaggi **2** (*fig., littér.*) impedimenti, ostacoli.
impénétrabilité |ɛ̃penetʀabilite| *s.f.* impenetrabilità *inv.*
impénétrable |ɛ̃penetʀabl(ə)| *adj.* **1** impenetrabile: *forêt impénétrable* foresta impenetrabile **2** (*fig.*) impenetrabile, imperscrutabile: *les desseins impénétrables de la Providence* i disegni impenetrabili, imperscrutabili della Provvidenza; *mystère impénétrable* mistero impenetrabile → **incompréhensible** **3** [*qui ne laisse rien deviner de lui-même*] impenetrabile: *visage impénétrable* viso impenetrabile.
impénitence |ɛ̃penitɑ̃s| *s.f.* impenitenza: *mourir dans l'impénitence* morire nell'impenitenza.
impénitent, ente |ɛ̃penitɑ̃, ɑ̃t| *adj.* **1** impenitente: *pécheur impénitent* peccatore impenitente → **endurci** **2** [*qui ne renonce pas à une habitude*] impenitente, incallito: *un buveur impénitent* un bevitore impenitente, incallito.
impensable |ɛ̃pɑ̃sabl(ə)| *adj.* impensabile.
impense |ɛ̃pɑ̃s| *s.f. surtout ou plur.* (*dr.*) spese (di manutenzione, di miglioria): *impenses nécessaires, utiles, voluptuaires* spese necessarie, utili, voluttuarie.
imper |ɛ̃pɛʀ| *s.m.* (*abrév. fam. de 'imperméable'*) → **imperméable.**
impératif, ive |ɛ̃peʀatif, iv| **I** *s.m.* **1** (*gram.*) imperativo: *présent de l'impératif* presente (dell') imperativo **2** (*philo.*) imperativo: *impératif catégorique* imperativo categorico ◇ (*par anal.*) *les impératifs de la mode* gli imperativi, le esigenze *f.* della moda **II** *adj.* **1** imperativo ◇ (*dr.*) *loi impérative* legge imperativa ◇ (*polit.*) *mandat impératif* mandato imperativo **2** [*qui est empreint d'autorité*] imperativo: *ton impératif* tono imperativo → **autoritaire.**
impérativement |ɛ̃peʀativmɑ̃| *adv.* [→ IMPÉRATIF II 2] imperativamente.
impératrice |ɛ̃peʀatʀis| *s.f.* imperatrice.
imperceptibilité |ɛ̃pɛʀsɛptibilite| *s.f.* (*rare*) impercettibilità *inv.*
imperceptible |ɛ̃pɛʀsɛptibl(ə)| *adj.* impercettibile: *imperceptible à l'œil nu* impercettibile a occhio nudo; *son imperceptible* suono impercettibile → **insensible** ◇ (*fig.*) *nuances imperceptibles* sfumature impercettibili; *changements imperceptibles* cambiamenti impercettibili; *sourire imperceptible* sorriso impercettibile.
imperceptiblement |ɛ̃pɛʀsɛptibləmɑ̃| *adv.* [→ IMPERCEPTIBLE] impercettibilmente.
imperdable |ɛ̃pɛʀdabl(ə)| *adj.* imperdibile.
imperfectibilité |ɛ̃pɛʀfɛktibilite| *s.f.* (*littér.*) imperfettibilità *inv.*
imperfectible |ɛ̃pɛʀfɛktibl(ə)| *adj.* imperfettibile (*littér.*).
imperfectif, ive |ɛ̃pɛʀfɛktif, iv| *adj.* (*ling.*) imperfettivo.
imperfection |ɛ̃pɛʀfɛksjɔ̃| *s.f.* **1** imperfezione: *imperfection de l'homme*

imperfezione umana **2** [*défaut*] imperfezione: *les imperfections d'un ouvrage* le imperfezioni di un'opera.

imperforation |ɛ̃pɛʀfɔʀɑsjɔ̃| *s.f.* (*anat.*) imperforazione.

imperforé, ée |ɛ̃pɛʀfɔʀe| *adj.* (*anat.*) imperforato.

impérial, ale, aux |ɛ̃peʀjal, o| *adj.* **1** imperiale: *Sa Majesté Impériale* Sua Maestà Imperiale; *la garde impériale de Napoléon Ier* la guardia imperiale di Napoleone I ✦ *s.m.* (*hist. all.*) *les Impériaux* gli Imperiali ◇ (*fig.*) *un air impérial* un aspetto maestoso **2** *barbe à l'impériale,* (*s.f.*) *impériale* imperiale *m.* → **barbiche 3** (*jeu*) *série impériale* scala reale.

impériale |ɛ̃peʀjal| *s.f.* imperiale (*m.*): *impériale d'une diligence* imperiale di una diligenza.

impérialement |ɛ̃peʀjalmɑ̃| *adv.* [→ IMPÉRIAL 1] imperialmente (*rare*).

impérialisme |ɛ̃peʀjalism(ə)| *s.m.* imperialismo.

impérialiste |ɛ̃peʀjalist(ə)| *s.* **1** (*hist.*) imperialista **2** [*partisan de l'impérialisme*] imperialista ✦ (*adj.*) imperialista, imperialistico*: *visées impérialistes* mire imperialiste, imperialistiche.

impérieusement |ɛ̃peʀjøzmɑ̃| *adv.* [→ IMPÉRIEUX] imperiosamente.

impérieux, euse |ɛ̃peʀjø, øz| *adj.* **1** imperioso: *chef impérieux* capo imperioso → **autoritaire** ◇ (*par ext.*) *air, ton impérieux* atteggiamento, tono imperioso **2** (*choses*) imperioso, impellente: *besoin impérieux* bisogno imperioso, impellente → **irrésistible.**

impérissable |ɛ̃peʀisabl(ə)| *adj.* [*qui ne peut périr*] imperituro → **immortel** ◇ [*qui continue, dure très longtemps*] *un souvenir impérissable* un ricordo imperituro; *gloire impérissable* gloria imperitura.

impéritie |ɛ̃peʀisi| *s.f.* (*littér.*) imperizia (*cour.*): *l'impéritie d'un médecin* l'imperizia di un medico → **incapacité.**

imperméabilisation |ɛ̃pɛʀmeabilizɑsjɔ̃| *s.f.* impermeabilizzazione.

imperméabiliser |ɛ̃pɛʀmeabilize| *v.tr.* [*rendre imperméable*] impermeabilizzare ✦ (*au p.p.*) *tissu imperméabilisé* tessuto impermeabilizzato.

imperméabilité |ɛ̃pɛʀmeabilite| *s.f.* **1** impermeabilità (*inv.*): *imperméabilité d'un tissu* impermeabilità di un tessuto **2** (*fig., littér.*) [*insensibilité*] refrattarietà *inv.*, insensibilità *inv.*

imperméable |ɛ̃pɛʀmeabl(ə)| *adj.* **1** impermeabile: *toile imperméable* tela impermeabile; *tissu imperméable* tessuto impermeabile ◇ (*spécialt.*) *manteau imperméable* cappotto impermeabilizzato ✦ (*s.m.*) *un imperméable* un impermeabile **2** (*fig.*) refrattario*, insensibile: *il est imperméable à tout sentiment généreux* è refrattario a ogni sentimento generoso → **inaccessible, insensible.**

impersonnalité |ɛ̃pɛʀsɔnalite| *s.f.* **1** (*gram.*) impersonalità (*inv.*): *impersonnalité d'un tour* impersonalità di una costruzione **2** [*caractère impersonnel*] impersonalità: *l'impersonnalité de la science* l'impersonalità della scienza.

impersonnel, elle |ɛ̃pɛʀsɔnɛl| *adj.* **1** impersonale: *verbes impersonnels* verbi impersonali ✦ (*s.m.*) *un impersonnel* un impersonale **2** [*qui ne constitue pas une personne*] impersonale: *le Dieu des panthéistes est impersonnel* il Dio dei panteisti è impersonale ◇ [*qui ne s'adresse pas à une personne en particulier*] *la loi est impersonnelle* la legge è impersonale **3** [*indépendant de toutes particularités individuelles*] impersonale: *jugement impersonnel* giudizio impersonale; *style impersonnel* stile impersonale Ⓒ 1 **personnel** 2; 2, 3 **personnel** 1.

impersonnellement |ɛ̃pɛʀsɔnɛlmɑ̃| *adv.* [→ IMPERSONNEL 3] impersonalmente.

impertinemment |ɛ̃pɛʀtinamɑ̃| *adv.* [*avec impertinence*] impertinentemente, con impertinenza *loc. inv.*

impertinence |ɛ̃pɛʀtinɑ̃s| *s.f.* **1** impertinenza, insolenza: *ironique jusqu'à l'impertinence* ironico sino all'impertinenza, all'insolenza; *se permettre des impertinences* permettersi delle impertinenze → **impolitesse 2** (*vx.*) → **absurdité.**

impertinent, ente |ɛ̃pɛʀtinɑ̃, ɑ̃t| *adj.* **1** impertinente, insolente: *domestique impertinent* domestico impertinente → **insolent** ✦ (*s.*) *petit impertinent!* piccolo impertinente! ◇ (*choses*) *air impertinent* aria impertinente **2** (*vieilli*) → **outrecuidant.**

imperturbabilité |ɛ̃pɛʀtyʀbabilite| *s.f.* imperturbabilità *inv.*

imperturbable |ɛ̃pɛʀtyʀbabl(ə)| *adj.* imperturbabile: *rester imperturbable* rimanere imperturbabile → **impassible** ◇ (*choses*) *calme imperturbable* calma imperturbabile.

imperturbablement |ɛ̃pɛʀtyʀbabləmɑ̃| *adv.* [→ IMPERTURBABLE] imperturbabilmente, con fare imperturbabile *loc. inv.*

impétigineux, euse |ɛ̃petiʒinø, øz| *adj.* (*méd.*) impetiginoso.

impétigo |ɛ̃petigo| *s.m.* (*méd.*) impetigine *f.*

impétrant, ante |ɛ̃petʀɑ̃, ɑ̃t| *s.* (*dr.*) richiedente; presentatore* di una istanza → **bénéficiaire.**

impétration |ɛ̃petʀɑsjɔ̃| *s.f.* (*rare, dr.*) impetrazione.

impétrer |ɛ̃petʀe| (8) *v.tr.* (*rare, dr.*) [*obtenir de l'autorité compétente, à la suite d'une requête*] impetrare.

impétueusement |ɛ̃petɥøzmɑ̃| *adv.* (*littér.*) [*avec impétuosité*] impetuosamente (*cour.*).

impétueux, euse |ɛ̃petɥø, øz| *adj.* **1** (*littér.*) impetuoso (*cour.*): *vent impétueux* vento impetuoso **2** [*qui a de la rapidité et de la violence dans son comportement*] impetuoso: *garçon impétueux* ragazzo impetuoso; *caractère impétueux* carattere impetuoso → **ardent.**

impétuosité |ɛ̃petɥozite| *s.f.* (*littér.*) impetuosità *inv.* (*cour.*), impeto *m.* (*cour.*): *impétuosité de la jeunesse* impetuosità della giovinezza; *impétuosité d'un assaut* impeto di un assalto; *avec impétuosité* con impeto.

impie |ɛ̃pi| *adj.* [*qui marque le mépris de la religion, des croyances religieuses*] empio*: *paroles impies* parole empie → **blasphématoire** ✦ (*s.*) *un impie* un empio → **blasphémateur** Ⓒ **pieux.**

impiété |ɛ̃pjete| *s.f.* **1** [*mépris pour la religion*] empietà *inv.* **2** *une impiété* [*action impie*] empietà: *commettre, dire des impiétés* commettere, dire delle empietà.

impitoyable |ɛ̃pitwajabl(ə)| *adj.* [*qui est sans pitié*] spietato: *ennemi impitoyable* nemico spietato; *cœur impitoyable* cuore spietato → **cruel, inflexible** ◇ (*par ext.*) [*qui juge sans indulgence, ne fait grâce de rien*] *critique impitoyable* critico inesorabile; *il est impitoyable sur cette question* è inflessibile su questo argomento ◇ (*choses*) *regard impitoyable* sguardo duro Ⓒ **charitable, indulgent.**

impitoyablement |ɛ̃pitwajabləmɑ̃| *adv.* [→ IMPITOYABLE] spietatamente.

implacabilité |ɛ̃plakabilite| *s.f.* (*rare*) implacabilità *inv.*

implacable |ɛ̃plakabl(ə)| *adj.* **1** (*littér.*) implacabile: *d'implacables ennemis* nemici implacabili; *haine implacable* odio implacabile → **impitoyable, inflexible 2** [*sans pitié, sans indulgence*] implacabile: *la répression fut implacable* la repressione fu implacabile, spietata **3** (*choses*) inesorabile: *les forces implacables du destin* le forze inesorabili del destino → **irrésistible.**

implacablement |ɛ̃plakabləmɑ̃| *adv.* [→ IMPLACABLE 1] implacabilmente.

implant |ɛ̃plɑ̃| *s.m.* (*méd.*) impianto.

implantation |ɛ̃plɑ̃tɑsjɔ̃| *s.f.* **1** [→ IMPLANTER] insediamento (*m.*): *implantation des Arabes en Espagne* insediamento degli Arabi in Spagna ◇ (*spécialt.*) [*tracé d'un emplacement, disposition des bâtiments, du matériel d'une entreprise*] impianto *m.*, installazione **2** (*méd.*) innesto *m.*

implanter |ɛ̃plɑ̃te| **A** *v.tr.* **1** [*introduire et faire se développer d'une manière durable dans un nouveau milieu*] introdurre (108): *implanter un usage, une mode* introdurre un uso, una moda **2** (*rare*) [*planter, fixer dans*] impiantare **B** *v.pron. réfl.* S'IMPLANTER [*se fixer, s'établir*] insediarsi, installarsi.

implication |ɛ̃plikɑsjɔ̃| *s.f.* **1** [→ IMPLIQUER 1] coinvolgimento *m.*, implicazione **2** [*conséquence logique*] implicazione, conseguenza.

implicite |ɛ̃plisit| *adj.* implicito: *condition implicite* condizione implicita Ⓒ **explicite.**

implicitement |ɛ̃plisitmɑ̃| *adv.* [→ IMPLICITE] implicitamente → **tacitement** Ⓒ **explicitement.**

impliquer |ɛ̃plike| *v.tr.* **1** [*engager dans une affaire fâcheuse; mettre en cause dans une accusation*] implicare, coinvolgere (196): *impliquer une personne dans une affaire, dans un procès* implicare, coinvolgere una persona in una causa, in un processo → **mêler 2** [*comporter de façon implicite, entraîner comme conséquence*] implicare: *mot qui implique telle idée* parola che implica una certa idea → **comporter** ◇ *loc.* IMPLIQUER QUE [*supposer* (*par conséquence logique*)] supporre (168) che, implicare che → **signifier.**

implorant, ante |ɛ̃plɔʀɑ̃, ɑ̃t| *adj.* (*littér.*) implorante: *une voix implorante* una voce implorante → **suppliant.**

imploration |ɛ̃plɔʀɑsjɔ̃| *s.f.* (*littér.*) [→ IMPLORER] implorazione → **supplication.**

implorer |ɛ̃plɔʀe| *v.tr.* **1** [*supplier d'une manière humble et touchante*] implorare: *implorer qqn.* implorare qc. → **adjurer, prier 2** [*demander* (*une aide, une faveur*) *avec insistance*] implorare: *implorer le secours d'autrui* implorare l'aiuto altrui; *implorer la clémence* implorare clemenza → **solliciter.**

implosif, ive |ɛ̃plozif, iv| *adj.* (*phonét.*) *consonnes implosives* consonanti implosive.
implosion |ɛ̃plozjɔ̃| *s.f.* **1** (*phonét.*) implosione **2** (*phys.*) implosione: *implosion d'un téléviseur* implosione di un televisore.
impluvium |ɛ̃plyvjɔm| *s.m.* (*antiq. rom.*) impluvio*.
impoli, ie |ɛ̃pɔli| *adj.* [*qui manque à la politesse*] sgarbato, maleducato: *enfant impoli* bambino sgarbato, maleducato; *impoli envers qqn.* sgarbato nei confronti di qc.; *il est impoli d'arriver en retard* è da maleducati arrivare in ritardo; *manières impolies* modi sgarbati, incivili → **incorrect** ♦ (*s.*) *un impoli!* un maleducato, un villano!
impoliment |ɛ̃pɔlimɑ̃| *adv.* [→ IMPOLI] sgarbatamente, maleducatamente.
impolitesse |ɛ̃pɔlitɛs| *s.f.* **1** [*manque de politesse*] maleducazione, villania: *sa franchise frise l'impolitesse* la sua franchezza rasenta la maleducazione → **incorrection** ◇ (*par ext.*) *l'impolitesse d'une réponse* la villania di una risposta **2** *une impolitesse* [*acte, manifestation d'impolitesse*] sgarbo *m.*, scortesia: *commettre une impolitesse* commettere uno sgarbo, una scortesia.
impolitique |ɛ̃pɔlitik| *adj.* impolitico* → **impopulaire.**
impondérabilité |ɛ̃pɔ̃deRabilite| *s.f.* imponderabilità *inv.*
impondérable |ɛ̃pɔ̃deRabl(ə)| *adj.* **1** imponderabile: *particules impondérables* particelle imponderabili **2** (*fig.*) imponderabile: *facteurs impondérables* fattori imponderabili ♦ (*s.m.*) *les impondérables* gli imponderabili.
impopulaire |ɛ̃pɔpylɛR| *adj.* **1** (*personnes*) impopolare: *gouvernement impopulaire* governo impopolare ◇ (*par ext.*) *sa vanité l'a rendu impopulaire parmi ses confrères* la sua vanità l'ha reso impopolare fra i colleghi **2** (*choses*) *loi impopulaire* legge impopolare.
impopularité |ɛ̃pɔpylaRite| *s.f.* impopolarità *inv.*
1 **importable** |ɛ̃pɔRtabl(ə)| *adj.* [→ 1 IMPORTER] importabile.
2 **importable** |ɛ̃pɔRtabl(ə)| *adj.* (*vêtement*) [*impossible à porter*] non portabile, che non si può mettere (*loc.*): *une robe importable* un vestito non portabile → **immettable.**
importance |ɛ̃pɔRtɑ̃s| *s.f.* **1** importanza: *affaire de grande importance* questione di grande importanza; *communication de la plus haute importance* comunicazione della massima importanza; *accorder, attacher de l'importance à qqch.* attribuire, dare importanza a q.c.; dare peso a q.c. → **1 gravité, intérêt** # *pas d'importance!* non importa!, non fa niente! ◇ (*par ext.*) *importance d'une somme* entità di una somma **2** importanza: *accorder à qqn. une importance qu'il n'a pas* attribuire a qc. un'importanza che non ha; *être pénétré de son importance* essere compreso della propria importanza → **crédit, prestige** **3** (*loc. adv.*) *d'importance* [*beaucoup, fortement*] molto *adv.*, fortemente *adv.* # *rosser d'importance* bastonare di santa ragione ~ (*loc. adj.*) *affaire d'importance* affare importante *adj.*
important, ante |ɛ̃pɔRtɑ̃, ɑ̃t| *adj.* **I** (*choses*) **1** importante: *rôle important* ruolo importante; *extrêmement important* estremamente importante; *rien d'important à signaler* niente d'importante da segnalare → **considérable, intéressant** ♦ (*impers.*) *il est important d'agir vite* è importante agire in fretta ♦ (*s.m.*) *l'important est de* (+ *inf.*), *est que* (+ *subj.*) l'importante è di (+ *inf.*), è che (+ *subj.*): *l'important est de se bien conduire* l'importante è di comportarsi bene; *l'important est qu'il vienne vite* l'importante è che venga presto **2** (*dans l'ordre quantitatif*) considerevole, rilevante: *somme importante* somma considerevole, rilevante **II** (*personnes*) importante: *d'importants personnages* personaggi importanti; *se prendre pour qqn. d'important* ritenersi importante → **influent** ♦ *s.* (*péj.*) *faire l'important* fare l'importante, darsi importanza ◇ (*par ext.*) *se donner des airs importants* darsi arie d'importanza Ⓒ I 1 **insignifiant.**
importateur, trice |ɛ̃pɔRtatœR, tRis| *s.* importatore*: *importateur d'agrumes* importatore di agrumi ♦ (*adj.*) *pays importateur* paese importatore Ⓒ **exportateur.**
importation |ɛ̃pɔRtɑsjɔ̃| *s.f.* **1** [→ 1 IMPORTER] importazione: *importation de marchandises* importazione di merci; *articles d'importation* articoli d'importazione; *contingentement des importations* contingentamento delle importazioni ◇ (*par anal.*) *l'importation de la pomme de terre en Europe* l'importazione della patata in Europa **2** (*fig.*) importazione, introduzione → **introduction** Ⓒ **exportation.**
1 **importer** |ɛ̃pɔRte| *v.tr.* **1** [*introduire sur le territoire national* (*des produits en provenance de pays étrangers*)] importare: *la France importe du café, du coton* la Francia importa caffè, cotone **2** (*par ext.*) [*introduire* (*une coutume, etc.*)] *importer de la main-d'œuvre* importare manodopera ◇ (*fig.*) importare Ⓒ **exporter.**
2 **importer** |ɛ̃pɔRte| *v.intr.* **1** (*choses*) IMPORTER À (QQN.) [*avoir de l'importance, présenter de l'intérêt pour qqn.*] importare (*aux.* essere) a qc.: *votre opinion nous importe peu* la vostra opinione ci importa poco → **intéresser** ♦ (*absolt.*) *la seule chose qui importe* la sola cosa che importa, che conta; *cela importe peu* ciò ha poca importanza, non importa molto → **compter** ♦ (*impers.*) *il importe de* (+ *inf.*) è importante (+ *inf.*), importa: *il importe de ne pas se tromper* è importante non sbagliarsi, l'importante è di non sbagliare ~ *il importe que* (+ *subj.*) l'importante è che (+ *subj.*), importa che (+ *subj.*): *il importait qu'il vienne seul* era importante che venisse solo **2** (*dans des loc. interrogatives ou négatives, qui marquent l'indifférence à l'égard d'une chose*) importare ♦ (*absolt.*) *qu'importe!* che importa!; *peu importe* non importa, non fa nulla ◇ *loc.* (IL) N'IMPORTE [*cela n'a pas d'importance*] non ha importanza, non importa: '*quand voulez-vous partir?*' '*n'importe, j'ai tout mon temps*' 'quando vuole partire?' 'non ha importanza, ho tutto il tempo che voglio' **3** *loc. pron. indéf.* N'IMPORTE QUI; N'IMPORTE QUOI [*une personne, une chose quelconque; qui, quoi que ce soit*] chiunque *pron.*; qualunque *adj.* (qualsiasi) cosa: *n'importe qui pourrait entrer* chiunque potrebbe entrare ‖ *acheter n'importe quoi* comprare qualunque cosa; comprare una cosa qualunque ~ *n'importe lequel, laquelle d'entre nous* chiunque di noi ~ *loc. adj. indéf.* N'IMPORTE QUEL, QUELLE (*choses, personnes*) [*une chose, une personne quelconque*] qualunque *inv.*, qualsiasi (*inv.*): *ils achètent à n'importe quel prix* comprano a qualunque, a qualsiasi prezzo ~ *loc. adv.* N'IMPORTE COMMENT in un modo qualunque, in qualsiasi modo # *travailler n'importe comment* lavorare alla carlona ~ N'IMPORTE OÙ dovunque, in un posto qualunque (qualsiasi): *je te suivrai n'importe où* ti seguirò dovunque ~ N'IMPORTE QUAND in qualunque (qualsiasi) momento: *tu pourras venir n'importe quand* potrai venire in qualunque momento.
import-export |ɛ̃pɔRɛkspɔR| *s.f. inv.* (*comm.*) import-export *m.*
importun, une |ɛ̃pɔRtœ̃, yn| *adj.* (*littér.*) **1** importuno: *je ne voudrais pas être importun* non vorrei essere importuno ♦ *s.* (*cour.*) *un importun* un importuno, uno scocciatore* (*fam.*) → **gêneur** **2** (*choses*) importuno, inopportuno: *visite importune* visita importuna, inopportuna.
importunément |ɛ̃pɔRtynemɑ̃| *adv.* (*littér.*) [→ IMPORTUN] importunamente.
importuner |ɛ̃pɔRtyne| *v.tr.* (*littér.*) [*ennuyer, en étant importun*] importunare: *je ne veux pas vous importuner plus longtemps* non voglio importunarla oltre → 2 **déranger** ◇ (*par ext.*) (*choses*) *être importuné par le bruit* essere disturbato dal rumore.
importunité |ɛ̃pɔRtynite| *s.f.* (*littér.*) importunità (*inv.*): *l'importunité d'une démarche* l'importunità di un passo.
imposable |ɛ̃pozabl(ə)| *adj.* [→ 1 IMPOSER A 2] imponibile: *le revenu imposable* il reddito imponibile, l'imponibile *s.m.* # *liste des personnes imposables* elenco dei contribuenti.
imposant, ante |ɛ̃pozɑ̃, ɑ̃t| *adj.* **1** [*qui impose le respect, une admiration respectueuse*] imponente: *un vieillard imposant* un vecchio imponente; *air imposant* aspetto imponente → **majestueux** **2** [*qui impressionne par l'importance, la quantité*] imponente: *un imposant service d'ordre* un servizio d'ordine imponente → **considérable** **3** (*vieilli*) [*dont la grandeur frappe l'imagination*] imponente, grandioso: *cérémonie imposante* cerimonia imponente.
imposé, ée |ɛ̃poze| *adj.* **1** (*comm.*) *prix imposé* prezzo imposto **2** [*soumis à l'impôt*] tassato: *marchandises imposées* merci tassate ♦ (*s.m.*) *les imposés* i contribuenti → **contribuable.**
1 **imposer** |ɛ̃poze| **A** *v.tr.* **1** [*faire payer autoritairement*] imporre (168): *imposer un tribut* imporre un tributo **2** [*assujettir* (*qqn.*) *à l'impôt*] tassare, assoggettare a imposta ◇ (*par ext.*) *imposer une marchandise* [*faire payer sur elle des taxes, des droits*] assoggettare una merce a imposte, a dazi → **taxer** **3** IMPOSER (QQCH.) À QQN. [*prescrire à qqn.* (*une attitude pénible*)] imporre (q.c.) a qc.: *imposer un travail à des ouvriers* imporre un lavoro a degli operai; *imposer silence à qqn.* imporre il silenzio a qc.; *imposer sa volonté* imporre la propria volontà; *imposer des conditions* imporre delle condizioni → **dicter** ◇ [*faire admettre* (*qqch.*) *par*

une contrainte morale] imporre: *imposer ses façons de voir* imporre i propri modi di vedere; *imposer son nom par la réclame* imporre il proprio nome con la pubblicità ◆ (*au p.p.*) *prix imposés* prezzi imposti **4** [*faire accepter* (*qqn.*) *par force, autorité, prestige*] imporre: *imposer qqn. pour chef* imporre qc. come capo **5** *loc.* EN IMPOSER À [*faire une forte impression, commander le respect*] imporsi *pron.*; mettere (155) soggezione: *force de caractère qui en impose* forza di carattere che si impone **B** *v.pron. réfl.* S'IMPOSER **1** *s'imposer qqch.* [*s'en faire une obligation*] imporsi *tr.* q.c.: *s'imposer un sacrifice, un effort* imporsi un sacrificio, uno sforzo **2** (*sujet de chose*) [*ne pouvoir être rejeté*] imporsi: *la solution qui s'impose* la soluzione che si impone # *ça ne s'impose pas* (questo) non è indispensabile **3** [*se faire admettre, reconnaître*] imporsi: *s'imposer comme chef* imporsi come capo; *s'imposer par le talent* imporsi con il talento # *à ce poste il s'impose* sa farsi valere in quel posto.

2 **imposer** |ɛ̃poze| *v.tr.* [*poser, mettre par un geste liturgique*] imporre (168): *imposer les mains* imporre le mani; *imposer les cendres* imporre le ceneri.

imposeur |ɛ̃pozœʀ| *s.m.* (*imprim.*) compositore.

1 **imposition** |ɛ̃pozisjɔ̃| *s.f.* [*fait d'imposer une contribution*] imposizione # *l'imposition directe, indirecte* le imposte dirette, indirette.

2 **imposition** |ɛ̃pozisjɔ̃| *s.f.* **1** (*liturg.*) *imposition des mains* imposizione delle mani **2** (*imprim.*) imposizione, impostazione.

impossibilité |ɛ̃pɔsibilite| *s.f.* **1** impossibilità (*inv.*): *impossibilité de faire qqch.* impossibilità di fare q.c.; *être dans l'impossibilité matérielle da faire qqch.* essere nell'impossibilità materiale di fare q.c. **2** *une impossibilité* [*chose impossible*] una cosa impossibile: *c'est pour lui une impossibilité* per lui è (una cosa) impossibile.

impossible |ɛ̃pɔsibl(ə)| **I** *adj.* **1** impossibile: *solution impossible* soluzione impossibile; *un amour impossible* un amore impossibile; *c'est impossible, presque impossible* è impossibile, quasi impossibile; *il s'est attelé à une tâche impossible* si è imbarcato in un'impresa impossibile ◇ (*loc.*) *impossible à* (+ *inf.*) [*qu'on ne peut...*] impossibile da (+ *inf.*): *conditions impossibles à remplir* condizioni impossibili da soddisfare ~ *il est impossible de* (+ *inf.*) è impossibile (+ *inf.*): *il est impossible de le savoir* impossibile saperlo ~ *il est, il semble impossible que...* (+ *subj.*) è, sembra impossibile che (+ *subj.*): *il est, il semble impossible qu'il arrive à temps* è, sembra impossibile che arrivi in tempo # *il n'est pas impossible que je vienne* non è escluso che (io) venga ◆ (*absolt.*) *impossible!* impossibile! **2** [*très difficile, très pénible* (*à faire, imaginer, supporter*)] impossibile: *une situation impossible* una situazione impossibile; *il nous rend l'existence impossible* ci rende la vita impossibile **3** (*fam.*) [*extravagant, invraisemblable*] impossibile: *il lui arrive toujours des aventures impossibles* gli capitano sempre delle avventure impossibili **4** (*personnes*) [*qu'on ne peut accepter ou supporter*] impossibile: *ces enfants sont impossibles* questi bambini sono impossibili → **insupportable II** *s.m.* **1** L'IMPOSSIBLE l'impossibile: *espérer, tenter l'impossible* sperare, tentare l'impossibile; *demander l'impossible* chiedere l'impossibile ◇ (*par exagér.*) *nous ferons l'impossible* faremo l'impossibile ◇ (*prov.*) *à l'impossible nul n'est tenu* nessuno è tenuto a fare l'impossibile **2** (*loc. adv.*) *par impossible* per ipotesi assurda: *si, par impossible, cette affaire réussissait* se, per ipotesi assurda, questo affare andasse in porto **C** I 1 **certain, possible.**

imposte |ɛ̃pɔst(ə)| *s.f.* **1** (*archit.*) imposta **2** (*menuis.*) soprafinestra.

imposteur |ɛ̃pɔstœʀ| *s.m.* impostore (*s.*): *démasquer un imposteur* smascherare un impostore.

imposture |ɛ̃pɔstyʀ| *s.f.* (*littér.*) impostura.

impôt |ɛ̃po| *s.m.* **1** (*fin.*) imposta *f.*, tassa *f.* (*cour.*): *base, assiette de l'impôt* base di un'imposta, imponibile; *feuille d'impôts* cartella delle tasse; *perception, recouvrement de l'impôt* esazione, riscossione delle imposte, delle tasse; *montant de l'impôt* ammontare dell'imposta; *impôts directs, indirects* imposte dirette, indirette; *impôt sur le revenu* imposta sul reddito; *impôt sur les bénéfices* imposta sugli utili; *impôt sur les traitements et salaires* imposta sugli stipendi e salari; *impôt foncier* imposta fondiaria → **contribution, 1 imposition** # *déclaration d'impôts* dichiarazione dei redditi **2** [*obligation imposée*] tributo ◇ (*par ext.*) *l'impôt du sang* [*l'obligation du service armé*] il servizio militare obbligatorio.

impotence |ɛ̃pɔtɑ̃s| *s.f.* impotenza ◇ (*méd.*) *impotence fonctionnelle* impotenza funzionale.

impotent, ente |ɛ̃pɔtɑ̃, ɑ̃t| *adj.* [*qui ne peut pas se déplacer, ou se déplace très difficilement*] invalido: *un vieillard impotent* un vecchio invalido ◇ (*par ext.*) *jambe impotente* gamba paralizzata ◆ (*s.*) *un impotent* un invalido.

impraticabilité |ɛ̃pʀatikabilite| *s.f.* (*rare*) impraticabilità *inv.* (*cour.*).

impraticable |ɛ̃pʀatikabl(ə)| *adj.* **1** [*qu'on ne peut mettre à exécution*] inattuabile, irrealizzabile: *des projets impraticables* dei progetti inattuabili, irrealizzabili → **inapplicable, irréalisable** **2** [*où l'on ne peut passer, où l'on passe très difficilement*] impraticabile: *piste impraticable pour les voitures* pista impraticabile per le automobili **3** (*personnes*) (*vx.*) → **insociable.**

imprécation |ɛ̃pʀekɑsjɔ̃| *s.f.* (*littér.*) imprecazione: *faire des imprécations* lanciare imprecazioni, imprecare → **malédiction.**

imprécatoire |ɛ̃pʀekatwaʀ| *adj.* (*littér.*) imprecatorio*, imprecativo: *formules imprécatoires* formule imprecatorie.

imprécis, ise |ɛ̃pʀesi, iz| *adj.* impreciso: *souvenir imprécis* ricordo impreciso; *renseignements imprécis* informazioni imprecise → 3 **vague, flou, incertain.**

imprécision |ɛ̃pʀesizjɔ̃| *s.f.* imprecisione: *imprécision d'un dessin* imprecisione di un disegno # *ne rien laisser dans l'imprécision* non lasciare nulla nell'incertezza.

imprégnation |ɛ̃pʀeɲɑsjɔ̃| *s.f.* **1** impregnazione, impregnamento (*m.*): *imprégnation des bois* impregnazione del legno → **imbibition** ◇ (*fig.*) → **assimilation** **2** (*biol.*) impregnazione.

imprégner |ɛ̃pʀeɲe| (8) **A** *v.tr.* **1** [*pénétrer* (*un corps*) *de liquide dans toutes ses parties*] impregnare: *imprégner un tissu d'eau* impregnare un tessuto d'acqua ◇ (*par anal.*) *imprégner de lumière* inondare di luce → **baigner** **2** [*pénétrer, influencer profondément*] impregnare: *il est imprégné de préjugés* è impregnato di pregiudizi **B** *v.pron. intr.* S'IMPRÉGNER [→ *tr.* 1] impregnarsi: *le bois s'est imprégné d'eau* il legname si è impregnato d'acqua.

imprenable |ɛ̃pʀənabl(ə)| *adj.* **1** [*qui ne peut être pris*] imprendibile: *forteresse imprenable* fortezza imprendibile, inespugnabile → **inexpugnable** **2** (*spécialt.*) *vue imprenable* [*qui ne peut être masquée par de nouvelles constructions*] vista panoramica assicurata.

impréparation |ɛ̃pʀepaʀɑsjɔ̃| *s.f.* impreparazione.

impresario |ɛ̃pʀes(z)aʀjo| *s.m.* impresario*: *impresario d'un pianiste* impresario di un pianista.

imprescriptibilité |ɛ̃pʀɛskʀiptibilite| *s.f.* (*dr.*) imprescrittibilità *inv.*

imprescriptible |ɛ̃pʀɛskʀiptibl(ə)| *adj.* (*dr.*) imprescrittibile: *droits inaliénables et imprescriptibles* diritti inalienabili e imprescrittibili ◇ (*par ext.*) inalienabile: *droits imprescriptibles de la personne* diritti inalienabili della persona.

1 **impression** |ɛ̃pʀesjɔ̃| *s.f.* **1** [*reproduction d'un texte par l'imprimerie*] stampa: *caractère pour l'impression* carattere per la stampa; *fautes d'impression* errori di stampa ◇ (*techn.*) stampa, impressione (*rare*): *impression des étoffes* stampa dei tessuti **2** (*peint.*) imprimitura **3** (*vieilli*) → **trace** **4** (*vx.*) → **influence.**

2 **impression** |ɛ̃pʀesjɔ̃| *s.f.* (*fig.*) **1** impressione: *faire une vive, une grande impression* fare una viva, una grande impressione; *cela ne lui fait aucune impression* non gli fa nessuna impressione ◆ (*absolt.*) *faire impression* impressionare, far colpo **2** [*sentiment, sensation*] impressione: *impression fugace, indéfinissable* impressione fugace, indefinibile; *impressions de voyage* impressioni di viaggio; *faire, donner bonne, mauvaise impression* fare, dare una buona, una cattiva impressione; *quelle impression vous fait-il?* che impressione vi fa?; *se fier à ses impressions* fidarsi delle proprie impressioni; *noter, exprimer ses impressions* annotare, esprimere le proprie impressioni; *ils s'échangeaient leurs impressions* si scambiavano le loro impressioni ◇ *loc.* DONNER L'IMPRESSION, UNE IMPRESSION DE dare l'impressione, un'impressione di: *écrivain qui donne l'impression vraie du temps* scrittore che dà l'impressione vera del tempo; *quand on est jeune, le temps donne l'impression d'être sans limites* quando si è giovani, il tempo dà l'impressione di essere eterno ~ AVOIR L'IMPRESSION avere l'impressione: *j'ai l'impression qu'elle se moque de vous* ho l'impressione che si prenda gioco di voi **3** (*psycho.*) impressione.

impressionnabilité |ɛ̃pʀesjɔnabilite| *s.f.* **1** impressionabilità *inv.* → **émotivité** **2** (*photo.*) *impressionnabilité d'une plaque photographique* impressionabilità di una lastra fotografica → **sensibilité.**

impressionnable |ɛ̃pʀesjɔnabl(ə)| *adj.* **1** impressionabile: *enfant impressionnable* bambino impressionabile → **émotif** **2** (*photo.*) impressionabile: *plaque impressionnable* lastra impressionabile → **sensible.**

impressionnant, ante |ɛ̃pʀesjɔnɑ̃, ɑ̃t| *adj.* impressionante: *spectacle impressionnant* spettacolo impressionante; *monument impressionnant* monumento impressionante → **frappant.**

impressionner |ɛ̃pʀesjɔne| *v.tr.* **1** [*affecter d'une vive impression*] impressionare: *sa mort, ce spectacle m'a impressionné* la sua morte, questo spettacolo mi ha impressionato; *ne te laisse pas impressionner* non lasciarti impressionare → **influencer, frapper,** 1 **toucher** ✦ (*absolt.*) *spectacle qui impressionne* spettacolo che impressiona **2** (*physiol.*) impressionare ◇ (*photo.*) *impressionner une plaque, une pellicule photographique* impressionare una lastra, una pellicola fotografica.

impressionnisme |ɛ̃pʀesjɔnism(ə)| *s.m.* (*bx-arts*) impressionismo.

impressionniste |ɛ̃pʀesjɔnist(ə)| *s.* impressionista ✦ (*adj.*) *un peintre impressionniste* un pittore impressionista.

imprévisibilité |ɛ̃pʀevizibilite| *s.f.* imprevedibilità *inv.*

imprévisible |ɛ̃pʀevizibl(ə)| *adj.* imprevedibile: *événements imprévisibles* avvenimenti imprevedibili.

imprévision |ɛ̃pʀevizjɔ̃| *s.f.* (*littér.*) [*défaut de prévision*] mancanza di previsione (*cour.*).

imprévoyance |ɛ̃pʀevwajɑ̃s| *s.f.* [*défaut de prévoyance*] imprevidenza # *dépensier qui vit dans l'imprévoyance* spendaccione imprevidente.

imprévoyant, ante |ɛ̃pʀevwajɑ̃, ɑ̃t| *adj.* [*qui manque de prévoyance*] imprevidente → **insouciant** ✦ (*s.*) *un imprévoyant* un imprevidente.

imprévu, ue |ɛ̃pʀevy| *adj.* [*qui n'a pas été prévu; qui arrive lorsqu'on ne s'y attend pas*] imprevisto: *événement imprévu* avvenimento imprevisto → **inattendu, inopiné**; *dépenses imprévues* spese impreviste # *bonheur imprévu* felicità insperata ✦ (*s.m.*) *l'imprévu* [*ce qui est imprévu*] l'imprevisto: *en cas d'imprévu, écrivez-moi* in caso d'imprevisti, scrivetemi.

imprimable |ɛ̃pʀimabl(ə)| *adj.* [→ 1 IMPRIMER 3] stampabile.

imprimante |ɛ̃pʀimɑ̃t| *s.f.* (*informatique*) stampante.

imprimatur |ɛ̃pʀimatyʀ| *s.m. inv.* (*lat.*) imprimatur: *demander, obtenir l'imprimatur* richiedere, ottenere l'imprimatur.

imprimé, ée |ɛ̃pʀime| **I** *adj.* **1** [*reproduit par impression*] stampato: *motif imprimé* disegno stampato **2** [*orné d'un motif imprimé*] stampato, 'imprimé' (*s.m. inv.*): *étoffe imprimée* stoffa stampata, 'imprimé'; *tissu imprimé* tessuto stampato **3** [*reproduit par l'imprimerie*] stampato: *livre imprimé* libro stampato # *formule imprimée pour la déclaration des revenus* stampato, modulo per la dichiarazione dei redditi **II** *s.m.* **1** [*tissu imprimé*] tessuto stampato, 'imprimé' (*inv.*): *un imprimé à fleurs* un 'imprimé', un tessuto stampato a fiori **2** *un imprimé* [*impression ou reproduction sur papier ou sur une matière analogue*] stampato → **brochure, journal,** 1 **livre** ◇ (*postes*) stampa (*f.*): *la boîte des imprimés* la cassetta delle stampe **3** [*feuille, formule imprimée*] modulo, stampato: *remplissez lisiblement les imprimés* compilate i moduli in modo leggibile **4** *l'imprimé* [*les caractères imprimés*] i caratteri *pl.* di stampa: *il ne sait lire que l'imprimé* sa leggere solo i caratteri di stampa Ⓒ II 2 **manuscrit.**

1 **imprimer** |ɛ̃pʀime| *v.tr.* **1** (*littér.*) [*faire, laisser (une marque, une empreinte, une trace) par pression*] imprimere (124): *imprimer ses pas dans le sable* imprimere le orme dei propri passi nella sabbia **2** [*reproduire (une figure, une image) par l'application et la pression d'une surface sur une autre*] imprimere; stampare: *imprimer la marque d'un sceau sur de la cire* imprimere un sigillo nella cera ‖ *imprimer un motif en relief* stampare un motivo in rilievo; *imprimer des dessins, des fleurs sur un tissu, une étoffe* stampare dei disegni, dei fiori su un tessuto, una stoffa # *imprimer un visa* apporre un visto ◇ (*par ext.*) *imprimer un tissu* stampare un tessuto **3** [*reproduire (un texte) par la technique de l'imprimerie*] stampare: *imprimer un livre* stampare un libro ◇ (*par ext.*) [*faire paraître*] pubblicare; stampare: *éditeur qui imprime un roman* editore che pubblica un romanzo → **éditer** ‖ *imprimer un livre à mille exemplaires* stampare un libro in mille esemplari ✦ *absolt.* [*faire imprimer, faire paraître des œuvres*] pubblicare: *il écrit mais il n'a pas encore imprimé* scrive ma non ha ancora pubblicato ◇ (*par ext.*) *imprimer un auteur, un écrivain* pubblicare un autore, uno scrittore; *personne ne veut l'imprimer* nessuno vuole pubblicarlo.

2 **imprimer** |ɛ̃pʀime| *v.tr.* **1** (*littér.*) [*faire pénétrer profondément (dans le cœur, l'esprit de qqn.) en laissant une empreinte durable*] imprimere (124), inculcare: *imprimer la crainte, la haine dans le cœur de qqn.* imprimere, inculcare il timore, l'odio nel cuore di qc. **2** [*communiquer, transmettre (un mouvement)*] imprimere: *imprimer un mouvement, une impulsion* imprimere un movimento, un impulso.

imprimerie |ɛ̃pʀimʀi| *s.f.* **1** [*art d'imprimer (les livres)*] stampa: *la découverte de l'imprimerie* la scoperta della stampa **2** [*établissement, lieu où l'on imprime (des livres, des journaux)*] tipografia, stamperia # *Imprimerie Nationale* Poligrafico dello Stato ◇ (*par ext.*) materiale *m.* da stampa.

imprimeur |ɛ̃pʀimœʀ| *s.m.* **1** [*propriétaire, directeur d'une imprimerie*] tipografo: *imprimeur-libraire* tipografo libraio; *imprimeur-éditeur* tipografo editore **2** [*ouvrier travaillant dans une imprimerie (typographe, etc.)*] tipografo, stampatore ✦ (*appos.*) *ouvrier imprimeur* operaio tipografo ◇ (*ancienn.*) [*ouvrier qui travaille à la presse*] impressore, stampatore → **pressier.**

improbabilité |ɛ̃pʀɔbabilite| *s.f.* improbabilità *inv.*

improbable |ɛ̃pʀɔbabl(ə)| *adj.* **1** improbabile: *éventualité, hypothèse improbable* eventualità, ipotesi improbabile; *il est improbable qu'il y arrive* è improbabile che ci riesca; *c'est plus qu'improbable, c'est impossible* (è) più che improbabile, è impossibile → **douteux** **2** (*vx.*) → **invraisemblable.**

improbateur, trice |ɛ̃pʀɔbatœʀ, tʀis| *s.* (*vieilli*) [*personne qui désapprouve*] disapprovatore* ✦ *adj.* di disapprovazione (*loc. inv.*): *regard, silence improbateur* sguardo, silenzio di disapprovazione → **désapprobateur, réprobateur** Ⓒ **approbateur, approbatif.**

improbatif, ive |ɛ̃pʀɔbatif, iv| *adj.* (*vieilli*) → **improbateur.**

improbation |ɛ̃pʀɔbasjɔ̃| *s.f.* (*littér.*) [*action de désapprouver, de condamner*] disapprovazione: *cris d'improbation* grida di disapprovazione → **réprobation.**

improbité |ɛ̃pʀɔbite| *s.f.* (*littér.*) improbità *inv.* → **malhonnêteté.**

improductif, ive |ɛ̃pʀɔdyktif, iv| *adj.* improduttivo: *terre improductive* terra improduttiva; *travail improductif* lavoro improduttivo; *laisser improductif un capital* lasciare un capitale improduttivo, infruttifero; non far fruttare un capitale.

improductivité |ɛ̃pʀɔdyktivite| *s.f.* (*rare*) improduttività *inv.*

impromptu |ɛ̃pʀɔ̃pty| **I** *s.m.* **1** (*hist. litt.*) commedia *f.* a soggetto **2** (*mus.*) improvviso **II** *adj.* [*improvisé*] improvvisato: *dîner impromptu* cena improvvisata **III** *adv.* [*à l'improviste, sans préparation*] all'improvviso *loc. inv.*, su due piedi (*loc. inv.*): *répondre impromptu* rispondere su due piedi, improvvisare una risposta.

imprononçable |ɛ̃pʀɔnɔ̃sabl(ə)| *adj.* impronunziabile: *groupe de consonnes, mot imprononçable* gruppo di consonanti, parola impronunziabile.

impropères |ɛ̃pʀɔpɛʀ| *s.m.pl.* (*liturg. cathol.*) improperi.

improposable |ɛ̃pʀɔpozabl(ə)| *adj.* [*qu'on ne peut pas proposer*] improponibile.

impropre |ɛ̃pʀɔpʀ(ə)| *adj.* **1** improprio*: *mot, expression impropre* parola, espressione impropria; *usage impropre et abusif de certains mots* uso improprio e abusivo di talune parole **2** IMPROPRE À... [*qui n'est pas propre à*] inadatto a, non idoneo per: *être impropre à un travail* essere inadatto a un lavoro, non essere idoneo per un lavoro ◇ (*choses*) [*qui ne convient pas*] inadatto a, non indicato per: *eau impropre à la cuisson des légumes* acqua inadatta alla, non indicata per la cottura delle verdure Ⓒ **apte, convenable, propre** 1.

improprement |ɛ̃pʀɔpʀəmɑ̃| *adv.* [→ IMPROPRE 1] impropriamente: *appeler, désigner improprement une chose* chiamare, designare impropriamente una cosa.

impropriété |ɛ̃pʀɔpʀijete| *s.f.* (*ling.*) improprietà (*inv.*): *terme d'une impropriété choquante* termine di una scandalosa improprietà ◇ (*par ext.*) *une impropriété de langage* un'improprietà di linguaggio Ⓒ **convenance, propriété.**

improuvable |ɛ̃pʀuvabl(ə)| *adj.* (*rare*) [*qu'on ne peut pas prouver*] indimostrabile (*cour.*).

improvisateur, trice |ɛ̃pʀɔvizatœʀ, tʀis| *s.* improvvisatore*.

improvisation |ɛ̃pʀɔvizasjɔ̃| *s.f.* [→ IMPROVISER 1] improvvisazione # *parler au hasard de l'improvisation* parlare improvvisando ◇ (*par anal.*) *improvisation musicale* improvvisazione musicale; *se lancer dans une improvisation* lanciarsi in un'improvvisazione.

improviser |ɛ̃pRɔvize| *v.tr.* **1** [*composer sur-le-champ et sans préparation*] improvvisare: *improviser un discours* improvvisare un discorso; *organiste qui improvise des variations* organista che improvvisa delle variazioni ✦ (*absolt.*) *improviser à l'orgue, au piano* improvvisare all'organo, al piano **2** [*organiser sur-le-champ, à la hâte*] improvvisare: *improviser un pique-nique* improvvisare un picnic ✦ (*au p.p.*) *moyens improvisés* mezzi improvvisati → **fortune (de) 3** [*pourvoir inopinément* (*qqn.*) *d'une fonction*] *on l'improvisa cuisinier pour la circonstance* lo si improvvisò cuoco per la circostanza.

improviste (à l') |alɛ̃pRɔvist(ə)| *loc. adv.* [*d'une manière imprévue, inattendue, au moment où on s'y attend le moins*] all'improvviso; alla sprovvista: *arriver, survenir à l'improviste* arrivare, sopraggiungere all'improvviso; *attaquer à l'improviste* attaccare all'improvviso → **inopinément** || *prendre qqn. à l'improviste* prendere qc. alla sprovvista # *faire un discours à l'improviste* fare un discorso improvvisato, improvvisare un discorso.

imprudemment |ɛ̃pRydamɑ̃| *adv.* [→ IMPRUDENT] imprudentemente, incautamente: *parler imprudemment* parlare imprudentemente, incautamente; *suivre imprudemment qqn.* seguire imprudentemente qc.

imprudence |ɛ̃pRydɑ̃s| *s.f.* **1** imprudenza: *son imprudence l'expose à bien des dangers* la sua imprudenza lo espone a molti pericoli; *être d'une extrême imprudence* essere di un'imprudenza estrema → **irréflexion, légèreté** ◇ (*dr.*) *homicide par imprudence* omicidio colposo, preterintenzionale ◇ (*par ext.*) *l'imprudence de sa conduite* l'imprudenza del suo comportamento **2** *une imprudence* [*action imprudente*] imprudenza: *commettre une imprudence* commettere un'imprudenza; *ne faites pas d'imprudences* non fate imprudenze → **étourderie** Ⓒ **prudence.**

imprudent, ente |ɛ̃pRydɑ̃, ɑ̃t| *adj.* **1** imprudente, incauto: *automobiliste imprudent* automobilista imprudente, incauto → **aventureux, téméraire** ✦ (*s.*) *un imprudent* un imprudente, un incauto: *un incorrigible imprudent* un incorreggibile imprudente **2** (*choses*) *projet imprudent* progetto imprudente, incauto → **hasardé, hasardeux.**

impubère |ɛ̃pybɛR| *s.* (*dr., littér.*) impubere ✦ (*adj.*) *fille, garçon impubère* ragazza, ragazzo impubere.

impuberté |ɛ̃pybɛRte| *s.f.* (*dr.*) impubertà *inv.*

impubliable |ɛ̃pyblijabl(ə)| *adj.* [*qui n'est pas publiable*] non pubblicabile.

impudemment |ɛ̃pydamɑ̃| *adv.* [→ IMPUDENT] impudentemente, sfacciatamente: *mentir, nier impudemment* mentire, negare impudentemente, spudoratamente.

impudence |ɛ̃pydɑ̃s| *s.f.* **1** impudenza, sfacciataggine: *il a eu l'impudence de se présenter chez vous?* ha avuto l'impudenza, la sfacciataggine di presentarsi a casa vostra? → **aplomb,** 2 **culot 2** [*action, parole impudente*] insolenza, villania: *ces impudences grossières me révoltent* queste volgari insolenze mi disgustano Ⓒ 1 **discrétion, pudeur, réserve.**

impudent, ente |ɛ̃pydɑ̃, ɑ̃t| *adj.* impudente, sfacciato → **effronté** ✦ (*s.*) *un impudent* un impudente, uno sfacciato ◇ (*choses*) *d'impudentes calomnies* impudenti, sfacciate calunnie.

impudeur |ɛ̃pydœR| *s.f.* **1** [*manque de pudeur, de discrétion*] impudenza, spudoratezza ◇ (*spécialt.*) impudicizia → **immodestie, impudicité 2** (*rare*) [*impudence*] impudenza (*cour.*), sfacciataggine (*cour.*): *il a l'impudeur de demander encore de l'argent* ha l'impudenza, la sfacciataggine di chiedere ancora del denaro.

impudicité |ɛ̃pydisite| *s.f.* (*littér.*) impudicizia: *geste plein d'impudicité* gesto pieno di impudicizia → **indécence, obscénité.**

impudique |ɛ̃pydik| *adj.* **1** impudico* → **dévergondé, immodeste 2** (*choses*) impudico, osceno: *gestes impudiques* gesti impudichi, osceni → **indécent.**

impudiquement |ɛ̃pydikmɑ̃| *adv.* (*littér.*) [→ IMPUDIQUE] impudicamente.

impuissance |ɛ̃pɥisɑ̃s| *s.f.* **1** [*manque de moyens suffisants pour faire qqch.*] impotenza; incapacità (*inv.*): *l'impuissance humaine* l'impotenza umana; *frapper d'impuissance* [*paralyser*] ridurre all'impotenza; *être réduit à l'impuissance* essere ridotto all'impotenza → **faiblesse** || *l'impuissance à exprimer qqch., à résoudre les difficultés* l'incapacità di esprimere q.c., di risolvere le difficoltà **2** [*caractère de ce qui est impuissant*] vanità (*inv.*): *l'impuissance de leurs efforts* la vanità dei loro sforzi **3** (*spécialt.*) *impuissance* (*sexuelle*) impotenza (sessuale).

impuissant, ante |ɛ̃pɥisɑ̃, ɑ̃t| *adj.* **1** [*qui n'a pas de moyens suffisants pour faire qqch.*] impotente: *il resta impuissant devant ce désastre, contre ces menaces* rimase impotente davanti a quel disastro, di fronte a quelle minacce ◇ *loc.* IMPUISSANT À (+ *inf.*) incapace di (+ *inf.*): *esprit impuissant à raisonner* mente incapace di ragionare **2** [*physiquement incapable d'accomplir l'acte sexuel*] impotente ✦ (*s.*) *un impuissant* un impotente **3** [*qui est sans effet, sans efficacité*] impotente: *une rage impuissante* una rabbia impotente.

impulsif, ive |ɛ̃pylsif, iv| *adj.* **1** (*personnes*) impulsivo: *caractère impulsif* carattere impulsivo ✦ (*s.*) *un impulsif* un impulsivo ◇ (*méd.*) impulsivo **2** (*vx.*) [*qui donne, produit une impulsion*] propulsivo (*cour.*): *force impulsive* forza propulsiva Ⓒ 1 **réfléchi.**

impulsion |ɛ̃pylsjɔ̃| *s.f.* **1** [*action de pousser*; *ce qui pousse*] impulso (*m.*): *transmettre, communiquer une impulsion* trasmettere, comunicare un impulso → **poussée** ◇ (*mécan.*) impulso **2** (*fig.*) impulso: *impulsion donnée aux affaires, au commerce* impulso dato agli affari, al commercio **3** [*action de pousser* (*qqn.*) *à faire qqch.*] impulso: *l'impulsion des sentiments, du cœur* l'impulso dei sentimenti, del cuore; *l'impulsion de la vengeance* l'impulso della vendetta → **influence 4** *une, des impulsion(s)* [*tendance spontanée à l'action*] impulso: *obéir, céder à ses impulsions* obbedire, cedere ai propri impulsi; *impulsion au vol* impulso per il furto → **kleptomanie, instinct, penchant.**

impulsivement |ɛ̃pylsivmɑ̃| *adv.* [→ IMPULSIF 1] impulsivamente.

impulsivité |ɛ̃pylsivite| *s.f.* impulsività *inv.*

impunément |ɛ̃pynemɑ̃| *adv.* **1** [*sans subir de punition*] impunemente: *voler, tuer impunément* rubare, uccidere impunemente; *se moquer impunément de qqn.* prendersi impunemente gioco di qc. **2** [*sans dommage pour soi*] impunemente: *on ne boit pas impunément une bouteille de whisky tous les jours* non si può bere impunemente una bottiglia di whisky al giorno.

impuni, ie |ɛ̃pyni| *adj.* impunito: *ce crime est resté impuni* quel delitto è rimasto impunito.

impunité |ɛ̃pynite| *s.f.* impunità (*inv.*): *jouir de l'impunité* godere (del)l'impunità # *meurtre qui s'exerçe avec impunité* assassinio che rimane impunito Ⓒ **punition.**

impur, ure |ɛ̃pyR| *adj.* **1** impuro: *liquide impur* liquido impuro; *eau impure* acqua impura ◇ (*fig.*) *race, naissance impure* razza, nascita impura **2** [*dont la loi religieuse commande de fuir le contact*] *animaux impurs* animali impuri → **immonde 3** (*spécialt.*) [*déshonnête, impudique*] impuro: *une femme impure* una donna impura; *pensées impures* pensieri impuri **4** (*littér.*) [*qui est mauvais* (*moralement*)] impuro: *cœur impur* cuore impuro; *les exprits impurs* gli spiriti impuri → **indigne, infâme, vil, immoral.**

impurement |ɛ̃pyRmɑ̃| *adv.* (*rare*) [→ IMPUR 3] impuramente: *vivre impurement* vivere impuramente Ⓒ **chastement.**

impureté |ɛ̃pyRte| *s.f.* **1** impurità *inv.*, impurezza: *l'impureté d'un liquide, de l'air* l'impurità di un liquido, dell'aria ◇ (*spécialt.*) *une, des impureté(s)* [*ce qui rend impur*] impurità, impurezza: *liquide rempli d'impuretés* liquido pieno di impurità; *filtrer, éliminer les impuretés* filtrare, eliminare le impurità, le impurezze **2** [*bassesse, corruption morale*] impurità → **boue, bourbe, ordure 3** [*impudicité*] impurità: *vivre dans l'impureté* vivere nell'impurità; *impureté d'une pensée, d'une conversation* impurità di un pensiero, di una conversazione.

imputabilité |ɛ̃pytabilite| *s.f.* (*dr., cour.*) imputabilità *inv.*

imputable |ɛ̃pytabl(ə)| *adj.* **1** [→ IMPUTER 1, 2] imputabile: *un accident imputable à sa négligence* un incidente imputabile alla sua negligenza **2** (*fin.*) imputabile: *somme imputable sur tel chapitre, tel crédit* somma imputabile a un determinato capitolo, a un determinato stanziamento.

imputation |ɛ̃pytɑsjɔ̃| *s.f.* **1** [→ IMPUTER 1] imputazione: *imputation de vol* imputazione di furto → **accusation 2** (*fin.*) *imputation d'un payement* imputazione di un pagamento.

imputer |ɛ̃pyte| *v.tr.* **1** [*attribuer à qqn.* (*une chose digne de blâme*)] imputare: *imputer un crime à qqn.* imputare qc. di un delitto ◇ (*par ext.*) [*à une chose*] *imputer qqch. au hasard* imputare q.c. al caso **2** (*littér.*) IMPUTER À (+ *s. sans art.*) [*considérer l'action que l'on impute comme*] imputare a: *imputer à négligence, à oubli* imputare a negligenza, a dimenticanza **3** [*appliquer à un compte déterminé*] imputare:

imputer une somme à un fonds spécial imputare una somma a un fondo speciale → 1 **affecter.**

imputrescibilité |ɛ̃pytʀesibilite| *s.f.* imputrescibilità *inv.*

imputrescible |ɛ̃pytʀesibl(ə)| *adj.* imputrescibile: *bois imputrescible* legno imputrescibile.

in- |in| *préf.* **1** (*signifiant 'non', correspond généralt. à*) in; s: *inhabile* inabile ‖ *inconnu* sconosciuto **2** (*signifiant 'en, dans', correspond généralt. à*) in: *incorporer* incorporare.

in |in| *adj. inv.* **1** [*à la mode*] alla moda *loc. inv.*, in: *café, cabaret in* caffè, 'cabaret' alla moda, in **2** (*ciné., télév.*) *voix in* [*dans le champ*] voce in campo.

inabordable |inabɔʀdabl(ə)| *adj.* **1** inabbordabile → **inaccessible** **2** [*d'un prix élevé, qui n'est pas à la portée de toutes les bourses*] inaccessibile: *les asperges sont inabordables cette année* gli asparagi sono inaccessibili, eccessivamente cari quest'anno Ⓒ **abordable, accessible.**

inabrité, ée |inabʀite| *adj.* (*rare*) [*qui n'est pas abrité*] indifeso (*cour.*), non riparato (*cour.*).

inabrogeable |inabʀɔʒabl(ə)| *adj.* (*dr.*) inabrogabile: *lois inabrogeables* leggi inabrogabili.

inaccentué, ée |inaksɑ̃tɥe| *adj.* (*ling.*) non accentato: *voyelle, syllabe inaccentuée* vocale, sillaba non accentata → **atone.**

inacceptable |inaksɛptabl(ə)| *adj.* inaccettabile: *offre inacceptable* offerta inaccettabile → **inadmissible.**

inaccessibilité |inaksesibilite| *s.f.* inaccessibilità *inv.*

inaccessible |inaksesibl(ə)| *adj.* **1** inaccessibile: *montagne, forêt inaccessible* montagna, foresta inaccessibile → **inabordable** ◇ (*fig.*) [*qu'on ne peut atteindre*] irraggiungibile: *vous vous proposez un objectif inaccessible* vi proponete un obiettivo irraggiungibile **2** (*personnes*) *inaccessible à* (*qqch.*) insensibile a (q.c.): *être inaccessible à la pitié, à la tendresse* essere insensibile alla pietà, alla tenerezza → **insensible** Ⓒ **accessible, abordable.**

inaccompli, ie |inakɔ̃pli| *adj.* (*littér.*) [*qui n'est pas accompli*] incompiuto; inadempiuto.

inaccomplissement |inakɔ̃plismɑ̃| *s.m.* (*littér.*) [*défaut d'accomplissement*] incompiutezza *f.*; inadempimento.

inaccordable |inakɔʀdabl(ə)| *adj.* (*rare*) inaccordabile: *demande inaccordable* richiesta inaccordabile.

inaccoutumé, ée |inakutyme| *adj.* **1** [*qui n'a pas coutume de se produire*] insolito, inconsueto: *une agitation inaccoutumée* un'insolita, un'inconsueta agitazione → **inhabituel, insolite** **2** (*littér.*) non abituato (*cour.*), non avvezzo (*cour.*): *être inaccoutumé à un genre de vie* non essere abituato a un genere di vita.

inachevé, ée |inaʃve| *adj.* [*qui n'est pas achevé*] incompiuto: *travail inachevé* lavoro incompiuto; *la symphonie inachevée* [*de Schubert*] l'Incompiuta *s.f.*

inachèvement |inaʃɛvmɑ̃| *s.m.* [*état de ce qui n'est pas achevé*] incompiutezza *f.*

inactif, ive |inaktif, iv| *adj.* **1** [*qui n'a pas d'activité*] inattivo: *rester inactif* restare inattivo; *il ne demeure jamais inactif* non rimane mai inattivo → **oisif** **2** [*qui n'agit pas, est sans action*] inattivo, inefficace: *remède inactif* farmaco inattivo, inefficace → **inefficace** **3** (*vx.*) → **inerte.**

inactinique |inaktinik| *adj.* (*phys., photo.*) inattinico*: *lumière inactinique* luce inattinica.

inaction |inaksjɔ̃| *s.f.* [*absence ou cessation de toute action*] inazione: *condamner, réduire à l'inaction* condannare, ridurre all'inazione → **inactivité, oisiveté.**

inactivité |inaktivite| *s.f.* **1** [*manque d'activité*] inattività (*inv.*): *inactivité totale* inattività totale → **inaction** **2** (*dr., admin.*) aspettativa: *être, se faire mettre en inactivité* essere, farsi mettere in aspettativa → **congé.**

inactualité |inaktɥalite| *s.f.* inattualità *inv.*

inactuel, elle |inaktɥɛl| *adj.* inattuale.

inadaptation |inadaptɑsjɔ̃| *s.f.* [*défaut d'adaptation*] inadattabilità *inv.*; disadattamento *m.* ◇ (*psycho.*) disadattamento: *inadaptation sociale* disadattamento sociale.

inadapté, ée |inadapte| *adj.* [*qui n'est pas adapté*] inadatto, inadeguato: *mener une vie inadaptée à ses besoins* condurre una vita inadatta ai propri bisogni ◇ (*spécialt.*) *enfant inadapté* bambino disadattato ◆ (*s.*) *rééducation des inadaptés* rieducazione dei disadattati.

inadéquat, quate |inadekwa, kwat| *adj.* inadeguato.

inadéquation |inadekwɑsjɔ̃| *s.f.* inadeguatezza.

inadmissibilité |inadmisibilite| *s.f.* inammissibilità (*inv.*): *l'inadmissibilité d'une preuve* l'inammissibilità di una prova.

inadmissible |inadmisibl(ə)| *adj.* inammissibile: *opinion inadmissible* opinione inammissibile; *c'est inadmissible* è inammissibile; *son attitude est inadmissible* il suo atteggiamento è inammissibile → **inacceptable.**

inadvertance |inadvɛʀtɑ̃s| *s.f.* **1** (*rare*) [*défaut d'attention, d'application à une chose déterminée*] inavvertenza → **inattention** **2** *loc. adv.* PAR INADVERTANCE inavvertitamente *adv.*, per inavvertenza: *il est entré sans frapper, par inadvertance* inavvertitamente è entrato senza bussare → **mégarde (par), méprise (par).**

inajournable |inaʒuʀnabl(ə)| *adj.* [*qui ne peut être ajourné*] indifferibile: *procès inajournable* processo indifferibile.

inaliénabilité |inaljenabilite| *s.f.* (*dr.*) inalienabilità *inv.*

inaliénable |inaljenabl(ə)| *adj.* (*dr.*) inalienabile: *droits, valeurs, titres inaliénables* diritti, valori, titoli inalienabili.

inaliénation |inaljenɑsjɔ̃| *s.f.* (*dr.*) non alienazione.

inalliable |inaljabl(ə)| *adj.* (*techn.*) *métaux inalliables* metalli che non possono legare, fare lega *loc.*

inaltérabilité |inalteʀabilite| *s.f.* inalterabilità (*inv.*): *inaltérabilité d'un métal* inalterabilità di un metallo ◇ (*fig.*) *inaltérabilité d'un principe* inalterabilità di un principio.

inaltérable |inalteʀabl(ə)| *adj.* **1** inalterabile: *corps inaltérable à la chaleur* corpo inalterabile al calore; *des couleurs inaltérables* colori inalterabili **2** (*fig.*) *sentiment, humeur inaltérable* sentimento, umore inalterabile → **constant, éternel** Ⓒ 2 **passager.**

inaltéré, ée |inalteʀe| *adj.* (*rare*) inalterato.

inamical, ale, aux |inamikal, o| *adj.* [*qui n'est pas amical*] ostile: *geste inamical* gesto ostile.

inamovibilité |inamɔvibilite| *s.f.* (*dr., admin.*) inamovibilità *inv.*

inamovible |inamɔvibl(ə)| *adj.* (*dr.*) inamovibile: *magistrat inamovible* magistrato inamovibile ◇ (*par plais.*) [*qu'on ne peut déplacer ou remplacer*] inamovibile, insostituibile: *c'est un leader inamovible* è un leader inamovibile; *c'est un champion inamovible* è un campione insostituibile.

inanalysable |inanalizabl(ə)| *adj.* non analizzabile.

inanimé, ée |inanime| *adj.* **1** inanimato: *la matière est inanimée* la materia è inanimata **2** [*qui a perdu la vie, ou qui a perdu connaissance*] inanimato, esanime: *le corps inanimé d'une personne morte, évanouie* il corpo inanimato, esanime di una persona morta, svenuta; *tomber inanimé* cadere esanime.

inanité |inanite| *s.f.* inanità (*inv.*): *l'inanité de nos efforts* l'inanità dei nostri sforzi → **futilité, inutilité.**

inanition |inanisjɔ̃| *s.f.* (*méd.*) inanizione, inedia (*cour.*): *mourir d'inanition* morire d'inedia → **faim.**

inapaisable |inapɛzabl(ə)| *adj.* (*littér.*) [*qui ne peut être apaisé*] implacabile, non placabile.

inapaisé, ée |inapeze| *adj.* (*littér.*) [*qui n'est pas apaisé*] implacato; inappagato → **insatisfait.**

inaperçu, ue |inapɛʀsy| *adj.* [*qui n'est pas aperçu, remarqué*] inosservato; non visto: *avec ce costume il ne passera pas inaperçu* con questo vestito non passerà inosservato.

inappétence |inapetɑ̃s| *s.f.* (*méd., cour.*) inappetenza → **anorexie** ◇ (*fig., littér.*) [*manque de besoin, de désir*] freddezza: *inappétence sentimentale* freddezza di sentimenti → **indifférence.**

inapplicabilité |inaplikabilite| *s.f.* inapplicabilità *inv.*; inattuabilità *inv.*

inapplicable |inaplikabl(ə)| *adj.* inapplicabile; inattuabile: *théorie, décret inapplicable* teoria, decreto inapplicabile.

inapplication |inaplikɑsjɔ̃| *s.f.* **1** [*manque d'application, de soin*] disapplicazione (*rare*), trascuratezza → **étourderie, inattention** **2** (*dr.*) disapplicazione, mancata applicazione (attuazione): *l'inapplication d'une loi* la disapplicazione, la mancata applicazione di una legge.

inappliqué, ée |inaplike| *adj.* **1** [*qui manque d'application*] disapplicato, negligente: *écolier inappliqué* scolaro disapplicato, negligente **2** [*qui n'a pas été appliqué, mis en pratique*] non applicato, non attuato: *procédé inappliqué* procedimento non applicato.

inappréciable |inapʀesjabl(ə)| *adj.* **1** inapprezzabile: *d'inappréciables avantages* vantaggi inapprezzabili → **inestimable,** 1 **précieux** **2** [*qui ne peut être apprécié, évalué*] inapprezzabile: *différence, nuance inappréciable* differenza, sfumatura inapprezzabile.

inapprivoisable |inapʀivwazabl(ə)| *adj.* [*qui ne peut être apprivoisé*] non addomesticabile → **sauvage.**
inapprivoisé, ée |inapʀivwaze| *adj.* [*qui n'est pas apprivoisé*] non addomesticato → **sauvage.**
inapte |inapt(ə)| **1** *adj.* [*qui n'est pas apte, qui manque d'aptitude*] inadatto, inidoneo: *personne inapte à diriger une affaire* persona inadatta, inidonea a dirigere un'azienda → **incapable** ◇ (*milit.*) inabile: *il fut déclaré inapte* fu dichiarato inabile ✦ (*s.*) *inaptes versés dans l'auxiliaire* inabili assegnati al servizio ausiliario **2** *s.m.* (*biol.*) disadattato.
inaptitude |inaptityd| *s.f.* inattitudine, inidoneità (*inv.*): *inaptitude à un exercice physique* inattitudine a un esercizio fisico → **incapacité** ◇ (*milit.*) inabilità *inv.*
inarrangeable |inaʀɑ̃ʒabl(ə)| *adj.* [*qu'on ne peut arranger, réparer*] non riparabile, non accomodabile.
inarticulé, ée |inaʀtikyle| *adj.* inarticolato: *sons inarticulés* suoni inarticolati.
inassimilable |inasimilabl(ə)| *adj.* inassimilabile: *substances inassimilables* sostanze inassimilabili.
inassouvi, ie |inasuvi| *adj.* (*littér.*) [*qui n'est pas assouvi, satisfait*] inappagato, insaziato: *désir inassouvi* desiderio inappagato, insaziato; *rester inassouvi* restare inappagato → **insatisfait.**
inassouvissable |inasuvisabl(ə)| *adj.* (*littér.*) [*qui ne peut être assouvi*] inappagabile, insaziabile: *désir inassouvissable* desiderio inappagabile, insaziabile ◇ (*par ext.*) *personne inassouvissable* persona insaziabile.
inassouvissement |inasuvismɑ̃| *s.m.* (*littér.*) [*état de ce qui n'est pas ou ne peut être assouvi*] inappagamento → **insatisfaction.**
inattaquable |inatakabl(ə)| *adj.* **1** inattaccabile: *poste, position inattaquable* postazione, posizione inattaccabile **2** [*qui ne peut être mis en cause*] inattaccabile: *texte, preuve inattaquable* testo, prova inattaccabile; *une réputation inattaquable* una reputazione inattaccabile.
inattendu, ue |inatɑ̃dy| *adj.* [*qu'on n'attendait pas, à quoi on ne s'attendait pas*] inatteso, inaspettato: *une nouvelle inattendue* una notizia inattesa, inaspettata; *avec une fermeté inattendue* con inattesa fermezza; *personnage inattendu qui survient à l'improviste* personaggio inatteso che giunge all'improvviso; *profit inattendu* guadagno inaspettato → **imprévu, inopiné** ✦ (*s.m.*) *l'inattendu* l'imprevisto.
inattentif, ive |inatɑ̃tif, iv| *adj.* [*qui ne prête pas attention*] disattento: *enfant inattentif* bambino disattento → **distrait** # *il est inattentif à nos soucis* è indifferente, non presta attenzione alle nostre preoccupazioni.
inattention |inatɑ̃sjɔ̃| *s.f.* [*manque d'attention*] disattenzione: *un istant d'inattention* un attimo di disattenzione; *imprudent par inattention* imprudente per disattenzione; *faute d'inattention* errore di disattenzione → **distraction.**
inaudible |inodibl(ə)| *adj.* **1** (*sc.*) impercettibile: *vibrations inaudibles* vibrazioni impercettibili **2** [*que l'on entend difficilement*] impercettibile: *un murmure présque inaudible* un mormorio quasi impercettibile **3** [*trop mauvais pour être écouté*] inascoltabile: *musique inaudible* musica inascoltabile.
inaugural, ale, aux |inɔ(o)gyʀal, o| *adj.* inaugurale: *séance inaugurale d'un congrès* seduta inaugurale di un congresso.
inaugurateur, trice |inɔ(o)gyʀatœʀ, tʀis| *s.* (*rare*) inauguratore*.
inauguration |inɔ(o)gyʀɑsjɔ̃| *s.f.* inaugurazione.
inaugurer |inɔ(o)gyʀe| *v.tr.* **1** [*consacrer ou livrer au public solennellement* (*un monument, un édifice nouveau*)] inaugurare: *inaugurer un temple* inaugurare un tempio **2** [*entreprendre, mettre en pratique pour la première fois*] inaugurare: *inaugurer une nouvelle politique* inaugurare una nuova politica.
inauthenticité |inɔ(o)tɑ̃tisite| *s.f.* non autenticità *inv.*
inauthentique |inɔ(o)tɑ̃tik| *adj.* **1** [*qui n'est pas authentique*] non autentico*: *ouvrage inauthentique* opera non autentica; *fait, rapport inauthentique* fatto, rapporto non autentico **2** (*philo.*) *vie inauthentique* esistenza inautentica*.
inavouable |inavwabl(ə)| *adj.* [*qui n'est pas avouable*] inconfessabile: *projets, intentions inavouables* progetti, intenzioni inconfessabili → **honteux.**
inavoué, ée |inavwe| *adj.* [*qu'on ne s'avoue pas*] inconfessato: *des sentiments inavoués* sentimenti inconfessati ◇ (*rare*) *acte, crime inavoué* [*caché, secret*] atto, delitto inconfessato (*cour.*).
inca |ɛ̃ka| *adj. inv.* incaico* (*var.*): *empire inca* impero incaico; *civilisation inca* civiltà incaica ✦ (*s.*) *les Inca*(*s*) gli Incas ✦ *s.m.* (*spécialt.*) *l'Inca* [*le chef, le souverain de l'Empire inca*] l'Inca.
incalculable |ɛ̃kalkylabl(ə)| *adj.* **1** incalcolabile: *ce petit événement a eu d'incalculables conséquences* un avvenimento di così scarsa importanza ha avuto conseguenze incalcolabili → **considérable 2** [*impossible à calculer*] incalcolabile: *le nombre incalculable des étoiles* il numero incalcolabile delle stelle.
incandescence |ɛ̃kɑ̃desɑ̃s| *s.f.* incandescenza: *métal chauffé jusqu'à l'incandescence* metallo riscaldato fino all'incandescenza.
incandescent, ente |ɛ̃kɑ̃desɑ̃, ɑ̃t| *adj.* incandescente: *charbon, métal incandescent* carbone, metallo incandescente.
incantation |ɛ̃kɑ̃tɑsjɔ̃| *s.f.* [*emploi de paroles magiques*] incantesimo *m.* ◇ [*paroles magiques pour opérer un charme, un sortilège*] incantesimo → **enchantement.**
incantatoire |ɛ̃kɑ̃tatwaʀ| *adj.* [*qui forme une incantation*] incantatorio*; incantatore*.
incapable |ɛ̃kapabl(ə)| *adj.* **1** INCAPABLE DE [*qui n'est pas capable* (*par nature ou par accident, de façon temporaire, durable ou définitive*) *de*] incapace di: *être incapable de faire qqch.* essere incapace di fare q.c.; *être incapable de faire un travail par incompétence* essere incapace di fare un lavoro per incompetenza; *il est incapable de mentir* è incapace di mentire **2** *absolt.* [*qui n'a pas l'aptitude, la capacité nécessaire*] incapace: *un homme incapable* un uomo incapace ✦ (*s.*) *un incapable* un incapace: *c'est un* (*parfait*) *incapable* è un (vero) incapace → **nullité 3** (*dr.*) incapace ✦ (*s.*) *les incapables* gli incapaci → 2 **interdit** Ⓒ 1 **capable**; 2 **apte, habile.**
incapacité |ɛ̃kapasite| *s.f.* **1** incapacità *inv.*; impossibilità (*inv.*): *incapacité de juger* incapacità di giudicare ‖ *je suis dans l'incapacité de vous répondre* sono nell'impossibilità di rispondervi ✦ *absolt.* [*défaut de capacité*] incapacità → **incompétence 2** [*état d'une personne incapable de travailler, d'accomplir certains actes*] inabilità *inv.*; invalidità (*inv.*): *incapacité de travail* inabilità al lavoro ‖ *incapacité totale, partielle* invalidità totale, parziale → **invalidité 3** (*dr.*) incapacità: *incapacité des mineurs, des interdits* incapacità dei minori, degli interdetti.
incarcération |ɛ̃kaʀseʀɑsjɔ̃| *s.f.* [→ INCARCÉRER] detenzione; incarceramento *m.* (*vx.*) → **emprisonnement.**
incarcérer |ɛ̃kaʀseʀe| (8) *v.tr.* [*mettre en prison*] incarcerare: *on l'a incarcéré* è stato incarcerato → **emprisonner** ✦ (*au p.p.*) *prévenu incarcéré* imputato incarcerato.
incarnadin, ine |ɛ̃kaʀnadɛ̃, in| *adj.* (*littér.*) incarnatino.
incarnat, ate |ɛ̃kaʀna, at| *adj. et s.m.* incarnato *s.m.*
incarnation |ɛ̃kaʀnɑsjɔ̃| *s.f.* **1** (*relig.*) incarnazione **2** (*fig.*) incarnazione: *ce régime lui apparissait comme l'incarnation de l'injustice* quel regime gli appariva come l'incarnazione dell'ingiustizia → **personnification.**
incarné, ée |ɛ̃kaʀne| *adj.* **I 1** (*relig.*) incarnato: *le Verbe incarné* [*Jésus-Christ*] il Verbo incarnato **2** [*qui est representé sous une forme matérielle*] incarnato, in persona (*loc. inv.*): *cette femme est la jalousie incarnée* quella donna è la gelosia incarnata, in persona **II** (*méd.*) incarnito: *ongle incarné* unghia incarnita Ⓒ I 1 **désincarné.**
incarner |ɛ̃kaʀne| **A** *v.tr.* **1** [*revêtir* (*un être spirituel*) *d'un corps charnel, d'une forme humaine ou animale*] incarnare ✦ (*au p.p.*) *le Verbe incarné* il Verbo incarnato **2** (*littér.*) [*représenter* (*une chose abstraite*) *sous une forme matérielle et sensible*] incarnare: *incarner une idée dans une œuvre* incarnare una idea in un'opera **3** [*représenter en soi-même* (*une chose abstraite*)] incarnare: *il incarnait la Révolution* incarnava la Rivoluzione → **figurer** ✦ (*au p.p.*) *elle était la jalousie incarnée* era la gelosia incarnata, in persona **4** [*représenter un personnage dans un spectacle*] impersonare, incarnare: *incarner l'*'*Avare*' impersonare, incarnare l''Avaro' (nella commedia di Molière) → **interpréter, jouer B** *v.pron. intr.* S'INCARNER [→ *tr.* 1] incarnarsi: *les divinités indiennes s'incarnaient successivement dans des corps différents* le dività indiane si incarnavano in corpi successivi; *tous nos espoirs s'incarnent en vous* tutte le nostre speranze si incarnano in voi.
incartade |ɛ̃kaʀtad| *s.f.* **1** [*léger écart de conduite*] scappatella: *ce n'est pas sa première incartade* non è la sua prima scappatella → 1 **écart 2** (*équit.*) scarto *m.*, scartata.
incasique |ɛ̃kazik| *adj.* [*relatif aux Incas*] incaico*.
incassable |ɛ̃kasabl(ə)| *adj.* [*qui ne se casse pas ou ne se casse pas facilement*] infrangibile: *verre incassable* bicchiere infrangibile.
incendiaire |ɛ̃sɑ̃djɛʀ| **I** *s.* incen-

diario* → **pyromane** **II** *adj.* **1** incendiario: *bombes incendiaires* bombe incendiarie → **ardent** **2** (*fig.*) *déclarations incendiaires* dichiarazioni incendiarie ◇ (*spécialt.*) [*qui éveille les désirs amoureux*] incendiario: *une blonde incendiaire* una bionda incendiaria.

incendie |ɛ̃sɑ̃di| *s.m.* **1** incendio*: *incendie d'une forêt, d'une maison* incendio di una foresta, di una casa; *foyer d'incendie* focolaio d'incendio; *assurance contre l'incendie* assicurazione contro l'incendio; *les pompiers ont maîtrisé l'incendie* i pompieri hanno domato l'incendio # *défense, protection contre l'incendie* servizio, impianti antincendi **2** [*lumière rougeoyante éclairant une grande étendue*] incendio, bagliore: *l'incendie du soleil couchant* l'incendio, i bagliori del tramonto **3** (*fig.*) [*bouleversement, guerre*] incendio.

incendier |ɛ̃sɑ̃dje| *v.tr.* **1** [*mettre en feu*] incendiare: *incendier une maison, un village* incendiare una casa, un villagio → **brûler** ✦ (*au p.p.*) *forêt incendiée* bosco incendiato **2** [*irriter en provoquant une impression de brûlure*] bruciare: *cette liqueur, le poivre lui a incendié la gorge* quel liquore, il pepe gli ha bruciato la gola **3** (*littér.*) [*colorer d'une lueur ardente*] incendiare: *le soleil incendiait l'horizon* il sole incendiava l'orizzonte **4** (*fig.*) [*enflammer, exciter*] incendiare, accendere (105): *incendier l'imagination, les esprits* incendiare, accendere l'immaginazione, gli animi **5** (*pop.*) *incendier qqn.* [*l'accabler de reproches*] strapazzare qc.: *il s'est fait incendier par le patron* si è fatto strapazzare dal capo.

incération |ɛ̃seʀɑsjɔ̃| *s.f.* (*techn.*) inceratura.

incertain |ɛ̃sɛʀtɛ̃| *s.m.* (*fin.*) incerto.

incertain, aine |ɛ̃sɛʀtɛ̃, ɛn| *adj.* **I** **1** incerto: *aide incertaine* aiuto incerto; *temps incertain* tempo incerto; *le résultat est incertain* il risultato è incerto; *un mot d'origine incertaine* una parola di origine incerta **2** (*littér.*) [*dont la forme, la nature n'est pas nette, claire*] incerto: *une silhouette aux contours incertains* una figura dai contorni incerti, sfumati → **confus, imprécis,** 3 **vague** **II** (*personnes*) incerto: *demeurer incertain* rimanere incerto → **hésitant, indécis** ✦ (*loc.*) *incertain de* incerto su: *incertain de son sort* incerto sulla propria sorte; *être incertain de ce qu'on va faire* essere incerto, indeciso sul da farsi.

incertitude |ɛ̃sɛʀtityd| *s.f.* **1** (*compl. de chose*) incertezza: *l'incertitude de notre avenir* l'incertezza del nostro avvenire; *l'incertitude des choses humaines* l'incertezza delle cose umane → **fragilité, précarité**; *s'engager dans une voie pleine d'incertitude* imboccare una strada piena di incertezze ◇ (*phys.*) *principe d'incertitude de Heisenberg* principio di indeterminazione di Heisenberg **2** (*compl. de personne*) incertezza, dubbio* (*m.*): *être, demeurer dans l'incertitude* essere nell'incertezza, rimanere nel dubbio → **embarras, indécision, perplexité.**

incessamment |ɛ̃sɛsamɑ̃| *adv.* **1** [*très prochainement, sans délai*] fra poco *loc. inv.*, a momenti (*loc. inv.*): *il doit arriver incessamment* deve arrivare fra poco, a momenti → **bientôt** **2** (*vx.*) → **constamment.**

incessant, ante |ɛ̃sɛsɑ̃, ɑ̃t| *adj.* incessante, continuo: *d'incessantes récriminations* recriminazioni incessanti, continue recriminazioni → **continuel, ininterrompu.**

incessibilité |ɛ̃sesibilite| *s.f.* (*dr.*) incedibilità *inv.*, inalienabilità *inv.*

incessible |ɛ̃sesibl(ə)| *adj.* (*dr.*) incedibile, inalienabile → **inaliénable.**

inceste |ɛ̃sɛst(ə)| *s.m.* incesto.

incestueux, euse |ɛ̃sɛstɥø, øz| *adj.* incestuoso: *amour incestueux* amore incestuoso; *enfant incestueux* figlio incestuoso.

inchangé, ée |ɛ̃ʃɑ̃ʒe| *adj.* [*qui n'a pas changé*] immutato: *la situation demeure inchangée* la situazione rimane immutata.

inchantable |ɛ̃ʃɑ̃tabl(ə)| *adj.* impossibile, troppo difficile da cantare.

inchauffable |ɛ̃ʃofabl(ə)| *adj.* impossibile, difficile da riscaldare.

inchavirable |ɛ̃ʃaviʀabl(ə)| *adj.* non capovolgibile, non rovesciabile.

inchoatif, ive |ɛ̃kɔatif, iv| *adj.* (*ling.*) incoativo: *verbes inchoatifs* verbi incoativi.

incidemment |ɛ̃sidamɑ̃| *adv.* [*d'une manière incidente; sans y attacher une importance capitale*] incidentalmente, per inciso (*loc. inv.*): *j'en ai fait mention incidemment* ne ho fatto menzione incidentalmente.

incidence |ɛ̃sidɑ̃s| *s.f.* **1** (*sc.*) incidenza: *point d'incidence* punto di incidenza; *angle d'incidence* angolo di incidenza **2** (*écon.*) incidenza: *incidence des impôts de consommation* incidenza delle imposte di consumo **3** [*conséquence, influence*] incidenza: *l'incidence des salaires sur les prix de revient* l'incidenza dei salari sui costi di produzione.

incident |ɛ̃sidɑ̃| *s.m.* **1** [*petit événement qui survient*] fatto, avvenimento: *un incident sans importance* un fatto, un avvenimento senza importanza; *incident imprévu* fatto, avvenimento imprevisto ◇ (*spécialt.*) [*petite difficulté imprévue qui survient au cours d'une entreprise*] incidente: *le voyage s'est passé sans incident* il viaggio si è svolto senza incidenti, senza intoppi **2** [*événement peu important mais capable d'entraîner de graves conséquences*] incidente: *incident diplomatique* incidente diplomatico ◇ (*dans la vie politique, sociale*) [*désordre*] *créer, provoquer des incidents dans une réunion, dans la rue* creare, provocare incidenti in una riunione, in piazza **3** (*dr.*) incidente: *soulever un incident* sollevare un incidente ◇ (*fig.*) → **chicane, dispute.**

incident, ente |ɛ̃sidɑ̃, ɑ̃t| *adj.* **1** (*dr.*) incidentale: *question incidente* questione incidentale → 1 **accessoire** **2** (*phys.*) *rayon incident* raggio incidente **3** (*gram.*) incidentale, incidente ✦ (*s.f.*) *une incidente* una proposizione incidentale *adj.*, un inciso *m.*

incinérateur |ɛ̃sineʀatœʀ| *s.m.* (*techn.*) inceneritore: *incinérateur des ordures* inceneritore dei rifiuti.

incinération |ɛ̃sineʀɑsjɔ̃| *s.f.* [→ INCINÉRER] incenerimento *m.*, incinerazione: *fours d'incinération* forni di incenerimento ◇ (*spécialt.*) *incinération des cadavres* incinerazione dei cadaveri → **crémation.**

incinérer |ɛ̃sineʀe| (8) *v.tr.* [*réduire en cendres*] incenerire (197), incinerare → **brûler** ◇ (*spécialt.*) *incinérer un cadavre* incinerare un cadavere.

incipit |ɛ̃sipit| *s.m. inv.* (*lat.*) incipit.

incirconcis, ise |ɛ̃siʀkɔ̃si, iz| *adj. et s.* (*relig.*) incirconciso ◇ (*fig., vx.*) → **pécheur.**

incise |ɛ̃siz| *s.f.* (*gram., mus.*) inciso *m.* ✦ (*adj.*) *proposition incise* proposizione incidentale.

incisé, ée |ɛ̃size| *adj.* (*bot.*) *feuille incisée* foglia frastagliata.

inciser |ɛ̃size| *v.tr.* [*fendre avec un instrument tranchant*] incidere (130) → 1 **couper, entailler** ◇ (*arbor.*) *inciser l'écorce d'un arbre* incidere la corteccia di un albero ◇ (*méd.*) *inciser une plaie* incidere una piaga.

incisif, ive |ɛ̃sizif, iv| *adj.* **1** incisivo: *style incisif* stile incisivo # *ironie incisive* ironia mordace, pungente **2** (*vx.*) → **tranchant** ◇ (*anat.*) *dents incisives* denti incisivi → **incisive.**

incision |ɛ̃sizjɔ̃| *s.f.* [→ INCISER] incisione: *faire une incision à l'écorce d'un arbre* fare un'incisione alla corteccia di un albero → **entaille** ◇ (*méd.*) *incision d'une plaie* incisione di una piaga.

incisive |ɛ̃siziv| *s.f.* (*anat.*) incisivo *m.*

incitateur, trice |ɛ̃sitatœʀ, tʀis| *s.* (*rare*) incitatore* → **excitateur, instigateur.**

incitation |ɛ̃sitɑsjɔ̃| *s.f.* [*action d'inciter; ce qui incite*] incitamento (*m.*): *incitation à la mutinerie* incitamento all'ammutinamento → **encouragement, provocation** ◇ (*dr.*) *incitation au meurtre* istigazione al delitto ◇ (*écon.*) incentivo *m.*, incentivazione: *incitations fiscales à l'industrialisation* incentivi fiscali all'industrializzazione.

inciter |ɛ̃site| *v.tr.* **1** (*littér.*) *inciter qqn. à (faire) qqch.* [*entraîner, pousser*] incitare qc. a (fare) q.c.; *un homme nonchalant qu'il faut sans cesse inciter à l'action* un uomo indolente che deve essere continuamente incitato, spinto all'azione **2** (*choses*) [*conduire (qqn.) à un sentiment, un comportement*] incitare, indurre (108): *la publicité incite à acheter* la pubblicità incita all'acquisto; *sa réponse m'incite à penser qu'il est innocent* la sua risposta mi induce a pensare che è innocente ◇ [*encourager*] incentivare.

incivil, ile |ɛ̃sivil| *adj.* incivile: *un homme incivil* un uomo incivile → **impoli** ◇ (*par ext.*) *attitude incivile* comportamento incivile.

incivilement |ɛ̃sivilmɑ̃| *adv.* (*littér., vx.*) [*d'une manière incivile*] incivilmente.

incivilisable |ɛ̃sivilizabl(ə)| *adj.* non civilizzabile.

incivilité |ɛ̃sivilite| *s.f.* inciviltà *inv.* ◇ (*par ext.*) *commettre une incivilité* commettere un'inciviltà → **impolitesse.**

incivique |ɛ̃sivik| *adj.* (*vieilli*) che manca di senso civico *loc.*

incivisme |ɛ̃sivism(ə)| *s.m.* (*vieilli*) mancanza *f.* di civismo, di senso civico.

inclassable |ɛ̃klɑsabl(ə)| *adj.* [*impossible à classer, à définir précisément*] inclassificabile.

inclémence |ɛ̃klemɑ̃s| *s.f.* inclemenza: *l'inclémence de l'hiver* l'inclemenza dell'inverno.

inclément, ente |ɛ̃klemɑ̃, ɑ̃t| *adj.* inclemente: *juges incléments* giudici inclementi.

inclinaison |ɛ̃klinɛzɔ̃| *s.f.* **1** inclinazione: *inclinaison d'un toit* inclinazione di un tetto; *inclinaison d'une route* inclinazione, pendenza trasversale di una strada ◇ (*phys.*) *inclinaison magnétique* inclinazione magnetica **2** (*géom.*) *inclinaison d'un plan, d'une surface, d'une ligne* inclinazione di un piano, di una superficie, di una linea; *angle d'inclinaison* angolo di inclinazione ◇ (*astron.*) inclinazione → **obliquité** **3** [*action de pencher; position inclinée, penchée*] inclinazione (*rare*).

inclination |ɛ̃klinɑsjɔ̃| *s.f.* **1** [*action d'incliner la tête ou le corps en signe d'acquiescement ou de déférence*] inchino (*m.*): *une profonde inclination* un inchino profondo → **révérence,** 2 **salut** **2** [*mouvement affectif, spontané vers un objet ou une fin*] inclinazione: *inclination innée, naturelle* inclinazione innata, naturale; *agir contre sa propre inclination* agire contro la propria inclinazione; *suivre son inclination* seguire la propria inclinazione; *montrer de l'inclination, une vive inclination pour les sciences* dimostrare inclinazione, una forte inclinazione per le scienze → **penchant, tendance** **3** (*littér.*) [*mouvement qui porte à aimer qqn.*] inclinazione: *inclination pour qqn.* inclinazione per qc. # *mariage d'inclination* matrimonio di amore.

incliné, ée |ɛ̃kline| *adj.* **1** inclinato: *plan incliné* piano inclinato ◇ (*géol.*) *couches inclinées* strati inclinati **2** (*fig.*) incline, portato: *je suis incliné à penser* sono incline, portato a pensare.

incliner |ɛ̃kline| **A** *v.tr.* **1** [*rendre oblique* (*ce qui est naturellement droit*)] inclinare: *inclinez le flacon et versez doucement* inclinate il flacone e versate piano → **baisser, courber, pencher** # *incliner le front* chinare la fronte ✦ (*au p.p.*) *plan incliné* piano inclinato **2** (*fig.*) [*rendre* (*qqn.*) *enclin à*] indurre (108): *cela m'incline à croire que vous avez raison* ciò m'induce a credere che abbiate ragione → **inciter,** 1 **porter** **B** *v. intr.* (*personnes*) INCLINER À [*avoir de l'inclination pour qqch.* (*pour qqn.*)] propendere (105) per: *incliner à l'indulgence, vers l'indulgence* propendere per l'indulgenza → **pencher,** 1 **tendre** ~ INCLINER À (+ *inf.*) essere (96) (*aux.* essere) propenso a (+ *inf.*): *j'incline à penser que vous avez raison* sono propenso a credere che abbiate ragione **C** *v.pron. réfl.* S'INCLINER (*personnes*) **1** [*se courber, se pencher*] inchinarsi: *saluer en s'inclinant profondément* salutare inchinandosi profondamente, con un profondo inchino **2** (*fig.*) *s'incliner devant qqn.* inchinarsi davanti a qc.; *il ne s'incline devant aucune autorité* non si piega davanti a nessuna autorità ◇ [*s'avouer vaincu, renoncer à lutter, à insister*] inchinarsi: *je m'incline* mi inchino → **abandonner** ◇ (*choses*) [*se placer, être place obliquement par rapport à l'horizon ou à un plan donné*] declinare (*intr.*): *chemin qui s'incline en pente douce, raide* strada che declina con una lieve, una forte pendenza 🄲 A 1 **redresser.**

inclure |ɛ̃klyʀ| (46) *v.tr.* **1** [*mettre* (*qqch.*) *dans*] accludere (106), includere (106): *inclure un chèque dans une lettre* accludere, unire un assegno a una lettera; *j'inclus votre nom dans la liste* includo il vostro nome nell'elenco → **insérer, introduire** **2** (*fig.*) [*comprendre*] includere: *cette condition en inclut une autre* questa condizione ne include una altra → **impliquer** 🄲 2 **exclure.**

inclus, use |ɛ̃kly, yz| *adj.* **1** incluso: *frais inclus dans une somme* spese incluse in una somma; *jusqu'au troisième chapitre inclus* fino al terzo capitolo incluso **2** CI-INCLUS, INCLUSE [*inclus ici, à l'intérieur*] accluso, allegato: *la lettre ci-incluse* la lettera acclusa, allegata → **joint** ✦ (*adv.*) *vous trouverez ci-inclus réponse à votre demande* troverete in allegato, qui acclusa la risposta alla vostra domanda 🄲 1 **exclu.**

inclusif, ive |ɛ̃klyzif, iv| *adj.* inclusivo 🄲 **exclusif.**

inclusion |ɛ̃klyzjɔ̃| *s.f.* **1** [→ INCLURE] inclusione **2** (*anat.*) inclusione 🄲 1 **exclusion.**

inclusivement |ɛ̃klyzivmɑ̃| *adv.* [*en comprenant* (*la chose dont on vient de parler*)] incluso *adj.*, compreso (*adj.*): *jusqu'au quinzième siècle inclusivement* fino al quindicesimo secolo incluso, compreso 🄲 **exclusivement.**

incoagulabilité |ɛ̃kɔagylabilite| *s.f.* (*sc.*) incoagulabilità *inv.*

incoagulable |ɛ̃kɔagylabl(ə)| *adj.* (*sc.*) incoagulabile.

incoercibilité |ɛ̃kɔɛʀsibilite| *s.f.* (*littér.*) incoercibilità *inv.*

incoercible |ɛ̃kɔɛʀsibl(ə)| *adj.* (*littér.*) incoercibile: *toux incoercible* tosse incoercibile ◇ (*fig.*) *sentiment, désir incoercible* sentimento, desiderio incoercibile → **irrépressible.**

incognito |ɛ̃kɔɲ(gn)ito| **1** *adv.* in incognito (*loc. inv.*): *voyager incognito* viaggiare in incognito → **secrètement** **2** *s.m.* incognito: *garder l'incognito* mantenere l'incognito.

incohérence |ɛ̃kɔeʀɑ̃s| *s.f.* **1** incoerenza: *incohérence d'un discours* incoerenza di un discorso; *incohérence entre les parties d'un discours, d'un ouvrage* incoerenza fra le parti di un discorso, di un'opera ◇ (*psycho.*) incoerenza **2** [*parole, idée, action incohérente*] incoerenza: *la défense de l'accusé est pleine d'incohérences et de contradictions* la difesa dell'imputato è piena di incoerenze e di contraddizioni.

incohérent, ente |ɛ̃kɔeʀɑ̃, ɑ̃t| *adj.* incoerente: *gestes incohérents* gesti incoerenti; *propos incohérents* discorsi incoerenti; *style incohérent* stile incoerente → **décousu.**

incollable |ɛ̃kɔlabl(ə)| *adj.* (*fam.*) [*qui répond à toutes les questions*] imbattibile (*cour.*).

incolore |ɛ̃kɔlɔʀ| *adj.* incolore: *liquide incolore* liquido incolore; *gaz incolore et inodore* gas incolore e inodoro; *verre incolore* vetro incolore ◇ (*abstrait*) [*sans éclat*] *style incolore* stile incolore → 1 **terne** 🄲 **coloré.**

incomber |ɛ̃kɔ̃be| *v.intr.* INCOMBER À (*charge, obligation*) [*peser, retomber sur* (*qqn.*), *être imposé à* (*qqn.*)] incombere* su: *les devoirs et les responsabilités qui lui incombent* i doveri e le responsabilità che incombono su di lui ✦ (*impers.*) *c'est à vous qu'il incombe de faire cette démarche* è a lei che spetta, che tocca fare questo passo → **appartenir, revenir.**

incombustibilité |ɛ̃kɔ̃bystibilite| *s.f.* incombustibilità *inv.*

incombustible |ɛ̃kɔ̃bystibl(ə)| *adj.* incombustibile.

incommensurabilité |ɛ̃kɔmɑ̃syʀabilite| *s.f.* (*sc.*) incommensurabilità *inv.*

incommensurable |ɛ̃kɔmɑ̃syʀabl(ə)| *adj.* (*sc., cour.*) incommensurabile, smisurato: *sa vanité est incommensurable* è di una vanità smisurata → **démesuré, illimité, immense** ✦ (*s.m.*) *l'incommensurable* l'infinito.

incommensurablement |ɛ̃kɔmɑ̃syʀabləmɑ̃| *adv.* [→ INCOMMENSURABLE] incommensurabilmente, smisuratamente.

incommodant, ante |ɛ̃kɔmɔdɑ̃, ɑ̃t| *adj.* [*qui incommode physiquement*] molesto, fastidioso: *bruit incommodant* rumore molesto; *chaleur incommodante* caldo fastidioso → **gênant, incommode** 🄲 **agréable.**

incommode |ɛ̃kɔmɔd| *adj.* **1** [*qui est peu pratique à l'usage*] scomodo: *outil, instrument incommode* utensile, strumento scomodo **2** (*littér.*) [*qui est désagréable, qui gêne*] scomodo (*cour.*): *position incommode* posizione scomoda → **inconfortable** 🄲 1 **commode** 1, **pratique**; 2 **agréable, confortable.**

incommodément |ɛ̃kɔmɔdemɑ̃| *adv.* [→ INCOMMODE 2] scomodamente: *être assis incommodément* essere seduto scomodamente → **inconfortablement.**

incommoder |ɛ̃kɔmɔde| *v.tr.* [*causer une gêne physique à* (*qqn.*), *mettre mal à l'aise*] dare (102) fastidio (a), infastidire (197): *ce bruit m'incommode* questo rumore mi dà fastidio, mi infastidisce → **gêner, indisposer**; *être incommodé par la chaleur, par le soleil* essere infastidito dal caldo, dal sole → 2 **déranger, indisposer**; *incommoder les autres* infastidire gli altri, dar fastidio agli altri → **importuner** ◇ (*littér.*) *être incommodé* [*indisposé, un peu souffrant*] essere indisposto (*cour.*).

incommodité |ɛ̃kɔmɔdite| *s.f.* **1** [*caractère de ce qui n'est pas commode, pratique*] scomodità (*inv.*): *incommodité d'un appartement* scomodità di un appartamento **2** (*littér.*) [*gêne, désagrément causé par ce qui incommode*] scomodità (*cour.*): *l'incommodité d'habiter loin de son lieu de travail* la scomodità di abitare lontano dal posto di lavoro → **ennui, importunité, inconvénient** **3** (*vx.*) → **indisposition** 🄲 1 **commodité, confort**; 2 **agrément** 2, **facilité.**

incommunicabilité |ɛ̃kɔmynikabilite| *s.f.* incomunicabilità *inv.*

incommunicable |ɛ̃kɔmynikabl(ə)| *adj.* **1** incomunicabile: *un état d'âme incommunicable* uno stato d'animo incomunicabile → **inexprimable** **2** non trasmissibile: *caractères, droits, privilèges incommunicables* caratteri, diritti, privilegi non trasmissibili → **intransmissible** **3** *au plur.* [*qui ne peut être mis en communication*] incomunicabile: *ces deux mondes sont incommunicables* questi due mondi sono incomunicabili.

incommutabilité |ɛ̃kɔmytabilite| *s.f.* (*dr.*) incommutabilità *inv.*

incommutable |ɛ̃kɔmytabl(ə)| *adj.* (*dr.*) incommutabile: *propriété incommutable* proprietà incommutabile.

incomparable |ɛ̃kɔ̃paʀabl(ə)| *adj.* **1** incomparabile, non comparabile: *deux choses absolument incomparables* due cose assolutamente non comparabili (fra loro) **2** [*sans pareil*] incomparabile: *beauté incomparable* bellezza incomparabile; *œuvre incomparable* opera incomparabile; *talent incomparable* talento incomparabile → **inégalable, supérieur.**

incomparablement |ɛ̃kɔ̃paʀabləmɑ̃| *adv.* [→ INCOMPARABLE 2] incomparabilmente.

incompatibilité |ɛ̃kɔ̃patibilite| *s.f.* **1** incompatibilità (*inv.*): *incompatibilité de deux choses* incompatibilità di due cose; *divorce, séparation pour incompatibilité d'humeur* divorzio, separazione per incompatibilità di carattere → **désaccord, opposition** **2** (*dr. publ.*) incompatibilità: *incompatibilité entre le mandat parlementaire et la plupart des fonctions publiques* incompatibilità fra il mandato parlamentare e la maggior parte delle cariche pubbliche **3** (*sc.*) *incompatibilité des équations* incompatibilità delle equazioni ◇ (*méd.*) *incompatibilité des groupes sanguins* incompatibilità dei gruppi sanguigni Ⓒ 1 **accord** 1, **coexistence, compatibilité**; 2 **cumul.**

incompatible |ɛ̃kɔ̃patibl(ə)| *adj.* **1** incompatibile: *choses incompatibles* cose incompatibili (fra loro); *la science et l'action ne sont pas incompatibles* il sapere e l'azione non sono incompatibili → **inconciliable, opposé** **2** (*dr.*) incompatibile **3** (*sc.*) *équations incompatibles* equazioni incompatibili.

incompétence |ɛ̃kɔ̃petɑ̃s| *s.f.* **1** incompetenza: *parler de qqch. avec une incompétence totale* parlare di q.c. con assoluta incompetenza; *je reconnais mon incompétence en cette matière* ammetto la mia incompetenza in materia → **ignorance** **2** (*dr.*) incompetenza: *incompétence matérielle, personnelle d'un tribunal* incompetenza materiale, personale di un tribunale; *exception d'incompétence* eccezione d'incompetenza.

incompétent, ente |ɛ̃kɔ̃petɑ̃, ɑ̃t| *adj.* **1** incompetente: *être incompétent en musique, en politique* essere incompetente in (fatto di) musica, (di) politica **2** (*dr.*) incompetente: *le tribunal s'est déclaré incompétent* il tribunale si è dichiarato incompetente.

incomplet, ète |ɛ̃kɔ̃plɛ, ɛt| *adj.* incompleto: *liste incomplète* elenco incompleto; *récit incomplet* racconto incompleto; *œuvre incomplète* opera incompleta → **inachevé.**

incomplètement |ɛ̃kɔ̃plɛtmɑ̃| *adv.* [→ INCOMPLET] incompletamente # *il est incomplètement guéri* non è completamente guarito.

incomplétude |ɛ̃kɔ̃pletyd| *s.f.* (*psycho.*) *sentiment d'incomplétude* senso d'incompiutezza.

incompréhensibilité |ɛ̃kɔ̃pʀeɑ̃sibilite| *s.f.* incomprensibilità *inv.*

incompréhensible |ɛ̃kɔ̃pʀeɑ̃sibl(ə)| *adj.* **1** incomprensibile: *mystères incompréhensibles* misteri incomprensibili; *il est incompréhensible que...* è incomprensibile che... → **inconcevable** ◇ (*littér.*) *cela m'est incompréhensible* (ciò) mi riesce incomprensibile ✦ (*s.m.*) *l'incompréhensible* la cosa *f.* incomprensibile *adj.* **2** [*impossible ou très difficile à comprendre, à expliquer*] incomprensibile: *sa disparition est incompréhensible* la sua scomparsa è incomprensibile; *son caractère, son comportement est incompréhensible* il suo carattere, il suo comportamento è incomprensibile → **obscur, inexplicable.**

incompréhensif, ive |ɛ̃kɔ̃pʀeɑ̃sif, iv| *adj.* [*qui n'est pas compréhensif*] poco comprensivo, non comprensivo: *des parents incompréhensifs, trop sévères* genitori poco comprensivi, troppo severi.

incompréhension |ɛ̃kɔ̃pʀeɑ̃sjɔ̃| *s.f.* incomprensione: *incompréhension envers qqn., à l'égard de qqn., entre deux personnes* incomprensione verso qc., nei confronti di qc., fra due persone; *ce poète a souffert de l'incompréhension du public, de la critique* questo poeta ha sofferto per l'incomprensione del pubblico, della critica.

incompressibilité |ɛ̃kɔ̃pʀesibilite| *s.f.* (*phys.*) incompressibilità *inv.*

incompressible |ɛ̃kɔ̃pʀesibl(ə)| *adj.* **1** (*phys.*) incompressibile **2** (*fig.*) *dépenses incompressibles* [*impossibles à réduire*] spese irriducibili.

incompris, ise |ɛ̃kɔ̃pʀi, iz| *adj. et s.* incompreso.

inconcevable |ɛ̃kɔ̃svabl(ə)| *adj.* **1** [*dont l'esprit humain ne peut se former aucune représentation*] inconcepibile: *l'infini est inconcevable* l'infinito è inconcepibile → **impensable** **2** [*impossible ou difficile à comprendre, à imaginer, à croire*] inconcepibile: *de telles choses sont, paraissent inconcevables* cose simili sono, sembrano inconcepibili; *il a fait preuve d'une légèreté inconcevable* ha dato prova di una inconcepibile leggerezza → **incompréhensible, incroyable** ✦ (*s.m.*) *l'inconcevable* la cosa *f.* inconcepibile.

inconcevablement |ɛ̃kɔ̃svabləmɑ̃| *adv.* [→ INCONCEVABLE] inconcepibilmente, in modo inconcepibile *loc. inv.*

inconciliable |ɛ̃kɔ̃siljabl(ə)| *adj.* inconciliabile: *principes, maximes inconciliables* princìpi, massime inconciliabili; *leurs intérêts sont inconciliables* i loro interessi sono inconciliabili → **incompatible** ◇ (*personnes*) *chercher à réconcilier des ennemis inconciliables* cercare di rappacificare dei nemici inconciliabili.

inconditionné, ée |ɛ̃kɔ̃disjɔne| *adj.* (*philo.*) incondizionato → **absolu** ✦ (*s.m.*) *l'inconditionné* l'incondizionato.

inconditionnel, elle |ɛ̃kɔ̃disjɔnɛl| *adj.* **1** [*qui ne dépend d'aucune condition*] incondizionato: *ordre inconditionnel* ordine incondizionato; *acceptation, soumission inconditionnelle* accettazione, sottomissione incondizionata → **absolu** **2** [*qui suit en toute circonstance et sans discussion les décisions* (*d'un homme, d'un parti*)] incondizionato # *il est le soutien inconditionnel du premier ministre, de sa politique* sostiene incondizionatamente il primo ministro, la sua politica ✦ (*s.m. pl.*) *les inconditionnels* [*les partisans inconditionnels*] i seguaci sfegatati, a oltranza.

inconditionnellement |ɛ̃kɔ̃disjɔnɛlmɑ̃| *adv.* [→ INCONDITIONNEL] incondizionatamente: *il exige que sa majorité le soutienne inconditionnellement* esige che la maggioranza lo sostenga incondizionatamente.

inconduite |ɛ̃kɔ̃dɥit| *s.f.* cattiva condotta: *inconduite notoire* cattiva condotta notoria # *inconduite scandaleuse* comportamento scandaloso.

inconfort |ɛ̃kɔ̃fɔʀ| *s.m.* [*manque de confort*] scomodità (*f.inv.*): *l'inconfort d'un logement* la scomodità di un'abitazione.

inconfortable |ɛ̃kɔ̃fɔʀtabl(ə)| *adj.* [*qui n'est pas confortable*] scomodo: *maison inconfortable* casa scomoda ◇ (*fig.*) scomodo, spiacevole → **déplaisant, désagréable.**

inconfortablement |ɛ̃kɔ̃fɔʀtabləmɑ̃| *adv.* [→ INCONFORTABLE] scomodamente: *il est très inconfortablement installé* è sistemato molto scomodamente.

incongelable |ɛ̃kɔ̃ʒlabl(ə)| *adj.* (*sc., techn.*) incongelabile.

incongru, ue |ɛ̃kɔ̃gʀy| *adj.* [*contraire aux usages, à la bienséance*] sconveniente: *ton incongru* tono sconveniente; *on a trouvé sa remarque bien incongrue* la sua osservazione è stata giudicata molto sconveniente ◇ (*par ext.*) *une personne incongrue* [*qui manque de savoir-vivre*] una persona scorretta.

incongruité |ɛ̃kɔ̃gʀɥite| *s.f.* **1** incongruità *inv.* **2** [*action incongrue, déplacée, contraire à la bienséance, aux convenances*] scorrettezza.

incongrûment |ɛ̃kɔ̃gʀymɑ̃| *adv.* (*rare*) [→ INCONGRU] sconvenientemente.

inconjugable |ɛ̃kɔ̃ʒygabl(ə)| *adj.* non coniugabile.

inconnaissable |ɛ̃kɔnɛsabl(ə)| **1** *adj.* [*qui ne peut être connu*] inconoscibile ✦ (*s.m.*) *l'inconnaissable* l'inconoscibile **2** *s.m.* (*philo.*) inconoscibile.

inconnaissance |ɛ̃kɔnɛsɑ̃s| *s.f.* (*littér.*) [*absence de connaissance*] non conoscenza.

inconnu, ue |ɛ̃kɔny| *adj.* **1** (*choses*) [*dont on ignore l'existence ou la nature*] sconosciuto, ignoto: *découvrir un trésor inconnu* scoprire un tesoro sconosciuto; *il est parti pour une destination inconnue* è partito per ignota destinazione; *les causes du décès restent inconnues* le cause del decesso rimangono sconosciute, ignote; *obéir à une volonté inconnue* ubbidire a una volontà ignota → **occulte** ✦ (*s.m.*) *l'inconnu* l'ignoto: *aller du connu à l'inconnu* passare dal noto all'ignoto ✦ *s.f.* (*math.*) *une inconnue* [*quantité inconnue* (*d'une équation*)] un'incognita: *résoudre une équation à deux inconnues, x et y* risolvere un'equazione con due incognite, x e y ◇ (*par anal.*) *les inconnues d'un problème social* le incognite di un problema sociale **2** (*personnes*) [*dont on ignore l'identité*] ignoto, sconosciuto: *ouvrage dont l'auteur est inconnu* opera di autore ignoto → **anonyme**; *enfant né de père inconnu* figlio di padre ignoto; *tombeau du Soldat inconnu* tomba del Milite ignoto # *il désire demeurer inconnu durant ce voyage* desidera conservare l'incognito durante questo viaggio → **incognito** ✦ (*s.*) *un inconnu* uno sconosciuto: *une belle inconnue* una bella sconosciuta # *il m'est inconnu* non lo conosco ◇ (*fam.*) *inconnu au bataillon* [*complètement inconnu* (*de la personne qui parle*)] del tutto sconosciuto; *déposer une plainte contre inconnu* sporgere querela contro ignoti (*pl.*); *devant des inconnus* davanti a estranei → **étranger** **3** (*choses*) [*qu'on connaît très peu, faute d'étude, d'expérience*] sconosciuto, ignoto: *un mot inconnu* una parola sconosciuta, ignota; *être en pays inconnu* essere in un paese sconosciuto # *ces problèmes lui sont inconnus* questi problemi gli sono estranei → **étranger**

◇ [*qu'on n'a encore jamais connu, ressenti*] sconosciuto: *une impression, une joie inconnue* un'impressione, una gioia sconosciuta, mai provata ◇ *loc.* INCONNU À, DE QQN. sconosciuto, ignoto a qc.: *une coutume inconnue aux Français, inconnue de nous* un'usanza sconosciuta, ignota ai Francesi, a noi.

inconsciemment |ɛ̃kɔ̃sjamɑ̃| *adv.* [→ INCONSCIENT I] inconsciamente, inconsapevolmente: *agir inconsciemment* agire inconsciamente, inconsapevolmente; *être inconsciemment la dupe de ses bons sentiments* essere inconsapevolmente vittima dei propri buoni sentimenti ◇ (*par ext.*) *s'engager inconsciemment dans une affaire délicate* imbarcarsi sconsideratamente, incoscientemente in una faccenda delicata → **légère (à la)**.

inconscience |ɛ̃kɔ̃sjɑ̃s| *s.f.* **1** incoscienza: *courir un pareil risque, c'est de l'inconscience* correre un rischio simile è una vera incoscienza; *faire preuve d'inconscience* dar prova di incoscienza **2** [*privation permanente ou abolition momentanée de la conscience*] incoscienza: *état d'inconscience* stato d'incoscienza # *le malade a sombré dans l'inconscience* il malato ha perso completamente conoscenza **3** (*psycho.*) incoscienza.

inconscient, ente |ɛ̃kɔ̃sjɑ̃, ɑ̃t| **I** *adj.* **1** incosciente: *il était inconscient* [*évanoui*] era incosciente **2** [*qui ne se rend pas compte clairement des choses*] incosciente: *il est complètement inconscient* è completamente incosciente → **fou** ✦ (*s.*) *c'est un inconscient* è un incosciente **3** (*choses*) incosciente, inconscio*: *mouvement, geste inconscient* movimento, gesto incosciente, inconscio → **instinctif, machinal** **II** *s.m.* (*psycho.*) *l'inconscient* l'inconscio.

inconséquence |ɛ̃kɔ̃sekɑ̃s| *s.f.* **1** incoerenza, inconseguenza: *l'inconséquence de sa conduite* l'incoerenza della sua condotta **2** *une inconséquence* [*action ou parole inconséquente*] inconseguenza → **contradiction**.

inconséquent, ente |ɛ̃kɔ̃sekɑ̃, ɑ̃t| *adj.* **1** (*choses*) inconseguente, incoerente: *raisonnement inconséquent* ragionamento inconseguente ◇ [*dont on n'a pas calculé les conséquences* (*qui risquent d'être fâcheuses*)] inconsiderato, sconsiderato: *proposition inconséquente* proposta inconsiderata **2** (*personnes*) inconseguente, incoerente: *femme inconséquente* donna inconseguente, incoerente.

inconsidéré, ée |ɛ̃kɔ̃sideʀe| *adj.* **1** (*choses*) sconsiderato, inconsiderato: *propos inconsidérés* discorsi inconsiderati → **imprudent, irréfléchi** # *gestes inconsidérés* gesti inconsulti **2** (*personnes*) (*vieilli*) sconsiderato, sbadato → **étourdi, irréfléchi**.

inconsidérément |ɛ̃kɔ̃sideʀemɑ̃| *adv.* [→ INCONSIDÉRÉ] sconsideratamente, inconsideratamente: *bavarder inconsidérément, à tort et à travers* chiacchierare sconsideratamente, a vanvera → **étourdiment**.

inconsistance |ɛ̃kɔ̃sistɑ̃s| *s.f.* **1** (*moral*) inconsistenza: *l'inconsistance d'une argumentation, d'un raisonnement* l'inconsistenza di un'argomentazione, di un ragionamento **2** (*concret*) inconsistenza: *l'inconsistance d'une pâte, d'une crème* l'inconsistenza di una pasta, di una crema.

inconsistant, ante |ɛ̃kɔ̃sistɑ̃, ɑ̃t| *adj.* **1** (*abstrait*) inconsistente: *caractère inconsistant* carattere inconsistente; *idées inconsistantes* idee inconsistenti **2** [*qui manque de consistance*] inconsistente: *crème inconsistante* crema inconsistente.

inconsolable |ɛ̃kɔ̃sɔlabl(ə)| *adj.* inconsolabile: *veuve, orphelin inconsolable* vedova, orfano inconsolabile; *douleur inconsolable* dolore inconsolabile → **désespéré**.

inconsolé, ée |ɛ̃kɔ̃sɔle| *adj.* [*qui n'est pas consolé*] sconsolato, inconsolato (*rare*): *veuve inconsolée* vedova sconsolata # *douleur inconsolée* dolore inconsolabile.

inconsommable |ɛ̃kɔ̃sɔmabl(ə)| *adj.* [*qui ne peut être consommé*] immangiabile → **immangeable**.

inconstance |ɛ̃kɔ̃stɑ̃s| *s.f.* incostanza: *l'inconstance du public* l'incostanza del pubblico → **instabilité** ◇ (*par anal.*) *l'inconstance du temps, de la fortune* l'incostanza del tempo, della fortuna ◇ [*tendance à l'infidélité en amour*] incostanza, volubilità (*inv.*): *l'inconstance d'un amant* l'incostanza di un amante → **infidélité**.

inconstant, ante |ɛ̃kɔ̃stɑ̃, ɑ̃t| *adj.* **1** (*personnes*) incostante: *inconstant dans ses idées, dans ses amitiés* incostante nelle idee, nelle amicizie; *homme faible et inconstant* uomo debole e incostante; *humeur inconstante* umore mutevole → **changeant, instable** ✦ (*s.*) *un inconstant* un incostante ◇ (*en amour*) incostante, volubile: *une femme inconstante* una donna incostante, volubile → **infidèle** **2** (*littér.*) (*choses*) incostante → **changeant**.

inconstatable |ɛ̃kɔ̃statabl(ə)| *adj.* non constatabile, non accertabile: *faits inconstatables* fatti non constatabili, non accertabili.

inconstitutionnalité |ɛ̃kɔ̃stitysjɔnalite| *s.f.* (*dr.*) incostituzionalità (*inv.*): *inconstitutionnalité d'un décret* incostituzionalità di un decreto.

inconstitutionnel, elle |ɛ̃kɔ̃stitysjɔnɛl| *adj.* (*dr.*) incostituzionale: *mesure, loi inconstitutionnelle* provvedimento, legge incostituzionale.

inconstitutionnellement |ɛ̃kɔ̃stitysjɔnɛlmɑ̃| *adv.* (*dr.*) incostituzionalmente.

incontestabilité |ɛ̃kɔ̃tɛstabilite| *s.f.* (*rare, dr.*) incontestabilità *inv.*

incontestable |ɛ̃kɔ̃tɛstabl(ə)| *adj.* incontestabile: *fait réel et incontestable* fatto reale e incontestabile; *vérité incontestable* verità incontestabile; *preuve incontestable* prova incontestabile; *il est incontestable qu'il y a une crise* è incontestabile, indubbio che ci sia una crisi → **certain, indiscutable, sûr**.

incontestablement |ɛ̃kɔ̃tɛstabləmɑ̃| *adv.* [→ INCONTESTABLE] incontestabilmente, indubbiamente → **assurément, certainement**.

incontesté, ée |ɛ̃kɔ̃tɛste| *adj.* incontestato: *droits, principes incontestés* diritti, princìpi incontestati.

incontinence |ɛ̃kɔ̃tinɑ̃s| *s.f.* **1** [*absence de retenue* (*en matière de langage*)] intemperanza: *incontinence de langage* intemperanza di linguaggio; *incontinence verbale* intemperanza verbale **2** (*méd.*) incontinenza: *incontinence d'urine* incontinenza urinaria.

incontinent |ɛ̃kɔ̃tinɑ̃| *adv.* (*littér.*, *vx.*) incontinente, incontanente → **aussitôt**.

incontinent, ente |ɛ̃kɔ̃tinɑ̃, ɑ̃t| *adj.* **1** incontinente → **intempérant** **2** (*méd.*) incontinente.

incontrôlable |ɛ̃kɔ̃tʀolabl(ə)| *adj.* incontrollabile: *témoignage incontrôlable* testimonianza incontrollabile → **invérifiable**.

incontrôlé, ée |ɛ̃kɔ̃tʀole| *adj.* incontrollato: *forces incontrôlées* forze incontrollate; *des bandes incontrôlées de rebelles* bande incontrollate di ribelli.

inconvenance |ɛ̃kɔ̃vnɑ̃s| *s.f.* **1** [*caractère de ce qui est inconvenant, contraire aux convenances*] sconvenienza: *inconvenance d'une situation, d'une question* sconvenienza di una situazione, di una domanda → **incorrection, indécence** **2** *une inconvenance* [*parole, action inconvenante*] scorrettezza: *dire des inconvenances* dire delle scorrettezze; *commettre une inconvenance* commettere una scorrettezza → **grossièreté, impolitesse**.

inconvenant, ante |ɛ̃kɔ̃vnɑ̃, ɑ̃t| *adj.* [*qui est contraire aux convenances, aux usages*] sconveniente: *discours, propos inconvenants* discorsi, parole sconvenienti → **grossier, indécent**; *question inconvenante* domanda sconveniente, inopportuna; *recevoir qqn. dans une tenue inconvenante* ricevere qc. in abbigliamento sconveniente → **indécent** ◇ (*personnes*) [*qui se conduit contrairement aux convenances*] scorretto → **incorrect**.

inconvénient |ɛ̃kɔ̃venjɑ̃| *s.m.* **1** inconveniente: *situation qui entraîne des inconvénients graves* situazione che comporta gravi inconvenienti # *c'est vous qui en subirez les inconvénients* sarà lei a farne le spese; *il n'y a pas d'inconvénient à essayer* niente impedisce; vale la pena di provare; tentar non nuoce; *il n'y a pas d'inconvénient à prendre ce remède* non c'è alcun pericolo a prendere questa medicina; *nous partirons ce soir, si vous n'y voyez pas d'inconvénient* partiremo stasera, se per voi va bene → **danger, risque** **2** [*désavantage inhérent à une chose qui, par ailleurs, est ou peut être bonne*] svantàggio*, inconveniente: *avantages et inconvénients de qqch.* vantaggi e svantaggi di q.c.; *avoir, comporter, présenter des inconvénients* avere, comportare, presentare degli inconvenienti; *toute chose a ses inconvénients* ogni cosa ha i suoi inconvenienti # *ce sont les avantages et les inconvénients du métier!* sono gli incerti del mestiere!

inconversible |ɛ̃kɔ̃vɛʀsibl(ə)| *adj.* (*log.*) inconvertibile.

inconvertible |ɛ̃kɔ̃vɛʀtibl(ə)|, **inconvertissable** |ɛ̃kɔ̃vɛʀtisabl(ə)| *adj.* **1** [*qu'on ne peut convertir à une religion, à une doctrine*] inconvertibile (*rare*) **2** (*fin.*) inconvertibile: *billet de banque inconvertible*, banconota inconvertibile.

incoordination |ɛ̃koɔʀdinɑsjɔ̃| *s.f.* (*pathol.*) incoordinazione.

incorporable |ɛ̃kɔʀpɔʀabl(ə)| *adj.* (*rare*) [→ INCORPORER 2] incorporabile.

incorporalité |ɛ̃kɔʀpɔʀalite|, **incorporéité** |ɛ̃kɔʀpɔʀeite| *s.f.* incorporeità *inv.*

incorporation |ɛ̃kɔʀpɔʀɑsjɔ̃| *s.f.* **1** incorporazione, incorporamento (*m.*): *incorporation d'une substance chimique* *dans un excipient* incorporamento di una sostanza chimica in un eccipiente → **mélange** **2** [→ INCORPORER 2] incorporazione: *incorporation d'un territoire à un empire, dans un empire* incorporazione di un territorio a un impero → **annexion**; *incorporation d'une minorité ethnique, religieuse dans une communauté* incorporazione, inserimento di una minoranza storica, religiosa in una collettività → **assimilation** **3** (*dr., relig.*) incorporazione **4** (*milit.*) incorporazione → **appel** ✦ (*absolt.*) *incorporation à vingt ans* leva a vent'anni ⓒ 1; 2 **exclusion.**

incorporel, elle |ɛ̃kɔRpɔRɛl| *adj.* **1** [*qui n'a pas de corps, qui n'est pas matériel*] incorporeo: *l'âme est incorporelle* l'anima è incorporea → **immatériel** **2** (*dr.*) *biens incorporels* beni immateriali.

incorporer |ɛ̃kɔRpɔRe| *v.tr.* **1** [*unir intimement (une matière à une autre)*] incorporare → **mélanger** **2** [*faire entrer comme partie dans un tout*] incorporare: *incorporer un territoire dans un empire* incorporare un territorio in un impero; *incorporer qqn. dans une société, une association* incorporare qc. in una società, in una associazione → **réunir** # *incorporer un paragraphe dans un chapitre* inserire un paragrafo in un capitolo **3** [*enrôler (un conscrit)*] incorporare: *incorporer un conscrit, une recrue dans un bataillon* incorporare un coscritto, una recluta in un battaglione → **enrôler.**

incorrect, ecte |ɛ̃kɔRɛkt, ɛkt(ə)| *adj.* **1** [*qui n'est pas correct*] scorretto: *terme incorrect* termine scorretto → **impropre** ◇ [*qui n'est pas fait selon les règles, qui est mal exécuté*] inesatto: *dessin incorrect* disegno inesatto → **défectueux, mauvais**; *solution incorrecte* soluzione inesatta, errata; *interprétation incorrecte des faits* interpretazione inesatta dei fatti → **faux, inexact** **2** [*qui est contraire aux usages, aux bienséances*] scorretto: *tenue incorrecte* abbigliamento scorretto → **inconvenant** ◇ (*personnes*) [*grossier, impoli*] *être incorrect avec qqn.* essere scorretto con qc.; *il a été incorrect avec son concurrent, incorrect en affaires* è stato scorretto con il concorrente, scorretto negli affari.

incorrectement |ɛ̃kɔRɛktəmɑ̃| *adv.* [→ INCORRECT] scorrettamente: *parler incorrectement une langue* parlare scorrettamente una lingua # *il s'est conduit très incorrectement avec moi* si è comportato in modo molto scorretto con me.

incorrection |ɛ̃kɔRɛksjɔ̃| *s.f.* **1** [*défaut de correction du style*] improprietà *inv.* ◇ [*expression incorrecte*] inesattezza: *il y a de nombreuses incorrections dans ce devoir de français* ci sono parecchie inesattezze in questo compito di francese → 2 **faute, impropriété** **2** [*caractère incorrect de ce qui est contraire aux usages, aux règles du savoir-vivre*] scorrettezza → **inconvenance.**

incorrigibilité |ɛ̃kɔRiʒibilite| *s.f.* (*rare*) incorreggibilità *inv.*, inemendabilità *inv.*

incorrigible |ɛ̃kɔRiʒibl(ə)| *adj.* (*personnes*) incorreggibile: *un enfant incorrigible* un bambino incorreggibile; *un paresseux incorrigible* un incorreggibile pigrone → **impénitent** ◇ (*défauts, erreurs*) incorreggibile: *son incorrigible étourderie* la sua incorreggibile sbadataggine → **incurable.**

incorrigiblement |ɛ̃kɔRiʒibləmɑ̃| *adv.* (*rare*) [→ INCORRIGIBLE] incorreggibilmente.

incorruptibilité |ɛ̃kɔRyptibilite| *s.f.* incorruttibilità *inv.* ◇ (*fig.*) *incorruptibilité d'un fonctionnaire* incorruttibilità di un funzionario → **intégrité, probité.**

incorruptible |ɛ̃kɔRyptibl(ə)| *adj.* incorruttibile → **inaltérable** ◇ (*fig.*) *fonctionnaire, juge incorruptible* funzionario, giudice incorruttibile → **honnête.**

incorruptiblement |ɛ̃kɔRyptibləmɑ̃| *adv.* [→ INCORRUPTIBLE] incorruttibilmente.

incrédibilité |ɛ̃kRedibilite| *s.f.* incredibilità (*inv.*): *l'incrédibilité d'un récit* l'incredibilità di un racconto.

incrédule |ɛ̃kRedyl| *adj.* **1** incredulo ✦ (*s.*) *les incrédules* gli increduli → **incroyant, mécréant** **2** (*personnes*) [*sceptique*] incredulo: *ses affirmations me laissent incrédule* le sue affermazioni mi lasciano incredulo ◇ (*choses*) [*qui marque de l'incrédulité*] *une moue incrédule* una smorfia d'incredulità.

incrédulité |ɛ̃kRedylite| *s.f.* **1** incredulità *inv.* → **incroyance** **2** [*état de celui qui est incrédule*] incredulità: *il eut un sourire d'incrédulité* ebbe un sorriso d'incredulità → **doute, scepticisme.**

incréé, ée |ɛ̃kRee| *adj.* (*relig.*) increato.

incrément |ɛ̃kRemɑ̃| *s.m.* (*sc.*) incremento.

increvable |ɛ̃kRəvabl(ə)| *adj.* **1** [*qui ne peut être crevé*] che non si fora *loc.*, non perforabile: *ballon, pneu increvable* palla, pneumatico che non si fora **2** (*fig., pop.*) [*qui n'est jamais fatigué*] instancabile (*cour.*): *c'est un homme increvable* è un uomo instancabile → **infatigable.**

incriminable |ɛ̃kRiminabl(ə)| *adj.* (*littér.*) [*blâmable*] riprovevole: *action incriminable* azione riprovevole.

incrimination |ɛ̃kRiminɑsjɔ̃| *s.f.* (*rare*) [→ INCRIMINER] incriminazione: *une incrimination injuste, mal fondée* un'incriminazione ingiusta, infondata → **accusation, attaque.**

incriminé, ée |ɛ̃kRimine| *adj.* incriminato: *les livres incriminés* i libri incriminati.

incriminer |ɛ̃kRimine| *v.tr.* **1** [*mettre (qqn.) en cause; s'en prendre à (qqn.)*] incriminare → 1 **accuser** **2** (*vx.*) → **inculper.**

incristallisable |ɛ̃kRistalisabl(ə)| *adj.* (*sc.*) non cristallizzabile.

incrochetable |ɛ̃kRɔʃtabl(ə)| *adj.* [*impossible à crocheter*] a prova di scasso (*loc. inv.*): *serrure incrochetable* serratura a prova di scasso.

incroyable |ɛ̃kRwajabl(ə)| *adj.* **1** (*choses*) incredibile: *un récit incroyable* un racconto incredibile; *d'incroyables nouvelles* notizie incredibili → **étonnant, invraisemblable, renversant** ✦ (*impers.*) *il est, il semble incroyable que* (+ *subj.*) è, sembra incredibile che (+ *subj.*) ◇ (*par ext.*) *il a fait des progrès incroyables* ha fatto incredibili progressi → **extraordinaire, fantastique, inouï** **2** (*personnes*) incredibile: *c'est un type incroyable!* è un tipo incredibile!; *cet homme est incroyable avec ses prétentions* quest'uomo è incredibile, è assurdo con le sue pretese.

incroyablement |ɛ̃kRwajabləmɑ̃| *adv.* [→ INCROYABLE] incredibilmente.

incroyance |ɛ̃kRwajɑ̃s| *s.f.* [*absence de croyance religieuse; état de celui qui ne croit pas*] miscredenza → **incrédulité.**

incroyant, ante |ɛ̃kRwajɑ̃, ɑ̃t| *adj.* [*qui n'est pas croyant, qui refuse de croire (en matière de religion)*] miscredente, incredulo → **athée** ✦ (*s.*) *les incroyants* i miscredenti.

incrustant, ante |ɛ̃kRystɑ̃, ɑ̃t| *adj.* incrostante.

incrustation |ɛ̃kRystɑsjɔ̃| *s.f.* **1** [→ INCRUSTER A 1] incrostazione **2** [*ornement incrusté*] intarsio* *m.*, incrostazione: *incrustation d'émail sur argent* intarsio di smalto su argento ◇ (*par anal.*) *un déshabillé de soie avec incrustation de dentelle* una vestaglia di seta con applicazioni di pizzo **3** (*sc.*) incrostazione: *empêcher l'incrustation par l'emploi de désincrustants* impedire il formarsi di incrostazioni mediante disincrostanti.

incrusté, ée |ɛ̃kRyste| *adj.* incrostato.

incruster |ɛ̃kRyste| **A** *v.tr.* **1** (*surtout au passif*) [*orner (un objet, une surface), suivant un dessin gravé en creux, avec des fragments d'une autre matière*] incrostare: *poignard incrusté d'or* pugnale incrostato d'oro ◇ (*par anal.*) [*insérer dans une surface évidée (des matériaux d'ornement taillés en fragments)*] intarsiare: *incruster de l'émail sur fond d'argent* intarsiare dello smalto su fondo d'argento **2** (*sc., techn.*) [*couvrir d'un dépôt formant croûte*] incrostare **B** *v.pron. intr.* S'INCRUSTER **1** [*adhérer fortement à un corps, s'y implanter*] incrostarsi: *ce coquillage s'est profondément incrusté dans la pierre* questa conchiglia si è profondamente incrostata nella pietra **2** (*fig.*) *s'incruster chez qqn.* [*ne plus déloger*] piantare *tr.* le tende in casa di qc. → **enraciner (s')** **3** [*se couvrir d'un dépôt formant croûte*] incrostarsi: *votre radiateur s'est incrusté (de tartre)* il suo radiatore si è incrostato (di tartaro) → **entartrer.**

incrusteur, euse |ɛ̃kRystœR, øz| *s.* [*personne qui fait des ouvrages incrustés*] intarsiatore*.

incubateur |ɛ̃kybatœR| *s.m.* (*techn.*) incubatrice *f.* → **couveuse.**

incubation |ɛ̃kybɑsjɔ̃| *s.f.* **1** incubazione: *incubation naturelle, artificielle* incubazione naturale, artificiale **2** (*méd.*) incubazione: *période d'incubation des maladies infectieuses* periodo di incubazione delle malattie infettive **3** (*fig.*) incubazione.

incube |ɛ̃kyb| *s.m.* [*démon masculin qui était censé abuser d'une femme pendant son sommeil*] incubo.

incuber |ɛkybe| *v.tr.* [*opérer l'incubation de*] incubare → **couver.**

inculcation |ɛ̃kylkɑsjɔ̃| *s.f.* (*rare*) [→ INCULQUER] l'inculcare *m.inv.*

inculpable |ɛ̃kylpabl(ə)| *adj.* (*rare*) [→ INCULPER] incriminabile, incolpabile.

inculpation |ɛ̃kylpɑsjɔ̃| *s.f.* imputazione, incolpazione (*rare*): *fausse inculpation* falsa imputazione; *être arrêté sous l'inculpation d'assassinat, de vol* essere arrestato sotto imputazione di omidicio, di furto ⓒ **disculpation.**

inculpé, ée |ɛ̃kylpe| *adj.* accusato; incolpato: *les personnes inculpées* le persone incolpate ✦ (*s.*) *un inculpé* un imputato: *l'inculpé a bénéficié d'un non-lieu* l'imputato ha beneficiato di un non luogo a procedere.

inculper |ɛ̃kylpe| *v.tr.* **1** [*mettre sous le coup d'une inculpation*] incriminare, accusare **2** (*vx.*) [*considérer comme coupable d'une faute*] accusare (*cour.*), incolpare (*cour.*): *inculper qqn. de vol* accusare, incolpare qc. di furto; *inculper qqn. à tort, sans preuves* accusare, incolpare qc. a torto, senza prove → 1 **accuser** 🄲 **disculper.**

inculquer |ɛ̃kylke| *v.tr.* [*faire entrer (qqch.) dans l'esprit d'une façon durable, profonde*] inculcare: *inculquer à qqn. de bons principes* inculcare in qc. dei buoni princìpi.

inculte |ɛ̃kylt(ə)| *adj.* **1** (*choses*) incolto: *terres incultes* terreni incolti ◇ (*par anal.*) *barbe inculte* barba incolta **2** (*personnes*) incolto: *homme inculte* uomo incolto, privo di cultura → **ignorant.**

incultivable |ɛ̃kyltivabl(ə)| *adj.* incoltivabile: *terres incultivables* terre incoltivabili.

incultivé, ée |ɛ̃kyltive| *adj.* (*littér.*) incolto → **inculte 1.**

inculture |ɛ̃kyltyʀ| *s.f.* **1** (*rare*) stato *m.* incolto, mancata coltivazione: *l'inculture du sol, d'une terre* lo stato incolto del terreno, di una terra **2** [*absence de culture intellectuelle*] incultura, incoltezza (*littér.*), ignoranza: *son inculture nuit à son travail* la sua ignoranza nuoce al suo lavoro.

incunable |ɛ̃kynabl(ə)| (*adj.*) *édition incunable* [*qui date des premiers temps de l'imprimerie*] incunabolo *s.m.* ✦ (*s.m.*) *incunables typographiques* incunaboli tipografici.

incurabilité |ɛ̃kyʀabilite| *s.f.* (*rare*) incurabilità *inv.* (*cour.*).

incurable |ɛ̃kyʀabl(ə)| *adj.* **1** incurabile: *un mal, un malade incurable* un male, un malato incurabile ✦ (*s.*) *les incurables* gli incurabili **2** (*fig.*) *ignorance, sottise incurable* ignoranza, stupidità incurabile → **incorrigible** ◇ (*personnes*) inguaribile, incorreggibile: *il est incurable: il ne changera jamais* è inguaribile, è incorreggibile, non cambierà mai.

incurablement |ɛ̃kyʀabləmɑ̃| *adv.* [→ INCURABLE] incurabilmente ◇ (*fig.*) *incurablement paresseux* inguaribilmente pigro.

incurie |ɛ̃kyʀi| *s.f.* incuria → **négligence.**

incurieux, euse |ɛ̃kyʀjø, øz| *adj.* (*littér.*) incurioso.

incuriosité |ɛ̃kyʀjozite| *s.f.* (*littér.*) incuriosità *inv.*

incursion |ɛ̃kyʀsjɔ̃| *s.f.* **1** incursione, scorreria: *incursions de pillards, de bandes nomades* incursioni, scorrerie di predoni, di bande nomadi → **attaque** **2** (*fig.*) [*le fait de pénétrer momentanément dans un domaine qui n'est pas le sien*] scorribanda.

incurvation |ɛ̃kyʀvɑsjɔ̃| *s.f.* [→ INCURVER] incurvatura.

incurvé, ée |ɛ̃kyʀve| *adj.* incurvato, curvo: *ligne incurvée* linea incurvata, curva.

incurver |ɛ̃kyʀve| *v.tr.* [*rendre courbe*] curvare, incurvare: *incurver une barre de fer* curvare, incurvare una sbarra di ferro → **courber** ✦ (*au p.p.*) *un meuble aux pieds incurvés* un mobile dai piedi ricurvi → **incurvé.**

incuse |ɛ̃kyz| *s.f. et adj.* (*techn.*) *une (médaille) incuse* una (moneta) incusa.

indatable |ɛ̃databl(ə)| *adj.* non databile: *document indatable* documento non databile.

inde |ɛ̃d| *s.m.* [*couleur bleu foncé violacé extraite de l'indigo*] indaco*.

indébrouillable |ɛ̃debʀujabl(ə)| *adj.* (*rare*) [*qui ne peut être débrouillé*] inestricabile (*cour.*).

indécachetable |ɛ̃dekaʃtabl(ə)| *adj.* (*rare*) che non si può dissigillare *loc.*

indécemment |ɛ̃desamɑ̃| *adv.* [→ INDÉCENT 1] indecentemente.

indécence |ɛ̃desɑ̃s| *s.f.* **1** [*manque de correction*] sfacciataggine, spudoratezza: *auriez-vous l'indécence d'en réclamer davantage?* avrebbe la sfacciataggine di chiederne di più? → **inconvenance** **2** [*immodestie, impudicité*] indecenza: *l'indécence d'un décolleté, d'une danse, d'une plaisanterie* l'indecenza di una scollatura, di una danza, di una battuta; *propos qui frisent l'indécence* discorsi che rasentano l'indecenza **3** [*action, parole indécente*] indecenza.

indécent, ente |ɛ̃desɑ̃, ɑ̃t| *adj.* **1** indecente: *tenue indécente* abbigliamento indecente; *geste indécent* gesto indecente; *conversation indécente* conversazione indecente → **licencieux, impudique, obscène** ◇ (*personnes*) indecente **2** (*par exagér.*) [*qui choque par sa démesure*] indecente: *une veine indécente* una fortuna indecente, sfacciata → **impudent, insolent** **3** (*vx.*) [*qui est contraire à l'honnêteté, aux bienséances*] indecente (*cour.*), sconveniente (*cour.*) → **inconvenant** 🄲 1 **décent, honnête, pudique**; 3 **bienséant, convenable, correct.**

indéchiffrable |ɛ̃deʃifʀabl(ə)| *adj.* **1** indecifrabile: *cryptogramme, message indéchiffrable* crittogramma, messaggio indecifrabile **2** [*très difficile à lire*] indecifrabile: *manuscrit, écriture indéchiffrable* manoscritto indecifrabile; scrittura indecifrabile, illeggibile; *partition indéchiffrable* partitura indecifrabile **3** (*fig.*) [*très difficile à comprendre, à deviner ou à résoudre*] indecifrabile (*rare*), enigmatico* → **incompréhensible, obscur, énigmatique.**

indéchirable |ɛ̃deʃiʀabl(ə)| *adj.* non lacerabile.

indécis, ise |ɛ̃desi, iz| *adj.* **1** (*choses*) indeciso: *la question reste indécise* la questione rimane indecisa, insoluta → **incertain, douteux** # *la victoire demeura longtemps indécise* la vittoria rimase a lungo incerta ◇ (*par ext.*) [*qui n'est pas bien déterminé, qu'il est difficile de distinguer, de reconnaître*] incerto: *sourire indécis* sorriso incerto, indeciso; *formes indécises* forme incerte → **flou, imprécis,** 3 **vague** **2** (*personnes*) indeciso: *demeurer, rester indécis entre deux solutions, entre plusieurs partis* rimanere, restare indeciso fra due soluzioni, fra più possibilità; *je suis encore indécis* sono ancora indeciso → **hésitant, perplexe** ◇ [*qui ne sait pas prendre une décision*] *caractère, esprit indécis* carattere, spirito indeciso → **irrésolu** ✦ (*s.*) *c'est un perpétuel indécis* è un eterno indeciso 🄲 2 **décidé, résolu.**

indécision |ɛ̃desizjɔ̃| *s.f.* indecisione → **incertitude, irrésolution, perplexité** # *demeurer, être dans l'indécision* rimanere, essere indeciso ◇ (*par ext.*) *indécision du geste, de la voix* indecisione del gesto, della voce 🄲 **décision.**

indéclinable |ɛ̃deklinabl(ə)| *adj.* **1** (*gram.*) indeclinabile: *adjectif latin indéclinable* aggettivo latino indeclinabile ✦ (*s.m.*) *les indéclinables* le parti *f.* indeclinabili del discorso **2** (*vx.*) [*qu'on ne peut décliner, éviter*] indeclinabile (*cour.*).

indécollable |ɛ̃dekɔlabl(ə)| *adj.* (*rare*) che non si scolla *loc.*

indécomposable |ɛ̃dekɔ̃pozabl(ə)| *adj.* **1** [*qui ne peut être décomposé*] indecomponibile: *corps simple indécomposable* corpo semplice indecomponibile **2** (*fig.*) [*qu'on ne peut analyser, séparer en parties distinctes*] indivisibile: *un tout indécomposable* un tutto indivisibile, non scomponibile.

indécrochable |ɛ̃dekʀɔʃabl(ə)| *adj.* **1** che non si stacca *loc.* **2** (*fig., fam.*) [*qu'on ne peut obtenir*] irraggiungibile (*cour.*): *diplôme indécrochable* diploma irraggiungibile.

indécrottable |ɛ̃dekʀɔtabl(ə)| *adj.* **1** (*rare*) che non è possibile pulire *loc. inv.* **2** (*fig., fam.*) [*qu'on ne parvient pas à débarrasser de ses manières grossières, de ses mauvaises habitudes*] incallito → **incorrigible.**

indéfectibilité |ɛ̃defɛktibilite| *s.f.* (*littér.*) indefettibilità *inv.*

indéfectible |ɛ̃defɛktibl(ə)| *adj.* (*littér.*) indefettibile: *attachement indéfectible* affetto indefettibile → **éternel.**

indéfectiblement |ɛ̃defɛktibləmɑ̃| *adv.* (*littér.*) [→ INDÉFECTIBLE] indefettibilmente.

indéfendable |ɛ̃defɑ̃dabl(ə)| *adj.* indifendibile, non difendibile: *place indéfendable* roccaforte indifendibile ◇ (*abstrait*) indifendibile, insostenibile: *thèse indéfendable* tesi indifendibile, insostenibile; *ce point de vue est absolument indéfendable* quel punto di vista è assolutamente insostenibile → **insoutenable.**

indéfini, ie |ɛ̃defini| *adj.* **1** indefinito, infinito: *des hommes en nombre indéfini* uomini in numero indefinito; *espace indéfini* spazio infinito **2** [*qui n'est pas défini, qu'on ne peut définir*] indefinito: *une tristesse indéfinie* una tristezza indefinita → **indéterminé,** 3 **vague, imprécis** ◇ (*log.*) *terme indéfini* termine indefinito **3** (*ling.*) indefinito: *adjectifs indéfinis* aggettivi indefiniti # *article indéfini* articolo indeterminativo, indeterminato; *passé indéfini* passato prossimo ✦ (*s.m.*) *un indéfini* un indefinito.

indéfiniment |ɛ̃definimɑ̃| *adv.* [→ INDÉFINI 1] indefinitamente, all'infinito *loc. inv.* → **éternellement** ◇ (*gram.*) *mot employé, pris indéfiniment* parola usata, presa in senso indefinito *loc. inv.*

indéfinissable |ɛ̃definisabl(ə)| *adj.* **1** [*qu'on ne peut définir*] indefinibile: *mots abstraits indéfinissables* parole astratte indefinibili **2** [*dont on ne saurait préciser la nature*] indefinibile: *couleur, saveur indéfinissable* colore, sapore indefinibile; *charme indéfinissable* fascino indefinibile; *émotion, trouble indéfinissable* emozione, turbamento indefinibile ◇ (*par ext.*) *personnage indéfinissable,* *énigmatique* personaggio indefinibile, enigmatico.

indéformable |ɛ̃defɔʀmabl(ə)| *adj.* indeformabile: *vêtement indéformable* vestito indeformabile.

indéfrichable |ɛ̃defʀiʃabl(ə)| *adj.* (*rare*) [*qui ne peut être défriché*] non dissodabile: *terrain indéfrichable* terreno non dissodabile [C] **arable.**

indéfrisable |ɛ̃defʀizabl(ə)| **1** *adj.* [*qui ne peut être défrisé*] permanente **2** *s.f.* (*vieilli*) *une indéfrisable* [*frisure artificielle destinée à durer assez longtemps*] una permanente: *indéfrisable à chaud, à froid* permanente a caldo, a freddo → **permanente.**

indéhiscence |ɛ̃deisɑ̃s| *s.f.* (*bot.*) indeiscenza [C] **déhiscence.**

indéhiscent, ente |ɛ̃deisɑ̃, ɑ̃t| *adj.* (*bot.*) indeiscente [C] **déhiscent.**

indélébile |ɛ̃delebil| *adj.* indelebile: *marque, tache indélébile* segno, macchia indelebile; *couleur, encre indélébile* colore, inchiostro indelebile → **ineffaçable** ◇ (*fig.*) *impression indélébile* impressione indelebile, incancellabile → **indestructible.**

indélébilité |ɛ̃delebilite| *s.f.* indelebilità *inv.*

indélibéré, ée |ɛ̃delibeʀe| *adj.* indeliberato (*rare*).

indélicat, ate |ɛ̃delika, at| *adj.* **1** indelicato: *homme indélicat* uomo indelicato → **grossier** **2** [*malhonnête*] disonesto: *il est indélicat en affaires* è disonesto negli affari ◇ (*par ext.*) *procédés indélicats* procedimenti disonesti.

indélicatement |ɛ̃delikatmɑ̃| *adv.* [→ INDÉLICAT 1] indelicatamente, in modo indelicato *loc. inv.*

indélicatesse |ɛ̃delikatɛs| *s.f.* **1** indelicatezza: *il est d'une indélicatesse insupportable* è di una indelicatezza insopportabile → **grossièreté, impolitesse** **2** [*procédé, acte indélicat* (2)] disonestà (*inv.*): *il a commis une indélicatesse* ha commesso una disonestà.

indémaillable |ɛ̃demɑjabl(ə)| *adj.* [*dont les mailles ne peuvent se défaire*] indemagliabile: *jersey indémaillable* jersey indemagliabile ✦ (*s.m.*) tessuto indemagliabile (*adj.*): *une combinaison en indémaillable* una sottoveste di tessuto indemagliabile.

indemne |ɛ̃dɛmn(ə)| *adj.* **1** indenne, incolume: *sortir indemne d'un accident* uscire indenne, incolume da un incidente **2** (*vx., dr.*) indenne (*cour.*) [C] **1 atteint.**

indemnisable |ɛ̃dɛmnizabl(ə)| *adj.* indennizzabile, risarcibile.

indemnisation |ɛ̃dɛmnizɑsjɔ̃| *s.f.* [*action d'indemniser; fixation, paiement d'une indemnité*] indennizzo *m.*, risarcimento (*m.*): *l'indemnisation des sinistrés* l'indennizzo, il risarcimento dei sinistrati.

indemniser |ɛ̃dɛmnize| *v.tr.* [*dédommager* (*qqn.*) *de ses pertes, de ses frais, etc.*] indennizzare, risarcire (197): *indemniser qqn. de ses frais* indennizzare, risarcire qc. per le spese sostenute → **rembourser.**

indemnitaire |ɛ̃dɛmnitɛʀ| **1** *s.* (*dr.*) beneficiario* di un'indennità **2** *adj.* a titolo di indennità, di indennizzo (*loc. inv.*): *allocation indemnitaire* assegno a titolo di indennità, di indennizzo.

indemnité |ɛ̃dɛmnite| *s.f.* **1** [*ce qui est attribué à qqn. en réparation d'un dommage, d'un préjudice*] indennità *inv.*, indennizzo (*m.*): *indemnités de guerre imposées au vaincu* indennità di guerra imposte al vinto → **dédommagement** **2** [*ce qui est attribué en compensation de certains frais*] indennità: *indemnités de logement, de présence, de retraite, de route* indennità di alloggio, di presenza, di quiescenza, di viaggio; *indemnité journalière de chômage* indennità giornaliera di disoccupazione; *indemnité de licenciement* indennità di licenziamento, liquidazione; *indemnité parlementaire* indennità parlamentare → **allocation.**

indémontable |ɛ̃demɔ̃tabl(ə)| *adj.* non smontabile.

indémontrable |ɛ̃demɔ̃tʀabl(ə)| *adj.* indimostrabile: *axiome, postulat indémontrable* assioma, postulato indimostrabile.

indéniable |ɛ̃denjabl(ə)| *adj.* [*qu'on ne peut dénier ou réfuser*] innegabile: *il est indéniable que* è innegabile che → **certain, incontestable**; *preuve, témoignage indéniable* prova, testimonianza inconfutabile [C] **douteux, niable.**

indéniablement |ɛ̃denjabləmɑ̃| *adv.* [→ INDÉNIABLE] innegabilmente: *c'est indéniablement le meilleur* è innegabilmente il migliore → **incontestablement.**

indentation |ɛ̃dɑ̃tɑsjɔ̃| *s.f.* (*géol.*) frastagliatura: *les indentations d'un littoral rocheux* le frastagliature di un litorale roccioso.

indépassable |ɛ̃depɑsabl(ə)| *adj.* [*qu'on ne peut dépasser*] insuperabile, invalicabile: *limite indépassable* limite insuperabile, invalicabile.

indépendamment |ɛ̃depɑ̃damɑ̃| *adv.* INDÉPENDAMMENT DE [*sans aucun égard à* (*une chose*); *en faisant abstraction*] indipendentemente da; a prescindere da (*loc.*); [*par surcroît, en plus de*] oltre a *loc.*, in aggiunta a (*loc.*): *indépendamment de son salaire, il touche de nombreuses indemnités* oltre, in aggiunta allo stipendio, percepisce numerose indennità.

indépendance |ɛ̃depɑ̃dɑ̃s| *s.f.* indipendenza: *il veut conserver son indépendance* vuole conservare la propria indipendenza; *assurer à chacun son indépendance* garantire a ciascuno l'indipendenza → **liberté** ◇ (*fig.*) *indépendance d'idées, de caractère* indipendenza di idee, di carattere; *esprit d'indépendance* spirito d'indipendenza; *faire preuve d'indépendance* dar prova d'indipendenza ◇ (*polit.*) *indépendance d'un État, d'un pays, d'un peuple* indipendenza di uno Stato, di un paese, di un popolo; *proclamation d'indépendance* proclamazione d'indipendenza; *guerre de l'Indépendance américaine* guerra d'Indipendenza americana # *région qui réclame son indépendance* regione che reclama la propria autonomia.

indépendant, ante |ɛ̃depɑ̃dɑ̃, ɑ̃t| *adj.* **1** (*personnes*) indipendente: *artiste, écrivain indépendant* artista, scrittore indipendente; *une femme indépendante* una donna indipendente; *esprit indépendant* spirito indipendente; *être indépendant des autres, à l'égard des autres* essere indipendente dagli altri, nei confronti degli altri ✦ (*s.*) *le Salon des Indépendants* [*à Paris, des artistes qui ne sont pas soumis à un jury*] il Salone degli (artisti) indipendenti **2** (*choses*) indipendente: *position, situation, vie indépendente* posizione, situazione, vita indipendente; *un emploi indépendant* un impiego indipendente ◇ (*spécialt.*) *pièce, chambre* (*à louer*) *indépendante* locale, camera (da affittare) indipendente ◇ (*polit.*) *État, pays indépendant et souverain* Stato, paese indipendente e sovrano → **autonome** ◇ (*gram.*) *proposition indépendante* proposizione indipendente ◇ (*au plur.*) *mécanismes indépendants* meccanismi indipendenti; *roues avant indépendantes* ruote anteriori indipendenti → **autonome** **3** *loc.* INDÉPENDANT DE... indipendente da...: *pour des raisons indépendantes de notre volonté, nous avons dû...* per ragioni indipendenti dalla nostra volontà, abbiamo dovuto...

indépendantisme |ɛ̃depɑ̃dɑ̃tism(ə)| *s.m.* (*polit.*) indipendentismo.

indépendantiste |ɛ̃depɑ̃dɑ̃tist(ə)| *adj.* (*polit.*) indipendentistico* ✦ (*s.*) indipendentista.

indéracinable |ɛ̃deʀasinabl(ə)| *adj.* [*qu'on ne peut déraciner, ôter de l'esprit, du cœur de qqn.*] incrollabile: *croyance indéracinable* fede incrollabile.

indéréglable |ɛ̃deʀeglabl(ə)| *adj.* (*se dit d'un mécanisme, qui ne peut se dérégler*) che non si sregola *loc.*

indescriptible |ɛ̃dɛskʀiptibl(ə)| *adj.* [*qu'on ne peut décrire, exprimer, caractériser*] indescrivibile: *désordre, fouillis indescriptible* disordine, confusione indescrivibile; *joie indescriptible* gioia indescrivibile → **indicible, inexprimable.**

indésirable |ɛ̃deziʀabl(ə)| **1** (*personnes*) indesiderabile: *étrangers indésirables* stranieri indesiderabili ✦ (*s.*) *un indésirable* un indesiderabile **2** [*dont on ne veut pas dans une communauté, un groupe*] indesiderabile, non gradito: *le parti a exclu des éléments indésirables* il partito ha escluso alcuni elementi indesiderabili.

indestructibilité |ɛ̃dɛstʀyktibilite| *s.f.* indistruttibilità (*inv.*): *indestructibilité de la matière* indistruttibilità della materia.

indestructible |ɛ̃dɛstʀyktibl(ə)| *adj.* indistruttibile: *matière indestructible* materia indistruttibile # *marque indestructible* segno indelebile → **indélébile** ◇ (*abstrait*) *une indestructible solidarité* una solidarietà indistruttibile → **perpetuel.**

indestructiblement |ɛ̃dɛstʀyktibləmɑ̃| *adv.* [→ INDESTRUCTIBLE] indistruttibilmente.

indéterminable |ɛ̃detɛʀminabl(ə)| *adj.* **1** (*sc.*) indeterminabile **2** [*indéfinissable; imprécis*] indefinibile, imprecisabile.

indétermination |ɛ̃detɛʀminɑsjɔ̃| *s.f.* **1** [*caractère de ce qui n'est pas défini ou connu avec précision*] indeterminatezza: *l'indétermination d'un texte de loi, du sens d'un passage* l'indeterminatezza del testo di una legge, del senso di un brano → **imprécision** ◇ (*math.*) *indétermination d'un problème d'algèbre* indeterminazione di un problema algebrico ◇ (*phys.*) *relations d'indétermination* relazioni di indeterminazione **2** [*état d'une personne qui n'a pas encore pris de détermination, qui hésite*] incertezza, irresolutezza: *demeurer longtemps dans l'indétermination* restare a lungo nell'incertezza → **indécision, irrésolution** ◇ (*par ext.*) [*caractère de celui,* *de celle qui prend difficilement une détermination*] irresolutezza, indecisione.

indéterminé, ée |ɛ̃detɛʀmine| *adj.* **1** [*qui n'est pas déterminé, fixé*] imprecisato, indeterminato: *date indéterminée* data imprecisata; *le sens de ce mot est indéterminé* il significato di questa parola è indeterminato → **imprécis, incertain** **2** (*philo.*) indeterminato → **contingent** **3** (*personnes*) (*rare*) [*qui n'a pas pris de détermination au sujet de ce qu'il doit faire*] indeciso (*cour.*), incerto (*cour.*): *je suis encore indéterminé sur ce point* sono ancora indeciso, incerto a questo proposito.

indéterminisme |ɛ̃detɛʀminism(ə)| *s.m.* (*philo.*) indeterminismo.

indéterministe |ɛ̃detɛʀminist(ə)| *s.* indeterminista ✦ *adj.* indeterministico*.

1 **index** |ɛ̃dɛks| *s.m.* [*doigt de la main le plus proche du pouce*] indice: *prendre un objet entre le pouce et l'index* prendere un oggetto tra il pollice e l'indice ◇ [*objet mobile sur un cadran ou le long de repères gradués*] indice, lancetta *f.*

2 **index** |ɛ̃dɛks| *s.m.* **1** [*table alphabétique* (*de sujets traités, etc.*)] indice: *index des auteurs cités* indice degli autori citati; *index géographique* indice geografico **2** L'INDEX [*catalogue des livres interdits par l'Église catholique*] l'Indice: *ce livre est à l'Index* questo libro è all'Indice ◇ (*loc. fig.*) *mettre* (*qqn., qqch.*) *à l'index* mettere (qc., q.c.) all'indice → **condamner** **3** (*méd.*) *index endémique, de morbidité, de mortalité* indice endemico, di morbilità, di mortalità → **indice.**

indexation |ɛ̃dɛksɑsjɔ̃| *s.f.* [→ INDEXER] indicizzazione, ancoramento *m.* (a un indice) # *indexation des salaires* scala mobile (dei salari).

indexer |ɛ̃dɛkse| *v.tr.* (*écon.*) [*lier les variations d'une valeur à celle d'un élément de référence, d'un indice déterminé*] indicizzare, ancorare (a un indice): *indexer un emprunt sur le cours de l'or* indicizzare un prestito sul corso dell'oro ✦ (*au p.p.*) *emprunt à capital indexé sur l'indice du coût de la vie* prestito a capitale indicizzato sul costo della vita.

indianisme |ɛ̃djanism(ə)| *s.m.* (*ling., sociol.*) indianismo.

indianiste |ɛ̃djanist(ə)| *s.* indianista.

indicateur, trice |ɛ̃dikatœʀ, tʀis|, (*pop.*) **indic** |ɛ̃dik| *s.* **I** *s.* [*personne qui dénonce un coupable, un suspect en se mettant à la solde de la police*] informatore* (*cour.*) → **mouchard** **II** *s.m.* **1** [*livre, brochure ou journal donnant des renseignements*] indicatore, guida (*f.*): *indicateur immobilier* indicatore, guida immobiliare → 1 **guide** ◇ (*spécialt.*) *l'indicateur* (*des chemins de fer*) l'orario* ferroviario* **2** (*techn.*) indicatore: *indicateur de niveau* indicatore di livello; *indicateur de pression, d'altitude, de vitesse* indicatore di pressione, di altitudine, di velocità ✦ (*adj.*) *borne indicatrice* cippo indicatore **3** (*chim.*) *indicateurs colorés* indicatori colorati.

1 **indicatif, ive** |ɛ̃dikatif, iv| **1** *adj.* indicativo: *signe indicatif d'une maladie* segno indicativo, rivelatore di una malattia; *voici quelques prix, à titre indicatif* ecco alcuni prezzi, a titolo indicativo **2** *s.m.* (*radio*) *indicatif d'appel* indicativo di chiamata; *indicatif d'un avion* indicativo di un aereo ◇ (*par anal.*) [*fragment musical qui annonce une émission radiophonique, télévisée régulière*] sigla *f.* (musicale).

2 **indicatif, ive** |ɛ̃dikatif, iv| *adj.* (*gram.*) *mode indicatif* modo indicativo ✦ (*s.m.*) *l'indicatif* l'indicativo.

indication |ɛ̃dikɑsjɔ̃| *s.f.* **1** [→ INDIQUER 1, 2] indicazione: *je me suis adressé à cette maison sur l'indication de X* mi sono rivolto a quella ditta su indicazione, su segnalazione di X **2** [*ce qui indique, révèle qqch.*] indizio* *m.*, indice *m.*; indicazione: *sa fuite est une indication de sa culpabilité* la sua fuga è un indizio, un indice della sua colpevolezza → **indice, signe** ‖ *c'est une indication sur les projets du gouvernement* è un'indicazione sui progetti del governo **3** [*ce qui est indiqué*] indicazione: *indications nécessaires pour utiliser un objet* indicazioni necessarie per l'uso di un oggetto; *donner de bonnes indications* dare delle buone indicazioni; *suivre les indications de qqn.* seguire le indicazioni di qc.; *conformez-vous à ces indications* si attenga a queste indicazioni → **renseignement** **4** (*méd.*) *indication* (*thérapeutique*) indicazione: *les indications d'un médicament, d'une cure* le indicazioni di un medicinale, di una cura.

indice |ɛ̃dis| *s.m.* **I** **1** [*signe apparent qui indique une probabilité*] indizio*, indice: *avoir des indices de qqch.* avere degli indizi di q.c.; *condamner les gens sur des indices vagues* condannare le persone basandosi su vaghi indizi # *les indices d'une maladie, d'une lésion* i sintomi di una malattia, di una lesione; *les premiers indices du printemps* i primi segni della primavera → **marque, signe** ◇ ÊTRE L'INDICE DE [*déceler, indiquer*] essere indice, indizio di: *sa bonne mine est l'indice d'une bonne santé* il suo bell'aspetto è indice, indizio di buona salute **2** (*dr.*) indizio **II** **1** (*math., sc.*) indice: *indice de réfraction de la lumière* indice di rifrazione della luce ◇ [*rapport entre deux dimensions d'une partie du squelette*] *indice céphalique* indice cefalico ◇ (*méd.*) *indice thérapeutique* indice terapeutico **2** [*nombre qui sert à exprimer un rapport*] *indice d'octane d'un carburant* indice, numero di ottani di un carburante; *indice* (*général*) *des prix* indice (generale) dei prezzi; *nombres-indices* numeri indici; *indices de la production* indici della produzione.

indiciaire |ɛ̃disjɛʀ| *adj.* (*dr.*) indiziario* # *impôt indiciaire* imposta induttiva.

indicible |ɛ̃disibl(ə)| *adj.* (*littér.*) indicibile: *joie indicible* gioia indicibile, ineffabile → **inexprimable.**

indiciblement |ɛ̃disibləmɑ̃| *adv.* (*littér.*) [→ INDICIBLE] indicibilmente.

indiction |ɛ̃diksjɔ̃| *s.f.* (*eccles.*) indizione: *indiction d'un concile, d'un synode* indizione di un concilio, di un sinodo → **convocation.**

indien, ienne |ɛ̃djɛ̃, jɛn| **I** *adj.* [*des Indes, d'Inde*] indiano: *le peuple indien* il popolo indiano; *océan Indien* oceano Indiano; *chanvre indien* canapa indiana **II** *adj. et s.* [*indigène d'Amérique*] indiano: *civilisations indiennes* civiltà indiane; *les Indiens se peignaient le visage en rouge* gli Indiani si dipingevano il volto di rosso ◇ (*loc.*) *nager à l'indienne* nuotare all'indiana ~ *à la file indienne* in fila indiana.

indienne |ɛ̃djɛn| *s.f.* [*toile de coton*] indiana.

indifféremment |ɛ̃difeʀamɑ̃| *adv.* **1** [*sans distinction, sans faire de différence*] indifferentemente: *manger indifféremment de tout* mangiare indifferentemente di tutto **2** (*vx.*) [*avec indifférence, avec froideur*] con indifferenza *loc. inv.* (*cour.*).

indifférence |ɛ̃difeʀɑ̃s| *s.f.* **1** indifferenza → **apathie, insensibilité** **2** (*loc.*) *indifférence à, pour qqch.* indifferenza per, verso q.c.: *son indifférence à la mode, pour la politique* la sua indifferenza per, verso la moda, la politica; *indifférence pour les malheurs d'autrui* indifferenza per le sventure altrui ~ *affronter la mort avec indifférence* affrontare la morte con indifferenza → **impassibilité** ◇ (*philo.*) indifferenza **3** [*absence d'intérêt à l'égard d'un être, des hommes*] indifferenza: *l'indifférence que lui a montrée son entourage* l'indifferenza che gli ha dimostrato il suo ambiente → **froideur** ◇ [*absence d'amour*] *elle a pour lui la plus complète indifférence* (lei) ha verso di lui, prova per lui la più completa indifferenza; *affecter, feindre l'indifférence* affettare, fingere indifferenza.

indifférenciation |ɛ̃difeʀɑ̃sjɑsjɔ̃| *s.f.* (*biol.*) indifferenziazione.

indifférencié, ée |ɛ̃difeʀɑ̃sje| *adj.* (*biol.*) indifferenziato: *cellules vivantes indifférenciées* cellule viventi indifferenziate.

indifférent, ente |ɛ̃difeʀɑ̃, ɑ̃t| *adj.* **I** (*choses, personnes*) **1** [*sans intérêt, sans importance*] indifferente ✦ (*impers.*) *il m'est indifférent que...* mi è indifferente che... **2** (*loc.*) *indifférent à qqn.* [*qui n'intéresse pas, ne touche pas*] indifferente: *elle m'est indifférente* (lei) mi è indifferente, è per me indifferente; *son sort m'est indifférent* la sua sorte mi è indifferente ◇ (*psycho., sc.*) indifferente **3** [*qui ne fait pas de différence* (*pour qqn.*)] indifferente: *ici ou là, cela m'est indifférent* qui o lì, mi è indifferente; *il est indifférent de faire ceci ou cela* è indifferente fare una cosa o l'altra → **égal** **II** (*personnes*) **1** [*qui ne s'intéresse pas* (*à*), *qui n'est pas préoccupé* (*de qqch. ou qqn.*)] indifferente: *indifférent à son sort, à son destin* indifferente davanti alla propria sorte, al proprio destino; *vos difficultés ne me laissent pas indifférent* le vostre difficoltà non mi lasciano indifferente → **insensible** **2** [*qui marque de l'indifférence en amour*] indifferente **3** [*qui n'est touché par rien ou par personne*] indifferente, insensibile: *c'est un homme indifférent, rien ne peut l'émouvoir* è un (uomo) insensibile, niente può commuoverlo → **froid** ◇ (*par ext.*) *air indifférent, expression indifférente* aria, espressione indifferente **4** (*vx.*) → **impartial.**

indifférentisme |ɛ̃difeʀɑ̃tism(ə)| *s.m.* indifferentismo.

indifférer |ɛ̃difeʀe| (8) *v.tr.* (*fam.*) (*ne s'emploie qu'avec un pron. compl.*) [*être indifférent* (*à qqn.*)] essere (96) *intr.* indifferente (a qc.), lasciare indifferente (qc.): *cela m'indiffère* (ciò) mi lascia del tutto indifferente.

indigénat |ɛ̃diʒena| *s.m.* indigenato.

indigence |ɛ̃diʒɑ̃s| *s.f.* **1** indigenza: *être, vivre dans l'indigence* essere, vivere nell'indigenza # *tomber dans l'indigence* cadere in miseria → **misère, pauvreté** **2** (*littér.*) [*pauvreté* (*intellectuelle, morale*)] indigenza → 2 **manque** [C] **richesse.**

indigène |ɛ̃diʒɛn| *adj.* **1** indigeno **2** (*bot., zool.*) indigeno **3** [*qui appartient à un groupe ethnique existant dans un pays d'outremer avant sa colonisation*] indigeno ✦ (*s.*) *un indigène* un indigeno [C] 1 **allogène**; 2 **exotique.**

indigent, ente |ɛ̃diʒɑ̃, ɑ̃t| *adj.* indigente: *vieillard indigent qui vit d'aumônes* vecchio indigente che vive di elemosine → **nécessiteux, pauvre** ✦ (*s.*) *les indigents* gli indigenti, i bisognosi ◇ (*fig.*) povero: *végétation indigente* vegetazione povera; *imagination indigente* fantasia povera → **pauvre.**

indigeste |ɛ̃diʒɛst(ə)| *adj.* **1** indigesto: *une nourriture indigeste* un cibo indigesto → **lourd** **2** (*fig.*) [*mal ordonné* (*et, par suite, mal assimilable*)] indigesto: *ouvrage, recueil indigeste* opera, raccolta indigesta [C] 1 **digestible, léger.**

indigestion |ɛ̃diʒɛstjɔ̃| *s.f.* indigestione: *avoir une indigestion* avere, fare (*pop.*) un'indigestione; *se donner une indigestion de chocolat* fare un'indigestione di cioccolato ◇ (*fig.*) *j'ai eu une indigestion de films ce mois-ci* ho fatto un'indigestione di film questo mese.

indigète |ɛ̃diʒɛt| *adj.* (*antiq. rom.*) indigete: *dieux indigètes* dèi indigeti.

indignation |ɛ̃diɲɑsjɔ̃| *s.f.* indignazione, sdegno (*m.*): *exciter, provoquer l'indignation* suscitare, provocare l'indignazione, lo sdegno; *exprimer, faire éclater son indignation* manifestare il proprio sdegno, dar sfogo alla propria indignazione.

indigne |ɛ̃diɲ| *adj.* **I** INDIGNE DE **1** indegno di, non degno di: *il est indigne de notre confiance* è indegno della nostra fiducia; *il est indigne de vivre* non è degno di vivere ◇ (*dr.*) *être indigne de succéder* essere indegno a succedere **2** [*qui n'est pas à la hauteur de qqn.*] indegno di: *ce travail lui paraissait indigne de lui* quel lavoro gli sembrava indegno di lui **II** *absolt.* **1** [*qui n'est pas digne de sa fonction, de son rôle*] indegno: *père, épouse indigne* padre indegno, moglie indegna **2** (*choses*) [*très condamnable*] indegno: *c'est une chose, une action, une conduite indigne* è una cosa, un'azione, una condotta indegna → **déshonorant, odieux, révoltant** # *votre indigne serviteur* il vostro umile servo.

indigné, ée |ɛ̃diɲe| *adj.* indignato, sdegnato: *regards indignés* sguardi indignati, sdegnati; *un ton de protestation indignée* un tono di sdegnata protesta.

indignement |ɛ̃diɲmɑ̃| *adv.* [→ INDIGNE II 2] indegnamente: *on l'a indignement traité, trompé* lo hanno trattato, ingannato indegnamente.

indigner |ɛ̃diɲe| **A** *v.tr.* [*remplir d'indignation*] indignare: *sa conduite a indigné tout le monde* la sua condotta ha indignato tutti → **révolter, scandaliser** **B** *v.pron. intr.* S'INDIGNER [*être saisi d'indignation*] indignarsi, sdegnarsi: *s'indigner contre qqn.* indignarsi contro qc.; *il s'indigne de voir ce crime impuni* si indigna, è indignato nel vedere impunito quel delitto; *il s'indigne de ce que je fais* s'indigna per quello che faccio # *je m'indigne qu'il soit si lâche* sono sdegnato per la sua viltà, la sua viltà mi riempie di sdegno.

indignité |ɛ̃diɲite| *s.f.* **1** (*littér.*) (*personnes*) indegnità *inv.* ◇ (*dr.*) *indignité successorale* indegnità a succedere **2** (*choses*) bassezza, indegnità: *l'indignité d'une telle conduite* la bassezza di un tale comportamento **3** [*action, conduite indigne*] infamia, indegnità: *c'est une indignité* è un'infamia.

indigo |ɛ̃digo| *s.m.* [*matière tinctoriale bleue*] indaco*: *indigo synthétique* indaco sintetico ✦ (*par appos.*) *le bleu indigo* l'indaco ✦ (*adj. inv.*) *ciel indigo* cielo indaco.

indigotine |ɛ̃digɔtin| *s.f.* (*chim.*) indigotina.

indiqué, ée |ɛ̃dike| *adj.* **1** [*signalé comme étant le meilleur* (*remède, traitement*)] indicato: *traitement indiqué dans, pour la rougeole* cura indicata per il morbillo **2** [*adéquat, opportun*] indicato, opportuno: *c'est tout indiqué!* è proprio indicato, è proprio quello che ci vuole!; *il n'est pas très indiqué de le déranger maintenant* non è molto opportuno disturbarlo adesso [C] 1 **contre-indiqué.**

indiquer |ɛ̃dike| *v.tr.* **1** [*faire voir d'une manière précise, par un geste, un repère, un signal*] indicare: *indiquer la direction* indicare la direzione; *l'horloge, les aiguilles indiquent l'heure* l'orologio, le lancette indicano l'ora → **désigner, montrer, signaler** # *indiquer qqch. du doigt* additare una cosa **2** [*faire connaître à qqn.* (*la chose ou la personne qu'il a besoin ou envie de connaître*)] indicare: *pouvez-vous m'indiquer un bon médecin, un hôtel convenable?* potete indicarmi un buon medico, un buon albergo?; *c'est lui qui m'a indiqué ce moyen* è lui che mi ha indicato questo mezzo ◇ [*déterminer et faire connaître* (*une date, un lieu choisis pour une rencontre, une réunion*)] indicare, stabilire (197) → **fixer** ✦ (*au p.p.*) *à l'endroit indiqué, à l'heure indiquée* al luogo indicato, all'ora stabilita **3** [*faire connaître* (*l'existence ou le caractère de qqn., qqch.*) *en servant d'indice*] indicare, rivelare: *les traces de pas indiquent le passage du fugitif* le orme indicano, rivelano il passaggio del fuggiasco → **annoncer, signaler** **4** (*bx-arts*) [*représenter en s'en tenant aux traits essentiels, sans s'attacher aux détails*] abbozzare, schizzare → **esquisser, tracer** ◇ (*par anal.*) *l'auteur n'a fait qu'indiquer le caractère de ce personnage secondaire* l'autore ha soltanto abbozzato il carattere di questo personaggio secondario.

indirect, ecte |ɛ̃diʀɛkt, ɛkt(ə)| *adj.* indiretto: *éclairage indirect* luce indiretta ◇ (*fig.*) *voies, moyens indirects* vie, mezzi indiretti; *critique, louange indirecte* critica, lode indiretta; *cause, influence indirecte* causa, influenza indiretta; *effet indirect* effetto indiretto # *renseignement indirect* informazione (per via) indiretta ◇ (*gram.*) *complément indirect* complemento indiretto; *verbe transitif indirect* verbo transitivo indiretto; *interrogation indirecte* interrogativa indiretta; *style, discours indirect* stile, discorso indiretto ◇ (*dr.*) *ligne indirecte* linea indiretta → **collatéral** [C] **direct, immédiat.**

indirectement |ɛ̃diʀɛktəmɑ̃| *adv.* [→ INDIRECT] indirettamente.

indiscernable |ɛ̃disɛʀnabl(ə)| *adj.* **1** [*qui ne peut être discerné d'une autre chose de même nature*] indiscernibile, indistinguibile: *des objets indiscernables* oggetti indiscernibili, indistinguibili **2** [*dont on ne peut se rendre compte précisément*] inafferrabile: *des nuances indiscernables* delle sfumature inafferrabili → **insaisissable.**

indisciplinable |ɛ̃disiplinabl(ə)| *adj.* (*vieilli*) indisciplinabile → **indocile.**

indiscipline |ɛ̃disiplin| *s.f.* indisciplina: *esprit d'indiscipline* spirito d'indisciplina; *faire acte, preuve d'indiscipline* fare atto, dare prova d'indisciplina, d'insubordinazione.

indiscipliné, ée |ɛ̃disipline| *adj.* indisciplinato: *écolier indiscipliné* alunno indisciplinato; *masses indisciplinées* masse indisciplinate → **désobéissant, indocile** ◇ (*fig.*) *cheveux indisciplinés* [*difficiles à peigner*] capelli ribelli.

indiscret, ète |ɛ̃diskʀɛ, ɛt| *adj.* (*choses*) indiscreto: *une curiosité indiscrète* una curiosità indiscreta → **importun**; *est-il, serait-ce indiscret de vous demander ce que vous comptez faire?* è, sarebbe indiscreto chiedervi che intendete fare? ◇ (*personnes*) *j'ai peur d'être indiscret en venant chez vous si tard* ho paura d'essere indiscreto a venire da voi così tardi; *un confident indiscret* un confidente indiscreto → **bavard** ✦ (*s.*) *un coin tranquille à l'abri des indiscrets* un angolo tranquillo al riparo dagli indiscreti, dagli importuni → **gêneur.**

indiscrètement |ɛ̃diskʀɛtmɑ̃| *adv.* [→ INDISCRET] indiscretamente.

indiscrétion |ɛ̃diskʀesjɔ̃| *s.f.* indiscrezione: *les indiscrétions d'un journaliste* le indiscrezioni di un giornalista; *commettre une indiscrétion* commettere una indiscrezione; *son indiscrétion lui fait beaucoup d'ennemis* la sua indiscrezione gli procura molti nemici; *il a eu l'indiscrétion de m'interroger là-dessus* ha avuto l'indiscrezione, l'indelicatezza di interrogarmi a questo proposito # *sans indiscrétion, peut-on savoir votre adresse?* senza essere indiscreto, si può sapere il vostro indirizzo?

indiscutable |ɛ̃diskytabl(ə)| *adj.* indiscutibile: *succès, supériorité indiscutable* successo, superiorità indiscutibile; *témoignage, preuve indiscutable* testimonianza, prova indiscutibile; *il est indiscutable que* è indiscutibile che... → **certain, évident, incontestable, indubitable** [C] **discutable, douteux, faux.**

indiscutablement |ɛ̃diskytabləmɑ̃| *adv.* [→ INDISCUTABLE] indiscutibilmente: *c'est indiscutablement le meilleur roman de l'année* è indiscutibilmente il miglior romanzo dell'anno → **certainement.**

indiscuté, ée |ɛ̃diskyte| *adj.* [*qui n'est pas discuté; qui ne fait l'objet d'aucun doute*] indiscusso: *le chef indiscuté de la bande* il capo indiscusso della banda → **incontesté, reconnu.**

indispensabilité |ɛ̃dispɑ̃sabilite| *s.f.* indispensabilità *inv.*

indispensable |ɛ̃dispɑ̃sabl(ə)| *adj.* indispensabile: *garanties, précautions indispensables* garanzie, precauzioni indispensabili; *connaissances indispensables* nozioni indispensabili; *strictement, absolument indispensable* strettamente, assolutamente indispensabile; *condition indispensable pour réussir* condizione indispensabile per riuscire ♦ (*impers.*) *il est indispensable d'y aller, qu'il y aille* è indispensabile andarci, che egli ci vada ♦ (*s.m.*) *l'indispensable* l'indispensabile: *faire l'indispensable* fare l'indispensabile ◇ (*personnes*) *il se croit indispensable* si crede indispensabile **C inutile.**

indispensablement |ɛ̃dispɑ̃sabləmɑ̃| *adv.* [→ INDISPENSABLE] indispensabilmente.

indisponibilité |ɛ̃dispɔnibilite| *s.f.* indisponibilità *inv.*

indisponible |ɛ̃dispɔnibl(ə)| *adj.* indisponibile ◇ (*dr.*) *biens indisponibles* beni indisponibili.

indisposé, ée |ɛ̃dispoze| *adj.* **1** [*qui est affecté d'une indisposition*] indisposto: *il est, il se sent indisposé* è, si sente indisposto → **souffrant 2** *au f.* (*par euphémisme*) (*femmes*) [*qui a ses règles*] indisposta.

indisposer |ɛ̃dispoze| *v.tr.* **1** [*altérer légèrement la santé de*] fare (103) male a; dar (102) fastidio a: *ce qu'il a mangé hier l'a indisposé* quello che ha mangiato ieri gli ha fatto male ‖ *l'odeur de pipe refroidie l'indispose* l'odore di pipa spenta gli dà fastidio → **gêner 2** [*mettre dans une disposition peu favorable*] indisporre (168), rendersi (105) *pron.* indisponente a: *il indispose tout le monde contre lui par sa fatuité, sa bêtise* indispone tutti, si rende indisponente a tutti con la sua fatuità, la sua stupidità → **déplaire, importuner, 1 énerver** ♦ (*absolt.*) *c'est une personne qui indispose* è una persona che indispone, indisponente.

indisposition |ɛ̃dispozisjɔ̃| *s.f.* **1** indisposizione: *indisposition causée par des excès de table* indisposizione causata da intemperanze nel mangiare → **fatigue 2** (*par euphémisme*) (*femmes*) [*période des règles*] indisposizione.

indissociable |ɛ̃disɔsjabl(ə)| *adj.* indissociabile, inscindibile.

indissolubilité |ɛ̃disɔlybilite| *s.f.* indissolubilità (*inv.*): *indissolubilité du mariage religieux* indissolubilità del matrimonio religioso.

indissoluble |ɛ̃disɔlybl(ə)| *adj.* indissolubile: *liens indissolubles* vincoli indissolubili.

indissolublement |ɛ̃disɔlybləmɑ̃| *adv.* [→ INDISSOLUBLE] indissolubilmente: *indissolublement unis par le mariage* indissolubilmente uniti dal matrimonio.

indistinct, incte |ɛ̃distɛ̃(kt), ɛ̃kt(ə)| *adj.* indistinto: *bruits, voix indistincts* rumori indistinti, voci indistinte → **confus, imprécis, vague C net.**

indistinctement |ɛ̃distɛ̃ktəmɑ̃| *adv.* **1** indistintamente: *voir indistinctement qqch.* vedere q.c. indistintamente; *prononcer indistinctement* pronunciare indistintamente → **confusément 2** [*sans distinction, sans faire de différence*] indistintamente: *tous les Français indistinctement* tutti i Francesi indistintamente **C 1 nettement.**

indium |ɛ̃djɔm| *s.m.* (*chim.*) indio*.

individu |ɛ̃dividy| *s.m.* **I 1** [*corps organisé vivant d'une existence propre*] individuo → **animal, 1 plante 2** [*être humain*] individuo → **1 personne 3** (*sc.*) individuo: *les individus d'une fourmilière, d'une ruche, d'une colonie de coraux* gli individui di un formicaio, di un alveare, di una colonia di coralli **II** (*péj.*) [*homme quelconque, que l'on ne peut ou que l'on ne veut pas nommer*] individuo: *un drôle d'individu* uno strano individuo; *un individu sans scrupules* un individuo senza scrupoli → **gars, type.**

individualisation |ɛ̃dividɥalizasjɔ̃| *s.f.* (*philo., cour.*) individuazione **C généralisation.**

individualisé, ée |ɛ̃dividɥalize| *adj.* individuato, individualizzato.

individualiser |ɛ̃dividɥalize| *v.tr.* [*différencier par des caractères individuels*] individuare, individualizzare: *les caractères qui individualisent les êtres* i caratteri che individuano, individualizzano gli esseri → **caractériser, distinguer C généraliser.**

individualisme |ɛ̃dividɥalism(ə)| *s.m.* (*philo., cour.*) individualismo.

individualiste |ɛ̃dividɥalist(ə)| *s.* (*philo., cour.*) individualista ♦ *adj.* individualistico*.

individualité |ɛ̃dividɥalite| *s.f.* **1** individualità (*inv.*): *l'individualité d'un artiste* l'individualità, l'originalità di un artista; *style d'une forte individualité* stile di spiccata individualità → **originalité, particularité 2** [*individu, considéré dans ce qui le différencie des autres*] individualità ◇ (*spécialt.*) [*personne douée d'un caractère très marqué*] *une forte individualité* una spiccata individualità: *l'être vivant est une individualité* l'essere vivente è una individualità.

individuation |ɛ̃dividɥasjɔ̃| *s.f.* (*philo.*) individuazione ◇ (*spécialt.*) *principe d'individuation* [*chez Leibniz*] principio di individuazione.

individuel, elle |ɛ̃dividɥɛl| *adj.* individuale; singolo: *caractères individuels* caratteri individuali; *contrôle individuel* controllo individuale → **distinct, 1 propre, singulier**; *indépendence, liberté individuelle* indipendenza, libertà individuale → **1 personnel** ‖ *cas individuel* caso singolo → **singulier** ◇ [*compartiment de wagon-lit, chambre d'hôtel pour une personne seule*] singolo: *chambre individuelle* camera singola.

individuellement |ɛ̃dividɥɛlmɑ̃| *adv.* [→ INDIVIDUEL] singolarmente, individualmente: *chacun pris individuellement* ciascuno preso singolarmente, individualmente.

indivis, ise |ɛ̃divi, iz| *adj.* (*dr.*) indiviso: *biens indivis, propriétés indivises* beni indivisi, proprietà indivise; *succession indivise* successione indivisa → **commun** ◇ *loc. adv.* PAR INDIVIS per, pro indiviso: *propriétaires qui possèdent un bien par indivis* proprietari che possiedono un bene per indiviso.

indivisaire |ɛ̃divizɛʀ| *s.* (*dr.*) comproprietario*.

indivisément |ɛ̃divizemɑ̃| *adv.* (*dr.*) pro indiviso *loc. inv.*, in comune (*loc. inv.*): *posséder des biens indivisément* possedere beni in comune.

indivisibilité |ɛ̃divizibilite| *s.f.* indivisibilità *inv.*

indivisible |ɛ̃divizibl(ə)| *adj.* indivisibile: *l'homme est un composé indivisible* l'uomo è un essere indivisibile; *la République française proclamée une et indivisible* la Repubblica francese proclamata una e indivisibile ◇ (*dr.*) *l'hypothèque est indivisible* l'ipoteca è indivisibile.

indivision |ɛ̃divizjɔ̃| *s.f.* (*dr.*) comunione (di beni pro indiviso): *indivision forcée* comunione coattiva **C division, partage.**

in-dix-huit |indizɥit| *adj. inv.* in-diciottesimo: *format in-dix-huit* (*in-18*) formato in-diciottesimo; *des volumes in-dix-huit* volumi in-diciottesimo ♦ (*s.m. inv.*) *des in-dix-huit* degli in-diciottesimo.

indo(-) |ɛ̃do| *préf.* (*signifiant 'de l'Inde', correspond généralt. à*) indo: *indochinois* indocinese; *indo-européen* indoeuropeo.

indochinois, oise |ɛ̃dɔʃinwa, waz| *adj.* [*de l'anc. Indochine*] indocinese: *populations indochinoises* popolazioni indocinesi.

indocile |ɛ̃dɔsil| *adj.* indocile: *enfant, écolier indocile* ragazzo, scolaro indocile → **rebelle.**

indocilité |ɛ̃dɔsilite| *s.f.* indocilità *inv.*

indo-européen, éenne |ɛ̃dɔœ(ø)ʀɔpeɛ̃, eɛn| **1** indoeuropeo ♦ (*s.*) *les Indo-Européens* gli Indoeuropei **2** (*s.m.*) *l'indo-européen* [*le groupe des langues*] l'indoeuropeo.

indolemment |ɛ̃dɔlamɑ̃| *adv.* [→ INDOLENT 1] indolentemente, con indolenza (*loc. inv.*): *indolemment assise sur un sofa* seduta con indolenza su un divano.

indolence |ɛ̃dɔlɑ̃s| *s.f.* indolenza → **mollesse, nonchalance.**

indolent, ente |ɛ̃dɔlɑ̃, ɑ̃t| *adj.* **1** indolente: *écolier, ouvrier indolent* scolaro, operaio indolente → **mou, paresseux, nonchalant 2** (*méd.*) indolore, indolente (*rare*) → **indolore.**

indolore |ɛ̃dɔlɔʀ| *adj.* indolore: *opération parfaitement indolore* operazione assolutamente indolore.

indomptable |ɛ̃dɔ̃tabl(ə)| *adj.* [*qu'on ne peut dompter*] indomabile: *un fauve indomptable* una belva indomabile ◇ (*fig.*) *caractère indomptable et fier* carattere indomabile e orgoglioso; *orgueil, résistance, volonté indomptable* orgoglio, resistenza, volontà indomabile → **invincible, courageux, fier C lâche 1, mou.**

indompté, ée |ɛ̃dɔ̃te| *adj.* **1** [*qui n'a pas été dompté*] indomato, indomito: *cheval indompté* cavallo indomato → **farouche, fougueux 2** (*fig.*) [*qu'on ne peut contenir, réprimer*] indomito: *orgueil indompté* orgoglio indomito.

indonésien, ienne |ɛ̃dɔnezjɛ̃, jɛn| *adj.* [*d'Indonésie*] indonesiano: *la population indonésienne* la popolazione indonesiana.

indophénol |ɛ̃dɔfenɔl| *s.m.* (*chim.*) indofenolo.

indou, oue |ɛ̃du| *adj. et s.* → **hindou.**

in-douze |induz| *adj. inv.* in-dodicesimo: *édition in-douze* (*in-12*) edizione in-dodicesimo; *volume in-douze* volume in-dodicesimo ♦ (*s.m. inv.*) *des in-douze* degli in-dodicesimo.

indri |ɛ̃dʀi| *s.m.* (*t.zool.*) indri *inv.*

indu, ue |ɛ̃dy| *adj.* **1** [*qui va à l'encontre des exigences de la règle, de l'usage*] inopportuno, impossibile: *une heure indue* un'ora inopportuna, impossibile; *rentrer, arriver à une heure indue* rincasare, arrivare a un'ora impossibile **2** (*dr.*) indebito: *réclamation indue* ricorso indebito → **injuste** ♦ (*s.m.*)

[ce qui n'est pas dû] indebito: paiement de l'indu pagamento dell'indebito.
indubitable |ɛ̃dybitabl(ə)| adj. **1** indubitabile, indubbio*: preuve indubitable prova indubitabile → **certain, incontestable, indiscutable** ◇ (loc.) il est indubitable que ce costume n'est pas neuf è indubbio che questo vestito non è nuovo; c'est indubitable non c'è dubbio, è fuori dubbio **2** (vx.) → **infaillible.**
indubitablement |ɛ̃dybitabləmɑ̃| adv. [→ INDUBITABLE 1] indubbiamente, indubitabilmente → **assurément, certainement, sûrement.**
inductance |ɛ̃dyktɑ̃s| s.f. (électr.) induttanza.
inducteur, trice |ɛ̃dyktœʀ, tʀis| adj. **1** (log.) induttore*: propositions inductrices proposizioni induttrici **2** (phys.) induttore, inducente: circuit, fil, flux inducteur circuito, filo, flusso induttore, inducente; champ inducteur campo induttore; courant inducteur corrente inducente ✦ (s.m.) un inducteur un induttore: inducteur d'une magnéto induttore di un magnete © **induit.**
inductif, ive |ɛ̃dyktif, iv| adj. **1** induttivo: méthode inductive metodo induttivo **2** (phys.) induttivo: courant inductif corrente induttiva.
induction |ɛ̃dyksjɔ̃| s.f. **1** (log.) induzione: induction mathématique induzione matematica; induction et déduction induzione e deduzione; raisonnement par induction ragionamento per induzione **2** (électr.) induzione: induction électro-magnétique induzione elettromagnetica; courant, flux d'induction corrente, flusso d'induzione; bobine d'induction bobina d'induzione **3** (biol.) induzione © 1 **déduction** 2.
induire |ɛ̃dɥiʀ| (75) v.tr. **1** (log.) [trouver par l'induction] indurre (108), dedurre (108): on peut induire la rotation de la Terre de l'observation du mouvement des étoiles si può indurre la rotazione della Terra dall'osservazione del movimento delle stelle; j'en induis que ne deduco che... → **inférer** **2** (vx.) [amener à (qqch., faire qqch.)] indurre ◇ (loc.) induire en erreur [tromper] indurre in errore **3** (rare, phys.) [produire les effets de l'induction] indurre (cour.) © 1 **déduire** 2.
induit, ite |ɛ̃dɥi, it| adj. **1** (électr.) indotto: courant induit corrente indotta; fil induit filo indotto; circuit induit circuito indotto ✦ (s.m.) un induit un indotto **2** (psycho.) indotto © 1 **inducteur.**
indulgence |ɛ̃dylʒɑ̃s| s.f. **1** indulgenza: avoir de l'indulgence pour les fautes de qqn. avere indulgenza per gli errori di qc.; l'indulgence du jury l'indulgenza, la clemenza della giuria; une remarque sans indulgence un rimprovero privo di indulgenza → **bienveillance, bonté, compréhension** **2** (relig. cathol.) indulgenza: indulgence plénière, partielle indulgenza plenaria, parziale.
indulgencier |ɛ̃dylʒɑ̃sje| v.tr. (relig. cathol.) [attacher une indulgence (à un objet de piété)] annettere (112) una indulgenza a: indulgencier un chapelet annettere una indulgenza a un rosario.
indulgent, ente |ɛ̃dylʒɑ̃, ɑ̃t| adj. **1** indulgente: un père, un maître, un critique indulgent un padre, un maestro, un critico indulgente; indulgent pour, envers qqn. indulgente con, verso qc. → **bienveillant, bon** ◇ (loc.) comprendre rend indulgent la comprensione fa diventare indulgenti **2** (choses) indulgente: morale indulgente morale indulgente © **sévère.**
induline |ɛ̃dylin| s.f. (chim.) indulina.
indult |ɛ̃dylt| s.m. (ecclés.) indulto.
indûment |ɛ̃dymɑ̃| adv. [→ INDU 2] indebitamente: s'ingérer indûment dans les affaires de qqn. intromettersi indebitamente negli affari di qc.; protester indûment protestare indebitamente → **tort (à).**
induration |ɛ̃dyʀasjɔ̃| s.f. (méd.) indurimento (m.): induration de l'œil indurimento dell'occhio ◇ [partie indurée] indurimento.
induré, ée |ɛ̃dyʀe| adj. (méd.) indurito: tumeur indurée tumore indurito.
indurer |ɛ̃dyʀe| **A** v.tr. (méd.) [durcir (un tissu organique)] indurire (197) **B** v.pron. intr. S'INDURER [→ tr.] indurirsi, indurire (intr.): tumeur, furoncle qui s'indure tumore, foruncolo che (si) indurisce.
indusie |ɛ̃dyzi| s.f. (bot.) indusio* m.
industrialisation |ɛ̃dystʀijalizasjɔ̃| s.f. industrializzazione: industrialisation de l'agriculture industrializzazione dell'agricoltura.
industrialiser |ɛ̃dystʀijalize| **A** v.tr. **1** [exploiter industriellement, organiser en industrie] industrializzare: industrialiser l'agriculture industrializzare l'agricoltura **2** [équiper d'industries] industrializzare: industrialiser un pays, une région, une ville industrializzare un paese, una regione, una città ✦ (au p.p.) région très industrialisée regione molto industrializzata **B** v.pron. intr. S'INDUSTRIALISER [→ tr. 2] industrializzarsi: les pays du Tiers monde font des efforts pour s'industrialiser i paesi del Terzo mondo compiono sforzi per industrializzarsi.
industrialisme |ɛ̃dystʀijalism(ə)| s.m. industrialismo.
1 **industrie** |ɛ̃dystʀi| s.f. industria: l'industrie des transports l'industria dei trasporti; l'industrie française, allemande l'industria francese, tedesca; petite, moyenne, grande industrie piccola, media, grande industria; industrie lourde, légère industria pesante, leggera; l'industrie automobile l'industria automobilistica; industries du spectacle, du livre industrie dello spettacolo, del libro; chef, capitaine d'industrie capitano d'industria → 2 **cartel, trust** # cadres de l'industrie [ingénieurs, techniciens] quadri: industrie groupée, concentrée industria raggruppata, concentrata; diriger une industrie prospère dirigere un'industria prospera; être à la tête de plusieurs industries essere a capo di parecchie industrie.
2 **industrie** |ɛ̃dystʀi| s.f. **1** (vx.) → **habileté, art** **2** (vx.) → **métier, ingéniosité.**
industriel, elle |ɛ̃dystʀijɛl| **I** adj. **1** industriale: la révolution industrielle la rivoluzione industriale; la chimie industrielle la chimica industriale **2** [qui est produit par l'industrie] industriale: fer, bronze industriel ferro, bronzo industriale ◇ (loc. fam.) en quantité industrielle in grande quantità **3** [où l'industrie est développée] industriale: régions, villes industrielles regioni, città industriali; centre industriel centro industriale **II** (s.m.) un industriel un, una industriale (s.): les industriels du textile gli industriali tessili → **fabricant.**
industriellement |ɛ̃dystʀijɛlmɑ̃| adv. **1** [par les moyens et les méthodes de l'industrie] industrialmente: produit fabriqué industriellement prodotto fabbricato industrialmente **2** [relativement à l'industrie] industrialmente: le pays industriellement le plus avancé il paese industrialmente più progredito.
industrieux, euse |ɛ̃dystʀijø, øz| adj. (littér.) industrioso → **ingénieux.**
induvie |ɛ̃dyvi| s.f. (bot.) cupola: les induvies du hêtre le cupole del faggio.
inébranlable |inebʀɑ̃labl(ə)| adj. **1** [qu'on ne peut ébranler, dont on ne peut compromettre la solidité] solido, saldo: un mur inébranlable un muro solido, saldo **2** (personnes) [qui ne se laisse point abattre] impassibile, imperturbabile: rester inébranlable au milieu des plus grandes infortunes rimanere impassibile, imperturbabile in mezzo alle più grandi sventure → **constant, 1 ferme** ◇ [qu'on ne peut faire changer de dessein, d'opinion] incrollabile, saldo: être, rester inébranlable dans ses résolutions essere, restare incrollabile, saldo nelle proprie decisioni → **inflexible** ◇ (par ext.) [qui ne change pas] résolution, certitude inébranlable decisione, certezza incrollabile.
inéchangeable |ineʃɑ̃ʒabl(ə)| adj. [qui ne peut être échangé] non cambiabile, non permutabile: marchandise, article inéchangeable merce, articolo non cambiabile, non permutabile.
inécoutable |inekutabl(ə)| adj. che non si può ascoltare (loc.): c'est une chanson inécoutable è una canzone che non si può ascoltare → **inaudible.**
inécouté, ée |inekute| adj. [qui n'est pas écouté] inascoltato: leurs conseils sont restés inécoutés i loro consigli sono rimasti inascoltati.
inédit, ite |inedi, it| adj. **1** inedito: correspondance inédite d'un écrivain corrispondenza inedita di uno scrittore ✦ (s.m.) des inédits degli inediti **2** [qui n'est pas connu] inedito: spectacle inédit spettacolo inedito; un moyen inédit de réussir un mezzo inedito per avere successo → **nouveau, original** ✦ s.m. (après un partitif) [ce qui est entièrement nouveau] inedito (adj.): c'est de l'inédit è inedito.
inéducable |inedykabl(ə)| adj. ineducabile: public inéducable pubblico ineducabile.
ineffable |inefabl(ə)| adj. **1** ineffabile: un bonheur ineffable una gioia ineffabile → **inexprimable** **2** (fam., péj.) l'ineffable Monsieur X [dont on ne peut parler sans rire] l'ineffabile Signor X.
ineffablement |inefabləmɑ̃| adv. (rare) [→ INEFFABLE 1] ineffabilmente.
ineffaçable |inefasabl(ə)| adj. (littér.) [qui ne peut être effacé] incancellabile: empreinte ineffaçable impronta incancellabile → **indélébile** ◇ (fig.) un souvenir, une impression ineffaçable un ricordo, un'impressione incancellabile → **indestructible.**
ineffaçablement |inefasabləmɑ̃| adv. [→ INEFFAÇABLE] incancellabilmente.
inefficace |inefikas| adj. inefficace,

inefficiente: *remède inefficace* rimedio inefficace, inoperante; *mesure inefficace* provvedimento inefficace, inefficiente → **vain, infructeux.**

inefficacement |inefikasmɑ̃| *adv.* [→ INEFFICACE] inefficacemente.

inefficacité |inefikasite| *s.f.* inefficacia*; inefficienza: *inefficacité d'un remède, d'un vaccin, d'une mesure, d'un secours* inefficacia di un rimedio, di un vaccino, di un provvedimento, di un aiuto || *l'inefficacité d'une administration* l'inefficienza di un'amministrazione.

inégal, ale, aux |inegal, o| *adj.* **I** **1** disuguale, ineguale: *vers inégaux* versi disuguali, ineguali; *forces inégales* forze ineguali, impari; *joueurs inégaux* giocatori ineguali, impari # *cordes d'inégale grosseur* corde di diversa, di differente grossezza → **différent** **2** [*dont les éléments ou les participants ne sont pas égaux*] ineguale; impari (*inv.*): *partage inégal des biens* divisione ineguale dei beni || *lutte inégale, combat inégal* lotta, combattimento impari **II** **1** [*qui n'est pas uni, lisse*] non uniforme, ruvido: *surface inégale* superficie non uniforme, ruvida → **raboteux, rugueux** **2** [*qui n'est pas régulier*] irregolare: *rythme inégal* ritmo irregolare; *le pouls est inégal* il polso è irregolare **3** [*qui n'est pas constant*] mutevole, variabile: *humeur inégale* umore mutevole, variabile ◇ [*dont la qualité n'est pas constamment bonne*] discontinuo: *œuvre inégale* opera discontinua; *un écrivain inégal* uno scrittore discontinuo → **imparfait.**

inégalable |inegalabl(ə)| *adj.* [*qui ne peut être égalé*] ineguagliabile, inuguagliabile: *qualité inégalable* qualità ineguagliabile → **incomparable.**

inégalé, ée |inegale| *adj.* [*qui n'est pas égalé, qui n'a pas de rival*] che non ha uguali *loc.*, senza pari (*loc. inv.*): *d'une beauté inégalée* di una bellezza che non ha uguali, senza pari.

inégalement |inegalmɑ̃| *adv.* [→ INÉGAL I] variamente, diversamente: *cette œuvre a été inégalement appréciée* quest'opera è stata variamente apprezzata # *biens inégalement partagés* beni divisi in modo disuguale.

inégalitaire |inegalitɛʀ| *adj.* [*qui n'est pas égalitaire*] non egualitario*.

inégalité |inegalite| *s.f.* **I** **1** [*défaut d'égalité*] disuguaglianza, disparità (*inv.*): *inégalité d'âge* disuguaglianza d'età; *inégalité entre les rangs* disuguaglianza, disparità fra le classi sociali; *inégalité sociale* disuguaglianza sociale; *inégalité entre l'offre et la demande* disparità fra la domanda e l'offerta → **déséquilibre, disparité** ◇ (*gram.*) *comparatif d'inégalité* comparativo di disuguaglianza **2** (*math.*) disuguaglianza: *résoudre une inégalité* risolvere una disuguaglianza → **inéquation** **II** **1** [*défaut d'uniformité, de régularité*] disuguaglianza, irregolarità (*inv.*) → **irrégularité**: *inégalité du terrain* disuguaglianza del terreno → **aspérité, accident**: *inégalité d'une surface, d'un chemin* irregolarità di una superficie, di una strada; *inégalité du pouls* irregolarità del polso **2** (*littér.*) [*défaut d'égalité (dans l'humeur)*] mutevolezza, incostanza.

inélastique |inelastik| *adj.* anelastico*.

inélégamment |inelegamɑ̃| *adv.* (*littér.*) [→ INÉLÉGANT] inelegantemente, in modo inelegante *loc. inv.*

inélégance |inelegɑ̃s| *s.f.* ineleganza ◇ (*fig.*) *un procédé d'une parfaite inélégance* un comportamento assolutamente inelegante, assai poco elegante.

inélégant, ante |inelegɑ̃, ɑ̃t| *adj.* inelegante: *manières inélégantes* maniere ineleganti; *geste inélégant* gesto inelegante → **grossier.**

inéligibilité |ineliʒibilite| *s.f.* ineleggibilità *inv.*

inéligible |ineliʒibl(ə)| *adj.* ineleggibile: *candidat inéligible* candidato ineleggibile.

inéluctabilité |inelyktabilite| *s.f.* ineluttabilità *inv.*

inéluctable |inelyktabl(ə)| *adj.* ineluttabile: *destin, fatalité, sort inéluctable* destino, fatalità, sorte ineluttabile; *conséquence inéluctable* conseguenza ineluttabile → **immanquable, inévitable** ♦ (*s.m.*) *l'inéluctable* l'ineluttabile: *se soumettre à l'inéluctable* rassegnarsi all'ineluttabile.

inéluctablement |inelyktabləmɑ̃| *adv.* [→ INÉLUCTABLE] ineluttabilmente → **infailliblement.**

inemployable |inɑ̃plwajabl(ə)| *adj.* (*rare*) [*qu'on ne peut employer*] inutilizzabile → **inutilisable.**

inemployé, ée |inɑ̃plwaje| *adj.* [*qui n'est pas utilisé*] inutilizzato: *trop de talents demeurent inemployés* troppi talenti restano inutilizzati → **inutilisé.**

inénarrable |inenaʀabl(ə)| *adj.* **1** indescrivibile, inenarrabile: *si vous aviez vu la scène! c'était inénarrable!* se avesse visto la scena! era indescrivibile! → **comique** **2** (*vx.*) → **inracontable.**

inentamé, ée |inɑ̃tame| *adj.* [*qui n'est pas entamé*] non intaccato; intatto.

inéprouvé, ée |inepʀuve| *adj.* **1** [*qui n'a pas encore été mis à l'épreuve*] non provato, non ancora messo alla prova: *vertu inéprouvée* non provata virtù **2** [*jamais éprouvé, ressenti*] mai provato, non sperimentato: *des émotions inéprouvées* emozioni mai provate (prima).

inepte |inɛpt(ə)| *adj.* **1** [*qui dénote l'absurdité, la sottise*] insulso, sciocco*: *une histoire inepte* una barzelletta insulsa → **idiot, stupide** ◇ (*personnes*) insulso → **1 bête, sot** **2** (*vx.*) → **inapte.**

ineptie |inɛpsi| *s.f.* **1** [*caractère de ce qui est inepte*] insulsaggine: *propos, raisonnements d'une rare ineptie* discorsi, ragionamenti di una rara insulsaggine → **bêtise, stupidité** **2** [*action, parole inepte*] insulsaggine, sciocchezza: *c'est une ineptie, ce que vous faites là* è una sciocchezza, quella che state facendo → **idiotie, sottise** ◇ [*chose, œuvre inepte*] *ce film est une ineptie* questo film è un'insulsaggine, un'idiozia.

inépuisable |inepɥizabl(ə)| *adj.* **1** [*qu'on ne peut épuiser*] inesauribile: *source inépuisable* fonte inesauribile → **intarissable** ◇ (*par ext.*) [*très grand, qui n'a pas de fin*] *sujet inépuisable* argomento inesauribile # *inépuisable curiosité* curiosità insaziabile **2** (*personnes*) inesauribile: *un bavard inépuisable* un inesauribile chiacchierone; *il est inépuisable sur ce sujet* è inesauribile su questo argomento → **intarissable.**

inépuisablement |inepɥizabləmɑ̃| *adv.* [→ INÉPUISABLE 1] inesauribilmente.

inépuisé, ée |inepɥize| *adj.* (*littér.*) (*pr.*, *fig.*) [*qui n'est pas épuisé*] inesausto.

inéquation |inekwɑsjɔ̃| *s.f.* (*math.*) disequazione: *résoudre une inéquation* risolvere una disequazione.

inéquitable |inekitabl(ə)| *adj.* (*rare*) [*qui n'est pas conforme à l'équité*] non equo: *partage, répartition inéquitable* divisione, ripartizione non equa → **injuste.**

inerme |inɛʀm(ə)| *adj.* (*bot.*) inerme: *tige inerme* gambo, stelo inerme ◇ (*zool.*) *ténia inerme* tenia inerme **C** **épineux.**

inerte |inɛʀt(ə)| *adj.* **1** inerte: *la matière inerte* la materia inerte ◇ (*chim.*) *gaz, liquide inerte* gas, liquido inerte ◇ (*phys.*) *masse, force inerte* massa, forza inerte **2** [*qui ne donne pas signe de vie*] inerte: *visage inerte* viso inerte → **immobile** ◇ (*personnes*) *ils ont assisté à la scène en spectateurs inertes* hanno assistito alla scena da spettatori inerti.

inertie |inɛʀsi| *s.f.* **1** (*abstrait*) inerzia: *sortir de son inertie* uscire dall'inerzia → **passivité, paresse** **2** (*mécan.*) inerzia: *l'inertie de la matière* l'inerzia della materia; *force d'inertie* forza di inerzia ◇ (*phys.*) *inertie éléctromagnétique* inerzia elettromagnetica ◇ (*physiol.*) *inertie musculaire* inerzia muscolare; *inertie intestinale, vésiculaire* inerzia intestinale, vescicolare → **atonie, paralysie.**

inescomptable |inɛskɔ̃tabl(ə)| *adj.* (*fin.*) non scontabile: *billet inescomptable* effetto non scontabile.

inespéré, ée |inɛspeʀe| *adj.* insperato: *succès inespéré* successo insperato; *victoire inespérée* vittoria insperata → **imprévu, inattendu** ◇ [*qui passe toute espérance*] *le profit de cette entreprise était inespéré* l'utile di quell'impresa era insperato.

inesthétique |inɛstetik| *adj.* **1** [*qui choque le goût esthétique*] antiestetico*: *une cicatrice inesthétique l'enlaidissait* la deturpava un'antiestetica cicatrice → **laid** **2** (*philo.*) antiestetico.

inestimable |inɛstimabl(ə)| *adj.* inestimabile: *tableau, ouvrage inestimable* quadro, opera inestimabile → **inappréciable** ◇ (*fig.*) *il m'a rendu un service inestimable* mi ha reso un servizio inestimabile.

inétendu, ue |inetɑ̃dy| *adj.* [*qui n'a pas d'étendue*] inesteso: *le point géométrique, inétendu, sans épaisseur* il punto geometrico inesteso, senza spessore.

inévitable |inevitabl(ə)| *adj.* **1** inevitabile: *conséquence, effet inévitable* conseguenza, effetto inevitabile → **certain, immanquable, inéluctable** ◇ (*loc.*) *il est inévitable que cela arrive* è inevitabile che accada ♦ (*s.m.*) *l'inévitable* l'inevitabile: *accepter l'inévitable* accettare l'inevitabile **2** (*plais.*) [*qui est toujours là; qu'il faut subir*] immancabile: *le ministre et son inévitable cigare* il ministro e il suo immancabile sigaro; *lui et son inévitable cortège* lui e il suo immancabile seguito → **inséparable, habituel.**

inévitablement |inevitabləmɑ̃| *adv.* [→ INÉVITABLE] inevitabilmente → **fatalement.**

inexact, acte |inɛgza(kt), akt(ə)| *adj.* **1** inesatto: *renseignements, détails inexacts* informazioni inesatte, dettagli inesatti; *calcul inexact* calcolo inesatto; *il est inexact de le prétendre* è inesatto sostenerlo; *non, c'est inexact* no, è inesatto; no, non è esatto → **faux, erroné** ◇ [*qui manque d'exactitude*] *donner une version inexacte d'un événement* dare una versione inesatta di un avvenimento → **incorrect** **2** (*personnes*) [*qui manque de ponctualité*] non puntuale: *être inexact à un rendez-vous* non essere puntuale a un appuntamento.

inexactement |inɛgzaktəmɑ̃| *adv.* [→ INEXACT 1] inesattamente, in modo inesatto (*loc. inv.*): *rapporter inexactement les paroles de qqn.* riferire inesattamente, in modo inesatto le parole di qc.

inexactitude |inɛgzaktityd| *s.f.* **1** [*manque d'exactitude*] inesattezza: *inexactitude d'un calcul, d'une nouvelle, d'une témoignage* inesattezza di un calcolo, di una notizia, di una testimonianza ◇ (*par ext.*) *inexactitude d'un historien* inesattezza di uno storico **2** [*erreur*] inesattezza: *ce récit fourmille d'inexactitudes* questo racconto è pieno di inesattezze **3** mancanza di puntualità.

inexaucé, ée |inɛgzose| *adj.* (*littér.*) [*qui n'a pas été exaucé*] inesaudito: *des vœux inexaucés* voti inesauditi.

inexcitabilité |inɛksitabilite| *s.f.* (*sc.*) ineccitabilità *inv.*

inexcitable |inɛksitabl(ə)| *adj.* (*sc.*) ineccitabile.

inexcusable |inɛkskyzabl(ə)| *adj.* inescusabile: *négligence, paresse inexcusable* negligenza, pigrizia inescusabile; *faute inexcusable* errore inescusabile → **impardonnable, injustifiable.**

inexécutable |inɛgzekytabl(ə)| *adj.* [*qu'on ne peut exécuter*] ineseguibile, inattuabile: *plan inexécutable* piano ineseguibile, inattuabile → **impraticable.**

inexécuté, ée |inɛgzekyte| *adj.* (*rare*) [*qui n'a pas été exécuté*] ineseguito: *travaux inexécutés* lavori ineseguiti.

inexécution |inɛgzekysjɔ̃| *s.f.* (*rare, dr.*) mancata esecuzione, inadempimento (*m.*): *inexécution d'un contrat* mancata esecuzione di un contratto, inadempienza contrattuale; *l'inexécution d'une obligation* l'inadempimento di un obbligo → **inobservation.**

inexercé, ée |inɛgzɛʀse| *adj.* (*rare*) [*qui n'est pas exercé*] inesercitato, fuori esercizio (*loc. inv.*): *des troupes inexercées* truppe inesercitate, fuori esercizio: *la main inexercée d'un enfant* la mano inesercitata, inesperta di un bambino → **inexpérimenté.**

inexhaustible |inɛgzostibl(ə)| *adj.* (*littér.*) inesauribile (*cour.*) → **inépuisable.**

inexigibilité |inɛgziʒibilite| *s.f.* (*dr.*) inesigibilità *inv.*

inexigible |inɛgziʒibl(ə)| *adj.* (*dr.*) inesigibile: *dette inexigible* debito inesigibile.

inexistant, ante |inɛgzistɑ̃, ɑ̃t| *adj.* **1** inesistente: *l'univers inexistant de la légende, du rêve* l'universo inesistente della leggenda, del sogno → **irréel**; *difficultés inexistantes* difficoltà inesistenti **2** (*fam.*) [*sans valeur, sans importance, sans efficacité*] inesistente: *l'aide qu'il m'apporte est inexistante* l'aiuto che mi reca è inesistente, è raro → **2 nul** # *c'est inexistant* è zero; *un pauvre type complètement inexistant* un poveraccio che non vale proprio nulla, una vera nullità Ⓒ **1 existant, réel.**

inexistence |inɛgzistɑ̃s| *s.f.* inesistenza.

inexorabilité |inɛgzɔʀabilite| *s.f.* (*rare*) inesorabilità (*inv.*): *l'inexorabilité du destin* l'inesorabilità del destino.

inexorable |inɛgzɔʀabl(ə)| *adj.* (*littér.*) **1** (*personnes*) inesorabile: *juge inexorable* giudice inesorabile → **impitoyable, inflexible** ◇ (*vx.*) *être inexorable à qqn.* essere inesorabile con qc. (*cour.*) **2** [*à quoi l'on ne peut se soustraire*] inesorabile: *fatalité inexorable* inesorabile fatalità; *l'inexorable fuite des heures* l'inesorabile fuga del tempo → **implacable.**

inexorablement |inɛgzɔʀabləmɑ̃| *adv.* (*littér.*) [→ INEXORABLE] inesorabilmente.

inexpérience |inɛkspeʀjɑ̃s| *s.f.* inesperienza: *l'inexpérience d'un enfant, de la jeunesse* l'inesperienza di un bambino, dei giovani; *son inexpérience des hommes, de la vie* la sua inesperienza degli uomini, della vita.

inexpérimenté, ée |inɛkspeʀimɑ̃te| *adj.* **1** [*qui n'a pas d'expérience*] inesperto: *jeune homme inexpérimenté* giovane inesperto ◇ (*spécialt.*) [*qui manque de pratique dans un domaine déterminé*] *alpiniste inexpérimenté* alpinista inesperto → **novice** **2** [*dont on n'a pas encore fait l'expérience*] non sperimentato: *arme nouvelle encore inexpérimentée* nuova arma non ancora sperimentata.

inexpert, erte |inɛkspɛʀ, ɛʀt(ə)| *adj.* (*littér.*) inesperto (*cour.*): *être inexpert dans un domaine* essere inesperto in un dato campo → **inexpérimenté, inhabile.**

inexpiable |inɛkspjabl(ə)| *adj.* **1** inespiabile: *crime, faute inexpiable* delitto, colpa inespiabile **2** [*que rien ne peut apaiser, faire cesser*] implacabile, inarrestabile: *lutte inexpiable* lotta implacabile, inarrestabile; *guerre inexpiable* guerra implacabile.

inexplicable |inɛksplikabl(ə)| *adj.* inspiegabile, inesplicabile: *une fatalité inexplicable* un'inspiegabile, un'inesplicabile fatalità; *conduite, démarche inexplicable* condotta, comportamento inspiegabile; *il est inexplicable qu'il soit parti* è inspiegabile che, non (ci) si spiega come mai sia andato via; *énigme inexplicable* enigma inesplicabile → **incompréhensible** ✦ (*s.m.*) *l'inexplicable* l'inesplicabile, l'inspiegabile ◇ (*personnes*) *un homme inexplicable* [*dont le comportement, le caractère ne s'explique pas*] un uomo impenetrabile, imperscrutabile → **étrange, singulier.**

inexplicablement |inɛksplikabləmɑ̃| *adv.* [→ INEXPLICABLE] inspiegabilmente, inesplicabilmente.

inexpliqué, ée |inɛksplike| *adj.* inesplicato: *la catastrophe reste inexpliquée* la catastrofe rimane inesplicata.

inexploitable |inɛksplwatabl(ə)| *adj.* [*qu'on ne peut exploiter*] non sfruttabile; incoltivabile: *gisement inexploitable* giacimento non sfruttabile, non coltivabile; *richesse inexploitable* ricchezza non sfruttabile || *terrain inexploitable* terreno incoltivabile, non coltivabile.

inexploité, ée |inɛksplwate| *adj.* [*qui n'est pas exploité*] non sfruttato; incolto, non coltivato: *ressources inexploitées* risorse non sfruttate || *terrain inexploité* terreno incolto, non coltivato.

inexplorable |inɛksplɔʀabl(ə)| *adj.* (*rare*) inesplorabile.

inexploré, ée |inɛksplɔʀe| *adj.* inesplorato: *contrée, terre inexplorée* contrada, terra inesplorata → **inconnu** ◇ (*par métaph.*) *des domaines inexplorés* settori (ancora) inesplorati.

inexpressif, ive |inɛkspʀesif, iv| *adj.* **1** inespressivo: *style inexpressif* stile inespressivo # *mots inexpressifs* parole insignificanti **2** [*qui manque d'expression*] inespressivo: *regard, yeux inexpressifs* sguardo, occhi inespressivi; *un visage inexpressif* un viso inespressivo.

inexprimable |inɛkspʀimabl(ə)| *adj.* inesprimibile: *pensées inexprimables* pensieri inesprimibili; *épouvante, haine inexprimable* terrore, odio inesprimibile → **indicible.**

inexprimé, ée |inɛkspʀime| *adj.* [*qui n'est pas ou n'a pas été exprimé*] inespresso: *pensée inexprimée* pensiero inespresso → **sous-entendu.**

inexpugnabilité |inɛkspygnabilite| *s.f.* (*littér.*) inespugnabilità *inv.*

inexpugnable |inɛkspygnabl(ə)| *adj.* (*littér.*) inespugnabile: *forteresse inexpugnable* fortezza inespugnabile → **imprenable** ◇ (*fig., vieilli*) *vertu inexpugnable* virtù inespugnabile; *une femme inexpugnable* una donna inespugnabile.

inextensibilité |inɛkstɑ̃sibilite| *s.f.* inestensibilità *inv.*

inextensible |inɛkstɑ̃sibl(ə)| *adj.* inestensibile: *tissu inextensible* tessuto inestensibile Ⓒ **dilatable, élastique, extensible.**

in extenso |inɛkstɛ̃so| *loc.adv.* (*lat.*) in extenso, per esteso: *publier un discours in extenso* pubblicare un discorso in extenso, per esteso → **intégralement** ✦ (*adj. inv.*) integrale (*var.*): *compte rendu in extenso d'un débat* resoconto integrale di un dibattito.

inextinguible |inɛkstɛ̃g(ɥ)ibl(ə)| *adj.* (*littér.*) inestinguibile: *feu inextinguible* fuoco inestinguibile ◇ (*fig.*) *soif inextinguible* sete inestinguibile; *fureur, haine inextinguible* furore, odio inestinguibile → **insatiable** ◇ (*spécialt.*) *rire inextinguible* [*fou rire éclatant qu'on ne peut arrêter*] riso irrefrenabile.

inextirpable |inɛkstiʀpabl(ə)| *adj.* (*rare*) inestirpabile (*cour.*): *racine, souche inextirpable* radice, ceppo inestirpabile ◇ (*fig.*) *ce vice est inextirpable* questo vizio è inestirpabile → **indéracinable, tenace.**

in extremis |inɛkstʀemis| *loc. adv.* (*lat.*) **1** [*à l'article de la mort*] in extremis: *disposition testamentaire, mariage in extremis* disposizione testamentaria, matrimonio in extremis **2** [*au tout dernier moment*] in extremis: *préparatifs de voyage in extremis* preparativi di viaggio in extremis; *rattraper in extremis un objet qui va tomber* afferrare in extremis un oggetto che sta per cadere.

inextricable |inɛkstʀikabl(ə)| *adj.* **1** inestricabile: *enchevêtremenr, fouillis inextricable* groviglio, confusione inestricabile ◇ (*abstrait*) *une affaire inextricable* una faccenda inestricabile **2** [*dont on ne peut se tirer*] inestricabile: *dédale, labyrinthe inextricable* dedalo, labirinto inestricabile.

inextricablement |inɛkstʀikabləmɑ̃| *adv.* [→ INEXTRICABLE 1] inestricabilmente: *une affaire inextricablement embrouillée* una faccenda inestricabilmente ingarbugliata.

infaillibilité |ɛ̃fajibilite| *s.f.* **1** infallibilità (*inv.*): *l'infaillibilité de ce procédé* l'infallibilità di questo procedimento ◇ (*spécialt.*) *l'infaillibilité de l'Église* l'infallibilità della Chiesa; *le dogme de l'infaillibilité pontificale* il dogma dell'infallibilità del pontefice ◇ (*par anal.*) *infaillibilité d'un jugement* infallibilità di un giudizio **2** (*vx.*) → **certitude.**

infaillible |ɛ̃fajibl(ə)| *adj.* **I** (*choses*) **1** [*qui ne peut tromper; qui a des résultats assurés*] infallibile: *remède infaillible contre la toux* rimedio infallibile per la tosse; *méthode, procédé, recette, moyen infaillible* metodo, procedimento, ricetta, mezzo infallibile **2** (*vieilli*) → **certain, sûr II 1** (*personnes*) [*qui ne peut se tromper; qui n'est pas sujet à l'erreur*] infallibile: *se croire infaillible* credersi infallibile; *nul n'est infaillible* nessuno è infallibile; *le pape est infaillible en matière de doctrine lorsqu'il parle ex cathedra* il papa è infallibile in materia di dottrina quando parla ex cathedra **2** (*choses*) *un instinct infaillible* un istinto infallibile.

infailliblement |ɛ̃fajibləmɑ̃| *adv.* **1** [*sûrement, certainement*] infallibilmente, immancabilmente: *cela arrivera infailliblement* accadrà infallibilmente, immancabilmente **2** (*rare*) [*sans se tromper*] infallibilmente: *nul ne peut juger infailliblement* nessuno può giudicare infallibilmente.

infaisable |ɛ̃fəzabl(ə)| *adj.* [*qui ne peut être fait*] impossibile (a farsi); non fattibile: *ce n'est pas infaisable, mais ce sera très difficile* non è impossibile, ma sarà molto difficile ‖ *c'est une chose infaisable* non è una cosa fattibile Ⓒ **facile, faisable, possible.**

infamant, ante |ɛ̃famɑ̃, ɑ̃t| *adj.* infamante: *accusation, imputation infamante* accusa, imputazione infamante; *injure, épithète infamante* ingiuria, epiteto infamante → **avilissant, déshonorant** ◇ (*dr. pénal*) *peines infamantes* pene infamanti.

infâme |ɛ̃fɑm| *adj.* **1** (*littér.*) → **infamant 2** [*détestable, odieux*] infame # *infâme saligaud* ignobile canaglia → **ignoble 3** [*répugnant*] infame: *un logis infâme* un alloggio infame → **malpropre, sale** # *une infâme odeur de graillon* un disgustoso odore di fritto.

infamie |ɛ̃fami| *s.f.* **1** infamia → **déshonneur; abjection, bassesse 2** (*littér.*) [*action, parole infâme*] infamia: *c'est une infamie!* è un'infamia!

infant, ante |ɛ̃fɑ̃, ɑ̃t| *s.* infante *m.*, infanta (*f.*): *l'infant d'Espagne* l'infante di Spagna.

infanterie |ɛ̃fɑ̃tʀi| *s.f.* (*milit.*) fanteria.

1 **infanticide** |ɛ̃fɑ̃tisid| *adj.* infanticida: *une mère infanticide* una madre infanticida ♦ (*s.*) *un infanticide* un infanticida.

2 **infanticide** |ɛ̃fɑ̃tisid| *s.m.* infanticidio*.

infantile |ɛ̃fɑ̃til| *adj.* **1** (*méd., psycho.*) infantile: *maladies infantiles* malattie infantili ♦ (*s.*) *les infantiles* [*les débiles mentaux infantiles*] i ritardati mentali **2** [*digne d'un enfant* (*quant au niveau intellectuel et affectif*)] infantile: *un comportement, une réaction infantile* un comportamento, una reazione infantile → **enfantin, puéril.**

infantilisme |ɛ̃fɑ̃tilism(ə)| *s.m.* (*méd., cour.*) infantilismo.

infarctus |ɛ̃faʀktys| *s.m.* (*méd.*) infarto # *atteint d'infarctus* infartuato.

infatigabilité |ɛ̃fatigabilite| *s.f.* infaticabilità *inv.*

infatigable |ɛ̃fatigabl(ə)| *adj.* infaticabile: *marcheur, joueur, travailleur infatigable* camminatore, giocatore, lavoratore infaticabile.

infatigablement |ɛ̃fatigabləmɑ̃| *adv.* [→ INFATIGABLE] infaticabilmente.

infatuation |ɛ̃fatɥasjɔ̃| *s.f.* [*sentiment d'une personne infatuée d'elle-même*] presunzione, sufficienza → **fatuité, suffisance, vanité.**

infatué, ée |ɛ̃fatɥe| *adj.* **1** [*trop pénétré de ses mérites; content de soi*] presuntuoso, infatuato di sé stesso: *un individu trop infatué* un individuo troppo presuntuoso, infatuato di sé stesso → **fat, prétentieux, vaniteux** # *air infatué* aria di sufficienza → **suffisant 2** (*vx.*) → **imbu.**

infatuer (s') |ɛ̃fatɥe| *v.pron. intr.* **1** *s'infatuer* (*de soi-même*) [*devenir excessivement content de soi*] infatuarsi di sé stesso **2** (*vieilli*) *s'infatuer de qqch., de qqn.* infatuarsi di q.c., di qc. → **amouracher (s'), engouer (s').**

infécond, onde |ɛ̃fekɔ̃, ɔ̃d| *adj.* **1** (*littér.*) infecondo → **stérile** ◇ (*par anal.*) *terre inféconde* terra infeconda **2** [*qui ne produit rien*] infecondo: *esprit infécond* mente infeconda Ⓒ **fécond, fertile.**

infécondité |ɛ̃fekɔ̃dite| *s.f.* infecondità *inv.* → **stérilité** ◇ (*fig.*) *l'infécondité d'une idée, d'une théorie* l'infecondità di un'idea, di una teoria.

infect, ecte |ɛ̃fɛkt, ɛkt(ə)| *adj.* **1** [*qui à une odeur, un goût particulièrement répugnant*] fetido, puzzolente: *cloaque, bourbier infect* cloaca fetida, pantano fetido, puzzolente # *charogne infecte* carogna putrida **2** [*très mauvais dans son genre*] schifoso, disgustoso: *nous avons fait un repas infect* abbiamo fatto un pasto schifoso, disgustoso; *ce vin est infect* questo vino è schifoso; *il a fait cet été un temps infect* quest'estate ha fatto un tempo schifoso, orribile **3** (*fam.*) [*qui excite le dégoût moral*] schifoso: *il a été infect avec ses meilleurs amis* si è comportato in modo schifoso con i suoi migliori amici → **abject, ignoble.**

infectant, ante |ɛ̃fɛktɑ̃, ɑ̃t| *adj.* (*méd.*) infettivo: *germes, virus infectants* germi, virus infettivi Ⓒ **désinfectant.**

infecter |ɛ̃fɛkte| **A** *v.tr.* **1** [*imprégner* (*l'air*) *d'émanations malsaines*] ammorbare, appestare: *fabrique de produits chimiques qui infecte l'atmosphère, le voisinage* fabbrica di prodotti chimici che ammorba, appesta l'atmosfera, la zona circostante → **empoisonner, empester 2** (*méd.*) [*communiquer l'infection à*] infettare: *malade contagieux qui infecte ses proches* malato contagioso che infetta coloro che gli stanno vicino → **contagionner, contaminer** ◇ (*par ext.*) *infecter une plaie* infettare una piaga **3** (*littér., vx.*) → **corrompre B** *v.pron. intr.* S'INFECTER [→ *tr.* 2] infettarsi: *la plaie s'est infectée* la piaga si è infettata.

infectieux, euse |ɛ̃fɛksjø, øz| *adj.* [*qui communique ou détermine l'infection*] infettivo: *germe infectieux* germe infettivo ◇ [*qui s'accompagne d'infection, est caractérisé par l'infection*] *maladies infectieuses* malattie infettive.

infection |ɛ̃fɛksjɔ̃| *s.f.* **1** infezione: *foyer d'infection* focolaio d'infezione; *infection latente* infezione latente; *transmettre l'infection* trasmettere l'infezione **2** [*grande puanteur*] puzzo *m.*, puzza, fetore (*m.*): *c'est une infection!* che puzza!, che fetore! → **pestilence, puanteur 3** (*fam.*) [*chose infecte*] porcheria, schifezza → **saloperie.**

infélicité |ɛ̃felisite| *s.f.* (*littér.*) infelicità *inv.* (*cour.*).

inféodation |ɛ̃feɔdasjɔ̃| *s.f.* [→ INFÉODER] infeudamento *m.*, infeudazione ◇ (*fig.*) asservimento *m.*, sottomissione → **soumission.**

inféodé, ée |ɛ̃feɔde| *adj.* infeudato ◇ (*fig.*) [*soumis*] asservito, sottomesso.

inféoder |ɛ̃feɔde| **A** *v.tr.* **1** (*hist.*) [*donner* (*une terre*) *à un vassal pour qu'il la tienne en fief*] infeudare → **aliéner** ◇ (*par ext.*) [*gratifier* (*un vassal*) *d'une terre donnée en fief*] infeudare **2** [*soumettre comme à un seigneur*] infeudare **B** *v.pron. réfl.* S'INFÉODER [→ *tr.* 2] infeudarsi: *s'inféoder à un parti, à un chef* infeudarsi a un partito, a un capo → **soumettre (se).**

infère |ɛ̃fɛʀ| *adj.* (*bot.*) infero Ⓒ **supère.**

inférence |ɛ̃feʀɑ̃s| *s.f.* (*log.*) inferenza.

inférer |ɛ̃feʀe| (8) *v.tr.* [*tirer une conséquence*] inferire (197) (*littér.*), arguire (197) → **arguer, conclure, induire.**

inférieur, eure |ɛ̃feʀjœʀ| **I** *adj.* **1** (*concret*) inferiore: *les étages inférieurs d'un immeuble* i piani inferiori di uno stabile; *cours inférieur d'un fleuve* corso inferiore di un fiume **2** (*fig.*) INFÉRIEUR À inferiore a: *la réalité a été inférieure à l'attente* la realtà è stata inferiore all'attesa; *il lui est très inférieur* gli è molto inferiore; *il ne lui est inférieur en rien* non gli è inferiore in nulla; *il n'a pas été inférieur à sa tâche* non è stato inferiore al suo compito **3** [*plus petit que*] *6 est inférieur à 8* 6 è inferiore a 8 **4** [*moins avancé, peu avancé dans l'évolution*] inferiore: *animaux, vertébrés inférieurs* animali, vertebrati inferiori **II** *s.* [*personne qui occupe une position sociale inférieure*] inferiore: *l'inférieur se soumet, obéit au supérieur* l'inferiore si sottomette, ubbidisce al superiore → **subalterne, subordonné** Ⓒ **I 1 supérieur 1.**

inférieurement |ɛ̃feʀjœʀmɑ̃| *adv.* (*rare*) [→ INFÉRIEUR I] inferiormente.

inférioriser |ɛ̃feʀjɔʀize| *v.tr.* **1** (*rare*) [*rendre inférieur*] rendere (105) inferiore **2** [*donner un sentiment d'infériorité à* (*qqn.*)] creare in (qc.) un sentimento di inferiorità.

infériorité |ɛ̃feʀjɔʀite| *s.f.* **1** inferiorità (*inv.*): *infériorité en nombre, numérique* inferiorità di numero, numerica; *preuve, marque d'infériorité* prova, segno d'inferiorità → **faiblesse**; *maintenir qqn. dans un état d'infériorité* mantenere qc. in stato d'inferiorità → **subordination** ◇ (*spécialt.*) *sentiment d'infériorité* senso d'inferiorità; *complexe d'infériorité* complesso d'inferiorità **2** (*rare*) [*situation inférieure, plus basse*] inferiorità: *une infériorité de niveau* una inferiorità di livello **3** [*ce qui rend in-*

férieur] svantaggio* *m.* → **désavantage, handicap** 🄲 1 **supériorité.**

infermentescible |ɛ̃fɛʀmɑ̃tesibl(ə)| *adj.* (*sc.*) non fermentabile, non fermentescibile: *aliment rendu infermentescible* alimento reso non fermentabile 🄲 **fermentescible.**

infernal, ale, aux |ɛ̃fɛʀnal, o| *adj.* **1** infernale: *puissances infernales* potenze infernali **2** [*terrible, trop intense* (*chose désagréable*)] infernale: *chaleur infernale* calore infernale; *bruit infernal* rumore infernale # *allure, rythme, galop infernal* andatura indiavolata, ritmo, galoppo indiavolato → **endiablé** ◇ (*moral*) [*très mauvais*] *malice, méchanceté, noirceur, machination infernale* malizia, malvagità, perfidia, macchinazione infernale → **diabolique** ◇ (*fam.*) *ce gosse est infernal!* questo bambino è infernale! → **insupportable, terrible.**

inférovarié, ée |ɛ̃feʀɔvaʀje| *adj.* (*bot.*) con l'ovario infero *loc.* 🄲 **supérovarié.**

infertile |ɛ̃fɛʀtil| *adj.* (*littér.*) [*qui n'est pas fertile*] infecondo, sterile: *champ, sol, terre infertile* campo, suolo infecondo, terra infeconda, sterile → **infécond**; *contrées infertiles* contrade infeconde, sterili → **désertique, inculte** ◇ (*fig.*) *esprit, imagination infertile* mente, immaginazione sterile → **pauvre, stérile.**

infertilité |ɛ̃fɛʀtilite| *s.f.* (*littér.*) infertilità *inv.*, sterilità *inv.*

infestation |ɛ̃fɛstɑsjɔ̃| *s.f.* **1** (*méd.*) infestazione, infestione **2** (*vx.*) [→ INFESTER 1] infestazione.

infester |ɛ̃fɛste| *v.tr.* **1** [*ravager, rendre peu sûr* (*un pays*) *en s'y livrant à des actes incessants de violence, d'hostilité*] infestare: *les pirates infestaient les côtes* i pirati infestavano le coste ✦ (*au p.p.*) *campagne infestée de pillards* campagna infestata da predatori → **désoler, dévaster** **2** (*en parlant d'animaux ou de plantes nuisibles qui abondent quelque part*) infestare: *mer infestée de requins* mare infestato da pescecani → **envahir.**

infeutrable |ɛ̃føtʀabl(ə)| *adj.* che non infeltrisce (*loc.*): *laine, tricot infeutrable* lana, golf che non infeltrisce.

infibulation |ɛ̃fibylɑsjɔ̃| *s.f.* infibulazione, infibulamento *m.*

infibuler |ɛ̃fibyle| *v.tr.* [*pratiquer l'infibulation*] infibulare.

1 **infidèle** |ɛ̃fidɛl| *adj.* **1** [*qui est changeant dans ses sentiments*] infedele: *une femme infidèle* una moglie infedele; *des amis infidèles* degli amici infedeli **2** [*qui ne respecte pas* (*qqch. qui engage*)] non fedele, inadempiente: *infidèle à un devoir, à des serments, à sa parole* non fedele a un dovere, ai giuramenti, alla parola data **3** [*qui manque à la vérité, à l'exactitude*] infedele: *narrateur infidèle* narratore infedele; *traduction infidèle* traduzione infedele.

2 **infidèle** |ɛ̃fidɛl| *adj.* [*qui ne professe pas la religion considérée comme vraie*] infedele: *nations, peuples infidèles* nazioni, popoli infedeli → **païen** ✦ (*s.*) *croisade contre les infidèles* crociata contro gli infedeli.

infidèlement |ɛ̃fidɛlmɑ̃| *adv.* [→ 1 INFIDÈLE] infedelmente.

infidélité |ɛ̃fidelite| *s.f.* infedeltà (*inv.*): *il a fait bien des infidélités à sa femme* ha commesso molte infedeltà nei confronti della moglie → **trahison** ◇ (*par plais.*) *faire des infidélités à son fournisseur habituel* [*se fournir chez un autre commerçant*] tradire il proprio fornitore abituale ◇ (*par ext.*) *infidélité à la parole donnée* infedeltà alla parola data; *infidélité d'un historien, d'un traducteur* infedeltà di uno storico, di un traduttore # *il y a de grandes infidélités dans ce roman historique* ci sono grandi inesattezze in questo romanzo storico.

infiltrat |ɛ̃filtʀa| *s.m.* (*méd.*) infiltrato.

infiltration |ɛ̃filtʀɑsjɔ̃| *s.f.* **1** [→ INFILTRER (S') 1] infiltrazione: *l'infiltration des eaux de pluie* l'infiltrazione delle acque piovane ◇ (*spécialt.*) [*pénétration accidentelle de l'eau dans un mur*] infiltrazione ◇ (*méd.*) infiltrazione → 1 **épanchement** **2** [*pénétration d'hommes par petits groupes dans un pays*] infiltrazione: *infiltrations et invasions* infiltrazioni e invasioni ◇ (*fig.*) *infiltration des idées modernes* infiltrazione delle idee moderne.

infiltrer (s') |ɛ̃filtʀe| *v.pron. intr.* **1** [*pénétrer* (*dans un corps*) *en s'insinuant*] infiltrarsi: *l'eau s'infiltre dans certains terrains* l'acqua s'infiltra in alcuni terreni **2** [*passer, entrer insensiblement*] infiltrarsi, filtrare (*intr.*): *le vent, la lumière s'infiltre par les fentes* il vento, la luce s'infiltrano, filtrano attraverso le fessure; *s'infiltrer à travers les lignes ennemies* infiltrarsi, filtrare attraverso le linee nemiche → **introduire** (**s'**) ◇ (*fig.*) *opinions, doctrines qui commencent à s'infiltrer dans les esprits, dans le peuple* opinioni, dottrine che cominciano a infiltrarsi negli animi, nel popolo.

infime |ɛ̃fim| *adj.* **1** infimo: *un infime gratte-papier* un infimo scribacchino **2** [*tout petit*] infimo: *nombre infime* numero infimo, infinitesimale; *des détails infimes* infimi particolari → **minime, minuscule.**

in fine |infine| *loc. adv.* (*lat.*) (*s'emploie pour désigner les dernières lignes, dans une référence*) in fine.

infini, ie |ɛ̃fini| **I** *adj.* **1** [*en quoi aucune limite n'est ni remarquée ni conçue*] infinito: *Dieu est conçu comme infini* Dio è concepito come infinito; *la puissance et la miséricorde divines sont infinies* la potenza e la misericordia divine sono infinite ◇ (*dans le temps*) infinito → **éternel** ◇ (*math.*) *quantité infinie* quantità infinita: *ensemble infini* insieme infinito **2** [*très considérable* (*par la grandeur, la durée, le nombre, l'intensité*)] infinito: *horizon, désert, ciel, paysage infini* orizzonte, deserto, cielo, paesaggio infinito → **illimité, immense**; *un nombre infini de...* un numero infinito di... → **incalculable**; *patience, joie infinies* pazienza, gioia infinite → 1 **extrême**; *d'infinies précautions* infinite precauzioni **II** *s.m.* **1** (*philo.*) infinito → **absolu, parfait** ◇ (*math.*) *l'infini géométrique* l'infinito geometrico ◇ (*photo.*) infinito **2** [*ce qui semble infini*] infinito: *l'infini des cieux, de l'océan* l'infinito dei cieli, dell'oceano → **immensité** **3** *loc. adv.* (*math.*) À L'INFINI all'infinito: *multiplier un nombre par lui-même à l'infini* moltiplicare un numero per sé stesso all'infinito; *droite prolongée à l'infini* retta prolungata all'infinito ◇ (*cour.*) infinito *adj.*, interminabile (*adj.*): *discussions à l'infini* discussioni infinite, interminabili.

infiniment |ɛ̃finimɑ̃| *adv.* **1** (*sens strict*) infinitamente: *Dieu est infiniment bon* Dio è infinitamente buono ◇ (*math.*) *infiniment grand, petit* infinitamente grande, piccolo # *calcul des infiniment petits* calcolo infinitesimale **2** [*beaucoup, extrêmement*] infinitamente: *je regrette infiniment, mais...* mi dispiace infinitamente, ma...; *je vous suis infiniment reconnaissant* le sono infinitamente grato ◇ (*avec un comparatif*) *infiniment mieux* infinitamente meglio ◇ (*avec un nom compl.*) *il a infiniment d'esprit* ha veramente molto *adj.* spirito.

infinité |ɛ̃finite| *s.f.* **1** infinità (*inv.*): *étant donné une courbe, on peut toujours mener une infinité de parallèles à cette courbe* data una curva, si può sempre condurre un'infinità di parallele a essa **2** [*très grande quantité*] infinità: *une infinité de gens, de choses* un'infinità di persone, di cose.

infinitésimal, ale, aux |ɛ̃finitezimal, o| *adj.* **1** (*math.*) infinitesimale: *calcul infinitésimal, analyse infinitésimale* calcolo, analisi infinitesimale **2** [*infiniment petit*] infinitesimale: *quantités infinitésimales* quantità infinitesimali ◇ (*par ext.*) [*extrêmement petit*] infinitesimale → **infime, microscopique.**

infinitif, ive |ɛ̃finitif, iv| **1** *s.m.* (*gram., ling.*) infinito: *verbe à l'infinitif* verbo all'infinito **2** *adj.* infinitivo: *proposition infinitive* proposizione infinitiva.

infinitude |ɛ̃finityd| *s.f.* (*philo.*) infinità *inv.*

infirmatif, ive |ɛ̃fiʀmatif, iv| *adj.* (*dr.*) che infirma *loc.*, che annulla (*loc.*): *arrêt infirmatif d'un jugement* sentenza di 2° grado che ne annulla una di 1° grado.

infirmation |ɛ̃fiʀmɑsjɔ̃| *s.f.* (*dr.*) invalidazione, annullamento (*m.*): *infirmation d'un jugement* invalidazione, annullamento di una sentenza → **annullation.**

infirme |ɛ̃fiʀm(ə)| *adj.* **1** [*qui est atteint d'infirmités* (*incurables*)] invalido; minorato: *demeurer infirme à la suite d'une blessure, d'un accident* rimanere invalido in seguito a una ferita, a un incidente → **mutilé, impotent, invalide** ✦ (*s.*) *les infirmes* gli invalidi; i minorati (fisici) **2** (*vx.*) [*qui manque de force*] malfermo (*cour.*) → **faible.**

infirmer |ɛ̃fiʀme| *v.tr.* **1** [*affaiblir* (*qqch.*) *dans son autorité, sa force, son crédit*] infirmare, invalidare: *infirmer une preuve, un témoignage* infirmare, invalidare una prova, una testimonianza → **affaiblir, diminuer** **2** (*dr.*) [*annuler ou réformer* (*une décision rendue par une juridiction inférieure*)] infirmare: *la cour d'appel a infirmé le jugement du tribunal de première instance* la corte d'appello ha infirmato la sentenza del tribunale di prima istanza 🄲 **confirmer.**

infirmerie |ɛ̃fiʀməʀi| *s.f.* infermeria: *infirmerie d'une caserne, d'un couvent, d'une école* infermeria di una caserma, di un convento, di una scuola.

infirmier, ière |ɛ̃fiʀmje, jɛʀ| *s.* infermiere: *infirmière diplômée* infermiera diplomata; *infirmiers militaires* infermieri militari ✦ (*appos.*) *sœur infirmière* suora infermiera.

infirmité |ɛ̃fiʀmite| *s.f.* **1** *une infir-*

mité infermità *inv.*, menomazione: *devenu sourd, il supportait mal son infirmité* diventato sordo, sopportava male la propria infermità, menomazione **2** (*littér.*) [*faiblesse*] debolezza: *l'infirmité humaine* l'umana debolezza.

infixe |ɛ̃fiks(ə)| *s.m.* (*ling.*) infisso.

inflammabilité |ɛ̃flamabilite| *s.f.* infiammabilità (*inv.*): *l'inflammabilité du soufre* l'infiammabilità dello zolfo.

inflammable |ɛ̃flamabl(ə)| *adj.* infiammabile: *l'essence est inflammable* la benzina è infiammabile.

inflammation |ɛ̃flamɑsjɔ̃| *s.f.* **1** (*rare*) [*action par laquelle une matière combustible s'enflamme et brûle*] infiammazione, l'infiammarsi *m.inv.* **2** (*méd.*) infiammazione, flogosi (*inv.*): *inflammation des amygdales* infiammazione delle tonsille; *symptômes d'inflammation* sintomi d'infiammazione, infiammatori.

inflammatoire |ɛ̃flamatwaʀ| *adj.* (*méd.*) infiammatorio*, flogistico*: *état inflammatoire* stato infiammatorio, flogistico.

inflation |ɛ̃flɑsjɔ̃| *s.f.* (*écon.*) inflazione: *politique qui mène à l'inflation* politica che conduce all'inflazione; *dévaluation consécutive à l'inflation* svalutazione conseguente all'inflazione [C] **déflation.**

inflationniste |ɛ̃flɑsjɔnist(ə)| *s.* inflazionista: *la politique des inflationnistes* la politica degli inflazionisti ♦ *adj.* inflazionistico*: *politique inflationniste* politica inflazionistica [C] **déflationniste.**

infléchi, ie |ɛ̃fleʃi| *adj.* **1** [*recourbé du dehors en dedans*] incurvato ◇ (*méd.*) introflesso: *rameaux infléchis* rami incurvati **2** (*sons*) inflesso: *voyelle infléchie* vocale inflessa [C] 1 **droit.**

infléchir |ɛ̃fleʃiʀ| **A** *v.tr.* **1** [*fléchir de manière à former une courbe*] (in)flettere (145); piegare: *infléchir les rayons lumineux* inflettere i raggi luminosi → **courber 2** [*modifier la direction, l'orientation de*] modificare, influenzare: *essayer d'infléchir la politique du gouvernement* tentare di modificare, di influenzare la politica del governo **B** *v.pron. intr.* S'INFLÉCHIR **1** [→ *tr.* 1] flettersi: *poutre surchargée qui s'infléchit* trave sovraccarica che si flette → **ployer 2** [→ *tr.* 2] spostarsi, slittare (*intr.*): *leur politique s'est infléchie à gauche* la loro politica si è spostata, è slittata a sinistra.

infléchissement |ɛ̃fleʃismɑ̃| *s.m.* [*modification légère; attenuation (d'un phénomène)*] modifica* *f.*; attenuazione *f.*

inflexibilité |ɛ̃flɛksibilite| *s.f.* (*rare*) inflessibilità *inv.* → **rigidité** ◇ (*fig.*) *l'inflexibilité d'un caractère* l'inflessibilità di un carattere.

inflexible |ɛ̃flɛksibl(ə)| *adj.* **1** (*rare*) inflessibile → **rigide 2** (*fig.*) inflessibile: *un homme inflexible* un uomo inflessibile; *il est resté inflexible* è rimasto inflessibile → 1 **ferme, intransigeant, inébranlable** ◇ (*choses*) *une volonté inflexible* una volontà inflessibile.

inflexiblement |ɛ̃flɛksibləmɑ̃| *adv.* [→ INFLEXIBLE] inflessibilmente.

inflexion |ɛ̃flɛksjɔ̃| *s.f.* **1** inflessione: *inflexion des rayons lumineux* inflessione dei raggi luminosi → **flexion** ◇ (*géom.*) *inflexion d'une courbe* inflessione di una curva ◇ (*spécialt.*) *saluer d'une légère inflexion de la tête* salutare con un leggero cenno del capo **2** [*changement subit d'accent ou de ton dans la voix*] inflessione ◇ (*ling.*) *inflexion vocalique* inflessione vocalica.

infliger |ɛ̃fliʒe| (3) *v.tr.* **1** [*appliquer (une peine matérielle ou morale)*] infliggere (110): *infliger un châtiment, une sanction* infliggere un castigo, una sanzione; *infliger une peine, une amende, une contravention* infliggere, comminare una pena, un'ammenda, una contravvenzione **2** [*faire subir*] infliggere: *il nous a infligé sa présence* ci ha inflitto la sua presenza # *infliger un affront* far subire un affronto; *infliger à qqn. un démenti formel* smentire qc. categoricamente.

inflorescence |ɛ̃flɔʀesɑ̃s| *s.f.* (*bot.*) infiorescenza: *inflorescence axillaire terminale* infiorescenza ascellare terminale ◇ [*groupe de fleurs ainsi formé*] *plantes à belles inflorescences bleues* piante con belle infiorescenze blu.

influençable |ɛ̃flyɑ̃sabl(ə)| *adj.* (*personnes*) influenzabile: *c'est un homme facilement influençable* è un uomo facilmente influenzabile.

influence |ɛ̃flyɑ̃s| *s.f.* **1** influenza, influsso (*m.*): *il a agi sous l'influence de la colère* ha agito sotto l'influenza, l'influsso della collera → 1 **effet 2** [*action (volontaire ou non) qu'une personne exerce sur qqn.*] influenza: *je compte sur votre influence pour le persuader* conto sulla vostra influenza per persuaderlo; *il a une mauvaise influence sur elle* ha una cattiva influenza su di lei; *tout le monde subit son influence* tutti subiscono la sua influenza; *il a beaucoup changé sous l'influence de son ami* ha cambiato parecchio sotto l'influenza, sotto l'influsso dell'amico → **ascendant, emprise,** 2 **pouvoir 3** [*pouvoir social de celui qui amène les autres à se ranger à son avis*] influenza: *cet homme a beaucoup d'influence* è un uomo che ha molta influenza; *user de son influence en faveur de qqn.* usare la propria influenza in favore di qc. → **autorité, crédit** # *trafic d'influence* millantato credito **4** [*action morale, intellectuelle*] influenza: *on sent dans ce livre l'influence de Sartre* in questo libro si avverte l'influenza di Sartre; *influence des lettres françaises à l'étranger* influenza delle lettere francesi all'estero **5** [*autorité politique d'un État*] influenza: *l'influence des États-Unis en Amérique du Sud* l'influenza degli Stati Uniti nell'America del Sud ♦ (*absolt.*) *sphère, zone d'influence* sfera, zona d'influenza.

influencer |ɛ̃flyɑ̃se| (2) *v.tr.* [*soumettre à son influence*] influenzare: *il se laisse facilement influencer* si lascia influenzare facilmente; *je ne veux pas influencer votre choix, votre décision* non voglio influenzare la vostra scelta, la vostra decisione.

influent, ente |ɛ̃flyɑ̃, ɑ̃t| *adj.* influente: *un personnage influent* un personaggio influente, un pezzo grosso; *il est très influent, il fait la pluie et le beau temps* è molto influente, fa il bello e il cattivo tempo → **important.**

influenza |ɛ̃flyɑ̃(ɛ̃)za| *s.f.* (*vieilli*) influenza → 2 **grippe.**

influer |ɛ̃flye| *v.intr.* INFLUER SUR (*en parlant des astres*) [*exercer son action sur*] esercitare *tr.* un'influenza su ◇ (*fig.*) [*exercer sur une personne ou une chose une action de nature à la modifier*] influire (197) (su).

influx |ɛ̃fly| *s.m.* **1** (*méd.*) influsso **2** [*fluide hypothétique transmettant une force, une action*] influsso → **influence.**

in-folio |infɔljo| *adj. inv.* (*imprim.*) in-folio (*loc.*): *format in-folio* formato in-folio ♦ (*s.m. inv.*) *l'in-folio* l'in-folio ◇ (*par ext.*) [*livre, volume in-folio*] *un gros, un énorme in-folio* un grosso, un enorme in-folio.

informateur, trice |ɛ̃fɔʀmatœʀ, tʀis| *s.* informatore*: *un informateur bien renseigné* un informatore ben ragguagliato.

informaticien, ienne |ɛ̃fɔʀmatisjɛ̃, jɛn| *s.* specialista di informatica; tecnico* di informatica.

informatif, ive |ɛ̃fɔʀmatif, iv| *adj.* informativo: *réunion informative* riunione informativa; *étiquetage informatif* etichettatura informativa.

information |ɛ̃fɔʀmɑsjɔ̃| *s.f.* **1** informazione: *j'ai pu recueillir d'utiles informations* ho potuto raccogliere informazioni utili ◇ (*par ext.*) [*ensemble des renseignements obtenus par qqn.*] *une information prodigieuse* un'informazione fenomenale **2** [→ INFORMER C] informazione: *homme politique en voyage d'information* uomo politico in viaggio d'informazione **3** [*renseignement qu'on porte à la connaissance d'une personne, d'un public*] informazione; notizia: *bulletin d'informations* bollettino d'informazioni → 1 **nouvelle** ‖ *informations politiques, sportives* notizie politiche, sportive; *informations données par la radio* notizie date per radio; *une information sensationnelle* una notizia sensazionale ◇ (*spécialt.*) LES INFORMATIONS: (*radio*) il giornale *m.sing.* radio; (*télév.*) il telegiornale *m. sing.* ◇ (*par ext.*) *agence d'information* agenzia d'informazioni; *service d'information* servizio informazioni; *journal d'information* giornale d'informazione **4** (*dr.*) istruttoria, inchiesta: *ouvrir une information* aprire un'istruttoria, fare una inchiesta; *information officielle, officieuse* inchiesta ufficiale, ufficiosa → **enquête 5** (*sc.*) informazione ◇ (*biol.*) *information génétique* informazione genetica.

informatique |ɛ̃fɔʀmatik| *s.f.* informatica*.

informatisation |ɛ̃fɔʀmatizɑsjɔ̃| *s.f.* [→ INFORMATISER] automatizzazione, computerizzazione.

informatiser |ɛ̃fɔʀmatize| **A** *v.tr.* [*traiter (un problème), organiser par les méthodes de l'informatique*] automatizzare, computerizzare **B** *v.pron. intr.* S'INFORMATISER [→ *tr.*] automatizzarsi, computerizzarsi.

informe |ɛ̃fɔʀm(ə)| *adj.* **1** informe: *pour Aristote la matière est informe* per Aristotele la materia è informe ◇ (*par ext.*) *ombres informes* [*dont on ne peut définir la forme*] ombre informi **2** [*dont la forme n'est pas achevée*] informe: *un essai, une statue encore informe* un saggio, una statua ancora informe **3** [*laid, mal formé*] informe: *vêtement informe* vestito informe.

informé, ée |ɛ̃fɔʀme| **1** *adj.* informato: *dans les milieux bien informés* negli ambienti ben informati → **averti 2** *s.m.* (*dr.*) *un plus ample informé* [*une information plus ample de l'affaire*] un supplemento di istruttoria ◇ (*loc.*) *jusqu'à plus ample informé* in attesa di maggiori informazioni.

informel, elle |ɛ̃fɔʀmɛl| *adj.* **1** (*bx-*

-*arts*) informale: *art abstrait informel* arte astratta informale ♦ (*s.m.*) *l'informel* l'informale **2** [*sans caractère officiel*] informale: *rencontres informelles* incontri informali.

informer |ɛ̃fɔʀme| **A** *v.tr.* **1** [*mettre au courant* (*qqn.*), *faire part à* (*qqn.*) *de qqch.*] informare: *informer qqn. d'un fait, d'une décision, d'un événement* informare qc. di un fatto, di una decisione, di un avvenimento ◇ (*loc.*) *être informé de, sur* essere informato di, su: *être informé sur une chose, une personne* essere informato su una cosa, una persona → **connaître, 1 savoir 2** (*philo.*) [*donner une forme, une structure, une signification à*] informare **B** *v.intr.* (*dr.*) [*faire une instruction en matière criminelle*] istruire (197) *tr.* un'inchiesta: *informer contre X* istruire un'inchiesta nei confronti di X **C** *v.pron. intr.* S'INFORMER [*se mettre au courant*] informarsi: *s'informer de la santé de qqn.* informarsi della, sulla salute di qc.; *s'informer si une place est libre* informarsi se un posto è libero; *informez-vous s'il est arrivé* si informi se è arrivato → **voir** ♦ *absolt.* [*recueillir des informations*] *chercher à s'informer* cercare di informarsi.

informulé, ée |ɛ̃fɔʀmyle| *adj.* [*qui n'est pas formulé*] inespresso, non formulato; *vœu informulé* voto inespresso, non formulato.

infortune |ɛ̃fɔʀtyn| *s.f.* **1** (*littér.*) [*mauvaise fortune*] sventura: *compagnon d'infortune* compagno di sventura; *s'apitoyer sur l'infortune d'autrui* impietosirsi sulle sventure altrui → **adversité, malheur** ◇ (*loc.*) *pour comble d'infortune* per colmo di sventura **2** [*revers de fortune*] sventura, disgrazia → **calamité, catastrophe.**

infortuné, ée |ɛ̃fɔʀtyne| *adj.* (*littér.*) [*qui est dans l'infortune*] sventurato → **malheureux** ♦ (*s.*) *les infortunés* gli sventurati, gli infelici.

infra- |ɛ̃fʀa| *préf.* (*signifiant 'inférieur, en dessous', correspond généralt. à*) infra: *infrarouge* infrarosso; *infrastructure* infrastruttura.

infra |ɛ̃fʀa| *adv.* (*sert à renvoyer à un passage qui se trouve plus loin dans un texte*) oltre, infra: *se reporter infra, page tant* vedi oltre, infra, pagina tot → **1 dessous (ci-dessous).**

infraction |ɛ̃fʀaksjɔ̃| *s.f.* **1** infrazione: *infraction à une règle, au règlement, à la discipline* infrazione a una norma, al regolamento, alla disciplina → **2 faute 2** [*violation d'une loi de l'État, qui est frappée d'une peine*] infrazione: *commettre une infraction* commettere un'infrazione.

infranchissable |ɛ̃fʀɑ̃ʃisabl(ə)| *adj.* [*qu'on ne peut franchir*] invalicabile, insuperabile: *obstacle, barrière, mur infranchissable* ostacolo, barriera, muro invalicabile, insuperabile → **insurmontable**; *distances infranchissables* distanze insuperabili ◇ (*fig.*) *difficulté infranchissable* difficoltà insuperabile → **insurmontable.**

infrangible |ɛ̃fʀɑ̃ʒibl(ə)| *adj.* (*littér.*) [*qui ne peut être brisé, détruit, rompu*] indistruttibile (*cour.*) → **solide.**

infrarouge |ɛ̃fʀaʀuʒ| *adj.* infrarosso ♦ (*s.m.*) *l'infrarouge et l'ultraviolet* l'infrarosso e l'ultravioletto.

infra-son |ɛ̃fʀasɔ̃| *s.m.* (*sc.*) infrasuono.

infrasonore |ɛ̃fʀasɔnɔʀ| *adj.* (*phys.*) infrasonoro: *ondes infrasonores* onde infrasonore.

infrastructure |ɛ̃fʀastʀyktyʀ| *s.f.* **1** infrastruttura → **fondation** ◇ (*aviat.*) infrastruttura **2** (*philo., sociol.*) infrastruttura **3** [*ensemble des équipements économiques et techniques*] infrastruttura: *infrastructure touristique* infrastruttura turistica # *travaux d'infrastructure* opere infrastrutturali **C** **superstructure.**

infrastructurel, elle |ɛ̃fʀastʀyktyʀɛl| *adj.* infrastrutturale: *ouvrages infrastructurels* opere infrastrutturali.

infra-visible |ɛ̃fʀavizibl(ə)| *adj.* infravisibile: *bactéries infra-visibles* batteri infravisibili.

infréquentable |ɛ̃fʀekɑ̃tabl(ə)| *adj.* infrequentabile, non frequentabile: *des gens infréquentables* persone infrequentabili.

infroissabilité |ɛ̃fʀwasabilite| *s.f.* (*rare*) [*qualité de ce qui est infroissable*] ingualcibilità *inv.* (*cour.*).

infroissable |ɛ̃fʀwasabl(ə)| *adj.* [*qui n'est pas froissable, qui est peu froissable*] ingualcibile: *tissu infroissable* tessuto ingualcibile.

infructueux, euse |ɛ̃fʀyktɥø, øz| *adj.* **1** infruttuoso: *recherches, tentatives infructueuses* [*sans succès*] ricerche infruttuose, tentativi infruttuosi → **inefficace, inutile 2** (*vx.*) [*stérile*] infruttifero.

infrutescence |ɛ̃fʀytesɑ̃s| *s.f.* (*bot.*) infruttescenza.

infule |ɛ̃fyl| *s.f.* (*antiq. rom.*) infula.

infumable |ɛ̃fymabl(ə)| *adj.* non fumabile, infumabile: *tabac, cigarette infumable* tabacco, sigaretta non fumabile, infumabile.

infundibuliforme |ɛ̃fɔ̃dibylifɔʀm(ə)| *adj.* (*sc.*) imbutiforme: *corolle infundibuliforme* corolla imbutiforme.

infundibulum |ɛ̃fɔ̃dibylɔm| *s.m.* (*anat.*) infundibolo.

infus, use |ɛ̃fy, yz| *adj.* **1** (*littér.*) infuso: *révélation innée et infuse dans notre esprit* rivelazione innata e infusa nel nostro spirito **2** (*théol.*) *science infuse* scienza infusa ◇ (*loc.*) *avoir la science infuse* avere la scienza infusa.

infuser |ɛ̃fyze| **A** *v.tr.* **1** [*laisser tremper* (*une substance*) *dans un liquide, afin qu'il se charge des principes qu'elle contient*] macerare, fare (103) un'infusione (di) → **2 macérer** ♦ (*au p.p.*) *boisson infusée* infuso *s.m.*, tisana *s.f.* → **infusion, 1 tisane 2** (*littér.*) [*faire pénétrer, communiquer*] trasfondere (146), fare una trasfusione (di) (*cour.*): *infuser du sang à qqn.* trasfondere sangue a qc., fare una trasfusione di sangue a qc. ◇ (*fig.*) *infuser un nouveau sang, du courage à qqn., à qqch.* infondere (146) nuova linfa, coraggio a qc., a q.c. **B** *v.intr.* [→ *tr.* 1] stare (104) in infusione, macerare.

infusibilité |ɛ̃fyzibilite| *s.f.* infusibilità *inv.*

infusible |ɛ̃fyzibl(ə)| *adj.* infusibile.

infusion |ɛ̃fyzjɔ̃| *s.f.* **1** infusione → **décoction 2** [*tisane de plantes* (*camomille, menthe, tilleul, verveine, etc.*)] infuso *m.*, infusione **3** (*théol.*) infusione: *l'infusion du Saint-Esprit* l'infusione dello Spirito Santo.

Infusoires |ɛ̃fyzwaʀ| *s.m.pl.* (*t. zool.*) Infusori.

ingagnable |ɛ̃gaɲabl(ə)| *adj.* (*choses*) [*qui ne peut être gagné*] invincibile, che non può essere vinto *loc.*

ingambe |ɛ̃gɑ̃b| *adj.* (*plais., vx.*) [*qui a un usage normal de ses jambes*] arzillo, in gamba (*loc. inv.*): *vieillard ingambe* vecchio arzillo → **2 alerte, gaillard.**

ingénier (s') |ɛ̃ʒenje| *v.pron. intr.* S'INGÉNIER À (+ *inf.*) [*mettre en jeu toutes les ressources de son esprit pour* (*imaginer, faire qqch.*)] ingegnarsi a (+ *inf.*): *il s'ingéniait à résoudre ce problème* si ingegnava a risolvere quel problema → **chercher, évertuer (s').**

ingénierie |ɛ̃ʒeniʀi| *s.f.* ingegneria industriale; engineering *m.inv.*

ingénieur |ɛ̃ʒenjœʀ| *s.m.* ingegnere: *ingénieur civil, électricien* ingegnere civile, elettrotecnico # *ingénieur agronome, chimiste* dottore in agraria, in chimica; *école d'ingénieurs* facoltà di ingegneria ♦ (*appos.*) *femme ingénieur* donna ingegnere.

ingénieusement |ɛ̃ʒenjøzmɑ̃| *adv.* [→ INGÉNIEUX] ingegnosamente.

ingénieux, euse |ɛ̃ʒenjø, øz| *adj.* **1** (*personnes*) ingegnoso: *un homme ingénieux* un uomo ingegnoso; *inventeur, ingénieux* inventore ingegnoso → **adroit, habile**; *le besoin rend ingénieux* il bisogno rende ingegnosi, aguzza l'ingegno **2** (*choses*) ingegnoso: *explication ingénieuse* spiegazione ingegnosa; *invention, trouvaille ingénieuse* invenzione ingegnosa, ritrovato ingegnoso → **génial.**

ingéniosité |ɛ̃ʒenjozite| *s.f.* ingegnosità *inv.*, ingegno (*m.*): *faire preuve d'ingéniosité* dar prova d'ingegnosità, d'ingegno → **2 adresse, habilité** ◇ (*par ext.*) (*choses*) *ingéniosité d'un projet* ingegnosità di un progetto.

ingénu, ue |ɛ̃ʒeny| *adj.* **1** (*littér.*) ingenuo (*cour.*): *jeune fille ingénue* ragazza ingenua → **naïf, simple, candide** ♦ (*s.*) *un ingénu* un ingenuo ◇ (*théât.*) *une ingénue* un'ingenua **2** (*dr. rom.*) ingenuo.

ingénuité |ɛ̃ʒenɥite| *s.f.* **1** ingenuità (*inv.*): *ingénuité de l'enfance* ingenuità dell'infanzia; *répondre avec ingénuité* rispondere con ingenuità → **naïveté, simplicité, candeur 2** (*dr. rom.*) ingenuità.

ingénument |ɛ̃ʒenymɑ̃| *adv.* [→ INGÉNU 1] ingenuamente: *répondre très ingénument à une question* rispondere molto ingenuamente a una domanda.

ingérence |ɛ̃ʒeʀɑ̃s| *s.f.* [→ 2 INGÉRER] ingerenza → **intervention, intrusion.**

1 **ingérer** |ɛ̃ʒeʀe| (8) *v.tr.* (*physiol.*) [*introduire par la bouche* (*dans les voies digestives*)] ingerire (197) → **avaler.**

2 **ingérer (s')** |ɛ̃ʒeʀe| (8) *v.pron. intr.* [*s'introduire indûment, sans en être requis ou en avoir le droit*] ingerirsi (197): *s'ingérer dans les affaires d'autrui* ingerirsi negli affari altrui → **entremettre (s'), immiscer (s').**

ingestion |ɛ̃ʒɛstjɔ̃| *s.f.* (*physiol.*) ingestione: *ingestion d'alcool* ingestione d'alcool; *ingestion et digestion* ingestione e digestione.

ingouvernable |ɛ̃guvɛʀnabl(ə)| *adj.* ingovernabile: *peuple ingouvernable* popolo ingovernabile.

ingrat, ate |ɛ̃gʀa, at| *adj.* **1** ingrato: *ingrat envers un bienfaiteur* ingrato verso un benefattore; *fils ingrat* figlio ingrato → **dénaturé, oublieux** ♦ (*s.*) *un ingrat* un ingrato: *une fille ingrate* una figlia ingrata **2** (*choses*) [*qui ne dédommage guère de la peine qu'il donne, des efforts qu'il coûte*] ingrato: *terre ingrate* terra ingrata; *nature ingrate* natura ingrata → **hostile**; *travail, sujet ingrat* lavoro, tema ingrato; *tâche ingrate* compito ingrato → **difficile, pénible, infructueux, stérile** **3** [*qui manque d'agrément, de grâce*] ingrato: *visage ingrat* viso ingrato; *mine ingrate* aspetto ingrato → **désagréable, disgracieux** ◇ (*par anal.*) *âge ingrat* [*celui de la puberté*] età ingrata Ⓒ 2 **fécond, fertile.**

ingratement |ɛ̃gʀatmɑ̃| *adv.* (*littér.*) [*avec ingratitude*] ingratamente.

ingratitude |ɛ̃gʀatityd| *s.f.* **1** ingratitudine: *acte d'ingratitude* atto d'ingratitudine **2** (*vx.*) [*caractère de ce qui est ingrat* (2)] infruttuosità *inv.* (*cour.*), sterilità *inv.* (*cour.*).

ingrédient |ɛ̃gʀedjɑ̃| *s.m.* ingrediente: *ingrédients d'un médicament, d'une boisson, d'une sauce, d'un mets* ingredienti di una medicina, di una bibita, di una salsa, di una pietanza.

ingression |ɛ̃gʀesjɔ̃| *s.f.* **1** (*géogr.*) ingressione **2** (*vx.*) → **incursion, invasion.**

inguérissable |ɛ̃geʀisabl(ə)| *adj.* **1** [*qui n'est pas guérissable*] inguaribile: *malade inguérissable* malato inguaribile # *maladie, plaie inguérissable* malattia, piaga incurabile → **condamné** **2** (*fig.*) [*sans remède*] insanabile: *douleur, chagrin inguérissable* dolore, dispiacere insanabile Ⓒ 1 **curable, guérissable.**

inguinal, ale, aux |ɛ̃gɥinal, o| *adj.* (*anat.*) inguinale: *région inguinale* regione inguinale; *ganglions inguinaux* gangli inguinali.

ingurgitation |ɛ̃gyʀʒitɑsjɔ̃| *s.f.* (*rare*) [→ INGURGITER] ingurgitamento *m.*

ingurgiter |ɛ̃gyʀʒite| *v.tr.* [*avaler avidement et en quantité*] ingurgitare: *le goinfre a tout ingurgité* il mangione ha ingurgitato tutto → **engloutir** ◇ (*plais.*) *il a dû ingurgiter en deux mois tout son programme* in due mesi ha dovuto mandar giù tutto il programma Ⓒ **régurgiter.**

inhabile |inabil| *adj.* **1** (*littér.*) inabile → **maladroit, incapable** **2** (*dr.*) inabile: *inhabile à contracter, à tester* inabile a contrattare, a testare → **incapable.**

inhabileté |inabilte| *s.f.* (*littér.*) [*manque d'habileté*] inabilità *inv.*, incapacità *inv.* (*cour.*) → **gaucherie, maladresse.**

inhabilité |inabilite| *s.f.* (*dr.*) inabilità (*inv.*): *inhabilité du mineur à tester* inabilità del minore a testare → **incapacité.**

inhabitable |inabitabl(ə)| *adj.* inabitabile: *maison inhabitable* casa inabitabile.

inhabité, ée |inabite| *adj.* inabitato, disabitato: *régions, terres, contrées inhabitées* regioni, terre, contrade inabitate, disabitate → **désert**; *appartement inhabité* appartamento disabitato, libero → **inoccupé, libre.**

inhabituel, elle |inabitɥɛl| *adj.* [*qui n'est pas habituel*] insolito: *il régnait dans la rue une animation inhabituelle* nella via regnava un'insolita animazione → **anormal, innaccoutumé.**

inhalateur, trice |inalatœʀ, tʀis| *adj.* [*que l'on emploie pour les inhalations*] inalatorio*: *appareil inhalateur* apparecchio inalatorio ◆ *s.m.* [*appareil servant aux inhalations*] inalatore: *inhalateur d'oxygène* respiratore di ossigeno.

inhalation |inalɑsjɔ̃| *s.f.* (*méd.*) inalazione: *inhalation d'éther, de chloroforme* inalazione di etere, di cloroformio ◆ *absolt.* [*aspiration par le nez de vapeurs qui désinfectent, décongestionnent*] *faire des inhalations* fare delle inalazioni → **fumigation.**

inhalatorium |inalatɔʀjɔm| *s.m.* (*méd.*) inalatorio*.

inhaler |inale| *v.tr.* (*méd.*) [*aspirer par inhalation*] inalare.

inharmonieusement |inaʀmɔnjøzmɑ̃| *adv.* (*littér.*) [→ INHARMONIEUX] disarmonicamente, inarmonicamente.

inharmonieux, euse |inaʀmɔnjø, øz| *adj.* (*littér.*) [*qui manque d'harmonie*] disarmonico*, inarmonico*.

inhérence |ineʀɑ̃s| *s.f.* (*philo.*) inerenza.

inhérent, ente |ineʀɑ̃, ɑ̃t| *adj.* **1** inerente: *les qualités inhérentes à la personne* le qualità inerenti alla persona → **essentiel, intrinsèque** **2** (*philo.*) inerente.

inhibé, ée |inibe| *adj.* (*physiol., psycho.*) inibito ◆ *s.* (*psycho.*) *un inhibé* un inibito → **complexé.**

inhiber |inibe| *v.tr.* **1** (*sujet de chose*) [*empêcher* (*qqn.*) *d'agir, de manifester ses sentiments, ses opinions*] inibire (197): *sa crainte d'être ridicule l'inhibe* la paura di apparire ridicolo lo inibisce **2** (*physiol., psycho.*) [*freiner, arrêter* (*dans son activité, son impulsion, son développement*); *causer l'inhibition de*] inibire.

inhibiteur, trice |inibitœʀ, tʀis| *adj.* (*physiol., psycho.*) inibitorio* ◆ *s.m.* (*chim.*) inibitore.

inhibition |inibisjɔ̃| *s.f.* **1** (*chim., physiol., psycho.*) inibizione **2** (*vx., dr.*) inibizione → 2 **défense, prohibition.**

inhospitalier, ière |inɔspitalje, jɛʀ| *adj.* [*qui n'est pas hospitalier*] inospitale: *peuple inhospitalier* popolazione inospitale; *pays inhospitalier* paese inospitale Ⓒ **accueillant, hospitalier** 2.

inhumain, aine |inymɛ̃, ɛn| *adj.* **1** (*littér.*) inumano, disumano: *traitement inhumain* trattamento inumano, disumano → **barbare** **2** [*qui n'a rien d'humain*] disumano, inumano: *un cri, un hurlement inhumain* un grido, un urlo disumano, inumano.

inhumainement |inymɛnmɑ̃| *adv.* (*littér.*) [→ INHUMAIN 1] inumanamente: *traiter inhumainement un prisonnier* trattare inumanamente un prigioniero.

inhumanité |inymanite| *s.f.* (*littér.*) inumanità (*inv.*): *acte d'inhumanité* atto di inumanità → **brutalité, cruauté.**

inhumation |inymɑsjɔ̃| *s.f.* [→ INHUMER] inumazione: *inhumation d'un cadavre* inumazione di un cadavere; *inhumation dans un caveau, une fosse* inumazione in una tomba di famiglia, in una fossa comune → **ensevelissement** Ⓒ **exhumation.**

inhumer |inyme| *v.tr.* [*mettre en terre* (*un corps humain*), *avec les cérémonies d'usage*] inumare: *inhumer un cadavre, un mort* inumare un cadavere, un morto → **ensevelir, enterrer** Ⓒ **exhumer.**

inia |inja| *s.f.* (*t.zool.*) inia.

inimaginable |inimaʒinabl(ə)| *adj.* inimmaginabile: *un désordre inimaginable* un disordine inimmaginabile → **extraordinaire, incroyable.**

inimitable |inimitabl(ə)| *adj.* inimitabile: *son style est inimitable* il suo stile è inimitabile; *il est inimitable dans ce domaine* in questo campo è inimitabile.

inimitié |inimitje| *s.f.* [*sentiment hostile*] inimicizia: *inimitié profonde* profonda inimicizia; *avoir, concevoir de l'inimitié pour, contre qqn.* avere, provare dell'inimicizia per qc. → **antipathie, hostilité** Ⓒ **amitié.**

ininflammabilité |inɛ̃flamabilite| *s.f.* non infiammabilità *inv.*, ininfiammabilità *inv.*

ininflammable |inɛ̃flamabl(ə)| *adj.* ininfiammabile, non infiammabile: *gaz, liquide, tissu ininflammable* gas, liquido, tessuto ininfiammabile; *rendre ininflammable* rendere ininfiammabile → **ignifuger.**

inintelligemment |inɛ̃teliʒamɑ̃| *adv.* [→ ININTELLIGENT] in modo inintelligente *loc. inv.*

inintelligence |inɛ̃teliʒɑ̃s| *s.f.* inintelligenza, mancanza di intelligenza # *inintelligence de qqch.* incomprensione di q.c. → **incompréhension.**

inintelligent, ente |inɛ̃teliʒɑ̃, ɑ̃t| *adj.* inintelligente, non intelligente: *raisonnement, acte inintelligent* ragionamento, atto inintelligente, poco intelligente → 1 **bête, sot** # *élève, enfant inintelligent* alunno, ragazzo ottuso.

inintelligibilité |inɛ̃te(ɛl)liʒibilite| *s.f.* inintelligibilità (*inv.*): *inintelligibilité d'un texte, d'un auteur* inintelligibilità di un testo, di un autore.

inintelligible |inɛ̃te(ɛl)liʒibl(ə)| *adj.* inintelligibile: *il marmonnait des mots inintelligibles* borbottava parole inintelligibili → **incompréhensible.**

inintelligiblement |inɛ̃te(ɛl)liʒibləmɑ̃| *adv.* [→ ININTELLIGIBLE] in modo inintelligibile *loc. inv.*, inintelligibilmente: *parler, bredouiller, marmonner inintelligiblement* parlare, farfugliare, borbottare in modo inintelligibile, inintelligibilmente → **confusément.**

inintéressant, ante |inɛ̃teʀɛsɑ̃, ɑ̃t| *adj.* [*dépourvu d'intérêt*] non interessante, privo di interesse.

ininterrompu, ue |inɛ̃tɛʀɔ̃py| *adj.* [*qui n'est pas interrompu* (*dans l'espace ou dans le temps*)] ininterrotto: *file ininterrompue de voitures* fila ininterrotta di auto; *série ininterrompue* serie ininterrotta; *un quart d'heure de musique ininterrompue* un quarto d'ora di musica ininterrotta → **continu** # *travailler de façon ininterrompue* [*sans interruption*] lavorare ininterrottamente.

inique |inik| *adj.* iniquo: *action inique, usurpatoire* azione iniqua, usurpatoria; *jugement, loi, impôt inique* sentenza, legge, imposta iniqua; *juge inique* giudice iniquo Ⓒ **équitable, juste.**

iniquement |inikmɑ̃| *adv.* (*littér.*) [→ INIQUE] iniquamente → **injustement.**

iniquité |inikite| *s.f.* **1** iniquità (*inv.*): *l'iniquité d'un jugement, d'une loi* l'iniquità di una sentenza, di una legge → **injustice** ◇ (*par ext.*) [*acte inique, chose inique*] iniquità **2** (*vx.*) → **péché** Ⓒ 1 **équité, justice.**

initial, ale, aux |inisjal, o| *adj.* **1** iniziale: *état initial* stato iniziale; *cause* *initiale* causa iniziale, prima → **premier**; *vitesse initiale d'un projectile* velocità iniziale di un proiettile → **originel, primitif** ◇ (*bot.*) *cellules initiales* cellule iniziali **2** (*spécialt.*) [*qui commence un mot*] iniziale: *lettre, voyelle, consonne initiale* lettera, vocale, consonante iniziale ✦ (*s.f.*) iniziale; sigla: *signer de ses initiales* firmare con le (proprie) iniziali ‖ *les initiales d'un organisme* la sigla di un ente → **sigle** Ⓒ 1 **final, terminal.**

initialement |inisjalmɑ̃| *adv.* [*dans la période initiale; au commencement, au début*] inizialmente: *initialement, nos projets étaient plus modestes* inizialmente, i nostri progetti erano più modesti.

initiateur, trice |inisjatœʀ, tʀis| *s.* iniziatore*: *les initiateurs d'un mouvement littéraire* gli iniziatori di un movimento letterario ✦ (*absolt.*) *un initiateur* un precursore *m.*, un innovatore* → **novateur, précurseur** ✦ (*adj.*) *un génie initiateur* un genio precursore, innovatore.

initiation |inisjɑsjɔ̃| *s.f.* **1** iniziazione: *les rites d'initiation dans les sociétés primitives* i riti d'iniziazione nelle società primitive **2** [*action de donner ou de recevoir les premiers éléments* (*d'une science, d'un art*)] iniziazione: *cours d'initiation aux mathématiques modernes* corso di iniziazione alla matematica moderna → **apprentissage.**

initiatique |inisjatik| *adj.* (*hist., sociol.*) iniziatico*: *rites, épreuves initiatiques* riti iniziatici, prove iniziatiche.

initiative |inisjativ| *s.f.* **1** iniziativa: *prendre l'initiative de* (*faire*) *qqch.* prendere l'iniziativa di (fare) q.c. ◇ (*par ext.*) *une initiative louable, hardie, malheureuse* un'iniziativa lodevole, ardita, infelice; *initiatives privées* iniziative private → 1 **action, intervention** **2** (*polit.*) iniziativa: *droit d'initiative* diritto d'iniziativa; *initiative populaire* iniziativa popolare; *le parlement a l'initiative des lois* il parlamento ha l'iniziativa legislativa # *syndicat d'initiative* azienda di soggiorno; pro loco **3** [*qualité de celui qui est disposé à entreprendre, à oser*] iniziativa: *esprit d'initiative* spirito d'iniziativa ◇ (*loc.*) *de sa propre initiative* di sua iniziativa, di propria iniziativa.

initié, ée |inisje| *s.* **1** [*personne qui a été initiée*] iniziato **2** [*personne qui est dans le secret*] iniziato: *une poésie ésotérique, faite pour des initiés* una poesia esoterica, fatta per gli iniziati.

initier |inisje| **A** *v.tr.* **1** [*admettre à la connaissance de choses d'accès difficile, réservée à des privilégiés*] iniziare: *initier qqn. aux secrets d'une affaire, aux arcanes de la politique* iniziare qc. ai segreti di un affare, ai misteri della politica → **révéler** ◇ (*par ext.*) *initier qqn. à la philosophie, à la musique* iniziare qc. alla filosofia, alla musica **2** [*admettre à la connaissance et à la participation de certains cultes ou rites secrets*] iniziare **B** *v.pron. intr.* S'INITIER À [*acquérir les premiers éléments de* (*un art, une science*)] acquisire (197) *tr.* le basi di, imparare (*tr.*): *s'initier à un métier, à une profession* acquisire le basi di un mestiere, di una professione → **instruire (s').**

injectable |ɛ̃ʒɛktabl(ə)| *adj.* [→ INJECTER] iniettabile: *produit, solution injectable* prodotto, soluzione iniettabile.

injecté, ée |ɛ̃ʒɛkte| *adj.* **1** [*coloré par l'afflux du sang*] congestionato; iniettato di sangue: *face injectée* viso congestionato ‖ *yeux injectés* occhi iniettati di sangue **2** (*méd., techn.*) iniettato: *organe injecté* organo iniettato.

injecter |ɛ̃ʒɛkte| *v.tr.* **1** [*introduire* (*un liquide en jet, un gaz sous pression*) *dans un organisme*] iniettare: *sérum artificiel injecté sous la peau, dans le sang* siero artificiale iniettato sotto la pelle, nel sangue **2** [*faire pénétrer* (*un liquide sous pression*) *dans un matériau*] iniettare: *injecter du ciment dans un ouvrage pour le consolider* iniettare del cemento in un'opera per consolidarla; *injecter de la créosote dans du bois* iniettare del creosoto nel legno.

injecteur, trice |ɛ̃ʒɛktœʀ, tʀis| **1** *s.m. et adj.* (*méd.*) iniettore *s.m.* ◇ *seringue injectrice* siringa da, per iniezione *loc.* **2** *s.m.* (*techn.*) iniettore: *injecteur d'huile lourde, d'essence* iniettore d'olio pesante, di benzina.

injection |ɛ̃ʒɛksjɔ̃| *s.f.* **1** [*introduction d'un fluide sous pression*] iniezione ◇ (*chir., méd.*) *injection rectale* iniezione rettale ◇ (*spécialt.*) [*piqûre*] *injection de novocaïne, de morphine* iniezione di novocaina, di morfina; *injection hypodermique, sous-cutanée, intraveineuse* iniezione ipodermica, sottocutanea, endovenosa; *aiguille, seringue à injection* ago, siringa per iniezione **2** [*le produit injecté*] iniezione: *ampoule contenant une injection de cocaïne* fiala contenente un'iniezione di cocaina **3** [*pénétration d'un liquide sous pression* (*dans une substance*)] iniezione: *ouvrage consolidé par injection de ciment* opera consolidata con iniezioni di cemento ◇ (*spécialt.*) *moteur à injection* motore a iniezione.

injonctif, ive |ɛ̃ʒɔ̃ktif, iv| *adj.* ingiuntivo: *loi injonctive* legge ingiuntiva ◇ [*qui convient à l'expression d'un ordre*] *forme injonctive du verbe* forma ingiuntiva del verbo.

injonction |ɛ̃ʒɔ̃ksjɔ̃| *s.f.* ingiunzione: *injonction menaçante* ingiunzione minacciosa → 1 **sommation**; *obtempérer, se rendre, résister à une injonction* ottemperare, cedere, resistere a un'ingiunzione → **commandement, 2 ordre** ◇ (*dr.*) ingiunzione.

injouable |ɛ̃ʒwabl(ə)| *adj.* [*qui ne peut être joué*] non rappresentabile: *pièce injouable* opera teatrale non rappresentabile.

injure |ɛ̃ʒyʀ| *s.f.* **1** ingiuria: *dire, adresser, proférer des injures* dire, rivolgere, proferire ingiurie; *en venir aux injures* passare alle ingiurie → **insulte** ◇ (*dr.*) ingiuria → **outrage** **2** (*littér.*) [*dommage causé par les éléments, le temps*] ingiuria, oltraggio* (*m.*): *l'injure des ans, du sort* l'ingiuria, l'oltraggio degli anni, della sorte **3** (*littér.*) [*offense grave et délibérée*] ingiuria → **affront, outrage** # *faire injure à qqn.* [*l'offenser*] offendere qc.

injurier |ɛ̃ʒyʀje| *v.tr.* [*couvrir d'injures*] ingiuriare: *injurier grossièrement qqn.* ingiuriare villanamente qc. → **insulter.**

injurieusement |ɛ̃ʒyʀjøzmɑ̃| *adv.* (*littér.*) [→ INJURIEUX 1] ingiuriosamente (*cour.*): *traiter qqn. injurieusement* trattare qc. ingiuriosamente.

injurieux, euse |ɛ̃ʒyʀjø, øz| *adj.* **1** ingiurioso: *paroles, termes injurieux* parole ingiuriose, termini ingiuriosi; *discours, écrit injurieux* discorso, scritto ingiurioso → **blessant, insultant, outrageant** **2** (*vx.*) → **injuste.**

injuste |ɛ̃ʒyst(ə)| *adj.* **1** (*personnes*) ingiusto: *un maître injuste* un maestro ingiusto; *vous avez été injuste envers vos amis* lei è stato ingiusto con i suoi amici **2** (*choses*) ingiusto: *sentence injuste* sentenza ingiusta; *châtiment injuste* punizione ingiusta → **inique, immérité, indu**; *impôt, partage injuste* imposta, divisione ingiusta; *il est injuste d'agir ainsi, qu'il agisse ainsi* è ingiusto agire così, che agisca così ✦ (*s.m.*) *le juste et l'injuste* il giusto e l'ingiusto **3** (*vx.*) [*qui résulte d'une erreur d'appréciation; qui est mal fondé*] ingiustificato (*cour.*).

injustement |ɛ̃ʒystəmɑ̃| *adv.* [→ INJUSTE 1, 2] ingiustamente.

injustice |ɛ̃ʒystis| *s.f.* **1** ingiustizia: *l'injustice des hommes* l'ingiustizia degli uomini → **iniquité** ✦ *absolt.* [*ce qui est injuste*] *haïr, abhorrer l'injustice* odiare, aborrire l'ingiustizia **2** [*acte, décision, jugement contraire à la justice*] ingiustizia: *l'injustice commise envers lui, l'injustice qu'on lui a faite* l'ingiustizia commessa verso di lui, l'ingiustizia che gli è stata fatta; *être victime d'une terrible injustice* essere vittima di una terribile ingiustizia.

injustifiable |ɛ̃ʒystifjabl(ə)| *adj.* ingiustificabile: *une politique injustifiable* una politica ingiustificabile → **inexcusable.**

injustifié, ée |ɛ̃ʒystifje| *adj.* ingiustificato: *une mesure, une réclamation injustifiée* un provvedimento, un reclamo ingiustificato; *une punition injustifiée* una punizione ingiustificata → **injuste.**

inlandsis |inlɑ̃dsis| *s.m.* (*géogr.*) inlandsis *inv.*, ghiacciaio* continentale.

inlassable |ɛ̃lɑsabl(ə)| *adj.* [*qui ne se lasse pas*] instancabile, infaticabile → **infatigable, patient.**

inlassablement |ɛ̃lɑsabləmɑ̃| *adv.* [→ INLASSABLE] instancabilmente, infaticabilmente: *recommencer inlassablement le même geste* ripetere instancabilmente, infaticabilmente il medesimo gesto.

inlay |inlɛ| *s.m.* (*angl.*) (*chir. dentaire*) intarsio* (dentario*).

inné, ée |in(n)e| *adj.* innato: *don, goût innée* dono, gusto innato; *qualité, disposition, inclination innée* qualità, disposizione, inclinazione innata → **naturel** ◇ (*philo.*) *idées innées* idee innate Ⓒ **acquis.**

innéité |in(n)eite| *s.f.* (*philo.*) innatismo (*m.*): *innéité des idées* innatismo delle idee.

innervation |in(n)ɛʀvɑsjɔ̃| *s.f.* (*anat.*) innervazione: *innervation de la face, de la main* innervazione del viso, della mano.

innerver |in(n)ɛʀve| *v.tr.* (*anat.*) [*fournir de nerfs*] innervare: *le nerf facial et le nerf trijumeau innervent la face* il nervo facciale e il trigemino innervano la faccia ✦ (*au p.p.*) *région du corps peu innervée, très innervée* regione del corpo poco innervata, molto innervata.

innocemment |inɔsamɑ̃| *adv.* [*avec innocence, sans faire ou sans vouloir faire le mal*] innocentemente.

innocence |inɔsɑ̃s| *s.f.* **1** innocenza → **pureté** ◇ [*état de celui, de celle qui* *ignore le mal*] innocenza → **candeur, ingénuité** ◇ (*loc.*) *en toute innocence* in tutta innocenza, ingenuamente **2** [*état d'une personne qui n'est pas coupable* (*d'une chose particulière*)] innocenza: *reconnaître, établir l'innocence de qqn.* riconoscere, accertare l'innocenza di qc. ◇ (*par ext., littér.*) [*les innocents*] gli innocenti *m. pl.* © 2 **culpabilité.**

innocent, ente |inɔsɑ̃, ɑ̃t| *adj.* **1** innocente → **pur** ◇ (*spécialt.*) [*qui ignore le mal*] innocente: *innocent comme l'enfant qui vient de naître* innocente come un bambino appena nato; *air innocent* aria innocente → **candide,** 1 **angélique** ✦ (*s.*) *un innocent* un innocente ◇ (*relig.*) *massacre des* (*saints*) *Innocents* strage degli Innocenti **2** [*qui est trop naïf*] ingenuo, sempliciotto: *il est bien innocent de croire ces balivernes* è molto ingenuo per credere a queste frottole → **crédule, niais** ✦ (*s.*) *un innocent* [*un simple d'esprit*] un ingenuo, un sempliciotto # *l'innocent du village* lo scemo del villaggio → **idiot** ◇ (*prov.*) *aux innocents les mains pleines* [*les simples sont heureux dans leurs entreprises*] la fortuna aiuta i semplici **3** [*qui n'est pas coupable*] innocente: *innocente victime* vittima innocente; *sang innocent* sangue innocente; *il est innocent du crime dont on l'accuse* è innocente del delitto di cui lo si accusa ✦ (*s.*) *un innocent* un innocente: *faire l'innocent* fare l'innocente **4** [*qui n'est pas blâmable*] innocente: *plaisirs innocents* divertimenti innocenti; *espiègleries, railleries innocentes* birichinate, beffe innocenti → **irrépréhensible** ◇ (*par anal.*) *jeux innocents* [*petits jeux de société*] giochi innocenti → **inoffensif, bon.**

innocenter |inɔsɑ̃te| *v.tr.* **1** [*déclarer innocent, non coupable*] assolvere (117); riconoscere (126), dichiarare innocente: *innocenter un accusé* assolvere un imputato; riconoscere, dichiarare un imputato innocente → **disculper** ◇ (*par ext.*) *cette déclaration du témoin l'innocente* la dichiarazione del teste lo assolve **2** [*considérer comme innocent*] scusare, perdonare → **absoudre, excuser, pardonner.**

innocuité |in(n)ɔkɥite| *s.f.* innocuità (*inv.*): *innocuité d'une substance toxique prise à faible dose* innocuità di una sostanza tossica presa in piccole dosi © **nocivité.**

innombrable |in(n)ɔ̃bʀabl(ə)| *adj.* **1** innumerevole: *troupe, foule innombrable* truppa, folla innumerevole → **considérable, nombreux 2** (*littér.*) → **multiforme.**

innominé, ée |in(n)ɔmine| *adj.* (*vx., anat.*) *os innominé, artère innominée* osso innominato, arteria innominata.

innommable |in(n)ɔmabl(ə)| *adj.* innominabile: *une conduite innommable* una condotta innominabile.

innom(m)é, ée |in(n)ɔme| *adj.* [*qui n'a pas reçu de nom, de dénomination*] innominato.

innovateur, trice |in(n)ɔvatœʀ, tʀis| *s.* innovatore*, rinnovatore*: *un innovateur hardi* un audace innovatore, rinnovatore → **novateur, promoteur** ✦ (*adj.*) *politique innovatrice* politica innovatrice.

innovation |in(n)ɔvɑsjɔ̃| *s.f.* innovazione: *aimer, craindre les innovations* amare, temere le innovazioni; *innovations scientifiques, techniques* innovazioni scientifiche, tecniche → **changement, nouveauté, découverte, invention.**

innover |in(n)ɔve| **A** *v.tr.* [*introduire dans une chose établie* (*qqch. de nouveau, d'encore inconnu*)] innovare, rinnovare: *innover une mode, une coiffure* innovare, rinnovare una moda, una pettinatura **B** *v.intr.* [*introduire qqch. de nouveau dans un domaine*] fare (103) *tr.*, introdurre (108) *tr.* delle innovazioni: *innover sur une époque, par rapport à une époque* fare delle innovazioni rispetto a un'epoca; *innover en art, en matière d'art* introdurre delle innovazioni in arte, in materia d'arte.

inobservable |inɔpsɛʀvabl(ə)| *adj.* inosservabile, che è impossibile osservare (*loc.*): *phénomène inobservable* fenomeno che è impossibile osservare.

inobservance |inɔpsɛʀvɑ̃s| *s.f.* (*littér.*) inosservanza (*cour.*): *l'inobservance de la règle* l'inosservanza della norma.

inobservation |inɔpsɛʀvɑsjɔ̃| *s.f.* (*dr., littér.*) [*action de ne pas observer, de ne pas se conformer à*] inosservanza, inadempienza: *inobservation des règles, des conventions* inosservanza delle regole, delle convenzioni; *inobservation d'un contrat* inadempienza contrattuale → **inexécution.**

inobservé, ée |inɔpsɛʀve| *adj.* (*dr., littér.*) inosservato (*cour.*).

inoccupation |inɔkypɑsjɔ̃| *s.f.* (*littér.*) [*état d'une personne inoccupée, d'une chose inoccupée*] inoperosità *inv.*

inoccupé, ée |inɔkype| *adj.* **1** [*où il n'y a personne*] libero: *appartement inoccupé* appartamento libero → **vacant, vide, inhabité 2** [*qui n'a pas d'occupation*] inoperoso: *personne, vie inoccupée* persona, vita inoperosa → **désœuvré, oisif** ✦ (*s.*) *un inoccupé* uno sfaccendato.

in-octavo |inɔktavo| *adj. inv.* (*imprim.*) in ottavo: *le format in-octavo* (*in-8°*) il formato in ottavo (in-8°); *livre in-octavo* libro in ottavo ✦ (*s.m. inv.*) *l'in-octavo* l'in ottavo.

inoculable |inɔkylab(ə)| *adj.* inoculabile: *la rage est facilement inoculable* la rabbia è facilmente inoculabile.

inoculation |inɔkylɑsjɔ̃| *s.f.* (*méd.*) inoculazione: *inoculation d'un microbe, d'un virus* inoculazione di un microbo, di un virus ◇ (*spécialt.*) *inoculation volontaire, immunisante* inoculazione volontaria, immunizzante → **vaccin, vaccination.**

inoculer |inɔkyle| *v.tr.* **1** (*méd.*) [*introduire dans l'organisme par inoculation* (*les germes d'une maladie*)] inoculare: *inoculer la fièvre typhoïde, la vaccine* inoculare il tifo, il vaiolo → **vacciner** ◇ (*par ext.*) *inoculer qqn.* [*lui inoculer une maladie*] inoculare una malattia a qc. **2** (*fig.*) [*communiquer, transmettre* (*un sentiment, une idée, que l'on compare à un virus*)] inoculare: *il lui a inoculé son vice* gli ha inoculato il proprio vizio.

inodore |inɔdɔʀ| *adj.* inodoro: *l'hydrogène, gaz inodore* l'idrogeno, gas inodoro; *fleur inodore* fiore inodoro ◇ (*loc. plais.*) *incolore, inodore et sans saveur* [*sans aucun intérêt*] che non sa di niente.

inoffensif, ive |inɔfɑ̃sif, iv| *adj.* inoffensivo, innocuo: *n'ayez pas peur, ce chien est absolument inoffensif* non abbiate paura, questo cane è assolutamente inoffensivo, innocuo ◇ (*par ext.*) innocuo: *plaisanterie inoffensive* scherzo innocuo → **anodin, bénin** © **dangereux, nuisible.**

inondable |inɔ̃dabl(ə)| *adj.* [→ INONDER 1] soggetto a inondazione, ad allagamento: *terres inondables* terre soggette a inondazione, ad allagamento.

inondation |inɔ̃dɑsjɔ̃| *s.f.* **1** [→ INONDER 1] inondazione, alluvione: *les inondations périodiques du Nil* le inondazioni, alluvioni periodiche del Nilo **2** [*grande quantité d'eau qui se répand*] allagamento (*m.*): *il y a une inondation dans la salle de bains* c'è un allagamento nel bagno **3** (*fam.*) [*grande quantité de liquide renversé*] allagamento: *quelle inondation!* che allagamento! **4** (*fig.*) [*afflux massif*] inondazione, invasione: *une inondation de produits étrangers sur les marchés nationaux* un'inondazione, un'invasione di prodotti esteri sui mercati nazionali → **invasion.**

inondé, ée |inɔ̃de| *adj.* **1** inondato, allagato: *vallée inondée* valle inondata, allagata **2** (*personnes*) [*qui subit les effets d'une inondation*] alluvionato: *les populations inondées* le popolazioni alluvionate ✦ (*s.*) *les inondés* gli alluvionati → **sinistré** ◇ (*par exagér.*) [*trempé*] zuppo, bagnato fradicio*: *quelle averse! nous étions inondés!* che acquazzone! eravamo tutti zuppi, bagnati fradici!

inonder |inɔ̃de| *v.tr.* **1** [*couvrir d'eaux qui débordent ou affluent*] inondare, allagare: *le fleuve a inondé les prés* il fiume ha inondato, allagato i prati **2** (*par exagér.*) [*mouiller abondamment*] inondare: *il s'inondait les cheveux de parfum* si inondava i capelli di profumo → **arroser, tremper 3** [*envahir*] inondare, invadere (153): *inonder un pays de produits* inondare un paese di prodotti; *les articles en matière plastique inondent le marché* gli articoli di plastica invadono il mercato **4** (*fig.*) [*submerger, remplir*] inondare, pervadere (153): *tendresse, joie qui inonde l'âme, le cœur* tenerezza, gioia che inonda, pervade l'anima, il cuore.

inopérable |inɔpeʀabl(ə)| *adj.* inoperabile: *blessé inoperable* ferito inoperabile.

inopérant, ante |inɔpeʀɑ̃, ɑ̃t| *adj.* inoperante: *mesures inopérantes* misure inoperanti → **inefficace.**

inopiné, ée |inɔpine| *adj.* [*qui arrive alors qu'on ne s'y attendait pas*] improvviso, inatteso; inopinato (*littér.*): *mort inopinée* morte improvvisa; *nouvelle inopinée* notizia inattesa → **surprenant.**

inopinément |inɔpinemɑ̃| *adv.* [→ INOPINÉ] all'improvviso *loc. inv.*, inopinatamente: *arriver inopinément chez qqn.* arrivare all'improvviso a casa di qc.

inopportun, une |inɔpɔʀtœ̃, yn| *adj.* inopportuno: *demande, requête inopportune* domanda, richiesta inopportuna; *le moment est inopportun* il momento è inopportuno → **déplacé, intempestif.**

inopportunément |inɔpɔʀtynemɑ̃| *adv.* (*littér.*) [→ INOPPORTUN] inopportunamente (*cour.*) → **contretemps (à).**

inopportunité |inɔpɔʀtynite| *s.f.* inopportunità *inv.*

inopposabilité |inɔpozabilite| *s.f.* (*dr.*) non opponibilità *inv.*

inopposable |inɔpozabl(ə)| *adj.*

(dr.) non opponibile: acte inopposable aux tiers atto non opponibile ai terzi.

inorganique |inɔʀganik| adj. (sc.) inorganico*: corps, composés inorganiques corpi, composti inorganici.

inorganisé, ée |inɔʀganize| adj. 1 (sc.) inorganico* → **inorganique** 2 non iscritto a un sindacato, a un partito.

inoubliable |inublijabl(ə)| adj. [que l'on ne peut oublier] indimenticabile: fait inoubliable un fatto indimenticabile; ce fut une journée inoubliable fu una giornata indimenticabile → **mémorable.**

inouï, ïe |inwi| adj. 1 [extraordinaire] inaudito: avec une violence inouïe con una violenza inaudita → **incroyable** ◇ (fam.) il est inouï è fantastico, è incredibile 2 (vieilli) [dont on n'a jamais entendu parler] des honneurs inouïs onori eccezionali (cour.) → **inconnu** 3 (littér.) [qu'on n'a jamais entendu] nuovo (cour.): accents, accords inouïs nuovi accenti, nuovi accordi.

inox |inɔks| adj. inv. et s.m. (abrév. d'"acier inoxydable") → **inoxydable.**

inoxydable |inɔksidabl(ə)| adj. inossidabile: alliage, métal inoxydable lega, metallo inossidabile; couteaux, couverts inoxydables coltelli, posate in acciaio inossidabile ✦ (s.m.) l'inoxydable l'acciaio* inossidabile (adj.): c'est de l'inoxydable è acciaio inossidabile.

in(-)pace |inpas(tʃ)e| s.m. inv. (lat.) [cachot, prison d'un couvent, où on enfermait à perpétuité certains coupables scandaleux] segreta f.var.

in partibus |inpaʀtibys| loc. adj. (lat.) in partibus ◇ (fig., fam.) [sans fonction réelle] (puramente) nominale adj. (cour.): professeur, ministre in partibus professore, ministro (puramente) nominale.

in petto |inpe(ɛt)to| loc. adv. (littér., plais.) [dans le secret du cœur, à part soi] nell'intimo (cour.) → **intérieurement.**

in-plano |inplano| adj. inv. (lat.) (imprim.) atlantico* (var.): format in-plano formato atlantico ✦ (s.m. inv.) l'in-plano il formato var. atlantico.

input |input| s.m. (angl.) (électron., informatique) input inv., (introduzione f. dei) dati pl. → 1 **entrée** Ⓒ **output.**

inqualifiable |ɛ̃kalifjabl(ə)| adj. inqualificabile: action, conduite inqualifiable azione, comportamento inqualificabile → **indigne.**

inquart |ɛ̃kaʀ| s.m., **inquartation** |ɛ̃kaʀtɑsjɔ̃| s.f., **quartation** |kaʀtɑsjɔ̃| s.f. (techn.) inquartazione f.

inquarter |ɛ̃kaʀte| v.tr. [pratiquer l'inquartation] inquartare.

in-quarto |inkwaʀto| adj. inv. (imprim.) in quarto: format in-quarto formato in quarto; livre in-quarto libro in quarto ✦ (s.m. inv.) l'in-quarto l'in quarto.

inquiet, ète |ɛ̃kjɛ, ɛt| adj. 1 inquieto, preoccupato: elle est inquiète de votre silence è inquieta, preoccupata per il vostro silenzio; je suis inquiet à son sujet, sur son sort sono preoccupato per lui, per la sua sorte; c'est un esprit, un caractère inquiet è uno spirito, un carattere inquieto → **anxieux, soucieux, tourmenté** 2 (littér.) (choses) [empreint d'inquiétude] inquieto (cour.), preoccupato (cour.): expression inquiète espressione inquieta, preoccupata # attente inquiète attesa febbrile 3 (littér.) [qui n'est jamais satisfait de sa situation, de son état] irrequieto, insoddisfatto ◇ (par ext.) curiosité, ambition inquiète curiosità, ambizione insoddisfatta → **insatisfait.**

inquiétant, ante |ɛ̃kjetɑ̃, ɑ̃t| adj. [→ INQUIÉTER A 1] inquietante, preoccupante: affaire, situation, nouvelle inquiétante faccenda, situazione, notizia inquietante, preoccupante → **alarmant**; avenir inquiétant avvenire inquietante, preoccupante → **sombre**; l'état du malade est inquiétant lo stato del malato è preoccupante → **grave**; mine, expression inquiétante aspetto, espressione inquietante Ⓒ **rassurant.**

inquiéter |ɛ̃kjete| (8) **A** v.tr. 1 [remplir d'inquiétude, rendre inquiet (qqn.)] preoccupare, impensierire (197): sa santé m'inquiète la sua salute mi preoccupa, mi impensierisce; vous m'inquiétez lei mi preoccupa, mi impensierisce → **alarmer, tourmenter** 2 [troubler par des attaques, des démonstrations hostiles] disturbare # la région n'a pas été inquiétée par l'ennemi la zona non ha subìto azioni di disturbo da parte del nemico 3 (littér., vx.) [troubler la quiétude, la tranquillité de, ne pas laisser en repos] turbare (cour.) ◇ (spécialt.) depuis son acquittement, la police ne l'a plus inquiété da quando è stato assolto, la polizia non gli ha dato più fastidio **B** v.pron. intr. S'INQUIÉTER 1 [commencer à être inquiet] preoccuparsi: il s'inquiète à votre sujet si preoccupa per voi → **soucier (se)**; ne vous inquiétez pas non si preoccupi, stia tranquillo; il n'y a pas de quoi s'inquiéter non c'è di che preoccuparsi 2 S'INQUIÉTER DE [se préoccuper, prendre soin, s'enquérir de] preoccuparsi di: sans s'inquiéter des conséquences senza preoccuparsi delle conseguenze Ⓒ A 1 **rassurer.**

inquiétude |ɛ̃kjetyd| s.f. **I** 1 inquietudine, apprensione: cruelle, vive inquiétude crudele, viva inquietudine, apprensione → **affolement, anxiété,** 1 **souci** ◇ (loc.) inquiétude sur, au sujet de inquietudine, preoccupazione per ~ son état me donne de l'inquiétude il suo stato mi preoccupa ~ être dans l'inquiétude essere preoccupato ~ soyez sans inquiétude [ne vous inquiétez pas] stia tranquillo, non si preoccupi 2 une, des inquiétude(s) preoccupazione: j'ai des inquiétudes [des sujets d'inquiétude] ho delle preoccupazioni # j'ai des inquiétudes à ce sujet sono preoccupato al riguardo, la cosa mi preoccupa **II** (littér., vieilli, philo.) inquietudine, angoscia*: inquiétude religieuse, métaphysique inquietudine, angoscia religiosa, metafisica ◇ (pathol.) ansia.

inquisiteur, trice |ɛ̃kizitœʀ, tʀis| 1 s.m. inquisitore ◇ (spécialt.) Inquisiteur (de la foi) Inquisitore 2 adj. [qui interroge indiscrètement, de façon autoritaire] inquisitore*: questions inquisitrices domande inquisitrici; un regard inquisiteur uno sguardo inquisitore.

inquisition |ɛ̃kizisjɔ̃| s.f. 1 (Tribunal de l') Inquisition (Tribunale dell') Inquisizione ◇ (par ext.) [les membres de ce tribunal] Inquisizione: la Sainte Inquisition la Santa Inquisizione → **inquisiteur, saint-office** 2 (littér.) [enquête ou recherche rigoureuse et vexatoire, entachée d'arbitraire] inquisizione: l'inquisition fiscale l'inquisizione fiscale 3 (vx.) → **enquête, recherche.**

inquisitorial, ale, aux |ɛ̃kizitɔʀjal, o| adj. [qui rapporte à l'Inquisition] inquisitore*, inquisitorio*: juges inquisitoriaux giudici inquisitori; procédure inquisitoriale procedura inquisitoria.

inracontable |ɛ̃ʀakɔ̃tabl(ə)| adj. [qu'on ne peut raconter] inesprimibile, indicibile: joie inracontable gioia inesprimibile, indicibile → **inénarrable** # un film inracontable un film impossibile da raccontare.

insaisissabilité |ɛ̃sezisabilite| s.f. (dr.) insequestrabilità inv., impignorabilità inv.

insaisissable |ɛ̃sezisabl(ə)| adj. 1 (dr.) impignorabile, insequestrabile: bien de famille inaliénable et insaisissable bene di famiglia inalienabile e impignorabile 2 [qu'on ne peut saisir, appréhender] inafferrabile: fugitif insaisissable fuggiasco inafferrabile 3 (fig.) poursuivre une image insaisissable inseguire un'immagine fuggente, inafferrabile 4 [qui ne peut être saisi, perçu, apprécié] inafferrabile, impercettibile: discerner des nuances insaisissables discernere sfumature inafferrabili, impercettibili → **indiscernable.**

insalissable |ɛ̃salisabl(ə)| adj. (rare) [qui ne peut être sali] non sporchevole.

insalivation |ɛ̃salivɑsjɔ̃| s.f. insalivazione.

insalubre |ɛ̃salybʀ(ə)| adj. insalubre, malsano: climat insalubre clima insalubre; logement insalubre alloggio malsano → **malsain** ◇ (dr.) industries insalubres attività insalubri.

insalubrité |ɛ̃salybʀite| s.f. insalubrità inv.

insane |ɛ̃san| adj. (littér.) insano (cour.): des projets insanes progetti insani → **absurde, insensé.**

insanité |ɛ̃sanite| s.f. 1 [manque de saine raison; caractère de ce qui est déraisonnable] insania (littér.) → **folie** # l'insanité de ses propos la sconclusionatezza dei suoi discorsi 2 [action ou parole sotte, insensée] sciocchezza: un tissu d'insanités un cumulo di sciocchezze; dire des insanités dire sciocchezze → **ineptie, bêtise.**

insatiabilité |ɛ̃sasjabilite| s.f. (littér.) insaziabilità inv. (cour.) → **avidité** ◇ (par ext.) l'insatiabilité d'un désir, d'une haine l'insaziabilità di un desiderio, di un odio.

insatiable |ɛ̃sasjabl(ə)| adj. insaziabile, inestinguibile: faim insatiable fame insaziabile; soif insatiable sete inestinguibile ◇ (fig.) avidité, curiosité insatiable avidità, curiosità insaziabile → **dévorant, inextinguible.**

insatiablement |ɛ̃sasjabləmɑ̃| adv. [→ INSATIABLE] insaziabilmente.

insatisfaction |ɛ̃satisfaksjɔ̃| s.f. insoddisfazione: manifester son insatisfaction manifestare la propria insoddisfazione → **mécontentement.**

insatisfait, aite |ɛ̃satisfɛ, ɛt| adj. [qui n'est pas satisfait] insoddisfatto: homme exigeant, sans cesse insatisfait uomo esigente, eternamente insoddisfatto ✦ (s.) un éternel insatisfait un eterno insoddisfatto → **mécontent** ◇ (par ext.) (choses) insoddisfatto: passion insatisfaite passione insoddisfatta → **inassouvi.**

insaturable |ɛ̃satyʀabl(ə)| adj. insaturabile.

inscriptible |ɛ̃skʀiptibl(ə)| *adj.* (*géom.*) inscrivibile.

inscription |ɛ̃skʀipsjɔ̃| *s.f.* **1** iscrizione; scritta: *inscription funéraire* iscrizione funeraria → **épigraphe** || *murs couverts d'inscriptions* muri coperti di scritte ◇ [*courte indication écrite destinée à informer le public*] scritta: *écriteau portant une inscription* cartello recante una scritta **2** [*action d'inscrire* (*qqn., qqch.*) *sur un registre, une liste; ce qui est inscrit*] iscrizione: *inscription d'un nom sur un registre* iscrizione di un nome in (su) un registro; *inscription d'une question à l'ordre du jour* iscrizione, inserimento di un argomento all'ordine del giorno; *inscription d'un étudiant dans une faculté* studente che effettua l'iscrizione, si iscrive a una facoltà → **immatriculation** ◇ (*mar.*) *inscription maritime* iscrizione nel registro dei marittimi ~ (*dr.*) *inscription de faux, en faux* impugnazione di falso ~ *inscription des privilèges et hypothèques* iscrizione di privilegi e ipoteche.

inscrire |ɛ̃skʀiʀ| (51) **A** *v.tr.* **1** [*écrire, graver* (*sur la pierre, le marbre, le métal*)] incidere (130): *inscrire une épitaphe sur une tombe* incidere un epitaffio su una tomba ◇ (*fig., littér.*) *les rides ont inscrit son âge sur son front* le rughe gli hanno impresso l'età sulla fronte → **indiquer, marquer 2** [*écrire* (*ce qui ne doit pas être oublié*)] segnare, iscrivere (182): *inscrire une date sur un cahier* segnare, annotare una data su un quaderno; *inscrire une dépense au budget* iscrivere una spesa nel bilancio; *inscrire un acte sur un registre* iscrivere un atto in un registro; *inscrire son nom, le nom de qqn. sur une liste* iscrivere il proprio nome, il nome di qc. in un elenco → **noter**; *inscrire une recrue* iscrivere una recluta → **enrôler, immatriculer 3** (*math.*) [*tracer dans l'intérieur d'une figure*] iscrivere (182): *inscrire un triangle dans un cercle* inscrivere un triangolo in un cerchio **B** *v.pron.* S'INSCRIRE **1** *réfl.* [*inscrire ou faire inscrire son nom*] iscriversi: *s'inscrire à un club, à un parti* iscriversi a un club, a un partito ✦ (*au p.p.*) *les inscrits* gli iscritti **2** *intr.* (*fig., littér.*) *s'inscrire dans la mémoire* imprimersi (124), scolpirsi (197) nella memoria **3** *réfl.* (*dr.*) *s'inscrire en faux* impugnare *tr.* di falso; *s'inscrire en faux contre qqch.* [*y opposer un démenti, une dénégation*] impugnare q.c. **4** *intr.* (*math.*) [→ *tr.* 3] *triangle qui s'inscrit dans un cercle* triangolo che si inscrive in un cerchio **5** *intr.* (*fig.*) *projet qui s'inscrit dans une réforme générale* progetto che si inserisce, si inquadra in una riforma generale.

inscrit, ite |ɛ̃skʀi, it| *adj.* **1** (*personnes*) iscritto ✦ (*s.*) *les inscrits* gli iscritti **2** (*géom.*) inscritto: *angle inscrit* angolo inscritto; *cercle inscrit* cerchio inscritto.

inscrivant, ante |ɛ̃skʀivɑ̃, ɑ̃t| *s.* (*dr.*) chi richiede l'iscrizione di un'ipoteca *loc.*

insculper |ɛ̃skylpe| *v.tr.* [*frapper, marquer d'un poinçon*] punzonare.

insécable |ɛ̃sekabl(ə)| *adj.* (*littér.*) insecabile (*rare*).

insectarium |ɛ̃sɛktaʀjɔm| *s.m.* (*rare*) insettario*.

insecte |ɛ̃sɛkt(ə)| *s.m.* insetto.

insecticide |ɛ̃sɛktisid| *adj.* insetticida: *poudre insecticide* polvere insetticida ✦ (*s.m.*) *un insecticide* un insetticida.

insectifuge |ɛ̃sɛktifyʒ| *adj.* insettifugo* ✦ (*s.m.*) *un insettifuge* un insettifugo.

insectivore |ɛ̃sɛktivɔʀ| *adj.* insettivoro: *oiseau insectivore* uccello insettivoro; *plante insectivore* pianta insettivora ✦ *s.m.pl.* (*t.zool.*) *les Insectivores* gli Insettivori.

insécurité |ɛ̃sekyʀite| *s.f.* [*manque de sécurité*] insicurezza: *vivre dans l'insécurité* vivere nell'insicurezza ◇ (*spécialt.*) *zone d'insécurité* [*en temps de guerre*] terra di nessuno.

in-seize |insɛz| *adj. inv.* (*imprim.*) in sedicesimo: *volume in-seize* (*in-16*) volume in sedicesimo ✦ (*s.m. inv.*) *des in-seize* degli in sedicesimo.

insémination |ɛ̃seminɑsjɔ̃| *s.f.* (*biol.*) inseminazione: *insémination artificielle* inseminazione artificiale.

inséminer |ɛ̃semine| *v.tr.* [*féconder par l'insémination artificielle*] inseminare.

insensé, ée |ɛ̃sɑ̃se| *adj.* **1** insensato: *idées, passions insensées* idee, passioni insensate; *projet insensé* progetto insensato; *c'est insensé* è insensato → **absurde, extravagant, déraisonnable 2** (*fam.*) [*très bizarre*] stravagante: *un mobilier insensé* un mobilio stravagante **3** (*vx.*) → **fou.**

insensibilisation |ɛ̃sɑ̃sibilizɑsjɔ̃| *s.f.* [→ INSENSIBILISER] desensibilizzazione → **anesthésie.**

insensibiliser |ɛ̃sɑ̃sibilize| *v.tr.* [*rendre insensible*] desensibilizzare: *insensibiliser les nerfs d'une dent* desensibilizzare i nervi di un dente → **anesthésier** ◇ (*par ext.*) (*personnes*) anestetizzare: *insensibiliser un malade avant de l'opérer* anestetizzare un malato prima di operarlo → **endormir.**

insensibilité |ɛ̃sɑ̃sibilite| *s.f.* **1** [*absence de sensibilité physique*] insensibilità (*inv.*): *insensibilité d'un nerf, d'un organe* insensibilità di un nervo, di un organo **2** [*absence de sensibilité morale*] insensibilità: *son insensibilité aux malheurs d'autrui* la sua insensibilità alle disgrazie altrui → **indifférence.**

insensible |ɛ̃sɑ̃sibl(ə)| *adj.* **I 1** insensibile: *nerf insensible* nervo insensibile; *insensible au froid, à la chaleur* insensibile al freddo, al caldo **2** [*qui n'a pas de sensibilité morale; qui n'a pas ou peu d'émotions*] insensibile: *dur et insensible* duro e insensibile; *insensible aux compliments* insensibile ai complimenti; *insensible à la poésie* insensibile alla poesia; *demeurer insensible aux prières, aux supplications* rimanere insensibile alle preghiere, alle suppliche → **froid, impassible, indifférent, impitoyable 3** (*littér., vx.*) [*qui n'a pas de sensibilité physique*] insensibile → **inanimé II 1** [*qu'on ne sent, qu'on ne perçoit pas*] insensibile → **imperceptible 2** (*spécialt.*) [*qui est graduel, progressif*] insensibile: *mouvement insensible* movimento insensibile; *pente insensible* pendio insensibile.

insensiblement |ɛ̃sɑ̃sibləmɑ̃| *adv.* [→ INSENSIBLE II 2] insensibilmente, impercettibilmente: *l'aiguille de l'horloge avance insensiblement* la lancetta dell'orologio avanza insensibilmente, impercettibilmente.

inséparabilité |ɛ̃sepaʀabilite| *s.f.* inseparabilità *inv.*

inséparable |ɛ̃sepaʀabl(ə)| *adj.* (*choses*) inseparabile, inscindibile: *la foi est inséparable de la contrition* la fede è inseparabile, inscindibile dalla contrizione → **joint, inhérent** # *attribut inséparable d'un être* attributo intrinseco di un essere ◇ (*personnes*) inseparabile: *deux amis inséparables* due amici inseparabili ✦ (*s.*) *deux inséparables* due inseparabili.

inséparablement |ɛ̃sepaʀabləmɑ̃| *adv.* [→ INSÉPARABLE] inseparabilmente: *inséparablement unis* inseparabilmente uniti.

insérable |ɛ̃seʀabl(ə)| *adj.* [*qui peut être inséré* (*dans qqch.*)] inseribile.

insérer |ɛ̃seʀe| (8) **A** *v.tr.* **1** [*introduire* (*une chose*) *dans une autre de façon à incorporer*] inserire (197): *insérer un feuillet dans un livre* inserire un foglietto in un libro; *insérer dans un cadre* inserire in una cornice **2** [*faire entrer, mettre dans*] inserire: *insérer un texte, un article dans un journal* inserire un testo, un articolo in un giornale → **ajouter** ◇ (*loc.*) *prière d'insérer* con preghiera di pubblicazione **B** *v.pron. intr.* S'INSÉRER [*s'attacher* (*à, sur*)] inserirsi: *les muscles s'insèrent sur les os* i muscoli si inseriscono nelle, sulle ossa → **implanter (s').**

insermenté |ɛ̃sɛʀmɑ̃te| *adj. m.* (*se dit des prêtres qui refusèrent de prêter serment en France en 1790; opposé à 'assermenté'*) prete non giurato → **réfractaire.**

insert |insɛʀt| *s.m.* (*angl.*) (*télév.*) inserto.

insertion |ɛ̃sɛʀsjɔ̃| *s.f.* **1** inserimento *m.*, inserzione: *insertion d'un feuillet dans un livre* inserimento, inserzione di un foglietto in un libro → **introduction** ◇ (*par ext.*) *insertion d'une note dans un texte* inserimento di una nota in un testo ◇ (*dr.*) *insertion légale* pubblicazione obbligatoria di sentenze **2** [*mode d'attache*] inserzione: *insertion des muscles, des ligaments sur un os* inserzione dei muscoli, dei legamenti in un osso.

insidieusement |ɛ̃sidjøzmɑ̃| *adv.* [→ INSIDIEUX] insidiosamente.

insidieux, euse |ɛ̃sidjø, øz| *adj.* **1** insidioso: *une question insidieuse* una domanda insidiosa; *flatteries, promesses insidieuses* lusinghe, promesse insidiose → **fallacieux**; *sophisme insidieux* sofisma insidioso → **captieux, trompeur** ◇ (*par ext.*) *fièvre, maladie insidieuse* febbre, malattia insidiosa **2** (*littér.*) [*qui tend des pièges, dresse des embûches*] insidioso.

1 **insigne** |ɛ̃siɲ| *adj.* (*littér.*) insigne: *service insigne* servizio insigne; *grâce insigne* grazia insigne → **remarquable** ◇ (*loc. iron.*) *un voleur insigne* un insigne ladro ~ *une sottise insigne* un'insigne sciocchezza.

2 **insigne** |ɛ̃siɲ| *s.m.* **1** insegna (*f.*): *insigne honorifique* insegna onorifica **2** [*signe distinctif des membres d'un groupe, d'un groupement*] distintivo: *porter à la boutonnière l'insigne d'un parti politique* portare all'occhiello il distintivo di un partito politico.

insignifiance |ɛ̃siɲifjɑ̃s| *s.f.* [*caractère de ce qui est insignifiant*] insulsaggine: *l'insignifiance du personnage* l'insulsaggine del personaggio → **fadeur, inconsistance, médiocrité.**

insignifiant, ante |ɛ̃siɲifjɑ̃, ɑ̃t| *adj.* **1** insignificante: *personne insigni-*

fiante persona insignificante; *un visage insignifiant* un viso insignificante; *roman insignifiant* romanzo insignificante, insulso → **quelconque, effacé, 1 terne 2** [*qui n'est pas important*] insignificante: *détails, faits insignifiants* particolari, fatti insignificanti; *pour une somme insignifiante* per una somma insignificante, minima → **infime, minime, négligeable** # *des discours insignifiants* discorsi futili, insulsi © 1 **remarquable.**

insincère |ɛ̃sɛ̃sɛʀ| *adj.* (*littér.*) insincero: *enthousiasme insincère* entusiasmo insincero → **factice, hypocrite.**

insincérité |ɛ̃sɛ̃seʀite| *s.f.* (*littér.*) insincerità *inv.*

insinuant, ante |ɛ̃sinɥɑ̃, ɑ̃t| *adj.* (*personnes*) insinuante: *personne insinuante* persona insinuante ◇ (*choses*) insinuante, suadente: *voix insinuante* voce insinuante, suadente.

insinuation |ɛ̃sinɥɑsjɔ̃| *s.f.* **1** *une, des insinuation(s)* insinuazione: *insinuations perfides, mensongères* insinuazioni perfide, menzognere ◇ (*littér.*) [*action ou manière adroite, subtile, de faire entendre une chose qu'on n'affirme pas positivement*] insinuazione: *procéder par insinuation* procedere per insinuazioni → **allusion 2** (*vx.*) [→ INSINUER (s')] l'insinuarsi *m.inv.*, infiltrazione (*cour.*).

insinuer |ɛ̃sinɥe| **A** *v.tr.* **1** [*donner à entendre* (*qqch.*) *sans dire expressément* (*surtout avec un mauvais dessein*)] insinuare, fare (103) insinuazioni: *qu'est-ce que vous insinuez?* che vuole insinuare?; *il n'ose pas affirmer, il préfère insinuer* non osa affermare, preferisce fare insinuazioni **2** (*vx.*) [*faire adroitement entrer dans l'esprit*] insinuare (*cour.*) → **instiller B** *v.pron.intr.* S'INSINUER **1** [*s'introduire habilement* (*auprès de qqn.*)] insinuarsi: *intrigant qui s'insinue partout* intrigante che s'insinua dappertutto → **faufiler (se), glisser (se), fourrer (se)** ◇ (*fig.*) *s'insinuer dans les bonnes grâces, la confiance d'autrui* insinuarsi nelle grazie, nella fiducia di qc. **2** (*vx.*) [*se glisser, s'infiltrer*] insinuarsi (*cour.*), infiltrarsi (*cour.*): *l'eau s'insinue dans le sable* l'acqua s'insinua, s'infiltra nella sabbia.

insipide |ɛ̃sipid| *adj.* **1** insipido, scipito: *un potage insipide* una minestra scipita **2** [*qui manque d'intérêt*] insulso, scialbo: *une comédie insipide* una commedia insulsa, scialba → **ennuyeux, fade, fastidieux.**

insipidité |ɛ̃sipidite| *s.f.* **1** [*caractère de ce qui est insipide, sans saveur*] insipidezza: *l'insipidité d'un aliment* l'insipidezza di un alimento → **fadeur 2** (*fig., littér.*) *l'insipidité d'un spectacle* l'insipidezza, l'insulsaggine di uno spettacolo.

insistance |ɛ̃sistɑ̃s| *s.f.* insistenza: *revenir sur un sujet avec insistance* ritornare su un argomento con insistenza; *supplier qqn. avec insistance* supplicare qc. con insistenza.

insistant, ante |ɛ̃sistɑ̃, ɑ̃t| *adj.* insistente: *des regards insistants* sguardi insistenti; *demander d'un ton insistant* chiedere con tono insistente.

insister |ɛ̃siste| *v.intr.* **1** [*s'arrêter avec force sur un point particulier*] insistere (116): *on ne saurait trop insister sur cette question* non si insisterà mai abbastanza su questa questione ✦ (*absolt.*) *enfin, n'insistons pas, passons* insomma, non insistiamo, lasciamo perdere; *j'ai compris, inutile d'insister* ho capito, è inutile insistere **2** [*persévérer à demander qqch.*] insistere: *insister pour* (*obtenir*) *qqch.* insistere per (ottenere) q.c. ✦ (*absolt.*) *insistez auprès d'elle* insista con lei ◇ (*fam.*) *il avait commencé à étudier le piano, mais il n'a pas insisté* aveva incominciato a studiare pianoforte, ma ha lasciato perdere.

in situ |insity| *loc. adv.* (*lat.*) [*dans l'endroit même, sur place*] in situ, in loco: *plante étudiée in situ* pianta studiata in situ, in loco.

insociabilité |ɛ̃sɔsjabilite| *s.f.* [*caractère insociable*] insocievolezza.

insociable |ɛ̃sɔsjabl(ə)| *adj.* [*qui n'est pas sociable*] insocievole.

insolation |ɛ̃sɔlɑsjɔ̃| *s.f.* **1** insolazione: *insolation faible des mois d'hiver* scarsa insolazione dei mesi invernali → **ensoleillement 2** [*troubles provoqués par l'exposition prolongée au soleil*] insolazione: *il a attrapé une insolation* è stato colpito da insolazione **3** [*action d'exposer à la chaleur et à la lumière solaire; son résultat*] esposizione: *l'insolation d'une plaque photographique* l'esposizione di una lastra fotografica.

insolemment |ɛ̃sɔlamɑ̃| *adv.* [→ INSOLENT] insolentemente, con arroganza (*loc. inv.*): *parler, répondre insolemment* parlare, rispondere insolentemente, con arroganza.

insolence |ɛ̃sɔlɑ̃s| *s.f.* **1** insolenza: *l'insolence d'un élève* l'insolenza di un alunno; *je ne supporte plus vos insolences* non sopporto più le vostre insolenze → **impertinence 2** [*orgueil offensant* (*pour des inférieurs ou des personnes traitées comme telles*)] arroganza: *une insolence de parvenu* un'arroganza da nuovo ricco → 1 **morgue 3** (*vx.*) [*audace excessive, insultante* (*perfidie, trahison*)] insolenza (*cour.*).

insolent, ente |ɛ̃sɔlɑ̃, ɑ̃t| *adj.* **1** insolente: *un garçon insolent* un ragazzo insolente → **impertinent, impoli** ✦ (*s.*) *un insolent* un insolente **2** [*qui blesse par son orgueil outrageant*] arrogante **3** [*qui apparaît comme un défi, une provocation envers la condition commune*] sfacciato: *il a une chance insolente* ha una fortuna sfacciata → **indécent** # *une beauté insolente* una bellezza provocante.

insoler |ɛ̃sɔle| *v.tr.* [*exposer à la lumière du soleil*] esporre (168) alla luce del sole.

insolite |ɛ̃sɔlit| *adj.* insolito: *une apparence insolite* un aspetto insolito → **anormal, bizarre, étrange, inhabituel** ✦ (*s.m.*) *l'insolite* l'insolito.

insolubiliser |ɛ̃sɔlybilize| *v.tr.* [*rendre insoluble*] rendere (105) insolubile.

insolubilité |ɛ̃sɔlybilite| *s.f.* insolubilità *inv.*

insoluble |ɛ̃sɔlybl(ə)| *adj* **1** insolubile: *substance insoluble dans l'eau* sostanza insolubile in acqua **2** (*fig.*) insolubile: *s'acharner sur un problème insoluble* accanirsi su un problema insolubile.

insolvabilité |ɛ̃sɔlvabilite| *s.f.* (*dr.*) insolvibilità *inv.*, insolvenza.

insolvable |ɛ̃sɔlvabl(ə)| *adj.* (*dr.*) insolvibile, insolvente: *débiteur insolvable* debitore insolvibile, insolvente.

insomniaque |ɛ̃sɔmnjak| *adj.* [*relatif à l'insomnie; qui souffre d'insomnies*] insonne ✦ (*s.*) *un insomniaque* uno che soffre d'insonnia *loc.*

insomnie |ɛ̃sɔmni| *s.f.* insonnia: *avoir des insomnies* soffrire d'insonnia.

insomnieux, euse |ɛ̃sɔmnjø, øz| *adj.* → **insomniaque.**

insondable |ɛ̃sɔ̃dabl(ə)| *adj.* insondabile: *un gouffre insondable* un abisso insondabile; *un mystère insondable* un mistero insondabile → **inexplicable, impénétrable** # *une insondable tristesse* un'infinita tristezza ◇ (*loc. plais.*) *une bêtise insondable* una stupidità abissale.

insonore |ɛ̃sɔnɔʀ| *adj.* **1** [*qui n'est pas sonore*] insonoro (*rare*), sordo **2** [*qui ne vibre pas sous l'effet des ondes sonores, qui amortit les sons*] isolante (acusticamente): *matériaux insonores* materiali isolanti (acusticamente).

insonorisation |ɛ̃sɔnɔʀizɑsjɔ̃| *s.f.* [→ INSONORISER] insonorizzazione, isolamento *m.* acustico*.

insonoriser |ɛ̃sɔnɔʀize| *v.tr.* [*rendre moins sonore, plus silencieux*] insonorizzare, isolare acusticamente ✦ (*au p.p.*) *appartement insonorisé* appartamento insonorizzato, isolato acusticamente.

insonorité |ɛ̃sɔnɔʀite| *s.f.* [*absence de sonorité*[sordità *inv.*

insouciance |ɛ̃susjɑ̃s| *s.f.* [*état ou caractère de celui qui est insouciant*] noncuranza; spensieratezza # *vivre, travailler dans l'insouciance* vivere, lavorare spensieratamente.

insouciant, ante |ɛ̃susjɑ̃, ɑ̃t| *adj.* **1** INSOUCIANT DE [*qui ne se soucie pas de* (*qqch.*)] incurante di: *insouciant du danger* incurante del pericolo → **indifférent 2** [*qui ne se préoccupe de rien, vit sans souci*] spensierato: *ils sont gais et insouciants* sono allegri e spensierati.

insoucieux, euse |ɛ̃susjø, øz| *adj.* (*littér.*) [*qui ne prend pas souci de* (*qqch.*)] spensierato → **insouciant** # *être insoucieux du lendemain* non darsi pensiero del domani.

insoumis, ise |ɛ̃sumi, iz| **1** *adj.* [*qui n'est pas soumis, refuse de se soumettre*] ribelle; insubordinato: *tribus insoumises* tribù ribelli → **révolté** ✦ (*s.*) *un insoumis* un ribelle **2** *s.m.* (*milit.*) *un insoumis* un renitente (alla leva) → **réfractaire.**

insoumission |ɛ̃sumisjɔ̃| *s.f.* **1** [*caractère, état de celui qui est insoumis*] ribellione, insubordinazione: *acte d'insoumission* atto di ribellione, di insubordinazione → **désobéissance, révolte 2** (*milit.*) renitenza alla leva.

insoupçonnable |ɛ̃supsɔnabl(ə)| *adj.* [*qui est à l'abri de tout soupçon*] insospettabile # *honnêteté insoupçonnable* onestà a tutta prova, al di sopra di ogni sospetto.

insoupçonné, ée |ɛ̃supsɔne| *adj.* insospettato: *perspectives, richesses insoupçonnées* prospettive, ricchezze insospettate → **inconnu.**

insoutenable |ɛ̃sutnabl(ə)| *adj.* **1** [*qu'on ne peut soutenir, défendre*] insostenibile: *argument, théorie insoutenable* argomento, teoria insostenibile **2** [*qu'on ne peut supporter, endurer*] insostenibile: *effort insoutenable* sforzo insostenibile → **insupportable** # *un film d'une violence insoutenable* un film di una violenza insopportabile.

inspecter |ɛ̃spɛkte| *v.tr.* **1** [*examiner* (*ce dont on a la surveillance*)] ispezionare: *inspecter une école, des tra-*

vaux ispezionare una scuola, dei lavori → **contrôler, surveiller** 2 [*examiner avec attention*] ispezionare: *inspecter un objet, un lieu* ispezionare un oggetto, un luogo → **scruter.**

inspecteur, trice |ɛ̃spɛktœʀ, tʀis| *s.* ispettore*: *inspecteur du travail* ispettore del lavoro; *inspecteur (de l'enseignement) primaire* ispettore scolastico delle scuole elementari; *inspecteur de l'enseignement secondaire* ispettore centrale; *inspecteur (de police)* ispettore (di polizia) → **contrôleur** ◇ (*plais.*) *inspecteur des travaux finis* [*paresseux qui vient voir un travail terminé, quand il n'y a plus rien à faire*] sfaticato, mosca* *f.* cocchiera.

inspection |ɛ̃spɛksjɔ̃| *s.f.* **1** [→ INSPECTER 1] ispezione: *tournée d'inspection* giro di ispezione; *faire une inspection* fare un'ispezione **2** [*charge d'inspecteur*] *obtenir une inspection* essere nominato ispettore **3** [*ensemble des inspecteurs d'une administration; le service qui les emploie, les locaux de ce service*] ispettorato *m.*

inspectorat |ɛ̃spɛktɔʀa| *s.m.* (*rare, admin.*) ispettorato (*cour.*).

inspirant, ante |ɛ̃spiʀɑ̃, ɑ̃t| *adj.* [*qui est propre à inspirer*] suggestivo: *cela n'a rien de bien inspirant* non ha niente di particolarmente suggestivo.

1 **inspirateur, trice** |ɛ̃spiʀatœʀ, tʀis| *s.* **1** *s.* ispiratore*: *il est l'inspirateur de ce mouvement* è l'ispiratore di quel movimento **2** *s.f.* [*femme qui inspire un artiste*] ispiratrice → **muse.**

2 **inspirateur, trice** |ɛ̃spiʀatœʀ, tʀis| *adj.* (*anat.*) inspiratore (*au m.*): *muscles inspirateurs* muscoli inspiratori.

1 **inspiration** |ɛ̃spiʀɑsjɔ̃| *s.f.* **1** ispirazione: *inspiration céleste, d'en haut* ispirazione celeste, dall'alto; *inspiration du Saint-Esprit* ispirazione dello Spirito Santo **2** [*souffle créateur qui anime les écrivains, les artistes, les chercheurs*] ispirazione: *inspiration poétique* ispirazione poetica; *attendre, chercher l'inspiration* aspettare, cercare l'ispirazione; *avoir de l'inspiration* avere l'ispirazione, essere ispirato **3** [→ 1 INSPIRER A 2, 4] ispirazione: *c'est sous son inspiration que le comité fut créé* il comitato fu creato per sua ispirazione ◇ (*par ext.*) [*ce qui est inspiré*] ispirazione → 1 **conseil, suggestion 4** [*source, origine*] *musique d'inspiration médiévale* musica di ispirazione medievale; *mode d'inspiration orientale* moda di ispirazione orientale **5** [*idée, résolution spontanée, soudaine*] ispirazione.

2 **inspiration** |ɛ̃spiʀɑsjɔ̃| *s.f.* (*physiol.*) inspirazione → **aspiration** Ⓒ **expiration** 1.

inspiratoire |ɛ̃spiʀatwaʀ| *adj.* (*méd.*) inspiratorio*.

inspiré, ée |ɛ̃spiʀe| *adj.* **1** [*animé par l'inspiration, souffle divin ou créateur*] ispirato: *livres inspirés* libri ispirati; *auteur inspiré* autore ispirato ✦ (*s.*) *un inspiré* un ispirato → **illuminé 2** *bien, mal inspiré* [*qui a une bonne, une mauvaise idée* (*pour agir*)] che ha una buona, cattiva idea, ispirazione *loc.* # *il a été bien inspiré de vendre ses actions* ha avuto la buona idea, ispirazione di vendere le sue azioni **3** *loc.* INSPIRÉ DE ispirato a: *une petite robe inspirée des modes orientales* un vestitino ispirato alle mode orientali.

1 **inspirer** |ɛ̃spiʀe| **A** *v.tr.* **1** [*animer d'un souffle divin*] ispirare **2** [*donner l'inspiration, le souffle créateur* (*dans l'art, les activités intellectuelles*)] ispirare ◇ [*être cause et sujet d'inspiration*] *les paysages qui ont inspiré ce peintre* i paesaggi che hanno ispirato questo pittore **3** (*fam.*) [*plaire*] *ça ne m'inspire pas* non mi dice niente **4** [*faire naître* (*un sentiment, une idée, un dessein*)] ispirare: *inspirer à qqn. l'horreur de qqch.* ispirare, incutere a qc. l'orrore per q.c. # *les intentions qui inspirent un acte* le intenzioni che determinano un atto ◇ (*par ext.*) *inspirer qqn.* ispirare qc. → **conduire, conseiller, diriger 5** [*être la cause et l'objet* (*de sentiments pour qqn.*)] ispirare: *inspirer de l'amour à une personne* ispirare amore a una persona; *il ne m'inspire pas confiance* non mi ispira fiducia **B** *v.pron. intr.* S'INSPIRER DE [*prendre, emprunter des idées, des éléments à*] ispirarsi a: *le romancier s'est inspiré d'une légende populaire* l'autore del romanzo si è ispirato a una leggenda popolare.

2 **inspirer** |ɛ̃spiʀe| **A** *v.tr.* (*méd.*) [*souffler dans*] insufflare, immettere (155): *inspirer de l'air dans les poumons d'un noyé* insufflare, immettere aria nei polmoni di un annegato → **introduire, insuffler B** *v.intr.* [*faire entrer l'air dans ses poumons*] inspirare → **aspirer** Ⓒ B **expirer** 1.

instabilité |ɛ̃stabilite| *s.f.* **1** instabilità (*inv.*): *instabilité des tribus nomades* instabilità delle tribù nomadi **2** [*caractère de ce qui n'est pas fixe, permanent*] instabilità: *instabilité d'une situation* instabilità di una situazione; *instabilité du caractère, des opinions* instabilità di carattere, delle opinioni → **inconstance 3** (*chim., phys.*) instabilità.

instable |ɛ̃stabl(ə)| *adj.* **1** instabile: *cette chaise est instable* questa sedia è instabile → **branlant 2** [*qui se déplace*] instabile: *une population instable* una popolazione instabile, nomade **3** [*qui n'est pas durable*] instabile: *la paix est encore instable* la pace è ancora instabile; *temps instable* tempo instabile → **variable, fragile 4** (*personnes*) [*qui change constamment de comportement*] instabile: *un enfant instable* un bambino instabile → **changeant** ◇ (*spécialt.*) *les instables* [*enfants qui ne peuvent pas supporter la discipline scolaire*] i caratteriali **5** (*chim.*) *combinaison instable* combinazione instabile **6** (*phys.*) *équilibre instable* equilibrio instabile.

installateur |ɛ̃stalatœʀ| *s.m.* installatore* *s.*

installation |ɛ̃stalɑsjɔ̃| *s.f.* **1** [→ INSTALLER B] sistemazione: *installation de fortune, provisoire* sistemazione di fortuna, provvisoria # *fêter son installation* inaugurare la nuova casa **2** [*action d'installer* (*qqch.*); *mise en place*] installazione; sistemazione: *installation de l'électricité, du gaz dans un immeuble* installazione dell'elettricità, del gas in uno stabile → **aménagement** ‖ *s'occuper de l'installation des meubles dans une maison, de l'installation de sa maison* occuparsi della sistemazione dei mobili in una casa, della sistemazione della casa **3** [*ensemble des objets, dispositifs, bâtiments, etc. installés en vue d'un usage déterminé*] impianto (*m.*): *installations électriques, sanitaires* impianti elettrici, igienico-sanitari → **équipement 4** (*relig.*) insediamento (*m.*): *installation d'un évêque* insediamento di un vescovo ◇ [*formalité d'entrée en exercice*] *installation d'un magistrat* insediamento di un magistrato; *installation dans une fonction* insediamento in una carica.

installer |ɛ̃stale| **A** *v.tr.* **1** [*mettre* (*qqn.*) *dans la demeure, dans l'endroit qui lui était destiné*] sistemare: *nous l'avons installé dans son nouveau logement* l'abbiamo sistemato nella sua nuova casa ◇ [*placer ou loger d'une façon déterminée*] *installer un malade dans son lit* sistemare un malato nel suo letto; *ils sont bien installés dans leur ferme* sono sistemati bene nella loro fattoria **2** [*disposer, établir* (*qqch.*) *dans un lieu désigné ou selon un ordre défini*] installare; sistemare: *installer le gaz, l'électricité, le téléphone* installare il gas, la luce, il telefono → **mettre,** 1 **placer** ◇ (*par ext.*) *installer un appartement* [*l'aménager*] sistemare un appartamento **3** (*relig.*) [*établir solennellement* (*qqn.*) *dans sa dignité*] insediare: *installer un pape, un évêque* insediare un papa, un vescovo → **introniser B** *v. pron.* S'INSTALLER **1** *réfl.* [*se mettre à une place déterminée ou d'une façon déterminée* (*en génér. pour un temps assez long*)] sistemarsi, installarsi (*plais.*): *s'installer confortablement pour manger* sistemarsi comodamente per mangiare; *s'installer chez un ami, à l'hôtel, dans une maison* sistemarsi da un amico, in albergo, in una casa → **loger 2** *intr.* (*fig.*) *elle s'installait dans son mensonge* si adagiava nella menzogna.

instamment |ɛ̃stamɑ̃| *adv.* [→ INSTANT] insistentemente: *demander instamment une permission* chiedere insistentemente, sollecitare un permesso.

instance |ɛ̃stɑ̃s| *s.f.* **1** (*dr.*) istanza: *introduction d'instance* proposta di istanza; *première instance* prima istanza, primo grado; *affaire en instance* [*en cours*] vertenza in corso; *faire appel d'un jugement de première instance* fare appello contro una sentenza di prima istanza, di primo grado **2** [*autorité, corps constitué qui détient un pouvoir de décision*] organismo *m.*, organizzazione: *les instances internationales* gli organismi, le organizzazioni internazionali # *dans une autre instance, dans d'autres instances* in altra sede, in altre sedi **3** *au sing.* (*vx.*) [*sollicitation pressante*] istanza ◇ (*cour.*) *demander avec instance* chiedere con istanza → **insistance** ◇ (*au plur.*) *il a finalement accepté, sur, devant les instances de ces amis* su istanza, dietro l'insistenza degli amici ha finalmente accettato; *céder aux instances de qqn.* cedere alle istanze di qc. → **prière, requête, sollicitation.**

instant |ɛ̃stɑ̃| *s.m.* **1** istante, attimo: *attendre l'instant propice* aspettare l'istante, il momento propizio; *profiter de l'instant qui passe* cogliere l'attimo fuggente ◇ (*spécialt.*) *un instant* un istante, un attimo: *il pensa un instant que...* per un istante, per un attimo pensò che...; *attendez un instant* aspetti un attimo, un momento; *un instant! ne soyez pas pressé* un attimo!, un momento! non abbia fretta; *sans perdre un instant* senza perdere un istante **2** *loc.* EN UN INSTANT [*très vite*] in un attimo ~ DANS UN INSTANT fra un attimo: *je reviens dans un instant* torno fra un attimo → **bientôt** ~ À L'INSTANT [*tout de suite*] all'istante: *à l'instant, à l'instant même où j'allais partir* nel momento, nel momento stesso in cui stavo per partire; *à l'instant de partir* al momento di partire → **aussitôt** ~ *dès l'instant, depuis l'instant qu'il est parti* da quando se n'è andato, dal momento in cui se n'è andato ~ *à chaque instant, à tout instant* a ogni istante, in ogni momento ~ *pour l'instant* per il momento ~ *par instants* [*par moments, de temps en temps*] a momenti, ogni tanto ~ *de tous les instants* [*constant, perpétuel*] di ogni istante, di sempre.

instant, ante |ɛ̃stɑ̃, ɑ̃t| *adj.* (*littér.*) [*très pressant*] insistente: *demande, prière instante* richiesta, preghiera insistente → **pressant** ◇ (*loc.*) *besoin instant* bisogno impellente ~ *péril instant* pericolo incombente.

instantané, ée |ɛ̃stɑ̃tane| *adj.* **1** istantaneo: *explosion instantanée* esplosione istantanea; *la mort fut instantanée* la morte fu istantanea → **immédiat, subit** **2** (*spécialt.*) *photographie instantanée* (fotografia) istantanea ✦ (*s.m.*) *un instantané* un'istantanea (*f.*): *prendre un instantané au 1/100ᵉ de seconde* scattare un'istantanea a 1/100° di secondo.

instantanéité |ɛ̃stɑ̃taneite| *s.f.* istantaneità *inv.*

instantanément |ɛ̃stɑ̃tanemɑ̃| *adv.* [→ INSTANTANÉ 1] istantaneamente; in un attimo *loc. inv.* → **aussitôt, immédiatement.**

instar de (à l') |alɛ̃staʀd(ə)| *loc. prép.* (*littér.*) [*à l'exemple, à la manière de*] a guisa di, alla maniera di → **comme.**

instaurateur, trice |ɛ̃stɔʀatœʀ, tʀis| *s.* (*littér.*) instauratore*: *instaurateur de la justice, de la liberté* instauratore della giustizia, della libertà.

instauration |ɛ̃stɔʀɑsjɔ̃| *s.f.* (*littér.*) [→ INSTAURER] instaurazione: *l'instauration d'une mode, d'un usage* l'instaurazione di una moda, di un'usanza → **établissement.**

instaurer |ɛ̃stɔʀe| *v.tr.* [*établir pour la première fois*] instaurare: *instaurer un usage* instaurare un'usanza; *la révolution qui instaura la république* la rivoluzione che instaurò la repubblica → **fonder, instituer.**

instigateur, trice |ɛ̃stigatœʀ, tʀis| *s.* istigatore*; promotore*: *instigateur d'un complot* istigatore di un complotto ‖ *les principaux instigateurs de ce mouvement* i principali promotori di questo movimento # *instigateur de troubles* fomentatore di disordini → **agitateur** ◇ (*fig.*) fonte *f.* → 1 **cause, moteur.**

instigation |ɛ̃stigɑsjɔ̃| *s.f.* istigazione, incitamento *m.* → **incitation** ◇ *loc.* À L'INSTIGATION DE per istigazione di; per iniziativa di, su spinta di: *agir à l'instigation de qqn.* agire per istigazione di qc.

instillation |ɛ̃stilɑsjɔ̃| *s.f.* (*méd.*) [→ INSTILLER] i(n)stillazione: *seringue à instillations* siringa per i(n)stillazioni; *instillations nasales* i(n)stillazioni nasali; *laver une plaie par instillation* lavare una piaga mediante i(n)stillazioni.

instiller |ɛ̃stile| *v.tr.* **1** [*verser goutte à goutte*] i(n)stillare: *instiller un collyre dans l'œil* i(n)stillare un collirio nell'occhio **2** (*fig., littér.*) [*faire entrer, pénétrer lentement*] i(n)stillare.

instinct |ɛ̃stɛ̃| *s.m.* **1** istinto: *instinct de conservation* istinto di conservazione; *instinct sexuel, maternel* istinto sessuale, materno; *instinct des animaux, migratoire* istinto degli animali, migratorio **2** (*chez l'homme*) [*l'intuition, le sentiment*] istinto ◇ *loc. adv.* D'INSTINCT [*d'une manière naturelle et spontanée*] d'istinto, istintivamente (*adv.*): *il a fait cela d'instinct* l'ha fatto d'istinto, istintivamente **3** *l'instinct de, un instinct* [*tendance innée et irréfléchie propre à un individu*] il senso di: *avoir l'instinct du grand* avere il senso della grandiosità # *l'instinct d'apprendre* la predisposizione a imparare ◇ [*faculté naturelle de sentir, de pressentir, de deviner*] presentimento, intuizione (*f.*): *être éclairé par un heureux instinct* essere illuminato da un felice presentimento, da una felice intuizione ◇ (*spécialt.*) [*don, disposition naturelle (à faire où à connaître)*] istinto, senso: *avoir l'instinct des affaires, du commerce* avere il senso degli affari, del commercio.

instinctif, ive |ɛ̃stɛ̃ktif, iv| *adj.* **1** istintivo: *désirs instinctifs* desideri istintivi; *antipathie, aversion instinctive* antipatia, avversione istintiva; *c'est instinctif!* [*c'est une chose qu'on fait, qu'on sent d'instinct*] è istintivo! → **irréfléchi, spontané** **2** [*en qui domine l'impulsion, la spontanéité de l'instinct*] istintivo: *un être instinctif* un essere istintivo.

instinctivement |ɛ̃stɛ̃ktivmɑ̃| *adv.* [→ INSTINCTIF 1] istintivamente: *il a réagi instinctivement, sans réfléchir* ha reagito istintivamente, senza riflettere.

instinctuel, elle |ɛ̃stɛ̃ktɥɛl| *adj.* (*psychan.*) istintuale.

instituer |ɛ̃stitɥe| *v.tr.* **1** *instituer qqn.* [*établir officiellement en fonction (un dignitaire ecclésiastique)*] nominare qc. ◇ (*par ext.*) *instituer héritier (qqn.)* [*nommer héritier par testament*] istituire (197), nominare qc. erede **2** *instituer qqch.* [*établir à titre d'institution dans une société, un État*] istituire q.c.: *le régime institué par la Vᵉ République* il regime istituito, instaurato dalla V Repubblica → **créer, fonder.**

institut |ɛ̃stity| *s.m.* **1** [*titre donné à certains corps de savants, d'artistes*] istituto ◇ [*nom donné à certains établissements de recherche ou d'enseignement*] *l'institut national agronomique* l'istituto agronomico nazionale **2** [*établissement où l'on donne des soins, des cours*] istituto: *institut de beauté* istituto di bellezza.

institutes |ɛ̃stityt| *s.f.pl.* (*dr. rom.*) istituzioni: *les Institutes de Justinien* le Istituzioni di Giustiniano, giustinianee.

instituteur, trice |ɛ̃stitytœʀ, tʀis| *s.* **1** *s.* [*personne qui enseigne dans une école primaire*] maestro, insegnante elementare → **maître, maîtresse** # *école normale d'instituteurs* istituto magistrale **2** *s.m.* (*vx.*) [*personne chargée de l'instruction et de l'éducation d'un ou plusieurs enfants*] precettore → **professeur** **3** *s.* (*vx.*) [*personne qui institue (qqch.)*] istitutore* (*littér.*), instauratore* (*littér.*).

institution |ɛ̃stitysjɔ̃| *s.f.* **I** **1** [→ INSTITUER 2] istituzione: *l'institution d'une fête annuelle* l'istituzione di una festa annuale → **création,** 1 **établissement** **2** (*dr.*) *institution d'héritier* istituzione di erede ◇ (*dr. can.*) *institution canonique* istituzione canonica **3** *loc.* ÊTRE DE L'INSTITUTION DE QQN. [*avoir été institué par lui*] essere di istituzione di qc.: *tout ce qui est d'institution religieuse relève du pape* tutto ciò che è di istituzione religiosa è di competenza del papa ✦ (*absolt.*) *d'institution* [*institué par les hommes*]: *usages d'institution* usi codificati *adj.* **4** [*la chose instituée (personne morale, groupement, régime)*] istituzione: *les institutions nationales, internationales* le istituzioni nazionali, internazionali ✦ (*absolt.*) *les institutions* [*l'ensemble des formes ou structures sociales établies par la loi ou la coutume*] le istituzioni: *les institutions démocratiques* le istituzioni democratiche; *défendre les institutions* difendere le istituzioni ◇ (*iron.*) *la mendicité est ici une véritable institution* qui l'accattonaggio è una vera e propria istituzione **II** **1** UNE INSTITUTION [*établissement privé d'éducation et d'instruction*] un istituto (*m.*): *il est professeur dans une institution libre* è professore in un istituto privato **2** (*vx.*) → **éducation.**

institutionnalisation |ɛ̃stitysjɔnalizɑsjɔ̃| *s.f.* [→ INSTITUTIONNALISER] istituzionalizzazione.

institutionnaliser |ɛ̃stitysjɔnalize| *v.tr.* [*donner (à qqch.) le caractère officiel d'une institution*] istituzionalizzare.

institutionnel, elle |ɛ̃stitysjɔnɛl| *adj.* istituzionale.

instructeur |ɛ̃stʀyktœʀ| *s.m.* **1** istruttore* *s.* → **éducateur, moniteur, professeur** **2** (*milit.*) istruttore ✦ (*adj.*) *sergent instructeur* sergente istruttore **3** (*dr.*) chi istruisce una causa, un processo *loc.* ✦ (*adj.*) *juge instructeur* giudice istruttore.

instructif, ive |ɛ̃stʀyktif, iv| *adj.* (*choses*) istruttivo: *livre instructif* libro istruttivo; *lecture, conversation instructive* lettura, conversazione istruttiva.

instruction |ɛ̃stʀyksjɔ̃| *s.f.* **I** **1** istruzione: *l'instruction qu'il a reçue à l'école* l'istruzione che ha ricevuto a scuola; *instruction primaire, secondaire, professionnelle* istruzione elementare, media, professionale ◇ *ministère de l'Instruction publique (de nos jours); Ministère de l'Éducation Nationale* Ministero della Pubblica Istruzione → **enseignement, pédagogie** ~ (*dans un domaine précis*) *instruction religieuse* istruzione religiosa → **catéchisme**; *instruction civique* educazione civica; *instruction militaire* addestramento *m.* militare **2** *absolt.* [*savoir de l'homme instruit*] istruzione: *avoir de l'instruction* avere un'istruzione; *homme sans instruction* uomo privo d'istruzione → 2 **culture** **II** **1** *au plur.* INSTRUCTIONS [*explications à l'usage de la personne chargée de quelque entreprise ou mission*] istruzioni: *donner des instructions à qqn.* dare istruzioni a qc. → **consigne, directive,** 2 **ordre**; *conformément, contrairement à vos instructions* conformemente, contrariamente alle vostre istruzioni ◇ (*spécialt.*) [*ordre de service émanant d'une autorité supérieure, du gouvernement*] *instructions secrètes* istruzioni segrete ◇ [*mode d'emploi d'un produit*] *se conformer aux instructions ci-jointes* attenersi alle istruzioni accluse **2** [*document écrit émanant d'un chef à l'usage de ses services*] circolare: *instruction ministérielle, préfectorale* circolare ministeriale, prefettizia **III** (*dr.*) istruttoria: *ouverture,* *fin de l'instruction* apertura, chiusura dell'istruttoria → **information** # *actes d'instruction* atti istruttori → **procédure**; *code d'instruction criminelle* codice di procedura penale.

instruire |ɛ̃stʀɥiʀ| (75) **A** *v.tr.* **I** **1** [*dispenser un enseignement à*] istruire (197): *instruire un élève* istruire un allievo → **éduquer, former** # *instruire de jeunes soldats* addestrare delle reclute ✦ *absolt.* [*donner une leçon, un enseignement*] *œuvre visant à instruire* opera che mira a istruire; *instruire en amusant* istruire divertendo **2** (*littér.*) INSTRUIRE QQN. DE [*mettre qqn. au courant de* (*un fait, une connaissance particulière*)] informare (*cour.*) qc. di q.c.: *j'instruirai sa famille de sa conduite* informerò la famiglia della sua condotta → **avertir,** 2 **aviser, renseigner** **3** (*littér.*) [*mettre en possession de connaissances nouvelles; éclairer*] ammaestrare (*cour.*), istruire (*cour.*): *instruit par l'expérience, il est devenu méfiant* ammaestrato dall'esperienza, è diventato diffidente **II** (*dr.*) [*procéder à l'instruction de*] istruire: *instruire une affaire, le procès de qqn.* istruire una causa, il processo di qc. **B** *v.pron.* S'INSTRUIRE **1** *réfl.* [*enrichir ses connaissances ou son expérience*] istruirsi: *chercher à s'instruire* cercare di istruirsi, di imparare; *un homme qui s'est instruit tout seul* un uomo che si è istruito da sé → **apprendre** # *s'instruire dans un art, une science* imparare un'arte, una scienza **2** *intr.* [*s'informer de, se reinseigner sur*] informarsi: *s'instruire des circonstances exactes d'un événement* informarsi sulle circostanze esatte di un avvenimento **3** (*passif*) *son affaire s'instruit ces jours-ci* la sua causa viene istruita in questi giorni.

instruit, ite |ɛ̃stʀɥi, it| *adj.* istruito: *il est très instruit* è molto istruito → 2 **cultivé.**

instrument |ɛ̃stʀymɑ̃| *s.m.* **I** **1** [*objet fabriqué servant à exécuter qqch., à faire une opération*] strumento: *instruments de précision, de mesure* strumenti di precisione, di misurazione; *instruments de chirurgie* strumenti chirurgici; *instruments enregistreurs* strumenti di registrazione → **appareil, machine, outil** **2** *instrument* (*de musique*) strumento (musicale); *instruments à cordes, à vent* strumenti a corda, a fiato; *jouer d'un instrument* suonare uno strumento **II** (*fig.*) **1** [*moyen*] strumento ◇ (*gram.*) *complément d'instrument* complemento di mezzo, di strumento **2** [*personne ou chose servant à obtenir un résultat*] strumento: *devenir l'instrument de qqn.* diventare lo strumento di qc.; essere strumentalizzato da qc.; *la concurrance, instrument de sélection* la concorrenza, strumento di selezione → **agent, bras** **3** (*dr.*) (i)strumento, atto pubblico* ◇ (*diplomatie*) strumento: *les instruments de ratification d'un traité* gli strumenti di ratifica di un trattato.

instrumentaire |ɛ̃stʀymɑ̃tɛʀ| *adj.* (*dr.*) *témoin instrumentaire* testimone che assiste a un atto pubblico *loc.*

instrumental, ale, aux |ɛ̃stʀymɑ̃tal, o| *adj.* (*mus., cour.*) strumentale: *musique instrumentale* musica strumentale.

instrumentalisme |ɛ̃stʀymɑ̃talism(ə)| *s.m.* (*philo.*) strumentalismo.

instrumentation |ɛ̃stʀymɑ̃tɑsjɔ̃| *s.f.* (*mus.*) strumentazione: *instrumentation médiocre, riche* strumentazione mediocre, ricca.

instrumenter |ɛ̃stʀymɑ̃te| **A** *v. intr.* (*dr.*) [*dresser* (*un contrat, un exploit, un procès-verbal*)] rogare *tr.*, stipulare *tr.* (atti pubblici): *officiers publics ayant le droit d'instrumenter* pubblici ufficiali abilitati a rogare, stipulare atti **B** *v.tr.* (*rare, mus.*) → **orchestrer.**

instrumentiste |ɛ̃stʀymɑ̃tist(ə)| *s.* [*musicien qui joue d'un instrument*] strumentista.

insu de (à l') |alɛ̃sɥd(ə)| *loc. prép.* **1** [*sans que la chose soit sue de* (*qqn.*)] all'insaputa di (qc.): *faire une démarche à l'insu de son mari* prendere un'iniziativa all'insaputa del marito ◇ (*spécialt.*) *à mon insu, à leur insu* a mia insaputa, a loro insaputa **2** [*sans* (*en*) *avoir conscience*] senza rendersene conto: *à mon insu, je m'habituais à lui* senza rendermene conto mi abituavo a lui → **inconsciemment.**

insubmersibilité |ɛ̃sybmɛʀsibilite| *s.f.* insommergibilità *inv.*

insubmersible |ɛ̃sybmɛʀsibl(ə)| *adj.* insommergibile: *canot insubmersible* canotto insommergibile.

insubordination |ɛ̃sybɔʀdinɑsjɔ̃| *s.f.* insubordinazione: *esprit d'insubordination* spirito d'insubordinazione → **désobéissance** ◇ (*milit.*) *acte d'insubordination* atto d'insubordinazione **C** **subordination, obéissance, soumission.**

insubordonné, ée |ɛ̃sybɔʀdɔne| *adj.* insubordinato: *collégien insubordonné* collegiale insubordinato; *troupes insubordonnées* truppe insubordinate → **désobéissant, indiscipliné.**

insuccès |ɛ̃syksɛ| *s.m.* insuccesso: *insuccès à un examen* insuccesso a un esame; *projet voué à l'insuccès* progetto destinato all'insuccesso; *l'insuccès d'une pièce de théâtre* l'insuccesso di un lavoro teatrale → 1 **échec** **C** **réussite, succès.**

insuffisamment |ɛ̃syfizamɑ̃| *adv.* [→ INSUFFISANT] insufficientemente, non abbastanza: *il travaille insuffisamment* non lavora abbastanza **C** **assez, suffisamment.**

insuffisance |ɛ̃syfizɑ̃s| *s.f.* **1** insufficienza, inadeguatezza: *par insuffisance de moyens* per insufficienza di mezzi → 1 **défaut,** 2 **manque** **2** *au plur.* [*déficience, lacune*] deficienze, lacune: *un travail qui révèle de graves insuffisances* un lavoro che rivela gravi deficienze, lacune **3** (*méd.*) insufficienza: *insuffisance hépatique* insufficienza epatica; *insuffisance thyroïdienne* insufficienza tiroidea → **déficience** **C** 1 **suffisance.**

insuffisant, ante |ɛ̃syfizɑ̃, ɑ̃t| *adj.* **1** insufficiente, inadeguato: *quantité insuffisante* quantità insufficiente; *local de dimensions insuffisantes* locale di dimensioni insufficienti, inadeguate ◇ (*en degré, intensité, qualité*) *lumière insuffisante* luce insufficiente, scarsa; *connaissances insuffisantes* conoscenze insufficienti **2** (*personnes*) [*qui manque de dons, de talent*] inidoneo, incapace: *on le juge insuffisant pour cette charge* è giudicato inidoneo, incapace per questo incarico; non lo giudicano all'altezza di questo incarico.

insufflateur |ɛ̃syflatœʀ| *s.m.* (*méd.*) insufflatore.

insufflation |ɛ̃syflɑsjɔ̃| *s.f.* (*chir., méd.*) insufflazione.

insuffler |ɛ̃syfle| *v.tr.* **1** [*faire pénétrer en soufflant; communiquer par le souffle*] insufflare (*littér.*): *Dieu insuffla la vie à sa créature* Dio insufflò la vita alla sua creatura → **animer** ◇ (*par ext.*) ispirare: *insuffler du courage* ispirare coraggio; *insuffler un désir de vengeance* ispirare un desiderio di vendetta → 1 **inspirer** **2** (*méd.*) [*faire pénétrer par insufflation*] insufflare → 2 **inspirer** ✦ (*absolt.*) *se faire insuffler* farsi fare un'insufflazione.

insulaire |ɛ̃sylɛʀ| *adj.* insulare: *peuple insulaire* popolo insulare → **îlien** ✦ (*s.*) *les insulaires des îles Britanniques* gli insulari, gli isolani delle isole Britanniche.

insularité |ɛ̃sylaʀite| *s.f.* insularità *inv.*

insuline |ɛ̃sylin| *s.f.* (*biol., méd.*) insulina.

insulinothérapie |ɛ̃sylinɔteʀapi| *s.f.* (*méd.*) insulinoterapia.

insultant, ante |ɛ̃syltɑ̃, ɑ̃t| *adj.* insultante → **injurieux, offensant** # *propos insultants* discorsi volgari → **grossier.**

insulte |ɛ̃sylt(ə)| *s.f.* insulto (*m.*): *c'est la pire insulte qu'on puisse lui faire* è il peggiore insulto che gli si possa fare; *adresser des insultes à qqn.* rivolgere insulti a qc., insultare qc.; *ressentir qqch. comme une insulte* sentire q.c. come un insulto, un'offesa; *endurer, supporter les insultes* tollerare, sopportare gli insulti → **affront, injure** ◇ (*par ext.*) *c'est une insulte à sa douleur* è un insulto al suo dolore → **atteinte**; *un tel raisonnement est une insulte au bon sens* un simile ragionamento è un insulto al buon senso → **défi.**

insulté, ée |ɛ̃sylte| *adj.* insultato → **offensé** ✦ (*s.*) *un insulté* un offeso.

insulter |ɛ̃sylte| **A** *v.tr.* **1** [*attaquer* (*qqn.*) *par des propos ou des actes outrageants*] insultare: *se laisser insulter* lasciarsi insultare; *elles se sont insultées comme des chiffonnières* si sono insultate come delle lavandaie → **injurier, offenser** ◇ (*choses*) essere (96) *intr.* un insulto a → **outrager** **2** (*vx.*) → **attaquer, assaillir** **B** *v.intr.* (*littér.*) INSULTER À [*constituer un défi, par contraste avec une chose respectable*] essere un insulto a (*cour.*): *le luxe des riches insulte à la misère des déshérités* il lusso dei ricchi è un insulto alla miseria dei poveri.

insulteur |ɛ̃syltœʀ| *s.m.* (*rare*) [*celui qui insulte*] insultatore* *s.* → **offenseur.**

insupportable |ɛ̃sypɔʀtabl(ə)| *adj.* **1** (*choses*) insopportabile: *douleur insupportable* dolore insopportabile ◇ (*par ext.*) [*extrêmement désagréable*] *bruit insupportable* rumore insopportabile; *trouver la vie insupportable* trovare la vita insopportabile **2** (*personnes*) insopportabile: *un caractère insupportable* un carattere insopportabile → **impossible** ◇ (*par ext.*) *cette idée lui est insupportable* questa idea gli è insopportabile **C** 1 **supportable.**

insupportablement |ɛ̃sypɔʀtabləmɑ̃| *adv.* [→ INSUPPORTABLE] insopportabilmente.

insupporter |ɛ̃sypɔʀte| *v.tr.* (*ne s'emploie qu'avec un pron. compl.*) (*fam., plais.*) [*être insupportable à*] essere (96) *intr.* insopportabile (a): *ces gens m'insupportent* quella gente mi è insopportabile → **indisposer.**

insurgé, ée |ɛ̃syʀʒe| *adj.* [*qui s'est insurgé, soulevé*] insorto: *les provinces, les populations insurgées* le province, le popolazioni insorte ✦ (*s.*) *les insurgés* gli insorti.

insurger (s') |ɛ̃syʀʒe| (3) *v.pron.* [*se soulever* (*contre l'autorité*)] insorgere (167) (*intr.*): *peuple qui s'insurge contre un tyran* popolo che insorge contro un tiranno → **révolter (se)** ◇ (*par ext.*) *s'insurger contre la mauvaise foi* rivoltarsi, ribellarsi contro la malafede.

insurmontable |ɛ̃syʀmɔ̃tabl(ə)| *adj.* **1** insormontabile, insuperabile: *un obstacle insurmontable* un ostacolo insormontabile, insuperabile; *d'insurmontables difficultés* difficoltà insuperabili → **invincible 2** (*sentiments*) [*qu'on ne peut dominer, réprimer*] irrefrenabile: *angoisse, aversion insurmontable* angoscia, avversione irrefrenabile 🄲 1 **surmontable.**

insurpassable |ɛ̃syʀpɑsabl(ə)| *adj.* [*qu'on ne peut surpasser*] insuperabile: *objet d'une perfection insurpassable* oggetto di una perfezione insuperabile.

insurrection |ɛ̃syʀɛksjɔ̃| *s.f.* **1** insurrezione: *insurrection populaire* insurrezione popolare; *foyer d'insurrection* focolaio d'insurrezione, insurrezionale → **émeute, révolte 2** (*fig.*) *insurrection de la conscience* ribellione della coscienza.

insurrectionnel, elle |ɛ̃syʀɛksjɔnɛl| *adj.* insurrezionale: *mouvement insurrectionnel* moto insurrezionale; *gouvernement insurrectionnel* governo insurrezionale.

intact, acte |ɛ̃takt, akt(ə)| *adj.* **1** intatto: *produit alimentaire intact* prodotto alimentare intatto; *l'héritage est resté intact* l'eredità è rimasta intatta *insurrection de la conscience* ribellione → 1 **entier 2** (*par euphémisme*) (*personnes*) [*vierge*] intatto: *intacte et pure* pura e intatta **3** (*abstrait*) [*qui n'a subi aucune atteinte*] intatto, integro: *réputation intacte* reputazione intatta, integra.

intaille |ɛ̃tɑj| *s.f.* (*bx-arts*) intaglio* *m.*

intailler |ɛ̃tɑje| *v.tr.* (*bx-arts*) [*graver en creux* (*une pierre fine*)] intagliare ✦ (*au p.p.*) *pierre intaillée* pietra intagliata.

intangibilité |ɛ̃tɑ̃ʒibilite| *s.f.* intangibilità *inv.*

intangible |ɛ̃tɑ̃ʒibl(ə)| *adj.* [*qui échappe au sens du toucher*] impalpabile: *fluide intangible* fluido impalpabile → **impalpable** ◇ (*fig.*) intangibile: *principes intangibles* principi intangibili → **inviolable,** 1 **sacré.**

intarissable |ɛ̃taʀisabl(ə)| *adj.* [*qui ne peut être tari, qui coule sans arrêt*] inesauribile: *source intarissable* sorgente inesauribile → **inépuisable** ◇ (*fig.*) *il a une verve intarissable* ha un brio inesauribile; *il est intarissable sur ce sujet* è inesauribile sull'argomento.

intarissablement |ɛ̃taʀisabləmɑ̃| *adv.* [→ INTARISSABLE] inesauribilmente.

intégrable |ɛ̃tegʀabl(ə)| *adj.* (*math.*) integrabile: *fonction intégrable* funzione integrabile.

intégral, ale, aux |ɛ̃tegʀal, o| **I** *adj.* integrale: *remboursement intégral* rimborso integrale; *nu intégral* nudo integrale; *édition intégrale d'un ouvrage* l'edizione integrale di un'opera → **complet,** 1 **entier** ✦ (*s.f.*) *acheter l'intégrale des symphonies de Beethoven* comperare l'edizione integrale *adj.* delle sinfonie di Beethoven **II** *adj. et s.f.* (*math.*) **1** *adj. calcul intégral* calcolo integrale **2** (*s.f.*) *une intégrale* un integrale (*m.*): *intégrale d'une fonction* integrale di una funzione 🄲 I **incomplet.**

intégralement |ɛ̃tegʀalmɑ̃| *adv.* [→ INTEGRAL I] integralmente → **complètement.**

intégralité |ɛ̃tegʀalite| *s.f.* totalità *inv.*, integralità *inv.* (*rare*): *intégralité d'un revenu* totalità di un reddito ◇ (*loc.*) *dans son intégralité* [*dans son ensemble, sa totalité*] nella sua interezza, per intero → **intégrité.**

intégrant, ante |ɛ̃tegʀɑ̃, ɑ̃t| *adj.* integrante: *faire partie intégrante de qqch.* fare parte integrante di q.c.

intégrateur |ɛ̃tegʀatœʀ| *adj. et s.m.* (*math.*) integratore*.

intégration |ɛ̃tegʀɑsjɔ̃| *s.f.* integrazione.

intégrationnisme |ɛ̃tegʀɑsjɔnism(ə)| *s.m.* integrazionismo.

intégrationniste |ɛ̃tegʀɑsjɔnist(ə)| *adj.* integrazionistico* ✦ (*s.*) *un intégrationniste* un integrazionista.

intègre |ɛ̃tɛgʀ(ə)| *adj.* integro: *ministre, juge intègre* ministro, giudice integro → **incorruptible, impartial,** 1 **juste.**

intégrer |ɛ̃tegʀe| (8) **A** *v.tr.* **1** [*faire entrer dans un ensemble en tant que partie intégrante*] integrare; inserire (197): *intégrer plusieurs théories dans un système* integrare più teorie in un sistema → **incorporer** ✦ (*au p.p.*) *être complètement intégré à, dans un groupe* essere completamente integrato, inserito in un gruppo **2** (*math.*) [*effectuer l'intégration de*] integrare: *intégrer une fonction* integrare una funzione **B** *v.intr.* (*arg. scol.*) [*être reçu au concours d'entrée dans une grande École*] essere (96) ammesso a una 'Grande École'.

intégrisme |ɛ̃tegʀism(ə)| *s.m.* integralismo.

intégriste |ɛ̃tegʀist(ə)| *s.* integralista ✦ *adj.* integralistico*: *thèses intégristes* tesi integralistiche.

intégrité |ɛ̃tegʀite| *s.f.* **1** integrità (*inv.*): *l'intégrité d'un ensemble* l'integrità di un insieme; *intégrité d'une œuvre* l'integrità di un'opera; *l'intégrité du territoire* l'integrità del territorio → **intégralité, totalité** ◇ ('*intégrité' est plus qualitatif qu''intégralité', réservé généralt. à ce qui est mesurable*) **2** [*état d'une personne intègre*] integrità: *un homme d'une parfaite intégrité* un uomo di assoluta integrità; *intégrité des mœurs* integrità dei costumi → **incorruptibilité, probité 3** (*vx.*) → **virginité.**

intellect |ɛ̃te(ɛl)lɛkt| *s.m.* intelletto → **entendement,** 1 **esprit.**

intellection |ɛ̃te(ɛl)lɛksjɔ̃| *s.f.* intellezione → 1 **conception.**

intellectualisation |ɛ̃te(ɛl)lɛktɥalizɑsjɔ̃| *s.f.* [→ INTELLECTUALISER] intellettualizzazione.

intellectualiser |ɛ̃te(ɛl)lɛktɥalize| *v.tr.* [*revêtir d'un caractère intellectuel; transformer par l'action de l'intelligence*] intellettualizzare.

intellectualisme |ɛ̃te(ɛl)lɛktɥalism(ə)| *s.m.* (*philo., cour.*) intellettualismo.

intellectualiste |ɛ̃te(ɛl)lɛktɥalist(ə)| *adj.* intellettualistico* ✦ (*s.*) *un intellectualiste* un intellettualista.

intellectualité |ɛ̃te(ɛl)lɛktɥalite| *s.f.* (*littér.*) intellettualità *inv.*

intellectuel, elle |ɛ̃te(ɛl)lɛktɥɛl| *adj.* **1** intellettuale: *facultés intellectuelles* facoltà intellettuali; *valeur, supériorité intellectuelle* valore, superiorità intellettuale; *travail intellectuel* lavoro intellettuale **2** [*qui a un goût prononcé* (*ou excessif*) *pour les choses de l'intelligence, de l'esprit*] intellettuale: *elle est très intellectuelle* è molto intellettuale → **cérébral** ✦ (*s.*) *les intellectuels* gli intellettuali; *la classe des intellectuels* la classe degli intellettuali.

intellectuellement |ɛ̃te(ɛl)lɛktɥɛlmɑ̃| *adv.* [*sous le rapport de l'intelligence*] intellettualmente: *un enfant intellectuellement très développé* un bambino intellettualmente molto sviluppato.

intelligemment |ɛ̃teliʒamɑ̃| *adv.* [*avec intelligence, d'une manière qui marque l'intelligence*] intelligentemente.

intelligence |ɛ̃teliʒɑ̃s| *s.f.* **I 1** intelligenza: *tests d'intelligence* test dell'intelligenza; *avoir l'intelligence vive, pénétrante, lente, précoce* avere un'intelligenza viva, acuta, tarda, precoce → **âme,** 1 **esprit 2** (*sens strict*) [*l'ensemble des fonctions mentales ayant pour objet la connaissance conceptuelle et rationnelle*] intelletto (*m.*): *les spéculations de l'intelligence* le speculazioni dell'intelletto → **entendement 3** [*aptitude d'un être vivant à s'adapter à des situations nouvelles*] intelligenza: *l'intelligence pratique de l'enfant, de l'homme* l'intelligenza pratica del bambino, dell'uomo ◇ (*par anal.*) *intelligence des animaux* intelligenza degli animali **4** [*qualité de l'esprit qui comprend et s'adapte facilement; caractère d'une personne intelligente*] intelligenza: *doué d'intelligence* dotato d'intelligenza; *intelligence exceptionnelle* intelligenza eccezionale; *cela suppose de l'intelligence* ciò presuppone intelligenza; *douter de l'intelligence de qqn.* dubitare dell'intelligenza di qc.; *faire preuve d'intelligence* dare prova d'intelligenza → **capacité, discernement, réflexion II** [*être doué de la faculté de connaître, de comprendre*] **1** [*être spirituel*] intelligenza: *Dieu, souveraine intelligence* Dio, intelligenza suprema **2** [*être humain en tant qu'être pensant, capable de réflexion*] intelligenza, intelletto: *c'est une intelligence remarquable* è un'intelligenza, un intelletto notevole; *une belle intelligence* una bella intelligenza ✦ (*absolt.*) *c'est une intelligence* è una mente → **cerveau III** INTELLIGENCE (DE QQCH.) [*acte ou capacité de comprendre* (*telle ou telle chose*)] senso *m.*; comprensione: *je lui envie son intelligence des affaires* gli invidio il suo senso degli affari ‖ *pour l'intelligence de ce qui va suivre, notons que...* per l'intelligenza, la comprensione di quello che seguirà, notiamo che... **IV** [*le fait de s'entendre mutuellement*] **1** *loc. littér.* D'INTELLIGENCE [*de complicité, par complicité*] d'intesa, d'intelligenza: *regards, sourire d'intelligence* sguardi, sorriso d'intesa; *agir d'intelligence avec qqn.* agire d'intesa, d'intelligenza con qc. → **concert**; *faire à qqn. des signes d'intelligence* fare a qc. dei cenni d'intesa; *être d'intelligence avec qqn.* essere d'intelligenza, connivente con qc. **2** *au plur.* [*complicités secrètes entre personnes que les circonstances placent dans des camps opposés*] intelligenza (*sing.*): *en-*

tretenir des intelligences avec l'ennemi avere intelligenza con il nemico # *avoir des intelligences dans la place* [*dans un milieu d'accès difficile*] avere degli emissari nell'ambiente **3** *loc.* EN BONNE (MAUVAISE) INTELLIGENCE [*en s'entendant bien, mal*] in accordo (in disaccordo): *ils vivent en bonne, en parfaite intelligence* vivono in accordo, in perfetto accordo; *nous sommes en mauvaise intelligence* siamo in disaccordo → 1 **accord, entente.**

intelligent, ente |ɛ̃teliʒɑ̃, ɑ̃t| *adj.* **1** (*personnes*) intelligente: *l'homme, être intelligent* l'uomo, essere intelligente; *elle est peu intelligente* è poco intelligente # *il est supérieurement intelligent* è di un'intelligenza superiore ✦ *absolt.* [*qui comprend vite et bien, s'adapte facilement aux situations*] *il n'est pas intelligent* non è intelligente ◇ (*animaux*) *que ce chien est donc intelligent!* quanto è intelligente questo cane! **2** (*choses*) [*qui dénote de l'intelligence*] intelligente: *regard, visage intelligent* sguardo, viso intelligente; *comportement intelligent* comportamento intelligente; *un choix intelligent* una scelta intelligente; *réponse intelligente* risposta intelligente ⓒ **bête** 1, **inintelligent.**

intelligentsia, intelligentzia |ɛ̃telig(dʒ)ɛnsja| *s.f.* intellighenzia.

intelligibilité |ɛ̃te(ɛl)liʒibilite| *s.f.* intelligibilità (*inv.*): *l'intelligibilité d'un raisonnement* l'intelligibilità di un ragionamento.

intelligible |ɛ̃te(ɛl)liʒibl(ə)| *adj.* **1** intelligibile: *formuler des propositions claires et intelligibles* formulare proposte chiare e intelligibili; *rendre une chose intelligible à qqn.* rendere una cosa intelligibile a qc. **2** (*philo.*) intelligibile ✦ (*s.m.*) *l'intelligible* l'intelligibile **3** [*qui peut être distinctement perçu à l'ouïe*] intelligibile: *parler à haute et intelligible voix* parlare a voce alta e intelligibile ⓒ 2 **sensible.**

intelligiblement |ɛ̃te(ɛl)liʒibləmɑ̃| *adv.* [→ INTELLIGIBLE 1] intelligibilmente, in modo intelligibile (*loc. inv.*): *s'exprimer intelligiblement* esprimersi intelligibilmente, in modo intelligibile → **clairement** ⓒ **obscurément.**

intempérance |ɛ̃tɑ̃peʀɑ̃s| *s.f.* intemperanza.

intempérant, ante |ɛ̃tɑ̃peʀɑ̃, ɑ̃t| *adj.* (*littér.*) intemperante → **immodéré.**

intempéries |ɛ̃tɑ̃peʀi| *s.f.pl.* intemperie: *être exposé aux intempéries* essere esposto alle intemperie; *lutter contre les intempéries* lottare contro le intemperie.

intempestif, ive |ɛ̃tɑ̃pɛstif, iv| *adj.* [*qui n'est pas fait à temps, à propos*] intempestivo ◇ [*qu'il n'est pas convenable de faire*] inopportuno: *démarche intempestive* mossa intempestiva, inopportuna; *question intempestive* domanda inopportuna → **inopportun, indiscret** # *gaieté intempestive* allegria fuori luogo → **déplacé.**

intempestivement |ɛ̃tɑ̃pɛstivmɑ̃| *adv.* (*rare*) [→ INTEMPESTIF] intempestivamente (*cour.*); inopportunamente (*cour.*).

intemporalité |ɛ̃tɑ̃pɔʀalite| *s.f.* non temporalità *inv.*

intemporel, elle |ɛ̃tɑ̃pɔʀɛl| *adj.* **1** senza tempo *loc. inv.*, non temporale: *le vrai et le faux sont intemporels* il vero e il falso sono senza tempo **2** [*immatériel*] immateriale, spirituale.

intenable |ɛ̃tnabl(ə)| *adj.* **1** [*que l'on ne peut tenir ou soutenir*] insostenibile: *position, situation intenable* posizione, situazione insostenibile **2** [*insupportable*] insopportabile: *chaleur intenable* caldo insopportabile ◇ (*fam.*) (*personnes*) *gamin mal élevé, intenable* ragazzino maleducato, insopportabile.

intendance |ɛ̃tɑ̃dɑ̃s| *s.f.* **1** (*ancienn.*) intendenza: *l'intendance des finances* l'intendenza di finanza → **direction** ◇ [*fonction d'intendant* (*privé*)] amministrazione: *confier à un homme sûr l'intendance de ses biens* affidare ad una persona di fiducia l'amministrazione dei propri beni **2** (*hist.*) intendenza: *l'Intendance de Flandre* l'Intendenza della Fiandra **3** *intendance militaire* intendenza militare **4** [*économat d'un lycée*] economato *m.*

intendant, ante |ɛ̃tɑ̃dɑ̃, ɑ̃t| *s.* **1** *intendant militaire* intendente militare **2** *intendant universitaire, d'un lycée* economo di un'università, di un liceo ✦ (*au f.*) *intendante d'un lycée* economa di un liceo **3** [*personne chargée d'administrer la maison* (*d'un riche particulier*)] amministratore* → **régisseur** ✦ *au f.* [*supérieure de certains couvents de femmes*] *intendante d'un monastère* superiora di un monastero.

intense |ɛ̃tɑ̃s| *adj.* intenso: *froid intense* freddo intenso; *lumière intense* luce intensa; *bleu intense* azzurro intenso; *circulation intense* circolazione intensa → **vif** ◇ (*abstrait*) *joie intense* gioia intensa; *plaisir intense* piacere intenso → **faible.**

intensément |ɛ̃tɑ̃semɑ̃| *adv.* [→ INTENSE] intensamente: *vivre intensément* vivere intensamente.

intensif, ive |ɛ̃tɑ̃sif, iv| *adj.* **1** intensivo: *propagande intensive* propaganda intensiva **2** (*agric.*) *culture intensive* coltura intensiva **3** (*ling.*) intensivo: *particule intensive* particella intensiva; *verbe intensif* verbo intensivo ⓒ 2 **extensif.**

intensification |ɛ̃tɑ̃sifikɑsjɔ̃| *s.f.* [→ INTENSIFIER] intensificazione, potenziamento (*m.*): *intensification de la production* intensificazione, potenziamento della produzione.

intensifier |ɛ̃tɑ̃sifje| *v.tr.* [*rendre plus intense, au prix d'un effort*] intensificare, potenziare: *intensifier le commerce, la propagande* intensificare, potenziare il commercio, la propaganda.

intensité |ɛ̃tɑ̃site| *s.f.* **1** intensità (*inv.*): *intensité du son, de la lumière* intensità del suono, della luce ◇ (*électr.*) *intensité d'un courant électrique* intensità di una corrente elettrica ◇ (*par anal.*) *fièvre qui augmente d'intensité* febbre che aumenta di intensità **2** [*caractère de ce qui est intense*] intensità: *intensité du regard* intensità dello sguardo; *intensité d'un sentiment* intensità di un sentimento; *donner plus d'intensité à l'expression* dare più intensità, più forza all'espressione ◇ (*phonét.*) intensità.

intensivement |ɛ̃tɑ̃sivmɑ̃| *adv.* [→ INTENSIF 1] intensivamente.

intenter |ɛ̃tɑ̃te| *v.tr.* (*dr.*) [*entreprendre contre qqn.* (*une action en justice*)] intentare: *intenter un procès* intentare un processo.

intention |ɛ̃tɑ̃sjɔ̃| *s.f.* intenzione: *je l'ai fait sans intention* l'ho fatto senza intenzione → **dessein**; *c'est l'intention qui compte* è l'intenzione che conta; *quelles sont vos intentions à son égard?* quali sono le vostre intenzioni nei suoi confronti?; *il n'est pas dans mes intentions d'accepter* non è mia intenzione, nelle mie intenzioni accettare # *avec intention de nuire* con l'intento di nuocere ◇ (*prov.*) *l'enfer est pavé de bonnes intentions* l'inferno è lastricato di buone intenzioni ◇ *loc.* AVOIR L'INTENTION DE (+ *inf.*) avere intenzione di (+ *inf.*), intendere (105) (+ *inf.*): *il n'a jamais eu l'intention de partir* non ha mai avuto intenzione di andar via; *je n'ai nullement l'intention de payer* non ho per nulla intenzione di pagare, non intendo affatto pagare ~ *loc. prép.* DANS L'INTENTION DE (+ *inf.*) con l'intenzione, con l'intento di (+ *inf.*): *acheter dans l'intention de revendre* comperare con l'intenzione di rivendere ~ *loc. prép.* À L'INTENTION DE a (in) favore di, in onore di; destinato *adj.* a: *organiser une fête à l'intention de qqn.* organizzare una festa in favore di, in onore di qc. → 2 **pour** # *j'ai acheté ceci à votre intention* l'ho comperato per voi ◇ (*spécialt.*) *dire des messes à l'intention d'un défunt* dire delle messe in suffragio di un defunto.

intentionnalité |ɛ̃tɑ̃sjɔnalite| *s.f.* intenzionalità *inv.*

intentionné, ée |ɛ̃tɑ̃sjɔne| *adj.* intenzionato: *être bien, mal intentionné* essere bene, male intenzionato # *un critique mal intentionné* [*malveillant*] un critico malevolo, ostile.

intentionnel, elle |ɛ̃tɑ̃sjɔnɛl| *adj.* intenzionale: *retard intentionnel* ritardo intenzionale → **prémédité, volontaire** ◇ (*dr.*) *délit intentionnel* reato intenzionale ⓒ **involontaire.**

intentionnellement |ɛ̃tɑ̃sjɔnɛlmɑ̃| *adv.* [*avec intention, de propos délibéré*] intenzionalmente, di proposito (*loc. inv.*): *c'est intentionnellement que je ne l'ai pas remercié* non l'ho ringraziato intenzionalmente, di proposito → 2 **exprès, volontairement.**

inter- |ɛ̃tɛʀ| *préf.* (*exprimant 'espacement, répartition, relation réciproque', correspond généralt. à*) inter: *intercellulaire* intercellulare: *interallié* interalleato; *intercontinental* intercontinentale.

1 **inter** |ɛ̃tɛʀ| *s.m.* [*l'interurbain*] servizio* (telefonico*) interurbano: *appelez l'inter* chiami il servizio telefonico interurbano, il centralino (*fam.*).

2 **inter** |ɛ̃tɛʀ| *s.m.* (*sport*) [*avant placé entre un ailier et l'avant-centre*] interno, mezzala* *f.*

interactif, ive |ɛ̃tɛʀaktif, iv| *adj.* (*informatique*) interattivo.

interaction |ɛ̃tɛʀaksjɔ̃| *s.f.* interazione.

interallié, ée |ɛ̃tɛʀalje| *adj.* interalleato.

interarmées |ɛ̃tɛʀaʀme| *adj. inv.* [*commun à plusieurs armées* (*de terre, de mer, de l'air*)] interforze.

interarmes |ɛ̃tɛʀaʀm(ə)| *adj. inv.* interarme.

interastral, ale, aux |ɛ̃tɛʀastʀal, o| *adj.* (*rare*) interastrale.

interbancaire |ɛ̃tɛʀbɑ̃kɛʀ| *adj.* interbancario*.

intercalaire |ɛ̃tɛʀkalɛʀ| *adj.* **1** intercalare: *feuillets intercalaires* fogli intercalari **2** (*calendrier grégorien*) *jour*

intercalaire giorno intercalare ◇ (*astron.*) *lune intercalaire* luna intercalare.
intercalation |ɛ̃tɛʀkalɑsjɔ̃| *s.f.* **1** [→ INTERCALER 1] intercalazione, inserimento (*m.*): *intercalation d'exemples dans un dictionnaire* intercalazione di esempi in un dizionario **2** [→ INTERCALER 2] intercalazione.
intercaler |ɛ̃tɛʀkale| *v.tr.* **1** [*mettre (une chose) entre deux autres, insérer dans un ensemble*] intercalare, inserire (197): *intercaler une citation, un exemple dans un texte* intercalare, inserire una citazione, un esempio in un testo → **insérer, introduire** **2** [*ajouter (un jour) au mois de février tous les quatre ans*] intercalare.
intercéder |ɛ̃tɛʀsede| (8) *v.intr.* [*intervenir, user de son influence (en faveur de qqn.)*] intercedere (125): *il intercédera pour vous auprès du patron* intercederà per lei presso il capo; *veuillez intercéder en sa faveur* la prego di intercedere a suo favore.
intercellulaire |ɛ̃tɛʀselylɛʀ| *adj.* (*biol.*) intercellulare.
intercepter |ɛ̃tɛʀsɛpte| *v.tr.* **1** [*prendre au passage et par surprise (ce qui est adressé, envoyé ou destiné à qqn.)*] intercettare: *intercepter un message* intercettare un messaggio → **capter** ◇ (*sport*) *joueur qui intercepte le ballon* giocatore che intercetta il pallone **2** (*aviat., mar.*) *intercepter un avion, un bâtiment* [*les empêcher d'arriver à destination*] intercettare un aereo, una nave **3** [*arrêter dans son cours*] intercettare: *nuage qui intercepte le soleil* nuvola che intercetta il sole → **cacher, éclipser.**
intercepteur |ɛ̃tɛʀsɛptœʀ| *s.m.* [*avion d'interception (chasseur)*] intercettore.
interception |ɛ̃tɛʀsɛpsjɔ̃| *s.f.* **1** [→ INTERCEPTER 1] intercettazione, intercettamento (*m.*): *interception d'un message* intercettazione di un messaggio **2** [→ INTERCEPTER 2] intercettazione: *avions, chasseurs d'interception* aerei, caccia da intercettazione → **intercepteur** **3** [→ INTERCEPTER 3] intercettazione: *interception de la lumière* intercettazione della luce.
intercesseur |ɛ̃tɛʀsesœʀ| *s.m.* (*littér., relig.*) intercessore* (*s.*): *être intercesseur auprès de qqn., pour qqn.* essere intercessore presso qc., in favore di qc.
intercession |ɛ̃tɛʀsesjɔ̃| *s.f.* (*littér., relig.*) intercessione: *l'intercession de la Sainte Vierge* l'intercessione della Santa Vergine.
interchangeabilité |ɛ̃tɛʀʃɑ̃ʒabilite| *s.f.* intercambiabilità *inv.*
interchangeable |ɛ̃tɛʀʃɑ̃ʒabl(ə)| *adj.* intercambiabile: *pneus interchangeables* pneumatici intercambiabili.
interclasse |ɛ̃tɛʀklɑs| *s.m.* [*court intervalle entre deux classes*] intervallo (tra due lezioni).
interclasser |ɛ̃tɛʀklɑse| *v.tr.* (*informatique, mécanographie*) [*classer (les éléments de deux ou plusieurs séries) en une série unique*] inserire (197).
interclasseuse |ɛ̃tɛʀklɑsøz| *s.f.* (*informatique, mécanographie*) inseritrice.
interclubs |ɛ̃tɛʀklœb| *adj. inv.* (*sport*) [*où s'opposent plusieurs clubs*] tra club (*loc. inv.*): *rencontres interclubs* incontri tra club.
intercommunal, ale, aux |ɛ̃tɛʀkɔmynal, o| *adj.* intercomunale ✦ *s.f.* (*Belgique*) consorzio* *m.* intercomunale.
intercommunication |ɛ̃tɛʀkɔmynikɑsjɔ̃| *s.f.* comunicazione reciproca* ◇ (*techn.*) intercomunicazione.
interconfessionnel, elle |ɛ̃tɛʀkɔ̃fɛsjɔnɛl| *adj.* interconfessionale.
interconnexion |ɛ̃tɛʀkɔnɛksjɔ̃| *s.f.* [*le fait de connecter entre eux plusieurs réseaux (d'énergie électrique, de transport, etc.)*] interconnessione.
interconsonantique |ɛ̃tɛʀkɔ̃sɔnɑ̃tik| *adj.* (*phonét.*) interconsonantico*.
intercontinental, ale, aux |ɛ̃tɛʀkɔ̃tinɑ̃tal, o| *adj.* intercontinentale: *ligne aérienne intercontinentale* linea aerea intercontinentale.
intercostal, ale, aux |ɛ̃tɛʀkɔstal, o| *adj.* (*anat.*) intercostale: *muscles intercostaux* muscoli intercostali ✦ (*s.m.*) *les intercostaux* gli intercostali ◇ (*par ext.*) *douleurs intercostales* dolori intercostali.
intercotidal, ale, aux |ɛ̃tɛʀkɔtidal, o| *adj.* **1** (*géogr.*) *zone intercotidale* zona intercotidale **2** (*par ext.*) *lignes intercotidales* linee intercotidali.
intercurrent, ente |ɛ̃tɛʀkyʀɑ̃, ɑ̃t| *adj.* intercorrente ◇ (*méd.*) *maladie intercurrente* malattia intercorrente.
interdépartemental, ale, aux |ɛ̃tɛʀdepaʀtəmɑ̃tal, o| *adj.* interdipartimentale.
interdépendance |ɛ̃tɛʀdepɑ̃dɑ̃s| *s.f.* interdipendenza: *interdépendance des événements* interdipendenza degli avvenimenti.
interdépendant, ante |ɛ̃tɛʀdepɑ̃dɑ̃, ɑ̃t| *adj.* interdipendente.
interdiction |ɛ̃tɛʀdiksjɔ̃| *s.f.* **1** [→ INTERDIRE A 1] divieto *m.*, proibizione: *interdiction absolue de pénétrer en un lieu* divieto assoluto, proibizione assoluta di entrare in un luogo; *lever une interdiction* togliere un divieto, una proibizione; *interdiction d'un film par la censure* divieto della censura alla circolazione di un film → 2 **défense** **2** (*dr.*) interdizione: *interdiction temporaire* interdizione temporanea; *interdiction judiciaire* interdizione giudiziale; *jugement d'interdiction* sentenza di interdizione; *interdiction légale* interdizione legale # *interdiction de séjour* divieto di soggiorno.
interdigital, ale, aux |ɛ̃tɛʀdiʒital, o| *adj.* (*anat.*) interdigitale: *espaces interdigitaux* spazi interdigitali.
interdire |ɛ̃tɛʀdiʀ| (48) (*sauf 'vous interdisez'*) **A** *v.tr.* **1** [*défendre (qqch. à qqn.)*] proibire (197), vietare: *le médecin lui interdit le tabac* il medico gli proibisce, gli vieta il tabacco; *je vous interdis de boire* le proibisco di bere; *interdire sa porte aux intrus* vietare l'accesso in casa propria agli intrusi → 2 **défendre, proscrire** ◇ (*sans compl. indirect exprimé*) *interdire les jeux de hasard* proibire, vietare i giochi d'azzardo; *le film a été interdit* il film è stato proibito, vietato; *il est interdit de fumer dans la salle* (è) vietato fumare (in sala) **2** (*choses*) [*empêcher*] vietare, proibire: *la discrétion m'interdit d'en dire plus* la discrezione mi vieta di dire altro; *leur attitude belliqueuse interdit tout espoir de paix* il loro atteggiamento bellicoso vieta qualsiasi speranza di pace → **exclure** **3** (*dr.*) [*frapper (qqn.) d'interdiction*] interdire (132): *interdire un officier ministériel pour six mois* interdire un funzionario ministeriale per sei mesi; *interdire un homme atteint de folie* interdire un malato di mente **4** (*vieilli*) → 1 **confondre, troubler** **B** *v.pron. réfl.* S'INTERDIRE QQCH. (*à soi-même*) [*s'imposer la privation de*] proibirsi *tr.*, astenersi (188) da q.c.: *s'interdire tout excès* proibirsi ogni eccesso, astenersi da ogni eccesso → **éviter** # *il s'interdit d'y penser* si rifiuta di pensarci → **refuser** (se).
interdisciplinaire |ɛ̃tɛʀdisiplinɛʀ| *adj.* interdisciplinare.
interdisciplinarité |ɛ̃tɛʀdisiplinaʀite| *s.f.* interdisciplinari(e)tà *inv.*
interdit |ɛ̃tɛʀdi| *s.m.* **1** (*ecclés.*) interdetto: *encourir l'interdit* incorrere nell'interdetto; *jeter l'interdit* lanciare l'interdetto ◇ (*par anal.*) *prononcer l'interdit contre qqn.* colpire qc. con l'interdetto **2** [*interdiction émanant du groupe social*] tabù *inv.*
1 **interdit, ite** |ɛ̃tɛʀdi, it| *adj.* **1** [*non autorisé*] vietato, proibito: *sens interdit* senso vietato; *passage interdit* passaggio vietato; *stationnement interdit* sosta vietata, divieto di sosta; *film interdit aux moins de seize ans* film vietato ai minori di sedici anni; *reproduction interdite* riproduzione vietata **2** (*dr.*) [*frappé d'interdiction*] *prêtre interdit* prete interdetto # *il est interdit de séjour* è colpito da divieto di soggiorno ✦ (*s.*) *un interdit de séjour* un confinato; *les interdits* gli interdetti.
2 **interdit, ite** |ɛ̃tɛʀdi, it| *adj.* [*très étonné*] interdetto: *rester tout interdit* rimanere interdetto, di sasso → **ahuri.**
intéressant, ante |ɛ̃teʀesɑ̃, ɑ̃t| *adj.* **1** (*choses*) interessante: *livre intéressant* libro interessante → **captivant, passionnant**; *détail intéressant* particolare interessante; *intéressant à signaler* interessante da segnalare; *un visage intéressant* un viso interessante → **attachant**; *il serait intéressant de poursuivre les recherches* sarebbe interessante continuare le ricerche **2** (*personnes*) *auteur intéressant* autore interessante ◇ (*péj.*) *chercher à se rendre intéressant* cercare di rendersi interessante ◇ (*loc. péj.*) *faire l'intéressant* cercare di rendersi interessante **3** [*qui touche moralement; qui est digne d'intérêt, de considération*] interessante: *ces gens-là ne sont pas intéressants* quelle persone non sono interessanti ◇ (*par euphémisme*) *elle est dans une position intéressante* [*enceinte*] è in stato interessante **4** [*avantageux*] interessante; conveniente: *affaire intéressante* affare interessante ‖ *prix intéressants* prezzi convenienti, interessanti.
intéressé, ée |ɛ̃teʀese| *adj.* **1** interessato: *les parties intéressées* le parti interessate ✦ (*s.*) *sans consulter les intéressés* senza consultare gli interessati **2** [*qui recherche avant tout son avantage personnel*] interessato: *c'est un homme intéressé* è un uomo interessato → **avare, avide** ◇ (*choses*) *une amitié intéressée* un'amicizia interessata; *avis intéressé* parere interessato → **calculé** Ⓒ 2 **désintéressé, généreux.**
intéressement |ɛ̃teʀesmɑ̃| *s.m.* [→ INTÉRESSER A 5] (co)interessenza *f.*
intéresser |ɛ̃teʀese| **A** *v.tr.* **1** (*choses*) [*avoir de l'intérêt, de l'importance pour (qqn., qqch.)*] interessare, riguardare: *cette loi intéresse l'ordre public, les anciens combattants* questa legge in-

teressa, riguarda l'ordine pubblico, gli ex combattenti → **concerner, regarder** **2** [*retenir l'attention de* (*qqn.*); *constituer un objet d'intérêt pour*] interessare: *cette histoire, ce film nous a beaucoup intéressés* questa storia, questo film ci ha molto interessati → **captiver, passionner**; *ça ne m'intéresse pas* (ciò) non mi interessa; *il semble intéressé par notre offre* sembra interessato alla, dalla nostra offerta **3** [*toucher, tenir à cœur*] interessare: *leur sort n'intéresse personne* la loro sorte non interessa a nessuno **4** (*personnes*) INTÉRESSER QQN. À QQCH. [*faire prendre intérêt à*] interessare qc. a q.c.: *son professeur l'a intéressé aux sciences* il suo professore l'ha interessato alle scienze ✦ (*absolt.*) *il ne sait pas intéresser les élèves* non è capace di interessare gli allievi **5** [*associer* (*qqn.*) *à un profit*] (co)interessare: *intéresser les travailleurs dans une affaire* cointeressare i lavoratori di un'azienda # *être intéressé aux bénéfices* partecipare agli utili **6** (*vx.*) → **mêler B** *v.pron. intr.* S'INTÉRESSER [*prendre intérêt*] interessarsi: *s'intéresser à qqn.* interessarsi di, a qc.; *s'intéresser à une science, à un sport* interessarsi di, a una scienza, uno sport; *s'intéresser à tout* interessarsi di, a tutto → **préoccuper (se)**.

intérêt |ɛ̃teʀɛ| *s.m.* **I** (*comm.*) interesse: *prêt à intérêt* prestito a interesse; *taux de l'intérêt* tasso d'interesse; *intérêts composés* interessi composti; *intérêt bancaire* interesse bancario; *intérêts échus* interessi maturati # *prêt à bas taux d'intérêt, avec bonification d'intérêt* prestito agevolato; *titre qui produit des intérêts* titolo fruttifero **II 1** [*ce qui importe, ce qui convient à qqn.*] interesse: *intérêt matériel, moral* interesse materiale, morale; *agir, parler dans son intérêt, contre son intérêt* agire, parlare nel proprio interesse, contro il proprio interesse; *avoir intérêt à* (*faire qqch.*) avere interesse a (fare q.c.) → **avantage, compte** # *trouver son intérêt* avere il proprio tornaconto, la propria convenienza ◇ (*par ext.*) *société reconnue d'intérêt public* società riconosciuta di pubblico interesse ◇ *au plur.* [*part, argent qu'une personne a dans une affaire*] interessi: *avoir des intérêts dans une compagnie pétrolière* avere degli interessi in una compagnia petrolifera **2** *absolt.* [*recherche de son avantage personnel*] interesse: *mariage d'intérêt* matrimonio d'interesse; *agir par intérêt* agire per interesse **III 1** [*attention favorable que l'on porte à qqn.*] interessamento, interesse: *témoigner de l'intérêt à qqn.* mostrare interessamento, interesse per qc. **2** [*état de l'esprit qui prend part à ce qu'il trouve digne d'attention, à ce qu'il juge important*] interesse: *écouter, regarder, lire avec intérêt* ascoltare, guardare, leggere con interesse; *éveiller l'intérêt de l'auditoire* suscitare l'interesse, l'interessamento dell'uditorio → **attention** # *prendre intérêt à un livre* interessarsi a un libro **3** [*qualité de ce qui est intéressant*] interesse: *histoire pleine d'intérêt* storia piena d'interesse; *c'est sans intérêt, dénué d'intérêt* è privo di interesse; *cela présente, offre de l'intérêt* è una cosa che presenta interesse **4** (*dr.*) *dommages et intérêts, dommages-intérêts* risarcimento dei danni, indennizzo → **dommage**.

interférence |ɛ̃tɛʀfeʀɑ̃s| *s.f.* **1** interferenza: *interférence des phénomènes politiques et économiques* interferenza dei fenomeni politici ed economici **2** (*phys.*) interferenza: *interférence des ondes sonores* interferenza delle onde sonore.

interférent, ente |ɛ̃tɛʀfeʀɑ̃, ɑ̃t| *adj.* (*phys.*) interferente.

interférer |ɛ̃tɛʀfeʀe| (8) *v.intr.* **1** (*phys.*) [*produire des interférences*] interferire (197) **2** (*fig.*) (*se dit d'actions simultanées qui se font tort*) interferire: *leurs initiatives risquent d'interférer* le loro iniziative rischiano di interferire l'una con l'altra.

interféromètre |ɛ̃tɛʀfeʀɔmɛtʀ(ə)| *s.m.* (*phys.*) interferometro.

interférométrie |ɛ̃tɛʀferɔmetʀi| *s.f.* (*phys.*) interferometria.

interfluve |ɛ̃tɛʀflyv| *s.m.* (*géogr.*) spartiacque *inv.*, displuvio*.

interfoliage |ɛ̃tɛʀfɔljaʒ| *s.m.* (*techn., imprim.*) interfogliatura *f.*

interfolier |ɛ̃tɛʀfɔlje| *v.tr.* (*techn.*) [*brocher, relier* (*un manuscrit, un imprimé*) *en insérant entre les feuillets des feuilles de papier blanc*] interfogliare.

interglaciaire |ɛ̃tɛʀglasjɛʀ| *adj.* (*géol.*) interglaciale.

intergouvernemental, ale, aux |ɛ̃tɛʀguvɛʀnəmɑ̃tal, o| *adj.* intergovernativo.

intérieur |ɛ̃teʀjœʀ| **I** *adj.* **1** interno: *point intérieur à un cercle* punto interno a un cerchio; *cour intérieure* cortile interno; *face intérieure* facciata interna; *poche intérieure d'un vêtement* tasca interna di un vestito → **interne** **2** [*qui concerne un pays, son territoire*] interno: *politique intérieure* politica interna; *les affaires intérieures d'un pays* gli affari interni di un paese **3** [*qui concerne la vie psychologique, qui se passe dans l'esprit*] interiore: *vie intérieure* vita interiore; *mouvement intérieur* impulso interiore # *le for intérieur* l'intimo, la coscienza **II** *s.m.* **1** interno: *l'intérieur d'une boutique* l'interno di una bottega → **2 dedans** ◇ (*ciné.*) *scène tournée en intérieur* scena girata in interni ◇ (*fig.*) *à l'intérieur d'une communauté* all'interno di una comunità, in seno a una comunità ✦ (*absolt.*) *voulez-vous m'attendre à l'intérieur?* volete aspettarmi dentro, all'interno? **2** [*local où l'on habite; son aménagement*] casa (*f.*): *un intérieur confortable* una casa comoda → **chez-soi, 2 foyer**; *femme d'intérieur* [*qui se plaît à tenir sa maison*] donna di casa # *veston d'intérieur* giacca da camera ◇ (*par ext.*) (*tableau d'*)*intérieur* scena di vita domestica **3** [*espace compris entre les frontières d'un pays; le pays lui-même*] interno: *à l'intérieur et à l'extérieur* all'interno e all'estero; *le Ministère de l'Intérieur* il Ministero dell'Interno, degli Interni **4** (*football*) → **2 inter** Ⓒ **extérieur, dehors.**

intérieurement |ɛ̃teʀjœʀmɑ̃| *adv.* **1** [*dans l'intérieur, au-dedans*] internamente **2** [*dans l'esprit, le cœur*] interiormente, dentro di sé (*loc.*): *pester intérieurement* [*tout bas*] imprecare dentro di sé → **intimement, secrètement** Ⓒ **extérieurement; ouvertement.**

intérim |ɛ̃teʀim| *s.m.* interim (*inv.*): *assurer l'intérim* assumere l'interim; *président par intérim* presidente a interim.

intérimaire |ɛ̃teʀimɛʀ| *adj.* **1** [*relatif à un intérim*] interinale: *fonction, charge intérimaire* funzione, carica interinale **2** [*qui fait l'intérim*] interino, supplente → **remplaçant** ✦ (*s.*) *l'intérimaire* l'interino, il supplente.

interindividuel, elle |ɛ̃tɛʀɛ̃dividɥɛl| *adj.* [*qui concerne les relations entre individus*] interpersonale.

intériorisation |ɛ̃teʀjɔʀizasjɔ̃| *s.f.* (*psycho.*) interiorizzazione.

intérioriser |ɛ̃teʀjɔʀize| *v.tr.* (*psycho.*) [*ramener à l'intérieur, au moi; traduire en activité psychologique*] interiorizzare: *intérioriser un conflit* interiorizzare un conflitto.

intériorité |ɛ̃teʀjɔʀite| *s.f.* interiorità *inv.*

interjectif, ive |ɛ̃tɛʀʒɛktif, iv| *adj.* (*ling.*) interiettivo: *locution interjective* locuzione interiettiva.

interjection |ɛ̃tɛʀʒɛksjɔ̃| *s.f.* **I** (*gram.*) interiezione → **exclamation II** (*dr.*) interposizione.

interjeter |ɛ̃tɛʀʒəte| (5) *v.tr.* (*dr.*) [*introduire, faire intervenir* (*un appel*)] interporre (168) ◇ (*loc.*) *interjeter appel* interporre appello.

interlignage |ɛ̃tɛʀliɲaʒ| *s.m.* (*imprim.*) interlineatura *f.*

interligne |ɛ̃tɛʀliɲ| *s.* **1** *s.m.* interlinea (*f.*): *écrire, ajouter qqch. dans un interligne* scrivere, aggiungere q.c. nell'interlinea → **blanc** ◇ (*mus.*) spazio* **2** *s.f.* (*imprim.*) interlinea.

interligner |ɛ̃tɛʀliɲe| *v.tr.* **1** [*écrire dans les interlignes*] scrivere (182) nell'interlinea, interlineare (*vx.*): *interligner un mot* scrivere una parola nell'interlinea **2** (*imprim.*) [*séparer par des interlignes*] interlineare.

interlinéaire |ɛ̃tɛʀlineɛʀ| *adj.* interlineare: *notes interlinéaires* note interlineari; *traduction interlinéaire* traduzione interlineare.

interlinguistique |ɛ̃tɛʀlɛ̃gɥistik| *adj.* interlinguistico*.

interlocuteur, trice |ɛ̃tɛʀlɔkytœʀ, tʀis| *s.* **1** interlocutore*: *se faire comprendre de son interlocuteur* farsi capire dal proprio interlocutore **2** [*personne avec laquelle on peut engager une négociation* (*polit., syndicale, etc.*)] interlocutore, controparte (*f.*): *chercher un interlocuteur valable* cercare un valido interlocutore, una valida controparte **3** [*personnage qu'un écrivain introduit dans un dialogue*] interlocutore.

interlocutoire |ɛ̃tɛʀlɔkytwaʀ| *adj.* (*dr.*) interlocutorio*: *jugement interlocutoire* sentenza interlocutoria ✦ (*s.m.*) *un interlocutoire* una sentenza *f.* interlocutoria *adj.*

interlope |ɛ̃tɛʀlɔp| *adj.* **1** [*dont l'activité n'est pas légale*] contrabbandiere: *navire interlope* nave contrabbandiera # *commerce interlope* commercio di contrabbando **2** [*d'apparence louche, suspecte*] equivoco*, losco*: *un bar interlope* un bar equivoco, losco.

interloqué, ée |ɛ̃tɛʀlɔke| *adj.* [*décontenancé, déconcerté*] sconcertato, interdetto: *il en est resté interloqué* ne è rimasto sconcertato, interdetto.

interloquer |ɛ̃tɛʀlɔke| *v.tr.* [*rendre* (*qqn.*) *tout interdit*] sconcertare, lasciare interdetto: *cette remarque l'a interloqué* quell'osservazione l'ha lasciato interdetto → **décontenancer.**

interlude |ɛ̃tɛʀlyd| *s.m.* **1** (*mus.*) interludio* **2** [*petit intermède dans un programme*] intermezzo, intervallo.

intermède |ɛ̃tɛʀmɛd| *s.m.* **1** intermezzo: *intermède chanté, dansé* intermezzo cantato, ballato → **interlude** **2** [*ce qui interrompt qqch., sépare dans le temps deux choses de même nature*] intermezzo.

intermédiaire |ɛ̃tɛʀmedjɛʀ| **I** *adj.* intermedio*, intermediario*: *corps intermédiaires* organismi intermedi, intermediari; *époque intermédiaire entre deux autres* epoca intermedia tra due altre ◇ (*géol.*) *terrain intermédiaire* terreno intermedio **II** *s.* **1** *s.m.* [*terme, état intermédiaire*] punto intermedio: *les intermédiaires entre deux extrêmes* i punti intermedi fra due estremi # *sans intermédiaire* [*directement*] direttamente **2** *s.m.* (*rare*) → **entremise** ◇ (*loc. cour.*) *par l'intermédiaire de* (per il) tramite (di), per mezzo di → **moyen** **3** *s.* [*personne qui met en relation deux personnes ou deux groupes*] intermediario: *intermédiaire dans une négociation* intermediario in un negoziato → **interprète, médiateur** ◇ (*comm., écon.*) intermediario, mediatore* [C] I **extrême** 1.

interminable |ɛ̃tɛʀminabl(ə)| *adj.* interminabile: *cortège interminable* corteo interminabile; *discours interminables* discorsi interminabili → **long.**

interminablement |ɛ̃tɛʀminabləmɑ̃| *adv.* [*sans fin*] interminabilmente.

interministériel, elle |ɛ̃tɛʀministeʀjɛl| *adj.* interministeriale: *comité interministériel* comitato interministeriale.

intermission |ɛ̃tɛʀmisjɔ̃| *s.f.* (*méd.*) intermittenza ◇ (*vx.*) → **interruption.**

intermittence |ɛ̃tɛʀmitɑ̃s| *s.f.* (*littér.*) **1** intermittenza → **discontinuité** ◇ *loc.* PAR INTERMITTENCE [*irrégulièrement, par accès*] a intermittenza, a intervalli # *travailler par intermittence* lavorare a singhiozzo **2** (*méd.*) intermittenza: *intermittence du pouls* intermittenza del polso → **intermission, rémission.**

intermittent, ente |ɛ̃tɛʀmitɑ̃, ɑ̃t| *adj.* intermittente: *fièvre intermittente* febbre intermittente; *pouls intermittent* polso intermittente → **discontinu, irrégulier** ◇ (*par anal.*) *source, fontaine intermittente* sorgente, fontana intermittente; *lumière intermittente* luce intermittente → **clignotant** # *efforts intermittents* sforzi discontinui [C] **continu, régulier.**

intermoléculaire |ɛ̃tɛʀmɔlekylɛʀ| *adj.* (*sc.*) intermolecolare.

intermusculaire |ɛ̃tɛʀmyskylɛʀ| *adj.* (*anat.*) intermuscolare.

internat |ɛ̃tɛʀna| *s.m.* **1** internato ◇ (*par ext.*) [*école où vivent des internes*] internato, convitto → **pensionnat** **2** [*fonction d'interne des hôpitaux; sa durée*] internato [C] 1 **externat.**

international, ale, aux |ɛ̃tɛʀnasjɔnal, o| *adj.* **1** internazionale: *relations internationales* relazioni internazionali; *politique internationale* politica internazionale; *conférence internationale* conferenza internazionale; *droit international* diritto internazionale; *port, territoire international* porto, territorio internazionale ◇ (*sport*) *épreuve, rencontre internationale* gara, incontro internazionale ◆ (*s.*) *un international* [*joueur, athlète sélectionné dans un équipe nationale*] un nazionale **2** (*spécialt.*) *association internationale des travailleurs* associazione internazionale dei lavoratori ◆ *s.f.* (*absolt.*) *l'Internationale* l'Internazionale ◇ [*hymne révolutionnaire*] l'internazionale.

internationalisation |ɛ̃tɛʀnasjɔnalizɑsjɔ̃| *s.f.* [→ INTERNATIONALISER] internazionalizzazione: *empêcher l'internationalisation d'un conflit* impedire l'internazionalizzazione di un conflitto.

internationaliser |ɛ̃tɛʀnasjɔnalize| *v.tr.* [*rendre international*] internazionalizzare: *internationaliser un débat* internazionalizzare un dibattito ◇ [*mettre sous régime international*] *internationaliser un port* internazionalizzare un porto.

internationalisme |ɛ̃tɛʀnasjɔnalism(ə)| *s.m.* internazionalismo.

internationaliste |ɛ̃tɛʀnasjɔnalist(ə)| *s.* internazionalista ◆ *adj.* internazionalista, internazionalistico*.

internationalité |ɛ̃tɛʀnasjɔnalite| *s.f.* (*dr., cour.*) internazionalità *inv.*

interne |ɛ̃tɛʀn(ə)| **I** *adj.* **1** interno: *parois, parties internes* pareti, parti interne → **intérieur** ◇ (*anat.*) *oreille interne* orecchio interno ◇ (*géom.*) *angles alternes-internes* angoli alterni interni **2** [*qui appartient au dedans*] interno: *structure interne de la Terre* struttura interna della Terra; *glandes endocrines à sécrétion interne* ghiandole endocrine a secrezione interna; *hémorragie interne* emorragia interna **II** *s.* **1** [*élève logé et nourri dans l'établissement scolaire qu'il fréquente*] interno, convittore* → **pensionnaire** **2** [*étudiant en médecine qui loge dans l'hôpital auquel il est attaché*] interno: *interne des hôpitaux* interno di ospedale [C] I **extérieur, externe** 1.

interné, ée |ɛ̃tɛʀne| *adj. et s.* [*enfermé* (*spécialt. pour troubles mentaux*)] internato.

internement |ɛ̃tɛʀnəmɑ̃| *s.m.* **1** [→ INTERNER 1] internamento: *internement d'un inculpé* internamento di un imputato → **emprisonnement** **2** [→ INTERNER 2] internamento: *internement des aliénés* internamento dei malati di mente **3** (*vx.*) [*assignation à résidence forcée*] confino (*cour.*), soggiorno obbligato (*cour.*).

interner |ɛ̃tɛʀne| *v.tr.* **1** [*enfermer par mesure administrative*] internare: *interner des réfugiés politiques, des soldats étrangers qui ont demandé asile* internare dei rifugiati politici, dei soldati stranieri che hanno chiesto asilo **2** [*enfermer dans un asile, un hôpital psychiatrique*] internare: *interner un aliéné* internare un malato di mente **3** (*vx.*) [*assigner à résidence forcée*] confinare (*cour.*), mandare al confino (*cour.*).

internonce |ɛ̃tɛʀnɔ̃s| *s.m.* internunzio* → **nonce.**

internucléaire |ɛ̃tɛʀnykleɛʀ| *adj.* (*biol.*) internucleare.

interocéanique |ɛ̃tɛʀɔseanik| *adj.* interoceanico*.

interoculaire |ɛ̃tɛʀɔkylɛʀ| *adj.* (*anat.*) interoculare.

interosseux, euse |ɛ̃tɛʀɔsø, øz| *adj.* (*anat.*) interosseo: *ligament interosseux* legamento interosseo.

interpariétal, ale, aux |ɛ̃tɛʀpaʀjetal, o| *adj.* (*anat.*) interparietale: *os interpariétal* osso interparietale.

interparlementaire |ɛ̃tɛʀpaʀləmɑ̃tɛʀ| *adj.* interparlamentare.

interpellateur, trice |ɛ̃tɛʀpelatœʀ, tʀis| *s.* interpellatore*, interpellante.

interpellation |ɛ̃tɛʀpelɑsjɔ̃| *s.f.* **1** [→ INTERPELLER A 1] l'apostrafare *m. inv.* **2** [*demande d'explications adressée au gouvernement par un membre du Parlement en séance publique*] interpellanza: *répondre à une interpellation* rispondere a un'interpellanza.

interpeller |ɛ̃tɛʀpele| **A** *v.tr.* **1** [*adresser la parole brusquement à* (*qqn.*) *pour le questionner, l'insulter*] apostrofare → **apostropher** **2** (*dr.*) intimare (a), ingiungere (150) (a); fermare (per accertamenti) **3** [*adresser une interpellation* (2) *à* (*un ministre*)] interpellare **B** *v. pron. récipr.* S'INTERPELLER [→ *tr.* 1] apostrofarsi.

interpénétration |ɛ̃tɛʀpenetʀɑsjɔ̃| *s.f.* compenetrazione, interpenetrazione: *interpénétration de deux civilisations* compenetrazione di due civiltà.

interpénétrer (s') |ɛ̃tɛʀpenetʀe| (8) *v.pron. récipr.* [*se pénétrer reciproquement*] compenetrarsi.

interphone |ɛ̃tɛʀfɔn| *s.m.* interfono, citofono: *le directeur appelle sa secrétaire à, par l'interphone* il direttore chiama la segretaria con l'interfono.

interplanétaire |ɛ̃tɛʀplanetɛʀ| *adj.* interplanetario*: *voyages interplanétaires* viaggi interplanetari.

interpolateur, trice |ɛ̃tɛʀpɔlatœʀ, tʀis| *s.* interpolatore*.

interpolation |ɛ̃tɛʀpɔlɑsjɔ̃| *s.f.* **1** [→ INTERPOLER 1] interpolazione **2** (*sc.*) interpolazione.

interpoler |ɛ̃tɛʀpɔle| *v.tr.* **1** [*introduire dans un texte, par erreur ou par fraude* (*des mots ou des phrases n'appartenant pas à l'original*)] interpolare ◆ (*au p.p.*) *glose interpolée par un copiste* chiosa interpolata da un copista ◇ (*par ext.*) [*altérer par une ou plusieurs interpolations*] interpolare **2** (*sc.*) [*intercaler dans une série, par une interpolation*] interpolare [C] **extrapoler.**

interposé, ée |ɛ̃tɛʀpoze| *adj.* (*rare*) [*qui intervient*] interposto, frapposto ◇ (*dr.*) *personnes interposées* interposte persone ◇ (*loc.*) *par personne interposée* per interposta persona.

interposer |ɛ̃tɛʀpoze| **A** *v.tr.* **1** [*poser entre deux choses*] interporre (168), frapporre (168): *interposer un écran* interporre, frapporre uno schermo **2** (*fig.*) [*faire intervenir*] interporre **B** *v.pron. intr.* S'INTERPOSER **1** [→ *tr.* 1] interporsi, frapporsi **2** (*fig.*) *s'interposer dans une dispute* [*intervenir pour y mettre un terme*] interporsi in una disputa → **entremettre** (s').

interposition |ɛ̃tɛʀpozisjɔ̃| *s.f.* interposizione ◇ (*dr.*) *interposition de personne* interposizione di persona.

interprétable |ɛ̃tɛʀpʀetabl(ə)| *adj.* [→ INTERPRÉTER] interpretabile.

interprétariat |ɛ̃tɛʀpʀetaʀja| *s.m.* interpretariato # *école d'interprétariat* scuola interpreti.

interprétatif, ive |ɛ̃tɛʀpʀetatif, iv| *adj.* interpretativo: *déclaration interprétative* dichiarazione interpretativa.

interprétation |ɛ̃tɛʀpʀetɑsjɔ̃| *s.f.* **1** [→ INTERPRÉTER 1] interpretazione: *interprétation allégorique, symbolique d'un texte* interpretazione allegorica, simbolica di un testo → **explication**; *interprétation des lois* interpretazione delle leggi ◇ (*spécialt.*) *interprétation des songes* interpretazione dei sogni **2** [*action de donner une signification* (*aux faits, aux actes ou paroles de* *qqn.*)] interpretazione: *interprétation arbitraire, tendancieuse* interpretazione arbitrària, tendenziosa; *interprétation des faits politiques* interpretazione dei fatti politici **3** [*traduction orale*] interpretazione: *interprétation simultanée, consécutive* interpretazione simultanea, consecutiva **4** [*façon dont une œuvre dramatique, musicale est jouée, exécutée*] interpretazione: *prix de la meilleure interprétation masculine* premio per la migliore interpretazione maschile → **exécution.**

interprète |ɛ̃tɛʀpʀɛt| *s.* **1** [*personne qui explique, éclaircit le sens* (*d'un texte, etc.*)] interprete: *interprète des présages* interprete di presagi → **commentateur, exégète** **2** [*traducteur servant d'intermédiaire entre des personnes de langues différentes*] interprete: *les interprètes d'une ambassade* gli interpreti di un'ambasciata; *interprète polyglotte* interprete poliglotta **3** (*fig.*) interprete: *se faire l'interprète de qqn. auprès d'une autre personne* rendersi interprete di qc. presso un'altra persona → **intermédiaire, porte-parole** ◇ (*choses*) *le geste, interprète de la pensée* il gesto, interprete del pensiero **4** [*personne qui assure l'interprétation d'un rôle, d'une œuvre*] interprete: *les interprètes d'une pièce* gli interpreti di un lavoro teatrale → **acteur**; *un grand interprète de Mozart* un grande interprete di Mozart.

interpréter |ɛ̃tɛʀpʀete| (8) *v.tr.* **1** [*expliquer, rendre clair* (*ce qui est obscur dans un texte*)] interpretare: *interpréter un document* interpretare un documento; *interpréter les songes, les présages* interpretare i sogni, i presagi → **commenter, expliquer** **2** [*donner un sens à* (*qqch.*), *tirer une signification de*] interpretare: *je ne sais pas comment interpréter sa conduite* non so come interpretare il suo comportamento; *interpréter en bien, en mal* interpretare in senso buono, in senso cattivo → **comprendre, expliquer** **3** [*traduire oralement*] interpretare **4** [*jouer d'une manière personnelle*] interpretare: *interpréter un rôle, un personnage* interpretare un ruolo, un personaggio → **incarner**; *interpréter un morceau au piano* interpretare un brano al pianoforte → **exécuter** ♦ (*au p.p.*) *sonate magistralement interprétée* sonata eseguita con maestria.

interprofessionnel, elle |ɛ̃tɛʀpʀɔfesjɔnɛl| *adj.* intercategoriale, interprofessionale.

interpsychologie |ɛ̃tɛʀpsikɔlɔʒi| *s.f.* interpsicologia*.

interrègne |ɛ̃tɛʀʀɛɲ| *s.m.* interregno.

interrogateur, trice |ɛ̃te(ɛ)ʀɔgatœʀ, tʀis| **1** *adj.* [*qui interroge*] interrogativo, interrogatorio*: *regard interrogateur* sguardo interrogativo ◇ (*vieilli*) [*questionneur*] inquisitore* **2** *s.* [*personne qui fait subir une interrogation orale au candidat*] interrogatore* → **examinateur.**

interrogatif, ive |ɛ̃te(ɛ)ʀɔgatif, iv| *adj.* **1** interrogativo: *regard interrogatif* sguardo interrogativo **2** (*ling.*) interrogativo: *adjectifs, pronoms, adverbes interrogatifs* aggettivi, pronomi, avverbi interrogativi ♦ (*s.m.*) *un interrogatif* un termine interrogativo *adj.* ♦ (*s.f.*) *une interrogative* una (frase) interrogativa: *interrogative directe, indirecte* interrogativa diretta, indiretta.

interrogation |ɛ̃te(ɛ)ʀɔgɑsjɔ̃| *s.f.* **1** [→ INTERROGER A 1] interrogazione → **demande, question** ◇ (*spécialt.*) [*question ou ensemble de questions que l'on pose à un élève, à un candidat*] *interrogation écrite, orale* interrogazione scritta, orale **2** (*type de phrase*) interrogazione: *interrogation directe, indirecte* interrogazione diretta, indiretta ◇ *loc.* POINT D'INTERROGATION punto interrogativo ◇ (*fig., fam.*) [*chose incertaine*] *quant à l'avenir, c'est un point d'interrogation* quanto al futuro, è un punto interrogativo.

interrogativement |ɛ̃te(ɛ)ʀɔgativmɑ̃| *adv.* [→ INTERROGATIF 1] interrogativamente.

interrogatoire |ɛ̃te(ɛ)ʀɔgatwaʀ| *s.m.* interrogatorio*.

interroger |ɛ̃te(ɛ)ʀɔʒe| (3) **A** *v.tr.* **1** [*questionner* (*qqn.*), *avec l'idée qu'il doit une réponse*] interrogare: *la police interroge les témoins* la polizia interroga i testimoni; *interroger qqn. sur ses intentions* interrogare qc. circa le sue intenzioni; *les candidats interrogés par l'examinateur* i candidati interrogati dall'esaminatore # *interroger un personnage célèbre* intervistare un personaggio celebre ◇ (*par ext.*) *interroger son cœur, sa conscience* interrogare il proprio cuore, la propria coscienza **2** (*fig.*) [*examiner avec attention* (*une chose*) *pour y trouver une réponse aux questions qu'on se pose*] interrogare: *l'expérimentateur interroge les faits* lo sperimentatore interroga i fatti; *interroger l'horizon, le ciel* interrogare, scrutare l'orizzonte, il cielo **B** *v.pron. réfl.* S'INTERROGER [*se poser des questions, descendre en soi-même*] interrogarsi.

interrompre |ɛ̃te(ɛ)ʀɔ̃pʀ(ə)| (44) **A** *v.tr.* **1** [*rompre* (*qqch.*) *dans sa continuité*] interrompere (176): *interrompre un circuit électrique* interrompere un circuito elettrico → 1 **couper** ◇ (*dans le temps*) *interrompre un entretien* interrompere un colloquio → **arrêter**; *interrompre ses études* interrompere gli studi; *interrompre un voyage* interrompere un viaggio **2** [*empêcher* (*qqn.*) *de continuer ce qu'il est en train de faire*] interrompere: *je l'ai interrompu dans son travail* l'ho interrotto nel suo lavoro → 2 **déranger** **3** [*couper la parole à*] interrompere: *interrompre un orateur* interrompere un oratore: *ne m'interrompez pas tout le temps* non continuate a interrompermi **B** *v.pron. intr.* S'INTERROMPRE [*s'arrêter* (*de faire qqch.*)] interrompersi: *s'interrompre pour faire, dire qqch.* interrompersi per fare, dire q.c.

interrupteur |ɛ̃te(ɛ)ʀyptœʀ| *s.m.* (*électr.*) interruttore → **commutateur, disjoncteur.**

interruptif, ive |ɛ̃te(ɛ)ʀyptif, iv| *adj.* (*dr.*) interruttivo.

interruption |ɛ̃te(ɛ)ʀypsjɔ̃| *s.f.* **1** [→ INTERROMPRE A 1] interruzione: *interruption d'un travail* interruzione di un lavoro → **arrêt, pause, suspension**; *interruption des communications* interruzione delle comunicazioni; *interruption du courant* interruzione, sospensione della corrente → **coupure** ◇ *loc.* SANS INTERRUPTION senza interruzione, senza sosta: *travailler sans interruption* lavorare senza interruzione, senza sosta; *se succéder sans interruption* susseguirsi senza interruzione **2** (*dr.*) interruzione **3** [→ INTERROMPRE A 3] interruzione: *vives interruptions sur les bancs de l'opposition* vivaci interruzioni dai banchi dell'opposizione.

intersecté, ée |ɛ̃tɛʀsɛkte| *adj.* (*géom.*) *plan intersecté* piano intersecato.

intersection |ɛ̃tɛʀsɛksjɔ̃| *s.f.* intersezione: *point d'intersection* punto d'intersezione; *intersection de deux plans* intersezione di due piani; *intersection de deux rues, de deux voies ferrées* intersezione di due vie, di due linee ferroviarie → 1 **croisement.**

intersectoriel, ielle |ɛ̃tɛʀsɛktɔʀjɛl| *adj.* intersettoriale.

intersidéral, ale, aux |ɛ̃tɛʀsideʀal, o| *adj.* (*astron.*) intersiderale.

intersigne |ɛ̃tɛʀsiɲ| *s.m.* **1** [*relation mystérieuse apparaissant* (*par télépathie, seconde vue*) *entre deux faits*] interrelazione *f.* **2** (*vx.*) → **marque, indice.**

interstellaire |ɛ̃tɛʀste(ɛl)lɛʀ| *adj.* (*astron.*) interstellare: *les espaces interstellaires* gli spazi interstellari; *matière interstellaire* materia interstellare.

interstice |ɛ̃tɛʀstis| *s.m.* **1** interstizio*: *les interstices d'un plancher, d'un pavage* gli interstizi di un pavimento, di una pavimentazione **2** (*vx.*) [*intervalle de temps*] intervallo (*cour.*).

interstitiel, ielle |ɛ̃tɛʀstisjɛl| *adj.* (*anat.*) interstiziale: *substance interstitielle* sostanza interstiziale ◇ (*méd.*) interstiziale.

intersyndical, ale, aux |ɛ̃tɛʀsɛ̃dikal, o| *adj.* intersindacale.

intertidal, ale, aux |ɛ̃tɛʀtidal, o| *adj.* → **intercotidal** 1.

intertrigo |ɛ̃tɛʀtʀigo| *s.m.* (*méd.*) intertrigine *f.*

intertropical, ale, aux |ɛ̃tɛʀtʀɔpikal, o| *adj.* intertropicale: *zone intertropicale* zona intertropicale.

interurbain, aine |ɛ̃tɛʀyʀbɛ̃, ɛn| *adj.* interurbano ♦ (*s.m.*) *l'interurbain* (*abrév.* '*l'inter*') [*le service téléphonique interurbain*] il servizio* (telefonico*) interurbano.

intervalle |ɛ̃tɛʀval| *s.m.* **1** intervallo: *un étroit intervalle entre deux murs* uno stretto intervallo fra due muri; *augmenter l'intervalle entre les deux paragraphes* aumentare l'intervallo, la spaziatura fra i due paragrafi **2** (*mus.*) intervallo: *intervalle consonant, dissonant* intervallo consonante, dissonante; *les intervalles d'un accord* gli intervalli di un accordo **3** [*espace de temps qui sépare deux époques, deux faits*] intervallo: *un intervalle d'une heure* un intervallo di un'ora; *à intervalles égaux, réguliers, rapprochés* a intervalli uguali, regolari, ravvicinati ◇ (*loc.*) *dans l'intervalle* nel frattempo ~ *durant, pendant cet intervalle* durante questo intervallo ~ *par intervalles* a intervalli.

intervenant, ante |ɛ̃tɛʀvənɑ̃, ɑ̃t| *adj. et s.* (*dr.*) interventore *s.m.* ◇ (*dans un débat, etc.*) intervenuto: *je remercie tous les intervenants* ringrazio tutti gli intervenuti.

intervenir |ɛ̃tɛʀvəniʀ| (27) *v.intr.* **1** (*dr.*) [*arriver au cours d'un procès, d'une discussion*] intervenire (202): *une ordonnance est intervenue* è intervenuta un'ordinanza ◇ (*par ext.*) *un accord* *est intervenu entre la direction et les grévistes* è stato raggiunto, si è avuto un accordo fra la direzione e gli scioperanti **2** [*prendre part à une action, à une affaire en cours*] intervenire: *il se propose d'intervenir dans le débat* si propone di intervenire nel dibattito; *intervenir dans un procès* intervenire in un processo; *intervenir dans les affaires d'autrui* intervenire negli affari altrui → **entremettre (s'), immiscer (s')**; *il est intervenu en votre faveur* è intervenuto in vostro favore **3** *absolt.* [*entrer en action*] intervenire: *la police est prête à intervenir* la polizia è pronta a intervenire; *demander à un personnage important d'intervenir* chiedere a un personaggio importante di intervenire ◇ (*méd.*) intervenire → **opérer** **4** (*choses*) [*agir, jouer un rôle*] intervenire: *circonstances, facteurs qui interviennent dans...* circostanze, fattori che intervengono in...; *acte où la volonté n'intervient pas* atto in cui non interviene la volontà.

intervention |ɛ̃tɛʀvɑ̃sjɔ̃| *s.f.* **1** [→ INTERVENIR] intervento (*m.*): *intervention d'un orateur dans un débat* intervento di un oratore in un dibattito; *intervention en faveur de qqn.* intervento in favore di qc.; *intervention de l'État* intervento dello Stato; *intervention énergique, rapide de la police* energico, rapido intervento della polizia; *politique d'intervention* politica d'intervento, interventistica; *forces d'intervention de l'O.N.U.* forze d'intervento dell'O.N.U. **2** (*dr.*) intervento: *intervention en première instance, en appel* intervento in prima istanza, in appello **3** *intervention chirurgicale* intervento chirurgico **4** [*action, rôle* (*de qqch.*)] intervento.

interventionnisme |ɛ̃tɛʀvɑ̃sjɔnism(ə)| *s.m.* (*écon., polit.*) interventismo.

interventionniste |ɛ̃tɛʀvɑ̃sjɔnist(ə)| *adj. et s.* (*écon., polit.*) interventistico* *adj.* ✦ (*s.*) *un interventionniste* un interventista.

interversion |ɛ̃tɛʀvɛʀsjɔ̃| *s.f.* **1** [*dérangement, renversement de l'ordre naturel, habituel ou logique*] inversione: *l'interversion des facteurs dans une multiplication* l'inversione dei fattori in una moltiplicazione; *interversion des mots dans une phrase* inversione delle parole in una frase **2** (*dr.*) *interversion de titre* inversione, mutamento *m.* del titolo.

intervertir |ɛ̃tɛʀvɛʀtiʀ| *v.tr.* [*déplacer* (*les éléments d'un tout, d'une série*) *en renversant l'ordre primitif*] invertire: *vous pouvez intervertir les facteurs* potete invertire i fattori ◇ (*spécialt.*) *intervertir les rôles* [*prendre envers une autre personne l'attitude qui normalement lui est réservée*] invertire le parti.

intervertébral, ale, aux |ɛ̃tɛʀvɛʀtebʀal, o| *adj.* intervertebrale: *disque intervertébral* disco intervertebrale.

interview |ɛ̃tɛʀvju| *s.f.* intervista: *demander, accorder une interview* chiedere, concedere un'intervista ◇ (*par ext.*) *publier une série d'interviews* pubblicare una serie d'interviste.

interviewer, intervieweur |ɛ̃tɛʀvjuvœʀ| *s.m.* [*journaliste, reporter spécialisé dans les interviews*] intervistatore* *s.*

interviewer |ɛ̃tɛʀvjuve| *v. tr.* [*soumettre* (*qqn.*) *à une interview*] intervistare: *interviewer un homme politique* intervistare un uomo politico.

intervocalique |ɛ̃tɛʀvɔkalik| *adj.* (*phonét.*) intervocalico*.

intestat |ɛ̃tɛsta| *adj.* (*dr.*) intestato: *décéder intestat* decedere intestato ✦ (*s.*) *les intestats* gli intestati.

intestin |ɛ̃tɛstɛ̃| *s.m.* (*anat.*) intestino # *il souffre de l'intestin* soffre di disturbi intestinali.

intestin, ine |ɛ̃tɛstɛ̃, in| *adj.* (*littér.*) [*qui se passe à l'intérieur d'un corps social*] intestino: *guerre intestine* guerra intestina → 1 **civil.**

intestinal, ale, aux |ɛ̃tɛstinal, o| *adj.* intestinale: *muqueuse intestinale* mucosa intestinale; *occlusion, perforation intestinale* occlusione, perforazione intestinale.

intimation |ɛ̃timɑsjɔ̃| *s.f.* (*dr.*) intimazione; citazione in appello.

intime |ɛ̃tim| *adj.* **1** (*littér.*) intimo (*cour.*): *la partie la plus intime* la parte più intima; *bonheur, plaisir intime* intima felicità, intimo piacere; *j'ai la conviction intime que vous vous trompez* ho l'intima convinzione che vi sbagliate **2** [*qui lie étroitement, par ce qu'il y a de plus profond*] intimo: *avoir des relations intimes avec une personne* avere relazioni intime con una persona ◇ (*personnes*) [*très uni*] *ami intime* amico intimo; *être intime avec qqn.* essere intimo, in intimità con qc.; *ils sont très intimes* sono molto intimi, c'è molta intimità fra loro **3** [*qui est tout à fait privé et généralt. tenu caché aux autres*] intimo: *vie intime* vita intima; *confidences, écrits intimes* confidenze intime, scritti intimi → 1 **personnel, privé** # *poésie, genre intime* poesia intimista, genere intimista ◇ (*par ext.*) *repas, fête intime* pranzo intimo, festa intima; *un endroit, un coin intime* un posticino, un angolino intimo ✦ (*s.*) *un intime* un intimo Ⓒ 3 **public.**

intimé, ée |ɛ̃time| *s. et adj.* (*dr.*) intimato; citato in appello.

intimement |ɛ̃timmɑ̃| *adv.* **1** [*très profondément*] intimamente: *intimement persuadé* intimamente convinto **2** [*étroitement*] intimamente: *personnes intimement liées* persone intimamente legate ◇ (*littér.*) [*d'une manière intime*] intimamente.

intimer |ɛ̃time| *v.tr.* **1** (*dr.*) [*citer, assigner devant une juridiction supérieure*] citare **2** (*dr.*) [*signifier légalement*] intimare **3** [*signifier* (*qqch. à qqn.*) *avec autorité*] intimare, ingiungere (150): *il m'a intimé l'ordre de me taire* mi ha intimato, ingiunto di tacere.

intimidable |ɛ̃timidabl(ə)| *adj.* (*rare*) che si lascia intimidire *loc.*

intimidant, ante |ɛ̃timidɑ̃, ɑ̃t| *adj.* [*qui intimide, trouble*] che intimidisce *loc.*, che intimorisce (*loc.*): *examinateur intimidant* esaminatore che intimidisce, che intimorisce.

intimidateur, trice |ɛ̃timidatœʀ, tʀis| *adj.* (*rare*) [*propre à intimider, à effrayer* (*un adversaire*)] intimidatorio* (*cour.*).

intimidation |ɛ̃timidɑsjɔ̃| *s.f.* [→ INTIMIDER 1] intimidazione: *user de l'intimidation* ricorrere all'intimidazione; *manœuvres d'intimidation* manovre d'intimidazione, intimidatorie → **menace, pression.**

intimider |ɛ̃timide| *v.tr.* **1** [*remplir* (*qqn.*) *de peur, en imposant sa force, son autorité*] intimidire (197): *chercher à intimider qqn. par des menaces, par la fermeté de son attitude* cercare di intimidire qc. con minacce, con un atteggiamento deciso; *se laisser intimider* lasciarsi intimidire; *manœuvres pour intimider l'adversaire* manovre per intimidire l'avversario → **effrayer, bluffer** **2** [*remplir involontairement de timidité, de gêne*] intimidire: *examinateur qui intimide les candidats* esaminatore che intimidisce i candidati → **effaroucher, troubler** ◇ (*sujet de chose*) *tout ce luxe l'intimidait* tutto quel lusso l'intimidiva, lo metteva in imbarazzo ✦ (*au p.p.*) *il est très intimidé* è molto intimidito; *elle a l'air intimidée* sembra intimidita.

intimisme |ɛ̃timism(ə)| *s.m.* (*littér.*) intimismo.

intimiste |ɛ̃timist(ə)| *s. et adj.* intimista: *peintre, poète intimiste* pittore, poeta intimista.

intimité |ɛ̃timite| *s.f.* **1** (*littér.*) intimo *m.*, intimità (*inv.*): *dans l'intimité de la conscience* nell'intimità, nell'intimo della coscienza **2** [*liaison, relations étroites et familières*] intimità: *intimité conjugale* intimità coniugale; *vivre dans l'intimité, dans la plus grande intimité avec qqn.* vivere in intimità, nella più grande intimità con qc. **3** [*la vie intime, privée*] intimità: *préserver son intimité* difendere la propria intimità ✦ (*absolt.*) *dans l'intimité* [*dans le privé, dans les relations avec les intimes*] nell'intimità: *le mariage aura lieu dans la plus stricte intimité* il matrimonio sarà celebrato nella più stretta intimità **4** [*agrément, confort d'un endroit où l'on se sent tout à fait chez soi*] intimità: *l'intimité d'un petit appartement parisien* l'intimità di un appartamentino parigino.

intitulé |ɛ̃tityle| *s.m.* [*titre* (*d'un livre, d'un chapitre*)] titolo, intitolazione *f.* ◇ (*dr.*) intitolazione, epigrafe *f.* # *intitulé d'inventaire* inizio del processo verbale d'inventario.

intituler |ɛ̃tityle| **A** *v.tr.* [*donner un titre à*] intitolare: *comment a-t-il intitulé son livre?* come ha intitolato il suo libro? **B** *v.pron. intr.* S'INTITULER [*avoir pour titre*] intitolarsi: *ouvrage qui s'intitule 'Mémoires de guerre'* opera che s'intitola 'Memorie di guerra' ◇ [*se donner le titre, le nom de*] darsi (102) il titolo di.

intolérable |ɛ̃tɔleʀabl(ə)| *adj.* **1** intollerabile: *douleur intolérable* dolore intollerabile; *une chaleur intolérable* un caldo intollerabile → **insupportable** **2** [*qu'on ne peut admettre*] intollerabile: *pratique intolérable* pratica intollerabile → **inadmissible** ✦ (*impers.*) *il est intolérable de voir le bon droit ainsi bafoué* è intollerabile vedere deriso così il buon diritto Ⓒ **tolérable.**

intolérance |ɛ̃tɔleʀɑ̃s| *s.f.* **1** intolleranza: *intolérance religieuse, politique* intolleranza religiosa, politica → **intransigeance** **2** [*inaptitude* (*d'un organisme, d'un organe*) *à tolérer un agent extérieur* (*aliment, remède*)] intolleranza: *intolérance d'un malade aux antibiotiques* intolleranza di un malato per gli antibiotici Ⓒ **tolérance.**

intolérant, ante |ɛ̃tɔleʀɑ̃, ɑ̃t| *adj.* **1** intollerante: *persécutions dues à des souverains intolérants* persecuzioni dovute a sovrani intolleranti; *religion intolérante* religione intollerante → **fana-**

tique ♦ (*s.*) *les intolérants* gli intolleranti **2** [*qui manque d'indulgence et de compréhension*] intollerante: *esprit intolérant* spirito intollerante → **intransigeant, sectaire** Ⓒ **tolérant.**

intonation |ɛ̃tɔnɑsjɔ̃| *s.f.* **1** intonazione: *intonation juste, fausse* intonazione giusta, sbagliata ◇ (*liturg.*) *intonation d'un cantique* intonazione di un cantico **2** [*ton que l'on prend en parlant, en lisant*] intonazione, inflessione: *une voix aux intonations canailles, tendres* una voce dall'intonazione sguaiata, tenera; una voce dalle inflessioni sguaiate, tenere **3** (*ling.*) intonazione.

intouchable |ɛ̃tuʃabl(ə)| *adj.* **1** intoccabile ◇ (*fig.*) *il a de hautes protections, il se croit intouchable* ha protezioni in alto loco, si crede intoccabile **2** (*vx.*) (*personnes*) [*qu'on ne peut toucher*] intoccabile (*cour.*) → **intangible** ♦ (*s.*) *un intouchable* [*un paria*] un intoccabile.

intoxicant, ante |ɛ̃tɔksikɑ̃, ɑ̃t| *adj.* intossicante.

intoxication |ɛ̃tɔksikɑsjɔ̃|, (*fam.*) **intoxe** |ɛ̃tɔks(ə)| *s.f.* **1** [→ INTOXIQUER] intossicazione: *intoxications endogènes, exogènes* intossicazioni endogene, esogene; *intoxications industrielles et professionnelles* intossicazioni industriali e professionali **2** (*fig.*) intossicazione: *l'intoxication par l'action psychologique* l'intossicazione attraverso l'azione psicologica.

intoxiquer |ɛ̃tɔksike| **A** *v.tr.* **1** [*affecter (un être vivant) de troubles plus ou moins graves, par l'effet de substances toxiques, vénéneuses*] intossicare: *la drogue qui l'intoxique* la droga che lo intossica → **empoisonner** ♦ *au p.p.* (*adj. et s.*) *un intoxiqué* un intossicato ◇ (*fig.*) *un homme intoxiqué de politique* un uomo intossicato dalla politica **2** [*influencer les esprits insidieusement*] intossicare **B** *v.pron. réfl.* S'INTOXIQUER intossicarsi.

intra- |ɛ̃tʀa| *préf.* (*signifiant 'à l'intérieur de', correspond généralt. à*) intra: *intradermique* intradermico.

intra-atomique |ɛ̃tʀaatɔmik| *adj.* (*sc.*) intratomico*: *énergie intra-atomique* energia intratomica; *physique intra-atomique* fisica intratomica.

intracellulaire |ɛ̃tʀaselylɛʀ| *adj.* (*biol.*) intracellulare.

intracommunautaire |ɛ̃tʀakɔmynotɛʀ| *adj.* intracomunitario*: *échanges intracommunautaires* scambi intracomunitari.

intradermique |ɛ̃tʀadɛʀmik| *adj.* (*méd.*) intradermico*: *injection intradermique* iniezione intradermica.

intradermo-réaction |ɛ̃tʀadɛʀmɔʀeaksjɔ̃|, *abrév.* **intradermo** |ɛ̃tʀadɛʀmo| *s.f.* (*méd.*) intradermoreazione.

intrados |ɛ̃tʀado| *s.m.* **1** (*archit.*) intradosso **2** [*surface inférieure d'une aile d'avion*] intradosso Ⓒ **extrados.**

intraduisible |ɛ̃tʀadɥizibl(ə)| *adj.* [*qu'il est impossible de traduire, d'interpréter*] intraducibile: *mots anglais intraduisibles* parole inglesi intraducibili; *auteur réputé intraduisible* autore considerato intraducibile.

intraitable |ɛ̃tʀɛtabl(ə)| *adj.* [*qu'on ne peut pas faire changer d'avis; avec qui on ne peut s'accorder en raison de son humeur difficile*] intransigente, inflessibile; intrattabile: *demeurer intraitable* restare intransigente, inflessibile # *un adversaire intraitable* un avversario irriducibile Ⓒ **conciliant.**

intramoléculaire |ɛ̃tʀamɔlekylɛʀ| *adj.* (*sc.*) intramolecolare.

intra-muros |ɛ̃tʀamyʀos| *loc. adv.* (*lat.*) [*en dedans des murs, à l'intérieur de la ville*] entro le mura: *habiter intra-muros* abitare entro le mura Ⓒ **extra-muros.**

intramusculaire |ɛ̃tʀamyskylɛʀ| *adj.* intramuscolare: *injection intramusculaire* iniezione intramuscolare.

intransigeance |ɛ̃tʀɑ̃ziʒɑ̃s| *s.f.* intransigenza: *l'idéalisme et l'intransigeance de la jeunesse* l'idealismo e l'intransigenza dei giovani.

intransigeant, ante |ɛ̃tʀɑ̃ziʒɑ̃, ɑ̃t| *adj.* intransigente: *se montrer intransigeant* mostrarsi intransigente; *un moraliste intransigeant* un moralista intransigente → **intraitable, irréductible** ♦ (*s.*) *un intransigeant* un intransigente ◇ (*choses*) *morale intransigeante* morale intransigente Ⓒ **accommodant.**

intransitif, ive |ɛ̃tʀɑ̃zitif, iv| *adj. et s.m.* intransitivo: '*voyager*' *est un (verbe) intransitif* 'viaggiare' è un (verbo) intransitivo ◇ (*par ext.*) [*propre aux intransitifs*] *emploi intransitif* uso intransitivo Ⓒ **transitif.**

intransitivement |ɛ̃tʀɑ̃zitivmɑ̃| *adv.* [→ INTRANSITIF] intransitivamente: *verbe transitif employé intransitivement* verbo transitivo usato intransitivamente.

intransitivité |ɛ̃tʀɑ̃zitivite| *s.f.* (*ling.*) intransitività *inv.*

intransmissibilité |ɛ̃tʀɑ̃smisibilite| *s.f.* [*caractère de ce qui est intransmissible*] non trasmissibilità (*inv.*): *l'intransmissibilité des caractères acquis* la non trasmissibilità dei caratteri acquisiti.

intransmissible |ɛ̃tʀɑ̃smisibl(ə)| *adj.* non trasmissibile.

intransportable |ɛ̃tʀɑ̃spɔʀtabl(ə)| *adj.* intrasportabile, non trasportabile: *des blessés intransportables* feriti non trasportabili.

intranucléaire |ɛ̃tʀanykleɛʀ| *adj.* (*sc.*) intranucleare.

intra-utérin, ine |ɛ̃tʀayteʀɛ̃, in| *adj.* (*méd.*) intrauterino: *grossesse normale intra-utérine* gravidanza normale intrauterina Ⓒ **extra-utérin.**

intraveineux, euse |ɛ̃tʀavɛnø, øz| *adj.* [*qui est, se fait à l'intérieur des veines*] endovenoso: *piqûre intraveineuse* iniezione endovenosa ♦ (*s.f.*) *une intraveineuse* un'endovenosa.

in-trente-deux |inTʀɑ̃tdø| *adj. inv.* (*imprim.*) in trentaduesimo: *format in-trente-deux (in-32)* formato in trentaduesimo; *volume in-trente-deux* volume in trentaduesimo ♦ (*s.m. inv.*) *un in-trente-deux* un volume *var.* in trentaduesimo.

intrépide |ɛ̃tʀepid| *adj.* **1** intrepido: *un alpiniste intrépide* un intrepido alpinista → **courageux** # *résistance intrépide* resistenza incrollabile → **1 ferme, inébranlable** **2** [*qui ne se laisse pas rebuter par les obstacles*] intrepido → **déterminé, imperturbable.**

intrépidement |ɛ̃tʀepidmɑ̃| *adv.* [→ INTRÉPIDE] intrepidamente.

intrépidité |ɛ̃tʀepidite| *s.f.* [*caractère de celui qui est intrépide*] intrepidezza → **courage, hardiesse.**

intrigant, ante |ɛ̃tʀigɑ̃ ɑ̃t| *adj. et s.* intrigante.

intrigue |ɛ̃tʀig| *s.f.* **1** [*liaison amoureuse généralt. clandestine et peu durable*] tresca*: *ébaucher, nouer une intrigue* iniziare, allacciare una tresca; *avoir une intrigue avec qqn.* avere una tresca con qc. → **aventure** **2** [*combinaisons secrètes et compliquées visant à faire réussir ou manquer une affaire*] intrigo* (*m.*): *des intrigues politiques* degli intrighi politici; *déjouer une intrigue* sventare un intrigo → **1 manœuvre, menées** **3** [*événements qui forment le nœud d'une pièce de théâtre, d'un roman, d'un film*] intreccio* *m.*, trama: *intrigue compliquée* intreccio complicato, trama complicata; *conduire une intrigue* congegnare una trama, un intreccio; *comédie d'intrigue* commedia d'intreccio → **1 action** **4** (*vx.*) [*situation compliquée et embarrassante*] impiccio* *m.* (*cour.*).

intriguer |ɛ̃tʀige| **A** *v.tr.* **1** [*embarrasser en donnant à penser, en excitant la curiosité*] incuriosire (197), insospettire (197): *sa disparition intriguait les voisins* la sua scomparsa incuriosiva, insospettiva i vicini ♦ (*au p.p.*) *il était encore plus intrigué que moi* era ancor più incuriosito di me **2** (*vx.*) → **embarrasser** **B** *v.intr.* [*mener une intrigue, recourir à l'intrigue*] intrigare, brigare: *il intrigue pour obtenir ce poste* intriga, briga per ottenere quel posto → **manœuvrer** **C** *v.pron. intr.* (*vx.*) S'INTRIGUER [*se donner du mal*] darsi (102) da fare (*cour.*).

intrinsèque |ɛ̃tʀɛ̃sɛk| *adj.* intrinseco*: *importance intrinsèque d'un fait* importanza intrinseca di un fatto; *la valeur intrinsèque d'une monnaie* il valore intrinseco di una moneta.

intrinsèquement |ɛ̃tʀɛ̃sɛkmɑ̃| *adv.* [→ INTRINSÈQUE] intrinsecamente.

intriquer |ɛ̃tʀike| *v.tr.* [*rendre complexe; entremêler*] intricare.

intro- |ɛ̃tʀɔ| *préf.* (*signifiant 'dedans', correspond généralt. à*) intro: *intromission* intromissione.

introducteur, trice |ɛ̃tʀɔdyktœʀ, tʀis| *s.* **1** (*rare*) introduttore* **2** (*fig.*) [*celui qui introduit (un usage, une mode, etc.)*] introduttore → **initiateur.**

introductif, ive |ɛ̃tʀɔdyktif, iv| *adj.* (*dr.*) introduttivo: *acte introductif d'instance* atto introduttivo d'istanza.

introduction |ɛ̃tʀɔdyksjɔ̃| *s.f.* **I** **1** [→ INTRODUIRE A 1] introduzione: *lettre d'introduction* lettera d'introduzione, di presentazione **2** [→ INTRODUIRE A 2] introduzione: *introduction de produits étrangers, d'une mode* introduzione di prodotti stranieri, di una moda → **adoption** **3** [→ INTRODUIRE A 4] introduzione: *l'introduction d'une sonde dans l'organisme* l'introduzione di una sonda nell'organismo **II** **1** [*ce qui prépare qqn. à la connaissance, à la pratique d'une chose (texte, etc.)*] introduzione: *c'est une bonne introduction à la psychanalyse* è una buona introduzione alla psicanalisi **2** [*préface explicative*] introduzione: *ce livre commence par une longue introduction* questo libro inizia con una lunga introduzione ◇ [*entrée en matière*] introduzione **3** (*mus.*) introduzione.

introduire |ɛ̃tʀɔdɥiʀ| (75) **A** *v.tr.* **1** [*faire entrer (qqn.) dans un lieu*] introdurre (108): *l'huissier l'a introduit dans le bureau du ministre* l'usciere l'ha introdotto nell'ufficio del ministro ◇ (*par ext.*) [*faire admettre* (*qqn.*) *dans un lieu, une société*] *elle l'a introduit dans ce milieu* (lei) lo ha introdotto in quell'ambiente ◆ (*au p.p.*) *il est* (*bien*) *introduit dans ce club, chez un tel* è (ben) introdotto in quel club, presso il tale **2** [*faire adopter* (*qqch.*)] introdurre: *introduire une nouveauté, une mode, un genre* introdurre una novità, una moda, un genere **3** (*dr.*) *introduire une instance* [*saisir le tribunal d'une affaire*] proporre (168) un'istanza **4** [*faire entrer* (*une chose dans une autre*)] introdurre: *introduire la clef dans la serrure* introdurre la chiave nella serratura ◇ (*dans un pays*) *introduire une marchandise en contrebande* introdurre una merce di contrabbando **B** *v.pron. intr.* S'INTRODUIRE [*entrer, pénétrer*] introdursi: *s'introduire en cachette dans une pièce* introdursi di nascosto in una stanza → **glisser (se)**; *il a réussi à s'introduire dans l'association* [*à se faire admettre*] è riuscito a introdursi nell'associazione ◇ [*être adopté*] *l'usage s'est introduit d'acheter à crédit* è invalso l'uso di acquistare a credito.

introït |ɛ̃tʀɔit| *s.m.* (*liturg. cathol.*) introito.

introjection |ɛ̃tʀɔʒɛksjɔ̃| *s.f.* (*psychan.*) introiezione.

intromission |ɛ̃tʀɔmisjɔ̃| *s.f.* [*action d'introduire, de mettre dans*] introduzione, entrata.

intronisation |ɛ̃tʀɔnizɑsjɔ̃| *s.f.* [→ INTRONISER] intronizzazione: *intronisation d'un pape* intronizzazione di un papa.

introniser |ɛ̃tʀɔnize| *v.tr.* [*placer solennellement sur le trône, sur le siège épiscopal, sur la chaire pontificale*] intronizzare: *introniser un roi, un pape* intronizzare un re, un papa.

introrse |ɛ̃tʀɔʀs(ə)| *adj.* (*bot.*) *étamine introrse* stame introrso.

introspectif, ive |ɛ̃tʀɔspɛktif, iv| *adj.* (*psycho.*) introspettivo: *psychologie introspective* psicologia introspettiva.

introspection |ɛ̃tʀɔspɛksjɔ̃| *s.f.* (*psycho.*) introspezione.

introuvable |ɛ̃tʀuvabl(ə)| *adj.* **1** introvabile, irreperibile: *objet introuvable* oggetto introvabile, irreperibile; *le voleur reste introuvable* il ladro rimane introvabile, irreperibile **2** [*très difficile à trouver*] introvabile, irreperibile: *une édition originale introuvable* un'edizione originale introvabile, irreperibile → **rare.**

introversion |ɛ̃tʀɔvɛʀsjɔ̃| *s.f.* (*psycho.*) introversione Ⓒ **extraversion.**

introverti, ie |ɛ̃tʀɔvɛʀti| *adj. et s.* (*psycho.*) introverso Ⓒ **extraverti.**

intrus, use |ɛ̃tʀy, yz| *s.* **1** intruso: *sa belle-famille la considère comme une intruse* la famiglia del marito la considera un'intrusa → **indésirable** **2** [*introduit dans une charge ou une dignité, sans titre, sans droit*] intruso.

intrusion |ɛ̃tʀyzjɔ̃| *s.f.* **1** intrusione: *intrusion d'un étranger dans nos affaires* l'intrusione di un estraneo nei nostri affari → **ingérence** **2** (*géol.*) intrusione: *roches d'intrusion* rocce d'intrusione, intrusive.

intubation |ɛ̃tybɑsjɔ̃| *s.f.* (*méd.*) intubazione.

intuitif, ive |ɛ̃tɥitif, iv| *adj.* **1** intuitivo: *connaissance intuitive* conoscenza intuitiva **2** [*qui fait ordinairement preuve d'intuition*] intuitivo ◆ (*s.*) *un intuitif* un intuitivo.

intuition |ɛ̃tɥisjɔ̃| *s.f.* **1** intuizione, intuito (*m.*): *avoir de l'intuition* essere dotato di intuizione, avere intuito; *il a eu une intuition* ha avuto un'intuizione; *se fier à ses intuitions* fidarsi delle proprie intuizioni, del proprio intuito → **pressentiment** # *avoir l'intuition de ce qui va se passer* intuire ciò che sta per accadere **2** (*philo.*) intuizione: *intuition empirique, métaphysique* intuizione empirica, metafisica; *intuition divinatrice* intuizione divinatrice.

intuitionnisme |ɛ̃tɥisjɔnism(ə)| *s.m.* (*math., philo.*) intuizionismo.

intuitionniste |ɛ̃tɥisjɔnist(ə)| *s. et adj.* intuizionista.

intuitivement |ɛ̃tɥitivmɑ̃| *adv.* [→ INTUITIF 1] intuitivamente.

intuitu personæ |ɛ̃tɥitypɛʀsɔne| *loc. adv.* (*dr.*) intuitu personæ.

intumescence |ɛ̃tymesɑ̃s| *s.f.* **1** (*anat., bot.*) intumescenza: *intumescence des chairs, d'un organe* intumescenza delle carni, di un organo **2** (*mécan.*) intumescenza.

intumescent, ente |ɛ̃tymesɑ̃, ɑ̃t| *adj.* intumescente: *chairs intumescentes* carni intumescenti.

intussusception |ɛ̃tyssysɛpsjɔ̃| *s.f.* (*pathol., physiol.*) intussuscezione.

inule |inyl| *s.f.* (*t.bot.*) inula.

inuline |inylin| *s.f.* (*chim.*) inulina.

inusable |inyzabl(ə)| *adj.* [*qui ne peut s'user, et par exagér., qui s'use très peu, dure très longtemps*] indistruttibile: *chaussures, vêtements inusables* scarpe, vestiti indistruttibili, eterni.

inusité, ée |inyzite| *adj.* **1** (*ling.*) inusitato: *formes inusitées de l'imparfait du subjonctif* forme inusitate del congiuntivo imperfetto → **rare** **2** (*rare*) [*inhabituel, extraordinaire*] inusitato, insolito (*cour.*) Ⓒ **courant** 1, **usité.**

inusuel, elle |inyzɥɛl| *adj.* (*littér.*) [*qui n'est pas usuel*] insolito (*cour.*) → **rare.**

inutile |inytil| *adj.* **1** (*choses*) inutile: *objet inutile* oggetto inutile; *s'encombrer de bagages inutiles* caricarsi di bagagli inutili; *eviter toute fatigue inutile* evitare fatiche inutili; *c'est complètement inutile* è assolutamente inutile; *inutile d'insister* inutile insistere, non è il caso d'insistere; *il est inutile que vous reveniez* è inutile che lei ritorni ◆ (*s.m.*) *l'inutile* l'inutile, il superfluo **2** (*personnes*) inutile: *une personne inutile* una persona inutile ◆ (*s.*) *un inutile* un buono a nulla.

inutilement |inytilmɑ̃| *adv.* [→ INUTILE 1] inutilmente: *vous vous êtes dérangés inutilement* vi siete disturbati inutilmente.

inutilisable |inytilizabl(ə)| *adj.* inutilizzabile, inservibile: *objet inutilisable* oggetto inutilizzabile, inservibile; *cette voiture est devenue inutilisable* questa automobile è ormai inservibile.

inutilisé, ée |inytilize| *adj.* inutilizzato: *des outils inutilisés et presque à l'état neuf* utensili inutilizzati e come nuovi; *ressources qui restent inutilisées* risorse che restano inutilizzate → **inemployé.**

inutilité |inytilite| *s.f.* **1** inutilità (*inv.*): *inutilité d'une dépense* inutilità di una spesa; *inutilité d'une démarche* inutilità di un tentativo **2** (*rare*) [*action, parole inutile*] futulità *inv.* (*cour.*).

invagination |ɛ̃vaʒinɑsjɔ̃| *s.f.* (*biol., méd.*) invaginazione.

invaginer (s') |ɛ̃vaʒine| *v.pron. intr.* (*biol.*) [*se replier vers l'intérieur, par invagination*] invaginarsi.

invaincu, ue |ɛ̃vɛ̃ky| *adj.* [*qui n'a jamais été vaincu*] invitto: *héros invaincu* eroe invitto.

invalidable |ɛ̃validabl(ə)| *adj.* [→ INVALIDER] invalidabile: *un contrat invalidable* un contratto invalidabile.

invalidation |ɛ̃validɑsjɔ̃| *s.f.* (*dr.*) invalidamento (*m.*): *invalidation d'un contrat* invalidamento di un contratto; *invalidation d'une élection* invalidamento di un'elezione.

invalide |ɛ̃valid| *adj.* **1** invalido → **impotent, infirme** ◆ *s.* [*militaire que l'âge, les blessures rendent incapable de servir*] *invalide de guerre* invalido di guerra ◇ (*par anal.*) *les invalides du travail* gli invalidi del lavoro **2** (*vx., dr.*) invalido (*cour.*) → 2 **nul** # *rendre invalide* invalidare.

invalider |ɛ̃valide| *v.tr.* (*dr.*) [*rendre non valable*] invalidare: *invalider une donation* invalidare una donazione; *invalider une élection, un député* invalidare un'elezione, (l'elezione di) un deputato → **annuler.**

invalidité |ɛ̃validite| *s.f.* **1** invalidità (*inv.*): *pension d'invalidité* pensione d'invalidità **2** (*vieilli, dr.*) invalidità (*cour.*).

invariabilité |ɛ̃vaʀjabilite| *s.f.* invariabilità *inv.*

invariable |ɛ̃vaʀjabl(ə)| *adj.* **1** invariabile: *lois invariables* leggi invariabili → **constant, immuable** ◇ (*gram.*) *les adverbes sont des mots invariables* gli avverbi sono parole invariabili **2** (*littér.*) [*qui reste ferme, immuable*] fermo: *il est invariable dans ses opinions* è fermo nelle sue opinioni.

invariablement |ɛ̃vaʀjabləmɑ̃| *adv.* [→ INVARIABLE 1] invariabilmente: *il est invariablement en retard* è invariabilmente in ritardo → **toujours.**

invariance |ɛ̃vaʀjɑ̃s| *s.f.* (*sc.*) invarianza.

invariant, ante |ɛ̃vaʀjɑ̃, ɑ̃t| *adj.* (*sc.*) invariante ◇ (*chim.*) *système invariant* sistema invariante ◆ (*s.m.*) *un invariant* un invariante.

invasion |ɛ̃vɑzjɔ̃| *s.f.* **1** invasione: *pays exposé aux invasions* paese esposto alle invasioni; *se défendre contre l'invasion* difendersi contro l'invasione **2** [*action d'envahir, de se répandre dangereusement*] invasione: *invasion de sauterelles, de rats* invasione di cavallette, di topi **3** (*fig.*) [*entrée soudaine et massive*] irruzione, invasione → **irruption**; *les manifestants firent invasion dans la salle* i manifestanti fecero irruzione nella sala **4** (*méd.*) invasione.

invective |ɛ̃vɛktiv| *s.f.* invettiva: *se répandre en invectives* prorompere in invettive; *accabler d'invectives* subissare d'invettive.

invectiver |ɛ̃vɛktive| **A** *v.intr.* [*lancer des invectives*] inveire (197): *invectiver contre qqn., qqch.* inveire contro qc., q.c. **B** *v.tr.* [*couvrir d'invectives*] ingiuriare.

invendable |ɛ̃vɑ̃dabl(ə)| *adj.* [*qui n'est pas vendable, qui ne peut trouver d'acheteur*] invendibile.

invendu, ue |ɛ̃vɑ̃dy| *adj.* invenduto: *marchandises invendues* merci invendute; *journaux invendus* giornali in-

venduti ✦ (*s.m.*) *l'invendu, les invendus* l'invenduto, le giacenze *f.pl.*; la resa *f.*
inventaire |ɛ̃vɑ̃tɛʀ| *s.m.* **1** inventario*: *procéder à l'inventaire d'une succession* procedere all'inventario di una successione; *dresser un inventaire* compilare, fare un inventario; *inventaire de fin d'année* inventario di fine anno ◇ (*spécialt.*) *bénéfice d'inventaire* beneficio d'inventario ◇ (*loc. fig.*) *sous bénéfice d'inventaire* con beneficio d'inventario **2** [*revue et étude minutieuse*] inventario: *inventaire des richesses artistiques d'une province* inventario delle ricchezze artistiche di una provincia.
inventer |ɛ̃vɑ̃te| **A** *v.tr.* **1** [*créer ou découvrir* (*qqch. de nouveau*)] inventare: *les Chinois ont inventé l'imprimerie* i Cinesi hanno inventato la stampa **2** [*trouver, imaginer pour un usage particulier*] inventare, escogitare: *ils ne savent qu'inventer pour nous faire plaisir* non sanno cosa inventare, escogitare per farci piacere **3** [*imaginer de façon arbitraire*] inventare: *j'ai inventé une histoire pour m'excuser* ho inventato una storia per scusarmi ◇ (*loc.*) *inventer qqch. de toutes pièces* inventare una cosa di sana pianta **B** *v.pron. passif* S'INVENTER [→ *tr.*] inventarsi: *ce sont des choses qui ne s'inventent pas* sono cose che non s'inventano.
inventeur, trice |ɛ̃vɑ̃tœʀ, tʀis| *s.* inventore*: *l'inventeur d'une machine* l'inventore di una macchina ✦ (*absolt.*) *les grands inventeurs* i grandi inventori ◇ (*dr.*) *inventeur de trésor* inventore, scopritore* di un tesoro.
inventif, ive |ɛ̃vɑ̃tif, iv| *adj.* **1** inventivo: *esprit inventif* spirito inventivo; *une imagination inventive* una fantasia inventiva **2** [*fertile en ressources, en expédients*] ingegnoso: *l'amour l'a rendu inventif* l'amore lo ha reso ingegnoso # *la nécessité l'a rendu inventif* il bisogno gli ha aguzzato l'ingegno.
invention |ɛ̃vɑ̃sjɔ̃| *s.f.* **1** [→ INVENTER A 1] invenzione: *invention d'une machine* invenzione di una macchina → **découverte** **2** [*faculté, don d'inventer*] inventiva: *manquer d'invention* mancare d'inventiva → **imagination** **3** [→ INVENTER A 3] invenzione: *inventions diaboliques* invenzioni diaboliche **4** [*chose imaginaire, inventée*] invenzione: *ce n'est pas une invention, c'est de l'histoire* non è invenzione, è storia; *c'est une pure invention* è pura invenzione → **fiction, mensonge** **5** [*faculté de construire dans l'imaginaire*] invenzione: *invention et observation chez le romancier* invenzione e osservazione nel romanziere; *une invention romanesque* un'invenzione romanzesca ◇ (*dr.*) *invention d'un trésor* invenzione di un tesoro ◇ (*liturg.*) *invention de la Sainte Croix* invenzione della Santa Croce ◇ (*mus.*) *les inventions de Bach* le invenzioni di Bach.
inventivité |ɛ̃vɑ̃tivite| *s.f.* inventiva.
inventorier |ɛ̃vɑ̃tɔʀje| *v.tr.* [*faire l'inventaire de*] inventariare, fare (103) l'inventario (di): *inventorier des marchandises* inventariare delle merci.
invérifiable |ɛ̃veʀifjabl(ə)| *adj.* [*qui ne peut être vérifié*] non verificabile, incontrollabile: *assertions, hypothèses invérifiables* affermazioni, ipotesi non verificabili, incontrollabili.
inversable |ɛ̃vɛʀsabl(ə)| *adj.* [*qui ne peut se renverser*] non rovesciabile: *encrier inversable* calamaio non rovesciabile.
inverse |ɛ̃vɛʀs(ə)| **I** *adj.* **1** (*direction, ordre*) inverso: *dans l'ordre, dans le sens inverse* nell'ordine, nel senso inverso; *en sens inverse* in senso inverso ◇ (*par ext.*) *faire le mouvement inverse* fare il movimento inverso # *images inverses* immagini capovolte **2** (*log.*) inverso: *proposition inverse* proposizione inversa ◇ (*math.*) *rapport, raison inverse* rapporto, ragione inversa; *nombres inverses* numeri inversi; *opérations inverses* operazioni inverse ◇ (*géom.*) *figures inverses* figure inverse **II** (*s.m.*) *l'inverse* l'inverso, il contrario: *vous avez fait l'inverse* avete fatto l'inverso, il contrario; *c'est justement l'inverse!* è proprio il contrario! ◇ (*loc.*) *à l'inverse* [*tout au contraire*] al contrario, all'inverso.
inversement |ɛ̃vɛʀsəmɑ̃| *adv.* **1** [→ INVERSE I 1] inversamente: *inversement proportionnel* inversamente proporzionale **2** (*en tête d'une phrase*) [*par un phénomène, un raisonnement inverse*] viceversa, inversamente ◇ (*à la fin de la prop.*) *ou inversement* [*ou c'est l'inverse*] o viceversa.
inverser |ɛ̃vɛʀse| *v.tr.* **1** [*faire prendre à* (*deux objets*) *une position relative inverse de la précédente; changer* (*la position, l'ordre*)] invertire: *inverser l'ordre de deux facteurs* invertire l'ordine di due fattori **2** [*renverser le sens de* (*un courant électrique, un mouvement*)] invertire.
inverseur |ɛ̃vɛʀsœʀ| *s.m.* (*électr.*) invertitore ◇ (*mécan.*) invertitore, inversore.
inversible |ɛ̃vɛʀsibl(ə)| *adj.* (*photo.*) invertibile: *pellicule inversible* pellicola invertibile.
inversif, ive |ɛ̃vɛʀsif, iv| *adj.* inversivo.
inversion |ɛ̃vɛʀsjɔ̃| *s.f.* **I** **1** [*déplacement* (*d'un mot ou d'un groupe de mots*) *par rapport à l'ordre normal*] inversione: *inversion du sujet, de l'attribut* inversione del soggetto, dell'attributo **2** (*méd.*) inversione: *inversion du cœur* inversione del cuore **3** (*chim.*) *inversion du sucre* inversione dello zucchero ◇ (*électr.*) inversione ◇ (*géol.*) *inversion de relief* inversione di rilievo ◇ (*math.*) inversione **II** *inversion sexuelle* inversione sessuale → **homosexualité.**
invertébré, ée |ɛ̃vɛʀtebʀe| *adj.* (*zool.*) invertebrato ✦ *s.m.pl.* (*t.zool.*) *les Invertébrés* gli Invertebrati.
inverti, ie |ɛ̃vɛʀti| *s.* [*personne atteinte d'inversion sexuelle*] invertito *adj. et s.m.* → **homosexuel.**
invertine |ɛ̃vɛʀtin| *s.f.* (*chim.*) invertasi *inv.*, invertina.
invertir |ɛ̃vɛʀtiʀ| *v.tr.* (*vieilli*) [*renverser symétriquement*] invertire (*cour.*): *miroir qui invertit les objets* specchio che inverte gli oggetti → **inverser** ✦ *au p.p.* (*chim.*) *sucre inverti* zucchero invertito.
investigateur, trice |ɛ̃vɛstigatœʀ, tʀis| *s.* [*personne qui fait des investigations, des recherches systématiques*] investigatore* → **chercheur** ✦ (*adj.*) *regard investigateur* sguardo indagatore*.
investigation |ɛ̃vɛstigɑsjɔ̃| *s.f.* [*recherche suivie, systématique, sur quelque objet*] investigazione, indagine: *investigations du savant, de l'historien* investigazioni, indagini dello scienziato, dello storico → **enquête, recherche.**
1 **investir** |ɛ̃vɛstiʀ| *v.tr.* [*entourer avec des troupes* (*un objectif milit.*)] investire: *investir une place forte* investire una piazzaforte → **cerner.**
2 **investir** |ɛ̃vɛstiʀ| *v.tr.* [*employer, placer* (*des capitaux*) *dans une entreprise*] investire.
3 **investir** |ɛ̃vɛstiʀ| *v.tr.* **1** [*mettre en possession* (*d'un pouvoir, d'un droit, d'une fonction*)] investire: *investir un ministre de pouvoirs extraordinaires* investire un ministro di poteri straordinari; *être investi d'un droit* essere investito di un diritto ◇ (*loc.*) *investir qqn. de sa confiance* concedere a qc. la propria fiducia **2** [*désigner officiellement* (*un candidat aux élections*)] dare (102) l'investitura a, candidare.
1 **investissement** |ɛ̃vɛstismɑ̃| *s.m.* [→ 1 INVESTIR] investimento: *l'investissement d'une place forte* l'investimento di una piazzaforte.
2 **investissement** |ɛ̃vɛstismɑ̃| *s.m.* [→ 2 INVESTIR] investimento: *investissement des réserves d'une entreprise* investimento delle riserve di un'impresa; *investissements de longue durée* investimenti a lungo termine.
investisseur |ɛ̃vɛstisœʀ| *s.m.* (*écon.*) investitore* *s.*
investiture |ɛ̃vɛstityʀ| *s.f.* [→ 3 INVESTIR] investitura ◇ (*hist.*) *querelle des investitures* lotta per le investiture.
invétéré, ée |ɛ̃veteʀe| *adj.* **1** (*choses*) inveterato: *habitude invétérée* abitudine inveterata, radicata **2** (*personnes*) incallito, inveterato: *alcoolique, voleur invétéré* bevitore, ladro incallito → **endurci, impénitent.**
invétérer (s') |ɛ̃veteʀe| (8) *v.pron. intr.* (*littér.*) [*se fortifier, empirer avec le temps*] radicare *intr.*, radicarsi: *le mal s'est tellement invétéré qu'on ne peut le guérir* il male si è talmente radicato che non lo si può guarire.
invincibilité |ɛ̃vɛ̃sibilite| *s.f.* invincibilità *inv.*
invincible |ɛ̃vɛ̃sibl(ə)| *adj.* **1** (*personnes*) invincibile: *armée invincible* esercito invincibile → **imbattable** **2** (*choses*) [*dont on ne peut triompher*] insuperabile: *argument invincible* argomento insuperabile, inoppugnabile; *obstacle invincible* ostacolo insuperabile, insormontabile → **insurmontable** # *courage invincible* coraggio indomabile ◇ (*fig.*) [*à quoi on ne peut résister*] *timidité invincible* timidezza invincibile; *charme invincible* fascino irresistibile → **irrésistible.**
invinciblement |ɛ̃vɛ̃sibləmɑ̃| *adv.* [→ INVINCIBLE 2] insuperabilmente, invincibilmente.
in-vingt-quatre |invɛ̃tkatʀ(ə)| *adj. inv.* (*imprim.*) in ventiquattresimo: *format in-vingt-quatre* (*in-24*) formato in ventiquattresimo; *volume in-vingt--quatre* volume in ventiquattresimo ✦ (*s.m. inv.*) *un in-vingt-quatre* un volume *var.* in ventiquattresimo.
inviolabilité |ɛ̃vjɔlabilite| *s.f.* **1** inviolabilità (*inv.*): *l'inviolabilité du domicile* l'inviolabilità del domicilio **2** [*prérogative d'une personne déclarée inviolable*] immunità (*inv.*): *inviolabilité parlementaire* immunità parlamentare.
inviolable |ɛ̃vjɔlabl(ə)| *adj.* **1** inviolabile: *droit inviolable et sacré* diritto sacro e inviolabile; *asile inviolable*

asilo inviolabile → **sacré** **2** (*dr.*) inviolabile (*rare*).

inviolablement |ɛ̃vjɔlabləmɑ̃| *adv.* (*littér.*) [→ INVIOLABLE 1] inviolabilmente.

inviolé, ée |ɛ̃vjɔle| *adj.* (*littér.*) inviolato: *un accord inviolé* un accordo inviolato ◇ [*qui n'a pas été profané*] *sépulture inviolée* sepoltura inviolata.

invisibilité |ɛ̃vizibilite| *s.f.* invisibilità (*inv.*): *l'invisibilité des microbes* l'invisibilità dei microbi.

invisible |ɛ̃vizibl(ə)| *adj.* **1** invisibile: *réalités invisibles* realtà invisibili; *invisible à l'œil nu* invisibile a occhio nudo ◇ (*fig.*) *danger invisible* pericolo invisibile **2** [*qui se dérobe aux regards*] irreperibile: *depuis quelque temps, elle est devenue invisible* da qualche tempo si è resa irreperibile.

invisiblement |ɛ̃viziblәmɑ̃| *adv.* [→ INVISIBLE 1] invisibilmente.

invitant, ante |ɛ̃vitɑ̃, ɑ̃t| *adj.* invitante → **engageant.**

invitation |ɛ̃vitɑsjɔ̃| *s.f.* **1** [→ INVITER] invito (*m.*): *invitation à un bal, à une réunion* invito a un ballo, a una riunione; *lettre d'invitation* lettera d'invito; *faire une invitation* fare un invito; *accepter, refuser une invitation* accettare, rifiutare un invito **2** [*action d'inciter, d'engager à*] invito: *à, sur l'invitation de qqn.* su invito di qc. → **prière, exhortation** ◇ (*fig.*) *répondre, céder à l'invitation du plaisir* rispondere, cedere all'invito al richiamo del piacere.

invitatoire |ɛ̃vitatwaʀ| *adj. et s.f.* (*liturg.*) *antienne invitatoire* antifona invitatoria *adj.*, invitatorio* *s.m.*

invite |ɛ̃vit| *s.f.* **1** (*jeu de cartes*) invito *m.* **2** [*invitation indirecte plus ou moins déguisée* (*à faire qqch.*)] invito: *une invite discrète* un invito discreto → **invitation.**

invité, ée |ɛ̃vite| *s.* invitato: *vous êtes mon invitée* lei è mia invitata → **convive, hôte.**

inviter |ɛ̃vite| **A** *v.tr.* **1** [*prier* (*qqn.*) *de se rendre, de se trouver à quelque endroit, d'assister à qqch.*] invitare: *inviter à une cérémonie, à un mariage* invitare a una cerimonia, a un matrimonio; *inviter qqn. à dîner* invitare qc. a cena; *elle n'a jamais été invitée chez eux* non è mai stata invitata a casa loro → **convier** **2** [*engager de façon courtoise à faire qqch.*] invitare: *je vous invite à me suivre* la invito a seguirmi ◇ (*choses*) [*inciter, porter*] invitare: *voilà qui invite à la réflexion, à croire que...* ciò invita alla riflessione; ciò invita, porta a credere che...; *le temps invite à se promener* il tempo invita a fare una passeggiata **B** *v.pron. réfl., récipr.* S'INVITER [→ *tr.* 1] invitarsi: *pique-assiette qui s'invite partout* scroccone che si invita dappertutto.

in vitro |invitʀo| *loc. adv.* (*lat.*) in vitro.

invivable |ɛ̃vivabl(ə)| *adj.* **1** [*très difficile à vivre*] insopportabile, insostenibile: *une situation invivable* una situazione insopportabile, insostenibile **2** (*fam.*) (*personnes*) [*insupportable*] insopportabile, impossibile.

in vivo |invivo| *loc. adv.* (*lat.*) in vivo.

invocation |ɛ̃vɔkɑsjɔ̃| *s.f.* [→ INVOQUER 1] invocazione: *invocation à la Divinité, aux saints* invocazione alla divinità, ai santi.

invocatoire |ɛ̃vɔkatwaʀ| *adj.* (*littér.*) invocatorio*, invocativo.

involontaire |ɛ̃vɔlɔ̃tɛʀ| *adj.* **1** involontario*: *mouvement involontaire* movimento involontario; *tromperie involontaire* inganno involontario **2** (*personnes*) involontario: *être le héros involontaire d'un drame* essere l'involontario protagonista di un dramma.

involontairement |ɛ̃vɔlɔ̃tɛʀmɑ̃| *adv.* [→ INVOLONTAIRE 1] involontariamente.

involucelle |ɛ̃vɔlysɛl| *s.m.* (*bot.*) involucretto, involucello.

involucre |ɛ̃vɔlykʀ(ə)| *s.m.* (*bot.*) involucro.

involucré, ée |ɛ̃vɔlykʀe| *adj.* (*bot.*) involucrato.

involuté, ée |ɛ̃vɔlyte| *adj.* (*bot.*) involuto.

involutif, ive |ɛ̃vɔlytif, iv| *adj.* **1** (*bot.*) involuto **2** (*math., méd.*) involutivo.

involution |ɛ̃vɔlysjɔ̃| *s.f.* (*sc.*) involuzione.

invoquer |ɛ̃vɔke| *v.tr.* **1** [*appeler à l'aide par des prières*] invocare: *invoquer Dieu* invocare Dio ◇ (*par ext.*) [*implorer, réclamer*] *invoquer le secours, la clémence de qqn.* invocare l'aiuto, la clemenza di qc. **2** [*faire appel, avoir recours à*] invocare: *invoquer une loi, le témoignage d'un ami* invocare una legge, la testimonianza di un amico; *invoquer contre qqn. une autorité supérieure* invocare un'autorità superiore contro qc. ✦ (*au p.p.*) *arguments invoqués à l'appui d'une thèse* argomenti invocati a sostegno di una tesi.

invraisemblable |ɛ̃vʀɛsɑ̃blabl(ə)| **I** *adj.* **1** [*qui n'est pas vraisemblable*] inverosimile: *nouvelle invraisemblable* notizia inverosimile; *c'est une histoire invraisemblable* è una storia inverosimile; *aussi invraisemblable que cela paraisse* per quanto inverosimile (ciò) possa sembrare → **improbable, incroyable** # *espoir invraisemblable* speranza assurda, vana **2** [*très étonnant* (*et souvent comique*)] inverosimile: *il portait un invraisemblable chapeau* portava un cappello inverosimile → **extravagant, inimaginable** **II** (*s.m.*) *l'invraisemblable de l'histoire c'est que...* l'inverosimile della storia è che...

invraisemblablement |ɛ̃vʀɛsɑ̃blabləmɑ̃| *adv.* [→ INVRAISEMBLABLE I] inverosimilmente.

invraisemblance |ɛ̃vʀɛsɑ̃blɑ̃s| *s.f.* [*défaut de vraisemblance*] inverosimiglianza: *invraisemblance d'un fait, d'une nouvelle* inverosimiglianza di un fatto, di una notizia ◇ (*par ext.*) *récit plein d'invraisemblances* racconto pieno di inverosimiglianze.

invulnérabilité |ɛ̃vylneʀabilite| *s.f.* invulnerabilità *inv.*

invulnérable |ɛ̃vylneʀabl(ə)| *adj.* **1** invulnerabile: *invulnérable aux coups* invulnerabile ai colpi **2** (*fig.*) *une foi invulnérable* una fede invulnerabile; *être invulnérable aux tentations* essere invulnerabile alle tentazioni.

iodate |jɔdat| *s.m.* (*chim.*) iodato.

iode |jɔd| *s.m.* iodio*: *teinture d'iode* tintura di iodio.

iodé, ée |jɔde| *adj.* iodato: *eau iodée* acqua iodata.

ioder |jɔde| *v.tr.* (*techn.*) [*couvrir, mêler d'iode*] iodare.

iodhydrique |jɔdidʀik| *adj. m.* (*chim.*) *acide iodhydrique* acido iodidrico*.

iodique |jɔdik| *adj.* (*chim.*) *acide iodique* acido iodico*.

iodisme |jɔdism(ə)| *s.m.* (*méd.*) iodismo.

iodler |jɔdle| *v.tr.* → **jodler.**

iodoforme |jɔdɔfɔʀm(ə)| *s.m.* (*chim.*) iodoformio*.

iodure |jɔdyʀ| *s.m.* (*chim.*) ioduro.

ioduré, ée |jɔdyʀe| *adj.* (*chim.*) iodurato.

ion |jɔ̃| *s.m.* (*sc.*) ione: *ions positifs, négatifs* ioni positivi, negativi.

ionien, ienne |jɔnjɛ̃, jɛn| **1** *adj.* [*d'Ionie, anc. province gr. d'Asie Mineure*] ionio*; ionico*: *îles ioniennes* isole ionie ‖ *dialecte ionien* dialetto ionico **2** (*s.m.*) *l'ionien* [*le dialecte*] lo ionico.

1 **ionique** |jɔnik| *adj.* (*archit.*) ionico*: *ordre ionique* ordine ionico; *chapiteau, colonne ionique* capitello ionico, colonna ionica ✦ (*s.m.*) *l'ionique* [*l'ordre ionique*] lo ionico.

2 **ionique** |jɔnik| *adj.* (*sc.*) ionico*: *charge ionique* carica ionica.

ionisant, ante |jɔnizɑ̃, ɑ̃t| *adj.* ionizzante: *radiations ionisantes* radiazioni ionizzanti.

ionisation |jɔnizɑsjɔ̃| *s.f.* ionizzazione.

ionisé, ée |jɔnize| *adj.* ionizzato.

ioniser |jɔnize| *v.tr.* [*transformer en ions; donner naissance à des ions*] ionizzare.

ioniseur |jɔnizœʀ| *s.m.* (*techn.*) ionizzatore.

ionone |jɔnɔn| *s.f.* (*chim.*) ionone *m.*

ionophorèse |jɔnɔfɔʀɛz| *s.f.* (*méd.*) ionoforesi *inv.*

ionosphère |jɔnɔsfɛʀ| *s.f.* (*sc.*) ionosfera.

ionosphérique |jɔnɔsfeʀik| *adj.* (*sc.*) ionosferico*: *les couches ionosphériques* gli strati ionosferici.

ionothérapie |jɔnɔteʀapi| *s.f.* (*méd.*) ionoterapia.

iota |jɔta| *s.m.* iota *m. ou f. inv.* ◇ (*fig.*) *copier un texte sans changer un iota* [*sans rien changer*] copiare un testo senza cambiare un iota.

iotacisme |jɔtasism(ə)| *s.m.* (*ling.*) iotacismo, itacismo.

iouler |jule| *v.intr.* (*vx.*) → **jodler.**

ipéca |ipeka| *s.m.* (*t.bot.*) ipecacuana *f.*

ipomée |ipɔme| *s.f.* (*t.bot.*) ipomea.

ipso facto |ipsofakto| *adv.* (*lat.*) ipso facto.

-ique |ik| *suff.* (*signifiant 'relatif à, qui se rapporte à', correspond généralt. à*) ico: *ironique* ironico.

irakien, iraquien, ienne |iʀakjɛ̃, jɛn| *adj.* **1** [*de l'Iraq*] iracheno **2** (*s.m.*) *l'iraklen* [*variété d'arabe parlé en Iraq*] l'iracheno.

iranien, ienne |iʀanjɛ̃, jɛn| *adj.* **1** [*relatif à l'Iran* (*nom de la Perse moderne*)] iraniano, iranico*: *population, langue iranienne* popolazione, lingua iraniana → **persan** **2** (*s.m.*) *l'iranien* [*l'une des langues du groupe iranien*] l'iranico.

iranisant |iʀanizɑ̃| *s.m.* [*qui étudie l'histoire, la civilisation de l'ancien Iran*] iranista.

irascibilité |iʀasibilite| *s.f.* (*littér.*) irascibilità *inv.* # *sa maladie le rend d'une grande irascibilité* la malattia lo rende molto irascibile.

irascible |iʀasibl(ə)| *adj.* irascibile: *il est irascible mais il s'apaise vite* è irascibile ma si calma presto → **coléreux, violent** ◇ (*choses*) *caractère, humeur irascible* carattere, umore irascibile.
ire |iʀ| *s.f.* (*vx.*) ira (*cour.*) → **colère.**
Iridacées |iʀidase|, **Iridées** |iʀide| *s.f.pl.* (*t.bot.*) Iridacee.
iridectomie |iʀidɛktɔmi| *s.f.* (*chir.*) iridectomia.
iridescent, ente |iʀidesɑ̃, ɑ̃t| *adj.* (*littér.*) iridescente.
iridié, ée |iʀidje| *adj.* contenente iridio.
iridien, ienne |iʀidjɛ̃, jɛn| *adj.* (*anat.*) irideo.
iridite |iʀidit| *s.m.* (*chim.*) iridato.
iridium |iʀidjɔm| *s.m.* (*chim.*) iridio*.
1 **iris** |iʀis| *s.m.* (*t.bot.*) iride *f.*, iris *f. inv.*, giaggiolo.
2 **iris** |iʀis| *s.m.* **1** (*anat.*) iride *f.* **2** (*photo.*) (*diaphragme*) *iris* (diaframma a) iride **3** (*vx.*) [*arc-en-ciel*] iride.
irisable |iʀizabl(ə)| *adj.* [→ IRISER B] che può iridarsi *loc.*
irisation |iʀizɑsjɔ̃| *s.f.* [*production des couleurs de l'arc-en-ciel par décomposition de la lumière*] iridescenza.
irisé, ée |iʀize| *adj.* iridato: *verre irisé* vetro iridato.
iriser |iʀize| **A** *v.tr.* [*colorer des couleurs de l'arc-en-ciel*] iridare **B** *v.pron. intr.* S'IRIDER [→ *tr.*] iridarsi.
iritis |iʀitis| *s.f.* (*méd.*) irite.
irlandais, aise |iʀlɑ̃dɛ, ɛz| *adj.* **1** [*d'Irlande*] irlandese: *la population irlandaise* la popolazione irlandese **2** (*s.m.*) *l'irlandais* [*la langue*] l'irlandese.
irone |iʀɔn| *s.f.* (*chim.*) irone *m.*
ironie |iʀɔni| *s.f.* **1** ironia: *ironie fine, légère* ironia sottile, leggera; *une pointe d'ironie* una punta d'ironia → **raillerie** **2** [*disposition moqueuse*] ironia: *une nuance d'ironie dans la voix* una sfumatura d'ironia nella voce **3** (*fig.*) *ironie du sort* ironia della sorte.
ironique |iʀɔnik| *adj.* **1** ironico*: *propos ironiques* discorsi ironici; *regard, sourire ironique* sguardo, sorriso ironico → **moqueur, railleur, sarcastique** **2** [*qui use de l'ironie*] ironico: *il s'est montré ironique* si è mostrato ironico ◇ (*fig.*) *le destin est ironique* il destino è ironico.
ironiquement |iʀɔnikmɑ̃| *adv.* [→ IRONIQUE] ironicamente.
ironiser |iʀɔnize| *v.intr.* [*user de l'ironie*] ironizzare → **moquer (se), railler.**
ironiste |iʀɔnist(ə)| *s.* ironista → **humoriste.**
iroquois, oise |iʀɔkwa, waz| *adj.* **1** [*qui appartient à une peuplade indienne de l'Amérique du Nord*] irochese **2** (*s.m.*) *l'iroquois* [*la langue*] l'irochese.
irrachetable |iʀ(ʀ)aʃtabl(ə)| *adj.* (*rare*) [*qu'on ne peut racheter*] non riscattabile, irredimibile: *fonds, rentes irrachetables* fondi, rendite non riscattabili.
irradiation |iʀ(ʀ)adjɑsjɔ̃| *s.f.* **1** [→ IRRADIER 1] irradiazione, irraggiamento (*m.*): *l'irradiation du soleil à travers les nuages* l'irradiazione del sole attraverso le nuvole **2** (*anat.*, *physiol.*) irradiazione **3** [→ IRRADIER B] irradiazione, irraggiamento: *irradiation d'une tumeur par les rayons X* irradiazione di un tumore con i raggi X.
irradier |iʀ(ʀ)adje| **A** *v.intr.* **1** [*se propager en rayonnant à partir d'un centre*] irradiare, irradiarsi (*pron.*): *la lumière irradie d'une source* la luce (s')irradia da una fonte **2** (*fig.*) irradiarsi, diffondersi (146) → **propager (se)** **B** *v.tr.* [*exposer (des organismes) à l'action de certaines radiations, spécialt. à la radioactivité*] irradiare, irraggiare ♦ (*au p.p.*) *organismes irradiés* organismi irradiati, irraggiati.
irraisonné, ée |iʀ(ʀ)ɛzɔne| *adj.* [*qui n'est pas raisonné*] irragionevole: *crainte irraisonnée* timore irragionevole # *geste irraisonné* gesto inconsulto.
irrationalisme |iʀ(ʀ)asjɔnalism(ə)| *s.m.* irrazionalismo.
irrationalité |iʀ(ʀ)asjɔnalite| *s.f.* irrazionalità *inv.*
irrationnel, elle |iʀ(ʀ)asjɔnɛl| *adj.* **1** irrazionale: *conduite irrationnelle* comportamento irrazionale; *suppositions irrationnelles* supposizioni irrazionali, infondate ♦ (*s.m.*) *l'irrationnel* l'irrazionale **2** (*math.*) *nombre irrationnel* numero irrazionale; *équation irrationnelle* equazione irrazionale.
irréalisable |iʀ(ʀ)ealizabl(ə)| *adj.* irrealizzabile, inattuabile: *désir irréalisable* desiderio irrealizzabile; *un projet irréalisable* un progetto irrealizzabile, inattuabile → **chimérique.**
irréalisé, ée |iʀ(ʀ)ealize| *adj.* (*littér.*) [*qui n'a pas été réalisé*] non realizzato, non attuato.
irréalisme |iʀ(ʀ)ealism(ə)| *s.m.* irrealismo.
irréaliste |iʀ(ʀ)ealist(ə)| *adj.* irrealistico*, irrealista ♦ (*s.*) irrealista.
irréalité |iʀ(ʀ)ealite| *s.f.* irrealtà *inv.*
irrecevabilité |iʀsəvabilite, iʀʀəsvabilite| *s.f.* (*dr.*) irricevibilità *inv.*
irrecevable |iʀsəvabl(ə), iʀʀəsvabl(ə)| *adj.* irricevibile: *demande, proposition irrecevable* richiesta, proposta irricevibile → **inacceptable.**
irréconciliable |iʀ(ʀ)ekɔ̃siljabl(ə)| *adj.* irreconciliabile: *des ennemis irréconciliables* nemici irreconciliabili.
irréconciliablement |iʀ(ʀ)ekɔ̃siljabləmɑ̃| *adv.* (*rare*) [*sans réconciliation possible*] irreconciliabilmente.
irrécouvrable |iʀ(ʀ)ekuvʀabl(ə)| *adj.* (*dr.*) irrecuperabile, inesigibile: *créances irrécouvrables* crediti irrecuperabili, inesigibili.
irrécupérable |iʀ(ʀ)ekypeʀabl(ə)| *adj.* irrecuperabile: *une vieille ferraille à peu près irrécupérable* un vecchio rottame quasi irrecuperabile ◇ (*personnes*) *un homme irrécupérable* un uomo irrecuperabile.
irrécusable |iʀ(ʀ)ekyzabl(ə)| *adj.* **1** irrecusabile: *signes irrécusables* segni irrecusabili; *preuve irrécusable* prova irrecusabile **2** (*dr.*) irrecusabile: *juge irrécusable* giudice irrecusabile; *témoignage irrécusable* testimonianza irrecusabile.
irrédente |iʀ(ʀ)edɑ̃t| *adj.f.* irredenta: *terres irrédentes* terre irredente.
irrédentisme |iʀ(ʀ)edɑ̃tism(ə)| *s.m.* (*hist.*) irredentismo.
irrédentiste |iʀ(ʀ)edɑ̃tist(ə)| *adj.* (*hist.*) irredentista, irredentistico*: *politique irrédentiste* politica irredentista, irredentistica ♦ (*s.*) *un irrédentiste* un irredentista.
irréductibilité |iʀ(ʀ)edyktibilite| *s.f.* [*caractère de ce qui est irréductible*] irriducibilità (*inv.*): *irréductibilité d'une équation* irriducibilità di un'equazione ◇ (*fig.*) *irréductibilité d'un caractère* irriducibilità di un carattere.
irréductible |iʀ(ʀ)edyktibl(ə)| *adj.* **1** [*qui ne peut être entamé, dont on ne peut venir à bout*] irriducibile: *opposition irréductible, obstacles irréductibles* opposizione irriducibile, ostacoli irriducibili; *une volonté irréductible* una volontà irriducibile; *ennemi irréductible* nemico irriducibile → **indomptable, invincible** **2** [*qui ne peut être ramené à autre chose*] irriducibile: *fait, propriété, loi irréductible* fatto, proprietà, legge irriducibile ◇ (*avec un compl.*) *sentiments irréductibles à la simple amitié* sentimenti non riducibili, che non possono ridursi *loc.* alla semplice amicizia **3** (*sc.*) irriducibile: *fracture, hernie irréductible* frattura, ernia irriducibile ◇ (*math.*) *fraction, équation irréductible* frazione, equazione irriducibile.
irréel, elle |iʀ(ʀ)eɛl| *adj.* **1** irreale: *aspect irréel* aspetto irreale → **fantastique** ♦ (*s.m.*) *l'irréel* l'irreale **2** (*ling.*) *mode irréel, l'irréel* (*s.m.*) modo irreale *adj.*
irréfléchi, ie |iʀ(ʀ)efleʃi| *adj.* [*qui agit ou se fait sans réflexion*] irriflessivo: *jeune homme irréfléchi* giovanotto irriflessivo; *actes, mouvements irréfléchis* atti, movimenti irriflessivi, inconsulti → **écervelé, impulsif** # *propos irréfléchis* discorsi sconsiderati, inconsulti.
irréflexion |iʀ(ʀ)eflɛksjɔ̃| *s.f.* [*manque de réflexion*] irriflessione, sconsideratezza: *sottise commise par irréflexion* sciocchezza commessa per irriflessione, sconsideratezza → **étourderie.**
irréfragable |iʀ(ʀ)efʀagabl(ə)| *adj.* irrefragabile: *autorité, témoignage irréfragable* autorità, testimonianza irrefragabile → **irrécusable.**
irréfutabilité |iʀ(ʀ)efytabilite| *s.f.* (*littér.*) irrefutabilità *inv.*
irréfutable |iʀ(ʀ)efytabl(ə)| *adj.* irrefutabile, inoppugnabile: *argument irréfutable* argomento irrefutabile; *preuves irréfutables* prove irrefutabili, inoppugnabili.
irréfutablement |iʀ(ʀ)efytabləmɑ̃| *adv.* (*littér.*) [→ IRRÉFUTABLE] irrefutabilmente, in modo irrefutabile (*loc. inv.*): *prouver irréfutablement qqch.* provare q.c. irrefutabilmente, in modo irrefutabile.
irrégularité |iʀ(ʀ)egylaʀite| *s.f.* **1** irregolarità (*inv.*): *irrégularité d'un phénomène, d'une situation* irregolarità di un fenomeno, di una situazione; *irrégularité d'un bâtiment* irregolarità di un edificio **2** *une, des irrégularité(s)* [*chose ou action irrégulière*] irregolarità: *surface qui présente des irrégularités* superficie che presenta delle irregolarità; *les irrégularités observées dans une conjugaison* le irregolarità osservate in una coniugazione **3** [*chose contraire à la loi*] irregolarità: *irrégularités dans une élection, une nomination* irregolarità in un'elezione, in una nomina; *dénoncer les irrégularités d'une gestion* denunciare le irregolarità di una gestione.
irrégulier, ière |iʀ(ʀ)egylje, jɛʀ| *adj.* **1** irregolare: *forme irrégulière* forma irregolare; *un visage aux traits irréguliers* un viso dai lineamenti irregolari; *écriture irrégulière* scrittura irregolare; *mouvement irrégulier* moto irregolare; *pouls irrégulier* polso irregolare **2** (*fig.*) irregolare: *une situation irrégulière* una situazione irregolare; *procédure irrégulière* procedura irregolare

◇ (*gram.*) *verbes irréguliers* verbi irregolari **3** (*spécialt.*) *troupes irrégulières* [*qui n'appartiennent pas à l'armée régulière*] truppe irregolari **4** (*personnes*) [*qui n'est pas constamment égal à soi-même*] irregolare, discontinuo: *élève, athlète irrégulier* alunno, atleta irregolare, discontinuo → **inégal.**

irrégulièrement |iʀ(ʀ)egyljɛʀmɑ̃| *adv.* [→ IRRÉGULIER] irregolarmente: *perquisition irrégulièrement effectuée* perquisizione effettuata irregolarmente → **illégalement** # *il ne vient que très irrégulièrement au bureau* viene in ufficio solo molto saltuariamente.

irréligieux, euse |iʀ(ʀ)eliʒjø, øz| *adj.* irreligioso: *attitude irréligieuse* atteggiamento irreligioso; *opinions irréligieuses* opinioni irreligiose.

irréligion |iʀ(ʀ)eliʒjɔ̃| *s.f.* irreligione → **incroyance.**

irrémédiable |iʀ(ʀ)emedjabl(ə)| *adj.* irrimediabile: *malheurs, désastres irrémédiables* sventure, disastri irrimediabili, irriparabili; *défauts, vices irrémédiables* difetti, vizi irrimediabili → **irréparable** ✦ (*s.m.*) *l'irrémédiable* l'irrimediabilità *f. inv.*, l'irreparabile.

irrémédiablement |iʀ(ʀ)emedjabləmɑ̃| *adv.* [→ IRRÉMÉDIABLE] irrimediabilmente: *situation irrémédiablement compromise* situazione irrimediabilmente compromessa → **irréparablement.**

irrémissible |iʀ(ʀ)emisibl(ə)| *adj.* (*littér.*) irremissibile: *faute, tort irrémissible* colpa, torto irremissibile → **impardonnable.**

irrémissiblement |iʀ(ʀ)emisibləmɑ̃| *adv.* (*littér.*) [*sans rémission*] irremissibilmente.

irremplaçable |iʀ(ʀ)ɑ̃plasabl(ə)| *adj.* **1** [*qui ne peut être remplacé*] insostituibile: *casser un bibelot irremplaçable* rompere un ninnolo insostituibile → **unique** **2** (*personnes*) insostituibile: *un collaborateur irremplaçable* un collaboratore insostituibile.

irréparable |iʀ(ʀ)epaʀabl(ə)| *adj.* **1** [*qui ne peut être réparé*] non riparabile: *moteur de voiture irréparable* motore di automobile non riparabile **2** (*fig.*) irreparabile: *perte irréparable* perdita irreparabile; *désastre, malheur irréparable* disastro, sventura irreparabile → **irrémédiable** ✦ (*s.m.*) *l'irréparable est accompli* è accaduto l'irreparabile Ⓒ 1 **arrangeable, réparable.**

irréparablement |iʀ(ʀ)epaʀabləmɑ̃| *adv.* [→ IRRÉPARABLE 2] irreparabilmente, irrimediabilmente: *situation irréparablement compromise* situazione irrimediabilmente compromessa, compromessa in modo irreparabile → **irrémédiablement.**

irrépréhensible |iʀ(ʀ)epʀeɑ̃sibl(ə)| *adj.* (*littér.*) irreprensibile: *homme, conduite irrépréhensible* uomo, condotta irreprensibile → **inattaquable, irréprochable.**

irrépressible |iʀ(ʀ)epʀesibl(ə)| *adj.* [*qu'on ne peut réprimer, contenir*] incontenibile, irrefrenabile: *force, passion irrépressibile* forza, passione incontenibile, irrefrenabile → **irrésistible.**

irréprochabilité |iʀ(ʀ)epʀɔʃabilite| *s.f.* [*le fait d'être irréprochable*] irreprensibilità *inv.*, ineccepibilità *inv.*

irréprochable |iʀ(ʀ)epʀɔʃabl(ə)| *adj.* [*à qui, à quoi on ne peut faire aucun reproche*] irreprensibile: *une épouse irréprochable* una moglie irreprensibile; *fonctionnaire irréprochable* funzionario irreprensibile; *être irréprochable dans sa conduite* avere una condotta irreprensibile, ineccepibile ◇ (*choses*) *vie, moralité irréprochable* vita, moralità irreprensibile, ineccepibile; *tenue, toilette irréprochable* abbigliamento, vestito irreprensibile → **impeccable.**

irréprochablement |iʀ(ʀ)epʀɔʃabləmɑ̃| *adv.* (*littér.*) [→ IRRÉPROCHABLE] irreprensibilmente, ineccepibilmente.

irrésistible |iʀ(ʀ)ezistibl(ə)| *adj.* **1** irresistibile: *force, puissance irrésistible* forza, potenza irresistibile; *attrait, charme irrésistible* attrattiva, fascino irresistibile; *preuve, logique irrésistible* prova, logica irresistibile; *c'est irrésistible* è irresistibile **2** (*personnes*) irresistibile: *une femme irrésistible par sa beauté, son charme* una donna irresistibile per la sua bellezza, per il suo fascino **3** [*qui fait rire*] irresistibile: *un spectacle irrésistible* uno spettacolo irresistibile; *il est irrésistible quand il raconte son histoire* è irresistibile quando racconta la sua storiella.

irrésistiblement |iʀ(ʀ)ezistibləmɑ̃| *adv.* [→ IRRÉSISTIBLE] irresistibilmente.

irrésolu, ue |iʀ(ʀ)ezɔly| *adj.* **1** irresoluto, indeciso: *un homme irrésolu* un uomo irresoluto, indeciso → **indécis** ✦ (*s.*) *un irrésolu* una persona *f.* irresoluta *adj.*, un indeciso **2** (*rare*) [*qui n'a pas été résolu*] insoluto (*cour.*), irresoluto (*littér.*): *c'est un problème encore irrésolu* è un problema ancora insoluto, irresoluto.

irrésolution |iʀ(ʀ)ezɔlysjɔ̃| *s.f.* [*état ou caractère d'une personne qui est irrésolue*] irresolutezza → **indécision, perplexité.**

irrespect |iʀ(ʀ)ɛspɛ| *s.m.* (*littér.*) [*manque de respect*] mancanza *f.* di rispetto (*cour.*): *irrespect des enfants envers les parents* mancanza di rispetto dei figli nei confronti dei genitori → **insolence.**

irrespectueusement |iʀ(ʀ)ɛspɛktɥøzmɑ̃| *adv.* (*littér.*) [→ IRRESPECTUEUX] irrispettosamente.

irrespectueux, euse |iʀ(ʀ)ɛspɛktɥø, øz| *adj.* irrispettoso: *manières irrespectueuses* modi irrispettosi; *tenir des propos irrespectueux* fare discorsi irrispettosi → **impertinent.**

irrespirable |iʀ(ʀ)ɛspiʀabl(ə)| *adj.* irrespirabile: *air, gaz irrespirable* aria, gas irrespirabile ◇ (*fig.*) *depuis leur brouille, l'atmosphère de la maison était devenue irrespirable* dopo il loro litigio, l'atmosfera della casa era diventata irrespirabile.

irresponsabilité |iʀ(ʀ)ɛspɔ̃sabilite| *s.f.* irresponsabilità *inv.* ◇ (*dr.*) *l'irresponsabilité du chef de l'État* l'irresponsabilità del capo dello Stato; *l'irresponsabilité parlementaire* l'irresponsabilità parlamentare.

irresponsable |iʀ(ʀ)ɛspɔ̃sabl(ə)| *adj.* **1** irresponsabile: *désavouer les initiatives d'éléments irresponsables* condannare le iniziative di elementi irresponsabili ✦ (*s.*) *un irresponsable* un irresponsabile **2** (*dr.*) irresponsabile ◇ (*dr. civ.*) *les enfants, les aliénés sont irresponsables* i bambini, i malati di mente sono irresponsabili.

irrétrécissable |iʀ(ʀ)etʀesisabl(ə)| *adj.* [*qui ne peut rétrécir*] irrestringibile: *tissu irrétrécissable au lavage* tessuto irrestringibile al lavaggio.

irrévérence |iʀ(ʀ)eveʀɑ̃s| *s.f.* irriverenza → **impertinence, irrespect.**

irrévérencieusement |iʀ(ʀ)eveʀɑ̃sjøzmɑ̃| *adv.* (*littér.*) [→ IRRÉVÉRENCIEUX] irriverentemente: *répondre irrévérencieusement* rispondere irriverentemente.

irrévérencieux, ieuse |iʀ(ʀ)eveʀɑ̃sjø, jøz| *adj.* [*qui fait preuve d'irrévérence, qui montre de l'irrévérence*] irriverente: *propos irrévérencieux* discorsi irriverenti → **impertinent.**

irréversibilité |iʀ(ʀ)evɛʀsibilite| *s.f.* irreversibilità *inv.*

irréversible |iʀ(ʀ)evɛʀsibl(ə)| *adj.* irreversibile: *processus, opération irreversible* processo, operazione irreversibile.

irrévocabilité |iʀ(ʀ)evɔkabilite| *s.f.* (*dr., littér.*) irrevocabilità (*inv.*): *irrévocabilité d'une donation* irrevocabilità di una donazione.

irrévocable |iʀ(ʀ)evɔkabl(ə)| *adj.* irrevocabile: *donation irrévocable* donazione irrevocabile; *vœux, serments irrévocables* voti, giuramenti irrevocabili; *refus irrévocable* rifiuto irrevocabile; *ma décision est irrévocable* la mia decisione è irrevocabile ✦ (*s.m.*) *l'irrévocable* ciò che è irrevocabile *adj.*

irrévocablement |iʀ(ʀ)evɔkabləmɑ̃| *adv.* [→ IRRÉVOCABLE] irrevocabilmente → **définitivement.**

irrigable |iʀ(ʀ)igabl(ə)| *adj.* [→ IRRIGUER] irrigabile: *surface irrigable* superficie irrigabile → **arrosable.**

irrigateur |iʀ(ʀ)igatœʀ| *s.m.* (*agric., méd.*) irrigatore.

irrigation |iʀ(ʀ)igɑsjɔ̃| *s.f.* **1** irrigazione: *canaux, rigoles d'irrigation* canali, canaletti d'irrigazione **2** (*méd.*) irrigazione.

irrigatoire |iʀ(ʀ)igatwaʀ| *adj.* irrigatorio*.

irriguer |iʀ(ʀ)ige| *v.tr.* [*arroser par irrigation*] irrigare: *irriguer des terres* irrigare delle terre ✦ (*au p.p.*) *terres irriguées* terre irrigue.

irritabilité |iʀitabilite| *s.f.* **1** irritabilità *inv.* **2** (*biol.*) irritabilità → **excitabilité.**

irritable |iʀitabl(ə)| *adj.* **1** irritabile: *sa maladie l'a rendu irritable* la malattia lo ha reso irritabile → **irascible** **2** (*biol.*) irritabile (*cour.*).

irritant, ante |iʀitɑ̃, ɑ̃t| *adj.* **1** irritante: *propos irritants* discorsi irritanti → **agaçant, énervant** **2** [*qui détermine de l'irritation, de l'inflammation*] irritante: *les gaz lacrymogènes sont irritants* i gas lacrimogeni sono irritanti **3** (*biol.*) irritante.

irritation |iʀ(ʀ)itɑsjɔ̃| *s.f.* **1** irritazione: *être au comble de l'irritation* essere al colmo dell'irritazione → **colère, exaspération** **2** [*état douloureux résultant d'une inflammation légère*] irritazione: *irritation de la peau, des bronches* irritazione della pelle, dei bronchi **3** (*biol.*) irritazione → **excitation.**

irrité, ée |iʀ(ʀ)ite| *adj.* **1** irritato, arrabbiato: *il m'a paru très irrité* mi è sembrato molto irritato, arrabbiato; *être irrité contre qqn.* essere irritato contro qc., arrabbiato con qc. → **énervé** **2** [*qui est enflammé*] irritato: *gorge irritée* gola irritata.

irriter |iʀ(ʀ)ite| **A** *v.tr.* **1** [*mettre*

en colère] irritare: *ce genre de propos a le don de m'irriter* questo genere di discorsi ha il potere di irritarmi, di farmi arrabbiare → **agacer,** 1 **énerver, exaspérer** 2 (*physiol.*) [*rendre douloureux, sensible, en déterminant une légère inflammation*] irritare: *la fumée irrite les yeux* il fumo irrita gli occhi → **enflammer** 3 (*biol.*) [*faire réagir sous l'effet d'une excitation*] irritare 4 (*littér.*) [*rendre plus vif, plus fort*] irritare, esacerbare: *irriter la passion, les désirs* irritare la passione, i desideri → **aviver** # *irriter la curiosité* stimolare la curiosità **B** *v.pron. intr.* S'IRRITER **1** [→ *tr.* 1] irritarsi, arrabbiarsi: *s'irriter contre qqn.* irritarsi contro qc., arrabbiarsi con qc.; *s'irriter de qqch.* irritarsi, arrabbiarsi per q.c. → **fâcher (se) 2** (*physiol.*) [→ *tr.* 2] irritarsi: *il a dû forcer sa voix, sa gorge s'est irritée* ha certamente sforzato la voce e gli si è irritata la gola.

irroration |i(R)RɔRɑsjɔ̃| *s.f.* irrorazione.

irruption |iR(R)ypsjɔ̃| *s.f.* **1** irruzione: *les irruptions de barbares dans l'Empire romain* le irruzioni di barbari nell'Impero romano **2** [*entrée de force et en masse (dans un lieu)*] irruzione: *les manifestants ont fait irruption dans la salle* i manifestanti hanno fatto irruzione nella sala ◇ (*par ext.*) *il a fait irruption chez moi* ha fatto irruzione in casa mia **3** (*choses*) [*envahissement*] irruzione: *l'irruption des eaux* l'irruzione delle acque.

1 **isabelle** |izabɛl| (*adj.*) *cheval, jument isabelle* cavallo, giumenta (colore) isabella ✦ (*s.m.*) *monter un isabelle* montare un isabella *inv.*

2 **isabelle** |izabɛl| *s.f.* (*t.bot.*) isabella.

isallobare |izal(l)ɔbaR| *s.f.* (*météo.*) isallobara.

isard |izaR| *s.m.* (*t.zool.*) camoscio* dei Pirenei.

isatine |izatin| *s.f.* (*chim.*) isatina.

-isation |izɑsjɔ̃| *suff.* (*servant à former des substantifs marquant un changement d'état, correspond généralt. à*) izzazione: *stabilisation* stabilizzazione; *ionisation* ionizzazione.

isatis |izatis| *s.m.* **1** (*t.bot.*) isatis *f. inv.* **2** (*t.zool.*) volpe *f.* polare.

isba |isba| *s.f.* isba.

iscariote |iskaRiɔt| *adj.* iscariota ◇ (*hist. hébr.*) *Judas Iscariote* Giuda Iscariota.

ischémie |iskemi| *s.f.* (*méd.*) ischemia.

ischiatique |iskjatik| *adj.* (*anat.*) ischiatico*.

ischion |iskjɔ̃| *s.m.* (*anat.*) ischio*.

-iser |ize| *suff.* (*servant à former des v. dérivés de subst. ou de noms* (*de peuples*) *et signifiant 'donner le caractère de', correspond généralt. à*) izzare: *européaniser* europizzare; *mécaniser* meccanizzare.

isiaque |izjak| *adj.* isiaco*.

islam |islam| *s.m.* **1** islam → **islamisme** **2** (*avec I majuscule*) [*l'ensemble des peuples musulmans et leur civilisation*] Islam: *histoire de l'Islam* storia dell'Islam.

islamique |islamik| *adj.* islamico*.

islamisation |islamizɑsjɔ̃| *s.f.* [→ ISLAMISER] islamizzazione.

islamiser |islamize| *v.tr.* [*intégrer à l'Islam*] islamizzare.

islamisme |islamism(ə)| *s.m.* islamismo.

islandais, aise |islɑ̃dɛ, ɛz| *adj.* **1** [*de l'Islande*] islandese **2** (*s.m.*) *l'islandais* [*la langue*] l'islandese.

ismaélite |ismaelit| *s.* (*hist. ar.*) ismaelita ✦ (*adj.*) *ville ismaélite* città ismaelita.

-isme |ism(ə)| *suff.* (*indiquant la 'profession, opinion, appartenance à un groupe ou à un système', correspond généralt. à*) ismo: *socialisme* socialismo; *journalisme* giornalismo.

iso- |izɔ| *préf.* (*signifiant 'égal', correspond généralt. à*) iso: *isobare* isobara; *isodynamique* isodinamico.

1 **isobare** |izɔbaR| *adj.* (*météo.*) isobaro: *lignes, courbes isobares* linee, curve isobare ✦ (*s.f.*) *une isobare* un'isobara.

2 **isobare** |izɔbaR| *adj.* (*chim.*) isobaro: *transformations isobares* trasformazioni isobare.

isobathe |izɔbat| *adj.* (*sc., géogr.*) isobato: *ligne, courbe isobathe* linea, curva isobata ✦ (*s.f.*) *une isobathe* un'isobata.

isocarde |izɔkaRd(ə)| *s.m.* (*t.zool.*) isocardia *f.*

isocèle |izɔsɛl| *adj.* (*géom.*) isoscele.

isochromatique |izɔkRɔmatik| *adj.* isocromatico*.

isochrone |izɔkRɔn| *adj.* (*sc.*) isocrono.

isochronisme |izɔkRɔnism(ə)| *s.m.* (*sc.*) isocronismo.

isoclinal, ale, aux |izɔclinal, o| *adj.* (*géol.*) isoclinale.

isocline |izɔklin| *adj.* (*géogr., phys.*) isoclino: *lignes isoclines* linee isocline ✦ (*s.f.*) *une isocline* un'isoclina.

isocyclique |izɔsiklik| *adj.* (*sc.*) isociclico*.

isodynamie |izɔdinami| *s.f.* (*biol.*) isodinamia, isodinamismo *m.*

isodynamique |izɔdinamik| *adj.* (*sc.*) isodinamico*.

isoédrique |izɔedRik| *adj.* (*minér.*) isoedrico*.

isoète |izɔɛt| *s.m.* (*t.bot.*) isoete *inv.*

isogamie |izɔgami| *s.f.* (*biol.*) isogamia.

1 **isogone** |izɔgɔn| *adj.* (*sc.*) isogono.

2 **isogone** |izɔgɔn| *s.f.* (*sc.*) isogonica* ✦ (*adj.*) isogonico*.

isohyète |izɔjɛt| *adj.* (*météo.*) isoieta.

isohypse |izɔips(ə)| *adj.* (*géogr.*) *ligne isohypse* linea isoipsa ✦ (*s.f.*) *une isohypse* un'isoipsa.

isolable |izɔlabl(ə)| *adj.* isolabile → **séparable.**

isolant, ante |izɔlɑ̃, ɑ̃t| *adj.* **1** isolante: *matériaux isolants* materiali isolanti ✦ (*s.m.*) *un isolant* un isolante **2** (*ling.*) *langues isolantes* lingue isolanti.

isolat |izɔla| *s.m.* (*sc.*) isolato.

isolateur |izɔlatœR| *s.m.* (*techn.*) isolatore.

isolation |izɔlɑsjɔ̃| *s.f.* (*phys., techn.*) isolamento *m.*

isolationnisme |izɔlɑsjɔnism(ə)| *s.m.* isolazionismo.

isolationniste |izɔlɑsjɔnist(ə)| *s.* isolazionista ✦ (*adj.*) isolazionista, isolazionistico*.

isolé, ée |izɔle| *adj.* **1** isolato: *édifice isolé* edificio isolato; *un arbre isolé au milieu d'un champ* un albero isolato in mezzo a un campo ◇ (*par anal.*) *endroit isolé* luogo isolato, solitario → **perdu, reculé** ◇ (*électr.*) *corps isolé* corpo isolato **2** (*personnes*) isolato: *isolé du reste du monde* isolato dal resto del mondo; *vivre isolé* vivere isolato; *se sentir isolé* sentirsi isolato → **seul, solitaire** ✦ (*s.*) *les isolés* gli isolati **3** (*fig.*) isolato: *fait, cas isolé* fatto, caso isolato.

isolement |izɔlmɑ̃| *s.m.* **1** (*choses*) isolamento # *isolement d'une ferme* posizione isolata di una fattoria ◇ (*électr.*) isolamento **2** (*personnes*) isolamento: *isolement complet, total* isolamento completo, totale ◇ (*spécialt.*) *isolement des contagieux* isolamento dei malati contagiosi # *isolement cellulaire* segregazione cellulare **3** [*absence d'engagement avec les autres nations*] isolamento: *isolement économique, diplomatique* isolamento economico, diplomatico.

isolément |izɔlemɑ̃| *adv.* [→ ISOLÉ 3] isolatamente, singolarmente: *considérer isolément les éléments d'un problème* considerare isolatamente, singolarmente gli elementi di un problema.

isoler |izɔle| **A** *v.tr.* **1** [*séparer des objets environnants*] isolare → 1 **détacher, séparer** ◇ (*sc.*) *isoler un corps simple, un virus* isolare un corpo semplice, un virus **2** [*éloigner (qqn.) de la société des autres hommes*] isolare: *isoler un contagieux* isolare un ammalato contagioso **3** (*fig.*) [*considérer à part, hors d'un contexte*] isolare: *c'est un fait que vous n'avez pas le droit d'isoler* è un fatto che non avete il diritto di isolare **B** *v.pron. réfl.* S'ISOLER [*se retirer de façon à être isolé*] isolarsi: *s'isoler dans son coin, dans ses méditations* isolarsi nel proprio angolo, nelle proprie meditazioni.

isologue |izɔlɔg| *adj.* (*chim.*) *corps isologue* corpo isologo*.

isoloir |izɔlwaR| *s.m.* cabina *f.* elettorale.

isomère |izɔmɛR| *adj. et s.m.* (*sc.*) isomero.

isomérie |izɔmeRi| *s.f.* (*sc.*) isomeria.

isomérisation |izɔmeRizɑsjɔ̃| *s.f.* (*sc.*) isomerizzazione.

isométrie |izɔmetRi| *s.f.* (*géom., sc.*) isometria.

isométrique |izɔmetRik| *adj.* (*géom., sc.*) isometrico*.

isomorphe |izɔmɔRf(ə)| *adj.* (*chim., math.*) isomorfo.

isomorphisme |izɔmɔRfism(ə)| *s.m.* (*chim., math.*) isomorfismo.

isonomie |izɔnɔmi| *s.f.* (*minér.*) isonomia.

isopérimètre |izɔpeRimɛtR(ə)| *adj.* (*sc.*) isoperimetrico*.

Isopodes |izɔpɔd| *s.m.pl.* (*t.zool.*) Isopodi.

isoséiste |izɔseist(ə)|, **isosiste** |izɔsist(ə)| *adj.* (*géol.*) *ligne isosiste* linea isosismica* ✦ (*s.f.*) *une isosiste* un'isosismica.

isostasie |izɔstazi| *s.f.* (*géol.*) isostasia.

isotherme |izɔtɛRm(ə)| *adj.* **1** *ligne isotherme* linea isoterma ✦ (*s.f.*) *isothermes de janvier, de juillet* isoterme di gennaio, di luglio **2** (*phys.*) isotermico*.

isothermie |izɔtɛRmi| *s.f.* (*sc.*) isotermia.

isotonie |izɔtɔni| *s.f.* (*sc.*) isotonia.

isotonique |izɔtɔnik| *adj.* (*méd., sc.*) isotonico*.

isotope |izɔtɔp| *s.m.* **1** (*sc.*) isotopo

2 (*arg. scol.*) [*fête de l'École de physique et chimie industrielle de Paris*] ⊠.
isotopie |izɔtɔpi| *s.f.* (*chim., phys.*) isotopia.
isotrope |izɔtʀɔp| *adj.* (*sc.*) isotropo, isotropico*.
isotropie |izɔtʀɔpi| *s.f.* (*sc.*) isotropia.
israélien, ienne |isʀaeljɛ̃, jɛn| *adj.* [*de l'État moderne d'Israël*] israeliano.
israélite |isʀaelit| *s.* israelita → **hébreu, juif** ✦ *adj.* israelitico*, israelita: *la communauté israélite* la comunità israelitica, israelita.
issant, ante |isɑ̃, ɑ̃t| *adj.* (*blas.*) uscente.
issu, ue |isy| *p.p.* **1** [*qui est né, sorti* (*de parents, d'une espèce*)] nato, generato: *issu d'une grande famille de magistrats* nato da una grande famiglia di magistrati **2** (*fig.*) [*qui provient, résulte*] nato, derivato: *la révolution est issue du mécontentement général* la rivoluzione è nata dal malcontento generale.
issue |isy| *s.f.* **1** [*ouverture, passage offrant la possibilité de sortir*] uscita: *chercher une issue* cercare un'uscita; *chemin, rue sans issue* strada, via senza uscita → **sortie** ◇ [*orifice d'évacuation*] sfogo* (*m.*): *ménager une issue à la vapeur* dare uno sfogo al vapore **2** (*fig.*) [*possibilité, moyen de se dégager d'une situation difficile*] (via d')uscita: *je ne vois pas d'autre issue* non vedo altra via d'uscita; *situation, passion sans issue* situazione, passione senza via d'uscita → **échappatoire, 1 solution** ◇ (*par ext.*) [*manière dont on sort d'une affaire, dont une chose arrive à terme*] esito *m.*, conclusione: *heureuse issue* felice esito, conclusione; *issue fatale* esito, conclusione fatale; *l'issue des pourparlers* l'esito delle trattative → **1 fin** ◇ (*loc.*) *à l'issue de* [*à la fin de*] alla fine di, al termine di **3** *au plur.* (*techn.*) cruschello *m.sing.*, tritello *m. sing.* → **2 son** ◇ (*bouch.*) frattaglie, interiora.
-iste |ist(ə)| *suff.* (*indiquant la 'profession, opinion, appartenance à un groupe ou à un système', correspond généralt. à*) ista (*avec les subst. et les adj.*); istico* (*avec les adj.*): *impérialiste* imperialista, imperialistico.
isthme |ism(ə)| *s.m.* **1** istmo: *l'isthme de Suez* l'istmo di Suez **2** (*anat.*) istmo: *isthme de l'encéphale, de l'utérus* istmo dell'encefalo, dell'utero.
isthmique |ismik| *adj.* istmico*.
istrien, ienne |istʀjɛ̃, jɛn| *adj.* [*de l'Istrie*] istriano.
itague |itag| *s.m.* (*mar.*) amante.
italianisant, ante |italjanizɑ̃, ɑ̃t| *s.* [*spécialiste de la langue, de la littérature, de la civilisation it.*] italianista.
italianisation |italjanisɑsjɔ̃| *s.f.* [→ ITALIANISER] italianizzazione.
italianiser |italjanize| **A** *v.tr.* [*rendre it.*; *marquer d'un caractère it.*] italianizzare **B** *v.intr.* (*vieilli*) [*employer en fr. des expressions empruntées à l'it.*] italianeggiare.
italianisme |italjanism(ə)| *s.m.* italianismo.
italien, ienne |italjɛ̃, jɛn| *adj.* **1** [*de l'Italie*] italiano: *cuisine à l'italienne* cucina (all')italiana **2** (*s.m.*) *l'italien* [*la langue*] l'italiano.
italique |italik| **I** *adj.* **1** (*typogr.*) italico*, corsivo: *lettres italiques* lettere italiche, corsive ✦ (*s.m.*) *l'italique* il carattere italico *adj.*, il corsivo **2** [*qui a rapport à l'Italie anc.*] italico: *les peuples italiques* i popoli italici ✦ *s.* (*hist.*) *les Italiques* gli Italici **II** *s.m.* [*les langues romanes parlées dans l'Italie anc.* (*latin, osque, ombrien*)] le lingue *f. pl.* italiche *adj.*, l'italico.
italo-américain, aine |italɔameʀikɛ̃, ɛn| *adj. et s.* italo-americano.
italo-français, aise |italɔfʀɑ̃sɛ, ɛz| *adj. et s.* italo-francese.
-ite |it| *suff.* (*servant à désigner les maladies de nature inflammatoire, correspond généralt. à*) ite: *bronchite* bronchite.
item |itɛm| *adv.* (*comm.*) item.
itératif, ive |iteʀatif, iv| *adj.* (*gram.*) iterativo, frequentativo ◇ (*dr., sc.*) iterativo.
itération |iteʀɑsjɔ̃| *s.f.* iterazione ◇ (*math.*) iterazione.
itérativement |iteʀativmɑ̃| *adv.* [→ ITÉRATIF] iterativamente.
itinéraire |itineʀɛʀ| **1** *s.m.* itinerario*: *faire, tracer un itinéraire* fare, tracciare un itinerario; *suivre, prendre un certain itinéraire* seguire, prendere un certo itinerario → **parcours** ◇ (*par ext.*) *lire l'itinéraire d'une ville* leggere l'itinerario di una città **2** *adj.* [*qui a rapport aux chemins, aux routes*] itinerario: *mesures itinéraires* misure itinerarie.
itinérant, ante |itineʀɑ̃, ɑ̃t| *adj.* itinerante, viaggiante.
itou |itu| *adv.* (*fam., région.*) [*aussi, de même*] idem: *et moi itou* e io idem.
iule |jyl| *s.m.* **1** (*bot.*) amento **2** (*t. zool.*) iulo, millepiedi *inv.* (*cour.*).
ive, ivette |iv, ivɛt| *s.f.* (*t.bot.*) iva.
ivoire |ivwaʀ| *s.m.* **1** [*matière fine qui constitue les défenses de l'éléphant*] avorio*: *statuette, manche d'ivoire, en ivoire* statuetta, manico d'avorio, in avorio ◇ *ellipt.* [*objet d'art en ivoire*] *collection d'ivoires* collezione d'avori ◇ (*poét.*) *mains d'ivoire* mani d'avorio, eburnee *adj.* ◇ (*loc.*) *tour d'ivoire* torre di avorio **2** [*partie dure des dents*] avorio → **dentine** **3** (*techn.*) *noir d'ivoire* nero d'avorio.
ivoirerie |ivwaʀʀi| *s.f.* (*vieilli*) lavorazione (artistica*) dell'avorio ◇ [*objets en ivoire sculpté*] avori *m.pl.*
ivoirien, ienne |ivwaʀjɛ̃, jɛn| *adj.* [*de la Côte d'Ivoire*] ivoriano.
ivoirier |ivwaʀje| *s.m.* artista, artigiano che lavora l'avorio.
ivoirin, ine |ivwaʀɛ̃, in| *adj.* (*littér., vieilli*) [*qui a l'apparence, l'éclat de l'ivoire*] eburneo → **éburnéen.**
ivraie |ivʀɛ| *s.f.* (*t.bot.*) loglio* *m.*, zizzania ◇ (*fig.*) (*d'après la Bible*) *l'ivraie et le bon grain* [*les méchants et les bons, le mal et le bien*] il loglio e il grano.
ivre |ivʀ(ə)| *adj.* **1** [*qui est sous l'effet de l'alcool*] ubriaco*, ebbro (*littér.*): *complètement ivre, ivre mort* ubriaco fradicio → **aviné, soûl** ◇ (*par ext.*) *ivre de sang* ebbro di sangue **2** [*qui est transporté hors de soi* (*sous l'effet de quelque émotion violente*)] ebbro: *ivre de bonheur, d'amour, de colère* ebbro d'amore, di felicità, di collera.
ivresse |ivʀɛs| *s.f.* **1** [*état d'une personne ivre*] ubriachezza, ebbrezza → **ébriété** # *fumées, vapeurs de l'ivresse* fumi, vapori dell'alcool ◇ (*par anal.*) *ivresse cocaïnique, morphinique* ebbrezza da cocaina, da morfina ◇ (*fig.*) *l'ivresse du combat, de l'action* l'ebbrezza del combattimento, dell'azione **2** [*état d'une personne transportée, vivement émue*] ebbrezza: *l'ivresse de l'amour, du pouvoir, du succès* l'ebbrezza dell'amore, del potere, del successo ✦ *absolt.* [*état d'euphorie, de ravissement, d'exaltation*] *moments, heures d'ivresse* momenti, ore d'ebbrezza → **enivrement, extase.**
ivrogne |ivʀɔɲ| *adj.* [*qui a l'habitude de s'enivrer, d'être ivre*] ubriaco* → **alcoolique** ✦ (*s.*) *un ivrogne* un ubriacone; *serment d'ivrogne* [*qui ne sera pas tenu*] giuramento di, da marinaio.
ivrognerie |ivʀɔɲʀi| *s.f.* [*vice de l'ivrogne, habitude de s'enivrer*] ubriachezza → **alcoolisme.**
ivrognesse |ivʀɔɲɛs| *s.f.* (*pop.*) [*femme qui a l'habitude de s'enivrer*] ubriacona (*cour.*).

J

j |ʒi| *s.m.* **1** [*dixième lettre de l'alphabet*] j (*m. ou f.*): *j minuscule* j minuscolo; *J majuscule* J maiuscola ◇ (*télécom.*) *J comme Joseph* J come Jersey **2** (*emploi conventionnel*) *le jour J* il giorno X.
jable |ʒɑbl(ə)| *s.m.* (*techn.*) capruggine *f.*
jabler |ʒɑble| *v.tr.* (*techn.*) [*faire le jable de* (*une douve, un tonneau*)] caprugginare.
jabloir |ʒɑblwaʀ| *s.m.*, **jabloire** |ʒɑblwaʀ| *s.f.*, **jablière** |ʒɑblijɛʀ| *s.f.* (*techn.*) caprugginatoio* *m.*
jaborandi |ʒabɔʀɑ̃di| *s.m.* (*t.bot.*) iaborandi *inv.*, jaborandi *inv.*
jabot |ʒabo| *s.m.* **1** [*poche de l'œsophage de certains animaux*] ingluvie *f. inv.*, gozzo (*pop.*): *jabot des oiseaux* ingluvie, gozzo degli uccelli **2** [*ornement du col d'une chemise d'homme*] lattuga* *f.*, 'jabot' *inv.* ◇ (*dans la toilette féminine*) davantino, 'jabot'.
jaboter |ʒabɔte| *v.intr.* **1** (*rare*) (*se dit de certains oiseaux qui poussent des cris en secouant leur jabot*) squittire (197), gracchiare **2** (*fam., vieilli*) [*bavarder à plusieurs*] parlottare (*cour.*) → **cancaner.**
jaboteur, euse |ʒabɔtœʀ, øz| *s.* (*vieilli*) [*personne qui jabote*] chiacchierone (*cour.*), cicalone (*cour.*).
jacaranda |ʒakaʀɑ̃da| *s.m.* (*t.bot.*) iacaranda *f.*
jacasse |ʒakas| *s.f.* → 1 **pie.**
jacassement |ʒakasmɑ̃| *s.m.* **1** [*cri de la pie*] stridio* **2** → **jacasserie.**
jacasser |ʒakase| *v.intr.* **1** (*se dit de la pie qui pousse son cri*) stridere* **2** [*parler avec volubilité et d'une voix criarde*] gracchiare: *arrêtez-vous de jacasser* smettetela di gracchiare ◇ [*parler à plusieurs, à voix haute, de choses futiles*] cicalare, cianciare (*pop.*) → **bavarder.**
jacasserie |ʒakasʀi| *s.f.* [*bavardage de personnes qui jacassent*] cicaleccio* *m.*, cicalio* *m.*
jacasseur, euse |ʒakasœʀ, øz| *adj. et s.* [*qui jacasse*] chiacchierone, cicalone *s.* → **bavard.**
jacassier, ière |ʒakasje, jɛʀ| *adj. et s.* (*vx.*) → **jacasseur.**
jacée |ʒase| *s.f.* (*t.bot.*) iacea.
jachère |ʒaʃɛʀ| *s.f.* [*état d'une terre labourable qu'on laisse reposer*] maggese (*m.*): *laisser une terre en jachère* mettere un terreno a maggese ◇ [*cette terre*] *labourer des jachères* arare, lavorare maggesi.
jacinthe |ʒasɛ̃t| *s.f.* (*t.bot.*) giacinto *m.*
jaciste |ʒasist(ə)| *adj. et s.* [*membre de la Jeunesse Agricole Chrétienne* (*J.A.C.*)] ⊠.
jack |(d)ʒak| *s.m.* (*angl.*) (*techn.*) jack *inv.*
jacket |ʒakɛt| *s.f.* (*angl.*) [*revêtement d'une couronne dentaire*] capsula dentaria (di ceramica).
jacobin, ine |ʒakɔbɛ̃, in| *s.* **1** (*hist.*) giacobino ✦ (*adj.*) *idées jacobines* idee giacobine **2** (*vx.*) → 1 **dominicain.**
jacobinisme |ʒakɔbinism(ə)| *s.m.* (*hist.*) giacobinismo.
jaconas |ʒakɔnɑ| *s.m.* (*ancienn.*) [*étoffe de coton*] giaconetta *f.*
jacquard |ʒakaʀ| **1** *s.m.inv.* [*métier à tisser*] telaio* *var.* jacquard **2** (*adj.m.inv.*) *un tricot, un chandail jacquard* un golf, un maglione jacquard ✦ (*s.m.*) *porter un jacquard* portare un (vestito, un maglione) jacquard.
jacquerie |ʒakʀi| *s.f.* (*hist.*) 'jacquerie' *inv.*
Jacques |ʒak| *s.m.* (*hist.*) 'Jacques' ◇ (*loc.*) *faire le Jacques* [*faire le niais*] fare il tonto.
1 **jacquet** |ʒakɛ| *s.m.* (*région.*) → **écureuil.**
2 **jacquet** |ʒakɛ| *s.m.* (*jeu*) giacchetto: *faire une partie de jacquet* fare una partita a giacchetto.
jacquot, jacot, jaco |ʒako| *s.m.* (*t.zool.*) pappagallo grigio*.
1 **jactance** |ʒaktɑ̃s| *s.f.* (*littér.*) iattanza, millanteria → **vanité** Ⓒ **modestie.**
2 **jactance** |ʒaktɑ̃s| *s.f.* (*pop.*) [*bavardage*] ciancia*, chiacchiera (*cour.*).
jacter |ʒakte| *v.intr.* (*pop.*) [*parler, bavarder*] cianciare, chiacchierare (*cour.*).
jaculatoire |ʒakylatwaʀ| *adj.* (*relig.*) *oraison jaculatoire* giaculatoria *s.f.*
jade |ʒad| *s.m.* (*minér.*) giada (*f.*): *statuette de jade* statuetta di giada ◇ [*objet en jade*] *collection de jades chinois* collezione di giade cinesi.
jadéite |ʒadeit| *s.f.* (*minér.*) giadeite.
jadis |ʒa(ɑ)dis| *adv.* [*dans le temps passé, il y a longtemps*] anticamente, un tempo: *jadis on ne pensait pas ainsi* anticamente non la pensavano (non la si pensava) così; *ses compagnons de jadis* i suoi compagni di un tempo, di una volta → **autrefois** ✦ (*adj.*) *le temps jadis* il tempo che fu: *gens du temps jadis* gente di un tempo.
jaguar |ʒagwaʀ| *s.m.* (*t.zool.*) giaguaro.
jaillir |ʒajiʀ| *v.intr.* **1** (*liquide, fluide*) [*sortir, se lancer en un jet subit et puissant*] zampillare (*aux.* essere, avere), sgorgare (*aux.* essere): *fontaine où l'eau jaillit à profusion* fontana da cui zampilla acqua in abbondanza; *pétrole jaillissant d'un puits de forage* petrolio che zampilla, che sgorga da un pozzo ◇ (*par anal.*) *des rires jaillissaient* scoppiavano risate → **fuser** **2** [*apparaître, pointer brusquement*] spuntare (*aux.* essere), venire (202) (*aux.* essere) fuori: *bourgeon qui jaillit d'une branche* bocciolo che spunta da un ramo ◇ (*fig.*) [*se manifester soudainement*] *la vérité jaillira* la verità verrà a galla → **surgir** ◇ (*loc. prov.*) *de la discussion jaillit la lumière* dal confronto delle idee nasce la verità.
jaillissant, ante |ʒajisɑ̃, ɑ̃t| *adj.* [*qui jaillit*] zampillante: *source jaillissante* sorgente zampillante.
jaillissement |ʒajismɑ̃| *s.m.* [→ JAILLIR 1] lo zampillare *inv.*, lo sprizzare (*inv.*): *le jaillissement d'une source* lo zampillare di una sorgente; *le jaillissement du sang, des étincelles* lo sprizzare del sangue, delle scintille # *jaillissements d'eau, de vapeur* getti, spruzzi d'acqua, di vapore.
jais |ʒɛ| *s.m.* (*minér.*) giaietto ◇ (*loc.*) *noir comme* (*du*) *jais* nero come il carbone ~ *des yeux de jais* occhi nerissimi ~ *cheveux de jais* capelli corvini.
jalap |ʒalap| *s.m.* (*t. bot.*) gialappa *f.*, scialappa *f.*
jalon |ʒalɔ̃| *s.m.* **1** [*tige qu'on plante en terre pour prendre un alignement, déterminer une direction*] picchetto: *planter, aligner des jalons* piantare, mettere in fila dei picchetti # *jalon-mire* stadia **2** (*fig.*) [*ce qui sert à situer, diriger*] punto fondamentale, punto base, di riferimento: *les jalons d'un exposé* i punti fondamentali, i punti base di una relazione → **marque, repère** # *poser, planter des jalons* porre le basi.
jalonnement |ʒalɔnmɑ̃| *s.m.* [→ JALONNER B 1] picchettatura *f.*, picchettamento: *jalonnement d'un terrain* picchettatura, picchettamento di un terreno.
jalonner |ʒalɔne| **A** *v.intr.* [*planter des jalons*] picchettare *tr.*, piantare *tr.* picchetti **B** *v.tr.* **1** [*marquer la direction, l'alignement* (*de qqch.*) *au moyen de jalons, de repères*] picchettare: *jalonner une ligne téléphonique* picchettare una linea telefonica **2** (*choses*) [*marquer, délimiter* (*à la manière de jalons*)] delimitare: *buissons jalonnant les limites d'un camp* cespugli che delimitano i confini di un campo ◇ (*fig.*) costellare: *les succès qui jalonnent sa carrière* i successi che costellano la sua carriera.
jalonneur |ʒalɔnœʀ| *s.m.* [*ouvrier qui pose des jalons*] picchettatore.
jalousement |ʒaluzmɑ̃| *adv.* [→ JALOUX] gelosamente, con invidia (*loc. inv.*): *observer jalousement les progrès d'un rival* osservare con invidia i progressi di un rivale ◇ [*avec un soin inquiet*] *garder jalousement un secret* custodire gelosamente un segreto.
jalouser |ʒaluze| **A** *v.tr.* [*être jaloux de, considérer avec jalousie*] invidiare, essere (96) *intr.* geloso di: *jalouser le sort de qqn.* invidiare la sorte di qc. → **envier** **B** *v.pron. récipr.* SE JALOUSER [→ *tr.*] essere *intr.* invidiosi l'uno del-

l'altro: *petits clans qui se jalousent* piccoli clan (che sono) invidiosi l'uno dell'altro.

1 **jalousie** |ʒaluzi| *s.f.* gelosia: *exciter la jalousie de qqn.* suscitare la gelosia di qc. → 1 **dépit, envie** ◇ (*par ext.*) *jalousie d'un amant* gelosia di un amante; *les chagrins, les tortures de la jalousie* il morso, i tormenti della gelosia # *causer, donner de la jalousie à qqn.* ingelosire qc.

2 **jalousie** |ʒaluzi| *s.f.* [*treillis au travers duquel on peut voir sans être vu*] gelosia: *baisser, lever une jalousie* abbassare, alzare una gelosia → **contrevent, persienne.**

jaloux, ouse |ʒalu, uz| *adj.* **1** [*qui éprouve de la* (1) *jalousie*] geloso: *être jaloux de qqn., du succès de qqn.* essere geloso di qc., del successo di qc. → **envieux** ✦ (*s.*) *son succès fait des jaloux* il suo successo desta, suscita gelosia *s.f.* **2** [*qui éprouve de la jalousie en amour*] geloso: *mari jaloux* marito geloso; *jaloux comme un tigre* geloso come un Otello; *il a un caractère jaloux* è di carattere geloso ✦ (*s.*) *un jaloux, une jalouse* un uomo geloso *adj.* una donna gelosa *adj.* **3** *loc.* JALOUX DE QQCH. geloso di q.c.: *être jaloux de sa réputation, de son indépendance* essere geloso della propria reputazione, della propria indipendenza ~ JALOUX DE (+ *inf.*) bramoso di (+ *inf.*): *jaloux d'obtenir une faveur* bramoso di ottenere un favore → **désireux** ◇ (*par ext.*) *avec un soin jaloux* [*avec une vigilance particulière*] con gelosa, sollecita cura.

jamaïquain, aine |ʒamaikɛ̃, ɛn| *adj.* [*de la Jamaïque*] giamaicano.

jamais |ʒamɛ| *adv.* **1** (*avec un sens positif*) [*en un temps quelconque, un jour*] mai: *ils désespéraient d'en sortir jamais* disperavano di poterne (mai) uscire; *a-t-on jamais vu cela?* si è mai vista una cosa simile?; *aujourd'hui plus que jamais* oggi più che mai → **déjà** # *si jamais je l'attrape, gare à lui!* se lo prendo, guai a lui ◇ *loc.adv.* À JAMAIS [*dans tout le temps à venir*] per sempre: *c'est fini à jamais* è finita per sempre → **éternellement** ~ *à tout jamais* per sempre **2** *loc.* NE... JAMAIS, JAMAIS... NE [*en nul temps, en aucun temps*] mai: *je ne l'ai jamais vue* non l'ho mai vista; *on ne sait jamais!* non si sa mai!; *jamais, au grand jamais je n'accepterai* non accetterò mai e poi mai ~ NE... JAMAIS QUE... [*en aucun temps... autre chose que*] non... (altro) che: *il n'a jamais fait que s'amuser* non ha fatto (altro) che divertirsi ~ NE... PLUS JAMAIS, NE... JAMAIS PLUS non... più: *on n'emploie plus jamais ce mot* questa parola non si usa più ~ SANS JAMAIS senza mai: *poursuivre un idéal sans jamais l'atteindre* perseguire un ideale senza mai realizzarlo **3** (*négatif: sans 'ne' lorsque le v. est absent*) [*à aucun moment*] mai: *jamais de la vie!* mai e poi mai!, giammai!; *un amour jamais satisfait* un amore mai corrisposto → 2 **pas** ◇ (*prov.*) *mieux vaut tard que jamais* meglio tardi che mai Ⓒ 3 **toujours.**

jambage |ʒɑ̃baʒ| *s.m.* **1** [*trait vertical d'une lettre*] gamba (*f.*): *le 'm' a trois jambages* la 'm' ha tre gambe **2** [*chacun des deux montants verticaux d'une baie de fenêtre, de porte*] montante, stipite.

jambe |ʒɑ̃b| *s.f.* **I 1** gamba: *des jambes longues, de grandes jambes* gambe lunghe; *jambes minces, maigres comme des allumettes* gambe sottili, esili come stecchi; *robe à mi-jambe* abito a mezza gamba; *elle a la jambe bien faite* ha belle gambe, gambe ben fatte → **patte** (*fam.*), **guibolle** (*pop.*) ◇ (*loc.*) *croiser les jambes* accavallare le gambe ~ *tomber les jambes en l'air* finire a gambe all'aria ~ *avoir de bonnes, de mauvaises jambes* [*marcher, courir facilement ou non*] avere, non avere buone gambe ~ *tirer, traîner la jambe* trascinare la gamba ~ *avoir les jambes raides, molles* avere le gambe rigide, molli ~ *se dégourdir les jambes* sgranchirsi le gambe ~ (*fam.*) *avoir les jambes comme du coton, en pâté de foie* avere le gambe molli, di pasta frolla ~ *ne plus pouvoir se tenir sur ses jambes* non riuscire più a reggersi sulle gambe, a stare in piedi ◇ (*sport*) *boxeur, joueur de tennis qui a un bon jeu de jambes* pugile, tennista che ha un buon gioco di gambe ~ *jouer des jambes* [*partir en courant*] darsela a gambe, mettere la via tra le gambe ~ *courir, s'enfuir à toutes jambes* [*le plus vite possible*] correre, fuggire a gambe levate ~ *il a pris ses jambes à son cou* ha messo le gambe in spalla, in capo ~ (*fam.*) *en avoir plein les jambes* [*avoir trop marché, être fatigué*] non sentire più le gambe ~ *n'avoir plus de jambes* non avere più gambe ~ *j'avais quinze kilomètres dans les jambes* avevo quindici chilometri nelle gambe ~ *avoir des jambes de vingt ans* sentirsi le gambe di un giovane ~ *la peur lui donne des jambes* [*lui donne la force de courir*] la paura gli mette le ali ai piedi ~ *il est toujours dans mes jambes* [*trop près de moi, sur son chemin*] sta, si mette sempre tra i piedi; l'ho sempre tra i piedi ~ *tirer dans les jambes de qqn.* [*lui nuire, le desservir de façon peu loyale*] dare alle gambe a qc., tirar colpi bassi ~ (*fam.*) *tenir la jambe à qqn.* [*le retenir par les discours, les confidences qu'on lui impose*] attaccare un bottone a qc. ~ *cela ne va que d'une jambe* [*cela va mal*]: (*pr.*) è una cosa che zoppica, che non sta in piedi; (*fig.*) va male ~ *casser, couper bras et jambes à qqn.* tagliare le gambe a qc. ~ *traiter qqn. par-dessous la jambe* [*avec mépris, de façon désinvolte*] prendere qc. sotto gamba ~ (*iron.*) *cela me fait une belle jambe* [*c'est un avantage que je n'apprécie pas*] bel guadagno (che ci faccio) ~ (*fig.*) *faire des ronds de jambes* [*faire beaucoup de manières en vue de plaire*] fare salamelecchi, profondersi in inchini **2** (*par anal.*) *jambe de bois* gamba di legno; *jambe artificielle* gamba artificiale ◇ (*loc. fam.*) *c'est un cautère, un emplâtre sur une jambe de bois* è un rimedio inutile **3** [*patte des animaux*] zampa: *jambes fines de la gazelle* zampe esili, sottili della gazzella ◇ [*partie des membres postérieurs du cheval*] gamba (del cavallo) → **gigot** **4** *jambe d'un pantalon* gamba dei pantaloni; *il faut allonger la jambe droite* bisogna allungare la gamba destra **II** [*objet, partie qui soutient*] **1** *les jambes d'un compas* le aste di un compasso ◇ (*maçonn.*) *jambe de force* montante *m.* **2** (*techn.*) gamba, asta ◇ (*auto.*) asta ◇ (*maçonn.*) *jambe sous poutre* [*jambage*] stipite *m.*

jambette |ʒɑ̃bɛt| *s.f.* **1** (*dial.*) [*petit couteau de poche à lame rentrante*] coltellino *m.* a serramanico **2** (*plais.*) [*petite jambe*] gambetta, gambina **3** (*techn.*) puntello *m.*

jambier, ière |ʒɑ̃bje, jɛʀ| **1** *adj.* (*anat.*) tibiale: *muscles jambiers* muscoli tibiali ✦ (*s.m.*) *le jambier antérieur, postérieur* il muscolo tibiale *adj.* anteriore, posteriore **2** *s.m.* (*abattoirs*) uncino divaricatore.

jambière |ʒɑ̃bjɛʀ| *s.f.* **1** [*pièce d'un équipement, qui enveloppe et protège la jambe*] gambale (*m.*): *jambières de toile, de cuir* gambali di tela, di cuoio # *jambières renforcées des joueurs de hockey* gambiere degli hockeisti **2** *jambière d'une ancienne armure* gambiera, gambale di un'armatura antica.

jambon |ʒɑ̃bɔ̃| *s.m.* **1** [*cuisse ou épaule de porc préparée pour être conservée*] prosciutto: *jambon cru, cuit, fumé* prosciutto crudo, cotto, affumicato; *tranches de jambon* fette di prosciutto; *sandwich, omelette au jambon* panino, frittata al (col) prosciutto **2** (*pop.*) → **cuisse.**

jambonneau |ʒɑ̃bɔno| *s.m.* [*petit jambon fait avec la partie de la jambe du porc située au-dessous du genou*] zampone.

jamboree |ʒɑ̃bɔʀe, ʒɑ̃bɔʀi| *s.m.* (*angl.*) jamboree *inv.*

jambose |ʒɑ̃boz| *s.f.* [*fruit du jambosier*] melarosa, mela rosa.

jambosier |ʒɑ̃bozje|, **jamerosier** |ʒamʀozje| *s.m.* (*t.bot.*) melarosa *f.*, mela *f.* rosa.

jan |ʒɑ̃| *s.m.* (*au jeu du trictrac*) mossa *f.*

jangada |ʒɑ̃gada| *s.f.* jangada *inv.*

janissaire |ʒanisɛʀ| *s.m.* giannizzero.

jansénisme |ʒɑ̃senism(ə)| *s.m.* giansenismo.

janséniste |ʒɑ̃senist(ə)| **I** *s.* giansenista: *les luttes entre jésuites et jansénistes* le lotte fra gesuiti e giansenisti **II** *adj.* **1** giansenistico*, giansenista: *parti, esprit janséniste* partito, spirito giansenistico ◇ (*par ext.*) [*austère*] rigorista, rigoristico*: *éducation, morale janséniste* educazione, morale rigorista, rigoristica **2** *reliure janséniste* [*sobre, sans ornement*] legatura semplice, sobria.

jante |ʒɑ̃t| *s.f.* [*cercle qui forme la périphérie d'une roue*] cerchione *m.*, cerchio* (*m.*): *pneu monté sur jante métallique* pneumatico montato su cerchione, su cerchio metallico.

janvier |ʒɑ̃vje| *s.m.* [*premier mois de l'année*] gennaio*: *le 1er janvier, jour de l'an* il 1° gennaio, capodanno.

japon |ʒapɔ̃| *s.m.* **1** [*papier de couleur ivoire*] carta *f.* giapponese **2** [*porcelaine du Japon*] porcellana *f.* giapponese.

japonais, aise |ʒapɔnɛ, ɛz| *adj.* [*du Japon*] giapponese, nipponico*: *la population japonaise* la popolazione giapponese, nipponica; *estampes japonaises* stampe giapponesi; *jardin japonais* giardino giapponese ✦ (*s.m.*) *le japonais* [*la langue*] il giapponese.

japonaiserie |ʒapɔnɛzʀi|, **japonerie** |ʒapɔnʀi| *s.f.* giapponeseria.

japonisant, ante |ʒapɔnizɑ̃, ɑ̃t| *s.* [*spécialiste de la langue, de l'histoire, de la civilisation japonaises*] iamatologo*.

japoniste |ʒapɔnist(ə)| *s.* (*rare*) collezionista di giapponeserie.

jappement |ʒapmɑ̃| *s.m.* [→ JAPPER] guaito.

japper |ʒape| *v.intr.* [*pousser des aboiements aigus et clairs*] guaire (197): *jeune chien qui jappe* cagnolino che guaisce → **aboyer.**

jappeur, euse |ʒapœʀ, øz| *adj.* [*qui a l'habitude de japper* (*chien*)] che guaisce (*loc.*): *un chien jappeur* un cane che guaisce ✦ (*s.*) *un insupportable jappeur* un cane che guaisce in modo insopportabile.

1 **jaque** |ʒak| *s.m. ou f.* (*hist. médiév.*) giaco* *m.*

2 **jaque** |ʒak| *s.m.* (*rare*) frutto dell'albero del pane, dell'artocarpo.

jaquelin |ʒaklɛ̃| *s.m.*, **jaqueline** |ʒaklin| *s.f.* (*dans les Flandres*) [*cruche de grès à large ventre*] brocca*f. di arenaria.

jaquemart, jacquemart |ʒakmaʀ| *s.m.* [*figure représentant un homme d'armes qui frappe les heures sur la cloche d'une horloge*] automa.

jaquette |ʒakɛt| *s.f.* **I** **1** [*vêtement masculin de cérémonie*] tight *m. inv.* **2** [*veste de femme, boutonnée par-devant*] giacca*: *la jaquette d'un tailleur* la giacca di un 'tailleur' **II** **1** [*chemise à caractère publicitaire protégeant la couverture d'un livre*] sovraccoperta, sopraccoperta **2** → **jacket.**

jaquier, jacquier |ʒakje| *s.m.* (*t.bot.*) artocarpo, albero del pane.

jard, jar |ʒaʀ| *s.m.* (*géogr.*) sabbia *f.* ghiaiosa (fluviale).

jarde |ʒaʀd(ə)| *s.f.*, **jardon** |ʒaʀdɔ̃| *s.m.* (*vétér.*) giarda *f.*

jardin |ʒaʀdɛ̃| *s.m.* **1** giardino: *maison entourée d'un jardin* casa circondata da un giardino; *faire son jardin* curare il proprio giardino ◇ (*spécialt.*) *jardin anglais* giardino all'inglese; *jardins suspendus* giardini pensili; *jardin public* giardino pubblico; *jardin botanique* giardino, orto botanico; *jardin zoologique* giardino zoologico # *jardin potager* orto; *jardin fruitier* frutteto ◇ (*relig.*) *le Jardin des oliviers* l'Orto degli ulivi ◇ (*loc. fig.*) *jeter une pierre, des pierres dans le jardin de qqn.* [*l'attaquer indirectement*] lanciare frecciate contro qc. ~ *c'est une pierre dans son jardin* (*se dit d'une attaque voilée*) è un attacco velato contro di lui **2** (*par métaph.*) [*région riche, fertile*] giardino: *la Touraine, jardin de la France* la Turenna, giardino della Francia **3** *jardin d'hiver* giardino d'inverno → 1 **serre** **4** *jardin japonais* giardino giapponese **5** *jardin d'enfants* giardino d'infanzia → **garderie, maternelle** **6** (*théât.*) *le côté jardin* la (parte) destra *f.* (del palcoscenico).

1 **jardinage** |ʒaʀdinaʒ| *s.m.* **1** [*art de cultiver les jardins*] giardinaggio*: *elle aime le jardinage* è un'appassionata di giardinaggio **2** [*culture des jardins familiaux*] *consommer les produits du jardinage, de son jardin* consumare i prodotti del proprio orto.

2 **jardinage** |ʒaʀdinaʒ| *s.m.* [*défaut d'un diamant*] macchia *f.*

jardiner |ʒaʀdine| *v.intr.* [*cultiver, entretenir un jardin en amateur*] fare *tr.* (103) del giardinaggio, dedicarsi *pron.* al giardinaggio.

jardinerie |ʒaʀdinʀi| *s.f.* [*magasin de grande surface où l'on vend tout ce qui concerne le jardin*] garden center *m.inv.*

jardinet |ʒaʀdinɛ| *s.m.* giardinetto.

jardineux, euse |ʒaʀdinø, øz| *adj.* (*techn.*) macchiato: *diamant jardineux* diamante macchiato; *pierre jardineuse* pietra macchiata.

jardinier, ière |ʒaʀdinje, jɛʀ| **I** *s.* **1** *s.* giardiniere **2** (*s.f.*) *jardinière d'enfants* [*éducatrice s'occupant d'un jardin d'enfants*] maestra giardiniera, maestra di asilo **II** *adj.* [*relatif aux jardins*] da giardino (*loc.inv.*): *plantes jardinières* piante da giardino.

jardinière |ʒaʀdinjɛʀ| *s.f.* **1** [*caisse à fleurs, dans un appartement*] giardiniera **2** [*mets composé d'un mélange de légumes cuits*] giardiniera: *jardinière à la mayonnaise* giardiniera con maionese **3** (*vieilli*) [*voiture de maraîcher*] giardiniera **4** [*nom donné à certains insectes qui attaquent les plantes potagères*] ⊠.

jardiniste |ʒaʀdinist(ə)| *s.* [*dessinateur de jardins*] architetto giardiniere.

jardon |ʒaʀdɔ̃| *s.m.* → **jarde.**

1 **jargon** |ʒaʀgɔ̃| *s.m.* **1** [*langage corrompu, déformé, incompréhensible*] gergo*: *je ne comprend pas leur jargon* non capisco il loro gergo **2** [*langage particulier à un groupe, caractérisé par sa complication*] linguaggio*, gergo: *le jargon de la réclame* il linguaggio pubblicitario; *le jargon du sport* il gergo sportivo **3** (*ling.*) gergo → **argot.**

2 **jargon** |ʒaʀgɔ̃| *s.m.* (*techn.*) **1** [*pierre rouge ressemblant à l'hyacinthe*] giacinto **2** [*variété de diamant de teinte jaune*] giargone.

1 **jargonner** |ʒaʀgɔne| *v.intr.* [*parler en jargon ou d'une façon peu intelligible*] parlare in gergo.

2 **jargonner** |ʒaʀgɔne| *v.intr.* (*en parlant du jars, de l'oie*) [*pousser son cri*] schiamazzare.

jarosse |ʒaʀɔs|, **jarousse** |ʒaʀus| *s.f.* → **gesse, ers.**

1 **jarre** |ʒaʀ| *s.f.* [*grand récipient en grès, en terre cuite*] giara: *une jarre d'huile* una giara d'olio.

2 **jarre** |ʒaʀ| *s.m. surtout au plur.* [*poil droit et raide se trouvant mélangé dans les fourrures ou les laines*] pelo *sing.* ruvido e rigido.

jarret |ʒaʀɛ| *s.m.* **1** (*anat., chez l'homme*) poplite ◇ (*loc.*) *avoir des jarrets d'acier* avere garretti d'acciaio **2** (*anat., chez les mammifères ongulés*) garretto: *les jarrets d'un bœuf* i garretti del bue ◇ (*bouch.*) *jarret de veau* garretto del vitello, osso buco* **3** (*techn.*) [*bosse, saillie qui rompt la continuité d'une ligne*] sporgenza *f.*, gobba *f.* ◇ [*coude formé par deux tuyaux*] gomito.

jarreté, ée |ʒaʀte| (*adj.*) *un cheval jarreté* un cavallo con ginocchi vaccini.

jarretelle |ʒaʀtɛl| *s.f.* [*bande élastique adaptée au porte-jarretelles*] giarrettiera.

jarreter |ʒaʀte| (5) *v.intr.* (*archit.*) [*former un jarret, un coude*] formare *tr.* una sporgenza; far (103) *tr.* gomito.

jarretière |ʒaʀtjɛʀ| *s.f.* giarrettiera ◇ (*spécialt.*) *Ordre de la Jarretière* Ordine della Giarrettiera.

1 **jars** |ʒaʀ| *s.m.* [*mâle de l'oie domestique*] oca* *f.* maschio *inv.*

2 **jars** |ʒaʀ| *s.m.pl.* → 2 **jarre.**

jas |ʒɑ| *s.m.* (*mar.*) ceppo (dell'ancora).

jaser |ʒɑze| *v.intr.* **1** [*babiller sans arrêt pour le plaisir de parler*] cicalare, blaterare → **bavarder, 2 causer** **2** [*parler avec indiscrétion de ce qu'on devrait taire*] (s)pettegolare: *interroger habilement qqn. pour le faire jaser* fare abili domande a qc., per farlo (s)pettegolare **3** [*faire des commentaires désobligeants et médisants*] sparlare (di), dire (132) male (di): *cela fait jaser* è una cosa che fa sparlare → **médire** **4** → **jacasser** 1.

jaseran |ʒazʀɑ̃|, **jaseron** |ʒazʀɔ̃| *s.m.* **1** [*chaîne de cou à mailles d'or ou d'argent très fines*] catenella *f.* d'oro, d'argento **2** (*ancienn.*) [*chemise de mailles*] giaco* → **haubert.**

jaseur, euse |ʒɑzœʀ, øz| **1** *adj.* [*qui a l'habitude de jaser*] ciarlone, chiacchierone → **babillard, bavard** **2** *s.m.* (*t.zool.*) beccofrusone.

jasmin |ʒasmɛ̃| *s.m.* (*t.bot.*) gelsomino ~ *jasmin blanc* gelsomino bianco ~ *jasmin l'Espagne* gelsomino di Spagna, giallo ◇ (*par ext.*) [*la fleur*] (*essence de*) *jasmin* essenza di gelsomino.

jaspe |ʒasp(ə)| *s.m.* (*minér.*) diaspro: *vase de jaspe* vaso di diaspro; *jaspe noir* diaspro nero; *jaspe sanguin* diaspro sanguigno.

jaspé, ée |ʒaspe| *adj.* [*dont la bigarrure évoque le jaspe*] screziato, marezzato: *marbre jaspé* marmo screziato, marezzato; *reliure en veau jaspé* rilegatura in vitello screziato ◇ (*techn.*) *acier jaspé* acciaio marezzato.

jasper |ʒaspe| *v.tr.* [*bigarrer pour donner un aspect jaspé*] marezzare, screziare: *jasper un lambris* marezzare, screziare un rivestimento.

jaspiner |ʒaspine| *v.intr.* (*pop.*) [*bavarder, causer*] ciarlare, cianciare.

jaspure |ʒaspyʀ| *s.f.* **1** [*bigarrure de ce qui est jaspé*] screziatura, marezzo *m.* → **marbrure** **2** (*techn.*) marezzo.

jatte |ʒat| *s.f.* [*vase de forme arrondie*] ciotola, scodella: *jatte de bois, en porcelaine* ciotola, scodella in legno, in porcellana → **1 bol, 1 coupe** ◇ [*contenu d'une jatte*] *manger une jatte de crème* mangiare una scodella di panna → **jattée.**

jattée |ʒate| *s.f.* (*rare*) [*contenu d'une jatte*] ciotola, scodella.

jauge |ʒoʒ| *s.f.* **1** [*capacité que doit avoir un récipient déterminé*] capacità *inv.*, misura ◇ (*mar.*) stazza: *jauge brute* stazza lorda, di registro; *jauge nette* stazza netta → **tonnage** **2** [*instrument qui sert à mesurer la contenance d'un récipient, le niveau de son contenu*] indicatore (*m.*): *jauge d'essence* indicatore di livello del carburante; *jauge de niveau d'huile* indicatore di livello dell'olio ◇ [*barrique, fût servant d'étalon*] barile *m.* campione, misura campione **3** (*techn.*) calibro (*m.*): *jauge de filetage* calibro per filetto; *jauge de profondeur* calibro di profondità # *jauge de charpentier* regolo da carpentiere → **règle.**

jaugeage |ʒoʒaʒ| *s.m.* [→ JAUGER A 1] misurazione *f.* della capacità: *jaugeage d'un tonneau, d'un réservoir* misurazione della capacità di una botte, di un serbatoio # *jaugeage d'un cours d'eau* misurazione della portata di un corso d'acqua ◇ (*mar.*) stazzatura *f.*

jauger |ʒoʒe| (3) **A** *v.tr.* **1** [*prendre la jauge d'un récipient; mesurer avec une jauge*] misurare, verificare la capacità di: *jauger un réservoir* misurare, verificare la capacità di un serbatoio # *jauger un navire* stazzare una nave; *jauger une source* misurare, calcolare la portata di una sorgente ◇ (*techn.*) *jauger une pompe* tarare una pompa **2** (*fig.*) [*apprécier par un jugement de valeur*] giudicare, valutare: *jauger qqn. d'un coup d'œil* giudicare qc. con una occhiata → **juger B** *v.intr.* **1** [*avoir un tirant d'eau de*] avere (97) *tr.* un pescaggio di: *péniche jaugeant un mètre* chiatta che ha un pescaggio di un metro **2** [*avoir une capacité de*] stazzare (*tr.*): *navire qui jauge 1200 tonneaux* nave che stazza 1200 tonnellate → **tenir.**

jaugeur |ʒoʒœʀ| *s.m.* addetto alle misurazioni ◇ (*techn.*) misuratore.

jaumière |ʒomjɛʀ| *s.f.* (*mar.*) losca*.

jaunâtre |ʒonɑtʀ(ə)| *adj.* giallastro: *un blanc jaunâtre* un bianco giallastro.

jaune |ʒon| **I** *adj.* **1** giallo: *fleurs jaunes* fiori gialli ♦ (*adj.inv.*) *fleurs jaune d'or* fiori giallo oro; *étoffes jaune citron, jaune paille* stoffe (color) giallo limone, (color) giallo paglia ◇ (*anat.*) *corps jaune* corpo luteo **2** *fièvre jaune* febbre gialla **3** *race jaune* razza gialla **II** *s.m.* **1** *le jaune* il giallo: *un jaune clair, foncé, franc* un giallo chiaro, scuro, nitido; *tirer sur le jaune* tirare al giallo, dare sul giallo; *tourner au jaune* tendere al giallo, ingiallire; *peindre en jaune* dipingere in, di giallo **2** [*matière colorante jaune*] (color) giallo ◇ (*sing. collectif*) giallo: *le jaune ne lui va pas, ne lui plaît pas* il giallo non le sta bene, non le piace **3** *le jaune de l'œuf* il giallo, il tuorlo dell'uovo; *un jaune d'œuf* un tuorlo d'uovo ◇ (*ellipt.*) *le jaune, un jaune* il tuorlo, un tuorlo **4** [*individu de race jaune*] giallo: *les Jaunes* i Gialli **5** [*ouvrier qui refuse de prendre part à une grève*] crumiro *s.* **III** (*adv.*) *il riait jaune* [*d'un rire forcé*] rideva verde, amaro.

jaunet, ette |ʒonɛ, ɛt| **I** *adj.* [*légèrement jaune*] giallognolo, gialliccio* **II** *s.m.* **1** (*t.bot.*) *jaunet d'eau* ninfea *f.* gialla **2** (*fam.*) moneta *f.* d'oro (*cour.*).

jaunir |ʒoniʀ| **A** *v.tr.* [*rendre jaune, colorer de jaune*] ingiallire (197): *l'automne a jauni les feuilles* l'autunno ha ingiallito le foglie ♦ (*au p.p.*) *doigts jaunis par la nicotine* dita ingiallite dalla nicotina **B** *v.intr.* [*devenir jaune*] ingiallire (*aux.* essere): *papier qui a jauni* carta che è ingiallita.

jaunissage |ʒonisaʒ| *s.m.* (*techn.*) ingiallimento.

jaunissant, ante |ʒonisɑ̃, ɑ̃t| *adj.* che ingiallisce *loc.*, che sta ingiallendo *loc.*

jaunisse |ʒonis| *s.f.* **1** [*symptôme de nombreuses maladies de foie*] ittero *m.*, itterizia ◇ [*la maladie elle-même*] itterizia ◇ (*loc. fam.*) *il en a fait une jaunisse* [*a éprouvé un violent dépit*] ne ha fatto una malattia **2** (*agric.*) *jaunisse de la betterave, de la vigne* giallume *m.* della barbabietola, della vite.

jaunissement |ʒonismɑ̃| *s.m.* [→ JAUNIR] ingiallimento.

java |ʒava| *s.f.* (*danse*) giava ◇ (*pop.*) *faire la java* [*faire la foire*] gozzovigliare, fare bisboccia.

javanais |ʒavanɛ| *s.m.* [*argot conventionnel consistant à intercaler dans les mots les syllabes 'va' ou 'av'*] ⊠.

javanais, aise |ʒavanɛ, ɛz| *adj.* [*de l'île de Java*] giavanese ♦ (*s.m.*) *le javanais* [*la langue*] il giavanese.

javart |ʒavaʀ| *s.m.* (*vétér.*) giarda *f.*

javeau |ʒavo| *s.m.* banco* di sabbia alluvionale.

javel (eau de) |(od)ʒavɛl| *s.f.* [*produit utilisé comme détersif ou décolorant*] candeggina, varecchina.

javelage |ʒavlaʒ| *s.m.* [→ JAVELER A] l'ammannare *inv.*

javelé, ée |ʒavle| *adj.* (*agric.*) *avoines javelées* avene bagnate (dalla pioggia) e annerite.

javeler |ʒavle| (4) **A** *v.tr.* [*mettre en javelles*] ammannare **B** *v.intr.* (*de céréales en javelles*) [*jaunir*] ingiallire (197) (*aux.* essere).

javeleuse |ʒavløz| *s.f.* (*techn. agric.*) mietitrice.

javeline |ʒavlin| *s.f.* [*arme de jet*] chiaverina.

javelle |ʒavɛl| *s.f.* [*brassée de céréales, etc., coupées et non liées*] manipolo *m.*, mannello *m.*

javellisation |ʒavelizɑsjɔ̃| *s.f.* javellizzazione → **verdunisation.**

javelliser |ʒavelize| *v.tr.* [*stériliser* (*l'eau*) *par l'addition d'eau de javel*] procedere alla javellizzazione ♦ (*au p.p.*) *eau potable javellisée* acqua potabile sottoposta alla javellizzazione.

javelot |ʒavlo| *s.m.* **1** [*arme de trait*] giavellotto **2** (*athlétisme*) giavellotto: *le lancer du javelot* il lancio del giavellotto ◇ (*ellipt.*) *épreuve de javelot* gara di giavellotto.

jazz |dʒɑz| *s.m.* **1** (*mus.*) jazz (*inv.*): *écouter du jazz* ascoltare (del) jazz; *la musique de jazz* la musica jazz *adj.* **2** (*vieilli*) [*orchestre de danse jouant dans le style propre aux Noirs américains*] orchestra jazz.

jazziste |dʒɑsist(ə)| *adj.* jazzistico*.

jazzman |dʒɑzman| *s.m.* (*angl.*) [*joueur de jazz*] jazzista: *des jazzmen* dei jazzisti.

je, j' |ʒ(ə)| **1** *pron.pers. sujet* io: *je parle* (io) parlo; *je hais* io odio; *je ne l'ai pas vu* (io) non l'ho visto; *où suis-je?* dove sono? **2** *s.m.* la prima persona (*f.*): *employez le je* (*dans un récit*) usate la prima persona, parlate alla prima persona (in un racconto) ◇ (*philo.*) *le je* l'io → **ego, moi.**

jean-foutre |ʒɑ̃futʀ(ə)| *s.m.inv.* (*pop.*) [*individu incapable sur lequel on ne peut compter*] minchione *var.*, babbeo *var.*

jean-le-blanc |ʒɑ̃lblɑ̃| *s.m.inv.* (*t.zool.*) biancone *var.*

jeannette |ʒanɛt| *s.f.* **1** [*planchette à repasser, montée sur pied*] stiramaniche *m.inv.* **2** (*t.bot.*) narciso *m.* europeo.

jean(s) |dʒin(s)| *s.m.* (*angl.*) jean(s) *inv.*

jéciste |ʒesist(ə)| *s. et adj.* [(*membre*) *de la Jeunesse Étudiante Chrétienne J.E.C.*] ⊠.

jectisse |ʒɛktis|, **jetisse** |ʒ(ə)tis| *adj.f.* (*techn.*) *terres jectisses* terre smosse, di riporto; *pierres jectisses* pietre che si possono sistemare a mano (in una costruzione).

jeep |(d)ʒip| *s.f.* (*angl.*) jeep *inv.* # *une grosse jeep* un gippone.

jéjuno-iléon |ʒeʒynɔileɔ̃| *s.m.* (*anat.*) digiunoileo.

jéjunum |ʒeʒynɔm| *s.m.* (*anat.*) digiuno.

je-m'en-fichisme |ʒmɑ̃fiʃism(ə)|, **je-m'en-foutisme** |ʒmɑ̃futism(ə)| *s.m.* (*fam.*) [*attitude d'indifférence envers ce qui devrait intéresser ou préoccuper*] menefreghismo → **insouciance.**

je-m'en-fichiste |ʒmɑ̃fiʃist(ə)|, **je-m'en-foutiste** |ʒmɑ̃futist(ə)| *adj. et s.* (*fam.*) [*qui fait preuve de je-m'en-fichisme*] menefreghista → **insouciant.**

je(-)ne(-)sais(-)quoi |ʒənsɛkwa| *s.m.inv.* [*chose qu'on ne peut définir ni exprimer*] un (certo) non so che (*loc.*): *un je ne sais quoi de déplaisant* un (certo) non so che di spiacevole.

jérémiade |ʒeʀemjad| *s.f.* (*fam.*) geremiade → **lamentation.**

jerrycan, jerrican(e) |(d)ʒeʀikan| *s.m.* [*bidon d'environ 20 litres*] tanica* *f.* (da 20 litri).

jersey |ʒɛʀzɛ| *s.m.* jersey (*inv.*): *jersey de laine, de soie* jersey di lana, di seta; *point de jersey* punto jersey, maglia *f.* rasata.

jersiais, aise |ʒɛʀzjɛ, ɛz| *adj.* dell'isola di Jersey *loc. inv.* ◇ (*bovins*) *race jersiaise* razza Jersey; *vaches jersiaises* mucche di razza Jersey.

jésuite |ʒezɥit| *s.m.* **1** (*relig.*) gesuita: *collège de jésuites* collegio di gesuiti ♦ (*adj.*) gesuitico*: *style jésuite* stile gesuitico **2** (*péj.*) [*personne qui recourt à des astuces hypocrites*] gesuita: *quel jésuite!* che gesuita! ♦ (*adj.*) gesuitico: *un air jésuite* un'aria gesuitica, da gesuita → **hypocrite.**

jésuitique |ʒezɥitik| *adj.* **1** (*péj.*) gesuitico*: *morale jésuitique* morale gesuitica **2** (*par ext.*) [*digne d'un jésuite* (2)] gesuitico: *procédé jésuitique* comportamento gesuitico → **hypocrite.**

jésuitiquement |ʒezɥitikmɑ̃| *adv.* [→ JÉSUITIQUE 2] gesuiticamente.

jésuitisme |ʒezɥitism(ə)| *s.m.* (*péj.*) gesuitismo → **hypocrisie.**

jésus |ʒezy| *s.m.* **1** carta *f.* formato 56x76; *petit jésus* carta formato 56x72 **2** [*image, statuette de Jésus enfant*] Gesù Bambino ◇ (*par ext.*) [*enfant mignon, aimable*] tesorino, coccolino.

1 **jet** |ʒɛ| *s.m.* **I** **1** [→ JETER A I 1] getto, lancio*: *armes de jet* armi da getto, da lancio ◇ (*mar.*) *jet à la mer* getto (del carico) in mare **2** [*distance parcourue par une chose jetée*] tiro, lancio: *un jet de 70 mètres au javelot* nel giavellotto, un lancio di 70 metri **3** (*techn.*) *fondre, couler une statue d'un seul jet* fondere una statua con una sola colata **4** (*fig.*) *d'un* (*seul*) *jet* [*d'un coup*] di getto: *poème écrit d'un seul jet* poesia scritta di getto ◇ (*spécialt.*) *premier jet* [*première expression de l'œuvre d'un créateur*] primo getto, schizzo → **ébauche, esquisse** **II** **1** [*mouvement par lequel une chose jaillit*] getto: *jet de vapeur* getto di vapore; *jet d'une pompe* getto di una pompa; *douche en jet* doccia a getto → **jaillissement** # *jet de salive* sputo ◇ *loc. fam.* À JET CONTINU a getto continuo, a tutto spiano: *débiter des mensonges à jet continu* raccontare bugie a getto continuo, a tutto spiano **2** JET D'EAU getto d'acqua, zampillo ◇ (*par ext.*) [*ajutage à l'extrémité d'un tuyau d'où part le jet d'eau*] lancia* *f.* ◇ [*dispositif permettant l'écoulement de l'eau, au bas d'une fenêtre, d'une porte*] gocciolatoio* **3** *jet de lumière* fascio* di luce → **faisceau** **III** (*bot.*) getto, germoglio* → 2 **rejet,**

rejeton ◇ [*rameau, tige*] stelo, ramoscello.
2 **jet** |dʒɛt| *s.m.* (*angl.*) jet *inv.*, aereo a reazione.
jetage |ʒ(ə)taʒ| *s.m.* (*anat.*, *vétér.*) scolo nasale.
jeté |ʒ(ə)te| *s.m.* **1** (*danse*) 'jeté' *inv.* ◇ (*poids et haltères*) slancio*: *épaulé et jeté* distensione e slancio **2** [*fil jeté sur l'aiguille entre deux mailles*] gettato ◇ [*bande d'étoffe que l'on étend sur un meuble en guise d'ornement*] striscia* *f.* ornamentale di stoffa.
jetée |ʒ(ə)te| *s.f.* [*construction formant une chaussée qui s'avance dans l'eau*] gettata ◇ (*par ext.*) molo (*m.*): *se promener, pêcher sur la jetée* passeggiare, pescare sul molo ◇ *jetée flottante* [*sorte de pont flottant permettant la circulation de matériel roulant*] ponte *m.* su galleggianti.
jeter |ʒ(ə)te| (5) **A** *v.tr.* **I** **1** [*lancer, envoyer à quelque distance de soi*] gettare, lanciare: *jeter une pierre* gettare, tirare un sasso; *jeter une balle* lanciare, tirare una palla; *jeter qqch. à qqn.* gettare, tirare q.c. a qc.; *jeter sa casquette en l'air* gettare, lanciare in aria il berretto ◇ (*loc.*) *jeter qqch. à la tête de qqn.* gettare, tirare q.c. in testa a qc. → 2 **flanquer** ◇ (*loc. fig.*) *jeter son bonnet par-dessus les moulins* [*braver la bienséance, en parlant d'une jeune fille*] infischiarsene dell'opinione altrui ~ *jeter de l'huile sur le feu* gettare olio sulle fiamme, aggiungere legna al fuoco ~ JETER À LA TÊTE [*étaler devant qqn.*] gettare, sbattere q.c. in faccia, rinfacciare q.c.: *il nous jette à la tête ses belles relations* ci sbatte in faccia le sue brave relazioni; *on lui jette toujours son passé à la tête* gli rinfacciano sempre il suo passato ~ *jeter la première pierre à qqn.* scagliare la prima pietra ~ *jeter de la poudre aux yeux de qqn.* gettare fumo negli occhi a qc. **2** [*laisser, faire tomber* (*qqch.*)] gettare, lanciare: *jeter des projectiles du haut du toit, par la fenêtre* lanciare proiettili dall'alto del tetto, dalla finestra; *jeter l'ancre* gettare, affondare l'ancora; *jeter la sonde* lanciare la sonda → **balancer** ◇ (*fig.*) *jeter l'argent par les fenêtres* buttare il denaro dalla finestra **3** [*disposer, établir dans l'espace, d'un point à un autre*] gettare: *jeter une passerelle, un pont sur un fleuve, un fossé* gettare una passerella, un ponte su un fiume, su un fossato → **construire** ◇ (*fig.*) *jeter les bases de* gettare, porre le basi di; *jeter les fondations de* gettare le fondamenta, porre i princìpi di **4** [*envoyer en direction de qqn. pour donner*] gettare, buttare: *jeter un os à un chien* gettare, buttare un osso ad un cane; *jeter son gant, le gant* gettare il guanto; *jeter un sort* [*envoyer, diriger le mauvais sort* (*sur qqn.*)] gettare il malocchio (su qc.), dare il malocchio (a qc.) **5** [*abandonner, rejeter comme encombrant ou inutile*] gettar (via), buttare (via): *jeter de vieux papiers* gettare, buttar (via) vecchie carte; *jeter des vêtements usagés* buttar (via) (dei) vestiti usati; *jetez cela à la poubelle* buttatelo nella pattumiera; *jeter au feu* gettare nel fuoco → **débarrasser (se), défaire (se), mettre** ◇ (*loc. fig.*) *jeter le froc aux orties* gettare la tonaca alle ortiche ~ *jeter aux quatre vents* buttare al vento ~ *jeter le manche après la cognée* [*se décourager par lassitude, dégoût*] abbandonare l'impresa, perdersi d'animo ~ *jeter le masque* gettare la maschera ~ *jeter du lest* gettare, scaricare zavorra **6** [*mettre, poser promptement et sans ordre, sans soin*] gettare, buttare: *jeter les dés* gettare, lanciare i dati; *jeter un châle sur ses épaules* gettarsi, buttarsi uno scialle sulle spalle # *jeter des lettres à la boîte, à la poste* imbucare, impostare delle lettere ◇ (*loc. fig.*) *jeter un voile sur* stendere un velo su ~ *jeter une idée sur le papier* [*écrire, noter rapidement*] buttar giù un'idea ~ (*pop.*) *s'en jeter un derrière la cravate* [*boire qqch.*] buttarne giù uno, buttar giù un bicchiere **7** [*répandre*] gettare qua e là, spargere (114): *jeter de la lumière, de l'ombre sur qqch.* gettare, spargere luce, ombra su q.c. **8** (*techn.*) *jeter le métal dans le moule* [*le faire couler*] fondere (146), colare il metallo nello stampo; *jeter une figure en moule* [*couler la statue*] fondere una statua **II** **1** [*diriger* (*une partie du corps*)] gettare, buttare: *jeter sa tête en avant* gettare avanti la testa; *elle lui jeta ses bras autour du cou* gli gettò, buttò le braccia al collo; *jeter l'œil, un coup d'œil, le regard sur qqch.* gettare uno sguardo su q.c., dare un'occhiata a q.c. → **regarder** **2** [*faire sortir de soi*] gettare, emettere (155): *diamants qui jettent mille feux* diamanti che emettono mille riflessi → **émettre, répandre** # *jeter une lueur, un vif éclat* emanare un chiarore, un vivo splendore; *jeter des larmes* versare lacrime; *jeter son venin* sputare veleno; *jeter des étincelles* scintillare, sfavillare ◇ (*fig.*) *jeter sa gourme* (*se dit des jeunes gens qui font leurs premières folies*) fare le prime scappatelle **3** [*émettre* (*un son, des paroles*) *avec une certaine force, une certaine brusquerie*] lanciare: *jeter des cris* lanciare, emettere (delle) grida; *jeter des menaces, des insultes* lanciare, proferire minacce, insulti → **proférer** ◇ (*fig.*) *jeter l'effroi* suscitare, incutere (il) terrore; *tout cela a jeté un froid* tutto ciò ha raggelato l'atmosfera; *le sort en est jeté* [*tout est décidé*] il dado è tratto, il gioco è fatto → **semer** **III** **1** [*pousser, diriger* (*qqn.*, *qqch.*) *avec force*] sbattere, buttare: *jeter qqn. dehors* sbattere qc. fuori (della porta); *jeter en prison* sbattere in prigione; *navire que le vent jette à la côte* nave che il vento sbatte contro la costa; *être jeté sur le pavé* essere buttato sul lastrico ◇ (*fig.*) *jeter qqn. hors de lui, hors de ses gonds* fare uscire qc. dai gangheri **2** *loc.* JETER BAS, À BAS, À TERRE [*faire tomber brutalement*] gettare giù, buttare giù: *jeter bas une maison* gettare giù una casa → **abattre, renverser, terrasser** # *jeter bas un arbre* abbattere un albero **B** *v.pron.réfl.* SE JETER **1** [*sauter, se laisser choir*] gettarsi, buttarsi: *se jeter à l'eau* gettarsi, buttarsi in acqua; *se jeter par la fenêtre* gettarsi dalla finestra → **plonger** **2** [*aller d'un mouvement précipité*] gettarsi: *se jeter contre un mur* gettarsi contro un muro → 2 **élancer (s'), précipiter (se)** ◇ (*fig.*) *se jeter aux pieds, aux genoux de qqn.* gettarsi ai piedi di qc.; *se jeter au cou de qqn.* gettare *tr.*, buttare *tr.* le braccia al collo di qc. # *se jeter sur qqn. pour l'attaquer* avventarsi su qc. per aggredirlo → **sauter,** 1 **tomber** **3** (*fig.*) [*s'engager avec fougue, sans mesurer les risques*] gettarsi, buttarsi: *se jeter à corps perdu dans une entreprise* gettarsi, buttarsi a capofitto in un'impresa; *se jeter dans l'action* gettarsi nella mischia # *se jeter dans un parti* darsi a, entrare in un partito; *se jeter au travers d'un projet* impegnarsi a fondo in un progetto **4** (*cours d'eau*) [*déverser ses eaux*] gettarsi, sfociare (*intr.*): *les rivières qui se jettent dans la Seine* gli affluenti che si gettano, che sfociano nella Senna → **affluer,** 2 **déboucher.**
jeteur, euse |ʒ(ə)tœʀ, øz| (*s.*) *jeteur de sort* [*sorcier qui jette un sort*] iettatore*.
jeton |ʒ(ə)tɔ̃| *s.m.* **1** [*pièce plate représentant une certaine valeur ou un numéro d'ordre*] gettone: *jeton de téléphone* gettone telefonico, del telefono; *jetons numérotés* gettoni numerati; *jetons servant de mise à la roulette* gettoni che servono per puntare alla 'roulette' # *jeton de contrôle* contrassegno **2** *jeton* (*de présence*) gettone di presenza **3** (*fam.*) *faux comme un jeton* [*dissimulé, hypocrite*] falso come Giuda ◇ (*loc.*) *c'est un faux jeton* [*un hypocrite*] è un ipocrita **4** (*pop.*) [*coup*] botta *f.* **5** (*pop.*) *avoir les jetons* [*avoir peur*] avere fifa.
jet-stream |dʒɛtstʀim| *s.m.* (*angl.*) (*sc.*) corrente *f.* a getto.
jettatore |dʒɛt(t)atɔʀe| *s.m.* → **jeteur.**
jettatura |dʒɛt(t)atuʀa| *s.f.* (*en Italie du Sud*) iettatura, malocchio* *m.*
1 **jeu** |ʒø| *s.m.* **I** **1** [*activité physique ou mentale purement gratuite*] gi(u)oco*: *jeux éducatifs* giochi educativi; *jeu de main(s)* gioco di mano; *enfant qui ne pense qu'au jeu, n'a que le jeu en tête* bambino che pensa solo al gioco; *c'est un jeu* è un gioco; *prendre part à un jeu* partecipare, prendere parte a un gioco; *s'adonner à son jeu favori* dedicarsi al (proprio) gioco preferito → **passe-temps, amusement, divertissement, récréation** ◇ *loc.adv.* PAR JEU per gioco: *faire qqch. par jeu* fare q.c. per gioco → **plaisir (par)** ◇ (*prov.*) *jeu(x) de main, jeu(x) de vilain* gioco di mano, gioco di villano **2** [*activité qui présente un ou plusieurs caractères du jeu* (*gratuité, futilité, bénignité, facilité*)] gioco: *les jeux de l'esprit* i giochi di fantasia; *les jeux du destin, de la fortune* i giochi del destino, della sorte # *un simple jeu d'esprit* un semplice scherzo → **badinage** ◇ (*loc.*) *jeu de mots* gioco di parole ~ *jeu d'écritures* gioco contabile ~ (*c'est*) *un jeu d'enfant* (è) un gioco da ragazzi → **bagatelle, plaisanterie** ~ *se faire un jeu des difficultés* [*en triompher aisément*] farsi gioco delle difficoltà **II** **1** [*cette activité organisée par un système de règles*] gioco: *jeux de plein air* giochi all'aperto; *jeu d'adresse* gioco di abilità; *jeux sportifs* giochi sportivi, sport; *jeux télévisés* giochi, quiz televisivi; *les jeux gymniques* i giochi, gli spettacoli ginnici; *jeux intellectuels* giochi d'intelligenza; *jeux de société* giochi di società; *jeu du corbillon* giochi delle rime; *jeu de pigeon-vole* gioco dell'asino vola; *jeu des métiers* gioco dei mestieri; *jeu des portraits* gioco dei ritratti; *jeux de cartes* giochi delle carte; *jeu de dames, d'échecs* (gioco della) dama, (giochi degli) scacchi; *jeux de*

hasard giochi d'azzardo; *jeu de l'oie* gioco dell'oca; *jeu de dés* gioco con i dadi; *maison de jeux* casa da gioco; *table de jeu* tavolo da gioco; *jeu d'argent* gioco a puntata, con scommessa → **casino**; *elle est très forte à ce jeu* è molto forte, brava in questo gioco; *c'est le jeu* fa parte del gioco; *ce n'est pas de jeu* non fa parte del gioco; *jouer le jeu* stare al gioco # *du pain et des jeux* panem et circenses ◇ (*spécialt.*) *les Jeux Olympiques* i Giochi Olimpici, le Olimpiadi *f.* **2** [*partie qui se joue*] gioco ◇ (*sport*) *jouer hors jeu* essere fuori gioco ◇ (*loc.*) *suivre le jeu* seguire il gioco ~ *être au jeu* essere in gioco ~ ENTRER EN JEU entrare in gioco: *facteurs qui entrent en jeu dans une affaire* fattori che entrano in gioco, che intervengono in una questione ~ *entrer dans le jeu* [*y participer*] entrare nel gioco, partecipare al gioco ~ ÊTRE EN JEU essere in gioco: *votre vie est en jeu* è in gioco la vostra vita ~ *mettre* (*de l'argent*) *en jeu* mettere (del denaro) in gioco ~ *mettre en jeu toutes ses ressources* rischiare tutte le proprie risorse ~ *mettre en jeu la vie de qqn.* mettere a repentaglio la vita di qc. ~ *d'entrée de jeu* [*dès le début*] sin dall'inizio, sin dal primo momento ~ *se prendre, se piquer au jeu* [*se laisser passionner; s'obstiner*] ostinarsi nel gioco ◇ (*prov.*) *le jeu ne vaut pas la chandelle* il gioco non vale la candela, è più la spesa che l'impresa **3** *absolt.* LE JEU [*les jeux d'argent*] il gioco: *aimer le jeu* amare il gioco; *se ruiner au jeu* rovinarsi al gioco ◇ *jouer petit jeu* puntare poco ~ *jouer gros jeu*: (*pr.*) puntare forte; (*fig.*) rischiare grosso ~ *faites vos jeux* fate il vostro gioco ~ *les jeux sont faits, rien ne va plus*: (*pr*). il gioco è fatto, le puntate sono chiuse; (*fig.*) *les jeux sont faits* il dado è tratto, il gioco è fatto ◇ (*prov.*) *heureux au jeu, malheureux en amour* fortunato al gioco, sfortunato in amore **4** (*paume, tennis*) gioco, game (*inv.*): *une manche en six jeux* una partita in sei giochi, game **III** [*ce qui sert à jouer*] **1** [*instruments du jeu*] gioco: *jeux de quilles, de boules* giochi di birilli, di bocce; *un jeu d'échecs* un gioco di scacchi; *un jeu de dames* un gioco di dama, una dama # *jeu de 32, de 52 cartes* mazzo di 32, di 52 carte ◇ [*lieu du jeu, dans certaines jeux*] campo: *le jeu de boules* il campo di bocce **2** [*assemblage de cartes plus ou moins favorables qu'un joueur a en main*] gioco ◇ (*loc.*) *avoir un beau jeu*: (*pr.*) avere un buon gioco, buone carte; (*fig.*) *avoir beau jeu* aver buon gioco ~ *il a un jeu superbe* ha un ottimo gioco (in mano) ~ *son jeu est superbe* ha carte magnifiche ~ *cacher son jeu* nascondere le proprie carte ◇ (*cartomancie*) LE GRAND JEU [*le jeu complet des tarots*] il gioco dei tarocchi: *faire le grand jeu* fare una partita ai tarocchi **3** [*série complète d'objets de même nature et d'emploi analogue*] serie *f.*, assortimento: *un jeu d'aiguilles, de clefs* una serie di aghi, di chiavi; *un jeu de cravates* un assortimento di cravatte ◇ (*imprim.*) *jeu d'épreuves* gioco di bozze di stampa ◇ (*mar.*) *jeu d'aviron, de voiles* gioco di remi, di vele ◇ (*mus.*) *jeu d'orgue(s)* registro d'organo **IV** **1** [*la manière dont on joue*] gioco: *un jeu habile, prudent* un gioco abile, prudente ◇ (*loc. fig.*) *jouer un jeu dangereux, serré* giocare un gioco pericoloso, serrato ~ *jouer franc jeu* giocare a carte scoperte, mettere le carte in tavola ~ *jouer double jeu* fare il doppio gioco ~ *cessez ce jeu!* non scherzate col fuoco! ~ *faire le jeu de qqn.* fare il gioco di qc. ~ *percer le jeu de qqn.* [*deviner ses intentions*] scoprire, capire il gioco di qc. ~ *bien jouer son jeu* [*conduire habilement son entreprise*] sapere il fatto proprio **2** [*façon de jouer d'un instrument, d'une arme*] *le jeu d'un violoniste* la tecnica* *f.* di un violinista; *un jeu brillant, nuancé* un'esecuzione *f.*, un'interpretazione *f.* brillante, ricca di sfumature; *le jeu d'une épée* il maneggio* di una spada **3** [*manière de jouer un rôle*] recitazione *f.*, interpretazione: *le jeu d'un acteur* la recitazione, l'interpretazione di un attore # *jeu de scène* effetto scenico ◇ (*fig., fam.*) *être vieux jeu* [*ne pas être en accord avec le goût du jour*] essere fuori moda, superato ✦ (*adj. inv.*) *elle est, elles sont vieux jeu* è, sono all'antica; *c'est vieux jeu* è superato, non si usa più ◇ [*rôle, comédie qu'on joue*] *être pris à son propre jeu* immedesimarsi nel proprio ruolo; *jouer le grand jeu*: (*pr.*) recitare la scena madre; (*fig.*) giocare tutte le proprie carte **4** JEU DE... gioco di: *jeu de lumière* gioco di luci; *jeu d'eau* gioco d'acqua; *boxeur qui a un bon jeu de jambes* pugile che ha un buon gioco di gambe # *jeu de physionomie* mimica; *le jeu de mains d'un pianiste* il tocco di un pianista.

2 **jeu** |ʒø| *s.m.* **1** [*mouvement aisé, régulier d'un objet, d'un organe, d'un mécanisme*] gioco*: *jeu d'un ressort, d'un verrou* gioco di una molla, di un chiavistello; *le libre jeu des articulations* il libero gioco delle articolazioni → **fonctionnement** **2** (*fig.*) [*action*] gioco: *le jeu d'alliances secrètes* il gioco di segrete alleanze; *par le jeu de causes diverses* per il gioco, per effetto di cause diverse **3** (*techn.*) [*espace ménagé pour la course d'un organe, le mouvement aisé d'un objet*] gioco: *jeu du cylindre* gioco del cilindro; *donner du jeu à une fenêtre, un tiroir* dare un po' di gioco a una finestra, a un cassetto ◇ (*fig.*) *laisser un peu plus de jeu aux transactions* lasciare maggiore margine, spazio alle trattative → **marge** ◇ [*défaut de serrage, d'articulation entre deux pièces d'un mécanisme*] *cette pièce a du jeu* questo pezzo ha troppo gioco.

jeudi |ʒødi| *s.m.* [*cinquième jour de la semaine*] giovedì (*inv.*): *jeudi prochain, jeudi soir* giovedì prossimo, giovedì sera; *le jeudi saint* il giovedì santo ◇ (*fig., fam.*) *il vous remboursera la semaine des quatre jeudis* [*jamais*] i soldi ve li darà il giorno di san mai.

jeun (à) |aʒœ̃| *loc.adv.* [*sans avoir rien mangé*] a digiuno, a stomaco vuoto: *ils sont à jeun* sono a digiuno, a stomaco vuoto; *remède qu'il faut prendre à jeun* medicina che bisogna prendere a digiuno, a stomaco vuoto.

jeune |ʒœn| **I** *adj.* **1** (*personnes*) giovane: *le plus jeune des deux* il più giovane fra i due; *population jeune* popolazione giovane; *jeune femme* giovane donna; *il est jeune, tout jeune* è giovane, giovanissimo; *il est encore bien jeune* è ancora molto giovane; *elle fait jeune, plus jeune que son âge* sembra giovane, più giovane della sua età # *le plus jeune et l'aîné* il minore e il maggiore; *la jeune génération* la nuova generazione; *jeune enfant* bimbo, bambino; *jeune fille* ragazza, fanciulla; *jeune homme* giovane, giovanetto; *jeunes gens* giovani, gioventù → 2 **fille** ◇ (*théât.*) *jeune premier* [*comédien qui joue les premiers rôles d'amoureux*] primo amoroso *s.m.*, attor *s.m.* giovane **2** (*animaux, plantes*) giovane: *jeune chat* gatto giovane; *jeune chien* cane giovane; *chaussée plantée de jeunes peupliers* strada fiancheggiata da giovani pioppi **3** (*choses*) [*nouveau, récent*] giovane: *un pays jeune* un paese giovane; *une industrie jeune* un'industria giovane; *cette eau-de-vie est trop jeune* quest'acquavite è troppo giovane **4** (*avec un nom désignant une période*) [*qui appartient aux personnes peu avancées en âge*] giovane: *dans mon jeune temps* quando ero giovane, durante la mia giovinezza → **jeunesse** ◇ (*poét.*) *nos jeunes années* i nostri verdi anni **5** (*après le nom*) [*qui présente les caractères de la jeunesse*] giovanile, giovane: *corps, visage, sourire jeune* corpo, viso, sorriso giovanile, giovane; *avoir le cœur* (*toujours*) *jeune* avere un cuore (sempre) giovane → **juvénile** **6** [*qui convient, sied à la jeunesse*] giovanile: *le bleu, le blanc couleurs jeunes* il blu, il bianco colori giovanili; *une coiffure jeune* una pettinatura giovanile ✦ (*adv.*) *s'habiller jeune* vestirsi (in modo) giovane **7** [*qui est nouveau* (*dans un état, une occupation*)] giovane: *des jeunes mariés* dei giovani sposi, degli sposini ◇ (*fam.*) *être jeune dans le métier* [*l'exercer depuis peu de temps*] essere nuovo del mestiere, essere alle prime armi → **inexpérimenté, novice** ◇ (*fam.*) [*qui est juste, court, insuffisant*] poco*, insufficiente: *cent francs! c'est un peu jeune* cento franchi! sono pochi, sono un po' pochini **II** *s.* **1** [*personne jeune*] giovane: *les jeunes* i giovani; *place aux jeunes!* largo ai giovani!; *nous serons entre jeunes* saremo tra giovani, tra di noi giovani → **jeunesse** **2** (*rare*) [*petit d'animal*] cucciolo (*cour.*): *chatte qui va avoir des jeunes* gatta che sta per avere i cuccioli → **petit** Ⓒ I 1 **vieux,** 3 **ancien, vieux.**

jeûne |ʒøn| *s.m.* [*privation volontaire ou forcée de toute nourriture*] digiuno: *jeûne prescrit à titre médical* digiuno ordinato dal medico; *ils étaient exténués de jeûnes et de veilles* erano sfiniti per i digiuni e le veglie → **abstinence** ◇ (*relig.*) *observer, rompre le jeûne* osservare, rompere il digiuno; *le jeûne du carême* il digiuno, l'astinenza della quaresima.

jeûner |ʒøne| *v.intr.* **1** [*se priver volontairement de nourriture*] digiunare: *jeûner jusqu'au soir* digiunare fino a sera # *faire jeûner un malade* [*le priver de nourriture*] tenere un malato a digiuno ◇ [*ne pas manger à sa faim*] *mère qui laisse jeûner ses enfants* madre che fa digiunare i propri figli **2** [*observer un jeûne rituel*] digiunare, osservare il digiuno: *chrétiens qui jeûnent pendant tout le carême* cristiani che digiunano, osservano il digiuno per tutta la quaresima.

jeunesse |ʒœnɛs| *s.f.* **I** **1** (*personnes*) giovinezza, gioventù (*inv.*): *pre-*

mière, prime jeunesse prima giovinezza; *seconde jeunesse* seconda giovinezza; *péché, erreur de jeunesse* peccato, errore di gioventù; *n'être plus de la première jeunesse* non essere più un ragazzino, non essere più di primo pelo ◇ (*prov.*) *il faut que jeunesse se passe* [*il faut être indulgent aux écarts des jeunes gens*] la gioventù vuole il suo sfogo ◇ (*choses*) (*littér.*) *la jeunesse du monde* la giovinezza del mondo **2** [*le fait d'être jeune, état d'une personne jeune*] giovinezza: *la fraîcheur, l'éclat de la jeunesse* la freschezza, lo splendore della giovinezza ◇ (*choses*) *la jeunesse d'un arbre* la giovinezza di un albero ◇ [*ensemble de caractères propres surtout à la jeunesse*] giovanile (*adj.*): *air de jeunesse* aria, aspetto giovanile; *jeunesse de corps, de visage* corpo, viso giovanile; *il a encore beaucoup de jeunesse pour son âge* è molto giovanile per la sua età **II 1** [*les personnes jeunes*] gioventù, giovani (*m.pl.*): *la jeunesse d'un pays, d'une époque* la gioventù, i giovani di un paese, di un'epoca; *jeunesse dorée* gioventù dorata; *jeunesse étudiante, ouvrière* gioventù studentesca, operaia; *c'est un mauvais exemple pour la jeunesse* è un cattivo esempio per la gioventù, per i giovani; *auberge de la jeunesse* (*A.J.*) ostello della gioventù # *chantier de jeunesse* campo di lavoro; *jeunesse délinquante* delinquenza giovanile ◇ (*prov.*) *les voyages forment la jeunesse* i viaggi formano la gioventù ~ *si jeunesse savait, si vieillesse pouvait* se la gioventù sapesse e la vecchiaia potesse **2** (*fam., région.*) [*fille, femme très jeune*] ragazza (*cour.*), ragazzina (*cour.*): *vieillard qui épouse une jeunesse* vecchio che sposa una ragazzina **3** *au plur.* [*groupes organisés de jeunes gens*] gioventù (*sing.*): *les jeunesses hitlériennes* la gioventù hitleriana; *les jeunesses musicales* la gioventù musicale.

jeunet, ette |ʒœnɛ, ɛt| *adj.* (*fam.*) [*bien jeune*] giovanissimo # *il est un peu jeunet* è un po' troppo giovane.

jeûneur, euse |ʒønœʀ, øz| *s.* [*personne qui jeûne*] digiunatore*.

jeunot |ʒœno| *s.m.* (*fam.*) [*jeune homme*] ragazzotto.

jigger |dʒigœ(ɛ)ʀ| *s.m.* (*angl.*) (*électr.*) jigger *inv.* → **variomètre.**

jiu-jitsu |ʒyʒitsy| *s.m.* (*jap.*) jujitsu *inv.*

joaillerie |ʒɔɑjʀi| *s.f.* **1** gioielleria: *une grande joaillerie parisienne* una grande gioielleria parigina **2** [*art de monter les pierres précieuses pour en faire des joyaux*] gioielleria ◇ [*métier, commerce de joaillier*] *joaillerie-orfèvrerie* gioielleria-oreficeria # *travailler dans la joaillerie* fare il gioielliere.

joaillier, ière |ʒɔɑje, jɛʀ| *s.* gioielliere: *joaillier-orfèvre* gioielliere-orafo # *magasin de joaillier* gioielleria.

1 **job** |ʒɔb| *s.m.* (*fam.*) *monter le job à qqn.* [*lui monter la tête*] montare la testa (*cour.*) a qc.; *se monter le job* montarsi la testa.

2 **job** |dʒɔb| *s.m.* (*angl.*) (*fam.*) [*travail rémunéré, qu'on ne considère ni comme un métier, ni comme une situation*] lavoretto: *étudiant qui cherche un job* studente che cerca un lavoretto.

jobard, arde |ʒɔbaʀ, aʀd(ə)| *adj.* [*crédule jusqu'à la bêtise*] grullo → **naïf, niais** # *une crédulité jobarde* una credulità sciocca ♦ (*s.*) *un jobard* un grullo.

jobarder |ʒɔbaʀde| *v.tr.* (*rare*) [*duper, tromper*] infinocchiare (*fam.*), raggirare (*cour.*).

jobarderie |ʒɔbaʀd(ə)ʀi|, **jobardise** |ʒɔbaʀdiz| *s.f.* [*crédulité, niaiserie*] grullaggine, balordaggine.

jocasse |ʒɔkas| *s.f.* → **litorne.**

jociste |ʒɔsist(ə)| *adj. et s.* [(*membre*) *de la Jeunesse Ouvrière Chrétienne, J.O.C.*] ⊠.

jockey |ʒɔkɛ| *s.m.* (*angl.*) (*équit.*) fantino, jockey (*inv.*): *casquette de jockey* berretto da fantino → 1 **cavalier** ◇ (*loc. fam.*) *régime jockey* dieta dimagrante.

jodhpurs |ʒɔdpyʀ| *s.m.pl.* pantaloni da cavallerizzo.

jodler |ʒɔdle|, **iodler** |jɔdle| *v.intr.* [*chanter à la manière des Tyroliens*] cantare alla tirolese.

johannique |ʒɔanik| *adj.* [*relatif à l'apôtre Jean*] di San Giovanni *loc. inv.*, giovanneo.

joie |ʒwa| *s.f.* **1** [*émotion agréable et profonde, sentiment exaltant*] gioia: *joie infinie, immense* gioia infinita, immensa; *cris, chant de joie* grida, canto di gioia; *la joie de vivre* la gioia di vivere; *éprouver de la joie* provare gioia; *être transporté de joie* provare un trasporto di gioia; *être au comble de la joie* essere al colmo della gioia; *être fou, ivre de joie* essere pazzo, ebbro di gioia; *épancher sa joie* manifestare la propria gioia; *bondir, sauter de joie* fare salti di gioia, saltare dalla gioia; *se pâmer de joie, pleurer de joie* svenire dalla gioia, spiangere dalla gioia; *accepter avec joie* accettare con gioia # *feu de joie* falò ◇ *loc.* À CŒUR JOIE: *s'en donner à cœur joie* darsi alla pazza gioia; *chanter à cœur joie* cantare a voce spiegata; *s'amuser à cœur joie* divertirsi un mondo ~ *mettre en joie* rallegrare, rendere allegro ~ *être en joie* essere allegro **2** [*cette émotion liée à une cause particulière*] gioia: *petites, menues joies* piccole gioie; *c'est une joie de vous revoir* è una gioia rivedervi ◇ (*au plur.*) *les joies de la vie* le gioie della vita → 2 **agrément, douceur,** 1 **plaisir** ◇ *loc.* SE FAIRE UNE JOIE DE essere contento di: *il s'était fait une joie de nous accompagner* era stato contento di accompagnarci, era stato un piacere per lui accompagnarci ◇ (*relig.*) *les joies du monde, de la terre* le gioie del mondo, terrene **3** *au plur.* (*iron.*) [*ennuis, désagréments*] gioie: *les joies du mariage* le gioie del matrimonio **4** *fille de joie* [*femme qui mène une vie de débauche*] donna di piacere, donnina allegra Ⓒ 1 **chagrin** 2, **douleur, peine.**

joindre |ʒwɛ̃dʀ(ə)| (61) **A** *v.tr.* **1** [*mettre* (*des choses*) *ensemble, de façon qu'elles se touchent, ou tiennent ensemble*] unire (197): *joindre bout à bout qqch.* unire le estremità di q.c. # *joindre les mains* giungere le mani ◇ (*fig.*) *joindre les deux bouts* [*équilibrer son budget*] sbarcare il lunario **2** (*choses*) [*mettre en communication*] unire: *isthme qui joint deux continents* istmo che unisce due continenti → 2 **relier, réunir** **3** [*mettre ensemble*] unire: *il nous faut joindre nos efforts* dobbiamo unire i nostri sforzi → **unir, rassembler, réunir** **4** *loc.* JOINDRE À [*mettre avec*] aggiungere (150) a, unire a: *joignez cette pièce au dossier* aggiungete, unite questo documento alla pratica; *joignez à cela que* a questo aggiungete, si aggiunga che; *joindre l'utile à l'agréable* unire l'utile al dilettevole → **ajouter** # *de grands avantages sont joints à ce poste* questo posto comporta molti vantaggi **5** [*unir* (*des personnes*) *par un lien moral*] unire: *joindre par le lien du mariage* unire col vincolo del matrimonio; *joindre les cœurs, les âmes* unire i cuori, le anime **6** [*atteindre, rejoindre* (*qqn.*)] raggiungere (150): *je l'ai joint par téléphone* l'ho raggiunto per telefono; *régiment qui joint sa division* reggimento che raggiunge la sua divisione **B** *v.intr.* [*se toucher sans laisser d'interstice*] combaciare: *planches qui joignent bien* assi che combaciano perfettamente **C** *v.pron.réfl.* SE JOINDRE À [*se mettre, aller avec* (*qqn.*)] unirsi a: *pourquoi ne pas vous joindre à nous?* perché non vi unite a noi?; *se joindre à la foule* unirsi alla folla → **mêler (se), réunir (se), unir (s')** ◇ (*par ext.*) *mon mari se joint à moi pour vous envoyer tous nos vœux* mio marito si unisce a me nel porgervi i nostri migliori auguri; *se joindre à la conversation, à la discussion* unirsi alla conversazione, alla discussione; *se joindre à un parti* aderire a un partito → **adhérer** Ⓒ A 1 **disjoindre,** 3 **séparer.**

joint |ʒwɛ̃| *s.m.* **1** [*espace qui subsiste entre des éléments joints*] fessura (*f.*): *les joints d'une fenêtre* le fessure di una finestra ◇ (*géol.*) giunto di stratificazione **2** (*techn.*) giuntura *f.* **3** (*mécan.*) giunto: *joint de cardan, coulissant* giunto cardanico, scorrevole **4** [*garniture assurant l'étanchéité d'un assemblage*] guarnizione (*f.*): *joint de robinet* (*en caoutchouc*) guarnizione (di gomma) per rubinetto ◇ (*auto.*) *joint de culasse* guarnizione per testa cilindri **5** (*anat.*) giuntura, articolazione (*f.*): *le joint de l'épaule, du genou* la giuntura, l'articolazione della spalla, del ginocchio ◇ (*fig.*) *trouver le joint* [*le moyen pour résoudre une difficulté*] trovare il bandolo, la via d'uscita.

joint, jointe |ʒwɛ̃, ʒwɛ̃t| *adj.* **1** [*qui est joint*] (con)giunto, unito: *prier les mains jointes* pregare a mani (con)giunte; *sauter à pieds joints* saltare a piedi uniti **2** [*mis ensemble*] congiunto: *efforts joints* sforzi congiunti ◇ *loc.* JOINT À: *lettre jointe à un paquet* lettera unita, acclusa a un pacco; *clause jointe à un traité* clausola inserita in un trattato; *avantages joints à une situation* vantaggi connessi, inerenti a una situazione **3** CI-JOINT allegato, (qui) accluso: *les pièces ci-jointes* i documenti allegati, qui acclusi ♦ *adv.* (*veuillez trouver*) *ci-joint* (*la*) *copie...* (troverete) in allegato copia...

jointé, ée |ʒwɛ̃te| (*adj.*) *cheval court-jointé, long-jointé* cavallo corto giuntato, lungo giuntato.

jointif, ive |ʒwɛ̃tif, iv| *adj.* (*techn.*) unito, che combacia (*loc.*): *planches jointives* tavole che combaciano.

jointoiement |ʒwɛ̃twamɑ̃| *s.m.* (*techn.*) [→ JOINTOYER] *jointoiement au ciment* cemento lisciato; *jointoiement au plâtre* rasatura *f.* a gesso.

jointoyer |ʒwɛ̃twaje| (10) *v.tr.* (*techn.*) [*remplir les joints d'une maçonnerie avec du mortier liquide*] lisciare a cemento ◇ [*avec du plâtre*] rasare a gesso.

jointure |ʒwɛ̃tyʀ| *s.f.* **1** giuntura: *jointure des doigts* giuntura delle dita → **articulation** # *faire craquer ses jointures* far scrocchiare le nocche **2** [*endroit où deux parties se joignent*] giuntura ◇ [*façon dont elles sont jointes*] giunto (*m.*): *jointure étanche* giunto stagno.

joker |ʒɔkɛʀ| *s.m.* (*cartes*) matta *f.*, jolly *inv.*

joli, ie |ʒɔli| *adj.* (*avant le nom*) **1** (*personnes*) [*qui est très agréable à voir*] carino, bello: *c'est une fille très jolie* è una ragazza molto carina; *un joli garçon* un bel ragazzo → **gracieux, mignon** # *elle est jolie comme un cœur* è un amore ◇ (*choses*) *une jolie figure* un bel viso, un viso grazioso; *de jolis traits, de jolies jambes* (dei) bei lineamenti, (delle) belle gambe; *une jolie maison* una bella casa; *un joli coup d'œil* una bella vista; *un joli meuble* un bel mobile; *une jolie voix* una bella voce; *une jolie chanson* una bella canzone → **charmant, ravissant** ✦ (*s.m.*) *le joli et le beau* il grazioso e il bello **2** (*fam.*) [*digne de retenir l'attention; qui mérite d'être considéré*] bello, considerevole: *j'ai gagné une jolie somme* ho guadagnato una bella somma; *obtenir de jolis résultats* ottenere dei risultati considerevoli # *une jolie performance* una buona prestazione; *avoir une jolie situation* avere un buon posto; *c'est bien joli, mais...* [*ce n'est pas sans intérêt, mais malgré tout...*] va bene, ma...; è tutto molto bello, ma... → **intéressant** **3** [*amusant, plaisant*] bello: *le plus joli de l'histoire c'est que...* il (più) bello della storia è che... **4** (*par antiphrase*) *un joli monsieur* un bel tipo; *nous voilà dans un joli pétrin* eccoci in un bel pasticcio; *il m'a joué un joli tour* mi ha giocato un bel tiro ✦ (*impers.*) *c'est joli de dire du mal des absents!* bella roba, parlare male degli assenti! ✦ *s.m.* (*iron.*) *c'est du joli!* [*c'est mal*] bella roba! **5** *faire le joli cœur* [*le galant*] fare il galante Ⓒ 1 **laid.**

joliesse |ʒɔljɛs| *s.f.* (*littér.*) [*caractère de ce qui est joli, délicat*] graziosità *inv.*, grazia (*cour.*).

joliment |ʒɔlimɑ̃| *adv.* **1** [→ JOLI 1] in modo grazioso *loc.inv.*, con grazia (*loc.inv.*): *être joliment habillé* essere vestito in modo grazioso; *compliment joliment tourné* complimento fatto con grazia → 1 **bien** ◇ (*par antiphrase*) *te voilà joliment arrangé!* eccoti sistemato (proprio) per bene! **2** [*d'une façon considérable*] molto → **beaucoup, 1 bien** # *on est joliment bien ici* si sta proprio bene qui.

jonc |ʒɔ̃| *s.m.* **1** (*t.bot.*) giunco*: ~ *jonc des chaisiers* giunco da stuoie ~ *jonc fleuri* giunco fiorito ~ *jonc marin* ginestrone **2** [*la tige du jonc*] giunco: *corbeille, panier de jonc* cestino, paniere di giunco; *natte en jonc tressé* stuoia di giunco intrecciato **3** *un jonc* [*une canne, une badine*] una canna *f.* **4** [*bague, bracelet*] cerchio*, cerchietto: *porter au doigt un jonc d'or* portare al dito un cerchietto d'oro.

Joncacées |ʒɔ̃kase| *s.f.pl.* (*t.bot.*) Giuncacee.

joncer |ʒɔ̃se| (2) *v.tr.* (*techn.*) [*garnir de jonc*] ricoprire (186) con giunco.

1 **jonchée** |ʒɔ̃ʃe| *s.f.* [*amas de branchages, fleurs dont on a jonché le sol*] fiorita, infiorata.

2 **jonchée** |ʒɔ̃ʃe| *s.f.* [*petit fromage*] giuncata ◇ (*vx.*) [*petit panier de jonc à égoutter le lait caillé*] cestello *m.* di giunchi (per scolare la giuncata).

joncher |ʒɔ̃ʃe| *v.tr.* **1** [*parsemer de branchages, de feuillages, de fleurs*] cospargere (114) (di fiori, fronde), giuncare (*littér.*) **2** [*couvrir d'objets jetés ou répandus*] disseminare, coprire (186) ✦ (*au p.p.*) *champ de bataille jonché de cadavres* campo di battaglia disseminato di cadaveri; *sol jonché de débris* terreno coperto, cosparso di rottami.

jonchère |ʒɔ̃ʃɛʀ|, **jonchaie** |ʒɔ̃ʃɛ|, **joncheraie** |ʒɔ̃ʃʀɛ| *s.f.* [*lieu où poussent des joncs*] giuncheto *m.*, giuncaia.

jonchet |ʒɔ̃ʃɛ| *s.m.* (*jeu*) sciangai (*inv.*): *jouer aux jonchets* giocare a sciangai.

jonction |ʒɔ̃ksjɔ̃| *s.f.* **1** [→ JOINDRE A 1, 3] unione, congiungimento (*m.*): *point de jonction* punto di unione → **assemblage, réunion** ◇ (*dr.*) *jonction des causes* unione di cause **2** [*mise en contact de deux choses*] collegamento (*m.*): *jonction de deux cours d'eau* collegamento di due corsi d'acqua; *jonction de deux circuits électriques* collegamento di due circuiti elettrici → 1 **rencontre** # *à la jonction des deux routes* all'incrocio delle due strade; *voie de jonction* raccordo ferroviario **3** (*troupes, groupes*) [→ JOINDRE A 6] congiungimento: *la jonction de deux armées* il congiungimento di due eserciti.

jongler |ʒɔ̃gle| *v.intr.* **1** [*lancer en l'air des objets qu'on reçoit et relance alternativement*] fare (103) giochi di destrezza, giocolare: *jongler avec des boules, des cerceaux* fare giochi di destrezza con palle, cerchi **2** (*fig.*) *jongler avec qqch.* [*manier qqch. de façon adroite et désinvolte*] giocare con, destreggiarsi: *jongler avec les chiffres* giocare con i numeri; *il jongle avec les difficultés* si destreggia in mezzo alle difficoltà, le difficoltà sono uno scherzo per lui → **jouer.**

jonglerie |ʒɔ̃gləʀi| *s.f.* **1** (*souvent péj.*) [*exercice de virtuosité pure*] virtuosismo *m.* **2** (*rare*) [*art du jongleur*] gioco* *m.* di destrezza (*cour.*).

jongleur, euse |ʒɔ̃glœʀ, øz| *s.* **1** [*personne dont le métier est de jongler*] giocoliere **2** (*ancienn.*) [*ménestrel nomade qui récitait ou chantait des vers*] giullare *m.*, menestrello *m.* **3** (*vx.*) → **saltimbanque.**

jonque |ʒɔ̃k| *s.f.* [*voilier d'Extrême-Orient*] giunca*.

jonquille |ʒɔ̃kij| *s.f.* (*t.bot.*) giunchiglia ◇ (*cour.*) *bouquet de jonquilles* mazzo di giunchiglie ✦ (*adj.inv.*) *rubans jonquille* nastri color giunchiglia.

jordanien, ienne |ʒɔʀdanjɛ̃, jɛn| *adj.* [*de Jordanie*] giordano.

joseph |ʒozɛf| *adj.inv.* (*techn.*) *papier joseph* carta da filtro *loc.inv.*

jottereau |ʒɔtʀo| *s.m.* (*mar.*) galtella *f.*

jouable |ʒwabl(ə)| *adj.* [→ JOUER B 4, 5] rappresentabile; eseguibile: *cette pièce n'est pas jouable* quest'opera teatrale non è rappresentabile ‖ *ce morceau de musique n'est pas jouable* questo brano musicale non è eseguibile Ⓒ **injouable.**

jouailler |ʒwɑje| *v.intr.* (*fam.*) **1** [*jouer petit jeu*] giocare stretto **2** [*jouer (d'un instrument) médiocrement et sans passion*] strimpellare *tr.*, sonicchiare *tr.* ◇ (*à un jeu*) giocherellare.

joubarbe |ʒubaʀb(ə)| *s.f.* (*t.bot.*) barba di Giove.

joue |ʒu| *s.f.* **1** [*partie latérale de la face s'étendant entre le nez et l'oreille*] guancia*, gota: *joues creuses* guance incavate; *joues pâles, rouges* guance pallide, rosse; *se farder les joues* imbellettarsi le guance; *embrasser qqn. sur la joue, sur les deux joues* baciare qc. sulla guancia, sulle guance; (*danser*) *joue contre joue* (ballare) guancia a guancia # *coup sur la joue* schiaffo, sberla ◇ (*allusion biblique*) *présenter, tendre l'autre joue* porgere l'altra guancia ◇ (*loc. pop.*) *se caler les joues* [*bien manger*] rimpinzarsi, abboffarsi ~ *mettre en joue un fusil, une carabine* imbracciare un fucile, una carabina ~ *mettre, tenir en joue qqch., qqn.* prendere di mira q.c., qc.; tenere q.c., qc. sotto mira ~ *coucher en joue qqn.* spianare una arma contro qc. ◇ (*ellipt.*) (*en*) *joue!* [*commandement militaire*] puntate! **2** (*chez certains animaux*) guancia: *joues du cheval* guance del cavallo; *joue de bœuf* guancia di manzo **3** (*techn.*) *joues de poulie* flange di puleggia ◇ (*par anal.*) *joue d'un fauteuil* [*panneau latéral entre le siège et le bras*] fianco* *m.* di una poltrona ◇ (*mar.*) *joues d'un navire* masconi *m.* di una nave.

jouée |ʒwe| *s.f.* (*techn.*) spessore *m.* del muro (di una porta, di una finestra).

jouer |ʒwe| **A** *v.intr.* **I** **1** [*se livrer au jeu*] giocare: *gamins qui jouent dans la rue* ragazzini che giocano in strada; *allez jouer dehors!* andate a giocare (di) fuori!; *pouce, je ne joue plus* pace, non (ci) gioco più → **amuser (s')** # *ce n'était pas sérieux, c'était pour jouer* non facevo sul serio, era per gioco, per scherzo **2** (*choses*) *meuble, panneau de bois qui joue* [*dont l'assemblage ne joint plus exactement*] mobile, pannello di legno che ha del gioco; *faire jouer la clef dans la serrure* [*fonctionner à l'aise, sans frotter*] far girare la chiave nella toppa ◇ [*produire des effets changeants*] *le soleil joue à travers les feuillages* il sole gioca tra le foglie ◇ (*fig., fam.*) *faire jouer les grandes eaux* [*pleurer abondamment*] piangere a dirotto **3** (*fig.*) [*intervenir, entrer, être en jeu*] giocare: *une circonstance fâcheuse a joué contre lui* una spiacevole circostanza ha giocato, agito contro di lui # *la question d'intérêt ne joue pas contre eux* l'interesse non è in gioco tra loro **4** [*pratiquer les jeux d'argent*] giocare: *jouer bien, mal* giocare bene, male # *jouer serré* fare un gioco prudente ◇ (*loc.*) *à vous de jouer:* (*pr.*) tocca a lei (giocare); (*fig., fam.*) [*à vous d'agir*] tocca a lei **II** (*construit avec une prép.*) **1** JOUER AVEC (QQCH.) giocare con (q.c.): *petite fille qui joue avec sa poupée* bambina che gioca con la bambola; *ne laissez pas les enfants jouer avec le couteau* non permettete ai bambini di giocare con il coltello → **amuser (s')** # *jouer avec le feu* scherzare col fuoco ◇ (*fig.*) [*exposer avec légèreté, imprudence*] *jouer avec sa santé, sa vie* giocare con la salute, con la vita **2** JOUER À giocare a: *jouer à cache-cache* giocare a nascondino, a rimpiattino; *jouer aux cartes, aux échecs* giocare a carte, a scacchi; *jouer à la roulette* giocare alla 'roulette'; *jouer* *aux courses, à la Bourse* giocare alle corse, in Borsa; *jouer au football, au tennis* giocare al calcio, a tennis ◇ (*fig.*) [*affecter d'être*] fare (103) *tr.* darsi (102) arie da: *jouer au grand savant* fare il sapientone, darsi arie da sapientone; *jouer au héros* fare l'eroe **3** JOUER SUR approfittare di, giocare su: *jouer sur la faiblesse, la misère d'autrui* approfittare della debolezza, della miseria altrui; *jouer sur un mot, sur les mots* giocare su una parola, sulle parole → **spéculer** **4** JOUER DE (QQCH.) giocare di; usare *tr.*, maneggiare *tr.*: *jouer des coudes* giocare di gomiti, farsi largo a gomitate ‖ *jouer du couteau* usare, maneggiare il coltello ◇ (*spécialt.*) *jouer d'un instrument* suonare uno strumento; *jouer du piano, de la guitare* suonare il pianoforte, la chitarra ◇ (*fig.*) *jouer de bonheur, de malchance, de malheur* essere fortunato, sfortunato ◇ (*par ext.*) [*exploiter, tirer profit (de qqch.)*] sfruttare (*tr.*): *jouer de son ascendant* sfruttare il proprio ascendente; *jouer de son infirmité* sfruttare la propria infermità **B** *v.tr.* **1** [*pratiquer (un jeu); mettre en jeu*] giocare: *jouer une carte* giocare una carta # *jouer la revanche, la belle* fare la rivincita, la bella ♦ (*au p.p.*) *partie bien, mal jouée* partita ben, mal giocata ◇ (*fig.*) *bien jouer son jeu* giocare bene le proprie carte; *jouer double jeu* fare il doppio gioco **2** [*hasarder, risquer au jeu*] giocare, puntare: *jouer ses derniers sous* giocare fino all'ultimo centesimo, giocarsi tutto; *jouer mille francs sur un cheval* giocare, puntare mille franchi su un cavallo; *jouer l'apéritif* giocarsi l'aperitivo ◇ (*fig.*) *jouer le tout pour le tout* giocare il tutto per tutto; *jouer sa réputation* giocarsi la reputazione → **exposer, risquer** **3** [*tromper en ridiculisant*] giocare, prendersi (105) *pron.* gioco di: *il vous a joué* vi ha giocato, si è preso gioco di voi → **berner, rouler** **4** (*mus.*) [*interpréter avec un instrument*] s(u)onare, eseguire (197): *jouer un morceau* suonare, eseguire un pezzo; *jouer (du) Mozart* suonare (un pezzo di) Mozart # *la radio jouait du Wagner* la radio trasmetteva musica di Wagner ◇ (*fam.*) *je vais vous jouer un disque* vi faccio ascoltare un disco → 1 **passer** **5** [*représenter sur scène*] rappresentare, dare: (*faire*) *jouer une pièce* rappresentare, dare un'opera teatrale; *jouer (du) Shakespeare* rappresentare Shakespeare ◇ [*passer (un film)*] dare: *qu'est-ce qu'on joue au cinéma?* che cosa danno, fanno (*fam.*) al cinema? → **donner** **6** [*interpréter (une œuvre dramatique)*] interpretare, recitare: *acteur qui joue une pièce de Marivaux* attore che interpreta, recita una commedia di Marivaux; *jouer un personnage, un rôle* interpretare un personaggio, una parte → **incarner** ◇ (*loc. fig.*) *jouer la comédie* fare la commedia ~ *jouer les héros, les victimes* fare l'eroe, la vittima → 1 **faire, simuler** ~ *jouer l'étonnement, le désespoir* fingere la sorpresa, la disperazione; fingersi sorpreso, disperato → **feindre** **C** *v.pron.* SE JOUER **1** (*intr.*) *faire qqch.* (*comme*) *en se jouant* [*très facilement*] fare q.c. con facilità, con disinvoltura **2** *intr.* SE JOUER DE (QQN., QQCH.) [*se moquer de*] prendersi gioco, burlarsi di (qc., q.c.): *elle s'est jouée de vous* si è presa gioco, si è burlata di voi # *se jouer des difficultés* superare agevolmente le difficoltà **3** (*sens passif*) (*jeu, musique, théâtre*) [*être joué*] *morceau (de musique) qui se joue facilement* brano musicale che si suona, si esegue facilmente; *c'est une pièce (de théâtre) qui se joue toutes les saisons* è un'opera (teatrale) che si rappresenta tutte le stagioni teatrali.

jouet |ʒwɛ| *s.m.* **1** [*objet dont les enfants se servent pour jouer*] giocattolo: *jouets éducatifs, mécaniques* giocattoli educativi, meccanici; *industrie du jouet* industria del giocattolo → 1 **jeu, joujou** **2** (*fig.*) [*personne dont on se joue*] zimbello, giocattolo: *servir de jouet à tous* essere lo zimbello di tutti ◇ *loc.* ÊTRE LE JOUET DE... essere vittima di...: *il est le jouet d'une illusion* è vittima di un'illusione.

joueur, euse |ʒwœʀ, øz| *s.* **1** [*personne qui joue à un jeu*] giocatore*: *joueur de football, de tennis, de cartes* giocatore di calcio, di tennis, di carte; *un grand joueur d'échecs* un grande giocatore di scacchi; *une joueuse enragée, passionnée* una giocatrice accanita ♦ (*adj.*) *un enfant joueur* [*qui aime le jeu*] un (bambino) giocherellone ◇ [*personne qui a la passion du jeu*] *un joueur heureux, malchanceux* un giocatore fortunato, sfortunato **2** *beau joueur* [*celui qui s'incline loyalement devant la victoire de l'adversaire*] giocatore che sa perdere # *il s'est montré beau (mauvais) joueur* ha dimostrato di (non) saper perdere **3** [*personne qui joue d'un instrument*] suonatore*: *joueur de flûte, de cornemuse* suonatore di flauto, di cornamusa.

joufflu, ue |ʒufly| *adj.* [*qui a de grosses joues*] paffuto: *visage joufflu* viso paffuto; *un enfant joufflu* un bambino paffuto.

joug |ʒu| *s.m.* **1** [*pièce de bois qu'on met sur la tête des bœufs pour les atteler*] giogo*: *joug de tête, de garrot, d'encolure* giogo di nuca, di garrese, di collo; *joug double* giogo doppio ◇ (*fig.*) *le joug de la loi* il giogo della legge; *le joug du mariage* il giogo maritale; *mettre sous le joug* mettere sotto il giogo; *tomber sous le joug de qqn.* cadere sotto il giogo di qc.; *briser, rompre, secouer le joug* rompere, scuotere il giogo → 1 **chaîne** ◇ (*antiq. rom.*) *sous le joug des Fourches Caudines* sotto il giogo delle Forche Caudine **2** (*techn.*) giogo.

jouir |ʒwiʀ| *v.intr.* **I** [*avoir du plaisir*] **1** JOUIR DE [*tirer plaisir, agrément, profit de (qqch.)*] godere (*tr.*): *jouir de la vie* godersi la vita → **apprécier, 1 goûter, savourer; profiter (de)** **2** [*éprouver le plaisir sexuel*] godere ◇ (*fam.*) [*épruver un vif plaisir*] godersela *pron.*, divertirsi (*pron.*): *il jouit quand son adversaire est ridiculisé* si diverte, se la gode quando il suo avversario viene ridicolizzato ◇ (*par antiphrase*) [*éprouver une vive douleur physique*] *on lui a arraché une dent; ça l'a fait jouir!* gli hanno cavato un dente: che divertimento! **II** [*posséder*] **1** JOUIR DE [*avoir la possession de (qqch.)*] godere (di) (*tr. et intr.*): *jouir d'une santé solide* godere ottima salute; *jouir d'une grosse fortune* godere di un'ingente fortuna → 1 **avoir, posséder** **2** (*dr.*) *jouir d'un droit* godere di un diritto ◇ (*par ext.*) (*choses*) *appartement qui jouit d'une belle vue* appartamento che gode di una bella vista [C] I **souffrir**; II **manquer (de).**

jouissance |ʒwisɑ̃s| *s.f.* **1** [*plaisir que l'on goûte pleinement*] godimento *m.*, piacere (*m.*): *les jouissances de l'esprit* i godimenti spirituali; *jouissance des sens* godimento, piacere dei sensi; *épuiser toutes les jouissances de la vie* assaporare tutti i piaceri della vita → 1 **plaisir, délice, satisfaction, joie, volupté** **2** [→ JOUIR II 2] godimento, uso (*m.*): *la jouissance d'un jardin* il godimento di un giardino → **usage** ◇ (*dr.*) godimento, usufrutto (*m.*): *la jouissance de ses droits* il godimento dei propri diritti; *la jouissance d'un bien* l'usufrutto di un bene ◇ (*Bourse*) *action de jouissance* azione di godimento.

jouissant, ante |ʒwisɑ̃, ɑ̃t| *adj.* (*pop.*) [*qui fait jouir*] godereccio*.

jouisseur, euse |ʒwisœʀ, øz| *s.* [*personne qui ne songe qu'aux jouissances matérielles*] gaudente, festaiolo ♦ (*adj.*) *elle est jouisseuse* è godereccia, è una gaudente *s.*

joujou, oux |ʒuʒu| *s.m.* (*langage enfantin*) **1** *faire joujou* (*avec une poupée, à la poupée*) [*jouer*] giocare (con la bambola, a bambole) **2** → **jouet.**

joule |ʒul| *s.m.* (*phys.*) joule *inv.*

1 **jour** |ʒuʀ| *s.m.* **1** [*clarté que le soleil répand sur la terre*] giorno: *lumière du jour* luce del giorno; *le grand, le plein jour* giorno fatto, pieno; *il fait jour, tout à fait jour* fa giorno, è giorno fatto # *le petit jour* l'alba; *le jour baisse, tombe* si fa sera; *à la tombée du jour* al crepuscolo, al tramonto ◇ (*loc. fig.*) *demain il fera jour* [*il faut attendre pour agir*] domani è un altro giorno ~ *beau, belle comme le jour* bello, bella come il sole ~ *c'est clair comme le jour* è chiaro come il sole, come la luce del giorno ~ *être comme le jour et la nuit* [*opposés*] essere come il diavolo e l'acquasanta **2** *donner le jour à un enfant* [*le mettre au monde*] dare alla luce un bambino; *voir le jour, venir au jour* vedere la luce, venire alla luce **3** [*source de la lumière naturelle*] luce (*f.*): *laisser entrer le jour dans une pièce* fare, lasciare entrare la luce in una stanza # *se placer vers le jour, contre le jour* mettersi alla luce, controluce → **contrejour** ◇ (*mines*) *travailler au jour, au fond* lavorare in superficie, in sotterraneo **4** *loc.* SE FAIRE JOUR [*apparaître, se montrer*] venire a galla: *la vérité commence à se faire jour* la verità comincia a venire a galla **5** (*fig.*) SOUS UN JOUR in, sotto una luce: *montrer, présenter sous un jour favorable* mettere in buona luce; *présenter qqn. sous un mauvais, un faux jour* presentare qc. sotto una cattiva, falsa luce; *se montrer sous son véritable jour* mostrarsi nella propria vera luce ◇ (*spécialt.*) *faux jour* [*mauvais éclairage*] cattiva illuminazione.

2 **jour** |ʒuʀ| *s.m.* **1** [*espace de temps entre le lever et le coucher du soleil*] giorno, giornata (*f.*): *le jour et la nuit* il giorno e la notte; *les jours raccourcissent* le giornate si accorciano ◇ *loc.* DE JOUR di giorno: *travailler de jour* lavorare di giorno # *service de jour* servizio diurno ~ *nuit et jour, jour et nuit* giorno e notte **2** [*espace de 24 heures*] giorno: *jour astronomique, sidéral* giorno astronomico, siderale;

jours pairs, impairs giorni pari, dispari; *c'est à un jour de train* è a un giorno di treno # *le jour de l'An* Capodanno ◇ (*prov.*) *les jours se suivent et ne se ressemblent pas* i giorni sono tutti uguali e tutti diversi **3** (*employé pour situer un événement dans le temps*) *le jour d'avant* il giorno prima; *le jour d'après* il giorno dopo; *dans un jour* fra un giorno; *il y a un jour* un giorno fa; *il y a quelques jours* qualche giorno fa; *tous les quinze jours* ogni quindici giorni; *à jour fixé, nommé* in un giorno prestabilito; *ce jour-là* quel giorno; *il y a dix ans, jour pour jour, à pareil jour* esattamente dieci anni fa ◇ (*loc.*) *venir à son jour et à son heure* [*au jour fixé par le destin*] venire al momento giusto **4** *loc.* UN JOUR (*dans le passé*): *un jour il vint me voir* un giorno, una volta venne a trovarmi; *un beau jour il est parti* un bel giorno è partito; (*dans l'avenir*): *un jour, un de ces jours il me téléphonera* un giorno, uno di questi giorni mi telefonerà ~ CHAQUE JOUR ogni giorno, tutti i giorni: *la tâche de chaque jour* il compito di ogni giorno, giornaliero → **quotidien** ~ TOUS LES JOURS tutti i giorni, ogni giorno: *choses qui arrivent tous les jours* cose che succedono ogni giorno, tutti i giorni → **toujours** ~ DE TOUS LES JOURS di tutti i giorni: *le manteau de tous les jours* il soprabito di tutti i giorni ~ (*pop.*) *c'est de tous les jours* son cose di ordinaria amministrazione ~ *jour après jour* giorno dopo giorno, un giorno dopo l'altro ~ *de jour en jour* di giorno in giorno ~ *d'un jour à l'autre* da un giorno all'altro ~ (*pop.*) *au jour d'aujourd'hui* al giorno d'oggi (*cour.*), oggigiorno (*cour.*) ~ DU JOUR del giorno, di (della) giornata: *à l'ordre du jour* all'ordine del giorno; *des œufs du jour* uova di giornata; *nouvelles du jour* notizie del giorno, novità della giornata ~ DU JOUR AU LENDEMAIN dall'oggi al domani ~ À JOUR [*au courant*] al corrente, aggiornato (*adj.*): *avoir ses comptes à jour* avere i conti aggiornati # *mise à jour* aggiornamento; *mettre à jour* aggiornare ◇ (*prov.*) *à chaque jour suffit sa peine* basta la croce di ogni giorno ~ *il ne faut pas remettre au lendemain ce que l'on peut faire le jour même* non rimandare a domani quello che puoi fare oggi **5** [*durée d'un jour*] giorno: *en peu de jours* in pochi giorni; *tout le jour* tutto il giorno; *un jour entier* un giorno intero → **journée** ◇ (*loc.*) *long comme un jour sans pain* lungo come la fame ~ PAR JOUR [*dans une journée*] al giorno: *une, plusieurs fois par jour* una volta, diverse (più) volte al giorno ~ AU JOUR LE JOUR giorno per giorno: *le travail avance au jour le jour* il lavoro va avanti giorno per giorno # *vivre au jour le jour* vivere alla giornata ~ DE JOUR [*se dit d'un service de 24 heures*] di servizio: *l'officier de jour* l'ufficiale di servizio; *il est de jour* è di servizio **6** (*considéré d'après le caractère ou les événements qui le remplissent*) giorno, giornata: *jours ouvrables, de travail* giorni feriali, lavorativi; *jour de repos* giorno di riposo; *jour férié* giorno festivo; *jours de deuil, de douleur* giorni di lutto, di dolore; *jours critiques, heureux* giorni critici, felici; *jour solennel* giorno solenne; *le grand jour* il grande giorno; *le jour J* il giorno G, il giorno fatidico; *jours d'arrêt, de prison* giorni di prigione; *jour de fête religieuse, légale* (giorno di) festa religiosa, civile; *le jour de Pâques* (il giorno di) Pasqua; *jour des Morts* giorno dei Morti; *les beaux jours* le belle giornate # *il est dans un* (*son*) *bon jour* oggi è di buon umore ◇ (*par ext.*) *on lui* (*me*) *doit quinze jours* [*de travail, de salaire*] gli (mi) devono quindici giorni di paga; *donner ses huit jours à un domestique* dare gli otto giorni a un domestico **7** (*par ext.*) [*espace de temps, époque*] giorno ◇ *loc.* DU JOUR del giorno, del momento: *l'homme du jour* l'uomo del giorno; *la mode du jour* la moda del momento; *c'est le héros du jour* è l'eroe del momento → **actuellement, aujourd'hui** **8** [*journée, moment de la vie*] giorno: *notre dernier jour* il nostro ultimo giorno ✦ (*absolt.*) *les jours* i giorni → **vie**; *les vieux, derniers jours* la vecchiaia; *couler des jours heureux* trascorrere giorni felici; *finir ses jours* finire i propri giorni → **vie.**

3 **jour** |ʒuʀ| *s.m.* **1** [*fenêtre*] luce *f.*, apertura (*f.*): *percer un jour dans un mur* aprire una luce, praticare un'apertura in un muro ◇ (*dr.*) *jours de souffrance* luci **2** (*cout.*) punto a giorno, 'ajour' (*inv.*): *draps à jour* lenzuolo con 'ajour'; *faire des jours à un mouchoir* fare il punto a giorno, l''ajour' a un fazzoletto **3** *loc.* À JOUR a giorno: *clôture à jour* recinto a giorno → **ajouré** ~ *percer à jour* [*parvenir à connaître*] scoprire, mettere a nudo.

journal, aux |ʒuʀnal, o| **I** *s.m.* **1** [*relation quotidienne des événements*] diario*, giornale: *tenir un journal* tenere un diario; *il a écrit son journal* ha scritto il (suo) diario → 1 **mémoire** ◇ (*mar.*) *journal de bord, de mer, de navigation* giornale di bordo, nautico, di navigazione **2** [*publication quotidienne*] giornale: *journaux politiques* giornali politici; *journal à gros tirage* giornale a grande tiratura; *les journaux du matin, du soir* i giornali del mattino, della sera; *lire le journal, son journal* leggere il giornale; *lire qqch. dans, sur le journal* leggere q.c. sul giornale; *c'est écrit sur le journal* è scritto sul giornale → **quotidien** # *kiosque à journaux* edicola; *marchand de journaux* giornalaio, edicolante ✦ (*par appos.*) *papier journal* carta di giornale **3** [*publication périodique*] giornale: *journal illustré, de mode* giornale illustrato, di moda; *journaux d'enfants* giornali per bambini, giornalini # *Journal officiel* Gazzetta Ufficiale **4** [*l'administration, la direction, les bureaux d'un journal*] giornale: *écrire au journal* scrivere al giornale; *son journal l'a envoyé à l'étranger* il giornale lo ha inviato all'estero **5** [*bulletin quotidien d'information*] *journal parlé* giornale radio; *journal télévisé* telegiornale **II** *adj.* (*comm.*) *livre journal* libro giornale ◇ (*vx.*) [*relatif à chaque jour*] giornale.

journalier, ière |ʒuʀnalje, jɛʀ| *adj.* **1** giornaliero: *travail journalier* lavoro giornaliero → **quotidien** ✦ (*s.*) *un journalier* un bracciante (agricolo), un giornaliero **2** (*vieilli*) [*qui est sujet à changer d'un jour à l'autre*] giornaliero: *humeur journalière* umore giornaliero → **changeant.**

journalisme |ʒuʀnalism(ə)| *s.m.* **1** giornalismo: *faire du journalisme* fare giornalismo ◇ [*le genre propre aux journaux*] *c'est du bon journalisme* è del buon giornalismo **2** (*vieilli*) [*ensemble des journaux, des journalistes*] giornalismo → 2 **presse.**

journaliste |ʒuʀnalist(ə)| *s.* giornalista: *journaliste politique, parlementaire* giornalista politico, parlamentare.

journalistique |ʒuʀnalistik| *adj.* giornalistico*: *genre, style journalistique* genere, stile giornalistico.

journée |ʒuʀne| *s.f.* **1** giornata, giorno (*m.*): *dans la journée d'hier* nella giornata di ieri; *demi-journée* mezza giornata; *à longueur de journée, toute la journée* (per) tutta la giornata, (per) tutto il giorno; *journée d'été, d'automne* giornata d'estate, d'autunno; *journée de repos* giornata, giorno di riposo; *journée historique* giornata storica **2** *journée* (*de travail*) giornata (lavorativa); *femme de journée* domestica a giornata; *aller en journée* andare a giornata; *travailler, être payé à la journée* lavorare, essere pagato a giornata # *faire la journée continue* fare orario continuato **3** [*chemin effectué en une journée*] giornata, giorno: *il y a deux journées de voyage* ci sono due giornate, giorni di viaggio.

journellement |ʒuʀnɛlmɑ̃| *adv.* giornalmente: *être tenu journellement au courant des nouvelles* essere tenuto giornalmente al corrente delle notizie → **quotidiennement** # *cela se voit, se rencontre journellement* [*souvent*] è una cosa che si vede, si riscontra tutti i giorni.

joute |ʒut| *s.f.* **1** (*au moyen âge*) [*combat singulier à la lance et à cheval*] giostra: *joute sur l'eau* giostra acquatica **2** (*fig.*) [*combat verbal*] duello *m.*, certame *m.* (*littér.*): *joutes oratoires* duelli oratori.

jouter |ʒute| *v.intr.* **1** (*ancienn.*) [*combattre de près, à cheval, avec des lances*] giostrare **2** (*fig., littér.*) [*rivaliser dans une lutte*] gareggiare (*cour.*) → **disputer.**

jouteur |ʒutœʀ| *s.m.* (*rare*) [*celui qui joute* (1) *contre qqn.*] giostratore.

jouvence |ʒuvɑ̃s| (*s.f.*) *fontaine de jouvence* [*dont les eaux donnent la jeunesse*] fontana della (eterna) giovinezza ◇ (*fig.*) *cure de jouvence* cura di ringiovanimento *m.*

jouvenceau, elle |ʒuvɑ̃so, ɛl| *s.* (*plais., vx.*) giovincello.

jovial, ale, aux, als (*rare*) |ʒɔvjal, o| *adj.* gioviale: *des hommes joviaux* uomini gioviali; *visage jovial* viso gioviale; *humeur joviale* temperamento gioviale → **enjoué, gai, joyeux** C **chagrin, maussade.**

jovialement |ʒɔvjalmɑ̃| *adv.* [→ JOVIAL] giovialmente.

jovialité |ʒɔvjalite| *s.f.* giovialità *inv.* → **gaieté** # *il est plein de jovialité* è molto gioviale.

jovien, ienne |ʒɔvjɛ̃, jɛn| *adj.* (*astron.*) gioviano ✦ *s.* (*astrol.*) *un jovien* un nato sotto il segno di Giove.

joyau |ʒwajo| *s.m.* [*objet de matière précieuse*] gioiello: *les joyaux de la couronne* i gioielli della corona → **bijou** ◇ (*fig.*) *le Mont-Saint-Michel, joyau de l'art médiéval* Mont-Saint-Michel, gioiello dell'arte medioevale.

joyeusement |ʒwajøzmɑ̃| *adv.* [→ JOYEUX 2] gioiosamente: *accepter joyeusement une offre* accettare gioiosamente una proposta.

joyeuseté |ʒwajøzte| *s.f.* (*littér.*) [*propos qui amuse*] facezia → **plaisanterie.**

joyeux, euse |ʒwajø, øz| *adj.* **1** [*qui éprouve, ressent de la joie*] allegro: *ils sont partis joyeux* sono partiti allegri; *être en joyeuse compagnie* essere in allegra compagnia → **gai, heureux** # *être de joyeuse humeur* essere di buon umore; *mener joyeuse vie* fare la bella vita, spassarsela; *c'est un joyeux luron, compère, drille* è un allegrone, un giovialone, un buontempone **2** [*qui exprime la joie*] gioioso, allegro: *mine joyeuse* aspetto allegro; *cris joyeux* grida gioiose, festose; *joyeuse musique* musica allegra, festosa **3** [*qui apporte la joie*] lieto, buono: *une joyeuse nouvelle* una lieta, una buona notizia; *joyeux Noël* buon Natale! Ⓒ 1 **sombre, triste;** 3 **pénible.**

jubarte |ʒybaʀt(ə)| *s.f.* → **mégaptère.**

jubé |ʒybe| *s.m.* [*tribune transversale, dans certaines églises*] 'jubé' *inv.*

jubilaire |ʒybilɛʀ| *adj.* **1** giubilare: *année jubilaire* anno giubilare **2** [*qui a accompli cinquante an de fonction*] giubilato: *docteur jubilaire* dottore giubilato.

jubilant, ante |ʒybilɑ̃, ɑ̃t| *adj.* (*rare*) giubilante.

jubilation |ʒybilɑsjɔ̃| *s.f.* [*joie vive, expansive, exubérante*] esultanza, giubilo (*m.*): *au milieu de la jubilation générale* tra l'esultanza generale → **gaieté, joie.**

jubilé |ʒybile| *s.m.* (*relig.*) giubileo ◇ (*par ext.*) *jubilé de mariage* giubileo di matrimonio, nozze d'oro; *le jubilé de la reine d'Angleterre* il giubileo della regina d'Inghilterra.

jubiler |ʒybile| *v.intr.* (*fam.*) [*se rejouir vivement de qqch.*] esultare (*cour.*), giubilare (*cour.*): *il n'avait pas tant espéré; vous pensez s'il jubile!* non sperava tanto, figuratevi come esulta! Ⓒ **affliger (s').**

juché, ée |ʒyʃe| *adj.* [*placé, posé comme sur un perchoir*] appollaiato: *juché sur une échelle* appollaiato su una scala; *maison juchée sur une colline* casa appollaiata, arroccata su una collina.

juchée |ʒyʃe| *s.f.* (*techn.*) posatoio* *m.*

jucher |ʒyʃe| **A** *v.tr.* [*placer très haut*] mettere (155) (in alto): *jucher un bibelot sur une armoire* mettere un soprammobile su un armadio; *jucher un enfant sur ses épaules* mettersi un bambino sulle spalle ✦ (*au p.p.*) *il était juché sur une chaise* stava appollaiato su una sedia **B** *v.intr.* (*rare*) (*oiseaux*) [*se percher en un lieu élevé pour dormir*] appollaiarsi (*pron.*): *faisans qui juchent sur une branche* fagiani appollaiati su un ramo ◇ (*fig.*) *il est allé jucher à un septiènne étage* è andato ad appollaiarsi, ad abitare al settimo piano.

juchoir |ʒyʃwaʀ| *s.m.* [*perchoir des oiseaux de basse-cour*] posatoio*: *les juchoirs du poulailler* i posatoi del pollaio.

judaïque |ʒydaik| *adj.* giudaico*: *religion, loi judaïque* religione, legge giudaica → **juif.**

judaïser |ʒydaize| *v.intr.* (*relig.*) [*observer les pratiques de la loi judaïque*] giudaizzare.

judaïsme |ʒydaism(ə)| *s.m.* giudaismo.

Judas |ʒyda| *s.m.* **1** Giuda: *un baiser de Judas* un bacio di Giuda; *c'est un Judas* è un Giuda → **fourbe, hypocrite, traître** **2** [*petite ouverture* (*dans une porte, un mur, etc.*) *pour épier sans être vu*] spioncino, spia *f.*

judelle |ʒydɛl| *s.f.* (*t.zool.*) (*région.*) folaga*.

judéo- |ʒydeɔ| *préf.* (*signifiant 'juif', correspond généralt. à*) giudeo(-): *judéo--christianisme* giudeocristianesimo; *judéo-espagnol* giudeo-spagnolo.

judéo-allemand, ande |ʒydeɔalmɑ̃, ɑ̃d| *adj. et s.m.* (*ling.*) → **yiddish.**

judéo-christianisme |ʒydeɔkʀistjanism(ə)| *s.m.* giudeocristianesimo.

judéo-espagnol, ole |ʒydeɔɛspaɲol| *adj.* [*des israélites d'Espagne*] giudeo-spagnolo.

judiciaire |ʒydisjɛʀ| *adj.* giudiziario*: *pouvoir judiciaire* potere giudiziario; *police judiciaire* polizia giudiziaria; *casier judiciaire* casellario giudiziario; *une erreur judiciaire* un errore giudiziario.

judiciairement |ʒydisjɛʀmɑ̃| *adv.* [*en forme judiciaire*] giudizialmente.

judicieusement |ʒydisjøzmɑ̃| *adv.* [→ JUDICIEUX 2] giudiziosamente, razionalmente.

judicieux, euse |ʒydisjø, øz| *adj.* **1** [*qui a beaucoup de jugement*] giudizioso, assennato: *un esprit judicieux* una persona giudiziosa, assennata → **sensé** **2** [*qui marque du jugement*] sensato, giudizioso: *remarque, critique judicieuse* osservazione, critica sensata, giudiziosa; *il sera plus judicieux de renoncer* sarà più sensato rinunciare → **intelligent** # *l'utilisation judicieuse des sources d'énergie* l'uso razionale delle fonti d'energia Ⓒ **absurde, stupide.**

judo |ʒydo| *s.m.* (*jap.*) judo *inv.*, giudò (*inv.*): *prise de judo* presa di judo; *ceinture noire de judo* cintura nera di judo.

judoka |ʒydɔka| *s.* (*jap.*) judoka *inv.*

juge |ʒyʒ| *s.m.* **1** giudice: *juges des tribunaux judiciaires* giudici penali; *juges administratifs* giudici amministrativi; *juge d'instruction, de paix* giudice istruttore, conciliatore; *récuser un juge* ricusare un giudice # *nous irons devant le juge, les juges* ci vedremo in tribunale ◇ (*antiq. juive*) *le livre des Juges* il libro dei Giudici **2** [*personne appelée à faire partie d'un jury, à se prononcer comme arbitre*] giudice: *les juges d'un concours littéraire* i giudici, i commissari di un concorso lettarario ◇ (*sport*) *juge des courses* giudice di gara; *juge--arbitre* giudice arbitro; *juge de touche* giudice di linea, (*football, aussi*) segnalinee *inv.* **3** [*celui qui juge, qui a le droit et le pouvoir de juger*] giudice: *Dieu est le juge suprême* Dio è il giudice supremo ◇ (*loc.*) *être juge et partie* essere giudice e parte, essere giudice e giudicato **4** [*celui qui est appelé à donner une opinion, à porter un jugement*] giudice: *être bon, mauvais juge en la matière* essere buon giudice, cattivo giudice in materia # *je vous en fais juge* giudichi lei.

jugé (au) |oʒyʒe| *s.m.* → **juger** II.

jugeable |ʒyʒabl(ə)| *adj.* (*dr.*) [→ JUGER I A 1] giudicabile.

jugement |ʒyʒmɑ̃| *s.m.* **1** [→ JUGER I A 1] giudizio*: *poursuivre qqn. en jugement* perseguire qc. in giudizio → **justice** ◇ [*décision de justice*] sentenza *f.*, giudizio: *jugement définitif* sentenza definitiva, giudizio definitivo; *jugement en premier ressort, en dernier ressort* sentenza, giudizio appellabile, inappellabile; *jugement par défaut* sentenza, giudizio contumaciale, in contumacia; *dépôt des jugements au greffe* deposito delle sentenze presso la cancelleria del tribunale; *prononcer, rendre un jugement* pronunciare, emettere una sentenza; *faire appel d'un jugement* appellarsi contro una sentenza; *casser un jugement* annullare una sentenza ◇ (*relig. chrét.*) *Jugement dernier* giudizio universale; *au jour du Jugement* il giorno del giudizio **2** [*opinion favorable ou défavorable*] giudizio: *jugement préconçu, hâtif* giudizio preconcetto, frettoloso; *le jugement de l'histoire, de la postérité* il giudizio della storia, dei posteri; *emettre, exprimer, porter un jugement* emettere, esprimere, dare un giudizio # *elle est revenue sur ses jugements* si è ricreduta ◇ [*façon de voir* (*les choses*) *particulière à qqn.*] giudizio: *je soumets cela à votre jugement* sottopongo la cosa al vostro giudizio; *se contenter d'un jugement sommaire* accontentarsi di un giudizio sommario → **opinion, avis, vue (point de)** **3** [*faculté de l'esprit*] giudizio: *homme de jugement* uomo di giudizio; *erreur de jugement* errore di giudizio; *cette personne a du jugement* è una persona di giudizio, giudiziosa; *ce garçon manque de jugement* quel ragazzo è senza giudizio, è poco giudizioso → **discernement, 1 raison** ◇ (*log.*) *jugement analytique, synthétique, hypothétique* giudizio analitico, sintetico, ipotetico; *jugement de réalité, de valeur* giudizio di realtà, di merito.

jugeote |ʒyʒɔt| *s.f.* (*fam.*) [*jugement*] sale *m.* in testa, in zucca: *il n'a pas pour deux sous de jugeote* ha poco, non ha sale in zucca.

juger |ʒyʒe| (3) **I** *v.* **A** *v.tr.* **1** (*dr.*) [*soumettre* (*une cause, une personne*) *à la décision de sa juridiction*] giudicare: *juger une affaire, un crime* giudicare una causa, un delitto; *cas difficile à juger* caso difficile da giudicare; *juger un accusé* giudicare un imputato ✦ (*absolt.*) *le tribunal jugera* il tribunale giudicherà → **conclure, décider, statuer** **2** [*prendre nettement position sur* (*une question*)] giudicare, decidere (130): *c'est à vous de juger ce qu'il faut faire* sta a voi giudicare che cosa fare, decidere sul da farsi **3** [*émettre une opinion sur*] giudicare: *juger un ouvrage, un livre, un film* giudicare un'opera, un libro, un film; *être jugé à sa juste valeur* essere giudicato per quel che si vale; *juger qqn. de haut* giudicare qc. dall'alto; *la postérité jugera qui est le meilleur des deux* i posteri giudicheranno chi dei due è il migliore → **évaluer** ✦ (*absolt.*) *comparer c'est juger* paragonare è giudicare **4** (*avec un adj. ou une complétive*) [*considérer comme*] giudicare, ritenere (188): *elle le juge insignifiant* lo giudica insignificante; *si vous jugez sa présence nécessaire* se giudicate, se ritenete necessaria la sua presenza; *il jugeait qu'il était trop tard* riteneva, pensava fosse troppo tardi → **estimer, trouver** **B** *v.intr.* **1** JUGER DE giudicare: *il est difficile d'en juger* è difficile giudicare; *si j'en juge par mes propres sentiments* se devo giudicare secondo i miei sentimenti **2** (*surtout à l'impér.*) [*imaginer, se représenter*] figurarsi *pron.*, immaginare (*tr.*): *jugez de ma surprise* figuratevi la mia sorpresa; *vous jugerez aisément du reste* immaginerete facilmente il resto **C** *v.pron.réfl.* **1** [*se considérer comme*] considerarsi, ritenersi: *se juger injurié* considerarsi, ritenersi offeso # *se juger perdu* vedersi, sentirsi perduto **2** *il est difficile de se juger soi-même* [*émettre une opinion sur soi-même*] è difficile giudicare sé stessi **II** *s.m.* AU JUGER, AU JUGÉ [*en devinant, en présumant*] a caso (*loc. inv.*): *tirer au juger* sparare a caso ◇ (*abstrait*) [*d'une manière approximative*] a occhio e croce (*loc. inv.*): *estimer une distance au jugé* valutare una distanza a occhio e croce.

jugeur, euse |ʒyʒœʀ, øz| *s.* (*péj., rare*) [*personne qui se plaît à juger de tout sans la compétence nécessaire*] criticone ✦ (*adj.*) *elle est jugeuse* è una criticona *s.*

Juglandacées |ʒyglɑ̃dase| *s.f.pl.* (*t.bot.*) Iuglandacee.

1 **jugulaire** |ʒygylɛʀ| *s.f.* [*attache qui maintient une coiffure d'uniforme*] soggolo *m.*, sottogola (*m. ou f.inv.*): *baisser, serrer la jugulaire* abbassare, stringere il soggolo, la sottogola → **bride.**

2 **jugulaire** |ʒygylɛʀ| *adj.* (*anat.*) giugulare: *glandes, veines jugulaires* ghiandole, vene giugulari ✦ (*s.f.*) *les jugulaires* le giugulari.

juguler |ʒygyle| *v.tr.* **1** [*arrêter, interrompre le développement de* (*qqch.*)] stroncare, domare: *juguler une maladie* stroncare, vincere una malattia; *juguler une révolte* domare, soffocare una rivolta → 2 **enrayer, étouffer,** 1 **stopper** ◇ [*empêcher* (*qqn.*) *d'agir*] ostacolare **2** (*vx.*) [*saisir à la gorge*] giugulare.

juif, juive |ʒɥif, ʒɥiv| **I** *s.* [*nom donné depuis l'Exil aux descendents d'Abraham*] giudeo ◇ [*personne descendant de ce peuple*] ebreo: *juif allemand, polonais* ebreo tedesco, polacco **II** *adj.* **1** [*relatif à la communauté des juifs*] ebreo, ebraico*: *le peuple juif* il popolo ebreo; *quartier juif* quartiere ebreo; *religion juive* religione ebraica; *sectes juives* sette ebraiche **2** *péj.* [*avare, âpre au gain*] giudeo *s.*, usuraio* (*s.*): *ce qu'il est juif!* che usuraio! ✦ *s.* (*vx.*) *un juif* un usuraio, uno strozzino.

juillet |ʒɥijɛ| *s.m.* [*septième mois de l'année*] luglio (*inv.*): *révolution, monarchie de juillet* rivoluzione, monarchia di luglio; *au mois de juillet* nel mese di luglio, in luglio; *le 14 juillet 1789* il 14 luglio (del) 1789.

juillétiste |ʒɥijetist(ə)| *s.* [*qui prend ses vacances en juillet*] chi va in vacanza in luglio *loc.*

juin |ʒɥɛ̃| *s.m.* [*sixième mois de l'année*] giugno (*inv.*): *au mois de juin* nel mese di giugno, in giugno; *en juin 1975* nel giugno del 1975.

juiverie |ʒɥivʀi| *s.f.* **1** (*hist.*) giudecca*, quartiere *m.* ebreo **2** (*péj.*) *la juiverie* [*ensemble de juifs*] i Giudei *m.pl.*, gli Ebrei *m.pl.*

jujube |ʒyʒyb| *s.m.* **1** [*fruit du jujubier*] giuggiolo *f.* **2** [*pâte extraite de ce fruit*] giuggiola.

jujubier |ʒyʒybje| *s.m.* (*t.bot.*) giuggiolo.

juke-box |(d)ʒy(u)kbɔks| *s.m.* (*angl.*) juke-box *inv.*

julep |ʒylɛp| *s.m.* (*vx.*) [*potion adoucissante et calmante*] giulebbe.

jules |ʒyl| *s.m.* (*pop.*) **1** [*vase de nuit*] vaso da notte (*cour.*) **2** [*homme amoureux, mari*] uomo* (*cour.*), drudo: *c'est mon jules* è il mio maschio, il mio drudo → **homme** ◇ [*homme du milieu*] duro: *c'est un vrai jules* è un duro.

julien, ienne |ʒyljɛ̃, jɛn| *adj.* giuliano: *calendrier julien* calendario giuliano ◇ [de la *Vénétie Julienne*] giuliano.

julienne |ʒyljɛn| *s.f.* **1** (*t.bot.*) esperide **2** [*légumes variés coupés en petits morceaux pour garniture ou potage*] contorno *m.*; minestrone *m.* di verdura.

jumbo |dʒœmbo| *s.m.* (*angl.*) (*techn.*) carrello portaperforatrice.

jumbo-jet |(d)ʒœmbo(d)ʒɛt| *s.m.* (*angl.*) jumbo-jet *inv.*

jumeau, elle |ʒymo, ɛl| *adj.* **1** (*se dit d'enfants nés d'un même accouchement*) gemello: *frères jumeaux* (fratelli) gemelli; *sœurs jumelles* (sorelle) gemelle; *c'est son frère jumeau* è suo (fratello) gemello; *jumeaux monozygotes, univitellins* gemelli monozigoti; *jumeaux dizygotes, bivitellins* gemelli bizigoti ✦ (*s.*) *un jumeau* un gemello (*m.*): *mettre au monde trois, quatre jumeaux* mettere al mondo tre, quattro gemelli; avere un parto trigemino, quadrigemino **2** (*se dit de deux choses ou de deux personnes semblables*) gemello: *lits jumeaux* letti gemelli ◇ (*anat.*) *muscles jumeaux* muscoli gemelli.

jumelage |ʒymlaʒ| *s.m.* [→ JUMELER] abbinamento, accoppiamento ◇ (*fig.*) *jumelage de villes* gemellaggio* di città.

jumelé, ée |ʒymle| *adj.* **1** (*mar.*) *mât jumelé* albero lapazzato **2** [*disposé par couples*] accoppiato, abbinato: *colonnes jumelées* colonne accoppiate, binate # *fenêtres jumelées* (finestre) bifore; *roues jumelées* ruote doppie, gemelle ◇ (*fig.*) *villes jumelées* città gemellate ◇ (*turf*) *pari jumelé* accoppiata *s.f.*

jumeler |ʒymle| (4) *v.tr.* [*ajuster ensemble deux choses semblables*] abbinare, accoppiare ◇ (*fig.*) *jumeler deux villes* gemellare due città.

1 **jumelle** |ʒymɛl| *s.f.* **1** [*instrument portatif à deux lunettes, double lorgnette*] binocolo (*m.*): *une jumelle marine* un binocolo da marina ✦ (*au plur.*) *des jumelles de spectacle* un binocolo da teatro **2** (*techn.*) biscottino (*m.*): *les jumelles d'une presse* i biscottini di una pressa ◇ (*auto.*) *jumelle de ressort* biscottino della molla **3** (*blas.*) gemella.

2 **jumelle** |ʒymɛl| *s.f.* → **jumeau.**

jument |ʒymɑ̃| *s.f.* [*femelle du cheval*] giumenta, cavalla ◇ (*fig., fam.*) *c'est une jument poulinière* [*femme qui a de nombreux enfants*] è una coniglia.

jumping |dʒœmpiŋ| *s.m.* (*angl., équit.*) jumping *inv.*

jungle |ʒɔ̃gl(ə), ʒœ̃gl(ə)| *s.f.* (*angl.*) giungla ◇ (*fig.*) *la loi de la jungle* la legge della giungla; *la jungle des affaires* la giungla degli affari.

junior |ʒynjɔʀ| *adj.* **1** (*se dit du frère plus jeune*) junior → **cadet** **2** (*sport*) junior: *joueurs juniors* giocatori juniores ✦ (*s.*) *les juniors* gli juniores **3** [*destiné aux jeunes*] giovane, giovanile: *s'habiller en style junior* vestirsi in uno stile giovane, giovanile.

junker |juŋkɛʀ| *s.m.* (*all.*) junker *inv.*

junonien, ienne |ʒynɔnjɛ̃, jɛn| *adj.* giunonico*.

junte |ʒœ̃t| *s.f.* giunta: *juntes révolutionnaires, militaires* giunte rivoluzionarie, militari ◇ (*en Italie*) *junte régionale* giunta regionale.

jupe |ʒyp| *s.f.* **1** [*partie de l'habillement féminin*] gonna: *la jupe d'une robe* la gonna di un vestito; *jupe au genou* gonna al ginocchio; *jupe droite, à plis* gonna diritta, a pieghe; *jupe plissée* gonna plissettata, a pieghe ◇ (*fig., vieilli*) [*femme*] gonnella ◇ (*loc.*) *être dans les jupes de sa mère* [*ne jamais la quitter*] stare attaccato alla gonnella della madre **2** (*techn.*) [*surface latérale d'un piston*] parete (del pistone) ◇ [*protection des roues d'un camion, d'une remorque*] carenatura, grembialatura.

jupe-culotte |ʒypkylɔt| *s.f.* [*vêtement féminin*] gonna pantalone (*inv.*): *des jupes-culottes* gonne pantalone.

jupette |ʒypɛt| *s.f.* [*jupe très courte ne couvrant que le haut des cuisses*] gonnellino (*m.*): *jupette plissée de tennis* gonnellino plissettato da tennis.

jupitérien, ienne |ʒypiteʀjɛ̃, jɛn| *adj.* **1** [*relatif à Jupiter*] gioviano → **jovien** **2** [*qui a un caractère impérieux*] imperioso.

jupon |ʒypɔ̃| *s.m.* **1** [*jupe de dessous*] sottana *f.*, sottoveste (*f.*): *jupon à dentelles* sottana, sottoveste di pizzo **2** (*collectif, fig.*) [*les femmes, les filles*] sottane *f.pl.*, gonnelle (*f.pl.*): *courir le jupon* correre dietro alle sottane, rincorrere le gonnelle; *il aime le jupon* gli piacciono le sottane, le gonnelle.

juponner |ʒypɔne| *v.tr.* [*habiller d'un jupon*] mettere (155), fare (103) *intr.* indossare una sottana # *juponner une robe* gonfiare un vestito con una larga sottana.

jurassien, ienne |ʒyʀasjɛ̃, jɛn| *adj.* **1** del Giura (*loc.inv.*): *montagnes jurassiennes* montagne del Giura; *montagnards jurassiens* montanari del Giura **2** (*géogr.*) *relief jurassien* rilievo giurassico*, giurese.

jurassique |ʒyʀasik| *adj.* (*géol.*) giurassico*, giurese: *période jurassique* periodo giurassico ✦ (*s.m.*) *le jurassique* il giurassico.

juratoire |ʒyʀatwaʀ| *adj.* (*dr.*) *caution juratoire* garanzia prestata sotto il vincolo del giuramento.

juré |ʒyʀe| *s.* (*dr.*) giurato: *les jurés ont déclaré l'accusé coupable* i giurati hanno dichiarato l'imputato colpevole.

juré, ée |ʒyʀe| *adj.* **1** *ennemi juré* [*déclaré, acharné*] nemico giurato **2** (*anc. dr.*) giurato.

jurement |ʒyʀmɑ̃| *s.m.* (*vieilli*) [*exclamation, imprécation sacrilège*] imprecazione *f.*, bestemmia *f.* → **blasphème, juron.**

jurer |ʒyʀe| **A** *v.tr.* **1** [*promettre* (*qqch.*) *par un serment*] giurare: *jurer fidélité, obéissance à qqn.* giurare fedeltà, obbedienza a qc.; *jurer de faire qqch.* giurare di fare q.c.; *jure-moi que ce n'est pas vrai* giurami che non è vero → **engager (s')** **2** [*affirmer solennellement, fortement*] giurare: *je vous jure que je n'ai pas fait cela* le giuro che non l'ho fatto; *je vous jure que non* vi giuro di no → **assurer, déclarer** ◇ (*fam.*) [*exclamation d'indignation*] *ah, je vous jure!* questa poi! **3** *loc.* JURER DE (QQCH.) [*affirmer de façon catégorique* (*qu'une chose est ou n'est pas*)] giurarci: *j'en jurerais* ci giurerei; *je n'en jurerais pas* non ci giurerei # *il ne faut jurer de rien* non bisogna mai essere sicuri di niente **B** *v.intr.* **1** [*faire un serment*] giurare: *jurer sur la Bible, sur le crucifix* giurare sulla Bibbia, sul crocifisso ◇ (*loc.*) *on ne jure plus que par lui* [*on l'admire, on l'imite en tout*] è l'idolo del momento, c'è solo lui **2** [*dire des imprécations, des jurons*] bestemmiare, imprecare: *jurer comme un charretier* bestemmiare come un turco, come un facchino; *jurer contre, après qqn., qqch.* imprecare contro qc., q.c. → **blasphémer** **3** (*choses*) [*aller mal avec, ensemble*] stridere*, fare (103) a pugni: *couleurs qui jurent* (*entre elles*) colori che stridono, che fanno a pugni → **détonner.**

jureur |ʒyʀœʀ| *s.m.* **1** (*anc. dr.*) colui che ha prestato giuramento ◇ (*hist.*) *les prêtres jureurs, assermentés* i preti giurati **2** (*vx.*) → **blasphémateur.**

juridiction |ʒyʀidiksjɔ̃| *s.f.* giurisdizione: *juridiction pleine, entière* giurisdizione piena, intera; *juridiction contentieuse, gracieuse* giurisdizione contenziosa, volontaria; *dans sa juridiction, hors de sa juridiction* nella propria giurisdizione, fuori dalla propria giurisdizione; *juridictions administratives, civiles* giurisdizioni amministrative, civili; *porter une affaire devant la juridiction compétente* portare una causa davanti alla giurisdizione competente → **compétence,** 2 **ressort.**

juridictionnel, elle |ʒyʀidiksjɔnɛl| *adj.* (*dr.*) giurisdizionale: *pouvoir juridictionnel* potere giurisdizionale.

juridique |ʒyʀidik| *adj.* **1** [*qui se fait en justice, devant la justice*] legale: *action juridique* azione legale; *preuve juridique* prova legale → **judiciaire** **2** [*qui a rapport au droit*] giuridico*: *fait juridique* fatto giuridico; *actes juridiques* atti giuridici; *études juridiques* studi giuridici.

juridiquement |ʒyʀidikmã| *adv.* **1** [*devant la justice, en justice*] legalmente: *sentence juridiquement prononcée* sentenza emessa legalmente **2** [*au point de vue du droit*] giuridicamente: *être juridiquement dans son tort* essere giuridicamente dalla parte del torto.

juridisme |ʒyʀidism(ə)| *s.m.* formalismo giuridico*.

jurisconsulte |ʒyʀiskɔ̃sylt(ə)| *s.m.* giureconsulto.

jurisprudence |ʒyʀispʀydãs| *s.f.* giurisprudenza # *recueil de jurisprudence* raccolta di sentenze.

jurisprudentiel, ielle |ʒyʀispʀydãsjɛl| *adj.* (*dr.*) giurisprudenziale: *précédent jurisprudentiel* precedente giurisprudenziale; *débats jurisprudentiels* dibattiti giurisprudenziali.

juriste |ʒyʀist(ə)| *s.m.* giurista → **jurisconsulte.**

juron |ʒyʀɔ̃| *s.m.* [*terme grossier dont on se sert pour jurer* (B 2)] bestemmia (*f.*): *pousser, lâcher un juron* tirare una bestemmia → **blasphème** ◇ [*exclamation, grossièreté qui n'évoque pas une chose sacrée*] imprecazione *f.*

jury |ʒyʀi| *s.m.* **1** [*groupe de jurés désignés pour une affaire judiciaire*] giuria *f.* ◇ (*dr. civ.*) *jury d'expropriation* commissione per gli espropri **2** [*ensemble d'examinateurs*] giuria: *la délibération du jury* la decisione della giuria; *jury d'une exposition de peinture, d'un prix littéraire* giuria di un'esposizione di pittura, di un premio letterario # *jury de concours* commissione (esaminatrice) di un concorso; *jury d'examen* commissione d'esame ◇ (*sport*) giuria.

jus |ʒy| *s.m.* **I** **1** [*liquide contenu dans une substance végétale*] succo*, sugo*: *le jus des fruits* il succo, il sugo dei frutti; *un jus de fruits* un succo di frutta; *jus de réglisse* succo di liquirizia; *exprimer le jus d'une orange, d'un citron* spremere il succo di un'arancia, di un limone; *boire un jus de tomate* bere un succo di pomodoro → **suc** ◇ (*fam.*) *le jus de la treille* [*le vin*] il vino (*cour.*) **2** [*liquide rendu par une viande qui cuit*] sugo: *carottes au jus* carote al sugo; *viande qui cuit dans son jus* carne che cuoce nel suo sugo; *je n'aime pas le jus de viande* non mi piace il sugo della carne ◇ (*loc. fam.*) *laisser qqn. cuire, mijoter dans son jus* lasciar cuocere qc. nel suo brodo **3** (*pop.*) [*café*] caffè *inv.* (*cour.*): *un bon jus* un buon caffè **4** *pop.* AU, DANS LE JUS [*dans l'eau*] in acqua (*cour.*): *balancer un type au jus* scaraventare uno in acqua **II** **1** (*fam.*) [*dissertation scolaire*] tema (*cour.*) ◇ [*exposé, discours*] discorsetto **2** (*pop.*) [*courant électrique*] corrente *f.* (elettrica*) (*cour.*): *mettre le jus* innestare la corrente; *il n'y a plus de jus* non c'è più corrente # *un court-jus* un cortocircuito **3** (*pop.*) *ça vaut le jus* [*la peine*] ne vale la pena (*cour.*).

jusant |ʒyzã| *s.m.* (*mar.*) deflusso, riflusso.

jusée |ʒyze| *s.f.* (*techn.*) soluzione tannica*: *bain de jusée* bagno di soluzione tannica.

jusqu'au-boutisme |ʒyskobutism(ə)| *s.m.* [*politique, conduite extrémiste*] estremismo.

jusqu'au-boutiste |ʒyskobutist(ə)| *s.* [*personne qui va jusqu'au bout de ses idées politiques*] estremista.

jusque |ʒysk(ə)| (*marquant 'le terme final, la limite que l'on ne dépasse pas'*) **I** *prép.* (*suivie le plus souvent de 'à', d'une autre prép. ou d'un adv.*) **1** (*lieu*) JUSQU'À fino (sino) a: *jusqu'à terre* fino a terra; *rempli jusqu'au bord* riempito fino al bordo; *aller jusqu'à Paris* andare fino a Parigi; *poli jusqu'à l'obséquiosité* forbito fino all'ossequiosità; *pousser la méchanceté jusqu'au sadisme* spingere la cattiveria fino al sadismo; *jusqu'au bout des ongles* fino alla punta delle unghie; *rougir jusqu'aux oreilles* arrossire fino alla punta dei capelli # *se gratter jusqu'au sang* grattarsi a sangue ◇ (*fig.*) *jusqu à un certain point* fino a un certo punto; *être plongé jusqu'au cou dans les études* essere immerso negli studi fino al collo ◇ (*devant un inf., après les v. 'aller, pousser'*) *il est allé jusqu'à prétendre qu'on ne l'avait pas averti* è arrivato a sostenere che non lo si era avvertito **2** (*temps*) fino a: *jusqu'à la dernière minute, au dernier moment* fino all'ultimo minuto, all'ultimo momento; *jusqu'à la fin* fino alla fine; *jusqu'à ce jour, nos jours* fino ad oggi, ai nostri giorni; *jusqu'à preuve du contraire* fino a prova contraria; *jusqu'à plus ample informé* fino a un supplemento di istruttoria; *jusqu'à nouvel ordre* fino a nuovo ordine; *il a vécu jusqu'à quatre-vingt-quatre ans* ha vissuto fino a 84 anni; *du matin jusqu'au soir* da mattina (fino) a sera **3** JUSQUE (*combiné avec 'y compris', 'inclus'*) fino a: *jusque et y compris la page vingt* fino a pagina venti compresa; *jusqu'au 17 décembre inclus* fino al 17 dicembre compreso ◇ (*combiné avec 'tout, tous'*) perfino (persino): *tous jusqu'à sa femme, l'ont abandonné* tutti, perfino sua moglie, l'hanno abbandonato; *il a tout perdu, jusqu'à sa maison* ha perso tutto, persino la casa → **même** **4** JUSQUE (+ *prép. autre que 'à'*): *il l'a accompagnée jusque chez elle* l'ha accompagnata fino a casa; *je vous attendrai jusque vers onze heures et demie* vi aspetterò fino verso le undici e mezza **5** JUSQUE (+ *adv.*) fino: *jusqu'alors, jusqu'à présent* fino ad allora, fino ad ora; *jusqu'ici, jusqu'à maintenant* fin qui (qua), fino ad ora; *jusqu'à hier, jusqu'à aujourd'hui* fino a ieri, fino ad oggi; *jusqu'à quand?* fino a quando? ~ JUSQU'OÙ fin dove: *jusqu'où cela va-t-il nous mener* chissà fin dove la cosa ci porterà, dove andremo a finire; *je ne sais pas jusqu'où il pourra arriver* non so fin dove potrà arrivare ◇ *loc. fig., fam.* EN AVOIR JUSQUE-LÀ [*être excédé*] averne abbastanza, fin sopra i capelli: *j'en ai jusque-là de vos histoires!* ne ho abbastanza, fin sopra i capelli delle vostre storie! **II** *adv.* persino, anche: *jusqu'à lui qui nous a trahis!* perfino, anche lui ci ha traditi! *il y a des noms et jusqu'à des personnes que j'ai complètement oubliés* ci sono nomi e perfino persone che ho completamente dimenticato; *vous avez compromis jusqu'à mon honneur* avete compromesso anche il mio onore → **même** **III** *conj.* **1** JUSQU'À CE QUE (+ *subj.*) [*jusqu'au moment où*] finché (sinché) (+ *subj. ou ind.*): *ne partez pas jusqu à ce qu'il soit revenu* [*avant qu'il ne soit revenu*] non partite finché non sia tornato; *jusqu'à ce qu'il ait fini* finché non abbia, non avrà finito # *jusqu'à ce que je revienne* fino al mio ritorno **2** (*région., vx.*) *jusqu'à tant que* [*jusqu'à ce que*] finché.

jusquiame |ʒyskjam| *s.f.* (*t.bot.*) giusquiamo *m.*

justaucorps |ʒystokɔʀ| *s.m.* (*ancienn.*) [*vêtement masculin*] giustacuore.

1 **juste** |ʒyst(ə)| *adj.* **I** **1** (*personnes*) giusto: *être juste pour, envers, à l'égard de qqn.* essere giusto con qc., nei confronti di qc.; *il faut être juste* bisogna essere giusti → **honnête, équitable** ◇ (*exclam.*) *juste ciel!, justes dieux!* santo cielo!, santi numi! ✦ (*s.m.*) *les justes* i giusti: *dormir du sommeil du juste* dormire il sonno del giusto **2** (*choses*) giusto: *guerre juste* guerra giusta; *convoler en justes noces* convolare a giuste nozze **3** (*devant le nom*) giusto: *de justes revendications* giuste rivendicazioni → **fondé, légitime** # *à juste titre* a buon diritto, a ragione; *il a juste sujet de s'alarmer* ha motivo di, ha di che allarmarsi **II** **1** [*qui a de la justesse; qui convient bien*] giusto: *l'heure juste* l'ora giusta; *le mot juste* la parola giusta; *le juste milieu* il giusto mezzo, la via di mezzo; *l'addition est juste* il conto è giusto, è esatto; *estimer les choses à leur juste prix* valutare le cose secondo il loro giusto prezzo → **adéquat, exact** **2** (*d'un son*) intonato: *note, voix juste* nota, voce intonata ◇ [*qui fonctionne*

avec exactitude et précision] *montre juste* orologio esatto **3** [*conforme à la vérité, au bon sens*] giusto: *dire des choses justes* dirla giusta; *c'est juste, rien de plus juste* è giusto, nulla di più giusto, esatto → **authentique, exact,** 2 **logique, vrai** # *très juste* giustissimo; *comparaison juste* paragone appropriato → **heureux** ◆ (*s.m.*) *être dans le juste* essere nel giusto **4** [*qui apprécie bien, avec exactitude*] buono: *avoir le coup d'œil juste, l'oreille juste* avere buona vista, buon udito **5** (*vêtements, chaussures*) [*qui est trop ajusté*] giusto: *ce pantalon est trop juste* questi pantaloni sono troppo giusti; *mes souliers sont trop justes* le mie scarpe sono troppo giuste → **étroit, petit** **6** (*fig.*) [*qui suffit à peine*] scarso, insufficiente: *repas trop juste pour dix personnes* pasto troppo scarso per dieci persone; *c'est un peu juste* è un po' scarso → 1 **court** © 1 1 **injuste**; II 1 **faux, inexact.**

2 **juste** |ʒyst(ə)| *adv.* **1** [*avec exactitude, comme il faut, comme il convient*] giusto: *voir juste* vedere giusto # *j'avais deviné juste* avevo previsto bene; *il tombe juste* arriva a proposito ◇ [*avec précision*] *tirer, viser juste* tirare, mirare giusto; *mesurer juste* misurare giusto, esattamente; *frapper, toucher juste* colpire, toccare giusto, con precisione **2** [*exactement, précisément*] proprio: *l'avion est passé juste au-dessus de la maison* l'aereo è passato proprio sopra la casa; *cela s'est passé juste comme il le voulait* è successo proprio come desiderava; *juste ce qu'il faut* proprio quel che ci vuole **3** [*d'une manière trop stricte; en quantité à peine suffisante*] giusto; appena (appena): *cela lui coûte juste la peine de se baisser* ciò gli costa giusto lo sforzo di abbassarsi → **seulement** || *il sait tout juste lire* sa appena leggere; *c'est tout juste passable* è appena appena passabile; *il s'est vendu tout juste cinq cents exemplaires* sono state vendute appena cinquecento copie → 1 **tout (au plus), peine (à)** **4** *loc. adv.* AU JUSTE esattamente: *on ne savait pas au juste ce que c'était* non si sapeva esattamente cosa fosse → **exactement** **5** *loc.* COMME DE JUSTE [*comme il se doit*] come è giusto: *comme de juste je gagnais assez* guadagnavo abbastanza, come era anche giusto; [*comme il est habituel*] come al solito: *comme de juste il est en retard* come al solito è in ritardo.

justement |ʒystəmɑ̃| *adv.* **I** **1** (*rare*) [*à bon droit, avec raison*] a ragione *loc.inv.*, giustamente: *craindre justement pour son sort* temere a ragione per la propria sorte ◇ [*conformément à la justice*] giustamente: *ses efforts ont été justement récompensés* i suoi sforzi sono stati giustamente ricompensati **2** [*avec justesse*] precisamente, esattamente: *on dira plus justement que...* si dirà più precisamente, più esattamente che... **II** *adv. de phrase* **1** (*pour marquer l'exacte concordance de deux faits, d'une idée et d'un fait*) proprio, (per l') appunto: *c'est justement ce qu'il ne fallait pas faire* è proprio quello che non bisognava fare → **exactement** # *il va venir; justement le voici* sta per arrivare; anzi, eccolo (qua) **2** (*en tête de phrase*) [*précisément, à plus forte raison*] appunto: '*il sera peiné de l'apprendre*' '*justement ne lui dites rien!*' 'gli dispiacerà molto saperlo' 'appunto, non ditegli nulla'.

justesse |ʒystɛs| *s.f.* **1** [*qualité qui rend une chose parfaitement appropriée à sa destination*] giustezza: *justesse et précision d'une balance* giustezza e precisione di una bilancia ◇ (*abstrait*) esattezza: *comparaison qui manque de justesse* paragone che manca di esattezza → **correction, exactitude** **2** [*qualité qui permet d'exécuter très exactement une chose*] giustezza: *justesse de tir* giustezza di tiro → **précision** # *apprécier avec justesse* valutare con esattezza ◇ (*spécialt.*) [*qualité qui permet d'apprécier très exactement*] *justesse de l'oreille* finezza d'udito; *justesse d'esprit* equilibrio, avvedutezza **3** *loc.adv.* DE JUSTESSE [*sans rien de trop*] di (stretta) misura: *gagner de justesse* vincere di stretta misura # *il a évité de justesse la collision* ha evitato per un pelo la collisione.

justice |ʒystis| *s.f.* **1** (*principe moral*) giustizia: *faire régner la justice* far regnare la giustizia; *agir selon, contre la justice* agire secondo giustizia, contro la giustizia ◇ (*loc.*) *en bonne justice* [*selon ce qui est de droit*] secondo giustizia ~ *c'est justice, ce n'est que justice* è giusto, se l'è meritato → 1 **juste** **2** [*pouvoir de faire régner le droit; exercice de ce pouvoir*] giustizia: *justice sommaire* giustizia sommaria; *administrer, exercer, rendre la justice* amministrare, esercitare, rendere giustizia; *obtenir justice* ottenere, avere giustizia ◇ (*dr.*) *cour de justice* corte di giustizia; *frais de justice* spese processuali ◇ *loc.* FAIRE JUSTICE DE QQCH. fare giustizia di q.c.: *le temps a fait justice de...* il tempo ha fatto giustizia di... ~ *faire, rendre justice à qqn.* fare, rendere giustizia a qc.; *l'avenir, la postérité lui rendra justice* l'avvenire, la posterità gli renderà giustizia # *il faut lui rendre cette justice qu'il a fait ce qu'il a pu* bisogna riconoscere che ha fatto quanto ha potuto ~ *se faire justice* (*à soi-même*) [*se venger*] farsi giustizia (da sé) **3** [*organisation du pouvoir judiciaire*] giustizia: *palais de justice* palazzo di giustizia; *exercer un droit en justice* difendere un diritto davanti alla giustizia # *débats en justice* dibattimenti giudiziari; *défense des droits devant la justice, en justice* difesa dei diritti per vie legali; *être appelé, assigné, cité en justice* essere chiamato, convocato, citato a giudizio ◇ [*police judiciaire*] *la justice le recherche* la giustizia lo ricerca # *repris de justice* pregiudicato, criminale recidivo **4** [*l'ensemble des juridictions de même catégorie*] giustizia: *justice administrative, civile, commerciale, militaire* giustizia amministrativa, civile, commerciale, militare # *le ministère de la Justice* il ministero di Grazia e Giustizia; *la justice de paix* [*le tribunal du juge de paix*] il tribunale del giudice conciliatore **5** *la justice* [*personnifiée par une femme*] la giustizia.

justiciable |ʒystisjabl(ə)| *adj.* **1** [*qui relève de certains juges, de leur juridiction*] soggetto a giurisdizione: *criminel justiciable des tribunaux français* criminale soggetto alla giurisdizione francese ◆ (*s.m.*) *les justiciables* le parti *f.* in giudizio **2** [*qui relève* (*d'un traitement, d'une mesure*)] *malade justiciable d'une cure thermale* malato che necessita di cure termali; *il est justiciable de révocation* è passibile di revoca.

justicier, ière |ʒystisje, jɛʀ| *s.* giustiziere.

justifiable |ʒystifjabl(ə)| *adj.* **1** [→ 1 JUSTIFIER A 1] giustificabile, scusabile: *sa conduite n'est pas justifiable* il suo comportamento non è giustificabile → **défendable, excusable** **2** [→ 1 JUSTIFIER A 3, 5] spiegabile: *c'est un choix difficilement justifiable* è una scelta difficilmente spiegabile © 2 **injustifiable.**

justifiant, ante |ʒystifjɑ̃, ɑ̃t| *adj.* (*relig.*) *grâce justifiante* grazia giustificante.

justificateur, trice |ʒystifikatœʀ, tʀis| **1** *adj.* [*qui* (1) *justifie* (A 1)] giustificativo, giustificatore* (*rare*): *témoignage justificateur* testimonianza giustificativa, giustificatrice **2** *s.m.* [*ouvrier typographe qui fait la* (2) *justification*] tipografo giustificatore ◇ (*techn.*) dispositivo per la giustificazione.

justificatif, ive |ʒystifikatif, iv| *adj.* **1** [*qui sert à justifier qqn.*] giustificatorio*, giustificativo: *fait, mémoire justificatif* fatto, documento giustificatorio, giustificativo **2** [*qui sert à prouver ce qu'on allègue*] giustificativo: *documents justificatifs, pièces justificatives* documenti giustificativi, pezze giustificative; (*exemplaires*) *justificatifs* [*exemplaires* (*d'un journal, d'une revue*) *adressés aux personnes qui ont fait insérer une annonce*] giustificativi *s.m.* di pubblicità.

1 **justification** |ʒystifikɑsjɔ̃| *s.f.* **1** [→ 1 JUSTIFIER A 1, 2; C] giustificazione: *la justification de sa conduite, de ses actes* la giustificazione della sua condotta, delle sue azioni; *chercher, fournir des justifications* cercare, fornire giustificazioni; *qu'avez-vous à dire pour votre justification?* che avete da dire a vostra giustificazione, discolpa? → 2 **décharge,** 1 **défense**; *demander des justifications* chiedere giustificazioni, spiegazioni **2** [→ 1 JUSTIFIER A 5] giustificazione, prova: *justification d'un fait, d'un paiement* giustificazione di un fatto, di un pagamento; *la justification de son identité* la prova della propria identità.

2 **justification** |ʒystifikɑsjɔ̃| *s.f.* (*imprim.*) giustificazione: *la justification d'un livre* la giustificazione di un libro.

1 **justifier** |ʒystifje| **A** *v.tr.* **1** [*innocenter* (*qqn.*) *en expliquant sa conduite*] giustificare, discolpare: *ses bonnes intentions le justifient* le sue buone intenzioni lo giustificano; *justifier qqn. d'une erreur* discolpare qc. da uno sbaglio → 2 **décharger, disculper** **2** [*rendre* (*qqch.*) *légitime*] giustificare: *théorie qui justifie tous les excès* teoria che giustifica tutti gli eccessi → **autoriser, légitimer** ◇ (*prov.*) *la fin justifie les moyens* il fine giustifica i mezzi **3** [*faire, admettre* (*qqch.*) *comme juste, légitime*] giustificare, motivare: *son revenu ne justifie pas ce train de vie* il suo reddito non giustifica questo tenore di vita; *justifiez vos critiques* motivate le vostre critiche → **expliquer, motiver** ◆ (*au p.p.*) *ses craintes ne sont pas justifiées* i suoi timori sono ingiustificati, infondati **4** [*confirmer* (*un jugement, un sentiment*)] confermare: *l'événement a justifié notre opinion, nos espoirs* l'avvenimento ha confermato la nostra

opinione, le nostre speranze → **vérifier** **5** [*montrer (qqch.) comme vrai, juste, par des arguments, des preuves*] giustificare: *justifier ce qu'on affirme* giustificare le proprie affermazioni; *justifier l'emploi des sommes reçues* giustificare l'uso delle somme ricevute → **démontrer, prouver** **B** *v.intr.* (*dr.*) JUSTIFIER DE (QQCH.) [*le prouver*] provare *tr.*, dimostrare *tr.* q.c.: *justifier de son identité en montrant ses papiers* provare, dimostrare la propria identità mostrando i documenti; *reçu qui justifie d'un paiement* ricevuta che dimostra un pagamento **C** *v.pron.réfl.* SE JUSTIFIER [*démontrer son innocence*] giustificarsi, discolparsi: *se justifier auprès de qqn.* giustificarsi con qc.; *se justifier d'une accusation* discolparsi da un'accusa.

2 **justifier** |ʒystifje| *v.tr.* (*imprim.*) [*mettre (une ligne) à la longueur voulue*] giustificare: *justifier le composteur* giustificare il compositoio; *justifier une ligne* giustificare una riga.

jute |ʒyt| *s.m.* (*t.bot.*) iuta *f.* ◇ [*fibre textile*] *toile de jute* tela di iuta.

juter |ʒyte| *v.intr.* **1** [*rendre du jus*] fare (103) *tr.*, dare (102) *tr.* sugo, succo: *rôti qui jute beaucoup* arrosto che fa molto sugo # *fruit qui jute* frutto succoso, sugoso **2** (*pop.*) [*laïusser, parler*] concionare.

juteux, euse |ʒytø, øz| **1** *adj.* [*qui a beaucoup de jus*] succoso, sugoso: *poire juteuse* pera succosa **2** *s.* (*arg. milit.*) → **adjudant.**

juvénile |ʒyvenil| *adj.* (*se dit des qualités propres à la jeunesse*) giovanile: *fraîcheur, grâce juvénile* freschezza, grazia giovanile; *sourire juvénile* sorriso giovanile; *ardeur juvénile* ardore giovanile → **jeune** Ⓒ **sénile, vieux.**

juvénilité |ʒyvenilite| *s.f.* (*littér.*) giovinezza (*cour.*), freschezza (giovanile): *la juvénilité de son expression* la freschezza della sua espressione → **jeunesse.**

juxta- |ʒyksta| *préf.* (*signifiant 'près de', correspond généralt. à*) giusta: *juxtaposition* giustapposizione.

juxtalinéaire |ʒykstalineeʀ| (*adj.*) *traduction juxtalinéaire* traduzione a fronte *loc.inv.*

juxtaposable |ʒykstapozabl(ə)| *adj.* [→ JUXTAPOSER] che può essere giustapposto, accostato, affiancato *loc.* # *meubles juxtaposables* (mobili) componibili.

juxtaposé, ée |ʒykstapoze| *adj.* [*qui est mis à côté, sans lien, sans liaison*] giustapposto; accostato, affiancato: *mots juxtaposés* parole giustapposte; *propositions juxtaposées* proposizioni giustapposte; *ce livre n'est fait que d'idées juxtaposées* questo libro non è fatto che di idee giustapposte.

juxtaposer |ʒykstapoze| *v.tr.* [*mettre(plusieurs choses) l'une contre l'autre sans les relier*] accostare, affiancare; giustapporre (168): *juxtaposer une chose à une autre, une chose et une autre* accostare, affiancare una cosa ad un'altra, una cosa e un'altra → **accoler** ‖ *juxtaposer deux mots* giustapporre due parole.

juxtaposition |ʒykstapozisjɔ̃| *s.f.* [→ JUXTAPOSER] giustapposizione; accostamento *m.*, affiancamento *m.*

K

k |kɑ| *s.m.* [*onzième lettre de l'alphabet*] k (*m. ou f.*): *k minuscule* k minuscolo; *K majuscule* K maiuscola ◇ (*télécom.*): (*en France*) *K comme Kléber*; (*en Belgique*) *K comme kilo* K come Kursaal.
kabbale |kabal| *s.f.* → **cabale.**
kabuki |kabuki| *s.m.* (*jap.*) kabuki *inv.*
kadi |kadi| *s.m.* → **cadi.**
kafkaïen, ïenne |kafkajɛ̃, jɛn| *adj.* kafkiano.
kaïnite |kainit| *s.f.* (*minér.*) kainite.
kaiser |kajzɛʀ, kɛzɛʀ| *s.m.* (*all.*) kaiser *inv.*
kakatoès |kakatɔɛs| *s.m.* → **cacatoès.**
1 **kaki** |kaki| *s.m.* (*t.bot.*) cachi *inv.*, kaki *inv.* ◇ [*son fruit*] cachi, kaki.
2 **kaki** |kaki| *adj.inv.* [*d'une couleur jaunâtre tirant sur le brun*] cachi, kaki: *toile kaki* tela cachi, kaki ◆ (*s.m.*) *le kaki* il (color) cachi, il kaki.
kaléidoscope |kaleidɔskɔp| *s.m.* caleidoscopio*.
kaléidoscopique |kaleidɔskɔpik| *adj.* caleidoscopico*.
kamikaze |kamikaze| *s.m.* (*jap.*) kamikaze *inv.*
kan, khan |kɑ̃| *s.m.* → **caravansérail.**
kangourou |kɑ̃guʀu| *s.m.* canguro.
kapok, capoc |kapɔk| *s.m.* (*techn.*) kapok *inv.*
kapokier |kapɔkje| *s.m.* (*t.bot.*) ceiba *f.* → **fromager.**
kappa |ka(p)pa| *s.m.* [*lettre de l'alphabet gr.*] kappa *s.m. ou f.inv.*, cappa *s.m. ou f.inv.*
karaté |kaʀate| *s.m.* (*jap.*) karatè *inv.*
karbau |kaʀbo|, **kérabau** |keʀabo| *s.m.* (*t.zool.*) bufalo malese.
karité |kaʀite| *s.m.* (*t.bot.*) karité *inv.*
karma |kaʀma|, **karman** |kaʀman| *s.m.sing.* karma.
karstique |kaʀstik| *adj.* (*géogr.*) carsico*: *dolines karstiques* doline carsiche.
kart |kaʀt| *s.m.* (*angl.*) (*sport*) kart *inv.*
karting |kaʀtiŋ| *s.m.* (*angl.*) (*sport*) kartismo.
kascher, cascher, cawcher |kaʃɛʀ| *adj.inv.* (*relig. jud.*) kasher.
kava, kawa |kava| *s.m.* (*en Polynésie*: *boisson*) kava *f.*
kayac, kayak |kajak| *s.m.* (*embarcation esquimau*) kayak (*inv.*): *descendre une rivière en kayac* discendere un fiume in kayak.
kéfir, képhir |kefiʀ| *s.m.* (*boisson*) kefir *inv.*
kénotron |kenɔtʀɔ̃| *s.m.* (*électr.*) diodo a vuoto spinto.
kentrophylle |kɛ̃tʀɔfil| *s.m.* (*t.bot.*) cartamo.
kényan, ane |kenjɑ̃, an| *adj.* [*du Kénya*] keniota.
képi |kepi| *s.m.* kepì *inv.*
képlérien, ienne |kepleʀjɛ̃, jɛn| *adj.* kepleriano.
kératine |keʀatin| *s.f.* (*anat.*) cheratina.
kératinisé, ée |keʀatinize| *adj.* (*anat.*) cheratinizzato.
kératite |keʀatit| *s.f.* (*méd.*) cheratite.
kérat(o)- |keʀat(o)| *préf.* (*signifiant 'corne, cornée', correspond généralt. à*) cherat(o)-: *kératine* cheratina; *kératoplastie* cheratoplastica.
kératoplastie |keʀatɔplasti| *s.f.* (*méd.*) cheratoplastica*.
kératose |keʀatoz| *s.f.* (*méd.*) cheratosi (*inv.*): *kératose sénile* cheratosi senile.
kermès |kɛʀmɛs| *s.m.* **1** (*t.zool.*) chermes *inv.* ◇ [*teinture*] chermes, cremisi *inv.* **2** (*t.bot.*) *chêne-kermès* quercia coccifera.
kermesse |kɛʀmɛs| *s.f.* kermesse *inv.*
kérosène |keʀozɛn| *s.m.* cherosene, kerosene.
kerrie |keʀi| *s.f.* (*t.bot.*) spirea.
ketch |kɛtʃ| *s.m.* (*mar.*) ketch *inv.*
ketchup |kɛtʃœp| *s.m.* (*angl.*) (*cuis.*) ketchup *inv.*
ketmie |kɛtmi| *s.f.* (*t.bot.*) ibisco* *m.*
keynésien, ienne |kenezjɛ̃, jɛn| *adj.* (*écon.*) keynesiano.
khâgne |ka(ɑ)ɲ| *s.f.* → **cagne.**
khâgneux |ka(ɑ)ɲø| *s.m.* → 1 **cagneux.**
khalifat |kalifa| *s.m.* → **califat.**
khalife |kalif| *s.m.* → **calife.**
1 **khan** |kɑ̃| *s.m.* [*titre que prenaient les souverains mongols, les chefs tartares*] khan *inv.*
2 **khan** |kɑ̃| *s.m.* → **kan.**
khmer, khmère |kmɛʀ| **1** *adj.* [*des khmers*] khmer (*inv.*): *la population khmère* la popolazione khmer **2** (*s.m.*) *les khmers rouges* [*les forces partisanes opérant au Cambodge dans les années '70*] i khmer *inv.* rossi.
khôl |kɔl|, **kohol** |kɔɔl|, **koheul** |kɔœl| *s.m.* [*fard de couleur sombre employé par les indigènes d'Afrique du Nord*] ⊠.
kibboutz |kibuts| *s.m.inv.* (*en Israël*) kibbutz.
kichenotte |kiʃnɔt| *s.f.* (*dial.*) (*dans l'Ouest de la France*) [*coiffe ou capeline*] ⊠.
kidnappage |kidnapaʒ| *s.m.* (*surtout d'un enfant*) [*enlèvement*] rapimento, kidnapping *inv.*
kidnapper |kidnape| *v.tr.* [*enlever* (*sourtout un enfant*)] rapire (197): *kidnapper un enfant* rapire un bambino.
kidnappeur, euse |kidnapœʀ, øz| *s.* [*personne qui kidnappe*] rapitore*.
kidnapping |kidnapiŋ| *s.m.* → **kidnappage.**
kief |kjɛf|, **kif** |kif| *s.m.* [*mélange de tabac et de chanvre indien*] tabacco* alla marijuana.
kieselgu(h)r |kizɛlguʀ| *s.m.* (*minér.*) tripoli *inv.*
kiesérite |kjezeʀit| *s.f.* (*chim.*) kieserite.
kif-kif |kifkif| *adj.inv.* (*fam.*) *c'est kif-kif* [*c'est la même chose*] fa lo stesso (*pron. dim.*): *celui-ci ou celui-là, c'est kif-kif!* questo o quello fa lo stesso ◇ (*pop.*) *c'est du kif* [*c'est la même chose*] è la stessa cosa, è lo stesso.
kiki |kiki| *s.m.* (*fam.*) [*gorge, gosier*] gargarozzo (*pop.*), gola *f.* (*cour.*) # *serrer le kiki à qqn.* tirare il collo a qc.
kil |kil| *s.m.* (*pop.*) *un kil de rouge* [*un litre*] un litro (*cour.*) di rosso.
kilo- |kilɔ| *préf.* (*signifiant 'mille, mille fois', correspond généralt. à*) chilo: *kilocalorie* chilocaloria; *kilogramme* chilogrammo.
kilo |kilo| *s.m.* chilo: *cinquante kilos* cinquanta chili → **kilogramme.**
kilocalorie |kilɔkalɔʀi| *s.f.* (*phys.*) chilocaloria.
kilocycle |kilɔsikl(ə)| *s.m.* (*phys.*) chilociclo, chilohertz *inv.*
kilogramme |kilɔgʀam| *s.m.* chilogrammo.
kilogrammètre |kilɔgʀammɛtʀ(ə)| *s.m.* (*phys.*) chilogrammetro.
kilométrage |kilɔmetʀaʒ| *s.m.* **1** [→ KILOMETRER] chilometraggio*: *kilométrage d'un parcours* chilometraggio di un percorso **2** [*nombre de kilomètres parcourus*] chilometraggio: *kilométrage d'une voiture* chilometraggio di un'automobile.
kilomètre |kilɔmɛtʀ(ə)| *s.m.* chilometro: *faire des kilomètres, marcher pendant des kilomètres* fare chilometri, camminare per (dei) chilometri; *voiture qui fait 130 kilomètres à l'heure, 130 kilomètres-heure* auto che fa (i) 130 (chilometri) all'ora; *faire du 130* fare (i) 130 (chilometri) all'ora; *prix pour un kilomètre* costo al chilometro; *kilomètre carré* (km^2) chilometro quadrato ◇ (*collectif, fam.*) *bouffer du kilomètre* [*faire de la route sans s'arrêter*] divorare chilometri.
kilométrer |kilɔmetʀe| (8) *v.tr.* [*mesurer en kilomètres*] calcolare il chilometraggio: *kilométrer une route* calcolare il chilometraggio di una strada.
kilométrique |kilɔmetʀik| *adj.* chilometrico*: *distance kilométrique* distanza chilometrica; *bornes kilométriques* cippi chilometrici.
kilotonne |kilɔtɔn| *s.f.* chiloton *m. inv.*
kilowatt |kilɔwat| *s.m.* chilowatt *inv.*
kilowatt-heure |kilɔwatœʀ| *s.m.* (*électr.*) chilowattora (*inv.*): *des kilo-*

watts-heures dei chilowattora.
kilt |kilt| *s.m.* (*angl.*) kilt *inv.*
kimono |kimɔno| *s.m.* (*jap.*) chimono: *kimono de soie brodée* chimono di seta ricamata ✦ (*par appos.*) *manches kimono* maniche a chimono; *robe kimono* vestito con maniche a chimono.
kinase |kinɑz| *s.f.* (*biol.*) chinasi *inv.*
kinescope |kinɛskɔp| *s.m.* cinescopio*.
kin(ési)- |kin(ezi)| *préf.* (*signifiant 'mouvement', correspond généralt. à*) ci-n(esi): *kinescope* cinescopio; *kinésithérapie* cinesiterapia.
kinésithérapeute |kineziteʀapøt| *s.* esperto di cinesiterapia, di kinesiterapia: *masseur kinésithérapeute* massaggiatore esperto di cinesiterapia, di kinesiterapia.
kinésithérapie |kineziteʀapi| *s.f.* (*méd.*) cinesiterapia, kinesiterapia.
kinestésie |kinɛstezi| *s.f.* (*psycho.*) cinestesi *inv.*
kinesthésique |kinɛstezik|, **kinésique** |kinezik| *adj.* cinestetico*.
kiosque |kjɔsk(ə)| *s.m.* **1** [*pavillon de jardin ouvert*] chiosco*: *kiosque à musique* chiosco per la musica **2** [*édicule où l'on vend des journaux, des fleurs, etc.*] chiosco: *kiosque à journaux* chiosco dei giornali, edicola; *kiosque à fleurs* chiosco dei fiori **3** [*abri vitré sur le pont d'un navire*] casotto: *kiosque de timonerie* casotto del timone, timoneria ◇ [*superstructure du sous-marin*] torretta *f.*
kippour |kipuʀ| *s.m. inv.* (*hébr.*) kippur.
kirsch |kiʀʃ| *s.m.* (*all.*) kirsch (*inv.*): *ananas au kirsch* ananas al kirsch.
kitchenette |kitʃenɛt| *s.f.* (*amér.*) [*petite cuisine*] cucinino *m.*
kitsch |kitʃ| *s.m.inv.* (*all.*) kitsch.
klaxon |klaksɔn| *s.m.* clacson *inv.*, claxon (*inv.*): *donner un coup de klaxon* dare un colpo di claxon.
klaxonner |klaksɔne| *v.intr.* [*actionner le klaxon*] s(u)onare *tr.* il clacson: *klaxonner pour doubler un véhicule* suonare il clacson per sorpassare un veicolo # *interdiction de klaxonner* divieto di segnalazioni acustiche.
klecksographie |kleksɔgrafi| *s.f.* kleksografia.
kleptomane, cleptomane |klɛptɔman| *s. et adj.* cleptomane.
kleptomanie, cleptomanie |klɛptɔmani| *s.f.* cleptomania.
klystron |klistʀɔ̃| *s.m.* (*angl.*) (*phys.*) klystron *inv.*
knickerbockers |nikœʀbɔkœʀ|, **knicker(s)** |nikœʀ| *s.m.pl.* (*angl.*) knickerbockers *inv.*
knock-down |nɔkdawn| *s.m.* (*angl.*) (*boxe*) knock-down *loc. adj. inv.*
knock-out |nɔkawt, knɔkut|, **k.-o.** |kao| *s.m.* (*angl.*) **1** (*boxe*) knock-out *inv.*, k.o. *inv.*, fuori combattimento (*loc. adv.*): *battu par knock-out à la cinquième reprise* battuto per knock-out, k.o. alla quinta ripresa ✦ (*adj.*) *mettre qqn. knock-out* mettere qc. knock-out, fuori combattimento **2** (*pop.*) [*assommé*] knock-out: *il est complètement knock-out* è completamente knock-out.
knout |knut| *s.m.* (*russe*) (*ancienn।.*) knut *inv.*
koala |kɔala| *s.m.* (*t.zool.*) koala *inv.*
kobold |kɔbɔld| *s.m.* (*en Allemagne*) coboldo.
koinè, koinê |kɔinɛ| *s.f.* (*ling.*) koinè, coinè.
kola, cola |kɔla| *s.m.* **1** → **kolatier** **2** [*graine de kola*] cola (*f.*): *elixir, vin, liqueur de kola* elisir, vino, liquore di cola.
kolatier |kɔlatje| *s.m.* (*t.bot.*) cola *f.*
kolinski |kɔlɛ̃ski| *s.m.* pelliccia* *f.* di puzzola.
kolkhoze |kɔlkoz| *s.m.* (*russe*) [*exploitation agricole collective*] kolchoz *inv.*, colcos *inv.*
kolkhozien, ienne |kɔlkozjɛ̃, jɛn| *adj.* [*relatif à un kolkhoze*] colcosiano, kolchoziano ✦ (*s.*) *un kolkhozien* un colcosiano, un kolchoziano.
kopeck |kɔpɛk| *s.m.* [*monnaie russe*] copeco*.
korê, corê |kɔʀɛ| *s.f.* (*gr., arts.*) kore (*inv.*): *des korês* delle kore.
korrigan, ane |kɔʀigɑ̃, an| *s.* (*dans les traditions populaires bretonnes*) [*esprits malfaisants*] ⊠.
koulak |kulak| *s.m.* (*russe*) (*hist.*) kulak *inv.*
koumis, koumys |kumi(s)| *s.m.* (*en Asie centrale: boisson*) kumis *inv.*, kumys *inv.*
kouros |kuros| *s.m.* (*gr.*) (*arts.*) kuros *inv.*
kraal |kʀɑl| *s.m.* (*en Afrique du Sud*) kraal *inv.*
krach |kʀak| *s.m.* [*effondrement des cours de la Bourse*] crac *inv.*, crollo (in Borsa) → **banqueroute.**
kraft |kʀaft| *s.m.* (*papier*) carta *f.* kraft.
kriss |kʀis| *s.m.* → **criss.**
krypton, (*vx.*) **crypton** |kʀiptɔ̃| *s.m.* (*chim.*) cripton, kripton.
ksar |ksaʀ| *s.m.* (*en Afrique du Nord*) ksar *inv.*
kummel |kymɛl| *s.m.* (*all.*) kümmel *inv.*
kurde |kyʀd(ə)| **1** *adj.* [*du Kurdistan*] curdo: *tribus kurdes* tribù curde **2** (*s.m.*) *le kurde* [*la langue*] il curdo.
kursaal |kyʀsaal| *s.m.* (*all.*) kursaal *inv.*
kwas, kvas |kvɑs| *s.m.* (*russe*) (*boisson*) kvas *inv.*
kymrique |kimʀik|, **cymrique** |simʀik| **1** *adj.* [*qui a rapport aux Kymris*] cimbro **2** (*s.m.*) *le kymrique* [*la langue*] la lingua *f.* cimbra.
kyriale |kiʀjal| *s.m.* kyriale.
kyrie |kiʀje|, **kyrie eleison** |kiʀjeeleisɔn| *s.m.inv.* (*gr.*) kyrie (eleison).
kyrielle |kiʀjɛl| *s.f.* [*longue suite* (*de paroles*)] sfilza (*fam.*): *une kyrielle de reproches, d'injures, de mots* una sfilza di rimproveri, di ingiurie, di parole ◇ (*par ext., fam.*) *une kyrielle d'enfants* una sfilza di bambini → **quantité, séquelle.**
kyste |kist(ə)| *s.m.* **1** (*méd.*) cisti (*f.* (*inv.*): *kyste hydatique, sébacé* cisti idatidea, sebacea; *kyste de l'ovaire* cisti ovarica **2** [*forme que peuvent prendre certains organismes* (*protozoaires*), *certaines parties végétales*] cisti: *kyste de protection, de reproduction* cisti di protezione, di riproduzione.
kystique |kistik| *adj.* (*anat., méd.*) cistico*: *tumeur kystique* tumore cistico.

L

l |ɛl| *s.m. ou f.* **1** [*douzième lettre de l'alphabet*] l: *l minuscule* l minuscolo; *L majuscule* L maiuscola ◇ (*télécom.*): (*en France*) *L comme Louis*; (*en Belgique*) *L comme Léopold* L come Livorno **2** (*emplois conventionnels*) *l* (*minuscule*) (*abrév. du 'litre'*) l ◇ *L* (*majuscule*) [*chiffre romain valant 50*] L; *L* ou *£* (*abrév. de 'livre sterling'*) £.

1 **la** |la| *art. défini f.* → **1 le.**

2 **la** |la| *pron. pers. f.* → **2 le.**

3 **la** |la| *s.m. inv.* **1** (*mus.*) la: *jouer un la* suonare un la ◇ (*fig.*) *donner le la* dare il la **2** [*ton correspondant*] la: *concerto en la bémol* concerto in la bemolle.

là |la| **I** *adv.* (*désignant le lieu et, plus rarement, le moment*) (*pr., fig.*) **1** [*dans tel lieu* (*autre que celui où l'on est; opposé à 'ici'*)] là, lì: *ne restez pas ici, allez là* non state qui, andate là, lì ◇ [*dans le lieu où l'on est* (*employé pour 'ici'*)] qui; là: *je reste là* (io) resto qui ‖ *qui va là?* chi va là?; *halte-là* alto là! ◇ (*spécialt.*) ÊTRE LÀ [*être présent*] essere qui, esserci: *nous sommes là* siamo qui, eccoci qui; *monsieur X, est-il là?* c'è il signor X?; *tout le monde est là* ci sono tutti, sono tutti presenti; *les faits sont là* ci sono i fatti, sono i fatti che parlano ◇ (*fam.*) *être un peu là* [*tenir beaucoup de place, être important*] essere importante **2** [*à ce moment*] lì: *là, il interrompit son récit et ralluma sa pipe* lì, a quel punto, interruppe il racconto e si riaccese la pipa **3** (*fig.*) [*dans cela, en cela*] *ne voyez là aucune malveillance* non ci veda, non veda in questo alcuna malevolenza; *tout est là* [*c'est la chose importante*] tutto sta qui, lì; *la santé, tout est là* la salute è tutto ◇ (*avec 'en'*) [*à ce point*] *demeurons, restons-en là* fermiamoci qui; *en arriver là* giungere a questo (punto) ◇ *loc.* EN ÊTRE LÀ [*être parvenu à un certain point, un certain résultat*] *nous n'en sommes pas là* non siamo ancora a questo punto, non ci siamo ancora; *vous n'en êtes encore que là?* siete ancora a questo punto?; *j'en étais là de mes réflexions quand...* ero a questo punto con i miei pensieri, quando...; *il s'en est tenu là* si è fermato lì, a questo punto; si è limitato a ciò **4** *loc.* C'EST LÀ QUE... [*dans ce lieu; alors*] è lì, è qui che...: *c'est là qu'il sent la partie perdue* è lì, qui che si rende conto che la partita è perduta; (*fig.*) *c'est là que nous pourrons juger de ses intentions* è da lì, da ciò che potremo giudicare le sue intenzioni ~ LÀ OÙ... (là) dove...: *je suis allé là où vous aussi avez été* sono andato dove siete stati anche voi; *il n'a pas réussi là où il était le meilleur* ha fallito proprio (là) dove era il migliore **5** (*accompagnant un pron. ou un adj. dém. qu'il renforce*) *c'est là votre erreur* [*voilà votre erreur*] è questo, qui sta (ecco) il vostro errore; *ce sont là vos parents?* sono (loro) i vostri genitori?; *ce ne sont pas là mes affaires* non sono fatti che mi riguardano ◇ (*avec un adj. dém.*) *ces gens-là* quella gente; *ce jour-là* quel giorno; *en ce temps-là* a quel tempo → **1 ce** ◇ (*spécialt.*) CELUI-LÀ → **celui-ci 6** *loc.* DE LÀ (*en partant de cet endroit*) da lì: *il est allé à Paris et de là, en Angleterre* è andato a Parigi e da lì in Inghilterra; *de là au village, il y a deux bons kilomètres* da lì al paese ci sono due buoni chilometri; *de là on découvrait la route* da lì, da là si scorgeva la strada ◇ (*fig.*) *de là à prétendre qu'il est infaillible, il y a loin* da lì, da questo a sostenere che è infallibile, ce ne corre; *on peut conclure de là que...* da ciò si può, se ne può concludere che... ~ [*en conséquence*] *il n'a pas assez travaillé: de là son échec* non ha studiato abbastanza: ecco la ragione della bocciatura → **où (d')** ~ (*temporel*) dopo *adv.*, più tardi: *à quelques jours de là* alcuni giorni dopo, più tardi ~ *d'ici là* [*entre ce moment et un autre moment postérieur*] di qui ad allora, prima (d'allora): *venez me voir à Noël, mais écrivez-moi d'ici là* venite a trovarmi a Natale, ma scrivetemi prima ~ *de-ci de-là* [*en divers endroits; en diverses occasions*] qua e là; di quando in quando ~ *loin de là* lontano da qui, da lì ~ *jusque-là* fin là; fino ad allora, fino ad ora (finora) ~ PAR LÀ [*par cet endroit*] di là (da lì), da quella parte: *passons par là* passiamo di là, da quella parte ~ [*aux environs*] nelle vicinanze, qui intorno: *il est quelque part par là* è da qualche parte nelle vicinanze, nei dintorni ~ (*fig.*) [*part ce moyen, par ces mots, de cette façon*] *que faut-il entendre par là?* che cosa bisogna intendere con ciò, con questo? ~ PAR-CI, PAR-LÀ → **par** ~ ÇÀ ET LÀ [*de côté et d'autre*] qua e là: *des guêpes volent çà et là* alcune vespe volano qua e là **7** *loc.* LÀ-BAS [*à une distance assez grande* (*opposé à 'ici'*)] laggiù, là: *ils l'ont fait venir de là-bas* l'hanno fatto venire da laggiù ~ LÀ CONTRE (*vieilli*) [*contre cela*] in contrario: *je n'ai rien là contre* non ho niente in contrario ~ LÀ-DEDANS [*à l'intérieur de ce lieu, de cet endroit*] là dentro, qui dentro: (*fig.*) *je ne vois rien d'étonnant là-dedans!* non ci vedo nulla di strano! ~ LÀ-DESSOUS → **1 dessous** ~ LÀ-DESSUS → **1 dessus** ~ *là-haut* [*dans ce lieu au-dessus*] lassù: *il demeure là-haut* abita lassù ~ (*vx., fig.*) [*dans le ciel*] *il est là-haut* è lassù (*cour.*) **II** (*interj.*) *là!, là! là!* (*s'emploie dans les dialogues pour 'exhorter, apaiser, rassurer'*) là, via!; suvvia!: *hè là! doucement* ehi là, adagio ‖ *là, là, calmez-vous, s'il vous plaît!* suvvia, calmatevi, per favore!

labarum |labaʀɔm| *s.m.* (*lat.*) (*hist. rom.*) labaro.

labdanum |labdanɔm| *s.m.* → **ladanum.**

label |labɛl| *s.m.* (*angl.*) [*étiquette ou marque*] marchio*, etichetta *f.*

labelle |labɛl| *s.m.* (*bot., zool.*) labello.

labeur |labœʀ| *s.m.* **1** (*littér.*) [*travail pénible ou soutenu*] lavoro (*cour.*), fatica* *f.* (*cour.*): *dur labeur* duro lavoro; *pénible labeur* fatica ingrata → **besogne, travail** ◇ (*par ext.*) *bêtes de labeur* bestie da lavoro **2** (*imprim.*) lavoro di grossa mole.

Labiacées |labjase| *s.f. pl.* → **Labiées.**

labial, ale, aux |labjal, o| *adj.* labiale: *muscle labial* muscolo labiale ◇ (*phonét.*) *consonne labiale* consonante labiale ♦ (*s.f.*) *une labiale* una labiale.

labialisation |labjalizɑsjɔ̃| *s.f.* (*phonét.*) labializzazione.

labialiser |labjalize| **A** *v.tr.* (*phonét.*) [*prononcer* (*une lettre*) *en donnant une valeur labiale*] labializzare ♦ (*au p.p.*) *consonne labialisée* consonante labializzata **B** *v.pron. intr.* SE LABIALISER [*devenir labial*] labializzarsi.

labié, ée |labje| *adj.* (*bot.*) labiato: *plantes labiées* piante labiate.

Labiées |labje|, **Labiacées** |labjase| *s.f. pl.* (*t.bot.*) Labiate.

labile |labil| *adj.* **1** (*sc.*) caduco*; instabile: *pétales labiles* petali caduchi ‖ *vitamine labile* vitamina instabile, labile **2** (*rare, fig.*) *mémoire labile* memoria labile (*cour.*).

labiodental, ale, aux |labjɔdɑ̃tal, o| *adj.* (*phonét.*) labiodentale: *consonne labiodentale* consonante labiodentale ♦ (*s.f.*) *une labiodentale* una labiodentale.

labiopalatal, ale, aux |labjɔpalatal, o| *adj.* (*phonét.*) labiopalatale: *consonne labiopalatale* consonante labiopalatale ♦ (*s.f.*) *une labiopalatale* una labiopalatale.

labiovélaire |labjɔvelɛʀ| *adj.* (*phonét.*) labiovelare: *consonne labiovélaire* consonante labiovelare ♦ (*s.f.*) *une labiovélaire* una labiovelare.

labium |labjɔm| *s.m.* (*lat.*) (*anat. animale*) labium.

laborantin, ine |labɔʀɑ̃tɛ̃, in| *s.* [*personne qui remplit dans un laboratoire des fonctions d'auxiliaire, d'assistant*] laboratorista.

laboratoire |labɔʀatwaʀ|, (*fam.*) **labo** |labo| *s.m.* **1** laboratorio*: *laboratoire d'analyses* laboratorio d'analisi; *laboratoire de langues* laboratorio linguistico **2** (*techn.*) camera *f.* di forno a riverbero.

laborieusement |labɔʀjøzmɑ̃| *adv.* [→ LABORIEUX] laboriosamente; a, con fatica (*loc. inv.*): *des manières laborieusement conquises* modi conquistati laboriosamente || *faire laborieusement la tâche qu'on s'est proposée* fare a fatica il lavoro che ci si è proposti.
laborieux, euse |labɔʀjø, øz| *adj.* **1** (*personnes*) laborioso; lavoratore*: *vie laborieuse* vita laboriosa → **actif, travailleur** || *les masses, les classes laborieuses* le masse, le classi lavoratrici **2** (*littér.*) [*qui coûte beaucoup de peine, de travail*] laborioso: *une laborieuse entreprise* un'impresa laboriosa; *des recherches laborieuses* ricerche laboriose → **difficile, fatigant** ◇ [*qui sent l'effort*] *récit, style laborieux* racconto, stile laborioso → **embarrassé, lourd** ◇ (*fam.*) *il n'a pas encore terminé? c'est laborieux!* [*c'est long*] non ha ancora finito? è una cosa lunga! ⓒ 1 **oisif, paresseux.**
labour |labuʀ| *s.m.* **1** [*travail de labourage, façon donnée à une terre pour la retourner et l'ameublir*] aratura (*f.*): *labour à la charrue* aratura con l'aratro; *labour en billons, en planches, à plat* aratura a porche, comune, alla pari; *labour d'automne, d'hiver, de printemps* aratura autunnale, invernale, primaverile → **labourage** # *labour à bras, à la bêche* vangatura **2** [*terre labourée*] terreno arato, aratura.
labourable |labuʀabl(ə)| *adj.* [→ LABOURER A 1] arabile, arativo → **arable.**
labourage |labuʀaʒ| *s.m.* **1** [→ LABOURER A 1] aratura (*f.*): *labourage d'un champ* aratura di un campo → **labour** **2** (*vx.*) → **agriculture.**
labourer |labuʀe| **A** *v.tr.* **1** [*ouvrir et retourner* (*la terre*) *avec un instrument aratoire*] arare: *labourer un champ* arare un campo ◆ (*au p.p.*) *terre labourée* terra arata, lavorata **2** [*creuser, ouvrir*] arare: *ancre qui laboure* (*le fond*) ancora che ara (il fondo) □ *se labourer le visage avec ses ongles* graffiarsi la faccia con le unghie ◆ (*au p.p.*) *piste labourée par le galop des chevaux* pista solcata dal galoppo dei cavalli; (*fig.*) *visage labouré de rides* viso solcato dalle rughe → **sillonné** **B** *v.pron. réfl.* SE LABOURER [*se déchirer, s'écorcher*] graffiarsi → *tr.* 2 □.
laboureur |labuʀœʀ| *s.m.* **1** [*celui qui laboure un champ*] aratore* *s.* **2** (*vx.*) → **cultivateur.**
1 **labrador** |labʀadɔʀ| *s.m.* (*minér.*) labradorite *f.*
2 **labrador** |labʀadɔʀ| *s.m.* (*t.zool.*) labrador *inv.*
labre |lɑbʀ(ə)| *s.m.* **1** (*t.zool.*) labro **2** (*zool.*) labbro superiore.
labri, labrit |labʀi| *s.m.* [*chien de berger du Dauphiné et de la Provence qui tient du griffon et du lévrier*] ⊠.
labyrinthe |labiʀɛ̃t| *s.m.* **1** (*antiq.*) labirinto: *Thésée sortit du labyrinthe grâce au fil d'Ariane* Teseo uscì dal labirinto grazie al filo di Arianna **2** (*par anal.*) labirinto: *un labyrinthe de ruelles* un labirinto di stradine → **dédale** **3** [*complication inextricable*] labirinto: *le labyrinthe de ses pensées* il labirinto dei suoi pensieri → **enchevêtrement** **4** (*anat., archit.*) labirinto.
labyrinthien, ienne |labiʀɛ̃tjɛ̃, jɛn| *adj.* labirintico*, labirinteo (*littér.*) → **labyrinthique.**
labyrinthique |labiʀɛ̃tik| *adj.* **1** labirintico* **2** (*anat., méd.*) labirintico.
labyrinthite |labiʀɛ̃tit| *s.f.* (*méd.*) labirintite.
labyrinthodonte, labyrinthodon |labiʀɛ̃tɔdɔ̃(t)| *s.m.* (*paléont.*) labirintodonte.
lac |lak| *s.m.* **1** lago*: *lac Léman ou de Genève* lago Lemano o di Ginevra; *lac de cratère* lago craterico; *lac artificiel* lago artificiale # *village bâti sur un lac* villaggio lacustre ◇ (*loc. fig., fam.*) *tomber dans le lac* [*échouer*] naufragare, andare a monte; *son projet est dans le lac* il suo progetto è naufragato, è andato a monte **2** (*littér.*) [*quantité considérable de liquide répandu*] lago: *un lac de sang* un lago di sangue.
laçage |lasaʒ|, **lacement** |lasmɑ̃| *s.m.* [→ LACER A 1] allacciatura *f.*, allacciamento: *laçage d'une bottine* allacciatura, allacciamento di uno stivaletto.
laccase |lakɑz| *s.f.* (*chim.*) laccasi *inv.*
laccolit(h)e |lakɔlit| *s.f.* (*géol.*) laccolite.
lacédémonien, ienne |lasedemɔnjɛ̃, jɛn| *adj.* [*de Lacédémone* (*Sparte*)] lacedemone.
lacer |lase| (2) **A** *v.tr.* **1** [*serrer avec un lacet*] allacciare: *lacer ses souliers* allacciarsi le scarpe → **attacher, lier** **2** (*mar.*) *lacer une bonnette, une voile* [*les attacher à une voile principale*] allacciare un coltellaccio, una vela ◇ [*en faire les mailles*] annodare una vela → **mailler** **B** *v.pron. passif* SE LACER [→ *tr.* 1] allacciarsi: *corselet qui se lace par-devant, lacé devant* corsetto che si allaccia davanti, allacciato davanti ⓒ **délacer.**
lacération |laseʀɑsjɔ̃| *s.f.* **1** lacerazione, strappo (*m.*): *la lacération d'une lettre* la lacerazione di una lettera; *la lacération des affiches* lo strappo dei manifesti → **déchirement** **2** (*dr. anc.*) distruzione (di uno scritto, di un libro) per ordine del giudice.
lacérer |laseʀe| (8) *v.tr.* **1** [*mettre en lambeaux, en pièces*] lacerare, strappare: *lacérer ses vêtements* lacerarsi, strapparsi i vestiti → **déchirer** ◇ (*fig.*) *douleur qui lacère* dolore che strazia **2** (*dr. anc.*) [*déchirer* (*un écrit, un livre*) *par autorité de justice*] distruggere (uno scritto, un libro) per ordine del giudice.
lacerie, lasserie |lasʀi| *s.f.* tessuto *m.* di paglia, di giunchi.
lacerne |lasɛʀn(ə)| *s.f.* (*hist. rom.*) lacerna.
Lacertiens, Lacertiliens |lasɛʀt(il)jɛ̃| *s.m. pl.* (*t.zool.*) Lacertili.
Lacertidés |lasɛʀtide| *s.m. pl.* (*t. zool.*) Lacertidi.
lacet |lasɛ| *s.m.* **1** [*cordon étroit pour serrer un vêtement, attacher une chaussure*] laccio*, stringa* (*f.*): *lacets à ferrets* lacci, stringhe con aghetti; *serrer, casser un lacet* stringere, rompere una stringa **2** [*succession d'angles aigus de part et d'autre d'un axe*] tornante, serpentina (*f.*): *les lacets d'un chemin de montagne* i tornanti, le serpentine di una strada di montagna → **zigzag** **3** [*nœud coulant utilisé pour la capture du gibier*] laccio: *poser, tendre des lacets* mettere, tendere lacci; *prendre des lièvres au lacet* prendere delle lepri al laccio → **lacs, piège** **4** [*tresse plate de passementerie unie ou ouvragée*] cordoncino, spighetta *f.*
laceur, euse |lasœʀ, øz| *s.* fabbricante di reti (da pesca, da caccia).
lâchage |lɑʃaʒ| *s.m.* **1** [→ 1 LÂCHER I 3] allentamento: *le lâchage d'une corde* l'allentamento di una corda **2** (*fig., fam.*) → **abandon.**
1 **lâche** |lɑʃ| *adj.* **1** (*personnes*) [*qui manque de courage, de vigueur morale, recule devant le danger*] vigliacco*, vile → **peureux, pusillanime** ◆ (*s.*) *les dérobades d'un lâche* le diserzioni di un vigliacco **2** [*qui est cruel sans risque*] vile: *un lâche agresseur* un vile aggressore → **bas, déloyal** **3** [*qui porte la marque de la lâcheté*] vile: *lâche attentat* vile attentato; *un lâche repentir* un vile pentimento → **bas, méprisable** ⓒ 1 **courageux.**
2 **lâche** |lɑʃ| *adj.* **1** [*qui n'est pas tendu*] allentato, lento: *fil lâche* filo allentato, lasco; *ressort lâche* molla lenta → 1 **flasque, mou** ◇ (*par anal.*) [*qui n'est pas serré*] largo*: *vêtement lâche* vestito largo, lento → **flottant, flou,** 3 **vague** **2** [*qui manque d'énergie et de concision*] fiacco*: *style lâche* stile fiacco → **languissant, mou** ⓒ 2 **concis, vigoureux.**
lâché, ée |lɑʃe| *adj.* (*bx-arts*) trascurato, trasandato: *dessin, ouvrage lâché* disegno, lavoro trascurato, trasandato.
1 **lâchement** |lɑʃmɑ̃| *adv.* [→ 1 LÂCHE] vilmente, vigliaccamente: *fuir lâchement* fuggire vilmente ◇ [*avec bassesse, honteusement, indignement*] *ils l'ont lâchement assassiné* lo hanno vilmente, vigliaccamente assassinato.
2 **lâchement** |lɑʃmɑ̃| *adv.* [→ 2 LÂCHE] in modo lasco *loc. inv.*, lentamente.
1 **lâcher** |lɑʃe| *v.tr.* **I** **1** [*cesser de tenir*] lasciare (andare), mollare: *il lâcha la main de l'enfant* lasciò (andare) la mano del bambino; *lâche-moi, tu me fais mal* lasciami, mi fai male; *lâcher prise* mollare la presa → **laisser** ◇ (*loc. fig.*) *lâcher pied* [*s'enfuir*] darsela a gambe **2** (*fam.*) [*donner*] mollare, sganciare: *il ne lâchera pas un sou* non mollerà, non sgancerà un soldo ◇ *ellipt.* (*pop.*) *les lâcher* [*les sous*] sganciare: *un radin qui les lâche avec l'élastique* uno spilorcio che sgancia col contagocce **3** [*rendre moins tendu, ou moins serré*] allentare: *lâcher sa ceinture d'un cran* allentare la cintura di un buco; *lâcher la bride, les rênes à un cheval* allentare la briglia, le redini a un cavallo → **desserrer, détendre** ◇ (*loc. fig.*) *lâcher la bride à qqn.* [*le libérer de la discipline habituelle*] allentare il freno a qc. ~ *lâcher le morceau, le paquet* [*tout avouer*] sputare il rospo, vuotare il sacco **4** [*émettre brusquement et avec incongruité* (*des paroles qui surprennent ou choquent*)] *lâcher une bourde* lasciarsi sfuggire uno sproposito; *lâcher un juron* tirare una bestemmia; *lâcher une gaffe, une énormité* lasciarsi sfuggire una 'gaffe', una bestialità → 1 **lancer** **5** [*cesser de retenir ou de détenir; laisser aller* (*un animal*)] lasciar andare: *lâcher des pigeons* lasciar andare, lanciare dei piccioni; *lâcher un ballon* lasciar andare un pallone # *lâcher du lest* gettare zavorra; *lâcher les amarres* mollare gli ormeggi → **larguer, jeter** ◇ (*par ext.*) *lâcher*

une bombe sganciare una bomba → 1 **lancer** ◇ (*chasse*) [*lancer* (*un animal*) *à la poursuite, à l'attaque d'un gibier*] sguinzagliare: *lâcher les chiens après, contre, sur un cerf* sguinzagliare i cani contro, sulle tracce di un cervo **II** (*compl. de personne*) **1** [*abandonner, laisser* (*qqn.*)] lasciare, mollare (*fam.*): *il ne le lâche pas une minute* non lo lascia, molla un minuto ◇ (*loc. fig.*) *lâcher la proie pour l'ombre* lasciare il certo per l'incerto ~ *ne pas laisser qqn. d'une semelle* stare sempre alle calcagna di qc. → **quitter** ◇ (*fig., fam.*) *lâcher qqn.* piantare qc.: *lâcher les copains* piantare gli amici; *elle a lâché son fiancé* ha piantato il fidanzato → **délaisser** **2** (*arg. sport*) [*distancer* (*un concurrent*) *dans une course*] distanziare: *il vient de lâcher le peloton* ha appena distanziato il gruppo **3** (*fam.*) [*abandonner brusquement*] piantare (in asso): *tu ne vas pas nous lâcher en plein travail!* non ci pianterai (in asso) nel bel mezzo del lavoro! → **plaquer.**

2 **lâcher** |lɑʃe| *v.intr.* [*se casser ou être séparé brusquement*] cedere: *la corde va lâcher* la corda sta per cedere.

3 **lâcher** |lɑʃe| *s.m.* [→ 1 LÂCHER I 5] lancio*: *lâcher de pigeons, de ballons* lancio di piccioni, di palloni.

lâcheté |lɑʃte| *s.f.* **1** [*manque de bravoure, de courage*] viltà *inv.*, vigliaccheria → **couardise, poltronnerie** **2** [*manque de courage moral qui porte à profiter de l'impunité*] bassezza, viltà: *la lâcheté d'un tyran* la bassezza di un tiranno **3** *une, des lâchetés* [*action, manière d'agir d'un lâche*] vigliaccheria, vigliaccata → **bassesse, indignité** **4** [*manque d'énergie, de fermeté, qui fait reculer devant l'effort*] fiacchezza, debolezza: *lâcheté devant l'effort* fiacchezza di fronte allo sforzo → **paresse, mollesse** Ⓒ 1 **courage**; 2 **générosité.**

lâcheur, euse |lɑʃœʀ, øz| *s.* (*fam.*) [*personne qui abandonne sans scrupule ses amis, son parti*] banderuola *f.*, voltagabbana *inv.* ◇ (*plais.*) *vieux lâcheur! on ne te voit pas souvent* vecchio traditore, non ti si vede spesso!

lacinie |lasini| *s.f.* (*anat., bot.*) lacinia.

lacinié, ée |lasinje| *adj.* (*bot.*) laciniato.

lacis |lasi| *s.m.* **1** [*réseau de fils entrelacés*] reticella *f.* **2** (*anat.*) rete (*f.*): *lacis des petites veines* rete venosa → **entrelacement** **3** [*réseau*] intrico*: *un lacis de ruelles* un intrico di stradine → **labyrinthe.**

laconique |lakɔnik| *adj.* laconico*: *réponse laconique* risposta laconica; *style laconique* stile laconico → 1 **lapidaire, bref, concis.**

laconiquement |lakɔnikmɑ̃| *adv.* [→ LACONIQUE] laconicamente: *écrire, répondre laconiquement* scrivere, rispondere laconicamente.

laconisme |lakɔnism(ə)| *s.m.* laconicità *f. inv.*, laconismo: *le laconisme d'une réponse* la laconicità di una risposta → **brièveté, concision.**

lacryma-christi |lakʀimakʀisti| *s.m. inv.* (*lat.*) lacrima christi.

lacrymal, ale, aux |lakʀimal, o| *adj.* (*anat.*) lacrimale: *canal lacrymal* condotto lacrimale; *glande lacrymale* ghiandola lacrimale.

lacrymogène |lakʀimɔʒɛn| *adj.* lacrimogeno: *gaz lacrymogène* gas lacrimogeno; *grenade lacrymogène* bomba lacrimogena.

lacs |lɑ| *s.m.* **1** [*nœud coulant pour capturer le gibier ou certains animaux nuisibles*] laccio*, calappio* → **lacet, piège** ◇ (*vx., fig.*) → **piège** **2** *lacs d'amour* [*cordons décoratifs entrelacés en forme de '8' couché*] nodi d'amore **3** (*chir.*) laccio.

lactaire |laktɛʀ| *s.m.* (*t.bot.*) lattario*, lattaiolo.

lactalbumine |laktalbymin| *s.f.* (*chim.*) lattoalbumina.

lactase |laktɑz| *s.f.* (*chim.*) lattasi *inv.*

lactate |laktat| *s.m.* (*chim.*) lattato.

lactation |laktɑsjɔ̃| *s.f.* (*physiol.*) lattazione.

lacté, ée |lakte| *adj.* **I** **1** [*qui a rapport au lait*] latteo: *sécrétion lactée* secrezione lattea ◇ (*méd.*) *fièvre lactée* febbre lattea **2** [*qui consiste en lait, qui est à base de lait*] latteo: *farine lactée* farina lattea; *régime lacté* dieta lattea **II** (*astron.*) *voie lactée* via lattea.

lactescence |laktesɑ̃s| *s.f.* (*littér.*) lattescenza.

lactescent, ente |laktesɑ̃, ɑ̃t| *adj.* **1** (*sc.*) lattescente: *champignon lactescent* fungo lattescente **2** (*littér.*) [*qui ressemble à du lait; d'un blanc de lait*] lattescente, lattiginoso: *mer lactescente* mare lattescente, lattiginoso.

lactifère |laktifɛʀ| *adj.* (*sc.*) lattifero: *plantes lactifères* piante lattifere; *conduits lactifères* canali lattiferi → **galactophore.**

lactique |laktik| *adj.* (*chim.*) *acide lactique* acido lattico* ◇ (*méd., pharm.*) *ferment lactique* fermento lattico.

lact(o)- |lakt(ɔ)| *pref.* (*signifiant 'lait', correspond généralt. à*) latt(o): *lactalbumine* lattoalbumina; *lacto-densimètre* lattodensimetro.

lacto-densimètre |laktɔdɑ̃simɛtʀ(ə)| *s.m.* (*techn.*) lattodensimetro.

lactoflavine |laktɔflavin| *s.f.* (*chim.*) lattoflavina, riboflavina.

lactomètre |laktɔmɛtʀ(ə)| *s.m.* → **galactomètre.**

lactose |laktoz| *s.m.* (*chim.*) lattosio*.

lactosérum |laktɔseʀɔm| *s.m.* siero di latte.

lactucarium |laktykaʀjɔm| *s.m.* lattucario*.

lacunaire |lakynɛʀ| *adj.* **1** [*qui a des manques, incomplet*] lacunoso: *documentation lacunaire* documentazione lacunosa **2** (*bot., sc.*) lacunoso: *tissu lacunaire* tessuto lacunoso.

lacune |lakyn| *s.f.* **1** lacuna: *lacunes de mémoire* lacune di memoria; *présenter des lacunes* presentare delle lacune; *remplir, combler une lacune* colmare una lacuna; *il y a de graves lacunes dans ses connaissances* ci sono gravi lacune nella sua cultura → 1 **manque, déficience, trou** **2** (*bot., sc.*) lacuna: *lacunes des centres nerveux* lacune dei centri nervosi.

lacuneux, euse |lakynø, øz| *adj.* → **lacunaire.**

lacustre |lakystʀ(ə)| *adj.* lacustre: *faune lacustre, plantes lacustres* fauna lacustre, piante lacustri; *village lacustre* villaggio lacustre.

lad |lad| *s.m.* (*angl.*) mozzo di stalla, garzone di scuderia.

ladanum |ladanɔm| *s.m.* (*lat.*) (*chim.*) ladano.

ladin |ladɛ̃| *s.m.* (*ling.*) ladino.

ladre |lɑdʀ(ə)| *s.* **1** (*vx., littér.*) [*avare, grigou*] tirchio*, spilorcio* ✦ (*adj.*) *elle est un peu ladre* è un po' tirchia, spilorcia **2** (*vx.*) → **lépreux** Ⓒ **généreux.**

ladrerie |lɑdʀəʀi| *s.f.* **1** (*vx., littér.*) [*avarice sordide*] tirchieria, spilorceria **2** (*vx.*) → **léproserie** **3** (*vx.*) → **lèpre** Ⓒ 1 **générosité.**

lady |lɛdi| *s.f.* (*angl.*) lady (*inv.*): *des ladies* delle lady.

lagerstrœmia |lagɛʀstʀemja| *s.m.* (*t.bot.*) lagerstr(o)emia *f.*

lagon |lagɔ̃| *s.m.* laghetto d'acqua salata, laguna *f.* di atollo.

lagopède |lagɔpɛd| *s.m.* (*t.zool.*) lagopodo.

lagotriche |lagɔtʀiʃ|, **lagothrix** |lagɔtʀiks| *s.m.* (*t.zool.*) lagotrice *f.*

laguis |lagi(s)| *s.m.* (*mar.*) gassa *f.* d'amante scorsoia.

lagunage |lagynaʒ| *s.m.* (*techn.*) lagunaggio*.

lagunaire |lagynɛʀ| *adj.* (*géogr.*) lagunare.

lagune |lagyn| *s.f.* (*géogr.*) laguna: *la lagune de Venise* la laguna di Venezia.

lai |lɛ| *s.m.* (*litt.*) lai *inv.*

lai, laie |lɛ| *adj.* **1** *frère lai* [*frère servant*] frate laico* → **convers** **2** (*vx.*) → **laïque.**

laïc, laïque, laïcs |laik| *adj.* **1** laico*: *il est laïc, laïque* è laico; *juridiction laïque* giurisdizione laica → **séculier** # *rendre à la vie laïque* laicizzare, restituire allo stato laicale → **laïciser** ✦ (*s.*) *un laïc* (*laïque*), *les laïcs* un laico, i laici **2** [*qui est indépendant de toute confession religieuse*] laico: *l'enseignement laïque* l'istruzione laica; *école laïque* scuola laica ✦ *s.f.* (*fam.*) *la laïque* la scuola laica (*cour.*).

laïcat |laika| *s.m.* laicato.

laiche, laîche |lɛʃ| *s.f.* → **carex.**

laïcisation |laisizɑsjɔ̃| *s.f.* laicizzazione: *laïcisation de l'enseignement* laicizzazione della scuola.

laïciser |laisize| *v.tr.* **1** [*rendre laïque*] laicizzare **2** [*organiser suivant les principes de la laïcité*] laicizzare: *laïciser l'enseignement* laicizzare la scuola.

laïcisme |laisism(ə)| *s.m.* laicismo.

laïcité |laisite| *s.f.* laicità *inv.*

laid, laide |lɛ, lɛd| **I** *adj.* **1** [*qui produit une impression désagréable en heurtant le sens esthétique*] brutto: *personne laide* persona brutta; *visage laid* viso brutto; *laide grimace* brutta smorfia; *la ville est laide* la città è brutta; *rendre laid, se rendre laid* rendere, rendersi brutto; *être laid comme un singe, un pou, comme les sept péchés capitaux* essere brutto come una scimmia, come il demonio, come il peccato; *il est laid à faire peur* è brutto da far paura ✦ (*s.*) *une laide* una brutta **2** [*qui inspire le dégoût, le mépris*] brutto: *une laide action* una brutta azione → **déshonnête** ◇ (*langage enfantin*) *c'est laid de fourrer ses doigts dans son nez!* non sta bene, è maleducazione ficcarsi le dita nel naso! → **vilain** ◇ (*fam.*) *hou! qu'il est laid!* uh! quant'è brutto! **II** (*s.m.*) *le laid* il brutto: *le laid et le beau* il brutto e il bello → **laideur** Ⓒ I 1; II **beau.**

laidement |lɛdmɑ̃| *adv.* **1** [*avec*

laideur] malamente: *tableau laidement encadré* quadro malamente incorniciato → **vilainement** 2 (*rare*) [*avec bassesse, malhonnêteté*] ignobilmente, in modo ignobile (*loc. inv.*): *il s'est comporté laidement à mon égard* si è comportato in modo ignobile nei miei confronti → **ignoblement.**

laideron, onne |lɛdʀɔ̃, ɔn| *s. et adj.* [*jeune fille ou jeune femme laide*] bruttona, racchia (*dial.*): *une jeune fille laideronne* una (ragazza) racchia; *cette fille est un laideron* quella ragazza è una bruttona, una racchia.

laideur |lɛdœʀ| *s.f.* **1** [*caractère, état de ce qui est laid* (*au physique*)] bruttezza: *laideur d'un spectacle, d'un monument* bruttezza di uno spettacolo, di un monumento; *être d'une laideur monstrueuse, repoussante* essere di una bruttezza mostruosa, ripugnante **2** (*sens moral*) bruttezza, bassezza: *la laideur d'une action* la bruttezza, la bassezza di un'azione → **bassesse, turpitude** **3** *une laideur* [*chose ou action laide*] bruttura: *les laideurs et les infirmités de la vie* le brutture e le disgrazie della vita → **horreur** ⓒ 1 **beauté.**

1 **laie** |lɛ| *s.f.* femmina di (del) cinghiale, cinghiale *m.* femmina.

2 **laie** |lɛ| *s.f.* [*espace déboisé, rectiligne, tracé dans une forêt pour y établir des coupes*] pista, sentiero *m.* → 1 **layon.**

3 **laie** |lɛ| *s.f.* (*techn.*) martellina.

laie, laye |lɛ| *s.f.* (*mus.*) somiere *m.*, cassa d'organo.

lainage |lɛnaʒ| *s.m.* **1** (tessuto, stoffa *f.* di) lana (*f.*): *robe de lainage* vestito di lana; *gros lainage* (tessuto di) lana spessa; *lainage fin* (tessuto di) lana sottile **2** [*objet manufacturé en laine*] maglieria (*f.*): *la production française de lainages* la produzione francese di maglieria ◇ (*spécialt.*) [*vêtement de laine tricotée*] indumento, capo di lana: *mettre un lainage sur une robe d'été* mettere un indumento di lana sopra un vestito estivo **3** (*techn.*) garzatura *f.* **4** (*rare*) [*toison des moutons*] vello.

laine |lɛn| *s.f.* **1** lana: *brins, fibres, touffes de laine* fili, fibre, fiocchi di lana; *laine de première tonte* lana di prima tosatura; *laine brute, crue, en suint* lana greggia, sudicia; *laine mérinos* lana merino; *traitement, travail de la laine* lavorazione della lana; *laine cardée, peignée* lana cardata, pettinata; *tissage de la laine* tessitura della lana; *tissu, étoffe de laine* tessuto, stoffa di lana; *laine à tricoter, à repriser* lana per lavorare a maglia, da rammendo; *pelote, peloton, écheveau de laine* gomitolo, gomitolino, matassa di lana; *tapis, moquette de laine* tappeto, 'moquette' di lana; *laine à matelas* lana per materassi; *vêtements en laine* vestiti di lana; *complet pure laine* completo di pura lana ◇ (*loc. fig.*) *bas de laine* [*argent économisé en cachette*] gruzzolo *m.* ~ (*fam.*) *se laisser manger, tondre la laine sur le dos* [*être exploité, volé*] lasciarsi mettere sotto i piedi, lasciarsi spellare **2** [*produits fibreux fabriqués pour être utilisés comme la laine* (*en isolants, textiles*)] lana: *laine de bois* lana di legno; *laine artificielle* lana artificiale; *laine de laitier* lana di scorie; *laine de verre* lana di vetro **3** [*duvet de certaines plantes*] lanugine.

lainer |lene| **I** *v.tr.* [*rendre moelleux* (*un tissu de laine*)] garzare: *lainer le drap* [*redresser et lisser le poil du fond de l'étoffe*] garzare il panno → **draper** **II** *s.m.* (*techn.*) *le lainer d'une étoffe* il vellutato di una stoffa.

lainerie |lɛnʀi| *s.f.* **1** fabbricazione delle stoffe di lana ◇ [*produits de cette fabrication* (*lainage*)] maglieria, tessuti *m. pl.* di lana **2** [*lieu où l'on tond les bêtes à laine*] reparto *m.* tosatura **3** [*atelier où l'on effectue le lainage des draps, dans une usine*] reparto garzatura **4** negozio* *m.* di tessuti di lana.

laineur, euse |lɛnœʀ, øz| *s.* [*ouvrier, ouvrière qui laine le drap*] garzatore*.

laineuse |lɛnøz|, **lainière** |lɛnjɛʀ| *s.f.* (*techn.*) garzatrice.

laineux, euse |lɛnø, øz| *adj.* **1** [*qui est garni de laine, qui a beaucoup de laine*] lanoso, lanuto (*littér.*): *étoffe laineuse* stoffa lanosa ◇ (*par anal.*) *plante laineuse* pianta lanuginosa **2** [*qui a l'apparence de la laine*] lanoso, lanuto: *cheveux laineux* capelli lanosi.

lainier, ière |lɛnje, jɛʀ| **1** *s.* [*personne qui vend ou qui travaille la laine*] laniere **2** *adj.* [*relatif à la laine*] laniero: *l'industrie lainière* l'industria laniera.

laïque |laik| *adj. et s.* → **laïc.**

lais |lɛ| *s.m.* **1** (*dr.*) alluvioni *f. pl.* **2** (*Eaux et For.*) matricina *f.* **3** (*dr. anc.*) [*forme de legs*] lascito, legato.

laisse |lɛs| *s.f.* **1** [*lien avec lequel on attache un chien*] guinzaglio* (*m.*): *chien qui tire sur sa laisse* cane che tira il guinzaglio ◇ (*loc.*) *tenir, mener un chien* EN LAISSE tenere, condurre un cane al guinzaglio ◇ (*loc. fig.*) *mener, tenir qqn. en laisse* tenere al guinzaglio qc. **2** (*hist. litt.*) lassa **3** (*géogr.*) *laisse de haute mer, de basse mer* livello *m.* di alta, di bassa marea **4** (*chasse*) → **laissées.**

laissées |lese| *s.f. pl.* (*chasse*) escrementi *m.* (di cinghiale, di lupo, ecc.) → **excrément, fumée.**

laissé(e)-pour-compte, laissé(e) pour compte |lesepuʀkɔ̃t| **1** *adj.* (*comm.*) reso, invenduto: *marchandise laissée-pour-compte* merce resa, invenduta ◆ (*s.m.*) *le laissé-pour-compte* la merce *f.* resa, invenduta **2** *s.* (*fig.*) [*ce dont personne ne veut* (*chose ou personne*)] *les laissés-pour-compte* gli scarti; gli emarginati.

laisser |lese| **A** *v.tr.* **I** [*ne pas intervenir*] **1** LAISSER (+ *inf.*) [*ne pas empêcher de*] lasciar (+ *inf.*): *laisser partir qqn.* lasciare andar via qc.; *laisser échapper, tomber qqch.* lasciare sfuggire (di mano), cadere q.c.; *s'effacer pour laisser passer qqn.* farsi da parte per lasciar passare qc.; *laissez-moi faire* lasciatemi fare, lasciate fare a me; *laisser courir* lasciar correre → **consentir, permettre** ◇ (*fig.*) *laisser tomber, choir* [*ne plus s'en occuper, ne pas y donner suite*] lasciar perdere ◇ LAISSER (+ *inf.* + *compl.*): *laisser voir son trouble* lasciar vedere, far *intr.* vedere il proprio turbamento; *n'en rien laisser voir* non lasciar trapelare nulla ◇ (*REM. le p.p. 'laissé' suivi de l'inf. s'accorde avec le compl. d'objet, seulement lorsque celui-ci fait l'action exprimée par l'inf.*): *nos amis nous ont laissés partir* i nostri amici ci hanno lasciato partire ◇ (*prov.*) *bien faire et laisser dire* agire bene e lasciare che la gente dica **2** (*avec un compl. déterminé par un adj., une complétive*) [*maintenir* (*qqn., qqch.*) *dans un état, un lieu*] lasciare: *laisser qqn. debout* lasciare qc. in piedi; *laisser qqn. tranquille, en paix* lasciare qc. tranquillo, in pace → **tenir, garder**; *laissez-la à son travail, à ses occupations* lasciatela al suo lavoro, alle sue occupazioni ◇ (*loc. fig.*) *laisser la bride sur le cou* [*laisser aller librement*] dare la briglia sul collo ~ *laisser le champ libre* lasciare il campo libero ~ *cela me laisse indifférent* (la cosa) mi lascia indifferente ~ *laisser qqn. dans le doute, l'erreur, l'ignorance* lasciare qc. nel dubbio, nell'errore, nell'ignoranza ~ *laissez-la à son ignorance* lasciatela nella sua ignoranza ~ *laisser une porte ouverte* lasciare una porta aperta ~ *laisser les choses en l'état* lasciare le cose come stanno, come sono ~ *laisser qqch. de côté* lasciare q.c. da parte, da canto **3** [*ne pas s'occuper de*] lasciar perdere: *laissez donc cela* su, lasci perdere ◆ (*absolt.*) *laissez, je vous en prie, c'est moi qui paie* lasci stare, la prego, pago io **4** LAISSER... À [*maintenir avec*; *ne pas priver de*] lasciare... a: *laisser les enfants à leur mère* lasciare i bambini alla madre; *laissez-lui le temps d'agir* lasciategli, dategli il tempo d'agire; *laissez-lui ses illusions* lasciategli le sue illusioni **5** [*ne pas supprimer*] lasciare: *laisser des fautes, des répétitions dans un texte*; *y laisser des erreurs* lasciare degli errori, delle ripetizioni in un testo; lasciarci degli errori **II** **1** [*ne pas prendre* (*ce qui se présente*)] lasciare: *manger les raisins et laisser les pépins* mangiare l'uva e lasciare i semi; *c'est à prendre ou à laisser* prendere o lasciare **2** *loc.* LAISSER À [*ne pas prendre pour soi* (*afin qu'un autre prenne*)] lasciare (a): *laisse un morceau de gâteau à ton frère* lascia un po' di torta a tuo fratello; *laissez-lui-en un peu* lasciategliene un po'; *laissez-nous de la place* lasciateci, fateci un po' di posto → **réserver** ◇ [*ne pas faire soi-même* (*afin qu'un autre fasse*)] *laisser un travail à faire à qqn.* lasciare un lavoro da fare a qualcun altro ◇ (*fig.*) *laisser à qqn. le soin de...* lasciare, affidare a qc. l'incarico di...; *ne rien laisser au hasard* non lasciare, non affidare nulla al caso ◇ (*loc.*) *laisser à penser, à juger* lasciar pensare, lasciar giudicare ◆ *absolt.* (*choses*) *cela laisse à penser* è una cosa che dà da pensare, che fa pensare: *c'est un travail qui laisse à désirer* è un lavoro che lascia a desiderare **III** [*ne pas garder avec soi, pour soi*] → **abandonner** **1** [*se séparer de, abandonner* (*qqn., qqch.*)] lasciare: *elle a laissé ses parents* ha lasciato i genitori; *adieu, je vous laisse* addio, vi lascio; *il a laissé trois enfants en mourant* (morendo) ha lasciato tre figli → **quitter** ◇ (*spécialt.*) [*quitter volontairement et définitivement*] *elle a laissé son mari* ha lasciato suo marito → **lâcher** ◇ (*par ext.*) *laisser qqn. seul* lasciare qc. solo; *laisser tout en désordre* lasciare tutto in disordine; *laisser en compagnie de qqn.* lasciare in compagnia di qc.; *je ne m'attendais pas à ce qu'il me laissât sur la route* non mi aspettavo che mi lasciasse, mi piantasse per strada; *laisser un coureur derrière soi* lasciarsi dietro un corridore → **dépasser, devancer** # *laisser en* *plan, en rade* piantare in asso ◇ (*fig.*) *laisser qqn. derrière soi pour le talent* superare qc. in ingegno → **surpasser** **2** [*abandonner* (*qqch. de soi*)] lasciare: *le renard laissa sa queue dans une piège* la volpe lasciò la coda in una trappola; *laisser sa vie au combat*; *y laisser la vie* lasciare la vita in combattimento; lasciarci la vita; (*fam.*) *y laisser sa peau* lasciarci la pelle → **perdre** ◇ (*par anal.*) *liquide qui laisse un dépôt* liquido che lascia un deposito; *coup qui laisse des cicatrices* colpo che lascia delle cicatrici; *goût qu'un aliment laisse dans la bouche* sapore che un cibo lascia in bocca ◇ (*fig.*) *laisser un goût d'amertume, d'indifférence* lasciare un senso d'amarezza, d'indifferenza; *laisser des descendants, des héritiers* lasciare dei discendenti, degli eredi; *laisser un souvenir* lasciare un ricordo **3** [*remettre* (*qqch. à qqn.*) *en partant*] lasciare: *laisser sa clé à la concierge* lasciare la chiave alla portinaia; *laisser un gros pourboire* lasciare una grossa mancia; *laisser des arrhes* lasciare una caparra; *laisser ses bagages à la consigne* lasciare i bagagli al deposito → **donner, confier** **4** [*vendre à un prix avantageux pour le client*] lasciare: *je vous laisse ce tapis pour, à mille francs* vi lascio questo tappeto per, a mille franchi → **céder** **5** [*donner, céder* (*un bien, une somme*) *par voie de succession*] lasciare: *laisser une maison à ses enfants* lasciare una casa ai propri figli; *l'héritage que nous ont laissé nos parents* l'eredità lasciataci dai nostri genitori → **léguer** **IV** (*littér.*) NE PAS LAISSER DE [*ne pas cesser, ne pas s'abstenir de*] non smettere (155), non cessare di: *malgré leur dispute, elles ne laissent pas d'être amies* malgrado il litigio, non hanno smesso di essere amiche **B** *v.pron. réfl.* SE LAISSER (+ *inf.*), lasciarsi (+ *inf.*): *se laisser aller à faire qqch.* lasciarsi andare a fare q.c. ♦ (*absolt.*) *se laisser aller* lasciarsi andare; *ne vous laissez pas abattre, réagissez!* non lasciatevi abbattere, reagite!; *se laisser attendrir, impressionner* lasciarsi commuovere, impressionare → **abandonner (s'), détendre (se)** ◇ (*loc.*) *se laisser mener par le bout du nez* lasciarsi menare per il naso ~ *s'en laisser conter* lasciarsi raggirare ~ *je me suis laissé dire que...* ho sentito dire, mi hanno detto che... ~ *se laisser faire* [*n'opposer aucune résistance*] lasciarsi convincere: *ne vous laissez pas faire, répondez* non lasciatevi convincere, rispondete per le rime ~ (*fam.*) *laissez-vous faire* lasciatevi convincere ◇ (*spécialt., fam.*) (*choses*) *un vin qui se laisse boire* un vino che si lascia bere; *un film qui se laisse voir* un film che si lascia vedere (*REM. le p.p. 'laissé' s'accorde avec le sujet, lorsque celui-ci fait l'action; il ne s'accorde pas dans le cas contraire*): *elle s'est laissée aller* si è lasciata andare; *elle s'est laissé convaincre* si è lasciata convincere.

laisser-aller |lesealе| *s.m. inv.* **1** [*absence de contrainte dans les attitudes, les manières, le comportement*] naturalezza *f. var.*, spontaneità (*f.*): *le laisser-aller d'une personne à la bonne franquette* la naturalezza, la spontaneità di una persona alla buona → **abandon, désinvolture** **2** (*péj.*) [*absence de soin*] trascuratezza (*f. var.*): *le laisser-aller de sa tenue* la trascuratezza la sciatteria del suo modo di vestire; *laisser-aller dans le travail* trascuratezza, incuria nel lavoro → **désordre, incurie.**

laisser-faire |lesefɛʀ| *s.m. inv.* il lasciar fare, il lasciar correre.

laissez-passer |lesepɑse| *s.m. inv.* **1** [*pièce autorisant une personne à entrer, à sortir, à circuler librement*] lasciapassare, salvacondotto *var.* → **permis, sauf-conduit** **2** (*dr.*) lasciapassare.

lait |lɛ| *s.m.* **I** **1** latte: *femme qui nourrit un enfant de son lait* donna che nutre un bambino con il proprio latte ◇ (*loc.*) *dent de lait* dente di latte ~ *frère, sœur de lait* fratello, sorella di latte ~ *veau, cochon de lait* vitello, maiale di latte **2** [*lait de quelques mammifères domestiques* (*destiné à l'alimentation humaine*)] latte: *vache à lait* vacca da latte; *lait de brebis, de chèvre, d'ânesse* latte di pecora, di capra, di asina; *lait entier, écrémé* latte intero, scremato; *lait caillé* latte cagliato; *lait bouilli, stérilisé, pasteurisé, homogénéisé* latte bollito, sterilizzato, pastorizzato, omogeneizzato; *lait condensé, concentré* latte condensato, concentrato; *lait en poudre, en boîte* latte in polvere, in scatola # *petit-lait, lait de beurre* latticello → **babeurre**; *se mettre au lait* seguire una dieta lattea; *commerce, industrie du lait* commercio lattiero-caseario, industria lattiero-casearia ◇ *loc.* AU LAIT: *chocolat au lait* cioccolato al latte; *café au lait* caffellatte ◇ (*loc. fig.*) *boire du* (*petit*) *lait* [*éprouver une vive satisfaction d'amour-propre, d'orgueil*] andare in sollucchero ~ *monter comme une soupe au lait* [*se mettre en colère*] accendersi come uno zolfanello **3** (*par anal., littér.*) *blanc comme le lait* bianco come il latte; *une peau de lait* una pelle bianca come il latte, lattea → **laiteux** **II** **1** [*suc blanchâtre de certains végétaux*] latte: *lait de coco* latte di cocco **2** [*préparation d'apparence laiteuse*] latte: *lait d'amandes* latte di mandorle; *lait de poule* latte di gallina ◇ (*cosmétique*) *lait de beauté, lait démaquillant* latte di bellezza, latte detergente ◇ (*chim.*) *lait de chaux* latte di calce.

laitage |lɛtaʒ| *s.m.* [*le lait ou les substances alimentaires tirées du lait*] latticini *pl.*, prodotti *pl.* lattiero-caseari

laitance |lɛtɑ̃s|, **laite** |lɛt| *s.f.* **1** latte *m.* di pesce → **laité** **2** → **laiteron.**

laité, ée |lete| (*adj.*) *poisson laité* pesce che ha il latte (*loc.*); *hareng laité* aringa di latte *loc. inv.*

laiterie |lɛtʀi| *s.f.* **1** [*lieu où s'effectuent la collecte et le traitement du lait et, par ext., la fabrication du beurre*] latteria, caseificio* (*m.*): *grande laiterie industrielle* grande caseificio, grande industria casearia **2** [*magasin où l'on vend du lait, des produits laitiers et des œufs*] latteria → **crémerie** **3** [*industrie, commerce du lait*] industria lattiero-casearia.

laiteron |lɛtʀɔ̃| *s.m.* (*t.bot.*) crespino, cicerbita *f.*

laiteux, euse |lɛtø, øz| *adj.* [*qui a l'aspect et, spécialt., la couleur blanchâtre du lait*] latteo, lattiginoso: *d'un blanc laiteux* di un bianco latteo; *halo laiteux* alone lattiginoso.

laitier |letje| *s.m.* (*techn.*) scoria *f.*, loppa (*f.*): *sables de laitier* sabbia di scorie; *ciment de laitier* cemento di scorie, di loppa.

laitier, ière |letje, lɛtjɛʀ| **I** *s.* [*personne qui vend du lait*] lattaio* **II** *adj.* **1** *vache laitière* vacca da latte *loc. inv.*, mucca* *s.f.* ♦ (*s.f.*) *une laitière* una vacca da latte, una mucca **2** [*relatif au lait, matière première alimentaire*] del latte *loc. inv.*; lattiero-caseario*: *centrale laitière* centrale del latte ‖ *industrie, production laitière* industria, produzione lattiero-casearia.

laiton |lɛtɔ̃| *s.m.* [*alliage de cuivre et de zinc, pouvant contenir d'autres métaux*] ottone: *fil de laiton* filo d'ottone.

laitonner |lɛtɔne| *v.tr.* (*techn.*) [*garnir de fils de laiton*] guarnire (197) di fili d'ottone ◇ [*recouvrir de laiton*] ottonare ♦ (*au p.p.*) *métal laitonné* metallo ottonato.

laitue |lety| *s.f.* **1** (*t.bot.*) lattuga* ◇ (*cour.*) *salade de laitue* insalata di lattuga; *cœurs de laitue* cuori di lattuga; *laitue romaine* lattuga romana → 1 **romaine** **2** (*par ext.*) insalata di lattuga: *servir une laitue* servire un'insalata di lattuga.

laïus |lajys| *s.m.* **1** (*fam.*) [*allocution, discours*] discorso (*cour.*): *faire un laïus à la fin d'un banquet* fare un discorso alla fine di un banchetto **2** [*manière de parler, d'écrire, vague et emphatique*] vaniloquio*: *ce n'est que du laïus* è soltanto un vaniloquio.

laïusser |lajyse| *v.intr.* (*fam.*) [*faire des laïus*] blaterare, cianciare: *il a laïussé pendant plus d'une heure* ha blaterato, cianciato per più d'un'ora.

laïusseur, euse |lajysœʀ, øz| *adj. et s.* (*fam.*) [*qui aime à faire de longs laïus; bavard intarissable*] ciarliero *adj.*, chiacchierone.

laize |lɛz| *s.f.* **1** [*largeur d'une étoffe entre les deux lisières*] altezza **2** (*mar.*) ferzo *m.*

lakiste |lakist(ə)| *adj. et s.* (*hist. litt.*) laghista.

-lalie |lali| *suff.* (*signifiant 'parler', correspond généralt. à*) lalia: *écholalie* ecolalia.

lallation |lalɑsjɔ̃| *s.f.* lallazione → **lambdacisme.**

1 **lama** |lama| *s.m.* (*t.zool.*) lama *inv.*

2 **lama** |lama| *s.m.* [*prêtre, moine bouddhiste*] lama *inv.* ◇ (*spécialt.*) *Grand lama, dalaï-lama* Gran Lama, Dalai Lama.

lamaïsme |lamaism(ə)| *s.m.* (*relig.*) lamaismo.

lamaïste |lamaist(ə)| *adj. et s.* lamaista.

lamanage |lamanaʒ| *s.m.* (*mar.*) pilotaggio* costiero, portuale.

lamaneur |lamanœʀ| *s.m.* [*pilote chargé du lamanage*] pilota.

lamantin |lamɑ̃tɛ̃| *s.m.* (*t.zool.*) lamantino.

lamarckisme |lamaʀkism(ə)| *s.m.* (*sc.*) lamarckismo.

lamaserie |lamazʀi| *s.f.* lamasseria.

lambda |lɑ̃bda| *s.m.* (*gr.*) lambda *m. ou f. inv.*

lambdacisme |lɑ̃bdasism(ə)| *s.m.* (*psycho.*) lambdacismo → **lallation.**

lambdoïde |lɑ̃bdɔid| *adj.* (*anat.*) *suture lambdoïde* sutura lambdoidea.

lambeau |lɑ̃bo| *s.m.* **1** [*morceau d'une étoffe déchirée*] brandello, brano: *vêtements en lambeaux* vestiti a brandelli, a brani; *mettre en lambeaux* fare a brandelli # *couvert de lambeaux* [*déguenillé*] cencioso → **haillon, loque 2** [*morceau* (*de chair, de papier*) *arraché*] brandello, brano: *lambeaux de chair* brandelli, brani di carne; *des affiches en lambeaux* manifesti a brandelli **3** (*fig.*) [*fragment, partie détachée d'un tout*] brano, brandello: *des lambeaux de musique* brani di musica; *des lambeaux de conversation* brandelli di conversazione.

lambel |lɑ̃bɛl| *s.m.* (*blas.*) lambello.

lambic(k) |lɑ̃bik| *s.m.* birra *f.* forte belga*.

lambin, ine |lɑ̃bɛ̃, in| *s.* (*fam.*) [*personne qui agit habituellement avec lenteur et mollesse*] lumaca* *f.*, posapiano *inv.* → **traînard** ♦ *adj.* [*lent*] indolente: *plus lambin que paresseux* indolente più che pigro Ⓒ **vif.**

lambiner |lɑ̃bine| *v.intr.* (*fam.*) [*agir avec une lenteur, une mollesse excessive*] attardarsi *pron.* (*cour.*), gingillarsi *pron.* (*cour.*): *ne lambinez pas en chemin* non gingillatevi, non attardatevi per strada → **attarder (s'), lanterner, traînasser.**

lambourde |lɑ̃buʀd(ə)| *s.f.* **1** (*maçonn., menuis.*) correntino *m.* **2** (*agric.*) lamburda.

lambrequin |lɑ̃bʀəkɛ̃| *s.m.* **1** [*bordure à festons; ornement découpé bordant un auvent*] lambrecchini *pl.* **2** *au plur.* (*blas.*) lambrecchini.

lambris |lɑ̃bʀi| *s.m.* **1** 'lambris' *inv.*, rivestimento (in legno, in marmo, stucco) ◇ *au plur.* (*fig., poét., plais.*) *riches lambris, lambris dorés* [*décoration somptueuse d'un palais*] sontuosa dimora *f. sing.*, palazzo *sing.* fastoso **2** (*techn.*) intonaco*, stucco*.

lambrissage |lɑ̃bʀisaʒ| *s.m.* [→ LAMBRISSER] rivestimento; intonacatura *f.*

lambrisser |lɑ̃bʀise| *v.tr.* **1** [*revêtir* (*les murs*) *de lambris*] rivestire (in legno, in marmo, ecc.) ♦ (*au p.p.*) *mansarde lambrissée* mansarda rivestita (in legno) **2** (*techn.*) [*étendre un enduit de plâtre sur* (*les parois*)] stuccare, intonacare.

lambswool |lɑ̃bswul, lɑmbswul| *s.m.* (*angl.*) lambswool *inv.*

1 **lame** |lam| *s.f.* **1** [*bande plate et mince d'une matière dure* (*métal, verre, bois*)] lamina: *lame de cuivre, de verre* lamina di rame, di vetro # *lames de parquet* tavolette, doghe di 'parquet' ◇ (*anat.*) *lames de l'ethmoïde* lamine dell'etmoide, lamine cribrose ◇ (*auto.*) *ressort à lames* molla a balestra ◇ (*bot.*) lamella ◇ (*minér.*) *lames de mica* lamine di mica **2** [*fer* (*d'un instrument tranchant*)] lama: *lame de poignard, de scie* lama di pugnale, di sega; *tranchant d'une lame* taglio di una lama; *aiguiser, affûter une lame* affilare una lama # *couteau de poche à lame rentrante* coltello a serramanico ◇ (*loc. fig.*) *visage en lame de couteau* [*maigre et très allongé*] viso affilato ◇ (*spécialt.*) *lame d'épée* lama della spada; *une lame* una spada ◇ (*par ext., fig.*) *une bonne, une fine lame* [*un habile escrimeur*] una buona lama **3** *lame de rasoir* lametta da barba; *un paquet de lames* un pacchetto di lamette.

2 **lame** |lam| *s.f.* [*ondulation de la mer*] onda, maroso (*m.*): *lame longue, courte* onda lunga, corta; *crête, creux d'une lame* cresta, cavo dell'onda; *lame de fond* onda di fondo → 1 **vague.**

lamé, ée |lame| *adj.* laminato, 'lamé' (*inv.*): *tissu lamé or* tessuto laminato oro ♦ (*s.m.*) *une robe de lamé* un vestito di 'lamé'.

lamellaire |lame(ɛl)lɛʀ| *adj.* (*sc.*) lamellare: *tissu lamellaire* tessuto lamellare, laminare.

lamelle |lamɛl| *s.f.* lamella, lamina ◇ (*bot.*) *la lamelle d'une feuille* la lamella, la lamina di una foglia.

lamellé, ée |lame(ɛl)le| *adj.* lamellato, laminato.

lamelleux, euse |lame(ɛl)lø, øz| *adj.* (*minér.*) lamellato.

lamelli- |lame(ɛl)li| *préf.* (*signifiant 'lamelle', correspond généralt. à*) lamelli: *Lamellibranches* Lamellibranchi.

Lamellibranches |lame(ɛl)libʀɑ̃ʃ| *s.m. pl.* (*t.zool.*) Lamellibranchi.

Lamellicornes |lame(ɛl)likɔʀn(ə)| *s.m. pl.* (*t.zool.*) Lamellicorni.

lamelliforme |lame(ɛl)lifɔʀm(ə)| *adj.* lamelliforme.

Lamellirostres |lame(ɛl)liʀɔstʀ(ə)| *s.m. pl.* (*t.zool.*) Lamellirostri.

lamentable |lamɑ̃tabl(ə)| *adj.* **1** [*mauvais au point d'attrister*] pietoso, penoso: *résultats lamentables* risultati pietosi; *un orateur lamentable* un oratore penoso → **pitoyable 2** (*littér.*) [*qui exprime une lamentation, une plainte*] lamentevole, lamentoso (*cour.*): *voix, ton lamentable* voce, tono lamentevole, lamentoso Ⓒ 1 **réjouissant**; 2 **joyeux.**

lamentablement |lamɑ̃tabləmɑ̃| *adv.* [→ LAMENTABLE 1] miseramente, pietosamente: *sa tentative a lamentablement échoué* il suo tentativo è miseramente fallito.

lamentation |lamɑ̃tɑsjɔ̃| *s.f.* **1** [*plainte bruyante et prolongée*] lamento *m.*, gemito (*m.*): *pousser des lamentations* emettere dei lamenti, dei gemiti ◇ (*hist. jud.*) *lamentations de Jérémie* lamentazioni di Geremia; *mur des lamentations* muro del pianto **2** [*suite de paroles exprimant 'le regret douloureux, la récrimination'*] lagnanza, lamentela: *se répandre en lamentations* profondersi in lagnanze → **jérémiade.**

lamenter (se) |lamɑ̃te| *v.pron. intr.* [*se répandre en lamentations*] lamentarsi, lagnarsi: *se lamenter sur son sort* lamentarsi, lagnarsi della propria sorte; *se lamenter d'avoir essuyé un échec* lamentarsi per avere subito uno smacco → **gémir, plaindre (se)** Ⓒ **réjouir (se).**

lamento |lamɛnto| *s.m.* (*mus.*) lamento.

lamie |lami| *s.f.* **1** (*t.zool.*) lamia **2** (*antiq.*) [*monstre fabuleux qui passait pour dévorer les enfants*] lamia.

lamier |lamje| *s.m.* (*t.bot.*) lamio*.

laminage |laminaʒ| *s.m.* **1** (*techn.*) laminazione *f.*, laminatura (*f.*): *laminage à chaud, à froid* laminazione a caldo, a freddo **2** (*géol.*) laminazione **3** (*techn.*) stiramento.

1 **laminaire** |laminɛʀ| *s.f.* (*t.bot.*) laminaria.

2 **laminaire** |laminɛʀ| *adj.* (*minér.*) lamellare, laminare: *cassure laminaire* fenditura lamellare, laminare ◇ (*phys.*) *écoulement laminaire* flusso laminare.

Laminariales |laminaʀjal| *s.f. pl.* (*t.bot.*) Laminariacee.

laminé, ée |lamine| *adj. et s.m.* → **laminer** 1.

laminectomie |laminɛktɔmi| *s.f.* (*chir.*) laminectomia.

laminer |lamine| *v.tr.* **1** [*réduire* (*une masse métallique*) *en feuilles, en lames ou en barres*] laminare ♦ (*au p.p.*) *acier, fer laminé* acciaio, ferro laminato ♦ (*s.m.*) *le laminé* il laminato **2** (*par anal.*) *laminer un volume à relier* [*en diminuer l'épaisseur par passage au laminoir*] laminare un volume da rilegare.

lamineur |laminœʀ| *s.m.* [*ouvrier procédant aux opérations de laminage*] laminatore ♦ (*adj. m.*) *cylindre lamineur* cilindro laminatore.

lamineux, euse |laminø, øz| *adj.* (*anat.*) laminoso.

laminoir |laminwaʀ| *s.m.* (*métall.*) laminatoio*: *train de laminoirs* treno di laminatoi; *faire passer le métal au laminoir* fare passare il metallo al laminatoio ◇ (*papier, reliure*) laminatoio ◇ (*fig.*) *passer au laminoir* [*être soumis à de rudes épreuves*] passare sotto il torchio; essere torchiato.

lampadaire |lɑ̃padɛʀ| *s.m.* [*appareil d'éclairage électrique monté sur un haut support*] lampada *f.* (a stelo): *lampadaire d'appartement* lampada di appartamento ◇ (*ancienn.*) [*support vertical pour une ou plusieurs lampes*] lampione: *lampadaire d'une place publique* lampione di una piazza pubblica.

lampadophore |lɑ̃padɔfɔʀ| *adj. et s.* (*littér.*) lampadoforo *s.m.*

lampant, ante |lɑ̃pɑ̃, ɑ̃t| (*adj.*) *pétrole lampant* petrolio lampante; *huile lampante* olio lampante.

lamparo |lɑ̃paʀo| *s.m.* [*lampe, phare utilisé pour attirer les poissons*] lampara (*f.*): *pêche au lamparo* pesca con la lampara.

1 **lampas** |lɑ̃pɑ(s)| *s.m.* (*vétér.*) lampasco*.

2 **lampas** |lɑ̃pɑ(s)| *s.m.* [*étoffe de soie à grands dessins tissés en relief*] lampasso.

lampassé, ée |lɑ̃pɑse| *adj.* (*blas.*) lampassato.

lampe |lɑ̃p(ə)| *s.f.* **1** lampada, lume (*m.*): *anciennes lampes à huile* vecchie lampade a olio; *lampe à pétrole, à gaz* lampada, lume a petrolio, a gas; *lampe de mineur* lampada di sicurezza; da minatore; *lampes d'autel, d'église* lumi d'altare, da chiesa → **quinquet** # *lampe-tempête* [*dont la flamme est protégée du vent*] torcia a vento ◇ (*fig., pop.*) *s'en mettre plein la lampe* [*manger et boire abondamment*] mangiare e bere a crepapelle, rimpinzarsi **2** [*appareil d'éclairage par l'électr.*] lampada: *lampe à arc, à incandescence* lampada ad arco, a incandescenza; *ampoule, filament, culot d'une lampe* lampadina, filamento, zoccolo di una lampada; *lampe fluorescente, au néon* lampada a fluorescenza, al neon; *lampe de bureau, de chevet* lampada da scrivania, da comodino; *lampe de poche* lampadina tascabile; torcia* elettrica → **tube 3** [*récipient dont le combustible est destiné à produire de la chaleur*] lampada: *lampe à alcool* lampada a spirito; *lampe à souder* lampada da saldatore → **réchaud 4** (*électron.*) valvola: *lampe de radio* valvola di radio; *lampe amplificatrice, modulatrice* valvola amplificatrice, modulatrice.

lampée |lɑ̃pe| *s.f.* (*fam.*) [*grande gorgée de liquide avalée d'un trait*] sorsata (*cour.*).

lamper |lɑ̃pe| *v.tr.* [*boire d'un trait ou à grandes gorgées*] tracannare.
lampion |lɑ̃pjɔ̃| *s.m.* **1** [*lanterne vénitienne*] lampione (alla veneziana) **2** [*godet contenant une matière combustible et une mèche*] lumino.
lampiste |lɑ̃pist(ə)| *s.m.* **1** lampista: *lampiste d'un théâtre* lampista di un teatro **2** (*fig.*) → **bouc (émissaire).**
lampisterie |lɑ̃pistəʀi| *s.f.* lampisteria: *lampisterie d'une gare* lampisteria di una stazione.
lampourde |lɑ̃puʀd(ə)| *s.f.* (*t.bot.*) lappa.
lamprillon |lɑ̃pʀijɔ̃| *s.m.* lampreda *f.* di fiume ◇ (*par ext.*) larva *f.* di lampreda.
lamproie |lɑ̃pʀwa(ɑ)| *s.f.* (*t.zool.*) lampreda ◇ (*cour.*) *lamproie marine, fluviale* lampreda marina, di fiume ◇ (*cuis.*) *lamproie en matelote* lampreda alla marinara.
lampyre |lɑ̃piʀ| *s.m.* (*t.zool.*) lampiride, lucciola *f.* (*cour.*).
lance |lɑ̃s| *s.f.* **1** lancia*: *coup de lance* colpo di lancia, lanciata; *brandir, jeter une lance* brandire, scagliare una lancia → **javelot,** 1 **pique** ◇ (*au moyen âge*) *lance de combat, de tournoi* lancia da combattimento, da torneo; *courir une lance* correre lancia in resta ◇ (*fig.*) *rompre une lance, des lances pour qqn.* spezzare una lancia in favore di qc. **2** *fer de lance* punta di lancia ◇ (*loc.*) EN FER DE LANCE a forma di lancia, lanceolato (*adj.*): *feuille en fer de lance* foglia lanceolata ◇ (*fig., milit., polit.*) *les parachutistes sont le fer de lance de cette armée* i paracadutisti sono le punte, gli uomini di punta di questo esercito **3** [*instrument, engin en forme de lance*] lancia: *lance à eau* lancia # *lance d'incendie* idrante ◇ (*mar.*) *lance de sonde* lancia di scandaglio.
lancé, ée |lɑ̃se| *adj.* [*qui a conquis la notoriété, qui est en vogue, reçu dans le monde*] lanciato, affermato: *un chanteur lancé* un cantante lanciato, affermato.
lance-bombes |lɑ̃sbɔ̃b| *s.m. inv.* **1** (*aviat.*) lanciabombe **2** (*vx.*) → 2 **mortier.**
lancée |lɑ̃se| *s.f.* [*élan de ce qui est lancé, vitesse acquise*] slancio* (*m.*): *courir, continuer sur sa lancée* correre, continuare sullo slancio (iniziale) ◇ (*fig.*) [*continuer sur sa lancée* [*poursuivre une action en utilisant l'élan initial*] continuare sullo slancio.
lance-flammes |lɑ̃sfla(ɑ)m| *s.m. inv.* (*milit.*) lanciafiamme.
lance-fusées |lɑ̃sfyze| *s.m. inv.* (*milit.*) lanciarazzi: *des lance-fusées* dei lanciarazzi → **lance-roquettes.**
lance-grenades |lɑ̃sgʀənad| *s.m. inv.* (*milit.*) lanciagranate.
lancement |lɑ̃smɑ̃| *s.m.* **1** lancio*: *lancement de la grenade, du javelot* lancio di una bomba a mano, del giavellotto ◇ (*spécialt.*) *lancement d'un satellite artificiel* lancio di un satellite artificiale; *rampe de lancement* rampa di lancio **2** *lancement d'un navire* [*mise à l'eau*] varo di una nave **3** *lancement d'un pont métallique* [*mise en place*] varo di un ponte metallico **4** (*fig.*) [→ 1 LANCER A 7] lancio: *le lancement d'un produit nouveau* il lancio di un nuovo prodotto.
lance-missiles |lɑ̃smisil| *s.m. inv.* lanciamissili.
lancéolé, ée |lɑ̃seɔle| *adj.* (*bot.*) lanceolato.
lance-pierre(s) |lɑ̃spjɛʀ| *s.m. inv.* [*petite fronde d'enfant*] fionda *f. var.*
1 **lancer** |lɑ̃se| (2) **A** *v.tr.* **1** [*envoyer loin de soi* (*généralt. dans une direction déterminée*)] lanciare, scagliare: *lancer des pierres* lanciare, scagliare sassi; *lancer un ballon, le lancer en l'air* lanciare un pallone, lanciarlo in aria; *lancer le disque, le javelot* lanciare il disco, il giavellotto → **jeter,** 1 **projeter** ◇ (*spécialt.*) (*'lancer' à l'aide d'un dispositif, d'un engin balistique*) lanciare: *lancer des flèches, des bombes* lanciare frecce, bombe; *lancer une fusée* lanciare un razzo **2** [*faire sortir de soi, avec force, avec vivacité*] lanciare: *lancer un cri, un appel* lanciare un grido, un appello → **émettre** # *ses yeux lancent des éclairs* i suoi occhi lampeggiano; *volcan qui lance des pierres, des cendres* vulcano che emette, vomita sassi, cenere ◇ [*faire mouvoir avec rapidité dans une certaine direction*] buttare: *lancer les bras en avant* buttare le braccia in avanti → 2 **flanquer** ◇ (*par ext.*) *lancer une gifle* allungare, appioppare uno schiaffo; *lancer une attaque* lanciare un attacco **3** [*envoyer sans ménagement à l'adresse de qqn.*] lanciare: *lancer des injures* lanciare ingiurie # *lancer un ultimatum* dare un ultimatum; *lancer un mandat d'arrêt* spiccare un mandato di arresto **4** [*faire partir impétueusement*] lanciare: *lancer son cheval* lanciare il cavallo; *lancer des soldats à l'assaut* lanciare, mandare i soldati all'assalto # *lancer le gibier* [*une fois débusqué*] stanare, scovare la selvaggina → **forlancer** **5** [*mettre en mouvement, donner de l'élan à*] lanciare: *lancer un moteur* lanciare un motore # *lancer un navire* [*procéder à son lancement*] varare una nave ♦ (*au p.p.*) *train lancé à toute vapeur* treno lanciato a tutto vapore **6** (*fam.*) [*engager* (*qqn.*) *dans un sujet de conversation*] portare: *on a eu tort de le lancer là-dessus* abbiamo sbagliato a portarlo, trascinarlo su questo argomento ♦ (*au p.p.*) *le voilà lancé, il ne s'arrêtera plus* eccolo partito, lanciato, nessuno lo ferma più **7** [*pousser en faisant connaître, en mettant en valeur, en crédit*] lanciare: *lancer un acteur, un artiste* lanciare un attore, un artista ♦ (*au p.p.*) *un peintre lancé* un pittore lanciato, affermato ◇ (*par anal.*) *lancer une marque, un modèle* lanciare una marca, un modello; *lancer la mode* lanciare la moda **B** *v. pron. réfl.* SE LANCER **1** [*se jeter, s'élancer*] lanciarsi: *elle se lança dans le vide* si lanciò, si buttò nel vuoto **2** (*fig.*) [*s'engager hardiment, se livrer impétueusement*] lanciarsi: *se lancer dans des spéculations* lanciarsi in speculazioni # *se lancer dans des dépenses* darsi alle spese **3** [*se faire connaître dans le monde*] lanciarsi, farsi (103) conoscere.
2 **lancer** |lɑ̃se| *s.m.* **1** pesca* *f.* al lancio **2** (*athlétisme*) lancio*: *lancer du poids, du disque, du javelot, du marteau* lancio, getto del peso, del disco, del giavellotto, del martello.
lance-roquettes |lɑ̃sʀɔkɛt| *s.m. inv.* (*milit.*) lanciarazzi → **lance-fusées.**
lance-torpilles |lɑ̃stɔʀpij| *s.m. inv.* (*milit.*) lanciasiluri ♦ (*appos.*) *tube lance-torpilles* tubo di lancio *loc. inv.*
lancette |lɑ̃sɛt| *s.f.* (*chir.*) lancetta.
lanceur, euse |lɑ̃sœʀ, øz| *s.* **1** (*fig.*) [*personne qui lance, est habile à lancer* (*une affaire, une mode*)] chi lancia (*loc.*): *un lanceur de nouvelles vedettes* chi lancia nuovi divi; *une lanceuse de modes* chi, colei che lancia nuove mode **2** (*sport*) *lanceur de poids, de disque, de javelot, de marteau* lanciatore* del peso, del disco, del giavellotto, del martello.
lancier |lɑ̃sje| *s.m.* (*ancienn.*) lanciere.
lancinant, ante |lɑ̃sinɑ̃, ɑ̃t| *adj.* **1** lancinante: *douleur lancinante* dolore lancinante **2** (*fig.*) [*qui obsède en tourmentant*] ossessionante: *souvenirs lancinants* ricordi ossessionanti, tormentosi; *musique lancinante* musica ossessionante.
lanciner |lɑ̃sine| **A** *v.intr.* [*être lancinant*] essere (96) (*aux.* essere) lancinante **B** *v.tr.* [*tourmenter de façon lancinante*] ossessionare, tormentare: *une idée le lancine depuis des jours* un'idea lo ossessiona, lo tormenta da giorni.
lançon |lɑ̃sɔ̃| *s.m.* (*t.zool.*) ammodite *f.*
landau, aus |lɑ̃do| *s.m.* **1** [*voiture d'enfant à caisse suspendue*] carrozzella *f.*, carrozzina *f.* **2** (*ancienn.*) landò (*inv.*): *des landaus* dei landò.
landaulet |lɑ̃dolɛ| *s.m.* **1** (*ancienn.*) piccolo landò *inv.* **2** (*vx., auto.*) 'landaulet' *inv.*
lande |lɑ̃d| *s.f.* landa → **garrigue, maquis** ◇ (*spécialt.*) LES LANDES [*Sud-Ouest de la France*] le Lande.
landier |lɑ̃dje| *s.m.* [*gran chenêt de cuisine*] alare.
landgrave |lɑ̃dgʀav| *s.m.* (*hist.*) langravio*.
landgraviat |lɑ̃dgʀavja| *s.m.* (*hist.*) langraviato.
landolphie |lɑ̃dɔlfi|, **landolphia** |lɑ̃dɔlfja| *s.f.* (*t.bot.*) landolphia, landolfia.
land rover |lɑ̃dʀɔvœʀ| *s.m. ou f.* (*angl.*) (*nom déposé*) [(*toute*) *voiture tout terrain à quatre roues motrices*] land rover *f. inv.*, fuoristrada *m. inv.*
landsturm |lɑ̃dʃtuʀm| *s.m.* landsturm *inv.*
laneret |lanʀɛ| *s.m.* (*chasse*) laniere maschio*.
langage |lɑ̃gaʒ| *s.m.* **I** (*fonction*) **1** linguaggio*: *langage conventionnel, chiffré* linguaggio convenzionale, cifrato; *langage mimique* linguaggio mimico ◇ (*par anal.*) *langage des animaux* linguaggio degli animali ◇ (*informatique*) *langage binaire* linguaggio binario **2** (*philo.*) *langage intérieur* linguaggio interno **II** (*façon de s'exprimer*) **1** linguaggio: *langage courant, parlé, populaire* linguaggio corrente; *impropriétés de langage* improprietà di linguaggio; *langage incorrect* linguaggio scorretto; *langage administratif, scientifique, technique* linguaggio amministrativo, scientifico, tecnico → 2 **langue** **2** [*usage qui en est fait quant au fond du discours*] linguaggio: *langage cynique, subtil* linguaggio cinico, sottile; *son langage ne me plaît pas* il suo linguaggio non mi piace.
langagier, ière |lɑ̃gaʒje, jɛʀ| *adj.* relativo al linguaggio → **linguistique.**

lange |lɑ̃ʒ| *s.m.* [*large carré dont on emmaillote un bébé de la taille aux pieds*] fascia* *f.* → **maillot** ◇ (*fig.*) *dans les langes* [*dans l'enfance*] in fasce: *mourir dans les langes* morire in fasce.

langer |lɑ̃ʒe| (3) *v.tr.* [*envelopper d'un lange, de langes*] fasciare: *langer un bébé* fasciare un bebè.

langoureusement |lɑ̃guʀøzmɑ̃| *adv.* [→ LANGOUREUX] languidamente.

langoureux, euse |lɑ̃guʀø, øz| *adj.* [*qui manifeste une mélancolie sentimentale*] languido: *regard langoureux* sguardo languido; *air langoureux* espressione languida.

langouste |lɑ̃gust(ə)| *s.f.* (*t.zool.*) aragosta ◇ (*cour.*) *langouste au gratin* aragosta al 'gratin'.

langoustier |lɑ̃gustje| *s.m.*, **langoustière** |lɑ̃gustjɛʀ| *s.f.* **1** rete *f.* per aragoste **2** *s.m.* battello per la pesca delle aragoste.

langoustine |lɑ̃gustin| *s.f.* (*t.zool.*) scampo *m.* ◇ (*cour.*) *langoustines à la mayonnaise* scampi con maionese.

1 **langue** |lɑ̃g| *s.f.* **I** **1** (*anat.*) lingua: *avoir la langue blanche* avere la lingua bianca, patinosa; *avoir la langue sèche* avere la lingua secca; *se brûler la langue* scottarsi la lingua; *claquer la langue* schioccare la lingua; *goûter* (*qqch.*) *du bout de la langue* provare (q.c.) con la punta della lingua ◇ (*loc.*) *tirer la langue à qqn.* [*pour le narguer*] mostrare la lingua a qc., cacciar fuori la lingua a qc. ~ *tirer la langue* (*pr.*) [*avoir soif*] avere la lingua secca, asciutta; (*fig.*) [*être dans le besoin*] tirare la cinghia ◇ (*animaux*) *langue du serpent, du bœuf* lingua del serpente, del bue ◇ (*cuis.*) *langue fumée, braisée* lingua affumicata, alla brace **2** [*l'organe de la parole*] lingua ◇ (*loc.*) *avoir la langue bien pendue* [*être bavard*] avere la lingua sciolta, avere lo scilinguagnolo sciolto ~ *ne pas savoir tenir sa langue* non sapere tenere a freno la lingua; avere la lingua lunga ~ *avaler sa langue* avere la bocca cucita ~ *se mordre la langue* mordersi la lingua ~ *la langue lui a fourché* ha avuto un lapsus ~ *délier la langue de qqn.* [*le faire parler*] far sciogliere la lingua a qc. ~ *je donne ma langue au chat* [*je m'avoue incapable de trouver une solution*] mi dò per vinto, mi arrendo; ci rinuncio ~ *une mauvaise langue, une langue de vipère* una mala lingua (malalingua), una linguaccia ~ *coups de langue* [*médisances, épigrammes cruelles*] maldicenze, calunnie **II** **1** [*chose en forme de langue*] *langue de feu* lingua di fuoco; *langue de terre* lingua di terra; *langue glaciaire* lingua glaciale **2** (*suivi d'un nom d'animal*) (*t.bot.*) LANGUE-DE-BŒUF lingua di bue ~ LANGUE-D'AGNEAU → **plantain** ◇ (*pâtiss.*) LANGUE-DE-CHAT lingua di gatto.

2 **langue** |lɑ̃g| *s.f.* **1** (*système d'express.*) lingua: *syntaxe d'une langue* sintassi di una lingua; *langues romanes, germaniques, slaves* lingue romanze, germaniche, slave; *langues mortes, vivantes* lingue morte, vive; *langue maternelle* lingua materna, lingua madre; *fixer, codifier, enrichir une langue* fissare, codificare, arricchire una lingua → **idiome, langage** **2** [*langage parlé ou écrit, spécialt. à certaines matières ou à certains milieux*] lingua: *langue populaire, littéraire, savante* lingua popolare, letteraria, colta # *langue verte* gergo → **argot** **3** [*façon de s'exprimer par le langage*] linguaggio* (*m.*): *langue d'un écrivain* linguaggio di uno scrittore → 1 **style** **4** (*fig.*) [*mode d'express.*] linguaggio: *la langue musicale* il linguaggio musicale.

langué, ée |lɑ̃ge| *adj.* (*blas.*) linguato.

langue-de-bœuf |lɑ̃gd(ə)bœf|,

langue-de-chat |lɑ̃gd(ə)ʃa| *s.f.* → 1 **langue** II 2.

languette |lɑ̃gɛt| *s.f.* **1** linguetta: *languette d'un portefeuille* linguetta del portafoglio; *languette d'une chaussure* linguetta della scarpa → **patte** # *languette de pain* pezzetto, fettina di pane → **lichette** **2** (*techn.*) linguetta **3** (*mus.*) linguetta → **anche** **4** (*sc. nat.*) linguetta.

langueur |lɑ̃gœʀ| *s.f.* **1** languore (*m.*): *langueur amoureuse* languore amoroso **2** [*sorte d'asthénie due à une fatigue nerveuse*] languore, languidezza **3** [*manque d'activité ou d'énergie*] languore, languidezza → **apathie, indolence** ◇ (*fig.*) *langueur du style* languidezza, fiacchezza dello stile; *langueur d'une composition* languidezza, fiacchezza di una composizione **4** (*vieilli*) → **affaiblissement, épuisement, anémie** [C] 1 **ardeur, chaleur**; 3 **vivacité**.

languide |lɑ̃gid| *adj.* (*littér.*) languido (*cour.*): *elle a des yeux languides et inexpressifs* ha (degli) occhi languidi e inespressivi → **languissant, langoureux.**

languier |lɑ̃gje| *s.m.* lingua *f.* di maiale affumicata.

languir |lɑ̃giʀ| *v.intr.* **1** [*manquer d'activité, d'énergie*] languire (204): *languir dans l'oisiveté* languire nell'ozio ◇ (*fig.*) *conversation qui languit* conversazione che langue, languisce **2** [*attendre avec impatience*] sospirare: *faire languir* far sospirare; *dépêche-toi, tu nous fais languir!* spicciati, ci fai sospirare!

languissamment |lɑ̃gisamɑ̃| *adv.* [→ LANGUISSANT] languidamente.

languissant, ante |lɑ̃gisɑ̃, ɑ̃t| *adj.* **1** (*littér., plais.*) [*qui exprime 'la langueur amoureuse'*] languido: *yeux languissants* occhi languidi **2** [*qui manque d'énergie, d'entrain*] fiacco*: *un récit ennuyeux et languissant* un racconto noioso e fiacco → 1 **morne.**

lanice |lanis| *adj.* (*techn.*) *bourre lanice* cascame *s.m.* di lana, borra *s.f.*

lanier |lanje| *s.m.* (*faucon.*) falcone laniere.

lanière |lanjɛʀ| *s.f.* [*longue et étroite bande* (*de cuir, etc.*)] striscia*, cinghia: *découper en lanières* tagliare a strisce → **courroie** # *lanière d'un fouet* cordone di una frusta.

lanifère |lanifɛʀ|, **lanigère** |laniʒɛʀ| *adj.* [*qui est couvert d'un duvet semblable à de la laine*] lanoso: *feuilles lanifères* foglie lanose → **lanugineux.**

laniste |lanist(ə)| *s.m.* (*antiq.*) lanista.

lanlaire |lɑ̃lɛʀ| (*onomat. inv.*) *envoyer faire lanlaire* [*envoyer promener*] mandare qc. a quel paese, a farsi friggere; *va te faire lanlaire* va a quel paese, va a farti friggere.

lanoline |lanɔlin| *s.f.* lanolina.

lansquenet |lɑ̃skənɛ| *s.m.* **1** (*hist.*) lanzichenecco*, lanzo **2** (*ancienn., jeu de cartes*) zecchinetta *f.*

lantanier |lɑ̃tanje|, **lantana** |lɑ̃tana| *s.m.* (*t.bot.*) lantana *f.*

1 **lanterne** |lɑ̃tɛʀn(ə)| *s.f.* **1** lanterna: *lanterne sourde* lanterna cieca; *lanternes vénitiennes* lanterne alla veneziana → **lampion** ◇ (*spécialt.*) *lanterne rouge* fanalino *m.* di coda; (*fig.*) *la lanterne rouge* [*le dernier du peloton, du classement*] il fanalino di coda ◇ (*par anal.*) *lanternes d'automobile* luci di posizione: *se mettre en lanternes* accendere le luci di posizione → **veilleuse** **2** (*loc. fig.*) *prendre des vessies pour des lanternes* prendere lucciole per lanterne **3** *lanterne magique* lanterna magica; *lanterne de projection* lanterna (di proiezione) → **projecteur** ◇ (*fig.*) *éclairer sa lanterne* farsi capire ~ *oublier d'allumer, d'éclairer sa lanterne* dimenticare il punto essenziale per farsi capire **4** (*ancienn.*) [*fanal spécialt. destiné à l'éclairage de la voie publ.*] lampione *m.* → **réverbère.**

2 **lanterne** |lɑ̃tɛʀn(ə)| *s.f.* **1** (*archit.*) lanterna ✦ (*par appos.*) *tour lanterne* lanterna ◇ *la lanterne des Invalides* la lanterna degli 'Invalides' **2** (*techn.*) lanterna; pignone *m.* **3** (*zool.*) *lanterne d'Aristote* lanterna d'Aristotele.

lanterneau |lɑ̃tɛʀno| *s.m.* → **lanternon.**

lanterner |lɑ̃tɛʀne| *v.intr.* **1** [*perdre son temps en s'amusant à des riens*] bighellonare, gingillarsi → **musarder, traîner** **2** (*loc.*) *faire lanterner* [*faire attendre*] fare aspettare.

lanternier |lɑ̃tɛʀnje| *s.m.* **1** (*ancienn.*) [*allumeur de lanternes publ.*] lampionaio* **2** (*fam.*) tenutario* di una casa chiusa (*cour.*).

lanternon |lɑ̃tɛʀnɔ̃| *s.m.* [*petite lanterne au sommet d'une coupole*] lanterna *f.* ◇ [*cage vitrée au-dessus d'un escalier, d'un atelier*] lucernaio*, lanterna.

lanthane |lɑ̃tan| *s.m.* (*chim.*) lantanio*.

lanugineux, euse |lanyʒinø, øz| *adj.* lanuginoso, lanoso: *feuilles lanugineuses* foglie lanuginose

laotien, ienne |laɔsjɛ̃, jɛn| *adj.* [*du Laos*] laotiano.

lapalissade |lapalisad| *s.f.* verità *inv.* lapalissiana *adj.* → **évidence, truisme.**

laparo- |lapaʀɔ| *préf.* (*signifiant, en chir., 'ventre, abdomen', correspond généralt. à*) laparo: *laparotomie* laparotomia.

laparotomie |lapaʀɔtɔmi| *s.f.* (*chir.*) laparotomia, laparatomia.

lapement |lapmɑ̃| *s.m.* [→ LAPER] il lappare *inv.*

laper |lape| **A** *v.tr.* [*boire à coups de langue*] lappare: *chat qui lape du lait* gatto che lappa il latte **B** *v.intr.* [→ *tr.*] lappare: *le chien lapait bruyamment* il cane lappava rumorosamente.

lapereau |lapʀo| *s.m.* [*jeune lapin*] coniglietto.

lapiaz |lapjɑz|, **lapié** |lapje| *s.m.* (*géogr.*) ganda, gana.

lapicide |lapisid| *s.m.* (*archéol.*) lapicida.

1 **lapidaire** |lapidɛʀ| (*adj.*) lapidario*: *style lapidaire* stile lapidario; *formules lapidaires* formule lapidarie → **concis, laconique** [C] **verbeux.**

2 **lapidaire** |lapidɛʀ| *s.m.* **1** lapidario* ◇ [*commerçant en pierres précieuses autres que le diamant*] gioiellie-

re; commerciante in pietre preziose 2 (*techn.*) levigatrice *f.*

lapidation |lapidɑsjɔ̃| *s.f.* lapidazione.

lapider |lapide| *v.tr.* [*attaquer, poursuivre, tuer en lançant des pierres*] lapidare.

lapidification |lapidifikɑsjɔ̃| *s.f.* (*géol.*) lapidificazione → **pétrification.**

lapidifier |lapidifje| **A** *v.tr.* (*géol.*) [*entraîner la lapidification de*] lapidificare **B** *v.pron. intr.* SE LAPIDIFIER [*se transformer en roches*] lapidificarsi: *sédiments qui se sont lapidifiés* sedimenti che si sono lapidificati.

lapilli |lapil(l)i| *s.m. pl.* (*géol.*) lapilli.

lapin, ine |lapɛ̃, in| *s.* **1** (*t.zool.*) coniglio* ◇ (*cour.*) *lapin de garenne, buissonnier* coniglio selvatico; *lapin domestique, de choux* coniglio domestico; *peau, fourrure, poil de lapin* pelle, pelliccia, pelo di coniglio ◇ (*cuis.*) *lapin rôti, en civet* coniglio arrosto, in salmì ◇ (*loc. fig., fam.*) *pattes de lapin* [*favoris courts*] basette *f. pl.* ~ *courir comme un lapin* correre come una lepre **2** (*fig., fam.*) *une mère lapine* [*une femme très féconde*] una coniglia; *un chaud lapin* [*un homme qui a beaucoup de tempérament*] un mandrillo ◇ (*t. d'affection*) *mon petit lapin* coniglietto mio **3** (*loc.*) *poser un lapin* [*ne pas venir au rendez-vous qu'on a donné à qqn.*] fare un bidone (*pop.*).

lapiner |lapine| *v.intr.* (*de la lapine*) [*mettre bas*] figliare.

lapinière |lapinjɛʀ| *s.f.* [*endroit, construction où l'on élève des lapins*] conigliera → **clapier.**

lapinisme |lapinism(ə)| *s.m.* (*fam.*) [*fécondité excessive*] (eccessiva) prolificità *f. inv.* (*cour.*).

lapis |lapis|, **lapis-lazuli** |lapislazyli| *s.m.* lapislazzuli (*inv.*): *poudre de lapis-lazuli* polvere di lapislazzuli → **outremer** ✦ (*par appos.*) *bleu lapis* blu oltremare.

lapon, one |lapɔ̃, ɔn| **1** *adj.* [*de Laponie*] lappone **2** (*s.m.*) *le lapon* [*la langue*] il lappone.

1 **laps** |laps| (*s.m.*) *laps de temps* [*espace*] lasso di tempo.

2 **laps** |laps| *adj.* (*relig.*) *laps et relaps* colpevole d'apostasia, apostata *s.*

lapsus |lapsys| *s.m.* lapsus (*inv.*): *faire un lapsus* incorrere in un lapsus.

laquage |lakaʒ| *s.m.* **1** laccatura *f.* **2** (*méd.*) *laquage du sang* laccatura del sangue.

laquais |lakɛ| *s.m.* **1** (*ancienn.*) lacchè *inv.*, valletto **2** (*fig.*) *il a une âme de laquais* [*basse, servile*] ha l'anima di un lacchè.

laque |lak| *s.* **I** *s.f.* **1** [*matière résineuse d'un rouge brun*] lacca* **2** [*vernis chimique, transparent, coloré*] lacca: *laque du Japon* lacca del Giappone; *laque noire, rouge* lacca nera, rossa **3** [*produit que l'on vaporise sur les cheveux pour les fixer*] lacca, fissatore *m.* **II** *s.m.* [*objet d'art en laque*] lacca (*f.*): *un beau laque* una bella lacca.

laqué, ée |lake| *adj.* **1** [*enduit de laque* (*véritable*)] laccato: *paravent chinois laqué* paravento cinese laccato **2** [*verni, peint à la laque*] laccato **3** (*méd.*) *sang laqué* sangue laccato.

laquer |lake| *v.tr.* **1** [*enduire de laque* (*véritable*)] laccare **2** [*vernir, peindre à la laque*] laccare: *laquer un meuble de bois blanc* laccare un mobile di legno bianco.

laqueur |lakœʀ| *s.m.* [*ouvrier qui applique des laques*] laccatore* *s.*

laqueux, euse |lakø, øz| *adj.* (*rare*) di lacca *loc. inv.*, simile alla lacca.

laraire |laʀɛʀ| *s.m.* (*antiq.*) larario*.

larbin |laʀbɛ̃| *s.m.* **1** (*fam.*) → **domestique** **2** (*fig.*) [*individu servile*] lacchè *inv.* → **laquais.**

larcin |laʀsɛ̃| *s.m.* (*littér.*) [*petit vol commis furtivement et sans violence*] furtarello (*cour.*): *faire, commettre un larcin* fare, commettere un furtarello → **vol** ◇ (*vieilli*) [*objet volé*] refurtiva *f.* (*cour.*): *cacher son larcin* nascondere la refurtiva.

lard |laʀ| *s.m.* **1** lardo: *gros lard, lard gras* [*qui ne contient aucune partie de chair musculaire*] lardo non venato; *lard salé, fumé* lardo salato, affumicato; *barde de lard* fettina di lardo # *lard maigre* pancetta; *omelette au lard* frittata con pancetta **2** (*fam.*) [*graisse de l'homme*] lardo, grasso ◇ (*loc.*) *se faire du lard* [*engraisser*] mettere su pancia, pancetta ◇ (*pop.*) *un gros lard* [*un homme gros et gras*] un ciccione, una palla di lardo **3** (*t. d'injure*) *tête de lard* [*tête de cochon*] testa di cavolo, di rapa **4** → **aubier** **5** (*techn.*) *pierre de lard* → **stéatite.**

lardacé, ée |laʀdase| *adj.* lardaceo.

larder |laʀde| *v.tr.* **1** [*garnir* (*une pièce de viande*) *de lardons*] lardellare: *larder un morceau de veau* lardellare un pezzo di vitello **2** [*percer, piquer à plusieurs reprises*] crivellare: *larder qqn. de coups de couteau* crivellare qc. di coltellate **3** *larder un texte de citations* [*entremêler, truffer*] infarcire (197), lardellare (*plais.*) un testo di citazioni.

lardeux, euse |laʀdø, øz| *adj.* lardoso: *une viande lardeuse* una carne lardosa.

lardoire |laʀdwaʀ| *s.f.* **1** [*brochette creuse servant à larder la viande*] lardatoio* *m.* **2** (*techn.*) puntazza **3** (*fam.*) [*arme pointue* (*baïonnette, etc.*)] arma (a punta) (*cour.*).

lardon |laʀdɔ̃| *s.m.* **1** [*morceau de gros lard* (*pour la cuis.*)] lardello **2** (*techn.*) lardone **3** (*pop.*) [*petit enfant*] marmocchio* **4** (*vx., fig.*) → **raillerie.**

lardonner |laʀdɔne| *v.tr.* (*techn.*) [*tailler en lardons* (2)] tagliare a lardelli.

lare |laʀ| *s.m.* (*antiq.*) lare: *lares domestiques* lari domestici ◇ (*poét.*) lare → **pénates.**

largable |laʀgabl(ə)| *adj.* (*d'un avion, d'un véhicule spatial*) [*qui peut être largué*] sganciabile: *cabine largable* cabina sganciabile; *réservoir largable* serbatoio sganciabile.

largage |laʀgaʒ| *s.m.* [→ LARGUER 2] lancio*; sganciamento: *largage de parachutistes* lancio di paracadutisti || *largage des bombes* sganciamento di bombe ◇ (*fig.*) *le largage d'un employé* lo sganciamento (*fam.*), il licenziamento di un impiegato.

large |laʀʒ(ə)| **I** *adj.* **1** largo*: *large avenue* largo viale; *chapeau à larges bords* cappello a larghe tese; *larges épaules* spalle larghe; *large ouverture* larga apertura **2** *loc.* LARGE DE largo: *large d'un mètre* largo un metro; *ici, le fleuve est large de cent mètres* qui, il fiume è largo cento metri **3** (*dit d'un vêtement*) largo, ampio* → **ample, 2 lâche** **4** [*étendu, vaste*] largo, ampio: *décrire un large cercle* descrivere un largo, ampio cerchio **5** [*qui a une grande importance*] largo, notevole: *dans une large mesure* in larga, notevole misura; *faire une large part à qqch.* attribuire notevole, grande importanza a q.c. → **considérable, important** **6** (*fig.*) (*dit de personnes, d'idées*) largo: *idées larges* idee larghe; *large d'idées* largo di idee; *larges vues* larghe, grandi vedute # *esprit large* mente aperta ◇ (*par ext.*) *sens large* senso lato → **lato sensu** ◇ (*péj.*) *conscience large* coscienza elastica → **laxiste** **7** [*qui ne se restreint pas dans ses dépenses*] agiato; prodigo*: *vie large* vita agiata → **aisé** || *vous n'avez pas été très large* lei non è stato molto prodigo, generoso → **généreux** **II** *s.m.* **1** [*largeur*] larghezza *f.* ◇ (*loc.*) *deux mètres de large* due metri di larghezza, una larghezza di due metri **2** *loc.* EN LONG ET EN LARGE in lungo e in largo; per lungo e per largo: *se promener de long en large* passeggiare in lungo e in largo **3** *être au large*: (*pr.*) [*avoir beaucoup de place*] stare larghi; (*fig.*) [*être dans l'aisance*] vivere nell'agiatezza **4** [*la haute mer*] largo: *vers le large* verso il largo; *gagner le large* prendere il largo ◇ (*loc. fig., fam.*) *prendre le large* [*s'en aller, s'enfuir*] prendere il largo **III** *adv.* **1** [*d'une manière ample*] largamente, in modo largo *loc. inv.* # *s'habiller large* [*de vêtements larges*] portare vestiti larghi, ampi **2** (*fig.*) [*d'une manière peu rigoureuse*] largamente: *mesurer, calculer large* misurare, calcolare largamente, abbondantemente; *voir large* essere di larghe, grandi vedute Ⓒ I 3 **étroit**, 6 **mesquin, strict.**

largement |laʀʒəmɑ̃| *adv.* **1** [*sur une grande largeur, un large espace*] largamente, abbondantemente: *idée largement répandue* idea largamente diffusa; *déborder largement* traboccare abbondantemente # *col largement ouvert* colletto molto aperto **2** [*sans compter, sans se restreindre*] largamente, con larghezza (*loc. inv.*): *donner largement* donare largamente, con larghezza; *avoir largement de quoi vivre* avere largamente di che vivere **3** [*en calculant large*] *il est parti il y a largement une heure* è partito da almeno un'ora; *billet largement périmé* biglietto abbondantemente scaduto, scaduto da un bel po'.

largesse |laʀʒɛs| *s.f.* [*don fait d'une manière large, généreuse*] elargizione: *faire des largesses* fare delle elargizioni, elargire a piene mani.

largeur |laʀʒœʀ| *s.f.* **1** larghezza: *largeur d'une table* larghezza di un tavolo; *largeur des épaules* larghezza delle spalle; *dans, sur toute la largeur de la rue* per, su tutta la larghezza della strada → **carrure** # *largeur d'un tissu* altezza di un tessuto; *étoffe en grande, en petite largeur* stoffa doppia altezza, semplice altezza → **laize, lé** ◇ (*fam.*) *il se trompe dans les grandes largeurs* [*grandement, fortement*] si sbaglia di grosso **2** (*fig.*) larghezza; apertura: *largeur de vues* larghezza di vedute || *largeur d'esprit* apertura di mente.

larghetto |laʀge(ɛt)to| *adv. et s.m.* (*mus.*) larghetto.

largo |laʀgo| *adv. et s.m.* (*mus.*) largo*.

largue |laʀg(ə)| *adj.* (*mar.*) **1** (*se dit d'un vent oblique*) largo* ♦ (*s.m.*) *grand largue* gran lasco ♦ (*adv.*) *aller, courir largue, grand largue* andare, navigare col vento largo, al gran lasco **2** (*se dit d'un cordage qui n'est pas tendu*) lasco*: *manœuvre largue* manovra lasca → 2 **lâche**.

larguer |laʀge| *v.tr.* **1** (*mar.*) [*lâcher ou détacher* (*un cordage*)] mollare: *larguer les amarres* mollare gli ormeggi; *larguer une voile* mollare una vela → **déferler** **2** (*d'un avion, d'un engin spatial*) [*lâcher, laisser tomber*] lanciare; sganciare: *larguer des parachutistes* lanciare paracadutisti || *larguer des bombes* sganciare bombe **3** (*fig., fam.*) [*se débarrasser* (*de qqn.*)] sbarazzarsi *pron.* (*cour.*): *larguer ses collaborateurs* sbarazzarsi dei propri collaboratori # *elle a largué son fiancé* ha piantato il fidanzato.

Lariformes |laʀifɔʀm| *s.m. pl.* (*t. zool.*) Lariformi.

larigot |laʀigo| *s.m.* **1** [*jeu d'orgue, appelé aussi 'petit nasard'*] nasardo **2** (*vx.*) [*sorte de flûte rustique*] zufolo (*cour.*) **3** *loc. adv.* → **tire-larigot**.

larme |laʀm(ə)| *s.f.* **1** lacrima, lagrima: *verser, répandre des larmes* versare, spargere lacrime; *pleurer à chaudes larmes* piangere a calde lacrime; *fondre en larmes* prorompere, sciogliersi in lacrime; *avoir les larmes aux yeux* avere le lacrime agli occhi → **pleur** ◇ (*loc. fig.*) *avoir toujours la larme à l'œil* avere le lacrime in tasca ~ *avec des larmes dans la voix* con voce rotta dal pianto ◇ (*littér.*) *larmes de sang* lacrime di sangue ◇ (*fam.*) *larmes de crocodile* lacrime di coccodrillo **2** *au plur.* (*fig., littér.*) [*affliction, chagrin*] lacrime: *cette vallée de larmes* questa valle di lacrime # *vivre dans les larmes* vivere nel dolore **3** (*au plur.*) *larmes de cerf* umore *m. sing.* acqueo del cervo ◇ [*écoulement de la sève de certains végétaux*] lacrima *sing.* **4** [*ornement en forme de larme sur les tentures funèbres*] lacrima ◇ (*archit.*) goccia* **5** (*fam.*) [*très petite quantité de liquide*] lacrima: *il n'y a plus qu'une larme de vin* è rimasta solo una lacrima, una goccia di vino → **goutte**.

larme-de-Job |laʀmdəʒɔb|, **larme-du-Christ** |laʀmdykʀist| *s.f.* (*t.bot.*) lacrima di Giobbe.

larmier |laʀmje| *s.m.* **1** [*saillie d'une corniche, creusée par-dessous en gouttière*] gocciolatoio*, gronda *f.* **2** (*zool.*) lacrimatoio* ◇ [*partie de la tête du cheval correspondant aux tempes de l'homme*] tempia *f.*

larmoiement |laʀmwamɑ̃| *s.m.* **1** [*écoulement continuel de larmes*] lacrimazione *f.*, lagrimazione *f.* **2** → **pleurnicherie**.

larmoyant, ante |laʀmwajɑ̃, ɑ̃t| *adj.* **1** [*qui larmoie*] lacrimevole, lagrimevole, lacrimoso, lagrimoso **2** [*d'une sensiblerie extrême*] piagnucoloso: *voix larmoyante* voce piagnucolosa **3** (*hist. litt.*) *comédie larmoyante* commedia patetica, 'larmoyante' *inv.*

larmoyer |laʀmwaje| (10) *v.intr.* **1** [*être atteint de larmoiement*] lacrimare, lagrimare: *des yeux qui larmoient* occhi che lacrimano **2** [*pleurnicher, se lamenter*] piagnucolare, frignare.

larron |laʀɔ̃| *s.m.* **1** (*vx.*) → **brigand** ◇ (*spécialt.*) *le bon, le mauvais larron* [*crucifiés en même temps que le Christ*] il buon ladrone, il cattivo ladrone **2** (*vieilli*) → **voleur** ◇ (*loc. prov.*) *ils s'entendent comme larrons en foire* si intendono come i ladri alla fiera, se la intendono a meraviglia ~ *l'occasion fait le larron* l'occasione fa l'uomo ladro ◇ (*vx.*) *larron d'honneur, d'amour* → **séducteur** **3** (*techn.*) *larron d'eau* canale di scolo dell'acqua.

larvaire |laʀvɛʀ| *adj.* **1** (*zool.*) larvale: *forme, état larvaire* forma, stato larvale **2** (*fig.*) [*embryonnaire*] embrionale: *des idées à peine ébauchées, à l'état larvaire* idee appena abbozzate, allo stato embrionale.

larve |laʀv(ə)| *s.f.* **1** larva: *larves d'insectes* larve di insetti; *larve de ténia* larva di tenia; *métamorphose d'une larve en chrysalide* metamorfosi di una larva in crisalide ◇ (*par anal.*) *vivre comme une larve* vivere allo stato larvale **2** (*fig., fam.*) *c'est une larve* è una larva.

larvé, ée |laʀve| *adj.* **1** [*qui n'éclate pas, n''éclôt' pas*] larvato: *révolution, guerre larvée* rivoluzione, guerra larvata **2** (*méd.*) *fièvre larvée* febbre larvata.

larvicide |laʀvisid| *adj. et s.m.* larvicida.

larvicole |laʀvikɔl| *adj.* (*zool.*) larvicolo.

laryngal, ale, aux |laʀɛ̃gal, o| *adj.* (*phonét.*) laringale ♦ (*s.f.*) *une laryngale* una laringale.

laryngé, ée |laʀɛ̃ʒe|, **laryngien, ienne** |laʀɛ̃ʒjɛ̃, jɛn| *adj.* (*méd.*) laringeo: *nerfs laryngés* nervi laringei; *cavité laryngienne* cavità laringea; *phtisie laryngée* tisi laringea.

laryngectomie |laʀɛ̃ʒɛktɔmi| *s.f.* (*chir.*) laringectomia.

laryngite |laʀɛ̃ʒit| *s.f.* (*méd., cour.*) laringite: *laryngite striduleuse, tuberculeuse* laringite difterica, tubercolare.

laryng(o)- |laʀɛ̃g(ɔ)| *préf.* (*signifiant 'larynx', correspond généralt. à*) laring(o): *laryngite* laringite; *laryngoscope* laringoscopio.

laryngologie |laʀɛ̃gɔlɔʒi| *s.f.* (*méd.*) laringoiatria, laringologia*.

laryngologique |laʀɛ̃gɔlɔʒik| *adj.* laringoiatrico*.

laryngologiste |laʀɛ̃gɔlɔʒist(ə)|, **laryngologue** |laʀɛ̃gɔlɔg| *s.* laringoiatra, laringologo* → **oto-rhino-laryngologiste**.

laryngophone |laʀɛ̃gɔfɔn| *s.m.* laringofono.

laryngoscope |laʀɛ̃gɔskɔp| *s.m.* (*méd.*) laringoscopio*.

laryngoscopie |laʀɛ̃gɔskɔpi| *s.f.* (*méd.*) laringoscopia.

laryngoscopique |laʀɛ̃gɔskɔpik| *adj.* (*méd.*) laringoscopico*: *examen laryngoscopique* esame laringoscopico.

laryngotome |laʀɛ̃gɔtɔm| *s.m.* (*chir.*) laringotomo.

laryngotomie |laʀɛ̃gɔtɔmi| *s.f.* (*chir.*) laringotomia.

laryngo-trachéite |laʀɛ̃gɔtʀakeit| *s.f.* (*méd.*) laringotracheite.

laryngo-trachéotomie |laʀɛ̃gɔtʀakeɔtɔmi| *s.f.* (*chir.*) laringotracheotomia.

larynx |laʀɛ̃ks| *s.m.* (*anat.*) laringe (*f.*): *cartilages du larynx* cartilagini della laringe; *affections du larynx* affezioni della laringe → **glotte**.

las! |lɑs| *interj.* (*vx.*) → **hélas**.

las, lasse |lɑ, lɑs| *adj.* **1** [*qui éprouve une sensation de fatigue générale et vague*] stanco*, lasso (*littér.*) → **faible, fatigué** **2** (*littér.*) LAS DE stanco (*cour.*) di: *il est las d'attendre* è stanco di aspettare; *las de tout* stanco di tutto ◇ (*loc.*) *de guerre lasse* per farla finita, non potendone più.

lasagne |lazaɲ| *s.f. inv.* lasagna *var.*

lascar |laskaʀ| *s.m.* (*fam.*) **1** [*homme brave, décidé*] duro → **gaillard** **2** [*homme malin, ou qui fait le malin*] volpone, furbacchione.

lascif, ive |lasif, iv| *adj.* **1** lascivo → **sensuel, voluptueux** **2** [*qui est empreint d'une grande sensualité*] lascivo: *danse lascive* danza lasciva; *regards lascifs* sguardi lascivi → **concupiscent, impur, lubrique** Ⓒ **chaste, pur.**

lascivement |lasivmɑ̃| *adv.* [→ LASCIF] lascivamente.

lasciveté |lasivte|, **lascivité** |lasivite| *s.f.* (*littér.*) [*tempérament, caractère lascif*] lascivia, lascività *inv.* (*rare*) → **lubricité** Ⓒ **chasteté, pureté.**

laser |lazɛʀ| *s.m.* (*angl.*) (*phys.*) laser *inv.*

lassant, ante |lɑsɑ̃, ɑ̃t| *adj.* [*qui fatigue en ennuyant*] tedioso, stucchevole: *répétitions lassantes* ripetizioni tediose; *vous commencez à devenir lassant* lei comincia a diventare stucchevole.

lasser |lɑse| **A** *v.tr.* **1** [*fatiguer en ennuyant*] tediare, annoiare: *lasser son auditoire* tediare, annoiare l'uditorio → **ennuyer** **2** [*décourager, rebuter*] scoraggiare # *lasser la patience de qqn.* far perdere la pazienza a qc. ♦ (*au p.p.*) stanco* (*adj.*): *etre lassé de tout* essere stanco, averne abbastanza di tutto → **las** **3** (*vx.*) → **fatiguer** **B** *v.pron. intr.* SE LASSER (DE) [*devenir las de*] stancarsi (di): *on se lasse de tout* ci si stanca di tutto; *sans se lasser* senza stancarsi → **inlassablement.**

lassis |lɑsi| *s.m.* [*bourre de soie; tissu fait avec cette bourre*] bavella *f.* → **filoselle.**

lassitude |lɑsityd| *s.f.* **1** [*état d'une personne lasse*] stanchezza, lassezza (*littér.*) → **fatigue** **2** [*état d'abattement mêlé d'ennui, de découragement*] tedio* *m.*, noia.

lasso |laso| *s.m.* lasso, lazo.

lastex |lastɛks| *s.m.* (*marque déposée*) lastex *inv.*

lasting |lastiŋ| *s.m.* (*angl.*) lasting (*inv.*): *lasting uni, rayé* lasting (in) tinta unita, rigato.

latanier |latanje| *s.m.* (*t.bot.*) latania *f.*

latence |latɑ̃s| *s.f.* (*sc.*) latenza: *période de latence d'une maladie* periodo di latenza di una malattia; *temps de latence* tempo di latenza ◇ (*psychan.*) *période de latence* periodo della latenza.

latent, ente |latɑ̃, ɑ̃t| *adj.* **1** latente: *maladie latente* malattia latente; *demeurer à l'état latent* restare allo stato latente → **secret** **2** (*phys.*) *chaleur latente* calore latente.

latéral, ale, aux |lateʀal, o| *adj.* laterale: *partie latérale du corps* parte laterale del corpo; *chapelle, nef latérale* cappella, navata laterale → **collatéral** ◇ (*phonét.*) *consonne latérale* consonante laterale ♦ (*s.f.*) *une latérale* una consonante laterale *adj.*

latéralement |lateʀalmɑ̃| *adv.* [→ LATÉRAL] lateralmente.

latéralisation |lateʀalizɑsjɔ̃| *s.f.* lateralizzazione.

latéralité |lateʀalite| *s.f.* lateralità *inv.*

-latère |latɛʀ| *suff.* (*signifiant 'côté', correspond généralt. à*) latero: *quadrilatère* quadrilatero.

latere (a) |alateʀe| *loc.* (*lat.*) → légat (a latere).

latérite |lateʀit| *s.f.* (*minér.*) laterite.

latéritique |lateʀitik| *adj.* (*minér.*) lateritico*: *argiles latéritiques* argille lateritiche.

latér(o)- |lateʀ(o)| *préf.* (*signifiant 'côté', correspond généralt. à*) later(o): *latéralement* lateralmente.

latex |latɛks| *s.m.* (*bot.*) la(t)tice: *latex artificiel* lattice artificiale.

laticifère |latisifɛʀ| *adj.* (*bot.*) laticifero: *canaux laticifères* canali laticiferi.

laticlave |latiklav| *s.m.* (*antiq. rom.*) laticlavio*.

latifolié, ée |latifɔlje| *adj.* (*bot.*) latifoglio*.

latifundiaire |latifɔ̃djɛʀ| *adj.* latifondiario*: *propriété latifundiaire* proprietà latifondiaria, latifondo *s.m.*

latifundium |latifɔ̃djɔm| *s.m.* (*lat.*) latifondo: *des latifundia* dei latifondi.

latin, ine |latɛ̃, in| **I** *adj.* **1** latino: *les peuples latins* i popoli latini; *le monde latin* il mondo latino → **romain** ◇ [*de la langue latine*] *déclinaisons latines* declinazioni latine; *auteurs latins* autori latini; *version latine* versione latina ◇ (*par ext.*) *Quartier latin* [*quartier de Paris*) Quartiere latino **2** [*d'origine lat.*] latino: *langues latines* lingue latine; *nations latines* nazioni latine; *Amérique latine* America latina; *tempérament latin* temperamento latino → **romain** ◇ (*mar.*) *voile latine* vela latina **II** *s.m.* **1** [*la langue lat.*] latino: *latin classique, impérial* latino classico, imperiale; *bas latin* basso latino; *latin populaire* latino volgare; *latin de cuisine* latino maccheronico ◇ (*loc. fig.*) *perdre son latin* [*n'y rien comprendre*] perdere la bussola, la tramontana: *quel embrouillamini, c'est à y perdre son latin!* che confusione, c'è da perdere la bussola! **2** (*hist.*) *les Latins* [*les peuples soumis à la domination de Rome*] i Latini.

latinisation |latinizɑsjɔ̃| *s.f.* [→ LATINISER 2] latinizzazione: *latinisation d'un peuple, d'un pays* latinizzazione di un popolo, di un paese.

latiniser |latinize| *v.tr.* **1** [*revêtir* (*un mot*) *d'une forme lat.*] latinizzare **2** [*marquer d'un caractère lat., de l'esprit lat.*] latinizzare: *latiniser la Bible* latinizzare la Bibbia.

latinisme |latinism(ə)| *s.m.* latinismo.

latiniste |latinist(ə)| *s.* latinista ◇ (*per est.*) studente *m.*, studentessa *f.* di latino.

latinité |latinite| *s.f.* latinità (*inv.*): *l'esprit de la latinité* lo spirito della latinità.

latino-américain, aine |latinɔameʀikɛ̃, ɛn| *adj.* latino-americano: *les républiques latino-américaines* le repubbliche latino-americane.

latitude |latityd| *s.f.* **I 1** [*faculté, pouvoir d'agir (en toute liberté)*] (completa, piena) libertà (*inv.*): *avoir toute latitude* avere piena libertà; *donner, laisser toute latitude à qqn.* dare, lasciare a qc. la più ampia libertà → **facilité, liberté 2** (*vx.*) → **largeur II 1** (*géogr.*) latitudine: *Paris est à 48° de latitude Nord* Parigi è a 48° di latitudine Nord **2** [*région, climat*] latitudine: *cette espèce animale ne peut pas vivre sous toutes les latitudes* questa specie animale non può vivere a tutte le latitudini **3** (*astron.*) latitudine: *latitude géocentrique* latitudine geocentrica.

latitudinaire |latitydinɛʀ| *s. et adj.* (*littér.*) [*d'une morale très large*] lassista (*cour.*) → **laxiste.**

latomies |latɔmi| *s.f. pl.* (*antiq.*) latomie: *les latomies de Syracuse* le latomie di Siracusa.

lato sensu |latɔsɛ̃sy| *loc. adv.* (*lat.*) in senso lato, lato sensu [C] **stricto sensu.**

-lâtre |lɑtʀ(ə)| *suff.* (*signifiant 'adorateur', correspond généralt. à*) latra: *idolâtre* idolatra.

-lâtrie |lɑtʀi| *suff.* (*signifiant 'adoration', correspond généralt. à*) latria: *idolâtrie* idolatria.

latrie |latʀi| *s.f.* (*relig. chrét.*) latria.

latrines |latʀin| *s.f. pl.* latrina *sing.*, cesso (*m. sing.*): *latrines militaires* latrina da campo → **feuillées, cabinet, fosse (d'aisances).**

latrodecte |latʀɔdɛkt| *s.m.* → **malmignate.**

lattage |lataʒ| *s.m.* messa *f.*, posa *f.* in opera di correnti, di listelli ◇ [*ouvrage composé de lattes*] listellatura *f.* → **lattis.**

latte |lat| *s.f.* [*longue pièce de charpente en bois, mince, étroite et plate*] listello *m.*, corrente (*m.*): *lattes d'un plancher* listelli di un pavimento → **1 planche.**

latter |late| *v.tr.* [*garnir de lattes*] mettere (155) (in opera) i correnti, i listelli (a): *latter un plafond* mettere i correnti a un soffitto.

lattis |lati| *s.m.* [*ouvrage en lattes*] listellatura *f.*

laudanum |lodanɔm| *s.m.* (*pharm.*) laudano: *médicament au laudanum* farmaco a base di laudano.

laudateur, trice |lodatœʀ, tʀis| *s.* (*littér.*) lodatore* → **louangeur.**

laudatif, ive |lodatif, iv| *adj.* **1** laudativo, elogiativo: *discours laudatif* discorso laudativo, elogiativo → **élogieux, louangeur 2** (*personnes*) [*qui fait un éloge*] lodatore* *s.*, elogiatore* *s. et adj.*

laudes |lod| *s.f. pl.* (*liturg. cathol.*) laudi, lodi.

Lauracées |lɔʀase| *s.f. pl.* (*t.bot.*) Lauracee.

laure |lɔʀ| *s.f.* (*hist., bx-arts*) laura.

lauré, ée |lɔʀe| *adj.* (*littér.*) [*orné, couronné de laurier*] laureato: *empereur lauré* imperatore laureato; *tête laurée d'une médaille* testa laureata di una medaglia.

lauréat, ate |lɔʀea, at| **1** *adj.* [*qui a remporté un prix dans un concours*] premiato: *les élèves lauréats* gli alunni premiati **2** *s.* [*personne qui a remporté un prix dans un concours*] vincitore*: *les lauréats du prix Nobel* i vincitori del premio Nobel → **vainqueur** ◇ (*ellipt.*) *lauréat de l'Académie française* nuovo membro dell'Accademia di Francia; *liste des lauréats* albo (d'oro) dei vincitori → **palmarès.**

lauréole |lɔʀeɔl| *s.f.* (*t.bot.*) laureola.

laurier |lɔʀje| *s.m.* **I 1** (*t.bot.*) lauro, alloro (*cour.*) ◇ (*cour.*) *feuilles de laurier utilisées en assaisonnement* foglie di alloro usate come condimento; *couronne de laurier* corona di alloro; *front ceint de laurier* fronte cinta di alloro **2** *au plur.* (*fig.*) allori: *lauriers du guerrier, du vainqueur* allori del guerriero, del vincitore; *être chargé, couvert de lauriers* essere coperto di allori, di gloria → **gloire** ◇ (*loc.*) *se reposer sur ses lauriers* riposare sugli allori ~ *s'endormir sur ses lauriers* dormire sugli allori **II** (*t.bot.*) *laurier rose, laurier-rose* oleandro: *des lauriers-roses* degli oleandri ~ *laurier-rose des Alpes* → **rhododendron** ~ *laurier-cerise* lauroceraso, lauro ceraso: *des lauriers-cerises* dei laurocerasi, lauri cerasi ~ *laurier tulipier* → **magnolia** ~ *laurier-tin* laurotino → **viorne.**

lavable |lavabl(ə)| *adj.* [→ LAVER A] lavabile: *peinture lavable* tinta lavabile.

1 **lavabo** |lavabo| *s.m.* **1** lavabo, lavandino **2** [*cabinet de toilette*] bagno ◇ (*par euphémisme*) [*les cabinets d'aisances*] bagno → **toilette.**

2 **lavabo** |lavabo| *s.m.* (*liturg.*) lavabo.

lavage |lavaʒ| *s.m.* **1** lavaggio*, lavatura (*f.*): *lavage des vitres* lavaggio dei vetri; *lavage d'une voiture, du pont d'un navire* lavaggio di una automobile, del ponte di una nave; *lavage du linge* lavatura, lavaggio della biancheria → **nettoyage** ♦ (*absolt.*) *jour de lavage* giorno di bucato → **lessive** ◇ (*par ext.*) *lavage de la laine, des minerais* lavaggio della lana, dei minerali ◇ (*méd.*) *lavage d'estomac* lavanda *f.* gastrica; *lavage de l'intestin* clistere → **lavement 2** (*loc. fam.*) *lavage de tête* lavata *f.* di capo → **savon 3** (*loc. fig.*) *lavage de cerveau* lavaggio del cervello.

lavallière |lavaljɛʀ| **1** *adj.* (*reliure*) *maroquin lavallière* [*couleur feuille morte*] marocchino color foglia morta **2** *s.f.* (*cravate*) *lavallière* cravatta alla 'La Vallière'.

lavande |lavɑ̃d| *s.f.* **1** (*t.bot.*) lavanda, spigo* *m.* ~ *lavande aspic* lavanda ◇ [*la plante séchée*] lavanda **2** [*eau, essence de lavande*] lavanda: *un flacon de lavande* un flacone di lavanda **3** (*par appos.*) *bleu lavande* azzurro lavanda.

lavandé, ée |lavɑ̃de| *adj.* che profuma di lavanda *loc.*

lavandière |lavɑ̃djɛʀ| *s.f.* **1** [*femme qui lave le linge à la main*] lavandaia → **blanchisseuse, laveuse 2** → **bergeronnette.**

lavandin |lavɑ̃dɛ̃| *s.m.* (*t.bot.*) lavandina *f.*

lavaret |lavaʀɛ| *s.m.* (*t.zool.*) lavarello.

lavasse |lavas| *s.f.* (*fam.*) [*boisson, sauce, soupe trop étendue d'eau*] broda, brodaglia.

lavatory |lavatɔʀi| *s.m.* (*angl.*) [*lavabos publ. avec cabinets d'aisances*] gabinetti *pl.* (pubblici): *des lavatories* dei gabinetti (pubblici).

lave |lav| *s.f.* **1** lava: *laves poreuses, basaltiques* lave porose, basaltiche # *coulée de lave* colata lavica **2** [*lave pétrifiée utilisée comme pierre de construction*] lava: *lave émaillée* lava smaltata.

lavé, ée |lave| *adj.* **1** [*trop délayé*]

slavato: *couleur lavée* colore slavato ◇ (*bx-arts*) *dessin lavé* disegno all'acquarello *loc. inv.* **2** (*fig.*) [*pâle*] slavato: *des yeux d'un bleu lavé* occhi di un azzurro slavato → **délavé.**

lave-glace |lavglas| *s.m.* [*appareil qui envoie un jet d'eau sur le pare-brise d'une auto.*] lavavetro (*inv.*): *des lave-glaces* dei lavavetro # *essuie-glace avec lave-glace* tergi-lavavetro.

lave-mains |lavmɛ̃| *s.m. inv.* (*vieilli*) [*petit bassin où l'on se lave les mains*] lavamano *var.* ◇ [*petit réservoir d'eau placé à l'entrée d'un réfectoire, etc.*] lavabo *var.*, lavandino (*var.*): *le lave-mains d'une sacristie* il lavabo di una sagrestia → **lavabo.**

lavement |lavmɑ̃| *s.m.* **1** [*injection d'un liquide dans le gros intestin*] clistere, enteroclisma: *poire à lavement* pera di gomma per enteroclisma; *prendre un lavement* farsi fare un clistere **2** (*liturg.*) *le lavement des mains, des pieds* la lavanda *f.* delle mani, dei piedi.

laver |lave| **A** *v.tr.* **1** [*nettoyer avec de l'eau, avec un liquide*] lavare: *laver avec une brosse, une éponge* lavare con una spazzola, con una spugna; *laver du linge* lavare la biancheria → **décrasser, nettoyer** ◇ (*loc.*) *laver la vaisselle* lavare i piatti, rigovernare ~ *laver le plancher à grande eau* lavare il pavimento con molta acqua ~ *faire laver sa voiture* far lavare la macchina ♦ (*absolt.*) *femme de ménage qui lave et repasse* domestica a ore che lava e stira □ *se laver la figure, les mains, les pieds* lavarsi la faccia, le mani, i piedi; *se laver les dents* lavarsi i denti ◇ (*allusion évangélique*) *Ponce Pilate se lava les mains et se déclara innocent du sang de Jésus* Ponzio Pilato si lavò le mani e si dichiarò innocente del sangue di Gesù ◇ (*fig.*) *se laver les mains de qqch.* lavarsi le mani di q.c. ◇ (*spécialt.*) MACHINE À LAVER lavatrice *s.f.*, lavabiancheria *s.f. inv.* ◇ (*loc. fig.*) *il faut laver son linge sale en famille* i panni sporchi si lavano in famiglia ◇ (*techn.*) *laver les laines* [*les faire dégorger*] lavare la lana; *laver le minerai* lavare il minerale greggio; *laver une épreuve photographique* lavare una copia fotografica; *laver le papier* lavare la carta **2** [*nettoyer* (*le corps, une partie du corps*) *avec de l'eau*] lavare: *laver la figure d'un enfant* lavare la faccia a un bambino → **débarbouiller** ◇ (*fig.*) *laver la tête à qqn.* lavare il capo a qc., dare una lavata di capo a qc. ◇ (*spécialt.*) *laver une plaie* lavare, pulire (197) una piaga; *laver par instillation* lavare, pulire mediante instillazione **3** [*enlever, faire disparaître au moyen d'un liquide*] lavare: *laver une tache* lavare, togliere una macchia **4** (*bx-arts*) [*mêler d'eau*] diluire (197): *laver une couleur* diluire un colore → **délaver** **5** (*loc. fig.*) *laver un affront, une injure dans le sang* [*s'en venger*] lavare un affronto, un'ingiuria col sangue ~ *laver les péchés, la honte* lavare i peccati, l'onta ~ *laver qqn. d'un soupçon* scagionare qc. da un sospetto → **disculper, 1 justifier, effacer** **B** *v.pron. réfl.* SE LAVER **1** [*laver son corps*] lavarsi: *se laver dans une baignoire, sous la douche* lavarsi nella vasca, sotto la doccia → **nettoyer (se)** ◇ (*fig.*) *se laver d'une imputation* discolparsi, scagionarsi da un'accusa; *se laver du péché* lavarsi dal peccato; *se laver d'une faute* lavarsi da una colpa → **expier** **2** → *tr.* 1 □ ⓒ A 1 **salir,** 5 **accuser** 1, **imputer.**

laverie |lavʀi| *s.f.* **1** *laverie automatique* [*blanchisserie équipée de machines à laver*] lavanderia automatica* **2** (*techn.*) laveria.

lavette |lavɛt| *s.f.* **1** [*morceau de linge ou gros pinceau en fil avec lequel on lave la vaisselle*] strofinaccio* *m.*, cencio* *m.* **2** (*fig., fam.*) [*homme mou, veule, sans énergie*] smidollato (*m.*): *une vraie lavette* un vero smidollato **3** (*pop.*) → 1 **langue.**

laveur, euse |lavœʀ, øz| *s.* **1** [*personne qui lave, moyennant rétribution*] lavatore* ◇ (*spécialt.*) *il est laveur de vaisselle, dans un restaurant* fa il lavapiatti *inv.*, lo sguattero in un ristorante → **plongeur**; *laveur de voitures* lavamacchine (*inv.*); *une laveuse* (*de linge*) una lavandaia; *laveur de vitres* pulitore di vetri → **blanchisseuse, lavandière** **2** (*techn.*) lavatore *m.*; lavatrice *f.* **3** (*par appos.*) *raton laveur* → 1 **raton.**

lave-vaisselle |lavvɛsɛl| *s.m. inv.* [*machine à laver la vaisselle*] lavastoviglie (*f.*): *des lave-vaisselle* delle lavastoviglie.

lavis |lavi| *s.m.* (*peint.*) acquerello, acquarello.

lavoir |lavwaʀ| *s.m.* **1** [*lieu où l'on lave le linge*] lavatoio*: *lavoir public* lavatoio pubblico ◇ [*construction destinée au lavage du linge*] lavanderia *f.* → **buanderie** ◇ [*bac en ciment pour laver le linge*] lavatoio **2** (*techn.*) lavatrice *f.*; reparto lavaggio (del minerale greggio).

lavure |lavyʀ| *s.f.* **1** [*liquide qui a servi à laver qqch. ou qqn.*] lavatura ◇ (*spécialt.*) *lavure de vaisselle*: (*pr.*) lavatura di piatti; (*fig.*) [*bouillon, potage fade et insipide*] lavatura, sciacquatura di piatti, brodaglia → **eau, rinçure** **2** (*techn.*) lavatura, lavaggio* (*m.*): *lavure du minerai* lavatura del minerale greggio → **lavage.**

lawn-tennis |lontenis| *s.m.* → **tennis.**

laxatif, ive |laksatif, iv| *adj.* lassativo: *tisane laxative* tisana lassativa → **purgatif** ♦ (*s.m.*) *un laxatif* un lassativo: *laxatif utilisé en suppositoires* lassativo in supposte.

laxisme |laksism(ə)| *s.m.* lassismo ⓒ **purisme, rigorisme.**

laxiste |laksist(ə)| *adj.* lassista: *morale laxiste* morale lassista ♦ (*s.*) *un laxiste* un lassista ⓒ **puriste, rigoriste.**

laxité |laksite| *s.f.* [*état de ce qui est lâche, distendu*] rilasciamento *m.*, rilassatezza.

layer |leje| (9) *v.tr.* (*techn.*) **1** [*faire traverser par une laie, un layon*] tracciare un sentiero (sentieri): *layer une forêt* tracciare un sentiero (sentieri) in una foresta **2** [*marquer les arbres* (*à épargner*) *dans une coupe*] segnare gli alberi (da non abbattere) **3** [*faire des rayures de parement sur* (*une pierre*)] martellinare.

layetier |lɛjtje| *s.m.* fabbricante di casse e imballaggi (di legno).

layette |lɛjɛt| *s.f.* [*tout ce qui sert à vêtir un enfant nouveau-né*] corredino *m.* per neonato.

1 **layon** |lɛjɔ̃| *s.m.* [*petite laie; sentier tracé en forêt pour faciliter la marche*] sentiero, viottolo.

2 **layon** |lɛjɔ̃| *s.m.* → **hayon.**

lazaret |lazaʀɛ| *s.m.* lazzaretto.

lazariste |lazaʀist(ə)| *s.m.* (*relig.*) lazzarista.

lazulite |lazylit| *s.f.* (*minér.*) lazulite.

lazzi |la(d)zi| *s.m.* [*plaisanterie, moquerie bouffonne*] lazzo: *des lazzi, des lazzis* dei lazzi.

1 **le** |l(ə)|, *f.* **la** |la|, *pl. m. et f.* **les** |le| *art. défini m.* (*REM. 1*: *'le, la' se réduisant à 'l'' devant une voyelle ou un 'h' muet a*) LE il, lo, l' *b*) LA la, l' *c*) LES i *m.*; gli *m.*; le *f.* *REM. 2*: *pour les emplois fr.* → *aussi les prép. 'à' et 'de'*; *pour les emplois it.* → *aussi les art.* 'il, lo, la' *et les prép.* 'a, da, di, in' *REM. 3*: *l'emploi de l'art. fr. correspond en général à l'emploi it.*) **I** **1** (*devant les noms pr.*) *les Médicis* i Medici; *le 'Néron' de Racine* il 'Nerone' di Racine; *la Pompadour, la Callas* la Pompadour, la Callas; *le Paris de ma jeunesse* la Parigi della mia gioventù **2** (*devant un nom pr. pour en faire un nom commun*) *la Citroën de mon père* la Citroën di mio padre; *les Rubens de ce musée* i Rubens di questo museo ◇ (*par ext.*) *'les Misérables'* 'i Miserabili' **3** (*pour transformer toute une partie du discours en subst.*) *le manger et le boire* il bere e il mangiare; *l'aujourd'hui* l'oggi; *le moi* l'io **4** (*s'emploie au lieu du poss. pour les parties du corps de qqn.*) *il secoue la tête* scuote la testa; *ouvre la bouche* apri la bocca; *je me lave les mains* mi lavo le mani **II** (*avec le superlatif*) *j'ai pris le plus beau* ho preso il più bello; *ce sont les plus belles* sono le più belle (*REM. 1*: *l'art. s'accorde avec le nom auquel se rapporte le superlatif quand on compare plusieurs êtres ou objets*) *c'est la femme la plus élégante que je connaisse* è la donna più elegante che conosca (conosco); *voici les deux livres les plus rares de ma bibliothèque* ecco i due libri più rari della mia biblioteca (*REM. 2*: *l'art. reste inv.* ('*le*') *quand on veut marquer qu'un être ou un objet atteint le plus haut degré d'une certaine qualité, ou quand le superlatif modifie un v. ou un adv.*) *c'est ce jour-là qu'elle a été le plus souffrante* è stato proprio quel giorno che è stata peggio; *c'est la femme que j'ai le plus aimée* è la donna che ho amato di più **III** L'UN... L'AUTRE, L'UN OU, ET L'AUTRE → **autre, un** ~ LE (LA) MÊME, LES MÊMES → **même** ~ L'ON → **on.**

2 **le** |l(ə)|, *f.* **la** |la|, *pl. m. et f.* **les** |le| *pron. pers. m.* (*objet ou attribut de la 3e pers.*) (*REM. 1*: *avec élision de 'le, la', en 'l'' sauf après un impér. a*) LE lo, l' *b*) LA, la, l' *c*) LES, li *m. pl.*; le *f. pl.* *REM. 2*: *pour les emplois morphologiques it.* → *aussi les art.* 'il, lo, la') **I** **1** (*personnes, choses*) (*objet direct, représentant un nom, un pron. qui vient d'être exprimé ou qui va être exprimé*) *c'est Françoise, je la connais bien* è Francesca, la conosco bene; *il faut le voir à l'ouvrage, ce peintre* bisogna vederlo all'opera, quel pittore; *prenez-les* prendeteli, prendetele; *je l'en ai convaincu(e)* l'ho convinto, convinta; *il l'y a poussé(e)* ce l'ha spinto, spinta **2** LE (*de valeur neutre*) lo: *je vous le dis* ve lo dico; *elle me l'a confié* me l'ha affidato → **cela** **3** (*formant, avec certains v., des gallicismes*) *l'emporter*

sur qqn. spuntarla con qc.; *se le tenir pour dit* tenerselo per detto; *l'échapper belle* scamparla bella **II** *'le' avec 'être' (attribut représentant un mot qui vient d'être exprimé ou, plus rarement, qui va être exprimé)* ◇ *(REM. 'le, la, les' peuvent s'accorder en genre et en nombre avec le subst. qu'ils représentent, ou rester invariables ('le') si le nom est pris en valeur d'adj., quand ils représentent un adj. ou un p.p.)*: *'est-il content?''il l'est'* 'è contento?''lo è'; *j'étais naïve, maintenant je ne le suis plus* ero ingenua, ora non lo sono più; *cette femme est mon amie et le sera toujours* questa donna è mia amica e lo sarà sempre; *sa mère, oui, je la suis en effet* sua madre, in effetti lo sono.

lé |le| *s.m.* **1** [*chaque partie verticale (panneau) d'une jupe*] telo: *jupe de six lés* gonna a sei teli → **laize** ◇ (*par ext.*) [*bande de tissu dans toute sa largeur*] altezza *f.* **2** larghezza *f.* di una alzaia ◇ (*par ext.*) [*ce chemin*] alzaia *f.*

leader |lidœʀ| *s.m.* (*angl.*) **1** capo, leader (*inv.*): *le leader gouvernemental et le leader de l'opposition* il capo del governo e il leader dell'opposizione **2** (*journalisme*) articolo di fondo ✦ (*adj.*) *article leader* articolo di fondo **3** (*sport*) [*concurrent qui est en tête dans une course, une compétition*] leader → **premier.**

leadership |lidœʀʃip| *s.m.* (*angl.*) (*polit.*) leadership *f. inv.* → **commandement, direction, hégémonie.**

leasing |liziŋ| *s.m.* (*angl.*) leasing *inv.*, locazione *f.* di lunga durata → **crédit-bail, location-vente** (*t. recomm.*).

lebel |ləbɛl| *s.m.* 'lebel' *inv.*

lécanore |lekanɔʀ| *s.f.* (*t.bot.*) lecanora.

léchage |leʃaʒ| *s.m.* **1** leccata *f.*, leccatura *f.* **2** [→ LÉCHER 2] leccatura, leccamento: *léchage de bottes* leccatura di piedi **3** [→ LÉCHER 3] leccatura: *le léchage d'un tableau, d'un poème* la leccatura di un quadro, di una poesia.

lèche |lɛʃ| *s.f.* (*pop., dans la loc.*) *faire de la lèche à qqn.* leccare i piedi a qc.

léché, ée |leʃe| *adj.* → **lécher** 3.

lèche-cul |lɛʃky| *s.m. inv.* (*vulg.*) [*homme qui flagorne servilement*] leccaculo *var.*, leccapiedi *s.* (*cour.*) → **flatteur, lécheur** ✦ (*adj. m. et f. inv.*) *elles sont lèche-cul!* sono delle leccapiedi!

lèchefrite |lɛʃfʀit| *s.f.* [*ustensile de cuis. placé sous la broche pour recevoir la graisse et le jus*] leccarda, ghiotta.

lèchement |lɛʃmɑ̃| *s.m.* (*rare*) [→ LÉCHER 1] il leccarsi *inv.* (*cour.*), leccata *f.* (*cour.*): *lèchement de doigts* il leccarsi le dita.

lécher |leʃe| (8) *v.tr.* **1** [*passer la langue sur (qqch.)*] leccare: *chien qui lèche un plat, la main de son maître* cane che lecca un piatto, la mano del padrone ◇ (*fig., fam.*) *se (s'en) lécher les doigts, les babines* leccarsi le dita, i baffi ◇ [*enlever en léchant*] *lécher le beurre et laisser le pain d'une tartine* leccare il burro e lasciare il pane di una tartina ◇ (*par métaph.*) lambire (197): *flammes qui lèchent la plaque d'une cheminée* fiamme che lambiscono la lastra di un camino → **effleurer** **2** (*loc. fig.*) *lécher les bottes, le cul* (*vulg.*) *de qqn., à qqn.* [*le flatter avec servilité*] leccare i piedi (*cour.*), il culo a qc. → **flagorner** ~ *lécher les vitrines* incantarsi davanti alle vetrine ~ *un ours mal léché* [*un individu d'aspect rébarbatif, de manières grossières*] uno zoticone, un buzzurro **3** (*fig.*) [*finir, polir (une œuvre litt. ou artistique) avec un soin trop minutieux*] leccare → **fignoler** ✦ (*au p.p.*) *tableau léché* quadro leccato.

lécheur, euse |leʃœʀ, øz| *s.* **1** (*vx.*) → **gourmand** **2** (*péj.*) → **flatteur, lèche-cul.**

lèche-vitrines |lɛʃvitʀin| *s.m.* [→ LÉCHER 2] l'incantarsi *inv.* davanti alle vetrine, l'oziare *inv.* davanti alle vetrine # *faire du lèche-vitrines, du lèche-carreaux* (*pop.*) passeggiare guardando le vetrine.

lécithine |lesitin| *s.f.* (*biol.*) lecitina.

leçon |l(ə)sɔ̃| *s.f.* **1** [*ce qu'un écolier doit apprendre*] lezione: *apprendre, étudier, revoir ses leçons* imparare, studiare, ripassare le lezioni ◇ (*fig.*) *il récite une leçon, sa leçon* ripete la lezione **2** [*enseignement donné par un professeur, à une classe, un auditoire*] lezione: *professeur qui fait sa leçon* professore che fa lezione → **conférence,** 2 **cours** ◇ (*par ext.*) *leçons de choses* [*méthode d'enseignement qui consiste à familiariser les enfants avec des objets usuels, des productions naturelles*] lezioni pratiche ◇ (*spécialt.*) *prendre des leçons de chant, d'équitation* prendere lezioni di canto, di equitazione; *faire donner des leçons particulières à un enfant* far dare lezioni private a un ragazzo ◇ (*fig.*) *il lui donnerait les leçons* [*il lui est supérieur en cette matière*] gli può dare una lezione **3** [*conseils, règle de conduite qu'on donne à une personne*] lezione, ammaestramento (*m.*): *je vous dispense de vos leçons de morale* la dispenso dalle sue lezioni di morale; *suivre les leçons de qqn.* seguire gli ammaestramenti, gli insegnamenti di qc. ◇ (*loc.*) *faire la leçon à qqn.* fare la predica a qc. ◇ (*par métaph.*) *la leçon de cette fable* la morale della favola → **morale** **4** [*enseignement profitable, qu'on tire ou peut tirer de qqch.*] lezione, insegnamento: *les leçons de l'expérience* la lezione, gli insegnamenti dell'esperienza; *dégager, tirer la leçon des événements* ricavare, trarre un insegnamento dagli avvenimenti; *cela lui donnera une (bonne) leçon* (questo) gli darà una (buona) lezione, gli servirà di lezione → **enseignement, instruction.**

lecteur, trice |lɛktœʀ, tʀis| *s.* **1** *s.* [*personne qui lit (par profession ou non)*] lettore*: *un grand lecteur de romans* un lettore accanito di romanzi; *avis au lecteur* avvertenza al lettore; *courrier des lecteurs* [*dans un journal*] rubrica dei lettori; lettere al direttore → **liseur** **2** *s.* [*personne qui lit à haute voix*] lettore: *la chaire du lecteur dans le réfectoire d'un couvent* il pulpito del lettore, nel refettorio di un convento ◇ (*liturg.*) lettore *m.* **3** *s.* [*assistant étranger, dans l'enseignement supérieur*] lettore **4** *s.m.* [*dispositif servant à la reproduction de sons enregistrés*] lettore: *lecteur optique* lettore ottico; *lecteur de son (d'un projecteur cinématographique)* lettore di suono → **pick-up** **5** *s.m.* (*informatique*) *lecteur de bandes, de cartes* lettore di nastri, di schede.

lecture |lɛktyʀ| *s.f.* **1** lettura: *une faute de lecture* un errore di lettura; *lecture d'une partition* lettura di una partitura; *lecture d'une carte, d'un plan* lettura di una carta, di una pianta → **déchiffrage** **2** [→ 1 LIRE I 2] lettura: *la lecture d'un livre, d'un auteur* la lettura di un libro, di un autore; *être enfoncé, absorbé dans la lecture d'un roman* essere immerso, assorto nella lettura di un romanzo ◇ (*par ext.*) *cabinet de lecture* sala di lettura # *je vous ai apporté de la lecture* le ho portato (qualcosa) da leggere **3** [→ 1 LIRE I 3] lettura: *donner lecture d'une proclamation* dare lettura di un proclama **4** [*délibération d'une assemblée législative sur un projet, une proposition de loi*] lettura: *loi adoptée en première, en seconde lecture* legge adottata in prima, in seconda lettura **5** (*liturg.*) lettura **6** (*acoustique, informatique*) lettura.

lécythe |lesit| *s.m.* (*archéol.*) lekythos *inv.*, lecito.

légal, ale, aux |legal, o| *adj.* **1** legale; di legge (*loc. inv.*): *monnaie légale* moneta a corso legale; *capacité, compétence légale* capacità, competenza legale → **juridique, règlementaire** ‖ *dispositions légales* norme di legge; *formalités légales* formalità di legge **2** [*défini ou fourni par la loi*] legale: *âge légal* età legale; *voies légales* vie legali; *armes légales, moyens légaux* [*que fournit la loi*] armi, mezzi legali; *annonces légales* annunzi legali; *médecine légale* medicina legale; *heure légale* ora legale; *pays légal* [*la partie de la population qui a des droits politiques*] popolazione legale Ⓒ **illégal.**

légalement |legalmɑ̃| *adv.* [→ LEGAL] legalmente: *assemblée légalement élue* assemblea legalmente eletta.

légalisation |legalizɑsjɔ̃| *s.f.* legalizzazione → **authentification.**

légaliser |legalize| *v.tr.* **1** [*attester, certifier authentique en vertu d'une autorité officielle*] legalizzare: *faire légaliser sa signature, une procuration* far legalizzare la propria firma, una delega → **authentifier, confirmer** ✦ (*au p.p.*) *signature légalisée* firma autenticata **2** [*rendre légal*] legalizzare, regolarizzare: *légaliser une situation* legalizzare, regolarizzare una situazione.

légalisme |legalism(ə)| *s.m.* legalismo.

légaliste |legalist(ə)| *s.* legalista ✦ *adj.* legalistico* → **formaliste, rigoriste** Ⓒ **laxiste.**

légalité |legalite| *s.f.* **1** legalità (*inv.*): *légalité d'un acte, d'un règlement, d'une mesure* legalità di un atto, di un regolamento, di un provvedimento **2** *absolt.* [*ce qui est légal*] legalità: *respecter la légalité* rispettare la legalità; *être, rester dans les limites de la légalité* essere, rimanere nei limiti della legalità; *sortir de la légalité* uscire dalla legalità.

légat |lega| *s.m.* **1** (*dr. can.*) legato: *légat a latere* legato a latere → **nonce** **2** (*hist. rom.*) legato.

légataire |legatɛʀ| *s.* (*dr.*) legatario* → **héritier.**

légation |legɑsjɔ̃| *s.f.* **1** legazione: *secrétaire de légation* segretario di legazione ◇ (*par ext.*) [*résidence d'une légation*] legazione **2** (*dr. internat.*)

droit de légation diritto di legazione; *personnel de légation* personale di legazione **3** (*dr. can.*) legazione.

legato |legato| *adv.* (*mus.*) legato: *jouer legato* suonare legato 🄲 **staccato, piqué.**

lège |lɛʒ| *adj.* (*mar.*) scarico*: *navire lège* nave scarica.

légendaire |leʒɑ̃dɛʀ| *adj.* **1** leggendario*: *personnages, héros légendaires* personaggi, eroi leggendari; *aventures légendaires* avventure leggendarie → **fabuleux, imaginaire, mythique** **2** [*qui est entré dans la légende par sa célébrité, sa popularité*] leggendario → **célèbre.**

1 **légende** |leʒɑ̃d| *s.f.* **1** leggenda: *la légende de Roland, de Faust* la leggenda di Rolando, di Faust → **fable, mythe** **2** [*représentation de faits ou de personnages réels, déformée ou amplifiée*] leggenda: *un héros de légende* un eroe da leggenda, leggendario; *Napoléon est entré dans la légende* Napoleone è entrato nella leggenda.

2 **légende** |leʒɑ̃d| *s.f.* **1** [*inscription d'une médaille, d'une monnaie*] leggenda **2** [*texte qui accompagne une image et lui donne un sens*] didascalia: *légende d'un dessin* didascalia di un disegno **3** [*liste explicative des signes conventionnels figurant sur une carte, un plan*] le(g)genda: *légende d'un plan de Paris, d'un guide de la route* legenda di una pianta di Parigi, di una guida stradale.

3 **légende** |leʒɑ̃d| *s.f.* (*relig.*) leggenda ◇ (*par ext.*) [*recueil de ces récits*] leggendario* *m.*

légender |leʒɑ̃de| *v.tr.* [*accompagner* (*un dessin, une médaille, une carte*) *d'une légende explicative*] inserire (197), allegare una leg(g)enda.

léger, ère |leʒe, ɛʀ| *adj.* **I** **1** [*qui a peu de poids, se soulève facilement*] leggero: *léger bagage* bagaglio leggero; *léger comme une plume, comme une bulle de savon* leggero come una piuma, come una bolla di sapone; *vêtement léger à porter* abito leggero da indossare ◇ (*sport*) *poids léger* peso leggero ◇ [*de faible densité*] *l'aluminium est un métal léger* l'alluminio è un metallo leggero; *huile lourdes et huiles légères* oli pesanti e oli leggeri ◇ [*qui ne pèse pas sur l'estomac*] *aliment léger* cibo leggero → **digestible** ◇ [*facile à transporter*] *armes légères* armi leggere → **mobile** **2** *avoir l'estomac léger* aver lo stomaco vuoto → **creux, vide** ◇ (*loc. fig.*) *avoir la tête légère, une tête légère* [*être écervelé, ne rien avoir dans la tête*] essere uno scervellato; non avere cervello ~ *faire qqch. le cœur léger* fare q.c. a cuor leggero **3** (*personnes*) [*qui se meut avec aisance et rapidité*] leggero: *personne légère comme un papillon, comme l'air* persona leggera come una farfalla, come l'aria; *être, se sentir léger* essere, sentirsi leggero → **agile, vif** ◇ (*par ext.*) *démarche souple et légère* andatura agile e leggera; *pas, pied léger* passo, piede leggero ◇ (*fig.*) *avoir la main légère* avere la mano leggera ~ *navire, bombardier, croiseur léger* nave leggera, bombardiere, incrociatore leggero **4** [*qui n'appuie pas*] leggero, lieve: *tableau peint par touches légères* quadro dipinto a tocchi leggeri, lievi → **délicat** **5** (*mus.*) *soprano, ténor léger* soprano, tenore leggero ◇ (*par ext.*) *rôle léger* [*qui exige une voix légère*] ruolo leggero **II** **1** [*qui a peu de matière, de substance* (*opposé à 'épais'*)] leggero: *légère couche de neige* leggero strato di neve; *étoffe légère* stoffa leggera; *vêtement léger, d'été* abito leggero, estivo → **mince, fin** ◇ (*opposé à 'fort, concentré'*) *vin léger* vino leggero; *café, thé léger* caffè, tè leggero; *parfum léger* profumo leggero ◇ (*opposé à 'profond'*) *sommeil léger* sonno leggero **2** [*qui a de la délicatesse, de la grâce dans la forme*] *taille légère* vita sottile; *flèche, tour légère* guglia, torre slanciata, leggera → **élancé, svelte** **III** [*peu sensible, peu perceptible; peu important*] leggero: *un léger mouvement* un leggero movimento; *coup léger* colpo leggero; *bruit léger* leggero rumore; *un léger goût* un leggero, lieve sapore; *douleur légère, supportable* dolore leggero, sopportabile; *malaise léger* leggero malessere; *blessure légère* ferita leggera → **faible, petit, imperceptible** ◇ (*par ext.*) *blessés légers et blessés graves* feriti leggeri e feriti gravi ◇ (*abstrait*) *faute légère* mancanza leggera; *peine légère* lieve, leggera pena; *une différence très légère* una leggerissima differenza → **insensible, infime, véniel** **IV** **1** (*personnes, caractères*) [*qui a peu de profondeur, de sérieux*] leggero: *une fille légère et frivole* una ragazza leggera e frivola → **frivole, superficiel** # *être, se montrer léger dans sa conduite* comportarsi con leggerezza → **déraisonnable, irréfléchi** **2** [*qui a de la grâce, de la délicatesse, de la désinvolture*] lieve, leggero: *ironie légère* lieve, leggera ironia → **désinvolte** **3** (*poésie, mus.*) [*facile à comprendre, gai*] leggero: *poésie légère* poesia leggera; *musique classique et musique légère* musica classica e musica leggera **4** *loc. adv.* À LA LÉGÈRE alla leggera, a cuor leggero: *parler à la légère* parlare alla leggera; *prendre les choses à la légère* prendere le cose alla leggera; *s'engager à la légère dans une entreprise aventureuse* impegnarsi a cuor leggero in un'impresa rischiosa → **inconsidérément** **5** (*en parlant des propos et des mœurs*) [*qui est trop libre*] leggero # *femme légère, de mœurs légères* donna da poco, di facili costumi 🄲 I 1 **lourd;** IV 1 **posé, sérieux.**

légèrement |leʒɛʀmɑ̃| *adv.* **1** [→ LÉGER I 1] leggero: *être vêtu légèrement* essere vestito leggero; *manger légèrement* mangiare leggero ◇ [*avec souplesse, grâce, agilité*] leggermente, lievemente: *marcher légèrement* camminare leggermente, con passo leggero; *toucher légèrement qqn.* toccare leggermente, lievemente qc. **2** [*un peu, à peine*] leggermente: *bouger légèrement* muoversi leggermente; *il est légèrement blessé* è leggermente ferito; *il est légèrement plus petit, plus gros* è leggermente più piccolo, più grosso **3** [*à la légère, inconsidérément*] leggermente, alla leggera (*loc. inv.*): *prendre un peu légèrement un parti* prendere una decisione un po' leggermente, alla leggera; *agir légèrement* agire alla leggera 🄲 **2 beaucoup;** 3 **sérieusement.**

légèreté |leʒɛʀte| *s.f.* **I** **1** [*caractère de ce qui est peu pesant*] leggerezza: *la légèreté de l'aluminium, de la plume, de l'air* la leggerezza dell'alluminio, della piuma, dell'aria **2** [*aisance dans les mouvements*] leggerezza: *marcher avec légèreté* camminare con leggerezza, con scioltezza; *la légèreté d'une danseuse* la leggerezza di una danzatrice → **agilité, souplesse** ◇ (*par ext.*) *légèreté de main* leggerezza di mano → **dextérité, douceur** **3** [*caractère de ce qui est peu épais*] finezza: *légèreté d'une étoffe, d'un vêtement* finezza di una stoffa, di un abito **4** (*par ext.*) [*délicatesse, grâce*] leggerezza: *ce monument est d'une grande légèreté* questo monumento ha una grande leggerezza **II** (*fig.*) **1** [*défaut d'une personne qui manque de profondeur, de sérieux*] leggerezza: *il a fait preuve de légèreté dans sa conduite* col suo comportamento ha dato prova di leggerezza → **irréflexion** ◇ [*caractère de celui qui ne prend pas les choses au sérieux*] leggerezza → **désinvolture, insouciance** **2** [*caractère d'une personne inconstante en amour*] volubilità *inv.*, incostanza ◇ (*par ext.*) [*liberté excessive* (*dans les mœurs, les propos*)] leggerezza **3** [*délicatesse et agrément* (*de la conversation, du ton, du style*)] delicatezza: *la légèreté de son style* la delicatezza del suo stile → **aisance, facilité,** 2 **grâce** **4** (*vx.*) → **bêtise** (*fam.*), **caprice, enfantillage** 🄲 I 1 **lourdeur.**

leggings |legiŋs|, **leggins** |legins| *s.m. ou f. pl.* (*angl.*) [*jambières de cuir ou de toile*] gambali *m.*, uose *f.*

leghorn |legɔʀn| *s.f.* (*angl.*) [*poule d'une race estimée, bonne pondeuse*] (gallina) livornese.

légiférer |leʒifeʀe| (8) *v.intr.* [*faire des lois*] legiferare: *pouvoir de légiférer* potere di legiferare, legislativo ◇ (*fig.*) [*dicter des règles*] dettar(e) legge: *ce grammairien prétend légiférer* questo grammatico pretende di dettar legge.

1 **légion** |leʒjɔ̃| *s.f.* **I** **1** (*hist. rom.*) legione ◇ (*par anal.*) [*corps de gendarmerie*] legione **2** (*spécialt.*) *la Légion* (*étrangère*) la Legione straniera **II** *Légion d'honneur* Legion d'onore ◇ [*le titre, la dignité, la décoration*] *avoir la Légion d'honneur* essere insignito della Legion d'onore.

2 **légion** |leʒjɔ̃| *s.f.* (*littér.*) legione, schiera: *une légion d'amis et de parents* una legione, una schiera di amici e parenti → **multitude.**

légionnaire |leʒjɔnɛʀ| *s.* **1** *s.m.* legionario* **2** *s.* [*membre de la Légion d'honneur*] insignito, titolare della Legion d'onore **3** *s.m.* (*hist. rom.*) legionario.

législateur, trice |leʒislatœʀ, tʀis| *s.* **1** *s.* legislatore* ✦ (*adj.*) *la nation, législatrice et souveraine* la nazione, legislatrice e sovrana **2** *s.m.* (*absolt.*) *le législateur* il legislatore: *la volonté du législateur* la volontà del legislatore.

législatif, ive |leʒislatif, iv| *adj.* **1** legislativo: *pouvoir législatif* potere legislativo; *assemblée législative* assemblea legislativa; *corps législatif* corpo legislativo ✦ (*s.m.*) *le législatif et l'exécutif* il legislativo e l'esecutivo **2** [*qui concerne l'assemblée législative*] legislativo: *élections législatives* elezioni legislative **3** [*qui a le caractère d'une loi*] legislativo: *acte législatif* atto legislativo.

législation |leʒislasjɔ̃| *s.f.* **1** legislazione: *la législation française, anglaise* la legislazione francese, inglese → **droit** **2** [*science, connaissance des lois*] legislazione, diritto (*m.*): *cours de*

législation commerciale corso di legislazione, di diritto commerciale; *législation financière* diritto finanziario.
législature |leʒislatyʀ| *s.f.* **1** legislatura: *pendant la dernière législature* durante l'ultima legislatura **2** (*rare*) → **assemblée, parlement.**
légiste |leʒist(ə)| **I** *s.m.* **1** legista, giurista → **jurisconsulte, juriste 2** (*hist. fr.*) cancelliere **II** (*adj.*) *médecin légiste* [*chargé d'expertises en matière légale*] medico legale.
légitimation |leʒitimasjɔ̃| *s.f.* **1** legittimazione: *la légitimation d'un enfant* la legittimazione di un figlio **2** (*littér.*) [*action de justifier*] giustificazione, legittimazione (*rare*): *légitimation de sa conduite* giustificazione della sua condotta **3** *légitimation des pouvoirs* legittimazione dei poteri.
légitime |leʒitim| **I** *adj.* **1** legittimo: *cause légitime* causa legittima; *union légitime* [*le mariage*] unione legittima; *femme légitime* moglie legittima → **légal** ◇ (*opposé à 'naturel'*) *père légitime* padre legittimo; *enfant légitime* figlio legittimo **2** [*conforme à la justice, au droit naturel*] legittimo: *récompense, salaire légitime* [*mérité*] compenso, salario legittimo; giusto compenso, equo salario → **équitable** ◇ (*dr.*) *légitime défense* legittima difesa **3** [*qui est justifié* (*par le bon droit, la raison, le bon sens*)] legittimo: *excuse légitime* scusa legittima; *prétentions, revendications légitimes* pretese, rivendicazioni legittime; *orgueil légitime* orgoglio legittimo → **admissible, fondé,** 1 **juste II** *s.f.* **1** (*anc. dr.*) *la légitime* la legittima **2** (*pop.*) [*femme légitime*] signora (*cour.*), moglie (*cour.*): *il sort avec sa légitime* esce con la sua signora, con sua moglie Ⓒ I 2 **arbitraire,** 3 **déraisonnable.**
légitimement |leʒitimmɑ̃| *adv.* [→ LEGITIME I] legittimamente, in modo legittimo *loc. inv.* Ⓒ **illégitimement.**
légitimer |leʒitime| *v.tr.* **1** [*rendre légitime juridiquement*] legittimare: *légitimer un enfant naturel* legittimare un figlio naturale ✦ (*au p.p.*) *enfant légitimé* figlio legittimato **2** (*littér.*) [*faire admettre comme juste, raisonnable, excusable*] legittimare: *il essaie de légitimer sa conduite* tenta di legittimare il suo comportamento → **excuser,** 1 **justifier.**
légitimiste |leʒitimist(ə)| *s.* legittimista ◇ (*hist. fr.*) *légitimistes et orléanistes* legittimisti e orleanisti ✦ (*adj.*) *le parti légitimiste* il partito legittimista.
légitimité |leʒitimite| *s.f.* **1** legittimità (*inv.*): *légitimité d'un enfant* legittimità di un figlio; *légitimité du pouvoir* legittimità del potere **2** [*qualité de ce qui est juste, équitable*] legittimità: *légitimité d'une conviction, d'une prétention* legittimità di una convinzione, di una pretesa Ⓒ **illégitimité.**
legs |lɛg, lɛ| *s.m.* **1** (*dr.*) legato, lascito (*cour.*): *aliéner par un legs* alienare attraverso un lascito **2** (*fig.*) *le legs du passé* l'eredità *f. inv.*, il retaggio* (*littér.*) del passato → **héritage.**
léguer |lege| (8) **A** *v.tr.* **1** [*donner, céder par disposition testamentaire*] lasciare (per testamento) in eredità; legare (*dr.*): *léguer tous ses biens à un légataire universel* lasciare (per testamento) tutti i propri beni a un erede universale **2** [*donner, transmettre*] tramandare: *léguer une œuvre à la postérité* tramandare un'opera ai posteri; *traditions léguées de père en fils, de siècle en siècle* tradizioni tramandate di padre in figlio, di secolo in secolo # *léguer un goût à ses enfants* trasmettere un'inclinazione ai propri figli **B** *v. pron. passif* SE LÉGUER [→ *tr.* 2] tramandarsi: *des haines héréditaires qui se lèguent de père en fils* odi ereditari che si tramandano di padre in figlio.
légume |legym| *s.* **1** *s.m.* legume; ortaggio*, verdura (*f.*): *légumes verts, secs* legumi freschi, secchi || *légumes hâtifs* ortaggi primaticci; *plat de viande garni de légumes* piatto di carne con contorno di legumi, verdura; *soupe aux légumes* minestra di verdura, di legumi, minestrone → **primeur** # *bouillon de légumes* brodo vegetale; *macédoine, salade de légumes* insalata mista; *les fruits et légumes* gli ortofrutticoli, i prodotti ortofrutticoli **2** *s.f.* (*pop., fig.*) *une grosse légume* [*un personnage important, influent*] un (grosso) papavero *m.*, un pezzo *m.* grosso **3** *s.m.* (*bot.*) baccello, legume.
légumier, ière |legymje, jɛʀ| **I** *adj.* [*qui a rapport aux légumes*] ortivo: *cultures légumières* colture ortive, orticoltura **II** *s.m.* **1** [*plat à légumes*] legumiera *f.* **2** (*vx.*) [*jardin potager*] orto (*cour.*).
légumine |legymin| *s.f.* (*sc.*) legumina.
Légumineuses |legyminøz| *s.f. pl.* (*t.bot.*) Leguminose.
légumineux, euse |legyminø, øz| *adj.* leguminoso ✦ (*s.f.*) *une légumineuse* una leguminosa.
lei |lɛ| *s.m. pl.* → **leu.**
leishmanie |lɛʃmani| *s.f.* (*biol.*) leishmania.
leishmaniose |lɛʃmanjoz| *s.f.* (*méd.*) leishmaniosi *inv.*
leitmotiv |laj(ɛ)tmɔtiv| *s.m.* (*all.*) **1** (*mus.*) leitmotiv *inv.*, motivo conduttore: *des leitmotive* dei leitmotiv, dei motivi conduttori; *le leitmotiv de la Chevauchée des Walkyries* il leitmotiv, il motivo conduttore della Cavalcata delle Valchirie **2** (*fig.*) [*phrase, formule qui revient à plusieurs reprises*] ritornello, tema ricorrente → **refrain.**
lem |lɛm| *s.m.* (*astronautique*) lem *inv.*
lemme |lɛm| *s.m.* (*math., philo.*) lemma.
lemming |lemiŋ| *s.m.* (*norv.*) (*t. zool.*) lemming *inv.*
Lemnacées |lɛmnase| *s.f. pl.* (*t. bot.*) Lemnacee.
lemniscate |lɛmniskat| *s.f.* (*math.*) lemniscata.
lemon-grass |lemɔngʀas| *s.m. inv.* (*angl.*) (*t.bot.*) lemon-grass.
lémure |lemyʀ| *s.m.* (*antiq. rom.*) lemure → **larve.**
Lémuriens |lemyʀjɛ̃| *s.m. pl.* (*t. zool.*) Lemuridi.
lendemain |lɑ̃dmɛ̃| *s.m.* **1** indomani *inv.*, domani (*inv.*): *le lendemain matin* l'indomani mattina; *le lendemain de ce jour* l'indomani di quel giorno; *penser au lendemain* pensare al domani → 1 **avenir** ◇ (*prov.*) *il ne faut jamais remettre au lendemain ce qu'on peut faire le jour même* non rimandare mai a domani quello che puoi fare oggi ◇ (*loc.*) *du jour au lendemain* dall'oggi al domani: *il a changé du jour au lendemain* è cambiato dall'oggi al domani **2** [*jour qui suit immédiatement un événement, un fait*] indomani: *au lendemain de la victoire* l'indomani della vittoria; *au lendemain de son mariage* l'indomani del suo matrimonio **3** (*fig.*) [*conséquence, suite*] seguito, esito: *cette affaire a eu d'heureux lendemains* questa vicenda ha avuto un felice seguito, esito.
lendit |lɑ̃di| *s.m.* (*hist. fr.*) fiera *f.* di Saint-Denis.
lénifiant, ante |lenifjɑ̃, ɑ̃t| *adj.* **1** (*méd.*) lenitivo → **lénitif, calmant 2** (*fig.*) [*qui calme, apaise*] rassicurante, calmante: *propos lénifiants* parole rassicuranti, tranquillizzanti.
lénifier |lenifje| *v.tr.* **1** (*méd.*) [*adoucir à l'aide d'un calmant*] lenire (197) **2** (*rare, fig.*) → **calmer, apaiser.**
léninisme |leninism(ə)| *s.m.* (*polit.*) leninismo ✦ (*appos.*) *le marxisme-léninisme* il marxismo-leninismo.
léniniste |leninist(ə)| *adj.* (*polit.*) leninista ✦ (*s.*) *un léniniste* un leninista.
lénitif, ive |lenitif, iv| *adj.* **1** (*méd.*) lenitivo: *propriétés lénitives* proprietà lenitive; *remède lénitif* farmaco lenitivo → **apaisant, lénifiant** ✦ (*s.m.*) *un lénitif* un lenitivo **2** (*fig., littér.*) → **apaisant, lénifiant.**
lent, lente |lɑ̃, lɑ̃t| *adj.* **1** lento: *la tortue est un animal lent* la tartaruga è un animale lento; *il est lent dans tout ce qu'il fait* è lento in tutto ciò che fa; *être lent à comprendre, à agir* essere lento a capire, ad agire → **long, lambin, traînard** ◇ (*loc.*) *avoir l'esprit lent* essere lento di comprendonio ◇ (*par ext.*) *mouvements lents et mesurés* movimenti lenti e misurati **2** (*choses*) [*qui met du temps à agir, à opérer, à s'accomplir*] lento: *combustion lente* combustione lenta; *mort lente* morte lenta # *promesse trop lente à se réaliser* promessa che tarda troppo a realizzarsi.
lente |lɑ̃t| *s.f.* [*œuf de pou*] lendine *m.*, (*rare*) *f.*
lentement |lɑ̃tmɑ̃| *adv.* [→ LENT] lentamente: *ruisseau qui coule lentement* ruscello che scorre lentamente; *marcher lentement* camminare lentamente; *machine qui tourne lentement* macchina che gira lentamente → **doucement** Ⓒ **vite.**
lenteur |lɑ̃tœʀ| *s.f.* **1** [*manque de rapidité, de vivacité*] lentezza: *lenteur de l'escargot, de la tortue* lentezza della lumaca, della tartaruga; *lenteur à se décider* lentezza a decidersi; *la désespérante lenteur des travaux* la scoraggiante lentezza dei lavori; *agir avec une lenteur excessive* agire con eccessiva lentezza # *lenteur d'esprit* ottusità di mente **2** *au plur.* [*actions, décisions lentes*] lungaggini: *les lenteurs de la procédure* le lungaggini procedurali.
lenticelle |lɑ̃tisɛl| *s.f.* (*bot.*) lenticella.
lenticulaire |lɑ̃tikylɛʀ|, **lenticulé, ée** |lɑ̃tikyle| *adj.* lenticolare → **lentiforme** # *verre lenticulaire* lente.
lenticule |lɑ̃tikyl| *s.f.* (*t.bot.*) lenticchia d'acqua, lemna.
lentiforme |lɑ̃tifɔʀm(ə)| *adj.* lentiforme → **lenticulaire.**
lentigo |lɑ̃tigo| *s.m.* (*méd.*) efelide *f.*, lentiggine *f.* (*cour.*).
1 **lentille** |lɑ̃tij| *s.f.* **1** (*t.bot.*) lenticchia, lente **2** [*la graine comestible*] lenticchia: *saucisse aux lentilles* salsic-

cia con le lenticchie; *trier des lentilles* pulire le lenticchie **3** (*par anal. d'aspect*) *lentille d'eau* lenticchia d'acqua → **lenticule** **4** [*éphélide lentiforme*] lentiggine, efelide: *lentilles brunes, rousses* lentiggini scure, rosse.

2 **lentille** |lɑ̃tij| *s.f.* (*opt., cour.*) lente: *lentille de verre* lente di vetro; *lentilles d'une paire de lunettes* lenti di un paio di occhiali → **verre** ◇ (*spécialt.*) *lentilles cornéennes* lenti corneali, a contatto.

lentillon |lɑ̃tijɔ̃| *s.m.* lenticchia *f.* (piccola e rossiccia).

lentisque |lɑ̃tisk(ə)| *s.m.* (*t.bot.*) lentisco*.

lento |lɛnto| *adv.* (*mus.*) lento ◆ (*s.m.*) *un lento* un lento.

1 **léonin, ine** |leɔnɛ̃, in| *adj.* **1** (*littér.*) leonino: *une crinière léonine* una chioma leonina **2** *société léonine* società leonina; *contrat léonin* patto leonino.

2 **léonin, ine** |leɔnɛ̃, in| *adj.* (*versif.*) leonino: *rime léonine* rima leonina.

léopard |leɔpaʀ| *s.m.* **1** (*t.zool.*) leopardo ◇ [*la fourrure*] *manteau de léopard* pelliccia di leopardo **2** (*blas.*) leopardo (in maestà): *les léopards des armoiries de l'Angleterre* i leopardi (in maestà) dello stemma inglese.

léopardé, ée |leɔpaʀde| *adj.* (*blas.*) illeopardito: *lion léopardé* leone illeopardito.

lépido- |lepidɔ| *préf.* (*signifiant 'écaille', correspond généralt. à*) lepido: *lépidoptère* lepidottero.

lépidodendron |lepidɔdɛ̃dʀɔ̃| *s.m.* (*paléont.*) lepidodendron *inv.*

lépidolithe |lepidɔlit| *s.m.* (*minér.*) lepidolite *f.*

Lépidoptères |lepidɔptɛʀ| *s.m.pl.* (*t.zool.*) Lepidotteri ◆ (*adj.*) *insecte lépidoptère* insetto lepidottero.

lépidosirène, lépidosiren |lepidɔsiʀɛn| *s.m.* (*t.zool.*) lepidosirena *f.*

lépidostée |lepidɔste| *s.m.* (*t.zool.*) lepidosteo, pesce dal becco (*cour.*).

lépiote |lepjɔt| *s.f.* (*t.bot.*) lepiota.

lépisme |lepism(ə)| *s.m.* (*t.zool.*) lepisma *f.*

Léporides |lepɔʀid|, **Léporidés** |lepɔʀide| *s.m. pl.* (*t.zool.*) Leporidi.

lèpre |lɛpʀ(ə)| *s.f.* **1** (*méd., cour.*) lebbra: *pustules de la lèpre* pustole della lebbra **2** [*ce qui ronge*] lebbra: *lèpre qui érode la pierre* lebbra che erode la pietra **3** (*fig., littér.*) lebbra: *la lèpre de l'ennui* la lebbra della noia; *la lèpre du vice* la lebbra del vizio.

lépreux, euse |lepʀø, øz| *adj.* **1** [*qui est atteint de la lèpre*] lebbroso: *femme lépreuse* donna lebbrosa ◆ (*s.*) *les lépreux* i lebbrosi # *hôpital pour lépreux* lebbrosario → **léproserie** ◇ (*fig.*) *traiter qqn. comme un lépreux* trattare qc. come un lebbroso **2** [*qui a rapport à la lèpre*] *pustules lépreuses* pustole della lebbra *loc. inv.* ◇ (*fig.*) [*qui présente une surface pelée, abîmée, sale*] lebbroso (*littér.*), marcio* (*cour.*): *murs lépreux* muri lebbrosi, marci → **galeux.**

léprologie |lepʀɔlɔʒi| *s.f.* leprologia*.

léprologue |lepʀɔlɔg|, **léprologiste** |lepʀɔlɔʒist(ə)| *s.* leprologo*.

léproserie |lepʀozʀi| *s.f.* [*hôpital, hospice où l'on soigne les lépreux*] lebbrosario* *m.*

lepte |lɛpt(ə)| *s.m.* larva *f.* di trombidio.

leptocéphale |lɛptɔsefal| *s.m.* (*t. zool.*) leptocefalo.

leptolithique |lɛptɔlitik| *s.m. et adj.* (*paléont.*) leptolitico*.

leptospire |lɛptɔspiʀ| *s.m.* (*t.zool.*) leptospira *f.*

leptospirose |lɛptɔspiʀoz| *s.f.* (*méd.*) leptospirosi *inv.*

lepture |lɛptyʀ| *s.m.* (*t.zool.*) leptura *f.*

lequel |ləkɛl|, *f.* **laquelle** |lakɛl|, *m.pl.* **lesquels**, *f.pl.* **lesquelles** |lekɛl| (*REM. avec la prép, 'à', 'lequel' se contracte en 'auquel, auxquels, auxquelles'; avec la prép. 'de', il se contracte en 'duquel, desquels, desquelles'*) **I** *pron. relatif* **1** (*littér., langue jurid. et pour éviter une équivoque*) il quale, la quale, i quali, le quali: *un de ses amis, lequel l'a aidé* uno dei suoi amici, il quale, che lo ha aiutato → **qui** **2** (*compl. indirect*) il quale, *etc.*, cui: *la personne à laquelle vous venez de parler* la persona alla quale, (a) cui avete appena parlato; *voilà mon ami, duquel vous connaissez la fille* ecco il mio amico, del quale, di cui lei conosce la figlia; *c'est la ville dans laquelle vit mon père* è la città nella quale, in cui vive mio padre; *c'est la personne sur la bienveillance de laquelle tout le monde est d'accord* è la persona sulla cui bontà tutti sono d'accordo → **dont, où** **II** *adj. relatif* (*littér.*) quale (*cour.*): *vous serez peut-être absent, auquel cas vous me préviendrez* forse lei sarà assente, nel qual caso mi avvertirà **III** *pron. interrogatif* (*représentant des choses ou des personnes qui viennent d'être ou vont être nommées*) quale: *lequel des deux préférez-vous?* quale dei due preferisce? # *demandez à un passant, n'importe lequel* chieda a un passante, a uno qualunque, qualsiasi.

lerch(e) |lɛʀʃ(ə)| *adv.* (*arg.*) → **beaucoup.**

lérot |leʀo| *s.m.* (*t.zool.*) eliomio*.

les |le| *art. pl.* → **1 le.**

lès |lɛ| *prép.* → **lez.**

lesbianisme |lɛsbjanism(ə)|, **lesbien, ienne** |lɛsbjɛ̃, jɛn| **1** *adj.* [*de Lesbos*] lesbico* **2** *s.f.* [*femme homosexuelle*] lesbica*.

lesbisme |lɛsbism(ə)| *s.m.* lesbismo, saffismo.

lèse-majesté |lɛzmaʒɛste| (*s.f.*) *crime de lèse-majesté* delitto di lesa maestà.

léser |leze| (8) *v.tr.* **1** [*blesser (qqn.) dans ses intérêts, ses droits; causer du tort à*] danneggiare; ledere (105): *il a été lésé par ses associés* è stato danneggiato dai suoi soci; *être lésé dans un partage* essere danneggiato in una divisione → **desavantager** ‖ *léser les droits, les intérêts de qqn.* ledere i diritti, gli interessi di qc. → **nuire (à)** ◇ (*fig.*) *léser l'orgueil, l'amour-propre de qqn.* ledere, ferire (197) l'orgoglio, l'amor proprio di qc. → **blesser** **2** (*méd.*) [*blesser (un organe)*] ledere: *la balle a lésé le poumon, n'a lésé aucun organe vital* la pallottola ha leso il polmone, non ha leso alcun organo vitale.

lésine |lezin| *s.f.* (*littér.*) [*épargne sordide*] lesina → **avarice, ladrerie** # *lésine sordide* gretta avarizia Ⓒ **prodigalité.**

lésiner |lezine| *v.intr.* [*épargner avec avarice*] lesinare (*tr. et intr.*): *il lésine sur tout ce qu'il achète* lesina su tutto quello che compra; *ne pas lésiner sur l'éducation de ses enfants* non lesinare sull'educazione dei propri figli.

lésinerie |lezinʀi| *s.f.* → **lésine.**

lésineur, euse |lezinœʀ, øz| *adj. et s.* (*vieilli*) [*avare*] spilorcio* (*cour.*), taccagno (*cour.*).

lésion |lezjɔ̃| *s.f.* **1** (*méd.*) lesione: *lésion ulcéreuse, tuberculeuse, infectieuse* lesione ulcerosa, tubercolosa, infettiva; *lésions cérébrales* lesioni cerebrali **2** (*dr.*) lesione: *vente entachée de lésion* vendita viziata da lesione → **dommage.**

lésionnaire |lezjɔnɛʀ| *adj.* (*dr.*) lesivo.

lésionnel, elle |lezjɔnɛl| *adj.* (*méd.*) da lesione *loc. inv.*, caratterizzato da una lesione: *signe, trouble, syndrome lésionnel* segno, turba, sindrome da lesione.

lessivable |lesivabl(ə)| *adj.* [*qui peut être passé à la lessive sans altération de couleur*] lavabile: *tissus, revêtements plastiques lessivables* tessuti, rivestimenti plastici lavabili.

lessivage |lesivaʒ| *s.m.* **1** [→ LESSIVER 1, 3] lavaggio*, lavatura *f.* (con detersivi): *lessivage des murs, des parquets* lavaggio, lavatura dei muri, dei pavimenti (con detersivi) ◇ (*chim.*) lisciviazione *f.*, lisciviatura *f.* **2** (*géol.*) *le lessivage du sol* la lisciviazione del terreno.

lessive |lesiv| *s.f.* **I** **1** [→ LESSIVER 3] bucato (*m.*): *jour de lessive* giorno di bucato; *faire la lessive dans une machine à laver* fare il bucato in lavatrice; *laveuse qui fait des lessives* lavandaia che fa il bucato → **blanchissage, lavage** **2** [*le linge qui doit être lavé, ou qui vient d'être lavé*] bucato: *laver, battre, rincer la lessive* lavare, battere, risciaquare il bucato **II** [*solution (substance) alcaline qui sert à nettoyer le linge sale*] liscivia: *un baquet de lessive* un mastello di liscivia; *mettre du linge à la lessive* mettere della biancheria nella liscivia → **detersif.**

lessiver |lesive| *v.tr.* **1** [*nettoyer à l'aide d'une solution détersive*] lavare (con detersivi): *lessiver les murs, le carrelage d'un appartement* lavare con detersivi i muri, il pavimento di un appartamento **2** (*chim.*) [*traiter (un corps, une substance) par l'eau pour en éliminer les parties solubles*] lisciviare ◇ (*géol.*) *sol lessivé* terreno lisciviato **3** (*vielli*) [*nettoyer (du linge) à l'aide de lessive*] lisciviare → **blanchir, laver** **4** (*pop.*) [*dépouiller (son adversaire au jeu); éliminer d'une compétition, d'un poste*] pelare; far (103) fuori, sbatter fuori: *il s'est fait lessiver en moins de deux* s'è fatto pelare in men che non si dica ◆ (*au p.p.*) *être lessivé* [*épuisé, très fatigué*] essere sfinito (*cour.*), distrutto (*cour.*).

lessiveuse |lesivøz| *s.f.* (*techn.*) lisciviatrice.

lessiviel |lesivjɛl| *adj.* [*relatif à la lessive*] detersivo: *produits lessiviels* (prodotti) detersivi.

lest |lɛst| *s.m.* **1** (*techn.*) zavorra (*f.*): *contrepoids servant de lest* contrappesi che servono da zavorra ◇ (*mar.*) *partir, retourner, être sur son lest* partire, ritornare, essere in zavorra **2** [*corps pesant pour régler le mouvement ascensionnel d'un ballon*] zavorra ◇ (*loc.*)

jeter du lest: (*pr.*) gettare, buttare zavorra; (*fig.*) fare un sacrificio per salvare una situazione.
lestage |lɛstaʒ| *s.m.* [→ LESTER A 1] zavorramento ⓒ **délestage.**
leste |lɛst(ə)| *adj.* **1** lesto, agile: *vieillard encore leste* vecchio ancora lesto, arzillo; *avoir la main leste* aver la mano lesta, essere lesto di mano → **agile,** 2 **alerte** **2** [*qui manque de réserve, de sérieux*] libero, salace → **libre, licencieux** # *plaisanteries un peu lestes* scherzi un po' spinti.
lestement |lɛstəmɑ̃| *adv.* [*d'une manière souple et légère*] lestamente, agilmente: *il a descendu lestement un escalier* ha sceso lestamente una scala → **légèrement** ◇ (*fig.*) [*avec habileté, aisance, promptitude*] accortamente, con accortezza (*loc. inv.*): *mener lestement une affaire* condurre un affare accortamente, con accortezza → **rondement.**
lester |lɛste| **A** *v.tr.* **1** [*garnir, charger* (*un navire*) *de lest*] zavorrare: *lester un ballon* zavorrare un pallone (aerostatico) ✦ (*au p.p.*) *navire lesté* nave zavorrata **2** (*fig., fam.*) [*charger, munir, remplir*] riempire: *lester son estomac, ses poches, son portefeuille* riempirsi lo stomaco, le tasche, il portafoglio **B** *v.pron. réfl.* SE LESTER (*fam.*) [*manger abondamment*] rimpinzarsi.
létal, ale, aux |letal, o| *adj.* (*biol., méd.*) letale.
létalité |letalite| *s.f.* (*méd.*) letalità (*inv.*): *létalité d'une blessure* letalità di una ferita ◇ (*par ext.*) [*mortalité*] mortalità *inv.*
léthargie |letaʀʒi| *s.f.* **1** letargo* (*m.*): *léthargie hypnotique* letargo ipnotico; *tomber en léthargie* cadere in letargo → **hypnose, catalepsie, torpeur** **2** [*état d'abattement*] letargo, apatia → **apathie, torpeur.**
léthargique |letaʀʒik| *adj.* **1** letargico*: *état, sommeil léthargique* stato, sonno letargico **2** (*personnes*) [*atteint de léthargie*] *il est un peu léthargique* è un po' apatico*, indolente.
lette |lɛt|, **letton, on(n)e** |lɛtɔ̃, ɔn| *adj.* **1** [*de Lettonie*] lettone: *le peuple letton* il popolo lettone **2** (*s.m.*) *le lette, le letton* [*la langue*] il lettone.
lettique |letik| *s.m.* → **lette.**
lettrage |lɛtʀaʒ| *s.m.* [*action de disposer les lettres* (*sur une carte, un schéma*)] il contrassegnare *inv.* con lettere; lettering *inv.*
1 **lettre** |lɛtʀ(ə)| *s.f.* **I** **1** [*signe d'écriture*] lettera: *les 26 lettres de l'alphabet français* le 26 lettere dell'alfabeto francese; *double lettre* (lettera) doppia; *mot de quatre lettres* parola di quattro lettere; *lettre majuscule, minuscule* lettera maiuscola, minuscola; *épeler les lettres d'un mot* compitare le lettere di una parola → **caractère** ◇ (*fam., par euphémisme*) *les cinq lettres* → **merde** ◇ (*loc.*) *mot en toutes lettres* parola scritta per esteso ~ *en toutes lettres*: (*pr.*) [*écrit avec des mots et non avec des chiffres*] in lettere; (*fig.*) [*nettement*] chiaro e tondo ~ *écrit imprimé en lettres d'or* scritto stampato a lettere d'oro **2** (*imprim.*) lettera: *corps d'une lettre* corpo di una lettera **II** **1** (*littér.*) *la lettre d'un texte* la lettera di un testo ◇ *loc.* LETTRE MORTE lettera morta: *ce qu'on lui a dit est resté lettre morte* quanto gli è stato detto è rimasto lettera morta **2** (*gravure*) lettera ◇ (*loc.*) *avant la lettre*: (*pr., fig.*) avanti lettera, ante litteram **3** [*le sens strict des mots; la forme*] lettera: *l'esprit et la lettre de la loi* lo spirito e la lettera della legge ◇ *loc.* À LA LETTRE, AU PIED DE LA LETTRE alla lettera, letteralmente (*adv.*): *prendre une expression à la lettre, au pied de la lettre* prendere una espressione alla lettera; *suivre un règlement à la lettre* seguire un regolamento alla lettera; *c'est à la lettre un vaurien* è letteralmente un buono a nulla.
2 **lettre** |lɛtʀ(ə)| *s.f.* **I** [*écrit que l'on adresse à qqn. pour lui communiquer qqch.*] lettera: *par cette lettre* con questa lettera; *papier à lettres* carta da lettere; *lettre anonyme* lettera anonima; *lettre de faire-part* lettera di partecipazione; *lettre de recommandation, d'introduction* lettera di raccomandazione, di presentazione; *lettre recommandée, chargée, exprès, par avion* (lettera) raccomandata, assicurata, espresso, lettera per via aerea; *boîte aux lettres* cassetta, buca delle lettere; *écrire une lettre* scrivere una lettera; *accuser réception d'une lettre* accusare ricevuta di una lettera; *répondre à une lettre* rispondere a una lettera; *affranchir une lettre* affrancare una lettera; *jeter des lettres à la boîte* imbucare, impostare delle lettere → **billet, mot** ◇ (*loc. fam.*) *ce rôti passe comme une lettre à la poste* questo arrosto va giù che è un piacere ~ *excuse, réforme qui passe comme une lettre à la poste* giustificazione, riforma (che è) accettata facilmente ◇ (*spécialt.*) *lettre ouverte* [*article de journal*] lettera aperta ~ *lettres de créance* (lettere) credenziali ~ *lettre circulaire* (lettera) circolare ~ *lettre missive* missiva ◇ (*comm.*) *lettre d'avis* avviso ~ *lettre de voiture* lettera di vettura ◇ (*banque*) *lettre de crédit* lettera di credito ~ *lettre de change* cambiale → **billet (à ordre), 2 traite** **II** *au plur.* **1** [*la culture litt.*] lettere: *les belles-lettres* le belle lettere; *homme, femme de lettres* uomo, donna di lettere; letterato, letterata # *société des gens de lettres* associazione letteraria **2** (*opposé à 'science'*) lettere: *licence ès lettres* laurea in lettere; *faculté des lettres* facoltà di lettere; *lettres classiques, modernes* lettere classiche, moderne.
lettré, ée |letʀe| *adj.* [*qui a des lettres, de la culture humaniste*] letterato → 2 **cultivé, érudit** ✦ (*s.*) *un lettré, les lettrés* un letterato, i letterati ⓒ **illettré.**
lettrine |letʀin| *s.f.* **1** (*imprim.*) lettera di richiamo **2** [*lettre, ornée ou non, placée au commencement d'un chapitre*] capolettera* *m.*, richiamo *m.*
lettrisme |letʀism(ə)| *s.m.* [*école litt. d'avant-garde, qui préconise l'emploi d'onomat. dans des poèmes dénués de sens, les signes idéographiques, etc.*] ⊠.
leu |lø| *s.m.* (*dans la loc.*) *à la queue leu leu* uno dopo l'altro, in fila indiana.
leu |lø|, *pl.* **lei** |lɛ| *s.m.* [*unité monétaire roumaine*] leu: *des lei* dei lei.
leucanie |løkani| *s.f.* (*t.zool.*) nottua.
leucémie |løsemi| *s.f.* (*méd., cour.*) leucemia.
leucémique |løsemik| *adj.* (*méd.*) leucemico*: *état leucémique* stato leucemico ◇ [*qui est atteint de leucémie*] *malade leucémique* leucemico *s.*, malato di leucemia ✦ (*s.*) *un leucémique* un leucemico.
leucine |løsin| *s.f.* (*chim.*) leucina.
leucite |løsit| *s.* **1** *s.f.* (*minér.*) leucite **2** *s.m.* → **plaste.**
leuc(o)- |løk(ɔ), løs| *préf.* (*sc.*) (*signifiant 'blanc', correspond généralt. à*) leuc(o): *leucémie* leucemia; *leucocyte* leucocita.
leucocytaire |løkɔsitɛʀ| *adj.* (*méd.*) leucocitario*.
leucocyte |løkɔsit| *s.m.* (*biol.*) leucocita, leucocito: *leucocytes mononucléaires et polynucléaires* leucociti mononucleati e polinucleati.
leucocytose |løkɔsitoz| *s.f.* (*méd.*) leucocitosi *inv.*
leucoma |løkɔma|, **leucome** |løkom| *s.m.* (*méd.*) leucoma.
leucopénie |løkɔpeni| *s.f.* (*méd.*) leucopenia.
leucoplasie |løkɔplazi| *s.f.* (*méd.*) leucoplasia.
leucorrhée |løkɔʀe| *s.f.* (*méd.*) leucorrea.
leucose |løkoz| *s.f.* (*méd.*) leucosi *inv.*
leucotomie |løkɔtɔmi| *s.f.* → **lobotomie.**
leude |lød| *s.m.* (*hist.*) leudo.
leur |lœʀ| *pron. pers. inv., compl. d'objet indirect de la 3e pers. du plur.* [*à eux, à elles*] (a) loro, gli (*fam.*); ad essi, ad esse: *il leur téléphonera demain* telefonerà (a) loro, gli telefonerà domani; *je le leur ai déjà dit* glielo ho già detto, l'ho già detto (a) loro; *nous leur en donnerons* gliene daremo, ne daremo loro; *il ne faut pas leur en parler* non bisogna parlarne con loro, a essi, a esse → **lui.**
leur, leurs |lœʀ| *poss. de la 3e pers.* **I** *adj.* il loro *inv.* (la loro, *etc.*) **1** (*sing.*) *voilà leur enfant* ecco il loro figlio; *c'est leur maison* è la loro casa, è casa loro; *ils n'ont plus leur père* non hanno più il (loro) padre **2** *au plur.* loro (*souvent sous-entendu en it.*): *les parents et leurs enfants* i genitori e i (loro) figli; *les arbres perdent leurs feuilles* gli alberi perdono le (loro) foglie # *elles ont mis leur chapeau, leurs chapeaux* si sono messe il cappello **II** *pron.* LE LEUR, LA LEUR, LES LEURS il, la, i, le loro (*inv.*): *c'est pour son profit et non pour le leur* è per il suo interesse e non per il loro; *ma fille et la leur vont à l'école ensemble* mia figlia e la loro vanno a scuola insieme; *ce ne sont pas les tiens, mais les leurs* non sono i tuoi, ma i loro; *remplissez votre fiche et eux, ils rempliront les leurs* compilate la vostra scheda ed essi compileranno la loro ◇ (*spécialt.*) *ils y mettent du leur* ci mettono del loro ◇ (*par ext.*) *les leurs* [*leurs parents, leurs compagnons*] i loro: *les leurs sont partis pour la mer* i loro sono partiti per il mare; *j'étais un des leurs* ero uno dei loro → **sien.**
leurre |lœʀ| *s.m.* **1** [*ce qui abuse, trompe*] illusione *f.*, lusinga* (*f.*): *cet espoir n'est qu'un leurre* questa speranza non è che illusione → **illusion, tromperie** **2** [*appât pour le poisson*] esca* *f.* (artificiale) **3** [*morceau de cuir rouge auquel on attachait un appât pour faire revenir le faucon sur le poing*] logoro **4** (*vx., fig.*) → **piège.**
leurrer |lœʀe| **A** *v.tr.* **1** [*attirer par*

des apparences séduisantes, des espérances vaines] allettare, illudere (106): *leurrer qqn. par de belles promesses* allettare, illudere qc. con belle promesse; *se laisser leurrer* lasciarsi illudere, lusingare → **abuser, duper, tromper** **2** [*faire revenir* (*le faucon*) *en lui présentant le leurre*] addestrare al logoro **B** *v.pron. réfl.* SE LEURRER [→ *tr.* 1] illudersi → **illusionner (s')**.

lev |lɛv| *s.m.* [*unité monétaire bulgare*] lev: *des leva* dei leva.

levage |ləvaʒ| *s.m.* **1** (*techn.*) sollevamento, innalzamento: *appareil de levage* apparecchio di sollevamento **2** [→ 1 LEVER B 2] lievitazione *f.*, lievitatura (*f.*): *levage de la pâte* lievitazione della pasta.

levain |ləvɛ̃| *s.m.* **1** [*pâte de farine qu'on a laissée fermenter ou qu'on a mélangée à de la levure*] lievito: *pain sans levain* pane senza lievito → **azyme** **2** (*littér.*) *un levain de...* [*ce qui est capable d'exciter, d'aviver* (*les sentiments, les idées*)] un lievito, un fermento di...: *un levain de vengeance* un lievito di vendetta → **ferment, germe.**

levalloisien, ienne |ləvalwazjɛ̃, jɛn| *adj. et s.m.* levalloisiano.

levant, ante |ləvɑ̃, ɑ̃t| **1** *adj.* levante, nascente: *soleil levant* sol levante # *au soleil levant* al sorgere del sole **2** *s.m.* levante: *du levant au couchant* da levante a ponente → **est, orient** ◇ (*par ext., vieilli*) *le Levant* [*les pays, les régions qui sont au levant* (*par rapport à la France*)] il Levante: *peuples du Levant* popoli del Levante → **levantin, orient** Ⓒ 1 **couchant.**

levantin, ine |ləvɑ̃tɛ̃, in| *adj.* levantino: *les peuples levantins* i popoli levantini, del Levante.

lève |lɛv| *s.f.* (*tissage*) alzata dei licci.

levé, ée |l(ə)ve| **I** *adj.* **1** [*mis plus haut, en haut*] alzato: *poing levé* pugno alzato # *voter à mains levées* votare per alzata di mano ◇ (*loc. fig.*) *au pied levé* [*sans préparation, par surprise*] lì per lì, su due piedi → **impromptu** ~ *le front levé* a fronte alta → **haut** **2** (*personnes*) in piedi *loc. inv.* → **debout** # *voter par assis et levés* votare per alzata e seduta **II** *s.m.* **1** (*mus.*) arsi *f.*, battuta *f.* in levare **2** [→ 1 LEVER A 5] (*on écrit aussi 'lever'*) rilevamento, rilievo (topografico*).

levée |l(ə)ve| *s.f.* **1** [*remblai* (*de terre, de pierres*)] argine *m.* → **chaussée, digue** **2** [*action d'enlever, de retirer*] *la levée du corps* [*avant l'enterrement*] la rimozione della salma; *la levée d'un siège* la fine di un assedio; *la levée de la séance* la fine della seduta; *levée d'écrou* ordine *m.* di scarcerazione ◇ (*fig.*) [*suppression*] sospensione: *levée d'une punition* sospensione di una punizione **3** [*action de retirer les lettres de la boîte*] levata: *la levée du matin* la levata del mattino **4** [*action de ramasser les cartes lorsqu'on gagne un coup; ces cartes*] presa → **main,** 1 **pli** ◇ (*comm.*) *levée de compte* prelievo *m.* (di cassa) ◇ (*dr.*) *levée de jugement* richiesta di copia di una sentenza ◇ (*milit.*) leva → **enrôlement.**

1 **lever** |l(ə)ve| (6) **A** *v.tr.* **1** [*faire mouvoir de bas en haut*] alzare, sollevare: *lever un poids* alzare, sollevare un peso; *lever une caisse avec une grue* sollevare una cassa con una gru; *lever les glaces de sa voiture* alzare, tirar su i vetri della macchina; *lever son verre* [*porter un toast*] alzare il bicchiere, brindare → **élever, hausser, soulever** # *lever l'ancre* levare l'ancora **2** [*mettre plus haut, soulever* (*une partie du corps*)] alzare: *lever la main pour prêter serment* alzare la mano per prestare giuramento; *lever la main sur qqn.* (*pour le battre, le frapper*) alzare la mano su qc.; *lever les bras au ciel* alzare le mani al cielo # *levez les mains!* mani in alto! ◇ (*loc. fig.*) *ne pas lever le petit doigt* [*ne rien faire*] non muovere un dito ~ (*fam.*) *lever le coude* alzare il gomito → 1 **boire** ◇ (*par ext.*) [*diriger vers le haut*] *lever la tête, le front, les yeux* alzare la testa, la fronte, gli occhi **3** [*relever de façon à découvrir ce qui se trouve derrière ou dessous*] alzare, sollevare: *lever le voile, un coin du voile* alzare, sollevare il velo, un angolo del velo → **découvrir, dévoiler** # *lever le masque* togliere, levarsi la maschera → **démasquer** **4** (*chasse*) *lever une perdrix, un lièvre* [*les faire sortir de leur gîte, les faire partir*] alzare una pernice, stanare una lepre ◇ (*pop.*) [*entraîner* (*qqn.*) *avec soi*] sedurre (108): *lever une femme* sedurre una donna **5** *lever une carte, un plan* [*dresser*] rilevare una carta, una mappa **6** [*ôter d'un lieu*] levare: *lever le camp*: (*pr.*) levare il campo, le tende; (*fig.*) [*s'en aller, fuir*] levare le tende **7** [*faire cesser*] togliere (123), levare: *lever le blocus, le siège* togliere, levare il blocco, l'assedio; *lever la séance, l'audience* togliere la seduta, l'udienza → **clôturer, clore** ◇ (*fig.*) [*supprimer*] revocare, sospendere (105): *lever une interdiction, une punition* revocare un divieto, sospendere una punizione # *lever l'interdit* levare, togliere l'interdetto ◇ (*littér.*) *lever les obstacles, les difficultés* rimuovere (157) (*cour.*) gli ostacoli, le difficoltà **8** [*prendre*] (*au jeu*) *lever* (*les cartes*) [*ramasser les cartes du coup qu'on a gagné*] prendere (105) le carte ◇ (*fig.*) *lever des impôts* riscuotere (162) le imposte; *lever une armée, des troupes* arruolare un esercito, delle truppe → **mobiliser, recruter,** 2 **percevoir** **B** *v.intr.* [*se mouvoir vers le haut*] → 1 **dresser (se), monter** **1** (*plantes*) [*commencer à sortir de terre*] spuntare (*aux.* essere): *le blé lève* il grano spunta → 2 **pousser** **2** (*pâte*) [*se gonfler sous l'effet de la fermentation*] lievitare (*aux.* essere): *le levain fait lever la pâte* il lievito fa lievitare la pasta → **fermenter** **C** *v.pron.* SE LEVER **1** *réfl.* [*se mettre debout, se dresser sur ses pieds*] alzarsi, levarsi: *se lever de son siège* alzarsi, levarsi dalla sedia ◇ (*par ext.*) *se lever de table* alzarsi, levarsi da tavola **2** *réfl.* [*sortir de son lit*] alzarsi, levarsi: *se lever tôt, matin, de bon matin, de bonne heure* alzarsi presto, per tempo, di buon mattino, di buon'ora; *malade qui commence à se lever* ammalato che incomincia ad alzarsi **3** *intr.* (*en parlant d'une astre*) [*apparaître à l'horizon*] sorgere (167) *intr.*, levarsi: *le soleil se lève* il sole sorge, si leva ◇ (*par anal.*) sorgere, spuntare (*intr.*): *l'aube, l'aurore, le jour se lève* l'alba, l'aurora, il giorno sorge, spunta ◇ (*en parlant du vent*) [*commencer à souffler*] levarsi, alzarsi: *la brise, le vent se lève* si leva la brezza, il vento → **fraîchir, souffler** ◇ (*en parlant du temps*)[*devenir plus clair*] schiarire (197) *intr.*, schiarirsi: *le temps se lève, la brume s'est dissipée* il tempo (si) schiarisce, la foschia si è diradata Ⓒ A 1 **baisser, descendre** 1, **poser,** 7 **laisser, maintenir**; C 1 **asseoir (s'),** 2 **coucher (se)** 1.

2 **lever** |l(ə)ve| *s.m.* **1** [*le moment où un astre se lève, paraît sur l'horizon*] il levare *inv.*, il sorgere (*inv.*): *le lever du soleil* il levare, il sorgere del sole ◇ (*par anal.*) *le lever de l'aurore, du jour* il sorgere dell'aurora, del giorno **2** [→ 1 LEVER C 2] levata *f.* # *au lever, à son lever* appena alzato **3** (*théât.*) *le lever du rideau* l'alzarsi *inv.* del sipario ◇ (*par ext.*) *un lever de rideau* un atto unico* (all'inizio di una serata teatrale) **4** [→ 1 LEVER A 5] rilevamento, rilievo (topografico*) → **levé.**

levier |ləvje| *s.m.* **1** (*mécan., cour.*) leva (*f.*): *se servir d'une barre de fer, d'un bâton comme d'un levier* usare una spranga di ferro, un bastone come leva ◇ (*phys.*) *levier du premier, du deuxième, du troisième genre* leva di primo, secondo, terzo grado **2** (*techn.*) leva: *leviers de commande d'un avion* leve di comando di un aereo; *levier de changement de vitesse d'une voiture* leva del cambio di una macchina → 2 **commande, manette** **3** (*fig.*) [*ce qui sert à vaincre une résistance; moyen d'action*] leva ◇ (*fig.*) *être aux leviers de commande* avere le leve di (del) comando.

lévigation |levigasjɔ̃| *s.f.* (*techn.*) levigazione: *lévigation du ciment* levigazione del cemento.

léviger |leviʒe| (3) *v.tr.* (*chim., techn.*) [*réduire* (*une substance*) *en une poudre très fine, en la délayant dans un liquide et en laissant précipiter la poudre*] levigare, trattare per levigazione.

lévirat |leviʀa| *s.m.* (*hist. relig.*) levirato.

lévirostre |leviʀɔstʀ(ə)| *s.m.* (*t. zool.*) levirostro.

lévitation |levitasjɔ̃| *s.f.* levitazione.

lévite |levit| *s.* **1** *s.m.* (*relig. jud.*) levita **2** *s.f.* (*vx.*) [*longue redingote*] levita.

lévitique |levitik| *adj.* levitico* ♦ (*s.m.*) *le Lévitique* il Levitico.

lévogyre |levɔʒiʀ| *adj.* (*sc.*) levogiro: *sucre lévogyre* zucchero levogiro Ⓒ **dextrogyre.**

levraut |ləvʀo| *s.m.* [*jeune lièvre*] leprotto.

lèvre |lɛvʀ(ə)| *s.f.* **I** **1** (*anat.*) labbro* (*m.*): *lèvre supérieure, inférieure* labbro superiore, inferiore; *lèvres charnues, épaisses, minces* labbra carnose, grosse, sottili # *se mettre du rouge à lèvres* mettersi il rossetto ◇ (*animaux*) *lèvres des grands mammifères* labbra dei grandi mammiferi **2** (*loc.*) *avoir le sourire aux lèvres* avere il sorriso sulle labbra ~ *pincer les lèvres* stringere le labbra ~ *se mordre les lèvres de rage* mordersi le labbra per la rabbia ~ *tremper ses lèvres* [*dans une boisson*] bagnarsi le labbra ~ *se lécher les lèvres* leccarsi le labbra → **babines, badigoinces** ~ *parler, sourire du bout des lèvres* [*de façon peu franche, peu convaincue*] parlare, sorridere a fior di labbra ◇ (*loc. fig.*) *s'en mordre les lèvres* mordersi le labbra ~ *manger du bout des* *lèvres* mangiare controvoglia ~ *avoir le cœur au bord des lèvres, sur les lèvres* [*avoir des nausées*] avere la nausea ~ *avoir un mot sur les lèvres, sur le bord des lèvres* avere una parola sulle labbra, sulla punta della lingua ~ *être suspendu aux lèvres de qqn.* pendere dalle labbra di qc. ~ *des lèvres* [*en paroles seulement*] a parole: *il le dit des lèvres, mais le cœur n'y est pas* lo dice a parole, senza sentimento ~ *avoir le cœur sur les lèvres* avere il cuore sulle labbra ~ *ne pas desserrer les lèvres* [*garder le silence*] non aprir bocca ◇ (*prov.*) *il y a loin de la coupe aux lèvres* tra il dire e il fare c'è di mezzo il mare → 1 **coupe II** (*par anal. de forme*) **1** *au plur.* (*méd.*) labbri (*m.*): *rapprocher les lèvres d'une plaie* riavvicinare i labbri di una ferita ◇ (*anat.*) *lèvres de la vulve* labbra della vulva **2** (*bot.*) labbro **3** (*zool.*) *lèvres d'un coquillage* labbri di una conchiglia **4** (*géogr.*) labbro: *lèvre soulevée, abaissée* labbro sollevato, abbassato.

levrette |ləvʀɛt| *s.f.* **1** [*femelle du lévrier*] levriera **2** [*variété petite du lévrier d'Italie*] levriero *m.*, levriere *m.* italiano, levrieretta.

levretté, ée |ləvʀete| *adj.* snello come un levriero, levriere: *jument levrettée* giumenta snella come un levriere.

levretter |ləvʀete| *v.intr.* (*en parlant de la femelle du lièvre*) [*mettre bas*] figliare *intr. et tr.*

lévrier |levʀije| *s.m.* (*t.zool.*) levriero, levriere, veltro ~ *lèvrier d'Afrique* levriere d'Africa → **sloughi** ~ *lévrier d'Italie* → **levrette** 2 ◇ (*loc.*) *courir comme un lévrier* correre come un levriere.

levron, onne |ləvʀɔ̃, ɔn| *s.* (*chasse*) **1** cucciolo di levriero (levriere), cucciolo di levriero italiano **2** piccolo levriero, levriere; piccolo levriero italiano.

lévulose |levyloz| *s.m.* (*chim.*) levulosio* → **fructose.**

levure |l(ə)vyʀ| *s.f.* [*champignon unicellulaire à propriétés fermentatives*] lievito (*m.*): *levure de bière, de vin* lievito di birra, di vino → **ferment** ✦ *absolt.* [*levure utilisée en cuis.* (*pour faire lever la pâte*)] lievito.

levurier |l(ə)vyʀje| *s.m.* produttore* *s.*, commerciante *s.* di lievito di birra.

lexème |lɛksɛm| *s.m.* (*ling.*) lessema.

lexical, ale, aux |lɛksikal, o| *adj.* (*ling.*) lessicale: *éléments lexicaux* elementi lessicali; *enrichissement lexical d'une période donnée* arricchimento lessicale di un determinato periodo.

lexicalisation |lɛksikalizɑsjɔ̃| *s.f.* (*ling.*) lessicalizzazione.

lexicalisé, ée |lɛksikalize| *adj.* (*ling.*) lessicalizzato.

lexicographe |lɛksikɔgʀaf| *s.* lessicografo.

lexicographie |lɛksikɔgʀafi| *s.f.* (*ling.*) lessicografia.

lexicographique |lɛksikɔgʀafik| *adj.* (*ling.*) lessicografico*: *travaux lexicographiques* lavori lessicografici.

lexicologie |lɛksikɔlɔʒi| *s.f.* (*ling.*) lessicologia*.

lexicologique |lɛksikɔlɔʒik| *adj.* (*ling.*) lessicologico*.

lexicologue |lɛksikɔlɔg| *s.* lessicologo*.

lexie |lɛksi| *s.f.* (*ling.*) unità *inv.* lessicale.

lexique |lɛksik| *s.m.* **1** lessico* **2** [*ensemble des mots d'une langue*; *ensemble des mots employés par une personne, un auteur*] vocabolario*.

lexis |lɛksis| *s.f.* (*gr.*) (*log.*) lexis *inv.*

lez, les |le|, **lès** |lɛ| *prép.* (*vx.*) [*à côté de, près de* (*encore dans des noms de lieux*)] *Plessis-lez-Tours* [*Plessis près de Tours*] ⊠.

lézard |lezaʀ| *s.m.* (*t.zool.*) lucertola *f.* ~ *lézard gris* lucertola grigia ~ *lézard vert* lucertola verde, ramarro ◇ [*la peau*] *sac à main en lézard* borsetta di lucertola ◇ (*loc.*) *paresseux comme un lézard* pigro come una lucertola ◇ (*fig., fam.*) *faire le lézard* [*se chauffer paresseusement au soleil*] crogiolarsi al sole (*cour.*).

lézarde |lezaʀd(ə)| *s.f.* **1** [*crevasse profonde dans un ouvrage de maçon.*] crepa → **fente, fissure 2** (*techn.*) gallone *m.*, spighetta.

lézardé, ée |lezaʀde| *adj.* [*fendu par une ou plusieurs lézardes*] crepato, pieno di crepe: *un mur lézardé* un muro crepato, pieno di crepe.

1 **lézarder** |lezaʀde| **A** *v.tr.* [*couvrir, fendre de lézardes*] far (103) *intr.* crepare: *les intempéries ont lézardé le mur* le intemperie hanno fatto crepare il muro, hanno coperto il muro di crepe **B** *v.pron. intr.* SE LÉZARDER [→ *tr.*] creparsi, crepare (*intr.*): *le mur s'est lézardé* il muro (si) è crepato.

2 **lézarder** |lezaʀde| *v.intr.* (*fam.*) [*faire le lézard, paresser au soleil*] crogiolarsi *pron.* al sole (*cour.*).

liage |ljaʒ| *s.m.* (*rare*) [→ LIER A I 1] legatura *f.*, legamento ◇ (*spécialt.*) *le liage des gerbes* la legatura dei covoni.

liais |ljɛ| *s.m.* pietra *f.* calcarea dura.

liaison |ljɛzɔ̃| *s.f.* **I** (*choses*) **1** [*ce qui relie logiquement les éléments du discours*] connessione: *manque de liaison dans les idées* mancanza di connessione nelle idee → **cohérence, suite, enchaînement** ◇ (*spécialt., ling.*) *mots de liaison* congiunzioni, preposizioni **2** (*ling.*) legamento (*m.*): *faire une liaison vicieuse* fare un legamento errato → 2 **cuir 3** (*maçonn.*) commessura **4** (*mar.*) *les pièces de liaison, les liaisons* i legamenti **5** (*sc.*) legame (*m.*): *liaisons intermoléculaires* legami intramolecolari; *liaison chimique* legame chimico, valenza **6** (*mus.*) legatura **II** (*personnes*) **1** [*fait d'être lié avec qqn.*; *relations que deux personnes entretiennent entre elles*] legame, rapporto (*m.*): *liaison d'amitié* legame, rapporto di amicizia; *liaison d'affaires* rapporto, relazione d'affari; *il a rompu toute liaison avec ce milieu* ha rotto ogni rapporto con quell'ambiente → **attache, lien, 1 relation** ◇ (*spécialt.*) *liaison amoureuse* relazione amorosa; *avoir une liaison* avere una relazione **2** [*communication* (*des ordres*), *transmission* (*des nouvelles*)] collegamento (*m.*): *liaisons téléphoniques* collegamenti telefonici ◇ (*loc.*) *entrer, rester* EN LIAISON *étroite* (*avec qqn.*) entrare, restare in stretto contatto (con qc.) → **communication, contact** ~ *officier, agent de liaison* ufficiale, agente di collegamento **3** [*communication régulière entre deux lieux*] collegamento: *liaison aérienne, routière* collegamento aereo, stradale.

liaisonner |ljɛzɔne| *v.tr.* (*maçonn.*) **1** [*remplir* (*des joints*) *avec du mortier*] cementare **2** *liaisonner des briques, des pierres* [*les disposer en liaison*] sfalsare mattoni, pietre.

liane |ljan| *s.f.* (*t.bot.*) liana.

liant, liante |ljɑ̃, ljɑ̃t| **I** *adj.* (*personnes*) [*qui se lie facilement avec autrui, forme volontiers des relations amicales, familières*] socievole: *il est peu liant* è poco socievole **II** *s.m.* **1** (*techn.*) elasticità (*f. inv.*): *le liant d'un alliage* l'elasticità di una lega **2** (*littér.*) [*disposition favorable aux relations sociales*] socievolezza *f.* (*cour.*) # *avoir du liant* essere socievole **3** (*chim., maçonn., techn.*) legante # *liant hydraulique* malta idraulica.

1 **liard** |ljaʀ| *s.m.* (*dans la loc. littér.*) *n'avoir pas un liard* [*être complètement démuni d'argent*] non avere il becco di un quattrino (*cour.*) → **sou.**

2 **liard** |ljaʀ| *s.m.* (*région.*) → **peuplier (noir).**

liarder |ljaʀde| *v.intr.* (*vieilli*) → **lésiner.**

lias |ljɑs| *s.m.* (*géol.*) lias (*inv.*): *fossiles, marnes du lias* fossili, marne del lias ◇ (*par ext.*) [*les couches de terrain elles-mêmes*] *lias calcaire, marneux, schisteux* lias calcareo, marnoso, scistoso.

liasique |ljɑzik| *adj.* (*géol.*) liassico*: *formations liasiques* formazioni liassiche.

liasse |ljas| *s.f.* [*amas de papiers liés ensemble*] fascio* (*m.*): *liasse de lettres, de journaux* fascio di lettere, di giornali # *une liasse de dollars, de billets* una mazzetta di dollari, di banconote.

libage |libaʒ| *s.m.* (*maçonn.*) blocco*, sasso squadrato.

libanais, aise |libanɛ, ɛz| *adj.* [*du Liban*] libanese.

libation |libɑsjɔ̃| *s.f.* **1** (*antiq.*) libagione, libazione (*rare*): *les Grecs et les Romains faisaient des libations lors des sacrifices* i Greci e i Romani facevano libagioni al momento dei sacrifici **2** (*fig.*) *faire des libations, de joyeuses libations* [*boire abondamment* (*du vin, de l'alcool*)] fare libagioni, allegre libagioni.

libelle |libɛl| *s.m.* **1** libello: *répandre des libelles contre qqn.* diffondere libelli contro qc. → **pamphlet, satire 2** (*vx., dr.*) → **notification.**

libellé |libe(ɛl)le| *s.m.* [*termes dans lesquels un acte* (*officiel*) *est rédigé*] formulazione (*f.*): *le libellé d'un jugement* la formulazione di una sentenza → **rédaction** ◇ (*par ext.*) *le libellé d'une demande, d'une lettre* la formulazione, la redazione *f.* di una domanda, di una lettera.

libeller |libe(ɛl)le| *v.tr.* **1** [*rédiger dans les formes*] redigere (171), stendere (105): *libeller un contrat, un acte* stendere un contratto, un atto ◇ (*spécialt.*) *libeller un mandat, un chèque* [*le remplir*] compilare un vaglia, un assegno **2** [*exposer, formuler par écrit*] formulare, redigere ✦ (*au p.p.*) *demande, réclamation libellée en termes violents, incorrects* richiesta formulata, reclamo formulato in termini violenti, scorretti.

libelliste |libe(ɛl)list(ə)| *s.m.* libellista *s.*

libellule |libe(ɛl)lyl| *s.f.* (*t.zool.*) libellula.

liber |libɛʀ| *s.m.* (*bot.*) libro: *liber de la tige, de la racine* libro del fusto, della radice.

libera |libeʀa| *s.m. inv.* (*lat.*) (*relig. cathol.*) requiem: *dire le libera* recitare il requiem.

libérable |libeʀabl(ə)| *adj.* **1** [→ LIBERER A 1] che si può liberare *loc.*; che può essere liberato *loc.* ◇ (*spécialt., milit.*) congedando: *militaires libérables* militari congedandi ✦ (*s.m.*) *un libérable* un congedando **2** (*par ext.*) *congé, permission libérable* licenza precedente il congedo *loc.*

1 **libéral, ale, aux** |libeʀal, o| *adj.* **1** liberale: *professions libérales* professioni liberali, libere professioni # *personne exerçant une profession libérale* libero professionista ◇ (*vx.*) *arts libéraux* [*peint., sculpture*] arti liberali **2** [*favorable aux libertés individuelles, en polit.*] liberale: *doctrines, idées libérales* dottrine, idee liberali **3** (*personnes*) [*partisan du libéralisme*] *bourgeois libéral* borghese liberale ◇ (*polit.*) *parti libéral* partito liberale ✦ (*s.*) *un libéral* un liberale ◇ (*écon.*) liberista, liberistico*.

2 **libéral, ale, aux** |libeʀal, o| *adj.* (*littér.*) liberale, prodigo*: *il est libéral de conseils* è prodigo di consigli → **généreux, prodigue.**

libéralement |libeʀalmɑ̃| *adv.* [→ 2 LIBÉRAL] liberalmente: *donner, concéder libéralement* dare, concedere liberalmente → **abondamment, largement.**

libéralisation |libeʀalizɑsjɔ̃| *s.f.* liberalizzazione: *libéralisation des échanges internationaux, du régime de la presse* liberalizzazione degli scambi internazionali, del regime della stampa.

libéraliser |libeʀalize| *v.tr.* [*rendre plus libéral* (*un régime polit., une activité économique*)] liberalizzare: *libéraliser les échanges internationaux* liberalizzare gli scambi internazionali.

libéralisme |libeʀalism(ə)| *s.m.* **1** (*polit.*) liberalismo ◇ (*écon.*) liberismo **2** [*respect à l'égard de l'indépendance, des opinions d'autrui*] liberalità *f. inv.* → **tolérance.**

libéralité |libeʀalite| *s.f.* (*littér.*) **1** liberalità *inv.*, munificenza: *excès de libéralité* eccesso di liberalità, di munificenza → **prodigalité, générosité, largesse 2** [*don fait avec générosité*] elargizione: *faire une libéralité à qqn.* fare un'elargizione a qc. → **cadeau, largesse** ◇ (*dr.*) liberalità → 1 **don, donation, legs 3** (*rare*) → **liberalisme, tolérance.**

libérateur, trice |libeʀatœʀ, tʀis| **1** *s.* liberatore* → **émancipateur 2** (*adj.*) *guerre libératrice* guerra liberatrice.

libération |libeʀɑsjɔ̃| *s.f.* **1** liberazione: *la libération d'un captif* la liberazione di un prigioniero ◇ (*spécialt.*) [*mise en liberté d'un détenu*] *libération conditionnelle* liberazione condizionale ◇ (*milit.*) congedo *m.* **2** [*décharge d'une servitude, d'une obligation, d'une dette*] esonero *m.*, liberazione **3** (*fig.*) [*délivrance* (*d'une sujétion, d'un lien*)] liberazione: *la libération de l'homme* la liberazione dell'uomo → 1 **affranchissement 4** [*délivrance* (*d'un pays occupé, d'un peuple*)] liberazione ✦ (*absolt.*) *la Libération* [*durant la seconde guerre mondiale*] la Liberazione **5** [*mise en liberté* (*de matière, d'énergie*)] liberazione: *libération d'énergie* liberazione di energia Ⓒ 2 **asservissement;** 3 **contrainte.**

libératoire |libeʀatwaʀ| *adj.* (*dr., fin.*) liberatorio*: *pouvoir libératoire* potere liberatorio; *paiement libératoire* pagamento liberatorio.

libéré, ée |libeʀe| *adj.* liberato: *les prisonniers libérés* i prigionieri liberati; *pays libéré* paese liberato ✦ (*s.*) *les libérés* i liberati.

libérer |libeʀe| (8) **A** *v.tr.* **1** [*mettre* (*un prisonnier*) *en liberté*] liberare → 2 **relâcher 2** [*délivrer, dégager de ce qui lie, gêne, retient*] liberare: *libérer le passage* liberare il passaggio; *libérer l'intestin* liberare l'intestino ◇ (*par ext.*) *libérer un levier, un mécanisme* liberare una leva, un meccanismo **3** (*fig.*) [*rendre libre d'une servitude, d'une obligation*] liberare: *libérer qqn. d'une dette* liberare qc. da un debito; *je vous libère de vos engagements* la libero dai suoi impegni → **degager, exempter 4** [*renvoyer* (*un soldat*) *dans ses foyers*] congedare **5** [*délivrer de l'occupation de l'étranger*] liberare: *libérer un pays, un peuple* liberare un paese, un popolo **6** (*moral*) *libérer sa conscience* liberare la propria coscienza ◇ [*laisser se manifester*] dare (102) sfogo (a): *libérer ses istincts* dare sfogo ai propri istinti **7** (*chim., phys.*) [*dégager* (*une substance, une énergie*] liberare: *réaction chimique qui libère un gaz* reazione chimica che libera un gas **B** *v.pron. réfl.* SE LIBÉRER **1** [*se dégager*] liberarsi (da, di): *se libérer d'une étreinte* liberarsi da un abbraccio ◇ (*par ext.*) *je n'ai pas pu me libérer plus tôt* non sono riuscito a liberarmi prima **2** (*fig.*) [*s'affranchir, s'émanciper*] liberarsi (da): *se libérer d'une tutelle, d'une tyrannie* liberarsi da una tutela, da una tirannia **3** (*par ext.*) *se libérer par un paiement* [*s'acquitter, payer*] sdebitarsi pagando ✦ *absolt.* [*s'acquitter d'une dette*] *il a dû se libérer* ha dovuto sdebitarsi Ⓒ A 1 **arrêter,** 5 **asservir, envahir, occuper** 1.

libérien, ienne |libeʀjɛ̃, jɛn| *adj.* **1** [*de Libéria*] liberiano **2** (*bot.*) liberiano: *tissu libérien* tessuto liberiano.

libéro-ligneux, euse |libeʀɔliɲø, øz| *adj.* (*bot.*) libro-legnoso.

libertaire |libɛʀtɛʀ| *adj.* libertario*: *doctrines libertaires* dottrine libertarie → **anarchiste** ✦ (*s.*) *un libertaire* un libertario.

liberté |libɛʀte| *s.f.* **I 1** libertà (*inv.*): *donner la liberté à un esclave* dare la libertà a uno schiavo; *rendre la liberté à un prisonnier* restituire la libertà a un prigioniero; *mettre en liberté* mettere in libertà ◇ (*dr.*) *liberté provisoire, surveillée* libertà provvisoria, vigilata ◇ (*par anal.*) *élever des animaux en liberté* allevare animali in libertà **2** [*possibilité, pouvoir d'agir sans contrainte*] libertà: *liberté d'action* libertà d'azione; *on lui laisse trop de liberté* gli lasciano troppa libertà; *agir en toute liberté, en pleine liberté* agire in tutta libertà, in piena libertà # *il a toute liberté pour agir* è pienamente libero di agire; *heures de liberté* ore libere ◇ *loc.* LIBERTÉ DE (+ *subst.*, + *inf.*) libertà di (+ *subst.*, + *inf.*): *liberté de langage, de mœurs* libertà di linguaggio, di costumi; *donner à qqn. toute liberté d'action* dare a qc. piena libertà d'azione # *j'ai pris la liberté de...* mi sono permesso di... **3** (*au plur.*) *prendre des libertés* [*ne pas se gêner*] prendersi delle, qualche libertà ◇ (*spécialt.*) *prendre des libertés avec une femme* prendersi delle libertà con una donna → **familiarité, privauté II** (*polit., sociol.*) **1** libertà: *liberté civile, politique* libertà civile, politica ✦ (*absolt.*) *champion, défenseur, martyr de la liberté* campione, difensore, martire della libertà; *vive la liberté!* viva la libertà! **2** [*pouvoir que la loi reconnaît aux individus dans tel ou tel domaine*] libertà: *liberté d'association, d'opinion* libertà d'associazione, di opinione; *liberté de la presse* libertà di stampa; *liberté religieuse* libertà religiosa; *liberté de l'enseignement* libertà d'insegnamento → **droit 3** [*indépendance*] *combattre pour la liberté de sa patrie* combattere per la libertà della patria **III** (*philo., psycho.*) libertà: *la liberté, fondement du devoir, de la responsablité, de la morale* la libertà, fondamento del dovere, della responsabilità, della morale; *liberté morale* libertà morale Ⓒ I 1 **captivité, dépendance, esclavage, servitude;** II 3 **oppression.**

liberticide |libɛʀtisid| *adj. et s.* (*littér.*) liberticida.

libertin, ine |libɛʀtɛ̃, in| *adj.* **1** (*littér.*) libertino → **dissolu** ✦ (*s.*) *un libertin* un libertino ◇ (*par ext.*) *propos, livres libertins* discorsi, libri libertini → **grivois, leste 2** → **incrédule, irréligieux.**

libertinage |libɛʀtinaʒ| *s.m.* **1** libertinaggio* → **débauche, dissolution 2** (*vieilli*) → **incrédulité.**

liberty |libɛʀti| *s.m. inv. et adj. inv.* liberty.

libidinal, ale, aux |libidinal, o| *adj.* (*psychan.*) libidico*.

libidineux, euse |libidinø, øz| *adj.* (*littér., plais.*) libidinoso, lascivo: *un vieillard libidineux* un vecchio libidinoso; *regards libidineux* sguardi lascivi → **vicieux.**

libido |libido| *s.f.* (*lat.*) **1** libidine → **désir 2** (*psychan.*) libido *inv.*

libouret |libuʀɛ| *s.m.* (*pêche*) palangaro; spaderna *f.*, spaderno.

libraire |libʀɛʀ| *s.* **1** libraio*: *libraire-éditeur* libraio editore; *imprimeur-libraire* tipografo libraio # *boutique de libraire* libreria **2** (*vx.*) → **éditeur.**

librairie |libʀeʀi| *s.f.* **1** [*commerce des livres, le commerce du libraire*] commercio* *m.* librario*: *on ne trouve plus ce livre en librairie* quel libro non si trova più (in commercio) **2** [*magasin où l'on vend des livres, boutique de libraire*] libreria: *tenir une librairie* gestire una libreria # *librairie-papeterie* cartolibreria; *librairie de gare* edicola, chiosco di stazione → **bibliothèque** ◇ (*par ext.*) [*maison d'édition qui dispose de magasins où sont vendues les œuvres publiées par ses soins*] libreria editrice → **éditeur 3** (*vx.*) → **bibliothèque.**

libration |libʀɑsjɔ̃| *s.f.* (*astron.*) librazione.

libre |libʀ(ə)| *adj.* **I 1** [*qui n'appartient pas à un maître; qui n'est pas privé de sa liberté*] libero: *rendre libre* rendere libero, liberare **2** [*qui a le pouvoir de décider, d'agir par soi-même*] libero → **indépendant** ◇ (*fam.*) *être libre comme l'air* essere libero come l'aria ◇ (*par ext.*) *garder l'esprit libre, la tête libre* mantenere la mente libera, la testa libera ◇ (*spécialt.*) *libre(-)penseur* libero pensatore; *libre penseuse* libera pensatrice; *libre pensée* libero pensiero → **incrédulité, incrédule, irréligieux** **3** *loc.* LIBRE DE (+ *subst.*) [*libéré, affranchi de*] libero da (+ *subst.*): *esprit libre de préoccupations, de préjugés* mente libera, sgombra da preoccupazioni, da pregiudizi → 1 **exempt** ~ LIBRE DE (+ *inf.*) libero di (+ *inf.*): *libre de décider, de juger, d'agir* libero di decidere, di giudicare, di agire **4** [*qui n'est pas soumis à un engagement, à une obligation*] libero: *il est libre* [*il n'est pas marié*] è libero ◇ [*qui n'est pas pris, occupé*] *êtes-vous libre ce soir?* è libero stasera? ◇ (*fam.*) *taxi! vous êtes libre?* taxi! è libero? **5** (*choses*) [*qui s'accomplit, s'effectue librement, sans contrainte*] libero: *respiration libre* respirazione libera; *amour libre* libero amore; *libre discussion* discussione libera; *elle a donné libre cours à sa colère* ha dato libero sfogo alla sua collera **6** (*personnes*) *être libre, très libre avec qqn.* [*ne pas se gêner avec lui*] essere libero nei riguardi di, con qc. ◇ (*par ext.*) *façons, manières libres* modi liberi, maniere libere **7** [*qui est indifférent aux convenances et tend à la licence*] libero: *propos libres* discorsi liberi → **cru, licencieux, osé** **II** (*polit.*) **1** [*qui jouit de l'indépendance, de libertés garanties*] libero: *peuple libre* popolo libero; *société, nation libre* società, nazione libera; *le monde libre* il mondo libero **2** [*dont le libre exercice est reconnu par la loi*] libero: *élections libres* libere elezioni; *enseignement libre* istruzione libera # *écoles libres* [*privées, religieuses*] scuole private, religiose ◇ (*dr.*) *libre disposition d'un bien* libera disposizione, piena disponibilità di un bene ◇ (*fin.*) *change, cours libre* cambio, corso libero **III** (*philo.*) (*en parlant de l'homme, de sa volonté*) libero **IV** (*choses*) **1** [*autorisé, permis*] libero: *accès libre* libero accesso; *entrée libre* entrata libera, ingresso libero ✦ (*impers.*) *libre à vous* (*de*) padronissimo (lei) di: *libre à lui d'accepter ou de refuser* padronissimo (lui) di accettare o rifiutare **2** [*qui n'est pas attaché, retenu, serré*] libero: *cheveux libres* capelli liberi, sciolti; *vêtement qui laisse la taille libre* vestito che lascia libera la vita → **flottant** ◇ (*mécan.*) *pignon, engrenage libre* pignone, ingranaggio libero; *roue libre* ruota libera **3** [*qui n'est pas occupé, ne présente pas d'obstacle empêchant le passage*] libero: *route, voie libre* strada, via libera, sgombra; *avoir le champ libre* avere campo libero; *il ne reste plus une chambre de libre dans cet hôtel* in questo albergo non c'è più una camera libera → **dégagé** ◇ (*par anal.*) *la ligne* (*téléphonique*) *n'est pas libre* la linea (telefonica) non è libera ◇ (*spécialt.*) *temps libre* tempo libero **4** [*dont la forme n'est pas imposée*] libero: *improvisation libre* improvvisazione libera; *vers libre* verso libero; *traduction libre* traduzione libera → **irrégulier** ◇ (*specialt.*) *papier libre* (*opposé à 'papier timbré'*) carta libera, semplice Ⓒ I 1 **esclave, captif, prisonnier,** 2 **soumis**; IV 1 **défendu, interdit** 1, 3 **occupé** 1, **plein,** 4 **fixe, imposé.**

libre arbitre |libʀaʀbitʀ(ə)| *s.m.* (*philo.*) libero arbitrio → **liberté** ◇ (*par ext.*) [*volonté libre, non contrainte*] libertà *f. inv.* # *il n'avait pas son libre arbitre, il a agi sous la menace* non era libero, ha agito sotto minaccia.

libre-échange |libʀeʃɑ̃ʒ| *s.m.* (*écon.*) libero scambio*, liberismo (economico*): *doctrine du libre-échange* dottrina del libero scambio, liberista → **libéralisme.**

libre-échangiste |libʀeʃɑ̃ʒist(ə)| *s.m.* (*écon.*) liberoscambista *s.*, liberista *s.* ✦ (*adj.*) *théorie, politique libre-échangiste* teoria, politica liberoscambista, liberista.

librement |libʀəmɑ̃| *adv.* **1** [*sans restriction d'ordre jurid.*] liberamente: *circuler librement* circolare liberamente **2** [*sans obstacle, sans entrave*] liberamente: *animaux qui se promènent librement* animali vaganti liberamente **3** [*en toute liberté de choix, de son plein gré*] liberamente: *discipline librement consentie* disciplina liberamente accettata **4** [*avec franchise*] liberamente: *je vous parlerai très librement* vi parlerò molto liberamente → **carrément** **5** [*avec une certaine fantaisie dans l'interprétation*] liberamente: *traduire librement* tradurre liberamente.

libre(-)penseur, pensée |libʀəpɑ̃sœʀ, pɑ̃se| → **libre** I 2.

libre-service |libʀəsɛʀvis| *s.m. inv.* self-service, libero *var.* servizio*.

librettiste |libʀe(ɛt)tist(ə)| *s.* librettista → **parolier.**

libretto |libʀe(ɛt)to| *s.m.* (*vieilli*) libretto: *libretto d'un opéra* libretto di un'opera; *des librettos* dei libretti → **livret.**

libyen, yenne |libjɛ̃, jɛn| *adj.* [*de Libye*] libico*.

1 **lice** |lis| *s.f.* **1** (*anciennement.*) → **palissade** **2** [*champ clos où se déroulaient des joutes, des tournois*] lizza ◇ (*fig.*) *entrer en lice* entrare, scendere in lizza **3** [*clôture entourant un champ de courses, de foire*] steccato *m.*

2 **lice** |lis| *s.f.* (*chasse*) cagna da caccia.

lice, lisse |lis| *s.f.* **1** (*techn.*) liccio* *m.* **2** (*sing. collectif*) *tapisserie de haute, de basse lice* arazzo di alto, basso liccio.

1 **licence** |lisɑ̃s| *s.f.* **1** [*grade de l'enseignement supérieur intermédiaire entre le baccalauréat et le doctorat*] laurea: *licence en droit* laurea in giurisprudenza, in legge; *licence ès lettres* laurea in lettere; *certificat de licence* certificato di laurea # *licence d'enseignement* abilitazione all'insegnamento **2** (*dr. fiscal, comm.*) licenza: *licence de commerce* licenza di commercio; *licence d'importation, d'exportation* licenza d'importazione, d'esportazione; *licence de pêche* licenza di pesca → **permis** ◇ [*autorisation d'exploiter un brevet d'invention*] licenza ◇ (*sport*) tessera, tesserino (*m.*): *licence de football, de tennis* tessera, tesserino di calciatore, di tennista.

2 **licence** |lisɑ̃s| *s.f.* **1** [*liberté que prend un écrivain avec les règles de l'orthographe, de la syntaxe, etc.*] licenza: *licence poétique* licenza poetica **2** [*désordre moral, anarchie*] licenza: *liberté qui dégénère en licence* libertà che degenera in licenza **3** → **débauche, désordre** **4** [*absence de décence*] licenziosità (*inv.*): *licence des mœurs* licenziosità di costumi.

licencié, ée |lisɑ̃sje| *s.* **1** [*personne qui a passé avec succès les épreuves de la* (1) *licence* (1)] laureato: *des licenciés en droit* dei laureati in giurisprudenza, in legge; *une licencée de sciences, ès sciences* una laureata in scienze ✦ (*adj.*) *professeur licencié* professore laureato **2** (*sport*) tesserato ◇ (*dr.*) licenziatario*.

licenciement |lisɑ̃simɑ̃| *s.m.* licenziamento: *licenciement d'ouvriers* licenziamento di operai; *licenciement d'un fonctionnaire* licenziamento di un funzionario → **destitution, renvoi** # *licenciement de troupes* congedo di truppe.

licencier |lisɑ̃sje| *v.tr.* [*priver de sa fonction, de son emploi*] licenziare: *licencier un employé, un ouvrier* licenziare un impiegato, un operaio → **congédier, renvoyer** # *licencier un officier* destituire un ufficiale → **destituer.**

licencieusement |lisɑ̃sjøzmɑ̃| *adv.* (*rare*) [→ LICENCIEUX] licenziosamente.

licencieux, euse |lisɑ̃sjø, øz| *adj.* (*littér.*) licenzioso: *écrivain licencieux* scrittore licenzioso; *propos licencieux* discorsi licenziosi; *histoires, plaisanteries licencieuses* barzellette, battute licenziose, spinte → **grivois, obscène, sale.**

lichen |likɛn| *s.m.* **1** (*t.bot.*) lichene **2** (*méd.*) lichen.

licher |liʃe| *v.tr.* (*pop.*) [*boire*] trincare (*fam.*): *licher un petit verre* trincare un bicchierino.

lichette |liʃɛt| *s.f.* (*fam.*) [*petite tranche, petit morceau d'un aliment*] pezzettino *m.*, fettina: *une lichette de pain* un pezzettino di pane; *une lichette de fromage* une fettina di formaggio → **languette.**

licitation |lisitasjɔ̃| *s.f.* (*dr.*) vendita all'asta (di un bene indiviso): *licitation amiable, volontaire* vendita all'asta consensuale, volontaria; *licitation judiciaire* vendita all'asta giudiziaria.

licite |lisit| *adj.* lecito: *profits licites et illicites* guadagni leciti e illeciti → **permis** Ⓒ **défendu, illicite.**

licitement |lisitmɑ̃| *adv.* (*rare*) [→ LICITE] lecitamente.

liciter |lisite| *v.tr.* (*dr.*) [*vendre par licitation*] vendere all'asta (un bene indiviso): *héritiers qui licitent un domaine* eredi che vendono all'asta una proprietà.

licorne |likɔʀn(ə)| *s.f.* **1** (*mythol.*) liocorno *m.*, unicorno *m.* **2** *licorne de mer* → **narval.**

licou |liku|, (*vx.*) **licol** |likɔl| *s.m.* [*pièce de harnais qu'on met autour du cou des bêtes de somme*] cavezza *f.*, capestro: *retenir un cheval par son licou* tener legato un cavallo per la cavezza.

licteur |liktœʀ| *s.m.* (*antiq. rom.*) littore.

lido |lido| *s.m.* (*géogr.*) lido, litorale.

lie |li| *s.f.* **1** [*dépôt qui se forme au fond des récipients contenant des boissons fermentées*] feccia*: *lie de cidre, de bière* feccia di sidro, di birra ◇ (*spécialt.*) *lie* (*de vin*) feccia ◇ (*loc. fig.*) *boire le calice, la coupe jusqu'à la lie* bere il calice sino alla feccia ✦ *adj.* LIE(-)DE(-)VIN [*rouge violacé*] rosso violaceo **2** (*fig.*) [*ce qu'il y a de plus vil*] feccia: *la lie du peuple* la feccia del popolo → **populace, racaille.**

lied |lid|, *pl.* **lieds** |lid|, **lieder** |lidœʀ| *s.m.* (*all.*) **1** lied *inv.* **2** (*mus.*) lied: *les lieder de Schubert* i lieder di Schubert.

lie(-)de(-)vin |lidvɛ̃| *s.f. et adj. inv.* → **lie.**

liège |ljɛʒ| *s.m.* **1** [*matériau léger formé par la couche externe de l'écorce de cértains arbres, spécialt. du chêne--liège*] sughero: *bouchon en liège* tappo di sughero; *flotteurs en liège* galleggianti di sughero; *semelle de liège* suola di sughero # *détacher de l'arbre le premier liège ou liège mâle* demaschiare **2** (*bot.*) sughero.

liégé, ée |ljeʒe| *adj.* guarnito di sughero, di sugheri: *filet liégé* rete guarnita di sugheri.

liégeois, oise |ljeʒwa, waz| *adj.* [*de Liège*] di Liegi *loc. inv.* ◇ (*loc.*) *café liégeois* gelato al caffè con panna.

lien |ljɛ̃| *s.m.* **1** [*toute chose flexible et allongée servant à lier, à attacher*] legaccio*, laccio* **2** (*abstrait*) [*ce qui relie, unit*] legame, nesso: *lien de cause à effet* nesso di causalità, rapporto di causa ed effetto → **corrélation, liaison**; *le lien des idées* il legame fra le idee → **enchaînement, suite**; *lien logique* nesso logico; *ces faits n'ont aucun lien entre eux* questi fatti non hanno alcun legame, nesso fra loro **3** [*ce qui unit des personnes*] legame, vincolo: *lien de parenté* legame di parentela; *les liens du sang, de l'amitié* i legami, i vincoli di sangue, dell'amicizia; *lien conjugal* vincolo matrimoniale; *trancher tous ses liens avec sa famille, son milieu social* rompere ogni legame con la famiglia, con l'ambiente sociale → **attache, liaison,** 1 **relation 4** [*élément* (*affectif, intellectuel*) *qui attache l'homme aux choses*] legame: *un lien puissant l'attache à cette terre* un forte legame lo tiene ancorato a questa terra → **affinité.**

lier |lje| **A** *v.tr.* **I 1** (*compl. de chose*) [*mettre ensemble, entourer, serrer avec un lien*] legare: *lier de la paille en bottes* legare la paglia in fasci → **attacher**; *lier avec une corde, une ficelle* legare con una corda, con uno spago → **ficeler 2** [*assembler, joindre*] unire (197): *lier les pièces d'un assemblage* unire, mettere insieme i pezzi di un incastro ◇ (*ling.*) *lier les mots, une phrase* legare le parole, una frase ◇ (*mus.*) *lier des sons, les notes* legare dei suoni, le note ◇ (*typogr.*) *lier ses lettres* legare le lettere **3** [*joindre à l'aide d'une substance qui opère la réunion ou le mélange*] legare: *lier des briques avec du ciment* legare dei mattoni con il cemento; *lier une sauce* far legare una salsa **4** (*abstrait*) [*unir par un rapport logique, fonctionnel*] collegare: *lier les idées* collegare le idee; *rapport qui lie la cause à l'effet* rapporto che collega la causa all'effetto → 2 **relier** ✦ (*au p.p.*) *dans cette affaire, tout est lié* in questa faccenda tutto è strettamente collegato **5** [*unir par des liens d'affection, de convenance, de solidarité, d'intérêt*] legare, unire: *leur communauté de goûts les liera vite* saranno presto legati, uniti dalla comunanza di gusti → **rapprocher** ◇ *loc.* ÊTRE LIÉ (*à, avec qqn.*) essere unito, legato (a qc.): *ils sont très liés* sono molto uniti **6** (*avec un compl., sans art.*) [*faire naître* (*un lien*)] *lier amitié avec qqn.* stringere (131), fare (103) amicizia con qc.; *lier conversation* attaccare discorso; *avoir partie liée* (*avec qqn.*) [*se mettre ou être entièrement d'accord* (*avec lui*)] far lega (con qc.) → **nouer II** (*compl. de personne*) **1** [*attacher, enchaîner*] legare: *on l'avait lié sur une chaise* lo avevano legato su una sedia → **ligoter** ✦ (*au p.p.*) *pieds et poings liés* legato mani e piedi ◇ (*loc. fig.*) *être fou à lier* essere pazzo da legare ~ *lier les mains à, de qqn.* legare le mani a qc. ~ *avoir les mains liées* avere le mani legate **2** [*imposer une obligation* (*jurid., morale*) *à*] legare, vincolare: *être lié par un serment, une promesse, un contrat* essere legato, vincolato da un giuramento, una promessa, un contratto → **engager,** 1 **obliger** ◇ (*relig.*) rifiutare l'assoluzione (a) **3** LIER À → **attacher** ◇ (*spécialt.*) *forçat lié à sa chaîne* forzato incatenato → **enchaîner** ◇ (*fig.*) [*retenir par un lien de dépendance*] legare, vincolare: *contrat liant le débiteur au créancier* contratto che lega, vincola il debitore al creditore ◇ (*par ext.*) *lier sa vie à celle d'une femme* legare la propria vita a quella di una donna; *lier son nom à celui d'une entreprise* legare il proprio nome a un'impresa **B** *v.pron.* SE LIER (*avec qqn.*) *réfl.* [*avoir des relations d'amitié*] legarsi, legare *intr.* (con qc.) → **attacher** (s') # *je me suis lié d'amitié avec lui* ho stretto amicizia con lui ✦ (*absolt.*) *il se lie facilement* fa amicizia con facilità ◇ (*récipr.*) *ils se rencontrent souvent mais il ne se sont pas liés* si incontrano spesso ma non hanno legato.

lierne |ljɛʀn(ə)| *s.f.* **1** (*archit.*) costolone *m.* **2** (*charpent.*) traversa.

lierre |ljɛʀ| *s.m.* **1** (*t.bot.*) edera *f.* **2** (*par anal.*) *lierre terrestre* → **gléchome.**

liesse |ljɛs| *s.f.* **1** (*loc. littér.*) *en liesse* (*se dit des foules qui manifestent leur joie*) esultante (*adj.*): *peuple en liesse* popolo esultante **2** (*vx.*) → **joie** ◇ (*littér.*) → **allégresse.**

1 **lieu** |ljø| *s.m.* **I 1** luogo*: *dans un lieu quelconque* in un luogo qualunque → 1 **endroit**; *en tous lieux* in tutti i luoghi, in ogni dove → **partout**; *la date et le lieu d'un événement* la data e il luogo di un avvenimento; *lieu de perdition* luogo di perdizione; *mauvais lieu* luogo malfamato, di malaffare; *le lieu de naissance* il luogo di nascita; *lieu de travail* luogo di lavoro; *le lieu du crime, du délit* il luogo del delitto → **scène, théâtre** # *lieu dit* località → **lieudit**; *mettre* (*qqn., qqch.*) *en lieu sûr* mettere (qc., q.c.) al sicuro ◇ (*gram.*) *adverbes de lieu* avverbi di luogo; *complément de lieu* complemento di luogo ◇ (*loc.*) *n'avoir ni feu ni lieu, être sans feu ni lieu* [*sans domicile fixe*] essere senza fissa dimora **2** *loc.* HAUT LIEU [*lieu mémorable, théâtre de hauts faits*] luogo memorabile; grande centro: *le chemin des Dames est un des hauts lieux de la guerre de 1914-1918* lo 'chemin des Dames' è uno dei luoghi memorabili della guerra del '14-'18 ‖ *Paris est un des hauts lieux de la mode* Parigi è un grande centro della moda ~ LIEU SAINT luogo santo: *les lieux saints* i luoghi santi → **terre** (**sainte**) ~ *lieu public* luogo pubblico **3** (*math.*) *lieu géométrique* luogo geometrico **II** *au plur.* (*à valeur de sing.*) LES LIEUX **1** [*endroit précis où un fait se passe*] luogo *sing.*, posto (*sing.*): *la police s'est rendue sur les lieux* la polizia si è recata sul luogo, sul posto; *il est sur les lieux* è sul posto; *l'usage, la coutume des lieux* l'uso, il costume del luogo # *faire une visite des lieux* fare un sopra(l)luogo **2** [*appartement, maison, propriété*] *état des lieux* descrizione dell'immobile *sing.*, della proprietà (*f. sing.*); *quitter, évacuer les lieux* abbandonare, sgomberare l'immobile, la proprietà **3** *les lieux* (*d'aisances*) le latrine *f.* → **cabinet III 1** (*dans des express.*) *ce n'est pas le lieu de parler de cela* non è questo il luogo, non è questa la sede per parlare di ciò ~ *en son lieu* [*à son tour*] a sua volta ◇ (*loc. adv.*) *nous vous ferons connaître notre décision* EN TEMPS ET LIEU vi faremo sapere la nostra decisione a tempo e luogo ~ *en premier lieu* in primo luogo → **abord** (**d'**) ~ *en dernier lieu* in ultimo luogo, infine **2** *loc.* EN HAUT LIEU [*auprès des personnalités influentes*] in alto loco: *aller se plaindre en haut lieu* andare a lamentarsi in alto loco ◇ (*par anal.*) *être de bas, de haut lieu* essere di umile, di nobile origine → **extraction, naissance 3** *loc.* AVOIR LIEU [*avoir, prendre place* (*à un endroit, à un moment*)] aver luogo: *la fête aura lieu sur la grand-place* la festa avrà luogo nella piazza principale; *les Jeux Olympiques ont lieu tous les quatre ans* le Olimpiadi hanno luogo ogni quattro anni; *la réunion n'aura pas lieu* la riunione non avrà luogo → **tenir** (**se**) **4** *loc. prép.* AU LIEU DE [*à la place de*] invece di, in luogo di: *employer un mot au lieu d'un autre* usare una parola in luogo di, invece di un'altra; *au lieu de prendre l'avion, nous prendrons le train* invece di prendere l'aereo, prenderemo il treno ◇ (+ *inf.*) (*exprime 'l'opposition'*) invece di (+ *inf.*): *vous rêvez au lieu de réfléchir* voi fantasticate invece di riflettere ◇ *loc. conj.* AU LIEU QUE (+ *ind.*) invece di (+ *inf.*) **5** *loc.* TENIR LIEU DE fare, fungere da: *cette pièce me tient lieu de chambre et de salon à la fois* questa stanza mi fa sia da camera che da salotto → **remplacer, servir** (**de**) **6** *loc.* AVOIR LIEU DE [*des raisons de*] avere motivo di: *elle n'a pas lieu de se plaindre* non ha motivo di lamentarsi ✦ (*impers.*) *il y a lieu de* [*il convient de*] è il caso di, c'è da: *il n'y a pas lieu de s'inquiéter pour le moment* non è il caso di, non c'è da preoccuparsi per il momento ✦ (*absolt.*) *s'il y a lieu* se del caso, all'occorrenza: *nous vous convoquerons, s'il y a lieu* sarà convocato, se del caso ~ DONNER LIEU À [*fournir l'occasion de*] essere motivo di, dar luogo a: *avec lui, tout donne lieu à des plaisanteries* con lui, tutto diventa motivo di scherzo → **produire, provoquer IV 1** *lieu commun* luogo comune; *lieux communs rebattus* luoghi comuni triti e ritriti → **cliché 2** (*ancienn.*) *lieux* (*communs*) [*arguments, développements et preuves applicables à tous les sujets*] luoghi comuni.

2 **lieu** |ljø| *s.m.* → **merlu.**

lieu-dit, lieudit |ljødi| *s.m.* [*lieu de la campagne qui porte un nom traditionnel*] località (*f. inv.*): *des lieux--dits, lieudits* delle località; *l'autocar* *s'arrête au lieudit des 'Trois Chênes'* il pullman si ferma in località 'Tre Querce'.

lieue |ljø| *s.f.* **1** (*ancienn.*) [*mesure de distance* (*env. 4 km*)] lega* ◇ (*loc. fig.*) *à cent lieues à la ronde* su un raggio di molti chilometri ◇ (*fable*) *les bottes de sept lieues* gli stivali delle sette leghe **2** (*loc. fig.*) *j'étais à cent lieues de supposer cela* ero ben lungi, ero lontano (le) mille miglia dal supporre una cosa simile; *il sent son ancien marin d'une lieue* si vede, si capisce lontano un miglio che è un vecchio marinaio **3** *lieue marine* lega marina.

lieur, lieuse |ljœʀ, ljøz| *s.* [*personne qui lie des bottes de foin, de blé, de paille*] accovonatore*.

lieuse |ljøz| *s.f.* (*agric.*) legatrice ✦ (*en appos.*) (*moissonneuse-)lieuse* mietilegatrice.

lieutenance |ljøtnɑ̃s| *s.f.* (*vx.*) [*charge, office, grade de lieutenant*] luogotenenza (*cour.*): *lieutenance générale des armées* luogotenenza generale delle forze armate.

lieutenant |ljøtnɑ̃| *s.m.* **1** (*antiq., hist.*) luogotenente: *les lieutenants d'Alexandre, de César* i luogotenenti di Alessandro, di Cesare; *lieutenant général* luogotenente generale **2** (*milit. anc.*) tenente # *lieutenant général* generale di divisione **3** [*officier dont le grade est immédiatement inférieur à celui de capitaine*] tenente: *le lieutenant a deux galons* il tenente ha due galloni **4** (*mar.*) *lieutenant de vaisseau* tenente di vascello.

lieutenant-colonel |ljøtnɑ̃kɔlɔnɛl| *s.m.* [*officier dont le grade est immédiatement inférieur à celui de colonel*] tenente colonnello.

lieutenante |ljøtnɑ̃t| *s.f.* **1** [*femme lieutenant*] luogotenente *m.* donna **2** (*hist.*) moglie di luogotenente.

lièvre |ljɛvʀ(ə)| *s.m.* **1** (*t.zool.*) lepre *f.* ◇ (*cour.*) *femelle du lièvre* lepre femmina; *petit du lièvre* leprotto; *forcer, lever un lièvre* inseguire, stanare una lepre ◇ [*chair comestible de l'animal*] *civet de lièvre* lepre in salmì **2** (*loc. fig.*) *il ne faut pas courir deux lièvres à la fois* [*mener de front plusieurs activités*] non bisogna mettere troppa carne al fuoco ~ *c'est là que gît le lièvre* [*là est le nœud de la question*] qui sta il punto ~ *lever, soulever un lièvre* sollevare una questione, una grana (*fam.*).

liftier |liftje| *s.m.* [*garçon d'ascenseur*] lift *inv.*, ascensorista *s.*

lifting |liftiŋ| *s.m.* (*angl.*) lifting *inv.*

ligament |ligamɑ̃| *s.m.* (*anat.*) legamento: *ligaments antérieur et postérieur de la vessie* legamenti anteriore e posteriore della vescica; *ligaments articulaires* legamenti articolari; *ligaments distendus, arrachés dans l'entorse* legamenti stirati, strappati in una storta.

ligamentaire |ligamɑ̃tɛʀ| *adj.* (*méd.*) dei legamenti (*loc. inv.*): *laxité ligamentaire* lassità dei legamenti.

ligamenteux, euse |ligamɑ̃tø, øz| *adj.* (*anat.*) legamentoso: *tissu ligamenteux* tessuto legamentoso.

ligand |ligɑ̃| *s.m.* (*chim.*) legante.

ligature |ligatyʀ| *s.f.* **1** legatura; allacciatura: *faire une ligature* fare una legatura ‖ *ligature d'un vaisseau, d'un organe* allacciatura di un vaso (sanguigno), di un organo ◇ (*hortic.*) *ligature des greffes, des feuilles de salade* fasciatura degli innesti, delle foglie d'insalata **2** [*lien, nœud permettant l'opération*] legaccio* *m.* **3** (*gram.*) legamento *m.* **4** (*mus.*) legatura **5** (*typogr.*) legatura.

ligaturer |ligatyʀe| *v.tr.* [*serrer, fixer avec une ligature*] legare; allacciare.

lige |liʒ| *adj.* **1** *homme lige de* [*homme entièrement dévoué à* (*une personne, un parti*)] uomo ligio* a **2** (*féod.*) ligio: *homme, vassal lige* uomo, vassallo ligio.

lignage |liɲaʒ| *s.m.* (*vx.*) lignaggio* → **famille, race.**

lignard |liɲaʀ| *s.m.* **1** giornalista *s.*, corrispondente *s.* (pagato un tanto a riga) **2** (*vx.*) soldato di fanteria di linea.

ligne |liɲ| *s.f.* **I** **1** linea: *ligne horizontale, verticale* linea orizzontale, verticale; *tracer, tirer des lignes* tracciare, tirare delle linee ◇ (*géom.*) *ligne droite, courbe* linea retta, curva → **droite, 1 courbe**; *lignes parallèles, perpendiculaires* linee parallele, perpendicolari ◇ (*par ext.*) *lignes isobares, isothermes* linee isobare, isoterme **2** [*trait réel ou imaginaire qui sépare deux choses*] linea: *lignes délimitant un terrain de sport* linee di demarcazione di un campo sportivo → **frontière, limite**; *ligne d'arrivée* linea d'arrivo, traguardo ◇ (*par ext.*) *passage de la ligne* [*de l'équateur*] passaggio dell'equatore; *ligne blanche* [*marquant la division d'une route en bandes*] (linea, striscia* di) mezzeria **3** [*chacun des traits qui sillonnent la paume de la main*] linea: *ligne de vie, de cœur* linea della vita, del cuore # *lire les lignes de la main* leggere la mano **4** [*contour, tracé*] linea: *harmonies des lignes* armonia delle linee; *les lignes d'un paysage* le linee, i contorni di un paesaggio → **dessin, forme**; *lignes du visage* linee del volto → **linéament, profil** **5** *la ligne* [*ensemble des lignes, effet général produit par leur combinaison*] la linea: *la ligne du style Louis XVI* la linea dello stile Luigi XVI ◇ (*mode*) *la ligne d'une robe* la linea di un vestito ◇ (*par ext.*) *elle a de la ligne* ha una bella linea; *garder sa ligne* conservare, mantenere la linea → **silhouette** **6** (*mus.*) *ligne mélodique* linea melodica → **mélodie** **7** (*fig.*) [*élément, point*] linea: *les lignes essentielles d'un programme* le linee essenziali di un programma ◇ (*loc.*) *dans ses grandes lignes* a, nelle grandi linee **II** **1** [*direction*] linea: *en ligne droite* in linea retta ◇ (*fig.*) *ligne de conduite* linea di condotta; *s'écarter de la ligne droite, de la ligne du devoir* allontanarsi dalla retta via → **voie** ◇ (*par ext.*) *ligne politique* linea politica; *être dans la ligne du parti* seguire la linea del partito **2** [*tracé idéal dans une direction déterminée*] linea: *ligne de mire, de visée* linea di mira; *ligne de tir* linea di tiro ◇ (*escrime*) *être en ligne* essere in linea **3** [*trajet emprunté par un service de transport; ce service*] linea: *ligne de chemin de fer, de métro* linea ferroviaria, della metropolitana; *ligne maritime, aérienne* linea marittima, aerea; *pilote de ligne* pilota di linea # *tête de ligne* capolinea ◇ (*milit.*) *lignes de communication, de retraite* linee di comunicazione, di ritirata **III** **1** [*cordeau*] cordicella, funicella # *arbres plantés à la ligne* alberi piantati in linea **2** [*fil* (*soie, crin, nylon*) *portant à l'une de ses extrémités un hameçon pour la pêche*] lenza: *pêche à la ligne* pesca con la lenza; *ligne de fond* lenza di fondo ◇ (*par ext.*) canna da pesca **3** (*électr.*) *ligne à haute tension* linea ad alta tensione **4** (*télécom.*) *ligne téléphonique* linea telefonica; *la ligne est occupée, en dérangement* la linea è occupata, guasta **IV** **1** [*suite alignée* (*de choses, de personnes*)] fila, riga*: *être placé en ligne, sur une ligne* essere disposto in fila, in riga # *en ligne pour le départ!* pronti per la partenza! ◇ (*fig.*) *mettre sur la même ligne* mettere sulla stessa linea ◇ *loc.* HORS LIGNE [*hors de pair, supérieur*] fuoriclasse *s. inv.*, senza pari: *il est hors ligne* è un fuoriclasse **2** (*milit.*) *ligne de fortification* linea di fortificazione; *ligne de défense* linea difensiva; *la ligne Maginot* la linea Maginot; *en première, seconde ligne* in prima, seconda linea ◇ (*rugby*) *première, troisième ligne* prima, terza linea **3** (*par ext.*) [*front*] fronte (*m.*): *reculer sur toute la ligne* indietreggiare su tutto il fronte ◇ (*loc. fig.*) *avoir raison sur toute la ligne* avere ragione su tutta la linea **4** [*suite de caractères disposés dans la page sur une ligne horizontale*] riga, rigo* (*m.*): *journaliste payé à la ligne* giornalista pagato un tanto a riga → **lignard** # *aller, revenir à la ligne* andare a capo ◇ (*loc. fig.*) *de la première à la dernière ligne* dalla prima riga all'ultima ~ *lire entre les lignes* leggere fra le righe **5** (*loc.*) *cela ne doit pas entrer* EN LIGNE DE COMPTE questo non va preso in considerazione, questo non conta **6** [*suite des degrés de parenté*] linea: *descendre en droite ligne d'un homme célèbre* discendere in linea retta da un uomo celebre → **filiation, lignée** **7** (*télév.*) linea **8** (*parfumerie*) *une ligne complète de produits* una linea, una gamma completa di cosmetici.

lignée |liɲe| *s.f.* [*ensemble des descendants d'une personne*] stirpe, progenie *inv.* → **descendance, postérité.**

ligner |liɲe| *v.tr.* [*marquer de lignes, rayer*] rigare ✦ (*au p.p.*) *papier ligné* carta rigata.

lignerolle |liɲʀɔl| *s.f.* (*mar., techn.*) sagola.

ligneul |liɲœl| *s.m.* [*gros fil enduit de poix à l'usage des cordonniers*] spago* impeciato.

ligneux, euse |liɲø, øz| *adj.* **1** ligneo, legnoso: *tissu ligneux* tessuto ligneo, legnoso; *plantes ligneuses* piante legnose **2** (*méd.*) ligneo: *phlegmon ligneux* flemmone ligneo.

lignicole |liɲikɔl| *adj.* (*zool.*) *insectes lignicoles* insetti che vivono nel legno *loc.*

lignification |liɲifikɑsjɔ̃| *s.f.* (*bot.*) lignificazione.

lignifier (se) |liɲifje| *v.pron. intr.* (*bot.*) [*se convertir en bois par le phénomène de la lignification*] lignificarsi ✦ (*au p.p.*) *tissus lignifiés* tessuti lignificati.

lignine |liɲin| *s.f.* (*chim.*) lignina.

lignite |liɲit| *s.m.* lignite *f.*

lignomètre |liɲɔmɛtʀ(ə)| *s.m.* (*typogr.*) tipometro.

ligot |ligo| *s.m.* fascina *f.* (di legna minuta).

ligotage |ligɔtaʒ| *s.m.* [→ LIGOTER] stretta legatura *f.*

ligoter |ligɔte| *v.tr.* [*attacher, lier* (*qqn.*) *solidement avec une corde, en privant de l'usage des bras et des jambes*] legare saldamente: *les voleurs ont ligoté le gardien* i ladri hanno legato saldamente il guardiano ◇ (*par métaph.*) → **enchaîner.**
ligue |lig| *s.f.* **1** [*alliance entre États, dans des circonstances particulières*] lega*: *la ligue arabe* la lega araba **2** [*association formée à l'intérieur d'un État*] lega: *la Sainte Ligue, la Ligue* la Lega Santa **3** [*nom de diverses associations morales, humanitaires, civiques*] lega: *ligue des droits de l'homme* lega dei diritti dell'uomo.
liguer |lige| **A** *v.tr.* **1** [*unir dans une ligue*] coalizzare → **allier, coaliser 2** [*associer dans un mouvement, dans une action*] coalizzare, associare **B** *v. pron. récipr.* SE LIGUER **1** [*former une ligue*] coalizzarsi **2** [→ *tr.* 2] coalizzarsi: *ils se sont tous ligués contre lui* si sono coalizzati tutti contro di lui.
ligueur, euse |ligœʀ, øz| *s.* **1** (*hist.*) membro *m.* della Lega Santa **2** [*membres de certaines ligues polit.*] leghista.
ligule |ligyl| *s.f.* (*bot.*) ligula.
ligulé, ée |ligyle| *adj.* **1** [*pourvu de ligules*] ligulato: *feuille ligulée* foglia ligulata **2** [*en forme de languette*] ligulato: *fleurs ligulées* fiori ligulati.
liguliflore |ligyliflɔʀ| *adj.* (*bot.*) *plantes liguliflores* piante coi fiori ligulati *loc. inv.*
ligure |ligyʀ| (*s.m.*) *le ligure* [*langue anc.*] il ligure.
ligurien, ienne |ligyʀjɛ̃, jɛn| **1** *adj.* [*de la Ligurie*] ligure: *la cuisine ligurienne* la cucina ligure **2** (*s.m.*) *le ligurien* [*le dialecte*] il ligure.
lilas |lilɑ| **1** *s.m.* (*t.bot.*) lilla *inv.*, lillà *inv.* ◇ [*la fleur*] (fiore di) lilla, lillà: *lilas violet, blanc* lillà viola, bianco **2** (*adj. inv.*) *des blouses lilas* delle camicette lilla ✦ (*s.m.*) *un lilas foncé* un (colore) lilla scuro.
Liliacées |liljase| *s.f. pl.* (*t.bot.*) Liliacee.
lilial, ale, aux |liljal, o| *adj.* (*littér.*) liliale.
lilliputien, ienne |lilipysjɛ̃, jɛn| *adj. et s.* lillipuziano: *taille lilliputienne* statura lillipuziana.
1 **limace** |limas| *s.f.* (*t.zool.*) lumaca*, limaccia* ~ *limace grise* → **loche** 2 ◇ (*par anal.*) *quelle limace!* (*se dit d'une personne lente et molle*) che lumaca!
2 **limace** |limas| *s.f.* (*pop.*) → **1 chemise.**
limaçon |limasɔ̃| *s.m.* **1** → **escargot, colimaçon 2** (*par anal.*) *escalier en limaçon* [*en colimaçon*] scala a chiocciola **3** (*anat.*) coclea *f.*, chiocciola *f.* ◇ (*math.*) *limaçon de Pascal* chiocciola di Pascal.
limage |limaʒ| *s.m.* [→ LIMER 1] limatura *f.*
limaille |limɑj| *s.f.* [*parcelles de métal détachées par le frottement de la lime*] limatura: *limaille de fer* limatura di ferro.
liman |limɑ̃| *s.m.* (*russe*) (*géogr.*) liman (*inv.*): *côte à limans* costa a liman.
limande |limɑ̃d| *s.f.* **1** (*t.zool.*) limanda ◇ (*cour.*) *limandes au four, au gratin* sogliole al forno, gratinate ◇ (*loc. fig.*) *elle est plate comme une limande* è piatta come una sogliola **2** [*pièce de bois étroite et plate*] listello *m.* ◇ (*par anal.*) striscia* di tela catramata.
limbaire |lɛ̃bɛʀ| *adj.* (*bot.*) del lembo *loc. inv.*, della lamina *loc. inv.*
limbe |lɛ̃b| *s.m.* **1** [*bord extérieur du disque d'un astre*] lembo: *limbe solaire* lembo solare **2** (*bot.*) lembo, lamina *f.* **3** (*anat.*) *limbe cornéen, unguéal* lembo corneale, ungueale.
limbes |lɛ̃b| *s.m. pl.* **1** (*théol. cathol.*) limbo *sing.* **2** (*fig.*) [*région mal définie, état incertain*] limbo: *les limbes de la pensée* il limbo dei pensieri.
1 **lime** |lim| *s.f.* **1** lima: *lime sourde* lima sorda; *lime à ongles* lima, limetta per le unghie ◇ (*loc. fig.*) *un dernier coup de lime* un'ultima limatura, un ultimo ritocco **2** (*t.zool.*) lima.
2 **lime** |lim| *s.f.* → **limette.**
limer |lime| *v.tr.* **1** [*travailler à la lime, pour dégrossir, polir, réduire, etc.*] limare: *limer une pièce de fer* limare un pezzo di ferro; *limer ses ongles* limarsi le unghie **2** [*élimer*] logorare, consumare ✦ (*au p.p.*) *robe limée* vestito logoro, consunto **3** (*fig.*) [*fignoler, polir*] limare: *limer le texte d'un discours* limare il testo di un discorso.
limette |limɛt| *s.f.* limetta dolce, limoncella.
limettier |limetje| *s.m.* (*t.bot.*) limetta *f.*
limeur, euse |limœʀ, øz| **I** *s.* **1** *s.* [*ouvrier travaillant à la lime*] limatore*: *limeur à la main, à la machine* limatore a mano, a macchina; *limeur de tubes* limatore di tubi **2** *s.f.* (*techn.*) limatrice **II** (*adj.*) *étau limeur* limatrice *s.f.*
limicole |limikɔl| *adj.* (*zool.*) limicolo: *annélides limicoles* anellidi limicoli.
Limicoles |limikɔl| *s.m. pl.* (*t.zool.*) Limicoli.
limier |limje| *s.m.* **1** (*t.zool.*) segugio* **2** (*fig.*) [*celui qui suit une piste, cherche à retrouver la trace de qqn.*] segugio → **détective, policier.**
liminaire |liminɛʀ| *adj.* **1** [*préliminaire*] preliminare: *déclaration liminaire* dichiarazione preliminare ◇ (*littér.*) [*initial*] iniziale **2** → **liminal.**
liminal, ale, aux |liminal, o| *adj.* (*psycho.*) liminare.
limitable |limitabl(ə)| *adj.* (*rare*) [→ LIMITER] limitabile.
limitatif, ive |limitatif, iv| *adj.* limitativo: *disposition limitative* disposizione limitativa.
limitation |limitɑsjɔ̃| *s.f.* limitazione: *limitation d'un pouvoir* limitazione di un potere; *des limitations à l'exercice du droit de grève* limitazioni, restrizioni all'esercizio del diritto di sciopero → **restriction**; *limitation des naissances* limitazione delle nascite → **contrôle**; *sans limitation de temps* senza limitazione di tempo.
limitativement |limitativmɑ̃| *adv.* [*par un énoncé limitatif*] limitativamente.
limite |limit| *s.f.* **1** confine *m.*, limite *m.* (*rare*): *limites naturelles d'un pays* confini naturali di un paese; *établir, marquer, tracer des limites* stabilire, segnare, tracciare dei confini; *la mer s'étendait alors au delà de ses limites actuelles* allora il mare si stendeva oltre i limiti, i confini attuali → **bord, confins, frontière** # *les limites d'un terrain de football, de tennis* le linee di demarcazione di un campo di calcio, di tennis **2** [*terme extrême* (*commencement ou fin*) *d'un espace de temps*] limite: *les limites d'une période, d'une végétation* i limiti di un periodo, di una vegetazione; *dernière limite* limite ultimo; *limite d'âge* limite d'età ◇ (*boxe*) *il a gagné avant la limite* ha vinto prima del limite **3** (*fig.*) [*point que ne peut ou ne doit pas dépasser une activité, une influence*] limite: *jusqu'à la limite de ses forces* al limite delle proprie forze; *dans les limites du sujet* entro i limiti dell'argomento; *les limites du possible* i limiti del possibile; *dans les limites de nos moyens* nei limiti delle nostre possibilità; *dans une certaine limite* entro un certo limite, certi limiti; *la patience a des limites!* la pazienza ha un limite! → **mesure, barrière, borne 4** (*math., philo.*) limite: *valeur limite* valore limite; *cas limite* caso limite ◇ (*mécan.*) *limite d'élasticité, de rupture* limite di elasticità, di rottura; *vitesse limite* velocità limite ◇ (*opt.*) *angle limite* angolo limite ◇ *loc.* À LA LIMITE al limite ~ (*fig.*) *à la limite, il risque la saisie mais pas la prison* al limite, rischia il sequestro ma non la prigione **5** [*point que ne peuvent dépasser les possibilités physiques ou intellectuelles*] limite: *connaître ses limites* conoscere i propri limiti → **moyen 6** *loc.* SANS LIMITES che non conosce limiti, senza limite: *une ambition sans limites* un'ambizione sfrenata, che non conosce limiti.
limité, ée |limite| *adj.* limitato: *surface limitée* superficie limitata; *nombre extrêmement limité* numero estremamente limitato → **restreint, fini**; *édition à tirage limité* edizione a tiratura limitata; *société à responsabilité limitée* (*S.A.R.L.*) società a responsabilità limitata (S.R.L.) ◇ (*fam.*) (*personnes*) *il est assez limité* è piuttosto limitato **C** **illimité, infini.**
limiter |limite| **A** *v.tr.* **1** [*servir de ligne de démarcation à, constituer la limite de*] delimitare, limitare: *mers qui limitent la France à l'ouest et au sud* mari che delimitano la Francia ad ovest e a sud → **borner, délimiter 2** [*renfermer dans des limites, restreindre en assignant des limites*] limitare: *limiter le pouvoir de qqn.* limitare il potere di qc.; *limiter l'exercice d'un droit* limitare l'esercizio di un diritto ◇ (*fam.*) *limiter les dégâts* limitare i danni **B** *v. pron.* SE LIMITER **1** *réfl.* [*s'imposer des limites*] limitarsi: *savoir se limiter* sapersi limitare **2** *passif* [*avoir pour limites*] limitarsi (a): *le monde pour lui se limite à sa famille* il mondo per lui si limita alla sua famiglia.
limiteur |limitœʀ| *s.m.* (*techn.*) limitatore: *limiteur d'amplitude, de vitesse* limitatore di ampiezza, di velocità.
limitrophe |limitʀɔf| *adj.* limitrofo, confinante, finitimo (*littér., admin.*): *départements limitrophes* dipartimenti limitrofi, finitimi → **frontalier.**
limnée |limne| *s.f.* (*t.zool.*) limnea.
limnologie |limnɔlɔʒi| *s.f.* limnologia*.
limogeage |limɔʒaʒ| *s.m.* (*fam.*) [→ LIMOGER] siluramento (*cour.*), defenestrazione *f.* (*cour.*).
limoger |limɔʒe| (3) *v.tr.* (*fam.*) [*frapper* (*une personne haut placée*)

d'une mesure de disgrâce] silurare, defenestrare: *limoger un préfet* silurare, defenestrare un prefetto → **destituer, disgracier.**
1 **limon** |limɔ̃| *s.m.* **1** [*terre ou fines particules, entraînées par les eaux et déposées sur le lit et les rives des fleuves*] limo: *limon employé comme engrais* limo usato come fertilizzante **2** → **lœss.**
2 **limon** |limɔ̃| *s.m.* **1** [*chacun des deux brancards entre lesquels on attelle le cheval*] stanga* *f.* **2** (*maçonn.*) longarina *f.* esterna.
3 **limon** |limɔ̃| *s.m.* (*vx.*) → **citron.**
limonade |limɔnad| *s.f.* **1** [*boisson gazeuse d'eau légèrement sucrée et acidulée*] gassosa **2** (*comm.*) commercio* *m.*, vendita di bevande; servizio* *m.* bar **3** (*vx.*) → **citronnade.**
limonadier, ière |limɔnadje, jɛʀ| *s.* **1** fabbricante di gassose **2** → **cafetier.**
limonage |limɔnaʒ| *s.m.* (*agric.*) concimazione *f.*, fertilizzazione *f.* con limo.
limonaire |limɔnɛʀ| *s.m.* organetto di Barberia.
limonène |limɔnɛn| *s.m.* (*chim.*) limonene.
limoneux, euse |limɔnø, øz| *adj.* [*qui contient du limon*] limoso, limaccioso.
limonier |limɔnje| *s.m.* cavallo da tiro ✦ (*appos.*) *chevaux limoniers* cavalli da tiro.
limonière |limɔnjɛʀ| *s.f.* (*techn.*) stanghe *pl.* (di carrozza).
limonite |limɔnit| *s.f.* (*minér.*) limonite.
limoselle |limozɛl| *s.f.* (*t.bot.*) scrofularia.
limousin, ine |limuzɛ̃, in| **I** *adj.* **1** [*de la région de Limoges* (*ou Limousin*)] limosino **2** *race limousine* (*zootechnie*) razza limosina **II** (*s.m.*) *le limousin* [*parler du groupe occitan*] il limosino.
limousinage |limuzinaʒ| *s.m.* (*techn.*) muratura *f.* di sassi e calce.
limousine |limuzin| *s.f.* **1** [*pèlerine*] 'limousine' *inv.* **2** (*vieilli*) [*type d'auto.*] 'limousine'.
limousiner |limuzine| *v.tr.* (*techn.*) [*construire en limousinage*] costruire (197) con sassi e calce.
limphocytose |lɛ̃fɔsitoz| *s.f.* (*méd.*) linfocitosi *inv.*
limpide |lɛ̃pid| *adj.* **1** limpido: *eau, source limpide* acqua, sorgente limpida; *cristal limpide* cristallo limpido; *regard limpide* sguardo limpido → **clair, pur, transparent** **2** (*fig.*) [*parfaitement clair, intelligible*] limpido: *explication limpide* spiegazione limpida.
limpidité |lɛ̃pidite| *s.f.* **1** [*qualité, état de ce qui est limpide*] limpidezza: *limpidité de l'eau, de l'air, du ciel* limpidezza dell'acqua, dell'aria, del cielo; *limpidité d'un regard* limpidezza di uno sguardo → **clarté, pureté, transparence** **2** [*clarté parfaite*] limpidezza.
limule |limyl| *s.m.* (*t.zool.*) limulo.
lin |lɛ̃| *s.m.* **1** (*t.bot.*) lino ◇ (*cour.*) *graines de lin* semi di lino; *farine de lin* farina di semi di lino; *filage, filature du lin* filatura del lino # *gris de lin* [*couleur grise, à reflets métalliques*] grigio metallico **2** [*tissu, toile de lin*] lino: *chemises de lin* camicie di lino.
Linacées |linase| *s.f. pl.* (*t.bot.*) Linacee.
linaigrette |linɛgʀɛt| *s.f.* (*t.bot.*) erioforo *m.*
linaire |linɛʀ| *s.f.* (*t.bot.*) linaria, linaiola.
linceul |lɛ̃sœl| *s.m.* [*pièce de toile dans laquelle on ensevelit un mort*] lenzuolo funebre ◇ (*spécialt.*) *le linceul du Christ* la Sacra Sindone → **suaire** ◇ (*par anal.*) coltre (*f.*): *un linceul de neige* una coltre di neve.
linçoir, linsoir |lɛ̃swaʀ| *s.m.* (*techn.*) trave *f.* maestra.
linéaire |lineɛʀ| *adj.* **1** (*géom.*) lineare: *mesure linéaire* misura lineare; *perspective linéaire* prospettiva lineare ◇ (*algèbre*) *expression linéaire* espressione lineare; *fonction linéaire* funzione lineare ◇ (*phys.*) *résistance linéaire, non linéaire* resistenza lineare, non lineare ◇ (*sc. nat.*) *feuilles linéaires* foglie lineari **2** (*fig.*) lineare: *un récit linéaire* un racconto lineare.
linéal, ale, aux |lineal, o| *adj.* lineare, lineale (*rare*).
linéament |lineamɑ̃| *s.m.* (*littér.*) **1** lineamento → 1 **trait** **2** (*fig.*) [*trait à l'état d'ébauche*] accenno, abbozzo.
linéarité |lineaʀite| *s.f.* (*littér., sc.*) linearità *inv.*
linéature |lineatyʀ| *s.f.* (*télév.*) righe *pl.* di analisi.
liner |lajnœʀ| *s.m.* (*angl.*) liner *inv.*
linette |linɛt| *s.f.* seme *m.* di lino, linosa.
linga(m) |lɛ̃ga(m)| *s.m. inv.* (*sanscrit*) linga.
linge |lɛ̃ʒ| *s.m.* **1** [*ensemble des pièces en toile de lin ou autres tissus, employées aux besoins du ménage*] biancheria (*f.*): *linge fin* biancheria fine; *gros linge* biancheria ordinaria; *linge de maison* biancheria per la, da casa; *linge brodé, ouvré* biancheria ricamata, operata; *coffre, sac à linge* (*sale*) cesta, sacco per la biancheria (sporca); *laver le linge* lavare la biancheria; *essorer, sécher, repasser le linge* strizzare, asciugare, stirare la biancheria; *étendre le linge* stendere la biancheria **2** *linge* (*de corps*) [*ensemble des sous-vêtements*] biancheria (intima, personale): *linge d'un trousseau* biancheria di un corredo; *changer de linge* cambiarsi la biancheria → 2 **dessous, lingerie** ◇ (*pop.*) *il y a du* (*beau*) *linge* [*des femmes bien habillées*] ci sono donne eleganti (*cour.*) **3** [*pièce de linge*] panno # *linge de pansement* benda → 1 **bande**; *linges d'autel, sacrés* pannilini sacri ◇ (*par anal.*) *blanc comme un linge* bianco come un lenzuolo, come un cencio.
lingère |lɛ̃ʒɛʀ| *s.f.* [*femme chargée de l'entretien du linge dans une communauté, une grande maison*] guardarobiera.
lingerie |lɛ̃ʒʀi| *s.f.* **1** [*local réservé à l'entretien et au repassage du linge*] stireria **2** [*linge de corps*] biancheria (intima, personale): *lingerie d'homme, de dame, d'enfant* biancheria (personale) per uomo, per signora, per bambino ◇ (*spécialt.*) [*linge de dame*] biancheria fine: *rayon de la lingerie, dans un grand magasin* reparto biancheria fine di un grande magazzino **3** [*ensemble des tissus employés dans la lingerie fine pour dames*] tessuto *m.* fine: *parure de lingerie* 'parure' di tessuto fine **4** (*rare*) confezione, commercio* *m.* della biancheria.
lingot |lɛ̃go| *s.m.* **1** (*métall.*) lingotto: *lingot de plomb, de fonte* lingotto di piombo, di ghisa ◇ (*spécialt.*) [*lingot d'or*] lingotto **2** (*imprim.*) → **garniture.**
lingotière |lɛ̃gɔtjɛʀ| *s.f.* (*métall.*) lingottiera.
lingual, ale, aux |lɛ̃gw(ɥ)al, o| *adj.* **1** (*anat.*) linguale: *artère linguale* arteria linguale; *muscles linguaux* muscoli linguali **2** (*phonét.*) linguale.
linguatule |lɛ̃gw(ɥ)atyl| *s.f.* (*t. zool.*) linguatula.
Linguatulides |lɛgw(ɥ)atylid| *s.m. pl.* (*t.zool.*) Linguatulidi.
linguette |lɛ̃gɛt| *s.f.* (*pharm.*) compressa (da sciogliersi sotto la lingua).
linguiforme |lɛ̃gɥifɔʀm(ə)| *adj.* linguiforme.
linguiste |lɛ̃gɥist(ə)| *s.* linguista.
linguistique |lɛ̃gɥistik| **1** *s.f.* linguistica*, glottologia*: *linguistique générale, structurale, appliquée* linguistica generale, strutturale, applicata **2** *adj.* linguistico*: *études linguistiques* studi linguistici; *géographie linguistique* geografia linguistica.
linguistiquement |lɛ̃gɥistikmɑ̃| *adv.* [*du point de vue linguistique*] linguisticamente.
linier, ière |linje, jɛʀ| *adj.* liniero: *industrie linière* industria liniera.
linière |linjɛʀ| *s.f.* [*champ de lin*] lineto *m.*
liniment |linimɑ̃| *s.m.* linimento → **baume, onguent.**
linkage |linkaʒ| *s.m.* (*angl.*) (*biol.*) linkage *inv.*
links |links| *s.m. pl.* (*angl.*) campo *sing.* da golf.
linnéen, éenne |lineɛ̃, eɛn| *adj.* (*sc.*) linneano: *la classification linnéenne* la classificazione linneana.
lino |lino| *s.* (*abrév.*) → **linoléum, linotype, linotypiste.**
linoléum, linoleum |linɔleɔm| *s.m.* (*angl.*) linoleum *inv.*
linon |linɔ̃| *s.m.* linone: *mouchoirs de linon* fazzoletti di linone.
linotte |linɔt| *s.f.* **1** (*t.zool.*) fanello *m.*, montanello *m.* **2** (*loc. fig.*) *tête de linotte* [*personne écervelée, qui agit à la légère*] svanito *adj.*, cervello di gallina.
linotype |linɔtip| *s.f.* (*anglo-amér.*) (*imprim.*) linotype *inv.*
linotypie |linɔtipi| *s.f.* (*imprim.*) linotipia.
linotypiste |linɔtipist(ə)| *s.* linotipista.
linteau |lɛ̃to| *s.m.* (*archit.*) architrave: *linteau de porte, de fenêtre* architrave di porta, di finestra → **poitrail.**
linter |lintɛʀ| *s.m.* (*angl.*) (*techn.*) linter *inv.*
lion, lionne |ljɔ̃, ljɔn| *s.* **I** **1** *s.* (*t. zool.*) leone *m.*, leonessa (*f.*): *rugissement du lion* ruggito del leone; *fosse aux lions* fossa dei leoni ◇ (*loc. fig.*) *fort, courageux comme un lion* forte, coraggioso come un leone ~ *la part du lion* la parte del leone ~ *se battre comme un lion* battersi come un leone, da leone ◇ (*prov.*) *un chien vivant vaut mieux qu'un lion mort* meglio un asino vivo che un dottore morto ◇ (*pop.*) *il a bouffé du lion* (*se dit d'un homme qui fait preuve d'une énergie inhabituelle*) (oggi) è forte, scatenato come un leone **2** *s.m.* [*homme courageux*] leone: *c'est un lion!* è un leone! **3** *s.f.* (*vx.*) [*femme élégante*]

donna elegante (*cour.*) **II** 1 (*astron.*) Leone: *signe du Lion* segno del Leone **2** *lion de mer* → **otarie.**

lionceau |ljɔ̃so| *s.m.* [*petit du lion et de la lionne*] leoncino.

lionne |ljɔn| *s.f.* → **lion.**

liparis |lipaʀis| *s.m.* (*lat.*) (*t.zool.*) liparis *inv.*

lipase |lipɑz| *s.f.* (*chim.*) lipasi *inv.*

lipémie |lipemi| *s.f.* (*méd.*) lipemia.

lipide |lipid| *s.m.* (*biol.*, *chim.*) lipide: *lipides alimentaires* lipidi alimentari; *lipides de l'organisme* lipidi dell'organismo.

lipidique |lipidik| *adj.* (*chim.*) lipidico*.

lip(o)- |lip(ɔ)| *préf.* (*signifiant 'graisse', correspond généralt. à*) lip(o): *lipoïde* lipoide.

lipochrome |lipɔkʀom| *s.m.* (*biol.*, *chim.*) lipocromo.

lipoïde |lipɔid| *adj. et s.m.* (*sc.*) lipoide.

lipolyse |lipɔliz| *s.f.* (*chim.*) lipolisi *inv.*

lipome |lipom| *s.m.* (*méd.*) lipoma.

lipophile |lipɔfil| *adj.* (*sc.*) lipofilo.

lipoprotéine |lipɔpʀɔtein| *s.f.* (*biol.*, *chim.*) lipoproteina.

liposarcome |lipɔsaʀkom| *s.m.* (*méd.*) liposarcoma.

liposoluble |lipɔsɔlybl(ə)| *adj.* (*sc.*) liposolubile.

lipothymie |lipɔtimi| *s.f.* (*méd.*) lipotimia.

lipotrope |lipɔtʀɔp| *adj.* (*biol.*) lipotropo.

lipovaccin |lipɔvaksɛ̃| *s.m.* (*méd.*) lipovaccino.

lippe |lip| *s.f.* **1** [*lèvre inférieure épaisse et proéminente*] labbro *m.* sporgente **2** (*loc.*) *faire la lippe* [*bouder, faire la moue*] fare il broncio.

lippée |lipe| *s.f.* **1** (*vx.*) [*bouchée*] boccone *m.* (*cour.*) **2** (*vx.*) [*bon repas*] buon pranzetto *m.* (*cour.*).

lippu, ue |lipy| (*adj.*) *des lèvres lippues* delle labbra tumide.

liquation |likwɑsjɔ̃| *s.f.* (*sc.*) liquazione.

liquéfacteur |likefaktœʀ| *s.m.* → **condenseur.**

liquéfaction |likefaksjɔ̃| *s.f.* **1** liquefazione: *point de liquéfaction* punto di liquefazione; *liquéfaction industrielle de l'air* liquefazione industriale dell'aria **2** (*vx.*) → **fusion** Ⓒ **solidification.**

liquéfiable |likefjabl(ə)| *adj.* [→ LIQUÉFIER A] liquefattibile: *gaz liquéfiables* gas liquefattibili.

liquéfiant, ante |likefjɑ̃, ·ɑ̃t| *adj.* (*techn.*) liquefacente, liquefattivo ◇ (*fig.*, *fam.*) → **affaiblissant, épuisant.**

liquéfier |likefje| **A** *v.tr.* **1** [*faire passer à l'état liquide* (*un corps solide*)] liquefare (103) → 1 **fondre** **2** [*faire passer à l'état liquide* (*un corps gazeux*)] liquefare: *liquéfier un gaz, l'air* liquefare un gas, l'aria ◇ (*vapeur*) → **condenser** **B** *v.pron. intr.* (*fig.*) SE LIQUÉFIER [*perdre toute énergie, toute résistance morale*] perdersi (163) d'animo, abbattersi Ⓒ A **solidifier.**

liquette |likɛt| *s.f.* (*pop.*) → 1 **chemise.**

liqueur |likœʀ| *s.f.* liquore (*m.*): *bonbons à la liqueur* caramelle al liquore; *déguster un petit verre de liqueur* centellinare un bicchierino di liquore ◇ (*loc.*) *vin de liqueur* [*liquoreux*] vino liquoroso.

liquidable |likidabl(ə)| *adj.* (*rare*) [→ LIQUIDER 1, 2] liquidabile, da liquidare *loc. inv.*

liquidambar |likidɑ̃baʀ| *s.m.* (*t. bot.*) liquidambar *inv.* ◇ (*cour.*) *baume de liquidambar* balsamo di liquidambar.

liquidateur, trice |likidatœʀ, tʀis| *s.* (*dr.*) liquidatore*: *liquidateur de société* liquidatore di società; *liquidateur judiciaire* liquidatore giudiziario ✦ (*par appos.*) *commissaire liquidateur* commissario liquidatore ◇ (*fig.*) *le liquidateur d'une situation difficile* il risolutore* di una difficile situazione.

liquidatif, ive |likidatif, iv| *adj.* (*dr.*) di liquidazione (*loc. inv.*): *acte liquidatif* atto di liquidazione.

liquidation |likidɑsjɔ̃| *s.f.* **1** (*dr.*) liquidazione: *liquidation de l'impôt* liquidazione dell'imposta; *liquidation d'une succession* liquidazione di una successione → **partage**; *liquidation judiciaire* liquidazione giudiziaria → **faillite** ◇ (*Bourse*) *liquidation de fin de mois* liquidazione di fine mese ◇ (*fig.*) *la liquidation d'une situation politique difficile* la (ri)soluzione di una situazione politica difficile **2** (*comm.*) liquidazione.

liquide |likid| **I** *adj.* **1** liquido: *bouteille d'air liquide* bombola di aria liquida; *solide, gaz qui passe à l'état liquide* solido, gas che passa allo stato liquido → 1 **fluide** ◇ (*par ext.*) [*qui n'a pas de consistance*] *lier une sauce trop liquide* legare una salsa troppo liquida **2** (*phonét.*) liquido: *les consonnes liquides* le consonanti liquide ✦ (*s.f.*) *les liquides* le liquide **3** (*fin.*) liquido: *créance, dette liquide* credito, debito liquido ◇ (*par ext.*) *avoir de l'argent liquide* avere denaro liquido ✦ (*s.m.*) *le liquide* il liquido: *n'avoir pas assez de liquide* non avere abbastanza liquido **II** *s.m.* **1** liquido: *liquide corrosif, effervescent* liquido corrosivo, effervescente; *liquide onctueux, visqueux* liquido untuoso, vischioso ◇ (*spécialt.*) [*boisson*] bevanda *f.* ◇ *sing. collectif* (*pop.*) *qu'est-ce qu'il s'enfile comme liquide!* [*comme vin*] quanto trinca! ◇ (*par ext.*) *malade qui ne peut prendre que des liquides* malato che può prendere solo alimenti liquidi **2** liquido: *liquides organiques* liquidi organici; *liquide céphalo-rachidien* liquido cefalo-rachidiano; *liquide excrémentiel* liquido escrementizio → **urine** Ⓒ I **solide, épais;** II **solide, gaz.**

liquider |likide| *v.tr.* **1** (*dr.*) [*soumettre à une liquidation*] liquidare: *liquider un compte, une succession, une société* liquidare un conto, una successione, una società; *liquider des biens* liquidare dei beni ◇ (*fig.*) → **régler** **2** [*vendre* (*des marchandises*) *au rabais*] liquidare: *liquider le stock* liquidare la partita **3** (*fam.*) [*en finir avec* (*qqn. ou qqch.*)] liquidare: *liquider une personne gênante* liquidare una persona seccante → **débarrasser (se)** ◇ (*par ext.*) [*finir, terminer*] finire (197) ◇ (*loc.*) *c'est liquidé, on n'en parle plus* chiuso, non ne parliamo più.

liquidien, ienne |likidjɛ̃, jɛn| *adj.* di, del liquido (*loc.*): *épanchement liquidien* versamento di liquido.

liquidité |likidite| *s.f.* **1** liquidità (*inv.*): *liquidité du mercure, du sang* liquidità del mercurio, del sangue **2** (*fig.*) [*état d'un bien liquide*] liquidità ◇ (*dr.*) *liquidité d'une créance, d'une dette* liquidità di un credito, di un debito ◇ (*fin.*) *les liquidités d'une banque* le liquidità di una banca.

liquoreux, euse |likɔʀø, øz| *adj.* [*qui rappelle la liqueur*] liquoroso: *vins liquoreux* vini liquorosi.

liquoriste |likɔʀist(ə)| *s.* liquorista ✦ (*adj.*) *débitant liquoriste* negoziante di liquori *loc. inv.*

1 **lire** |liʀ| (55) *v.tr.* **I** **1** [*suivre des yeux en identifiant* (*des caractères, une écriture*)] leggere (154): *lire des caractères, des numéros* leggere dei caratteri, dei numeri ✦ (*absolt.*) *apprendre à lire à un enfant* insegnare a leggere a un bambino; *savoir lire et écrire* saper leggere e scrivere; *lire couramment* leggere correntemente; *lire mal* leggere male → **ânonner** ◇ (*par exagér.*) *ne pas savoir lire* non sapere né leggere né scrivere ◇ (*par anal.*) *lire un message chiffré* leggere un messaggio cifrato → **déchiffrer** ◇ (*mus.*) *lire une partition* leggere una partitura ◇ (*par ext.*) *lire le braille* leggere il 'braille' **2** [*prendre connaissance du contenu de* (*un texte*), *par la lecture*] leggere: *lire une lettre* leggere una lettera; *j'ai lu cela dans un livre* l'ho letto in un libro; *lire un journal* leggere un giornale; *lire avec passion* leggere avidamente → **avaler, dévorer**; *lire négligemment* leggere distrattamente, leggi(u)cchiare → **feuilleter, parcourir**; *lire un bon auteur* leggere un buon autore ◇ (*loc.*) *se faire lire* (*en parlant d'un auteur*) avere dei lettori, un (suo) pubblico; (*en parlant d'un ouvrage*) *ça se lit facilement, ça peut se lire, ça se laisse lire* si può, si lascia leggere; *livre, auteur qui mérite d'être lu* libro, autore che merita di essere letto ◇ (*fam.*) *lire en diagonale* [*très rapidement*] scorrere (127) velocemente (*cour.*) **3** [*énoncer à haute voix* (*un texte écrit*)] leggere: *lire un discours devant l'Assemblée* leggere un discorso all'Assemblea nazionale; *lire un jugement* leggere una sentenza, dare lettura di una sentenza → **prononcer** ◇ (*spécialt.*) *lire qqch. à qqn.* leggere q.c. a qc. **II** (*fig.*) **1** [*déchiffrer, comprendre* (*ce qui est caché*) *par un signe extérieur*] leggere: *lire l'avenir dans les lignes de la main, les astres* leggere l'avvenire nelle linee della mano, negli astri; *lire les lignes de la main* leggere la mano **2** [*discerner, reconnaître comme par un signe*] leggere: *lire un sentiment sur le visage, dans les yeux de qqn.* leggere un sentimento sul viso, negli occhi di qc.; *lire jusqu'au fond de la pensée, de l'âme* leggere in fondo al pensiero, in fondo all'anima → **découvrir, pénétrer** # *je lis dans votre jeu* ho scoperto, ho capito il vostro gioco.

2 **lire** |liʀ| *s.f.* [*unité monétaire it.*] lira.

liron |liʀɔ̃| *s.m.* → **lérot.**

lis, lys |lis| *s.m.* **1** (*t.bot.*) giglio* **2** [*la fleur blanche du lis commun*] giglio: *blanc comme un lis* candido come un giglio ◇ (*poét.*) *un teint de lis* una carnagione di latte, liliacea ◇ (*littér.*) *le lis* [*symb. de pureté, de candeur, de vertu*] il giglio **3** (*blas.*) *la fleur de lys, de lis* [*emblème de la royauté*] il giglio di Francia, il fiordaliso **4** (*se dit d'autres plantes*) giglio: *lis des vallées* → **muguet** ~ *lis d'étang, d'eau* → **nénuphar.**

lise |liz| *s.f.* [*sable mouvant*] sabbie *pl.* mobili.
lisérage |lizeRaʒ| *s.m.* (*techn.*) orlatura *f.* (di un ricamo).
liseré |lizRe|, **lisère** |lizeRe| *s.m.* [*ruban étroit dont on borde un vêtement*] bordino: *liseré de soie* bordino di seta → **passepoil** ◇ [*bande formant bordure, d'une autre couleur que le fond*] bordo.
liserer |lizRe| (6), **lisérer** |lizeRe| (8) *v.tr.* [*border d'un liseré*] profilare, bordare.
liseron |lizRɔ̃| *s.m.* (*t.bot.*) convolvolo ~ (*abusiv.*) → **volubilis** ~ *liseron épineux* → **salsepareille.**
liseur, euse |lizœR, øz| *s.* [*personne qui a l'habitude de lire beaucoup*] lettore*: *c'est un grand liseur de romans* è un accanito lettore di romanzi → **lecteur.**
liseuse |lizøz| *s.f.* **1** [*couteau à papier servant de signet*] tagliacarte-segnalibro *m.* **2** [*vêtement de femme*] 'liseuse' *inv.*
lisibilité |lizibilite| *s.f.* leggibilità (*inv.*): *texte d'une lisibilité parfaite* testo di perfetta leggibilità.
lisible |lizibl(ə)| *adj.* **1** [*qui est aisé à lire, à déchiffrer*] leggibile: *écriture, inscription lisible* scrittura, scritta leggibile; *sa signature est à peine lisible* la sua firma è appena leggibile **2** [*digne d'être lu*] leggibile: *cet article est à peine lisible* questo articolo è appena leggibile Ⓒ **illisible.**
lisiblement |liziblәmɑ̃| *adv.* [→ LISIBLE] leggibilmente, in modo leggibile (*loc. inv.*): *écrire lisiblement* scrivere leggibilmente, in modo leggibile Ⓒ **illisiblement.**
lisier |lizje| *s.m.* (*agric.*) colaticcio*.
lisière |lizjɛR| *s.f.* **1** [*bordure limitant de chaque côté une pièce d'étoffe*] cimosa, vivagno (*m.*): *lisière d'un tissu différent* cimosa di tessuto diverso → 1 **bande** **2** [*partie extrême d'un terrain, d'une région*] margine *m.*, confine (*m.*): *lisière d'un champ, d'un bois, d'une forêt* margine di un campo, di un bosco, di una foresta → **bord, bordure, limite**; *lisières d'un pays* confini di un paese → **frontière** # *lisière d'arbres* bordura di alberi **3** (*vieilli*) [*bandes ou cordons pour soutenir un enfant quand il commence à marcher*] dande *pl.* ◇ (*fig.*) *tenir qqn. en lisières* [*exercer une tutelle, un empire sur lui*] tenere qc. al guinzaglio, a freno.
1 **lissage** |lisaʒ| *s.m.* (*tissage*) allicciatura *f.*
2 **lissage** |lisaʒ| *s.m.* [→ 1 LISSER 2] calandratura *f.* → **glaçage.**
1 **lisse** |lis| *adj.* [*qui n'offre pas d'aspérités au toucher*] liscio*: *surface lisse* superficie liscia → **égal, uni**; *peau lisse* pelle liscia; *visage lisse* viso liscio → **glabre**; *cheveux lisses* capelli lisci # *pierre lisse* pietra levigata → **poli** ◇ (*par ext.*) *eau lisse* acqua liscia ◇ (*anat.*) *muscles lisses* muscoli lisci.
2 **lisse** |lis| *s.f.* (*techn.*) → **lice** ◇ (*vén.*) → 2 **lice.**
3 **lisse** |lis| *s.f.* (*techn.*) lisciatoio* *m.* ◇ [*outil de maçon pour polir les revêtements*] appianatoia *f.*
4 **lisse** |lis| *s.f.* (*mar.*) ossatura longitudinale ◇ [*assemblage de pièces de bois servant de garde-fou*] parapetto *m.*
lissé, ée |lise| **1** *adj.* [*rendu lisse*] lisciato: *cheveux lissés* capelli lisciati ◇ (*cuis.*) *amandes lissées* mandorle candite **2** *s.m.* (*confiserie, cuis.*) grado di cottura dello zucchero.
1 **lisser** |lise| *v.tr.* **1** [*rendre lisse*] lisciare: *lisser sa moustache* lisciarsi i baffi; *oiseau qui lisse ses plumes avec son bec* uccello che si liscia le penne col becco **2** (*techn.*) *lisser le papier, une étoffe avec une calandre* lisciare, calandrare la carta, una stoffa; *lisser les peaux, les cuirs* [*les apprêter en leur donnant le dernier lustre*] lisciare le pelli, il cuoio.
2 **lisser** |lise| *v.tr.* [*garnir de* (4) *lisses* (*un navire*)] applicare listelli, listoni (a una nave).
lisseur, euse |lisœR, øz| *s.* **1** *s.* [*ouvrier, ouvrière qui lisse* (*du papier, des étoffes*)] lisciatore*, calandratore* **2** *s.f.* (*techn.*) lisciatrice, calandra.
lissoir |liswaR| *s.m.* (*techn.*) lisciatoio*; (*cuirs*) ferro per lisciare ◇ [*instrument pour lisser le goudron, le bitume des routes lorsqu'il est encore chaud*] rullo compressore.
listage |listaʒ| *s.m.* (*informatique*) listing *inv.*
1 **liste** |list(ə)| *s.f.* **1** elenco* *m.*, lista: *liste alphabétique* elenco alfabetico; *liste des mets* lista (delle vivande) → **menu**; *dresser une liste* redigere un elenco, una lista ◇ (*spécialt.*) *liste de proscription* lista di proscrizione; *liste noire* lista nera ◇ (*dr. constitutionnel*) *liste électorale* lista elettorale; *listes apparentées* liste congiunte ◇ (*par ext.*) elenco: *la liste de ses mérites est longue* l'elenco dei suoi meriti è lungo → **énumération** ◇ (*loc.*) *grossir la liste de* [*s'ajouter au nombre de*] ingrossare le file di: *grossir la liste des mécontents* ingrossare le file degli scontenti **2** (*par ext.*) *liste civile* lista civile.
2 **liste** |list(ə)| *s.f.* (*hippol.*) stella.
listel, *pl.* **listels, listeaux** |listɛl, o| *s.m.* **1** (*archit., menuis.*) listello **2** (*blas.*) sbarra *f.* **3** (*numism.*) contorno → **cordon, cordonnet.**
lister |liste| *v.tr.* **1** [*mettre en liste*] mettere (155) in lista **2** (*informatique*) [*passer* (*des cartes perforées*) *dans une tabulatrice de manière à obtenir une ligne de texte par carte*] listare, fare (103) un listing.
listing |listiŋ| *s.m.* (*angl.*) → **listage** (*t. recomm.*).
lit |li| *s.m.* **I** **1** [*meuble destiné au coucher*] letto: *tête, chevet, pied d'un lit* testa, capezzale, piedi del letto ◇ (*spécialt.*) *lit d'enfant* lettino; *lit à baldaquin* letto a baldacchino; *lits jumeaux* letti gemelli, separati; *lit divan* divano letto; *lit pliant, escamotable* letto pieghevole, ribaltabile; *lit de camp* branda *f.*, letto da campo; *lit d'hôtel* letto di albergo; posto letto in albergo; *chambre à deux lits* camera a due letti, camera doppia; *lit d'hôpital* letto di ospedale, di degenza; posto letto in ospedale # *lit de sangle* branda; *ciel de lit* baldacchino **2** [*partie rigide qui soutient l'ensemble*] letto: *lit d'acajou* letto di mogano; *lit de fer, de cuivre* letto di ferro, d'ottone **3** [*literie sur laquelle on s'étend*] letto: *lit moelleux, douillet, dur, inconfortable* letto morbido, soffice, duro, scomodo # *lit de plume* materasso di piume **4** (*loc.*) *aller, se mettre au lit* andare, mettersi a letto → 1 **coucher (se)** ~ *il est au lit* è a letto ~ *allons, les enfants, au lit!* forza, bambini, a letto! → 1 **dodo** ~ *sortir du lit* alzarsi dal letto ~ *sauter du lit* saltar giù, balzar giù dal letto ~ *au saut du lit* [*au réveil, de bon matin*] appena alzato, appena fuori dal letto ~ *arracher, tirer qqn. du lit* buttar giù qc. dal letto ~ *garder le lit, ne pas quitter son lit* essere a letto ammalato; stare, rimanere a letto ~ *être cloué au lit* essere inchiodato, costretto a letto ~ *lit de douleur* letto di dolore ~ *lit de mort* letto di morte ◇ (*par ext.*) *sur son lit de mort* sul letto di morte, fino all'ultimo ~ *mourir dans son lit* morire nel proprio letto, di morte naturale ◇ (*prov.*) *comme on fait son lit on se couche* come si semina si raccoglie **5** (*fig.*) *enfants du premier lit* figli di primo letto **6** *lit de repos* → **canapé, divan, sofa** **7** *lit de parade* [*sur lequel est exposé un mort illustre avant les funerailles*] catafalco*, letto funebre **8** (*dr. anc.*) *lit de justice* letto di giustizia **II** **1** [*couche d'une matière quelconque sur le sol, où l'on s'étend, où l'on dort*] giaciglio*: *se coucher sur un lit de feuillage, de paille* coricarsi su un giaciglio di foglie, di paglia → **litière, natte, paillasse** **2** [*couche*] letto, strato: *lit de cendres, de braises* strato di cenere, di brace ◇ (*maçonn.*) *lit de grosses pierres d'un mur* strato di pietrame di un muro ◇ (*géol.*) *lit de sable* letto di sabbia, sabbioso; *lit d'argile* letto argilloso → **dépôt, strate** **3** [*chacune des deux faces par lesquelles les pierres sont superposées dans une construction*] faccia* *f.* **4** [*creux naturel du sol, canal dans lequel coule un cours d'eau*] alveo, letto: *fleuve qui sort de son lit* fiume che esce dall'alveo, dal letto; *détourner une rivière de son lit* deviare un fiume dall'alveo → 1 **cours, déborder**; *lit à sec* letto in secca ◇ (*par ext.*) *lit de glacier* letto di ghiacciaio **5** (*mar.*) *lit de marée, lit du courant* letto di marea, della corrente; *lit du vent* letto del vento.
litanie |litani| *s.f.* litania: *réciter, chanter des litanies* recitare, cantare litanie ◇ (*fig.*) *encore les mêmes litanies!* sempre la stessa litania!
1 **liteau** |lito| *s.m.* **1** [*baguette, tringle de bois fixée à un mur pour soutenir une tablette*] regolo, piolo **2** [*raie de couleur parallèle à chaque lisière du linge de maison uni*] riga* (*f.*): *nappe, serviettes à liteaux* tovaglia, tovaglioli a righe.
2 **liteau** |lito| *s.m.* (*chasse*) covo del lupo → **tanière.**
litée |lite| *s.f.* (*chasse*) covata: *une litée de lapereaux* una covata di coniglietti.
liter |lite| *v.tr.* [*mettre par lits, par couches* (*des poissons salés*)] disporre (168) a strati (il pesce salato).
literie |litRi| *s.f.* [*tout ce qui entre dans la composition d'un lit; matériel de couchage*] effetti *m. pl.* letterecci; biancheria da letto.
litham |litam| *s.m.* (*ar.*) [*pièce d'étoffe, voile dont les femmes musulmanes et les Touareg se couvrent la partie inférieure du visage*] ⊠.
litharge |litaRʒ(ə)| *s.f.* (*chim., minér.*) litargirio* *m.*
-lithe |lit|, **-lithique** |litik| *suff.* (*signifiant 'pierre', correspondent généralt. à*) lito; litico*: *aérolithe* aerolito ‖ *paléolithique* paleolitico.

lithiase |litjɑz| *s.f.* (*méd.*) calcolosi *inv.*, litiasi (*inv.*): *lithiase rénale, urinaire* calcolosi renale, urinaria → **gravelle.**

lithiasique |litjɑzik| *adj.* (*méd.*) litiasico*.

lithine |litin| *s.f.* (*chim.*) litina.

lithiné, ée |litine| *adj.* [*qui contient de la lithine*] litioso: *eaux minérales lithinées* acque minerali litiose.

lithinifère |litinifɛʀ| *adj.* [*qui contient, produit du lithium*] litioso.

lithique |litik| *adj.* litico*.

lithium |litjɔm| *s.m.* (*chim.*) litio*.

litho- |litɔ| *préf.* (*signifiant 'pierre', correspond généralt. à*) lito: *lithographie* litografia.

litho |lito| *s.f.* (*abrév.*) → **lithographie.**

lithodome |litɔdɔm| *s.m.* (*t.zool.*) litodomo, dattero di mare, litofaga* *f.*

lithogène |litɔʒɛn| *adj.* (*méd., techn.*) litogeno.

lithogenèse |litɔʒənɛz| *s.f.* (*géol.*) litogenesi *inv.*

lithographe |litɔgʀaf| *s.* litografo → **graveur.**

lithographie |litɔgʀafi| *s.f.* **1** [*procédé de gravure sur pierre*] litografia **2** *une lithographie* una litografia.

lithographier |litɔgʀafje| *v.tr.* [*reproduire par la lithographie*] litografare → **graver,** 1 **imprimer** ♦ (*au p.p.*) *album lithographié* album litografato.

lithographique |litɔgʀafik| *adj.* litografico*: *encre lithographique* inchiostro litografico.

lithologie |litɔlɔʒi| *s.f.* (*sc.*) litologia* → **pétrographie.**

lithologique |litɔlɔʒik| *adj.* (*sc.*) litologico* → **pétrographique.**

lithophage |litɔfaʒ| *adj.* litofago*: *coquilles lithophages* conchiglie litofaghe ♦ (*s.m.*) *un lithophage* un litofago.

lithophanie |litɔfani| *s.f.* (*techn.*) litofania.

lithosphère |litɔsfɛʀ| *s.f.* (*géogr.*) litosfera.

lithostratigraphie |litɔstʀatigʀafi| *s.f.* (*géol.*) litostratigrafia.

lithothamnium |litɔtamnjɔm| *s.m.* (*bot.*) litotamnio*.

lithotriteur |litɔtʀitœʀ| *s.m.* (*chir.*) litotritore.

lithotritie |litɔtʀisi| *s.f.* (*chir.*) litotripsia.

lithotypographie |litɔtipɔgʀafi| *s.f.* (*typogr.*) litotipografia.

litière |litjɛʀ| *s.f.* **1** (*ancienn.*) [*lit ambulant porté sur un double brancard*] lettiga*: *voyager en litière* viaggiare in lettiga **2** [*paille, fourrage répandus sur le sol d'une écurie, pour les animaux*] lettiera, strame *m.* **3** (*loc. fig.*) *faire litière d'une chose* non fare alcun conto di una cosa; non avere nessuna considerazione per una cosa.

litige |litiʒ| *s.m.* **1** [*contestation donnant matière à procès*] lite *f.*, controversia (*f.*): *arbitrer, régler, trancher un litige* arbitrare, comporre, giudicare una lite, una controversia # *objet, point en litige* oggetto, punto controverso **2** [*toute espèce de contestation*] vertenza *f.*, controversia: *régler un litige par voie de négociations* comporre una vertenza, una controversia con un negoziato # *question en litige* questione controversa.

litigieux, ieuse |litiʒjø, jøz| *adj.* [*qui est ou peut être en litige*] controverso → **contentieux.**

litispendance |litispɑ̃dɑ̃s| *s.f.* (*dr.*) litispendenza.

litorne |litɔʀn(ə)| *s.f.* (*t.zool.*) cesena → **tourd** ♦ (*par appos.*) *grive litorne* cesena.

litote |litɔt| *s.f.* (*ling.*) litote.

1 **litre** |litʀ(ə)| *s.m.* litro ◇ (*par ext.*) [*récipient, contenu d'un litre*] *un litre en verre pour le vin* un litro di vetro per il vino; *un litre de bière, de rouge* un litro di birra, di rosso.

2 **litre** |litʀ(ə)| *s.f.* (*relig.*) paramento *m.* funebre, a lutto.

litron |litʀɔ̃| *s.m.* (*pop.*) litro di vino (*cour.*).

litsam |litsam| *s.m.* → **litham.**

littéraire |liteʀɛʀ| *adj.* **1** letterario*: *œuvres littéraires* opere letterarie; *citation littéraire* citazione letteraria; *milieux, cercles littéraires* ambienti, circoli letterari; *les prix littéraires* i premi letterari; *la critique, l'histoire littéraire* la critica, la storia letteraria ◇ [*qui convient à la littérature*] *langue littéraire et langue parlée* lingua letteraria e lingua parlata ◇ (*péj.*) [*artificiel, manquant de sincérité*] falso, artificioso **2** (*personnes, esprits*) [*doué pour les lettres*] letterario: *un esprit plus littéraire que scientifique* una mente più letteraria che scientifica ♦ (*s.*) *un littéraire* un letterato ◇ (*spécialt.*) un professore di lettere.

littérairement |liteʀɛʀmɑ̃| *adv.* [*du point de vue litt.*] letterariamente, dal punto di vista letterario *loc. inv.*

littéral, ale, aux |liteʀal, o| *adj.* **1** letterale: *symboles littéraux de l'algèbre* simboli letterali dell'algebra ◇ (*ling.*) *arabe littéral* [*écrit*] arabo letterario* **2** [*qui suit un texte lettre à lettre*] letterale, alla lettera (*loc. inv.*): *traduction littérale* traduzione letterale, alla lettera → **textuel** **3** [*qui s'en tient, est pris strictement à la lettre*] letterale: *le sens littéral d'un mot, d'un texte* il senso letterale di una parola, di un testo **4** (*dr.*) *preuve littèrale* prova documentale.

littéralement |liteʀalmɑ̃| *adv.* [→ LITTÉRAL 2] letteralmente, alla lettera (*loc. inv.*): *traduire littéralement* tradurre alla lettera; *il était littéralement fou* era letteralmente pazzo.

littéralité |liteʀalite| *s.f.* letteralità *inv.*

littérarité |liteʀaʀite| *s.f.* letterarietà *inv.*

littérateur |liteʀatœʀ| *s.m.* **1** (*souvent péj.*) [*homme de lettres, écrivain de métier*] letterato *s.* → **auteur** **2** (*vx.*) → **humaniste.**

littérature |liteʀatyʀ| *s.f.* **I** **1** [*les œuvres litt.*] letteratura: *la littérature française, latine* la letteratura francese, latina; *la littérature classique, romantique, surréaliste* la letteratura classica, romantica, surrealista **2** [*le travail, l'art de l'écrivain*] letteratura: *faire carrière dans la littérature* fare strada nella letteratura **3** [*ce qu'on ne trouve guère que dans les œuvres litt.*] *tout ça, c'est de la littérature* sono solo belle parole, è solo fantasia **4** [*ensemble des connaissances concernant les œuvres litt., leurs auteurs*] letteratura: *manuel de littérature* manuale di letteratura ◇ [*livre, manuel d'hist. de la litt.*] letteratura **II** [*bibliographie d'une question; ensemble des ouvrages publiés sur cette question*] letteratura: *il existe sur ce sujet une abondante littérature* esiste un'abbondante letteratura sull'argomento **III** [*tout usage esthétique du langage, même non écrit*] letteratura: *littérature orale* letteratura orale.

littoral, ale, aux |litɔʀal, o| **1** *adj.* litoraneo; litorale: *zone littorale* zona litoranea; *cordons littoraux* cordoni litoranei; *ville littorale* città litoranea ‖ *faune, flore littorale* fauna, flora litorale **2** (*s.m.*) *le littoral* il litorale: *le littoral méditerranéen* il litorale mediterraneo.

littorine |litɔʀin| *s.f.* (*t.zool.*) li(t)torina.

lit(h)uanien, ienne |litɥanjɛ̃, jɛn| *adj.* **1** [*de Lituanie*] lituano **2** (*s.m.*) *le lituanien* [*langue du groupe balte* (*indo-européen*)] il lituano.

liturgie |lityʀʒi| *s.f.* (*relig., chrét.*) liturgia*: *liturgie catholique, presbytérienne* liturgia cattolica, presbiteriana; *actes, rites particuliers de la liturgie* atti, riti particolari della liturgia.

liturgique |lityʀʒik| *adj.* liturgico*: *chants liturgiques* canti liturgici; *fête liturgique* festa liturgica # *vêtements liturgiques* paramenti sacri → 1 **sacré.**

liturgiste |lityʀʒist(ə)| *s.m.* liturgista.

liure |ljyʀ| *s.f.* [*câble, cordage servant à lier et maintenir le chargement d'une charrette*] corda, fune ◇ (*mar.*) trinca*: *liure du beaupré* trinca del bompresso.

livarde |livaʀd(ə)| *s.f.* (*mar.*) balestrone *m.*

livarot |livaʀo| *s.m.* [*fromage fermenté à pâte molle* (*sans moisissures*), *de forme cylindrique, à très forte odeur*] ⊠.

livèche |livɛʃ| *s.f.* (*t.bot.*) levistico* *m.*

livide |livid| *adj.* **1** livido: *livide de froid* livido per il freddo; *un teint livide* un colorito livido → **blafard, blême, pâle** **2** (*littér.*) [*qui est de couleur plombée, bleuâtre*] livido: *la brume couvrait la ville d'un reflet livide* la bruma copriva la città di un riflesso livido.

lividité |lividite| *s.f.* [*état de ce qui est livide*] lividezza, lividore *m.* ◇ (*méd.*) lividezza: *lividité cadavérique* lividezza cadaverica.

living(-room) |liviŋ(ʀum)| *s.m.* (*angl.*) [*pièce de séjour*] soggiorno: *des living-rooms, des livings* dei soggiorni → **salle (de séjour), studio.**

livournien, ienne |livuʀnjɛ̃, jɛn| *adj.* [*de Livourne*] livornese.

livrable |livʀabl(ə)| *adj.* (*comm.*) da consegnare *loc. inv.*, consegnabile: *marchandise livrable à domicile* merce da consegnare, consegnabile a domicilio.

livraison |livʀɛzɔ̃| *s.f.* **1** [*remise matérielle d'un objet à celui auquel cet objet est dû*] consegna: *livraison en gare, à domicile* consegna fermo stazione, a domicilio; *délai de livraison* termine di consegna; *payable à la livraison* pagabile alla consegna → 2 **délivrance** # *prendre livraison d'une marchandise* ritirare una merce **2** (*librairie*) [*chaque partie d'un ouvrage qu'on publie par volumes ou par fascicules livrables périodiquement*] dispensa, fascicolo (*m.*): *livraisons d'une revue* dispensa, fascicolo di una rivista → **numéro.**

1 **livre** |livʀ(ə)| *s.m.* **I** **1** libro: *couverture, jaquette d'un livre* copertina, sovraccoperta di un libro; *format d'un livre* formato di un libro ◇ (*loc.*) *livre*

blanc libro bianco ~ *livre à figures, illustré* libro illustrato ~ *livre épuisé, en réimpression* libro esaurito, in ristampa ~ *livre de prix* libro dato in premio ~ *livre de poche* libro tascabile ~ *livres d'un écolier* libri di uno scolaro ~ *faire paraître, faire imprimer un livre* pubblicare un libro → **publier** ~ *couvrir un livre* foderare un libro ♦ *absolt.* LE LIVRE [*l'imprimerie et ses produits*] il libro: *l'industrie du livre* l'industria del libro, libraria *adj.* **2** [*texte imprimé reproduit dans un certain nombre d'exemplaires*] libro, testo: *livre de classe, d'étude* libro di testo, testo scolastico; *livre d'arithmétique, de géographie* libro, testo di aritmetica, di geografia; *livre de grammaire* (libro di) grammatica; *livres sacrés* libri, testi sacri → **écriture**; *livre de prières* libro di preghiere; *livre de lecture* libro di lettura # *livre de messe* messale; *livre de chevet* lettura preferita ◇ *au plur.* LES LIVRES [*la lecture, l'étude, l'érudition, la science, la théorie*] i libri: *ne connaître une chose que dans, par les livres* conoscere una cosa solo attraverso i libri; avere una conoscenza libresca di una cosa ◇ (*loc.*) *parler comme un livre* parlare come un libro stampato ~ *à livre ouvert* [*couramment*] a prima vista, ad apertura di libro: *traduire une langue à livre ouvert* tradurre una lingua a prima vista, all'impronta **3** (*par metaph.*) [*ce qui peut être déchiffré, interprété comme un texte*] libro: *le livre du destin, de la nature* il libro del destino, della natura **II** (*spécialt.*) **1** [*chacune des parties de certains ouvrages, qu'elle constitue ou non un volume séparé*] libro: *les livres d'un code, d'un traité* i libri di un codice, di un trattato; *le second livre de l'Énéide* il secondo libro dell'Eneide → **partie** **2** [*cahier, registre sur lequel on peut écrire, noter qqch.*] libro: *noter qqch. sur un livre* annotare q.c. su un libro; *le livre de comptes, de dépenses* il libro dei conti, delle spese; *livre de raison* [*journal tenu par le chef de famille*] libro dei conti → **carnet, registre** ◇ (*spécialt.*) *livre d'or* libro, albo d'oro ◇ (*dr. comm.*) *livres de commerce* libri di commercio, libri contabili; *livre journal* libro giornale; *livres des inventaires et des bilans* libri degli inventari e dei bilanci; *grand livre* libro mastro; *livre de caisse* libro cassa ♦ (*absolt.*) *tenir les livres* tenere i libri (contabili) → **comptabilité** ◇ (*dr. publ.*) *grand livre* (*grand-livre*) *de la Dette publique* gran libro del debito pubblico ◇ (*mar.*) *livre de bord d'un navire* libro, giornale di bordo di una nave.

2 **livre** |livʀ(ə)| *s.f.* **1** [*un demi-kilogramme, cinq cents grammes*] mezzo chilo (*m.*): *acheter une livre de sucre, de café* comprare mezzo chilo di zucchero, di caffè # *une demi-livre* un quarto di chilo ◇ (*ancienn.*) [*unité de poids, qui variait, selon les provinces entre 380 et 550 grammes*] libbra: *la livre se divisait en onces* la libbra si divideva in once **2** [*unité monétaire de certains pays*] *livre sterling* (lira) sterlina; *livre égyptienne* lira egiziana; *livre australienne* sterlina australiana **3** [*anc. monnaie fr.*] lira → **franc.**

livrée |livʀe| *s.f.* livrea: *livrée de cocher, de portier* livrea di cocchiere, di portiere ◇ (*loc.*) *porter, revêtir la livrée* essere, andare a servizio presso qc.

livrer |livʀe| **A** *v.tr.* **I** **1** [*mettre au pouvoir de qqn.*] consegnare: *livrer un coupable à la justice* consegnare un colpevole alla giustizia → 1 **déférer, remettre** **2** [*soumettre à l'action de qqch.*] abbandonare: *pays livré à l'anarchie* paese abbandonato all'anarchia # *livrer qqn. à la mort* condannare qc. a morte **3** [*remettre par une trahison entre les mains, au pouvoir de qqn.*] consegnare, vendere: *livrer son complice à la police* consegnare, vendere il proprio complice alla polizia → **dénoncer, donner** **4** [*confier à qqn.* (*une partie de soi, une chose à soi*)] svelare: *livrer un peu de soi-même* svelare q.c. di se stesso → **donner**; *livrer un secret* svelare un segreto → **confier** **5** [*remettre à l'acheteur* (*ce qui a été commandé, payé*)] consegnare: *livrer une marchandise* consegnare una merce; *livrer à domicile, en gare* consegnare a domicilio, fermo stazione **II** **1** [*engager, commencer* (*un combat, une bataille*)] dare (102): *livrer bataille* dare battaglia **2** *livrer passage* [*laisser passer, permettre de passer*] lasciar passare, cedere il passo **B** *v.pron.* SE LIVRER **1** *intr.* [→ *tr.* I 1] arrendersi (105), consegnarsi: *se livrer après une longue résistance* arrendersi dopo una lunga resistenza → **rendre (se), soumettre (se)** ◇ (*spécialt.*) [*se dénoncer, se constituer prisonnier*] consegnarsi (alla polizia), costituirsi (197) **2** (*intr.*) *se livrer* (*à qqn.*) [*parler de soi, de ce qu'on pense*] confidarsi (con qc.) → **confier (se)** **3** *réfl.* [*faire don de soi-même*] offrirsi (186): *cœur qui se livre* cuore che si offre ◇ (*en parlant d'une femme*) [*accorder ses faveurs*] concedersi (125) → **abandonner (s')** **4** *réfl.* SE LIVRER À [*se laisser aller à* (*un sentiment, une idée, une activité*)] darsi, abbandonarsi a: *se livrer aux pires excès* darsi, abbandonarsi ai peggiori eccessi; *se livrer au désespoir* abbandonarsi alla disperazione ◇ (*par ext.*) darsi, dedicarsi: *se livrer à un travail, à une étude* darsi, dedicarsi a un lavoro, a uno studio; *se livrer à un sport* darsi a uno sport, praticare uno sport; *se livrer à ses occupations habituelles* dedicarsi alle consuete occupazioni → **pratiquer.**

livresque |livʀesk(ə)| *adj.* [*qui vient des livres, qui est purement litt., théorique* (*opposé à 'pratique, réel, vécu, vrai'*)] libresco*: *connaissances livresques* cognizioni libresche.

livret |livʀɛ| *s.m.* **I** **1** [*catalogue explicatif*] libretto, opuscolo: *livret d'une exposition* libretto, opuscolo di una mostra **2** [*petit registre*] libretto: *livret de famille* libretto di matrimonio; *livret de caisse d'épargne* libretto di (deposito a) risparmio → **carnet** # *livret militaire individuel* estratto del foglio matricolare; *livret scolaire* pagella ◇ (*mar.*) *livret de santé* libretto sanitario **II** [*texte sur lequel est écrite la musique d'une œuvre lyrique*] libretto: *livret d'un opéra* libretto di un'opera; *auteur de livrets* autore di libretti, librettista.

livreur, euse |livʀœʀ, øz| *s.* [*personne qui livre, transporte une marchandise*] fattorino *m.*; addetto alla consegna, incaricato della consegna: *les livreurs d'un grand magasin* i fattorini di un grande magazzino ♦ (*par appos.*) *garçon, employé livreur* fattorino.

lixiviation |liksivjasjɔ̃| *s.f.* (*chim., techn.*) lisciviazione.

loader |lodœʀ| *s.m.* (*angl.*) (*techn.*) pala *f.* caricatrice → **chargeuse** (*t. recomm.*).

lob |lɔb| *s.m.* (*angl.*) (*tennis*) lob *inv.* ◇ (*football*) pallonetto → **chandelle.**

lobaire |lɔbɛʀ| *adj.* (*anat.*) lobare.

lobby |lɔbi| *s.m.* (*angl.*) lobby *inv.*, gruppo di pressione: *des lobbies* dei lobby, dei gruppi di pressione.

lobe |lɔb| *s.m.* **1** (*anat.*) lobo: *les lobes du cerveau* i lobi cerebrali; *les lobes du poumon* i lobi polmonari **2** (*cour.*) *lobe de l'oreille* lobo dell'orecchio, lobulo **3** (*zool.*) lobo ◇ (*bot.*) *lobes d'une feuille de lierre* lobi di una foglia di edera **4** (*archit.*) arco* lobato.

lobé, ée |lɔbe| *adj.* (*archit., bot.*) lobato.

lobectomie |lɔbɛktɔmi| *s.f.* (*chir.*) lobectomia.

lobélie |lɔbeli| *s.f.* (*t.bot.*) lobelia.

lober |lɔbe| **A** *v.intr.* (*tennis*) [*faire un lob*] fare (103) *tr.* un lob, un pallonetto **B** *v.tr.* [*tromper, passer* (*l'adversaire*) *grâce à un lob*] fare un lob (a qc.) ◇ (*football*) *lober le gardien de but* fare un pallonetto al portiere, battere il portiere con un pallonetto.

lobotomie |lɔbɔtɔmi| *s.f.* (*chir.*) lobotomia.

lobulaire |lɔbylɛʀ|, **lobulé, ée** |lɔbyle| *adj.* (*anat.*) lobulare.

lobule |lɔbyl| *s.m.* (*anat.*) lobulo: *lobules du cerveau* lobuli cerebrali; *lobules pulmonaires, hépatiques* lobuli polmonari, epatici.

lobuleux, euse |lɔbylø, øz| *adj.* (*anat.*) lobulato: *tissu lobuleux* tessuto lobulato.

local, ale, aux |lɔkal, o| *adj.* **1** locale: *géographie, histoire locale* geografia, storia locale; *averses, éclaircies locales* rovesci, schiarite locali; *coutumes, traditions locales* usi, tradizioni locali; *produits locaux* prodotti locali **2** *couleur locale* colore locale → 1 **couleur** **3** [*qui n'affecte qu'une partie du corps*] locale: *anesthésie locale* anestesia locale.

local, aux |lɔkal, o| *s.m.* locale: *locaux à usage d'habitation* locali per uso di abitazione; *locaux commerciaux, administratifs, professionnels* locali commerciali, amministrativi, professionali; *un local spacieux* un locale spazioso → 1 **chambre, logement.**

localement |lɔkalmɑ̃| *adv.* [→ LOCAL 1, 3] localmente: *temps localement brumeux* tempo localmente nebbioso; *douleurs qui se font sentir localement* dolori che si fanno sentire localmente, dolori locali.

localisable |lɔkalizabl(ə)| *adj.* [→ LOCALISER] localizzabile.

localisateur, trice |lɔkalizatœʀ, tʀis| *adj. et s.m.* (*littér., techn.*) localizzatore*.

localisation |lɔkalizasjɔ̃| *s.f.* **1** [→ LOCALISER 1] localizzazione: *localisation des perceptions* localizzazione delle percezioni; *localisation d'un corpuscule en un certain point* localizzazione di un corpuscolo in un dato punto **2** [→ LOCALISER 2] localizzazione: *la localisation d'un conflit* la localizzazione di un conflitto.

localisé, ée |lɔkalize| *adj.* [*situé, circonscrit en un lieu, un point*] localizzato: *conflit localisé* conflitto localizzato.

localiser |lɔkalize| *v.tr.* **1** [*placer par la pensée en un lieu déterminé de l'espace*] localizzare: *localiser un bruit* localizzare un rumore; *localiser la cause d'une maladie* localizzare, individuare la causa di una malattia → **déterminer 2** [*circonscrire, renfermer dans des limites*] localizzare: *localiser une épidémie, un incendie, un conflit* localizzare un'epidemia, un incendio, un conflitto → **limiter.**

localité |lɔkalite| *s.f.* **1** località *inv.* **2** centro *m.* abitato → **agglomération.**

locataire |lɔkatɛʀ| *s.* **1** [*personne qui prend un bien à loyer*] inquilino, affittuario*: *avoir des locataires* avere inquilini, affittuari **2** (*dr.*) locatario*, conduttore*: *locataire d'une terre* locatario, conduttore di un fondo rustico.

1 **locatif, ive** |lɔkatif, iv| *adj.* (*dr.*) locativo: *valeur locative* valore locativo.

2 **locatif, ive** |lɔkatif, iv| *adj.* (*ling.*) locativo: *prépositions locatives* preposizioni locative; *cas locatif* caso locativo ♦ (*s.m.*) *le locatif* il locativo.

location |lɔkɑsjɔ̃| *s.f.* **1** locazione, affitto (*m.*): *location d'une maison, d'un appartement* locazione, affitto di una casa, di un appartamento; *contrat de location* contratto di locazione, d'affitto; *prix de la location* canone d'affitto → **loyer**; *location-vente* locazione con riscatto, vendita a riscatto; *donner, prendre en location* dare, prendere in locazione, in affitto → 2 **louer** ◇ (*par ext.*) noleggio* (*m.*): *location d'un piano, d'une voiture* noleggio di un pianoforte, di un'automobile **2** [*action de retenir à l'avance une place* (*dans un théât., un compartiment de ch. de fer*)] prenotazione ◇ (*spécialt.*) *bureau de location, la location*: (*théât.*) botteghino *m.*; (*ch. de fer*) ufficio* *m.* prenotazioni, le prenotazioni # *prendre des places à la location* prenotare dei posti.

loch |lɔk| *s.m.* (*mar.*) loch *inv.*

loche |lɔʃ| *s.f.* (*t.zool.*) **1** (*poisson*) cobite *m.* **2** [*limace grise*] lumacone *m.* grigio*.

locher |lɔʃe| *v.tr.* (*région.*) *locher un arbre* [*le secouer pour en faire tomber les fruits*] scuotere (162) un albero.

lochies |lɔʃi| *s.f. pl.* (*méd.*) lochi *m.*

lock-out |lɔkawt| *s.m. inv.* (*angl.*) [*fermeture d'ateliers, d'usines décidée par des patrons qui refusent le travail à leurs ouvriers, pour lutter contre une grève ou des revendications*] serrata *f. var.*

lock-outer |lɔkawte| *v.tr.* [*fermer par un lock-out*] effettuare una serrata (in).

loco- |lɔkɔ| *préf.* (*signifiant 'lieu', correspond généralt. à*) loco: *locomoteur* locomotore.

loco |lɔko| *s.f.* (*abrév. pop.*) → **locomotive.**

locomobile |lɔkɔmɔbil| *s.f.* locomobile.

locomoteur, trice |lɔkɔmɔtœʀ, tʀis| **1** *adj.* locomotore*: *muscles, organes locomoteurs* muscoli, organi locomotori ◇ (*méd.*) *ataxie locomotrice* atassia locomotoria **2** *s.m.* → **locomotrice.**

locomotif, ive |lɔkɔmɔtif, iv| *adj.* **1** locomotivo **2** (*vx.*) *machine locomotive* → **locomotive.**

locomotion |lɔkɔmosjɔ̃| *s.f.* locomozione: *muscles de la locomotion* muscoli della locomozione → **locomoteur**; *troubles de la locomotion* disturbi della locomozione → **locomotif** ◇ (*per ext.*) *moyens de locomotion* mezzi di locomozione, di trasporto; *locomotion à vapeur, électrique* locomozione a vapore, elettrica.

locomotive |lɔkɔmɔtiv| *s.f.* locomotiva: *locomotive à vapeur, à moteur Diesel, électrique* locomotiva a vapore, a motore Diesel, elettrica (locomotore); *atteler une locomotive à un train* agganciare una locomotiva, un locomotore a un treno; *chauffeur, mécanicien de locomotive* fuochista, macchinista di locomotiva # *conducteur de locomotive électrique* macchinista di locomotore ◇ (*loc. fam.*) *c'est une vraie locomotive* [*cheval de course, coureur infatigable*] è un treno ~ *fumer comme une locomotive* [*beaucoup*] fumare come una ciminiera.

locomotrice |lɔkɔmɔtʀis| *s.f.* locomotrice.

locotracteur |lɔkɔtʀaktœʀ| *s.m.* (*techn.*) piccola locomotrice *f.*

loculaire |lɔkylɛʀ|, **loculé, ée** |lɔkyle|, **loculeux, euse** |lɔkylø, øz| *adj.* (*bot.*) a loculi *loc. inv.*, loculare: *fruit loculaire* frutto a loculi, loculare.

locusta |lɔkysta| *s.f.* (*t.zool.*) locusta.

locuteur, trice |lɔkytœʀ, tʀis| *s.* (*ling.*) locutore*.

locution |lokysjɔ̃| *s.f.* locuzione; modo *m.* di dire: *locution impropre, vicieuse* locuzione impropria, scorretta || *locution propre à une langue* modo di dire proprio di una lingua ◇ (*gram., ling.*) *locution verbale, adverbiale, conjonctive* locuzione verbale, avverbiale, congiuntiva.

loden |lɔdɛn| *s.m.* (*all.*) (*tissu*) loden *inv.* ◇ (*par ext.*) [*manteau de loden*] *il a mis son loden* ha messo il loden.

lods |lo| *s.m.pl.* (*dr. féod.*) *lods et ventes* laudemio* *sing.*

lœss |løs| *s.m.* (*all.*) (*géol.*) lœss (*inv.*): *les lœss chinois* i lœss cinesi.

lof |lɔf| *s.m.* (*mar.*) orza *f.*, lato sopravvento: *aller, venir au lof* andare, venire all'orza → **lofer** # *virer lof pour lof* virare con il vento in poppa.

lofer |lɔfe| *v.intr.* (*mar.*) [*faire venir le navire plus près du vent en se servant du gouvernail*; *venir au lof, au vent*] orzare.

log |lɔg| *s.m.* (*abrév. pop.*) → **logarithme.**

logarithme |lɔgaʀitm(ə)| *s.m.* (*math.*) logaritmo: *logarithme d'un nombre* logaritmo di un numero; *mantisse d'un logarithme* mantissa di un logaritmo; *tables de logarithmes* tavole di logaritmi.

logarithmique |lɔgaʀitmik| *adj.* (*math.*) logaritmico*: *calcul logarithmique* calcolo logaritmico; *échelle logarithmique* scala logaritmica # *règle logarithmique* regolo calcolatore.

loge |lɔʒ| *s.f.* **I 1** [*logement habité par la concierge, le portier*] guardiola, portineria **2** [*petite pièce où les acteurs changent de costumes, se griment*] camerino *m.* **3** [*compartiment cloisonné*] box (*m. inv.*): *loges d'une écurie, d'une étable* box di una scuderia, di una stalla → **box 4** (*dans une salle de spectacle*) [*compartiment contenant plusieurs sièges*] palco* (*m.*): *loges de balcon, de corbeille* palchi di prima, di seconda galleria; *premières, secondes loges* palchi di primo, second'ordine → **avant-scène, 2 baignoire** ◇ (*loc. fig.*) *être aux premières loges* essere in prima fila, in ottima posizione **5** (*archit.*) loggia* **6** (*bot.*) loggia: *loges qui renferment les pépins de la pomme* logge che racchiudono i semi della mela **II** [*local où se réunissent des francs-maçons*; *association de francs-maçons*] loggia → **atelier.**

-loge |lɔʒ|, **-logien** |lɔʒjɛ̃|, **-logiste** |lɔʒist(ə)|, **-logisme** |lɔʒism(ə)| *suff.* (*signifiant 'discours, théorie', correspondent généralt. à*) logio; logo; logismo: *eucologe* eucologio; *martyrologe* martirologio || *théologien* teologo || *biologiste* biologo || *syllogisme* sillogismo; *néologisme* neologismo.

logeable |lɔʒabl(ə)| *adj.* [*où l'on peut habiter, être logé*] abitabile: *un réduit à peine logeable* un bugigattolo appena abitabile.

logement |lɔʒmɑ̃| *s.m.* **1** [→ LOGER A 1] alloggio*: *assurer, donner le logement à qqn.* assicurare, dare l'alloggio a qc.; *avoir le logement et la table* avere vitto e alloggio ◇ (*par ext.*) *la crise, le problème du logement* la crisi degli alloggi, il problema della casa (*f.*); *la politique du logement* la politica della casa ◇ (*milit.*) alloggio, alloggiamento: *le logement des troupes dans les casernes* l'alloggio, l'alloggiamento delle truppe nelle caserme → **casernement**; *billet de logement* foglio di alloggiamento **2** [*local à usage d'habitation*] alloggio, appartamento: *logement de deux pièces* alloggio, appartamento di due vani; *logement garni, meublé* appartamento ammobiliato; *trouver un logement provisoire* trovare un alloggio provvisorio; *être locataire, propriétaire de son logement* essere locatario, proprietario del proprio appartamento → **appartement, domicile, résidence** # *loyer d'un logement* affitto di una casa; *logement de concierge* portineria → **loge**; *logements ouvriers* case operaie **3** (*techn.*) alloggiamento: *logement du pêne d'une serrure* alloggiamento della stanghetta di una serratura.

loger |lɔʒe| (3) **A** *v.intr.* **1** [*avoir sa demeure* (*temporaire*) *en un endroit*] alloggiare: *à quel hôtel logerez-vous?* in che albergo alloggerete? → 1 **descendre, demeurer, habiter,** 1 **vivre** ◇ (*loc.*) *loger à la belle étoile* passare la notte sotto le stelle, all'addiaccio **2** (*fig., littér.*) → **trouver (se) B** *v.tr.* **1** [*établir* (*qqn.*) *dans une maison*] alloggiare, dare (102) alloggio a: *où logerez-vous tout ce monde-là?* dove alloggerete, sistemerete tutta quella gente? → **mettre**; *loger qqn. chez soi* alloggiare qc. a casa propria; *on peut nous loger pour la nuit* ci possono dare alloggio per la notte → **abriter, héberger** ♦ (*au p.p.*) *être bien, mal logé* essere ben, mal alloggiato; essere sistemato bene, male; *domestique logée et nourrie* domestica con vitto e alloggio ◇ (*fig.*) *être logé à la même enseigne* essere nella stessa barca ◇ (*sujet de chose*) [*être susceptible d'abriter, d'héberger*] ospitare: *collège qui peut loger trois cents élèves* collegio che può ospitare trecento alunni → **recevoir 2** [*mettre* (*une chose*) *quelque part*] collocare: *loger un vieux buffet au grenier* collocare, riporre una vecchia credenza in solaio → **mettre, placer**

3 [*faire entrer, faire pénétrer*] conficcare: *loger une balle dans le cible* conficcare una pallottola nel bersaglio □ *il s'est logé une balle dans la tête* si è conficcato una pallottola in testa **C** *v. pron.* SE LOGER **1** *intr.* [→ *tr.* 3] conficcarsi: *la balle s'est logée dans son épaule* la pallottola gli si è conficcata nella spalla **2** *réfl.* → *tr.* 3 □.

logette |lɔʒɛt| *s.f.* piccola loggia*, loggetta.

logeur, euse |lɔʒœʀ, øz| *s.* [*personne qui loue des garnis, une ou plusieurs chambres meublées*] affittacamere *inv.*

loggia |lɔdʒja| *s.f.* (*archit.*) loggia*.

logiciel |lɔʒisjɛl| *s.m.* (*informatique*) software *inv.*

logicien, ienne |lɔʒisjɛ̃, jɛn| *s.* **1** [*spécialiste de la logique*] logico* **2** (*par ext.*) [*personne qui raisonne avec méthode, rigueur*] ragionatore*.

logicisme |lɔʒisism(ə)| *s.m.* logicismo.

logico-mathématique |lɔʒikɔmatematik| *adj.* (*sc.*) logicomatematico*.

logico-positivisme |lɔʒikɔpozitivism(ə)| *s.m.* (*philo.*) logicopositivismo.

-logie |lɔʒi|, **-logique** |lɔʒik|, **-logue** |lɔg| *suff.* (*signifiant 'discours, théorie', correspondent généralt. à*) logia; logico; logo: *géologie* geologia; *psychologie* psicologia || *géologique* geologico; *psychologique* psicologico || *géologue* geologo; *psychologue* psicologo.

1 **logique** |lɔʒik| *s.f.* **I** **1** (*science*) logica*: *logique formelle, pure* logica formale, pura; *logique mathématique* logica matematica **2** [*livre, traité de logique*] logica **3** (*par ext.*) → **dialectique** **II** **1** [*manière de raisonner*] logica: *la logique de l'enfant, du primitif* la logica del bambino, del primitivo → **raisonnement** **2** [*enchaînement cohérent d'idées, manière de raisonner juste*] logica: *logique rigoureuse, parfaite, apparente* logica rigorosa, assoluta, apparente; *vous manquez de logique!* lei manca di logica! → **cohérence, méthode** **3** (*fig.*) [*suite cohérente, régulière et nécessaire d'événements, de choses*] logica: *la logique des choses, de la démocratie* la logica delle cose, della democrazia.

2 **logique** |lɔʒik| *adj.* **1** logico*: *déduction, conclusion logique* deduzione, conclusione logica; *conséquences logiques* conseguenze logiche ◇ (*par ext.*) *raisonnement logique* ragionamento logico; *suite logique, enchaînement logique de faits* successione logica, connessione logica di fatti → **cohérent, conséquent**; *conséquences logiques d'un événement* conseguenze logiche di un avvenimento **2** (*fam.*) [*normal, explicable*] logico: *c'est logique!* è logico! **3** [*qui raisonne bien, avec cohérence, justesse*] logico: *esprit logique et clair* mente logica e chiara; *vous n'êtes pas logique!* lei non è logico! → **cartésien** **4** [*qui se rapporte à l'intelligence, et à l'entendement*] logico: *expression logique de la pensée* espressione logica del pensiero; *esprits logiques et esprits intuitifs* menti logiche e menti intuitive **5** [*qui se rapporte à la science de la logique*] logico ◇ (*gram.*) *analyse logique* analisi logica **C** **illogique.**

logiquement |lɔʒikmɑ̃| *adv.* [→ 2 LOGIQUE] logicamente, in modo logico (*loc. inv.*): *discuter, raisonner, répondre logiquement* [*raisonnablement*] discutere, ragionare, rispondere in modo logico ◇ (*en tête de phrase, en incise*) a rigor di logica: *logiquement, les choses devraient s'arranger* a rigor di logica, le cose dovrebbero sistemarsi.

logis |lɔʒi| *s.m.* **1** (*littér.*) [*endroit où on loge, où on habite*] dimora *f.*, casa *f.* (*cour.*): *faire les honneurs de son logis* fare gli onori di casa → **maison** # *quitter le logis familial* lasciare il focolare domestico → 2 **foyer** **2** (*archit.*) *corps de logis* corpo di un fabbricato **3** (*milit.*) *maréchal des logis* maresciallo d'alloggio*.

logiste |lɔʒist(ə)| *s.* [*élève des Beaux-Arts admis à concourir en loge* (*pour le Prix de Rome, etc.*)] ⊠.

logisticien, ienne |lɔʒistisjɛ̃, jɛn| *s.* [*spécialiste de la logique mathématique*] logico* matematico*.

logistique |lɔʒistik| *s.f.* **1** (*milit.*) logistica* ◆ (*adj.*) *moyens logistiques d'une armée* mezzi logistici di un esercito **2** [*logique symbolique*] logistica.

logo- |lɔgɔ| *préf.* (*signifiant 'parole, discours', correspond généralt. à*) logo: *logogriphe* logogrifo; *logomachie* logomachia.

logographe |lɔgɔgʀaf| *s.m.* logografo.

logographique |lɔgɔgʀafik| *adj.* (*ling.*) logografico*.

logogriphe |lɔgɔgʀif| *s.m.* logogrifo → **devinette** ◇ (*fig., littér.*) [*langage, discours obscur, inintelligible*] discorso, linguaggio incomprensibile.

logomachie |lɔgɔmaʃi| *s.f.* **1** logomachia: *cette querelle est une pure logomachie* questa controversia è una pura logomachia **2** → **verbalisme.**

logomachique |lɔgɔmaʃik| *adj.* (*littér.*) → **verbal, formel.**

logopathie |lɔgɔpati| *s.f.* (*méd.*) logopatia.

logopédie |lɔgɔpedi| *s.f.* (*méd., phonét.*) logopedia.

logorrhée |lɔgɔʀe| *s.f.* (*littér., méd.*) logorrea.

logos |lɔgos| *s.m.* (*gr.*) (*philo., théol.*) logos *inv.*

-logue |lɔg| *suff.* → **-logie.**

loi |lwa| *s.f.* **I** [*règle impérative*] **1** legge: *les lois d'un État, d'un pays* le leggi di uno Stato, di un paese; *loi en vigueur* legge in vigore; *obéir aux lois* obbedire alle leggi; *faire des lois* fare leggi, legiferare → **législation, droit** ◇ (*spécialt.*) *projet de loi* progetto di legge; *amender une proposition de loi* emendare una proposta di legge **2** LA LOI [*l'ensemble des règles jurid.*] la legge: *conforme à la loi* conforme alla legge → **légal**; *autorité, force de loi* autorità, forza di legge: *au nom de la loi* in nome della legge; *avoir la loi pour soi* avere la legge dalla propria parte; *nul n'est censé ignorer la loi* tutti devono conoscere la legge; *tomber sous le coup de la loi* essere disciplinato dalla legge → **droit, législation** ◇ (*par ext.*) *homme de loi* uomo di legge → **juriste, magistrat** **3** (*après un v. exprimant 'l'ordre'*) [*commandement que l'on donne*] legge: *dicter, faire la loi* (*à qqn.*) dettar legge (a qc.); *vous ne ferez pas la loi chez moi* non detterete legge in casa mia # *se faire une loi de...* farsi una regola, una norma di... → **règle** **4** [*règle, condition imposée par les choses, les circonstances*] legge: *la loi du milieu, de la jungle* la legge della malavita, della giungla ◇ (*prov.*) *nécessité n'a pas de loi* necessità non fa legge **5** [*règle exprimant 'la volonté de Dieu'*] legge: *la loi de Moïse, de l'Ancien Testament* la legge di Mosè, dell'Antico Testamento; *les tables de la loi* le tavole della legge → **commandement** **6** *au plur.* [*règles ou conventions établies dans les rapports sociaux, dans la pratique d'un art, d'un jeu, etc.*] leggi; regole: *lois de l'honneur, de la politesse* leggi dell'onore, della cortesia || *les lois du jeu* le regole del gioco # *les lois de la mode* i dettami della moda **II** [*règle exprimant 'un idéal, une norme'*] **1** [*règle dictée à l'homme par sa conscience, sa raison*] legge: *loi morale* legge morale → **devoir, précepte, principe**; *loi naturelle* legge naturale ◇ (*loc.*) *n'avoir ni foi ni loi* non avere né fede né religione **2** *les lois du beau, de l'art* le leggi del bello, dell'arte → 3 **canon, norme** **III** legge: *lois physiques* leggi fisiche; *lois biologiques* leggi biologiche; *lois phonétiques* leggi fonetiche; *lois économiques* leggi economiche.

loi-cadre |lwakɑdʀ(ə)| *s.f.* legge quadro: *des lois-cadres* delle leggi quadro.

loin |lwɛ̃| **I** *adv.* **1** [*à une grande distance*] lontano (*adv. et adj.*): *un peu plus loin, deux kilomètres plus loin* un po' più lontano, due chilometri più lontano; *les fuyards sont loin* i fuggiaschi sono lontano, lontani # *je n'irai pas plus loin* non andrò oltre → 1 **avant** ◇ (*prov.*) *qui veut voyager loin ménage sa monture*; *qui va doucement va loin* chi va piano va sano e lontano ◇ (*loc. fam.*) *ne pas voir plus loin que* (*le bout de*) *son nez* non vedere più in là del proprio naso ◇ (*loc. fig.*) *être loin* essere lontano (col pensiero, con la mente) ~ *aller loin* [*réussir*] andare lontano, fare strada: *il ira loin* andrà lontano, farà strada ~ *n'allez pas chercher si loin! c'est beaucoup plus simple que cela* non pensi chissà cosa! è molto più semplice ~ *voir loin* vedere lontano ~ *porter, pousser plus loin ses recherches* spingere oltre le (proprie) ricerche → **étendre** ~ *aller plus loin* (*que qqn.*) andare oltre, più in là (di qc.) → **dépasser, surpasser** ~ *nous ne pouvons pas aborder ce sujet, cela nous entraînerait trop loin* non possiamo affrontare questo argomento, ci porterebbe troppo lontano ~ *j'irai même plus loin* dirò (anche) di più ~ *aller trop loin* [*exagérer*] passare i limiti ~ *une affaire qui peut aller loin, qui risque d'aller loin, de mener loin* un affare che rischia di avere gravi conseguenze **2** [*dans un temps jugé éloigné*] lontano: *l'été n'est plus bien loin* l'estate non è più molto lontana ◇ (*loc. fam.*) *pas plus loin qu'hier la chose s'est encore produite* non più tardi di ieri il fatto si è ancora ripetuto ~ *tout cela est bien loin, comme c'est loin!* come è già lontano (tutto questo)! → **vieux** ~ *un malade qui n'ira pas loin* un ammalato che non ne avrà per molto **II** *s.m.* (*dans des loc.*) **1** IL Y A LOIN [*il y a une grande distance*] c'è molto, c'è un bel po': *il y a loin de la gare au centre de la ville* c'è molto, c'è un bel po' dalla stazione al centro della città ◇

(*fig.*) *de là à prétendre que c'est un incapable, il y a loin* di lì a sostenere che è un incapace c'è una bella differenza, ne corre ◇ (*prov.*) *il y a loin de la coupe aux lèvres* tra il dire e il fare c'è di mezzo il mare **2** *loc. adv.* AU LOIN [*dans un lieu éloigné*] (in un luogo) lontano; in lontananza: *être au loin* essere lontano; *aller, partir au loin* andare lontano, allontanarsi → **éloigner (s')** || *voir, apercevoir au loin* vedere, intravvedere in lontananza → **lointain (dans le)** **3** *loc. adv.* DE LOIN da lontano: *venir, arriver de loin* venire, arrivare da lontano; *suivre (qqn.) de loin* seguire (qc.) da lontano → **distance (à)**; *voir, apercevoir de loin une personne* scorgere da lontano una persona ◇ (*fig.*) *je reviens de loin* l'ho scampata bella; *de près ou de loin* [*de quelque manière*] in qualche modo; *ni de près, ni de loin* in nessun modo, per niente; *nous sommes parents de loin* siamo parenti lontani, alla lontana → **éloigné**; [*de beaucoup, par une grande différence*] di gran lunga: *c'est de loin son meilleur roman* è di gran lunga il suo miglior romanzo ◇ (*dans le temps*) *dater de (très) loin* non essere di ieri, risalire a molto tempo prima, a molto tempo fa: *une habitude qui date de très loin* una abitudine che non è di ieri, che risale a molto tempo fa → **longtemps** **4** *loc. adv.* DE LOIN EN LOIN [*par intervalles; de place en place*] a intervalli (regolari); di tanto in tanto, di quando in quando: *bornes placées de loin en loin* paracarri situati a intervalli regolari || *ils ne se voient plus que de loin en loin* ormai si vedono solo di tanto in tanto **III** *loc. prép.* LOIN DE **1** [*à une grande distance*] lontano da: *loin de la foule* lontano dalla folla; *loin de tout* lontano da tutto, da tutti; *New York est loin de Paris* New York è lontana da Parigi; *qu'allez-vous faire si loin d'ici?* cosa andate a fare così lontano (da qui)?; *il n'est pas loin de* (+ *inf.*) non è lontano, lungi dal (+ *inf.*) ◇ (*loc.*) *loin de moi, de nous* (*telle chose*) lungi da me, da noi: *loin de moi la pensée de blâmer ce procédé* lungi da me l'idea di biasimare questo modo di comportarsi ~ *loin de là* [*au contraire, tant s'en faut*] al contrario, tutt'altro: *il n'est pas désintéressé, loin de là* non è disinteressato, al contrario, anzi ◇ (*prov.*) *loin des yeux, loin du cœur* lontano dagli occhi, lontano, dal cuore **2** [*dans un temps éloigné, à une époque lointaine* (*future ou passée*)] lontano: *nous sommes encore loin des vacances* siamo ancora lontano, lontani dalle vacanze **3** PAS LOIN DE quasi: *il n'est pas loin de minuit* è quasi mezzanotte; *pas loin de mille francs* quasi mille franchi → **presque** **4** (*fig.*) *être loin de* (*négation emphatique exprimant le contraire de ce qu'on pouvait croire, attendre*) essere ben lungi, ben lontano dal: *il était loin de s'attendre à cela* era ben lungi dall'immaginare una cosa del genere; *je suis loin de prétendre que...* sono ben lontano, ben lungi dal sostenere che... **IV** *loc. conj.* **1** D'AUSSI LOIN QUE, DU PLUS LOIN QUE [*dès que*] (non) appena: *d'aussi loin qu'il me vit, qu'il nous a vus* non appena mi vide, ci ha visto; *du plus loin qu'il nous a aperçus* appena ci ha scorto **2** (*fig.*) LOIN, BIEN LOIN QUE (*adversatif*) → **contraire (bien au).**

lointain, aine |lwɛ̃tɛ̃, ɛn| **I** *adj.* **1** (*dans l'espace*) lontano: *un voyage dans un pays lointain* un viaggio in un paese lontano; *terres, villes lointaines* terre, città lontane; *lointain exil* lontano esilio; *rumeur, musique lointaine* rumore lontano, musica lontana → **distant, éloigné, loin** **2** (*dans le temps*) lontano, remoto: *dans un passé, un avenir lointain* in un lontano, remoto passato, futuro; *époque lointaine* epoca lontana, remota → **reculé** **3** [*qui n'est pas proche, direct*] lontano, remoto: *une ressemblance lointaine* una lontana rassomiglianza → 3 **vague, éloigné**; *les causes directes et les causes lointaines de la Révolution* le cause prossime e le cause remote della Rivoluzione → **indirect** **II** *s.m.* **1** (*peint.*) sfondo: *des lointains bleuâtres, estompés, fondus* sfondi bluastri, sfumati; *les lointains de Vinci* gli sfondi di Leonardo da Vinci **2** [*plan situé dans l'éloignement*] DANS LE, AU LOINTAIN in lontananza: *le regard s'étend dans le lointain* lo sguardo si perde in lontananza → **arrière-plan, fond** ◇ *au plur.* (*littér.*) *les lointains de la campagne romaine* gli sfondi della campagna romana [C] I 1 **proche, voisin.**

loi-programme |lwapʀɔgʀam| *s.f.* legge programmatica.

loir |lwaʀ| *s.m.* (*t.zool.*) ghiro ◇ (*loc. fig., fam.*) *être paresseux comme un loir, dormir comme un loir* essere pigro come un ghiro, dormire come un ghiro.

loisible |lwazibl(ə)| *adj.* (*dans la loc. impers.*) *il* (*lui, vous*) *est loisible de...* padronissimo lui, padronissimi voi di...: *il m'est loisible de refuser* padronissimo io, io sono padronissimo di rifiutare.

loisir |lwaziʀ| *s.m.* **I** **1** [*temps dont on dispose pour faire commodément qqch.*] tempo (libero): *mes occupations ne me laissent pas le loisir de vous écrire* i miei impegni non mi lasciano il tempo per scrivervi **2** *au plur.* LES LOISIRS [*temps dont on peut librement disposer en dehors de ses occupations habituelles*] tempo libero (*sing.*): *avoir des loisirs, beaucoup de loisirs* avere tempo libero, molto tempo libero ◇ [*occupations, distractions, pendant le temps de liberté*] svaghi, passatempi: *loisirs coûteux* svaghi, passatempi costosi **II** *loc. adv.* (TOUT) À LOISIR [*en prenant tout son temps, à son aise*] con (tutto) comodo; [*autant qu'on le désire, à satiété*] a volontà: *en vacances, je lis à loisir* in vacanza leggo a volontà.

lolo |lolo| *s.m.* (*dans le langage enfantin*) [*lait*] latte (*cour.*).

lombago |lɔ̃bago| *s.m.* → **lumbago.**

lombaire |lɔ̃bɛʀ| *adj.* (*anat., cour.*) lombare: *région lombaire* regione lombare; *les cinq vertèbres lombaires* le cinque vertebre lombari ◆ (*s.*) *une lombaire* una lombare ◇ (*par ext.*) *ponction lombaire* puntura lombare.

lombalgie |lɔ̃balʒi| *s.f.* (*méd.*) lombalgia*.

lombard, arde |lɔ̃baʀ, aʀd(ə)| **1** *adj.* [*de Lombardie*] lombardo **2** (*s.m.*) *le lombard* [*le dialecte*] il lombardo.

lombardisme |lɔ̃baʀdism(ə)| *s.m.* (*ling.*) lombardismo.

lombarthrie |lɔ̃baʀtʀi| *s.f.* → **lombarthrose.**

lombarthrose |lɔ̃baʀtʀoz| *s.f.* (*méd.*) artrosi *inv.* lombare, lombartrite.

lombes |lɔ̃b| *s.m. pl.* (*anat.*) lombi: *douleur dans les lombes* dolore ai lombi → **lumbago, rein** ◇ *au sing.* (*rare*) *lombe droit, lombe gauche* lombo destro, lombo sinistro.

lombo-sacré, ée |lɔ̃bosakʀe| *adj.* (*anat.*) sacrolombare: *arthrose lombo-sacrée* artrosi sacrolombare.

lombo-sciatique |lɔ̃bosjatik| *s.f.* (*méd.*) lombosciatica*.

lombric |lɔ̃bʀik| *s.m.* (*t.zool.*) lombrico*.

lombricoïde |lɔ̃bʀikɔid| *adj.* (*sc.*) che ha l'aspetto del lombrico *loc.*

londonien, ienne |lɔ̃dɔnjɛ̃, jɛn| *adj.* [*de Londres*] londinese: *la population londonienne* la popolazione londinese.

londrès |lɔ̃dʀɛs| *s.m.* (*esp.*) (*cigare*) londres *inv.*

long, longue |lɔ̃, lɔ̃g| **I** *adj.* **1** (*dans l'espace, avant le nom*) lungo*: *longues allées d'arbres* lunghi viali alberati; *une longue tige* un lungo stelo; *un long fil* un filo lungo; *longs cheveux* capelli lunghi; *long nez* naso lungo → **grand** ◇ [*qui couvre une grande étendue, qui s'étend sur une grande distance*] *un long voyage* un lungo viaggio; *une longue liste* un lungo elenco; *une longue suite d'événements* una lunga serie di avvenimenti; *il faisait de longues enjambées* faceva lunghi passi **2** (*après le nom*) *chandail à manches longues* maglione a maniche lunghe; *robe longue* abito lungo; *une belle fille longue et svelte* una bella ragazza alta e slanciata; *cou, nez long et mince* collo, naso lungo e sottile ◇ (*anat.*) *os longs* ossa lunghe; *muscles longs* muscoli lunghi ◇ (*cuis.*) *sauce longue* salsa lunga ◇ (*loc. fig.*) *avoir le bras long* avere le braccia lunghe **3** *long de* (*telle grandeur*) lungo: *cette route est longue de 50 km* questa strada è lunga 50 km; *territoire long de trois cents lieues* territorio lungo trecento leghe ◇ (*fig.*) *description trop longue d'un tiers, de dix pages* descrizione troppo lunga di un terzo, di dieci pagine; *prendre le chemin le plus long* prendere la strada più lunga **4** (*dans le temps*) lungo: *un long hiver* un lungo inverno; *disque microsillon de longue durée* disco microsolco a lunga durata, long-playing; *long voyage* lungo viaggio; *longue maladie* lunga malattia; *longue attente* lunga attesa; *longues séances* lunghe sedute → **interminable**; *il est resté un long moment dans cet état* è rimasto a lungo, un bel pezzo in quello stato → **longtemps**; *écrire une longue lettre* scrivere una lunga lettera; *je trouvais les jours longs* ho trovato lunghe le giornate ◇ (*gram.*) *syllabe, voyelle longue* sillaba, vocale lunga ◆ (*s.f.*) *une longue* una lunga ◇ [*qui dure longtemps et ne se répète pas souvent*] *à longs intervalles* a lunghi intervalli; *boire à longs traits* bere a lunghi sorsi ◇ (*loc. fig.*) *œuvre de longue haleine* opera di ampio respiro ~ *faire long feu* [*ne pas atteindre son but*] fare cilecca ~ *ne pas faire long feu* [*ne pas durer longtemps*] avere vita breve **5** [*qui remonte loin dans le temps*] lungo: *un long passé* un lungo passato; *une longue habitude* una lunga abitudine; *de longue date* di lunga data → **ancien, vieux** **6** [*éloigné dans l'avenir*] lungo: *à plus ou moins longue échéance* a più o meno lunga scadenza ◇ *loc. adv.* À LA LONGUE alla lunga, a lungo andare: *il s'y fera à la longue* alla lunga, a lungo andare ci si abituerà **7** LONG (À) [*lent*] lungo (a): *feu long à s'éteindre* fuoco lungo a spegnersi ◇ (*fam.*) *c'est long à venir, cette réponse* è lunga a venire questa risposta; *elle est longue à s'habiller* è lunga a vestirsi **8** LONG DE lungo: *dans un mois, les jours seront plus longs, moins longs de 30 minutes* fra un mese i giorni saranno più lunghi, meno lunghi di 30 minuti **9** (*dans l'espace ou le temps, avec une valeur emphatique*) lungo: *de longs tourments* lunghi tormenti; *de longues heures* lunghe ore; *une longue après-midi durant* per tutto un lungo pomeriggio → **entier, tout II** *s.m.* **1** (*précédé de 'au, de, en'*) *table de 1 m 20 de long sur 0 m 80 de large* tavolo di m 1,20 di lunghezza per m 0,80 di larghezza; tavolo lungo 1,20 m e largo 0,80 m; *tomber de (tout) son long* cadere lungo e disteso → **longueur 2** *loc. adv.* DE LONG, EN LONG [*dans le sens de la longueur*] per il lungo: *coupe pratiquée en long* taglio praticato per il lungo; *scier de long* segare per il lungo # *coupe en long* sezione longitudinale → **longitudinal** ~ DE LONG EN LARGE, EN LONG ET EN LARGE in lungo e in largo, in tutti i sensi → **large** ~ (TOUT) AU LONG, TOUT DU LONG [*complètement, en n'omettant aucun élément*] per filo e per segno: *racontez-moi cela tout au long* [*en détail, par le menu*] raccontatemi la cosa per filo e per segno → **longuement 3** *loc. prép.* AU LONG DE, (TOUT) LE LONG DE, TOUT DU LONG DE [*en suivant sur toute la longueur (de)*] lungo *prép.*; (*dans le sens de la hauteur*) *se hisser, grimper le long d'un mur, d'un mât* arrampicarsi lungo un muro, un albero; (*dans le temps*): *expérience acquise au long d'une carrière* esperienza acquisita lungo tutta una carriera; *tout le long du jour* per tutta la giornata, tutto il santo giorno → **durant III** *adv.* **1** [*beaucoup*] *son attitude en dit long* il suo atteggiamento parla chiaro, è eloquente; *en savoir long* saperla lunga; *le désir d'en savoir, d'en apprendre plus long* il desiderio di sarpene, di imparare di più **2** [*avec un vêtement long*] con un abito lungo: *femme habillée trop long* donna vestita con un abito troppo lungo.

longanimité |lɔ̃ganimite| *s.f.* (*littér.*) longanimità *inv.* → **indulgence.**

long-courrier |lɔ̃kuʀje| *adj. navires long-courriers* navi di lungo corso (*loc. inv.*); *avions long-courriers* aerei a lungo raggio *loc. inv.* ✦ (*s.m.*) *des long-courriers* delle navi di lungo corso, degli aerei a lungo raggio.

1 **longe** |lɔ̃ʒ| (*s.f.*) *longe de veau* [*morceau dans la moitié de l'échine*] lombo *m.*, lombata di vitello.

2 **longe** |lɔ̃ʒ| *s.f.* **1** [*corde, courroie qui sert à attacher (un cheval)*] cavezza: *mener un cheval par la longe* condurre un cavallo per la cavezza ◇ (*par ext.*) [*trait avec lequel les chevaux tirent*] tirella **2** correggia* della frusta.

longer |lɔ̃ʒe| (3) *v.tr.* **1** [*aller le long de (qqch.) en suivant le bord, en marchant auprès*] costeggiare, fiancheggiare: *longer un jardin, un parc, un bois* costeggiare, fiancheggiare un giardino, un parco, un bosco; *longer les murs pour se cacher* costeggiare, rasentare i muri per nascondersi → **raser** ◇ (*mar.*) *naviguer en longeant la côte* navigare costeggiando → **élonger, ranger 2** (*choses*) [*être, s'étendre le long de*] *route qui longe la mer* strada che costeggia, fiancheggia il mare → **border, côtoyer.**

longeron |lɔ̃ʒʀɔ̃| *s.m.* **1** (*charpent., ch. de fer*) traversa *f.* di ferro **2** (*voiture*) longherone: *longerons d'une locomotive, d'un pont* longheroni di una locomotiva, di un ponte.

longévité |lɔ̃ʒevite| *s.f.* longevità *inv.* ◇ [*durée de la vie*] longevità ◇ (*démogr.*) *tables de longévité* tavole della longevità.

longi- |lɔ̃ʒi| *préf.* (*signifiant 'long', correspond généralt. à*) longi: *longiligne* longilineo.

longicorne |lɔ̃ʒikɔʀn(ə)| *adj.* (*zool.*) dalle lunghe corna *loc. inv.*

Longicornes |lɔ̃ʒikɔʀn(ə)| *s.m. pl.* (*t.zool.*) Longicorni.

longiligne |lɔ̃ʒiliɲ| *adj. et s.* longilineo.

longitude |lɔ̃ʒityd| *s.f.* longitudine: *île située par 60° de latitude sud et 40° 20' de longitude ouest* isola situata a 60° di latitudine sud e a 40° 20' di longitudine ovest ◇ (*astron.*) *longitude céleste* longitudine celeste.

longitudinal, ale, aux |lɔ̃ʒitydinal, o| *adj.* longitudinale: *vallée longitudinale* valle longitudinale; *coupe, section longitudinale* sezione longitudinale → **long (en)** 🄲 **transversal.**

longitudinalement |lɔ̃ʒitydinalmɑ̃| *adv.* [*dans le sens de la longueur*] longitudinalmente.

long-jointé, ée |lɔ̃ʒwɛ̃te| *adj.* (*hippol., vétér.*) lungo* giuntato.

longotte |lɔ̃gɔt| *s.f.* (*rare*) → **calicot.**

longrine |lɔ̃gʀin| *s.f.* (*charpent., ch. de fer*) longherina.

longtemps |lɔ̃tɑ̃| **I** *adv.* [*pendant un long espace de temps*] a lungo (*loc. inv.*): *parler longtemps* parlare a lungo; *je n'aurais pas dû parler si longtemps* non avrei dovuto parlare così a lungo → **longuement**; *on se souviendra de lui longtemps après sa mort* ci si ricorderà a lungo di lui dopo la sua morte # *il n'y a plus longtemps à attendre* non c'è più molto (tempo) da aspettare → **beaucoup**; *restez aussi longtemps que vous voudrez* rimanete quanto desiderate **II** *s.m.* **1** (*compl. de prép.*) da, per molto (tempo): *cela existe depuis longtemps* esiste da molto (tempo); *il est resté absent pendant longtemps* è rimasto assente per molto tempo, a lungo; *je n'en ai pas pour longtemps* non ne ho per molto ◇ (*fam.*) *est-ce qu'il partira dans longtemps?* partirà fra molto (tempo)? ◇ *loc.* DE LONGTEMPS fra molto tempo: *vous n'y parviendrez que de longtemps* ci arriverete solo fra molto tempo ~ AVANT LONGTEMPS fra non molto, tra poco: *je compte y retourner avant longtemps* conto di ritornarci fra non molto, tra poco **2** *loc.* IL Y A, VOICI, VOILÀ LONGTEMPS molto tempo fa: *il est déjà venu ici, il y a longtemps* è già venuto qui molto tempo fa → **autrefois, jadis**; *il y a longtemps que...* è molto tempo, un bel pezzo che... 🄲 I **peu**; II 2 **récemment.**

longue |lɔ̃g| *s.f.* **1** (*mus.*) lunga* **2** [*voyelle, syllabe longue*] lunga.

longuement |lɔ̃gmɑ̃| *adv.* [*pendant un long temps*] lungamente, a lungo (*loc. inv.*): *projet longuement mûri* progetto lungamente maturato, maturato a lungo # *conter longuement une histoire* dilungarsi in una storia; *le temps ne me permet pas de m'étendre plus longuement* il tempo non mi permette di dilungarmi oltre; *rédigez moins longuement* scrivete in modo meno esteso 🄲 **brièvement.**

longuet, ette |lɔ̃gɛ, ɛt| **I** *adj.* (*fam.*) piuttosto lungo* (*cour.*), lunghetto: *son histoire est un peu longuette* la sua storia è piuttosto lunga, lunghetta **II** *s.m.* **1** [*marteau long et fin du facteur de pianos*] martelletto **2** → **gressin.**

longueur |lɔ̃gœʀ| *s.f.* **I** (*espace*) **1** (*dimension*) lunghezza: *la longueur d'une route, d'un lit, d'une automobile* la lunghezza di una strada, di un letto, di un'automobile; *dans le sens de la longueur* nel senso della lunghezza # *une pièce toute en longueur* una stanza disposta per (il) lungo; *déployer dans sa longueur* stendere per (il) lungo ◇ (*géom.*) lunghezza ◇ (*sport*) *saut en longueur* salto in lungo **2** [*grandeur qui mesure cette dimension*] lunghezza: *augmentation, diminution de longueur* aumento, diminuzione di lunghezza; *un hangar de 120 mètres de longueur sur 100 de largeur* un capannone di 120 metri di lunghezza (lungo 120 metri) e 100 di larghezza (largo 100) **3** (*sport*) lunghezza: *le coureur X a gagné d'une longueur* il corridore X ha vinto di una lunghezza; *cheval qui prend deux longueurs d'avance, qui gagne d'une longueur, qui est battu de trois longueurs* cavallo che ha due lunghezze di vantaggio, che vince di una lunghezza, che è battuto di tre lunghezze **4** [*grandeur linéaire fondamentale*] lunghezza: *les longueurs, les surfaces et les volumes* le lunghezze, le superfici e i volumi; *longueur parcourue* lunghezza percorsa → **distance** ◇ (*spécialt.*) *longueur d'onde* lunghezza d'onda; *mesures de longueur, linéaires* misure di lunghezza, lineari; *unité de longueur* unità di lunghezza **II 1** (*espace de temps*) lunghezza → **durée** ◇ *loc. prép.* À LONGUEUR DE [*pendant toute la durée de*]: *à longueur de semaine, d'année* per tutta la settimana, per tutto l'anno; *il travaille à longueur de journée* lavora (per) tutta la giornata → **long (tout au long de) 2** [*longue durée; durée trop longue*] lunghezza: *la longueur des heures d'attente* la lunghezza delle ore di attesa ◇ (*loc.*) *tirer les choses en longueur* trascinare le cose in lungo, per le lunghe ~ *traîner en longueur* trascinare le cose per le lunghe ◇ *au plur.* [*longs délais*] lungaggini: *les longueurs de la justice* le lungaggini della giustizia → **lenteur III 1** [*durée nécessaire à la lecture, à l'expression (d'une œuvre)*] lunghezza: *excusez la longueur de ma lettre* scusi la lunghezza della mia lettera; *ce livre a été mal jugé à cause de sa longueur* quel libro è stato giudicato male per la sua lunghezza **2** *au plur.* [*passages trop longs*] lungaggini: *évitez les longueurs* evitate le lungaggini; *les longueurs d'un roman-feuilleton* le lungaggini di un romanzo a puntate.

longue-vue |lɔ̃gvy| *s.f.* [*lunette d'approche*] cannocchiale (*m.*): *des longues-vues* dei cannocchiali.

looch |lɔk| *s.m.* (*ar.*) (*pharm.*) looch *inv.*
loofa |lufa| *s.m.* → **luffa.**
looping |lupiŋ| *s.m.* (*angl.*) (*aviat.*) looping *inv.*, gran volta *f.*
lopette |lɔpɛt| *s.f.* (*fam.*) (*t. d'injure*) → **pédéraste.**
Lophobranches |lɔfɔbʀɑ̃ʃ| *s.m. pl.* (*t.zool.*) Lofobranchi.
lophophore |lɔfɔfɔʀ| *s.m.* (*t.zool.*) lofoforo.
lopin |lɔpɛ̃| *s.m.* [*petit morceau de terrain; petit champ*] pezzetto, fazzoletto di terra; campicello.
loquace |lɔk(w)as| *adj.* loquace: *un homme, une femme loquace* un uomo, una donna loquace; *vous n'êtes pas très loquace aujourd'hui* non è molto loquace lei, oggi → **bavard** [C] **silencieux, taciturne.**
loquacité |lɔk(w)asite| *s.f.* (*littér.*) loquacità (*inv.*): *loquacité fatigante, importune* loquacità noiosa, importuna → **bagou, bavardage.**
-loque |lɔk| *suff.* (*signifiant 'parler', correspond généralt. à*) loquo: *ventriloque* ventriloquo.
loque |lɔk| *s.f.* **1** [*vêtement qui tombe en lambeaux*] cenci *m. pl.*, stracci *m. pl.* → **guenille, haillon** ◇ (*par ext.*) *être en loques* essere vestito di cenci, essere sbrindellato; *un clochard vêtu de loques* un barbone vestito di stracci, cencioso; uno straccione → **loqueteux** ◇ (*vx., région.*) → **chiffon, lambeau 2** (*fig.*) [*personne effondrée, sans énergie*] straccio*, relitto (*m.*): *il n'est qu'une loque* (ormai) è uno straccio; *loque humaine* relitto umano → **épave 3** (*techn.*) peste dell'ape.
loquet |lɔkɛ| *s.m.* (*techn.*) saliscendi *inv.*, nottola *f.* ◇ (*spécialt.*) [*la clenchette du loquet*] spranghetta *f.* (del saliscendi): *loquet en bois* spranghetta in legno.
loqueteau |lɔkto| *s.m.* [*petit loquet*] nottolino.
loqueteux, euse |lɔktø, øz| *adj.* **1** (*personnes*) [*vêtu de loques, de haillons*] cencioso → **déguenillé** ♦ (*s.*) *un loqueteux* uno straccione, un cencioso **2** (*choses*) [*en loques, déchiré*] a brandelli *loc. inv.*, cencioso: *habit loqueteux* vestito a brandelli, cencioso.
loran |lɔʀɑ̃| *s.m.* (*angl.*) (*aviat.*) loran *inv.*
Loranthacées |lɔʀɑ̃tase| *s.f. pl.* (*t.bot.*) Lorantacee.
lord |lɔʀ| *s.m.* (*angl.*) lord (*inv.*): *la Chambre des Lords* la Camera dei Lord ◇ (*par ext.*) *le lord Chancelier* il lord Cancelliere.
lordose |lɔʀdoz| *s.f.* (*méd.*) lordosi *inv.*
lorette |lɔʀɛt| *s.f.* (*vx.*) [*femme élégante et facile*] donnina allegra.
lorgner |lɔʀɲe| *v.tr.* **1** [*observer de façon particulière (de côté, avec insistance, à l'aide d'un instrument)*] occhieggiare, sbirciare (*fam.*): *lorgner une jolie fille du coin de l'œil* occhieggiare, sbirciare una bella ragazza con la coda dell'occhio → **reluquer 2** (*fig.*) [*avoir des vues sur (qqch. que l'on convoite)*] adocchiare, mettere (155) gli occhi su: *lorgner un héritage, une place* adocchiare, mettere gli occhi su un'eredità, un posto → **guigner.**
lorgnette |lɔʀɲɛt| *s.f.* [*petite lunette grossissante; (spécialt.) au spectacle*] binocolo *m.*, binocolo da teatro → 1 **jumelle** ◇ (*loc. fig.*) *regarder, voir par le petit bout de la lorgnette* avere una mentalità, una visione ristretta.
lorgnon |lɔʀɲɔ̃| *s.m.* [*ensemble de deux lentilles et de leur monture sans branches*] occhialetto, occhialino.
lori |lɔʀi| *s.m.* (*t.zool.*) lorichetto, lori *inv.* (*pop.*).
loricaire |lɔʀikɛʀ| *s.m.* (*t.zool.*) loricaria *f.*
loriot |lɔʀjo| *s.m.* (*t.zool.*) rigogolo, oriuolo.
loriqué, ée |lɔʀike| *adj.* (*zool.*) loricato.
Loriqués |lɔʀike| *s.m. pl.* (*t.zool.*) Loricati.
loris |lɔʀi| *s.m.* (*t.zool.*) lori *inv.*
lorrain, aine |lɔʀɛ̃, ɛn| *adj.* **1** [*de Lorraine*] lorenese, della Lorena (*loc. inv.*): *le fer, le charbon lorrain* il ferro, il carbone della Lorena **2** (*s.m.*) *le lorrain* [*le dialecte*] il lorenese.
lorry |lɔʀi| *s.m.* (*angl.*) (*ch. de fer*) carrello di servizio (a mano): *des lorries* dei vagonetti, dei carelli di servizio.
lors |lɔʀ| *adv.* **1** *loc.* LORS DE al momento, all'epoca di: *lors de son mariage, lors de leur arrivée à Paris* al momento, all'epoca del suo matrimonio, del loro arrivo a Parigi **2** (*loc. conj.*) *lors que* → **lorsque** ~ *dès lors que* dal momento che ~ *lors même que* (+ *ind., condit.*) quand' anche (+ *subj.*), anche se (+ *subj.*) **3** (*loc. adv.*) *depuis lors, dès lors* da allora, sin d'allora; *depuis, dès lors il ne m'a plus quittée* da allora non mi ha più lasciata ~ *pour lors* allora → **conséquence (en).**
lorsque |lɔʀsk(ə)| *conj. de temps* **1** (*marque 'la simultanéité'*) [*au moment où, quand*] quando, allorché: *lorsqu'il, ils, lorsqu'elle...* quand'egli, quando loro (essi), quando lei...; *lorsqu'il est arrivé* quando è arrivato; *lorsqu'un, une* quando uno, una → **quand** ◇ (*loc.*) *lorsqu'une fois* una volta che: *lorsqu'une fois on l'a connu...* una volta che lo si è conosciuto... **2** (*marque 'la simultanéité et l'opposition'*) quando invece, mentre (invece): *on fait des discours, lorsqu'il faut agir* si fanno chiacchiere, quando invece, mentre si dovrebbe agire **3** *loc.* LORS... QUE (+ *condit.*) quand'anche (+ *subj.*), anche (+ *subj.*): *lors même que vous accepteriez...* quand'anche, anche se accettaste...
losange |lɔzɑ̃ʒ| *s.m.* **1** (*géom.*) rombo, losanga* *f.* ◇ [*élément décoratif constitué par un losange*] *pavage en losanges* pavimentazione a rombi **2** (*blas.*) losanga # *écu en losange* scudo losangato.
losangé, ée |lɔzɑ̃ʒe| *adj.* [*qui est formé ou couvert de losanges juxtaposés*] a rombi *loc. inv.*, a losanghe (*loc. inv.*): *jupe losangée* gonna a rombi ◇ (*blas.*) *écu losangé* scudo losangato.
lot |lo| *s.m.* **1** [*partie d'un tout que l'on partage entre plusieurs personnes*] lotto: *lots égaux* lotti, parti uguali; *diviser, morceler une terre en lots* dividere in lotti, lottizzare un terreno → **lotir, part, portion** ◇ (*dr.*) *lots distribués à des cohéritiers* quote *f.* di divisione ripartite tra coeredi; *lot en nature, en argent* quota in natura, in denaro **2** [*quantité (de marchandises)*] stock *inv.*, partita (*f.*): *elle sortit tout un lot de vêtements* tirò fuori uno stock completo di abiti → **assortiment 3** [*ce qui échoit à un gagnant dans une loterie*] premio*, vincita (*f.*): *le gros lot* [*le plus important*] il primo premio; *lots de consolation* premi di consolazione **4** → **destin, sort 5** (*informatique*) *traitement par lots* elaborazione a batch *inv.*
loterie |lɔtʀi| *s.f.* **1** lotteria: *billet de loterie* biglietto della lotteria; *tirage, tranches d'une loterie* estrazione, serie *inv.* di una lotteria; *la loterie nationale* la lotteria nazionale → **tombola 2** (*fig.*) [*ce qui est gouverné, réglé par le hasard*] lotteria: *la vie, le monde est une loterie* la vita, il mondo è una lotteria.
loti |lɔti| (*adj.*) *être bien, mal loti* [*favorisé, défavorisé par le sort*] essere favorito, sfavorito dalla sorte ◇ (*iron.*) *le voilà bien loti* eccolo conciato (per le feste).
lotier |lɔtje| *s.m.* (*t.bot.*) loto ~ *lotier corniculé* ginestrino.
lotion |losjɔ̃| *s.f.* **1** lozione: *lotion calmante, tonique* lozione calmante, tonica; *lotion capillaire* lozione per capelli → 1 **friction 2** (*méd.*) lavaggio* (*m.*): *faire des lotions sur une plaie* fare dei lavaggi a una piaga.
lotionner |losjɔne| *v.tr.* [*soumettre à une lotion*] frizionare; detergere (114): *lotionner le cuir chevelu* frizionare il cuoio capelluto ‖ *lotionner une plaie* detergere una piaga.
lotir |lɔtiʀ| *v.tr.* **1** [*partager, répartir par lots*] lottizzare, dividere (130) in lotti: *lotir un terrain, une propriété, des immeubles* lottizzare, quotizzare un terreno, una proprietà, degli immobili; *terrain à lotir* terreno da lottizzare **2** [*mettre en possession d'un lot*] assegnare come quota: *après le partage, chacun a été loti d'une maison* dopo la divisione, a ciascuno è stata assegnata come quota una casa.
lotissement |lɔtismɑ̃| *s.m.* **1** [→ LOTIR 1] divisione *f.* in lotti, quotizzazione (*f.*): *lotissement des immeubles d'une succession* divisione in lotti, quotizzazione degli immobili di una successione ◇ (*spécialt.*) [*vente ou location des parcelles d'un terrain divisé*] lottizzazione **2** (*par ext.*) *un lotissement* [*le terrain loti*] lottizzazione, area *f.* lottizzata (*adj.*): *les lotissements de banlieue* le lottizzazioni di periferia.
lotisseur, euse |lɔtisœʀ, øz| *s.* [*personne qui partage des terrains en lots, les vend par lots*] lottizzatore*.
loto |lɔto| *s.m.* (*jeu de hasard*) tombola *f.* ◇ (*par ext.*) [*le matériel du jeu*] *boules de loto* palline della tombola; *acheter un loto* comperare una tombola ◇ (*fig., fam.*) *des yeux en boules de loto* [*tout ronds*] occhi a palla.
lo(t)te |lɔt| *s.f.* (*t.zool.*) *lotte de mer* rana pescatrice, lofio* *m.*
lotus |lɔtys| *s.m.* **1** → **lotier 2** (*mythol.*) (fior di) loto.
1 **louable** |lwabl(ə)| *adj.* [→ 1 LOUER A 1] lodevole, encomiabile: *affections, intentions, sentiments louables* affetti, intenzioni, sentimenti lodevoli; *il a fait de louables efforts* ha compiuto sforzi lodevoli [C] **blâmable, condamnable, répréhensible.**
2 **louable** |lwabl(ə)| *adj.* [→ 2 LOUER B] affittabile: *appartement difficilement louable* appartamento difficilmente affittabile.
louage |lwaʒ| *s.m.* (*dr.*) locazione *f.*, affitto: *contrat de louage* contratto di locazione, d'affitto; *louage des maisons* locazione di case; *louage d'ouvra-*

ge [*contrat d'entreprise*] locazione di opera; *louage de services* [*contrat de travail*] locazione d'opere # *louage d'un navire* noleggio di una nave; *voiture de louage* macchina di noleggio.

louange |lwɑ̃ʒ| *s.f.* **1** (*littér.*) [→ 1 LOUER A 1] lode → **éloge** ◇ *loc.* À LA LOUANGE DE in lode di: *discours à la louange d'un héros* discorso in lode di un eroe **2** *au plur.* [*témoignage verbal ou écrit d'admiration*] lodi: *louanges outrées, serviles* lodi esagerate, servili → **flagornerie, flatterie** **3** (*loc.*) *chanter la louange, les louanges de qqch.* [*les vanter*] decantare i pregi di q.c., lodare le qualità di q.c. → **vanter** © 1 **blâme,** 2 **critique.**

louanger |lwɑ̃ʒe| (3) *v.tr.* (*littér.*) [*couvrir de louanges; faire l'éloge de*] lodare, elogiare → 1 **louer, glorifier** © **blâmer, critiquer.**

louangeur, euse |lwɑ̃ʒœʀ, øz| *adj.* **1** (*littér.*) [*qui contient ou exprime une louange*] elogiativo, laudativo: *discours louangeur* discorso elogiativo, laudativo; *paroles louangeuses* parole laudative, di lode → **élogieux, laudatif** **2** → **adulateur, flatteur.**

loubar(d) |lubaʀ| *s.m.* (*fam.*) teppista di periferia (*cour.*).

1 **louche** |luʃ| *adj.* **1** (*fig.*) [*qui n'est pas clair, pas honnête*] losco*: *affaires, manœuvres louches* faccende, manovre losche; *fréquenter des milieux louches* frequentare ambienti loschi; *c'est louche* c'è del losco → **suspect,** 1 **trouble** ◇ (*personnes*) *un individu louche* un individuo losco ◇ (*par métaph.*) *il lui jeta un regard louche* gli lanciò uno sguardo torvo → 1 **travers (de)** **2** [*qui manque de transparence, de clarté*] torbido; incerto: *vin louche* vino torbido ‖ *une lumière louche* una luce incerta **3** (*vx.*) → **bigleux, loucheur** © 1 **clair, franc, net.**

2 **louche** |luʃ| *s.f.* **1** [*grande cuiller à long manche*] mestolo *m.*, ramaiolo *m.* **2** (*techn.*) cucchiaia (per colare).

loucher |luʃe| *v.intr.* **1** [*être etteint de strabisme*] essere (96) (*aux.* essere) strabico*, guercio*: *elle louchait légèrement* era leggermente strabica → **bigler** (*fam.*) **2** (*loc. fig., fam.*) *faire loucher qqn.* far morire qc. di curiosità, d'invidia ~ *loucher sur* (*qqn., qqch.*) [*jeter des regards pleins de désir, de convoitise sur* (*qqn. ou qqch.*)] sbirciare, adocchiare (qc., q.c.) → **guigner, lorgner.**

loucherie |luʃʀi| *s.f.* [→ LOUCHER 1] strabismo *m.*

louchet |luʃɛ| *s.m.* (*techn.*) cucchiaia *f.*

loucheur, euse |luʃœʀ, øz| *s.* [*personne qui louche*] strabico*, guercio*.

louchon |luʃɔ̃| *s.m.* (*fam.*) → **loucheur.**

louée |lwe| *s.f.* (*région.*) ingaggio* *m.* di braccianti e giornalieri (*cour.*).

1 **louer** |lwe| **A** *v.tr.* **1** [*déclarer* (*qqn. ou qqch.*) *digne d'admiration ou de très grande estime*] lodare: *louer qqn. sans mesure* lodare esageratamente qc.; *louer les qualités d'une chose* lodare le qualità di una cosa → **exalter, vanter** **2** *louer qqn. de, pour qqch.* congratularsi *pron.*, rallegrarsi *pron.* con qc. per q.c.: *je vous loue infiniment de votre choix* mi congratulo, mi rallegro moltissimo per la sua scelta; *on ne peut que le louer d'avoir agi ainsi* non ci si può che congratulare con lui per aver agito così → **féliciter** **3** *louer Dieu, le Seigneur* lodare Dio, il Signore → **bénir, glorifier** ◇ (*loc.*) *Dieu soit loué!* Dio sia lodato! **B** *v.pron. intr.* SE LOUER DE (QQCH.) [*témoigner ou s'avouer la vive satisfaction qu'on en éprouve*] compiacersi (149) di, rallegrarsi per: *je me loue d'avoir accepté son offre* sono felice di, mi rallegro per aver accettato la sua offerta → **applaudir (s'), féliciter (se)** ◇ (*par ext.*) *se louer de qqn.* essere soddisfatto di qc.: *il n'a qu'à se louer de son fils* non ha che da essere soddisfatto di suo figlio © A 1 **blâmer, critiquer.**

2 **louer** |lwe| **A** *v.tr.* **I** [*donner en location*] affittare, locare (*dr.*): *louer une chambre meublée à qqn.* affittare una camera ammobiliata a qc.; *maison à louer* casa da affittare **II** **1** [*prendre en location, à bail*] affittare, prendere (105) in affitto; noleggiare: *louer un appartement* affittare, prendere in affitto un appartamento ‖ *louer un navire* noleggiare una nave; *louer une voiture, un poste de télévision* noleggiare un'automobile, un televisore → **affréter** **2** [*réserver, retenir en payant*] prenotare: *louer sa place dans un train, un avion* prenotare il posto in treno, in aereo; *il est prudent de louer ses places* è prudente prenotare **B** *v.pron. passif* SE LOUER [*être à louer*] affittarsi: *cet appartement doit se louer cher* penso che questo appartamento si affitti, venga affittato a caro prezzo ◇ (*personnes*) [*engager son service, son travail*] ingaggiarsi: *ouvriers agricoles se louent pour les labours* si ingaggiano braccianti per l'aratura.

loueur, euse |lwœʀ, øz| *s.* [*personne qui fait métier de donner en location*] noleggiatore*, locatore*: *loueur de chevaux, de voitures* noleggiatore di cavalli, di automobili; *loueuse de chaises* noleggiatrice di sedie → **chaisière.**

louf |luf| *adj.* → **loufoque.**

loufiat |lufja| *s.m.* (*pop.*) [*garçon de café*] cameriere (*cour.*), garzone (di bar) (*cour.*).

loufoque |lufɔk| *adj.* **1** (*fam.*) [*fou*] matto (*cour.*), strambo (*cour.*) **2** (*choses*) strampalato, bizzarro: *une histoire loufoque* una storia strampalata, bislacca.

loufoquerie |lufɔkʀi| *s.f.* [*caractère loufoque; acte absurde, fou*] strambería.

louftingue |luftɛ̃g| *adj.* (*pop.*) → **loufoque.**

lougre |lugʀ(ə)| *s.m.* (*mar.*) drifter *inv.*

louis |lwi| *s.m.* [*anc. monnaie d'or de France*] luigi *inv.*

louise-bonne |lwizbɔn| *s.f.* [*variété de poire d'automne*] buona luigia.

loulou |lulu| *s.m.* (*t.zool.*) volpino: *loulou de Poméranie* volpino di Pomerania.

loulou, louloutte |lulu, lulut| *s.* (*fam., t. d'affection*) tesoruccio* (*m.*): *tu es toujours ma louloutte?* sei sempre il mio tesoruccio?

loup |lu| *s.m.* **I** **1** (*t.zool.*) lupo ~ *loup américain, loup des prairies* → **coyote** ~ *loup peint* → **lycaon** ◇ (*cour.*) *bande de loups affamés* branco di lupi affamati; *le loup, la louve et leurs louveteaux* il lupo, la lupa e i loro lupacchiotti; *hurlement de loup* ululato del lupo; *piège à loups* trappola per lupi ◇ (*loc.*) *une faim de loup* una fame da lupo ~ *un froid de loup* un freddo cane ~ *à pas de loup* a passi felpati; ~ *entre chien et loup* tra (il) lusco e (il) brusco, all'imbrunire ~ *se fourrer, se jeter dans la gueule du loup* andare a finire, cascare in bocca al lupo ~ *on apprend à hurler avec les loups* chi va con lo zoppo impara a zoppicare ~ *être connu comme le loup blanc* [*très connu*] essere conosciuto più della bettonica ◇ (*loc. prov.*) *la faim fait sortir le loup du bois* la fame caccia il lupo dal bosco ~ *les loups ne se mangent pas entre eux* lupo non mangia lupo ~ *quand on parle du loup, on en voit la queue* lupus in fabula ~ *l'homme est un loup pour l'homme* homo homini lupus **2** (*fam., t. d'affection, à l'égard d'un enfant, d'un être cher*] tesoro: *mon loup, mon petit loup* tesoro mio, tesoruccio mio **3** (*loc. fig., fam.*) *loup de mer* lupo di mare **4** (*t. zool.*) spigola *f.*, branzino → 2 **bar** **II** **1** [*masque qu'on porte dans les bals masqués*] mascherina *f.* **2** (*métall.*) loppa *f.*

loupage |lupaʒ| *s.m.* (*fam.*) [→ LOUPER 1] fiasco*, smacco* (*cour.*), fallimento (*cour.*) → **ratage.**

loup-cervier |lusɛʀvje| *s.m.* (*t. zool.*) lupo cerviero: *des loups-cerviers* dei lupi cervieri → **lynx.**

loup de mer |ludmɛʀ| *s.m.* → **loup** I 3.

1 **loupe** |lup| *s.f.* **1** (*opt.*) lente (d'ingrandimento): *grossissement, puissance d'une loupe* ingrandimento, potenza di una lente; *travailler, lire à la loupe* lavorare, leggere con la lente ◇ (*loc. fig.*) *regarder une chose à la loupe* guardare una cosa minuziosamente **2** (*techn.*) perla, pietra preziosa imperfetta.

2 **loupe** |lup| *s.f.* **1** [*tumeur sous-cutanée*] natta **2** [*excroissance du bois d'arbre*] nocchio* *m.* → **nodosité.**

loupé, ée |lupe| **1** *adj.* (*fam.*) → **manqué** **2** *s.m.* (*techn.*) difetto.

louper |lupe| *v.tr.* (*fam.*) **1** [*ne pas réussir* (*un travail, une action*)] sbagliare (*cour.*): *élève qui loupe une composition, son examen* alunno che sbaglia una composizione, non supera l'esame → **manquer, rater** **2** [*ne pouvoir prendre, laisser échapper*] perdere (163): *tu vas louper ton train* perderai il treno; *louper l'occasion* perdere l'occasione ✦ (*intr.*) *ça n'a pas loupé* [*ça devait arriver*] doveva finire così, era inevitabile.

loup-garou |lugaʀu| *s.m.* [*personnage malfaisant des légendes et superstitions pop.*] lupo mannaro.

loupiot, iotte |lupjo, jɔt| *s.* (*fam.*) → **enfant.**

loupiote |lupjɔt| *s.f.* (*fam.*) [*petite lampe, lumière*] piccola lampada (*cour.*).

lourd, lourde |luʀ, luʀd(ə)| *adj.* **I** **1** [*difficile à déplacer, en raison de son poids*] pesante: *lourd fardeau* pesante fardello; *fardeau lourd à porter* fardello pesante da portare; *une valise très lourde* una valigia molto pesante → **pesant** # *terre lourde* [*qu'on a de la peine à labourer*] terreno duro ◇ (*sport*) *terrain lourd* terreno pesante ◇ (*fig.*) *se sentir les jambes lourdes* sentirsi le gambe pesanti; *yeux lourds* *de sommeil* occhi appesantiti dal sonno ◇ [*qui gêne par une impression de pesanteur*] *tête lourde* testa pesante; *estomac lourd* stomaco pesante; *sommeil lourd* sonno pesante ◇ (*Bourse*) *marché lourd* mercato pesante **2** [*dont le poids est élevé ou supérieur à la moyenne*] pesante: *armes lourdes* armi pesanti; *artillerie lourde* artiglieria pesante; *bombardier lourd* bombardiere pesante; *industrie lourde* industria pesante ◇ (*spécialt.*) *poids lourd* veicolo, automezzo pesante → 1 **camion** ◇ (*boxe*) peso massimo ◇ [*dont la densité est élevée*]: *corps plus lourd que l'air* corpo più pesante dell'aria; *huiles lourdes* oli pesanti → **dense** ◇ (*sc.*) *hydrogène lourd* idrogeno pesante; *eau lourde* acqua pesante **3** (*loc.*) *avoir la main lourde*: (*pr.*, *fig.*) avere la mano pesante **4** (*fig.*) [*difficile à supporter*] gravoso, pesante: *lourdes charges, lourds impôts* oneri gravosi, imposte gravose → **écrasant**; *lourde tâche* lavoro gravoso, pesante; *lourde responsabilité* pesante, grave responsabilità; *lourde hérédité* pesante eredità # *de lourdes présomptions pèsent sur l'accusé* gravi indizi pesano sull'imputato → **grave** ◇ (*loc.*) *en avoir lourd sur le cœur* avere un peso sullo stomaco **5** [*qui accable, oppresse, pèse*] pesante: *silence lourd* silenzio pesante; *aliments lourds* cibi pesanti → **indigeste** ◇ (*fam.*) *il fait lourd* è afoso **6** LOURD (DE) [*chargé* (*de*)] carico* di: *phrase lourde de sous-entendus, de menaces* frase carica di sottintesi, di minacce → **plein, rempli** **7** [*qui donne une impression de lourdeur, de pesanteur sur les sens*] pesante: *nuages lourds* nubi pesanti; *tentures lourdes* addobbi pesanti; *monument lourd* monumento pesante; *une lourde silhouette* una figura pesante → **trapu** ◇ [*sur l'odorat, le goût*] *un parfum lourd* un profumo forte → **fort**; *un vin lourd* un vino pesante **8** *adv.* PESER LOURD pesare molto: *cette malle pèse lourd* questo baule pesa molto → **beaucoup** ◇ (*fig.*) *cela ne pèsera pas lourd dans la balance* la cosa non avrà molto peso ~ (*fam.*) *il n'en sait pas lourd, il n'en fait pas lourd* [*pas beaucoup*] non sa, non fa gran che **II** **1** (*personnes*) [*qui manque de finesse, de subtilité*] grossolano, rozzo → **grossier** **2** [*qui manifeste de la maladresse intellectuelle*] pesante: *de lourds compliments* complimenti pesanti; *de lourdes plaisanteries* scherzi pesanti → **gros**; *phrase lourde* frase pesante; *style lourd* stile pesante → **embarrassé** **3** [*qui se déplace, se meut avec maladresse, gaucherie, lenteur*] impacciato; pesante: *ce costume le rend lourd* quel vestito lo rende impacciato → **empoté** ‖ *insecte, oiseau lourd* insetto, uccello pesante; *pas lourd* passo pesante Ⓒ I 1 **léger**; II 1 **fin, subtil, vif.**

lourdaud, aude |luʀdo, od| **1** *s.* → **maladroit, rustre** **2** *adj.* → **balourd, gauche.**

lourde |luʀd(ə)| *s.f.* (*pop.*) → **porte.**

lourdement |luʀdəmɑ̃| *adv.* **1** [*gauchement, maladroitement*] goffamente: *marcher lourdement* camminare goffamente ◇ (*loc. fig.*) *appuyer, insister lourdement* insistere in maniera eccessiva *loc. inv.* ~ *se tromper lourdement* sbagliarsi di grosso *loc. inv.* → **grossièrement** **2** [*de tout son poids, de toute sa force*] pesantemente, di peso (*loc. inv.*): *tomber, choir lourdement* cadere pesantemente, di peso ◇ (*fig.*) *peser lourdement sur* avere, esercitare un notevole peso su **3** [*avec une charge, un matériel pesants*] *camions lourdement chargés* camion molto carichi → **pesamment** ◇ (*fig.*) *ces charges grèvent lourdement son budget* questi oneri gravano in maniera pesante *loc. inv.* sul suo bilancio, oberano gravosamente il suo bilancio.

lourder |luʀde| *v.tr.* (*pop.*) [*mettre à la porte*; *se débarrasser de* (*qqch.*, *qqn.*)] scaricare: *il s'est fait lourder* si è fatto scaricare → **larguer,** 1 **virer.**

lourdeur |luʀdœʀ| *s.f.* **1** [*gaucherie, maladresse*] goffaggine: *lourdeur de la démarche* goffaggine dell'andatura ◇ (*fig.*) [*manque de finesse, de vivacité, de délicatesse*] ottusità *inv.*; rozzezza: *lourdeur d'esprit* ottusità di mente → **épaisseur, lenteur, pesanteur** ‖ *lourdeur du style* rozzezza di stile **2** (*rare*) [*caractère de ce qui pèse lourd*] pesantezza: *la lourdeur d'une valise* la pesantezza di una valigia **3** [*caractère de ce qui est difficile à supporter*] gravosità (*inv.*): *la lourdeur de l'impôt* la gravosità dell'imposta ◇ (*par ext.*) [*impression pénible de pesanteur*] pesantezza: *lourdeur de tête* pesantezza di testa **4** [*caractère massif, pesant*] pesantezza: *lourdeur des formes, de la silhouette* pesantezza di forme, di linea; *lourdeur d'un édifice* pesantezza di un edificio.

loure |luʀ| *s.f.* **1** (*ancienn.*, *mus.*) cornamusa **2** [*danse rustique anc. à trois temps*] ⊠.

louré |luʀe| *s.m.* (*mus.*) legato.

loustic |lustik| *s.m.* **1** [*individu facétieux*] burlone *s.*, mattacchione *s.* → **farceur, plaisantin** # *élève qui fait le loustic* alunno che fa lo spiritoso ◇ (*fam.*, *péj.*) [*homme, type*] tipo, individuo: *c'est un drôle de loustic* è uno strano tipo, individuo **2** (*ancienn.*) [*amuseur attiré d'une compagnie*] buffone *s.*, pagliaccio*.

loutre |lutʀ(ə)| *s.f.* **1** (*t.zool.*) lontra ~ *loutre marine* lontra marina **2** [*la fourrure*] lontra: *un manteau de loutre* una pelliccia di lontra ◇ (*par ext.*) [*nom donné, dans le commerce, à diverses fourrures*] *loutre d'Hudson* → **ondatra** ~ *loutre de Sibérie* → **martre** ~ *loutre de mer* → **otarie.**

louve |luv| *s.f.* **I** [*femelle du loup*] lupa: *la louve et ses louveteaux* la lupa e i suoi lupacchiotti ◇ (*hist. rom.*) *la louve romaine* la lupa romana **II** **1** (*techn.*) ulivella → **levier** **2** [*filet de pêche, verveux à deux entrées opposées*] bertuello *m.*

louvet, ette |luvɛ, ɛt| *adj.* (*en parlant du cheval*) dal mantello lupino (*loc. inv.*): *jument louvette* giumenta dal mantello lupino.

louveteau |luvto| *s.m.* **1** [*petit du loup et de la louve*] lupacchiotto, lupetto **2** (*fig.*) [*scout de moins de douze ans*] lupetto.

louveter |luvte| (5) *v.intr.* (*vén.*) (*en parlant de la louve*) [*mettre bas*] figliare.

louveterie |luvt(ə)ʀi| *s.f.* **1** *lieutenant de louveterie* [*personne nommée par le préfet et qui exerce ses fonctions sous le contrôle de l'Administration des Eaux et For.*] ⊠ **2** (*vx.*) caccia* al lupo, agli animali novici ◇ (*par ext.*) equipaggio* *m.* per la caccia al lupo, agli animali nocivi.

louvetier |luvtje| *s.m.* **1** → **louveterie (lieutenant de)** **2** (*vx.*) *grand-louvetier* [*officier de la maison du roi, qui commandait l'équipage pour la chasse au loup*] ⊠.

louvoiement |luvwamɑ̃| *s.m.* [→ LOUVOYER 2] il destreggiarsi *inv.*, il barcamenarsi *inv.* ◇ [*détour, manœuvre*] scappatoia *f.*, sotterfugio* ◇ (*mar.*) bordeggio*.

louvoyer |luvwaje| (10) *v.intr.* **1** (*mar.*) [*naviguer en zig-zag pour utiliser un vent contraire*] bordeggiare **2** (*fig.*) [*prendre des biais, des détours pour atteindre un but*] destreggiarsi *pron.*, barcamenarsi *pron.*

lovelace |lɔvlas| *s.m.* (*angl.*) (*littér.*) [*séducteur, don Juan*] rubacuori *inv.*

lover |lɔve| **A** *v.tr.* (*mar.*) [*ramasser en rond* (*un câble, un cordage*)] addugliare, acciambellare **B** *v.pron. intr.* SE LOVER [*s'enrouler sur soi-même*] acciambellarsi: *le serpent se love pour dormir* il serpente si acciambella per dormire.

loxodromie |lɔksɔdʀɔmi| *s.f.* (*mar.*) lossodromia.

loxodromique |lɔksɔdʀɔmik| *adj.* (*mar.*) lossodromico*: *courbe loxodromique* linea lossodromica; *tables loxodromiques* tavole lossodromiche.

loyal, ale, aux |lwajal, o| *adj.* **1** leale: *c'est l'ami le plus loyal* è l'amico più leale → **sincère, fidèle, honnête**; *adversaire, ennemi loyal* avversario, nemico leale → **droit, régulier** (*fam.*) ◇ *loc. adv.* (*pop.*, *plais.*) À LA LOYALE → **loyalement** **2** (*dr. comm.*) garantito: *qualité loyale et marchande* qualità commerciale garantita **3** (*vx.*) → **légal** Ⓒ 1 **faux, hypocrite.**

loyalement |lwajalmɑ̃| *adv.* [→ LOYAL 1] lealmente, con lealtà (*loc. inv.*): *combattre loyalement* combattere lealmente, con lealtà; *discuter loyalement* discutere lealmente.

loyalisme |lwajalism(ə)| *s.m.* (*polit.*) lealismo: *loyalisme républicain* lealismo repubblicano ◇ (*fig.*) → **dévouement.**

loyaliste |lwajalist(ə)| *adj. et s.* (*polit.*) lealista *s.* ◇ (*fig.*) → **loyal.**

loyauté |lwajote| *s.f.* [*caractère loyal, fidélité à tenir ses engagements*] lealtà (*inv.*): *la loyauté de sa conduite* la lealtà del suo comportamento; *reconnaître avec loyauté les mérites de l'adversaire* riconoscere con lealtà i meriti dell'avversario → **droiture, honnêteté** # *loyauté conjugale* fedeltà coniugale.

loyer |lwaje| *s.m.* **1** (*dr.*) affitto: *donner, prendre à loyer* dare, prendere in affitto → 2 **louer, bail, location**; *loyer d'une ferme* affitto di un fondo rustico → **fermage** **2** (*spécialt.*) [*prix de la location d'un local d'habitation*] (canone d')affitto: *gros, petit loyer* affitto alto, basso; *loyer élevé* affitto elevato # *habitation à loyer modéré* (*H.L.M.*) casa popolare **3** *le loyer de l'argent* [*le taux de l'intérêt*] il tasso d'interesse, il costo del denaro **4** (*vx.*) → **salaire; prix.**

lubie |lybi| *s.f.* [*idée, envie capricieuse et parfois saugrenue, déraisonnable*] grillo *m.*, ghiribizzo (*m.*): *il a des lubies, il lui prend des lubies* ha dei grilli per il capo; *il ne veut pas démordre de sa*

lubie non vuole rinunciare ai suoi grilli; *il lui a pris la lubie de...* gli è saltato il grillo, gli è venuto il ghiribizzo di... → **caprice, fantaisie, folie.**
lubricité |lybʀisite| *s.f.* lubricità *inv.* (*littér.*) → **impudicité.**
lubrifiant, ante |lybʀifjɑ̃, ɑ̃t| **1** *adj.* lubrificante: *liquide lubrifiant* liquido lubrificante **2** *s.m.* lubrificante: *viscosité d'un lubrifiant* viscosità di un lubrificante.
lubrification |lybʀifikɑsjɔ̃| *s.f.* lubrificazione.
lubrifier |lybʀifje| *v.tr.* [*enduire d'une matière onctueuse qui atténue le frottement, facilite le fonctionnement*] lubrificare: *lubrifier un moteur* lubrificare un motore; *lubrifier les rouages d'une machine* lubrificare gli ingranaggi di una macchina → **graisser, huiler, oindre.**
lubrique |lybʀik| *adj.* lubrico* → **luxurieux, charnel, bestial** ◇ (*plais.*) *un œil lubrique* uno sguardo lubrico.
lubriquement |lybʀikmɑ̃| *adv.* [→ LUBRIQUE] lubricamente.
lucane |lykan| *s.m.* (*t.zool.*) **1** (*insecte*) lucano **2** cervo volante.
lucanien, ienne |lykanjɛ̃, jɛn| *adj.* [*de Lucanie*] lucano.
lucarne |lykaʀn(ə)| *s.f.* **1** [*petite fenêtre, pratiquée dans le toit d'un bâtiment*] lucernario* *m.*, abbaino (*m.*): *lucarne à tabatière* lucernario a cerniera orizzontale → **faîtière** **2** [*petite ouverture pratiquée dans un mur, une paroi*] finestrella, finestrino (*m.*): *lucarne d'une entrée* finestrella, finestrino di un ingresso **3** (*plais.*) *les* (*étranges*) *lucarnes* il televisore *m.* (i televisori).
1 **lucernaire** |lysɛʀnɛʀ| *s.m.* (*t. zool.*) lucernaria *f.*
2 **lucernaire** |lysɛʀnɛʀ| *s.m.* (*liturg.*) lucernare, lucernario*.
lucide |lysid| *adj.* **1** lucido: *esprit lucide* mente lucida; *intelligence lucide* intelligenza lucida → **clair, clairvoyant, pénétrant, perspicace**; *il est revenu de son évanouissement, mais il n'est pas encore entièrement lucide* si è riavuto dallo svenimento, ma non è ancora molto lucido → **conscient** **2** [*clairvoyant sur son propre comportement*] lucido ◇ (*spécialt.*) *fou qui a des intervalles, des moments lucides* folle che ha degli intervalli, dei momenti lucidi, di lucidità **3** (*vx.*) → **clair, lumineux** Ⓒ 2 **aveugle.**
lucidement |lysidmɑ̃| *adv.* [→ LUCIDE 1, 2] lucidamente Ⓒ **aveuglément.**
lucidité |lysidite| *s.f.* **1** lucidità (*inv.*): *lucidité d'esprit* lucidità di mente; *analyse d'une grande lucidité* analisi di una grande lucidità; *raisonner avec lucidité* ragionare con lucidità → **acuité, clairvoyance, pénétration** **2** [*fonction normale des facultés intellectuelles*] lucidità: *moments, intervalles de lucidité d'un aliéné* momenti, intervalli di lucidità di un pazzo → **conscience** Ⓒ **démence, égarement.**
luciférien, ienne |lysifeʀjɛ̃, jɛn| *adj. et s.* → **démoniaque, satanique.**
lucifuge |lysifyʒ| *adj.* (*zool.*) lucifugo*.
lucilie |lysili| *s.f.* (*t.zool.*) lucilia.
lucimètre |lysimɛtʀ(ə)| *s.m.* (*phys.*) lucimetro.
luciole |lysjɔl| *s.f.* (*t.zool.*) lucciola.
lucquois, oise |lykwa, waz| *adj.* [*de Lucques*] lucchese.
lucratif, ive |lykʀatif, iv| *adj.* lucrativo, lucroso: *occupation lucrative* occupazione lucrativa, lucrosa; *une bonne place lucrative* un buon posto lucrativo, ben retribuito ◇ (*dr.*) *association créée dans un but lucratif* associazione fondata a scopo di lucro (*loc. inv.*); *association sans but lucratif* (*a.s.b.l.*) associazione senza scopo di lucro # *opération lucrative* operazione redditizia → **fructueux.**
lucre |lykʀ(ə)| *s.m.* **1** lucro, guadagno: *le goût, l'amour du lucre* il gusto, l'amore per il lucro, il guadagno **2** (*vx.*) → **gain, profit.**
lucumon |lykymɔ̃| *s.m.* (*hist. étrusque*) lucumone.
lucumonie |lykymɔni| *s.f.* (*hist. étrusque*) lucumonia.
luddisme |lydism(ə)| *s.m.* (*hist.*) luddismo.
ludion |lydjɔ̃| *s.m.* (*phys.*) ludione, diavoletto di Cartesio.
ludique |lydik| *adj.* ludico*: *activité ludique des enfants* attività ludica dei bambini.
ludisme |lydism(ə)| *s.m.* (*psycho.*) attività *f. inv.* ludica*.
luétine |lɥetin| *s.f.* (*biol.*) luetina.
luette |lɥɛt| *s.f.* (*anat.*) ugola.
lueur |lɥœʀ| *s.f.* **1** [*lumière faible, diffuse*] chiarore *m.*, luce: *lueur blafarde* pallido chiarore; *lueur crépusculaire* chiarore crepuscolare, del crepuscolo; *lueur tremblante, vacillante* luce tremula, vacillante; *les premières lueurs du jour, de l'aube* le prime luci del giorno, dell'alba # *à la lueur d'une bougie, du feu* al lume di candela, alla luce del fuoco ◇ [*lumière brusque, éphémère*] bagliore (*m.*): *lueur brusque, violente* bagliore improvviso, intenso; *lueur des éclairs* bagliore dei lampi **2** [*expression vive et momentanée* (*du regard*)] il brillare *m. inv.*, lampo (*m.*): *la lueur des yeux* il brillare degli occhi; *il a eu une lueur de colère dans les yeux* nei suoi occhi è passato un lampo di collera → 1 **éclair, éclat,** 1 **flamme** **3** (*fig.*) [*illumination soudaine, faible ou passagère; légère apparence ou trace*] sprazzo *m.*; barlume (*m.*): *une lueur d'intelligence* uno sprazzo d'intelligenza || *lueur de raison, d'espérance* barlume di ragione, di speranza.
luffa |lyfa| *s.m.* (*t.bot.*) luffa *f.*
luge |lyʒ| *s.f.* [*petit traîneau à patines relevés à l'avant*] slittino (*m.*): *faire une descente en luge* fare una discesa sullo slittino ◇ [*le sport de la luge*] *faire de la luge* praticare lo slittino, andare in slittino → **bobsleigh, traîneau.**
luger |lyʒe| (3) *v.intr.* [*faire de la luge*] praticare *tr.* lo slittino, andare (101) (*aux.* essere) in slittino.
lugeur, euse |lyʒœʀ, øz| *s.* chi pratica lo sport dello slittino *loc.*, chi va in slittino *loc.*
lugubre |lygybʀ(ə)| *adj.* **1** (*littér.*) → **funèbre** **2** lugubre: *air lugubre* aria lugubre; *ton lugubre* tono lugubre; *mine lugubre* faccia lugubre → **funèbre,** 1 **sinistre** ◇ (*par ext.*) *il est lugubre* [*d'une tristesse accablante*] è deprimente Ⓒ 2 **gai.**
lugubrement |lygybʀəmɑ̃| *adv.* [→ LUGUBRE 2] lugubremente → **sinistrement, tristement** Ⓒ **gaiement.**
lui |lɥi| *pron. pers.* (*de la 3ᵉ pers. du sing.*) **I** (*des deux genres, représentant un nom de personne ou d'animal*) → **leur** *pl.* **1** (*compl. d'objet indirect*) gli, a lui *m.*; le, a lei (*f.*): *elle lui parle* lei gli (le) parla, parla a (con) lui (lei); *il lui dit* lui le dice, dice a lei; *il le lui a dit* [*à lui, à elle*] glielo ha detto; *nous lui en avons parlé* [*à lui, à elle*] gliene abbiamo parlato; *on lui voit beaucoup d'ennemis* gli (le) si conoscono molti nemici ◇ (*compl. d'un adj. attribut*) *il lui est très facile de venir chez nous* gli (le) è molto facile (per lui, per lei è molto facile) venire da noi ◇ (*devant un nom désignant une partie du corps*) *je lui ai serré la main* gli (le) ho stretto la mano; *elle lui sauta au cou* gli si gettò al collo **2** (*objet d'un v. principal et sujet d'un inf.*) *faites-lui recommencer ce travail* fategli (fatele) rifare quel lavoro; *je le lui ferai refaire* glielo farò rifare; *il lui a laissé lire cette lettre* gli (le) ha lasciato leggere questa lettera; *je lui ai entendu dire cela* gliel'ho sentito dire; l'ho sentito dire da lui, da lei **II** *pron. m.* → **elle** *f.*, **eux** *pl.* **1** (*sujet*) lui, egli (*vieilli*): *lui aussi voudrait la connaître* anche lui vorrebbe conoscerla; *lui non plus n'y a rien compris* neanche lui ci ha capito niente ◇ (*sujet d'un v. au p.p. ou d'une propos. ellip.*) lui: *lui parti, ils sont tous rentrés chez eux* partito lui, sono tornati tutti a casa; '*qui te l'a dit?*' '*lui*' 'chi te l'ha detto?' 'lui'; *elle est moins raisonnable que lui* è meno ragionevole di lui **2** (*en opposition au sujet*) lui: *lui devant, elle derrière* lui davanti, lei dietro ◇ *loc.* C'EST (*c'était*) LUI QUI è (era) lui che: *c'est lui qui sera content de vous voir* (è) lui (che) sarà contento di vedervi **3** (*objet direct*) lui: *je ne veux voir que lui* voglio vedere soltanto lui; *je n'excuserai ni lui ni ses amis* non scuserò né lui né i suoi amici **III** (*avec une prép.*) → **elle** *f.*, **eux** *pl.* **1** (*compl. indirect*) À LUI a lui; a sé: *vous pensez encore à lui?* (lei) pensa ancora a lui?; *voulez-vous me présenter à lui?* vuole presentarmi a lui? || *Dieu l'a rappelée à Lui* Dio l'ha richiamata a sé # *on ne peut pas se fier à lui* non ci si può fidare di lui ◇ (*après 'c'est'*) da parte sua; tocca (spetta) a lui, è lui che: *c'est gentil à lui de m'avoir écrit* è stato gentile da parte sua scrivermi || *c'est à lui de faire le nécessaire* tocca (spetta) a lui, è lui che deve fare il necessario ◇ (*ellipt.*) *à lui de décider* è lui che deve, sta a lui decidere ◇ (*après un subst. indiquant 'possession, appartenance'*) (tutto) suo: *il a une allure bien à lui* ha un'andatura tutta sua, tutta particolare; *ce sont des idées à lui* sono idee (tutte) sue, (tutte) personali; *c'est un ami à lui* è un suo amico ◇ *loc.* À LUI (TOUT) SEUL da solo, da sé: *il n'y arrivera jamais à lui* (*tout*) *seul* non ci riuscirà mai da solo, non potrà mai farcela da sé **2** DE LUI, EN LUI, PAR LUI *etc.* di lui, in lui, da lui, ecc.: *j'ai plaisir à parler de lui* mi fa piacere parlare di lui; *j'ai confiance en lui* ho fiducia in lui; *chez lui* da lui, a casa sua **3** (*littér.*) (*devant un p.p. sans aux. ou un adj.*) *un livre à lui dédié* un libro a lui dedicato; *pour des raisons à lui particulières* per ragioni sue particolari **IV** LUI (*employé comme réfl., au lieu de 'soi', pour représenter un sujet m.*) sé (stesso): *un homme content de lui*

un uomo soddisfatto di sé (stesso); *il regarda autour de lui* guardò intorno a sé, si guardò intorno **V** LUI-MÊME **1** (*non réfl.*) lui (stesso): *lui-même n'accepterait pas cela* lui stesso non lo accetterebbe; *lui-même n'en sait rien* lui non ne sa nulla **2** *réfl.* sé (stesso): *la bonne opinion qu'il a de lui-même* l'alta stima che ha di sé (stesso); *il est en contradiction avec lui-même* è in contraddizione con sé stesso → **soi(-même)** ◇ *loc.* DE LUI-MÊME da solo, di sua (di propria) iniziativa: *il a agi de lui-même* ha agito da solo, di sua iniziativa ~ *qu'il vienne ici pour voir un peu* PAR LUI-MÊME venga lui personalmente a vedere un po' (com'è la situazione) ~ *il s'imposa* À LUI-MÊME *une règle de conduite* si impose una regola di condotta.

luire |lɥiʀ| (50) *v.intr.* **1** [*émettre ou refléter de la lumière*] splendere*, risplendere*: *l'aurore luit* l'aurora splende; *le soleil luit* il sole splende; *rayon, reflet qui luit* raggio, riflesso che risplende → **briller, éclairer, reluire** # *yeux, regards qui luisent de colère, d'envie* occhi, sguardi che si accendono, luccicano d'ira, di cupidigia ◇ (*par anal.*) *luire au soleil* risplendere al sole **2** (*par métaph.*) [*apparaître, se manifester comme une lueur apparaît aux yeux*] accendersi (105) *pron.* # *l'espoir luisait encore* la speranza si riaccendeva.

luisance |lɥizɑ̃s| *s.f.* (*rare, littér.*) [*caractère de ce qui luit*] lucentezza.

luisant, ante |lɥizɑ̃, ɑ̃t| **I** *adj.* **1** [*qui réfléchit la lumière, qui a des reflets*] rilucente, lucente: *métal luisant* metallo rilucente; *armes luisantes* armi lucenti → 1 **brillant, clair** # *vêtements luisants d'usure* vestiti lucidi per l'usura → **lustre** **2** (*vx.*) [*qui émet de la lumière*] → **phosphorescent** ◇ (*cour.*) *ver luisant* → **lampyre** **II** *s.m.* LUISANT [*qualité de ce qui est luisant*] lucentezza (*f.*): *le luisant d'une étoffe, du satin* la lucentezza di una stoffa, del raso.

lulu |lyly| *s.m.* (*t.zool.*) tottavilla *f.*

lumachelle |lymaʃɛl| *s.f.* (*minér., techn.*) lumachella.

lumbago |lɔ̃bago| *s.m.* (*méd., cour.*) lombaggine *f.*

lumen |lymɛn| *s.m.* (*lat.*) (*phys.*) lumen *inv.*

lumen-heure |lymɛnœʀ| *s.m.* (*phys.*) lumenora (*inv.*): *des lumens-heures* dei lumenora.

lumenmètre |lymɛnmɛtʀ| *s.m.* (*phys.*) lumenometro.

lumière |lymjɛʀ| *s.f.* **I** **1** luce: *source de lumière* sorgente di luce; *lumière intense, vive* luce intensa, viva; *lumière diffuse, indécise* luce diffusa, incerta ◇ (*spécialt.*) *lumière du soleil, du jour* luce del sole, del giorno; *lumière artificielle, électrique* luce artificiale, elettrica; *lumière d'une lampe, d'un phare* luce di una lampada, di un faro **2** *absolt.* (*poét.*) [*lumière du jour*] luce ◇ (*loc.*) *ouvrir les yeux à la lumière* [*naître*] venire alla luce **3** [*source de lumière, point lumineux*] luce: *les lumières de la ville* le luci della città **4** [*représentation picturale de la lumière*] luce: *contraste de lumière et d'ombre* contrasto di luci e ombre; *effets de lumière* effetti di luce **II** (*sc.*) luce: *intensité de lumière* intensità della luce; *lumière blanche* luce bianca; *vitesse de la lumière* velocità della luce; *année de lumière, année-lumière* anno luce **III** (*fig.*) **1** [*ce qui éclaire, illumine l'esprit*] luce, lume (*m.*): *les lumières de la foi* la luce, il lume della fede ✦ (*absolt.*) *la Lumière* [*Dieu, la Vérité, le Bien*] la Luce; *les esprits de lumière* [*les anges*] i puri spiriti, gli spiriti celesti **2** [*ce qui rend clair, fournit une explication*] luce: *à la lumière des événements* alla luce degli avvenimenti, dei fatti; *l'auteur jette une lumière nouvelle sur la question* l'autore getta una luce nuova sulla questione; *faire* (*toute*) *la lumière* far (piena) luce → **clarté, éclaircissement** # *cela n'apporte aucune lumière* ciò non porta nuovi lumi, non chiarisce nulla **3** [*état de ce qui est visible, évident pour tous*] luce: *mettre en* (*pleine*) *lumière* mettere, porre in (piena) luce → **évidence,** 1 **jour** **4** LES LUMIÈRES [*la capacité intellectuelle naturelle, l'intelligence*] i lumi: *aidez-moi de vos lumières* vi chiedo lumi, chiedo i vostri lumi; *le siècle des lumières* il secolo dei lumi, l'illuminismo ◇ [*les connaissances acquises, le savoir*] i lumi **5** [*homme de grande intelligence, de grande valeur*] luminare *m.* ◇ (*loc. fam.*) *ce n'est pas une lumière* [*il n'est pas très intelligent*] non è una cima, un genio **IV** (*techn.*) luce; apertura, foro *m.* → 3 **jour, orifice.**

lumignon |lymiɲɔ̃| *s.m.* **1** [*lampe qui éclaire faiblement*] lumicino **2** (*vieilli*) [*bout de la mèche d'une bougie ou d'une lampe allumée*] lucignolo (*cour.*) ◇ [*bougie, chandelle près d'être consumée*] moccolo (*cour.*).

luminaire |lyminɛʀ| *s.m.* **1** luminaria *f.* **2** [*tout appareil d'éclairage*] lampada *f.*, lume.

luminance |luminɑ̃s| *s.f.* (*phys.*) luminanza, brillanza.

luminescence |lyminesɑ̃s| *s.f.* (*phys.*) luminescenza → **fluorescence, phosphorescence.**

luminescent, ente |lyminesɑ̃, ɑ̃t| *adj.* luminescente: *tubes luminescents servant à l'éclairage* tubi luminescenti per illuminazione → **fluorescent, phosphorescent.**

lumineusement |lyminøzmɑ̃| *adv.* [→ LUMINEUX 1, 2] luminosamente ◇ (*fig.*) *il nous l'a expliqué lumineusement* ce lo ha spiegato in modo limpido e chiaro *loc. inv.*

lumineux, euse |lyminø, øz| *adj.* **1** luminoso: *corps, point lumineux* corpo, punto luminoso; *source lumineuse* sorgente luminosa; *cadran lumineux d'une montre* quadrante luminoso di un orologio; *regard lumineux* sguardo luminoso, radioso → 1 **brillant, éclatant, étincelant** # *fontaine lumineuse* fontana illuminata **2** [*de la nature de la lumière* (*visible*)] luminoso: *rayon lumineux* raggio luminoso; *ondes lumineuses* onde luminose **3** (*fig.*) → **lucide** ◇ (*fam.*) *c'est une idée lumineuse* [*une idée excellente, de génie*] è un'idea luminosa.

luminisme |lyminism(ə)| *s.m.* (*peint.*) luminismo.

luministe |lyminist(ə)| *s.* luminista ✦ *adj.* (*bx-arts*) luministico*.

luminophore |lyminɔfɔʀ| *s.m.* (*techn.*) luminoforo.

luminosité |lyminozite| *s.f.* **1** luminosità (*inv.*): *la luminosité du ciel méditerranéen* la luminosità del cielo mediterraneo → **éclat** **2** (*sc.*) luminosità: *masse et luminosité des étoiles* massa e luminosità delle stelle.

lumitype |lymitip| *s.f.* (*marque déposée*) (*imprim.*) lumitype *inv.*

lump |lœp| *s.m.* (*t.zool.*) lompo ◇ (*cour.*) *œufs de lump* uova di lompo.

1 **lunaire** |lynɛʀ| *adj.* **1** lunare: *disque, clarté lunaire* disco, chiarore lunare; *sol lunaire* suolo lunare ◇ (*astron.*) *année lunaire* anno lunare; *cycle lunaire* fasi lunari ◇ (*astronautique*) *module lunaire* modulo lunare → **lem** **2** [*qui semble appartenir à la lune, évoque la lune*] lunare: *paysage lunaire* paesaggio lunare # *face lunaire* [*blafarde, ronde*] viso livido, tondo **3** (*fig., littér.*) → **chimérique.**

2 **lunaire** |lynɛʀ| *s.f.* (*t.bot.*) lunaria.

lunaison |lynɛzɔ̃| *s.f.* (*astron.*) lunazione.

lunatique |lynatik| *adj.* lunatico*: *un type lunatique* un tipo lunatico → **capricieux, fantasque** # *une conduite un peu lunatique* un modo di fare un po' strano ✦ (*s.*) *un lunatique* un lunatico.

lunch |lœntʃ, lœ̃ʃ| *s.m.* (*angl.*) [*repas léger*] spuntino, lunch *inv.* ◇ (*spécialt.*) *lunch de mariage* rinfresco* (in occasione di un matrimonio).

luncher |lœʃe| *v.intr.* (*rare*) [*faire un lunch*] fare (103) *tr.* uno spuntino.

lundi |lœ̃di| *s.m.* [*deuxième jour de la semaine*] lunedì (*inv.*): *le lundi de Pâques* il lunedì di Pasqua, dell'Angelo.

lune |lyn| *s.f.* **I** **1** luna: *pleine lune* luna piena, plenilunio; *nouvelle lune* luna nuova, novilunio; *croissant de* (*la*) *lune* falce di luna, mezzaluna; *au clair de* (*la*) *lune* al chiaro di luna ◇ (*loc. fig.*) *être dans la lune*: [*très distrait*] avere (sempre) la testa fra le nuvole; [*être hors de la réalité*] vivere, essere nel mondo della luna ~ *demander la lune* chiedere, volere la luna ~ *promettre la lune* promettere mari e monti ~ *aboyer à la lune* abbaiare alla luna, al vento ◇ (*astron. avec L majuscule*) *premier, dernier quartier de la Lune* primo, ultimo quarto di Luna; *éclipses de* (*la*) *Lune* eclissi di Luna, lunari (*adj.*); *atterrir sur la Lune* atterrare sulla Luna → **alunir** **2** *lune rousse* luna rossa, d'aprile; *les vieilles lunes* [*temps passé, époques révolues*] i tempi andati; *lune de miel* luna di miele ◇ (*loc. fig., vieilli*) *être dans une bonne lune* essere di luna buona (*cour.*) → **luné** ~ *être dans la mauvaise lune* [*être mal luné*] avere le lune, la luna; avere la luna di, per traverso (*cour.*) **3** (*par anal., vieilli*) → **satellite** **II** (*par anal.*) **1** *lune de mer, poisson lune* → **môle** **2** *lune d'eau* → **nymphéa** **3** (*pop.*) [*gros visage joufflu*] faccia* di luna piena ◇ [*derrière*] didietro *m.*

luné, ée |lyne| (*adj.*) *être bien luné* essere di buona luna, di luna buona ~ *être mal luné* avere le lune, la luna; avere la luna di, per traverso; *il est mal luné aujourd'hui* oggi ha la luna storta.

lunetier, ière |lyntje, jɛʀ|, **lunettier** |lynetje| *s.* [*fabricant, marchand de lunettes*] ottico* *m.*, occhialaio* *m.* (*vieilli*) → **opticien** ✦ (*adj.*) *industrie lunitière* industria degli occhiali *loc. inv.*, degli strumenti ottici *loc. inv.*

lunette |lynɛt| *s.f.* **I** **1** *au plur.*

occhiali (*m.*): *un monsieur à lunettes* un signore con gli occhiali, occhialuto (*adj.*); *lunettes à monture d'or, d'écaille* occhiali con la montatura di oro, di tartaruga; *lunettes noires* occhiali scuri; *lunettes de soleil* occhiali da sole; *lunettes de protection* occhiali di protezione; *lunettes de plongée* occhiali da sub ◇ (*fig., fam.*) *mettez vos lunettes* si metta gli occhiali ◇ (*par anal.*) *serpent à lunettes* → **naja** **2** [*instrument opt. servant à augmenter le diamètre apparent des objets*] cannocchiale (*m.*): *champ d'une lunette* campo di un cannocchiale **II** [*ouverture, objet circulaire*] **1** [*ouverture ronde*] lunetta: *la lunette de la guillotine* la lunetta della ghigliottina ◇ (*mar.*) *lunette d'étambot* apertura, bocca* di dritto **2** [*fenêtre ronde*] lunetta ◇ (*par anal.*) [*vitre arrière d'une auto.*] lunotto (*m.*): *la lunette arrière* il lunotto posteriore **3** (*archit.*) lunetta.

lunetté, ée |lynete| *adj.* (*fam.*) [*porteur de lunettes*] occhialuto.

lunetterie |lynɛtʀi| *s.f.* industria, commercio* *m.* degli occhiali, degli strumenti ottici.

luni-solaire |lynisɔlɛʀ| *adj.* (*astron.*) lunisolare: *année luni-solaire* anno lunisolare; *précession luni-solaire* precessione lunisolare.

lunule |lynyl| *s.f.* **1** (*géom.*) lunula: *quadrature de la lunule* quadratura della lunula **2** [*tache blanche demi-circulaire à la base de l'ongle*] lunula ◇ (*par ext.*) macchia lunulare **3** (*liturg.*) lunetta.

lunure |lynyʀ| *s.f.* (*techn.*) lunatura.

lupanar |lypanaʀ| *s.m.* (*littér.*) lupanare.

lupercal, ale, aux |lypɛʀkal, o| *adj.* (*hist. rom.*) lupercale.

Lupercales |lypɛʀkal| *s.f. pl.* Lupercali *m. ou f.*

lupin |lypɛ̃| *s.m.* lupino.

lupinelle |lypinɛl| *s.f.* (*t.bot.*) lupinella.

lupome |lypom| *s.m.* (*méd.*) lupoma.

lupulin |lypylɛ̃| *s.m.* (*techn.*) luppolino, luppolina *f.*

lupuline |lypylin| *s.f.* luppolina, luppolino *m.*

lupus |lypys| *s.m.* (*lat.*) (*méd.*) lupus (*inv.*): *lupus tuberculeux* lupus volgare; *lupus érythémateux* lupus eritematoso.

lurette |lyʀɛt| *s.f.* (*loc. fam.*) *il y a belle lurette* [*il y a bien longtemps*] è (da) un (bel) pezzo, da un (bel) pezzo: *il y a belle lurette que je ne l'ai pas vu* è un pezzo che non lo vedo.

luron, onne |lyʀɔ̃, ɔn| (*s.*) *joyeux, gai luron* [*bon vivant, insouciant et toujours prêt à s'amuser*] buontempone, giovialone → **compère, drille** ◇ (*vieilli*) [*gaillard décidé et énergique*] tipo risoluto, deciso (*cour.*).

lusin, luzin |lyzɛ̃| *s.m.* (*mar.*) lezzino.

lustrage |lystʀaʒ| *s.m.* (*techn.*) lucidatura *f.*, lustratura (*f.*): *lustrage des étoffes* lucidatura, lustratura delle stoffe; *lustrage des fourrures, du feutre* lustratura delle pellicce, del feltro; *lustrage des glaces* lucidatura degli specchi.

lustral, ale, aux |lystʀal, o| *adj.* (*littér.*) lustrale: *l'eau lustrale du baptême* l'acqua lustrale del battesimo.

lustration |lystʀɑsjɔ̃| *s.f.* (*littér.*) lustrazione: *lustration des nouveau-nés à Rome* lustrazione dei neonati a Roma ◇ (*liturg.*) → **aspersion.**

1 **lustre** |lystʀ(ə)| *s.m.* (*littér.*) [*cinq années*] lustro, quinquennio* (*cour.*) ◇ (*loc. fig.*) *depuis des lustres* [*depuis longtemps*] da secoli.

2 **lustre** |lystʀ(ə)| *s.m.* **1** [*éclat naturel ou artificiel d'un objet brillant ou poli*] lucentezza *f.*, lustro **2** (*techn., tissage*) lucido, lustro **3** (*fig.*) [*éclat qui rehausse, met en valeur*] lustro: *donner du lustre à qqch.* dare lustro a q.c. → **éclat,** 1 **relief** **4** [*appareil d'éclairage comportant plusieurs lampes, qu'on suspend au plafond*] lampadario*: *lustres d'un salon* lampadari di un salotto.

lustré, ée |lystʀe| *adj.* **1** [*qui a le brillant, les reflets d'une surface polie*] lucido, lustro: *cheveux lustrés* capelli lucidi **2** (*étoffes*) lustrato, lucidato: *percale lustrée* percalle lustrato, lucidato → **satiné** **3** [*rendu brillant, poli par le frottement, l'usure*] lucido: *veste lustrée aux coudes* giacca lucida ai gomiti.

lustrer |lystʀe| *v.tr.* **1** [*rendre brillant, luisant*] lustrare, lucidare: *le chat lustre son poil en se léchant* il gatto si lustra il pelo leccandosi **2** [*rendre brillant par le lustrage*] lucidare, lustrare: *lustrer les cuirs* lucidare, lustrare le pelli → 1 **lisser**; *lustrer une glace* lucidare, pulire uno specchio **3** [*rendre brillant par le frottement, l'usure*] lustrare, lucidare **C** **délustrer.**

lustrerie |lystʀəʀi| *s.f.* fabbrica*, industria dei lampadari.

lustrine |lystʀin| *s.f.* stoffa lucida.

lut |lyt| *s.m.* (*techn.*) luto.

lutécien |lytesjɛ̃| *s.m.* (*géol.*) luteziano.

lutécium |lytesjɔm| *s.m.* (*chim.*) lutezio*, cassiopeo.

lutéine |lytein| *s.f.* **1** (*anat.*) luteina **2** → **progestérone.**

lutéinisation |lyteinizɑsjɔ̃| *s.f.* (*biol.*) luteinizzazione.

luter |lyte| *v.tr.* (*techn.*) [*boucher, enduire avec du lut*] lutare.

luth |lyt| *s.m.* **1** (*mus.*) liuto: *jouer du luth* suonare il liuto **2** (*poét.*) [*symb. de la poésie lyrique*] cetra *f.* → **lyre.**

luthéranisme |lyteʀanism(ə)| *s.m.* (*relig.*) luteranesimo.

lutherie |lytʀi| *s.f.* [*métier, commerce, fabrication des instruments à cordes et à caisse de résonance*] liuteria ◇ [*ensemble de ces instruments*] liuti *m. pl.*

luthérien, ienne |lyteʀjɛ̃, jɛn| *adj.* [*propre à Luther, à sa doctrine*] luterano: *église luthérienne, évangélique* chiesa luterana, evangelica ✦ (*s.*) *les luthériens* i luterani.

luthier |lytje| *s.m.* [*artisan en lutherie; fabricant de violons, altos, guitares, etc.*] liutaio*: *les luthiers de Crémone* i liutai di Cremona.

luthiste |lytist(ə)| *s.* liutista.

lutin, ine |lytɛ̃, in| **I** *s.m.* **1** [*petit démon espiègle et malicieux*] folletto → 2 **esprit, farfadet** ◇ (*loc. fig.*) *courir comme un lutin* correre come il fulmine **2** [*enfant vif et espiègle*] folletto **II** *adj.* [*éveillé, espiègle*] vivace, vispo → **mutin.**

lutiner |lytine| *v.tr.* **1** [*harceler une femme de petites privautés par manière de plaisanterie*] solleticare, titillare **2** (*vx.*) → **taquiner.**

lutrin |lytʀɛ̃| *s.m.* **1** [*pupitre sur lequel on met les livres de chant*] leggio* **2** [*enceinte réservée dans le chœur aux chantres et à la Schola*] coro.

lutte |lyt| *s.f.* **1** lotta ◇ (*sport*) *lutte gréco-romaine* lotta greco-romana; *lutte libre* lotta libera **2** [*opposition violente entre deux adversaires* (*individus, groupes*)] lotta: *lutte armée* lotta armata, conflitto armato → **bataille, guerre, conflit**; *partis en lutte* partiti in lotta; *luttes politiques, religieuses* lotte politiche, religiose; *lutte des classes* lotta di classe; *engager, abandonner la lutte* ingaggiare una lotta, abbandonare la lotta **3** *lutte contre, pour...* lotta contro, per...; *lutte contre l'alcoolisme* lotta contro l'alcolismo → 2 **campagne, effort**; *lutte d'un peuple pour son indépendance* lotta di un popolo per la propria indipendenza ◇ (*spécialt.*) *lutte pour la vie* lotta per la vita **4** [*antagonisme entre forces contraires*] lotta, conflitto (*m.*): *lutte entre le bien et le mal* lotta tra il bene e il male; *lutte du devoir et de la passion* conflitto tra il dovere e il piacere → 1 **duel** **5** *loc. adv.* DE HAUTE LUTTE, (*littér.*) DE VIVE LUTTE [*en mettant dans la lutte toute la force ou l'autorité dont on dispose*] di forza, a viva forza.

lutter |lyte| *v.intr.* **1** [*combattre à la lutte*] lottare: *lutter contre un adversaire* lottare contro, con un avversario **2** [*s'opposer dans une lutte, un conflit*] lottare → **battre (se), combattre** ◇ [*rivaliser*] gareggiare, competere*: *lutter de vitesse* gareggiare, competere in velocità **3** [*mener une action énergique* (*contre ou pour qqch.*)] lottare: *lutter contre la maladie, l'ignorance* lottare contro la malattia, l'ignoranza; *lutter pour l'indépendance, pour une cause* lottare per l'indipendenza, per una causa → **militer** ✦ (*absolt.*) *pour vivre, il faut lutter* per vivere bisogna lottare.

lutteur, euse |lytœʀ, øz| *s.* **1** [*athlète qui pratique la lutte*] lottatore*: *lutteur de foire* lottatore da baraccone → **catcheur, judoka, hercule** ◇ (*loc.*) *des bras, des épaules de lutteur, de lutteuse* braccia, spalle da lottatore, da lottatrice **2** (*fig.*) [*personne qui aime la lutte, l'action et sait lutter avec persévérance*] lottatore: *tempérament de lutteur* temperamento di lottatore.

lux |lyks| *s.m.* (*lat.*) (*phys.*) lux *inv.*

luxation |lyksɑsjɔ̃| *s.f.* (*méd., cour.*) lussazione, slogatura (*cour.*): *luxation de l'épaule, de la hanche* lussazione della spalla, dell'anca → **déboîtement, dislocation.**

luxe |lyks(ə)| *s.m.* **1** lusso: *vivre dans le luxe* vivere nel lusso; *il aime le luxe* gli piace il lusso → 1 **faste, magnificence** ◇ (*fam.*) *c'est pas du luxe, ce n'est pas du luxe* è un lusso, non è un lusso; *il s'est acheté un costume, ce n'était pas du luxe !* si è comprato un vestito, non è stato un lusso! **2** [*caractère coûteux, somptueux* (*d'un bien ou d'un service*)] lusso: *luxe d'une chambre à coucher* lusso di una camera da letto → **somptuosité** ◇ *loc.* DE LUXE di lusso: *produits, articles de luxe* prodotti, articoli di lusso; generi voluttuari; *cabines, train de luxe* cabine, treno di lusso ◇ (*fam.*) *poule de luxe* battona di lusso ◇ (*par ext.*) [*inutile, superflu*] superfluo: *un ornement de luxe* un ornamento superfluo **3** *un luxe* [*bien ou plaisir coûteux*] (un) lusso: *le cinéma est mon seul luxe* il cinema è il mio unico lusso ◇ (*fig.*) *se donner, se payer le luxe de dire, de faire* permettersi,

concedersi il lusso di dire, di fare **4** *un luxe de* [*abondance, profusion*] (una) dovizia *f.* di: *avec un grand luxe de détails* con dovizia di particolari.
luxembourgeois, oise |lyksɑ̃buʀʒwa, waz| *adj.* [*de Luxembourg*] lussemburghese.
luxer |lykse| **A** *v.tr.* [*provoquer la luxation de (certains os, une articulation)*] lussare, slogare → 1 **deboîter, disloquer** □ *se luxer la rotule* subire una lussazione alla rotula, slogarsi la rotula ✦ (*au p.p.*) *luxé* lussato, slogato: *épaule luxée* spalla lussata, slogata **B** *v. pron.* SE LUXER **1** *intr.* [→ *tr.*] slogarsi → **démettre (se)** **2** *réfl.* → *tr.* □.
luxmètre |lyksmɛtʀ(ə)| *s.m.* (*phys.*) luxmetro.
luxueusement |lyksɥøzmɑ̃| *adv.* [*avec luxe*] lussuosamente, con lusso (*loc. inv.*): *appartement luxueusement meublé* appartamento lussuosamente ammobiliato, ammobiliato con lusso.
luxueux, euse |lyksɥø, øz| *adj.* lussuoso: *installation luxueuse* sistemazione lussuosa → **fastueux, magnifique, somptueux** Ⓒ **pauvre, simple.**
luxure |lyksyʀ| *s.f.* **1** lussuria → **impureté, lasciveté, lubricité** **2** (*rare*) → **débauche, paillardise.**
luxuriance |lyksyʀjɑ̃s| *s.f.* [*caractère de ce qui est luxuriant, surabondant*] rigoglio* *m.*, lussureggiamento *m.* (*rare*): *la luxuriance d'une végétation* il rigoglio di una vegetazione ◇ (*fig.*) esuberanza, rigoglio: *la luxuriance des images dans un poème* l'esuberanza, il rigoglio delle immagini in una poesia.
luxuriant, ante |lyksyʀjɑ̃, ɑ̃t| *adj.* **1** [*qui pousse, se développe avec une remarquable abondance*] lussureggiante, rigoglioso: *végétation luxuriante* vegetazione lussureggiante, rigogliosa → **abondant, surabondant** **2** (*fig.*) [*exubérant, très riche*] lussureggiante, rigoglioso: *imagination luxuriante* immaginazione lussureggiante, rigogliosa.
luxurieux, euse |lyksyʀjø, øz| *adj.* lussurioso → **débauché, lascif.**
luzerne |lyzɛʀn(ə)| *s.f.* (*t.bot.*) erba medica*.
luzernière |lyzɛʀnjɛʀ| *s.f.* [*champ de luzerne*] medicaio* *m.*
luzule |lyzyl| *s.f.* (*t.bot.*) erba lucciola.
lycanthrope |likɑ̃tʀɔp| *s.* (*littér.*) licantropo.
lycanthropie |likɑ̃tʀɔpi| *s.f.* (*littér.*) licantropia.
lycaon |likaɔ̃| *s.m.* (*t.zool.*) licaone.
lycée |lise| *s.m.* **1** [*établissement publ. d'enseignement secondaire (classique, moderne ou techn.); époque des études dans un lycée*] scuola *f.* media (inferiore e superiore) **2** (*philo. anc.*) liceo.
lycéen, éenne |liseɛ̃, eɛn| *s.* [*élève d'un lycée*] studente *m.*, studentessa *f.* (di scuola media inferiore e superiore).
lycène |lisɛn| *s.f.* (*t.zool.*) licena.
lychnis |liknis| *s.m.* (*t.bot.*) licnide *f.*
lycope |likɔp| *s.m.* (*t.bot.*) licopo.
lycopode |likɔpɔd| *s.m.* (*t.bot.*) licopodio*, erba *f.* strega *(*cour.*).
lycose |likoz| *s.f.* (*t.zool.*) licosa.
lyddite |lidit| *s.f.* (*angl.*) (*techn.*) lyddite.
lydien, ienne lidjɛ̃, jɛn *adj.* (*mus.*) *le (mode) lydien* il modo lidio.
lymphadénie |lɛ̃fadeni| *s.f.* (*méd.*) linfoadenia, linfadenia.
lymphadénite |lɛ̃fadenit| *s.f.* (*méd.*) linfoadenite, linfadenite.
lymphadénome |lɛ̃fadenom| *s.m.* (*méd.*) linfoadenoma, linfadenoma.
lymphangite |lɛ̃fɑ̃ʒit| *s.f.* (*méd.*) linfangite.
lymphatique |lɛ̃fatik| *adj.* **1** (*anat.*) linfatico*: *les (vaisseaux) lymphatiques* i (vasi) linfatici; *les ganglions lymphatiques* i linfonodi *s.*, le linfoghiandole *s.* **2** (*méd.*) *tempérament lymphatique* temperamento linfatico → **flegmatique** ✦ (*s.*) *un lymphatique* un linfatico **3** [*apathique, lent*] apatico*: *un adolescent lymphatique* un adolescente apatico.
lymphatisme |lɛ̃fatism(ə)| *s.m.* (*méd.*) linfatismo.
lymphe |lɛ̃f| *s.f.* (*anat.*) linfa: *lymphe interstitielle, vasculaire* linfa interstiziale, vascolare.
lymphocytaire |lɛ̃fɔsitɛʀ| *adj.* (*méd.*) linfocitario*.
lymphocyte |lɛ̃fɔsit| *s.m.* (*biol.*) linfocita.
lymphocytose |lɛ̃fɔsitoz| *s.f.* (*méd.*) linfocitosi *inv.*
lymphogranulomatose |lɛ̃fɔgʀanylɔmatoz| *s.f.* (*méd.*) linfogranulomatosi *inv.*
lymphographie |lɛ̃fɔgʀafi| *s.f.* (*méd.*) linfografia.
lymphoïde |lɛ̃fɔid| *adj.* (*biol.*) linfoide: *tissu lymphoïde* tessuto linfoide.
lymphopénie |lɛ̃fɔpeni| *s.f.* (*méd.*) linfopenia.
lynchage |lɛ̃ʃaʒ| *s.m.* [→ LYNCHER] linciaggio*.
lyncher |lɛ̃ʃe| *v.tr.* [*exécuter sommairement, sans jugement régulier et par une décision collective (un criminel ou supposé tel)*] linciare: *la foule a failli le lyncher* per poco la folla non lo ha linciato.
lyncheur, euse |lɛ̃ʃœʀ, øz| *s.* [*personne qui participe à un lynchage*] linciatore*.
lynx |lɛ̃ks| *s.m.* (*t.zool.*) lince *f.* ◇ (*loc. fig.*) *avoir des yeux de lynx* avere occhi di lince.
lyonnais, aise |ljɔnɛ, ɛz| *adj.* [*de Lyon*] lionese.
lyophile |ljɔfil| *adj.* liofilo.
lyophilisation |ljɔfilizɑsjɔ̃| *s.f.* liofilizzazione.
lyophilisé, ée |ljɔfilise| *adj.* liofilizzato.
lyophiliser |ljɔfilize| *v.tr.* [*déshydrater par lyophilisation*] liofilizzare ✦ (*au p.p.*) *produits lyophilisés* prodotti liofilizzati.
lyre |liʀ| *s.f.* **1** (*mus.*) lira ◇ (*par anal.*) *en (forme de) lyre* a forma di lira; *cornes en lyre* corna a forma di lira **2** (*littér.*) [*symb. de la poésie, de l'expression poétique*] lira, cetra: *accorder, essayer sa lyre* accordare la propria lira, tentare la (propria) lira, la propria cetra ◇ (*fam.*) *toute la lyre* [*toutes choses du même genre*] tutto il resto, tutto quanto; [*toutes les personnes*] tutta la compagnia **3** (*par anal.*) → **ménure.**
lyric |liʀik| *s.m. surtout au plur.* (*angl.*) [*couplets de music-hall*] parole *f.*, lyrics.
lyrique |liʀik| *adj.* **I** **1** lirico*: *poésie lyrique* poesia lirica; *style lyrique* genere lirico; *envolées lyriques* slanci lirici ✦ (*s.*) *un lyrique* un lirico **2** → **passionné** **3** (*hist. litt.*) lirico: *genres lyriques* generi lirici; *poèmes lyriques grecs* (poesie) liriche greche; *poète lyrique* poeta lirico ✦ (*s.f.*) *la lyrique* la lirica **II** [*destiné à être mis en musique et chanté, joué sur une scène*] lirico: *drame lyrique* dramma lirico; *comédie lyrique* teatro lirico; *déclamation lyrique* declamazione lirica; *artiste lyrique* artista, cantante lirico; *soprano lyrique* soprano lirico.
lyriquement |liʀikmɑ̃| *adv.* [*avec lyrisme*] liricamente.
lyrisme |liʀism(ə)| *s.m.* **1** [*poésie, genre lyrique*] lirica* (*f.*): *le lyrisme romantique* la lirica romantica **2** (*par ext.*) [*mode d'expression évoquant la poésie lyrique*] lirismo, liricità (*f. inv.*): *le lyrisme de Bossuet, de Chopin* il lirismo, la liricità di Bossuet, di Chopin **3** (*fig.*) [*manière passionnée, poétique, de sentir, de vivre*] slancio*, entusiasmo: *ils sont dénués de lyrisme* sono privi di slancio, di entusiasmo **4** (*vx.*) [*style élevé et hardi de l'auteur inspiré (ode, poésie sacrée)*] lirismo (*cour.*).
lys |lis| *s.m.* → **lis.**
lysat |liza| *s.m.* (*sc.*) lisato.
-lyse |liz| *suff.* (*signifiant 'solution, dissolution', correspond générait. à*) lisi: *dialyse* dialisi; *électrolyse* elettrolisi.
lyse |liz| *s.f.* (*sc.*) lisi *inv.*
lysergamide |lizɛʀgamid| *s.m.* (*chim.*) dietilammide *f.* dell'acido lisergico.
lysergide |lizɛʀgid| *s.m.* [*drogue hallucinogène très toxique*] dietilammide *f.* dell'acido lisergico.
lysergique |lizɛʀʒik| *adj.* (*chim.*) *acide lysergique* acido lisergico*.
lysimaque |lizimak| *s.f.* (*t.bot.*) lisimachia.
lysine |lizin| *s.f.* (*sc.*) lisina.
lysoforme |lizɔfɔʀm| *s.m.* (*pharm.*) lisoformio*.
lysozyme |lizozim| *s.m.* (*biol.*) lisozima.
lytique |litik| *adj.* (*chim.*, *méd.*) litico*.

M

m |ɛm| *s.m. ou f.* **1** [*treizième lettre de l'alphabet*] m: *m minuscule* m minuscolo; *M majuscule* M maiuscola ◇ (*télécom.*): (*en France*) *M comme Marcel*; (*en Belgique*) *M comme Marie* M come Milano **2** (*emplois conventionnels*) *m.* (*abrév. de* '*masculin*') m.; *M.* (*abrév. de* '*Monsieur*') Sig.; *MM.* (*abrév. de* '*Messieurs*') Sigg.; *m* [*symb. de* '*mètre*'] m; *M* [*chiffre romain* (*1000*)] M.

ma |ma| *adj. poss.* → **mon.**

maboul |mabul| *s. et adj.* (*pop.*) [*fou*] tocco*, picchiato: *il est complètement maboul* è completamente tocco, picchiato.

mac |mak| *s.m.* (*arg.*) [*souteneur*] magnaccia *inv.* (*cour.*), protettore (*cour.*).

macabre |makɑbʀ(ə)| *adj.* **1** macabro: *scène, plaisanterie macabre* scena macabra, scherzo macabro; *le genre macabre,* (*s.m.*) *le macabre* il (genere) macabro → **lugubre** **2** *danse macabre* danza macabra.

macache |makaʃ| *adv.* (*pop.*) [*pas du tout, rien du tout*; (*il n'y a*) *rien à faire*] basta (*cour.*) con (+ *s.*); col cavolo (*loc. inv.*): *macache les permissions!* basta con i permessi!

macadam |makadam| *s.m.* macadam (*inv.*): *macadam goudronné* macadam di catrame → **tarmacadam** ◇ (*par ext.*) [*chaussée revêtue de macadam*] asfalto: *il est tombé sur le macadam* è caduto sull'asfalto.

macadamisage |makadamizaʒ| *s.m.* (*techn.*) il macadamizzare *inv.*, asfaltatura *f.*

macadamiser |makadamize| *v.tr.* [*recouvrir* (*une chaussée, une route*) *avec du macadam*] macadamizzare, asfaltare → **empierrer.**

macaque |makak| *s.m.* **1** (*t.zool.*) macaco* ~ *macaque rhésus* macaco reso **2** (*fig., fam.*) [*personne très laide*] macaco, babbuino: *elle ne va pas épouser ce vieux macaque?* non sposerà quel vecchio macaco, babbuino?

macareux |makaʀø| *s.m.* (*t.zool.*) pulcinella di mare.

macaron |makaʀɔ̃| *s.m.* **1** [*gâteau sec, ovale ou rond, à base de pâte d'amandes, de blanc d'œuf et de sucre*] amaretto **2** (*par anal.*) treccia* *f.* (arrotolata sull'orecchio) ◇ (*fam.*) [*insigne, décoration, ornement de forme ronde*] patacca* (*f.*): *recevoir le macaron* ricevere la patacca → **rosette** **3** (*pop.*) [*coup*] cazzotto → 2 **marron.**

macaroni |makaʀɔni| *s.m.* **1** [*pâtes alimentaires*] maccheroni (*pl.*): *manger des macaronis, du macaroni* mangiare maccheroni; *macaroni(s) au gratin* maccheroni gratinati, al 'gratin' **2** (*pop., péj.*) *les macaronis* [*les Italiens*] ⊠.

macaronique |makaʀɔnik| *adj.* maccheronico*: *poésie macaronique* poesia maccheronica; *latin macaronique* latino maccheronico.

macassar |makasaʀ| *s.m.* **1** *huile de macassar* olio di macassar *inv.* **2** ebano di Macassar.

macchabée |makabe|, **macchab** |makab| *s.m.* (*pop.*) [*cadavre*] cadavere (*cour.*).

macédoine |masedwan| *s.f.* **1** macedonia: *macédoine de légumes* macedonia di verdure; *macédoine de fruits au kirsch* macedonia di frutta al kirsch **2** (*fam.*) [*assemblage, mélange disparate*] guazzabuglio* *m.*, macedonia (*rare*).

macédonien, ienne |masedɔnjɛ̃, jɛn| **1** *adj.* [*de la Macédoine*] macedone **2** (*s.m.*) *le macédonien* [*la langue*] il macedone ◇ *au plur.* (*hist. chrét.*) Macedoni.

macérateur |maseʀatœʀ| **1** *adj. m.* [*qui opère la macération*] maceratore* *var.* **2** *s.m.* (*techn.*) maceratoio*.

1 **macération** |maseʀɑsjɔ̃| *s.f.* [*pratique d'ascétisme*] macerazione → **mortification.**

2 **macération** |maseʀɑsjɔ̃| *s.f.* (*techn.*) macerazione.

1 **macérer** |maseʀe| (8) *v.tr.* (*relig.*) [*soumettre* (*son corps*) *à des* (1) *macérations*] macerare.

2 **macérer** |maseʀe| (8) **A** *v.tr.* [*laisser séjourner, faire tremper*] (far) (103) *intr.* macerare: *macérer de la racine de gentiane dans de l'eau* (far) macerare della radice di genziana in acqua → **infuser** **B** *v.intr.* [*tremper longtemps*] macerarsi (*pron.*): *viande qui macère dans une marinade* carne che si macera nella marina → **mariner.**

maceron |masʀɔ̃| *s.m.* (*t.bot.*) macerone.

macfarlane |makfaʀlan| *s.m.* (*ancienn.*) [*manteau d'homme, sans manches*] pipistrello.

mach |mak| (*nom pr.*) (*aviat.*) *nombre de Mach* numero di Mach ◇ (*ellipt.*) *voler à Mach 2, à Mach 3* volare alle velocità di 2 Mach, di 3 Mach, a Mach 2, a Mach 3.

machaon |makaɔ̃| *s.m.* (*t.zool.*) macaone.

mâche |mɑʃ| *s.f.* (*t.bot.*) valerianella.

mâchefer |mɑʃfɛʀ| *s.m.* scoria *f.* (di carbone), rosticcio*.

mâchement |mɑʃmɑ̃| *s.m.* [→ MÂCHER] masticazione *f.*, masticamento.

mâcher |mɑʃe| *v.tr.* **1** [*broyer, écraser avec les dents*] masticare: *mâcher de la viande, du pain* masticare della carne, del pane → 1 **mastiquer** ◇ (*loc. fig.*) *mâcher le travail, la besogne à qqn.* [*la lui faciliter*] far trovare la pappa pronta, scodellata a qc.; *il faut tout lui mâcher* bisogna sempre fargli trovare la pappa pronta, scodellata ~ *ne pas mâcher ses mots, son opinion* [*s'exprimer avec une franchise brutale*] non avere peli sulla lingua **2** [*triturer longuement dans sa bouche* (*une substance non comestible qu'on rejette*)] masticare: *mâcher du chewing-gum, du tabac* masticare della gomma americana, del tabacco → **chiquer** ◇ (*fig.*) → **remâcher** **3** (*techn.*) [*couper sans faire une section nette, en déchirant*] maciullare: *lame mal aiguisée qui mâche le bois* lama male affilata che maciulla il legno.

machette |maʃɛt| *s.f.* [*grand coutelas utilisé en Amérique du Sud*] machete *m.*

mâcheur, euse |mɑʃœʀ, øz| *s.* [*personne qui mâche, a coutume de mâcher* (*qqch.*)] masticatore* (*rare*).

machiavel |makjavɛl| (*s.m.*) *c'est un machiavel* [*un homme* (*d'État*) *sans scrupule*] è un uomo machiavellico*.

machiavélien, ienne |makjavelјɛ̃, jɛn| *adj.* [*de Machiavel*] machiavelliano.

machiavélique |makjavelik| *adj.* (*péj.*) [*rusé et perfide*] machiavellico*: *une manœuvre, un procédé machiavélique* una manovra machiavellica, un procedimento machiavellico ◇ (*par ext.*) *un sourire machiavélique* un sorriso machiavellico.

machiavélisme |makjavelism(ə)| *s.m.* **1** (*polit.*) machiavellismo **2** (*péj.*) machiavellismo → **artifice, perfidie, ruse.**

mâchicoulis |mɑʃikuli| *s.m.* (*fortif.*) caditoia *f.*, piombatoia *f.*

-machie |maʃi| *suff.* (*signifiant* '*combat*', *correspond généralt. à*) machia: *logomachie* logomachia; *tauromachie* tauromachia.

machin |maʃɛ̃| *s.m.* (*fam.*) (*désigne un objet dont on ignore le nom*) coso, affare: *qu'est-ce que c'est que ce machin-là?* che è quel coso, quell'affare? → **chose, truc** ◇ (*sert aussi comme nom de personne*) *tu as vu Machin?* hai visto Coso?

machinal, ale, aux |maʃinal, o| *adj.* meccanico*, macchinale: *un geste machinal* un gesto meccanico, macchinale; *réactions machinales* reazioni meccaniche, macchinali → **automatique, mécanique.**

machinalement |maʃinalmɑ̃| *adv.* [→ MACHINAL] meccanicamente, macchinalmente → **mécaniquement.**

machination |maʃinɑsjɔ̃| *s.f.* [→ MACHINER] macchinazione: *diaboliques machinations* macchinazioni diaboliche; *ourdir une machination* ordire una macchinazione → **intrigue,** 1 **manœuvre, ruse.**

machine |maʃin| *s.f.* **I** (*emplois généraux*) macchina: *machine à vapeur, électrique* macchina a vapore, elettrica; *machine à coudre* macchina da, per cucire; *la machine fonctionne* la macchina funziona; *mettre une machine en marche* mettere in moto una macchina # *machine à laver* lavabiancheria, lavatrice ◇ (*spécialt.*) MACHINE (À ÉCRIRE) macchina (da scrivere): *touches d'une machine* tasti di una macchina (da scrivere); *secrétaire qui tape une lettre à la machine* segretaria che batte a macchina una lettera ◇ (*mar.*) *la salle, la chambre des machines* la sala macchine; *stopper les machines* fermare le macchine; *faire machine (en) arrière* fare macchina indietro ◇ (*ch. de fer*) macchina, locomotiva: *la machine et les wagons* la macchina e le vetture; *machine à vapeur, électrique, diesel* locomotiva a vapore, elettrica, diesel ◇ (*par anal.*) *machines de guerre* macchine da guerra; *machine infernale* macchina infernale **II 1** [*personne qui agit comme un automate*] macchina ◇ (*péj.*) *il n'est qu'une machine à fabriquer de l'argent* è soltanto una macchina per far quattrini **2** [*ensemble complexe qui fonctionne*] macchina: *la machine administrative, économique, politique* la macchina amministrativa, economica, politica.

machiner |maʃine| *v.tr.* (*vieilli*) [*former en secret (des desseins, des combinaisons malhonnêtes, illicites)*] macchinare: *machiner un complot, une trahison* macchinare un complotto, un tradimento; *machiner la perte de qqn.* macchinare la rovina di qc. → **comploter, tramer, intriguer.**

machinerie |maʃinʀi| *s.f.* **1** [*ensemble des machines réunies en un même lieu et concourant à un but commun*] macchinario* (*m.*): *entretien de la machinerie d'une filature* manutenzione del macchinario di una filanda **2** (*par ext.*) [*lieu où sont les machines*] reparto *m.* macchine ◇ (*mar.*) sala macchine.

machinisme |maʃinism(ə)| *s.m.* **1** macchinismo # *le machinisme agricole* la meccanizzazione agricola **2** (*vx., philo.*) → 2 **mécanisme.**

machiniste |maʃinist(ə)| *s.m.* **1** (*théât.*) macchinista **2** (*vieilli, admin.*) [*conducteur, mécanicien*] conducente, guidatore* (*s.*): *défense de parler au machiniste* vietato parlare al conducente, al guidatore **3** (*vx.*) [*celui qui fait marcher une machine*] macchinista (*cour.*).

machisme |maʃism(ə)| *s.m.* [*système social, idéologie de la suprématie du mâle; comportement de macho*] maschilismo.

machiste |maʃist(ə)| *s. et adj.* [(*partisan*) *du machisme*] maschilista.

machmètre |makmɛtʀ(ə)| *s.m.* (*aviat.*) machmetro.

macho |matʃo| *s.m.* (*fam.*) [*latino-américain qui fait sentir sa supériorité de mâle*] maschilista (*cour.*).

mâchoire |mɑʃwaʀ| *s.f.* **1** (*anat.*) mascella: *mâchoire supérieure, inférieure* mascella superiore, inferiore ◇ (*pop.*) *jouer, travailler des mâchoires* [*manger*] far lavorare le ganasce ◇ (*spécialt.*) *la mâchoire* [*la mâchoire inférieure*] la mandibola → **mandibule** # *bâiller à se décrocher la mâchoire* sbadigliare tanto da slogarsi le mascelle **2** (*zool.*) mandibola **3** (*par anal., techn.*) ganascia*; branca*: *mâchoires d'un étau* ganasce di una morsa; *mâchoires de frein* ganasce del freno ‖ *mâchoires d'une paire de tenailles* branche di un paio di tenaglie.

mâchonnement |mɑʃɔnmɑ̃| *s.m.* **1** [→ MÂCHONNER 1] biascicamento **2** (*méd.*) movimento convulso delle mascelle.

mâchonner |mɑʃɔne| *v.tr.* **1** [*mâcher lentement, longuement, avec difficulté ou négligence*] mordicchiare, biascicare: *mâchonner son crayon, son cigare* mordicchiare la matita, il sigaro → **mordiller 2** (*fig.*) [*prononcer d'une manière indistincte, en articulant mal*] biascicare → **marmonner, marmotter.**

mâchouiller |mɑʃuje| *v.tr.* (*fam.*) [*mâchonner; mâcher sans avaler*] biascicare (*cour.*).

mâchure |mɑʃyʀ| *s.f.* (*techn.*) *mâchures du velours* ammaccature del velluto.

1 **mâchurer** |mɑʃyʀe| *v.tr.* [*barbouiller, salir de noir*] imbrattare, sporcare (di nero): *mâchurer du papier, des habits* sporcare della carta, degli abiti → **noircir.**

2 **mâchurer** |mɑʃyʀe| *v.tr.* **1** [*écraser, entamer par pression*] ammaccare: *pièce mâchurée par l'étau* pezzo ammaccato dalla morsa **2** → **mâcher.**

macis |masi| *s.m.* (*lat.*) (*bot.*) macis *m. ou f. inv.*

mackintosh |makintɔʃ| *s.m.* (*vx.*) → **imperméable.**

1 **macle** |makl(ə)| *s.f.* (*t.bot.*) castagna d'acqua.

2 **macle** |makl(ə)| *s.f.* **1** (*blas.*) losanga* vuota **2** (*sc.*) geminazione.

maclé, ée |makle| *adj.* (*sc.*) geminato: *cristaux maclés* cristalli geminati.

macler |makle| *v.tr.* (*techn.*) [*brasser (le verre en fusion) dans le creuset pour le rendre homogène*] rimescolare, rimestare.

mâcon |mɑkɔ̃| *s.m.* [*vin du Mâconnais*] ⊠.

maçon, onne |masɔ̃, ɔn| *s.m.* **1** [*celui qui exécute ou dirige des travaux de maçonn.*] muratore: *compagnon, ouvrier maçon* muratore # *maître maçon* capomastro ♦ *adj.* (*se dit de certains animaux constructeurs*) *abeille maçonne* ape muraiola; *pic maçon* picchio muratore **2** [*franc-maçon*] franco muratore, massone.

maçonnage |masɔnaʒ| *s.m.* [*action de maçonner; travail, ouvrage de maçon*] muratura (*f.*): *le maçonnage de ce mur a été bien exécuté* la muratura di questo muro è stata eseguita bene.

maçonner |masɔne| *v.tr.* **1** [*construire ou réparer en maçonn.*] costruire (197) (in muratura), murare: *maçonner un mur* costruire un muro **2** [*boucher avec de la maçonn.*] murare: *maçonner une fenêtre, une porte* murare una finestra, una porta **3** [*revêtir de maçonn.*] rivestire (di muratura): *maçonner les parois d'un puits* rivestire le pareti di un pozzo.

maçonnerie |masɔnʀi| *s.f.* [*construction, partie de construction faite d'éléments assemblés et joints*] muratura: *maçonnerie de briques, de béton, de plâtre* muratura di mattoni, in calcestruzzo, di calcina; *maçonnerie grossière* muratura alla rustica; *maçonnerie sèche* muratura a secco; *massifs de maçonnerie, dans les fondations* plinti in muratura nelle fondamenta; *maçonnerie renforcée par une armature* muratura rinforzata da un'armatura # *entrepreneur de maçonnerie* imprenditore edile ◇ (*par ext.*) *grosse maçonnerie* [*comprenant les éléments essentiels du gros œuvre*] opere *pl.* murarie ~ *petite maçonnerie* [*comprenant la pose des enduits, le carrelage, etc.*] lavori *m. pl.* di rifinitura.

maçonnique |masɔnik| *adj.* [*relatif à la franc-maçonn.*] massonico*: *assemblée maçonnique* assemblea massonica → **franc-maçonnique.**

macque, maque |mak| *s.f.* (*tissage*) gramola, maciulla.

macramé |makʀame| *s.m.* 'macramé' *inv.*

macre |makʀ(ə)| *s.f.* → 1 **macle.**

macreuse |makʀøz| *s.f.* **I** (*t.zool.*) folaga* **II** (*bouch.*) parte magra della spalla.

macro- |makʀɔ| *préf.* (*signifiant 'long, grand', correspond généralt. à*) macro: *macrocéphale* macrocefalo; *macrocosme* macrocosmo Ⓒ **micro-.**

macrobiotique |makʀɔbjɔtik| *adj.* macrobiotico*.

macrocéphale |makʀɔsefal| *adj.* macrocefalo: *animal, insecte macrocéphale* animale, insetto macrocefalo Ⓒ **microcéphale.**

macrocéphalie |makʀɔsefali| *s.f.* (*méd.*) macrocefalia Ⓒ **microcéphalie.**

macrochirie |makʀɔkiʀi| *s.f.* (*méd.*) macrochiria.

macrocosme |makʀɔkɔsm(ə)| *s.m.* (*littér.*) macrocosmo Ⓒ **microcosme.**

macrocosmique |makʀɔkɔsmik| *adj.* macrocosmico* Ⓒ **microcosmique.**

macrocyte |makʀɔ(o)sit| *s.m.* (*biol.*) macrocito, macrocita.

macrodactyle |makʀɔdaktil| *adj. et s.* (*méd.*) macrodattilo.

macrodactylie |makʀɔdaktili| *s.f.* (*méd.*) macrodattilia.

macrodécision |makʀɔdesizjɔ̃| *s.f.* (*écon. polit.*) macrodecisione.

macro-économie |makʀɔekɔnɔmi| *s.f.* macroeconomia Ⓒ **micro-économie.**

macro-économique |makʀɔekɔnɔmik| *adj.* macroeconomico*.

macroglosse |makʀɔglɔs| *s.m.* (*t. zool.*) macroglossa *f.*

macrographie |makʀɔgʀafi| *s.f.* (*techn.*) macrografia.

macrographique |makʀɔgʀafik| *adj.* (*techn.*) macrografico*.

macromoléculaire |makʀɔmɔlekylɛʀ| *adj.* (*chim.*) macromolecolare.

macromolécule |makʀɔmɔlekyl| *s.f.* (*chim.*) macromolecola.

macrophage |makʀɔfaʒ| *s.m. et adj.* (*physiol.*) macrofago* *s.m.*

macrophotographie |makʀɔfɔtɔgʀafi| *s.f.* (*techn.*) macrofotografia.

macropode |makʀɔpɔd| **1** *adj.* (*sc. nat.*) macropodo **2** *s.m.* (*t.zool.*) macropodo.

macropodie |makʀɔpɔdi| *s.f.* (*méd.*) macropodia.

macroprosopie |makʀɔpʀɔsɔpi| *s.f.* (*méd.*) macroprosopia.

macropsie |makʀɔpsi| *s.f.* (*méd.*) macropsia.

macroscélide |makʀɔselid| *s.m.* (*t.zool.*) macroscelide.

macroscopique |makʀɔskɔpik| *adj.* macroscopico*: *physique macroscopique* fisica macroscopica Ⓒ **microscopique.**

macroséisme |makʀɔseism(ə)| *s.m.* (*géophysique*) macrosisma.

macroséismique |makʀɔseismik|, **macrosismique** |makʀɔ-

sismik| *adj.*(*géophysique*) macrosismico*.
macrosporange |makʀɔspɔʀɑ̃ʒ| *s.m.* (*bot.*) macrosporangio*.
macrospore |makʀɔspɔʀ| *s.f.* (*bot.*) macrospora.
macrostructure |makʀɔstʀyktyʀ| *s.f.* macrostruttura.
macroure |makʀuʀ| *s.m.* (*t.zool.*) macruro.
macula |makyla| *s.f.* (*anat.*) macula (lutea).
maculage |makylaʒ| *s.m.* **1** [→ MACULER] maculatura *f.* **2** (*typogr.*) macchia *f.*; scarto.
maculature |makylatyʀ| *s.f.* **1** (*typogr.*) → **maculage** **2** (*par ext.*) foglio* *m.* di scarto.
1 **macule** |makyl| *s.f.* **1** [*salissure, trace d'encre sur le papier*] sbavatura → **bavure, maculage** **2** (*méd.*) macchia **3** (*vx.*) → **tache, souillure.**
2 **macule** |makyl| *s.f.* (*typogr.*) → **maculature** 2.
maculer |makyle| *v.tr.* **1** (*littér.*) → **salir, tacher** **2** (*typogr.*) [*salir* (*les feuilles fraîchement imprimées*)] sbavare di nero ♦ (*au p.p.*) *feuille maculée* foglio macchiato.
madame |madam|, *pl.* **mesdames** |medam| *s.f.* **I** **1** signora: *madame Une telle* la signora tale, la signora tal dei tali; *madame la Générale* la signora generalessa; *bonjour, madame* buongiorno signora; *madame votre mère* la sua signora madre; *chère madame* cara signora ◇ (*abrév.*) *Mme* sig.ra; *Mmes* sig.re **2** [*titre donné par respect à certaines femmes, mariées ou non*] signora: *madame la présidente* la signora presidentessa; *madame la directrice* la signora direttrice; *madame la députée* la signora deputatessa, la onorevole **3** *absolt.* [*la maîtresse de maison*] signora: *madame est servie* la signora è servita; *madame est-elle chez elle?* la signora è in casa? **II** (*fam.*) UNE MADAME (*plur.* '*madames*') [*une dame*] una signora, una donna (*cour.*): *les belles madames* le belle signore, le belle donne ◇ (*loc.*) *jouer à la madame* darsi arie di, posare a gran signora.
madapolam |madapɔlam| *s.m.* madapolam *inv.*
madécasse |madekas| *adj. et s.* (*vx.*) → **malgache.**
made in |mɛdin| *loc. adj.* (*angl.*) made in (*inv.*): *made in France* made in Francia.
madeleine |madlɛn| *s.f.* **1** (*loc. fam.*) *pleurer comme une Madeleine* [*pleurer abondamment*] piangere a dirotto, come una fontana **2** [*nom donné à des fruits qui mûrissent à l'époque de la Sainte-Madeleine*] maddalena **3** (*pâtiss.*) maddalena.
mademoiselle |madmwazɛl|, *pl.* **mesdemoiselles** |me(ɛ)dmwazɛl| *s.f.* **1** signorina: *mademoiselle Une telle* la signorina tal dei tali ◇ (*abrév.*) *Mlle* sig.na; *Mlles* sig.ne **2** (*ancienn.*) [*titre de la fille aînée des frères ou oncles du roi*] 'Mademoiselle' *inv.*
madère |madɛʀ| *s.m.* [*vin de Madère*] madera (*inv.*): *madère sec, doux* madera secco, dolce ◇ (*par appos., cuis.*) *sauce madère* salsa al madera.
madone |madɔn| *s.f.* Madonna: *les Madones de Botticelli* le Madonne del Botticelli ◇ (*par compar.*) *femme belle comme une madone* donna bella come una madonna.
madrague |madʀag| *s.f.* (*région., pêche*) madraga*, tonnara.
madras |madʀɑs| *s.m.* **1** madras (*inv.*): *robe de madras* vestito di madras **2** (*par ext.*) → **foulard.**
madré, ée |ma(ɑ)dʀe| *adj. et s.* → **futé, rusé, matois.**
madrépore |madʀepɔʀ| *s.m.* (*t. zool.*) madrepora *f.*
madréporien, ienne |madʀepɔʀjɛ̃, jɛn|, **madréporique** |madʀepɔʀik|, **madréporeux, euse** |madʀepɔʀø, øz| *adj.* (*zool.*) madreporico*: *polypes madréporiens* polipi madreporici.
madrier |madʀije| *s.m.* [*planche très épaisse*] tavola *f.*, asse: *madrier de sapin* tavola, asse di abete; *madrier de charpente* tavola, asse di un'ossatura.
madrigal, aux |madʀigal, o| *s.m.* **1** madrigale **2** (*hist. mus.*) madrigale.
madrigaliste |madʀigalist(ə)| *s.* (*mus.*) madrigalista.
madrilène |madʀilɛn| *adj.* [*de Madrid*] madrileno.
maelstrom |malstʀɔ(o)m|, **maelström** |malstʀøm|, **malstrom** |malstʀɔ(o)m| *s.m.* (*holl.*) **1** maelstrom *inv.* → **gouffre** **2** (*fig.*) → **tourbillon.**
maërl |maɛʀl| *s.m.* (*géogr.*) maerl *inv.*
maestoso |maɛstozo| *adv.* (*mus.*) maestoso.
maestria |maɛstʀija| *s.f.* maestria: *faire qqch. avec maestria* fare q.c. con maestria.
maestro |maɛstʀo| *s.m.* [*compositeur de musique ou chef d'orchestre célèbre*] maestro: *des maestros* dei maestri ◇ (*plais.*) [*chef d'orchestre*] *bravo, maestro!* bravo, maestro!
maf(f)ia |mafja| *s.f.* (*péj.*) mafia.
mafflu, ue |mafly| *adj.* (*vx., littér.*) → **joufflu.**
1 **magasin** |magazɛ̃| *s.m.* [*établissement de commerce où l'on conserve, expose des marchandises en vue de les vendre*] negozio*: *magasin d'alimentation* negozio di generi alimentari; *vitrine d'un magasin* vetrina di un negozio; *employés de magasin* commessi di un negozio; *comptoir d'un magasin* banco di un negozio; *faire des achats, des emplettes dans un magasin* fare acquisti, spese in un negozio; *courir les magasins* andare per negozi → **boutique** ◇ (*spécialt.*) GRAND MAGASIN grande magazzino: *les différents rayons d'un grand magasin* i vari reparti di un grande magazzino.
2 **magasin** |magazɛ̃| *s.m.* **1** magazzino: *magasins d'un port* magazzini di un porto; *magasin à blé* magazzino di grano, silo; *mettre en magasin* mettere in magazzino → **entrepôt** ◇ (*spécialt.*) *le magasin d'une boutique* il deposito, il magazzino di un negozio ◇ (*milit.*) deposito, magazzino: *magasin d'armes, d'explosifs* deposito di armi, di esplosivi; *magasin à poudre* deposito delle munizioni → **arsenal** ◇ (*dr. comm.*) *magasins généraux* magazzini generali ◇ (*loc.*) *avoir qqch. en magasin* avere q.c. in magazzino, in deposito **2** (*techn.*) serbatoio*, magazzino: *magasin d'une arme à feu à répétition* serbatoio di un'arma da fuoco a ripetizione; *mettre un chargeur dans le magasin* inserire un caricatore nel serbatoio; *magasin d'un appareil de photo* magazzino, caricatore di una macchina fotografica.
1 **magasinage** |magazinaʒ| *s.m.* (*comm.*) immagazzinamento; magazzinaggio* ◇ (*par ext.*) *droits, frais de magasinage* diritti, spese di magazzinaggio.
2 **magasinage** |magazinaʒ| *s.m.* (*en Canada*) [→ MAGASINER] acquisti *pl.*, shopping (*inv.*): *faire du, le magasinage* fare gli acquisti, lo shopping.
magasiner |magazine| *v.intr.* (*en Canada*) [*faire des courses*] fare (103) *tr.* gli acquisti, lo shopping → **shop(p)ing.**
magasinier |magazinje| *s.m.* magazziniere.
magazine |magazin| *s.m.* **1** [*publication périodique, généralt. illustrée*] rivista *f.* (illustrata), periodico* → **revue** **2** [*émission périodique de radio, de télévision, sur un sujet déterminé*] rubrica* (*f.*): *magazine féminin* rubrica della donna.
magdalénien, ienne |magdalenjɛ̃, jɛn| *adj.* (*anthrop.*) magdaleniano: *civilisation magdalénienne* civiltà magdaleniana ♦ (*s.m.*) *le magdalénien* il magdaleniano.
mage |maʒ| *s.m.* **1** (*ancienn.*) [*prêtre, astrologue*] magio* ◇ (*spécialt.*) *les Rois mages* i Re magi **2** → **devin, sorcier, astrologue.**
mage, maje |maʒ| *adj. m.* (*hist. dr.*) *juge mage, maje* luogotenente del siniscalco.
mag(h)rébin, ine |magʀebɛ̃, in| *adj. et s.* magrebino.
maghzen, makhzen |maxzɛn| *s.m.* (*ar.*) [*l'administration marocaine, sous le protectorat de la France*] ⊠.
magicien, ienne |maʒisjɛ̃, jɛn| *s.* **1** [*personne qui pratique la magie*] mago* → **devin, sorcier, astrologue** **2** *herbe à la magicienne* erba magica* *adj.* **3** (*fig.*) [*personne qui produit, comme par magie, des effets, des influences extraordinaires*] mago: *ce peintre est un magicien de la couleur* questo pittore è un mago del colore.
magie |maʒi| *s.f.* **1** magia*: *pratiques de magie* pratiche di magia, magiche ◇ (*loc.*) *comme par magie* come per magia, come per incanto **2** (*fig.*) magia: *magie de l'art, du style* magia dell'arte, dello stile → 2 **charme, séduction.**
magique |maʒik| *adj.* **1** magico*: *pouvoir magique* potere magico; *vertu magique* virtù magica; *formules, paroles magiques* formule, parole magiche; *miroir, philtre magique* specchio, filtro magico; *baguette magique* bacchetta magica **2** [*où la magie, l'irrationnel tient une grande place*] magico: *l'art magique des surréalistes* l'arte magica dei surrealisti **3** (*fig.*) [*qui produit des effets extraordinaires*] magico: *ascendant, pouvoir magique* ascendente, potere magico → **étonnant, merveilleux** ◇ (*spécialt.*) *lanterne magique* lanterna magica.
magiquement |maʒikmɑ̃| *adv.* [→ MAGIQUE] magicamente.
magister |maʒistɛʀ| *s.m.* (*lat.*) **1** (*littér., péj.*) [*cuistre, pédant*] pedante **2** (*vx.*) maestro di scuola di campagna.
magistère |maʒistɛʀ| *s.m.* **1** magistero: *le magistère de l'Église* il magistero della Chiesa **2** (*vx., chim., méd.*) → **précipité** ◇ (*pharm.*) magistero.
magistral, ale, aux |maʒistʀal, o| *adj.* **1** (*littér.*) [*qui appartient, qui*

convient à un maître] magistrale: *ton magistral* tono magistrale → **doctoral, solennel** 2 [*qui est fait ou donné par un maître*] magistrale: *enseignement magistral* insegnamento magistrale ◇ (*pharm.*) *médicament magistral* farmaco magistrale 3 (*fig.*) [*qui est digne d'un maître, qui atteste la maîtrise*] magistrale, da maestro (*loc. inv.*): *habileté magistrale* abilità magistrale; *réussir un coup magistral* fare un colpo da maestro → 1 **beau, grand** ◇ (*plais.*) → **formidable, magnifique** 4 (*techn.*) *ligne magistrale* linea magistrale.

magistralement |maʒistʀalmɑ̃| *adv.* [→ MAGISTRAL] magistralmente, con maestria (*loc. inv.*): *rôle magistralement interprété* ruolo interpretato magistralmente.

magistrat |maʒistʀa| *s.m.* magistrato: *magistrat du Parquet* magistrato della procura.

magistrature |maʒistʀatyʀ| *s.f.* 1 magistratura: *faire carrière dans la magistrature* fare carriera nella magistratura 2 [*corps des magistrats de l'ordre judiciaire*] magistratura: *magistrature assise* magistratura giudicante → **juge** # *magistrature debout* magistrati della procura → **ministère (public).**

magma |magma| *s.m.* 1 (*chim., géol.*) magma 2 (*fig.*) [*mélange confus*] guazzabuglio*, groviglio*.

magmatique |magmatik| *adj.* (*géol.*) magmatico*.

magnalium |magnaljɔm| *s.m.* (*métall.*) magnalio*.

magnanarelle |maɲanaʀɛl| *s.f.* (*région.*) [*femme employé à l'élevage des vers à soie dans les magnaneries provençales*] bigattiera, bacaia (*rare*).

magnanerie |maɲanʀi| *s.f.* [*local où se pratique l'élevage des vers à soie*] bigattiera ◇ (*par ext.*) [*sériciculture*] bachicoltura.

magnanier, ière |maɲanje, jɛʀ| *s.* [*personne qui élève des vers à soie*] bigattiere, bacaio* → **sériciculteur.**

magnanime |maɲanim| *adj.* magnanimo: *se montrer magnanime* mostrarsi magnanimo → 1 **bon, clément** ◇ (*par ext.*) *cœur magnanime* cuore magnanimo; *sentiment magnanime* sentimento magnanimo → **généreux, grand, noble.**

magnanimement |maɲanimmɑ̃| *adv.* [→ MAGNANIME] magnanimamente, con magnanimità *loc. inv.*

magnanimité |maɲanimite| *s.f.* 1 magnanimità (*inv.*): *faire appel à la magnanimité du vainqueur* fare appello alla magnanimità del vincitore → **clémence, générosité** 2 [*grandeur d'âme, noblesse*] magnanimità.

magnat |magna| *s.m.* 1 magnate: *les magnats de l'industrie, de la finance* i magnati dell'industria, della finanza; *ce financier est un magnat du pétrole* questo finanziere è un magnate del petrolio 2 [*titre donné autrefois en Pologne et en Hongrie aux membres de la haute noblesse*] magnate.

magner (se) |maɲe| *v.pron. intr.* → 2 **manier (se).**

magnésie |maɲezi| *s.f.* magnesia.

magnésien, ienne |maɲezjɛ̃, jɛn| *adj.* [*qui contient du magnésium*] magnesiaco*: *roche magnésienne* roccia magnesiaca.

magnésite |maɲezit| *s.f.* (*minér.*) [*silicate naturel de magnésium, dit 'écume de mer, sépiolite'*] sepiolite ◇ [*carbonate naturel de magnésium*] magnesite.

magnésium |maɲezjɔm| *s.m.* magnesio*: *éclair de magnésium d'un flash* lampo al magnesio di un flash.

magnétique |maɲetik| *adj.* 1 magnetico*: *axe, champ magnétique* asse, campo magnetico; *orage magnétique* tempesta magnetica; *ruban magnétique d'un magnétophone* nastro magnetico di un registratore 2 [*qui a rapport au magnétisme animal*] magnetico: *influx magnétique* influsso magnetico.

magnétisable |maɲetizabl(ə)| *adj.* [→ MAGNÉTISER] magnetizzabile.

magnétisant, ante |maɲetizɑ̃, ɑ̃t| *adj.* magnetizzante: *champ magnétisant* campo magnetizzante.

magnétisation |maɲetizɑsjɔ̃| *s.f.* [→ MAGNÉTISER] magnetizzazione.

magnétiser |maɲetize| *v.tr.* 1 [*soumettre (un être vivant) à l'action du magnétisme animal*] magnetizzare → **fasciner, hypnotiser** 2 (*fig.*) [*tenir sous le charme*] magnetizzare 3 [*rendre (une substance) magnétique, lui donner les propriétés de l'aimant*] magnetizzare → **aimanter.**

magnétiseur, euse |maɲetizœʀ, øz| *s.* [*personne qui pratique le magnétisme animal*] magnetizzatore* → **hypnotiseur.**

magnétisme |maɲetism(ə)| *s.m.* 1 magnetismo: *magnétisme temporaire, permanent* magnetismo temporaneo, permanente; *magnétisme rémanent* magnetismo residuo; *magnétisme terrestre* magnetismo terrestre 2 *magnétisme (animal)* magnetismo (animale) ◇ (*par ext.*) → **hypnotisme** 3 (*fig.*) → 2 **charme, fascination.**

magnétite |maɲetit| *s.f.* (*chim.*) magnetite.

magnéto- |maɲetɔ| *préf.* (*signifiant 'aimant', correspond généralt. à*) magneto: *magnétomètre* magnetometro; *magnétophone* magnetofono.

magnéto |maɲeto| *s.f.* (*techn.*) magnete (*m.*): *des magnétos* dei magneti.

magnétochimie |maɲetɔʃimi| *s.f.* (*chim.*) magnetochimica*.

magnétodynamique |maɲetɔdinamik| *adj.* (*techn.*) magnetodinamico*.

magnéto-électrique |maɲetɔelɛktʀik| *adj.* (*phys.*) magnetoelettrico*: *machine magnéto-électrique* macchina magnetoelettrica.

magnétohydrodynamique |maɲetɔidʀɔdinamik| *s.f.* (*phys.*) magnetoidrodinamica*.

magnétomètre |maɲetɔmɛtʀ(ə)| *s.m.* (*sc.*) magnetometro.

magnétométrie |maɲetɔmetʀi| *s.f.* (*sc.*) magnetometria.

magnéton |maɲetɔ̃| *s.m.* (*phys.*) magnetone.

magnétophone |maɲetɔfɔn| *s.m.* registratore, magnetofono (*marque déposée*): *conversation enregistrée au magnétophone* conversazione registrata sul registratore, sul magnetofono.

magnétoscope |maɲetɔskɔp| *s.m.* magnetoscopio*.

magnetoscoper |maɲetɔskɔpe| *v.tr.* (*techn.*) [*enregistrer au magnétoscope*] registrare su magnetoscopio.

magnétoscopique |maɲetɔskɔpik| *adj.* magnetoscopico*.

magnétosphère |maɲetɔsfɛʀ| *s.f.* (*géophysique*) magnetosfera.

magnétostriction |maɲetɔstʀiksjɔ̃| *s.f.* (*phys.*) magnetostrizione.

magnétothérapie |maɲetɔterapi| *s.f.* (*méd.*) magnetoterapia.

magnétron |maɲetʀɔ̃| *s.m.* (*phys.*) magnetron *inv.*

magnificat |magnifikat| *s.m. inv.* (*lat.*) magnificat.

magnificence |maɲifisɑ̃s| *s.f.* 1 (*littér.*) magnificenza: *recevoir ses hôtes avec magnificence* ricevere i propri ospiti con magnificenza → **générosité, prodigalité** 2 [*qualité de ce qui est magnifique; beauté pleine de grandeur*] magnificenza, sfarzo (*m.*): *être vêtu avec magnificence* essere vestito con sfarzo → **apparat, 1 faste, 1 pompe, splendeur** 3 (*abstrait*) *magnificence du style, des images* magnificenza dello stile, delle immagini.

magnifier |magnifje| *v.tr.* (*littér.*) 1 [*célébrer, exalter par de grandes louanges*] magnificare: *magnifier la mémoire d'un héros* magnificare il ricordo di un eroe → 1 **louer** 2 (*par ext.*) → **idéaliser.**

magnifique |maɲifik| *adj.* 1 magnifico*: *des palais magnifiques* magnifici palazzi; *une réception magnifique* un ricevimento magnifico → **grandiose, somptueux, 2 superbe** 2 (*par ext.*) [*très beau*] magnifico: *paysage magnifique* paesaggio magnifico; *il fait un temps magnifique* c'è un tempo magnifico; *il a une peau magnifique* ha una pelle magnifica → **splendide, 2 superbe** 3 (*fig.*) [*remarquable, admirable en son genre*] magnifico: *une découverte, une invention magnifique* una magnifica scoperta, invenzione 4 (*vieilli*) [*qui a des manières fastueuses*] munifico* → **généreux.**

magnifiquement |maɲifikmɑ̃| *adv.* 1 [→ MAGNIFIQUE 1] magnificamente: *traiter magnifiquement ses hôtes* trattare magnificamente i propri ospiti → **somptueusement** 2 [*très bien*] magnificamente: *il s'en est magnifiquement tiré* se l'è cavata magnificamente.

magnitude |magnityd| *s.f.* (*astron.*) magnitudine → **grandeur.**

magnolia |maɲ(gn)ɔlja|, **magnolier** |maɲɔlje| *s.m.* (*t.bot.*) magnolia *f.*

Magnoliacées |maɲɔljase| *s.f. pl.* (*t.bot.*) Magnoliacee.

magnum |magnɔm| *s.m.* (*lat.*) magnum *inv.*, bottiglione (di circa due litri).

1 **magot** |mago| *s.m.* 1 (*t.zool.*) bertuccia* *f.* 2 (*fig.*) [*homme très laid*] scimmione, macaco* → **macaque** 3 [*figurine trapue de l'Extrême-Orient, en porcelaine, pierre, jade*] figurina *f.*, statuina (*f.*): *magot chinois* figurina, statuina cinese.

2 **magot** |mago| *s.m.* [*somme d'argent amassée et mise en réserve, cachée*] gruzzolo → 2 **bas (de laine), trésor.**

magouille |maguj| *s.f.* (*polit., fam.*) → 1 **manœuvre.**

magyar, are |maʒjaʀ| *adj. et s.* 1 [*qui a rapport au peuple établi au IXe s. dans l'actuelle Hongrie*] magiaro 2 (*par ext.*) [*de Hongrie*] magiaro → **hongrois.**

mahaleb |maalɛb| *s.m.* (*t.bot.*) ciliegio* canino.

mahara(d)jah |maaʀa(d)ʒa| *s.m.* maragià *inv.*, maharajah *inv.* → **rajah.**

mahatma |maatma| *s.m.* mahatma *inv.*

mahdi |madi| *s.m.* (*ar.*) (*relig.*) ma(h)di *inv.*

mahdisme |madism(ə)| *s.m.* (*relig.*) ma(h)dismo.
mahdiste |madist(ə)| *adj. et s.* ma(h)dista.
ma(h)-jong |maʒɔ̃g| *s.m. inv.* (*chinois*) mah-jong.
mahométan, ane |maɔmetɑ̃, an| *s.* (*vieilli*) maomettano (*cour.*) → **musulman** ✦ (*adj.*) *prince mahométan* principe maomettano.
mahométisme |maɔmetism(ə)| *s.m.* (*vieilli*) maomettismo → **islam, islamisme.**
mahonia |maɔnja| *s.m.* (*t.bot.*) ma(h)onia *f.*
mahonne |maɔn| *s.f.* **1** (*ancienn.*) [*galère turque de grande taille*] maona **2** (*par ext.*) [*chaland de port*] maona.
ma(h)ous, ousse |maus| *adj.* (*pop.*) [*gros, de taille importante*] gigantesco*: *elle est maousse* è gigantesca ◇ (*vieilli*) [*superbe, magnifique*] magnifico* (*cour.*).
mahratte, marathe |maʀat| **1** *adj.* [*qui a rapport aux Mahrattes, peuple du Dekkan*] maratto **2** (*s.m.*) *le marathe* [*langue indo-européenne de l'Inde*] il maratto.
mai |mɛ| *s.m.* [*cinquième mois de l'année*] maggio*: *le premier mai, fête du travail* il primo maggio, festa del lavoro.
maïa |maja| *s.m.* (*t.zool.*) maia *f.*
maie |mɛ| *s.f.* [*huche à pain; huche à pétrir*] madia → **pétrin** ◇ (*par ext.*) [*table de pressoir*] tavola.
maïeur, mayeur |majœʀ| *s.m.* (*ancienn., dial.*) → **maire, bourgmestre.**
maïeutique |majøtik| *s.f.* (*hist. philo.*) maieutica* → **dialectique** ◇ (*par ext.*) [*méthode suscitant la réflexion intellectuelle*] maieutica.
1 **maigre** |mɛgʀ(ə)| *adj.* **1** (*personnes*) magro: *maigre comme un clou, un coup de trique, un hareng saur* magro come un chiodo, come uno stecco, come un'acciuga; *être maigre* essere magro → **étique, sec** ✦ (*s.*) *les gros et les maigres* i grassi e i magri; *une fausse maigre* una falsa magra ◇ (*choses*) *viande maigre* carne magra; *fromages maigres* formaggi magri ✦ (*s.m.*) *un morceau de maigre* un pezzo di magro ◇ (*par ext.*) *repas maigre* pranzo magro, di magro (*loc. inv.*); *bouillon maigre* brodo magro; *jours maigres* giorni di magro ✦ (*s.m.*) *faire maigre* [*ne manger ni viande ni aliment gras*] mangiare di magro **2** (*typogr.*) *filet maigre* filetto sottile; *caractères maigres* caratteri chiari **3** [*peu fourni, peu abondant*] magro: *maigre pâturage* magro pascolo; *terre, sol maigre* terra magra, suolo magro, povero ◇ (*fig.*) [*de peu d'importance*] scarso, magro: *maigre salaire* magro stipendio; *il n'a obtenu que de bien maigres résultats* ha ottenuto solo risultati molto scarsi → **médiocre** ◇ (*loc. fam.*) *c'est maigre, c'est un peu maigre* [*c'est* (*bien*) *peu*] è poco, è un po' poco 🄲 1 **gras, gros.**
2 **maigre** |mɛgʀ(ə)| *s.m.* → **sciène.**
maigrelet, ette |mɛgʀəlɛ, ɛt|,
maigrichon, onne |megʀiʃɔ̃, ɔn|,
maigriot, otte |megʀijo, ɔt| *adj.* [*un peu trop maigre*] magrolino, mingherlino: *enfant maigrelet* bambino magrolino, mingherlino ✦ (*s.*) *un petit maigrichon, maigriot* un mingherlino.
maigrement |mɛgʀəmɑ̃| *adv.* [*chichement, petitement*] magramente, scarsamente: *maigrement payé* magramente pagato; *sujet maigrement développé* argomento scarsamente sviluppato → **peu.**
maigreur |mɛgʀœʀ| *s.f.* **1** magrezza: *maigreur extrême* magrezza estrema **2** (*fig.*) [*caractère de ce qui est peu fourni, peu abondant*] povertà *inv.*, scarsità (*inv.*): *maigreur d'une végétation* povertà di una vegetazione; *maigreur des revenus, des ressources* scarsità, scarsezza dei redditi, delle risorse 🄲 1 **embonpoint.**
maigrir |megʀiʀ| **A** *v.intr.* [*devenir maigre*] dimagrire (197) (*aux.* essere), smagrire (197) (*aux.* essere): *elle a maigri pendant sa maladie* è dimagrita durante la malattia; *maigrir des hanches* dimagrire sui fianchi; *régime pour maigrir* dieta per dimagrire, dimagrante → **décoller, dessécher (se)** ✦ (*au p.p.*) *je vous trouve maigrie* la trovo dimagrita **B** *v.tr.* [*rendre maigre*] smagrire, dimagrare: *la diète l'a maigri* la dieta l'ha smagrito, dimagrato; *cette robe la maigrit* questo vestito la smagrisce, la fa sembrare più magra 🄲 A **grossir.**
mail |maj| *s.m.* **1** [*allée, promenade bordée d'arbres, dans certaines villes*] viale alberato: *des mails* dei viali alberati **2** [*maillet à manche flexible pour pousser une boule de buis, au jeu qui porte son nom*] maglio* ◇ [*le jeu lui-même*] pallamaglio* *f.* **3** (*vx.*) → 1 **marteau.**
maillage |mɑjaʒ| *s.m.* **1** (*pêche*) maglia *f.* **2** [*structuration en réseau*] reticolo, rete (*f.*): *le maillage des lignes de transports collectifs* il reticolo, la rete delle linee di trasporti collettivi.
1 **maille** |mɑj| *s.f.* **I** [*boucle*] **1** maglia, punto (*m.*): *maille à l'endroit, à l'envers* maglia diritta, punto diritto; maglia rovescia, punto rovescio; *compter les mailles* contare le maglie; *maille qui file* maglia che si sfila, che salta; *tissu dont les mailles ne filent pas* tessuto le cui maglie non si disfano; *monter des mailles sur une aiguille* mettere i punti su un ago, avviare le maglie su un ago ◇ (*par ext.*) *mailles d'un filet* maglie di una rete **2** [*trou formé par chaque maille*] maglia: *poisson qui passe à travers les mailles* pesce che passa attraverso le maglie **3** [*anneaux de métal reliés les uns aux autres*] maglia # *cotte de mailles* cotta d'arme ◇ (*spécialt.*) [*anneau d'une chaîne*] maglia, anello *m.* → **chaînon, maillon** **II** [*tache*] **1** (*chasse*) picchiettatura, moschettatura **2** (*méd.*) nefelio* *m.*, nubecula **3** (*bot.*) gemma.
2 **maille** |mɑj| *s.f.* [*au moyen âge, un demi-denier*] ⊠ ◇ *loc.* SANS SOU NI MAILLE non avere il becco di un quattrino, essere senza il becco di un quattrino ~ AVOIR MAILLE À PARTIR (*avec qqn.*) [*avoir un différend, une difficulté*] avere a che dire (con qc.): *il a eu maille à partir avec un collègue* ha avuto a che dire con un collega.
maillechort |majʃɔʀ| *s.m.* (*techn.*) argentone, argentana *f.*
mailler |mɑje| **A** *v.tr.* [*faire ou relier avec des mailles*] ammagliare: *mailler un filet* ammagliare una rete ✦ (*au p.p.*) *armure maillée* armatura di maglie (metalliche) ◇ (*mar.*) *mailler une chaîne* [*la relier à une autre par une maille spéciale, dite 'manille'*] ammanigliare una catena; *mailler une voile* [*la lacer*] allacciare una vela (a un'altra) **B** *v. intr.* **1** (*poisson*) [*rester dans le filet*] incappare (*aux.* essere) nelle reti, essere (96) (*aux.* essere) preso nelle reti **2** [*se couvrir de* (1) *mailles* (II 1)] ricoprirsi (186) *pron.* di picchiettature, di macchiettature: *oiseau qui maille* uccello che si ricopre di picchiettature ✦ (*au p.p.*) *perdreau maillé* perniciotto macchiettato **3** (*bot.*) [*pousser des mailles*] gemmare, mettere (155) *tr.* le gemme → **bourgeonner.**
maillet |majɛ| *s.m.* **1** mazzuolo, maglio*: *maillet de bois* mazzuolo di legno; *maillet de tonnelier* mazzuolo di tonnaio # *maillet de sculpteur* mazzuola di scultore ◇ (*sport*) *maillet de croquet* mazza *f.*, maglio da croquet; *maillet de polo* mazza da polo **2** (*ancienn.*) mazza d'arme.
mailleton |majtɔ̃| *s.m.* (*agric.*) salciolo.
mailloche |majɔʃ| *s.m.* **1** [*gros maillet de bois*] maglio*, (grosso) mazzuolo **2** (*mus.*) mazzuolo (da grancassa).
maillon |mɑjɔ̃| *s.m.* [*anneau d'une chaîne*] anello, maglia *f.* → **chaînon,** 1 **maille.**
maillot |majo| *s.m.* **I** **1** [*vêtement de tricot qui moule le corps*] calzamaglia (*f.*): *maillot de danseur* calzamaglia da ballerino; *maillot des acrobates* calzamaglia degli acrobati **2** [*vêtement collant qui couvre le haut du corps*] maglia (*f.*): *maillot de cycliste* maglia da ciclista; *maillot jaune* maglia gialla ◇ (*spécialt.*) *maillot de corps* [*sous-vêtement d'homme*] canottiera *f.*, maglietta *f.* → **tricot** **3** MAILLOT (DE BAIN) costume (da bagno): *maillot de bain de femme d'une seule pièce, de deux pièces* costume da donna intero, a due pezzi; *se mettre en maillot* mettersi in costume **II** [*lange qui enferme les jambes et le corps du nouveau-né jusqu'aux aisselles*] fasce (*f. pl.*): *enfant au maillot* bambino in fasce.
maillotin |majɔtɛ̃| *s.m.* **1** [*arme anc. semblable au maillet*] mazza *f.* **2** [*pressoir à olives*] frantoio* (per olive).
maillure |majyʀ| *s.f.* [*moucheture, tache sur le plumage d'un oiseau*] picchiettatura, macchiettatura.
1 **main** |mɛ̃| *s.f.* **I** **1** (*sens pr. et métaph.*) mano: *main droite, gauche* mano destra, sinistra; *creux, paume de la main* cavo, palmo della mano; *dos, revers de la main* dorso, rovescio della mano; *les lignes de la main* le linee della mano; *être plus habile de la main droite, gauche* essere più abile con la (mano) destra, con la (mano) sinistra; *se salir, se laver les mains* sporcarsi, lavarsi le mani; *étendre, ouvrir, fermer la main* stendere, aprire, chiudere la mano; *lever les mains* alzare le mani; *haut les mains!* mani in alto!; *toucher avec la main* toccare con (la) mano; *être à portée de la main* essere a portata di mano; *il lui arracha la boîte des mains* gli strappò la scatola dalle mani; *vase qui échappe des mains* vaso che sfugge di mano ◇ (*loc.*) *être pris la main dans le sac* essere preso con le mani nel sacco ~ *marcher la main dans la main*: (*pr.*) camminare mano nella mano; (*fig.*) [*agir en parfait accord*] andare d'amore e d'accordo ~ *tendre la main à qqn.* tendere, porgere la mano a qc. ~ *politique de la main tendue* politica della mano tesa ~ *serrer la main à qqn., se serrer la main* stringere la mano a

qc., stringersi la mano ~ *saluer de la main* salutare con la mano ~ *donner la main à qqn.* dare la mano a qc. ~ *se frotter les mains de contentement* fregarsi le mani per la contentezza ~ *se tordre les mains de désespoir* torcersi le mani per la dispetazione ~ *mettre la main sur son cœur* mettersi la mano sul cuore, sul petto ~ *j'en mettrais ma main au feu* ci metterei la mano sul fuoco ~ *de la main à la main* [*sans intermédiaire ou sans formalités*] da mano a mano, senza intermediari: *argent versé de la main à la main* [*sans reçu régulier*] denaro versato brevi manu, senza ricevuta ~ *circuler de mains en mains* circolare di mano in mano ~ DE PREMIÈRE MAIN [*directement, de la source*] di prima mano: *ouvrage de première main, de seconde main* opera di prima, di seconda mano ~ *tenir de première main* sapere da fonte diretta ~ *avoir la main ouverte* [*pour donner*] essere di mano larga ~ *avoir le cœur sur la main* avere il cuore in mano ~ *rentrer les mains vides* ritornare a mani vuote ~ *une page de sa main* una pagina di suo pugno, autografa ~ *de main de maître* con maestria, con mano maestra ~ À LA MAIN a mano: *travail fait à la main* lavoro fatto a mano; *objets fabriqués à la main* oggetti fabbricati a mano; *broderie à la main* ricamo a mano ~ *lever, porter la main sur qqn.* [*le battre*] alzare le mani su qc., mettere le mani addosso a qc. ~ *avoir la main leste* [*pour frapper*] essere svelto di mano ~ *en être, en venir aux mains* venire, correre alle mani **2** *loc.* À MAIN a mano: *levier, frein à main* leva, freno a mano ~ *attaque à main armée* aggressione a mano armata ~ *dessin à main levée* disegno a mano libera ~ *sac à main* borsa, borsetta ~ *à main droite, gauche* a, sulla (mano) destra; a, sulla (mano) sinistra ~ *puiser à pleines mains* attingere a piene mani **3** *loc.* DE MAIN [*fait avec, par la main*] *poignée, serrement de main* stretta di mano ~ *un revers de main* un manrovescio ~ *en un tour de main* in un batter d'occhio ~ *coup de main*: [*attaque rapide*] colpo di mano; [*aide momentanée*] mano: *il avait beaucoup de travail, c'est pourquoi je lui ai donné un coup de main* aveva molto lavoro, perciò gli ho dato una mano ~ HOMME DE MAIN [*celui qui exécute des besognes basses ou criminelles pour le compte d'autrui*] sicario* (*m.*): *les hommes de main d'un gang* i sicari di una gang ~ *ne pas y aller de main morte*: (*pr., fig.*) [*frapper rudement; attaquer avec violence*] picchiare sodo; avere la mano pesante ◇ (*prov.*) *jeux de mains, jeux de vilains* giochi di mano, giochi da villano **4** *loc.* EN MAIN: *le livre est en main* [*en consultation, qqn. s'en sert*] il libro è in consultazione, in prestito ~ *démontrer qqch. preuve en main* dimostrare q.c. (colle) prove alla mano ~ PRENDRE EN MAIN(s) [*en charge, se charger de*] occuparsi (di), prendere in mano: *prendre en main l'éducation d'un enfant* occuparsi dell'educazione di un bambino ~ *mettre à qqn. le marché en mains* porre l'aut-aut a qc. ~ *être en bonnes mains* essere in buone mani ~ *le gouvernement n'a pas la situation en main* il governo non ha in mano la situazione ~ *remettre une lettre en main(s) propre(s)* consegnare una lettera direttamente al destinatario **5** *loc.* SOUS MAIN [*en secret*] sotto banco, sotto mano: *négocier sous main, en sous main* negoziare sotto banco **6** (*loc.*) *mettre, prêter la main à* [*travailler à*] mettere le mani in ~ *mettre la main à la pâte* [*travailler soi-même à qqch.*] avere le mani in pasta ~ *mettre la dernière main à* dare gli ultimi tocchi, l'ultima mano a ~ *donner la main à qqn. pour faire qqch.* dare una mano a qc. per fare q.c.; aiutare qc. a fare q.c. ~ *prêter la main à un projet, à un crime* tener mano a un progetto, a un delitto ~ *avoir la main heureuse, malheureuse* avere, non avere la mano felice ~ *forcer la main à qqn.* forzare la mano a qc. ~ *un homme à toutes mains* [*capable de faire divers travaux*] un uomo dalle mani d'oro ~ *lier les mains* legare le mani; impedire d'agire ~ *faire des pieds et des mains* fare il diavolo a quattro, fare i salti mortali ~ *mettre la main sur* (*qqn., qqch.*) [*trouver*] mettere le mani su (qc., q.c.) ~ *faire main basse sur* far man bassa di ~ *avoir qqch. sous la main* avere q.c. sotto mano ~ *il est tombé aux mains, dans les mains de ses ennemis* è caduto nelle mani dei suoi nemici ~ *avoir la haute main sur* (*qqn., qqch.*) [*commander, diriger*] avere l'alta potestà su (qc., q.c.) ~ *demander, obtenir la main d'une jeune fille* chiedere, ottenere la mano di una ragazza ◇ (*prov.*) *une main de fer dans un gant de velours* pugno di ferro e guanto di velluto ◇ (*sport*) *il y a main* c'è fallo di mani **7** (*aux cartes*) [*l'initiative au jeu*] mano ◇ (*loc.*) *avoir la main* essere di mano ~ *céder, donner, passer la main* passare la mano ◇ (*loc. fig.*) *passer la main* [*abandonner, renoncer* (*à des prérogatives, etc.*)] rinunciare, mollare **8** [*manière d'exécuter, de procéder*] mano ◇ (*loc.*) *reconnaître la main d'un artiste* riconoscere la mano di un artista ~ *perdre la main* perdere la mano, l'abitudine ~ *ce petit travail lui fera la main* questo lavoretto gli farà le ossa ~ *se faire la main* farsi la mano **II** (*objets*) **1** *main de justice* mano di giustizia **2** *main* (*de toilette*) [*gant*] guanto *m.* di spugna **3** MAIN COURANTE [*rampe parallèle à celle de l'escalier, et fixée au mur*] corrimano *m. inv.* ◇ (*comm.*) brogliaccio* *m.* **III** (*personnes*) **1** *petite main* [*apprentie couturière*] sartina, apprendista sarta ◇ (*par ext.*) apprendista operaia **2** (*loc.*) *première main* [*première couturière d'un atelier*] prima sarta.

2 **main** |mɛ̃| *s.f.* (*papeterie*) blocco* *m.* di venticinque fogli.

main, mainte |mɛ̃, mɛ̃t| *adj.* **1** (*en loc.*) [*nombreux*] *à maintes reprises* a più riprese, più volte ~ *maintes fois* molte volte ~ *maintes et maintes fois* mille volte, un'infinità di volte **2** (*littér.*) [*plusieurs*] parecchi *pl.* (*cour.*), molti *pl.* (*cour.*).

main courante |mɛ̃kuʀɑ̃t| *s.f.* → 1 **main** II 3.

main-d'œuvre |mɛ̃dœvʀ(ə)| *s.f.* manodopera, mano d'opera, forze *pl.* di lavoro: *main-d'œuvre agricole, étrangère, féminine* manodopera agricola, straniera, femminile; *les frais de main-d'œuvre* il costo della manodopera.

main-forte |mɛ̃fɔʀt(ə)| *s.f.* (*dans la loc.*) *donner, prêter main-forte* dare manforte → 1 **aide.**

mainlevée |mɛ̃lve| *s.f.* (*dr.*) revoca*, cancellazione: *accorder mainlevée d'un séquestre* concedere la revoca di un sequestro, revocare un sequestro.

mainmise |mɛ̃miz| *s.f.* **1** [*action de prendre, de s'emparer*] occupazione, presa di possesso: *mainmise d'un État sur des territoires étrangers* occupazione di territori stranieri da parte di uno Stato → 1 **prise, domination 2** (*fig.*) [*influence tyrannique*] ingerenza.

mainmortable |mɛ̃mɔʀtabl(ə)| *adj.* (*dr.*) **1** (*féod.*) soggetto a manomorta: *vassal mainmortable* vassallo soggetto a manomorta ◆ (*s.*) *un mainmortable* un vassallo soggetto a manomorta **2** (*moderne*) *société mainmortable* società soggetta a manomorta.

mainmorte |mɛ̃mɔʀt(ə)| *s.f.* (*dr.*) **1** (*féod.*) *droit de mainmorte* diritto di manomorta **2** (*moderne*) *biens de mainmorte* (beni di) manomorta.

maintenance |mɛ̃tnɑ̃s| *s.f.* **1** (*milit.*) mantenimento *m.* in forza **2** [*services d'entretien, de réparation, de stockage*] manutenzione.

maintenant |mɛ̃tnɑ̃| *adv.* **1** [*dans le temps actuel, au moment présent*] ora, adesso: *et maintenant* e ora?, e adesso?; *maintenant il faut partir* ora, adesso bisogna partire → **actuellement, aujourd'hui,** 1 **présent (à)** ◇ *ellipt.* (*avec un futur*) *maintenant, tout ira bien* ora, d'ora in avanti tutto andrà bene ◇ (*loc.*) *des maintenant* d'ora in poi, d'ora in avanti → **désormais** ~ *à partir de maintenant* a partire da adesso, d'ora in poi ~ *loc. conj.* MAINTENANT QUE ora che: *maintenant qu'elle avait payé, elle lui dirait tout* ora che aveva pagato, gli avrebbe detto tutto **2** (*en tête de phrase, marque une pause*) ora, adesso: *voilà ce que je vous conseille; maintenant, vous ferez ce que vous voudrez* ecco quello che vi consiglio io; ora, adesso farete come vorrete.

maintenir |mɛ̃tniʀ| **A** *v.tr.* **1** [*conserver dans le même état; faire ou laisser durer*] mantenere (188): *maintenir l'ordre, la paix* mantenere l'ordine, la pace; *maintenir sa candidature, ses prétentions* mantenere la propria candidatura, le proprie pretese; *maintenir une loi en vigueur* mantenere in vigore una legge → 1 **entretenir, garder** # *maintenir un malade en vie* tenere in vita un malato **2** [*affirmer avec constance, fermeté*] confermare, mantenere: *je l'ai dit et je le maintiens* l'ho detto e lo confermo; *maintenez-vous vos accusations?* mantenete, confermate le (vostre) accuse? → **certifier, soutenir 3** [*tenir dans une même position*] sostenere (188); mantenere: *la clef de voûte maintient l'édifice* la chiave di volta sostiene l'edificio → **fixer, retenir** ‖ *maintenir fixe, stable, en équilibre* mantenere, tenere (188) stabile, in equilibrio **B** *v.pron. intr.* SE MAINTENIR [*rester dans le même état*] tirare *intr.*, andare (101) *intr.* avanti: *vieillard qui se maintient* vecchio che tira avanti; *certaines institutions se maintiennent pendant des siècles* alcune istituzioni vanno avanti, durano secoli → 1 **défendre (se)** ◇ (*pop.*) '*alors, ça va?*' '*ça se maintient*' 'allora, come va?' 'si tira avanti, si vivacchia' © A 1 **changer, supprimer,** 2 **retirer.**

maintien |mɛ̃tjɛ̃| *s.m.* **1** [*manière*

de se tenir, manifestant les habitudes sociales] contegno, atteggiamento: *maintien désinvolte* contegno, atteggiamento disinvolto; *maintien étudié* contegno, atteggiamento studiato → **pose, attitude,** 2 **contenance** 2 [→ MAINTENIR A 1] mantenimento: *assurer le maintien de l'ordre* garantire il mantenimento dell'ordine C 2 **abandon** 1, **changement.**

maire |mɛʀ| *s.m.* **I** (*admin.*) sindaco*: *monsieur le maire* il signor sindaco; *l'écharpe du maire* la fascia del sindaco; *le maire de cette ville est une femme* il sindaco di questa città è una donna **II** (*hist.*) maggiordomo, maestro di palazzo: *les maires du palais* i maestri di palazzo.

mairesse |mɛʀɛs| *s.f.* (*plais.*) [*femme du maire*] sindachessa.

mairie |meʀi| *s.f.* 1 (*admin.*) carica*, funzione di sindaco ◇ (*par ext.*) comune *m.*, amministrazione comunale # *employé, secrétaire de mairie* impiegato, segretario comunale 2 [*bâtiment où se trouvent le bureau du maire, les services de l'administration municipale*] municipio* *m.*, comune → **hôtel (de ville).**

mais |mɛ| **I** *conj.* 1 (*introduit une idée contraire à celle qui a été exprimée*) ma: *ce n'est pas ma faute, mais la tienne* non è colpa mia, ma tua; *je n'en veux pas un, mais deux* non ne voglio uno, ma due 2 (*introduit 'une restriction, une correction, une précision'*) ma: *je l'ai puni, mais c'est pour son bien* l'ho castigato, ma per il suo bene; *non seulement..., mais encore, mais aussi, mais même, mais en outre* non soltanto..., ma anche, ma persino, ma inoltre (in più, per di più) → **compensation (en), revanche (en)** 3 (*introduit une objection*) ma, però: *'mais pourtant vous connaissez ce texte?' 'oui, mais...'* 'eppure lei conosce quel testo?' 'sì, ma, però...' ♦ (*s.m.*) *des si et des mais* dei se e dei ma; *il n'y a pas de mais qui tienne!* non c'è ma che tenga! **II** *adv.* 1 *loc.* (*littér.*) *n'en pouvoir mais* [*n'y pouvoir rien*] non poterci (far) nulla 2 (*renforçant un mot exprimé*) ma: *'tu viens avec moi?' 'mais bien sûr!'* 'vieni con me?' 'ma certamente, ma certo!' **III** (*exclam.*) *je vais lui fermer le bec, ah mais!* gli chiuderò il becco!; (*fam.*) *non, mais! pour qui tu te prends!* (ma) di' un po', per chi ti prendi!; *non mais, des fois!* non ci mancherebbe altro!

maïs |mais| *s.m.* (*t.bot.*) granturco*, mais (*inv.*): *farine de maïs* farina di granturco, di mais.

maïserie |maisʀi| *s.f.* stabilimento *m.* per la lavorazione del granturco.

maison |mɛzɔ̃| *s.f.* **I** 1 [*bâtiment d'habitation*] casa: *façade, murs, toit d'une maison* facciata, muri, tetto di una casa; *maison de bois, de briques* casa di (in) legno, di (in) mattoni; *maison préfabriquée* casa prefabbricata; *maison de paysans* casa di contadini; *maison de campagne* casa di campagna # *maison à plusieurs appartements* condominio ◇ (*loc.*) *un mensonge gros comme une maison* una bugia grossa come una casa ◇ (*loc.*) *la Maison-Blanche* la Casa Bianca 2 [*habitation, logement* (*qu'il s'agisse ou non d'un bâtiment entier*)] casa: *quitter la maison* lasciare la propria casa ◇ *loc.* À LA MAISON a, in casa; *il aime rester à la maison* gli piace restare a, in casa 3 [*place d'un domestique*] *ce domestique a fait de nombreuses maisons* questo domestico ha prestato servizio in diverse famiglie; *les gens de maison* i domestici, le persone di servizio **II** [*bâtiment, édifice destiné à un usage spécial*] *maison centrale* carcere *m.*; penitenziario* *m.*, casa di pena → **prison (d'État)**; *maison de correction* casa correzionale, riformatorio* (*m.*); *maison de santé* casa di cura; *maison de repos* casa di riposo; *maison de retraite* casa di riposo; ospizio* *m.* (per persone anziane); *maison de jeux* casa da gioco → **tripot**; *maison de rendez-vous* casa d'appuntamenti; *maison close, de tolérance* casa chiusa, di tolleranza → **bordel**; *maison de la jeunesse, de la culture, du peuple* casa del giovane (della gioventù), della cultura, del popolo **III** [*entreprise comm.*] ditta, casa: *maison de détail, de gros* ditta, casa (che vende) al minuto, all'ingrosso ◇ (*par ext.*) [*l'établissement où l'on travaille*] *les traditions de la maison* le tradizioni della casa; *j'en ai assez de cette maison* ne ho abbastanza di questa ditta, di questa casa **IV** 1 [*famille*] casa: *faire la jeune fille de la maison* fare la ragazza di casa 2 (*ancienn.*) [*ensemble des personnes employées au service des grands personnages*] servitù (*inv.*): *la maison du roi* la servitù del re 3 [*descendance, lignée des familles nobles*] casa, casato (*m.*): *la maison d'Austriche* la casa d'Austria **V** *appos.* 1 [*qui a été fait à la maison, sur place* (*et non pas acheté au-dehors*)] nostrano *adj.*, casareccio* (*adj.*): *pâte, tarte maison* pasta, torta nostrana, fatta in casa 2 (*pop.*) [*particulièrement soigné, réussi*] coi fiocchi (*loc. inv.*): *une bagarre maison!* una rissa coi fiocchi!

maisonnée |mɛzɔne| *s.f.* [*l'ensemble de ceux qui habitent la même maison*] casamento *m.* ◇ (*spécialt.*) [*famille*] famiglia: *toute la maisonnée était réunie* tutta la famiglia era riunita.

maisonnette |mɛzɔnɛt| *s.f.* [*petite maison*] casetta.

maistrance |mɛstʀɑ̃s| *s.f.* (*mar.*) maestranza di bordo.

maître, maîtresse |mɛtʀ(ə), mɛtʀɛs| *s.* **I** *s.* [*personne qui exerce une domination*] 1 [*personne qui a pouvoir et autorité sur qqn. pour se faire obéir, servir*] padrone: *le maître et l'esclave* il padrone e lo schiavo; *le maître et les serviteurs, les domestiques* il padrone e i servitori, i domestici (la servitù) ◇ (*loc.*) *l'œil du maître* l'occhio del padrone ◇ (*prov.*) *les bons maîtres font les bons valets* i buoni padroni fanno i buoni servitori ~ *tel maître tel valet* tale il padrone, tale il servitore ~ *nul ne peut servir deux maîtres à la fois* nessuno può servire due padroni ~ *ni Dieu ni maître* né Dio né padroni 2 [*possesseur d'un animal domestique*] padrone: *chien qui reconnaît son maître et sa maîtresse* cane che riconosce il padrone e la padrona 3 *maître, maîtresse de maison* padrone, padrona di casa 4 *loc.* ÊTRE (LE) MAÎTRE [*diriger, commander*] essere (il) padrone: *je suis maître chez moi* sono io il padrone in casa mia, in casa mia comando io; *le capitaine d'un bateau est le seul maître à bord* il capitano di una nave è il solo padrone a bordo ◇ (*prov.*) *charbonnier est maître dans sa maison* in casa sua, ciascuno è re 5 (*loc.*) *être son maître* [*être libre et indépendant*] essere padrone di sé, non dipendere da nessuno ~ *être maître de soi* essere padrone di sé (stesso), sapersi dominare ~ *être maître de ses actes* essere padrone delle proprie azioni ~ *être maître de son temps* disporre del proprio tempo 6 [*personne qui possède une chose et en dispose*] padrone, proprietario*: *voiture de maître* (*opposé à 'de louage'*) macchina appartenente al proprietario, di proprietà → **possesseur, propriétaire** ◇ (*loc.*) *se rendre maître de qqch.* rendersi padrone di q.c.; appropriarsi di q.c. ~ *se rendre maître d'un fléau, d'un incendie* [*le maîtriser, l'arrêter*] domare un flagello, un incendio ~ *se rendre maître de qqn.* [*le capturer*] far prigioniero qc.; [*le maîtriser*] soggiogare, dominare qc. ◇ (*choses abstraites*) *être maître de la situation* essere padrone della situazione ~ *être maître des événements* dominare gli eventi ~ *être maître d'un secret* custodire un segreto **II** *s.* 1 *s.* (*dans des loc.*) [*personne qui exerce une fonction de direction, de surveillance*] *maître d'œuvre* capo *m.* cantiere; direttore*, direzione *f.* (dei) lavori ~ *maître de l'œuvre, de l'ouvrage* (*d'ouvrage*) ente *m.*, stazione *f.* appaltante; committente ~ *maître* (*f. maître*) *des requêtes au Conseil d'État* referendario* al Consiglio di Stato ~ *maître de ballet* maestro di ballo, coreografo ~ *maître coq* capocuoco* ~ *maître d'hôtel* caposala*, capocameriere*, direttore di sala ~ *maître d'équipage* nostromo ~ *maître de chapelle* maestro di cappella ~ *maître des cérémonies* cerimoniere, maestro di ceremonie ~ *maître* (*f. maître*) *de conférences* libero docente; professore* incaricato ~ *maître* (*f. maîtresse*) *d'internat* sorvegliante, prefetto (*m.*) ~ *maîtresse de piano* maestra di piano(forte) ~ *maître d'armes* maestro d'armi, di scherma → 1 **chef** 2 *s.* MAÎTRE, MAÎTRESSE D'ÉCOLE maestro, maestra di scuola → **enseignant, instituteur** 3 *s.m.* [*artisan qui dirige le travail et enseigne aux apprentis*] maestro ◇ [*peintre, sculpteur qui dirigeait un atelier*] maestro ◇ [*personne dont on est le disciple, que l'on prend pour modèle*] maestro, guida (*f.*): *maître à penser* guida intellettuale 4 *s.m.* [*artiste, écrivain ou savant qui excelle dans son art*] maestro: *les maîtres de la littérature française* i maestri della letteratura francese; *le tableau d'un maître* il quadro di un maestro ◇ (*loc.*) *elle est passée maître dans l'art de mentir* è diventata maestra nell'arte di mentire ~ *de main de maître* con mano maestra, con fare magistrale ~ *des coups de maître* colpi da maestro ~ *trouver son maître* trovare qc. più abile; trovare pane per i propri denti **III** *s.m.* (*suivi d'un nom pr.*) [*titre attribué à des gens de loi*] (l')avvocato: *Maître* (*Me*) *X, avocate à la cour* l'avvocato (l'avv.) X, avvocatessa del tribunale ◇ [*à un profeseur éminent*] (il) professore ◇ [*à un artiste ou écrivain célèbre*] (il) maestro **IV** *s.* MAÎTRE, MAÎTRESSE (*en appos. ou adj.*) 1 [*qui a les qualités d'un maître, d'une maîtresse*] *une servante maîtresse* una serva padrona; *une maîtresse femme* una donna in gamba → **énergique** 2 [*qui est le premier, le chef de ceux qui exercent la même profession*] *un maître tein-*

turier un maestro tintore; *un maître queux* un capocuoco ◇ (*pour renforcer une qualification injurieuse*) matricolato *adj.*, patentato (*adj.*): *un maître filou* un briccone matricolato, patentato → **fieffé** 3 (*choses*) [*le plus important*] maestro: *maîtresse branche d'un arbre* ramo maestro, principale di un albero; *maîtresse poutre* trave maestra → 1 **principal** # *maître-autel* altare maggiore ◇ (*cartes*) *atout-maître* 'atout' principale ◇ [*essentiel*] principale *adj.*, principe (*adj.*): *la pièce maîtresse d'une collection* il pezzo principale, principe di una collezione.

maître-à-danser |mɛtʀadɑ̃se| *s.m.* (*techn.*) compasso ballerino.

maître-chanteur |mɛtʀəʃɑ̃tœʀ| *s.m.* 1 [*personne qui fait chanter qqn., exerce un chantage*] ricattatore* *s.* 2 (*ancienn.*) maestro cantore.

maîtresse |mɛtʀɛs| *s.f.* I → **maître** (*dans certains emplois*) II 1 (*langue classique*) [*jeune fille, femme aimée; fiancée*] amante 2 [*femme qui s'est donnée à un homme* (*sans être son épouse*)] amante: *ils sont amant et maîtresse* sono amanti; *avoir une maîtresse* avere un'amante.

maîtrisable |metʀizabl(ə)| *adj.* (*sentiments, émotions*) [→ MAÎTRISER 2] dominabile: *une peur difficilement maîtrisable* una paura difficilmente dominabile Ⓒ **insurmontable.**

maîtrise |metʀiz| *s.f.* I 1 *maîtrise de soi* [*qualité de celui qui est maître de soi*] padronanza di sé (stesso) → **contrôle** 2 [*contrôle milit. d'un lieu*] dominio* (*m.*): *l'Angleterre avait la maîtrise des mers* l'Inghilterra aveva il dominio dei mari → **suprématie** II 1 [*qualité, grade, fonction de maître dans certains corps de métiers*] maestria; funzione di maestro ◇ *maîtrise de conférences* libera docenza; incarico* *m.* universitario*; *la maîtrise* [*nom d'un diplôme universitaire*] ⊠ ◇ (*par ext.*) ufficio* *m.* di maestro di cappella; scuola di canto corale; cantoria 2 maestri *m. pl.* (di una) corporazione ◇ (*loc.*) *agents de maîtrise* [*nom donné à certains techniciens qui forment les cadres inférieurs d'une entreprise*] quadri inferiori, capireparto e capisquadra 3 [*perfection digne d'un maître, dans la technique*] maestria, perizia: *exécuter un travail avec maîtrise* eseguire un lavoro con maestria, con perizia → **maestria, habileté.**

maîtriser |metʀize| *v.tr.* 1 [*se rendre maître de, par la contrainte physique*] domare: *maîtriser un cheval* domare un cavallo; *maîtriser un incendie* [*l'arrêter*] domare un incendio 2 [*dominer* (*une passion, une émotion, un réflexe*)] dominare: *maîtriser ses passions, sa colère, son émotion* dominare, frenare le proprie passioni, la propria ira, la propria emozione → **contenir, réprimer, vaincre** ✦ (*pron.*) *allons, maîtrisez-vous!* su, via, si domini! 3 [*dominer* (*ce que l'on fait, ce dont on se sert*)] essere (96) *intr.* (*aux.* essere) padrone di: *il ne maîtrise pas encore son sujet* non è ancora (molto) padrone della materia; *maîtriser une langue* essere padrone di una lingua.

maïzena |maizena| *s.f.* (*marque déposée*) fecola di granturco.

majesté |maʒɛste| *s.f.* I 1 [*caractère de grandeur qui fait révérer les puissances souveraines*] maestà (*inv.*): *la majesté impériale* la maestà imperiale; *atteinte à la majesté du souverain* oltraggio alla maestà del re 2 [*titre donné aux souverains héréditaires*] maestà: *Votre Majesté* Vostra Maestà; *Vos Majestés* (le) Vostre Maestà II [*caractère de grandeur, de noblesse dans l'apparence*] maestosità (*inv.*): *majesté solennelle* maestosità solenne # *un air de majesté* un'aria maestosa ◇ (*choses*) *la majesté de la nature* la maestosità della natura → **beauté, grandeur** ◇ (*gram.*) *pluriel de majesté* plurale 'maiestatis', maiestatico* *adj.*

majestueusement |maʒɛstɥøzmɑ̃| *adv.* [*avec majesté*] maestosamente, con maestà (*loc. inv.*): *s'avancer, marcher majestueusement* avanzare, incedere maestosamente.

majestueux, euse |maʒɛstɥø, øz| *adj.* 1 [*qui a de la majesté* (II)] maestoso: *air majestueux* aria maestosa; *allure majestueuse* incedere maestoso; *une femme majeustueuse* una donna maestosa → **imposant** 2 [*d'une beauté pleine de grandeur, de noblesse*] maestoso: *fleuve majestueux* fiume maestoso → **grandiose.**

1 **majeur, eure** |maʒœʀ| I *adj. comparatif* 1 [*plus grand, plus important*] maggiore: *la majeure partie* la maggior parte ◇ (*relig.*) *ordres majeurs* ordini maggiori 2 (*mus.*) *intervalle majeur* intervallo maggiore ✦ (*s.m.*) *morceau en majeur* pezzo in (tono) maggiore 3 [*très grand, très important*] maggiore, principale: *la préoccupation majeure* la preoccupazione maggiore, principale; *cas de force majeure* caso di forza maggiore; *intérêt majeur* interesse maggiore II *s.m.* [*le plus grand doigt de la main*] medio* Ⓒ I 1 **mineur** 1.

2 **majeur, eure** |maʒœʀ| *adj.* [*qui a atteint l'âge de la majorité légale*] maggiorenne: *héritier majeur* erede maggiorenne; *il est majeur, il sait ce qu'il fait* è maggiorenne, sa quello che fa ✦ (*s.*) *un majeur* un maggiorenne.

majolique |maʒɔlik|, **maïolique** |majɔlik| *s.f.* maiolica*: *poterie en majolique* vasellame di maiolica.

ma-jong |maʒɔ̃g| *s.m.* → **ma(h)-jong.**

major |maʒɔʀ| I *adj. inv.* (*dans quelques composés*) [*supérieur par le rang*] *sergent-major* sergente maggiore; *état-major* stato maggiore; *chirurgien-major* primario chirurgo; *infirmière-major* capo infermiera II *s.m.* (*milit.*) 1 [*officier supérieur chargé de l'administration, du service*] ufficiale superiore 2 (*dans certaines armées étrangères*) [*chef de bataillon*] maggiore → **commandant** 3 (*appellation des médecins milit.*) ufficiale medico*: *monsieur le major* l'ufficiale medico 4 [*candidat reçu premier au concours d'une grande École*] primo: *le major de la promotion* il primo della graduatoria.

majoral, aux |maʒɔʀal, o| *s.m.* (*dial.*) 1 (*en Provence*) [*berger en chef d'un grand troupeau*] ⊠ 2 [*chacun des cinquante membres du consistoire félibrige*] felibre.

majorant |maʒɔʀɑ̃| *s.m.* (*math.*) maggiorante.

majorat |maʒɔʀa| *s.m.* (*dr. anc.*) maggiorasco*, maggiorascato.

majoration |maʒɔʀasjɔ̃| *s.f.* 1 maggiorazione: *majoration de prix* maggiorazione di prezzo → **hausse, relèvement** ◇ (*dr. fiscal*) *majoration d'impôt* maggiorazione dell'imposta; *majoration de retard* maggiorazione, indennità di mora 2 → **surestimation** Ⓒ **baisse, diminution.**

majordome |maʒɔʀdɔm| *s.m.* maggiordomo.

majorer |maʒɔʀe| *v.tr.* 1 [*porter* (*une évaluation, un compte*) *à un chiffre plus élevé* (*ou trop élevé*)] maggiorare: *majorer une facture* maggiorare una fattura ◇ (*par ext.*) → **augmenter, élever** 2 (*math.*) maggiorare Ⓒ **baisser, diminuer.**

majorette |maʒɔʀɛt| *s.f.* 'majorette' *inv.*

majoritaire |maʒɔʀitɛʀ| *adj.* 1 maggioritario*: *scrutin, système, vote majoritaire* scrutinio, sistema, voto maggioritario 2 (*par ext.*) [*qui fait partie d'une majorité*] maggioritario ✦ (*s.*) *les majoritaires d'un parti* gli esponenti della maggioranza di un partito 3 (*dr. comm.*) maggioritario: *gérant majoritaire* gerente maggioritario.

1 **majorité** |maʒɔʀite| *s.f.* 1 maggioranza: *majorité absolue* maggioranza assoluta; *majorité relative* maggioranza relativa; *la majorité des suffrages, des membres présents* la maggioranza dei suffragi, dei membri presenti ◇ (*polit.*) *les partis, les députés de la majorité* i partiti, i deputati della maggioranza; *la majorité et la minorité d'un parti* la maggioranza e la minoranza di un partito 2 [*le plus grand nombre*] maggioranza: *assemblée composée en majorité d'avocats* assemblea composta in maggioranza di avvocati; *la majorité des Français pense que...* la maggioranza dei Francesi pensa che...; *la majorité silencieuse* la maggioranza silenziosa → **généralité** ◇ (*loc.*) *dans la majorité des cas* nella maggioranza, nella maggior parte dei casi.

2 **majorité** |maʒɔʀite| *s.f.* (*dr., cour.*) maggiore età (*inv.*): *majorité civile, électorale* maggiore età civile, elettorale; *majorité pénale* maggiore età penale; *jusqu'à la majorité de l'enfant* fino alla maggiore età del bambino.

3 **majorité** |maʒɔʀite| *s.f.* (*mar.*) maggiorità *inv.*

majuscule |maʒyskyl| *adj.* maiuscolo: *lettre majuscule* lettera maiuscola; *un A, un H majuscule* una A, una H maiuscola ✦ (*s.f.*) *une majuscule* una maiuscola → **capitale** Ⓒ **minuscule.**

makémono |makemɔno| *s.m.* (*jap.*) makimono.

maki |maki| *s.m.* (*t.zool.*) maki *inv.*, machi *inv.*

1 **mal** |mal| *adv.* I 1 male: *ça commence mal!* comincia male!; *affaire qui va mal* affare che va male; *traiter mal qqn.* trattare male qc.; *cela lui a mal réussi* gli è andata male # *le moment est mal choisi* il momento è poco adatto; *ça tombe mal* capita a sproposito ◇ *loc.* ÊTRE MAL, ALLER MAL star male: *il est, il va* (*très*) *mal* sta (molto) male ~ *se sentir, se trouver mal* sentirsi, star male ~ *être mal portant* essere in cattiva salute ~ *être mal en point* essere mal ridotto ~ *elle est au plus mal* è in fin di vita ~ *tourner mal* [*se gâter*] prendere una brutta piega ~ *avoir l'esprit mal tourné* pensare al male ~ *être, se mettre mal avec qqn., avec sa famille* essere, mettersi in urto con qc.,

con la propria famiglia ~ *être mal vu de qqn.* essere mal visto da qc. **2** [*autrement qu'il convient*] *travail mal fait* lavoro fatto male; *il parle assez mal le français* parla piuttosto male il francese; *mal interpréter un texte* interpretare male un testo; *mal connaître une personne* conoscere male una persona; *individu mal habillé* individuo vestito male, mal vestito; *enfant qui réussit mal en classe* ragazzo che va male a scuola → **médiocrement**; *travailleur mal payé* lavoratore mal pagato → **insuffisamment**; *il s'est mal conduit, il a mal agi* si è comportato male, ha agito male; *asthmatique qui respire mal* asmatico che respira male # *personne mal élevée* persona maleducata; *je comprends mal comment il a pu en arriver là* non riesco a capire come possa essere arrivato a tal punto ◇ (*prov.*) *bien mal acquis ne profite jamais* la farina del diavolo se ne va in crusca **II** *loc. adv.* **1** PAS MAL (*avec négation*) [*assez bien, bien*] (mica) male, discretamente: *ce tableau ne fera pas mal sur ce mur* questo quadro non starà male, starà discretamente appeso a questa parete; *il ne s'en est pas mal tiré* se l'è cavata discretamente # *vous ne feriez pas mal de les avertir* fareste bene ad avvertirli **2** PAS MAL (*sans négation*) [*assez, beaucoup*] piuttosto, parecchio: *il est pas mal froussard* è piuttosto fifone; *il a pas mal voyagé* ha viaggiato parecchio → **beaucoup** **3** PAS MAL DE (*sans négation*) [*un assez grand nombre de, bon nombre de, beaucoup*] parecchio* (*adj.*): *j'avais appris pas mal de choses* avevo saputo parecchie cose.

2 **mal** |mal| *s.m.* **I** (*plur. 'maux'*) **1** [*ce qui cause de la douleur, de la peine; ce qui est mauvais, pénible* (*pour qqn.*)] male: *faire du mal à qqn.* fare (del) male a qc. ◇ (*loc.*) *il ne ferait pas de mal à une mouche* non farebbe (del) male a una mosca ◇ (*spécialt.*) UN MAL, DES MAUX un male, dei mali: *de deux maux, il faut choisir le moindre* dei due mali, tra i due mali bisogna scegliere il minore → **malheur, peine** **2** [*souffrance, malaise physique*] male: *mal de dents, de gorge* mal di denti, di gola; *maux de tête* mal di testa → **migraine**; *mal de mer, d'air, de la route, de rail* mal di mare, d'aria, d'auto, di treno; *j'ai mal aux pieds, à la tête* ho mal di piedi, di testa; *mal des montagnes, des hauteurs* mal di montagna → **douleur** # *avoir mal au cœur* avere la nausea ◇ *loc.* FAIRE MAL [*faire souffrir*] far male: *une blessure qui fait mal* una ferita che fa male ~ (*fam.*) *cela me fait mal de voir, d'entendre cela* mi spiace, mi fa male vedere, sentire una cosa simile; *cela me ferait mal!* mi spiacerebbe! ~ (*fam.*) *avoir mal aux cheveux* avere mal di testa (per avere bevuto troppo) (*cour.*) **3** (*loc.*) *il n'y a pas de mal* (*se dit pour rassurer qqn. qui s'excuse*) non è niente, non è grave **4** [*maladie*] male: *le mal s'aggrave* il male si aggrava; *le remède est pire que le mal* il rimedio è peggiore, peggio (*pop.*) del male **5** [*souffrance morale*] male: *le mal du siècle* il male del secolo; *des mots qui font mal* parole che fanno male # *le mal du pays* la nostalgia della propria terra ◇ (*loc.*) *être* EN MAL DE [*souffrir de l'absence, du défaut de qqch.*] essere a corto di: *journaliste en mal de copie* giornalista a corto di argomenti; *écrivain en mal de sujet, d'imagination* scrittore a corto di argomenti, d'immaginazione **6** [*difficulté, peine*] fatica* *f.*, pena *f.* ◇ (*loc.*) *avoir du mal à faire qqch.* fare fatica, durare fatica a fare q.c.; stentare a fare q.c. ~ *se donner du mal pour faire qqch.* darsi da fare, darsi d'attorno per fare q.c. ~ *se donner beaucoup de mal, un mal de chien pour faire qqch.* darsi un sacco da fare, arrabattarsi per fare q.c. ~ *on n'a rien sans mal* nella vita tutto si paga **7** (*loc.*) *penser du mal de qqn.* pensar male di qc. ~ *dire du mal de qqn.* parlar male di qc., sparlare di qc. → **calomnier, médire** **II** (*sans plur.*) **1** [*ce qui est contraire à la loi morale, à la vertu, au bien*] (il) male: *l'arbre de la science du bien et du mal* l'albero della scienza del bene e del male; *faire le mal* fare, compiere il male; *sans songer, penser à mal* senza pensare male, senza cattive intenzioni **2** LE MAL [*tout ce qui est l'objet de désapprobation ou de blâme dans une société*] male: *le monde partagé entre le bien et le mal* il mondo diviso tra il bene e il male ◇ (*relig.*) [*le péché*] il male, il peccato.

mal, e |mal| *adj.* **I** **1** [*mauvais*] (*dans quelques loc. au m.*) *bon gré, mal gré* volente o nolente, per amore o per forza ~ *bon an, mal an* facendo una media (fra gli anni buoni e quelli cattivi) **2** (*vx.*) [*mauvais, funeste, mortel*] funesto (*cour.*); cattivo (*cour.*): *à la male heure* all'ora della morte; *mourir de male mort* morire di morte violenta: *male peste!, malepeste!* [*anc. juron*] malanaggia!, accidenti! **II** **1** (*en attribut*) [*contraire à un principe moral, à une obligation*] male: *faire, dire qqch. de mal* fare, dire q.c. di male **2** (*loc. adj.*) *pas mal* [*plutôt bien*] non male, discreto (*adj.*): *cette femme n'est pas mal* quella donna non è male, è discreta Ⓒ II 1 **bien** 1.

malabar |malabaʀ| *adj.* (*arg.*) [(*homme*) *très fort*] ben piantato, forzuto: *un type malabar* un tipo ben piantato → **costaud** ✦ (*s.m.*) *c'est un malabar* è un pezzo d'uomo, un forzuto.

malachite |malak(ʃ)it| *s.f.* (*minér.*) malachite.

malacie |malasi| *s.f.* (*méd.*) malacia*.

malaco- |malakɔ| *préf.* (*signifiant 'mou', correspond généralt. à*) malaco: *malacologie* malacologia.

malacologie |malakɔlɔʒi| *s.f.* malacologia*.

malacologiste |malakɔlɔʒist(ə)|, **malacologue** |malakɔlɔg| *s.* malacologo*.

Malacoptérygiens |malakɔpteʀiʒjɛ̃| *s.m. pl.* (*t.zool.*) Malacotterigi.

Malacostracés |malakɔstʀase| *s.m. pl.* (*t.zool.*) Malacostraci, Malacostrachi.

malade |malad| **I** *adj.* **1** malato, ammalato: *il est bien malade* è molto malato, ammalato; *il est gravement, sérieusement malade* è gravemente, seriamente malato, ammalato # *se sentir un peu malade* stare poco bene; *tomber malade* ammalarsi, cadere malato → **indisposé, souffrant** ◇ (*loc. pop.*) *tu n'es pas un peu malade?* sei picchiato, malato in testa? → **fou** ~ *j'en suis malade, il en est malade* me ne faccio una malattia, se ne fa una malattia ~ *cela me rend malade rien que d'y penser* mi sento male al solo pensarci **2** (*fig.*) (*choses*) *entreprise, industrie malade* impresa, industria malata; *le ministère est bien malade, il n'en a plus pour longtemps* il governo è proprio in cattive acque, non durerà a lungo ◇ (*plantes*) *arbre, graine malade* albero, seme malato **3** (*fam.*) (*objets*) [*détérioré, en mauvais état, très usé*] mal ridotto, malandato: *la reliure de ce bouquin est bien malade* la rilegatura di questo libro è proprio mal ridotta, malconcia **II** *s.* [→ *adj.* 1] malato, ammalato: *un grand malade* un malato grave; *malade imaginaire* malato immaginario; *malade qui garde le lit* malato che rimane a letto; *guérir, opérer une malad* guarire, operare una malata, una ammalata → **patient, infirme.**

maladie |maladi| *s.f.* **I** malattia: *maladie bénigne, grave, incurable* malattia benigna, grave, incurabile; *maladie infectieuse, contagieuse* malattia infettiva, contagiosa; *attraper, avoir une maladie* prendere (prendersi), avere una malattia → 2 **affection,** 2 **mal** # *maladie bleue* morbo blu ◇ (*loc. fam.*) *en faire une maladie* farne una malattia **II** [*habitude, comportement anormal, excessif*] fissazione, mania: *avoir la maladie de la propreté* avere la fissazione, la mania della pulizia.

maladif, ive |maladif, iv| *adj.* **1** (*personnes*) malaticcio* → **malingre, souffreteux** ◇ (*choses*) *air maladif* aria malaticcia; *pâleur maladive* pallore cadaverico* **2** [*anormal, excessif et irrépressible*] morboso: *une sensibilité maladive* una sensibilità morbosa Ⓒ 1 **robuste, sain.**

maladivement |maladivmɑ̃| *adv.* [→ MALADIF 2] morbosamente.

maladrerie |maladʀəʀi| *s.f.* (*vx.*) [*hôpital de lépreux*] lazzaretto *m.* (*cour.*), lebbrosario* *m.* (*cour.*) → **léproserie.**

maladresse |maladʀɛs| *s.f.* **1** mancanza di abilità, imperizia: *maladresse d'un tireur, d'un joueur de tennis* mancanza di abilità di un tiratore, di un giocatore di tennis → **inhabileté** **2** [*manque d'habileté ou de tact*] incapacità *inv.*; goffaggine: *sa maladresse à dire ce qu'il ressent* la sua incapacità a esprimere quello che sente ‖ *la maladresse de ses gestes* la goffaggine dei suoi gesti **3** [*action maladroite*] sciocchezza, topica*: *une série de maladresses* una serie di sciocchezze → **bêtise, bévue** # *maladresses de style* pesantezze di stile.

maladroit, oite |maladʀwa, wat| *adj.* **1** [*qui manque d'adresse, n'est pas adroit*] maldestro, inetto: *ouvrier maladroit* operaio maldestro, inetto → **incapable** ✦ (*s.*) *c'est un maladroit, un propre à rien* è un incapace, un inetto, un buono a nulla **2** (*dans le comportement, les relations sociales*) maldestro, impacciato: *un amoureux maladroit* un innamorato maldestro ✦ (*s.*) *quel maladroit!, c'était ce qu'il ne fallait pas dire* che balordo!, che sciocco!, era quello che non bisognava dire → **balourd, gaffeur** **3** [*qui dénote de la maladresse*] goffo, impacciato: *gestes maladroits* gesti goffi, impacciati # *mensonge maladroit* menzogna grossolana;

zèle maladroit zelo inopportuno; *style maladroit* stile pesante, prolisso → **lourd, inconsidéré** [C] 1 **adroit, habile**; 3 **aisé, facile.**

maladroitement |maladʀwatmɑ̃| *adv.* [→ MALADROIT] maldestramente, in modo maldestro (*loc. inv.*): *exécuter maladroitement une besogne* eseguire maldestramente un lavoro; *il s'y prend maladroitement* agisce in modo maldestro, incauto; *il s'exprime maladroitement* si esprime in modo prolisso → **lourdement, gauchement,** 1 **mal.**

malaga |malaga| *s.m.* malaga *inv.*

malaire |malɛʀ| *adj.* (*anat.*) malare: *os malaire* osso malare.

malais, aise |malɛ, ɛz| *adj.* [*de Malaisie*] malese: *kriss malais* kriss malese ✦ (*s.m.*) *le malais* [*la langue*] il malese.

malaise |malɛz| *s.m.* **1** [*sensation pénible et vague d'un trouble dans les fonctions physiologiques*] malessere, malore: *malaise passager* malessere passeggero; *ressentir, éprouver du malaise, un léger malaise* sentire, accusare un malessere, un leggero malessere → 2 **dérangement, indisposition** **2** (*fig.*) [*sentiment pénible et irraisonné dont on ne peut se défendre*] disagio*: *provoquer un malaise* provocare disagio → **inquiétude** ◇ (*par euphém.*) [*crise, mécontentement larvés*] malcontento, scontento: *le malaise paysan* il malcontento contadino **3** (*vx.*) → **embarras, gêne.**

malaisé, ée |maleze| *adj.* (*littér.*) **1** [*qui ne se fait pas facilement*] disagevole, disagiato → **difficile, délicat, ardu** **2** (*vieilli*) disagevole → **incommode, pénible.**

malaisément |malezemɑ̃| *adv.* (*littér.*) → **difficilement.**

malandre |malɑ̃dʀ(ə)| *s.f.* **1** (*vétér.*) malandra **2** (*techn.*) nodo *m.* imporrato.

malandreux, euse |malɑ̃dʀø, øz| *adj.* (*vétér.*) affetto da malandra.

malandrin |malɑ̃dʀɛ̃| *s.m.* (*vieilli, littér.*) malandrino → **bandit, brigand, voleur.**

malappris, ise |malapʀi, iz| *adj. et s.* (*vieilli*) → **grossier, impoli; malhonnête.**

malard, malart |malaʀ| *s.m.* (*région.*) anatra *f.* maschio.

malaria |malaʀja| *s.f.* malaria → **paludisme.**

malariathérapie |malaʀjateʀapi| *s.f.* (*méd.*) malarioterapia.

malate |malat| *s.m.* (*chim.*) malato.

malavisé, ée |malavize| *adj.* (*littér.*) [*qui n'est pas avisé*] malaccorto, malavveduto: *il a été malavisé de refuser ce qu'on lui offrait* è stato malaccorto a rifiutare quello che gli si offriva → **imprudent, maladroit, sot** ✦ (*s.*) *un malavisé* un incauto, un imprudente.

malaxage |malaksaʒ| *s.m.* [→ MALAXER] impastatura *f.*, malassatura (*f.*): *malaxage du beurre* impastatura del burro.

malaxer |malakse| *v.tr.* **1** [*pétrir (une substance) pour la rendre plus molle, plus homogène*] impastare, malassare: *malaxer l'argile* malassare l'argilla; *malaxer le plâtre* impastare il gesso; *malaxer le beurre* impastare, manipolare il burro **2** [*manier pour assouplir, masser, pétrir*] impastare **3** [*remuer ensemble de manière à mêler*] mescolare, miscelare.

malaxeur |malaksœʀ| *s.m.* (*techn.*) impastatrice *f.*, malassatrice (*f.*): *malaxeur à mortier* impastatrice di malta; *baratte-malaxeur* zangola-impastatrice # *malaxeur à béton* betoniera.

malayo-polynésien, ienne |malɛjɔpɔlinezjɛ̃, jɛn| *adj.* maleopolinesiaco*.

malchance |malʃɑ̃s| *s.f.* **1** [*mauvaise chance, mauvaise fortune*] sfortuna: *avoir de la malchance, beaucoup de malchance* avere sfortuna, molta sfortuna; *la malchance le poursuit* la sfortuna lo perseguita → **adversité, déveine,** 2 **guigne, poisse** ◇ (*loc.*) *jouer de malchance* [*de malheur*] essere sfortunato, iellato (*fam.*) **2** [*manifestation particulière de cette mauvaise chance*] sventura, disgrazia: *une série de malchances* una serie di sventure, di disgrazie → **mésaventure, tuile** [C] **chance.**

malchanceux, euse |malʃɑ̃sø, øz| *adj.* [*qui a de la malchance*] sfortunato: *un joueur malchanceux* un giocatore sfortunato → **malheureux** ✦ (*s.*) *un malchanceux* uno sfortunato [C] **chanceux, heureux.**

malcommode |malkɔmɔd| *adj.* → **incommode.**

maldonne |maldɔn| *s.f.* **1** errata distribuzione (delle carte) ◇ (*loc.*) *faire (une) maldonne* sbagliare nel distribuire le carte; *maldonne, à refaire!* a monte! **2** (*fig.*) [*erreur, malentendu*] malinteso *m.*, errore ◇ (*pop.*) (*il*) *y a maldonne* c'è un malinteso, un errore.

mâle |mɑl| **I** *s.m.* maschio*: *le mâle et la femelle* il maschio e la femmina ◇ (*par ext.*) *un beau mâle* un bel maschio **II** *adj.* **1** [*masculin*] maschio: *enfant mâle* figlio maschio; *grenouille mâle* rana maschio; *fleur mâle* fiore maschio ◇ (*par ext.*) *voix grave et mâle* voce grave e maschia; *une mâle résolution* una risolutezza virile, da uomo *loc. inv.* → **énergique, courageux, viril** **2** (*techn.*) maschio (*s.m.*): *pièce mâle d'une charnière* maschio di una cerniera [C] **femelle.**

malédiction |malediksjɔ̃| *s.f.* **1** (*littér.*) maledizione **2** [*malheur auquel on semble voué par la destinée, par le sort*] maledizione: *malédiction qui pèse sur qqn.* maledizione che pesa su qc. → **fatalité, malchance** [C] 1 **bénédiction;** 2 **bonheur, chance.**

maléfice |malefis| *s.m.* maleficio*: *il prétend être victime d'un maléfice* sostiene di essere vittima di un maleficio → **ensorcellement, sortilège.**

maléfique |malefik| *adj.* malefico*: *signes maléfiques* segni malefici → 1 **malin** ◇ (*spécialt.*) *étoiles, planètes maléfiques* stelle malefiche, pianeti malefici [C] **bénéfique, bienfaisant.**

malencontreusement |malɑ̃kɔ̃tʀøzmɑ̃| *adv.* [→ MALENCONTREUX] malauguratamente, sfortunatamente.

malencontreux, euse |malɑ̃kɔ̃tʀø, øz| *adj.* [*qui survient à contretemps, qui se produit mal à propos*] malaugurato, sfortunato: *un retard malencontreux* un malaugurato ritardo → **ennuyeux, fâcheux.**

mal-en-point, mal en point |malɑ̃pwɛ̃| *loc. adv.* [*en mauvais état*] malridotto *adj.*, malconcio* *adj.* # *se sentir mal-en-point* sentirsi poco bene.

malentendu |malɑ̃tɑ̃dy| *s.m.* **1** [*divergence d'interprétation entre personnes*] malinteso, equivoco*: *mots qui provoquent des malentendus* parole che provocano malintesi, equivoci; *dissiper un malentendu* chiarire un malinteso, un equivoco → **équivoque, erreur, méprise** **2** [*mésentente sentimentale entre deux êtres*] dissapore, screzio*: *graves malentendus* gravi dissapori, screzi [C] **entente.**

malfaçon |malfasɔ̃| *s.f.* difetto *m.* (di esecuzione, di lavorazione): *malfaçon due à une erreur de l'entrepreneur* difetto dovuto a un errore del costruttore → 1 **défaut, imperfection.**

malfaisance |malfəzɑ̃s| *s.f.* [*disposition à faire du mal à autrui*] malvagità *inv.*, cattiveria ◇ (*par ext.*) [*action, influence mauvaise, nuisible*] cattiveria, malvagità → **méfait** [C] **bienfaisance, bienfait.**

malfaisant, ante |malfəzɑ̃, ɑ̃t| *adj.* **1** [*qui fait ou cherche à faire du mal à autrui*] malvagio* → **mauvais, méchant, nuisible** **2** [*dont les effets sont néfastes*] pernicioso → **corrosif, pernicieux, maléfique** [C] **bienfaisant.**

malfaiteur |malfɛtœʀ| *s.m.* malfattore* (*s.*): *dangereux malfaiteur* pericoloso malfattore; *bande de malfaiteurs* banda di malfattori → **bandit, brigand, voleur** [C] **bienfaiteur.**

malfamé, mal famé, ée |malfame| *adj.* → **famé.**

malformation |malfɔʀmasjɔ̃| *s.f.* malformazione.

malfrat |malfʀa| *s.m.* (*fam.*) malvivente *s.* (*cour.*).

malgache |malgaʃ| *adj.* [*de Madagascar*] malgascio* ✦ (*s.m.*) *le malgache* [*la langue*] il malgascio.

malgracieux, euse |malgʀasjø, øz| *adj.* **1** (*littér.*) [*qui manque de grâce, d'élégance*] sgraziato, goffo → **disgracieux** **2** (*vx., région.*) → **incivil, rude.**

malgré |malgʀe| **1** *prép.* malgrado, nonostante: *malgré moi, toi, lui* mio, tuo, suo malgrado; *malgré cela* nonostante ciò, ciononostante; *il a fait cela malgré son père* ha fatto questo malgrado suo padre; *malgré les ordres reçus, il a refusé* nonostante gli ordini ricevuti, ha rifiutato ◇ *loc.* MALGRÉ TOUT malgrado, nonostante tutto: *c'était un grand homme, malgré tout* era un grand'uomo, malgrado, nonostante tutto **2** (*loc. conj.*) *malgré que* (*emploi critiqué*) (+ *subj.*) malgrado che, benché (+ *subj.*).

malhabile |malabil| *adj.* [*qui manque d'habileté, de savoir-faire*] maldestro, poco abile: *des mains malhabiles* mani maldestre; *malhabile en affaires* poco abile negli affari → **inhabile, maladroit.**

malhabilement |malabilmɑ̃| *adv.* [→ MALHABILE] maldestramente, poco abilmente.

malheur |malœʀ| **I** *s.m.* **1** [*événement qui affecte péniblement, cruellement (qqn.)*] disgrazia *f.*, sventura (*f.*): *un grand malheur* una grande disgrazia, sventura; *en cas de malheur* in caso di disgrazia; *il lui est arrivé malheur* gli è capitata una disgrazia, una sventura; *il a eu bien des malheurs* ha avuto molte disgrazie, sventure ◇ (*prov.*) *un malheur n'arrive, ne vient jamais seul* le disgrazie non vengono mai sole → **calamité, catastrophe, infortune, malchance** ◇ *loc.* POUR MON, TON, SON MALHEUR per mia, tua, sua sfortuna, disgrazia: *pour son malheur, il a voulu se lancer dans la politique* per sua sfortuna, disgrazia ha voluto lanciarsi nella politica ◇ (*prov.*) *à quelque chose malheur est bon* non tutti i mali vengono per nuocere **2** [*désagrément, ennui, inconvénient*] guaio*, contrarietà (*f. inv.*): *c'est un petit malheur* è un piccolo guaio ◇ *loc. fam.* FAIRE UN MALHEUR [*un éclat*] fare un macello, un putiferio: *retenez-moi ou je fais un malheur!* tenetemi o faccio un macello! **3** [*malchance*] sfortuna (*f.*): *le malheur est sur nous* la sfortuna è con noi ◇ (*loc.*) *le malheur a voulu qu'il tombe malade* disgrazia ha voluto che si ammalasse ~ *jouer de malheur* [*de malchance*] essere sfortunati, scalognati ~ *porter malheur* portare sfortuna, scalogna ~ *par malheur* sfortunatamente, disgraziatamente ~ *oiseau de malheur* uccello del malaugurio ~ (*fam.*) *encore cette pluie de malheur!* ancora questa pioggia maladetta, questa dannata pioggia! **II** *interj.* MALHEUR À...! guai a...!: *malheur aux vaincus!* guai ai vinti! → **malédiction** ✦ (*absolt.*) *malheur!* maledizione!, accidenti!

malheureusement |malœʀøzmɑ̃| *adv.* [*par malheur*] purtroppo, disgraziatamente: *il est malheureusement parti* purtroppo, disgraziatamente è andato via; *c'est malheureusement impossible* è disgraziatamente, sfortunatamente impossibile; *j'achèterais bien ce livre, malheureusement je n'ai pas d'argent sur moi* comprerei volentieri questo libro, purtroppo, sfortunatamente non ho soldi in tasca.

malheureux, euse |malœʀø, øz| *adj.* **I** **1** [*qui est accablé de malheurs*] infelice, disgraziato: *une vie malheureuse* una vita infelice, disgraziata; *rendre qqn. malheureux* rendere infelice qc. → **infortuné, misérable** ◇ (*spécialt.*) (*se dit d'une personne qui est blessée, tuée dans un accident*) sfortunato, sventurato: *les malheureuses victimes* le sfortunate, sventurate vittime ✦ (*s.*) *un malheureux* un infelice, uno sventurato: *secourir les malheureux* soccorrere gli infelici, gli sventurati ◇ [*personne qu'on méprise; qu'on plaint*] sciagurato, disgraziato; poveretto, sventurato: *malheureux! que fais-tu?* che fai, sciagurato, disgraziato? ‖ *le malheureux n'a rien compris du tout* il poveretto (poverino) non ha capito proprio niente **2** [*qui n'est pas heureux*] infelice: *un garçon malheureux* un ragazzo infelice; *il a rendu sa femme malheureuse* ha reso infelice sua moglie; *il a un air, un regard malheureux* ha un'aria, uno sguardo infelice, triste → **triste** **3** [*de triste ou fâcheuse conséquence*] spiacevole, triste; poco felice, infelice: *cette affaire a eu des suites malheureuses* la faccenda ha avuto spiacevoli conseguenze → **déplorable** ‖ *il a eu un mot malheureux* gli è sfuggita un'espressione poco felice, infelice # *c'est malheureux, bien malheureux* è un peccato, un vero peccato → **regrettable** ◇ (*loc. pop.*) *si c'est pas malheureux, de voir une chose pareille!* ma guarda (un po') se si deve vedere una cosa simile! → **lamentable** **II** [*qui a de la malchance; qui ne réussit pas*] sfortunato: *candidat malheureux* candidato sfortunato → **malchanceux** ◇ (*prov.*) *heureux au jeu, malheureux en amour* fortunato al gioco, sfortunato in amore ◇ (*choses*) *une tentative malheureuse* uno sfortunato tentativo **III** (*avant le nom*) [*qui mérite peu d'attention, qui est sans importance, sans valeur*] misero, miserabile: *en voilà des histoires pour un malheureux billet de dix francs!* quante storie per un misero biglietto da dieci franchi! → **insignifiant, pauvre.**

malhonnête |malɔnɛt| *adj. et s.* **1** [*qui n'est pas honnête*] disonesto: *un commerçant malhonnête* un commerciante disonesto → **déloyal, voleur** ◇ (*par ext.*) *recourir à des procédés malhonnêtes, abusifs* ricorrere a procedimenti disonesti, abusivi **2** (*vieilli*) [*contraire à la pudeur*] disonesto (*cour.*): *désirs malhonnêtes* desideri disonesti → **inconvenant.**

malhonnêtement |malɔnɛtmɑ̃| *adv.* [→ MALHONNÊTE 1] disonestamente: *il a agi malhonnêtement avec ses clients* ha agito disonestamente con i suoi clienti.

malhonnêteté |malɔnɛtte| *s.f.* **1** [*caractère d'une personne malhonnête* (1)] disonestà (*inv.*): *la malhonnêteté d'un commerçant* la disonestà di un commerciante **2** (*vx.*) → **inconvenance, indécence** **3** (*vx.*) [*impolitesse, incorrection*] scortesia (*cour.*), villania (*cour.*) 🄲 1 **honnêteté.**

mali |mali| *s.m.* (*région.*) (*Belgique*) → **déficit.**

malice |malis| *s.f.* **1** malizia: *un grain de malice* un pizzico di malizia; *une pointe de malice et de moquerie* una punta di malizia e di canzonatura; *réponse pleine de malice* risposta piena di malizia → 1 **esprit, raillerie** **2** (*vieilli*) → **facétie, plaisanterie** **3** (*loc.*) *boîte à malice* [*à attrape*] scatola a sorpresa ~ *sac à malices* [*sac des prestidigitateurs*] cilindro magico **4** (*loc.*) *il est sans malice* non ha nessuna malizia, è ingenuo ~ *ne pas entendre malice à qqch.* non vedere nessuna malizia in q.c. ◇ (*par ext.*) → **malignité, méchanceté.**

malicieusement |malisjøzmɑ̃| *adv.* [→ MALICIEUX 1] maliziosamente, con malizia (*loc. inv.*): *sourire malicieusement* sorridere maliziosamente.

malicieux, euse |malisjø, øz| *adj.* **1** malizioso: *regard, sourire malicieux* sguardo, sorriso malizioso; *réflexion, réponse malicieuse* riflessione, risposta maliziosa → 2 **malin, narquois,** 1 **piquant** **2** (*vx.*) → **mauvais, méchant.**

malignité |maliɲite| *s.f.* **1** malignità *inv.* → **bassesse, malveillance, méchanceté** **2** [*propriété malfaisante, nuisible (d'une chose)*] dannosità *inv.*, malignità → **nocivité** ◇ (*méd.*) malignità **3** (*rare*) [*caractère de celui qui est malin*] astuzia, scaltrezza 🄲 1 **bénignité, bonté.**

1 **malin, igne** |malɛ̃, iɲ| *adj.* **1** *l'Esprit malin* lo Spirito maligno **2** (*méd.*) *tumeur maligne* tumore maligno; *fièvre maligne* febbre maligna.

2 **malin, igne** |malɛ̃, iɲ| *adj.* **1** [*qui a de la ruse et de la finesse, pour se tirer d'embarras, réussir*] furbo: *être malin* essere furbo, scaltro; *vous vous croyez malin!* si crede furbo, lei!; *elle n'est pas bien maligne* (*fam.* '*maline*') non è poi molto furba → **astucieux, futé, rusé** ◇ (*par ext.*) *sourire malin* sorriso malizioso, furbo ◇ (*loc.*) *malin comme un singe* astuto come una volpe ~ *jouer au plus malin* fare a chi è più furbo ~ *bien malin qui trouvera!* chi ci capisce è bravo!; vattelappesca! ✦ (*s.*) *c'est un malin* è un furbacchione, un dritto(ne); *c'est une petite maligne* è una furbacchiona, furbetta; *faire le malin* fare il furbo, il dritto; *regardez ce gros malin!* guardatelo il furbone! **2** *impers.* (*fam.*) *ce n'est pas malin d'avoir fait cela!* [*fin, intelligent*] non è da furbi aver fatto una cosa simile! ◇ (*par antiphrase*) *c'est malin!* [*tu peux être fier de toi!*] bella prodezza!, proprio bravo! ◇ (*par ext.*) *ce n'est pas malin, pas bien malin* [*pas difficile*] non è trascendentale, non è poi così trascendentale; *ce n'est pas plus malin que ça!* non è poi così difficile! → **compliqué.**

malines |malin| *s.f.* merletto *m.* di Malines: *pochette, blouse de malines* fazzolettino, camicetta di merletto di Malines.

malingre |malɛ̃gʀ(ə)| *adj.* [*qui est d'une constitution faible et d'une santé fragile* (*ou qui semble tel*)] mingherlino, gracile 🄲 **fort, robuste.**

malinois |malinwa| *s.m.* (*t.zool.*) cane da pastore belga.

malintentionné, ée |malɛ̃tɑ̃sjɔne| *adj.* malintenzionato: *des gens malintentionnés* dei malintenzionati *s.* → **méchant** 🄲 **bienveillant.**

malique |malik| (*adj. m.*) *acide malique* acido malico*.

mal-jugé |malʒyʒe| *s.m.* (*dr.*) iniquità *f. inv.* (di una sentenza).

malle |mal| *s.f.* **I** **1** [*coffre destiné à contenir les effets qu'on emporte en voyage*] baule (*m.*): *faire sa malle, ses malles* fare il baule, i bauli ◇ (*par ext.*) [*se préparer à partir*] fare i bauli, le valigie **2** (*par ext.*) [*coffre d'une automobile*] bagagliaio* *m.* **II** **1** (*ancienn.*) *malle-poste* [*voiture des services postaux*] diligenza postale **2** (*hist.*) *malle des Indes* valigia delle Indie ◇ (*mod.*) servizio* *m.* marittimo sulla Manica (fra Calais e Dover).

malléabilisation |maleabilizɑsjɔ̃| *s.f.* (*techn.*) malleabilizzazione.

malléabilité |maleabilite| *s.f.* **1** malleabilità (*inv.*): *degré de malléabilité des métaux* grado di malleabilità dei metalli → **ductilité** **2** (*fig.*) malleabilità, duttilità *inv.* → **docilité.**

malléable |maleabl(ə)| *adj.* **1** malleabile: *l'or est le plus malléable des métaux* l'oro è il metallo più malleabile → **ductile** **2** (*fig.*) malleabile, duttile: *un enfant malléable* un bambino malleabile, duttile → **docile, obéissant.**

malléolaire |mal(l)eɔlɛʀ| *adj.* (*anat.*) malleolare: *artères, ligaments malléolaires* arterie, legamenti malleolari.

malléole |mal(l)eɔl| *s.f.* (*anat.*) malleolo (*m.*): *malléole externe, péronière* malleolo esterno, peroneo; *malléole interne, tibiale* malleolo interno, tibiale.

mallette |malɛt| *s.f.* [*petite valise*] valigetta ◇ [*petit coffret servant à présenter certains produits*] valigetta; cofanetto *m.*

malmener |malmәne| (6) *v.tr.* **1** [*traiter* (*qqn.*) *rudement*] malmenare; bistrattare, tartassare: *le voleur s'est fait malmener par la foule* il ladro è stato malmenato dalla folla → **maltraiter; battre, brutaliser** ‖ *la critique l'a rudement malmené* la critica lo ha duramente bistrattato, tartassato; *être malmené par tout le monde* essere bistrattato, strapazzato da tutti → **rudoyer, éreinter, esquinter** 2 [*mettre* (*l'adversaire*) *en danger, par une action vive*] impegnare seriamente: *l'équipe française a malmené les visiteurs pendant la première mi-temps* durante il primo tempo la squadra francese ha seriamente impegnato la squadra ospite.

malmignate |malmiɲat| *s.m.* (*t. zool.*) malmignatta *f.*

malnutrition |malnytʀisjɔ̃| *s.f.* malnutrizione.

malodorant, ante |malɔdɔʀɑ̃, ɑ̃t| *adj.* [*qui a une mauvaise odeur*] maleodorante, puzzolente: *un réduit malodorant* un bugigattolo maleodorante, puzzolente; *une haleine malodorante* un alito puzzolente, fetido → **puant.**

malotru, ue |malɔtʀy| *s.* [*personne sans éducation, de manières grossières*] burino, cafone: *des façons de malotru* dei modi da burino, da cafone → **goujat, mufle, rustre** ⓒ **distingué,** 1 **poli.**

malpighie |malpigi| *s.f.* (*t.bot.*) malpighia glabra, ciliegio* *m.* delle Antille.

malpropre |malpʀɔpʀ(ə)| *adj.* **1** [*qui manque de propreté, de netteté*] sporco*, sudicio*: *enfant malpropre* bambino sporco, sudicio; *vêtements, torchons malpropres* vestiti, strofinacci sporchi → **sale** **2** (*fig.*) (*personnes*) [*qui manque de probité, de délicatesse; qui choque la décence*] poco pulito, indecente: *un individu malpropre* un individuo poco pulito, uno sporco individuo → **malhonnête, grossier** ◇ (*choses*) *une conduite malpropre* un comportamento indecente, indegno; *des procédés malpropres* procedimenti poco puliti, disonesti ◇ (*par ext.*) *mot malpropre* parola sconcia*; *raconter des histoires malpropres* raccontare barzellette sconce, sporche ✦ (*s.*) *je ne me laisserai pas insulter par ce malpropre* non mi lascerò insultare da quello sporco individuo, da quel mascalzone → **salaud, saligaud.**

malproprement |malpʀɔpʀəmɑ̃| *adv.* [→ MALPROPRE] in modo poco pulito *loc. inv.*

malpropreté |malpʀɔpʀəte| *s.f.* **1** [*caractère, état d'une personne, d'une chose malpropre*] sporcizia, sudiciume *m.* → **saleté** **2** (*fig.*) [*acte ou discours indécent, indélicat*] sconcezza, indecenza → **grossièreté, malhonnêteté.**

malsain, aine |malsɛ̃, ɛn| *adj.* **1** (*personnes*) malsano: *enfants chétifs et malsains* bambini gracili e malsani → **maladif** ◇ (*choses*) malsano, insalubre: *eaux malsaines* acque malsane; *humidité malsaine* umidità malsana; *logement malsain* alloggio malsano, insalubre → **nuisible** **2** [*qui n'est pas normal, manifeste de la perversité*] malsano, morboso: *un esprit malsain* una mente malsana; *curiosité malsaine* curiosità malsana, morbosa ◇ (*par ext.*) [*qui corrompt l'esprit*] malefico*, immorale: *influence malsaine* influenza malefica, dannosa; *littérature malsaine* letteratura immorale → **immoral, pernicieux.**

malséant, ante |malseɑ̃, ɑ̃t| *adj.* (*littér.*) [*contraire à la bienséance*] sconveniente: *tenue malséante* comportamento sconveniente → **inconvenant, incorrect, malsonnant** # *gaieté malséante* allegria fuori posto → **déplacé** ⓒ **bienséant, convenable.**

malsonnant, ante |malsɔnɑ̃, ɑ̃t| *adj.* [*contraire à la bienséance* (*bruit, paroles*)] sconveniente: *propos malsonnants* discorsi sconvenienti → **inconvenant, malséant.**

malt |malt| *s.m.* malto.

maltage |maltaʒ| *s.m.* (*techn.*) maltaggio*.

maltais, aise |maltɛ, ɛz| **1** *adj.* [*de Malta*] maltese **2** (*s.m.*) *le maltais* [*le dialecte*] il maltese **3** *adj. et s.m. ou f.* (*chien*) *maltais* (cane) maltese; (*oranges*) *maltaises* arance maltesi.

maltase |maltɑz| *s.f.* (*chim.*) maltasi *inv.*

malté, ée |malte| *adj.* **1** convertito in malto: *orge malté* orzo convertito in malto **2** [*mêlé de malt grillé*] *lait malté* latte con malto *loc. inv.*

malter |malte| *v.tr.* [*convertir* (*une céréale*) *en malt*] convertire in malto, sottoporre (168) a maltaggio.

malterie |malt(ə)ʀi| *s.f.* malteria ◇ (*par ext.*) industria del malto.

malteur |maltœʀ| *s.m.* [*ouvrier qui prépare le malt*] maltatore ✦ (*adj.*) *ouvrier malteur* maltatore *s.m.*

malthusianisme |maltyzjanism(ə)| *s.m.* (*hist. écon.*) maltusianismo.

malthusien, ienne |maltyzjɛ̃, jɛn| *adj.* maltusiano.

maltose |maltoz| *s.m.* (*chim.*) maltosio*.

maltraiter |maltʀete| *v.tr.* **1** [*traiter avec brutalité*] maltrattare, bistrattare → **battre, brutaliser, malmener** ◇ (*par métaph.*) *maltraiter la langue, la grammaire* [*faire des fautes*] maltrattare, bistrattare la lingua, la grammatica **2** [*traiter avec rigueur, inhumanité*] maltrattare, strapazzare → **brimer, malmener, rudoyer** **3** [*traiter sévèrement en paroles* (*une personne*)] bistrattare, tartassare: *cet auteur a été très maltraité par la critique* questo autore è stato molto bistrattato, strapazzato dalla critica → **malmener, critiquer** ⓒ 1 **louer;** 3 **flatter.**

Malvacées |malvase| *s.f. pl.* (*t. bot.*) Malvacee.

malveillance |malvɛjɑ̃s| *s.f.* **1** malevolenza, animosità (*inv.*): *malveillance ouverte, manifeste* malevolenza, animosità aperta, manifesta; *regarder qqn. avec malveillance* guardare qc. con malevolenza → **animosité, désobligeance, hostilité** **2** [*intention de nuire, visée criminelle*] dolo *m.* → **sabotage** # *incendie dû à la malveillance* incendio doloso.

malveillant, ante |malvɛjɑ̃, ɑ̃t| *adj.* (*personnes*) [*qui a de la malveillance*] malevolo ✦ (*s.*) *un malveillant* un malevolo, un cattivo; un maligno ◇ (*choses*) malevolo: *cancans, commérages malveillants* pettegolezzi malevoli; *propos malveillants* discorsi malevoli → **aigre, méchant** ⓒ **bienveillant, amical.**

malvenu, ue |malvəny| *adj.* **1** ÊTRE MALVENU À (+ *inf.*) [*n'avoir pas le droit de*] non avere il diritto di (+ *inf.*): *il est malvenu à se plaindre* non ha il diritto di lamentarsi ◇ (*par ext.*) *requête, doléance malvenue* richiesta, lamentela fuori luogo *loc. inv.* → **déplacé** **2** poco sviluppato: *arbre, enfant malvenu* albero, bambino poco sviluppato ⓒ **bienvenu.**

malversation |malvɛʀsɑsjɔ̃| *s.f.* (*dr.*) malversazione, peculato (*m.*): *fonctionnaire coupable de malversation* funzionario reo di malversazione.

malvoisie |malvwazi| *s.m.* malvasia *f.*

maman |mamɑ̃| *s.f.* **1** (*affectueux*) mamma: *maman est sortie* la mamma è uscita; *où est ta maman?* dov'è la tua mamma? **2** *la maman* [*la mère de famille*] la mamma: *jouer à la maman* giocare alla mamma.

mambo |mɑ̃mbo| *s.m.* (*danse*) mambo.

mamelle |mamɛl| *s.f.* **1** (*anat.*) mammella ◇ (*chez la femme*) (*péj.*) [*gros sein*] mammella ◇ (*vx.*) → **sein** ◇ (*spécialt.*) *enfant à la mamelle* [*qui tête encore; en bas âge*] lattante *s.*, poppante *s.* ◇ (*chez les animaux*) *mamelles de la chèvre, de la vache* mammelle della capra, della vacca; *bout de la mamelle* capezzolo *m.* → **trayon,** 1 **pis** **2** (*par ext., vx.*) (*chez l'homme*) mammella **3** (*fig.*) *labourage et pâturage sont les deux mamelles dont la France est alimentée* agricoltura e allevamento sono le due mammelle che alimentano la Francia, le due risorse dell'economia francese.

mamelon |mamlɔ̃| *s.m.* **1** (*anat.*) capezzolo. # *aréole du mamelon* areola mammaria **2** [*protubérance arrondie; sommet arrondi d'une colline, d'une montagne*] mammellone: *le village est construit sur un mamelon* il villaggio è costruito su un mammellone → **colline, hauteur.**

mamelonné, ée |mamlɔne| *adj.* [*qui est couvert de proéminences en forme de mamelons*] mammellonato.

mamelouk, mameluk |mamluk| *s. et adj.* mammalucco*.

mamelu, ue |mamly| *adj.* (*plais.*) [*qui a de grosses mamelles, de gros seins*] popputo.

m'amie, mamie |mami| *s.f.* (*forme anc. et fam. de 'ma (mon) amie'*) amica mia.

mamie, mammy |mami| *s.f.* (*fam.*) [*nom donné par les enfants à leur grand-mère*] nonnina → **mémé.**

mamillaire |mamil(l)ɛʀ| **1** *adj.* mammillare **2** *s.f.* (*t.bot.*) mamillaria.

mammaire |mam(m)ɛʀ| *adj.* (*anat.*) mammario*: *artère mammaire* arteria mammaria; *glandes mammaires* ghiandole mammarie.

mammalien, ienne |mamaljɛ̃, jɛn| *adj.* mammaliano: *caractères mammaliens* caratteri mammaliani.

mammalogie |mam(m)alɔʒi| *s.f.* (*sc.*) mammalogia*.

mammectomie |mamɛktɔmi| *s.f.* (*chir.*) mastectomia, mammectomia.

mammifère |mam(m)ifɛʀ| *adj.* mammifero: *femelle mammifère* femmina mammifera; *animaux mammifères* animali mammiferi ✦ *s.m. pl.* (*t.zool.*) *les Mammifères* i Mammiferi.

mammite |mam(m)it| *s.f.* (*zootechnie*) mastite, mastadenite: *mammite de la vache* mastite della vacca.

mammographie |mamɔgʀafi| *s.f.* (*méd.*) mammografia.

mammouth |mamut| *s.m.* mammut *inv.*

mamours |mamuʀ| *s.m. pl.* (*fam.*) → **caresse.**

mam'selle, mam'zelle |mamzɛl| *s.f.* → **mademoiselle.**

man |mɑ̃| *s.m.* (*zool.*) tormentone.

mana |mana| *s.m.* (*sociol.*) mana *inv.*

manade |manad| *s.f.* (*dial.*) (*en Provence*) [*troupeau de bœufs, de che-*

vaux, de taureaux conduits par un gardian] armento *m.*, branco* *m.*
management |manaʒmɑ̃| *s.m.* (*angl.*) management *inv.*, organizzazione *f.* aziendale.
1 **manager** |manadʒɛʀ| *s.m.* (*angl.*) manager *inv.* → **impresario, entraîneur.**
2 **manager** |mana(d)ʒe| *v.tr.* **1** (*sport*) [*être le manager, l'entraîneur d'un champion, d'une équipe*] fare (103), essere (96) (*aux.* essere) il manager (di) **2** (*écon.*) [*diriger* (*une affaire*)] dirigere (133), gestire (197) → **administrer, conduire, gérer.**
manant |manɑ̃| *s.m.* **1** (*au moyen âge*) manente → **vilain** **2** (*vieilli, péj.*) → **paysan** **3** (*fig., littér.*) [*homme grossier, sans éducation*] zoticone, cafone.
mancelle |mɑ̃sɛl| *s.f.* [*chaîne, courroie du harnais*] tirella.
mancenille |mɑ̃snij| *s.f.* frutto *m.* della mancinella, del manzaniglio.
mancenillier |mɑ̃snije| *s.m.* (*t. bot.*) mancinella *f.*, manzaniglio*.
1 **manche** |mɑ̃ʃ| *s.f.* **I** **1** [*partie du vêtement qui entoure le bras*] manica*: *manches longues, courtes* maniche lunghe, corte; *manche montée* manica a giro; *manche ballon* manica a sbuffo, a palloncino; *être, se mettre en manches de chemise* essere, mettersi in maniche di camicia; *relever, retrousser ses manches* tirarsi su, rimboccarsi le maniche ◇ (*loc.*) *avoir qqn. dans sa manche* [*en disposer à son gré*] poter disporre di qc. ~ (*fam.*) *c'est une autre paire de manches* è un altro paio di maniche **2** (*jeu*) 'manche' *inv.*, partita: *première manche, seconde manche et belle* prima 'manche' (prima partita), seconda 'manche' (seconda partita) e bella **II** (*techn.*) manica: *manche à vent, à air* manica a vento; *manche d'un ballon, d'un aérostat* manica di un pallone (aerostatico).
2 **manche** |mɑ̃ʃ| *s.m.* **1** manico*: *manche de pioche, de hache* manico di zappa, di scure; *manche de couteau, de cuiller, de fourchette* manico di coltello, di cucchiaio, di forchetta; *manche de balai, à balai* manico di scopa; *manche de parapluie* manico di ombrello ◇ (*aviat.*) *manche* (*à balai*) 'cloche' *f. inv.* ◇ (*mus.*) *manche de violon, de guitare* manico di violino, di chitarra ◇ (*loc. fam.*) *être, se mettre du côté du manche* essere, mettersi dalla parte del più forte (*cour.*) **2** (*bouch.*) osso, manico (*pop.*): *côtelette à manche* costoletta con l'osso, col manico ◇ (*par ext.*) *manche à gigot* pinza *f.* (per tenere un cosciotto mentre lo si affetta).
3 **manche** |mɑ̃ʃ| *s.f.* (*arg.*) *faire la manche* [*la quête* (*après le spectacle*)] stendere la mano (*cour.*), fare il giro col piattino ◇ (*par ext.*) chiedere l'elemosina (*cour.*) → **mendier.**
1 **mancheron** |mɑ̃ʃʀɔ̃| *s.m.* [*petite manche couvrant le haut du bras*] manichetta *f.*, mezza manica* *f.*
2 **mancheron** |mɑ̃ʃʀɔ̃| *s.m.* (*agric.*) stegola *f.*, stiva *f.*
1 **manchette** |mɑ̃ʃɛt| *s.f.* **1** [*garniture cousue ou adaptée au bas d'une manche*] polsino (*m.*): *manchettes de chemise en dentelle* polsini di camicia di merletto # *boutons de manchette* gemelli **2** [*fausse manche*] manichetta, mezza manica*.
2 **manchette** |mɑ̃ʃɛt| *s.f.* (*imprim.*) postilla, nota a margine ◇ (*journalisme*) grosso titolo *m.* (su più colonne in prima pagina).
manchon |mɑ̃ʃɔ̃| *s.m.* **1** [*pièce d'habillement, fourreau où l'on met les mains pour les protéger du froid*] manicotto: *manchon de fourrure* manicotto di pelliccia **2** (*par anal.*) [*pièce cylindrique*] manicotto: *manchon d'accouplement, d'assemblage* manicotto di accoppiamento, di collegamento → **anneau, bague, douille** # *manchon à incandescence* reticella ◇ (*mar.*) *manchon d'écubier* occhio* di cubia.
manchot, ote |mɑ̃ʃo, ɔt| *adj.* **1** [*qui est privé d'une main ou des deux, d'un bras ou des deux*] monco* ✦ (*s.*) *le moignon d'un manchot, d'une manchote* il moncherino di un monco, di una monca **2** (*fam.*) [*maladroit*] inetto (*cour.*), incapace (*cour.*) # *n'être pas manchot* [*être habile, adroit*] essere in gamba, sapere il fatto proprio ✦ (*s.*) *un manchot* un inetto, un incapace.
-mancie |mɑ̃si|, **-mancien, enne** |mɑ̃sjɛ̃, ɛn| *suff.* (*signifiant 'divination', correspondent généralt. à*) manzia; mante: *cartomancie* cartomanzia || *chiromancienne* chiromante.
mancipation |mɑ̃sipɑsjɔ̃| *s.f.* (*dr. rom.*) mancipazione.
mandale |mɑ̃dal| *s.f.* (*arg.*) → **gifle.**
mandant, ante |mɑ̃dɑ̃, ɑ̃t| *s.* (*dr.*) mandante: *les mandants d'un représentant* i mandanti di un rappresentante; *les électeurs sont les mandants de leur élu* gli elettori sono i mandanti del loro eletto → **commettant.**
mandarin |mɑ̃daʀɛ̃| *s.m.* **1** (*hist.*) mandarino **2** (*fig.*) [*lettré influent; homme cultivé muni de titres*] letterato *s.* → **intellectuel** ◇ (*par ext.*) *les mandarins de l'université* i baroni dell'università.
mandarinal, ale, aux |mɑ̃daʀinal, o| *adj.* **1** [*relatif au mandarinat chinois*] mandarinesco* **2** (*fig.*) [*qui relève de l'autorité d'une classe privilégiée*] mandarinesco.
mandarinat |mɑ̃daʀina| *s.m.* **1** mandarinato **2** [*corps des mandarins*] i mandarini *pl.* ◇ (*fig., péj.*) mandarinismo: *mandarinat littéraire, artistique, politique* mandarinismo letterario, artistico, politico.
mandarine |mɑ̃daʀin| *s.f.* [*fruit du mandarinier*] mandarino *m.* ✦ *adj. inv.* [*de couleur orange*] arancione (*var.*): *des bas mandarine* calze arancioni.
mandarinier |mɑ̃daʀinje| *s.m.* (*t. bot.*) mandarino.
mandarinisme |mɑ̃daʀinism(ə)| *s.m.* mandarinismo.
mandat |mɑ̃da| *s.m.* **1** (*dr., cour.*) mandato, incarico*: *mandat légal* mandato legale; *donner mandat* dare mandato, incarico → 2 **pouvoir, procuration** ◇ (*par ext.*) *mandat législatif, parlementaire* mandato, incarico legislativo, parlamentare → **députation**; *mandat de paiement* mandato di pagamento **2** (*postes, télécom.*) vaglia: *mandat postal, mandat-poste, mandat* vaglia (postale); *mandat-carte, mandat-lettre* vaglia ordinario; *mandat télégraphique* vaglia telegrafico; *toucher un mandat* riscuotere un vaglia **3** [*ordre de faire comparaître, d'arrêter, etc.*] mandato: *mandat d'arrêt, de dépôt* mandato di arresto, di carcerazione; *mandat d'amener, de comparition* mandato di accompagnamento, di comparizione.
mandataire |mɑ̃datɛʀ| *s.* **1** mandatario*, incaricato → **commissionnaire, délégué, représentant** # *mandataire aux halles* (*de Paris*) commissionario ai mercati generali **2** [*personne chargée d'agir pour le compte de qqn., pour défendre des intérêts*] rappresentante → **défenseur.**
mandat-carte |mɑ̃dakaʀt(ə)|, **mandat-lettre** |mɑ̃dalɛtʀ(ə)| → **mandat** 2.
mandaté, ée |mɑ̃date| *s.* → **mandataire.**
mandatement |mɑ̃datmɑ̃| *s.m.* [→ MANDATER 1] emissione *f.* di un mandato.
mandater |mɑ̃date| *v.tr.* **1** (*fin.*) [*payer sous la forme d'un mandat*] emettere (155) un mandato di pagamento; pagare a mezzo vaglia: *mandater une somme* emettere un mandato di pagamento per una somma ◇ (*spécialt.*) [*inscrire* (*une somme à payer*) *sur un mandat*] compilare un mandato, un vaglia → **libeller** **2** [*investir d'un mandat*] conferire (197) un mandato (a), incaricare: *mandater qqn. pour la gestion d'une affaire* incaricare qc. della gestione di un affare → **déléguer** # *les électeurs qui ont mandaté leur élu* gli elettori che hanno eletto il loro rappresentante → **députer.**
man(d)chou, oue |mɑ̃(d)ʃu| *adj.* [*de Mandchourie*] manciù *inv.*, mancese, manciuriano.
mandement |mɑ̃dmɑ̃| *s.m.* **1** (*dr. can.*) lettera *f.* pastorale, pastorale *f.* → **instruction** **2** (*vx.*) → **instruction, ordre.**
mander |mɑ̃de| *v.tr.* **1** (*vx.*) [*communiquer, ordonner*] comunicare (*littér.*) **2** (*vieilli, littér.*) [*appeller, convoquer*] chiamare (*cour.*), far (103) *intr.* venire **3** (*vx.*) → **écrire.**
mandibulaire |mɑ̃dibylɛʀ| *adj.* (*anat., zool.*) mandibolare.
mandibule |mɑ̃dibyl| *s.f.* **1** (*anat.*) mandibola ◇ (*fam.*) [*mâchoires*] ganascia*: *jouer des mandibules* [*manger*] lavorare di ganasce **2** (*zool.*) mandibola.
mandoline |mɑ̃dɔlin| *s.f.* (*mus.*) mandolino *m.*
mandoliniste |mɑ̃dɔlinist(ə)| *s.* mandolinista.
mandore |mɑ̃dɔʀ| *s.f.* (*mus.*) mandola.
mandorle |mɑ̃dɔʀl(ə)| *s.f.* (*bx-arts, relig.*) mandorla (mistica*).
mandragore |mɑ̃dʀagɔʀ| *s.f.* (*t. bot.*) mandragola ◇ [*la racine*] mandragola.
mandrill |mɑ̃dʀil| *s.m.* (*t.zool.*) mandrillo.
mandrin |mɑ̃dʀɛ̃| *s.m.* (*techn.*) mandrino: *agrandir un trou au mandrin* allargare un foro col mandrino # *mandrin de tourneur* coppaia.
manducation |mɑ̃dykɑsjɔ̃| *s.f.* (*physiol.*) manducazione.
-mane |man| *suff.* (*signifiant 'main', correspond généralt. à*) mane: *quadrumane* quadrumane.
-mane |man|, **-manie** |mani| *suff.* (*signifiant 'folie', correspondent généralt. à*) mane; mania: *toxicomane* tossicomane || *mythomanie* mitomania.
manécanterie |manekɑ̃tʀi| *s.f.* scuola di canto (liturgico corale).

1 **manège** |manɛʒ| *s.m.* **1** maneggio*; equitazione (*f.*): *manège couvert* maneggio coperto || *termes de manège* termini di equitazione; *vocabulaire du manège* vocabolario dell'equitazione **2** *manège* (*de chevaux de bois*) giostra *f.*, carosello: *faire un tour de manège* fare un giro di giostra.

2 **manège** |manɛʒ| *s.m.* (*fig.*) maneggio*, gioco*: *le manège de nos adversaires* il maneggio dei nostri avversari # *je comprends son petit manège* capisco il suo giochetto → **agissements.**

mânes |mɑn| *s.m. pl.* **1** (*relig. rom.*) mani → **lare, 1 ombre** 5 **2** (*fig., littér.*) *invoquer, interroger les mânes des ancêtres* invocare, interrogare i mani degli avi.

maneton |mantɔ̃| *s.m.* **1** manubrio* di manovella **2** (*techn.*) bottone di manovella: *manetons d'un arbre moteur d'automobile* bottoni di manovella dell'albero motore di un'automobile.

manette |manɛt| *s.f.* manetta, leva (di comando): *manette de réglage d'une machine à vapeur* manetta, leva di regolazione di una macchina a vapore; *manette des gaz d'un avion* manetta dei gas dell'aereo; *manette d'un percolateur* manetta di una macchina da caffè.

manganate |mɑ̃ganat| *s.m.* (*chim.*) manganato.

manganèse |mɑ̃ganɛz| *s.m.* (*chim., minér.*) manganese: *acier, bronze au manganèse* acciaio, bronzo al manganese.

manganeux |mɑ̃ganø| *adj. m.* (*chim.*) manganoso: *oxyde manganeux* ossido manganoso.

manganin |mɑ̃ganɛ̃| *s.m.* (*techn.*) manganina *f.*

manganique |mɑ̃ganik| *adj.* (*chim.*) manganico*: *acide manganique* acido manganico.

manganite |mɑ̃ganit| *s.m.* (*chim.*) manganite *f.*

mangeable |mɑ̃ʒabl(ə)| *adj.* **1** [→ 1 MANGER] mangiabile; mangereccio* → **comestible** **2** [*tout juste bon à manger*] appena mangiabile 🄲 **immangeable.**

mangeaille |mɑ̃ʒɑj| *s.f.* **1** (*péj.*) [*nourriture de l'homme, et spécialt. nourriture abondante et médiocre*] pappatoria, mangiatoria **2** (*vx.*) [*nourriture, pâtée pour des animaux domestiques*] mangime *m.* (*cour.*).

mange-cassette |mɑ̃ʒkasɛt| *s.m.* [*appareil portatif pour l'écoute des bandes magnétiques en cassette*] mangianastri (*inv.*): *des mange-cassettes* dei mangianastri.

mange-disque |mɑ̃ʒdisk| *s.m.* mangiadischi (*inv.*): *des mange-disques* dei mangiadischi.

mangeoire |mɑ̃ʒwaʀ| *s.f.* [*auge destinée à contenir les aliments de certains animaux domestiques* (*chevaux, bestiaux, volaille*)] mangiatoia → **crèche, trémie.**

mangeotter |mɑ̃ʒɔte| *v.tr.* (*fam.*) [*manger en petite quantité*] mangiucchiare → **grignoter.**

1 **manger** |mɑ̃ʒe| (3) **A** *v.tr.* **1** [*avaler pour se nourrir* (*un aliment solide ou consistant*) *après avoir mâché*] mangiare: *manger un bifteck, un gâteau* mangiare una bistecca, un dolce; *manger du poisson* mangiare pesce; *manger de tout* mangiare di tutto → 1 **prendre** ◇ (*loc.*) *manger un morceau* mandar giù, prendere un boccone ◇ (*loc. fig.*) *il y a à manger et à boire* [*du bon et du mauvais*] c'è del vero e del falso ~ *manger ses mots* mangiarsi le parole ~ (*fam.*) *manger la soupe sur la tête de, à qqn.* mangiare la minestra in testa a qc. **2** [*dévorer* (*un être vivant, une proie*)] sbranare, mangiare ◇ (*loc. fig.*) *manger qqn. des yeux* mangiarsi *pron.*, divorare qc. con gli occhi ~ *il ne vous mangera pas!* non vi mangerà mica! ~ *il veut le manger tout cru* [*il est furieux contre lui*] se lo mangerebbe vivo ~ *on en mangerait* [*c'est appétissant, attrayant*] ce ne vorrebbe!; sarebbe da mangiare! **3** [*ronger*] mangiare, intaccare: *étoffe mangée par les mites, aux mites* stoffa mangiata dalle tarme ♦ (*au p.p.*) *un visage mangé de barbe* un viso coperto, nascosto dalla barba ◇ (*loc. fig.*) *se manger les sangs* farsi cattivo sangue; mangiarsi, rodersi il fegato **4** [*absorber, consommer*] bere (120), consumare: *c'est une voiture qui mange beaucoup d'huile* è una macchina che beve, che consuma, mangia (*pop.*) molto olio **5** [*dépenser, dilapider*] mangiare, sperperare: *manger son capital* mangiarsi, dilapidare il capitale ◇ (*loc.*) *ça ne mange pas de pain!* non mangia mica pane! **B** *v.intr.* **1** [*s'alimenter*] mangiare: *manger peu, beaucoup* mangiare poco, molto ◇ (*loc.*) *l'appétit vient en mangeant* l'appetito vien mangiando ~ *manger comme quatre* mangiare per quattro ~ *manger à sa faim* mangiare a sazietà ~ *manger comme un oiseau* mangiare come un uccellino ~ *manger à tous les râteliers* [*tirer profit de plusieurs situations*] mangiare in più piatti **2** [*prendre un repas*] mangiare: *s'attabler pour manger* mettersi a tavola per mangiare; *manger chez soi, au restaurant* mangiare a casa, al ristorante # *salle à manger* sala da pranzo.

2 **manger** |mɑ̃ʒe| *s.m.* (*pop.*) [*nourriture, repas*] il mangiare (*inv.*): *ici on peut apporter son manger* qui si può portare il mangiare ◇ (*loc.*) *en perdre le boire et le manger* [*être entièrement absorbé par une occupation, un souci*] dimenticare persino di mangiare.

mangerie |mɑ̃ʒʀi| *s.f.* [*repas copieux*] mangiata, pappata.

mange-tout |mɑ̃ʒtu| *s.m. inv.* **1** [*variété de pois, de haricots dont on mange la cosse avec la graine*] mangiatutto, taccola *f. var.* ♦ (*adj.*) *haricots mange-tout* fagioli mangiatutto **2** (*vx.*) → **dissipateur.**

mangeur, euse |mɑ̃ʒœʀ, øz| *s.* **1** [*qui mange* (*beaucoup, peu*)] mangiatore*: *un grand mangeur* un gran mangiatore **2** MANGEUR DE [*personne qui mange* (*telle ou telle chose*)] mangiatore di: *mangeurs de grenouilles* [*sobriquet des Français, à l'étranger*] mangiatori di ranocchi, mangiaranocchi; *mangeurs d'hommes* mangiatori di uomini ◇ (*animaux*) *mangeur de fourmis* [*fourmilier*] formichiere *m.* **3** (*fig.*) [*personne qui dépense, dissipe*] scialacquatore*, dissipatore*.

mangeure |mɑ̃ʒyʀ| *s.f.* (*vieilli*) [*endroit mangé, rongé d'une étoffe, d'un livre*] rosicatura.

mangoustan |mɑ̃gustɑ̃| *s.m.* **1** (*t. bot.*) mangostano **2** (*vieilli*) → 1 **mangouste.**

1 **mangouste** |mɑ̃gust(ə)| *s.f.* [*fruit du mangoustan*] mangostano *m.*

2 **mangouste** |mɑ̃gust(ə)| *s.f.* (*t. zool.*) mangusta, mangosta.

mangrove |mɑ̃gʀɔv| *s.f.* (*géogr.*) mangrovia.

mangue |mɑ̃g| *s.f.* [*fruit du manguier*] mango* *m.*

manguier |mɑ̃gje| *s.m.* (*t.bot.*) mango*.

maniabilité |manjabilite| *s.f.* [*qualité de ce qui est maniable*] maneggevolezza: *maniabilité d'un avion* maneggevolezza di un aereo → **manœuvrabilité** ◇ (*techn.*) *maniabilité du béton* lavorabilità del calcestruzzo.

maniable |manjabl(ə)| *adj.* **1** [*qu'on manœuvre facilement*] maneggevole: *une voiture maniable* una macchina maneggevole → **manœuvrable** ◇ (*par ext.*) (*mar.*) *temps, vent maniable* tempo, vento maneggevole **2** (*fig.*) [*qui se laisse aisément diriger; docile, souple*] maneggevole (*rare*), malleabile, duttile.

maniaco-dépressif, ive |manjakɔdepʀesif, iv| *adj.* (*psychiatr.*) maniaco-depressivo.

maniaque |manjak| *adj.* **1** maniaco* ♦ (*s.*) *un maniaque* un maniaco → **obsédé** **2** [*exagérément attaché à ses petites manies, à des habitudes ridicules*] pignolo, maniaco: *célibataire maniaque* scapolo maniaco ♦ (*s.*) *un maniaque* un pignolo, un fissato **3** (*psychiatr.*) maniaco ♦ (*s.*) *un maniaque* un maniaco ◇ (*vx.*) → **fou.**

maniaquerie |manjakʀi| *s.f.* [*caractère d'une personne maniaque*] pignoleria.

manichéen, éenne |manikeɛ̃, eɛn| *adj. et s.* manicheo.

manichéisme |manikeism(ə)| *s.m.* (*relig.*) manicheismo.

manichordion |manikɔʀdjɔ̃|,

manicorde |manikɔʀd(ə)| *s.m.* (*hist. mus.*) manicordo.

manicle |manikl(ə)| *s.f.* **1** [*manchon de protection de certains ouvriers* (*cordonniers, bourreliers*)] guardamano *m. inv.*, manopola → **gantelet** **2** (*techn.*) manico* *m.*, impugnatura.

manie |mani| *s.f.* **1** (*psychiatr.*) mania ◇ (*vx.*) → **folie** **2** [*trouble de l'esprit possédé par une idée fixe*] mania: *manie de la persécution* mania di persecuzione → **monomanie, obsession** **3** [*goût excessif, déraisonnable pour quelque objet ou action*] mania: *il a la manie de collectionner les autographes* ha la mania di far collezione di autografi → **marotte, passion.**

maniement |manimɑ̃| *s.m.* **1** [→ 1 MANIER 1, 2] uso; maneggio*: *le maniement de la fourchette* l'uso della forchetta → **manipulation, usage** || *maniement d'armes* maneggio delle armi; *le maniement du pinceau* il maneggio del pennello **2** (*fig.*) [*action, manière d'employer, de diriger, d'administrer*] maneggio: *le maniement de l'argent* il maneggio del denaro **3** [*chacun des amas graisseux superficiels qui permettent de juger de l'état d'engraissement d'un animal de boucherie*] maneggiamento.

1 **manier** |manje| *v.tr.* **1** [*avoir en main, entre les mains tout en déplaçant, en remuant*] maneggiare: *caissier qui manie de grosses sommes d'argent* cassiere che maneggia grosse somme di denaro → **manipuler** **2** [*utiliser en ayant en main*] maneggiare: *manier le pinceau, l'épée* maneggiare il pennello,

la spada ◇ (*machine, véhicule*) [*utiliser pour une manœuvre*] manovrare: *avion difficile à manier* aereo difficile da manovrare ◇ (*équitation*) *manier un cheval* [*le faire évoluer*] maneggiare un cavallo **3** (*fig.*) [*mener à son gré*] manovrare: *manier les foules* manovrare le folle → **diriger, gouverner** **4** [*employer de façon plus ou moins habile*] usare; amministrare: *savoir manier l'ironie* saper usare l'ironia ‖ *manier des fonds* amministrare capitali **5** [*façonner, modeler avec la main*] modellare, manipolare **6** (*vx.*) → **tâter, palper.**

2 **manier (se)** |manje| *v.pron. intr.* (*fam.*) (*seulement inf.*) SE MANIER, SE MAGNER [*se remuer, se dépêcher*] sbrigarsi, spicciarsi: *je te conseille de te manier* ti consiglio di sbrigarti, spicciarti; *magne-toi!* e sbrigati, spicciati!

manière |manjɛʀ| *s.f.* **I** **1** [*façon*] modo *m.*, maniera: *manière d'agir, de vivre* modo di agire, di vivere ◇ (*spécialt.*) *la manière de qqn.* il modo di qc.; *avec sa manière de faire* col suo modo di fare ◇ (*loc.*) *il y a la manière* [*il faut savoir s'y prendre*] c'è modo e modo ~ DANS LA MANIÈRE (+ *adj.*) alla maniera (+ *adj.*): *sonate dans la manière classique* sonata alla maniera classica → **genre, 1 style** ◇ (*loc. adv.*) *de cette manière* in questo modo ~ *de toute manière* ad ogni modo, comunque ~ *d'une manière générale* in linea di massima, in generale ~ *en aucune manière* in nessun caso, in nessun modo ◇ (*loc. prép.*) *à la manière de* alla maniera di ~ DE MANIÈRE À in modo da: *travailler de manière à gagner sa vie* lavorare in modo da guadagnarsi da vivere ◇ *loc. conj.* DE (TELLE) MANIÈRE QUE in modo (tale) che: *de manière que tout aille bien* in modo che tutto vada bene ~ DE MANIÈRE À CE QUE [*de manière que* (*conséquence voulue*)] in modo da (+ *inf.*), in modo che (+ *subj.*): *un portique disposé de manière à ce qu'on trouve de l'ombre à toute heure* un portico disposto in modo da avere ombra ad ogni ora del giorno **2** *loc.* UNE MANIÈRE DE [*espèce, sorte*] una specie di: *l'amitié entre un homme et une femme, c'est encore une manière d'amour* l'amicizia fra un uomo e una donna è sempre una specie di amore **3** (*gram.*) *compléments, adverbes de manière* complementi, avverbi di modo, di maniera **II** *au plur.* **1** modi, maniere: *avoir de mauvaises manières* avere cattive maniere, modi villani; *en voilà des manières!* ma che modi!, che modi sono questi! **2** (*loc.*) *faire des manières* [*être affecté*] fare smancerie, smorfie ◇ [*se faire prier*] fare complimenti.

maniéré, ée |manjeʀe| *adj.* **1** [*qui montre de l'affectation, manque de naturel ou de simplicité*] affettato, manierato: *politesse maniérée* cortesia affettata → **affecté** **2** (*bx-arts*) [*qui manque de spontanéité, est trop recherché*] manierato: *style, genre, film maniéré* stile, genere, film manierato → **apprêté, 1 précieux** Ⓒ **naturel, simple.**

maniérisme |manjeʀism(ə)| *s.m.* **1** (*bx-arts*) manierismo **2** (*psychiatr.*) manierismo.

maniériste |manjeʀist(ə)| *adj. et s.* manierista.

manieur, euse |manjœʀ, øz| (*s.*) *manieur de* [*personne qui manie qqch.*] maneggiatore* (*rare*) di ◇ (*fig.*) *manieur d'argent* maneggiatore di denaro ‖ *un manieur d'hommes* un dominatore di uomini → **financier.**

manifestant, ante |manifɛstɑ̃, ɑ̃t| *s.* manifestante, dimostrante.

manifestation |manifɛstɑsjɔ̃| *s.f.* **1** [→ MANIFESTER A 2] manifestazione: *manifestation de joie, de mécontentement* manifestazione di gioia, di scontento → **démonstration, expression** **2** [*fait, moyen par lequel Dieu se manifeste, devient visible*] manifestazione **3** (*abrév. fam.* '*manif*') [*démonstration collective, publique et organisée d'une opinion ou d'une volonté*] manifestazione, dimostrazione: *manifestation pacifique* manifestazione, dimostrazione pacifica; *manifestation interdite* manifestazione vietata; *il y a eu une manif au quartier* c'è stata una manifestazione nel quartiere.

1 **manifeste** |manifɛst(ə)| *adj.* manifesto, palese: *différences manifestes* differenze manifeste, palesi → **évident, visible.**

2 **manifeste** |manifɛst(ə)| *s.m.* **1** manifesto: *le manifeste communiste* il manifesto comunista → **proclamation** **2** (*par ext.*) [*exposé théorique lançant un mouvement* (*littér.*)] manifesto: *manifeste du surréalisme* manifesto del surrealismo **3** [*liste des marchandises constituant la cargaison d'un navire, à l'usage des Douanes*] manifesto di carico, di partenza ◇ (*par anal.*) [*document de bord d'un avion* (*itinéraire, passagers, fret*)] manifesto.

manifestement |manifɛstəmɑ̃| *adv.* [→ 1 MANIFESTE] manifestamente, palesemente.

manifester |manifɛste| **A** *v.tr.* **1** [*faire connaître de façon manifeste*] manifestare: *manifester sa volonté, ses intentions* manifestare la propria volontà, le proprie intenzioni → **exprimer, révéler** **2** [*faire ou laisser apparaître clairement*] manifestare: *il a manifesté de l'étonnement* ha manifestato stupore ◇ [*révéler, trahir*] tradire (197): *ses gestes manifestent sa timidité* i suoi gesti tradiscono la sua timidezza **B** *v. intr.* [*participer à une manifestation politique, syndicale, etc.*] manifestare, dimostrare: *on a manifesté dans les rues* si è manifestato per le strade **C** *v.pron. intr.* SE MANIFESTER [*se révéler clairement; se montrer*] manifestarsi; farsi (103) vedere.

manifold |manifɔld| *s.m.* [*carnet comportant plusieurs séries de feuilles et de papier carbone, permettant d'établir des doubles de documents*] blocchetto (per copie multiple).

manigance |manigɑ̃s| *s.f.* [*manœuvre secrète et suspecte, sans grande portée ni gravité*] imbroglio* *m.*, intrigo* *m.* → **micmac.**

manigancer |manigɑ̃se| (2) *v.tr.* [*combiner par quelque manigance*] ordire (197), macchinare → **comploter, machiner, tramer.**

maniguette |manigɛt| *s.f.* pepe *m.* di Guinea.

1 **manille** |manij| *s.f.* (*jeu de cartes*) 'manille' *inv.* ◇ [*carte maîtresse* (*le dix*) *à ce jeu*] 'manille'.

2 **manille** |manij| *s.f.* **1** (*techn.*) maniglia **2** (*ancienn.*) [*anneau auquel on fixait la chaîne d'un galérien ou d'un forçat*] maniglia.

3 **manille** |manij| *s.m.* [*cigare de Manille*] manilla *inv.*

manillon |manijɔ̃| *s.m.* [*as, seconde carte à la* (1) *manille*] asso.

manioc |manjɔk| *s.m.* (*t.bot.*) manioca* *f.*

manipulateur, trice |manipylatœʀ, tʀis| *s.* **1** *s.* manipolatore*: *manipulateur de laboratoire* manipolatore di laboratorio → **opérateur** ◇ [*prestidigitateur spécialisé dans la manipulation*] prestidigitatore* **2** *s.m.* (*techn.*) manipolatore.

manipulation |manipylɑsjɔ̃| *s.f.* **1** manipolazione: *manipulations chimiques* manipolazioni chimiche **2** [*exercice scolaire tendant à familiariser les étudiants avec ce genre d'opérations*] esercitazione: *cahier de manipulations* quaderno di esercitazioni pratiche **3** [*manœuvre manuelle visant à remédier à certains déplacements osseux*] manipolazione: *manipulations vertébrales* manipolazioni vertebrali **4** [*branche de la prestidigitation reposant sur la seule habileté des mains*] prestidigitazione **5** (*fig., péj.*) [*tripotage*] manipolazione, broglio* (*m.*): *manipulations électorales* manipolazioni, brogli elettorali → **2 manœuvre.**

1 **manipule** |manipyl| *s.m.* (*liturg.*) manipolo.

2 **manipule** |manipyl| *s.m.* (*antiq. rom.*) manipolo.

manipuler |manipyle| *v.tr.* **1** [*manier avec soin en vue d'expériences ou d'opérations sc. ou techn.*] manipolare ◇ (*par ext.*) [*manier et transporter*] *manipuler des colis* maneggiare pacchi **2** (*fig.*) [*exercer une domination politique sur* (*un groupe, un individu*)] manipolare, manovrare: *manipuler l'opinion publique* manipolare l'opinione pubblica; *il s'est laissé manipuler* si è lasciato manipolare, manovrare.

manique |manik| *s.f.* → **manicle.**

manitou |manitu| *s.m.* **1** manitù *inv.* **2** (*fig.*) [*personnage important et puissant*] pezzo grosso: *son père est un gran manitou dans les chemins de fer, dans la finance* suo padre è un pezzo grosso delle ferrovie, della finanza.

manivelle |manivɛl| *s.f.* **1** manovella: *manivelle d'un treuil, d'une automobile* manovella dell'argano, dell'automobile; *manivelle de mise en marche* manovella di messa in moto, d'avviamento ◇ (*ciné.*) *premier tour de manivelle* primo giro di manovella **2** (*mécan.*) *manivelle de moteur* manovella; *arbre-manivelle* albero a manovella, a gomiti → **vilebrequin.**

1 **manne** |man| *s.f.* **1** manna ◇ (*fig.*) [*don céleste*] manna → **pain** **2** (*bot.*) manna.

2 **manne** |man| *s.f.* [*grand panier d'osier*] paniere *m.*, cesta.

1 **mannequin** |mankɛ̃| *s.m.* **1** manichino ◇ [*modèle pour les peintres, les sculpteurs*] manichino ◇ (*par ext.*) [*figure imitant grossièrement un être humain*] fantoccio*, manichino: *mannequin servant d'épouvantail* fantoccio usato come spaventapasseri **2** (*fig.*) [*homme sans caractère que l'on mène comme on veut*] burattino → **pantin** **3** [*jeune femme employée par un grand couturier pour la présentation des modèles de collections*] indossatrice *f.*, 'mannequin' *f. inv.*

2 **mannequin** |mankɛ̃| *s.m.* [*petit panier d'agriculteur*] cestino, paniere.
mannite |manit| *s.f.* (*chim.*) mannite.
mannose |manoz| *s.m.* (*biol., chim.*) mannosio*.
manodétendeur |manɔdetɑ̃tœʀ| *s.m.* (*techn.*) riduttore di pressione di Mandet.
manœuvrabilité |manœvʀabilite| *s.f.* manovrabilità *inv.*
manœuvrable |manœvʀabl(ə)| *adj.* [→ MANŒUVRER B 1] manovrabile.
1 **manœuvre** |manœvʀ(ə)| *s.f.* **1** manovra: *la manœuvre d'un navire, d'une locomotive* la manovra di una nave, di una locomotiva; *fausse manœuvre* errata manovra ◇ (*fig.*) *manœuvre subtile, perfide* manovra sottile, perfida → **intrigue, machination**; *manœuvres électorales* manovre elettorali ◇ (*milit.*) *champ de manœuvre* campo di manovra; *grandes manœuvres* grandi manovre ◇ (*loc. fig.*) *faire une fausse manœuvre* fare una manovra sbagliata ~ *avoir toute liberté de manœuvre* avere piena libertà di manovra, d'azione **2** [*opération manuelle permettant le fonctionnement d'un appareil ou d'une machine*] funzionamento (*m.*): *connaître la manœuvre d'un fusil* conoscere il funzionamento di un fucile.
2 **manœuvre** |manœvʀ(ə)| *s.f. surtout au plur.* (*mar.*) manovre: *manœuvres dormantes* manovre dormienti.
3 **manœuvre** |manœvʀ(ə)| *s.m.* [*ouvrier exécutant des travaux qui n'exigent pas une grande qualification*] manovale ◇ (*fam.*) *des manœuvres-balais* degli addetti alle pulizie.
manœuvrer |manœvʀe| **A** *v.intr.* **1** [*effectuer une manœuvre sur un bateau, un véhicule*] far (103) *tr.* manovra, manovrare: *manœuvrer pour garer sa voiture* far manovra per posteggiare l'auto **2** [*employer des moyens adroits pour arriver à ses fins*] brigare, manovrare: *il a bien manœuvré* ha brigato, ha manovrato bene **B** *v.tr.* **1** [*manier de façon à faire fonctionner*] manovrare, guidare: *manœuvrer un véhicule* manovrare, guidare un veicolo; *manœuvrer le gouvernail* manovrare il timone **2** (*fig.*) [*faire agir* (*qqn.*) *comme on le veut, par une tactique habile*] manovrare: *tu t'es laissé manœuvrer* ti sei lasciato manovrare → **gouverner, 1 manier.**
manœuvrier, ière |manœvʀije, jɛʀ| *s.* **1** [*personne qui sait manœuvrer* (*marine, armée*)] manovratore*: *un habile manœuvrier* un abile manovratore ✦ (*adj.*) manovriero: *les qualités manœuvrières des troupes* le capacità manovriere, di manovra *loc. inv.* delle truppe **2** (*fig.*) [*personne qui manœuvre habilement* (*dans la politique, les affaires*)] maneggione.
manoir |manwaʀ| *s.m.* [*logis seigneurial; petit château anc. à la campagne*] maniero.
manomètre |manɔmɛtʀ(ə)| *s.m.* (*techn.*) manometro: *manomètre à air libre* manometro ad aria libera, a tubo aperto; *manomètre à air comprimé* manometro ad aria compressa, a tubo chiuso.
manométrie |manɔmetʀi| *s.f.* (*phys.*) misura delle pressioni.
manométrique |manɔmetʀik| *adj.* (*sc.*) manometrico*.
manoque |manɔk| *s.f.* (*tabac*) manocchio* *m.*, fascicolo *m.*
manouche |manuʃ| *s.* (*arg.*) → **bohémien.**
manouvrier, ière |manuvʀije, jɛʀ| *s.* (*vx., région.*) → 3 **manœuvre.**
manquant, ante |mɑ̃kɑ̃, ɑ̃t| *adj.* mancante: *pièces manquantes d'un service* pezzi mancanti di un servizio; *numéros manquants d'une série* numeri mancanti di una serie ✦ (*s.m.*) *les manquants* [*les absents; les objets qui manquent*] gli assenti; i mancanti.
1 **manque** |mɑ̃k| *adj.* **1** *loc. fam.* À LA MANQUE [*raté, défectueux, mauvais*] da strapazzo, di poco conto: *c'est un médecin à la manque* è un medico da strapazzo, di poco conto **2** (*vx.*) → **défectueux, incomplet.**
2 **manque** |mɑ̃k| *s.m.* **1** [*fait de manquer, absence ou grave insuffisance* (*d'une chose nécessaire*)] mancanza *f.*, carenza (*f.*): *manque de vivres, d'argent* mancanza di viveri, di denaro; *manque de main-d'œuvre* carenza, scarsezza di manodopera → **pénurie, 1 défaut** ◇ (*loc. fam.*) *manque de pot* [*malchance*] scarogna, scalogna ~ *quel manque d'imagination!* che scarsa fantasia! ~ (*loc. prép.*) *par manque de* per mancanza di ~ *loc. prép.* (*vieilli*) *manque de* per, in mancanza di (*cour.*) → 1 **faute (de)** **2** *au plur.* [*lacunes*] lacune (*f.*): *avoir des manques* avere delle lacune ◇ (*tissage*) difetto ◇ (*roulette, boule*) 'manque' *inv.* **3** [*faute commise en manquant*] mancanza ◇ (*par ext.*) *manque à gagner* [*occasion manquée de faire une affaire profitable; somme qu'on aurait pu gagner*] mancato profitto, lucro cessante.
manqué, ée |mɑ̃ke| *adj.* **1** [*qui n'est pas réussi*] sbagliato, fallito: *une expérience manquée* un'esperienza sbagliata; *une vie manquée* una vita sbagliata; *des photos manquées* foto mal riuscite, sbagliate; *une tentative manquée* un tentativo fallito → **raté** **2** [*qui est tel par occasion et non par profession*] mancato: *c'est un cuisinier manqué* è un cuoco mancato ◇ (*fam.*) *un garçon manqué* (*se dit d'une fille qui a des allures et des goûts de garçon*) un ragazzo mancato, un maschiaccio* *s.m.*
manquement |mɑ̃kmɑ̃| *s.m.* **1** [*le fait de manquer à quelque devoir*] trasgressione *f.*, mancanza (*f.*): *un manquement à la discipline* una trasgressione, una mancanza disciplinare → 2 **faute** **2** (*vx.*) → 1 **défaut, 2 manque.**
manquer |mɑ̃ke| **A** *v.intr.* **I** **1** [*ne pas être, lorsqu'il le faudrait; être absent, faire défaut*] mancare (*aux.* essere): *les denrées qui manquent* i generi alimentari che mancano; *les occasions ne manquent pas* le occasioni non mancano ◇ (*par ext.*) [*être absent*] *cet élève manque trop souvent* questo alunno manca troppo spesso, fa troppe assenze **2** *loc.* MANQUER À QQN. [*faire défaut*] mancare a qc.: *le temps me manque* mi manca il tempo ~ MANQUER À QQCH. [*être en moins*] mancare a q.c.: *rien ne manquait au festin* al banchetto non mancava nulla ✦ (*impers.*) *il manque deux pages à votre livre* al vostro libro mancano due pagine **3** (*loc.*) *il ne manque plus que cela!* non ci mancherebbe altro!, ci mancava anche questa! ~ *il ne manquerait plus qu'il échoue à son examen* ci mancherebbe che fosse bocciato all'esame, sarebbe il colmo se fosse bocciato all'esame **4** (*choses*) [*échouer*] fallire (197) (*aux.* essere), andare (101) (*aux.* essere) a monte: *dix fois de suite l'expérience manqua* per dieci volte consecutive l'esperimento fallì, andò a monte → **rater** **II** **1** *loc.* MANQUER DE [*ne pas avoir en quantité suffisante*] mancare di, essere (96) (*aux.* essere) privo, sprovvisto di: *il manque d'argent* manca di denaro, gli manca il denaro; *il ne manque de rien* non manca di nulla, non gli manca niente; *manquer de patience, d'imagination* mancare, essere privo di pazienza, di fantasia **2** *loc.* MANQUER À QQN. [*négliger les égards qui lui sont dus*] mancare (*aux.* avere) di rispetto a qc., mancare nei confronti di qc.: *personne ne vous a manqué* nessuno vi ha mancato di rispetto, nessuno ha mancato nei vostri confronti → **offenser** ~ MANQUER À QQCH. [*ne pas se conformer à qqch.* (*qu'on doit observer*)] mancare a q.c., venir (202) (*aux.* essere) meno a q.c.: *manquer à son devoir, à sa parole* mancare, venir meno al proprio dovere, alla parola data **3** *loc.* NE PAS MANQUER DE FAIRE non mancare di fare: *je ne manquerai pas de vous informer* non mancherò di informarla # *ça ne peut manquer d'arriver* non può non succedere ◇ (*ellipt.*) *ça n'a pas manqué* doveva succedere, non poteva non succedere ~ *je n'y manquerai pas* [*je le ferai sûrement*] non mancherò **4** (*semi-aux.*) *elle a manqué* (*de*) *mourir* (ci) è mancato poco che morisse **B** *v.tr.* **1** [*ne pas réussir*] mancare, fallire: *manquer son coup* mancare, fallire: *manquer son coup* mancare, fallire il colpo → **louper, rater** # *manquer sa vie* condurre una vita sbagliata ✦ (*au p.p.*) → **manqué** **2** [*ne pas atteindre, ne pas toucher*] mancare, fallire: *manquer la cible* mancare, fallire il bersaglio ◇ (*loc.*) *la prochaine fois, je ne te manquerai pas!* [*je me vengerai de toi*] la prossima volta te la farò pagare! **3** MANQUER QQN. [*ne pas rencontrer* (*qqn. qu'on voulait voir*)] non incontrare qc.: *je vous ai manqué de peu* non ci siamo incontrati per poco ◇ (*par anal.*) *manquer le train* perdere (163) il treno **4** [*laisser échapper, laisser perdre* (*qqch. de profitable*)] perdere, mancare: *manquer une occasion* perdere, mancare un'occasione ◇ (*loc. fam.*) *il n'en manque pas une!* non ne perde una! ~ *vous n'avez rien manqué* non ha perso nulla **5** [*s'abstenir d'assister, d'être présent à*] non andare *intr.* a: *manquer la classe* non andare a scuola; *manquer un cours* non andare, non assistere a una lezione → **sécher** **C** A I 1 **abonder.**
mansarde |mɑ̃saʀd(ə)| *s.f.* mansarda.
mansardé, ée |mɑ̃saʀde| *adj.* [*disposé en mansarde*] a mansarda *loc. inv.*, mansardato: *étage mansardé* piano a mansarda; *attique mansardé* attico mansardato.
manse |mɑ̃s| *s.f. ou m.* (*hist.*) manso *m.*
mansion |mɑ̃sjɔ̃| *s.f.* (*hist. litt.*) mansione.
mansuétude |mɑ̃sɥetyd| *s.f.* (*littér.*) mansuetudine → **bonté, indulgence.**
1 **mante** |mɑ̃t| *s.f.* (*ancienn.*) [*manteau de femme très simple, ample et*

sans manches] manto *m.*, mantello *m.*
2 **mante** |mɑ̃t| *s.f.* (*t.zool.*) mantide ◇ (*fig.*) *une mante religieuse* una divoratrice d'uomini.
manteau |mɑ̃to| *s.m.* **I** **1** [*vêtement avec ou sans manches qui se porte par-dessus les autres vêtements*] cappotto, mantello **2** (*spécialt.*) [*vêtement féminin qui se porte sur la robe ou sur le tailleur*] cappotto: *manteau de lainage* cappotto di lana; *manteau habillé, sport* cappotto elegante, sportivo # *manteau de fourrure* pelliccia; *manteau long* maxi-cappotto; *manteau de pluie* impermeabile **3** (*fig.*) *livre publié sous le manteau* [*clandestinement*] libro pubblicato clandestinamente *adv.* **II** **1** (*vén.*, *zool.*) mantello, manto → **manteIure** **2** [*partie de la cheminée en saillie au-dessus du foyer*] cappa *f.* **3** (*blas.*) manto **4** (*théât.*) *manteau d'Arlequin* mantello d'Arlecchino **5** (*géol.*) mantello.
mantelé, ée |mɑ̃tle| *adj.* (*zool.*) mantellato.
mantelet |mɑ̃tlɛ| *s.m.* **1** [*manteau de prélat*] mantelletta (*f.*): *mantelet violet* [*d'évêque*] mantelletta viola; *mantelet rouge* [*de cardinal*] mantelletta rossa ◇ (*par anal.*) [*courte cape de femme qui couvre les épaules et les bras*] mantellina *f.* **2** (*mar.*) portello (di oblò) **3** (*ancienn.*) [*abri portatif utilisé dans la guerre de siège*] mantelletto.
mantelure |mɑ̃tlyʀ| *s.f.* [*manteau du chien*] mantello *m.*
Mantidés |mɑ̃tide| *s.m. pl.* (*t.zool.*) Mantoidei.
mantille |mɑ̃tij| *s.f.* mantiglia.
mantique |mɑ̃tik| *s.f.* mantica*.
mantisse |mɑ̃tis| *s.f.* (*math.*) mantissa.
mantouan, ane |mɑ̃twɑ̃, an| *adj.* [*de Mantoue*] mantovano.
manubrium |manybʀijɔm| *s.m.* (*anat.*) *manubrium sternal* manubrio* dello sterno.
manucure |manykyʀ| *s.* manicure *inv.*
manucurer |manykyʀe| *v.tr.* (*fam.*) [*faire les mains de* (*qqn.*)] fare (103) la manicure (a qc.).
manuel |manɥɛl| *s.m.* manuale; (libro di) testo: *manuel de physique, de littérature* manuale di fisica, di letteratura → **abrégé, cours.**
manuel, elle |manɥɛl| *adj.* **1** manuale: *travail manuel* lavoro manuale; *habileté manuelle* abilità manuale, nei lavori manuali **2** [*qui emploie surtout ses mains*] manuale: *un travailleur manuel, un manuel* (*s.*) un lavoratore manuale [C] **intellectuel.**
manuélin, ine |manɥelɛ̃, in| *adj.* manuelino.
manuellement |manɥɛlmɑ̃| *adv.* [*en se servant de la main; par une opération simplement manuelle*] manualmente.
manufacturable |manyfaktyʀabl(ə)| *adj.* [→ MANUFACTURER 1] lavorabile; trasformabile: *matières manufacturables* materie lavorabili.
manufacture |manyfaktyʀ| *s.f.* **1** manifattura, fabbrica* **2** (*spécialt.*) *École centrale des arts et manufactures* Scuola d'Arti e Mestieri **3** (*vx.*) → **fabrication.**
manufacturer |manyfaktyʀe| *v. tr.* **1** [*faire subir à* (*une matière première*) *une transformation industrielle*] lavorare ◆ (*au p.p.*) *produits manufacturés* manufatti *s.m.* **2** (*vx.*) → **fabriquer.**
manufacturier, ière |manyfaktyʀje, jɛʀ| **1** *s.* (*vx.*) → **fabricant** **2** *adj.* [*industriel, producteur de produits manufacturés*] manifatturiero.
manu militari |manymilitaʀi| *loc. adv.* (*lat.*) manu militari # *il a fallu expulser les perturbateurs manu militari* è stato necessario l'intervento della forza pubblica per espellere i disturbatori.
manumission |manymisjɔ̃| *s.f.* (*dr. rom.*, *féod.*) manomissione.
manuscrit, ite |manyskʀi, it| **I** *adj.* manoscritto: *notes manuscrites* note manoscritte **II** *s.m.* **1** [*texte, ouvrage écrit ou copié à la main*] manoscritto: *manuscrit enluminé, à miniatures* manoscritto miniato, con miniature; *déchiffrement, collation des manuscrits* deciframento, confronto dei manoscritti → **écrit** **2** [*œuvre originale écrite à la main de l'auteur*] manoscritto: *apporter un manuscrit à un éditeur* portare un manoscritto a un editore ◇ (*par ext.*) *le manuscrit de l'auteur* il manoscritto dell'autore [C] **imprimé.**
manutention |manytɑ̃sjɔ̃| *s.f.* [*manipulation, déplacement manuel ou mécanique de marchandises, en vue de l'emmagasinage, de l'expédition et de la vente*] manipolazione, movimentazione; trasporti *m.pl.* interni # *appareils de manutention* attrezzature per il sollevamento e trasporto; *frais de manutention* spese di carico.
manutentionnaire |manytɑ̃sjɔnɛʀ| *s.* [*personne employée aux travaux de manutention*] magazziniere.
manutentionner |manytɑ̃sjɔne| *v.tr.* [*soumettre aux opérations de manutention*] manipolare; depositare, immagazzinare.
manuterge |manytɛʀʒ(ə)| *s.m.* (*liturg.*) manutergio*.
maoïsme |maɔism(ə)| *s.m.* (*polit.*) maoismo.
maoïste |maɔist(ə)| *adj. et s.* (*polit.*) maoista ◇ (*abrév.*) *un mao* un maoista.
maori, ie |maɔʀi| **1** *adj.* [*relatif aux populations polynésiennes de la Nouvelle-Zélande*] maori *inv.* **2** (*s.m.*) *le maori* [*une des langues polynésiennes*] il maori.
mappemonde |mapmɔ̃d| *s.f.* planisfero *m.*, mappamondo (*m.*): *mappemonde céleste* planisfero, mappamondo celeste → **planisphère.**
maquée |make| *s.f.* (*en Belgique*) [*fromage blanc réputé du genre Caillebotte*] ⊠.
maquer |make| **A** *v.tr.* (*pop.*) (*au p.p.*) *être maqué avec* (*qqn.*) [*vivre en concubinage, être en ménage avec* (*qqn.*)] vivere (194) (*cour.*) con (qc.) **B** *v.pron.* SE MAQUER (*pop.*) *avec* (*qqn.*) [*se mettre en ménage avec* (*qqn.*)] mettersi (155) (*cour.*) con (qc.).
maquereau |makʀo| *s.m.* (*t.zool.*) sgombro.
maquereau, elle |makʀo, ɛl| *s.* **1** *s.* (*pop.*) [*personne qui vit de la prostitution des femmes*] ruffiano (*cour.*), magnaccia *m. inv.* (*cour.*) → **entremetteur, proxénète** **2** *s.m.* [*souteneur*] protettore (*cour.*) **3** *s.f.* tenutaria (di casa chiusa) (*cour.*).
maquereautage |makʀɔtaʒ|, **maquerellage** |makʀɛlaʒ| *s.m.* (*pop.*) [→ MAQUEREAUTER, MAQUERELLER] incitamento alla prostituzione (*cour.*); prossenetismo (*cour.*).
maquereauter |makʀɔte|, **maquereller** |makʀɛle| *v.tr.* (*pop.*) [*prostituer* (*une femme*); *exercer le proxénétisme*] prostituire (197) (*cour.*); fare (103) il ruffiano (la ruffiana), il magnaccia *inv.*
maquette |makɛt| *s.f.* **1** [*ébauche, modèle en réduction d'une sculpture*] bozzetto *m.* **2** (*par ext.*) [*original en couleurs que doit reproduire une page illustrée, une affiche*] bozzetto **3** [*modèle réduit* (*de décor, d'un bâtiment, d'un véhicule*)] plastico* *m.*; modello (*m.*): *la maquette du nouveau quartier* il plastico del nuovo quartiere ‖ *maquette d'avion* modello di aereo.
maquettiste |maketist(ə)| *s.* [*spécialiste chargé d'exécuter des maquettes* (*typogr.*, *constr.*, *mécan.*)] bozzettista; progettista tipografico*; modellista.
maquignon |makiɲɔ̃| *s.m.* **1** [*marchand de chevaux*] cavallaio*, sensale di cavalli **2** (*péj.*) [*marchand de bestiaux peu scrupuleux et truqueur*] commerciante (di bestiame) disonesto **3** [*négociateur ou entremetteur malhonnête*] mezzano *s.*
maquignonnage |makiɲɔnaʒ| *s.m.* **1** [*métier de maquignon*] senseria *f.* di cavalli ◇ (*péj.*) trucco* per dissimulare i difetti dei cavalli **2** (*fig.*) [*manœuvres frauduleuses ou indélicates*] intrigo*, maneggio* → **trafic.**
maquignonner |makiɲɔne| *v.tr.* (*péj.*) [*vendre* (*une bête*), *négocier ou traiter* (*une affaire*), *en employant des procédés de maquignon*] mascherare i difetti (di un cavallo); intrigare.
maquillage |makijaʒ| *s.m.* **1** [→ MAQUILLER A 1; B] trucco*, truccatura *f.* **2** [*ensemble des éléments, des produits servant à se maquiller*] trucco: *maquillage du jour, du soir* trucco da giorno, da sera; *maquillage léger, lumineux* trucco leggero, luminoso **3** [→ MAQUILLER A 2] truccatura: *maquillage d'une voiture volée* truccatura di un'automobile rubata.
maquiller |makije| **A** *v.tr.* **1** [*modifier ou embellir* (*le visage*) *par des procédés et produits appropriés*] truccare **2** [*modifier de façon trompeuse l'apparence de* (*une chose*)] truccare: *maquiller un passeport* truccare un passaporto → **falsifier** **3** (*fig.*) [*dénaturer, fausser*] alterare: *maquiller la vérité* alterare la verità **B** *v.pron. réfl.* SE MAQUILLER [*se farder; se grimer* (*théât.*)] truccarsi [C] **démaquiller.**
maquilleur, euse |makijœʀ, øz| *s.* [*spécialiste en maquillage*] truccatore*: *maquilleur de théâtre, de studio* truccatore teatrale, cinematografico (televisivo).
maquis |maki| *s.m.* **1** [*végétation* (*arbustes, buissons touffus*) *dans les régions méditerranéennes*] macchia *f.* ◇ (*loc.*) *prendre le maquis* darsi alla macchia **2** (*fig.*) [*complication inextricable*] intrico*, ginepraio*: *le maquis de la procédure* l'intrico della procedura **3** (*sous l'occupation all.*) [*lieu peu accessible où se regroupaient les résistants*] macchia ◇ (*par ext.*) [*organisations de résistance armée*] 'maquis' *inv.*
maquisard |makizaʀ| *s.m.* [*résistant, combattant appartenant à un maquis*] 'maquisard' *inv.*, partigiano *s.*

1 **marabout** |maʀabu| *s.m.* **1** [*pieux hermite, saint de l'Islam*] marabut *inv.*, marabutto **2** (*par ext.*) [*le tombeau du marabout*] marabut.

2 **marabout** |maʀabu| *s.m.* **1** (*t. zool.*) marabù *inv.* **2** [*plume de la queue de l'oiseau, utilisée comme parure*] marabù.

maraîchage |maʀɛʃaʒ| *s.m.* [*culture des légumes*] orticoltura *f.*

maraîcher, ère |maʀeʃe, ɛʀ| **1** *s.* [*jardinier qui cultive des légumes*] orticoltore *m.* **2** *adj.* [*propre au maraîcher*] orticolo # *culture maraîchère* orticoltura.

maraîchin, ine |maʀɛʃɛ̃, in| *adj. et s.* [*des marais poitevin et breton*] ⊠.

marais |maʀɛ| *s.m.* **1** [*nappe d'eau stagnante généralt. peu profonde recouvrant un terrain partiellement envahi par la végétation*] palude *f.*, acquitrino # *végétation des marais* vegetazione palustre; *fièvre des marais* febbre palustre → **malaria** **2** *marais salant* → **saline** **3** → **jardin.**

marante, maranta |maʀɑ̃t, maʀɑ̃ta| *s.f.* (*t.bot.*) maranta.

marasme |maʀasm(ə)| *s.m.* **1** [*accablement, apathie profonde*] abbattimento, depressione *f.* **2** [*stagnation*] marasma: *le marasme des affaires* il marasma degli affari **3** (*méd.*) marasma, marasmo → **cachexie** **4** (*t.bot.*) marasmio*.

marasque |maʀask(ə)| *s.f.* [*variété de cerise*] marasca*.

marasquin |maʀaskɛ̃| *s.m.* [*liqueur de marasques*] maraschino: *glace au marasquin* gelato al maraschino.

marathon |maʀatɔ̃| *s.m.* (*sport*) maratona *f.* ◇ (*fig.*) *marathon de danse, diplomatique* maratona di ballo, diplomatica # *discussion, séance-marathon* discussione, seduta fiume.

marathonien |maʀatɔnjɛ̃| *s.m.* [*coureur de marathon*] maratoneta.

marâtre |maʀɑtʀ(ə)| *s.f.* **1** (*péj.*) [*femme du père, par rapport aux enfants qu'il a eus d'un premier mariage*] matrigna **2** [*mère dénaturée, mauvaise mère*] matrigna.

maraud, aude |maʀo, od| *s.* (*vx.*) → **coquin, drôle.**

maraudage |maʀodaʒ| *s.m.* → **maraude.**

maraude |maʀod| *s.f.* **1** [*vol de fruits, légumes, volailles, dans les jardins et les fermes*] razzia, saccheggio* *m.* # *aller à la maraude* razziare, saccheggiare **2** (*loc.*) *taxi en maraude* [*qui circule à vide, lentement, à la recherche de clients*] taxi in cerca di clienti.

marauder |maʀode| *v.intr.* **1** [*pratiquer la maraude* (1)] razziare *tr.*, saccheggiare *tr.* → **chaparder,** 2 **voler** **2** *taxi qui maraude* [*qui est en maraude*] taxi che cerca *tr.* clienti, in cerca di clienti.

maraudeur, euse |maʀodœʀ, øz| *s.* [*personne* (*ou animal*) *qui maraude*] razziatore* ✦ (*adj.*) *oiseau maraudeur* uccello razziatore ◇ (*par ext.*) *taxi maraudeur* taxi in cerca di clienti *loc. inv.*

maravédis |maʀavedi| *s.m.* (*esp.*) maravedì *inv.*

marbre |maʀbʀ(ə)| *s.m.* **I** **1** (*minér.*) marmo: *carrière de marbre* cava di marmo; *colonnes, escalier de, en marbre* colonne, scala di marmo; *statue de marbre* statua di marmo; *marbre statuaire* marmo bianco **2** [*plateau de marbre d'une table, d'une commode*] marmo ◇ [*statue de marbre*] *c'est un beau marbre* è un bel marmo **3** (*loc.*) *blanc, froid comme le marbre, un marbre* bianco, freddo come il marmo ~ *être, rester de marbre* essere, rimanere di sasso **4** [*matière imitant le marbre*] *marbre artificiel* marmo artificiale **II** [*surface, table* (*à l'origine en marbre*) *utilisée pour diverses opérations techn.*] tavola *f.*, (ri)piano ◇ (*typogr.*) bancone # *livre, article sur le marbre* libro, articolo pronto per la stampa.

marbré, ée |maʀbʀe| *adj.* **1** [*qui présente des marbrures*] marmorizzato → **jaspé, veiné** **2** [*qu'on a marbré*] marmorizzato, marezzato: *papier marbré* carta marmorizzata; *reliure en peau marbrée* rilegatura in pelle marmorizzata.

marbrer |maʀbʀe| *v.tr.* **1** [*marquer* (*une surface*) *de veines, de taches pour donner l'apparence du marbre*] marmorizzare, marezzare: *marbrer la tranche d'un livre* marmorizzare il taglio di un libro **2** [*marquer* (*la peau*) *de marbrures*] chiazzare: *le froid lui marbrait le visage* il freddo gli chiazzava il viso.

marbrerie |maʀbʀəʀi| *s.f.* [*art, métier du marbrier*] marmoraria (*vx.*) ◇ (*par ext.*) laboratorio* *m.*, officina di lavorazione del marmo; industria del marmo.

marbreur, euse |maʀbʀœʀ, øz| *s.* [*ouvrier spécialiste en marbrure*] marmorizzatore *m.* (*rare*).

marbrier, ière |maʀbʀije, jɛʀ| **I** *s.m.* **1** [*ouvrier spécialisé dans le sciage, la taille, le polissage des blocs ou objets en marbre*] marmista *s.*, marmorario* *s.* **2** [*fabricant, marchand d'ouvrages de marbrerie, et spécialt. de marbrerie funéraire*] marmista **II** *adj.* [*relatif au façonnage et à l'utilisation du marbre*] marmifero: *industrie marbrière* industria marmifera.

marbrière |maʀbʀijɛʀ| *s.f.* cava di marmo: *les marbrières de Carrare* le cave di marmo di Carrara.

marbrure |maʀbʀyʀ| *s.f.* **1** [*imitation des veines et taches du marbre*] venatura **2** (*par anal.*) [*marques sur la peau*] venatura, chiazza: *des marbrures aux pommettes* venature, chiazze sulle guance.

1 **marc** |maʀ| *s.m.* **1** [*anc. poids de huit onces de Paris* (*244,5 g.*)] marco* **2** *loc.* (*dr.*) *au marc le franc* [*d'une manière proportionnelle*] proporzionalmente *adv.*, al pro rata: *créanciers payés au marc le franc* creditori pagati proporzionalmente, al pro rata.

2 **marc** |maʀ| *s.m.* **1** [*résidu des fruits que l'on a pressés*] fondo, residuo ◇ (*spécialt.*) *marc d'olives* sansa (*f.*); *marc de raisin* vinaccia* *f.* ✦ *absolt.* [*marc de raisin*] vinaccia: *distiller du marc* distillare della vinaccia **2** [*eau-de-vie de marc de raisin distillé*] acquavite *f.*, grappa (*f.*): *boire un petit* (*verre de*) *marc* bere un bicchierino di acquavite, di grappa, un grappino (*fam.*) **3** [*résidu d'une substance que l'on a fait bouillir*] fondo: *marc de café* fondo di caffè.

marcassin |maʀkasɛ̃| *s.m.* [*petit sanglier qui suit encore sa mère*] cinghialetto, cinghialino.

marcassite |maʀkasit| *s.f.* (*minér.*) marcas(s)ite.

marcescence |maʀsesɑ̃s| *s.f.* (*bot.*) marcescenza.

marcescent, ente |maʀsesɑ̃, ɑ̃t| *adj.* (*bot.*) marcescente: *feuilles marcescentes* foglie marcescenti Ⓒ **labile.**

marcescible |maʀsesibl(ə)| *adj.* (*littér.*) marcescibile Ⓒ **immarcescible.**

marchand, ande |maʀʃɑ̃, ɑ̃d| **I** *s.* [*commerçant chez qui l'on achète une ou plusieurs sortes de marchandises*] commerciante, negoziante: *marchand en gros* commerciante all'ingrosso; *marchand au détail* commerciante, negoziante al minuto; *marchand d'étoffes* negoziante di stoffe; *marchand de chaussures* negoziante di scarpe → **fournisseur, vendeur** # *marchand ambulant* venditore ambulante; *marchand de journaux* giornalaio ◇ (*loc.*) *marchand de couleurs* [*qui vend des produits d'entretien pour la maison*] droghiere ~ *marchand des quatre-saisons* ortolano, fruttivendolo ambulante ~ (*péj.*) *marchand de canons* fabbricante di armi (da guerra) ~ *marchand de soupe* [*mauvais restaurateur*] bettoliere; (*fig.*) [*directeur affairiste d'une institution d'enseignement privé*] fabbricante di diplomi **II** *adj.* **1** [*propre du comm.*] commerciale, mercantile: *valeur marchande* valore commerciale, mercantile ◇ (*spécialt.*) *prix marchand* [*prix d'achat pour le commerçant*] prezzo di fattura **2** (*loc.*) *marine marchande* marina mercantile ~ *navire marchand* nave mercantile ~ *galerie marchande* galleria commerciale.

marchandage |maʀʃɑ̃daʒ| *s.m.* [→ MARCHANDER A 1; B] il mercanteggiare *inv.*, mercanteggiamento.

marchander |maʀʃɑ̃de| **A** *v.tr.* **1** [*essayer d'acheter* (*une chose*) *à meilleur marché, en discutant avec le vendeur*] contrattare: *marchander une voiture d'occasion* contrattare un'auto d'occasione **2** (*en emploi négatif*) [*n'accorder* (*qqch.*) *qu'à regret*] lesinare: *il ne lui a pas marchandé les éloges* non gli ha lesinato gli elogi **B** *v.intr.* [*discuter longuement avant de conclure un marché*] mercanteggiare, tirare sul prezzo: *payer sans marchander* pagare senza mercanteggiare, senza tirare sul prezzo.

marchandeur, euse |maʀʃɑ̃dœʀ, øz| *s.* persona che mercanteggia, che tira sul prezzo.

marchandisage |maʀʃɑ̃dizaʒ| *s.m.* (*écon.*) [*étude des problèmes de création, d'amélioration, de présentation et de distribution des marchandises en fonction de l'évolution des besoins*] marketing *inv.* → **marchéage.**

marchandise |maʀʃɑ̃diz| *s.f.* **1** merce: *marchandises en gros, au détail, d'occasion* merci all'ingrosso, al minuto, d'occasione; *train, wagon, gare de marchandises* treno, vagone, stazione merci; *débiter, vendre des marchandises* smerciare, vendere delle merci → **article, produit** **2** (*loc.*) *faire valoir sa marchandise* saper vendere la propria merce.

marchant, ante |maʀʃɑ̃, ɑ̃t| *adj.* (*rare*) [*qui marche*] che cammina *loc.*, in cammino *loc. inv.* ◇ (*milit.*) *aile marchante* ala in movimento *loc. inv.* ◇ (*fig.*) *l'aile marchante d'un parti* la parte più attiva di un partito.

marchantia |maʀʃɑ̃tja|, **marchantie** |maʀʃɑ̃ti| *s.f.* (*t.bot.*) fegatella.

1 **marche** |maʀʃ(ə)| *s.f.* **1** gradino

m., scalino (*m.*): *attention à la marche!* attenti al gradino!; *marches d'un escalier* gradini di una scala; *descendre, monter les marches* scendere, salire gli scalini, i gradini; *manquer une marche* saltare uno scalino → 1 **degré** **2** (*vén.*) traccia*, peste (*pl.*); orma: *marches du cerf, de la loutre* tracce del cervo, della lontra **3** (*techn.*) *marche d'un tour, d'un orgue* pedale *m.* di un tornio, di un organo; *marche d'un métier à tisser* pedale, calcola di un telaio.

2 **marche** |maʀʃ(ə)| *s.f.* **1** [→ MARCHER I 1] camminare *v.intr.*; marcia*, camminata: *nous n'aimons pas la marche* a noi non piace camminare → **promenade** || *marche athlétique* marcia atletica; *faire une longue marche* fare una lunga marcia, camminata ◇ [*façon de marcher; mouvement d'une personne ou d'un animal qui marche*] passo *m.*, andatura: *marche lente, rapide* passo lento, svelto; *régler sa marche sur celle d'une autre personne* regolare il proprio passo su quello di un'altra persona **2** (*loc. fig.*) *la marche à suivre* la strada, la via da seguire: *indiquez-moi la marche à suivre pour obtenir ces papiers* indicatemi la strada, la via da seguire per ottenere quei documenti **3** [*action de se déplacer en marchant*] cammino *m.*; camminata: *poursuivre sa marche* continuare il proprio cammino, la propria strada || *longues marches dans le désert* lunghe camminate, marce nel deserto **4** [*mouvement de personnes (d'animaux) qui marchent dans un ordre déterminé*] marcia: *marche d'un cortège* marcia di un corteo; *ordre de marche* ordine di marcia ◇ (*milit.*) *marche forcée* marcia forzata; *marche victorieuse* marcia vittoriosa ◇ (*mus.*) *marche militaire* marcia militare; *marche funèbre* marcia funebre ◇ (*loc.*) *ouvrir la marche* aprire la marcia; *fermer la marche* chiudere la marcia; *en avant, marche!* avanti, marsc'! **5** (*choses*) [*tout déplacement continu dans une direction déterminée*] marcia: *sens de la marche d'un train, d'un autobus* senso di marcia di un treno, di un autobus; *auto qui fait marche arrière* automobile che fa marcia indietro ◇ (*auto.*) *la marche arrière* la retromarcia* ◇ (*loc. fig.*) *faire marche arrière* fare macchina, marcia indietro **6** [*mouvement*] moto *m.*, movimento (*m.*): *marche d'un astre* moto di un astro; *régler la marche d'une horloge* regolare il movimento di un orologio **7** (*fig.*) [*cours*] *la marche du temps* lo scorrere *m. inv.* del tempo; *la marche du progrès* la marcia, l'avanzata del progresso **8** [*fonctionnement*] funzionamento *m.*, andamento (*m.*): *assurer la marche d'une entreprise* assicurare il funzionamento, l'andamento di un'impresa; *assurer la bonne marche d'un service* assicurare il buon funzionamento di un servizio ◇ *loc.* EN ÉTAT DE MARCHE [*capable de marcher, de fonctionner*] funzionante (*adj.*): *des appareils en état de marche* apparecchi funzionanti **9** *loc. adv.* EN MARCHE [*en train d'avancer*] in cammino, in movimento (moto): *foule en marche* folla in movimento; *train en marche* treno in moto, in movimento; *se mettre en marche* mettersi in cammino, in movimento; *ne montez pas en marche* non salire quando il treno è in movimento; [*en fonctionnement*] in moto, in funzione: *mettre un moteur en marche* mettere in moto un motore.

3 **marche** |maʀʃ(ə)| *s.f.* (*ancienn.*) [*région frontière d'un État*] marca*.

1 **marché** |maʀʃe| *s.m.* **1** [*convention portant sur la fourniture de marchandises, de valeurs ou de services*] contratto: *marché définitif* contratto, accordo definitivo; *conclure, faire un marché* concludere, stipulare un contratto; *annuler, résilier, rompre un marché* annullare, rescindere, rompere un contratto → 1 **accord** ◇ (*comm.*, *Bourse*) *marché au comptant* contratto a contanti; *marché à terme* contratto a termine; *marché de fournitures* contratto, appalto di forniture; *marché à prime* contratto a premio; *marché à forfait* contratto a prezzo forfettario # *marchés publics* appalti pubblici ◇ (*loc.*) *mettre à qqn. le marché en main* [*le sommer d'accepter ou de rejeter sans autre délai certaines conditions*] imporre l'aut-aut a qc. ~ *par-dessus le marché* [*au delà de ce qui a été convenu, en supplément*] per giunta; per di più **2** *loc.* BON MARCHÉ *faire bon marché d'une chose* [*n'en pas faire grand cas*] tenere q.c. in poco conto ~ À BON MARCHÉ a buon mercato, a buon prezzo, economico* (*adj.*): *habitations à bon marché* abitazioni a buon mercato, economiche; *fabriquer à meilleur marché* produrre a miglior prezzo, a un prezzo più conveniente ◇ (*sans la prép.* 'à') *acheter, vendre bon marché* acquistare, vendere a buon prezzo, a buon mercato; *meilleur marché* più a buon mercato, più economico.

2 **marché** |maʀʃe| *s.m.* **1** [*lieu public de vente de biens et de services*] mercato: *marché à ciel ouvert* mercato all'aperto; *marché couvert* mercato coperto; *place du marché* piazza del mercato; *marché aux fleurs, aux poissons, aux bestiaux* mercato dei fiori, del pesce, del bestiame; *marché aux puces* mercato delle pulci, mercatino; *jours de marché* giorni di mercato → **halle** ◇ (*loc.*) *faire le marché* [*aller acheter au marché les denrées nécessaires à la vie quotidienne*] fare la spesa **2** (*par ext.*) *l'offre et la demande sur un marché* la domanda e l'offerta su un mercato; *marché du travail* mercato del lavoro; *marché financier* mercato finanziario; *marché monétaire* mercato monetario ◇ (*spécialt.*) *marché noir* mercato nero, borsa *f.* nera; *le Marché Commun* il Mercato Comune ◇ (*Bourse*) *marché au comptant, à terme* mercato a pronti, a termine; *marché ferme* mercato stabile; *marché faible, hésitant* mercato debole, incerto ◇ (*comm.*) *conquérir un marché* conquistare un mercato; *étude, analyse de marché* studio, analisi di mercato.

marchéage |maʀʃeaʒ| *s.m.* (*écon.*) [*branche du marketing ayant pour objet les techniques d'application pratique de la vente*] marketing *inv.* → **marchandisage.**

marchepied |maʀʃəpje| *s.m.* **1** [*degré ou série de degrés, qui servent à monter dans une voiture ou à en descendre*] predellino, montatoio*: *voyager sur le marchepied d'un train bondé* viaggiare sul predellino di un treno sovraccarico **2** [*petit banc où l'on pose les pieds quand on est assis*] poggiapiedi *inv.*, sgabelletto **3** [*dernier degré de l'estrade d'un autel, d'un trône*] predella *f.*

marcher |maʀʃe| *v.intr.* **I** **1** [*se déplacer par mouvements et appuis successifs des jambes et des pieds*] camminare: *enfant qui commence à marcher* bambino che comincia a camminare; *marcher à petits pas rapides* camminare a passettini svelti; *marcher d'un pas lent* camminare con passo lento; *marcher bon train, vite* camminare con passo spedito, in fretta; *marcher avec peine* camminare a fatica; *marcher avec une canne, des béquilles* camminare col bastone, con le stampelle; *marcher à reculons* camminare all'indietro, indietreggiare **2** [*aller à pied*] camminare: *marcher dans une forêt* camminare in una foresta; *marcher sans but, à l'aventure* camminare senza meta, a caso # *marcher vers la ville* dirigersi verso la città **3** (*troupes*) [*faire mouvement*] marciare: *marcher sur une ville, contre un adversaire* marciare su una città, contro un avversario **4** (*choses*) [*se mouvoir de manière continue*] andare (101) (*aux.* essere): *automobile, train qui marche à 150 km à l'heure* automobile, treno che va a 150 km orari → **rouler** **5** (*en parlant d'un mécanisme*) [*fonctionner*] andare, funzionare: *montre, pendule qui marche mal* orologio, pendola che va, che funziona male **6** [*produire l'effet souhaité*] andare (bene), procedere (125) (*aux.* essere) (bene); funzionare: *ses affaires, ses études marchent bien* i suoi affari, i suoi studi vanno, procedono bene || *ce procédé, cette ruse a marché* quel procedimento, quello stratagemma ha funzionato → **réussir** **II** [*poser le pied (quelque part)*] **1** [*mettre le pied (sur qqch.) tout en avançant*] camminare (su), calpestare (*tr.*): *défense de marcher sur la pelouse* è vietato camminare sull'erba, calpestare l'erba ◇ (*loc. fig.*) *marcher sur les traces de qqn.* mettersi sulle orme di qc. **2** [*poser le pied (sur qqch.), sans idée d'autre mouvement*] mettere (155) i piedi (in, su), calpestare: *marcher dans une flaque d'eau* mettere i piedi in una pozzanghera ◇ (*loc. fig.*) *marcher sur les pieds de qqn.* pestare i piedi a qc. **III** **1** [*acquiescer, donner son adhésion (à qqch.)*] acconsentire (a): *marcher dans la combine* acconsentire all'imbroglio → **accepter** # *non, je ne marche pas!* no, non ci sto! ◇ [*croire naïvement quelque histoire*] *il a marché dans mon histoire* si è bevuto la mia frottola, c'è cascato **2** (*loc.*) *faire marcher qqn.* [*obtenir de lui ce qu'on veut*] far filare qc.

marcheur, euse |maʀʃœʀ, øz| *s.* [*personne qui peut marcher longtemps, sans fatigue*] camminatore*: *un grand marcheur* un gran camminatore; *elle est bonne, mauvaise marcheuse* è una buona, una cattiva camminatrice.

marcionisme |maʀsjɔnism(ə)| *s.m.* (*hist. relig.*) marcionismo.

marcite |maʀsit| *s.f.* (*agric.*) marcita.

marconithérapie |maʀkɔniteʀapi| *s.f.* (*méd.*) marconiterapia.

marcottage |maʀkɔtaʒ| *s.m.* (*hortic.*) propagginazione *f.*, margotta *f.*

marcotte |maʀkɔt| *s.f.* (*hortic.*) margotta, propaggine.

marcotter |maʀkɔte| *v.tr.* [*multiplier par marcottes*] propagginare, mar-

gottare: *marcotter des rosiers* propagginare, margottare dei rosai.
mardi |maRdi| *s.m.* [*troisième jour de la semaine*] martedì *inv.* ◇ (*spécialt.*) *mardi gras* martedì grasso ◇ (*fam.*) *ce n'est pas mardi gras aujourd'hui* (*se dit pour se moquer d'une personne ridiculement accoutrée*) non siamo a carnevale.
mare |maR| *s.f.* **1** [*petite nappe d'eau peu profonde qui stagne*] stagno *m.*, pozza: *mare aux canards* stagno per anatre → **canardière** (*cour.*) ◇ (*plais.*) *la mare aux harengs* il Nord atlantico (*cour.*) **2** (*par ext.*) [*grande quantité de liquide répandu*] pozza, lago* (*m.*): *il était dans une mare de sang* era in una pozza, in un lago di sangue.
marécage |maRekaʒ| *s.m.* [*lieu inculte et humide, à flore particulière, où s'étendent des marais*] palude *f.*, pantano, acquitrino → **marais; étang, maremme.**
marécageux, euse |maRekaʒø, øz| *adj.* **1** [*qui est de la nature du marécage*] paludoso, pantanoso, acquitrinoso: *terrain marécageux* terreno paludoso, acquitrinoso → **bourbeux** **2** [*qui vit dans les marécages*] palustre: *plantes marécageuses* piante palustri → **aquatique, uligineux.**
maréchal, aux |maReʃal, o| *s.m.* (*milit.*) maresciallo: *Monsieur le Maréchal* signor Maresciallo ◇ (*spécialt.*) *le Maréchal* (*de France*) il Maresciallo di Francia; *maréchal des logis* sergente (di cavalleria, di artiglieria).
maréchalat |maReʃala| *s.m.* maresciallato.
maréchale |maReʃal| **1** *s.f.* [*épouse d'un maréchal*] marescialla **2** *adj.* (*houille*) *maréchale* carbone *s.m.* da fucina.
maréchalerie |maReʃalRi| *s.f.* [*métier de maréchal-ferrant*] mascalcia* ◇ [*son atelier*] bottega* del maniscalco, mascalcia (*rare*).
maréchal-ferrant |maReʃalfeRɑ̃| *s.m.* [*artisan dont le métier est de ferrer les chevaux et les animaux de trait*] maniscalco*: *des maréchaux-ferrants* dei maniscalchi.
maréchaussée |maReʃose| *s.f.* **1** (*plais.*) → **gendarmerie** **2** (*ancienn.*) polizia a cavallo.
marée |maRe| *s.f.* **1** marea: *marée haute, basse* alta, bassa marea ◇ (*spécialt.*) [*marée haute*] *marée montante* flusso (*m.*); *marée descendante* riflusso *m.*, deflusso (*m.*); *raz de marée* maremoto *m.* ◇ (*loc. adv.*) *à* (*la*) *marée haute, basse* con l'alta, con la bassa marea ◇ (*loc. fig.*) *contre vents et marées* malgrado, superando ogni ostacolo ~ *marée humaine* marea umana **2** [*poissons, crustacés, fruits de mer frais destinés à la consommation*] pesce *m.* (di mare) fresco*: *manger de la marée fraîche* mangiare pesce fresco # *marchand de marée* pescivendolo ◇ (*fig.*) *arriver comme marée en carême* [*inévitablement*] capitare, accadere inevitabilmente.
marégraphe |maRegRaf| *s.m.* (*techn.*) mareografo.
marelle |maRɛl| *s.f.* (*jeu d'enfants*) mondo *m.*, campana, settimana.
maremmatique |maRematik| *adj.* [*propre aux maremmes*] maremmano ◇ (*méd.*) *fièvres maremmatiques* febbri palustri → **paludéen.**
maremme |maRɛm| *s.f.* (*géogr.*) maremma.
marémoteur, trice |maRemɔtœR, tRis| (*adj.*) *énergie marémotrice* energia delle maree *loc. inv.*, marina; *usine marémotrice* centrale a marea *loc. inv.*
1 **marengo** |maRɛ̃go| *s.m. inv.* (*cuis.*) *poulet, veau* (*à la*) *marengo* pollo, vitello alla marengo.
2 **marengo** |maRɛ̃go| *s.m.* [*drap noir melé de petits points blancs*] marengo*.
marennes |maRɛn| *s.f.* ostrica* di 'Marennes'.
maréomètre |maReɔmɛtR(ə)| *s.m.* → **marégraphe.**
mareyage |maRɛjaʒ| *s.m.* commercio* all'ingrosso di pesce fresco.
mareyeur, euse |maRɛjœR, øz| *s.* grossista di pesce fresco.
marfil |maRfil| *s.m.* → 1 **morfil.**
margaille |maRgɑj| *s.f.* (*Belgique*) (*fam.*) → **bagarre** ◇ (*fig.*) → **désordre.**
margarine |maRgaRin| *s.f.* margarina: *un paquet de margarine* un pacchetto di margarina.
margauder |maRgode| *v.tr.* → **margot(t)er.**
margay |maRgɛ| *s.m.* (*t.zool.*) gatto tigre.
marge |maRʒ(ə)| *s.f.* **1** margine *m.*, bordo (*m.*): *un livre à grandes marges* un libro con larghi margini; *notes, rectifications en marge* note, rettifiche a, in margine; *laisser une marge* lasciare un margine ◇ (*fig.*) *marge de liberté* margine, spazio* *m.* di libertà; *marge de réflexion* margine di riflessione → **délai**; *marge de sécurité* margine di sicurezza **2** *loc.* EN MARGE DE in margine a; ai margini di: *en marge de l'actualité* in margine all'attualità ✦ (*absolt.*) *vivre en marge* vivere ai margini della società; *un homme en marge* un emarginato *s.m.* **3** (*comm.*) *marge bénéficiaire* margine di utile.
margelle |maRʒɛl| *s.f.* [*assise de pierre, souvent circulaire, qui forme le rebord* (*d'un puits, du bassin d'une fontaine*)] vera (da pozzo), puteale *m.*
marger |maRʒe| (3) **A** *v.tr.* [*placer* (*la feuille d'imprimerie*) *en position de tirage*] marginare **B** *v.intr.* [*placer le margeur d'une machine à écrire pour fixer la largeur de la marge*] marginare *tr.*
margeur, euse |maRʒœR, øz| *s.* **1** *s.* (*imprim.*) marginatore* ◇ (*au m.*) *margeur automatique* marginatore automatico **2** *s.m.* (*par anal.*) *le margeur d'une machine à écrire* il marginatore della macchina da scrivere.
marginal, ale, aux |maRʒinal, o| *adj.* **1** marginale: *note marginale* nota marginale, in (a) margine *loc. inv.* **2** (*écon.*) *utilité marginale* utilità marginale; *entreprise marginale* impresa marginale **3** [*qui est loin du centre*] marginale: *occupations, préoccupations marginales* occupazioni, preoccupazioni marginali → **secondaire** ◇ (*psycho.*) *conscience marginale* coscienza marginale ✦ *s.* [*personne ou groupe vivant en marge de la société*] *un marginal, des marginaux* un emarginato, degli emarginati.
marginalisme |maRʒinalism(ə)| *s.m.* (*écon.*) marginalismo.
marginaliste |maRʒinalist(ə)| *adj.* marginalistico*.
marginalité |maRʒinalite| *s.f.* marginalità *inv.*
marginé, ée |maRʒine| *adj.* marginato.
marginer |maRʒine| *v.tr.* [*annoter* (*un livre, un manuscrit*) *en écrivant dans les marges*] annotare a, in margine.
margis |maRʒi| *s.m.* (*arg. milit.*) → **maréchal (des logis).**
margotin |maRgɔtɛ̃| *s.m.* (*vieilli*) [*petit fagot de menu bois ou de brindilles utilisé comme allume-feu*] fascina *f.* (*cour.*).
margot(t)er |maRgɔte| *v.intr.* (*en parlant de la caille*) [*pousser son cri*] stridere*.
margouillis |maRguji| *s.m.* (*fam.*) [*boue mêlée d'ordures*] fango* (*cour.*), melma *f.* (*cour.*).
margoulette |maRgulɛt| *s.f.* (*pop.*) [*figure* (*d'une personne*)] grugno *m.*, muso (*m.*): *se casser la margoulette* rompersi il grugno, il muso → **gueule.**
margoulin, ine |maRgulɛ̃, in| *s.* [*individu incompétent et peu scrupuleux en affaires*] trafficante, imbroglione ◇ (*Bourse*) [*spéculateur sans envergure*] trafficante, piccolo speculatore.
margrave |maRgRav| *s.* (*ancienn.*) **1** *s.m.* margravio* **2** *s.f.* (*aussi 'margravine'*) margravia.
margraviat |maRgRavja| *s.m.* (*ancienn.*) margraviato.
marguerite |maRgəRit| *s.f.* **1** (*t. bot.*) margherita ◇ [*la fleur*] margherita: *effeuiller la marguerite* sfogliare la margherita **2** (*mar.*) margherita.
marguillier |maRgije| *s.m.* [*laïc chargé de la garde et de l'entretien d'une église*] sagrestano, sacrestano → **sacristain** ◇ (*vieilli*) [*chacun des membres composant le bureau du conseil de fabrique d'une paroisse*] fabbriciere.
mari |maRi| *s.m.* [*homme uni à une femme par mariage*] marito: *choisir, prendre un mari* scegliere, prendere marito → 2 **conjoint, époux.**
mariable |maRjabl(ə)| *adj.* [→ MARIER] da sposare (*loc. inv.*): *avec un pareil caractère, il n'est guère mariable* con un simile carattere, non è davvero da sposare.
mariage |maRjaʒ| *s.m.* **I** **1** [*union légitime d'un homme et d'une femme*] matrimonio*: *mariage civil, religieux* matrimonio civile, religioso; *acte de mariage* atto di matrimonio; *mariage blanc* matrimonio non consumato; *demande en mariage* domanda di matrimonio; *faire un mariage d'argent, d'intérêt* fare un matrimonio d'interesse # *donner sa fille en mariage* dare la propria figlia in sposa, in moglie **2** [*la cérémonie du mariage*] matrimonio, sposalizio*: *aller, assister à un mariage* andare, assistere a un matrimonio, a uno sposalizio → 1 **noce** # *cadeaux de mariage* regali di nozze **II** (*fig.*) [*alliance, union*] connubio* (*littér.*), unione *f.*; accostamento: *le mariage de la beauté et de la fortune* il connubio della bellezza e della fortuna ‖ *mariage de deux couleurs* accostamento di due colori; *un heureux mariage de mots* un felice accostamento di parole.
marial, ale, als |maRjal| *adj.* (*théol.*) mariano: *culte marial* culto mariano.
marié, ée |maRje| **1** *adj.* [*qui est uni à un autre*; *qui sont unis par le mariage*] sposato: *homme marié* uomo sposato; *femme mariée* donna sposata ✦ (*s.*) *jeune marié*(*e*) sposo(a) novel-

lo(a), sposino(a): *lune de miel des jeunes mariés* luna di miele degli sposi novelli, degli sposini **2** *s.* [*personne dont on célèbre le mariage*] sposo: *robe, voile, couronne de mariée* vestito, velo, acconciatura da sposa; *vive la mariée!* viva la sposa! ◇ (*loc. prov.*) *se plaindre que la mariée est trop belle* [*se plaindre d'une chose dont on devrait se réjouir*] dolersi di, per una gamba sana.

marie-jeanne |maʀiʒan| *s.f.* (*fam.*) → **marihuana.**

marier |maʀje| **A** *v.tr.* **1** [*unir* (*un homme et une femme*) *en célébrant le mariage*] sposare: *c'est le maire en personne qui les a mariés* il sindaco in persona li ha sposati **2** [*établir dans l'état de mariage*] sposare: *fille à marier* figlia da sposare, da maritare; *marier sa fille avec, à un médecin* sposare la propria figlia a un medico **3** (*fig.*) [*unir*] assortire (197), combinare: *marier des couleurs* assortire, combinare dei colori → **allier, associer** # *marier la vigne à l'ormeau* maritare, congiungere la vite all'olmo; *marier deux styles* sposare due stili **B** *v.pron.* SE MARIER **1** *récipr.* [*s'unir par le mariage* (*en parlant de deux personnes*)] sposarsi: *Monsieur et Madame Dupont se sont mariés il y a deux ans* i coniugi Dupont si sono sposati due anni fa **2** *réfl.* [*contracter mariage* (*en parlant d'une personne*)] sposarsi, ammogliarsi; sposarsi, maritarsi: *il va se marier avec elle* sta per sposarsi, per ammogliarsi con lei || *elle s'est mariée* si è sposata, maritata.

marie-salope |maʀisalɔp| *s.f.* **1** (*mar.*) chiatta: *des maries-salopes* delle chiatte **2** (*pop.*) [*femme malpropre*] sudiciona, sciattona.

marieur, euse |maʀjœʀ, øz| *s.* (*fam.*) [*personne qui aime s'entremettre pour conclure des mariages*] paraninfo (*cour.*), mezzano di matrimoni (*cour.*).

marigot |maʀigo| *s.m.* (*dans les régions tropicales*) braccio* (morto) di un fiume ◇ (*par ext.*) → **marais.**

marihuana |maʀiɥana|, **marijuana** |maʀiʒɥana| *s.f.* marijuana *inv.*, marihuana (*inv.*): *cigarette de marijuana* sigaretta di marijuana.

marin |maʀɛ̃| *s.m.* **1** [*homme dont la profession est de naviguer sur la mer; homme d'équipage*] marinaio*; marittimo: *marins de la marine marchande, de la marine de guerre* marinai della marina mercantile, della marina militare → **matelot** # *fusilier-marin* fuciliere di marina, marine ◇ (*loc.*) *marin d'eau douce, de bateau-lavoir* marinaio d'acqua dolce; *un vieux marin expérimenté* un vecchio marinaio esperto → **loup (de mer) 2** → **navigateur 3** (*dr.*) membro dell'equipaggio* **4** (*cout.*) alla marinara (*loc. inv.*): *col marin* collo alla marinara; *costume marin* vestito alla marinara.

marin, ine |maʀɛ̃, in| *adj.* **1** marino: *air marin* aria marina; *herbes, algues marines* erbe, alghe marine; *falaises marines* scogliere marine → **maritime** ◇ (*mythol.*) *monstres, dieux marins* mostri, dèi marini **2** [*destiné à la navigation sur la mer*] marino, nautico*: *lieue marine* lega marina; *mille marin* miglio marino, nautico; *carte marine* carta nautica # *lunette marine* cannocchiale da marina ◇ (*loc.*) *avoir le pied marin* avere (il) piede marino Ⓒ **terrestre.**

marina |maʀina| *s.f.* [*ensemble touristique aménagé au bord de l'eau*] marina.

marinade |maʀinad| *s.f.* (*cuis.*) marinata: *marinade crue, cuite* marinata cruda, cotta ◇ (*par ext.*) [*aliment mariné*] marinato *m.*

marinage |maʀinaʒ| *s.m.* [→ MARINER A] marinatura *f.*

1 **marine** |maʀin| *s.f.* **I 1** marina ◇ (*par ext.*) [*ensemble des navires* (*appartenant à une même nation*)] *marine française, anglaise* marina francese, inglese; *marine marchande, de commerce* marina mercantile; *marine militaire, de guerre* marina militare **2** *absolt.* [*marine de guerre*] marina: *sous-officiers de marine* sottufficiali di marina → **marin**; *Ministère, ministre de la Marine* Ministero, ministro della Marina ◇ (*fam.*) *les gars de la marine* i marinai della marina militare (*cour.*) **3** (*ellipt.*) (*bleu*) *marine* blu marino (*inv.*): *des chaussettes* (*bleu*) *marine(s)* (dei) calzini blu marino ♦ (*s.m.*) *le marine* il (colore) blu marino **II 1** (*vx.*) → **mer 2** (*peint.*) marina: *les marines de Boudin* le marine di Boudin.

2 **marine** |maʀin| *s.m.* (*amér.*) marine *inv.*, fuciliere di marina.

mariné, ée |maʀine| *adj.* marinato: *harengs marinés* aringhe marinate.

mariner |maʀine| **A** *v.tr.* [*mettre* (*des poissons, des viandes*) *dans la saumure, dans une marinade*] marinare: *mariner du bœuf* marinare del manzo **B** *v.intr.* [*être, tremper dans la marinade*] stare (104) (*aux.* essere) nella marinata → 2 **macérer** ◇ (*fig., fam.*) [*rester longtemps dans un lieu ou dans une situation désagréable*] marcire (197) (*aux.* essere); ammuffire (197) (*aux.* essere): *mariner en prison* marcire in prigione.

marinier, ière |maʀinje, jɛʀ| **I** *s.* **1** [*tout homme dont la profession est de naviguer sur les fleuves, les canaux*] barcaiolo → **batelier 2** (*par appos., milit.*) *officier marinier* sottufficiale di marina **II** *adj. et s.* (*vx.*) → **marin.**

marinière |maʀinjɛʀ| *s.f.* **1** *loc. adj.* À LA MARINIÈRE [*à la manière des pêcheurs, des marins*] alla marinara: *moules* (*à la*) *marinière* cozze alla marinara; *vol-au-vent marinière* 'vol-au-vent' alla marinara **2** nuoto *m.* alla marinara # *nager la marinière* nuotare alla marinara **3** (*vêtements*) blusa alla marinara.

marinisme |maʀinism(ə)| *s.m.* (*hist. litt.*) marinismo.

mariniste |maʀinist(ə)| *s. et adj.* marinista.

mariol, mariolle |maʀjɔl| *adj. et s.* (*pop.*) → **malin.**

mariologie |maʀjɔlɔʒi| *s.f.* (*théol.*) mariologia.

marionnette |maʀjɔnɛt| *s.f.* **1** marionetta: *marionnette à fils* marionetta; *tirer les fils, les ficelles des marionnettes* tirare i fili delle marionette → **fantoche** # *marionnette à gaine* burattino → **pupazzo, guignol** ◇ *au plur.* spettacolo *m. sing.*, teatro *m. sing.* di marionette **2** (*fig.*) [*personne qu'on manœuvre à son gré*] burattino *m.*, marionetta → **automate, pantin.**

marionnettiste |maʀjɔnetist(ə)| *s.* marionettista, burattinaio*.

mariste |maʀist(ə)| *s.* (*relig., par appos.*) *père, frère, sœur mariste* padre, frate, suora marista.

marital, ale, aux |maʀital, o| *adj.* (*dr.*) maritale: *autorisation maritale* autorizzazione maritale.

maritalement |maʀitalmɑ̃| *adv.* **1** [*comme mari et femme*] maritalmente: *vivre maritalement* vivere maritalmente, come marito e moglie **2** (*vx.*) [*à la manière d'un mari*] maritalmente.

maritime |maʀitim| *adj.* **1** marittimo: *ville maritime* città marittima; *ports maritimes et ports fluviaux* porti marittimi e porti fluviali; *plante, pin maritime* pianta marittima, pino marittimo; *climat maritime* clima marittimo → **marin 2** [*qui se fait sur mer, par mer*] marittimo: *navigation maritime* navigazione marittima ◇ (*par ext.*) *les grandes puissances maritimes* le grandi potenze marittime **3** → **naval** ♦ (*s.*) *les maritimes* gli operatori della marina mercantile.

maritorne |maʀitɔʀn(ə)| *s.f.* [*femme laide, malpropre et désagréable*] sciattona, sudiciona → **souillon.**

marivaudage |maʀivodaʒ| *s.m.* **1** (*hist. litt.*) 'marivaudage' *inv.* **2** [*propos, manège de galanterie délicate et recherchée*] galanteria *f.*, discorso galante: *il n'y a eu entre eux que du marivaudage* fra loro ci sono state soltanto galanterie.

marivauder |maʀivode| *v.intr.* [*tenir, échanger des propos d'une galanterie délicate et recherchée*] intrattenersi (188) *pron.* in, scambiarsi *pron.* discorsi galanti: *ils marivaudaient à l'écart des invités* si intrattenevano in discorsi galanti, appartati dagli invitati.

marjolaine |maʀʒɔlɛn| *s.f.* (*t.bot.*) maggiorana.

mark |maʀk| *s.m.* [*unité monétaire all.*] marco*.

marketing |maʀkətiŋ| *s.m.* (*angl.*) (*écon.*) marketing (*inv.*): *il est chef du marketing d'une société* è capo marketing di una società; *faire du marketing* fare del marketing → **marchandisage** (*t. recomm.*), **marchéage** (*t. recomm.*).

marli |maʀli| *s.m.* [*bord intérieur d'un plat, d'une assiette*] filetto.

marlou |maʀlu| *s.m.* (*pop.*) [*souteneur*] magnaccia *inv.* (*cour.*), ruffiano (*cour.*).

marmaille |maʀmɑj| *s.f.* (*fam.*) [*groupe nombreux de jeunes enfants bruyants*] marmaglia.

marmelade |maʀməlad| *s.f.* **1** marmellata: *marmelade d'oranges, de pommes* marmellata di arance, di mele → **compote, confiture 2** *loc.* EN MARMELADE (*aliment trop cuit et réduit en bouillie*) in poltiglia: *viande en marmelade* carne in poltiglia ◇ (*fam.*) *le boxeur avait le nez en marmelade* il pugile aveva il naso ridotto in poltiglia; *une ruade lui a mis la mâchoire en marmelade* un calcio gli ha spappolato la mascella **3** (*fig., fam.*) → **gâchis.**

marmenteau |maʀmɑ̃to| *adj. m. et s.m.* (*Eaux et For.*) (bosco*) non ceduo: *des* (*bois*) *marmenteaux* dei boschi non cedui.

marmitage |maʀmitaʒ| *s.m.* (*vieilli*) → **bombardement (d'artillerie).**

marmite |maʀmit| *s.f.* **1** pentola, marmitta → **pot** ◇ (*loc. fig.*) *nez en pied de marmite* naso schiacciato ◇ (*par ext.*) *marmite norvégienne* cassa di cottura; *marmite autoclave* pentola a pressione → 2 **cocotte (minute)** ◇ [*le contenu de la marmite*] *une marmite de bouillon* una pentola di brodo ◇ (*loc. fig.*) *faire bouillir la marmite* [*assurer la subsistance*] mandare avanti la baracca, la barca **2** (*techn.*) *marmite de Papin* pentola di Papin **3** (*géol.*) *marmite des géants* marmitta dei giganti **4** (*arg. milit.*) marmitta.

marmitée |maʀmite| *s.f.* (*vx., plais.*) [*contenu d'une marmite*] pentola, pentolata (*cour.*): *une marmitée de soupe* una pentola, una pentolata di minestra.

marmiter |maʀmite| *v.tr.* (*vieilli*) → **bombarder.**

marmiton |maʀmitɔ̃| *s.m.* [*jeune aide-cuisinier chargé du plus bas emploi*] sguattero, lavapiatti *inv.* → **gâte-sauce, tournebroche.**

marmonnement |maʀmɔnmɑ̃| *s.m.* [*murmure sourd, indistinct*] borbottio*, brontolio*.

marmonner |maʀmɔne| *v.tr.* **1** [*dire, murmurer entre ses dents, d'une façon confuse*] borbottare, bofonchiare → **bredouiller, marmotter** **2** [*murmurer avec hostilité*] borbottare: *marmonner des injures, des menaces* borbottare ingiurie, minacce.

marmoréen, éenne |maʀmɔʀeɛ̃, eɛn| *adj.* **1** marmoreo: *roches marmoréennes* rocce marmoree **2** (*littér.*) [*qui a la blancheur, l'éclat, la froideur du marbre*] marmoreo: *visage d'une immobilité, d'une froideur marmoréenne* volto di un'immobilità, di una freddezza marmorea → **froid, glacial.**

marmoriser |maʀmɔʀize| *v.tr.* (*géol.*) [*transformer en marbre, par une action naturelle*] trasformare in marmo ♦ (*au p.p.*) *calcaire marmorisé* calcare trasformato in marmo.

marmot |maʀmo| *s.m.* **1** (*fam.*) [*petit garçon*] marmocchio* ◇ *au plur.* [*enfants, sans distinction de sexe*] marmocchi → **marmaille** **2** (*loc.*) *croquer le marmot* [*attendre*] aspettare a lungo.

marmotte |maʀmɔt| *s.f.* **1** (*t.zool.*) marmotta ◇ (*cour.*) *fourrure de marmotte* pelliccia di marmotta ◇ (*loc. fig.*) *dormir comme une marmotte* dormire come una marmotta, come un ghiro **2** *marmotte* (*de voyage*) [*malle formée de deux parties qui s'emboîtent l'une dans l'autre*] marmottina, valigetta: *marmotte de commis voyageur* marmottina del commesso viaggiatore.

marmottement |maʀmɔtmɑ̃| *s.m.* [*mouvement des lèvres, murmure d'une personne qui semble marmotter qqch.*] borbottio*, brontolio* → **marmonnement.**

marmotter |maʀmɔte| *v.tr.* [*dire confusément, en parlant entre ses dents*] biascicare, bofonchiare: *marmotter des prières* biascicare preghiere → **bredouiller, marmonner, murmurer** ♦ *absolt.* [*parler à voix basse, tout seul*] borbottare, brontolare.

marmotteur, euse |maʀmɔtœʀ, øz| *s. et adj.* [*qui marmotte*] borbottone, brontolone.

marmottier |maʀmɔtje| *s.m.* (*t. bot.*) marmotta *f.*

marmouset |maʀmuzɛ| *s.m.* **1** statuina *f.* grottesca* **2** (*vx., plais.*) → **marmot** 1.

1 **marnage** |maʀnaʒ| *s.m.* (*agric.*) marnatura *f.*

2 **marnage** |maʀnaʒ| *s.m.* (*mar.*) ampiezza *f.* di marea; differenza *f.* di livello tra alta e bassa marea.

marne |maʀn(ə)| *s.f.* marna: *marnes argileuses, calcaires* marne argillose, calcaree.

marner |maʀne| *v.tr.* **1** (*agric.*) [*amender (une terre, un champ) avec de la marne*] marnare **2** (*pop.*) [*travailler dur*] sgobbare *intr.* (*fam.*).

marneur |maʀnœʀ| *s.m.* [*celui qui marne les terres*] chi marna *loc.* ◇ [*celui qui travaille dans une marnière*] cavatore (in una marniera).

marneux, euse |maʀnø, øz| *adj.* marnoso: *terrain, sol marneux* terreno, suolo marnoso.

marnière |maʀnjɛʀ| *s.f.* (*techn.*) marniera.

marocain, aine |maʀɔkɛ̃, ɛn| *adj.* [*du Maroc*] marocchino: *administration marocaine* amministrazione marocchina.

marolles |maʀɔl|, **maroilles** |maʀwal| *s.m.* [*fromage rectangulaire à pâte grasse*] ⊠.

maronite |maʀɔnit| *adj. et s.* maronita.

maronner |maʀɔne| *v.intr.* (*fam.*) [*maugréer, exprimer sa colère, son dépit, en grondant, en marmonnant*] brontolare, imprecare → **murmurer, rouspéter** # *faire maronner qqn.* [*enrager*] far arrabbiare qc.

maroquin |maʀɔkɛ̃| *s.m.* **1** [*peau de chèvre, de mouton, tannée*] marocchino **2** (*fam.*) → **ministère.**

maroquinage |maʀɔkinaʒ| *s.m.* (*techn.*) marocchinatura *f.*

maroquiner |maʀɔkine| *v.tr.* (*techn.*) [*apprêter (une peau) comme le véritable maroquin, pour en imiter l'apparence*] marocchinare: *maroquiner du veau* marocchinare il vitello.

maroquinerie |maʀɔkinʀi| *s.f.* **1** fabbricazione del marocchino; conceria di pelli di marocchino **2** [*industries des cuirs fins pour la fabrication de certains articles; ce commerce; ces articles*] pelletteria.

maroquinier |maʀɔkinje| *s.m.* [*commerçant qui vend des articles de maroquinerie*] pellettiere (*s.*): *acheter un sac chez le maroquinier* comprare una borsa dal pellettiere, in un negozio di pelletteria.

marotique |maʀɔtik| *adj.* (*litt.*) che imita lo stile di Marot *loc.*

marotte |maʀɔt| *s.f.* **1** scettro *m.* di re carnevale ◇ (*par ext.*) [*tête de femme, dont se servent les modistes, les coiffeurs*] testiera **2** (*fig.*) [*idée fixe, manie*] pallino *m.*, mania: *il a la marotte des mots croisés* ha il pallino delle parole incrociate; *c'est devenu une marotte* è diventata una mania, una fissazione → 1 **dada, folie.**

marouette |maʀwɛt|, **maroute** |maʀut| *s.f.* (*t.bot.*) camomilla fetida.

marouette |maʀwɛt| *s.f.* (*t.zool.*) voltolino *m.*

marouflage |maʀuflaʒ| *s.m.* [→ MAROUFLER] incollaggio*.

1 **maroufle** |maʀufl(ə)| *s.m.* (*vx.*) → **rustre.**

2 **maroufle** |maʀufl(ə)| *s.f.* (*peint.*) colla forte, colla cervona.

maroufler |maʀufle| *v.tr.* [*appliquer (une toile peinte) sur une surface (mur, toile, etc.) avec de la maroufle*] incollare.

maroute |maʀut| *s.f.* → 1 **marouette.**

marquage |maʀkaʒ| *s.m.* [*opération par laquelle on marque (des animaux, des arbres, des marchandises)*] marcatura *f.*, marchiatura *f.* ◇ (*spécialt.*) *marquage routier* segnaletica* *f.* orizzontale; *marquage en attente* segnaletica in rifacimento ◇ (*sport*) marcamento.

marquant, ante |maʀkɑ̃, ɑ̃t| *adj.* **1** [*qui marque, laisse une trace, un souvenir*] importante, notevole: *un événement marquant* un avvenimento importante; *un homme marquant* un uomo notevole → **mémorable, remarquable** **2** (*jeux*) *carte marquante* [*qui permet de marquer des points*] carta da punti *loc. inv.* 🄲 **insignifiant.**

marque |maʀk(ə)| *s.f.* **I** **1** [*signe matériel, empreinte mis(e), fait(e) sur une chose pour la distinguer (des autres)*] segno *m.*; marchio* (*m.*): *marque au couteau, à la scie, à la plume* segno (fatto) col coltello, con la sega, con la penna (a penna); *marques sur des papiers, des dossiers* segni (fatti) su delle carte, dei fascicoli ‖ *marques de la viande de boucherie* marchi sulle carni macellate # *coudre une marque à son linge* cifrare la propria biancheria **2** (*sport*) [*trait, repère (fait sur le sol); dispositif assurant une bonne position aux pieds des coureurs de vitesse*] blocco* *m.*, starting-block *m. inv.* # *à vos marques... prêts? partez!* ai vostri posti... pronti? via! **3** [*signe attestant un contrôle, le paiement de droits*] contrassegno *m.*; bollo *m.*, timbro (*m.*): *marque de la douane* bollo, timbro della dogana → **cachet, estampille, poinçon** **4** (*comm.*) marchio; marca*: *marque de fabrique, de commerce* marchio di fabbrica, di commercio; *marque déposée* marchio depositato → 1 **étiquette, label, poinçon** ‖ *produits de marque* prodotti di marca; *les grandes marques d'automobiles* le grandi marche, case automobilistiche; *les grandes marques de réfrigérateurs* le grandi marche di frigoriferi **II** [*trace naturelle dont l'origine est reconnaissable*] segno: *marques de pas, de roues de voiture dans un chemin* segni, impronte di passi, di ruote di macchina su una strada; *marques de coups sur la peau* segni, tracce di colpi sulla pelle; *la marque d'une blessure* il segno, la cicatrice di una ferita; *les marques de la variole* i segni, i butteri del vaiolo; *elle a des marques sur le visage* ha dei segni sul viso → **cicatrice, tache,** 1 **impression, trace** **III** **1** [*tout ce qui sert à faire retrouver, reconnaître une chose*] segno: *mettre une marque dans un livre pour retrouver un passage* mettere un segno, un segnalibro in un libro per ritrovare un passo **2** [*insigne, signe*] segno: *les marques de son grade* i segni del suo grado **3** *loc.* DE MARQUE [*distingué*] di riguardo: *personnes, hôtes de marque* persone, ospiti di riguardo → **qualité (de)** **IV** (*abstrait*) [*caractère, signe particulier qui permet de reconnaître, d'identifier qqch.*] segno; manifestazione: *être la marque de qqch.* essere segno di q.c. → **révéler**; *réflexion qui porte la mar-*

que du bon sens osservazione che è segno di buon senso, che denota buon senso → **critère, attribut** || *marques d'affection, d'amour, d'estime* manifestazioni di affetto, di amore, di stima → **preuve.**

marqué, ée |marke| *adj.* **1** [*pourvu, empreint d'une marque*] marcato, segnato: *briquet marqué* accendino marcato # *linge marqué* biancheria cifrata ◇ (*par ext.*) [*fripé, chiffonné*] segnato: *visage marqué* [*ridé*] viso segnato dagli anni ◇ (*personnes*) *être marqué* [*porter la marque du forçat*] essere segnato **2** (*fig.*) [*compromis*] compromesso: *homme politique marqué à droite, à gauche* uomo politico compromesso a destra, a sinistra **3** [*net, prononcé*] spiccato, marcato: *il a une préférence marquée pour le vin blanc* ha una spiccata, marcata preferenza per il vino bianco # *changement marqué* deciso, netto cambiamento.

marquer |marke| **A** *v.tr.* **I** (*concret*) **1** [*distinguer, rendre reconnaissable* (*une personne, une chose*) *parmi d'autres*] marcare, segnare: *marquer un objet d'un signe* marcare un oggetto con un segno, contrassegnare un oggetto; *marquer d'un cran, d'une croix* marcare, segnare con una tacca, con una croce; *marquer du bétail* marcare il bestiame; *marquer à la craie, au crayon* marcare, segnare col gesso, a matita → **indiquer, repérer, signaler** # *marquer d'une étiquette* etichettare; *marquer d'un numéro* numerare; *marquer d'une coche* spuntare ♦ (*au p.p.*) *linge marqué* biancheria marcata, cifrata ◇ (*personnes*) *être marqué* essere compromesso **2** (*fam.*) [*écrire, noter*] segnare: *marquer un numéro de téléphone sur son carnet* segnare un numero di telefono sul proprio taccuino # *il n'y a rien de marqué sur cet écriteau* non c'è scritto, indicato niente su questo cartello **3** [*former, laisser une trace, une marque* (*II*) *sur*] segnare: *des traces de doigts marquaient les glaces* tracce di dita segnavano i vetri, erano segnate sui vetri **4** [*indiquer, signaler par une marque, un jalon*] segnare: *marquer une limite* segnare un confine; *le ruisseau marque la limite de la propriété* il ruscello segna, costituisce il confine della proprietà → **délimiter, jalonner** **5** (*instrument*) [*indiquer*] segnare: *montre qui marque les heures* orologio che segna le ore; *le thermomètre marquait dix degrés au-dessous de zéro* il termometro segnava dieci gradi sotto zero **6** *marquer les points au cours d'une partie, d'un jeu* [*les enregistrer*] segnare i punti di una partita, di un gioco ◇ *loc. fig.* MARQUER LE COUP [*manifester que l'on a été atteint, offensé par qqch.*] accusare il colpo: *on a fait des allusions sur son compte, mais il n'a pas marqué le coup* si son fatte delle allusioni sul suo conto, ma lui non ha accusato il colpo ~ *marquer un point* segnare un punto ~ (*football*) *marquer un but* segnare una rete ~ (*rugby*) *marquer un essai* segnare una meta ~ (*basket*) *marquer un panier* segnare, fare un canestro ♦ (*absolt.*) *il a réussi à marquer* è riuscito a segnare **7** (*sport*) *marquer un joueur* [*le surveiller de très près*] marcare un giocatore **8** [*rendre sensible ou plus sensible*] marcare # *marquer le pas* segnare il passo **II** (*abstrait*) **1** [*faire connaître, extérioriser* (*un sentiment, une pensée*)] esprimere (124); dimostrare: *marquer son assentiment, son refus* esprimere il proprio assenso, il proprio rifiuto → **montrer** || *marquer de l'intérêt* dimostrare, manifestare interesse ♦ (*au p.p.*) *un intérêt marqué* un interesse manifesto, palese **2** (*choses*) [*faire connaître, révéler par un signe, un caractère*] dimostrare, rivelare: *ses paroles marquent sa bonté* le sue parole dimostrano, rivelano la sua bontà → **témoigner, dénoter, attester** ♦ (*au p.p.*) *una différence marquée* [*nette*] una netta differenza **B** *v.intr.* **1** [*faire une impression assez forte pour laisser un souvenir durable*] lasciare *tr.* il segno, una impronta: *événements qui marquent* fatti che lasciano il segno, un'impronta; *les personnalités qui ont marqué pendant cette période* le personalità che hanno lasciato il segno, un'impronta in questo periodo → **dater; marquant** **2** (*fam.*) MARQUER MAL [*donner une mauvaise impression*] presentarsi *pron.* male (*cour.*): *il marquait très mal* si presentava molto male **3** [*laisser une trace, une marque*] *ce tampon ne marque plus* questo timbro non lascia più traccia, è secco; *ce stylo à bille ne marque plus* questa biro non scrive più.

marqueté, ée |markəte| *adj.* **1** [*orné, décoré de marqueterie*] intarsiato **2** [*parsemé de taches de couleur*] maculato.

marqueterie |markə(ɛ)tri| *s.f.* **1** [*assemblage décoratif de pièces de bois précieux* (*ou d'écaille, d'ivoire*) *appliquées sur un fond de menuiserie*] intarsio* *m.*, tarsia # *coffret en marqueterie* cofanetto intarsiato **2** [*branche de l'ébénisterie relative a ces ouvrages*] intarsio **3** [*ensemble formé de parties disparates*] mosaico* *m.*

marqueteur |markətœr| *s.m.* [*ouvrier ébéniste spécialisé dans les ouvrages de marqueterie*] intarsiatore* *s.*

marqueur, euse |markœr, øz| *s.* **1** *s.* [*personne qui appose des marques*] marcatore*, marchiatore* (*rare*): *un marqueur de bétail* un marcatore di bestiame ♦ *s.f.* (*techn.*) marcatrice **2** *s.m.* [*celui qui compte les points, les inscrit*] marcatore **3** *s.* (*sport*) cannoniere → **buteur** **4** *s.m.* [*crayon feutre*] pennarello.

marquis |marki| *s.m.* [*noble qui prend rang après le duc et avant le comte*] marchese: *monsieur le marquis* il signor marchese.

marquisat |markiza| *s.m.* marchesato.

marquise |markiz| *s.f.* **I** [*femme d'un marquis*] marchesa: *madame la marquise* la signora marchesa **II** **1** [*toile tendue au-dessus de l'entrée d'une tente d'officier*] telo *m.* **2** [*auvent vitré au-dessus d'une porte; vitrages qui abritent les quais, les voies*] tettoia, pensilina **3** [*bague à chaton oblong*] marchesa.

marquoir |markwar| *s.m.* (*techn.*) segnatoio*.

marraine |marɛn| *s.f.* [*celle qui tient* (*ou a tenu*) *un enfant au baptême*] madrina: *le parrain et la marraine* il padrino e la madrina ◇ (*par ext.*) *madame X a été la marraine de ce navire* la signora X è stata la madrina di questa nave.

marrant, ante |marɑ̃, ɑ̃t| *adj.* (*pop.*) **1** [*amusant, drôle*] divertente (*cour.*), spassoso (*cour.*): *un film marrant* un film divertente, spassoso; *il n'est pas marrant, ton ami* non è certo divertente il tuo amico **2** [*bizarre*] strano (*cour.*), bizzarro (*cour.*).

marre |mar| *adv.* (*fam.*) EN AVOIR MARRE [*en avoir assez, être dégoûté*] essere stufo, averne (più che) abbastanza (*cour.*): *j'en ai marre de ses histoires* sono stufo, ne ho più che abbastanza delle sue storie ♦ *impers.* (*il*) *y en a marre* [*en voilà assez*] ne abbiamo piena l'anima, ne abbiamo abbastanza.

marrer (se) |mare| *v.pron. réfl.* (*pop.*) [*s'amuser, rire*] divertirsi un mondo, un sacco: *on s'est bien marré* ci siamo proprio divertiti un mondo.

marri, ie |mari| *adj.* (*vx., littér.*) [*triste, fâché*] dolente.

1 **marron** |marɔ̃| *s.m.* **1** [*fruit comestible du châtaignier cultivé*] castagna *f.*, marrone: *dinde aux marrons* tacchino farcito di castagne; *marrons glacés* marroni canditi, 'marrons glacés' ◇ (*loc.*) *tirer les marrons du feu* togliere le castagne dal fuoco **2** (*par anal.*) *marron d'Inde* castagna d'India.

2 **marron** |marɔ̃| *s.m.* (*pop.*) [*coup de poing*] cazzotto.

3 **marron** |marɔ̃| *adj. inv.* marrone (*var.*): *des robes marron* vestiti marroni ♦ (*s.m.*) *elle porte bien le marron* le sta bene il marrone.

marron, onne |marɔ̃, ɔn| *adj.* **1** (*ancienn.*) *esclave marron* [*esclaves qui s'étaient enfuis pour vivre en liberté*] schiavo fuggitivo, fuggiasco* **2** [*qui se livre à l'exercice illégal d'une profession ou à des pratiques illicites*] abusivo: *médecin marron* medico abusivo → **clandestin** **3** (*pop.*) *être marron* [*pris, attrapé, trompé*] essere fregato, infinocchiato.

marronner |marɔne| *v.intr.* (*ancienn.*) [*être esclave marron, vivre en esclave marron*] darsi (102) *pron.* alla macchia.

marronnier |marɔnje| *s.m.* **1** (*t. bot.*) marrone **2** (*t.bot.*) *marronnier* (*d'Inde*) castagno d'India, ippocastano.

marrube |maryb| *s.m.* (*t.bot.*) marrubio*.

mars |mars| *s.m.* **1** [*trosième mois de l'année*] marzo: *il viendra à Paris au mois de mars, en mars* verrà a Parigi in marzo ◇ (*loc.*) *arriver comme mars en carême* accadere inevitabilmente **2** *au plur.* (*agric.*) *les mars* sementi *f.* marzoline.

marseillais, aise |marsɛjɛ, ɛz| *adj.* [*de Marseille*] marsigliese: *accent marseillais* accento marsigliese ♦ (*s.f.*) *la Marseillaise* la Marsigliese.

marsouin |marswɛ̃| *s.m.* **1** (*t.zool.*) marsuino, focena *f.* **2** soldato della fanteria coloniale.

marsupial, ale, aux |marsypjal, o| **1** *adj.* (*zool.*) *poche marsupiale* marsupio* *s.m.* **2** *s.m.* (*fam.*) (*personnes*) *tas de marsupiaux!* [*malins*] manica di furbacchioni!

Marsupiaux |marsypjo| *s.m. pl.* (*t.zool.*) Marsupiali.

marsupium |marsypjɔm| *s.m.* (*zool.*) marsupio*.

martagon |martagɔ̃| *s.m.* (*t.bot.*) martagone ♦ (*par appos.*) *lis martagon* giglio martagone.

marte |mart(ə)| *s.f.* → **martre.**

1 **marteau** |marto| *s.m.* **1** martello:

enfoncer un clou avec un marteau piantare un chiodo con un martello ◇ (*loc. fig.*) *être entre le marteau et l'enclume* essere tra l'incudine e il martello **2** (*techn.*) *marteau pneumatique* martello pneumatico; *marteau-piqueur* martello perforatore → **perforatrice** **3** *marteau de commissaire-priseur* martello di banditore (d'asta) ◇ (*Eaux et For.*) martello forestale ◇ (*méd.*) *marteau à percussion* martello percussore, martelletto **4** (*mus.*) martello, martelletto ◇ [*pièce d'horlogerie qui frappe les heures sur un timbre*] martello, martelletto **5** [*heurtoir fixé au vantail d'une porte*] martello, batacchio* **6** *appos.* (*t.zool.*) *requin marteau* pesce martello **7** (*anat.*) martello **8** (*sport*) martello: *lancement du marteau* lancio del martello.

2 **marteau** |maRto| *adj.* (*fam.*) *être marteau* [*fou, cinglé*] essere picchiato, suonato.

marteau-pilon |maRtopilɔ̃| *s.m.* (*techn.*) maglio*: *des marteaux-pilons* dei magli.

marteau-piolet |maRtopjɔlɛ| *s.m.* (*alpinisme*) martello da ghiaccio: *des marteaux-piolets* dei martelli da ghiaccio.

martel |maRtɛl| *s.m.* (*dans la loc.*) *se mettre martel en tête* [*se faire du souci*] preoccuparsi *v.pron.*, affannarsi *v. pron.*

martelage |maRtəlaʒ| *s.m.* [*opération par laquelle on martèle*] martellatura *f.*

martelé, ée |maRtəle| *adj.* **1** [*travaillé au marteau*] martellato: *cuivre martelé* rame martellato **2** (*mus.*) *notes martelées* note martellate.

martèlement, martellement |maRtɛlmɑ̃| *s.m.* [→ MARTELER 1] martellamento.

marteler |maRtəle| (6) *v.tr.* **1** [*battre, frapper à coups de marteau*] martellare: *marteler un métal sur l'enclume* martellare un metallo sull'incudine **2** [*frapper fort et à coups répétés sur*] martellare: *il martelait la porte à coups de poing* martellava la porta coi pugni ◇ (*fig.*) *cette idée lui martèle la cervelle* questo pensiero gli martella *inv.* in testa **3** [*prononcer en articulant avec force, en détachant les syllabes*] scandire (197): *marteler ses mots* scandire le parole.

martelet |maRətlɛ| *s.m.* martelletto.

marteleur |maRtəlœR| *s.m.* [*ouvrier qui travaille au marteau*] martellatore* *s.*

marteline |maRtəlin| *s.f.* martellina.

martellien |maRtɛljɛ̃| *adj. m.* martelliano *adj. et s.m.*

martensite |maRtɛ̃sit| *s.f.* (*métall., minér.*) martensite.

martial, ale, aux |maRsjal, o| *adj.* **1** marziale: *loi martiale* legge marziale; *cour martiale* corte marziale ◇ (*spécialt.*) *arts martiaux* arti marziali **2** (*souvent iron.*) *allure, voix martiale* andatura, voce marziale **3** (*sc.*) marziale: *pyrite martiale* pirite marziale.

martialement |maRsjalmɑ̃| *adv.* (*littér.*) [→ MARTIAL 1, 2] marzialmente.

martien, ienne |maRsjɛ̃, jɛn| *adj.* marziano.

martin-chasseur |maRtɛ̃ʃasœR| *s.m.* (*t.zool.*) dacelide: *des martins-chasseurs* dei dacelidi.

1 **martinet** |maRtinɛ| *s.m.* (*t.zool.*) rondone.

2 **martinet** |maRtinɛ| *s.m.* [*fouet à plusieurs lanières ou cordes*] staffile.

3 **martinet** |maRtinɛ| *s.m.* (*techn.*) martinetto.

1 **martingale** |maRtɛ̃gal| *s.f.* martingala: *veste à martingale* giacca con martingala.

2 **martingale** |maRtɛ̃gal| *s.f.* (*jeux de hasard*) martingala.

martini |maRtini| *s.m.* (*marque déposée*) martini (*inv.*): *du martini blanc, rouge* del martini bianco, rosso.

martiniquais, aise |maRtinikɛ, ɛz| *adj.* [*de la Martinique*] martinicano.

martin-pêcheur |maRtɛ̃pɛʃœR| *s.m.* (*t.zool.*) martin pescatore: *des martins-pêcheurs* dei martin pescatori.

martre |maRtR(ə)| *s.f.* **1** (*t.zool.*) martora **2** [*la fourrure*] martora: *col de martre* collo di martora.

martyr, yre |maRtiR| *s.* **1** martire ◇ (*loc.*) *prendre, se donner des airs de martyr, jouer les martyrs* atteggiarsi a martire, fare il martire **2** [*personne qui meurt, qui souffre pour une cause*] martire: *martyr d'un idéal, de la liberté* martire di un ideale, della libertà ✦ (*par appos.*) *enfant martyr* bambino martire.

martyre |maRtiR| *s.m.* **1** martirio*: *la palme du martyre* la palma del martirio **2** [*peine cruelle, grande souffrance* (*physique ou morale*)] martirio: *sa maladie fut un martyre* la sua malattia fu un martirio → **calvaire, supplice, torture** ◇ [*situation pénible, désagréable*] *pour une personne si active, l'inaction est un martyre* per una persona così attiva, l'ozio è un martirio.

martyriser |maRtiRize| *v.tr.* **1** [*faire souffrir beaucoup, physiquement ou moralement*] martirizzare → **torturer, tourmenter** **2** (*rare*) [*livrer au martyre*] martirizzare.

martyrium |maRtiRjɔm| *s.m.* (*lat.*) (*relig.*) cappella *f.*, chiesa *f.* dedicata a un martire.

martyrologe |maRtiRɔlɔʒ| *s.m.* martirologio*.

marxien, ienne |maRksjɛ̃, jɛn| *adj.* marxiano.

marxisant, ante |maRksizɑ̃, ɑ̃t| *adj.* [*apparenté au marxisme*] marxisteggiante.

marxisation |maRksizɑsjɔ̃| *s.f.* [→ MARXISER A] marxizzazione.

marxiser |maRksize| **A** *v.tr.* [*rendre marxiste*] rendere (105) marxista **B** *v.pron. intr.* SE MARXISER [*devenir marxiste*] diventare *intr.* marxista.

marxisme |maRksism(ə)| *s.m.* marxismo: *marxisme-léninisme* marxismo-leninismo.

marxiste |maRksist(ə)| *adj.* marxista, marxistico*: *philosophie marxiste* filosofia marxista ✦ (*s.*) *un marxiste* un marxista.

marxologue |maRksɔlɔg| *s.* studioso di Marx.

maryland |maRilɑ̃(d)| *s.m.* (*angl.*) maryland *inv.*

mas |mɑ(s)| *s.m.* (*en Provence*) [*ferme ou maison de campagne de style traditionnel*] fattoria *f.*; casa *f.* di campagna.

mascarade |maskaRad| *s.f.* mascherata ◇ (*fig.*) *ce procès n'est qu'une mascarade* questo processo non è altro che una mascherata.

mascaret |maskaRɛ| *s.m.* **1** [*longue vague déferlante produite dans certains estuaires par la rencontre du flux et du reflux*] mascheretto **2** [*raz de marée*] maremoto.

mascaron |maskaRɔ̃| *s.m.* (*archit.*) mascherone.

mascotte |maskɔt| *s.f.* 'mascotte' *inv.*, portafortuna *m. inv.*

masculin, ine |maskylɛ̃, in| *adj.* **I** [*qui concerne l'homme*] **1** maschio*, mascolino: *voix masculine* voce maschia, mascolina → **viril** **2** maschile: *métier masculin* mestiere maschile ◇ (*par ext.*) *population masculine* popolazione maschile **II** **1** (*gram.*) maschile: *genre masculin* genere maschile; *substantif masculin* sostantivo maschile ✦ (*s.m.*) *le masculin* il maschile **2** (*versif.*) *rime masculine* rima che non termina in 'e' muta *loc.* 🄲 I; II 1 **feminin.**

masculinisation |maskylinizɑsjɔ̃| *s.f.* (*biol.*) mascolinizzazione.

masculiniser |maskylinize| *v.tr.* **1** [*rendre masculin, donner des caractères masculins, des manières d'homme à*] mascolinizzare **2** (*biol.*) [*provoquer l'apparition de caractères sexuels masculins*] mascolinizzare.

masculinité |maskylinite| *s.f.* mascolinità *inv.* 🄲 **féminité.**

maser |mazɛR| *s.m.* (*angl.*) (*phys.*) maser *inv.*

masochisme |mazɔʃism(ə)| *s.m.* masochismo.

masochiste |mazɔʃist(ə)| *adj.* masochistico*: *attitude masochiste* atteggiamento masochistico ✦ (*s.*) *un masochiste* un masochista ✦ *adj. et s.* (*abrév. fam.* '*maso*'): *il est un peu maso* è un po' masochista.

masonite |mazɔnit| *s.f.* (*marque déposée*) (*techn.*) masonite.

masquage |maskaʒ| *s.m.* [→ MASQUER 3] mascheramento ◇ (*photo., physiol.*) mascheratura *f.*

masque |mask(ə)| *s.m.* **I** **1** [*objet dont on couvre le visage humain pour transformer son aspect naturel*] maschera (*f.*): *masques de carnaval* maschere di carnevale; *masques du théâtre antique* maschere del teatro antico ◇ (*fig.*) *lever, jeter le masque* levarsi, gettare la maschera; *sa douceur n'est qu'un masque* la sua dolcezza è soltanto una maschera, un'apparenza *f.* **2** [*aspect, modèle du visage*] maschera, espressione (*f.*): *avoir un masque impénétrable* avere una maschera, un'espressione impenetrabile → 2 **air, physionomie** **II** **1** [*empreinte prise sur le visage d'une personne, spécialt. d'un mort*] maschera: *masque mortuaire* maschera mortuaria, funebre **2** [*appareil protecteur du visage*] maschera: *masque d'escrime* maschera da scherma ◇ (*spécialt.*) *masque à gaz* maschera antigas ◇ (*maquillage*) *masque de beauté* maschera di bellezza ◇ (*méd.*) *on l'a endormi au masque* lo hanno anestetizzato, addormentato (*pop.*) con la maschera **III** (*milit.*) schermo: *le masque d'une batterie* lo schermo di una batteria.

masqué, ée |maske| *adj.* **1** mascherato: *visage masqué* viso mascherato; *être attaqué par des bandits masqués* essere aggredito da banditi mascherati **2** *bal masqué* ballo mascherato, in maschera *loc. inv.* **3** [*caché, dissimulé*] mascherato ◇ (*milit.*) *batterie masquée* batteria mascherata.

masquer |maske| *v.tr.* **1** (*rare*) [*couvrir d'un masque, cacher sous un masque*] mascherare (*cour.*): *masquer un enfant pour le carnaval* mascherare un bambino per il carnevale **2** [*déguiser* *sous une fausse apparence*] mascherare: *masquer la vérité* mascherare la verità → **dissimuler** **3** [*cacher à la vue*] mascherare: *cette maison masque le paysage* questa casa maschera, nasconde alla vista il paesaggio; *masquer la lumière* mascherare, schermare la luce **4** [*dissimuler* (*un goût, une odeur*) *par un goût, une odeur de nature différente*] mascherare **5** (*milit.*) [*cacher à l'ennemi en interposant qqch.*] mascherare: *masquer un mouvement de troupes* mascherare un movimento di truppe **6** (*mar.*) [*disposer de manière à ce que le vent vienne de face en plaquant les voiles au mât*] mascherare: *masquer une voile* mascherare una vela.

massacrant, ante |masakʀɑ̃, ɑ̃t| *adj.* (*loc.*) *humeur massacrante* [*très mauvaise*] umore nero, pessimo umore.

massacre |masakʀ(ə)| *s.m.* **1** [→ MASSACRER 1] massacro: *massacre d'un peuple* massacro di un popolo; *envoyer des soldats au massacre* mandare dei soldati al massacro, al macello; *échapper au massacre* sfuggire al massacro → **carnage, hécatombe, tuerie** ◇ (*par anal.*) *jeu de massacre* [*qui consiste à abattre des poupées à bascule, en lançant des balles de son*] tiro al fantoccio ◇ (*fig.*) *cette interprétation de la cinquième symphonie fut un massacre* questa interpretazione della quinta sinfonia è stata uno scempio* **2** (*par exagér.*) macello: *ce match de boxe a tourné au massacre* questo incontro di pugilato si è trasformato in un vero macello **3** (*blas.*) massacro.

massacrer |masakʀe| *v.tr.* **1** [*tuer avec sauvagerie et en masse* (*des êtres qui ne peuvent pas se défendre*)] massacrare, trucidare: *massacrer des prisonniers* massacrare, trucidare dei prigionieri → **exterminer** **2** [*mettre à mal* (*un adversaire en état d'infériorité*)] massacrare **3** (*fam.*) [*mettre* (*une chose*) *en très mauvais état*] massacrare → **abîmer, saccager** ◇ (*par ext.*) [*endommager involontairement par un travail maladroit et brutal*] *massacrer un texte en le traduisant* massacrare un testo nel tradurlo → **bousiller,** 1 **gâter.**

massacreur, euse |masakʀœʀ, øz| *s.* massacratore*.

massage |masaʒ| *s.m.* [→ 2 MASSER] massaggio*.

massaliote |masaljɔt| *adj.* [*de Marseille, dans l'antiq.*] massaliota.

1 **masse** |mas| *s.f.* **I** **1** massa: *masse de pâte, de chair* massa, mucchio di pasta, di carne; *masse d'air froid* massa di aria fredda ◇ (*loc.*) *tomber, s'affaisser, s'écrouler comme une masse* cadere, accasciarsi, crollare pesantemente, come un masso **2** *la masse de qqch.* [*la masse que constitue cette chose*] la massa di q.c.; *la masse d'un édifice* la massa di un edificio **3** UNE MASSE DE (+ *plur.*) [*réunion de nombreux éléments distincts*] un mucchio* *m.*, una massa di (+ *plur.*): *une masse de cailloux* un mucchio di ciottoli; *réunir une masse de documents* raccogliere un mucchio, una massa di documenti → **amas, tas** ◇ (*loc.*) *la* (*grande*) *masse de* [*la majorité de*] la (grande) maggioranza di; *il n'y en a pas des masses* non ce n'è gran che **4** *au plur.* [*principaux éléments d'une œuvre picturale, architecturale*] masse: *répartition des masses dans un tableau* distribuzione delle masse in un quadro ◇ (*mus.*) *masse orchestrale, vocale* massa orchestrale, vocale **II** **1** [*multitude de personnes constituant un ensemble*] massa: *civilisation, culture de masse* civiltà, cultura di massa; *les masses laborieuses* le masse lavoratrici ♦ *absolt. les masses* le masse → **peuple** **2** *au sing.* LA MASSE la massa: *la masse des fidèles* la massa dei fedeli; *ce spectacle plaît à la masse* questo spettacolo piace alla massa **III** *loc. adv.* EN MASSE in massa: *ils sont arrivés en masse* sono giunti in massa → **bloc (en), foule (en)** **IV** (*sc.*) massa: *masse atomique, moléculaire* massa atomica, molecolare; *le poids est proportionnel à la masse* il peso è proporzionale alla massa ◇ (*électr.*) massa: *faire masse* fare massa; *mettre à la masse* mettere a massa.

2 **masse** |mas| *s.f.* **1** [*gros maillet utilisé pour enfoncer, frapper*] mazza; mazzuolo (*m.*): *masse* (*d'armes*) mazza d'armi || *masse de sculpteur, de mineur* mazzuolo da scultore, da minatore **2** (*fam.*) COUP DE MASSE [*choc violent, accablant*] mazzata: *il a reçu le coup de masse* ha preso una mazzata ◇ [*prix excessif*] stangata: *n'allez pas dans ce restaurant, c'est le coup de masse!* non andate in quel ristorante, prenderete una stangata!

3 **masse** |mas| *s.f.* (*comm.*) dodici grosse *pl.*; centoquarantaquattro dozzine *pl.*

massé |mase| *s.m.* (*billard*) colpo in testa, filotto (*pop.*).

masselotte |maslɔt| *s.f.* **1** (*métall.*) materozza **2** (*techn.*) *masselotte de fusée* massa battente di un congegno d'innesco.

massepain |maspɛ̃| *s.m.* (*pâtiss.*) marzapane.

1 **masser** |mase| **A** *v.tr.* **1** [*disposer, rassembler en une masse, en masses*] ammassare: *masser des hommes sur une place* ammassare uomini in una piazza → **réunir** ◇ (*milit.*) *masser des troupes* ammassare truppe **2** (*peint.*) [*disposer en masses*] disporre (168) in masse **B** *v.pron. intr.* SE MASSER [→ *tr.* 1] ammassarsi: *la foule s'était massée pour protester* la folla si era ammassata per protestare.

2 **masser** |mase| *v.tr.* [*frotter, presser, pétrir avec les mains ou à l'aide d'appareils spéciaux dans une intention thérapeutique ou hygiénique*] massaggiare.

3 **masser** |mase| *v.tr.* (*billard*) [*frapper verticalement* (*la bille*) *de manière à lui imprimer un mouvement tournant*] colpire (197) in testa.

masséter |masetɛʀ| *s.m.* (*anat.*) massetere.

massette |masɛt| *s.f.* **I** (*techn.*) mazzuolo *m.* **II** → **typha.**

masseur, euse |masœʀ, øz| *s.* **1** *s.* [*personne qui pratique professionnellement le massage*] massaggiatore* **2** *s.m.* (*techn.*) apparecchio* per massaggi.

1 **massicot** |masiko| *s.m.* (*techn.*) 'massicot' *inv.*, massicotto (*rare*).

2 **massicot** |masiko| *s.m.* (*imprim.*) taglierina *f.*

massicoter |masikɔte| *v.tr.* (*imprim.*) [*rogner* (*le papier*) *au massicot*] rifilare (con la taglierina).

massier |masje| *s.m.* [*huissier, appariteur qui portait une masse, dans certaines cérémonies*] mazziere.

massier, ière |masje, jɛʀ| *s.* (*dans un atelier d'artistes*) allievo economo.

massif |masif| *s.m.* **1** (*archit.*) basamento, plinto (di fondazione) **2** [*groupe compact* (*d'arbres, d'arbrisseaux, de fleurs*)] cespuglio*, macchia (*f.*): *massif de roses* cespuglio di rose **3** (*géogr.*) massiccio*.

massif, ive |masif, iv| *adj.* **1** [*dont la masse occupe tout le volume apparent; qui n'est pas creux*] massiccio*: *bijou d'or massif* gioiello d'oro massiccio; *porte en chêne massif* porta di quercia massiccia **2** [*qui présente l'apparence d'une masse épaisse ou compacte*] massiccio: *colonne massive* colonna massiccia; *homme massif* uomo massiccio → **épais, lourd, gros, pesant** **3** [*qui est fait, donné, se produit en masse*] massiccio; massivo: *bombardement massif* bombardamento massiccio || *dose massive* dose massiva Ⓒ 1 **plaqué,** 2 **élancé.**

massification |masifikɑsjɔ̃| *s.f.* [→ MASSIFIER] massificazione: *massification de la culture* massificazione della cultura.

massifier |masifje| *v.tr.* [*faire de* (*un groupe de personnes*) *une masse anonyme*] massificare.

massique |masik| *adj.* (*phys.*) massico*.

massivement |masivmɑ̃| *adv.* [→ MASSIF 1, 2] in modo massiccio *loc. inv.*, massicciamente ◇ (*fig.*) *les Français ont massivement répondu à cet appel* i Francesi hanno risposto massicciamente, in massa a questo appello.

mass(-)media |masmedja|, **media, média** |medja| *s.m. pl.* mass media, mezzi di comunicazione di massa ◇ (*au sing.*) *un mass medium* un mass media.

massorah |masɔʀa| *s.f.* (*hébr.*) (*relig.*) mas(s)ora.

massorétique |masɔʀetik| *adj.* (*philologie hébr.*) masoretico*.

massothérapie |masɔteʀapi| *s.f.* (*méd.*) massoterapia.

massue |masy| *s.f.* **1** [*bâton à grosse tête noueuse, servant d'arme*] mazza: *massue hérissée de pointes de fer* mazza ferrata → **casse-tête,** 2 **masse** ◇ (*fig.*) *coup de massue* mazzata ♦ (*appos.*) *des arguments massue* [*qui font sur l'interlocuteur l'effet d'un coup de massue*] argomenti schiaccianti **2** (*sc. nat.*) mazza.

mastaba |mastaba| *s.m.* (*ar.*) (*archéol.*) mastaba *f.*

mastectomie |mastɛktɔmi| *s.f.* (*chir.*) mastectomia, mammectomia.

1 **mastic** |mastik| **1** *s.m.* mastice **2** *adj.* (color) mastice.

2 **mastic** |mastik| *s.m.* (*typogr.*) refuso.

masticage |mastikaʒ| *s.m.* [→ 2 MASTIQUER] stuccatura *f.*; applicazione *f.* di mastice.

masticateur, trice |mastikatœʀ, tʀis| *adj.* masticatore*: *appareil masticateur* apparato masticatore, masticatorio.

mastication |mastikɑsjɔ̃| *s.f.* [→ 1 MASTIQUER] masticazione.

masticatoire |mastikatwaʀ| *s.m. et adj.* masticatorio*.

mastiff |mastif| *s.m.* (*angl.*) (*t.zool.*) mastino inglese.

mastigadour |mastigaduʀ| *s.m.* (*vétér.*) masticatorio*.

1 **mastiquer** |mastike| *v.tr.* [*broyer, triturer longuement avec les dents* (*un aliment*)] masticare (a lungo) → **mâcher** ✦ (*absolt.*) *mastiquez bien en mangeant!* masticate bene mentre mangiate!

2 **mastiquer** |mastike| *v.tr.* [*joindre ou boucher avec du mastic*] stuccare; applicare il mastice (a, su).

mastite |mastit| *s.f.* (*méd.*) mastite.

mastoc |mastɔk| *adj. inv.* [*massif et sans grâce*] massiccio* *var.*, mastodontico* (*var.*): *statue mastoc* statua mastodontica.

mastodonte |mastɔdɔ̃t| *s.m.* **1** (*paléont.*) mastodonte ◇ (*fig.*) *c'est un mastodonte* è un mastodonte **2** [*machine, véhicule gigantesque*] mastodonte.

mastodynie |mastɔdini| *s.f.* (*méd.*) mastalgia*, mastodinia.

mastoïde |mastɔid| *s.f. et adj.* (*anat.*) (*apophyse*) *mastoïde* (apofisi) mastoide.

mastoïdectomie |mastɔidɛktɔmi| *s.f.* (*chir.*) mastoidectomia.

mastoïdien, ienne |mastɔidjɛ̃, jɛn| *adj.* (*anat.*) mastoideo.

mastoïdite |mastɔidit| *s.f.* (*méd.*) mastoidite.

mastologie |mastɔlɔʒi| *s.f.* (*méd.*) mastologia*.

mastroquet |mastʀɔkɛ| *s.m.* (*fam.*) **1** [*cafetier*] oste* *s.*, vinaio* **2** [*café, débit de boissons*] osteria *f.*, mescita *f.* di vino.

masturbation |mastyʀbɑsjɔ̃| *s.f.* [→ MASTURBER (SE)] masturbazione.

masturber (se) |mastyʀbe| *v. pron. réfl.* [*se livrer à la masturbation*] masturbarsi.

m'as-tu-vu |matyvy| *s. inv.* [*personne vaniteuse*] vanitoso *var.*, gigione (*var.*): *de jeunes m'as-tu-vu* giovani vanitosi ✦ (*adj.*) *ce qu'il est m'as-tu-vu!* com'è vanitoso!

masure |mazyʀ| *s.f.* [*petite habitation misérable, maison vétuste et délabrée*] catapecchia, stamberga* → **baraque, cabane.**

masurium |mazyʀjɔm| *s.m.* (*chim.*) masurio*.

mat |mat| *adj. inv. et s.m.* (*aux échecs*) *échec et mat!* scacco matto!; *faire qqn. échec et mat* dare scacco matto a qc.

mât |mɑ| *s.m.* **1** (*mar.*) albero: *les trois mâts d'une caravelle* i tre alberi di una caravella **2** [*long poteau de bois*] palo, pennone ◇ [*longue perche lisse*] pertica* (*f.*): *grimper au mât* arrampicarsi sulla pertica ◇ (*spécialt.*) *mât de cocagne* albero della cuccagna ◇ (*ch. de fer*) *mât de sémaphore* palo di semaforo.

mat, mate |mat| *adj.* **1** [*qui n'est pas brillant, ou poli*] opaco*, matto: *côté mat d'un tissu* lato opaco di un tessuto; *photo sur papier mat* fotografia su carta opaca, matta **2** *teint mat* [*assez foncé et peu coloré*] carnagione bruna **3** [*qui a peu de résonance*] cupo, smorzato: *bruit, son mat* rumore, suono cupo, smorzato → **sourd** 🄲 **2 clair;** 3 **sonore.**

matador |matadɔʀ| *s.m.* (*esp.*) matador *inv.*

mataf |mataf| *s.m.* (*arg. mar.*) → **matelot.**

matage |mataʒ| *s.m.* (*techn.*) **1** [→ MATER 1] il rendere *inv.* opaca (una doratura) **2** [→ MATER 2] cianfrinatura *f.*, ribattitura *f.*

matamore |matamɔʀ| *s.m.* [*faux brave, vantard*] gradasso, spaccone: *faire le matamore* fare il gradasso → **fanfaron.**

match |matʃ| *s.m.* (*angl.*) (*sport*) partita *f.*, incontro: *des matchs, des matches* delle partite, degli incontri; *match de football* partita di calcio; *match de boxe* incontro, match di pugilato; *disputer un match* disputare un incontro, una partita → **combat,** 1 **rencontre** ◇ (*par anal.*) *match de bridge, d'échecs* torneo di bridge, di scacchi ◇ (*par ext.*) [*compétition* (*écon., polit.*)] gara *f.*, sfida *f.*

matcher |matʃe| *v.intr.* (*rare*) [*disputer un match, se mesurer* (*avec qqn.*)] disputare *tr.* un incontro; misurarsi *pron.* (con qc.).

maté |mate| *s.m.* (*esp.*) (*t.bot.*) mate *inv.*

matefaim |matfɛ̃| *s.m. inv.* [*galette, crêpe épaisse*] ⊠.

matelas |matla| *s.m.* **1** materasso: *matelas de crin, de laine* materasso di crine, di lana; *matelas à ressorts* materasso a molle ◇ (*par anal.*) *matelas pneumatique* materassino pneumatico **2** (*fam.*) *un matelas de billets de banque* [*une grosse liasse*] un fascio* di biglietti di banca.

matelassé, ée |matlase| *adj.* [*tissu ouaté maintenu par des piqûres formant un dessin en relief*] imbottito, trapuntato: *doublure matelassée d'un manteau* fodera trapuntata di un cappotto ✦ *s.m.* [*tissu matelassé*] 'matelassé' *inv.*, tessuto trapuntato.

matelasser |matlase| *v.tr.* **1** [*rembourrer à la manière d'un matelas*] imbottire (197): *matelasser un fauteuil* imbottire una poltrona **2** [*doubler de tissu ouaté*] imbottire, trapuntare ✦ (*au p.p.*) *manteau matelassé* cappotto con fodera 'matelassé' *inv.*, trapuntata.

matelassier, ière |matlasje, jɛʀ| *s.* [*personne dont le métier est de confectionner ou de réparer les matelas*] materassaio*.

matelassure |matlasyʀ| *s.f.* (*techn.*) imbottitura → **rembourrage.**

matelot |matlo| *s.m.* **1** [*homme d'équipage*] marinaio* → **marin** # *apprenti matelot* mozzo **2** (*mar.*) *matelot d'avant, d'arrière* nave *f.* prodiera, poppiera.

matelotage |matlɔtaʒ| *s.m.* (*mar.*) **1** [*solde, paye des matelots*] paga* *f.* (del marinaio) **2** [*connaissances relatives au métier de matelot*] marineria *f.*

matelote |matlɔt| *s.f.* [*mets composé de poissons coupés en morceaux et accommodés avec du vin rouge et des oignons*] ⊠.

1 **mater** |mate| *v.tr.* **1** (*échecs*) [*mettre* (*le roi*) *en échec*] dare (102) scacco matto (a): *mater le roi avec le fou* dare scacco matto al re con l'alfiere **2** (*fig.*) [*rendre définitivement docile* (*un être, une collectivité*)] domare, dominare → 2 **dresser** **3** [*réprimer; abattre* (*qqch.*)] domare, dominare: *mater une révolte* domare una rivolta; *mater ses passions* dominare le proprie passioni.

2 **mater** |mate| *v.tr.* (*arg.*) [*regarder sans être vu*] sbirciare (*cour.*) → **lorgner, reluquer.**

3 **mater** |matɛʀ| *s.f.* (*fam.*) (*enfants*) [*mère*] madre.

mater |mate|, **matir** |matiʀ| *v.tr.* (*techn.*) **1** [*rendre mat*] rendere (105) opaco, matto → **dépolir** # *mater du verre* smerigliare il vetro ✦ (*au p.p.*) *argent maté, mati* argento (reso) opaco **2** [*comprimer, refouler* (*un métal*) *pour rendre un joint étanche, resserrer un assemblage*] cianfrinare, presellare.

mâter |mɑte| *v.tr.* [*pourvoir* (*un navire*) *de mâts; mettre les mâts en place*] alberare: *mâter un bâtiment* alberare una nave.

mater dolorosa |matɛʀdɔlɔʀoza| *s.f. inv.* (*lat.*) **1** (*bx-arts*) mater dolorosa → **pietà** **2** (*fig., fam.*) [*femme mélancolique*] mater dolorosa.

mâtereau |mɑtʀo| *s.m.* (*mar.*) alberetto.

matérialisation |mateʀjalizɑsjɔ̃| *s.f.* **1** [→ MATÉRIALISER A] materializzazione: *matérialisation d'une idée* materializzazione di un'idea **2** (*phys.*) *matérialisation de l'énergie* materializzazione dell'energia **3** (*occultisme*) materializzazione.

matérialiser |mateʀjalize| **A** *v.tr.* [*représenter* (*une idée, une action abstraite*) *sous forme matérielle*] materializzare: *l'art matérialise les idées* l'arte materializza le idee → **concrétiser** ✦ *au p.p.* (*routes*) *voie matérialisée* corsia materializzata **B** *v.pron. intr.* SE MATÉRIALISER [*devenir réel, matériel*] concretarsi, realizzarsi: *si nos projets se matérialisent* se i nostri progetti si concretano, si realizzano.

matérialisme |mateʀjalism(ə)| *s.m.* (*philo., cour.*) materialismo: *matérialisme historique, dialectique* materialismo storico, dialettico 🄲 **idéalisme, spiritualisme.**

matérialiste |mateʀjalist(ə)| *s.* **1** (*philo.*) materialista ✦ *adj.* materialista, materialistico*: *philosophie matérialiste* filosofia materialista, materialistica **2** [*personne qui recherche des jouissances et des biens matériels*] materialista: *vivre en matérialiste* vivere da materialista ✦ (*adj.*) *esprit matérialiste* spirito materialista, materialistico.

matérialité |mateʀjalite| *s.f.* materialità *inv.* ◇ (*dr.*) *la matérialité d'un acte* la materialità di un atto.

matériau |mateʀjo| *s.m.* [*toute matière servant à construire*] materiale: *matériau isolant* materiale isolante.

matériaux |mateʀjo| *s.m.pl.* **1** [*les diverses matières nécessaires à la construction*] materiali: *matériaux de construction* materiali da costruzione; *matériaux bruts, travaillés* materiali grezzi, lavorati **2** (*fig.*) materiale (*sing.*): *rassembler des matériaux* raccogliere materiale → **document.**

matériel |mateʀjɛl| *s.m.* **1** (*techn.*) macchinario*, macchine *f. pl.*; materiale: *matériel agricole* macchinario agricolo; macchine agricole; *matériel d'imprimerie* macchinario tipografico → **équipement, outillage**; *matériel de chantier, de travaux publics* macchine da cantiere, da lavori pubblici ‖ *matériel roulant* materiale rotabile; *matériel de guerre* materiale bellico **2** [*ensemble des objets nécessaires à un exercice* (*sport, etc.*)] attrezzatura *f.*, equipaggiamento: *matériel de camping, de pêche* attrezzatura da campeggio, da pesca.

matériel, elle |mateʀjɛl| *adj.* **1** (*philo.*) materiale: *cause matérielle* causa materiale **2** [*qui est de la nature de la matière, constitué par la matière*] materiale: *substance matérielle* sostanza materiale; *l'univers matériel* l'universo materiale → 1 **physique** **3** [*concret*] materiale: *impossibilités matérielles* impossibilità materiali; *je n'ai pas le temps matériel d'y aller* non ho il tempo materiale d'andarci **4** [*qui concerne le corps humain*] materiale: *le confort matériel* il benessere materiale **5** [*qui concerne les aspects extérieurs, visibles ou concrets des êtres ou des choses*] materiale: *organisation matérielle d'un spectacle* organizzazione materiale di uno spettacolo ◇ (*dr.*) *fait matériel* fatto materiale; *erreur matérielle* errore materiale **6** [*qui est constitué par des biens tangibles ou lié à leur possession*] materiale: *avantages, biens matériels* vantaggi, beni materiali → **concret** # *gêne matérielle, difficultés matérielles* [*financières*] strettezze, difficoltà economiche ♦ *s.f.* (*fam.*) LA MATÉRIELLE [*ce qui assure la vie quotidienne*] il necessario* *m.* per vivere (alla giornata): *avoir la matérielle assurée* avere assicurato il necessario per vivere alla giornata **7** (*fig., péj.*) materiale: *une personne trop matérielle* una persona troppo materiale → **prosaïque** Ⓒ 2 **spirituel**; 6 **moral.**

matériellement |materjɛlmɑ̃| *adv.* **1** (*philo., cour.*) materialmente **2** [*en fait, effectivement*] materialmente: *c'est matériellement impossible* è materialmente impossibile; *je n'en ai matériellement pas le temps* non ne ho materialmente il tempo → **pratiquement.**

maternage |matɛrnaʒ| *s.m.* (*psychan., psychiatr.*) transfert *inv.* materno, traslazione *f.* materna.

maternalisme |matɛrnalism(ə)| *s.m.* tendenza *f.* all'eccesso di autorità materna.

maternel, elle |matɛrnɛl| *adj.* **1** [*qui appartient à la mer*] materno: *le lait maternel* il latte materno; *amour, instinct maternel* amore, istinto materno ◇ [*de la mère*] *il craignait les réprimandes maternelles* temeva i rimproveri materni, di sua madre **2** (*personnes*) materno: *une femme maternelle avec son mari* una donna materna con il marito ♦ (*s.f.*) (*école*) *maternelle* scuola materna, asilo *m.* → **jardin (d'enfants)** **3** [*qui a rapport à la mère, quant à la filiation*] materno: *un oncle du côté maternel* uno zio materno # *parenté en ligne maternelle* parentela per parte di madre **4** *langue maternelle* lingua materna, lingua madre (madrelingua).

maternellement |matɛrnɛlmɑ̃| *adv.* [→ MATERNEL 1, 2] maternamente.

materner |matɛrne| *v.tr.* (*psychiatr.*) [*soigner par maternage*] curare mediante transfert materno ◇ [*traiter (qqn.) de façon maternelle*] trattare maternamente.

materniser |matɛrnize| *v.tr.* (*techn.*) [*donner les propriétés chimiques du lait de femme à (un lait animal)*] maternizzare.

maternité |matɛrnite| *s.f.* **1** maternità (*inv.*): *les joies et les peines de la maternité* le gioie e i dolori della maternità ◇ (*dr.*) *recherche de maternité* ricerca della maternità **2** [*établissement ou service hospitalier réservé aux femmes en couches*] maternità.

math, maths |mat| *s.f. pl.* (*abrév. fam.*) [*mathématiques*] matematica *sing.* (*cour.*): *un fort en maths* un asso in matematica.

mathématicien, ienne |matematisjɛ̃, jɛn| *s.* matematico*.

mathématique |matematik| **I** *adj.* **1** matematico*: *raisonnement mathématique* ragionamento matematico **2** [*précis, rigoureux*] matematico: *une précision mathématique* una precisione matematica ◇ (*fam.*) *il doit réussir, c'est mathématique* è matematicamente certo che riuscirà → **automatique,** 2 **logique** **II** (*s.f.*) *la mathématique* (*vx.*); *les mathématiques* la matematica (*sing.*): *mathématiques pures, modernes* matematica pura, moderna.

mathématiquement |matematikmɑ̃| *adv.* **1** [*selon les méthodes des math.*] matematicamente **2** [*exactement, rigoureusement*] matematicamente: *c'est mathématiquement exact* è matematicamente esatto Ⓒ 2 **approximativement.**

mathématisation |matematizasjɔ̃| *s.f.* [→ MATHÉMATISER] matematizzazione.

mathématiser |matematize| *v.tr.* [*donner une structure math. ou appliquer des procédés math. à (un objet de savoir)*] matematizzare.

matheux, euse |matø, øz| *s.* (*fam.*) studente* di matematica (*cour.*); studente bravo in matematica (*cour.*).

mati, ie |mati| *adj.* → **mater.**

matière |matjɛr| *s.f.* **I** **1** (*philo., sc.*) materia: *les trois états de la matière* i tre stati della materia **2** (*dr.*) *matière d'un délit* materia, sostanza di un reato **3** *une, des matière(s)* materia, sostanza: *matières organiques et inorganiques* materie, sostanze organiche e inorganiche ◇ (*par ext.*) *matières* (*fécales*) materie fecali, feci → **excrément** ◇ (*anat.*) *matière grise* [*du cerveau*] materia grigia ◇ (*fam.*) [*l'intelligence, la réflexion*] materia grigia; cervello (*m.*): *il n'a pas de matière grise* manca di materia grigia || *il ne sait pas se servir de sa matière grise* non sa usare il cervello **4** (*spécialt.*) *les matières premières* le materie prime; *les matières grasses* i grassi → **graisse** **5** (*gram.*) *complément de matière* complemento di materia **II** (*fig.*) **1** [*contenu, sujet d'un ouvrage*] materia, argomento (*m.*): *fait réel qui fournit la matière d'un livre* fatto reale che fornisce la materia, l'argomento di un libro; *entrer en matière* entrare in argomento, in materia # *table des matières* indice (delle materie) **2** [*ce qui est objet d'études scolaires, d'enseignement*] materia: *matières d'examen* materie d'esame; *il est bon dans toutes les matières* è bravo in tutte le materie → 2 **discipline** ◇ (*dr.*) *matière d'un engagement* materia, sostanza di un impegno; *matière sommaire* oggetto *m.* di procedura sommaria **3** [*ce sur quoi s'exerce ou peut s'exercer l'activité humaine*] materia: *je suis incompétent en la matière, sur cette matière* sono incompetente in materia, su questo argomento → **sujet**; 1 **point, question** ◇ *loc.* EN MATIÈRE (+ *adj.*) in materia (+ *adj.*): *en matière poétique* in materia poetica ~ EN MATIÈRE DE in materia di, in fatto di: *en matière d'art* in materia, in fatto d'arte **4** *donner matière à* [*motif, raison*] dare materia, motivo a: *sa conduite donne matière à (la) critique* il suo comportamento dà materia a critiche, dà adito a (alle) critiche.

matin |matɛ̃| *s.m.* **1** mattina *f.*, mattino: *du matin au soir* dalla mattina alla sera, da mane (*littér.*) a sera; *du soir au matin* dalla sera alla mattina; *la fraîcheur, la rosée du matin* la frescura, la rugiada del mattino ◇ (*loc.*) *au petit matin* la mattina presto ~ *au matin* di mattina, la mattina ~ *de bon, de grand matin* di prima mattina, di buon mattino ♦ (*adv.*) *se lever matin* alzarsi di primo mattino, di buonora (buon'ora) **2** [*la première partie de la journée, qui se termine à midi*] mattina, mattino: *le médecin reçoit le matin* il medico riceve la mattina, di mattina (di mattino); *à dix heures du matin* alle dieci (di mattina) → **matinée** # *ce matin* stamattina, stamane **3** (*poét.*) [*commencement, début*] mattino: *le matin de la vie* il mattino della vita → **jeunesse.**

mâtin |mɑtɛ̃| *s.m.* (*t.zool.*) mastino.

mâtin, ine |mɑtɛ̃, in| *s.* (*fam., vx.*) → **coquin.**

matinal, ale, aux |matinal, o| *adj.* **1** [*du matin*] mattutino: *gymnastique matinale* ginnastica mattutina **2** [*qui s'éveille, se lève tôt*] mattiniero: *vous êtes bien matinal* lei è molto mattiniero.

matinalement |matinalmɑ̃| *adv.* (*littér.*) [*à une heure matinale*] di buon mattino *loc. inv.* (*cour.*), di prima mattina *loc. inv.* (*cour.*).

mâtiné, ée |mɑtine| *adj.* **1** (*se dit d'un chien qui n'est pas de race pure*) incrociato, bastardo **2** (*fig.*) misto (a), mescolato (con): *il parle un français mâtiné d'espagnol* parla un francese misto a spagnolo.

matinée |matine| *s.f.* **1** mattinata, mattina: *une belle matinée d'octobre* una bella mattinata, mattina di ottobre; *je passerai chez vous dans la matinée* passerò da lei in mattinata ◇ (*loc. fig.*) *faire la grasse matinée* dormire fino a tardi, alzarsi tardi **2** [*réunion, spectacle qui a lieu avant le dîner, l'après-midi*] diurna, 'matinée' *inv.*

mâtiner |mɑtine| *v.tr.* (*en parlant d'un chien de race différente*) [*couvrir (une chienne de race)*] incrociare ♦ (*au p.p.*) *chien mâtiné* cane incrociato, bastardo → **mâtiné.**

matines |matin| *s.f. pl.* (*liturg. cathol.*) mattutino *m. sing.*

matineux, euse |matinø, øz| *adj.* (*vieilli*) [*qui a l'habitude de se lever matin, tôt*] mattiniero (*cour.*) → **matinal** 2.

matinier, ière |matinje, jɛr| *adj.* (*vx.*) [*du matin*] mattutino (*cour.*) ◇ (*littér.*) *l'étoile matinière* la stella del mattino *loc. inv.*

matir |matir| *v.tr.* → **mater.**

matité |matite| *s.f.* **1** [*caractère de ce qui est mat*] opacità *inv.* **2** (*méd.*) ottusità *inv.*

matoir |matwar| *s.m.* (*techn.*) presello; scalpello da presellatura.

matois, oise |matwa, waz| *adj.* (*littér.*) [*qui a de la ruse sous des dehors de bonhomie*] sornione (*cour.*), furbo (*cour.*): *un air matois* un'aria sorniona, furba → **finaud.**

matoiserie |matwazri| *s.f.* (*vx.*) [*façon d'agir, tour matois*] furberia (*cour.*), scaltrezza (*cour.*) → **tromperie.**

maton, onne |matɔ̃, ɔn| *s.* (*arg.*) guardia *f.* carceraria (*cour.*).

matou |matu| *s.m.* [*chat domestique mâle et entier*] gatto (maschio*).

matraquage |matrakaʒ| *s.m.* **1**

[→ MATRAQUER 1] bastonatura *f.*, randellata *f.* **2** [→ MATRAQUER 3] martellamento (pubblicitario*).

matraque |matʀak| *s.f.* [*arme contondante assez courte*] randello *m.*, manganello *m.* → **casse-tête** # *coup de matraque* randellata, manganellata.

matraquer |matʀake| *v.tr.* **1** [*frapper à coups de matraque*] randellare, manganellare **2** (*fig.*) [*donner le 'coup de masse'; présenter une addition excessive, etc.*] dare (102) una stangata, una mazzata (a) **3** [*infliger d'une manière répétée (un message)*] martellare.

matraqueur |matʀakœʀ| *s.m.* [*celui qui matraque*] bastonatore.

1 **matras** |matʀɑ| *s.m.* (*archéol.*) quadrello, verrettone.

2 **matras** |matʀɑ| *s.m.* [*vase de verre ou de terre utilisé en chimie, en pharmacie*] matraccio*, beuta *f.*

matriarcal, ale, aux |matʀijaʀkal, o| *adj.* matriarcale: *société matriarcale* società matriarcale.

matriarcat |matʀijaʀka| *s.m.* matriarcato.

matriçage |matʀisaʒ| *s.m.* (*techn.*) fucinatura *f.* su stampo.

matricaire |matʀikɛʀ| *s.f.* (*t.bot.*) matricaria.

1 **matrice** |matʀis| *s.f.* (*vx., anat.*) matrice → **utérus.**

2 **matrice** |matʀis| *s.f.* **1** (*techn.*) matrice: *la matrice d'un disque, d'une médaille* la matrice di un disco, di una medaglia **2** (*algèbre*) matrice **3** (*admin.*) ruolo *m.* (d'imposta): *matrice du rôle des contributions directes* ruolo delle imposte dirette.

matricer |matʀise| (2) *v.tr.* (*techn.*) [*forger un objet en soumettant le métal porté au rouge à la pression d'une matrice*] fucinare, forgiare su stampo.

1 **matricide** |matʀisid| *s.* (*rare*) matricida.

2 **matricide** |matʀisid| *s.m.* (*rare*) matricidio*.

matriciel, ielle |matʀisjɛl| *adj.* **1** (*algèbre*) matriciale: *calcul matriciel* calcolo matriciale **2** (*admin.*) a ruolo *loc. inv.*, accertato.

matricule |matʀikyl| *s.* **1** *s.f.* (*admin.*) matricola # *inscription sur la matricule* immatricolazione → **immatriculation** ♦ (*adj.*) *livret matricule d'un soldat* matricola, foglio matricolare di un soldato; *numéro matricule* numero di matricola **2** *s.m.* matricola *f.*, numero di matricola: *effets d'un soldat marqués à son matricule* effetti di un soldato segnati col suo numero di matricola.

matriculer |matʀikyle| *v.tr.* (*rare*) [*marquer (un objet) d'un numéro matricule*] matricolare.

matrilinéaire |matʀilineɛʀ| *adj.* (*ethnogr.*) matrilineare, matrilineo.

matrilocal, ale, aux |matʀilɔkal, o| *adj.* (*ethnogr.*) matrilocale.

matrimonial, ale, aux |matʀimɔnjal, o| *adj.* matrimoniale: *lien matrimonial* vincolo matrimoniale → **conjugal**; *agence matrimoniale* agenzia matrimoniale.

matrimonialement |matʀimɔnjalmɑ̃| *adv.* (*littér.*) [*au point de vue du mariage*] matrimonialmente.

matronal, ale, aux |matʀɔnal, o| *adj.* matronale.

matronales |matʀɔnal| *s.f. pl.* (*hist. rom.*) matronalie.

matrone |matʀɔn| *s.f.* **1** (*antiq. rom.*) matrona **2** [*femme d'un certain âge, corpulente et vulg.*] matrona: *c'est une vieille matrone* è una vecchia matrona **3** [*accoucheuse qui exerce illégalement; avorteuse*] praticona, mammana (*pop.*).

matronymat |matʀɔnima| *s.m.* matronimia *f.*

matronyme |matʀɔnim| *s.m.* matronimico*.

matronymique |matʀɔnimik| *adj.* matronimico*: *nom matronymique* nome matronimico.

matte |mat| *s.f.* (*techn.*) matta.

matthiole |matjɔl| *s.f.* (*t.bot.*) violacciocca*.

maturation |matyʀɑsjɔ̃| *s.f.* **1** maturazione: *hâter la maturation des fruits* affrettare la maturazione dei frutti **2** (*biol., méd.*) maturazione **3** (*techn.*) *cave de maturation* [*pour les fromages*] casera.

mature |matyʀ| (*adj.*) *poisson mature* [*prêt à frayer*] pesce in fregola *loc. inv.*

mâture |mɑtyʀ| *s.f.* **1** [*ensemble des mâts d'un navire*] alberatura **2** [*magasin où sont entreposés les bois de mâture et réparés les mâts*] arsenale *m.*

maturité |matyʀite| *s.f.* **1** maturità *inv.*, maturazione: *maturité précoce, tardive* maturità, maturazione precoce, tardiva ◇ (*fig.*) *projet qui vient à maturité* progetto che giunge a maturazione; *maturité d'esprit* maturità di mente **2** *absolt.* [*l'âge mûr*] maturità: *il est en pleine maturité* è nel pieno della maturità → 1 **force (de l'âge)** **3** [*sûreté de jugement*] maturità: *manquer de maturité* mancare di maturità; *maturité précoce* maturità precoce → **sagesse.**

matutinal, ale, aux |matytinal, o| *adj.* (*vx., littér.*) → **matinal.**

maubèche |mobɛʃ| *s.f.* (*t.zool.*) piovanello *m.* maggiore.

maudire |modiʀ| (49) *v.tr.* **1** [*vouer au malheur; appeler sur (qqn.) la malédiction, la colère divine*] maledire (132): *maudire un ennemi, la guerre* maledire un nemico, la guerra → **abominer, exécrer** **2** [*vouer à la damnation éternelle*] maledire: *Caïn a été maudit de Dieu, par Dieu* Caino è stato maledetto da Dio → **condamner.**

maudit, ite |modi, it| *adj.* **1** [*qui est rejeté par Dieu ou condamné, repoussé par la société*] maledetto: *les poètes maudits* i poeti maledetti → **réprouvé** ♦ (*s.*) *les maudits* i dannati **2** (*avant le nom*) [*dont on a sujet de se plaindre*] maledetto, dannato: *cette maudite histoire le tracasse beaucoup* questa maledetta, dannata storia lo tormenta molto → **détestable, exécrable.**

maugrabin, ine |mogʀabɛ̃, in|, **maugrebin, ine** |mogʀəbɛ̃, in| *s. et adj.* (*vx.*) [*du Maghreb*] magrebino (*cour.*).

maugréer |mogʀee| *v.intr.* [*manifester (son mécontentement) en protestant à mi-voix*] brontolare.

maurandie |mɔʀɑ̃di| *s.f.* (*t.bot.*) maurandia.

maure, mauresque |mɔʀ, mɔʀɛsk(ə)| *s.* **1** (*hist.*) moro, mauro ♦ (*adj.*) *invasion maure* invasione mora, dei mori **2** [*de la Mauritanie*] mauro, moro: *les Maures du Soudan* i Mauri, i Mori del Sudan ◇ (*loc.*) *tête-de-maure* [*couleur brun foncé*] testa di moro.

maurelle |mɔʀɛl| *s.f.* (*t.bot.*) girasole *m.*

mauresque |mɔʀɛsk(ə)| **1** *s.f.* donna maura, mora **2** *adj.* (*bx-arts*) [*arabe, musulman*] moresco*.

mauser |mozɛʀ| *s.m.* (*all.*) mauser *inv.*

mausolée |mozɔle| *s.m.* mausoleo → **tombeau.**

maussade |mosad| *adj.* **1** [*qui n'est ni gai ni aimable*] scontroso; imbronciato, tetro: *caractère maussade* carattere scontroso → **grognon, revêche** || *un air maussade* un'aria imbronciata; *humeur maussade* umore tetro, nero **2** [*qui inspire de l'ennui*] imbronciato: *ciel, temps maussade* cielo, tempo imbronciato → 1 **terne, triste** 🄲 1 **avenant, plaisant.**

maussadement |mosadmɑ̃| *adv.* [→ MAUSSADE 1] scontrosamente, tetramente.

maussaderie |mosadʀi| *s.f.* [*humeur maussade*] scontrosità *inv.*, tetraggine.

mauvais, aise |mɔ(o)vɛ, ɛz| *adj. et adv.* **I** *adj. REM. en épithète, 'mauvais' est le plus souvent avant le nom (opposé à 'bon')* **1** [*qui présente une imperfection essentielle; qui a une valeur faible ou nulle*] cattivo: *assez, très mauvais* piuttosto, molto cattivo (cattivissimo); *les bons et les mauvais morceaux* i pezzi buoni e quelli cattivi; *une mauvaise affaire* un cattivo affare, un affaraccio; *un mauvais livre* un cattivo libro, un libraccio → **défectueux, imparfait** # *un film bien mauvais* un pessimo film, un film molto scadente; *un produit de très mauvaise qualité* un prodotto di pessima qualità; *un mauvais raisonnement* un ragionamento sbagliato → **faux, inexact** ◇ [*qui ne fonctionne pas correctement*] *être en mauvaise santé* essere in cattiva salute; *avoir de mauvais yeux* essere debole di vista, non avere gli occhi buoni (*pop.*) **2** (*personnes*) [*qui ne remplit pas correctement son rôle*] cattivo: *un mauvais élève* un cattivo allievo # *un très mauvais acteur* un pessimo attore; *il est mauvais, très mauvais en latin* è scarso, molto scarso in latino → 2 **nul** **3** [*qui est mal choisi, ne convient pas*] cattivo, sbagliato: *une mauvaise méthode* un cattivo metodo, un metodo sbagliato; *prendre la mauvaise route* prendere la strada sbagliata; *il l'a fait pour de mauvaises raisons* lo ha fatto per ragioni sbagliate ♦ (*impers. et négatif*) *il ne serait pas mauvais de s'en souvenir* non sarebbe male ricordarsene; *il n'est pas mauvais qu'il en fasse l'expérience* non è male che ne faccia esperienza **II** *adj.* (*opposé à 'bon, beau, heureux', etc.*) **1** [*qui annonce le malheur*] cattivo: *un mauvais augure* un cattivo auspicio; *un mauvais sort* una cattiva sorte; *c'est un mauvais signe* è (un) cattivo segno # *il a le mauvais œil* ha il malocchio **2** [*qui est cause de malheur, d'ennuis*] cattivo, brutto: *l'affaire prend une mauvaise tournure* l'affare prende una cattiva, una brutta piega; *être en mauvaise posture* essere in cattive, brutte acque; *la mer est mauvaise* il mare è cattivo, brutto; *recevoir un mauvais coup* ricevere un brutto colpo; *on lui a joué un mauvais tour* gli hanno giocato un brutto tiro, un tiro mancino → **dangereux, nuisible** ◇ (*sur le plan intellectuel ou moral*) *mauvais conseil* cattivo consiglio; *mauvaise herbe* erba cattiva, erbaccia; *don-*

ner le mauvais exemple dare il cattivo esempio; *il a de mauvaises compagnies* frequenta cattive compagnie; *c'est une mauvaise plaisanterie* è uno scherzo di cattivo gusto **3** [*désagréable aux sens*] cattivo: *mauvaise odeur* cattivo odore; *mauvais goût* cattivo gusto ◇ (*opposé à 'beau'*) *mauvais temps* cattivo tempo, tempaccio; *il fait mauvais* è, fa brutto, cattivo tempo ◇ [*désagréable au goût*] *du mauvais vin* del vino cattivo; *cette viande est mauvaise* questa carne è cattiva # *pas mauvais* [*assez bon*] non c'è male **4** [*pénible*] cattivo, brutto: *une mauvaise nouvelle* una cattiva, una brutta notizia; *faire mauvais effet* fare cattivo effetto; *faire un mauvais rêve* fare un cattivo, un brutto sogno ◇ (*loc.*) *passer un mauvais quart d'heure* passare un brutto quarto d'ora ~ (*fam.*) *je l'ai, je la trouve mauvaise* (*la chose, l'affaire*) non mi piace, non mi va a genio **5** [*peu accommodant*] cattivo: *mauvaise humeur* cattivo umore; *il a* (*un*) *mauvais caractère* ha un cattivo carattere, un caratteraccio # *il est de très mauvaise humeur* è di pessimo umore; *c'est une mauvaise tête* è una testa matta, un testardo **III** *adj.* (*opposé à 'bon, honnête'*) **1** [*qui est contraire à la loi morale*] cattivo: *une mauvaise action* una cattiva azione; *il est de mauvaise conduite* ha una cattiva condotta ◇ (*loc.*) *femme de mauvaise vie* donna di facili costumi **2** (*personnes*) [*qui fait ou aime à faire du mal à autrui*] cattivo → **méchant** # *une mauvaise langue* una mala lingua, una linguaccia ◇ (*loc.*) *il est mauvais comme une teigne* è velenoso come una vipera, come un serpente ~ *c'est un mauvais sujet* è un cattivo soggetto ◇ (*spécialt.*) MAUVAIS GARÇON [*homme prompt à en venir aux coups*]: *c'est un mauvais garçon* è un tipo scontroso, un attaccabrighe; *ce n'est pas un mauvais garçon, mais...* non è cattivo, ma... **3** (*peut s'employer après le nom*) [*qui dénote de la méchanceté, de la malveillance*] *il a eu un rire mauvais* ha avuto un riso cattivo; *une joie mauvaise* una gioia crudele → **cruel IV** (*adv.*) *sentir mauvais* avere, mandare cattivo *adj.* odore; puzzare ◇ (*fig.*) *ça sent mauvais* [*les choses prennent une mauvaise tournure*] (la cosa) puzza!; le cose prendono una brutta piega.

mauvaiseté |mɔ(o)vɛzte| *s.f.* (*rare*) [*méchanceté*] malvagità *inv.* (*cour.*).

mauve |mov| **1** *s.f.* (*t.bot.*) malva **2** *adj.* [*d'une couleur violet pâle*] malva *inv.* ✦ (*s.m.*) [*couleur mauve*] malva *inv.*

mauvéine |movein| *s.f.* (*chim.*) malveina.

mauviette |movjɛt| *s.f.* [*personne chétive, au tempérament délicat, maladif*] persona gracile, mingherlina.

mauvis |movi| *s.m.* (*t.zool.*) malvizzo, tordo sassello.

maxijupe |maksiʒyp| *s.f.* maxigonna.

maxillaire |maksil(l)lɛʀ| *adj.* (*anat.*) mascellare: *os maxillaire* osso mascellare ✦ (*s.m.*) *le maxillaire supérieur* il mascellare superiore.

maxille |maksil| *s.m.* (*zool.*) mascella *f.*

maxima |maksima| *s. pl. ou adj. f.* → **maximum** ◇ (*loc. dr.*) *appel à maxima* appello del pubblico ministero, interposto dal pubblico ministero contro una condanna troppo severa, per una diminuzione di pena.

maximal, ale, aux |maksimal, o| *adj.* [*qui constitue un maximum*] massimo ◇ (*météo.*) *températures maximales* temperature massime © **minimal.**

maximalisation |maksimalizasjɔ̃| *s.f.* massimalizzazione.

maximalisme |maksimalism(ə)| *s.m.* (*polit.*) massimalismo.

maximaliste |maksimalist(ə)| *s.m.* (*polit.*) massimalista ✦ *adj.* massimalistico*, massimalista: *positions maximalistes* posizioni massimalistiche, massimaliste.

maxime |maksim| *s.f.* massima: *suivre une maxime* seguire una massima.

maximiser |maksimize|, **maximaliser** |maksimalize| *v.tr.* **1** (*philo.*) [*donner la plus haute valeur, la plus grande importance à*] massimizzare **2** [*porter à son maximum*] massimizzare **3** (*math.*) [*trouver les valeurs des paramètres d'une expression qui la rendent maximale*] massimare.

maximoto |maksimɔto| *s.f.* maximoto *inv.*

maximum |maksimɔm| **I** **1** *s.m.* (*lat.*) (*sc.*) massimo: *des maximums, des maxima* dei massimi **2** massimo: *maximum de vitesse, de force* massimo di velocità, di forza; *le maximum de chances* il massimo delle probabilità; *atteindre son maximum* raggiungere il massimo ✦ (*absolt.*) *au maximum* al massimo: *mille francs au maximum* mille franchi al massimo ◇ (*dr. pén.*) *le maximum de la peine* il massimo della pena ✦ (*absolt.*) *il a été condamné au maximum, il a eu le maximum* è stato condannato al massimo della pena, ha avuto il massimo della pena # *thermomètre à maxima* termometro a massima **II** *adj.* [*qui constitue un maximum*] massimo: *rendement maximum* rendimento massimo ✦ (*au f.*) *amplitude maximum ou maxima* ampiezza massima ✦ (*au plur.*) *des prix maximums ou maxima* prezzi massimi © **minimum.**

maxwell |makswɛl| *s.m.* (*phys.*) maxwell *inv.*

maya |maja| **1** *adj.* maya (*inv.*): *art, civilisation maya* arte, civiltà maya ✦ *s.* (*hist.*) *les Mayas* i Maya *inv.* **2** (*s.m. inv.*) *le maya* [*la langue*] il maya.

mayday |mede| *s.m.* [*appel à secourir d'urgence des personnes en danger*] S.O.S. *inv.*

maye |mɛ| *s.f.* vasca* di pietra che riceve l'olio del frantoio.

mayonnaise |majɔnɛz| *adj.* maionese: *sauce mayonnaise* salsa maionese ✦ (*s.f.*) *la mayonnaise prend* la maionese si rapprende.

mazagran |mazagʀɑ̃| *s.m.* (*vieilli*) caffè *inv.* servito in bicchiere; caffè allungato con acqua.

mazarinade |mazaʀinad| *s.f.* (*hist.*) 'mazarinade' *inv.*, mazarinata.

mazdéen, éenne |mazdeɛ̃, eɛn| *adj.* (*relig.*) mazdaico*.

mazdéisme |mazdeism(ə)| *s.m.* (*relig.*) mazdeismo.

mazéage |mɑzeaʒ| *s.m.* [→ MAZER] affinazione *f.*

mazer |mɑze| *v.tr.* (*techn.*) [*traiter* (*la fonte*) *par un premier affinage*] affinare.

mazette |mazɛt| *s.f.* **1** (*vx.*) [*mauvais petit cheval*] ronzino *m.* (*cour.*) **2** (*vieilli*) [*personne maladroite au jeu*] schiappa (*cour.*) **3** *interj.* (*région., exclam. d'étonnement, d'admiration*) caspita!, capperi!: *un million? mazette!* un milione? caspita!, capperi!

mazout |mazut| *s.m.* (*russe*) [*résidu de la distillation du pétrole, utilisé comme combustible*] nafta (*f.*): *chauffage au mazout* riscaldamento a nafta.

mazouter |mazute| *v.intr.* **1** (*mar.*) [*faire le plein de mazout*] fare (103) *tr.* il pieno di nafta **2** [*souiller de mazout*] *plages mazoutées* spiagge inquinate da idrocarburi.

mazurka |mazyʀka| *s.f.* (*danse, mus.*) mazurca*.

mé- |me|, **més-** |mez| (*devant voyelle*) *préf.* (*signifiant 'mauvais', correspond généralt. à*) dis: *mécompte* disinganno; *mésestimer* disprezzare.

me |m(ə)| *pron. pers. compl. de la 1ère pers. du sing.* (*REM. 'me' s'élide en 'm'' devant une voyelle ou un 'h' muet*) → **je, moi** **1** (*compl. d'objet direct*) mi (m'): *tu me présenteras à lui* mi presenterai a lui; *on m'a vu* mi hanno (m'hanno) visto; *il m'a envoyé te chercher* mi ha (m'ha) mandato a cercarti **2** (*compl. d'objet indirect*) mi (m'); me: *il me fait pitié* mi fa pietà; *il veut me parler* vuole parlarmi, mi vuole parlare; *on m'a laissé finir mon repas* mi hanno (m'hanno) lasciato finire il pranzo ‖ *donne-m'en* dammene; *il m'en a apporté quelques-uns* me ne ha portato qualcuno **3** (*dans la conjugaison des v. pron.*) mi; me: *je vais m'habiller* vado a vestirmi; *je me demande pourquoi* mi chiedo perché ‖ *j'e m'en vais* me ne vado; *je me repens* me ne pento.

mea-culpa |meakylpa| *s.m. inv.* (*lat.*) *faire, dire son mea-culpa* fare, recitare il mea culpa.

méandre |meɑ̃dʀ(ə)| *s.m.* **1** meandro: *méandres d'un fleuve* meandri di un fiume ◇ (*par anal.*) *méandre d'une route* meandro di una strada **2** (*fig.*) meandro: *méandres de la pensée* meandri del pensiero → **détour** **3** (*bx-arts*) meandro.

méat |mea| *s.m.* (*anat., bot.*) meato.

mec |mɛk| *s.m.* **1** (*arg.*) tipo energico* # *un mec à la redresse* un duro **2** (*pop.*) [*homme, individu*] tizio*, tipo: *qu'est-ce que c'est que ce mec-là?* chi è quel tizio, tipo?

mécanicien, ienne |mekanisjɛ̃, jɛn| **I** *s.* **1** [*personne qui a pour métier de monter, de réparer les machines*] meccanico* (*m.*): *bleu, combinaison de mécanicien* tuta da meccanico ✦ (*par appos.*) *ouvrier mécanicien* meccanico; *officier mécanicien* ufficiale di macchina *loc. inv.* **2** [*personne qui conduit une locomotive*] macchinista **3** *mécanicien-dentiste* odontotecnico* **II** (*adj.*) *civilisation mécanicienne* civiltà delle macchine *loc. inv.*

mécanique |mekanik| **I** *adj.* **1** meccanico*: *battage, tissage mécanique* trebbiatura, tessitura meccanica; *piano mécanique* pianoforte meccanico, pianola # *escalier mécanique* scala mobile **2** (*fig.*) meccanico: *un geste mécanique* un gesto meccanico → **automatique, machinal** **3** [*qui consiste en mouvements, est produit par un mouvement; qui concerne le mouvement*] meccanico: *énergie mécanique* energia meccanica # *ennuis mécaniques* noie al motore → **1 panne** **II** *s.f.* **1** meccanica*: *mécanique rationnelle* meccanica razionale; *mécanique*

quantique meccanica quantistica **2** [*mécanisme*] meccanica: *la mécanique d'une montre* la meccanica di un orologio ◆ (*absolt.*) *dentelle faite à la mécanique* pizzo fatto a macchina.
mécaniquement |mekanikmɑ̃| *adv.* [→ MÉCANIQUE I 2] meccanicamente → **automatiquement, machinalement.**
mécanisation |mekanizɑsjɔ̃| *s.f.* [→ MÉCANISER 2] meccanizzazione.
mécaniser |mekanize| *v.tr.* **1** (*vx.*) [*rendre semblable à une machine*] meccanizzare: *le travail à la chaîne mécanise l'ouvrier* il lavoro a catena meccanizza l'operaio, rende l'operaio simile ad una macchina **2** [*réduire à un travail mécanique* (*par l'utilisation de machines*)] meccanizzare: *mécaniser une production artisanale* meccanizzare una produzione artigianale.
1 **mécanisme** |mekanism(ə)| *s.m.* **1** meccanismo: *mécanisme d'une machine* meccanismo di una macchina ◇ (*fig.*) *le mécanisme économique, administratif* il meccanismo economico, amministrativo **2** (*par ext.*) meccanismo: *mécanismes biologiques* meccanismi biologici → **processus**; *le mécanisme de la pensée* il meccanismo del pensiero.
2 **mécanisme** |mekanism(ə)| *s.m.* (*philo.*) meccanicismo.
mécaniste |mekanist(ə)| *adj.* (*philo.*) meccanicistico*.
mécano- |mekanɔ| *préf.* (*signifiant 'machine', correspond généralt. à*) meccano: *mécanographie* meccanografia.
mécano |mekano| *s.m.* (*fam.*) [*mécanicien*] meccanico*; macchinista *s.*
mécanographe |mekanɔgʀaf| *s.* meccanografo.
mécanographie |mekanɔgʀafi| *s.f.* meccanografia.
mécanographique |mekanɔgʀafik| *adj.* meccanografico*.
mécanothérapie |mekanɔteʀapi| *s.f.* (*méd.*) meccanoterapia.
meccano |mekano| *s.m.* (*angl.*) (*marque déposée*) (*jeu*) meccano.
mécénat |mesena| *s.m.* [*comportement du mécène*] mecenatismo.
mécène |mesɛn| *s.m.* [*personne riche et généreuse qui aide les écrivains, les artistes, etc.*] mecenate *s.*
méchage |meʃaʒ| *s.m.* **1** (*techn.*) solforazione *f.* **2** (*chir.*) tamponamento, zaffamento.
méchamment |meʃamɑ̃| *adv.* [*avec méchanceté*] con cattiveria *loc. inv.*, malvagiamente: *agir, parler méchamment* agire, parlare con cattiveria → **cruellement, durement** Ⓒ **gentiment.**
méchanceté |meʃɑ̃ste| *s.f.* **1** [*caractère, comportement d'une personne méchante*] cattiveria, malvagità (*inv.*): *la méchanceté d'une remarque* la cattiveria, la malvagità di un'osservazione; *c'est de la pure méchanceté* è pura cattiveria → **dureté, malveillance** **2** UNE, DES MÉCHANCETÉ(s) cattiveria, malignità (*inv.*): *dire des méchancetés* dire delle cattiverie, delle malignità Ⓒ 1 **bienveillance, bonté.**
méchant, ante |meʃɑ̃, ɑ̃t| *adj. et s.* **I** *adj.* **1** [*qui fait délibérément du mal ou cherche à en faire*] cattivo: *un homme méchant* un uomo cattivo, malvagio; *plus bête que méchant* più stupido che cattivo # *une méchante langue* una mala lingua, una linguaccia ◇ (*par ext.*) *air méchant* aria cattiva; *une parole méchante* una parola cattiva → **mauvais** **2** (*enfants*) [*qui se conduit mal, qui est turbulent*] cattivo: *si tu es méchant, tu seras privé de dessert* se sei cattivo, non avrai il dolce → **vilain** **3** (*animaux*) [*qui cherche à mordre, à griffer*] cattivo: *tigre méchant* tigre cattiva # *chien méchant* attenti al cane **4** (*loc. fam.*) *ce n'est pas bien méchant* non è poi tanto male, non è poi così grave **II** *adj.* (*avant le nom*) **1** [*mauvais*] brutto, mediocre: *un méchant livre* un brutto libro; *un méchant écrivain* uno scrittore mediocre **2** [*dangereux ou désagréable*] brutto; cattivo: *s'attirer une méchante affaire* mettersi in un brutto pasticcio ‖ *méchante humeur* cattivo umore **III** *s.* (*littér.*) [*personne méchante*] cattivo, malvagio*: *les méchants et les bons* i buoni e i cattivi # *faire le méchant* [*s'emporter, menacer*] adirarsi, andar su tutte le furie.
1 **mèche** |mɛʃ| *s.f.* **I** **1** [*cordon, tresse de fils de coton imprégné(e) de combustible*] stoppino *m.*, lucignolo (*m.*): *mèche d'une lampe à huile* stoppino, lucignolo di una lampada a olio **2** [*cordon fait d'une matière qui prend feu aisément*] miccia*: *mèche d'une mine* miccia di una mina; *mèche de sûreté* miccia di sicurezza **3** (*loc. fig.*) *éventer, découvrir la mèche* [*le complot*] sventare, scoprire un complotto ~ *vendre la mèche* [*trahir le secret*] svelare un segreto **II** (*méd.*) tampone *m.*, zaffo *m.* **III** [*tige d'acier servant à percer le bois, le métal*] punta: *mèche d'un vilebrequin, d'une perceuse* punta di un trapano (a mano) # *mèche de dentiste* trapano del dentista.
2 **mèche** |mɛʃ| *s.f.* ciocca* (di capelli), 'mèche' *inv.* → **boucle.**
3 **mèche** |mɛʃ| *s. inv.* (*loc. fam.*) *être de mèche avec qqn.* [*être d'accord en secret*] intendersela, essere in combutta con qc. ~ (*pop.*) *il n'y a pas* (*y'a pas*) *mèche* [*il n'y a pas moyen* (*de faire, d'obtenir qqch.*)] non c'è mezzo, modo (*cour.*).
mécher |meʃe| (8) *v.tr.* **1** (*techn.*) [*assainir* (*un tonneau*) *par la combustion d'une mèche soufrée*] solforare **2** (*chir.*) [*munir* (*une plaie*) *d'une mèche*] tamponare, zaffare.
mécheux, euse |meʃø, øz| *adj.* (*techn.*) lucignolato.
méchoui |meʃwi| *s.m.* [*mouton rôti à la broche*] montone (intero) arrosto, 'méchoui' *inv.*
mécompte |mekɔ̃t| *s.m.* **1** errore di calcolo, sbaglio* **2** [*erreur de conjecture, de prévision; espoir fondé à tort*] delusione *f.*, disinganno: *de graves mécomptes* grandi delusioni → **déception.**
méconduire (se) |mekɔ̃dɥiʀ| (75) *v.pron. intr.* (*Belgique*) [*se mal conduire*] comportarsi male: *il s'est méconduit avec sa femme* si è comportato male con sua moglie.
méconduite |mekɔ̃dɥit| *s.f.* (*Belgique*) cattiva condotta.
méconium |mekɔnjɔm| *s.m.* (*lat.*) (*méd.*) meconio*.
méconnaissable |mekɔnɛsabl(ə)| *adj.* [*qui est si changé qu'on ne peut le reconnaître*] irriconoscibile: *je ne l'avais pas revu depuis sa maladie; il est méconnaissable* non l'avevo rivisto dopo la sua malattia; è irriconoscibile.
méconnaissance |mekɔnɛsɑ̃s| *s.f.* (*littér.*) [→ MÉCONNAÎTRE] misconoscimento *m.* # *il fait preuve d'une totale méconnaissance de la situation* dimostra una completa ignoranza della situazione.
méconnaissant, ante |mekɔnɛsɑ̃, ɑ̃t| *adj.* misconoscente.
méconnaître |mekɔnɛtʀ(ə)| (72) *v.tr.* **1** (*littér.*) [*ne pas reconnaître* (*une chose*) *pour ce qu'elle est, refuser d'en tenir compte*] misconoscere (126): *méconnaître une doctrine* misconoscere una dottrina → **ignorer, négliger** # *méconnaître les lois* ignorare le leggi **2** [*ne pas apprécier* (*qqn. ou qqch.*) *à sa juste valeur*] misconoscere: *la critique méconnaît les auteurs de son temps* la critica misconosce, non apprezza gli autori del proprio tempo → **méjuger, mésestimer.**
méconnu, ue |mekɔny| *adj.* [*qui n'est pas reconnu, estimé à sa juste valeur*] misconosciuto ◇ (*iron.*) *un génie méconnu* un genio incompreso Ⓒ **reconnu.**
mécontent, ente |mekɔ̃tɑ̃, ɑ̃t| **1** *adj.* [*qui n'est pas content, pas satisfait*] malcontento, scontento: *il est rentré déçu et très mécontent* è tornato a casa deluso e malcontento, molto scontento; *être mécontent de son sort* essere scontento, insoddisfatto della propria sorte **2** (*s.*) *un perpétuel mécontent* un eterno scontento → **grognon, insatisfait.**
mécontentement |mekɔ̃tɑ̃tmɑ̃| *s.m.* [*état d'esprit d'une personne mécontente; sentiment pénible d'être frustré dans ses espérances, ses droits*] malcontento, scontentezza (*f.*): *sujet de mécontentement* motivo di malcontento; *mécontentement populaire, provoqué par la cherté de la vie* malcontento popolare provocato dal carovita; *exprimer son mécontentement par des reproches* esprimere il proprio malcontento, la propria scontentezza con dei rimproveri → **déplaisir, insatisfaction.**
mécontenter |mekɔ̃tɑ̃te| *v.tr.* [*rendre mécontent*] scontentare: *cette mesure a mécontenté tout le monde* questo provvedimento ha scontentato tutti → **contrarier, fâcher.**
mécréant, ante |mekʀeɑ̃, ɑ̃t| *adj.* (*littér.*) [*qui n'a aucune religion*] miscredente → **athée, irréligieux** ◆ (*s.*) *un mécréant* un miscredente Ⓒ **croyant.**
médaille |medaj| *s.f.* **I** **1** medaglia: *médaille d'argent, de bronze* medaglia d'argento, di bronzo; *science des médailles* scienza delle medaglie, medaglistica → 2 **numismatique** ◇ (*loc. fig.*) *profil de médaille* [*d'un dessin très sur*] profilo puro ◇ (*fam.*) *le revers de la médaille* il rovescio della medaglia **2** [*décoration* (*médaille, ruban, etc.*)] medaglia: *médaille militaire* medaglia al valor militare **3** [*petite pièce de métal portée sur soi en breloque*] medaglia, medaglietta: *médaille pieuse* medaglietta benedetta **4** [*plaque de métal numérotée dont le port est obligatoire* (*dans certaines professions, etc.*)] placca*: *médaille de porteur* placca di facchino **II** (*bot.*) → 2 **lunaire.**
médaillé, ée |medaje| *adj.* [*qui a reçu une médaille*] decorato (con, di medaglia) ◆ (*s.*) *les médaillés militaires* i decorati al valor militare.
médailler |medaje| *v.tr.* [*décorer, honorer d'une médaille*] decorare con,

di medaglia; conferire (197) una medaglia (a).
médailleur |medajœʀ| *s.m.* [*graveur de coins de médailles*] medaglista *s.*
médaillier |medaje| *s.m.* medagliere.
médailliste |medajist(ə)| *s.* **1** medaglista → **numismate** **2** [*fabricant, graveur de médailles*] medaglista → **médailleur** ♦ (*appos.*) *graveur médailliste* incisore di medaglie.
médaillon |medajɔ̃| *s.m.* **1** medaglione **2** (*cuis.*) medaglione: *médaillon de veau* medaglione di vitello.
mède |mɛd| *adj.* (*hist. anc.*) [*de la Médie*] medo ♦ (*s.*) *les Mèdes* i Medi.
médecin |mɛdsɛ̃| *s.m.* **1** medico*: *médecin consultant* medico consulente, chiamato per un consulto; *médecin traitant* medico curante; *médecin généraliste, spécialiste* medico generico, specialista; *médecin de famille* medico di famiglia; *médecin légiste* medico legale; *médecin militaire* ufficiale medico; *le médecin du bord* il medico di bordo → **docteur** # *médecin-chef* primario ♦ (*par appos.*) *femme médecin* dottoressa **2** (*fig.*) *médecin de l'âme* [*confesseur, prêtre*] medico dell'anima.
médecine |mɛdsin| *s.f.* **I** **1** medicina: *étudiant en médecine* studente in medicina; *docteur en médecine* dottore in medicina; *faculté de médecine* facoltà di medicina; *médecine préventive* medicina preventiva; *médecine générale* medicina generale; *médecine légale* medicina legale; *médecine interne* medicina interna ◇ (*par anal.*) *médecine vétérinaire* (medicina) veterinaria **2** [*profession du médecin*] medicina: *médecine de groupe* medicina di gruppo; *guérisseur qui exerce illégalement la médecine* guaritore che esercita illegalmente la medicina **II** (*région., vx.*) [*médicament, remède*] medicina: *prendre médecine* prendere la medicina → **drogue.**
medecine-ball |medsinbol|, **medicine-ball** |medisinbol| *s.m.* (*angl.*) pallone pesante, medecine-ball *inv.*
médersa, medersa |medɛʀsa| *s.f.* scuola superiore musulmana.
media, média |medja| *s.m.pl.* → **mass(-)media.**
médial, ale, aux |medjal, o| **1** *adj.* (*gram., phonét.*) medio*: *lettre médiale* lettera media; *consonne médiale* consonante media **2** *s.f.* (*statistique*) media.
médian, ane |medjɑ̃, an| **I** *adj.* **1** mediano: *ligne médiane* linea mediana **2** (*phonét.*) mediano: *voyelle médiane* vocale mediana **II** *s.f.* (*géom., statistique*) mediana.
médianoche |medjanɔʃ| *s.m.* (*vx.*) → **réveillon.**
médiante |medjɑ̃t| *s.f.* (*mus.*) mediante.
médiastin |medjastɛ̃| *s.m.* (*anat.*) mediastino.
médiastinal, ale, aux |medjastinal, o| *adj.* (*anat.*) mediastinico*.
médiastinite |medjastinit| *s.f.* (*méd.*) mediastinite.
médiat, ate |medja, at| *adj.* mediato: *action, cause médiate* azione, causa mediata ⓒ **direct, immédiat.**
médiateur, trice |medjatœʀ, tʀis| *s.* **1** (*personnes*) mediatore* → **1 arbitre, conciliateur** ♦ (*adj.*) *puissance médiatrice* potenza mediatrice **2** (*choses*) (*sc.*) mediatore: *médiateur chimique* mediatore chimico.
médiation |medjɑsjɔ̃| *s.f.* **1** mediazione: *offrir, proposer sa médiation* offrire, proporre la propria mediazione → **arbitrage, conciliation** **2** (*philo.*) mediazione.
médiatiser |medjatize| *v.tr.* [*rendre médiat*] mediare.
médiator |medjatɔʀ| *s.m.* (*lat.*) (*mus.*) plettro, penna *f.*
médiatrice |medjatʀis| *s.f.* (*géom.*) asse (*m.*): *médiatrice d'un segment* asse di un segmento.
médical, ale, aux |medikal, o| *adj.* [*qui concerne la médecine*] medico*, medicale (*rare*): *soins médicaux* cure mediche; *visite médicale* visita medica ◇ (*par anal.*) *le corps médical* la professione medica, il corpo sanitario.
médicalement |medikalmɑ̃| *adv.* dal punto di vista medico *loc. inv.*
médicament |medikamɑ̃| *s.m.* medicinale, medicina (*f.*): *ordonner, prescrire un médicament à un malade* ordinare, prescrivere un medicinale, una medicina a un malato; *médicament par voie buccale* medicinale, farmaco per via orale → **médication, remède.**
médicamenter |medikamɑ̃te| *v. tr.* (*vx., péj.*) [*soigner au moyen de médicaments*] somministrare medicine (a) (*cour.*).
médicamenteux, euse |medikamɑ̃tø, øz| *adj.* medicamentoso.
médicastre |medikastʀ(ə)| *s.m.* (*vieilli, péj., plais.*) medicastro.
médication |medikɑsjɔ̃| *s.f.* [*emploi systématique d'agents médicaux dans une intention précise*] cura, terapia medica* → **thérapeutique.**
médicinal, ale, aux |medisinal, o| *adj.* medicinale: *herbe médicinale* erba medicinale.
médicinier |medisinje| *s.m.* (*t.bot.*) ricino.
médico- |medikɔ| *préf.* (*signifiant 'médecin', correspond généralt. à*) medico: *médico-légal* medico-legale.
médico-chirurgical, ale, aux |medikɔʃiʀyʀʒikal, o| *adj.* medico-chirurgico*.
médico-légal, ale, aux |medikɔlegal, o| *adj.* medico-legale: *expertise médico-légale* perizia medico-legale.
médico-social, ale, aux |medikɔsɔsjal, o| *adj.* medico-sociale.
médiéval, ale, aux |medjeval, o| *adj.* medievale → **moyenâgeux.**
médiévisme |medjevism(ə)| *s.m.* medievalismo.
médiéviste |medjevist(ə)| *s.* medievalista.
médimne |medimn(ə)| *s.m.* medimno.
médina |medina| *s.f.* (*ar.*) medina, quartiere *m.* arabo.
médio- |medjɔ| *préf.* (*signifiant 'moyen', correspond généralt. à*) medio: *médio-dorsal* mediodorsale.
médiocre |medjɔkʀ(ə)| *adj.* **1** mediocre: *salaire médiocre* stipendio mediocre, modesto → **modeste, petit** ◇ (*par ext.*) [*assez mauvais*] *travail, réussite médiocre* lavoro, successo mediocre; *vie médiocre* vita mediocre → **mesquin** **2** (*personnes*) mediocre: *esprit médiocre* mente mediocre; *élève médiocre en français* allievo mediocre, scarso in francese → **inférieur** ♦ (*s.*) *un médiocre* un mediocre **3** (*littér.*) [*moyen, modéré*] mezzo (*cour.*): *une médiocre envie de partir* una mezza voglia di partire ⓒ **1 grand, excellent, supérieur.**
médiocrement |medjɔkʀəmɑ̃| *adv.* **1** [→ MÉDIOCRE 1] mediocremente: *gagner médiocrement* guadagnare mediocremente **2** [*assez peu, assez mal*] abbastanza male: *il joue, il travaille médiocrement* gioca, lavora abbastanza male.
médiocrité |medjɔkʀite| *s.f.* mediocrità (*inv.*): *médiocrité d'une œuvre* mediocrità di un'opera → **imperfection, petitesse** ⓒ **excellence.**
médio-palatal, ale, aux |medjɔpalatal, o| *adj. et s.f.* (*ling.*) *une* (*consonne*) *médio-palatale* una (consonante) medio-palatale; *les médio-palatales* le medio-palatali.
médique |medik| *adj.* (*hist. anc.*) medico*, dei Medi *loc. inv.* # *les guerres médiques* le guerre persiane.
médire |mediʀ| (48) (*sauf 'médisez'*) *v.intr.* [*dire* (*de qqn.*) *le mal qu'on sait ou on croit savoir sur son compte*] sparlare, dire (132) male: *médire d'un rival* sparlare, dire male di un rivale → **critiquer, dénigrer** ♦ (*absolt.*) *personne qui aime à médire* persona a cui piace sparlare ⓒ **louer** 1.
médisance |medizɑ̃s| *s.f.* **1** [→ MÉDIRE] maldicenza → **dénigrement, diffamation** **2** UNE, DES MÉDISANCE(S) maldicenza: *prêter aux médisances* dar adito a maldicenze → **bavardage, potin.**
médisant, ante |medizɑ̃, ɑ̃t| **1** *adj.* [*qui médit*] maldicente: *bavardages médisants* chiacchiere maldicenti **2** (*s.*) *un médisant* una malalingua* *f.*, un maldicente: *il ne craint pas les médisants* non teme le malelingue.
méditatif, ive |meditatif, iv| *adj.* meditativo: *esprit méditatif* mente meditativa ◇ (*par anal.*) [*pensif, préoccupé*] meditabondo, pensoso: *avoir un air méditatif* avere un'aria meditabonda, pensosa ♦ (*s.*) *c'est un méditatif* è un sognatore*.
méditation |meditɑsjɔ̃| *s.f.* [→ MÉDITER A 1] meditazione: *s'absorber dans la méditation* immergersi nella meditazione ◇ (*par ext.*) *se livrer à de longues méditations* abbandonarsi a lunghe meditazioni.
méditer |medite| **A** *v.tr.* **1** [*soumettre à une longue et profonde réflexion*] meditare: *méditez ce que je vous ai dit* meditate (su) ciò che vi ho detto → **approfondir** **2** [*préparer par une longue réflexion* (*une œuvre, une entreprise*)] *méditer un projet* meditare un progetto; *méditer de faire qqch.* meditare di fare q.c. **B** *v.intr.* [*penser longuement* (*sur un sujet*)] meditare: *méditer sur la condition humaine* meditare sulla condizione umana → **réfléchir.**
méditerrané, ée |meditɛʀane| *adj.* (*vx.*) mediterraneo: *les mers méditerranées* i mari mediterranei.
méditerranéen, éenne |meditɛʀaneɛ̃, eɛn| (*adj.*) *bassin méditerranéen* bacino mediterraneo; *climat méditerranéen* clima mediterraneo.
1 **médium** |medjɔm| *s.m.* (*lat.*) **1** (*log.*) mediotermine **2** (*mus.*) registro medio* **3** (*peint.*) solvente.
2 **médium** |medjɔm| *s.m.* medium (*s. inv.*): *des médiums* dei, delle medium.
médiumnique |medjɔmnik| *adj.* [*propre au* (2) *médium*] medianico*: *pouvoir médiumnique* potere medianico.

médiumnité |medjɔmnite| *s.f.* [*le fait d'être un* (2) *médium*] medianità *inv.*
médius |medjys| *s.m.* (*lat.*) (dito*) medio* → **majeur.**
médoc |medɔk| *s.m.* [*vin de bordeaux de la région de Médoc*] ⊠.
médullaire |medyl(l)ɛʀ| *adj.* (*anat.*, *bot.*) midollare.
médulleux, euse |medyl(l)ø, øz| *adj.* (*bot.*) midolloso.
médullo-surrénale |medyl(l)ɔsyʀ(ʀ)enal| *s.f.* (*anat.*) midollare-surrenale.
méduse |medyz| *s.f.* (*t.zool.*) medusa.
méduser |medyze| *v.tr.* [*frapper de stupeur*] sbalordire (197), sbigottire (197): *il en est resté médusé* ne è rimasto sbalordito, sbigottito → **pétrifier, stupéfier.**
meeting |mitiŋ| *s.m.* (*angl.*) **1** convegno, raduno; comizio* **2** raduno (sportivo), meeting *inv.* # *meeting d'aviation* avioraduno.
méfait |mefɛ| *s.m.* **1** [*action mauvaise, nuisible à autrui*] misfatto: *de graves méfaits* gravi misfatti **2** [*résultat pernicieux*] danno: *les méfaits de l'alcoolisme* i danni dell'alcoolismo Ⓒ **1 bienfait.**
méfiance |mefjɑ̃s| *s.f.* [*disposition à se méfier*; *état de celui qui se méfie*] diffidenza: *éveiller la méfiance de qqn.* suscitare la diffidenza di qc.; *éprouver de la méfiance à l'égard de qqn.* provare diffidenza per, verso qc. → **défiance, doute** Ⓒ **confiance.**
méfiant, ante |mefjɑ̃, ɑ̃t| *adj.* [*qui se méfie, est enclin à la méfiance*] diffidente: *air méfiant* aria diffidente → **défiant** ✦ (*s.*) *les méfiants* le persone diffidenti, i diffidenti.
méfier (se) |mefje| *v.pron. intr.* SE MÉFIER DE [*ne pas se fier à* (*qqn.*); *se tenir en garde contre les intention de* (*qqn.*)] diffidare *intr.* di, non fidarsi di: *se méfier d'un concurrent, d'un flatteur* diffidare di un concorrente, di un adulatore; *se méfier du jugement de qqn.* diffidare, non fidarsi del giudizio di qc. → **douter** ✦ *absolt.* [*être sur ses gardes*] fare (103) *tr.* attenzione: *méfiez-vous! il y a une marche* faccia attenzione! c'è un gradino.
méforme |mefɔʀm(ə)| *s.f.* (*sport*) cattiva forma: *il est en méforme* è in cattiva forma, è fuori forma.
méga- |mega| *préf.* (*signifiant 'grand'*, *correspond généralt. à*) mega.
mégacéros |megaseʀɔs| *s.m.* (*paléont.*) megacero.
mégacôlon |megakolɔ̃| *s.m.* (*méd.*) megacolon *inv.*
mégacycle |megasikl(ə)| *s.m.* → **megahertz.**
mégadyne |megadin| *s.f.* (*phys.*) megadina.
mégafarad |megafaʀad| *s.m.* (*électr.*) megafarad *inv.*
mégahertz |megaɛʀts| *s.m.* (*phys.*) megahertz *inv.*
mégalithe |megalit| *s.m.* (*archéol.*) megalito.
mégalithique |megalitik| *adj.* megalitico*.
mégalo- |megalɔ| *préf.* (*signifiant 'grand'*, *correspond généralt. à*) megalo: *mégalomanie* megalomania.
mégalogastrie |megalɔgastʀi| *s.f.* (*méd.*) megalogastria.
mégalomane |megalɔman| *adj. et s.* megalomane.
mégalomanie |megalɔmani| *s.f.* megalomania.
mégalopole |megalɔpɔl| *s.f.* megalopoli *inv.*
Mégaloptères |megalɔptɛʀ| *s.m. pl.* (*t.zool.*) Megalotteri.
mégaphone |megafɔn| *s.m.* megafono → **porte-voix.**
mégaptère |megaptɛʀ| *s.m.* (*t. zool.*) megattera *f.*
mégarde |megaʀd(ə)| *s.f.* (*dans la loc. adv.*) *par mégarde* [*par inattention, sans le vouloir*] inavvertitamente *adv.*; per sbaglio Ⓒ **exprès 2, volontairement.**
mégarique |megaʀik| *adj.* (*philo.*) megarico*.
mégathérium |megateʀjɔm| *s.m.* (*paléont.*) megaterio*.
mégatherme |megatɛʀm(ə)| *s.f.* (*bot.*) pianta megaterma *adj.*
mégatonne |megatɔn| *s.f.* megaton *m. inv.*, megatone *m.*
mégère |meʒɛʀ| *s.f.* megera → **chipie, furie.**
mégir |meʒiʀ|, **mégisser** |meʒise| *v.tr.* (*techn.*) [*tanner* (*une peau, un cuir*) *avec une préparation à base d'alun*] allumare.
mégis |meʒi| *adj.* (*techn.*) *veau mégis* vitello allumato.
mégisserie |meʒisʀi| *s.f.* **1** (*techn.*) allumatura, alluda **2** industria della concia, conceria in alluda.
mégissier |meʒisje| *s.m.* [*ouvrier qui mégit les peaux, les cuirs*] (operaio* *s.*) addetto all'allumatura, guantaio* *s.*
mégohm |megom| *s.m.* (*phys.*) megaohm *inv.*
mégohmmètre |megommɛtʀ(ə)| *s.m.* (*phys.*) megaohmmetro.
mégot |mego| *s.m.* (*pop.*) [*bout de cigarette ou de cigare qu'on a fumé*] cicca* *f.*, mozzicone (*cour.*).
mégotage |megɔtaʒ| *s.m.* [→ MÉGOTER] spilorceria *f.*, tirchieria *f.*
mégoter |megɔte| *v.tr.* (*fam.*) [*lésiner*] fare (103) *intr.* lo spilorcio*, il tirchio*; essere (96) *intr.* (*aux.* essere) spilorcio, tirchio.
méharée |meaʀe| *s.f.* viaggio *m.* a dorso di mehari.
méhari |meaʀi| *s.m.* (*t.zool.*) mehari (*inv.*): *des méharis, des méhara* dei mehari.
méhariste |meaʀist(ə)| *s.m.* meharista.
meïji |mɛjʒi| *adj. inv.* (*jap.*) meiji: *l'ère meïji* l'era meiji.
meilleur, eure |mɛjœʀ| *adj.* **I** (*comparatif de supériorité de 'bon'*) [*qui l'emporte* (*en bonté, qualité, agrément, etc.*)] migliore: *meilleur marché* a miglior mercato, più economico; *cet homme est meilleur que je ne pensais* quest'uomo è migliore di quanto pensassi; *il a trouvé une meilleure place que nous* ha trovato un posto migliore di noi; *être de meilleure humeur* essere di umore migliore # *de meilleure heure* prima, più presto; *il est meilleur peintre que dessinateur* vale di più come pittore che come disegnatore; *je ne connais rien de meilleur* non conosco nulla di meglio ✦ (*adv.*) *il fait meilleur aujourd'hui qu'hier* oggi il tempo è migliore di ieri; *cette rose sent meilleur que celle-là* questa rosa profuma (di) più di quella **II** LE MEILLEUR, LA MEILLEURE (*superlatif de 'bon'*) **1** [*que rien, ni personne ne surpasse dans son genre*] il, la migliore: *les meilleurs vins* i migliori vini → **excellent, supérieur**; *le meilleur écrivain de son temps* il migliore scrittore del suo tempo; *c'est son meilleur ami* è il suo migliore amico; *je vous adresse mes vœux les meilleurs, mes meilleurs vœux* vi mando i miei migliori auguri ◇ (*prov.*) *les plaisanteries les plus courtes sont les meilleures* un bel gioco dura poco **2** *s.* [*personne supérieure aux autres*] il, la migliore: *même les meilleurs renoncent* anche i migliori rinunciano; *que le meilleur gagne* vinca il migliore ◇ *loc.* LE MEILLEUR DE il meglio di: *donner le meilleur de soi-même* dare il meglio di sé # *être unis pour le meilleur et pour le pire* essere uniti nella buona e nella cattiva sorte, nel bene e nel male **3** (*sport*) *prendre le meilleur sur* [*l'emporter sur*] avere la meglio, il sopravvento su Ⓒ **I pire.**
méiopragie |mejɔpʀaʒi|, **miopragie** |mjɔpʀaʒi| *s.f.* (*méd.*) meiopragia*.
méiose |mejoz| *s.f.* (*biol.*) meiosi *inv.*
méiotique |mejɔtik| *adj.* (*biol.*) meiotico*.
meistre |mɛistʀ(ə)| *s.m.* → **mestre.**
méjanage |meʒanaʒ| *s.m.* (*techn.*) classificazione *f.* della lana.
méjuger |meʒyʒe| (3) **A** *v.intr.* MÉJUGER DE [*estimer trop peu*] sottovalutare (*tr.*): *méjuger de qqn.* sottovalutare qc. **B** *v.tr.* [*juger mal*] giudicare male → **méconnaître, mésestimer C** *v. pron. réfl.* SE MÉJUGER [*se sous-estimer par excès de modestie*] sottovalutarsi.
mélæna |melena| *s.m.* (*méd.*) melena *f.*
mélampyre |melɑ̃piʀ| *s.m.* (*t.bot.*) melampiro.
mélancolie |melɑ̃kɔli| *s.f.* **1** malinconia, melanconia (*littér.*): *crise de mélancolie* crisi di malinconia; *sombrer dans la mélancolie* lasciarsi prendere dalla malinconia → **2 cafard** ◇ (*loc.*) *ne pas engendrer la mélancolie* [*être très gai*] non mettere malinconia, tristezza ◇ (*par ext.*) *mélancolie d'un paysage* malinconia di un paesaggio **2** (*vx.*, *méd.*) melanconia.
mélancolique |melɑ̃kɔlik| *adj.* malinconico*, melanconico* (*littér.*): *un homme rêveur et mélancolique* un uomo pensieroso e malinconico; *caractère mélancolique* carattere malinconico; *un air mélancolique* un'aria malinconica; *une musique mélancolique* una musica malinconica → **triste** Ⓒ **gai.**
mélancoliquement |melɑ̃kɔlikmɑ̃| *adv.* [→ MÉLANCOLIQUE] malinconicamente, melanconicamente (*littér.*).
mélanésien, ienne |melanezjɛ̃, jɛn| *adj.* [*de Mélanésie*] melanesiano ✦ (*s.m.*) *le mélanésien* [*la langue*] il melanesiano.
mélange |melɑ̃ʒ| *s.m.* **1** [→ MÊLER A 1] mescolanza *f.*, miscuglio*: *faire, opérer le mélange de divers éléments* fare la mescolanza, la miscelazione di diversi elementi; *doser les éléments d'un mélange* dosare gli elementi di un miscuglio, di una miscela # *mélange de vins* taglio di vini **2** *loc.* SANS MÉLANGE puro (*adj.*): *substance sans mélange* sostanza pura # *bonheur sans mélange* felicità perfetta, senza ombre **3** [*ensemble résultant de l'union de choses différentes,*

d'éléments divers] mescolanza, miscuglio: *un mélange de farine et d'œufs* una mescolanza, un miscuglio di farina e uova ◇ (*fig.*) *mélange de races* mescolanza di razze ◇ (*choses abstraites*) *un mélange de courage et de faiblesse* un misto di coraggio e di debolezza → **assemblage, composé** ◇ (*chim., techn.*) miscela *f.*, mistura (*f.*): *composition, analyse d'un mélange* composizione, analisi di una miscela, mistura; *mélange pharmaceutique* mistura farmaceutica; *mélange carburant* miscela carburante **4** *mélanges* [*titre de recueils savants sur des sujets variés*] miscellanea *sing.*

mélangé, ée |melɑ̃ʒe| *adj.* **1** [*qui entre dans un mélange*] miscelato # *vin mélangé* vino tagliato **2** [*qui constitue un mélange*] mescolato, mischiato → **mixte** ◇ (*péj.*) *une assistance assez mélangée* un uditorio piuttosto eterogeneo; *une société assez mélangée* una società alquanto eterogenea, composita.

mélanger |melɑ̃ʒe| (3) *v.tr.* **1** [*unir* (*des choses différentes*) *de manière à former un tout*] mescolare, mischiare: *mélanger une substance à, avec, et une autre* mescolare, miscelare una sostanza con un' altra, due sostanze (tra loro) → **mêler** ◇ (*fig.*) *mélanger des idées* connettere, collegare, combinare delle idee → **combiner** **2** (*fam.*) [*mettre ensemble* (*des choses*) *sans chercher ou sans parvenir à* (*les*) *ordonner*] mescolare, mischiare: *il a mélangé toutes les fiches* ha mescolato, ha mischiato tutte le schede → **brouiller** ◇ (*fig.*) *mélanger des dates dans sa mémoire* confondere (146) delle date nella memoria; *vous mélangez tout!* lei confonde tutto!, fa una gran confusione!

mélangeur, euse |melɑ̃ʒœʀ, øz| *s.* **1** (*techn.*) mescolatore *m.*, miscelatore (*m.*): *mélangeur d'eau froide et d'eau chaude* miscelatore d'acqua fredda e calda **2** (*radio, ciné.*) miscelatore: *mélangeur de son* miscelatore del suono, mixer *inv.*

mélanine |melanin| *s.f.* (*biol.*) melanina.

mélanique |melanik| *adj.* (*biol.*) melanico*.

mélanisme |melanism(ə)| *s.m.* (*biol.*) melanismo.

mélanite |melanit| *s.f.* (*minér.*) melanite.

mélan(o)- |melan(ɔ)| *préf.* (*signifiant 'noir', correspond généralt. à*) melan(o): *mélanisme* melanismo.

mélanocyte |melanɔsit| *s.m.* (*biol.*) melanocito, melanocita.

mélanodermie |melanɔdɛʀmi| *s.f.* (*méd.*) melanodermia.

mélanome |melanom| *s.m.* (*méd.*) melanoma.

mélanose |melanoz| *s.f.* (*biol.*) melanosi *inv.*

mélanostimuline |melanɔstimylin| *s.f.* (*biol.*) melanostimulina.

mélanurie |melanyʀi|, **mélanurèse** |melanyʀɛz| *s.f.* (*méd.*) melanuria.

mélasse |melas| *s.f.* **1** melassa **2** (*fam.*) [*brouillard épais; boue*] nebbione *m.*; fango* *m.* (*cour.*) ◇ (*loc. fig.*) *être dans la mélasse* [*situation pénible et inextricable*] essere nei guai, nei pasticci.

melba |mɛlba| *adj. inv.* (*pâtiss.*) *pêches, fraises Melba* pesche, fragole Melba.

melchior |mɛlkjɔʀ| *s.m.* → **maillechort.**

melchite |mɛlkit| *s.* (*relig.*) melchita.

mêlé, ée |mele| *adj.* **1** [*qui forme un mélange* (*avec*), *qui est uni, joint* (*à*)] mescolato, mischiato ♦ (*absolt.*) *couleurs mêlées* colori misti; *races mêlées* razze miste **2** [*qui est entré en mélange* (*avec qqch. d'autre*)] misto: *plaisir mêlé de douleur* piacere misto a dolore; *sang mêlé* sangue misto **3** [*qui comporte, qui contient plusieurs choses mêlées, mélangées*] composito, eterogeneo: *style mêlé* stile composito, eterogeneo; *monde mêlé, société mêlée* gente, società eterogenea, composita → **varié.**

Méléagrides |meleagʀid| *s.m. pl.* (*t.zool.*) Meleagridi.

méléagrine |meleagʀin| *s.f.* meleagrina.

mêlé-cass(e), mêlécasse |melekɑs| *s.m.* (*pop.*) **1** bevanda *f.* di acquavite e ribes nero **2** *voix de mêlé-casse, de mêlécasse* [*rauque*] voce roca* *adj.*

mêlée |mele| *s.f.* **1** [*combattants mêlés dans le corps à corps*] mischia, zuffa: *mêlée sanglante* mischia cruenta; *mêlée générale* zuffa generale → **bataille, cohue** ◇ (*par anal.*) *se jeter dans la mêlée* gettarsi nella mischia **2** (*rugby*) mischia.

méléna |melena| *s.m.* → **mélæna.**

mêler |mele| **A** *v.tr.* **1** (*rare, en emploi concret*) [*unir, mettre ensemble* (*des choses différentes*) *de manière à former un tout*] mescolare, mischiare: *mêler des substances* mescolare, mischiare delle sostanze; *mêler des odeurs, des sons* mescolare odori, suoni → **combiner** # *mêler deux races de chiens* incrociare due razze di cani → **accoupler,** 2 **croiser** ◇ [*réunir* (*des choses abstraites*) *réellement ou par la pensée*] mescolare: *mêler plusieurs sujets dans une œuvre* mescolare più argomenti in un'opera; *mêler des styles divers* mescolare stili diversi → **entremêler** **2** [*mettre en un désordre inextricable*] mescolare, mischiare: *il a mêlé tous ses papiers, toutes les notes que j'avais prises* ha mescolato, mischiato tutte le sue carte, tutti gli appunti che avevo preso; *mêler les cartes* mescolare, mischiare, scozzare le carte → **battre** **3** MÊLER AVEC, À [*ajouter* (*une chose*) *à une autre et les confondre*] mescolare, mischiare con, a (*rare*): *mêler la danse avec la musique* mescolare la danza con la musica; *mêler des détails pittoresques à un récit* mescolare dettagli pittoreschi, fare le frange a un racconto **4** [*faire participer* (*qqn.*) *à*] immischiare: *on l'a mêlé à une affaire dangereuse* lo hanno immischiato in un brutto affare → **impliquer** **5** (*au p.p.*) → **mêlé** **B** *v.pron. réfl.* SE MÊLER **1** (*choses*) [*être mêlé, mis ensemble*] mescolarsi, mischiarsi: *peuples, races qui se mêlent* popoli, razze che si mescolano; *odeurs qui se mêlent* odori che si mescolano, che si mischiano → **fusionner** ◇ (*spécialt.*) SE MÊLER À, AVEC mescolarsi, mischiarsi con, a (*rare*) **2** (*personnes*) [*se joindre à, aller avec*] mescolarsi, mischiarsi: *ils se sont mêlés à la foule* si sono mescolati, mischiati alla folla # *ils se sont mêlés à nous* si sono uniti a noi **3** SE MÊLER DE [*s'occuper de* (*qqch.*), *notamment lorsqu'on ne devrait pas*] immischiarsi, impicciarsi di: *se mêler des affaires d'autrui* immischiarsi, impicciarsi degli affari altrui; *mêlez-vous de vos affaires* immischiatevi, impicciatevi degli affari vostri; fatevi gli affari vostri; *mêlez-vous de ce qui vous regarde* immischiatevi, impicciatevi delle cose che vi riguardano ◇ [*s'aviser de*] mettersi (155) a, decidersi (130) di: *lorsqu'il se mêle de travailler, il réussit mieux qu'un autre* quando si mette a lavorare, quando si decide, riesce meglio di chiunque altro Ⓒ A 1 **isoler, séparer,** 2 **trier.**

mêle-tout |mɛltu| *s.m.* (*Belgique*) → **touche-à-tout.**

mélèze |melɛz| *s.m.* (*t.bot.*) larice.

mélia |melja| *s.m.* (*t.bot.*) melia *f.*

Méliacées |meljase| *s.f. pl.* (*t.bot.*) Meliacee.

mélilot |melilo| *s.m.* (*t.bot.*) meliloto.

méli-mélo |melimelo| *s.m.* (*fam.*) [*mélange très confus et désordonné*] guazzabuglio*, confusione *f.* (*cour.*): *quel méli-mélo!* che guazzabuglio! → **fouillis.**

mélinite |melinit| *s.f.* melinite.

mélioratif, ive |meljɔʀatif, iv| *adj.* (*ling.*) migliorativo.

1 **mélique** |melik| *s.f.* (*t.bot.*) melica*.

2 **mélique** |melik| *adj.* (*hist. litt.*) melico*.

mélisse |melis| *s.f.* **1** (*t.bot.*) melissa **2** (*cour.*) *eau de mélisse* acqua di melissa.

mélitte |melit| *s.f.* (*t.bot.*) melittis *inv.*, bocca* di lupo (*cour.*).

melkite |mɛlkit| *s.* → **melchite.**

mellifère |me(ɛl)lifɛʀ| *adj.* mellifero.

mellification |me(ɛl)lifikɑsjɔ̃| *s.f.* mellificazione.

melliflue |me(ɛl)lifly| *adj.* (*littér.*) mellifluo.

mellite |me(ɛl)lit| *s.m.* (*pharm.*) mellito.

mélo- |melɔ| *préf.* (*signifiant 'chant, musique', correspond généralt. à*) melo: *mélodramatique* melodrammatico.

mélo |melo| *s.m.* (*fam.*) → **mélodrame.**

mélodie |melɔdi| *s.f.* melodia.

mélodieusement |melɔdjøzmɑ̃| *adv.* [→ MÉLODIEUX] melodiosamente.

mélodieux, euse |melɔdjø, øz| *adj.* melodioso: *chant mélodieux* canto melodioso → **harmonieux.**

mélodique |melɔdik| *adj.* melodico*: *ce morceau n'est pas très mélodique* questo brano non è molto melodico.

mélodiste |melɔdist(ə)| *s.* (*mus.*) melodista.

mélodramatique |melɔdʀamatik| *adj.* melodrammatico*: *répertoire mélodramatique* repertorio melodrammatico ◇ (*fig.*) *il roulait des yeux d'un air mélodramatique* strabuzzava gli occhi con aria melodrammatica.

mélodrame |melɔdʀam| *s.m.* melodramma: *héros, scène de mélodrame* eroe, scena da melodramma ◇ (*abrév. fam.* '*mélo*') *film qui tourne au mélo* film che degenera in melodramma.

méloé |melɔe| *s.m.* (*t.zool.*) meloe.

mélolonthe |melɔlɔ̃t(ə)| *s.m.* (*t. zool.*) melolonta *f.*

mélomane |melɔman| *s. et adj.* melomane.

mélomanie |melɔmani| *s.f.* (*rare*) melomania (*cour.*).

melon |m(ə)lɔ̃| *s.m.* **1** (*t.bot.*) melone ◇ (*par ext.*) *melon d'eau* cocomero, anguria *f.* → **pastèque** **2** (*chapeau*) *melon* [*chapeau d'homme en feutre rigide, de forme ronde et bombée*] bombetta *f.*

mélongène |melɔ̃ʒɛn|, **mélongine** |melɔ̃ʒin| *s.f.* (*vx.*) → **aubergine.**

melonné, ée |m(ə)lɔne| *adj.* (*bot.*) a forma di melone *loc. inv.*

melonnée |m(ə)lɔne| *s.f.* varietà *inv.* di zucca.

melonnière |m(ə)lɔnjɛʀ| *s.f.* [*terrain réservé à la culture des melons*] melonaio* *m.*

mélopée |melɔpe| *s.f.* (*hist. mus.*) melopea ◇ (*par ext.*) [*chant, mélodie monotone*] nenia.

mélophage |melɔfaʒ| *s.m.* (*t.zool.*) melofago*.

melting-pot |mɛltiŋpɔt| *s.m.* (*angl.*) (*hist.*) melting-pot *inv.*, crogiolo.

mélusine |melyzin| *s.f.* feltro *m.* dal pelo lungo (per cappelli).

membrane |mɑ̃bʀan| *s.f.* (*sc.*) membrana.

membraneux, euse |mɑ̃bʀanø, øz| *adj.* membranoso, membranaceo.

membraniforme |mɑ̃bʀanifɔʀm(ə)| *adj.* membraniforme.

membranophone |mɑ̃bʀanɔfɔn| *s.m.* membranofono.

membranule |mɑ̃bʀanyl| *s.f.* (*anat.*) membranella.

membre |mɑ̃bʀ(ə)| *s.m.* **I** **1** [*partie du corps*] membro*, arto: *membres supérieurs, inférieurs* membra superiori, inferiori; arti superiori, inferiori; *les membres des animaux* i membri degli animali; *des membres forts* membra robuste **2** (*anat.*) *membre* (*viril*) membro (virile) **II** [*personne qui fait partie d'un corps*] membro: *les membres fondateurs, honoraires* i membri fondatori, onorari; *les membres d'un comité* i membri, i componenti di un comitato; *être membre d'un parti* essere membro di un partito ◇ (*par ext.*) *les membres d'une fédération* i membri di una federazione; *les membres de l'O.N.U.* i (paesi) membri dell'O.N.U. **III** **1** [*fragment* (*d'énoncé*)] membro **2** (*math.*) *les membres d'une équation* i membri di un'equazione **3** (*mar.*) quinto **4** (*archit.*) membro, membratura *f.*

membré, ée |mɑ̃bʀe| *adj.* **1** (*rare*) bene (male) proporzionato nelle membra *loc.* **2** (*blas.*) membrato.

membron |mɑ̃bʀɔ̃| *s.m.* (*maçonn.*) modanatura *f.*, cornice *f.*

membru, ue |mɑ̃bʀy| *adj.* membruto.

membrure |mɑ̃bʀyʀ| *s.f.* **1** (*littér.*) [*ensemble des membres d'une personne, considérés dans leur constitution*] membratura **2** (*mar.*) ossatura, membratura **3** (*maçonn.*) membratura.

même |mɛm| **I** *adj. indéf.* **1** (*devant le nom*) [*identique ou semblable*] stesso, medesimo: *relire les mêmes livres* rileggere gli stessi, i medesimi libri; *il était dans la même classe que moi* era nella mia stessa classe; *ils sont tous du même avis* sono tutti dello stesso parere; *ils sont arrivés en même temps* sono arrivati nello stesso momento, contemporaneamente # *ils sont de même valeur* si equivalgono → **égal** **2** (*après le nom ou le pron.*) proprio *adv.*, esattamente *adv.*; in persona (*loc. inv.*): *ce sont les paroles mêmes qu'il a prononcées* sono proprio, esattamente le parole, sono le parole precise che ha pronunciato → 1 **propre** || *il est la bonté, l'exactitude même* è la bontà, la precisione in persona, personificata ◇ (*joint à un pron. pers.*) *elle-même* essa stessa (lei stessa); *elles-mêmes* esse stesse (loro stesse); *eux-mêmes* essi stessi, loro stessi; *nous le ferons nous-mêmes* lo faremo noi stessi, da noi (da soli); *j'y suis allé de moi-même* ci sono andato di mia spontanea volontà **II** *pron. indéf.* **1** (*précédé de 'le, la, les'*) lo stesso, il medesimo: *ce n'est pas la même* non è la stessa, la medesima; *ce ne sont pas les mêmes* non sono gli stessi, le stesse (i medesimi, le medesime) **2** (*loc.*) *cela revient au même* [*c'est exactement pareil*] fa lo stesso, è la stessa cosa **III** *adv.* **1** (*marquant 'un renchérissement, une gradation'*) anche, persino, perfino (*en phrase positive*); neanche, neppure, nemmeno (*en phrase négative*): *tout le monde s'est trompé, même le professeur* tutti si sono sbagliati, anche, persino il professore || *ça ne coûte même pas, pas même dix francs* non costa neanche, neppure, nemmeno dieci franchi; *je ne m'en souviens même plus* non me ne ricordo neanche, nemmeno più **2** [*exactement, précisément*] *je l'ai rencontré ici même* l'ho incontrato proprio, esattamente qui; *aujourd'hui même* oggi stesso, oggi medesimo ◇ *loc.* À MÊME [*directement*]: *boire à même la bouteille* bere dalla bottiglia; *coucher à même le sol* dormire (direttamente) per terra **3** *loc. adv.* DE MÊME [*de la même façon*] lo stesso: *je ferai de même* farò lo stesso (anch'io); *il en est, il en va de même pour...* lo stesso dicasi per..., vale la stessa cosa per... → **ainsi, pareillement** # *vous y allez? moi de même* voi ci andate? anch'io, io pure → **aussi** ~ TOUT DE MÊME [*néanmoins, pourtant*] comunque: *tu peux tout de même lui pardonner* comunque, malgrado tutto, puoi perdonargli; *tu exagères, tout de même!* comunque, però esageri! ~ QUAND MÊME [*malgré tout*] comunque: *je le ferai quand même* lo farò comunque, lo stesso **4** *loc. conj.* DE MÊME QUE (*introduisant une propos. comparative*) come (anche), come (pure): *il a été blessé, de même que sa sœur* è stato ferito, come (anche) sua sorella → **comme** **5** *loc. prép.* À MÊME DE [*en état, en mesure de*] in grado di: *il est à même de répondre* è in grado di rispondere; *il n'est pas à même de marcher* non è in grado di camminare → **capable** Ⓒ I 1 **autre, différent.**

mémé |meme| *s.f.* (*fam., langage des enfants*) [*grand-mère*] nonnina: *ma mémé est partie* la mia nonnina è andata via.

mêmement |mɛmmɑ̃| *adv.* (*vx.*) → **même (de)** III 3, **pareillement.**

mémento |memɛ̃to| *s.m.* (*lat.*) **1** (*liturg.*) memento **2** [*note, marque destinée à rappeler le souvenir d'une chose passée ou à faire*] appunto, nota *f.*

mémère |memɛʀ| *s.f.* **1** (*pop.*) [*grand-mère*] nonnina **2** (*fam.*) [*grosse femme d'un certain âge*] donnona, donnone *m.*

1 **mémoire** |memwaʀ| *s.f.* **I** **1** memoria: *événement encore présent à la mémoire, dans les mémoires* avvenimento ancora presente nella memoria, nelle memorie; *avoir beaucoup de mémoire* avere molta memoria; *je n'ai pas la mémoire des chiffres* non ho memoria per i numeri ◇ *loc. adv.* DE MÉMOIRE a memoria: *réciter, jouer de mémoire* recitare, suonare a memoria → 2 **cœur (par)** **2** (*cybernétique, informatique*) memoria: *mémoire à tambours magnétiques* memoria a tamburi magnetici # *mise en mémoire* memorizzazione **II** **1** LA MÉMOIRE DE [*le souvenir*] il ricordo *m.* di: *garder la mémoire d'un événement* serbare il ricordo di un evento **2** [*souvenir qu'une personne laisse d'elle à la postérité*] memoria: *réhabiliter la mémoire d'un personnage* riabilitare la memoria di un personaggio ◇ (*loc.*) *à la mémoire de* alla memoria, in memoria di **3** (*en phrase négative*) DE MÉMOIRE DE a memoria di: *de mémoire d'homme* a memoria d'uomo; *de mémoire de sportif, on n'avait assisté à un match pareil* a memoria di sportivo, non si era mai assistito a una partita simile **4** *loc.* POUR MÉMOIRE a titolo *m.* informativo; per memoria: *signalons, pour mémoire...* segnaliamo, a titolo informativo... Ⓒ II 1 **oubli.**

2 **mémoire** |memwaʀ| *s.m.* **1** (*dr.*) memoria *f.* **2** [*dissertation adressée à une société savante*] memoria, comunicazione *f.* **3** *mémoire de maîtrise* [*travail présenté par les étudiants après la licence*] ⊠ **4** *au plur.* memorie: *Mémoires de Saint-Simon* Memorie di Saint-Simon; *écrire ses mémoires* scrivere le proprie memorie → **annales.**

mémorable |memɔʀabl(ə)| *adj.* memorabile: *jour mémorable* giorno memorabile → **fameux, historique, inoubliable.**

mémorablement |memɔʀabləmɑ̃| *adv.* [→ MÉMORABLE] memorabilmente.

mémorandum |memɔʀɑ̃dɔm| *s.m.* **1** memorandum *inv.*, promemoria *inv.* **2** [*note qu'on prend d'une chose qu'on ne veut pas oublier*] promemoria.

mémoration |memɔʀasjɔ̃| *s.f.* (*psychol.*) *processus de mémoration* processo di memorazione.

mémorial, aux |memɔʀjal, o| *s.m.* **1** memoriale **2** (*angl.*) monumento commemorativo; sacrario*.

mémorialiste |memɔʀjalist(ə)| *s.* memorialista.

mémorisation |memɔʀizasjɔ̃| *s.f.* [→ MÉMORISER] memorizzazione → **mnémotechnique** ◇ (*informatique*) memorizzazione.

mémoriser |memɔʀize| *v.tr.* [*fixer dans la mémoire*] memorizzare ◇ (*informatique*) memorizzare.

memphite |mɛ̃fit| *adj.* [*de Memphis*] menfitico*.

menaçant, ante |mənasɑ̃, ɑ̃t| *adj.* **1** [*qui menace, exprime une menace*] minaccioso: *air menaçant* aria minacciosa **2** (*choses*) [*qui constitue une menace, un danger*] minaccioso: *temps menaçant* tempo minaccioso → **dangereux, inquiétant.**

menace |mənas| *s.f.* minaccia*: *sous la menace* sotto minaccia; *paroles, gestes de menace* parole, gesti di minaccia; *obtenir qqch. par la menace, en usant de menaces* ottenere q.c. con (le) minacce, ricorrendo alle minacce → **avertissement** ◇ (*par anal.*) *menaces de guerre, d'inflation* minacce di guerra, di inflazione.

menacé, ée |mənase| *adj.* in pericolo (*loc. inv.*): *ses jours sont menacés* la sua vita è in pericolo.
menacer |mənase| (2) *v.tr.* **1** [*chercher à intimider par des menaces*] minacciare: *menacer qqn. de mort* minacciare qc. di morte; *le patron a menacé de le renvoyer* il padrone ha minacciato di licenziarlo; *menacer un enfant d'une punition* minacciare una punizione ad un bambino **2** [*mettre en danger, constituer une menace pour* (*qqn.*)] minacciare: *une guerre nous menace* una guerra ci minaccia **3** [*présager, laisser craindre* (*quelque mal*)] minacciare: *menacer ruine* minacciare rovina; *son discours menace d'être long* il suo discorso minaccia, rischia di essere lungo ✦ (*absolt.*) *l'orage menace* minaccia temporale.
ménade |menad| *s.f.* menade.
ménage |menaʒ| *s.m.* **I** [*ensemble des choses domestiques*] casa (*f.*): *s'occuper du ménage* occuparsi della casa; *vaquer aux soins du ménage, faire le ménage* accudire alle faccende di casa, domestiche; *je préfère la cuisine au ménage* preferisco cucinare che fare le pulizie di casa ◇ *loc.* DE MÉNAGE: *ustensiles de ménage* utensili domestici; *femme de ménage* domestica, donna di servizio (a ore); *faire des ménages* andare a servizio; *monter son ménage* mettere su casa; *pain de ménage* pane casalingo, fatto in casa **II** **1** (*dans des expressions*) [*vie en commun d'un couple*] *scène de ménage* scenata fra coniugi; *se mettre en ménage* accasarsi, farsi una famiglia ◇ (*loc.*) *faire bon, mauvais ménage avec qqn.* andare, non andare d'accordo con qc. **2** [*couple constituant une communauté domestique*] coppia *f.* (di sposi): *un jeune ménage* una giovane coppia (di sposi); due sposini; *un faux ménage* una coppia illegittima; (*fam.*) *un ménage à trois* un triangolo; un 'ménage' *inv.* a tre **3** (*statistique*) [*famille*] famiglia *f.*, nucleo familiare: *il y a une dizaine de ménages dans cet immeuble* ci sono una decina di famiglie, di nuclei familiari in questo palazzo.
ménagement |menaʒmɑ̃| *s.m.* **1** [*mesure, réserve dont on use envers qqn.* (*par respect, par intérêt*)] riguardo: *traiter qqn. sans ménagement*] trattare qc. senza riguardi **2** [*procédé dont on use envers qqn. que l'on veut ménager*] precauzione *f.*, misura *f.*
ménager |menaʒe| (3) **A** *v.tr.* **I** **1** [*disposer, régler avec soin, adresse*] combinare; dosare: *ménager une entrevue* combinare un abboccamento ‖ *l'auteur a bien ménagé ses effets* l'autore ha ben dosato, distribuito gli effetti ✦ (*au p.p.*) *gradation bien ménagée* gradazione ben dosata **2** [*installer ou pratiquer après divers arrangements*] praticare, ricavare: *j'ai ménagé un passage dans l'épaisseur du mur* ho praticato, ricavato un passaggio nello spessore del muro **II** **1** [*employer* (*un bien*) *avec mesure, avec économie*] risparmiare; aver (97) cura di: *ménager ses forces, son temps* risparmiare le proprie forze, il proprio tempo → **économiser, épargner** ‖ *ménager ses vêtements, ses biens* aver cura dei propri vestiti, dei propri beni **2** [*dire avec mesure*] pesare: *ménager ses expressions* pesare, misurare le proprie parole → **mesurer** # *il ne ménage pas ses expressions* non ha peli sulla lingua **3** [*employer ou traiter* (*un être vivant*) *avec le souci d'épargner ses forces, sa vie*] risparmiare, aver cura di ◇ (*prov.*) *qui veut voyager loin ménage sa monture* chi va piano va sano e va lontano **4** [*traiter* (*qqn.*) *avec prudence, égard ou indulgence*] trattare con riguardo; risparmiare: *il cherche à ménager tout le monde* cerca di trattare tutti con riguardo ‖ *il était plus fort, mais il ménageait visiblement son adversaire* era più forte ma risparmiava visibilmente il suo avversario # *ménager la susceptibilité de qqn.* non urtare la suscettibilità di qc. ◇ (*prov.*) *ménager la chèvre et le chou* salvare capra e cavoli **B** *v. pron. réfl.* SE MÉNAGER [*avoir soin de sa santé*; *ne pas abuser de ses forces*] risparmiarsi: *il n'est pas type à se ménager* non è tipo da risparmiarsi; *il ne se ménage nullement* non si risparmia affatto; non ha nessun riguardo per la propria salute, per sé.
ménager, ère |menaʒe, ɛʀ| *adj.* **1** (*vx.*) MÉNAGER DE [*qui ménage, est économe de*]: *être ménager de son temps* essere un buon amministratore* del proprio tempo **2** (*choses*) [*qui a rapport aux soins du ménage, à la tenue de l'intérieur domestique*] domestico*: *travaux ménagers* lavori domestici; *enseignement ménager* economia domestica # *appareils ménagers* elettrodomestici.
ménagère |menaʒɛʀ| *s.f.* **1** [*femme qui tient une maison, s'occupe du ménage*] casalinga*, donna di casa, massaia (*vieilli*) **2** servizio* *m.* di posate.
ménagerie |menaʒʀi| *s.f.* [*lieu où sont rassemblés des animaux rares*] serraglio* (*m.*): *ménagerie d'un cirque* serraglio di un circo.
menchevik |mɛnʃevik| *adj. et s.* (*hist. russe*) menscevico*.
mendélévium |mɛ̃delevjɔm| *s.m.* (*chim.*) mendelevio*.
mendélien, ienne |mɛ̃deljɛ̃, jɛn| *adj.* (*biol.*) mendeliano.
mendélisme |mɛ̃delism(ə)| *s.m.* (*biol.*) mendelismo.
mendiant, ante |mɑ̃djɑ̃, ɑ̃t| *s.* **1** *s.* [*personne qui mendie pour vivre*] mendicante, accattone → **mendigot** ✦ *adj.* (*relig.*) *ordres mendiants* ordini mendicanti **2** *s.m.* [*dessert composé de quatre sortes de fruits secs*] frutta *f. sing.* secca.
mendicité |mɑ̃disite| *s.f.* mendicità *inv.*, accattonaggio* (*m.*): *être réduit à la mendicité* essere ridotto alla mendicità, all'accattonaggio.
mendier |mɑ̃dje| **A** *v.intr.* [*demander l'aumône, la charité*] chiedere (122) *tr.* l'elemosina, mendicare **B** *v.tr.* [*solliciter humblement ou de façon servile et humiliante*] elemosinare, mendicare: *mendier des compliments* elemosinare, mendicare complimenti.
mendigot, ote |mɑ̃digo, ɔt| *s.* (*pop.*) [*mendiant*] accattone (*cour.*).
mendigoter |mɑ̃digɔte| *v.tr. et intr.* (*pop.*) [*mendier*] accattare, mendicare (*cour.*).
mendole |mɑ̃dɔl| *s.f.* (*t.zool.*) menola, mendola.
meneau |məno| *s.m.* [*chacune des barres verticales et transversales d'une croisée*] crociera *f.* (di finestra).
menées |məne| *s.f. pl.* [*agissements secrets dans un dessein nuisible*] maneggi *m.*, mene.
mener |məne| (6) *v.tr.* **I** [*faire aller* (*qqn.*) *avec soi*] **1** MENER À, EN, DANS portare, condurre (108) a, in: *mener un enfant à l'école, en classe, dans le jardin* portare, condurre un bambino a scuola, in classe, in giardino ◇ *loc.* MENER (+ *inf.*) portare, condurre a (+ *inf.*): *il mène ses enfants se baigner dans la mer* porta, conduce i figli a fare il bagno in mare **2** [*être en tête de* (*un cortège, une file*)] guidare, condurre: *mener* (*le peloton*) *pendant un tour* guidare, condurre (il gruppo) per un giro; *mener la danse* condurre, menare la danza; *mener* (*par*) *deux* (*buts*) *à zéro* condurre, essere (96) *intr.* in vantaggio per due a zero ◇ [*diriger*] guidare: *se laisser mener* lasciarsi guidare; *l'intérêt mène le monde* l'interesse guida il mondo **II** [*faire aller* (*une chose*) *en la contrôlant*; *faire marcher sous sa direction*] condurre: *mener rondement une affaire* condurre con fermezza un affare; *mener une campagne avec énergie* condurre una campagna con energia ◇ *loc.* MENER À condurre a, portare a: *mener qqch. à bien, à bonne fin* condurre, portare una cosa a buon fine; *mener qqch. à terme* condurre, portare una cosa a termine, in porto **III** (*choses*) **1** [*transporter*] portare, condurre: *voilà l'autobus qui vous mènera chez moi* ecco l'autobus che vi porterà, condurrà a casa mia **2** [*permettre d'aller d'un lieu à un autre*] portare, condurre: *où mène cette route?* dove porta, conduce questa strada? ◇ (*fig.*) *cela vous mènera loin, ne vous mènera pas loin* ciò la porterà lontano, non la porterà certo lontano; *cette situation ne mène à rien* è una situazione senza via d'uscita, senza sbocco **IV** (*géom.*) [*tracer*] condurre, tracciare: *mener une parallèle à une droite* condurre, tracciare una parallela a una retta.
ménestrel |menɛstʀɛl| *s.m.* menestrello → **jongleur.**
ménétrier |menetʀije| *s.m.* suonatore* *s.* di violino.
meneur, euse |mənœʀ, øz| *s.* **1** (*vx.*) *meneur d'ours* [*montreur d'ours*] ammaestratore d'orsi (*cour.*); *meneuse d'oies* [*gardeuse d'oies*] guardiana di oche (*cour.*) **2** *meneur de jeu* [*animateur d'un spectacle ou d'une émission*] presentatore* **3** [*personne qui, par son ascendant, son autorité prend la tête d'un mouvement pop.*] caporione: *on a arrêté les meneurs* hanno arrestato i caporioni → 1 **chef, dirigeant** **4** *un meneur d'hommes* [*personne qui sait mener, manier les hommes*] un reggitore* *s.* di uomini, un capo.
menhir |meniʀ| *s.m.* menhir *inv.*
menin, ine |mənɛ̃, in| *s.* **1** *s.* (*hist. esp.*) giovane gentiluomo* *m.*, gentildonna *f.* **2** *s.m.* (*hist. fr.*) [*jeune gentilhomme attaché à la personne du dauphin*] ⊠.
méninge |menɛ̃ʒ| *s.f.* (*anat.*) meninge ◇ *au plur.* (*fam.*) *ne te fatigue pas les méninges* non spremerti le meningi; *se creuser, se triturer les méninges* spremersi le meningi, scervellarsi.
méningé, ée |menɛ̃ʒe| *adj.* meningeo.
méningiome |menɛ̃ʒjom| *s.m.* (*méd.*) meningioma.
méningisme |menɛ̃ʒism(ə)| *s.m.* (*méd.*) meningismo.

méningite |menɛ̃ʒit| *s.f.* (*méd.*) meningite ◇ (*fam., plais.*) *il ne risque pas d'attraper une méningite* non prenderà certo la meningite.
méningitique |menɛ̃ʒitik| *adj.* (*méd.*) meningitico* ♦ (*s.*) *un méningitique* una persona *f.* colpita da meningite.
méningocèle |menɛ̃gɔsɛl| *s.f.* (*méd.*) meningocele *m.*
méningocoque |menɛ̃gɔkɔk| *s.m.* (*méd.*) meningococco*.
ménippé, ée |menipe| *adj. et s.f.* (*litt.*) *une* (*satire*) *ménippée* una (satira) menippea.
ménisque |menisk(ə)| *s.m.* (*anat., phys.*) menisco*.
mennonite |menɔnit| *s.* (*relig.*) mennonita.
méno- |menɔ| *préf.* (*signifiant 'mois', correspond généralt. à*) meno: *ménorragie* menorragia.
ménologe |menɔlɔʒ| *s.m.* (*relig.*) menologio*.
ménopause |menɔpoz| *s.f.* menopausa.
ménopausée |menɔpoze| *adj. f.* in menopausa *loc. inv.*
ménopausique |menɔpozik| *adj.* della menopausa *loc. inv.*
ménorragie |menɔʀaʒi| *s.f.* (*méd.*) menorragia*.
ménorragique |menɔʀaʒik| *adj.* menorragico*.
-ménorrhée |menɔʀe| *suff.* (*signifiant 'couler', correspond généralt. à*) menorrea: *aménorrhée* amenorrea.
menotte |mənɔt| *s.f.* **1** *au plur.* [*bracelets métalliques qui se fixent aux poignets d'un prisonnier*] manette: *passer les menottes à qqn.* mettere le manette a qc. **2** [*main d'enfant*] manina.
mense |mɑ̃s| *s.f.* (*dr. can.*) mensa: *mense épiscopale* mensa vescovile.
mensonge |mɑ̃sɔ̃ʒ| *s.m.* **1** [*assertion sciemment contraire à la vérité, faite dans l'intention de tromper*] menzogna *f.*, bugia* (*f.*): *un grossier mensonge* una menzogna, una bugia grossolana; *un pieux mensonge* una pietosa bugia ◇ (*par ext.*) *vivre dans le mensonge* vivere nella menzogna **2** [*ce qui est trompeur, illusoire*] illusione (*f.*): *le bonheur est un mensonge* la felicità è (un')illusione.
mensonger, ère |mɑ̃sɔ̃ʒe, ɛʀ| *adj.* [*qui repose sur des mensonges; qui trompe*] menzognero; ingannevole: *récits mensongers* racconti menzogneri → **fallacieux, faux** ‖ *publicité mensongère* pubblicità ingannevole 🄲 **sincère, véritable.**
mensongèrement |mɑ̃sɔ̃ʒɛʀmɑ̃| *adv.* [→ MENSONGER] in modo menzognero, ingannevole *loc. inv.*
menstruation |mɑ̃stʀyasjɔ̃| *s.f.* (*physiol.*) mestruazione.
menstruel, elle |mɑ̃stʀyɛl| *adj.* mestruale.
menstrues |mɑ̃stʀy| *s.f. pl.* (*vx., physiol.*) mestruo *m. sing.* (*cour.*).
mensualisation |mɑ̃sɥalizasjɔ̃| *s.f.* [→ MENSUALISER] mensilizzazione.
mensualiser |mɑ̃sɥalize| *v.tr.* [*rendre mensuel* (*un salaire, notamment un salaire horaire*)] mensilizzare.
mensualité |mɑ̃sɥalite| *s.f.* [*somme payée mensuellement ou perçue chaque mois*] mensilità *inv.*, mensile *m.* # *payable par mensualités* pagabile a rate mensili.

mensuel, elle |mɑ̃sɥɛl| *adj.* **1** [*qui a lieu, se fait tous les mois*] mensile: *revue mensuelle* rivista mensile **2** [*calculé pour un mois et payé chaque mois*] mensile: *un salaire mensuel* uno stipendio mensile, un mensile ♦ (*s.*) *les mensuels* i salariati pagati al mese.
mensuellement |mɑ̃sɥɛlmɑ̃| *adv.* [*tous les mois*] mensilmente.
mensuration |mɑ̃syʀasjɔ̃| *s.f.* misurazione; misura → **anthropométrie.**
mental, ale, aux |mɑ̃tal, o| *adj.* mentale: *calcul mental* calcolo mentale; *restriction mentale* riserva mentale; *maladie mentale* malattia mentale → **psychique.**
mentalement |mɑ̃talmɑ̃| *adv.* [*en esprit seulement; du point de vue mental*] mentalmente.
mentalité |mɑ̃talite| *s.f.* mentalità *inv.* ◇ (*fam.*) [*mauvais esprit*] *jolie mentalité !* bella mentalità!; *quelle mentalité !* che mentalità!
menterie |mɑ̃tʀi| *s.f.* (*vx., région.*) → **mensonge.**
menteur, euse |mɑ̃tœʀ, øz| **1** *s.* [*personne qui ment, a l'habitude de mentir*] bugiardo, mentitore*: *c'est un grand menteur* è un gran bugiardo, un bugiardone **2** *adj.* [*qui ment*] bugiardo, menzognero: *je ne la croyais pas si menteuse* non la credevo così bugiarda → **faux, hypocrite** 🄲 **franc, sincère.**
menthe |mɑ̃t| *s.f.* **1** (*t.bot.*) menta ~ *menthe poivrée* menta peperita ◇ (*cour.*) *thé à la menthe* tè alla menta; *sirop de menthe* sciroppo di menta **2** [*sirop de menthe*] menta: *prendre une menthe à l'eau* prendere una menta, uno sciroppo di menta con acqua ◇ [*essence de menthe*] *bonbons à la menthe* caramelle di menta, alla menta.
menthol |mɛ̃tɔl| *s.m.* mentolo.
mentholé, ée |mɛ̃tɔle| *adj.* al mentolo *loc. inv.*
mention |mɑ̃sjɔ̃| *s.f.* **1** [*action de nommer, de citer, de signaler*] menzione, cenno (*m.*): *il n'en est pas fait mention dans cet ouvrage* in quest'opera non se ne fa menzione, cenno **2** [*brève note donnant un renseignement*] indicazione, dicitura: *biffer les mentions inutiles* cancellare le indicazioni superflue **3** [*indication d'une appréciation favorable de la part d'un jury d'examen*] menzione: *mention très bien* menzione ottima.
mentionner |mɑ̃sjɔne| *v.tr.* [*faire mention de*] menzionare, accennare *tr. et intr.* → **citer, nommer, signaler** # *il m'a téléphoné qu'il a eu un accident, il n'a fait que le mentionner* mi ha telefonato che ha avuto un incidente, ma ne ha solo fatto cenno, ma non mi ha detto altro.
mentir |mɑ̃tiʀ| (21) *v.intr.* **1** [*faire un mensonge, affirmer ce qu'on sait être faux, ou nier, taire ce qu'on devrait dire*] mentire: *mentir à qqn.* mentire a qc. # *il ment comme il respire* la menzogna è il suo pane quotidiano; *sans mentir* in verità, a dire il vero ◇ (*prov.*) *a beau mentir qui vient de loin* lunga via, lunga bugia **2** (*choses*) [*exprimer une chose fausse*] mentire # *vous faites mentir le proverbe* lei smentisce il proverbio **3** (*vx.*) *mentir à* [*démentir*] smentire *tr.* (*cour.*): *mentir à sa réputation* smentire la propria reputazione.
mentisme |mɑ̃tism(ə)| *s.m.* (*méd., psycho.*) mentismo.

menton |mɑ̃tɔ̃| *s.m.* (*anat.*) mento: *menton pointu, fuyant* mento appuntito, sfuggente; *double, triple menton* doppio, triplo mento.
mentonnais, aise |mɑ̃tɔnɛ, ɛz| *adj.* [*de Menton*] mentonese.
mentonnet |mɑ̃tɔnɛ| *s.m.* (*techn.*) nasello.
mentonnier, ière |mɑ̃tɔnje, jɛʀ| *adj.* [*du menton*] mentoniero: *nerf mentonnier* nervo mentoniero.
mentonnière |mɑ̃tɔnjɛʀ| *s.f.* **1** (*ancienn.*) [*partie inférieure du casque, protégeant le menton*] barbotto *m.* **2** [*jugulaire*] sottogola *m. ou f. inv.*, soggolo *m.* ◇ (*chir.*) minerva gessata **3** [*plaquette fixée à la base d'un violon, sur laquelle s'appuie le menton*] mentoniera.
mentor |mɛ̃tɔʀ| *s.m.* (*littér.*) mentore.
menu |məny| *s.m.* [*liste détaillée des mets dont se compose un repas*] lista *f.* (delle vivande), 'menu' (*inv.*): *garçon, le menu, s'il vous plaît* cameriere, la lista, il 'menu', per favore # *menu à prix fixe* pranzo a prezzo fisso.
menu, ue |məny| **I** *adj.* (*littér.*) **1** [*qui a peu de volume*] minuto; sottile: *menus grains* granelli minuti ‖ *les menues branches d'un arbre* i rami sottili di un albero # *couper en menus morceaux* tagliare a pezzetti, a pezzettini ◇ (*personnes*) [*petit et mince*] *une femme menue* una donna minuta **2** (*fig.*) [*qui a peu d'importance, peu de valeur*] minuto: *menus détails* minuti dettagli; *le menu peuple* la gente minuta, il popolino # *menue monnaie* moneta spicciola ♦ *s.m.* (*loc.*) PAR LE MENU [*en détail*] minuziosamente *adv.*, per filo e per segno: *il nous a raconté cela par le menu* ce lo ha raccontato minuziosamente, per filo e per segno **II** *adv.* [*en menus morceaux*] minutamente: *hacher menu* tritare minutamente 🄲 I 1 **gros.**
menuet |mənɥɛ| *s.m.* (*danse, mus.*) minuetto.
menuise |mənɥiz| *s.f.* (*techn.*) **1** [*petit plomb de chasse*] migliarino *m.* **2** legna minuta **3** [*petit rondin*] tondino *m.*
menuiser |mənɥize| *v.tr.* (*techn.*) **1** [*découper, amincir* (*du bois, des planches*)] tagliare, lavorare **2** [*travailler en menuiserie*] fare (103) lavori di falegnameria.
menuiserie |mənɥizʀi| *s.f.* **1** [*travail* (*assemblage*) *du bois pour la fabrication des meubles, la décoration des maisons*] falegnameria **2** *menuiserie métallique* [*fabrication de systèmes ouvrants métalliques*] carpenteria metallica.
menuisier |mənɥizje| *s.m.* [*artisan, ouvrier qui travaille le bois équarri en planches*] falegname.
ménure |menyʀ| *s.m.* (*t.zool.*) uccello lira.
menu-vair |mənyvɛʀ| *s.m.* (*vx.*) → **petit-gris.**
ményanthe |menjɑ̃t| *s.m.* (*t.bot.*) trifoglio* fibrino.
méphistophélique |mefistɔfelik| *adj.* mefistofelico*.
méphitique |mefitik| *adj.* mefitico*.
méphitisme |mefitism(ə)| *s.m.* mefitismo.
méplat, ate |mepla, at| **1** *adj.* (*bx-arts*) schiacciato, stiacciato: *lignes*

méplates linee schiacciate; *bas-relief méplat* bassorilievo stiacciato **2** *s.m.* parte *f.* relativamente piana di un corpo.
méprendre (se) |mepRɑ̃dR(ə)| (73) *v.pron. intr.* (*littér.*) [*se tromper* (*en particulier, en prenant une personne, une chose pour une autre*)] sbagliarsi: *se méprendre sur qqch.* sbagliarsi su q.c.; *se méprendre sur qqn.* sbagliarsi su qc., sul conto di qc. # *ils se ressemblent à s'y méprendre* si assomigliano tanto da trarre in inganno, da confonderli.
mépris |mepRi| *s.m.* **1** MÉPRIS DE [*fait de considérer comme indigne d'attention*] disprezzo di: *le mépris du danger, des richesses* il disprezzo del pericolo, delle ricchezze ◇ *loc. prép.* AU MÉPRIS DE a dispetto di, senza curarsi di: *agir au mépris du bon sens* agire a dispetto del buon senso # *au mépris du danger* con sprezzo del pericolo **2** MÉPRIS POUR [*sentiment par lequel on considère* (*qqn.*) *comme indigne d'estime*] disprezzo per: *il n'a que du mépris pour eux* per loro nutre solo disprezzo → **dédain, dégoût** Ⓒ 2 **estime.**
méprisable |mepRizabl(ə)| *adj.* [→ MÉPRISER] disprezzabile, spregevole: *un homme méprisable* un uomo disprezzabile, spregevole → **honteux, indigne.**
méprisant, ante |mepRizɑ̃, ɑ̃t| *adj.* [*qui montre du mépris*] sprezzante: *d'un air méprisant* con fare sprezzante → **arrogant, dédaigneux.**
méprise |mepRiz| *s.f.* [*erreur d'une personne qui se méprend*] sbaglio* *m.*, svista → **confusion.**
mépriser |mepRize| *v.tr.* **1** [*estimer indigne d'attention ou d'intérêt*] disprezzare: *mépriser le danger* disprezzare il pericolo → **braver**; *cet avis n'est pas à mépriser* questo parere non è da disprezzare → **dédaigner, négliger** **2** [*considérer* (*qqn.*) *comme indigne d'estime, comme moralement condamnable*] disprezzare: *tout le monde le méprise* tutti lo disprezzano Ⓒ 1 **désirer**; 2 **estimer.**
mer |mɛR| *s.f.* **1** mare (*m.*): *haute, pleine mer* alto mare → **large**; *eau de mer* acqua di mare; *bains de mer* bagni di mare; *mal de mer* mal di mare; *gens de mer* gente di mare ◇ (*personnes*) *prendre la mer* mettersi in mare ◇ (*choses*) *le navire a pris la mer* la nave ha preso il mare # *combat sur mer* battaglia, combattimento navale ◇ (*loc.*) *un homme à la mer*: (*pr.*) (un) uomo in mare; (*fig.*) [*désemparé*] un uomo rovinato, un relitto umano ~ *ce n'est pas la mer à boire* non è poi tanto difficile **2** (*fig.*) mare: *mer de sable, de glace* mare di sabbia, di ghiaccio.
mercanti |mɛRkɑ̃ti| *s.m.* **1** (*en Orient, en Afrique du Nord*) [*marchand dans un bazar*] mercante **2** [*commerçant malhonnête*; *profiteur*] trafficante *s.*
mercantile |mɛRkɑ̃til| *adj.* [*digne d'un commerçant cupide, d'un profiteur*] mercantesco*, mercantilistico*.
mercantiliser |mɛRkɑ̃tilise| *v.tr.* (*littér., péj.*) [*rendre mercantile, soumettre à l'intérêt comm.*] mercanteggiare.
mercantilisme |mɛRkɑ̃tilism(ə)| *s.m.* **1** (*hist. écon.*) mercantilismo **2** (*littér., péj.*) mercantilismo, spirito da mercante.
mercantiliste |mɛRkɑ̃tilist(ə)| *s.m.* mercantilista ◆ *adj.* (*hist. écon.*) *théories mercantilistes* teorie mercantiliste, mercantilistiche.
mercaptan |mɛRkaptɑ̃| *s.m.* (*chim.*) mercaptano.
mercaticien, ienne |mɛRkatisjɛ̃, jɛn| *s.* esperto di, del marketing.
mercatique |mɛRkatik| *s.f.* [*branche du marketing spécialisée dans l'étude des aspects théoriques et généraux de la vente*] marketing *m. inv.*
mercenaire |mɛRsənɛR| **I** *adj.* (*littér.*) mercenario*: *troupes mercenaires* truppe mercenarie → **vénal** **II** *s.* **1** mercenario **2** (*loc.*) *travailler comme un mercenaire* [*faire un travail pénible*] lavorare come un negro.
mercerie |mɛRsəRi| *s.f.* merceria.
mercerisage |mɛRsəRizaʒ| *s.m.* (*techn.*) mercerizzazione *f.*
merceriser |mɛRsəRize| *v.tr.* (*techn.*) [*traiter* (*le coton*) *par mercerisage*] mercerizzare ◆ (*au p.p.*) *coton mercerisé* cotone mercerizzato.
merceriseuse |mɛRsəRizøz| *s.f.* (*techn.*) mercerizzatrice.
merchandising |mɛRʃɑ̃dajziŋ, mɛRʃɑ̃diziŋ| *s.m.* (*angl.*) → **marchandisage** (*t. recomm.*).
1 **merci** |mɛRsi| *s.f.* **1** *loc. prép.* À LA MERCI DE [*dans une situation où l'on dépend entièrement de* (*qqn.* ou *qqch.*)] alla mercé di, in balia di # *tenir qqn. à sa merci* tenere qc. in proprio potere; *il est à la merci d'une erreur* può essere vittima di un errore **2** (*loc. adv.*) *Dieu merci* grazie a Dio **3** (*loc. adj.*) *lutte, combat sans merci* [*impitoyable*] lotta, combattimento senza quartiere, senza pietà.
2 **merci** |mɛRsi| *s.m.* **1** [*remerciement*] ringraziamento: *mille mercis* mille ringraziamenti, mille grazie **2** [*terme de politesse dont on use pour remercier*] grazie (*f. pl.*): *merci beaucoup* molte grazie; *merci pour, de votre lettre* grazie per la sua lettera **3** [*formule de politesse accompagnant un refus*] grazie: *non, merci* no, grazie.
mercier, ière |mɛRsje, jɛR| *s.* [*marchand d'articles de mercerie*] merciaio*.
mercredi |mɛRkRədi| *s.m.* [*quatrième jour de la semaine*] mercoledì *inv.* ◇ (*relig.*) *mercredi des cendres* mercoledì delle ceneri.
mercure |mɛRkyR| *s.m.* (*chim.*) mercurio*.
mercureux |mɛRkyRø| *adj. m.* (*chim.*) mercuroso.
1 **mercuriale** |mɛRkyRjal| *s.f.* (*t. bot.*) mercuriale.
2 **mercuriale** |mɛRkyRjal| *s.f.* **1** discorso *m.* d'inaugurazione (dell'anno giudiziario) **2** (*fig., littér.*) [*réprimande*] mercuriale.
3 **mercuriale** |mɛRkyRjal| *s.f.* (*comm.*) mercuriale.
mercuriel, elle |mɛRkyRjɛl| *adj.* (*chim., pharm.*) mercuriale.
mercurique |mɛRkyRik| *adj.* (*chim.*) mercurico*.
mercurochrome |mɛRkyRɔkRom| *s.m.* (*pharm.*) mercurocromo.
merde |mɛRd(ə)| **I** *s.f.* (*vulg.*) **1** merda → **excrément** **2** (*fig.*) [*être ou chose méprisable, sans valeur*] *son livre, c'est de la merde* il suo libro è una porcheria (*fam.*), uno schifo *m.* (*fam.*); *il ne se prend pas pour une merde* non si ritiene certo uno stronzo *m.* ◇ (*par ext.*) [*situation inextricable*] *et nous, nous sommes dans la merde* e noi siamo nella merda, nei guai (*cour.*) **II** *interj.* (*vulg.*) merda! → **crotte.**
merdeux, euse |mɛRdø, øz| **1** *adj.* (*vulg.*) merdoso ◇ (*loc.*) *c'est un bâton merdeux* è uno stronzo **2** *s.* [*gamin, blanc-bec*] moccioso.
merdier |mɛRdje| *s.m.* (*vulg.*) **1** [*lieu plein d'excréments*] merdaio* **2** (*fig.*) [*grand désordre, confusion inextricable*] casino (*pop.*).
merdoyer |mɛRdwaje| (10) *v.intr.* (*pop.*) [*s'embrouiller dans une explication, dans des démarches maladroites*] impappinarsi *pron.* (*cour.*) → **vasouiller.**
-mère |mɛR| *suff.* (*signifiant 'partie', correspond généralt. à*) mero: *isomère* isomero.
1 **mère** |mɛR| *s.f.* **I** **1** madre, mamma: *mère de famille* madre di famiglia; *c'est sa mère* è sua madre, sua mamma; *la fête des mères* la festa della mamma; *orphelin de mère* orfano di madre; *frères par la mère* fratelli per parte di madre → **maman** **2** [*femelle qui a un ou plusieurs petits*] madre **3** [*femme qui est comme une mère*] madre: *mère adoptive* madre adottiva; *leur grande sœur est une mère pour eux* la sorella maggiore fa loro da madre **4** [*titre de vénération donné à une religieuse*] madre **5** [*appellation fam. pour une femme d'un certain âge*] comare: *la mère Mathieu* comare Mathieu **II** **1** *la mère patrie* la madrepatria **2** [*origine, source*] madre ◇ (*prov.*) *l'oisiveté est mère de tous les vices* l'ozio è il padre dei vizi ◆ (*appos.*) *branche mère* ramo maestro; *maison mère* casa madre; *langue mère* lingua madre (linguamadre); *vis mère* vite madre **III** **1** (*techn.*) matrice **2** *mère de vinaigre* madre dell'aceto.
2 **mère** |mɛR| (*adj. f.*) *mère goutte* mosto *m.* colante dall'uva non ancora pigiata; primo olio* *m.*
mère-grand |mɛRgRɑ̃| *s.f.* (*vx.*) → **grand-mère.**
mergule |mɛRgyl| *s.m.* (*t.zool.*) smergo*.
méridien, ienne |meRidjɛ̃, jɛn| *adj. et s.* (*astron., géogr., math., sc.*) meridiano.
méridienne |meRidjɛn| *s.f.* **I** **1** [*sieste que l'on fait vers le milieu du jour*] siesta **2** [*canapé de repos à deux chevets de hauteur inégale*] canapè *m. inv.* **II** (*astron.*) meridiana.
méridional, ale, aux |meRidjɔnal, o| *adj.* meridionale: *climat méridional* clima meridionale ◆ (*s.*) *un méridional* un meridionale.
meringue |mərɛ̃g| *s.f.* (*pâtiss.*) meringa*.
meringuer |mərɛ̃ge| *v.tr.* [*enrober, garnir de pâte à meringue*] guarnire (197) di pasta per meringhe.
mérinos |meRinos| *s.m.* **1** [*mouton de race esp.*; *sa laine*] merino ◆ (*par appos.*) *bélier mérinos* montone merino **2** (*loc. pop.*) *laisser pisser le mérinos* [*attendre, laisser aller les choses*] lasciar correre (*cour.*); lasciar tempo al tempo (*cour.*).
merise |məRiz| *s.f.* [*petite cerise sauvage, rose ou noire, peu charnue*] marasca*, visciola.
merisier |məRizje| *s.m.* (*t.bot.*) ciliegio* selvatico*, visciolo.
mérisme |meRism(ə)| *s.m.* (*ling.*) merismo.

méristème |meʀistɛm| *s.m.* (*bot.*) meristema.
méritant, ante |meʀitɑ̃, ɑ̃t| *adj.* (*souvent iron.*) [*qui a du mérite*] meritevole.
mérite |meʀit| *s.m.* **I** **1** merito: *il n'en a que plus de mérite* il suo merito è ancora maggiore; *il a au moins le mérite de la sincérité* ha almeno il merito della sincerità; *tout le mérite lui en revient* il merito è tutto suo ◇ (*par ext.*) *sa persévérance n'est pas sans mérite* la sua perseveranza è certamente meritoria **2** (*relig.*) merito **II** [*valeur*] merito, valore: *un homme de mérite* un uomo di merito, di valore; *ce travail a certains mérites* questo lavoro ha certi meriti, pregi **III** [*nom de certains ordres et décorations*] merito.
mériter |meʀite| *v.tr.* **1** [*être, par sa conduite, en droit d'obtenir* (*un avantage*) *ou exposé à subir* (*un inconvénient*)] meritare, meritarsi: *mériter l'estime, la reconnaissance de qqn.* meritare, meritarsi la stima, la riconoscenza di qc.; *un repos bien mérité* un riposo ben meritato; *il l'a bien mérité* l'ha, se l'è proprio meritato; *il méritait de réussir* (si) meritava di riuscire; *il mériterait qu'on lui en fasse autant!* (si) meriterebbe che gli si facesse altrettanto! **2** [*être digne d'avoir* (*qqn.*) *à ses côtés, dans sa vie*] meritare, meritarsi: *il ne méritait pas de tels amis* non (si) meritava simili amici **3** (*absolt.*) *il a bien mérité de la patrie* ha ben meritato, è benemerito della patria.
méritocratie |meʀitɔkʀasi| *s.f.* meritocrazia.
méritocratique |meʀitɔkʀatik| *adj.* meritocratico*.
méritoire |meʀitwaʀ| *adj.* meritorio*: *œuvre méritoire* opera meritoria → 1 **louable** ⓒ **blâmable.**
merl |mɛʀl| *s.m.* → **maërl.**
merlan |mɛʀlɑ̃| *s.m.* **1** (*t.zool.*) merlano ◇ (*fam.*) *faire des yeux de merlan frit* fare gli occhi da pesce fritto **2** (*pop.*) [*coiffeur*] parrucchiere (*cour.*).
merle |mɛʀl(ə)| *s.m.* **1** (*t.zool.*) merlo ◇ (*cour.*) *siffler comme un merle* fischiare come un merlo **2** (*loc. fig.*) *vilain merle, beau merle* antipatico*, tipaccio*; *merle blanc* [*personne ou chose introuvable*] mosca* *f.* bianca.
merlette |mɛʀlɛt| *s.f.* **1** (*rare*) [*femelle du merle*] merla **2** (*blas.*) merlotto *m.*
1 **merlin** |mɛʀlɛ̃| *s.m.* **1** [*hache à fendre le bois*] ascia* *f.*, scure *f.* **2** [*masse à assommer les bœufs*] mazzapicchio*.
2 **merlin** |mɛʀlɛ̃| *s.m.* (*mar.*) merlino.
merlon |mɛʀlɔ̃| *s.m.* (*fortif.*) merlone.
merlu, merlus |mɛʀly| *s.m.* (*t. zool.*) nasello.
merluche |mɛʀlyʃ| *s.f.* [*morue, merlu ou poisson du genre gade, vendus séchés et non salés*] stoccafisso *m.*
méro- |meʀɔ| *préf.* (*signifiant 'partie', correspond généralt. à*) mero: *mérostomes* merostomi.
Mérostomes |meʀɔstɔm| *s.m. pl.* (*t.zool.*) Merostomi.
mérou |meʀu| *s.m.* (*t.zool.*) cernia *f.*
mérovingien, ienne |meʀɔvɛ̃ʒjɛ̃, jɛn| *adj.* merovingio*: *dynastie mérovingienne* dinastia merovingia ✦ *s.* (*hist.*) *les Mérovingiens* i Merovingi.
merrain |mɛʀɛ̃| *s.m.* **1** (*techn.*) legname da doghe **2** (*vén.*) fusto.
merveille |mɛʀvɛj| *s.f.* **1** [*chose qui cause une intense admiration*] meraviglia: *les merveilles de la nature, de l'art* le meraviglie della natura, dell'arte; *les sept merveilles du monde* le sette meraviglie del mondo ◇ (*fig.*) *la huitième merveille du monde* l'ottava meraviglia del mondo ◇ (*loc.*) *faire merveille* fare meraviglie, miracoli; *promettre monts et merveilles* promettere mari e monti ◇ *loc. adv.* À MERVEILLE a meraviglia: *il se porte à merveille* sta a meraviglia, meravigliosamente bene **2** (*vieilli*) [*phénomène inexplicable*] meraviglia, maraviglia (*littér.*): *Alice au pays des merveilles* Alice nel paese delle meraviglie ◇ (*loc.*) *c'est, ce n'est pas merveille que* c'è, non c'è da meravigliarsi, da stupirsi che, se.
merveilleusement |mɛʀvɛjøzmɑ̃| *adv.* [*admirablement, parfaitement*] meravigliosamente.
merveilleux, euse |mɛʀvɛjø, øz| **I** *adj.* **1** [*qui est admirable au plus haut point, exceptionnel*] meraviglioso: *un merveilleux chant* un canto meraviglioso; *elle est merveilleuse dans ce rôle* è meravigliosa in questo ruolo → **remarquable** **2** (*vieilli*) [*qui étonne par son caractère inexplicable, surnaturel*] meraviglioso, maraviglioso (*littér.*): *Aladin ou la lampe merveilleuse* Aladino o la lampada meravigliosa → **magique, miraculeux** **II** *s.m.* [*ce qui, dans une œuvre littér., se réfère à l'inexplicable, au surnaturel*] meraviglioso.
mérycisme |meʀisism(ə)| *s.m.* (*méd.*) mericismo.
merzlota |mɛʀzlɔta| *s.f.* (*géol.*) permafrost *m. inv.*
més- |mez| *préf.* → **mé-.**
mes |me| *adj. poss.* → **mon.**
mesa |meza| *s.f.* (*esp.*) (*géogr.*) mesa *inv.*
mésaise |mezɛz| *s.m.* (*vx.*) → **malaise, gêne.**
mésalliance |mezaljɑ̃s| *s.f.* 'mésalliance' *inv.*, matrimonio* *m.* con persona di condizione inferiore.
mésallier (se) |mezalje| *v.pron. réfl.* [*faire une mésalliance*] sposarsi con una persona di livello sociale inferiore.
mésange |mezɑ̃ʒ| *s.f.* (*t.zool.*) cincia* ~ *mésange charbonnière* cinciallegra ~ *mésange bleue, meunière* cinciarella.
mésangette |mezɑ̃ʒɛt| *s.f.* gabbia per catturare gli uccellini.
mésaventure |mezavɑ̃tyʀ| *s.f.* [*aventure fâcheuse, événement désagréable*] disavventura → **accident, malchance.**
mescaline |mɛskalin| *s.f.* mescalina.
mesdames |medam| *s.f. pl.* → **madame.**
mesdemoiselles |me(ɛ)dmwazɛl| *s.f. pl.* → **mademoiselle.**
mésencéphale |mezɑ̃sefal| *s.m.* (*anat.*) mesencefalo.
mésenchyme |mezɑ̃ʃim| *s.m.* (*biol.*) mesenchima.
mésentente |mezɑ̃tɑ̃t| *s.f.* [*défaut d'entente ou mauvaise entente*] dissapore *m.*, screzio* (*m.*): *il y a une légère mésentente entre eux* c'è un leggero dissapore, screzio fra di loro → **brouille.**
mésentère |mezɑ̃tɛʀ| *s.m.* (*anat.*) mesentere.
mésentérique |mezɑ̃teʀik| *adj.* (*anat.*) mesenterico*.
mésestimation |mezɛstimasjɔ̃| *s.f.* (*littér.*) → **mésestime.**
mésestime |mezɛstim| *s.f.* (*littér.*) [*défaut d'estime, de considération*] disistima # *tenir une personne en mésestime* disistimare una persona.
mésestimer |mezɛstime| *v.tr.* [*ne pas apprécier* (*une personne, une chose*) *à sa juste valeur*] sottovalutare, disistimare: *ne mésestimez pas les difficultés* non sottovalutate le difficoltà → **méconnaître; méjuger, sous-estimer** ⓒ **estimer, surestimer.**
mésintelligence |mezɛ̃teliʒɑ̃s| *s.f.* (*littér.*) [*défaut d'accord, d'entente entre les personnes*] dissapore *m.*, screzio* *m.* → **discorde, dissentiment.**
mesmérien, ienne |mɛsmeʀjɛ̃, jɛn| *adj.* (*hist.*) mesmerico*.
mesmérisme |mɛsmeʀism(ə)| *s.m.* (*hist.*) mesmerismo.
méso- |mezɔ| *préf.* (*signifiant 'au milieu, médian', correspond généralt. à*) meso: *mésoderme* mesoderma.
mésoblaste |mezɔblast(ə)| *s.m.* (*sc.*) mesoblasto, mesoderma.
mésocarpe |mezɔkaʀp(ə)| *s.m.* (*bot.*) mesocarpo.
mésocéphale |mezɔsefal|, **mésaticéphale** |mesatisefal| *s. et adj.* mesocefalo.
mésocéphalie |mezɔsefali|, **mésaticéphalie** |mezatisefali| *s.f.* (*anthrop.*) mesocefalia.
mésocôlon |mezɔkolɔ̃| *s.m.* (*anat.*) mesocolon *inv.*
mésoderme |mezɔdɛʀm(ə)| *s.m.* (*embryol.*) mesoderma.
mésodermique |mezɔdɛʀmik| *adj.* mesodermico*.
mésogastrique |mezɔgastʀik| *adj.* (*anat.*) mesogastrico*.
mésolithique |mezɔlitik| *adj. et s.m.* mesolitico*.
mésologie |mezɔlɔʒi| *s.f.* (*biol.*) mesologia*.
mésomorphe |mezɔmɔʀf(ə)| *adj.* (*chim.*) mesomorfo.
méson |mezɔ̃| *s.m.* (*phys.*) mesone.
mésoplancton |mezɔplɑ̃ktɔ̃| *s.m.* (*biol.*) mesoplancton *inv.*
mésopotamien, ienne |mezɔpɔtamjɛ̃, jɛn| *adj.* [*de Mésopotamie*] mesopotamico* ✦ *s.* (*hist.*) *un Mésopotamien* un abitante della Mesopotamia.
mésoscaphe |mezɔskaf| *s.m.* (*techn.*) mesoscafo.
mésosphère |mezɔsfɛʀ| *s.f.* (*sc.*) mesosfera.
mésotherme |mezɔtɛʀm(ə)| *adj.* (*bot.*) mesotermo.
mésothorax |mezɔtɔʀaks| *s.m.* (*zool.*) mesotorace.
mésothorium |mezɔtɔʀjɔm| *s.m.* (*chim.*) mesotorio*.
mésozoïque |mezɔzɔik| *adj. et s.m.* (*géol.*) mesozoico*.
mesquin, ine |mɛskɛ̃, in| *adj.* **1** (*personnes*) meschino: *personne envieuse et mesquine* persona invidiosa e meschina ◇ (*choses*) *idées mesquines* idee meschine; *attitude mesquine* comportamento meschino **2** [*qui témoigne d'avarice*] meschino: *calcul mesquin* calcolo meschino; *n'offrez pas si peu, ce serait mesquin* non date così poco, sarebbe meschino.
mesquinement |mɛskinmɑ̃| *adv.* [→ MESQUIN] meschinamente, in modo

meschino (*loc. inv.*): *agir mesquinement envers qqn.* agire meschinamente, in modo meschino verso qc.
mesquinerie |mɛskinʀi| *s.f.* **1** meschinità *inv.*, meschineria: *la mesquinerie d'une vengeance* la meschinità di una vendetta → **bassesse, mediocrité** **2** UNE MESQUINERIE [*attitude, action mesquine*] una meschinità: *il est incapable d'une telle mesquinerie* è incapace di una tale meschinità → **petitesse.**
mess |mɛs| *s.m.* (*angl.*) [*lieu où se réunissent les officiers pour prendre leur repas en commun*] mensa *f.*
message |mesaʒ| *s.m.* **1** [*charge de dire, de transmettre qqch.*] ambasciata *f.*, commissione (*f.*): *s'acquitter d'un message* eseguire un'ambasciata, una commissione **2** [*information, paroles transmises*] messaggio*: *message écrit* messaggio scritto; *message téléphonique, télégraphique* messaggio telefonico, telegrafico → **annonce, avis** **3** [*contenu de ce qui est révélé, transmis aux hommes*] messaggio.
messager, ère |mesaʒe, ɛʀ| *s.* **1** messaggero, messo (*m.*): *envoyer des messagers* inviare dei messaggeri, dei messi **2** (*littér.*) [*ce qui annonce qqch.*] messaggero, annunziatore*: *les oiseaux migrateurs, messagers de l'hiver* gli uccelli migratori, messaggeri dell'inverno → **avant-coureur.**
messagerie |mesaʒʀi| *s.f.* messaggeria, (servizio* *m.* di) trasporti *m. pl.*
messe |mɛs| *s.f.* messa: *messe de minuit* messa di mezzanotte; *messe chantée, solennelle* messa cantata, solenne; *célébrer, dire la messe* celebrare, dire la messa; *livre de messe* libro da messa; *aller à la messe* andare a messa, alla messa; *entendre la messe* sentire la messa ◇ (*par anal.*) *messe noire* messa nera.
messeoir |meswaʀ| *v.intr.* (*inusité, sauf à l'ind. prés. 'il messied' et au p. prés. 'messéant'*) (*littér.*) [*ne pas convenir; n'être pas séant*] sconvenire (202) (*aux.* essere), disdire* (132).
messer |mesɛʀ| *s.m.* (*vx.*) [*seigneur*] messere.
messianique |mesjanik| *adj.* (*littér., relig.*) messianico*.
messianisme |mesjanism(ə)| *s.m.* (*littér., relig.*) messianismo.
messidor |mesidɔʀ| *s.m.* (*hist. fr.*) messidoro.
messie |mesi| *s.m.* **1** (*relig.*) Messia **2** (*fam.*) *attendre qqn. comme le Messie* aspettare qc. come il messia.
messied (il) |mesje| → **messeoir.**
messier |mesje| *s.m.* (*ancienn.*) [*gardien des récoltes*] camparo, guardiano di messi.
messieurs |mesjø| *s.m. pl.* → **monsieur.**
messire |mesiʀ| *s.m.* messere.
mestrance |mɛstʀɑ̃s| *s.f.* → **maistrance.**
mestre |mɛstʀ(ə)| *s.m.* (*ancienn.*) **1** *mestre de camp* maestro di campo **2** (*mar.*) *arbre, voile de mestre* albero maestro, vela maestra.
mesurable |məzyʀabl(ə)| *adj.* [→ MESURER A I] misurabile.
mesurage |məzyʀaʒ| *s.m.* [→ MESURER A I 1] misurazione *f.*
mesure |m(ə)zyʀ| *s.f.* **I** **1** misura, misurazione: *mesure d'une grandeur* misura, misurazione di una grandezza; *mesure du temps, de la température, de la pression* misura, misurazione del tempo, della temperatura, della pressione → **évaluation** **2** [*grandeur, dimension déterminée par la mesure*] misura: *la mesure d'une pièce* la misura di una stanza; *les mesures d'une personne* le misure di una persona; *robe faite sur mesure* vestito fatto su misura; *faire un vêtement aux mesures de son client* fare un vestito sulle misure del cliente **3** [*valeur, capacité appréciée ou estimée*] misura: *la mesure de ses forces* la misura delle proprie forze; *prendre la mesure, la juste mesure de qqn., de ses capacités* prendere la giusta misura di qc., delle sue capacità **4** *loc. prép.* À LA MESURE DE [*qui est proportionné à*] a misura di; all'altezza di: *une architecture à la mesure de l'homme* una architettura a misura d'uomo → **échelle** ‖ *il n'est pas à la mesure de ce travail* non è all'altezza di questo lavoro ~ *un adversaire à ma, sa mesure* un avversario della mia, della sua forza, levatura ~ *juger les autres à sa mesure* giudicare gli altri col proprio metro ~ DANS LA MESURE DE... nei limiti di, nella misura di: *dans la mesure du possible* nei limiti del possibile, per quanto possibile ~ *dans une certaine mesure* entro certi limiti, in una certa misura ◇ (*loc. conj.*) *à mesure que...* [*à proportion que; en même temps que*] a mano a mano che (man mano che), via via che ~ AU FUR ET À MESURE (QUE) a mano a mano, (man mano) (che), via via (che): *je m'en aperçois au fur et à mesure que je vieillis* me ne accorgo a mano a mano (man mano), via via che invecchio **II** **1** [*quantité représentable par un étalon concret*] misura: *mesures de capacité, de longueur* misure di capacità, di lunghezza ◇ (*loc. fig.*) *avoir deux poids et deux mesures* usare due pesi e due misure ~ *agir avec poids et mesure* andare coi piedi di piombo, agire con cautela **2** [*récipient de capacité connue; ce qu'il contient*] misura: *mesure à grains* misura per aridi; *donner deux mesures d'avoine à un cheval* dare due misure di avena a un cavallo; *faire une bonne mesure* [*donner généreusement*] dare una buona misura; fare buon peso ◇ (*loc. fig.*) *la mesure est comble* la misura è colma ~ *combler la mesure* colmare la misura **3** (*en phrase négative*) COMMUNE MESURE [*comparaison, rapport*] paragone: *il n'y a pas de commune mesure entre ces quantités* non c'è (alcun) paragone, non c'è paragone possibile tra queste quantità; *il n'y a aucune mesure entre Shakespeare et ses contemporains* non c'è paragone tra Shakespeare e i suoi contemporanei **III** **1** [*quantité, dimension normale, souhaitable*] misura: *la juste, la bonne mesure* la giusta misura; *dépasser, excéder la mesure* passare la misura, il segno; superare i limiti ◇ (*loc.*) *outre mesure* oltre misura, oltremodo, a dismisura ~ SANS MESURE smisurato *adj.*, smisuratamente (*adv.*): *un courage sans mesure* un coraggio smisurato **2** [*modération dans le comportement*] misura, moderazione: *le sens de la mesure* il senso della misura, della moderazione; *dépenser avec mesure* spendere con moderazione → **2 retenue, précaution**; *s'habiller avec mesure* vestire con senso della misura **3** UNE MESURE [*manière d'agir proportionnée au but à atteindre*] misura, provvedimento (*m.*): *mesures efficaces, préventives* misure efficaci, preventive; *mesures disciplinaires* provvedimenti disciplinari; *des mesures d'urgence* misure, provvedimenti d'emergenza; *prendre des mesures* prendere provvedimenti → **disposition, moyen** **4** (*mus.*) misura; tempo (*m.*): *mesure binaire, à deux temps* misura binaria; *mesure à quatre temps* misura a quattro tempi ‖ *battre la mesure* battere il tempo # *la barre de mesure* la linea di divisione della battuta ◇ *loc.* EN MESURE [*en suivant la mesure*] a tempo: *jouer en mesure* suonare a tempo **5** (*escrime*) misura: *être à la, en mesure, hors mesure* essere in misura, fuori misura **6** *loc.* EN MESURE DE [*en état de*] in grado di: *je ne suis pas en mesure de vous répondre* non sono in grado di risponderle.
mesuré, ée |məzyʀe| *adj.* **1** [*évalué par la mesure*] misurato: *distance mesurée* distanza misurata **2** [*déterminé, réglé par la mesure*] misurato: *pas mesurés* passi misurati ◇ (*par ext.*) *ton de voix mesuré* tono di voce misurato → **lent** **3** [*qui montre de la mesure*] misurato, moderato: *il est mesuré en tout* è misurato, moderato in tutto.
mesurer |məzyʀe| **A** *v.tr.* **I** **1** [*évaluer (une longueur, une surface, un volume) par une comparaison avec un étalon de même espèce*] misurare: *mesurer au mètre* misurare con il metro, a metri; *mesurer qqn.* misurare (l'altezza di) qc. **2** [*déterminer la valeur d'une grandeur mesurable*] misurare # *mesurer par le calcul* calcolare **3** (*loc.*) *mesurer des yeux* [*apprécier, évaluer du regard*] misurare a occhio **4** (*fig.*) [*juger par comparaison*] misurare, valutare: *mesurer la valeur de qqn.* misurare, valutare il valore di qc.; *mesurer l'efficacité d'un acte* misurare, valutare l'efficacia di un atto → **estimer, évaluer** **II** [*avoir pour mesure*] misurare: *cette planche mesure deux mètres* questa tavola misura due metri # *il mesure un mètre quatre-vingts* è alto un metro e ottanta **III** [*régler par une mesure*] **1** [*donner, régler avec mesure*] misurare → **compter** # *le temps nous a été mesuré* abbiamo il tempo contato **2** (*fig.*) [*faire, employer avec mesure, pondération*] misurare, moderare: *mesurer ses gestes* misurare i propri gesti; *mesurez vos expressions!* misuri, moderi i termini! **B** *v.pron.* SE MESURER **1** *passif* [*être mesurable*] misurarsi: *se mesurer en mètres, en litres* misurarsi in metri, in litri **2** *réfl.* (*personnes*) *se mesurer avec, à qqn.* misurarsi con qc. **3** (*récipr.*) *se mesurer (des yeux)* squadrarsi da capo a piedi.
mesureur |məzyʀœʀ| *s.m.* **1** [*celui qui mesure*] misuratore; geometra **2** (*techn.*) misuratore.
mésuser |mezyze| *v.intr.* (*littér.*) MÉSUSER DE [*user mal de (une chose)*] usare *tr.* male, fare (103) *tr.* cattivo uso di: *mésuser de son autorité* usare male la propria autorità; *mésuser de sa fortune* fare cattivo uso delle proprie ricchezze.
mét(a)- |met(a)| *préf.* (*exprimant 'la succession, le changement, la participation', correspond généralt. à*) meta: *métabolisme* metabolismo.
méta |meta| *s.m.* (*marque déposée*) meta *inv.*, metaldeide *f.*

métabisulfite |metabisylfit| *s.m.* (*chim.*) metabisolfito.
métabole |metabɔl| *adj.* (*biol.*) metabolo.
métabolique |metabɔlik| *adj.* (*biol.*) metabolico*: *processus métabolique* processo metabolico.
métabolisme |metabɔlism(ə)| *s.m.* (*biol.*) metabolismo.
métabolite |metabɔlit| *s.m.* (*biol.*) metabolita.
métacarpe |metakaʀp(ə)| *s.m.* (*anat.*) metacarpo.
métacarpien, ienne |metakaʀpjɛ̃, jɛn| *adj.* (*anat.*) metacarpale ♦ (*s.m.*) *les métacarpiens* i metacarpali.
métacentre |metasɑ̃tʀ(ə)| *s.m.* (*phys.*) metacentro.
métacentrique |metasɑ̃tʀik| *adj.* metacentrico*: *hauteur métacentrique* altezza metacentrica.
métagalaxie |metagalaksi| *s.f.* (*astron.*) metagalassia.
métagénèse |metaʒenɛz| *s.f.* (*biol.*) metagenesi *inv.*
métagénésique |metaʒenesik| *adj.* [*de la métagénèse*] metagenetico*.
métairie |meteʀi| *s.f.* **1** podere *m.* a mezzadria **2** fattoria, cascina (di un podere a mezzadria).
métal, aux |metal, o| *s.m.* **1** (*chim.*, *cour.*) metallo: *métaux précieux* metalli preziosi; *métaux radioactifs* metalli radioattivi **2** [*substance métallique*] metallo: *lame de métal* lama di metallo # *industrie des métaux* industria metallurgica **3** (*spécialt.*, *écon.*) *le métal* [*étalon monétaire*] il metallo.
métalangage |metalɑ̃gaʒ| *s.m.*, **métalangue** |metalɑ̃g| *s.f.* (*cybernétique*, *ling.*) metalinguaggio* *m.*
métaldéhyde |metaldeid| *s.m.* ou *f.* metaldeide *f.*
métalinguistique |metalɛ̃gɥistik| *adj.* metalinguistico*.
métallifère |metal(l)ifɛʀ| *adj.* metallifero.
métallique |metal(l)ik| *adj.* metallico*: *fil métallique* filo metallico; *monnaie métallique* moneta metallica; *reflet métallique* riflesso metallico; *son métallique* suono metallico.
métallisation |metal(l)izɑsjɔ̃| *s.f.* [→ MÉTALLISER] metallizzazione.
métallisé, ée |metal(l)ize| *adj.* metallizzato: *une voiture gris métallisé* una macchina grigio metallizzato.
métalliser |metal(l)ize| *v.tr.* **1** [*donner à* (*un corps*) *un éclat métallique*] metallizzare **2** [*couvrir d'une légère couche de métal*] metallizzare.
métallo |metalo| *s.m.* (*fam.*) → **métallurgiste.**
métallocéramique |metal(l)ɔseʀamik| *s.f.* (*techn.*) metalloceramica*.
métallochromie |metal(l)ɔkʀɔmi| *s.f.* (*techn.*) metallocromia.
métallographe |metal(l)ɔgʀaf| *s.* (*techn.*) metallografo.
métallographie |metal(l)ɔgʀafi| *s.f.* (*sc.*, *techn.*) metallografia.
métallographique |metal(l)ɔgʀafik| *adj.* (*sc.*, *techn.*) metallografico*.
métalloïde |metal(l)ɔid| *s.m.* (*chim.*) metalloide.
métalloplastique |metal(l)ɔplastik| *adj.* (*techn.*) metalloplastico*.
métalloprotéine |metal(l)ɔpʀɔtein| *s.f.* (*biol.*) metalloproteina.
métalloscope |metal(l)ɔskɔp| *s.m.* (*techn.*) metalloscopio*.
métallothérapie |metal(l)ɔteʀapi| *s.f.* (*méd.*) metalloterapia.
métallurgie |metal(l)yʀʒi| *s.f.* metallurgia*.
métallurgique |meta(l)lyʀʒik| *adj.* metallurgico*.
métallurgiste |metal(l)yʀʒist(ə)| *adj.* metallurgico*: *ouvrier métallurgiste* operaio metallurgico ♦ (*s.m.*) *un métallurgiste*, (*fam.*) *un métallo* un metallurgico.
métalogique |metalɔʒik| **1** *adj.* metalogico* **2** (*s.f.*) *la métalogique* la metalogica*.
métamathématique |metamatematik| *s.f.* metamatematica*.
métamère |metamɛʀ| **1** *adj.* (*chim.*) metamerico* **2** *s.m.* (*embryol.*, *zool.*) metamero.
métamérie |metameʀi| *s.f.* (*chim.*, *embryol.*) metameria.
métamérique |metameʀik| *adj.* (*embryol.*) metamerico*.
métamérisation |metameʀizɑsjɔ̃| *s.f.* (*zool.*) metamerizzazione.
métamorphique |metamɔʀfik| *adj.* (*géol.*) metamorfico*.
métamorphisant, ante |metamɔʀfizɑ̃, ɑ̃t| *adj.* metamorfosante.
métamorphiser |metamɔʀfize| *v.tr.* (*géol.*) [*transformer par métamorphisme*] metamorfosare.
métamorphisme |metamɔʀfism(ə)| *s.m.* (*géol.*) metamorfismo.
métamorphosable |metamɔʀfozabl(ə)| *adj.* soggetto a metamorfosi.
métamorphose |metamɔʀfoz| *s.f.* metamorfosi *inv.* ◇ (*fig.*) *l'amour opère des métamorphoses* l'amore opera delle metamorfosi → **transformation.**
métamorphoser |metamɔʀfoze| *v.tr.* **1** [*faire passer* (*un être*) *de sa forme primitive à une autre forme*] metamorfosare **2** (*fig.*) [*changer complètement* (*qqn.*, *qqch.*)] trasformare: *l'amour l'a métamorphosé* l'amore l'ha trasformato.
métaphase |metafɑz| *s.f.* (*biol.*) metafase.
métaphonie |metafɔni| *s.f.* (*ling.*) metafonesi *inv.*
métaphore |metafɔʀ| *s.f.* metafora.
métaphorique |metafɔʀik| *adj.* metaforico*: *style métaphorique* stile metaforico.
métaphoriquement |metafɔʀikmɑ̃| *adv.* [→ MÉTAPHORIQUE] metaforicamente: *parler métaphoriquement* parlare metaforicamente.
métaphoriser |metafɔʀize| *v.tr.* et *intr.* (*rare*) [(*s'*)*exprimer par métaphores*] metaforizzare.
métaphosphorique |metafɔsfɔʀik| *adj.* (*chim.*) metafosforico*.
métaphyse |metafiz| *s.f.* (*anat.*) metafisi *inv.*
métaphysicien, ienne |metafizisjɛ̃, jɛn| *s.* et *adj.* metafisico*.
1 **métaphysique** |metafizik| *adj.* metafisico*.
2 **métaphysique** |metafizik| *s.f.* metafisica* → **ontologie, philosophie.**
métaphysiquement |metafizikmɑ̃| *adv.* [→ 1 MÉTAPHYSIQUE] metafisicamente.
métaphysiquer |metafizike| *v. intr.* (*fam.*, *péj.*) [*faire de la métaphysique*] metafisicare.
métaplasie |metaplazi| *s.f.* (*biol.*, *méd.*) metaplasia.
métaplasique |metaplazik| *adj.* metaplasico*.
métapsychique |metapsiʃik| **1** *adj.* metapsichico* **2** *s.f.* metapsichica*.
métapsychiste |metapsiʃist(ə)| *s.* metapsichista.
métapsychologie |metapsikɔlɔʒi| *s.f.* metapsicologia*.
métapsychologique |metapsikɔlɔʒik| *adj.* metapsicologico*.
métasémie |metasemi| *s.f.* (*ling.*) metasemia.
métastase |metastɑz| *s.f.* (*méd.*) metastasi *inv.*
métastatique |metastatik| *adj.* metastatico*: *tumeur métastatique* tumore metastatico.
métatarsalgie |metataʀsalʒi| *s.f.* (*méd.*) metatarsalgia*.
métatarse |metataʀs(ə)| *s.m.*(*anat.*) metatarso.
métatarsien, ienne |metataʀsjɛ̃, jɛn| *adj.* (*anat.*) metatarsico*.
métathèse |metatɛz| *s.f.* (*ling.*) metatesi *inv.*
métathorax |metatɔʀaks| *s.m.* (*zool.*) metatorace.
métayage |metɛjaʒ| *s.m.* (*mode d'exploitation agricole*) mezzadria *f.*
métayer, ayère |meteje, ɛjɛʀ| *s.* [*personne qui prend à bail et fait valoir un domaine sous le régime du métayage*] mezzadro.
métazoaire |metazɔɛʀ| *s.m.* (*zool.*) metazoo.
méteil |metɛj| *s.m.* [*seigle et froment mêlés*] segalata *f.*
métempsycose |metɑ̃psikoz| *s.f.* metempsicosi *inv.*
métencéphale |metɑ̃sefal| *s.m.* (*embryol.*) metencefalo.
météo |meteo| *s.f.* et *adj. inv.* (*abrév.*) → **météorologie, météorologique.**
météore |meteɔʀ| *s.m.* meteora *f.* ◇ (*loc.*) *passer comme un météore* passare come una meteora.
météorique |meteɔʀik| *adj.* meteorico*.
1 **météorisation** |meteɔʀizɑsjɔ̃| *s.f.* (*géol.*) alterazione atmosferica*.
2 **météorisation** |meteɔʀizɑsjɔ̃| *s.f.* (*méd.*) → **météorisme.**
météoriser |meteɔʀize| *v.tr.* (*méd.*) [*gonfler l'abdomen par l'accumulation du gaz*] meteorizzare.
météorisme |meteɔʀism(ə)| *s.m.* (*méd.*) meteorismo.
météorite |meteɔʀit| *s.m.* ou *f.* (*astron.*) meteorite.
météorographe |meteɔʀɔgʀaf| *s.m.* (*techn.*) meteorografo.
météorographie |meteɔʀɔgʀafi| *s.f.* meteorografia.
météorographique |meteɔʀɔgʀafik| *adj.* meteorografico*: *diagramme météorographique* diagramma meteorografico.
météorologie |meteɔʀɔlɔʒi| *s.f.* meteorologia* ◇ (*par ext.*) [*service qui s'occupe de météo.*] (*abrév.* '*météo*') servizio* *m.* meteorologico*: *bulletin de la météo* bollettino (del servizio) meteorologico.
météorologique |meteɔʀɔlɔʒik| *adj.* (*abrév.* '*météo*') meteorologico*: *bulletin météorologique* bollettino meteorologico.
météorologue |meteɔʀɔlɔg|, **météorologiste** |meteɔʀɔlɔʒist(ə)| *s.* meteorologo*.

météoropathie |meteɔʀɔpati| *s.f.* (*méd.*) meteoropatia.
météoropathique |meteɔʀɔpatik| *adj.* meteoropatico*: *troubles météoropathiques* disturbi meteoropatici ◇ (*par ext.*) *un* (*sujet*) *météoropathique* un (soggetto) meteoropatico.
métèque |metɛk| *s.m.* **1** (*hist.*, *antiq.*) meteco* **2** [*étranger méditerranéen résidant en France et dont l'aspect physique, les allures sont jugés déplaisants*] ⊠.
méthacrylate |metakʀilat| *s.m.* (*chim.*) metacrilato.
méthacrylique |metakʀilik| *adj.* (*chim.*) metacrilico*.
méthane |metan| *s.m.* (*chim.*) metano.
méthanier |metanje| *s.m.* (*mar.*) metaniera *f.*
méthanifère |metanifɛʀ| *adj.* metanifero: *terrain méthanifère* terreno metanifero.
méthanique |metanik| *adj.* metanico*.
méthanol |metanɔl| *s.m.* (*chim.*) metanolo.
méthémoglobine |metemɔglɔbin| *s.f.* (*méd.*) metemoglobina.
méthionine |metjɔnin| *s.f.* (*pharm.*) metionina.
méthode |metɔd| *s.f.* **1** metodo (*m.*): *méthode analytique* metodo analitico → **logique** **2** [*ensemble de démarches raisonnées, suivies pour parvenir à un but*] metodo, sistema (*m.*): *méthode de travail* metodo, sistema di lavoro; *manque de méthode* mancanza di metodo; *il devait changer de méthode* dovrebbe cambiare metodo, sistema ◇ (*par ext.*) [*procédé techn., sc.*] *perfectionner les méthodes d'une industrie* perfezionare i metodi di lavoro di una industria **3** [*règles, principes sur lesquels reposent l'enseignement, la pratique d'un art, d'une techn.*] metodo: *méthode de violon, de guitare* metodo di violino, di chitarra **4** (*fam.*) [*moyen*] sistema (*cour.*), metodo (*cour.*): *il a trouvé la bonne méthode pour s'enrichir* ha trovato il sistema giusto per arricchirsi; *indiquer à qqn. la méthode à suivre* indicare a qc. il sistema, il metodo da seguire.
méthodique |metɔdik| *adj.* **1** [*fait selon une méthode*] metodico*: *démonstration méthodique* dimostrazione metodica **2** [*qui agit, raisonne avec méthode*] metodico: *esprit méthodique* mente metodica Ⓒ 1 **empirique**; 2 **brouillon, désordonné.**
méthodiquement |metɔdikmɑ̃| *adv.* [→ MÉTHODIQUE 2] metodicamente: *agir méthodiquement* agire metodicamente.
méthodisation |metɔdizɑsjɔ̃| *s.f.* metodizzazione.
méthodisme |metɔdism(ə)| *s.m.* (*relig.*) metodismo.
méthodiste |metɔdist(ə)| *adj.* (*relig.*) metodista, metodistico* ✦ (*s.*) *un méthodiste* un metodista.
méthodologie |metɔdɔlɔʒi| *s.f.* metodologia*.
méthodologique |metɔdɔlɔʒik| *adj.* metodologico*.
méthodologiquement |metɔdɔlɔʒikmɑ̃| *adv.* [→ MÉTHODOLOGIQUE] metodologicamente.
méthodologiste |metɔdɔlɔʒist(ə)| *s.* metodologo*.
méthyle |metil| *s.m.* (*chim.*) metile.
méthylène |metilɛn| *s.m.* (*chim.*) metilene.
méthylique |metilik| *adj.* (*chim.*) metilico*.
méthylorange |metilɔʀɑ̃ʒ| *s.m.* (*chim.*) metilarancio*.
méticuleusement |metikyløzmɑ̃| *adv.* [→ MÉTICULEUX] meticolosamente.
méticuleux, euse |metikylø, øz| *adj.* meticoloso: *propreté méticuleuse* pulizia meticolosa; *il est extrêmement méticuleux dans son travail* è estremamente meticoloso nel suo lavoro → **minutieux, pointilleux** Ⓒ **négligent.**
méticulosité |metikylozite| *s.f.* (*littér.*) meticolosità *inv.* (*cour.*).
métier |metje| *s.m.* **I** **1** [*travail déterminé*] mestiere, professione (*f.*): *métier manuel, intellectuel* mestiere, professione manuale, intellettuale; *les petits métiers* i mestieri, i lavori artigianali; *choisir un métier* scegliere un mestiere, una professione; *il est garagiste de son métier* di mestiere fa il garagista; *il est avocat de son métier* di professione fa l'avvocato ◇ (*loc.*) *être du métier* essere del mestiere, intendersene ~ *il connaît son métier* sa il fatto suo ~ *il n'est point de sot métier* tutti i mestieri sono buoni ~ *gâcher, gâter le métier* rovinare il mestiere, la piazza **2** [*occupation permanente*] mestiere: *le métier de roi* il mestiere di re → **fonction, rôle** **3** [*habileté technique que confère l'expérience d'un métier*] pratica* *f.*, esperienza (*f.*): *il a du métier* ha molta pratica, molta esperienza; *il manque de métier, il a peu de métier* non ha molta pratica, molta esperienza → **technique** **II** **1** (*tissage*) telaio*: *métier à tisser* telaio; *métier à tricoter* telaio per maglieria **2** (*loc. fig.*) *mettre sur le métier* [*entreprendre*] mettere sul telaio, in cantiere.
métis, isse |metis| *adj.* **I** **1** [*qui est issu du croisement de races, de variétés différentes dans la même espèce*] meticcio*: *enfant métis* bambino meticcio ✦ (*s.*) *une belle métisse* una bella meticcia **2** [*hybride*] ibrido **II** *toile métisse,* (*s.m.*) *métis* (tessuto) misto lino.
métissage |metisaʒ| *s.m.* **1** [*mélange, croisement de races*] incrocio* (di razze) **2** (*bot., zool.*) → **hybridation.**
métisser |metise| *v.tr.* (*animaux*) [*croiser* (*des individus de races différentes*)] incrociare.
métol |metɔl| *s.m.* (*chim.*) metolo.
métonomasie |metɔnɔmasi| *s.f.* metonomasia.
métonymie |metɔnimi| *s.f.* metonimia.
métonymique |metɔnimik| *adj.* metonimico*.
métope |metɔp| *s.f.* (*archit.*) metopa, metope.
métrage |metʀaʒ| *s.m.* **1** [→ MÉTRER] misurazione *f.*, metratura *f.* **2** [*longueur de tissu vendu au mètre*] metraggio*, metratura **3** (*ciné., télév.*) *métrage d'un film* metraggio di un film ◇ (*par ext.*) *long métrage* lungometraggio*; *court métrage* cortometraggio*.
-mètre |mɛtʀ(ə)| *suff.* (*signifiant 'mesure', correspond généralt. à*) metro: *périmètre* perimetro.
1 **mètre** |mɛtʀ(ə)| *s.m.* **1** metro: *mètre carré, cube* metro quadrato (quadro), cubo ◇ (*sport*) *courir un cent mètres* correre i cento metri **2** [*règle ou ruban gradué en centimètres*] metro: *mètre pliant* metro pieghevole; *mètre à ruban* metro a nastro.
2 **mètre** |mɛtʀ(ə)| *s.m.* (*versif. gr., lat.*) metro.
métré |metʀe| *s.m.* (*techn.*) **1** misurazione *f.* (con il metro) **2** computo metrico* estimativo.
métrer |metʀe| (8) *v.tr.* [*mesurer au mètre*] misurare, calcolare la metratura: *métrer un terrain* misurare, calcolare la metratura di un terreno.
métreur, euse |metʀœʀ, øz| *s.* geometra (esperto in computi metrici).
métricien, ienne |metʀisjɛ̃, jɛn| *s.* metricista.
-métrie |metʀi| *suff.* (*signifiant 'mesure, évaluation', correspond généralt. à*) metria: *géométrie* geometria.
-métrique |metʀik| *suff.* (*signifiant 'mesure, évaluation', correspond généralt. à*) metrico: *barométrique* barometrico.
1 **métrique** |metʀik| *s.f.* (*versif.*) metrica*.
2 **métrique** |metʀik| *adj.* **1** metrico*: *système métrique* sistema metrico **2** (*math.*) metrico.
métrite |metʀit| *s.f.* (*méd.*) metrite.
métro- |metʀɔ| *préf.* (*signifiant 'mesure', correspond généralt. à*) metro: *métrologie* metrologia.
métro |metʀo| *s.m.* metrò *inv.*, metropolitana (*f.*): *stations de métro* stazioni di metrò; *bouche de métro* uscita della metropolitana; *ticket, billet de métro* biglietto di metropolitana → 1 **métropolitain.**
métrologie |metʀɔlɔʒi| *s.f.* metrologia*.
métrologique |metʀɔlɔʒik| *adj.* metrologico*.
métrologiste |metʀɔlɔʒist(ə)|,
métrologue |metʀɔlɔg| *s.* metrologo*.
métromanie |metʀɔmani| *s.f.* (*vx.*) metromania.
métronome |metʀɔnɔm| *s.m.* metronomo.
métronomique |metʀɔnɔmik| *adj.* metronomico*: *indications métronomiques* indicazioni metronomiche.
métropole |metʀɔpɔl| *s.f.* **1** metropoli (*inv.*): *les grandes métropoles économiques* le grandi metropoli economiche → **capitale** **2** [*mère patrie*] madrepatria **3** (*relig.*) metropoli.
1 **métropolitain, aine** |metʀɔpolitɛ̃, ɛn| *adj.* **1** (*relig.*) metropolitano: *église métropolitaine* chiesa metropolitana **2** [*qui appartient à la métropole* (2)] metropolitano: *territoire métropolitain* territorio metropolitano.
2 **métropolitain, aine** |metʀɔpɔlitɛ̃, ɛn| (*adj.*) *chemin de fer métropolitain* ferrovia metropolitana ✦ (*s.m.*) *le métropolitain* (*abrév. 'métro'*) la metropolitana *f.*
métropolite |metʀɔpɔlit| *s.m.* (*relig.*) metropolita.
métrorr(h)agie |metʀɔʀaʒi| *s.f.* (*méd.*) metrorragia*.
métroscope |metʀɔskɔp| *s.m.* (*méd.*) metroscopio*.
métroscopie |metʀɔskɔpi| *s.f.* (*méd.*) metroscopia.
mets |mɛ| *s.m.* [*chacun des aliments qui entrent dans l'ordonnance d'un repas*] piatto, pietanza (*f.*): *manger des*

mets délicats, succulents mangiare piatti delicati, succulenti, pietanze delicate, succulente.

mettable |mɛtabl(ə)| *adj.* [→ METTRE A I 5] portabile: *ce costume est encore mettable* questo vestito è ancora portabile.

metteur, euse |mɛtœʀ, øz| *s.* (*rare au f.*) (*inusité, sauf dans les expressions suivantes*) **1** METTEUR EN ŒUVRE [*ouvrier, technicien qui met en œuvre, réalise un projet, un plan*] esecutore* **2** METTEUR EN PAGES [*typographe qui effectue la mise en pages*] impaginatore* **3** METTEUR AU POINT [*celui qui met au point un mécanisme avant les essais*] (operaio*) addetto alla messa a punto **4** METTEUR EN SCÈNE [*personne qui assure la réalisation d'une œuvre dramatique, d'un film*] regista **5** METTEUR EN ONDES [*réalisateur d'émission radiophoniques*] regista radiofonico*.

mettre |mɛtʀ(ə)| (71) **A** *v.tr.* **I 1** [*faire changer de lieu, faire passer à une autre place*] mettere (155): *mettre une chose ici, là, autre part* mettere una cosa qui, lì, in un altro posto; *mettre un objet sur la table* mettere un oggetto sul tavolo □ *se mettre un sac sur le dos* mettersi un sacco sulla schiena → 1 **placer** ◇ *loc.* METTRE DANS mettere in: *mettre une lettre dans l'enveloppe* mettere una lettera nella busta; *mettre du lait dans un verre* mettere, versare del latte in un bicchiere; *mettre un ballon dans le but* mettere, mandare il pallone in rete ~ METTRE EN mettere in: *mettre du vin en bouteille* mettere del vino in bottiglia, imbottigliare del vino; *mettre une plante en terre* mettere una pianta in terra, interrare una pianta ~ METTRE SOUS mettere sotto: *mettre la clé sous la porte* mettere la chiave sotto la porta ~ METTRE À (*un endroit*) mettere a, in: *mettre chaque chose à sa place* mettere ogni cosa al suo posto; *je l'ai mis à la poubelle* l'ho messo, gettato nella spazzatura; *mettre la voiture au garage* mettere la macchina in garage → 1 **placer** # *mettre une lettre à la poste, à la boîte aux lettres* imbucare, impostare una lettera ~ *mettre un mot entre guillemets, entre parenthèses* mettere una parola tra (fra) virgolette, tra (fra) parentesi ~ *mettre près, auprès de* avvicinare → **approcher** **2** [*placer* (*une partie du corps*) *dans une position*] mettere: *mettre ses mains derrière le dos* mettere le mani dietro la schiena # *mettre ses bras en l'air* alzare le braccia (in aria) **3** [*placer* (*un être vivant*) *à tel endroit*] mettere: *mettre un enfant sur une chaise* mettere un bambino sulla sedia; *mettre qqn. dans son lit* mettere qc. a letto; *mettre qqn. dans le train* mettere qc. sul treno; *mettre qqn. à la place d'honneur* mettere qc. al posto d'onore # *mettre ses amis dans les meilleures chambres* sistemare gli amici nelle camere migliori; *mettre qqn. sur la route* instradare qc. ◇ (*loc. fig.*) *mettre qqn. devant le fait accompli* mettere qc. davanti al fatto compiuto ~ *mettre qqn. dans le bon chemin* mettere qc. sulla buona strada **4** [*faire passer dans un lieu, en faisant changer de situation*] mettere: *il a mis son fils en pension* ha messo il figlio in collegio; *mettre du café à chauffer* mettere del caffè a riscaldare; *mettre une chose à l'abri* mettere una cosa al riparo; *mettre de l'argent de côté* mettere da parte del denaro # *mettre en place* installare, sistemare; istituire ◇ (*loc.*) *mettre qqn. sur la paille* [*le ruiner*] mettere qc. sul lastrico ~ *mettre au monde, au jour* mettere al mondo, dare alla luce **5** [*placer* (*un ornement, un vêtement*) *sur soi, sur qqn., en le disposant comme il doit l'être*] mettere: *mettre son manteau, ses gants* mettere (mettersi) il soprabito, i guanti; *il ne met jamais de chapeau* non mette, non porta mai il cappello **6** [*ajouter en adaptant, en assujettissant*] mettere: *mettre un bouton à une veste* mettere, attaccare un bottone a una giacca; *mettre un ingrédient dans un plat* mettere un ingrediente in un piatto; *mettre de l'eau dans le vin* mettere acqua nel vino, annacquare il vino **7** [*disposer*] mettere: *mettre le gaz, l'électricité* mettere, installare il gas, l'elettricità → **installer** # *mettre le couvert, la table* apparecchiare (la tavola) → 1 **dresser** **8** *loc.* METTRE... À [*ajouter, apporter* (*un élément moral, affectif*) *à une action*] *mettre du zèle à faire qqch.* metterci zelo a fare q.c., fare q.c. con zelo; *mettre du soin à faire qqch.* fare q.c. con cura → **user (de)** ~ *il y a mis du sien*: (*pr.*) ci ha messo del suo, ha pagato di tasca sua; (*fig.*) ci ha messo buona volontà **9** *loc.* METTRE... DANS, EN, À [*placer dans, faire consister en*] mettere; riporre (168): *il met son orgueil dans la réussite, à réussir* ci si mette di puntiglio per riuscire, per aver successo ‖ *mettre de grands espoirs en qqn.* riporre grandi speranze in qc. → **fonder** **10** *loc.* METTRE (*un certain temps, de l'argent*) À metterci, impiegare; spendere (105): *mettre plusieurs jours, un temps très long, à faire qqch.* metterci, impiegare parecchi giorni, moltissimo tempo, a fare q.c. ‖ *il a mis mille francs à cet achat, à un bibelot* ha speso mille franchi in quell'acquisto, per un ninnolo; *combien voulez-vous y mettre?* quanto vuole spendere?; *y mettre le prix* spendere quanto occorre # *mettre de l'argent dans une affaire* investire denaro in una azienda **11** [*provoquer, faire naître*] mettere: *il a mis le désordre, le trouble partout* ha messo disordine, confusione dappertutto; *mettre de l'ordre* mettere (in) ordine; *mettre fin* mettere, porre fine → 1 **causer, créer, semer** # *mettre le feu à qqch.* dare fuoco, appiccare il fuoco a q.c. ◇ (*par ext.*) [*faire marcher, déclencher*] *mettre le contact* mettere il contatto; *mettre les gaz* dare (102) gas **12** [*écrire, coucher par écrit*] mettere: *mettre son nom sur un album* mettere il proprio nome su un album; *mettre une somme sur un compte* mettere una somma su un conto ◇ *loc. fam.* METTONS QUE... supponiamo (*cour.*), ammettiamo (*cour.*) che...: *mettons que je n'ai rien dit* supponiamo che io non abbia detto niente; come non detto; *mettez que je suis d'accord* supponete che io sia d'accordo; *mettons qu'il a raison* supponiamo, ammettiamo che abbia ragione **13** (*loc. pop.*) *mettre les bouts* [*s'en aller*] filare (via), tagliare la corda; *on les mets* filiamo, tagliamo la corda ◇ (*sport*) *en mettre* [*donner*] rifilare; *ils leur ont mis cinq buts à zéro* gli hanno rifilato un cinque a zero **II 1** (*avec un adv.*) [*placer dans une position nouvelle*] *mettre sur ses pieds* mettere in piedi; *mettre (à) bas* mettere giù, buttare giù; *mettre sens dessus dessous* mettere sottosopra, a soqquadro; *mettre à l'envers* mettere al rovescio **2** [*placer, disposer dans une position particulière*] mettere: *voulez-vous mettre le verrou?* vuole mettere il catenaccio? **3** (*mar.*) *mettre les voiles en ciseaux* mettere il fiocco a farfalla; *mettre un navire à l'ancre* mettere una nave all'ancora, ancorare una nave **III** [*faire passer dans un état nouveau*] **1** (*sens concret*) *loc.* METTRE EN [*transformer en*] mettere in: *mettre du blé en gerbe* mettere il grano in covoni; *mettre un texte en (bon) français* mettere, volgere un testo in (buon) francese → **traduire**; *mettre les bras en croix* mettere le braccia in croce, incrociare le braccia # *mettre un champ en blé, en avoine* seminare, coltivare un campo a grano, ad avena ~ METTRE À: *mettre un brouillon au propre* mettere, copiare in bella (copia); *mettre un verbe à la forme passive* mettere un verbo nella forma passiva; *mettre un bassin à sec* toglier l'acqua a una fontana **2** (*emplois abstraits*) *loc.* METTRE (QQCH., QQN.) DANS, EN, À [*changer, modifier*] mettere (q.c., qc.) in, a: *mettre en contact, en présence, en lumière, en cause* mettere in contatto, di fronte, in luce, in causa; *mettre au point un appareil* mettere a punto un apparecchio; *mettre en état de* mettere in condizione, in grado di; *mettre qqn. à mort* mettere a morte qc., (far) uccidere qc. ◇ [*faire avancer, marcher, agir*] *mettre en mouvement, en marche, en vente, en action, en pratique, en usage, en œuvre* mettere in movimento (in moto), in marcia (in funzione), in vendita, in pratica, in uso, in opera (attuare) **3** [*faire fonctionner*] mettere, accendere (105): *il met la radio à partir de six heures du matin* mette, accende la radio fin dalle sei del mattino: *mettez le chauffage, il commence à faire froid* metta, accenda il riscaldamento, comincia a far freddo **B** *v.pron.* SE METTRE **1** *réfl.* [*venir occuper un lieu, une situation*] mettersi: *se mettre à la fenêtre* mettersi alla finestra; *se mettre au lit* mettersi a letto; *se mettre à l'abri* mettersi al riparo; *se mettre à table* mettersi a tavola → 1 **placer (se)** ◇ (*loc.*) *ne plus savoir où se mettre* non saper più dove andare a nascondersi ~ *ôte-toi que je m'y mette* togliti di lì, che mi ci metto io ✦ → *tr.* I 1 □ **2** *réfl.* [*prendre une position, un état, une apparence*] mettersi: *se mettre à genoux* mettersi in ginocchio; *se mettre en civil* mettersi in borghese; *se mettre en bras de chemise* mettersi in maniche di camicia **3** *intr.* [*devenir*] mettersi: *se mettre d'accord* mettersi d'accordo; *l'affaire se met bien, mal* la faccenda si mette bene, male; *le temps s'est mis au beau* il tempo si è messo al bello # *se mettre en colère* andare in collera, arrabbiarsi **4** *intr.* (*loc.*) SE METTRE À [*commencer à faire*] mettersi a: *se mettre au travail, à l'ouvrage* mettersi al lavoro, all'opera # *se mettre aux mathématiques, à l'étude* dedicarsi alla matematica, allo studio ~ SE METTRE À (+ *inf.*) mettersi a (+ *inf.*): *se mettre* *à faire qqch.* mettersi a fare q.c.; *il s'est mis à travailler, à rire, à pleurer* si è messo a lavorare, a ridere, a piangere **5** *réfl.* (*loc.*) *n'avoir rien à se mettre* non avere niente da mettersi (addosso) → **habiller (s')** **6** *récipr.* (*fam.*) [*se donner des coups*] darsele (di santa ragione): *qu'est-ce qu'ils se mettent!* quante se ne stanno dando!

meublant, ante |mœblɑ̃, ɑ̃t| *adj.* **1** adatto per arredamento; decorativo **2** (*dr.*) *meubles meublants* tutto l'arredamento *s.m.*, il mobilio* *s.m.*

1 **meuble** |mœbl(ə)| *adj.* **1** mobile: *biens meubles et immeubles* beni mobili e immobili ✦ (*s.m.*) *un meuble* un (bene) mobile **2** *sol, terre meuble* [*qui se laboure facilement*] terreno leggero, terra leggera Ⓒ 1 **immeuble**.

2 **meuble** |mœbl(ə)| *s.m.* **1** mobile: *marchand de meubles anciens* mercante di mobili antichi → **antiquaire**; *meubles rustiques* mobili rustici # *fabrique de meubles* mobilificio **2** (*blas.*) figura *f.*

meublé, ée |mœble| **1** *adj.* [*qui est loué avec des meubles, des ustensiles*] ammobiliato, arredato: *louer un appartement meublé, une chambre meublée* affittare un appartamento ammobiliato, una camera ammobiliata **2** *s.m.* appartamento ammobiliato: *habiter un meublé* abitare in un appartamento ammobiliato.

meubler |mœble| *v.tr.* **1** [*garnir de meubles*] ammobiliare, arredare: *meubler une chambre pour la louer* ammobiliare una camera per affittarla ✦ (*au p.p.*) *son appartement est à peine meublé* il suo appartamento è scarsamente ammobiliato, ha pochi mobili **2** (*loc.*) *tissu qui meuble bien* stoffa molto adatta ad arredare → **meublant** **3** (*fig.*) [*remplir ou orner*] riempire, occupare: *meubler ses loisirs avec quelques bons livres* occupare, riempire il proprio tempo libero leggendo, con la lettura di qualche buon libro.

meuglement |møgləmɑ̃| *s.m.* [*cri sourd et prolongé des bovins*] muggito, mugghio*.

meugler |møgle| *v.intr.* [*beugler, mugir*] muggire (197), mugghiare.

meulage |mølaʒ| *s.m.* (*techn.*) molatura *f.*; rettifica* *f.*

1 **meule** |møl| *s.f.* **1** [*cylindre plat et massif, servant à broyer, à moudre*] mola, macina: *meules de moulin* mole, macine di mulino **2** [*disque en matière abrasive, à grains très fins, servant à aiguiser, à polir*] mola: *affûter un couteau sur la meule* affilare un coltello sulla mola **3** [*grand fromage en forme de disque épais*] forma: *meule de gruyère* forma di gruviera.

2 **meule** |møl| *s.f.* **1** [*gros tas de foin, ayant une forme déterminée*] covone *m.* (di fieno) ◇ [*de gerbes*] barca*, bica* ◇ (*par anal.*) *meule de bois* catasta di legna **2** [*tas de fumier provenant des couches de champignons*] lettiera per funghi ◇ [*champignonnière*] fungaia.

meuler |møle| *v.tr.* [*passer, dégrossir à la meule*] molare # *machine à meuler* molatrice.

meulette |mølɛt| *s.f.* (*agric.*) piccolo covone *m.* di fieno.

meulier |mølje| *s.m.* operaio* *s.* che fabbrica mole.

meulier, ière |mølje, jɛʀ| **1** *adj. f.* (*pierre*) *meulière* pietra molare **2** *s.f.* cava di pietra molare.

meulon |mølɔ̃| *s.m.* **1** (*région.*) → 2 **meule** 1 **2** (*agric.*) piccola bica* *f.*, piccolo covone di fieno.

meunerie |mønʀi| *s.f.* **1** industria molitoria **2** [*ensemble des meuniers*] mugnai *m. pl.*

meunier |mønje| *s.m.* → **chevesne**.

meunier, ière |mønje, jɛʀ| **I** *s.* **1** [*personne qui possède, exploite un moulin*] mugnaio* **2** (*vieilli*) *à la meunière* alla mugnaia ◇ (*ellipt.*) *sole meunière* sogliola alla mugnaia **II** *adj.* [*qui a rapport à la meunerie*] molitorio*: *industrie meunière* industria molitoria.

meunière |mønjɛʀ| *s.f.* → **mésange (bleue)**.

meurette |mœʀɛt| *s.f.* [*sauce au vin servant à préparer certains poissons, les œufs*] ⊠.

meurt-de-faim |mœʀdəfɛ̃| *s. inv.* morto *var.* di fame.

meurtre |mœʀtʀ(ə)| *s.m.* [*action de tuer volontairement un être humain*] omicidio*: *meurtre commis avec préméditation* omicidio premeditato → **assassinat**; *tentative de meurtre* tentato omicidio.

meurtrier, ière |mœʀtʀije, ijɛʀ| **1** *s.* [*personne qui a commis un ou des meurtres*] omicida → **assassin, criminel** **2** *adj.* (*choses*) [*qui cause, entraîne la mort de nombreuses personnes*] micidiale; sanguinoso, cruento: *coups meurtriers* colpi micidiali ‖ *combat meurtrier* combattimento sanguinoso, cruento ◇ (*fig.*) *fureur meurtrière* furore omicida.

meurtrière |mœʀtʀijɛʀ| *s.f.* (*fortif.*) feritoia.

meurtrir |mœʀtʀiʀ| *v.tr.* **1** (*vx.*) → **tuer** **2** [*serrer, heurter au point de laisser une marque sur la peau*] ammaccare, pestare: *se meurtrir le front* ammaccarsi la fronte → **contusionner** # *il lui serrait le poignet à le meurtrir* gli stringeva il polso fino a lasciargli il segno **3** [*endommager* (*un fruit, un légume*)] ammaccare **4** (*fig.*) [*blesser, déchirer*] ferire (197), straziare ✦ (*au p.p.*) *cœur meurtri* cuore ferito, straziato.

meurtrissure |mœʀtʀisyʀ| *s.f.* **1** [*marque sur la peau meurtrie*] livido *m.*, contusione: *meurtrissure causée par un pincement* livido causato da un pizzicotto → **bleu, coup** ◇ [*tâche sur des fruits, des végétaux endommagés*] ammaccatura **2** [*marque, trace laissée par la fatigue, la maladie, la vieillesse*] segno *m.* ◇ (*fig.*) *les meurtrissures de la vie, de l'amour* i segni della vita, le ferite dell'amore.

meute |møt| *s.f.* **1** [*troupe de chiens dressés pour la chasse à courre*] muta **2** (*fig.*) [*bande, troupe de gens acharnés à la poursuite, à la perte de qqn.*] folla: *meute de créanciers* folla, nugolo *m.* di creditori.

mévente |mevɑ̃t| *s.f.* **1** (*vieilli*) [*vente à perte*] svendita (*cour.*) **2** [*insuffisance des ventes*] ristagno *m.*, stasi *inv.* (nelle vendite).

mexicain, aine |mɛksikɛ̃, ɛn| *adj.* [*du Mexique*] messicano: *sombrero mexicain* sombrero messicano.

mézail |mezaj| *s.m.* (*archéol.*) visiera *f.* mobile (di elmo); ventaglia *f.*

mézéréon |mezeʀeɔ̃| *s.m.* (*t.bot.*) mezereo.

mézigue |mezig| *pron. pers.* (*arg.*) [*moi*] io (*cour.*), me (*cour.*) (stesso); il sottoscritto (*fam.*): *c'est pour mézigue* è per il sottoscritto.

mezzanine |mɛdzanin| *s.f.* **1** mezzanino *m.*, ammezzato *m.* **2** *mezzanine d'une salle de spectacle* galleria di una sala di spettacolo → **corbeille**.

mezza-voce |mɛdzavɔtʃe| *loc. adv.* (*littér.*, *mus.*) a mezza voce.

mezzo |mɛdzo| *s.* → **mezzo-soprano**.

mezzo-soprano |mɛdzosɔpʀano| *s.* (*mus.*) **1** *s.m.* mezzosoprano: *des mezzo-sopranos* dei mezzosoprani **2** *s.f.* [*celle qui a cette voix*] mezzosoprano *m.*

mezzo-tinto |mɛdzotinto| *s.m. inv.* (*bx-arts*) mezzatinta *f. var.*

mho |mo| *s.m.* (*phys.*) mho *inv.*

1 **mi** |mi| *s.m. inv.* **1** [*note de mus.*] mi **2** [*corde d'un instrument qui donne cette note*] mi: *le mi du violon* il mi del violino.

2 **mi** |mi| *adj. et adv.* (*employé comme préf.*) metà **1** (*suivi d'un nom*) *la mi-janvier* [*le milieu de janvier*] metà gennaio **2** *loc. adv.* À MI- [*au milieu, à la moitié de*] a mezzo *loc. adj.*, a metà: *à mi-hauteur* a mezz'altezza, a metà altezza; *à mi-distance* a mezza distanza; *travailler à mi-temps* lavorare a mezza giornata, a mezzo tempo **3** (*formant un adj. comp.*) semi: *yeux mi-clos* occhi semichiusi, socchiusi; *mi-long* semilungo # *étoffe mi-fil, mi-coton* stoffa metà filo e metà cotone ◇ (*loc. adj.*) *mi-figue, mi-raisin* [*qui présente une ambiguïté*] tra il serio e il faceto; tiepido (*adj.*): *une réponse mi-figue, mi raisin* una risposta tra il serio e il faceto ‖ *il m'a fait un accueil mi-figue, mi-raisin* mi ha fatto un'accoglienza tiepida.

miam-miam |mjammjam| *interj.* (*exclam. exprimant 'le plaisir de manger'*) miam-miam ✦ *s.m.* (*langage enfantin*) [*le fait de manger*] pappa *f.*

miaou |mjau| *s.m.* (*langage enfantin*) [*cri du chat*] miao (*inv.*): *faire miaou* fare miao → **miaulement**.

miasmatique |mjasmatik| *adj.* **1** miasmatico*, mefitico*: *marécage miasmatique* palude miasmatica **2** [*qui est causé par les miasmes*] miasmatico: *fièvre miasmatique* febbre miasmatica.

miasme |mjasm(ə)| *s.m.* miasma.

miaulement |mjolmɑ̃| *s.m.* **1** [*cri du chat*] miagolio* → **miaou** **2** [*léger grincement, sifflement*] *le miaulement des balles* il miagolio, il sibilo delle pallottole.

miauler |mjole| *v.intr.* **1** (*se dit du chat quand il fait entendre son cri*) miagolare **2** [*faire entendre un bruit analogue au miaulement*] miagolare, sibilare: *les balles miaulaient* le pallottole miagolavano, sibilavano.

miauleur |mjolœʀ| *adj. et s.m.* [*qui miaule*] miagolatore* *s.*

mi-bas |mibɑ| *s.m. inv.* [*chaussette montante*] calzettone (*var.*): *des mi-bas* dei calzettoni.

mica |mika| *s.m.* mica* *f.*

micacé, ée |mikase| *adj.* micaceo.

mi-carême |mikaʀɛm| *s.f.* mezza quaresima.

micaschiste |mikaʃist(ə)| *s.m.* (*minér.*) micascisto.

micellaire |mise(ɛl)lɛʀ| *adj.* (*sc.*) micellare.

micelle |misɛl| *s.f.* (*sc.*) micella.

miche |miʃ| *s.f.* **1** [*pain rond, assez gros*] pagnotta **2** *au plur.* (*arg.*) *les miches* [*fesses*] le chiappe (*pop.*).

michélangelesque |mikelɑ̃ʒəlɛsk| *adj.* michelangiolesco*: *l'art, la*

sculpture, la peinture michélangelesque l'arte, la scultura, la pittura michelangiolesca.
micheline |miʃlin| *s.f.* (*ch. de fer*) automotrice, littorina (*vx.*).
mi-chemin (à) |amiʃmɛ̃| *loc. adv.* **1** a metà strada: *rester à mi-chemin* restare a metà strada ◇ (*fig.*) *s'arrêter à mi-chemin* fermarsi a metà, per strada **2** (*loc. prép.*) *à mi-chemin de* a metà strada da.
micheton |miʃtõ| *s.m.* (*arg.*) amante che paga (*cour.*) ◇ (*par ext.*) → 2 gogo.
mi-clos, close |miklo, kloz| *adj.* [*à moitié clos*] semichiuso, socchiuso: *œil mi-clos* occhio semichiuso, socchiuso.
micmac |mikmak| *s.m.* (*fam.*) [*agissements suspects*] imbroglio* (*cour.*), maneggio* (*cour.*) → **manigance.**
micocoulier |mikɔkulje| *s.m.* (*t. bot.*) bagolaro.
mi-corps (à) |amikɔʀ| *loc. adv.* [*au milieu du corps*] alla vita: *il entra dans l'eau jusqu'à mi-corps* entrò nell'acqua fino alla vita # *portrait à mi--corps* ritratto a mezzo busto.
mi-côte (à) |amikot| *loc. adv.* a mezza costa.
micro- |mikʀɔ| *préf.* (*signifiant 'petit', correspond généralt. à*) micro: *microseconde* microsecondo.
micro |mikʀo| *s.m.* → **microphone.**
micro-ampère |mikʀoɑ̃pɛʀ| *s.m.* (*électr.*) microampère *inv.*
micro-ampèremètre |mikʀo ɑ̃pɛʀmɛtʀ(ə)| *s.m.* (*électr.*) microamperometro.
micro-analyse |mikʀoanaliz| *s.f.* microanalisi *inv.*
microbalance |mikʀobalɑ̃s| *s.f.* microbilancia*.
microbe |mikʀɔb| *s.m.* **1** microbo → **bacille, bactérie, virus 2** (*fig., fam.*) [*personne chétive*] microbo → **avorton.**
microbibliographie |mikʀobibljɔgʀafi| *s.f.* microbibliografia.
microbicide |mikʀobisid| *adj. et s.m.* microbicida.
microbien, ienne |mikʀɔbjɛ̃, jɛn| *adj.* **1** microbico*: *culture microbienne* coltura microbica **2** [*causé par les microbes*] microbico: *maladie microbienne* malattia microbica.
microbiologie |mikʀobjɔlɔʒi| *s.f.* microbiologia*.
microbiologique |mikʀobjɔlɔʒik| *adj.* microbiologico*: *cultures microbiologiques* colture microbiologiche.
microbiologiste |mikʀobjɔlɔʒist(ə)| *s.* microbiologo*.
microbus |mikʀobys| *s.m.* [*petit autobus rapide*] minibus *inv.*, pulmino.
microcaméra |mikʀokameʀa| *s.f.* (*photo.*) microcamera.
microcéphale |mikʀosefal| *adj. et s.* (*méd., zool.*) microcefalo.
microcéphalie |mikʀosefali| *s.f.* (*méd.*) microcefalia.
microcéphalique |mikʀosefalik| *adj.* **1** microcefalico*: *aspect microcéphalique* aspetto microcefalico **2** [*atteint de microcéphalie*] microcefalico: *un sujet microcéphalique* un soggetto microcefalico ♦ (*s.*) *un microcéphalique* un microcefalico.
microchimie |mikʀoʃimi| *s.f.* microchimica*.
microchirurgie |mikʀoʃiʀyʀʒi| *s.f.* microchirurgia*.

microcinéma |mikʀosinema| *s.m.* microcinematografia *f.*
microclimat |mikʀoklima| *s.m.* (*météo.*) microclima.
microcline |mikʀɔklin| *s.m.* (*minér.*) microclino.
microcoque |mikʀɔkɔk| *s.m.* (*biol.*) micrococco*.
microcosme |mikʀɔkɔsm(ə)| *s.m.* (*philo.*) microcosmo ◇ (*littér.*) microcosmo.
microcosmique |mikʀokɔsmik| *adj.* microcosmico*.
microcristal, aux |mikʀokʀistal, o| *s.m.* (*minér.*) microcristallo.
microcristallin, ine |mikʀɔkʀistalɛ̃, in| *adj.* (*minér.*) microcristallino.
microcyte |mikʀosit| *s.m.* (*biol.*) microcito, microcita.
microdissection |mikʀodisɛksjõ| *s.f.* (*sc.*) micromanipolazione, microdissezione.
micro-économie |mikʀoekɔnɔmi| *s.f.* (*écon.*) microeconomia © **macro--économie.**
micro-élément |mikʀoelemɑ̃| *s.m.* (*biol., chim.*) microelemento.
microfarad |mikʀofaʀad| *s.m.* (*électr.*) microfarad *inv.*
microfiche |mikʀofiʃ| *s.f.* (*techn.*) microscheda, 'microfiche' *inv.*
microfilm |mikʀofilm| *s.m.* microfilm *inv.*
microfilmer |mikʀofilme| *v.tr.* [*photographier pour obtenir un microfilm*] microfilmare: *microfilmer un document* microfilmare un documento.
microfilmothèque |mikʀofilmɔtɛk| *s.f.* microfilmoteca*.
microgastrie |mikʀɔgastʀi| *s.f.* (*méd.*) microgastria.
microglossaire |mikʀɔglɔsɛʀ| *s.m.* (*ling.*) vocabolario* specialistico*.
microglossie |mikʀɔglɔsi| *s.f.* (*méd.*) microglossia.
microgramme |mikʀɔgʀam| *s.m.* microgrammo.
micrographie |mikʀɔgʀafi| *s.f.* (*sc.*) micrografia.
micrographique |mikʀɔgʀafik| *adj.* (*sc.*) micrografico*.
microgrenu, ue |mikʀɔgʀəny| *adj.* (*minér.*) microgranulare: *roches microgrenues* rocce microgranulari.
microlecteur |mikʀolɛktœʀ| *s.m.*, **microliseuse** |mikʀolizøz| *s.f.* (*techn.*) microlettore *m.*
microlithique |mikʀolitik| *adj.* (*minér.*) microlitico*: *roches microlithiques* rocce microlitiche.
micromanipulation |mikʀɔmanipylɑsjõ| *s.f.* (*sc.*) micromanipolazione.
micromélie |mikʀɔmeli| *s.f.* (*méd.*) micromelia.
micrométéorologie |mikʀɔmeteɔʀɔlɔʒi| *s.f.* micrometeorologia*.
micromètre |mikʀɔmɛtʀ(ə)| *s.m.* (*sc.*) micrometro.
micrométrie |mikʀɔmetʀi| *s.f.* (*sc.*) micrometria.
micrométrique |mikʀɔmetʀik| *adj.* (*sc.*) micrometrico*: *vis micrométrique* vite micrometrica.
micromoteur |mikʀɔmɔtœʀ| *s.m.* micromotore.
micron |mikʀõ| *s.m.* micron *inv.*
micronésien, ienne |mikʀɔnezjɛ̃, jɛn| **1** *adj.* [*de la Micronésie*] micronesiano **2** (*s.m.*) *le micronésien* [*la langue*] il micronesiano.

micronisation |mikʀɔnizɑsjõ| *s.f.* [→ MICRONISER] micronizzazione.
microniser |mikʀɔnize| *v.tr.* [*réduire à des dimensions voisines de celles du micron*] micronizzare.
micro-onde |mikʀoõd| *s.f.* (*phys.*) microonda.
micro-ordinateur |mikʀoɔʀdinatœʀ| *s.m.* personal computer *inv.*
micro-organisme, microorganisme |mikʀoɔʀganism(ə)| *s.m.* (*sc.*) micr(o)organismo → **microbe.**
microphone |mikʀɔfɔn|, (*abrév.*) **micro** |mikʀo| *s.m.* microfono: *parler au micro* parlare al microfono; *chanter devant, dans un micro* cantare davanti a, in un microfono.
microphonique |mikʀɔfɔnik| *adj.* microfonico*.
microphotogramme |mikʀɔfɔtɔgʀam| *s.m.* microfotogramma.
microphotographie |mikʀɔfɔtɔgʀafi| *s.f.* microfotografia.
microphotographique |mikʀɔfɔtɔgʀafik| *adj.* microfotografico*: *appareil microphotographique* apparecchio microfotografico.
microphtalmie |mikʀɔftalmi| *s.f.* (*méd.*) microftalmia.
microphysique |mikʀɔfizik| *s.f.* microfisica*.
microprojecteur |mikʀɔpʀɔʒɛktœʀ| *s.m.* (*techn.*) microproiettore.
microprojection |mikʀɔpʀɔʒɛksjõ| *s.f.* microproiezione.
micropsie |mikʀɔpsi| *s.f.* (*méd.*) micropsia.
micropyle |mikʀɔpil| *s.m.* (*bot.*) micropilo.
microscope |mikʀɔskɔp| *s.m.* **1** microscopio*: *microscope qui grossit mille fois* microscopio che ingrandisce mille volte **2** (*loc. fig.*) *examiner qqch. au microscope* [*avec la plus grande minutie*] esaminare q.c. al microscopio.
microscopie |mikʀɔskɔpi| *s.f.* microscopia.
microscopique |mikʀɔskɔpik| *adj.* **1** (*sc.*) microscopico* **2** [*minuscule*] microscopico: *tasses microscopiques* tazze microscopiche.
microscopiste |mikʀɔskɔpist(ə)| *s.* microscopista.
microseconde |mikʀɔsgõd| *s.f.* (*sc.*) microsecondo *m.*
microséisme |mikʀoseism(ə)| *s.m.* microsismo.
micros(é)ismique |mikʀɔs(e)ismik| *adj.* microsismico*.
micros(é)ismographe |mikʀɔs(e)ismɔgʀaf| *s.m.* (*techn.*) microsismografo.
microsillon |mikʀɔsijõ| *s.m.* **1** (*techn.*) microsolco* **2** [*disque 33 tours--minute*] microsolco (*inv.*): *acheter des microsillons* comprare dei microsolco ♦ (*adj.*) *disque microsillon* disco microsolco.
microsociologie |mikʀɔsɔsjɔlɔʒi| *s.f.* microsociologia*.
microsonde |mikʀɔsõd| *s.f.* (*techn.*) microsonda: *micro-sonde électronique* microsonda elettronica.
microsporange |mikʀɔspɔʀɑ̃ʒ| *s.m.* (*bot.*) microsporangio*.
microspore |mikʀɔspɔʀ| *s.f.* (*bot.*) microspora.
microstructure |mikʀɔstʀyktyʀ| *s.f.* microstruttura.
microtherme |mikʀɔtɛʀm| *adj.* (*bot.*) microtermo: *plantes microthermes*

piante microterme ◇ (*géogr.*) *climat microtherme* clima microtermo.
microthermie |mikʀɔtɛʀmi| *s.f.* (*phys.*) microcaloria.
microtome |mikʀɔtɔm| *s.m.* (*sc.*) microtomo.
miction |miksjɔ̃| *s.f.* (*méd.*) minzione.
midi |midi| *s.m.* **I** **1** [*milieu du jour*] mezzogiorno: *le repas de midi* il pranzo di mezzogiorno ◇ (*ellipt.*) *prendre un cachet matin, midi, soir* prendere una compressa al mattino, a mezzogiorno, a sera ◇ (*loc. fig.*) *le démon de midi* il demone della mezza età **2** [*heure du milieu du jour*] mezzogiorno: *il est midi, midi sonné* è mezzogiorno, mezzogiorno suonato; *sur le coup de midi* a mezzogiorno in punto; (*fam.*) *vers les midi* verso mezzogiorno (*cour.*), le dodici (*cour.*) ◇ (*loc. fig.*) *chercher midi à quatorze heures* complicarsi l'esistenza, la vita, crearsi difficoltà inutili ~ (*pop.*) *c'est midi* (*sonné*) niente da fare (*cour.*), non c'è modo, mezzo (di) (*cour.*) ~ *avec eux,* (*c'est*) *midi pour sortir le soir* con loro, in quanto a uscire di sera, niente da fare; con loro non c'è modo, mezzo di uscire di sera **II** **1** [*sud*] mezzogiorno: *coteau exposé au midi* colle esposto a mezzogiorno **2** [*région qui est au Sud d'un pays*] Mezzogiorno: *le Midi de la France* il Mezzogiorno francese, il 'Midi'.
midinette |midinɛt| *s.f.* [*jeune ouvrière ou vendeuse parisienne de la couture, de la mode*] sartina, piccinina (di modista) ◇ (*loc. péj.*) *lectures de midinette* letture da sartina.
1 **mie** |mi| *s.f.* **I** [*partie molle à l'intérieur du pain*] mollica* # *pain de mie* pane in cassetta ◇ (*loc. pop.*) *il est à la mie de pain* [*sans valeur*] (non) vale una cicca **II** (*vx.*) (*particule de négation*) mica → 2 **pas.**
2 **mie** |mi| *s.f.* (*vx., littér.*) [*amie, femme aimée*] diletta.
miel |mjɛl| *s.m.* **1** miele: *bonbon au miel* caramella al miele **2** (*loc.*) *être tout sucre tout miel* essere, diventare tutto miele → **doucereux, mielleux** **3** *lune de miel* luna di miele **4** (*fam., euphémisme pour 'merde'*) accidenti, porca miseria.
miellé, ée |mjele| *adj.* (*littér.*) [*sucré au miel*] melato: *boisson miellée* bevanda melata.
miellée |mjele| *s.f.* (*bot.*) melata.
mielleusement |mjɛløzmɑ̃| *adv.* [→ MIELLEUX 1] mellifluamente.
mielleux, euse |mjɛlø, øz| *adj.* **1** [*qui a une douceur affectée*] mellifluo, melato: *paroles mielleuses* parole melliflue, melate; *air mielleux* aria melliflua → **onctueux, doucereux** **2** (*péj.*) *liqueur mielleuse* [*fade*] liquore mieloso, sciropposo.
mien, mienne |mjɛ̃, mjɛn| **I** *adj. poss.* **1** (*épithète*) (*littér.*) *un mien cousin* [*un cousin à moi*] un mio cugino **2** (*attribut*) *ce livre est mien* questo libro è mio; *des protestations que je fais miennes* proteste che faccio mie **II** *pron. poss.* LE MIEN, LA MIENNE (il) mio, (la) mia: *votre fils et le mien* vostro figlio e il mio, il mio e il vostro figlio; *leurs enfants et les deux miens* i loro figli e i miei due; *ce livre est le mien* questo libro è mio **III** *s.m.* **1** (*loc.*) *j'y ai mis du mien* [*j'ai fait un effort*] ce l'ho messa tutta, ci ho dato dentro **2** *les miens* [*mes parents, mes amis*] i miei.
miette |mjɛt| *s.f.* **1** [*petite parcelle de pain, de gâteau qui tombe quand on le coupe*] briciola: *mettre du pain en miettes* ridurre del pane in briciole → **émietter** **2** (*fig.*) *les miettes* (*d'une fortune*) le briciole: *dans cette affaire, nous n'aurons que des miettes* in quest'affare a noi toccheranno solo le briciole **3** [*petit fragment*] briciolo *m.*, briciola: *donnez-m'en une miette* me ne dia un briciolo, una briciola ◇ (*loc. fig., fam.*) *ne pas perdre une miette d'un spectacle* non lasciarsi scappare niente di uno spettacolo ~ *il ne s'en fait pas une miette* non gliene importa un fico (secco).
mieux |mjø| *adv.* (*comparatif irrégulier de 'bien', au lieu de 'plus bien'*) **I** **1** [*d'une manière plus accomplie, meilleure*] meglio: *cette lampe éclaire mieux* questa lampada illumina meglio; *je le connais mieux* io lo conosco meglio ◇ *loc.* ALLER MIEUX andare, stare meglio: *le malade va mieux* il malato va, sta meglio ~ (*au condit.*) FAIRE MIEUX DE far meglio a: *vous feriez mieux de vous taire, d'obéir* fareste meglio a tacere, a obbedire ~ *aimer mieux* preferire (197) → **préférer** **2** *loc.* MIEUX QUE... meglio di: *il travaille mieux que son frère* lavora meglio di suo fratello; *il a mieux réussi que je ne pensais* è riuscito meglio di quanto pensassi # *mieux que jamais* meglio che mai **3** (*avec 'plus, moins'*) meglio, tanto meglio: *moins il mange, mieux il se porte* meno mangia e meglio sta; quanto meno mangia, tanto meglio sta # *plus il s'applique mieux il gagne* più si ingegna, più guadagna; quanto più si ingegna, tanto più guadagna **4** (*loc. adv.*) *tant mieux* tanto meglio ~ *il a travaillé on ne peut mieux* ha lavorato come meglio non si potrebbe, non si può ~ *il va de mieux en mieux* va di bene in meglio, sempre meglio ~ *ils faisaient à qui mieux mieux* facevano a gara ~ *ils riaient à qui mieux mieux* facevano a chi rideva di più **II** LE MIEUX **1** [*de la meilleure façon*] meglio: *les situations le mieux payées* gli impieghi meglio retribuiti **2** *loc.* AU MIEUX [*dans le meilleur des cas*] al massimo, nella migliore delle ipotesi: *au mieux, il réunira deux mille suffrages* al massimo, nella migliore delle ipotesi raccoglierà duemila voti ~ ÊTRE AU MIEUX (*avec qqn.*) [*en excellents termes*] essere in ottimi rapporti con qc.: *ils sont au mieux* sono in ottimi rapporti **3** *loc.* POUR LE MIEUX per il meglio: *tout est pour le mieux* tutto va per il meglio **4** *loc.* DES MIEUX: *cet appartement est des mieux meublés* questo appartamento è tra quelli meglio ammobiliati, molto ben ammobiliato; *les citations sont des mieux choisies* le citazioni sono molto ben scelte **III** *adj. attribut* **1** (*personnes*) [*en meilleur santé*] meglio (*adv.*): *se sentir mieux* sentirsi meglio; *mettez-vous dans ce fauteuil, vous serez mieux* si metta in questa poltrona, starà meglio, più comodo; *je vous trouve mieux* la trovo meglio # *il est mieux que son frère* è migliore, è meglio (*pop.*) di suo fratello **2** (*choses*) [*préférable*] meglio (*adv.*): *parler est bien, se taire est mieux* parlare è bene, tacere ancor meglio; *si vous n'avez rien de mieux à faire je vous emmène au cinéma* se non avete nulla di meglio da fare vi porto al cinema **3** *loc.* QUI MIEUX EST [*ce qui est mieux encore*] ancora meglio, per di più: *je vous téléphonerai et, qui mieux est, j'irai vous chercher* le telefonerò e, ancora meglio, verrò a prenderla **IV** (*nominal*) **1** (*sans art.*) [*quelque chose de mieux*] di meglio (*loc. inv.*): *en attendant mieux* e in attesa di meglio, *il y a mieux, mais c'est plus cher* c'è di meglio, ma è più caro; *faute de mieux* in mancanza di meglio # *il a changé en mieux* ha cambiato in meglio **2** *s.m.* LE MIEUX il meglio *inv.* # *le médecin a constaté un léger mieux* [*une amélioration*] il medico ha constatato un leggero miglioramento ◇ *loc.* DE MON, TON, SON MIEUX del mio, del tuo, del suo meglio: *je t'aiderai de mon mieux* ti aiuterò meglio che posso; farò del mio meglio per aiutarti ◇ (*prov.*) *le mieux est l'ennemi du bien* il meglio è nemico del bene.
mieux-être |mjøzɛtʀ(ə)| *s.m.* [*amélioration du bien-être*] maggiore benessere: *tous nos efforts vont vers le mieux-être* tutti i nostri sforzi tendono verso un maggiore benessere.
mièvre |mjɛvʀ(ə)| *adj.* **1** [*d'une grâce enfantine et fade*] lezioso, sdolcinato: *poésie mièvre* poesia leziosa, sdolcinata **2** (*vx.*) → **espiègle.**
mièvrement |mjɛvʀəmɑ̃| *adv.* (*rare*) [→ MIÈVRE] leziosamente.
mièvrerie |mjɛvʀəʀi| *s.f.* **1** [*grâce puérile, fade et recherchée*] leziosaggine, leziosità *inv.* ◇ [*chose mièvre*] leziosità **2** (*vx.*) → **espièglerie.**
mi-fin |mifɛ̃| *adj.* [*intermédiaire entre gros et fin* (*en parlant de produits du comm.*)] medio*: *petits pois mi-fins* piselli medi.
migmatite |migmatit| *s.f.* (*minér.*) migmatite.
mignard, arde |miɲaʀ, aʀd(ə)| *adj.* **1** (*fam.*) [*qui a une grâce délicate*] leggiadro (*littér.*), vezzoso (*littér.*) **2** (*personnes*) (*péj.*) lezioso, smanceroso → **affecté** **3** (*vieilli*) [*qui a une douceur mignonne*] affettuoso (*cour.*): *des attentions mignardes* delle attenzioni affettuose → **gentil.**
mignardise |miɲaʀdiz| *s.f.* **1** (*littér.*) [*grâce délicate*] leggiadria (*cour.*): *la mignardise de son visage* la leggiadria del suo viso **2** [*grâce affectée*] grazia manierata → **afféterie** ◇ (*par ext.*) *des mignardises* delle smancerie: *les mignardises d'une coquette* le smancerie di una civetta → **chichi, minauderie** **3** (*cout.*) *œillet mignardise* trina a pippiolini.
mignon, onne |miɲɔ̃, ɔn| **I** *adj.* **1** [*qui a de la grâce*] grazioso: *une fille mignonne* una ragazza graziosa; *il est mignon, votre vase!* com'è grazioso il vostro vaso! ◇ (*par ext.*) *péché mignon* [*petite faute habituelle*] lato debole, neo **2** (*fam.*) [*aimable, gentil*] gentile (*cour.*), carino (*cour.*): *sois mignon!* sii gentile! **3** (*cuis.*) *filet mignon* punta *s.f.* di filetto **II** *s.* **1** (*s.m.*) *le mignon* il genere grazioso, il grazioso **2** *s.* [*personne mignonne*] tesoro (*m.*): *une jolie, petite mignonne* un piccolo bel tesoro, una gioia ◆ *s.f.* (*pop.*) [*jeune fille*] bambolina **3** *s.m.* (*vx.*) → **favori** ◇ (*hist.*) *les mignons d'Henri III* i favoriti di Enrico III.

mignonne |miɲɔn| *s.f.* pera carnicina.

mignonnement |miɲɔnmɑ̃| *adv.* (*vieilli*) [→ MIGNON I 1, 2] vezzosamente.

mignonnet, ette |miɲɔnɛ, ɛt| *adj. et s.* [*assez mignon*] graziosetto.

mignonnette |miɲɔnɛt| *s.f.* **1** (*t.bot.*) garofanino *m.* dei campi; sassifraga* ombrosa; cicoria selvatica **2** (*cout.*) rasatello *m.* di cotone (per fodere) **3** pepe *m.* macinato grosso **4** [*fin gravier*] ghiaietto *m.*

mignoter |miɲɔte| **A** *v.tr.* (*vieilli*) [*traiter délicatement*] vezzeggiare (*littér.*) → **cajoler, dorloter B** *v.pron. réfl.* SE MIGNOTER [*faire soigneusement sa toilette*] agghindarsi.

migraine |migʀɛn| *s.f.* [*mal de tête*] emicrania.

migraineux, euse |migʀɛnø, øz| *adj.* [*relatif à la migraine*] emicranico* ♦ (*s.*) *un migraineux* una persona *f.* soggetta a emicranie.

migrant, ante |migʀɑ̃, ɑ̃t| *adj. et s.* [*qui participe à une migration* (1)] migrante: *travailleurs migrants* lavoratori migranti.

migrateur, trice |migʀatœʀ, tʀis| *adj.* migratore*: *passage d'oiseaux migrateurs* passo d'uccelli migratori ♦ (*s.m.*) *les migrateurs* i migratori.

migration |migʀɑsjɔ̃| *s.f.* **1** [→ MIGRER] migrazione: *migration des barbares* migrazione dei barbari; *migration des travailleurs* migrazione dei lavoratori → **émigration, immigration 2** [*déplacement périodique de certaines espèces animales*] migrazione: *migration des hirondelles, des anguilles* migrazione delle rondini, delle anguille **3** (*fig., relig.*) *la migration des âmes* la trasmigrazione delle anime **4** (*chim.*) migrazione **5** (*sc.*) *migration de l'œuf* migrazione dell'uovo.

migratoire |migʀatwaʀ| *adj.* migratorio*: *mouvement migratoire* movimento migratorio.

migrer |migʀe| *v.intr.* (*personnes, animaux*) [*changer d'endroit, de pays; émigrer*] migrare (*aux.* essere) ◇ (*sujet de chose*) *notre sidérurgie migre vers les ports* la nostra siderurgia migra verso i porti.

mi-jambe (à) |amiʒɑ̃b| *loc. adv.* [*au niveau du milieu de la jambe*] a mezza gamba, a metà gamba: *avoir de l'eau jusqu'à mi-jambe(s)* aver l'acqua a mezza gamba, a metà gamba.

mijaurée |miʒɔʀe| *s.f.* [*femme aux manières affectées et ridicules*] smorfiosa, smorfiosetta: *faire la mijaurée* fare la smorfiosa, la smorfiosetta → **pimbêche.**

mijoter |miʒɔte| **A** *v.tr.* **1** [*faire cuire ou bouillir lentement*] far (103) *intr.* cuocere a fuoco lento: *mijoter du poulet* far cuocere il pollo a fuoco lento **2** [*préparer* (*un mets*) *avec soin*] preparare (con cura), ammannire (197): *mijoter de bons petits plats* preparare, ammannire dei manicaretti **3** (*fam.*) [*mûrir* (*une affaire*)] covare: *qu'est-ce qu'il mijote?* che cosa sta covando? → **fricoter B** *v.intr.* **1** [*cuire à petit feu*] cuocere (129) (*aux.* essere) a fuoco lento: *potage qui mijote* minestra che cuoce a fuoco lento **2** (*fig.*) covare: *complot qui mijote* complotto che cova.

mikado |mikado| *s.m.* mikado *inv.*

1 **mil** |mil| *adj. et s.* → 1 **mille.**

2 **mil** |mij, mil| *s.m.* (*vx.*) *grain de mil* grano di miglio (*cour.*) → **millet.**

3 **mil** |mil| *s.m.* [*petite massue de bois utilisée en gymnastique*] clava *f.*

milan |milɑ̃| *s.m.* (*t.bot.*) nibbio*.

milanais, aise |milanɛ, ɛz| **1** *adj.* [*de Milan*] milanese ◇ (*loc.*) *à la milanaise*, (*adj.*) *milanaise* alla milanese (*loc. inv.*): *escalopes milanaises* cotoletta alla milanese; *timbale milanaise* timballo alla milanese **2** (*s.m.*) *le milanais* [*le dialecte*] il milanese.

mildiou |mildju| *s.m.* (*bot.*) peronospora (*f.*): *mildiou de la pomme de terre* peronospora della patata ◇ (*spécialt.*) *mildiou de la vigne* peronospora della vite.

mildiousé, ée |mildjuze| *adj.* (*agric.*) *vigne mildiousée* vite colpita dalla peronospora.

mile |majl| *s.m.* (*angl.*) miglio* → 2 **mille.**

miliaire |miljɛʀ| *adj.* (*méd.*) miliare: *fièvre miliaire* febbre miliare ♦ *s.f.* miliaria.

milice |milis| *s.f.* **1** (*hist.*) milizia: *milices populaires* milizie popolari **2** [*police, dans certains pays*] milizia **3** (*vx.*) [*art de la guerre; armée*] milizia **4** *la milice* [*corps qui soutenait l'occupation all. en France*] la milizia.

milicien, ienne |milisjɛ̃, jɛn| *s.* miliziano.

1 **milieu** |miljø| *s.m.* **I 1** [*partie* (*d'une chose*) *à égale distance de ses bords, de ses extrémités*] mezzo, metà (*f. inv.*): *le milieu d'une planche* il mezzo, la metà di un'asse → **centre** # *le milieu d'une pièce* il centro di una stanza; *le milieu d'une route* la mezzeria di una strada **2** [*ce qui est placé entre d'autres choses*] mezzo: *le doigt du milieu* il dito di mezzo; *le rang du milieu* la riga di mezzo **3** [*période également éloignée du commencement et de la fin*] metà: *le milieu du XX*[e] *siècle* la metà del XX secolo; *le milieu du jour, de la nuit* la metà del giorno, della notte → **midi; minuit 4** *loc. prép.* AU MILIEU DE: (*concret*) in mezzo a, nel mezzo di; (*abstrait*) a metà (di): *au milieu de la route* in mezzo alla strada, nel mezzo della strada; *au milieu de la mer* in mezzo al mare; *il est arrivé au beau milieu, au plein milieu de la séance* è arrivato nel bel mezzo della seduta ‖ *au milieu de l'année* a metà (dell')anno; *au milieu du repas* a metà (del) pranzo; *au milieu du chemin* a metà, a mezza strada ◇ (*abstrait*) [*parmi*] in mezzo a; tra (fra): *au milieu du danger* in mezzo al pericolo ‖ *il vit au milieu des siens* vive tra i suoi, con i suoi **II 1** [*ce qui est éloigné des extrêmes, des excès*] via *f.* di mezzo: *il y a un milieu* c'è una via di mezzo; *il n'y a pas de milieu entre...* non c'è via di mezzo tra... **2** *le juste milieu* il giusto mezzo, la giusta misura *f.*

2 **milieu** |miljø| *s.m.* **1** [*espace naturel dans lequel un corps est placé*] ambiente ◇ (*biol., chim.*) mezzo **2** [*ensemble des objets, des circonstances qui influencent un organisme vivant*] ambiente: *adaptation au milieu* adattamento all'ambiente # *conditions de milieu* condizioni ambientali **3** [*l'entourage matériel et moral d'une personne*] ambiente: *s'adapter à un nouveau milieu* adattarsi a un nuovo ambiente; *être, se sentir dans son milieu* essere, sentirsi nel proprio ambiente (naturale), a proprio agio ◇ (*au plur.*) *les milieux militaires, littéraires* gli ambienti militari, letterari; *dans les milieux bien informés...* negli ambienti (bene) informati... **4** (*spécialt.*) *le Milieu* [*groupe d'individus vivant des subsides de filles soumises et des produits de vol*] la malavita *f.*, la mala *f.* (*fam.*): *l'argot du Milieu* il gergo della malavita.

militaire |militɛʀ| **I** *adj.* **1** militare: *école militaire* scuola militare; *service militaire* servizio militare; *opération militaire* operazione militare → **guerrier 2** [*qui est fondé sur la force armée*] militare: *gouvernement militaire* governo militare; *coup d'État militaire* colpo di Stato militare **3** (*par ext.*) *l'esprit, la fibre militaire* [*le goût des armes*] lo spirito, la tempra militare **II** *s.m.* **1** *un militaire* un militare: *militaire de carrière* militare di carriera → **soldat, 2 officier 2** (*littér.*) *le militaire* [*l'ensemble des militaires; le métier du soldat*] i militari *pl.* (*cour.*); la vita *f.* militare (*cour.*).

militairement |militɛʀmɑ̃| *adv.* **1** [→ MILITAIRE I 1] militarmente: *saluer militairement* salutare militarmente **2** [*par l'emploi de la force armée*] militarmente: *occuper militairement un territoire* occupare un territorio militarmente.

militant, ante |militɑ̃, ɑ̃t| **I** *adj.* **1** militante: *doctrine, politique militante* ideologia, politica militante → **actif 2** (*relig.*) *l'Église militante* la Chiesa militante **II** (*s.*) *un militant* un militante, un attivista; *militant communiste* militante comunista; *militants de base* attivisti di base (di un partito).

militantisme |militɑ̃tism(ə)| *s.m.* [*attitude de ceux qui militent activement dans une organisation*] attivismo.

militarisation |militaʀizɑsjɔ̃| *s.f.* [→ MILITARISER] militarizzazione.

militariser |militaʀize| *v.tr.* [*organiser d'une façon milit.; pourvoir d'une force armée*] militarizzare: *militariser une région frontière* militarizzare una regione di frontiera ♦ (*au p.p.*) *zone militarisée* zona militarizzata.

militarisme |militaʀism(ə)| *s.m.* **1** (*péj.*) militarismo → **bellicisme 2** [*système polit. qui s'appuie sur les armes*] militarismo **C** 1 **pacifisme.**

militariste |militaʀist(ə)| *adj.* militarista, militaristico*: *nationalisme militariste* nazionalismo militarista, militaristico ♦ (*s.*) *un militariste* un militarista **C** **pacifiste.**

militer |milite| *v.intr.* **1** (*choses*) *militer pour, contre* [*constituer une raison pour, contre*] militare a favore; agire (197) contro: *les arguments, les raisons qui militent en faveur de cette décision* gli argomenti che militano a favore di questa decisione **2** (*personnes*) [*agir sans violence pour ou contre*] militare ◇ (*spécialt.*) [*être un militant* (*de parti, de syndicat, etc.*)] militare (nelle fila di un partito, di un sindacato, ecc.).

milk-bar |milkbaʀ| *s.m.* (*angl.*) bar *inv.* dove si consumano solo analcolici.

milk-shake |milkʃɛk| *s.m.* (*angl.*) [*boisson frappée, à base de farine lactée et parfumée*] ⊠.

millage |milaʒ| *s.m.* (*Canada*) [*action de mesurer en milles; nombre de milles parcourus*] misurazione *f.*, calcolo in miglia; distanza *f.*

millas |mijas| *s.m.*, **millasse, milliasse** |mijas| *s.f.* (*région.*) (*se* *dit de divers gâteaux et pâtiss.*) [*gâteau de farine de maïs*] ⊠.

1 **mille** |mil| **I** *adj. inv.* **1** *numér. cardinal* mille; mila: *mille un* mille uno ‖ *cinq mille* cinque mila (cinquemila) **2** [*un grand nombre*] mille: *dire mille fois* dire mille vólte; *faire mille amitiés* fare mille amicizie # (*tapisserie à*) *mille fleurs* (tappezzeria) a fiori ◇ (*loc.*) *je vous le donne en mille* [*vous n'avez pas une chance sur mille de deviner*] provi a indovinare **3** *numér. ordinal* mille: *page mille* pagina mille → **millième** **II** *s.m. inv.* **1** mille: *un pour mille* uno per mille **2** (*loc.*) *mettre dans le mille* [*dans le but*] colpire nel segno, fare centro **3** [*millier*] migliaio* (*var.*): *objets vendus à tant le mille* oggetti venduti a tanto al migliaio ◇ (*loc. fam.*) *gagner des mille et des cents* [*beaucoup d'argent*] far soldi a palate.

2 **mille** |mil| *s.m.* (*mesure*) miglio*: *mille romain* miglio romano; *mille marin* miglio marino.

mille-feuille |milfœj| *s.f.* (*t.bot.*) millefoglio* *m.*

millefeuille |milfœj| *s.m.* [*gâteau de pâte feuilletée*] millefoglie *inv.*

millefleurs |milflœʀ| *adj. inv.* → 1 **mille** I 2.

millénaire |mi(l)lenɛʀ| **I** *adj.* millenario*: *des arbres millénaires* degli alberi millenari; *une tradition plusieurs fois millénaire* una tradizione più che millenaria, plurimillenaria **II** *s.m.* **1** [*période de mille ans*] millennio*: *les dynasties égyptiennes du second millénaire avant Jésus-Christ* le dinastie egiziane del secondo millennio avanti Cristo ◇ (*par ext.*) [*millième anniversaire*] millenario: *le deuxième millénaire de la fondation d'une ville* il secondo millenario, il bimillenario della fondazione di una città **2** (*hist. relig.*) millenarista.

millénarisme |mi(l)lenaʀism(ə)| *s.m.* (*hist. relig.*) millenarismo.

millénariste |mi(l)lenaʀist(ə)| *adj.* (*hist. relig.*) millenaristico*.

millénium |mi(l)lenjɔm| *s.m.* (*hist. relig.*) millennio* ◇ (*par ext.*) [*l'âge d'or*] l'età *f. inv.* dell'oro.

mille-pattes |milpat| *s.m. inv.* (*zool.*) millepiedi.

mille-pertuis, millepertuis |milpɛʀtɥi| *s.m.* (*t.bot.*) iperico*, erba *f.* di S. Giovanni (*cour.*) ◇ (*cour.*) *l'huile de mille-pertuis* l'olio dell'iperico.

millépore |mil(l)epɔʀ| *s.m.* (*t.zool.*) milleporide.

mille-raies |milʀɛ| *s.m. inv.* millerighe ✦ (*par appos.*) *velours mille-raies* velluto millerighe.

millerandage |milʀɑ̃daʒ| *s.m.* (*agric.*) acinellatura *f.*

millerandé, ée |milʀɑ̃de| *adj.* (*agric.*) affetto da acinellatura.

millésime |mi(l)lezim| *s.m.* **1** millesimo **2** [*les chiffres qui indiquent la date d'une monnaie, d'un timbre-poste, d'un vin*] millesimo: *bouteuille au millésime de 1947* bottiglia del millesimo 1947.

millésimé, ée |mi(l)lezime| *adj.* [*qui porte un millésime*] millesimato: *bouteille millésimée* bottiglia millesimata.

millet |mijɛ| *s.m.* (*t.bot.*) miglio*: *millet des oiseaux* miglio degli uccelli ◇ (*méd.*) eruzione *f.* miliare.

milli- |mi(l)li| *préf.* (*signifiant* '*un millième*', *correspond généralt. à*) milli: *millimètre* millimetro.

milliaire |miljɛʀ| *adj. et s.m.* (*antiq. rom.*) miliare (*adj.*): *colonne, pierre milliaire* colonna, pietra miliare.

milliampère |mi(l)liɑ̃pɛʀ| *s.m.* (*électr.*) 'milliampère' *inv.*

milliampèremètre |mi(l)ljɑ̃pɛʀmɛtʀ(ə)| *s.m.* (*électr.*) milliamperometro.

milliard |miljaʀ| *s.m.* miliardo: *un milliard de lires* un miliardo di lire.

milliardaire |miljaʀdɛʀ| *adj. et s.* miliardario*.

milliardième |miljaʀdjɛm| *adj. numér. et s.m.* miliardesimo.

milliasse |miljas| *s.f.* (*plais.*, *vx.*) millanta *adj. et s.m. inv.*

millibar |mi(l)libaʀ| *s.m.* (*météo.*) millibar *inv.*

millième |miljɛm| **1** *adj. numér. ordinal* millesimo: *la millième partie* la millesima parte ✦ (*s.*) *le millième* il millesimo **2** (*s.m.*) *un millième* un millesimo ✦ (*absolt.*) *calcul des charges d'un immeuble par millièmes* calcolo in millesimi delle spese di uno stabile ◇ (*spécialt.*) [*unité d'angle en artillerie*] millesimo.

millier |milje| *s.m.* [*quantité d'env. mille*] migliaio*: *des milliers d'années* delle migliaia d'anni ◇ (*loc. adv.*) *par milliers* a migliaia.

milligramme |mi(l)ligʀam| *s.m.* milligrammo.

millilitre |mi(l)lilitʀ(ə)| *s.m.* millilitro.

millimètre |mi(l)limɛtʀ(ə)| *s.m.* millimetro.

millimétré, ée |mi(l)limetʀe| *adj.* millimetrato: *papier millimétré* carta millimetrata.

millimicron |mi(l)limikʀɔ̃| *s.m.* (*sc.*) millimicron *inv.*

million |miljɔ̃| *s.m.* milione: *un million d'hommes* un milione di uomini ✦ *ellipt.* [*un million d'unités monétaires*] milione ◇ (*loc.*) *être riche à millions* essere ricco a milioni.

millionième |miljɔnjɛm| *adj. et s.* milionesimo.

millionnaire |miljɔnɛʀ| *adj. et s.* milionario*.

millithermie |mi(l)litɛʀmi| *s.f.* (*sc.*) chilocaloria.

millivolt |mi(l)livɔlt| *s.m.* (*électr.*) millivolt *inv.*

milord |milɔʀ| *s.m.* **1** (*vx.*) milord *inv.* **2** (*ancienn.*) calessino a quattro ruote.

milouin |milwɛ̃| *s.m.* (*t.zool.*) moriglione.

mi-lourd, lourde |miluʀ, luʀd| *adj. et s.m.* (*sport*) medio(-)massimo: *les* (*poids*) *mi-lourds* i (pesi) mediomassimi.

mime |mim| *s.* **1** *s.* mimo: *l'art du mime* l'arte del mimo ◇ (*par ext.*) [*personne qui a le talent d'imiter les manières d'autrui*] imitatore* **2** *s.m.* (*anc. théât.*) mimo ◇ (*par ext.*) [*personne qui y jouait*] mimo.

mimer |mime| *v.tr.* [*exprimer ou reproduire par des gestes, sans le secours de la parole*] mimare: *mimer qqn. par dérision* mimare, imitare qc. per metterlo in ridicolo → **imiter, singer** ✦ (*au p.p.*) *monologue mimé* monologo mimato.

mimésis |mimezis| *s.f.* (*philo.*) mimesi *inv.*

mimétique |mimetik| *adj.* (*biol.*) mimetico*: *réactions mimétiques* reazioni mimetiche.

mimétisme |mimetism(ə)| *s.m.* **1** (*biol.*) mimetismo: *mimétisme du caméléon* mimetismo del camaleonte **2** [*imitation qu'une personne fait involontairement d'une autre*] mimetismo.

mimi |mimi| *s.m.* **1** (*langage enfantin*) micino, micetto → **chat** **2** [*baiser, caresse*] bacio* # *fais un gros mimi à ta mère* da' un bacione alla mamma **3** (*fam.*, *t. d'affection*) micino, stella *f.* ✦ *adj.* (*pop.*) [*mignon*] carino: *comme il est mimi, cet ours!* com'è carino quest'orsacchiotto!

mimïambe |mimiɑ̃b| *s.m.* (*versif.*) mimiambo.

mimique |mimik| *s.f.* mimica*: *mimique des sourds-muets* mimica dei sordomuti ✦ (*adj.*) mimico*: *poésie mimique* poesia mimica.

mimodrame |mimɔdʀam| *s.m.* mimodramma.

mimolette |mimɔlɛt| *s.f.* [*fromage de Hollande*] ⊠.

mimologie |mimɔlɔʒi| *s.f.* mimologia*.

mimosa |mimoza| *s.m.* (*t.bot.*) mimosa *f.* ◇ (*cour.*) *un bouquet de mimosa* un mazzo di mimose.

Mimosées |mimoze|, **Mimosacées** |mimozase| *s.f. pl.* (*t.bot.*) Mimosacee.

mi-moyen, yenne |mimwajɛ̃, jɛn| *adj. et s.m.* (*sport*) medio(-)leggero: *les* (*poids*) *mi-moyens* i (pesi) medio-leggeri.

minable |minabl(ə)| *adj.* **1** (*fam.*) [*très médiocre*] pietoso, penoso: *résultat minable* risultato pietoso, penoso; *vous avez entendu sa conférence? il a été minable* avete ascoltato la sua conferenza? è stato penoso, ha fatto pena → **lamentable** ✦ (*s.*) *un minable* un poveraccio*, un morto di fame **2** [*qui semble usé par la misère, le chagrin, à en inspirer pitié*] pietoso, compassionevole.

minablement |minabləmɑ̃| *adv.* [→ MINABLE] pietosamente, miseramente.

minage |minaʒ| *s.m.* (*rare*) [→ MINER 4] il minare *inv.*

minaret |minaʀɛ| *s.m.* minareto.

minauder |minode| *v.intr.* [*faire des mines pour plaire, séduire*] fare (103) *tr.* moine.

minauderie |minodʀi| *s.f.* **1** [→ MINAUDER] leziosaggine → 2 **affectation** **2** *au plur.* DES MINAUDERIES [*airs, gestes affectés d'une personne qui minaude*] moine, smancerie: *les minauderies d'une coquette* le moine, le smancerie di una civetta → **chichi, façon, grimace.**

minaudier, ière |minodje, jɛʀ| *adj. et s.* [*qui minaude*] smorfioso: *une* (*femme*) *minaudière* una (donna) smorfiosa.

minbar |minbaʀ| *s.m.* (*ar.*) minbar *inv.*

1 **mince** |mɛ̃s| *adj.* **1** [*qui a peu d'épaisseur, étroit*; *qui donne une impression de finesse*] sottile: *métal en plaques minces* metallo in lamine sottili; *colonnettes minces* colonnette sottili; *mince filet d'eau* sottile filo d'acqua; *une jeune fille mince* una ragazza sottile, snella → **élancé, svelte, fin** **2** [*qui a peu d'importance, de valeur*] misero, mediocre: *un mince profit* un mediocre, misero guadagno; *un prétexte bien mince* un ben misero pretesto → **insignifiant** C 1 **épais, large, gros.**

2 **mince** |mɛ̃s| *interj.* (*fam.*) [*exclam. de surprise*] accidenti: *mince alors! j'ai perdu mon portefeuille!* accidenti, ho perso il portafoglio! → **zut.**
minceur |mɛ̃sœʀ| *s.f.* **1** (*choses*) [*qualité de ce qui est mince*] sottigliezza: *minceur d'une feuille de papier* sottigliezza di un foglio di carta **2** (*personnes*) esilità *inv.*, snellezza.
mincir |mɛ̃siʀ| *v.intr.* [*devenir plus mince*] dimagrire (197); assottigliarsi (*pron.*): *elle a beaucoup minci* è molto dimagrita → **amincir (s').**
1 **mine** |min| *s.f.* **I** [*aspect physique extérieur, apparence*] aria, aspetto (*m.*): *c'est un passionné, sous sa mine tranquille* è un passionale, malgrado la sua aria tranquilla; *juger les gens sur, d'après la mine* giudicare le persone dal loro aspetto esteriore, dalle apparenze → **extérieur** ◇ (*fig.*) *un rôti de bonne mine* un arrosto che ha un aspetto invitante ◇ (*loc.*) *ça ne paie pas de mine* ha un cattivo aspetto, non ispira fiducia ~ FAIRE MINE DE (+ *inf.*) far finta, fingere (119) di (+ *inf.*): *il fait mine de travailler* fa finta, finge di lavorare ~ (*pop.*) MINE DE RIEN [*sans en avoir l'air*] facendo finta di niente; *absolt.* come se niente fosse: *tâche de le faire parler, mine de rien* cerca di farlo parlare, facendo finta di niente **II 1** [*aspect du visage selon l'état de santé*] aspetto: *avoir bonne, mauvaise mine* avere un buon aspetto, un cattivo aspetto; *avoir une mine de papier mâché, de déterré, d'enterrement* avere una faccia cadaverica, da funerale **2** [*aspect du visage, expression du caractère ou de l'humeur*] aria: *une mine joyeuse, renfrognée, soucieuse* un'aria allegra, imbronciata, preoccupata ◇ (*loc.*) *avoir la mine allongée, longue* fare il muso lungo ~ *faire grise mine* (*à qqn.*) fare (una) cattiva accoglienza, una accoglienza fredda (a qc.) **III** *au plur.* DES MINES [*jeux de physionomie, attitudes, gestes*] smorfie, moine: *faire des mines* fare smorfie, moine → **façon, minauderie.**
2 **mine** |min| *s.f.* mina: *la mine d'un crayon* la mina di una matita; *crayon à mine dure, tendre* matita a mina dura, tenera.
3 **mine** |min| *s.f.* **1** [*terrain d'où l'on peut extraire un métal, du charbon en grande quantité*] miniera: *mine à ciel ouvert* miniera a cielo aperto **2** [*cavité pratiquée dans le sous-sol pour extraire un minerai*] miniera: *galerie, puits d'une mine* galleria, pozzo di una miniera; *il travaille à la mine* [*de charbon*] lavora in miniera **3** (*fig.*) *une mine de renseignements* una miniera di informazioni; *une mine d'or* una miniera d'oro; *c'est une mine d'érudition, un puits de science* è un pozzo *m.* di scienza **4** *les mines* [*administration spécialisée dans l'étude du terrain et l'explication du sous-sol*] ⊠.
4 **mine** |min| *s.f.* **1** [*excavation pratiquée dans un ouvrage pour le faire sauter avec un explosif*] mina: *trou de mine* foro di mina; *coup de mine* sparo di una mina; *mettre le feu à une mine* dar fuoco a una mina ◇ (*vx., fig.*) → **complot 2** [*engin explosif*] mina: *mines antichars* mine anticarro # *champ de mines* campo minato; *détecteur de mines* cercamine.
5 **mine** |min| *s.f.* [*anc. mesure fr. de capacité*] mina.
6 **mine** |min| *s.f.* (*antiq. gr.*) [*poids et monnaie de 100 drachmes*] mina.
miner |mine| *v.tr.* **1** [*garnir de* (4) *mines*] minare: *miner une route* minare una strada ✦ (*au p.p.*) *zone minée* zona minata **2** [*creuser, attaquer la base d'une chose*] corrodere (175), rodere (175): *la mer mine les falaises* il mare corrode, rode le scogliere → **saper** ✦ (*au p.p.*) *mur miné par le temps* muro corroso dal tempo **3** (*vx.*) → **saper 4** (*fig.*) [*affaiblir par une action progressive et sournoise*] rodere, minare: *le chagrin le mine* il dolore lo mina, lo rode; *il se mine* (egli) si rode; *il est miné par le souci* è roso dalla preoccupazione; *miner le régime, la société* minare il regime, la società.
minerai |minʀɛ| *s.m.* [*minéral qui contient des substances chim.*] minerale: *teneur d'un minerai* tenore di un minerale; *extraire un métal d'un minerai* estrarre un metallo da un minerale.
minéral, ale, aux |mineʀal, o| **I** *adj.* **1** minerale: *huile minérale* olio minerale; *sels minéraux* sali minerali; *règne minéral et règne végétal* regno minerale e regno vegetale # *chimie minérale* chimica inorganica **2** *eau minérale gazeuse, non gazeuse* acqua minerale gassata, non gassata **II** (*s.m.*) *les minéraux* i minerali.
minéralier |mineʀalje| *s.m.* nave *f.* da carico per minerali.
minéralisateur, trice |mineʀalizatœʀ, tʀis| *adj. et s.* mineralizzatore*.
minéralisation |mineʀalizɑsjɔ̃| *s.f.* (*techn.*) mineralizzazione.
minéraliser |mineʀalize| *v.tr.* (*techn.*) [*faire passer un métal à l'état de minéral; modifier l'eau en y ajoutant certaines substances minérales*] mineralizzare: *minéraliser du cuivre, de l'eau* mineralizzare del rame, dell'acqua.
minéralogie |mineʀalɔʒi| *s.f.* mineralogia*.
minéralogique |mineʀalɔʒik| *adj.* **1** mineralogico*: *collection minéralogique* collezione mineralogica **2** [*relatif au service des mines*] minerario*: *arrondissement minéralogique* distretto minerario ◇ (*spécialt.*) *numéro, plaque minéralogique* numero, targa di immatricolazione *loc. inv.*
minéralogiquement |mineʀalɔʒikmɑ̃| *adv.* [→ MINÉRALOGIQUE 1] mineralogicamente.
minéralogiste |mineʀalɔʒist(ə)| *s.* mineralogista.
minerval |minɛʀval| *s.m.* (*Belgique*) [*rétribution due par les élèves de certaines écoles*] ⊠.
minerve |minɛʀv(ə)| *s.f.* **1** (*méd.*) minerva **2** (*typogr.*) pedalina.
minerviste |minɛʀvist(ə)| *s.m.* addetto alla pedalina.
minestrone |minɛstʀɔn| *s.m.* (*cuis.*) minestrone.
minet, ette |minɛ, ɛt| *s.* **I** *s.* **1** [*petit chat*] micino, gattino → **mimi, minou 2** (*personnes*) *mon minet* micino mio; *ma petite minette* micina, gattina mia **3** [*jeune homme élégant, un peu efféminé*] elegantone ◇ [*jeune fille à la mode*] elegantona **II** *s.f.* (*t.bot.*) luppolina, luppolino *m.*
minette |minɛt| *s.f.* (*minér.*) 'minette' *inv.*
mineur |minœʀ| *s.m.* **1** [*ouvrier qui travaille dans une mine, spécialt. de houille*] minatore: *mineur de jour, de fond* minatore in superficie, in sotterraneo ✦ (*par appos.*) *ouvrier mineur* minatore **2** [*soldat chargé de la pose des mines explosives*] geniere guastatore.
1 **mineur, eure** |minœʀ| *adj.* **1** [*d'importance, d'intérêt secondaire*] secondario*; minore: *problèmes, soucis mineurs* problemi secondari, preoccupazioni secondarie ‖ *arts mineurs* arti minori; *peintre, poète mineur* pittore, poeta minore **2** (*mus.*) *intervalle mineur* intervallo minore ◇ (*par ext.*) *sonate en fa mineur* sonata in fa minore **3** (*relig.*) *ordres mineurs* ordini minori; *frères mineurs* frati minori **4** (*géogr.*) *Asie mineure* Asia minore.
2 **mineur, eure** |minœʀ| *adj. et s.* (*personnes*) [*qui n'a pas atteint l'âge de la majorité*] minore, minorenne.
mini- |mini| *préf.* (*signifiant 'très petit', correspond généralt. à*) mini: *minijupe* minigonna → **micro-.**
mini |mini| *adj. inv.* (*fam.*) mini: *jupe mini* mini *s.f.*, minigonna *s.f.* (*cour.*).
miniature |minjatyʀ| *s.f.* **1** [*lettre ornementale pour orner le commencement des chapitres des manuscrits médiév.*] lettera miniata *adj.* **2** [*peinture fine de petits sujets servant d'illustration aux manuscrits, aux missels*] miniatura: *miniatures byzantines* miniature bizantine → **enluminure 3** [*genre de peinture délicate, de petite dimension*] miniatura: *porter une miniature en médaillon* portare una miniatura su medaglione **4** (*loc.*) *en miniature* in miniatura ✦ *ellipt.* (*par appos.*) *une tour Eiffel miniature* una torre Eiffel in miniatura.
miniaturé, ée |minjatyʀe| *adj.* [*illustré de miniatures*] miniato: *portrait miniaturé* ritratto miniato.
miniaturisation |minjatyʀizɑsjɔ̃| *s.f.* (*techn.*) miniaturizzazione.
miniaturisé, ée |minjatyʀize| *adj.* (*techn.*) miniaturizzato: *élément miniaturisé* elemento miniaturizzato.
miniaturiser |minjatyʀize| *v.tr.* (*techn.*) [*donner* (*à un objet*) *les plus petites dimensions possibles*] miniaturizzare.
miniaturiste |minjatyʀist(ə)| *s.* miniaturista.
minibasket |minibaskɛt| *s.m.* (*angl.*) minibasket *inv.*
minibus |minibys| *s.m.* minibus *inv.*, pulmino.
mini(-)cassette |minikasɛt| *s.f.* (*marque déposée*) [*cassette de petite dimension*] minicassetta.
mini(-)circuit |minisiʀkɥi| *s.m.* minicircuito: *des mini-circuits* dei minicircuiti.
minier, ière |minje, jɛʀ| *adj.* [*qui a rapport aux mines*] minerario*: *gisement minier* giacimento minerario; *industrie minière* industria mineraria.
minière |minjɛʀ| *s.f.* **1** (*dr.*) miniera a cielo aperto **2** (*vx.*) → 3 **mine, minerai.**
minigolf |minigɔlf| *s.m.* (*angl.*) minigolf *inv.*
minijupe |miniʒyp| *s.f.* minigonna.
1 **minima** |minima| *plur. ou adj. f.* → **minimum.**
2 **minima (à)** |aminima| *loc. adv.* (*dr.*) *appel à minima* appello del pubblico ministero contro una pena troppo mite Ⓒ **maxima (à).**

minimal, ale, aux |minimal, o| *adj.* **1** (*météo.*) minimo: *températures minimales* temperature minime **2** [*qui constitue un minimum*] minimo © **maximal.**
minime |minim| **I** *adj.* minimo: *des dégâts minimes* danni minimi → **infime** # *salaires minimes* salari bassissimi; *faits minimes* fatti irrilevanti → **insignifiant II** *s.* **1** (*ecclés.*) *les minimes* i minimi **2** (*sport*) *match de minimes* incontro di pulcini © **I énorme, immense.**
minimisation |minimizɑsjɔ̃| *s.f.* [→ MINIMISER] minimizzazione.
minimiser |minimize| *v.tr.* [*réduire l'importance de*] minimizzare: *minimiser des résultats, le rôle de qqn.* minimizzare dei risultati, il ruolo di qc. © **amplifier, grossir.**
minimum |minimɔm| **I** *s.m.* **1** minimo: *un minimum de frais* un minimo di spesa, una spesa minima; *les minimums* (*les minima*) *atteints* i minimi raggiunti ◇ (*fam.*) *s'il avait un minimum de savoir-faire* se avesse un minimo di 'savoir-faire' → **moindre (le) 2** *loc.* AU MINIMUM al minimo ◇ (*dr.*) minimo: *condamné au minimum* condannato al minimo della pena **3** (*salaire*) *minimum vital* minimo vitale **II** *adj.* minimo: *pertes, gains minimums* (*minima*) perdite, guadagni minimi; *salaire minimum interprofessionnel garanti* (*S.M.I.G.*) minimo *s.m.* garantito → **minimal** # *un maillot de bain minimum* un costume da bagno ridottissimo → **minuscule** © **maximum.**
ministère |ministɛʀ| *s.m.* **1** Ministero, dicastero: *Ministère de l'Agriculture, de l'Éducation nationale* Ministero dell'Agricoltura, della Pubblica Istruzione ◇ [*cabinet, gouvernement*] *former un ministère* formare un ministero, costituire un gabinetto, un governo → **gouvernement** ◇ (*par ext.*) [*bâtiment ou sont installés les services d'un ministère*] Ministero **2** [*fonction de ministre*] ministero, dicastero → **portefeuille 3** (*littér.*) *les devoirs de son ministère* i doveri del suo ministero → **1 charge, fonction 4** [*sacerdoce*] (sacro) ministero **5** (*dr.*) *ministère public* pubblico ministero.
ministériel, elle |ministeʀjɛl| *adj.* **1** ministeriale: *crise ministérielle* crisi ministeriale; *arrêté ministériel* decreto ministeriale **2** (*dr.*) *officier ministériel* pubblico ufficiale.
ministrable |ministʀabl(ə)| *adj.* [*susceptible de devenir ministre*] papabile (per un Ministero) ✦ (*s.*) *les ministrables* i papabili (per un Ministero).
ministre |ministʀ(ə)| *s.m.* **I 1** ministro: *nomination d'un ministre* nomina di un ministro; *madame X, le ministre de la Santé publique* l'onorevole X (la senatrice X), ministro della Sanità **2** (*dr. internat.*) *ministre plénipotentiaire* ministro plenipotenziario; *ministre résident* ministro residente ✦ (*par appos.*) *papier ministre* [*de format officiel*] carta protocollo **II 1** *ministre du culte* ministro del culto; pastore protestante **2** (*vx.*) → **serviteur.**
minium |minjɔm| *s.m.* (*lat.*) **1** (*minér.*) minio* **2** [*peint. au minium*] minio.
minoen, enne |minɔɛ̃, ɛn| *adj.* minoico*: *l'art minoen* l'arte minoica ✦ (*s.m.*) *le minoen* [*la langue*] il minoico.
1 **minois** |minwa| *s.m.* [*jeune visage délicat, éveillé*] visino, musetto: *minois d'enfant* visino, musetto di bambino → **frimousse.**
2 **minois** |minwa| *s.m.* → **minot.**
minorant |minɔʀɑ̃| *s.m.* (*math.*) minorante.
minoratif, ive |minɔʀatif, iv| *adj.* minorativo (*rare*).
minorer |minɔʀe| *v.tr.* **1** → **minimiser 2** (*math.*) [*porter à un chiffre moins élevé; jouer le rôle de minorant par rapport à* (*un ensemble*)] minorare **3** (*fig.*) → **sous-estimer.**
minoritaire |minɔʀitɛʀ| *adj.* minoritario*: *parti, tendance minoritaire* partito minoritario, tendenza minoritaria ✦ (*s.m.*) *les minoritaires* le minoranze *f.*
1 **minorité** |minɔʀite| *s.f.* **1** [*groupement qui est inférieur en nombre dans un vote*] minoranza: *une petite minorité d'électeurs* una piccola minoranza d'elettori; *ils sont en minorité* sono in minoranza ◇ (*polit.*) *la minorité* [*parti qui n'a pas la majorité des suffrages*] la minoranza **2** LA, UNE MINORITÉ DE [*le plus petit nombre de*] la, una minoranza di: *cela n'intéresse qu'une minorité de lecteurs* la cosa interessa solo una minoranza di lettori; *dans la minorité des cas* nella minoranza dei casi **3** [*groupe englobé dans une collectivité plus importante*] minoranza: *minorités ethniques* minoranze etniche; *droits des minorités* diritti delle minoranze.
2 **minorité** |minɔʀite| *s.f.* minore età *inv.*, età minorile → 1 **mineur** ◇ (*dr.*) minorità *inv.* ◇ (*par ext.*) [*temps pendant lequel un individu est mineur*] minore età, minorità ◇ (*spécialt.*) *régeance pendant une minorité* reggenza durante la minore età (di un re).
minot |mino| *s.m.* (*mar.*) gru *f. inv.* del trinchetto.
minoterie |minɔtʀi| *s.f.* **1** [*établissement industriel pour la transformation des grains en farine*] mulino *m.* (industriale) **2** (*par ext.*) industria molitoria → **meunerie.**
minotier |minɔtje| *s.m.* proprietario* *s.* di un mulino industriale.
minou |minu| *s.m.* (*fam.*) (*langage enfantin*) [*petit chat*] micino, micetto → **minet.**
minuit |minɥi| *s.m.* **1** [*milieu de la nuit*] mezzanotte* (*f.*): *soleil de minuit* sole di mezzanotte **2** [*heure du milieu de la nuit*] mezzanotte: *messe de minuit* messa di mezzanotte.
minus |minys| *s.* → **minus(-habens).**
minuscule |minyskyl| *adj.* **1** *lettre minuscule* lettera minuscola ✦ (*s.f.*) *une minuscule* una minuscola **2** [*très petit*] minuscolo: *une minuscule boîte* una scatola minuscola → **exigu, infime** © **1 majuscule; 2 énorme, immense.**
minus(-habens) |minys(abɛ̃s)| *s.* (*lat.*) (*fam.*) *c'est un minus*(*-habens*) [*individu incapable*] è un deficiente, un minus habens *inv.*
1 **minutage** |minytaʒ| *s.m.* [*horaire précis du déroulement d'une opération, d'une cérémonie, etc.*] tabella *f.* oraria, di marcia; tempi *pl.*, timing *inv.*
2 **minutage** |minytaʒ| *s.m.* [→ 2 MINUTER] il redigere *inv.* in minuta, la minuta.
minutaire |minytɛʀ| *adj.* (*dr.*) *acte, testament minutaire* atto, testamento in minuta *loc. inv.*
1 **minute** |minyt| *s.f.* **1** minuto (*m.*): *la minute se divise en soixante secondes* il minuto si divide in sessanta secondi **2** [*court espace de temps*] minuto: *jusqu'à la dernière minute* fino all'ultimo minuto; *je reviens dans une minute* torno tra un minuto → **instant, 1 moment** ◇ (*loc.*) *d'une minute à l'autre* da un minuto all'altro ~ *à la minute* [*à l'instant même*] sull'istante, sul momento ~ (*fam.*) *minute!*: (*pr.*) [*attendez une minute*]; (*fig.*) [*je ne suis pas de cet avis*] un momento! **3** *appos.* (*fam.*) [*très rapide*] espresso (*adj.*): *entrecôte minute* costata espressa # *cocotte-minute* pentola a pressione **4** [*unité de mesure des angles*] minuto (di grado): *trois degrés, douze minutes* tre gradi, dodici minuti.
2 **minute** |minyt| *s.f.* (*dr.*) *minute d'un jugement* minuta di una sentenza.
1 **minuter** |minyte| *v.tr.* [*organiser* (*une opération, une cérémonie*) *selon un horaire précis*] calcolare i tempi (di) ✦ (*au p.p.*) *travail, discours minuté* lavoro, discorso cronometrato.
2 **minuter** |minyte| *v.tr.* (*dr.*) [*rédiger* (*un acte*) *pour servir de minute*] redigere (171) la minuta (di) ◇ (*fig.*) → **méditer, 2 projeter.**
minuterie |minytʀi| *s.f.* **1** [*partie d'un mouvement d'horlogerie*] minuteria **2** (*techn.*) relè *m. inv.* a tempo: *minuterie d'un escalier* relè a tempo di una scala.
minutie |minysi| *s.f.* **1** (*vieilli*) UNE MINUTIE minuzia: *discuter sur des minuties* discutere su minuzie → **bagatelle, rien, vétille 2** LA MINUTIE [*application attentive aux menus détails*] minuziosità (*inv.*): *faire un travail avec minutie* fare un lavoro con minuziosità; *décrire avec minutie* descrivere con minuziosità.
minutier |minytje| *s.m.* **1** archivio* notarile **2** [*registre contenant les minutes des actes d'un notaire*] minutario*.
minutieusement |minysjøzmɑ̃| *adv.* [*avec minutie* (2)] minuziosamente.
minutieux, euse |minysjø, øz| *adj.* **1** (*personnes*) minuzioso, pignolo → **méticuleux, tatillon 2** (*choses*) minuzioso: *inspection minutieuse* ispezione minuziosa; *exposé minutieux* esposizione minuziosa → **attentif, soigneux.**
minyanthe |minjɑ̃t| *s.m.* → **ményanthe.**
miocène |mjɔsɛn| *adj.* (*géol.*) miocenico*: *époque miocène* epoca miocenica ✦ (*s.m.*) *le miocène* il miocene.
mioche |mjɔʃ| *s.* (*fam.*) [*enfant*] moccioso, marmocchio*: *une bande de mioches* una banda di mocciosi, marmocchi.
mi-parti, ie |mipaʀti| *adj.* **1** (*rare*) [*partagé en deux moitiés*] bipartito ◇ (*blas.*) *écu mi-parti* scudo semipartito **2** (*hist.*) *chambres mi-parties* camere bipartite.
miquelet |miklɛ| *s.m.* (*hist. milit.*) micheletto.
mir |miʀ| *s.m.* (*hist. russe*) mir *inv.*
mirabelle |miʀabɛl| *s.f.* (*bot.*) **1** mirabella: *confiture de mirabelles* marmellata di mirabella **2** acquavite di mirabella.
mirabellier |miʀabelje| *s.m.* (*t. bot.*) mirabolano.
mirabilis |miʀabilis| *s.m.* (*t.bot.*) mirabilis *f.*, bella *f.* di notte (*cour.*).
miracle |miʀakl(ə)| *s.m.* **1** mira-

colo: *les miracles de Lourdes* i miracoli di Lourdes # *cela tient du miracle* la cosa ha del miracoloso ◇ (*loc. fam.*) *croire aux miracles* [*être crédule et optimiste*] credere ancora a Babbo Natale **2** (*hist. litt.*) miracolo **3** [*chose étonnante*] miracolo: *tout semblait perdu, et le miracle se produisit* tutto sembrava perduto, quando avvenne il miracolo; *crier* (*au*) *miracle* gridare al miracolo ◇ *loc. adv.* PAR MIRACLE per miracolo: *il en a réchappé par miracle* è scampato per miracolo **4** [*chose admirable*] miracolo: *un miracle d'architecture et d'équilibre* un miracolo d'architettura e d'equilibrio → **merveille.**

miraculé, ée |mirakyle| *adj.* miracolato: *malade miraculé* malato miracolato ♦ (*s.*) *un miraculé* un miracolato.

miraculeusement |mirakyløzmɑ̃| **1** [→ MIRACULEUX 1] miracolosamente **2** [*comme par miracle*] miracolosamente: *il s'en est sorti miraculeusement* se l'è cavata miracolosamente ◇ (*par ext.*) *elle est miraculeusement belle* è prodigiosamente, straordinariamente bella.

miraculeux, euse |mirakylø, øz| *adj.* **1** miracoloso: *apparition miraculeuse* apparizione miracolosa → **surnaturel** **2** [*qui produit comme par miracle l'effet souhaité*] miracoloso: *un remède miraculeux* un farmaco miracoloso **3** [*extraordinaire*] miracoloso: *il n'y a rien de miraculeux dans sa réussite* non vi è nulla di miracoloso, di straordinario nel suo successo.

mirador |miradɔr| *s.m.* (*esp.*) **1** [*belvédère*] altana *f.* **2** torre *f.* di guardia, posto di osservazione.

mirage |miraʒ| *s.m.* **I** **1** [*phénomène optique*] miraggio*: *les mirages du désert* i miraggi del deserto **2** [*apparence séduisante et trompeuse*] miraggio: *les mirages de la gloire, du succès* i miraggi della gloria, del successo → **illusion** **II** (*techn.*) speratura *f.* (delle uova).

mirbane |mirban| *s.f.* mirbana: *essence de mirbane* essenza di mirbana.

mire |mir| *s.f.* **1** (*vx.*) [*action de viser*] mira (*cour.*) ◇ (*loc.*) *cran de mire* tacca di mira; *ligne de mire* linea di mira; *point de mire* punto di mira; *prendre sa mire* prendere la mira; (*fig.*) *être le point de mire* [*le centre d'intérêt*] essere il centro (nevralgico), l'obiettivo **2** (*techn.*) mira: *mire parlante* mira parlante.

mire-œufs |mirø| *s.m. inv.* [*appareil pour mirer les œufs*] sperauovo* *var.*

mirepoix |mirpwa| *s.f. et adj.* [*préparation à base de légumes et d'épices, pour corser une viande*] ⊠.

mirer |mire| **A** *v.tr.* **1** [*examiner* (*des œufs*) *à contre-jour pour vérifier leur fraîcheur*] sperare **2** (*littér.*) [*regarder* (*dans une surface polie*); *refléter*] specchiare (*cour.*): *Venise mire son front dans ses eaux* Venezia specchia la fronte nelle sue acque **B** *v.pron. réfl.* (*littér.*) SE MIRER **1** [*se regarder*] mirarsi: *se mirer dans un miroir* mirarsi in uno specchio **2** [*se refléter*] specchiarsi: *arbre qui se mire dans l'eau* albero che si specchia nell'acqua.

mirette |mirɛt| *s.f.* (*pop.*) [*œil*] occhio* *m.* (*cour.*): *de belles mirettes* dei begli occhi.

mireur, euse |mirœr, øz| *s.* addetto alla speratura (delle uova).

mirifique |mirifik| *adj.* (*plais.*) [*merveilleux, prodigieux*] mirabolante: *des promesses mirifiques* promesse mirabolanti.

mirliflor(e) |mirliflɔr| *s.m.* (*plais.*) [*jeune élégant content de lui*] bellimbusto.

mirliton |mirlitɔ̃| *s.m.* [*tube creux garni à ses deux extrémités d'une membrane, dans laquelle on chantonne un air*] zufolo ◇ (*loc.*) *vers de mirliton* [*mauvaise poésie*] versi zoppicanti, stentati.

mirmidon |mirmidɔ̃| *s.m.* → **myrmidon.**

mirmillon |mirmijɔ̃| *s.m.* (*antiq. rom.*) mirmillone.

miro, miraud, aude |miro, od| *adj. et s.* (*pop.*) [*qui voit très mal, myope*] orbo.

mirobolant, ante |mirɔbɔlɑ̃, ɑ̃t| *adj.* (*fam.*) [*extraordinaire, merveilleux*] mirabolante (*cour.*), strabiliante (*cour.*): *des gains mirobolants* guadagni mirabolanti, strabilianti → **mirifique.**

miroir |mirwar| *s.m.* **1** [*surface polie qui sert à refléter les images*] specchio*: *miroir mural* specchio a muro; *se regarder dans un miroir* guardarsi allo specchio → 2 **glace** # *miroir de poche* specchietto tascabile; *miroir de courtoisie* specchietto di cortesia ◇ (*loc. pr., fig.*) *miroir aux alouettes* specchietto per le allodole **2** (*opt.*) *miroir sphérique, parabolique* specchio sferico, parabolico **3** (*littér.*) [*surface unie qui réfléchit le lumière*] specchio: *le miroir des lacs* lo specchio dei laghi ◇ (*loc.*) *miroir d'eau* specchio d'acqua **4** (*loc. fig.*) *les yeux sont le miroir de l'âme* gli occhi sono lo specchio dell'anima.

miroitant, ante |mirwatɑ̃, ɑ̃t| *adj.* [*qui miroite*] scintillante, luccicante: *la surface miroitante de la mer* la superficie scintillante del mare → **brillant, chatoyant.**

miroité, ée |mirwate| *adj.* (*hippol.*) *cheval miroité* cavallo specchiettato.

miroitement |mirwatmɑ̃| *s.m.* [*éclat de ce qui miroite*] scintillio*, luccichio*: *miroitement des vitres au soleil* scintillio dei vetri al sole.

miroiter |mirwate| *v.intr.* **1** [*réfléchir la lumière en produisant des reflets scintillants*] scintillare; luccicare: *vitre, eau qui miroite* vetro, acqua che scintilla, luccica → **briller, chatoyer** **2** (*fig.*) *faire miroiter* [*proposer comme avantageux*] far brillare (davanti agli occhi), far balenare: *il lui a fait miroiter les avantages qu'il pourrait en tirer* gli ha fatto brillare davanti agli occhi, balenare i vantaggi che avrebbe potuto ricavarne.

miroiterie |mirwatri| *s.f.* industria, commercio* *m.* degli specchi; vetreria.

miroitier, ière |mirwatje, jɛr| *s.* [*personne qui fabrique, vend des miroirs ou des glaces*] vetraio* *m.*, specchiaio* *m.*

miroton |mirɔtɔ̃|, (*pop.*) **mironton** |mirɔ̃tɔ̃| *s.m.* (*cuis.*) [*bœuf bouilli et coupé en tranches que l'on cuisine avec des oignons, du lard, du vinaigre*] ⊠.

mis, mise |mi, miz| **1** *p.p.* → **mettre** **2** (*adj.*) *bien mis, mal mis* [*habillé*] ben vestito, mal vestito **3** *adj.* (*spécialt.*) *table mise* tavola apparecchiata.

misaine |mizɛn| *s.f.* (*mar.*) trinchetto (*m.*): *mât de misaine* albero di trinchetto.

misanthrope |mizɑ̃trɔp| **1** *s.m.* misantropo: *un vieux misanthrope* un vecchio misantropo → **ours** **2** (*adj.*) *elle est devenue bien misanthrope* è diventata proprio misantropa → **farouche, insociable.**

misanthropie |mizɑ̃trɔpi| *s.f.* misantropia.

misanthropique |mizɑ̃trɔpik| *adj.* (*littér.*) misantropico*: *idées misanthropiques* idee misantropiche.

miscellanées |miselane| *s.f. pl.* miscellanea *sing.* → **mélange**(s).

miscibilité |misibilite| *s.f.* (*chim.*) miscibilità *inv.*

miscible |misibl(ə)| *adj.* (*chim.*) miscibile: *l'eau et l'alcool sont miscibles* l'acqua e l'alcool sono miscibili.

mise |miz| *s.f.* **I** **1** [*action de mettre* (*quelque part*)] messa: *mise en circulation* messa in circolazione; *mise en mouvement* messa in moto; *mise en ondes* messa in onda; regia radiofonica; *mise en œuvre* messa in opera; attuazione; *mise en scène* messa in scena (messinscena); regia; *mise en marche* messa in marcia, in moto; *mise en jeu* messa in gioco # *mise en place* collocamento, collocazione; istituzione, creazione; *mise en bouteille* imbottigliamento; *mise en pages* impaginazione; *mise en valeur* valorizzazione; *mise en boîte*: (*pr.*) inscatolamento; (*fig.*) infinocchiamento, raggiro **2** [*action de mettre* (*dans une position nouvelle*)] *mise à pied* sospensione dall'ufficio; *mise sur pied* istituzione, creazione **3** (*avec 'à, en'*) [*action de mettre dans un nouvel état, une situation nouvelle*] *mise au net* ricopiatura (in bella); *mise au point* messa a punto; *mise à prix* prezzo *m.* base (di un'asta), prezzo a base d'asta; *mise en plis* messa in piega; *mise en état, mise en ordre* messa in ordine, riordino (*m.*); *mise en demeure* intimazione, diffida; *mise en liberté* messa in libertà; *mise en accusation* messa, il mettere *m. inv.* in stato di accusa; *mise en vente* messa in vendita, immissione in commercio; *mise en service* entrata in funzione, in esercizio **II** **1** [*action de mettre de l'argent en jeu*] puntata, posta: *déposer une mise* fare una puntata; *doubler la mise* raddoppiare la posta, la puntata; *sauver la mise* ritirare la posta ◇ (*comm.*) *mise de fonds* apporto *m.*, conferimento *m.* di capitali; investimento *m.* **2** *loc.* DE MISE [*qui a cours, reçu, affecté* (*spécialt. au négatif*)]: *ces manières ne sont plus de mise* simili maniere non sono più ammissibili, non vanno più; *l'optimisme est de mise* l'ottimismo è di rigore, s'impone **3** [*manière d'être habillé*] abbigliamento (*m.*): *mise négligée* abbigliamento trascurato; *soigner sa mise* curare il proprio abbigliamento → **tenue, toilette.**

miser |mize| *v.tr.* **1** [*déposer, mettre* (*un enjeu*)] puntare, scommettere (155): *miser dix francs* puntare, scommettere dieci franchi **2** (*absolt.*) *miser sur un cheval, aux courses* puntare, scommettere su un cavallo, alle corse ◇ (*loc. fig.*) *miser sur les deux tableaux* tenere il piede in due staffe ~ (*fam.*) *miser* (*sur*) [*faire fond* (*sur*)] contare, far conto (su): *on ne peut pas miser là-dessus* non ci si può contare, far conto.

misérabiliste |mizeʀabilist(ə)| *adj. et s.* che, chi insiste (in un'opera letteraria) sugli aspetti più miserabili della vita *loc.*
misérable |mizeʀabl(ə)| *adj.* **1** miserabile: *misérable existence* vita miserabile → **malheureux, lamentable, pitoyable** **2** [*qui est dans une extrême pauvreté*] miserabile, misero: *vêtements misérables* vestiti miserabili, miseri # *région misérable* regione estremamente povera ✦ (*s.*) *un misérable* un miserabile → **gueux, miséreux** **3** [*sans valeur, sans mérite*] insignificante, di poco conto (*loc. inv.*): *un souci misérable* una preoccupazione insignificante, di poco conto # *une argumentation misérable* un'argomentazione debole, esile **4** (*avant le nom*) misero, miserabile: *tant d'histoires pour un misérable billet de dix francs* tante storie per un misero, miserabile biglietto da dieci franchi ✦ (*s.*) *c'est un misérable* è un miserabile ◇ (*plais.*) *petit misérable!* bricconcello!
misérablement |mizeʀabləmɑ̃| *adv.* **1** [*pitoyablement, tristement*] miseramente: *décliner misérablement* declinare miseramente **2** [*dans la pauvreté*] miseramente: *vivre misérablement* vivere miseramente **3** [*mesquinement*] grettamente: *lésiner qqch. misérablement* lesinare grettamente q.c.
misère |mizɛʀ| *s.f.* **1** (*littér.*) [*sort digne de pitié; malheur extrême*] miseria ✦ (*interj.*) *misère!* miseria! **2** UNE, DES MISÈRE(S) [*événement malheureux*] *compassion aux misères d'autrui* compassione per le miserie altrui; *petites misères* [*ennuis*] piccole noie; *faire des misères à qqn.* [*le tracasser*] fare dispetti *m.* a qc. **3** [*extrême pauvreté*] miseria: *misère noire* miseria nera; *crier, pleurer misère* piangere miseria # *salaire de misère* stipendio da fame **4** *une misère* [*chose de peu d'importance*] una inezia, una piccolezza → **babiole, bagatelle** **5** [*chose moralement vile*] miseria.
miserere, miséréré |mizeʀeʀe| *s.m. inv.* (*liturg. cathol.*) miserere ◇ (*mus.*) miserere.
miséreux, euse |mizeʀø, øz| *adj.* [*qui donne l'impression de la misère* (3)] miserabile: *quartiers miséreux* quartieri miserabili; *un mendiant miséreux* un mendicante miserabile ✦ (*s.*) *un miséreux* un miserabile.
miséricorde |mizeʀikɔʀd(ə)| *s.f.* **I** **1** misericordia: *la miséricorde divine* la misericordia divina; *demander, obtenir miséricorde* chiedere, ottenere misericordia → **clémence, indulgence** **2** (*vieilli*) [*sensibilité à la misère d'autrui*] misericordia → **compassion, pitié** ◇ (*loc.*) *sœurs de la miséricorde* suore della carità ~ *à tout péché miséricorde* chi è senza peccato scagli la prima pietra **3** *interj.* misericordia! **II** [*saillie d'une stalle d'église*] misericordia.
miséricordieux, ieuse |mizeʀikɔʀdjø, jøz| *adj.* misericordioso: *Dieu est miséricordieux* Dio è misericordioso.
mis(o)- |miz(ɔ)| *préf.* (*signifiant 'qui déteste', correspond généralt. à*) mis(o): *misanthrope* misantropo; *misogyne* misogino.
misogame |mizɔgam| *adj. et s.* misogamo.
misogamie |mizɔgami| *s.f.* misogamia.
misogyne |mizɔʒin| *adj. et s.* misogino *adj. et s.m.*
misogynie |mizɔʒini| *s.f.* misoginia.
misonéisme |mizɔneism(ə)| *s.m.* misoneismo.
misonéiste |mizɔneist(ə)| *s.* misoneista ✦ (*adj.*) *une attitude misonéiste* un atteggiamento misoneistico*.
mispickel |mispikɛl| *s.m.* (*all.*) (*minér.*) mispickel *inv.*
miss |mis| *s.f. inv.* (*angl.*) **1** (*en parlant d'une Anglaise, d'une Américaine*) [*mademoiselle*] signorina *var.* ◇ (*spécialt.*) [*gouvernante angl.*] miss **2** [*jeune reine de beauté*] miss: *miss France* miss Francia.
missel |misɛl| *s.m.* [*livre liturgique*] messale → **paroissien.**
missile |misil| *s.m.* missile: *missile antimissile, tactique, stratégique* missile antimissile, tattico, strategico.
missilier |misilje| *s.m.* (*milit.*) addetto ai missili.
mission |misjɔ̃| *s.f.* **1** missione, incarico*: *mission scientifique* missione scientifica; *mission accomplie* missione compiuta; *charger qqn. d'une mission* dare a qc. un incarico → **mandat** **2** [*charge de propager une relig.*] missione: *un pays de mission* un paese di missione **3** (*au plur.*) *les missions* [*religieuses*] le missioni **4** [*but auquel un être semble destiné*] missione: *la mission de l'artiste* la missione dell'artista; *la mission civilisatrice d'un pays* la missione di civiltà di un paese **5** [*groupe de personnes ayant une mission*] missione: *mission diplomatique* missione diplomatica; *faire partie d'une mission* fare parte di una missione.
missionnaire |misjɔnɛʀ| **1** *s.* missionario*: *missionnaires d'Afrique* missionari d'Africa **2** *adj.* missionario: *sœur missionnaire* suora missionaria ◇ (*par ext.*) *œuvre missionnaire* opera missionaria; *l'esprit missionnaire* lo spirito missionario.
missive |misiv| *s.f.* missiva ✦ *adj.* (*dr.*) *lettre missive* (lettera) missiva.
mistelle |mistɛl| *s.f.* mistella.
mistigri |mistigʀi| *s.m.* **1** (*fam.*) [*chat*] micio* **2** (*jeux*) fante di fiori.
miston, onne |mistɔ̃, ɔn| *s.* (*fam., région.*) → **gamin.**
mistoufle |mistufl(ə)| *s.f.* **1** (*fam.*) *faire des mistoufles à qqn.* [*des méchancetés*] fare dispetti *m.* (*cour.*) a qc. **2** (*pop.*) → **misère, pauvreté** ◇ (*loc.*) *être dans la mistoufle* far la fame, tirare la cinghia.
mistral, als |mistʀal| *s.m.* maestrale, 'mistral' *inv.*
mitaine |mitɛn| *s.f.* **1** [*gant qui laisse à nu deux phalanges des doigts*] mezzoguanto* (*m.*): *des mitaines* dei mezziguanti **2** (*vx.*) → **1 moufle** **3** (*fam.*) *onguent miton mitaine* unguento che non fa né bene né male, che lascia il tempo che trova.
mitan |mitɑ̃| *s.m.* (*vx., région.*) → **1 milieu, centre.**
mite |mit| *s.f.* (*t.zool.*) tarma, tignola ~ *mite de la farine* tarma, tignola della farina ◇ (*spécialt.*) [*petit papillon dont les larves rongent les étoffes*] tarma: *habit mangé des mites* abito mangiato dalle tarme ◇ (*fam.*) *mangé aux mites* [*troué, en mauvais état*] tutto mangiato, impresentabile.
mité, ée |mite| *adj.* [*mangé des mites*] tarmato: *fourrure mitée* pelliccia tarmata.
mi-temps |mitɑ̃| *s.f.* **1** [*temps de repos au milieu d'un match*] intervallo *m.* → **pause** **2** [*chacune des deux moitiés du temps réglementaire dans le match*] tempo (*m.*): *la seconde mi-temps* il secondo tempo **3** (*loc. adv.*) *à mi-temps* a mezza giornata, a metà tempo: *travailler, être employé à mi-temps* lavorare, avere un impiego a mezza giornata, a metà tempo.
miter (se) |mite| *v.pron. intr.* [*devenir mité*] tarmarsi: *mettre des vêtements dans des housses pour éviter qu'ils se mitent* riporre dei vestiti in custodie perché non si tarmino.
miteux, euse |mitø, øz| *adj.* **1** [*en piteux état*] miserabile ✦ *s.* (*fam.*) *un miteux* un poveraccio*: *un hôtel trop chic pour des miteux comme nous* un albergo troppo 'chic' per dei poveracci come noi **2** (*vx.*) → **chassieux.**
mithriacisme |mitʀijasism(ə)|, **mithracisme** |mitʀasism(ə)| *s.m.* (*relig.*) mitraismo.
mithriaque |mitʀijak| *adj.* (*relig.*) mitriaco*: *mystères mithriaques* misteri mitriaci.
mithridatique |mitʀidatik| *adj.* (*hist. anc.*) mitridatico*.
mithridatiser |mitʀidatize| *v.tr.* (*littér.*) [*immuniser en accoutumant à un poison*] mitridatizzare.
mithridatisme |mitʀidatism(ə)| *s.m.*, **mithridatisation** |mitʀidatizɑsjɔ̃| *s.f.* mitridatismo *m.*, mitridatizzazione *f.*
mitigation |mitigɑsjɔ̃| *s.f.* [→ MITIGER] mitigazione, mitigamento *m.* ◇ (*dr.*) *mitigation des peines* mitigazione, mitigamento delle pene.
mitigé, ée |mitiʒe| *adj.* **1** mitigato: *les limbes, espèce d'enfer mitigé* il limbo, specie d'inferno mitigato **2** [*moins strict*] moderato: *zèle mitigé* zelo moderato; *un enthousiasme mitigé* un moderato entusiasmo.
mitiger |mitiʒe| (3) *v.tr.* (*vx.*) [*rendre plus doux, moins rigoureux*] mitigare (*cour.*) → **adoucir, tempérer.**
mitigeur |mitiʒœʀ| *s.m.* (*techn.*) (rubinetto) miscelatore.
mitochondrie |mitɔkɔ̃dʀi| *s.f.* (*biol.*) mitocondrio* *m.*
miton |mitɔ̃| *s.m.* **1** (*archéol.*) manopola *f.* (di un'armatura) **2** (*loc. fam.*) *miton mitaine* → **mitaine** 3.
mitonner |mitɔne| **A** *v.intr.* [*cuire longtemps à petit feu*] cuocere (129) (*aux.* essere) a fuoco lento: *la soupe mitonnait* la minestra cuoceva a fuoco lento → **mijoter** **B** *v.tr.* **1** [*préparer soigneusement* (*en faisant cuire longtemps*)] preparare (con cura): *elle nous a mitonné un bon petit dîner* ci ha preparato, ammannito una squisita cenetta **2** [*préparer tout doucement* (*une chose*) *pour un résultat*] lasciar *intr.* maturare (q.c.): *mitonner une affaire* lasciar maturare un affare # *mitonner qqn.* lavorarsi qc. **C** *v.pron. réfl.* SE MITONNER [*se procurer toute sorte de commodités*] crogiolarsi: *se mitonner dans son lit* crogiolarsi a letto.
mitose |mitoz| *s.f.* (*biol.*) mitosi *inv.*
mitoyen, yenne |mitwajɛ̃, jɛn| *adj.* **1** [*qui est entre deux choses, commun à l'une et à l'autre*] divisorio*: *mur mitoyen* muro divisorio **2** (*dr.*) di proprietà comune *loc. inv.*
mitoyenneté |mitwajɛnte| *s.f.* **1** [*caractère de ce qui est mitoyen*] mez-

zanità *inv.*, comunanza **2** (*dr.*) comproprietà *inv.*
mitraillade |mitʀɑjad| *s.f.* **1** [*tir de mitrailleuse*] mitragliata **2** (*rare*) [*mitraillage*] mitragliamento *m.* (*cour.*).
mitraillage |mitʀɑjaʒ| *s.m.* [→ MITRAILLER] mitragliamento.
mitraille |mitʀɑj| *s.f.* **1** [*ferraille qu'on utilisait dans les canons comme projectiles*] mitraglia: *canons chargés à mitraille* cannoni caricati a mitraglia **2** [*décharge d'artillerie*] mitraglia: *fuir sous la mitraille* fuggire sotto la mitraglia **3** (*fam.*) [*petite monnaie*] monetine *pl.* (*cour.*), spiccioli *m. pl.* (*cour.*) **4** [*débris de métaux*] ferraglia.
mitrailler |mitʀɑje| *v.tr.* **1** [*prendre pour objectif d'un tir de mitrailleuse*] mitragliare: *mitrailler un avion* mitragliare un aereo **2** (*fam.*) [*lancer sur*] mitragliare: *mitrailler qqn. de noyaux de cerise* mitragliare qc. di noccioli di ciliegia ◇ (*par anal., fam.*) [*photographier ou filmer sans arrêt*] mitragliare.
mitraillette |mitʀɑjɛt| *s.f.* [*arme à tir automatique portative*] mitra *m. inv.*, fucile *m.* mitragliatore.
mitrailleur |mitʀɑjœʀ| *s.m.* **1** [*servant d'une mitrailleuse*] mitragliatore **2** (*vx.*) [*celui qui tire à mitraille sur la foule*] mitragliatore (*rare*).
mitrailleuse |mitʀɑjøz| *s.f.* [*arme automatique à tir rapide*] mitragliatrice, mitragliera.
mitral, ale, aux |mitʀal, o| *adj. et s.f.* (*anat.*) *la* (*valvule*) *mitrale* la valvola mitrale *adj.*
mitre |mitʀ(ə)| *s.f.* **I** **1** [*coiffure de cérémonie portée par les évêques*] mitra, mitria: *la mitre et la crosse épiscopales* la mitra e il pastorale episcopali **2** *recevoir la mitre* [*être nommé évêque*] ricevere la mitra **3** (*antiq.*) [*coiffure en forme de bandeau*] tiara **II** **1** (*techn.*) mitra → **abat-vent** **2** (*t.zool.*) mitra.
mitré, ée |mitʀe| *adj.* mitrato.
mitron |mitʀɔ̃| *s.m.* garzone di fornaio, di pasticciere.
mi-voix (à) |amivwa| *loc. adv.* [*d'une voix faible*] sottovoce *adv.*, a bassa voce: *parler à mi-voix* parlare sottovoce, a bassa voce.
mixage |miksaʒ| *s.m.* (*ciné.*) missaggio*, 'mixage' *inv.*
mixer |mikse| *v.tr.* (*ciné.*) [*procéder au mixage de*] missare, fare (103) il missaggio (di).
mixer, mixeur |miksœʀ| *s.m.* (*angl.*) frullatore (elettrico*) → **batteur.**
mixité |miksite| *s.f.* (*admin.*) promiscuità *inv.*; l'essere *m. inv.* misto: *la mixité des établissements scolaires* la promiscuità degli istituti scolastici.
mixte |mikst(ə)| *adj.* **1** misto: *commission, tribunal mixte* commissione mista, tribunale misto ◇ (*mar.*) *navire mixte* nave mista **2** (*relig.*) *mariages mixtes* matrimoni misti **3** [*qui comprend des personnes des deux sexes*] misto: *école, classe mixte* scuola, classe mista ◇ (*tennis*) *double mixte* doppio misto.
mixtiligne |mikstiliɲ| *adj.* (*géom.*) mistilineo.
mixtion |mikstjɔ̃| *s.f.* [*action de mélanger plusieurs substances pour la composition d'un médicament*; *produit de cette mixtion*] mistura.
mixtionner |mikstjɔne| *v.tr.* (*rare*) → **mêler, mélanger.**
mixture |mikstyʀ| *s.f.* **1** (*pharm.*) mistura → **mixtion** **2** [*mélange comestible dont on reconnaît mal les composants*] intruglio* (*m.*): *ne buvez pas cette affreuse mixture* non beva questo orribile intruglio **3** (*fig.*) [*mélange complexe, bizarre*] intruglio, miscuglio* *m.*
mnémo- |mnemɔ| *préf.* (*signifiant 'mémoire', correspond généralt. à*) mnemo: *mnémonique* mnemonico.
mnémonique |mnemɔnik| *adj.* mnemonico*: *procédé mnémonique* processo mnemonico.
mnémoniquement |mnemɔnikmɑ̃| *adv.* [→ MNÉMONIQUE] mnemonicamente.
mnémotechnique |mnemɔtɛknik| (*adj.*) *la méthode mnémotechnique* la mnemotecnica* *s.f.*, la mnemonica* *s.f.*
-mnésie, -mnésique |mnezi, mnezik| *suff.* (*signifiant 'se souvenir', correspondent généralt. à*) mnesia; mnesico: *amnésie* amnesia || *amnésique* amnesico.
-mobile |mɔbil| *suff.* (*signifiant 'qui peut se mouvoir', correspond généralt. à*) mobile: *automobile* automobile.
mobile |mɔbil| **I** *adj.* **1** mobile: *pièce mobile d'une machine* pezzo mobile di una macchina; *calendrier à feuillets mobiles* calendario a fogli mobili → **amovible;** *caractères mobiles* caratteri mobili **2** [*dont la date, la valeur est variable*] mobile: *fêtes mobiles* feste mobili; *échelle mobile* scala mobile **3** [*qui se déplace*] *garde mobile* squadra mobile; *population mobile* popolazione fluttuante → **nomade** **4** [*dont l'apparence change sans cesse*] mobile: *visage, regard mobile* viso, sguardo mobile ◇ (*vieilli*) *humeur mobile* umore mobile → **capricieux, instable** **II** *s.m.* **1** (*mécan.*) mobile: *calculer la vitesse d'un mobile* calcolare la velocità di un mobile **2** [*ce qui porte à agir*] stimolo, impulso: *le mobile d'une action* lo stimolo, l'impulso di un'azione ◇ (*dr.*) *le mobile d'un crime* il movente di un crimine **3** [*œuvre d'art, ensemble d'éléments pouvant prendre des dispositions variées*] *les mobiles de Calder* i 'mobile' *inv.* di Calder.
mobilier, ière |mɔbilje, jɛʀ| **I** *adj.* mobiliare; mobile: *propriété mobilière* proprietà mobiliare; *valeurs mobilières* titoli mobiliari || *biens mobiliers* beni mobili; *saisie mobilière* pignoramento di beni mobili **II** *s.m.* mobilio *sing.*, mobilia (*f. sing.*): *le mobilier d'une maison* il mobilio, la mobilia di una casa → **ameublement.**
mobilisable |mɔbilizabl(ə)| *adj.* **1** (*dr., fin.*) smobilizzabile, realizzabile ◇ (*milit.*) che può essere mobilitato *loc.* **2** (*fig.*) *toutes les énergies mobilisables* tutte le energie che si possono mobilitare, che possono essere messe in moto *loc.*
mobilisateur, trice |mɔbilizatœʀ, tʀis| *adj.* **1** (*milit.*) mobilitante: *centre mobilisateur* centro mobilitante **2** [*qui mobilise*] che mobilita (*loc.*): *un slogan mobilisateur des masses* uno slogan che mobilita le masse → **motivant.**
mobilisation |mɔbilizɑsjɔ̃| *s.f.* **1** [→ MOBILISER 1] mobilitazione: *mobilisation générale* mobilitazione generale **2** (*fig.*) *mobilisation des ressources, des énergies* mobilitazione delle risorse, delle energie **3** (*fin.*) smobilizzo *m.*, realizzo (*m.*): *mobilisation de capitaux investis* smobilizzo, realizzo di capitali investiti **4** (*chir.*) mobilizzazione.
mobiliser |mɔbilize| *v.tr.* **1** [*mettre sur le pied de guerre* (*une armée*), *affecter* (*des citoyens*) *à des postes milit.*] mobilitare: *être mobilisé dans les services auxiliaires* essere mobilitato nei servizi ausiliari ✦ (*au p.p.*) *soldat mobilisé* soldato mobilitato ✦ (*s.*) *un mobilisé* un mobilitato → **appelé, requis** ✦ (*absolt.*) *le gouvernement a décidé de mobiliser* il governo ha deciso di mobilitare **2** [*faire appel à, mettre en jeu* (*des facultés morales ou intellectuelles*)] mobilitare: *mobiliser les enthousiasmes* mobilitare gli entusiasmi ◇ (*fam.*) *toute la famille est mobilisée pour organiser la fête* tutta la famiglia è mobilitata per organizzare la festa **3** (*dr., fin.*) [*prendre, déclarer meuble par convention* (*ce qui est immeuble par nature*)] effettuare uno smobilizzo **4** (*chir.*) *mobiliser un membre, une articulation* [*pratiquer une mobilisation*] mobilizzare un arto, un'articolazione.
mobilité |mɔbilite| *s.f.* **1** mobilità (*inv.*): *accroître la mobilité d'une armée par la motorisation* aumentare la mobilità di un esercito grazie alla motorizzazione **2** [*caractère de ce qui change rapidement d'aspect*] mobilità: *mobilité d'un visage* mobilità di un viso **3** (*fig.*) mobilità: *mobilité des sentiments* mobilità dei sentimenti → **fluctuation, instabilité** Ⓒ 2 **fixité.**
moblot |mɔblo| *s.m.* (*fam., vieilli*) [*soldat de la garde nationale mobile*] ⊠.
mobylette |mɔbilɛt| *s.f.* (*marque déposée*) [*cyclomoteur*] motorino *m.* (*fam.*), ciclomotore *m.*
mocassin |mɔkasɛ̃| *s.m.* mocassino.
mochard, arde |mɔʃaʀ, aʀd(ə)| *adj.* (*fam.*) [*assez moche*] racelio* (*pop.*).
moche |mɔʃ| *adj.* **1** [*laid*] brutto **2** [*mauvais*] brutto, meschino: *c'est moche ce qu'il a fait!* è brutto, meschino quello che ha fatto! → **méprisable** Ⓒ 2 **bien** 1, **chic.**
mocheté |mɔʃte| *s.f.* (*fam.*) [*personne laide*] racchio* *s.* (*pop.*), sgorbio* (*m.*): *quelle mocheté, cette femme!* che racchia, che sgorbio quella donna!
moco |mɔko| *s.m.* (*arg. mar.*) [*marin toulonnais*; *par ext., Provençal*] ⊠.
modal, ale, aux |mɔdal, o| *adj.* **1** (*gram.*) modale: *attraction modale* attrazione modale **2** (*mus.*) *musique modale* musica modale.
modalité |mɔdalite| *s.f.* **1** modalità (*inv.*): *modalités de paiement* modalità di pagamento → **manière** **2** (*gram.*) *adverbe de modalité* avverbio di modo *m.* **3** (*dr.*) modalità **4** (*mus.*) modo.
1 **mode** |mɔd| *s.f.* **1** moda: *les engouements de la mode* i capricci della moda → **vogue** ◇ *loc.* À LA MODE alla moda, di moda: *chanson à la mode* canzone alla moda, in voga; *ce n'est plus à la mode, c'est passé de mode* non è più di moda, è passato di moda → **démodé** **2** *absolt.* LA MODE la moda: *suivre la mode* seguire la moda; *journal de mode* rivista di moda ◇ (*ellipt.*) *teintes, tissus mode* (*inv.*) tinte, tessuti di moda **3** (*par ext.*) industria dell'abbigliamento femminile ◇ (*spécialt.*) *magasin de modes* negozio di modista **4** *loc.*

À LA MODE DE [*selon les coutumes de*] all'uso, secondo l'uso di: *tripes à la mode de Caen* trippa all'uso di Caen **5** (*vx.*) → **manière.**
2 **mode** |mɔd| *s.m.* **1** (*mus.*) modo: *mode majeur, mineur* modo maggiore, minore **2** (*gram.*) modo: *les temps de chaque mode* i tempi di ogni modo **3** *loc.* MODE DE: *mode de vie* genere, stile di vita; *mode de paiement* forma *f.*, modalità *f. inv.* di pagamento → **modalité, forme.**
modelage |mɔdlaʒ| *s.m.* **1** [→ MODELER] modellatura (*f.*): *modelage d'une statue* modellatura di una statua **2** *un modelage* [*ouvrage ainsi modelé*] un modellato: *de beaux modelages* dei bei modellati.
modèle |mɔdɛl| *s.m.* **1** modello: *texte qui est donné comme modèle aux élèves* testo dato come modello agli alunni; *sa conduite doit être un modèle pour nous* la sua condotta deve essere un modello per noi → 2 **étalon, exemple** ◇ (*loc.*) *sur le modèle de* sul modello di → **image (à l'), imitation (à l')** ✦ (*adj.*) *un employé modèle* un impiegato modello *inv.* → **parfait** **2** [*personne ou objet dont l'artiste reproduit l'image*] modello: *dessin, figure qui sert de modèle* disegno, figura che serve da modello ◇ (*spécialt.*) [*homme ou femme dont la profession est de poser pour des artistes*] modello *s.* **3** MODÈLE DE modello di: *elle est un modèle de fidélité* è un modello di fedeltà **4** [*catégorie définie par un ensemble de caractères*] modello: *les différents modèles d'organisation industrielle* i diversi modelli di organizzazione industriale **5** [*type déterminé selon lequel des objets semblables peuvent être reproduits*] modello: *les modèles de la haute couture* i modelli di alta sartoria; *modèle reproduit en grande série* modello riprodotto **6** [*objet de même forme qu'un plus grand modèle*] modello, modellino in serie: *modèle de navire* modello, modellino di nave → **maquette** ◇ (*loc.*) *modèle réduit* modellino: *faire voler un avion modèle réduit* far volare un modellino di aereo, un aeromodello.
modelé |mɔdle| *s.m.* **1** [*relief des formes dans une sculpture, un objet*] modellato: *le modelé du corps* il modellato del corpo **2** (*géogr.*) rilievo: *le modelé d'une région* il rilievo di una regione.
modeler |mɔdle| (6) **A** *v.tr.* **1** [*façonner (un objet) en donnant une forme*] modellare: *modeler une statuette* modellare una statuetta **2** [*pétrir (une substance plastique) pour lui imposer une certaine forme*] modellare, plasmare: *modeler de la terre glaise* modellare, plasmare all'argilla # *pâte à modeler* plastilina **3** (*fig.*) [*former, régler*] modellare: *modeler son goût sur, d'après celui de qqn.* modellare il proprio gusto su quello di qc. **B** *v.pron. réfl.* SE MODELER (*sur qqn., qqch.*) [*se façonner en empruntant les caractères*] modellarsi (su qc., q.c.) → **conformer (se).**
modeleur, euse |mɔdlœʀ, øz| *s.* **1** [*personne qui modèle*] modellatore* **2** [*ouvrier qui confectionne des modèles (de machine)*] modellista.
modéliste |mɔdelist(ə)| *s. et adj.* modellista.
modénais, aise |mɔdenɛ, ɛz| *adj.* [*de Modène*] modenese.
modénature |mɔdenatyʀ| *s.f.* (*arch.*) modanatura.
modérantisme |mɔdeʀɑ̃tism(ə)| *s.m.* (*hist.*) moderatismo.
modérateur, trice |mɔdeʀatœʀ, tʀis| *s.* **1** *s.* moderatore* ✦ (*adj.*) *action modératrice* azione moderatrice **2** *s.m.* (*phys.*) moderatore **3** *s.m.* (*mécan.*) regolatore.
modération |mɔdeʀɑsjɔ̃| *s.f.* **1** [→ MODERER] moderazione: *modération dans les idées* moderazione nelle idee; *il fait preuve de modération dans sa conduite* fa prova di moderazione nel suo comportamento **2** [*action de modérer, de diminuer qqch.*] moderazione, riduzione: *modération de la vitesse* moderazione, riduzione della velocità **3** (*dr.*) riduzione, mitigazione → **adoucissement.**
moderato |mɔdeʀato| *adv. et adj.* (*mus.*) moderato: *allégro moderato* allegro moderato.
modéré, ée |mɔdeʀe| *adj.* **1** moderato: *modéré dans ses prétentions* moderato nelle proprie pretese, di modiche pretese → **mesuré** **2** [*qui professe des opinions polit. éloignées des extrêmes*] moderato ✦ (*s.*) *les modérés* i moderati **3** [*peu intense, assez faible*] moderato: *chaleur modérée* caldo moderato # *prix modéré* prezzo modico → **bas** **4** (*mus.*) moderato Ⓒ **1 excessif; 2 extrémiste.**
modérément |mɔdeʀemɑ̃| *adv.* [*avec modération*] moderatamente; modicamente.
modérer |mɔdeʀe| (8) *v.tr.* [*diminuer l'intensité de (un phénomène, un sentiment)*] moderare: *modérer sa colère* moderare la propria collera; *modérez vos expressions* moderi i termini; *modérer la vitesse* moderare la velocità; *modérez-vous* si moderi, si calmi.
moderne |mɔdɛʀn(ə)| *adj.* **I** **1** moderno: *les temps modernes* i tempi moderni **2** moderno: *confort moderne* comodità moderne; *mobilier moderne* mobilio moderno ✦ (*s.m.*) *le moderne* il moderno **3** (*personnes*) [*qui est de son temps*] moderno **II** **1** *les temps modernes* [*moyen âge et époque contemporaine*] i tempi moderni ✦ (*s.m.*) *querelle des anciens et des modernes* polemica degli antichi e dei moderni **2** *enseignement moderne* istruzione superiore ad indirizzo tecnico-scientifico.
modernisateur, trice |mɔdɛʀnizatœʀ, tʀis| *s. et adj.* modernizzatore*.
modernisation |mɔdɛʀnizɑsjɔ̃| *s.f.* [→ MODERNISER] ammodernamento *m.*, rimodernamento *m.*; modernizzazione.
moderniser |mɔdɛʀnize| **A** *v.tr.* [*rendre moderne, organiser d'une manière conforme aux besoins modernes*] ammodernare, modernizzare: *moderniser la technique* ammodernare, modernizzare la tecnica → **transformer** # *il a modernisé son magasin* ha rimodernato il suo negozio **B** *v.pron. réfl.* SE MODERNISER [→ *tr.*] modernizzarsi: *l'Église se modernise* la Chiesa si modernizza, si aggiorna.
modernisme |mɔdɛʀnism(ə)| *s.m.* **1** modernismo **2** (*relig.*) modernismo Ⓒ **1 archaïsme, traditionalisme.**
moderniste |mɔdɛʀnist(ə)| *adj. et s.* modernista.
modernité |mɔdɛʀnite| *s.f.* modernità *inv.*
modern style |mɔdɛʀnstil| *s.m. et adj.* (*angl.*) [*style de décoration*] (stile) liberty *inv.*
modeste |mɔdɛst(ə)| *adj.* **1** modesto: *mise modeste* abbigliamento modesto; *salaire modeste* salario modesto; *il est d'une origine très modeste* è di origini modestissime → **humble** **2** (*personnes*) [*qui a une opinion modérée de son propre mérite*] modesto: *un homme simple et modeste* un uomo semplice e modesto; *air, mine modeste* aria modesta ✦ (*s.*) *faire le modeste* fare il modesto **3** [*de peu d'importance*] modesto: *intelligence modeste* intelligenza modesta, limitata **4** [*qui a de la pudeur*] riservato, modesto (*littér.*): *attitude modeste* contegno riservato, modesto **5** (*vx.*) → **modéré.**
modestement |mɔdɛstəmɑ̃| *adv.* [→ MODESTE] modestamente.
modestie |mɔdɛsti| *s.f.* **1** modestia: *fausse modestie* falsa modestia **2** [*pudeur, retenue*] riservatezza, modestia (*littér.*) **3** (*vx.*) → **modération.**
modicité |mɔdisite| *s.f.* **1** modicità *inv.*, modestia: *modicité de son revenu* modicità, modestia del proprio reddito **2** [*médiocrité, petitesse*] modestia.
modifiable |mɔdifjabl(ə)| *adj.* [→ MODIFIER] modificabile.
modifiant, ante |mɔdifjɑ̃, ɑ̃t| *adj.* modificante.
modificateur, trice |mɔdifikatœʀ, tʀis| *adj.* modificatore*: *agent modificateur* agente modificatore ✦ (*s.*) *un modificateur* un modificatore.
modificatif, ive |mɔdifikatif, iv| *adj.* modificativo: *propositions modificatives* proposte modificative.
modification |mɔdifikɑsjɔ̃| *s.f.* **1** [→ MODIFIER A] modificazione ◇ (*sc.*) *modification physique d'une substance* modificazione fisica di una sostanza **2** [*changement apporté à qqch.*] modifica*: *il faudra faire quelques modifications à ce projet* bisognerà apportare qualche modifica a questo progetto → **correction, rectification** **3** [*manière d'être accidentelle d'une substance*] variazione → **modalité.**
modifier |mɔdifje| **A** *v.tr.* [*changer (une chose) sans en altérer la nature*] modificare: *modifier ses plans* modificare i propri piani **B** *v.pron. intr.* SE MODIFIER [*changer, varier*] modificarsi ◇ (*sc.*) *l'énergie se modifie* l'energia si modifica.
modillon |mɔdijɔ̃| *s.m.* (*archit.*) modiglione.
modique |mɔdik| *adj.* modico*: *salaire modique* salario modico, modesto; *pour la modique somme de 100 francs* per la modica somma di 100 franchi → **petit, modeste, minime.**
modiquement |mɔdikmɑ̃| *adv.* [→ MODIQUE] modicamente.
modiste |mɔdist(ə)| *s.f.* modista: *atelier, boutique de modiste* laboratorio, negozio di modista.
modulaire |mɔdylɛʀ| *adj.* (*archit., phys., techn.*) modulare.
modulant, ante |mɔdylɑ̃, ɑ̃t| *adj.* (*mus.*) modulante.
modulateur, trice |mɔdylatœʀ, tʀis| *s.* modulatore *s.m.*; modulatrice *s.f.* ✦ (*adj.*) *lampe modulatrice* valvola modulatrice.

modulation |mɔdylasjɔ̃| *s.f.* **1** modulazione → **inflexion** **2** (*mus.*) modulazione **3** (*phys.*) modulazione: *modulation d'amplitude* modulazione d'ampiezza; *émission en modulation de fréquence* trasmissione in modulazione di frequenza.
module |mɔdyl| *s.m.* **1** (*bx-arts*) modulo ◇ (*spécialt.*) *module d'une monnaie* modulo di una moneta; *cigarette de gros module* sigaretta di misura *f.* grande **2** [*unité de mesure de débit* (*de l'eau*)] modulo **3** (*phys.*) modulo **4** (*math.*) *module d'un vecteur* modulo di un vettore **5** (*astronautique*) *module lunaire* modulo lunare **6** (*archit.*) *module d'habitation* modulo abitativo.
moduler |mɔdyle| *v.tr.* **1** [*articuler, émettre* (*un son varié*) *par une suite de modulations*] modulare: *moduler un air en le sifflant* modulare un'aria fischiettandola **2** (*mus.*) [*effectuer une ou plusieurs modulations* (2)] modulare, porre (168) in musica **3** (*phys.*) [*faire varier les caractéristiques de* (*un courant électrique, une onde*)] modulare ◆ (*au p.p.*) *courant modulé* corrente modulata.
modulor |mɔdylɔʀ| *s.m.* (*archit.*) modulor *inv.*
modus vivendi |mɔdysvivɛ̃di| *s.m. inv.* (*lat.*) modus vivendi: *trouver un modus vivendi* trovare un modus vivendi.
moelle |mwal| *s.f.* **I** **1** [*substance molle de l'intérieur des os*] midollo *m.* # *os à moelle* osso midolloso, ossobuco (*cuis.*) **2** (*loc.*) *frissonner, être glacé jusqu'à la moelle des os* rabbrividire, essere gelato fino al midollo **II** **1** (*anat.*) *moelle épinière* midollo spinale **2** (*bot.*) midollo.
moelleusement |mwaløzmɑ̃| *adv.* [→ MOELLEUX] mollemente, morbidamente.
moelleux, euse |mwalø, øz| *adj.* **1** [*qui a de la mollesse au toucher*] soffice: *étoffe moelleuse* stoffa soffice, morbida; *lit moelleux* letto soffice **2** [*agréable au goût*] pastoso, vellutato: *vin moelleux* vino pastoso, vellutato **3** [*qui a une sonorité pleine et douce*] pastoso, vellutato: *voix moelleuse* voce pastosa, vellutata **4** (*en parlant de formes naturelles*) [*qui a de la mollesse et de la grâce*] morbido: *ligne moelleuse* linea morbida **5** (*vx.*) → **médullaire** Ⓒ 1 **dur.**
moellon |mwalɔ̃| *s.m.* **1** (*maçonn.*) pietra *f.* da costruzione **2** (*géol.*) blocco*.
moellon(n)age |mwalɔnaʒ| *s.m.* (*maçonn.*) costruzione *f.* in pietre.
moere |mwɛʀ| *s.f.* (*région.*) laguna prosciugata e coltivata (*cour.*).
mœurs |mœʀ(s)| *s.f. pl.* **I** **1** [*habitudes* (*d'une société, d'un individu*) *relatives à la pratique du bien et du mal*] costumi (*m.*): *bonnes, mauvaises mœurs* buoni, cattivi costumi ◇ (*dr.*) *outrage aux bonnes mœurs* oltraggio al buon costume ~ *certificat de bonne vie et mœurs* certificato di buona condotta ◇ (*par ext.*) *police des mœurs* squadra del buon costume ◇ (*ellipt.*) *les mœurs* la buon costume **2** (*vx.*) → **moralité, principe(s)** **II** **1** [*habitudes de vie*] costumi: *mœurs des peuples primitifs, d'une époque* costumi dei popoli primitivi, di un'epoca → **usages** # *cette habitude est entrée dans les mœurs* questa abitudine è entrata nel costume; *une comédie de mœurs* una commedia di costume **2** [*habitudes de vie individuelles*] abitudini: *avoir des mœurs simples, des mœurs bohèmes* avere abitudini semplici, abitudini da scapigliato ◇ (*loc. fam.*) *quelles mœurs!, drôles de mœurs!, en voilà des mœurs!* che razza di modi! **3** [*habitudes de vie d'une espèce animale*] comportamento (*m. sing.*): *les mœurs des abeilles* il comportamento delle api.
mofette |mɔfɛt| *s.f.* **1** (*géol.*) mofetta **2** (*t.zool.*) moffetta.
mohair |mɔɛʀ| *s.m.* (*angl.*) mohair (*inv.*): *laine mohair* lana mohair ◇ (*par ext.*) [*étoffe de mohair*] *costume de mohair* abito di mohair.
mohican, ane |mɔikɑ̃, an| *adj.* [*de la tribu des Mohicans*] mohicano.
moi |mwa| **I** *pron. pers. de la 1ère pers. du sing.* **1** (*compl. d'objet après un impér. positif*) mi: *regarde-moi* guardami; *écoute-moi* ascoltami ◇ (*après un autre pron. pers.*) me: *donnez-le-moi* datemelo; *communiquez-le-moi* comunicatemelo **2** (*sujet*) io: *moi, faire cela?* io, fare una cosa simile?; *'qui est là?' 'moi'* 'chi (c')è?' '(sono) io' **3** (*coordonné à un pron., un nom*) io: *lui et moi nous partirons demain* io e lui partiremo domani; *mon ami et moi serons à la campagne* il mio amico ed io saremo in campagna; *moi, je n'airai pas* io non ci andrò **4** (*dans une phrase comparative*) me: *ne faites pas comme moi* non fate come me; *plus, moins que moi* di più, meno di me **5** MOI QUI io che: *moi qui vous parle* io che vi parlo **6** (*attribut*) C'EST MOI (+ *propos. relative*) sono io: *c'est moi qui le lui ai dit* sono (stato) io che gliel'ho detto, sono stato io a dirglielo **7** (*précédé d'une prép.*) me; mio (*adj.*): *avec moi* con me; *ce n'est pas de moi qu'il parlait* non era di me che parlava, non parlava di me ‖ *un ami à moi* un mio amico, un amico mio; *l'idée n'est pas de moi* l'idea non è mia; *chez moi* a casa mia **8** *loc.* MOI-MÊME io stesso, io medesimo: *je ferai le travail moi-même* farò il lavoro io stesso, io medesimo ~ MOI SEUL io (da) solo, io soltanto: *c'est moi seul qui suis responsable* sono io solo, soltanto io il responsabile ~ MOI AUSSI anch'io, pure io: *j'irai moi aussi* ci andrò anch'io, pure io ~ MOI NON PLUS neanch'io, neppure io: *je n'accepterai moi non plus* non accetterò neanch'io, neppure io **II** *s.m. inv.* **1** LE MOI l'io: *le moi et le non-moi* l'io e il non-io; *le culte du moi* il culto dell'io **2** [*forme que prend une personnalité à un moment particulier*] io: *notre vrai moi* il nostro vero io.
moignon |mwaɲɔ̃| *s.m.* **1** [*extrémité d'un membre amputé*] moncone: *un moignon de jambe* un moncone di gamba # *un moignon de bras* un moncherino di braccio **2** [*ce qui reste d'une grosse branche cassée*] troncone **3** [*membre rudimentaire*] moncone: *les moignons d'ailes des oiseaux marcheurs* i monconi di ali degli uccelli camminatori.
moindre |mwɛ̃dʀ(ə)| *adj.* **I** *comparatif* [*plus petit* (*en quantité, en importance*)] minore: *beaucoup moindre* molto minore → **inférieur** **II** *superlatif* **1** *le moindre* il minimo: *s'il avait eu le moindre bon sens* se avesse avuto il minimo buon senso # *c'est le moindre de mes soucis* è l'ultima delle mie preoccupazioni → **cadet** ◇ (*prov.*) *de deux maux, il faut choisir le moindre* tra due mali si sceglie il minore **2** (*précédé d'une négation*) minimo: *sans le moindre doute* senza il minimo dubbio; *il n'y a pas le moindre doute* non c'è il minimo dubbio.
moindrement |mwɛ̃dʀəmɑ̃| *adv.* (*littér.*) [→ MOINDRE] minimamente (*cour.*).
1 **moine** |mwan| *s.m.* **I** [*religieux chrét. vivant à l'écart du monde*] monaco*, frate ◇ (*prov.*) *l'habit ne fait pas le moine* l'abito non fa il monaco ~ *être gras* (*gros*) *comme un moine* essere grasso come un tordo ~ *mener une vie de moine* fare una vita da pascià **II** **1** (*t.zool.*) monaco* **2** (*ancienn.*) [*réchaud servant à chauffer un lit*] scaldino, scaldaletto.
2 **moine** |mwan| *s.m.* (*imprim.*) frate.
moineau |mwano| *s.m.* **1** (*t.zool.*) passero ◇ (*cour.*) *épouvantail à moineaux* spaventapasseri *inv.* **2** *vilain, sale moineau* [*individu désagréable ou méprisable*] brutto ceffo → **oiseau.**
moinerie |mwanʀi| *s.f.* **1** (*vx., péj.*) [*l'ensemble des moines; monastère, convent*] prataglia (*péj.*) **2** vita, condizione monastica.
moinillon |mwanijɔ̃| *s.m.* [*jeune moine*] fraticello, fratino.
moins |mwɛ̃| *adv.* **I** (*comparatif de 'peu'*) [*plus faiblement, d'une manière moins importante*] (di) meno: *il est moins grand que son frère* è meno alto di suo fratello; *il travaille moins que nous* lavora meno di noi; *un peu plus ou un peu moins* un po' (di) più o un po' (di) meno ◆ *absolt.* di meno: *il parle, il sort moins* parla, esce di meno ◇ (*précédé d'une négation, exprimant une égalité*) *non moins que* → **ainsi (que), comme** ~ *pas moins* → **autant** ◇ (*loc.*) *plus ou moins* più o meno ~ *ni plus ni moins* né più né meno **II** **1** LE MOINS (*superlatif de 'peu'*) (il) meno: *la personne la moins généreuse* la persona meno generosa; *le livre le moins intéressant* il libro meno interessante # *pas le moins du monde* niente affatto, per niente **2** *loc.* AU MOINS almeno, per lo meno: *si, au moins, il était arrivé à temps!* se almeno fosse giunto in tempo! → **seulement**; *il y a au moins une heure* è almeno, per lo meno un'ora ~ (*loc. restrictive*) DU MOINS [*néanmoins, pourtant*] almeno: *s'il a reçu des menaces, du moins n'est-il pas en danger* anche se ha ricevuto delle minacce, almeno non è in pericolo ~ TOUT AU MOINS, À TOUT LE MOINS, POUR LE MOINS (*renforcent 'au moins'*) almeno, per lo meno **III** (*nominal*) **1** [*une quantité moindre; une chose moindre*] (di) meno: *cela coûte moins* costa (di) meno; *on ne peut pas faire moins* non si può fare (di) meno; *ni plus ni moins* né più né meno ~ MOINS DE meno di: *moins de vingt kilos* meno di venti chili; *il a moins de trente ans* ha meno di trent'anni # *film interdit aux moins de seize ans* film vietato ai minori di sedici anni **2** (*loc.*) *être en moins* [*manquer*] essere in meno, in numero inferiore ~ *en moins de rien, en moins de temps qu'il n'en faut pour le dire* in men che non si dica ~ (*fam.*) *en moins de deux* [*très vite*] in quattro e quattr'otto ~ *en moins d'une heure, d'une semaine* in meno di un'ora, di

una settimana **3** *loc.* À MOINS DE, QUE (+ *subj.*) [*sauf si*] a meno di (+ *inf.*), che (+ *subj.*): *il n'accepterait pas, à moins d'une* (*de recevoir une*) *augmentation* non accetterebbe, a meno di ricevere, che riceva un aumento; *j'irai chez vous à moins que vous ne sortiez* verrò io da lei, a meno che debba uscire **IV** *s.m.* **1** LE MOINS [*la plus petite quantité; la moindre chose*] il meno (*inv.*): *le moins que l'on puisse dire...* il meno che si possa dire...; *c'est le moins que je pourrais faire* è il meno che (io) possa fare # *qui peut le plus peut le moins* chi può molto può anche poco → **minimum** **2** *le signe moins* (-) [*le signe de la soustraction, des nombres négatifs*] il segno meno (-) **V** *adj.* (*attribut*) più piccolo: *il est, c'est moins qu'on ne dit* è più piccolo di quel che si dice **VI** *prép.* **1** [*en enlevant, en ôtant*] meno: *six moins quatre font deux* sei meno quattro fa due ◇ (*ellipt., en sous-entendant l'heure*) *dépêche-toi, il est presque moins dix* spicciati, sono quasi meno dieci **2** (*introduisant un nombre négatif*) meno: *ce matin, il fait moins dix* (*degrés*) stamattina il termometro è a meno dieci, ci sono dieci gradi sotto zero.

moins-perçu |mwɛ̃pɛRsy| *s.m.* (*dr., fin.*) somma *f.* riscossa in meno del dovuto; mancato incasso.

moins-value |mwɛ̃valy| *s.f.* (*écon.*) deprezzamento (*m.*): *des moins-values* dei deprezzamenti.

moirage |mwaRaʒ| *s.m.* (*techn.*) marezzatura *f.*

moire |mwaR| *s.f.* **1** (*techn.*) marezzatura ◇ (*par ext.*) *moire de soie* seta marezzata **2** (*ancienn.*) → **mohair** **3** (*littér.*) [*aspect changeant, chatoyant* (*d'une surface*)] riflesso *m.* cangiante.

moiré, ée |mwaRe| *adj.* **1** marezzato, 'moiré' (*inv.*): *soie moirée* seta marezzata ✦ (*s.m.*) *le moiré* la marezzatura *f.*, il 'moiré' **2** (*fig.*) cangiante → **ondé**.

moirer |mwaRe| *v.tr.* **1** (*techn.*) [*traiter* (*une étoffe*) *par moirage*] marezzare: *moirer de la soie* marezzare la seta **2** (*fig., littér.*) [*rendre chatoyant*] variegare.

moireur |mwaRœR| *s.m.* (operaio*) addetto alla marezzatura.

moirure |mwaRyR| *s.f.* [*effet du moiré; chatoiement*] riflesso *m.* cangiante: *les moirures de l'eau au clair de lune* i riflessi cangianti dell'acqua al chiaro di luna.

mois |mwa| *s.m.* **1** [*chacune des douze divisions de l'année*] mese: *une fin de mois* una fine mese; *mois solaire, lunaire* mese solare, lunare; *être payé au mois* essere pagato a mese, mensilmente ◇ (*loc.*) *le mois de Marie* il mese mariano **2** [*espace de temps égal à trente jours*] mese: *dans un mois et un jour* tra un mese e un giorno; *billet à trois mois d'échéance* biglietto valido tre mesi **3** [*salaire correspondant à un mois de travail*] mensilità *f. inv.*, mensile: *mois double* doppia mensilità; *treizième mois* tredicesima (mensilità) **4** [*somme due pour un mois de location*] mese: *il doit deux mois à son propriétaire* deve due mesi al proprietario.

moise |mwaz| *s.f.* (*techn.*) traversa; tirante *m.*

moïse |mɔiz| *s.m.* culla *f.* di vimini.

moiser |mwaze| *v.tr.* (*techn.*) [*assembler au moyen de moises*] rinforzare con traverse.

moisi, ie |mwazi| **1** *adj.* [*attaqué par la moisissure*] ammuffito: *confiture moisie* marmellata ammuffita **2** (*s.m.*) *le moisi* la muffa (*f.*): *odeur, goût de moisi* odore, sapore di muffa; *cette pièce sent le moisi* questa stanza odora di muffa.

moisir |mwaziR| **A** *v.intr.* **1** [*se détériorer sous l'effet de l'humidité*] ammuffire (197) (*aux.* essere): *ce pain a moisit* questo pane è ammuffito **2** (*personnes*) [*attendre longtemps dans la même situation*] ammuffire: *nous n'allons pas moisir ici toute la journée* non abbiamo l'intenzione di ammuffire qui tutta la giornata → **croupir, languir** **3** (*choses*) [*rester improductif*] ammuffire **B** *v.tr.* [*détériorer en couvrant de moisissure*] fare (103) *intr.* ammuffire: *l'humidité moisit les raisins* l'umidità fa ammuffire l'uva.

moisissure |mwazisyR| *s.f.* **1** muffa: *moisissure du fromage, du vin* muffa del formaggio, del vino; *moisissure blanche, verte* muffa bianca, verde; *sentir la moisissure* odorare di muffa **2** (*fig.*) [*pourriture*] marcio* *m.*

moissine |mwasin| *s.f.* (*agric.*) penzolo *m.* d'uva.

moisson |mwasɔ̃| *s.f.* **1** [*travail agricole qui consiste à récolter les céréales*] mietitura: *faire la moisson* fare la mietitura, mietere **2** [*l'époque à laquelle se fait la moisson*] mietitura **3** [*les céréales qui sont l'objet de la moisson*] messe: *engranger la moisson* riporre la messe (nel granaio) → **récolte** **4** (*fig.*) *une moisson de souvenirs* una messe di ricordi.

moissonnage |mwasɔnaʒ| *s.m.* [→ MOISSONNER 1] mietitura *f.*

moissonner |mwasɔne| *v.tr.* **1** [*couper et récolter* (*des céréales*)] mietere: *moissonner du blé* mietere il grano ✦ (*absolt.*) *on commençait à moissonner* si cominciava a mietere **2** (*littér.*) [*amasser* (*qqch.*)] mietere → **cueillir** ◇ (*prov.*) *ils ont semé du vent et ils moissonneront des tempêtes* chi semina vento, raccoglie tempesta **3** (*par métaph., littér.*) [*détruire*] mietere: *la guerre moissonne les vies humaines* la guerra miete vite umane.

moissonneur, euse |mwasɔnœR, øz| *s.* **1** *s.* [*personne qui fait la moisson*] mietitore* **2** *s.f.* (*agric.*) mietitrice # *moissonneuse-batteuse* mietitrebbiatrice; *moissonneuse-lieuse* mietilegatrice.

moite |mwat| *adj.* [*légèrement humide*] umidiccio*: *chaleur moite* calore umidiccio # *peau moite de sueur* pelle sudaticcia, madida di sudore.

moiteur |mwatœR| *s.f.* **1** [*légère humidité*] umidità (*inv.*): *moiteur de l'air* umidità dell'aria; *moiteur étouffante* umidità soffocante **2** [*sueur de la peau*] madore *m.*

moitié |mwatje| *s.f.* **1** [*l'une des deux parties égales d'un tout*] metà (*inv.*): *cinq est la moitié de dix* cinque è la metà di dieci; *partager par moitié* dividere a metà ◇ (*par ext.*) *une bonne, une grosse moitié* [*un peu plus de la moitié*] una buona metà **2** [*milieu*] metà: *parvenu à la moitié de son existence* giunto alla metà della propria vita **3** (*loc.*) *à moitié* a metà: *verre à moitié plein* bicchiere pieno a metà, mezzo pieno; *ne rien faire à moitié* non fare niente a metà ◇ (*loc. prép.*) *à moitié chemin* a metà strada; *à moitié prix* a metà prezzo **4** *loc.* MOITIÉ... MOITIÉ metà... e metà: *architecture moitié romaine moitié gothique* architettura (per) metà romanica e per metà gotica # (*fam.*) '*êtes-vous contents de votre voyage?*' '*moitié moitié*' 'siete contenti del vostro viaggio?' 'così così'; *partageons les bénéfices moitié moitié* dividiamo gli utili a metà, fifty-fifty **5** (*loc. fig.*) *être, se mettre* DE MOITIÉ fare a metà; partecipare per metà ~ *être pour moitié dans* essere in buona parte responsabile in, di **6** (*fam., littér.*) [*épouse*] *sa moitié* la sua metà (*plais.*).

moitir |mwatiR| *v.tr.* (*techn.*) [*rendre moite; impregner d'eau*] umettare: *moitir le papier* umettare la carta.

moka |mɔka| *s.m.* **1** moca *inv.* **2** dolce al caffè.

mol |mɔl| *adj.* → **mou.**

1 **molaire** |mɔlɛR| *s.f.* (*anat.*) molare (*m.*): *les troisièmes molaires ou dents de sagesse* i terzi molari o denti del giudizio.

2 **molaire** |mɔlɛR| *adj.* (*chim., phys.*) molare: *masse molaire* massa molare.

3 **molaire** |mɔlɛR| *adj.* (*philo.*) → **global, total.**

molarité |mɔlaRite| *s.f.* (*chim., phys.*) molarità *inv.*

molasse |mɔlas| *s.f.* (*sc., techn.*) molassa.

moldave |mɔldav(ə)| *adj.* [*de la Moldavie*] moldavo.

mole |mɔl| *s.f.* (*chim., phys.*) mole → **molécule-gramme.**

1 **môle** |mol| *s.m.* **1** [*construction destinée à protéger l'entrée d'un port*] molo → **jetée, brise-lame** **2** [*quai d'embarquement*] banchina *f.* → **embarcadère.**

2 **môle** |mol| *s.f.* (*t.zool.*) mola, pesce *m.* luna.

3 **môle** |mol| *s.f.* (*pathol.*) mola.

moléculaire |mɔlekylɛR| *adj.* molecolare: *poids, masse moléculaire* peso, massa molecolare.

molécularité |mɔlekylaRite| *s.f.* (*chim.*) molecolarità *inv.*

molécule |mɔlekyl| *s.f.* **1** molecola **2** (*vx.*) → **corpuscule.**

molécule-gramme |mɔlekylgRam| *s.f.* (*chim., phys.*) grammomolecola.

molène |mɔlɛn| *s.f.* (*t.bot.*) verbasco* *m.*, tassobarbasso *m.*

moleskine |mɔlɛskin| *s.f.* **1** [*toile de coton revêtue d'un enduit mat ou verni imitant le cuir*] finta pelle **2** [*tissu de coton présentant une face satin et une face croisée*] fustagno *m.*

molester |mɔlɛste| *v.tr.* **1** [*maltraiter physiquement*] malmenare: *il s'est fait molester par la foule* si è fatto malmenare dalla folla → **brutaliser, bousculer** **2** (*littér.*) [*tourmenter en suscitant des désagréments*] perseguitare → **vexer, importuner, tracasser.**

moletage |mɔltaʒ| *s.m.* [→ MOLETER] zigrinatura *f.*, godronatura *f.*

moleter |mɔlte| (5) *v.tr.* (*techn.*) [*faire un striage ou un quadrillage à la molette sur une tête de vis, un bouton, etc.*] zigrinare, godronare ✦ (*surtout au p.p.*) *vis moletée* vite zigrinata, godronata.

molette |mɔlɛt| *s.f.* **1** [*petite roue étoilée à l'extrémité de l'éperon*] rotella (di sperone) **2** [*outil fait d'une roulette mobile au bout d'un manche*] mola:

molette de graveur mola da incisore **3** [*roulette à surface striée ou quadrillée qui sert à manœuvrer certains dispositifs mobiles*] regolatore *m.* ◇ (*spécialt.*) *molette de mise au point* [*de jumelles*] regolatore di messa a fuoco; *clé à molette* chiave inglese; *molette à briquet* rotella zigrinata di accendisigaro.

moliéresque |mɔljeʀɛsk(ə)| *adj.* di Molière *loc. inv.*, alla maniera di Molière (*loc. inv.*): *verve moliéresque* brio di Molière, alla maniera di Molière.

moliniste |mɔlinist(ə)| *s.* molinista ✦ (*adj.*) molinistico*: *doctrine moliniste* dottrina molinistica.

molinosisme |mɔlinozism(ə)| *s.m.* (*relig.*) teoria *f.* mistica di Molinos → **quiétisme.**

molinosiste |mɔlinozist(ə)| *s.* seguace di Molinos.

mollard |mɔlaʀ| *s.m.* (*pop., vulg.*) [*crachat*] scatarrata *f.*

1 **mollasse** |mɔlas| *adj.* **1** (*choses*) [*mou et flasque*] molliccio*, flaccido: *des chairs mollasses* carni mollicce, flaccide **2** (*personnes*) [*qui manque d'énergie*] fiacco*: *il est un peu mollasse* è un po' fiacco → **apathique, endormi, indolent** ✦ (*s.*) *un mollasse* uno smidollato.

2 **mollasse** |mɔlas| *s.f.* → **molasse.**

mollasserie |mɔlasʀi| *s.f.* [*excessive mollesse d'une personne*] fiacchezza; poltroneria.

mollasson, onne |mɔlasɔ̃, ɔn| *s. et adj.* (*fam.*) [*personne mollasse*] polentone, poltrone (*cour.*): *dépêche-toi, gros mollasson* sbrigati poltronaccio, polentone.

mollement |mɔlmɑ̃| *adv.* **1** [*sans vigueur, sans énergie*] svogliatamente, fiaccamente: *travailler mollement* lavorare svogliatamente, fiaccamente **2** [*avec douceur et lenteur*] pigramente: *le fleuve coule mollement* il fiume scorre pigramente → **paresseusement, indolemment, nonchalamment.**

mollesse |mɔlɛs| *s.f.* **I** **1** [*caractère de ce qui est mou*] morbidezza; mollezza (*rare*) **2** [*paresse physique, intellectuelle; manque de volonté*] fiacchezza: *la mollesse d'un paresseux* la fiacchezza di un pigro → **apathie, indolence, nonchalance** **3** (*vieilli*) [*manière de vivre délicate et voluptueuse*] mollezza → **sybaritisme** **4** [*manque de vigueur dans le style*] fiacchezza **II** **1** [*caractère d'une forme souple, imprécise*] morbidezza: *la mollesse des contours* la morbidezza dei contorni **2** [*caractère d'un climat mou*] il caldo-umido *m.*

mollet |mɔlɛ| *s.m.* (*anat.*) polpaccio* ◇ (*loc.*) *mollets de coq* [*nerveux et peu charnus*] gambe come stecchi, gambe stecchite.

mollet, ette |mɔlɛ, ɛt| *adj.* **1** [*agréablement mou au toucher*] morbido, soffice: *lit mollet* letto morbido, soffice → **douillet** **2** (*spécialt.*) *pain mollet* [*petit pain blanc à mie légère*] pan buffetto; *œuf mollet* [*à peine cuit dans sa coquille*] uovo bazzotto.

molletière |mɔltjɛʀ| *s.f.* mollettiera ✦ (*adj.*) *bande molletière* (fasce) mollettiere *s.f. pl.*

molleton |mɔltɔ̃| *s.m.* mollettone: *molleton d'une planche à repasser* mollettone di un'asse da stiro.

molletonné, ée |mɔltɔne| *adj.* felpato, foderato di mollettone: *gants molletonnés* guanti felpati.

molletonner |mɔltɔne| *v.tr.* [*garnir de molleton*] foderare di mollettone.

molletonneux, euse |mɔltɔnø, øz| *adj.* soffice come mollettone.

mollir |mɔliʀ| *v.intr.* **1** [*perdre sa force*] cedere: *sentir ses jambes mollir de fatigue* sentire le gambe cedere, piegarsi per la fatica ◇ (*mar.*) *le vent mollit* il vento sta cadendo **2** [*devenir mou*] rammollire (197) (*aux.* essere), ammorbidirsi (197) *pron.* → **ramollir (se)** **3** (*personnes*) [*commencer à céder*] venir (202) (*aux.* essere) meno: *courage qui mollit* coraggio che viene meno ◇ (*fam.*) → **hésiter.**

mollo |mɔlo| *adv.* (*pop.*) *vas-y mollo* [*doucement*] vacci piano.

molluscum |mɔlyskɔm| *s.m.* (*méd.*) mollusco*.

mollusque |mɔlysk(ə)| *s.m.* **1** (*zool.*) mollusco* **2** [*personne molle*] mollusco.

Mollusques |mɔlysk(ə)| *s.m. pl.* (*t.zool.*) Molluschi.

moloch |mɔlɔk| *s.m.* (*t.zool.*) moloc *inv.*, moloch *inv.*

molosse |mɔlɔs| *s.m.* (*littér.*) molosso.

molto |mɔlto| *adv.* (*mus.*) molto: *allegro molto vivace* allegro molto vivace.

molve |mɔlv(ə)| *s.f.* (*t.zool.*) molva.

moly |mɔli| *s.m.* **1** (*mythol.*) moli *inv.* **2** (*t.bot.*) moli.

molybdate |mɔlibdat| *s.m.* (*chim.*) molibdato.

molybdène |mɔlibdɛn| *s.m.* (*chim.*) molibdeno.

molybdénite |mɔlibdenit| *s.f.* (*minér.*) molibdenite.

molybdique |mɔlibdik| *adj.* (*chim.*) molibdico*.

molysmologie |mɔlismɔlɔʒi| *s.f.* molismologia*.

môme |mom| *s.* **1** (*fam.*) [*enfant*] marmocchio*: *un môme de cinq ans* un marmocchio di cinque anni → **gosse** ✦ *adj.* (*pop.*) *il est encore tout môme* è ancora un marmocchio, un marmocchietto **2** (*pop.*) *une môme* [*une jeune fille, une jeune femme*] ragazza (*cour.*): *une jolie môme* una bella ragazza.

1 **moment** |mɔmɑ̃| *s.m.* **1** momento: *moments de la vie, de l'existence* momenti della vita, dell'esistenza; *un petit moment* un momentino → **instant** # *un long moment* un bel pezzo ◇ [*présent*] *célébrité, succès du moment* celebrità, successo del momento **2** [*court instant*] momento, attimo: *en un moment* in un momento, in un attimo; *pour un moment* per un attimo, istante; *je n'en ai que pour un moment, j'arrive!* un attimo, un istante, vengo! **3** [*circonstance, temps caractérisé par son contenu*] momento: *j'ai eu de bons moments* ho avuto dei momenti felici; *c'est un mauvais moment à passer* è un momento difficile da superare; *n'avoir pas un moment à soi* non avere un momento per sé **4** [*point de la durée* (*qui correspond ou doit correspondre à un événement*)] momento: *il a profité du moment* ha approfittato del momento, della situazione; *ce n'est pas le moment* non è il momento (adatto) **5** *loc. prép.* AU MOMENT DE al momento di: *au moment de partir, d'entrer* al momento di partire, di entrare → **lors** ~ *loc. conj.* AU MOMENT OÙ nel momento in cui: *au moment où il s'y attendait le moins* nel momento in cui meno se l'aspettava ~ *à un moment donné* a un dato, a un certo momento, punto ~ (*loc. adv.*) *à tout moment, à tous moments* a ogni momento, a ogni istante ~ *à aucun moment* [*jamais*] mai ~ *en ce moment* in questo momento ~ *sur le moment* sull'istante, al momento ~ *par moments* a momenti, a tratti ~ *d'un moment à l'autre* da un momento all'altro **6** *loc. conj.* DU MOMENT OÙ, QUE dal momento che; *du moment que tu ne le verras plus, ne te fâche pas* dal momento che non lo vedrai più, non te la prendere → **puisque** **7** *moment psychologique* momento psicologico.

2 **moment** |mɔmɑ̃| *s.m.* (*mécan.*) momento: *moment d'un vecteur* momento di un vettore; *moment d'inertie, cinétique* momento di inerzia, cinetico; *moment magnétique* momento magnetico.

momentané, ée |mɔmɑ̃tane| *adj.* momentaneo: *gêne momentanée* imbarazzo momentaneo # *efforts momentanés* sforzi discontinui → **intermittent.**

momentanément |mɔmɑ̃tanemɑ̃| *adv.* [→ MOMENTANÉ] momentaneamente → **provisoirement.**

momerie |mɔmʀi| *s.f.* **1** (*littér.*) [*cérémonie ou pratique considérée comme ridicule ou insincère*] bigotteria **2** (*vx.*) → **mascarade** ◇ (*par ext.*) [*farce, parodie*] pagliacciata, buffonata.

momie |mɔmi| *s.f.* **1** [*cadavre embaumé*] mummia **2** (*vieilli, fig.*) [*personne maigre; immobile, figée*] mummia ◇ (*spécialt.*) [*personne à opinions surannées*] mummia **3** (*vx.*) [*substance bitumineuse utilisée pour l'embaument*] mummia.

momification |mɔmifikasjɔ̃| *s.f.* **1** [*transformation* (*d'un cadavre*) *en momie*] mummificazione: *momification naturelle* mummificazione naturale **2** (*biol.*) mummificazione.

momifier |mɔmifje| *v.tr.* **1** [*transformer en momie*] mummificare → **embaumer** ✦ (*au p.p.*) *cadavre momifié* cadavere mummificato **2** [*rendre inerte*] mummificare: *esprit qui se momifie* mente che si mummifica, si fossilizza → **fossiliser (se)** **3** (*rare, fig.*) [*rendre très maigre*] mummificare ✦ (*au p.p.*) *une vieille momifiée* una vecchia mummificata.

momordique |mɔmɔʀdik| *s.f.* (*t. bot.*) momordica*.

mon |mɔ̃|, *f.* **ma** |ma|, *pl.* **mes** |me| *adj. poss. m.* **I** (*sens subjectif*) **1** [*qui m'appartient*] il mio*: *c'est mon sac* è la mia borsa; *c'est ma maison* è la mia casa ◇ (*f. sing. devant un s.f. commençant par une voyelle ou par un 'h' muet*) *mon œuvre* la mia opera; *mon amie* la mia amica **2** (*devant un nom de personne, exprime 'la parenté' ou 'des relations variées'*) (il) mio: *mon père* mio padre; *ma fiancée* la mia fidanzata; *mes parents* i miei genitori; *mes voisines* le mie vicine **3** (*marquant l'intérêt personnel*) mio: *alors, mon bonhomme s'est mis à hurler comme un fou* allora il mio tipo si è messo a urlare come un pazzo; *je connais mon monde* conosco i miei polli **4** (*en s'adressant à qqn.*) mio: *viens, mon enfant* vieni, ragazzo mio; *mon cher ami* (mio) caro amico; *mon vieux* vecchio mio, caro mio ◇ (*pop.*) (*marquant 'la camaraderie, l'ironie'*) *ah, bien, mon salaud!* ah, bene, mascanzoncello! **II** (*sens objectif*) [*de moi, relatif à moi*] mio: *mon persécuteur* il mio persecutore; *mon juge* il mio giudice ◇ (*choses*) *elle est restée dix ans à mon service* è rimasta per dieci anni al mio servizio.

monacal, ale, aux |mɔnakal, o| *adj.* monacale: *la vie monacale* la vita monacale → **monastique** ◇ (*par ext.*) [*digne d'un moine*] monacale: *mener une vie monacale* condurre una vita monacale.

monachisme |mɔnaʃ(k)ism(ə)| *s.m.* (*relig.*) monachesimo; monacato.

monade |mɔnad| *s.f.* (*philo.*) monade.

monadelphe |mɔnadɛlf(ə)| *adj.* (*bot.*) monadelfo.

monadiste |mɔnadist(ə)| *s.* monadista.

monadologie |mɔnadɔlɔʒi| *s.f.* (*philo.*) monadologia*.

monandre |mɔnɑ̃dʀ(ə)| *adj.* (*bot.*) monandro.

monarchie |mɔnaʀʃi| *s.f.* **1** monarchia: *monarchie absolue, constitutionelle* monarchia assoluta, costituzionale → **royauté** **2** [*État gouverné par un seul chef*] monarchia: *la monarchie d'Angleterre, des Pays-Bas* la monarchia d'Inghilterra, dei Paesi Bassi → **royaume.**

monarchique |mɔnaʀʃik| *adj.* monarchico*: *État monarchique* Stato monarchico

monarchisme |mɔnaʀʃism(ə)| *s.m.* monarchismo.

monarchiste |mɔnaʀʃist(ə)| *s. et adj.* monarchico* → **royaliste** 🄲 **républicain.**

monarque |mɔnaʀk(ə)| *s.m.* monarca*: *monarque absolu* monarca assoluto.

monastère |mɔnastɛʀ| *s.m.* monastero: *un monastère de bonzes* un monastero buddista; *s'enfermer, se retirer dans un monastère* rinchiudersi, ritirarsi in un monastero.

monastique |mɔnastik| *adj.* monastico*: *discipline monastique* disciplina monastica; *ordres monastiques* ordini monastici → **monacal** ◇ (*par anal.*) *austérité, simplicité monastique* austerità, semplicità monastica.

monaural, ale, aux |mɔnɔʀal, o| *adj.* (*physiol.*) monoaurale ◇ (*acoustique*) monoaurale → **monophonique.**

monazite |mɔnazit| *s.f.* (*minér.*) monazite.

monceau |mɔ̃so| *s.m.* [*élévation formée par une grande quantité d'objets entassés*] mucchio*, cumulo: *des monceaux de morts* dei mucchi, cumuli di morti → **amas, amoncellement, tas** ◇ (*fig.*) *un monceau d'erreurs* un mucchio, un cumulo d'errori.

mondain, aine |mɔ̃dɛ̃, ɛn| *adj.* **1** mondano: *vie mondaine et brillante* vita mondana e brillante; *écrivain mondain* scrittore mondano **2** [*qui sort beaucoup dans le monde*] mondano: *il est très mondain* è molto mondano ✦ (*s.*) *un mondain* un mondano, un uomo di mondo **3** *la* (*police*) *mondaine* la squadra antidroga **4** (*relig.*) mondano → **profane** **5** (*philo.*) mondano, dell'universo materiale *loc. inv.*

mondanité |mɔ̃danite| *s.f.* **1** mondanità *inv.* **2** *au plur.* [*les événements de la vie mondaine*] le mondanità, la mondanità (*sing.*): *aimer les mondanités* amare le mondanità, la mondanità ◇ (*par ext.*) la cronaca* *sing.* mondana (di un giornale) **3** (*relig.*) mondanità.

monde |mɔ̃d| *s.m.* **I** **1** mondo → **cosmos** **2** [*l'ensemble de tout ce qui existe*] mondo: *la création du monde* la creazione del mondo → **univers** ◇ (*loc.*) *tout est pour le mieux dans le meilleur des mondes* tutto va per il meglio **3** (*qualifié*) [*la totalité des choses, des concepts d'un même ordre*] mondo: *monde extérieur, visible* mondo esteriore, visibile; *monde des apparences* mondo delle apparenze **4** [*ensemble des choses formant un domaine à part*] mondo: *le monde politique, de l'art* il mondo politico, dell'arte; *le monde végétal, animal* il mondo vegetale, animale ◇ (*loc.*) *faire tout un monde de qqch.* dare una importanza esagerata a q.c. ~ (*fam.*) [*exagération*] *c'est un monde!* è un'esagerazione! (*cour.*) **II** **1** [*la planète Terre, sa surface*] mondo: *les cinq parties du monde* le cinque parti del mondo; *courir, parcourir le monde* girare per il mondo (in lungo e in largo) ◇ (*spécialt.*) *le Nouveau Monde* il Nuovo Mondo; *l'Ancien Monde* il Vecchio Mondo ◇ (*loc. fam.*) *le monde est petit* il mondo è piccolo ◇ (*sport*) *champion, championnat du monde* campione, campionato del mondo **2** LE MONDE (*opposé à 'l'autre monde'*) il mondo: *mépriser les biens de ce monde* disprezzare i beni di questo mondo ◇ (*loc. fam.*) *des idées de l'autre monde* idee dell'altro mondo **3** *loc.* AU MONDE al mondo: *venir au monde* venire al mondo, alla luce; *être seul au monde* essere solo al mondo **4** [*la société, la communauté humaine*] mondo: *l'avènement d'un monde meilleur* l'avvento di un mondo migliore; *le monde antique* il mondo antico; *le monde capitaliste, le monde communiste* il mondo capitalista, il mondo comunista → **humanité** # *à la face du monde* davanti al mondo intero, davanti a tutti ◇ (*loc.*) *il faut de tout pour faire un monde* (*se dit pour excuser l'état ou les goûts des gens*) se ne vedono, bisogna vederne di tutti i colori; il mondo è bello perché è vario ~ *ainsi va le monde* così va il mondo **5** *loc.* DU MONDE (*pour renforcer un superlatif*): *c'est le meilleur homme du monde* è il miglior uomo al mondo; *le mieux du monde* nel modo migliore; *pas le moins du monde* minimamente, per nulla ~ AU MONDE (*renforçant 'tout, rien, aucun'*): *pour rien au monde* per nulla al mondo **III** **1** [*la vie profane*] il mondo **2** [*la vie en société*] il mondo: *homme, femme du monde* uomo, donna di mondo; *aller dans le monde* frequentare il bel mondo, la buona società; *renoncer au monde* rinunciare al mondo; *vivre dans le monde, loin du monde* vivere nel mondo, lontano dal mondo **3** [*milieu ou groupement social particulier*] mondo: *le monde des affaires* il mondo degli affari; *il n'est pas de notre monde* non è del nostro mondo **IV** **1** LE MONDE, DU MONDE [*les gens, des gens*] gente *f.*, persone (*f. pl.*): *j'entends du monde dans la rue* sento gente, delle persone in strada; *il y a beaucoup de monde* c'è molta gente; *se moquer du monde* infischiarsi della gente **2** *loc.* TOUT LE MONDE [*chacun*] tutti (*m. pl.*): *tout le monde le sait* lo sanno tutti; *fais comme tout le monde* fa come fanno tutti.

mondé, ée |mɔ̃de| *adj.* mondato # *orge mondé* orzo brillato.

monder |mɔ̃de| *v.tr.* [*nettoyer en séparant des impuretés*] mondare: *monder du riz* mondare il riso.

mondial, ale, aux |mɔ̃djal, o| *adj.* mondiale: *population, production mondiale* popolazione, produzione mondiale; *à l'échelle mondiale* su scala mondiale.

mondialement |mɔ̃djalmɑ̃| *adv.* [→ MONDIAL] in tutto il mondo *loc. inv.*, universalmente.

mondialisation |mɔ̃djalizasjɔ̃| *s.f.* [→ MONDIALISER] universalizzazione.

mondialiser |mɔ̃djalize| *v.tr.* [*rendre mondial*] universalizzare, rendere (105) mondiale.

mondovision |mɔ̃dɔvizjɔ̃| *s.f.* (*télév.*) mondovisione.

monégasque |mɔnegask(ə)| *adj.* [*de la Principauté de Monaco*] monegasco*.

monel |mɔnɛl| *s.m.* monel *inv.*

monème |mɔnɛm| *s.m.* (*ling.*) monema.

monère |mɔnɛʀ| *s.f.* (*sc.*) monera.

monergol |mɔnɛʀgɔl| *s.m.* (*techn.*) monopropellente.

monétaire |mɔnetɛʀ| *adj.* monetario*: *unité monétaire* unità monetaria; *systèmes monétaires* sistemi monetari; *fonds monétaire* fondo monetario.

monétisation |mɔnetizasjɔ̃| *s.f.* (*écon.*) monetizzazione.

monétiser |mɔnetize| *v.tr.* [*transformer en monnaie*] monetizzare.

mongol, ole |mɔ̃gɔl| *adj.* [*de Mongolie*] mongolo, mongolico*: *race mongole* razza mongola, mongolica ✦ (*s.m.*) *le mongol* [*la langue*] il mongolo, il mongolico.

mongolien, ienne |mɔ̃gɔljɛ̃, jɛn| *adj.* **1** (*méd.*) mongoloide: *faciès mongolienne* facies mongoloide **2** (*vx.*) [*de Mongolie*] → **mongolique.**

mongolique |mɔ̃gɔlik| *adj.* mongolico*: *race mongolique* razza mongolica.

mongolisme |mɔ̃gɔlism(ə)| *s.m.* (*méd.*) mongolismo.

mongoloïde |mɔ̃gɔlɔid| *adj. et s.* (*méd.*) mongoloide.

monial, ale, aux |mɔnjal, o| *adj.* (*vx.*) → **monacal.**

moniale |mɔnjal| *s.f.* (*relig.*) monaca* di clausura.

monilia |mɔnilja| *s.m.* (*t.bot.*) monilia *f.*

monisme |mɔnism(ə)| *s.m.* (*philo.*) monismo.

moniste |mɔnist(ə)| *adj.* (*philo.*) monistico*: *doctrine moniste* dottrina monistica ✦ (*s.*) *un moniste* un monista.

moniteur, trice |mɔnitœʀ, tʀis| *s.* **I** *s.* **1** [*personne qui enseigne certains sports, certaines disciplines*] istruttore*: *moniteur d'aviation* pilota istruttore; *moniteur d'une auto-école* istruttore di guida → **entraîneur** # *moniteur de ski* maestro di sci **2** (*vx.*) [*personne qui donne des conseils*] monitore* **II** *s.m.* (*techn., méd.*) monitor *inv.*

monition |mɔnisjɔ̃| *s.f.* (*ecclés.*) monitorio* *m.*; lettera monitoria.

monitoire |mɔnitwaʀ| *s.m.* (*ecclés.*) monitorio* ✦ (*adj.*) *lettre monitoire* lettera monitoria, monitorio *s.m.*

monitor |mɔnitɔʀ| *s.m.* (*amér.*) (*vx., mar.*) monitore.

monitorage |mɔnitɔʀaʒ| *s.m.* (*techn.*) monitoraggio*, controllo.
monitorat |mɔnitɔʀa| *s.m.* formazione *f.* degli istruttori.
monitoring |mɔnitɔʀiŋ| *s.m.* (*angl.*) → **monitorage** (*t. recomm.*).
monnaie |mɔnɛ| *s.f.* **1** [*moyen d'échange et unité de valeur*] moneta: *monnaies d'or, d'argent* monete d'oro, d'argento; *pièce de monnaie* moneta; *battre monnaie* battere moneta ◇ (*loc.*) (*l'hôtel de*) *la Monnaie* la Zecca* **2** [*tout instrument de mesure de la valeur, de moyen d'échange des biens*] moneta: *monnaie métallique, fiduciaire* moneta metallica, fiduciaria; *monnaie scripturale* moneta scritturale; *monnaie de papier* moneta cartacea, cartamoneta ◇ *loc.* FAUSSE MONNAIE moneta falsa: *fabricant de fausse monnaie* fabbricante di moneta falsa, falsario* **3** [*unité de valeur admise et utisisée dans un pays*] moneta, valuta: *cours d'une monnaie* corso di una moneta, di una valuta ◇ (*loc. fig.*) *c'est monnaie courante* è (cosa) di ordinaria amministrazione ~ *payer qqn. en monnaie de singe* ricompensare qc. (solo) a parole **4** [*argent de poche*] moneta (spicciola), spiccioli (*m. pl.*): *petite, menue monnaie* moneta spicciola, spiccioli **5** [*somme représentant la différence entre un billet et une somme moindre*] resto (*m.*): *rendre la monnaie* restituire il resto ◇ (*loc. fig.*) *rendre à qqn. la monnaie de sa pièce* [*user de représailles envers lui*] rendere a qc. pan per focaccia.
monnaie-du-pape |mɔnɛdypap| *s.f.* → 2 **lunaire**.
monnayable |mɔnɛjabl(ə)| *adj.* convertibile in moneta.
monnayage |mɔnɛjaʒ| *s.m.* (*techn.*) monetazione *f.*, coniazione *f.*
monnayer |mɔneje| (9) *v.tr.* **1** [*transformer* (*un métal*) *en monnaie*] monetare: *monnayer de l'or* monetare l'oro ✦ (*au p.p.*) *or monnayé* oro monetato **2** [*frapper* (*la monnaie*) *d'une empreinte*] coniare **3** [*convertir en argent liquide*] convertire in denaro liquido: *monnayer un bien* convertire un bene in denaro liquido **4** [*se faire payer* (*un bien moral*); *tirer de l'argent de*] far (103) *intr.* fruttare, far *intr.* rendere: *monnayer son talent* far fruttare, far rendere il proprio talento.
monnayeur |mɔnɛjœʀ| *s.m.* **1** (*rare*) [*ouvrier qui travaille à la fabrication de la monnaie de l'État*] monetiere **2** *faux monnayeur* falsario* → **faux-monnayeur**.
mon(o)- |mɔn(ɔ)| *préf.* (*signifiant 'seul, unique', correspond généralt. à*) mon(o): *monochrome* monocromo.
mono |mɔno| *adj. inv.* → **monophonique**.
monoacide |mɔnɔasid| *adj.* (*chim.*) monoacido.
monoatomique |mɔnɔatɔmik| *adj.* (*chim.*) monoatomico*.
monoaxial, ale, aux |mɔnɔaksjal, o| *adj.* (*auto.*) monoasse.
monobasique |mɔnɔbɑzik| *adj.* (*chim.*) monobasico*: *acide monobasique* acido monobasico.
monobloc |mɔnɔblɔk| *adj. inv.* (*techn.*) monoblocco ✦ (*s.m.*) *un monobloc* un monoblocco*.
monocâble |mɔnɔkɑbl(ə)| *s.m.* (*techn.*) monocavo ✦ (*adj.*) *téléphérique monocâble* funivia monocavo *inv.*
monocaméralisme |mɔnɔkameʀalism(ə)|, **monocamérisme** |mɔnɔkameʀism(ə)| *s.m.* (*dr. constitutionnel*) monocameralismo.
monocellulaire |mɔnɔselylɛʀ| *adj.* (*biol.*) monocellulare.
monochromatique |mɔnɔkʀɔmatik| *adj.* (*vieilli*) → **monochrome**.
monochromateur |mɔnɔkʀɔmatœʀ| *s.m.* (*phys.*) monocromatore.
monochrome |mɔnɔkʀom| *adj.* monocromo.
monochromie |mɔnɔkʀɔmi| *s.f.* monocromia.
monocinétique |mɔnɔsinetik| *adj.* (*phys.*) monocinetico*.
monocle |mɔnɔkl(ə)| *s.m.* monocolo.
monoclinal, ale, aux |mɔnɔklinal, o| *adj.* (*géol.*) monoclinale.
monoclinique |mɔnɔklinik| *adj.* (*minér.*) monoclino.
monocolore |mɔnɔkɔlɔʀ| *adj.* (*polit.*) monocolore: *cabinet monocolore* governo monocolore.
monocoque |mɔnɔkɔk| *adj.* (*auto.*) *voiture monocoque* auto monoscocca *inv.*
monocorde |mɔnɔkɔʀd(ə)| *adj.* **1** monocorde: *une voix monocorde* una voce monocorde → **monotone** **2** (*mus.*) monocorde: *instrument monocorde* strumento monocorde ✦ (*s.m.*) *un monocorde* un monocordo.
monocotylédone |mɔnɔkɔtiledɔn| *adj.* (*bot.*) monocotiledone.
Monocotylédones |mɔnɔkɔtiledɔn| *s.f. pl.* (*t.bot.*) Monocotiledoni.
monocratie |mɔnɔkʀasi| *s.f.* (*polit.*) monocrazia.
monocristal, aux |mɔnɔkʀistal, o| *s.m.* (*techn.*) monocristallo.
monoculaire |mɔnɔkylɛʀ| *adj.* monoculare: *microscope monoculaire* microscopio monoculare.
monoculture |mɔnɔkyltyʀ| *s.f.* (*agric.*) monocoltura.
monocycle |mɔnɔsikl(ə)| *s.m.* monociclo: *acrobate sur un monocycle* acrobata su un monociclo.
monocyclique |mɔnɔsiklik| *adj.* (*physiol.*) monociclico*.
monocylindrique |mɔnɔsilɛ̃dʀik| *adj.* (*mécan.*) monocilindrico*: *moteur monocylindrique* motore monocilindrico ◇ (*archit.*) → **monostyle**.
monocyte |mɔnɔsit| *s.m.* (*anat.*) monocito.
monodie |mɔnɔdi| *s.f.* monodia.
monœcie |mɔnesi| *s.f.* (*bot.*) monoecia*, monoicismo *m.*
monogame |mɔnɔgam| *adj.* **1** (*personnes*) monogamo ✦ (*s.*) *un monogame* un monogamo **2** (*bot.*) monogamo.
monogamie |mɔnɔgami| *s.f.* monogamia.
monogamique |mɔnɔgamik| *adj.* monogamico*: *famille monogamique* famiglia monogamica.
monogénisme |mɔnɔʒenism(ə)| *s.m.* monogenismo.
monogramme |mɔnɔgʀam| *s.m.* **1** monogramma: *monogramme brodé sur un mouchoir* monogramma ricamato su un fazzoletto **2** [*marque ou signature abrégée*] monogramma.
monogrammiste |mɔnɔgʀamist(ə)| *s.* monogrammista.
monographie |mɔnɔgʀafi| *s.f.* monografia.
monographique |mɔnɔgʀafik| *adj.* monografico*.
monoïdéisme |mɔnɔideism(ə)| *s.m.* (*rare, psycho.*) monoideismo.
monoïque |mɔnɔik| *adj.* (*bot.*) monoico*: *plante monoïque* pianta monoica.
monokini |mɔnɔkini| *s.m.* (*fam.*) monokini *inv.*
monolingue |mɔnɔlɛ̃g| *adj.* monolingue.
monolinguisme |mɔnɔlɛ̃gɥism(ə)| *s.m.* monolinguismo.
monolithe |mɔnɔlit| *adj.* monolitico*: *colonne monolithe* colonna monolitica ✦ (*s.m.*) *un monolithe* un monolito.
monolithique |mɔnɔlitik| *adj.* **1** monolitico* **2** (*fig.*) [*qui forme bloc*] monolitico: *parti monolithique* partito monolitico.
monolithisme |mɔnɔlitism(ə)| *s.m.* **1** (*archit.*) struttura *f.* monolitica* **2** (*fig.*) *monolithisme des grands partis* compattezza *f.* monolitica dei grandi partiti.
monologue |mɔnɔlɔg| *s.m.* **1** monologo*: *monologue comique à dire en société* monologo comico da recitare in società **2** [*discours d'une personne qui ne laisse pas parler ses interlocuteurs*] monologo **3** [*discours d'une personne seule qui parle, pense tout haut*] monologo → **soliloque** ◇ (*dans un roman*) *monologue intérieur* monologo interiore.
monologuer |mɔnɔlɔge| *v.intr.* [*parler seul, ou en présence de qqn. comme si l'on était seul*] monologare, parlare tra sé (e sé).
monomane |mɔnɔman|, **monomaniaque** |mɔnɔmanjak| *adj.* (*psychiatr.*) monomane, monomaniaco* ✦ (*s.*) *un monomane* un monomaniaco.
monomanie |mɔnɔmani| *s.f.* (*psychiatr.*) monomania.
monôme |mɔnom| *s.m.* **1** (*algèbre*) monomio* **2** corteo di studenti (che formano una fila tenendosi per la spalla).
monomère |mɔnɔmɛʀ| *adj. et s.m.* monomero *s.m.*
monométallisme |mɔnɔmeta(l)lism(ə)| *s.m.* (*écon.*) monometallismo.
monométalliste |mɔnɔmeta(l)list(ə)| *adj.* (*écon.*) monometallista.
monomètre |mɔnɔmɛtʀ(ə)| *s.m.* monometro: *poème monomètre* poema monometro ✦ (*s.*) *un monomètre* un monometro.
monomoteur, trice |mɔnɔmɔtœʀ, tʀis| *adj. et s.* monomotore*.
mononucléaire |mɔnɔnykleɛʀ| *adj. et s.m.* (*biol.*) mononucleato.
mononucléose |mɔnɔnykleoz| *s.f.* (*méd.*) mononucleosi *inv.*
monophasé, ée |mɔnɔfɑze| *adj.* (*électr.*) monofase.
monophonie |mɔnɔfɔni| *s.f.* monofonia.
monophonique |mɔnɔfɔnik| *adj.* (*acoustique, mus.*) monofonico*, mono.
monophysite |mɔnɔfizit| *adj.* (*relig.*) monofisita.
monoplace |mɔnɔplas| *adj.* [*qui n'a qu'une place*] monoposto (*inv.*): *avion, voiture monoplace* aereo, auto monoposto ✦ *s.m.* (*aviat.*) *un monoplace* un monoposto ✦ *s.f.* (*auto.*) una monoposto.
monoplan |mɔnɔplɑ̃| *s.m.* (*aviat.*) monoplano.
monoplégie |mɔnɔpleʒi| *s.f.* (*méd.*) monoplegia*.

monopole |mɔnɔpɔl| *s.m.* **1** (*écon.*) monopolio*: *monopole d'État* monopolio di Stato **2** [*privilège exclusif*] monopolio → **exclusivité.**

monopoleur, euse |mɔnɔpɔlœʀ, øz| *s.* (*écon.*) monopolista ✦ (*par appos.*) *trust monopoleur* trust monopolistico* *adj.*

monopolisateur, trice |mɔnɔpɔlizatœʀ, tʀis| *s.* [*qui monopolise* (2)] monopolizzatore*.

monopolisation |mɔnɔpɔlizɑsjɔ̃| *s.f.* [→ MONOPOLISER] monopolizzazione.

monopoliser |mɔnɔpɔlize| *v.tr.* **1** [*exploiter, vendre par monopole*] monopolizzare **2** [*s'attribuer* (*un objet ou un privilège exclusif*)] monopolizzare: *monopoliser qqn., son attention* monopolizzare qc., la sua attenzione.

monopoliste |mɔnɔpɔlist(ə)| *s.* (*écon.*) monopolista ✦ (*adj.*) → **monopolistique.**

monopolistique |mɔnɔpɔlistik| *adj.* (*écon.*) monopolistico*.

monoprix |mɔnɔpʀi| *s.m.* (*nom déposé*) [*magasin à succursales multiples originairement à prix unique pour un groupe déterminé de marchandises*] ⊠.

monopsone |mɔnɔpson| *s.m.* (*écon.*) monopsonio*.

monoptère |mɔnɔptɛʀ| *adj. et s.m.* (*archit.*) monoptero (*adj.*): *un* (*temple*) *monoptère* un tempio monoptero.

monorail |mɔnɔʀaj| *s.m. et adj. inv.* (*ch. de fer*) monorotaia *f.*

monorime |mɔnɔʀim| *adj. et s.m.* (*versif.*) monorimo *adj.*

monosaccharide |mɔnɔsakaʀid| *s.m.* (*chim.*) monosaccaride.

monosépale |mɔnɔsepal| *adj.* (*bot.*) monosepalo.

monoski |mɔnɔski| *s.m.* monoscì *inv.*

monosperme |mɔnɔspɛʀm(ə)| *adj.* (*bot.*) monospermo.

monostyle |mɔnɔstil| *s.m.* (*archit.*) monostilo.

monosulfite |mɔnɔsylfit| *s.m.* (*chim.*) solfito di sodio.

monosyllabe |mɔnɔsil(l)ab| **1** *adj.* monosillabo, monosillabico* **2** (*s.m.*) *un monosyllabe* un monosillabo: *répondre par monosyllabes* rispondere a monosillabi.

monosyllabique |mɔnɔsi(l)labik| *adj.* monosillabico*: *langue monosyllabique* lingua monosillabica.

monosyllabisme |mɔnɔsi(l)labism(ə)| *s.m.* monosillabismo.

monothéique |mɔnɔteik| *adj.* monoteistico*: *croyances monothéiques* credenze monoteistiche.

monothéisme |mɔnɔteism(ə)| *s.m.* monoteismo.

monothéiste |mɔnɔteist(ə)| *s.* monoteista ✦ (*adj.*) *peuple monothéiste* popolo monoteista, monoteistico*.

monotone |mɔnɔtɔn| *adj.* **1** monotono: *plainte monotone* lamento monotono → **monocorde** **2** [*qui lasse par son uniformité*] monotono: *paysage monotone* paesaggio monotono; *vie monotone* vita monotona.

monotonie |mɔnɔtɔni| *s.f.* **1** monotonia: *monotonie d'un paysage* monotonia di un paesaggio **2** (*rare*) [*caractère de ce qui est toujours sur le même ton*] monotonia: *monotonie d'une psalmodie* monotonia di una salmodia.

monotrace |mɔnɔtʀas| *adj.* (*aviat.*) con carrello (d'atterraggio) a tandem *loc.*

monotrème |mɔnɔtʀɛm| *adj.* (*zool.*) monotremo.

Monotrèmes |mɔnɔtʀɛm| *s.m. pl.* (*t.zool.*) Monotremi.

monotype |mɔnɔtip| **I** *adj.* **1** (*bot.*) monotipo **2** (*mar.*) monotipo *inv.* ✦ (*s.m.*) *un monotype* un'imbarcazione *f.* monotipo **II** *s.* **1** *s.m.* (*bx-arts*) *les monotypes de Degas* i monotipi di Degas **2** *s.f.* (*imprim.*) monotype *inv.*

monovalent, ente |mɔnɔvalɑ̃, ɑ̃t| *adj.* (*chim.*) monovalente.

monoxyle |mɔnɔksil| *adj.* monoxilo, monossilo.

1 **monseigneur*** |mɔ̃sɛɲœʀ| *s.m.* [*titre honorifique de personnages éminents*] monsignore ◇ (*abrév.*) *mgr.* mons. ~ (*au plur.*) *messeigneurs* (*mgrs.*), *nosseigneurs* (*rare*) monsignori (mons.).

2 **monseigneur** |mɔ̃sɛɲœʀ| *s.m.* (*appos.*) *pince monseigneur* [*levier pour forcer les serrures*] grimaldello.

monsieur |məsjø|, *pl.* **messieurs** |mesjø| *s.m.* **I** **1** [*titre donné aux hommes de toute condition*] (il) signore: *bonjour, monsieur* buongiorno, signore; *monsieur le ministre* (il) signor ministro ◇ (*abrév.*) *M.* sig.; *MM.* sig.ri ◇ (*pop.*) *bonjour messieurs dames* buongiorno, salute a tutti **2** [*titre donné aux princes*] monsignore ✦ (*absolt.*) *Monsieur* [*l'aîné des frères du roi de France*] Monsignore **3** [*titre donné anciennement. aux hommes de condition noble ou bourgeoise*] messere **4** [*titre respectueux donné à un homme par ceux qui lui parlent à la 3*^e^ *pers.*] signore: *monsieur devrait accepter* il signore dovrebbe accettare **5** (*fam.*) [*le mari, opposé à la 'femme'*] il signore **II** (*vieilli*) UN MONSIEUR [*un homme de la bourgeoisie, opposé au 'travailleur manuel'*] un signore ◇ (*loc.*) *un joli, un vilain monsieur* [*un individu méprisable*] un brutto tipo, un tipaccio* ◇ (*langage enfantin*) *dis merci au monsieur* di grazie al signore ◇ (*emphatique*) *c'est un monsieur!* è un (gran) signore!

monsignor |mɔ̃siɲɔʀ|, **monsignore** |mɔ̃siɲɔʀe| *s.m.* (*ecclés.*) monsignore: *des monsignores* (*rare*), *des monsignori* dei monsignori.

monstre |mɔ̃stʀ(ə)| **I** *s.m.* **1** mostro: *monstres marins* mostri marini **2** [*organisme de conformation anormale*] mostro: *monstre humain* mostro umano **3** [*personne d'une laideur effrayante*] mostro **4** [*personne effrayante par sa méchanceté*] mostro: *c'est un monstre de cruauté* è un mostro di crudeltà ◇ (*fam.*) *petit monstre!* [*enfant turbulent*] piccola peste *f.*! **5** (*loc.*) *les monstres sacrés* [*les grands comédiens*] i mostri sacri ◇ (*par anal.*) *c'est un monstre sacré du jazz* è un mostro sacro del jazz **II** *adj.* (*fam.*) [*très important, immense*] *un travail monstre* un lavoro colossale; *ça va faire un effet monstre* farà un effetto favoloso.

monstrueusement |mɔ̃stʀyøzmɑ̃| *adv.* [→ MONSTRUEUX] mostruosamente.

monstrueux, euse |mɔ̃stʀyø, øz| *adj.* **1** [*qui est difforme*] mostruoso: *laideur monstrueuse* bruttezza mostruosa **2** [*qui est d'une taille prodigieuse*] mastodontico*, mostruoso: *une ville monstrueuse* una città mastodontica; *une mémoire monstrueuse* una memoria mostruosa → **colossal, gigantesque** **3** [*qui choque la raison, la morale*] mostruoso: *idée monstrueuse* idea mostruosa; *c'est monstrueux* è mostruoso.

monstruosité |mɔ̃stʀyozite| *s.f.* **1** [*anomalie congénitale*] mostruosità *inv.* ◇ [*la partie d'un être affecté de cette anomalie*] deformità *inv.* **2** [*caractère de qui est monstrueux* (3)] mostruosità: *la monstruosité d'un crime* la mostruosità, l'efferatezza di un delitto **3** UNE, DES MONSTRUOSITÉ(S) mostruosità.

mont |mɔ̃| *s.m.* **1** (*vx.*) → **montagne** **2** (*dans des expressions géographiques, ou en loc.*) monte: *le mont Blanc* il monte Bianco; *du haut des monts* dalla cima dei monti # *le mont Viso* il Monviso ◇ (*spécialt.*) *les monts* le Alpi **3** (*loc.*) *par monts et par vaux* per monti e per valli ~ *promettre monts et merveilles* promettere mari e monti **4** [*éminence charnue de la main*] monte: *les cinq monts de la main* i cinque monti della mano **5** (*anat.*) *mont de Vénus* monte di Venere → **pénil.**

montage |mɔ̃taʒ| *s.m.* **1** [→ 2 MONTER A 1] montaggio*: *montage d'un moteur* montaggio di un motore; *chaîne de montage* catena di montaggio # *montage d'un circuit électrique* collegamento di un circuito elettrico ◇ (*bijout.*) montatura *f.* **2** (*photo.*) *montage de photographies* montaggio fotografico → **photo-montage** **3** (*ciné., télév.*) *film de montage* film di montaggio ◇ (*par ext.*) *un montage* [*ce film*] un montaggio **4** (*rare*) [*action de monter*] sollevamento (*cour.*): *montage des bottes de foin* sollevamento delle balle di fieno.

montagnard, arde |mɔ̃taɲaʀ, aʀd(ə)| **I** *adj.* **1** [*qui habite les montagnes*] montanaro: *peuples montagnards* genti montanare ✦ (*s.*) *un montagnard* un montanaro **2** [*relatif à la montagne*] montanaro: *vie montagnarde* vita montanara **II** *s.m.* (*hist.*) *les Montagnards* i Montagnardi.

montagne |mɔ̃taɲ| *s.f.* **1** montagna, monte (*m.*): *flancs, pente, versant d'une montagne* fianchi, pendio, versante di una montagna, di un monte; *chaîne de montagnes* catena di montagne, montuosa ◇ (*loc.*) *s'en faire une montagne* fare di una mosca un elefante ~ *soulever les montagnes* [*se jouer de grandes difficultés*] spostare le montagne ~ *grand comme une montagne* grande come una montagna ~ *c'est la montagne qui accouche d'une souris* la montagna ha partorito un topo ~ *il n'y a que les montagnes qui ne se rencontrent pas* solo le montagne stanno ferme **2** LES MONTAGNES, LA MONTAGNE [*ensemble de montagnes; zone de forte altitude*] la montagna: *pays de montagne* regione di montagna, montuosa; *excursion en montagne* gita in montagna; *la haute, la moyenne montagne* l'alta, la media montagna; *habiter la montagne* abitare in montagna; *passer ses vacances à la montagne* trascorrere le vacanze in montagna # *sports de montagne* sport montani; *la montagne à vaches* [*les zones d'alpages*] la malga **3** [*amas, amoncellement*] montagna, monte **4** (*au plur.*) *montagnes russes* montagne russe, otto *m. sing.* volante **5** (*hist.*) *la Montagne* la Montagna.

montagnette |mɔ̃taɲɛt| *s.f.* (*fam.*) [*petite montagne*] montagnola.

montagneux, euse |mɔ̃taɲø, øz| *adj.* montuoso, montagnoso: *région montagneuse* regione montuosa, montagnosa; *massif montagneux* massiccio montuoso.

montaison |mɔ̃tɛzɔ̃| *s.f.* [*migration des saumons*] montata (dei salmoni).

montanisme |mɔ̃tanism(ə)| *s.m.* (*relig. chrét.*) montanismo.

montaniste |mɔ̃tanist(ə)| *s. et adj.* (*relig. chrét.*) montanista.

montant, ante |mɔ̃tɑ̃, ɑ̃t| **I** *adj.* **1** [*qui se meut de bas en haut*] ascendente: *mouvement montant* movimento ascendente, ascensionale ◇ (*spécialt.*) *train montant* treno che effettua una corsa ascendente (*loc.*); *bateau montant* battello che risale la corrente (*loc.*); *marée montante* marea di flusso *loc. inv.* **2** (*mus.*) *gamme montante* scala ascendente **3** [*qui va vers le haut*] in salita (*loc. inv.*): *chemin montant* strada in salita ◇ (*par ext.*) *robe montante* vestito accollato; *col montant* collo alto **II** *s.m.* **1** (*charpent.*) *montant de fenêtre* stipite di finestra; *montant d'une échelle* staggio* di scala **2** (*archit.*) piedritto **3** [*chiffre auquel s'élève un compte*] importo, ammontare (*inv.*): *le montant des frais* l'importo, l'ammontare delle spese ◇ (*écon.*) *montant compensatoire* importo, ammontare compensativo **4** (*cuis.*) *donner du montant à une sauce* [*un goût relevé, une saveur piquante*] rendere piccante, saporita una salsa **5** (*vx.*) → **2 charme, entrain.**

mont-blanc |mɔ̃blɑ̃| *s.m.* (*pâtiss.*) montebianco*.

mont-de-piété |mɔ̃dpjete| *s.m.* monte di pietà: *engager sa montre au mont-de-piété* impegnare l'orologio al monte di pietà.

monte |mɔ̃t| *s.f.* **1** (*zootechnie*) monta **2** [*action de monter un cheval en course*] monta: *monte adroite* monta abile.

monte-charge |mɔ̃tʃaʀʒ(ə)| *s.m. inv.* [*appareil servant à monter des fardeaux*] montacarichi → **élévateur.**

montée |mɔ̃te| *s.f.* **1** [*action de grimper*] salita, ascesa (*littér.*): *être essoufflé par une pénible montée* essere ansante a causa di una salita faticosa **2** [*pente que l'on gravit*] salita: *montée abrupte* salita ripida; *maison en haut de la montée* casa in cima alla salita **3** (*choses*) [*action de s'élever*] *montée d'un ballon, d'un avion* ascensione, innalzamento *m.* di un pallone, di un aereo; *montée des eaux* crescita (del livello) delle acque; *montée du lait* montata lattea; *montée des prix* aumento *m.*, lievitazione dei prezzi.

monte-en-l'air |mɔ̃tɑ̃lɛʀ| *s.m. inv.* (*pop.*) → **cambrioleur.**

monténégrin, ine |mɔ̃tenegʀɛ̃, in| *adj.* [*du Monténégro*] montenegrino.

monte-pente |mɔ̃tpɑ̃t| *s.m.* (*rare*) → **remonte-pente.**

monte-plats |mɔ̃tpla| *s.m. inv.* [*petit monte-charge pour monter ou descendre les plats*] montavivande.

1 **monter** |mɔ̃te| **A** *v.intr.* (*aux.* '*être, avoir*') **1** (*êtres vivants*) [*se déplacer de bas en haut; se transporter vers un lieu plus haut*] salire (199) (*aux.* essere): *monter en haut d'une tour* salire in cima a una torre; *monter au grenier, à l'étage supérieur* salire in soffitta, al piano superiore; *monter à, sur une échelle* salire su una scala; *monter dans une voiture, en voiture, dans un train, dans un avion* salire in (una) macchina, in (sul) treno, in (sull')aereo; *monter à, en bicyclette* salire in bicicletta; *monter par l'ascenseur* salire con l'ascensore; *il est monté s'habiller* è salito a vestirsi; *monter sur une chaise* salire su una sedia; *il est déjà monté à bord* è già salito a bordo # *monter à cheval* andare a cavallo, cavalcare; fare equitazione ✦ (*absolt.*) *il monte bien* cavalca bene ✦ (*au p.p.*) *police montée* (*à cheval*) polizia a cavallo ◇ (*loc. fig.*) *monter sur les planches* calcare le scene **2** [*se déplacer du sud vers le nord*] andare (101) (*aux.* essere), venire (202) (*aux.* essere) (su): *il est monté de Marseille à Paris* è andato, è venuto da Marsiglia a Parigi **3** (*fig.*) [*progresser dans l'échelle sociale, dans l'ordre intellectuel*] salire: *il est monté en grade* è salito di grado ◇ (*fam.*) *une vedette qui monte* un divo che si fa strada, in ascesa → **avancer 4** (*choses*) [*s'élever dans l'air, dans l'espace*] salire, alzarsi (*pron.*): *le soleil monte au-dessus de l'horizon* il sole sale, si alza sull'orizzonte; *l'avion monte à six mille mètres* l'aereo sale, si innalza a seimila metri; *le brouillard qui monte du fleuve* la nebbia che sale, si alza dal fiume ◇ (*par anal.*) *les bruits qui montent de la rue* i rumori che salgono dalla strada; *nos prières montent vers vous* le nostre preghiere salgono, si innalzano *pron.* a voi ◇ (*en parlant de phénomènes physiol.*) *la colère fait monter le sang au visage* l'ira fa andare il sangue alla testa; *les larmes lui montaient aux yeux* gli venivano le lagrime agli occhi ◇ *loc.* MONTER À LA TÊTE: (*pr., fig.*) dare alla testa: *le vin lui est monté à la tête* il vino gli ha dato alla testa; *le succès lui est monté à la tête* il successo gli ha dato alla testa ~ *la moutarde lui monte au nez* gli salta la mosca al naso **5** [*s'élever en pente*] salire: *là où la route monte* là dove la strada sale ◇ [*s'étendre jusqu'à une certaine hauteur*] *bas, bottes qui montent* (*jusqu'*)*à mi-cuisse* calze, stivali che salgono fino a metà gamba **6** [*gagner en hauteur*] salire: *le tas, le niveau monte* il mucchio, il livello sale # *les blés montent* il grano cresce ◇ (*loc.*) *elle monte en graine* (*se dit d'une jeune fille qui avance en âge et tarde à se marier*) comincia a diventare un po' stagionata **7** (*fluides*) [*progresser, s'étendre vers le haut*] salire: *la mer monte* il mare sale; *la Seine a monté de cinquante centimètres* la Senna è salita di cinquanta centimetri # *le lait monte* il latte bolle ◇ (*loc. fig.*) *faire monter qqn.* [*exciter sa colère*] far arrabbiare qc. **8** (*sons*) [*aller du grave à l'aigu*] salire, alzarsi **9** (*prix*) [*aller en augmentant*] salire: *les loyers, les prix ne cessent de monter* gli affitti, i prezzi non smettono di salire, di lievitare ◇ (*par anal.*) *ses actions ont monté*: (*pr., fig.*) le sue azioni sono salite ◇ [*atteindre un total*] ammontare (*aux.* essere): *à combien montera la dépense?* a quanto ammonterà la spesa? → **montant B** *v.tr.* **1** [*parcourir en s'élevant, en se dirigeant vers le haut*] salire: *monter une côte* salire un pendio → **grimper, gravir** ◇ (*par ext.*) *monter la garde* montare la guardia, di guardia **2** [*être sur un animal dit 'monture'*] montare, cavalcare: *ce cheval n'a jamais été monté* questo cavallo non è mai stato montato, cavalcato **3** [*porter, mettre en haut*] portar su: *montez ma valise, s'il vous plaît* porti su la mia valigia, per favore; *le concierge à monté le courrier* il portinaio ha portato su la posta **4** [*porter, mettre à un niveau plus élevé*] alzare, sollevare: *monter l'étagère d'un cran* alzare il ripiano di una tacca ◇ *loc. fig.* MONTER LA TÊTE À QQN. montare la testa a qc. □ *il s'est monté la tête* si è montato la testa **C** *v.pron.* SE MONTER **1** (*sens passif*) [*être monté*] salirsi: *escalier, côte qui se monte facilement* scala, pendio che si sale con facilità **2** *intr.* [*s'exciter*] eccitarsi, montarsi: *l'imagination, la tête se montent* la fantasia, la testa si eccitano ◇ (*fam.*) *se monter* [*se mettre en colère*] arrabbiarsi, incavolarsi (*pop.*): *être monté contre qqn.* essere arrabbiato, incavolato con qc. ✦ → *tr.* 4 □ **3** *intr.* [*s'élever* (*à un total*)] ammontare (*intr.*): *les frais se sont montés à cent francs* le spese sono ammontate a cento franchi.

2 **monter** |mɔ̃te| **A** *v.tr.* **1** [*mettre en état de fonctionner, de servir, en assemblant les différentes parties*] montare: *monter une machine, une tente* montare una macchina, una tenda ◇ (*par anal.*) *monter un film* montare un film → **montage 2** *monter une pièce de théâtre* allestire (197) un'opera teatrale ◇ (*par anal.*) *monter une affaire* creare, metter (155) su un'azienda; *monter un coup* organizzare, preparare un colpo **3** [*fournir, pourvoir de tout ce qui est nécessaire*] *monter son ménage* metter su casa **4** [*fixer définitivement*] montare: *monter un diamant sur une bague* montare un diamante su un anello **B** *v.pron. intr.* SE MONTER [*se pourvoir*] rifornirsi (197): *se monter en linge, en livres* rifornirsi di biancheria, di libri ✦ (*au p.p.*) *je suis mal monté en vaisselle* sono poco fornito di stoviglie.

monte-sac(s) |mɔ̃tsak| *s.m. inv.* montasacchi.

monteur, euse |mɔ̃tœʀ, øz| *s.* **1** [*personne qui monte certains appareils, machines*] montatore*: *monteur électricien* montatore elettricista **2** (*ciné., télév.*) montatore, tecnico* del montaggio: *chef monteur* capo montatore **3** [*personne qui combine, prépare*] organizzatore* # *monteur d'affaires* affarista, procacciatore* di affari.

montgolfière |mɔ̃gɔlfjɛʀ| *s.f.* mongolfiera.

monticole |mɔ̃tikɔl| *adj.* (*rare*) [*qui vit dans les montagnes*] montanaro (*cour.*).

monticule |mɔ̃tikyl| *s.m.* **1** [*petite montagne*] montagnola *f.* **2** [*petite bosse de terrain*] monticello ◇ (*par ext.*) *monticule de pierres* [*tas*] monticello di sassi.

montmorency |mɔ̃mɔʀɑ̃si| *s.f. inv.* [*variété de cerise*] griotta *var.* di Montmorency.

montoir |mɔ̃twaʀ| *s.m.* [*grosse pierre, billot ou banc pour monter sur un cheval*] montatoio*.

montrable |mɔ̃tʀabl(ə)| *adj.* (*rare*) → **présentable.**

1 **montre** |mɔ̃tʀ(ə)| *s.f.* 1 (*vx.*) → **démonstration, exhibition** ◇ (*loc.*) *pour la montre* [*pour la parade*] per figura 2 *loc.* FAIRE MONTRE DE... [*montrer avec affectation*; *montrer au grand jour*] fare mostra di: *faire montre de compréhension* fare mostra di comprensione 3 (*comm.*) *en montre* in vetrina.

2 **montre** |mɔ̃tʀ(ə)| *s.f.* 1 orologio* (*m.*): *montre-bracelet, bracelet-montre* → **montre-bracelet**; *montre de gousset, de poche* orologio da tasca; *remonter sa montre* caricare l'orologio ◇ (*loc.*) *dans le sens* (*contraire à celui*) *des aiguilles d'une montre* in senso orario (antiorario); *montre en main* orologio alla mano 2 *course contre la montre*: (*sport*) corsa a cronometro; (*fig.*) corsa, lotta contro il tempo.

montre-bracelet |mɔ̃tʀəbʀaslɛ| *s.f.* orologio* *m.* da polso.

montrer |mɔ̃tʀe| **A** *v.tr.* **I** 1 [*faire voir*] mostrare, far (103) *intr.* vedere: *montrer un objet à qqn.* mostrare, far vedere un oggetto a qc. # *montrer ses richesses* ostentare le proprie ricchezze, fare mostra delle proprie ricchezze 2 [*faire voir de loin par un signe*] indicare: *montrer le chemin* indicare la strada; *montrer du doigt les étoiles* indicare le stelle con il dito → **indiquer** 3 (*sujet de chose*) [*laisser voir*] lasciar scoperto, lasciar *intr.* vedere: *robe qui montre les bras* vestito che lascia scoperte le braccia; *tapis qui montre la corde* tappeto che lascia vedere, mostra la corda → **découvrir** **II** [*faire connaître*] 1 [*faire imaginer*] presentare: *l'auteur montre dans ses livres une société* nei suoi libri l'autore presenta una società → **décrire, dépeindre** 2 [*faire constater*] dimostrare: *cela montre qu'il a tort* questo dimostra che ha torto; *signes qui montrent la présence de qqch.* segni che dimostrano la presenza di q.c. → **annoncer, dénoter** 3 [*faire connaître volontairement par sa conduite*] mostrare, far vedere: *montrer ce qu'on sait faire* mostrare ciò che si sa fare; *je vais lui montrer qui je suis* gli faccio vedere io chi sono 4 [*révéler, laisser paraître*] mostrare: *montrer son étonnement* mostrare il proprio stupore; *montrer de l'humeur* mostrare cattivo umore **B** *v.pron. réfl.* SE MONTRER 1 [*se faire voir*] mostrarsi, farsi vedere: *se montrer sous un jour favorable* mostrarsi in una luce favorevole; *il n'ose plus se montrer* non osa più farsi vedere, mostrarsi 2 SE MONTRER (+ *attribut*) [*être effectivement, pour un observateur*] mostrarsi, dimostrarsi: *se montrer courageux, habile* mostrarsi, dimostrarsi coraggioso, abile.

montreur, euse |mɔ̃tʀœʀ, øz| *s.* [*personne qui fait métier de montrer en public* (*une curiosité*)] *montreur d'ours, d'animaux* ammaestratore* di orsi, d'animali; *montreur de marionnettes* marionettista, burattinaio*.

montueux, euse |mɔ̃tɥø, øz| *adj.* (*vieilli*) montuoso (*cour.*): *pays montueux* regione montuosa → **montagneux.**

1 **monture** |mɔ̃tyʀ| *s.f.* [*bête sur laquelle on monte*] cavalcatura: *un cavalier et sa monture* un cavaliere e la sua cavalcatura ◇ (*prov.*) *qui veut voyager loin ménage sa monture* chi va piano, va sano e va lontano.

2 **monture** |mɔ̃tyʀ| *s.f.* 1 → **assemblage, montage** 2 montatura: *monture de lunettes* montatura di occhiali; *monture de chevalet* montatura, telaio di cavalletto; *monture d'un bijou* montatura di un gioiello.

monument |mɔnymɑ̃| *s.m.* 1 monumento: *monument commémoratif* monumento commemorativo; *monument funéraire* monumento funerario; *monument aux morts* (*de la guerre*) monumento ai caduti in guerra 2 [*édifice remarquable par son intérêt*] monumento: *monument historique, classé* monumento storico, vincolato; *monument public* monumento pubblico 3 (*fam.*) [*objet énorme*] monumento: *cette armoire est un véritable monument!* che monumento, questo armadio! 4 [*œuvre imposante, digne de durer*] monumento 5 (*fam.*) *un monument d'absurdité* un monumento di assurdità.

monumental, ale, aux |mɔnymɑ̃tal, o| *adj.* 1 monumentale: *l'œuvre monumentale de Hugo* l'opera monumentale di Hugo 2 [*relatif aux monuments*] monumentale: *histoire monumentale* storia monumentale 3 (*fam.*) [*énorme*] monumentale: *horloge monumentale* orologio monumentale # *erreur monumentale* errore madornale.

monumentalité |mɔnymɑ̃talite| *s.f.* monumentalità *inv.*

moque |mɔk| *s.f.* (*mar.*) bigotta.

moquer (se) |mɔke| *v.pron. intr.* 1 SE MOQUER DE (*qqn., qqch.*) [*tourner en ridicule*] prendere (105) *tr.* in giro, farsi (103) *tr.* beffe di (qc., q.c.): *les enfants se moquent de lui* i bambini lo prendono in giro, si fanno beffe di lui; *ils se moquent de son allure* prendono in giro il suo modo di camminare → **blaguer, railler** 2 [*ne pas se soucier de* (*qqn., qqch.*)] non curarsi, infischiarsene: *se moquer du qu'en-dira-t-on* non curarsi, infischiarsene di quel che dirà la gente; *je me moque d'avoir raison* me ne infischio di aver ragione → **dédaigner, mépriser** ◇ (*loc.*) *se moquer du tiers comme du quart* infischiarsene di tutto; *se moquer* (*d'une chose*) *comme de l'an quarante, comme de sa première chemise* infischiarsene altamente 3 [(*essayer de*) *tromper* (*qqn.*) *avec désinvolture*] burlarsi, prendersi gioco: *il s'est moqué de vous* si è burlato, si è preso gioco di voi; *vous vous moquez du monde* vi burlate, vi prendete gioco di tutti.

moquerie |mɔkʀi| *s.f.* 1 [*action, habitude de se moquer* (1)] canzonatura, presa in giro → **ironie, raillerie** 2 UNE, DES MOQUERIE(S) [*action, parole par laquelle on se moque*] canzonatura, presa in giro: *être sensible aux moqueries* essere sensibile alle canzonature, alle prese in giro 3 (*vx.*) → **absurdité, plaisanterie.**

moquette |mɔkɛt| *s.f.* 'moquette' *inv.*

moquetter |mɔkete| *v.tr.* [*recouvrir de moquette*] mettere (155) la 'moquette' a, coprire (186) di 'moquette': *moquetter une chambre* mettere la 'moquette' in una camera.

moqueur, euse |mɔkœʀ, øz| 1 *adj.* [*qui est enclin à la moquerie*] canzonatorio*: *regard moqueur* sguardo canzonatorio ✦ (*s.*) *un moqueur* un canzonatore* 2 *s.m.* (*t.zool.*) mimo.

Moracées |mɔʀase| *s.f. pl.* (*t.bot.*) Moracee.

moraille |mɔʀɑj| *s.f.* 1 (*techn.*) torcinaso *m.* 2 (*archéol.*) cerniera (che fissava la visiera al casco).

moraillon |mɔʀɑjɔ̃| *s.m.* (*techn.*) boncinello.

moraine |mɔʀɛn| *s.f.* (*géol.*) morena.

morainique |mɔʀɛnik| *adj.* (*géol.*) morenico*: *butte morainique* collina morenica.

moral, ale, aux |mɔʀal, o| **I** *adj.* 1 morale: *valeurs morales* valori morali; *principes moraux* principi morali 2 [*qui concerne l'étude philosophique de la morale*] morale: *théorie morale* teoria morale → **éthique** 3 [*qui est conforme aux mœurs, à la morale*] morale: *une histoire morale* una storia morale → **édifiant** 4 [*relatif à l'esprit*] morale: *force morale* forza morale; *douleurs morales* sofferenze morali; *certitude morale* certezza morale ✦ (*s.m.*) *au moral comme au physique* sul piano morale come su quello fisico 5 *sciences morales* scienze morali 6 (*dr.*) *personne morale* persona giuridica **II** *s.m.* morale: *le moral est bas, est bon* il morale è giù, è buono; *avoir mauvais moral* essere giù di morale ◇ (*fam.*) *avoir le moral à zéro* avere il morale a terra, sotto la suola delle scarpe.

morale |mɔʀal| *s.f.* **I** 1 morale: *morale stoïcienne, chrétienne* morale stoica, cristiana → **éthique** 2 [*ensemble des règles de conduite considérées comme bonnes*] morale: *conforme à la morale* conforme alla morale; *morale sévère* morale severa. **II** 1 (*loc.*) *faire la morale, de la morale à qqn.* fare la predica, una ramanzina a qc. 2 [*ce qui constitue une leçon de morale*] morale: *la morale d'une fable* la morale di una favola; *la morale de cette histoire, c'est que...* morale della favola... → **moralité** 3 (*vx.*) → **admonestation, leçon.**

moralement |mɔʀalmɑ̃| *adv.* 1 [*conformément à une règle de conduite*] moralmente: *agir moralement* agire moralmente 2 [*sur le plan spirituel*] moralmente: *j'en suis moralement certain* ne sono moralmente sicuro.

moralisant, ante |mɔʀalizɑ̃, ɑ̃t| *adj.* → **moralisateur.**

moralisateur, trice |mɔʀalizatœʀ, tʀis| *adj.* [*qui fait la morale*; *édifiant*] moralistico*, moraleggiante; moralizzatore*: *ton moralisateur* tono moralistico, moraleggiante ‖ *influence moralisatrice* influenza moralizzatrice ✦ (*s.*) *un moralisateur* un moralizzatore.

moralisation |mɔʀalizɑsjɔ̃| *s.f.* [→ MORALISER] moralizzazione.

moraliser |mɔʀalize| **A** *v.tr.* [*instruire ou reprendre* (*qqn.*) *en lui faisant la morale*] fare (103) la morale (a), fare la predica (a) → **sermonner** **B** *v. intr.* [*faire des réflexions morales dans une intention édifiante*] moraleggiare, fare *tr.* il moralista.

moralisme |mɔʀalism(ə)| *s.m.* moralismo.

moraliste |mɔʀalist(ə)| *s.* 1 moralista: *les célèbres moralistes français* i celebri moralisti francesi 2 [*personne qui, par sa parole, son exemple, donne des leçons de morale*] moralista → **moralisateur** ✦ (*adj.*) *elle a toujours été moraliste* è sempre stata una moralista *s.*

moralité |mɔʀalite| *s.f.* 1 moralità (*inv.*): *moralité d'une action* moralità di un'azione ✦ *absolt.* [*valeur morale po-*

sitive] *la moralité de l'artiste* la moralità dell'artista **2** [*attitude, conduite morale*] moralità: *personne de haute moralité* persona di elevata moralità; *faire une enquête sur la moralité de qqn.* fare un'indagine sulla moralità di qc. ◇ (*spécialt.*) *certificat de moralité* certificato di moralità **3** (*vieilli*) [*réflexion morale*] moralità → **morale** ◇ (*cour.*) *la moralité d'une fable* la morale di una favola **4** (*hist. litt.*) moralità.

morasse |mɔʀas| *s.f.* [*dernière épreuve d'un journal*] bozzone *m.*

1 **moratoire** |mɔʀatwaʀ| *adj.* (*dr.*) moratorio*: *intérêts moratoires* interessi moratori, di mora *loc. inv.*

2 **moratoire** |mɔʀatwaʀ|, **moratorium** |mɔʀatɔʀjɔm| *s.m.* (*dr.*) moratoria *f.*

morave |mɔʀav| *adj.* [*de Moravie*] moravo.

morbide |mɔʀbid| *adj.* **1** (*méd.*) morboso: *état morbide* stato morboso → **pathologique** **2** [*anormal, dépravé*] morboso: *curiosité, imagination morbide* curiosità, immaginazione morbosa; *littérature morbide* letteratura morbosa.

morbidesse |mɔʀbidɛs| *s.f.* **1** (*littér.*) [*grâce un peu maladive*] languore *m.* **2** (*peint.*) morbidezza.

morbidité |mɔʀbidite| *s.f.* **1** [*caractère morbide*] morbosità *inv.* **2** (*démogr.*) [*nombre de malades dans un groupe donné*] morbilità *inv.*

morbilleux, euse |mɔʀbijø, øz| *adj.* (*rare*) (*méd.*) morbilloso.

morbleu |mɔʀblø| *interj.* (*anc. juron*) per tutti i diavoli!

morbus |mɔʀbys| *s.m.* → **choléra.**

morceau |mɔʀso| *s.m.* **1** [*partie séparée d'un corps*] pezzo: *morceau de ficelle* pezzo di corda; *morceau de pain* pezzo di pane; *couper, déchirer, mettre en morceaux* tagliare, strappare, fare a pezzi # *sucre en morceaux* zucchero in zollette; *morceau de choix, de roi* bocconcino, boccone da re; *les bons morceaux* [*d'un aliment*] i pezzi, i tagli migliori; i bocconi prelibati ◇ (*loc. fam.*) *manger un morceau* mangiare un boccone ~ *manger le morceau* [*avouer, parler*] cantare ~ *mâcher les morceaux à qqn.* [*faciliter qqn.*] fare trovare la pappa fatta, scodellata a qc. **2** [*fragment* (*d'une œuvre littér.*)] brano: *morceaux choisis* brani scelti → **anthologie** **3** (*mus.*) pezzo: *morceau de piano* pezzo per pianoforte; *morceau de bravoure*: (*pr., fig.*) pezzo forte; *exécuter un morceau* eseguire un pezzo, un brano **4** (*bx-arts*) pezzo **5** (*fam.*) *un beau morceau* [*de femme*] un bel tocco* di donna.

morcelable |mɔʀsəlabl(ə)| *adj.* [*que l'on peut morceler* (1)] frazionabile, lottizzabile: *propriété morcelable* proprietà frazionabile, lottizzabile.

morceler |mɔʀsəle| (4) *v.tr.* **1** [*partager* (*une étendue de terrain*) *en plusieurs parties*] frazionare ◇ (*spécialt.*) *morceler en lots* lottizzare **2** (*rare*) [*diviser* (*une substance*) *en morceaux*] spezzettare → **fragmenter.**

morcellement |mɔʀsɛlmɑ̃| *s.m.* [→ MORCELER] frazionamento: *le morcellement de la propriété, de la terre* il frazionamento della proprietà, della terra ◇ (*fig.*) *le morcellement des forces* il frazionamento delle forze.

mordache |mɔʀdaʃ| *s.f.* **1** (*mécan.*) mordace *m.* (di morsa) **2** [*extrémité de certaines pinces*] branca* (di pinze).

mordacité |mɔʀdasite| *s.f.* **1** (*littér.*) mordacità (*inv.*): *la mordacité d'une critique* la mordacità di una critica **2** (*vx.*) [*qualité d'une substance corrosive*] mordacità.

mordançage |mɔʀdɑ̃saʒ| *s.m.* (*techn.*) mordenzatura *f.*

mordancer |mɔʀdɑ̃se| (2) *v.tr.* (*tech.*) [*imprégner* (*une étoffe*) *d'un mordant*] mordenzare.

mordant, ante |mɔʀdɑ̃, ɑ̃t| **I** *adj.* **1** [*qui mord, attaque*] mordace: *bêtes mordantes* bestie mordaci ◇ (*par ext.*) *froid mordant* freddo pungente; *voix mordante* voce stridente, stridula; *son mordant* suono stridente, penetrante **2** [*qui raille avec une violence qui blesse*] mordace, caustico*: *ironie mordante* ironia mordace, caustica; *répondre à qqn. d'une manière mordante* rispondere a qc. in modo mordace, pungente **II** *s.m.* **1** mordente: *armée, équipe sportive qui a du mordant* esercito, squadra (sportiva) che ha mordente; *œuvre qui a du mordant* opera che ha mordente **2** (*mus., techn.*) mordente.

mordicant, ante |mɔʀdikɑ̃, ɑ̃t| *adj.* (*vx.*) [*qui provoque un picotement, une petite morsure*] acre → **âcre, caustique, corrosif.**

mordicus |mɔʀdikys| *adv.* (*lat.*) (*fam.*) *affirmer, soutenir qqch. mordicus* [*obstinément, sans démordre*] affermare, sostenere q.c. senza mollare *loc. inv.*, senza deflettere *loc. inv.*

mordillage |mɔʀdijaʒ|, **mordillement** |mɔʀdijmɑ̃| *s.m.* [→ MORDILLER] il mordicchiare *inv.*

mordiller |mɔʀdije| *v.tr.* [*mordre légèrement et à plusieurs reprises*] mordicchiare.

mordoré, ée |mɔʀdɔʀe| *adj. et s.m.* 'mordoré' *inv.*, bruno-dorato *inv.*

mordorer |mɔʀdɔʀe| *v.tr.* [*donner une teinte mordorée à*] dare (102) un colore 'mordoré', bruno-dorato a.

mordorure |mɔʀdɔʀyʀ| *s.f.* colore *m.* 'mordoré' *inv.*, bruno-dorato.

mordre |mɔʀdʀ(ə)| (53) **A** *v.tr.* **1** [*saisir avec les dents de manière à blesser*] mordere (156): *mon chien l'a mordu* il mio cane l'ha morso **2** [*avoir l'habitude d'attaquer avec les dents*] mordere: *mettre une muselière à un chien pour l'empêcher de mordre* mettere la museruola al cane per impedirgli di mordere ◇ (*plais.*) *vous pouvez approcher, je ne mords pas* avvicinatevi pure, non mordo mica **3** [*blesser au moyen d'un bec, d'un crochet, d'un suçoir*] mordere: *insecte qui mord* insetto che morde; *il a été mordu par un serpent* è stato morso da un serpente # *oiseau qui mord* uccello che becca **4** (*par anal.*) *la lime, l'acide mord le métal* la lima, l'acido morde il metallo → **entamer, ronger** ✦ (*absolt.*) *le froid mord* il freddo punge ◇ (*fig.*) *l'inquiétude lui mordait le cœur* l'inquietudine gli attanagliava il cuore ◇ [*s'accrocher, trouver prise*] mordere, far (103) presa: *ce pignon ne mord pas assez* questo pignone non morde abbastanza, non fa abbastanza presa → 1 **engrener** **B** *v.intr.* **1** *mordre à* [*saisir avec les dents une partie de* (*une chose*)] addentare (*tr.*): *mordre à un fruit* addentare un frutto ◇ (*par anal.*) *poisson qui mord à l'appât* pesce che abbocca all'amo ✦ (*absolt.*) *poisson qui mord* pesce che abbocca ✦ (*impers.*) *ça mord* sta abboccando ◇ (*loc. fig.*) *mordre au latin* [*s'y mettre*] prendere (105) *tr.* gusto al latino ~ *mordre à l'appât* abboccare **2** *mordre dans* [*enfoncer les dents*] dare (102) *tr.* morsi a: *il mordait à belles dents dans le gâteau* dava morsi ingordi al dolce **3** *mordre sur* (*une chose, une personne*) [*avoir prise sur elle, l'attaquer*] mordere *tr.*, attaccare (*tr.*): *cet acide mord sur le cuivre* questo acido morde, attacca il rame ◇ (*par ext.*) [*empiéter*] *concurrent disqualifié pour avoir mordu sur la ligne de départ* concorrente squalificato per avere oltrepassato la linea di partenza.

mordu, ue |mɔʀdy| *adj.* **1** [*qui a subi une morsure*] morso **2** [*amoureux*] innamorato: *il est mordu, bien mordu* è innamorato, proprio innamorato ✦ *s.* (*fam.*) *mordu* un fanatico*, un patito: *c'est un mordu du football* è un fanatico, un patito del calcio.

more |mɔʀ| *adj.* → **maure.**

moreau, elle |mɔʀo, ɛl| *adj.* (*cheval*) [*qui est d'un noir luisant*] morello ✦ (*s.*) *un moreau* un morello.

morelle |mɔʀɛl| *s.f.* (*t.bot.*) morella ~ *morelle sauvage, toxique* dulcamara.

moresque |mɔʀɛsk| *adj.* → **mauresque.**

morfal, ale |mɔʀfal| *adj. et s.* (*arg.*) [*qui dévore, qui a un appétit insatiable*] affamato (*cour.*).

1 **morfil** |mɔʀfil| *s.m.* (*vx.*) avorio* (*cour.*) non lavorato.

2 **morfil** |mɔʀfil| *s.m.* [*petites parties d'acier qui restent au tranchant d'une lame affûtée*] filo morto (di lama).

morfondre (se) |mɔʀfɔ̃dʀ(ə)| (53) *v.pron. intr.* **1** [*s'ennuyer, être triste lorsqu'on attend*] annoiarsi aspettando: *nous nous sommes morfondus sous la pluie pendant une heure* siamo stati ad aspettare per un'ora sotto la pioggia ✦ (*au p.p.*) *un amoureux morfondu* un innamorato solo e derelitto **2** (*vx.*) [*prendre froid, être transi*] gelare *intr.* (*cour.*), intirizzire (197) *intr.* (*cour.*).

morfondu, ue |mɔʀfɔ̃dy| *adj.* **1** (*littér.*) [*transi, glacé*] intirizzito (*cour.*) **2** (*fig.*) [*ennuyé du fait d'une déception*] rattristato, seccato.

morganatique |mɔʀganatik| *adj.* morganatico*: *mariage morganatique* matrimonio morganatico.

morganatiquement |mɔʀganatikmɑ̃| *adv.* [→ MORGANATIQUE] morganaticamente.

morgeline |mɔʀʒəlin| *s.f.* (*t.bot.*) mordigallina.

1 **morgue** |mɔʀg(ə)| *s.f.* [*contenance hautaine; affectation exagérée de dignité*] tracotanza; sussiego* *m.* → **arrogance, hauteur.**

2 **morgue** |mɔʀg(ə)| *s.f.* obitorio* *m.*, 'morgue' *inv.*

morgué! |mɔʀge|, **morguenne!** |mɔʀgɛn|, **morguienne!** |mɔʀgjɛn| *interj.* (*vx.*) (*anc. juron*) per tutti i diavoli!

morguer |mɔʀge| *v.tr.* (*vx.*) → **braver.**

moribond, onde |mɔʀibɔ̃, ɔ̃d| *adj.* moribondo ✦ (*s.*) *être au chevet d'un moribond* essere al capezzale di un moribondo.

moricaud, aude |mɔʀiko, od| *adj.* (*fam.*) [*qui a le teint très basané*] bruno (*cour.*) → **noiraud** ✦ (*s.*) *un mo-*

ricaud un uomo di colore ◇ (*péj., t. raciste*) negro (*cour.*).
morigéner |mɔʀiʒene| (8) *v.tr.* **1** (*littér.*) [*réprimander, sermonner en se donnant des airs de moraliste*] moraleggiare *intr.*; fare (103) la predica (a) **2** (*vx.*) → **élever.**
morille |mɔʀij| *s.f.* (*t.bot.*) spugnola.
morillon |mɔʀijɔ̃| *s.m.* **1** (varietà *f. inv.* di) uva *f.* nera **2** [*petite émeraude brute*] moriglione **3** (*t.zool.*) morettone.
morio |mɔʀjo| *s.m.* (*t.zool.*) vanessa *f.* antiopa.
morion |mɔʀjɔ̃| *s.m.* (*archéol.*) morione.
mormon, one |mɔʀmɔ̃, ɔn| *s.* mormone ◆ (*adj.*) *secte mormone* setta mormonica*.
mormonisme |mɔʀmɔnism(ə)| *s.m.* (*relig.*) mormonismo.
1 **morne** |mɔʀn(ə)| *adj.* **1** [*qui est d'une tristesse morose, ennuyeux*] cupo, tetro: *un air morne* un'aria cupa, tetra → **abattu, sombre** **2** (*choses*) [*triste et maussade*] cupo: *temps morne* tempo cupo, triste # *une vie morne* una vita squallida, scialba; *la conversation resta morne* la conversazione languì Ⓒ **animé, gai.**
2 **morne** |mɔʀn(ə)| *s.f.* (*archéol.*) puntale *m.*
3 **morne** |mɔʀn(ə)| *s.m.* (*dans les îles de la Réunion, des Antilles*) piccola montagna *f.* isolata.
morné, ée |mɔʀne| *adj.* **1** (*archéol.*) fornito di puntale **2** (*blas.*) (leone) nato morto **3** *casque morné* elmo chiuso.
mornifle |mɔʀnifl(ə)| *s.f.* (*fam.*) [*coup de la main sur le visage*] sberla, manrovescio* *m.* (*cour.*).
1 **morose** |mɔʀoz| *adj.* [*qui est d'une humeur chagrine*] cupo, tetro → 1 **morne.**
2 **morose** |mɔʀoz| *adj.* (*théol.*) *délectation morose* dilettazione morosa.
morosité |mɔʀozite| *s.f.* (*littér.*) [*caractère, humeur morose*] cupezza, tetraggine.
-morphe |mɔʀf(ə)|, **-morphique** |mɔʀfik|, **-morphisme** |mɔʀfism(ə)| *suff.* (*signifiant 'forme', correspondent généralt. à*) morfo; morfico; morfismo: *anthropomorphe* antropomorfo ‖ *métamorphique* metamorfico ‖ *anthropomorphisme* antropomorfismo.
morphème |mɔʀfɛm| *s.m.* (*ling.*) morfema.
morphine |mɔʀfin| *s.f.* (*chim., cour.*) morfina.
morphinisme |mɔʀfinism(ə)| *s.m.* (*méd.*) morfinismo.
morphinomane |mɔʀfinɔman| *adj. et s.* morfinomane.
morphinomanie |mɔʀfinɔmani| *s.f.* morfinomania.
morphisme |mɔʀfism(ə)| *s.m.* (*math., sc.*) morfismo.
morph(o)- |mɔʀf(ɔ)| *préf.* (*signifiant 'forme', correspond généralt. à*) morf(o): *morphologie* morfologia.
morphogène |mɔʀfɔʒɛn| *adj.* (*physiol.*) morfogenetico*: *action morphogène* azione morfogenetica.
morphogénèse |mɔʀfɔʒenɛz| *s.f.* (*sc.*) morfogenesi *inv.*
morphologie |mɔʀfɔlɔʒi| *s.f.* **1** morfologia*: *morphologie végétale, animale* morfologia vegetale, animale **2** (*ling.*) morfologia.
morphologique |mɔʀfɔlɔʒik| *adj.* (*sc.*) morfologico*.
morphologiquement |mɔʀfɔlɔʒikmɑ̃| *adv.* [→ MORPHOLOGIQUE] morfologicamente.
morphopsychologie |mɔʀfɔpsikɔlɔʒi| *s.f.* (*sc.*) morfopsicologia*.
morpion |mɔʀpjɔ̃| *s.m.* **1** (*vulg.*) [*pou du pubis*] piattone (*cour.*), piattola *f.* **2** [*gamin, garçon très jeune*] topolino, marmocchio*.
mors |mɔʀ| *s.m.* **1** [*levier qui passe dans la bouche du cheval*] morso **2** (*loc.*) *prendre le mors aux dents* (*dit du cheval*) [*s'emballer, s'emporter*] imbizzarrirsi; (*fig.*) [*s'emporter*] perdere le staffe, andare in bestia; [*se mettre soudainement et avec énergie à une entreprise*] partire in quarta, buttarsi a corpomorto in q.c. **3** [*rainure pratiquée près du dos d'un volume*] morso.
1 **morse** |mɔʀs(ə)| *s.m.* (*t.zool.*) tricheco*.
2 **morse** |mɔʀs(ə)| *s.m.* (alfabeto) morse: *signaux en morse* segnali in (alfabeto) morse ◆ (*appos.*) *alphabet morse* alfabeto morse.
morsure |mɔʀsyʀ| *s.f.* **1** [→ MORDRE] morso (*m.*): *la morsure d'un chien* il morso di un cane **2** (*méd.*) [*blessure faite en mordant*] morsicatura: *la morsure était profonde* la morsicatura era profonda **3** (*techn.*) morsura.
mort |mɔʀ| *s.f.* **I** **1** LA MORT la morte ◇ (*personnifiée*) *voir la mort de près* vedere la morte da vicino; *la mort n'épargne personne* la morte non risparmia nessuno ◇ (*sc.*) *mort clinique* morte clinica **2** [*fin d'une vie humaine; circonstances de cette fin*] morte: *mort naturelle, accidentelle, subite* morte naturale, accidentale, improvvisa; *mort volontaire* morte volontaria → **suicide**; *lit de mort* letto di morte ◇ (*loc.*) *mourir de sa belle mort* morire di morte naturale, nel proprio letto ~ *être à la mort, à l'article de la mort* essere in punto di morte ~ *être en danger de mort* essere in pericolo di morte ~ *c'est une question de vie ou de mort* è una questione di vita o di morte ~ (*frappé*) *à mort* (colpito) a morte, mortalmente ~ *condamner qqn. à mort* condannare qc. a morte ~ *à la vie* (*et*) *à la mort* per la vita e per la morte **3** [*cette fin provoquée*] morte: *à mort!* a morte!; *engin de mort* strumento di morte; *peine de mort* pena di morte; *mettre à mort* mettere a morte, uccidere # *donner la mort* (*à qqn.*) uccidere, ammazzare (qc.); *sous peine de mort* pena la vita **II** **1** [*destruction* (*d'une chose*)] morte: *c'est la mort du commerce* è la morte del commercio → 1 **fin, ruine** **2** *loc.* [*douleur mortelle*] *souffrir mille morts* soffrire mille pene, le pene dell'inferno ~ *la mort dans l'âme* con la morte nel cuore.
1 **mort, morte** |mɔʀ, mɔʀt(ə)| *adj.* **1** morto: *à moitié mort* mezzo morto; *il est mort depuis longtemps* è morto da un bel pezzo; *il est mort et enterré* è morto e sepolto; *tomber raide mort* cadere morto stecchito → **décédé** ◇ (*par ext.*) *arbre mort* albero morto; *feuilles mortes* foglie morte **2** [*qui semble avoir perdu la vie*] morto: *mort de fatigue* morto di stanchezza, stanco morto; *mort de peur, de douleur, de froid, de faim* morto di paura, di dolore, di freddo, di fame # *ivre mort* ubriaco fradicio; *yeux morts* occhi spenti ◇ (*loc.*) *c'est un homme mort!* è un uomo morto! ~ *ne pas y aller de main morte* essere molto deciso, esagerare; picchiare sodo **3** (*choses*) [*sans activité, sans vie*] morto: *la mer Morte* il mar Morto # *eau morte* acqua stagnante ◇ (*loc.*) *poids mort* peso morto ~ *temps mort* tempo morto ~ *nature morte* natura morta ~ *chaptel mort* scorte morte, attrezzi agricoli **4** [*qui appartient à un passé révolu*] morto: *langue morte* lingua morta.
2 **mort, morte** |mɔʀ, mɔʀt(ə)| *s.* **1** [*dépouille mortelle d'un être humain*] morto: *ensevelir, incinérer les morts* seppellire, cremare i morti; *prier pour les morts* pregare per i morti, i defunti → **défunt; cadavre** ◇ (*loc.*) *tête de mort* testa di morto, teschio ~ (*fam.*) *le médecin des morts* il medico legale ~ *il est pâle comme un mort* è pallido come un cadavere **2** (*par ext.*) *le culte des morts* il culto dei morti, dei defunti; *le jour des Morts* il giorno dei Morti, la commemorazione dei Defunti ◇ (*poét.*) *le royaume des morts* il regno dei morti **3** [*personne tuée*] morto: *l'accident a fait un mort et trois blessés* l'incidente ha fatto un morto e tre feriti; *les morts de la guerre* i morti, i caduti in guerra # *les morts du choléra* le vittime del colera → **victime**; *monument aux morts* monumento ai caduti ◇ (*loc.*) *faire le mort* fare il morto **4** (*dr.*) *mort civil* morto civile **5** (*cartes*) morto: *l'as est au mort* l'asse tocca al morto.
mortadelle |mɔʀtadɛl| *s.f.* mortadella.
mortaisage |mɔʀtɛzaʒ| *s.m.* (*techn.*) mortasatura *f.*
mortaise |mɔʀtɛz| *s.f.* (*techn.*) mortasa.
mortaiser |mɔʀteze| *v.tr.* (*techn.*) [*entailler en faisant une mortaise*] mortasare.
mortaiseuse |mɔʀtɛzøz| *s.f.* (*techn.*) mortasatrice.
mortalité |mɔʀtalite| *s.f.* **1** mortalità (*inv.*): *mortalité infantile* mortalità infantile ◇ (*démogr.*) *taux de mortalité, la mortalité* coefficiente, indice di mortalità, la mortalità **2** (*vx.*) [*condition d'un être mortel*] mortalità.
mort-aux-rats |mɔʀ(t)oʀa| *s.f.* [*poison pour la destruction des rongeurs*] topicida *m.*
mort-bois |mɔʀbwa| *s.m.* (*techn.*) legname inutilizzabile, di scarto.
morte-eau |mɔʀto| *s.f.* [*faible marée*] marea delle quadrature.
mortel, elle |mɔʀtɛl| *adj.* **1** mortale: *dépouille mortelle* spoglia mortale ◇ (*choses*) [*sujet à disparaître*] mortale (*littér.*) ◆ *s. les mortels* i mortali: *un heureux mortel* un fortunato mortale **2** [*qui cause la mort*] mortale: *maladie mortelle* malattia mortale, fatale; *poison mortel* veleno mortale, letale → **fatal**; *ennemi mortel* nemico mortale ◇ (*théol.*) *péché mortel* peccato mortale **3** [*d'une intensité dangereuse et pénible*] mortale: *un ennui mortel* una noia mortale; *un silence mortel* un silenzio mortale, di morte # *un froid mortel* un freddo polare **4** (*fam.*) [*extrêmement ennuyeux, sinistre*] noiosissimo: *le film était mortel* il film era noiosissimo, una rottura.
mortellement |mɔʀtɛlmɑ̃| *adv.* **1** [→ MORTEL **2**] mortalmente: *mortellement blessé* ferito mortalmente, a mor-

te **2** [*d'une façon intense*] mortalmente: *mortellement pâle* mortalmente pallido; *réunion mortellement ennuyeuse* riunione mortalmente noiosa.

morte-saison |mɔʀt(ə)sɛzɔ̃| *s.f.* stagione morta, bassa stagione: *les mortes-saisons* le stagioni morte, le basse stagioni.

mort-gage |mɔʀgaʒ| *s.m.* (*anc. dr.*) pegno infruttifero.

1 **mortier** |mɔʀtje| *s.m.* **1** [*récipient servant à broyer des substances*] mortaio*: *mortier de pharmacien, de cuisine* mortaio da farmacista, da cucina **2** [*bonnet porté par certains magistrats*] tocco*, berretta *f.*

2 **mortier** |mɔʀtje| *s.m.* [*pièce d'artillerie*] mortaio*.

3 **mortier** |mɔʀtje| *s.m.* (*maçonn.*) malta (*f.*): *mortier hydraulique* malta idraulica.

mortifiant, ante |mɔʀtifjɑ̃, ɑ̃t| *adj.* **1** [*qui mortifie*] mortificante: *des pratiques mortifiantes* pratiche mortificanti **2** [*qui humilie*] mortificante: *des actes mortifiants* azioni mortificanti.

mortification |mɔʀtifikɑsjɔ̃| *s.f.* **1** [→ MORTIFIER A 1] mortificazione → **pénitence, 1 macération 2** [*souffrance d'amour-propre*] mortificazione → **humiliation 3** (*méd.*) mortificazione.

mortifier |mɔʀtifje| **A** *v.tr.* **1** [*rendre comme mort aux tentations, par la pratique des mortifications*] mortificare: *mortifier sa chair* mortificare la carne **2** [*faire cruellement souffrir* (*qqn.*) *dans son amour-propre*] mortificare: *votre mépris l'a mortifié* il vostro disprezzo l'ha mortificato **3** (*méd.*) [*faire mourir* (*un tissu*) *en le décomposant*] mortificare **4** (*cuis.*) [*attendrir* (*la viande*)] frollare **B** *v.pron. réfl.* SE MORTIFIER [*s'imposer des mortifications*] mortificarsi.

mortinatalité |mɔʀtinatalite| *s.f.* natimortalità *inv.*

mort-né, mort-née |mɔʀne| *adj.* **1** nato morto: *enfants mort-nés* bambini nati morti ♦ (*s.*) *un mort-né* un nato morto **2** (*choses*) [*qui échoue dès le début*] abortito.

mortuaire |mɔʀtɥɛʀ| *adj.* mortuario*; funebre: *chapelle, chambre mortuaire* cappella, camera mortuaria || *couronne mortuaire* corona funebre; *cérémonie mortuaire* cerimonia funebre.

morue |mɔʀy| *s.f.* **1** (*t.zool.*) merluzzo *m.* ◇ (*cour.*) *morue séchée* stoccafisso (*m.*); *morue verte* baccalà (*m. inv.*); *huile de foie de morue* olio di fegato di merluzzo; *habit queue de morue* abito a coda di rondine **2** (*vulg.*, *t. d'injure*) [*prostituée*] puttana.

morula |mɔʀyla| *s.f.* (*biol.*) morula.

morutier, ière |mɔʀytje, jɛʀ| *s.m.* **1** pescatore di merluzzo; peschereccio* (per la pesca del merluzzo) **2** (*adj.*) *industrie morutière* industria del merluzzo *loc. inv.*

morve |mɔʀv(ə)| *s.f.* **1** (*vétér.*) morva **2** [*liquide visqueux qui s'écoule du nez de l'homme*] moccio* *m.*

morveux, euse |mɔʀvø, øz| *adj.* **1** (*vétér.*) affetto da morva **2** [*qui a de la morve au nez*] moccioso ◇ (*loc.*) *qui se sent morveux* (*qu'il*) *se mouche* chi ha orecchie per intendere, intenda; a buon intenditore poche parole ♦ *s.* (*fam.*) *un morveux* un moccioso: *tu n'es qu'un morveux* sei solo un moccioso.

1 **mosaïque** |mɔzaik| *s.f.* **1** mosaico* (*m.*): *les mosaïques de Ravenne* i mosaici di Ravenna; *mosaïque murale* mosaico parietale; *parquet mosaïque* 'parquet' a mosaico **2** (*fig.*) [*ensemble d'éléments juxtaposés*] mosaico **3** [*maladie des plantes*] mosaico: *la mosaïque du tabac* il mosaico del tabacco.

2 **mosaïque** |mɔzaik| *adj.* (*relig.*) mosaico*: *loi mosaïque* legge mosaica.

mosaïqué, ée |mɔzaike| *adj.* mosaicato ◇ (*spécialt.*) *reliure mosaïquée* rilegatura mosaicata, a mosaico *loc. inv.*

mosaïsme |mɔzaism(ə)| *s.m.* (*relig.*) mosaismo.

mosaïste |mɔzaist(ə)| *s.* (*bx-arts*) mosaicista ♦ (*par appos.*) *ouvrier mosaïste* (operaio) mosaicista.

mosan, ane |mɔzɑ̃, an| *adj.* [*de la Meuse, des régions qu'elle arrose*] della Mosa (*loc. inv.*): *les plateaux mosans* gli altopiani della Mosa.

moscoutaire |mɔskutɛʀ| *s.* (*péj.*) comunista agli ordini di Mosca.

moscovite |mɔskɔvit(ə)| *adj.* [*de Moscou*] moscovita.

mosellan, ane |mɔzɛlɑ̃, an| *adj.* [*de la Moselle, de sa région*] della Mosella *loc. inv.*

mosette |mɔzɛt| *s.f.* [*courte pèlerine de dignitaires ecclés.*] mozzetta.

mosquée |mɔske| *s.f.* moschea.

mot |mo| *s.m.* **1** parola (*f.*): *mot nouveau* parola nuova; *phrase de dix mots* frase di dieci parole; *mot d'ordre* parola d'ordine; *mot-clé* parola chiave; *le mot de Cambronne, les cinq lettres* [*merde*] la parola di Cambronne; *articuler, manger ses mots* articolare (bene), mangiarsi le parole; *ne pas dire un mot* non proferire parola; *se donner le mot* passarsi (la) parola; *rapporter un propos mot pour mot* riferire un discorso parola per parola; *il me l'a répété mot à mot* me lo ha ripetuto parola per parola → **vocable, terme** # *les grands mots* i paroloni, le parolone; *les gros mots* le parolacce ◇ *au plur.* (*spécialt.*) MOTS CROISÉS parole incrociate, cruciverba (*sing. inv.*): *amateur de mots croisés* appassionato di parole incrociate, cruciverbista → **cruciverbiste 2** *au plur.* (*en tant que signes, opposés à 'pensées, réalités'*) parole: *ce ne sont que des mots* sono soltanto parole; *se payer de mots* accontentarsi di (vane) parole **3** *loc.* [*parole, phrase*] *je lui en dirai, toucherai un mot* gliene farò parola, gliene accennerò ~ *en un mot* in poche parole, insomma ~ *avoir son mot à dire* avere da dire la propria (opinione) ~ *c'est mon dernier mot* è la mia ultima parola ~ *avoir le dernier mot* averla vinta ~ *prendre qqn. au mot* prendere qc. in parola, sulla parola ~ *écrire un mot à qqn.* scrivere due righe a qc. **4** [*parole exprimant une pensées de façon concise et frappante*] motto: *mots célèbres* motti celebri; *mot d'auteur* motto di autore # *mot de la fin* conclusione; *bon mot, mot d'esprit* battuta di spirito, spiritosa.

motard |mɔtaʀ| *s.m.* (*fam.*) [*motocycliste*] motociclista *s.* (*cour.*) ◇ (*spécialt.*) *les motards de la police routière* gli agenti (motociclisti) della polizia stradale.

motel |mɔtɛl| *s.m.* (*angl.*) motel *inv.*, autostello (*marque déposée*).

motet |mɔtɛ| *s.m.* (*mus.*) mottetto.

moteur |mɔtœʀ| *s.m.* (*mécan.*) motore: *moteurs hydrauliques, thermiques, électriques* motori idraulici, termici, elettrici; *moteurs à combustion interne, à injection, diesel* motori a combustione interna, a iniezione, diesel; *moteur à quatre, six cylindres* motore a quattro, a sei cilindri; *moteur à deux, à quatre temps* motore a due, a quattro tempi # *véhicules à moteur* autoveicoli ♦ (*par appos.*) *bloc moteur* blocco motore; *frein moteur* freno motore.

moteur, trice |mɔtœʀ, tʀis| **1** *s.m.* (*philo. anc.*) motore **2** *adj.* motore*; (*physiol.*) motorio*: *roues motrices* ruote motrici; *arbre moteur* albero motore || *nerfs moteurs* nervi motori.

motif |mɔtif| *s.m.* **1** motivo: *un motif valable* un valido motivo; *sans motif* senza motivo, immotivato; *quel est le motif de votre visite?* qual è il motivo della sua visita?; *je cherche les motifs de sa conduite* cerco i motivi della sua condotta → **1 cause, explication** ◇ (*loc. fam.*) *il la courtise pour le bon motif* [*en vue du mariage*] la corteggia con intenzioni *f. pl.* serie ◇ (*dr.*) *l'exposé des motifs, les motifs d'un jugement* la motivazione *f. sing.* di una sentenza **2** [*sujet d'une peinture*] soggetto ◇ (*par ext.*) *travailler sur le motif* [*devant un modèle*] lavorare su un modello ◇ [*ornement servant de thème décoratif*] motivo: *tissu à grands motifs de fleurs* tessuto a grandi motivi floreali **3** (*mus.*) motivo.

motilité |mɔtilite| *s.f.* (*physiol.*) motilità (*inv.*): *troubles de la motilité* turbe della motilità.

motion |mosjɔ̃| *s.f.* mozione: *faire, rédiger une motion* fare, redigere una mozione ◇ (*dr. constitutionnel*) *motion de censure* mozione di censura; voto *m.* di sfiducia.

motionner |mosjɔne| *v.intr.* (*rare*) [*déposer une motion*] presentare *tr.* una mozione.

motivant, ante |mɔtivɑ̃, ɑ̃t| *adj.* motivante: *raisons motivantes* ragioni motivanti.

motivation |mɔtivɑsjɔ̃| *s.f.* (*philo., cour.*) motivazione: *la motivation d'un acte* la motivazione di un atto.

motivationnel, elle |mɔtivɑsjɔnɛl| *adj.* motivazionale.

motiver |mɔtive| *v.tr.* **1** (*personnes*) [*justifier par des motifs*] motivare: *motiver une action, une démission* motivare un'azione, delle dimissioni ♦ (*au p.p.*) *un refus à peine motivé* un rifiuto insufficientemente motivato **2** (*choses*) [*être, fournir le motif de*] motivare: *voilà ce qui a motivé notre décision* ecco quello che ha motivato la nostra decisione → **1 causer, expliquer.**

moto(-) |mɔtɔ| *préf.* (*signifiant 'moteur', correspond généralt. à*) moto(-): *moto-cross* motocross; *motocycle* motociclo.

moto |mɔto| *s.f.* (*abrév. de 'motocyclette'*) moto *inv.*, motocicletta: *être, aller à, en moto, sur sa moto* essere andare in moto, in motocicletta # *course de motos* corsa motociclistica.

motociste |mɔtɔsist(ə)| *s.m.* chi vende o ripara motocicli.

motocompresseur |mɔtɔkɔ̃pʀesœʀ| *s.m.* (*mécan.*) motocompressore.

moto-cross |mɔtɔkʀɔs| *s.m.* (*angl.*) motocross *inv.*

motoculteur |mɔtɔkyltœʀ| *s.m.* (*agric.*) motocoltivatore.

motoculture |mɔtɔkyltyʀ| *s.f.* (*agric.*) motocoltura.

motocycle |mɔtɔsikl(ə)| *s.m.* motociclo.

motocyclette |mɔtɔsiklɛt| *s.f.* (*littér.*) → **moto.**

motocyclisme |mɔtɔsiklism(ə)| *s.m.* motociclismo.

motocycliste |mɔtɔsiklist(ə)| *s.* motociclista: *casque de motocycliste* casco da motociclista.

motofaucheuse |mɔtofoʃøz| *s.f.* (*agric.*) motofalciatrice.

motogodille |mɔtɔgɔdij| *s.f.* [*petit moteur pouvant se placer à l'arrière d'une barque*] (motore *m.*) fuoribordo *m. inv.*

motonautique |mɔtɔnotik| *adj.* (*sport*) motonautico*.

motonautisme |mɔtɔnotism(ə)| *s.m.* (*sport*) motonautica* *f.*

motoneige |mɔtɔnɛʒ| *s.f.* [*petit véhicule à une ou deux places avec des skis à l'avant, sur chenilles*] motoslitta.

motoneigiste |mɔtɔnɛʒist(ə)| *s.* praticante della motoslitta.

motopompe |mɔtɔpɔ̃p| *s.f.* (*techn.*) motopompa.

motopropulseur |mɔtɔpʀɔpylsœʀ| *adj. m.* (*techn.*) motopropulsore: *groupe motopropulseur d'une automobile* gruppo motopropulsore di un'automobile.

motorisation |mɔtɔʀizɑsjɔ̃| *s.f.* [→ MOTORISER 1] motorizzazione: *motorisation des transports, des troupes* motorizzazione civile, militare.

motoriser |mɔtɔʀize| *v.tr.* **1** [*munir de véhicules à moteur, de machines automobiles*] meccanizzare; motorizzare: *motoriser l'agriculture* meccanizzare la agricoltura ‖ *motoriser une division* motorizzare una divisione ✦ (*au p.p.*) *troupes motorisées* truppe motorizzate ◇ (*fam.*) *être motorisé* essere motorizzato, avere la macchina; *je suis motorisé, je vous accompagne* ho la macchina, sono in macchina, posso accompagnarla **2** (*rare*) [*munir d'un moteur*] motorizzare.

motoriste |mɔtɔʀist(ə)| *s.m.* **1** costruttore di motori **2** [*mécanicien spécialiste de la réparation et de l'entretien des moteurs*] motorista.

motorship |mɔtɔʀʃip| *s.m.* (*angl.*) (*mar.*) motonave *f.*

mototracteur |mɔtɔtʀaktœʀ| *s.m.* (*techn.*) trattore.

1 **motrice** |mɔtʀis| *adj.* → **moteur.**

2 **motrice** |mɔtʀis| *s.f.* motrice: *motrice de tramway, de chemin de fer* motrice tramviaria, ferroviaria.

motricité |mɔtʀisite| *s.f.* (*physiol.*) motilità *inv.*

mots-croisiste |mokʀwazist(ə)| *s.* [*amateur de mots-croisés*] cruciverbista: *des mots-croisistes* dei cruciverbisti.

motte |mɔt| *s.f.* **1** [*morceau de terre compacte, comme on en détache en labourant*] zolla: *motte de gazon* zolla erbosa **2** *motte de beurre* [*masse de beurre des crémiers, pour la vente au détail*] pane *m.*, panetto *m.* di burro: *acheter un quart de beurre à la motte* comprare un panetto di burro da un quarto.

motter (se) |mɔte| *v.pron. réfl.* (*chasse, en parlant d'un animal*) [*se cacher, se blottir derrière les mottes*] acquattarsi: *perdrix qui se mottent* pernici che si acquattano.

motteux |mɔtø| *s.m.* (*t.zool.*) culbianco*.

motu proprio |mɔtypʀɔpʀijo| **1** *loc. adv.* (*lat.*) [*spontanément, de plein gré*] motuproprio **2** *s.m. inv.* (*relig.*) motuproprio.

motus! |mɔtys| *interj.* (*pour inviter qqn. à garder le silence*) silenzio!: *motus, bouche cousue!* silenzio, acqua in bocca!

mou |mu| *s.m.* **1** [*poumon des animaux de bouch.*] polmone: *chat qui mange son mou* gatto che mangia il polmone **2** (*loc. pop.*) *bourrer le mou de qqn.* [*bourrer le crâne*] imbottire (il cervello di) qc. di chiacchiere ~ *rentrer dans le mou de qqn.* [*battre qqn.*] darle a qc., picchiare qc. di santa ragione.

mou |mu|, **mol** |mɔl| (*devant une voyelle ou un 'h' muet*), *f.* **molle** |mɔl| **I** *adj.* **1** [*qui cède facilement à la pression; qui se laisse entamer sans effort*] molle: *substance molle* sostanza molle; *fromage à pâte molle* formaggio a pasta molle; *beurre que la chaleur rend mou* burro che il calore rende molle ◇ [*qui s'enfonce* (*trop*) *au contact*] soffice, morbido: *matelas mou* materasso soffice, morbido; *un mol oreiller* un soffice, morbido guanciale → **moelleux** ◇ (*spécialt.*) *bruit mou* [*un peu sourd et long*] rumore ovattato **2** [*qui plie, se déforme facilement*] molle, morbido: *tige molle* stelo molle; *allure molle* andatura molle, morbida → **flexible, souple** # *chapeau mou* cappello floscio ◇ (*loc.*) *avoir les jambes molles* avere le gambe molli ◇ (*par ext.*) *de molles ondulations de terrain* molli ondulazioni del terreno **3** (*fig.*) [*qui manque d'énergie, de vitalité*] molle, fiacco*: *élève mou, qui traîne sur ses devoirs* alunno fiacco, indolente che dorme sui compiti → **apathique, avachi** ◇ [*faible, lâche*] fiacco, debole: *n'opposer qu'une molle résistance* opporre soltanto una fiacca, debole resistenza # *faire de molles protestations* protestare debolmente **4** (*en parlant du style, de l'exécution d'une œuvre*) [*qui manque de fermeté, de vigueur*] fiacco: *style mou* stile fiacco # *dessin mou* disegno che manca di vigore, di energia **5** *temps mou* [*humide et tiède*] tempo umidiccio* **II** *adv.* (*pop.*) [*doucement, sans violence*] piano (*cour.*): *vas-y mou!* vacci piano! → **mollo III** *s.m.* **1** (*fam.*) [*homme faible de caractère*] pappa *f.* molle: *c'est un mou* è una pappa molle **2** [*ce qui est mou*] morbido: *le mou et le dur* il morbido e il duro **3** *avoir du mou* [*n'être pas assez tendu* (*corde, fil*)] essere allentato *adj.*, lasco* *adj.* Ⓒ I 1 **dur,** 2 **raide, rigide,** 3 **actif, énergique.**

mouchage |muʃaʒ| *s.m.* [→ MOUCHER] soffiata *f.* di naso.

mouchard, arde |muʃaʀ, aʀde| *s.* **1** *s.* [*dénonciateur*] delatore*, spia *f.* → **indicateur, mouton** (*pop.*), **cafard** (*fam.*) **2** *s.m.* (*se dit de certains appareils de contrôle*) apparecchio* di controllo, di sorveglianza ◇ (*milit.*) ricognitore.

mouchardage |muʃaʀdaʒ| *s.m.* (*fam.*) [→ MOUCHARDER] spiata *f.*

moucharder |muʃaʀde| *v.tr.* (*fam.*) [*surveiller en vue de dénoncer*] spiare ◇ (*par ext.*) → **dénoncer** ✦ (*absolt.*) *écolier qui moucharde* [*qui fait le mouchard*] scolaro che fa la spia.

mouche |muʃ| *s.f.* **I 1** (*t.zool.*) mosca* ~ *mouche domestique* mosca domestica ~ *mouche tsé-tsé* mosca tsetse ~ *mouche de la viande* mosca della carne **2** (*loc. fig.*) *faire d'une mouche un éléphant* fare d'una mosca un elefante ~ *pattes de mouches* [*écriture très petite, difficile à lire*] zampe di gallina ~ *on aurait entendu une mouche voler* si sarebbe sentito volare una mosca ~ (*fam.*) *il ne ferait pas de mal à une mouche* non farebbe male a una mosca ~ *mourir, tomber comme des mouches* morire, cadere come le mosche ~ *la mouche du coche* la mosca cocchiera ~ *être, faire la mouche du coche* [*être importun, s'agiter beaucoup sans rendre de réels services*] essere un (gran) faccendone ~ *prendre la mouche* [*s'emporter, se mettre en colère*] saltare la mosca al naso ~ *quelle mouche le pique?* [*pourquoi se met-il en colère brusquement et sans raison apparente?*] cosa gli ha fatto saltare la mosca al naso? ~ *on prend plus de mouches avec du miel qu'avec du vinaigre* si prendono più mosche con una goccia di miele che con un barile di aceto **II 1** [*petit morceau de taffetas noir que les femmes mettaient sur la peau pour en faire ressortir la blancheur*] mosca **2** (*pêche*) *pêche à la mouche* pesca con la mosca **3** (*escrime*) bottone *m.* **4** (*loc.*) *faire mouche* [*toucher le centre de la cible*] fare centro **5** [*touffe de poils au-dessous de la lèvre inférieure*] mosca **III** (*loc.*) *fine mouche* [*personne habile et rusée*] vecchia volpe **IV** *appos.* **1** *bateau mouche* [*bateau de passagers sur la Seine, à Paris*] ⊠ **2** (*sport*) *poids mouche* peso mosca.

moucher |muʃe| **A** *v.tr.* **1** [*débarrasser* (*le nez*) *de ses mucosités en pressant les narines*] soffiarsi il naso: *mouche ton nez!* soffiati il naso! ◇ (*par ext.*) *moucher un enfant* soffiare il naso a un bambino ◇ (*fig., pop.*) [*réprimander* (*qqn.*) *durement*] dare (102) una lavata di capo (a qc.): *il s'est fait moucher* gli hanno dato una lavata di capo **2** [*rendre par le nez*] perdere (163) dal naso: *moucher du sang* perdere sangue dal naso **3** *moucher une chandelle* smoccolare (una candela) **B** *v. pron. réfl.* SE MOUCHER [→ *tr.* 1] soffiarsi *tr.* il naso: *il s'est mouché* si è soffiato il naso ◇ (*loc. iron.*) *ne pas se moucher du coude* [*se prendre pour qqn. d'important*] credersi chissà chi.

1 **moucheron** |muʃʀɔ̃| *s.m.* (*vieilli*) [*bout de mèche qui reste rouge, après l'extinction d'une chandelle*] moccolaia *f.*

2 **moucheron** |muʃʀɔ̃| *s.m.* **1** [*insecte volant de petite taille*] moscerino **2** (*fam.*) [*petit garçon*] marmocchio*.

moucheronner |muʃʀɔne| *v.intr.* (*se dit de certains poissons quand ils sautent hors de l'eau pour attraper au vol des mouches, des moucherons*) acchiappare *tr.* al volo mosche, moscerini.

moucheté, ée |muʃte| *adj.* **1** [*chargé de marques de couleur différente du fond*] macchiettato, chiazzato → **tacheté** # *cheval moucheté* cavallo maculato **2** [*semé de petites taches de couleur différente*] marezzato: *laine mouchetée* lana marezzata; *tweed gris mou-*

cheté de rouge tweed grigio marezzato di rosso **3** (*escrime*) *fleuret moucheté* fioretto con bottone (protettivo) *loc. inv.*

moucheter |muʃte| (5) *v.tr.* **1** [*parsemer de petites marques, de petites taches rondes*] macchiettare **2** (*escrime*) [*mettre une mouche à* (*une arme*) *pour la rendre inoffensive*] mettere (155) il bottone (a): *moucheter un fleuret* mettere il bottone a un fioretto.

mouchetis |muʃti| *s.m.* (*maçonn.*) arricciatura *f.*

mouchettes |muʃɛt| *s.f. pl.* (*ancienn.*) [*ciseaux qui servaient à moucher les chandelles*] smoccolatoio* *m. sing.*

moucheture |muʃtyʀ| *s.f.* **1** [*petite marque, tache d'une autre couleur que le fond*] macchia, macchiolina ◇ (*blas.*) *mouchetures d'hermine* mosche d'ermellino **2** [*tache naturelle sur le corps, le pelage de certains animaux*] macchia.

mouchoir |muʃwaʀ| *s.m.* **1** [*petite pièce de linge qui sert à se moucher*] fazzoletto: *mouchoir de soie, brodé* fazzoletto di seta, ricamato ◇ (*par ext.*) *mouchoir de papier* fazzoletto di carta ◇ (*loc.*) *faire un nœud à son mouchoir pour se rappeler qqch.* fare un nodo al fazzoletto per ricordarsi q.c. ~ *grand comme un mouchoir de poche* grande come un fazzoletto ◇ (*sport*) *arriver dans un mouchoir* [*en peloton serré*] arrivare in gruppo compatto **2** *mouchoir* (*de cou, de tête*) [*pièce d'étoffe dont les femmes se couvrent la tête, les épaules*] fazzoletto → **fichu, foulard.**

mouchure |muʃyʀ| *s.f.* (*rare*) **1** [*mucosités du nez*] moccio* *m.* (*cour.*), moccolo *m.* (*pop.*) **2** [*bout de la mèche d'une chandelle qu'on enlève en la mouchant*] smoccolatura.

moudre |mudʀ(ə)| (59) *v.tr.* **1** [*broyer* (*des grains*) *avec une meule*] macinare: *moudre du poivre, du café* macinare pepe, caffè → **écraser, pulvériser** **2** (*fam.*) [*briser, accabler de coups*] pestare: *je le moudrais* lo pesterei **3** *moudre un air* [*le jouer sur un instrument à manivelle*] strimpellare un motivo (all'organetto).

moue |mu| *s.f.* [*grimace que l'on fait en avançant, en resserrant les lèvres*] smorfia: *une moue de dédain, de dépit* una smorfia di sdegno, di dispetto; *il a fait la moue à notre proposition* davanti alla nostra proposta ha fatto una smorfia, ha arricciato il naso # *faire la moue* arricciare il naso, fare il broncio.

mouette |mwɛt| *s.f.* **1** (*t.zool.*) gabbiano *m.* ~ *mouette rieuse* gabbiano comune **2** (*mar.*) zattera di salvataggio.

mouffette |mufɛt| *s.f.* (*t.zool.*) moffetta.

1 **moufle** |mufl(ə)| *s.f.* [*sorte de gant*] muffola, manopola: *moufles de skieur* muffole, manopole da sci.

2 **moufle** |mufl(ə)| *s.* (*techn.*) **1** *s.m. ou f.* [*assemblage mécanique de poulies dans une même chape*] bozzello *m.* **2** *s.m.* [*four à porcelaine*] forno a muffola.

mouflet, ette |muflɛ, ɛt| *s.* (*fam.*) [*petit enfant*] marmocchio*.

mouflon |muflɔ̃| *s.m.* (*t.zool.*) muflone.

mouflonne |muflɔn| *s.f.* [*tissu feutré, épais, à poils brillants*] muflone *m.*

moufter, moufeter |mufte| *v. intr.* (*fam.*) (*utilisé à l'inf., imp. et aux temps composés*) [*broncher, protester*] brontolare (*cour.*), protestare (*cour.*): *il a accepté sans moufter* ha accettato senza brontolare, protestare.

mouillage |mujaʒ| *s.m.* **I** **1** (*mar.*) ancoraggio*, ormeggio*: *mouillage d'un navire* ancoraggio di una nave → **ancrage** ◇ (*spécialt.*) *mouillage des mines* posa *f.* delle mine **2** [*emplacement favorable pour mouiller un navire*] fonda *f.*, approdo → **abri** **II** **1** [→ MOUILLER A 1] inumidimento; maceratura (*f.*): *mouillage du linge* inumidimento della biancheria ‖ *mouillage du cuir* maceratura del cuoio **2** [*addition d'eau dans un liquide*] annacquamento: *le mouillage du vin* l'annacquamento del vino.

mouillant, ante |mujɑ̃, ɑ̃t| *s.m. et adj.* (*techn.*) tensioattivo.

mouille |muj| *s.f.* (*mar.*) avaria (del carico).

mouillé, ée |muje| *adj.* **1** [*qui a été mis en contact avec un liquide*] bagnato: *du linge mouillé* biancheria bagnata ◇ (*loc.*) *être mouillé comme une soupe, jusqu'aux os* essere bagnato fradicio, essere inzuppato fino all'osso ◇ (*vieilli*) *quand il fait mouillé* [*quand il pleut*] quando piove (*cour.*) ◇ (*spécialt.*) *yeux mouillés, regard mouillé* occhi umidi (di lacrime); *voix mouillée* voce rotta, velata dall'emozione ◇ (*fig.*) *poule mouillée* pulcino bagnato **2** (*phonét.*) *consonnes mouillées* consonanti palatalizzate.

mouillement |mujmɑ̃| *s.m.* (*rare*) → **mouillage** ◇ (*phonét.*) *mouillement d'une consonne* palatalizzazione *f.* di una consonante.

mouiller |muje| **A** *v.tr.* **1** [*imbiber, mettre en contact avec de l'eau, avec un liquide très fluide*] bagnare: *mouiller son doigt de salive* bagnare il dito di saliva; *se faire mouiller par la pluie* bagnarsi per la pioggia → **doucher, arroser, asperger, humecter** ◇ (*cuis.*) [*ajouter un liquide pendant la cuisson pour faire une sauce*] allungare, bagnare: *mouiller un ragoût avec du bouillon* allungare un ragù con il brodo; *mouiller une sauce avec du vin blanc* bagnare una salsa di vino bianco **2** [*étendre d'eau* (*un liquide*)] annacquare, diluire (197) → 1 **couper, diluer** **3** (*mar.*) [*mettre à l'eau*] affondare; posare: *mouiller l'ancre* affondare l'ancora ‖ *mouiller une mine* posare una mina **4** (*phonét.*) *mouiller une consonne* [*l'articuler en rapprochant la langue du palais comme pour émettre un 'j'*] palatalizzare una consonante **B** *v.intr.* (*pop.*) [*avoir peur*] avere (97) *tr.* fifa **C** *v. pron. réfl.* SE MOUILLER **1** [*s'imbiber d'eau, entrer en contact avec l'eau, dans l'eau*] bagnarsi: *se mouiller en sortant sous la pluie* bagnarsi uscendo sotto la pioggia **2** (*fam.*) [*se compromettre, prendre des risques*] impegolarsi.

mouillère |mujɛʀ| *s.f.* (*région.*) parte di campo solitamente umida (*cour.*).

mouillette |mujɛt| *s.f.* fettina, bastoncino *m.* di pane (da intingere).

mouilleur |mujœʀ| *s.m.* **1** [*appareil employé pour mouiller, humecter* (*les étiquettes, les timbres*)] spugnetta *f.* **2** *mouilleur de mines* [*navire aménagé pour le mouillage des mines*] (nave *f.*) posamine *inv.* **3** (*mar.*) affondatoio*.

mouilloir |mujwaʀ| *s.m.* [*récipient utilisé pour mouiller*] spruzzatore: *mouilloir de repasseuse* spruzzatore da stiratrice.

mouillure |mujyʀ| *s.f.* **1** [→ MOUILLER] bagnatura → **mouillage** **2** *une mouillure* una macchia di umidità **3** (*phonét.*) palatalizzazione.

mouise |mwiz| *s.f.* (*pop.*) → **misère, pauvreté.**

moujik |muʒik| *s.m.* [*paysan russe*] mugic *inv.*

moujingue |muʒɛ̃g| *s.* (*pop.*) → **mouflet.**

moukère |mukɛʀ| *s.f.* (*arg.*) → **femme.**

1 **moulage** |mulaʒ| *s.m.* **1** (*rare*) [→ MOUDRE 1] macinatura *f.*, macinazione *f.* (*cour.*) **2** (*féod.*) imposta *f.* della macinatura.

2 **moulage** |mulaʒ| *s.m.* **1** [→ MOULER 1] modellatura *f.* # *moulage de briques* fabbricazione di mattoni **2** [→ MOULER 2] fusione (*f.*): *moulage d'une cloche, d'une statue* fusione di una campana, di una statua # *moulage des verres d'optique* molatura delle lenti **3** [*objet, ouvrage obtenu au moyen d'un moule*] calco*: *prendre un moulage d'un objet* prendere il calco di un oggetto → **empreinte.**

1 **moule** |mul| *s.m.* **1** [*corps solide creusé et façonné, dans lequel on verse un liquide qui, solidifié, conserve la forme*] stampo, forma (*f.*): *moule à pâtisserie* stampo, forma per dolci; *moule à glaces* stampo per gelati # *moule à tarte* tortiera **2** [*objet plein sur lequel on applique une substance plastique pour qu'elle en prenne la forme*] forma **3** (*loc.*) *être fait au moule* [*bien fait*] essere ben tornito: *des jambes faites au moule* gambe ben tornite.

2 **moule** |mul| *s.f.* **1** (*t.zool.*) mitilo *m.*, cozza (*cour.*) ◇ (*cour.*) *parc à moules* vivaio di mitili **2** (*pop.*) [*personne molle, imbécile*] mollusco* *m.* (*cour.*): *quelle moule!* che mollusco! → **nouille.**

moulé, ée |mule| *adj.* **1** [*obtenu par un moule, reproduit au moyen d'un moulage*] fuso: *statue de bronze moulé* statua in bronzo fuso ◇ (*cuis.*) *pain moulé* [*cuit dans un moule*] pane in cassetta *loc. inv.* **2** *lettre moulée* lettera stampata, a stampatello; *écriture moulée* [*régulière et bien formée*] calligrafia regolare, nitida **3** (*archit.*) *colonne moulée* colonna modanata.

mouler |mule| *v.tr.* **1** [*obtenir* (*un objet*) *en versant une substance dans un moule creux*] modellare, stampare: # *mouler des briques* fabbricare mattoni **2** *mouler un métal* colare → 1 **fondre** **3** [*reproduire* (*un objet*) *en y appliquant une substance plastique qui en prend les contours*] modellare: *mouler un buste* modellare un busto **4** (*sujet de chose*) [*épouser étroitement les contours de*] modellare: *sa robe de soie moulait sa taille* il vestito di seta le modellava la figura → **ajuster (s')** **5** *mouler un mot* [*l'écrire d'une écriture soignée*] scrivere (182) una parola in bella calligrafia.

mouleur |mulœʀ| *s.m.* [*ouvrier qui moule des ouvrages de sculpture, des pièce de fonderie*] formatore.

moulière |muljɛʀ| *s.f.* vivaio* *m.* di mitili.

moulin |mulɛ̃| *s.m.* **1** mulino: *moulin à vent, à eau* mulino a vento, ad acqua; *habiter dans un vieux moulin* abitare in un vecchio mulino ◇ (*loc.*) *on ne peut être à la fois au four et au moulin* [*on ne peut pas faire deux choses à la fois*] non si può cantare e portare la croce ~ *se battre contre des moulins à vent* combattere contro i mulini a vento ~ *apporter, faire venir de l'eau au moulin* (*de qqn.*) portare, tirare l'acqua al mulino (di qc.) ~ *on entre dans cette maison comme dans un moulin* [*comme on veut*] questa casa è aperta ai quattro venti **2** [*installation, appareil servant à battre, à pulvériser, à écraser, à moudre*] *moulin à huile* frantoio*; *moulin à café* macinacaffè (*inv.*); *moulin à poivre* macinapepe (*inv.*); *moulin à légumes* passaverdure *inv.* **3** (*relig. bouddhiste*) *moulin à prières* mulino da preghiere **4** (*fam.*) motore d'automobile (*cour.*).

moulinage |mulinaʒ| *s.m.* (*tissage*) torcitura *f.* (della seta).

mouliner |muline| *v.tr.* **1** (*tissage*) [*tordre et filer mécaniquement* (*la soie grège*)] torcere (189) **2** (*fam.*) [*écraser, passer au moulin à légumes*] passare: *mouliner des pommes de terre* passare le patate.

moulinet |mulinɛ| *s.m.* **1** [*objet ou appareil qui fonctionne selon un mouvement de rotation*] mulinello: *le moulinet d'un treuil, d'une canne à pêche* il mulinello di un argano, di una canna da pesca **2** [*mouvement de rotation rapide* (*qu'on fait avec une épée, un sabre*) *pour écarter l'adversaire*] mulinello: *faire le moulinet avec une canne* fare mulinello con un bastone ◇ (*danse*) mulinello.

moulinette |mulinɛt| *s.f.* (*fam.*) [*petit moulin à légumes, broyeur ménager*] passaverdure *m. inv.* (*cour.*), tritaverdure *m. inv.* (*cour.*).

moulineur, euse |mulinœʀ, øz|,

moulinier, ière |mulinje, jɛʀ| *s.* [*ouvrier, ouvrière qui travaille au moulinage de la soie*] torcitore*.

moult |mult| *adv.* (*vx.*) → **beaucoup, très.**

moulu, ue |muly| *adj.* **1** [*réduit en poudre*] macinato, in polvere (*loc. inv.*): *café moulu* caffè macinato, in polvere **2** (*personnes*) [*accablé de coups, brisé de fatigue*] sfinito, stanco* morto: *être moulu de fatigue* essere sfinito, stanco morto per la fatica → **courbatu, fourbu, rompu.**

moulure |mulyʀ| *s.f.* (*archit.*) modanatura: *moulures d'une corniche, d'un plafond* modanatura di una cornice, di un soffitto.

moulurer |mulyʀe| *v.tr.* [*orner de moulures*] modanare ✦ (*au p.p.*) *colonne moulurée* colonna modanata.

moulurier |mulyʀje| *s.m.* [*ouvrier spécialisé dans la fabrication des moulures*] modanatore.

moulurière |mulyʀjɛʀ| *s.f.* (*techn.*) modanatrice.

moumoute |mumut| *s.f.* (*fam.*) → **perruque.**

mound |mawnd, mund| *s.m.* (*angl.*) (*archéol.*) mound *inv.*, tumulo.

mouquère |mukɛʀ| *s.f.* (*arg.*) → **femme.**

mourant, ante |muʀɑ̃, ɑ̃t| *adj.* **1** [*qui se meurt, qui va mourir*] morente, moribondo → **agonisant, expirant** ✦ (*s.*) *un mourant* un morente, moribondo → **moribond** **2** (*littér.*) [*qui cesse, s'arrête, finit*] fievole, fioco*: *une musique, une lumière mourante* una musica fievole, una luce fievole, fioca → **éteint.**

mourir |muʀiʀ| (24) **A** *v.intr.* (*aux.* 'être') **1** [*cesser de vivre, d'exister, d'être*] morire (198): *homme qui va mourir, qui est sur le point de mourir* uomo che sta morendo, che è in punto di morte; *faire mourir* far morire; *mourir de faim, de maladie* morire di fame, di malattia; *mourir assassiné, jeune* morire assassinato, giovane; *mourir subitement* morire improvvisamente; *mourir de vieillesse, de sa belle mort* morire di vecchiaia, di morte naturale; *mourir à la guerre* morire in guerra → **décéder, disparaître, éteindre** (**s'**) ◇ (*prov.*) *on ne meurt qu'une fois* si muore una volta sola **2** (*végétaux*) [*cesser de vivre, se faner*] morire **3** *loc.* À MOURIR da morire: *je suis lasse à mourir* sono stanca da morire # *s'ennuyer à mourir* annoiarsi a morte ~ MOURIR DE morire di: *mourir de chagrin, de peur* morire di dispiacere, di paura; *mourir de faim, de soif* morire di fame, di sete # *mourir de rire* morire dal ridere ◇ (*prov.*) *partir, c'est mourir un peu* partire è un po' morire **4** (*choses*) [*cesser d'exister, d'être* (*par une évolution lente*)] morire: *civilisation, pays qui meurt* civiltà, paese che muore → **disparaître;** *le feu, la flamme meurt* il fuoco, la fiamma muore → **éteindre** (**s'**); *bruit, voix qui meurt* suono, voce che muore → **affaiblir** (**s'**), **diminuer** **B** *v.pron. intr.* SE MOURIR (*littér.*) [*être sur le point de mourir*] stare (104) *intr.* per morire, essere (96) *intr.* sul punto di morire.

mouron |muʀɔ̃| *s.m.* **1** (*t.bot.*) anagallide *f.*, mordigallina *f.* ~ *mouron blanc, des oiseaux* centonchio* ~ *mouron d'eau* samolo **2** (*loc. pop.*) *se faire du mouron* [*du souci*] farsi cattivo sangue, preoccuparsi (*cour.*).

mourre |muʀ| *s.f.* [*jeu de hasard*] morra.

mouscaille |muskɑj| *s.f.* (*pop.*) *être dans la mouscaille* [*avoir de graves ennuis*] avere un mucchio di rogne ◇ [*être dans la misère, la pauvreté*] essere scannato.

mousmé |musme| *s.f.* (*jap.*) (*pop.*) musmè *inv.*

mousquet |muskɛ| *s.m.* [*anc. arme à feu portative*] moschetto.

mousquetade |muskətad|,

mousqueterie |muskə(ɛ)tʀi| *s.f.* (*vx.*) [*décharge* (*de mousquets, de fusils*)] moschetteria.

mousquetaire |muskətɛʀ| *s.m.* **1** [*fantassin armé d'un mousquet*] moschettiere **2** [*cavalier armé d'un mousquet, faisant partie des troupes de la Maison du Roi*] moschettiere **3** *col mousquetaire* collo alla moschettiera.

mousqueton |muskətɔ̃| *s.m.* **1** [*fusil à canon court*] moschetto **2** [*boucle à ressort se refermant seule*] moschettone.

moussaillon |musajɔ̃| *s.m.* (*fam.*) mozzo (*cour.*) → 3 **mousse.**

moussaka |musaka| *s.f.* (*turc*) [*plat composé d'aubergines et d'une farce de viande* (*additionnée de purée de tomates, d'œufs*) *cuites au four*] ⊠.

moussant, ante |musɑ̃, ɑ̃t| *adj.* che fa schiuma *loc.*, schiumoso: *savon moussant* sapone che fa schiuma, schiumoso.

1 **mousse** |mus| *s.f.* (*t.bot.*) *les mousses* i muschi *m.* ◇ (*cour.*) *mousses et lichens* muschi e licheni; *couvert de mousse* coperto di muschio* ◇ (*prov.*) *pierre qui roule n'amasse pas mousse* sasso che rotola non fa muschio ✦ (*appos.*) *vert mousse* verde muschio.

2 **mousse** |mus| *s.f.* **1** [*amas serré de bulles, qui se forme à la surface des eaux agitées*] schiuma **2** [*bulles de gaz accumulées à la surface d'un liquide sous pression*] schiuma, spuma: *mousse de champagne, de bière* schiuma, spuma di 'champagne', di birra ◇ (*loc. fig., fam.*) *se faire de la mousse* [*du souci, de la bile*] farsi cattivo sangue **3** [*entremets, dessert à base de crème; pâté léger et mousseux*] 'mousse' (*inv.*): *mousse au chocolat* 'mousse' di cioccolata; *mousse de foie gras* 'mousse' di fegato d'oca **4** (*techn.*) *mousse carbonique* schiuma di anidride carbonica ◇ (*chim.*) *mousse de platine* spugna di platino **5** *caoutchouc mousse* gommapiuma.

3 **mousse** |mus| *s.m.* [*jeune garçon qui fait l'apprentissage du métier de marin sur un navire*] mozzo.

4 **mousse** |mus| *adj.* (*vx.*) [*qui n'est pas aigu ou qui n'est pas tranchant*] smussato (*cour.*): *pointe, lame mousse* punta, lama smussata.

mousseline |muslin| *s.f.* **1** (*tissu*) mussola, mussolina: *robe de mousseline* vestito di mussola **2** (*appos.*) *verre mousseline* [*verre très fin*] bicchiere sottilissimo; *pommes mousseline* purè di patate.

mousser |muse| *v.intr.* **1** [*produire de la* (2) *mousse*] spumare, spumeggiare **2** (*fig., fam.*) *faire mousser qqn., qqch.* [*vanter, mettre exagérément en valeur*] mettere (155) in mostra qc., q.c. ~ *se faire mousser* mettersi in mostra ◇ (*pop.*) *faire mousser qqn.* [*le mettre en colère*] fare andare in bestia qc.

mousseron |musʀɔ̃| *s.m.* (*t.bot.*) prugnolo.

mousseux, euse |musø, øz| *adj.* **1** [*qui mousse, produit de la* (2) *mousse*] spumeggiante; spumante: *eau mousseuse* acqua spumeggiante → **écumeux** ‖ *vins mousseux* (vini) spumanti ✦ (*s.m.*) *le mousseux* [*tout vin mousseux*] lo spumante **2** [*couvert de duvet, de poils fins*] lanuginoso ◇ (*t.bot.*) *rose mousseuse* rosa boraccina.

moussoir |muswaʀ| *s.m.* [*ustensile de cuis. pour faire mousser, pour délayer*] frullino.

mousson |musɔ̃| *s.f.* [*vent tropical*] monsone *m.* # *les cyclones de la mousson* i cicloni monsonici.

moussu, ue |musy| *adj.* [*couvert de* (1) *mousse*] muscoso: *pierres moussues* pietre muscose; *branches moussues* rami muscosi.

moustache |mustaʃ| *s.f.* [*poils qui garnissent la lèvre supérieure de l'homme*] baffi *m. pl.*, baffo (*plais.*): *moustache*(*s*) *en croc, en brosse, à la gauloise* baffi a punta, a spazzola, spioventi; *porter la moustache, des moustaches* portare i baffi; *tirer sur sa moustache* tirarsi i baffi; *tortiller, retrousser sa moustache* arricciarsi i baffi ◇ (*spécialt.*) *femme qui a de la moustache* donna baffuta ◇ (*animaux*) *moustaches du chat, du lion, du phoque* baffi del gatto, del leone, della foca.

moustachu, ue |mustaʃy| *adj.* [*qui a de la moustache*] baffuto: *visage*

moustachu viso baffuto; *une femme moustachue* una donna baffuta ✦ (*s.*) *un moustachu* un (uomo) baffuto.
moustérien, ienne |musteʀjɛ̃, jɛn| *adj.* (*paléont.*) *période moustérienne* periodo mousteriano ✦ (*s.m.*) *le moustérien* il mousteriano.
moustiquaire |mustikɛʀ| *s.f.* [*rideau très fin dont on entoure les lits pour se préserver des moustiques*] zanzariera.
moustique |mustik| *s.m.* **1** (*t.zool.*) zanzara *f.* **2** (*fig., fam.*) [*enfant, personne minuscule*] moscerino → **2 moucheron.**
moût |mu| *s.m.* **1** [*jus* (*de raisin*) *qui vient d'être exprimé et n'a pas encore subi la fermentation alcoolique*] mosto **2** [*jus extrait des pommes, des poires pour la fabrication du cidre, du poiré*] succo* **3** [*suc d'origine végétale, préparé pour être soumis à la fermentation alcoolique*] mosto: *moût de bière, de betterave* mosto di malto, di barbabietola.
moutard |mutaʀ| *s.m.* (*fam.*) [*petit garçon*] moccioso ◇ *au plur.* [*enfants*] marmocchi.
moutarde |mutaʀd(ə)| *s.f.* **1** (*t. bot.*) senape ~ *moutarde sauvage, des champs* senape selvatica, dei campi ~ *moutarde blanche* senape bianca ~ *moutarde noire* senape nera **2** [*condiment préparé avec des graines de moutarde pulvérisées*] senape, mostarda ◇ (*loc. fig.*) *la moutarde lui monte au nez* [*l'impatience, la colère le gagne*] gli salta la mosca al naso, gli viene la senape al naso **3** *appos.* [*couleur de moutarde*] senape: *jaune moutarde* giallo senape.
moutardier |mutaʀdje| *s.m.* **1** (*vx.*) fabbricante *s.*, venditore* *s.* di mostarda ◇ (*loc. fig., fam.*) *se croire le premier moutardier du pape* [*se prendre à tort pour un personnage d'importance*] credersi chissà chi **2** [*petit vase dans lequel on met la moutarde*] senapiera *f.*, mostardiera *f.*
moutier |mutje| *s.m.* (*vx.*) → **monastère.**
mouton |mutɔ̃| *s.m.* **I 1** (*t.zool.*) pecora *f.* ◇ (*cour.*) *mouton femelle* pecora; *mouton mâle* montone; *jeune mouton* agnello; *troupeau de moutons* gregge di pecore **2** (*bouch.*) montone: *chair de mouton* carne di montone ◇ [*fourrure de mouton*] agnellone, montone **3** (*loc. fig.*) *revenons à nos moutons* [*à notre sujet*] (ri)torniamo a bomba ~ *un moment à cinq pattes* [*une personne qui fait figure de phénomène*] una mosca bianca, un'araba fenice ~ *chercher le mouton à cinq pattes* [*une chose extrêmement rare*] cercare l'araba fenice ~ *jouer à saute-mouton* giocare a cavallina **II 1** (*loc.*) *c'est un mouton* [*une personne crédule et passive ou influençable*] è un pecorone **2** [*compagnon de cellule que la police donne à un détenu avec mission de rapporter*] spia *f.*, delatore* *s.* **3** [*petite vague surmontée d'écume*] pecorella *f.* ◇ [*petit nuage blanc et floconneux*] pecorella ◇ [*flocon de poussière*] fiocco*, bioccolo di polvere **4** (*techn.*) [*lourde masse* (*de fer*) *servant à enfoncer*] battipalo ◇ [*pièce de bois dans laquelle on engage les anses d'une cloche pour la suspendre*] mozzo ◇ (*mar.*) mura *f.*
moutonnant, ante |mutɔnɑ̃, ɑ̃t| *adj.* [*qui moutonne*] spumeggiante: *lac moutonnant* lago spumeggiante.
moutonné, ée |mutɔne| *adj.* **1** [*frisé*] arricciato, crespo: *tête moutonnée* testa arricciata, crespa **2** *ciel moutonné* [*pommelé*] cielo a pecorelle *loc. inv.* **3** (*géol.*) *roche moutonnée* montone *s.m.*
moutonnement |mutɔnmɑ̃| *s.m.* [→ MOUTONNER] lo spumeggiare (*inv.*): *le moutonnement de la mer* lo spumeggiare del mare.
moutonner |mutɔne| *v.intr.* [*devenir semblable à une toison de mouton*] spumeggiare: *mer qui moutonne* mare che spumeggia.
moutonnerie |mutɔnʀi| *s.f.* [*caractère de mouton* (II 1); *naïveté*] pecoraggine: *agir par moutonnerie* agire per pecoraggine.
moutonneux, euse |mutɔnø, øz| *adj.* → **moutonnant.**
moutonnier, ière |mutɔnje, jɛʀ| *adj.* [*qui suit aveuglément les autres*] pecoresco* (*rare*), pedissequo # *une foule moutonnière* una folla di pecoroni.
mouture |mutyʀ| *s.f.* **1** [*opération de meunerie qui consiste à réduire en farine des grains de céréales*] macinazione, molitura ◇ (*loc.*) *tirer deux, dix moutures d'un sac* [*tirer plusieurs profits d'une même affaire*] ricavare doppio guadagno **2** [*reprise, sous une forme plus ou moins différente, d'un sujet déjà traité*] rifrittura: *c'est au moins la troisième mouture de son article* è almeno la terza rifrittura del suo articolo.
mouvance |muvɑ̃s| *s.f.* **1** (*féod.*) dipendenza (di un feudo) **2** (*fig.*) [*domaine, sphère d'influence*] (sfera d')influenza: *la mouvance électorale* la sfera d'influenza elettorale ◇ (*loc.*) *dans la mouvance de* nella scia di.
mouvant, ante |muvɑ̃, ɑ̃t| *adj.* **1** [*qui change sans cesse de place, de forme, d'aspect*] mutevole, instabile: *une pensée mouvante* un pensiero mutevole, instabile → **changeant** # *la nappe mouvante des blés* la distesa ondeggiante delle messi ✦ (*s.m.*) *le mouvant* [*tout ce qui change, évolue*] il mutevole *inv.*, ciò che cambia *loc. inv.* **2** [*qui n'est pas stable, qui s'écroule, s'enfonce*] mobile: *terrain mouvant* terreno mobile; *sables mouvants* sabbie mobili Ⓒ 1 **fixe, immobile**; 2 **stable.**
mouvement |muvmɑ̃| *s.m.* **I 1** [*changement de position dans l'espace*] moto: *mouvement d'un corps* moto di un corpo; *mouvement accéléré, retardé, rapide* moto accelerato, ritardato, veloce; *mouvement perpétuel* moto perpetuo # *mouvements sismiques* movimenti sismici **2** (*d'un être vivant*) UN MOUVEMENT un movimento: *mouvement inconscient, automatique, instinctif* movimento inconscio, automatico, istintivo; *mouvement de gymnastique, de nage* movimento di ginnastica, di nuoto **3** LE MOUVEMENT [*la capacité ou le fait de se mouvoir*] il moto # *il aime le mouvement* è molto attivo ◇ (*loc.*) *se donner, prendre du mouvement* fare del moto ~ *se donner peu de mouvement* fare poco moto → **exercice** **4** [*déplacement* (*d'une masse d'hommes, de véhicules, etc.*)] movimento: *mouvement de foule* movimento di folla; *mouvement d'avions sur un aérodrome* movimento di aerei in un aeroporto; *mouvement de marchandises* movimento di merci; *mouvement de caisse, de capitaux* movimento di cassa, di capitali; *mouvement de troupes* movimento di truppe → **circulation, trafic** ✦ (*absolt.*) *il y a du mouvement dans cette ville* c'è movimento in questa città; è una città movimentata → **activité** **5** *loc.* EN MOUVEMENT in movimento; in moto: *toute la maison est en mouvement* tutta la casa è in movimento ‖ *mettre un mécanisme en mouvement* mettere in moto un meccanismo **II 1** [*ce qui donne l'impression de la vie, du mouvement* (*dans une œuvre d'art, un récit*)] movimento **2** (*mus.*) movimento: *l'allégro est un mouvement rapide* l'allegro è un movimento veloce ◇ (*par ext.*) *les mouvements d'une sonate, d'une symphonie* i movimenti, i tempi di una sonata, di una sinfonia **3** [*ligne courbe*] *mouvement de terrain, du sol* disuguaglianza *f.*, ondulazione *f.* del terreno; *mouvement gracieux d'un dossier Louis XV* linea *f.* graziosa di una spalliera Luigi XV **III** [*mécanisme qui produit, entretien un mouvement régulier*] movimento: *mouvement d'horlogerie* movimento di orologeria **IV** [*changement, modification*] **1** (*fig.*) moto, impulso: *mouvements de l'âme, du cœur* moti dell'animo, del cuore; *mouvement intérieur* moto, impulso interiore ◇ (*spécialt.*) *un mouvement de joie, de colère, d'impatience* un moto, un impeto di gioia, di collera, di impazienza; *un mouvement d'humeur* un moto, un gesto di stizza; *le premier mouvement* la prima reazione (*f.*); *mouvements divers* (*d'un auditoire*) reazioni discordanti (di un uditorio) ◇ (*loc.*) *un bon mouvement* [*incitant à une action généreuse, amicale*] un bel, un buon gesto: *un bon mouvement, venez avec nous* (faccia) un bel, un buon gesto, venga con noi **2** [*changement dans l'ordre social*] progresso; movimento: *parti du mouvement* partito del progresso ‖ *mouvement de l'histoire, des réformes* movimento storico, delle riforme ◇ (*loc.*) *être dans le mouvement* [*suivre les idées en vogue*] essere aggiornato, evoluto; marciare con i tempi **3** UN MOUVEMENT un movimento: *mouvement révolutionnaire, syndical* movimento rivoluzionario, sindacale; *mouvement littéraire, artistique* movimento letterario, artistico **4** [*changement quantitatif*] movimento: *mouvement de la population* movimento demografico → **variation** # *mouvement des prix* andamento dei prezzi.
mouvementé, ée |muvmɑ̃te| *adj.* **1** *terrain mouvementé* [*qui présente des mouvements, des accidents*] terreno ondulato, accidentato **2** (*fig.*) movimentato: *récit mouvementé* racconto movimentato; *arrestation mouvementée* arresto movimentato; *séance mouvementée* seduta movimentata; *avoir une vie mouvementée* avere una vita movimentata → **vivant** Ⓒ 2 **calme** 2.
mouvementer |muvmɑ̃te| *v.tr.* (*rare*) [*rendre mouvementé* (*une œuvre littér.*)] movimentare (*cour.*).
mouvoir |muvwaʀ| (31) **A** *v.tr.* **1** [*mettre en mouvement*] muovere (157): *mouvoir ses membres* muovere gli arti → **remuer** ✦ (*au p.p.*) *machine mue par l'électricité* macchina mossa, azionata dall'elettricità **2** [*mettre en ac-*

tivité, en action] muovere: *le mobile qui le meut* l'impulso che lo muove → **émouvoir, exciter, 1 pousser B** *v.pron. réfl.* (*littér.*) SE MOUVOIR [*être en mouvement*] muoversi: *il peut à peine se mouvoir* è appena in grado di muoversi → **bouger, déplacer (se)** ◇ (*fig.*) *se mouvoir dans le mensonge* [*y vivre*] vivere (194) *intr.* nella menzogna ◇ (*ellipt.*) *faire mouvoir* [*faire se mouvoir*] far muovere C A 1 **arrêter, immobiliser.**

moviola |mɔvjɔla| *s.f.* (*ciné., télév.*) moviola.

moxa |mɔksa| *s.m.* (*méd.*) moxa.

moye, moie |mwa| *s.f.* (*techn.*) venatura.

moyé, ée |mwaje| *adj.* (*techn.*) *pierre moyée* pietra venata.

moyen |mwajɛ̃| *s.m.* **1** [*ce qui sert pour arriver à une fin*] mezzo: *la fin et les moyens* il fine e i mezzi; *les moyens de faire qqch.* i mezzi per fare q.c.; *par quel moyen?* con che mezzo?, in che modo? → **comment**; *il s'est débrouillé avec, par les moyens du bord* se l'è cavata con i mezzi di cui disponeva, con quel che aveva; *tous les moyens lui sont bons* per lui tutti i mezzi sono buoni → **procédé** ◇ (*loc.*) *trouver moyen de* trovare (il) modo di (*iron.*); *il a trouvé moyen de se faire renvoyer* ha trovato (il) modo di, è riuscito a farsi licenziare; *s'il en avait le moyen, les moyens* [*s'il le pouvait*] se ne avesse modo; *il a essayé tous les moyens* ha cercato in tutti i modi; *employer les grands moyens* far uso di tutte le proprie risorse ◇ (*spécialt.*) *il y a moyen* c'è modo, mezzo di; *il n'y a pas moyen de* non c'è modo, mezzo di; *il n'y a pas moyen de le faire obéir* non c'è modo, verso di farlo obbedire; (*iron.*) *il n'y a pas moyen qu'il soit à l'heure* non c'è verso, pericolo che sia (una volta) puntuale ◇ (*ellipt.*) *pas moyen!* non c'è verso!; non c'è pericolo! ◇ (*par anal.*) *moyens d'action, de défense, de contrôle* mezzi di azione, di difesa, di controllo; *moyens de transport* mezzi di trasporto ◇ (*loc. prép.*) *par le moyen de* per mezzo di, (per il) tramite (di) → **intermédiaire** ~ *au moyen de* per mezzo di, mediante → 1 **grâce (à), par 2** *au plur.* LES MOYENS [*pouvoirs naturels et permanents d'une personne*] mezzi, capacità (*f. inv.*): *il a de grands moyens* possiede grandi mezzi, capacità → **don, facilité** # *être en possession de tous ses moyens* essere in possesso di tutte le proprie facoltà → **capacité, 1 faculté**; *moyens physiques d'un sportif* doti fisiche di uno sportivo ◇ (*par ext.*) *il l'a fait par ses propres moyens* l'ha fatto con i soli suoi mezzi, da solo; *il est rentré chez lui par ses propres moyens* è tornato a casa con i propri mezzi **3** [*ressources pécunières*] mezzi: *ses parents n'avaient pas les moyens de lui faire faire ses études* i suoi genitori non avevano i mezzi per farlo studiare; *c'est trop cher, c'est au-dessus de mes moyens* è troppo caro, è al di sopra dei miei mezzi, delle mie possibilità # *j'en avais les moyens* potevo permettermelo ◇ (*fam.*) *avoir de petits, de gros moyens* avere modeste, notevoli risorse (finanziarie).

moyen, yenne |mwajɛ̃, jɛn| *adj.* **I 1** [*qui se trouve entre deux choses*] medio*: *oreille moyenne* orecchio medio; *le cours moyen d'un fleuve* il corso medio di un fiume → **médian, intermédiaire** ◇ *loc.* MOYEN TERME via di mezzo: *il n'y a pas de moyen terme* non ci sono vie di mezzo → 1 **milieu** ◇ (*écon.*) *prêt à moyen terme* prestito a medio termine, a media scadenza **2** [*qui, par ses dimensions ou sa nature, tient le milieu entre deux extrêmes*] medio: *moyenne altitude* altitudine media; *prix, âge moyen* prezzo medio, età media; *les classes moyennes* il ceto medio; *être de taille moyenne* essere di statura media ◇ (*sport*) *poids moyen* peso medio **3** [*qui est du type le plus cour.*] medio: *le Français moyen* il Francese medio; *le lecteur moyen* il lettore medio → **ordinaire 4** [*qui n'est ni bon ni mauvais*] medio: *qualité moyenne* qualità media; *intelligence moyenne* intelligenza media # *résultats moyens* risultati mediocri → **honnête, passable II** [*que l'on établit, calcule en faisant une moyenne*] medio: *température moyenne d'un lieu* temperatura media di un luogo; *durée moyenne de la vie* durata media della vita → **moyenne.**

moyen âge, moyen-âge |mwajɛnɑʒ| *s.m.* [*période comprise entre l'antiquité et les temps modernes*] medioevo: *le haut moyen âge* l'alto medioevo ✦ (*par appos., adj.*) *costume moyen âge* costume medievale.

moyenâgeux, euse |mwajɛnɑʒø, øz| *adj.* [*qui a les caractères, le pittoresque du moyen âge; qui évoque le moyen âge*] medievale: *costume moyenâgeux* costume medievale; *ville moyenâgeuse* città medievale ◇ (*fig.*) *des procédés moyenâgeux* modi di fare medievali.

moyen-courrier |mwajɛ̃kuʀje| *s.m. et adj. m.* (*aviat.*) aereo *s.m.* (da trasporto) per medie distanze, a medio raggio (d'azione): *des moyens-courriers* degli aerei per medie distanze.

moyennant |mwajɛnɑ̃| *prép.* [*au moyen de, par le moyen de, à la condition de*] mediante: *acquérir une chose moyennant un prix convenu* acquistare una cosa mediante, dietro pagamento del prezzo convenuto.

moyenne |mwajɛn| *s.f.* **1** (*math.*) media: *moyenne géométrique, arithmétique* media geometrica, aritmetica; *calculer la moyenne des températures à Paris au mois d'août* calcolare la media delle temperature a Parigi in agosto; *rouler à une moyenne de 70 km/h* viaggiare a una media oraria di 70 km; *faire (du) 70 de moyenne* fare i 70 di media ◇ (*à l'école*) [*la moitié des points qu'on peut obtenir*] sufficienza: *avoir la moyenne* avere la sufficienza ◇ (*dr. constitutionnel*) *moyenne électorale* quoziente *m.* elettorale ◇ (*fam.*) *cela fait une moyenne* [*cela compense*] fa pari e patta ◇ *loc.* EN MOYENNE in media: *il travaille en moyenne huit heures par jour* lavora in media otto ore al giorno **2** [*type également éloigné des extrêmes* (*généralt. le plus cour.*)] media: *une intelligence au-dessus de la moyenne* un'intelligenza superiore alla media; *être dans la bonne moyenne* rientrare in una media onorevole # *la moyenne des Français* la (gran) massa dei Francesi.

moyennement |mwajɛnmɑ̃| *adv.* [→ MOYEN I] mediamente: *être moyennement beau, riche* essere mediamente bello, ricco.

moyenner |mwajene| *v.tr.* **1** *absolt.* (*pop.*) *il n'y a pas moyen de moyenner* [*il est impossible d'y parvenir, d'y réussir*] non c'è niente da fare (*cour.*) **2** (*vx.*) [*ménager, procurer* (*qqch.*) *en servant d'intermédiaire*] mediare (*cour.*), fare (103) *intr.* da intermediario* (*cour.*) (per): *moyenner la réconciliation de deux personnes* mediare la riconciliazione di due persone.

moyette |mwajɛt| *s.f.* (*agric.*) bica*.

moyeu |mwajø| *s.m.* (*mécan.*) mozzo: *moyeu de volant, d'hélice* mozzo del volante, dell'elica.

mozabite |mɔzabit|, **mzabite** |mzabit| *s.* mozabita.

mozarabe |mɔzaʀab| *s.* (*hist.*) mozarabo ✦ (*adj.*) mozarabico*: *art mozarabe* arte mozarabica.

mozette |mɔzɛt| *s.f.* → **mosette.**

mu |my| *s.m.* [*lettre de l'alphabet gr.*] mi *m. ou f. inv.*

mû, mue |my| *p.p.* → **mouvoir.**

muance |mɥɑ̃s| *s.f.* (*mus. anc.*) mutazione.

mucher |myʃe| *v.tr. et pron.* (*fam.*) → **cacher.**

mucilage |mysilaʒ| *s.m.* (*bot., méd., pharm.*) mucillagine *f.*

mucilagineux, euse |mysilaʒinø, øz| *adj.* (*méd., pharm.*) mucillaginoso ✦ (*s.m.*) *un mucilagineux* un mucillaginoso.

mucine |mysin| *s.f.* (*biol.*) mucina.

mucor |mykɔʀ| *s.m.* (*t.bot.*) mucor *inv.*

Mucoracées |mykɔʀase|, **Mucorinées** |mykɔʀine| *s.f. pl.* (*t.bot.*) Mucorinee.

mucosité |mykozite| *s.f.* (*méd.*) mucosità *inv.*, muco* *m.*

mucron |mykʀɔ̃| *s.m.* (*bot.*) mucrone.

mucroné |mykʀɔne| *adj.* (*bot.*) mucronato.

mucus |mykys| *s.m.* (*méd.*) muco*.

1 **mue** |my| *s.f.* **I 1** [*changement qui affecte la peau, le plumage, le poil de certains animaux à des époques déterminées; cette époque*] muta **2** [*dépouille d'un animal qui a mué*] spoglia, esuvia: *trouver la mue d'un serpent* trovare la spoglia di un serpente **3** [*changement dans le timbre de la voix humaine au moment de la puberté*] muta (della voce) **II** (*agric.*) stia.

2 **mue** |my| *adj. f.* (*vx., vétér.*) *rage mue* rabbia muta.

muer |mɥe| **A** *v.intr.* **1** (*en parlant d'un animal*) [*changer de peau, de plumage, de poil*] mutare *tr.* (pelle, penne, pelo) → 1 **dépouiller (se) 2** (*de la voix humaine*) [*subir la* (1) *mue* (I 3)] cambiare *tr.* (voce): *les enfants muent entre onze et quatorze ans* i fanciulli cambiano voce tra gli undici e i quattordici anni; *sa voix mue* la sua voce sta cambiando **B** *v.tr.* (*littér.*) MUER EN [*changer*] mutare in, trasformare in **C** *v. pron. intr.* SE MUER [*se transformer en*] mutarsi: *ses désirs se sont mués en réalités* i suoi desideri si sono mutati in realtà.

muet, ette |mɥɛ, ɛt| *adj.* **1** [*qui est privé de l'usage de la parole*] muto: *muet de naissance* muto dalla nascita # *sourd et muet* sordomuto ✦ (*s.*) *un muet* un muto **2** [*silencieux* (*volontairement ou non*)] muto: *muet d'éton-*

nement, de peur muto per lo stupore, per la paura ◇ (*loc.*) *être muet comme une carpe, comme la tombe* essere muto come un pesce, come una tomba (essere una tomba) ◇ (*théât.*) *rôle muet* parte muta **3** (*sentiments*) [*qui ne s'exprime pas par la parole*] muto: *muette protestation* muta protesta; *de muets reproches* muti rimproveri **4** (*choses*) [*qui, par nature, ne produit aucun son*] muto: *clavier muet* tastiera muta; *cinéma, film muet* cinema, film muto **5** [*qui ne se fait pas entendre dans la prononciation*] muto: 'e', '*h*' *muet* 'e', 'h' muta **6** [*qui ne contient ou n'utilise aucun signe écrit*] muto: *carte géographique muette* carta geografica muta.

muette |mɥɛt| *s.f.* (*vx.*) padiglione *m.* di caccia.

muezzin |mɥezɛ̃| *s.m.* muezzin *inv.*

muffin |myfin, mœfin| *s.m.* (*angl.*) [*petit pain rond cuit dans un moule, qui se mange en général grillé et beurré*] ⊠.

mufle |myfl(ə)| *s.m.* **1** [*extrémité du museau de certains mammifères*] muso: *mufle de bœuf* muso di bue **2** (*fig., fam.*) [*individu mal élevé, grossier et indélicat*] zoticone *s.*, villano (*s.*): *se conduire comme un mufle* comportarsi da zoticone, da villano → **goujat, malotru** ✦ (*adj.*) *ce qu'il peut être mufle!* quanto sa essere villano! Ⓒ 2 **galant.**

muflerie |myfləʀi| *s.f.* [*caractère, action, parole d'un mufle*] villania.

muflier |myflije| *s.m.* (*t.bot.*) antirrino.

mufti |myfti| *s.m.* muftì *inv.*

muge |myʒ| *s.m.* (*t.zool.*) muggine, cefalo.

mugho |mygo| *s.m.* (*t.bot.*) mugo*.

mugir |myʒiʀ| *v.intr.* **1** (*en parlant des Bovidés*) [*pousser un cri sourd et prolongé*] muggire (197) → **beugler, meugler** **2** (*sujet de chose*) [*faire entendre un bruit semblable*] muggire, mugghiare: *le vent mugissait* il vento muggiva, mugghiava.

mugissant, ante |myʒisɑ̃, ɑ̃t| *adj.* [*qui mugit*] mugghiante.

mugissement |myʒismɑ̃| *s.m.* [→ MUGIR 1] muggito → **beuglement, meuglement.**

muguet |mygɛ| *s.m.* **1** (*t.bot.*) mughetto ◇ (*cour.*) *savonnette au muguet* saponetta al mughetto; *offrir un brin de muguet* offrire un fiore di mughetto **2** (*méd.*) mughetto.

mugueter |myg(ə)te| (5) *v.tr.* (*vx.*) → **courtiser.**

muid |mɥi| *s.m.* [*anc. mesure de capacité*] moggio*.

mulard, arde |mylaʀ, aʀd(ə)| *s.m.* bastardo di anitra ✦ (*adj.*) *cane mulard* anitra bastarda.

mulassier, ière |mylasje, jɛʀ| *adj.* **1** [*qui a rapport au mulet, est composé de mulets*] mulattiero **2** *jument mulassière* [*qui produits des mulets*] cavalla mulattiera ✦ (*s.f.*) *une mulassière* una cavalla mulattiera.

mulâtre, âtresse |mylɑtʀ(ə), ɑtʀɛs| *s.* mulatto ✦ *adj.* (*m. et f.*) *fillette mulâtre* ragazza mulatta.

1 **mule** |myl| *s.f.* mula ◇ (*loc. fam.*) *chargé comme une mule* carico come un mulo ~ *têtu comme une mule* testardo come un mulo ~ *avoir une tête de mule* essere testardo, cocciuto come un mulo.

2 **mule** |myl| *s.f.* [*pantoufle de femme*] pantofola ◇ (*spécialt.*) *la mule du pape* la pantofola del Papa.

mule-jenny |mylʒe(ɛn)ni| *s.f.* (*angl.*) (*techn.*) filatoio* *m.* intermittente: *des mules-jennys* dei filatoi intermittenti.

1 **mulet** |mylɛ| *s.m.* [*hybride mâle de l'âne et de la jument, ou du cheval et de l'ânesse*] mulo ◇ (*loc. fam.*) *chargé comme un mulet* carico come un mulo ~ *têtu comme un mulet* testardo come un mulo.

2 **mulet** |mylɛ| *s.m.* (*poisson*) → **muge.**

3 **mulet** |mylɛ| *s.m.* (*auto.*) muletto.

muleta |mulɛta| *s.f.* (*esp.*) (*taurom.*) muleta: *des muletas* delle muletas.

muletier, ière |myltje, jɛʀ| **1** *s.m.* [*conducteur de mulets, de mules*] mulattiere **2** (*adj.*) *chemin, sentier muletier* [*étroit et escarpé, que seuls peuvent emprunter les mulets*] mulattiera *s.f.*

mulette |mylɛt| *s.f.* (*t.zool.*) unio* *m.*

mulon |mylɔ̃| *s.m.* (*région.*) → **meulon.**

mulot |mylo| *s.m.* (*t.zool.*) topo campagnolo.

mulsion |mylsjɔ̃| *s.f.* [*action de traire le lait d'un animal domestique femelle*] mungitura → 4 **traite.**

multi- |mylti| *préf.* (*signifiant 'beaucoup, nombreux', correspond généralt. à*) multi; pluri: *multicaule* multicaule ‖ *multiculturalisme* pluriculturalismo.

multibroche |myltibʀɔʃ| *adj.* (*techn.*) *tour multibroche* tornio a mandrini multipli *loc. inv.*

multicâble |myltikɑbl(ə)| *adj. et s.m.* multicavo.

multicarte |myltikaʀt(ə)| *adj.* (*se dit d'un voyageur de commerce*) che rappresenta più ditte *loc.*

multicaule |myltikol| *adj.* (*bot.*) multicaule.

multicellulaire |myltiselylɛʀ| *adj.* (*biol.*) pluricellulare → **pluricellulaire.**

multicolore |myltikɔlɔʀ| *adj.* multicolore.

multiculturalisme |myltikyltyʀalism(ə)| *s.m.* pluriculturalismo.

multidimensionnel, elle |myltidimɑ̃sjɔnɛl| *adj.* pluridimensionale.

multidisciplinaire, multi-disciplinaire |myltidisiplinɛʀ| *adj.* pluridisciplinare.

multifilaire |myltifilɛʀ| *adj.* (*techn.*) a fili multipli *loc. inv.*

multiflore |myltiflɔʀ| *adj.* (*bot.*) multifloro.

multiforme |myltifɔʀm(ə)| *adj.* multiforme.

multilatéral, ale, aux |myltilateʀal, o| *adj.* multilaterale, plurilaterale.

multilobé, ée |myltilɔbe| *adj.* (*sc. nat.*) multilobato.

multilingue |myltilɛ̃g| *adj.* multilingue, plurilingue.

multilinguisme |myltilɛ̃gɥism(ə)| *s.m.* [*usage de plusieures langues*] poliglottismo.

multiloculaire |myltilɔkylɛʀ| *adj.* (*bot.*) multiloculare, pluriloculare.

multimilliardaire |myltimiljaʀdɛʀ| *adj. et s.* multimiliardario*.

multimillionnaire |myltimiljɔnɛʀ| *adj. et s.* multimilionario*.

multinational, ale, aux |myltinasjɔnal, o| *adj.* multinazionale, plurinazionale ✦ (*s.f.*) *une multinationale* una multinazionale.

multipare |myltipaʀ| *adj. f. et s.f.* (*physiol.*) multipara.

multiplace |myltiplas| *adj.* (*se dit d'un avion qui comporte plusieurs places*) pluriposto ✦ (*s.m.*) *un multiplace* un aereo pluriposto *adj.*

multiple |myltipl(ə)| *adj.* **1** [*qui est composé de plusieurs éléments de nature différente, ou qui se manifeste sous des formes différentes*] molteplice: *une réalité multiple et complexe* una realtà molteplice e complessa **2** (*math.*) multiplo: *21 est multiple de 7* 21 è multiplo di 7 ✦ (*s.m.*) *tout multiple de deux est pair* ogni multiplo di due è pari; *le plus petit commun multiple* (*p.p. c.m.*) *de deux nombres* il minimo comune multiplo (m.c.m.) di due numeri **3** (*avec un nom au plur.*) → **nombreux** ◇ [*qui se présentent sous des formes variées*] molteplici: *aspects, causes multiples* aspetti, cause molteplici Ⓒ 1 **simple**; 3 **unique.**

multiplex |myltiplɛks| *adj.* (*lat.*) (*techn.*) multiplex *inv.* ✦ (*s.m.*) *un multiplex* un multiplex.

multipliable |myltiplijabl(ə)| *adj.* [→ MULTIPLIER] moltiplicabile.

multiplicande |myltiplikɑ̃d| *s.m.* (*math.*) moltiplicando.

multiplicateur, trice |myltiplikatœʀ, tʀis| **1** *adj.* moltiplicatore* **2** *s.m.* (*écon., math., techn.*) moltiplicatore Ⓒ 2 **diviseur.**

multiplicatif, ive |myltiplikatif, iv| *adj.* (*ling., math.*) moltiplicativo.

multiplication |myltiplikɑsjɔ̃| *s.f.* **1** moltiplicazione, il moltiplicarsi (*m. inv.*): *la multiplication des partis politiques* la moltiplicazione, il moltiplicarsi dei partiti politici **2** (*biol.*) moltiplicazione: *multiplication des bactéries* moltiplicazione dei batteri ◇ (*bot.*) *multiplication végétative* moltiplicazione vegetativa **3** (*math.*) moltiplicazione # *table de multiplication* tavola pitagorica **4** (*mécan.*) *multiplication d'une bicyclette* moltiplica* di una bicicletta Ⓒ 1 **diminution**; 3 **division**; 4 **démultiplication.**

multiplicité |myltiplisite| *s.f.* molteplicità (*inv.*): *la multiplicité des inventions, des difficultés* la molteplicità delle invenzioni, delle difficoltà → **abondance, quantité.**

multiplier |myltiplije| **A** *v.tr.* **1** [*augmenter* (*le nombre, la quantité d'être ou de choses de la même espèce*)] moltiplicare: *multiplier les tentatives* moltiplicare i tentativi → **répéter, accroître** # *multiplier les exemplaires d'un texte* riprodurre gli esemplari di un testo **2** (*math.*) [*faire la multiplication de*] moltiplicare: *multiplier un nombre par lui-même* moltiplicare un numero per sé stesso; *coefficient qui multiplie une quantité algébrique* coefficiente che moltiplica una quantità algebrica ✦ (*au p.p.*) *sept multiplié par neuf* sette per nove **B** *v.intr.* **1** (*rare, vx.*) [*augmenter en nombre*] moltiplicarsi *pron.* (*cour.*) **2** [*augmenter en nombre par la reproduction*] moltiplicarsi: *croissez et multipliez* crescete et moltiplicatevi **C** *v. pron. intr.* SE MULTIPLIER **1** [*être augmenté, se produire en grand nombre*] moltiplicarsi → **accroître (s'), croître, développer (se)** **2** (*êtres vivants*) [*se reproduire*] moltiplicarsi Ⓒ A 2 **diviser.**

multipolaire |myltipɔlɛʀ| *adj.* **1** (*phys.*) multipolare: *dynamo multipolaire* dinamo multipolare **2** (*biol.*) *cel-*

lule multipolaire cellula multipolare.
multirisque |myltiʀisk(ə)| *adj.* (*assurances*) multirischio*.
multitube |myltityb| *adj.* (*techn.*) a canne multiple *loc. inv.*
multistandard |myltistɑ̃daʀ| *adj. m. inv. et s.m.* multistandard.
multitubulaire |myltitybylɛʀ| *adj.* (*techn.*) multitubolare.
multitude |myltityd| *s.f.* **1** [*grande quantité* (*d'êtres, d'objets*)] moltitudine: *une multitude de visiteurs entra, entrèrent* entrò una moltitudine di visitatori → **armée, flot, nuée** # *pour une multitude de raisons* per una serie, un mucchio di ragioni → **quantité** **2** [*rassemblement d'un grand nombre de personnes*] moltitudine: *la multitude qui accourait pour le voir* la moltitudine che accorreva per vederlo → **foule.**
mundium |mœ̃djɔm| *s.m.* (*ancienn., dr. germ.*) mundio*.
municipal, ale, aux |mynisipal, o| *adj.* **1** comunale, municipale: *conseil municipal* consiglio comunale; *élections municipales* elezioni comunali; *piscine municipale* piscina comunale, municipale → **communal** **2** (*antiq. rom.*) municipale.
municipalisation |mynisipalizɑsjɔ̃| *s.f.* [→ MUNICIPALISER] municipalizzazione.
municipaliser |mynisipalize| *v. tr.* [*soumettre au contrôle de la municipalité*] municipalizzare.
municipalisme |mynisipalism(ə)| *s.m.* municipalismo.
municipalité |mynisipalite| *s.f.* municipalità *inv.* ◇ (*par ext.*) [*siège de l'administration municipale*] municipio* *m.*, comune *m.* ◇ [*la circonscription administrée par une municipalité*] comune.
municipe |mynisip| *s.m.* (*antiq. rom.*) municipio*.
munichois, oise |myniʃwa, waz| *adj.* [*de Munich*] monachese.
munificence |mynifisɑ̃s| *s.f.* (*littér.*) munificenza.
munificent, ente |mynifisɑ̃, ɑ̃t| *adj.* (*littér.*) munifico*, munificente.
munir |myniʀ| **A** *v.tr.* [*garnir* (*qqch.*), *pourvoir* (*qqn.*) *de ce qui est nécessaire, utile pour une fin déterminée*] munire (197), dotare: *munir un voyageur d'un peu d'argent* munire un viaggiatore di un po' di denaro → **équiper, pourvoir** ✦ *au p.p.* MUNI DE dotato di: *caméra munie de deux objectifs* cinepresa dotata di due obbiettivi **B** *v.pron. réfl.* SE MUNIR [→ *tr.*] munirsi: *se munir d'un imperméable, d'un passeport* munirsi di un impermeabile, di un passaporto → 1 **prendre** ◇ (*fig.*) *se munir de patience, de courage* munirsi di pazienza, di coraggio → **armer (s').**
munition |mynisjɔ̃| *s.f.* **1** munizione: *munitions de bouche* munizioni da bocca; *munitions de guerre* munizioni da fuoco; *pain de munition* pane di munizione **2** *au plur.* [*explosifs et projectiles nécessaires au chargement des armes à feu*] munizioni: *entrepôt d'armes et de munitions* deposito di armi e munizioni.
munitionnaire |mynisjɔnɛʀ| *s.m.* (*milit.*) munizioniere.
munster |mœ̃stɛʀ| *s.m.* [*fromage fermenté à pâte molle*] ⊠.
muntjac |mœ̃tʒak| *s.m.* (*angl.*) (*t. zool.*) muntiac *inv.*, muntjac *inv.*
muphti |myfti| *s.m.* → **mufti.**
muqueux, euse |mykø, øz| *adj.* (*anat., biol.*) mucoso: *membrane muqueuse* membrana mucosa.
muqueuse |mykøz| *s.f.* (*anat.*) mucosa.
mur |myʀ| *s.m.* **1** muro*: *mur de soutènement* muro di sostegno; *mur de clôture* muro di cinta; *mur mitoyen* muro divisorio; *un vieux mur croulant* un vecchio muro pericolante; *terrain clos de murs* terreno cintato con muri; *bâtir, construire un mur* costruire un muro # *fermer de murs* murare ◇ (*spécialt.*) *le mur de Berlin, de l'Atlantique* il muro di Berlino, dell'Atlantico ◇ (*par ext.*) *les murs* [*la ville*] le mura, la città (*f. inv.*): *il est arrivé dans nos murs* è arrivato fra le nostre mura, nella nostra città **2** [*face intérieure des murs, des cloisons, d'une habitation*] muro, parete (*f.*): *horaire affiché au mur* orario affisso al muro; *mettre des tableaux aux murs* appendere quadri ai muri, alle pareti ◇ (*loc.*) *entre quatre murs* tra quattro mura **3** (*loc.*) *raser les murs* rasentare i muri ~ *sauter, faire le mur* [*sortir sans permission* (*de la caserne*)] saltare il muro, la cancellata; fare una scappatella notturna ~ *coller au mur* [*fusiller*] mettere al muro ~ *se cogner, se taper la tête contre les murs* battere il capo, la testa nel muro → **désespérer (se)** ~ *mettre au pied du mur* mettere con le spalle al muro ~ *les murs ont des oreilles* i muri parlano, hanno orecchi **4** (*fig.*) [*ce qui sépare, forme obstacle*] muro: *un mur d'incompréhension* un muro di incomprensione; *se heurter à un mur* urtare contro un muro **5** (*aviat.*) *mur du son* muro, barriera *f.* del suono; *franchir le mur du son* superare il muro, la barriera del suono ◇ (*par anal.*) *mur de la chaleur* barriera termica, della temperatura **6** (*sport*) *faire le mur* [*former une défense compacte*] fare barriera.
mûr, mûre |myʀ| *adj.* **1** [*qui a atteint son plein développement*] maturo: *un fruit trop mûr* un frutto troppo maturo; *couleur du blé mûr* colore del grano maturo **2** (*méd.*) *abcès mûr* ascesso maturo **3** (*fig.*) [*qui a atteint le développement nécessaire à sa réalisation*] maturo: *un projet mûr* un progetto maturo; *la révolution est mûre* la rivoluzione è matura ◇ (*personnes*) ÊTRE MÛR POUR [*être préparé à*] essere maturo per: *être mûr pour le mariage* essere maturo per il matrimonio **4** *l'âge mûr* l'età matura; *l'homme mûr* l'uomo maturo → **fait**; *esprit mûr* mente matura ◇ (*par ext.*) *adolescent très mûr pour son âge* adolescente molto maturo per la sua età; *après mûre réflexion* dopo matura riflessione **5** (*pop.*) [*ivre, soûl*] sbronzo: *il est complètement mûr* è completamente sbronzo Ⓒ 1 **vert.**
murage |myʀaʒ| *s.m.* [→ MURER A 2] muratura (*f.*): *murage d'une porte* muratura di una porta.
muraille |myʀɑj| *s.f.* **1** muraglia: *haute muraille* alta muraglia ◇ (*loc.*) *couleur de muraille* [*se confondant avec celle des murs*] grigiastro *adj.* ◇ [*fortification*] *la grande muraille de Chine* la grande muraglia cinese; *une enceinte de murailles* una cerchia di mura **2** [*ce qui s'élève comme un mur; surface verticale abrupte, escarpée*] muraglia → *paroi* **3** (*mar.*) murata **4** (*hippol.*) muraglia.
mural, ale, aux |myʀal, o| *adj.* murale; a muro (*loc. inv.*): *peinture murale* pittura murale ‖ *pendule murale* pendolo a muro ◇ (*archéol.*) *couronne murale* corona murale.
mûre |myʀ| *s.f.* **1** [*fruit du mûrier*] mora di gelso **2** [*fruit noir de la ronce des haies*] mora.
mûrement |myʀmɑ̃| *adv.* [*avec beaucoup de réflexion*] ponderatamente # *j'y ai mûrement réfléchi* ci ho riflettuto a lungo.
murène |myʀɛn| *s.f.* (*t.zool.*) murena.
Murénidés |myʀenide| *s.m. pl.* (*t. zool.*) Murenoidi.
murer |myʀe| **A** *v.tr.* **1** [*entourer de murs*] cingere di mura **2** [*fermer, enclore par un mur, une maçonn.*] murare: *murer une porte, une issue* murare una porta, un'uscita **3** [*enfermer* (*qqn.*) *en supprimant les issues*] murare ✦ (*spécialt., au p.p.*) *mineurs murés au fond* minatori bloccati in fondo a una miniera **B** *v.pron. réfl.* SE MURER [*s'enfermer en un lieu, s'isoler*] murarsi, chiudersi (106): *il s'est muré chez lui* si è murato, rinchiuso in casa; *il s'est muré dans son silence* si è chiuso nel suo silenzio → **cacher (se), cloîtrer (se).**
muret |myʀɛ| *s.m.* muretto ◇ (*spécialt.*) [*mur bas de pierres sèches servant de séparation*] muricciolo.
muretin |myʀtɛ̃| *s.m.* → **muret.**
murette |myʀɛt| *s.f.* → **muret.**
murex |myʀɛks| *s.m.* (*t.zool.*) murice.
muriate |myʀjat| *s.m.* (*vx., chim.*) muriato.
muriatique |myʀjatik| *adj.* (*vx., chim.*) *acide muriatique* acido muriatico* (*cour.*) → **chlorhydrique.**
Muridés |myʀide| *s.m. pl.* (*t.zool.*) Muridi.
mûrier |myʀje| *s.m.* (*t.bot.*) gelso ~ *mûrier noir* gelso nero, moro nero ~ *mûrier blanc* gelso bianco, moro bianco.
mûrir |myʀiʀ| **A** *v.tr.* **1** [*rendre mûr*] maturare: *le soleil mûrit le raisin* il sole matura, fa maturare l'uva **2** (*fig.*) [*mener* (*une chose*) *à point en y appliquant sa réflexion*] maturare: *mûrir une pensée, un projet* maturare un pensiero, un progetto → **méditer, approfondir** **3** [*donner de la maturité d'esprit à* (*qqn.*)] far (103) *intr.* maturare: *le malheur l'a mûri avant l'âge* le disgrazie lo hanno fatto maturare prima del tempo **B** *v.intr.* **1** [*devenir mûr, venir à maturité*] maturare (*aux.* essere): *les blés mûrissent* le messi maturano ◇ (*méd.*) *abcès qui mûrit* ascesso che matura **2** (*fig.*) [*se développer, atteindre son plein développement*] maturare: *laisser mûrir une idée, un projet* lasciar maturare un'idea, un progetto ◇ [*acquérir de la maturité d'esprit*] maturare **C** *v.pron. intr.* (*pop.*) SE MÛRIR [*s'enivrer*] sbronzarsi, inciuccarsi.
mûrissage |myʀisaʒ|, **mûrissement** |myʀismɑ̃| *s.m.* [→ MÛRIR A 1] maturazione (*f.*): *le mûrissement des bananes* la maturazione delle banane ◇ (*fig.*) *le mûrissement d'un projet* la maturazione di un progetto.
mûrissant, ante |myʀisɑ̃, ɑ̃t| *adj.* **1** (*choses*) in via di maturazione *loc. inv.*, che sta maturando *loc.* **2** (*personnes*) [*qui n'est plus jeune*] ormai maturo.

mûrisserie |myRisRi| *s.f.* cella di maturazione.
murmel |myRmɛl| *s.m.* (*all.*) murmel *inv.*
murmurant, ante |myRmyRɑ̃, ɑ̃t| *adj.* (*choses*) [*qui murmure*] mormorante.
murmure |myRmyR| *s.m.* **I** **1** [*bruit sourd, léger et continu de voix humaines*] mormorio*, sussurro: *rires et murmures d'élèves* risa e mormorii di alunni; *pas un murmure dans la salle* nessun mormorio, nessun sussurro in sala → **chuchotement** **2** [*commentaire fait à mi-voix par plusieurs personnes*] mormorio: *murmures d'approbation, de protestation* mormorii di approvazione, di disapprovazione ◇ (*loc.*) *accepter une chose sans hésitation ni murmure* [*sans protester*] accettare una cosa senza fiatare **II** [*bruit continu léger, doux et harmonieux*] mormorio: *le murmure d'une fontaine, des eaux* il mormorio di una fontana, delle acque → **bruissement** ◇ (*méd.*) *murmure respiratoire* mormorio respiratorio, vescicolare.
murmurer |myRmyRe| **A** *v.intr.* **1** [*faire entendre un murmure*] mormorare: *foule qui murmure* folla che mormora **2** [*émettre une plainte, une protestation sourde*] mormorare, brontolare: *accepter, obéir sans murmurer* accettare, obbedire senza mormorare, senza brontolare → **bougonner, grogner** **3** (*littér.*) [*faire entendre un murmure* (II)] mormorare: *feuilles qui murmurent dans le vent* foglie che mormorano al vento **B** *v.tr.* [*dire, prononcer à mi-voix*] mormorare → **chuchoter; marmonner.**
mûron |myRɔ̃| *s.m.* (*dial.*) → **mûre** 2.
murrhin, ine |myRɛ̃, in| *adj.* (*antiq.*) *vases murrhins* vasi murrini.
musa |myza| *s.f.* (*t.bot.*) musa.
Musacées |myzase| *s.f. pl.* (*t.bot.*) Musacee.
musagète |myzaʒɛt| *adj. m.* (*mythol.*) *Apollon musagète* Apollo musagete.
musaraigne |myzaRɛɲ| *s.f.* (*t. zool.*) toporagno *m.*, musaragno *m.*
musard, arde |myzaR, aRd(ə)| *adj. et s.* (*fam.*) [*qui passe son temps à musarder*] perdigiorno *s. inv.*, bighellone *s.*
musarder |myzaRde| *v.intr.* [*perdre son temps à des riens*] bighellonare → **flâner.**
musardise |myzaRdiz|, (*vx.*) **musarderie** |myzaRdəRi| *s.f.* [→ MUSARDER] il bighellonare *m. inv.*, scioperataggine.
musc |mysk| *s.m.* [*substance brune très odorante, sécrétée par les glandes abdominales d'un cervidé mâle; parfum préparé à partir de cette substance*] muschio*.
muscade |myskad| **1** *adj. et s.f.* (*noix*) *muscade* noce moscata *adj.* ◇ (*par anal.*) *rose muscade* rosa moscata **2** *s.f.* [*petite boule de liège utilisée par les escamoteurs*] pallina (del prestigiatore) ◇ (*loc. fig.*) *passez muscade* (*se dit d'une chose qui passe rapidement ou que l'on fait disparaître avec adresse*) il gioco è fatto.
muscadet |myskadɛ| *s.m.* [*cépage blanc des vignobles nantais*] ☒ ◇ [*vin blanc obtenu avec ce cépage*] ☒.
muscadier |myskadje| *s.m.* (*t.bot.*) miristica* *f.*
muscadin |myskadɛ̃| *s.m.* (*ancienn.*) [*élégant ridicule*] moscardino.
muscadine |myskadin| *s.f.* [*chocolat fin fourré qui imite l'aspect de la noix muscade*] ☒.
muscardin |myskaRdɛ̃| *s.m.* (*t. zool.*) moscardino.
muscardine |myskaRdin| *s.f.* [*maladie mortelle des vers à soie*] calcino *m.*
muscari |myskaRi| *s.m.* (*t.bot.*) muscari *inv.*
muscarine |myskaRin| *s.f.* (*chim.*) muscarina.
muscat |myska| *adj.* **1** *raisin muscat* [*à odeur musquée*] uva moscata ✦ (*s.m.*) *une grappe de muscat* un grappolo di moscato; *muscat blanc, noir* moscato bianco, rosso **2** *vin muscat* vino moscato ✦ (*s.m.*) *un verre de muscat* un bicchiere di moscato.
Muscidés |myside| *s.m. pl.* (*t.zool.*) Muscidi.
Muscinées |mysine| *s.f. pl.* (*t. bot.*) Muscinee.
muscle |myskl(ə)| *s.m.* (*anat., cour.*) muscolo: *muscles striés, volontaires, lisses* muscoli striati, volontari, lisci (involontari); *muscle cardiaque* muscolo cardiaco; *contracter, gonfler un muscle* contrarre, gonfiare un muscolo; *développer ses muscles* sviluppare i muscoli; *se claquer, se froisser un muscle* strapparsi un muscolo, prodursi uno strappo muscolare ✦ (*absolt.*) *avoir des muscles, du muscle* avere muscoli di ferro, di acciaio; *être tout en muscles* essere tutto muscoli; *il n'a pas de muscles, ce garçon!* è senza muscoli, quel ragazzo!
musclé, ée |myskle| *adj.* **1** [*qui est pourvu de muscles puissants*] muscoloso: *jambes musclées* gambe muscolose → **fort** **2** (*fam.*) [*énergique, fort*] energico* (*cour.*), deciso (*cour.*): *une politique musclée* una politica energica, decisa.
muscler |myskle| *v.tr.* [*pourvoir de muscles puissants*] rendere (105) muscoloso # *exercice pour muscler le ventre* esercizio (fatto) per rinforzare i muscoli del ventre.
muscovite |myskɔvit| *s.f.* (*minér.*) muscovite.
musculaire |myskylɛR| *adj.* (*anat.*) muscolare: *système, tissu musculaire* sistema, tessuto muscolare; *fibres musculaires* fibre muscolari.
musculation |myskylasjɔ̃| *s.f.* sviluppo *m.* della muscolatura.
musculature |myskylatyR| *s.f.* muscolatura.
musculeux, euse |myskylø, øz| *adj.* **1** muscoloso → **musclé** **2** (*vx., anat.*) → **musculaire.**
muse |myz| *s.f.* **1** (*mythol.*) musa: *les neuf muses* le nove muse ◇ (*spécialt.*) *la Muse, les Muses* (*vx.*) [*la poésie*] la Musa **2** (*littér.*) [*l'inspiration poétique*] musa.
museau |myzo| *s.m.* **1** [*partie antérieure de la face de certains animaux*] muso: *museau du chien* muso del cane # *museau du porc* grugno del maiale ◇ (*cuis.*) *museau de bœuf, de porc* muso di manzo, di maiale (in pinzimonio) **2** (*fam.*) [*visage, figure*] muso: *affreux, vilain museau* brutto muso → 1 **minois.**
musée |myze| *s.m.* **1** museo: *musée d'histoire naturelle* museo di storia naturale; *musée du Louvre* museo del Louvre # *musée de peinture* pinacoteca ◇ (*par ext.*) *objet, pièce de musée* oggetto, pezzo da museo **2** [*lieu rempli d'objets rares, précieux, beaux*] museo: *son appartement est un véritable musée* il suo appartamento è un vero museo ◇ (*loc. fam.*) *musée des horreurs* museo degli orrori.
museler |myzle| (4) *v.tr.* **1** [*empêcher* (*un animal*) *d'ouvrir la gueule, de mordre, en lui emprisonnant le museau*] mettere (155) la museruola (a): *museler un chien* mettere la museruola a un cane **2** (*fig.*) [*empêcher de parler, de s'exprimer*] imbavagliare: *museler l'opposition, la presse* imbavagliare l'opposizione, la stampa → **bâillonner** # *museler les passions* far tacere le passioni.
muselet |myzlɛ| *s.m.* [*armature de fils métalliques qui maintient le bouchon des bouteilles de vin mousseux*] gabbietta *f.*
muselière |myzəljɛR| *s.f.* [*appareil servant à museler certains animaux en leur entourant le museau*] museruola.
musellement |myzɛlmɑ̃| *s.m.* [→ MUSELER 1] il mettere *inv.* la museruola (a): *le musellement d'un chien* il mettere la museruola a un cane ◇ (*fig.*) *le musellement de l'opposition* l'imbavagliamento dell'opposizione.
muséographie |myzeɔgRafi| *s.f.* museografia.
muséologie |myzeɔlɔʒi| *s.f.* museologia*.
muser |myze| *v.intr.* → **musarder.**
muserolle |myzRɔl| *s.f.* [*pièce de harnais, partie de la bride qui se place sur le chanfrein*] museruola.
1 **musette** |myzɛt| *s.f.* **1** (*ancienn.*) [*cornemuse alimentée par un soufflet*] 'musette' *inv.* ◇ (*hist. mus.*) 'musette' **2** (*par appos.*) *bal-musette* ballo 'musette'; *des bals-musettes* dei balli 'musette'; *valse musette* valzer 'musette'.
2 **musette** |myzɛt| *s.f.* [*sac de toile, qui se porte souvent en bandoulière*] tascapane *m. inv.* ◇ (*par ext.*) *musette mangeoire pour les chevaux* musetta per i cavalli ◇ (*loc. fig., fam.*) *qui n'est pas dans une musette* [*qui n'est pas petit, ne compte pas pour rien*] smisurato (*adj.*): *une admiration qui n'est pas dans une musette* un'ammirazione smisurata.
3 **musette** |myzɛt| *s.f.* (*région.*) → **musaraigne.**
muséum |myzeɔm| *s.m.* museo di storia naturale.
musical, ale, aux |myzikal, o| *adj.* musicale: *son musical* suono musicale; *soirée musicale* serata musicale; *comédie musicale* commedia musicale; *voix musicale* voce musicale, armoniosa → **mélodieux.**
musicalement |myzikalmɑ̃| *adv.* [→ MUSICAL] musicalmente.
musicalité |myzikalite| *s.f.* musicalità (*inv.*): *la musicalité d'une phrase, d'un vers* la musicalità di una frase, di un verso.
musicassette |myzikasɛt| *s.f.* (*nom déposé*) musicassetta.
music-hall |myzikol| *s.m.* (*angl.*) music-hall (*inv.*): *des music-halls* dei music-hall.
musicien, ienne |myzisjɛ̃, jɛn| *s.* **1** intenditore* di musica ✦ (*adj.*) *elle était assez musicienne* si intendeva abbastanza di musica **2** [*personne dont la profession est de faire de la mus.*] musicista: *les grands musiciens* i grandi musicisti.

musico- |myzikɔ| *préf.* (*signifiant 'musique', correspond généralt. à*) musico: *musicographe* musicografo.
musicographe |myzikɔgʀaf| *s.* musicografo.
musicographie |myzikɔgʀafi| *s.f.* musicografia.
musicologie |myzikɔlɔʒi| *s.f.* musicologia*.
musicologique |myzikɔlɔʒik| *adj.* musicologico*.
musicologue |myzikɔlɔg| *s.* musicologo*.
musicothérapie |myzikɔteʀapi| *s.f.* (*méd.*) musicoterapia.
musique |myzik| *s.f.* **I** **1** musica*: *musique vocale, instrumentale* musica vocale, strumentale; *musique tonale, atonale, polytonale* musica tonale, atonale, politonale; *musique dodécaphonique* musica dodecafonica; *musique de chambre, d'orchestre, symphonique* musica da camera, per orchestra, sinfonica; *musique sacrée* musica sacra; *musique de film, de bal* musica da film, da ballo; *musique classique, légère* musica classica, leggera; *musique de jazz* musica jazz; *musique enregistrée* musica registrata; *travailler en musique* lavorare a suon di musica # *boîte à musique* 'carillon' **2** [*mus. écrite, œuvre musicale écrite*] musica: *papier à musique* carta da musica; *savoir lire la musique* saper leggere la musica # *jouer sans musique* suonare senza spartito ◇ (*loc. fig.*) *être réglé comme du papier à musique* [*avoir des habitudes très régulières*] essere un orologio; (*choses*) [*être organisé, prévu dans tous ses détails*] funzionare come un orologio **3** [*réunion de musiciens qui ont coutume de jouer ensemble*] musica: *musique d'un régiment* musica di un reggimento; *régiment qui marche musique en tête* reggimento che marcia (con la) musica in testa **4** (*fig., fam.*) (*en parlant des cris, des discours*) musica: *c'est toujours la même musique* è sempre la stessa musica → **chanson, histoire**; *changer de musique* cambiar musica; *connaître la musique* conoscere la musica **II** (*par anal.*) **1** [*suite, ensemble de sons rappelant la mus.*] musica: *la musique des oiseaux* la musica degli uccelli → **harmonie, mélodie** **2** [*harmonie*] musica: *la musique d'un poème* la musica di un poema.
musiquer |myzike| (*vx.*) **A** *v.tr.* [*mettre en mus.*] musicare (*cour.*): *musiquer des vers* musicare dei versi **B** *v. intr.* [*jouer de la mus.*] fare (103) *tr.* musica (*cour.*).
musiquette |myzikɛt| *s.f.* musichetta.
musoir |myzwaʀ| *s.m.* [*pointe extrême d'une digue, d'une jetée ou d'un môle*] testata *f.*
musqué, ée |myske| *adj.* **1** [*parfumé au musc*] muschiato **2** [*dont l'odeur rappelle celle du musc*] muschiato: *rat musqué* topo muschiato; *bœuf musqué* bue muschiato.
musser |myse| *v.tr.* (*vx., dial.*) → **cacher.**
mussif |mysif| *adj. m.* (*techn.*) *or mussif* oro musivo.
mussitation |mysitɑsjɔ̃| *s.f.* (*méd.*) mussitazione.
mustang |mystɑ̃g| *s.m.* mustang *inv.*
mustéla |mystela| *s.f.* (*t.zool.*) mustela.
Mustélidés |mystelide| *s.m. pl.* (*t. zool.*) Mustelidi.
musulman, ane |myzylmɑ̃, an| *adj.* musulmano: *Arabes musulmans* Arabi musulmani; *le monde musulman* il mondo musulmano; *calendrier musulman* calendario musulmano; *l'art musulman* l'arte musulmana ♦ (*s.*) *les musulmans* i musulmani.
mutabilité |mytabilite| *s.f.* (*littér.*) mutabilità *inv.* ◇ (*sc.*) mutabilità.
mutable |mytabl(ə)| *adj.* (*sc.*) mutabile.
mutacisme |mytasism(ə)|, **mytacisme** |mitasism(ə)| *s.m.* (*méd.*) mutacismo.
mutage |mytaʒ| *s.m.* (*techn.*) [→ 1 MUTER] mutizzazione *f.*
mutagène |mytaʒɛn| *adj.* → **mutogène** (*t. recomm.*).
mutagénèse |mytaʒenɛz| *s.f.* (*biol.*) mutagenesi *inv.*
mutant, ante |mytɑ̃, ɑ̃t| *adj.* (*biol.*) *gènes mutants* geni mutanti ♦ (*s.*) *un mutant* un mutante.
mutation |mytɑsjɔ̃| *s.f.* **I** **1** [*changement*] mutamento *m.* **2** [*affectation d'un fonctionnaire à un autre poste, d'un athlète à un autre club*] trasferimento (*m.*): *mutation d'office, pour raison de service* trasferimento d'ufficio, per ragioni di servizio **3** (*dr. fiscal*) trasferimento: *droits de mutation* tassa sui trasferimenti immobiliari; *mutation par décès* trasferimento in seguito a decesso ◇ [*mise à jour des matrices cadastrales*] voltura **4** (*mus.*) *jeux de mutation* ripieno *m.* **II** (*biol.*) mutazione.
mutationnisme |mytasjɔnism(ə)| *s.m.* (*sc.*) mutazionismo.
mutationniste |mytasjɔnist(ə)| *adj.* (*sc.*) mutazionistico* ♦ (*s.*) *un mutationniste* un mutazionista.
1 **muter** |myte| *v.tr.* (*techn.*) *muter un moût de raisin* [*en arrêter la fermentation alcoolique*] mutizzare un mosto ♦ (*au p.p.*) *moût muté* mosto mutizzato, muto; *vin muté* vino parzialmente fermentato.
2 **muter** |myte| *v.tr.* [*affecter à un autre poste, à un autre emploi*] trasferire (197): *muter un fonctionnaire par mesure de sanction* trasferire un funzionario a seguito di una sanzione disciplinare → **déplacer.**
mutilant, ante |mytilɑ̃, ɑ̃t| *adj.* (*choses*) mutilante, mutilatore*.
mutilateur, trice |mytilatœʀ, tʀis| *s. et adj.* (*littér.*) (*pr., fig.*) mutilatore*.
mutilation |mytilɑsjɔ̃| *s.f.* **1** [→ MUTILER 1] mutilazione **2** [*dégradation*] mutilazione; danneggiamento (*m.*): *mutilation de statues* mutilazione di statue ‖ *mutilation de tableaux* danneggiamento di quadri **3** [*coupure, perte d'un fragment de texte*] mutilazione.
mutilé, ée |mytile| *s.* mutilato: *mutilé de guerre, du travail* mutilato di guerra, del lavoro → **invalide, amputé.**
mutiler |mytile| *v.tr.* **1** (*rare, sauf au passif et au p.p.*) [*altérer* (*un être humain, un animal*) *dans son intégrité physique par une mutilation*] mutilare: *il a été mutilé du bras droit* è stato mutilato del braccio destro **2** [*détériorer, endommager*] mutilare; danneggiare: *mutiler un arbre, une statue* mutilare un albero, una statua → 1 **dégrader** ‖ *mutiler un tableau* danneggiare un quadro **3** [*altérer* (*un texte, un ouvrage litt.*) *en retranchant une partie essentielle*] mutilare → **diminuer, tronquer** **4** (*littér.*) *mutiler la vérité* [*altérer, déformer*] deformare la verità.
mutin |mytɛ̃| *s.m.* [*personne qui se révolte avec violence*] ribelle *s.*, rivoltoso *s.*
mutin, ine |mytɛ̃, in| *adj.* (*littér.*) [*qui est d'humeur taquine, qui aime à plaisanter*] sbarazzino (*cour.*), birichino (*cour.*): *une fillette mutine* una ragazzina sbarazzina; *un petit air mutin* un fare sbarazzino, un'aria birichina → **badin, gai.**
mutiné, ée |mytine| *adj.* [*révolté par une mutinerie*] ammutinato: *les marins mutinés* i marinai ammutinati ♦ (*s.*) *les mutinés* gli ammutinati.
mutiner (se) |mytine| *v.pron. intr.* [*se dresser contre une autorité, avec violence*] ammutinarsi: *prisonniers qui se mutinent contre leurs gardiens* prigionieri che si ammutinano contro le guardie → **rebeller (se), révolter (se).**
mutinerie |mytinʀi| *s.f.* **I** [→ MUTINER (SE)] ammutinamento (*m.*): *mutinerie de troupes* ammutinamento di truppe → **insurrection, révolte, sédition** **II** (*rare*) [*caractère de ce qui est* (1) *mutin*] vivacità *inv.* (*cour.*), birichineria.
mutique |mytik| *adj.* (*bot.*) mutico*.
mutisme |mytism(ə)| *s.m.* (*méd.*) mutismo: *mutisme de naissance* mutismo congenito ◇ (*cour.*) *s'enfermer dans un mutisme opiniâtre* chiudersi in un ostinato mutismo.
mutité |mytite| *s.f.* (*méd.*) mutismo *m.*
mutogène |mytɔʒɛn| *adj.* (*biol.*) mutageno, mutagenico*.
mutualisme |mytɥalism(ə)| *s.m.* (*biol., écon.*) mutualismo.
mutualiste |mytɥalist(ə)| *adj.* (*écon.*) mutualistico* ♦ (*s.*) *un mutualiste* un mutuato.
mutualité |mytɥalite| *s.f.* mutualità *inv.*
mutuel, elle |mytɥɛl| *adj.* **1** [*qui implique un rapport double et simultané, un échange d'actes, de sentiments*] reciproco*, mutuo (*rare*): *amour mutuel* amore reciproco, mutuo amore; *responsabilité mutuelle* responsabilità reciproca; *concessions mutuelles* concessioni reciproche **2** [*qui suppose un échange d'actions et de réactions entre deux ou plusieurs choses*] mutuo: *enseignement mutuel* mutuo insegnamento; *société d'assurance mutuelle* società mutua di assicurazione ♦ (*s.f.*) *une mutuelle* una mutua.
mutuellement |mytɥɛlmɑ̃| *adv.* [*d'une manière qui implique un échange*] reciprocamente, mutuamente (*rare*): *aidons-nous mutuellement* aiutiamoci reciprocamente → **réciproquement.**
mutule |mytyl| *s.f.* (*archit.*) mutulo *m.*
myalgie |mjalʒi| *s.f.* (*méd.*) mialgia*.
myalgique |mjalʒik| *adj.* (*méd.*) mialgico*.
myasthénie |mjasteni| *s.f.* (*méd.*) miastenia.
myasthénique |mjastenik| *adj.* (*méd.*) miastenico*.
myatonie |mjatɔni| *s.f.* (*méd.*) miatonia.
-myce |mis| *suff.* (*signifiant 'cham-

pignon', *correspond généralt. à*) micete: *saccharomyce* saccaromicete.
mycélien, ienne |miseljɛ̃, jɛn| *adj.* (*bot.*) micelico*.
mycélium |miseljɔm| *s.m.* (*bot.*) micelio*.
mycénien, ienne |misenjɛ̃, jɛn| *adj.* (*hist. gr.*) miceneo.
-mycète |misɛt| *suff.* (*signifiant 'champignon'*, *correspond généralt. à*) micete: *Ascomycètes* Ascomiceti.
myc(o)- |mis, mik(ɔ)| *préf.* (*signifiant 'champignon'*, *correspond généralt. à*) mic(o): *mycélium* micelio; *mycologie* micologia.
mycoderme |mikɔdɛʀm(ə)| *s.m.* (*t.bot.*) micoderma.
mycologie |mikɔlɔʒi| *s.f.* micologia*.
mycologique |mikɔlɔʒik| *adj.* micologico*.
mycologue |mikɔlɔg| *s.* micologo*.
mycorhize |mikɔʀiz| *s.m.* micorriza *f.*
mycose |mikoz| *s.f.* (*méd.*) micosi *inv.*
mycotique |mikɔtik| *adj.* **1** micotico*: *manifestations mycotiques* manifestazioni micotiche **2** [*atteint de mycose*] micotico: *un sujet mycotique* un soggetto micotico ✦ (*s.*) *un mycotique* un micotico.
mydriase |midʀijɑz| *s.f.* (*méd.*) midriasi *inv.*
mydriatique |midʀijatik| *adj.* (*méd.*) midriatico* ✦ (*s.m.*) *un mydriatique* un midriatico.
myéline |mjelin| *s.f.* (*anat.*) mielina.
myélinique |mjelinik| *adj.* mielinico*: *gaine myélinique* guaina mielinica.
-myélite |mjelit| *suff.* (*signifiant 'moelle'*, *correspond généralt. à*) mielite: *poliomyélite* poliomielite.
myélite |mjelit| *s.f.* (*méd.*) mielite: *myélite de la substance grise* mielite della sostanza grigia.
myél(o)- |mjel(ɔ)| *préf.* (*signifiant 'moelle'*, *correspond généralt. à*) miel(o): *myélite* mielite; *myélopathie* mielopatia.
myéloblaste |mjelɔblast| *s.m.* mieloblasto.
myéloblastome |mjelɔblastom| *s.m.* (*méd.*) mieloblastoma.
myélocyte |mjelɔsit| *s.m.* (*biol.*) mielocito.
myélodysplasie |mjelɔdisplazi| *s.f.* (*méd.*) mielodisplasia.
myélographie |mjelɔgʀafi| *s.f.* (*méd.*) mielografia.
myéloïde |mjelɔid| *adj.* (*anat.*, *méd.*) mieloide: *cellules myéloïdes* cellule mieloidi.
myélome |mjelom| *s.m.* (*méd.*) mieloma.
myélopathie |mjelɔpati| *s.f.* (*méd.*) mielopatia.
myélose |mjeloz| *s.f.* (*méd.*) mielosi *inv.*
mygale |migal| *s.f.* (*t.zool.*) migale.
myiase |mijɑz| *s.f.* (*méd.*) mi(i)asi *inv.*
mylo-hyoïdien |milɔjɔidjɛ̃| *adj. m. et s.m.* (*anat.*) milo-ioideo.
my(o)- |mi(ɔ)| *préf.* (*signifiant 'muscle'*, *correspond généralt. à*) mi(o): *myographe* miografo.
myocarde |mjɔkaʀd(ə)| *s.m.* (*anat.*) miocardio*: *infarctus du myocarde* infarto del miocardio, miocardico.
myocardie |mjɔkaʀdi| *s.f.* (*méd.*) miocardia.
myocardite |mjɔkaʀdit| *s.f.* (*méd.*) miocardite: *myocardite aiguë, chronique* miocardite acuta, cronica.
myocèle |mjɔsɛl| *s.m.* (*méd.*) miocele.
myodystrophique |mjɔdistʀɔfik| *adj.* (*méd.*) miodistrofico*.
myoglobine |mjɔglɔbin| *s.f.* (*biol.*) mioglobina.
myogramme |mjɔgʀam| *s.m.* (*méd.*) miogramma.
myographe |mjɔgʀaf| *s.m.* (*méd.*) miografo.
myographie |mjɔgʀafi| *s.f.* (*méd.*) miografia.
myographique |mjɔgʀafik| *adj.* (*méd.*) miografico*.
myologie |mjɔlɔʒi| *s.f.* miologia*.
myologique |mjɔlɔʒik| *adj.* miologico*.
myologiste |mjɔlɔʒist(ə)|, **myologue** |mjɔlɔg| *s.* miologo*.
myome |mjom| *s.m.* (*méd.*) mioma.
myopathie |mjɔpati| *s.f.* (*méd.*) miopatia.
myope |mjɔp| *adj.* (*méd.*, *cour.*) miope ◇ (*loc. fam.*) *il est myope comme une taupe* è cieco come una talpa ◇ (*fig.*) [*qui manque de perspicacité*] miope ✦ (*s.*) *un myope* un miope.
myopie |mjɔpi| *s.f.* (*méd.*, *cour.*) miopia.
myopotame |mjɔpɔtam| *s.m.* (*t. zool.*) miopotamo.
myosine |mjɔzin| *s.f.* (*biol.*) miosina.
myosis |mjozis| *s.m.* (*méd.*) miosi *f. inv.*
myosite |mjozit| *s.f.* (*méd.*) miosite.
myosotis |mjozɔtis| *s.m.* (*t.bot.*) miosotide *f.*, nontiscordardimé (non ti scordar di me) *inv.* (*cour.*).
myotomie |mjɔtɔmi| *s.f.* (*chir.*) miotomia.
myria- |miʀja|, **myrio-** |miʀjɔ| *préf.* (*signifiant 'dizaine de mille'*, *correspondent généralt. à*) miria; mirio: *myriamètre* miriametro || *myriophylle* miriofillo.
myriade |miʀjad| *s.f.* miriade: *des myriades de poissons* miriadi di pesci.
myriagramme |miʀjagʀam| *s.m.* miriagrammo.
myriamètre |miʀjamɛtʀ(ə)| *s.m.* miriametro.
Myriapodes |miʀjapɔd| *s.m. pl.* (*t.zool.*) Miriapodi.
myringite |miʀɛ̃ʒit| *s.f.* (*méd.*) miringite.
myrio- |miʀjɔ| *préf.* → **myria-**.
myriophylle |miʀjɔfil| *s.m.* (*t.bot.*) miriofillo.
myrméco- |miʀmekɔ| *préf.* (*signifiant 'fourmi'*, *correspond généralt. à*) mirmeco: *myrmécophile* mirmecofilo.
myrmécochore |miʀmekɔkɔʀ| *adj.* (*bot.*) mirmecocoro.
myrmécologie |miʀmekɔlɔʒi| *s.f.* mirmecologia*.
myrmécophage |miʀmekɔfaʒ| *s.m.* (*t.zool.*) mirmecofago*.
myrmécophile |miʀmekɔfil| *adj.* (*bot.*, *zool.*) mirmecofilo: *plantes myrmecophiles* piante mirmecofile.
myrmécophilie |miʀmekɔfili| *s.f.* (*bot.*, *zool.*) mirmecofilia.
myrmidon |miʀmidɔ̃| *s.m.* (*fam.*) [*petit homme chétif, insignifiant*] omiciattolo, omuncolo.
myrobolan |miʀɔbɔlɑ̃| *s.m.* (*pharm.*) mirabolano.
myrosine |miʀozin| *s.f.* (*chim.*) mirosina.
myroxyle |miʀɔksil|, **myroxylon** |miʀɔksilɔ̃| *s.m.* (*t.bot.*) myroxilon *inv.*
myrrhe |miʀ| *s.f.* mirra.
myrrhé, ée |miʀe| *adj.* mirrato.
Myrtacées |miʀtase| *s.f. pl.* (*t. bot.*) Mirtacee.
myrte |miʀt(ə)| *s.m.* (*t.bot.*) mirto ~ *myrte bâtard* mirto bastardo ~ *myrte épineux* mirto spinoso ◇ (*antiq.*, *poét.*) *couronne de myrte* corona di mirto.
myrtiforme |miʀtifɔʀm(ə)| *adj.* (*anat.*) mirtiforme: *muscle myrtiforme* muscolo mirtiforme.
myrtille |miʀtij| *s.f.* (*t.bot.*) mirtillo *m.* ◇ (*cour.*) *confiture de myrtilles* marmellata di mirtilli.
mystagogie |mistagɔʒi| *s.f.* (*hist. relig.*) mistagogia*.
mystagogique |mistagɔʒik| *adj.* mistagogico*.
mystagogue |mistagɔg| *s.m.* (*antiq. gr.*) mistagogo*.
mystère |mistɛʀ| *s.m.* **I 1** (*antiq.*) mistero: *mystères grecs* misteri greci **2** [*relig. chrét.*] mistero: *le mystère de la Trinité* il mistero della Trinità; *les mystères de la foi* i misteri della fede **II** [*chose cachée, secrète*] **1** [*ce qui est* (*ou est cru*) *inaccessible à la raison humaine*] mistero: *le mystère de la nature, de la vie* il mistero della natura, della vita **2** [*ce qui est inconnu, caché ou difficile à comprendre*] mistero: *les mystères de la politique* i misteri della politica; *cela cache, couvre un mystère*; *il y a un mystère là-dessous* c'è sotto un mistero; *ce n'est un mystère pour personne* non è un mistero per nessuno → **secret**; *c'est un mystère* è un mistero; *voilà la solution du mystère* ecco la soluzione del mistero **3** [*ensemble des précautions que l'on prend pour rendre incompréhensible*] mistero: *s'envelopper, s'entourer de mystère* circondarsi di un'aria di mistero, avvolgersi nel mistero ◇ (*loc.*) *faire* (*un*) *mystère, faire grand mystère de qqch.* fare mistero di q.c. **III** (*hist. litt.*) mistero.
mystérieusement |misteʀjøzmɑ̃| *adv.* [→ MYSTÉRIEUX] misteriosamente.
mystérieux, euse |misteʀjø, øz| *adj.* **1** misterioso; occulto: *lieu, monde mystérieux* luogo, mondo misterioso → **énigmatique, impénétrable, secret** || *forces mystérieuses* forze occulte **2** [*qui est difficile à comprendre, à expliquer*] misterioso: *cette histoire est bien mystérieuse* questa storia è molto misteriosa → **difficile** **3** [*dont la nature, le contenu sont tenus cachés*] misterioso; segreto: *un mystérieux personnage* un misterioso personaggio || *dossier mystérieux* incartamento segreto **4** [*qui cache, tient secret qqch.*] misterioso: *un homme mystérieux* un uomo misterioso ✦ (*s.*) *ne fais pas le mystérieux* non fare il misterioso **5** (*littér.*) [*relatif à un culte, à un dogme*; *réservé à des initiés*] misterico*: *rites mystérieux* riti misterici Ⓒ 1 **clair, évident.**
mysticisme |mistisism(ə)| *s.m.* misticismo: *mysticisme chrétien, islamique* misticismo cristiano, islamico ◇ (*philo.*) misticismo.
mysticité |mistisite| *s.f.* (*littér.*) misticità *inv.*
mystifiable |mistifjabl(ə)| *adj.* [→

MYSTIFIER 1] che si può ingannare *loc.*, che può essere ingannato *loc.*

mystifiant, ante |mistifjɑ̃, ɑ̃t| *adj.* mistificante, mistificatorio*: *propagande mystifiante* propaganda mistificante, mistificatoria.

mystificateur, trice |mistifikatœʀ, tʀis| *s.* mistificatore* ◆ (*adj.*) *intentions mystificatrices* intenzioni mistificatorie.

mystification |mistifikɑsjɔ̃| *s.f.* **1** [→ MYSTIFIER 1] mistificazione: *être le jouet d'une mystification* essere vittima di una mistificazione → 2 **blague, canular** **2** [*tromperie collective*] mistificazione: *considérer la religion, le patriotisme comme une mystification* considerare la religione, il patriottismo una mistificazione.

mystifier |mistifje| *v.tr.* **1** [*tromper* (*qqn.*) *en abusant de sa crédulité et pour s'amuser à ses dépens*] mistificare, ingannare: *se faire mystifier* farsi mistificare, ingannare → **abuser, duper, leurrer** **2** [*tromper collectivement sur le plan intellectuel, moral*] mistificare: *mystifier l'art, la culture* mistificare l'arte, la cultura.

mystique |mistik| **I** *adj.* **1** (*relig.*) mistico*: *le corps mystique du Christ* il corpo mistico del Cristo; *Rose mystique* Rosa mistica **2** [*qui concerne les pratiques, les croyances propres au mysticisme*] mistico: *extase mystique* estasi mistica; *connaissance mystique* conoscenza mistica **3** (*personnes*) [*qui est prédisposé au mysticisme*] mistico ◆ (*s.*) *les grands mystiques chrétiens* i grandi mistici cristiani **4** [*qui a un caractère exalté, absolu, intuitif*] mistico: *amour, patriotisme mystique* amore, patriottismo mistico **II** (*s.f.*) *la mystique* la mistica* ◇ (*par ext.*) *la mystique de la force, de la paix* la mistica della forza, della pace.

mystiquement |mistikmɑ̃| *adv.* [*selon un sens mystique*] misticamente.

mythe |mit| *s.m.* **1** mito: *les grands mythes grecs* i grandi miti greci → **fable, 1 légende** ◇ [*représentation de faits ou de personnages réels déformés par la tradition*] *le mythe de Faust* il mito di Faust **2** [*chose imaginaire*] mito ◇ (*fam.*) *son oncle à héritage? c'est un mythe!* lo zio con l'eredità?, è un mito! **3** [*représentation idéalisée de l'état de l'humanité*] mito: *mythe du Paradis perdu* mito del Paradiso perduto → **utopie** ◇ (*par ext.*) *le mythe du flegme britannique* il mito della flemma britannica; *créer des mythes nouveaux* creare nuovi miti © 2 **réalité.**

mythification |mitifikɑsjɔ̃| *s.f.* [→ MYTHIFIER] mitizzazione, miticizzazione.

mythifier |mitifje| *v.tr. et intr.* [*instaurer en tant que mythe; fabriquer des mythes*] mitizzare, miticizzare *tr.*

mythique |mitik| *adj.* mitico*: *héros mythiques* eroi mitici → **fabuleux, imaginaire, légendaire** © **historique, réel.**

mytho- |mitɔ| *préf.* (*signifiant 'fable', correspond généralt. à*) mito: *mythologie* mitologia.

mythographe |mitɔgʀaf| *s.m.* mitografo.

mythographie |mitɔgʀafi| *s.f.* mitografia.

mythographique |mitɔgʀafik| *adj.* mitografico*.

mythologie |mitɔlɔʒi| *s.f.* **1** mitologia*: *mythologie grecque* mitologia greca **2** [*ensemble de mythes* (3)] mitologia, mitizzazione: *mythologie d'une vedette* mitologia, mitizzazione di un divo (una diva).

mythologique |mitɔlɔʒik| *adj.* mitologico*: *divinités mythologiques* divinità mitologiche.

mythologue |mitɔlɔg| *s.* mitologo*.

mythomane |mitɔman| *adj. et s.* mitomane.

mythomanie |mitɔmani| *s.f.* mitomania.

mytil(i)- |mitil(i)|, **mytil(o)-** |mitil(ɔ)| *préf.* (*signifiant 'coquillage, moule', correspondent généralt. à*) mitil(i); mitil(o): *mytiliculture* mitilicoltura ‖ *mytilotoxine* mitilotossina.

mytiliculteur |mitilikyltœʀ| *s.m.* mitilicoltore.

mytiliculture |mitilikyltyʀ| *s.f.* mitilicoltura.

mytilotoxine |mitilɔtɔksin| *s.f.* (*physiol.*) mitilotossina.

myxœdémateux, euse |miksedematø, øz| *adj.* (*méd.*) mixedematoso ◆ (*s.*) *un myxœdémateux* un soggetto *m.* mixedematoso *adj.*

myxœdème |miksedɛm| *s.m.* (*méd.*) mixedema.

myxomatose |miksɔmatoz| *s.f.* (*vétér.*) mixomatosi *inv.*

myxome |miksom| *s.m.* (*méd.*) mixoma.

Myxomycètes |miksɔmisɛt| *s.m. pl.* (*t.bot.*) Mixomiceti.

myxosarcome |miksɔsaʀkom| *s.m.* (*méd.*) mixosarcoma.

N

n |ɛn| *s.m.* **1** [*quatorzième lettre de l'alphabet*] n (*m. ou f.*): *n minuscule* n minuscolo; *N majuscule* N maiuscola ◇ (*télécom.*): (*en France*) *N comme Nicolas*; (*en Belgique*) *N comme Napoléon* N come Napoli **2** (*emplois conventionnels*): *N* (*abrév. de 'Nord'*) N ~ (*chim., symb. de l'azote*) N ~ *n* (*gram., abrév. de 'nom'*) n. ~ (*math., nombre indéterminé*) n.

n' |n| → **ne.**

na! |na| *interj. fam.* (*renforçant une affirmation ou une négation*) ecco!: *c'est bien fait pour lui, na!* ben gli sta, ecco!

nabab |nabab| *s.m.* **1** (*hist.*) nababbo **2** [*personnage très riche*] nababbo.

nabi |nabi| *s.m.* **1** (*relig. hébr.*) profeta **2** (*bx-arts*) nabis *inv.*

nabot, ote |nabo, ɔt| *s. et adj.* [*personne de très petite taille*] nanerottolo → **nain.**

nacarat |nakaʀa| *s.m.* (*littér.*) (color) rosso chiaro.

nacelle |nasɛl| *s.f.* **1** [*panier ou coque fixée sous un aérostat*] navicella **2** (*chim.*) navicella.

nacre |nakʀ(ə)| *s.f.* [*substance à reflets irisés qui tapisse intérieurement la coquille de certains mollusques*] madreperla: *boutons de nacre* bottoni di madreperla.

nacré, ée |nakʀe| *adj.* [*qui a l'aspect irisé de la nacre*] color madreperla, madreperlaceo: *vernis à ongles nacré* smalto color madreperla.

nacrer |nakʀe| *v.tr.* (*techn.*) [*traiter* (*les fausses perles*) *de façon à leur donner l'aspect de la nacre*] rendere (105) madreperlaceo.

nadir |nadiʀ| *s.m.* (*astron.*) nadir *inv.*

nævus |nevys|, *pl.* **nævi** |nevi| *s.m.* [*nom générique de taches ou lésions de la peau, presque toujours congénitales*] neo, nevo (*rare*).

nagaïka |nagaika|, **nahaïka** |nahaika| *s.f.* (*russe*) nagaica*.

nâgari |nɑgaʀi| *s.f.* [*forme d'écriture du sanscrit demeurée usuelle*] devanagari *inv.*

nage |naʒ| *s.f.* **1** [*action, manière de ramer*] voga*: *nage à couple* voga di coppia # *chef de nage* capovoga **2** [→ NAGER A 2] nuoto (*m.*): *nage sur le dos* nuoto sul dorso; *nage sous-marine* nuoto subacqueo → **natation** # *nage libre* stile libero ◇ (*loc. adv.*) *à la nage* a nuoto: *traverser une rivière à la nage* traversare un fiume a nuoto **3** (*loc. fig.*) *être en nage* essere tutto sudato, in un bagno di sudore.

nageoire |naʒwaʀ| *s.f.* [*organe qui sert d'appareil propulseur aux poissons et à certains animaux marins*] pinna.

nager |naʒe| (3) **A** *v.intr.* **1** (*mar.*) [*ramer, aller à l'aviron*] vogare: *nager à culer* vogare all'indietro **2** [*se mouvoir sur ou dans l'eau par des mouvements appropriés*] nuotare: *nager comme un poisson* nuotare come un pesce; *nager sous l'eau* nuotare sott'acqua ◇ (*fig.*) *il sait nager* sa destreggiarsi, sa cavarsela **3** [*être plongé dans un liquide*] nuotare, galleggiare: *les carottes nageaient dans le bouillon* le carote galleggiavano nel brodo **4** (*fig.*) [*être dans la plénitude d'un sentiment*] nuotare, sguazzare: *nager dans la joie* sguazzare nella contentezza, essere al settimo cielo **5** (*fam.*) [*être au large* (*dans ses vêtements*)] sguazzare: *il nage dans son costume* nel suo vestito ci sguazza **6** [*être dans l'embarras*] essere (96) (*aux.* essere) in imbarazzo, navigare in alto mare; *je ne comprends pas, je nage complètement* non capisco, sono proprio in imbarazzo, navigo in alto mare **B** *v.tr.* [*pratiquer* (*un genre de nage*); *parcourir* (*à la nage*), *disputer* (*une épreuve de nage*)] nuotare: *nager le crawl* nuotare, battere il crawl; *nager un cent mètres* nuotare i cento metri.

nageur, euse |naʒœʀ, øz| *s.* **1** [*rameur*] vogatore* **2** [*personne qui nage, qui sait nager*] nuotatore*: *c'est un bon nageur* è un buon nuotatore # *maître nageur* bagnino **3** (*fig.*) *c'est un nageur* [*un combinard*] è un drittone.

naguère |nagɛʀ| *adv.* (*littér.*) [*il y a peu de temps*] non molto tempo fa *loc. inv.* (*cour.*) → **récemment.**

naïade |najad| *s.f.* **1** (*mythol.*) naiade **2** (*littér.*, *plais.*) naiade **3** (*t. bot.*) naiade.

naïf, naïve |naif, naiv| *adj.* **1** [*qui est plein de confiance et de simplicité par ignorance, par inexpérience*] ingenuo: *un garçon naïf* un ragazzo ingenuo; *foi naïve* fede ingenua; *candeur naïve* candore ingenuo **2** [*qui est d'une crédulité, d'une confiance excessive, irraisonnée*] ingenuo: *je ne suis pas assez naïf pour y croire* non sono così ingenuo da crederci → **crédule, niais** ◆ (*s.*) *vous me prenez pour un naïf!* (lei) mi prende per un ingenuo! **3** [*naturel, spontané*] naturale, spontaneo: *une joie naïve* una gioia naturale, spontanea ◇ (*par ext.*) *art naïf* arte 'naïf' (*inv.*); *peintre naïf* pittore 'naïf' ◆ (*s.*) *les naïfs* i 'naïf' ⓒ 1 **malicieux, retors.**

nain, naine |nɛ̃, nɛn| **I** *s.* **1** [*personne d'une taille anormalement petite ou atteinte de nanisme*] nano → **nabot** ◇ (*spécialt.*) *Blanche-Neige et les sept nains* Biancaneve e i sette nani **2** (*fig.*) nano **II** *adj.* **1** *il est petit mais il n'est pas nain* è basso ma non è nano **2** (*par anal.*) nano: *arbre nain* albero nano **3** (*astron.*) *étoiles naines* stelle nane ⓒ II 2 **géant.**

naissain |nɛsɛ̃| *s.m.* [*embryons ou larves des huîtres et des moules d'élevage*] larve *f. pl.*, embrioni *pl.* (di cozze, ecc.).

naissance |nɛsɑ̃s| *s.f.* **1** [*commencement de la vie hors de l'organisme maternel ou de l'œuf*] nascita: *date et lieu de naissance* data e luogo di nascita ◇ *loc.* DE NAISSANCE di nascita, della nascita: *aveugle de naissance* cieco dalla, di nascita ◇ (*dr.*) *acte, extrait de naissance* atto, certificato di nascita **2** [*enfantement*] nascita: *naissance avant terme* nascita prematura; *contrôle des naissances* controllo delle nascite; *le nombre des naissances a augmenté* il numero delle nascite è aumentato **3** [*origine, extraction*] nascita: *de haute naissance* di nobile nascita **4** [*commencement, apparition*] nascita, origine: *la naissance d'une science* la nascita di una scienza; *c'est dans ce quartier que l'émeute a pris naissance* è in questo quartiere che la sommossa ha avuto origine, è nata **5** [*point, endroit où commence qqch.*] *la naissance du cou* la base del collo; *la naissance d'un fleuve* la sorgente di un fiume; *la naissance des cheveux* l'attaccatura dei capelli.

naissant, ante |nɛsɑ̃, ɑ̃t| *adj.* **1** (*blas.*) → **issant** **2** (*littér.*) [*qui commence à apparaître, à se développer*] nascente, incipiente; che spunta (*loc.*): *jour naissant* giorno nascente ‖ *barbe naissante* barba che spunta **3** (*chim.*) *état naissant* stato nascente.

naître |nɛtʀ(ə)| (74) *v.intr.* (*aux.* 'être') **I** **1** [*venir au monde*] nascere (158); venire (202) al mondo, alla luce: *un enfant qui vient de naître* un bambino appena nato; *il est né à Paris en 1930* è nato a Parigi nel 1930 ◆ (*impers.*) *il naît plus de filles que de garçons* nascono più femmine che maschi ◇ *loc.* ÊTRE NÉ DE essere nato da: *il est né d'un père français et d'une mère anglaise* è nato da padre francese e madre inglese ~ *être né pour* essere nato, fatto per ~ *je ne suis pas né d'hier* non sono mica nato ieri **2** (*littér.*) NAÎTRE À nascere a: *naître à l'amour* nascere all'amore **II** **1** [*commencer à exister*] nascere: *de nouvelles industries sont nées* sono nate nuove industrie **2** *loc.* NAÎTRE DE [*être causé par*] nascere da: *le bien naît parfois de l'excès du mal* talvolta il bene nasce dall'eccesso del male **3** [*commencer à se manifester, apparaître*] nascere, spuntare: *le jour naissait* il giorno nasceva, spuntava il giorno ⓒ I 1 **mourir.**

naïvement |naivmɑ̃| *adv.* [→ NAÏF 1, 2] ingenuamente.

naïveté |naivte| *s.f.* **1** (*littér.*) [*simplicité, grâce naturelle empreinte de confiance et de sincérité*] ingenuità *inv.* (*cour.*), semplicità *inv.* (*cour.*) → **candeur** **2** [*excès de confiance, de crédulité*] ingenuità ⓒ 2 **méfiance.**

naja |naʒa| *s.m.* (*t.zool.*) naia *f.*
nana |nana| *s.f.* (*pop.*) [*femme*] ragazza (*cour.*): *une belle nana* una bella ragazza.
nanan |nanɑ̃| *s.m.* (*dans la loc.*) *c'est du nanan* [*c'est exquis, très agréable*] è una delizia *f.*, è una squisitezza *f.*
nandou |nɑ̃du| *s.m.* (*t.zool.*) nandù *inv.*
nanisme |nanism(ə)| *s.m.* (*méd.*) nanismo.
nankin |nɑ̃kɛ̃| *s.m.* [*toile de coton unie, souvent jaune*] nanchino.
nano- |nanɔ| *préf.* (*sc.*) (*signifiant 'nain, un milliardième', correspond généralt. à*) nano: *nanoseconde* nanosecondo.
nano(-)seconde |nanɔsgɔ̃d| *s.f.* (*phys.*) nanosecondo *m.*
nansouk, nanzouk |nɑ̃zuk| *s.m.* tela *f.* di cotone leggera e setacea.
nanti, ie |nɑ̃ti| *adj.* [*qui est bien pourvu*] (ben) provvisto ◇ (*spécialt.*) [*riche*] ricco* ◆ (*s.*) *les nantis* i ricchi.
nantir |nɑ̃tiʀ| *v.tr.* **1** [*mettre en possession* (*de qqch.*)] fornire (197): *nantir un voyageur de provisions* fornire di provviste un viaggiatore **2** → **nanti.**
nantissement |nɑ̃tismɑ̃| *s.m.* [*garantie en nature que le débiteur remet à un créancier*] pegno, cauzione (*f.*): *prêt sur nantissement* prestito su pegno, su garanzia → **gage.**
naos |naɔs| *s.m.* (*gr.*) (*archéol.*) naos *inv.*
napalm |napalm| *s.m.* napalm (*inv.*): *bombe au napalm* bomba al napalm.
napée |nape| *s.f.* (*mythol.*) napea.
napel |napɛl| *s.m.* (*t.bot.*) napello.
naphtalène |naftalɛn| *s.m.* (*chim.*) naftalene.
naphtaline |naftalin| *s.f.* (*chim.*) naftalina.
naphte |naft(ə)| *s.m.* (*chim.*) nafta *f.*
naphtène |naftɛn| *s.m.* (*chim.*) naftene.
naphtol |naftɔl| *s.m.* (*chim.*) naftolo.
naphtylamine |naftilamin| *s.f.* (*chim.*) naftilammina.
napoléon |napɔleɔ̃| *s.m.* [*anc. pièce d'or*] napoleone.
napoléonien, ienne |napɔleɔnjɛ̃, jɛn| *adj.* napoleonico*: *épopée napoléonienne* epopea napoleonica.
napolitain, aine |napɔlitɛ̃, ɛn| **1** *adj.* [*de Naples*] napoletano: *chansons napolitaines* canzoni napoletane ◇ (*spécialt.*) *tranche napolitaine* [*glace*] cassata (napoletana) **2** (*s.m.*) *le napolitain* [*le dialecte*] il napoletano.
nappage |napaʒ| *s.m.* biancheria *f.* da tavola, tovagliato.
1 **nappe** |nap| *s.f.* [*linge qui sert à couvrir la table du repas*] tovaglia: *la nappe et les serviettes* la tovaglia e i tovaglioli; *nappe à thé* tovaglia da tè ◇ (*liturg.*) *nappe d'autel* tovaglia d'altare.
2 **nappe** |nap| *s.f.* **1** [*vaste couche ou étendue plane* (*de fluide*)] *une nappe de brouillard* un banco* *m.*, una coltre di nebbia; *une nappe d'eau* uno specchio* *m.*, una distesa d'acqua **2** (*géol.*, *géogr.*) falda: *nappe d'eau souterraine* falda d'acqua sotterranea; *nappe de charriage* falda di carreggiamento **3** (*géom.*) falda.
napper |nape| *v.tr.* **1** [*couvrir comme d'une nappe*] coprire (186) (con una tovaglia) ◆ (*au p.p.*) *une table nappée* una tavola (coperta) con tovaglia **2** (*cuis.*) [*recouvrir* (*une viande, un gâteau*) *d'une couche de sauce, de gelée, etc.*] ricoprire (186) (di salsa, gelatina, ecc.).
napperon |napʀɔ̃| *s.m.* **1** [*petit linge de table servant à protéger ou décorer la table ou la nappe*] tovaglietta *f.* **2** [*petit linge décoratif qui sert à isoler un objet du meuble qui le supporte*] centrino.
narcéine |naʀsein| *s.f.* (*chim.*) narceina.
narcisse |naʀsis| *s.m.* **1** (*t.bot.*) narciso **2** (*littér.*, *fig.*) narciso, vanesio *s.*
narcissique |naʀsisik| *adj.* [*inspiré par le narcissisme, qui relève du narcissisme*] narcisistico* ◆ (*s.*) *un narcissique* un narcisista ◇ (*psychan.*) *stade narcissique infantile de la sexualité* stadio narcisistico infantile della sessualità.
narcissisme |naʀsisism(ə)| *s.m.* (*psychan.*, *cour.*) narcisismo.
narco- |naʀkɔ| *préf.* (*signifiant 'engourdissement', correspond généralt. à*) narco: *narcolepsie* narcolessia.
narco-analyse |naʀkɔanaliz| *s.f.* (*méd.*) narcoanalisi *inv.*
narcolepsie |naʀkɔlɛpsi| *s.f.* (*méd.*) narcolessia.
narcose |naʀkoz| *s.f.* (*méd.*) narcosi *inv.*
narcothérapie |naʀkɔteʀapi| *s.f.* (*méd.*) narcoterapia.
narcotine |naʀkɔtin| *s.f.* (*chim.*) narcotina.
narcotique |naʀkɔtik| *adj. et s.m.* narcotico*.
narcotiser |naʀkɔtize| *v.tr.* [*soumettre à l'action d'un narcotique*] narcotizzare: *narcotiser un malade* narcotizzare un malato.
nard |naʀ| *s.m.* (*t.bot.*) nardo.
narguer |naʀge| *v.tr.* [*braver avec un mépris moqueur*] schernire (197), ridere (130) *intr.* di; sfidare: *narguer ses supérieurs* schernire i propri superiori, ridere dei propri superiori || *narguer le danger* sfidare il pericolo.
narguilé |naʀgile|, **narghileh** |naʀgilɛ| *s.m.* narghilè *inv.*
narine |naʀin| *s.f.* [*chacun des deux orifices extérieurs du nez*] narice.
narquois, oise |naʀkwa, waz| *adj.* **1** (*vx.*) → **filou, rusé** **2** [*qui est à la fois moqueur et malicieux*] beffardo, canzonatorio*: *un sourire narquois* un sorriso beffardo, canzonatorio → **ironique, railleur** ◇ (*personnes*) *il est un peu narquois* è un po' beffardo.
narquoisement |naʀkwazmɑ̃| *adv.* [→ NARQUOIS 2] beffardamente, in modo canzonatorio *loc. inv.*
narrateur, trice |naʀatœʀ, tʀis| *s.* narratore* → **conteur, historien.**
narratif, ive |naʀatif, iv| *adj.* narrativo: *style narratif* stile narrativo.
narration |naʀɑsjɔ̃| *s.f.* **1** narrazione → **récit, exposé** ◇ (*gram.*) *infinitif de narration* infinito narrativo *adj.*, storico* *adj.* **2** [*exercice scolaire qui consiste à développer un sujet*] tema *m.*, componimento *m.* → **rédaction.**
narré |naʀe| *s.m.* (*vx.*) → **récit.**
narrer |naʀe| *v.tr.* (*littér.*) [*raconter*] narrare (*cour.*): *narrer l'histoire de qqn.* narrare la storia di qc.
narthex |naʀtɛks| *s.m.* (*archit.*) nartece.
narval, als |naʀval| *s.m.* (*t.zool.*) narvalo.
nasal, ale, aux |nazal, o| *adj.* **1** nasale: *fosses nasales* fosse nasali **2** (*phonét.*) nasale: *voyelles nasales* vocali nasali ◆ (*s.f.*) *une nasale* una nasale.
nasalisation |nazalizɑsjɔ̃| *s.f.* (*phonét.*) nasalizzazione.
nasaliser |nazalize| *v.tr.* (*phonét.*) [*rendre nasal* (*un son, une prononciation*)] nasalizzare.
nasalité |nazalite| *s.f.* nasalità *inv.*
nasard |nazaʀ| *s.m.* (*mus.*) nasardo.
nasarde |nazaʀd(ə)| *s.f.* (*vx.*, *littér.*) **1** [*chiquenaude sur le nez*] buffetto *m.* (sul naso) **2** (*fig.*) [*coup de patte, camouflet*] affronto *m.*, umiliazione.
nase, naze |naz| *s.m.* (*pop.*) → **nez.**
naseau |nazo| *s.m.* [*narine de certains grands mammifères*] narice *f.*
nasillard, arde |nazijaʀ, aʀd(ə)| *adj.* [*qui nasille, vient du nez*] nasale: *voix nasillarde* voce nasale.
nasillement |nazijmɑ̃| *s.m.* **1** [→ NASILLER 1] pronuncia* *f.* nasale ◇ (*méd.*) rinolalia *f.* chiusa **2** verso dell'anatra.
nasiller |nazije| *v.intr.* **1** [*parler du nez*] parlare col naso **2** (*sujet de chose*) [*faire entendre des sons nasillards*] produrre (108) *tr.* suoni nasali **3** (*canard*) [*pousser son cri*] schiamazzare.
nasilleur, euse |nazijœʀ, øz| *s.* persona *f.* che parla col naso.
nasique |nazik| *s.m.* (*t.zool.*) nasica *inv.*
nasitort |nazitɔʀ| *s.m.* → **cresson (alénois).**
nasonnement |nazɔnmɑ̃| *s.m.* **1** (*phonét.*) pronuncia* *f.* nasale **2** (*méd.*) rinolalia *f.* aperta.
nasse |nas| *s.f.* (*chasse, pêche*) nassa.
nastie |nasti| *s.f.* (*bot.*) nastia.
natal, ale, als |natal| *adj.* natale, natio*: *ma maison natale* la mia casa natale, natia; *le pays natal* il paese natale, natio.
nataliste |natalist(ə)| *adj.* [*qui cherche à favoriser, à augmenter la natalité*] demografico*: *politique nataliste* politica demografica.
natalité |natalite| *s.f.* natalità *inv.*
natation |natɑsjɔ̃| *s.f.* [*exercice, sport de la nage*] nuoto (*m.*): *pratiquer la natation* fare del nuoto.
natatoire |natatwaʀ| *adj.* **1** (*rare*) natatorio* **2** (*zool.*) *vessie natatoire* vescica natatoria.
natice |natis| *s.f.* (*t.zool.*) natica*.
natif, ive |natif, iv| *adj.* **1** NATIF DE (*tel lieu*) originario*, nativo di (un luogo): *elle est native de Marseille* è originaria, nativa di Marsiglia **2** [*qu'on a de naissance*] innato: *noblesse native* nobiltà innata → **inné, naturel** **3** (*minér.*) *cuivre natif* rame nativo.
nation |nɑsjɔ̃| *s.f.* nazione ◇ (*spécialt.*) *Organisation des Nations Unies* (*O.N.U.*) Organizzazione delle Nazioni Unite (O.N.U.).
national, ale, aux |nasjɔnal, o| *adj.* nazionale: *territoire national* territorio nazionale; *fête nationale* festa nazionale; *l'Assemblée nationale* l'Assemblea nazionale; *équipe nationale de football* squadra nazionale di calcio ◆ (*s.f.*) *la* (*route*) *nationale* (*R.N.*) la (strada) statale (S.S.) ◆ (*s.*) *les nationaux* (*d'un pays*) i cittadini (di un paese) Ⓒ **étranger, international.**

nationalisation |nasjɔnalizɑsjɔ̃| *s.f.* nazionalizzazione.

nationaliser |nasjɔnalize| *v.tr.* [*opérer la nationalisation de*] nazionalizzare ✦ (*au p.p.*) *entreprises nationalisées* imprese nazionalizzate.

nationalisme |nasjɔnalism(ə)| *s.m.* nazionalismo.

nationaliste |nasjɔnalist(ə)| *adj.* nazionalista, nazionalistico*: *une politique nationaliste* una politica nazionalista ✦ (*s.*) *les nationalistes* i nazionalisti.

nationalité |nasjɔnalite| *s.f.* cittadinanza, nazionalità (*inv.*): *nationalité d'origine* cittadinanza, nazionalità di origine; *il est de nationalité allemande* ha la cittadinanza tedesca, è di nazionalità tedesca.

national-socialisme |nasjɔnalsɔsjalism(ə)| *s.m.* (*polit.*) nazionalsocialismo.

national-socialiste |nasjɔnalsɔsjalist(ə)| *adj. et s.* (*polit.*) nazionalsocialista.

nativement |nativmɑ̃| *adv.* [*par l'effet d'une disposition native*] per natura *loc. inv.*

nativisme |nativism(ə)| *s.m.* (*philo.*) nativismo, innatismo.

nativiste |nativist(ə)| *s.* nativista ✦ *adj.* (*philo.*) nativistico*, innatistico*.

nativité |nativite| *s.f.* (*relig. chrét.*) natività *inv.* ◇ [*fête anniversaire commémorant la naissance du Christ*] Natività → **noël.**

natron |natʀɔ̃|, **natrum** |natʀɔm| *s.m.* (*minér.*) natron *inv.*

natte |nat| *s.f.* **1** [*pièce d'un tissu fait de brins végétaux entrelacés à plat, servant de tapis, de couchette*] stuoia: *natte de paille* stuoia di paglia **2** [*tresse de cheveux*] treccia*.

natté |nate| *s.m.* **1** 'natté' *inv.* **2** [*petit pain fait de rubans de pâte tressés*] treccia* *f.*

natter |nate| *v.tr.* [*entrelacer, tresser*] intrecciare: *natter de la soie* intrecciare della seta; *natter ses cheveux* intrecciarsi i capelli, farsi le trecce.

nattier, ière |natje, jɛʀ| *s.* fabbricante, commerciante di stuoie.

naturalisation |natyʀalizɑsjɔ̃| *s.f.* **I 1** naturalizzazione: *demande de naturalisation* domanda di naturalizzazione **2** [*acclimatation durable d'une espèce végétale ou animale*] acclimatazione **II** [*empaillage d'un animal*] tassidermia, impagliatura.

naturaliser |natyʀalize| *v.tr.* **I 1** [*assimiler* (*qqn.*) *aux nationaux d'un État*] naturalizzare ✦ (*au p.p.*) *un français naturalisé* un francese naturalizzato **2** [*acclimater de façon durable* (*une espèce végétale ou animale*)] acclimatare **II** [*conserver* (*un animal*) *par naturalisation*] impagliare; conservare (con sistema tassidermico).

naturalisme |natyʀalism(ə)| *s.m.* (*peint., philo.*) naturalismo.

1 **naturaliste** |natyʀalist(ə)| *adj.* (*peint., philo.*) naturalistico*: *école naturaliste* scuola naturalistica.

2 **naturaliste** |natyʀalist(ə)| *s.* naturalista.

naturalité |natyʀalite| *s.f.* naturalità *inv.*

naturante |natyʀɑ̃t| *adj. f.* (*philo.*) *nature naturante* natura naturante.

nature |natyʀ| *s.f.* **I 1** [*ensemble des caractères qui définissent un être*] natura: *la nature d'une substance, d'un bien* la natura di una sostanza, di un bene; *la nature d'un sentiment* la natura di un sentimento ◇ (*théol.*) natura ◇ *loc.* DE NATURE À [*propre à*] tale *adj.* da, atto *adj.* a: *ces résultats sont de nature à bouleverser n'importe quelle conscience* questi risultati sono tali da sconvolgere ogni coscienza **2** LA NATURE DE QQN., UNE NATURE [*ensemble des éléments innés d'un individu*] il carattere *m.*, l'indole di qc.; un carattere, un'indole: *elle est d'une nature douce* ha un carattere, un'indole mite; è dolce di, per natura → **caractère** # *il est travailleur par nature* è un lavoratore nato ◇ (*loc.*) *selon nature* secondo natura ~ *l'habitude est une seconde nature* l'abitudine è una seconda natura **3** [*personne, du point de vue du caractère*] *une nature violente* un tipo *m.* violento → **tempérament**; *une bonne nature* un brav'uomo *m.*, una brava donna; *c'est une heureuse nature* è un cuor *m.* contento; *c'est une nature* ha una forte personalità **II 1** [*principe qui anime, organise l'ensemble de ce qui existe selon un certain ordre*] natura: *les lois, les secrets de la nature* le leggi, i segreti della natura; *vices contre nature* vizi contro natura # *les liens de la nature* i legami naturali **2** [*tout ce qui existe sur la Terre hors de l'homme et de ses œuvres*] natura: *les forces de la nature* le forze della natura; *protégez la nature* proteggete la natura # *les sciences de la nature* le scienze naturali ◇ [*le paysage, source d'émotion esthétique*] *il adore la nature* adora la natura; *la nature est belle, dans ces montagnes* la natura è bella, fra queste montagne **3** (*loc. fam.*) *il a disparu dans la nature* è scomparso nel nulla (*cour.*) **4** *loc.* D'APRÈS NATURE [*d'après un modèle naturel*] dal vero: *dessiner, dipingere d'après nature* disegnare, dipingere dal vero ~ GRANDEUR NATURE in, a grandezza naturale: *un modèle grandeur nature* un modello in, a grandezza naturale **5** *loc.* EN NATURE in natura: *payer en nature* pagare in natura **III 1** *adj. inv.* [*préparé simplement*] *entrecôte nature* costoletta senza contorno (*loc. inv.*); *un thé nature* un tè liscio* (*var.*); *un café nature* un caffè nero (*var.*); *des huîtres nature* ostriche al naturale *loc. inv.* **2** (*pop.*) → **naturellement 3** (*fam.*) → **naturel.**

naturel |natyʀɛl| *s.m.* **1** [*ensemble des caractères physiques et moraux d'un individu*] indole *f.*, carattere: *il est d'un naturel méfiant, généreux* è di indole diffidente, generosa; è diffidente, generoso di, per natura → **caractère, nature, tempérament** ◇ (*prov.*) *chassez le naturel, il revient au galop* è inutile andare contro natura; il lupo perde il pelo ma non il vizio **2** [*aisance avec laquelle on se comporte*] naturalezza (*f.*): *il s'exprime avec beaucoup de naturel* si esprime con molta naturalezza **3** *loc.* AU NATUREL al naturale: *thon au naturel* tonno al naturale; [*en réalité*] *elle est mieux au naturel qu'en photo* è meglio al naturale, di persona che in fotografia.

naturel, elle |natyʀɛl| *adj.* **I 1** [*qui appartient à la nature d'un être, d'une chose*] naturale: *caractères naturels* caratteri naturali **2** [*relatif à la nature* (II)] naturale: *phénomènes naturels* fenomeni naturali; *frontières naturelles* confini naturali **3** [*qui n'a pas été fabriqué, modifié par l'homme*] naturale: *eau minérale naturelle* acqua minerale naturale; *soie naturelle* seta naturale → **brut, pur 4** [*qui est considéré comme conforme à l'ordre de la nature* (II 1)] naturale: *un sentiment naturel* un sentimento naturale; *mais c'est naturel, tout naturel* ma è naturale, del tutto naturale → **normal 5** *enfant naturel* figlio naturale **II 1** [*relatif à la nature humaine, à la vie*] naturale: *besoins naturels* bisogni naturali **2** [*qui est inné en l'homme*] naturale: *penchant, goût naturel* inclinazione, gusto naturale; *ce comportement lui est naturel* è un comportamento che gli è naturale, connaturato **3** [*qui appartient réellement à qqn., n'a pas été modifié*] naturale: *mort naturelle* morte naturale; *c'est son teint naturel* è il suo colorito naturale **4** [*qui exclut toute affectation*] naturale: *une attitude naturelle* un atteggiamento naturale → **spontané, sincère** ◇ (*personnes*) *elle est tout à fait naturelle* è del tutto naturale, spontanea Ⓒ I 3 **artificiel**; II 4 **affecté.**

naturellement |natyʀɛlmɑ̃| *adv.* **I 1** [*conformément aux lois naturelles*] naturalmente: *elle est naturellement blonde* è naturalmente bionda, è bionda naturale **2** [*par un enchaînement logique ou naturel*] naturalmente: *on doit naturellement conclure que...* si deve naturalmente concludere che... → **inévitablement, nécessairement 3** [*avec naturel*] con naturalezza (*loc. inv.*): *il joue très naturellement* suona con molta naturalezza **II** (*fam.*) [*forcément, bien sûr*] naturalmente: *naturellement il a oublié son livre* naturalmente ha dimenticato il libro.

nature morte |natyʀmɔʀt(ə)| *s.f.* natura morta: *un peintre de nature(s) morte(s)* un pittore di nature morte.

naturisme |natyʀism(ə)| *s.m.* naturismo.

naturiste |natyʀist(ə)| *s.* naturista ✦ *adj.* naturista, naturistico*: *revue naturiste* rivista naturista, naturistica.

nauclée |nokle| *s.f.* (*t.bot.*) nauclea.

naucore |nokɔʀ| *s.f.* (*t.zool.*) naucoride *m.*

naufrage |nofʀaʒ| *s.m.* **1** naufragio*: *le bateau a fait naufrage* la nave ha fatto naufragio, è naufragata ◇ (*par ext.*) *ce marin a fait naufrage deux fois* quel marinaio ha subito due naufragi ◇ (*fig.*) *faire naufrage au port* naufragare in porto **2** (*fig.*) [*ruine totale*] naufragio: *naufrage des espoirs, des projets* naufragio delle speranze, dei progetti.

naufragé, ée |nofʀaʒe| *adj.* naufragato: *marin naufragé* marinaio naufragato ✦ (*s.*) *un naufragé* un naufrago*.

naufrager |nofʀaʒe| (3) *v.intr.* (*rare*) [*faire naufrage*] naufragare (*aux.* essere, avere) (*cour.*).

naufrageur |nofʀaʒœʀ| *s.m.* **1** (*ancienn.*) pirata (che faceva naufragare le navi con falsi segnali) **2** (*fig.*) demolitore: *les naufrageurs de l'État* i demolitori dello Stato.

naumachie |nomaʃi| *s.f.* (*antiq.*) naumachia.

naupathie |nopati| *s.f.* (*méd.*) naupatia, mal *m.* di mare (*cour.*).

nauplius |noplijys| *s.m.* (*lat.*) (*t. zool.*) nauplio*.

nauséabond, onde |nozeabɔ̃,

ɔ̃d| *adj.* **1** nauseabondo: *odeur nauséabonde* odore nauseabondo → **fétide** **2** (*fig.*) nauseante, nauseabondo: *propositions nauséabondes* proposte nauseanti, nauseabonde.

nausée |noze| *s.f.* nausea: *avoir la nausée, des nausées* avere (la) nausea, delle nausee → **haut-le-cœur** ◇ (*fig.*) *j'en ai la nausée* ne ho la nausea, ne sono nauseato.

nauséeux, euse |nozeø, øz| *adj.* [*qui provoque des nausées*] nauseante, nauseabondo.

-naute |not| *suff.* (*signifiant 'navigateur', correspond généralt. à*) nauta: *aéronaute* aeronauta.

nautile |notil| *s.m.* (*t.bot.*) nautilo.

-nautique |notik| *suff.* (*signifiant 'relatif à la navigation', correspond généralt. à*) nautico *adj.*; nautica (*s.f.*): *aéronautique* aeronautico; aeronautica.

nautique |notik| *adj.* nautico*: *cartes nautiques* carte nautiche; *sports nautiques* sport nautici; *ski nautique* sci nautico, sci d'acqua.

nautisme |notism(ə)| *s.m.* [*sports nautiques; surtout, navigation de plaisance*] nautica* *f.*

nautonier, ière |notɔnje, jɛʀ| *s.* → **nocher.**

navaja |navax(ʒ)a| *s.f.* (*esp.*) navaja *var.*

naval, ale, als |naval| *adj.* **1** navale: *constructions navales* costruzioni navali; *chantier naval* cantiere navale → **maritime** # *l'industrie des constructions navales, des chantiers navals* l'industria cantieristica **2** [*relatif à la mar. milit.*] navale: *forces navales* forze navali; *École navale* Accademia navale ♦ (*s.f.*) *il est élève de Navale* è allievo dell'Accademia navale.

navarin |navaʀɛ̃| *s.m.* (*cuis.*) stufato di montone.

navarque |navaʀk(ə)| *s.m.* (*antiq. gr.*) navarca*.

navarrais, aise |navaʀɛ, ɛz| *adj.* [*de Navarre*] navarrese.

navet |navɛ| *s.m.* **1** (*t.bot.*) navone **2** (*fam.*) [*œuvre d'art sans valeur*] (*tableau*) crosta *f.*; (*film*) pizza *f.*

1 **navette** |navɛt| *s.f.* **1** navetta, spola ◇ (*dans une machine à coudre*) spoletta ◇ (*mar.*) bozzello *m.* **2** (*liturg.*) navicella **3** (*loc. fig.*) *faire la navette* fare la spola, fare la navetta ◇ (*astronautique*) *navette spatiale* navetta spaziale.

2 **navette** |navɛt| *s.f.* (*t.bot.*) navone *m.*, ravizzone *m.*

navetteur, euse |navetœʀ, øz| *s.* [*personne qui fait régulièrement la navette* (*par un moyen de transport collectif*) *entre son domicile et son lieu de travail*] pendolare.

navicert |navisɛʀ| *s.m.* (*angl.*) (*comm., mar.*) navicert *inv.*

naviculaire |navikylɛʀ| *adj.* (*anat.*) *os naviculaire* osso navicolare.

navicule |navikyl| *s.f.* (*t.bot.*) navicula.

navigabilité |navigabilite| *s.f.* navigabilità *inv.*

navigable |navigabl(ə)| *adj.* navigabile: *cours d'eau navigable* corso d'acqua navigabile.

navigant, ante |navigɑ̃, ɑ̃t| *adj. et s.* (*aviat., mar.*) navigante: *personnel navigant* personale navigante.

navigateur |navigatœʀ| *s.m.* **1** (*littér.*) navigatore* *s.*, navigante *s.* ♦ (*adj.*) *un peuple navigateur* un popolo di navigatori *loc. inv.*, un popolo navigatore **2** [*membre de l'équipage chargé de faire suivre à un avion une direction determinée*] navigatore **3** (*auto.*) *le navigateur d'un équipage de rallye* il navigatore di un equipaggio di rally.

navigation |navigɑsjɔ̃| *s.f.* **1** navigazione: *navigation maritime, fluviale* navigazione marittima, fluviale; *navigation au long cours* navigazione di lungo corso ◇ (*par ext.*) *lignes, compagnies de navigation* linee, compagnie di navigazione **2** (*aviat., astronautique*) navigazione: *navigation aérienne, spatiale, interplanétaire* navigazione aerea, spaziale, interplanetaria.

naviguer |navige| *v.intr.* **1** (*bateaux et passagers*) [*se déplacer sur l'eau*] navigare **2** [*voyager comme marin sur un bateau*] navigare: *ce mousse n'a pas encore navigué* questo mozzo non ha ancora navigato **3** [*conduire, diriger la marche d'un bateau, d'un avion*] navigare **4** (*fam.*) [*voyager, se déplacer beaucoup, souvent*] viaggiare (*cour.*): *il passe son temps à naviguer* passa il suo tempo a viaggiare **5** (*loc. fig.*) *naviguer entre les écueils* [*éviter habilement les obstacles, les dangers*] sapersi destreggiare tra gli ostacoli.

naviplane |naviplan| *s.m.* [*véhicule de transport amphibie sur coussin d'air*] hovercraft *inv.*, aeroscivolante.

navire |naviʀ| *s.m.* [*grand bateau de fort tonnage, ponté, destiné aux transports sur mer*] nave (*f.*): *navire à vapeur* nave a vapore, piroscafo; *navire de guerre* nave da guerra; *navire de commerce, marchand* nave mercantile; *navire-citerne* nave cisterna; *navire-hôpital* nave ospedale; *navire amiral* nave ammiraglia # *navire à moteur* motonave; *navire pétrolier* petroliera.

navisphère |navisfɛʀ| *s.f.* (*mar.*) navisfera.

navrant, ante |navʀɑ̃, ɑ̃t| *adj.* **1** [*affligeant, désolant, pénible*] pietoso, penoso: *c'est une histoire navrante* è una storia pietosa, penosa **2** [*tout à fait fâcheux*] irritante: *il n'écoute personne, c'est navrant* non ascolta nessuno, è irritante.

navrement |navʀəmɑ̃| *s.m.* (*littér.*) [*profonde tristesse*] accoramento, sconforto (*cour.*).

navrer |navʀe| *v.tr.* **1** (*littér.*) [*affliger profondément*] affliggere (110), addolorare: *ses confidences m'ont navré* le sue confidenze mi hanno addolorato → **attrister, désoler** **2** ÊTRE NAVRÉ (DE) [*être désolé, contrarié* (*par*)] essere spiacente, dispiaciuto di: *il était navré de cet oubli* era spiacente, dispiaciuto per la dimenticanza; *je suis navré de devoir vous refuser ce service* sono spiacente, desolato di dovervi rifiutare questo favore.

nazaréen, éenne |nazaʀeɛ̃, eɛn| *adj.* [*de Nazareth*] nazareno ♦ *s.m.* (*par antonomase*) *le Nazaréen* [*Jésus Christ*] il Nazareno ♦ *s.m. pl.* (*peint.*) *les Nazaréens* i Nazareni.

nazi, ie |nazi| *s. et adj.* nazista.

nazi-fascisme |nazifas(ʃ)ism(ə)| *s.m.* (*polit.*) nazifascismo.

nazi-fasciste |nazifas(ʃ)ist(ə)| *adj. et s.* nazifascista.

nazifier |nazifje| *v.tr.* [*soumettre par la force à la doctrine nazie*] nazificare.

naziréat |naziʀea| *s.m.* (*hist. hébr.*) nazireato.

nazisme |nazism(ə)| *s.m.* (*polit.*) nazismo.

ne |n(ə)| *adv. de négation* (*REM. 1: s'élide en 'n'' devant une voyelle ou un 'h' muet REM. 2: 'ne' précède immédiatement le v. conjugué; seuls les pron. pers. compl. et les adv. 'y' et 'en' peuvent s'intercaler entre 'ne' et le v.*) **I** (*négation*) **1** NE... PAS, NE... POINT, NE... PLUS, NE... GUÈRE, NE... JAMAIS, NE... QUE (*REM. 3: les deux mots précèdent le v. à l'inf.*): *il ne mange pas* non mangia; *il ne veut pas manger* non vuole mangiare; *il n'ira pas* non (ci) andrà; *ne dites pas cela* non dica una cosa simile; *il n'y croit guère* non ci crede gran che; *il ne l'a jamais dit* non l'ha mai detto; *elle n'a que vingt ans* non ha che vent'anni, ha solo vent'anni; *je ne l'ai vu qu'une fois* non l'ho visto che una volta, l'ho visto soltanto una volta; *je souhaite ne pas y aller* desidero non andarci; *j'ai menti pour ne pas lui faire de la peine* ho mentito per non addolorarlo **2** (*avec un adj., un pron. négatif; sans 'pas'*) *je n'ai aucune nouvelle* non ho nessuna notizia; *je n'en ai aucune* non ne ho nessuna; *il ne veut voir personne* non vuole vedere nessuno; *vous ne direz rien* non direte niente; *rien n'est encore décidé* non è stato ancora deciso niente; *nul ne l'ignore* nessuno lo ignora **3** (*avec 'ni'*) *il n'est ni beau ni laid* non è né brutto né bello **4** (*employé seul avec certains v. et avec 'si', style plus élégant*) *je n'ose avouer mon erreur* non oso confessare il mio errore; *nous ne savons s'il viendra* non sappiamo se verrà; *nous ne savons* (*pas*) *que faire* non sappiamo che fare; *je ne peux l'affirmer* non posso affermarlo ◇ (*loc.*) *c'est lui, si je ne me trompe* è lui, se non (mi) sbaglio ~ *je ne sais qui, quoi, comment, où, pourquoi* non so chi, che, come, dove, perché **5** (*toujours employé seul, dans quelques express.*) *n'ayez crainte!* non abbiate paura!; *n'empêche qu'il est furieux* ciò non toglie che sia furente; *on ne peut mieux* meglio non si potrebbe ◇ (*littér.*) *que n'est-il venu?* perché (mai) non è venuto? **II** (*sans négation*) **1** (*dans une phrase affirmative, et après des v. exprimant 'la crainte, l'impossibilité'*) *je crains qu'il ne se fâche* temo che si arrabbi; *pour empêcher qu'il ne se blesse* per evitare che si ferisca **2** (*dans une phrase négative, après des v. exprimant 'le doute' ou 'la négation'*) *je ne doute pas qu'il ne soit intelligent* non dubito che sia intelligente **3** (*avec un comparatif d'inégalité*) *il est plus malin qu'on ne croit* è più furbo di quanto (non) si creda; *je suis moins riche qu'on ne le dit* sono meno ricco di quanto (non) si dica **4** (*avec 'avant que, à moins que'*) *décidez-vous avant qu'il ne soit trop tard* si decida prima che sia troppo tardi; *à moins qu'il ne le sache déjà* a meno che non lo sappia già.

né, née |ne| *adj.* **1** (*littér.*) [*qui est né*] nato: *dernier-né* ultimo nato, ultimogenito; *bien né* bennato, ben nato; *mal né* malnato # *premier-né* primogenito ◇ *loc.* NÉ POUR *l'électronique, les mathématiques* nato per l'elettronica, per la matematica **2** [*de naissance, par un don naturel*] nato: *c'est un comédien-né* è un attore nato.

néandert(h)alien, ienne

|neãdɛʀtaljɛ̃, jɛn| *adj.* (*anthrop.*) neandert(h)aliano.

néanmoins |neãmwɛ̃| *adv. et conj.* [*malgré ce qui vient d'être dit*] comunque, tuttavia: *malgré tous ces malheurs, il reste néanmoins heureux* nonostante tutte queste disgrazie è comunque, nondimeno contento; *néanmoins, rien n'est encore décidé* tuttavia, ciononostante, nulla è ancora deciso → **cependant, pourtant, toutefois.**

néant |neã| *s.m.* **I** **1** (*littér.*) [*chose, être de valeur nulle*] nullità (*f. inv.*): *le néant de qqch.* la nullità di q.c.; *il avait le sentiment de son néant* era cosciente della propria nullità → **faiblesse, misère** **2** [*ce qui n'est pas encore, ou n'existe plus*] nulla, niente: *retour au néant* ritorno al nulla ◇ [*non-être*] *l'être et le néant* l'essere e il non essere **II** **1** (*loc.*) *réduire à néant* ridurre al nulla, annullare; annientare, annichilare **2** NÉANT [*rien à signaler*] nessuno, nulla: *signes particuliers: néant* segni particolari: nessuno.

néantisation |neãtizasjɔ̃| *s.f.* (*philo.*) annichilazione.

néantiser |neãtize| *v.tr.* (*philo.*) [*faire disparaître, anéantir, détruire*] annichilare ◇ (*fig.*) [*éliminer, réduire à rien*] annientare: *il a néantisé son adversaire* ha annientato il suo avversario.

nébulaire |nebylɛʀ| *adj.* (*astron.*) nebulare.

nébuleuse |nebyløz| *s.f.* **1** (*astron.*) nebulosa **2** (*fig.*) costellazione → **amas.**

nébuleusement |nebyløzmã| *adv.* (*rare*) [→ NÉBULEUX 2] nebulosamente: *il s'est exprimé nébuleusement* si è espresso nebulosamente.

nébuleux, euse |nebylø, øz| *adj.* **1** [*obscurci par les nuages*] nuvoloso: *ciel nébuleux* cielo nuvoloso → **nuageux**; (*par le brouillard*) nebbioso → **brumeux** **2** (*fig.*) [*qui manque de clarté, de netteté*] nebuloso, confuso: *idées nébuleuses* idee nebulose, confuse 🄲 1 **clair**; 2 **net, précis.**

nébulisation |nebylizasjɔ̃| *s.f.* nebulizzazione.

nébuliseur |nebylizœʀ| *s.m.* nebulizzatore.

nébulosité |nebylozite| *s.f.* **1** nuvolosità *inv.*, nebulosità (*inv.*): *nébulosité du ciel* nuvolosità, nebulosità del cielo **2** (*fig.*) nebulosità, oscurità (*inv.*): *nébulosité d'une explication* nebulosità, oscurità di una spiegazione.

1 **nécessaire** |nesesɛʀ| **I** *adj.* **1** necessario*: *condition nécessaire et suffisante* condizione necessaria e sufficiente; *l'argent nécessaire pour le voyage* i soldi necessari per il viaggio **2** [*dont l'existence, la présence est requise*] necessario: *les outils nécessaires à l'électricien* gli attrezzi necessari all'elettricista → **indispensable, utile** ♦ (*impers.*) *il devient nécessaire de prendre une décision* diventa necessario prendere una decisione **3** [*dont on ne peut se passer*] necessario: *ils manquent de tout ce qui est nécessaire* mancano di quanto è necessario, del necessario; *elle se sent nécessaire* si sente necessaria, indispensabile → **essentiel, primordial** **4** [*qui est l'effet d'un lien logique, causal*] necessario, inevitabile: *résultat, effet nécessaire* risultato, conseguenza inevitabile → **inéluctable** **II** *s.m.* **1** [*biens dont on ne peut se passer*] necessario: *le strict nécessaire* lo stretto necessario **2** [*ce qu'il faut faire ou dire, et qui suffit*] necessario: *nous ferons le nécessaire* faremo il necessario.

2 **nécessaire** |nesesɛʀ| *s.m.* 'nécessaire' *inv.*, valigetta *f.*; astuccio*: *nécessaire de voyage* 'nécessaire' da viaggio.

nécessairement |nesesɛʀmã| *adv.* **1** [*par un besoin pressant, une obligation imposée*] necessariamente: *je devrai nécessairement partir cette semaine* dovrò necessariamente partire questa settimana → **absolument** **2** [*par une implication logique*] necessariamente, inevitabilmente.

nécessitant, ante |nesesitã, ãt| *adj.* (*théol.*) *grâce nécessitante* grazia necessitante.

nécessité |nesesite| *s.f.* **1** necessità (*inv.*): *la nécessité de gagner sa vie* la necessità di guadagnarsi da vivere **2** [*besoin impérieux*] necessità: *les nécessités de la vie* le necessità della vita; *dépenses de première nécessité* spese di prima necessità **3** [*état d'une personne qui se trouve obligée de faire qqch.*] necessità: *ils se trouvaient dans la nécessité d'accepter* si trovavano nella necessità di accettare ◇ (*loc.*) *nécessité fait loi* necessità fa legge ~ *faire de nécessité vertu* fare di necessità virtù ◇ (*dr.*) *état de nécessité* stato di necessità **4** (*philo.*) necessità.

nécessiter |nesesite| *v.tr.* (*sujet de chose*) [*rendre indispensable, nécessaire*] richiedere (122): *cette lecture nécessite beaucoup d'attention* questa lettura richiede molta attenzione.

nécessiteux, euse |nesesitø, øz| *adj.* [*qui est dans le dénuement, manque du nécessaire*] bisognoso: *aider les familles nécessiteuses* aiutare le famiglie bisognose → **indigent, pauvre** ♦ (*s.*) *les nécessiteux* i bisognosi.

neck |nɛk| *s.m.* (*angl.*) (*géol.*) neck *inv.*

nec plus ultra, nec-plus-ultra |nekplysyltʀa| *loc. subst.* (*lat.*) non plus ultra: *c'est le nec plus ultra* è il non plus ultra.

nécr(o)- |nekʀ(ɔ)| *préf.* (*signifiant 'mort', correspond généralt. à*) necro: *nécrologe* necrologio.

nécrobie |nekʀɔbi| *s.f.* (*t.zool.*) necrobia.

nécrobiose |nekʀɔbjoz| *s.f.* (*biol., méd.*) necrobiosi *inv.*

nécrologe |nekʀɔlɔʒ| *s.m.* necrologio*.

nécrologie |nekʀɔlɔʒi| *s.f.* necrologia*, necrologio* *m.*

nécrologique |nekʀɔlɔʒik| *adj.* necrologico*.

nécrologue |nekʀɔlɔg| *s.m.* necrologista *s.*

nécromancie |nekʀɔmãsi| *s.f.* negromanzia.

nécromancien, ienne |nekʀɔmãsjɛ̃, jɛn| *s.* negromante.

nécromant |nekʀɔmã| *s.m.* (*vx.*) → **nécromancien, magicien.**

nécrophage |nekʀɔfaʒ| *adj.* necrofago*.

nécrophile |nekʀɔfil| *adj. et s.* (*méd.*) necrofilo.

nécrophilie |nekʀɔfili| *s.f.* (*méd.*) necrofilia.

nécrophobie |nekʀɔfɔbi| *s.f.* (*méd.*) necrofobia.

nécrophore |nekʀɔfɔʀ| *s.m.* (*t. zool.*) necroforo.

nécropole |nekʀɔpɔl| *s.f.* necropoli *inv.*

nécropsie |nekʀɔpsi| *s.f.* (*vx.*) necroscopia → **autopsie.**

nécropsique |nekʀɔpsik| *adj.* (*méd.*) necroscopico*: *examen nécropsique* esame necroscopico.

nécrose |nekʀoz| *s.f.* (*biol., méd.*) necrosi *inv.*

nécroser |nekʀoze| **A** *v.tr.* (*biol., méd.*) [*frapper de nécrose*] necrotizzare **B** *v.pron. intr.* SE NÉCROSER [*être atteint de nécrose*] necrotizzarsi.

nécrotique |nekʀɔtik| *adj.* (*biol., méd.*) necrotico*: *tissus nécrotiques* tessuti necrotici.

nécrotisation |nekʀɔtizasjɔ̃| *s.f.* necrotizzazione.

nectaire |nɛktɛʀ| *s.m.* (*bot.*) nettario*.

nectar |nɛktaʀ| *s.m.* (*lat.*) (*mythol., fig.*) nettare.

nectarifère |nɛktaʀifɛʀ| *adj.* (*bot.*) nettarifero.

nectarine |nɛktaʀin| *s.f.* (*t.zool.*) nettarina.

néerlandais, aise |neɛʀlãdɛ, ɛz| **1** *adj.* [*de Hollande, des Pays-Bas*] olandese → **hollandais** **2** (*s.m.*) *le néerlandais* [*langue germ., branche du bas all.*] l'olandese, il neerlandese.

1 **nef** |nɛf| *s.f.* (*vx.*) [*grand navire à voiles*] veliero *m.* (*cour.*).

2 **nef** |nɛf| *s.f.* (*archit.*) navata: *nef centrale* navata centrale.

néfaste |nefast(ə)| *adj.* **1** (*antiq. rom.*) nefasto: *jours néfastes* giorni nefasti **2** [*marqué par des événements malheureux*] nefasto, infausto: *jour, année néfaste* giorno, anno nefasto, infausto **3** [*qui cause du mal*] nefasto; fatale: *influence néfaste* influenza nefasta; *une personne néfaste* una persona nefasta || *cette démarche peut vous être néfaste* quest'azione può esservi fatale.

nèfle |nɛfl(ə)| *s.f.* [*fruit comestible du néflier*] nespola ◇ (*pop.*) *des nèfles!* [*rien du tout*] un corno!, col cavolo!

néflier |neflije| *s.m.* (*t.bot.*) nespolo.

négateur, trice |negatœʀ, tʀis| *s. et adj.* (*littér.*) negatore*.

négatif, ive |negatif, iv| *adj.* **I** (*opposé à 'affirmatif'*) **1** negativo: *réponse négative* risposta negativa ♦ (*s.f.*) *la négative* la negativa # *dans la négative* in caso negativo **2** [*qui exprime 'la négation'*] negativo: *phrase négative* frase negativa **II** (*opposé à 'positif'*) **1** [*qui est dépourvu d'éléments constructifs, se définit par le refus*] negativo: *une attitude négative* un atteggiamento negativo ◇ (*personnes*) contrario*: *il s'est montré très négatif* si è mostrato molto contrario **2** [*qui ne se définit que par l'absence de son contraire*] negativo: *qualités négatives* qualità negative ◇ (*méd.*) *réaction négative de l'organisme* reazione negativa dell'organismo **3** (*algèbre*) *nombre négatif* numero negativo **4** (*se dit de tout ce qui peut être considéré comme inverse*) negativo: *électricité négative des électrons* elettricità negativa degli elettroni; *pôle négatif* polo negativo ♦ *s.m.* (*photo.*) *un négatif* un negativo, una negativa *f.*

négation |negasjɔ̃| *s.f.* **1** negazione: *négation de Dieu* negazione di Dio; *négation des valeurs* negazione dei valori **2** [*action, attitude qui s'oppose à qqch.*] negazione: *cette méthode est la négation de la science* questo metodo è

la negazione della scienza **3** (*gram.*) negazione: *adverbes de négation* avverbi di negazione Ⓒ 3 **affirmation.**
négativement |negativmɑ̃| *adv.* negativamente.
négativisme |negativism(ə)| *s.m.* (*méd.*) negativismo.
négativité |negativite| *s.f.* negatività *inv.*
négaton |negatɔ̃| *s.m.* (*phys.*) negatone, negatrone.
négatoscope |negatɔskɔp| *s.m.* (*méd.*) negatoscopio*.
négligé |negliʒe| *s.m.* **1** [*état d'une personne négligée*] trascuratezza *f.*, trasandatezza *f.* **2** [*tenue légère que les femmes portent dans l'intimité*] 'négligé' *inv.*, vestaglia *f.*
négligé, ée |negliʒe| *adj.* [*qui ne fait pas l'objet d'un soin suffisant*] trascurato, trasandato: *intérieur négligé* casa trascurata, trasandata; *tenue négligée* abbigliamento trasandato ◇ (*par ext.*) *un rhume négligé peut dégénérer en bronchite* un raffreddore trascurato può degenerare in una bronchite.
négligeable |negliʒabl(ə)| *adj.* [→ NÉGLIGER A 2, 3] trascurabile: *considérer un danger comme négligeable* considerare trascurabile un pericolo → **dérisoire, insignifiant** # *considérer, traiter qqn. comme quantité négligeable* tenere qc. in pochissimo conto, in scarsissima considerazione.
négligemment |negliʒamɑ̃| *adv.* **1** (*vx.*) [*d'une manière négligente, sans soin*] negligentemente (*cour.*) **2** [*avec indifférence; d'un air indifférent*] con noncuranza (*loc. inv.*): *répondre négligemment* rispondere con noncuranza **3** [*avec une fausse négligence élégante*] con noncuranza: *écharpe négligemment nouée* sciarpa annodata con noncuranza.
négligence |negliʒɑ̃s| *s.f.* **1** negligenza: *travail exécuté avec négligence* lavoro eseguito con negligenza ◇ (*dr.*) *homicide par négligence* omicidio colposo **2** UNE, DES NÉGLIGENCE(s) [*faute ou défaut dû au manque de soin*] incuria, sciatteria: *négligences de style* sciatterie di stile Ⓒ 1 **application.**
négligent, ente |negliʒɑ̃, ɑ̃t| *adj.* negligente: *cette employée est négligente* questa impiegata è negligente → **inattentif** ✦ (*s.*) *un négligent* un negligente Ⓒ **appliqué, consciencieux.**
négliger |negliʒe| (3) **A** *v.tr.* **1** [*laisser (une chose) manquer du soin, de l'application, de l'attention qu'on lui devrait; ne pas accorder d'importance à*] trascurare: *négliger ses intérêts, sa santé* trascurare i propri interessi, la propria salute ◇ *loc.* NÉGLIGER DE [*ne pas prendre soin de*] trascurare, dimenticare di: *vous ne négligerez pas de vous vêtir chaudement* non trascuri, non dimentichi di coprirsi bene **2** [*porter à (qqn.) moins d'attention, d'affection qu'on le devrait*] trascurare: *négliger ses enfants* trascurare i propri figli **3** [*ne pas tenir compte, ne faire aucun cas de*] trascurare, non tener (188) conto di: *négliger un avis salutaire* non tener conto di un avvertimento salutare; *ce n'est pas à négliger* non è da trascurare, da sottovalutare ◇ [*laisser passer*] trascurare: *il ne néglige rien pour m'être agréable* non trascura niente, fa di tutto per essere gentile con me **B** *v.pron. réfl.* SE NÉGLIGER [*être mal habillé, mal tenu*] trascurarsi.
négoce |negɔs| *s.m.* (*vieilli*) [*commerce*] commercio* (*cour.*).
négociabilité |negɔsjabilite| *s.f.* (*comm.*) negoziabilità *inv.*
négociable |negɔsjabl(ə)| *adj.* [→ NÉGOCIER B 2] negoziabile: *titre négociable* titolo negoziabile.
négociant, ante |negɔsjɑ̃, ɑ̃t| *s.* commerciante, negoziante: *négociant en vins* commerciante in vini, negoziante di vini → **commerçant, marchand.**
négociateur, trice |negɔsjatœʀ, tʀis| *s.* negoziatore*.
négociation |negɔsjɑsjɔ̃| *s.f.* **1** (*comm.*) negoziazione: *négociation d'une lettre de change* negoziazione di una cambiale **2** [*série d'entretiens, de démarches qu'on entreprend pour parvenir à un accord, pour conclure une affaire*] negoziato *m.*, trattativa: *négociations pour l'achat d'une usine* negoziati, trattative per l'acquisto di una fabbrica; *engager des négociations* intavolare delle trattative.
négocier |negɔsje| **A** *v.intr.* [*discuter, agir pour arriver à un accord, à une décision commune*] negoziare, trattare **B** *v.tr.* **1** [*établir, régler (un accord) entre deux parties*] negoziare, trattare: *négocier une affaire* negoziare, trattare un affare **2** [*transmettre à un tiers (un effet de commerce)*] negoziare.
négondo |negɔ̃do| *s.m.* (*t.bot.*) negundo.
nègre, négresse |nɛgʀ(ə), negʀɛs| **I** *s.* **1** *s.* (*vieilli, péj.*) [*homme, femme de race noire*] negro (*cour.*): *une vieille négresse* una vecchia negra ◇ (*loc.*) *travailler comme un nègre* lavorare come un negro ~ (*loc. adj.*) *tête de nègre* [*brun foncé*] testa di moro **2** *s.m.* (*cuis.*) *nègre en chemise* dolce di cioccolato con panna **3** (*s.m.*) *petit nègre* [*français incorrect, parlé avec une syntaxe simplifiée*] francese rudimentale **II** *adj.* (*f.* '*nègre*') negro: *art nègre* arte negra; *femme nègre* donna negra.
négrier, ière |negʀije, ijɛʀ| *adj.* negriero ✦ (*s.m.*) *un négrier* un negriero (negriere).
négrille |negʀij| *s.m.* negrillo.
négrillon, onne |negʀijɔ̃, ɔn| *s.* [*enfant nègre*] negretto ◇ (*plais.*) [*enfant très brun de peau*] negretto, moretto.
négrito(s) |negʀito| *s.m.* (*ethnogr.*) negrito.
négritude |negʀityd| *s.f.* (*littér.*) negritudine.
négro-africain, aine |negʀoafʀikɛ̃, ɛn| *adj.* negroafricano: *langues négro-africaines* lingue negroafricane.
négro-américain, aine |negʀoameʀikɛ̃, ɛn| *adj.* negroamericano: *la culture négro-américaine* la cultura negroamericana.
négroïde |negʀɔid| *adj. et s.* (*anthrop.*) negroide.
negro-spiritual |negʀospiʀitɥol| *s.m.* (*angl.*) (negro-)spiritual (*inv.*): *des negro-spirituals* degli spiritual.
négundo |negɔ̃do| *s.m.* → **négondo.**
négus |negys| *s.m.* negus *inv.*
neige |nɛʒ| *s.f.* **1** neve: *tempête de neige* tormenta di neve; *neige fondue* neve sciolta; *boule, bonhomme de neige* palla, pupazzo di neve; *les sports de la neige* gli sport della neve; *neiges éternelles* nevi eterne, perenni; *neige lourde, poudreuse, pourrie* neve pesante, farinosa, marcia; *blanc comme neige* bianco come la neve, niveo (*littér.*); *il tombe de la neige* cade la neve; nevica; *classe de neige* [*enseignement dispensé durant un mois dans une station d'altitude à une classe primaire venant d'une grande ville, qui peut ainsi bénéficier des sports de la neige*] ⊠ **2** (*par anal.*) *neige artificielle* neve artificiale; *neige carbonique* neve carbonica **3** *œufs à la neige, en neige* uova montate **4** *loc. fig.* DE NEIGE [*blanc*] candido *adj.*, bianco* (*adj.*): *barbe, cheveux de neige* barba bianca; capelli bianchi, candidi.
neiger |neʒe| (3) *v.impers.* (*en parlant de la neige*) [*tomber*] nevicare (*aux.* avere, essere): *il a neigé très tôt cette année* ha, è nevicato molto presto quest'anno.
neigeux, euse |nɛʒø, øz| *adj.* [*couvert de neige, constitué par de la neige*] nevoso: *cimes neigeuses* cime nevose.
nélombo, nelumbo |nelɔ̃bo| *s.m. inv.* (*cingalais*) (*t.bot.*) nelumbo *var.*
némale |nemal|, **némalion** |nemaljɔ̃| *s.m.* (*t.bot.*) nemalion *inv.*
Némathelminthes |nematɛlmɛ̃t| *s.m. pl.* (*t.zool.*) Nematelminti.
némat(o)- |nemat(o)| *préf.* (*signifiant* '*fil*', *correspond généralt. à*) nemato: *nématocyste* nematocisti.
nématocyste |nematɔsist(ə)| *s.m.* (*zool.*) nematocisti *f. inv.*
Nématodes |nematɔd| *s.m. pl.* (*t. zool.*) Nematodi.
Némertiens |nemɛʀsjɛ̃| *s.m. pl.* (*t.zool.*) Nemertini.
némésis |nemezis| *s.f.* (*littér.*) nemesi *inv.*
nénies |neni| *s.f.pl.* (*antiq.*) nenia *sing.*
nenni |nani, ne(ɛn)ni| *adv.* (*vx., dial.*) → **non.**
nénuphar |nenyfaʀ| *s.m.* (*t.bot.*) nenufaro, ninfea *f.*
néo- |neɔ| *préf.* (*signifiant* '*nouveau*', *correspond généralt. à*) neo: *néo-capitalisme* neocapitalismo.
néoblaste |neɔblast(ə)| *s.m.* (*biol.*) neoblasto.
neo-calédonien, ienne |neɔkaledɔnjɛ̃, jɛn| *adj.* [*de la Nouvelle-Calédonie*] neocaledone.
néo-capitalisme |neɔkapitalism(ə)| *s.m.* (*écon.*) neocapitalismo.
néo-capitaliste |neɔkapitalist(ə)| *adj.* (*écon.*) neocapitalistico*, neocapitalista ✦ (*s.*) *un néo-capitaliste* un neocapitalista.
néo-catholicisme |neɔkatɔlisism(ə)| *s.m.* neocattolicesimo.
néo-catholique |neɔkatɔlik| *adj. et s.* neocattolico*.
néo-celtique |neɔsɛltik| *adj.* (*ling.*) neoceltico*.
néo-christianisme |neɔkʀistjanism(ə)| *s.m.* neocristianesimo.
néo-classicisme |neɔklasisism(ə)| *s.m.* neoclassicismo.
néo-classique |neɔklasik| *adj.* neoclassico* ✦ (*s.*) *les néo-classiques* i neoclassici.
néo-colonial, ale, aux |neɔkɔlɔnjal, o| *adj.* neocoloniale.
néo-colonialisme |neɔkɔlɔnjalism(ə)| *s.m.* neocolonialismo.
néo-colonialiste |neɔkɔlɔnjalist(ə)| *adj.* neocolonialista, neocolonialistico* ✦ (*s.*) *un néo-colonialiste* un neocolonialista.

néocomien, ienne |neɔkɔmjɛ̃, jɛn| *s. et adj.* (*géol.*) neocomiano.
néo-criticisme |neɔkʀitisism(ə)| *s.m.* (*philo.*) neocriticismo.
néo-darwinisme |neɔdaʀwinism(ə)| *s.m.* (*sc.*) neodarwinismo.
néodyme |neɔdim| *s.m.* (*chim.*) neodimio*.
néo-fascisme |neɔfas(ʃ)ism(ə)| *s.m.* (*polit.*) neofascismo.
néo-fasciste |neɔfas(ʃ)ist(ə)| *adj. et s.* neofascista.
néoformation |neɔfɔʀmɑsjɔ̃| *s.f.* (*biol., méd.*) neoformazione.
néoformé, ée |neɔfɔʀme| *adj.* (*biol., méd.*) neoformato.
néogène |neɔʒɛn| *s.m.* (*géol.*) neogene.
néo-gothique |neɔgɔtik| *adj. et s.m.* (*archit.*) neogotico*.
néo-grammairien |neɔgʀamɛʀjɛ̃| *s.m.* (*ling.*) neogrammatico* *adj. et s.m.*
néo-grec, grecque |neɔgʀɛk| *adj.* neogreco*.
néo-impressionnisme |neɔɛ̃pʀesjɔnism(ə)| *s.m.* (*peint.*) neoimpressionismo.
néo-kantisme |neɔkɑ̃tism(ə)| *s.m.* (*philo.*) neokantismo.
néo-latin, ine |neɔlatɛ̃, in| *adj.* (*ling.*) neolatino.
néo-libéralisme |neɔlibeʀalism(ə)| *s.m.* (*écon., polit.*) neoliberalismo.
néolithique |neɔlitik| *adj. et s.m.* (*préhist.*) neolitico*.
néologie |neɔlɔʒi| *s.f.* (*ling.*) neologia*.
néologique |neɔlɔʒik| *adj.* (*ling.*) neologico*.
néologisme |neɔlɔʒism(ə)| *s.m.* (*ling.*) neologismo.
néoménie |neɔmeni| *s.f.* (*antiq.*) neomenia.
néomycine |neɔmisin| *s.f.* (*méd.*) neomicina.
néon |neɔ̃| *s.m.* (*chim., cour.*) neon (*inv.*): *enseigne lumineuse au néon* insegna luminosa al neon.
néo-natal, ale, als |neɔnatal| *adj.* nipiologico*, neonatale.
néonatologie |neɔnatɔlɔʒi| *s.f.* [*ensemble des connaissances relatives au nouveau-né*] nipiologia*.
néo-nazi |neɔnazi| *adj. et s.* neonazista.
néo-nazisme |neɔnazism(ə)| *s.m.* (*polit.*) neonazismo.
néophyte |neɔfit| *s.* neofita ✦ (*adj.*) *un zèle néophyte* uno zelo da neofita *s.*
néoplasique |neɔplazik| *adj.* (*biol., méd.*) neoplastico*.
néoplasme |neɔplasm(ə)| *s.m.*, (*vieilli*) **néoplasie** |neɔplazi| *s.f.* (*méd.*) neoplasia *f.*, neoplasma *m.*
néoplastique |neɔplastik| *adj.* (*biol., méd.*) neoplastico*: *cellules néoplastiques* cellule neoplastiche.
néo-platonicien, ienne |neɔplatɔnisjɛ̃, jɛn| *adj. et s.* (*philo.*) neoplatonico* *adj. et s.m.*
néo-platonisme |neɔplatɔnism(ə)| *s.m.* (*philo.*) neoplatonismo.
néo-positivisme |neɔpozitivism(ə)| *s.m.* (*philo.*) neopositivismo.
néo-positiviste |neɔpozitivist(ə)| *adj. et s.* neopositivista.
néoprène |neɔpʀɛn| *s.m.* (*chim., techn.*) neoprene.
néo-réalisme |neɔʀealism(ə)| *s.m.* (*littér., ciné.*) neorealismo.
néo-réaliste |neɔʀealist(ə)| *adj.* neorealista, neorealistico* ✦ (*s.*) *un néo-réaliste* un neorealista.
néo-scolastique |neɔskɔlastik| *adj.* (*philo.*) neoscolastico* ✦ (*s.m.*) *les néo-scolastiques* i neoscolastici ✦ (*s.f.*) *la néo-scolastique* la neoscolastica*.
néoténie |neɔteni| *s.f.* (*biol.*) neotenia.
néo-thomisme |neɔtɔmism(ə)| *s.m.* (*philo.*) neotomismo.
néo-thomiste |neotɔmist(ə)| *adj.* (*philo.*) neotomista, neotomistico* ✦ (*s.m.*) *les néo-thomistes* i neotomisti.
néottie |neɔti| *s.f.* (*t.bot.*) neottia.
néo-vitalisme |neɔvitalism(ə)| *s.m.* (*philo.*) neovitalismo.
néo-zélandais, aise |neɔzelɑ̃dɛ, ɛz| *adj.* [*de Nouvelle-Zélande*] neozelandese.
néozoïque |neɔzɔik| *adj.* (*géol.*) neozoico*: *ère néozoïque* era neozoica.
népalais, aise |nepalɛ, ɛz| *adj.* [*du Népal*] nepalese.
nèpe |nɛp| *s.f.* (*t.zool.*) nepa.
népenthès |nepɛ̃tɛs| *s.m.* **1** (*antiq. gr.*) nepente *f.* **2** (*t.bot.*) nepente.
néper |nepɛʀ| *s.m.* (*phys.*) neper *inv.*
népérien |nepeʀjɛ̃| *adj. m.* (*math.*) neperiano: *logarithme népérien* logaritmo neperiano.
népète |nepɛt| *s.f.* (*t.bot.*) nepeta.
néphélémétrie |nefelemetʀi| *s.f.* (*sc.*) nefelometria.
néphéline |nefelin| *s.f.* (*minér.*) nefelina.
néphélion |nefeljɔ̃| *s.m.* (*méd.*) nefelio*.
néphélomètre |nefelɔmɛtʀ(ə)| *s.m.* (*phys.*) nefelometro.
néphrectomie |nefʀɛktɔmi| *s.f.* (*méd.*) nefrectomia.
néphrétique |nefʀetik| *adj. et s.* nefritico*.
néphridie |nefʀidi| *s.f.* (*zool.*) nefridio* *m.*
1 **néphrite** |nefʀit| *s.f.* (*méd.*) nefrite.
2 **néphrite** |nefʀit| *s.f.* (*minér.*) nefrite.
néphr(o)- |nefʀ(ɔ)| *préf.* (*signifiant 'rein', correspond généralt. à*) nefr(o): *néphrologie* nefrologia.
néphrographie |nefʀɔgʀafi| *s.f.* (*méd.*) nefrografia.
néphrolithe |nefʀɔlit| *s.m.* (*méd.*) nefrolito.
néphrolithiase |nefʀɔlitjɑz| *s.f.* (*méd.*) nefrolitiasi *inv.*
néphrologie |nefʀɔlɔʒi| *s.f.* (*méd.*) nefrologia*.
néphrologue |nefʀɔlɔg| *s.* nefrologo* *m.*
néphron |nefʀɔ̃| *s.m.* (*anat., physiol.*) nefrone.
néphropathie |nefʀɔpati| *s.f.* (*méd.*) nefropatia.
néphropexie |nefʀɔpɛksi| *s.f.* (*chir.*) nefropessi *inv.*
néphrose |nefʀoz| *s.f.* (*méd.*) nefrosi *inv.*
népotisme |nepɔtism(ə)| *s.m.* nepotismo.
neptunien, ienne |nɛptynjɛ̃, jɛn| *adj.* (*géol.*) nettuniano.
neptunisme |nɛptynism(ə)| *s.m.* (*géol.*) nettunismo.
neptunium |nɛptynjɔm| *s.m.* (*chim.*) nettunio*.
néréide |neʀeid| *s.f.* **1** (*mythol.*) nereide **2** (*t.zool.*) nereide.
nerf |nɛʀ| *s.m.* **I** **1** [*ligament, tendon des muscles*] nervo # *se froisser un nerf* procurarsi uno stiramento (di tendine) **2** *nerf de bœuf* nerbo di bue **3** [*force active, vigueur physique*] nerbo, energia* (*f.*): *avoir du nerf* avere energia, essere energico*; *manquer de nerf* mancare di energia, essere fiacco # *un style qui a du nerf* uno stile vigoroso ◇ (*fam.*) *allons, du nerf!, un peu de nerf!* su, energia!, un po' di energia! (*cour.*) ◇ (*prov.*) *l'argent est le nerf de la guerre* il denaro è il nerbo della guerra **4** (*relig.*) nervatura *f.* **II** **1** [*chacun des filaments qui mettent les diverses parties du corps en communication avec le cerveau et la moelle épinière*] nervo: *le nerf sciatique* il nervo sciatico; *le nerf moteur, sensitif* il nervo motorio, sensitivo **2** *au plur.* LES NERFS i nervi: *crise de nerfs* crisi di nervi; *avoir les nerfs fragiles, irritables* avere i nervi sensibili, irritabili; *c'est un paquet de nerfs* è tutto nervi; *porter sur les nerfs* dare sui, ai nervi; *avoir les nerfs tendus, à vif, en boule* [*être très énervé*] avere i nervi tesi, a fior di pelle; *être, vivre sur les nerfs* vivere a forza di nervi; *être à bout de nerfs* avere i nervi a pezzi ✦ (*absolt.*) *avoir ses nerfs* avere i nervi.
néritique |neʀitik| *adj.* (*géol.*) neritico*.
néroli |neʀɔli| *s.m.* (*comm.*) neroli *inv.*
néronien, ienne |neʀɔnjɛ̃, jɛn| *adj.* (*littér.*) neroniano.
nerprun |nɛʀpʀœ̃| *s.m.* (*t.bot.*) spincervino.
nervation |nɛʀvɑsjɔ̃| *s.f.* (*bot., zool.*) nervatura, nervazione.
nerveusement |nɛʀvøzmɑ̃| *adv.* [→ NERVEUX II 2] nervosamente: *marcher nerveusement de long en large* camminare nervosamente su e giù.
nerveux, euse |nɛʀvø, øz| *adj.* **I** **1** [*qui a des tendons vigoureux, apparents*] nervoso, nerboruto: *mains nerveuses* mani nervose ◇ (*bouch.*) *viande nerveuse* carne tigliosa, nervosa (*fam.*) **2** (*fig.*) [*qui a du nerf, de l'énergie*] scattante: *un cheval, un coureur nerveux* un cavallo, un corridore scattante → **vigoureux** ◇ (*par anal.*) *voiture nerveuse* automobile scattante; *style nerveux* stile nervoso, vigoroso → **énergique** **II** **1** [*relatif au(x) nerf(s)*] nervoso: *fibre nerveuse* fibra nervosa; *système nerveux* sistema nervoso **2** [*qui concerne les nerfs, supports de l'émotivité, des tensions psychologiques*] nervoso: *tension nerveuse* tensione nervosa; *rire nerveux* risata nervosa; *maladies nerveuses* malattie nervose **3** (*personnes*) [*émotif et agité, qui ne peut garder son calme, au physique et au moral*] nervoso: *un tempérament nerveux* un temperamento nervoso; *l'attente me rend nerveux* l'attesa mi rende nervoso ✦ (*s.*) *un nerveux* una persona *f.* nervosa *adj.*
nervi |nɛʀvi| *s.m.* **1** (*vx.*) → **porte(-)faix** **2** [*homme de main, tueur*] sicario*.
nervin |nɛʀvɛ̃| *adj. m. et s.m.* (*pharm.*) nervino.
nervosité |nɛʀvozite| *s.f.* nervosismo *m.*, nervosità (*inv.*): *être dans un état de grande nervosité* essere in uno stato di grande nervosismo → **énervement, irritation.**

nervure |nɛrvyr| *s.f.* **1** (*bot., zool.*) nervatura: *les nervures d'une feuille* le nervature di una foglia; *les fines nervures des ailes de la libellule* le sottili nervature delle ali della libellula **2** (*reliure*) nervatura: *les nervures d'un livre* le nervature di un libro → **nerf 3** (*archit.*) nervatura, costolone *m.* ◇ (*techn.*) nervatura **4** (*cout.*) nervatura.

nervuré, ée |nɛrvyre| *adj.* [*qui présente des nervures*] con nervature *loc. inv.*

nervurer |nɛrvyre| *v.tr.* [*garnir de nervures*] dotare, ornare di nervature.

nescafé |nɛskafe| *s.m.* (*marque déposée*) nescafè *inv.*

nestorien, ienne |nɛstɔrjɛ̃, jɛn| *adj. et s.* (*hist. relig.*) nestoriano.

net, nette |nɛt| **I** *adj.* **1** [*que rien ne ternit ou ne salit*] pulito, netto: *linge net* biancheria pulita, netta → 2 **propre** ◇ (*loc.*) *avoir les mains nettes* avere le mani nette, pulite **2** [*qui est débarrassé* (*de ce qui encombre*)] *faire place nette* far piazza pulita; *je veux en avoir le cœur net* [*en être assuré*] voglio vederci chiaro **3** (*fig.*) *avoir la conscience nette* avere la coscienza pulita, netta, a posto **4** (*comm.*) netto: *bénéfice, produit net* utile, provento netto; *poids net* peso netto ♦ (*inv.*) *il reste, net, 140 francs* restano, netti *var.*, 140 franchi ◇ *loc.* NET DE [*exempté de*] esente da, (al) netto di: *net d'impôt* esente d'imposta; al netto dell'imposta **5** (*fig.*) [*clair et précis; qui n'est ni douteux ni ambigu*] chiaro, preciso; netto: *explication claire et nette* spiegazione chiara e precisa; *avoir des idées nettes* avere idee chiare; *je veux une réponse nette, sans équivoque* voglio una risposta chiara, inequivocabile; *aimer les situations nettes* amare le situazioni chiare; *il a été très net* è stato molto chiaro || *une nette amélioration* un netto miglioramento; *une différence nette* una netta differenza **6** [*qui frappe par des contours fortement marqués*] chiaro, netto: *caractères nets* caratteri chiari, distinti; *une coupure, une cassure nette* un taglio netto → **distinct** ♦ (*s.m.*) *mettre au net* trascrivere in bella copia *f.*, copiare in bella *f.* (*fam.*) **II** *adv.* **1** [*d'une manière précise, tout d'un coup*] *cela s'est cassé net* si è rotto di netto (*loc. inv.*); *s'arrêter net* fermarsi di colpo *loc. inv.*, di botto (*loc. inv.*); *la balle l'a tué net* il proiettile l'ha ucciso sul colpo *loc. inv.* **2** [*d'une manière claire, franche*] chiaramente, chiaro e tondo (*loc. inv.*): *il lui a parlé net* gli ha parlato chiaramente, chiaro e tondo; *je lui ai dit tout net ce que j'en pensais* gli ho detto chiaro e tondo, chiaro e netto ciò che ne pensavo ⓒ I 1 **sale**, 5 **confus, flou.**

nettement |nɛtmɑ̃| *adv.* **1** [*avec clarté* (*dans le domaine intellectuel*)] nettamente, chiaramente: *c'est nettement mieux maintenant* adesso è nettamente meglio; *il est nettement le plus fort* è nettamente, chiaramente il più forte; *expliquer nettement qqch.* spiegare chiaramente q.c. **2** (*concret*) [*d'une manière claire, très visible*] nettamente, distintamente: *je le vois nettement avec ces jumelles* lo vedo nettamente, distintamente con questo binocolo ⓒ 2 **confusément, vaguement.**

netteté |nɛtte| *s.f.* **1** [*clarté et précision*] chiarezza; lucidità (*inv.*): *netteté des idées* chiarezza di idee || *netteté d'esprit* lucidità di mente **2** [*caractère de ce qui est clairement visible, bien marqué*] nitidezza, nettezza: *netteté de l'image* nitidezza dell'immagine.

nettoiement |nɛtwamɑ̃| *s.m.* **1** [*ensemble des opérations ayant pour but de nettoyer*] pulizia *f.*, pulitura (*f.*): *nettoiement des rues* pulizia delle strade # *service du nettoiement* nettezza urbana → **voirie 2** (*agric.*) mondatura *f.*

nettoyage |nɛtwajaʒ| *s.m.* **1** [→ NETTOYER 1] pulizia *f.*, pulitura (*f.*): *nettoyage d'une façade* pulitura, ripulitura *f.* di una facciata; *nettoyage du linge* pulitura della biancheria # *nettoyage à sec* lavaggio a secco **2** (*milit.*) rastrellamento.

nettoyer |nɛtwaje| (10) *v.tr.* **1** [*rendre propre*] pulire (197): *nettoyer des vêtements* pulire dei vestiti; *nettoyer la maison* pulire la casa, fare le pulizie di casa; *nettoyer l'argenterie* pulire l'argenteria □ *se nettoyer les mains* pulirsi le mani **2** [*débarrasser* (*un lieu*) *de gens dangereux, d'ennemis*] ripulire (197): *l'armée a nettoyé la région* l'esercito ha ripulito la zona **3** (*fam.*) [*vider en prenant, en volant*] svaligiare, ripulire: *les voleurs ont nettoyé la maison* i ladri hanno svaligiato, ripulito la casa ◇ (*loc.*) *se faire nettoyer* farsi ripulire: *se faire nettoyer au jeu* farsi ripulire, perdere tutto al gioco → **lessiver.**

nettoyeur, euse |nɛtwajœr, øz| *s.* [*personne qui nettoie*] pulitore*, addetto alle pulizie: *nettoyeur de vitres* pulitore di vetri.

neuf |nœf| **I** *adj. numér. inv.* **1** *cardinal* nove: *le chiffre neuf* il numero nove; *pendant neuf ans* per nove anni **2** *ordinal* [*neuvième*] nove; nono (*var.*): *page neuf* pagina nove || *le roi Louis neuf* (*IX*) il re Luigi nono (IX) **II** *s.m. inv.* [*le nombre 9*] nove: *preuve par neuf* prova del nove ◇ [*le chiffre, le numéro 9*] *neuf arabe, neuf romain* nove arabo, romano ◇ (*jeux*) *neuf de carreau* nove di quadri.

neuf, neuve |nœf, nœv| **I** *adj.* **1** [*qui vient d'être fait et n'a pas encore servi*] nuovo: *étrenner une robe neuve* mettere per la prima volta un abito nuovo; *acheter des livres neufs et des livres d'occasions* comprare libri nuovi e usati ◇ (*loc.*) *faire peau neuve* cambiar vita ~ *à l'état neuf* come nuovo ~ *tout neuf, flambant neuf* nuovissimo, nuovo di zecca, nuovo fiammante **2** (*choses abstraites*) [*qui est nouveau, n'a jamais servi*] nuovo: *des idées neuves* idee nuove; *traiter un sujet neuf* trattare un argomento nuovo → **nouveau 3** (*fam.*) (QQCH.) DE NEUF (q.c.) di nuovo: *rien de neuf dans cette affaire* nulla di nuovo in questa faccenda; *alors, quoi de neuf aujourd'hui?* allora, cosa c'è di nuovo oggi? **II** *s.m. inv.* **1** *le neuf* il nuovo # *il n'achète que du neuf* compra solo cose nuove **2** *loc.* DE NEUF di nuovo: *être habillé de neuf* essere vestito di nuovo ~ À NEUF a nuovo: *il a remis son appartement à neuf* ha rimesso a nuovo il suo appartamento ⓒ I 1 **vieux, usé.**

neufchâtel |nøʃatɛl| *s.m.* [*fromage fabriqué originairement à Neufchâtel*] ⊠.

neuf-huit (à) |anœfɥit| *loc. adj.* (*mus.*) nove ottavi.

neume |nøm| *s.m.* (*hist. mus.*) neuma.

neural, ale, aux |nøral, o| *adj.* (*biol., embryol.*) neurale.

neurasthénie |nørasteni| *s.f.* (*méd.*) nevrastenia, neurastenia.

neurasthénique |nørastenik| *adj. et s.* (*méd.*) nevrastenico*, neurastenico*.

neur(o)- |nør(ɔ)|, **névr(o)-** |nevr(ɔ)| *préf.* (*signifiant 'nerf', correspondent généralt. à*) neur(o); nevr(o): *neurochirurgie* neurochirurgia || *névralgie* nevralgia.

neurochirurgical, ale, aux |nørɔʃiryrʒikal, o| *adj.* neurochirurgico*.

neurochirurgie |nørɔʃiryrʒi| *s.f.* (*méd.*) neurochirurgia*.

neurochirurgien, ienne |nørɔʃiryrʒjɛ̃, jɛn| *s.* neurochirurgo* *s.m.*

neurodépresseur |nørɔdeprɛsœr| *s.m.* (*méd., pharm.*) neurodepressivo.

neuroleptique |nørɔlɛptik| *adj. et s.m.* (*méd., pharm.*) neurolettico*.

neurolinguistique |nørɔlɛ̃gɥistik| *s.f.* neurolinguistica*.

neurologie |nørɔlɔʒi| *s.f.* neurologia*.

neurologique |nørɔlɔʒik| *adj.* neurologico*.

neurologue |nørɔlɔg|, **neurologiste** |nørɔlɔʒist(ə)| *s.* neurologo* *m.*

neurolyse |nørɔliz| *s.f.* (*chir.*) neurolisi *inv.*

neurome |nørom|, **névrome** |nevrom| *s.m.* (*méd.*) neuroma.

neurone |nørɔn| *s.m.* (*biol.*) neurone.

neuropathologie |nørɔpatɔlɔʒi| *s.f.* neuropatologia*.

neuropathologiste |nørɔpatɔlɔʒist(ə)| *s.m.* neuropatologo*.

neurophysiologie |nørɔfizjɔlɔʒi| *s.f.* neurofisiologia*.

neurophysiologique |nørɔfizjɔlɔʒik| *adj.* neurofisiologico*.

neurophysiologiste |nørɔfizjɔlɔʒist(ə)| *s.* neurofisiologo*.

neuroplégique |nørɔpleʒik| *adj. et s.m.* neuroplegico*.

neuropsychiatre |nørɔpsikjatr(ə)| *s.* neuropsichiatra.

neuropsychiatrie |nørɔpsikjatri| *s.f.* neuropsichiatria.

neuropsychiatrique |nørɔpsikjatrik| *adj.* neuropsichiatrico*.

neuropsychique |nørɔpsiʃik|, **neuropsychologique** |nørɔpsikɔlɔʒik| *adj.* neuropsichico*.

neuropsychologie |nørɔpsikɔlɔʒi| *s.f.* neuropsicologia*.

neurotoxine |nørɔtɔksin| *s.f.* (*méd.*) neurotossina.

neurotrope |nørɔtrɔp| *adj.* (*biol.*) neurotropo.

neurotrophique |nørɔtrɔfik| *adj.* (*biol.*) neurotrofico*.

neuro-végétatif, ive |nørɔveʒetatif, iv| *adj.* (*biol.*) neurovegetativo.

neurula |nøryla| *s.f.* (*biol.*) neurula.

neustrien, ienne |nøstrijɛ̃, jɛn| *adj. et s.* (*hist.*) neustriano.

neutralisant, ante |nøtralizɑ̃, ɑ̃t| *adj. et s.m.* neutralizzante.

neutralisation |nøtralizasjɔ̃| *s.f.* **1** [→ NEUTRALISER 3] neutralizzazione **2** (*polit.*) neutralizzazione.

neutraliser |nøtralize| *v.tr.* **1** (*polit.*) [*assurer à* (*un État, un territoire, une ville*) *la qualité de neutre*] neutralizzare, rendere (105) neutrale **2** (*chim., phys.*) *neutraliser un acide par une base* neutralizzare un acido con una base **3** [*empêcher d'agir, par une action contraire qui tend à annuler les efforts ou les effets; rendre inoffensif*] neutralizzare: *neutraliser les efforts de l'opposition* neutralizzare gli sforzi dell'opposizione; *neutraliser l'adversaire* neutralizzare l'avversario.

neutralisme |nøtRalism(ə)| *s.m.* (*polit.*) neutralismo.

neutraliste |nøtRalist(ə)| *adj.* (*polit.*) neutralista, neutralistico* ♦ (*s.*) *un neutraliste* un neutralista.

neutralité |nøtRalite| *s.f.* **1** neutralità *inv.* # *rester dans la neutralité* rimanere neutrale **2** (*polit.*) neutralità: *neutralité armée* neutralità armata **3** (*chim., électr.*) neutralità.

neutre |nøtR(ə)| *adj.* **1** [*qui ne participe pas à un conflit*] neutrale: *État, pays neutre* Stato, paese neutrale ♦ (*s.m.*) *les neutres* i (paesi) neutrali **2** [*qui s'abstient de prendre parti*] neutrale, imparziale: *rester neutre dans un débat* mantenersi neutrale, imparziale in un dibattito; *information neutre et objective* informazione imparziale e obiettiva → **impartial,** 2 **objectif** **3** (*ling.*) neutro: *pronoms neutres* pronomi neutri ♦ (*s.m.*) *le neutre* il neutro **4** (*chim., électr.*) neutro **5** (*zool.*) neutro, asessuato **6** *couleur neutre* colore neutro **7** [*dépourvu de passion, qui reste froid, objectif*] impersonale: *style neutre* stile impersonale ⓒ 6 **vif.**

neutrino |nøtRino| *s.m.* (*phys.*) neutrino.

neutron |nøtRɔ̃| *s.m.* (*angl.*) (*phys.*) neutrone.

neutrophile |nøtRɔfil| *adj. et s.* (*méd.*) neutrofilo.

neuvaine |nœvɛn| *s.f.* (*relig.*) novena.

neuvième |nœvjɛm| **I** **1** *adj. numér. ordinal* nono: *la neuvième symphonie de Beethoven* la nona sinfonia di Beethoven **2** (*s.*) *arriver le neuvième dans une compétition* arrivare nono *adj.* in una gara ♦ (*s.f.*) *les élèves de neuvième* gli alunni della terza elementare **II** (*se dit d'une fraction d'un tout divisé également en neuf*) **1** (*adj.*) *la neuvième partie de son volume* la nona parte del suo volume **2** (*s.m.*) *quatre neuvièmes* quattro noni **III** *s.f.* (*mus.*) nona.

neuvièmement |nœvjɛmmɑ̃| *adv.* in nono luogo *loc. inv.*

ne varietur |nevaRjetyR| *loc. adv. et adj.* (*lat.*) ne varietur.

névé |neve| *s.m.* (*géogr.*) nevato.

neveu |n(ə)vø| *s.m.* [*fils du frère, de la sœur; du beau-frère ou de la belle-sœur*] nipote (*s.*): *son neveu et sa nièce* suo nipote e sua nipote, i suoi nipoti # *neveu à la mode de Bretagne* figlio del cugino primo (o della cugina prima).

névralgie |nevRalʒi| *s.f.* (*méd., cour.*) nevralgia*.

névralgique |nevRalʒik| *adj.* (*méd., cour.*) nevralgico*, neuralgico* ◇ (*fig.*) nevralgico.

névraxe |nevRaks(ə)| *s.m.* (*anat.*) nevrasse.

névrectomie |nevRɛktɔmi| *s.f.* (*chir.*) neurectomia, nevrectomia.

névrilème |nevRilɛm| *s.m.* (*anat.*) nevrilemma.

névrite |nevRit| *s.f.* (*méd.*) nevrite, neurite.

névritique |nevRitik| *adj.* (*méd.*) nevritico*, neuritico*.

névr(o)- |nevR(ɔ)| *préf.* → **neur(o)-.**

névrodermite |nevRɔdɛRmit| *s.f.* (*méd.*) nevrodermite, nevrodermatite.

névroglie |nevRɔgli| *s.f.* (*anat.*) nevroglia.

névropathe |nevRɔpat| *adj. et s.* (*méd.*) nevropatico*, neuropatico*.

névropathie |nevRɔpati| *s.f.* (*méd.*) nevropatia, neuropatia.

Névroptères |nevRɔptɛR| *s.m. pl.* (*t.zool.*) Neurotteri.

névrose |nevRoz| *s.f.* (*méd.*) nevrosi *inv.*, neurosi *inv.*

névrosé, ée |nevRoze| *adj. et s.* (*méd.*) nevrotico*, neurotico*.

névrotique |nevRɔtik| *adj.* (*psychiatr.*) nevrotico*.

névrotomie |nevRɔtɔmi| *s.f.* (*méd.*) neurotomia.

new-yorkais, aise |njujɔRkɛ, ɛz| *adj.* [*de New-York*] nuovaiorchese.

new-look |njuluk| (*amér.*) *s.m. et adj.* new look *inv.*

newton |njutɔn| *s.m.* (*phys.*) newton *inv.*

newtonien, ienne |njutɔnjɛ̃, jɛn| *adj. et s.* (*hist. sc.*) newtoniano.

nez |ne| *s.m.* **1** (*anat.*) naso: *les ailes, le bout du nez* le pinne (alette), la punta del naso; *un long nez* un naso lungo; *nez aquilin, grec* naso aquilino, greco; *nez en bec d'aigle* naso a uncino; *nez pointu, retroussé, en trompette* nasó a punta, all'insù, a sella; *mouche ton nez* soffiati il naso; *se boucher le nez* tapparsi il naso; *il saigne du nez* gli sanguina il naso; *nez qui coule* naso che cola ◇ (*fam.*) *les trous du nez* i buchi del naso ◇ (*loc.*) *parler du nez* parlare col naso → **nasiller** ~ *ça sent le gaz à plein nez* c'è un forte odore di gas ~ *il sent le vin à plein nez* puzza di vino a un chilometro di distanza ~ *avoir le nez bouché* avere il naso intasato, tappato **2** (*loc. fig.*) *mener qqn. par le bout du nez* menare qc. per il naso ~ *ne pas voir plus loin que le bout de son nez* non vedere più in là del proprio naso ~ *à vue de nez* a lume di naso ~ (*fam.*) *les doigts dans le nez* senza alcuna difficoltà (*cour.*), con le mani in tasca ~ *cela* (*lui*) *pend au nez* (gli) accadrà certamente; *tu vas recevoir une raclée, cela te pend au nez* stavolta un sacco di botte non te le leva nessuno ~ (*pop.*) *se bouffer le nez* menarsi ~ *avoir un verre dans le nez* essere sbronzo ~ *cela se voit comme le nez au milieu de la figure* si vede lontano un miglio, un chilometro ~ *il a à peine montré le bout de son nez* ha appena cacciato dentro il naso ~ *mettre le nez, son nez à la fenêtre* far capolino dalla finestra ~ (*fam.*) *nous n'avons pas mis le nez dehors depuis deux jours* sono due giorni che non mettiamo il naso fuori (casa) ~ *piquer du nez* cascare dal sonno ~ *il fourre son nez partout* ficca il naso, il becco dappertutto ~ *il n'a pas levé le nez de son travail* non ha alzato gli occhi dal lavoro ~ *avoir le nez sur qqch.* essere vicinissimo a q.c. ~ *se casser le nez à la porte de qqn.* trovare la porta (di qc.) chiusa ~ *fermer la porte au nez de qqn.* chiudere, sbattere la porta in faccia a qc. ~ *se trouver nez à nez avec qqn.* trovarsi faccia a faccia con qc. ~ *au nez de qqn.* in barba a qc.; alla faccia di qc. ~ *il lui avait ri au nez* gli (le) aveva riso in faccia ~ *passer sous le nez de qqn.* sfuggire a qc. ~ (*pop.*) *je l'ai dans le nez* mi sta sullo stomaco ~ *faire un pied de nez* fare marameo ~ *se casser le nez* rompersi le corna ~ *le nez en l'air* col naso in aria ~ *tirer les vers du nez à qqn.* far cantare qc. ~ *se piquer le nez* sbronzarsi, inciuccarsi (*pop.*) ~ *faire un long nez, un drôle de nez* fare il broncio, il muso lungo ~ *baisser le nez* abbassare il muso ~ *mettre, fourrer son nez dans les affaires d'autrui* mettere, ficcare il naso nelle faccende altrui ~ *la moutarde lui monte au nez* gli salta la mosca al naso **3** (*fig.*) [*flair, perspicacité*] naso ◇ *loc.* AVOIR DU NEZ avere naso: *dans les affaires, il a du nez* ha naso negli affari **4** (*animaux*) → **mufle, museau, groin** **5** [*partie saillante située à l'avant de qqch.*] muso → 2 **avant** ◇ (*spécialt.*) *navire trop chargé à l'avant qui tombe sur le nez* nave troppo carica (a prua) che appruа; *avion qui pique du nez* aereo che picchia.

ni |ni| *conj.* (*servant à nier 'et' et 'ou'*) **I** (*accompagné de 'ne'*) **1** (*avec 'ne... pas, ne... point, rien'*) né: *je n'ai pas de cigarettes ni de feu* non ho (né) sigarette né da accendere: *elle n'a rien de doux ni d'agréable* non ha nulla di dolce né di gradevole ◇ (*avec 'ne' seul; 'ni' est répété devant chaque terme*) (né)... né: *il ne dit ni oui ni non* non dice né (di) sì né (di) no; *ce n'est ni bon ni mauvais* non è (né) buono né cattivo; *il ne veut ni manger ni boire* non vuole (né) mangiare né bere ◇ (*REM. le v. est au plur. ou au sing. pour exprimer 'l'inclusion'*): *ni l'un ni l'autre ne me plaisent* non mi piacciono né l'uno né l'altro; *ni l'un ni l'autre n'acceptera* non accetterà (accetteranno) né l'uno né l'altro **2** (*littér.*) (*'ni' joignant plusieurs propos. négatives*) né... né: *ni l'intelligence n'est preuve de talent, ni le talent n'est preuve de génie* né l'intelligenza è prova di talento, né (tanto meno) il talento è prova di genio **II** (*sans 'ne'*) **1** (*dans une propos. sans v.*) *ni aujourd'hui ni demain* né oggi né domani; *rien de si mal écrit ni de si ennuyeux que ce livre* non c'è niente di scritto così male e di tanto noioso come questo libro **2** (*après 'sans, sans que'*) né: *du thé sans sucre ni lait* tè senza zucchero né latte; *des gens sans feu ni lieu* gente senza casa né tetto.

niable |njabl(ə)| *adj.* negabile ⓒ **indéniable.**

niais, niaise |njɛ, njɛz| *adj.* **1** [*dont la simplicité, l'inexpérience va jusqu'à la bêtise*] sempliciotto, grullo: *elle est un peu niaise* è un po' sempliciotta, grulla ♦ (*s.*) *un niais* un sempliciotto, un grullo ◇ (*par ext.*) *air niais* aria idiota; *sourire niais* sorriso idiota **2** (*faucon.*) nidiace ⓒ 1 **malin.**

niaisement |njɛzmɑ̃| *adv.* [→ NIAIS 1] da grullo *loc.*, stupidamente.

niaiserie |njɛzRi| *s.f.* **1** [*caractère d'une personne ou d'une chose niaise*] grulleria, stupidità (*inv.*): *niaiserie d'une réflexion* stupidità di una considerazione **2** UNE NIAISERIE [*action, parole de niais*] stupidaggine, baggianata: *s'occuper, parler de niaiseries* occuparsi, parlare di stupidaggini, di baggianate.

niaouli |njauli| *s.m.* (*t.bot.*) melaleuca* *f.*

nib |nib| *adv.* (*arg. vieilli*) [*rien*] niente (*cour.*): *j'y comprend nib de nib* non ci capisco niente di niente, un tubo (*fam.*).

nicaraguayen, yenne |nikaʀagwajɛ̃, jɛn| *adj.* [*du Nicaragua*] nicaraguegno.

1 **niche** |niʃ| *s.f.* **1** [*enfoncement pratiqué dans l'épaisseur d'une paroi pour abriter un objet décoratif*] nicchia **2** [*abri en forme de petite maison où couche un chien*] cuccia*: *à la niche!* a cuccia!

2 **niche** |niʃ| *s.f.* [*tour malicieux destiné à attraper qqn.*] scherzo *m.*; burla: *faire des niches* fare degli scherzi.

nichée |niʃe| *s.f.* **1** [*les oiseaux d'une même couvée qui sont encore au nid*] nidiata: *une nichée de poussins* una nidiata di pulcini → **couvée** **2** [*famille nombreuse; troupe d'enfants*] nidiata.

nicher |niʃe| **A** *v.intr.* **1** (*oiseaux*) [*faire son nid; y couver*] nidificare, fare (103) *tr.* il nido **2** (*fam.*) [*demeurer*] abitare (*cour.*): *où niche-t-il?* dove abita? → **loger** **B** *v.pron. réfl.* SE NICHER **1** [*faire son nid*] annidarsi, farsi *tr.* il nido **2** [*se blottir, se cacher*] cacciarsi, nascondersi (159): *où est-il allé se nicher?* dove è andato a cacciarsi; a nascondersi?

nichet |niʃɛ| *s.m.* [*œuf factice qu'on met dans les nids, les poulaillers pour que les poules y aillent pondre*] nidiandolo.

nichoir |niʃwaʀ| *s.m.* gabbia *f.* da cova, nido (delle galline).

nichon |niʃɔ̃| *s.m.* (*pop., vulg.*) [*sein de femme*] tetta *f.* (*fam.*).

nichrome |nikʀom| *s.m.* (*techn.*) nichelcromo.

nickel |nikɛl| **1** *s.m.* (*chim.*) nichel *inv.*, nichelio* **2** *adj. inv.* (*pop.*) *c'est drôlement nickel chez eux* [*d'une propreté parfaite*] la loro casa è uno specchio* *s.m.* (*cour.*).

nickelage |niklaʒ| *s.m.* [→ NICKELER] nichelatura *f.*

nickelé, ée |nikle| *adj.* **1** nichelato **2** (*fig., fam.*) *avoir les pieds nickelés* [*se montrer paresseux, indolent*] battere la fiacca.

nickeler |nikle| (4) *v.tr.* [*couvrir d'une mince couche de nickel*] nichelare.

nickélifère |nikelifɛʀ| *adj.* nichelifero.

nicodème |nikɔdɛm| *s.m.* (*fam.*) → **niais, nigaud.**

niçois, oise |niswa, waz| *adj.* [*de Nice*] nizzardo.

nicol |nikɔl| *s.m.* (*opt.*) nicol *inv.*

nicotine |nikɔtin| *s.f.* nicotina.

nicotinique |nikɔtinik| *adj.* nicotinico*.

nicotinisme |nikɔtinism(ə)| *s.m.* (*méd.*) nicotinismo.

nictation |niktɑsjɔ̃|, **nictitation** |niktitɑsjɔ̃| *s.f.* (*méd.*) nittitazione.

nictitant, ante |niktitɑ̃, ɑ̃t| *adj.* (*zool.*) *paupière nictitante* membrana nittitante, terza palpebra.

nid |ni| *s.m.* **1** nido: *nid d'hirondelle, d'aigle* nido di rondine, d'aquila ◇ (*fig.*) *un nid d'aigle* una casa isolata, appollaiata sulle rocce ◇ (*loc.*) *prendre, trouver l'oiseau au nid* sorprendere qc. nel proprio covo ◇ (*prov.*) *petit à petit l'oiseau fait son nid* con l'acqua e col sole maturano le nespole ◇ (*mar.*) *nid de pie* coffa *f.* **2** [*abri de certains animaux*] nido, tana (*f.*): *nid de souris* nido di topo; *nid d'écureuil* nido di scoiattolo **3** (*fig.*) *nid(s) d'abeilles* nido d'ape: *serviette de toilette en nid(s) d'abeilles* asciugamano a nido d'ape **4** [*logis intime*] nido: *un nid douillet* un nido confortevole **5** (*fig.*) NID DE...: nido, covo di...: *nid de brigands* nido, covo di briganti; *nid de vipères* nido, covo di vipere → **repaire.**

nidation |nidɑsjɔ̃| *s.f.* (*biol.*) annidamento *m.*

nidification |nidifikɑsjɔ̃| *s.f.* nidificazione.

nidifier |nidifje| *v.intr.* [*construire un nid*] nidificare → **nicher.**

nièce |njɛs| *s.f.* [*fille du frère ou de la sœur, du beau-frère ou de la belle-sœur*] nipote.

niellage |njɛlaʒ| *s.m.* (*orfèvrerie*) niellatura *f.*

1 **nielle** |njɛl| *s.m.* [*incrustation décorative d'émail noir*] niello.

2 **nielle** |njɛl| *s.f.* (*agric.*) golpe (volpe), carie del grano.

1 **nieller** |njele| *v.tr.* (*techn.*) [*orner, incruster de* (1) *nielles*] niellare.

2 **nieller** |njele| *v.tr.* (*agric.*) [*attaquer, gâter par la* (2) *nielle*] volpare *intr.* ✦ (*au p.p.*) *blé niellé* grano volpato, golpato.

nielleur |njɛlœʀ| *s.m.* [*graveur de* (1) *nielles*] niellatore.

1 **niellure** |njelyʀ| *s.f.* (*techn.*) niellatura, niello *m.*

2 **niellure** |njelyʀ| *s.f.* (*agric.*) (effetto *m.* della) golpe.

nième, énième |(ɛ)njɛm| *adj.* **1** (*math.*) ennesimo: *la nième puissance* l'ennesima potenza **2** [*d'ordre indéterminé*] ennesimo: *je vous le répète pour la nième fois* ve lo ripeto per l'ennesima volta.

nier |nje| *v.tr.* [*rejeter* (*un rapport, une proposition*); *penser, se représenter* (*qqch.*) *comme inexistant*] negare: *nier l'existence de Dieu* negare l'esistenza di Dio; *nier l'évidence* negare l'evidenza (dei fatti); *nier un fait, un événement* negare un fatto, un avvenimento ✦ (*absolt.*) *l'accusé persiste à nier* l'accusato persiste a negare ◇ *loc.* NIER (+ *inf.*) negare di (+ *inf.*): *il nie avoir vu l'accident* nega di aver visto l'incidente ~ NIER QUE (+ *ind.*) negare di (+ *inf.*): *il nie qu'il est venu à quatre heures* nega di essere venuto alle quattro ◇ (*REM. si le v. est à la forme interrogative ou négative, le v. compl. se met au subj.*): *je ne nie pas que ce soit vrai* non nego che sia vero Ⓒ **affirmer, reconnaître.**

nietzschéen, éenne |nitʃeɛ̃, eɛn| *adj. et s.* nietzschiano.

nifé |nife| *s.m.* (*géol.*) nife.

nigaud, aude |nigo, od| **1** *adj.* [*qui se conduit d'une manière niaise*] balordo, tonto ✦ (*s.*) *un nigaud* uno sciocco*, un babbeo **2** *s.m.* (*t.zool.*) piccolo cormorano.

nigauderie |nigodʀi| *s.f.* [*caractère du nigaud; action de nigaud*] balordaggine, scempiaggine.

nigelle |niʒɛl| *s.f.* (*t.bot.*) nigella.

nigérian, ane |nidʒeʀjɑ̃, an| *adj.* [*de la Nigérie*] nigeriano.

nigérien, ienne |nidʒeʀjɛ̃, jɛn| *adj.* [*du Niger*] nigeriano.

night-club |najtklœb| *s.m.* (*angl.*) night-club *inv.*, locale notturno, night *inv.* (*fam.*): *des night-clubs* dei night-club, dei locali notturni, dei night.

nigritelle |nigʀitɛl|, **nigritella** |nigʀitɛla| *s.f.* (*t.bot.*) nigritella.

nihilisme |niilism(ə)| *s.m.* (*philo.*) nichilismo.

nihiliste |niilist(ə)| *adj. et s.* nichilista.

nilgaut |nilgo| *s.m.* (*t.zool.*) nilgau *inv.*, bocervo.

nille |nij| *s.f.* (*techn.*) impugnatura mobile (di manovella).

nilotique |nilɔtik| *adj.* [*du Nil*] nilotico*.

nimbe |nɛ̃b| *s.m.* nimbo.

nimber |nɛ̃be| *v.tr.* [*pourvoir, entourer, orner d'un nimbe*] cingere (119) di un nimbo → **auréoler.**

nimbo-stratus |nɛ̃bostʀatys| *s.m.* (*météo.*) nembo-strato.

nimbus |nɛ̃bys| *s.m.* (*météo.*) nembo.

n'importe (qui, quel...) → 2 **importer.**

ninas |ninas| *s.m. inv.* [*petit cigare*] sigaretto *var.*, sigarino *var.*

niobium |njɔbjɔm| *s.m.* (*chim.*) niobio*.

niôle |njol| *s.f.* → **gnôle.**

nipiologie |nipjɔlɔʒi| *s.f.* nipiologia*.

nipper |nipe| **A** *v.tr.* (*fam.*) [*fournir de nippes, de vêtements*] vestire (*cour.*) **B** *v.pron. réfl.* (*fam.*) SE NIPPER [→ *tr.*] mettersi (155) addosso vestiti; vestirsi, fornirsi di vestiti.

nippes |nip| *s.f. pl.* [*vêtements pauvres et usés*] stracci (*m.*): *vendre ses vieilles nippes* vendere i propri vecchi stracci.

nippo- |nippɔ| *préf.* (*signifiant 'japonais', correspond généralt. à*) nippo-: *nippo-américain* nippo-americano.

nippo-américain, aine |nippɔameʀikɛ̃, ɛn| *adj.* nippo-americano.

nippon, one, onne |nipɔ̃, ɔn| *adj.* [*du Japon*] nipponico*, giapponese: *l'empire nippon* l'impero nipponico.

nique |nik| *s.f.* (*dans la loc.*) *faire la nique à qqn.* [*faire un signe de mépris, de bravade*] fare uno sberleffo *m.* a qc.

niquedouille |nikduj| *s. et adj.* (*vieilli, fam.*) [*nigaud, niais*] grullo, tonto.

nirvāna |niʀvana| *s.m.* (*relig.*) nirvana *inv.*

nit |nit| *s.m.* (*phys.*) nit *inv.*

nitescence |nitesɑ̃s| *s.f.* (*littér.*) [*lueur, clarté, rayonnement*] nitore *m.*, nitidezza.

nitouche |nituʃ| *s.f.* → **sainte nitouche.**

nitratation |nitʀatɑsjɔ̃| *s.f.* (*sc., techn.*) nitratazione.

nitrate |nitʀat| *s.m.* (*chim.*) nitrato.

nitrater |nitʀate| *v.tr.* (*chim.*) [*ajouter du nitrate à*] nitratare ✦ (*p.p.*) *engrais nitraté* concime nitratato.

nitration |nitʀɑsjɔ̃| *s.f.* (*chim.*) nitrazione.

nitre |nitʀ(ə)| *s.m.* (*chim.*) salnitro, nitro.

nitré, ée |nitʀe| *adj.* (*chim.*) nitrato # *dérivés nitrés* nitroderivati.

nitrer |nitʀe| *v.tr.* (*sc., techn.*) [*traiter par l'acide nitrique*] nitrare.

nitreux, euse |nitʀø, øz| *adj.* (*chim.*) nitroso.

nitrière |nitʀijɛʀ| *s.f.* nitriera.

nitrifiant, ante |nitʀifjɑ̃, ɑ̃t| *adj.* (*chim.*) nitrificante.

nitrification |nitʀifikɑsjɔ̃| *s.f.* (*chim.*) nitrificazione.
nitrifier |nitʀifje| **A** *v.tr.* (*chim.*) [*transformer en nitrates*] nitrificare **B** *v. pron. intr.* SE NITRIFIER [→ *tr.*] nitrificarsi.
nitrile |nitʀil| *s.m.* (*chim.*) nitrile.
nitrique |nitʀik| *adj. m.* (*chim.*) nitrico*: *acide nitrique* acido nitrico.
nitrite |nitʀit| *s.m.* (*chim.*) nitrito.
nitrobacter |nitʀɔbaktɛʀ| *s.m.*, **nitrobactérie** |nitʀɔbakteʀi| *s.f.* (*biol.*) nitrobatterio* *m.* → **nitrification.**
nitrobenzène |nitʀɔbɛ̃zɛn| *s.m.*, **nitrobenzine** |nitʀɔbɛ̃zin| *s.f.* (*chim., techn.*) nitrobenzene *m.*, nitrobenzolo *m.*
nitrocellulose |nitʀɔselyloz| *s.f.* (*chim., techn.*) nitrocellulosa.
nitroglycérine |nitʀɔgliseʀin| *s.f.* (*chim.*) nitroglicerina.
nitromètre |nitʀɔmɛtʀ(ə)| *s.m.* (*chim.*) nitrometro.
nitrophile |nitʀɔfil| *adj.* (*bot.*) nitrofilo.
nitrosation |nitʀozɑsjɔ̃| *s.f.* (*chim.*) nitrosazione.
nitruration |nitʀyʀɑsjɔ̃| *s.f.* (*métall.*) nitrurazione.
nitrure |nitʀyʀ| *s.m.* (*chim.*) nitruro.
nitrurer |nitʀyʀe| *v.tr.* (*métall.*) [*traiter (un métal) en le chauffant en présence de vapeurs d'ammoniaque, pour le durcir*] nitrurare.
nival, ale, aux |nival, o| *adj.* (*littér.*) nivale, nevoso (*cour.*).
nivéal, éale, éaux |niveal, eo| *adj.* (*bot.*) nivale, cacuminale.
niveau |nivo| *s.m.* **I** [*instrument qui sert à donner, à vérifier l'horizontale*] livella (*f.*): *niveau à bulle (d'air)* livella a bolla (d'aria); *niveau à lunette* livella a cannocchiale; *niveau d'eau* livella ad acqua **II** **1** [*degré d'élévation, par rapport à un plan horizontal (d'une ligne ou d'un plan)*] livello: *niveau d'un liquide dans un vase* livello di un liquido in un vaso; *jauge indiquant le niveau d'essence* indicatore del livello di benzina; *être au même niveau que...* essere allo stesso livello di...; *mettre de niveau* mettere allo stesso livello, alla pari → **hauteur** ◇ (*par anal.*) [*étage d'un bâtiment*] piano: *bâtiment de trente niveaux* edificio di trenta piani ◇ (*par ext.*) *niveau de la mer* livello del mare ◇ (*ch. de fer*) *passage à niveau* passaggio a livello ◇ *loc.* AU NIVEAU DE all'altezza di, a livello di: *l'eau lui arrivait au niveau de la taille* l'acqua gli arrivava all'altezza della vita, alla vita # *appartement au niveau du sol* appartamento a pianoterra, a pianterreno; [*à côté de*] *arrivé au niveau du groupe, il ralentit le pas* giunto all'altezza del gruppo, rallentò il passo **2** (*fig.*) [*élévation comparative, degré comparatif*] livello: *niveau intellectuel* livello intellettuale; *des élèves de même niveau* allievi dello stesso livello; *niveau de pollution* livello di inquinamento; *mettre au même niveau* mettere allo stesso livello, sullo stesso piano **3** [*valeur (intellectuelle, artistique)*] livello: *le niveau des études* il livello, il grado di studi ◇ (*ling.*) *niveaux de langue* livelli di lingua **4** (*spécialt.*) NIVEAU DE VIE livello, tenore di vita: *le niveau de vie a baissé, à monté* il livello, il tenore di vita si è abbassato, è salito.
nivéen, éenne |niveɛ̃, eɛn| *adj.* (*littér.*) [*qui a la blancheur de la neige; qui ressemble à la neige*] niveo: *des mains nivéennes* mani nivee.
nivelage |nivlaʒ| *s.m.* [→ NIVELER 1] livellamento.
niveler |nivle| (4) *v.tr.* **1** [*mettre de niveau, rendre horizontal, uni*] livellare: *niveler le terrain* livellare il terreno **2** (*techn.*) [*mesurer avec un niveau*] misurare con la livella **3** (*fig.*) [*mettre au même niveau, rendre égal*] livellare: *niveler les profits* livellare gli utili; *niveler au plus bas, au plus haut* livellare verso il basso, verso l'alto → **égaliser.**
nivelette |nivlɛt| *s.f.* (*techn.*) livelletta.
niveleur, euse |nivlœʀ, øz| *s.* **1** *s.* [*personne qui nivelle, mesure au niveau*] livellatore* **2** *s.m.* (*agric.*) piccolo erpice.
niveleuse |nivløz| *s.f.* (*techn.*) livellatrice.
nivelle |nivɛl| *s.f.* (*techn.*) livella a bolla (d'aria).
nivellement |nivɛlmɑ̃| *s.m.* **1** [*mesure des hauteurs relatives de différents points d'un terrain*] livellazione *f.* **2** [*action d'égaliser une surface*] livellamento: *nivellement d'un terrain* livellamento di un terreno **3** (*fig.*) livellamento: *le nivellement des classes sociales* il livellamento delle classi sociali.
nivéole |niveɔl| *s.f.* (*t.bot.*) campanellina.
nivernais, aise |nivɛʀnɛ, ɛz| *adj.* [*de la région de Nevers, du Nivernais*] nivernese.
nivo- |nivɔ| *préf.* (*signifiant 'de neige', correspond généralt. à*) nivo: *nivomètre* nivometro.
nivo-glaciaire |nivɔglasjɛʀ| *adj.* (*géogr.*) *régime nivo-glaciaire* regime nivale.
nivo-pluvial, ale, aux |nivɔplyvjal, o| *adj.* (*géogr.*) pluvionivale.
nivôse |nivoz| *s.m.* (*hist.*) nevoso.
nixe |niks(ə)| *s.f.* (*littér., mythol.*) naiade, ninfa delle acque.
nizeré |nizʀe| *s.m.* (*techn.*) essenza *f.* di rose bianche.
nô |no| *s.m.* (*jap.*) nō *inv.*
nobélium |nɔbeljɔm| *s.m.* (*chim.*) nobelio*.
nobiliaire |nɔbiljɛʀ| **1** *s.m.* registro dei nobili, almanacco* nobiliare **2** *adj.* nobiliare: *titres nobiliaires* titoli nobiliari.
noblaillon, onne |nɔblɑjɔ̃, ɔn| *s.* (*péj.*) [*noble de petite noblesse*] nobiluccio* ◇ (*au plur.*) *les noblaillons* il nobilume *sing.*
noble |nɔbl(ə)| *adj.* **I** **1** (*littér.*) [*dont les qualités morales sont grandes*] nobile: *nobles sentiments* nobili sentimenti; *son geste est très noble* il suo gesto è molto nobile → **élevé, généreux,** 1 **beau** **2** *le noble art* [*la boxe*] la nobile arte **3** [*qui commande le respect, l'admiration par sa distinction, son autorité naturelle*] nobile: *une beauté noble et imposante* una bellezza nobile e imponente → **imposant** **4** (*hist. litt.*) *genre, style noble* genere, stile nobile **5** (*anat.*) *parties nobles* parti nobili **6** *métaux nobles* metalli nobili ◇ (*comm.*) *matières nobles* materiali nobili, pregiati; *vins nobles* vini pregiati **II** **1** [*qui appartient à une classe privilégiée*] nobile ♦ (*s.*) *un noble, les nobles* un nobile, i nobili → **aristocrate, noblesse** **2** [*qui appartient, qui est propre aux nobles*] nobile: *être de sang noble* essere di sangue nobile **C** I 1 **mesquin, vil**; II 1 **roturier.**
noblement |nɔbləmɑ̃| *adv.* **1** (*dr. féod.*) *tenir noblement une terre* [*en fief*] avere in feudo *loc.* una terra **2** [→ NOBLE I 1] nobilmente.
noblesse |nɔblɛs| *s.f.* **I** **1** [*grandeur des qualités morales, de la valeur humaine*] nobiltà (*inv.*): *noblesse d'âme, de caractère* nobiltà d'animo, di carattere **2** [*caractère noble (du comportement, de l'expression ou de l'aspect physique)*] nobiltà: *la noblesse de son visage, de ses traits* la nobiltà del suo viso, dei suoi lineamenti → 1 **dignité** **II** **1** [*condition du noble*] nobiltà: *titre de noblesse* titolo di nobiltà; *noblesse d'épée* nobiltà di spada ◇ (*loc. prov.*) *noblesse oblige* nobiltà comporta doveri, 'noblesse oblige' **2** [*classe de nobles*] nobiltà: *petite noblesse* piccola nobiltà; *haute noblesse* alta nobiltà → **aristocratie.**
nobliau |nɔblijo| *s.m.* [*noble de petite noblesse*] nobiluccio*.
1 **noce** |nɔs| *s.f.* **1** *au plur.* LES NOCES le nozze: *justes noces* giuste nozze; *nuit de noces* notte di nozze; *épouser qqn. en secondes noces* sposare qc. in seconde nozze **2** [*ensemble des réjouissances qui accompagnent un mariage*] nozze *pl.*, sposalizio* (*m.*): *repas de noce* pranzo di nozze; *robe de noce* abito da nozze, nuziale (*adj.*); *aller, être invité à la noce de qqn.* andare, essere invitato alle nozze, allo sposalizio di qc. ◇ (*loc.*) *il n'est pas à la noce* si trova a mal partito ◇ (*par anal.*) *noces d'or, d'argent, de diamant, de platine* nozze d'oro, d'argento, di diamante, di platino.
2 **noce** |nɔs| *s.f.* (*fam.*) [*vie dissipée*] baldoria, bisboccia*: *faire la noce* fare baldoria, bisboccia → 2 **bombe, foire.**
noceur, euse |nɔsœʀ, øz| *s.* (*fam.*) [*personne qui aime faire la noce*] vitaiolo, 'viveur' *inv.* ♦ (*adj.*) *il est trop noceur* è un tipo troppo festaiolo.
nocher |nɔʃe| *s.m.* (*vieilli, poét.*) [*celui qui conduit, dirige une embarcation*] nocchiero, nocchiere.
nocif, ive |nɔsif, iv| *adj.* nocivo, dannoso: *gaz nocif* gas nocivo, tossico → **nuisible** ◇ (*fig.*) *théories nocives* teorie dannose.
nocivité |nɔsivite| *s.f.* nocività *inv.*
noctambule |nɔktɑ̃byl| *s. et adj.* nottambulo.
noctambulisme |nɔktɑ̃bylism(ə)| *s.m.* nottambulismo.
noctiluque |nɔktilyk| *s.f.* (*t.zool.*) nottiluca*
noctuelle |nɔktɥɛl| *s.f.* (*t.zool.*) nottua.
noctule |nɔktyl| *s.f.* (*t.zool.*) nottola.
nocturne |nɔktyʀn(ə)| **I** *adj.* **1** notturno: *tapages nocturnes* schiamazzi notturni **2** (*animaux*) [*qui veille, se déplace, chasse pendant la nuit*] notturno: *oiseaux nocturnes* uccelli notturni **II** *s.m.* **1** (*liturg. cathol.*) notturno **2** (*mus.*) notturno: *les nocturnes de Chopin* i notturni di Chopin.
nocuité |nɔkɥite| *s.f.* (*méd.*) nocuità *inv.*
nodal, ale, aux |nɔdal, o| *adj.* nodale.

nodosité |nɔdozite| *s.f.* (*bot.*, *méd.*) nodosità *inv.*
nodulaire |nɔdylɛʀ| *adj.* [*qui a des nodosités, des nodules*] nodoso ◇ (*méd.*) nodulare.
nodule |nɔdyl| *s.m.* (*géol.*, *méd.*) nodulo.
noduleux, euse |nɔdylø, øz| *adj.* noduloso.
noël |nɔɛl| *s.m.* **I** (*majuscule*) Natale: *le père Noël* Babbo Natale; *messe de Noël* messa di Natale; *arbre de Noël* albero di Natale; *joyeux Noël!* buon Natale!; *cadeux de Noël* regali di Natale # *la crèche de Noël* il presepio, il presepe **II** (*minuscule*) **1** *un noël* un canto natalizio*, un cantico* di Natale **2** (*fam.*) *le noël*, *le petit noël* il dono, il regalo di Natale (*cour.*).
noèse |nɔɛz| *s.f.* (*philo.*) noesi *inv.*
noétique |nɔetik| *adj.* (*philo.*) noetico*.
nœud |nø| *s.m.* **I** **1** nodo: *nœud simple, double* nodo semplice, doppio; *nœud coulant* nodo scorsoio, cappio; *nœud de cravate* nodo di cravatta; *faire, défaire, desserrer, dénouer un nœud* fare, disfare, allentare, sciogliere un nodo; *faire un nœud à son mouchoir* fare un nodo al fazzoletto ◇ (*loc.*) *nœud gordien* nodo gordiano **2** [*ruban noué; ornement en forme de nœud*] fiocco*: *mettre des nœuds dans les cheveux* mettere dei fiocchi nei capelli # *nœud papillon* farfallino **3** [*enroulement d'un reptile*] groviglio*: *nœud de vipères* groviglio di vipere **4** (*mar.*) nodo: *navire qui file vingt nœuds* nave che fila venti nodi **II** (*fig.*) **1** (*littér.*) [*attachement très étroit entre des personnes*] nodo, vincolo → **lien** **2** [*point essentiel* (*d'une affaire difficile*)] nocciolo, nodo: *voilà le nœud de l'affaire* ecco il nocciolo, il nodo della questione **3** (*littér.*, *théât.*) *le nœud de l'action* (*d'un drame*) l'intreccio* dell'azione (di un dramma) **4** (*astron.*, *phys.*) nodo **5** [*endroit où se croisent plusieurs grandes lignes, d'où partent plusieurs embranchements*] nodo: *nœud ferroviaire, routier* nodo ferroviario, stradale **III** [*saillie*] **1** (*bot.*) nodo: *nœud d'un tronc* nodo di un tronco **2** (*géogr.*) nodo.
noir, noire |nwaʀ| **I** *adj.* **1** nero: *noir comme* (*du*) *jais, de l'encre, du charbon* nero come la pece, l'inchiostro, il carbone; *yeux, cheveux noirs* occhi, capelli neri; *un chat noir* un gatto nero; *mettre un costume noir* mettere un vestito nero ◇ (*par ext.*) *un café noir, bien noir* un caffè nero, (molto) carico → **fort** **2** [*qui est plus sombre* (*dans son genre*)] nero: *du pain noir et du pain blanc* pane nero e pane bianco; *savon noir* sapone nero # *lunettes noires* occhiali scuri **3** [*qui, pouvant être blanc, se trouve sali*] nero: *mains noires* mani nere, sporche; *tes ongles sont noirs* hai le unghie nere → **sale** ◇ *loc.* NOIR DE nero, sporco* di: *murs noirs de suie* muri neri, sporchi di fuliggine **4** [*privé de lumière*] buio*: *chambre noire* camera buia; (*photo.*) camera oscura ◇ (*loc.*) *il fait noir comme dans un four* è buio pesto ~ *il faisait nuit noire* era notte fonda, nera **5** (*pop.*) [*ivre*] sbronzo (*fam.*): *il est complètement noir* è completamente sbronzo **6** (*fig.*) [*assombri par la mélancolie*] nero: *il était d'une humeur noire* era di umore nero; *avoir, se faire des idées noires* avere, farsi venire delle idee nere → **triste** # *regarder qqn. d'un œil noir* guardare qc. con occhio truce **7** [*marqué par le mal, par une athmosphère macabre, horrible*] nero: *magie noire* magia nera; *messe noire* messa nera; *roman, film noir* romanzo, film nero; *humour noir* umorismo nero **8** (*comm.*) *marché noir* mercato nero; (*ellipt.*) *acheter une denrée au noir* acquistare una merce al mercato nero ◇ (*par anal.*) *travail noir* lavoro nero **9** [*qui appartient à la race des Africains et des Mélanésiens*] negro: *une femme noire* una donna negra; *race noire* razza negra; *peuples noirs* popoli negri → **nègre** ◇ (*par ext.*) *le problème noir aux États Unis* il problema dei negri d'America **II** *s.* **1** *s.m.* [*couleur noire*] nero: *habillé, vêtu de noir* vestito di nero; *elle était tout en noir* era tutta in nero ◇ (*loc.*) *c'est écrit noir sur blanc* è (scritto) nero su bianco; (*un film*) *en noir et blanc* (un film) in bianco e nero **2** *s.m.* [*l'obscurité, la nuit*] buio, oscurità (*f. inv.*): *enfant qui a peur dans le noir* bambino che ha paura del buio **3** *s.m.* [*matière colorante noire*] nero: *noir animal* nero animale; *noir de fumée* nero fumo, nerofumo; *avoir du noir sur la joue* avere la guancia sporca di nero ◇ (*maquillage*) ombretto: *se mettre du noir aux yeux* mettersi l'ombretto agli occhi **4** (*s.m.*) *voir tout en noir* [*être pessimiste*] vedere tutto nero **5** *s.* [*homme, femme de race noire*] Negro: *les Noirs d'Afrique* i Negri dell'Africa; *une Noire américaine* una Negra americana.
noirâtre |nwaʀɑtʀ(ə)| *adj.* [*qui tire sur le noir*] nerastro.
noiraud, aude |nwaʀo, od| *adj.* et *s.* [*qui est noir de teint, de type très brun*] bruno, moro.
noirceur |nwaʀsœʀ| *s.f.* **1** (*littér.*) [*couleur de ce qui est noir*] nerezza: *noirceur de l'encre* nerezza dell'inchiostro **2** [*méchanceté odieuse*] bassezza: *la noirceur de cette trahison* la bassezza di questo tradimento → **horreur, perfidie** **3** (*littér.*) UNE, DES NOIRCEUR(S) infamia: *il méditait quelque noirceur* meditava qualche infamia.
noircir |nwaʀsiʀ| **A** *v.intr.* [*devenir noir ou plus foncé*] annerire (197) (*aux.* essere), diventare (*aux.* essere) nero; scurire (197) (*aux.* essere), diventare (*aux.* essere) scuro: *sa peau noircit facilement au soleil* la sua pelle scurisce, diventa facilmente scura al sole → **brunir** **B** *v.tr.* **1** [*colorer ou enduire de noir*] annerire: *la fumée a noirci les murs* il fumo ha annerito i muri → **salir** ◇ (*fam.*) *noircir du papier* [*écrire*] scribacchiare **2** (*littér.*) [*calomnier, dire du mal de* (*qqn.*)] diffamare, denigrare **C** *v.pron. intr.* SE NOIRCIR [*devenir noir*] annerirsi.
noircissement |nwaʀsismɑ̃| *s.m.* [→ NOIRCIR B 1] annerimento.
noircisseur |nwaʀsisœʀ| *s.m.* (operaio* di tintoria) addetto alla finitura dei neri (*fig.*, *fam.*) → **barbouilleur.**
noircissure |nwaʀsisyʀ| *s.f.* macchia di nero ◇ (*spécialt.*) [*altération du vin qui prend une teinte noire*] annerimento *m.*
noire |nwaʀ| *s.f.* **1** → **noir** II 5 **2** (*mus.*) semiminima.
noise |nwaz| *s.f.* (*dans la loc.*) *chercher noise à qqn.* [*se quereller avec qqn.*] attaccar briga con qc.
noiseraie |nwazʀɛ| *s.f.* (*rare*) [*terrain planté de noyers*] noceto *m.* ◇ [*planté de noisetiers*] noccioleto *m.*
noisetier |nwaztje| *s.m.* (*t.bot.*) nocciolo.
noisette |nwazɛt| **1** *s.f.* [*fruit du noisetier*] nocciola **2** *adj. inv.* [*brun clair*] (color) nocciola: *une robe noisette* un vestito nocciola.
noix |nwa(ɑ)| *s.f.* **1** [*fruit du noyer*] noce: *coquille de noix* guscio di noce; *huile de noix* olio di noci; *gauler des noix* bacchiare delle noci ◇ (*par anal.*) *une noix de beurre* una noce di burro **2** (*se dit d'autres fruits comestibles à coque*) noce: *noix de coco* noce di cocco; *noix muscade* noce moscata **3** (*bouch.*) *noix de veau* noce di vitello **4** (*fam.*) [*imbécile*] stupido *s.*, sciocco* (*s.*): *quelle noix!* che stupido, che sciocco! ✦ (*adj.*) *elle n'est pas plus noix qu'une autre* non è più stupida di un'altra ◇ (*loc.*) *à la noix* (*de coco*) [*sans valeur*] da poco, fasullo (*adj.*): *c'est une histoire à la noix* è una storia da poco, fasulla **5** (*techn.*) noce.
noli me tangere |nɔlimetɑ̃ʒeʀe| *s.m. inv.* (*t.bot.*) noli me tangere.
nolis |nɔli| *s.m.* (*comm.*, *mar.*) nolo.
nolisement |nɔlizmɑ̃| *s.m.* (*comm.*, *mar.*) noleggio*, nolo (di una nave).
noliser |nɔlize| *v.tr.* [*affréter* (*un bateau, un avion*)] noleggiare.
nom |nɔ̃| *s.m.* **I** [*mot ou groupe de mots servant à désigner un individu*] **1** nome: *avoir, porter tel nom* avere, portare un nome → **nommer** (**se**), **appeler** (**s'**); *connaître qqn. de nom* conoscere qc. (solo) di nome ◇ (*par ext.*) *nom de famille* cognome; *nom de baptême, petit nom* nome (di battesimo) → **prénom**; *se cacher sous un faux nom* nascondersi sotto falso nome; *prendre un nom d'emprunt* adottare uno pseudonimo → **surnom, pseudonyme**; *nom de guerre* nome di battaglia ◇ (*loc.*) *agir au nom de qqn.* agire in, a nome di qc. ~ *agir en son nom* agire in, a proprio nome **2** [*prénom*] nome (di battesimo): *nom de garçon, de fille* nome maschile, femminile **3** [*nom de famille* (*transmis de père à enfants*)] cognome: *nom, prénom et domicile* cognome, nome e domicilio; *nom de jeune fille d'une femme mariée* cognome da ragazza di una donna coniugata; *nom noble, à particule, à rallonges* (*pop.*) cognome nobiliare **4** (*dans quelques express.*) [*nom célèbre, renommé*] *se faire un nom* farsi un nome; *laisser un nom* lasciare un'impronta *f.*, una traccia* (*f.*); *perdre son nom* perdere la propria reputazione *f.* **5** (*interj.*) *nom de Dieu!* perdio!; (*pop.*) *nom de nom!*, *nom d'une pipe!*, *nom d'un chien!* perdinci!, perbacco!, accidenti! **6** (*comm.*) *nom commercial* nome commerciale; *nom social* ragione *f.* sociale **7** [*désignation individuelle d'un animal, d'un lieu, d'un objet*] nome: *noms de rues, de bateaux* nomi di vie, di navi; *noms de produits, de marques* nomi di prodotti, di marche; *nom déposé* nome depositato # *noms de lieux* toponimi **II** **1** [*mot servant à désigner les êtres, les choses d'une même catégorie*] nome: *quel est le nom de cet arbre?* qual è il nome di quest'albero, come si chiama quest'albero? → **appellation, dénomination** #

une laideur sans nom una bruttezza innominabile, indicibile ◇ (*loc.*) *appeler les choses par leur nom* dire pane al pane e vino al vino ~ *traiter qqn. de tous les noms* dirne di tutti i colori a qc. **2** *loc.* AU NOM DE [*en considération de, en invoquant*] in nome di: *au nom de la loi* in nome della legge; *au nom du ciel* in nome del cielo ~ SOUS LE NOM DE con, sotto il nome di: *il est célèbre sous le nom de...* è celebre con, sotto il nome di... **III** (*gram.*) nome: *noms propres, communs* nomi propri, comuni # *complément de nom* complemento di specificazione.

nomade |nɔmad| **1** *adj.* nomade: *peuple, tribu nomade* popolo, tribù nomade ◇ (*par ext.*) *vie nomade* vita nomade **2** *s.m.* nomade: *les nomades du désert* i nomadi del deserto Ⓒ **1 sédentaire.**

nomadiser |nɔmadize| *v.intr.* [*vivre en nomade*] far (103) *tr.* vita da nomade, vivere (194) (*aux.* essere) da nomade.

nomadisme |nɔmadism(ə)| *s.m.* nomadismo.

no man's land |nomanslɑ̃d| *s.m.* (*angl.*) terra *f. var.* di nessuno, no man's land.

nombrable |nɔ̃bʀabl(ə)| *adj.* [→ NOMBRER] numerabile; che si può contare *loc.* Ⓒ **innombrable.**

nombre |nɔbʀ(ə)| *s.m.* **1** numero: *nombres entiers, pairs, impairs, fractionnaires* numeri interi, pari, dispari, frazionari; *nombre cardinal, ordinal* numero cardinale, ordinale **2** (*math.*) numero: *nombres algébriques, imaginaires, irrationnels* numeri algebrici, immaginari, irrazionali **3** [*nombre concret*] numero: *le nombre des habitants d'un pays* il numero di abitanti di un paese; *un certain nombre* (*de...*) un certo numero (di...); *un petit nombre* un numero ridotto; *un grand nombre* un gran numero ◇ (*loc. prép.*) *être au nombre de dix* essere in (numero di) dieci ~ AU NOMBRE DE, DU NOMBRE DE... nel novero di (*littér.*), tra (fra) (*prép.*): *serez-vous au nombre des invités?* lei sarà nel novero degli invitati, tra gli invitati? → **parmi, entre** ~ SANS NOMBRE innumerevole (*adj.*): *il a eu des occasions sans nombre de se faire connaître* ha avuto innumerevoli occasioni di farsi conoscere **4** LE NOMBRE [*pluralité, grand nombre*] numero: *faire nombre* far numero → **quantité** # *ils succombèrent sous le nombre* soccombettero per inferiorità numerica ◇ *loc.* EN NOMBRE in gran numero: *les candidats se sont présentés en nombre* i candidati si sono presentati in gran numero ~ NOMBRE DE [*beaucoup, maint*] numeroso *adj.*, molto (*adj.*): *depuis nombre d'années* da numerosi, molti anni **5** (*gram.*) numero: *l'adjectif s'accorde en genre et en nombre* l'aggettivo si accorda in genere e numero.

nombrer |nɔ̃bʀe| *v.tr.* (*vx., littér.*) → **compter, dénombrer.**

nombreux, euse |nɔ̃bʀø, øz| *adj.* **1** [*qui est formé d'un grand nombre d'éléments*] numeroso: *une foule nombreuse* una numerosa folla; *une famille nombreuse* una famiglia numerosa **2** [*en grand nombre*] numeroso; molto: *ils vinrent nombreux à notre appel* vennero numerosi, in gran numero alla nostra chiamata ‖ *dans de nombreux cas* in molti casi → **beaucoup** Ⓒ **1 petit.**

nombril |nɔ̃bʀi| *s.m.* **1** (*anat., cour.*) ombelico* ◇ (*par exagér.*) *être décolleté jusqu'au nombril* essere molto scollato, avere una scollatura audace ◇ (*loc. fam.*) *se prendre pour le nombril du monde* credersi il centro dell'universo **2** (*bot.*) occhio*.

nombrilisme |nɔ̃bʀilism| *s.m.* (*fam.*) contemplazione *f.* di se stesso (*cour.*).

-nome |nɔm|, **-nomie** |nɔmi|, **-nomique** |nɔmik| *suff.* (*signifiant 'distribuer, administrer', correspondent généralt. à*) nomo; nomia; nomico: *agronome* agronomo ‖ *autonomie* autonomia ‖ *astronomique* astronomico.

nome |nɔm| *s.m.* (*hist.*) nomo.

nomenclateur, trice |nɔmɑ̃klatœʀ, tʀis| *adj. et s.* nomenclatore *m.*

nomenclature |nɔmɑ̃klatyʀ| *s.f.* nomenclatura.

nominal, ale, aux |nɔminal, o| *adj.* **I** [*relatif au nom de personnes ou d'objets individuels*] nominale, nominativo: *appel nominal* appello nominale; *liste nominale* elenco nominativo **II** **1** [*relatif aux mots, aux noms, et non aux choses*] nominale: *définition nominale* definizione nominale **2** [*qui existe seulement de nom et pas en réalité*] nominale: *autorité nominale* autorità nominale **3** (*écon.*) nominale: *valeur nominale* valore nominale; *salaire nominal* salario nominale **III** (*gram.*) nominale.

nominalement |nɔminalmɑ̃| *adv.* nominalmente.

nominalisme |nɔminalism(ə)| *s.m.* (*philo.*) nominalismo.

nominaliste |nɔminalist(ə)| *s.m.* nominalista ✦ *adj.* (*philo.*) nominalistico*.

nominatif |nɔminatif| *s.m.* (*gram.*) nominativo.

nominatif, ive |nɔminatif, iv| *adj.* nominativo: *liste nominative* elenco nominativo.

nomination |nɔminɑsjɔ̃| *s.f.* **1** [*désignation*] nomina: *nomination à un poste supérieur* nomina a una carica superiore **2** (*admin.*) nomina.

nominativement |nɔminativmɑ̃| *adv.* [*en nommant les personnes dont on parle*] nominativamente, nominatamente.

nommé, ée |nɔme| *adj.* **1** (*suivi d'un nom pr.*) [*qui a pour nom*] di nome *loc. inv.*, chiamato: *un homme nommé Dubois* un uomo di nome, chiamato Dubois ✦ *s.* (*dr., péj.*) *un nommé Dubois* un certo Dubois **2** [*désigné par son nom*] nominato: *les personnes nommées plus haut* le persone sopra nominate, sunnominate → **susdit** **3** (*loc.*) À POINT NOMMÉ al momento giusto, a proposito: *il est arrivé à point nommé* è arrivato al momento giusto, a proposito **4** [*désigné, choisi par nomination*] nominato: *magistrats nommés et magistrats élus* magistrati nominati e magistrati eletti.

nommément |nɔmemɑ̃| *adv.* [*en nommant, en désignant par son nom; spécialement*] nominativamente, espressamente, specificatamente.

nommer |nɔme| **A** *v.tr.* [*désigner par un nom*] → **appeler I 1** [*distinguer* (*une personne*) *par un nom; donner un nom à* (*qqn.*)] chiamare: *ses parents l'ont nommé Paul* i suoi genitori l'hanno chiamato Paolo **2** [*distinguer* (*une chose, un concept*) *par un vocable particulier*] battezzare, chiamare: *nommer un corps chimique nouvellement découvert* battezzare, dare il nome a un corpo chimico scoperto da poco; *ce que les hommes ont nommé amitié* quello che gli uomini hanno battezzato, chiamato amicizia **3** [*indiquer* (*une personne, une chose*) *en disant ou en écrivant son nom*] nominare; fare (103) il nome, (i) nomi (di): *nommer plusieurs personnes* nominare, citare diverse persone → **citer, désigner, indiquer** ‖ *cet individu, Dupont, pour ne pas le nommer* questo tipo, Dupont, tanto per non fare nomi; *l'accusé refuse de nommer ses complices* l'accusato rifiuta di fare i nomi dei suoi complici **II** **1** [*désigner, choisir* (*une personne*) *pour remplir une fonction; élever à une dignité*] nominare: *on l'a nommé directeur* lo hanno nominato direttore ◇ (*dr.*) *nommer qqn. son héritier* nominare qc. proprio erede **2** [*établir par nomination*] nominare: *nommer des magistrats* nominare dei magistrati **B** *v.pron. intr.* SE NOMMER [*avoir pour nom*] chiamarsi: *il se nomme Joseph* si chiama Giuseppe.

nomo- |nɔmɔ| *préf.* (*signifiant 'loi', correspond généralt. à*) nomo: *nomogramme* nomogramma.

nomogramme |nɔmɔgʀam| *s.m.* (*sc.*) nomogramma.

nomographe |nɔmɔgʀaf| *s.m.* nomografo.

nomographie |nɔmɔgʀafi| *s.f.* nomografia.

nomographique |nɔmɔgʀafik| *adj.* nomografico*.

nomothète |nɔmɔtɛt| *s.m.* (*antiq. gr.*) nomoteta.

non- |nɔ̃, nɔn| *préf.* (*indiquant 'l'absence, le défaut, le refus', correspond généralt. à*) non: *non-agression* non aggressione; *non-intervention* non intervento; *non-engagé* non impegnato.

non |nɔ̃| **I** *adv.* (*de négation*) **1** (*réponse négative, refus*) no: *non, rien à faire* no, niente da fare; *mais non!* ma no!; *non merci* no, grazie ◇ (*fam.*) (*interrogatif*) [*n'est-ce pas?*] *c'est effrayant, non, de penser à cela?* è terribile, no, pensare a una cosa simile? **2** (*compl. direct d'un v. déclaratif*) di no: *il répond toujours non* risponde sempre di no ◇ (*fam.*) *je ne* (*vous*) *dis pas non* non (le) dico di no; *je vous dis que non* le dico di no **3** (*fam., pop.*) (*exclam. marquant 'l'indignation, la protestation, l'étonnement'*) *non, par exemple!* oh no!; questa poi!; *non, mais...* ma insomma...; *'il va se marier' 'non! sans blague!'* 'si sta per sposare' 'no! sul serio?' **4** (*en phrase coordonnée ou juxtaposée*) ET NON, MAIS NON... e non, ma non...: *c'est pour moi et non pour vous* è per me e non per lei ~ OU NON (*marquant 'une alternative'*): *que vous le vouliez ou non* che lei lo voglia o no; *êtes-vous décidé ou non?* si è deciso o no?; *content ou non, il acceptera* contento o no, accetterà ◇ (*en fin de phrase*) *on excuse les caprices des enfants, ceux des adultes non* si perdonano i capricci dei bambini, quelli degli adulti no → **2 pas** ~ NON PLUS (*remplace 'aussi' dans une propos. négative*) neanche, neppure, nemmeno: *je ne la connais pas, et lui non plus* io non la conosco, e lui neanche, neppure ◇ *loc.* NON, NON PAS (POINT), NON SEULEMENT... MAIS non, non solo... ma:

d'un ton non pas hostile mais sévère con un tono non ostile ma severo ~ NON SANS non senza: *non sans hésitation* non senza esitazione ◇ *loc. conj.* NON QUE non che: *non qu'il fut contraire à ce projet*.. non che fosse contrario a questo progetto... **5** (*en emploi adv.*) non: *un personnage non négligeable* un personaggio non trascurabile → **non- II** (*s.m. inv.*) *un non, des non* un no, dei no: *un non catégorique* un no categorico → **refus** # *pour un oui ou pour un non* per un niente Ⓒ **II oui, si.**

non-activité |nɔnaktivite| *s.f.* [*situation d'un fonctionnaire, et spécialt. d'un officier provisoirement sans emploi*] disponibilità *inv.*; posizione ausiliaria.

nonagénaire |nɔnaʒenɛʀ| *adj. et s.* novantenne, nonagenario*.

nonagésime |nɔnaʒezim| *adj. et s.m.* (*astron.*) nonagesimo.

non-agression |nɔn(nɔ̃)agʀesjɔ̃| *s.f.* (*polit.*) non aggressione: *pacte de non-agression* patto di non aggressione.

non-aligné, ée |nɔnaliɲe| *adj. et s.m.* (*polit.*) non allineato: *les* (*pays*) *non-alignés* i (paesi) non allineati.

non-alignement |nɔn(nɔ̃)aliɲmɑ̃| *s.m.* (*polit.*) non allineamento.

nonante |nɔnɑ̃t| *adj. numér.* (*vx., région.*) (*Belgique, Suisse romande*) novanta (*cour.*).

non-assistance |nɔn(nɔ̃)asistɑ̃s| *s.f.* (*dr. pén.*) mancata assistenza, mancanza di assistenza.

non-belligérance |nɔ̃be(ɛl)liʒeʀɑ̃s| *s.f.* non belligeranza.

non-belligérant, ante |nɔ̃be(ɛl)liʒeʀɑ̃, ɑ̃t| *adj. et s.* non belligerante.

nonce |nɔ̃s| *s.m.* (*dr.*) nunzio*: *nonce apostolique* nunzio apostolico.

nonchalamment |nɔ̃ʃalamɑ̃| *adv.* [*avec nonchalance*] con noncuranza *loc. inv.*, con trascuratezza *loc. inv.*; indolentemente, mollemente: *faire un travail nonchalamment* fare un lavoro con noncuranza, con trascuratezza ‖ *nonchalamment vautré sur des coussins* indolentemente, mollemente sdraiato su cuscini.

nonchalance |nɔ̃ʃalɑ̃s| *s.f.* **1** [*caractère, manière d'agir d'une personne nonchalante*; *manque d'ardeur, de soin*] noncuranza, trascuratezza: *faire un travail avec nonchalance* fare un lavoro con noncuranza, con trascuratezza → **indolence, mollesse, paresse** **2** [*grâce alanguie*] abbandono (*m.*): *nonchalance d'une pose* abbandono di una posa Ⓒ **1 ardeur, entrain, vivacité.**

nonchalant, ante |nɔ̃ʃalɑ̃, ɑ̃t| *adj.* [*qui manque d'activité, d'ardeur par insouciance, indifférence*] indolente, svogliato: *écolier nonchalant* scolaro indolente, svogliato → **insouciant, mou** ◇ (*par ext.*) *pas nonchalant* passo lento → **lent** Ⓒ **actif, vif.**

nonchaloir |nɔ̃ʃalwaʀ| *s.m.* (*vieilli, littér.*) → **nonchalance.**

nonciature |nɔ̃sjatyʀ| *s.f.* (*diplomatie*) nunziatura.

non-combattant, ante |nɔ̃kɔ̃batɑ̃, ɑ̃t| *adj. et s.* non combattente Ⓒ **combattant.**

non-comparant, ante |nɔ̃kɔ̃paʀɑ̃, ɑ̃t| *adj.* (*dr.*) contumace ✦ (*s.*) *les non-comparants* i contumaci.

non-comparution |nɔ̃kɔ̃paʀysjɔ̃| *s.f.* (*dr.*) contumacia*.

non-conciliation |nɔ̃kɔ̃siljɑsjɔ̃| *s.f.* (*dr.*) mancato accordo *m.*

non-conformisme |nɔ̃kɔ̃fɔʀmism(ə)| *s.m.* nonconformismo, anticonformismo.

non-conformiste |nɔ̃kɔ̃fɔʀmist(ə)| *s.* nonconformista, anticonformista → **original** ✦ *adj.* anticonformistico*: *une attitude non-conformiste* un atteggiamento anticonformistico, nonconformista.

non-conformité |nɔ̃kɔ̃fɔʀmite| *s.f.* non conformità *inv.*, mancata conformità.

non-congelable |nɔ̃kɔ̃ʒlabl(ə)| *adj.* incongelabile.

non-contradiction |nɔ̃kɔ̃tʀadiksjɔ̃| *s.f.* (*philo.*) non contraddizione.

non-directif, ive |nɔ̃diʀɛktif, iv| *adj.* **1** [*qui n'est pas directif*] non autoritario* **2** (*psycho.*) non direttivo: *psychothérapie non-directive* psicoterapia non direttiva.

non-discrimination |nɔ̃diskʀiminɑsjɔ̃| *s.f.* non discriminazione.

none |nɔn| *s.f.* **I** *au sing.* **1** (*antiq. rom.*) nona **2** (*liturg. cathol.*) nona **II** *au plur.* (*antiq. rom.*) none.

non(-)engagé, ée |nɔn(nɔ̃)ɑ̃gaʒe| *adj. et s.* non impegnato.

non-engagement |nɔn(nɔ̃)ɑ̃gaʒmɑ̃| *s.m.* [*neutralité*] neutralità *f. inv.* ◇ (*polit.*) disimpegno.

non-être |nɔn(nɔ̃)ɛtʀ(ə)| *s.m.* (*philo.*) non essere.

nonetto |nɔnet(t)o| *s.m.* (*mus.*) nonetto.

non euclidien, ienne |nɔn(nɔ̃)øklidjɛ̃, jɛn| *adj.* (*sc.*) non euclideo.

non-exécution |nɔnɛgzekysjɔ̃| *s.f.* (*dr.*) inadempimento *m.*, inosservanza; mancata esecuzione: *non-exécution d'un contrat* inadempimento di un contratto.

non-existence |nɔn(nɔ̃)ɛgzistɑ̃s| *s.f.* (*philo.*) non esistenza, inesistenza.

non(-)figuratif, ive |nɔ̃figyʀatif, iv| *adj. et s.* (*bx-arts*) non figurativo.

nonidi |nɔnidi| *s.m.* (*hist.*) nonidi *inv.*

non-inscrit, ite |nɔnɛ̃skʀi, it| *adj. et s.* (*dr. constitutionnel*) indipendente: *les* (*députés*) *non-inscrits* i deputati indipendenti.

non-intervention |nɔnɛ̃tɛʀvɑ̃sjɔ̃| *s.f.* non intervento (*m.*): *politique de non-intervention* politica di non intervento.

non-interventionniste |nɔnɛ̃tɛʀvɑ̃sjɔnist(ə)| *adj.* non interventistico*: *politique non-interventionniste* politica non interventistica ✦ (*s.*) *les non-interventionnistes* i non interventisti.

nonius |nɔnjys| *s.m.* (*phys.*) nonio*.

non-jouissance |nɔ̃ʒwisɑ̃s| *s.f.* (*dr.*) mancato godimento *m.*

non-lieu |nɔ̃ljø| *s.m.* (*dr.*) non luogo* a procedere: *ordonnance de non-lieu* sentenza di non luogo a procedere.

non-moi |nɔ̃mwa| *s.m. inv.* (*philo.*) non-io.

nonne |nɔn| *s.f.* (*vx., plais.*) → **religieuse.**

1 **nonnette** |nɔnɛt| *s.f.* **1** (*t.zool.*) cincia* bigia* **2** [*petit gâteau en pain d'épice, primitivement fabriqué dans les couvents de religieuses*] ⊠.

2 **nonnette** |nɔnɛt| *s.f.* [*petite nonne*] monachina.

nonobstant |nɔnɔpstɑ̃| (*vx., admin.*) **1** *prép.* [*sans être empêché par qqch., sans s'y arrêter*] nonostante (*cour.*): *nonobstant cela, il le crut* nonostante ciò, gli credette → **malgré** **2** *adv.* ciononostante (*cour.*), cionondimeno (*cour.*) → **cependant, néanmoins.**

non-paiement |nɔ̃pɛmɑ̃| *s.m.* (*dr.*) mancato pagamento: *en cas de non-paiement* in caso di mancato pagamento Ⓒ **paiement.**

non-pesanteur |nɔ̃pəzɑ̃tœʀ| *s.f.* (*phys.*) mancanza, assenza di gravità → **apesanteur.**

non-prolifération |nɔ̃pʀɔlifeʀɑsjɔ̃| *s.f.* (*polit.*) non proliferazione.

non-recevoir |nɔ̃ʀsəvwaʀ| *s.m.* irricevibilità *f. inv.* ◇ (*cour.*) *opposer une fin de non-recevoir* opporre un rifiuto ◇ (*dr., dans la loc.*) *fin de non-recevoir* eccezione *f.*, rigetto di una istanza.

non-retour |nɔ̃ʀ(ə)tuʀ| *s.m.* (*dans la loc.*) *point de non-retour* punto di non ritorno.

non-satisfaction |nɔ̃satisfaksjɔ̃| *s.f.* mancato soddisfacimento *m.*

non-sens |nɔ̃sɑ̃s| *s.m.* **1** nonsenso, controsenso: *c'est un non-sens* è un nonsenso, un controsenso → **absurdité** **2** [*ce qui ne signifie rien, est dépourvu de sens*] frase *f.* senza senso: *faire un non-sens dans une version latine* mettere una frase senza senso in una versione latina.

non-stop |nɔ̃stɔp| (*adj. inv. et s. inv.*) *vol non-stop entre Paris et New-York* volo senza scalo *loc.*, non-stop, tra Parigi e New York; *des concerts non-stop* concerti senza interruzioni, *loc.* non-stop ◇ (*sport*) *descente non-stop* (discesa) non-stop.

non-transférabilité |nɔ̃tʀɑ̃sfeʀabilite| *s.f.* intrasferibilità *inv.*

non-usage |nɔn(nɔ̃)yzaʒ| *s.m.* disuso, mancato uso: *non-usage d'un mot* disuso di una parola.

non-valeur |nɔ̃valœʀ| *s.f.* **1** (*dr.*) bene *m.* improduttivo: *une terre en friche est une non-valeur* una terra incolta è un bene improduttivo ◇ (*fin.*) credito *m.* inesigibile **2** [*chose ou personne sans valeur*] nullità *inv.*

non-viable |nɔ̃vjabl(ə)| *adj.* non vitale # *une entreprise non-viable* una impresa non redditizia.

non-violence |nɔ̃vjɔlɑ̃s| *s.f.* non violenza.

non-violent, ente |nɔ̃vjɔlɑ̃, ɑ̃t| *s.* fautore* della non violenza ✦ *adj.* non violento: *manifestations non-violentes* manifestazioni non violente.

noologique |nɔɔlɔʒik| *adj.* (*philo.*) noologico*.

nopal, als |nɔpal| *s.m.* (*t.bot.*) nopale, nopal *inv.*

nord |nɔʀ| **I** *s.m.* **1** nord *inv.*, settentrione: *vents du nord* venti del nord; *pièce exposée au nord* stanza esposta a nord, a settentrione ◇ *loc. prép.* AU NORD DE a nord di: *au nord de la Loire* a nord della Loira ◇ (*loc. fig.*) *perdre le nord* perdere la bussola, la tramontana **2** [*ensemble géographique proche, ou relativement le plus proche du nord*] Nord: *pays, peuples du Nord* paesi, popoli del Nord; *Afrique, Amérique du Nord* Africa del Nord (Nordafrica), America del Nord (Nordamerica) **II** *adj. inv.* [*qui se trouve au nord*] nord; settentrionale (*var.*): *pôle nord* polo nord ‖ *les côtes nord de la Bretagne* le coste settentrionali della Bretagna Ⓒ **sud.**

nord-africain, aine |nɔʀafʀi-

kɛ̃, ɛn| *adj.* [*d'Afrique du nord*] nordafricano: *climat nord-africain* clima nordafricano.
nord-américain, aine |nɔʀameʀikɛ̃, ɛn| *adj.* [*d'Amérique du nord*] nordamericano.
nord-coréen, éenne |nɔʀkɔʀeɛ̃, eɛn| *adj.* [*de la Corée du nord*] nordcoreano.
nord-est |nɔʀɛst| *s.m.* nordest *inv.* ✦ (*adj.*) *la région nord-est de l'Angleterre* la regione di nordest *loc.*, nordorientale dell'Inghilterra.
nordique |nɔʀdik| **1** *adj.* [*des pays du nord de l'Europe*] nordico*: *langues nordiques* lingue nordiche; *races nordiques* razze nordiche **2** (*s.m.*) *le nordique* [*anc. langue*] lingua *f.* nordica.
nordir |nɔʀdiʀ| *v.intr.* (*mar.*) (*en parlant du vent*) [*tourner au nord*] volgere (196), girare a nord.
nordiste |nɔʀdist(ə)| *s. et adj.* (*hist. amér.*) nordista.
nord-ouest |nɔʀwɛst| *s.m.* nordovest *inv.* ✦ *adj.* di nordovest *loc. inv.*, nordoccidentale *var.*
nord-vietnamien, ienne |nɔʀvjɛtnamjɛ̃, jɛn| *adj.* [*de l'anc. Vietnam du Nord*] nordvietnamita.
noria |nɔʀja| *s.f.* (*techn.*) noria.
normal, ale, aux |nɔʀmal, o| *adj.* **I 1** (*géom.*) normale, perpendicolare: *ligne normale* linea normale, perpendicolare ✦ (*s.f.*) *la normale* la normale **2** (*chim.*) normale: *solution normale* soluzione normale **3** [*qui est conforme au type le plus fréquent; qui se produit selon l'habitude*] normale: *il n'est pas normal* non è normale; *tout est normal* tutto è normale; *en temps normal* in tempo normale **4** (*se dit des conséquences qui correspondent à leurs causes, des moyens qui correspondent à leurs fins*) normale: *la fatigue est normale après un tel effort* la fatica è normale dopo un simile sforzo; *il est inquiet, c'est assez normal* è preoccupato, è abbastanza normale **II** *école normale* [*école destinée à la formation des instituteurs*] istituto magistrale, le magistrali *s.f. pl.* (*fam.*); *école normale supérieure*, (*s.f.*) *la Normale* facoltà *s.f. inv.* di Magistero Ⓒ I 3 **extraordinaire, spécial.**
normale |nɔʀmal| *s.f.* LA NORMALE la media; la normalità (*inv.*): *intelligence au-dessus, au-dessous de la normale* intelligenza superiore, inferiore alla media || *revenir à la normale* ritornare alla normalità.
normalement |nɔʀmalmɑ̃| *adv.* [→ NORMAL I 4] normalmente: *tout se passe normalement* tutto procede normalmente.
normalien, ienne |nɔʀmaljɛ̃, jɛn| *s.* studente* di Magistero ◇ (*par ext.*) studente di un istituto magistrale, delle magistrali.
normalisation |nɔʀmalizɑsjɔ̃| *s.f.* **1** [→ NORMALISER 1] standardizzazione; unificazione **2** [→ NORMALISER 2] normalizzazione.
normaliser |nɔʀmalize| *v.tr.* **1** [*rendre conforme à une norme; procéder à la normalisation de produits industriels*] standardizzare; unificare → **standardiser 2** [*faire devenir ou redevenir normal*] normalizzare: *normaliser les relations diplomatiques avec un pays étranger* normalizzare le relazioni diplomatiche con un paese straniero.
normalité |nɔʀmalite| *s.f.* normalità *inv.*
normand, ande |nɔʀmɑ̃, ɑ̃d| **1** *adj.* [*de Normandie*] normanno ✦ (*s.*) *les Normands* i Normanni **2** (*s.m.*) *le normand* [*le dialecte*] il dialetto normanno *adj.*, della Normandia ◇ (*loc.*) *une réponse de Normand* [*qui ne dit ni oui ni non*] una risposta ambigua, evasiva.
normatif, ive |nɔʀmatif, iv| *adj.* normativo.
norme |nɔʀm(ə)| *s.f.* **1** (*philo., sc.*) norma: *norme juridique, sociale* norma giuridica, sociale **2** [*état habituel, conforme à la majorité des cas*] norma: *s'écarter de la norme* allontanarsi dalla norma **3** (*techn.*) norma, standard (*m. inv.*): *objet conforme aux normes* oggetto conforme alle norme, agli standard.
normé, ée |nɔʀme| *adj.* (*math.*) normato.
normographe |nɔʀmɔgʀaf| *s.m.* normografo.
normotypique |nɔʀmɔtipik| *adj.* normotipo.
norois, noroît |nɔʀwa| *s.m.* (*mar.*) maestrale.
no(r)rois, oise |nɔʀwa, waz| *s.m.* (*ling.*) antico* nordico* ✦ (*adj.*) *langue norroise* lingua nordica, norreno.
norvégien, ienne |nɔʀveʒjɛ̃, jɛn| **1** *adj.* [*de la Norvège*] norvegese **2** (*s.m.*) *le norvégien* [*la langue*] il norvegese.
norvégienne |nɔʀveʒjɛn| *s.f.* (*mar.*) barca* norvegese.
nos |no| *adj. poss. pl.* → **notre.**
noso- |nozɔ| *préf.* (*signifiant 'maladie', correspond générait. à*) noso: *nosologie* nosologia.
nosographie |nozɔgʀafi| *s.f.* nosografia.
nosologie |nozɔlɔʒi| *s.f.* nosologia*.
nosologique |nozɔlɔʒik| *adj.* nosologico*.
nosophobie |nozɔfɔbi| *s.f.* (*méd.*) nosofobia.
nostalgie |nɔstalʒi| *s.f.* **1** nostalgia*: *nostalgie des émigrés* nostalgia degli emigrati **2** [*regret mélancolique*] nostalgia: *il avait la nostalgie de cette époque* aveva nostalgia di quel tempo → **mélancolie.**
nostalgique |nɔstalʒik| *adj.* nostalgico*: *pensées nostalgiques* pensieri nostalgici.
nostoc |nɔstɔk| *s.m.* (*t.bot.*) nostoc *inv.*
nostras |nɔstʀɑs| *adj. m.* (*méd.*) *choléra nostras* colera nostras *inv.*
nota |nɔta|, **nota bene** |nɔtabene| *s.m. inv.* (*abrév. 'N.B.'*) nota *f. var.*, nota bene (N.B.).
notabilité |nɔtabilite| *s.f.* notabile *m.*, notabilità *inv.* (*vx.*): *la mairie était remplie des notabilités de la ville* il municipio era pieno dei notabili della città.
notable |nɔtabl(ə)| **I** *adj.* **1** [*qui est digne d'être noté, remarqué*] notevole: *un fait notable* un fatto notevole; *il a fait de notables progrès* ha fatto notevoli progressi → **remarquable 2** (*personnes*) [*qui occupe une situation sociale importante*] notabile *s.m.*, in vista (*loc. inv.*): *c'était qqn. de très notable* era una persona molto in vista, era un pezzo grosso **II** *s.m.* notabile, maggiorente: *les notables d'une ville* i notabili, i maggiorenti di una città.
notablement |nɔtabləmɑ̃| *adv.* [→ NOTABLE I 1] notevolmente: *deux choses notablement différentes* due cose notevolmente diverse.
notaire |nɔtɛʀ| *s.m.* notaio*: *clerc de notaire* praticante notaio; *comparaître par-devant notaire* presentarsi davanti al notaio # *cabinet, étude de notaire* studio notarile ◇ (*hist.*) *notaire apostolique* notaio apostolico.
notairesse |nɔtɛʀɛs| *s.f.* (*vieilli*) moglie di (un), del notaio.
notamment |nɔtamɑ̃| *adv.* [*en remarquant parmi d'autres*] specialmente, in particolare (modo) *loc. inv.*, segnatamente: *les mammifères, et notamment l'homme* i mammiferi, e specialmente, in particolar modo l'uomo.
notarial, ale, aux |nɔtaʀjal, o| *adj.* notarile: *actes notariaux* atti notarili.
notariat |nɔtaʀja| *s.m.* notariato.
notarié, ée |nɔtaʀje| *adj.* [*fait par un notaire, devant notaire*] notarile.
notation |nɔtɑsjɔ̃| *s.f.* **1** notazione: *notation numérique, algébrique* notazione numerica, algebrica; *notation musicale* notazione musicale **2** *une notation* una notazione, un'annotazione → **note 3** [*action de donner une note*] classificazione: *notation des devoirs par le professeur* classificazione dei compiti da parte del professore.
1 **note** |nɔt| *s.f.* **I 1** (*mus.*) nota: *lire ses notes* leggere le note # *fausse note* stecca, stonatura → **canard, couac 2** [*touche d'un clavier*] tasto (*m.*): *taper deux notes à la fois* battere due tasti insieme **II** (*loc. fig.*) *trouver la note juste* [*le détail vrai, approprié*] trovare il tono adatto ~ *ces souliers avec cette robe sont une fausse note* queste scarpe con quel vestito sono una nota stonata, una stonatura ~ *forcer la note* [*exagérer*] calcare la mano ~ *les rideaux blancs mettaient une note gaie dans la chambre* le tende bianche davano un tono allegro alla stanza ~ *donner la note* dare il tono giusto, la nota giusta ~ *être dans la note* essere a tono, intonato; *cette remarque était bien dans la note* quell'osservazione era a tono, intonata.
2 **note** |nɔt| *s.f.* **I 1** [*mot, phrase qui figure à côté d'un texte pour l'éclaircir*] nota: *note marginale* nota a margine; *commentaire en note* commento in nota; *note en bas de page* nota in calce → **annotation 2** [*brève communication écrite*] nota: *note officielle* nota ufficiale; *note de service* nota di servizio; *faire passer une note* far circolare una nota **3** [*brève indication recueillie par écrit*] appunto *m.*, nota: *cahier, carnet de notes* quaderno, taccuino di appunti; *voici quelques notes sur la question* ecco qualche appunto sulla questione → **aperçu, observation**; *prendre* (*bonne*) *note d'une référence* prendere nota di, tener presente un riferimento → **noter**; *j'en prends note* ne prendo nota; *prendre des notes pendant un cours* prendere degli appunti, delle note durante una lezione **4** [*détail d'un compte; papier sur lequel il est écrit*] conto *m.*, nota: *note de blanchisseuse* conto, nota della lavandaia; *note d'un hôtel* conto dell'albergo; *demander, payer sa note* chiedere, pagare il conto → 2 **facture, compte** # *note d'électricité, de gaz* bolletta della luce,

del gas **II** [*appréciation chiffrée donnée selon un barème préalablement choisi*] voto (*m.*): *note 10 sur 20* voto 10 su 20 (*en Italie*: 5 su 10); *mettre une note à un devoir* mettere, dare un voto a un compito # *carnet de notes d'un écolier* pagellina (mensile) di uno scolaro.

noter |nɔte| *v.tr.* **I** **1** [*marquer ou écrire* (*ce dont on veut garder l'indication*), *se souvenir*] notare, segnare; annotare: *noter les passages intéressants d'un livre* notare, segnare i passi interessanti di un libro ‖ *noter une adresse* annotare un indirizzo → **inscrire, marquer** # *notez que nous serons absents jusqu'à la fin du mois* prenda nota che saremo assenti fino a fine mese **2** [*prêter attention à* (*qqch.*)] tenere (188) presente, notare: *ceci mérite d'être noté* merita di essere tenuto presente; *il faut bien noter ceci* bisogna tener ben presente questo; *notez bien que...* da notare che... **3** [*apprécier par une observation, une note chiffrée*] classificare, giudicare: *noter un élève* classificare un allievo **II** (*mus.*) [*écrire, copier* (*de la musique*) *avec les caractères destinés à cet usage*] scrivere (182) in musica.

notice |nɔtis| *s.f.* **1** [*préface d'un livre*] prefazione **2** [*bref exposé écrit, ensemble d'indications sommaires*] cenno *m.*, notizia: *notice biographique* cenno biografico → **abrégé** # *notice* (*explicative*) istruzioni (per l'uso).

notificatif, ive |nɔtifikatif, iv| *adj.* notificatore*.

notification |nɔtifikɑsjɔ̃| *s.f.* (*dr.*) notifica*, notificazione.

notifier |nɔtifje| *v.tr.* **1** [*faire connaître expressément*] comunicare, notificare: *on lui notifia son renvoi* gli comunicarono il licenziamento → **signifier** **2** (*dr.*) [*porter à la connaissance d'une personne intéressée et dans les formes légales*] notificare.

notion |nosjɔ̃| *s.f.* **1** nozione: *il avait des notions de chimie* aveva delle nozioni di chimica → **élément, rudiment** **2** [*connaissance intuitive, assez imprécise* (*d'une chose*)] nozione, concetto (*m.*): *notion du bien et du mal* nozione, concetto del bene e del male **3** [*objet abstrait de connaissance*] concetto → **concept, idée.**

notionnel, elle |nosjɔnɛl| *adj.* nozionale.

notoire |nɔtwaʀ| *adj.* **1** notorio*: *le fait est notoire* il fatto è notorio, è di dominio pubblico *loc. inv.* → **connu, évident** ✦ (*impers.*) *il est notoire que...* è notorio, è di dominio pubblico che... **2** (*personnes*) [*reconnu comme tel*] notorio: *un criminel notoire* un criminale notorio, un noto criminale.

notoirement |nɔtwaʀmɑ̃| *adv.* [→ NOTOIRE 1] notoriamente.

notonecte |nɔtɔnɛkt(ə)| *s.m. ou f.* (*t.zool.*) notonetta *f.*

notoriété |nɔtɔʀjete| *s.f.* **1** notorietà (*inv.*): *notoriété d'un fait* notorietà di un fatto ◇ (*loc.*) *il est de notoriété publique que...* è di dominio pubblico che... ◇ (*dr.*) *acte de notoriété* atto notorio* *adj.*, di notorietà **2** [*fait d'être connu avantageusement*] notorietà, celebrità (*inv.*): *son livre lui a donné de la notoriété* il suo libro gli ha dato la notorietà, la celebrità.

notre |nɔtʀ(ə)|, *pl.* **nos** |no| *adj. poss. de la 1.ère pers. du plur., m. et f.* (*correspondant au pron. pers. 'nous'*) **I** [*qui est à nous, qui nous appartient*] **1** (*se référant à deux ou plusieurs personnes, dont celui qui parle*) nostro: *nous devrions donner chacun notre avis, nos avis* dovremmo dare ognuno il nostro parere, i nostri pareri **2** (*se référant à un groupe de personnes ou à tous les humains*) nostro: *notre esprit* la nostra mente **II** (*emplois styl.*) **1** (*marquant 'la sympathie personnelle, l'intérêt'*) nostro: *comment va notre malade?* come va il nostro malato?; *notre héros arriva à s'échapper* il nostro eroe riuscì a fuggire **2** (*pour 'mon, ma, mes', représentant une seule personne*) nostro: *tel est notre bon plaisir* tale è il nostro volere.

nôtre, nôtres |notʀ(ə)| **1** *adj. poss.* (*littér.*) [*à nous, de nous*] nostro: *nous avons fait nôtres ces opinions* abbiamo fatto nostre queste opinioni **2** *pron. poss.* LE NÔTRE, LA NÔTRE, LES NÔTRES il nostro *m.*, la nostra *f.*, i nostri *m. pl.*, le nostre (*f. pl.*): *ils ont leurs soucis et nous les nôtres* loro hanno le loro preoccupazioni e noi le nostre **3** (*s.*) *nous y mettons du nôtre* ci mettiamo del nostro; *soyez des nôtres* sia (siate) dei nostri, venga (venite) con noi.

notre-dame |nɔtʀədam| *s.f.* [*désignation traditionnelle de la Vierge Marie*] la Madonna, Nostra Signora.

notule |nɔtyl| *s.f.* [*petite annotation à un texte*] noticina, postilla.

nouage |nwaʒ| *s.m.* (*techn.*) annodamento, annodatura *f.*

nouaison |nwɛzɔ̃| *s.f.* (*agric., bot.*) allegamento *m.*

nouba |nuba| *s.f.* (*pop.*) [*bombance, fête*] baldoria (*cour.*), bisboccia* (*cour.*): *faire la nouba* fare baldoria, bisboccia.

1 **noue** |nu| *s.f.* (*région.*) [*terre grasse et humide cultivée en pâturage, en prairie; terrain périodiquement inondé*] marcita.

2 **noue** |nu| *s.f.* (*techn., région.*) compluvio* *m.*, conversa.

noué, ée |nwe| *adj.* **1** [*attaché, réuni par un ou plusieurs nœuds*] annodato, legato **2** (*loc. fig.*) *avoir la gorge nouée* avere un nodo alla gola ~ *être noué* essere nervoso, teso **3** (*vx., méd.*) anchilosato, rachitico*.

nouement |numɑ̃| *s.m.* (*rare*) [→ NOUER A I 1] annodamento.

nouer |nwe| **A** *v.tr.* **I** **1** [*arrêter* (*une corde, un fil, un lien*) *en faisant un nœud*] annodare, allacciare: *nouer ses lacets* annodarsi, allacciarsi le stringhe; *nouer sa cravate* annodarsi la cravatta, fare il nodo alla cravatta → **attacher** **2** [*envelopper* (*qqch.*), *réunir* (*un ensemble de choses*) *en faisant un ou plusieurs nœuds*] legare: *nouer un bouquet avec un lien* legare un mazzo di fiori **II** **1** [*serrer comme par un nœud*] stringere (131): *un sanglot lui noua la gorge* un singhiozzo gli strinse la gola **2** [*établir, former* (*un lien moral*)] allacciare, stringere: *nouer une relation* allacciare, stringere una relazione **3** [*établir le nœud d'une action au théât. pour l'amener à son point culminant*] intrecciare: *nouer l'action d'un drame* intrecciare l'azione di un dramma **B** *v. intr.* (*agric., bot.*) (*en parlant des fleurs fécondées*) [*passer à l'état de fruit*] allegare.

nouet |nwɛ| *s.m.* (*vieilli*) sacchetto per infusioni.

noueux, euse |nwø, øz| *adj.* **1** *bois, arbre noueux* [*qui a beaucoup de nœuds*] legno, albero nodoso **2** [*qui présente des nœuds*] nodoso: *mains noueuses* mani nodose.

nougat |nuga| *s.m.* **1** [*confiserie fabriquée avec des amandes et du sucre caramélisé, du miel*] torrone, croccante **2** (*loc. pop.*) *c'est du nougat!* [*c'est très bon*] è una leccornia! (*cour.*) **3** (*pop.*) *les nougats* [*les pieds*] i piedi (*cour.*).

nougatine |nugatin| *s.f.* torrone *m.* ricoperto di cioccolato.

nouille |nuj| *s.f.* **1** *au plur.* [*pâtes alimentaires, plates ou rondes, coupées en morceaux de longueur moyenne*] tagliatelle, fettuccine **2** (*fam.*) [*personne molle et niaise*] pappa molle, pappamolla *s. inv.*, smidollato (*s.*): *c'est une vraie nouille!* è proprio una pappa molle! ✦ (*adj.*) *ce qu'il peut être nouille!* quanto è stupido!

noulet |nulɛ| *s.m.* **1** (*techn.*) canale di scolo **2** (*charpent.*) capriata *f.*

nouménal, ale, aux |numenal, o| *adj.* (*philo.*) noumenico*.

noumène |numɛn| *s.m.* (*philo.*) noumeno.

nounou |nunu| *s.f.* (*langage enfantin*) [*nourrice*] tata.

nounours |nunuʀs| *s.m.* (*langage enfantin*) orsacchiotto.

nourrain |nuʀɛ̃| *s.m.* (*zool.*) avannotto → **alevin.**

nourri, ie |nuʀi| *adj.* **1** [*alimenté*] nutrito: *bien, mal nourri* ben, mal nutrito ◇ (*loc.*) *être logé et nourri* essere a pensione completa, avere vitto e alloggio **2** [*entretenu, continué ou renforcé*] nutrito: *applaudissements nourris* applausi nutriti; *feu, tir nourri* fuoco, tiro nutrito # *conversation nourrie* conversazione animata.

1 **nourrice** |nuʀis| *s.f.* **1** [*mère qui allaite un enfant en bas âge*] nutrice **2** [*femme qui, par profession, garde et élève des enfants en bas âge*] bàlia, nutrice: *mettre un enfant en nourrice* mettere, dare un bambino a balia ◇ (*loc.*) *être en nourrice* [*tout enfant*] avere ancora il latte sulle labbra **3** *épingle de nourrice* [*de sûreté*] spilla da balia, di sicurezza.

2 **nourrice** |nuʀis| *s.f.* (*techn.*) serbatoio* *m.* di riserva; bidone *m.*, tanica*.

nourricerie |nuʀisʀi| *s.f.* **1** (*vx.*) → **nursery** **2** (*agric.*) luogo* *m.* in cui si tengono gli animali all'ingrasso.

nourricier, ière |nuʀisje, jɛʀ| *adj.* **1** [*qui fournit, procure la nourriture*] nutritivo: *substance nourricière* sostanza nutritiva # *la terre nourricière* la terra nutrice **2** [*qui contribue à la nutrition*] nutritivo: *suc nourricier* succo nutritivo ◇ (*anat.*) *artères nourricières* arterie nutritive **3** *père nourricier* [*père adoptif*] balio* *s.m.*; padre adottivo.

nourrir |nuʀiʀ| **A** *v.tr.* **I** **1** [*entretenir, faire vivre* (*une personne, un animal*) *en lui donnant à manger*] nutrire (204), dar (102) da mangiare (a): *nourrir un enfant à la cuiller* nutrire un bambino col cucchiaio → **alimenter, sustenter** ◇ (*par ext.*) *la pension loge et nourrit dix personnes* la pensione dà vitto e alloggio a dieci persone **2** [*élever, alimenter* (*un enfant nouveau-né*) *en l'allaitant*] allattare: *mère qui nourrit ses enfants* madre che allatta i figli **3** [*pourvoir* (*qqn.*) *de moyens de subsistance*] mantenere (188): *c'est lui qui* *nourrit toute la famille* è lui che mantiene tutta la famiglia; *avoir trois personnes à nourrir* avere tre persone da mantenere, da sfamare → 1 **entretenir** **4** [*donner de quoi vivre à*] dar da vivere (a): *industrie qui nourrit des milliers d'ouvriers* industria che dà da vivere a migliaia di operai **5** *absolt.* [*constituer une subsistance pour l'organisme*] nutrire: *le pain nourrit* il pane nutre **6** [*entretenir* (*une chose*) *en augmentant l'importance, ou en faisant durer plus longtemps*] nutrire: *nourrir le feu* nutrire il fuoco → **alimenter II** (*fig.*) **1** [*remplir de substance, de matière*] arricchire (197): *nourrir un exposé* arricchire una relazione **2** [*pourvoir* (*l'esprit*) *d'une nourriture spirituelle*] nutrire, arricchire: *la lecture nourrit l'esprit* la lettura nutre, arricchisce la mente **3** [*entretenir en soi* (*un sentiment, une pensée*)] nutrire: *nourrir un désir* nutrire un desiderio; *nourrir l'illusion que...* nutrire l'illusione che... **4** *être nourri dans les bons principes* essere educato con buoni principi **B** *v. pron. réfl.* SE NOURRIR **1** [*absorber* (*des aliments*)] nutrirsi: *se nourrir de légumes, de viande* nutrirsi di verdure, di carne **2** (*fig.*) [*s'abreuver, se repaître*] nutrirsi: *se nourrir d'illusions* nutrirsi di illusioni.

nourrissage |nuRisaʒ| *s.m.* (*agric.*) allevamento del bestiame.

nourrissant, ante |nuRisɑ̃, ɑ̃t| *adj.* [*qui nourrit plus ou moins bien*] nutriente, nutritivo: *aliments peu, très nourrissants* alimenti poco, molto nutrienti, nutritivi ◇ [*qui nourrit beaucoup*] *c'est nourrissant mais indigeste* è nutriente ma indigesto.

nourrisseur |nuRisœR| *s.m.* **1** [*celui qui entretient, nourrit des vaches*] allevatore di bovini **2** [*récipient pour la nourriture des bestiaux*] nutritore.

nourrisson |nuRisɔ̃| *s.m.* [*enfant nourri au lait, qui n'a pas atteint l'âge du sevrage*] lattante *s.*, poppante *s.*

nourriture |nuRityR| *s.f.* **1** [*tout ce qui entretient la vie d'un organisme en lui procurant des substances à assimiler*] cibo *m.*, vitto (*m.*): *prendre de la nourriture* prendere cibo; *il dépensait beaucoup pour la nourriture* spendeva molto per il vitto # *comment est la nourriture dans ce restaurant?* come si mangia in quel ristorante? **2** (*littér.*) nutrimento (*m.*): *nourriture de l'esprit* nutrimento della mente.

nous |nu| *pron. pers. de la 1ère pers. du plur.* **I** **1** (*employé seul, comme sujet*) noi (*REM. en it. est souvent sous-entendu*): *nous en parlerons demain* (noi) ne parleremo domani; *vous et moi, nous sommes de vieux amis* lei e io siamo vecchi amici ◇ (*attribut*) *c'est nous qui l'avons appelé* siamo (stati) noi che lo abbiamo chiamato ◇ (*compl.*) ci: *il nous regarde* ci guarda; *il nous a invités* ci ha invitati ◇ (*compl. indirect*) ce; noi: *vous nous le donnerez* ce lo darete; *écrivez-le-nous* scrivetecelo; *allons-nous-en* andiamocene ‖ *il est venu à nous, vers nous* è venuto verso di noi; *il a fait cela pour nous* lo ha fatto per noi; *ils viendraient avec nous* verrebbero con noi; *ils sont chez nous* sono da noi, a casa nostra ◇ *pron. réfl., récipr.* ci: *nous nous sommes regardés sans rien dire* ci siamo guardati senza dire una parola **2** (*renforcé*) NOUS... NOUS-MÊME(s) noi stessi: *nous le ferons nous-mêmes* lo faremo (da) noi stessi, da noi ~ NOUS AUTRES noi, noialtri: *nous autres étudiants* (*nous*) *ne sommes pas d'accord* noi, noialtri studenti non siamo d'accordo ◇ (*précisé par un numér. cardinal*) noi: *c'est pour nous deux* è per noi due; *à nous trois, nous y arriverons* noi tre, tutti e tre (insieme) ci riusciremo **II** (*emplois styl.*) **1** (*1.ère pers. du sing.*: *employé pour 'je', pluriel de majesté, de modestie*) noi: *le roi dit*: '*nous voulons*' il re dice: 'noi vogliamo'; *comme nous le montrerons dans ce livre* come dimostreremo in questo libro **2** (*2e pers.*) noi: *eh bien, petit, nous avons bien travaillé* ebbene, ragazzo, abbiamo studiato molto → **toi, vous.**

nouure |nuyR| *s.f.* **1** (*méd.*) nodosità *inv.* rachitica* **2** (*bot.*) allegamento *m.* → **nouaison.**

nouveau |nuvo|, **nouvel** |nuvɛl| (*devant un subst. commençant par une voyelle ou un 'h' muet*), *f.* **nouvelle** |nuvɛl| *adj. et s.* **I** **1** (*après le subst.*) [*qui apparaît pour la première fois; qui vient d'apparaître*] nuovo: *pommes de terre nouvelles* patate nuove, novelle; *vin nouveau* vino nuovo; *un modèle nouveau* un modello nuovo; *mot, terme nouveau* parola nuova, termine nuovo; *quoi de nouveau?* che c'è di nuovo? ◇ (*fam.*) *ça alors, c'est nouveau!* questa poi è nuova, è bella! → **récent** ◇ (*prov.*) *tout nouveau tout beau* ogni novità piace; il nuovo è sempre bello ♦ (*s.m.*) *il y a du nouveau dans cette affaire* c'è del nuovo in questa faccenda **2** (*devant le subst.*) [*qui est depuis peu de temps ce qu'il est*] nuovo: *le nouveau disque de ce chanteur* il nuovo disco di questo cantante; *le nouvel an* il nuovo anno, l'anno nuovo; *la nouvelle voiture de papa* la nuova macchina, la macchina nuova di papà; *les nouveaux riches* i nuovi ricchi; *les nouvelles recrues* le nuove reclute; *j'ai reçu de nouveaux livres* ho ricevuto dei nuovi libri, dei libri nuovi; *à l'école il s'est fait de nouveaux amis* a scuola si è fatto nuovi amici; *les nouvelles créations de la mode sont jolies* le nuove creazioni della moda sono graziose ◇ (*devant un p.*) *les nouveaux venus* i nuovi arrivati; *les nouveaux mariés* i novelli sposi (gli sposi novelli), gli sposini; *les nouveau-nés* i neonati → **nouveau-né** **3** *s.* LE NOUVEAU, LA NOUVELLE [*celui qui vient d'arriver dans un milieu, une collectivité*] il nuovo, la nuova: *il y avait deux nouveaux dans la classe* c'erano due nuovi in classe **4** (*après le subst.*) [*qui tire de son caractère récent une valeur d'invention*] nuovo: *un art, un style, un langage tout à fait nouveau* un'arte del tutto nuova, uno stile, un linguaggio del tutto nuovo; *l'emploi nouveau de certains mots* l'uso nuovo di certe parole → **original, insolite** **5** NOUVEAU (POUR QQN.) [*qui était jusqu'ici inconnu* (*de qqn.*)] nuovo (per qc.): *c'est pour moi une chose nouvelle* per me è una cosa nuova → **inhabituel, insité** **II** (*devant le subst., en épithète*) **1** (*opposé à 'ancien, vieux'*) nuovo: *la nouvelle lune* la luna nuova, il novilunio; *le Nouveau Monde* il Nuovo Mondo; *le Nouveau Testament* il Nuovo Testamento **2** [*qui a succédé, s'est substitué à un autre*] nuovo: *son nouveau mari* il suo nuovo marito; *une nouvelle édition* una nuova edizione; *il a une nouvelle voiture, mais elle n'est pas neuve* ha una nuova, un'altra macchina, ma non è nuova → **second III** *loc. adv.* **1** DE NOUVEAU [*pour la seconde fois, une fois de plus*] di nuovo, nuovamente (*adv.*): *il me l'a de nouveau interdit* me lo ha di nuovo, nuovamente proibito; *faire qqch. de nouveau* fare di nuovo q.c. → **encore** **2** À NOUVEAU [*d'une manière différente, sur de nouvelles bases*] da capo, daccapo, da (dal) principio: *examiner à nouveau une question* esaminare da capo, da principio una questione → **réexaminer.**

nouveau-né, nouveau-née |nuvone| *adj.* [*qui est né depuis peu de temps*] neonato: *un enfant nouveau-né* un bambino neonato ♦ (*s.m.*) *un nouveau-né* un neonato: *des nouveau-nés* dei neonati ◇ (*fig.*) recente: *une gloire nouveau-née* una gloria recente.

nouveauté |nuvote| *s.f.* **1** [*caractère de ce qui est nouveau*] novità (*inv.*): *objet qui plaît par sa nouveauté* oggetto che piace per la sua novità → **originalité** **2** [*ce qui est nouveau*] novità: *l'attrait de la nouveauté* il fascino della novità **3** UNE NOUVEAUTÉ una novità: *tiens, vous ne fumez plus? c'est une nouveauté!* to', (lei) non fuma più? è una novità! **4** [*ouvrage nouveau qui vient de sortir*] novità **5** [*production nouvelle de l'industrie de la mode*] novità # *magasin de nouveautés* negozio di mode.

1 **nouvelle** |nuvɛl| *s.f.* **1** [*premier avis qu'on donne ou qu'on reçoit* (*d'un événement récent*)] notizia: *bonne, mauvaise nouvelle* buona, cattiva notizia; *annoncer, apporter une nouvelle* annunciare, portare una notizia; *répandre, divulguer une nouvelle* diffondere, divulgare una notizia # *connaissez-vous la nouvelle?* sa la novità? ◇ (*loc.*) *première nouvelle!* [*chose qui surprend*] questa è l'ultima (novità)!, mai saputo! **2** *au plur.* LES NOUVELLES [*tout ce que l'on apprend par la rumeur publ., par la presse*] le notizie, le informazioni: *les dernières nouvelles, les nouvelles de dernière heure, de dernière minute* le ultime notizie, le notizie dell'ultima ora (dell'ultimora), le ultimissime; *aller aux nouvelles* andare in cerca di notizie, di informazioni **3** *au plur.* [*renseignements concernant l'état ou la situation* (*d'une personne qu'on n'a pas vue depuis quelque temps*)] notizie: *avoir des nouvelles de qqn.* avere notizie di qc.; *ne plus donner de ses nouvelles* non dare più notizie (di sé) ◇ (*loc. prov.*) *pas de nouvelles, bonnes nouvelles* nessuna nuova, buona nuova ◇ (*loc.*) *vous aurez, vous entendrez de mes nouvelles!* sentirà ancora parlare di me! ~ *vous m'en direz des nouvelles* [*vous m'en ferez compliment*] poi mi saprà dire ◇ (*iron.*) *vous vous plaignez? prenez donc ma place, et vous m'en direz des nouvelles!* lei si lamenta? si metta al mio posto, e poi mi saprà dire!

2 **nouvelle** |nuvɛl| *s.f.* (*litt.*) novella.

nouvellement |nuvɛlmɑ̃| *adv.* [*depuis peu de temps*] da poco (tempo) *loc. inv.*, di recente (*loc. inv.*): *il est nouvellement arrivé* è arrivato da poco, di recente.

nouvelliste |nuvelist(ə)| *s.* **1** (*vx.*)

→ journaliste **2** [*auteur de nouvelles*] novelliere, novellista.

nova |nɔva|, *pl.* **novae** |nɔve| *s.f.* (*astron.*) nova.

novarois, oise |nɔvaʀwa, waz| *adj.* [*de Novare*] novarese.

novateur, trice |nɔvatœʀ, tʀis| *s. et adj.* innovatore*, novatore* (*littér.*).

novation |nɔvasjɔ̃| *s.f.* (*dr.*) novazione.

novatoire |nɔvatwaʀ| *adj.* (*dr.*) novatorio*.

novelles |nɔvɛl| *s.f. pl.* (*dr. rom.*) novelle.

novembre |nɔvɑ̃bʀ(ə)| *s.m.* [*onzième mois de l'année*] novembre: *il est né le neuf, le onze novembre* è nato il nove, l'undici novembre.

nover |nɔve| *v.tr.* (*dr.*) [*renouveler* (*une obligation*)] novare; rinnovare (una obbligazione).

novice |nɔvis| **I** *s.* **1** novizio* **2** [*personne qui aborde une chose dont elle n'a aucune habitude*] novellino, novizio: *pour un novice, il se débrouillait bien* per essere un novellino, se la cavava bene **II** *adj.* [*qui manque d'expérience* (*dans la vie ou dans l'exercice d'une activité*)] inesperto, novizio: *il est encore bien novice dans le métier* è ancora molto inesperto del mestiere Ⓒ **II habile.**

noviciat |nɔvisja| *s.m.* (*ecclés.*) noviziato.

novocaïne |nɔvɔkain| *s.f.* (*pharm.*) novocaina.

noyade |nwajad| *s.f.* [→ 1 NOYER B 1] annegamento *m.*, affogamento *m.*

1 **noyau** |nwajo| *s.m.* **I** [*partie dure dans un fruit, renfermant l'amande*] nòcciolo: *noyaux d'abricots, de cerises, d'olives* noccioli di albicocche, di ciliegie, di olive **II** [*partie centrale, fondamentale d'un objet*] **1** (*sc.*) nucleo **2** (*archit., électr., techn.*) anima *f.*, nucleo **3** (*phys. nucléaire*) *le noyau d'un réacteur* il nocciolo, il cuore di un reattore **III** (*abstrait*) [*ce vers quoi tout converge ou d'où tout émane*] centro → **centre.**

2 **noyau** |nwajo| *s.m.* **1** [*groupe humain, considéré quant à sa permanence, à la fidélité de ses membres*] nucleo, gruppo: *il faisait partie d'un petit noyau d'aristocrates* faceva parte di un piccolo nucleo, gruppo di aristocratici ◇ (*par ext.*) *le noyau ethnique d'un peuple* il nucleo etnico di un popolo **2** [*très petit groupe considéré par rapport à sa cohésion, à l'action qu'il mène*] nucleo: *de petits noyaux d'opposants* piccoli nuclei, gruppuscoli di oppositori; *des noyaux de résistance* nuclei, focolai di resistenza.

noyautage |nwajotaʒ| *s.m.* [→ NOYAUTER] infiltrazione *f.* di elementi sobillatori (in un'organizzazione).

noyauter |nwajote| *v.tr.* [*soumettre au noyautage*] introdurre (108) elementi sobillatori (in un'organizzazione).

noyé, ée |nwaje| **I** *adj.* **1** [*qui* (*s'*)*est noyé*] annegato, affogato: *marins noyés en mer* marinai annegati, affogati in mare → **disparu 2** (*fig.*) *être noyé* [*dépassé par la difficulté d'un travail*] essere sommerso (da), impelagato (in) **3** *des yeux noyés de pleurs* occhi pieni di lacrime **II** *s.* [*personne morte noyée ou qui est en train de se noyer*] annegato, affogato: *repêcher un noyé* ripescare un annegato.

1 **noyer** |nwaje| (10) **A** *v.tr.* **1** [*tuer par asphyxie en immergeant dans un liquide*] annegare: *noyer des chatons* annegare dei gattini ◇ (*loc. fig.*) *noyer le poisson* [*embrouiller volontairement une affaire*] stancare l'avversario; tirare (le cose) per le lunghe ~ *qui veut noyer son chien l'accuse de rage* ogni pretesto è buono per sbarazzarsi di qc. **2** [*recouvrir d'eau*] allagare, inondare: *l'inondation a noyé toute la région* l'inondazione ha allagato tutta la zona; *noyer une mine* allagare, inondare una miniera → **submerger, engloutir** # *noyer la poudre* bagnare la polvere da sparo ◇ (*auto.*) *noyer le carburateur* [*par excès d'essence*] ingolfare il carburatore ◇ (*fig.*) *noyer son chagrin dans l'alcool* annegare i dispiaceri nell'alcool **3** [*enfoncer complètement dans une masse solide*] accecare; annegare: *noyer un clou, une tête de vis dans le bois* accecare un chiodo, una testa di vite ‖ *noyer des tiges de fer dans du ciment* annegare i tondini nel cemento **4** [*faire disparaître dans un ensemble vaste e confus*] fondere (146), sfumare: *noyer les contours, les couleurs* fondere, sfumare i contorni, i colori ◇ (*par ext.*) [*étouffer*] soffocare: *ses cris étaient noyés dans le tumulte* le sue grida erano soffocate dal baccano ◇ (*fig.*) *noyer l'essentiel de sa pensée dans des digressions* diluire (197) la sostanza del proprio pensiero in digressioni **B** *v.pron. intr.* SE NOYER **1** [*mourir par asphyxie dans un liquide*] annegare *intr.*, annegarsi: *baigneur qui s'est noyé* bagnante che (si) è annegato ◇ (*loc. fig.*) *se noyer dans un verre d'eau* affogare, annegare in un bicchier d'acqua **2** (*fig.*) [*se perdre*] perdersi (163), disperdersi (163): *l'orateur s'est noyé dans les digressions, dans les détails, dans un flot de paroles* l'oratore si è perso in digressioni, in dettagli, in un mare di parole.

2 **noyer** |nwaje| *s.m.* (*t.bot.*) noce ◇ (*cour.*) [*le bois*] noce.

nu |ny| *s.m.* [*lettre de l'alphabet gr. correspondant à 'n'*] ni *m. ou f.*

nu, nue |ny| **I** *adj.* **1** [*qui n'est couvert d'aucun vêtement*] nudo: *femme nue* donna nuda; *complètement nu, tout nu* completamente, del tutto nudo; *bras nus* braccia nude ◇ (*loc. fig.*) *nu comme un ver, comme la main* nudo come un verme, come Dio l'ha fatto ~ *à demi-nu* mezzo nudo, seminudo ~ *être nu-pieds* essere a piedi nudi # *nu-tête* a capo scoperto **2** (*dans des loc.*) *épée nue* spada nuda, sguainata ~ À L'ŒIL NU a occhio nudo: *ça se voit à l'œil nu* si vede a occhio nudo **3** [*dépourvu d'ornement*] spoglio*: *un arbre nu* un albero spoglio; *une chambre nue* una camera spoglia, disadorna; *un mur nu* un muro spoglio **4** [*sans apprêt*] nudo: *la vérité toute nue* la verità nuda e cruda **5** *loc. adv.* À NU a nudo: *mettre qqch. à nu* mettere q.c. a nudo; *mettre à nu un fil électrique* mettere a nudo un filo elettrico → **dénuder, dévoiler** **II** *s.m.* [*corps humain dépouillé de tout vêtement*] nudo ◇ (*peint., sculpture*) *un album de nus* un album di nudi.

nuage |nɥaʒ| *s.m.* **1** nuvola *f.*, nube (*f.*): *ciel sans nuage* cielo senza nuvole, senza nubi; *nuages de pluie* nuvole di pioggia; *les nuages obscurcissent le ciel* le nuvole, le nubi oscurano il cielo ◇ (*loc. fig.*) *être dans les nuages* essere nelle nuvole **2** (*par anal.*) *un nuage de fumée, de poussière* una nuvola, una nube di fumo, di polvere; *un nuage de sauterelles* un nugolo di cavallette → **nuée 3** [*ce qui trouble la sérénité*] nube: *bonheur sans nuages* felicità senza nubi.

nuageux, euse |nɥaʒø, øz| *adj.* [*couvert de nuages*] nuvoloso: *ciel, temps nuageux* cielo, tempo nuvoloso Ⓒ **pur, serein.**

nuaison |nɥɛzɔ̃| *s.f.* (*mar.*) durata, il perdurare *m. inv.* di un vento, di un medesimo stato atmosferico.

nuance |nɥɑ̃s| *s.f.* **I** [*chacun des degrés par lesquels peut passer une même couleur*] gradazione, sfumatura: *toutes les nuances de bleu* tutte le gradazioni, le sfumature di blu → **tonalité** **II** **1** [*état intermédiaire* (*par lequel peut passer une chose, un sentiment, une personne*); *faible différence*] sfumatura: *nuances imperceptibles* sfumature impercettibili ◇ (*par ext.*) *il y avait dans son regard une nuance de complicité* c'era nel suo sguardo una sfumatura di complicità **2** (*mus.*) gradazione.

nuancé, ée |nɥɑ̃se| *adj.* [*qui tient compte de différences; qui n'est pas net, tranché*] sfumato, velato: *ses opinions sont très nuancées* le sue opinioni sono molto sfumate, velate.

nuancer |nɥɑ̃se| (2) *v.tr.* **1** [*assortir les nuances*] sfumare: *nuancer des couleurs* sfumare dei colori **2** [*exprimer en tenant compte des différences les plus délicates*] esprimere (124) con garbo: *nuancer sa pensée* esprimere con garbo il proprio pensiero.

nuancier |nɥɑ̃sje| *s.m.* campionario* (di rossetti, di smalti per le unghie, ecc.).

nubien, ienne |nybjɛ̃, jɛn| *adj. et s.* [*de Nubie*] nubiano.

nubile |nybil| *adj.* nubile # *âge nubile* età da marito.

nubilité |nybilite| *s.f.* (*dr.*) nubilato *m.*, stato *m.* nubile.

nucal, ale, aux |nykal, o| *adj.* (*anat.*) nucale: *os nucal* osso nucale.

nucelle |nysɛl| *s.m.* (*bot.*) nocella *f.*

nucléaire |nykleɛʀ| *adj.* **1** (*biol., phys.*) nucleare ◇ (*spécialt.*) *énergie nucléaire* energia nucleare; *physique nucléaire* fisica nucleare **2** [*qui utilise l'énergie nucléaire*] nucleare: *guerre nucléaire* guerra nucleare.

nucléarisation |nykleaʀizasjɔ̃| *s.f.* (*biol., phys.*) nuclearizzazione.

nucléé, ée |nyklee| *adj.* (*biol.*) nucleato.

nucléine |nyklein| *s.f.* (*biol., chim.*) nucleina.

nucléique |nykleik| *adj.* (*biol., chim.*) nucleico*.

nuclé(o)- |nykle(ɔ)| *préf.* (*signifiant 'noyau', correspond généralt. à*) nucle(o): *nucléoprotéine* nucleoproteina.

nucléole |nykleɔl| *s.m.* (*biol.*) nucleolo.

nucléon |nykleɔ̃| *s.m.* (*phys.*) nucleone.

nucléonique |nykleɔnik| *adj.* (*phys.*) nucleonico* ♦ (*s.f.*) *la nucléonique* la nucleonica*.

nucléoprotéide |nykleɔpʀɔteid| *s.m.* (*biol., chim.*) nucleoproteide.

nucléoprotéine |nykleɔpʀɔtein| *s.f.* (*biol., chim.*) nucleoproteina.

nucléoside |nykleɔzid| *s.m.* (*biol., chim.*) nucleoside.
nucléotide |nykleɔtid| *s.m.* (*biol., chim.*) nucleotide.
nucléus |nykleys| *s.m.* nucleo.
nuclide |nyklid| *s.m.* (*phys.*) nuclide.
nudisme |nydism(ə)| *s.m.* nudismo.
nudiste |nydist(ə)| *adj. et s.* nudista: *camp de nudistes* campo di nudisti.
nudité |nydite| *s.f.* **1** nudità (*inv.*): *dans une complète nudité* in (una) completa nudità, completamente nudo **2** (*bx-arts*) nudo *m.* **3** (*choses*) [*état de ce qui n'est pas recouvert, pas orné*] nudità: *nudité d'un mur* nudità di un muro ◇ (*fig.*) *vices qui s'étalent dans toute leur nudité* vizi che si mostrano in tutto il loro squallore *m.*
nue |ny| *s.f.* (*dans les loc.*) *porter, mettre aux nues* [*louer avec enthousiasme*] portare alle stelle ~ *tomber des nues* cadere dalle nuvole.
nuée |nɥe| *s.f.* **1** (*littér.*) [*gros nuage*] nembo *m.* **2** [*multitude formant un groupe compact*] nugolo *m.*, nuvolo (*m.*): *des nuées de sauterelles s'étaient abattues sur les récoltes* dei nugoli, dei nuvoli di cavallette si erano abbattuti sui raccolti ◇ [*très grand nombre* (*de choses, de personnes*)] *une nuée de photographes l'environnait* un nugolo di fotografi lo circondava.
nue-propriété |nyprɔprijete| *s.f.* (*dr.*) nuda proprietà *inv.*
nuer |nɥe| *v.tr.* (*vx.*) → **nuancer.**
nuire |nɥiʀ| (75) **A** *v.intr.* **1** [*faire du tort, du mal* (*à qqn.*)] nuocere (160): *nuire à la réputation de qqn.* nuocere alla reputazione di qc.; *cela a été dit avec l'intention de nuire* (ciò) è stato detto con l'intenzione di nuocere **2** (*choses*) [*constituer un danger, causer du tort*] nuocere, recar *tr.* danno: *cette accusation lui a beaucoup nui* questa accusa gli ha molto nociuto, gli ha recato grave danno; *cela risque de nuire à nos projets* ciò rischia di nuocere ai nostri progetti **B** *v.pron. réfl.* SE NUIRE [*se faire du mal*] nuocersi, danneggiarsi: *il se nuisait en disant sans cesse du mal des autres* parlando sempre male degli altri nuoceva a sé stesso, si danneggiava.
nuisance |nɥizɑ̃s| *s.f.* [*ensemble de facteurs d'origine techn.* (*bruits, etc.*) *et sociale* (*encombrements, promiscuité*) *qui rendent la vie pénible*] nocività *inv.* ◇ [*ensemble de facteurs* (*pollutions, etc.*) *qui rendent la vie malsaine*] nocività.
nuisible |nɥizibl(ə)| *adj.* [→ NUIRE A 1] nocivo: *gaz nuisibles* gas nocivi; *cela pourrait être nuisible à votre santé* ciò potrebbe essere nocivo, potrebbe nuocere alla sua salute ◇ (*spécialt.*) *animaux nuisibles* animali nocivi.
nuisiblement |nɥizibləmɑ̃| *adv.* (*rare*) [→ NUISIBLE] nocivamente.
nuit |nɥi| *s.f.* **I** **1** notte: *le jour et la nuit* il giorno e la notte; *à la nuit tombante* sul far della notte; *nuit noire* notte nera, notte fonda; *nuit étoilée* notte stellata; *il fait nuit* è notte; *la nuit tombe* si fa notte ◇ (*prov.*) *la nuit, tous les chats sont gris* al buio (di notte), tutti i gatti sono bigi (grigi) ◇ (*loc. fig.*) *c'est le jour et la nuit* ci corre (quanto) dal giorno alla notte **2** (*loc.*) *la nuit des temps* la notte dei tempi **II** (*temps où il fait noir*) **1** notte: *jour et nuit, nuit et jour* giorno e notte, notte e giorno; *en pleine nuit* in piena notte, nel cuore della notte; *toute la nuit* tutta la notte ◇ (*prov.*) *la nuit porte conseil* la notte porta consiglio ◇ [*emploi de ce temps*] *nuit blanche* notte bianca; *il en rêve la nuit* se lo sogna di notte; (*je vous souhaite une*) *bonne nuit* (le auguro una) buona notte **2** *loc.* DE NUIT notturno *adj.*, di notte: *service de nuit* servizio notturno; *vol de nuit* volo notturno ◇ (*par ext.*) *gardien de nuit* guardia notturna ◇ [*qui sert pendant la nuit*] *chemise de nuit* camicia da notte ◇ [*qui est ouvert la nuit*] *boîte de nuit* locale, ritrovo notturno; night-club ◇ [*qui vit, reste éveillé la nuit*] *oiseaux de nuit* uccelli notturni.
nuitamment |nɥitamɑ̃| *adv.* (*littér.*) [*pendant la nuit, à la faveur de la nuit*] nottetempo, di notte *loc. inv.* (*cour.*).
nuitée |nɥite| *s.f.* [*nuit passée à l'hôtel*] pernottamento *m.*
1 **nul, nulle** |nyl| **1** *adj. indéf.* (*littér., placé devant le nom*) [*pas un*] nessuno → **aucun** ◇ (*employé avec 'ne'*) *nul homme ne sera exempté* nessun uomo sarà esentato → 3 **personne**; *je n'en ai nul besoin* non ne ho nessun, alcun bisogno → 2 **pas** ◇ (*sans négation exprimée*) *nul doute qu'il viendra* non c'è dubbio che verrà ◇ (*avec 'sans'*) *sans nul doute* senza alcun dubbio ◇ (*loc. adv.*) *nulle part* in nessun luogo, da nessuna parte → 1 **part** **2** *pron. indéf. sing.* (*employé comme sujet*) [*pas une personne*] nessuno: *nul n'est censé ignorer la loi* si presume che nessuno ignori la legge; *à l'impossible nul n'est tenu* nessuno è tenuto a fare l'impossibile → **aucun, 3 personne.**
2 **nul, nulle** |nyl| *adj.* (*après le nom*) **1** [*qui se réduit à rien, à zéro*] nullo: *différence nulle* differenza nulla, nessuna differenza; *les risques sont nuls* i rischi sono nulli, inesistenti; *le résultat a été nul* il risultato è stato nullo → **négatif** ◇ (*par ext.*) *match nul* incontro pari; *faire match nul* pareggiare; *rendre nul* annullare **2** [*qui ne vaut rien*] *un papier nul* un documento nullo, non valido; *un devoir nul* un compito pessimo ◇ (*personnes*) nullità (*s.f. inv.*): *elle est nulle* è una nullità, un'inetta; *il est nul en latin* in latino è una nullità, è zero → **nullité** Ⓒ 2 **fort.**
nullard, arde |nylaʀ, aʀd(ə)| *adj.* (*fam.*) [*tout à fait nul, qui n'y connaît rien*] zero (*inv.*): *elle est nullarde en anglais* in inglese è zero ✦ (*s.*) *c'est un vrai nullard* è una vera nullità *f. inv.* (*cour.*).
nullement |nylmɑ̃| *adv.* [*pas du tout, en aucune façon*] per niente *loc. inv.*, niente affatto (*loc. inv.*): *'cela vous déplaît-il?' 'nullement'* 'le dispiace?' 'per niente, niente affatto'; *il n'était nullement jaloux* non era per niente geloso → **aucunement.**
nullipare |nylipaʀ| *adj. f. et s.f.* nullipara.
nullité |nyl(l)ite| *s.f.* **1** (*dr.*) nullità (*inv.*): *nullité d'un acte* nullità di un atto **2** [*caractère de ce qui est nul, sans valeur*] nullità: *la nullité d'un raisonnement* la nullità di un ragionamento ◇ [*défaut de talent, de connaissances, de compétence* (*d'une personne*)] incapacità (*inv.*): *la nullité d'un élève* l'incapacità di un allievo **3** UNE, DES NULLITÉ(s) nullità: *c'est une vraie nullité* è una vera nullità.
nûment, nuement |nymɑ̃| *adv.* (*littér.*) [*sans déguisement, sans fard*] francamente, apertamente → **crûment.**
numéraire |nymeʀɛʀ| *s.m.* numerario* ◇ (*loc.*) *payer en numéraire* pagare in contanti.
numéral, ale, aux |nymeʀal, o| *adj.* numerale: *système numéral* sistema numerale ◇ (*gram.*) *adjectifs numéraux* aggettivi numerali ✦ (*s.m.*) *un numéral* un numerale: *numéraux cardinaux, ordinaux* numerali cardinali, ordinali.
numérateur |nymeʀatœʀ| *s.m.* (*math.*) numeratore.
numération |nymeʀɑsjɔ̃| *s.f.* **1** (*math.*) numerazione: *numération décimale* numerazione decimale **2** (*méd.*) *numération globulaire* conteggio* *m.* globulare.
numérique |nymeʀik| *adj.* **1** (*math.*) numerico*: *calcul numérique* calcolo numerico **2** [*évalué en nombre*] numerico: *la supériorité numérique de l'ennemi* la superiorità numerica del nemico.
numériquement |nymeʀikmɑ̃| *adv.* [→ NUMÉRIQUE 2] numericamente: *l'ennemi était numériquement inférieur* il nemico era numericamente inferiore.
numéro |nymeʀo| *s.m.* **1** numero: *numéro d'une maison* numero (civico) di una casa; *numéro d'immatriculation d'une automobile* numero di targa di un'automobile ◇ (*télécom.*) *numéro de téléphone* numero di telefono; *faire, demander un numéro* fare, chiedere un numero ◇ (*dans un tirage au sort*) *tirer le bon, le mauvais numéro* estrarre un numero buono, cattivo **2** *loc. adj.* NUMÉRO UN numero uno: *l'ennemi public numéro un* il nemico pubblico numero uno **3** (*fam.*) *un numéro* [*une personne bizarre, originale*] una sagoma *f.*, un fenomeno: *quel numéro!* che sagoma, che fenomeno! → **phénomène** **4** (*par ext.*) *numéro d'une revue, d'un journal* numero di una rivista, di un giornale; *ce numéro est épuisé* questo numero è esaurito; *la suite au prochain numéro*: (*pr., fig.*) il seguito al prossimo numero, nella prossima puntata **5** [*petit spectacle d'un programme de variétés, de cirque, etc.*] numero: *numéro de cirque, d'un trapéziste* numero di circo, di un trapezista ◇ (*fam.*) *il nous a fait son numéro habituel* ci ha fatto il suo solito numero.
numérotage |nymeʀɔtaʒ| *s.m.* [→ NUMÉROTER] numerazione *f.*
numérotation |nymeʀɔtɑsjɔ̃| *s.f.* [*ordre des numéros*] numerazione.
numéroté, ée |nymeʀɔte| *adj.* numerato: *exemplaire numéroté d'un livre* esemplare numerato di un libro.
numéroter |nymeʀɔte| *v.tr.* [*marquer, affecter d'un numéro*] numerare: *numéroter les pages d'un manuscrit* numerare le pagine di un manoscritto ◇ (*fig., fam.*) *numéroter ses abattis* contarsi le ossa.
numéroteur |nymeʀɔtœʀ| *s.m.* (*techn.*) (timbro) numeratore.
numerus clausus |nymeʀysklozys| *s.m.* (*lat.*) [*limitation discriminatoire*] numero chiuso, numerus clausus *inv.*
numide |nymid| *adj. et s.* (*hist.*) [*de*

Numidie] numida: *esclave numide* schiavo numida.
numidique |nymidik| *adj.* [*de Numidie*] numidico*.
numismate |nymismat| *s.* [*spécialiste, connaisseur des médailles et monnaies anc.*] numismatico* *m.*
1 **numismatique** |nymismatik| *adj.* numismatico*.
2 **numismatique** |nymismatik| *s.f.* numismatica*.
nummulaire |ny(m)mylɛʀ| *adj. f. et s.f.* (*t.bot.*) (*lysimaque*) *nummulaire* nummolaria *s.f.*
nummulite |ny(m)mylit| *s.f.* (*géol.*) nummulite.
nummulitique |ny(m)mylitik| *adj. et s.m.* (*géol.*) nummulitico*.
nunatak |nynatak| *s.m.* (*géogr.*) nunatak *inv.*
nuncupatif |nɔ̃kypatif| *adj. m.* (*dr. rom.*) *testament nuncupatif* testamento nuncupativo.
nuncupation |nɔ̃kypɑsjɔ̃| *s.f.* (*dr. rom.*) nuncupazione.
nu-propriétaire |nypʀɔpʀijetɛʀ| *s.* (*dr.*) titolare della nuda proprietà.
nuptial, ale, aux |nypsjal, o| *adj.* nuziale: *cérémonie nuptiale* cerimonia nuziale.
nuptialité |nypsjalite| *s.f.* (*démogr.*) nuzialità *inv.*
nuque |nyk| *s.f.* [*partie postérieure du cou, au-dessous de l'occiput*] nuca*.
nuraghe |nuʀagɛ|, *pl.* **nuraghi** |nuʀagi| *s.m.* (*archéol.*) nuraghe.
nurse |nœʀs(ə)| *s.f.* (*angl.*) nurse *inv.*, bambinaia.
nursery |nœʀsəʀi| *s.f.* (*angl.*) nursery (*inv.*): *des nurseries* delle nursery.
nutation |nytɑsjɔ̃| *s.f.* (*sc.*) nutazione.
nutriment |nytʀimɑ̃| *s.m.* nutrimento.
nutritif, ive |nytʀitif, iv| *adj.* nutritivo: *aliments, mets nutritifs* alimenti, cibi nutritivi.
nutrition |nytʀisjɔ̃| *s.f.* 1 nutrizione 2 (*physiol.*) ricambio* (*m.*): *troubles de la nutrition* malattie del ricambio.
nutritionnel, elle |nytʀisjɔnɛl| *adj.* nutrizionale: *troubles d'ordre nutritionnel* disturbi a carattere nutrizionale.
nutritionniste |nytʀisjɔnist(ə)| *s.* nutrizionista.
Nyctaginacées |niktaʒinase| *s.f. pl.* (*t.bot.*) Nictaginacee.
nyctalope |niktalɔp| *adj.* (*méd.*) nictalopo ♦ (*s.*) *un nyctalope* un soggetto affetto da nictalopia.
nyctalopie |niktalɔpi| *s.f.* (*méd.*) nictalopia.
nycthémère |niktemɛʀ| *s.m.* nictemero (nittemero), giorno solare.
nycturie |niktyʀi| *s.f.* (*méd., physiol.*) nicturia.
nylon |nilɔ̃| *s.m.* (*nom déposé*) (*amér.*) nylon *inv.*, nailon *inv.*
nymphal, ale, aux |nɛ̃fal, o| *adj.* (*zool.*) ninfale.
nymphe |nɛ̃f| *s.f.* (*anat., mythol., zool.*) ninfa.
nymphéa |nɛ̃fea| *s.m.* (*t.bot.*) ninfea *f.*
Nymphéacées |nɛ̃fease| *s.f. pl.* (*t.bot.*) Ninfeacee.
nymphée |nɛ̃fe| *s.m.* (*archéol.*) ninfeo.
nymphette |nɛ̃fɛt| *s.f.* [*très jeune fille au physique attrayant*; *adolescente à l'air faussement candide*] ninfetta, verginella (*iron.*).
nymphomane |nɛ̃fɔman| *adj. f. et s.f.* ninfomane.
nymphomanie |nɛ̃fɔmani| *s.f.* ninfomania.
nymphose |nɛ̃foz| *s.f.* (*zool.*) ninfosi *inv.*
nystagmus |nistagmys| *s.m.* (*méd.*) nistagmo.

O

o |o| *s.m.* **1** [*quinzième lettre de l'alphabet*] o (*m. ou f.*): *o minuscule* o minuscolo; *O majuscule* O maiuscola ◇ (*télécom.*) *O comme Oscar* O come Otranto **2** (*emplois conventionnels*): (*abrév. de 'ouest'*) O ~ [*symb. de l'oxygène*] O.
ô |o| *interj.* (*servant à invoquer, à interpeller*) o: *ô ciel!* o cielo! ◇ (*traduisant un vif sentiment de 'joie, douleur, colère'*) oh: *ô non!* oh, no!
oaristys |ɔaʀistis| *s.f.* (*gr.*) (*littér.*) → **idylle.**
oasien, ienne |ɔazjɛ̃, jɛn| *adj.* (*géogr.*) dell'oasi *loc. inv.*
oasis |ɔazis| *s.f. ou m.* (*géogr.*) oasi (*f. inv.*): *oasis sahariennes* oasi del Sahara ◇ (*fig.*) *une oasis de paix* un'oasi di pace.
ob- |ɔb| *préf.* (*signifiant 'en face, à l'encontre', prend la forme oc-, of-, op-, o- selon la lettre qu'il précède, correspond généralt. à*) oc, of, op, o: *occasion* occasione; *offenser* offendere; *opprimer* opprimere; *omettre* omettere.
obédience |ɔbedjɑ̃s| *s.f.* **1** (*relig.*) obbedienza, ubbidienza **2** (*littér.*) [*obéissance ou soumission*] ubbidienza, obbedienza: *une obédience absolue* una obbedienza assoluta **3** (*loc.*) *d'obédience, dans l'obédience* [*sous la domination* (*polit.*) *ou l'influence*]: *les pays d'obédience communiste* i paesi dell'orbita, d'influenza comunista.
obédiencier |ɔbedjɑ̃sje| *s.m.* (*relig.*) obbedienziario*.
obédientiel, elle |ɔbedjɑ̃sjɛl| *adj.* (*relig.*) obbedenziale.
obéir |ɔbeiʀ| *v.intr.* **1** [*se soumettre (à qqn.) en se conformant à ce qu'il ordonne ou défend*] ubbidire (197) *tr. et intr.*, obbedire (197): *enfant qui obéit à ses parents* bambino che ubbidisce ai, i genitori → **écouter**; *il sait se faire obéir* sa farsi ubbidire ♦ (*absolt.*) *il faut obéir* bisogna ubbidire → **soumettre (se)**; *je commande, obéissez!* comando io, voi ubbidite! ◇ (*loc.*) *obéir au doigt et à l'œil* ubbidire prontamente **2** [*se conformer, se plier (à ce qui est imposé par autrui, ou par soi-même)*] ubbidire (*intr.*): *obéir à un ordre, aux lois* ubbidire a un ordine, alle leggi; *obéir à sa conscience* ubbidire alla voce della coscienza # *il obéissait à un mouvement de pitié* ha ceduto a un impulso di pietà **3** (*choses*) [*être soumis à une volonté*] ubbidire (*intr.*): *l'outil obéit à la main* l'utensile ubbidisce alla mano ◇ [*être soumis (à une nécessité, une force, une loi naturelle)*] *les corps matériels obéissent à la loi de la gravitation* i corpi ubbidiscono alla legge di gravitazione universale [C] 1 **désobéir, résister.**
obéissance |ɔbeisɑ̃s| *s.f.* [→ OBÉIR 1, 2] ubbidienza, obbedienza: *obéissance des enfants à leurs parents* ubbidienza dei bambini ai genitori; *jurer obéissance à qqn.* giurare ubbidienza a qc.; *vous lui devez l'obéissance* gli dovete ubbidienza → **soumission.**
obéissant, ante |ɔbeisɑ̃, ɑ̃t| *adj.* [*qui obéit volontiers*] ubbidiente, obbediente: *enfant obéissant* bambino ubbidiente → **docile, soumis.**
obel, obèle |ɔbɛl| *s.m.* (*paléographie*) obelo.
obélisque |ɔbelisk(ə)| *s.m.* (*archéol.*) obelisco*.
obéré, ée |ɔbeʀe| *adj.* oberato da, di debiti.
obérer |ɔbeʀe| (8) *v.tr.* [*charger, accabler de dettes*] oberare di debiti → **endetter.**
obèse |ɔbɛz| *adj.* (*méd., cour.*) obeso: *il est devenu obèse* è diventato obeso → **énorme** ♦ (*s.*) *un obèse* un obeso [C] **maigre.**
obésité |ɔbezite| *s.f.* (*méd., cour.*) obesità *inv.* [C] **maigreur.**
obi |ɔbi| *s.f.* (*jap.*) obi *m. inv.*
obier |ɔbje| *s.m.* (*t.bot.*) pallone di maggio.
obit |ɔbit| *s.m.* (*liturg. cathol.*) messa *f.* di suffragio.
obituaire |ɔbitɥɛʀ| *adj. m. et s.m.* (*relig. cathol.*) (*registre*) *obituaire* obituario* *s.m.*
objectal, ale, aux |ɔbʒɛktal, o| *adj.* (*psychan.*) oggettuale: *relations objectales* relazioni oggettuali.
objecter |ɔbʒɛkte| *v.tr.* **1** [*opposer (une objection) pour réfuter (une opinion, une affirmation)*] o(b)biettare: *objecter que* obiettare che → 1 **répondre, rétorquer**; *vous ne pouvez rien m'objecter* non potete obiettarmi nulla # *objecter de bonnes raisons à, contre un argument* opporre buone ragioni a un argomento **2** [*opposer (un fait, un argument) à un projet, une demande pour les repousser*] obiettare: *il nous a objecté qu'il n'avait pas le temps* ci ha obiettato che non aveva tempo # *objecter la fatigue pour ne pas sortir* addurre la stanchezza come, a pretesto per non uscire ◇ [*alléguer comme un obstacle ou un défaut, pour rejeter la demande de qqn.*] *on lui objecta son jeune âge, qu'il était trop jeune* gli si obiettò che era troppo giovane [C] **approuver.**
objecteur |ɔbʒɛktœʀ| (*s.m.*) *objecteur de conscience* o(b)biettore di coscienza.
1 **objectif** |ɔbʒɛktif| *s.m.* (*phys., photo.*) ob(b)iettivo: *objectif d'un appareil photographique, d'une caméra* obiettivo di una macchina fotografica, di una cinepresa; *obturateur, diaphragme d'un objectif* otturatore, diaframma di un obiettivo; *braquer son objectif sur qqn.* puntare il proprio obiettivo su qc.
2 **objectif** |ɔbʒɛktif| *s.m.* **1** [*point contre lequel est dirigée une opération stratégique*] ob(b)iettivo: *nos troupes ont atteint leur objectif* le nostre truppe hanno raggiunto l'obiettivo; *bombarder des objectifs militaires* bombardare degli obiettivi militari **2** [*but précis que se propose l'action*] ob(b)iettivo: *ce sera notre premier objectif* sarà il nostro obiettivo primario; *il met tout en œuvre pour atteindre son objectif* ce la mette tutta per raggiungere il suo obiettivo.
objectif, ive |ɔbʒɛktif, iv| *adj.* **1** (*philo.*) oggettivo ◇ (*méd.*) *symptômes, signes objectifs* sintomi, segni oggettivi **2** (*se dit d'une description de la réalité indépendante des intérêts, des préjugés de celui qui la fait*) ob(b)iettivo: *faire un rapport objectif des faits* fare una relazione obiettiva, oggettiva dei fatti; *il a écrit un article objectif sur les conflits sociaux* ha scritto un articolo obiettivo sui conflitti sociali ◇ (*personnes*) *historien objectif* storico obiettivo → **impartial**; *soyez plus objectifs* siate più obiettivi [C] 1 **subjectif**; 2 **partial.**
objection |ɔbʒɛksjɔ̃| *s.f.* [→ OBJECTER] ob(b)iezione: *faire une objection* fare un'obiezione; *cette proposition n'a soulevé aucune objection* questa proposta non ha sollevato nessuna obiezione # *si vous n'y voyez pas d'objection* se non ha niente da obiettare ◇ (*spécialt.*) *objection de conscience* obiezione di coscienza.
objectivation |ɔbʒɛktivɑsjɔ̃| *s.f.* [→ OBJECTIVER] oggettivazione.
objectivement |ɔbʒɛktivmɑ̃| *adv.* **1** [→ OBJECTIF 2] ob(b)iettivamente, oggettivamente: *examiner objectivement une opinion adverse* esaminare obiettivamente un'opinione contraria **2** (*gram., philo.*) oggettivamente.
objectiver |ɔbʒɛktive| *v.tr.* **1** [*transformer en réalité objective; rapporter à un objet, référer à une réalité extérieure*] oggettivare: *objectiver sa conscience* oggettivare la propria coscienza; *objectiver ses sensations* oggettivare le proprie sensazioni **2** [*extérioriser*] oggettivare: *le langage objective la pensée* il linguaggio oggettiva il pensiero.
objectivisme |ɔbʒɛktivism(ə)| *s.m.* (*philo.*) oggettivismo.
objectiviste |ɔbʒɛktivist(ə)| *adj.* (*philo.*) oggettivistico* ♦ (*s.*) *un objectiviste* un oggettivista.
objectivité |ɔbʒɛktivite| *s.f.* **1** (*philo.*) oggettività *inv.* **2** [*qualité de ce qui est exempt de partialité, de préjugés*] ob(b)iettività *inv.*, oggettività: *objectivité d'un jugement* obiettività, oggettività di un giudizio ◇ (*personnes*) *objectivité d'un historien, d'un juge* obiettività, oggettività di uno storico, di un giudice.
objet |ɔbʒɛ| *s.m.* **I** (*concret*) oggetto: *forme, grandeur d'un objet* forma,

grandezza di un oggetto; *objets de première nécessité* oggetti di prima necessità; *objets précieux* oggetti preziosi; *objets d'art* oggetti artistici → **chose** # *objets de toilette* articoli da 'toilette' **II** (*abstrait*) **1** oggetto: *l'objet de ses réflexions* l'oggetto delle sue riflessioni → **matière, sujet** **2** (*philo.*) oggetto: *le sujet et l'objet* il soggetto e l'oggetto **3** *loc.* OBJET DE oggetto di: *être un objet de pitié, de mépris* essere oggetto di pietà, di disprezzo; *la curiosité dont il est l'objet* la curiosità di cui è oggetto **4** [*ce vers quoi tendent les désirs, la volonté, l'effort et l'action*] oggetto: *l'objet de nos vœux* l'oggetto dei nostri desideri; *cette circulaire a pour objet la salubrité publique* quella circolare ha per oggetto l'igiene pubblica → **but, 2 fin** # *remplir son objet* raggiungere lo scopo; *cette plainte est dès lors sans objet* questa lamentela è perciò senza motivo (immotivata), senza fondamento (infondata) ◇ *loc.* FAIRE, ÊTRE L'OBJET DE essere, costituire oggetto di: *ce malade est l'objet d'une surveillance constante* quel malato è oggetto di continua sorveglianza **5** (*dr.*) oggetto: *l'objet d'un procès* l'oggetto di un processo **6** (*gram.*) *complément d'objet d'un verbe* complemento oggetto di un verbo; *complément d'objet direct, indirect* complemento oggetto diretto, indiretto.

objurgation |ɔbʒyʀgɑsjɔ̃| *s.f.* **1** *surtout au plur.* insistenze; rimproveri *m.*, obiurgazioni (*littér.*): *céder aux objurgations de qqn.* cedere alle insistenze di qc. → **admonestation, remontrance** **2** [*prière instante*] supplica*, preghiera: *des objurgations inutiles* suppliche, preghiere inutili.

oblat, ate |ɔbla, at| *s.* **1** *s.* (*ecclés.*) oblato **2** *s.m. pl.* (*liturg.*) oblate *f.*, oblazione *f. sing.*

oblatif, ive |ɔblatif, iv| *adj.* oblativo.

oblation |ɔblɑsjɔ̃| *s.f.* **1** (*littér.*) oblazione **2** (*liturg.*) oblazione.

obligataire |ɔbligatɛʀ| *s.* (*dr.*) obbligazionista ✦ (*adj.*) *emprunt obligataire* prestito obbligazionistico*.

obligation |ɔbligɑsjɔ̃| *s.f.* **1** (*dr.*) obbligazione: *extinction d'une obligation* estinzione di un'obbligazione; *contracter une obligation juridique* contrarre un'obbligazione giuridica ◇ (*dr. comm.*) *émission d'obligations* emissione di obbligazioni **2** [*lien moral qui assujettit l'individu à une loi religieuse, morale ou sociale*] obbligo* *m.*, dovere (*m.*): *obligation morale* obbligo morale; *se soustraire à ses obligations de citoyen* sottrarsi ai propri doveri di cittadino **3** *loc.* L'OBLIGATION DE (+ *inf.*) [*le fait d'être obligé, contraint de* (*faire qqch.*)] la necessità di (+ *inf.*): *l'obligation d'avoir recours à un interprète* la necessità di ricorrere a un interprete; *il est dans l'obligation d'emprunter de l'argent* si trova nella necessità di prendere denaro in prestito **4** *surtout au plur.* [*lien moral envers qqn. pour qui on a de la reconnaissance*] obblighi: *avoir des obligations envers qqn.* avere degli obblighi con, verso qc.

obligatoire |ɔbligatwaʀ| *adj.* **1** obbligatorio*: *instruction gratuite et obligatoire* istruzione gratuita e obbligatoria **2** (*fam.*) [*inévitable, nécessaire*] inevitabile (*cour.*): *il a raté son examen, c'était obligatoire!* ha fatto fiasco all'esame, era inevitabile! → **forcé, obligé.**

obligatoirement |ɔbligatwaʀmɑ̃| *adv.* [→ OBLIGATOIRE 1] obbligatoriamente: *vous devez obligatoirement présenter votre passeport à la frontière* dovete obbligatoriamente, avete l'obbligo di presentare il passaporto alla frontiera ◇ (*fam.*) [*forcément*] per forza (*loc. inv.*): *cela devait obligatoirement arriver* (questo) doveva succedere per forza.

obligé, ée |ɔbliʒe| *adj.* **I** (*personnes*) **1** [*tenu, lié par une obligation, assujetti par une nécessité*] obbligato ◇ (*dr.*) *une personne obligée envers un créancier* una persona obbligata verso un creditore ✦ (*s.*) *le principal obligé* il principale obbligato ◇ (*par ext.*) *je vous serais obligé d'accepter* le sarei obbligato se accettasse **2** [*attaché, lié* (*par un service reçu*)] obbligato, grato: *je vous suis obligé de votre attention* le sono obbligato, grato della sua attenzione → **reconnaissant, redevable** **II** (*choses*) **1** (*mus.*) obbligato: *récitatif obligé* recitativo obbligato **2** [*qui résulte de quelque obligation ou necessité; qui est commandé par l'usage*] necessario*, obbligatorio* → **indispensable, obligatoire, 1 nécessaire** ◇ (*fam.*) *c'est obligé* [*c'est forcé*] è necessario (*cour.*); *c'était obligé* [*c'était fatal*] doveva succedere (*cour.*), era inevitabile (*cour.*).

obligeamment |ɔbliʒamɑ̃| *adv.* [→ OBLIGEANT] gentilmente, cortesemente.

obligeance |ɔbliʒɑ̃s| *s.f.* [*disposition à rendre service, à se montrer obligeant*] gentilezza; compiacenza: *nous vous remercions de votre obligeance* la ringraziamo della sua gentilezza ‖ *ayez l'obligeance de...* abbia la compiacenza di...

obligeant, geante |ɔbliʒɑ̃, ʒɑ̃t| *adj.* [*qui aime à* (2) *obliger, à faire plaisir en rendant service*] servizievole, gentile: *c'est un garçon très obligeant* è un ragazzo molto servizievole.

1 **obliger** |ɔbliʒe| (3) **A** *v.tr.* **1** [*contraindre ou lier* (*qqn.*) *par une obligation d'ordre juridique ou moral*] obbligare: *la loi, l'honneur nous oblige à faire cela* la legge, l'onore ci obbliga a fare questo (a farlo) **2** OBLIGER À [*mettre* (*qqn.*) *dans la nécessité* (*de faire qqch.*)] obbligare a: *rien ne vous oblige à venir* niente vi obbliga a venire → **contraindre, forcer** **B** *v.pron. réfl.* S'OBLIGER À [*se lier par une obligation, promettre*] impegnarsi a, obbligarsi a: *je m'oblige à vous rembourser* mi impegno, mi obbligo a rimborsarla.

2 **obliger** |ɔbliʒe| (3) *v.tr.* [*rendre service, faire plaisir à* (*qqn.*) *de sorte qu'il ait de la reconnaissance*] fare (103) un favore (a), fare cosa gradita (a): *vous m'obligeriez en faisant ceci, si vous faisiez ceci* mi fareste cosa gradita se faceste questo → **aider** ✦ (*au p.p.*) *je vous suis très obligé* le sono molto obbligato, molto grato ✦ (*s.*) *je suis, je reste votre obligé* suo obbligatissimo.

oblique |ɔblik| *adj.* **1** [*qui s'écarte de la verticale, de la perpendiculaire*] obliquo: *rayons obliques du soleil couchant* raggi obliqui del sole calante ◇ (*spécialt.*) *regard oblique* sguardo sfuggente **2** (*géom.*) *ligne oblique* linea obliqua; *cône, prisme oblique* cono, prisma obliquo ✦ (*s.f.*) *une oblique* una retta obliqua *adj.* ◇ (*astron.*) *ascension oblique d'un astre* ascensione obliqua di un astro ◇ (*milit.*) *tir, feux obliques* tiro obliquo, fuochi obliqui ◇ (*anat.*) *muscle grand oblique, petit oblique* (muscolo) grande obliquo *s.m.*, piccolo obliquo **3** (*dr.*) *action oblique* azione indiretta ◇ (*ling.*) *cas obliques* casi obliqui **4** (*loc. adv.*) *en oblique* [*dans une direction oblique*] obliquamente *adv.*, in diagonale.

obliquement |ɔblikmɑ̃| *adv.* [*dans une direction ou une position oblique*] obliquamente, in diagonale *loc. inv.* → **biais (de), côté (de).**

obliquer |ɔblike| *v.intr.* [*aller, marcher en ligne oblique*] deviare: *la voiture a obliqué vers la gauche* la macchina ha deviato a sinistra.

obliquité |ɔblikɥite| *s.f.* obliquità (*inv.*): *l'obliquité des rayons du soleil* l'obliquità dei raggi del sole → **inclinaison** ◇ (*géom.*) obliquità ◇ (*astron.*) *obliquité de l'écliptique* obliquità dell'eclittica.

oblitérateur |ɔbliteʀatœʀ| *s.m.* (*techn.*) obliteratrice *f.*

1 **oblitération** |ɔbliteʀɑsjɔ̃| *s.f.* [→ 1 OBLITÉRER 1] obliterazione, annullo (*m.*): *l'oblitération d'un timbre* l'obliterazione, l'annullo di un francobollo; *cachet d'obliteration* timbro di obliterazione, di annullo.

2 **oblitération** |ɔbliteʀɑsjɔ̃| *s.f.* (*méd.*) obliterazione.

1 **oblitérer** |ɔbliteʀe| (8) *v.tr.* **1** *oblitérer un timbre* [*l'annuler par l'apposition d'un cachet qui le rend impropre à servir une seconde fois*] obliterare, annullare un francobollo ✦ (*au p.p.*) *timbre oblitéré* francobollo obliterato, annullato **2** (*fig., littér.*) [*effacer par une usure progressive*] obliterare, cancellare (*cour.*) ✦ (*au p.p.*) *souvenir oblitéré par le temps* ricordo obliterato, cancellato dal tempo.

2 **oblitérer** |ɔbliteʀe| (8) *v.tr.* (*méd.*) [*obstruer* (*un canal, un vaisseau*)] obliterare.

oblong, ongue |ɔblɔ̃, ɔ̃g| *adj.* **1** [*qui est plus long que large*] oblungo* # *un visage oblong* un viso ovale **2** (*livres, albums*) [*qui est moins haut que large*] oblungo: *format oblong* formato oblungo.

obnubilation |ɔbnybilɑsjɔ̃| *s.f.* (*littér.*) [→ OBNUBILER 1] obnubilamento *m.*, annebbiamento *m.* (*cour.*).

obnubiler |ɔbnybile| *v.tr.* **1** [*obscurcir* (*l'esprit*)] annebbiare, obnubilare (*littér.*) **2** ÊTRE OBNUBILÉ PAR [*être fasciné, obsédé par* (*qqn., qqch.*)] essere ossessionato da: *il est obnubilé par cette idée, par l'examen qu'il doit passer* è ossessionato da quella idea, dall'esame che deve fare.

obole |ɔbɔl| *s.f.* **1** obolo (*m.*): *apporter son obole à une souscription* dare il proprio obolo per una sottoscrizione **2** [*anc. monnaie gr. et fr.*] obolo.

obombrer |ɔbɔ̃bʀe| *v.tr.* (*littér.*) [*couvrir d'ombre*] adombrare ◇ (*fig.*) → **obscurcir.**

obreptice |ɔbʀɛptis(ə)| *adj.* (*dr.*) orrettizio*.

obreption |ɔbʀɛpsjɔ̃| *s.f.* (*dr.*) orrezione.

obscène |ɔpsɛn| *adj.* osceno: *geste obscène* gesto osceno → **impudique, licencieux, pornographique.**

obscénité |ɔpsenite| *s.f.* oscenità (*inv.*): *dire des obscénités* dire oscenità → **immoralité, indécence.**

obscur, ure |ɔpskyʀ| *adj.* **I** **1** (o)scuro, buio*: *des ruelles obscures* viuzze (o)scure, buie → **noir, sombre** **2** [*qui est foncé, peu lumineux*] scuro: *teinte obscure* tinta scura → **sombre** **II** (*abstrait*) **1** [*qui est difficile à comprendre, à expliquer*] oscuro: *des phrases obscures* frasi oscure; *poète obscur* poeta oscuro; *éclaircir un passage obscur* chiarire un passo oscuro → **incompréhensible** **2** [*qui n'est pas net; que l'on sent, perçoit ou conçoit confusément*] vago*: *un sentiment obscur* un sentimento vago; *un obscur sentiment d'envie* un vago sentimento di invidia **3** (*personnes*) [*qui n'a aucun renom*] oscuro → **ignoré, inconnu** **4** (*littér.*) [*simple, humble*] oscuro, umile (*cour.*): *vie obscure* vita oscura; *des besognes obscures* lavori umili Ⓒ I 1 **clair, lumineux**; II 3 **célèbre, illustre**.

obscurantisme |ɔpskyʀɑ̃tism(ə)| *s.m.* oscurantismo.

obscurantiste |ɔpskyʀɑ̃tist(ə)| **1** *adj.* oscurantistico* **2** *s.* oscurantista.

obscurcir |ɔpskyʀsiʀ| **A** *v.tr.* **I** **1** [*priver de lumière, de clarté*] oscurare, abbuiare (*rare*): *cet arbre obscurcit la pièce* quell'albero oscura la stanza → **assombrir** **2** [*troubler, affaiblir* (*la vue*)] offuscare, annebbiare ✦ (*au p.p.*) *ses yeux obscurcis par la fumée* i suoi occhi offuscati dal fumo **II** (*abstrait*) [*rendre peu intelligible*] rendere (105) poco chiaro, oscuro: *il obscurcissait tout ce qu'il voulait expliquer* rendeva poco chiaro tutto quello che voleva spiegare **B** *v.pron. intr.* S'OBSCURCIR [*devenir sombre*] oscurarsi: *le ciel s'obscurcit, il va pleuvoir* il cielo si oscura, sta per piovere.

obscurcissement |ɔpskyʀsismɑ̃| *s.m.* **1** [→ OBSCURCIR A I 1] offuscamento, oscuramento: *obscurcissement du ciel* offuscamento del cielo **2** [*le fait de rendre peu intelligible ou peu clairvoyant*] occultamento; offuscamento: *obscurcissement de la vérité* occultamento della verità ‖ *obscurcissement de l'esprit* offuscamento della mente.

obscurément |ɔpskyʀemɑ̃| *adv.* **1** [*d'une manière vague, insensible*] vagamente, oscuramente: *il sentait obscurément qu'il allait mourir* sentiva vagamente, oscuramente che stava per morire **2** [*de manière à rester ignoré*] oscuramente # *il a choisi de vivre obscurément* ha scelto di vivere nell'ombra.

obscurité |ɔpskyʀite| *s.f.* **I** oscurità *inv.*, buio* (*m.*): *obscurité complète* completa oscurità, buio pesto; *il a peur dans l'obscurité* ha paura del buio → **noir, nuit** **II** (*abstrait*) **1** [*défaut de clarté, d'intelligibilité*] oscurità: *l'obscurité d'un poème* l'oscurità di una poesia ◇ [*état de ce qui est mal connu*] *l'obscurité de ses origines* l'oscurità delle sue origini **2** [*passage, point obscur*] oscurità: *il fallait expliquer les obscurités de ce texte* bisognava spiegare le oscurità di quel testo **3** [*situation sans éclat, où l'on reste obscur*] oscurità, ombra: *il vit dans l'obscurité après avoir eu un moment de célébrité* vive nell'oscurità, nell'ombra dopo aver avuto un momento di celebrità → **médiocrité**.

obsécration |ɔpsekʀɑsjɔ̃| *s.f.* (*relig.*) ossecrazione.

obsédant, ante |ɔpsedɑ̃, ɑ̃t| *adj.* [*qui obsède, s'impose sans répit à la conscience*] ossessionante.

obsédé, ée |ɔpsede| *s.* [*personne qui est en proie à une idée fixe, à une obsession*] maniaco*: *un obsédé sexuel* un maniaco sessuale.

obséder |ɔpsede| (8) *v.tr.* [*tourmenter de manière incessante; s'imposer sans répit à la conscience*] ossessionare: *le remords l'obsède* il rimorso l'ossessiona; *il est obsédé par la peur d'échouer* è ossessionato dalla paura di far fiasco → **hanter, poursuivre**.

obsèques |ɔpsɛk| *s.f. pl.* [*cérémonie et convoi funèbre*] esequie, funerale (*m. sing.*): *obsèques religieuses* esequie religiose, funerale religioso; *obsèques nationales* esequie nazionali.

obséquieusement |ɔpsekjøzmɑ̃| *adv.* [→ OBSÉQUIEUX] ossequiosamente.

obséquieux, euse |ɔpsekjø, øz| *adj.* ossequioso: *une politesse obséquieuse* una gentilezza ossequiosa; *je déteste les gens obséquieux* detesto le persone ossequiose → 1 **plat, rampant**.

obséquiosité |ɔpsekjozite| *s.f.* ossequiosità *inv.* → **platitude, servilité**.

observable |ɔpsɛʀvabl(ə)| *adj.* [→ OBSERVER] osservabile, visibile: *éclipse observable dans telle région* eclissi osservabile, visibile in una certa regione.

observance |ɔpsɛʀvɑ̃s| *s.f.* **1** [*action de pratiquer* (*une règle religieuse*)] osservanza: *l'observance de la règle* l'osservanza della regola → **observation, 1 pratique** **2** [*manière dont la règle est observée dans une communauté religieuse*] osservanza: *un monastère d'une sévère observance* un monastero di stretta osservanza **3** [*règle d'un ordre*] regola: *religieux de l'observance de saint Benoît* religiosi della regola di san Benedetto.

observateur, trice |ɔpsɛʀvatœʀ, tʀis| *s.* **1** osservatore*: *il a été un observateur attentif* è stato un attento osservatore → **témoin** ✦ (*adj.*) *il est très observateur* è molto osservatore **2** (*dans l'armée, la diplomatie*) [*personne chargée d'observer*] osservatore: *observateur d'artillerie* (ufficiale) osservatore di artiglieria.

observation |ɔpsɛʀvɑsjɔ̃| *s.f.* **I** [→ OBSERVER A I] osservanza: *l'observation d'un règlement* l'osservanza di un regolamento → **obéissance** **II** **1** [*action de considérer avec une attention suivie la nature, l'homme, la société*] osservazione: *l'observation de la nature* l'osservazione della natura → **examen** **2** UNE OBSERVATION [*remarque, écrit exprimant le résultat de cette considération attentive*] un'osservazione: *une observation très juste* un'osservazione molto giusta → 2 **note 2, réflexion** **3** [*parole, déclaration par laquelle on fait remarquer qqch. à qqn.*] osservazione: *épargnez-nous vos observations* ci risparmi le sue osservazioni → **objection** # *elle lui en a fait l'observation* glielo ha fatto notare, osservare ◇ [*remarque par laquelle on reproche à qqn. son attitude, ses actes*] *son père lui fait sans cesse des observations* suo padre gli fa continuamente osservazioni → **réprimande, reproche** **4** [→ OBSERVER A II 2] osservazione: *observations météorologiques, astronomiques* osservazioni meteorologiche, astronomiche **5** *loc.* [*surveillance attentive à laquelle on soumet un être vivant, un organe*] osservazione: *il est à l'hôpital en observation* è all'ospedale in osservazione **6** (*milit.*) osservazione: *observation aérienne* osservazione aerea **7** (*sport*) studio* (*m.*): *le premier round a été un round d'observation* la prima è stata una ripresa di studio.

observatoire |ɔpsɛʀvatwaʀ| *s.m.* **1** osservatorio*: *coupole, télescope d'un observatoire* cupola, telescopio di un osservatorio **2** [*lieu élevé, favorable à l'observation*] osservatorio: *observatoire d'artillerie* osservatorio d'artiglieria.

observer |ɔpsɛʀve| **A** *v.tr.* **I** [*se conformer de façon régulière à* (*une prescription*)] osservare: *c'est une loi qu'il faut observer* è una legge che bisogna osservare **II** **1** [*considérer avec attention, afin de connaître, d'étudier*] osservare: *il observe tout* osserva tutto → **examiner, regarder** **2** [*soumettre à l'observation sc.*] osservare: *observer un phénomène, une réaction* osservare un fenomeno, una reazione **3** [*examiner en contrôlant, en surveillant*] osservare: *il observait tous nos gestes* osservava tutti i nostri gesti; *attention, on nous observe* attenzione, ci osservano; *observer les mouvements de l'ennemi* osservare i movimenti del nemico → 2 **épier** **4** [*constater, remarquer par l'observation*] osservare, notare: *je n'ai rien observé* non ho osservato, notato niente → **noter** **B** *v.pron. réfl.* S'OBSERVER [*se prendre pour sujet d'observation*] osservarsi, esaminarsi: *il s'observe et se décrit* si osserva e si descrive ◇ [*se surveiller, se contrôler*] controllarsi: *elle doit s'observer pour ne pas faire d'erreurs* deve controllarsi per non sbagliare Ⓒ A I **enfreindre, violer**.

obsession |ɔpsesjɔ̃| *s.f.* (*psycho., cour.*) ossessione.

obsessionnel, elle |ɔpsesjɔnɛl| *adj.* (*psycho.*) ossessivo: *idée obsessionnelle* idea ossessiva; *névrose obsessionnelle* nevrosi ossessiva.

obsidienne |ɔpsidjɛn| *s.f.* (*minér.*) ossidiana.

obsidional, ale, aux |ɔpsidjɔnal, o| *adj.* ossidionale: *monnaie obsidionale* moneta ossidionale ◇ (*psycho.*) *délire obsidional* delirio ossidionale, di persecuzione *loc. inv.*

obsolescence |ɔpsɔlɛsɑ̃s| *s.f.* obsolescenza.

obsolescent, ente |ɔpsɔlɛsɑ̃, ɑ̃t| *adj.* obsolescente.

obsolète |ɔpsɔlɛt| *adj.* (*ling.*) obsoleto: *mot obsolète* parola obsoleta.

obstacle |ɔpstakl(ə)| *s.m.* **1** ostacolo: *heurter un obstacle* urtare (contro) un ostacolo ◇ (*spécialt.*) (*sport*) *course d'obstacles* corsa ad ostacoli **2** (*fig.*) [*ce qui s'oppose à l'action, à l'obtention d'un résultat*] ostacolo: *il a rencontré beaucoup d'obstacles avant de réussir* ha incontrato molti ostacoli prima di riuscire → **difficulté, empêchement**; *sans rencontrer d'obstacle* senza incontrare ostacoli ◇ *loc.* FAIRE OBSTACLE À [*empêcher, gêner*] ostacolare (*v.tr.*): *mes parents ont fait obstacle à ce voyage* i miei genitori hanno ostacolato questo viaggio.

obstétrical, ale, aux |ɔpstetʀikal, o| *adj.* [*relatif à l'obstétrique*] ostetrico*.

obstétricien, ienne |ɔpstetʀisjɛ̃, jɛn| *s.* ostetrico*.

obstétrique |ɔpstetʀik| **1** *adj.* ostetrico*: *clinique obstétrique* clinica ostetrica **2** *s.f.* ostetricia*.

obstination |ɔpstinɑsjɔ̃| *s.f.* osti-

nazione, ostinatezza → **entêtement, opiniâtreté, ténacité.**
obstiné, ée |ɔpstine| *adj.* (*personnes*) ostinato: *une femme obstinée* una donna ostinata → **entêté, têtu** ◇ (*choses*) ostinato, accanito: *un effort obstiné* uno sforzo ostinato, accanito.
obstinément |ɔpstinemɑ̃| *adv.* [*avec obstination*] ostinatamente: *refuser obstinément* rifiutare ostinatamente.
obstiner (s') |ɔpstine| *v.pron. intr.* [*persister dans une idée, une décision, sans vouloir changer*] ostinarsi: *il s'obstine dans son idée* si ostina nella sua idea; *s'obstiner à mentir* ostinarsi a mentire → 2 **entêter (s'),** 1 **buter (se)** Ⓒ **céder.**
obstructif, ive |ɔpstʀyktif, iv| *adj.* ostruttivo.
obstruction |ɔpstʀyksjɔ̃| *s.f.* **1** (*méd.*) ostruzione, occlusione: *obstruction de l'artère polmonaire* ostruzione, occlusione dell'arteria polmonare → **occlusion 2** [*tactique qui consiste à entraver les débats* (*dans une assemblée, un parlement*)] ostruzionismo (*m.*): *faire de l'obstruction pour empêcher le vote d'une loi* fare ostruzionismo per impedire l'approvazione di una legge **3** (*sport*) ostruzionismo.
obstructionnisme |ɔpstʀyksjɔnism(ə)| *s.m.* (*polit.*) ostruzionismo.
obstructionniste |ɔpstʀyksjɔnist(ə)| (*polit.*) **1** *s.* ostruzionista **2** *adj.* ostruzionistico*: *tactique obstructionniste* tattica ostruzionistica.
obstrué, ée |ɔpstʀye| *adj.* ostruito: *conduit obstrué* condotto ostruito → **bouché.**
obstruer |ɔpstʀye| *v.tr.* **1** (*méd.*) [*engorger, boucher* (*un canal, un vaisseau*)] ostruire (197), occludere (106) **2** [*faire obstacle à, en entravant ou en arrêtant la circulation*] ostruire: *des branches obstruaient le passage* dei rami ostruivano il passaggio → **barrer,** 1 **boucher, encombrer.**
obtempérer |ɔptɑ̃peʀe| (8) *v.intr.* [*obéir, se soumettre* (*à une injonction, un ordre*)] ottemperare: *il finit par obtemperer* finì coll'ottemperare.
obtenir |ɔptəniʀ| (27) *v.tr.* **1** [*parvenir à se faire accorder, à se faire donner* (*ce qu'on veut avoir*)] ottenere (188): *il a obtenu une augmentation* ha ottenuto un aumento; *j'ai obtenu de partir tout de suite, que ma sœur m'accompagne* ho ottenuto di partire immediatamente, che mia sorella mi accompagni **2** [*réussir à atteindre* (*un résultat*), *à produire* (*qqch.*)] ottenere: *nous n'avons obtenu aucune amélioration* non abbiamo ottenuto, conseguito nessun miglioramento; *cette opération permet d'obtenir le métal à l'état pur* quell'operazione permette di ottenere il metallo allo stato puro Ⓒ 1 **manquer.**
obtention |ɔptɑ̃sjɔ̃| *s.f.* [→ OBTENIR] ottenimento *m.*, conseguimento (*m.*): *formalités à remplir pour l'obtention d'un visa* formalità da sbrigare per l'ottenimento di un visto.
obturateur, trice |ɔptyʀatœʀ, tʀis| **1** *adj.* otturatore*: *plaque obturatrice* lastra otturatrice ◇ (*anat.*) *muscles obturateurs* muscoli otturatori **2** *s.m.* otturatore ◇ (*photo.*) *obturateur à rideau* otturatore a tendina.
obturation |ɔptyʀasjɔ̃| *s.f.* [→ OBTURER] otturazione: *obturation dentaire* otturazione di un dente.
obturer |ɔptyʀe| *v.tr.* [*boucher* (*une ouverture, un trou*)] otturare: *obturer la cavité d'une dent cariée* otturare un dente cariato.
obtus, use |ɔpty, yz| *adj.* [*qui manque de finesse, de pénétration*] ottuso: *esprit obtus* mente ottusa; *elle est un peu obtuse* è un po' ottusa → **borné, bouché** Ⓒ **aigu, pénétrant.**
obtus |ɔpty| *adj. m.* (*géom.*) *angle obtus* angolo ottuso.
obtusangle |ɔptyzɑ̃gl(ə)| *adj. m.* (*géom.*) *triangle obtusangle* triangolo ottusangolo.
obus |ɔby| *s.m.* (*milit.*) granata (*f.*): *obus incendiaires, fumigènes* granate incendiarie, fumogene.
obusier |ɔbyzje| *s.m.* (*milit.*) obice.
obvenir |ɔbvəniʀ| (27) *v.intr.* (*aux.* 'être') (*dr.*) [*échoir*] spettare ✦ (*au p.p.*) *biens obvenus par succession* beni spettanti *p. prés.* per successione.
obvers |ɔbvɛʀ| *s.m.* (*vx.*) (*medailles*) → **avers.**
obvie |ɔbvi| *adj.* (*théol.*) *sens obvie* senso ovvio.
obvier |ɔbvje| *v.intr.* OBVIER À [*mettre obstacle, parer à* (*un mal, un inconvénient*)] ovviare a: *pour obvier à cet inconvénient* per ovviare a questo inconveniente → **remédier.**
oc |ɔk| (*dans la loc. litt.*) *langue d'oc* lingua d'oc.
ocarina |ɔkaʀina| *s.m.* (*mus.*) ocarina *f.*
occamisme |ɔkamism(ə)| *s.m.* (*philo.*) occamismo.
occase |ɔkɑz| *s.f.* (*pop.*) → **occasion.**
occasion |ɔkɑ(a)zjɔ̃| *s.f.* **1** occasione: *occasion inespérée* occasione insperata → **aubaine, chance;** *je n'ai jamais eu l'occasion de la rencontrer* non ho mai avuto occasione di incontrarla; *il ne manquait jamais une occasion d'en parler* non perdeva mai (l')occasione per parlarne; *profitons de cette occasion pour en parler* approfittiamo di questa occasione per parlarne ◇ (*loc. fam.*) *il a sauté sur l'occasion* ha colto la palla al balzo ◇ *loc. adv.* À L'OCCASION eventualmente *adv.*, all'occorrenza → **éventuellement** # *j'irai vous voir, à l'occasion* verrò a trovarvi, se capita, quando avrò (l')occasione ~ *il reviendra à la première occasion* ritornerà alla prima occasione ◇ (*prov.*) *l'occasion fait le larron* l'occasione fa l'uomo ladro **2** [*marché avantageux pour l'acheteur; objet de ce marché*] occasione: *j'ai trouvé une belle occasion* ho trovato una bella occasione # *le marché de l'occasion* il mercato dell'usato ◇ *loc.* D'OCCASION di occasione, usato (*adj.*): *livres d'occasion* libri d'occasione, usati; *voitures d'occasion* macchine usate, di seconda mano **3** *loc.* OCCASION DE occasione, motivo *m.* di: *c'était l'occasion de grandes discussions* era motivo di lunghe discussioni → 1 **cause** ~ *loc. prép.* À L'OCCASION DE in occasione di: *à l'occasion de son anniversaire* in occasione del suo compleanno → 1 **pour 4** [*circonstance*] occasione: *je l'ai rencontré en plusieurs, en maintes occasions* l'ho incontrato in parecchie, molte occasioni ◇ *loc.* D'OCCASION [*accidentel, occasionnel*] occasionale (*adj.*): *les amitiés d'occasion* le amicizie occasionali ◇ (*spécialt.*) LES GRANDES OCCASIONS le grandi occasioni: *elle ne porte ce collier que dans les grandes occasions* porta quella collana solo nelle grandi occasioni.
occasionnalisme |ɔkazjɔnalism(ə)| *s.m.* (*philo.*) occasionalismo.
occasionnel, elle |ɔkazjɔnɛl| *adj.* occasionale; casuale → **fortuit** ◇ (*philo.*) *cause occasionnelle* causa occasionale.
occasionnellement |ɔkazjɔnɛlmɑ̃| *adv.* [→ OCCASIONNEL] occasionalmente; casualmente → **accidentellement.**
occasionner |ɔkazjɔne| *v.tr.* [*être l'occasion* (3) *de* (*qqch. de fâcheux*)] causare, procurare: *cela nous occasionnait bien des soucis* questo ci causava, ci procurava molte preoccupazioni → **déterminer.**
occident |ɔksidɑ̃| *s.m.* **1** occidente → **couchant, ouest 2** [*région située vers l'ouest, par rapport à un lieu donné*] Occidente: *l'Empire romain d'Occident* l'Impero romano di Occidente **3** (*polit.*) *la défense de l'Occident* la difesa dell'Occidente Ⓒ **orient.**
occidental, ale, aux |ɔksidɑ̃tal, o| *adj.* occidentale: *l'Europe occidentale* l'Europa occidentale; *la culture occidentale* la cultura occidentale ✦ (*s.*) *un occidental* un occidentale.
occidentalisation |ɔksidɑ̃talisɑsjɔ̃| *s.f.* [→ OCCIDENTALISER] occidentalizzazione.
occidentaliser |ɔksidɑ̃talize| **A** *v.tr.* [*modifier conformément aux habitudes de l'Occident*] occidentalizzare: *occidentaliser les mœurs* occidentalizzare i costumi **B** *v.pron. intr.* S'OCCIDENTALISER [→ *tr.*] occidentalizzarsi.
occidentalisme |ɔksidɑ̃talism(ə)| *s.m.* occidentalismo.
occidentaliste |ɔksidɑ̃talist(ə)| *adj.* occidentalistico* ✦ (*s.*) *un occidentaliste* un occidentalista.
occipital, ale, aux |ɔksipital, o| *adj. et s.m.* (*anat.*) occipitale: *l'*(*os*) *occipital* l'(osso) occipitale.
occiput |ɔksipyt| *s.m.* (*anat.*) occipite.
occire |ɔksiʀ| *v.tr.* (*inusité, sauf à l'inf. et au p.p. 'occis, ise'*) (*vx.*) → **tuer.**
occitan, ane |ɔksitɑ̃, an| *adj.* (*ling.*) occitanico*: *littérature occitane* letteratura occitanica.
occlure |ɔklyʀ| (46) *v.tr.* (*p.p. occlus*) (*méd.*) [*fermer*] occludere (106) ◇ (*chir.*) [*pratiquer l'occlusion de*] suturare.
occlusif, ive |ɔklyzif, iv| *adj. et s.f.* (*phonét.*) occlusivo: *une* (*consonne*) *occlusive* una (consonante) occlusiva.
occlusion |ɔklyzjɔ̃| *s.f.* **1** (*chir.*) sutura: *occlusion des paupières* sutura delle palpebre **2** (*méd.*) occlusione: *occlusion intestinale* occlusione intestinale **3** (*phonét.*) occlusione: *occlusion du canal buccal* occlusione del canale vocale **4** (*techn.*) occlusione.
occultation |ɔkyltɑsjɔ̃| *s.f.* **1** (*astron.*) occultazione: *occultation d'une étoile par la lune* occultazione di una stella da parte della luna **2** [→ OCCULTER 2] oscuramento *m.*
occulte |ɔkylt(ə)| *adj.* **1** occulto: *des forces occultes* forze occulte → **secret 2** [*qui se cache, garde le secret ou l'incognito*] segreto: *un conseiller occulte* un consigliere segreto; *comptabilité occulte* contabilità segreta → **clandestin 3** *sciences occultes* scienze occulte.

occulter |ɔkylte| *v.tr.* **1** (*astron.*) [*cacher à la vue* (*une étoile*)] occultare **2** [*rendre peu visible* (*une source lumineuse*)] oscurare: *occulter un phare, un signal* oscurare un faro, un segnale.

occultisme |ɔkyltism(ə)| *s.m.* occultismo → **spiritisme.**

occultiste |ɔkyltist(ə)| *s.* occultista.

occupant, ante |ɔkypɑ̃, ɑ̃t| **1** *s.* occupante: *un logement que son occupant désirait sous-louer* un appartamento che l'occupante desiderava subaffittare **2** *adj.* occupante: *l'armée occupante* l'esercito occupante ♦ (*s.*) *les occupants* gli occupanti.

1 **occupation** |ɔkypɑsjɔ̃| *s.f.* [→ 1 OCCUPER 1] occupazione: *armée d'occupation* esercito d'occupazione; *grève avec occupation des locaux* sciopero con occupazione dei locali ◇ [*période pendant laquelle la France fut occupée par les Allemands*] occupazione.

2 **occupation** |ɔkypɑsjɔ̃| *s.f.* [*ce à quoi on consacre son activité, son temps*] occupazione: *nous avons de multiples occupations* abbiamo molteplici occupazioni; *elle voudrait avoir une occupation* vorrebbe avere un'occupazione.

occupationnel, elle |ɔkypɑsjɔnɛl| *adj.* occupazionale.

1 **occupé, ée** |ɔkype| *adj.* (*choses*) occupato: *place occupée* posto occupato; *ce taxi est occupé* questo taxi è occupato; *j'ai voulu téléphoner, mais la ligne était occupée* ho voluto telefonare, ma la linea era occupata C **vide, libre.**

2 **occupé, ée** |ɔkype| *adj.* (*personnes*) occupato: *il est occupé à la rédaction de ses mémoires, à repeindre sa maison* è occupato, intento a redigere le sue memorie, a ridipingere la casa; *il est très occupé* è molto occupato C **désœuvré, inactif.**

1 **occuper** |ɔkype| *v.tr.* **1** [*prendre possession de* (*un lieu*)] occupare: *occuper le terrain* occupare il terreno; *occuper un pays vaincu* occupare un paese vinto **2** [*remplir, couvrir* (*une certaine étendue, d'espace ou de temps*)] occupare: *une activité qui occupe une bonne part de mon temps* un'attività che occupa buona parte del mio tempo **3** [*habiter*] occupare: *ils occupent le rez-de-chaussée* occupano il pianterreno ♦ (*au p.p.*) *appartement occupé* appartamento occupato **4** [*employer, meubler* (*du temps*)] occupare, passare: *il occupe ses loisirs à jouer au bridge* occupa, passa il tempo libero giocando a bridge.

2 **occuper** |ɔkype| **A** *v.tr.* [*employer* (*qqn.*) *à un travail*] occupare, tenere (188) occupato: *je l'ai occupé à classer mes livres* l'ho occupato a ordinare i miei libri; *ça t'occupera* questo ti terrà occupato **B** *v.pron. intr.* S'OCCUPER (DE) [*employer son temps à* (*qqch.*)] occuparsi (di): *s'occuper d'une affaire* occuparsi di una faccenda; *s'occuper de politique* occuparsi di politica; *ne vous occupez pas de ça* non occupatevene; non se ne occupi # *il s'occupe* [*il trouve qqch. à faire*] si dà da fare ◇ (*spécialt.*) *s'occuper de qqn.* occuparsi di qc.

occurrence |ɔkyRɑ̃s| *s.f.* (*littér.*) occorrenza ◇ (*loc.*) *en l'occurrence* nel caso specifico, nella fattispecie ◇ (*ling.*) occorrenza.

occurrent, ente |ɔkyRɑ̃, ɑ̃t| *adj.* (*liturg.*) (*fêtes*) *occurrentes* (festività) concorrenti.

océan |ɔseɑ̃| *s.m.* oceano: *l'océan Atlantique, Indien, Pacifique* l'oceano Atlantico, Indiano, Pacifico.

océanaute |ɔseanot| *s.m.* [*spécialiste de l'exploration sous-marine*] acquanauta.

océanide |ɔseanid| *s.f.* (*mythol.*) oceanina.

océanien, ienne |ɔseanjɛ̃, jɛn| *adj.* [*de l'Océanie*] oceaniano: *populations océaniennes* popolazioni oceaniane.

océanique |ɔseanik| *adj.* oceanico*: *profondeurs océaniques* profondità oceaniche; *climat océanique* clima oceanico.

océanographe |ɔseanɔgRaf| *s.* oceanografo.

océanographie |ɔseanɔgRafi| *s.f.* oceanografia.

océanographique |ɔseanɔgRafik| *adj.* oceanografico*: *l'Institut océanographique de Paris* l'Istituto oceanografico di Parigi.

océanologie |ɔseanɔlɔʒi| *s.f.* oceanologia*.

ocelle |ɔsɛl| *s.m.* **1** ocello **2** (*zool.*) ocello.

ocellé, ée |ɔse(ɛl)le| *adj.* (*littér.*, *sc.*) ocellato: *papillon aux ailes ocellées* farfalla dalle ali ocellate.

ocelot |ɔslo| *s.m.* (*t.zool.*) ocelot *inv.* ◇ [*la fourrure*] ocelot.

ocre |ɔkR(ə)| *s.f.* ocra *inv.* ♦ (*adj. inv.*) *poudre ocre* cipria (color) ocra.

ocré, ée |ɔkRe| *adj.* (color) ocra *inv.*

ocreux, euse |ɔkRø, øz| *adj.* [*qui contient de l'ocre*; *de couleur ocre*] ocraceo.

oct(a)- |ɔkt(a)|, **octi-** |ɔkti|, **octo-** |ɔktɔ| *préf.* (*signifiant 'huit'*, *correspondent généralt. à*) ott(a): *octuple* ottuplo; *octaèdre* ottaedro; *octogonal* ottagonale.

octaèdre |ɔktaɛdR(ə)| *s.m.* (*géom.*) ottaedro: *octaèdre régulier* ottaedro regolare.

octaédrique |ɔktaedRik| *adj.* (*géom.*) ottaedrico*: *cristal octaédrique* cristallo ottaedrico.

octane |ɔktan| *s.m.* (*chim.*) ottano: *indice d'octane* numero di ottano.

octant |ɔktɑ̃| *s.m.* (*géom.*, *techn.*) ottante.

octante |ɔktɑ̃t|, ***huitante** |ɥitɑ̃t| *adj. numér. cardinal* (*vx.*, *dial.*) → **quatre-vingts.**

octastyle |ɔktastil| *adj.* (*archit.*) octastilo, ottastilo.

1 **octave** |ɔktav| *s.f.* (*mus.*) ottava.

2 **octave** |ɔktav| *s.f.* (*relig.*) **1** [*huitième jour après certaines fêtes*] ottava **2** [*durée de huit jours pendant laquelle on commémore une grande fête*] ottavario* *m.*

3 **octave** |ɔktav| *s.f.* (*escrime*) ottava.

octavier |ɔktavje| (*mus.*) **A** *v.intr.* (*instrument*) [*jouer l'octave supérieure au lieu de la note*] dare (102) *tr.*, suonare *tr.* l'ottava superiore **B** *v.tr.* [*jouer à l'octave supérieure*] suonare, eseguire (197) all'ottava superiore: *octavier un morceau* suonare, eseguire un brano all'ottava superiore.

octavin |ɔktavɛ̃| *s.m.* (*mus.*) ottavino.

octet |ɔktɛ| *s.m.* (*informatique*) byte *inv.*

octidi |ɔktidi| *s.m.* (*hist.*) 'octidi' *inv.*

octobre |ɔktɔbR(ə)| *s.m.* [*dixième mois de l'année*] ottobre ◇ (*hist.*) *les journées d'octobre* le giornate d'ottobre; *révolutions d'octobre* rivoluzioni di ottobre.

octobriste |ɔktɔbRist(ə)| *s.m.* ottobrista.

Octocoralliaires |ɔktɔkɔRaljɛR| *s.m. pl.* (*t.zool.*) Octocoralli.

octogénaire |ɔktɔʒenɛR| *adj. et s.* ottuagenario*, ottantenne.

octogonal, ale, aux |ɔktɔgɔnal, o| *adj.* (*géom.*) ottagonale: *pyramide octogonale* piramide ottagonale.

octogone |ɔktɔgɔn| **1** *s.m.* (*géom.*) ottagono **2** *adj.* (*vx.*) → **octogonal.**

octopode |ɔktɔpɔd| *adj.* (*zool.*) ottopode.

Octopodes |ɔktɔpɔd| *s.m. pl.* (*t. zool.*) Ottopodi.

octostyle |ɔktɔstil| *adj.* (*archit.*) octastilo, ottastilo.

octosyllabe |ɔktɔsi(l)lab| *adj. et s.m.* (*versif.*) ottonario*.

octosyllabique |ɔktɔsi(l)labik| *adj.* (*versif.*) ottonario*.

1 **octroi** |ɔktRwa| *s.m.* (*fin.*) dazio* → **douane** ◇ [*administration qui était chargée de cette contribution*] *le bureau de l'octroi* l'ufficio del dazio, daziario* *adj.*

2 **octroi** |ɔktRwa| *s.m.* (*littér.*) [→ OCTROYER] concessione *f.* (*cour.*): *l'octroi de cette faveur* la concessione di quel favore.

octroyer |ɔktRwaje| (10) **A** *v.tr.* [*accorder à titre de faveur, de grâce*] concedere (125) □ *il s'octroie encore quelques jours de vacances* si concede ancora alcuni giorni di vacanza **B** *v. pron. réfl.* S'OCTROYER [→ *tr.*] concedersi → *tr.* □.

octuor |ɔktɥɔR| *s.m.* (*mus.*) ottetto.

octuple |ɔktypl(ə)| *adj.* ottuplo.

octupler |ɔktyple| *v.tr.* [*multiplier par huit*] ottuplicare.

oculaire |ɔkylɛR| **I** *adj.* **1** *témoin oculaire* testimone oculare **2** [*relatif à l'œil*] oculare: *globe oculaire* globo oculare **II** *s.m.* (*opt.*) oculare.

oculariste |ɔkylaRist(ə)| *s.* ocularista.

oculiste |ɔkylist(ə)| *s.* oculista.

oculus |ɔkylys| *s.m.* (*archit.*) oculo: *des oculi* degli oculi; *oculus gothique* oculo gotico.

ocytocine |ɔsitɔsin| *s.f.* (*physiol.*) oxitocina.

ocytocique |ɔsitɔsik| *adj.* (*méd.*) oxitocico*.

odalisque |ɔdalisk(ə)| *s.f.* odalisca*.

-ode |ɔd| *suff.* (*signifiant 'route'*, *correspond généralt. à*) odo: *cathode* catodo.

ode |ɔd| *s.f.* (*litt.*) ode.

odelette |ɔdlɛt| *s.f.* (*litt.*) odicina.

odéon |ɔdeɔ̃| *s.m.*(*antiq.gr.*) odeon *inv.*

odeur |ɔdœR| *s.f.* **1** odore (*m.*): *odeur de brûlé, de moisi, de renfermé* odore di bruciato, di muffa, di chiuso; *avoir une bonne, une mauvaise odeur* avere un buono, un cattivo odore **2** (*loc. fig.*) *l'argent n'a pas d'odeur* il denaro non ha carta d'identità ~ *mourir en odeur de sainteté* morire in odore di santità.

-odie |ɔdi| *suff.* (*signifiant 'chant'*, *correspond généralt. à*) odia: *parodie* parodia.

odieusement |ɔdjøzmɑ̃| *adv.* [→ ODIEUX] odiosamente, in (un) modo odioso (*loc. inv.*): *il a été odieusement traité* è stato trattato in (un) modo odioso.
odieux, euse |ɔdjø, øz| *adj.* **1** odioso: *un crime particulièrement odieux* un crimine particolarmente odioso; *il s'est rendu odieux à tout le monde* si è reso odioso a tutti → **détestable, exécrable, antipathique** **2** [*très désagréable, insupportable*] insopportabile: *le gosse a été odieux aujourd'hui* il bambino è stato insopportabile oggi **C** **adorable, aimable, charmant.**
odinique |ɔdinik| *adj.* (*mythol. nordique*) odinico*.
odomètre |ɔdɔmɛtʀ(ə)| *s.m.* → **podomètre.**
Odonates |ɔdɔnat| *s.m. pl.* (*t.zool.*) Odonati.
odontalgie |ɔdɔ̃talʒi| *s.f.* (*méd.*) odontalgia*.
odontalgique |ɔdɔ̃talʒik| *adj. et s.m.* (*méd., pharm.*) odontalgico*.
-odonte |ɔdɔ̃t| *suff.* (*signifiant 'dent', correspond généralt. à*) odonte: *mastodonte* mastodonte.
odont(o)- |ɔdɔ̃t(ɔ)| *préf.* (*signifiant 'dent', correspond généralt. à*) odont(o): *odontalgie* odontalgia; *odontologie* odontologia.
odontoïde |ɔdɔ̃tɔid| *adj.* odontoide.
odontologie |ɔdɔ̃tɔlɔʒi| *s.f.* odontoiatria.
odontologique |ɔdɔ̃tɔlɔʒik| *adj.* (*méd.*) odontoiatrico*.
odontologiste |ɔdɔ̃tɔlɔʒist(ə)| *s.m.* odontoiatra.
odontome |ɔdɔ̃tom| *s.m.* (*méd.*) odontoma.
odontomètre |ɔdɔ̃tɔmɛtʀ(ə)| *s.m.* (*philatélie*) odontometro.
odontostomatologie |ɔdɔ̃tɔstɔmatɔlɔʒi| *s.f.* (*méd.*) odontostomatologia*.
odontotechnie |ɔdɔ̃tɔtɛkni| *s.f.* (*méd.*) odontotecnica*.
odontotechnique |ɔdɔ̃tɔtɛknik| *adj.* odontotecnico*.
odorant, ante |ɔdɔʀɑ̃, ɑ̃t| *adj.* [*qui exhale une odeur*] odoroso: *des fleurs très odorantes* fiori molto odorosi.
odorat |ɔdɔʀa| *s.m.* odorato.
odoriférant, ante |ɔdɔʀifeʀɑ̃, ɑ̃t| *adj.* [*qui répand une odeur agréable*] odoroso, odorifero: *des plantes odoriférantes* piante odorose, odorifere.
odyssée |ɔdise| *s.f.* odissea.
œcuménicité |ekymenisite| *s.f.* (*relig.*) ecumenicità *inv.*
œcuménique |ekymenik| *adj.* (*relig.*) ecumenico*: *congrès œcuménique* congresso ecumenico.
œcuménisme |ekymenism(ə)| *s.m.* (*relig.*) ecumenismo.
œdémateux, euse |edematø, øz| *adj.* (*méd.*) edematoso: *infiltration œdémateuse* infiltrazione edematosa.
œdème |edɛm| *s.m.* (*méd.*) edema.
œdicnème |ediknɛm| *s.m.* (*t.zool.*) occhione.
œdipe |edip| *s.m.* (*psychan.*) complesso di Edipo.
œil |œj|, *pl.* **yeux** |jø| *s.m.* **I** **1** (*anat.*) occhio* ◇ (*loc.*) *avoir de bons yeux* avere la vista buona ~ *s'user les yeux à lire* consumarsi, cavarsi gli occhi a forza di leggere ~ *perdre un œil, les deux yeux* perdere un occhio, gli occhi (la vista) ◇ (*loc. pop.*) *avoir un œil qui dit merde à l'autre, les yeux qui se croisent les bras* [*loucher*] essere strabico (*cour.*) **2** [*ce que l'on voit de l'œil*] occhio: *de grands, de petits yeux* occhi grandi, piccoli; *une brune aux yeux noirs* una bruna con gli occhi neri ◇ (*loc.*) *ce n'est pas pour ses beaux yeux qu'elle a fait cela* non lo ha certo fatto per i suoi begli occhi ~ *faire les yeux doux* fare gli occhi dolci ~ *lever, baisser les yeux* alzare, abbassare gli occhi, lo sguardo ~ *rouler des yeux furibonds* avere gli occhi fuori dalle orbite ~ *faire les gros yeux à qqn.* fare gli occhiacci a qc. **3** (*loc. avec 'ouvrir, fermer'*) *ouvrir, fermer les yeux* aprire, chiudere gli occhi ~ *ouvrir des yeux ronds, écarquiller les yeux* [*ouvrir des yeux agrandis par l'étonnement*] sbarrare, sgranare gli occhi; far tanto d'occhi, degli occhi così ~ *ouvrir l'œil,* (*fam.*) *l'œil et le bon* [*être très attentif*] aprire gli occhi, tenere gli occhi (bene) aperti ~ *il m'a ouvert les yeux* mi ha aperto gli occhi ~ *ne pas fermer l'œil de la nuit* [*ne pas dormir*] non chiudere occhio (per tutta la notte) ~ *fermer les yeux de qqn.* [*qui vient de mourir*] chiudere gli occhi a qc. ~ FERMER LES YEUX [*faire, par tolérance, lâcheté comme si on n'avait pas vu*] chiudere un occhio, tutti e due gli occhi: *je ferme les yeux sur ses mensonges* chiudo un occhio sulle sue bugie ~ LES YEUX FERMÉS a occhi chiusi: *j'irais là-bas les yeux fermés* [*sans avoir besoin de la vue* (*tant le chemin m'est familier*)] ci andrei a occhi chiusi; *accepter qqch. les yeux fermés* [*en toute confiance*] accettare q.c. a occhi chiusi ◇ (*dans l'action de la vue*) *voir une chose de ses* (*propres*) *yeux* vedere una cosa con i propri occhi ~ *objet visible à l'œil nu* oggetto visibile a occhio nudo ~ *à vue d'œil* a vista d'occhio ~ *regarder qqn. dans les yeux, dans le blanc des yeux* guardare qc. negli occhi ~ *lorgner du coin de l'œil* guardare con la coda dell'occhio ~ *je n'en crois pas mes yeux!* non credo ai miei occhi! ◇ (*pop.*) (*ne pas*) *avoir les yeux en face des trous* [(*ne pas*) *y voir clair, être mal réveillé*] (non) vederci chiaro **4** [*regard*] occhio: *sous mes yeux* sotto i miei occhi; *aux yeux de tous* agli occhi di tutti; *je lui ai mis sous les yeux tous les documents* gli ho messo sotto gli occhi tutti i documenti; *chercher, suivre qqn. des yeux* cercare, seguire qc. con gli occhi ◇ (*spécialt.*) MAUVAIS ŒIL [*regard auquel on attribue la propriété de porter malheur*] malocchio*: *croire au mauvais œil* credere al malocchio **5** *loc.* COUP D'OEIL occhiata *f.*, sguardo: *remarquer qqch. au premier coup d'œil* notare q.c. alla prima occhiata, al primo sguardo; *jeter un coup d'œil sur le journal* dare un'occhiata, uno sguardo al giornale ◇ [*l'art d'observer promptement et exactement; discernement*] colpo d'occhio: *avoir du coup d'œil* avere colpo d'occhio ◇ [*vue qu'on a d'un point sur un paysage*] colpo d'occhio: *d'ici le coup d'œil est très beau* da qui il colpo d'occhio è molto bello **6** (*dans des express.*) [*attention portée par le regard*] *cela attire l'œil du touriste* (è una cosa che) attira l'occhio del turista ~ *cela saute aux yeux, crève les yeux* (è una cosa che) salta agli occhi ~ *être tout yeux* essere tutt'occhi ~ *il n'a pas les yeux dans sa poche* [*observe tout*] è uno che vede (osserva) tutto ~ *elle n'a d'yeux que pour son fiancé* non ha occhi che per il suo fidanzato ◇ (*fam.*) *avoir, tenir qqn. à l'œil* avere, tenere sott'occhio qc. **7** (*abstrait*) [*disposition, état d'esprit, jugement*] occhio: *voir qqch. d'un bon œil, d'un mauvais œil* vedere q.c. di buon occhio, di mal occhio; *il considère tout avec un œil critique* osserva tutto con occhio critico # *tout cela n'avait aucun intérêt à ses yeux* tutto questo non aveva nessun interesse per lui **8** (*loc.*) *tenir à une chose comme à la prunelle de ses yeux* tenere a q.c. come alla luce dei propri occhi ~ *coûter les yeux de la tête* costare un occhio dalla testa ~ *il n'a plus que les yeux pour pleurer* gli restano solo gli occhi per piangere ~ *je m'en bats l'œil* [*je m'en moque*] me ne infischio ~ *taper dans l'œil de qqn.* [*lui plaire vivement*] far colpo su qc. ~ *faire de l'œil* [*des œillades amoureuses*] fare l'occhiolino, l'occhietto ~ *tourner de l'œil* [*s'évanouir*] svenire ~ *avoir les yeux plus grands que le ventre* avere gli occhi più grandi della pancia ~ *se mettre le doigt dans l'œil* sbagliarsi di grosso ~ *entre quatre yeux,* (*fam.*) *entre quatre-z-yeux* [*en tête à tête*] a quattr'occhi ~ *œil pour œil, dent pour dent* occhio per occhio, dente per dente ◇ *loc. adv.* À L'OEIL [*gratuitement*] gratis (*adv.*): *j'ai pu entrer à l'œil au cinéma* ho potuto entrare gratis al cinema ◇ (*fam.*) *mon œil!* (*marque 'le refus, l'incrédulité'*) un corno!, col cavolo! **II** **1** *œil de verre* occhio di vetro **2** *œil électrique* cellula *f.* fotoelettrica **3** *œil d'une porte* [*petit dispositif de visée*] occhio magico **III** **1** (*se dit d'ouvertures, de trous ronds*) occhio: *yeux du fromage* occhi del formaggio # *œil d'une aiguille* cruna di un ago **2** (*au plur.*) *les yeux du bouillon* gli occhi del brodo **3** (*arbor.*) occhio **4** (*imprim.*) (*pl. 'œils'*) occhio **IV** (*fig., rare*) → **apparence, aspect.**
œil-de-bœuf |œjdəbœf| *s.m.* (*archit.*) occhio* di bue: *des œils-de-bœuf* degli occhi di bue.
œil-de-chat |œjdəʃa| *s.m.* (*minér.*) occhio* di gatto: *des œils-de-chat* degli occhi di gatto.
œil-de-perdrix |œjdəpɛʀdʀi| *s.m.* occhio* di pernice, occhio pollino: *des œils-de-perdrix* degli occhi di pernice.
œil-de-pie |œjdəpi| *s.m.* (*mar.*) occhiello: *des œils-de-pie* degli occhielli.
œillade |œjad| *s.f.* [*regard, clin d'œil plus ou moins furtif, de connivence*] occhiata: *lancer, faire une œillade* lanciare, dare un'occhiata.
œillard |œjaʀ| *s.m.* (*techn.*) occhio*.
œillère |œjɛʀ| *s.f.* **1** [*plaque de cuir attachée au montant de la bride et empêchant le cheval de voir sur le côté*] paraocchi *m. inv.* ◇ (*fig.*) *avoir des œillères* avere il paraocchi **2** [*petit récipient ovale pour les bains d'œil*] occhino *m.*
1 **œillet** |œjɛ| *s.m.* **1** [*petit trou pratiqué dans une étoffe, dans du cuir, servant à passer un lacet, un bouton*] occhiello: *œillets d'une ceinture* occhielli di una cintura **2** (*techn.*) bacino (di salina).
2 **œillet** |œjɛ| *s.m.* (*t.bot.*) garofano ~ *œillet de poète* garofano a mazzetti

~ *œillet d'Inde* → **tagète** ◇ (*cour.*) *porter un œillet à la boutonnière* portare un garofano all'occhiello.
œilleton |œjtɔ̃| *s.m.* **1** (*bot.*) margotta *f.*, barbatella *f.* **2** (*armes*, *opt.*) mirino.
œilletonnage |œjtɔnaʒ| *s.m.* (*arbor.*) **1** [→ ŒILLETONNER 1] accecamento **2** [→ ŒILLETONNER 2] il margottare *inv.*; propagazione *f.* mediante margotte, barbatelle.
œilletonner |œjtɔne| *v.tr.* (*arbor.*) **1** [*débarrasser* (*un arbre*) *de ses bourgeons à bois*] accecare **2** [*propager* (*une plante*) *en en séparant les œilletons*] margottare.
œillette |œjɛt| *s.f.* (*t.bot.*) papavero *m.*
œkoumène, écoumène |ekumɛn| *s.m.* (*géogr.*) ecumene.
œnanthe |enɑ̃t| *s.f.* (*t.bot.*) enante.
œnantique |enɑ̃tik| *adj.* enantico*: *éther œnanthique* etere enantico.
œnilisme |enilism(ə)| *s.m.* (*méd.*) etilismo → **alcoolisme.**
œn(o)- |en(ɔ)| *préf.* (*signifiant 'vin', correspond généralt. à*) en(o): *œnologie* enologia.
œnolique |enɔlik| *adj.* (*pharm.*) enolico*: *médicament œnolique* farmaco enolico ◇ (*chim.*) *acides œnoliques* acidi enolici.
œnologie |enɔlɔʒi| *s.f.* enologia*.
œnologique |enɔlɔʒik| *adj.* enologico*.
œnologue |enɔlɔg| *s.* enologo*.
œnométrie |enɔmetʀi| *s.f.* (*techn.*) enometria.
œnométrique |enɔmetʀik| *adj.* (*techn.*) enometrico*.
œnophyle |enɔfil| *adj. et s.* enofilo.
œnotechnie |e(ø)nɔtɛkni| *s.f.* enotecnica*.
œnothera |enɔteʀa|, **œnothère** |enɔtɛʀ| *s.m.* → 2 **onagre.**
Œnothéracées |enɔteʀase| *s.f. pl.* → **Onagrariacées.**
œrsted |œʀstɛd| *s.m.* (*phys.*) œrsted *inv.*
œrstite |œʀstit| *s.f.* (*métall.*) œrstite.
œsophage |ezɔfaʒ| *s.m.* (*anat.*) esofago*.
œsophagien, ienne |ezɔfaʒjɛ̃, jɛn| *adj.* (*anat.*, *méd.*) esofageo: *contractions œsophagiennes* contrazioni esofagee; *sonde œsophagienne* sonda esofagea.
œsophagisme |ezɔfaʒism(ə)| *s.m.* (*méd.*) esofagismo.
œsophagite |ezɔfaʒit| *s.f.* (*méd.*) esofagite.
œsophagoscope |ezɔfagɔskɔp| *s.m.* (*méd.*) esofagoscopio*.
œsophagoscopie |ezɔfagɔskɔpi| *s.f.* (*méd.*) esofagoscopia.
œsophagotomie |ezɔfagɔtɔmi| *s.f.* (*chir.*) esofagotomia.
œstral, ale, aux |ɛstʀal, o| *adj.* (*physiol. animale*) *cycle œstral* ciclo estrale.
œstre |ɛstʀ(ə)| *s.m.* (*t.zool.*) estro.
Œstridés |ɛstʀide| *s.m. pl.* (*t.zool.*) Ostridi.
œstrogène |ɛstʀɔʒɛn| *adj.* (*méd.*, *pharm.*) estrogeno.
Œstrus |ɛstʀys| *s.m.* (*physiol. animale*) estro venereo, epoca* *f.* dei calori (*cour.*).
œuf |œf; *pl.* ø| *s.m.* **I** **1** uovo*: *œuf de poule, de pigeon* uovo di gallina, di piccione; *œuf de serpent, de grenouille* uovo di serpente, di rana ◇ (*spécialt.*) [*œuf de poule, destiné à l'alimentation*] *œufs frais, du jour* uova fresche, di giornata; *œuf dur* uovo sodo; *œuf à la coque* uovo alla 'coque'; *œufs brouillés* uova strapazzate; *œufs au plat* uova al tegame, all'occhio di bue; *œufs au jambon* uova con il prosciutto; *battre des blancs d'œufs en neige* montare le chiare d'uovo a neve **2** (*loc.*) *tête d'œuf!* (*terme d'injure*) testa di cavolo! ~ *quel œuf!* [*quel imbécile*] che testa di cavolo! ~ *plein comme un œuf* pieno come un uovo ~ *marcher sur des œufs* camminare sulle uova ~ *la poule aux œufs d'or* la gallina dalle uova d'oro ~ *c'est comme l'œuf de Colomb* è l'uovo di Colombo ~ DANS L'ŒUF [*dans le principe, avant la naissance, l'apparition de qqch.*] sul nascere: *il faut étouffer cette affaire dans l'œuf* bisogna soffocare questa faccenda sul nascere ◇ (*fam.*) *des œufs sur le plat* (*se dit d'une poitrine de femme lorsqu'elle est petite et plate*) piatta come una tavola **3** (*loc. prov.*) *mettre tous ses œufs dans le même panier* [*mettre tous ses moyens dans une même entreprise*] puntare tutto su una sola carta ~ *on ne fait pas d'omelette sans casser des œufs* non si può fare la frittata senza rompere le uova ◇ (*pop.*) *va te faire cuire un œuf!* vai a farti friggere! **4** (*par anal.*) *œuf de Pâques* uovo di Pasqua; *œuf à repriser* uovo da rammendo **II** (*biol.*) uovo: *caractères héréditaires transmis à l'œuf* caratteri ereditari trasmessi all'uovo.
œufrier |œfʀije| *s.m.* [*ustensile de cuis. pour cuire plusieurs œufs à la coque*] cuociuova *inv.* ◇ [*petit plateau pour coquetiers*] portauovo *inv.*
œuvé, ée |œve| *adj.* (*pêche*) *poisson œuvé* pesce pieno di uova.
œuvre |œuvʀ(ə)| *s.* **I** *s.f.* **1** (*dans certaines loc.*) [*activité, travail*] À L'ŒUVRE all'opera: *être, se mettre à l'œuvre* essere, mettersi all'opera ~ D'ŒUVRE d'opera: *main-d'œuvre* mano d'opera (manodopera), forza di lavoro; *bois d'œuvre* legname d'opera # *maître d'œuvre* [*personne qui dirige un travail intellectuel*] maestro ~ METTRE EN ŒUVRE mettere in opera, attuare # *il mettait tout en œuvre pour que son projet réussisse* faceva di tutto affinché il suo progetto avesse buon esito ~ *mise en œuvre* messa in opera; attuazione **2** *au plur.* [*action humaine, jugée au regard de la loi religieuse ou morale*] opere: *bonnes œuvres* opere buone; *chaque homme sera jugé selon ses œuvres* ogni uomo sarà giudicato dalle sue opere ◇ (*loc.*) *faire œuvre pie* fare un'opera pia ◇ (*par ext.*) *une œuvre* [*organisation ayant pour but de faire du bien à titre non lucratif*] un'opera assistenziale, benefica*: *collecte au profit d'une œuvre* colletta in favore di un'opera assistenziale **3** [*ensemble d'actions effectuées par qqn. ou qqch.*] opera, operato (*m.*): *la satisfaction de l'œuvre accomplie* la soddisfazione per l'opera finita; *quand le médecin arriva, la mort avait déjà fait son œuvre* quando il medico arrivò, la morte aveva già fatto la sua opera → 1 **effet** # *faire œuvre d'ami* comportarsi da amico **4** [*résultat sensible d'une* (*série d'*)*action*(*s*) *orientée*(*s*) *vers une fin*] opera: *être l'œuvre d'un homme* essere opera di un uomo ◇ (*par ext.*) *l'œuvre d'un écrivain, d'un artiste* l'opera di uno scrittore, di un artista; *œuvres choisies* opere scelte; *œuvre d'art* opera d'arte; *composer une œuvre musicale* comporre un'opera musicale → **ouvrage** # *une œuvre capitale, maîtresse* un capolavoro **5** *au plur.* (*mar.*) *œuvres vives, œuvres mortes d'un navire* opera *sing.* viva, opera morta di una nave **II** *s.m.* **1** (*archit.*) *le gros œuvre* il rustico*; *une pièce dans œuvre, hors* (*d'*)*œuvre* ambiente all'interno, all'esterno (di un fabbricato) **2** (*littér.*) [*ensemble des œuvres d'un artiste*] opere *f. pl.*, opera: *l'œuvre de Rembrandt* le opere di Rembrandt **3** (*alch.*) *le grand œuvre* la pietra *f.* filosofale.
œuvrer |œvʀe| *v.intr.* (*littér.*) [*travailler, agir*] operare.
off |ɔf| *adv. et adj. inv.* (*angl.*) (*ciné.*, *télév.*) fuori campo (*loc. inv.*): *une voix off commente la scène* una voce fuori campo commenta la scena.
offensant, ante |ɔfɑ̃sɑ̃, ɑ̃t| *adj.* [*qui offense*] offensivo: *une remarque offensante* un'osservazione offensiva → **blessant, injurieux.**
offense |ɔfɑ̃s| *s.f.* **1** offesa: *soit dit sans offense* (sia) detto senza offesa → **affront, injure, outrage** ◇ (*fam.*) *il n'y pas d'offense* non è niente, non c'è niente di male **2** [*péché* (*qui offense Dieu*)] debito *m.* ◇ (*dans la prière du Pater*) *pardonne-nous nos offenses* rimetti a noi i nostri debiti **3** [*outrage envers un chef d'État*] vilipendio* *m.*
offensé, ée |ɔfɑ̃se| *adj.* offeso: *il prend toujours l'air offensé* assume sempre un'aria offesa ◆ (*s.*) *un offensé* un offeso: *dans un duel, l'offensé a le choix des armes* in un duello, all'offeso spetta la scelta delle armi.
offenser |ɔfɑ̃se| **A** *v.tr.* **1** [*blesser* (*qqn.*) *dans sa dignité ou dans son honneur*] offendere (105): *il l'a offensé volontairement* l'ha offeso intenzionalmente; *je ne voulais pas vous offenser* non volevo offenderla → **injurier, outrager** # *soit dit sans vous offenser* (sia) detto senza offesa **2** *offenser Dieu* [*lui déplaire par le péché*] offendere Dio **3** [*manquer gravement à* (*une règle, une vertu*)] offendere: *sa conduite offense le bon sens, le bon goût* il suo comportamento offende il buon senso, il buon gusto → **braver** **4** (*littér.*) [*blesser* (*les sens*) *par une sensation pénible*] offendere, ferire (197): *sa voix criarde offensait nos oreilles* la sua voce stridula offendeva, feriva le nostre orecchie → **écorcher** **B** *v.pron. intr.* S'OFFENSER [*réagir par un sentiment d'amour-propre, d'honneur blessé* (*à ce que l'on considère comme une offense*)] offendersi → **fâcher (se)**, 1 **formaliser (se)**, **froisser (se).**
offenseur |ɔfɑ̃sœʀ| *s.m.* offensore → **agresseur.**
offensif, ive |ɔfɑ̃sif, iv| *adj.* **1** offensivo: *armes offensives* armi offensive; *guerre offensive* guerra offensiva **2** [*qui constitue une attaque*] offensivo: *le retour offensif de l'hiver, d'une épidémie* il ritorno offensivo dell'inverno, di una epidemia.
offensive |ɔfɑ̃siv| *s.f.* **1** offensiva: *reprendre l'offensive* riprendere l'offensiva; *préparer, déclencher une offensive* preparare, sferrare un'offensiva → **attaque** **2** [*attaque, campagne d'une certaine ampleur*] offensiva: *offensive diplomatique* offensiva, iniziativa diplo-

matica; *offensive publicitaire* offensiva, campagna pubblicitaria.

offensivement |ɔfɑ̃sivmɑ̃| *adv.* [→ OFFENSIF] offensivamente, in modo offensivo *loc. inv.*

offertoire |ɔfɛʀtwaʀ| *s.m.* (*liturg.*) offertorio*.

office |ɔfis| *s.m.* **I** **1** [*fonction que qqn. doit remplir*] carica* *f.*, ufficio*: *résigner un office* dimettersi da una carica, da un ufficio ◇ (*loc. fig.*) *remplir son office* assolvere al proprio compito; fare all'uso ~ *faire office de* [*tenir lieu de*] fungere da **2** [*fonction publique conférée à vie*] carica; funzione (*f.*): *office public* carica pubblica, pubblico ufficio; *office ministériel* carica ministeriale ‖ *office d'avoué, de notaire* funzione di procuratore legale, di notaio **3** *loc.* D'OFFICE d'ufficio: *avocat, expert commis, nommé d'office* avvocato, perito nominato d'ufficio; *être mis à la retraite d'office* essere messo in pensione d'ufficio **4** [*lieu où l'on remplit les devoirs d'une charge; agence, bureau*] ufficio: *office commercial, de publicité* ufficio commerciale, pubblicitario ◇ (*dr. admin.*) ente, ufficio: *office national, départemental* ente nazionale, dipartimentale; *office des changes* ufficio cambi **II** *s.m. ou f.* office (*m. inv.*): *les domestiques prenaient leurs repas à l'office* i domestici mangiavano nell'office **III** (*liturg.*) *office* (*divin*) ufficio (uffizio) (divino); *office des morts, funèbre* ufficio funebre **IV** *au plur.* (*diplomatie*) *bons offices* buoni uffici, mediazione (*f. sing.*): *la France a proposé ses bons offices* la Francia ha proposto i propri buoni uffici, la propria mediazione → **conciliation** ◇ *loc.* (*cour.*) *je vous remercie de vos bons offices* la ringrazio dei suoi buoni uffici.

official, aux |ɔfisjal, o| *s.m.* (*dr. can.*) giudice di tribunale vescovile.

officialisation |ɔfisjalizasjɔ̃| *s.f.* [→ OFFICIALISER] ufficializzazione.

officialiser |ɔfisjalize| *v.tr.* [*rendre officiel*] rendere (105) ufficiale, ufficializzare: *officialiser une nomination* rendere ufficiale una nomina.

officialité |ɔfisjalite| *s.f.* (*dr. can.*) tribunale *m.* vescovile.

officiant, ante |ɔfisjɑ̃, ɑ̃t| *s.m.* officiante, ufficiante → **célébrant, prêtre** ✦ (*adj.*) *le ministre officiant* il ministro officiante, ufficiante.

officiel, elle |ɔfisjɛl| **1** *adj.* ufficiale: *la visite officielle d'un souverain* la visita ufficiale di un sovrano; *porte-parole officiel du gouvernement* portavoce ufficiale del governo → **autorisé**; *actes, documents officiels* atti, documenti ufficiali; *le Journal officiel* la Gazzetta ufficiale; *la nouvelle est officielle depuis hier* la notizia è ufficiale da ieri # *les voitures officielles* le automobili di rappresentanza ◇ (*péj.*) *la version officielle de l'incident* la versione ufficiale dell'incidente **2** *s.m.* [*personnage officiel*] autorità (*f. inv.*): *la tribune des officiels* la tribuna delle autorità ◇ (*sport*) ufficiale di gara.

officiellement |ɔfisjɛlmɑ̃| *adv.* [→ OFFICIEL 1] ufficialmente: *il en a été officiellement avisé* (ne) è stato ufficialmente avvisato.

1 **officier** |ɔfisje| *v.intr.* [*célébrer l'office divin*] officiare, ufficiare.

2 **officier** |ɔfisje| *s.m.* **1** (*milit.*) ufficiale: *officiers subalternes, supérieurs, généraux* ufficiali subalterni, superiori, generali; *officier d'infanterie, d'artillerie, d'aviation* ufficiale di fanteria, d'artiglieria, d'aviazione; *officiers de marine* ufficiali di marina; *officiers de la marine marchande* ufficiali della marina mercantile **2** [*titulaire d'un grade dans un ordre honorifique*] ufficiale: *officier de la Légion d'honneur* ufficiale della Legione d'onore **3** (*dr.*) ufficiale: *officiers publics* pubblici ufficiali; *officier de l'état civil* ufficiale di stato civile; *officier de police judiciaire* ufficiale di polizia giudiziaria.

officieusement |ɔfisjøzmɑ̃| *adv.* [→ OFFICIEUX] ufficiosamente.

officieux, euse |ɔfisjø, øz| *adj.* [*communiqué à titre de complaisance, sans garantie officielle*] ufficioso: *nouvelle officieuse* notizia ufficiosa ◇ (*loc. littér.*) *mensonge officieux* [*fait pour rendre service*] bugia pietosa.

officinal, ale, aux |ɔfisinal, o| *adj.* (*pharm.*) officinale: *plantes, herbes officinales* piante, erbe officinali; *préparation officinale* preparato officinale.

officine |ɔfisin| *s.f.* **1** [*endroit où se prépare, où s'élabore qqch.*] fucina: *une officine de fausses nouvelles* una fucina di notizie false **2** laboratorio* *m.* farmaceutico* **3** (*vx.*) → **boutique, atelier.**

offrande |ɔfʀɑ̃d| *s.f.* **1** [*don que l'on offre à la divinité ou aux représentants de la religion*] offerta: *recueillir les offrandes des fidèles* raccogliere le offerte dei fedeli **2** [*don, présent*] dono (*m.*): *apporter son offrande* portare il proprio dono.

offrant |ɔfʀɑ̃| *s.m.* (*dans la loc.*) LE PLUS OFFRANT [*l'acheteur qui offre le plus haut prix*] il miglior, il maggior offerente: *vendre, adjuger au plus offrant* vendere, aggiudicare al miglior, maggior offerente.

offre |ɔfʀ(ə)| *s.f.* **1** [→ OFFRIR] offerta: *une offre avantageuse* un'offerta vantaggiosa; *offre d'emploi* offerta d'impiego **2** [*quantité de produits ou de services offerts sur le marché*] offerta: *la loi de l'offre et de la demande* la legge della domanda e dell'offerta; *l'offre dépasse la demande* l'offerta è superiore alla domanda **3** (*dr.*) offerta: *offre réelle* offerta reale; *offre publique d'achat* (*O.P.A.*) offerta pubblica di acquisto # *appel d'offres* bando di gara, gara d'appalto.

offrir |ɔfʀiʀ| (23) **A** *v.tr.* **1** [*donner en cadeau*] offrire (186), regalare: *je lui ai offert des fleurs pour sa fête* le ho offerto dei fiori per il suo onomastico □ *elle s'est offert des vacances à la montagne* si è regalata delle vacanze in montagna **2** [*proposer ou présenter* (*une chose*) *à qqn.*; *mettre à la disposition*] offrire: *offrir des rafraîchissements* offrire da bere ◇ (*loc.*) *offrir le bras à qqn.*: (*pr.*) offrire, dare il braccio a qc.; (*fig.*) *offrir son bras à qqn.* offrire il proprio aiuto a qc. ~ *offrir son nom à une femme* [*lui proposer de l'épouser*] chiedere una donna in sposa ~ *offrir ses hommages, ses vœux de nouvel an* presentare i propri omaggi, fare gli auguri di buon anno **3** [*mettre à la portée de qqn.*] offrire: *cette situation offre bien des avantages* questa situazione offre molti vantaggi # *je vous offre de venir chez moi pour les vacances* vi propongo di, vi invito a passare le vacanze a casa mia; *il ne lui a pas offert l'occasion de se racheter* non gli ha dato la possibilità di riscattarsi **4** (*comm.*) [*proposer en contrepartie de qqch.*] offrire: *je vous offre cent francs, pas un sou de plus* le offro cento franchi, non un centesimo di più **5** [*exposer à la vue*] mostrare → **montrer** # *son visage n'offrait rien d'accueillant* il suo atteggiamento non era per niente accogliente ◇ (*abstrait*) [*présenter à l'esprit*] presentare: *les aventures dont ce livre nous offre le récit* le avventure di cui questo libro ci presenta, ci fa il racconto **6** [*exposer à qqch. de pénible, de dangereux*] dare (102): *il allait offrir sa vie pour elle* stava per dare la sua vita per lei **B** *v. pron.* S'OFFRIR **1** *réfl.* [→ *tr.* 1] regalarsi, permettersi (155) → *tr.* 1 □ **2** *réfl.* [*se proposer*] offrirsi: *il s'offrit comme guide* si offrì come guida **3** *passif* [*se présenter, se rencontrer*] offrirsi, presentarsi: *tout ce qui s'offre à notre esprit* tutto quello che si offre, si presenta alla nostra mente **4** *intr.* [→ *tr.* 5] offrirsi: *une vue superbe s'offrait à nos yeux* una vista superba si offriva ai nostri occhi **5** *réfl.* [→ *tr.* 6] esporsi (168): *s'offrir aux coups* esporsi ai colpi.

offset |ɔfsɛt| *s.m.* (*angl.*) (*typogr.*) offset *inv.*

off-shore |ɔfʃɔʀ| *s.m.* (*angl.*) (*techn.*) piattaforma *f.* di perforazione (in mare aperto) ✦ *adj.* in mare aperto *loc. inv.*

offusquer |ɔfyske| **A** *v.tr.* [*porter ombrage, indisposer, choquer*] indisporre (168), contrariare: *vos idées l'offusquent* le vostre idee lo indispongono; *il est offusqué* è contrariato **B** *v.pron. intr.* S'OFFUSQUER [*se froisser, se formaliser*] offendersi (105): *elle s'est offusquée de vos plaisanteries* si è offesa per i vostri scherzi.

oflag |ɔflag| *s.m.* oflag *inv.*, campo di concentramento (tedesco*) per ufficiali.

og(h)amique |ɔgamik| *adj.* (*ling.*) ogamico*.

ogival, ale, aux |ɔʒival, o| *adj.* (*archit.*) ogivale: *voûte ogivale* volta ogivale; *architecture ogivale* architettura ogivale # *arcs ogivaux* archi a ogiva.

ogive |ɔʒiv| *s.f.* **1** (*archit.*) ogiva: *arc en ogive* arco a ogiva **2** [*partie supérieure des projectiles oblongs tels que balles, obus*] ogiva: *ogive atomique* ogiva atomica.

ogre |ɔgʀ(ə)|, **ogresse** |ɔgʀɛs| *s.* [*géant des contes de fées, se nourrissant de chair humaine*] orco* ◇ (*loc.*) *manger comme un ogre* mangiare come un lupo.

oh! |o| *interj.* (*marquant 'la surprise, l'admiration, l'emphase'*) oh!: *oh! que c'est beau!* oh! come è bello! ◇ (*renforçant l'expression d'un sentiment*) oh!: *oh! quelle chance!* oh! che fortuna! ✦ (*s.m. inv.*) *pousser des oh! et des ah!* emettere degli oh! e degli ah!

ohé! |oe| *interj.* (*servant à appeler*) ohé!, ehi!: *ohé! là-bas! venez ici!* ohé!, ehi, laggiù! venite qui!

ohm |om| *s.m.* (*électr.*) ohm *inv.*

ohmique |omik| *adj.* (*électr.*) ohmico*, resistivo.

ohmmètre |ommɛtʀ(ə)| *s.m.* (*électr.*) ohmetro.

-oïde |ɔid|, **-oïdal** |ɔidal| *suff.* (*signifiant 'semblable à', correspondent gé-*

néralt. à) oide, oidale: *colloïde* colloide; *colloïdal* colloidale.

oïdium |ɔidjɔm| *s.m.* **1** (*t.bot.*) oidio* **2** (*agric.*) oidio.

oie |wa| *s.f.* **1** (*t.zool.*) oca* ◇ (*cour.*) *gardeuse d'oies* guardiana di oche; *pâté de foie d'oie* 'pâté' di fegato d'oca; *engraisser des oies* ingrassare le oche ◇ (*spécialt.*) *plume d'oie* [*ancienn. utilisée pour écrire*] penna d'oca **2** (*loc.*) *patte d'oie* → **patte(-)d'oie** ~ *pas de l'oie* passo dell'oca ~ (*couleur*) *caca, merde d'oie* (color) giallo mostarda **3** *jeu de l'oie* gioco dell'oca **4** [*personne très sotte, niaise*] oca: *c'est une vraie oie* è proprio un'oca ◇ (*loc.*) *bête comme une oie* stupido come una gallina ~ *une oie blanche* [*une jeune fille très innocente, niaise*] una verginella.

oignon |ɔɲɔ̃| *s.m.* **I** **1** (*t.bot.*) cipolla *f.* ◇ [*le bulbe de la plante*] *soupe à l'oignon* zuppa di cipolle; *éplucher des oignons* pelare le cipolle ◇ (*loc.*) *en rang d'oignons* [*sur une ligne*] in riga, in fila ◇ (*loc. fam.*) *aux petits oignons* [*parfait, très bien*] coi fiocchi ~ *occupe-toi de tes oignons* impicciati, occupati dei fatti tuoi; pensa ai fatti tuoi **2** [*partie renflée de la racine de certaines plantes; cette racine*] bulbo, cipolla: *oignon de tulipe* bulbo, cipolla di tulipano **3** [*grosse montre anc.*] cipolla, cipollone **II** [*grosseur qui se développe au niveau des articulations du pied*] callo → 2 **cor, durillon.**

oignonade |ɔɲɔnad| *s.f.* (*rare*) [*plat d'oignons*] cipollata.

oignonière |ɔɲɔnjɛʀ| *s.f.* [*terrain semé en oignons*] cipollaio* *m.*

oïl |ɔjl| (*dans la loc. litt.*) *langue d'oïl* lingua d'oïl.

oindre |wɛ̃dʀ(ə)| (61) *v.tr.* **1** (*vx.*) [*frotter d'huile*] ungere (150) → **enduire** **2** (*relig.*) [*toucher* (*une partie du corps*) *avec les saintes huiles pour bénir ou sacrer*] dare (102) l'olio santo (a), ungere.

oint, (*vx.*) **oing** |wɛ̃| *s.m.* [*graisse des animaux servant à oindre*] grasso # *vieux oing* sugna.

oint, ointe |wɛ̃, wɛ̃t| *adj.* **1** [*frotté d'huile*] unto **2** (*relig.*) unto ✦ (*s.m.*) *les oints du Seigneur* gli unti del Signore.

oiseau |wazo| *s.m.* **1** (*zool., cour.*) uccello: *oiseaux sauteurs, coureurs* uccelli saltatori, corridori; *oiseaux migrateurs* uccelli migratori; *oiseaux diurnes, nocturnes* uccelli diurni, notturni; *le marché aux oiseaux* il mercato degli uccelli **2** (*loc.*) *être léger comme un oiseau* essere leggero come una piuma ~ *être gai comme un oiseau* essere allegro come un fringuello ~ *être libre comme un oiseau* essere libero come l'aria, come un uccello ~ *chanter comme un oiseau* cantare come un usignolo ◇ (*loc. prov.*) *petit à petit l'oiseau fait son nid* a quattrino a quattrino si fa il fiorino; col tempo e con la paglia maturano le nespole ~ *être comme l'oiseau sur la branche* stare, essere come l'uccello sulla frasca ~ *oiseau de malheur, de mauvais augure* uccello del malaugurio ◇ *loc. adv.* À VOL D'OISEAU [*en ligne droite d'un point à un autre*] in linea d'aria: *distance à vol d'oiseau* distanza in linea d'aria **3** (*fam., péj.*) [*individu*] tipo, tizio*: *c'est un drôle d'oiseau!* che strano tipo! ◇ (*iron.*) *un oiseau rare* [*une personne étonnante*] una bestia *f.* rara.

oiseau-lyre |wazoliʀ| *s.m.* (*t.zool.*) uccello lira: *des oiseaux-lires* degli uccelli lira → **lyre, ménure.**

oiseau-mouche |wazomuʃ| *s.m.* (*t.zool.*) uccello mosca: *des oiseaux-mouches* degli uccelli mosca → **colibri.**

oiseler |wazle| (4) **A** *v.tr.* (*faucon.*) [*dresser* (*un oiseau*) *pour le vol, la chasse*] ammaestrare **B** *v.intr.* (*vén.*) [*tendre des pièges aux oiseaux*] uccellare.

oiselet |wazlɛ| *s.m.* (*vx., littér.*) → **oisillon.**

oiseleur |wazlœʀ| *s.m.* [*celui qui fait métier de prendre les oiseaux*] uccellatore.

oiselier, ière |wazəlje, jɛʀ| *s.* (*rare*) [*personne dont le métier est d'élever et de vendre des oiseaux*] uccellaio*.

oiselle |wazɛl| *s.f.* **1** (*fam.*) [*jeune fille niaise*] ochetta **2** (*poét.*) [*femelle d'oiseau*] uccello *m.* femmina.

oisellerie |wazɛlʀi| *s.f.* **1** [*métier d'oiselier, commerce des oiseaux*] commercio* *m.* di, degli uccelli **2** (*vx.*) [*lieu où l'on élève les oiseaux*] uccelliera → **cage, volière.**

oiseux, euse |wazø, øz| *adj.* [*qui ne sert à rien, ne mène à rien*] inutile, ozioso: *dispute oiseuse* litigio inutile; *question oiseuse* domanda oziosa.

oisif, ive |wazif, iv| **1** *adj.* [*qui est dépourvu d'occupation, n'exerce pas de profession*] ozioso: *ne reste pas oisif* non rimanere ozioso, in ozio; *mener une vie oisive* condurre una vita oziosa → **désœuvré, inactif, inoccupé** **2** *s.* [*personne qui dispose de beaucoup de loisirs*] sfaccendato: *de riches oisifs* ricchi sfaccendati Ⓒ **laborieux, travailleur.**

oisillon |wazijɔ̃| *s.m.* [*petit oiseau; jeune oiseau*] uccellino.

oisivement |wazivmɑ̃| *adv.* [→ OISIF] oziosamente: *vivre oisivement* vivere oziosamente.

oisiveté |wazivte| *s.f.* [*état d'une personne oisive*] ozio* *m.*, inattività (*inv.*): *vivre dans l'oisiveté* vivere nell'ozio → **désœuvrement, inaction** ◇ (*prov.*) *l'oisiveté est la mère de tous les vices* l'ozio è il padre dei vizi.

oison |wazɔ̃| *s.m.* **1** [*petit de l'oie*] papero **2** (*vieilli*) [*personne très crédule, facile à mener*] allocco*, sciocco*.

okapi |ɔkapi| *s.m.* (*t.zool.*) okapi *inv.*

okoumé |ɔkume| *s.m.* okumé *inv.*

olé! |ɔle| **1** *interj.* (*esp.*) (*servant à encourager*) olé! **2** *adj.* (*fam.*) *olé olé* [*qui est libre dans ses manières ou son langage*] libero (*cour.*): *elle est un peu olé olé* è un po' libera (nel modo di fare o di parlare).

Oléacées |ɔlease| *s.f. pl.* (*t.bot.*) Oleacee.

oléagineux, euse |ɔleaʒinø, øz| *adj.* [*qui est de la nature, qui contient de l'huile*] oleoso: *liquide oléagineux* liquido oleoso; *graines oléagineuses* semi oleosi ✦ (*s.m.*) *un oléagineux* [*plante susceptible de fournir de l'huile*] una pianta *f.* oleifera.

oléandre |ɔleɑ̃dʀ(ə)| *s.m.* (*vx.*) oleandro (*cour.*) → **laurier(-rose).**

oléate |ɔleat| *s.m.* (*chim.*) oleato.

olécrane, olécrâne |ɔlekʀɑn| *s.m.* (*anat.*) olecrano.

oléfiant, ante |ɔlefjɑ̃, ɑ̃t|, **oléifiant, ante** |ɔleifjɑ̃, ɑ̃t| *adj.* (*chim.*) olefiante.

oléfines |ɔlefin| *s.m. pl.* (*chim.*) olefine *f.*, alcheni.

olé(i)- |ɔle(i)|, **olé(o)-** |ɔle(ɔ)| *préf.* (*signifiant 'huile, pétrole', correspondent généralt. à*) ole(i), ole(o): *oléifère* oleifero; *oléoduc* oleodotto # *oléiculture* olivicoltura.

oléicole |ɔleikɔl| *adj.* olivicolo, oleicolo.

oléiculteur |ɔleikyltœʀ| *s.m.* olivicoltore *s.*, oleicoltore.

oléiculture |ɔleikyltyʀ| *s.f.* olivicoltura, oleicoltura.

oléifère |ɔleifɛʀ| *adj.* oleifero: *plantes oléifères* piante oleifere.

oléiforme |ɔleifɔʀm(ə)| *adj.* [*dont la consistance est analogue à celle de l'huile*] oleoso.

oléine |ɔlein| *s.f.* (*chim.*) oleina.

oléique |ɔleik| *adj.* (*chim.*) *acide oléique* acido oleico*.

oléoduc |ɔleɔdyk| *s.m.* oleodotto.

oléographie |ɔleɔgʀafi| *s.f.* oleografia.

oléolat |ɔleɔla| *s.m.* (*pharm., vieilli*) olio* essenziale, oleolito.

oléomètre |ɔleɔmɛtʀ(ə)| *s.m.* (*techn.*) oleometro.

oléum |ɔleɔm| *s.m.* (*lat.*) (*chim.*) oleum *inv.*

olfactif, ive |ɔlfaktif, iv| *adj.* (*anat., physiol.*) olfattivo, olfattorio*: *sens olfactif* senso olfattivo, olfattorio; *organe olfactif* organo olfattorio, olfattivo.

olfaction |ɔlfaksjɔ̃| *s.f.* (*physiol.*) olfatto *m.*

oliban |ɔlibɑ̃| *s.m.* (*vx.*) olibano → **encens.**

olibrius |ɔlibʀijys| *s.m.* **1** (*fam.*) → **original, phénomène** **2** (*vx.*) → **fanfaron, bravache.**

olifant |ɔlifɑ̃| *s.m.* olifante.

oligarchie |ɔligaʀʃi| *s.f.* (*polit.*) oligarchia.

oligarchique |ɔligaʀʃik| *adj.* (*polit.*) oligarchico*: *régime oligarchique* regime oligarchico.

oligarque |ɔligaʀk(ə)| *s.m.* oligarca*.

oligiste |ɔliʒist(ə)| *adj. m. et s.m.* (*chim.*) (*fer*) *oligiste* oligisto *s.m.*

olig(o)- |ɔlig(ɔ)| *préf.* (*signifiant 'petit, peu nombreux', correspond généralt. à*) olig(o): *oligarchie* oligarchia; *oligopole* oligopolio.

oligocène |ɔligɔsɛn| *adj.* (*géol.*) oligocenico*: *époque oligocène* periodo oligocenico ✦ (*s.m.*) *l'oligocène* l'oligocene.

Oligochètes |ɔligɔkɛt| *s.m. pl.* (*t. zool.*) Oligocheti.

oligoclase |ɔligɔklaz| *s.m.* (*minér.*) oligoclasio*.

oligo-élément |ɔligɔelemɑ̃| *s.m.* (*biol.*) microelemento.

oligophrénie |ɔligɔfʀeni| *s.f.* (*méd.*) oligofrenia.

oligopole |ɔligɔpɔl| *s.m.* (*écon.*) oligopolio*.

oligopoliste |ɔligɔpɔlist(ə)| *s.m.* oligopolista ✦ *adj.* (*écon.*) oligopolistico*.

oligopolistique |ɔligɔpɔlistik| *adj.* (*écon.*) oligopolistico*, oligopolista.

oligurie |ɔligyʀi| *s.f.* (*méd.*) oliguria.

olim |ɔlim| *s.m. inv.* (*lat.*) (*hist. dr.*) olim.

oliphant |ɔlifɑ̃| *s.m.* → **olifant.**

olivaie |ɔlivɛ| *s.f.* [*verger, plantation d'oliviers*] oliveto *m.*, uliveto *m.*

olivaison |ɔlivɛzɔ̃| *s.f.* (*agric.*) **1** raccolta delle olive **2** stagione della raccolta delle olive.
olivâtre |ɔlivɑtʀ(ə)| *adj.* verde oliva *inv.* ◇ (*se dit d'un teint bistre, généralt. mat et foncé*) olivastro.
olive |ɔliv| **I** *s.f.* **1** oliva: *olives vertes, noires* olive verdi, nere; *huile d'olive* olio d'oliva **2** [*ornement d'architecture*] oliva ◇ [*petit interrupteur en forme d'olive*] oliva ◇ (*anat.*) oliva **3** (*t.zool.*) oliva di mare **II** *adj. inv.* (*vert*) *olive* verde oliva: *des étoffes olive* stoffe verde oliva.
oliveraie |ɔlivʀɛ| *s.f.* → **olivaie.**
olivétain |ɔlivetɛ̃| *s.m.* (*ecclés.*) olivetano.
olivette |ɔlivɛt| *s.f.* **1** → **olivaie** **2** [*variété de vigne à raisins oblongs; ces raisins*] olivetta.
olivier |ɔlivje| *s.m.* **1** (*t.bot.*) olivo, ulivo ◇ (*cour.*) *le rameau d'olivier, symbole de la paix* il ramoscello d'olivo, simbolo di pace ◇ (*allusion évangélique*) *le jardin des Oliviers, le mont des Oliviers* l'Orto degli Ulivi **2** [*le bois de l'arbre*] olivo.
olivine |ɔlivin| *s.f.* (*minér.*) olivina.
ollaire |ɔ(l)lɛʀ| *adj.* (*techn.*) *pierre ollaire* pietra ollare.
ollé! |ɔl(l)e| *interj.* → **olé!**
olo- |ɔlɔ| *préf.* → **holo-.**
olographe, holographe |ɔlɔgʀaf| *adj.* (*dr.*) *testament olographe* testamento olografo.
olographie, holographie |ɔlɔgʀafi| *s.f.* olografia.
olympiade |ɔlɛ̃pjad| *s.f.* **1** [*période de quatre ans entre deux Jeux olympiques*] olimpiade **2** [*jeux olympiques*] olimpiade: *athlète qui se prépare pour les prochaines olympiades* atleta che si prepara per le prossime olimpiadi.
olympien, ienne |ɔlɛ̃pjɛ̃, jɛn| *adj.* **1** [*relatif à l'Olympe, à ses dieux*] olimpico*, olimpio* (*littér.*): *temple de Jupiter olympien* tempio di Giove olimpico, olimpio **2** [*noble, majestueux avec calme et hauteur*] olimpico: *air, calme olympien* aria, calma olimpica.
olympionique' |ɔlɛ̃pjɔnik| *s.m.* olimpionico* *s.*
olympique |ɔlɛ̃pik| *adj.* olimpico*: *jeux olympiques d'hiver* giochi olimpici, olimpiadi invernali; *record olympique* primato olimpico; *champion olympique* campione olimpico, olimpionico; *stade olympique* stadio olimpico ◇ [*conforme aux règlements des Jeux olympiques*] *piscine olympique* piscina olimpica.
olympisme |ɔlɛ̃pism(ə)| *s.m.* olimpismo.
omasum |ɔmazɔm|, **omasus** |ɔmazys| *s.m.* (*anat. animale*) omaso.
ombelle |ɔ̃bɛl| *s.f.* (*bot.*) ombrella.
ombellé, ée |ɔ̃be(ɛl)le| *adj.* (*bot.*) umbellato: *fleurs ombellées* fiori umbellati.
Ombellifèracées |ɔbe(ɛl)lifeʀasе| *s.f. pl.* → **Ombellifères.**
ombellifère |ɔ̃be(ɛl)lifɛʀ| *adj.* ombrellifero: *plante ombellifère* pianta ombrellifera.
Ombellifères |ɔ̃be(ɛl)lifɛʀ| *s.f. pl.* (*t.bot.*) Ombrellifere.
ombelliforme |ɔ̃be(ɛl)lifɔʀm(ə)| *adj.* a forma di ombrello *loc. inv.*
ombellule |ɔ̃be(ɛl)lyl| *s.f.* (*bot.*) peduncolo *m.* fiorato.
ombilic |ɔ̃bilik| *s.m.* **I 1** (*sc., techn.*) ombelico* **2** (*fig., littér.*) [*point central*] ombelico → **centre** **II** (*t.bot.*) ombelico di Venere.
ombilical, ale, aux |ɔ̃bilikal, o| *adj.* **1** (*anat.*) ombelicale: *cordon ombilical* cordone ombelicale; *région, hernie ombilicale* regione, ernia ombelicale **2** (*sc., techn.*) ombelicale: *dépression ombilicale* depressione ombelicale.
ombiliqué, ée |ɔ̃bilike| *adj.* (*sc.*) ombelicato ◇ (*bot.*) *feuille ombiliquée* foglia ombelicata.
omble |ɔ̃bl(ə)| *s.m.* (*t.zool.*) salmerino.
ombrage |ɔ̃bʀaʒ| *s.m.* **1** (*littér.*) [*ensemble de branches et de feuilles qui donnent de l'ombre*] fogliame, fronde (*f. pl.*): *se reposer sous l'ombrage* riposarsi sotto le fronde **2** [*l'ombre que donnent les feuillages*] ombra (*f.*): *l'ombrage que fait ce marronnier est agréable* l'ombra che fa quell'ippocastano è piacevole **3** (*loc. fig.*) *prendre ombrage de qqch.* adombrarsi, prendere ombra per q.c. ~ *porter ombrage à qqn.* mettere in ombra qc., fare ombra a qc.
ombragé, ée |ɔ̃bʀaʒe| *adj.* [*abrité par un ombrage*] ombroso, ombreggiato: *avenue ombragée* viale ombroso, ombreggiato.
ombrager |ɔ̃bʀaʒe| (3) *v.tr.* **1** (*en parlant des feuillages*) [*faire, donner de l'ombre*] ombreggiare: *arbres qui ombragent une terrasse* alberi che ombreggiano una terrazza **2** [*couvrir, cacher comme fait un ombrage*] ombreggiare.
ombrageux, euse |ɔ̃bʀaʒø, øz| *adj.* **1** [*qui est porté à prendre ombrage, s'inquiète ou se froisse aisément*] ombroso → **défiant, susceptible** **2** (*animaux*) ombroso: *cheval, âne ombrageux* cavallo, asino ombroso.
1 **ombre** |ɔ̃bʀ(ə)| *s.f.* **I 1** ombra: *l'ombre des arbres* l'ombra degli alberi; *l'ombre du soir* l'ombra della sera; *ruelle pleine d'ombre* vicolo pieno di ombra, ombroso; *faire de l'ombre* fare ombra **2** *loc.* À L'OMBRE all'ombra: *rue à l'ombre* strada all'ombra; *places à l'ombre* posti all'ombra; *il fait 30 degrés à l'ombre* ci sono 30 gradi all'ombra ◇ *loc. fig.* À L'OMBRE DE all'ombra di: *il grandit à l'ombre de sa mère* cresce all'ombra di sua madre ~ DANS L'OMBRE nell'ombra: *vivre dans l'ombre* vivere nell'ombra; *vivre dans l'ombre de qqn.* vivere nell'ombra di qc. → **caché, inconnu**; *laisser une chose dans l'ombre* lasciare una cosa nell'ombra ~ *sortir de l'ombre* uscire dall'ombra ~ (*fam.*) *mettre qqn. à l'ombre* [*l'enfermer, l'emprisonner*] mettere qc. al fresco **3** (*peint.*) ombra: *les ombres et les clairs* le ombre e le luci → **clair-obscur** ◇ (*spécialt.*) *terre d'ombre* terra d'ombra **4** [*tache sombre sur une surface claire*] ombra: *un duvet faisait une ombre sur sa lèvre* la peluria disegnava un'ombra sulle sue labbra ◇ (*loc.*) *il y a une ombre au tableau* [*la situation comporte un élément d'inquiétude*] c'è un punto oscuro, un'ombra nella faccenda **II 1** [*zone sombre limitée par le contour plus ou moins déformé d'un corps qui intercepte la lumière*] ombra: *ombre méridienne* ombra meridiana → **contour, image** ◇ (*loc. fig.*) *avoir peur de son ombre* aver paura della propria ombra ~ *être l'ombre de qqn.* essere l'ombra di qc. ~ *suivre qqn. comme son ombre* seguire qc. come un'ombra ~ *être comme l'ombre et le corps* (*se dit d'amis inséparables*) essere un corpo e una anima **2** *au plur.* [*ombres projetées sur un écran pour constituer un spectacle*] ombre: *théâtre d'ombres* teatro delle ombre; *ombres chinoises* ombre cinesi **3** [*apparence, forme imprécise dont on ne discerne que les contours*] ombra: *entrevoir deux ombres qui s'avancent* intravedere due ombre che avanzano **4** [*apparence changeante et trompeuse d'une réalité*] ombra ◇ (*loc.*) *abandonner, lâcher, laisser la proie pour l'ombre* lasciare il certo per l'incerto ~ UNE OMBRE DE un'ombra di: *il n'y a pas l'ombre d'un doute* non c'è ombra di dubbio, senz'ombra di dubbio → **soupçon, trace** **5** (*dans certaines croyances*) [*apparence d'une personne qui survit après sa mort*] ombra: *le royaume des ombres* il regno delle ombre → **âme, fantôme** **6** [*reflet affaibli* (*de ce qui a été*)] ombra: *un vieillard qui n'est plus que l'ombre de lui-même* un vecchio che è l'ombra di sé stesso.
2 **ombre** |ɔ̃bʀ(ə)| *s.m.* (*t.zool.*) temolo.
3 **ombre** |ɔ̃bʀ(ə)| *s.f.* terra d'ombra, terra di Siena.
ombrelle |ɔ̃bʀɛl| *s.f.* **1** [*petit parasol de femme*] parasole *m.* **2** (*zool.*) ombrella.
ombrer |ɔ̃bʀe| *v.tr.* [*marquer de traits ou de couleurs figurant les ombres, en dessinant ou en peignant*] ombreggiare, ombrare: *ombrer un dessin* ombreggiare, ombrare un disegno ✦ (*au p.p.*) *partie ombrée* parte ombreggiata.
ombrette |ɔ̃bʀɛt| *s.f.* (*t.zool.*) umbretta.
ombreux, euse |ɔ̃bʀø, øz| *adj.* **1** (*littér.*) ombroso: *les hêtres ombreux* i faggi ombrosi **2** [*qui est à l'ombre; où il y a beaucoup d'ombre*] ombreggiato, ombroso: *bois ombreux* bosco ombreggiato, ombroso → **sombre, ténébreux** [C] 2 **ensoleillé.**
ombrien, ienne |ɔ̃bʀijɛ̃, jɛn| *adj.* [*d'Ombrie*] umbro ✦ (*s.m.*) *l'ombrien* [*langue anc.*] l'umbro.
ombrine |ɔ̃bʀin| *s.f.* (*t.zool.*) ombrina.
-ome |om| *suff.* (*désignant une 'tumeur', correspond généralt. à*) oma: *fibrome* fibroma.
oméga |ɔmega| *s.m.* (*gr.*) [*dernière lettre de l'alphabet gr.*] omega *m. ou f. inv.*
omelette |ɔmlɛt| *s.f.* (*cuis.*) frittata, 'omelette' (*inv.*): *omelette aux champignons, au jambon* frittata con i funghi, al prosciutto ◇ (*fam.*) *attention à l'omelette* attenzione a non fare la frittata ◇ (*prov.*) *on ne fait pas d'omelette sans casser les œufs* non si può fare la frittata senza rompere le uova.
omettre |ɔmɛtʀ(ə)| (71) *v.tr.* [*s'abstenir ou négliger de considérer, de mentionner, ou de faire*] omettere (155), tralasciare: *n'omettre aucun détail* non omettere, non tralasciare alcun particolare; *il a omis de nous prévenir* ha omesso, tralasciato di avvertirci → **oublier.**
omicron |ɔmikʀɔn| *s.m.* (*gr.*) [*quinzième lettre de l'alphabet gr.*] omicron *m. ou f. inv.*
omis, ise |ɔmi, iz| **1** *adj.* [*qui a été omis*] omesso: *ajouter une référence omise* aggiungere una referenza omessa **2** *s.m.* giovane non iscritto nella lista di leva.

omission |ɔmisjɔ̃| *s.f.* [→ OMETTRE] omissione: *omission volontaire, involontaire* omissione volontaria, involontaria → **lacune, 2 manque**; *sauf erreur ou omission* salvo errori ed omissioni (S.E. & O.); *péché d'omission* peccato d'omissione ◇ (*dr. fiscal*) omissione.

omn(i)- |ɔmn(i)| *préf.* (*signifiant 'tout', correspond généralt. à*) omni: *omniprésent* onnipresente.

omnibus |ɔmnibys| *s.m.* **1** (*ancienn.*) [*voiture publique transportant des voyageurs dans une ville*] omnibus *inv.* **2** [*train qui dessert toutes les stations*] locale, accelerato: *prendre un omnibus* prendere un locale, un accelerato ♦ (*adj.*) *un train omnibus* un (treno) locale, accelerato.

omnicolore |ɔmnikɔlɔʀ| *adj.* di tutti i colori *loc. inv.*, multicolore.

omnidirectionnel, elle |ɔmnidiʀɛksjɔnɛl| *adj.* (*techn.*) omnidirezionale, onnidirezionale: *antenne omnidirectionnelle* antenna omnidirezionale.

omnipotence |ɔmnipɔtɑ̃s| *s.f.* onnipotenza.

omnipotent, ente |ɔmnipɔtɑ̃, ɑ̃t| *adj.* onnipotente.

omnipraticien, ienne |ɔmnipʀatisjɛ̃, jɛn| *s.* medico* generico* Ⓒ **spécialiste.**

omniprésence |ɔmnipʀezɑ̃s| *s.f.* (*littér.*) onnipresenza: *l'omniprésence de Dieu* l'onnipresenza di Dio → **ubiquité.**

omniprésent, ente |ɔmnipʀezɑ̃, ɑ̃t| *adj.* (*littér.*) onnipresente.

omniscience |ɔmnisjɑ̃s| *s.f.* (*littér.*) onniscienza.

omniscient, ente |ɔmnisjɑ̃, ɑ̃t| *adj.* (*littér.*) onnisciente: *nul n'est omniscient* nessuno è onnisciente.

omnisports |ɔmnispɔʀ| *adj. inv.* [*qui concerne tous les sports; où l'on pratique tous les sports*] polisportivo (*var.*): *club omnisports* circolo polisportivo, polisportiva *s.f.*

omnium |ɔmnjɔm| *s.m.* (*lat.*) **1** (*écon.*) omnium *inv.* **2** (*sport*) omnium.

omnivore |ɔmnivɔʀ| *adj.* onnivoro Ⓒ **carnivore, herbivore.**

omoplate |ɔmɔplat| *s.f.* (*anat.*) scapola, omoplata.

on |ɔ̃| *pron. pers. indéf. inv. de la 3ᵉ pers.* (*faisant toujours fonction de sujet*) **I 1** [*les hommes en génér., les gens, l'opinion*] si: *on dit que* si dice che → **on-dit**; *on dirait que* si direbbe che; *c'est, comme on dit, un beau brin de fille* è, come si suol dire, un bel pezzo di figliola ◇ (*loc.*) *on a souvent besoin d'un plus petit que soi* spesso si ha bisogno di qualcuno più umile (di noi) ~ *on n'est jamais si bien servi que par soi-même* chi fa da sé fa per tre **2** [*une personne quelconque, qqn.*] *on apporta le dessert* portarono, fu portato il dessert; *on est venu te chercher* è venuto qualcuno a chiedere di te, sono venuti a chiedere di te; *on m'a dit que tu as été blessé* mi hanno detto, mi è stato detto che sei stato ferito **II** (*représentant la 1ère. ou la 2ᵉ pers.; emplois stylistiques*) **1** (*fam.*) [*tu, toi*] (*REM. se traduit en it. par la pers. correspondante*): *eh bien! on ne s'en fait pas!* certo non te la prendi!; *alors, on se promène?* allora, vai a spasso? (si va a spasso?) ◇ [*vous*] *eh bien! on ne s'en fait pas!* certo non ve la prendete!; *alors, on se promène?* allora, andate a spasso? (si va a spasso?) **2** [*je, moi*] [→ II 1 *REM.*] *oui, oui! on y va* sì, sì, ci vado!; *on n'y croit pas!* non ci credo! ◇ (*dans un écrit*) *on montrera dans ce livre que*... in questo libro si dimostrerà, verrà dimostrato che... **3** (*fam.*) [*nous*] [→ II 1 *REM.*] si: *on ira au cinéma* si andrà, andremo al cinema; *on est toujours les derniers* siamo sempre gli ultimi, si è sempre gli ultimi; *nous, vous savez, on ne fait pas toujours ce qu'on veut* noi, sapete, non si fa (non facciamo) sempre quel che si vuole (vogliamo).

onagraire |ɔnagʀɛʀ| *s.f.* → 2 **onagre.**

Onagrariacées |ɔnagʀaʀjase|, **Onagrariées** |ɔnagʀaʀje| *s.f. pl.* (*t.bot.*) Onoteracee.

1 **onagre** |ɔnagʀ(ə)| *s.m.* **1** (*t.zool.*) onagro **2** (*archéol.*) onagro.

2 **onagre** |ɔnagʀ(ə)| *s.f.* (*t.bot.*) enotera.

onanisme |ɔnanism(ə)| *s.m.* (*littér.*) onanismo → **masturbation.**

onaniste |ɔnanist(ə)| *adj.* onanistico*.

onc |ɔ̃k| *adv.* (*vx.*) unqua → **jamais.**

1 **once** |ɔ̃s| *s.f.* **1** [*mesure de poids angl.*] oncia* **2** *loc. fig.* UNE ONCE DE un'oncia di: *il n'a pas une once de bon sens* non ha un'oncia di buon senso → 1 **grain.**

2 **once** |ɔ̃s| *s.f.* (*t.zool.*) irbis *m. inv.*, leopardo *m.* delle nevi.

oncial, ale, aux |ɔ̃sjal, o| *adj.* onciale: *écriture onciale* scrittura onciale ♦ (*s.f.*) *manuscrit en onciale* manoscritto in onciale.

oncle |ɔ̃kl(ə)| *s.m.* [*le frère du père ou de la mère*] zio*: *oncle paternel, maternel* zio paterno, materno; *oncle par alliance* zio acquisito ◇ (*par ext.*) *l'oncle d'Amérique* lo zio d'America.

oncogène |ɔ̃kɔʒɛn| *adj.* (*méd.*) oncogeno.

oncogénèse |ɔ̃kɔʒenɛz| *s.f.* (*méd.*) oncogenesi *inv.*

oncologie |ɔ̃kɔlɔʒi| *s.f.* (*méd.*) oncologia*.

oncologique |ɔ̃kɔlɔʒik| *adj.* (*méd.*) oncologico*.

oncologiste |ɔ̃kɔlɔʒist(ə)|, **oncologue** |ɔ̃kɔlɔg| *s.m.* oncologo*.

oncotique |ɔ̃kɔtik| *adj.* (*méd.*) *pression oncotique* pressione oncotica.

onction |ɔ̃ksjɔ̃| *s.f.* **1** (*relig.*) unzione: *l'onction dans les sacrements du baptême, de la confirmation* l'unzione nei sacramenti del battesimo, della cresima **2** (*littér.*) [*douceur dans les gestes, les paroles, qui dénote de la piété, de la dévotion*] dolcezza (*cour.*): *des gestes pleins d'onction* gesti pieni di dolcezza.

onctueusement |ɔ̃ktɥøzmɑ̃| *adv.* **1** [→ ONCTUEUX 1] untuosamente **2** (*littér.*) [*avec onction* (2)] dolcemente (*cour.*).

onctueux, euse |ɔ̃ktɥø, øz| *adj.* **1** (*iron.*) [*qui a de l'onction*] untuoso, mellifluo: *des manières onctueuses* maniere untuose, mellifluе **2** [*qui est assez épais et doux au toucher, au palais*] vellutato: *potage onctueux* minestra vellutata # *liquide onctueux* liquido oleoso → **moelleux, velouté** Ⓒ **2 sec.**

onctuosité |ɔ̃ktɥozite| *s.f.* [*caractère de ce qui est onctueux*] untuosità *inv.*

ondatra |ɔ̃datʀa| *s.m.* (*t.zool.*) ondatra *f.*

1 **onde** |ɔ̃d| *s.f.* **1** (*vx., littér.*) onda (*cour.*) → **flot, 1 vague 2** (*vieilli, littér.*) [*l'eau de la mer, les eaux* (*courantes ou stagnantes*)] onda: *onde limpide, transparente* onda limpida, trasparente.

2 **onde** |ɔ̃d| *s.f.* **I 1** (*phys.*) onda: *ondes longitudinales, transversales* onde longitudinali, trasversali; *crête d'une onde* cresta di un'onda; *amplitude, fréquence d'une onde* ampiezza, frequenza di un'onda; *longueur d'onde* lunghezza d'onda; *ondes de choc* onde d'urto; *ondes sonores* onde sonore; *ondes électromagnétiques* onde elettromagnetiche ◇ (*spécialt.*) *ondes hertziennes* onde hertziane; *ondes courtes, petites ondes, grandes ondes* onde corte, medie, lunghe; *écouter une émission sur ondes courtes* ascoltare una trasmissione sulle onde corte ◇ (*loc. fig., fam.*) *être sur la même longueur d'onde* parlare la stessa lingua, essere sulla stessa lunghezza d'onda **2** *absolt.* (*dans les loc.*) LES ONDES [*la radiodiffusion*] onda: *mettre en ondes* mettere, mandare in onda; *mise en ondes* messa in onda; *passer sur les ondes tel jour à telle heure* andare in onda il giorno tale alla tal ora **3** (*mus.*) *ondes musicales, ondes Martenot* onde musicali, onde Martenot **4** (*physiol.*) *onde musculaire, péristaltique* onda muscolare, peristaltica **II** (*fig., littér.*) [*sensations, sentiments qui se manifestent par accès, et se propagent comme une onde*] ondata: *ondes de colère, de sympathie* ondate di collera, di simpatia.

ondé, ée |ɔ̃de| *adj.* **1** [*en forme d'onde, qui présente des ondes*] marezzato; ondulato: *tissu ondé* tessuto marezzato ‖ *mouvement ondé des cheveux* movimento ondulato dei capelli **2** (*blas.*) *croix ondée* croce ondata.

ondée |ɔ̃de| *s.f.* [*pluie soudaine et de peu de durée*] acquazzone (*m.*): *être surpris par une ondée* essere sorpresi da un acquazzone.

ondemètre |ɔ̃dmɛtʀ(ə)| *s.m.* (*techn.*) ondametro.

ondin, ine |ɔ̃dɛ̃, in| *s.* (*mythol.*) genio* *m.* delle acque.

ondine |ɔ̃din| *s.f.* (*mythol.*) ondina.

on-dit |ɔ̃di| *s.m. inv.* [*bruit qui court*] voce *f. var.*, pettegolezzo (*var.*): *ce ne sont que des on-dit* sono solo delle voci, dei pettegolezzi → **racontar, rumeur.**

ondoiement |ɔ̃dwamɑ̃| *s.m.* **1** [*mouvement de ce qui ondoie*] ondeggiamento **2** (*liturg. cathol.*) battesimo provvisorio*.

ondoyant, ante |ɔ̃dwajɑ̃, ɑ̃t| *adj.* **1** [*qui ondoie, a le mouvement de l'onde*] ondeggiante: *les blés ondoyants* le messi ondeggianti; *une démarche ondoyante* un'andatura ondeggiante **2** (*littér.*) [*qui est mobile, change aisément*] instabile (*cour.*), mutevole: *caractère ondoyant* carattere instabile, mutevole → **changeant, inconstant, variable.**

ondoyer |ɔ̃dwaje| (10) **A** *v.intr.* [*remuer, se mouvoir en s'élevant et s'abaissant*] ondeggiare: *drapeau qui ondoie dans le vent* bandiera che ondeggia al vento → 1 **flotter, onduler B** *v.tr.* (*liturg. cathol.*) [*baptiser par ondoiement*] battezzare provvisoriamente, senza la dovuta cerimonia.

ondulant, ante |ɔ̃dylɑ̃, ɑ̃t| *adj.* **1** [*qui ondule*] ondeggiante: *démarche ondulante* andatura ondeggiante → **ondoyant 2** (*méd.*) *fièvre ondulante* febbre ondulante.

ondulateur |ɔ̃dylatœʀ| *s.m.* (*techn.*) ondulatore.

ondulation |ɔ̃dylɑsjɔ̃| *s.f.* **1** [→ ONDULER A 2] ondulazione: *les ondulations des cheveux* le ondulazioni dei capelli; *ondulation du sol, du terrain* ondulazione del terreno → 1 **pli** **2** [*mouvement alternatif de ce qui s'élève et s'abaisse; mouvement sinueux*] ondeggiamento *m.*, l'ondeggiare (*m. inv.*): *ondulation des vagues, des blés* ondeggiamento, l'ondeggiare delle onde, delle messi **3** [→ ONDULER B] ondulazione: *ondulation permanente* (ondulazione) permanente.

ondulatoire |ɔ̃dylatwaʀ| *adj.* (*phys.*) ondulatorio*: *mouvement ondulatoire* movimento ondulatorio; *caractère ondulatoire* carattere ondulatorio; *mécanique ondulatoire* meccanica ondulatoria.

ondulé, ée |ɔ̃dyle| *adj.* ondulato: *cheveux ondulés* capelli ondulati; *tôle ondulée* lamiera ondulata.

onduler |ɔ̃dyle| **A** *v.intr.* **1** [*avoir un mouvement sinueux d'ondulation*] ondeggiare, ondulare (*littér.*): *images qui ondulent dans l'eau* immagini che ondeggiano sull'acqua → **ondoyer** **2** [*présenter des ondulations*] essere (96) (*aux.* essere) ondulato: *ses cheveux ondulent naturellement* i suoi capelli sono ondulati naturalmente **B** (*v.tr.*) *onduler des cheveux au fer* [*friser*] arricciare i capelli col ferro.

onduleux, euse |ɔ̃dylø, øz| *adj.* **1** [*qui présente de larges ondulations*] ondulato: *plaine onduleuse* pianura ondulata → **ondulé, sinueux** **2** [*qui ondule*] ondeggiante: *un mouvement onduleux* un movimento ondeggiante → **ondoyant, ondulant** [C] 1 **plat.**

one man show |wanmanʃo| *loc. subst. m.* (*angl.*) → **solo.**

onéraire |ɔneʀɛʀ| *s.m.* (*dr.*) onerato.

onéreusement |ɔneʀøzmɑ̃| *adv.* (*rare*) [→ ONÉREUX 1] onerosamente.

onéreux, euse |ɔneʀø, øz| *adj.* **1** oneroso: *c'est trop onéreux pour nous* è troppo oneroso per noi → **cher, coûteux, dispendieux** **2** (*dr.*) *à titre onéreux* a titolo oneroso [C] 1 **avantageux, économique**; 2 **gratuit, gracieux.**

one-step |wanstɛp| *s.m. inv.* (*angl.*) (*danse*) one-step.

ongle |ɔ̃gl(ə)| *s.m.* **1** (*anat.*) unghia (*f.*): *ongles des mains, des pieds* unghie delle mani, dei piedi; *ongle incarné* unghia incarnita; *vernis à ongles* smalto per le unghie; *ronger ses ongles* mangiarsi le unghie; *se curer les ongles* pulirsi le unghie # *donner un coup d'ongle* dare una graffiata ◇ (*loc. fam.*) *avoir les ongles en deuil* avere le unghie listate a lutto, sporche ◇ (*loc. fig.*) *avoir les ongles crochus* [*être rapace, avare*] avere le unghie lunghe ~ *payer rubis sur l'ongle* pagare sull'unghia ~ *avoir de l'esprit, du talent jusqu'au bout des ongles* avere intelligenza, talento da vendere ~ *connaître, savoir qqch. sur le bout des ongles* conoscere, sapere q.c. a menadito; sapere q.c. sulla punta delle dita **2** [*griffe des carnassiers, serre des rapaces*] unghia ◇ (*loc. fig.*) *avoir bec et ongles, dents et ongles* difendersi con le unghie e con i denti.

onglé, ée |ɔ̃gle| *adj.* [*qui est pourvu d'ongles*] unghiato ◇ (*faucon.*) *oiseau onglé* uccello unghiato ◇ (*blas.*) unghiato.

onglée |ɔ̃gle| *s.f.* inizio* *m.* di congelamento: *avoir l'onglée* avere un inizio di congelamento.

onglet |ɔ̃glɛ| *s.m.* **1** (*menuis.*) giunto ad angolo: *assemblage à* (*en*) *onglet* incastro ad angolo ◇ (*spécialt.*) *boîte à onglets* cassetta ad ugnatura, per tagli obliqui **2** (*typogr.*) brachetta *f.* **3** (*bot.*) unghia *f.* ◇ (*géom.*) *onglet cylindrique, conique, sphérique* unghia cilindrica, conica, sferica **4** [*entaille, échancrure* (*sur un instrument, sur la lame d'un canif, d'un couteau, pour permettre de tirer la lame*)] unghiata *f.*

onglette |ɔ̃glɛt| *s.f.* (*techn.*) ugnetto *m.*, unghiella.

onglier |ɔ̃glije| *s.m.* completo per manicure.

onglon |ɔ̃glɔ̃| *s.m.* (*zool.*) zoccolo.

onguent |ɔ̃gɑ̃| *s.m.* (*pharm.*) unguento: *appliquer un onguent sur une brûlure* spalmare un unguento su una bruciatura → **crème, liniment, pommade** ◇ (*loc. fam.*) *c'est de l'onguent miton mitaine* [*un remède qui ne fait ni bien ni mal*] sono pannicelli caldi.

onguicule |ɔ̃g(ɥ)ikyl| *s.m.* [*petit ongle*] unghietta *f.*

onguiculé, ée |ɔ̃g(ɥ)ikyle| *adj.* (*zool.*) unguicolato ◇ (*bot.*) *pétale onguiculé* petalo unguicolato.

onguiforme |ɔ̃g(ɥ)ifɔʀm(ə)| *adj.* unguiforme.

ongulé, ée |ɔ̃gyle| *adj.* ungulato.

Ongulés |ɔ̃gyle| *s.m. pl.* (*t.zool.*) Ungulati.

onguligrade |ɔ̃gyligʀad| *adj.* unguligrado.

onirique |ɔniʀik| *adj.* onirico*: *atmosphère, vision onirique* atmosfera, visione onirica.

onirisme |ɔniʀism(ə)| *s.m.* (*méd.*) onirismo.

onir(o)- |ɔniʀ(ɔ)| *préf.* (*signifiant 'rêve', correspond généralt. à*) onir(o): *onirique* onirico; *oniromancie* oniromanzia.

onirologie |ɔniʀɔlɔʒi| *s.f.* (*psycho.*) onirologia*.

onirologue |ɔniʀɔlɔg| *s.m.* onirologo*.

oniromancie |ɔniʀɔmɑ̃si| *s.f.* oniromanzia.

oniromancien, ienne |ɔniʀɔmɑ̃sjɛ̃, jɛn| *s.* oniromante.

onkotique |ɔ̃kɔtik| *adj.* → **oncotique.**

onomasiologie |ɔnɔmazjɔlɔʒi| *s.f.* (*ling.*) onomasiologia*.

onomasiologique |ɔnɔmazjɔlɔʒik| *adj.* (*ling.*) onomasiologico*.

onomasiologue |ɔnɔmazjɔlɔg| *s.* onomasiologo*.

onomastique |ɔnɔmastik| (*ling.*) **1** *s.f.* onomastica* **2** *adj.* onomastico*: *index onomastique* indice onomastico.

onomatopée |ɔnɔmatɔpe| *s.f.* (*ling.*) onomatopea.

onomatopéique |ɔnɔmatɔpeik| *adj.* (*ling.*) onomatopeico*.

onques |ɔ̃k| *adv.* → **onc.**

ontique |ɔ̃tik| *adj.* (*philo.*) ontico*.

onto- |ɔ̃tɔ| *préf.* (*signifiant 'l'être, ce qui est', correspond généralt. à*) onto: *ontogénèse* ontogenesi.

ontogenèse |ɔ̃tɔʒənɛz|, **ontogénie** |ɔ̃tɔʒeni| *s.f.* (*biol.*) ontogenesi *inv.*

ontogénique |ɔ̃tɔʒenik| *adj.* (*biol., philo.*) ontogenetico*.

ontologie |ɔ̃tɔlɔʒi| *s.f.* (*philo.*) ontologia*.

ontologique |ɔ̃tɔlɔʒik| *adj.* (*philo.*) ontologico*: *preuve ontologique de l'existence de Dieu* prova ontologica dell'esistenza di Dio.

ontologiquement |ɔ̃tɔlɔʒikmɑ̃| *adv.* [→ ONTOLOGIQUE] ontologicamente.

ontologisme |ɔ̃tɔlɔʒism(ə)| *s.m.* (*philo.*) ontologismo.

ontologiste |ɔ̃tolɔʒist(ə)| *s.m.* ontologista.

onusien, ienne |ɔnyzjɛ̃, jɛn| *adj.* [*de l'Organisation des Nations Unies, O.N.U.*] dell'O.N.U. *loc. inv.* ✦ (*s.*) *les onusiens* i funzionari dell'O.N.U.

onych(o)- |ɔnik(ɔ)| *préf.* (*signifiant 'ongle', correspond généralt. à*) onic(o): *onychophagie* onicofagia.

onychophagie |ɔnikɔfaʒi| *s.f.* (*méd.*) onicofagia*.

onychose |ɔnikoz| *s.f.* (*méd.*) onicosi *inv.*

-onyme |ɔnim|, **-onymie** |ɔnimi|, **-onymique** |ɔnimik| *suff.* (*signifiant 'nom', correspondent généralt. à*) onimo; onimia; onimico: *synonyme* sinonimo || *synonymie* sinonimia || *synonymique* sinonimico.

onyx |ɔniks| *s.m.* (*minér.*) onice *f.*

onyxis |ɔniksis| *s.m.* (*méd.*) onissi *f. inv.*, onicosi *f. inv.*

onzain |ɔ̃zɛ̃| *s.m.* strofa *f.* di undici versi.

onze |ɔ̃z| **I** *adj. numér. inv.* **1** *cardinal* undici: *un enfant de onze ans* un bambino di undici anni, undicenne; *il n'y a qu'* (*que*) *onze pages* ci sono solo undici pagine # *onze cents* millecento **2** *ordinal* [*onzième*] undici; undicesimo: *page onze* pagina undici || *Louis onze* (*XI*) Luigi undicesimo (XI); *chapitre onze* capitolo undicesimo **II** *s.m. inv.* (*sans élision*) [*le nombre 11*] undici: *onze plus deux* undici più due; *le onze novembre* l'undici novembre ◇ (*au football*) *les joueurs sélectionnés pour le onze de France* i giocatori selezionati per la nazionale *f.* francese, l'undici francese.

onzième |ɔ̃zjɛm| **1** *adj. numér. ordinal* undicesimo: *le onzième jour* l'undicesimo giorno ◇ (*loc.*) *les ouvriers de la onzième heure* gli operai dell'ultima ora ✦ (*s.*) *il est le onzième* è (l')undicesimo ✦ *s.m.* [*la onzième partie*] undicesimo: *un onzième de l'héritage* un undicesimo dell'eredità **2** *s.f.* (*mus.*) undicesima.

onzièmement |ɔ̃zjɛmmɑ̃| *adv.* in undicesimo luogo *loc.*

oo- |ɔɔ| *préf.* (*signifiant 'œuf', correspond généralt. à*) oo: *oocyte* oocita.

oocyte |ɔɔsit| *s.m.* (*biol.*) oocita.

oogone |ɔɔgɔn| *s.f.* (*bot.*) oogonio* *m.*

oolithe |ɔɔlit| *s.m.* (*minér.*) oolite.

oolithique |ɔɔlitik| *adj.* (*minér.*) oolitico* ✦ *s.m.* (*géol.*) *l'oolithique* l'oolitico.

oosphère |ɔɔsfɛʀ| *s.f.* (*bot.*) oosfera.

oospore |ɔɔspɔʀ| *s.f.* (*bot.*) oospora.

oothèque |ɔɔtɛk| *s.f.* (*zool.*) ooteca*.

opacification |ɔpasifikɑsjɔ̃| *s.f.* [→ OPACIFIER A] opacizzazione.

opacifier |ɔpasifje| **A** *v.tr.* [*rendre opaque*] opacizzare **B** *v.pron. intr.* S'OPACIFIER [*devenir opaque*] opacizzarsi.

opacimètre |ɔpasimɛtʀ(ə)| *s.m.* (*techn.*) opacimetro.

opacimétrie |ɔpasimetʀi| *s.f.* (*techn.*) opacimetria.

opacité |ɔpasite| *s.f.* opacità *inv.*

opale |ɔpal| *s.f.* (*minér.*) opale (*m. ou f.*): *opale noble, de feu* opale nobile, di fuoco ✦ (*adj.*) *des ampoules opales* lampadine opaline.

opalescence |ɔpalesɑ̃s| *s.f.* (*littér.*) opalescenza.

opalescent, ente |ɔpalesɑ̃, ɑ̃t| *adj.* (*littér.*) opalescente.

opalin, ine |ɔpalɛ̃, in| *adj.* opalino → **blanchâtre, laiteux.**

opaline |ɔpalin| *s.f.* opalina.

opaliser |ɔpalize| *v.tr.* (*techn.*) [*donner un aspect opalin à* (*une matière*)] opalizzare.

opaque |ɔpak| *adj.* **1** opaco*: *verre opaque* vetro opaco ◇ *loc.* OPAQUE À opaco a: *corps opaque aux rayons ultraviolets, aux rayons X* corpo opaco ai raggi ultravioletti, ai raggi X **2** [*impénetrable, très sombre*] scuro, oscuro: *nuit opaque* notte scura ◇ (*fig.*) *mot opaque* termine oscuro 🄲 1 **translucide, transparent**; 2 **clair.**

-ope |ɔp|, **-opie** |ɔpi| *suff.* (*signifiant 'vue', correspondent généralt. à*) ope; opia: *myope* miope ‖ *myopie* miopia.

ope |ɔp| *s.f. ou m.* (*archit.*) foro *m.* nel muro per introdurvi una trave.

opéra |ɔpeʀa| *s.m.* **1** [*ouvrage dramatique mis en mus.*] opera *f.* (lirica*): *grand opéra, opéra bouffe* opera seria, opera buffa; *le livret, la musique d'un opéra* il libretto, la musica di una opera (lirica) # *le monde de l'opéra* il mondo operistico, della lirica **2** [*théâtre où l'on joue ces ouvrages*] teatro (dell'opera), opera: *la Scala de Milan, célèbre opéra italien* la Scala di Milano, celebre teatro italiano.

opérable |ɔpeʀabl(ə)| *adj.* [→ OPERER A 3] operabile: *malade opérable* malato operabile; *cancer opérable* cancro operabile.

opéra-comique |ɔpeʀakɔmik| *s.m.* opera *f.* comica*: *des opéras-comiques* delle opere comiche.

opérant, ante |ɔpeʀɑ̃, ɑ̃t| *adj.* [*qui produit un effet*] efficace, operante: *nos mesures ont été opérantes* i nostri provvedimenti sono stati efficaci → **agissant** ◇ (*théol.*) *grâce opérante* grazia operante.

opérateur, trice |ɔpeʀatœʀ, tʀis| *s.* **1** *s.* operatore*: *opérateur sur machines électriques* operatore di macchine elettriche; *opérateur* (*de prise de vues*) operatore (di, alla macchina) **2** *s.m.* (*math., mécan.*) operatore.

opération |ɔpeʀɑsjɔ̃| *s.f.* **1** operazione: *les opérations de la digestion* le operazioni della digestione ◇ *loc.* PAR L'OPÉRATION DU SAINT-ESPRIT per opera dello Spirito Santo: *il s'est enrichi très vite, comme par l'opération du Saint-Esprit* si è arricchito in brevissimo tempo, come per opera dello Spirito Santo ◇ (*théol.*) *opération de la grâce* opera della grazia **2** [*acte ou série d'actes* (*matériels ou intellectuels*) *en vue d'obtenir un résultat déterminé*] operazione: *opérations industrielles, chimiques* operazioni industriali, chimiche **3** (*math.*) operazione: *les quatre opérations* le quattro operazioni **4** *opération* (*chirurgicale*) operazione (chirurgica) → **intervention**; *opération sous anesthésie* operazione sotto anestesia # *subir une opération* essere operato; *table, salle d'opération* tavolo operatorio, sala operatoria **5** [*ensemble de mouvements, de manœuvres milit., de combats*] operazione: *ligne, théâtre d'opérations* linea, teatro d'operazione; *avoir, prendre l'initiative des opérations* avere, prendere l'iniziativa delle operazioni ◇ (*par anal.*) *opération de police* operazione di polizia ◇ (*fam.*) *opération 'baisse des prix'* operazione 'ribasso dei prezzi' **6** [*affaire comm., spéculation*] operazione: *opération commerciale, financière* operazione commerciale, finanziaria; *opérations de Bourse* operazioni di Borsa ◇ (*fam.*) *vous n'avez pas fait là une belle opération!* non ci avete certo fatto un buon affare!

opérationnel, elle |ɔpeʀɑsjɔnɛl| *adj.* **1** [*relatif aux opérations milit.*] operativo: *base opérationnelle* base operativa **2** *recherche opérationnelle* ricerca operativa.

opérationnisme |ɔpeʀɑsjɔnism(ə)| *s.m.* (*philo.*) operazionismo.

opératoire |ɔpeʀatwaʀ| *adj.* operatorio*, operativo: *méthodes opératoires* tecniche operatorie, metodi operativi # *choc opératoire* trauma postoperatorio.

operculaire |ɔpɛʀkylɛʀ| *adj.* (*sc., techn.*) opercolare.

Operculaires |ɔpɛʀkylɛʀ| *s.f. pl.* (*t.zool.*) Opercolati.

opercule |ɔpɛʀkyl| *s.m.* (*bot., zool.*) opercolo.

operculé, ée |ɔpɛʀkyle| *adj.* (*sc., techn.*) opercolato.

opéré, ée |ɔpeʀe| **1** *adj.* operato: *malade opéré* malato operato ✦ (*s.*) *les opérés* gli operati **2** *s.m.* (*fin.*) *avis d'opéré* avviso di esecuzione *f.*

opérer |ɔpeʀe| (8) **A** *v.tr.* **1** *absolt.* [*faire effet*] agire (197), fare (103): *ce médicament n'a pas opéré* quella medicina non ha agito, non ha operato nessun effetto; *laisser opérer la nature* lasciar fare alla natura → **agir** **2** [*accomplir* (*une action*), *effectuer* (*une transformation*) *par une suite ordonnée d'actes, une opération*] operare, fare: *il faut opérer un choix* bisogna operare, fare una scelta → **exécuter, 1 réaliser**; *il faut opérer de cette manière* bisogna operare, agire in questo modo → **procéder** **3** [*soumettre à une opération chirurgicale*] operare: *opérer qqn. de l'appendicite* operare qc. di appendicite; *opérer un œil de la cataracte* operare un occhio di cataratta **B** *v.pron. passif* S'OPÉRER [*avoir lieu, se produire*] venire (202) (*intr. à valeur aux.*) effettuato: *l'expropriation publique s'opère par autorité de la justice* l'espropriazione per pubblica utilità viene effettuata per ordine dell'autorità giudiziaria ✦ (*impers.*) *il s'opère en ce moment un grand changement* in questo momento si sta operando, sta avvenendo una profonda trasformazione.

opérette |ɔpeʀɛt| *s.f.* operetta: *chanteuse d'opérette* cantante di operetta ◇ (*plais.*) *héros, armée d'opérette* eroe, esercito da operetta.

ophélime |ɔfelim| *adj.* (*écon.*) ofelimo.

ophélimité |ɔfelimite| *s.f.* (*écon.*) ofelimità *inv.*

ophicléide |ɔfikleid| *s.m.* (*mus.*) oficleide.

Ophidiens |ɔfidjɛ̃| *s.m. pl.* (*t.zool.*) Ofidi.

ophidisme |ɔfidism(ə)| *s.m.* (*méd.*) ofidismo.

ophi(o)- |ɔfj(ɔ)| *préf.* (*signifiant 'serpent', correspond généralt. à*) ofi(o): *ophicléide* oficleide; *ophioglosse* ofioglosso.

ophioglosse |ɔfjɔglɔs| *s.m.* (*t.bot.*) ofioglosso.

ophiographie |ɔfjɔgʀafi|, **ophiologie** |ɔfjɔlɔʒi| *s.f.* ofiologia*.

ophiolâtrie |ɔfjɔlɑtʀi| *s.f.* ofiolatria.

1 **ophite** |ɔfit| *s.m.* (*minér.*) ofite *f.*

2 **ophite** |ɔfit| *s.m.* (*hist. relig.*) ofita.

ophiure |ɔfjyʀ| *s.f.* (*t.zool.*) ofiura.

Ophiurides |ɔfjyʀid|, **Ophiuridés** |ɔfjyʀide| *s.m. pl.* (*t.zool.*) Ofiuroidi.

ophrys |ɔfʀis| *s.m. ou f.* (*t.bot.*) ofride *f.*

-ophtalmie |ɔftalmi| *suff.* (*signifiant 'œil', correspond généralt. à*) oftalmo: *exophtalmie* esoftalmo.

ophtalmie |ɔftalmi| *s.f.* (*méd.*) oftalmia → **conjonctivite.**

ophtalmique |ɔftalmik| *adj.* (*anat., méd.*) oftalmico*: *artère, nerf ophtalmique* arteria oftalmica, nervo oftalmico → **oculaire.**

ophtalm(o)- |ɔftalm(ɔ)| *préf.* (*signifiant 'œil', correspond généralt. à*) oftalm(o): *ophtalmie* oftalmia; *ophtalmologie* oftalmologia.

ophtalmologie |ɔftalmɔlɔʒi| *s.f.* (*méd.*) oftalmologia*, oculistica*.

ophtalmologique |ɔftalmɔlɔʒik| *adj.* (*méd.*) oftalmologico*, oculistico*: *clinique ophtalmologique* clinica oftalmologica, oculistica.

ophtalmologiste |ɔftalmɔlɔʒist(ə)|, **ophtalmologue** |ɔftalmɔlɔg| *s.* oftalmologo*, oculista: *consulter un ophtalmologiste* consultare un oftalmologo, un oculista.

ophtalmomètre |ɔftalmɔmɛtʀ(ə)| *s.m.* (*méd.*) oftalmometro.

ophtalmoscope |ɔftalmɔskɔp| *s.m.* (*méd.*) oftalmoscopio*.

ophtalmoscopie |ɔftalmɔskɔpi| *s.f.* (*méd.*) oftalmoscopia.

ophtalmoscopique |ɔftalmɔskɔpik| *adj.* (*méd.*) oftalmoscopico*.

opiacé, ée |ɔpjase| *adj.* oppiaceo, oppiato: *médicament opiacé* farmaco oppiaceo, oppiato; *cigarettes opiacées* sigarette oppiate.

opiacer |ɔpjase| (2) *v.tr.* (*techn.*) [*préparer avec de l'opium, en ajoutant de l'opium*] oppiare: *opiacer un médicament* oppiare un farmaco.

opiat |ɔpja| *s.m.* (*vx., pharm.*) oppiato.

opimes |ɔpim| *adj. pl.* (*hist., littér.*) *dépouilles opimes* spoglie opime.

opiner |ɔpine| *v.intr.* **1** (*dr.*) [*dire, énoncer son opinion, son avis* (*dans une assemblée, une délibération*)] esprimersi (124) (*pron.*): *opiner pour, contre une proposition* esprimersi a favore di, contro una proposta **2** (*littér.*) *opiner à* [*donner son assentiment*] dare (102) *tr.* il proprio assenso a ◇ *loc.* (*cour.*) *opiner du bonnet* [*manifester qu'on est d'accord*] annuire (197), assentire.

opiniâtre |ɔpinjɑtʀ(ə)| *adj.* **1** (*littér.*) [*tenace dans ses idées, ses résolutions*] ostinato (*cour.*), pervicace: *caractère opiniâtre* carattere ostinato → **persévérant, tenace** **2** (*choses*) [*qui ne cède pas, que rien n'arrête*] ostinato, accanito: *opposition opiniâtre* opposizione ostinata, accanita → **irréductible**; *toux opiniâtre* tosse ostinata → **per-**

sistant; *travail opiniâtre* lavoro ostinato, accanito.

opiniâtrement |ɔpinjɑtʀəmɑ̃| *adv.* [→ OPINIÂTRE] ostinatamente, accanitamente: *soutenir opiniâtrement un avis* sostenere ostinatamente, accanitamente un'opinione.

opiniâtrer (s') |ɔpinjɑtʀe| *v.pron. intr.* (*vx.*) → **entêter (s').**

opiniâtreté |ɔpinjɑtʀəte| *s.f.* [*persévérance tenace*] caparbietà *inv.*, pertinacia* (*littér.*): *travailler, lutter, résister avec opiniâtreté* lavorare, lottare, resistere con caparbietà, con pertinacia → **acharnement, ténacité.**

opinion |ɔpinjɔ̃| *s.f.* **I** **1** opinione: *divergences d'opinions* divergenze di opinioni; *opinions toutes faites* opinioni preconcette → **préjugé**; *avoir la même opinion que qqn.* essere della stessa opinione di qc.; *il partage les opinions de son frère* condivide le opinioni di suo fratello; *être de l'opinion du dernier qui a parlé* essere della stessa opinione dell'ultimo che ha parlato; *donner, exprimer une opinion* dare, esprimere un'opinione; *défendre, soutenir une opinion* difendere, sostenere un'opinione → **appréciation, avis; conviction, idée, 1 pensée** # *avoir le courage de ses opinions* avere il coraggio delle proprie idee ◇ (*spécialt.*) *c'est une affaire d'opinion* è questione di opinioni, di punti di vista **2** *au plur. ou collectif* [*idée ou ensemble des idées que l'on a, dans un domaine déterminé*] opinione, teoria: *opinions philosophiques, politiques* opinioni, teorie filosofiche, politiche; *opinions avancées, subversives* teorie avanzate, sovversive; *journal d'opinion* giornale d'opinione; *liberté d'opinion* libertà d'opinione → **doctrine, système** **3** (*dr.*) *partage d'opinions* dissenso *m.* **4** (*loc.*) *avoir bonne, mauvaise opinion de qqn.* avere una buona, una cattiva opinione di qc. ~ *donner* (*aux autres*) *bonne opinion de soi* fare (agli altri) buona impressione ~ *avoir bonne opinion de soi* avere una grande opinione di sé (stesso) **II** **1** [*jugement collectif, ensemble de jugements de valeur* (*sur qqch. ou qqn.*)] opinione: *l'opinion des autres, du monde* l'opinione degli altri, della gente; *braver l'opinion* (*publique*) sfidare l'opinione pubblica **2** [*ensemble des opinions d'un groupe social*] opinione (pubblica): *l'opinion publique* l'opinione pubblica, la pubblica opinione; *l'opinion française* l'opinione francese; *sondage d'opinion* sondaggi dell'opinione pubblica, demoscopici; *l'opinion est unanime, divisée* l'opinione pubblica è unanime, divisa.

opiomane |ɔpjɔman| *s.* oppiomane.

opiomanie |ɔpjɔmani| *s.f.* (*méd.*) oppiomania.

opistho- |ɔpistɔ| *préf.* (*signifiant 'derrière, en arrière', correspond généralt. à*) opisto: *Opisthobranches* Opistobranchi.

Opisthobranches |ɔpistɔbʀɑ̃ʃ| *s.m. pl.* (*t.zool.*) Opistobranchi.

opisthodome |ɔpistɔdɔm| *s.m.* (*archéol.*) opistodomo.

opisthographe |ɔpistɔgʀaf| *adj.* opistografo.

opium |ɔpjɔm| *s.m.* **1** oppio*: *fumerie d'opium* fumeria di oppio; *fumer de l'opium* fumare l'oppio **2** (*par ext.*) *opium de laitue* lattucario* **3** (*fig.*) oppio, droga* (*f.*): *la religion est l'opium du peuple* la religione è l'oppio, la droga dei popoli.

opo- |ɔpɔ| *préf.* (*signifiant 'suc', correspond généralt. à*) opo: *opothérapie* opoterapia.

opodeldoch |ɔpɔdɛldɔk| *s.m.* (*pharm.*) opodeldoch *inv.*

oponce |ɔpɔ̃s| *s.m.* (*t.bot.*) opunzia *f.*

Opontiacées |ɔpɔ̃sjase| *s.f. pl.* → **Cactées.**

opopanax |ɔpɔpanaks| *s.m.* (*t.bot.*) opoponaco*.

opossum |ɔpɔsɔm| *s.m.* (*t.zool.*) opossum *inv.* ◇ [*la fourrure*] *manteau d'opossum* pelliccia di opossum.

opothérapie |ɔpɔteʀapi| *s.f.* (*méd.*) opoterapia.

opothérapique |ɔpɔteʀapik| *adj.* (*méd.*) opoterapico*.

oppidum |ɔpidɔm| *s.m.* (*archéol.*) oppido.

opportun, une |ɔpɔʀtœ̃, yn| *adj.* opportuno: *au moment opportun* al momento opportuno → **convenable**; *en temps opportun* a tempo opportuno → **1 bon, favorable, propice**; *il lui parut opportun de céder* gli sembrò opportuno cedere.

opportunément |ɔpɔʀtynemɑ̃| *adv.* [→ OPPORTUN] al momento opportuno *loc.*, opportunamente: *arriver opportunément* arrivare al momento opportuno.

opportunisme |ɔpɔʀtynism(ə)| *s.m.* opportunismo.

opportuniste |ɔpɔʀtynist(ə)| **1** *s.* opportunista **2** *adj.* opportunista, opportunistico*: *un politicien opportuniste* un politicante opportunista; *un comportament opportuniste* un comportamento opportunistico.

opportunité |ɔpɔʀtynite| *s.f.* opportunità (*inv.*): *discuter de l'opportunité d'une mesure* discutere sull'opportunità di un provvedimento → **à-propos.**

opposabilité |ɔpozabilite| *s.f.* (*anat., dr.*) opponibilità *inv.*

opposable |ɔpozabl(ə)| *adj.* [→ OPPOSER A 4] opponibile; contrapponibile: *le pouce est opposable aux autres doigts de la main* il pollice è opponibile alle altre dita della mano || *raison opposable à une décision* ragione contrapponibile a una decisione.

opposant, ante |ɔpozɑ̃, ɑ̃t| *adj.* **1** [*qui s'oppose* (B 1, 2) *à*] oppositore*, contrario*: *la minorité opposante* la minoranza oppositrice, di opposizione ◆ (*s.*) *un opposant* un oppositore: *les opposants au régime* gli oppositori del regime → **adversaire** **2** (*dr.*) opponente: *la partie opposante* la parte opponente, l'opponente; *tiers opposant* terzo opponente **3** (*anat.*) opponente: *muscle opposant* muscolo opponente ◆ (*s.m.*) *l'opposant du pouce* l'opponente del pollice **C** 1 **défenseur, soutien.**

opposé, ée |ɔpoze| **I** *adj.* **1** *au plur.* (*se dit de choses situées de part et d'autre et qui sont orientées face à face*); *au sing.* (*se dit d'une de ces choses par rapport à l'autre*) opposto: *du côté opposé* dal lato opposto; *sens opposé* senso opposto; *les pôles sont diamétralement opposés* i poli sono diametralmente opposti → **contraire, inverse** ◇ (*bot.*) *feuilles opposées* foglie opposte ◇ (*géom.*) *angles opposés par le sommet* angoli opposti al vertice **2** [*qui fait contraste*] contrastante: *couleurs opposées* colori contrastanti **3** [*qui est aussi différent que possible* (*dans le même ordre d'idées*)] opposto: *ils ont des goûts opposés, des opinions opposées* hanno gusti diametralmente opposti, opinioni diametralmente opposte; *concilier des intérêts opposés* conciliare interessi opposti, contrapposti → **contraire** ◇ (*math.*) *nombres opposés* numeri opposti **4** [*qui s'oppose à, se dresse contre*] contrario*: *être opposé à tous les excès* essere contrario a tutti gli eccessi → **adversaire, ennemi, hostile** **II** *s.m.* **1** [*côté opposé, sens opposé*] opposto: *l'opposé du nord est le sud* l'opposto del nord è il sud **2** (*abstrait*) [*ce qui est opposé*] contrario: *soutenir l'opposé d'une opinion* sostenere il contrario di un'opinione → **contraire** ◇ (*fam.*) *cet enfant est tout l'opposé de son frère* questo bambino è tutto l'opposto del fratello **3** *loc. adv.* À L'OPPOSÉ dalla parte opposta, dall'altra parte: *la gare est à l'opposé* la stazione è dalla parte opposta ◇ *loc. prép.* À L'OPPOSÉ DE [*d'une manière opposée à; du côté opposé à*] al contrario di, in opposizione a; dalla parte opposta di, opposto *adj.* a: *à l'opposé de X, Y pense que rien n'est perdu* al contrario di X (in opposizione a X), Y pensa che niente è perduto → **contrairement (à)** || *le sud est à l'opposé du nord* il sud è dalla parte opposta del nord, è opposto al nord **C** I 3 **analogue, identique, semblable.**

opposer |ɔpoze| **A** *v.tr.* **1** [*alléguer* (*une raison qui fait obstacle à ce qu'une personne a dit, pensé*)] obiettare, opporre (168): *il n'y a rien à opposer à cela* non c'è nulla da obiettare → **1 répondre, prétexter** **2** [*mettre en face, face à face pour le combat*] opporre: *opposer une armée puissante à l'ennemi* opporre al nemico un esercito potente; *conflit qui oppose deux pays* conflitto che oppone due nazioni # *opposer une personne à une autre* aizzare una persona contro un'altra → **1 dresser 5, exciter (contre)**; *des questions d'intérêt les opposent* sono divisi da questioni di interesse **3** [*placer* (*qqch.*) *en face pour faire obstacle*] opporre: *opposer une digue aux crues d'un fleuve* opporre un argine alle piene di un fiume ◇ [*présenter* (*un obstacle*)] *la résistance qu'oppose le mur* la resistenza opposta dal muro **4** [*placer en face de, mettre vis-à-vis*] contrapporre (168): *opposer deux objets, un objet à un autre* contrapporre due oggetti, un oggetto a un altro ◇ [*juxtaposer* (*des éléments opposés*)] *opposer deux couleurs, le noir au blanc* contrapporre due colori, il nero al bianco **5** [*montrer ensemble, comparer* (*deux choses totalement différentes*); *présenter comme contraire*] contrapporre: *opposer l'ordre à* (*et*) *la liberté* contrapporre l'ordine alla libertà ◇ [*mettre en comparaison, en parallèle avec*] paragonare: *quels orateurs peut-on opposer à Cicéron, à Sénèque?* quali sono gli oratori che si possono paragonare a Cicerone, a Seneca? **B** *v.pron.* S'OPPOSER **1** *réfl.* (*personnes*) [*faire obstacle ou mettre obstacle*] opporsi: *ses parents s'opposent à son mariage* i suoi genitori si oppongono al matrimonio; *je m'y oppose formellement* mi (ci) oppongo categoricamente → **contrarier, empêcher, interdire** ◇ [*agir contre, résister* (*à qqn.*); *agir à l'in-*

verse (*de qqn.*)] essere (96) *intr.* in contrasto con, dissentire *intr.* da: *pour toutes les choses importantes, je m'oppose à lui* in tutte le cose importanti, sono in contrasto con lui, dissento da lui → **braver, résister** **2** *intr.* (*choses*) [*faire obstacle*] opporsi: *leur religion s'y oppose* la loro religione vi si oppone, lo vieta → **interdire, empêcher** **3** *intr.* [*faire contraste*] contrastare (*intr.*): *couleurs qui s'opposent* colori che contrastano, contrastanti ◇ [*être totalement différent*; *être le contraire*] essere l'opposto (di): *'haut' s'oppose à 'bas'*, *est opposé à 'bas'* 'alto' è l'opposto di 'basso' Ⓒ A 1 **acquiescer.**

opposite |ɔpozit| *dans la loc. prép.* À L'OPPOSITE (DE) [*dans une direction opposée*] dirimpetto (a): *leurs maisons sont situées à l'opposite l'une de l'autre* le loro case sono situate dirimpetto l'una all'altra → **face (en), vis-à-vis.**

opposition |ɔpozisjɔ̃| *s.f.* **I** **1** [*contraste, antagonisme*] opposizione: *opposition de conceptions* opposizione di concezione → **désaccord, heurt, lutte** # *opposition de deux adversaires* rivalità di due avversari → **hostilité, rivalité** ◇ *loc.* EN OPPOSITION in opposizione, in contrasto: *entrer en opposition* essere in opposizione, in contrasto → **conflit, dispute** **2** (*astron., ling.*) opposizione **3** [*effet produit par des objets, des éléments très différents juxtaposés*] contrasto (*m.*): *opposition de couleurs, de sons* contrasto di colori, di suoni **4** [*rapport de deux choses opposées, qu'on oppose ou qui s'opposent*] contrapposizione: *opposition des contraires* contrapposizione dei contrari; *opposition de deux vérités, de deux principes* contrapposizione di due verità, di due principi → **différence** ◇ *loc.* EN OPPOSITION in opposizione, in contrasto: *sa conduite est en opposition avec ses idées* il suo comportamento è in opposizione, in contrasto con le sue idee ◇ (*loc. adv.*) *par opposition* per contrasto ~ (*loc. prép.*) *par opposition à* per contrasto con **II** **1** [→ OPPOSER B 1] opposizione: *opposition de qqn. à une action* opposizione di qc. a un'azione; *faire, mettre opposition à qqch.* fare opposizione, opporsi a q.c.; *faire de l'opposition* fare opposizione ◇ (*dr.*) *moyens d'opposition* mezzi di opposizione, di impugnazione; *opposition à mariage* opposizione al matrimonio; *opposition à paiement* opposizione al pagamento; *faire opposition à un chèque perdu* fare opposizione a un assegno perso **2** (*polit.*) opposizione: *les partis de l'opposition* i partiti dell'opposizione.

oppositionnel, elle |ɔpozisjɔnɛl| *adj.* di (dell')opposizione *loc.*, oppositore*: *parti oppositionnel* partito di opposizione, oppositore ✦ (*s.*) *un oppositionnel* un oppositore.

oppressant, ante |ɔpʀesɑ̃, ɑ̃t| *adj.* [*qui oppresse*] opprimente, oppressivo: *il fait une chaleur oppressante* fa un caldo opprimente.

oppressé, ée |ɔpʀese| *adj.* oppresso: *se sentir oppressé* sentirsi oppresso.

oppresser |ɔpʀese| *v.tr.* **1** [*gêner* (*qqn.*) *dans ses fonctions respiratoires, comme en lui pressant fortement la poitrine*] opprimere (124): *l'effort, la chaleur l'oppressaient* lo sforzo, il caldo l'opprimevano **2** [*accabler, étreindre*] opprimere: *sa douleur l'oppresse et l'empêche d'agir* il dolore l'opprime e gli impedisce di agire → **étouffer.**

oppresseur |ɔpʀesœʀ| *s.m.* oppressore: *l'oppresseur et les opprimés* l'oppressore e gli oppressi → **tyran** ✦ *adj.* oppressivo: *un régime oppresseur* un regime oppressivo.

oppressif, ive |ɔpʀesif, iv| *adj.* oppressivo: *autorité oppressive* autorità oppressiva → **tyrannique.**

oppression |ɔpʀesjɔ̃| *s.f.* **1** [→ OPPRIMER 1] oppressione: *oppression du faible par le fort* oppressione del debole ad opera del forte; *oppression d'un régime policier* oppressione di un regime poliziesco; *régime d'oppression* regime di oppressione, oppressivo **2** (*méd.*) oppressione → **suffocation.**

opprimant, ante |ɔpʀimɑ̃, ɑ̃t| *adj.* (*rare*) → **oppressif.**

opprimé, ée |ɔpʀime| *adj.* [*qui subit une oppression*] oppresso: *populations opprimées* popoli oppressi ✦ (*s.*) *défendre, libérer les opprimés* difendere, liberare gli oppressi Ⓒ **oppresseur.**

opprimer |ɔpʀime| *v.tr.* **1** [*soumettre à une autorité excessive et injuste*] opprimere (124): *opprimer un peuple, les faibles* opprimere un popolo, i deboli → **asservir, écraser, tyranniser** **2** [*empêcher de s'exprimer, de se manifester*] soffocare: *opprimer les consciences, la liberté* soffocare le coscienze, la libertà → **étouffer** **3** → **oppresser** 1.

opprobre |ɔpʀɔbʀ(ə)| *s.m.* (*littér.*) **1** [*ce qui humilie à l'extrême, publiquement*] ignominia *f.*, obbrobrio*: *accabler, couvrir qqn. d'opprobre*; *jeter l'opprobre sur qqn.* ricoprire qc. di ignominia → **honte** **2** [*sujet de honte, cause de déshonneur*] obbrobrio: *elle est l'opprobre de sa famille* è l'obbrobrio della famiglia.

-opsie |ɔpsi| *suff.* (*signifiant 'vision, vue', correspond généralt. à*) opsia: *autopsie* autopsia.

opsonine |ɔpsɔnin| *s.f.* (*biol., physiol.*) opsonina.

opsonique |ɔpsɔnik| *adj.* (*biol., physiol.*) opsonico*.

optatif, ive |ɔptatif, iv| *adj.* (*gram.*) ottativo: *mode optatif* modo ottativo ✦ (*s.m.*) *l'optatif* l'ottativo.

opter |ɔpte| *v.intr.* [*faire un choix, prendre parti* (*entre deux ou plusieurs choses*)] optare: *opter pour la nationalité française* optare per la nazionalità francese → **adopter, choisir, décider (se).**

opticien, ienne |ɔptisjɛ̃, jɛn| *s.* [*personne qui fabrique, vend des instruments d'opt.*] ottico* (*m.*): *faire faire ses lunettes chez l'opticien* far fare i propri occhiali dall'ottico ✦ (*adj.*) *diplôme d'ingénieur opticien* diploma di ottico *s.m.*, di optometrista *s.*

optimal, ale, aux |ɔptimal, o| *adj.* ottimale.

optimalisation |ɔptimalizɑsjɔ̃| *s.f.* → **optimisation.**

optimaliser |ɔptimalize| *v.tr.* → **optimiser.**

optimate |ɔptimat| *s.m.* (*hist. rom.*) ottimate.

optimisation |ɔptimizɑsjɔ̃| *s.f.* (*écon., math.*) [→ OPTIMISER] ottim(al)izzazione.

optimiser |ɔptimize| *v.tr.* (*écon.*) [*calculer le programme, le modèle optimal de* (*une organisation, une production, etc.*)] ottim(al)izzare.

optimisme |ɔptimism(ə)| *s.m.* ottimismo: *envisager la situation avec optimisme* vedere la situazione con ottimismo Ⓒ **pessimisme.**

optimiste |ɔptimist(ə)| *adj.* ottimista: *il est optimiste* è ottimista; *le docteur n'est pas très optimiste* il medico non è molto ottimista ✦ (*s.*) *c'est un optimiste* è un ottimista Ⓒ **pessimiste.**

optimum |ɔptimɔm| *s.m.* (*lat.*) optimum (*sing.*): *des optimums, des optima* l'optimum; *optimum de production* optimum di produzione ✦ *adj.* ottimale: *température optimum, optima* temperatura ottimale; *conditions optimums, optima* condizioni ottimali.

option |ɔpsjɔ̃| *s.f.* **1** opzione, scelta → **choix** # *matières à option dans le programme d'un examen* materie opzionali del programma di un esame → **facultatif** **2** (*dr.*) opzione.

optionnel, elle |ɔpsjɔnɛl| *adj.* opzionale → **facultatif.**

optique |ɔptik| **I** *adj.* **1** ottico*: *nerf optique* nervo ottico **2** [*relatif à l'opt.*] ottico # *verres optiques* vetri d'ottica **II** *s.f.* **1** ottica* # *appareils d'optique* strumenti ottici **2** [*perspective*] prospettiva: *l'optique du théâtre* la prospettiva del teatro.

opto- |ɔptɔ| *préf.* (*signifiant 'visible', correspond généralt. à*) opto: *optométrie* optometria.

optomètre |ɔptɔmɛtʀ(ə)| *s.m.* (*techn.*) optometro.

optométrie |ɔptɔmetʀi| *s.f.* optometria.

optométriste |ɔptɔmetʀist(ə)| *s.* optometrista.

-optrie |ɔptʀi|, **-optrique** |ɔptʀik| *suff.* (*signifiant 'vision', correspondent généralt. à*) ottria; ottrico: *dioptrie* diottria ‖ *catoptrique* catottrico.

opulence |ɔpylɑ̃s| *s.f.* opulenza: *vivre dans l'opulence* vivere nell'opulenza → **fortune, richesse** ◇ (*fig.*) *opulence des formes* opulenza di forme.

opulent, ente |ɔpylɑ̃, ɑ̃t| *adj.* opulento: *une région opulente* una regione opulenta ◇ (*fig.*) *une femme opulente* una donna opulenta, dalle forme opulente.

opuntia |ɔpɔ̃sja| *s.m.* → **oponce.**

opus |ɔpys| *s.m.* (*mus.*) opera *f.*

opuscule |ɔpyskyl| *s.m.* opuscolo → **brochure.**

opus incertum |ɔpysɛ̃sɛʀtɔm| *s.m. inv.* (*lat.*) (*maçonn.*) opus incertum.

1 **or** |ɔʀ| *s.m.* **I** **1** oro: *pépites, poudre d'or* pepite, polvere d'oro; *mine d'or* miniera d'oro; *lingot d'or* lingotto di oro; *or pur* oro puro; *or jaune, blanc* oro giallo, bianco; *bijou en or massif, plaqué or* gioiello in oro massiccio, placcato d'oro; *chercheur d'or* cercatore d'oro ◇ (*loc. fig.*) *adorer le veau d'or* adorare il vitello d'oro ~ *la poule aux œufs d'or* la gallina dalle uova d'oro ~ *être* (*tout*) *cousu d'or* navigare nell'oro, essere un Creso **2** [*monnaie métallique virtuelle ou réelle*] oro: *valeur, change de l'or* valore, cambio dell'oro # *étalon or* tallone aureo, gold standard **3** [*symb. de richesse, de fortune*] oro: *le pouvoir de l'or* il potere dell'oro ◇ (*loc.*) *acheter, vendre, payer à prix d'or* comprare, vendere, pagare a peso d'oro ~ *il vaut son pesant d'or* vale tant'oro quanto pesa ~ *j'ai fait une affaire d'or* ho fatto un affare d'oro → **avantageux** ~ *rouler sur l'or* na-

vigare nell'oro ~ *je ne ferais pas cela pour tout l'or du monde* non lo farei per tutto l'oro del mondo → **jamais** ~ *couvrir d'or qqn.* coprire qc. d'oro ~ *faire un pont d'or à qqn.* fare a qc. ponti d'oro **4** [*substance ayant l'apparence de l'or véritable*] oro: *l'or d'une décoration* l'oro di una decorazione **II** **1** (*en parlant de ce qui a une couleur jaune, un éclat comparable à celui de l'or*) oro: *l'or des blés* l'oro delle messi; *cheveux d'or* capelli d'oro **2** (*loc.*) *parler d'or* [*dire des choses très sages*] dire parole d'oro ~ *le silence est d'or* il silenzio è d'oro ~ *être bon comme l'or* avere un cuore d'oro ~ *cœur d'or* cuore d'oro ~ *noces d'or* nozze d'oro ◇ (*prov.*) *tout ce qui brille n'est pas or* non è tutt'oro quel che luce ◇ (*loc. fam.*) EN OR [*excellent, parfait*] d'oro: *un mari en or* un marito d'oro ◇ (*spécialt.*) *âge d'or* età dell'oro; *siècle d'or* secolo d'oro **3** *l'or noir* [*le pétrole*] l'oro nero.

2 **or** |ɔʀ| **1** *conj.* (*marque un moment particulier d'une durée ou d'un raisonnement*) ora; orbene: *or, elle le vit dans le jardin* ora, orbene lo vide in giardino **2** *adv.* (*vx.*) → **maintenant.**

oracle |ɔʀɑkl(ə)| *s.m.* **1** (*antiq.*) oracolo: *l'oracle de Delphes* l'oracolo di Delfo (Delfi) → **divination** **2** (*littér.*) [*opinion exprimée avec autorité et qui jouit d'un grand crédit*] oracolo **3** [*personne qui parle avec autorité ou compétence*] oracolo: *c'est l'oracle de sa génération* è l'oracolo della sua generazione.

orage |ɔʀaʒ| *s.m.* **1** [*perturbation atmosphérique violente*] temporale: *il va y avoir, il va faire de l'orage* sta per scoppiare un temporale → **bourrasque, ouragan, tempête** ◇ (*spécialt.*) *orage magnétique* tempesta *f.*, burrasca* *f.* magnetica **2** (*fig.*) [*trouble qui éclate ou menace d'éclater*] burrasca, tempesta: *il y a de l'orage dans l'air* c'è aria di burrasca, di tempesta ◇ (*littér.*) *les orages des passions* il tumulto delle passioni.

orageusement |ɔʀaʒøzmɑ̃| *adv.* [→ ORAGEUX] tempestosamente.

orageux, euse |ɔʀaʒø, øz| *adj.* **1** [*qui annonce l'orage; qui a les caractères de l'orage*] tempestoso, burrascoso, temporalesco*: *mer orageuse* mare tempestoso, burrascoso; *ciel orageux* cielo tempestoso, temporalesco; *le temps est orageux* il tempo è burrascoso **2** (*fig.*) [*tumultueux*] burrascoso, tempestoso: *discussion orageuse* discussione burrascosa, tempestosa → **agité, mouvementé.**

oraison |ɔʀɛzɔ̃| *s.f.* [*prière*] orazione: *oraison dominicale* orazione domenicale ◇ (*spécialt.*) *oraison funèbre* orazione funebre.

oral, ale, aux |ɔʀal, o| *adj.* **1** [*qui se fait, se transmet par la parole*] orale: *tradition orale* tradizione orale; *épreuves orales d'un examen* prove orali di un esame → **verbal** ◆ (*s.m.*) *il a réussi à l'écrit, mais échoué à l'oral* è passato allo scritto, ma è stato bocciato all'orale **2** [*de la bouche*] orale: *cavité orale* cavità orale; *médicament qui s'administre par voie orale* medicinale da somministrarsi per via orale → **buccal** ◇ (*psychan.*) *stade oral* stadio orale ◇ (*phonét.*) *voyelle orale* vocale orale.

oralement |ɔʀalmɑ̃| *adv.* [→ ORAL 1] oralmente: *interroger un élève oralement* interrogare oralmente un alunno.

-(o)rama |(ɔ)ʀama| *suff.* (*signifiant 'vue', correspond généralt. à*) (o)rama: *cinérama* cinerama; *panorama* panorama.

orange |ɔʀɑ̃ʒ| **1** *s.f.* [*fruit comestible de l'oranger*] arancia*: *quartier d'orange* spicchio d'arancia; *jus d'orange* succo d'arancia; *orange pressée* arancia spremuta, spremuta d'arancia ◇ (*loc. fig.*) *on presse l'orange et on jette l'écorce* si spreme il limone e lo si getta **2** *adj. inv.* [*d'une couleur semblable à celle de l'orange*] arancio, arancione: *des rubans orange* dei nastri (color) arancio ◆ (*s.m.*) *un orange clair* un arancio chiaro.

orangé, ée |ɔʀɑ̃ʒe| *adj. et s.m.* [*couleur de l'orange*] arancio *inv.*, arancione (*inv.*): *soie orangée* seta arancione.

orangeade |ɔʀɑ̃ʒad| *s.f.* [*boisson préparée avec du jus d'orange*] aranciata.

orangeat |ɔʀɑ̃ʒa| *s.m.* (*rare*) scorza *f.* d'arancia candita.

1 **oranger** |ɔʀɑ̃ʒe| *s.m.* (*t.bot.*) arancio* ◇ (*cour.*) *fleur d'oranger* fiore di arancio, zagara *f.*

2 **oranger** |ɔʀɑ̃ʒe| (3) *v.tr.* (*rare*) [*teindre d'une couleur orange*] tingere (119) in (di) arancione.

orangeraie |ɔʀɑ̃ʒʀɛ| *s.f.* [*plantation, verger d'orangers cultivés en pleine terre*] aranceto *m.*

orangerie |ɔʀɑ̃ʒʀi| *s.f.* **1** [*lieu fermé, où l'on met à l'abri les orangers cultivés dans des caisses*] aranciera **2** → **orangeraie.**

orangette |ɔʀɑ̃ʒɛt| *s.f.* [*petite orange amère, utilisée en confiserie*] arancino *m.*

orangiste |ɔʀɑ̃ʒist(ə)| *s. et adj.* (*hist.*) orangista.

orang-outan(g) |ɔʀɑ̃utɑ̃| *s.m.* (*t. zool.*) orango*, orang-utan (*inv.*): *des orangs-outans* degli oranghi, degli orang-utan.

orant, ante |ɔʀɑ̃, ɑ̃t| *s.* (*archéol.*) orante: *les orantes des peintures des catacombes* le oranti dei dipinti delle catacombe ◆ (*adj.*) *vierge orante* vergine orante.

orateur, trice |ɔʀatœʀ, tʀis| *s.* oratore*: *orateur éloquent* oratore eloquente; *ce conférencier n'est pas un orateur* questo conferenziere non è un (buon) oratore; *une femme orateur, une oratrice* un'oratrice.

1 **oratoire** |ɔʀatwaʀ| *adj.* oratorio*: *art oratoire* arte oratoria; *joute oratorie* contesa oratoria.

2 **oratoire** |ɔʀatwaʀ| *s.m.* **1** [*petite chapelle*] oratorio* **2** [*nom de diverses congrégations religieuses*] oratorio **3** *vx.* (*mus.*) → **oratorio.**

oratorien |ɔʀatɔʀjɛ̃| *s.m.* oratoriano.

oratorio |ɔʀatɔʀjo| *s.m.* (*mus.*) oratorio*: *des oratorios* degli oratori.

1 **orbe** |ɔʀb(ə)| *adj.* (*constr.*) *mur orbe* muro cieco*.

2 **orbe** |ɔʀb(ə)| *s.m.* **1** orbe: *surface d'un orbe elliptique* superficie di un orbe ellittico ◇ (*abusiv.*) orbita (*f.*): *orbe que décrit la lune* orbita descritta dalla luna **2** (*poét.*) [*globe, sphère* (*d'un astre*)] orbe.

orbicole |ɔʀbikɔl| *adj.* (*rare*) [*qui se trouve sur tous les points du globe*] ubiquista: *plante orbicole* pianta ubiquista.

orbiculaire |ɔʀbikylɛʀ| *adj.* **1** (*anat.*) orbicolare: *muscle orbiculaire* muscolo orbicolare ◆ (*s.m.*) *l'orbiculaire de l'œil* l'orbicolare dell'occhio **2** [*qui décrit un cercle*] orbicolare: *mouvement orbiculaire* movimento orbicolare.

orbitaire |ɔʀbitɛʀ| *adj.* (*anat.*) orbitario*, orbitale (*rare*).

orbital, ale, aux |ɔʀbital, o| *adj.* (*astron.*) orbitale: *vitesse orbitale* velocità orbitale.

1 **orbite** |ɔʀbit| *s.f.* (*anat.*) orbita: *avoir les yeux qui sortent des orbites* avere gli occhi fuori dalle orbite.

2 **orbite** |ɔʀbit| *s.f.* **1** (*astron., phys.*) orbita: *l'orbite d'un satellite artificiel* l'orbita di un satellite artificiale **2** [*milieu où s'exerce une activité, l'influence de qqn.*] orbita: *attirer, entraîner qqn. dans son orbite* attirare, trascinare qc. nella propria orbita → **sphère.**

Orbitèles |ɔʀbitɛl| *s.m. pl.* (*t.zool.*) Orbiteli.

orcanète, orcanette |ɔʀkanɛt| *s.f.* (*t.bot.*) orcanetto *m.*

orchestique |ɔʀkɛstik|, **orchestrique** |ɔʀkɛstʀik| *s.f.* (*antiq. gr.*) orchestica*.

orchestral, ale, aux |ɔʀkɛstʀal, o| *adj.* orchestrale: *musique orchestrale* musica orchestrale; *masse orchestrale* massa orchestrale.

orchestrateur, trice |ɔʀkɛstʀatœʀ, tʀis| *s.* orchestratore*.

orchestration |ɔʀkɛstʀɑsjɔ̃| *s.f.* **1** [→ ORCHESTRER] orchestrazione **2** [*adaptation d'une œuvre musicale à l'orchestre*] arrangiamento *m.*

1 **orchestre** |ɔʀkɛstʀ(ə)| *s.m.* **1** (*dans une salle de spectacle*) poltrone *f. pl.* di platea **2** (*antiq.*) [*espace compris entre le public et la scène*] orchestra *f.*

2 **orchestre** |ɔʀkɛstʀ(ə)| *s.m.* **1** orchestra (*f.*): *orchestre symphonique* orchestra sinfonica; *concerto pour violon et orchestre* concerto per violino e orchestra; *orchestre* (*de musique*) *de chambre* orchestra da camera; *orchestre de jazz* orchestra jazz **2** [*partie contiguë à la scène où peuvent prendre place des musiciens*] orchestra: *la fosse d'orchestre* la fossa dell'orchestra.

orchestrer |ɔʀkɛstʀe| *v.tr.* **1** (*mus.*) [*composer* (*une partition*) *en combinant les parties instrumentales*] orchestrare **2** (*fig.*) [*organiser en cherchant à donner le maximum d'ampleur et de retentissement*] orchestrare: *orchestrer une campagne de presse* orchestrare una campagna di stampa.

Orchidacées |ɔʀkidase| *s.f. pl.* (*t.bot.*) Orchidacee.

orchidée |ɔʀkide| *s.f.* (*t.bot.*) orchidea.

orchis |ɔʀkis| *s.m.* (*t.bot.*) orchis *m.* ou *f. inv.*

orchite |ɔʀkit| *s.f.* (*méd.*) orchite.

ordalie |ɔʀdali| *s.f.* (*ancienn.*) ordalia.

ordinaire |ɔʀdinɛʀ| **I** *adj.* **1** ordinario*: *trajet, horaire ordinaire* percorso, orario ordinario, normale → 1 **courant, usuel** # *le cours ordinaire des choses* il corso naturale delle cose ◇ (*fam.*) *une histoire pas ordinaire* una storia fuori del comune ◇ [*coutumier* (*à qqn.*)] solito, abituale: *sa gaieté ordinaire* la sua solita, abituale allegria **2** [*dont la qualité est courante, qui n'a aucun caractère spécial*] ordinario: *du* *papier ordinaire* carta ordinaria; *un objet de série ordinaire* un oggetto ordinario → 1 **standard** # *de l'eau ordinaire ou de l'eau minérale?* acqua naturale o minerale? **3** (*péj.*) [*dont la qualité ne dépasse pas le niveau moyen*] ordinario: *des gens très ordinaires* gente molto ordinaria → 1 **banal, commun** **II** *s.m.* **1** ordinario: *un livre qui sort de l'ordinaire* un libro fuori dell'ordinario; *il est d'une intelligence très au-dessus de l'ordinaire* è di un'intelligenza molto fuori dell'ordinario **2** (*milit.*) rancio* (ordinario): *un bon ordinaire* un buon rancio **3** (*liturg.*) *ordinaire de la messe* ordinario della messa **III** *loc. adv.* D'ORDINAIRE, À L'ORDINAIRE [*de façon habituelle, le plus souvent*] del solito; di solito: *un hiver plus rude que d'ordinaire* un inverno più rigido del solito → **habitude (d')** ~ *à son ordinaire* come al solito, secondo il suo solito Ⓒ I 1 **anormal, exceptionnel, extraordinaire,** 3 **remarquable.**

ordinairement |ɔRdinɛRmɑ̃| *adv.* [→ ORDINAIRE I 1] di solito *loc. inv.*, ordinariamente: *il vient ordinairement le matin* di solito, ordinariamente viene al mattino → **généralement, habituellement.**

ordinal, ale, aux |ɔRdinal, o| **1** *adj.* ordinale: *nombre ordinal* numero ordinale ♦ (*s.m.*) *un ordinal* un ordinale **2** *s.m.* [*livre de prières de l'Église anglicane*] ordinale.

ordinand |ɔRdinɑ̃| *s.m.* (*liturg.*) ordinando.

ordinant |ɔRdinɑ̃| *s.m.* (*liturg.*) ordinante.

ordinariat |ɔRdinaRja| *s.m.* (*ecclés.*) ordinariato.

ordinateur, trice |ɔRdinatœR, tRis| **I** *adj.* ordinatore* **II** *s.m.* **1** (*liturg.*) → **ordinant** **2** (*informatique*) elaboratore, calcolatore (elettronico*).

1 **ordination** |ɔRdinɑsjɔ̃| *s.f.* (*liturg.*) ordinazione.

2 **ordination** |ɔRdinɑsjɔ̃| *s.f.* (*informatique*) ordinamento *m.*, elaborazione dei dati.

ordo |ɔRdo| *s.m. inv.* (*lat.*) (*liturg.*) direttorio* *var.*

1 **ordonnance** |ɔRdɔnɑ̃s| *s.f.* [*disposition selon un ordre*] ordine (*m.*): *l'ordonnance des mots dans la phrase* l'ordine delle parole nella frase; *l'ordonnance d'un repas* l'ordine delle portate (di un pranzo) ◇ (*archit.*) *ordonnance d'un appartement* disposizione di un appartamento.

2 **ordonnance** |ɔRdɔnɑ̃s| *s.f.* **I** (*dr.*) ordinanza: *le juge a rendu une ordonnance de non-lieu* il giudice ha emesso un'ordinanza di non luogo a procedere ◇ (*fin.*) *ordonnance de paiement* ordinanza di pagamento **II** [*prescriptions d'un médecin*] ricetta (medica*): *médicament délivré seulement sur ordonnance* medicinale vendibile solo dietro presentazione di ricetta medica.

3 **ordonnance** |ɔRdɔnɑ̃s| *s.f.* **1** (*ancienn.*) [*domestique milit., soldat attaché à un officier*] attendente *m.* **2** (*loc. milit.*) D'ORDONNANCE d'ordinanza: *revolver d'ordonnance* pistola d'ordinanza; *officier d'ordonnance* ufficiale d'ordinanza.

ordonnancement |ɔRdɔnɑ̃smɑ̃| *s.m.* **1** (*fin.*) ordine, mandato di pagamento **2** (*techn.*) programmazione *f.*, schedulazione *f.*

ordonnancer |ɔRdɔnɑ̃se| (2) *v.tr.* **1** [*donner l'ordre de payer* (*le montant d'une dépense publique*)] emettere (155) un mandato di pagamento (per), autorizzare il pagamento (di) **2** (*vieilli*) [*prescrire* (*qqch.*) *par une ordonnance médicale*] ordinare, prescrivere (182).

ordonnateur, trice |ɔRdɔnatœR, tRis| *s.* **1** [*personne qui dispose, met en ordre*] organizzatore*: *ordonnateur d'une fête* organizzatore di una festa **2** (*fin.*) autorità *f. inv.* competente a emettere i mandati di pagamento di spese pubbliche ♦ (*adj.*) *commissaire ordonnateur* commissario ordinatore.

ordonné, ée |ɔRdɔne| *adj.* **1** [*en bon ordre*] ordinato: *maison bien ordonnée* casa ben ordinata ◇ (*prov.*) *charité bien ordonnée commence par soi-même* il primo prossimo è sé stessi ◇ (*math.*) *ensemble ordonné* insieme ordinato **2** (*personnes*) [*qui a de l'ordre, de la méthode*] ordinato: *un enfant ordonné* un bambino ordinato Ⓒ 2 **confus, brouillon.**

ordonnée |ɔRdɔne| *s.f.* (*géom.*) ordinata.

ordonner |ɔRdɔne| *v.tr.* **I** [*disposer, mettre dans un certain ordre*] ordinare ◇ (*math.*) *ordonner un ensemble* ordinare un insieme **II** [*élever* (*qqn.*) *à l'un des ordres de l'Église*] ordinare: *ordonner un prêtre* ordinare un sacerdote → **consacrer** **III** [*prescrire par un ordre*] ordinare: *ordonner qqch. à qqn.* ordinare q.c. a qc.; *je vous ordonne de vous taire* vi (le) ordino di tacere; *médecin qui ordonne des médicaments* medico che ordina, prescrive delle medicine → **commander, enjoindre.**

1 **ordre** |ɔRdR(ə)| *s.m.* **I** [*relation intelligible entre plusieurs termes*] → **organisation, structure** **1** [*disposition, succession régulière*] ordine: *ordre chronologique, logique* ordine cronologico, logico; *dans l'ordre d'entrée en scène* in, per ordine di entrata (in scena); *par ordre alphabétique* in ordine alfabetico; *l'ordre des mots dans la phrase* l'ordine delle parole nella frase; *procédons par ordre* procediamo per ordine → **distribution** ◇ (*math.*) *relations d'ordre* relazioni d'ordine ◇ (*milit.*) *ordre de marche, de bataille* ordine di marcia, di battaglia ◇ *loc.* ORDRE DU JOUR ordine del giorno: *voter l'ordre du jour* votare l'ordine del giorno ◇ (*loc. adj., fig.*) *à l'ordre du jour* [*d'actualité*] all'ordine del giorno **2** [*disposition qui satisfait l'esprit, semble la meilleure possible*] ordine: *mettre sa chambre en ordre* mettere in ordine la propria camera; *mettre ses idées en ordre* mettere in ordine le proprie idee ◇ (*loc.*) *mettre bon ordre à une situation* [*faire cesser le désordre*] raddrizzare una situazione **3** [*qualité d'une personne qui a une bonne organisation, de la méthode*] ordine # *cette maîtresse de maison a beaucoup d'ordre* quella padrona di casa è molto ordinata ◇ *loc.* D'ORDRE ordinato (*adj.*): *un homme d'ordre* un uomo ordinato, d'ordine **4** [*principe de causalité ou de finalité du monde*] ordine: *c'est dans l'ordre* (*des choses*) è nell'ordine naturale delle cose **5** [*organisation sociale*] ordinamento; ordine: *l'ordre social, économique, politique* l'ordinamento sociale, economico, politico || *le service d'ordre* il servizio d'ordine; *les forces de l'ordre* le forze dell'ordine; *ébranler, renverser l'ordre établi* sconvolgere, rovesciare l'ordine costituito **6** [*norme, conformité à une règle*] ordine: *rappeler qqn. à l'ordre* richiamare qc. all'ordine; *tout est rentré dans l'ordre* tutto è rientrato nell'ordine **II** [*catégorie, classe d'êtres ou de choses*] → **groupe** **1** (*choses abstraites*) [*espèce*] ordine: *ordre de grandeur* ordine di grandezza; *un nombre de l'ordre de deux millions* un numero dell'ordine dei due milioni; *dans le même ordre, dans un autre ordre d'idées* nello stesso ordine, in un altro ordine di idee # *choses de même ordre* cose della stessa categoria **2** *en loc.* [*qualité, valeur*] ordine ~ *un écrivain de premier ordre* uno scrittore di primo ordine ~ *une œuvre de second, de troisième ordre* un'opera di second'ordine, di terz'ordine ~ *de dernier ordre* di infimo ordine → 1 **plan** **3** (*archit.*) ordine: *ordre dorique, ionique, corinthien* ordine dorico, ionico, corinzio **4** (*sc. nat.*) ordine **5** (*ancienn.*) [*division de la société*] ordine: *les trois ordres* i tre ordini **6** [*groupe de personnes soumises à certaines règles professionnelles, morales*] ordine: *l'ordre des médecins, des avocats* l'ordine dei medici, degli avvocati; *ordres de chevalerie* ordini cavallereschi → **corporation,** 3 **corps** **7** [*association de personnes vivant dans l'état religieux*] ordine: *ordres monastiques* ordini monastici; *règle d'un ordre* regola di un ordine; *l'ordre des bénédictins* l'ordine dei benedettini ◇ (*spécialt.*) *le tiers ordre* il terzo ordine **8** [*l'un des degrés de la hiérarchie cléricale cath.*] ordine: *ordres mineurs, majeurs* ordini minori, maggiori # *entrer dans les ordres* prendere, pronunciare i voti.

2 **ordre** |ɔRdR(ə)| *s.m.* **1** [*acte par lequel une autorité manifeste sa volonté*] ordine: *ordre formel* ordine tassativo; *par ordre du ministre* per ordine del ministro; *donner un ordre* dare un ordine; *exécuter, transgresser un ordre* eseguire un ordine, trasgredire (a) un ordine; *être aux ordres de qqn.* essere agli ordini di qc. → **commandement, prescription** # *elle lui a donné ordre de ne pas sortir* gli ha ordinato di non uscire; *être sous les ordres de qqn.* [*être son inférieur, dans la hiérarchie*] essere alle dipendenze di qc., dipendere da qc. ◇ (*loc.*) *jusqu'à nouvel ordre* fino a nuovo ordine **2** (*comm.*) ordine; ordinativo, ordinazione (*f.*): *ordre d'achat, de vente* ordine d'acquisto, di vendita || *voyageur de commerce qui prend des ordres* commesso viaggiatore che prende degli ordinativi, delle ordinazioni # *billet à ordre* pagherò cambiario **3** (*loc.*) *mot d'ordre* parola d'ordine ◇ (*milit.*) *ordre du jour* ordine del giorno.

ordure |ɔRdyR| *s.f.* **1** [*matière qui souille et répugne*] immondizia, sporcizia → **immondices, saleté** **2** *au plur.* [*choses de rebut dont on se débarrasse*] immondizie, spazzatura (*sing.*): *pelle à ordures* paletta delle immondizie, per la spazzatura; *tas d'ordures* mucchio di immondizie; *boîte à ordures* secchio delle immondizie, per la spazzatura; pattumiera; *jeter, mettre aux ordures* buttare nella spazzatura **3** (*littér.*) → **boue, fange** **4** [*propos, écrit, action vile, sale ou obscène*] sconcezza, porcheria: *dire, écrire des ordures* dire, scrivere delle sconcezze, delle porcherie; *ce livre est une ordure* questo libro è una porcheria → **cochonnerie, grossièreté, saleté** **5** (*vulg.*) (*servant d'injure très violente à l'adresse d'une personne*) fetente *s.*, sozzone *s.* (*région.*).

ordurier, ière |ɔRdyRje, jɛR| *adj.* (*personnes*) [*qui dit ou écrit des choses sales, obscènes*] sboccato, volgare → **grossier** ◇ (*choses*) osceno, volgare: *propos orduriers* discorsi osceni, sconci; *plaisanteries ordurières* scherzi volgari.

oréade |ɔRead| *s.f.* (*mythol. gr.*) oreade.

orée |ɔRe| (*s.f.*) *l'orée du bois, de la forêt* [*la bordure*] il limitare *m. inv.* del bosco, della foresta.

oreillard, arde |ɔRɛjaR, aRd(ə)| **I** *adj.* (*rare*) [*qui a les oreilles d'une longueur démesurée*] orecchiuto: *chien oreillard* cane orecchiuto **II** *s.m.* **1** (*t.zool.*) orecchiuto **2** [*oreille de fauteuil*] orecchione.

oreille |ɔRɛj| *s.f.* **I** **1** (*anat.*) orecchio* (*m.*): *l'oreille droite, gauche* l'orecchio destro, sinistro; *l'oreille externe, moyenne, interne* l'orecchio esterno, medio, interno ◇ (*plais.*) *les oreilles ont dû te tinter* non ti sei sentito fischiare le orecchie (gli orecchi)? ◇ (*loc.*) *écoutez de toutes vos oreilles!* aprite bene le orecchie (gli orecchi)! ~ *être tout yeux, tout oreilles* essere tutt'occhi e tutt'orecchi ~ *n'écouter que d'une oreille* (*d'une oreille distraite*) ascoltare distrattamente ~ *prêter l'oreille* porgere, prestare orecchio ~ *faire la sourde oreille* far orecchi (orecchie) da mercante ~ *ne pas en croire ses oreilles* non credere ai propri orecchi ~ *casser les oreilles* rompere i timpani; lacerare, straziare le orecchie ~ *parler, dire qqch. à l'oreille, dans le creux de l'oreille* parlare, dire q.c. all'orecchio, in un orecchio ~ *dire de bouche à oreille* bisbigliare, dire in un orecchio ~ *si cela venait à ses oreilles* se la cosa gli arrivasse all'orecchio ~ *cela lui entre par une oreille et lui sort par l'autre* gli entra da un orecchio e gli esce dall'altro ~ *avoir l'oreille de qqn.* [*en être écouté*] farsi ascoltare da qc. ◇ (*prov.*) *ventre affamé n'a pas d'oreilles* ventre digiuno non ode nessuno **2** [*ouïe*] orecchio: *être dur d'oreille* essere duro d'orecchio; *avoir de l'oreille* avere orecchio; *avoir l'oreille fine* avere (un) orecchio fino; *il chante faux, il n'a pas d'oreille* è stonato, non ha orecchio **3** [*pavillon* (*partie extérieure*) *de l'oreille*] orecchio: *oreilles pointues* orecchie aguzze, a punta; *oreilles décollées, en feuille de chou* orecchie a sventola; *emmitouflés jusqu'aux oreilles* imbacuccati fino agli orecchi; *rougir jusqu'aux oreilles* arrossire, diventare rosso fino agli orecchi; *tirer l'oreille, les oreilles à un enfant* tirare le orecchie (gli orecchi) a un bambino ◇ (*loc. fig.*) *se faire tirer l'oreille* [*se faire prier*] farsi tirare per i capelli ~ *dormir sur ses deux oreilles* [*sans inquiétude*] dormire tra due guanciali ~ *montrer le bout de l'oreille* [*se trahir*] tradirsi ~ *mettre la puce à l'oreille* mettere una pulce nell'orecchio **II** (*par anal.*) **1** [*partie saillante ressemblant au pavillon de l'oreille*] orecchio: *oreille d'un sac* orecchio di un sacco; *oreille d'une charrue* orecchio di un aratro ◇ (*mar.*) orecchia *f.* ◇ [*chacun des deux appendices symétriques de récipients et ustensiles*] orecchia → **orillon** **2** [*chacune des deux parties latérales du dossier de certains fauteuils*] orecchione *m.* **3** (*vx.*) [*pli ou coin d'un feuillet de livre*] orecchia **4** (*t.zool.*) *oreille de mer* orecchia marina, di mare **5** (*t.bot.*) *oreille de souris* orecchio di topo, di sorcio → **myosotis**.

oreiller |ɔReje| *s.m.* [*pièce de literie qui sert à soutenir la tête*] guanciale, cuscino: *taie d'oreiller* federa (di guanciale, di cuscino) ◇ (*loc.*) *sur l'oreiller* a letto.

oreillette |ɔRɛjɛt| *s.f.* **I** [*partie d'un chapeau qui protège les oreilles*] paraorecchie *m. inv.* **II** (*anat.*) orecchietta, atrio* (*m.*): *oreillettes du cœur* orecchiette del cuore, atri.

oreillons |ɔRɛjɔ̃| *s.m. pl.* (*méd., cour.*) parotite *f. sing.* (epidemica*), orecchioni (*cour.*).

orémus |ɔRemys| *s.m.* (*liturg.*) oremus *inv.* ◇ (*vx., fam.*) → **prière, oraison.**

oréotrague |ɔReɔtRag| *s.m.* (*t.zool.*) oreotrago*.

ores |ɔR| *adv.* (*vx.*) → **maintenant** ◇ (*littér.*) D'ORES ET DÉJÀ [*dès maintenant, dès à présent*] fin (sin) d'ora, già (ora): *les ordres sont d'ores et déjà donnés* gli ordini sono dati fin d'ora, sono già dati; *d'ores et déjà cela nous satisfait* la cosa ci soddisfa fin d'ora, già ora; *il est d'ores et déjà fameux* è già famoso; già ora è famoso.

orfèvre |ɔRfɛvR(ə)| *s.m.* [*fabricant d'objets en métaux précieux, en étain, en alliage; marchand de pièces d'orfèvrerie*] orefice, orafo ◇ (*loc.*) *être orfèvre en la matière* [*s'y connaître parfaitement*] essere maestro, esperto in materia.

orfévré, ée |ɔRfevRe| *adj.* [*façonné par un orfèvre*] operato: *coupe d'argent orfévré* coppa d'argento operato.

orfèvrerie |ɔRfɛvRəRi| *s.f.* **1** [*art, métier, commerce de l'orfèvre*] oreficeria **2** [*ouvrages de l'orfèvre*] oreficeria # *orfèvrerie d'argent massif* argenteria massiccia.

orfraie |ɔRfRɛ| *s.f.* (*t.zool.*) ossifraga* ◇ (*loc.*) *pousser des cris d'orfraie* [*crier, hurler*] urlare come un'aquila.

orfroi |ɔRfRwa| *s.m.* (*ecclés.*) aurifrigia* *f.*, aurifrisia *f.*

organdi |ɔRgɑ̃di| *s.m.* (*tissu*) organdis *inv.*, organza *f.*

organe |ɔRgan| *s.m.* **I** **1** [*voix* (*surtout d'un chanteur, d'un orateur*)] voce (*f.*): *un organe bien timbré* un bel timbro di voce **2** [*voix autorisée d'un porte-parole, d'un interprète*] voce: *le ministère public est l'organe de l'accusation* il pubblico ministero è la voce dell'accusa ◇ [*publication périodique*] organo (di stampa): *l'organe d'un parti* l'organo di un partito → **journal, revue** **II** **1** (*anat.*) organo: *lésion d'un organe* lesione di un organo; *greffe d'organe* trapianto di un organo; *organes sexuels* organi sessuali **2** [*institution chargée de faire fonctionner une catégorie déterminée de services*] organo: *les organes directeurs de l'État* gli organi direttivi dello Stato **3** [*mécanisme*] organo: *les organes de commande d'une machine* gli organi di comando di una macchina.

organeau |ɔRgano| *s.m.* (*mar.*) cicala *f.*

organicien, ienne |ɔRganisjɛ̃, jɛn| *adj. et s.* studioso, specialista di chimica organica.

organicisme |ɔRganisism(ə)| *s.m.* (*méd., philo.*) organicismo.

organier |ɔRganje| *s.m.* [*facteur d'orgues*] organaro.

organigramme |ɔRganigRam| *s.m.* organigramma.

organique |ɔRganik| *adj.* **1** organico*: *maladie, trouble organique* malattia, disfunzione organica **2** [*qui provient de tissus vivants*] organico: *substances organiques* sostanze organiche; *engrais organiques* concimi organici ◇ (*spécialt.*) *chimie organique* chimica organica **3** (*polit.*) organico: *loi organique* legge organica.

organiquement |ɔRganikmɑ̃| *adv.* [→ ORGANIQUE 3] organicamente.

organisable |ɔRganizabl(ə)| *adj.* [→ ORGANISER A 1, 2, 3] organizzabile.

organisateur, trice |ɔRganizatœR, tRis| *s.* **1** *s.* organizzatore*: *l'organisatrice de cette fête* l'organizzatrice di questa festa ✦ (*adj.*) *puissance organisatrice* potenza organizzatrice **2** *s.m.* (*embryol.*) organizzatore.

organisation |ɔRganizɑsjɔ̃| *s.f.* **1** [→ ORGANISER A 1] organizzazione: *manque d'organisation* mancanza d'organizzazione # *avoir l'esprit d'organisation* avere spirito organizzativo **2** [*façon dont un ensemble est constitué en vue de son fonctionnement*] organizzazione → **1 ordre, structure** **3** [*association qui se propose des buts déterminés*] organizzazione: *organisation politique* organizzazione politica; *une puissante organisation financière* una potente organizzazione finanziaria; *Organisation des Nations Unies* (*O.N.U.*) Organizzazione delle Nazioni Unite (O.N.U.); *organisation de tourisme, de voyage* organizzazione turistica, di viaggi → **assemblée, groupement, organisme.**

organisationnel, elle |ɔRganizɑsjɔnɛl| *adj.* [*qui concerne l'organisation* (*spécialt. polit.*)] organizzativo.

organisé, ée |ɔRganize| *adj.* **1** [*pourvu d'organes*] organizzato: *les êtres organisés* gli esseri organizzati **2** [*qui est disposé ou se déroule suivant un ordre, des principes déterminés*] organizzato: *voyage organisé* viaggio organizzato; *personne bien organisée* persona ben organizzata # *esprit organisé* mente ordinata **3** [*qui appartient à une organisation*] organizzato: *citoyens organisés en partis* cittadini organizzati in partiti.

organiser |ɔRganize| **A** *v.tr.* **1** [*doter d'une structure, d'une constitution déterminée, d'un mode de fonctionnement*] organizzare: *organiser les parties d'un ensemble* organizzare le parti di un insieme; *organiser la résistance* organizzare la resistenza; *organiser le travail* organizzare il lavoro → **agencer, disposer, ordonner** **2** [*soumettre à une façon déterminée de vivre ou de penser*] organizzare: *organiser son temps, sa vie* organizzare il proprio tempo, la propria vita **3** [*préparer* (*une action*) *selon un plan*] organizzare: *organiser un voyage, une fête* organizzare un viaggio, una festa **4** (*biol.*) [*constituer en organes différenciés*] organizzare **B** *v.pron. réfl.* S'ORGANISER (*personnes*) [*organiser ses activités*] organizzarsi: *il ne sait pas s'organiser* non sa organizzarsi.

organisme |ɔRganism(ə)| *s.m.* **I** **1** organismo ◇ [*le corps humain*] *les besoins, les fonctions de l'organisme* i bisogni, le funzioni dell'organismo **2** [*tout être vivant*] organismo: *organisme unicellulaire* organismo unicellulare **II 1** [*ensemble organisé*] organismo: *l'organisme social* l'organismo sociale; *une nation est un organisme* una nazione è un organismo **2** [*ensemble des services, des bureaux affectés à une tâche*] organismo, ente → **organisation.**

organiste |ɔʀganist(ə)| *s.* organista.

organite |ɔʀganit| *s.m.* (*biol.*) organite.

organo- |ɔʀganɔ| *préf.* (*signifiant 'organe, organique', correspond généralt. à*) organo: *organothérapie* organoterapia.

organogène |ɔʀganɔʒɛn| *adj.* (*géol.*) organogeno.

organogénèse |ɔʀganɔʒenɛz|, **organogenèse** |ɔʀganɔʒənɛz| *s.f.* (*méd.*) organogenesi *inv.*

organographie |ɔʀganɔgʀafi| *s.f.* (*méd.*) organografia.

organoleptique |ɔʀganɔlɛptik| *adj.* organolettico*.

organologie |ɔʀganɔlɔʒi| *s.f.* **1** (*anat.*) organologia* **2** [*études des instruments de mus.*] organologia.

organologique |ɔʀganɔlɔʒik| *adj.* organologico*.

organométallique |ɔʀganɔmetalik| *adj.* (*chim.*) organometallico*.

organothérapie |ɔʀganɔteʀapi| *s.f.* (*méd.*) organoterapia → **opothérapie.**

organsin |ɔʀgɑ̃sɛ̃| *s.m.* organzino.

organsiner |ɔʀgɑ̃sine| *v.tr.* [*tordre la soie pour obtenir de l'organsin*] torcere (189) la seta (per ottenere organzini).

orgasme |ɔʀgasm(ə)| *s.m.* (*physiol.*) orgasmo.

orge |ɔʀʒ(ə)| *s.f.* **1** (*t.bot.*) orzo *m.* ◇ (*cour.*) *champ d'orge* campo d'orzo **2** [*le grain*] orzo: *pain d'orge* pane d'orzo; *sucre d'orge* zucchero d'orzo ◇ (*al m.*) *orge mondé, perlé* orzo mondo, perlato.

orgeat |ɔʀʒa| *s.m.* (*sirop*) orzata *f.*

orgelet |ɔʀʒəlɛ| *s.m.* (*méd.*) orzaiolo.

orgiaque |ɔʀʒjak| *adj.* (*littér.*) [*qui tient de l'orgie*] orgiastico* ◇ (*antiq.*) *fêtes orgiaques* feste orgiastiche.

orgiaste |ɔʀʒjast(ə)| *s.m.* (*littér.*) orgiasta.

orgie |ɔʀʒi| *s.f.* **1** (*antiq.*) orgia* **2** [*partie de débauche*] orgia **3** *loc.* UNE ORGIE DE un'orgia di: *une orgie de couleurs* un'orgia di colori → **excès.**

orgue |ɔʀg(ə)| *s.m. au sing., plus souvent f. au plur.* **I** (*mus.*) **1** organo (*m.*): *jeux d'orgue* giochi d'organo; *joueur d'orgue* suonatore d'organo, organista; *orgue électrique* organo elettrico, elettronico; *orgue de cinéma* organo Hammond # *orgue de Barbarie* organetto (di Barberia) ◇ (*dans une église*) *les grandes orgues* l'organo **2** *point d'orgue* corona *f.* **II** (*par anal.*) **1** (*milit.*) *orgues de Staline* organo di Stalin **2** (*géogr.*) *orgues basaltiques* basalto *m. sing.* colonnare.

orgueil |ɔʀgœj| *s.m.* **1** superbia (*f.*): *être gonflé d'orgueil* esser pieno di superbia; *il est d'un orgueil ridicule, insupportable* è di una superbia ridicola, insopportabile → **arrogance, présomption, suffisance** **2** *l'orgueil de* l'orgoglio di: *il est l'orgueil de la famille* è l'orgoglio della famiglia # *avoir l'orgueil de ses enfants* essere orgoglioso dei propri figli; *il tire grand orgueil de sa réussite* è molto orgoglioso del suo successo Ⓒ 1 **humilité, modestie**; 2 **honte.**

orgueilleusement |ɔʀgœjøzmɑ̃| *adv.* [→ ORGUEILLEUX] con superbia *loc. inv.*, orgogliosamente.

orgueilleux, euse |ɔʀgœjø, øz| *adj.* **1** superbo: *nature orgueilleuse* carattere superbo; *orgueilleux comme un paon* superbo come un pavone → **fier, hautain** ✦ (*s.*) *c'est un orgueilleux* è un superbo **2** [*qui dénote de l'orgueil* (2), *inspiré par l'orgueil*] orgoglioso: *il ressentait une joie orgueilleuse* provava una gioia orgogliosa **3** [*qui a l'orgueil de*] orgoglioso: *une mère orgueilleuse de son fils* una madre orgogliosa del proprio figlio Ⓒ 1 **humble, modeste.**

orichalque |ɔʀikalk(ə)| *s.m.* (*antiq.*) oricalco*.

oriel |ɔʀjɛl| *s.m.* [*sorte de fenêtre en saillie sur le mur d'une maison*] bovindo, bow-window *inv.*

orient |ɔʀjɑ̃| *s.m.* **I 1** oriente: *vers l'orient* verso oriente **2** [*région située vers l'est*] Oriente: *Extrême-Orient* Estremo oriente; *Moyen-Orient* Medio oriente; *Proche-Orient* Vicino oriente # *du Moyen-Orient* mediorientale ◇ (*hist.*) *l'empire d'Orient* l'impero d'Oriente **3** (*poét.*) oriente → **levant, est** **II** (*franc-maçonn.*) *Grand-Orient* Grand'Oriente **III** [*reflet nacré* (*d'une perle*)] oriente: *des perles d'un bel orient* perle di un bell'oriente.

orientable |ɔʀjɑ̃tabl(ə)| *adj.* [→ ORIENTER A 1] orientabile: *phare orientable* faro orientabile.

oriental, ale, aux |ɔʀjɑ̃tal, o| *adj.* **1** orientale: *Pyrénées orientales* Pirenei orientali; *Allemagne orientale* Germania orientale **2** [*originaire de l'Orient*] orientale: *peuples orientaux* popoli orientali; *langues orientales* lingue orientali ✦ (*s.*) *les Orientaux* gli Orientali **3** [*qui est propre à l'Orient ou le rappelle*] orientale: *style oriental* stile orientale; *musique orientale* musica orientale.

orientalisant, ante |ɔʀjɑ̃talizɑ̃, ɑ̃t| *adj.* orientaleggiante.

orientalisation |ɔʀjɑ̃talizɑsjɔ̃| *s.f.* [→ ORIENTALISER A] orientalizzazione.

orientaliser |ɔʀjɑ̃talize| **A** *v.tr.* [*donner les mœurs orientales, le genre oriental à*] orientalizzare: *orientaliser un goût* orientalizzare un gusto **B** *v.pron. intr.* S'ORIENTALISER [→ *tr.*] orientalizzarsi.

orientalisme |ɔʀjɑ̃talism(ə)| *s.m.* orientalismo.

orientaliste |ɔʀjɑ̃talist(ə)| *s.* orientalista ✦ *adj.* orientalista, orientalistico*: *écrivain, peintre orientaliste* scrittore, pittore orientalista.

orientation |ɔʀjɑ̃tɑsjɔ̃| *s.f.* **1** orientamento (*m.*): *avoir le sens de l'orientation* avere il senso dell'orientamento **2** (*fig.*) [*action de donner une direction déterminée*] orientamento, indirizzo (*m.*): *l'orientation professionnelle* l'orientamento professionale; *l'orientation de ses études* l'indirizzo dei suoi studi **3** [*fait d'être orienté de telle ou telle façon*] orientamento: *orientation d'une maison* orientamento di una casa → **exposition, position, situation** ◇ (*fig.*) *l'orientation d'un mouvement politique* l'orientamento, l'indirizzo di un movimento politico.

orienté, ée |ɔʀjɑ̃te| *adj.* **1** orientato: *appartement bien, mal orienté* appartamento ben, mal orientato **2** (*math.*) *droite orientée* retta orientata **3** (*fig.*) *un ouvrage orienté* un'opera con un certo indirizzo *loc. inv.*

orientement |ɔʀjɑ̃tmɑ̃| *s.m.* (*rare*) → **orientation** ◇ (*mar.*) *orientement des voiles* orientamento delle vele.

orienter |ɔʀjɑ̃te| **A** *v.tr.* **1** [*disposer* (*une chose*) *par rapport aux points cardinaux, à une direction*] orientare: *orienter une maison au sud* orientare una casa a sud **2** *orienter une carte, un plan* [*y porter les repères des points cardinaux*] orientare una carta, una pianta **3** (*math.*) *orienter une droite* [*lui donner un sens positif*] orientare una retta **4** [*indiquer à* (*qqn.*) *la direction à prendre*] orientare, indirizzare: *orienter un voyageur égaré* orientare, indirizzare un viaggiatore smarrito; *orienter les recherches* orientare, indirizzare le ricerche; *orienter un élève* orientare, indirizzare un alunno → **conduire, diriger, guider** **B** *v.pron. réfl.* S'ORIENTER **1** [*déterminer la position que l'on occupe par rapport aux points cardinaux*] orientarsi, orizzontarsi: *elle ne sait pas s'orienter dans cette ville* non sa orientarsi, orizzontarsi in questa città → **repérer (se)** **2** [*diriger son activité* (*vers qqch.*)] orientarsi, indirizzarsi: *s'orienter vers la recherche* orientarsi, indirizzarsi verso la ricerca; *le parti s'oriente à gauche* il partito si orienta a sinistra.

orienteur, euse |ɔʀjɑ̃tœʀ, øz| *s.* **1** (*s.*) *orienteur* (*professionnel*) consigliere d'orientamento scolastico (o professionale) **2** *s.m.* (*techn.*) orientatore.

orifice |ɔʀifis| *s.m.* **1** orifizio*, orificio*: *orifice d'un puits, d'un tuyau* orifizio di un pozzo, di un tubo; *boucher un orifice* turare un orifizio **2** (*anat.*) orifizio, orificio.

oriflamme |ɔʀifla(ɑ)m| *s.f.* orifiamma.

origan |ɔʀigɑ̃| *s.m.* (*t.bot.*) origano. ◇ [*aromate tiré de la plante*] origano.

originaire |ɔʀiʒinɛʀ| *adj.* originario*: *il est originaire de Grenoble* è originario di Grenoble; *la bouillabaisse est originaire de Marseille* la 'bouillabaisse' è originaria di Marsiglia # *vice originaire* vizio d'origine.

originairement |ɔʀiʒinɛʀmɑ̃| *adv.* [*à l'origine*] originariamente → **originellement.**

original, aux |ɔʀiʒinal, o| *s.m.* originale: *copie conforme à l'original* copia conforme all'originale; *traduction qui s'éloigne de l'original* traduzione che si allontana dall'originale ◇ (*par ext.*) *la ressemblance du portrait avec l'original est frappante* la somiglianza tra il ritratto e l'originale è sorprendente.

original, ale, aux |ɔʀiʒinal, o| *adj.* **I 1** originale: *documents originaux* documenti originali; *édition originale* edizione originale; *copie originale* copia originale ✦ (*s.f.*) *l'originale des 'Liaisons dangereuses'* l'originale *m.* delle 'Liaisons dangereuses' **2** (*littér.*) [*primitif*] originario*, originale **II 1** [*qui paraît ne dériver de rien d'antérieur, qui est unique*] originale: *avoir des vues, des idées originales* avere delle opinioni, delle idee originali → **inédit, neuf, nouveau** ◇ (*personnes*) *artiste original* artista originale **2** [*bizarre, peu normal*] originale → **étrange, singulier, spécial** ✦ (*s.*) *c'est un original* è un originale → **numéro, phénomène** 🄲 II 1 **banal, commun, conformiste.**

originalement |ɔʀiʒinalmɑ̃| *adv.* (*rare*) [→ ORIGINAL II 1] originalmente, in modo originale *loc. inv.*

originalité |ɔʀiʒinalite| *s.f.* originalità (*inv.*): *l'originalité d'un écrivain, d'une œuvre* l'originalità di uno scrittore, di un'opera; *il se fait remarquer par son originalité* si fa notare per la sua originalità; *c'est une des originalités de ce nouveau modèle* è una delle originalità di questo nuovo modello → **nouveauté.**

origine |ɔʀiʒin| *s.f.* **I 1** (*personnes*) origine: *pays d'origine* paese d'origine; *être d'origine modeste* essere di modeste origini; *il est d'origine française* è di origine francese → **ascendance, extraction, souche** ◇ (*animaux*) → **pedigree 2** (*choses*) origine: *une coutume d'origine ancienne* un'usanza di antica origine; *origine d'un mot* origine di una parola → **étymologie 3** [*point de départ* (*de ce qui est envoyé*)] origine: *l'origine d'un appel téléphonique* l'origine di una telefonata; *les nerfs ont leur origine dans la moelle épinière* i nervi hanno origine dal midollo spinale → **provenance 4** (*sc.*) origine: *méridien d'origine* meridiano d'origine **II 1** [*commencement, première apparition ou manifestation*] origine: *à l'origine du monde* all'origine del mondo → **création, naissance** ◇ (*loc. adv.*) *à l'origine* [*au début*] in origine ◇ (*au plur.*) *les origines de la vie* le origini della vita **2** [*ce qui explique l'apparition ou la formation d'un fait nouveau*] origine: *origine d'une révolution* origine di una rivoluzione → **1 cause, source.**

originel, elle |ɔʀiʒinɛl| *adj.* originale: *sens originel d'un mot* senso originale di una parola → **originaire; premier, primitif** ◇ (*relig. chrét.*) *le péché originel* il peccato originale.

originellement |ɔʀiʒinɛlmɑ̃| *adv.* [→ ORIGINEL] originariamente → **primitivement.**

orillon |ɔʀijɔ̃| *s.m.* **1** (*vx., région.*) [*objet ou partie d'instrument en forme de petite oreille*] orecchia (*f.*): *orillons d'une écuelle* orecchie di una scodella **2** (*fortif.*) *orillons d'un bastion* orecchioni di un bastione.

orin |ɔʀɛ̃| *s.m.* (*mar.*) grippia *f.*

oripeau |ɔʀipo| *s.m.* **1** (*techn.*) orpello, similoro **2** (*fig., littér.*) [*faux éclat, apparence brillante et trompeuse*] orpello **3** (*au plur.*) [*vêtements voyants, vieux habits dont un reste de clinquant fait ressortir l'usure*] orpelli.

orle |ɔʀl(ə)| *s.m.* **1** (*mar.*) *orle d'une voile* orlo di una vela **2** (*archit., blas.*) orlo.

orléanais, aise |ɔʀleanɛ, ɛz| *adj.* [*de Orléans* (*ville et Région*)] orleanese.

orléaniste |ɔʀleanist(ə)| *s.* orleanista ✦ *adj.* (*hist.*) *le parti orléaniste* il partito orleanista.

orlon |ɔʀlɔ̃| *s.m.* (*nom déposé*) orlon *inv.*

ormaie |ɔʀmɛ|, **ormoie** |ɔʀmwa| *s.f.* [*lieu planté d'ormes*] olmeto *m.*, olmaia.

orme |ɔʀm(ə)| *s.m.* (*t.bot.*) olmo ◇ [*bois de cet arbre*] olmo ◇ (*loc. fam.*) *attendez-moi sous l'orme* [*vous pouvez m'attendre, je ne viendrai pas*] può (potete) aspettare!

1 **ormeau** |ɔʀmo| *s.m.* piccolo olmo, giovane olmo.

2 **ormeau** |ɔʀmo|, **ormet** |ɔʀmɛ|, **ormier** |ɔʀmje| *s.m.* (*t.zool.*) orecchia *f.* di mare, aliotide *f.*

ormille |ɔʀmij| *s.f.* (*région.*) piccolo olmo *m.* ◇ (*par ext.*) filare *m.* di olmi, olmata (*rare*).

orne |ɔʀn(ə)| *s.m.* (*région.*) [*sillon tiré entre les rangées de ceps*] solco*.

ornemaniste |ɔʀnəmanist(ə)| *s.* (*bx-arts*) ornatista ✦ (*appos.*) *sculpteur ornemaniste* scultore ornatista.

ornement |ɔʀnəmɑ̃| *s.m.* **1** [→ ORNER] ornamento → **décoration** # *arbres, plantes d'ornement* alberi, piante ornamentali **2** [*ce qui orne, s'ajoute à un ensemble pour l'embellir*] ornamento: *ornements de passementerie* ornamenti di passamaneria ◇ (*liturg.*) *ornements sacerdotaux* paramenti sacerdotali **3** [*motif accessoire* (*d'une composition artistique*)] ornamento: *les ornements d'un édifice* gli ornamenti di un edificio **4** (*mus.*) ornamento.

ornemental, ale, aux |ɔʀnəmɑ̃tal, o| *adj.* ornamentale: *style ornemental* stile ornamentale; *motif ornemental* motivo ornamentale; *plantes ornementales* piante ornamentali.

ornementation |ɔʀnəmɑ̃tɑsjɔ̃| *s.f.* [→ ORNEMENTER] ornamentazione: *l'ornementation d'une façade* l'ornamentazione di una facciata.

ornementer |ɔʀnəmɑ̃te| *v.tr.* [*embellir par des ornements*] ornare → 1 **décorer.**

orner |ɔʀne| *v.tr.* [*mettre en valeur, embellir* (*une chose*)] ornare: *orner une façade de drapeaux* ornare una facciata di bandiere → **agrémenter, 1 décorer** # *orner un livre d'enluminures* illustrare un libro con miniature ✦ (*au p.p.*) *une chemise ornée de dentelles* una camicia ornata di pizzi ✦ (*absolt.*) *un discours trop orné* un discorso troppo ornato; *lettre ornée* capolettera.

ornière |ɔʀnjɛʀ| *s.f.* **1** [*trace que les roues des voitures creusent dans les chemins*] rotaia, carreggiata **2** (*fig.*) [*chemin tout tracé, habituel, où l'on s'enlise*] trantran (*m. inv.*): *il reste dans l'ornière* si mantiene nel solito trantran → **routine** ◇ (*loc.*) *sortir de l'ornière* uscire di carreggiata.

ornitho- |ɔʀnitɔ| *préf.* (*signifiant 'oiseau', correspond généralt. à*) ornito: *ornithologie* ornitologia.

ornithogale |ɔʀnitɔgal| *s.m.* (*t. bot.*) ornitogalo.

ornithologie |ɔʀnitɔlɔʒi| *s.f.* ornitologia*.

ornithologique |ɔʀnitɔlɔʒik| *adj.* ornitologico*.

ornithologiste |ɔʀnitɔlɔʒist(ə)|, **ornithologue** |ɔʀnitɔlɔg| *s.* ornitologo*.

ornithomancie |ɔʀnitɔmɑ̃si| *s.f.* (*antiq.*) ornitomanzia.

ornithorynque |ɔʀnitɔʀɛ̃k| *s.m.* (*t.zool.*) ornitorinco*.

ornithose |ɔʀnitoz| *s.f.* (*méd.*) ornitosi *inv.*

oro- |ɔʀɔ| *préf.* (*signifiant 'montagne', correspond généralt. à*) oro: *orogénèse* orogenesi.

orobanche |ɔʀɔbɑ̃ʃ| *s.f.* (*t.bot.*) orobanche, succiamele *m. inv.*

orobe |ɔʀɔb| *s.m.* (*t.bot.*) orobo.

orogénèse |ɔʀɔʒenɛz| *s.f.* (*géol.*) orogenesi *inv.*

orogénie |ɔʀɔʒeni| *s.f.* **1** → **orogénèse 2** scienza orogenetica*.

orogénique |ɔʀɔʒenik| *adj.* orogenetico*.

orographie |ɔʀɔgʀafi| *s.f.* orografia: *l'orographie de l'Europe* l'orografia dell'Europa.

orographique |ɔʀɔgʀafik| *adj.* orografico*.

oro-hydrographie |ɔʀɔidʀɔgʀafi| *s.f.* oroidrografia.

oro-hydrographique |ɔʀɔidʀɔgʀafik| *adj.* oroidrografico*.

oronge |ɔʀɔ̃ʒ| *s.f.* (*t.bot.*) ovolo *m.* ~ *fausse oronge* ovolo malefico, ovolaccio* *m.* ~ *oronge vineuse* tignosa vinata ~ *oronge vraie* ovolo buono, cocco* *m.*

oropharynx |ɔʀofaʀɛ̃ks| *s.m.* (*anat.*) orofaringe *f.*

orpaillage |ɔʀpajaʒ| *s.m.* lavaggio* delle sabbie aurifere.

orpailleur |ɔʀpajœʀ| *s.m.* cercatore di sabbie aurifere ◇ (*par ext.*) cercatore d'oro.

orphelin, ine |ɔʀfəlɛ̃, in| *s.* orfano: *un orphelin de père et de mère* un orfano di padre e di madre ◇ (*loc. fam.*) *il défend la veuve et l'orphelin* è il difensore dei deboli e degli oppressi ✦ (*adj.*) *un enfant orphelin* un bambino orfano.

orphelinat |ɔʀfəlina| *s.m.* [*établissement destiné à élever des orphelins*] orfanotrofio*.

orphéon |ɔʀfeɔ̃| *s.m.* [*fanfare*] banda *f.*

orphéoniste |ɔʀfeɔnist(ə)| *s.* [*membre d'un orphéon*] bandista.

orphie |ɔʀfi| *s.f.* (*t.zool.*) aguglia.

orphique |ɔʀfik| *adj.* orfico*: *mystères orphiques* misteri orfici; *poésie orphique* poesia orfica.

orphisme |ɔʀfism(ə)| *s.m.* orfismo.

orpiment |ɔʀpimɑ̃| *s.m.* (*chim. anc., techn.*) orpimento.

orpin |ɔʀpɛ̃| *s.m.* **1** (*chim. anc., techn.*) → **orpiment 2** (*t.bot.*) → **sedum.**

orque |ɔʀk(ə)| *s.m.* (*t.zool.*) orca* *f.*

orseille |ɔʀsɛj| *s.f.* (*t.bot.*) roccella ◇ (*techn.*) oricello *m.*

orteil |ɔʀtɛj| *s.m.* dito* (del piede): *les cinq orteils* le cinque dita del piede ◇ (*spécialt.*) *le gros orteil, l'orteil* l'alluce.

orth(o)- |ɔʀt(ɔ)| *préf.* (*signifiant 'droit, correct', correspond généralt. à*) ort(o): *orthocentre* ortocentro; *orthochromatique* ortocromatico.

orthocentre |ɔʀtɔsɑ̃tʀ(ə)| *s.m.* (*géom.*) ortocentro.

orthochromatique |ɔʀtɔkʀɔmatik| *adj.* (*photo.*) ortocromatico*: *plaque orthochromatique* lastra ortocromatica.

orthoclase |ɔʀtɔklaz| *s.f.*, **orthose** |ɔʀtoz| *s.m.* (*minér.*) ortoclasio* *m.*

orthodontie |ɔʀtɔdɔ̃ti| *s.f.* ortodonzia.

orthodoxe |ɔʀtɔdɔks(ə)| *adj.* **1** [*conforme au dogme, à la doctrine d'une relig.*] ortodosso: *théologien orthodoxe* teologo ortodosso ✦ (*s.*) *les orthodoxes* gli ortodossi **2** [*conforme à une doctrine, aux opinions et usages établis*] ortodosso: *morale orthodoxe* morale ortodossa; *cette manière de procéder n'est pas très orthodoxe* questo modo di proce-

dere non è molto ortodosso → **conformiste, traditionnel** **3** (*se dit des églises chrét. des rites d'Orient*) ortodosso: *église orthodoxe russe, grecque* chiesa ortodossa russa, greca ◆ (*s.*) *les orthodoxes grecs* gli ortodossi greci.
orthodoxie |ɔʀtɔdɔksi| *s.f.* **1** ortodossia: *l'orthodoxie catholique* l'ortodossia cattolica **2** [*caractère orthodoxe* (*d'une proposition, d'une personne*)] ortodossia: *l'orthodoxie d'une déclaration* l'ortodossia di una dichiarazione.
orthodromie |ɔʀtɔdʀɔmi| *s.f.* ortodromia.
orthodromique |ɔʀtɔdʀɔmik| *adj.* ortodromico*: *navigation orthodromique* navigazione ortodromica.
orthoépie |ɔʀtɔepi| *s.f.* (*ling.*) ortoepia.
orthoépique |ɔʀtɔepik| *adj.* (*ling.*) ortoepico*.
orthogénèse |ɔʀtɔʒenɛz|, **orthogenèse** |ɔʀtɔʒənɛz| *s.f.* (*biol.*) ortogenesi *inv.*
orthogénie |ɔʀtɔʒeni| *s.f.* (*méd.*) ortogenia.
orthogénisme |ɔʀtɔʒenism(ə)| *s.m.* (*méd.*) ortogenismo.
orthognathe |ɔʀtɔɲat(ə)| *adj.* (*anthrop.*) ortognato.
orthognatisme |ɔʀtɔɲatism(ə)| *s.m.* (*anthrop.*) ortognatismo.
orthogonal, ale, aux |ɔʀtɔgɔnal, o| *adj.* (*géom.*) ortogonale: *droites orthogonales* rette ortogonali; *plans orthogonaux* piani ortogonali; *projection orthogonale* proiezione ortogonale.
orthogonalement |ɔʀtɔgɔnalmɑ̃| *adv.* [→ ORTHOGONAL] ortogonalmente.
orthographe |ɔʀtɔgʀaf| *s.f.* **1** ortografia: *faute d'orthographe* errore di ortografia; *vérifier l'orthographe d'un mot dans le dictionnaire* verificare l'ortografia di una parola sul dizionario **2** [*manière particulière dont on écrit les mots*] grafia: *mots qui ont la même orthographe* parole che hanno la stessa grafia.
orthographie |ɔʀtɔgʀafi| *s.f.* (*rare, géom.*) proiezione ortogonale.
orthographier |ɔʀtɔgʀafje| **A** *v. tr.* [*écrire du point de vue de l'orthographe*] scrivere (182) correttamente, ortografare (*rare*) **B** *v.pron. passif* s'ORTHOGRAPHIER [→ *tr.*] scriversi: *son nom s'orthographie avec deux 'r'* il suo nome si scrive con due 'r'.
orthographique |ɔʀtɔgʀafik| *adj.* ortografico*: *signes orthographiques* segni ortografici ◇ [*relatif à l'orthographie*] *projection orthographique* proiezione ortografica.
orthographiquement |ɔʀtɔgʀafikmɑ̃| *adv.* [→ ORTHOGRAPHIQUE] ortograficamente.
orthomorphique |ɔʀtɔmɔʀfik| *adj.* ortomorfico*.
orthonormé, ée |ɔʀtɔnɔʀme| *adj.* ortonormale.
orthopédie |ɔʀtɔpedi| *s.f.* (*méd.*) ortopedia: *orthopédie préventive* ortopedia preventiva.
orthopédique |ɔʀtɔpedik| *adj.* (*méd.*) ortopedico*: *appareil orthopédique* apparecchio ortopedico.
orthopédiste |ɔʀtɔpedist(ə)| *s. et adj.* ortopedico*.
orthophonie |ɔʀtɔfɔni| *s.f.* (*méd., phonét., phys.*) ortofonia.
orthophonique |ɔʀtɔfɔnik| *adj.* **1** (*phys.*) ortofonico*: *microphones orthophoniques* microfoni ortofonici **2** (*phonét.*) ortofonico **3** (*méd.*) ortofonico: *méthodes orthophoniques* metodi ortofonici.
orthophoniste |ɔʀtɔfɔnist(ə)| *s.* ortofonista.
orthophrénie |ɔʀtɔfʀeni| *s.f.* (*méd.*) ortofrenia.
orthophrénique |ɔʀtɔfʀenik| *adj.* (*méd.*) ortofrenico*: *institut orthophrénique* istituto ortofrenico.
orthopnée |ɔʀtɔpne| *s.f.* (*méd.*) ortopnea.
Orthoptères |ɔʀtɔptɛʀ| *s.m. pl.* (*t. zool.*) Ortotteri.
orthoptique |ɔʀtɔptik| (*méd.*) **1** *adj.* ortottico* **2** *s.f.* ortottica*.
orthorhombique |ɔʀtɔʀɔ̃bik| *adj.* (*minér.*) *cristal orthorhombique* cristallo ortorombico*.
orthoscopique |ɔʀtɔskɔpik| *adj.* (*photo.*) ortoscopico*.
orthose |ɔʀtoz| *s.m.* (*minér.*) ortosio*, ortoclasio*.
orthostatique |ɔʀtɔstatik| *adj.* ortostatico*: *albuminurie orthostatique* albuminuria ortostatica.
orthosympathique |ɔʀtɔsɛ̃patik| *adj.* (*anat.*) ortosimpatico*.
orthotrope |ɔʀtɔtʀɔp| *adj.* (*bot.*) ortotropo.
ortie |ɔʀti| *s.f.* (*t.bot.*) ortica* ◇ (*cour.*) *piqûre d'ortie* puntura di ortica ◇ (*loc.*) *jeter le froc aux orties* gettare la tonaca alle ortiche.
ortolan |ɔʀtɔlɑ̃| *s.m.* (*t.zool.*) ortolano ◇ (*loc.*) *manger des ortolans* [*une nourriture délicate et recherchée*] mangiare delle leccornie *f.*
orvale |ɔʀval| *s.f.* (*t.bot.*) chiarella maggiore.
orvet |ɔʀvɛ| *s.m.* (*t.zool.*) orbettino.
orviétan |ɔʀvjetɑ̃| *s.m.* (*dans la loc.*) *marchand, vendeur d'orviétan* → **charlatan, imposteur.**
oryctérope |ɔʀikteʀɔp| *s.m.* (*t. zool.*) oritteropo.
oryx |ɔʀiks| *s.m.* (*t.zool.*) orice.
os |ɔs; (*plur.*) o| *s.m.* **1** (*personnes*) osso*: *les os de la main, du bassin* le ossa della mano, del bacino; *avoir de gros os, de petits os* avere ossa grosse, piccole; *avoir des os saillants* avere le ossa sporgenti ◇ (*loc.*) *n'avoir que la peau sur les os* essere ridotto a pelle e ossa ~ *c'est un sac d'os, un paquet d'os* è un sacco d'ossa ~ *se rompre les os* rompersi l'osso del collo ~ *en chair et en os* in carne e ossa ~ *il ne fera pas de vieux os* non diventerà vecchio, non vivrà a lungo ~ *être mouillé, trempé jusqu'aux os* essere bagnato fino all'osso, fino al midollo ◇ (*loc. vulg.*) *il l'a eu dans l'os* [*il a été trompé*] l'ha preso nel culo; è stato fregato (*pop.*) **2** (*animaux*) osso: *des os de poulet* degli ossi di · pollo; *viande vendue avec os, sans os* carne venduta con l'osso, senza osso; *ronger un os* rosicchiare un osso # *os à moelle* ossobuco ◇ (*loc. fam.*) *tomber sur un os* incappare in una difficoltà; *il y a un os* c'è una difficoltà, un intoppo **3** (*anat.*) osso: *os longs, plats, courts* ossa lunghe, piatte, corte; *articulation des os* articolazione delle ossa **4** *les os* [*restes d'un être vivant, après sa mort*] le ossa → **ossements** **5** [*matière d'objets faits avec des os*] osso: *couteau à manche en os* coltello con manico d'osso ◇ (*par anal.*) *os de seiche* osso di seppia.
oscabrion |ɔskabʀijɔ̃| *s.m.* (*t.zool.*) chitone.
oscar |ɔskaʀ| *s.m.* (*ciné.*) oscar *inv.* ◇ (*par ext.*) *oscar de la chanson, de la publicité* oscar della canzone, della pubblicità.
oscillant, ante |ɔsilɑ̃, ɑ̃t| *adj.* **1** oscillante ◇ (*phys.*) *circuits oscillants* circuiti oscillanti **2** (*fig.*) [*qui passe par des alternatives, varie*] esitante, titubante → **incertain.**
oscillateur |ɔsilatœʀ| *s.m.* (*phys.*) oscillatore: *oscillateur à cristal* oscillatore a cristallo, a quarzo; *oscillateur à lampe* oscillatore a valvola.
oscillation |ɔsilɑsjɔ̃| *s.f.* **1** [→ OSCILLER 1] oscillazione: *oscillation d'un pendule* oscillazione di un pendolo; *oscillations d'un navire* oscillazioni di una nave → **1 battement, balancement** ◇ (*sc.*) *oscillation simple, double* (*complète*) oscillazione semplice, completa; *oscillations synchrones* oscillazioni sincroniche; *oscillations électriques* oscillazioni elettriche; *oscillations de la tension artérielle* oscillazioni della tensione arteriosa **2** (*fig.*) oscillazione, fluttuazione: *oscillations de l'opinion* oscillazioni, fluttuazioni dell'opinione pubblica → **variation.**
oscillatoire |ɔsilatwaʀ| *adj.* (*sc.*) oscillatorio*: *phénomène oscillatoire* fenomeno oscillatorio.
osciller |ɔsile| *v.intr.* **1** [*aller de part et d'autre d'une position moyenne par un mouvement alternatif*] oscillare: *pendule qui oscille* pendolo che oscilla → **balancer (se)**; *le courant d'air fit osciller la flamme* la corrente d'aria fece oscillare la fiamma → **vaciller** **2** (*fig.*) [*varier en passant par des alternatives*] tentennare: *osciller entre deux partis* tentennare tra due alternative → **hésiter.**
oscillogramme |ɔsilɔgʀam| *s.m.* (*sc.*) oscillogramma.
oscillographe |ɔsilɔgʀaf| *s.m.* **1** (*mar.*) oscillografo **2** (*électr.*) oscillografo: *oscillographe cathodique* oscillografo a raggi catodici → **oscilloscope.**
oscillomètre |ɔsilɔmɛtʀ(ə)| *s.m.* **1** (*électr.*) → **oscillographe** **2** (*méd.*) oscillometro.
oscilloscope |ɔsilɔskɔp| *s.m.* (*phys.*) oscilloscopio*.
osculateur, trice |ɔskylatœʀ, tʀis| *adj.* (*géom.*) osculatore*: *plan osculateur* piano osculatore.
osculation |ɔskylɑsjɔ̃| *s.f.* (*géom.*) osculazione.
oscule |ɔskyl| *s.m.* (*zool.*) osculo.
-ose |oz| *suff.* **1** (*servant à former des noms d'hydrates de carbone, correspond généralt. à*) osio: *dextrose* destrosio **2** (*servant à former des noms de maladies non inflammatoires, correspond généralt. à*) osi: *névrose* nevrosi.
ose |oz| *s.m.* (*biol., chim.*) oso.
osé, ée |oze| *adj.* **1** [*qui est fait avec audace*] audace, temerario*: *tentative osée* tentativo audace, temerario; *c'est bien osé de votre part* è molto audace da parte vostra → **hardi, risqué** ◇ [*qui risque de choquer les bienséances*] spinto, licenzioso: *plaisanteries osées* scherzi spinti, licenziosi **2** (*personnes*) [*qui montre de la hardiesse ou de l'effronterie*] audace, temerario.
oseille |ozɛj| *s.f.* **1** (*t.bot.*) acetosa ◇ (*loc. pop.*) *il veut nous la faire à l'oseille* [*nous tromper*] vuol fregarci, vuol

menarci per il naso (*cour.*) **2** (*pop.*) [*argent*] grana: *ils ont piqué l'oseille* ha fregato la grana → **fric.**
oser |oze| *v.tr.* **1** (*littér.*) *oser qqch.* [*entreprendre avec assurance* (*une chose considérée comme difficile*)] osare q.c., rischiare q.c. (*cour.*) **2** *oser faire qqch.* [*avoir l'audace, le courage, la hardiesse de*] osare fare q.c.: *je n'ose plus rien dire* non oso dire più niente ◇ (*négatif, sans 'pas', avec un sens plus faible*) *il n'osait faire un mouvement* non osava muovere un dito ◇ [*avoir l'impudence de*] *il a osé me faire des reproches* ha osato rimproverarmi ◇ (*avec une intention de menace ou de défi*) *ose répéter ce que tu viens de dire* osa ripetere, prova a ripetere quello che hai detto ◇ (*précaution oratoire*) *j'ose espérer que vous accepterez* oso sperare che lei accetterà; *si j'ose dire* se posso dirlo ◇ (*comme souhait*) *j'ose l'espérer* oso sperarlo **3** *absolt.* [*se montrer audacieux, téméraire, prendre des risques*] osare: *il faut oser!* bisogna osare! ◻C **craindre, hésiter.**
oseraie |ozʀɛ| *s.f.* [*endroit, terrain planté d'osiers*] vincheto *m.*
oside |ozid| *s.m.* (*chim.*) oside.
osier |ozje| *s.m.* **1** (*t.bot.*) vinco* **2** [*rameau d'osier employé pour la confection de liens et d'ouvrage de vannerie*] vimine: *panier d'osier* cestino di vimini.
osiériculture |ozjeʀikyltyʀ| *s.f.* coltura di vinchi.
osmique |ɔsmik| *adj.* (*chim.*) *acide osmique* acido osmico*.
osmiridium |ɔsmiʀidjɔm| *s.m.* (*chim.*) osmiridio*.
osmium |ɔsmjɔm| *s.m.* (*chim.*) osmio*.
osmologie |ɔsmɔlɔʒi| *s.f.* (*méd.*) osmologia*.
osmomètre |ɔsmɔmɛtʀ(ə)| *s.m.* (*phys.*) osmometro.
osmonde |ɔsmɔ̃d| *s.f.* (*t.bot.*) osmunda.
osmose |ɔsmoz| *s.f.* (*phys.*) osmosi *inv.* ◇ (*fig.*) *il y a eu une sorte d'osmose entre ces deux courants de pensée* c'è stata una specie di osmosi tra queste due correnti di pensiero.
osmotique |ɔsmɔtik| *adj.* (*phys.*) osmotico*: *tension osmotique* pressione osmotica.
osque |ɔsk(ə)| **1** *adj.* [*d'un peuple primitif de l'Italie*] osco* ✦ *s.* (*hist.*) *les Osques* gli Oschi **2** (*s.m.*) *l'osque* [*la langue*] l'osco.
ossature |ɔsatyʀ| *s.f.* **1** ossatura: *une ossature robuste* un'ossatura robusta → **squelette** **2** [*ensemble des parties essentielles et résistantes qui soutient un tout*] ossatura: *l'ossature en béton d'un immeuble* l'ossatura in cemento armato di un edificio → **charpente** ◇ (*fig.*) *l'ossature d'un discours* l'ossatura di un discorso.
osséine |ɔsein| *s.f.* (*chim.*) osseina.
osselet |ɔslɛ| *s.m.* **1** (*anat.*) *les osselets de l'oreille* gli ossicini dell'orecchio **2** (*jeu*) astragalo, aliosso **3** (*vétér.*) soprosso.
ossements |ɔsmɑ̃| *s.m. pl.* [*os décharnés et desséchés de cadavres d'hommes ou d'animaux*] ossa (*f.*): *ossements fossiles* ossa fossili.
osseux, euse |ɔsø, øz| *adj.* **1** [*qui est propre aux os*] osseo: *tissu osseux* tessuto osseo; *tuberculose osseuse* tubercolosi ossea ◇ (*chir.*) *greffe osseuse* trapianto osseo **2** [*qui possède des os*] osseo: *poisson osseux* pesce osseo **3** [*qui est constitué par des os*] osseo: *carapace osseuse* guscio osseo **4** [*dont les os sont saillants, très apparents*] ossuto: *un visage osseux* un viso ossuto ◻C **4 dodu, gras.**
ossianique |ɔsjanik| *adj.* ossianico*.
ossifère |ɔsifɛʀ| *adj.* (*géol.*) ossifero.
ossification |ɔsifikɑsjɔ̃| *s.f.* [→ OSSIFIER A] ossificazione: *ossification des fontanelles* ossificazione delle fontanelle.
ossifier |ɔsifje| **A** *v.tr.* [*convertir en tissu osseux*] ossificare **B** *v.pron. intr.* S'OSSIFIER [*se transformer en tissu osseux*] ossificarsi.
osso buco |ɔsɔbuko| *s.m. inv.* (*cuis.*) ossobuco* (*var.*): *des osso buco* degli ossibuchi.
ossu, ue |ɔsy| *adj.* (*rare*) [*qui a de gros os*] ossuto (*cour.*).
ossuaire |ɔsɥɛʀ| *s.m.* ossario*.
-oste |ɔst(ə)| *suff.* (*signifiant 'os', correspond généralt. à*) ostio: *périoste* periostio.
ostéalgie |ɔstealʒi| *s.f.* (*méd.*) ostealgia*.
ostéite |ɔsteit| *s.f.* (*méd.*) osteite: *ostéite chronique, tuberculeuse* osteite cronica, tubercolosa.
ostensible |ɔstɑ̃sibl(ə)| *adj.* **1** (*vx.*) [*qui peut être montré sans inconvénient*] ostensibile (*littér.*) **2** [*qui est fait sans se cacher ou avec l'intention d'être remarqué*] ostentato: *attitude ostensible* atteggiamento ostentato; *démarche ostensible* andatura ostentata → **apparent, ouvert, visible.**
ostensiblement |ɔstɑ̃sibləmɑ̃| *adv.* **1** [→ OSTENSIBLE 1] ostensibilmente **2** [→ OSTENSIBLE 2] ostentatamente.
ostensif, ive |ɔstɑ̃sif, iv| *adj.* (*philo.*) ostensivo.
ostensoir |ɔstɑ̃swaʀ| *s.m.* (*liturg.*) ostensorio*.
ostentateur, trice |ɔstɑ̃tatœʀ, tʀis| *adj. et s.* ostentatore*.
ostentation |ɔstɑ̃tasjɔ̃| *s.f.* ostentazione: *agir par, avec ostentation* agire con ostentazione, ostentatamente → **orgueil, vanité** ◻C **discrétion, modestie.**
ostentatoire |ɔstɑ̃tatwaʀ| *adj.* (*littér.*) [*qui témoigne de l'ostentation*] ostentato (*cour.*): *témoignage, démonstration ostentatoire d'amitié* testimonianza, dimostrazione ostentata di amicizia.
ostéo(o)- |ɔste(ɔ)| *préf.* (*signifiant 'os', correspond généralt. à*) oste(o): *ostéologie* osteologia; *ostéomalacie* osteomalacia.
ostéoblaste |ɔsteɔblast(ə)| *s.m.* (*biol.*) osteoblasto.
ostéoclasie |ɔsteɔklazi| *s.f.* (*chir.*) osteoclasia.
ostéoclaste |ɔsteɔklast(ə)| *s.m.* (*biol.*) osteoclaste.
ostéogénie |ɔsteɔʒeni|, **ostéogénèse** |ɔsteɔʒenɛz| *s.f.* (*embryol.*) osteogenesi *inv.*
ostéoïde |ɔsteɔid| *adj.* (*anat., méd.*) osteoide.
ostéolite |ɔsteɔlit(ə)| *s.f.* (*minér.*) osteolite.
ostéologie |ɔsteɔlɔʒi| *s.f.* osteologia*.
ostéologique |ɔsteɔlɔʒik| *adj.* osteologico*.
ostéologue |ɔsteɔlɔg| *s.m.* osteologo*.
ostéomalacie |ɔsteɔmalasi| *s.f.* (*méd.*) osteomalacia*.
ostéomyélite |ɔsteɔmjelit| *s.f.* (*méd.*) osteomielite.
ostéopériostite |ɔsteɔperjɔstit| *s.f.* (*méd.*) osteoperiostite.
ostéophyte |ɔsteɔfit| *s.m.* (*méd.*) osteofita.
ostéoplastie |ɔsteɔplasti| *s.f.* (*chir.*) osteoplastica*.
ostéoporose |ɔsteɔpɔʀoz| *s.f.* (*méd.*) osteoporosi *inv.*
ostéosarcome |ɔsteɔsaʀkom| *s.m.* (*méd.*) osteosarcoma.
ostéosynthèse |ɔsteɔsɛ̃tɛz| *s.f.* (*chir.*) osteosintesi *inv.*
ostéotomie |ɔsteɔtɔmi| *s.f.* (*chir.*) osteotomia.
ostiaire |ɔstjɛʀ| *s.m.* (*ecclés.*) ostiario*.
ostiak |ɔstjak| *s.m.* (*ling.*) ostiaco.
ostiariat |ɔstjaʀja| *s.m.* (*ecclés.*) ostiariato.
ostiole |ɔstjɔl| *s.m.* (*hist. naturelle*) ostiolo.
ostracé, ée |ɔstʀase| *adj.* (*zool.*) ostrace.
ostracisme |ɔstʀasism(ə)| *s.m.* (*hist., cour.*) ostracismo: *être frappé d'ostracisme* essere colpito da ostracismo, essere ostracizzato.
Ostracodes |ɔstʀakɔd| *s.m. pl.* (*t. zool.*) Ostracodi.
ostréi- |ɔstʀei| *préf.* (*signifiant 'huître', correspond généralt. à*) ostri: *ostréiculture* ostricoltura.
ostréicole |ɔstʀeikɔl| *adj.* [*qui a rapport à l'ostréiculture*] ostreario*.
ostréiculteur, trice |ɔstʀeikyltœʀ, tʀis| *s.* ostricoltore*.
ostréiculture |ɔstʀeikyltyʀ| *s.f.* ostricoltura.
Ostréidés |ɔstʀeide| *s.m. pl.* (*t. zool.*) Ostracidi.
ostrogot(h), got(h)e |ɔstʀɔgo, gɔt| *s. et adj.* **1** (*hist.*) ostrogoto **2** (*fig.*) [*homme malappris, ignorant et bourru*] ostrogoto ◇ [*personnage extravagant*] bizzarro, strambo.
otage |ɔtaʒ| *s.m.* ostaggio*: *otages civils* ostaggi civili; *servir d'otage* servire da ostaggio.
otalgie |ɔtalʒi| *s.f.* (*méd.*) otalgia*.
otalgique |ɔtalʒik| *adj.* (*méd.*) otalgico*.
otarie |ɔtaʀi| *s.f.* (*t.zool.*) otaria.
ôter |ote| **A** *v.tr.* **1** [*enlever* (*un objet*) *de la place qu'il occupait*] togliere (123): *ôter les assiettes en desservant* togliere i piatti sparecchiando; *ôtez-lui ce couteau des mains* toglietegli quel coltello di mano; *cela m'ôte un poids de dessus la poitrine* (questo) mi toglie un peso dallo stomaco → **soulager**; *on ne m'ôtera pas de l'idée que c'est un mensonge* nessuno mi toglierà dalla testa che è una bugia → **retirer** **2** [*enlever* (*ce qui habille, couvre, protège*)] togliersi: *ôter son chapeau, ses gants* togliersi il cappello, i guanti **3** [*faire disparaître* (*ce qui gêne, salit*)] togliere: *ôter une tache* togliere una macchia; *ôter les mauvaises herbes* togliere, strappare le erbacce **4** [*enlever* (*une partie d'un ensemble*)] togliere: *ôter un passage d'un ouvrage* togliere, sopprimere un passo da un'opera; *ôter une somme d'une autre* togliere, sottrarre una somma da un'altra **5** [*mettre hors de la portée, du pouvoir ou de la possession* (*de qqn.*)] togliere: *ôter un enfant*

à sa mère togliere un bambino alla madre; *ôter le pain de la bouche* togliere il pane di bocca; *ôter la vie* togliere la vita → **tuer**; *ôter à qqn. ses forces, son courage, l'appétit* togliere a qc. le forze, il coraggio, l'appetito → **enlever, retirer B** *v.pron. réfl.* S'ÔTER [*s'écarter*] togliersi: *ôtez-vous de là* toglietevi (si tolga) di lì; *ôtez-vous de devant moi* toglietevi (si tolga) dai piedi ◇ (*loc. fam.*) *ôte-toi de là que je m'y mette* togliti di lì che mi ci metto io.

ot(i)- |ɔt(i)|, **ot(o)-** |ɔt(ɔ)| *préf.* (*signifiant 'oreille', correspondent généralt. à*) ot(i), ot(o): *otite* otite ‖ *otorragie* otorragia.

otique |ɔtik| *adj.* (*rare*) [*de l'oreille, qui a rapport à l'oreille*] uditivo.

otite |ɔtit| *s.f.* (*méd.*) otite.

otocyon |ɔtɔsjɔ̃| *s.m.* (*t.zool.*) otocione.

otocyste |ɔtɔsist(ə)| *s.m.* (*anat.*) otocisti *f. inv.*

otolithe |ɔtɔlit| *s.m.* (*anat., zool.*) otolite.

otologie |ɔtɔlɔʒi| *s.f.* otoiatria.

otologiste |ɔtɔlɔʒist(ə)| *s.* [*médecin spécialisé en otologie*] otoiatra.

oto-rhino-laryngologie |ɔtɔʀinɔlaʀɛ̃gɔlɔʒi| *s.f.* otorinolaringoiatria.

oto-rhino-laryngologiste |ɔtɔʀinɔlaʀɛ̃gɔlɔʒist(ə)|, **oto-rhino** |ɔtɔʀino| *s.* otorinolaringoiatra.

otorragie |ɔtɔʀaʒi| *s.f.* (*méd.*) otorragia*.

otorr(h)ée |ɔtɔʀe| *s.f.* (*méd.*) otorrea.

otoscope |ɔtɔskɔp| *s.m.* (*méd.*) otoscopio*.

ottoman |ɔtɔmɑ̃| *s.m.* (*étoffe*) tessuto ottomano.

ottoman, ane |ɔtɔmɑ̃, an| *adj.* (*hist.*) ottomano: *empire ottoman* impero ottomano ✦ (*s.*) *les Ottomans* gli Ottomani.

ottomane |ɔtɔman| *s.f.* [*sorte de canapés*] ottomana.

ou |u| *conj.* (*qui joint des termes, membres de phrases ou propos. ayant même rôle ou même fonction, en séparant les idées exprimées*) **1** (*équivalence de formes désignant une même chose*) [*autrement dit*] o, ovvero, ossia: *le nom ou substantif* il nome o sostantivo **2** (*indifférence entre deux éventualités opposées*) o, oppure: *son père ou sa mère pourront l'accompagner* suo padre o, oppure sua madre potranno accompagnarlo; *je lui écrirai, ou plutôt j'irai le voir* gli scriverò, o piuttosto andrò a trovarlo; *donnez-moi le rouge ou bien le noir, peu importe* mi dia il rosso o, oppure il nero, non ha importanza **3** (*évaluation approximative par deux numér.*) o: *un groupe de quatre ou cinq hommes* un gruppo di quattro o cinque uomini **4** (*alternative*) o: *l'un ou l'autre* l'uno o l'altro; *c'est tout ou rien* è tutto o niente; *le père ou la mère auront la garde de l'enfant* il padre o la madre avranno la custodia del bambino; *acceptez-vous, oui ou non?* accetta, sì o no? ◇ (*après un impér. ou un subj. introduisant la conséquence qui doit résulter si l'ordre n'est pas observé*) o, se no: *donne-moi ça ou* (*alors*) *je me fâche* dammelo o, se no mi arrabbio → **sans (ça), sinon** ◇ (*spécialt.*) OU... OU... (*pour souligner l'exclusion d'un des deux termes*) o... o...: *ou bien c'est lui ou bien c'est moi, il faut choisir* o lui o io, bisogna scegliere.

où |u| **I** *pron. et adv. relatif* **1** [*dans le lieu indiqué ou suggéré par l'antécédent*] dove: *le pays où je suis né* il paese dove (in cui, nel quale) sono nato → **dans (lequel), sur (lequel)** ◇ (*loc.*) *elle le retrouva* LÀ OÙ *elle l'avait laissé* lo ritrovò (là) dove lo aveva lasciato ~ *la maison* D'OÙ *il sort* la casa da cui esce → **dont** ◇ (*avec un inf.*) *je cherche une villa où passer mes vacances* cerco una villa in cui, dove passare le vacanze **2** (*indiquant 'l'état, la situation' de qqn., qqch.; 'où' représentant d'autres prép.: 'à, pour', etc.*) in cui: *on ne peut le transporter dans l'état où il est* non è possibile trasportarlo nello stato in cui si trova; *du* (*au*) *train où vont les choses* dal modo in cui vanno le cose # *au prix où est le beurre* al prezzo a cui è arrivato il burro **3** (*indiquant 'le temps'*) in cui: *au moment où il arriva* nel momento in cui arrivò **II** *adv.* **1** [*là où, à l'endroit où*] dove: *j'irai où vous voudrez* andrò dove vorrete (vorrà); *on est puni par où l'on a péché* si viene puniti là dove si ha peccato; *où il est traité de...* dove si tratta di... → **là** ◇ *loc.* OÙ QUE (+ *subj.*) ovunque, dovunque (+ *subj.*): *où que vous alliez* ovunque, dovunque andiate; *où que tu sois* ovunque, dovunque tu sia **2** (*sens temporel: ne se traduit pas*) *mais où ma colère éclata, ce fut quand il nia tout* ma la mia collera scattò quando egli negò tutto **3** *loc.* D'OÙ (*marquant la conséquence*) donde: *d'où vient, d'où suit que...* donde consegue, donde deriva che... ◇ (*sans v. exprimé*) da lì: *il ne m'avait pas prévenu de sa visite: d'où mon étonnement* non mi aveva preavvisato del suo arrivo: da lì la mia sorpresa → **là (de là)** **III** *adv. interrogatif* **1** (*interrogation directe*) dove: *où est ton frère?* dov'è tuo fratello?; *où trouver cet argent?* dove trovare quei soldi?; *d'où vient-il?* da dove viene?; *par où est-il passé?* (da, per) dove è passato? **2** (*interrogation indirecte*) dove: *dis-moi où tu vas* dimmi dove vai; *je ne sais où aller* non so dove andare; *je vois où il veut en venir* vedo dove vuol arrivare ◇ *loc.* N'IMPORTE OÙ [*dans n'importe quel endroit*] ovunque, dovunque: *j'irais n'importe où* andrei ovunque, dovunque ~ *Dieu sait où* Dio sa dove.

ouabaïne |wabain| *s.f.* (*méd.*) uabaina.

ouailles |waj| *s.f. pl.* **1** [*les chrét., par rapport à l'un de leurs pasteurs*] pecorelle **2** *au sing.* (*vx.*) → **brebis.**

ouais! |wɛ| *interj.* (*fam.*) → **oui.**

ouate |wat| *s.f.* **1** [*laine, soie ou coton préparés pour garnir les doublures* (*de vêtements*), *pour rembourrer*] ovatta: *de l'ouate, de la ouate* dell'ovatta **2** [*coton spécialt. préparé pour servir aux soins d'hygiène*] cotone *m.* (idrofilo), ovatta: *tampon d'ouate* batuffolo di cotone.

ouaté, ée |wate| *adj.* [*garni d'ouate*] ovattato, imbottito ◇ (*fig.*) *un pas ouaté* un passo ovattato → **feutré.**

ouater |wate| *v.tr.* [*doubler, garnir d'ouate*] ovattare, imbottire (197): *il faut le ouater, l'ouater* bisogna ovattarlo, imbottirlo.

ouatine |watin| *s.f.* [*étoffe molletonnée utilisée pour doubler certains vêtements*] bambagina.

ouatiner |watine| *v.tr.* [*doubler de ouatine*] imbottire (197) di bambagina.

oubli |ubli| *s.m.* **1** [→ OUBLIER A 1] dimenticanza (*f.*): *oubli d'un nom, d'une date, d'un événement* dimenticanza di un nome, di una data, di un avvenimento → **lacune, trou** ◇ [*absence de souvenirs dans la mémoire collective*] oblio*: *un profond, un éternel oubli* un oblio profondo, eterno; *sauver une œuvre de l'oubli* salvare un'opera dall'oblio; *tomber dans l'oubli* cadere nell'oblio, nel dimenticatoio **2** UN OUBLI [*fait de ne pas effectuer ce qu'on devait faire* (*involontairement*)] una dimenticanza: *excusez-le de ne pas vous avoir prévenu: c'est un oubli* lo scusi se non l'ha avvertita, è stata una dimenticanza → **distraction, étourderie** # *l'oubli de ses devoirs, de la loi morale* il dimenticare i propri doveri, la legge morale **3** [*fait de ne pas prendre en considération, par indifférence ou mépris*] oblio # *oubli de soi-même* abnegazione ◇ (*spécialt.*) *pratiquer l'oubli des injures* perdonare le ingiurie → **pardon.**

oubliable |ublijabl(ə)| *adj.* (*rare*) [→ OUBLIER A 1, 2] dimenticabile.

oublie |ubli| *s.f.* (*vieilli*) [*petite gaufre en forme de cylindre ou de cornet*] cialda.

oublier |ublije| **A** *v.tr.* **1** [*ne pas avoir, ne pas retrouver le souvenir de* (*une chose, un événement, une personne*)] dimenticare, dimenticarsi *pron.*, scordare, scordarsi (*pron.*): *j'ai oublié le titre de cet ouvrage* ho dimenticato (mi sono dimenticato), ho scordato (mi sono scordato) il titolo di quest'opera; *il oublie tout* dimentica tutto, si dimentica (di) tutto; *oublier sa leçon* dimenticare, dimenticarsi la lezione **2** [*ne plus savoir pratiquer* (*un ensemble de connaissances, une technique*)] dimenticare, dimenticarsi: *oublier sa langue maternelle* dimenticare, dimenticarsi la lingua materna ✦ (*absolt.*) *il apprend vite et oublie de même* apprende alla svelta e dimentica ugualmente alla svelta **3** *être oublié* [*ne plus être connu*] essere dimenticato: *mourir complètement oublié* morire dimenticato da tutti; *cet homme du jour sera bientôt oublié* è un uomo del momento, sarà ben presto dimenticato; *se faire oublier* farsi dimenticare **4** [*cesser de penser à* (*ce qui est désagréable*)] dimenticare: *oubliez vos soucis* dimenticate le preoccupazioni; *boire pour oublier* bere per dimenticare **5** [*ne pas avoir à l'esprit* (*ce qui devrait tenir l'attention en éveil*)] dimenticare: *oublier ses responsabilités, son travail* dimenticare le proprie responsabilità, il proprio lavoro → **négliger, omettre** # *oublier l'heure* lasciar passare l'ora, il tempo ◇ (+ *inf.*) *il a oublié de nous prévenir* ha dimenticato, si è dimenticato di avvertirci ◇ (+ *que* + *ind.*) *vous oubliez que c'est interdit* lei dimentica che è vietato **6** [*négliger de mettre*] dimenticare (di mettere): *oublier le vinaigre dans la salade* dimenticare di mettere l'aceto nell'insalata → **omettre** ◇ [*négliger de prendre*] dimenticare: *j'ai oublié mon parapluie au cinéma* ho dimenticato l'ombrello al cinema → **laisser** **7** [*négliger* (*qqn.*) *en ne s'occupant pas de lui*] dimenticare, dimenticarsi: *oublier ses amis* dimenticare gli amici, dimenticarsi degli amici → **délaisser,**

désintéresser (se) ◇ [*ne pas donner qqch. à (qqn.)*] *n'oubliez pas le guide, s'il vous plaît* non dimenticate la mancia per la guida, per favore **8** [*refuser sciemment de faire cas d'une personne, de tenir compte d'une chose*] dimenticare: *vous oubliez vos promesses* lei dimentica le sue promesse; *vous oubliez qui je suis* lei dimentica chi sono io ◇ [*pardonner*] *n'en parlons plus, j'ai tout oublié* non parliamone più, ho dimenticato tutto **B** *v.pron.* S'OUBLIER **1** *passif* [*être oublié*] dimenticarsi: *ce genre d'affront ne s'oublie pas* questo genere di affronto non si dimentica **2** *réfl.* [*ne pas penser à soi, à ses propres intérêts*] trascurare *tr.* i propri interessi, non pensare *intr.* a sé stesso ◇ (*iron.*) *il ne s'est pas oublié* ha badato *intr.* ai suoi interessi! **3** *intr.* [*manquer aux égards dus* (*à autrui ou à soi-même*)] trascendere (105) *tr. et intr.* ◇ [*faire ses besoins là où il ne le faut pas*] sporcare *intr.*, fare (103) *tr.* i propri bisogni: *le chat s'est oublié dans la maison* il gatto ha sporcato in casa Ⓒ A 1 **rappeler (se), souvenir (se),** 7 **penser, (à), songer (à).**

oubliette |ublijɛt| *s.f.* (*souvent au plur.*) [*cachot où l'on enfermait ancienn. les condamnés à la prison perpétuelle*] segreta: *les oubliettes d'un château* le segrete di un castello ◇ (*fam.*) *jeter, mettre aux oubliettes* [*laisser de côté* (*qqn., qqch.*)] mettere nel dimenticatoio.

oublieux, euse |ublijø, øz| *adj.* [*qui oublie* (A 5, 7), *néglige de se souvenir de*] dimentico* (*littér.*), immemore (*littér.*) ◇ *loc.* OUBLIEUX DE dimentico di, immemore di: *oublieuse de ses devoirs* dimentica, immemore dei suoi doveri.

ouche |uʃ| *s.f.* (*dial.*) → **pâturage** ◇ [*terrain cultivé en potager ou planté d'arbres fruitiers*] orto *m.*; frutteto *m.*

oued |wɛd| *s.m.* (*géogr.*) uadi *inv.*

ouest |wɛst| **I** *s.m.* **1** ovest (*inv.*): *vent d'ouest* vento dell'ovest; *chambre exposée, orientée à l'ouest* stanza esposta a ovest **2** [*région proche de l'Ouest*] Ovest: *l'Ouest de la France* l'Ovest della Francia → **occident** # *la France de l'Ouest* la Francia occidentale ◇ *loc.* À L'OUEST DE a ovest di: *Dreux est à l'ouest de Paris* Dreux è a ovest di Parigi ◇ (*polit. internat.*) *les rapports entre l'Est et l'Ouest* i rapporti tra l'Est e l'Ovest, tra Oriente e Occidente **II** *adj. inv.* ovest; occidentale (*var.*): *longitude ouest* longitudine ovest ‖ *la côte ouest de la Corse* la costa occidentale della Corsica.

ouest-allemand, ande |wɛstalmɑ̃, ɑ̃d| *adj.* della Germania occidentale *loc. inv.*, tedesco-occidentale.

ouf! |uf| *interj.* (*exprimant 'le soulagement'*) ah!: *ouf! bon débarras* ah! che sollievo! ◇ (*loc.*) *il n'a pas eu le temps de dire ouf* non ha fatto a tempo a dire una sola parola.

ougrien, ienne |ugʀijɛ̃, ijɛn| *adj.* (*ling.*) *langues ougriennes* lingue ugriche.

oui |wi| *particule d'affirmation inv.* (*REM. on ne fait pas l'élision, sauf emploi fam.*) **I** *adv.* **1** (*dans une réponse positive à une question*) sì: *'venez-vous avec moi?' 'oui, monsieur'* 'viene con me?' 'sì, signore (sissignore)' → **certainement, certes**; *'êtes-vous satisfait?' 'oui et non'* 'è soddisfatto?' 'sì e no' ◇ (*renforcé par un adv., une loc. adv., une exclam.*) *mais oui* ma sì; *certes oui* certo che sì; *oui-da* sì, certo; *oui, bien sûr* sì, naturalmente; *mon Dieu oui* mio Dio, sì! **2** (*comme interrogatif*) sì: *ah oui?* ah sì? ◇ (*fam.*) *tu viens, oui?* vieni, sì?; *est-ce lui, oui ou non?* è lui, sì o no? **3** (*compl. direct*) sì: *il dit toujours oui* dice sempre di sì; *ne dire ni oui ni non* non dire né sì né no; *répondez-moi par oui ou par non* rispondetemi con un sì o con un no ◇ (*en subordonnée complétive*) *il semblerait que oui* sembrerebbe di sì; *en voulez-vous? si oui, prenez-le* lo vuole? se sì, lo prenda ◇ (*en phrase coordonnée ou juxtaposée*) *'sont-ils français?' 'lui, non, mais elle, oui'* 'sono francesi?' 'lui no, ma lei sì' **II** *s.m.* sì: *les millions de oui d'un référendum* i milioni di sì di un referendum ◇ (*loc.*) *par un oui ou par un non* [*à tout propos*] per un nonnulla.

ouï-dire |widiʀ| *s.m. inv.* [*ce qu'on ne connaît que pour l'avoir entendu dire*] diceria *f. var.*, voce *f. var.* ◇ (*loc.*) *par ouï-dire* per sentito dire.

ouïe |wi| *s.f.* **I** (*anat.*) udito (*m.*): *organes de l'ouïe* organi dell'udito; *son perceptible à l'ouïe* suono percettibile all'udito; *avoir l'ouïe fine* avere l'udito fine ◇ (*fam.*) *je suis tout ouïe* sono tutto orecchi **II** *au plur.* **1** [*orifices externes de l'appareil branchial des poissons*] branchie: *attraper un poisson par les ouïes* prendere un pesce per le branchie **2** [*ouverture latérale de la table supérieure d'un violon*] effe *sing.*

ouïe!, ouille! |uj| *interj.* (*exprimant 'la douleur, la surprise, le mécontentement'*) ohi!, ahi! → **aïe.**

ouiller |uje| *v.tr.* (*techn.*) [*remplir* (*un tonneau*) *à mesure que le niveau baisse*] abboccare.

ouill(i)ère |ujɛʀ| *s.f.* (*agric.*) solco* *m.* interfilare.

ouïr |wiʀ| *v.tr.* (*vx.*) (*prés. ind.*: *j'ois, il oit, nous oyons, vous oyez, ils oient*; *imp. ind.*: *j'oyais, nous oyions*; *p. simple*: *j'ouïs, nous ouïmes*; *fut.*: *j'oirrai, j'orrai*; *impér.*: *oyons, oyez*; *p. prés.*: *oyant*; *p.p. ouï*; *employé seulement à l'inf. et au p.p.*) [*entendre, écouter*] sentire (*cour.*), udire (200) (*cour.*): *j'ai ouï dire que...* ho sentito dire che... ◇ (*dr.*) *ouïr des témoins* ascoltare dei testimoni.

ouistiti |wistiti| *s.m.* (*t.zool.*) uistiti *inv.* ◇ (*fam.*) *un drôle de ouistiti* [*un drôle de type*] uno strano tipo (*cour.*).

oukase |ukɑz| *s.m.* → **ukase.**

ouléma |ulema| *s.m.* → **uléma.**

oullière |uljɛʀ| *s.f.* → **ouill(i)ère.**

ouragan |uʀagɑ̃| *s.m.* **1** uragano: → **cyclone, tornade, typhon** ◇ (*vent violent accompagné de pluie, d'orage*) *arbres arrachés par l'ouragan* alberi divelti dall'uragano → **bourrasque, tourmente** **2** [*mouvement violent, impétueux*] uragano: *un ouragan d'injures* un uragano di ingiurie.

ouralien, ienne |uʀaljɛ̃, jɛn| *adj.* [*de l'Oural*] uralico* ◇ (*ling.*) *langues ouraliennes* lingue uraliche.

ourdir |uʀdiʀ| *v.tr.* **1** [*réunir les fils de chaîne en nappe et les tendre, avant le tissage*; (*abusiv.*) *tisser, croiser ces fils avec les fils de trame*] ordire (197) → **tramer** **2** (*littér., fig.*) [*disposer les premiers éléments d'une intrigue*] ordire, tramare: *c'est son habitude d'ourdir ces sortes d'affaires* è sua abitudine ordire questa specie di intrallazzi.

ourdissage |uʀdisaʒ| *s.m.* (*techn.*) orditura *f.*

ourdisseur, euse |uʀdisœʀ, øz| *s.* [*personne qui effectue l'ourdissage*] orditore*.

ourdissoir |uʀdiswaʀ| *s.m.* (*techn.*) orditoio*.

ourdou |uʀdu| *s.m.* [*une des deux langues nationales du Pakistan*] urdù *inv.* ✦ (*adj.*) *la littérature ourdou* la letteratura urdù.

-oure |uʀ| *suff.* (*signifiant 'queue', correspond généralt. à*) uro: *anoure* anuro; *macroure* macruro.

ourlé, ée |uʀle| *adj.* [*bordé d'un ourlet*] orlato: *mouchoirs ourlés* fazzoletti orlati.

ourler |uʀle| *v.tr.* [*border d'un ourlet*] orlare: *ourler un mouchoir* orlare un fazzoletto.

ourlet |uʀlɛ| *s.m.* **1** [*repli d'étoffe cousu, terminant un bord*] orlo: *faire un ourlet à un mouchoir* fare l'orlo a un fazzoletto ◇ (*spécialt.*) *faux ourlet* orlo finto **2** (*techn.*) orlo: *ourlet d'une gouttière* orlo di una grondaia → **rebord** ◇ (*anat.*) *ourlet de l'oreille* elice *f.* dell'orecchio.

ourleur, euse |uʀlœʀ, øz| *s.* **1** *s.* orlatore* **2** *s.f.* (*techn.*) orlatrice.

ourlien, ienne |uʀljɛ̃, jɛn| *adj.* (*méd.*) parotitico*: *fièvre ourlienne* febbre parotitica.

ours |uʀs| *s.m.* **1** (*t.zool.*) orso ~ *ours brun d'Europe et d'Asie* orso bruno d'Europa e d'Asia ~ *ours gris* orso grigio ~ *ours polaire ou blanc* orso polare o bianco ◇ (*cour.*) *ours dressés* orsi ammaestrati; *ours en cage* orso in gabbia **2** (*loc. fig.*) *vendre la peau de l'ours* (*avant qu'on l'ait tué*) vendere la pelle dell'orso (prima d'averlo preso) ~ *c'est le pavé de l'ours* il rimedio è peggiore del male ~ *se dandiner, tourner comme un ours en cage* girare, agitarsi come un leone in gabbia **3** [*jouet d'enfant ayant l'apparence d'un ourson*] orsacchiotto **4** [*homme insociable, hargneux, qui fuit la société*] orso: *c'est un vieil ours* è un vecchio orso → **misanthrope, sauvage** ✦ (*adj.*) *il devient de plus en plus ours* diventa sempre più orso.

ourse |uʀs(ə)| *s.f.* **1** [*femelle de l'ours*] orsa **2** (*astron.*) *la Grande Ourse, la Petite Ourse* l'Orsa Maggiore, l'Orsa Minore.

oursin |uʀsɛ̃| *s.m.* (*t.zool.*) riccio* (di mare).

ourson |uʀsɔ̃| *s.m.* **1** [*petit de l'ours*] orsacchiotto **2** [*bonnet à poils des grenadiers*] colbacco*.

oust, ouste! |ust(ə)| *interj.* (*fam.*) (*pour chasser ou presser qqn.*) presto!; sciò!: *ouste, dépêche-toi!* presto, sbrigati! ‖ *oust! hors d'ici!* sciò! fuori di qui!

out |awt| *adv.* (*angl.*) (*tennis*) out.

outarde |utaʀd(ə)| *s.f.* (*t.zool.*) ot(t)arda.

outardeau |utaʀdo| *s.m.* (*rare*) ot(t)arda *f.* giovane.

outil |uti| *s.m.* **1** [*objet fabriqué qui sert à agir sur la matière, à faire un travail*] utensile, attrezzo: *outils à travailler le bois* utensili, attrezzi per lavorare il legno; *outils de jardinage* attrezzi per giardinaggio; *boîte, trousse à outils* cassetta degli attrezzi → **instrument** ✦ (*appos.*) *machines-outils* macchine utensili ◇ (*abstrait*) strumento: *cet homme n'est plus qu'un outil en-*

tre ses mains quell'uomo è ormai soltanto uno strumento nelle sue mani **2** (*fam.*) [*chose*] arnese: *qu'est-ce que c'est que cet outil?* che è quest'arnese?

outillage |utijaʒ| *s.m.* [*assortiment d'outils nécessaires à l'exercice d'un métier, d'une activité*] macchinario*, attrezzatura *f.*; utensileria (*f.*): *exposition d'outillage agricole* esposizione di macchinario agricolo, di macchine agricole; *l'outillage perfectionné d'une usine moderne* i macchinari perfezionati, l'attrezzatura perfezionata di una fabbrica moderna → **équipement, matériel.**

outillé, ée |utije| *adj.* [*muni, équipé d'outils*] attrezzato: *ouvrier bien, mal outillé* operaio bene, male attrezzato; *il n'est pas outillé pour faire ce travail* non è attrezzato per fare questo lavoro.

outiller |utije| **A** *v.tr.* **1** [*munir des outils nécessaires à un travail, à une production*] attrezzare: *outiller un atelier, une usine* attrezzare un laboratorio, una officina → **équiper** **2** [*donner à* (*qqn.*) *les moyens matériels de faire qqch.*] dotare, provvedere (192) ◇ [*équiper* (*un local, un objet*) *en vue d'une destination particulière*] attrezzare, corredare (102) **B** *v.pron. réfl.* S'OUTILLER [→ *tr.* 1] attrezzarsi, equipaggiarsi: *s'outiller pour un travail* attrezzarsi per un lavoro; *s'outiller à peu de frais pour la pêche* equipaggiarsi con poca spesa per la pesca.

outilleur |utijœʀ| *s.m.* [*professionnel qui confectionne et met au point outillages et montages de fabrication*] attrezzista.

outlaw |awtlo| *s.m.* (*angl.*) (*ancienn.*) → **hors-la-loi.**

output |awtput| *s.m.* (*angl.*) (*informatique, t. recomm.*:'*produit de sortie*') output *inv.* ◻C **input.**

outrage |utʀaʒ| *s.m.* **1** oltraggio*: *les outrages qu'on lui a fait subir* gli oltraggi che gli hanno fatto sùbire; *venger un outrage* vendicare un oltraggio # *faire outrage* oltraggiare → **affront, insulte** ◇ (*spécialt.*) *faire subir les derniers outrages à une femme* [*la violer*] usare violenza a una donna ◇ (*littér.*) [*ce qui atteint, endommage*] *les outrages du temps* le ingiurie *f.* del tempo **2** (*dr.*) oltraggio: *outrage à magistrat* oltraggio a un magistrato **3** [*acte gravement contraire* (*à une règle, à un principe*)] oltraggio: *outrage à la raison, au bon sens* oltraggio alla ragione, al buon senso → **violation** ◇ (*dr.*) *outrage aux bons mœurs* oltraggio alla morale; *outrage à la pudeur* oltraggio al pudore.

outragé, ée |utʀaʒe| *adj.* [*qui a subi un outrage*] oltraggiato, insultato: *femme outragée* donna oltraggiata, insultata ◇ (*par ext.*) offeso: *prendre un air outragé* assumere un'aria offesa.

outrageant, ante |utʀaʒɑ̃, ɑ̃t| *adj.* [*qui outrage*] oltraggioso: *critique outrageante, propos outrageants* critica oltraggiosa, parole oltraggiose → **injurieux, insultant.**

outrager |utʀaʒe| (3) *v.tr.* **1** [*offenser gravement par un outrage* (*actes ou paroles*)] oltraggiare, offendere (105): *il l'a outragée* l'ha oltraggiata, l'ha offesa → **injurier, insulter** **2** [*contrevenir gravement à* (*qqch.*)] offendere: *outrager les bonnes mœurs, la morale* offendere il buon senso.

outrageusement |utʀaʒøzmɑ̃| *adv.* **1** [→ OUTRAGEUX] oltraggiosamente: *insulter outrageusement qqn.* insultare oltraggiosamente qc. **2** [*excessivement*] eccessivamente; spaventosamente: *femme outrageusement fardée* donna eccessivamente truccata ‖ *outrageusement bête* spaventosamente stupido.

outrageux, euse |utʀaʒø, øz| *adj.* (*vx., littér.*) [*qui fait outrage*] oltraggioso → **outrageant.**

outrance |utʀɑ̃s| *s.f.* **1** [*chose ou action outrée, excessive*] eccesso (*m.*): *des outrances de jeunesse* eccessi di gioventù # *une outrance de langage* un linguaggio spinto ◇ [*démesure, exagération*] esagerazione: *l'outrance de son langage* l'esagerazione del suo linguaggio **2** *loc. adv.* À OUTRANCE oltremodo; a oltranza: *une femme dévote à outrance* una donna oltremodo devota; *gens de bien à outrance* gente oltremodo perbene ‖ *poursuivre un combat à outrance* continuare un combattimento a oltranza.

outrancier, ière |utʀɑ̃sje, jɛʀ| *adj.* [*qui pousse les choses à l'excès*] eccessivo; estremista: *caractère outrancier* carattere eccessivo ‖ *propos outranciers* discorsi estremisti → **excessif, outré.**

1 **outre** |utʀ(ə)| *s.f.* [*peau de bouc cousue en forme de sac et servant de récipient*] otre (*m.*): *outre d'eau, de vin* otre d'acqua, di vino ◇ (*loc.*) *être gonflé, plein comme une outre* essere pieno come un otre.

2 **outre** |utʀ(ə)| **I** *adv.* **1** (*dans des expressions adv.*) [*au delà de* (*par rapport à la France*)] oltre: *Outre-Atlantique* Oltreatlantico; *Outre-Manche* Oltremanica; *les peuples d'outre-mer* i popoli d'oltremare; *l'outre-tombe* l'oltretomba **2** (*adv. de lieu*) *passer outre* passare, andare oltre ~ PASSER OUTRE À (QQCH.) [*ne pas tenir compte de* (*une opposition, une objection*)] passare sopra a (q.c.): *je passai outre à son interdiction* passai sopra al suo divieto → **mépriser** **3** (*loc. adv.*) *outre mesure* [*excessivement*] eccessivamente; oltremisura, oltremodo: *ce travail ne l'a pas fatigué outre mesure* quel lavoro non l'ha stancato eccessivamente → **excès (à l'), trop** **4** *loc. adv.* EN OUTRE inoltre: *il est tombé malade... (et), en outre, il a perdu sa place* si è ammalato... e, inoltre, ha perduto il posto → **aussi, également** **II** *prép.* [*en plus de*] oltre (a): *outre les bagages, nous avions les chiens avec nous* oltre i, ai bagagli, avevamo i cani (con noi) ◇ (*loc. conj.*) *outre que* oltre che ~ *outre le fait que* oltre al fatto che.

outré, ée |utʀe| *adj.* **1** [*poussé au delà de la mesure*] eccessivo, esagerato: *flatterie outrée* adulazione eccessiva, esagerata → **outrancier** **2** (*personnes*) [*révolté, scandalisé*] indignato, disgustato: *je suis outré de, par son ingratitude* sono indignato per la sua ingratitudine; sono disgustato dalla sua ingratitudine.

outrecuidance |utʀəkɥidɑ̃s| *s.f.* (*littér.*) [*confiance excessive en soi*] tracotanza: *parler de soi avec outrecuidance* parlare di sé con tracotanza → **fatuité, orgueil, présomption** ◇ (*par ext.*) *répondre à qqn. avec outrecuidance* rispondere a qc. con tracotanza, arroganza (*cour.*) → **audace, effronterie** ◻C **modestie, réserve.**

outrecuidant, ante |utʀəkɥidɑ̃, ɑ̃t| *adj.* (*littér.*) [*qui montre de l'outrecuidance*] tracotante, arrogante (*cour.*): *personnage outrecuidant* personaggio tracotante, arrogante → **impertinent, prétentieux** ◇ (*par ext.*) *réponse outrecuidante* risposta tracotante, arrogante ♦ (*s.*) *un outrecuidant* un arrogante, un impertinente (*cour.*).

outre-mer |utʀ(ə)mɛʀ| *s.m. inv. et adv.* [*au-delà de l'océan* (*Atlantique*)] oltremare, oltreoceano *adv.*

outremer |utʀəmɛʀ| *s.m.* **1** (*minér.*) lapislazzuli *inv.*, oltremare *inv.* **2** (*couleur*) oltremare ♦ (*adj.*) *bleu outremer* azzurro oltremare.

outrepassé, ée |utʀəpɑse| *adj.* (*archit.*) *arc outrepassé* arco a ferro di cavallo *loc. inv.*

outrepasser |utʀəpɑse| *v.tr.* [*aller au delà de* (*une limite permise*)] oltrepassare: *outrepasser certaines limites* oltrepassare certi limiti; *cela outrepasse les limites de la bienséance* (questo) oltrepassa i limiti della buona educazione → **dépasser** ◇ (*fig.*) esulare *intr.* (da): *outrepasser ses droits* esulare dai propri diritti.

outrer |utʀe| *v.tr.* **1** (*littér.*) [*exagérer, pousser* (*qqch.*) *au delà des limites raisonnables*] forzare (*cour.*), esagerare (*cour.*): *outrer une attitude* forzare, esagerare un comportamento; *outrer une pensée* forzare un pensiero **2** (*aux temps comp. et sans compl.*) [*indigner, mettre* (*qqn.*) *hors de soi*] indignare, disgustare: *votre façon de parler de sa mort m'a outré* sono indignato, disgustato per come parlate della sua morte → **scandaliser.**

outrigger |awtʀigœʀ| *s.m.* (*angl.*) (*sport*) outrigger *inv.*

outsider |awtsajdœʀ, utsidɛʀ| *s.m.* (*angl.*) (*sport*) outsider *inv.*

ouvert, erte |uvɛʀ, ɛʀt(ə)| *adj.* **I** **1** [*disposé de manière à laisser le passage*] aperto: *porte, fenêtre ouverte* porta, finestra aperta; *c'est ouvert* è aperto # *grand ouvert* spalancato **2** [*où l'on peut entrer* (*local*); *qui n'est pas fermé* (*récipient*)] aperto: *magasin ouvert* negozio aperto; *coffre ouvert* baule aperto; *le musée est ouvert* il museo è aperto **3** [*disposé de manière à laisser communiquer avec l'extérieur*] aperto: *bouche ouverte* bocca aperta; *yeux ouverts* occhi aperti; *robinet ouvert* rubinetto aperto; *le gaz est ouvert* il gas è aperto ◇ (*loc. fig.*) *son porte-monnaie est toujours ouvert* mette sempre mano al portafogli ~ *rouler à tombeau ouvert* [*avec une telle vitesse qu'on risque un accident*] andare a rotta di collo ◇ (*phonét.*) *sons ouverts* suoni aperti **4** [*dont les parties sont écartées, séparées*] aperto: *main ouverte* mano aperta; *livre ouvert* libro aperto; *col ouvert* collo aperto; *chemise ouverte* camicia aperta; *fleur ouverte* fiore aperto ◇ (*loc.*) *à bras ouverts* a braccia aperte ~ *lettre ouverte* lettera aperta ~ *lire le latin à livre ouvert* leggere il latino correntemente **5** (*chim.*) *chaîne ouverte* catena aperta **6** [*percé, troué, incisé*] *plaie ouverte* piaga aperta; *fracture ouverte* frattura esposta; *avoir le crâne ouvert* avere la testa rotta ◇ (*chir.*) *opération à cœur ouvert* operazione a cuore aperto **7** [*accessible* (*à qqn., qqch.*), *que l'on peut utiliser* (*moyen, voie*)] aperto: *canal ouvert à la navigation* canale aperto alla navigazione; *bi-*

bliothèque ouverte à tous biblioteca aperta a tutti → **libre** ◇ [*qui n'est pas protégé, abrité*] *des espaces ouverts* spazi aperti; *ville ouverte* città aperta **8** [*commencé*] aperto: *la chasse, la pêche est ouverte* la caccia, la pesca è aperta; *les paris sont ouverts* sono aperte le scommesse **II** (*abstrait*) **1** (*air, mine, etc.*) [*communicatif et franc*] aperto → **confiant, expansif** ◇ (*loc.*) *il nous a parlé à cœur ouvert* ci ha parlato a cuore aperto, col cuore in mano **2** (*sentiments*) [*qui se manifeste, se déclare publiquement*] aperto: *faire une guerre ouverte à qqn.* dichiarare guerra aperta a qc. → **déclaré,** 1 **manifeste, public** **3** [*qui s'ouvre facilement aux idées nouvelles*] aperto: *un garçon ouvert et intelligent* un ragazzo aperto e intelligente; *un esprit ouvert* una mente aperta → 1 **vif** ⓒ II 1 **froid, renfermé,** 3 **buté, étroit.**

ouvertement |uvɛʀtəmɑ̃| *adv.* [→ OUVERT II 1, 2] apertamente: *agir ouvertement* agire apertamente; *témoigner ouvertement son affection* dimostrare apertamente il proprio affetto → **franchement.**

ouverture |uvɛʀtyʀ| *s.f.* **I** **1** [→ OUVRIR A 1, 2, 3] apertura: *heures, jours d'ouverture* orario, giorni di apertura; *ouverture d'une lettre, d'un testament* apertura di una lettera, di un testamento # *l'ouverture des portes du magasin se fait à telle heure* il negozio apre a quella determinata ora ◇ (*chir.*) apertura ◇ [*caractère de ce qui est plus ou moins ouvert* (*dispositifs réglables*)] *ouverture d'un objectif* apertura di un obiettivo; *régler l'ouverture* regolare l'apertura ◇ (*géom.*) *ouverture d'un angle* apertura di un angolo **2** [*le fait de rendre praticable, utilisable*] apertura: *ouverture d'une route* apertura di una strada **3** (*abstrait*) *ouverture d'esprit* apertura di mente **4** [*le fait d'être commencé, mis en train*] apertura: *ouverture de la session, d'un débat* apertura della sessione, di un dibattito; *ouverture d'une exposition, d'une école* apertura di una mostra, di una scuola; *ouverture de la chasse, de la pêche* apertura della caccia, della pesca → **commencement, début** ◇ (*dr.*) *ouverture de succession* apertura di successione ◇ (*comm.*) *ouverture de crédit* apertura di credito ◇ (*cartes, échecs*) apertura ◇ (*rugby*) *demi d'ouverture* mediano di apertura **5** *au plur.* [*premier essai en vue d'entrer en pourparlers*] preliminari (*m.*): *des ouvertures de paix, de négociation* preliminari di pace, di trattative ◇ (*par ext., polit.*) apertura **II** (*mus.*) 'ouverture' *inv.* **III** *une, des ouverture(s)* apertura: *ouverture d'une grotte, d'un puits* apertura di una grotta, di un pozzo; *les ouvertures d'un bâtiment* le aperture di un edificio → 1 **accès,** 1 **entrée, issue** ◇ (*abstrait*) *c'est une ouverture sur un monde inconnu* è un'apertura su un mondo sconosciuto ⓒ I 1 **fermeture,** 4 **clôture;** II **finale.**

ouvrable |uvʀabl(ə)| *adj. m.* [*jours consacrés au travail*] lavorativo, feriale ⓒ **férié.**

ouvrage |uvʀaʒ| *s.m.* **1** [*ensemble d'actions coordonnées par lesquelles on met qqch. en œuvre, on effectue un travail*] lavoro: *un ouvrage difficile* un lavoro difficile; *ouvrages manuels* lavori manuali; *ouvrages de dames* lavori femminili; *boîte, corbeille à ouvrage* scatola, cestino da lavoro; *avoir de l'ouvrage* avere lavoro → 2 **occupation;** *se mettre à l'ouvrage* mettersi al lavoro → **œuvre;** 1 **travail** ◇ (*loc.*) *avoir du cœur à l'ouvrage* lavorare con passione, metterci passione nel lavoro ◇ (*dr.*) *louage d'ouvrage* locazione, contratto d'opera *f.* ◇ (*techn.*) *bois d'ouvrage* legname da lavoro ◇ *au f.* (*pop.*) *c'est de la belle ouvrage* è un gran bel lavoro *m.* (*cour.*) **2** [*objet produit par le travail d'un ouvrier, d'un artisan*] lavoro: *ouvrage d'orfèvrerie* lavoro di oreficeria ◇ (*constr.*) *ouvrages d'art* opere d'arte; *les gros de l'ouvrage* il rustico* ◇ (*fortif.*) opera: *ouvrage militaire* opera di fortificazione; *ouvrage défensif* opera difensiva ◇ (*cout.*) lavoro: *ouvrage à l'aiguille* lavoro di cucito; *ouvrage de coton* lavoro in cotone **3** [*texte sc., techn. ou litt.*] opera: *ouvrages de philosophie* opere di filosofia; *publication d'un ouvrage* pubblicazione di una opera → 1 **écrit, œuvre** ◇ [*livre*] libro: *ouvrages à la vitrine d'un libraire* libri nella vetrina di un libraio **4** (*littér.*) [*ensemble d'opérations tendant à une fin; ce qui est fait, accompli par qqn.*] opera: *cette dégradation est l'ouvrage du temps* questo deterioramento è opera del tempo → **œuvre,** 1 **travail.**

ouvragé, ée |uvʀaʒe| *adj.* [*très orné*] decorato, elaborato.

ouvrager |uvʀaʒe| ´(3) *v.tr.* (*littér.*) [*enrichir d'ornements, façonner de manière délicate, compliquée*] ornare, lavorare finemente: *ouvrager un panneau décoratif* ornare, lavorare finemente un pannello decorativo.

ouvraison |uvʀɛzɔ̃| *s.f.* (*techn.*) lavorazione (della seta greggia).

ouvrant, ante |uvʀɑ̃, ɑ̃t| **1** *adj.* [*qui s'ouvre*] apribile: *toit ouvrant d'une voiture* tetto apribile di un'auto ◇ (*dr.*) *à jour ouvrant* all'inizio dell'udienza **2** *s.m.* [*panneau mobile recouvrant une peinture*] anta *f.*, sportello: *les ouvrants d'un triptyque* le ante, gli sportelli di un trittico ◇ [*partie mobile d'un ouvrage de menuiserie à châssis*] battente.

ouvré, ée |uvʀe| *adj.* [*travaillé, façonné*] lavorato: *bois, cuivre ouvré* legno, rame lavorato; *produits ouvrés* prodotti lavorati # *linge ouvré* biancheria ricamata.

ouvreau |uvʀo| *s.m.* (*techn.*) portello.

ouvre-boîte(s) |uvʀəbwat| *s.m.* apriscatole *inv.*

ouvre-bouteille(s) |uvʀəbutɛj| *s.m.* apribottiglie *inv.*

ouvre-gant(s) |uvʀəgɑ̃| *s.m.* (*techn.*) allargaguanti *inv.*, apriguanti *inv.*

ouvre-huître(s) |uvʀəɥitʀ(ə)| *s.m.* coltello da ostriche.

ouvrer |uvʀe| **A** *v.intr.* (*vx., dial.*) → **travailler** **B** *v.tr.* (*techn.*) [*mettre en œuvre* (*des matériaux*)] lavorare: *ouvrer du bois* lavorare il legno → **élaborer, façonner** ◇ (*par anal.*) *ouvrer du linge* ricamare della biancheria.

ouvreur |uvʀœʀ| *s.m.* (operaio*) addetto di una cartiera alla mescolatura della pasta.

ouvreur, euse |uvʀœʀ, øz| *s.* (*au poker*) apritore ◇ (*ski*) apripista *inv.*

ouvreuse |uvʀøz| *s.f.* [*femme chargée de placer les spectateurs, dans une salle de spectacle*] maschera: *des ouvreuses de cinéma* maschere di cinema.

ouvrier, ière |uvʀije, ijɛʀ| **I** *s.* **1** [*travailleur manuel de la grande industrie*] operaio*: *ouvrier spécialisé* (*O.S.*) operaio qualificato; *ouvrier qualifié* operaio specializzato; *ouvrier à la journée* operaio a giornata, giornaliero; *ouvriers syndiqués* operai iscritti a un sindacato; *ouvriers sans travail* operai disoccupati; *salaire, paye d'un ouvrier* salario, paga di un operaio; *ouvrier travaillant en équipe, à la chaîne* operaio che lavora a squadre, alla catena di montaggio; *embaucher, employer des ouvriers* assumere operai ◇ (*loc. prov.*) *les mauvais ouvriers ont toujours de mauvais outils* i cattivi operai danno sempre la colpa agli arnesi **2** (*littér.*) [*artisan, artiste*] artista ◇ (*prov.*) *à l'œuvre on connaît l'ouvrier* l'opera loda il maestro **II** *adj.* **1** [*qui a rapport aux ouvriers*] operaio: *la classe ouvrière* la classe operaia **2** *cheville ouvrière* → **cheville.**

ouvrière |uvʀijɛʀ| *s.f.* (*t.zool.*) ape operaia; formica* operaia.

ouvriérisme |uvʀijeʀism(ə)| *s.m.* (*polit.*) operaismo.

ouvriériste |uvʀijeʀist(ə)| *adj.* (*polit.*) operaistico* ♦ (*s.*) *un ouvriériste* un sostenitore* dell'operaismo.

ouvrir |uvʀiʀ| (23) **A** *v.tr.* **1** [*disposer* (*une ouverture*) *en écartant ses éléments mobiles, de manière à mettre en communication l'extérieur et l'intérieur*] aprire (186): *ouvrir une porte, la fenêtre* aprire una porta, la finestra; *clef qui ouvre une porte* chiave che apre una porta ◇ (*avec ellipse du compl.* '*la porte*') *va ouvrir* vai ad aprire; *ouvrez, au nom de la loi!* aprite, in nome della legge! **2** [*mettre en communication* (*un contenant, un local*) *avec l'extérieur*] aprire: *ouvrir une armoire, une boîte* aprire un armadio, una scatola ◇ [*rendre accessible* (*un local*)] *ouvrir un magasin* aprire un negozio; *nous ouvrirons toute la matinée de dimanche* apriremo, terremo aperto tutta (la) domenica mattina **3** [*mettre* (*un objet*) *dans une disposition qui assure la communication, le contact avec l'extérieur*] aprire: *ouvrir un sac, un portefeuille* aprire una borsa, un portafoglio; *ouvrir un robinet* aprire un rubinetto; *ouvrir le gaz* aprire il gas; *ouvrir la bouche* aprire la bocca # *ouvrir les lèvres* dischiudere le labbra ◇ (*loc. fam.*) L'OUVRIR [*parler*] aprire bocca: *il n'y a pas moyen de l'ouvrir, avec lui* non c'è modo di aprire bocca, con lui ~ *ouvrir l'œil* aprire l'occhio, gli occhi ~ *ouvrir l'appétit à qqn.* stuzzicare l'appetito a qc. **4** [*écarter, séparer* (*des éléments mobiles*)] aprire: *ouvrir les rideaux* aprire le tende; *ouvrir les bras* aprire le braccia; *ouvrir un parapluie* aprire un ombrello; *ouvrir un livre* aprire un libro **5** [*former* (*une ouverture*) *en creusant, en trouant*] aprire: *ouvrir une fenêtre dans un mur* aprire una finestra in un muro **6** (*chir.*) [*inciser*] incidere (130), aprire: *ouvrir un abcès* incidere un ascesso; *le diagnostic externe est insuffisant, il va falloir ouvrir* la diagnosi esterna è insufficiente, bisognerà aprire □ *s'ouvrir les veines* tagliarsi le vene; *s'ouvrir le crâne en tombant* rompersi (176) la testa cadendo **7** [*créer ou permettre d'utiliser* (*un moyen d'accéder, d'avancer, une voie*)] aprire: *ou-*

vrir un chemin, une voie aprire un sentiero, una strada → 1 **frayer** □ *s'ouvrir un chemin* farsi (103) strada ◇ (*fig.*) *ouvrir des horizons, des perspectives* aprire degli orizzonti, delle prospettive **8** [*découvrir, présenter*] aprire: *il nous a ouvert le fond de son cœur* ci ha aperto il suo cuore; *cela ouvre à l'esprit des horizons* questo apre la mente a nuovi orizzonti **9** *ouvrir l'esprit* (*à qqn.*) [*lui rendre l'esprit large, ouvert*] aprire la mente (a qc.), aguzzare il cervello (a qc.) **10** [*commencer*] aprire: *ouvrir les hostilités* aprire le ostilità; *ouvrir une discussion* aprire una discussione; *ouvrir un compte, un crédit à qqn.* aprire un conto, un credito a qc. ◇ [*être le premier à faire, à exercer* (*une activité*)] *ouvrir la danse, le bal* aprire le danze ◇ (*cartes*) *ouvrir le jeu* aprire il gioco; *ouvrir d'un trèfle* aprire, uscire (201) a fiori **11** [*créer, fonder* (*un établissement ouvert au public*)] aprire: *ouvrir un magasin, des écoles* aprire un negozio, delle scuole **B** *v.intr.* **1** [*être ouvert*] aprire: *magasin, théâtre qui ouvre le lundi* negozio, teatro che apre, è aperto il lunedì; *cette porte n'ouvre jamais* questa porta non (si) apre mai ◇ (*loc.*) *ouvrir sur* [*donner accès*] aprirsi *pron.* su, dare (102) su: *porte qui ouvre sur la rue* porta che si apre, che dà sulla strada **2** [*commencer, débuter*] avere (97) *tr.* inizio, iniziare: *les cours ouvriront la semaine prochaine* i corsi avranno inizio, inizieranno la settimana prossima **C** *v.pron.* S'OUVRIR **1** *réfl.* [*devenir ouvert*] aprirsi: *la porte s'ouvre* la porta si apre; *la foule s'ouvrait sur mon passage* la folla si apriva al mio passaggio; *la fleur s'ouvre* il fiore si apre → **éclore, épanouir (s')** # *c'est l'heure où toutes les boutiques s'ouvrent* è l'ora di apertura di tutti i negozi, è l'ora in cui aprono tutti i negozi **2** *réfl.* S'OUVRIR SUR [*être percé, de manière à donner accès ou vue sur*] aprirsi su, dare *intr.* su: *la porte s'ouvre directement sur le jardin* la porta si apre, dà direttamente sul giardino → **donner** **3** *réfl.* [*s'offrir comme une voie d'accès*] aprirsi: *le chemin qui s'ouvre devant nous* il sentiero che si apre davanti a noi ✦ → *tr.* 7 □ ◇ (*abstrait*) *une vie nouvelle s'ouvrait devant lui* una vita nuova gli si apriva davanti **4** *réfl.* (*personnes ou choses humaines*) S'OUVRIR À (*qqch.*) [*se laisser pénétrer par* (*un sentiment, une idée*)] aprirsi a (q.c.): *son esprit commence à s'ouvrir à cette idée* la sua mente comincia ad aprirsi a questa idea; *s'ouvrir à qqn.* [*lui ouvrir son cœur, sa pensée*] aprirsi con qc. → **confier (se)** **5** *passif* (*choses*) [*commencer*] essere (96) aperto, aprirsi: *l'exposition qui allait s'ouvrir* la mostra che stava per essere aperta, per aprirsi ◇ (*loc.*) *s'ouvrir par* [*commencer par*] aprirsi con [C] A 1 **fermer,** 5 **boucher,** 7 **barrer;** B 2 **finir, terminer.**

ouvroir |uvʀwaʀ| *s.m.* (*dans une communauté de femmes, un couvent*) [*lieu réservé aux ouvrages de cout., de broderie*] laboratorio*.

ouzbek |uzbɛk| **1** *adj.* [*d'une ethnie turque d'Asie*] usbeco* **2** (*s.m.*) *l'ouzbek* [*la langue*] l'usbeco.

ovaire |ɔvɛʀ| *s.m.* **1** (*anat.*) ovaia *f.*, ovario* # *kyste de l'ovaire* cisti ovarica **2** (*bot.*) ovario.

ovalaire |ɔvalɛʀ| *adj.* (*sc.*) ovalare.

ovalbumine |ɔvalbymin| *s.f.* (*biol.*) ovalbumina.

ovale |ɔval| **1** *adj.* ovale → 1 **elliptique, ovoïde** ◇ (*sport*) *le ballon ovale* la palla ovale **2** *s.m.* ovale: *l'ovale du visage* l'ovale del viso ◇ (*loc.*) *en ovale* in forma d'ovale, ovale *adj.*

ovalisation |ɔvalizɑsjɔ̃| *s.f.* (*techn.*) ovalizzazione.

ovalisé, ée |ɔvalize| *adj.* (*techn.*) ovalizzato.

ovaliser |ɔvalize| **A** *v.tr.* [*donner une forme ovale*] ovalizzare: *ovaliser la section d'un cylindre* ovalizzare la sezione di un cilindro **B** *v.pron. intr.* S'OVALISER [*prendre une forme ovale*] ovalizzarsi: *le cylindre s'est ovalisé* il cilindro si è ovalizzato.

ovariectomie |ɔvaʀjɛktɔmi|, **ovariotomie** |ɔvaʀjɔtɔmi| *s.f.* (*chir.*) ovariectomia, ovariotomia.

ovarien, ienne |ɔvaʀjɛ̃, jɛn| *adj.* [*de l'ovaire* (1)] ovarico*: *cycle ovarien* ciclo ovarico.

ovarite |ɔvaʀit| *s.f.* (*méd.*) ovarite.

ovate |ɔvat| *s.m.* sacerdote della Gallia druidica.

ovation |ɔvɑsjɔ̃| *s.f.* ovazione: *faire une ovation à qqn.* tributare un'ovazione a qc. → **acclamation, cri** ◇ (*hist. rom.*) ovazione.

ovationner |ɔvɑsjɔne| *v.tr.* [*acclamer, accueillir* (*qqn.*) *par des ovations*] acclamare, applaudire (vivamente): *il s'est fait ovationner* si è fatto acclamare.

ove |ɔv| *s.m.* (*archit., orfèvrerie*) ovolo.

ové, ée |ɔve| *adj.* (*se dit d'un objet en relief qui a la forme d'un œuf*) ovato → **ovale, ovoïde.**

over arm stroke |ɔvɛʀaʀmstʀok| *s.m.* (*angl.*) (*sport*) over *inv.*, nuoto alla marinara.

overdose |ɔvœʀdoz| *s.f.* (*angl.*) overdose *inv.*

ov(i)- |ɔv(i)|, **ov(o)-** |ɔv(ɔ)| *préf.* (*signifiant 'œuf', correspondent généralt. à*) ov(i), ov(o): *ovipare* oviparo; *ovocyte* ovocita.

ovibos |ɔvibos| *s.m.* (*t.zool.*) bue* muschiato, ovibove.

Ovidés |ɔvide| *s.m. pl.* (*t.zool.*) Ovini.

oviducte |ɔvidykt(ə)| *s.m.* (*anat.*) ovidotto.

oviforme |ɔvifɔʀm(ə)| *adj.* oviforme.

ovin, ine |ɔvɛ̃, in| *adj.* ovino: *race ovine* razza ovina ✦ (*s.m.*) *les ovins* gli ovini.

Ovinés |ɔvine| *s.m. pl.* (*t.zool.*) Ovini.

ovipare |ɔvipaʀ| *adj. et s.* oviparo.

oviparité |ɔvipaʀite| *s.f.* (*zool.*) oviparità *inv.*

ovipositeur |ɔvipozitœʀ| *s.m.* (*zool.*) ovopositore.

oviscapte |ɔviskapt(ə)| *s.m.* (*zool.*) ovopositore.

ovni |ɔvni| *s.m.* [*objet volant non identifié*] ufo *inv.*

ovnilogue |ɔvnilɔg|, **ovniologiste** |ɔvnjɔlɔʒist(ə)| *s.m.* ufologo*.

ovniologie |ɔvnjɔlɔʒi| *s.f.* [*étude des ovnis*] ufologia*.

ov(o)- |ɔv(ɔ)| *préf.* → **ov(i)-.**

ovocyte |ɔvɔsit| *s.m.* (*biol.*) ovocito, ovocita.

ovogenèse |ɔvɔʒənɛs|, **ovogénèse** |ɔvɔʒenɛz|, **ovogénie** |ɔvɔʒeni| *s.f.* (*biol.*) ovogenesi *inv.*

ovoïdal, ale, aux |ɔvɔidal, o| *adj.* ovoidale.

ovoïde |ɔvɔid| *adj.* ovoide: *fruit ovoïde* frutto ovoide.

ovovivipare |ɔvɔvivipaʀ| *adj.* (*zool.*) ovoviviparo ✦ (*s.*) *les ovovivipares* gli ovovivipari.

ovoviviparité |ɔvɔvivipaʀite| *s.f.* (*biol.*) ovoviviparità *inv.*

ovulaire |ɔvylɛʀ| *adj.* (*biol.*) ovulare.

ovulation |ɔvylɑsjɔ̃| *s.f.* ovulazione.

ovule |ɔvyl| *s.m.* **1** (*anat., bot., méd.*) ovulo **2** (*pharm.*) ovulo.

oxacide |ɔksasid| *s.m.* (*chim.*) ossiacido.

oxalate |ɔksalat| *s.m.* (*chim.*) ossalato.

oxalémie |ɔksalemi| *s.f.* (*méd.*) ossalemia.

Oxalidacées |ɔksalidase| *s.f. pl.* (*t.bot.*) Ossalidacee, Oxalidacee.

oxalide |ɔksalid| *s.f.*, **oxalis** |ɔksalis| *s.m.* (*t.bot.*) ossalide *f.*, acetosella *f.*

oxalique |ɔksalik| *adj.* (*chim.*) *acide oxalique* acido ossalico*.

oxalite |ɔksalit(ə)| *s.f.* (*minér.*) ossalite.

oxalurie |ɔksalyʀi| *s.f.* (*méd.*) ossaluria.

oxford |ɔksfɔʀ| *s.m.* oxford (*inv.*): *une chemise en oxford* una camicia di oxford.

oxhydrile |ɔksidʀil| *s.m.* (*chim.*) ossidrile.

oxhydrique |ɔksidʀik| *adj.* (*chim.*) ossidrico*.

ox(y)- |ɔks(i)|, **oxyd-** |ɔksid| *préf.* (*signifiant 'pointu, acide', correspondent généralt. à*) oss(i); ossid: *oxacide* ossiacido; *oxygénation* ossigenazione ‖ *oxydation* ossidazione.

oxyacétylénique |ɔksiasetilenik| *adj.* (*techn.*) *chalumeau oxyacétylénique* cannello ossiacetilenico*, lancia* termica.

oxyacide |ɔksiasid| *s.m.* (*chim.*) ossiacido.

oxycarboné, ée |ɔksikaʀbɔne| *adj.* (*physiol.*) *hémoglobine oxycarbonée* carbossiemoglobina *s.f.*

oxychlorure |ɔksiklɔʀyʀ| *s.m.* (*chim.*) ossicloruro.

oxycoupage |ɔksikupaʒ| *s.m.* (*techn.*) taglio* autogeno, a ossigeno.

oxycrat |ɔksikʀa| *s.m.* (*archéol., hist.*) ossicrato.

oxydabilité |ɔksidabilite| *s.f.* (*chim., phys.*) ossidabilità *inv.*

oxydable |ɔksidabl(ə)| *adj.* [→ OXYDER] ossidabile.

oxydant, ante |ɔksidɑ̃, ɑ̃t| *adj. et s.m.* (*chim.*) ossidante.

oxydase |ɔksidɑz| *s.f.* (*chim.*) ossidasi *inv.*

oxydation |ɔksidɑsjɔ̃| *s.f.* (*chim.*) ossidazione.

oxyde |ɔksid| *s.m.* (*chim.*) ossido: *oxyde de carbone* ossido di carbonio.

oxyder |ɔkside| (*chim.*) **A** *v.tr.* [*transformer plus ou moins complètement en oxyde*] ossidare **B** *v.pron. intr.* S'OXYDER [*se combiner avec l'oxygène*] ossidarsi: *le fer s'oxyde rapidement* il ferro si ossida rapidamente.

oxydimétrie |ɔksidimetʀi| *s.f.* (*chim.*) ossidimetria.

oxydoréduction |ɔksidɔʀedykʃjɔ̃| *s.f.* (*chim.*) ossidoriduzione.

oxygénable |ɔksiʒenabl(ə)| *adj.* [→ OXYGÉNER] ossigenabile.

oxygénant, ante |ɔksiʒenɑ̃, ɑ̃t| *adj.* ossigenante.

oxygénation |ɔksiʒenɑsjɔ̃| *s.f.* (*chim.*, *techn.*) ossigenazione.
oxygène |ɔksiʒɛn| *s.m.* (*chim.*) ossigeno: *bouteille d'oxygène comprimé* bombola d'ossigeno compresso ◇ (*méd.*) *ballon d'oxygène* bombola d'ossigeno.
oxygéné, ée |ɔksiʒene| *adj.* → oxygéner 1.
oxygéner |ɔksiʒene| (8) *v.tr.* **1** [*ajouter de l'oxygène à* (*une substance*), *par dissolution*] ossigenare: *oxygéner de l'eau* ossigenare l'acqua □ *réfl.* (*fam.*) *s'oxygéner les poumons* ossigenarsi i polmoni ✦ (*au p.p.*) *eau oxygénée* acqua ossigenata **2** *oxygéner les cheveux* [*les passer à l'eau oxygénée*] ossigenare i capelli ✦ (*au p.p.*) *cheveux blonds oxygénés* capelli biondi ossigenati.
oxygénothérapie |ɔksiʒenɔteʀapi| *s.f.* (*méd.*) ossigenoterapia.
oxyhémoglobine |ɔksiemɔglɔbin| *s.f.* (*physiol.*) ossiemoglobina.
oxylithe |ɔksilit| *s.m.* (*chim.*) ossilite.
oxymel |ɔksimɛl| *s.m.* (*vx.*, *pharm.*) ossim(i)ele.
oxymétrie |ɔksimetʀi| *s.f.* (*vx.*, *chim.*) ossimetria.
oxymoron |ɔbsimɔʀɔ̃| *s.m.* (*ling.*) ossimoro.
oxysulfure |ɔksisylfyʀ| *s.m.* (*chim.*) solfossido.
oxyton |ɔksitɔ̃| *s.m.* (*ling.*) ossitono.
oxyure |ɔksjyʀ| *s.m.* (*t.zool.*) ossiuro.
oxyurose |ɔksiyʀoz| *s.f.* (*méd.*) ossiuriasi *inv.*
oyat |ɔja| *s.m.* (*t.bot.*) sparto pungente.
oye |wa| *s.f.* (*vx.*) → oie.
ozène |ozɛn| *s.m.* (*méd.*) ozena *f.*
ozocérite |ozɔseʀit|, **ozokérite** |ozɔkeʀit| *s.f.* (*minér.*) ozocerite.
ozone |ozɔn| *s.m.* (*chim.*) ozono.
ozoné, ée |ozɔne| *adj.* (*chim.*) ozonizzato.
ozonisation |ozɔnizɑsjɔ̃| *s.f.* (*chim.*, *techn.*) ozonizzazione.
ozoniser |ozɔnize| *v.tr.* (*chim.*, *techn.*) [*transformer en ozone*; *traiter, purifier à l'ozone*] ozonizzare.
ozoniseur |ozɔnizœʀ| *s.m.* (*techn.*) ozonizzatore.
ozonomètre |ɔzɔnɔmɛtʀ(ə)| *s.m.* (*chim.*) ozonometro.
ozonométrie |ɔzɔnɔmetʀi| *s.f.* (*chim.*) ozonometria.
ozonométrique |ɔzɔnɔmetʀik| *adj.* (*chim.*) ozonometrico*.
ozonosphère |ɔzɔnɔsfɛʀ| *s.f.* (*météo.*) ozonosfera.
ozonothérapie |ɔzɔnɔteʀapi| *s.f.* (*méd.*) ozonoterapia.

P

p |pe| *s.m.* **1** [*seizième lettre de l'alphabet*] p (*f. ou m.*): *p minuscule* p minuscola; *P majuscule* P maiuscolo ◇ (*télécom.*): (*en France*) *P comme Pierre*; (*en Belgique*) *P comme Piano* P come Palermo **2** (*emplois conventionnels*) *P* (*majuscule*) (*chim., symb. du phosphore*) P ~ (*ecclés., abrév. de 'Père'*) P ◇ *p* (*minuscule*) (*abrév. de 'page'*) p., pag.; *pp.* [*pages*] pp., pagg. ~ *p.p.* [*participe passé*] p.p. ~ (*mus., abrév. de 'piano'*) p; *pp* [*pianissimo*] pp.
paca |paka| *s.m.* (*t.zool.*) paca *inv.*
pacage |pakaʒ| *s.m.* [*action de faire paître; terrain ou l'on fait paître*] pascolo.
pacager |pakaʒe| (3) *v.tr. et intr.* [*faire paître*] pascolare.
pace maker |pɛsmɛkœʀ| *s.m.* (*angl.*) pace-maker *inv.*, stimolatore cardiaco*.
pacfung, packfung |pakfɔ̃| *s.m.* pacfong *inv.*, argentana *f.*
pacha |paʃa| *s.m.* **1** pascià *inv.* **2** (*loc. fam.*) *mener une vie de pacha* fare una vita da pascià ~ *faire le pacha* fare il pascià **3** (*arg. mar.*) comandante (*cour.*) (di una nave da guerra).
pachalik |paʃalik| *s.m.* (territorio* sottoposto alla) giurisdizione *f.* di un pascià.
pachyderme |paʃ(k)idɛʀm(ə)| *s.m.* **1** (*zool.*) pachiderma: *une démarche de pachyderme* un'andatura da pachiderma **2** *au plur.* (*vx.*) → **Ongulés.**
pachydermie |paʃ(k)idɛʀmi| *s.f.* (*méd.*) pachidermia.
pacificateur, trice |pasifikatœʀ, tʀis| *s.* pacificatore* ♦ *adj.* (*choses*) pacificatore: *mesures pacificatrices* misure pacificatrici.
pacification |pasifikasjɔ̃| *s.f.* [→ PACIFIER] pacificazione: *politique de pacification* politica di pacificazione.
pacifier |pasifje| *v.tr.* **1** [*ramener à l'état de paix*] pacificare: *pacifier un pays* pacificare un paese **2** [*rendre calme*] placare, pacificare (*rare*): *pacifier les esprits* placare, pacificare gli animi → **apaiser.**
pacifique |pasifik| *adj.* **1** pacifico*: *peuple pacifique* popolo pacifico; *un esprit pacifique* un animo pacifico **2** (*choses*) pacifico: *utilisation pacifique de l'énergie nucléaire* uso pacifico dell'energia nucleare **3** [*qui se passe dans le calme*] pacifico: *la coexistence pacifique entre États* la coesistenza pacifica tra Stati **4** (*dr.*) *possesseur pacifique* possessore pacifico.
pacifiquement |pasifikmɑ̃| *adv.* [→ PACIFIQUE] pacificamente.
pacifisme |pasifism(ə)| *s.m.* (*polit.*) pacifismo: *pacifisme et neutralisme* pacifismo e neutralismo.
pacifiste |pasifist(ə)| *s.* pacifista: *les pacifistes et les non-violents* i pacifisti e i non violenti ♦ *adj.* (*polit.*) pacifista, pacifistico*: *un idéal pacifiste* un ideale pacifista.
pack |pak| *s.m.* **1** pack *inv.* **2** (*rugby*) pacchetto.
pacotille |pakɔtij| *s.f.* **1** (*péj.*) paccottiglia → **camelote** ◇ *loc.* DE PACOTILLE [*sans valeur, faux*] dozzinale (*adj.*): *bijou de pacotille* gioiello dozzinale, da quattro soldi # *un héroïsme de pacotille* un eroismo da operetta **2** (*ancienn., mar.*) paccottiglia **3** (*ancienn.*) [*menus objets destinés au comm. en pays lointains*] paccottiglia.
pacquage |pakaʒ| *s.m.* [*opération qui consiste à pacquer le poisson*] l'imbarilare *inv.* (il pesce).
pacquer |pake| *v.tr.* [*emballer (le poisson salé) dans un baril*] imbarilare: *pacquer des harengs* imbarilare delle aringhe.
pacson, paqson, paxon |paksɔ̃| *s.m.* (*arg.*) [*paquet*] pacchetto (*cour.*).
pacte |pakt(ə)| *s.m.* **1** patto: *signer un pacte* firmare un patto ◇ (*par ext.*) [*document qui constate la convention*] patto **2** (*sorcellerie*) *le pacte avec le diable* il patto con il diavolo.
pactiser |paktize| *v.intr.* **1** [*conclure un pacte (avec qqn.)*] patteggiare, venire (202) (*aux.* essere) a patti: *pactiser avec l'ennemi* patteggiare, venire a patti con il nemico **2** [*agir de connivence (avec qqn.); composer (avec qqch.)*] scendere (105) (*aux.* essere), venire a patti: *pactiser avec le crime, avec sa conscience* scendere, venire a patti con il delitto, con la propria coscienza.
pactole |paktɔl| *s.m.* (*littér.*) [*source de richesse*] cuccagna *f.* (*cour.*), pacchia *f.* (*cour.*): *c'est un vrai pactole* è una vera cuccagna, pacchia; *il a trouvé le pactole* ha trovato la cuccagna, la pacchia.
padda |pada| *s.m.* (*t.zool.*) padda *inv.*
paddock |padɔk| *s.m.* (*angl.*) **1** (*agric., turf*) paddock *inv.* **2** (*pop.*) → **lit.**
paddy |padi| *s.m.* (*angl.*) riso non brillato.
padicha(h) |padiʃa| *s.m.* → **padischah.**
padine |padin| *s.f.* (*t.bot.*) padina.
padischah |padiʃa| *s.m.* (*hist.*) padiscià *inv.*
padou |padu| *s.m.* (*techn.*) nastro di filo e seta.
padouan, ane |padwɑ̃, an| *adj.* [*de Padoue*] padovano.
paella |paeja, paela| *s.f.* (*esp.*) paella *inv.*
1 **paf** |paf| *interj.* (*exprimant 'un bruit de chute, de coup'*) paf!, paffete!: *paf! il est tombé par terre* paf! è caduto per terra.
2 **paf** |paf| *adj. inv.* (*pop.*) [*ivre*] sbronzo *var.* (*fam.*), partito (*var.*): *elles sont complètement paf* sono completamente sbronze, partite.
pagaie |pagɛ| *s.f.* pagaia.
pagaïe, pagaille |pagaj| *s.f.* **1** *loc. fam.* EN PAGAÏE [*en grande quantité*] una barca, un mucchio: *des livres, il en a en pagaïe* ha una barca, un mucchio di libri **2** (*fam.*) [*grand désordre*] caos *m. inv.*, baraonda: *quelle pagaïe!, c'est la pagaïe!* che caos, è un caos!; che baraonda!, è una baraonda! ◇ *loc.* EN PAGAÏE [*en désordre*] un (gran) caos: *la chambre est en pagaïe* c'è un gran caos in quella stanza.
paganiser |paganize| **A** *v.intr.* (*vx.*) [*vivre comme un païen*] paganeggiare **B** *v.tr.* [*rendre païen*] paganizzare.
paganisme |paganism(ə)| *s.m.* paganesimo: *le paganisme hellénique* il paganesimo ellenico.
pagaye |pagaj| *s.f.* → **pagaïe.**
pagayer |pageje| (9) *v.intr.* [*ramer à l'aide d'une pagaie*] remare con la pagaia, vogare a pagaia.
pagayeur, euse |pagɛjœʀ, øz| *s.* vogatore* a pagaia.
1 **page** |paʒ| *s.f.* **1** pagina: *les pages d'un livre* le pagine di un libro; *page blanche* pagina bianca; *suite en page trois* continua a pagina tre ◇ (*loc.*) *mise en pages* impaginazione ~ *être à la page* essere aggiornato, 'à la page' **2** [*le texte inscrit sur une page*] pagina: *il est payé à la page* è pagato a pagina ◇ (*typogr.*) *fausse page* pagina pari; *belle page* pagina dispari, di destra **3** [*feuille*] pagina: *feuilleter les pages d'un livre* sfogliare le pagine di un libro ◇ (*loc. fig.*) *tourner la page* [*passer à autre chose*] voltare pagina **4** [*passage d'une œuvre littér. ou musicale*] pagina: *les plus belles pages d'un écrivain, d'un musicien* le più belle pagine di uno scrittore, di un musicista **5** [*partie de la vie ou de l'hist. d'une nation*] pagina: *une page glorieuse de l'histoire d'Italie* una pagina gloriosa della storia d'Italia.
2 **page** |paʒ| *s.m.* paggio*.
3 **page** |paʒ| *s.m.* → **pageot.**
pagel *s.m.*, **pagelle** *s.f.* |paʒɛl| (*t.zool.*) pagello *m.*
pageot, pajot |paʒo|, **pagnot** |paɲo| *s.m.* (*pop.*) → **lit.**
pagination |paʒinasjɔ̃| *s.f.* paginatura, paginazione: *erreur de pagination* errore di paginatura.
paginer |paʒine| *v.tr.* [*numéroter les pages de*] numerare le pagine (di).
pagne |paɲ| *s.m.* [*vêtement primitif qu'on ajuste autour des reins*] perizoma → **paréo.**
pagnon |paɲɔ̃| *s.m.* tessuto (nero) di Sedan.
pagnot |paɲo| *s.m.* → **pageot.**
pagnoter (se) |paɲɔte| *v.pron.*

intr. (*pop.*) [*se mettre au lit*] andare (101) *intr.* a letto (*cour.*), coricarsi (*cour.*).
pagode |pagɔd| *s.f.* **1** pagoda ✦ (*en appos.*) *manches pagode* [*très larges du bas*] maniche a campana, scampanate **2** (*vx.*) [*figurine chinoise de porcelaine à tête mobile*] pagoda **3** [*anc. monnaie d'or de l'Inde*] pagoda.
pagodon |pagɔdɔ̃| *s.m.* (*bx-arts*) piccola pagoda *f.*
pagre |pagʀ(ə)| *s.m.* (*t.zool.*) pagro.
pagure |pagyʀ| *s.m.* (*t.zool.*) paguro.
pagus |pagys| *s.m.* (*lat.*) (*antiq. rom.*) pago*: *des pagi* dei pagi.
paidologie |pɛdɔlɔʒi| *s.f.* → 1 **pédologie.**
paie |pɛ| *s.f.* → **paye.**
paiement |pɛmɑ̃|, **payement** |pɛjmɑ̃| *s.m.* **1** [→ PAYER] pagamento: *paiement par chèque* pagamento con assegno; *faire un paiement* effettuare un pagamento **2** [*ce qu'on donne pour exécuter une obligation*] pagamento: *recevoir un paiement, son paiement* ricevere il pagamento **3** (*fig.*) [*récompense, rétribution*] ricompensa *f.*
païen, ïenne |pajɛ̃, jɛn| *adj.* **1** [*d'une relig. autre que le christianisme*] pagano: *la Rome païenne* la Roma pagana; *dieux, rites païens* dèi, riti pagani ✦ (*s.*) *les païens* i pagani **2** [*sans religion*] pagano: *mener une vie païenne* condurre una vita pagana.
paierie |peʀi| *s.f.* [*bureau d'un trésorier-payeur*] tesoreria; ufficio* *m.* pagamenti.
paillage |pɑjaʒ| *s.m.* (*agric.*) pacciamatura *f.*
paillard, arde |pajaʀ, aʀd(ə)| *adj.* **1** (*personnes*) (*plais.*) [*qui est débauché avec gaieté*] gaudente: *un moine paillard* un frate gaudente ✦ (*s.*) *un paillard* un gaudente **2** (*choses*) [*qui a un caractère de grivoiserie vulgaire*] scurrile, licenzioso: *chansons paillardes* canzoni scurrili, licenziose.
paillardise |pajaʀdiz| *s.f.* [*action paillarde*] licenziosità *inv.* ◇ [*parole paillarde*] scurrilità *inv.*, volgarità (*inv.*): *débiter des paillardises* dire scurrilità, volgarità.
1 **paillasse** |pa(ɑ)jas| *s.f.* **1** [*enveloppe garnie de paille qui sert de matelas*] pagliericcio* (*m.*): *coucher sur une paillasse* dormire su un pagliericcio **2** (*loc. pop.*) *crever la paillasse à qqn.* [*le tuer en l'éventrant*] cavare le budella *pl.* a qc. **3** [*prostituée de bas étage*] baldracca* **4** (*techn.*) ripiano *m.* del lavello; banco* *m.*
2 **paillasse** |pajas| *s.m.* (*littér.*) [*clown*] pagliaccio* (*cour.*).
paillasson |pɑ(a)jasɔ̃| *s.m.* **1** [*natte de paille destinée à protéger certaines cultures des intempéries*] stuoia *f.* **2** [*natte servant à s'essuyer les pieds*] zerbino ◇ (*loc.*) *mettre la clé sous le paillasson* [*partir*] piantare baracca e burattini **3** [*personnage plat et rampant*] leccapiedi *inv.*
paillassonnage |pajasɔnaʒ| *s.m.* il ricoprire *inv.* con stuoie, lo stoiare *inv.*
paillassonner |pajasɔne| *v.tr.* (*agric.*) [*couvrir de paillassons* (1)] ricoprire (186) con stuoie, stoiare.
paille |pɑj| **I** *s.f.* **1** paglia: *brin de paille* fuscello di paglia ◇ (*loc.*) *coucher, être sur la paille* [*dans la misère*] essere sul lastrico ~ *mettre qqn. sur la paille* [*le ruiner*] gettare, ridurre (108) qqc. sul lastrico ~ *feu de paille* fuoco di paglia **2** [*tiges des céréales filées et tressées*] paglia: *chapeau de paille* cappello di paglia **3** *une paille* [*un brin de paille*] una paglia: *tirer à la courte paille* tirare a sorte con due paglie, fare bruschette ◇ (*par anal.*) cannuccia*: *boire une citronnade avec une paille* (*en papier*) bere una limonata con la cannuccia ◇ (*fam., iron.*) *une paille* [*peu de chose*] una bazzecola (*cour.*), dici (hai detto) niente: *il en demande dix millions: une paille!* chiede dieci milioni: una bazzecola!, dici niente! **4** *homme de paille* uomo di paglia, prestanome *s. inv.* **5** *paille de fer* paglia di ferro (d'acciaio), paglietta: *nettoyer un parquet à la paille de fer* pulire un 'parquet' con la paglia di ferro, con la paglietta **6** [*défaut dans une pièce de métal, de verre*] paglia **7** (*mar.*) paglia di bitta **II** (*adj. inv.*) *une robe paille* un vestito (color) paglia.
paillé |pɑje| *s.m.* (*agric.*) strame.
paillé, ée |pɑje| *adj.* **1** [*couleur jaune paille*] giallo paglierino, pagliato **2** (*techn.*) con paglie (*loc. inv.*): *acier paillé* acciaio con paglie **3** [*garni de paille*] impagliato: *une chaise paillée* una sedia impagliata.
1 **pailler** |pɑje| *s.m.* (*agric.*) [*meule de paille; hangar à paille*] pagliaio*.
2 **pailler** |pɑje| *v.tr.* **1** [*garnir de paille tressée*] impagliare: *pailler des chaises* impagliare delle sedie **2** [*couvrir, garnir de paille, de paillassons*] impagliare; ricoprire (186) con stuoie: *pailler des bouteilles* impagliare delle bottiglie || *pailler des arbres fruitiers* ricoprire con stuoie degli alberi da frutto.
1 **paillet** |pɑjɛ| *s.m.* **1** (*mar.*) paglietto **2** (*techn.*) molla *f.* a lamina.
2 **paillet** |pɑjɛ| *s.m.* [*vin clairet*] chiaretto.
pailletage |pajtaʒ| *s.m.* [→ PAILLETER] guarnizione *f.* di lustrini.
pailleté, ée |pajte| *adj.* guarnito di lustrini: *robe pailletée* vestito guarnito di lustrini.
pailleter |pajte| (5) *v.tr.* [*orner de paillettes*] guarnire (197) di lustrini.
pailleteur |pajtœʀ| *s.m.* cercatore* *s.* d'oro → **orpailleur.**
paillette |pajɛt| *s.f.* **1** [*lamelle brillante que l'on peut coudre à un tissu*] lustrino (*m.*): *un voile semé de paillettes* un velo cosparso di lustrini **2** [*parcelle d'or dans des sables aurifères*] pagliuzza **3** [*lamelle*] scaglia: *savon en paillettes* sapone in scaglie **4** [*défaut d'une pierre*] → **paille** I 6 **5** [*ressort de targette*] molla a lamina.
pailleux, euse |pɑjø, øz| *adj.* **1** *fumier pailleux* letame non stagionato **2** (*techn.*) *acier pailleux* acciaio con paglie *loc. inv.*
paillis |pɑji| *s.m.* (*agric.*) pacciamatura *f.*
paillon |pɑjɔ̃| *s.m.* **1** rivestimento in paglia (di un fiasco) **2** [*petite lamelle de métal*] foglia *f.* **3** (*techn.*) maglia *f.* di catenella.
paillot |pɑjo| *s.m.* (*vieilli*) → 1 **paillasse** 1.
paillote |pɑjɔt| *s.f.* [*cabane*] capanna → 1 **case.**
pain |pɛ̃| *s.m.* **1** pane: *pain blanc, noir* pane bianco, nero; *pain complet* pane integrale; *pain de ménage* pane casereccio, casareccio; *pain de mie* pane in cassetta, pan 'carré'; *pain sec* pane asciutto (senza companatico); *pain azyme* pane azzimo **2** (*loc. fig.*) *je ne mange pas de ce pain-là* non mangio di questo pane ~ *avoir du pain sur la planche* [*avoir beaucoup de travail devant soi*] avere parecchio da fare ~ *pour une bouchée de pain* per un pezzo, un tozzo di pane ~ *objets qui se vendent comme des petits pains* oggetti che si vendono come pane ~ *ôter, retirer à qqn. le pain de la bouche* togliere a qc. il pane di bocca ~ *long comme un jour sans pain* lungo come la quaresima ~ *gagner son pain à la sueur de son front* guadagnarsi il pane con il sudore della fronte ~ *au pain sec* a pane e acqua **3** *pain d'épice(s)* pan *inv.* pepato, panpepato; *pain aux raisins* pane con uvetta; *pain de Gênes* pan di Spagna **4** [*masse* (*d'une substance*) *comparée à un pain*] pane: *pain de savon* pane di sapone **5** (*montagne*) *en pain de sucre* montagna) a pan di zucchero **6** *arbre à pain* albero del pane **7** (*pop.*) [*coup, gifle*] sberla (*f.*): *il lui a collé un pain* gli ha mollato una sberla.
pair |pɛʀ| *s.m.* **1** (*loc.*) *hors de pair, hors pair* senza pari, senza eguale ~ *aller de pair* andare di pari passo **2** [*personne semblable quant à la situation sociale*] pari (*inv.*): *il ne peut attendre aucune aide de ses pairs* non può aspettarsi nessun aiuto dai suoi pari **3** (*en Angleterre*) *Chambre des pairs* Camera dei pari, dei Lord *inv.* **4** *loc.* AU PAIR [*en échangeant un travail contre le logement et la nourriture*] alla pari: *travailler au pair* lavorare alla pari **5** (*fin.*) *le pair du change* la parità *f. inv.* monetaria **6** (*vx.*) → **pareil.**
pair, aire |pɛʀ| *adj.* [*nombre divisible exactement par deux*] pari (*inv.*): *numéro pair, jours pairs* numero pari, giorni pari ✦ (*s.m.*) *jeu du pair et de l'impair* gioco del pari e dispari; *jouer pair* giocare pari.
paire |pɛʀ| *s.f.* **1** [*réunion* (*de deux choses, de deux êtres semblables qui vont ensemble*)] paio* (*m.*): *une paire de souliers* un paio di scarpe; *une paire de jambes* un paio di gambe ◇ (*loc.*) *c'est une autre paire de manches* è un altro paio di maniche ~ *une paire de gifles* un paio di schiaffi **2** [*objet unique composé de deux parties semblables et symétriques*] paio: *une paire de lunettes, de ciseaux* un paio di occhiali, di forbici **3** [*deux animaux capturés ou travaillant ensemble*] paio, coppia: *une paire de pigeons, de bœufs* un paio, una coppia di piccioni, di buoi **4** [*deux personnes*] coppia: *une paire d'amis, de copains inséparables* una coppia di amici inseparabili **5** (*phys.*) coppia **6** (*loc.*) *les deux font la paire* quei due fanno il paio, si possono dare la mano **7** (*pop.*) *se faire la paire* [*s'enfuir*] mettersi le gambe in spalla, tagliare la corda.
pairesse |pɛʀɛs| *s.f.* **1** moglie* di un pari **2** donna titolare di una parìa.
pairie |peʀi| *s.f.* [*titre et dignité de pair*] parìa.
pairle |pɛʀl(ə)| *s.m.* (*blas.*) pergola *f.*
paisible |pezibl(ə)| *adj.* **1** [*qui demeure en paix*] calmo, pacifico*: *un homme paisible* un uomo calmo, pacifico → 2 **calme, tranquille** **2** [*qui exprime 'la paix, le calme'*] tranquillo → **serein** **3** (*choses*) [*qui ne trouble*

pas la paix] tranquillo, pacifico: *mœurs paisibles* costumi tranquilli, pacifici **4** [*dont rien ne vient troubler la paix*] tranquillo: *sommeil paisible* sonno tranquillo; *vie paisible* vita tranquilla **5** (*dr.*) *paisible possesseur* pacifico possessore.

paisiblement |pezibləmɑ̃| *adv.* [→ PAISIBLE] tranquillamente: *il dort paisiblement* dorme tranquillamente.

paissance |pɛsɑ̃s| *s.f.* (*dr.*) pascolo *m.* nei boschi.

paisseau |pɛso| *s.m.* (*vx., dial.*) → **échalas.**

paître |pɛtʀ(ə)| (72) (*défectif du p. simple, du subj. imp., du p.p.*) **A** *v.intr.* **1** (*animaux*) [*manger l'herbe sur pied*] pascolare: *il mène paître son troupeau* conduce il gregge a pascolare **2** (*loc. fam.*) *envoyer paître qqn.* [*l'envoyer promener*] mandare qc. a quel paese **B** *v.tr.* [→ *intr.* 1] pascere (128), pascolare.

paix |pɛ| *s.f.* **I** **1** [*rapports entre personnes qui ne sont pas en querelle*] pace: *faire la paix* fare la pace; *vivre en paix avec tout le monde* vivere in pace con tutti → 1 **accord, concorde** **2** [*rapports calmes entre citoyens*] pace # *les gardiens de la paix* gli agenti di polizia, i poliziotti ◇ (*dr. civ.*) *juge de paix* giudice conciliatore **II** **1** [*situation d'une nation qui n'est pas en guerre*] pace: *en temps de paix* in tempo di pace ◇ (*loc. prov.*) *si tu veux la paix, prépare la guerre* se vuoi la pace, prepara la guerra **2** *traité de paix* trattato di pace; *paix honteuse* pace disonorevole; *la paix des braves* la pace degli eroi **III** **1** [*état d'une personne que rien ne vient troubler*] pace: *débrancher le téléphone pour avoir la paix* staccare il telefono per avere un po' di pace; *laisser la paix à qqn., le laisser en paix* lasciare in pace qc. → **repos, tranquillité** ◇ (*loc. fam.*) *foutez-moi la paix!* lasciatemi in pace! (*cour.*) ~ (*interj.*) *la paix!* basta! (*cour.*), silenzio! (*cour.*) **2** [*état de l'âme qui n'est troublée par aucun conflit*] pace → 1 **calme, quiétude** # *avoir la conscience en paix* avere la coscienza tranquilla **3** [*état d'un lieu où il n'y a ni agitation ni bruit*] pace: *la paix des champs* la pace dei campi → 1 **calme, tranquillité** **IV** (*relig.*) *baiser de paix* bacio della pace ⓒ I 1 **conflit, dispute,** 2 **trouble, violence;** II 1 **guerre.**

pakistanais, aise |pakistanɛ, ɛz| *adj.* [*du Pakistan*] pakistano, pachistano.

pal, pals |pal| *s.m.* **1** palo: *le pal, ancien instrument de supplice* il palo, antico strumento di supplizio **2** (*agric.*) *pal injecteur* palo iniettore **3** (*blas.*) palo.

palabre |palabʀ(ə)| *s.f. ou m.* **1** [*discussion interminable et oiseuse*] chiacchiere (*f. pl.*): *assez de palabres!* basta con le chiacchiere! **2** (*vx.*) (*en Afrique*) colloquio* *m.* con un capo negro.

palabrer |palabʀe| *v.intr.* [*discuter interminablement*] parlamentare: *il fallut palabrer un grand moment pour les persuader* fu necessario parlamentare a lungo prima di convincerli.

palace |palas| *s.m.* albergo* di lusso, grande albergo ◇ (*loc. fam.*) *mener la vie de palace* fare la vita del (gran) signore.

paladin |paladɛ̃| *s.m.* paladino.

palafitte |palafit| *s.m.* palafitta *f.*

1 **palais** |palɛ| *s.m.* **1** [*grande et somptueuse résidence*] palazzo **2** [*vaste édifice publique*] palazzo: *le palais du Louvre* il palazzo del Louvre **3** *palais de Justice* palazzo di Giustizia ✦ (*absolt.*) *le Palais* la magistratura (*f.*); *gens du, de Palais* gente di toga (*f.*); *le langage, le style du Palais* il linguaggio, lo stile forense *adj.*

2 **palais** |palɛ| *s.m.* **1** (*anat.*) palato: *voûte du palais* volta del palato, palatina *adj.* **2** [*organe du goût*] palato: *c'est un gourmet qui a le palais fin* è un buongustaio dal palato fine; *mets qui flatte le palais* piatto che stuzzica il palato.

palan |palɑ̃| *s.m.* (*techn.*) paranco*: *palan éléctrique, pneumatique* paranco elettrico, ad aria compressa.

palanche |palɑ̃ʃ| *s.f.* (*techn.*) bilanciere *m.*

palançon |palɑ̃sɔ̃| *s.m.* (*maçonn.*) palanca* *f.*

palangre |palɑ̃gʀ(ə)| *s.f.* (*pêche*) palamite *m.*

palanque |palɑ̃k| *s.f.* (*fortif.*) palizzata.

palanquée |palɑ̃ke| *s.f.* (*mar.*) carico* *m.* di un paranco.

palanquer |palɑ̃ke| **A** *v.intr.* [*se servir d'un palan*] parancare **B** *v.tr.* [*munir de palanques*] munire (197) di palizzate.

palanquin |palɑ̃kɛ̃| *s.m.* palanchino.

palastre |palastʀ(ə)|, **palâtre** |palɑtʀ(ə)| *s.m.* (*techn.*) piastra *f.* (della serratura).

palatal, ale, aux |palatal, o| *adj.* **1** (*phonét.*) palatale: *voyelles palatales* vocali palatali ✦ (*s.f.*) *une palatale* una palatale **2** (*anat.*) palatale: *voûte palatale* volta palatale, palatina.

palatalisation |palatalizɑsjɔ̃| *s.f.* (*phonét.*) palatalizzazione.

palatalisé, ée |palatalize| *adj.* (*phonét.*) palatalizzato.

palataliser |palatalize| *v.tr.* (*phonét.*) [*transformer par palatalisation*] palatalizzare.

1 **palatin, ine** |palatɛ̃, in| *adj.* **1** (*hist.*) palatino: *comtes palatins* conti palatini ✦ (*s.*) *les palatins* i palatini **2** [*dépendant d'un palais*] palatino: *chapelle palatine* cappella palatina.

2 **palatin, ine** |palatɛ̃, in| *adj.* (*anat.*) palatino: *voûte palatine* volta palatina.

palatinat |palatina| *s.m.* (*hist.*) palatinato.

palatogramme |palatɔgʀam| *s.m.* (*phonét.*) palatogramma.

pale |pal| *s.f.* **1** [*partie d'une hélice; extrémité plate d'une rame*] pala **2** (*techn.*) paratoia.

pale, palle |pal| *s.f.* (*liturg. cathol.*) palla.

pâle |pɑl| *adj.* **1** (*en parlant du visage*) [*blanc*] pallido: *un peu pâle* un po' pallido → **pâlot, pâlichon**; *très pâle* molto pallido → **blafard, blême**; *pâle de peur, de colère* pallido, bianco per la paura, la collera ◇ (*loc.*) *pâle comme un linge* bianco* come un lenzuolo ~ *pâle comme la mort* pallido, bianco come un morto ~ *les visages pâles* i visi pallidi **2** [*qui a peu d'éclat*] pallido: *lueurs pâles* pallidi bagliori **3** [*peu vif ou mêlé de blanc*] pallido: *bleu pâle* azzurro pallido **4** (*fig.*) [*sans éclat*] scialbo: *une pâle imitation* una imitazione scialba; *un style pâle* uno stile scialbo ◇ (*loc. fam.*) *un pâle crétin* un vero (*cour.*) cretino **5** (*arg. milit.*) *se faire porter pâle* [*malade*] marcare visita.

palé, ée |pale| *adj.* (*blas.*) palato.

pale-ale |pɛlɛl| *s.m.* (*angl.*) birra *f.* inglese bionda, pale ale *inv.*

paléanthrope |paleɑ̃tʀɔp| *s.m.* paleantropo.

paléanthropologie |paleɑ̃tʀɔpɔlɔʒi| *s.f.* paleantropologia*.

paléanthropologiste |paleɑ̃tʀɔpɔlɔʒist(ə)|, **paléanthropologue** |paleɑ̃tʀɔpɔlɔg| *s.* paleantropologo*.

palée |pale| *s.f.* (*techn.*) palizzata.

palefrenier |palfʀənje| *s.m.* palafreniere.

palefroi |palfʀwa| *s.m.* (*ancienn.*) [*cheval de marche, de parade*] palafreno.

palémon |palemɔ̃| *s.m.* (*t.zool.*) palemone.

palé(o)- |pale(ɔ)| *préf.* (*signifiant 'ancien', correspond généralt. à*) pale(o): *paléolithique* paleolitico.

paléobotanique |paleɔbɔtanik| *s.f.* paleobotanica*.

paléochrétien, ienne |paleɔkʀetjɛ̃, jɛn| *adj.* paleocristiano.

paléoclimat |paleɔklima| *s.m.* paleoclima.

paléoécologie |paleɔekɔlɔʒi| *s.f.* paleoecologia*.

paléoethnologue |paleɔɛtnɔlɔg| *s.* paletnologo*.

paléogène |paleɔʒɛn| *s.m.* paleogene ✦ *adj.* paleogenico*.

paléogéographie |paleɔʒeɔgʀafi| *s.f.* paleogeografia.

paléographe |paleɔgʀaf| *s.m.* paleografo.

paléographie |paleɔgʀafi| *s.f.* paleografia.

paléographique |paleɔgʀafik| *adj.* paleografico*.

paléolithique |paleɔlitik| *adj.* paleolitico* ✦ (*s.m.*) *le paléolithique* il paleolitico.

paléomagnétisme |paleɔmaɲetism(ə)| *s.m.* (*géol.*) paleomagnetismo.

paléontologie |paleɔ̃tɔlɔʒi| *s.f.* paleontologia*.

paléontologique |paleɔ̃tɔlɔʒik| *adj.* paleontologico*.

paléontologiste |paleɔ̃tɔlɔʒist(ə)|, **paléontologue** |paleɔ̃tɔlɔg| *s.* paleontologo*.

paléosol |paleɔsɔl| *s.m.* (*géol.*) paleosuolo.

paléothérium |paleɔteʀjɔm| *s.m.* (*sc.*) paleoterio*.

paléozoïque |paleɔzɔik| *adj.* paleozoico* ✦ (*s.m.*) *le paléozoïque* il paleozoico.

paléozoologie |paleɔzɔɔlɔʒi| *s.f.* paleozoologia*.

palermitain, aine |palɛʀmitɛ̃, ɛn| *adj.* [*de Palerme*] palermitano.

paleron |palʀɔ̃| *s.m.* [*partie plate et charnue près de l'omoplate de certains animaux*] spalla *f.*

palestinien, ienne |palestinjɛ̃, jɛn| *adj.* [*de la Palestine*] palestinese.

palestre |palɛstʀ(ə)| *s.f.* (*antiq.*) palestra.

palet |palɛ| *s.m.* (*jeu*) piastrella *f.*

paletot |palto| *s.m.* cappotto, paltò *inv.* ◇ (*loc. pop.*) *tomber sur le paletot de qqn.* [*se jeter sur lui* (*pour l'insulter, etc.*)] prendere qc. per il bavero (*fam.*).

palette |palɛt| *s.f.* **1** [*plaque sur laquelle le peintre étend ses couleurs*] tavolozza ◇ (*par métonymie*) [*l'ensemble des couleurs propres à un peintre*] *la palette de Rubens* la tavolozza di Rubens **2** [*instrument en bois de forme plate et allongée*] *palette d'une baratte* pala, bastone *m.* di una zangola; *palette pour battre le linge* battipanni *m. inv.* **3** (*techn.*) paletta, pala **4** (*milit.*) *palette de marqueur* paletta di segnalazione **5** (*bouch.*) spalla (di montone, di maiale).

palettiser |paletize| *v.tr.* [*organiser par l'emploi de palettes* (3)] palettizzare.

palettisation |paletizɑsjɔ̃| *s.f.* [→ PALETTISER] palettizzazione.

palétuvier |paletyvje| *s.m.* (*bot.*) paletuviere.

pâleur |pɑlœʀ| *s.f.* [*couleur d'une personne pâle*] pallore (*m.*): *pâleur mortelle* pallore mortale ◇ (*choses*) *pâleur du ciel* biancore *m.* del cielo.

pali, ie |pali| *adj. et s.m.* (*hindi*) pali *inv.*

palicare |palikaʀ| *s.m.* → **palikare.**

pâlichon, onne |pɑliʃɔ̃, ɔn| *adj.* (*fam.*) [*un peu pâle*] palliduccio*.

palier |palje| *s.m.* **1** [*plate-forme entre deux volées d'un escalier*] pianerottolo: *portes donnant sur le palier* porte che danno sul pianerottolo ◇ (*par anal.*) [*partie horizontale comprise entre deux déclivités*] (tratto) piano: *automobile qui fait cent kilomètres à l'heure en palier* auto che fa i cento (chilometri) all'ora in piano **2** (*aviat.*) *vol en palier* volo orizzontale *adj.* **3** (*fig.*) [*phase intermédiaire de stabilité*] stasi (*f. inv.*): *palier dans la hausse des prix* stasi nel rialzo dei prezzi ◇ *loc.* PAR PALIERS [*progressivement*] per gradi: *progresser par paliers* progredire per gradi **4** (*mécan.*) cuscinetto.

palière |paljɛʀ| (*adj. f.*) *marche palière* gradino a livello del pianerottolo (*loc. inv.*); *porte palière* porta che dà sul pianerottolo *loc.*

palikare |palikaʀ| *s.m.* (*hist.*) pallicari *inv.*

palilalie |palilali| *s.f.* (*pathol.*) palilalia.

palimpseste |palɛ̃psest(ə)| *s.m.* palinsesto.

palin- |palɛ̃| *préf.* (*signifiant 'de nouveau', correspond généralt. à*) palin: *palindrome* palindromo.

palindrome |palɛ̃dʀom| *adj. et s.m.* palindromo.

palingénésie |palɛ̃ʒenezi| *s.f.* **1** (*philo., relig.*) palingenesi *inv.* **2** (*fig., littér.*) palingenesi.

palingénésique |palɛ̃ʒenezik| *adj.* palingenetico*.

palinodie |palinɔdi| *s.f.* **1** (*antiq.*) palinodia **2** (*vx.*) *chanter la palinodie* [*se rétracter*] cantare la palinodia **3** *au plur.* (*littér.*) [*changement d'opinion*] palinodia *sing.*, ritrattazione *sing.* (*cour.*): *les palinodies d'un homme politique* la palinodia di un uomo politico.

palinodique |palinɔdik| *adj.* (*rare*) palinodico*.

pâlir |pɑliʀ| **A** *v.intr.* **1** (*personnes*) [*devenir pâle*] impallidire (197) (*aux.* essere): *pâlir de colère, de peur* impallidire di rabbia, per la paura ◇ (*loc.*) *pâlir sur les livres, sur un travail* consumarsi sui libri, su un lavoro ~ *sa promotion a fait pâlir ses confrères* [*de dépit*] la sua promozione ha fatto diventare verdi di rabbia i colleghi **2** (*choses*) [*perdre son éclat*] sbiadire (197) (*aux.* essere): *les couleurs ont pâli* i colori sono sbiaditi **B** *v.tr.* [*rendre pâle*] rendere (105) pallido, far (103) *intr.* impallidire: *ses joues pâlies par la fatigue* le sue guance rese pallide dalla fatica.

palis |pali| *s.m.* **1** [*petit pieu pointu*] paletto **2** [*l'espace entouré par ces pieux*] recinto.

palissade |palisad| *s.f.* **1** [*clôture faite d'une rangée de pieux*] palizzata: *palissade d'un jardin* palizzata di un giardino **2** (*jardinage*) spalliera.

palissader |palisade| *v.tr.* **1** [*entourer au moyen d'une palissade* (1)] recintare con una palizzata **2** [*masquer par une palissade* (2) *d'arbres*] mascherare con una spalliera di alberi.

palissadique |palisadik| *adj.* (*bot.*) a palizzata *loc. inv.*

palissage |palisaʒ| *s.m.* (*agric.*) il disporre *inv.* (delle piante) a spalliera.

palissandre |palisɑ̃dʀ(ə)| *s.m.* palissandro: *armoire en palissandre* armadio in palissandro.

pâlissant, ante |pɑlisɑ̃, ɑ̃t| *adj.* [*qui pâlit*] pallido, impallidito: *elle était pâlissante d'émotion* era pallida, impallidita per l'emozione.

palisser |palise| *v.tr.* (*agric.*) [*étendre et lier les branches de* (*végétaux*) *contre un support*] disporre (168) (piante) a spalliera.

palisson |palisɔ̃| *s.m.* (*techn.*) orbello, palissone.

palissonner |palisɔne| *v.tr.* (*techn.*) [*lisser* (*les peaux*) *au moyen d'un palisson*] palissonare.

palissonneur |palisɔnœʀ| *s.m.* palissonatore.

paliure |paljyʀ| *s.m.* (*t.bot.*) paliuro.

palla |palla| *s.f.* (*hist. rom.*) palla.

palladien, ienne |paladjɛ̃, jɛn| *adj.* [*de Palladio*] palladiano: *style palladien* stile palladiano.

1 **palladium** |paladjɔm| *s.m.* **1** (*antiq.*) palladio* **2** (*littér.*) [*sauvegarde*] palladio.

2 **palladium** |paladjɔm| *s.m.* (*chim.*) palladio*.

palle |pal| *s.f.* → **pale.**

palléal, ale, aux |paleal, o| *adj.* (*zool.*) palleale.

palliata |paljata| *s.f.* (*hist. théât. rom.*) palliata.

palliatif, ive |paljatif, iv| *s.m.* palliativo: *avoir recours à des palliatifs* fare ricorso a palliativi.

pallidectomie |palidɛktɔmi| *s.f.* (*chir.*) pallidectomia.

pallidum |pal(l)idɔm| *s.m.* (*anat.*) globo pallido.

pallier |palje| *v.tr.* **1** [*atténuer faute de remède véritable; n'apporter qu'une solution provisoire à*] ovviare *intr.* (a): *il faut pallier les difficultés du moment* bisogna ovviare alle difficoltà del momento **2** (*littér.*) → **cacher, déguiser.**

pallium |paljɔm| *s.m.* (*antiq. rom., liturg.*) pallio*.

palma-Christi |palmakʀisti| *s.m.* (*vx.*) → **ricin.**

palmaire |palmɛʀ| *adj.* (*anat.*) palmare.

palmarès |palmaʀɛs| *s.m.* [*liste des lauréats* (*d'une distribution de prix*)] albo d'onore: *son nom figure au palmarès* il suo nome figura nell'albo d'onore ◇ (*de chansons, de spectacles*) hit parade *f. inv.*

palmature |palmatyʀ| *s.f.* **1** (*méd.*) sindattilia **2** (*vén.*) membrana interdigitale.

1 **palme** |palm(ə)| *s.f.* **1** (ramo *m.* di) palma **2** *huile de palme* olio di palma **3** LA PALME [*symb. de victoire*] la palma: *remporter la palme* riportare la palma; *la palme du martyre* la palma del martirio **4** *les palmes* (*académiques*) onorificenza *sing.* concessa ai benemeriti della Pubblica Istruzione (in Francia).

2 **palme** |palm(ə)| *s.f.* [*chaussure de caoutchouc palmée*] pinna.

3 **palme** |palm(ə)| *s.m.* [*anc. mesure*] palmo.

palmé, ée |palme| *adj.* (*bot., zool.*) palmato: *feuille palmée* foglia palmata; *pattes palmées* zampe palmate → **palmipède.**

1 **palmer** |palme| *v.tr.* (*techn.*) [*aplatir la tête* (*d'une aiguille*) *pour percer le chas*] appiattire (197) la cruna (d'un ago).

2 **palmer** |palmɛʀ| *s.m.* (*techn.*) palmer *inv.*, micrometro.

palmeraie |palməʀɛ| *s.f.* [*plantation de palmiers*] palmeto *m.*

palmette |palmɛt| *s.f.* (*arbor., archit.*) palmetta.

palmi- |palmi| *préf.* (*signifiant 'palme', correspond généralt. à*) palmi: *palmipède* palmipede.

palmier |palmje| *s.m.* **1** (*t.bot.*) palma *f.* ~ *palmier dattier* → **dattier** ◇ (*cour.*) *cœur de palmier* cuore di palma; *palmier nain* palma nana **2** (*pâtiss.*) ventaglio*.

palmifide |palmifid| *adj.* (*bot.*) palmatifido.

palmilobé, ée |palmilɔbe| *adj.* (*bot.*) palmatolobato.

palminervé, ée |palminɛʀve| *adj.* (*bot.*) *feuille palminervée* foglia palminervia.

palmiparti, ie, ite |palmipaʀti, it| *adj.* (*bot.*) palmatopartito.

palmipède |palmipɛd| *adj. et s.m.* (*zool.*) palmipede.

Palmipèdes |palmipɛd| *s.m. pl.* (*t.zool.*) Palmipedi.

palmiséqué, ée |palmiseke| *adj.* (*bot.*) palmatosetto.

palmiste |palmist(ə)| *s.m.* **1** palmisti *inv.* **2** *chou palmiste* cuore di palma **3** (*t.zool.*) sciiù *inv.*

palmite |palmit| *s.m.* midollo di palma.

palmitine |palmitin| *s.f.* (*chim.*) palmitina.

palmitique |palmitik| *adj. m.* (*chim.*) palmitico*: *acide palmitique* acido palmitico.

palmure |palmyʀ| *s.f.* membrana interdigitale (dei palmipedi).

palombe |palɔ̃b| *s.f.* (*t.zool.*) palomba, colombaccio* *m.*

palonnier |palɔnje| *s.m.* **1** (*auto.*) bilanciere **2** (*aviat.*) pedaliera *f.* **3** [*barre transversale aux extrémités de laquelle on fixe les traits des chevaux*] bilancino.

palot |palo| *s.m.* **1** (*techn.*) vanga* *f.*, pala *f.* **2** [*bêche étroite*] paletta *f.*

pâlot, otte |pɑlo, ɔt| *adj.* [*un peu pâle* (*surtout en parlant des enfants*)] pallidino.

palourde |paluʀd(ə)| *s.f.* (*t.zool.*) vongola, arsella (*région.*).

palpabilité |palpabilite| *s.f.* (*méd.*) palpabilità *inv.* ◇ (*fig.*) *la palpabilité d'un fait* la palpabilità di un fatto → **évidence.**

palpable |palpabl(ə)| *adj.* **1** palpabile → **concret, tangible** **2** (*fig.*) [*que l'on peut vérifier avec certitude*] palpabile: *preuves solides et palpables* prove solide e palpabili ⓒ 1 **impalpable.**

palpation |palpɑsjɔ̃| *s.f.* (*méd.*) palpazione.

palpe |palp(ə)| *s.m.* (*zool.*) palpo.

palpébral, ale, aux |palpebʀal, o| *adj.* (*anat.*) palpebrale.

palper |palpe| *v.tr.* **1** [*examiner en touchant*] palpare: *l'aveugle palpe les objets* il cieco palpa gli oggetti ♦ (*s.m.*) *le palper* → **palpation** **2** (*fam.*) [*toucher, recevoir de l'argent*] arraffare: *il a déjà assez palpé dans cette affaire* ha già arraffato abbastanza in questo affare.

palpeur |palpœʀ| *s.m.* (*techn.*) sonda *f.*, sensore.

palpitant, ante |palpitɑ̃, ɑ̃t| *adj.* **1** palpitante: *être tout palpitant d'émotion, d'amour* essere tutto palpitante per l'emozione, di amore ♦ *s.m.* (*pop.*) *le palpitant* [*le cœur*] il cuore (*cour.*) **2** (*choses*) [*qui excite l'émotion*] appassionante: *un film palpitant* un film appassionante.

palpitation |palpitɑsjɔ̃| *s.f.* **1** palpitazione: *avoir des palpitations* soffrire di palpitazioni **2** [*frémissement convulsif*] *palpitation des paupières* battito *m.* delle palpebre; *palpitation des ailes du nez* fremito *m.* delle narici **3** (*fig.*, *littér.*) [*frémissement, mouvement alternatif*] tremolio* (*m.*): *la palpitation des étoiles* il tremolio delle stelle.

palpiter |palpite| *v.intr.* **1** [*être agité de frémissements*] palpitare: *blessure, animal qui palpite* ferita, animale che palpita **2** (*cœur*) [*battre très fort; avoir des palpitations*] palpitare: *palpiter de peur* palpitare di paura ◇ (*par anal.*) tremolare: *étoiles qui palpitent* stelle che tremolano.

palplanche |palplɑ̃ʃ| *s.f.* (*techn.*) palancola.

palsambleu |palsɑ̃blø| *interj.* [*anc. juron*] corpo di Bacco!

paltoquet |paltɔkɛ| *s.m.* (*vx.*) [*homme insignifiant et prétentieux*] tanghero (*cour.*).

paluche |palyʃ| *s.f.* (*pop.*) [*main*] zampa.

palud, palude |palyd|, **palus** |paly| *s.m.* **1** (*vx.*) [*marais*] palude *f.* (*cour.*) **2** (*dial.*) (*dans le Bordelais*) terreno alluvionale coltivato a vite.

paludéen, éenne |palydeɛ̃, eɛn| *adj.* **1** [*de la nature du marais*] paludoso; palustre: *terres paludéennes* terre paludose ‖ *flore, faune paludéenne* flora, fauna palustre **2** (*méd.*) *fièvre paludéenne* febbre malarica → **palustre** ♦ (*s.*) *un paludéen* un malarico*.

paludicole |palydikɔl| *adj.* (*bot.*, *zool.*) paludicolo.

paludier, ière |palydje, jɛʀ| *s.* [*personne qui travaille aux marais salants*] salinaio*.

paludine |palydin| *s.f.* (*t.zool.*) paludina.

paludisme |palydism(ə)| *s.m.* (*méd.*) malaria *f.*, paludismo: *accès de paludisme* attacco di malaria.

paludologie |palydɔlɔʒi| *s.f.* (*méd.*) malariologia*.

paludologue |palydɔlɔg| *s.* [*médecin spécialisé dans l'étude du paludisme*] malariologo*.

palustre |palystʀ(ə)| *adj.* **1** palustre: *terrains palustres* terreni palustri **2** (*méd.*) *fièvre palustre* febbre palustre → **malaria.**

palynologie |palinɔlɔʒi| *s.f.* palinologia*.

pâmer (se) |pɑme| *v.pron. intr.* **1** (*vx.*) → **défaillir, évanouir (s')** **2** [*être comme paralysé sous le coup d'une émotion très agréable*] andare (101) *intr.* in estasi, estasiarsi # *se pâmer d'amour* impazzire d'amore; *se pâmer d'admiration* andare in visibilio; *se pâmer de joie* andare in brodo di giuggiole ♦ (*au p.p.*) *elle était pâmée* era estasiata, in visibilio.

pâmoison |pɑmwazɔ̃| *s.f.* (*vx.*, *plais.*) [→ PÂMER (SE)] deliquio* *m.*, estasi (*inv.*): *tomber en pâmoison* cadere in deliquio; andare in estasi, estasiarsi.

pampa |pɑ̃pa| *s.f.* pampa.

pamphlet |pɑ̃flɛ| *s.m.* [*court écrit satirique qui attaque les institutions, un personnage connu*] libello, 'pamphlet' *inv.*

pamphlétaire |pɑ̃fletɛʀ| *s.* [*auteur de pamphlets*] libellista.

pampille |pɑ̃pij| *s.f.* [*chacune des petites pendeloques groupées en franges*] nappina: *galon à pampilles* gallone a nappine.

pamplemousse |pɑ̃pləmus| *s.m.* **1** (*t.bot.*) pompelmo **2** [*fruit du pamplemoussier*] pompelmo: *jus de pamplemousse* succo di pompelmo.

pamplemoussier |pɑ̃pləmusje| *s.m.* (*t.bot.*) pompelmo.

pampre |pɑ̃pʀ(ə)| *s.m.* **1** [*branche de vigne*] pampino **2** (*poét.*) [*le raisin, la vigne*] i pampini *pl.* **3** (*archit.*) festone (a forma di tralcio di vite).

1 **pan** |pɑ̃| *s.m.* **1** [*grand morceau d'étoffe; partie tombante d'un vêtement*] lembo: *pan d'une chemise, d'un manteau* lembo di camicia, di cappotto ◇ (*loc.*) *s'attacher au pan de l'habit de qqn.* attaccarsi alle falde di qc., tirare qc. per le falde ~ *se promener en pan de chemise* passeggiare in camicia **2** *pan de mur* [*partie plus ou moins grande d'un mur*] pezzo di muro **3** (*fig.*) *pan de ciel* lembo di cielo **4** [*face d'une construction polyédrique*] faccia* (*f.*): *pans d'un prisme* facce di un prisma **5** (*techn.*) *pan de comble* falda *f.* del tetto.

2 **pan!** |pɑ̃| *interj.* (*exprimant 'un bruit sec, un coup, un éclatement'*) pan!

pan-, pant(o)- |pɑ̃, pɑ̃t(ɔ)| *préf.* (*signifiant 'tout', correspondent généralt. à*) pan; pant(o): *pangermanisme* pangermanesimo ‖ *pantographe* pantografo.

panacée |panase| *s.f.* panacea, toccasana *m. inv.*

panachage |panaʃaʒ| *s.m.* **1** [→ PANACHER] combinazione (*f.*): *panachage de couleurs* combinazione di colori **2** (*polit.*) combinazione (delle liste elettorali).

panache |panaʃ| *s.m.* **1** [*faisceau de plumes qui sert à orner une coiffure*] pennacchio*: *les chevaliers portaient un panache à leurs casques* i cavalieri portavano un pennacchio sull'elmo ◇ (*par anal.*) *panache de fumée* pennacchio di fumo **2** (*archit.*) pennacchio **3** (*loc.*) *avoir du panache* [*une fière allure*] avere prestanza ~ *amour du panache* [*amour pour la gloire milit.*] amore delle stellette.

panaché, ée |panaʃe| *adj.* **1** (*rare*) [*orné d'un panache*] impennacchiato (*cour.*) **2** [*qui présente des couleurs variées*] screziato, variegato: *œillet panaché* garofano screziato **3** [*composé d'éléments différents*] misto: *glace panachée* gelato misto ♦ (*s.m.*) *un panaché* birra *f.* tagliata con gassosa.

panacher |panaʃe| *v.tr.* **1** (*rare*) [*empanacher*] impennacchiare (*cour.*) **2** [*orner de couleurs variées; bigarrer*] screziare **3** *panacher une liste électorale* [*mélanger sur une même liste des candidats qui appartiennent à des partis différents*] comporre (168) una lista con candidati di vari partiti.

panachure |panaʃyʀ| *s.f.* [*tache de couleurs sur un fond de couleurs différents*] screziatura.

panade |panad| *s.f.* **1** panata **2** (*pop.*) *être, tomber dans la panade* [*dans la misère*] essere, cadere in miseria (*cour.*); stare a stecchetto.

panafricain, aine |panafʀikɛ̃, ɛn| *adj.* panafricano.

panafricanisme |panafʀikanism(ə)| *s.m.* panafricanismo.

panais |panɛ| *s.m.* (*t.bot.*) pastinaca* *f.*

panama |panama| *s.m.* panama *inv.*

panaméricain, aine |panameʀikɛ̃, ɛn| *adj.* panamericano.

panaméricanisme |panameʀikanism(ə)| *s.m.* panamericanismo.

panamien, ienne |panamjɛ̃, jɛn| *adj.* [*de Panama*] panamense, panamegno.

panarabe |panaʀab| *adj.* panarabo.

panarabisme |panaʀabism(ə)| *s.m.* panarabismo.

panard |panaʀ| *s.m.* (*pop.*) → 1 **pied.**

panard, arde |panaʀ, aʀd(ə)| *adj.* (*hippol.*) mancino.

panaris |panaʀi| *s.m.* (*méd.*) patereccio*.

panasiatique |panazjatik| *adj.* panasiatico*.

panasiatisme |panazjatism(ə)| *s.m.* panasiatismo.

panatela, panatella |panatela| *s.m.* panatela.

Panathénées |panatene| *s.f. pl.* (*antiq. gr.*) Panatenee.

panathénien, ienne |panatenjɛ̃, jɛn| *adj.* (*antiq. gr.*) panatenaico*: *les fêtes panathéniennes* le (feste) panatenaiche.

panax |panaks|, **panace** |panas| *s.m.* (*t.bot.*) panace, panacea *f.*

panca |pɑ̃ka| *s.m.* punkah *inv.*

pancalisme |pɑ̃kalism(ə)| *s.m.* (*philo.*) pancalismo.

pancarte |pɑ̃kaʀt(ə)| *s.f.* **1** [*carton qu'on applique contre un mur, etc., pour donner un avis au public*] cartello (*m.*): *porter une pancarte dans un défilé* portare un cartello in una sfilata → **écriteau** **2** (*vx.*) → **charte.**

panchromatique |pɑ̃kʀɔmatik| *adj.* (*photo.*) pancromatico*.

panclastite |pɑ̃klastit| *s.f.* (*chim.*) panclastite.

pancosmisme |pɑ̃kɔsmism(ə)| *s.m.* (*philo.*) pancosmismo.

pancrace |pɑ̃kʀas| *s.m.* (*antiq.*) pancrazio*.

pancratiaste |pɑ̃kʀasjast(ə)| *s.m.* (*antiq. gr.*) pancraziaste.

pancréas |pɑ̃kʀeɑs| *s.m.* (*anat.*) pancreas *inv.*

pancréatine |pɑ̃kʀeatin| *s.f.* (*biol.*) pancreatina.

pancréatique |pɑ̃kʀeatik| *adj.* (*méd.*) pancreatico*.

pancréatite |pɑ̃kʀeatit| *s.f.* (*méd.*) pancreatite.

panda |pɑ̃da| *s.m.* (*t.zool.*) panda *inv.*

Pandanacées |pɑ̃danase| *s.f. pl.* (*t.bot.*) Pandanacee.

pandanus |pɑ̃danys| *s.m.* (*t.bot.*) pandano.

pandectes |pɑ̃dɛkt(ə)| *s.f. pl.* (*dr. rom.*) pandette.

pandèmes |pɑ̃dɛm| *s.f. pl.* (*antiq. gr.*) feste pandemie.

pandémie |pɑ̃demi| *s.f.* (*méd.*) pandemia.

pandémique |pɑ̃demik| *adj.* (*méd.*) pandemico*.

pandémonium |pɑ̃demɔnjɔm| *s.m.* (*littér.*) [*capitale de l'enfer*] Pandemonio* ◇ (*par ext., littér.*) [*lieu où règnent la corruption et le désordre*] pandemonio (*cour.*).

pandiculation |pɑ̃dikylɑsjɔ̃| *s.f.* pandiculazione.

pandit |pɑ̃di(t)| *s.m.* pandit *inv.*

1 **pandore** |pɑ̃dɔʀ| *s.f.* (*mus. anc.*) pandura, bandura.

2 **pandore** |pɑ̃dɔʀ| *s.m.* (*vx., iron.*) → **gendarme.**

pané, ée |pane| *adj.* [*cuit après avoir été couvert de chapelure*] impanato, panato: *côtelettes panées* cotolette (im)panate.

panégyrique |paneʒiʀik| *s.m.* **1** panegirico*: *le panégyrique d'un monarque* il panegirico di un monarca **2** [*éloge d'un saint*] panegirico **3** [*écrit à la louange de qqn.*] panegirico: *faire le panégyrique de qqn.* fare il panegirico di qc.

panégyriste |paneʒiʀist(ə)| *s.m.* panegirista *s.*

panel |panɛl| *s.m.* (*angl.*) [*échantillon expérimental sur lequel se fait une enquête d'opinion*] campione.

paner |pane| *v.tr.* [*couvrir de chapelure*] impanare, panare: *paner du poisson* (im)panare il pesce.

panerée |panʀe| *s.f.* (*vieilli*) [*contenu d'un panier*] panierata: *une panerée d'œufs* una panierata di uova.

paneterie |pantʀi, panɛtʀi| *s.f.* **1** [*lieu où l'on conserve et distribue le pain dans les communautés*] dispensa del pane **2** (*hist.*) carica* di dispensiere del pane.

panetier |pantje| *s.m.* (*hist.*) dispensiere del pane.

panetière |pantjɛʀ| *s.f.* **1** (*vieilli*) [*sac où l'on met du pain, des aliments*] bisaccia* **2** [*coffre où l'on garde le pain*] madia, dispensa.

paneton |pantɔ̃| *s.m.* paniere in cui si fa lievitare il pane.

paneuropéen, éenne |panøʀɔpeɛ̃, eɛn| *adj.* paneuropeo.

pangénèse |pɑ̃ʒenɛz| *s.f.* (*biol.*) pangenesi *inv.*

pangermanisme |pɑ̃ʒɛʀmanism(ə)| *s.m.* pangermanesimo, pangermanismo.

pangermaniste |pɑ̃ʒɛʀmanist(ə)| *adj.* pangermanistico* ♦ (*s.*) *un pangermaniste* un pangermanista.

pangolin |pɑ̃gɔlɛ̃| *s.m.* (*t.zool.*) pangolino.

panhellénique |pane(ɛl)lenik| *adj.* (*hist. gr.*) panellenico*.

panhellénisme |pane(ɛl)lenism(ə)| *s.m.* (*hist. gr.*) panellenismo.

panic |panik| *s.m.* (*t.bot.*) panico*.

panicaut |paniko| *s.m.* (*t.bot.*) eringio*.

panicule |panikyl| *s.f.* (*bot.*) pannocchia.

paniculé, ée |panikyle| *adj.* (*bot.*) panicolato.

panier |panje| *s.m.* **1** [*réceptacle* (*de vannerie*) *pour les marchandises*] cesta *f.*, cesto: *panier à linge* cesta della biancheria; *panier à pain* cesta del pane ◇ (*loc.*) *panier à ouvrage* cestino da lavoro; *panier à provisions* sporta *f.* (della spesa); *mettre au panier* [*jeter aux ordures*] gettare nel cestino **2** PANIER À SALADE scolatoio* per l'insalata; (*fam.*) [*voiture cellulaire*] cellulare (*cour.*) **3** *loc. fig.* PANIER PERCÉ [*dépensier incorrigible*] spendaccione (*s.*): *c'est un vrai panier percé, il a tout dépensé* è davvero uno spendaccione, ha davvero le mani bucate, ha speso tutto ~ *mettre tous ses œufs dans le même panier* puntare tutto su una sola carta **4** [*contenu d'un panier*] cestino, cesto (cesta): *acheter un panier de cerises* comprare un cestino di ciliegie ◇ (*loc.*) *panier-repas* [*repas froid distribué à des voyageurs*] cestino da viaggio ~ (*fig.*) *le dessus du panier* il fior fiore **5** (*cout.*) paniere **6** (*sport*) *la balle au panier* la pallacanestro *f. inv.* ◇ (*par ext.*) *réussir un beau panier* fare un bel canestro **7** (*archit.*) canestro.

panière |panjɛʀ| *s.f.* paniera.

panifiable |panifjabl(ə)| *adj.* [→ PANIFIER] panificabile: *céréales panifiables* cereali panificabili.

panification |panifikɑsjɔ̃| *s.f.* [→ PANIFIER] panificazione.

panifier |panifje| *v.tr.* [*transformer en pain*] panificare.

paniquard |panikaʀ| *s.m.* [*celui qui se laisse lâchement gagner par la panique*] fifone.

panique |panik| **1** *adj.* panico*: *peur, terreur panique* timor panico **2** *s.f.* panico (*m.*): *ils furent pris de panique, gagnés par la panique* furono presi dal panico; *jeter, semer la panique* gettare, seminare il panico.

paniquer |panike| **A** *v.tr.* [*frapper de panique*; (*fam.*) *d'angoisse*] far (103) *intr.* impazzire: *il paniquerait tout le monde si on l'écoutait* farebbe impazzire tutti se gli si desse ascolto → **affoler B** *v.intr.* [*être pris de peur*; *s'affoler*] perdere (163) *tr.* la testa; essere (96) (*aux.* essere) preso dal panico.

panislamique |panislamik| *adj.* panislamico*.

panislamisme |panislamism(ə)| *s.m.* panislamismo.

panka |pɑ̃ka| *s.m.* → **panca.**

panlogisme |pɑ̃lɔʒism(ə)| *s.m.* (*philo.*) panlogismo.

panmixie |pɑ̃miksi| *s.f.* (*biol.*) panmissi *inv.*, panmissia.

1 **panne** |pan| *s.f.* **1** [*arrêt de fonctionnement dans un mécanisme*] guasto *m.*, panna: *panne d'automobile* guasto, panna all'automobile; *tomber en panne* avere un guasto, restare in panna, in panne (*pop.*) # *il a eu une panne d'essence* è rimasto senza benzina, a secco; *il y a une panne d'électricité, de courant* manca la corrente **2** (*loc. fam.*) *être en panne* [*momentanément arrêté*] arenarsi: *les travaux sont en panne* i lavori si sono arenati **3** (*loc.*) *être en panne de qqch.* essere sprovvisto di q.c., essere rimasto senza q.c. ~ *être dans la panne* essere in miseria ~ (*théât.*) *ne jouer que des pannes* [*rôle insignifiant dans une pièce*] recitare solo particine **4** (*mar.*) panna: *mettre en panne* mettere in panna.

2 **panne** |pan| *s.f.* [*graisse qui se trouve sous la peau du cochon*] sugna.

3 **panne** |pan| *s.f.* [*étoffe semblable au velours*] (varietà *inv.* di) felpa.

4 **panne** |pan| *s.f.* (*techn.*) arcareccio* *m.*

5 **panne** |pan| *s.f.* [*partie du marteau opposée à la tête*] penna.

6 **panne** |pan| *s.f.* (*rare*) banco* *m.* di nubi (all'orizzonte).

panné, ée |pane| *adj. et s.* (*pop.*) [*sans argent*] spiantato (*cour.*).

panneau |pano| *s.m.* **1** [*partie d'une construction*; *élément préfabriqué* (*dans la construction*)] pannello **2** [*surface plane destinée à servir de support à des inscriptions*] cartello: *panneaux de signalisation* cartelli della segnaletica stradale, cartelli stradali # *panneaux-réclame* cartelloni pubblicitari; *panneaux électoraux* tabelloni elettorali **3** (*cout.*) telo; pannello **4** (*loc.*) *donner, tomber dans le panneau* [*dans le piège*; *surtout, se laisser tromper par de beaux discours*] cadere nella rete **5** (*bx-arts*) *peinture sur panneau* pittura su tavola *f.* **6** (*mar.*) portello: *panneau d'écoutille* portello di boccaporto **7** (*techn.*) faccia* *f.* (di una pietra tagliata) **8** (*chasse*) rete *f.*

panneauter |panote| *v.intr.* (*rare*) [*chasser avec des panneaux*] cacciare *tr. et intr.* con le reti (*cour.*).

panneton |pantɔ̃| *s.m.* (*techn.*) ingegno (della chiave).

pannicule |panikyl| *s.m.* pannicolo.

panonceau |panɔ̃so| *s.m.* **1** [*écusson, plaque métallique placée à la porte d'un officier ministériel*] targa* (*f.*): *panonceau de notaire* targa di notaio **2** [*panneau, enseigne*] insegna *f.* **3** (*féod.*) targa.

panophtalmie |panɔftalmi| *s.f.* (*méd.*) panoftalmia, panoftalmite.

panoplie |panɔpli| *s.f.* **1** panoplia ◇ (*fig.*) armamentario* *m.*, arsenale (*m.*): *une panoplie de mesures* un armamentario, un arsenale di provvedimenti **2** (*jouet d'enfant*) [*déguisement et instruments présentés sur un carton*] travestimento (*m.*): *panoplie de pompier* travestimento da pompiere.

panoptique |panɔptik| *adj. et s.m.* (*techn.*) panottico* *adj.*

panorama |panɔʀama| *s.m.* **1** panorama **2** (*fig.*) panorama: *panorama de la littérature contemporaine* panorama della letteratura contemporanea **3** (*théât.*) panorama.

panoramique |panɔʀamik| **I** *adj.* **1** panoramico*: *vue panoramique* vista panoramica **2** [*qui permet une grande visibilité*] panoramico: *carrosserie panoramique* carrozzeria panoramica; *écran panoramique* schermo panoramico **II** *s.m.* (*ciné., télév.*) panoramica* (*f.*): *panoramique horizontal, vertical* panoramica orizzontale, verticale.

panoramiquer |panɔʀamike| *v. intr.* (*ciné., télév.*) [*faire un panoramique*] fare (103) *tr.* una panoramica.

panorpe |panɔʀp(ə)| *s.f.* (*t.zool.*) panorpa.

panoufle |panufl(ə)| *s.f.* pezzo *m.*

di pelle di pecora (per ornare gli zoccoli).
panpsychisme |pãpsiʃism(ə)| *s.m.* (*philo.*) panpsichismo.
pansage |pãsaʒ| *s.m.* [→ 2 PANSER] strigliatura *f.*
panse |pãs| *s.f.* **1** (*fam.*) [*gros ventre*] pancia*, pancione (*m.*): *s'en mettre plein la panse* riempirsi la pancia **2** [*premier compartiment de l'estomac des ruminants*] rumine *m.* **3** [*partie renflée*] pancia: *panse d'une cruche* pancia di una brocca; *la panse d'un 'a'* la pancia della 'a'.
pansement |pãsmã| *s.m.* **1** [→ 1 PANSER 1] medicazione (*f.*): *faire un pansement* fare una medicazione **2** [*ce qui sert à soigner une plaie et à la protéger*] fasciatura *f.*, benda *f.* # *boîte à pansements* cassetta di pronto soccorso.
1 **panser** |pãse| *v.tr.* **1** [*mettre des linges et des médicaments sur* (*une plaie*)] medicare: *panser la main de qqn.* medicare la mano di qc. ◇ (*par ext.*) *penser un blessé* medicare un ferito **2** (*fig.*) [*calmer*] lenire (197).
2 **panser** |pãse| *v.tr.* [*soigner un cheval*] strigliare.
panslavisme |pãslavism(ə)| *s.m.* panslavismo.
panslaviste |pãslavist(ə)| *s.* panslavista ✦ *adj.* (*polit.*) panslavistico*.
panspermie |pãspɛʀmi| *s.f.* panspermia.
pansu, ue |pãsy| *adj.* [*qui a un gros ventre*] panciuto ◇ (*par anal.*) *vase pansu* vaso panciuto.
pantagruélique |pãtagʀyelik| *adj.* pantagruelico*: *appétit, repas pantagruélique* appetito, pasto pantagruelico.
pantalon |pãtalɔ̃| *s.m.* **1** pantaloni *pl.*, calzoni (*pl.*): *jambes de pantalon* gambe dei pantaloni; *pantalon de ski* pantaloni da sci; *pantalon de golf* pantaloni alla zuava; *pantalon corsaire* pantaloni alla pescatora; *mettre son pantalon* mettersi i pantaloni, i calzoni **2** (*ancienn.*) [*culotte que les femmes portaient comme sous-vêtement*] mutandoni *pl.*
pantalonnade |pãtalɔnad| *s.f.* **1** [*manifestation hypocrite* (*de dévouement, etc.*)] farsa, buffonata **2** (*théât.*) farsa.
pantalonnière |pãtalɔnjɛʀ| *s.f.* pantalonaia.
pante |pãt| *s.m.* **1** (*pop.*) [*individu quelconque*] tipo (*fam.*): *un drôle de pante* uno strano tipo **2** (*arg., vx.*) [*individu bon à gruger*] babbeo (*cour.*).
pantelant, ante |pãtlã, ãt| *adj.* **1** [*qui respire avec peine*] ansimante → **haletant** **2** (*animal*) [*qui vient d'être tué et qui palpite encore*] palpitante: *chair pantelante* carne palpitante **3** [*suffoqué d'émotion*] senza fiato (*loc. inv.*): *la nouvelle la laissa toute pantelante* la notizia la lasciò del tutto senza fiato.
panteler |pãtle| (4) *v.intr.* **1** (*vx.*) → **haleter** **2** *panteler d'émotion* [*être suffoqué d'émotion*] ansimare per l'emozione **3** (*littér.*) (*en parlant d'un être en train d'agoniser*) [*palpiter*] palpitare.
pantène, pantenne |pãtɛn| *s.f.* **1** (*chasse*) pantera **2** (*mar.*) *en pantenne* in disordine # *mettre les vergues en pantenne* imbroncare i pennoni.
panthéisme |pãteism(ə)| *s.m.* panteismo.
panthéiste |pãteist(ə)| *s.* panteista ✦ *adj.* panteistico*.
panthéon |pãteɔ̃| *s.m.* **1** (*antiq.*) pant(h)eon *inv.* **2** [*monument consacré à la mémoire des grands hommes d'une nation*] pant(h)eon.
panthère |pãtɛʀ| *s.f.* **1** (*t.zool.*) pantera ~ *panthère d'Afrique* → **léopard** ~ *panthère des neiges* → 2 **once** ~ *panthère d'Amérique* → **jaguar** ◇ (*cour.*) [*la fourrure*] *manteau de panthère* pelliccia di leopardo *m.* **2** (*pop.*) → **femme.**
pantière |pãtjɛʀ| *s.f.* (*chasse*) pantera.
pantin |pãtɛ̃| *s.m.* **1** [*figurine burlesque en carton dont on agite les membres au moyen d'un fil*] marionetta *f.* ◇ (*par comparaison*) *marcher comme un pantin articulé* camminare come una marionetta **2** [*personne qui change d'opinions sous l'influence d'autrui*] marionetta: *elle a fait de lui un pantin* ha fatto di lui una marionetta.
pantographe |pãtɔgʀaf| *s.m.* (*techn.*) pantografo.
pantographiste |pãtɔgʀafist(ə)| *s.* pantografista.
pantoire |pãtwaʀ| *s.f.* (*mar.*) penzolo *m.*
pantois |pãtwa| *adj. m.* [*dont le souffle est coupé par l'émotion*] esterrefatto (*adj.*): *ils sont restés tout pantois* sono rimasti esterrefatti → 2 **interdit, ahuri.**
pantomètre |pãtɔmɛtʀ(ə)| *s.m.* (*techn.*) pantometro.
pantomime |pãtɔmim| *s.* **I** *s.f.* **1** pantomima **2** (*péj.*) [*manège ridicule*] pantomima **II** *s.m.* (*rare*) pantomimo → **mime.**
pantouflard, arde |pãtuflaʀ, aʀd(ə)| *adj.* (*fam.*) [*qui aime à rester chez soi, qui tient à ses habitudes*] pantofolaio* ✦ (*s.*) *un pantouflard* un pantofolaio.
pantoufle |pãtufl(ə)| *s.f.* **1** [*chaussure d'intérieur en matière souple*] pantofola: *mettre ses pantoufles, se mettre en pantoufles* mettere le pantofole, mettersi in pantofole ◇ (*loc.*) *passer sa vie dans ses pantoufles* vivere chiuso nel proprio guscio; condurre una vita tranquilla, ritirata **2** (*arg. scol.*) [*dédit dû par un élève des grandes Écoles qui quitte le service de l'État*] ⊠.
pantoufler |pãtufle| *v.intr.* **1** [*quitter le service de l'État pour entrer dans une entreprise privée en payant au besoin un dédit*] lasciare *tr.* l'impiego statale (per una ditta privata) **2** (*vx.*) [*converser familièrement dans l'intimité*] colloquiare familiarmente.
pantouflier, ière |pãtuflje, jɛʀ| *s.* (*rare*) [*personne qui fabrique ou vend des pantoufles*] pantofolaio* (*cour.*).
panure |panyʀ| *s.f.* [*pain rassis râpé servant à paner*] pangrattato *m.* → **chapelure.**
panzer |pãzɛʀ, pantzɛʀ| *s.m.* (*all.*) panzer *inv.*
paon |pã| *s.m.*, **paonne** |pan| *s.f.* (*rare*) **1** (*t.zool.*) pavone* *m.* ~ *paon-de-jour* → **vanesse** ~ *paon-de-nuit* → **saturnie** ◇ (*cour.*) *paon qui fait la roue* pavone che fa la ruota **2** (*loc.*) *pousser des cris de paon* [*très aigus*] strillare come un'oca spennata ~ *être vaniteux, fier comme un paon* essere vanitoso come un pavone ~ *se parer des plumes du paon* farsi bello con le penne del pavone.
papa |papa| *s.m.* **1** papà (*inv.*): *grand-papa, bon-papa* nonno → **grand-père** ◇ (*loc.*) *fils à papa* figlio di papà **2** (*loc. fam.*) *à la papa* [*sans hâte, sans peine*] tranquillamente *adv.* (*cour.*) ~ DE PAPA [*désuet, périmé*] d'una volta, dei nostri vecchi: *le cinéma de papa* il cinema d'una volta, dei nostri vecchi.
papable |papabl(ə)| *adj.* papabile *adj. et s.m.*
papaïne |papain| *s.f.* (*pharm.*) papaina.
papal, ale, aux |papal, o| *adj.* papale: *bulle papale* bolla papale.
papalin, ine |papalɛ̃, in| *s.* (*vx.*) papalino → **papiste.**
papas |papɑs| *s.m.* [*prêtre de l'Église gr.*] papasso.
papauté |papote| *s.f.* **1** [*dignité de pape*] papato *m.* **2** [*gouvernement ecclés. dans lequel l'autorité suprême est exercée par le pape*] papato: *histoire de la papauté* storia del papato.
papaver |papavɛʀ| *s.m.* (*t.bot.*) papavero.
Papavéracées |papaveʀase| *s.f. pl.* (*t.bot.*) Papaveracee.
papavérine |papaveʀin| *s.f.* (*chim.*) papaverina.
papavérique |papaveʀik| *adj.* papaverico*: *substance papavérique* sostanza papaverica; *acide papavérique* acido papaverico.
papaye |papaj| *s.f.* papaia.
papayer |papaje| *s.m.* (*t.bot.*) papaia *f.*
pape |pap| *s.m.* papa: *sa Sainteté le pape* sua Santità (il papa); *bulle, encyclique du pape* bolla, enciclica del papa, papale *adj.* → **pontife** ◇ (*par anal.*) [*chef dont l'autorité dans un groupe est indiscutée*] pontefice: *le pape d'une école, d'un parti* il pontefice di una scuola, di un partito.
papegai |papgɛ| *s.m.* (*vieilli*) → 1 **perroquet.**
papelard |paplaʀ| *s.m.* (*fam.*) [*morceau de papier; écrit*] scartoffia *f.*
papelard, arde |paplaʀ, aʀd(ə)| **1** *adj.* (*littér.*) [*faux, mielleux*] untuoso (*cour.*) **2** *s.* (*vx.*) [*faux dévot*] baciapile *inv.*, bigotto (*cour.*).
papelardise |paplaʀdiz| *s.f.* (*vx.*) [*fausse dévotion*] bigotteria (*cour.*).
paperasse |papʀas| *s.f.* [*papier écrit, considéré comme inutile*] scartoffie (*pl.*): *la paperasse administrative* le scartoffie amministrative; *chercher dans ses paperasses* cercare nelle proprie scartoffie.
paperasserie |papʀasʀi| *s.f.* [*accumulation de paperasses*] scartoffie *pl.*
paperassier, ière |papʀasje, jɛʀ| *s.* [*personne qui aime écrire des paperasses*] scribacchino ✦ (*adj.*) *une administration paperassière* un'amministrazione eccessivamente burocratica*.
papesse |papɛs| *s.f.* papessa.
papeterie |papetʀi, paptʀi| *s.f.* **1** fabbricazione della carta; industria cartaria **2** [*fabrique de papier*] cartiera **3** [*magasin où l'on vend du papier, des fournitures d'école*] cartoleria: *rayon de papeterie dans un grand magasin* reparto cartoleria, cancelleria in un grande magazzino # *librairie-papeterie* cartolibreria.
papetier, ière |paptje, jɛʀ| *s.* **1** [*personne qui fabrique, vend du papier*] cartaio* ✦ (*par appos.*) *ouvrier papetier* (operaio*) cartario* **2** [*qui a un comm. de papeterie*] cartolaio*.

papier |papje| *s.m.* **I 1** carta (*f.*): *du papier, une feuille de papier* della carta, un foglio di carta; *papier en feuilles, en rouleaux* carta in fogli, in rotoli; *papier à lettres* carta da lettere, da lettera (*pop.*); *papier à dessin* carta da disegno; *papier à musique* carta da musica; *papier à cigarettes* carta per sigarette; *pâte à papier* pasta da carta; *papier buvard* carta assorbente; *papier de soie* (carta) velina; *papier glacé, vergé* carta lucida (satinata), vergata; *papier bible* carta Bibbia; *papier couché, bristol* carta patinata, bristol; *papier réglé* carta rigata, a righe; *papier hygiénique*, (*fam.*) *papier de cabinets* carta igienica ◇ (*par ext.*) *bout, morceau de papier* pezzo di carta; *corbeille à papier* cestino della carta; *serviette, fleurs en papier* tovagliolo, fiori di carta; *déclaration sur papier timbré* dichiarazione in carta bollata; *papier carbone* carta carbone; *papier collant, gommé* carta adesiva, gommata; *papier émeri* carta smerigliata; *papier de verre* carta vetrata # *papier mâché* cartapesta; *papier-monnaie* cartamoneta ◇ (*photo.*) *papier sensible* carta fotografica, sensibile ◇ (*loc. fig.*) *une mine de papier mâché* una faccia pallida, un viso terreo ◇ (*spécialt.*) [*papiers à écrire, à imprimer*] *papier écolier, de brouillon* carta da minuta; *papier ministre* carta protocollo; *papier à en-tête* carta intestata; *papier d'impression* carta per stampa; *papier peint* carta da parati; *papier journal* carta da giornali **2** [*feuille très mince de métal, servant à envelopper*] carta: *papier d'étain* (carta) stagnola; *papier d'argent, doré* carta argentata, dorata **3** [*le papier sur lequel on écrit*] (pezzo di) carta: *jeter une phrase sur le papier* buttar giù una frase su un pezzo di carta # *gratter du papier* scribacchiare; *écrivain qui noircit du papier* imbrattacarte → **gratte-papier** ◇ *loc.* SUR LE PAPIER [*théoriquement*] sulla carta: *sur le papier tout est résolu, mais...* sulla carta tutto è risolto, ma... **II** UN, DES PAPIER(s) **1** [*feuille, morceau de papier*] foglio*, pezzo di carta: *notez cela sur un papier* ne prenda nota su un foglio, pezzo di carta **2** [*article de journal, de revue*] pezzo: *envoyer un papier à son journal* mandare un pezzo al proprio giornale **3** [*écrit officiel*] carta, documento: *signer un papier* firmare una carta, un documento; *ce sont de vieux papiers* sono vecchie carte; *réunir les papiers nécessaires à un mariage* mettere insieme i documenti necessari per il matrimonio → **paperasse** ◇ (*spécialt.*) PAPIERS (D'IDENTITÉ) documenti: *vos papiers, s'il vous plaît* favorisca i documenti; *se faire faire de faux papiers* farsi fare dei documenti falsi; *j'ai mes papiers en règle*: (*pr.*) i miei documenti sono in regola; (*fig.*) ho le carte in regola ◇ (*loc.*) *être dans les petits papiers de qqn.* [*jouir de sa faveur*] essere nella manica di qc. **4** (*comm.*) effetto, cambiale (*f.*): *papier de commerce* effetto commerciale; *papier à vue* effetto, cambiale a vista; *papier long, court* cambiale a lunga, a breve scadenza; *papier à échéance* effetto, cambiale in scadenza # *papiers valeurs* carte valori ◇ (*mar.*) *papiers de bord* documenti, carte di bordo.

papilionacé, ée |papiljɔnase| *adj.* (*bot.*) papilionaceo.

Papilionacées |papiljɔnase| *s.f. pl.* (*t.bot.*) Papilionacee.

Papilionidés |papiljɔnide| *s.m. pl.* (*t.zool.*) Papilionidi.

papillaire |papi(l)lɛʀ| *adj.* papillare.

papille |papij(il)| *s.f.* **1** (*anat.*) papilla: *papilles gustatives* papille gustative **2** (*bot.*) papilla.

papilleux, euse |papi(l)lø, papijø, øz| *adj.* papilloso → **granuleux.**

papillifère |papi(l)lifɛʀ| *adj.* papillifero.

papilliforme |papi(l)lifɔʀm(ə)| *adj.* papilliforme.

papillite |papil(l)it| *s.f.* (*méd.*) papillite.

papillome |papi(l)lɔm| *s.m.* (*méd.*) papilloma.

papillon |papijɔ̃| *s.m.* **1** (*t.zool.*) farfalla (*f.*): *papillons de nuit* farfalle notturne; *papillons de jour* farfalle diurne; *chasse aux papillons* caccia alle farfalle; *filet à papillons* rete per farfalle ◇ (*loc. fam.*) *minute papillon!* un minuto!, calma! ~ *un papillon!* [*un esprit léger*] una farfalla, una farfallina! ~ *papillons noirs* pensieri neri **2** *nœud papillon* nodo a farfalla, farfallino **3** *brasse papillon* nuoto a farfalla **4** (foglietto d')avviso al lettore (in un libro) **5** [*avis de contravention*] multa (*f.*): *j'ai trouvé un papillon au pare-brise de ma voiture* ho trovato una multa sul parabrezza dell'auto **6** (*mar.*) ala *f.* di colombo **7** (*auto.*) *papillon des gaz* farfalla dell'acceleratore **8** (*techn.*) galletto.

papillonnage |papijɔnaʒ|, **papillonnement** |papijɔnmɑ̃| *s.m.* [→ PAPILLONNER] lo sfarfallare *inv.*

papillonnant, ante |papijɔnɑ̃, ɑ̃t| *adj.* [*qui papillonne*] frivolo; volubile: *esprit papillonnant* carattere frivolo.

papillonner |papijɔne| *v.intr.* [*aller d'une personne, d'une chose à l'autre sans nécessité*] sfarfallare, svolazzare.

papillotage |papijɔtaʒ| *s.m.* **1** [*effet produit sur les yeux par des points lumineux qui les obligent à se mouvoir sans cesse*] sfarfallamento ◇ (*typogr.*) sbaveggiatura *f.* **2** [*battements précipités des paupières*] ammiccamento.

papillotant, ante |papijɔtɑ̃, ɑ̃t| *adj.* **1** [*qui éblouit par un grand nombre de lumières*] abbagliante **2** [*qui papillote (en parlant de l'œil, du regard)*] ammiccante.

papillote |papijɔt| *s.f.* **1** [*bigoudi en papier*] diavoletto *m.* ◇ (*loc.*) *tu peux en faire des papillotes* (*d'un écrit*) [*cela ne vaut rien*] è cartastraccia; lo puoi gettare nel cestino **2** [*papier enveloppant certaines viandes à griller*] carta oleata ◇ (*cuis.*) *côtelettes en papillotes* cotolette al cartoccio* *m.* **3** (*vx.*) → **paillon.**

papillotement |papijɔtmɑ̃| *s.m.* [*éparpillement de points lumineux qui papillotent; effet produit par cet éparpillement*] sfavillìo*, scintillìo*.

papilloter |papijɔte| *v.intr.* **1** (*se dit des yeux entraînés dans un mouvement qui les empêche de se fixer sur un objet particulier*) battere *tr.* le palpebre ◇ (*sujet de personne*) [*cligner des paupières*] ammiccare **2** [*scintiller comme des paillettes*] sfavillare **3** (*typogr.*) [*manquer de netteté*] sbavare.

papion |papjɔ̃| *s.m.* (*t.zool.*) babbuino.

papisme |papism(ə)| *s.m.* (*vx., péj.*) papismo.

papiste |papist(ə)| *s.* (*péj.*) papista.

papotage |papɔtaʒ| *s.m.* [→ PAPOTER] ciancia* *f.*, ciarla *f.* → **bavardage.**

papoter |papɔte| *v.intr.* [*parler beaucoup en disant des choses insignifiantes*] cianciare, ciarlare → **bavarder.**

papou, e |papu| *adj.* [*de Papouasie*] papuano.

papouille |papuj| *s.f.* (*fam.*) [*chatouille*] solletico* *m.* (*cour.*): *faire des papouilles* fare il solletico.

pappataci |papatasi| *s.m. inv.* **1** (*t. zool.*) pappataci **2** (*méd.*) *fièvre à pappataci* febbre da pappataci.

paprika |papʀika| *s.m.* paprica* *f.*

papule |papyl| *s.f.* (*méd.*) papula.

papuleux, euse |papylø, øz| *adj.* (*méd.*) papuloso.

papyrologie |papiʀɔlɔʒi| *s.f.* papirologia*.

papyrologique |papiʀɔlɔʒik| *adj.* papirologico*.

papyrologue |papiʀɔlɔg| *s.* papirologo*.

papyrus |papiʀys| *s.m.* **1** (*t.bot.*) papiro **2** *un papyrus* [*un manuscrit sur papyrus*] un papiro.

Pâque |pɑk| *s.f.* [*fête jud.*] Pasqua.

Pâques |pɑk| *s.* **1** *s.f.pl.* [*fête chrét.*] Pasqua (*sing.*): *souhaiter de joyeuses Pâques* augurare buona Pasqua **2** *s.m. sing.* (*sans art.*) [*le jour de Pâques*] Pasqua (*f.*): *les vacances de Pâques* le vacanze di Pasqua, pasquali ◇ (*loc.*) *à Pâques ou à la Trinité* [*jamais*] alle calende greche.

paquebot |pakbo| *s.m.* [*grand bateau principalement affecté au transport des passagers*] piroscafo.

pâquerette |pɑkʀɛt| *s.f.* (*t.bot.*) margheritina.

paquet |pakɛ| *s.m.* **1** [*assemblage de plusieurs choses enveloppées ensemble*] pacco*, pacchetto: *un paquet de linge* un pacco di biancheria; *envoyer un paquet par la poste* spedire un pacco, un pacchetto per posta → **colis;** *paquet de cigarettes* pacchetto di sigarette; *il fume plus d'un paquet par jour* fuma più di un pacchetto al giorno ◇ (*loc.*) *un paquet de* [*grande quantité de*] un mucchio di **2** [*masse informe*] mucchio*: *des paquets de neige* mucchi di neve; *il a touché un paquet de billets* ha riscosso un (bel) mucchio di bigliettoni ◇ (*loc. fam.*) *un paquet de nerfs* un fascio* di nervi (*cour.*) ~ *un paquet d'os* [*une personne très maigre*] un sacco* di ossa ~ *faire son paquet, ses paquets* [*se préparer à partir*] far le valigie **3** (*loc. fam.*) *donner, lâcher son paquet à qqn.* [*une critique sévère et méritée*] dare una lavata di capo a qc. ~ *mettre le paquet* [*employer les grands moyens; donner son maximum*] mettercela tutta **4** (*imprim.*) pacchetto **5** (*rugby*) pacchetto.

paquetage |paktaʒ| *s.m.* [*effets d'un soldats pliés et placés de manière réglementaire*] affardellamento.

paqueteur, euse |paktœʀ, øz| *s.* (*rare*) impacchettatore*.

par |paʀ| *prép.* **I** (*exprimant 'une relation de lieu'*) **1** [*à travers*] per, da: *passer par la porte, le couloir* passare per la (dalla) porta, per il (dal) corridoio; *jeter qqch. par la fenêtre* gettare q.c. dalla finestra; *pour aller en Italie, il* *est passé par la Suisse* per andare in Italia è passato per la (dalla) Svizzera; *voyager par mer, par terre, par air* viaggiare per mare, per via di terra, per via aerea (in aereo) ◇ (*fig.*) *idée qui vous passe par la tête* idea che vi passa per la testa; *passer par de rudes épreuves* passare attraverso dure prove **2** (*en parcourant un lieu*) per: *courir par les rues* correre per le strade; *par, de par le monde* per il, nel mondo; *par monts et par vaux* per monti e valli → **dans 3** (*sans mouvement*) per: *être assis par terre* essere seduto per terra → **à** ◇ (*mar.*) *embarcation par tribord!* imbarcazione a dritta!; *se trouver par 30° de latitude Nord* essere a 30° di latitudine Nord ◇ (*avec ou sans mouvement; en loc.*) *voitures qui se heurtent par l'avant* auto che si scontrano frontalmente ~ *par en bas, par le bas* dal basso ~ *par en haut, par le haut* dall'alto ~ *par-devant, par derrière* per davanti (da davanti), per (di) dietro (da dietro) ~ *par-dessus, par-dessous* per di sopra (da sopra), per di sotto (da sotto) ~ *par dehors* per di fuori (da fuori) ~ *par ici, par là* di qua (da qui), di là (da lì) ~ PAR-CI, PAR-LÀ di qua, di là: *il m'agace avec ses 'cher Monsieur' par-ci, 'cher Monsieur' par-là* mi irrita con i suoi 'signore' di qua, 'signore' di là **II** (*temps*) [*durant, pendant*] con; in: *par une belle matinée de printemps* con, in una bella mattinata di primavera; *par les temps qui courent* coi tempi che corrono; *c'est comme par le passé* è come in passato, per il passato **III** (*emplois distributifs*) a, per: *plusieurs fois par jour* parecchie volte al giorno; *il gagne deux mille francs par mois* guadagna duemila franchi al mese; *ils allaient par petits groupes* camminavano a gruppetti; *marcher deux par deux* marciare a due a due, in fila per due; *ils vont par dix* procedono per, a gruppi di dieci; *c'est tant par personne, par tête* è tanto a persona, pro capite; *suivre les événements heure par heure* seguire gli avvenimenti ora per ora, d'ora in ora **IV 1** (*introduisant un compl. d'agent*) [*grâce à l'action de*] da (parte di): *j'ai appris la nouvelle par mes voisins* ho saputo la notizia dai vicini; *l'exploitation de l'homme par l'homme* lo sfruttamento dell'uomo da parte dell'uomo # *faire faire qqch. par qqn.* far fare q.c. a qc.; *je l'ai fait faire par lui* l'ho fatto fare a lui **2** (*marquant 'le moyen ou la manière'*) [*au moyen de*] con; per: *obtenir qqch. par la force, par la douceur* ottenere q.c. con la forza, con la dolcezza; *qu'entendez-vous par là?* cosa intende dire (con questo)?; *répondre par le silence* rispondere col silenzio; *il a réussi par l'intrigue* è riuscito con, mediante l'intrigo; *ça va finir par arriver!* finirà coll'accadere, per accadere!; *répondre par oui ou par non* rispondere con un sì o con un no, (di) sì o (di) no ‖ *multiplier, diviser une quantité par une autre* moltiplicare, dividere una quantità per un'altra; *envoyer une lettre par la poste* inviare una lettera per posta; *tenir un couteau par le manche* tenere un coltello per il manico **3** (*après un adj.*) *il est fidèle par devoir* è fedele per dovere; *femme remarquable par sa beauté* donna di notevole bellezza ◇ (*après un nom*) *société par actions* società per azioni; *un oncle par alliage* uno zio di adozione ◇ (*loc.*) *par cœur* a memoria ~ *par exemple* per esempio ~ *par extension* per estensione ~ *par excellence* per eccellenza ~ *par conséquent* di conseguenza, pertanto ~ *par suite* pertanto, di conseguenza ~ *par ailleurs* peraltro, d'altronde; altrove ~ *par contre* invece ~ *par bonheur* per fortuna ~ *par miracle* per miracolo ~ *par pitié* per pietà ◇ *loc.* DE PAR: *de par le roi* per ordine, per volontà del re; *de par la loi* per legge; *de par la volonté du peuple* per volontà, per volere del popolo ♦ *loc. adv.* PAR TROP [*vraiment trop*] veramente, proprio troppo: *il est par trop égoïste* è veramente troppo egoista.

para- |paʀa| *préf.* **1** (*signifiant 'à côté de', correspond généralt. à*) para: *paraphrase* parafrasi **2** (*signifiant 'protection contre', correspond généralt. à*) para: *parachute* paracadute.

para |paʀa| *s.m.* (*abrév. de 'parachutiste'*) parà *inv.*

parabase |paʀabɑz| *s.f.* (*litt. antiq.*) parabasi *inv.*

parabellum |paʀabelɔm| *s.m. inv.* parabellum.

parabiose |paʀabjoz| *s.f.* (*biol.*) parabiosi *inv.*

parabiotique |paʀabjɔtik| *adj.* parabiotico*.

1 **parabole** |paʀabɔl| *s.f.* parabola: *les paraboles de l'Évangile* le parabole del Vangelo ◇ (*loc.*) *parler par paraboles* [*d'une manière obscure*] parlare per parabole.

2 **parabole** |paʀabɔl| *s.f.* (*géom.*) parabola ◇ (*balist.*) parabola → **trajectoire.**

1 **parabolique** |paʀabɔlik| *adj.* [*relatif à la* (1) *parabole*] allegorico* (*cour.*).

2 **parabolique** |paʀabɔlik| *adj.* **1** [*relatif à la* (2) *parabole*] parabolico* **2** [*en forme de* (2) *parabole*] paraboloidico*, parabolico: *miroir parabolique* specchio paraboloidico, parabolico **3** *radiateur parabolique* radiatore paraboloidico, parabolico ♦ (*s.m.*) *un parabolique* un paraboloide.

paraboliquement |paʀabɔlikmɑ̃| *adv.* [→ 2 PARABOLIQUE] parabolicamente.

paraboloïdal, ale, aux |paʀabɔlɔidal, o| *adj.* (*math.*) paraboloidico*: *surface paraboloïdale* superficie paraboloidica.

paraboloïde |paʀabɔlɔid| *s.m.* (*géom.*) paraboloide.

paracentèse |paʀasɛ̃(ɑ̃)tɛz| *s.f.* (*chir.*) paracentesi *inv.*

parachèvement |paʀaʃɛvmɑ̃| *s.m.* (*littér.*) [→ PARACHEVER] compimento; rifinitura *f.* (*cour.*).

parachever |paʀaʃve| (6) *v.tr.* [*conduire au dernier point de perfection*] rifinire (197); completare: *parachever une œuvre* rifinire un'opera.

parachronisme |paʀakʀɔnism(ə)| *s.m.* paracronismo → **anachronisme.**

parachutage |paʀaʃytaʒ| *s.m.* [→ PARACHUTER 1] lancio* (con il paracadute): *parachutage d'armes* lancio di armi (con il paracadute).

parachute |paʀaʃyt| *s.m.* **1** paracadute (*inv.*): *coupole d'un parachute* calotta del paracadute; *saut en parachute* lancio con il paracadute **2** (*techn.*) paracadute.

parachuter |paʀaʃyte| *v.tr.* **1** [*lâcher d'un avion avec un parachute*] paracadutare: *parachuter des soldats* paracadutare dei soldati **2** (*fam.*) [*nommer* (*une personne*) *à l'improviste dans un emploi pour lequel elle n'est pas spécialement apte*] schiaffare.

parachutisme |paʀaʃytism(ə)| *s.m.* paracadutismo.

parachutiste |paʀaʃytist(ə)| *s. et adj.* paracadutista ♦ *s.m.* (*abrév.*) *para* parà *inv.*

paraclase |paʀaklɑz| *s.f.* (*géol.*) paraclasi *inv.*

paracousie |paʀakuzi| *s.f.* (*méd.*) paracusia.

1 **parade** |paʀad| *s.f.* [→ 2 PARER A 2] parata: *une belle parade* una bella parata.

2 **parade** |paʀad| *s.f.* **I 1** [*étalage que l'on fait d'une chose*] sfoggio* *m.*, esibizione: *désir de parade* desiderio di sfoggio, di esibizione ◇ *loc.* FAIRE PARADE DE QQCH. fare sfoggio di: *il fait parade de ses connaissances* fa sfoggio delle sue conoscenze ~ DE PARADE da parata: *habit de parade* abito da parata **2** (*fig.*) *amabilité de parade* [*purement extérieure*] amabilità *inv.* ostentata **3** [*cérémonie milit.*] parata → **revue 4** [*exhibition avant une représentation, pour attirer les spectateurs*] sfilata: *parade foraine* sfilata di saltimbanchi # *les comédiens firent une parade dans les rues* gli attori sfilarono in parata per le strade **II** (*équit.*) parata.

parader |paʀade| *v.intr.* **1** [*se montrer en se donnant un air avantageux*] pavoneggiarsi (*pron.*): *il parade au milieu des jolies femmes* si pavoneggia tra le belle donne **2** (*rare*) [*manœuvrer au cours d'une parade*] manovrare (durante una parata) **3** (*vx., mar.*) → 1 **croiser.**

paradeur |paʀadœʀ| *s.m.* (*rare*) [*personne qui aime l'ostentation*] ostentatore* *adj. et s.*

paradigmatique |paʀadigmatik| *adj.* (*ling.*) paradigmatico* ♦ (*s.f.*) *la paradigmatique* la paradigmatica*.

paradigme |paʀadigm(ə)| *s.m.* (*ling.*) paradigma.

paradis |paʀadi| *s.m.* **1** paradiso: *aller au paradis* andare in paradiso **2** [*séjour enchanteur*] paradiso: *cette île est un vrai paradis* quest'isola è un vero paradiso **3** *les paradis artificiels* i paradisi artificiali **4** *le paradis terrestre* il paradiso terrestre → **éden 5** [*galerie supérieure d'un théât.*] loggione **6** (*t.bot.*) paradiso **7** *oiseau de paradis* → **paradisier.**

Paradiséides |paʀadizeid| *s.m. pl.* (*t.zool.*) Paradiseidi.

paradisiaque |paʀadizjak| *adj.* paradisiaco*.

paradisier |paʀadizje| *s.m.* (*t.zool.*) paradisea *f.*, uccello del paradiso.

parados |paʀado| *s.m.* (*fortif.*) spalletta *f.*

paradoxal, ale, aux |paʀadɔksal, o| *adj.* **1** paradossale: *des raisonnements paradoxaux* ragionamenti paradossali **2** (*personnes*) [*qui aime le paradoxe*] paradossale: *esprit paradoxal* spirito paradossale.

paradoxalement |paʀadɔksalmɑ̃| *adv.* [→ PARADOXAL 1] paradossalmente.

paradoxe |paʀadɔks(ə)| *s.m.* paradosso: *soutenir un paradoxe* sostenere un paradosso.

parafe |paʀaf| *s.m.* **1** [*trait ajouté au nom d'une signature*] ghirigoro **2** [*signature abrégée*] sigla *f.* ◇ (*dr.*) parafa *f.*, sigla(tura) *f.*

parafer |paʀafe| *v.tr.* [*marquer, signer d'un parafe* (2)] siglare, parafare: *parafer toutes les pages d'un contrat* siglare tutte le pagine di un contratto.

paraffinage |paʀafinaʒ| *s.m.* paraffinatura *f.*, paraffinaggio*.

paraffine |paʀafin| *s.f.* paraffina: *huile de paraffine* olio di paraffina.

paraffiné, ée |paʀafine| *adj.* paraffinato: *papier paraffiné* carta paraffinata.

paraffiner |paʀafine| *v.tr.* [*enduire de paraffine*] paraffinare.

parafiscal, ale, aux |paʀafiskal, o| *adj.* (*admin.*) parafiscale.

parafiscalité |paʀafiskalite| *s.f.* (*admin.*) parafiscalità *inv.*

parafoudre |paʀafudʀ(ə)| *s.m.* (*admin.*) parafulmine → **paratonnerre.**

1 **parage** |paʀaʒ| *s.m.* (*vx.*, *dans la loc.*) *de haut parage* [*de haute naissance*] di alto lignaggio*.

2 **parage** |paʀaʒ| *s.m.* **1** (*bouch.*) preparazione *f.* (della carne) **2** (*viticulture*) aratura *f.* (prima dell'inverno).

parages |paʀaʒ| *s.m. pl.* **1** [*espace maritime*] paraggi: *les parages du cap Horn* i paraggi di capo Horn **2** *loc.* DANS LES PARAGES (DE) nei paraggi (di): *vous habitez dans nos parages?* abitate nei nostri paraggi?

paragraphe |paʀagʀaf| *s.m.* **1** paragrafo: *les paragraphes d'un chapitre* i paragrafi di un capitolo **2** [*signe typographique*] paragrafo.

paragrêle |paʀagʀɛl| *adj.* [*qui protège les cultures contre la grêle*] antigrandine *inv.*

paraguayen, yenne |paʀagwajɛ̃, jɛn| *adj.* [*du Paraguay*] paraguaiano.

1 **paraître** |paʀɛtʀ(ə)| (72) *v.intr.* (*aux.* 'avoir, être') **I** [*devenir visible*] **1** [*se présenter à la vue*] apparire (142) (*aux.* essere): *le soleil paraît à l'horizon* il sole appare all'orizzonte; *il parut sur le seuil* apparve sulla soglia **2** (*se dit d'un imprimé mis en vente*) uscire (201) (*aux.* essere): *son livre vient de paraître* il suo libro è appena uscito # *faire paraître un ouvrage* pubblicare un'opera ✦ (*impers.*) *il va paraître, il a (est) paru une nouvelle édition* sta per uscire, è uscita una nuova edizione **II** [*être visible, vu*] **1** *impers.* (*avec un adv. ou à la forme négative*) vedersi (192) (*pron.*): *dans quelques jours il n'y paraîtra plus* tra qualche giorno non si vedrà più; *il en paraîtra toujours quelque chose* si vedrà sempre qualcosa ◇ (*loc.*) *faire, laisser paraître* far, lasciar trapelare: *laisser paraître ses sentiments* far, lasciar trapelare i propri sentimenti **2** (*personnes*) [*se montrer dans des circonstances où l'on doit remplir quelque obligation*] farsi (103) *pron.* vedere: *il n'a pas paru à son travail depuis deux jours* non si fa vedere al lavoro da due giorni **3** (*personnes*) [*se donner en spectacle*] comparire (142) (*aux.* essere): *elle aime un peu trop paraître* le piace un po' troppo comparire → **briller** **III** [*être vu sous un certain aspect*] **1** [*sembler, avoir l'air*] sembrare (*aux.* essere): *il paraît satisfait* sembra soddisfatto; *ces chaussures la font paraître plus grande* queste scarpe la fanno sembrare più alta; *cela me paraît louche* la cosa mi sembra losca **2** [*se faire passer pour*] apparire: *ils veulent paraître ce qu'ils ne sont pas* vogliono apparire quello che non sono **3** (*impers.*) *il me paraît préférable que vous sortiez* mi pare, sembra preferibile che usciate **4** IL PARAÎT, IL PARAÎTRAIT QUE (+ *ind.*) [*le bruit court que*] pare, parrebbe che (+ *subj.*): *il paraît qu'on va doubler les impôts* pare che stiano per raddoppiare le tasse; *c'est trop tard, paraît-il* è troppo tardi, pare; pare che sia troppo tardi.

2 **paraître** |paʀɛtʀ(ə)| *s.m.* (*philo.*, *littér.*) apparenza *f.*

paralangage |paʀalɑ̃gaʒ| *s.m.* (*ling.*) paralinguaggio*.

paralittéraire |paʀaliteʀɛʀ| *adj.* paraletterario*.

paralittérature |paʀaliteʀatyʀ| *s.f.* paraletteratura.

parallactique |paʀa(l)laktik| *adj.* (*sc.*) parallattico*.

parallaxe |paʀa(l)laks(ə)| *s.f.* (*astron.*, *opt.*) parallasse.

1 **parallèle** |paʀa(l)lɛl| *adj.* **I** parallelo: *deux droites parallèles* due rette parallele; *quadrilatère à côtés parallèles* quadrilatero a lati paralleli ✦ (*s.f.*) *une parallèle* una parallela **II** (*fig.*) **1** [*qui a lieu en même temps, porte sur le même objet*] parallelo: *une politique parallèle* una politica parallela # *marché parallèle* mercato nero; *police parallèle* polizia segreta **2** (*se dit de choses qui peuvent être comparées*) parallelo: *ils menaient des expériences parallèles* portavano avanti esperienze parallele.

2 **parallèle** |paʀa(l)lɛl| *s.m.* **1** (*géogr.*) parallelo: *méridiens et parallèles* meridiani e paralleli **2** *un parallèle* [*comparaison suivie entre deux ou plusieurs sujets*] un parallelo: *établir un parallèle entre deux questions* stabilire un parallelo tra due argomenti ◇ (*loc.*) *mettre deux choses en parallèle* mettere a confronto due cose.

parallèlement |paʀa(l)lɛlmɑ̃| *adv.* [→ 1 PARALLÈLE] parallelamente.

parallélépipède |paʀa(l)lelepipɛd|, **parallélipipède** |paʀa(l)lelipipɛd| *s.m.* (*géom.*) parallelepipedo.

parallélinervé, ée |paʀa(l)lelinɛʀve| *adj. et s.f.* (*bot.*) (*feuille*) *parallélinervée* (foglia) parallelinervia.

parallélisme |paʀa(l)lelism(ə)| *s.m.* **1** (*math.*) parallelismo **2** [*ressemblance suivie entre deux choses comparables*] parallelismo **3** (*psycho.*) parallelismo.

parallélogramme |paʀa(l)lelɔgʀam| *s.m.* (*géom.*) parallelogramma.

paralogisme |paʀalɔʒism(ə)| *s.m.* paralogismo.

paralysant, ante |paʀalizɑ̃, ɑ̃t| *adj.* paralizzante: *émotion paralysante* emozione paralizzante.

paralysé, ée |paʀalize| *adj.* paralizzato: *jambes paralysées* gambe paralizzate ✦ (*s.*) *les paralysés* i paralitici.

paralyser |paʀalize| *v.tr.* **1** [*frapper de paralysie*] paralizzare: *l'attaque qui l'a paralysé* l'attacco che l'ha paralizzato ◇ (*par ext.*) [*immobiliser*] *le froid paralyse les membres* il freddo paralizza le membra **2** [*frapper d'inertie*] paralizzare: *j'étais paralysé par la terreur* ero paralizzato dal terrore; *grève qui paralyse l'activité économique d'un pays* sciopero che paralizza l'attività economica di un paese.

paralysie |paʀalizi| *s.f.* **1** paralisi (*inv.*): *paralysie complète, partielle* paralisi totale, parziale **2** (*fig.*) [*impossibilité d'agir*] paralisi: *la paralysie des transports* la paralisi dei trasporti ◇ (*par anal.*) *la paralysie de l'esprit* blocco* *m.* mentale.

paralytique |paʀalitik| *adj. et s.* paralitico*.

paramagnétique |paʀamaɲetik| *adj.* (*sc.*) paramagnetico*.

paramagnétisme |paʀamaɲetism(ə)| *s.m.* (*sc.*) paramagnetismo.

paramécie |paʀamesi| *s.f.* (*biol.*) paramecio* *m.*

paramédical, ale, aux |paʀamedikal, o| *adj.* paramedico*.

1 **paramètre** |paʀamɛtʀ(ə)| *s.m.* **1** (*math.*) parametro **2** (*fig.*) parametro.

2 **paramètre** |paʀamɛtʀ| *s.m.* (*anat.*) parametrio*.

paramétrique |paʀametʀik| *adj.* (*math.*) parametrico*.

paramétrite |paʀametʀit(ə)| *s.f.* (*méd.*) parametrite.

paramidophénol |paʀamidɔfenɔl| *s.m.* (*chim.*, *photo.*) paramidofenolo.

paramilitaire |paʀamilitɛʀ| *adj.* paramilitare: *formations paramilitaires* formazioni paramilitari.

paramnésie |paʀamnezi| *s.f.* (*psycho.*) paramnesia.

paramorphine |paʀamɔʀfin| *s.f.* (*chim.*) paramorfina.

parangon |paʀɑ̃gɔ̃| *s.m.* **1** (*littér.*) [*modèle*] modello (*cour.*): *des parangons de vertu* modelli di virtù **2** marmo nero (d'Egitto e di Grecia) **3** (*typogr.*) parangone.

parangonner |paʀɑ̃gɔne| *v.tr.* **1** (*vx.*) [*comparer*] agguagliare, paragonare (*cour.*) **2** (*typogr.*) [*aligner correctement* (*des caractères d'imprim. de différents corps*)] allineare.

paranoïa |paʀanɔja| *s.f.* (*méd.*) paranoia.

paranoïaque |paʀanɔjak| *adj. et s.* paranoico*.

paranoïde |paʀanɔid| *adj.* paranoide *adj. et s.*

paranormal, ale, aux |paʀanɔʀmal, o| *adj.* (*méd.*, *métapsychique*) paranormale.

paranymphe |paʀanɛ̃f| *s.* (*antiq. rom.*) pronuba *f.*

parapet |paʀapɛ| *s.m.* **1** parapetto: *s'accouder au parapet d'un pont* appoggiarsi (con i gomiti) al parapetto di un ponte **2** (*fortif.*) parapetto.

paraphasie |paʀafazi| *s.f.* (*méd.*) parafasia.

paraphe |paʀaf| *s.m.* → **parafe.**

parapher |paʀafe| *v.tr.* → **parafer.**

paraphernal, ale, aux |paʀafɛʀnal, o| *adj.* (*dr.*) parafernale.

paraphrase |paʀafʀɑz| *s.f.* **1** parafrasi *inv.* **2** (*mus.*) parafrasi.

paraphraser |paʀafʀɑze| *v.tr.* [*commenter par une paraphrase*] parafrasare.

paraphraseur, euse |paʀafʀɑzœʀ, øz| *s.* (*littér.*) parafraste *m.*

paraphrastique |paʀafʀastik| *adj.* parafrastico*.

paraphrénie |paʀafʀeni| *s.f.* (*méd.*) parafrenia.

paraphyse |paʀafiz| *s.f.* (*bot.*) parafisi *inv.*

paraplégie |paʀapleʒi| *s.f.* (*méd.*) paraplegia*.
paraplégique |paʀapleʒik| *adj. et s.* paraplegico*.
parapluie |paʀaplɥi| *s.m.* [*objet qui sert d'abri contre la pluie*] ombrello: *un parapluie et une ombrelle* un ombrello e un parasole.
parapsychique |paʀapsiʃik| *adj.* parapsichico*.
parapsychologie |paʀapsikɔlɔʒi| *s.f.* parapsicologia*.
parascève |paʀasɛv| *s.f.* (*relig. jud.*) parasceve.
parasélène |paʀaselɛn| *s.f.* (*astron., géogr.*) paraselene *m.*
parasexualité |paʀasɛksɥalite| *s.f.* parasessualità *inv.* ◇ (*biol.*) parasessualità.
parasitaire |paʀazitɛʀ| *adj.* parassitario*.
1 **parasite** |paʀazit| *s.m.* **1** (*personnes*) parassita **2** [*être vivant en association avec un autre dont il se nourrit*] parassita: *un parasite animal, végétal* un parassita animale, vegetale ✦ (*adj.*) *une plante parasite* una pianta parassita.
2 **parasite** |paʀazit| *adj. et s.m.* (*phys.*) (*bruits*) *parasites* disturbi *s.m.*
parasiter |paʀazite| *v.tr.* [*habiter un être vivant en* (1) *parasite* (2)] parassitare; vivere (194) *intr.* (*aux.* essere) da, come parassita.
parasiticide |paʀazitisid| *adj. et s.* antiparassitario*, parassiticida.
parasitique |paʀazitik| *adj.* parassitico*: *vie parasitique* vita parassitica.
parasitisme |paʀazitism(ə)| *s.m.* parassitismo.
parasitologie |paʀazitɔlɔʒi| *s.f.* parassitologia*.
parasitologue |paʀazitɔlɔg| *s.* parassitologo*.
parasitose |paʀazitoz| *s.f.* (*méd.*) parassitosi *inv.*
parasol |paʀasɔl| *s.m.* **1** [*objet pliant semblable à un vaste parapluie que l'on installe pour se protéger du soleil*] ombrellone: *parasol de plage* ombrellone da spiaggia **2** (*vx.*) → **ombrelle, parapluie** **3** (*t.bot.*) *pin parasol* pino marittimo *adj.*
parasoleil |paʀasɔlɛj| *s.m.* (*photo.*) paraluce *inv.*
parastade |paʀastad(ə)| *s.m.* (*archit.*) parastata *f.*
parastatal, ale, aux |paʀastatal, o| *adj. et s.* (*Belgique*) parastatale.
parasympathique |paʀasɛ̃patik| *adj. et s.m.* (*anat.*) parasimpatico*.
parasynthétique |paʀasɛ̃tetik| *adj.* (*ling.*) parasintetico*.
paratactique |paʀataktik| *adj.* (*ling.*) paratattico*.
parataxe |paʀataks(ə)| *s.f.* (*ling.*) paratassi *inv.*
parathormone |paʀatɔʀmɔn| *s.f.* (*méd.*) paratormone *m.*
parathyroïdes |paʀatiʀɔid| *s.f. pl.* (*anat.*) paratiroidi.
paratonnerre |paʀatɔnɛʀ| *s.m.* (*techn., cour.*) parafulmine.
parâtre |paʀɑtʀ(ə)| *s.m.* (*vx.*) → **beau-père.**
paratyphique |paʀatifik| *adj.* paratifico* ✦ (*s.*) *un paratyphique* una persona *f.* affetta da paratifo.
paratyphoïde |paʀatifɔid| *adj. et s.* paratifo *m.*
paravalanche |paʀavalɑ̃ʃ| *s.m. et adj.* (*techn.*) paravalanghe *inv.*
paravane |paʀavan(ə)| *s.m.* (*mar.*) paramine *inv.*
paravent |paʀavɑ̃| *s.m.* **1** paravento **2** (*fig.*) [*ce qui protège en cachant*] paravento.
parbleu! |paʀblø| *interj.* (*vx.*) (*exprimant 'l'assentiment, l'évidence'*) per Giove!, diamine! → **pardi.**
1 **parc** |paʀk| *s.m.* **1** parco*: *les allées d'un parc* i viali di un parco # *parc zoologique* safari-park; giardino zoologico → **zoo** **2** *parc national, régional* parco nazionale, regionale.
2 **parc** |paʀk| *s.m.* **1** [*enclos où est enfermé le bétail*] recinto **2** [*bassin où sont engraissés des coquillages*] vivaio*: *parc à huitres* vivaio di ostriche **3** *parc de stationnement pour les voitures* parcheggio* per le macchine, autoparcheggio* → **parking** **4** [*petite clôture formant une enceinte dans laquelle les enfants apprennent à marcher*] recinto, box *inv.* **5** (*milit.*) parco*: *parc d'artillerie* parco d'artiglieria **6** [*ensemble des véhicules dont dispose un pays*] parco: *le parc automobile italien* il parco automobilistico italiano **7** [*ensemble des machines d'un réseau de ch. de fer*] materiale rotabile.
parcage |paʀkaʒ| *s.m.* **1** (*agric.*) stabbiatura *f.* **2** (*rare*) *parcage d'une voiture* parcheggio* (*cour.*) di un'auto → **garage, stationnement** ◇ (*par ext.*) [*parc de stationnement*] parcheggio.
parcellaire |paʀse(ɛl)lɛʀ| *adj.* (*dr.*) parcellare, particellare: *plan parcellaire* mappa parcellare, particellare.
parcelle |paʀsɛl| *s.f.* **1** [*très petit morceau*] frammento (*m.*): *parcelles d'or* frammenti d'oro **2** (*dr.*) particella, unità *inv.* catastale **3** (*fig.*) [*minuscule partie*] particella.
parcellisation |paʀselizɑsjɔ̃| *s.f.* [→ PARCELLISER] frammentazione ◇ (*écon.*) *parcellisation du travail* parcellizzazione del lavoro.
parcelliser |paʀselize| *v.tr.* [*diviser en parcelles*] frammentare ◇ (*écon.*) *parcelliser le travail* parcellizzare il lavoro.
parce que |paʀsk(ə)| *loc. conj.* (*exprimant 'la cause'*) perché *conj.*, poiché (*conj.*): *nous partons parce qu'on nous attend* partiamo perché, poiché ci aspettano → 1 **car, puisque, comme** ✦ *absolt.* (*marque 'le refus ou l'impossibilité d'une explication'*) perché sì: *'pourquoi dites-vous cela?' 'parce que', répondit-elle* 'perché dice questo?' 'perché sì', rispose lei.
parchemin |paʀʃəmɛ̃| *s.m.* **1** [*peau d'animal préparée pour l'écriture*] pergamena *f.* **2** *un parchemin* [*document, écrit*] una pergamena ◇ (*fam.*) [*diplôme* (*sur papier*)] pezzo di carta.
parcheminé, ée |paʀʃəmine| *adj.* [*qui a l'aspect du parchemin*] pergamenaceo; pergamenato: *cuir parcheminé* cuoio pergamenaceo ‖ *papier parcheminé* carta pergamenata # *le visage parcheminé d'un vieillard* il viso incartapecorito di un vecchio.
parcheminer |paʀʃəmine| **A** *v.tr.* [*rendre semblable à du parchemin*] rendere (105) pergamenato: *parcheminer du papier* rendere pergamenata della carta **B** *v.pron. intr.* SE PARCHEMINER [*devenir semblable à du parchemin*] incartapecorirsi (197).
parchemineux, euse |paʀʃəminø, øz| *adj.* (*rare*) [*qui a l'aspect du parchemin*] pergamenaceo.
parcheminier, ière |paʀʃəminje, jɛʀ| *s.* [*personne qui prépare le parchemin*] pergamenaio*.
parcimonie |paʀsimɔni| *s.f.* parsimonia: *donner avec parcimonie* dare con parsimonia.
parcimonieusement |paʀsimɔnjøzmɑ̃| *adv.* [→ PARCIMONIEUX] parsimoniosamente.
parcimonieux, euse |paʀsimɔnjø, øz| *adj.* parsimonioso → **mesquin.**
par-ci, par-là |paʀsi, paʀla| *loc.* → **par** I 3.
parcmètre |paʀkmɛtʀ(ə)|, **parcomètre** |paʀkɔmɛtʀ(ə)| *s.m.* parchimetro.
parcourir |paʀkuʀiʀ| (17) *v.tr.* **1** [*aller dans toutes les parties de* (*un lieu, un espace*)] percorrere (127): *j'ai parcouru toute la région* ho percorso tutta la zona → **traverser, visiter** **2** [*accomplir* (*un trajet déterminé*)] percorrere: *distance à parcourir* distanza da percorrere **3** [*lire rapidement*] scorrere (127): *parcourir un journal* scorrere un giornale.
parcours |paʀkuʀ| *s.m.* **1** [*chemin pour aller d'un point à un autre*] percorso: *le parcours d'un autobus* il percorso di un autobus ◇ (*par ext.*) corsa (*f.*): *payer le parcours* pagare la corsa *f.* **2** (*sport*) percorso: *incident de parcours* incidente di percorso ◇ (*fig.*) intoppo **3** (*milit.*) *parcours du combattant* percorso di guerra **4** (*féod.*) *droit de parcours* diritto di pascolo.
par-derrière |paʀdɛʀjɛʀ|, **par-dessous** |paʀd(ə)su|, **par-dessus** |paʀd(ə)sy| *loc.* → 1 **derrière,** 1 **dessous,** 1 **dessus.**
pardessus |paʀdəsy| *s.m.* [*vêtement que les hommes portent par-dessus les autres vêtements pour se garantir des intempéries*] soprabito, cappotto (da uomo).
par-devant, par-devers |paʀd(ə)vɑ̃, paʀdəvɛʀ| *loc.* → 1 **devant,** 1 **devers.**
pardi! |paʀdi| *interj.* (*fam.*) (*exclam. par laquelle on renforce une déclaration*) perdinci, diamine: *tiens, pardi! ce n'est pas étonnant* perdinci, diamine! non c'è da meravigliarsi.
pardieu! |paʀdjø| *interj.* (*vx.*) → **parbleu.**
pardon |paʀdɔ̃| *s.m.* **1** [→ PARDONNER] perdono: *demander pardon à qqn.* chiedere perdono a qc.; *accorder son pardon à qqn.* concedere il (proprio) perdono a qc. **2** (*je vous demande*) *pardon* [*formule de politesse par laquelle on s'excuse*] scusi (scusate); permesso ◇ (*formule de politesse*) *pardon?* [*pouvez-vous répéter?*] prego? **3** (*pop.*) (*sorte d'exclam. superlative*) poi!: *le père était déjà costaud, mais alors le fils, pardon!* il padre era già un pezzo d'uomo, ma il figlio, poi! **4** *au plur.* (*relig.*) indulgenze *f.* ◇ [*fête religieuse bretonne*] ⊠.
pardonnable |paʀdɔnabl(ə)| *adj.* [→ PARDONNER A 1, 2] **1** (*choses*) perdonabile, scusabile: *une méprise bien pardonnable* una svista facilmente perdonabile, scusabile **2** (*personnes*) [*qui mérite le pardon*] scusabile: *cet enfant est pardonnable* questo bambino è scusabile Ⓒ 2 **impardonnable.**

pardonner |paRdɔne| **A** *v.tr.* **1** [*renoncer à tirer vengeance de*] perdonare: *pardonner les péchés* perdonare i peccati ◇ (*prov.*) *faute avouée est à moitié pardonnée* peccato confessato, mezzo perdonato **2** *pardonner qqch. à qqn.* [*supporter qqch. de qqn.*] perdonare q.c. a qc.: *je lui pardonne tout* gli perdono tutto □ *je ne me le pardonnerai jamais* non me lo perdonerò mai ✦ (*intr.*) *pardonner à qqn.* [*oublier ses torts*] perdonare a qc., perdonare *tr.* qc.: *il cherche à se faire pardonner* cerca di farsi perdonare **3** (*dans une formule de politesse*) [*juger avec indulgence*] scusare: *pardonnez-moi, mais je ne suis pas d'accord* scusi (scusate), ma non sono d'accordo **4** *au négatif* (*choses*) [*épargner*] perdonare: *c'est une maladie qui ne pardonne pas* è una malattia che non perdona ◇ (*fam.*) *une erreur qui ne pardonne pas* [*irréparable*] un errore imperdonabile *adj.* (*cour.*) **B** *v.pron. réfl.* SE PARDONNER [→ *tr.* 2] perdonarsi → *tr.* 2 □.

pare- |paR| *préf.* (*signifiant 'protéger contre', correspond généralt. à*) para: *pare-boue* parafango.

-pare, -parité |paR, paRite| *suff.* (*signifiant 'engendrer', correspondent généralt. à*) paro; parità: *ovipare* oviparo ‖ *oviparité* oviparità.

1 **paré, ée** |paRe| *adj.* **1** [*qui porte des ornements, une parure*] ornato, adornato **2** (*viande*) [*préparé pour être cuit*] preparato.

2 **paré, ée** |paRe| *adj.* [*muni du nécessaire pour faire face à, se protéger*] protetto, preparato: *nous sommes parés contre le froid, contre toute éventualité* siamo protetti dal freddo, preparati per ogni eventualità.

paréage |paReaʒ| *s.m.* → **pariage.**

pare-avalanches, paravalanche |paRavalɑ̃ʃ| *s.m. inv.* (*techn.*) paravalanghe.

pare-balles |paRbal| *s.m. inv.* [*plaque de protection contre les balles*] parapalle ✦ (*appos.*) *gilet pare-balles* giubbotto antiproiettile.

pare-boue |paRbu| *s.m.* (*auto.*) parafango*: *des pare-boues* dei parafanghi.

pare-brise |paRbRiz| *s.m. inv.* (*auto.*) parabrezza.

pare-chocs |paRʃɔk| *s.m. inv.* (*auto.*) paraurti.

pare-éclats |paRekla| *s.m. inv.* (*fortif.*) paraschegge.

pare-étincelles |paRetɛ̃sɛl| *s.m. inv.* [*écran que l'on place devant une cheminée pour empêcher les étincelles de s'échapper*] parascintille.

pare-feu |paRfø| *s.m. inv.* [*dispositif de protection contre la propagation du feu*] parafuoco* *var.*

pare-fumée |paRfyme| *s.m. inv.* parafumo.

parégorique |paRegɔRik| *adj. et s.m.* (*méd., pharm.*) paregorico*.

pareil, eille |paRɛj| **I** *adj.* **1** [*semblable par l'aspect, la nature*] simile: *ils ne sont pas pareils* non sono simili → **semblable** # *c'est, ce n'est pas pareil* è, non è lo stesso, la stessa cosa; *'et votre santé?' 'toujours pareille'* 'e la sua salute?' 'sempre la stessa, sempre uguale' ◇ (*loc.*) *à nul autre pareil* senza pari, senza paragone **2** [*de cette nature*] simile, tale: *en pareil cas* in un simile caso, in tal caso; *à une heure pareille!* [*si tard*] a un'ora simile! → **tel** **3** (*pop., fam.*) → **pareillement** **II** *s.* **1** *s.* [*personne de même sorte*] uguale: *ne pas avoir son pareil, sa pareille* non avere l'uguale, uguali → **pair, semblable** ◇ (*loc.*) *sans pareil(le)* [*qui n'a pas son égal*] senza pari **2** *s.f.* (*dans la loc.*) *rendre la pareille* rendere la pariglia **3** *s.m.* (*dans la loc. fam.*) *c'est du pareil au même* è proprio lo stesso (*cour.*), fa lo stesso (*cour.*) Ⓒ I 1 **différent.**

pareillement |paRɛjmɑ̃| *adv.* **1** [*de la même manière*] similmente, nello stesso modo *loc. inv.* → **aussi, également** **2** [*aussi*] anche, altrettanto: *la santé est bonne et l'appétit pareillement* la salute è buona e l'appetito altrettanto, pure.

parélie |paReli| *s.m.* → **parhélie.**

parement |paRmɑ̃| *s.m.* **1** (*liturg.*) paramento **2** (*maçonn.*) paramento ◇ [*côté visible d'une pierre dans un ouvrage de maçonn.*] paramano **3** (*cout.*) risvolto.

parementer |paRmɑ̃te| *v.tr.* (*techn.*) [*revêtir un mur d'un parement*] rivestire un muro.

parémiographe |paRemjɔgRaf| *s.* paremiografo.

parémiologie |paRemjɔlɔʒi| *s.f.* paremiologia*.

parenchymateux, euse |paRɑ̃ʃimatø, øz| *adj.* (*anat.*) parenchimatico*.

parenchyme |paRɑ̃ʃim| *s.m.* (*anat., bot.*) parenchima.

parénèse |paRenɛz| *s.f.* (*littér.*) parenesi *inv.*

parénétique |paRenetik| *adj.* (*littér.*) parenetico*.

parent, ente |paRɑ̃, ɑ̃t| **I** *s.* **1** (*au plur.*) *les parents* [*le père et la mère*] i genitori: *un enfant qui obéit à ses parents* un bambino che obbedisce ai genitori **2** *au sing. ou au plur.* parente: *ils sont parents* sono parenti; *c'est un proche parent, un parent éloigné* è un parente stretto, un lontano parente ◇ (*loc.*) *traiter qqn. en parent pauvre* trattare qc. da parente povero **3** *au m.* (*biol.*) *le parent mâle d'un animal* [*le père*] il genitore di un animale **II** *adj.* [*analogue, semblable*] affine: *des intelligences parentes* intelligenze affini.

parental, ale, aux |paRɑ̃tal, o| *adj.* parentale, dei genitori (*loc. inv.*): *l'autorité parentale* l'autorità parentale, dei genitori.

parentales |paRɑ̃tal|, **parentalies** |paRɑ̃tali| *s.f. pl.* (*antiq. rom.*) parentali *m.*

parenté |paRɑ̃te| *s.f.* **1** [*rapport entre personnes descendant les unes des autres*] parentela: *liens de parenté* legami di parentela → **sang** **2** [*rapport équivalent établi par la société*] parentela: *parenté par alliance* parentela acquisita, affinità **3** [*l'ensemble des parents et des alliés de qqn.*] parentado (*m.*): *toute sa parenté* tutto il parentado, tutta la parentela **4** [*rapport d'affinité*] parentela: *parenté entre deux langues* parentela tra due lingue # *parenté d'inspiration de deux poèmes* affinità d'ispirazione tra due poesie.

parentèle |paRɑ̃tɛl| *s.f.* (*vx.*) → **parenté.**

parentéral, ale, aux |paRɑ̃teRal, o| *adj.* (*méd.*) parenterale.

parenthèse |paRɑ̃tɛz| *s.f.* **1** parentesi (*inv.*): *je fais une parenthèse* apro una parentesi → **digression** **2** [*chacun des deux signes typographiques* ( )] parentesi: *mettre entre parenthèses* mettere tra parentesi; *ouvrir, fermer la parenthèse* aprire, chiudere la parentesi **3** (*loc. fig.*) ENTRE PARENTHÈSES tra parentesi: *entre parenthèses, il ne m'a pas rendu mon argent* tra parentesi, non mi ha restituito i soldi **4** (*loc. fam.*) *avoir les jambes en parenthèses* [*arquées*] avere le gambe da cavallerizzo.

paréo |paReo| *s.m.* pareo *inv.*

1 **parer** |paRe| **A** *v.tr.* **1** [*vêtir (qqn.) avec recherche*] agghindare: *parer qqn. de ses plus beaux atours* agghindare qc. con i suoi ornamenti più belli ✦ (*au p.p.*) *une femme très parée* una donna tutta agghindata **2** [*attribuer (une qualité) à*] attribuire (197) (a): *parer qqn. de toutes les vertus* attribuire a qc. tutte le virtù **3** (*spécialt.*) [*arranger de manière à rendre plus propre à tel usage*] preparare: *parer de la viande* preparare, pulire la carne **4** (*mar.*) [*tenir prêt à servir*] apprestare: *parer une ancre* apprestare l'ancora **B** *v.pron. réfl.* SE PARER [*se vêtir avec recherche*] agghindarsi → **pomponner (se).**

2 **parer** |paRe| **A** *v.tr.* **1** (*vx.*) → **1 défendre, protéger** **2** *parer un, le coup* [*l'éviter ou le détourner*] parare un, il colpo **3** (*mar.*) *parer un cap* [*le doubler*] doppiare un capo **B** *v. intr.* PARER À [*faire face à*] fare (103) *tr.* fronte a: *parer à toute éventualité* far fronte a ogni eventualità; *parer au plus pressé* far fronte alle necessità più urgenti ✦ (*au p.p.*) PARÉ CONTRE [*protégé de*] protetto da (contro), riparato da: *nous sommes parés contre le froid* siamo protetti, riparati dal freddo.

3 **parer** |paRe| *v.tr.* (*équit.*) [*retenir (un cheval)*] parare.

parère |paRɛR| *s.m.* (*dr.*) attestato, atto notorio* su un uso commerciale.

parésie |paRezi| *s.f.* (*méd.*) paresi *inv.*

pare-soleil |paRsɔlɛj| *s.m. inv.* (*auto.*) visiera *f. var.*, parasole.

paresse |paRɛs| *s.f.* **1** [*goût pour l'oisiveté*] pigrizia: *il était d'une paresse incurable* era di una pigrizia incurabile; *paresse d'esprit* pigrizia intellettuale ◇ (*loc.*) *solution de paresse* [*celle qui exige le moins d'effort*] soluzione di comodo **2** [*lenteur anormale à fonctionner*] pigrizia: *paresse intestinale* pigrizia, atonia intestinale.

paresser |paRese| *v.intr.* [*se laisser aller à la paresse*] poltrire (197), oziare → **fainéanter.**

paresseusement |paResøzmɑ̃| *adv.* [→ PARESSEUX] pigramente: *fleuve qui coule paresseusement* fiume che scorre pigramente.

paresseux, euse |paResø, øz| *adj.* **1** [*qui montre habituellement de la paresse*] pigro: *il est paresseux comme une couleuvre* è pigro come una marmotta ✦ (*s.*) *un paresseux* un pigro: *cet élève est un paresseux* questo allievo è un pigro, un poltrone **2** (*organes*) [*qui fonctionne avec une lenteur anormale*] pigro: *intestin paresseux* intestino pigro.

paresthésie |paRestezi| *s.f.* (*méd.*) parestesia.

parétique |paRetik| *adj.* (*méd.*) paretico*.

pareur, euse |paRœR, øz| *s.* **1** *s.* [*ouvrier qui donne le dernier apprêt à*

un travail] rifinitore* **2** *s.f.* (*techn.*) rifinitrice; trafilatrice.
parfaire |paʀfɛʀ| (45) (*inf. et temps comp. seulement*) *v.tr.* **1** [*achever de manière à conduire à la perfection*] rifinire (197): *parfaire son ouvrage* rifinire la propria opera → **compléter, parachever, perfectionner** # *parfaire sa culture* completare la propria educazione **2** (*rare*) [*rendre complet*] → **compléter.**
parfait, aite |paʀfɛ, ɛt| **I** *adj.* **1** (*choses*) [*qui est au plus haut, dans l'échelle des valeurs; qui répond exactement à un concept*] perfetto: *beauté parfaite* bellezza perfetta; *filer le parfait amour* filare il perfetto amore ✦ (*absolt.*) *parfait!* perfetto! **2** (*personnes*) [*sans défaut*] perfetto: *il est loin d'être parfait* è lungi dall'essere perfetto **3** (*avant le nom*) [*qui correspond exactement à tel ou tel type*] perfetto: *un parfait gentleman* un perfetto gentiluomo; *un parfait imbécile* un perfetto imbecille **II** *s.m.* **1** (*gram.*) perfetto **2** (*pâtiss.*) semifreddo.
parfaitement |paʀfɛtmɑ̃| *adv.* [→ PARFAIT I] perfettamente.
parfilage |paʀfilaʒ| *s.m.* (*techn.*) sfilatura *f.* di fili d'oro o d'argento da una stoffa.
parfiler |paʀfile| *v.tr.* **1** (*vx.*) [*tisser avec des fils de métal précieux*] tessere con fili d'oro (o d'argento) **2** (*ancienn.*) [*effiler* (*un tissu d'or ou d'argent*) *en tirant les fils de métal précieux*] sfilare (una stoffa) togliendo i fili d'oro (o d'argento).
parfois |paʀfwa| *adv.* [*à certains moments*] talvolta, a volte (*loc. inv.*): *il est parfois gai, parfois triste* talvolta è allegro, talvolta è triste; a volte è allegro, a volte è triste → **quelquefois.**
parfondre |paʀfɔ̃dʀ(ə)| (53) *v.tr.* (*techn.*) [*faire fondre* (*de l'émail*) *auquel on a incorporé des oxydes*] fondere (146) (lo smalto) con ossidi coloranti.
parfum |paʀfœ̃| *s.m.* **1** [*odeur agréable*] profumo: *le parfum de la rose* il profumo della rosa **2** [*goût de ce qui est aromatisé*] gusto: *des glaces à tous les parfums* gelati di tutti i gusti **3** [*substance aromatique*] profumo: *un flacon de parfum* un flacone di profumo **4** (*arg.*) *être au parfum de* (*qqch.*) [*être informé*] essere al corrente (*cour.*) di (q.c.).
parfumé, ée |paʀfyme| *adj.* **1** [*qui répand une bonne odeur*] profumato: *des fraises parfumées* fragole profumate **2** *parfumé à* [*aromatisé*] al gusto di (*loc. inv.*): *glace parfumée à la pistache* gelato al (gusto di) pistacchio.
parfumer |paʀfyme| *v.tr.* **1** [*remplir d'une odeur agréable*] profumare: *la lavande qui parfume le linge* la lavanda che profuma la biancheria → **embaumer** **2** [*imprégner de parfum* (3)] profumare: *j'ai parfumé mon mouchoir* ho profumato il fazzoletto ✦ (*au p.p.*) *une femme parfumée* una donna profumata **3** [*aromatiser*] aromatizzare: *parfumer une crème à l'essence de café* aromatizzare una crema all'essenza di caffè.
parfumerie |paʀfymʀi| *s.f.* **1** [*industrie de la fabrication des parfums et des produits de beauté*] profumeria ◇ [*les produits de cette industrie*] profumerie *pl.*, articoli *m. pl.* di profumeria: *vente de parfumerie en gros* vendita all'ingrosso di profumerie **2** [*boutique d'un parfumeur*] profumeria.
parfumeur, euse |paʀfymœʀ, øz| *s.* [*fabricant ou marchand de parfums*] profumiere.
parhélie |paʀeli| *s.m.* (*astron.*) parelio*.
pari |paʀi| *s.m.* **1** [*convention par laquelle des personnes s'engagent à verser une certaine somme au profit de celle qui aura raison*] scommessa (*f.*): *faire un pari* fare una scommessa; *tenir un pari* accettare una scommessa **2** (*turf*) *pari mutuel* totalizzatore.
paria |paʀja| *s.m.* paria (*inv.*): *vivre en paria* vivere come un paria.
pariade |paʀjad| *s.f.* **1** (*oiseaux*) stagione degli accoppiamenti ◇ [*cet accouplement*] accoppiamento *m.* **2** coppia (di uccelli).
pariage |paʀjaʒ| *s.m.* (*féod.*) alleanza *f.*
parian |paʀjɑ̃| *s.m.* (*techn.*) porcellana *f.* (che imita il marmo pario).
Paridés |paʀide| *s.m. pl.* (*t.zool.*) Paridi.
paridigitidé, ée |paʀidiʒitide| *adj. et s.* (*zool.*) paridigitato.
1 **parier** |paʀje| *v.tr.* (*vx.*) → **accoupler, apparier.**
2 **parier** |paʀje| *v.tr.* **1** [*engager* (*un enjeu*) *dans un pari*] scommettere (155): *il avait parié cent francs sur le favori* aveva scommesso cento franchi sul favorito; *je parie une bouteille de champagne avec toi qu'il acceptera* scommetto una bottiglia di 'champagne' con te che accetterà → **jouer** ✦ (*absolt.*) *parier aux courses* scommettere alle corse **2** [*affirmer avec vigueur*] scommettere: *je parie que c'est lui* scommetto che è lui; *je l'aurais parié* l'avrei (ci avrei) scommesso; *vous avez soif, je parie?* avete sete, scommetto.
pariétaire |paʀjetɛʀ| *s.f.* (*t.bot.*) parietaria.
pariétal, ale, aux |paʀjetal, o| *adj.* **1** (*anat.*) parietale: *os pariétal* osso parietale ✦ (*s.m.*) *les pariétaux* i parietali **2** (*bot.*) parietale **3** *peintures pariétales* [*faites sur une paroi rocheuse*] pitture parietali.
Pariétales |paʀjetal| *s.f. pl.* (*t. bot.*) Parietali.
parieur |paʀjœʀ| *s.m.* [*personne qui* (2) *parie* (1)] scommettitore* *s.* → **turfiste.**
parigot, ote |paʀigo, ɔt| *s. et adj.* (*fam.*) → **parisien.**
paripenné, ée |paʀipe(ɛn)ne| *adj.* (*bot.*) paripennato.
paris-brest |paʀibʀɛst| *s.m.* [*pâtiss. en pâte à chou, fourrée de crème pralinée et saupoudrée d'amandes*] ⊠.
parisette |paʀizɛt| *s.f.* (*t.bot.*) erba paris.
parisianisme |paʀizjanism(ə)| *s.m.* (*ling.*) idiotismo parigino, uso parigino.
parisien, ienne |paʀizjɛ̃, jɛn| *adj.* [*de Paris*] di Parigi *loc. inv.*, parigino: *banlieue parisienne* periferia di Parigi.
parisis |paʀizi| *adj. inv.* (*ancienn. numism.*) parisis.
parisyllabe |paʀisi(l)lab|, **parisyllabique** |paʀisi(l)labik| *adj.* (*gram.*) parisillabo *adj. et s.m.*
paritaire |paʀitɛʀ| *adj.* [*assemblée où employeurs et salariés ont un nombre égal de représentants*] paritetico*: *commission paritaire* commissione paritetica.
parité |paʀite| *s.f.* **1** parità (*inv.*): *la parité entre les salaires* la parità salariale **2** (*fin.*) *parité de change* parità valutaria **3** (*math.*) parità.
parjure |paʀʒyʀ| *s.* **1** *s.m.* [*faux serment*] spergiuro **2** *s.* [*personne qui commet un parjure*] spergiuro → **traître** ✦ (*adj.*) *un témoin parjure* un testimone spergiuro.
parjurer (se) |paʀʒyʀe| *v.pron. intr.* [*faire un parjure*] spergiurare *tr. et intr.*
parka |paʀka| *s.f.* [*manteau de sport, court en tissu imperméable, comprenant une capuche*] giaccone *m.*
parkérisation |paʀkeʀizɑsjɔ̃| *s.f.* (*chim.*) parkerizzazione.
parkériser |paʀkeʀize| *v.tr.* (*chim.*) [*protéger un métal par parkérisation*] parkerizzare.
parking |paʀkiŋ| *s.m.* (*angl.*) [*le fait de parquer* (*une voiture*); *parc de stationnement*] parcheggio*: *parking autorisé* parcheggio autorizzato; *parking souterrain* parcheggio sotterraneo → **stationnement, parc.**
parkinson |paʀkinsɔn| *s.m.* (*méd.*) morbo di Parkinson.
parkinsonien, ienne |paʀkinsɔnjɛ̃, jɛn| *adj.* (*méd.*) parkinsoniano.
parlant, ante |paʀlɑ̃, ɑ̃t| *adj.* **1** [*qui reproduit la parole humaine*] parlato, sonoro: *cinéma parlant* cinema parlato, sonoro **2** (*choses*) [*qui se passe de commentaires*] eloquente: *les chiffres sont parlants* le cifre sono eloquenti **3** [*très expressif*] parlante: *regard parlant* sguardo parlante; *portrait parlant* ritratto parlante **4** (*blas.*) *armes parlantes* armi parlanti **5** (*vx.*) [*doué de parole*] parlante (*cour.*).
parlé, ée |paʀle| *adj.* parlato: *langue parlée* lingua parlata # *journal parlé* giornale radio.
parlement |paʀləmɑ̃| *s.m.* **1** parlamento: *convocation, dissolution du parlement* convocazione, scioglimento del parlamento **2** (*hist. fr.*) Parlamento (suprema corte di giustizia).
1 **parlementaire** |paʀləmɑ̃tɛʀ| *adj.* parlamentare: *gouvernement parlementaire* governo parlamentare → 2 **constitutionnel** ✦ (*s.*) *un parlementaire* un parlamentare → **député, sénateur.**
2 **parlementaire** |paʀləmɑ̃tɛʀ| *s.* [*personne chargée de parlementer avec l'ennemi*] parlamentare → **délégué.**
parlementairement |paʀləmɑ̃tɛʀmɑ̃| *adv.* [→ 1 PARLEMENTAIRE] parlamentarmente.
parlementarisme |paʀləmɑ̃taʀism(ə)| *s.m.* parlamentarismo.
parlementer |paʀləmɑ̃te| *v.intr.* **1** [*entrer en pourparlers avec l'ennemi*] parlamentare → **négocier, traiter** **2** [*discuter en vue d'un accommodement*] parlamentare: *les deux parlementèrent longuement* i due parlamentarono a lungo.
1 **parler** |paʀle| **A** *v.intr.* **I** **1** [*articuler des sons pour s'exprimer*] parlare: *cet enfant commence à parler* questo bambino comincia a parlare; *parler distinctement* parlare distintamente; *parler bas, haut* parlare piano (a bassa voce), forte (ad alta voce); *parler en français* parlare in francese; *parler à la radio* parlare alla radio ◇ *loc.* (*c'est une*) *façon de parler!*, *c'est une manière de parler!* per modo di dire!, tanto per dire qualcosa! ~ *il parle d'or* parole d'oro! ~ *il parle comme un livre*

parla come un libro stampato ~ *parler crûment, sans mâcher ses mots* non avere peli sulla lingua, parlare chiaro e tondo **2** [*révéler ce qu'on tenait caché*] parlare: *son complice a parlé* il suo complice ha parlato **3** PARLANT [*en s'exprimant de telle manière*] parlando: *généralement parlant* generalmente parlando, parlando in generale; *humainement parlant* umanamente parlando **4** [*s'exprimer*] parlare: *les muets parlent par gestes* i muti parlano a (coi) gesti **5** (*sujet de chose*) [*être éloquent*] parlare: *les faits parlent d'eux-mêmes* i fatti parlano da soli, sono sufficientemente eloquenti **II** **1** PARLER DE (*qqch., qqn.*) parlare di (q.c., qc.): *parlez-nous de vos projets* ci parli dei suoi progetti; *tout le monde en parle* tutti ne parlano; *parler de la pluie et du beau temps, de choses et d'autres* parlare del più e del meno ◇ (*fam.*) *de quoi parle ce livre?* di cosa parla questo libro? ◇ (*loc.*) *sans parler de...* senza parlare di... → 2 **outre** ~ *n'en parlons plus!* non parliamone più, non se ne parli più! ~ *il fait beaucoup parler de lui* fa molto parlare di sé ◇ (*prov.*) *quand on parle du loup* (*on en voit la queue*) lupus in fabula **2** PARLER DE (+ *inf.*) [*annoncer l'intention de*] parlare di (+ *inf.*): *il parle d'émigrer au Canada* parla di emigrare in Canadà **3** PARLER À QQN. [*lui adresser la parole*] parlare a qc.: *laisse-moi lui parler* lascia che gli parli io; *il lui parla brutalement* gli parlò brutalmente ◇ (*loc.*) *trouver à qui parler* [*avoir affaire à une personne difficile*] trovare pane per i propri denti ~ *parler au mur* parlare al muro ~ *il lui parle comme à un chien* lo tratta da cani **4** (*fam.*) TU PARLES!, VOUS PARLEZ!: *tu parles d'un idiot!* che razza di idiota!; *sa reconnaissance, tu parles!* che razza di riconoscenza!; *tu parles si je m'en fiche!* ma figurati quanto me ne frego! **B** *v. tr.* **1** [*pouvoir s'exprimer au moyen de* (*telle ou telle langue*)] parlare: *parler français, italien* parlare (il) francese, (l')italiano; *parler argot,* parlare in gergo ◇ (*loc.*) *parler le français* parlare bene il francese ~ (*fam.*) *parler français comme une vache espagnole* parlare francese come una vacca spagnola **2** (*sans art.*) [*aborder* (*un sujet*)] parlare *intr.* di: *parler politique, chiffons* parlare di politica, di moda.

2 **parler** |paʀle| *s.m.* **1** [*manière de parler*] (modo di) parlare (*inv.*): *les mots du parler de tous les jours* le parole del parlare di tutti i giorni → 2 **langue, langage** **2** [*ensemble des moyens d'expressions particuliers à une région*] parlata *f.* → **dialecte, patois.**

parleur, euse |paʀlœʀ, øz| *s.* **1** (*péj.*) *beau parleur* [*qui aime à faire de belles phrases*] parolaio* → **phraseur** **2** (*rare*) → **orateur.**

parloir |paʀlwaʀ| *s.m.* [*local d'un établissement* (*religieux, etc.*) *où sont admis les visiteurs*] parlatorio*: *élève appelé au parloir* allievo chiamato in parlatorio.

parlophone |paʀlɔfɔn| *s.m.* citofono.

parlot(t)e |paʀlɔt| *s.f.* **1** [*échange de paroles insignifiantes*] chiacchierata: *faire la parlote avec une voisine* fare una chiacchierata con una vicina → **causette** **2** sala dei colloqui (in tribunale) **3** (*fam.*) [*réunion de gens qui bavardent*] capannello *m.* (*cour.*).

parmélie |paʀmeli| *s.f.* (*t.bot.*) parmelia.

parmenture |paʀmɑ̃tyʀ| *s.f.* (*techn.*) paramontura.

parmesan |paʀməzɑ̃| **1** *adj.* [*de Parme*] parmense, parmigiano **2** *s.m.* parmigiano: *pâtes au parmesan* pasta con parmigiano.

parmi |paʀmi| *prép.* **1** [*au milieu de*] tra, fra: *des maisons disséminées parmi les arbres* case sparse tra, fra gli alberi; *nous souhaitons vous avoir bientôt parmi nous* speriamo di avervi presto tra noi → **avec, près (de), entre,** 1 **milieu (au)** ◇ (*appartenance à un ensemble*) *c'est une solution parmi d'autres* è una soluzione tra tante altre **2** (*appartenance d'une chose abstraite à un ensemble d'êtres vivants*) tra, fra: *l'inégalité parmi les hommes* la disuguaglianza tra, fra gli uomini → **chez.**

parnasse |paʀnɑ(a)s| *s.m.* (*littér.*) [*la poésie*] parnaso ◇ (*spécialt.*) [*mouvement littér.*] parnassianesimo: *poète du Parnasse* poeti del parnassianesimo.

parnassie |paʀnasi| *s.f.*, **parnassia** |paʀnasja| *s.m.* (*t.bot.*) parnassia *f.*

parnassien, ienne |paʀnasjɛ̃, jɛn| **I** *adj.* **1** (*vx.*) [*relatif à la poésie*] parnassico* **2** *l'école parnassienne* la scuola parnassiana ♦ (*s.*) *les Parnassiens* i Parnassiani **II** *s.m.* (*t.zool.*) parnassio*.

parodie |paʀɔdi| *s.f.* **1** (*litt.*) parodia **2** [*contrefaçon grotesque*] parodia: *une parodie de réconciliation* una parodia di riconciliazione → **caricature** **3** (*vx., mus.*) parodia.

parodier |paʀɔdje| *v.tr.* **1** [*imiter* (*une œuvre, un auteur*) *en faisant une parodie*] parodiare: *parodier* (*une scène d'*)*un auteur* parodiare (una scena di) un autore **2** (*fig.*) [*imiter* (*qqn.*) *d'une façon grotesque*] parodiare: *parodier un professeur pour s'en moquer* parodiare un professore per canzonarlo → **caricaturer.**

parodique |paʀɔdik| *adj.* parodico*: *style parodique* stile parodico.

parodiste |paʀɔdist(ə)| *s.* parodista.

parodonte |paʀɔdɔ̃t| *s.m.* (*anat.*) periodonto.

parodos |paʀɔdo| *s.f.* (*théât. gr.*) parodo *m. ou f.*, parodos *inv.*

paroi |paʀwa| *s.f.* **1** [*séparation intérieure d'une maison ou face intérieure d'un mur*] parete: *appuyer son lit contre la paroi* appoggiare il letto contro la parete ◇ (*par ext.*) *parois d'un ascenseur, d'une cabine* pareti di un ascensore, di una cabina **2** [*surface qui limite une excavation*] parete: *parois d'une caverne* pareti di una caverna **3** [*terrain à pic, comparable à une muraille*] parete: *paroi rocheuse* parete rocciosa **4** [*surface interne d'une cavité destinée à contenir qqch.*] parete: *les parois d'un vase* le pareti di un vaso **5**(*anat., biol.*) parete: *la paroi abdominale* la parete addominale.

paroir |paʀwaʀ| *s.m.* (*techn.*) cavalletto.

paroisse |paʀwas| *s.f.* [*circonscription ecclés. où s'exerce le ministère d'un curé, d'un pasteur*] parrocchia ◇ (*loc. fig.*) *il n'est pas de la paroisse* non è della parrocchia, è un forestiero ~ *querelles de paroisse* [*locales, insignifiantes*] rivalità di campanile, campanilistiche.

paroissial, ale, aux |paʀwasjal, o| *adj.* [*de la paroisse*] parrocchiale: *église paroissiale* chiesa parrocchiale.

paroissien, ienne |paʀwasjɛ̃, jɛn| *s.* **1** *s.* [*personne qui dépend d'une paroisse*] parrocchiano **2** *s.m.* [*livre de messe*] messale.

parole |paʀɔl| *s.f.* **I** UNE, DES PAROLE(S) [*éléments de langage parlé*] **1** parola: *des paroles aimables* delle parole gentili; *peser ses paroles* pesare le parole → **mot** # *voilà une bonne parole* (questo) è un discorso assennato → **discours,** 1 **propos** ◇ *loc.* EN PAROLES a parole: *il est courageux en paroles* è coraggioso a parole ~ *de belles paroles* [*promesses*] belle parole **2** *au plur.* [*texte* (*d'un morceau de mus. vocale*)] parole: *l'air et les paroles d'une chanson* il motivo e le parole di una canzone; *histoires sans paroles* [*dessins qui se passent de légende*] vignette senza parole **3** [*pensée exprimée à haute voix, en quelques mots*] motto *m.*, frase: *parole historique* motto storico, storica frase **4** *au sing.* [*promesse sur l'honneur*] parola: *donner sa parole* dare la propria parola; *tenir parole* mantenere la parola ◇ (*loc.*) *croire qqn. sur parole* credere a qc. sulla parola ~ *interj.* (*ma*) *parole* (*d'honneur*)! parola (d'onore)! **II** LA PAROLE [*express. verbale de la pensée*] **1** [*faculté de communiquer la pensée par des sons articulés*] parola: *perdre la parole* perdere la parola ◇ (*loc.*) (*d'un animal intelligent*) *il ne lui manque que la parole* gli manca solo la parola **2** [*exercice de cette faculté*] parola: *avoir la parole facile* avere la parola facile; *adresser la parole à qqn.* rivolgere la parola a qc.; *prendre la parole* prendere la parola; *couper la parole à qqn.* togliere la parola a qc. → **interrompre** ◇ (*ling.*) 'parole' *inv.* **3** (*jeu*) passo, 'parole' **4** (*relig. révélées*) parola: *la parole de Dieu* la parola di Dio → **logos, verbe** ◇ (*loc. plais.*) *c'est parole d'évangile* è vangelo.

paroli |paʀɔli| *s.m.* (*vx.*) (*jeu*) doppia posta *f.* (*cour.*).

parolier, ière |paʀɔlje, jɛʀ| *s.* paroliere → **librettiste.**

paronomase |paʀɔnɔmɑz| *s.f.* (*rhétorique*) paronomasia.

paronyme |paʀɔnim| *s.m.* paronimo ♦ (*adj.*) *mot paronyme* parola paronimica*.

paronymie |paʀɔnimi| *s.f.* paronimia.

paronymique |paʀɔnimik| *adj.* paronimico*.

paronyque |paʀɔnik| *s.f.* (*t.bot.*) scolopendria.

paros |paʀos| *s.m.* marmo pario*.

parotide |paʀɔtid| *s.f.* (*anat.*) parotide.

parotidien, ienne |paʀɔtidjɛ̃, jɛn| *adj.* (*anat.*) parotideo.

parotidite |paʀɔtidit| *s.f.* (*méd.*) parotite.

parousie |paʀuzi| *s.f.* (*relig.*) parusia.

paroxysme |paʀɔksism(ə)| *s.m.* **1** parossismo: *sa jalousie atteint son paroxysme* la sua gelosia raggiunge il parossismo **2** (*méd.*) parossismo → **crise.**

paroxysmique |paRɔksismik|, **paroxysmal, ale, aux** |paRɔksismal, o| *adj.* → **paroxystique.**

paroxystique |paRɔksistik| *adj.* parossistico*.

paroxyton |paRɔksitɔ̃| *adj. m.* (*ling.*) parossitona *adj. et s.f.*

parpaillot, ote |paRpajo, ɔt| *s.* (*vx., plais.*) → **protestant, calviniste.**

parpaing |paRpɛ̃| *s.m.* (*maçonn.*) pietra *f.* da paramento.

parque |paRk(ə)| *s.f.* (*mythol.*) parca* ◇ (*par ext., littér.*) *la Parque* [*la mort*] la Parca.

parquer |paRke| **A** *v.tr.* **1** [*mettre* (*des animaux*) *dans un parc*] rinchiudere (106) (in un recinto) **2** [*enfermer* (*des personnes*) *dans un espace étroit et délimité*] stipare → **entasser 3** [*ranger* (*une voiture*) *dans un parc de stationnement*] parcheggiare → **garer 4** (*milit.*) [*placer* (*des soldats*) *dans un cantonnement*] acquartierare, accampare **B** *v.intr.* **1** [*être dans un parc*] essere (96) (*aux.* essere) in un recinto **2** (*milit.*) [*former un parc*] allestire (197) *tr.* un parco*.

1 **parquet** |paRkɛ| *s.m.* **1** 'parquet' *inv.*, pavimento in legno: *parquet de chêne* 'parquet' di quercia → 1 **plancher 2** (*mar.*) *parquet de chauffe* pagliolo.

2 **parquet** |paRkɛ| *s.m.* **1** (*ancienn.*) → **barre, barreau 2** (*dr.*) Procura *f.* della Repubblica **3** (*Bourse*) recinto delle grida, 'parquet' *inv.* → **corbeille.**

parquetage |paRkətaʒ| *s.m.* (*techn.*) parchettatura *f.*

parqueter |paRkəte| (5) *v.tr.* **1** [*garnir d'un parquet*] pavimentare a 'parquet', in legno ✦ (*au p.p.*) *pièce parquetée* stanza pavimentata a 'parquet', in legno **2** (*techn.*) *parqueter un tableau* [*en réparer la boiserie ou consolider la toile avec des planches*] eseguire (197) la parchettatura di un quadro.

parqueterie |paRkə(ɛ)tRi| *s.f.* (*techn.*) parchettatura.

parqueteur |paRkətœR| *s.m.* [*menuisier qui fabrique ou pose des parquets*] parchettista; pavimentatore in legno.

parqueur, euse |paRkœR, øz| *s.* **1** addetto ad un parco ostreario **2** custode di stabbio.

parrain |pa(ɑ)Rɛ̃| *s.m.* **1** [*celui qui tient un enfant sur les fonts du baptême*] padrino: *le parrain et la marraine* il padrino e la madrina **2** [*celui qui préside au lancement d'un navire, au baptême d'une cloche*] padrino **3** [*celui qui présente qqn. dans un cercle, un club pour l'y faire inscrire*] presentatore* *s.* **4** [*celui qui donne un nom à une chose, un ouvrage*] patrono *s.*

parrainage |pa(ɑ)Renaʒ| *s.m.* **1** funzione *f.* di padrino o di madrina **2** presentazione *f.* (di qc. per l'ammissione a un circolo) **3** [*appui moral qu'une personnalité accorde à une œuvre*] patrocinio*, patronato.

parrainer |pa(ɑ)Rene| *v.tr.* [*accorder son parrainage à*] patrocinare: *parrainer une entreprise* patrocinare una impresa # *il m'a parrainé dans cette soirée* mi ha fatto da padrino nel corso della serata.

1 **parricide** |paRisid| *s. et adj.* [*personne qui a commis un* (2) *parricide*] parricida.

2 **parricide** |paRisid| *s.m.* [*meurtre du père ou de la mère*; (*dr.*) *de tout autre ascendant légitime*] parricidio*.

parsec |paRsɛk| *s.m.* (*astron.*) parsec *inv.*

parsemer |paRsəme| (6) *v.tr.* **1** [*couvrir par endroits*] cospargere (114), disseminare: *ciel parsemé d'étoiles* cielo cosparso, trapunto di stelle **2** (*fig.*) [*émailler*] infiorare: *parsemer un récit de mots d'esprit* infiorare un racconto di battute **3** (*choses*) [*être répandu çà et là sur* (*qqch.*)] cospargere, costellare: *les fautes qui parsèment un devoir* gli errori che costellano un compito.

parsi, ie |paRsi| **1** *adj.* parsi *inv.* **2** (*s.m.*) *le parsi* [*la langue*] il parsi.

parsisme |paRsism(ə)| *s.m.* (*relig.*) parsismo → **mazdéisme, zoroastrisme.**

1 **part** |paR| *s.f.* **I** [*ce qui revient à qqn.*] **1** [*ce qu'une personne possède ou acquiert en propre*] parte: *avoir la meilleure part* avere la parte migliore; *chacun aura sa part* ciascuno avrà la sua parte ◇ *loc.* AVOIR PART À partecipare a: *avoir part aux bénéfices* partecipare agli utili ~ (*fig.*) *un acte où la volonté a peu de part* un atto in cui la volontà ha scarsa parte ~ PRENDRE PART À prendere parte a, partecipare a: *prendre part à un travail* prendere parte, partecipare a un lavoro → **contribuer**; [*s'associer aux sentiments d'une autre personne*] *je prends part à votre douleur* prendo parte, partecipo al vostro dolore ~ POUR MA PART [*en ce qui me concerne*] da, per parte mia **2** (*loc.*) *part à deux!* si divide (tra noi due)! ~ FAIRE PART DE QQCH. À QQN. partecipare q.c. a qc.; rendere qc. partecipe di q.c.: *faire part* (*à qqn.*) *d'une naissance, d'un mariage* partecipare (a qc.) una nascita, un matrimonio → **faire-part 3** [*partie consacrée à qqn., à tel ou tel emploi*] parte: *diviser en parts* dividere in parti, in quote; *se tailler la part du lion* fare la parte del leone → **morceau, portion** # *une part de gâteau*: (*pr., fig.*) una fetta di torta ◇ (*dr.*) *assigner à qqn. une part dans un legs* assegnare a qc. una quota di un lascito ◇ [*partie du capital d'une société qui appartient à l'un des associés*] quota parte ◇ [*ce que chacun doit donner*] *il faut que chacun paye sa part* ciascuno deve pagare la sua quota, la sua parte **4** *loc.* FAIRE LA PART DE [*tenir compte de*] tenere conto di: *faire la part des choses* tenere conto dei fatti, delle circostanze **II** [*partie* (*d'un tout, d'un ensemble*)] parte: *il a perdu une grande part de sa fortune* ha perso una gran parte dei suoi beni ◇ (*loc.*) *pour une* (*large*) *part, pour une bonne part* in (buona) parte **III** (*partie d'un lieu*) **1** *loc.* DE LA PART DE da parte di: *je viens de la part de son mari* vengo da parte di suo marito → **(au) nom (de)** ~ *de toutes parts, de toute part* da tutte le parti, da ogni parte ~ *d'une part... d'autre part* da una parte... dall'altra (parte)... → **côté** ~ *d'autre part* d'altra parte, d'altro canto → **ailleurs (d')** ~ DE PART ET D'AUTRE da ambo le parti: *on se disait, de part et d'autre, des injures grossières* ci dicevamo da ambo le parti ingiurie grossolane ~ DE PART EN PART da parte a parte: *la pluie a pénétré mon manteau de part en part* la pioggia ha inzuppato il mio soprabito da parte a parte → 1 **travers (à)** ~ *prendre qqch. en bonne, en mauvaise part* prendere q.c. in buona, in mala parte; prendere bene, male q.c. ◇ (*avec un adj. indéf.*) *nulle part* in nessun posto, da nessuna parte ~ *quelque part* in qualche posto, da qualche parte ~ *autre part* altrove, da un'altra parte → **ailleurs 2** *loc. adv.* À PART [*à l'écart*] da parte: *mettre à part* mettere da parte; *prendre qqn. à part pour lui parler* prendere da parte qc. per parlargli ◇ *loc. prép.* a parte, tranne (*prép.*): *à part lui, nous ne connaissons personne* a parte lui, tranne (tolto) lui non conosciamo nessuno → **excepté** ✦ (*en fonction d'adj.*) *occuper une place à part* occupare un posto a parte; *faire chambre à part* avere camere separate.

2 **part** |paR| *s.m.* **1** (*vx.*) → **parturition 2** *loc.* (*dr.*) *supposition de part* attribuzione (ad una donna) di un figlio non suo; *confusion de parts* incertezza sulla paternità.

partage |paRtaʒ| *s.m.* **I 1** [*division d'un tout en plusieurs parts pour une distribution*] spartizione (*f.*): *partage d'un domaine* spartizione di un territorio **2** (*dr.*) ripartizione *f.*, spartizione: *partage amiable, judiciaire* ripartizione, spartizione amichevole, giudiziaria **3** [*le fait de partager qqch.* (*avec qqn.*)] il condividere *inv.* **4** *loc.* SANS PARTAGE [*sans réserve*] senza riserve: *une amitié sans partage* un'amicizia senza riserve **5** (*math.*) ripartizione ◇ [*division en nombre égal des voix dans une consultation*] parità *f. inv.* **6** (*géogr.*) *ligne de partage des eaux* spartiacque *inv.* **II** *le partage de qqn.* [*le lot, le sort de qqn.*] il destino, la sorte *f.* di qc. ◇ *loc.* EN PARTAGE in sorte: *donner, recevoir en partage* dare, ricevere in sorte.

partageable |paRtaʒabl(ə)| *adj.* [*qui peut être l'objet d'un partage*] divisibile © **impartageable, indivisible.**

partageant, ante |paRtaʒɑ̃, ɑ̃t| *s.* (*dr.*) interessato a una spartizione.

partager |paRtaʒe| (3) *v.tr.* **A 1** [*diviser* (*un ensemble*) *en éléments qu'on peut distribuer, employer à des usages différents*] spartire (197), dividere (130): *partager une propriété entre des héritiers* spartire, dividere una proprietà tra gli eredi; *partager son temps entre plusieurs occupations* dividere il proprio tempo tra diverse attività → **morceler 2** *partager qqch. avec qqn.* [*lui en donner une partie*] dividere, spartire q.c. con qc.: *partager les bénéfices avec un associé* dividere, spartire gli utili con un socio **3** [*avoir part à* (*qqch.*) *en même temps que d'autres*] dividere: *partager le repas de qqn.* dividere il pasto con qc. ◇ (*fig.*) [*prendre part à*] condividere (130): *partager une responsabilité avec qqn.* condividere una responsabilità con qc. ✦ (*au p.p.*) *un amour partagé* [*mutuel*] un amore corrisposto **4** (*sujet de chose*) [*diviser* (*un ensemble*) *de manière à former plusieurs parties distinctes*] dividere: *cloison qui partage une pièce en deux* tramezzo che divide una stanza in due → 1 **couper 5** (*sujet de personne*) ÊTRE PARTAGÉ (ENTRE) [*être divisé entre plusieurs sentiments contradictoires*] essere diviso: *il était partagé entre l'amitié et la rancune* era diviso tra l'amicizia e il rancore ◇ (*sujet de chose*) (*loc.*) *les avis sont partagés* [*sont très divers*] i pareri sono discordi **6** (*vieilli*) → **doter, favoriser B** *v.pron.* SE PARTAGER **1** *passif* [*être *partagé*] dividersi **2** *réfl.* [*être divisé*] dividersi **3** *récipr.* [*partager* (*qqch.*) *entre soi*] dividersi, spartirsi: *ils se sont partagé l'héritage* si sono divisi, spartiti l'eredità.

partageur, euse |paʀtaʒœʀ, øz| *adj.* [*qui partage volontiers ce qu'il* (*elle*) *possède*] generoso: *cette gamine est partageuse* questa ragazzina è generosa → **généreux.**

partageux, euse |paʀtaʒø, øz| *s.* (*vieilli*) → **communiste, socialiste.**

partance |paʀtɑ̃s| *s.f.* **1** (*vx.*) → 1 **départ** **2** *loc. cour.* EN PARTANCE in partenza: *avion en partance pour* aereo in partenza per.

1 **partant** |paʀtɑ̃| *s.m.* partente: *les partants d'une course cycliste* i partenti di una corsa ciclistica ⓒ **arrivant.**

2 **partant** |paʀtɑ̃| *conj.* (*littér.*) (*marque 'la conséquence'*) laonde, pertanto (*cour.*) → **donc, ainsi.**

partenaire |paʀtənɛʀ| *s.* **1** [*personne avec qui l'on est associé dans un exercice sportif, professionnel*] partner (*inv.*): *partenaire d'une patineuse* partner di una pattinatrice ◇ (*polit.*) *les partenaires sociaux* le parti *f.*, le forze *f.* sociali **2** [*personne qui a des relations sexuelles avec une autre*] partner ⓒ **adversaire.**

1 **parterre** |paʀtɛʀ| *s.m.* **1** [*partie d'un parc où l'on a planté des fleurs de façon régulière*] ai(u)ola (*f.*): *parterre de bégonias* aiuola di begonie **2** (*fam.*) → **carrelage,** 1 **plancher.**

2 **parterre** |paʀtɛʀ| *s.m.* [*partie du rez-de-chaussée d'une salle de théât.*] platea *f.* ◇ (*par ext.*) *le parterre* [*le public du parterre*] la platea ◇ (*loc. fam.*) *prendre un billet de parterre* [*tomber*] fare (103) un bel capitombolo, una bella tombola.

parthénogénèse |paʀtenɔʒenɛz| *s.f.* (*biol.*) partenogenesi *inv.*

parthénogénétique |paʀtenɔʒenetik| *adj.* partenogenetico*.

parthénopéen, éenne |paʀtenɔpeɛ̃, eɛn| *adj.* (*littér.*) [*de Naples*] partenopeo: *le folklore parthénopéen* il folklore partenopeo → **napolitain.**

1 **parti** |paʀti| *s.m.* **I** **1** (*littér.*) [*solution pour résoudre une situation*] partito: *il hésitait entre deux partis* esitava tra due partiti **2** *loc.* PRENDRE LE PARTI DE prendere il partito di: *il a pris le parti d'accepter cette invitation* ha preso il partito di accettare quell'invito; *hésiter sur le parti à prendre* esitare sul partito da prendere → **décision,** 1 **résolution** ~ PRENDRE PARTI [*choisir, prendre position*] scegliere, decidere (decidersi): *il ne veut pas prendre parti* non vuole scegliere, decidersi ~ *prendre son parti* decidersi, prendere un partito ~ *prendre son parti de qqch., en prendre son parti* rassegnarsi a q.c. ~ PARTI PRIS partito preso: *juger sans parti pris* giudicare senza partito preso → **préjugé, prévention** # *être de parti pris* essere prevenuto, parziale **II** *loc.* TIRER PARTI DE QQCH. trarre profitto da q.c.: *il a su tirer parti de cette situation difficile* ha saputo trarre profitto da questa difficile situazione **III** (*vx.*) *prendre le parti des armes* scegliere il mestiere del soldato **IV** *loc.* FAIRE UN MAUVAIS PARTI À QQN. [*le maltraiter, le malmener*] ridurre qc. a malpartito.

2 **parti** |paʀti| *s.m.* **1** (*polit.*) partito: *être inscrit à un parti* essere iscritto a un partito; *il est militant de ce parti* è militante in quel partito, milita in quel partito **2** [*groupe de personnes défendant la même opinion*] parte (*f.*): *se ranger du parti de qqn.* schierarsi dalla parte di qc.

3 **parti** |paʀti| *s.m.* [*personne à marier, considérée du point de vue de la situation sociale, économique*] partito: *elle a trouvé, épousé un beau parti* ha trovato, sposato un buon partito.

parti, ie |paʀti| *adj.* **1** (*fam.*) [*un peu ivre, éméché*] partito: *après l'apéritif, elle était déjà un peu partie* dopo l'aperitivo, era già un po' partita → **gai** **2** (*blas.*) partito.

partiaire |paʀsjɛʀ| *adj.* (*dr.*) *colon partiaire* mezzadro *s.*

partial, ale, aux |paʀsjal, o| *adj.* parziale: *un juge ne doit pas être partial* un giudice non deve essere parziale ⓒ **impartial.**

partialement |paʀsjalmɑ̃| *adv.* [→ PARTIAL] parzialmente, in modo parziale *loc. inv.*

partialité |paʀsjalite| *s.f.* parzialità (*inv.*): *partialité en faveur de qqn.* parzialità in favore di qc. ⓒ **impartialité.**

participable |paʀtisipabl(ə)| *adj.* [→ PARTICIPER] partecipabile.

participant, ante |paʀtisipɑ̃, ɑ̃t| *adj. et s.* partecipante.

participation |paʀtisipɑsjɔ̃| *s.f.* **1** [→ PARTICIPER **I** 1] partecipazione: *cet acteur promet sa participation au gala* questo attore promette la propria partecipazione al gala ◇ (*spécialt.*) *participation aux frais* partecipazione alle spese → **contribution** **2** *participation aux bénéfices* partecipazione agli utili **3** [*droit de regard et de libre discussion dans une communauté*] partecipazione, intervento *m.* ⓒ 1 **abstention.**

participe |paʀtisip| *s.m.* (*gram.*) participio*: *participe présent* participio presente; *participe à valeur verbale, à valeur d'adjectif* participio con valore verbale, aggettivale.

participer |paʀtisipe| *v.intr.* **I** PARTICIPER À **1** [*prendre part à* (*qqch.*)] partecipare a: *participer à un jeu* partecipare a un gioco; *participer à un travail* partecipare a un lavoro → **collaborer, coopérer**; *participer au chagrin d'un ami* partecipare al dolore di un amico → **partager** **2** [*payer une part de*] partecipare: *convives qui participent aux frais* commensali che partecipano alle spese **3** [*avoir part à* (*qqch.*)] partecipare: *associés qui participent aux bénéfices* soci che partecipano agli utili **II** (*littér.*) PARTICIPER DE [*tenir de la nature de*] partecipare, essere (96) (*aux.* essere) partecipe di: *cette fête participe des plus anciennes traditions populaires* questa festa partecipa delle più antiche tradizioni popolari.

participial, iale, iaux |paʀtisipjal, jo| *adj.* (*gram.*) *proposition participiale* proposizione participiale.

particularisation |paʀtikylaʀizɑsjɔ̃| *s.f.* particolarizzazione.

particulariser |paʀtikylaʀize| **A** *v.tr.* **1** [*distinguer par des traits particuliers*] individuare **2** (*vx.*) [*exposer* (*un fait*) *dans ses moindres détails*] particolareggiare **B** *v.pron. intr.* SE PARTICULARISER [*se singulariser*] individuarsi.

particularisme |paʀtikylaʀism(ə)| *s.m.* particolarismo.

particulariste |paʀtikylaʀist(ə)| *s.* particolarista ✦ *adj.* particolaristico*: *opinions particularistes* opinioni particolaristiche.

particularité |paʀtikylaʀite| *s.f.* particolarità (*inv.*): *la particularité du cas* la particolarità del caso; *avoir, présenter une particularité* avere, presentare una particolarità → **caractéristique.**

particule |paʀtikyl| *s.f.* **1** [*très petite partie, infime quantité d'un corps*] particella: *particules radioactives* particelle radioattive **2** *particule* (*nobiliaire*) particella nobiliare → **de** # *il a un nom à particule* ha un nome altisonante.

particulier, ière |paʀtikylje, jɛʀ| **I** *adj.* **1** particolare → 1 **personnel** ◇ (*spécialt.*) PARTICULIER À proprio di, a: *l'insouciance qui lui est particulière* la noncuranza che gli è propria → 1 **propre (à)** **2** [*qui ne concerne qu'un individu et lui appartient*] personale: *à titre particulier* a titolo personale; *c'est un cas particulier* è un caso personale → **individuel** ◇ *loc. adv.* EN PARTICULIER [*à part*] in privato: *je voudrais vous parler en particulier* le vorrei parlare in privato **3** [*qui présente des caractères hors du commun*] particolare: *un être doué de qualités particulières* un essere dotato di qualità particolari; *j'ai pour vous une affection particulière* provo per voi particolare affetto → **remarquable, spécial** ◇ *loc.* EN PARTICULIER [*spécialement*] in particolare: *un élève doué en particulier pour les mathématiques* uno scolaro dotato in particolare per la matematica **4** [*qui concerne un cas précis* (*opposé à 'général'*)] particolare: *sur ce point particulier* su questo particolare punto ✦ (*s.m.*) *aller du général au particulier* andare dal generale al particolare ◇ *loc.* EN PARTICULIER [*d'un point de vue particulier*] in particolare: *rien en particulier* niente in particolare **II** *s.* [*simple citoyen*] privato (cittadino): *de simples particuliers* dei semplici privati cittadini ◇ (*fam., péj.*) [*individu*] tizio*: *tu le connais toi, ce particulier?* tu lo conosci quel tizio? ⓒ **I** 2 **collectif, commun.**

particulièrement |paʀtikyljɛʀmɑ̃| *adv.* **1** [→ PARTICULIER **I** 3] particolarmente, in modo particolare (*loc. inv.*): *il aime particulièrement la peinture* gli piace particolarmente, in modo particolare la pittura → 1 **surtout** **2** [*d'une façon peu commune*] particolarmente: *'vous aimez cela?' 'pas particulièrement'* 'le piace?' 'non particolarmente, non in modo particolare' → **spécialement.**

1 **partie** |paʀti| *s.f.* **1** [*élément d'un tout*] parte: *voilà une partie de la somme* ecco una parte della somma → **morceau,** 1 **part** ◇ (*loc.*) *une petite, une grande partie de* una piccola, una gran parte di ~ LA MAJEURE, LA PLUS GRANDE PARTIE la maggior parte: *il passe la plus grande partie de son temps à la campagne* passa la maggior parte del (suo) tempo in campagna → **plupart (la)** ~ EN PARTIE in parte: *une ville en partie détruite* una città in parte distrutta; *il a en partie raison* ha in parte ragione → **partiellement** **2** *loc.* FAIRE PARTIE DE far parte di: *il fait partie de la famille* fa parte della famiglia → **appartenir** # *cela ne fait pas*

partie de mes attributions non è di mia competenza **3** [*un des éléments successifs d'une œuvre*] parte: *les trois parties d'une dissertation, d'une symphonie* le tre parti di una dissertazione, di una sinfonia **4** [*élément constituitif* (*d'un être vivant*)] parte: *les parties du corps* le parti del corpo **5** [*domaine particulier* (*d'une science, d'une activité*)] campo *m.* → **branche** ◇ (*par ext.*) *connaître sa partie* conoscere il proprio mestiere (*m.*); *dans sa partie, il est imbattable* nel suo campo è imbattibile → **métier** **6** (*gram.*) *les parties du discours* le parti del discorso **7** (*compt.*) *comptabilité en partie double* contabilità in partita doppia © 1 **ensemble** 2, **tout**.

2 **partie** |paʀti| *s.f.* **1** (*dr.*) parte: *la partie adverse* la parte avversa, la controparte; *la partie civile* la parte civile # *la partie publique* il pubblico ministero ◇ (*loc.*) *être juge et partie* essere giudice e parte in causa **2** *loc.* PRENDRE QQN. À PARTIE [*s'en prendre à qqn.*; *l'attaquer*] attaccare briga con qc.; prendersela con qc. **3** (*fig.*) [*adversaire*] parte: *les parties belligérantes* le parti belligeranti, i belligeranti ◇ (*loc.*) *avoir affaire à forte partie* avere a che fare con un avversario temibile.

3 **partie** |paʀti| *s.f.* **1** [*durée* (*d'un jeu*)] partita: *faire une partie de cartes* fare una partita a carte; *faire une partie de tennis, d'échecs* fare una partita a tennis, a scacchi; *gagner, perdre la partie* vincere, perdere la partita ◇ [*lutte, combat*] *j'abandonne la partie* abbandono la partita, il campo; (ci) rinuncio **2** [*divertissement concerté à plusieurs*] partita; gita: *une partie de chasse* una partita di caccia ‖ *partie de plaisir* gita di piacere # *partie de campagne* scampagnata ◇ (*loc.*) *être de la partie* essere della partita ~ *se mettre de la partie* unirsi alla compagnia ~ *ce n'est que partie remise* sarà per un'altra volta.

partiel, elle |paʀsjɛl| *adj.* parziale: *des informations partielles* delle informazioni parziali; *une élection partielle* delle elezioni parziali © **complet, général** 1.

partiellement |paʀsjɛlmɑ̃| *adv.* [→ PARTIEL] parzialmente © **entièrement.**

1 **partir** |paʀtiʀ| (21) *v.intr.* (*aux.* 'être') **I** **1** [*se mettre en mouvement pour quitter un lieu*; *s'éloigner*] andare (101) (via), partire: *partir de chez soi* andar via da casa; *partir sans laisser d'adresse* andar via, partire senza lasciare indirizzo; *il est parti en hâte* è andato via in fretta → **enfuir (s')**, **sauver (se)**; *elle est partie à pied* è andata via a piedi; *il est parti pour la chasse* è andato a caccia; *ils sont partis pour Londres* sono partiti per Londra, sono andati a Londra → 1 **aller (s'en)** ◇ (*emploi critiqué*) *partir à la guerre* partire per la guerra, andare in guerra; *partir à Paris* partire per Parigi, andare a Parigi ◇ PARTI (+ *inf.*) andato a (+ *inf.*): *il est parti faire un tour* è andato a fare un giro; *il est parti chercher ses amis* è andato a prendere i suoi amici **2** [*passer de l'immobilité à un mouvement rapide*] partire: *la voiture ne part pas* la macchina non parte; *partir du pied droit* partire col piede giusto; *il est parti comme une flèche* è partito come un razzo → **démarrer** ◇ (*sport*) *à vos marques! prêts? partez!* ai vostri posti! pronti? via! **3** (*choses*) [*se mettre à progresser, à marcher*] (in)cominciare, partire: *l'affaire est bien, mal partie* la faccenda è cominciata, partita bene, male; *c'est assez mal parti* la cosa è cominciata piuttosto male; *le contrat part du 1er janvier* il contratto parte dal 1° gennaio → **dater (de), commencer, démarrer** **4** (*projectiles*) [*être lancé, commencer sa trajectoire*] partire: *le coup n'est pas parti* il colpo non è partito; *faire partir une mine, un pétard* far partire una mina, un petardo; *le bouchon est parti* il tappo è partito → **sauter** **5** (*fam.*) [*commencer* (*à faire qqch.*)] cominciare (*aux.* avere): *il est parti pour parler au moins un quart d'heure* ha cominciato a parlare, e per almeno un quarto d'ora nessuno lo ferma più → **mettre (se)** **II** PARTIR DE **1** [*venir, provenir* (*d'une origine*)] partire da: *la course est partie de Milan* la corsa è partita da Milano **2** [*avoir son principe dans*] partire da: *mot qui part du cœur* parola che parte, che viene dal cuore **3** [*commencer un raisonnement, une opération*] partire da: *en partant de ce principe...* partendo da questo principio... **4** *loc.* À PARTIR DE (a partire) da: *à partir d'aujourd'hui* (a partire) da oggi, da oggi in poi → 1 **de**, 1 **depuis, dès** **III** (*choses*) [*disparaître, ne plus se manifester*] sparire (197), andar via: *la tache ne part plus* la macchia non sparisce, non va più via → **effacer (s'), enlever (s').**

2 **partir** |paʀtiʀ| *v.tr.* (*seulement inf.*) **1** (*vx.*) → **partager** **2** (*loc.*) *avoir maille à partir avec qqn.* [*avoir un sujet de querelle*] aver (97) (a) che dire con qc.; essere (96) *intr.* in lite, in bega con qc.

partisan, ane |paʀtizɑ̃, an| **I** *s.* **1** *s.* [*adepte, défenseur*] fautore*, sostenitore*: *partisans du féminisme* fautori, sostenitori del femminismo **2** *s.m.* [*soldat de troupes irrégulières*] partigiano *s.* # *guerre de partisans* guerra partigiana → **guérilla** **II** *adj.* **1** [*qui prend parti pour une doctrine*] sostenitore: *la réforme dont il est fort partisan* la riforma di cui è accanito sostenitore # *ils sont partisans d'accepter* sono per il sì, sono favorevoli all'accettazione **2** [*qui témoigne d'un parti pris*] partigiano: *les haines partisanes* gli odi partigiani © I 1 **adversaire.**

partita |paʀtita| *s.f.* (*mus.*) partita: *des partitas* delle partite; *une partita de Bach* una partita di Bach.

partiteur |paʀtitœʀ| *s.m.* (*techn.*) partitore.

partitif, ive |paʀtitif, iv| *adj.* (*gram.*) partitivo: *article partitif* articolo partitivo.

partition |paʀtisjɔ̃| *s.f.* **I** (*mus.*) spartito *m.*, partitura: *partition de piano* spartito, partitura per pianoforte; *jouer sans partition* suonare senza spartito **II** **1** (*blas.*) partizione **2** (*vx.*) → **division.**

partouse, partouze |paʀtuz| *s.f.* (*pop.*) [*partie de débauche*] ammucchiata.

partout |paʀtu| *adv.* **1** [*en tous lieux*] dappertutto, (d)ovunque: *on ne peut être partout à la fois* non si può essere dappertutto, dovunque contemporaneamente **2** (*jeux*) pari (*adj. inv.*): *on est trois partout* stiamo tre pari, siamo sul tre pari.

parturiente |paʀtyʀjɑ̃t| *s.f.* partoriente.

parturition |paʀtyʀisjɔ̃| *s.f.* (*méd., cour.*) parto *m.* → **accouchement.**

parulie |paʀyli| *s.f.* (*méd.*) parulide.

parure |paʀyʀ| *s.f.* **I** **1** 'parure' *inv.* **2** *une parure de diamants* una 'parure' di diamanti **3** [*l'ensemble des vêtements, des ornements, des bijoux d'une personne en grande toilette*] 'toilette' *inv.* **II** (*techn.*) → **rognure.**

parurerie |paʀyʀʀi| *s.f.* fabbricazione, commercio* *m.* di guarnizioni (di indumenti femminili), di oggetti di fantasia.

parurier, ière |paʀyʀje, jɛʀ| *s.* fabbricante, commerciante di oggetti di fantasia, di guarnizioni (di indumenti femminili).

parution |paʀysjɔ̃| *s.f.* [*moment de la publication*] pubblicazione, uscita: *dès sa parution, ce roman a eu beaucoup de succès* fin dalla sua pubblicazione, dalla sua uscita questo romanzo ha avuto molto successo.

parvenir |paʀvəniʀ| (27) *v.intr.* (*aux.* 'être') **1** [*arriver* (*en un point déterminé*) *dans un déplacement*] giungere (150): *après deux heures de marche nous sommes parvenus à la ferme* dopo due ore di cammino siamo giunti alla fattoria → **atteindre** **2** (*choses*) [*arriver à destination*] arrivare, pervenire (202): *ma lettre vous est-elle parvenue?* vi è arrivata, pervenuta la mia lettera? **3** [*se propager à travers l'espace jusqu'à un lieu donné*] giungere: *le bruit de la rue lui parvenait à peine* gli giungeva a malapena il rumore della strada **4** (*personnes*) [*arriver à* (*tel résultat qu'on se proposait*)] raggiungere (150) (*tr.*): *parvenir à ses fins, à la fortune* raggiungere il proprio scopo, la fortuna → **accéder (à)** **5** PARVENIR À (+ *inf.*) [*réussir à*] riuscire a (+ *inf.*): *je ne parviens pas à le convaincre* non riesco a convincerlo ✦ *absolt.* (*vieilli*) → **réussir, arriver** **6** [*en venir, par un processus naturel* (*à un certain stade de développement*)] giungere, arrivare: *parvenir à un âge avancé* giungere, arrivare a un'età avanzata → **atteindre.**

parvenu, ue |paʀvəny| *s.* [*personne qui s'est élevée à une condition supérieure sans en acquérir les manières*] nuovo ricco*, 'parvenu' *inv.* → **riche (nouveau)** ✦ (*adj.*) *des bourgeois parvenus* dei borghesi arricchiti.

parvis |paʀvi| *s.m.* [*place située devant la façade d'une église*] sagrato.

1 **pas** |pɑ| *s.m.* **I** UN, DES PAS **1** passo: *avancer à grands pas* avanzare a grandi passi; *un enfant qui fait ses premiers pas* un bambino che fa i primi passi; *faire un pas en avant* fare un passo avanti; *approcher à pas de loup* [*silencieusement*] avvicinarsi a passi felpati ◇ (*loc.*) *à chaque pas* [*à chaque instant*] a ogni passo ~ *pas à pas* [*lentement*] a passo a passo, passo passo ~ *faire les cent pas* camminare su e giù, avanti e indietro **2** *loc.* (*pr., fig.*): FAUX PAS passo falso **3** [*trace laissée par un pied humain*] orma (*f.*): *des pas dans la neige* delle orme nella neve **4** [*endroit où l'on est passé*] passo: *revenir sur ses pas* ritornare sui propri passi ◇ (*loc.*) *marcher sur les pas de qqn.* [*le suivre*; *l'imiter*] seguire le orme di qc. **5** [*longueur d'un pas*] passo: *c'est à deux pas d'ici* è a due passi

da qui → **près** **6** (*fig.*) [*chaque temps d'une progression*] passo: *les discussions ont fait un pas en avant* i colloqui hanno fatto un passo avanti → **étape** ◇ (*loc.*) *faire les premiers pas* fare il primo passo → **avance(s)** ◇ (*prov.*) *il n'y a que le premier pas qui coûte* il passo più difficile è quello dell'uscio **II** **1** LE PAS passo: *allonger, ralentir le pas* allungare, rallentare il passo → **allure, 1 démarche** ◇ (*loc.*) *j'y vais de ce pas* [*sans plus attendre*] vi vado immediatamente, seduta stante **2** *loc.* AU PAS: *avancer au pas* [*à l'allure du pas normal*] andare di passo ~ *au pas de course* a passo di corsa ◇ (*milit.*) *marcher au pas* andare al passo **3** (*loc.*) *mettre qqn. au pas* [*le forcer à obéir*] mettere qc. in riga **4** LE PAS, UN PAS passo: *esquisser un pas de tango* accennare un passo di tango ◇ (*spécialt.*, *danse*) *pas de deux* 'pas de deux' *inv.*, passo a due **5** [*allure, marche d'un animal*] passo **III** *en loc.* [*passage*] **1** *prendre le pas sur qqn.* [*le précéder*] precedere qc. ~ *céder le pas à qqn.* cedere il passo a qc. **2** [*lieu que l'on doit passer*] passo: *le pas de Calais* il passo di Calais ~ *franchir le pas*: (*pr.*) valicare il passo; (*fig.*) superare l'ostacolo **3** *se tirer, sortir d'un mauvais pas* [*d'une situation grave*] trarsi d'impiccio; cavarsi da un brutto frangente **4** *le pas de la porte* la soglia *f.* ◇ (*fig.*) PAS DE PORTE [*somme payée au détenteur d'un bail pour avoir accès à un fonds de comm.*] avviamento commerciale; buonuscita *f.* **5** (*techn.*) passo: *pas de vis* passo della vite.

2 **pas** |pɑ| *adv.* (*de négation*) **I** (*auxiliaire de la négation, avec 'ne'*) non: *je ne parle pas* io non parlo; *il ne m'a pas vu* non mi ha visto; *il espère ne pas le rencontrer, qu'il ne le rencontrera pas* spera di non incontrarlo; *il n'est pas encore arrivé* non è ancora arrivato; *ce n'est pas tellement difficile* non è poi tanto difficile → 2 **point** ◇ (*loc.*) *ce n'est pas que...* non è che...: *ce n'est pas qu'il ait peur, mais...* non è che abbia paura, ma... **II** (*employé seul*) **1** (*réponses, exclam.*) *pourquoi pas?* perché no?; *ils viennent, ou pas?* vengono o no? → **non**; *pas de cadeaux!* niente regali!; *pas un* nessuno; nemmeno uno; *il est paresseux comme pas un* è lazzarone come nessuno → **aucun, 1 nul** **2** (*devant un adj. ou un p.*) *une femme pas sérieuse* una donna poco seria; *pas possible* non è possibile; (*fam.*) *pas vrai?* non è vero? **3** (*fam.*) (*seulement dans la langue parlée, sans 'ne'*) *pleure pas!* non piangere!; *je le fais pas* non lo faccio; *faut pas t'en faire!* non te la prendere!; *si c'est pas malheureux!* ma che scalogna!; ma che peccato!

pascal, ale, aux |paskal, o| *adj.* pasquale: *communion pascale* comunione pasquale; *agneau pascal* agnello pasquale.

pascal, als |paskal| *s.m.* (*phys.*) pascal *inv.*

pascalien, ienne |paskaljɛ̃, jɛn| *adj.* [*de Pascal*] pascaliano.

pas-d'âne |pɑdɑn| *s.m. inv.* **1** (*t. bot.*) farfaro *var.* **2** (*techn.*) mordacchia *f. var.* **3** (*vx.*) elsa *f. var.* (*cour.*).

pas-de-géant |pɑdʒeɑ̃| *s.m. inv.* (*gymnastique*) anelli *pl.*

paso doble |pasodɔbl(ə)| *s.m. inv.* paso doble.

pasquin |paskɛ̃| *s.m.* **1** (*vx.*) [*écrit satirique*] pasquinata *f.* **2** (*vx.*) → **bouffon, pitre.**

pasquinade |paskinad| *s.f.* (*vieilli, littér.*) pasquinata.

passable |pɑsabl(ə)| *adj.* passabile: *un travail à peine passable* un lavoro a malapena passabile → **acceptable** ◇ (*spécialt.*) *avoir la mention 'passable' à un examen* conseguire il giudizio 'sufficiente' a un esame.

passablement |pɑsabləmɑ̃| *adv.* **1** [→ PASSABLE] passabilmente: *il joue passablement cette sonate* esegue passabilmente quella sonata **2** [*plus qu'un peu*] parecchio: *il a passablement voyagé* ha viaggiato parecchio.

passacaille |pasakɑj| *s.f.* (*mus.*, *danse*) passacaglia.

passade |pɑsad| *s.f.* **1** [*attachement, goût passager*] capriccio* *m.* → **aventure** **2** (*équit.*) passata.

passage |pɑsaʒ| *s.m.* **I** [→ 1 PASSER] **1** passaggio*, transito: *passage interdit* divieto di transito: vietato il passaggio; *heures de passage des trains* ore di passaggio, di transito dei treni ◇ *loc.* AU PASSAGE: (*pr.*) al passaggio; (*fig.*) al volo: *il faut saisir les occasions au passage* bisogna cogliere le occasioni al volo ~ DE PASSAGE di passaggio: *un étranger de passage à Paris* uno straniero di passaggio a Parigi **2** [*traversée sur un navire*] passaggio, traversata (*f.*): *payer le passage* pagare il passaggio, la traversata **3** *examen de passage* esame di ammissione *f.* **4** [*le fait de passer d'un état à un autre*] passaggio: *passage de la joie à l'abattement* passaggio dalla gioia all'abbattimento **II** **1** [*endroit par où l'on passe*] varco*: *il se frayait un passage parmi les broussailles* si apriva un varco tra la sterpaglia ◇ *loc.* SUR LE PASSAGE DE al passaggio di: *l'ennemi semait la terreur sur son passage* il nemico seminava il terrore al suo passaggio **2** [*petite voie, généralt. couverte, qui unit deux artères*] passaggio **3** (*loc.*) *passage à niveau* passaggio a livello ~ *passage souterrain* sottopassaggio, sottovia ~ *passage clouté* passaggio pedonale ~ *passage protégé* incrocio con (diritto di) precedenza **III** [*fragment d'une œuvre*] brano, passo: *elle relisait ses passages préférés* rileggeva i brani, i passi preferiti → **extrait, morceau.**

1 **passager, ère** |pɑ(a)saʒe, ɛʀ| *s.* **1** passeggero **2** (*vx.*, *poét.*) [*voyageur*] passeggero, viandante.

2 **passager, ère** |pɑ(a)saʒe, ɛʀ| *adj.* **1** passeggero: *un bonheur passager* una felicità passeggera → **court, éphémère** **2** (*emploi critiqué*) [*très fréquenté (d'un lieu, où l'on passe)*] frequentato: *une rue très passagère* una strada molto frequentata → 1 **passant** Ⓒ **1 durable.**

passagèrement |pɑ(a)saʒɛʀmɑ̃| *adv.* [*pour peu de temps seulement*] momentaneamente, provvisoriamente.

passant |pɑsɑ̃| *s.m.* [*anneau aplati autour d'une courroie*] passante: *les passants d'une ceinture* i passanti di una cintura.

1 **passant, ante** |pɑsɑ̃, ɑ̃t| *adj.* [*où il passe beaucoup de gens*] frequentato: *une rue passante* una via frequentata.

2 **passant, ante** |pɑsɑ̃, ɑ̃t| *s.* passante: *croiser un passant* incrociare un passante → **promeneur.**

passation |pɑ(a)sasjɔ̃| *s.f.* **1** (*dr.*) stipulazione: *passation d'un contrat* stipulazione di un contratto **2** *passation des pouvoirs* passaggio* *m.* dei poteri, delle consegne → **transmission.**

passavant |pɑ(a)savɑ̃| *s.m.* **1** (*mar.*) passavanti *inv.* **2** (*dr. comm.*) bolletta *f.* del dazio → **laissez-passer.**

1 **passe** |pɑs| *s.m.* (*abrév.*) → **passe-partout.**

2 **passe** |pɑs| *s.f.* **I** [→ PASSER] **1** (*en escrime*) passata **2** *passe d'armes* [*échange d'arguments, de répliques vives*] battibecco* *m.*, alterco* *m.* **3** *mot de passe* [*formule convenue qui permet de passer librement*] parola d'ordine *m.* **4** *maison de passe* [*de prostitution*] casa di tolleranza, postribolo *m.* **5** *passes magnétiques* gesti *m.* per ipnotizzare **6** (*sport*) passaggio* *m.* **7** (*techn.*) passata **8** (*taurom.*) passaggio **II** [*endroit où l'on passe*] **1** [*passage étroit ouvert à la navigation*] canale *m.*, stretto *m.* **2** *loc.* ÊTRE EN PASSE DE [*sur le point de*] essere in procinto di: *nous ne sommes pas encore riches, mais nous sommes en passe de l'être* non siamo ancora ricchi, ma siamo in procinto di esserlo **3** (*loc.*) *être dans une bonne, une mauvaise passe* [*dans une période de chance, d'ennuis*] essere in un periodo buono, cattivo **III** [*ce qui dépasse*] **1** (*compt.*) *passe de caisse* somma destinata a coprire gli ammanchi di cassa **2** (*à la roulette*) 'passe' *inv.* **3** (*imprim.*) *exemplaire de passe* copia in soprannumero *m.* **4** (*modes*) ala, tesa (di cappello).

1 **passé** |pɑse| *s.m.* **I** **1** passato: *avoir le culte du passé* avere il culto del passato ◇ (*fam.*) *tout ça, c'est du passé* tutto questo è storia vecchia **2** [*vie passée*] passato: *elle vivait dans le passé* viveva nel passato **II** **1** [*partie du temps où chaque chose passée aurait sa place*] passato: *le passé, le présent et l'avenir* il passato, il presente e il futuro ◇ (*loc.*) *par le passé* [*autrefois*] in passato **2** (*gram.*) passato: *passé simple* passato remoto; *passé composé* passato prossimo.

2 **passé** |pɑse| *prép.* [*après, au delà*] dopo: *passé minuit, les rues sont désertes* dopo mezzanotte, le strade sono deserte → **après** Ⓒ **avant 1.**

passé, ée |pɑse| *adj.* **1** passato: *le temps passé* il tempo passato; *il est midi passé* è mezzogiorno passato **2** [*éteint, fané*] sbiadito: *couleur passée* colore sbiadito.

passe-bande |pɑsbɑ̃d| *adj. inv.* (*électr.*) *filtre passe-bande* filtro passabanda.

passe-boule(s) |pɑsbul| *s.m.* tiro di bocce.

passe-crassane |pɑskʀasan| *s.f.* (pera) passacrassana (*inv.*): *des passe-crassanes* delle passacrassana.

passe-debout |pɑsdəbu| *s.m. inv.* (*dr. anc.*) polizza *f. var.* di transito.

passe-droit |pɑsdʀwa| *s.m.* **1** [*faveur accordée contre le règlement*] favoritismo: *profiter de passe-droits* valersi di favoritismi **2** (*vieilli*) [*injustice subie par qqn. malgré ses droits*] torto (*cour.*).

passée |pɑse| *s.f.* (*chasse*) **1** [*trace du pied d'un animal*] orma, traccia* **2** passata (delle beccacce).

passéisme |pɑseism(ə)| *s.m.* (*péj.*) attaccamento esclusivo al passato.
passéiste |pɑseist(ə)| *adj. et s.* [*partisan du passéisme*] passatista *s.*
passe-lacet |pɑslɑsɛ| *s.m.* (*cout.*) infilaguaine *inv.*, infilanastri (*inv.*): *des passe-lacets* degli infilaguaine, degli infilanastri ◇ (*loc. pop.*) *être raide comme un passe-lacet* [*sans un sou*] essere senza quattrini, non avere il becco di un quattrino (*cour.*).
passement |pɑsmɑ̃| *s.m.* [*tissu de fils mêlés servant de garniture*] passamano.
passementer |pɑsmɑ̃te| *v.tr.* [*garnir de passements*] guarnire (197) con passamani.
passementerie |pɑsmɑ̃tʀi| *s.f.* **1** [*ensemble des ouvrages de fil destinés à l'ornement des vêtements, meubles, etc.*] passamaneria **2** fabbrica*, negozio* *m.* di passamaneria.
passementier, ière |pɑsmɑ̃tje, jɛʀ| **1** *s.* fabbricante, negoziante di passamaneria **2** *adj.* della passamaneria *loc. inv.*
passe-montagne |pɑsmɔ̃taɲ| *s.m.* passamontagna (*inv.*): *des passe-montagnes* dei passamontagna.
passe-partout |pɑspaʀtu| **I** *s.m. inv.* **1** 'passe-partout'; grimaldello *var.* → 1 **crochet** **2** [*cadre à fond amovible pouvant recevoir des gravures de même format*] 'passe-partout' **3** spazzola *f. var.* (del fornaio) **4** (*techn.*) segone *var.* **II** *adj. inv.* [*qui convient partout*] adatto *var.* per tutti gli usi, per tutte le occasioni: *une tenue passe-partout* un abbigliamento adatto per tutte le occasioni.
passe-passe |pɑspɑs| *s.m. inv.* **1** *tour de passe-passe* gioco di destrezza *f. var.*, di prestidigitazione *f. var.* **2** [*tromperie habile*] gherminella *f. var.*
passe-pied |pɑspje| *s.m.* (*ancienn., danse*) passapiede: *les passe-pieds* i passapiedi.
passe-pierre |pɑspjɛʀ| *s.f.* → **crithme.**
passe-plat |pɑspla| *s.m.* [*guichet pour passer les plats*] passavivande (*inv.*): *des passe-plats* dei passavivande.
passepoil |pɑspwal| *s.m.* (*cout.*) filetto, pistagna *f.*
passepoiler |pɑspwale| *v.tr.* [*garnir d'un passepoil*] rifinire (197) con filetti, con pistagne.
passeport |pɑspɔʀ| *s.m.* **1** passaporto: *passeport valide, périmé* passaporto valido, scaduto **2** (*mar.*) *droit de passeport* tassa di navigazione *f.*
1 **passer** |pɑse| **A** *v.intr.* **I** (*aux. 'avoir' ou, plus cour., 'être'*) **1** [*être momentanément (à tel endroit), en mouvement*] passare (*aux.* essere): *passer quelque part, dans un lieu* passare in qualche posto, in un luogo; *le train va passer* il treno sta per passare; *il est passé* è passato; *il n'a fait que passer par ici* [*il est resté très peu*] passando, ha fatto una capatina qui; si è fermato appena un istante ◇ *loc.* EN PASSANT: (*pr.*) passando: *venez me voir en passant* passando, venga a trovarmi; (*fig.*) incidentalmente, 'en passant': *il l'a remarqué en passant* lo ha fatto notare incidentalmente, 'en passant'; *soit dit en passant* sia detto 'en passant', fra parentesi **2** (*film*) [*être projeté sur un écran*] *un bon film passe au Capitol* al Capitol c'è, danno un bel film **3** *loc.* PASSER SOUS, DESSOUS passare sotto: *passer sous un porche* passare sotto un portico; (*fam.*) *il est passé sous une voiture, sous le train* è finito sotto una macchina, sotto il treno; (*fig.*) *passer sous le nez* passare sotto il naso ~ PASSER SUR, DESSUS passare su, sopra: *passer sur un pont* passare su, sopra un ponte; (*fig.*) *passer sur le corps, le ventre de qqn.* passare sul corpo di qc. ~ *passons!* [*passons sur ce détail*] sorvoliamo!, lasciamo perdere! ~ *passons rapidement sur les détails* lasciamo perdere i particolari ~ *passer sur les fautes de qqn.* sorvolare sugli sbagli di qc. → **pardonner** ~ *passer outre* passare oltre → 2 **outre** ~ PASSER À (AU) TRAVERS passare attraverso: (*pr.*) *passer à travers bois* passare attraverso il bosco; (*fig.*) *il est passé au travers des difficultés* è passato attraverso parecchie difficoltà ~ PASSER PRÈS, À CÔTÉ, LE LONG DE passare vicino a, accanto a, lungo: *passer à côté, près de qqn.* passare accanto, vicino a qc. ~ *passer entre* (*deux personnes, deux choses*) passare tra (due persone, due cose) ~ PASSER DEVANT, DERRIÈRE (*qqn., qqch.*) (*espace*) passare davanti a, dietro (a) (qc., q.c.) # *je passe devant pour vous montrer le chemin* passo per primo per farle strada ~ PASSER AVANT, APRÈS (*temps*) passare prima, dopo: *passer avant qqn.* passare prima di qc.; *'passez donc!' 'après vous!'* 'passi pure!, prego!' 'dopo di lei!' ~ (*fig.*) PASSER AVANT [*être plus important*] venire prima: *sa mère passe avant sa femme* sua madre vien prima di sua moglie **4** (*sans compl.*) [*passer dans un endroit dangereux, difficile, interdit*] passare: *halte! on ne passe pas* alt! non si passa ◇ (*loc.*) *laissez passer* lasciate (lasci) passare → **laissez-passer** ~ (*liquides*) [*traverser un filtre*] *le café est en train de passer* il caffè sta passando ~ (*aliments*) [*être digéré*] *mon déjeuner ne passe pas* la colazione non (mi) va giù ~ (*fam.*) *le, la sentir passer* [*subir qqch. de pénible*] vedere le stelle: *on lui a ouvert son abcès, il l'a senti passer* gli hanno aperto l'ascesso, ha visto le stelle ~ (*en parlant de gros frais*) *il l'a sentie passer, la note* il conto è stato una mazzata **5** (*sans compl., choses abstraites*) [*être accepté, admis*] passare: *la loi a passé* la legge è passata # *cette scène ne passe pas* [*est mauvaise*] questa scena non va ◇ *loc.* PASSE, PASSE ENCORE passi, passi ancora: *passe, passe encore pour le mensonge, mais pour le vol!* passi, passi ancora la bugia, ma il furto! **6** PASSER PAR passare da, per: *passer par Calais pour se rendre en Angleterre* passare da, per Calais per andare in Inghilterra; (*fig.*) *idée qui passe par la tête* idea che passa per la testa ◇ [*utiliser (une personne, un bureau) comme intermédiaire*] passare attraverso: *pour le voir il faut passer par sa secrétaire* per vederlo bisogna passare attraverso la sua segretaria ◇ [*subir (qqch.)*] *je suis passé par là* ci sono passato anch'io; ne so qualcosa; lo so per esperienza ◇ *loc.* Y PASSER [*subir nécessairement (une peine, un sort commun)*] passarci: *il n'épargne personne dans ses critiques, tout le monde y passe* nelle sue critiche non risparmia nessuno, ci passano tutti ~ (*fam.*) [*mourir*] spirare, morire (*cour.*): *il vient de passer* è appena spirato; *nous allons tous y passer!* ci lasceremo tutti la pelle! **7** (*introduisant un attribut*) passare: *il est passé inaperçu* è passato inosservato **II** [*aller*] **1** PASSER DE... À, DANS, EN passare da... a, in: *passer d'une pièce à, dans une autre* passare da una stanza a, in un'altra; *passer de main en main* passare di mano in mano; *nouvelle qui passe de bouche en bouche* notizia che passa di bocca in bocca ◇ (*fig.*) *passer de vie à trépas* passare a miglior vita, andare all'altro mondo; *il passe d'un extrême à l'autre* passa da un estremo all'altro **2** PASSER À, DANS, EN, CHEZ, PASSER QUELQUE PART passare a, in, da, passare in (per) qualche luogo: *passons à table, au salon* passiamo, andiamo a tavola, in salotto; *veuillez passer dans mon cabinet* la prego di passare nel mio studio; *je passerai chez vous entre six et sept* passerò da lei tra le sei e le sette; *passer à côté* passare accanto ◇ (*par ext.*) *passer à l'étranger* andare (101) (*aux.* essere) all'estero; *passer à l'ennemi* passare al nemico; *passer à la visite médicale* passare alla visita medica; *usage qui passe dans les mœurs* uso che entra nel costume **3** PASSER (+ *inf.*) passare a (+ *inf.*): *je passerai vous chercher à l'hôtel* passerò a prenderla in albergo **4** (*choses*) Y PASSER [*être consacré à*]: *il aime le cinéma, tout son argent y passe* gli piace il cinema, ci spende tutti i suoi soldi; *ce cadeau m'a trop coûté, toutes mes économies y sont passées* quel regalo mi è costato troppo, ci ho speso tutti i miei risparmi **5** PASSER À passare a: *passer à (une) autre chose* passare ad altro; *passons à (une) autre chose!* passiamo ad altro, occupiamoci d'altro!; *passer à l'action* passare all'azione ~ PASSER EN passare in: *avant le tournant vous passerez en seconde* (*vitesse*) prima della curva passi in seconda # *ce mot est passé en proverbe* questa frase è diventata proverbio **6** PASSER (+ *attribut*) [*devenir*] passare (*fam.*), diventare (*aux.* essere): *il est passé capitaine* è passato, diventato capitano; *il est passé maître dans cet art* è diventato maestro in quest'arte **III** (*au sens temporel*) **1** [*s'écouler*] passare: *les jours passaient* passavano i giorni; *comme le temps passe!* come passa il tempo! **2** [*cesser d'être ou avoir une durée limitée*] passare: *la douleur va passer* il dolore sta per passare; *faire passer à qqn. le goût, l'envie de (faire) qqch.* far passare a qc. la voglia di (fare) q.c. → **disparaître** **3** (*couleurs*) [*perdre son intensité, son éclat*] sbiadire (197), stingere (119): *le bleu passe au soleil* il blu sbiadisce, stinge al sole → **pâlir** **IV** (*v. d'état*) (*aux. 'avoir'*) **1** PASSER POUR [*être considéré comme*] passare per: *il passait pour imbécile* passava per un cretino; *elle passait pour une écervelée* passava per una sbadata; *il a longtemps passé pour un génie* per molto tempo è passato per un genio ◇ (*choses*) *cela peut passer pour vrai* potrebbe passare per vero **2** FAIRE PASSER POUR far passare per: *elle le fait passer pour un idiot* lo fa passare per un idiota; *elle s'est fait (inv.) passer pour une étrangère* si è fatta passare per straniera **B** *v.tr.* **I** [*traverser ou dépasser*] **1** [*traverser (un lieu, un obstacle)*]

passare: *passer une rivière* passare un fiume; *passer la frontière* passare la frontiera **2** *passer un examen* [*en subir les épreuves*] dare (102), sostenere (188) un esame; *passer sa licence* sostenere, presentare la tesi di laurea **3** [*employer* (*un temps*), *se trouver dans telle situation pendant* (*une durée*)] passare: *passer la soirée chez qqn.* passare la serata in casa di qc.; *passer ses vacances à la mer* passare le vacanze al mare ◇ (*loc. fam.*) *passer un mauvais quart d'heure* passare un brutto quarto d'ora; *c'est pour passer le temps* tanto per passare il tempo → **passe-temps** ~ PASSER LE TEMPS À (+ *inf.*) passare il tempo a (+ *inf.*): *passer sa vie à manger* passare la propria vita a mangiare → **employer** **4** [*abandonner* (*un élément d'une suite*)] saltare: *j'ai passé une ligne en copiant* copiando, ho saltato una riga → **oublier, sauter** **5** PASSER (QQCH.) À QQN. permettere (155) (q.c.) a qc.: *ses parents lui passent tout* i suoi genitori gli permettono tutto; *passez-moi l'expression* permettetemi (permetta), perdonatemi (perdoni) la espressione → **permettre** ◇ (*loc.*) *se passer la fantaisie de...* cavarsi la voglia di... **6** [*dépasser* (*dans l'espace*)] passare, valicare: *passer un col, une montagne* valicare un passo, una montagna ◇ (*loc. fig.*) *passer le cap de* [*franchir* (*un âge critique, une difficulté*)] superare...: *passer le cap de la quarantaine* superare la quarantina ~ *passer les limites, les bornes* superare i limiti → **outrepasser** ~ *il a passé la limite d'âge pour ce concours* ha superato i limiti di età per questo concorso **7** (*littér.*) PASSER SON CHEMIN [*continuer sans s'arrêter*] proseguire *intr.*, andare per la propria strada: *passez votre chemin* vada per la sua strada **II** [*faire passer*] **1** *passer qqch.* [*faire traverser*] far (103) *intr.* passare: *passer des marchandises en contrebande* far passare della merce di contrabbando # *passer un faux billet* spacciare una banconota falsa ◇ [*faire mouvoir, faire aller*] *il passa la tête à la portière* sporse la testa dalla portiera; *passer un anneau au doigt, la corde au cou* mettere (155) un anello al dito, la corda al collo; *passer la main dans les cheveux* passarsi una mano nei capelli **2** PASSER (QQCH.) SUR, À, PAR passare (q.c.) su, a, per: *passer une couche de peinture sur une porte* passare, dare una mano di vernice su una porta; *passer un instrument à la flamme* passare uno strumento alla fiamma; *passer le parquet à la cire* passare a cera il pavimento, dare la cera al pavimento; *passer qqn. par les armes* passare qc. per le armi **3** (*liquides*) [*faire traverser un filtre*] passare, filtrare: *passer le café* passare, filtrare il caffè; *passer un bouillon* passare il brodo **4** [*projeter* (*un film*)] proiettare, dare (102) **5** [*mettre rapidement*] infilare: *passer une veste* infilare (infilarsi) una giacca → **enfiler** **6** [*enclencher* (*les commandes de vitesse d'un véhicule*)] mettere: *il a passé sa deuxième* ha messo la seconda **7** PASSER QQCH. À QQN. passare q.c. a qc.: *passe-moi du pain* passami del pane; *passe-moi une cigarette* passami una sigaretta → **donner** ◇ (*fig.*) *ils se sont passé le mot* si sono passati parola; *passer la parole à qqn.* [*la lui donner après qu'on a parlé*] passare la parola a qc.; (*fam.*) *passer un coup de téléphone à qqn.* fare una telefonata, dare un colpo di telefono a qc.; *passez-moi le directeur* mi passi il direttore ◇ (*par ext.*) *passer une maladie à qqn.* attaccare, trasmettere una malattia a qc. **8** (*comm.*) *passer une commande* passare un ordine.

2 **passer (se)** |pɑse| *v.pron. intr.* **I** **1** [*s'écouler*] passare (*intr.*): *des moments qui se passent dans l'attente* momenti che passano, trascorrono nell'attesa; *en attendant que cela se passe...* aspettando che passi, che finisca... → **finir** **2** (*en parlant d'une action, d'un événement qui a une certaine durée*) [*être*] *l'action se passe au XVIe siècle* l'azione ha luogo, si svolge nel '500; *cela s'est bien, mal passé* è andata bene, male; *ça ne se passera pas comme ça* non finirà certo così, (la cosa) non finisce qui ✦ (*impers.*) *que se passe-t-il?* che succede?; *comment la chose s'est-elle passée?* come sono andate le cose?, com'è andata? **II** SE PASSER DE **1** [*vivre sans*] fare (103) *intr.* a meno di: *se passer d'argent* fare a meno dei soldi; *nous nous voyons dans l'obligation de nous passer de vos services* ci vediamo costretti a fare a meno dei suoi servigi; *nous nous passerons d'aller au cinéma cette semaine* questa settimana faremo a meno di andare al cinema, rinunceremo al cinema → **abstenir (s')** **2** (*choses*) [*ne pas avoir besoin*] non aver (97) *tr.* bisogno di: *voilà qui se passe de commentaires* (la cosa) non ha bisogno di commenti.

passerage |pɑsʀaʒ| *s.f.* (*t.bot.*) lepidio* *m.* → **cresson.**

passereau |pɑsʀo| *s.m.* (*vx.*) → **moineau.**

Passereaux |pɑsʀo| *s.m. pl.* (*t. zool.*) Passeracei.

passerelle |pɑsʀɛl| *s.f.* **1** passerella **2** (*mar.*) plancia*: *le commandant est sur la passerelle* il comandante è in plancia.

Passeriformes |pɑsʀifɔʀm(ə)| *s.m. pl.* → **Passereaux.**

passerine |pɑsʀin| *s.f.* **1** (*t.bot.*) passerina del Capo **2** (*t.zool.*) passerina.

passerinette |pɑsʀinɛt| *s.f.* (*rare, t.zool.*) capinera.

passe-rose |pɑsʀoz| *s.f.* (*t.bot., région.*) malvarosa *inv.*, malvone (*m.*): *des passe-roses, des passeroses* delle malvarosa, dei malvoni.

passe-temps |pɑstɑ̃| *s.m. inv.* passatempo *var.* → **amusement, divertissement.**

passe-thé |pɑste| *s.m. inv.* colino *var.* da tè.

passeur, euse |pɑsœʀ, øz| *s.* **1** [*personne qui conduit un bac*] traghettatore* → **batelier** **2** chi guida dei clandestini oltre frontiera *loc.*

passe-velours |pɑsvəluʀ| *s.m. inv.* (*région.*) → **amarante.**

passe-volant |pɑsvɔlɑ̃| *s.m.* (*vx., milit.*) paga* *f.* morta: *des passe-volants* delle paghe morte.

passible |pasibl(ə)| *adj.* **1** PASSIBLE DE passibile di: *être passible d'une amende* essere passibile di un'ammenda → **encourir** **2** (*théol.*) passibile (*vx.*).

passif |pasif| *s.m.* (*comm.*) passivo, passività *f. inv.* © **actif.**

1 **passif, ive** |pasif, iv| *adj.* **1** passivo: *une femme passive* una donna passiva; *résistance passive* resistenza passiva **2** [*caractérisé par le fait de subir, d'éprouver*] passivo **3** *défense passive* difesa passiva.

2 **passif, ive** |pasif, iv| *s.m.* (*gram.*) passivo ✦ (*adj.*) *forme passive* forma passiva.

passiflore |pasiflɔʀ| *s.f.* (*t.bot.*) passiflora.

Passifloracées |pasiflɔʀase| *s.f. pl.* (*t.bot.*) Passifloracee.

passiflorine |pasiflɔʀin| *s.f.* (*chim.*) passiflorina.

passim |pasim| *adv.* (*lat.*) passim: *page neuf et passim* a pagina nove e passim.

passing-shot |pasiŋʃɔt| *s.m.* (*angl.*) (*tennis*) (colpo) passante, passing-shot *inv.*

passion |pɑ(a)sjɔ̃| *s.f.* **1** *surtout au plur.* passioni: *obéir, vaincre ses passions* cedere alle passioni, vincere le passioni **2** [*l'amour, quand il apparaît comme une inclination puissante*] passione: *passion subite* passione improvvisa **3** LA PASSION DE la passione di: *la passion du jeu, des voyages* la passione del gioco, dei viaggi **4** [*affectivité violente qui nuit au jugement*] passione # *il faut résoudre ces problèmes sans passion* bisogna risolvere questi problemi spassionatamente ◇ [*opinion irraisonnée, affective et violente*] *céder aux passions politiques* cedere alle passioni politiche → **fanatisme** **5** LA PASSION [*ce qui de la sensibilité de l'artiste passe dans l'œuvre*] la passione: *œuvre pleine de passion* opera piena di passione → **émotion, vie** **6** (*vx.*) [*souffrance*] passione ◇ (*cour., relig.*) *la semaine de la Passion* la settimana di Passione © 4 **lucidité, raison** 1.

passionnaire |pɑ(a)sjɔnɛʀ| *s.m.* (*liturg.*) passionario*.

passionnant, ante |pɑ(a)sjɔnɑ̃, ɑ̃t| *adj.* appassionante: *des romans, des films passionnants* romanzi, film appassionanti → **émouvant, palpitant.**

passionné, ée |pɑ(a)sjɔne| *adj.* **1** (*personnes*) appassionato: *un amoureux passionné* un innamorato appassionato ◇ (*par ext.*) *un tempérament passionné* un temperamento passionale ✦ (*s.*) *un passionné* un passionale **2** PASSIONNÉ DE, POUR [*qui a une vive inclination pour* (*qqch.*)] appassionato di, per → **fanatique** ✦ (*s.*) *un passionné du catch* un appassionato di catch **3** (*choses*) *le récit passionné d'une aventure* il racconto appassionato di una avventura.

passionnel, elle |pɑ(a)sjɔnɛl| *adj.* **1** [*relatif aux passions*] passionale: *états passionels* stati passionali **2** [*inspiré par la passion amoureuse*] passionale: *crime passionnel* delitto passionale.

passionnellement |pɑ(a)sjɔnɛlmɑ̃| *adv.* [→ PASSIONNEL] passionalmente, in modo passionale *loc. inv.*

passionnément |pɑ(a)sjɔnemɑ̃| *adv.* [→ PASSIONNÉ] appassionatamente: *il l'aime passionnément* l'ama appassionatamente.

passionner |pɑ(a)sjɔne| **A** *v.tr.* **1** [*éveiller un très vif intérêt chez* (*qqn.*)] appassionare: *ce film m'a passionné* questo film mi ha appassionato **2** [*empreindre de passion* (4)] accendere (105) (di passione), animare: *passionner un débat* accendere (di passione), animare un dibattito **B** *v.pron. intr.* SE PASSIONNER *pour* [*prendre un intérêt très vif*] appassionarsi per: *se passionner pour une science* appassionarsi per una scienza.

passionnette |pɑ(a)sjɔnɛt| *s.f.* (*vieilli*) [*amourette*] passioncella.

passionniste |pɑ(a)sjɔnist(ə)| *s.m.* passionista *s.*

passivation |pasivɑsjɔ̃| *s.f.* (*chim.*) passivazione.

passivement |pasivmɑ̃| *adv.* [→ 1 PASSIF] passivamente.

passivité |pasivite| *s.f.* **1** passività (*inv.*): *la passivité d'un élève* la passività di un allievo → **inertie** **2** (*chim.*) passività **3** (*relig.*) → **quiétisme.**

passoire |pɑswaʀ| *s.f.* **1** [*récipient percé de trous* (*utilisé pour écraser ou égoutter des aliments*)] passaverdura *m. inv.* ◇ (*pour filtrer des liquides*) colino *m.*, colabrodo *m. inv.* **2** (*loc. fig.*) *sa mémoire est une passoire* [*il* (*elle*) *ne retient rien*] è uno smemorato (una smemorata).

1 **pastel** |pastɛl| *s.m.* **1** pastello: *des portraits au pastel* dei ritratti a pastello **2** (*appos.*) *tons pastel* tinte pastello; *bleu pastel* celeste **3** [*œuvre faite au pastel*] pastello: *les pastels de Degas* i pastelli di Degas.

2 **pastel** |pastɛl| *s.m.* (*t.bot.*) pastello, guado.

pastelliste |pastelist(ə)| *s.* pastellista: *les grands pastellistes du XVIIIe siècle* i grandi pastellisti del Settecento.

pastenague |pastənag| *s.f.* (*région.*) → 2 **raie.**

pastèque |pastɛk| *s.f.* **1** (*t.bot.*) cocomero *m.* **2** [*le fruit*] cocomero, anguria.

pasteur |pastœʀ| *s.m.* **1** (*littér.*) pastore (*cour.*) → **berger** **2** [*celui qui vit surtout de l'élevage*] pastore, allevatore (di bestiame) **3** [*chef spirituel*] pastore: *le bon Pasteur* il buon Pastore **4** (*par métaph.*) guida *f.*, pastore (*littér.*) → 1 **chef, conducteur** **5** [*ministre d'un culte protestant*] pastore.

pasteurien, ienne |pastœʀjɛ̃, jɛn|, **pastorien, ienne** |pastɔʀjɛ̃, jɛn| *adj.* di Pasteur (*loc. inv.*): *vaccinations pastoriennes* vaccinazioni di Pasteur.

pasteurisation |pastœʀizɑsjɔ̃| *s.f.* pastorizzazione: *pasteurisation du lait* pastorizzazione del latte.

pasteuriser |pastœʀize| *v.tr.* [*stériliser* (*un liquide*) *en le portant à haute température et en le refroidissant brusquement*] pastorizzare ♦ (*au p.p.*) *lait pasteurisé* latte pastorizzato.

pastiche |pastiʃ| *s.m.* 'pastiche' *inv.*, imitazione (*f.*): *faire, écrire des pastiches des classiques* fare, scrivere dei 'pastiche', delle imitazioni dei classici.

pasticher |pastiʃe| *v.tr.* [*imiter la manière, le style de*] imitare (lo stile di): *il s'amusait à pasticher Hugo* si divertiva a imitare (lo stile di) Hugo.

pasticheur |pastiʃœʀ| *s.m.* [*auteur de pastiches*] imitatore* *s.*

pastillage |pastijaʒ| *s.m.* (*techn.*) fabbricazione *f.* di pasticche, di pastiglie.

pastille |pastij| *s.f.* **1** pastiglia, pasticca*: *pastille de menthe* pastiglia, pasticca di menta → **bonbon** **2** [*dessin en forme de petit disque*] pallino *m.*, 'pois' (*m. inv.*): *robe à pastilles* vestito a 'pois' **3** *pastille d'encens* pastiglia d'incenso.

pastilleur, euse |pastijœʀ, øz| *s.* **1** *s.* confezionatore* di pastiglie, di pasticche **2** *s.m.* (*techn.*) stampo per pastiglie, per pasticche.

pastis |pastis| *s.m.* **1** [*boisson alcoolisée à l'anis*] ⊠ **2** (*région., pop.*) [*ennui, désagrément*] pasticcio* (*cour.*).

pastoral, ale, aux |pastɔʀal, o| *adj.* **1** (*littér.*) pastorale: *mœurs pastorales* costumi pastorali **2** [*qui dépeint les mœurs champêtres*] pastorale: *poète pastoral* poeta pastorale → **bucolique** ♦ *s.f.* (*litt.*) *Pastorale* opera pastorale *adj.* **3** [*relatif aux pasteurs spirituels*] pastorale: *instruction pastorale d'un évêque* lettera pastorale di un vescovo ♦ (*s.f.*) *une pastorale* una pastorale.

pastoralisme |pastɔʀalism(ə)| *s.m.* pastoralismo.

pastorat |pastɔʀa| *s.m.* (*ecclés.*) funzione *f.*, dignità *f. inv.* di pastore protestante.

pastoureau, elle |pastuʀo, ɛl| *s.* (*littér.*) [*petit berger, petite bergère*] pastorello (*cour.*).

pastourelle |pastuʀɛl| *s.f.* **1** (*litt. médiév.*) pastorella **2** (*vx., mus.*) quarta figura della quadriglia.

pat |pat| *adj. inv.* (*échecs*) in stallo *loc. inv.* ♦ *s.m.* stallo.

patache |pataʃ| *s.f.* **1** (*hist. mar.*) guardacoste *m. inv.* **2** (*ancienn.*) diligenza sgangherata.

patachon |pataʃɔ̃| *s.m.* (*dans la loc. fam.*) *mener une vie de patachon* [*agitée, toute en parties de plaisir*] spassarsela; fare la vita del gaudente, la bella vita.

patafioler |patafjɔle| *v.tr.* (*dans la loc. fam.*) *que le diable te patafiole!* [*te confonde*] che il diavolo ti porti! (*cour.*).

patagon, onne |patagɔ̃, ɔn| *adj.* [*de la Patagonie*] patagone.

patapouf |patapuf| **1** *interj.* (*exprime 'un bruit de chute'*) patapùnfete → **patatras** **2** *s.m.* (*fam.*) [*personne, enfant gros et gras*] bombolo.

pataquès |patakɛs| *s.m.* [*fausse liaison*] legamento scorretto ◇ (*par ext.*) [*faute grossière de langage*] svarione (*cour.*), sfarfallone (*fam.*).

pataras |pataʀa| *s.m.* (*mar.*) paterazzo.

patarasse |pataʀas| *s.f.* (*mar.*) calcastoppa *m. inv.*

patard |pataʀ| *s.m.* [*anc. monnaie flamande*] patacca* *f.*

patarin |pataʀɛ̃| *s.m.* (*hist. relig.*) patarino.

patate |patat| *s.f.* **1** (*t.bot.*) batata; patata dolce, americana **2** (*fam.*) [*pomme de terre*] patata (*cour.*): *éplucher les patates* pelare le patate **3** (*pop.*) [*personne niaise, stupide*] patata, gnocco* (*m.*): *quelle patate, ce type!* che patata, che gnocco, quello lì! **4** (*loc. fig. pop.*) *en avoir gros sur la patate* [*sur le cœur*] avere q.c. sullo stomaco.

patati, patata |patati, patata| (*onomat. fam.*) (*évoque un long bavardage*) bla bla: *et patati, et patata! elles n'arrêtent pas* bla bla e bla bla, non la smettono più.

patatras |patatʀa| *interj.* (*exprimant 'le bruit d'un corps qui tombe avec fracas'*) patatrac: *patratas! voilà le vase cassé* patatrac! si è rotto il vaso.

pataud, aude |pato, od| **I** *s.* **1** *s.* [*enfant, individu à la démarche pesante et aux manières embarrassées*] tombolotto *m.*, pataccone: *gros pataud* tombolotto, sacco di patate **2** *s.m.* cucciolo dalle zampe tozze **II** *adj.* [*qui est lent et lourd dans ses mouvements*] goffo: *il a une allure pataude* ha un'andatura goffa → **maladroit.**

pataugeage |patoʒaʒ|, **pataugement** |patoʒmɑ̃| *s.m.* (*rare*) [→ PATAUGER] lo sguazzare *inv.* (nel fango) ◇ (*fig.*) l'impappinarsi *inv.*

pataugeoire |patoʒwaʀ| *s.f.* vasca* da gioco per bambini.

patauger |patoʒe| (3) *v.intr.* **1** [*marcher sur un sol détrempé, dans une eau boueuse*] sguazzare (nel fango) → 1 **barboter** **2** (*fig.*) [*s'embarrasser, se perdre dans des difficultés*] impappinarsi (*pron.*): *je n'arrive pas à parler en public, je m'embrouille, je patauge* non riesco a parlare in pubblico, mi imbroglio, mi impappino.

pataugeur, euse |patoʒœʀ, øz| *s.* (*rare*) chi sguazza *loc.*; chi s'impappina *loc.*

patchouli |patʃuli| *s.m.* (*t.bot.*) 'patchouli' *inv.* ◇ [*le parfum extrait de la plante*] 'patchouli'.

patchwork |patʃwœʀk| *s.m.* (*angl.*) [*tissu fait de morceaux disparates cousus les uns aux autres*] centone, patchwork *inv.*

pâte |pɑt| *s.f.* **I** **1** pasta: *pâte à pain* pasta per il pane; *pâte brisée, feuilletée* pasta frolla, sfoglia; *pétrir une pâte* impastare, lavorare la pasta **2** *au plur.* PÂTES (ALIMENTAIRES) pasta *sing.* (alimentare): *un paquet de pâtes* un pacchetto di pasta; *manger des pâtes* mangiare pasta → **spaghetti, nouille** **3** (*loc.*) *mettre la main à la pâte* [*travailler soi-même à qqch.*] mettere le mani in q.c. ~ *être comme un coq en pâte* [*mener une vie très confortable*] vivere come un pascià **II** **1** [*préparation, mélange plus ou moins mou*] pasta: *la pâte du fromage* la pasta del formaggio; *pâte dentifrice* pasta dentrificia; *pâte de fruit* pasta alla frutta; *pâte de verre* pasta di vetro; *pâte de porcelaine* pasta di porcellana; *pâte à papier* pasta da carta **2** (*employé seul*) [*matière collante*] colla: *du riz trop cuit, une vraie pâte* del riso troppo cotto, proprio una colla → **boullie** **3** [*matière formée par les couleurs travaillées*] impasto (*m.*): *ce peintre a une pâte extraordinaire* questo pittore ha un impasto straordinario **4** (*imprim.*) *en pâte* in fascio → 2 **pâté** **5** (*personnes*) *une bonne pâte* una buona pasta; *une pâte molle* una pappa molle, un pappamolla.

1 **pâté** |pɑte| *s.m.* (*charcut.*) pasticcio*, 'pâté' (*inv.*): *pâté de foie* pasticcio di fegato; *pâté de lapin* pasticcio di coniglio; *pâté maison* 'pâté' casereccio ◇ (*loc.*) *pâté en croûte* [*enveloppé dans une croûte*] timballo.

2 **pâté** |pɑte| *s.m.* **1** *pâté de maisons* [*ensemble de maisons formant bloc*] isolato **2** (*jeu d'enfant*) *pâté* (*de sable*) formina *f.* (di sabbia) **3** macchia *f.* d'inchiostro: *un devoir couvert de pâtés* un compito pieno di macchie d'inchiostro **4** (*typogr.*) composizione *f.* andata in fascio, accecatura *f.*

pâtée |pɑte| *s.f.* **1** [*mélange de farine, de son, etc. dont on engraisse la volaille, les porcs*] pastone *m.* **2** zuppa spessa (per cani e gatti).

patelin |patlɛ̃| *s.m.* (*fam.*) [*village, localité*] paesino: *il est allé passer*

ses vacances dans un patelin perdu è andato a passare le vacanze in un paesino sperduto → **bled.**
patelin, ine |patlɛ̃, in| **1** *adj.* (*littér.*) [*doucereux, flatteur*] mellifluo (*cour.*): *elle était toute pateline* era tutta melliflua; *ton patelin* tono mellifluo → **hypocrite, mielleux** **2** *s.m.* (*vx.*) dissimulatore* *s.* (*rare*).
patelinage |patlinaʒ| *s.m.*, **patelinerie** |patlinʀi| *s.f.* (*vx.*) [→ PATELINER A] modi *m. pl.* mellifui (*cour.*), ipocrisia *f.* (*cour.*).
pateliner |patline| **A** *v.intr.* (*vx.*) [*agir comme une personne pateline*] comportarsi *pron.* da ipocrita (*cour.*) **B** *v.tr.* (*vx.*) [*amadouer* (*qqn.*)] abbindolare (*cour.*).
patelle |patɛl| *s.f.* **1** (*t.zool.*) patella → **bernicle** **2** (*archéol.*) patera.
patène |patɛn| *s.f.* (*liturg.*) patena.
patenôtre |patnotʀ(ə)| *s.f.* (*iron.*) [*prière*] preghiera, litania: *les vieilles marmottaient leurs patenôtres* le vecchie biascicavano le loro preghiere, le loro litanie.
patent, ente |patɑ̃, ɑ̃t| *adj.* **1** (*littér.*) patente, palese (*cour.*): *une injustice patente* una palese ingiustizia **2** (*vx.*) patente → **ouvert** **3** (*dr.*) *lettre patente* lettera patente © 1 **douteux.**
patentable |patɑ̃tabl(ə)| *adj.* (*admin.*) soggetto a tassa d'esercizio: *commerçant patentable* commerciante soggetto a tassa d'esercizio.
patentage |patɑ̃taʒ| *s.m.* (*techn.*) patentamento.
patente |patɑ̃t| *s.f.* **1** (*dr.*) patente **2** (*admin.*) tassa d'esercizio **3** (*mar.*) *patente* (*de santé*) patente di sanità.
patenté, ée |patɑ̃te| *adj.* **1** (*admin.*) soggetto a tassa d'esercizio **2** (*fig.*, *fam.*) [*attitré*] patentato: *idiot patenté* idiota patentato.
patenter |patɑ̃te| *v.tr.* (*admin.*) [*soumettre à la patente*] sottoporre (168) a tassa d'esercizio.
1 **pater** |patɛʀ| *s.m. inv.* (*lat.*) pater (*pop.*), padrenostro (*var.*): *dire des Pater et des Avé* dire dei pater e delle ave ◇ [*chacun des grains d'un chapelet sur lesquels on dit le Pater*] pater.
2 **pater** |patɛʀ| *s.m.* (*fam.*) (*langage des enfants*) [*père*] papà *inv.*
patère |patɛʀ| *s.f.* **1** [*pièce de bois ou de métal fixée à un mur, qui sert à suspendre les vêtements*] attaccapanni (*m. inv.*): *accrocher son pardessus à une patère* appendere il soprabito a un attaccapanni **2** (*antiq.*) [*vase sacré utilisé pour offrir les libations*] patera.
pater familias |patɛʀfamiljas| *s.m. inv.* (*lat.*) **1** (*antiq. rom.*) pater familias **2** (*littér.*) [*tyran domestique, père très autoritaire*] pater familias, patriarca* *var.*
paternalisme |patɛʀnalism(ə)| *s.m.* paternalismo.
paternaliste |patɛʀnalist(ə)| *adj.* paternalistico*: *la politique paternaliste des pays colonialistes* la politica paternalistica dei paesi colonialisti.
paterne |patɛʀn(ə)| *adj.* (*littér.*) [*qui montre une bonhomie doucereuse*] mellifluo (*cour.*): *un air paterne* un'aria melliflua.
paternel, elle |patɛʀnɛl| **1** *adj.* paterno: *amour paternel* amore paterno; *autorité paternelle* autorità paterna # *puissance paternelle* patria podestà **2** *s.m.* (*pop.*) [*père*] vecchio*: *attention! voilà mon paternel* attenzione! arriva il vecchio.
paternellement |patɛʀnɛlmɑ̃| *adv.* [→ PATERNEL 1] paternamente.
paternité |patɛʀnite| *s.f.* **1** paternità (*inv.*): *les soucis de la paternité* le preoccupazioni della paternità **2** [*lien qui unit le père à son fils*] paternità: *paternité légitime* paternità legittima **3** [*fait d'être l'auteur de qqch.*] paternità: *revendiquer la paternité d'un ouvrage* rivendicare la paternità di un'opera.
pâteux, euse |patø, øz| *adj.* **1** [*qui a une consistance semblable à celle de la pâte*] pastoso: *métal à l'état pâteux* metallo allo stato pastoso # *encre pâteuse* inchiostro denso **2** *style pâteux* [*lourd*] stile pesante **3** *avoir la bouche, la langue pâteuse* avere la bocca, la lingua impastata → **gueule (de bois).**
pathétique |patetik| **I** *adj.* **1** patetico*: *un discours pathétique* un discorso patetico; *un film pathétique* un film patetico → **touchant** **2** (*anat.*) *nerf pathétique* nervo patetico **II** *s.m.* (*littér.*) [*caractère pathétique*] patetico (*cour.*): *il donne dans le pathétique et le mélodrame* scade nel patetico e nel melodramma.
pathétiquement |patetikmɑ̃| *adv.* [→ PATHÉTIQUE I 1] pateticamente.
pathétisme |patetism(ə)| *s.m.* (*littér.*) [*caractère de ce qui est pathétique*] pateticità *f. inv.*
-pathie |pati|, **-pathique** |patik|, **-pathe** |pat| *suff.* (*signifiant 'ce qu'on éprouve', correspondent généralt. à*) patia; patico; patico: *antipathie* antipatia || *apathique* apatico || *névropathe* neuropatico.
patho- |pato| *préf.* (*signifiant 'maladie', correspond généralt. à*) pato: *pathogène* patogeno.
pathogène |patɔʒɛn| *adj.* (*méd.*) patogeno.
pathogénie |patɔʒeni|, **pathogenèse** |patɔʒənɛz| *s.f.* (*méd.*) patogenesi *inv.*
pathognomonique |patɔgnɔmɔnik| *adj.* (*méd.*) patognomonico*.
pathologie |patɔlɔʒi| *s.f.* patologia*.
pathologique |patɔlɔʒik| *adj.* **1** patologico*: *anatomie pathologique* anatomia patologica; *état pathologique* stato patologico → **morbide** **2** (*fam.*) (*d'un comportement*) [*anormal*] patologico (*surtout plais.*): *je ne peux m'en empêcher, c'est pathologique* non posso fare a meno, è patologico.
pathologiquement |patɔlɔʒikmɑ̃| *adv.* [→ PATHOLOGIQUE 1] patologicamente.
pathologiste |patɔlɔʒist(ə)| *s.* patologo*.
pathophobie |patɔfɔbi| *s.f.* (*méd.*) patofobia.
pathos |patos| *s.m.* (*gr.*) **1** (*ancienn.*, *rhétorique*) pathos *inv.* **2** [*ton pathétique excessif, dans un discours, un écrit*] pateticume: *l'avocat faisait du pathos* l'avvocato faceva del pateticume.
patibulaire |patibylɛʀ| *adj.* patibolare: *une mine patibulaire* una faccia patibolare → 1 **sinistre.**
patiemment |pasjamɑ̃| *adv.* [→ PATIENT I] pazientemente.
1 **patience** |pasjɑ̃s| *s.f.* **I** **1** pazienza: *s'armer de patience* armarsi di pazienza; *être à bout de patience* essere al limite della pazienza, della sopportazione → **résignation, courage** # *prendre patience* pazientare **2** *ouvrage de patience* lavoro di pazienza **3** [*qualité de celui qui sait attendre, en gardant son calme*] pazienza: *après une heure d'attente, il a perdu patience* dopo una ora d'attesa, ha perso la pazienza, si è spazientito **4** PATIENCE! (*interj. pour exhorter à la patience*) un po' di pazienza! **5** *jeu de patience* puzzle *m. inv.* **II** UNE PATIENCE [*combinaison de cartes à jouer*] un solitario* (*m.*): *je fais des patiences* faccio dei solitari → **réussite.**
2 **patience** |pasjɑ̃s| *s.f.* → **rumex.**
patient, ente |pasjɑ̃, ɑ̃t| **I** *adj.* **1** (*personnes*) paziente: *un chercheur patient* un paziente ricercatore → **persévérant** # *soyez patients* abbiate pazienza **2** (*choses*) [*qui manifeste ou exige de la petience*] paziente: *un travail patient* un lavoro paziente **3** (*vx.*) [*passif*] paziente **II** *s.* [*personne qui subit une opération chirurgicale; malade qui est l'objet d'un traitement*] paziente: *le médecin et ses patients* il medico e i suoi pazienti.
patienter |pasjɑ̃te| *v.intr.* [*attendre* (*avec patience*)] pazientare: *faites-le patienter un instant* lo faccia pazientare un momento.
patin |patɛ̃| *s.m.* **1** [*pièce de tissu sur laquelle on pose le pied pour avancer sans salir le parquet*] pattina *f.* **2** *patins* (*à glace*) pattini (a lamina, da ghiaccio) **3** *patins à roulettes* pattini a rotelle, schettini **4** LE PATIN [*le patinage*] il pattinaggio*: *faire du patin* fare del pattinaggio, pattinare **5** (*techn.*) *patin de frein* ganascia* *f.* del freno **6** (*mécan.*) pattino.
1 **patinage** |patinaʒ| *s.m.* **1** pattinaggio*: *patinage artistique* pattinaggio artistico; *piste de patinage* pista di pattinaggio → **patinoire** **2** [→ 2 PATINER 2] slittamento.
2 **patinage** |patinaʒ| *s.m.* (*techn.*) [→ 1 PATINER] patinatura *f.*
patine |patin| *s.f.* **1** patina: *la patine d'un meuble* la patina di un mobile **2** [*couche qui se forme sur les objets de cuivre, de bronze exposés à l'air humide*] patina → **vert-de-gris** **3** [*coloration dont on recouvre des objets pour les décorer ou les protéger*] patina.
1 **patiner** |patine| **A** *v.tr.* [*couvrir de patine*] patinare **B** *v.pron. intr.* SE PATINER [*se couvrir de patine*] coprirsi (186) di una patina: *sculptures qui commencent à se patiner* sculture che incominciano a coprirsi di una patina.
2 **patiner** |patine| *v.intr.* **1** [*glisser sur la glace avec des patins*] pattinare: *apprendre à patiner* imparare a pattinare ◇ (*par ext.*) [*glisser comme sur des patins*] scivolare (*aux.* essere, avere): *patiner sur un parquet ciré* scivolare su un pavimento lucidato a cera **2** (*d'une roue de véhicule*) [*glisser sans tourner; tourner sans avancer*] slittare: *les roues du camion patinent dans la boue* le ruote del camion slittano nel fango → **chasser, déraper.**
3 **patiner** |patine| *v.tr.* (*vx.*) → **manipuler; caresser.**
patinette |patinɛt| *s.f.* [*jouet formé d'une plate-forme montée sur deux roues*] monopattino *m.* → **trottinette.**
patineur, euse |patinœʀ, øz| *s.* pattinatore*.
patinoire |patinwaʀ| *s.f.* pista di

pattinaggio ◇ [*espace très glissant*] lastra di ghiaccio: *la rue est une vraie patinoire* la strada è una lastra di ghiaccio.

patio |patjo, pasjo| *s.m.* (*esp.*) patio *inv.*

pâtir |pɑtiʀ| *v.intr.* **1** (*vx.*) [*souffrir*] patire (197) (*cour.*) **2** (*vieilli, littér.*) → **péricliter** **3** PÂTIR DE [*souffrir à cause de; subir les conséquences pénibles de*] risentire di: *sa santé pâtira de ses excès* la sua salute risentirà dei suoi eccessi; *il en pâtira* ne risentirà # *pâtir de l'injustice* subire un'ingiustizia → **endurer** **4** (*sc.*) [*être dans un état passif*] patire.

pâtis |pɑti| *s.m.* [*terre inculte sur laquelle on fait paître le bétail*] pascolo.

pâtisser |pɑ(a)tise| *v.intr.* [*travailler la pâte; faire de la pâtisserie* (1)] lavorare *tr.* la pasta (per dolci); fare (103) *tr.* dolci.

pâtisserie |pɑ(a)tisʀi| *s.f.* **1** pasticceria: *four à pâtisserie* forno per pasticceria # *rouleau à pâtisserie* mattarello **2** UNE PÂTISSERIE [*préparation sucrée de pâte travaillée*] dolce (*m.*): *elle aime les pâtisseries* le piacciono i dolci → **gâteau** ◇ (*collectif*) *de la pâtisserie* pasticceria, paste *pl.* assortite **3** [*comm., industrie de la pâtiss.*] pasticceria: *boulangerie-pâtisserie* panetteria-pasticceria.

pâtissier, ière |pɑ(a)tisje, jɛʀ| **1** *s.* pasticciere: *boulanger-pâtissier* fornaio-pasticciere **2** (*adj.*) *crème pâtissière* crema pasticciera.

pâtissoire |pɑ(a)tiswaʀ| *s.f.* (*techn.*) spianatoia.

pâtisson |pɑ(a)tisɔ̃| *s.m.* [*espèce de courge*] zucca* *f.* barucca*.

patoche |patɔʃ| *s.f.* (*fam.*) → **1 main, patte.**

patois |patwa| *s.m.* **1** 'patois' (*inv.*): *des paysans qui parlent encore patois* dei contadini che parlano ancora 'patois' ✦ (*adj.*) *mot patois* parola del 'patois' *loc.* **2** [*langue spéciale*] gergo* → **argot.**

patoisant, ante |patwazɑ̃, ɑ̃t| *adj.* che parla (in) 'patois' *loc.*

patoiser |patwaze| *v.intr.* [*parler patois*] parlare in 'patois'.

pâton |pɑtɔ̃| *s.m.* (*techn.*) pastone: *enfourner les pâtons* infornare i pastoni ◇ (*agric.*) pastone.

patouillard |patujaʀ| *s.m.* (*rare*) [*mauvais bateau*] trappola *f.*, carcassa *f.*

patouiller |patuje| **A** *v.intr.* (*fam.*) [*patauger*] sguazzare (*cour.*): *patouiller dans la boue* sguazzare nel fango **B** *v.tr.* → **tripatouiller, tripoter.**

patraque |patʀak| **I** *adj.* (*fam.*) [*un peu malade, en mauvaise forme*] giù di corda (*loc. inv.*): *je me sens un peu patraque* mi sento un po' giù di corda **II** *s.f.* **1** (*vx.*) [*machine usée*] carcassa **2** [*vieille montre détraquée*] patacca*.

pâtre |pɑtʀ(ə)| *s.m.* (*littér.*) [*celui qui garde le bétail*] pastore (*cour.*) → **berger.**

patriarcal, ale, aux |patʀijaʀkal, o| *adj.* **1** patriarcale: *mœurs patriarcales* costumi patriarcali **2** [*qui est organisé selon les principes du patriarcat*] patriarcale: *une société patriarcale* una società patriarcale **3** (*ecclés.*) patriarcale: *siège patriarcal* sede patriarcale.

patriarcalement |patʀijaʀkalmɑ̃| *adv.* [→ PATRIARCAL] in modo patriarcale *loc. inv.*

patriarcat |patʀijaʀka| *s.m.* **1** (*ecclés.*) patriarcato: *le patriarcat d'Antioche* il patriarcato di Antiochia; *être élevé au patriarcat* essere elevato al patriarcato **2** (*sociol.*) patriarcato **C** **2** **matriarcat.**

patriarche |patʀijaʀʃ(ə)| *s.m.* **1** (*ecclés.*) patriarca* **2** [*vieillard qui mène une vie simple, entouré d'une nombreuse famille*] patriarca.

patrice |patʀis| *s.m.* (*hist. rom.*) patrizio*.

patricial, ale, aux |patʀisjal, o| *adj.* (*hist. rom.*) patrizio*.

patriciat |patʀisja| *s.m.* **1** (*hist. rom.*) patriziato **2** (*littér.*) [*élite*] patriziato, aristocrazia *f.* (*cour.*).

patricien, ienne |patʀisjɛ̃, jɛn| *adj.* et *s.* **1** (*hist. rom.*) patrizio* **2** (*littér.*) [*noble*] patrizio, nobile (*cour.*) **C** **1** **plébéien.**

patriclan |patʀiklɑ̃| *s.m.* (*ethnogr.*) patriclan *inv.*

patrie |patʀi| *s.f.* **1** patria: *amour de la patrie* amore per la patria → **patriotisme**; *l'art n'a pas de patrie* l'arte non ha patria; *c'est ma seconde patrie* è la mia seconda patria **2** [*lieu* (*ville*) *où l'on est né*] patria: *Clermont-Ferrand est la patrie de Pascal* Clermont-Ferrand è la patria di Pascal.

patrilinéaire |patʀilineɛʀ| *adj.* (*ethnogr.*) patrilineare.

patrilocal, ale |patʀilɔkal| *adj.* (*ethnogr.*) patrilocale.

patrimoine |patʀimwan| *s.m.* **1** patrimonio*: *dilapider le patrimoine paternel* dilapidare il patrimonio paterno → **fortune** **2** [*ce qui est considéré comme une propriété transmise par les ancêtres*] patrimonio: *le patrimoine culturel d'un pays* il patrimonio culturale di un paese ◇ (*biol.*) *le patrimoine héréditaire de l'individu* il patrimonio ereditario dell'individuo.

patrimonial, ale, aux |patʀimɔnjal, o| *adj.* (*dr.*) patrimoniale: *charges patrimoniales* oneri patrimoniali.

patrimonialement |patʀimɔnjalmɑ̃| *adv.* [→ PATRIMONIAL] patrimonialmente.

patriotard, arde |patʀijɔtaʀ, aʀd(ə)| *s.* et *adj.* patriottardo.

patriote |patʀijɔt| *s.* **1** patriota ✦ *adj.* patriottico*: *être très patriote* essere molto patriottico **2** (*vx.*) → **compatriote.**

patriotique |patʀijɔtik| *adj.* patriottico*: *des chants patriotiques* dei canti patriottici; *avoir le sentiment patriotique* avere sentimento patriottico.

patriotiquement |patʀijɔtikmɑ̃| *adv.* [→ PATRIOTIQUE] patriotticamente.

patriotisme |patʀijɔtism(ə)| *s.m.* patriottismo: *les résistants luttèrent avec patriotisme* i partigiani lottarono con patriottismo.

patristique |patʀistik| *s.f.* (*relig.*) patristica* ✦ *adj.* patristico*: *tradition patristique* tradizione patristica.

patrologie |patʀɔlɔʒi| *s.f.* patrologia*: *patrologie latine, grecque* patrologia latina, greca.

patron |patʀɔ̃| *s.m.* **1** [*modèle de papier ou de toile préparé pour tailler un vêtement*] modello, cartamodello: *le patron d'un manteau* il modello, il cartamodello di un cappotto **2** (*techn.*) stampino **3** [*modèle sur lequel travaillent les artisans pour fabriquer certains objets*] modello, bozzetto → **forme.**

patron, onne |patʀɔ̃, ɔn| *s.* **I** (santo) patrono: *sainte Geneviève, patronne de Paris* santa Genoveffa, patrona di Parigi **II** **1** [*maître, maîtresse de maison par rapport à ses domestiques*] padrone: *la bonne a la confiance de ses patrons* la domestica gode della fiducia dei padroni **2** [*personne qui dirige une maison de comm.*; *chef d'une entreprise privée*] padrone, titolare: *le patron, la patronne d'un restaurant* il padrone (il titolare), la padrona (la titolare) di un ristorante; *le patron d'une usine* il titolare di uno stabilimento **3** [*tout employeur par rapport à ses subordonnés*] imprenditore*; principale: *rapports entre patrons et employés* rapporti tra imprenditori e dipendenti → **patronat** **4** [*professeur de méd., chef de clinique*] primario*: *les grands patrons* i grandi primari **5** [*celui qui dirige des travaux intellectuels, artistiques*] maestro # *patron de thèse* relatore di una tesi di laurea.

patronage |patʀɔnaʒ| *s.m.* **1** [*appui donné par un personnage puissant ou un organisme*] patrocinio*, patronato: *gala placé sous le patronage du président de la République* serata di gala con il patrocinio del presidente della Repubblica → **parrainage, protection** **2** [*œuvre de bienfaisance visant à assurer une formation morale à des enfants, des adolescents*] oratorio*; patronato: *patronage paroissial* oratorio (parrochiale) → **2 foyer** || *patronage laïque* patronato laico ◇ (*iron.*) *un spectacle de patronage* [*naïf et enfantin*] uno spettacolo da sala parrocchiale **3** [*protection d'un saint*] patrocinio*, protezione *f.*

patronal, ale, aux |patʀɔnal, o| *adj.* **1** (*liturg.*) patronale: *la fête patronale* la festa patronale, del (santo) patrono **2** [*qui a rapport ou qui appartient aux chefs d'entreprise*] padronale: *intérêts patronaux* interessi padronali **C** **2** **ouvrier.**

patronat |patʀɔna| *s.m.* **1** classe *f.* imprenditoriale, datori *pl.* di lavoro; padronato (*péj.*) **2** (*antiq. rom.*) patronato **3** (*vieilli*) autorità *f. inv.* padronale.

1 **patronner** |patʀɔne| *v.tr.* [*donner sa protection à*] appoggiare, patrocinare: *être patronné par un personnage influent* essere appoggiato da un personaggio influente; *patronner une candidature* patrocinare, appoggiare una candidatura → **appuyer, protéger.**

2 **patronner** |patʀɔne| *v.tr.* **1** (*cout., rare*) [*tailler sur un patron*] tagliare su modello (*cour.*) **2** (*imprim.*) [*imprimer, colorier à l'aide d'un patron à jours*] inchiostrare, colorire (197) con gli stampini, stampinare.

patronnesse |patʀɔnɛs| *adj. f.* (*iron.*) *dame patronnesse* patronessa *s.f.*

patronyme |patʀɔnim| *s.m.* (*littér.*) [*nom de famille*] patronimico*.

patronymique |patʀɔnimik| *adj. m.* patronimico*: *nom patronymique* (nome) patronimico; *suffixe patronymique* suffisso patronimico.

patrouille |patʀuj| *s.f.* (*milit.*) pattuglia: *patrouille de reconnaissance* pattuglia di ricognizione ◇ (*avions*) *patrouille de chasse* pattuglia da caccia ◇ (*mar.*) pattuglia (navale).

patrouiller |patʀuje| *v.intr.* [*aller en patrouille*] pattugliare (*tr.*): *les garde-côtes patrouillent dans les eaux terri-*

toriales i guardacoste pattugliano le acque territoriali.
patrouilleur |patʀujœʀ| *s.m.* **1** [*soldat qui fait partie d'une patrouille*] pattugliatore **2** [*avion de chasse, navire de guerre qui effectue une patrouille*] ricognitore.
patte |pat| *s.f.* **1** (*animaux*) [*membre qui sert à la marche*] zampa: *chien qui donne la patte* cane che dà la zampa ◇ (*loc. fig.*) *marcher à quatre pattes* camminare a quattro zampe **2** (*fam.*) (*personnes*) [*jambe*] zampa # *être bas, court sur pattes* essere di gamba corta, essere un bassotto; *avoir une patte folle* [*boîter légèrement*] avere una gamba matta **3** (*fam.*) [*main*] zampa: *bas les pattes!* giù le zampe! ◇ (*loc. fam.*) *coup de patte* [*coup de main habile*] tocco* (*cour.*): *ce peintre a le coup de patte, a de la patte* questo pittore ha un buon tocco, una buona pennellata **4** (*loc. fam.*) *coup de patte* [*trait malveillant qu'on décoche à qqn. en passant*] frecciata → 2 **critique** ~ *retomber sur ses pattes* cadere in piedi ~ *graisser la patte à qqn.* dare una bustarella a qc. ~ *montrer patte blanche* [*montrer un signe de reconnaissance convenu; dire le mot de passe nécessaire pour entrer quelque part*] farsi riconoscere, identificare ~ *tirer dans les pattes de qqn.* mettere il bastone tra le ruote a qc. ~ *sortir, se tirer des pattes de qqn.* liberarsi dalle grinfie di qc. **5** (*loc., au plur.*) *pattes* (*de lapin*) corti favoriti *m.*, basette: *il porte des pattes* porta corti favoriti, le basette ~ *pattes de mouche* scrittura piccolissima e illeggibile **6** [*languette d'étoffe, de cuir* (*servant à fixer, à fermer*)] linguetta: *patte d'un portefeuille* linguetta di un portafoglio **7** (*mar.*) marra **8** (*techn.*) rampino *m.*
patté, ée |pate| *adj.* (*blas.*) *croix pattée* croce patente.
patte(-)d'oie |patdwa| *s.f.* **1** [*carrefour d'où partent plusieurs routes*] crocicchio* *m.*, crocevia *m. inv.* **2** [*petites rides à l'angle externe de l'œil*] zampa di gallina: *des pattes-d'oie* delle zampe di gallina **3** (*mar.*) patta, zampa d'oca **4** (*t.bot.*) chenopodio* *m.*
pattemouille |patmuj| *s.f.* panno *m.* umido (per stirare).
pattern |patɛʀn| *s.m.* (*angl.*) [*modèle simplifié d'une structure*] modello; configurazione *f.*
pattinsonage |patɛ̃sɔnaʒ| *s.m.* (*techn.*) pattinsonaggio*.
pattu, ue |paty| *adj.* **1** che ha grosse zampe *loc.* **2** (*d'un oiseau*) che ha piume sulle zampe *loc.*
pâturable |pɑtyʀabl(ə)| *adj.* [*qui peut être employé comme pâture* (3)] pascolativo.
pâturage |pɑtyʀaʒ| *s.m.* [*lieu couvert d'une herbe qui doit être consommée sur place par le bétail*] pascolo: *mener les vaches au pâturage* condurre le mucche al pascolo.
pâture |pɑtyʀ| *s.f.* **1** [*tout ce qui sert à la nourriture des animaux*] cibo (*m.*): *l'oiseau apporte leur pâture à ses petits* l'uccello porta il cibo ai suoi piccoli **2** (*fig.*) [*ce qui sert d'aliment* (*à une faculté, à une passion*)] nutrimento *m.* # *avide de connaissance, il fait sa pâture de tout* avido di sapere, si nutre di tutto; *livrer un fait en pâture aux journalistes* dare un fatto in pasto ai giornalisti **3** [*lieu où l'on fait paître le bétail*] pascolo (*m.*): *mener les vaches en pâture* condurre le mucche al pascolo ◇ (*dr.*) *vaine pâture* compascolo *m.*
pâturer |pɑtyʀe| *v.tr. et intr.* [*paître*] pascolare: *les brebis pâturaient dans le pré* le pecore pascolavano nel prato.
pâturin |pɑtyʀɛ̃| *s.m.* (*t.bot., région.*) fienarola *f.*
paturon, pâturon |patyʀɔ̃| *s.m.* **1** [*partie du bas de la jambe du cheval, qui correspond à la première phalange*] pastorale **2** (*pop.*) → 1 **pied.**
pauci- |posi| *préf.* (*signifiant 'un petit nombre de', correspond généralt. à*) pauci: *pauciflore* paucifloro.
pauciflore |posiflɔʀ| *adj.* (*bot.*) paucifloro.
paulette |polɛt| *s.f.* (*ancienn.*) [*impôt annuel que devaient payer les titulaires de charges pour en devenir propriétaires*] ⊠.
paulien, ienne |poljɛ̃, jɛn| *adj.* (*dr.*) *action paulienne* azione pauliana, revocatoria.
paulinien, ienne |polinjɛ̃, jɛn| *adj.* (*relig. cathol.*) paolino.
paulinisme |polinism(ə)| *s.m.* (*relig. cathol.*) paolinismo.
pauliste |polist(ə)| *s.* (*relig.*) paolista.
paulownia |polɔnja| *s.m.* (*t.bot.*) paulonia *f.*
1 **paume** |pom| *s.f.* (*anat.*) palma: *il avait les paumes couvertes d'ampoules* aveva le palme coperte di vesciche → **creux.**
2 **paume** |pom| *s.f.* **1** (*jeu*) pallacorda: *jeu de paume* campo da pallacorda **2** (*techn.*) unione a mezzo legno.
paumé, ée |pome| *adj.* (*pop.*) [*perdu, égaré*] smarrito (*cour.*), perso (*cour.*): *ce sont des gants paumés* sono guanti smarriti ◇ (*loc.*) *il est complètement paumé* ha perso del tutto la tramontana, la testa ♦ *s.* (*t. d'injure*) [*misérable, pauvre*] disgraziato: *va donc, eh, paumé!* ma vattene, disgraziato!
1 **paumelle** |pomɛl| *s.f.* (*techn.*) **1** [*petite penture articulée sur un gond et fixée au battant d'une porte, d'un volet*] maschietto *m.* **2** [*sorte de gant servant à protéger la paume des mains de certains ouvriers*] guardapalma *m. inv.*, guardamano *m. inv.* **3** [*planche cintrée servant à assouplir les peaux*] palmella.
2 **paumelle** |pomɛl| *s.f.* (*t.bot.*) orzola.
paumer |pome| *v.tr.* (*pop.*) **1** [*arrêter, prendre* (*qqn.*)] beccare, pizzicare: *il s'est fait paumer juste à la frontière* si è fatto beccare, pizzicare proprio alla frontiera **2** [*perdre*] perdere (163) (*cour.*): *j'ai paumé le fric* ho perso la grana ♦ *pron.* [*se perdre*] perdersi, smarrirsi (197) (*cour.*): *il s'est paumé en route* si è perso, smarrito per strada **3** [*attraper* (*un coup*)] beccarsi (*pron.*): *il a dû paumer un drôle de coup de poing* si è dovuto beccare un pugno mica da ridere.
paumoyer |pomwaje| (10) *v.tr.* **1** (*mar.*) [*haler à la main*] alare a mano, a braccia **2** (*techn.*) [*assouplir* (*le cuir*) *à la paumelle*] ammorbidire (197) (il cuoio) con la palmella.
paumure |pomyʀ| *s.f.* ramificazione finale (delle corna del cervo).
paupérisation |popeʀizɑsjɔ̃| *s.f.* [→ PAUPÉRISER] depauperamento *m.*, impoverimento *m.*
paupériser |popeʀize| *v.tr.* [*frapper de paupérisation*] depauperare, impoverire (197) → **appauvrir.**
paupérisme |popeʀism(ə)| *s.m.* pauperismo.
paupière |popjɛʀ| *s.f.* **1** (*anat.*) palpebra ◇ (*loc.*) *fermer les paupières* [*s'endormir, mourir*] chiudere gli occhi ~ *ouvrir les paupières* [*s'éveiller*] aprire gli occhi ~ *abaisser, fermer les paupières d'un mourant* chiudere gli occhi a un moribondo **2** (*zool.*) *paupière nictitante* membrana nittitante.
paupiette |popjɛt| *s.f.* [*tranche de viande roulée et farcie*] involtino (*m.*): *paupiette de veau* involtino di vitello.
pause |poz| *s.f.* **1** pausa, intervallo (*m.*): *la pause de midi* la pausa, l'intervallo di mezzogiorno → **arrêt, halte** ◇ (*fam.*) *la pause café* l'intervallo del caffè (*cour.*) **2** [*temps de repos interrompant un exercice, une marche*] pausa, sosta: *faire une pause, la pause* fare una pausa, una sosta **3** [*temps d'arrêt dans le discours*] pausa → **silence** **4** (*mus.*) pausa **5** (*sport*) intervallo.
pauser |poze| *v.intr.* (*mus.*) [*faire une pause*] fare (103) *tr.* una pausa.
pauvre |povʀ(ə)| **I** *adj.* **1** (*attribut, ou épithète après le nom*) [*qui n'a que le strict nécessaire*] povero: *très pauvre* molto povero; *pauvre comme Job* povero come Giobbe; *les pays pauvres* i paesi poveri → **sous-développé, misérable, indigent, nécessiteux** **2** (*choses*) [*qui a l'apparence de la pauvreté*] povero: *une pauvre maison* una povera casa **3** *loc.* PAUVRE DE povero di: *pauvre d'esprit* povero di spirito → **dénué, dépourvu** ~ PAUVRE EN povero di: *un village pauvre en distractions* un paese povero di distrazioni **4** [*qui produit trop peu*] povero: *une terre pauvre* una terra povera → 1 **maigre, stérile** **5** (*épithète avant le nom*) [*qui inspire de la pitié*] povero: *un pauvre malheureux* un povero disgraziato; *la pauvre bête!* povera bestia! → **malheureux** # *un pauvre sourire* un sorriso forzato → **triste, forcé** ◇ (*en s'adressant à qqn.*) *ma pauvre chérie!* povera cara, poverina!; *mon pauvre ami!* mio caro!, caro mio! ♦ (*s.*) *le pauvre, il n'a vraiment pas de chance* poveretto, è davvero sfortunato; *mon pauvre, ma pauvre!* poverino, poverina! ◇ (*loc.*) *pauvre de moi, de toi!* povero me, povero te! **6** [*pitoyable, lamentable*] povero # *c'est un pauvre type* è un poveretto, un poveraccio **II** *s.* **1** *un pauvre* [→ *adj.* I 1] un povero → **indigent, mendiant** **2** *les pauvres* (*opposé à 'riches'*) i poveri ◇ (*relig.*) *les pauvres en esprit* i poveri di spirito 🄲 I 1, 2, 3, 4; II **riche.**
pauvrement |povʀəmɑ̃| *adv.* [→ PAUVRE I 1, 2] poveramente.
pauvresse |povʀɛs| *s.f.* [*femme misérable*] poveraccia*, poveretta.
pauvret, ette |povʀɛ, ɛt| *s. et adj.* [*pauvre petit, petite*] poverino.
pauvreté |povʀəte| *s.f.* **1** [*insuffisance de ressources*] povertà *inv.* → **indigence** ◇ (*prov.*) *pauvreté n'est pas vice* povertà non è vizio **2** [*aspect pauvre, misérable*] povertà: *la pauvreté d'un quartier ouvrier* la povertà di un

quartiere operaio **3** [*insuffisance matérielle ou morale*] povertà: *pauvreté du sol* povertà del suolo; *pauvreté intellectuelle* povertà intellettuale → **stérilité** **4** (*littér.*) *une pauvreté* [*une banalité*] una banalità *inv.* Ⓒ 1 **fortune, richesse.**

pavage |pavaʒ| *s.m.* (*techn.*) pavimentazione (*f.*): *pavage d'une rue* pavimentazione di una strada → **carrelage, dallage.**

pavane |pavan| *s.f.* (*danse*) pavana.

pavaner (se) |pavane| *v.pron. intr.* [*marcher avec orgueil* (*comme un paon qui fait la roue*)] pavoneggiarsi → **parader.**

pavé |pave| *s.m.* **1** *le pavé* la pavimentazione (*f.*): *le pavé de marbre d'une église* la pavimentazione in marmo di una chiesa → **pavage, pavement** **2** [*la partie d'une voie revêtue de blocs* (*de pierre, bois, etc.*), *la rue*] selciato: *pavé humide, glissant* selciato umido, scivoloso ◇ (*loc. fig.*) *tenir le haut du pavé* occupare il primo posto ~ *être sur le pavé* essere sul lastrico ~ *mettre, jeter qqn. sur le pavé* gettare qc. sul lastrico **3** *un pavé* [*chacun des blocs de pierre, de bois taillés pour revêtir un sol*] selce (*f.*): *arracher les pavés pour faire une barricade* svellere (le) selci per fare una barricata ◇ (*loc. fam.*) *c'est un pavé dans la mare* [*un événement inattendu qui dérange les habitudes, fait scandale*] è un sasso scagliato in uno stagno **4** (*loc. fig.*) *avoir un pavé sur l'estomac* avere una pietra *f.* sullo stomaco ◇ (*fam.*) [*article trop long et lourdement rédigé*] mattone.

pavé, ée |pave| *adj.* [*couvert d'un pavage*] pavimentato; lastricato: *pièce pavée* stanza pavimentata ‖ *route pavée* strada lastricata, selciata.

pavée |pave| *s.f.* (*t.bot., région.*) digitale purpurea (*cour.*).

pavement |pavmɑ̃| *s.m.* [*pavage, pavés*] pavimento, pavimentazione (*f.*): *un pavement de mosaïque* un pavimento, una pavimentazione a mosaico; *pavement en grès d'un chemin* pavimentazione in grès di una strada di campagna.

paver |pave| *v.tr.* [*couvrir* (*un sol*) *de pavés, pierres, mosaïques*)] pavimentare; selciare, lastricare: *paver un chemin* pavimentare una strada di campagna ◇ (*loc. fig.*) *l'enfer est pavé de bonnes intentions* l'inferno è lastricato di buone intenzioni.

pavésan, ane |pavezɑ̃, an| *adj.* [*de Pavie*] pavese.

paveur |pavœʀ| *s.m.* [*ouvrier qui fait les travaux de pavage*] pavimentatore, selciatore.

pavie |pavi| *s.f.* pesca* duracina.

1 **pavillon** |pavijɔ̃| *s.m.* **1** [*petit bâtiment isolé*] padiglione: *pavillon de chasse* padiglione di caccia; *pavillons d'un hôpital* padiglioni di un ospedale **2** [*construction légère élevée dans un jardin et destinée surtout à servir d'abri*] chiosco*: *un pavillon de verdure* un chiosco di verzura → **belvédère, rotonde** **3** [*petite maison dans un jardin*] villetta *f.*, villino: *habiter un pavillon de banlieue* abitare in una villetta, un villino di periferia **4** [*corps de bâtiment qui se distingue du reste de l'édifice dont il fait partie*] padiglione: *le pavillon d'angle d'un château* il padiglione d'angolo di un castello **5** (*vx., milit.*) tenda *f.* da campo (*cour.*) **6** (*blas.*) padiglione **7** (*liturg.*) velo (del calice) **8** [*extrémité évasée* (*de certains instruments à vent*)] padiglione: *pavillon d'une trompette* padiglione di una tromba; *pavillon d'un haut-parleur* padiglione di un altoparlante **9** (*anat.*) padiglione.

2 **pavillon** |pavijɔ̃| *s.m.* **1** [*pièce d'étoffe que l'on hisse sur un navire pour indiquer sa nationalité, etc.*] bandiera (*f.*): *pavillon de guerre* bandiera di combattimento; *amener, baisser le pavillon* ammainare la bandiera → **drapeau** ◇ (*loc.*) *baisser pavillon devant qqn.* [*céder*] alzare bandiera bianca davanti a qc. **2** (*dr. internat.*) *le pavillon couvre la marchandise*: (*pr.*) la bandiera copre la merce; (*fig.*) la faccia è salva.

pavillonnaire |pavijɔnɛʀ| *adj.* costituito da villini.

pavillonnerie |pavijɔnʀi| *s.f.* (*mar.*) fabbrica* di bandiere; deposito *m.* di bandiere.

pavimenteux, euse |pavimɑ̃tø, øz| *adj.* **1** da pavimentazione (*loc. inv.*): *roche pavimenteuse* roccia da pavimentazione **2** (*histologie*) pavimentoso.

pavois |pavwa| *s.m.* **1** (*archéol.*) pavese ◇ (*loc.*) *hisser, élever qqn. sur le pavois* [*le glorifier*] portare qc. in palma di mano, sugli scudi **2** (*mar.*) *grand pavois* gran pavese; *petit pavois* piccolo pavese.

pavoisement |pavwazmɑ̃| *s.m.* (*rare*) [→ PAVOISER] il pavesare *inv.*

pavoiser |pavwaze| *v.tr.* **1** (*mar.*) [*garnir* (*le plat-bord d'un navire*) *d'un pavois*] pavesare **2** [*orner de drapeaux* (*une ville, un édifice public, etc.*) *à l'occasion d'une fête*] pavesare, imbandierare ✦ (*absolt.*) *pavoiser pour la fête nationale* esporre (168) le bandiere per la festa nazionale ◇ (*loc.*) *il n'y a pas de quoi pavoiser!* [*se réjouir*] non è proprio il caso di suonare le campane, non c'è veramente da stare allegri!

pavot |pavo| *s.m.* (*t.bot.*) papavero.

payable |pɛjabl(ə)| *adj.* [→ PAYER A I 1, 2, 3, 6] pagabile: *payable en argent, en nature* pagabile in denaro, in natura.

payant, ante |pɛjɑ̃, ɑ̃t| *adj.* **1** pagante: *spectateurs payants* spettatori paganti ✦ (*s.*) *les payants* i paganti **2** [*qu'il faut payer*] a pagamento (*loc. inv.*): *billet payant* biglietto a pagamento **3** [*qui profite, rapporte*] che rende *loc.*, rimunerativo: *le coup n'est pas payant* è un colpo che non rende, non è un colpo rimunerativo # *c'est payant* (ne) vale la pena → **rentable** Ⓒ 2 **gratuit.**

paye |pɛj|, **paie** |pɛ| *s.f.* **1** [→ PAYER A I 1] paga*: *le jour de paye, de la paie* il giorno di paga **2** (*loc. fam.*) *il y a une paye qu'on ne l'a pas vu* è un sacco di tempo che non lo si vede **3** [*ce qu'on paie aux militaires, aux ouvriers*] paga: *la feuille de paye* il foglio paga; *toucher sa paye* riscuotere la paga.

payement |pɛjmɑ̃| *s.m.* → **paiement.**

payer |peje| (9) **A** *v.tr.* **I** **1** PAYER QQN. [*mettre* (*qqn.*) *en possession de ce qui lui est dû, en exécution d'une obligation*] pagare: *payer un employé* pagare un impiegato; *être payé à l'heure, à la semaine, au mois* essere pagato a ore, a settimana, a mese; *payer qqn. en espèces, en argent, en nature, aux pièces* pagare qc. in contanti, in denaro, in natura, a cottimo → **rémunérer** ◇ (*loc. fam.*) *je suis payé pour savoir que...* ho imparato a mie spese che... ~ *je ne suis pas payé pour ça* non tocca certo a me (dirlo, farlo) ~ *on l'a payé de retour* ha avuto quel che si meritava ~ *payer qqn. de ses services, de sa peine* ricompensare qc. per i suoi servigi, per il suo disturbo → **récompenser, dédommager** **2** PAYER QQCH. [*s'acquitter, par un versement de* (*ce qu'on doit*)] pagare q.c.: *payer ses dettes* pagare i propri debiti; *payer un intérêt, sa part* pagare un interesse, la propria parte; *payer une facture* pagare una fattura; *payer une indemnité, des dommages-intérêts* pagare un indennizzo, i danni → **rembourser** **3** [*verser de l'argent en contrepartie de*] pagare: *payer comptant une marchandise* pagare una merce in contanti □ *on va se payer un bon repas* ci offriamo un buon pranzo ◇ (*loc.*) *payer les pots cassés* andarci di mezzo ~ *qui casse les verres les paie* chi rompe paga ✦ (*au p.p.*) *travail bien, mal payé* lavoro ben, mal pagato, retribuito; *congés payés* ferie pagate **4** (*fam.*) *viens, je te paie un verre* vieni, ti offro da bere **5** [*entraîner en contrepartie des sacrifices, une punition*] pagare: *il faudra payer* bisognerà pagare; *il m'a joué un vilain tour, mais il me le paiera* mi ha giocato un tiro mancino, ma me la pagherà → **expier** **6** *absolt.* [*verser de l'argent*] pagare: *payer comptant* pagare in, per contanti; *il a de quoi payer* ha di che pagare ◇ *loc.* PAYER DE pagare di: *payer de sa poche* pagare di tasca propria; *payer de sa personne* pagare di persona ~ *il ne paie pas de mine* [*il a mauvaise apparence*] (ha una faccia che) non ispira fiducia ~ *il faut payer d'audace* bisogna giocare d'audacia, bisogna tentare il tutto per tutto ~ PAYER POUR QQN. pagare per qc.: *les bons paient pour les méchants* i buoni pagano per i cattivi; *il a payé pour tout le monde* ha pagato lui per tutti **7** [*rapporter, être profitable*] rendere (105): *le crime ne paie pas* il delitto non rende **B** *v. pron.* SE PAYER **1** *réfl.* [*payer à soi-même*] pagarsi: *voilà mille francs, payez-vous et rendez-moi la monnaie* ecco mille franchi, si paghi e mi dia il resto ◇ (*loc. fig.*) *se payer des mots* (ac)contentarsi delle chiacchiere, delle belle parole **2** *réfl.* [*s'offrir*] offrirsi (186) *tr.*, concedersi (125) *tr.* → *tr.* I 3 □ ◇ (*loc. fig.*) *se payer la tête de qqn.* [*se moquer de lui*] prendere in giro qc. **3** *passif* (*fig.*) *tout se paie* [*tout finit par coûter cher*] tutto si paga.

payeur, euse |pɛjœʀ, øz| *s.* **1** [*personne qui paie ce qu'elle doit*] pagatore*: *mauvais payeur* cattivo pagatore **2** [*personne chargée de payer pour une administration*] liquidatore*.

pays |pei| *s.m.* **1** [*nation*] paese: *pays industriels* paesi industriali; *pays en* (*voie de*) *développement* paesi in via di sviluppo → 2 **état** **2** [*région, province*] posto, zona (*f.*): *vins du pays* vini del posto, locali → **cru**; *il n'est pas du pays* non è del posto, della zona **3** [*les gens du pays*] paese: *tout le pays en a parlé* tutto il paese ne ha parlato → **région, village** **4** LE PAYS DE QQN., SON PAYS [*sa patrie*] il paese di qc., il proprio paese: *mourir pour son pays* morire per il proprio paese # *avoir le mal du pays* sentire la nostalgia della propria terra **5** LE PAYS DE QQCH. il paese di q.c.: *la France est le pays du vin* la Francia è il paese del vino **6** [*région géographique considérée dans son aspect physique*] regione (*f.*): *les pays tempérés* le regioni temperate → **contrée** # *voir du pays* [*voyager*] vedere il mondo ◇ (*loc.*) *le pays de cocagne* il paese di cuccagna, la cuccagna **7** [*petite ville*; *village*] paese: *il habite un petit pays* abita in un piccolo paese, in un paesino → **bled, patelin.**

pays, payse |pei, peiz| *s.* (*fam.*) [*personne du même pays* (*surtout à la campagne*)] (com)paesano (*cour.*): *c'est ma payse, nous sommes nés dans le même village* è mia compaesana, siamo nati nello stesso paese → **compatriote.**

paysage |peisaʒ| *s.m.* **1** paesaggio*: *paysage méditerranéen* paesaggio mediterraneo; *paysage champêtre* paesaggio campestre → **site, vue** **2** *un paysage* [*tableau représentant la nature*] un paesaggio: *peintre de paysages* pittore di paesaggi → **paysagiste** ◇ (*loc. fam.*) *cela fait bien dans le paysage* fa (un) bell'effetto.

paysager, ère |peizaʒe, ɛʀ| *adj.* [*de, du paysage*] paesaggistico*.

paysagiste |peizaʒist(ə)| *s.* **1** paesaggista, paesista: *les paysagistes hollandais* i paesaggisti, i paesisti olandesi **2** *jardinier, architecte paysagiste* giardiniere, architetto paesaggista.

paysan, anne |peizɑ̃, an| **1** *s.* [*homme, femme vivant à la campagne et s'occupant des travaux des champs*] contadino ◇ (*péj.*) *quel paysan!* [*rustre*] che cafone! **2** *adj.* [*propre aux paysans*] contadino: *mœurs paysannes* costumi contadini → **rural, rustique** ◇ (*péj.*) [*qui a des manières grossières*] zotico*, villano → **rustre.**

paysannat |peizana| *s.m.* classe *f.* contadina.

paysannerie |peizanʀi| *s.f.* **1** → **paysannat** **2** opera letteraria di soggetto rusticano.

péage |peaʒ| *s.m.* **1** [*droit que l'on paye pour emprunter une voie de communication*] pedaggio*: *autoroute à péage* autostrada a pedaggio **2** [*endroit où se perçoit le péage*] casello (autostradale).

péager, ère |peaʒe, ɛʀ| *s.* (*vx.*) → **péagiste.**

péagiste |peaʒist(ə)| *s.* [*employé(e) percevant le péage d'une autoroute*] casellante.

péan, pæan |peɑ̃| *s.m.* peana *inv.*

peau |po| *s.f.* **1** [*enveloppe extérieure du corps des animaux vertébrés*] pelle: *enlever, détacher la peau d'un animal* levare, togliere la pelle di un animale **2** [*l'épiderme humain*] pelle: *peau blanche, noire* pelle bianca, nera; *peau bronzée* pelle abbronzata ◇ (*loc.*) *à fleur de peau* a fior di pelle ~ *n'avoir que la peau et les os, sur les os* essere pelle e ossa ~ *se faire crever la peau* lasciarci la pelle, farsi far la pelle ~ (*pop.*) *avoir qqn. dans la peau* aver qc. nel sangue ~ *je l'ai attrapé par la peau du cou, du dos* [*je l'ai retendu au dernier moment*] l'ho agguantato per un pelo ~ (*pop.*) *c'est une peau de vache* [*personne méchante qui se venge ou punit sans pitié*] è una carogna **3** *dans des loc.* [*apparence extérieure, personnalité*]: *se sentir bien* (*mal*) *dans sa peau* (non) stare bene nei propri panni ~ *je ne voudrais pas être dans sa peau* [*à sa place*] non vorrei essere nei suoi panni ~ *faire peau neuve* [*changer complètement*] cambiare pelle, vita **4** *dans les loc. fam.* [*vie, existence*] pelle: *jouer, risquer sa peau* giocarsi, rischiare la pelle ~ *sauver sa peau* salvare la pelle ~ (*pop.*) *on lui fera la peau* gli faranno la pelle **5** (*pop.*) *vieille peau* (*injure adressée à une femme*) baldracca* **6** [*filet, morceau de peau*] pelle, pellicina: *couper les peaux autour d'un ongle* tagliare le pellicine di un'unghia → **envie** **7** [*dépouille d'animal destinée à fournir la fourrure*] pelle: *les peaux d'un manteau de fourrure* le pelli di una pelliccia → **peausserie** ✦ *absolt.* [*cuir fin et souple*] *gants de peau* guanti di pelle ◇ (*loc. fam.*) *peau d'âne* [*diplôme*] pezzo di carta ~ *peau de tambour* pelle da tamburo, pellaccia **8** [*enveloppe extérieure* (*des fruits*)] pelle, buccia*: *enlever la peau d'un fruit* togliere la pelle, la buccia di un frutto → **peler** ◇ (*par anal.*) *peau du lait* pellicola del latte **9** (*loc. pop.*) *peau de balle* [*rien du tout*] un fico secco; *la peau!* col cavolo!, un corno!

peaucier |posje| *adj. et s.m.* (*anat.*) (*muscle*) *peaucier* muscolo pellicciaio* *adj.*

peaufiner |pofine| *v.tr.* **1** [*nettoyer avec une peau de chamois*] pulire (197) con pelle di daino **2** (*fig., fam.*) [*préparer, orner minutieusement*] leccare ◇ [*fignoler* (*un travail*)] limare (*cour.*).

peau-rouge |poʀuʒ| *s.* [*Indien d'Amérique*] *les Peaux-Rouges* i Pellerossa, i Pellirosse.

peausserie |posʀi| *s.f.* **1** commercio* *m.* delle pelli ◇ [*travail des peaux, des cuirs*] conceria **2** *une peausserie* [*peau travaillée*] una pelle; *des peausseries* delle pelli, dei pellami *m.*

peaussier |posje| *s. et adj. m.* conciatore* *s.* di pelli, pellaio* *s.*

pébrine |pebʀin| *s.f.* (*agric.*) pebrina.

pébroc, pébroque |pebʀɔk| *s.m.* (*arg.*) → **parapluie.**

pec |pɛk| *adj. m.* (*rare*) *hareng pec* [*fraîchement salé*] aringa salata *m. ou f.* (*cour.*).

pécaïre! |pekaiʀ| *interj.* (*région.*) (*exprime 'une commisération affectueuse ou ironique'*) poverino! *s.* (*cour.*).

pécari |pekaʀi| *s.m.* **1** (*t.zool.*) pecari *inv.* **2** [*cuir de l'animal*] pecari: *des gants de pécari* guanti di pecari.

peccable |pekabl(ə)| *adj.* (*littér.*) peccabile: *la nature peccable de l'homme* la natura peccabile dell'uomo.

peccadille |pekadij| *s.f.* (*littér.*) [*péché, faute sans gravité*] peccatuccio* *m.* (*cour.*); pecca* (*cour.*).

peccant, ante |pekɑ̃, ɑ̃t| *adj.* (*vx., méd.*) *humeurs peccantes* umori peccanti.

pechblende |pɛʃblɛ̃d| *s.f.* (*all.*) (*minér.*) pechblenda.

1 **pêche** |pɛʃ| *s.f.* **1** [*fruit du pêcher*] pèsca*: *pêche à peau lisse* pesca liscia → **brugnon** ◇ (*pâtiss.*) *pêche Melba* pesca Melba ◇ (*loc.*) *peau, teint de pêche* pelle, colorito di pesca ~ (*fam.*) *rembourré avec des noyaux de pêche* [*très dur*] duro come un sasso ✦ (*appos.*) *couleur pêche* color pesca **2** (*pop.*) [*coup, gifle*] cazzotto *m.*, sberla: *il va te flanquer une pêche* sta per mollarti un cazzotto, una sberla.

2 **pêche** |pɛʃ| *s.f.* **1** [→ 2 PÊCHER] pésca*: *ouverture, fermeture de la pêche* apertura, chiusura della pesca; *articles de pêche* articoli da pesca; *pêche à la ligne* pesca con la lenza; *pêche sous-marine* pesca subacquea; *grande pêche au large* pesca d'alto mare, alturiera; *petite pêche, pêche littorale* pesca litoranea, costiera; *bateaux de pêche* imbarcazioni da pesca, pescherecci; *aller à la pêche* andare a pesca # *ressources de la pêche* risorse ittiche **2** [*poissons, produits pêchés*] pesca, pescato (*m.*): *rapporter une belle pêche* fare buona pesca **3** *pêche réservée* riserva di pesca.

péché |peʃe| *s.m.* [*acte par lequel on contrevient aux lois religieuses*] peccato: *péché originel* peccato originale; *péché mortel, véniel* peccato mortale, veniale; *commettre, faire un péché* commettere, fare (un) peccato; *expier, racheter ses péchés* espiare, redimere i propri peccati ◇ (*loc.*) *péché de jeunesse* peccato di gioventù ~ *péché mignon* [*défaut véniel et agréable*; *petite faute habituelle*] debole: *la gourmandise est son péché mignon* la golosità è il suo debole ~ *à tout péché miséricorde* ad ogni peccato il suo perdono ~ *tomber, vivre dans le péché* cadere in peccato, vivere nel peccato → 2 **mal.**

pécher |peʃe| (8) *v.intr.* **1** [*commettre un péché*] peccare: *pécher par orgueil* peccare di orgoglio **2** *pécher contre* (*qqch.*) [*manquer à*] andare (101) (*aux.* essere) contro (q.c.): *pécher contre la bienséance* andare contro le convenienze **3** (*sujet de chose*) [*commettre une erreur, être en défaut*] peccare: *ce devoir pèche par une grande confusion d'idées* questo compito pecca per una grande confusione di idee.

1 **pêcher** |peʃe| *s.m.* **1** (*t.bot.*) pesco* ◇ (*cour.*) *un pêcher en fleur* un pesco in fiore **2** *couleur* (*de*) *fleur de pêcher* color fior di pesco.

2 **pêcher** |peʃe| *v.tr.* **1** [*prendre* (*du poisson*)] pescare: *pêcher la truite* pescare la trota ✦ (*absolt.*) *pêcher en mer, à la ligne, au filet* pescare in mare, con la lenza, con le reti ◇ (*loc.*) *pêcher en eau trouble* pescare nel torbido **2** (*fam.*) [*chercher, prendre, trouver* (*une chose inattendue*) *d'une manière incompréhensible*] pescare: *je me demande où il va pêcher ces histoires* mi chiedo dove va a pescare queste storie → **imaginer.**

péchère! |peʃɛʀ| *interj.* → **pécaïre.**

pécheresse |peʃʀɛs| *s.f.* → **pécheur.**

pêcherie |pɛʃʀi| *s.f.* [*lieu aménagé pour une entreprise de pêche*] peschiera: *les pêcheries de Terre-Neuve* le peschiere di Terranova.

pêchette |pɛʃɛt| *s.f.* (*région., pêche*) bilancia* da gamberi (*cour.*).

pécheur |peʃœʀ|, **pécheresse** |peʃʀɛs| *s.* [*personne qui est dans l'état de péché*] peccatore*: *un pécheur endurci* un peccatore incallito.

pêcheur, euse |pɛʃœʀ, øz| *s.* [*personne qui s'adonne à la pêche*] pescatore*: *pêcheur à la ligne* pescatore con la lenza; *pêcheurs de corail* pescatori di coralli ✦ (*adj., appos.*) *bateau* *pêcheur* pescherecció* *s.m.* ◊ (*fig.*) *pêcheurs d'hommes* pescatori di uomini, di anime.

pecnot |pɛkno| *s.m.* → **péquenaud.**

pécoptéris |pekɔpteʀis| *s.m.* (*paléont.*) pecopteris *inv.*

pécore |pekɔʀ| *s.f.* **1** → **pimbêche 2** (*vx.*) → **animal.**

pecque |pɛk| *s.f.* (*vx.*, *région.*) → **pimbêche.**

pectase |pɛktɑz| *s.f.* (*biol.*) pectasi *inv.*

pecten |pɛktɛn| *s.m.* (*t.zool.*) pettine.

pectine |pɛktin| *s.f.* (*chim.*) pectina.

pectiné, ée |pɛktine| **1** *adj.* (*sc.*) [*en forme de peigne*] pettiniforme **2** *adj. et s.m.* (*anat.*) *le* (*muscle*) *pectiné* il muscolo pettineo *adj.*

pectique |pɛktik| *adj.* (*chim.*) pectico*: *acides pectiques* acidi pectici.

pectisation |pɛktizɑsjɔ̃| *s.f.* (*chim.*) pectizzazione.

pectoral, ale, aux |pɛktɔʀal, o| **I** *adj.* **1** pettorale: *muscles pectoraux* muscoli pettorali ✦ (*s.m. pl.*) *les pectoraux* i pettorali **2** [*de la face ventrale des animaux*] pettorale: *nageoires pectorales* pinne pettorali **3** [*qui combat les affections pulmonaires*] balsamico*, espettorante: *sirop pectoral* sciroppo balsamico, espettorante **II** *s.m.* **1** [*ornement sur l'aube d'un prêtre*] pettorale **2** (*ancienn.*) pettorale.

péculat |pekyla| *s.m.* (*admin.*) peculato.

pécule |pekyl| *s.m.* **1** [*somme d'argent économisée peu à peu*] gruzzolo: *amasser un pécule* mettere da parte un gruzzolo ◊ (*par ext.*) [*argent qu'on acquiert par son travail, mais dont on ne peut disposer que dans certaines conditions*] *pécule d'un détenu* peculio* di un detenuto **2** (*antiq. rom.*) peculio.

pécune |pekyn| *s.f.* (*littér.*) pecunia → 2 **argent.**

pécuniaire |pekynjɛʀ| *adj.* **1** [*qui a rapport à l'argent*] finanziario*, pecuniario*: *embarras pécuniaires* difficoltà finanziarie, pecuniarie **2** [*qui consiste en argent*] finanziario, pecuniario: *aide pécuniaire* aiuto finanziario, pecuniario; *peine pécuniaire* pena pecuniaria → **amende.**

pécuniairement |pekynjɛʀmɑ̃| *adv.* [→ PÉCUNIAIRE] finanziariamente, economicamente: *aider qqn. pécuniairement* aiutare qc. finanziariamente, economicamente.

péd- *préf.* → **péd(i)-**; **péd(o)-.**

pédagne |pedaɲ| *s.f.* (*mar.*) pedagna.

pédagogie |pedagɔʒi| *s.f.* pedagogia*.

pédagogique |pedagɔʒik| *adj.* **1** pedagogico*: *méthodes pédagogiques* metodi pedagogici, didattici **2** [*conforme aux règles de la pédagogie*] pedagogico: *cet instituteur a un grand sens pédagogique* questo maestro possiede un grande senso pedagogico.

pédagogiquement |pedagɔʒikmɑ̃| *adv.* [→ PÉDAGOGIQUE] pedagogicamente.

pédagogue |pedagɔg| *s.* **1** *s.m.* [*maître, précepteur*] pedagogo* *s.* ◊ (*vx.*, *péj.*) [*maître pédant et étroit d'esprit*] pedagogo **2** *s.* [*personne qui s'occupe de pédagogie*] pedagogista: *les grands pédagogues allemands du XIXe siècle* i grandi pedagogisti tedeschi dell'800 **3** (*s.*) *c'est un bon* (*un mauvais*) *pédagogue* è portato (non è portato) all'insegnamento *loc.* ✦ (*adj.*) *un professeur peu pédagogue* un professore poco portato all'insegnamento.

pédale |pedal| *s.f.* **1** pedale (*m.*): *la pédale d'une machine à coudre* il pedale della macchina da cucire; *la pédale d'embrayage d'une voiture* il pedale della frizione dell'auto; *les pédales d'une bicyclette* i pedali della bicicletta; *lâcher les pédales* mollare i pedali; *appuyer sur les pédales* far forza sui pedali; agire, premere sui pedali ◊ (*loc. fam.*) *perdre les pédales* [*perdre ses moyens, se tromper dans une explication*] perdere il filo (del discorso) **2** [*touche d'un instrument de mus. actionnée au pied*] pedale: *les pédales d'un piano, d'un orgue* i pedali di un pianoforte, di un organo **3** (*pop.*) *une pédale* [*un pédéraste*] un finocchio* *m.* ◊ (*loc.*) *être de la pédale* essere pederasta.

pédaler |pedale| *v.intr.* **1** [*actionner les pédales* (*d'une bicyclette*); *rouler à bicyclette*] pedalare: *pédaler en danseuse* pedalare rialzato **2** (*fam.*) [*aller vite*] galoppare.

pédaleur, euse |pedalœʀ, øz| *s.* [*cycliste considéré dans sa manière de pédaler*] pedalatore*: *un pédaleur infatigable* un instancabile pedalatore → **rouleur.**

pédalier |pedalje| *s.m.* **1** [*clavier inférieur de l'orgue, actionné au pied*] pedaliera *f.* **2** (*mécan.*) pedaliera.

pédalo |pedalo| *s.m.* pedalò (*inv.*): *faire du pédalo sur le lac* andare in pedalò sul lago.

pédané, ée |pedane| *adj.* (*dr. rom.*) pedaneo.

pédant, ante |pedɑ̃, ɑ̃t| *s.* **1** *s.* pedante: *quelle pédante!* che pedante! → **cuistre** ✦ (*adj.*) *il est pédant* è pedante **2** *s.m.* (*vx.*, *souvent péj.*) pedante.

pédanterie |pedɑ̃tʀi| *s.f.* (*littér.*) [*manière d'agir du pédant*] pedanteria → **pédantisme.**

pédantesque |pedɑ̃tɛsk(ə)| *adj.* (*littér.*) pedantesco*: *un language pédantesque* un linguaggio pedantesco → **emphatique.**

pédantisme |pedɑ̃tism(ə)| *s.m.* [*affectation propre au pédant; caractère de ce qui est pédant*] pedanteria (*f.*): *il est d'un pédantisme ridicule* è di una ridicola pedanteria.

-pède |pɛd| *suff.* (*signifiant* '*pied*', *correspond généralt. à*) pede: *palmipède* palmipede.

pédéraste |pedeʀast(ə)| *s.m.* pederasta.

pédérastie |pedeʀasti| *s.f.* pederastia → **homosexualité.**

pédérastique |pedeʀastik| *adj.* pederastico*.

pédestre |pedɛstʀ(ə)| *adj.* **1** (*rare*) *statue pédestre* statua pedestre **2** a piedi (*loc. inv.*): *randonnée pédestre* gita a piedi.

pédestrement |pedɛstʀəmɑ̃| *adv.* [→ PEDESTRE 2] a piedi *loc. inv.*

pédète |pedɛt| *s.f.* (*t.zool.*) pedete *m.*

péd(i)- |ped(i)| *préf.* (*signifiant* '*pied*', *correspond généralt. à*) ped(i): *pédiculaire* pedicolare.

pédiatre |pedjatʀ(ə)| *s.* pediatra.

pédiatrie |pedjatʀi| *s.f.* pediatria.

pédiatrique |pedjatʀik| *adj.* pediatrico*: *clinique pédiatrique* clinica pediatrica; *médicaments à usage pédiatrique* medicine per uso pediatrico.

pedibus (cum jambis) |pedibys| *loc. adv.* (*lat.*) pedibus calcantibus.

pédicellaire |pediselɛʀ| *s.m.* (*zool.*) pedicellaria *f.*

pédicelle |pedisɛl| *s.m.* (*bot.*, *zool.*) pedicello.

pédicellé, ée |pedisele| *adj.* (*bot.*) pedicellato.

pédiculaire |pedikylɛʀ| **1** *s.f.* (*t. bot.*) pedicolare **2** *adj.* (*méd.*) *maladie pédiculaire* morbo pedicolare, pediculosi *s.f. inv.* → **phtiriasis.**

pédicule |pedikyl| *s.m.* **1** (*anat.*) peduncolo: *pédicules pulmonaires* peduncoli polmonari **2** (*archit.*) colonnino **3** (*bot.*) peduncolo: *pédicule d'un champignon* peduncolo di un fungo → 1 **pied, stipe, queue, tige 4** (*zool.*) peduncolo.

pédiculé, ée |pedikyle| *adj.* (*bot.*) peduncolato.

pédicure |pedikyʀ| *s.* 'pédicure' *inv.*

pédicurie |pedikyʀi| *s.f.* 'pédicure' *inv.*

-pédie |pedi| *suff.* → **péd(o) 1.**

pédieux, euse |pedjø, øz| *adj.* (*anat.*) pedidio*: *artère pédieuse* arteria pedidia.

pedigree |pedigʀe| *s.m.* (*angl.*) **1** pedigree (*inv.*): *établir le pedigree d'un chien de luxe* accertare il pedigree di un cane di lusso **2** (*fig.*, *plais.*) *un comte très fier de son pedigree* un conte molto fiero del proprio sangue blu, del proprio pedigree.

pédimane |pediman| *s.m.* (*zool.*) pedimane.

pédiment |pedimɑ̃| *s.m.* (*géol.*) pedimento.

pédipalpe |pedipalp(ə)| *s.m.* (*zool.*) pedipalpo.

péd(o)- |ped(ɔ)| *préf.* **1** (*signifiant* '*enfant*', *correspond généralt. à*) ped(o)-: *pédiatre* pediatra; *pédologie* pedologia **2** (*signifiant* '*sol*', *correspond généralt. à*) ped(o): *pédogénèse* pedogenesi; *pédologie* pedologia.

pédogenèse |pedɔʒənɛz| *s.f.* (*bot.*, *zool.*) pedogenesi *inv.*

pédoge(é)nèse |pedɔʒə(e)nɛz| *s.f.* (*géol.*) pedogenesi *inv.*

1 **pédologie** |pedɔlɔʒi| *s.f.* [*étude de l'enfant*] pedologia*: *pédologie et pédiatrie* pedologia e pediatria.

2 **pédologie** |pedɔlɔʒi| *s.f.* [*étude des sols*] pedologia*.

pédologue |pedɔlɔg| *s.* (*géol.*) pedologo*.

pédomètre |pedɔmɛtʀ(ə)| *s.m.* podometro, pedometro.

pédonculaire |pedɔ̃kylɛʀ| *adj.* peduncolare.

pédoncule |pedɔ̃kyl| *s.m.* **1** (*anat.*) peduncolo: *pédoncules cérébraux* peduncoli cerebrali **2** (*bot.*, *littér.*) peduncolo, pedicello **3** [*queue d'un fruit*] peduncolo, picciolo **4** (*zool.*) → **pédicule.**

pédonculé, ée |pedɔ̃kyle| *adj.* peduncolato.

pédophile |pedɔfil| *s.m.* pedofilo.

pédophilie |pedɔfili| *s.f.* pedofilia.

pédum |pedɔm| *s.m.* (*lat.*) (*archéol.*, *zool.*) pedo.

pedzouille |pedzuj| *s.* (*pop.*, *péj.*) [*personne naïve et ignorante des usages de la ville*] buzzurro → **paysan.**

peeling |piliŋ| *s.m.* (*angl.*) peeling *inv.*

pégamoïd |pegamɔid| *s.m.* (*nom déposé*) pegamoide (*f. ou m.*): *sac en pégamoïd* borsa di pegamoide.

pégase |pegaz| *s.m.* (*t.zool.*) pegaso.

Pégasidés |pegaside| *s.m. pl.* (*t. zool.*) Pegasidi.

pegmatite |pɛgmatit| *s.f.* (*minér.*) pegmatite.

pègre |pɛgʀ(ə)| *s.f.* [*voleurs, escrocs considérés comme formant une sorte de classe sociale*] teppa: *la pègre d'un port* la teppa di un porto; *la pègre et le milieu* la teppa e la mala → **canaille.**

pehlvi |pɛlvi| *s.m.* (*ling.*) pehlevi *inv.*

peignage |pɛɲaʒ| *s.m.* **1** [→ PEIGNER A 2] pettinatura *f.* **2** [*atelier où se fait le peignage*] (reparto) pettinatura.

peigne |pɛɲ| *s.m.* **I** **1** [*instrument qui sert à démêler et à lisser la chevelure*] pettine: *peigne de corne, d'écaille* pettine di corno, di tartaruga; *peigne fin* pettine fitto; *gros peigne* pettine rado → **démêloir**; *se donner un coup de peigne* darsi un colpo di pettine, una pettinata ◇ (*loc.*) *passer au peigne fin* [*examiner* (*qqch.*) *sans en omettre un détail*] passare al setaccio **2** [*instrument analogue servant à retenir les cheveux des femmes*] pettine, pettinino: *coiffure maintenue par des peignes* pettinatura fissata con dei pettini, dei pettinini **3** (*techn.*) pettine **II** **1** (*t.zool.*) pettine **2** (*zool.*) pettine.

peigné, ée |peɲe| *adj.* **I** [→ PEIGNER A 2] pettinato: *laine peignée* lana pettinata ✦ (*s.m.*) *du peigné* [*tissu de laine peignée*] un pettinato **II** (*fig.*) [*trop soigné*] leccato, ricercato.

peigne-cul |pɛɲky| *s.m.* (*pop., péj.*) [*homme mesquin, ennuyeux*; *homme grossier, inculte*] faccia* *f.* di (da) culo.

peignée |peɲe| *s.f.* **1** (*fam.*) [*coup*] pettinata: *recevoir une bonne peignée* ricevere una bella pettinata, un sacco di botte → **raclée** **2** (*techn.*) quantità *inv.* di materiale tessile che si pettina in una sola volta.

peigner |peɲe| **A** *v.tr.* **1** [*démêler, lisser* (*les cheveux*) *avec un peigne*] pettinare: *peigner qqn.* pettinare qc. → **coiffer** ◇ (*loc. fam.*) *faire ça ou peigner la girafe* [*faire un travail inutile et long*; *ne rien faire*] è come arare il mare, scopare il mare **2** [*démêler* (*des fibres textiles*)] pettinare: *peigner la laine, le chanvre* pettinare la lana, la canapa **B** *v.pron.* SE PEIGNER **1** *réfl.* [→ *tr.* 1] pettinarsi: *elle s'habille, se peigne* si sta vestendo e pettinando **2** *récipr.* [*se battre*] accapigliarsi, azzuffarsi.

peigneur, euse |pɛɲœʀ, øz| *s.* **1** *s.* [*personne qui peigne des fibres textiles*] pettinatore* **2** *s.f.* (*techn.*) pettinatrice.

peignier |peɲje| *s.m.* [*ouvrier, artisan qui façonne à la main des peignes*] pettinaio*.

peignoir |pɛɲwaʀ| *s.m.* **1** [*vêtement en tissu éponge que l'on met en sortant du bain*] accappatoio*: *un peignoir de plage* un accappatoio da spiaggia; *se sécher dans son peignoir* asciugarsi nell'accappatoio **2** [*vêtement d'intérieur que les femmes portent lorsqu'elles ne sont pas habillées*] vestaglia (*f.*): *un peignoir en soie* una vestaglia di seta → **déshabillé** **3** (*vx.*) [*vêtement dont on s'enveloppe pour se peigner*] pettinatoio* ◇ (*mod.*) (*chez les coiffeurs, dans les instituts de beauté*) camice.

peignures |pɛɲyʀ| *s.f. pl.* (*rare*) capelli *m.* (*cour.*) (che cadono quando ci si pettina) → **démêlure.**

peille |pɛj| *s.f.* (*techn.*) straccio* *m.* (riutilizzato per la fabbricazione della carta).

peinard, arde |pɛnaʀ, aʀd(ə)|, **pénard, arde** |penaʀ, aʀd(ə)| *adj.* (*pop.*) [*paisible, qui se tient à l'écart des ennuis*] tranquillo (*cour.*), placido (*cour.*): *un boulot peinard* un lavoro tranquillo ◇ (*personnes*) *je me tiens peinard* me ne sto tranquillo ✦ (*s.*) *un peinard* un pacioccone.

peinardement |pɛnaʀdəmɑ̃| *adv.* (*pop.*) [→ PEINARD] placidamente, tranquillamente (*cour.*).

peindre |pɛ̃dʀ(ə)| (66) **A** *v.tr.* **I** [*couvrir, colorer avec de la peinture*] pitturare: *peindre un mur en bleu* pitturare, tinteggiare una parete in azzurro; *peindre de plusieurs couleurs* pitturare con diversi colori; *peindre une grille* pitturare, verniciare un'inferriata; *il a commencé à peindre* ha cominciato a pitturare, a imbiancare → **barioler, peinturlurer** □ *se peindre* (*le visage*) [*se maquiller exagérément*] dipingersi (119) **II** **1** [*figurer au moyen de peinture, de couleurs*] dipingere: *peindre un numéro, une flèche sur une plaque* dipingere un numero, una freccia su una targa ✦ (*absolt.*) *peindre sur étoffe, sur porcelaine* dipingere su stoffa, su porcellana **2** [*représenter par l'art de la peinture*] dipingere: *peindre des paysages* dipingere dei paesaggi ✦ *absolt.* [*faire de la peinture*] *il peint et il sculpte* dipinge e scolpisce **III** [*représenter par le discours, en s'adressant à l'imagination*] dipingere: *un roman qui peint la société* un romanzo che dipinge la società → **décrire, dépeindre** **B** *v. pron. intr.* SE PEINDRE [*revêtir une forme sensible*; *se manifester à la vue*] dipingersi: *la consternation se peignit sur les visages* sui volti si dipinse la costernazione → **apparaître** ✦ → *tr.* I □.

peine |pɛn| *s.f.* **I** [*punition*] **1** pena: *peine sévère, juste* pena severa, giusta; *la peine du talion* la pena del taglione → **châtiment, condamnation** **2** [*sanction prévue par la loi et applicable aux personnes ayant commis une infraction*] pena: *peines pécuniaires* pene pecuniarie → **amende**; *peines disciplinaires* pene disciplinari; *peine capitale, peine de mort* pena capitale, pena di morte; *être passible d'une peine* essere passibile di una pena **3** *loc.* SOUS PEINE DE: *sous peine de mort* pena la morte; *défense d'afficher sous peine d'amende* vietata l'affissione, pena una ammenda **II** **1** [*souffrance morale*] pena: *peine de cœur* pena d'amore → 1 **chagrin,** 2 **mal,** 1 **souci** **2** LA PEINE [*état psychologique fait d'un sentiment de tristesse et de dépression*] dispiacere (*m.*): *avoir de la peine* provare dispiacere; *faire de la peine à qqn.* causare dispiacere a qc. → **affliger, peiner** # *je partage votre peine* condivido il vostro dolore **3** (*loc.*) *être comme une âme en peine* essere come un'anima in pena; *il errait comme une âme en peine* [*seul et tristement*] errava come un'anima in pena **III** **1** [*activité qui coûte, qui fatigue*] fatica*: *ce travail demande de la peine* questo lavoro richiede fatica → **effort** ◇ (*formule de politesse*) *veuillez vous donner la peine d'entrer* prego, si accomodi; favorisca (entrare) **2** (*loc.*) *il n'est pas au bout de ses peines* [*il a encore des difficultés à surmonter*] ancora ne deve passare, vedere ~ *pour votre peine, pour la peine* [*en compensation*] per il (suo) disturbo ~ *homme de peine* [*qui effectue des travaux de force*] uomo di fatica ~ *valoir la peine* valer la pena → **valoir** ~ *c'était bien la peine de tant travailler* [*le résultat ne valait pas tant de travail*] non era proprio il caso, non valeva davvero la pena di lavorare tanto! ~ *c'est peine perdue* [*c'est inutile*] è fatica sprecata ~ *en être pour sa peine* [*avoir perdu sa peine*] ecco la ricompensa! **3** [*difficulté qui gêne* (*pour faire qqch.*)] fatica: *avoir de la peine à parler, à marcher* far fatica a parlare, a camminare; *j'ai de la peine à le croire* faccio fatica, stento a crederlo → **embarras,** 2 **mal** **4** (*loc.*) *avec peine* a fatica, a stento ~ *à grande peine* con gran fatica, a malapena → **difficilement** ~ SANS PEINE senza difficoltà: *je le crois sans peine* lo credo senza difficoltà, non ho difficoltà a crederlo → **aisément, facilement** **5** *loc. adv.* À PEINE [*presque pas, très peu*] appena (*adv.*): *il y avait à peine de quoi manger* c'era appena di che mangiare ◇ (*avec un numér.*) [*tout au plus*] *il y a à peine huit jours* sono appena otto giorni; appena otto giorni fa ◇ [*depuis très peu de temps*] *j'ai à peine commencé, je commence à peine* ho appena iniziato, inizio appena adesso → 2 **juste** ◇ (*dans une propos. subordonnée, coordonnée ou juxtaposée*) *à peine endormi, il se mit à ronfler* appena addormentato, si mise a russare ◇ (*avec ellipse du v.*) *à peine dans la voiture, il s'endormit* (non) appena in macchina si addormentò 🄲 II 1 **joie, plaisir** 1.

peiner |pene| **A** *v.intr.* [*se donner de la peine, du mal*] faticare, fare (103) *tr.* fatica: *il peinait pour s'exprimer* faticava, faceva fatica a esprimersi; *la voiture peine dans les montées* l'auto fa fatica in salita **B** *v.tr.* **1** [*donner de la peine à* (*qqn.*)] addolorare: *cette nouvelle m'a beaucoup peiné* la notizia mi ha molto addolorato → **affliger, attrister, fâcher** **2** (*vx.*) [*fatiguer, coûter de la peine à* (*qqn.*)] faticare, affaticare (*cour.*) 🄲 B 1 **consoler.**

peint, peinte |pɛ̃, pɛ̃t| *adj.* **1** [*couvert, orné de peinture*] dipinto: *bois sculpté et peint* legno scolpito e dipinto ◇ (*loc.*) *papier peint* carta da parati **2** [*très, trop fardée*] dipinto: *une jeune fille trop peinte* una ragazza troppo dipinta.

peintre |pɛ̃tʀ(ə)| *s.m.* **1** [*ouvrier ou artisan qui applique de la peinture sur une surface*] *peintre en bâtiment(s)* pittore edile, imbianchino # *peintre décorateur* pittore decoratore **2** [*artiste qui fait de la peinture*] pittore* (*s.*): *peintre figuratif, abstrait* pittore figurativo, astratto; *les tableaux, les toiles d'un peintre* i quadri, le tele di un pittore; *peintre du dimanche* pittore dilettante; *ce peintre est un bon paysagiste, un bon portraitiste* questo pittore è un buon paesaggista, un buon ritrattista; *peintre verrier* pittore su vetro **3** (*littér.*) (*avec un compl.*) [*écrivain, orateur qui peint par le discours*] pittore: *le poète romantique est un peintre du cœur humain* il poeta romantico è un pittore dell'animo umano.

peinture |pɛ̃tyʀ| *s.f.* **I** [→ PEINDRE A I] **1** pittura, tinteggiatura: *peinture en bâtiment* pittura, tinteggiatura di edifici; *peinture au rouleau* pittura con rullo **2** (*loc. fig.*) *je ne peux pas le voir en peinture* non posso vederlo neanche dipinto **3** [*description qui parle à l'imagination*] ritratto *m.*, pittura: *ce roman est une peinture de la société* questo romanzo è un ritratto, una pittura della società **II** **1** LA PEINTURE la pittura: *peinture figurative, abstraite* pittura figurativa, astratta; *peinture à l'huile, à la gouache* pittura ad olio, a tempera # *exposition, galerie de peinture* mostra, galleria d'arte ◇ (*loc. fam.*) *il a du goût pour la peinture* [*il a mauvais goût*] che (strani) gusti! **2** UNE PEINTURE [*ouvrage de peinture*] un dipinto (*m.*): *une mauvaise peinture* un brutto dipinto → **tableau, toile** **III** **1** [*couche de couleur dont une chose est peinte*] pittura: *faire un raccord de peinture* ritoccare la pittura, la tinta; *peinture qui s'écaille* pittura che si scrosta # *peinture d'une carrosserie d'automobile* vernice della carrozzeria di un'automobile **2** [*couleur préparée avec un liquide pour pouvoir être étendue*] vernice: *peinture cellulosique, métallisée* vernice alla cellulosa, metallizzata; *un pot de peinture* un barattolo di vernice; *peinture fraîche* vernice fresca; *attention à la peinture !* attenti alla vernice!; *appliquer plusieurs couches de peinture* applicare parecchie mani di vernice ◇ (*loc. fam.*) *c'est un vrai pot de peinture !* (*se dit d'une femme trop fardée*) sembra una maschera, un mascherone!

peinturer |pɛ̃tyʀe| *v.tr.* **1** [*peindre d'une façon grossière et maladroite*] imbrattare, impiastrare **2** (*vx.*) [*couvrir de couleur*] pitturare (*cour.*).

peinturlurer |pɛ̃tyʀlyʀe| *v.tr.* (*fam.*) [*peindre avec des couleurs criardes*] dipingere (119) con colori sgargianti (*cour.*) □ *se peinturlurer* (*le visage*) [*se maquiller à l'excès et mal*] impiastrarsi (il viso).

péjoratif, ive |peʒɔʀatif, iv| *adj.* (*gram.*) peggiorativo, dispregiativo: *adjectif péjoratif* aggettivo peggiorativo; *suffixe péjoratif* suffisso peggiorativo, dispregiativo ♦ (*s.m.*) *les péjoratifs* i peggiorativi, i dispregiativi.

péjoration |peʒɔʀasjɔ̃| *s.f.* (*gram.*) alterazione peggiorativa, dispregiativa.

péjorativement |peʒɔʀativmɑ̃| *adv.* [→ PÉJORATIF] in modo peggiorativo *loc. inv.*, in modo dispregiativo *loc. inv.*

pékan |pekɑ̃| *s.m.* (*t.zool.*) pecan *inv.* ◇ (*par ext.*) [*la fourrure*] pecan.

pékin |pekɛ̃| *s.m.* (*ancienn.*) (*tissage*) pechino.

pékin, péquin |pekɛ̃| *s.m.* (*fam.*) (*vx., péj.*) [*civil*] borghese (*cour.*): *deux militaires et un pékin* due militari e un borghese.

pékiné, ée |pekine| (*adj. et s.m.*) *tissage* (*tissu*) *pékiné* (tessuto) pechino → **pékin.**

pékinois, oise |pekinwa, waz| **1** *adj.* [*de Pékin*] pechinese ♦ (*s.m.*) *le pékinois* [*le dialecte*] il pechinese **2** *s.m.* [*petit chien de luxe*] pechinese.

pékinologue |pekinɔlɔg| *s.* (*polit.*) pechinologo*.

pelade |pəlad| *s.f.* (*méd.*) alopecia* → **teigne.**

1 **pelage** |pəlaʒ| *s.m.* [*ensemble des poils* (*d'un mammifère*)] pelame, mantello: *le pelage du léopard* il pelame, il mantello del leopardo → **fourrure, poil, robe, toison.**

2 **pelage** |pəlaʒ| *s.m.* (*techn.*) spelatura *f.*

pélagianisme |pelaʒjanism(ə)| *s.m.* (*relig.*) pelagianesimo.

1 **pélagien, ienne** |pelaʒjɛ̃, jɛn| *adj.* (*relig.*) pelagiano: *hérésie pélagienne* eresia pelagiana.

2 **pélagien, ienne** |pelaʒjɛ̃, jɛn| *adj.* (*vx.*) → **pélagique.**

pélagique |pelaʒik| *adj.* (*sc.*) pelagico*: *faune pélagique* fauna pelagica ◇ (*géol.*) *terrains pélagiques* terreni pelagici.

pelagos |pelagɔs| *s.m.* pelagos *inv.*

pélamide, pélamyde |pelamid| *s.f.* **1** (*t.zool.*) [*poisson voisin du thon*] palamita → **bonite** **2** (*t.zool.*) [*reptile ophidien*] pelamide.

pélamidière |pelamidjɛʀ| *s.f.* (*pêche*) palamitara.

pelard |pəlaʀ| *adj. et s.m.* (*techn.*) (*bois*) *pelard* legno scortecciato *adj.*

pélargonium |pelaʀgɔnjɔm| *s.m.* (*t.bot.*) pelargonio*.

pélargonique |pelaʀgɔnik| *adj.* (*chim.*) pelargonico*.

pélasgien, ienne |pela(s)ʒjɛ̃, jɛn|, **pélasgique** |pela(s)ʒik| *adj.* (*archéol.*) pelasgico*: *murs pélasgiques* mura pelasgiche → **cyclopéen.**

pelé, ée |pəle| *adj.* **1** [*qui a perdu ses poils*] spelacchiato: *une fourrure pelée* una pelliccia spelacchiata ◇ [*qui a perdu ses cheveux*] pelato, calvo ♦ (*s.*) *un pelé* un pelato, un calvo **2** (*loc. fam.*) *il n'y a que quatre pelés et un tondu* [*un très petit nombre de personnes*] ci sono (solo) quattro gatti.

Pélécaniformes |pelekanifɔʀm(ə)| *s.m. pl.* (*t.zool.*) Pelecaniformi.

Pélécypodes |pelesipɔd| *s.m. pl.* (*t.zool.*) (*vx.*) → **Lamellibranches.**

péléen, éenne |peleɛ̃, eɛn| *adj.* (*géogr.*) peleano.

pêle-mêle |pɛlmɛl| **I** *adv.* [*dans un désordre complet*] alla rinfusa (*loc. inv.*): *des marchandises présentées pêle-mêle* merci esposte alla rinfusa; *jeter des objets pêle-mêle* gettare oggetti alla rinfusa → **vrac (en)** **II** *s.m. inv.* **1** [*objets en désordre*] accozzaglia *f. var.*, guazzabuglio* *var.* → **fatras** **2** cornice *f. var.* (per parecchie foto).

peler |pəle| (6) **A** *v.tr.* [*dépouiller* (*un fruit*) *de sa peau*] sbucciare: *il pèle une pomme* sbuccia una mela → **éplucher** ♦ (*pron. passif*) *la pêche se pèle facilement* la pesca si sbuccia facilmente **B** *v.intr.* [*perdre sa peau par parcelles*] spellarsi (*pron.*): *cet enfant a pris un coup de soleil, il pèle* questo bambino ha preso un colpo di sole e si sta spellando.

pèlerin, ine |pɛlʀɛ̃, in| *s.* **1** *s.* [*personne qui fait un pèlerinage*] pellegrino: *les pèlerins de Lourdes* i pellegrini di Lourdes **2** *s.m.* (*vx.*) [*voyageur*] pellegrino *s.* (*cour.*), viandante *s.* (*cour.*) **3** *s.m.* (*t.zool.*) (*faucon*) *pèlerin* falco* pellegrino *adj.* **4** *s.m.* (*t.zool.*) [*espèce de requin*] cetorino.

pèlerinage |pɛlʀinaʒ| *s.m.* **1** [*voyage qu'on fait à un lieu saint*] pellegrinaggio*: *le pèlerinage des chrétiens à Lourdes* il pellegrinaggio dei cristiani a Lourdes; *aller en pèlerinage* recarsi in pellegrinaggio; *faire un pèlerinage à Jérusalem* fare un pellegrinaggio a Gerusalemme **2** luogo* di pellegrinaggio **3** [*voyage fait pour rendre hommage à un grand homme*] pellegrinaggio.

pèlerine |pɛlʀin| *s.f.* **1** (*cout.*) pellegrina, mantella **2** [*manteau sans manches, souvent muni d'un capuchon*] mantello (*m.*): *la pèlerine des gardiens de la paix* il mantello dei vigili urbani → **cape.**

péliade |peljad| *s.f.* (*t.zool.*) marasso *m.*

pélican |pelikɑ̃| *s.m.* (*t.zool.*) pellicano.

pelisse |pəlis| *s.f.* (*cout.*) mantello *m.* foderato di pelliccia → **fourrure.**

pellagre |pe(ɛl)lagʀ(ə)| *s.f.* (*méd.*) pellagra.

pellagreux, euse |pe(ɛl)lagʀø, øz| *adj. et s.* (*méd.*) pellagroso.

pelle |pɛl| *s.f.* **1** [*outil composé d'une plaque ajustée à un manche*] pala, paletta: *pelle à charbon* pala per il carbone; *pelle à ordures* paletta per la spazzatura; *pelle à tarte* paletta per il dolce **2** *pelle mécanique* pala meccanica → **excavateur, pelleteuse** **3** (*mar.*) pala **4** *loc.* À LA PELLE a palate: *remuer l'argent à la pelle* [*être très riche*] avere quattrini a palate, nuotare nell'oro; *on en ramasse à la pelle* [*on en trouve en abondance*] ce n'è a palate **5** (*loc. fam.*) *ramasser une pelle* [*tomber*] fare un capitombolo; (*fig.*) [*échouer*] andare a gambe all'aria.

pelle-pioche |pɛlpjɔʃ| *s.f.* (*techn.*) paletta con piccozza.

pellet |pelɛ| *s.m.* **1** (*méd.*) compressa *f.* (da innesto sottocutaneo) **2** (*métall.*) pellet *inv.*

pelletage |pɛltaʒ| *s.m.* [→ PELLETER] palatura *f.*, il palare (*inv.*): *le pelletage du blé* la palatura del grano.

pelletée |pɛlte| *s.f.* [*la quantité de matière qu'on peut prendre d'un seul coup de pelle*] palata: *une pelletée de sable* una palata di sabbia ◇ (*loc. fig., fam.*) *recevoir des pelletées d'injures* ricevere un sacco di ingiurie, una scarica d'improperi.

pelleter |pɛlte| (5) *v.tr.* [*déplacer, remuer avec la pelle* (1)] palare; spalare: *pelleter le blé pour l'aérer* palare il grano per arieggiarlo || *pelleter du charbon* spalare il carbone.

pelleterie |pɛltʀi, pɛlɛtʀi| *s.f.* **1** [*préparation et comm. des fourrures*] pellicceria **2** *une, des pelleterie(s)* [*peau dont on fait les fourrures*] pelle.

pelleteur |pɛltœʀ| *s.m.* **1** [*ouvrier qui travaille avec la pelle*] spalatore* *s.* **2** (*techn.*) *pelleteur mécanique* spalatrice *f.*

pelleteuse |pɛltøz| *s.f.* (*techn.*) spalatrice.

pelletier, ière |pɛltje, jɛʀ| *s.* [*personne qui prépare et fait le comm. des fourrures*] pellicciaio* → **fourreur.**

pelletiérine |pɛltjeʀin| *s.f.* (*chim.*) pelletierina.

pelliculage |pe(ɛl)likylaʒ| *s.m.* (*photo.*) separazione *f.* dell'emulsione (dal supporto).

pelliculaire |pe(ɛl)likylɛʀ| *adj.* (*sc.*) pellicolare.

pellicule |pe(ɛl)likyl| *s.f.* **I** **1** *au plur.* [*petite écaille qui se détache du cuir chevelu*] forfora (*sing.*): *elle a toujours les épaules couvertes de pellicules* ha sempre le spalle piene di forfora

2 [*petite peau; fine membrane organique*] pellicola ◇ (*spécialt.*) [*enveloppe du grain de raisin*] buccia* **II** **1** [*couche fine à la surface d'un liquide, sur un solide*] strato (*m.*): *mince pellicule de boue séchée* sottile strato di fango secco **2** (*ciné., photo.*) pellicola: *acheter un rouleau de pellicule* comprare un rullino di pellicola → **film,** 1 **bande.**

pelliculé, ée |pe(ɛl)likyle| (*adj.*) *couverture* (*de livre, etc.*) *pelliculée* copertina plastificata.

pelliculeux, euse |pe(ɛl)likylø, øz| *adj.* [*qui a des pellicules* (I 1)] forforoso.

pellucide |pe(ɛl)lysid| *adj.* (*sc.*) pellucido.

pélobate |pelɔbat| *s.m.* (*t.zool.*) pelobate.

pélodyte |pelɔdit| *s.m.* (*t.zool.*) pelodite.

péloponnésien, ienne |pelɔpɔnesjɛ̃, jɛn| *adj.* [*du Péloponnèse*] peloponnesiaco*: *la ligue péloponnésienne* la lega peloponnesiaca.

pelotage |p(ə)lɔtaʒ| *s.m.* **1** (*rare*) [*action de mettre en pelote*] aggomitolatura *f.* **2** (*fam.*) [*caresses indiscrètes*] palpeggiamento, palpata *f.*

pelotari |p(ə)lɔtaʀi| *s.m.* pelotaro.

pelote |p(ə)lɔt| *s.f.* **1** [*boule formée de fils roulés sur eux-mêmes*] gomitolo (*m.*): *laine en pelote* lana in gomitolo; *le chat joue avec une pelote de laine* il gatto gioca con un gomitolo di lana ◇ (*loc.*) *avoir les nerfs en pelote* [*être très énervé*] avere i nervi a fior di pelle **2** [*masse ronde d'une substance quelconque*] → **boule, sphère** ◇ (*loc. fig.*) *faire sa pelote* [*amasser patiemment des profits de manière plus ou moins honnête*] farsi il gruzzolo *m.* **3** [*coussinet sur lequel on peut planter des épingles*] portaspilli *m. inv.* ◇ (*loc.*) *c'est une vraie pelote d'épingles* [*personne désagréable*] è un istrice *m.* **4** (*chir.*) *pelote herniaire* cinto *m.* erniario **5** (*sport*) *pelote basque* pelota (basca*) **6** palla della pelota **7** (*arg. milit.*) *faire la pelote* far parte della compagnia di disciplina (*cour.*).

peloter |p(ə)lɔte| **A** *v.tr.* **1** (*fam.*) [*caresser, palper indiscrètement* (*le corps de qqn., qqn.*)] palpeggiare, palpare ◇ (*fig.*) [*flatter*] lisciare **2** (*vx.*) [*mettre en pelote*] aggomitolare (*cour.*) **B** *v. intr.* (*vx.*) [*jouer à la paume; se renvoyer la balle sans engager une partie*] palleggiare (*cour.*).

peloteur, euse |p(ə)lɔtœʀ, øz| *s.* **1** [*personne qui met les fils en pelote*] aggomitolatore* (*rare*) ✦ *s.f.* (*techn.*) gomitolatrice **2** (*fam.*) [*personne qui aime caresser, peloter*] pomicione ◇ (*fig.*) [*flatteur insinuant*] leccapiedi *inv.* **3** (*vx.*) giocatore* di pelota.

1 **peloton** |p(ə)lɔtɔ̃| *s.m.* **1** [*petite pelote de fils roulés*] gomitolino: *dévider un peloton de ficelle* dipanare un gomitolino di spago **2** (*sc. nat.*) [*amas plus ou moins sphérique*] grappolo: *un peloton d'abeilles, de chenilles* un grappolo di api, di bruchi **3** (*anat.*) *peloton adipeux* pannicolo adiposo.

2 **peloton** |p(ə)lɔtɔ̃| *s.m.* **1** (*milit.*) plotone: *peloton d'exécution* plotone di esecuzione; *peloton d'instruction* plotone di addestramento ◇ (*par ext.*) *peloton de sapeurs-pompiers* squadra *f.* di vigili del fuoco **2** [*groupe compact* (*de coureurs, de chevaux*) *dans une course*] gruppo ◇ (*loc. fig.*) *être dans le peloton de tête* essere nel gruppo di testa.

pelotonnement |p(ə)lɔtɔnmɑ̃| *s.m.* [→ PELOTONNER] l'aggomitolare *inv.*; l'aggomitolarsi *inv.*

pelotonner |p(ə)lɔtɔne| **A** *v.tr.* [*mettre en* (1) *peloton* (1)] aggomitolare, avvolgere (196) in gomitolo: *pelotonner du fil, de la ficelle* aggomitolare, avvolgere in gomitolo del filo, dello spago **B** *v.pron. réfl.* SE PELOTONNER [*se ramasser en boule*] (r)aggomitolarsi, rannicchiarsi: *il se pelotonnait contre sa mère* si raggomitolava, si rannicchiava accanto a, contro sua madre → **blottir** (se) ✦ (*au p.p.*) *l'enfant pelotonné sous les draps* il bambino raggomitolato, rannicchiato sotto le lenzuola.

pelouse |p(ə)luz| *s.f.* **1** [*terrain couvert d'une herbe courte et serrée*] tappeto *m.* erboso, prato (*m.*): *les pelouses d'un jardin* il tappeto erboso, il prato di un giardino; *tondre une pelouse* rasare l'erba (del prato) → **gazon** **2** [*partie d'un champ de courses, gazonnée, ouverte au public*] prato: *la pelouse et le pesage* il prato e il recinto del peso.

pelta |pɛlta|, **pelte** |pɛlt(ə)| *s.m. ou f.* (*archéol.*) pelta *f.*

peltaste |pɛltast(ə)| *s.m.* (*antiq. gr.*) peltasta.

pelté, ée |pɛlte| *adj.* (*bot.*) peltato.

peluche |p(ə)lyʃ| *s.f.* **1** 'peluche' (*inv.*): *peluche de laine, de soie* 'peluche' di lana, di seta ◇ (*spécialt.*) *ours en peluche* [*jouet d'enfant*] orso di 'peluche' **2** *pluche* (*fam.*), *peluche* [*flocon de poussière*] bioccolo *m.* di polvere ◇ [*poil détaché d'une étoffe*] peluzzo *m.*, peletto *m.* **3** (*fam.*) → **pluches.**

peluché, ée |p(ə)lyʃe| *adj.* [*qui ressemble à de la peluche, qui a de longs poils*] peloso: *étoffe peluchée* stoffa pelosa.

pelucher |p(ə)lyʃe| *v.intr.* [*devenir poilu comme la peluche*] fare (103) *tr.* il pelo: *une vieille robe de chambre qui commence à pelucher* una vecchia vestaglia che incomincia a fare il pelo.

pelucheux, euse |p(ə)lyʃø, øz| *adj.* [→ PELUCHER] che fa il pelo *loc.*; che (al tatto) è come la 'peluche' *loc.*

pelure |p(ə)lyʀ| *s.f.* **1** [*peau* (*d'un fruit, d'un légume pelé*)] buccia*, scorza: *une pelure de fruit* una buccia, una scorza di frutto; *une pelure de pomme de terre* una buccia di patata **2** (*fam.*) [*vêtement; manteau*] vestito *m.* (*cour.*); cappotto *m.* (*cour.*) **3** *papier pelure* [*très fin et légèrement translucide*] (carta) velina.

pelvien, ienne |pɛlvjɛ̃, jɛn| *adj.* (*anat.*) pelvico*.

pelvigraphie |pɛlvigʀafi| *s.f.* (*méd.*) pelvigrafia.

pelvimétrie |pɛlvimetʀi| *s.f.* (*méd.*) pelvimetria.

pelvipéritonite |pɛlviperitɔnit| *s.f.* (*méd.*) pelviperitonite.

pelvis |pɛlvis| *s.m.* (*anat.*) pelvi *f. inv.*, bacino.

pemmican |pe(ɛm)mikɑ̃| *s.m.* (*angl.*) pemmican *inv.*

pemphigus |pɛ̃figys| *s.m.* (*méd.*) pemfigo*, penfigo*.

pénal, ale, aux |penal, o| *adj.* penale: *droit pénal* diritto penale ◇ (*par ext.*) *clause pénale* (clausola) penale.

pénalement |penalmɑ̃| *adv.* [→ PÉNAL] penalmente.

pénalisation |penalizɑsjɔ̃| *s.f.* (*sport*) penalità *inv.*, penalizzazione: *le coup franc, le penalty sont des pénalisations* il calcio di punizione, il rigore sono penalità, penalizzazioni.

pénaliser |penalize| *v.tr.* [*infliger une punition, une pénalisation à*] penalizzare, punire (197) ✦ (*au p.p.*) *être pénalisé* essere penalizzato, punito; *une infraction au code de la route sévèrement pénalisée* un'infrazione al codice stradale severamente punita.

pénalité |penalite| *s.f.* **1** (*dr.*) penale **2** [*peine; sanction applicable à un délit fiscal*] penalità *inv.* **3** (*littér.*) insieme *m.* delle pene (*cour.*) **4** (*sport*) penalità, penalizzazione: *pénalités appliquées par l'arbitre* penalità, penalizzazioni inflitte dell'arbitro → **penalisation.**

penalty |penalti| *s.m.* (*angl.*) (*sport*) (calcio* di) rigore: *des penalties* dei rigori; *l'arbitre a sifflé le penalty* l'arbitro ha fischiato il rigore.

pénard |penaʀ| *s. et adj.* → **peinard.**

pénardement |penaʀdəmɑ̃| *adv.* → **peinardement.**

pénates |penat| *s.m. pl.* **1** (*antiq. rom.*) penati ◇ (*loc.*) *porter, emporter ses pénates dans tel endroit* stabilirsi, sistemarsi in un determinato luogo **2** [*demeure*] penati: *regagner ses pénates* [*sa demeure*] tornare ai propri penati (*plais.*), ritornare a casa → 2 **foyer, maison.**

penaud, aude |pəno, od| *adj.* [*honteux à la suite d'une maladresse*] mortificato → **confus, déconfit.**

penchant |pɑ̃ʃɑ̃| *s.m.* **1** [*inclination naturelle* (*vers un objet ou une fin*)] inclinazione (*f.*): *mauvais penchants* cattive inclinazioni → **tendance** # *il a un penchant à la paresse, pour la paresse* ha tendenza alla pigrizia **2** (*littér.*) [*mouvement de sympathie* (*pour qqn.*)] attrazione (*f.*): *le penchant qu'ils ont l'un pour l'autre* l'attrazione che provano l'uno per l'altra.

penché, ée |pɑ̃ʃe| *adj.* → **pencher.**

pencher |pɑ̃ʃe| **A** *v.intr.* **1** [*cesser d'être vertical en prenant un équilibre instable ou une position anormale*] pendere*: *mur qui penche* muro che pende ✦ (*au p.p.*) *la tour penchée de Pise* la torre pendente *p. prés.* di Pisa **2** [*s'abaisser par rapport à l'horizontale*] essere (96) (*aux.* essere) inclinato: *son écriture penche* la sua scrittura è inclinata ◇ (*loc.*) *faire pencher la balance* far pendere la bilancia **3** *loc.* PENCHER VERS (*vieilli*), POUR (*sujet de personne*) [*être porté, avoir une tendance à choisir* (*qqch., qqn.*)] propendere (105) per: *il penche pour la deuxième hypothèse* propende per la seconda ipotesi → **préférer** **B** *v.tr.* [*rendre oblique* (*par rapport à l'horizontale ou à la verticale*); *faire aller vers le bas*] inclinare: *pencher une carafe pour verser de l'eau* inclinare una caraffa per versare dell'acqua; *pencher la tête* inclinare la testa → **courber** ✦ *au p.p.* (*loc. iron.*) *avoir, prendre des airs penchés* [*avoir l'air rêveur, pensif*] avere, prendere un'aria sognante *p. prés.* **C** *v.pron. réfl.* SE PENCHER **1** [*s'incliner*] sporgersi (167): *défense de se pencher par la portière* vietato sporgersi dalla portiera **2** SE PENCHER SUR [*s'occuper de* (*qqn.*) *avec sollicitude; s'intéresser à* (*qqn., qqch.*) *avec curiosité*] meditare *intr.* su; rivolgere (196)

tr. l'attenzione a: *se pencher sur la misère* meditare sulla miseria || *se pencher sur un problème* rivolgere la propria attenzione a un problema.
pendable |pɑ̃dabl(ə)| *adj.* **1** (*loc.*) *c'est un cas pendable* [*une action coupable*] è un caso gravissimo ~ *jouer un tour pendable à qqn.* giocare un brutto tiro, un tiro mancino a qc. **2** (*vx.*) (*en parlant de l'auteur d'un crime*) passibile d'impiccagione.
pendage |pɑ̃daʒ| *s.m.* (*techn.*) pendenza *f.* (di un filone).
pendaison |pɑ̃dɛzɔ̃| *s.f.* **1** [→ PENDRE B 2] impiccagione: *le supplice de la pendaison* la pena dell'impiccagione **2** [→ PENDRE C 3] impiccamento *m.* **3** *la pendaison de crémaillère* l'inaugurazione della nuova casa.
1 **pendant** |pɑ̃dɑ̃| *s.m.* **1** (*archéol.*) pendaglio* **2** *pendants d'oreilles* [*paire de bijoux suspendus à l'oreille par une boucle*] pendenti **3** LE PENDANT DE..., DES PENDANTS 'pendant' (*inv.*): *cette estampe est le pendant de l'autre* questa stampa è il 'pendant' dell'altra **4** *loc.* FAIRE PENDANT À, SE FAIRE PENDANT [*être symétrique*] fare da 'pendant', fare (il) 'pendant' a: *les deux tours du château se font pendant* le due torri del castello fanno (il) 'pendant' l'una all'altra.
2 **pendant** |pɑ̃dɑ̃| *prép.* **1** [*en même temps que, dans le temps de*] durante: *pendant l'hiver* durante l'inverno; *il est décédé pendant le voyage* è deceduto durante il viaggio → 1 **cours de (au), durant** # *il n'a rien fait pendant toute la journée* non ha fatto niente per, in tutto il giorno; *pendant ce temps* nel frattempo ◇ *ellipt.* (*adv.*) *avant la guerre et pendant* prima e durante la guerra **2** *loc. conj.* PENDANT QUE [*dans le même temps que; dans tout le temps que*] mentre; già che: *amusons-nous pendant que nous sommes jeunes* divertiamoci mentre siamo giovani || *pendant que j'y pense, je dois vous dire que...* già che ci penso, devo dirle che...; (*iron.*) *pendant que vous y êtes, prenez aussi mon portefeuille!* già che c'è, si prenda anche il portafoglio! ◇ [*alors, tandis que*] mentre: *les uns s'amusent pendant que d'autres souffrent* alcuni si si divertono mentre altri soffrono.
pendant, ante |pɑ̃dɑ̃, ɑ̃t| *adj.* **1** [*qui pend*] penzoloni *adv.*, ciondoloni (*adv.*): *les bras pendants* le braccia penzoloni, ciondoloni; *les chiens haletaient, la langue pendante* i cani ansimavano con la lingua penzoloni, ciondoloni **2** (*dr.*) *fruits pendants* frutti pendenti **3** *affaire, question pendante* faccenda, questione pendente, in sospeso.
pendard, arde |pɑ̃daʀ, aʀd(ə)| *s.* (*vx.*) [*qui mérite d'être pendu*] pendaglio* *m.* (*cour.*) da forca → **coquin, fripon, vaurien.**
pendeloque |pɑ̃dlɔk| *s.f.* **1** → 1 **pendant** 2 **2** [*ornement suspendu à un lustre*] goccia*: *pendeloques de cristal* gocce di cristallo.
pendentif |pɑ̃dɑ̃tif| *s.m.* **1** [*bijou qu'on porte suspendu au cou par une chaînette*] ciondolo, pendaglio* → **sautoir** ◇ [*pendant d'oreille*] pendente **2** (*archit.*) peduccio*.
penderie |pɑ̃dʀi| *s.f.* [*petite pièce, placard où l'on suspend des vêtements*] guardaroba *m. inv.*; (armadio* *m.*) guardaroba.
pendiller |pɑ̃dije| *v.intr.* [*être suspendu en se balançant, en s'agitant en l'air*] penzolare: *linge qui pendille sur une corde* biancheria che penzola su una corda.
pendillon |pɑ̃dijɔ̃| *s.m.* (*techn.*) ancora *f.*
pendoir |pɑ̃dwaʀ| *s.m.* [*crochet pour suspendre la viande dans une boucherie*] gancio*, uncino.
pendouiller |pɑ̃duje| *v.intr.* (*fam.*) [*pendre d'une manière ridicule, mollement*] (s)penzolare: *avoir une mèche qui pendouille devant les yeux* avere una ciocca di capelli che penzola sugli occhi.
pendre |pɑ̃dʀ(ə)| (53) **A** *v.intr.* (*choses*) **1** [*être fixé par le haut, la partie inférieure restant libre*] pendere*: *morceau de viande qui pend à un crochet* pezzo di carne che pende da un gancio, appeso a un gancio # *laisser pendre ses bras, ses jambes* lasciar penzolare le braccia, le gambe **2** [*descendre plus bas qu'il ne faudrait, s'affaisser*] pendere: *une jupe qui pend par-derrière* una gonna che pende (di) dietro # *il a les joues qui pendent* ha le guance cascanti **3** (*fig.*) *un malheur lui pend sur la tête* gli sta per piombare addosso una disgrazia ◇ (*loc. fam.*) *ça lui pend au nez* se l'è voluta, se l'è cercata (lui) **B** *v.tr.* **1** [*fixer (qqch.) par le haut de manière que la partie inférieure reste libre*] appendere (105): *pendre un jambon au plafond* appendere un prosciutto al soffitto → **suspendre** # *le linge pendu aux fenêtres* la biancheria stesa alle finestre ◇ (*loc. fam.*) *pendre la crémaillère* [*célébrer par une réception son installation dans un nouveau logement*] inaugurare la nuova casa (*cour.*) **2** [*mettre à mort (qqn.) en suspendant par le cou au moyen d'une corde*] impiccare: *pendre un condamné à une potence* impiccare un condannato alla forca ◇ (*dr. anc.*) *pendre qqn. en effigie* impiccare qc. in effigie **3** (*dans des express.*) *dire pis que pendre de qqn.* dire peste (e corna) di qc. → **médire** ~ (*fam.*) *qu'il aille se faire pendre ailleurs* che si impicchi ~ *je veux être pendu si...* possa (io) morire se... ~ *il ne vaut pas la corde pour le pendre* [*rien ne pourra l'améliorer*] a lavare il capo all'asino, si perde il ranno e il sapone **C** *v.pron. réfl.* SE PENDRE **1** [*se tenir en laissant pendre* (A 1) *son corps*] appendersi, aggrapparsi: *se pendre par les mains à une barre* appendersi, aggrapparsi a una sbarra ◇ (*fam., par exagér.*) *se pendre au cou de qqn.* appendersi al collo di qc.; *se pendre à la sonnette de qqn.* [*sonner sans arrêt*] attaccarsi al campanello di qc. **2** *au p.p.* ÊTRE PENDU À [*ne pas quitter, ne pas laisser*] essere attaccato a: *il est tout le temps pendu au téléphone* è continuamente attaccato al telefono # *être pendu aux lèvres de qqn.* pendere dalle labbra di qc. **3** *absolt.* [*se suicider par pendaison*] impiccarsi: *il s'est pendu par désespoir* si è impiccato per la disperazione.
pendu, ue |pɑ̃dy| **1** *p.p.* [→ PENDRE] appeso: *des rangées de saucissons pendus* delle file di salami appesi (al soffitto) ◇ (*loc. fam.*) *avoir la langue bien pendue* [*être très bavard*] avere lo scilinguagnolo sciolto **2** *adj.* [*mort par pendaison*] impiccato ♦ (*s.*) *un pendu* un impiccato.
pendulaire |pɑ̃dylɛʀ| (*adj.*) *mouvement pendulaire* movimento pendolare.
1 **pendule** |pɑ̃dyl| *s.m.* **1** (*phys.*) pendolo: *pendule simple* pendolo semplice; *pendule d'une horloge* pendolo dell'orologio **2** *pendule de sourcier, de radiesthésiste* pendolino del rabdomante, del radioestesista.
2 **pendule** |pɑ̃dyl| *s.f.* **1** (orologio* *m.* a) pendolo *m.*, pendola: *carillon d'une pendule* 'carillon' di un pendolo, di una pendola **2** *pendule astronomique* pendolo astronomico.
penduler |pɑ̃dyle| *v.intr.* (*alpinisme*) [*basculer ou osciller comme un pendule*] pendolare.
pendulette |pɑ̃dylɛt| *s.f.* orologio* *m.* portatile, da viaggio.
penduline |pɑ̃dylin| *s.f.* (*t.zool.*) pendolino *m.*
pêne |pɛn| *s.m.* (*techn.*) stanghetta *f.*, chiavistello (di serratura).
pénéplaine |peneplɛn| *s.f.* (*géogr.*) penepiano *m.*
pénétrabilité |penetʀabilite| *s.f.* (*littér.*) penetrabilità *inv.* ⓒ **impénétrabilité.**
pénétrable |penetʀabl(ə)| *adj.* **1** [→ PÉNÉTRER A 1] permeabile: *pénétrable à l'eau, à la lumière* permeabile all'acqua, alla luce → **perméable** **2** [→ PÉNÉTRER B 3] penetrabile: *secret difficilement pénétrable* segreto difficilmente penetrabile ⓒ **impénétrable.**
pénétrant, ante |penetʀɑ̃, ɑ̃t| *adj.* **1** penetrante: *pluie pénétrante et fine* pioggia penetrante e fine **2** [*qui procure une impression puissante*] penetrante: *odeur pénétrante* odore penetrante; *regard pénétrant* sguardo penetrante → **perçant** **3** [*qui pénètre dans la compréhension des choses*] penetrante: *esprit pénétrant* mente penetrante → **clairvoyant, perspicace** ⓒ 3 **obtus.**
pénétrante |penetʀɑ̃t| *s.f.* (autostrada di) penetrazione urbana.
pénétration |penetʀɑsjɔ̃| *s.f.* **1** penetrazione: *force de pénétration d'un projectile* forza di penetrazione di un proiettile **2** (*fig.*) [*facilité à comprendre*] penetrazione, acume *m.*
pénétré, ée |penetʀe| *adj.* [*rempli profondément* (*d'un sentiment, d'une conviction*)] compreso: *une mère pénétrée de ses devoirs* una madre compresa dai propri doveri; *être pénétré de son importance* essere compreso della propria importanza → **vaniteux, imbu, plein** ◇ (*souvent iron.*) *air pénétré* [*convaincu*] aria compresa; *d'un ton pénétré* con un tono compreso.
pénétrer |penetʀe| (8) **A** *v.intr.* **1** (*choses*) [*entrer profondément en passant à travers ce qui fait obstacle*] penetrare (*aux.* essere): *la balle a pénétré dans les chairs* la pallottola è penetrata nelle carni; *le soleil pénètre dans la chambre* il sole penetra nella camera; *faire pénétrer* far penetrare → **enfoncer (s'), insinuer (s')** **2** (*êtres vivants*) [*entrer*] penetrare: *les envahisseurs qui pénètrent dans un pays* gli invasori che penetrano in un paese # *pénétrer dans une maison, chez soi* entrare in una casa, a casa propria **3** (*fig.*) penetrare; *sentiment qui pénètre dans l'âme, le cœur* sentimento che penetra nell'anima, nel cuore **4** PÉNÉTRER DANS [*entrer dans la connaissance, la compréhension de* (*qqch.*)] pe-

netrare in: *pénétrer dans la structure intime des choses* penetrare, addentrarsi nella struttura intima delle cose # *pénétrer dans les détails* entrare, addentrarsi nei particolari **B** *v.tr.* **1** (*sujet de chose*) [*passer à travers, entrer profondément dans*] penetrare *intr.* (in): *liquide qui pénètre une substance* liquido che penetra in una sostanza → **imbiber, imprégner** **2** [*procurer une sensation intense* (*froid, etc.*)] penetrare (in): *le froid nous a pénétrés jusqu'aux os* il freddo ci è penetrato fin nelle ossa → **transpercer** ◇ (*fig.*) [*remplir*] riempire (203): *votre bonté me pénètre d'admiration* la sua bontà mi riempie di ammirazione **3** (*sujet de personne*) [*parvenir à connaître, à comprendre d'une manière poussée*] penetrare: *pénétrer un mystère* penetrare un mistero → **découvrir, 1 percevoir, saisir** # *pénétrer les intentions de qqn.* leggere nelle intenzioni di qc. → **sonder** **C** *v.pron.* SE PÉNÉTRER **1** (*intr.*) *se pénétrer de* [*s'imprégner* (*d'une idée*)] convincersi (193), compenetrarsi di: *il n'arrive pas à se pénétrer de l'utilité de ce travail* non riesce a convincersi, a compenetrarsi dell'utilità di questo lavoro ♦ *au p.p.* → **pénétré** **2** *récipr.* [*se combiner, se mêler*] compenetrarsi.

pénétromètre |penetʀɔmɛtʀ(ə)| *s.m.* (*techn.*) penetrometro.

pénibilité |penibilite| *s.f.* [*caractère de ce qui est plus ou moins pénible*] faticosità *inv.*; difficoltà *inv.*

pénible |penibl(ə)| *adj.* **1** [*qui se fait avec peine, fatigue*] faticoso: *travail pénible* lavoro faticoso; *respiration pénible* respirazione faticosa, difficoltosa → **ardu, difficile** **2** [*qui cause de la peine ou de l'ennui*] difficile; penoso *vie pénible* vita difficile, dura; *vivre des moments pénibles* vivere momenti difficili, brutti momenti → **désagréable, dur, triste** ‖ *il m'est pénible de vous voir dans cet état* è penoso per me vederla in questo stato ◇ (*personnes*) (*fam.*) *il a un caractère pénible* [*difficile à supporter*] ha un carattere difficile.

péniblement |penibləmɑ̃| *adv.* **1** [→ PÉNIBLE 1] faticosamente: *il y est arrivé péniblement* ci è riuscito faticosamente **2** [*avec douleur*] dolorosamente: *il a été péniblement affecté* è stato dolorosamente colpito → **cruellement** **3** [*à peine, tout juste*] a malapena *loc. inv.*, appena: *un journal qui tire péniblement à trente-cinq mille exemplaires* un giornale che arriva a malapena, appena a trentacinquemila copie Ⓒ 1 **aisément, facilement.**

péniche |peniʃ| *s.f.* **1** [*bateau fluvial à fond plat*] chiatta: *un train de péniches remorquées* un convoglio di chiatte rimorchiate → **chaland** ◇ (*par anal.*) *péniche de débarquement* mezzo *m.* da sbarco **2** (*vx.*) canotto *m.* (*cour.*); scialuppa (*cour.*).

pénicille |penisil| *s.m.* (*anat.*) penicillo.

pénicille |penisil|, **penicillium** |penisi(l)ljɔm| *s.m.* penicillio*.

pénicillé, ée |penisi(l)le| *adj.* (*sc. nat.*) penicillato.

pénicilline |penisilin| *s.f.* (*pharm.*) penicillina.

pénicillo-résistant, ante |penisilɔrezistɑ̃, ɑ̃t| *adj.* (*méd.*) penicillino-resistente.

pénien, ienne |penjɛ̃, jɛn| *adj.* (*méd.*) penico*.

pénil |penil| *s.m.* (*anat.*) pettignone.

péninsulaire |penɛ̃sylɛʀ| *adj.* peninsulare.

péninsule |penɛ̃syl| *s.f.* penisola.

pénis |penis| *s.m.* (*anat.*) pene.

pénitence |penitɑ̃s| *s.f.* **1** penitenza: *faire pénitence* fare penitenza → **contrition** ◇ [*rite sacramentel*] penitenza → **confession** **2** *une pénitence* [*peine que le confesseur impose au pénitent; pratique pénible que l'on s'impose pour expier ses péchés*] penitenza **3** [*châtiment*] punizione, castigo* (*m.*): *infliger une pénitence* infliggere una punizione, un castigo ◇ (*spécialt. aux jeux de société*) penitenza ◇ (*loc.*) *par pénitence* [*pour se punir*] per castigo, per penitenza ~ *pour ta pénitence, tu copieras cent lignes* per castigo, copierai cento righe ~ *mettre un enfant en pénitence* mettere un bambino in castigo.

pénitencerie |penitɑ̃sʀi| *s.f.* (*relig. cathol.*) penitenzieria.

1 **pénitencier** |penitɑ̃sje| *s.m.* (*relig. cathol.*) penitenziere.

2 **pénitencier** |penitɑ̃sje| *s.m.* [*prison*] penitenziario* ◇ [*maison de correction*] riformatorio*.

pénitent, ente |penitɑ̃, ɑ̃t|. **I** *s.* **1** [*personne qui confesse ses péchés*] penitente **2** (*hist. relig.*) penitente **3** *les Pénitents blancs, noirs* i Penitenti bianchi, neri **II** *adj.* di penitenza (*loc. inv.*): *vie pénitente* vita di penitenza.

pénitentiaire |penitɑ̃sjɛʀ| *adj.* penitenziario*: *système pénitentiaire* sistema penitenziario # *établissement pénitentiaire* casa di pena.

pénitential, ale, aux |penitɑ̃sjal, o| *adj.* **1** (*vx. au sing.*) → **pénitentiel** 1 **2** *psaumes pénitentiaux* salmi penitenziali.

pénitentiel, elle |penitɑ̃sjɛl| **1** *adj.* penitenziale: *œuvres pénitentielles* opere penitenziali **2** (*s.m.*) *le pénitentiel* il rituale penitenziale.

pennage |pɛn(n)aʒ| *s.m.* (*faucon.*) piumaggio* caduco*, livrea *f.* (dei rapaci).

pennatule |pe(ɛ)natyl| *s.f.* (*t.zool.*) pennatula.

penne |pɛn| *s.f.* **I** (*zool.*) penna → **rémige, 2 recteur** **II** **1** (*mar.*) penna **2** (*archéol.*) impennatura.

penné, ée |pɛ(n)ne| *adj.* (*bot.*) pennato: *feuille pennée* foglia pennata.

penniforme |pe(ɛn)nifɔʀm(ə)| *adj.* (*bot.*) penniforme.

pennine |pe(ɛn)nin| *s.f.* (*minér.*) pennina.

pennon |pe(ɛn)nɔ̃| *s.m.* **1** (*médiév., hist.*) pennone **2** (*blas.*) pennone.

penny |peni| *s.m.* [*monnaie angl.*] penny (*inv.*): *des pence* |pɛns(ə)| dei penny.

pénombre |penɔ̃bʀ(ə)| *s.f.* **1** penombra → **demi-jour**; **clair-obscur** ◇ (*fig.*) *il est resté dans la pénombre* è rimasto nell'ombra **2** (*phys.*) penombra.

penon |pənɔ̃| *s.m.* **1** (*mar.*) mostravento *inv.* **2** → **pennon** 2.

pensable |pɑ̃sabl(ə)| *adj.* [→ PENSER] pensabile: *ce n'est pas pensable* non è pensabile, è impensabile → **concevable, imaginable** Ⓒ **impensable.**

pensant, ante |pɑ̃sɑ̃, ɑ̃t| *adj.* **1** pensante: *l'homme est un être pensant* l'uomo è un essere pensante **2** *bien pensant* [*qui pense conformément à l'ordre établi*] benpensante → **conformiste** ♦ (*s.*) *un bien-pensant* un benpensante.

pense-bête |pɑ̃sbɛt| *s.m.* [*chose, marque destinée à rappeler ce que l'on a projeté de faire*] nodo al fazzoletto, promemoria (*inv.*): *des pense-bêtes* dei nodi al fazzoletto, dei promemoria.

1 **pensée** |pɑ̃se| *s.f.* **I** **1** [*ce que qqn. pense, sent, veut; l'esprit qui pense, désire, etc.*] pensiero (*m.*): *deviner la pensée de qqn.* indovinare il pensiero di qc. ◇ (*loc.*) *dans la pensée de...* [*dans l'intention, le dessein de*] con l'idea di... **2** LA PENSÉE il pensiero: *la pensée abstraite* il pensiero astratto; *expression de la pensée par le langage* espressione del pensiero per mezzo del linguaggio **3** LA PENSÉE DE QQN. [*sa façon de penser; sa position intellectuelle*] il pensiero di qc.: *la pensée de Marx* il pensiero di Marx → **philosophie**; *je partage votre pensée là-dessus* condivido il suo pensiero, il suo punto di vista sulla questione → **opinion** ◇ (*loc.*) *aller jusqu'au bout de sa pensée* andare fino in fondo **4** *loc.* EN PENSÉE, PAR LA PENSÉE [*en esprit*] con il pensiero: *se transporter quelque part par la pensée* lasciarsi trasportare da qualche parte con il pensiero **5** [*manière de penser*] pensiero: *pensée claire, banale* pensiero chiaro, banale; *la libre pensée* il libero pensiero **6** [*ensemble d'idées, de doctrines communes à plusieurs*] pensiero: *les grands courants de la pensée contemporaine* le grandi correnti del pensiero contemporaneo **II** UNE, DES PENSÉE(S) **1** [*tout ensemble de représentations dans la conscience*] pensiero: *avoir une pensée émue pour qqn.* rivolgere un commosso pensiero a qc.; *recevez nos plus affectueuses pensées* ricevete i nostri pensieri più affettuosi; *j'ai découvert le fond de ses pensées* ho scoperto i suoi pensieri più reconditi → **idée, sentiment** **2** [*phénomène psychique à caractère représentatif et objectif*] pensiero: *pensées profondes* pensieri profondi; *il reste absorbé dans ses pensées* se ne sta assorto nei suoi pensieri → **méditation, réflexion** **3** [*expression brève d'une idée*] pensiero: *les 'Pensées' de Pascal* i 'Pensieri' di Pascal → **maxime, sentence** **III** **1** LA PENSÉE DE (QQN., QQCH.) il pensiero di (qc., q.c.): *la pensée de l'être aimé* il pensiero dell'essere amato; *elle était effrayée à la seule pensée de prendre l'avion* era spaventata al solo pensiero di prendere l'aereo **2** LA PENSÉE QUE: *la pensée que cette maison était à lui l'enthousiasmait* il pensiero che quella casa fosse sua lo riempiva di entusiasmo.

2 **pensée** |pɑ̃se| *s.f.* (*t.bot.*) viola del pensiero, 'pensée' (*inv.*): *pensées jaunes* viole del pensiero gialle.

penser |pɑ̃se| **A** *v.intr.* **I** **1** [*former, combiner des idées, des jugements*] pensare: *penser juste* pensare giusto; *la façon de penser de qqn.* il modo di pensare di qc. → **raisonner, juger**; *penser sur un sujet* pensare a, meditare su un argomento; *une chose qui donne, qui laisse à penser* una cosa che dà da pensare, che fa pensare → **réfléchir, méditer** **2** [*sentir, vouloir, réfléchir*] pensare: *penser tout haut* pensare ad alta voce; *il pense en français* pensa in francese **3** [*avoir un esprit*] pensare: *les animaux pensent-ils?* gli animali pensano? **II** PENSER À **1** [*appliquer sa réflexion, son attention à*] pensare: *pensez à ce que vous dites* pensi a quel che dice; *à quoi pensez-vous?* a cosa pensa? → **songer**; *n'y pensons plus* non pensiamoci più; *faire une chose sans y penser* fare una cosa senza pensarci → **réfléchir** **2** [*évoquer par la mémoire ou l'imagination*] pensare: *il s'efforçait de ne plus penser à elle* si sforzava di non pensare più a lei → **imaginer, rappeler, 1 souvenir (se)** ◇ *loc.* FAIRE PENSER À far pensare a: *son visage fait penser aux pastels anglais* il suo viso fa pensare ai pastelli inglesi → **évoquer, suggérer** **3** [*s'intéresser à*] pensare: *penser aux autres* pensare agli altri; *penser à l'avenir* pensare al futuro; *elle ne pense qu'à s'amuser* pensa solo a divertirsi → **2 (s')occuper (de)** **4** [*avoir en tête, en mémoire; considérer en vue d'une action*] pensare: *j'essaierai d'y penser* cercherò di pensarci → **1 souvenir (se)**; *il a pensé à tout* ha pensato a tutto → **prévoir**; *je n'avais pas pensé à cela* non ci avevo pensato, non avevo pensato a una simile evenienza; *sans penser à mal* senza pensare male # *pensez à fermer la fenêtre en partant* ricordatevi di chiudere la finestra andando via; *faites-moi penser à poster ma lettre* mi ricordi di imbucare la lettera **B** *v.tr.* **1** [*avoir pour opinion, pour conviction*] pensare: *penser du bien, du mal de qqn., de qqch.* pensare bene, male di qc., di q.c.; *qu'en pensez-vous?* cosa ne pensa?; *que faut-il penser?* cosa si può pensare? → **estimer** ◇ (*loc.*) *il ne dit rien, mais il n'en pense pas moins* non dice niente ma la sa lunga **2** [*avoir l'idée de*] pensare: *jamais je n'aurais pu penser cela!* non l'avrei mai pensato, creduto!; *il n'est pas si désintéressé qu'on le pense* non è poi tanto disinteressato come si pensa, si crede → **croire, imaginer, supposer** ◇ (*exclam., fam.*) *tu penses!, penses-tu!* [*tu parles!*] figurati!, figurarsi!; *pensez-vous!* figuratevi (si figuri)! ◇ *loc.* PENSER QUE [*croire; avoir l'idée, la conviction que*] pensare che: *je pense qu'il peut finir aujourd'hui* penso che possa finire oggi; *je ne pense pas qu'il puisse nous aider* non penso che possa aiutarci # *vous pensez bien que je n'aurais jamais accepté!* è chiaro, è evidente che non avrei mai accettato! ~ PENSER (+ *inf.*) pensare di (+ *inf.*): *nous pensons avoir résolu ce problème* pensiamo di aver risolto questo problema **3** [*avoir dans l'esprit* (*idée, pensée, image, sentiment*)] pensare: *dire ce que l'on pense* dire quel che si pensa ◇ (*loc.*) *il lui a flanqué un coup de pied où vous pensez* [*au derrière*] gli ha mollato una pedata in quel posto ~ PENSER QUE [*imaginer*] pensare che: *pensez qu'elle n'a que vingt ans* pensi che ha soltanto vent'anni **4** *loc.* PENSER (+ *inf.*) [*avoir l'intention, avoir en vue de*] pensare di (+ *inf.*): *que pensez-vous faire à présent?* cosa pensa(te) di fare adesso? → **compter**; *il avait pensé venir avec nous à la montagne* aveva pensato di venire con noi in montagna **5** (*littér.*) [*considérer clairement, embrasser par la pensée*] pensare: *cela a été pensé en vue de...* è stato pensato in vista di... → **1 concevoir.**

2 **penser** |pɑ̃se| *s.m.* **1** (*vx.*) [*faculté de penser; façon de penser*] il pensare *inv.* (*cour.*) **2** (*littér.*) pensiero (*cour.*).

penseur |pɑ̃sœʀ| *s.m.* **1** [*celui qui s'applique à penser*] pensatore: *'le penseur' de Rodin* 'il pensatore' di Rodin **2** [*celui qui a des pensées neuves et personnelles sur les problèmes généraux*] pensatore: *les penseurs du XVIII*[e] *siècle* i pensatori del Settecento **3** *libre penseur* libero pensatore.

pensif, ive |pɑ̃sif, iv| *adj.* [*qui est absorbé dans ses pensées*] pensoso, pensieroso: *un homme pensif* un uomo pensoso; *un air pensif* un'aria pensosa, pensierosa → **préoccupé, soucieux, songeur.**

1 **pension** |pɑ̃sjɔ̃| *s.f.* pensione: *pension de retraite* pensione (di anzianità, di vecchiaia); *pension réversible, de réversion* pensione reversibile; *pension de guerre* pensione di guerra # *pension viagère* vitalizio; *pension alimentaire* (assegno per gli) alimenti.

2 **pension** |pɑ̃sjɔ̃| *s.f.* **1** (*dans des express.*) [*le fait d'être nourri et logé chez qqn.*] pensione: *prendre pension chez un particulier, dans un hôtel* stare a pensione presso un privato, in un albergo; *prendre une chambre sans pension, avec demi-pension, avec pension complète* prendere una camera senza pensione, con la mezza pensione, con la pensione completa ◇ *loc.* EN PENSION: *prendre qqn. chez soi en pension* tenere a pensione qc.; *mettre un enfant en pension dans un collège* mettere un bambino in collegio **2** [*somme qu'on paye pour être logé et nourri*] pensione; retta: *payer la pension dans un hôtel* pagare la pensione in un albergo || *payer la pension d'un élève* pagare la retta di un allievo **3** UNE PENSION [*établissement où l'on prend pension*] pensione, pensionato (*m.*): *une pension pour dames seules* un pensionato per signore sole ◇ (*spécialt.*) [*internat*] *une pension de jeunes filles* un collegio *m.*, un convitto *m.* femminile ◇ [*ensemble des élèves d'une pension*] collegio, convitto: *toute la pension était en promenade* tutto il collegio, il convitto era a passeggio **4** (*loc.*) *pension de famille* pensione familiare.

pensionnaire |pɑ̃sjɔnɛʀ| *s.* **1** [*personne qui prend pension chez un particulier, dans un hôtel*] pensionante ◇ (*fam.*) *les pensionnaires d'une prison, d'un hospice* gli ospiti di una prigione, di un ospizio **2** [*élève logé et nourri dans l'établissement scolaire qu'il fréquente*] convittore*, collegiale: *les pensionnaires et les externes* i convittori, i collegiali e gli esterni → **interne** ♦ *s.f.* [*jeune fille naïve*] collegiale, educanda **3** [*étudiant ou jeune artiste qui bénéficie d'un séjour dans une fondation, une école*] borsista **4** *les pensionnaires de la Comédie-Française* gli attori (a stipendio fisso) della 'Comédie-Française' **5** (*vx.*) → **pensionné.**

pensionnat |pɑ̃sjɔna| *s.m.* [*maison d'éducation privée où les élèves sont logés et nourris*] collegio*, convitto: *dortoir d'un pensionnat* dormitorio di un collegio, di un convitto → **internat** ◇ [*les élèves de cet établissement*] collegio, convitto: *tout le pensionnat est à la promenade* tutto il collegio, il convitto fa la passeggiata.

pensionné, ée |pɑ̃sjɔne| *s. et adj.* pensionato.

pensionner |pɑ̃sjɔne| *v.tr.* [*pourvoir* (*qqn.*) *d'une pension*] assegnare una pensione (a), pensionare.

pensivement |pɑ̃sivmɑ̃| *adv.* [→ PENSIF] pensosamente.

pensum |pɛ̃sɔm| *s.m.* (*lat.*) **1** (*vieilli*) [*travail supplémentaire imposé à un élève par punition*] penso **2** [*travail pénible*] penitenza *f.*

pent(a)- |pɛ̃t(a)| *préf.* (*signifiant 'cinq', correspond généralt. à*) penta: *pentagone* pentagono.

pentacle |pɛ̃takl(ə)| *s.m.* pentacolo.

pentacorde |pɛ̃takɔʀd(ə)| *s.m.* (*mus.*) pentacordo.

pentacrine |pɛ̃takʀin| *s.m.* (*t.zool.*) pentacrino.

pentadactyle |pɛ̃tadaktil| *adj.* pentadattilo.

pentadécagone |pɛ̃tadekagɔn| *s.m. et adj.* (*géom.*) pentadecagono.

pentaèdre |pɛ̃taɛdʀ(ə)| *s.m.* (*géom.*) pentaedro.

pentagonal, ale, aux |pɛ̃tagɔnal, o| *adj.* (*géom.*) pentagonale.

pentagone |pɛ̃tagɔn| *s.m.* (*géom.*) pentagono ◇ (*spécialt.*) *le Pentagone* [*le ministère de la Défense, à Washington*] il Pentagono.

pentamère |pɛ̃tamɛʀ| *adj.* (*bot., zool.*) pentamero.

Pentamères |pɛ̃tamɛʀ| *s.m. pl.* (*t.zool.*) Pentameri.

pentamètre |pɛ̃tamɛtʀ(ə)| *adj. et s.m.* (*versif.*) pentametro.

pentane |pɛ̃tan| *s.m.* (*chim.*) pentano.

pentapétale |pɛ̃tapetal| *adj.* (*bot.*) a cinque petali *loc. inv.*

pentapodie |pɛ̃tapɔdi| *s.f.* (*versif.*) pentapodia.

pentapole |pɛ̃tapɔl| *s.f.* (*antiq.*) pentapoli *inv.*

pentarchie |pɛ̃taʀʃi| *s.f.* (*antiq.*) pentarchia.

pentasyllabe |pɛ̃tasil(l)ab| *adj. et s.m.* (*versif.*) pentasillabo.

pentateuque |pɛ̃tatøk| *s.m.* (*relig.*) pentateuco*.

pentathlon |pɛ̃tatlɔ̃| *s.m.* (*sport*) pentatlon *inv.*, pentathlon *inv.*

pentathlonien, ienne |pɛ̃tatlɔnjɛ̃, jɛn| *s.* pentatleta.

pentatome |pɛ̃tatɔm| *s.m. ou f.* (*t.zool.*) pentatoma *f.*

pentatonique |pɛ̃tatɔnik| *adj.* (*mus.*) pentatonico*.

pentavalent, ente |pɛ̃tavalɑ̃, ɑ̃t| *adj.* (*chim.*) pentavalente.

pente |pɑ̃t| *s.f.* **I** [*disposition oblique*] **1** [*déclivité*] pendenza: *pente douce, raide d'un chemin, d'un terrain* dolce, forte pendenza di una strada, di un terreno; *une pente de deux pour cent* una pendenza del due per cento # *pente de comble* [*inclinaison des plans d'un toit*] spiovente *m.*, falda del tetto ◇ (*math.*) *pente d'une droite* pendenza di una retta **2** [*direction de l'inclinaison selon laquelle une chose est entraînée*] pendio* (*m.*): *la pente du terrain* il pendio del terreno ◇ (*loc.*) *suivre sa pente* [*son penchant dominant*] seguire la propria inclinazione, tendenza **3** *loc.* EN PENTE in pendenza: *terrain en pente* terreno in pendenza; *chemin en pente raide* strada in forte pendenza ~ (*fig., pop.*) *avoir la dalle en pente* [*aimer à boire*] alzare volentieri il gomito **II** UNE PENTE [*surface oblique*] **1** [*surface inclinée*] pendio, pendice: *la pente d'une colline* il pendio, la pendice di una collina; *descendre, monter une pente* scendere, salire un pendio, una pendice → **côté,**

versant 2 [*ce qui incline la vie vers le mal*] china ◇ (*loc.*) *être sur une mauvaise pente* essere su una brutta china ~ *remonter la pente* risalire la china **III** (*ancienn.*) *pente de lit* [*bande d'étoffe autour d'un ciel de lit*] drappellone (*m.*); *pente de fenêtre* mantovana.

pentecôte |pɑ̃tkot| *s.f.* (*relig.*) Pentecoste: *le dimanche de* (*la*) *Pentecôte* la domenica di (della) Pentecoste.

pentédécagone |pɛ̃tedekagɔn| *s.m.* → **pentadécagone.**

pentélique |pɛ̃telik| *adj.* pentelico*.

penthémimère |pɛ̃temimɛʀ| *adj.* (*versif.*) *césure penthémimère* cesura pentemimera.

penthiobarbital |pɛ̃tjɔbaʀbital| *s.m.* → **penthotal.**

penthode, pentode |pɛ̃tɔd| *s.f.* (*phys., techn.*) pentodo *m.*

penthotal |pɛ̃tɔtal| *s.m.* (*sc.*) pentotal *inv.*

penthrite |pɛ̃tʀit(ə)| *s.f.* (*chim.*) pentrite.

pentite |pɛ̃tit(ə)| *s.f.*, **pentitol** |pɛ̃titɔl| *s.m.* (*chim.*) pentite *f.*

pentose |pɛ̃toz| *s.m.* (*chim.*) pentosio*.

pentu, ue |pɑ̃ty| *adj.* in forte pendenza, pendio *loc. inv.*

penture |pɑ̃tyʀ| *s.f.* **1** (*techn.*) bandella **2** (*mar.*) femminella.

pénultième |penyltjɛm| *adj.* penultimo ✦ *s.f.* (*ling.*) *la pénultième* la penultima.

pénurie |penyʀi| *s.f.* penuria, scarsezza: *pénurie de pétrole, de blé* penuria, scarsezza di petrolio, di grano; *pénurie de main-d'œuvre* scarsezza di manodopera → 1 **défaut, rareté** Ⓒ **abondance.**

1 **péon** |peɔ̃| *s.m.* [*paysan, ouvrier pauvre de l'Amérique du Sud*] peone.

2 **péon** |peɔ̃| *s.m.* (*versif.*) peone.

péonage |peɔnaʒ| *s.m.* peonaggio*.

péonique |peɔnik| *adj.* (*versif.*) *pied péonique* piede peonio*.

péotte |peɔt| *s.f.* (*ancienn., mar.*) peota.

pep |pɛp| *s.m.* (*amér.*) [*dynamisme, allant*] vitalità *f. inv.*, brio*.

pépé |pepe| *s.m.* (*fam.*) (*dans le langage enfantin*) [*grand-père*] nonnino, nonno (*cour.*).

pépée |pepe| *s.f.* **1** (*dans le langage enfantin*) [*poupée*] bambola (*cour.*) **2** (*pop.*) [*femme, jeune fille*] pupa: *une jolie pépée* una bella pupa.

pépère |pepɛʀ| **I** *s.m.* **1** → **pépé 2** (*fam.*) [*gros homme, gros enfant paisible, tranquille*] pacioccone: *un gros pépère* un pacioccone **II** *adj.* (*pop.*) [*agréable, tranquille*] tranquillo (*cour.*): *un petit coin pépère* un angolino tranquillo; *vie, travail pépère* vita tranquilla, lavoro tranquillo → **pinard.**

péperin |pepʀɛ̃| *s.m.* (*géol.*) peperino.

pépètes |pepɛt| *s.f. pl.* (*pop.*) [*argent*] grana *sing.*

pépie |pepi| *s.f.* **1** (*zool.*) pipita **2** (*fig.*) *avoir la pépie* [*avoir très soif*] aver l'arsura.

pépiement |pepimɑ̃| *s.m.* [→ PÉPIER] pigolio*: *les pépiements des moineaux, des poussins* i pigolii dei passeri, dei pulcini.

pépier |pepje| *v.intr.* (*en parlant des jeunes oiseaux*) [*pousser des petits cris*] pigolare.

1 **pépin** |pepɛ̃| *s.m.* **1** (*bot.*) seme: *les grains du café sont des pépins* i chicchi di caffè sono semi **2** [*graine de certains fruits*] seme: *fruits à pépins et à noyaux* frutti con semi e con nocciolo.

2 **pépin** |pepɛ̃| *s.m.* [*ennui, complication*] seccatura *f.*, guaio*: *pourvu qu'il n'ait pas de pépin!* purché non abbia seccature, guai!

3 **pépin** |pepɛ̃| *s.m.* (*fam.*) → **parapluie.**

pépinière |pepinjɛʀ| *s.f.* **1** (*arbor.*) vivaio* *m.* **2** [*ce qui fournit un grand nombre de personnes propres à une profession*] vivaio: *ce pays est une pépinière de savants, de footballeurs* questo paese è un vivaio di scienziati, di calciatori.

pépiniériste |pepinjeʀist(ə)| *s.* [*jardinier qui cultive une pépinière* (1)] vivaista → **arboriculteur** ✦ *adj.* vivaistico*.

pépite |pepit| *s.f.* pepita: *les chercheurs d'or ont trouvé des pépites* i cercatori d'oro hanno trovato delle pepite.

péplum |peplɔm| *s.m.* (*antiq. gr.*) peplo.

pépon |pepɔ̃|, **péponide** |pepɔnid| *s.m.* (*t.bot.*) peponio*, peponide.

peppermint |pepəʀmint, pepɛʀmɛ̃t| *s.m.* (*angl.*) peppermint *inv.*, menta *f.* piperita.

-pepsie |pɛpsi| *suff.* (*signifiant 'digestion', correspond généralt. à*) pepsia: *dyspepsie* dispepsia.

pepsine |pɛpsin| *s.f.* (*biochimie*) pepsina.

peptide |pɛptid| *s.m.* (*chim.*) peptide.

peptique |pɛptik| *adj.* (*biochimie, méd.*) peptico*: *troubles peptiques* disturbi peptici.

peptisation |pɛptizɑsjɔ̃| *s.f.* (*chim.*) peptizzazione.

peptogène |pɛptɔʒɛn| *adj.* (*pharm.*) eupeptico* ◇ *une substance peptogène* un eupeptico *s.m.*

peptone |pɛptɔn| *s.m.* (*chim.*) peptone.

peptonisation |pɛptɔnizɑsjɔ̃| *s.f.* (*biol.*) peptonizzazione.

peptonurie |pɛptɔnyʀi| *s.f.* (*méd.*) peptonuria.

péquenaud, aude |pɛkno, od| *s.*, **péquenot** |pɛkno| *s.m.* (*pop., péj.*) burino *s.*, cafone *s.* ✦ (*adj.*) *ce qu'il est péquenaud!* quant'è burino, cafone!

péquiste |pekist(ə)| *s. et adj.* (*au Québec*) (*se dit des membres et de la politique du Parti québécois*) ⊠.

per- |pɛʀ| *préf.* (*chim.*) (*exprimant un excès de la quantité normale d'un élément, correspond généralt. à*) per: *peroxyde* perossido.

péramèle |peʀamɛl| *s.m.* (*t.zool.*) peramele.

perborate |pɛʀbɔʀat| *s.m.* perborato.

perçage |pɛʀsaʒ| *s.m.* [*opération par laquelle on perce une matière*] perforazione *f.*

percale |pɛʀkal| *s.f.* percalle *m.*

percaline |pɛʀkalin| *s.f.* percallino *m.*

perçant, ante |pɛʀsɑ̃, ɑ̃t| *adj.* **1** [*qui voit au loin*] acuto: *vue perçante* vista acuta; *regard perçant* sguardo acuto ◇ (*spécialt.*) *yeux perçants* [*vifs et brillants*] occhi penetranti **2** (*son*) [*aigu et fort*] acuto: *des cris perçants* delle grida acute; *voix perçante* voce acuta → **criard, strident 3** (*vieilli*) [*perspicace*] acuto: *esprit perçant* mente acuta.

perce |pɛʀs(ə)| *s.f.* **1** (*loc.*) *mettre en perce* [*faire une ouverture à un tonneau pour en tirer le vin*] spillare una botte ◇ (*par métonymie*) *mettre du vin en perce* spillare vino (da una botte) **2** (*techn.*) succhiello *m.* **3** [*trou d'un instrument à vent*] foro *m.*

percée |pɛʀse| *s.f.* **1** [*ouverture qui ménage un passage*] varco* *m.*; apertura: *ouvrir une percée dans une forêt* aprire un varco nella foresta → **chemin, trouée** || *faire une percée dans un mur, un toit* praticare un'apertura in un muro, in un tetto **2** (*milit.*) *tenter une percée* tentare uno sfondamento *m.* **3** (*sport*) varco.

percement |pɛʀsəmɑ̃| *s.m.* [→ PERCER A 3] traforo, apertura *f.*; taglio*: *percement d'un tunnel, d'une rue* traforo di una galleria, apertura di una strada || *percement de l'isthme de Panama* taglio dell'istmo di Panama.

perce-muraille |pɛʀs(ə)myʀɑj| *s.f.* → **pariétaire.**

perce-neige |pɛʀsənɛʒ| *s.m. ou f. inv.* (*t.bot.*) bucaneve (*m.*): *des perce-neige* dei bucaneve.

perce-oreille |pɛʀsɔʀɛj| *s.m.* (*t. zool.*) forbicina (*f.*): *des perce-oreilles* delle forbicine → **forficule.**

perce-pierre |pɛʀsəpjɛʀ| *s.f.* → **crithme.**

percept |pɛʀsɛpt| *s.m.* (*philo.*) percetto.

percepteur |pɛʀsɛptœʀ| *s.m.* [*fonctionnaire chargé de la perception des impôts, des amendes*] esattore* *s.*

percepteur, trice |pɛʀsɛptœʀ, tʀis| *adj.* [*qui perçoit*] percettivo: *les facultés perceptrices* le facoltà percettive.

perceptibilité |pɛʀsɛptibilite| *s.f.* percettibilità *inv.* Ⓒ **imperceptibilité.**

1 **perceptible** |pɛʀsɛptibl(ə)| *adj.* **1** percettibile: *des détails perceptibles à l'œil* particolari percettibili all'occhio; *des différences peu perceptibles* differenze poco percettibili **2** [*qui peut être compris par l'esprit*] percettibile Ⓒ **imperceptible.**

2 **perceptible** |pɛʀsɛptibl(ə)| *adj.* (*admin.*) [*qu'on peut* (2) *percevoir*] riscuotibile, percepibile: *des impôts perceptibles* imposte riscuotibili, percepibili.

perceptiblement |pɛʀsɛptibləmɑ̃| *adv.* (*rare*) [→ 1 PERCEPTIBLE] percettibilmente.

perceptif, ive |pɛʀsɛptif, iv| *adj.* (*psycho.*) percettivo: *structures perceptives* strutture percettive.

1 **perception** |pɛʀsɛpsjɔ̃| *s.f.* **1** (*psycho.*) percezione: *perception et sensation* percezione e sensazione; *perception et imagination* percezione e immaginazione ◇ (*gram.*) *verbes de perception* verbi di percezione **2** (*littér.*) percezione → **sensation, intuition.**

2 **perception** |pɛʀsɛpsjɔ̃| *s.f.* **1** (*admin.*) riscossione, esazione **2** [*bureau du percepteur*] esattoria.

perceptionnisme |pɛʀsɛpsjɔnism(ə)| *s.m.* (*philo.*) percezionismo.

percer |pɛʀse| (2) **A** *v.tr.* **1** [*faire un trou dans* (*un objet*)] forare, bucare: *percer un mur* forare, bucare un muro; *un clou a percé le pneu* un chiodo ha forato, bucato il pneumatico → **crever, perforer, trouer** # *percer un tonneau* spillare una botte ✦ (*au p.p.*) *souliers percés* scarpe bucate ◇ [*traverser, trouer* (*une partie du corps*)] *on lui a percé les oreilles pour y mettre des anneaux* le hanno forato, bucato le orecchie per mettervi degli orecchini ad anello # *percer un abcès* aprire un ascesso → **ouvrir** ◇ (*fig.*) *les os lui percent la peau* [*il est très maigre*] le ossa gli bucano la pelle **2** [*blesser* (*qqn.*) *à l'aide d'une arme pointue*] trafiggere (110): *percer qqn. de part en part* trafiggere qc. da parte a parte # *percer de coups* crivellare di colpi ◇ (*loc.*) *cœur percé d'une flèche* cuore trafitto da una freccia ~ *percer le cœur* [*affliger*] trafiggere il cuore **3** [*pratiquer dans* (*qqch.*) *une ouverture pouvant servir de passage*] traforare: *percer un rocher pour pratiquer un tunnel* traforare una roccia per aprirvi una galleria # *percer un coffre-fort* scassinare una cassaforte **4** [*traverser* (*une protection, un milieu intermédiaire*)] squarciare: *le soleil perçait les nuages* il sole squarciava le nubi; *son qui perce l'air* suono che squarcia l'aria → **transpercer** # *hurlements qui percent les oreilles* urla che feriscono le orecchie **5** (*sujet de personne*) [*se frayer un passage dans*] aprirsi (186) un varco (tra): *percer la foule* aprirsi un varco tra la folla, fendere la folla # *percer le front des armées ennemies* sfondare il fronte degli eserciti nemici **6** [*parvenir à découvrir* (*un secret, un mystère*)] svelare, scoprire (186): *percer un complot* scoprire un complotto ◇ (*loc.*) *percer à jour* [*parvenir à connaître* (*ce qui était tenu caché*)] svelare, scoprire **7** [*pratiquer, faire* (*un trou, une ouverture*)] aprire: *percer une rue, une fenêtre* aprire una strada, una finestra **B** *v.intr.* **1** [*se frayer un passage en faisant un trou, une ouverture*] (*choses*) spuntare (*aux.* essere): *dents qui percent* denti che spuntano # *abcès qui perce* ascesso che viene a suppurazione → **crever** ◇ (*personnes*) *les ennemis n'ont pas pu percer* i nemici non hanno potuto sfondare **2** [*se déceler, se montrer*] trapelare (*aux.* essere) → **transpirer** **3** [*acquérir la notoriété*] sfondare: *un jeune chanteur qui commence à percer* un giovane cantante che incomincia a sfondare → **réussir.**

percerette |pɛʀsəʀɛt|, **percette** |pɛʀsɛt| *s.f.* (*techn.*) succhiello *m.*

perceur, euse |pɛʀsœʀ, øz| *s.* **1** *s.* [*personne qui perce*] trapanista *m.*, trapanatore (*m.*): *aléseur-perceur* alesatore-trapanatore # *perceur de coffre-fort* scassinatore **2** (*s.f.*) *perceuse* trapanatrice, trapano *m.*

percevable |pɛʀsəvabl(ə)| *adj.* → 2 **perceptible.**

1 **percevoir** |pɛʀsəvwaʀ| (33) *v.tr.* **1** [*comprendre, parvenir à connaître*] percepire (197), cogliere (123): *percevoir une intention, une nuance* percepire, cogliere una intenzione, una sfumatura → **apercevoir, saisir** **2** [*avoir conscience de* (*une sensation*)] percepire, avvertire: *malade qui perçoit les battements de son cœur* malato che percepisce i battiti del proprio cuore → **entendre, sentir, éprouver** **3** [*constituer et reconnaître comme objet par l'acte de la perception*] percepire: *percevoir l'étendue* percepire lo spazio.

2 **percevoir** |pɛʀsəvwaʀ| (33) *v.tr.* **1** [*recevoir* (*un somme d'argent*)] percepire (197): *percevoir des intérêts* percepire, incassare degli interessi **2** [*recueillir* (*le montant d'un impôt*)] riscuotere (162) → 1 **lever** Ⓒ **payer.**

1 **perche** |pɛʀʃ(ə)| *s.f.* (*t.zool.*) perca*, pesce *m.* persico* ~ *perche goujonnière* acerina ~ *perche de mer* → **serran.**

2 **perche** |pɛʀʃ(ə)| *s.f.* **I** **1** [*pièce de bois, de métal de section circulaire*] pertica*: *perche utilisée comme tuteur* pertica utilizzata come tutore ◇ (*sport*) *saut à la perche* salto con l'asta ◇ (*ciné., radio, télév.*) giraffa **2** (*loc.*) *tendre la perche à qqn.* [*lui fournir une occasion de se tirer d'embarras*] dare una mano a qc. **3** (*fam.*) [*personne grande et maigre*] pertica # *quelle grande perche!* che perticone, che perticona! → **échalas** **II** [*anc. mesure agraire*] pertica.

perché, ée |pɛʀʃe| *adj.* [*placé sur un endroit élevé*] appollaiato ✦ (*s.m.*) *tirer les faisans au perché* tirare ai fagiani appollaiati ◇ (*géol.*) *bloc perché, roche perchée* masso montonato, roccia montonata.

perchée |pɛʀʃe| *s.f.* (*agric.*) porca*.

percher |pɛʀʃe| **A** *v.intr.* **1** (*oiseau*) [*se tenir sur une branche, un perchoir*] appollaiarsi *pron.* **2** (*fam.*) (*personnes*) [*loger, habiter*] stare (104) (*aux.* essere) di casa: *où est-ce que tu perches?* dove stai di casa? → **demeurer** ◇ (*choses*) [*être situé, placé*] essere (96) (*aux.* essere) appollaiato **B** *v.tr.* (*fam.*) [*placer à un endroit élevé*] mettere (155) (*cour.*): *quelle idée d'avoir été percher ce vase sur l'armoire!* che idea quella di andare a mettere quel vaso sull'armadio! **C** *v.pron. réfl.* SE PERCHER [*se mettre, se tenir sur un endroit élevé*] appollaiarsi → **jucher (se), grimper** ✦ (*au p.p.*) *les cigognes perchées au bord des nids* le cicogne appollaiate sul bordo dei nidi.

percheron, onne |pɛʀʃəʀɔ̃, ɔn| *adj. et s.* (*hippol.*) 'percheron' *inv.*

percheur, euse |pɛʀʃœʀ, øz| (*adj.*) *oiseau percheur* uccello che ha l'abitudine di appollaiarsi *loc.*

perchis |pɛʀʃi| *s.m.* **1** [*clôture faite de perches*] palizzata *f.* **2** giovane fustaia *f.*

perchiste |pɛʀʃist(ə)| *s.* **1** *s.m.* saltatore con l'asta **2** *s.* [*personne qui tient la perche d'un micro au-dessus du parleur*] microfonista, giraffista.

perchlorate |pɛʀklɔʀat| *s.m.* (*chim.*) perclorato.

perchlorique |pɛʀklɔʀik| *adj.* (*chim.*) perclorico*.

perchlorure |pɛʀklɔʀyʀ| *s.m.* (*chim.*) percloruro.

perchoir |pɛʀʃwaʀ| *s.m.* **1** [*endroit où viennent se percher les oiseaux domestiques, les volailles*] posatoio* # *perchoir de perroquet* trespolo del pappagallo **2** (*fam.*) [*endroit où qqn. est perché*] *descends de ton perchoir!* vieni giù di lì!

perclus, use |pɛʀkly, yz| *adj.* **1** [*qui a de la peine à se mouvoir*] rattrappito: *perclus de douleurs* rattrappito dai dolori; *être tout perclus de rhumatismes* essere tutto rattrappito dai reumatismi → **impotent** ◇ (*littér.*) *un vieillard perclus* un vecchio infermo **2** (*fig.*) *être perclus de crainte, de gêne* essere paralizzato dal timore, dall'imbarazzo.

percnoptère |pɛʀknɔptɛʀ| *s.m.* (*t.zool.*) capovaccaio*.

perçoir |pɛʀswaʀ| *s.m.* (*techn.*) punteruolo.

percolateur |pɛʀkɔlatœʀ| *s.m.* macchina *f.* per caffè espresso: *installer un percolateur dans un café* installare una macchina per caffè espresso in un bar.

perçu, ue |pɛʀsy| *adj.* **1** [→ 1 PERCEVOIR] percepito: *mouvement à peine perçu* movimento appena percepito, avvertito **2** (*dr.*) *droits perçus* diritti riscossi.

percussion |pɛʀkysjɔ̃| *s.f.* **1** percussione: *arme à percussion* arma a percussione **2** (*mus.*) *instrument à* (*de*) *percussion* strumento a percussione **3** (*méd.*) percussione **4** (*littér., techn.*) percussione → **choc.**

percussionniste |pɛʀkysjɔnist(ə)| *s.* suonatore* di uno strumento a percussione.

percutant, ante |pɛʀkytɑ̃, ɑ̃t| *adj.* **1** (*littér.*) [*qui donne un choc*] percuziente **2** (*artill.*) *un* (*obus*) *percutant* un proiettile a percussione *loc. inv.* **3** (*fig.*) [*qui frappe par sa netteté brutale, qui produit un choc psychologique*] esplosivo: *un article percutant* un articolo esplosivo; *une formule percutante* una formula esplosiva.

percuter |pɛʀkyte| **A** *v.tr.* **1** [*frapper, heurter* (*qqch.*)] urtare, investire: *la voiture a percuté un arbre* l'auto ha urtato, investito un albero ◇ (*spécialt.*) percuotere (162): *pièce du fusil qui percute l'amorce* pezzo del fucile che percuote la capsula **2** (*méd.*) esplorare mediante percussione **B** *v.intr.* **1** [*heurter en explosant*] esplodere (144), percuotere *tr.* esplodendo: *obus qui vient percuter contre le sol* granata che esplode al suolo **2** [*heurter violemment un obstacle*] cozzare, sbattere: *la voiture est allée percuter contre un camion* l'auto è andata a cozzare, a sbattere contro un camion.

percuteur |pɛʀkytœʀ| *s.m.* (*techn.*) percussore.

percuti-réaction |pɛʀkytiʀeaksjɔ̃| *s.f.* (*méd.*) percutireazione.

perdable |pɛʀdabl(ə)| *adj.* (*rare*) [→ PERDRE] perdibile.

perdant |pɛʀdɑ̃| *s.m.* (marea *f.* di) riflusso.

perdant, ante |pɛʀdɑ̃, ɑ̃t| *adj. et s.* **1** [*personne qui perd au jeu, dans une affaire*] perdente, sconfitto: *il a été le gros perdant dans cette affaire* è stato il grande sconfitto in questa faccenda → **battu** # *match nul, où il n'y a ni perdant ni gagnant* incontro pari, senza vinti né vincitori **2** (*choses*) [*qui perd*] perdente: *les numéros perdants* i numeri perdenti Ⓒ **gagnant.**

perdition |pɛʀdisjɔ̃| *s.f.* **1** perdizione: *lieu de perdition* [*de débauche*] luogo di perdizione **2** (*mar.*) *navire en perdition* nave in pericolo *m.* **3** (*vx.*) [*état de ce qui se perd, se dissipe*] perdizione → **dissipation, perte.**

perdre |pɛʀdʀ(ə)| (53) **A** *v.tr.* **I** [*être privé de la possession de* (*qqch.*)] **1** [*ne plus avoir* (*un bien*)] perdere (163): *perdre une somme d'argent au jeu* perdere una somma di denaro al gioco ✦ (*absolt.*) *il ne supporte pas de perdre* non sopporta di perdere ◇ (*fig.*) *perdre sa place, sa situation* perdere il posto, l'impiego ◇ (*loc.*) *n'avoir rien* *à perdre, mais tout à gagner* non avere niente da perdere, ma tutto da guadagnare ~ *vous ne perdez rien pour attendre* (*formule de menace*) ve la farò pagare, faremo i conti poi! ~ (*fam.*) *tu ne le connais pas? tu n'y perds rien* non lo conosci? non hai perso, non ci perdi niente **2** [*être séparé de* (*qqn.*) *par la mort*] perdere: *elle avait perdu son père à douze ans* aveva perso il padre a dodici anni ◇ [*ne plus avoir* (*un ami, etc.*)] *depuis qu'il boit, il a perdu tous ses amis* da quando beve, ha perso tutti gli amici **3** [*cesser d'avoir* (*une partie de soi*; *un caractère inhérent*)] perdere: *perdre ses cheveux* perdere i capelli; *perdre du poids* perdere peso; *perdre ses forces* perdere le forze; *perdre la vie* perdere la vita; *perdre la raison* perdere la ragione; *perdre la mémoire* perdere la memoria; *perdre connaissance* perdere conoscenza; *perdre patience* perdere la pazienza # *perdre courage* perdersi di coraggio ◇ (*choses*) *mot qui perd son sens* parola che perde il proprio significato **4** [*ne plus avoir en sa possession* (*ce qui n'est ni détruit ni pris*)] perdere: *il est terrible, il perd tout!* è terribile, perde tutto! → **égarer** **5** [*laisser s'échapper*] perdere: *il perd son pantalon* perde i pantaloni ✦ (*absolt.*) *tonneau qui perd* botte che perde → **fuir** **6** (*en parlant de ce qui échappe à la portée des sens*) perdere: *ne pas perdre une bouchée, une miette d'une conversation* non perdere una parola di una conversazione ◇ *loc.* PERDRE (QQN., QQCH.) DE VUE perdere di vista (qc., q.c.): *nous nous sommes perdus de vue* ci siamo persi di vista **7** [*ne plus pouvoir suivre, contrôler*] perdere: *perdre le nord* [*s'affoler*] perdere la bussola; *perdre pied* sentirsi mancare la terra sotto i piedi **8** [*ne pas profiter de* (*qqch.*)] perdere: *perdre du temps* perdere tempo; *vous n'avez pas un instant à perdre* non ha, non c'è un minuto da perdere; *il a perdu une bonne occasion de se taire* ha perso una buona occasione di starsene zitto → **dissiper, gaspiller** **9** [*ne pas obtenir ou ne pas garder* (*un avantage*)] perdere: *perdre l'avantage* perdere il vantaggio; *perdre la partie* perdere la partita; *perdre une bataille* perdere una battaglia; *perdre un procès* perdere un processo ✦ (*absolt.*) *il a perdu* ha perso ◇ (*loc.*) *perdre du terrain* perdere terreno: *l'analphabétisme perd du terrain* l'analfabetismo perde terreno **II** (*compl. de personne*) [*priver de la possession de biens, d'avantages*] **1** (*sujet de personnes*) [*causer la ruine totale, ou même la mort de* (*qqn.*)] rovinare, perdere (*littér.*): *il cherche à me perdre* cerca di rovinarmi, perdermi **2** (*sujet de chose*) [*priver de sa réputation, de sa situation*] rovinare, perdere: *son excès d'ambition le perdra* la sua ambizione eccessiva lo rovinerà, lo perderà ◇ [*faire condamner*] *c'est le témoignage de sa femme qui l'a perdu* è la testimonianza di sua moglie che l'ha perduto **3** (*littér.*) [*corrompre*] rovinare (*cour.*), perdere: *ses mauvaises fréquentations l'ont perdu* le cattive compagnie l'hanno rovinato ◇ (*relig.*) → **damner** **4** [*mettre hors du bon chemin*] far (103) perdere: *j'ai l'impression que notre guide nous a perdus* ho l'impressione che la nostra guida ci abbia fatto perdere **B** *v.pron. intr.* SE PERDRE **1** [*être réduit à rien*; *cesser d'exister*] perdersi: *les traditions se perdent* le tradizioni si perdono, si vanno perdendo **2** [*cesser d'être perceptible*] perdersi: *des silhouettes qui se perdent dans la nuit* delle figure che si perdono nella notte → **disparaître** **3** (*personnes*) [*s'égarer*] perdersi, smarrirsi (197): *un enfant qui s'est perdu* un bambino che si è perso, smarrito ◇ (*fig.*) [*être incapable de se débrouiller, ne voir plus clair dans*] perdersi: *plus je pense à ce problème, plus je m'y perds* più penso a questo problema e più mi ci perdo ◇ *loc.* SE PERDRE DANS, EN perdersi in: *se perdre dans ses pensées* perdersi nei propri pensieri → **absorber (s)', plonger (se)** 🄲 A I 1 **gagner, acquérir.**

perdreau |pɛʀdʀo| *s.m.* (*t.zool.*) perniciotto.

perdrigon |pɛʀdʀigɔ̃| *s.m.* [*variété de prune*] pernicona *f.*

perdrix |pɛʀdʀi| *s.f.* (*t.zool.*) pernice ~ *perdrix des neiges* → **lagopède** ~ *perdrix de mer* → **glaréole.**

perdu, ue |pɛʀdy| *adj.* **I** [*qui a été perdu*] **1** [*dont on n'a plus la possession*] perso, perduto: *argent perdu au jeu* denaro perso, perduto al gioco; *tout est perdu* tutto è perduto; *le temps perdu* il tempo perduto ◇ (*loc. prov.*) *pour un perdu* (*un de perdu*), *deux* (*dix*) *de retrouvés* per uno perduto, dieci trovati **2** [*égaré*] smarrito: *objets perdus* oggetti smarriti ◇ (*d'un lieu*) [*écarté*] sperduto: *pays perdu* paese sperduto; *un coin perdu* un angolo sperduto **3** [*mal contrôlé, abandonné au hasard*] sperduto # *balle perdue* pallottola vagante **4** [*qui a été mal utilisé ou ne peut pas être utilisé*] perduto: *occasion perdue* occasione perduta → **manqué** ◇ (*loc.*) *verre, emballage perdu* vetro, vuoto a perdere ~ *peine perdue* fatica sprecata ~ *c'est du temps perdu* è tempo sprecato ~ *ce n'est pas perdu pour tout le monde* non è andata male per tutti, non tutti ci hanno rimesso ~ *je joue du piano à mes moments perdus* suono il piano a tempo perso, nei ritagli di tempo ~ *à temps perdu* a tempo perso **5** [*où on a eu le dessous*] perso, perduto: *bataille perdue* battaglia persa **II** [*qui a été atteint sans remède* (*par le fait d'une personne ou d'une chose*)] **1** (*personnes*) [*atteint dans sa santé*] perduto, spacciato: *le malade est perdu* il malato è perduto, spacciato → **condamné** ◇ [*atteint dans sa fortune, son avenir*] finito: *c'est un homme perdu* è un uomo finito → **cuit, flambé** ◇ [*sans moralité*] *fille perdue* [*prostituée*] donna perduta **2** (*choses*) [*abîmé, endommagé*] perso, perduto: *récoltes perdues à cause de la grêle* raccolti persi, (andati) perduti a causa della grandine **III 1** [*qui se perd* (B 3)] perso, smarrito: *j'étais perdu* [*égaré*] mi ero perso, smarrito ◇ (*fig.*) *je suis perdu, je ne m'y retrouve plus* mi sento sperso, smarrito, non mi ci raccapezzo più ✦ (*s.*) *courir comme un perdu* [*un fou*] correre come un pazzo **2** [*absorbé*] assorto, immerso: *perdu dans ses pensées, dans sa douleur* assorto, immerso nei propri pensieri, nel proprio dolore.

perdurable |pɛʀdyʀabl(ə)| *adj.* (*vx.*) perdurabile → **éternel.**

perdurer |pɛʀdyʀe| *v.intr.* **1** (*vx.*) [*durer toujours* (*jusqu'à la fin*)] perdurare (*cour.*) **2** (*région., Belgique*) [*continuer*] perdurare.

père |pɛʀ| *s.m.* **1** [*homme qui a engendré un enfant*] padre, papà (*inv.*): *être père* essere padre; *être le père de deux enfants* essere padre di due bambini ◇ (*loc.*) *tel père, tel fils* tale il padre, tale il figlio ◇ (*appellatif*) *oui, père* sì, papà; sì, babbo (*région.*) **2** *loc.* PÈRE DE FAMILLE padre di famiglia: *les responsabilités du père de famille* le responsabilità del padre di famiglia → 1 **chef (de famille)** **3** [*le parent mâle* (*de tout être vivant sexué*)] padre: *le père de ce poulain était un pur-sang* il padre di quel puledro era un purosangue **4** *au plur.* (*littér.*) [*ancêtres*] padri: *nos pères* i nostri padri → **aïeul** **5** *Dieu le Père* Dio Padre; *le Père éternel* il Padreterno **6** (*fig.*) *le père de qqch.* il padre di q.c. → **créateur, inventeur, fondateur** **7** [*celui qui se comporte comme un père*] padre: *père légal, adoptif* padre legale, adottivo **8** [*titre donné à certains religieux*] padre: *oui, mon père* sì, padre; *le Saint-Père* il Santo Padre; *les Pères de l'Église* i Padri della Chiesa **9** (*fam.*) (*avant le nom de famille*) [*désignant un homme mûr de condition modeste*] vecchio*: *c'est le père Duval* è il vecchio Duval **10** (*loc.*) *le coup du père François* un colpo sulla nuca ~ *le père Fouettard* [*personnage dont on menace les enfants*] il castigamatti, l'uomo nero ~ *le père Noël* Babbo Natale ~ *un gros père* [*un gros homme placide*] un pacioccone → **pépère** ~ (*fam.*) *alors, mon petit père, comment ça va?* allora, nonnetto, vecchio mio, come va? ~ *un père tranquille* [*un homme paisible*] un uomo tranquillo.

pérégrination |peʀegʀinasjɔ̃| *s.f.* peregrinazione.

péremption |peʀɑ̃psjɔ̃| *s.f.* (*dr.*) perenzione.

péremptoire |peʀɑ̃ptwaʀ| *adj.* **1** perentorio*: *ton péremptoire* tono perentorio; *il a été péremptoire* è stato perentorio → **décisif, tranchant** **2** (*dr.*) perentorio: *délai péremptoire* termine perentorio.

péremptoirement |peʀɑ̃ptwaʀmɑ̃| *adv.* [→ PÉREMPTOIRE 1] perentoriamente.

pérenne |peʀɛn| *adj.* (*géogr.*) perenne: *rivière, source perenne* fiume, sorgente perenne.

pérenniser |peʀenize| *v.tr.* [*rendre durable, éternel*] perpetuare.

pérennité |peʀe(ɛn)nite| *s.f.* perennità *inv.*, eternità (*inv.*): *il croyait à la pérennité de son amour* credeva alla perennità, all'eternità del suo amore.

péréquation |peʀekwasjɔ̃| *s.f.* perequazione → **répartition.**

perfectibilité |pɛʀfɛktibilite| *s.f.* (*littér.*) perfettibilità *inv.*

perfectible |pɛʀfɛktibl(ə)| *adj.* perfettibile: *la science est perfectible* la scienza è perfettibile 🄲 **imperfectible.**

perfectif, ive |pɛʀfɛktif, iv| *adj.* (*ling.*) perfettivo: *aspect perfectif* aspetto perfettivo.

perfection |pɛʀfɛksjɔ̃| *s.f.* **1** perfezione: *atteindre, s'élever à la perfection morale* raggiungere la perfezione morale, elevarsi alla perfezione morale; *la perfection n'est pas de ce monde* la perfezione non è di questo mondo **2** *loc. adv.* À LA PERFECTION alla perfezione: *elle danse à la perfection* balla alla perfezione → **parfaitement** **3** *au plur.* (*littér.*) [*qualités remarquables*] virtù (*inv.*): *on ne voit que des perfections chez la personne qu'on aime* nella persona amata non si vedono che le virtù **4** UNE PERFECTION [*personne parfaite qui a toutes les qualités requises*] perla: *cette jeune fille est une perfection* questa ragazza è una perla **5** (*vx.*) → **achèvement** Ⓒ 1; 3 **imperfection.**

perfectionné, ée |pɛʀfɛksjɔne| *adj.* perfezionato: *une machine perfectionnée* una macchina perfezionata.

perfectionnement |pɛʀfɛksjɔnmɑ̃| *s.m.* **1** [→ PERFECTIONNER] perfezionamento: *le perfectionnement des moyens de production* il perfezionamento dei mezzi di produzione → **progrès** **2** *un, des perfectionnement(s)* perfezionamento.

perfectionner |pɛʀfɛksjɔne| **A** *v. tr.* [*rendre meilleur, plus proche de la perfection*] perfezionare: *perfectionner un procédé, une technique* perfezionare un procedimento, una tecnica → **améliorer, parfaire** **B** *v.pron. intr.* SE PERFECTIONNER [*acquérir plus de qualités*] perfezionarsi: *les techniques se perfectionnent* le tecniche si perfezionano ◇ (*personnes*) *se perfectionner en anglais* perfezionarsi in inglese.

perfectionnisme |pɛʀfɛksjɔnism(ə)| *s.m.* perfezionismo.

perfectionniste |pɛʀfɛksjɔnist(ə)| *s.* perfezionista.

perfide |pɛʀfid| *adj.* (*littér.*) **1** perfido: *femme perfide* donna perfida → **déloyal** **2** (*choses*) [*dangereux sans qu'il y paraisse*] perfido: *une insinuation perfide* una perfida insinuazione → **fallacieux, sournois.**

perfidement |pɛʀfidmɑ̃| *adv.* (*littér.*) [→ PERFIDE] perfidamente: *il vous a perfidement induits en erreur* vi ha perfidamente indotti in errore.

perfidie |pɛʀfidi| *s.f.* (*littér.*) **1** [*action, parole perfide*] perfidia **2** [*caractère perfide*] perfidia: *un hypocrite d'une étonnante perfidie* un ipocrita di una incredibile perfidia → **déloyauté, fourberie.**

perfolié, ée |pɛʀfɔlje| *adj.* (*bot.*) perfogliato: *feuille perfoliée* foglia perfogliata.

perforage |pɛʀfɔʀaʒ| *s.m.* (*techn.*) [→ PERFORER] perforazione *f.*, perforamento.

perforant, ante |pɛʀfɔʀɑ̃, ɑ̃t| *adj.* **1** (*anat.*) perforante: *artères perforantes* arterie perforanti **2** (*techn.*) perforante: *obus perforant* granata perforante.

perforateur, trice |pɛʀfɔʀatœʀ, tʀis| **I** *adj.* perforatore*: *marteau perforateur* martello perforatore **II** *s.m.* **1** (*techn.*) perforatore **2** [*ouvrier qui perfore*] perforatore *s.*

perforation |pɛʀfɔʀɑsjɔ̃| *s.f.* **1** [→ PERFORER] perforazione ◇ (*méd.*) *perforation intestinale* perforazione intestinale **2** (*mécanographie*) perforatura.

perforatrice |pɛʀfɔʀatʀis| *s.f.* (*mécanographie, techn.*) perforatrice.

perforé, ée |pɛʀfɔʀe| *adj.* **1** [*percé*] perforato: *intestin perforé* intestino perforato **2** (*mécanographie*) perforato: *carte perforée* scheda perforata; *bande perforée* nastro perforato.

perforer |pɛʀfɔʀe| *v.tr.* [*traverser en faisant un ou plusieurs trous*] perforare: *la balle lui a perforé l'intestin* la pallottola gli ha perforato l'intestino → **percer, trouer** # *perforer un billet de métro* forare un biglietto di metrò; *machine à perforer* macchina da perforazione.

perforeuse |pɛʀfɔʀøz| *s.f.* (*abrév. fam.* '*perfo*') (*mécanographie*) perforatrice → **perforatrice.**

performance |pɛʀfɔʀmɑ̃s| *s.f.* (*angl.*) **1** prestazione, performance (*inv.*): *les performances d'un champion* le prestazioni, le performance di un campione # *performance homologuée* prova omologata, record omologato **2** [*exploit, succès*] impresa: *c'est une belle performance !* è una bella impresa!

performant, ante |pɛʀfɔʀmɑ̃, ɑ̃t| *adj.* **1** (*techn.*) di, dalle elevate prestazioni *loc.* **2** (*écon.*) competitivo.

performatif |pɛʀfɔʀmatif| *s.m.* (*ling.*) performativo.

perfusion |pɛʀfyzjɔ̃| *s.f.* (*méd.*) perfusione.

pergélisol |pɛʀʒelisɔl| *s.m.* (*géol.*) permafrost.

pergola |pɛʀgɔla| *s.f.* pergola.

perhydrol |pɛʀidʀɔl| *s.m.* (*chim., pharm.*) peridrolo.

péri- |peʀi| *préf.* (*signifiant 'autour', correspond généralt. à*) peri: *péricarde* pericardio.

péri |peʀi| *s.* [*génie ou fée dans la mythol. arabo-persane*] peri *f.*

périanthe |peʀjɑ̃t| *s.m.* (*bot.*) perianzio*.

périarthrite |peʀjaʀtʀit| *s.f.* (*méd.*) periartrite.

périblème |peʀiblɛm| *s.m.* (*bot.*) periblema.

péribole |peʀibɔl| *s.m.* (*archéol.*) peribolo.

péricarde |peʀikaʀd(ə)| *s.m.* (*anat.*) pericardio*.

péricardique |peʀikaʀdik| *adj.* (*anat.*) pericardico*.

péricardite |peʀikaʀdit| *s.f.* (*méd.*) pericardite.

péricarpe |peʀikaʀp(ə)| *s.m.* (*sc.*) pericarpio*.

périchondre |peʀikɔ̃dʀ(ə)| *s.m.* (*anat.*) pericondrio*.

périchondrite |peʀikɔ̃dʀit(ə)| *s.f.* (*méd.*) pericondrite.

péricliter |peʀiklite| *v.intr.* [*aller à sa ruine, à sa fin*] andare (101) (*aux.* essere) a rotoli: *son affaire, son commerce périclitent* la sua azienda, il suo negozio vanno a rotoli → 2 **décliner, dépérir** Ⓒ **prospérer.**

péricrâne |peʀikʀɑn| *s.m.* (*anat.*) pericranio*.

péricycle |peʀisikl(ə)| *s.m.* (*bot.*) periciclo.

périderme |peʀidɛʀm(ə)| *s.m.* (*biol., bot.*) periderma.

Péridiniens |peʀidinjɛ̃| *s.m. pl.* (*t.zool.*) Peridinidi.

péridium |peʀidjɔm| *s.m.* (*bot.*) peridio*.

péridot |peʀido| *s.m.* (*minér.*) peridoto.

péridotite |peʀidɔtit(ə)| *s.f.* (*minér.*) peridotite.

périgée |peʀiʒe| *s.m.* (*astron.*) perigeo.

périglaciaire |peʀiglasjɛʀ| *adj.* (*géogr.*) periglaciale.

périgueux |peʀigø| *s.m.* (*techn.*) pietra *f.* vera dura.

périhélie |peʀieli| *s.m.* (*astron.*) perielio*.

péril |peʀil| *s.m.* **1** (*littér.*) [*état, situation où l'on court de grands risques*] periglio*, pericolo (*cour.*): *en cas de péril* in caso di pericolo; *mettre en péril* mettere in pericolo; *être hors de péril* essere fuori pericolo; *s'exposer au péril* esporsi al pericolo; *affronter les périls avec audace* affrontare i pericoli con audacia → **danger** ◇ (*loc.*) *il y a péril à* (+ *inf.*) c'è pericolo di (+ *inf.*) ~ *courir un péril, des périls* correre un rischio, dei rischi ~ (*loc. prov.*) *il y a péril en la demeure* [*le moindre retard entraînerait des inconvénients*] il minimo indugio può essere fatale ~ *il n'y a pas péril en la demeure* [*le moindre retard n'entraînerait pas d'inconvénient*] non c'è immediato pericolo **2** *un péril* [*risque qu'une chose fait courir*] pericolo, rischio*: *les périls d'une situation* i pericoli, i rischi di una situazione ◇ (*polit.*) *le péril rouge, jaune* il pericolo rosso, giallo **3** (*loc.*) *au péril de sa vie* a rischio della (propria) vita ~ *faire qqch. à ses risques et périls* fare q.c. a proprio rischio e pericolo **4** (*comm.*) *périls de mer* rischi marittimi Ⓒ 1 **sûreté.**

périlleusement |peʀijozmɑ̃| *adv.* (*littér.*) [→ PÉRILLEUX 1] perigliosamente.

périlleux, euse |peʀijø, øz| *adj.* **1** [*où il y a des risques, du danger*] pericoloso: *une entreprise périlleuse* una impresa pericolosa, rischiosa; *vous abordez là un sujet périlleux* lei affronta un argomento pericoloso → **délicat, dangereux, difficile** **2** (*loc.*) *saut périlleux* salto mortale Ⓒ 1 **sûr.**

périlymphe |peʀilɛ̃f| *s.f.* (*anat.*) perilinfa.

périmé, ée |peʀime| *adj.* **1** [*qui n'a plus cours*] sorpassato, superato: *des conceptions périmées* concezioni sorpassate, superate → **ancien, démodé** **2** [*dont le délai de validité est expiré*] scaduto: *passeport, billet périmé* passaporto, biglietto scaduto Ⓒ 1 **actuel**; 2 **valide.**

périmer (se) |peʀime| *v.pron. intr.* **1** (*avec ellipse de 'se'*) [*être annulé après l'expiration du délai fixé*] scadere (121) (*intr.*): *laisser périmer un billet de chemin de fer* lasciare scadere un biglietto ferroviario **2** (*dr.*) (*se dit d'une instance qui s'annule, faute d'avoir été poursuivie avant l'expiration du délai fixé*) decadere (121): *laisser périmer une instance* lasciare decadere una istanza.

périmétral, ale, aux |peʀimetʀal, o| *adj.* perimetrale: *les murs périmétraux d'un édifice* i muri perimetrali di un edificio.

périmètre |peʀimɛtʀ(ə)| *s.m.* **1** (*géom.*) perimetro: *périmètre d'un polygone* perimetro di un poligono **2** [*zone, surface délimitée*] comprensorio*, area (*f.*): *mise en valeur des périmètres irrigués* valorizzazione dei comprensori irrigui, delle aree irrigate.

périmétrie |peʀimetʀi| *s.f.* (*opt.*) perimetria.

périmétrique |peʀimetʀik| *adj.* (*opt.*) perimetrico*: *mesures périmétriques* misurazioni perimetriche.

périmysium |peʀimizjɔm| *s.m.* (*anat.*) perimisio*.

périnatal, ale, aux |peʀinatal, o| *adj.* (*méd.*) perinatale.

périnatalogie |peʀinatalɔʒi| *s.f.* (*méd.*) perinatalogia*.

périnéal, ale, aux |perineal, o| *adj.* (*anat.*) perineale.
périnée |perine| *s.m.* (*anat.*) perineo.
1 **période** |perjɔd| *s.* **I** *s.f.* **1** periodo (*m.*): *la période des vacances* il periodo delle vacanze → **durée** **2** *période électorale* periodo elettorale ◇ (*milit.*) *période* (*d'instruction*) addestramento *m.* delle riserve **3** [*division du temps marquée par des événements importants*] periodo: *la période révolutionnaire* il periodo rivoluzionario → **époque** ♦ (*bx-arts*) *la période bleue de Picasso* il periodo blu di Picasso **4** [*espace de temps caractérisé par un certain phénomène*] periodo: *la période de l'ovulation* il periodo dell'ovulazione → **phase,** 1 **stade** ◇ (*géol.*) periodo **II** *s.f.* (*sc., méd.*) periodo **III** *s.m.* (*vx., littér.*) → **maximum, paroxysme.**
2 **période** |perjɔd| *s.f.* [*phrase dont les éléments sont assemblés harmonieusement*] periodo (*m.*): *période oratoire* periodo oratorio ◇ (*mus.*) periodo.
périodicité |perjɔdisite| *s.f.* periodicità *inv.*
périodique |perjɔdik| *adj.* **1** periodico*: *phases périodiques de prospérité et de marasme* fasi periodiche di prosperità e di ristagno → **alternatif** **2** [*qui paraît chaque semaine, chaque mois, etc.*] periodico: *presse périodique* stampa periodica ♦ (*s.m.*) *un périodique* un periodico → **journal, magazine,** 2 **revue** **3** (*sc., méd.*) periodico.
périodiquement |perjɔdikmɑ̃| *adv.* [→ PÉRIODIQUE] periodicamente.
périodisation |perjɔdizasjɔ̃| *s.f.* [→ PÉRIODISER] periodizzamento *m.*
périodiser |perjɔdize| *v.tr.* [*diviser en périodes*] periodizzare: *périodiser la littérature* periodizzare la letteratura.
périodonte |perjɔdɔ̃t(ə)| *s.m.* (*anat.*) periodonto.
périodontite |perjɔdɔ̃tit(ə)| *s.f.* (*méd.*) periodontite.
périoste |perjɔst(ə)| *s.m.* (*anat.*) periostio*.
périostite |perjɔstit| *s.f.* (*méd.*) periostite.
périostose |perjɔstoz| *s.f.* (*méd.*) periostosi *inv.*
péripatéticien, ienne |peripatetisjɛ̃, jɛn| *adj. et s.* (*philo.*) peripatetico* → **aristotélicien.**
péripatéticienne |peripatetisjɛn| *s.f.* (*fam.*) [*prostituée*] peripatetica*, passeggiatrice.
péripatétique |peripatetik| *adj.* (*vx., philo.*) → **péripatéticien.**
péripatétisme |peripatetism(ə)| *s.m.* (*vx., philo.*) → **aristotélisme.**
péripétie |peripesi| *s.f.* **1** (*litt., théât.*) peripezia **2** *au plur.* [*événement imprévu*] peripezie: *une vie pleine de péripéties* una vita piena di peripezie.
périphérie |periferi| *s.f.* **1** [*ligne qui délimite une figure courbe, une surface*] periferia, contorno *m.* → **bord, contour, pourtour** # *périphérie d'un cercle* circonferenza di un cerchio **2** [*les quartiers éloignés du centre* (*d'une ville*)] periferia: *les usines situées à la périphérie de Paris* gli stabilimenti situati alla periferia di Parigi → **banlieue, faubourg** ⓒ 1 **centre.**
périphérique |periferik| *adj.* **1** periferico*: *les quartiers périphériques* i quartieri periferici # *boulevards périphériques* tangenziale, circonvallazione **2** (*anat.*) periferico: *système nerveux périphérique* sistema nervoso periferico.
périphlébite |periflebit| *s.f.* (*méd.*) periflebite.
périphrase |perifrɑz| *s.f.* perifrasi (*inv.*): *user de périphrases pour toucher à un sujet délicat* usare perifrasi per affrontare un argomento delicato → **circonlocution, détour.**
périphraser |perifrɑze| *v.intr.* (*vx.*) [*parler par périphrases*] perifrasare *tr.*
périphrastique |perifrastik| *adj.* **1** perifrastico*: *expression périphrastique* espressione perifrastica **2** *style périphrastique* stile che abbonda di perifrasi *loc.*
périple |peripl(ə)| *s.m.* **1** periplo → **circumnavigation** **2** [*voyage, randonnée*] giro: *je ferai un périple en Grèce pendant les vacances* farò un giro in Grecia durante le vacanze → **tournée.**
périptère |peripter| *adj. et s.m.* (*archit.*) periptero: *un* (*édifice*) *périptère* un (edificio) periptero.
périr |perir| *v.intr.* (*littér.*) **1** [*mourir*] perire (197) (*aux.* essere): *périr à la guerre* perire in guerra ◇ (*par ext.*) *il périt d'ennui* muore (*cour.*) di noia; *il s'ennuie à périr* si annoia da morire **2** (*choses*) [*disparaître*] perire: *les civilisations périssent* le civiltà periscono → **anéantir (s'), finir.**
périscolaire |periskɔlɛr| *adj.* parascolastico*.
périscope |periskɔp| *s.m.* periscopio*: *périscope des sous-marins* periscopio dei sottomarini.
périscopique |periskɔpik| *adj.* periscopico*: *verres périscopiques* lenti periscopiche.
périsperme |perispɛrm(ə)| *s.m.* (*bot.*) perisperma.
périsplénite |perisplenit| *s.f.* (*méd.*) perisplenite.
périspomène |perispɔmɛn| *adj.* (*ling.*) perispomeno.
Périsporiacées |perispɔrjase| *s.f. pl.* (*t.bot.*) Perisporiacee.
périssable |perisabl(ə)| *adj.* **1** (*littér.*) [*qui est sujet à périr*] perituro, caduco*: *les sentiments les plus sincères sont périssables* i sentimenti più sinceri sono periturі, caduchi → **éphémère, fugace** **2** *denrées périssables* [*qui se conservent difficilement*] derrate deperibili ⓒ 1 **impérissable.**
Périssodactyles |perisɔdaktil| *s.m. pl.* (*t.zool.*) Perissodattili ◇ (*au sing.*) *un périssodactyle* un perissodattilo.
périssoire |periswar| *s.f.* [*embarcation longue et étroite qui se manœuvre à la pagaie double*] sandolino *m.* → **canot.**
périssologie |perisɔlɔʒi| *s.f.* (*rhétorique*) perissologia*.
péristaltique |peristaltik| *adj.* (*physiol.*) peristaltico*: *mouvements péristaltiques* movimenti peristaltici.
péristaltisme |peristaltism(ə)| *s.m.* (*physiol.*) peristalsi *f. inv.*
péristome |peristɔm| *s.m.* (*bot., zool.*) peristoma.
péristyle |peristil| *s.m.* (*archéol., archit.*) peristilio*.
périsystole |perisistɔl| *s.f.* (*physiol.*) perisistole.
périthèce |peritɛs| *s.m.* (*bot.*) peritecio*.
péritoine |peritwan| *s.m.* (*anat.*) peritoneo.
péritonéal, ale, aux |peritɔneal, o| *adj.* (*anat.*) peritoneale.
péritonite |peritɔnit| *s.f.* (*méd., cour.*) peritonite.
pérityphlite |peritiflit| *s.f.* (*méd.*) peritiflite → **péritonite.**
périurbain, aine |periyrbɛ̃, ɛn| *adj.* → **périphérique.**
perle |pɛrl(ə)| *s.f.* **1** perla: *perles naturelles, artificielles* perle naturali, artificiali; *perles de culture* perle coltivate; *pêcheurs de perles* pescatori di perle; *collier de perles* collana di perle ◇ (*loc.*) *jeter des perles aux pourceaux, aux cochons* gettare perle ai porci **2** [*petite boule percée d'un trou*] perlina: *perle de verre* perlina di vetro # *perles d'un chapelet* grani di un rosario → 1 **grain** **3** [*personne de grand mérite*] perla: *leur bonne est une perle* la loro domestica è una perla ◇ [*chose de grande valeur*] *cet ouvrage est la perle de sa collection* quest'opera è la perla della sua collezione **4** [*erreur grossière et ridicule*] perla: *perles relevées dans des copies d'élèves* perle riscontrate nei compiti degli alunni **5** (*archit.*) perla **6** (*poét., vx.*) [*dent*] perla.
perlé, ée |pɛrle| *adj.* **1** [*qui est orné de perles*] perlato: *broderie perlée* ricamo perlato **2** (*blas.*) perlato **3** (*techn.*) *riz perlé* riso perlato, brillato **4** (*mus.*) granito ◇ (*par anal.*) cristallino: *rire perlé* risata cristallina **5** (*fig.*) eseguito alla perfezione, perfetto: *c'est un ouvrage perlé* è un lavoro eseguito alla perfezione **6** *grève perlée* [*qui interrompt l'activité d'une entreprise par des arrêts de travail*] sciopero a singhiozzo *loc. inv.*
perlèche |pɛrlɛʃ|, **pourlèche** |purlɛʃ| *s.f.* (*méd.*) boccarola, 'perlèche' *inv.*
perler |pɛrle| **A** *v.tr.* **1** [*exécuter avec un soin minutieux*] rifinire (197): *perler un travail* rifinire un lavoro **2** (*mus.*) [*exécuter* (*un morceau*) *en détachant très nettement chaque note*] granire (197) **B** *v.intr.* [*se présenter sous forme de petites gouttes* (*liquide*)] imperlare (*tr.*): *quelques gouttes de sueur perlaient sur son front* alcune gocce di sudore gli imperlavano la fronte.
perlier, ière |pɛrlje, jɛr| *adj.* **1** *industrie perlière* [*des perles*] industria delle perle *loc. inv.* **2** *huître perlière* [*qui peut sécréter des perles*] ostrica perlifera.
perlimpinpin |pɛrlɛ̃pɛ̃pɛ̃| (*s.m.*) *poudre de perlimpinpin* polvere di pimperimpera.
perlite |pɛrlit(ə)| *s.f.* (*métall.*) perlite.
1 **perlot** |pɛrlo| *s.m.* (*pop.*) → 1 **tabac.**
2 **perlot** |pɛrlo| *s.m.* piccola ostrica* *f.* (della Manica).
perlouse, perlouze |pɛrluz| *s.f.* (*arg.*) → **perle.**
permafrost |pɛrmafrɔst| *s.m.* (*amér.*) (*géogr.*) permafrost *inv.*
permalloy |pɛrmelɔj, pɛrmalwa| *s.m.* (*angl.*) (*métall.*) permalloy *inv.*
permanence |pɛrmanɑ̃s| *s.f.* **1** [*caractère de ce qui est durable*] persistenza: *la permanence des habitudes* la persistenza delle abitudini → **continuité, stabilité** **2** [*service chargé d'assurer le fonctionnement ininterrompu d'un organisme*] servizio* *m.* permanente, (servizio di) guardia: *assurer,*

tenir une permanence garantire, effettuare un servizio permanente, di guardia; *les bureaux sont fermés le samedi, mais il y a une permanence* gli uffici sono chiusi al sabato, ma c'è un servizio permanente # *être de permanence* essere di turno ◇ (*par métonymie*) [*local où fonctionne ce service*] *permanence d'un commissariat de police* sede di un commissariato di polizia; *permanence d'un parti* sezione (di quartiere) di un partito ✦ *absolt.* sala di studio **3** *loc. adv.* EN PERMANENCE in permanenza: *il s'est installé en permanence à la campagne* si è installato in permanenza in campagna → **constamment, toujours.**

permanent, ente |pɛʀmanɑ̃, ɑ̃t| *adj.* **1** permanente: *la matière, l'espace sont conçus comme permanents* la materia, lo spazio sono concepiti come permanenti → **constant, stable** ◇ (*spécialt.*) *cinéma permanent de 14h. à 24h.* cinema a spettacolo continuato *loc. inv*, a ingresso continuato *loc. inv.* dalle 14 alle 24 **2** [*qui ne cesse plus*] permanente: *établir une liaison permanente entre des services* stabilire un collegamento permanente tra dei servizi → **continu** **3** [*qui exerce une activité permanente*] permanente: *comité permanent* comitato permanente ◇ (*opposé à 'spécial, extraordinaire'*) permanente: *le représentant permanent de la France à l'O.N.U.* il rappresentante permanente della Francia all'O.N.U. ✦ (*s.*) *les permanents d'un syndicat, d'un parti* i funzionari (amministrativi) di un sindacato, di un partito.

permanente |pɛʀmanɑ̃t| *s.f.* permanente.

permanenter |pɛʀmanɑ̃te| *v.tr.* [*faire une permanente à* (*qqn.*)] fare (103) la permanente (a).

permanganate |pɛʀmɑ̃ganat| *s.m.* (*chim.*) permanganato.

permanganique |pɛʀmɑ̃ganik| *adj.* (*chim.*) permanganico*.

perme |pɛʀm(ə)| *s.f.* (*fam.*) → **permission** 2.

perméabiliser |pɛʀmeabilize| *v. tr.* [*rendre perméable*] rendere (105) permeabile.

perméabilité |pɛʀmeabilite| *s.f.* **1** permeabilità (*inv.*): *la perméabilité du sol* la permeabilità del suolo **2** (*fig.*) *perméabilité aux influences* influenzabilità *inv.*

perméable |pɛʀmeabl(ə)| *adj.* **1** permeabile: *terrains perméables* terreni permeabili **2** (*fig.*) *un homme perméable à toutes les influences* un uomo molto influenzabile.

permettre |pɛʀmɛtʀ(ə)| (71) **A** *v.tr.* **1** [*laisser faire, ne pas empêcher* (*qqch.*)] permettere (155), consentire: *la loi le permet* la legge lo permette, lo consente; *si les circonstances le permettaient* se le circostanze lo permettessero → **autoriser, tolérer** ◇ *loc.* PERMETTRE QUE (+ *subj.*) permettere che (+ *subj.*), permettere di (+ *inf.*): *maman ne permet pas que nous sortions* la mamma non permette che usciamo, la mamma non ci permette di uscire → **admettre, consentir** ~ PERMETTRE QQCH. À QQN. permettere q.c. a qc.: *son médecin lui interdit l'alcool, mais lui permet le tabac* il medico gli proibisce l'alcool, ma gli permette il tabacco → 1 **accorder, autoriser** ~ (*passif*) *il se croit tout permis* crede che tutto gli sia permesso ~ PERMETTRE DE (+ *inf.*) permettere di (+ *inf.*): *son patron lui a permis de ne pas venir travailler ce matin* il capo gli ha permesso di non venire a lavorare stamattina ✦ (*impers.*) *il vous est permis de penser tout autrement* lei è libero di pensarla diversamente **2** (*sujet de chose*) [*autoriser*] permettere: *sa santé ne lui permet aucun excès* la sua salute non gli permette, consente nessun eccesso; *c'est une attitude qui permet tous les soupçons* è un atteggiamento che permette, autorizza tutti i sospetti □ *il se permet quelques licences* si permette qualche licenza ◇ *loc.* PERMETTRE DE (+ *inf.*) permettere di (+ *inf.*): *cela me permet de terminer avant le soir* (ciò) mi permette di finire prima di sera □ *il s'est permis de m'insulter* si è permesso di insultarmi ◇ (*par politesse*) *puis-je me permettre de vous offrir une cigarette?* posso permettermi di offrirle una sigaretta? ✦ (*impers.*) *autant qu'il est permis d'en juger* da quanto è possibile giudicare → **possible** **3** (*dans des formules de politesse*) *permettez!* permetta!, permettete!; *vous permettez?* (lei) permette?, (voi) permettete?; *permettez-moi de vous présenter M. X* mi permetta (permettetemi) di presentarle (presentarvi) il signor X **B** *v.pron. réfl.* SE PERMETTRE [*s'autoriser; prendre la liberté de*] permettersi → *tr.* 2 □ Ⓒ A 1 **défendre 2, empêcher, interdire.**

permien, ienne |pɛʀmjɛ̃, jɛn| *adj.* (*géol.*) permiano: *terrain permien* terreno permiano ✦ (*s.m.*) *le permien* il permiano.

permis |pɛʀmi| *s.m.* **1** [*autorisation officielle écrite*] licenza *f.*; permesso: *permis de construire* licenza di costruzione, licenza edilizia; *permis de chasse* licenza di caccia ‖ *permis de séjour* permesso di soggiorno; *permis de travail* permesso di lavoro **2** (*spécialt.*) PERMIS DE CONDUIRE [*certificat de capacité, nécessaire pour la conduite des véhicules automobiles, motocyclettes*] patente *f.* (di guida) ◇ [*épreuve qui donne le permis*] patente: *passer son permis* prendere la patente.

permissif, ive |pɛʀmisif, iv| *adj.* permissivo: *éducation permissive* educazione permissiva ◇ (*dr.*) *norme permissive* norma permissiva.

permission |pɛʀmisjɔ̃| *s.f.* **1** [→ PERMETTRE] permesso (*m.*): *demander, obtenir la permission de faire qqch.* chiedere, ottenere il permesso di fare q.c. → **autorisation** # *permission de stationnement* sosta autorizzata, consentita ◇ (*formule de politesse*) *avec votre permission* con (il suo, il vostro) permesso **2** [*congé accordé à un militaire*] (*abrév. fam. 'perme'*) licenza: *soldat en permission* soldato in licenza ◇ (*par ext.*) [*temps de ce congé*] licenza: *se marier pendant sa permission* sposarsi durante la licenza.

permissionnaire |pɛʀmisjɔnɛʀ| *s.m.* soldato in licenza.

permittivité |pɛʀmitivite| *s.f.* (*phys.*) permettività *inv.*, permettanza.

permutabilité |pɛʀmytabilite| *s.f.* (*sc.*) permutabilità *inv.*

permutable |pɛʀmytabl(ə)| *adj.* permutabile; scambiabile.

permutant, ante |pɛʀmytɑ̃, ɑ̃t| *s.* (*admin.*) chi fa uno scambio (di posto) *loc.*

permutation |pɛʀmytasjɔ̃| *s.f.* **1** (*ling.*) permutazione: *permutations de lettres ou de syllabes* permutazioni di lettere o di sillabe **2** [*échange d'un emploi contre un autre*] scambio* *m.* (di posto) **3** (*math.*) permutazione.

permuter |pɛʀmyte| **A** *v.tr.* [*mettre une chose à la place d'une autre* (*et réciproquement*)] trasporre (168), permutare: *permuter deux mots dans la phrase* trasporre, permutare due parole nella frase → **intervertir** **B** *v.intr.* [*changer de place réciproquement*] scambiarsi *pron.* il posto.

pernicieusement |pɛʀnisjøzmɑ̃| *adv.* (*littér.*) perniciosamente.

pernicieux, euse |pɛʀnisjø, øz| *adj.* **1** (*littér.*) pernicioso: *doctrines pernicieuses* dottrine perniciose; *erreur pernicieuse* errore pernicioso → **mauvais, nocif** **2** (*méd.*) pernicioso.

perniciosité |pɛʀnisjozite| *s.f.* (*méd.*) perniciosità *inv.*

péroné |peʀɔne| *s.m.* (*anat.*) perone.

péronier, ière |peʀɔnje, jɛʀ| *adj. et s.m.* (*anat.*) peroneo.

péronnelle |peʀɔnɛl| *s.f.* (*fam.*) [*jeune fille sotte et bavarde*] pettegolina.

Péronosporacées |peʀɔnɔspɔʀase| *s.f. pl.* (*t.zool.*) Peronosporacee.

peropératoire |peʀɔpeʀatwaʀ| *adj.* (*chir.*) durante l'intervento (*loc. inv.*): *transfusion peropératoire* trasfusione durante l'intervento.

péroraison |peʀɔʀɛzɔ̃| *s.f.* (*rhétorique*) perorazione: *la péroraison d'un plaidoyer* la perorazione di un'arringa Ⓒ **exorde.**

pérorer |peʀɔʀe| *v.intr.* [*discourir, parler d'une manière prétentieuse, avec emphase*] declamare *tr.*

péroreur, euse |peʀɔʀœʀ, øz| *s. et adj.* (*rare*) [*personne qui pérore*] declamatore* *s.*

pérot |peʀo| *s.m.* (*sylvic.*) albero che ha le due età di taglio.

pérousin, ine |peʀuzɛ̃, in|; **pérugin, ine** |peʀyʒɛ̃, in| *adj.* [*de Pérouse*] perugino.

peroxydase |pɛʀɔksidaz| *s.f.* (*chim.*) perossidasi *inv.*

peroxyde |pɛʀɔksid| *s.m.* (*chim.*) perossido.

peroxyder |pɛʀɔkside| *v.tr.* (*chim.*) [*oxyder au plus haut degré possible*] perossidare.

perpendiculaire |pɛʀpɑ̃dikylɛʀ| *adj.* **1** (*vx., littér.*) [*vertical, d'aplomb*] perpendicolare **2** *perpendiculaire à* perpendicolare a; *plans perpendiculaires* piani perpendicolari → **orthogonal** ✦ (*s.f.*) *une perpendiculaire* una perpendicolare **3** (*archit.*) *style perpendiculaire* stile perpendicolare.

perpendiculairement |pɛʀpɑ̃dikylɛʀmɑ̃| *adv.* [→ PERPENDICULAIRE] perpendicolarmente.

perpendicularité |pɛʀpɑ̃dikylaʀite| *s.f.* perpendicolarità *inv.*

perpète, perpette (à) |apɛʀpɛt| *loc. adv.* (*pop.*) [*à perpétuité, pour toujours*] in eterno (*cour.*): *je ne vais pas l'attendre jusqu'à perpète* non ho mica l'intenzione di aspettarlo in eterno # *être condamné à perpète* essere condannato all'ergastolo.

perpétration |pɛʀpetʀasjɔ̃| *s.f.* (*dr., littér.*) perpetrazione.

perpétrer |pɛʀpetʀe| (8) *v.tr.* (*dr.*,

littér.) [*exécuter* (*un acte criminel*)] perpetrare: *le crime fut perpétré à minuit* il delitto fu perpetrato a mezzanotte → **commettre,** 2 **consommer.**

perpétuation |pɛʀpetɥɑsjɔ̃| *s.f.* (*littér.*) [→ PERPÉTUER] perpetuazione, il perpetuarsi *m. inv.* (*cour.*) → **continuité.**

perpétuel, elle |pɛʀpetɥɛl| *adj.* **1** perpetuo: *mouvement perpétuel* moto perpetuo; *calendrier perpétuel* calendario perpetuo → **éternel** ◇ (*dr.*) *rente perpétuelle* rendita perpetua **2** [*qui dure toute la vie*] eterno: *une perpétuelle jeunesse* un'eterna giovinezza ◇ (*loc.*) *secrétaire perpétuel* segretario perpetuo **3** [*qui ne s'arrête pas*] continuo: *c'était une obsession, une angoisse perpétuelle* era un'ossessione, un'angoscia continua → **incessant** **4** *au plur.* [*qui se renouvellent souvent*] eterni: *des jérémiades perpétuelles* delle eterne geremiadi → **continuel, habituel** [C] 1 **éphémère;** 3 **passager** 2.

perpétuellement |pɛʀpetɥɛlmɑ̃| *adv.* **1** [→ PERPÉTUEL 1] perpetuamente **2** [*fréquemment, souvent*] continuamente, eternamente: *il arrive perpétuellement en retard* arriva continuamente in ritardo.

perpétuer |pɛʀpetɥe| **A** *v.tr.* [*faire durer constamment, ou très longtemps*] perpetuare: *monument qui perpétue le souvenir d'un grand homme* monumento che perpetua il ricordo di un grande uomo; *perpétuer une tradition, un abus* perpetuare una tradizione, un abuso → **maintenir, continuer, éterniser** **B** *v. pron. intr.* SE PERPÉTUER [*se continuer*] perpetuarsi: *les espèces se perpétuent* le specie si perpetuano → **durer.**

perpétuité |pɛʀpetɥite| *s.f.* **1** (*littér.*) perpetuazione; perpetuità *inv.* → **pérennité** **2** *loc. adv.* À PERPÉTUITÉ [*pour toujours*] a vita: *les travaux forcés à perpétuité* i lavori forzati a vita, l'ergastolo # *être condamné à perpétuité,* (*pop.*) *à perpète* essere condannato all'ergastolo.

perplexe |pɛʀplɛks(ə)| *adj.* perplesso: *un air perplexe* un'aria perplessa; *cette demande me rend perplexe* questa richiesta mi rende perplesso → **hésitant, indécis.**

perplexité |pɛʀplɛksite| *s.f.* incertezza, perplessità (*inv.*): *être dans la plus complète perplexité* essere nella più completa incertezza.

perquisiteur |pɛʀkizitœʀ| *s.m.* (*rare*) [*celui qui fait des perquisitions*] perquisitore* *s.*

perquisition |pɛʀkizisjɔ̃| *s.f.* **1** perquisizione: *mandat de perquisition* mandato di perquisizione; *faire une perquisition* fare una perquisizione **2** (*fig., littér.*) [*investigation*] inquisizione, indagine (*cour.*).

perquisitionner |pɛʀkizisjɔne| *v. intr.* [*faire une perquisition*] perquisire (197) *tr.,* fare (103) *tr.* una perquisizione: *la police a perquisitionné chez lui* la polizia ha perquisito casa sua, ha fatto una perquisizione in casa sua.

perré |pe(ɛʀ)ʀe| *s.m.* (*maçonn.*) muro a secco.

perrière |pɛʀjɛʀ| *s.f.* (*archéol.*) petriera.

perron |pɛʀɔ̃| *s.m.* scalinata *f.* esterna.

1 **perroquet** |pɛʀɔkɛ| *s.m.* **1** (*t. zool.*) pappagallo ~ *perroquet d'Afrique* → **jacquot** ~ *perroquet d'Amérique* → **papegai** ◇ (*par anal.*) *perroquet de mer* pulcinella di mare ~ *poisson perroquet* → **scare** ◇ (*loc. fig.*) *répéter qqch. comme un perroquet* ripetere q.c. come un pappagallo **2** (*fam.*) bicchierino d'assenzio (*cour.*); bibita *f.* di anice e menta.

2 **perroquet** |pɛʀɔkɛ| *s.m.* (*mar.*) parrocchetto, pappafico*.

perruche |pe(ɛ)ʀyʃ| *s.f.* **1** (*t.zool.*) cocorita ◇ (*fig.*) [*femme bavarde*] cornacchia: *faites taire ces deux perruches* fate tacere quelle due cornacchie **2** pappagallo *m.* femmina **3** (*mar.*) belvedere *m.*

perruque |pe(ɛ)ʀyk| *s.f.* **1** [*chevelure postiche*] parrucca*: *porter une perruque* portare una parrucca; *porter perruque* [*habituellement*] portare la parrucca → **moumoute** **2** (*pêche*) lenza ingarbugliata **3** (*vx., fig.*) [*personne âgée attachée à des goûts démodés, des préjugés ridicules*] parruccone *s.*

perruquier |pe(ɛ)ʀykje| *s.m.* **1** [*fabricant de perruques*] parruccaio* **2** (*ancienn.*) → **coiffeur.**

pers |pɛʀ| *adj. m.* (*littér.*) (*se dit de diverses couleurs où le bleu domine, surtout en parlant des yeux*) glauco* (*m. ou f.*): *la déesse aux yeux pers* la dea dagli occhi glauchi.

persan, ane |pɛʀsɑ̃, an| *adj.* **1** [*de Perse*] persiano → **iranien** **2** [*venant de Perse*] persiano: *chat persian* gatto persiano; *art persan* arte persiana ✦ (*s.m.*) *le persan* [*la langue*] il persiano.

1 **perse** |pɛʀs(ə)| *s.* [*de l'anc. Perse*] persiano: *les Mèdes et les Perses* i Medi e i Persiani ✦ *adj.* (*ling.*) *langues perses* lingue persiane.

2 **perse** |pɛʀs(ə)| *s.f.* **1** tela indiana (dipinta) **2** 'cretonne' *m. inv.*

persea |pɛʀsea| *s.m.* (*t.bot.*) persea *f.*

persécuté, ée |pɛʀsekyte| **1** *adj.* [*en butte à une persécution*] perseguitato: *un peuple persécuté* un popolo perseguitato ✦ (*s.*) *les persécutés et les opprimés* i perseguitati e gli oppressi **2** *s.* (*psycho.*) persona *f.* afflitta da mania di persecuzione.

persécuter |pɛʀsekyte| *v.tr.* **1** [*tourmenter sans relâche par des traitements cruels*] perseguitare → **martyriser, opprimer** **2** [*poursuivre en importunant*] perseguitare: *ses créanciers le persécutent* i suoi creditori lo perseguitano → **harceler.**

persécuteur, trice |pɛʀsekytœʀ, tʀis| *s.* persecutore*: *il s'est vengé de ses persécuteurs* si è vendicato dei suoi persecutori ◇ (*psycho., pathol.*) *persécuté persécuteur* perseguitato persecutore.

persécution |pɛʀsekysjɔ̃| *s.f.* **1** persecuzione: *les chrétiens victimes des persécutions* i cristiani vittime delle persecuzioni ◇ [*mauvais traitement*] persecuzione: *il se croit victime de persécutions* si crede vittima di persecuzioni **2** (*loc.*) *manie, folie de la persécution* mania di persecuzione; *délire de la persécution* delirio di persecuzione.

Perséides |pɛʀseid| *s.f. pl.* (*astron.*) Perseidi.

persel |pɛʀsɛl| *s.m.* (*chim.*) persale.

persévérance |pɛʀseveʀɑ̃s| *s.f.* perseveranza: *il travaille avec persévérance* lavora con perseveranza → **obstination.**

persévérant, ante |pɛʀseveʀɑ̃, ɑ̃t| *adj.* perseverante: *un homme persévérant* un uomo perseverante → **obstiné, patient** [C] **changeant.**

persévération |pɛʀseveʀɑsjɔ̃| *s.f.* (*méd.*) perseverazione.

persévérer |pɛʀseveʀe| (8) *v.intr.* [*continuer de faire ce qu'on a résolu*] perseverare: *persévérer dans l'effort* perseverare nello sforzo → **acharner (s'), persister** [C] **abandonner, renoncer.**

persicaire |pɛʀsikɛʀ| *s.f.* (*t.bot.*) persicaria.

persicot |pɛʀsiko| *s.m.* (*vx.*) rosolio* (fatto con noccioli di pesca).

persienne |pɛʀsjɛn| *s.f.* persiana → **volet.**

persiflage |pɛʀsiflaʒ| *s.m.* (*littér.*) [→ PERSIFLER] dileggio*: *des persiflages insolents* dileggi insolenti → **moquerie, raillerie.**

persifler |pɛʀsifle| *v.tr.* (*littér.*) [*tourner* (*qqn.*) *en ridicule en employant un ton de plaisanterie ironique*] dileggiare: *persifler les gens avec mépris* dileggiare le persone con disprezzo → **moquer (se), railler.**

persifleur, euse |pɛʀsiflœʀ, øz| *s.* (*littér.*) [*personne qui aime à persifler*] dileggiatore*, canzonatore* ✦ (*adj.*) *un ton persifleur* un tono canzonatorio*, derisorio*.

persil |pɛʀsi| *s.m.* (*t.bot.*) prezzemolo ◇ (*cour.*) *un bouquet de persil* un mazzetto di prezzemolo.

persillade |pɛʀsijad| *s.f.* [*sauce à base de persil, d'ail, d'huile, de vinaigre*] salsa verde.

persillé, ée |pɛʀsije| *adj.* **1** con prezzemolo (tritato) *loc. inv.* **2** *fromage persillé* formaggio erborino **3** *viande persillée* carne venata di grasso.

persillère |pɛʀsijɛʀ| *s.f.* recipiente *m.* usato per coltivare il prezzemolo in casa.

persique |pɛʀsik| *adj.* [*de Perse*] persico*: *golfe Persique* golfo Persico.

persistance |pɛʀsistɑ̃s| *s.f.* **1** [→ PERSISTER] insistenza: *c'est ce qu'il affirmait avec persistance* è quello che affermava con insistenza → **entêtement, obstination** **2** [*caractère de ce qui est durable*] persistenza, il persistere (*m. inv.*): *la persistance du mauvais temps* la persistenza, il persistere del maltempo.

persistant, ante |pɛʀsistɑ̃, ɑ̃t| *adj.* persistente: *une odeur persistante* un odore persistente; *fièvre persistante* febbre persistente → **constant, durable; tenace** ◇ (*spécialt.*) *feuilles persistantes* foglie perenni; *neige persistante* neve eterna.

persister |pɛʀsiste| *v.intr.* **1** [*demeurer inébranlable* (*dans ses résolutions*)] insistere (116), persistere (116): *je persiste dans mon opinion* persisto, insisto nella mia opinione; *je persiste à croire que tout va s'arranger* persisto a credere che tutto si accomoderà → **obstiner (s')** **2** (*choses*) [*durer, rester malgré tout*] persistere: *sa douleur persiste malgré tous les soins* il suo dolore persiste nonostante tutte le cure → **continuer, subsister.**

persona grata |pɛʀsɔnagʀata| *loc.* (*lat.*) (*diplomatie*) persona grata ◇ (*par ext.*) *persona non grata* persona non grata: *ce diplomate a été déclaré persona non grata* quel diplomatico è stato dichiarato persona non grata.

personé, ée |pɛʀsɔne| *adj.* (*bot.*) personato.

Personées |pɛʀsɔne| *s.f. pl.* (*t. bot.*) Personate.

personnage |pɛʀsɔnaʒ| *s.m.* **1** personaggio*: *c'est un personnage influent, connu* è un personaggio influente, noto → **célébrité, personnalité** **2** [*personne qui figure dans une œuvre théâtrale*] personaggio: *l'arlequin est un personnage de la comédie italienne* l'arlecchino è un personaggio della commedia italiana ◇ (*loc. fam.*) *se mettre, entrer dans la peau de son personnage* calarsi, entrare nel proprio personaggio **3** [*personne considérée quant à son comportement*] tipo: *un drôle de personnage* uno strano tipo ◇ [*rôle qu'on joue dans la vie*] parte (*f.*): *jouer son propre personnage* recitare la propria parte **4** [*être humain représenté dans une œuvre d'art*] figura (*f.*): *les personnages d'un tableau* le figure di un quadro; *personnage allégorique* figura allegorica.

personnalisation |pɛʀsɔnalizɑsjɔ̃| *s.f.* [→ PERSONNALISER] personalizzazione ◇ (*philo.*) personificazione.

personnaliser |pɛʀsɔnalize| *v.tr.* **1** (*vx.*) [*personnifier* (*une abstraction*)] personificare (*cour.*), impersonare (*cour.*) **2** [*rendre personnel*] personalizzare: *personnaliser un impôt* personalizzare una imposta ◇ (*comm.*) *personnaliser une voiture, un appartement* personalizzare un'auto, un appartamento **3** [*donner la qualité de personne morale à*] *association personnalisée* associazione costituita come persona giuridica.

personnalisme |pɛʀsɔnalism(ə)| *s.m.* (*philo.*) personalismo.

personnaliste |pɛʀsɔnalist(ə)| *adj. et s.* personalista.

personnalité |pɛʀsɔnalite| *s.f.* **I** LA PERSONNALITÉ **1** [*ce qui différencie une personne de toutes les autres*] personalità (*inv.*): *la personnalité de qqn.* la personalità di qc.; *affirmer, développer sa personnalité* affermare, sviluppare la propria personalità; *avoir une forte personnalité* avere una forte personalità; *c'est un être banal, sans personnalité* è un essere banale, senza personalità **2** [*ce qui fait l'individualité* (*d'une personne*)] personalità: *étude, troubles de la personnalité* studio, turbe della personalità **3** (*dr.*) *personnalité juridique* personalità giuridica **4** [*caractère de ce qui est personnel*] personalità: *personnalité de l'impôt* personalità dell'imposta **5** (*vieilli*) allusione personale (*cour.*) **II** UNE, DES PERSONNALITÉ(S) personalità → **notabilité, personnage.**

1 **personne** |pɛʀsɔn| *s.f.* **I** **1** persona: *une personne* una persona; *une personne âgée* una persona anziana, un anziano; *une brave personne* una brava persona; *une personne très convenable* una persona molto perbene → 2 **être** ◇ [*femme, jeune fille*] donna, ragazza: *il vit avec une jolie personne* vive con una bella donna, ragazza **2** (*loc.*) *grande personne* grande *s.*, adulto *s.* **3** *la personne de qqn.* [*la personnalité, le moi*]: *payer de sa personne* pagare di persona; *faire grand cas de sa personne, de sa petite personne* tenersi in gran conto; *la personne et l'œuvre* [*d'un écrivain*] l'uomo* *m.* e l'opera **4** [*le corps, l'apparence extérieure*] persona: *il est soigneux de sa personne* ha cura della propria persona # *il est bien de sa personne* ha un bel personale ◇ (*loc.*) *exposer sa personne* [*sa vie*] mettere a repentaglio la propria vita **5** *loc.* EN PERSONNE in persona: *le ministre en personne* il ministro in persona; *c'est vraiment le calme en personne* è davvero la calma in persona, personificata *adj.* **6** (*philo., psycho.*) *la personne humaine* la persona umana → **moi, sujet** **II** (*dr.*) *personne à* (*la*) *charge* persona a carico; *par personne interposée* per interposta persona; *personne morale* [*groupement ou établissement possédant la personnalité morale*] persona giuridica.

2 **personne** |pɛʀsɔn| *s.f.* (*gram.*) persona: *première, deuxième personne* prima, seconda persona; *roman écrit à la troisième personne* romanzo scritto in terza persona.

3 **personne** |pɛʀsɔn| *pron. indéf.* **1** (*dans une subordonnée dépendant d'une principale négative*) [*quelqu'un*] qualcuno; nessuno: *n'imaginez surtout pas que personne vous croie* soprattutto non si immagini che qualcuno le creda ‖ *il n'est pas question que personne sorte* nessuno può uscire; è proibito a chiunque di uscire ◇ (*dans une phrase comparative*) chiunque altro, nessun altro: *vous le savez mieux que personne* lei lo sa meglio di chiunque (altro); (*il est*) *comme personne* (è) come nessun altro → **quiconque** **2** (*avec 'ne'*) [*aucun être humain*] nessuno: *personne ne le sait* non lo sa nessuno; *il n'y avait personne* non c'era nessuno; *rien ni personne ne m'en empêchera* niente e nessuno me lo impedirà; *je ne répondrai à personne* non risponderò a nessuno; *il ne le ferait pour personne* non lo farebbe per nessuno → 1 **nul** ◇ (*sans 'ne'*) '*qui m'appelle?*' '*personne*' 'chi mi vuole?' 'nessuno' ◇ PERSONNE DE (+ *adj. ou p. au m.*) *je ne trouve personne de sérieux* non trovo nessuno serio, che sia serio; *personne d'autre que lui* nessun altro che lui.

personnel |pɛʀsɔnɛl| *s.m.* personale: *le personnel d'une usine* il personale di uno stabilimento; *chef, directeur du personnel* capo, direttore del personale → **main-d'œuvre.**

1 **personnel, elle** |pɛʀsɔnɛl| *adj.* **1** personale: *l'intérêt personnel de chacun* l'interesse personale di ciascuno; *fortune personnelle* patrimonio personale → **individuel, particulier** **2** [*qui s'adresse à qqn. en particulier*] personale: *lettre personnelle* lettera personale **3** [*qui concerne les personnes, la personne en général*] personale: *impôt personnel* imposta personale; *morale personnelle* morale personale **4** [*qui constitue une personne*] persona (*s.f.*): *Dieu personnel* Dio persona ⓒ 1 **commun, général** 1.

2 **personnel, elle** |pɛʀsɔnɛl| *adj.* (*gram.*) **1** personale: '*il chante*' *est personnel* 'egli canta' è personale **2** [*qui prend l'indication de la personne grammaticale*] personale: *modes personnels du verbe* modi personali del verbo **3** *pronom personnel* pronome personale.

personnellement |pɛʀsɔnɛlmɑ̃| *adv.* [→ 1 PERSONNEL] personalmente.

personnification |pɛʀsɔnifikɑsjɔ̃| *s.f.* [→ PERSONNIFIER] personificazione: *Néron fut la personnification de la cruauté* Nerone fu la personificazione della crudeltà → **incarnation.**

personnifié, ée |pɛʀsɔnifje| *adj.* **1** personificato: *les vices et les vertus personnifiés* i vizi e le virtù personificate **2** (*loc.*) *c'est l'honnêteté personnifiée* è l'onestà personificata, in persona.

personnifier |pɛʀsɔnifje| *v.tr.* **1** [*évoquer* (*une chose abstraite ou inanimée*) *sous les traits d'une personne*] personificare, impersonare: *Harpagon personnifie l'avarice* Arpagone personifica l'avarizia **2** [*réaliser dans sa personne* (*un caractère*)] personificare: *il personnifie l'honnêteté* personifica l'onestà ◇ (*par ext.*) *personnifier un pays, une époque* impersonare, personificare un paese, un'epoca → **incarner.**

perspectif, ive |pɛʀspɛktif, iv| *adj.* [*qui représente un objet en perspective*] prospettico*: *dessin perspectif* disegno prospettico.

perspective |pɛʀspɛktiv| *s.f.* **I** **1** (*bx-arts*) prospettiva: *les lois de la perspective* le leggi della prospettiva; *perspective aérienne* prospettiva aerea **2** [*aspect esthétique que présente un ensemble vu à distance*] prospettiva, vista: *une belle perspective* una bella prospettiva, vista **II** **1** [*événement qui se présente comme probable*] prospettiva: *des perspectives d'avenir* delle prospettive per il futuro; *la perspective de partir l'enchantait* la prospettiva di partire la entusiasmava **2** *loc. inv.* EN PERSPECTIVE in prospettiva, in vista: *il a un bel avenir en perspective* ha un bell'avvenire in prospettiva, in vista **3** [*aspect sous lequel une chose se présente; manière de considérer qqch.*] prospettiva, angolazione: *dans une perspective marxiste* in una prospettiva, con una angolazione marxista → **optique, point de vue.**

perspectivisme |pɛʀspɛktivism(ə)| *s.m.* (*philo.*) prospettivismo.

perspicace |pɛʀspikas| *adj.* perspicace: *c'est un observateur lucide et perspicace* è un osservatore lucido e perspicace → **intelligent, clairvoyant.**

perspicacité |pɛʀspikasite| *s.f.* perspicacia*: *manquer de perspicacité* mancare di perspicacia → **intelligence, sagacité.**

perspiration |pɛʀspiʀɑsjɔ̃| *s.f.* (*physiol.*) perspirazione, traspirazione.

persuader |pɛʀsɥade| **A** (*v.tr.*) *persuader qqn. de qqch.* [*amener qqn. à croire, à faire qqch. par une adhésion complète*] persuadere (164), convincere (193) qc. di q.c.: *il m'a persuadé de sa sincérité* mi ha persuaso, convinto della sua sincerità; *il faut le persuader de venir* bisogna persuaderlo, convincerlo a venire; *il a fini par persuader beaucoup de gens qu'il était compétent* ha finito per persuadere molti che era competente → **décider, déterminer** ♦ (*au p.p.*) *j'en suis persuadé* ne sono persuaso, convinto **B** *v.pron. réfl.* SE PERSUADER [*se rendre certain* (*de*)] persuadersi, convincersi: *elle s'est persuadé* (*persuadée*) *que son devoir était de se sacrifier* si è persuasa, convinta che il suo dovere è di sacrificarsi ⓒ A **dissuader.**

persuasif, ive |pɛʀsɥazif, iv| *adj.* persuasivo: *ton persuasif* tono persuasivo; *vous êtes si persuasif que je finis par vous croire* lei è così persuasivo che finisco per crederle → **convaincant, éloquent.**

persuasion |pɛʀsɥɑzjɔ̃| *s.f.* [→ PERSUADER] persuasione: *cet orateur a un grand pouvoir de persuasion* questo oratore ha un grande potere di persuasione ⓒ **dissuasion.**

persulfate |pɛʀsylfat| *s.m.* (*chim.*) persolfato.
persulfure |pɛʀsylfyʀ| *s.m.* (*chim.*) persolfuro.
persulfuré, ée |pɛʀsylfyʀe| *adj.* (*chim.*) allo stato di persolfuro *loc. inv.*
perte |pɛʀt(ə)| *s.f.* **I** **1** [*le fait de perdre* (*une personne*) *par l'éloignement ou par la mort*] perdita: *la perte cruelle qu'il vient d'éprouver* la perdita crudele che ha appena subito ◇ (*au plur.*) *infliger des pertes sévères à l'ennemi* infliggere gravi perdite al nemico ◇ (*fam.*) *il a été mis à la porte avec perte et fracas* [*brutalement*] è stato messo alla porta in malo modo **2** [*le fait d'être privé* (*d'une chose dont on avait la propriété*)] perdita: *perte d'argent* perdita di denaro; *perte d'un droit* perdita di un diritto ◇ (*comm.*) *compte de pertes et profits* conto profitti e perdite; *perte sèche* [*qui n'est compensée par aucun bénéfice*] perdita secca; *vendre à perte* vendere in perdita ◇ (*loc.*) *passer une chose aux profits et pertes* [*la considérer comme perdue*] mettere una cosa in conto perdite **3** [*le fait d'égarer* (*qqch.*)] perdita: *la perte d'un parapluie* la perdita di un ombrello **4** *loc. inv.* À PERTE DE VUE a perdita d'occhio **5** [*le fait de gaspiller*] perdita, spreco* (*m.*): *une perte de temps* una perdita di tempo; *une perte de forces et de temps* uno spreco di forze e di tempo → **gaspillage** ◇ (*loc.*) *en pure perte* senza alcun risultato **6** [*quantité* (*d'énergie, chaleur*) *qui se dissipe inutilement*] perdita: *perte de lumière, de chaleur* perdita, dispersione di luce, di calore; *perte de vitesse* perdita di velocità **7** (*méd.*) *pertes* (*de sang*) perdite (di sangue); *pertes blanches* perdite bianche **II** [*le fait de perdre, d'être vaincu*] perdita: *la perte d'une bataille* la perdita di una battaglia **III** [*le fait de périr, de se perdre*] rovina: *courir à sa perte* correre verso la propria rovina; *jurer la perte de qqn.* giurare la rovina di qc. **IV** (*géol.*) *perte d'un cours d'eau* inghiottitoio* *m.* (di un corso d'acqua).
pertinemment |pɛʀtinamɑ̃| *adv.* **1** (*littér.*) [→ PERTINENT] pertinentemente **2** *savoir pertinemment qqch.* sapere per certo *loc. inv.* q.c.: *je sais pertinemment qu'il a menti* so per certo che ha mentito.
pertinence |pɛʀtinɑ̃s| *s.f.* **1** (*dr.*) pertinenza **2** [*caractère d'un élément pertinent; de ce qui est pertinent*] pertinenza: *l'avocat avait parlé avec pertinence* l'avvocato aveva parlato con pertinenza.
pertinent, ente |pɛʀtinɑ̃, ɑ̃t| *adj.* **1** pertinente: *une remarque pertinente* un'osservazione pertinente → **approprié** **2** (*ling.*) pertinente: *trait pertinent* carattere pertinente **3** (*dr.*) pertinente.
pertuis |pɛʀtɥi| *s.m.* **1** (*hydraulique*) luce *f.* **2** [*étranglement d'un fleuve*] strozzatura *f.* **3** [*détroit entre deux îles, entre une île et la terre*] stretto, bocche *f. pl.* **4** (*vx., dial.*) pertuso, pertugio* (*cour.*) → **ouverture, trou.**
pertuisane |pɛʀtɥizan| *s.f.* (*archéol.*) partigiana → **hallebarde, lance.**
pertuisanier |pɛʀtɥizanje| *s.m.* (*hist.*) soldato armato di partigiana.
perturbateur, trice |pɛʀtyʀbatœʀ, tʀis| *s.* perturbatore*: *expulser les perturbateurs* espellere i perturbatori ◆ (*adj.*) *éléments perturbateurs* elementi perturbatori.
perturbation |pɛʀtyʀbɑsjɔ̃| *s.f.* **1** perturbazione: *perturbations d'une planète* perturbazioni di un pianeta → 1 **dérangement** ◇ (*météo.*) *perturbations atmosphériques* perturbazioni atmosferiche **2** [*bouleversement* (*dans la vie sociale et individuelle*)] perturbazione: *perturbations politiques, sociales* perturbazioni politiche, sociali → **crise,** 2 **trouble.**
perturber |pɛʀtyʀbe| *v.tr.* [*empêcher de fonctionner normalement*] perturbare, sconvolgere (196): *planète qui perturbe le mouvement d'une autre planète* pianeta che perturba il moto di un altro pianeta; *grève qui perturbe les transports* sciopero che sconvolge i trasporti, crea il caos nei trasporti → 1 **déranger.**
pérule |peʀyl| *s.f.* (*bot.*) perula.
péruvien, ienne |peʀyvjɛ̃, jɛn| *adj.* [*du Perou*] peruviano.
pervenche |pɛʀvɑ̃ʃ| *s.f.* **1** (*t.bot.*) pervinca* **2** (*adj.*) *bleu pervenche* azzurro pervinca.
pervers, erse |pɛʀvɛʀ, ɛʀs(ə)| **I** *adj.* **1** (*littér.*) pravo: *une âme perverse* un'anima prava **2** [*qui témoigne de perversité ou de perversion*] perverso: *il a des tendances perverses* ha tendenze perverse **II** *s.* (*pathol.*) pervertito.
perversement |pɛʀvɛʀsəmɑ̃| *adv.* [→ PERVERS] perversamente.
perversion |pɛʀvɛʀsjɔ̃| *s.f.* **1** (*littér.*) pravità (*inv.*): *la perversion des mœurs* la pravità dei costumi → **corruption, dépravation** **2** [*déviation des tendances dues à des troubles psychiques*] perversione, pervertimento (*m.*): *perversions sexuelles* perversioni sessuali.
perversité |pɛʀvɛʀsite| *s.f.* **1** perversità *inv.*; perversione: *la perversité de qqn.* la perversità di qc. ‖ *la perversité des mœurs* la perversione dei costumi → **corruption, dépravation** **2** (*psycho.*) perversione, pervertimento *m.*
pervertir |pɛʀvɛʀtiʀ| *v.tr.* **1** [*faire changer en mal*] corrompere (176), pervertire: *pervertir qqn.* corrompere, pervertire qc. → **débaucher, dépraver** ◆ (*au p.p.*) *la jeunesse pervertie* la gioventù corrotta **2** [*modifier en dérangeant ou en détournant* (*de sa fin, de son sens*)] pervertire → 1 **altérer, dénaturer** ◆ (*au p.p.*) *des institutions perverties* delle istituzioni pervertite, snaturate.
pervertissement |pɛʀvɛʀtismɑ̃| *s.m.* (*littér.*) [*perversion*] pravità *f. inv.*, pervertimento (*cour.*): *le pervertissement de la jeunesse après une guerre* la pravità, il pervertimento della gioventù dopo una guerra.
pervertisseur, euse |pɛʀvɛʀtisœʀ, øz| *s. et adj.* (*rare*) [*personne qui pervertit* (1)] pervertitore* (*littér.*).
pervibrage |pɛʀvibʀaʒ| *s.m.* (*tr. pub.*) pervibrazione *f.*, vibrazione *f.* interna.
pervibrer |pɛʀvibʀe| *v.tr.* (*tr. publ.*) [*vibrer* (*le béton*) *en pleine masse*] pervibrare, vibrare il' calcestruzzo.
pesade |pəzad| *s.f.* (*équit.*) pesata.
pesage |pəzaʒ| *s.m.* **1** [*détermination des poids*] pesatura (*f.*): *appareils de pesage* strumenti per la pesatura **2** (*turf*) pesatura (dei fantini) ◇ (*par ext.*) [*endroit où s'effectue le pesage*] (recinto del) peso, 'pesage' *inv.*
pesamment |pəzamɑ̃| *adv.* [*lourdement*] pesantemente: *tomber pesamment* cadere pesantemente.
pesant, ante |pəzɑ̃, ɑ̃t| *adj.* **1** pesante: *un fardeau pesant* un fardello pesante **2** (*phys.*) *les corps pesants* i gravi *s.m.* **3** (*fig.*) [*pénible à supporter*] pesante: *se sentir la tête pesante* sentirsi la testa pesante; *dormir d'un sommeil pesant* dormire con un sonno pesante **4** [*qui donne une impression de lourdeur*] pesante: *une architecture pesante* un'architettura pesante; *une marche pesante* un'andatura pesante **5** [*qui manque de vivacité*] pesante # *un esprit pesant* una mente ottusa Ⓒ 1; 3; 4 **léger**; 5 **agile, vif.**
pesanteur |pəzɑ̃tœʀ| *s.f.* **1** [*caractère de ce qui a un poids*] pesantezza: *pesanteur de l'air* pesantezza dell'aria ◆ *absolt.* (*phys.*) *la pesanteur* la gravità *inv.* → **gravitation** **2** [*caractère de ce qui paraît pesant*] pesantezza: *il a la pesanteur d'un bœuf* ha la pesantezza di un bue ◇ [*manque de vivacité*] pesantezza # *pesanteur d'esprit* ottusità di mente.
pèse-acide |pɛzasid| *s.m.* (*techn.*) densimetro, acidimetro: *des pèse-acides* dei densimetri, degli acidimetri.
pèse-alcool |pɛzalkɔl| *s.m.* (*techn.*) alcolometro: *des pèse-alcools* degli alcolometri.
pèse-bébé |pɛzbebe| *s.m.* [*balance pour peser les jeunes enfants*] pesabambini (*inv.*): *des pèse-bébés* dei pesabambini.
pesée |pəze| *s.f.* **1** [*quantité pesée en une fois*] pesata **2** [*opération par laquelle on détermine le poids de qqch.*] pesatura: *effectuer une pesée à l'aide d'une balance* effettuare una pesatura con una bilancia **3** [*poussée effectuée sur un objet pour le déplacer*] pressione, spinta.
pèse-esprit |pɛzɛspʀi| *s.m.* (*vieilli*) → **aréomètre.**
pèse-lait |pɛzlɛ| *s.m.* pesalatte (*inv.*): *des pèse-laits* dei pesalatte.
pèse-lettre |pɛzlɛtʀ(ə)| *s.m.* pesalettere (*inv.*): *des pèse-lettres* dei pesalettere.
pèse-liqueur |pɛzlikœʀ| *s.m.* (*vx.*) → **pèse-alcool.**
pèse-moût |pɛzmu| *s.m.* (*techn.*) mostimetro: *des pèse-moûts* dei mostimetri → **glucomètre.**
pèse-personne |pɛzpɛʀsɔn| *s.m.* bilancia* *f.* pesapersone.
peser |pəze| (6) **A** *v.tr.* **1** [*déterminer le poids de* (*qqch.*)] pesare: *peser un objet avec une balance* pesare un oggetto con la bilancia # *peser dans sa main* soppesare nella propria mano ◆ (*pron.*) *il se pèse tous les matins* si pesa ogni mattina **2** [*apprécier, examiner avec attention*] pesare, soppesare: *pèse tes mots* pesa le parole; *peser les circonstances* soppesare le circostanze; *peser le pour et le contre* (sop)pesare il pro e il contro → **comparer, considérer, estimer** ◆ (*au p.p.*) *tout bien pesé* [*après mûre réflexion*] tutto considerato, tutto sommato **B** *v. intr.* **I** (*concret*) **1** [*avoir tel ou tel poids*] pesare: *peser peu, beaucoup* pesare poco, molto; *les cent kilos qu'il a pesé autrefois* i cento chili che pesava una volta; *elle ne pèse pas plus qu'une plume* pesa come una piuma; *il pèse très lourd, comme du plomb* pesa come il piombo,

è pesantissimo **2** PESER SUR, CONTRE pesare su; spingere (119) (*tr.*): *fardeau qui pèse sur les épaules* fardello che pesa sulle spalle; *aliment indigeste qui pèse sur l'estomac* cibo indigesto che pesa sullo stomaco → **appuyer** ‖ *peser sur, contre une porte pour l'ouvrir* spingere una porta per aprirla **II** (*abstrait*) **1** PESER À [*être pénible, difficile à supporter*] pesare a: *ses enfants lui pèsent* i figli le pesano; *ce travail me pèse* questo lavoro mi pesa → **ennuyer, fatiguer, importuner** **2** PESER SUR pesare, gravare su: *les remords qui pèsent sur ma conscience* i rimorsi che mi pesano sulla coscienza; *menace qui pèse sur qqn.* minaccia che grava su qc. → **accabler** **3** [*avoir de l'importance*] pesare, avere (96) *tr.* peso su: *c'est cet élément qui pèse le plus dans notre décision* è questo l'elemento che pesa di più, che ha più peso sulla nostra decisione.

pèse-sel |pɛzsɛl| *s.m.* (*techn.*) salinometro: *des pèse-sels* dei salinometri.

pèse-sirop |pɛzsiʀo| *s.m.* (*techn.*) aerometro per sciroppi.

peseta |pez(s)eta| *s.f.* (*esp.*) peseta *inv.*

pesette |pəzɛt| *s.f.* [*petite balance de précision pour les monnaies*] bilancino *m.* (per monete).

peseur, euse |pəzœʀ, øz| *s.* (*rare*) [*personne chargée de vérifier des pesées*] pesatore*: *peseur juré exerçant sur les marchés* pesatore pubblico nei mercati.

pèse-vin |pɛzvɛ̃| *s.m.* (*techn.*) enometro → **œnomètre.**

peso |pɛz(s)o| *s.m.* (*esp.*) peso: *des pesos* dei pesos.

peson |pəzɔ̃| *s.m.* (*techn.*) stadera *f.*

pessaire |pesɛʀ| *s.m.* (*méd.*) pessario*.

pesse |pɛs| *s.f.* **1** (*vx.*) → **épicéa** **2** (*t.bot.*) coda di cavallo acquatica.

pessimisme |pesimism(ə)| *s.m.* **1** pessimismo **2** (*philo.*) pessimismo [C] **optimisme.**

pessimiste |pesimist(ə)| *adj.* pessimistico*; pessimista (*en fonction prédicative*): *une vue pessimiste du monde* una visione pessimistica del mondo; *ses malheurs l'ont rendue pessimiste* le disgrazie l'hanno resa pessimista → **défaitiste** ◆ (*s.*) *un pessimiste* un pessimista [C] **optimiste.**

peste |pɛst(ə)| *s.f.* **1** peste: *être atteint de la peste* essere colpito dalla peste → **pestiféré** **2** (*loc. fam.*) *fuir, craindre qqn., qqch. comme la peste* fuggire, temere qc., q.c. come la peste **3** (*interj. marquant 'l'étonnement'*) fulmini e saette, tuoni e fulmini: *peste! ça c'est un homme!* fulmini e saette! questo sì che è un uomo! **4** [*femme, fillette méchante, insupportable*] peste: *quelle petite peste!* che piccola peste! → **gale.**

pester |pɛste| *v.intr.* [*manifester son mécontentement, sa colère par des paroles*] imprecare: *pester contre le mauvais temps* imprecare contro il cattivo tempo → **fulminer, jurer.**

pesteux, euse |pɛstø, øz| *adj.* (*méd.*) pestoso: *bubon pesteux* bubbone pestoso ◆ (*s.*) *les pesteux* gli appestati.

pesticide |pɛstisid| *s.m. et adj.* antiparassitario*, pesticida.

pestiféré, ée |pɛstifeʀe| *adj. et s.* [*atteint de la peste*] appestato ◇ (*loc. fig.*) *fuir qqn. comme un pestiféré* fuggire qc. come un appestato.

pestilence |pɛstilɑ̃s| *s.f.* **1** (*vx.*, *méd.*) pestilenza **2** [*miasme putride*] fetore (*m.*): *pestilence qui se dégage d'un tas d'ordures* fetore che si sprigiona da un mucchio di rifiuti.

pestilentiel, elle |pɛstilɑ̃sjɛl| *adj.* **1** *maladie pestilentielle* malattia pestilenziale **2** [*qui répand une odeur infecte*] pestilenziale: *émanations pestilentielles* esalazioni pestilenziali → **puant.**

pet |pɛ| *s.m.* **1** (*vulg.*) [*gaz intestinal qui s'échappe avec bruit*] scoreggia* *f.*, peto (*cour.*): *lâcher un pet* mollare una scoreggia, un peto → **péter, vent** ◇ (*loc. fam.*) *ça ne vaut pas un pet (de lapin)* non vale una cicca ~ *filer comme un pet* [*rapidement*] filare come un razzo **2** (*arg.*) → **scandale, bruit** ◇ (*interj.*) *pet!* [*attention*] occhio!

-pétale |petal| *suff.* (*signifiant 'pétale', correspond généralt. à*) petalo: *gamopétale* gamopetalo.

pétale |petal| *s.m.* (*bot.*) petalo: *rose qui perd ses pétales* rosa che perde i petali.

pétalisme |petalism(ə)| *s.m.* (*antiq. gr.*) petalismo.

pétaloïde |petalɔid| *adj.* (*bot.*) petaloide.

pétanque |petɑ̃k| *s.f.* (gioco *m.* delle) bocce *pl.*

pétant, ante |petɑ̃, ɑ̃t| *adj.* (*pop.*) (*après 'heure'*) [*exact*] in punto *loc. inv.* (*cour.*): *à neuf heures pétantes* alle nove in punto → **sonnant.**

pétaradant, ante |petaʀadɑ̃, ɑ̃t| *adj.* [→ PÉTARADER] scoppiettante: *des motos pétaradantes* delle moto scoppiettanti.

pétarade |petaʀad| *s.f.* **1** [*suite de détonations*] scoppiettio* (*m.*): *les pétarades d'un feu d'artifice, d'une motocyclette* gli scoppiettii di un fuoco d'artificio, di una motocicletta **2** [*série de pets que laissent échapper certains animaux en ruant*] spetezzamento *m.*

pétarader |petaʀade| *v.intr.* [*faire entendre une pétarade*] scoppiettare: *le camion démarre en pétaradant* il camion si avvia scoppiettando.

pétard |petaʀ| *s.m.* **1** petardo: *des enfants qui font claquer des pétards* bambini che fanno scoppiare dei petardi **2** (*fam.*) [*bruit, tapage*] cagnara (*f.*): *qu'est-ce qu'ils font comme pétard!* che cagnara che fanno!; *il va y avoir du pétard* ci sarà cagnara ◇ (*loc.*) *être en pétard* [*en colère*] fare scintille **3** (*fam.*) [*revolver*] sputafuoco*: *il sortit son pétard* tirò fuori il suo sputafuoco **4** (*pop.*) [*derrière*] culo.

pétase |petɑz| *s.m.* (*antiq. gr.*) petaso.

pétaudière |petodjɛʀ| *s.f.* [*assemblée où, faute de discipline, règnent la confusion et le désordre*] babele: *cette réunion est une vraie pétaudière* questa riunione è una vera babele.

pétauriste |petɔʀist(ə)| *s.m.* **1** (*antiq. gr.*) acrobata **2** (*t.zool.*) petaurista.

pétauroïde |petɔʀɔid| *s.m.* (*t. zool.*) petauro.

pet-de-loup |pɛdlu| *s.m.* (*vx.*) [*vieux professeur ridicule*] barbogio*: *des pets-de-loup* dei barbogi.

pet-de-nonne |pɛdnɔn| *s.m.* (*cuis.*) frittella *f.*

pétéchial, ale, aux |peteʃjal, o| *adj.* (*méd.*) petecchiale: *typhus pétéchial* tifo petecchiale.

pétéchie |peteʃi| *s.f.* (*méd.*) petecchia.

pet-en-l'air |pɛtɑ̃lɛʀ| *s.m. inv.* (*vx.*) giacca* *f. var.* da camera corta (*cour.*).

péter |pete| (8) **A** *v.intr.* (*vulg.*) [*faire un pet*] scoreggiare ◇ (*loc.*) *péter plus haut que son derrière* [*être prétentieux*] fare il passo più lungo della gamba **B** *v.tr.* **1** (*fam.*) (*sans vulgarité*) *péter du feu, des flammes* [*déborder d'entrain, de vitalité*] fare (103) scintille; *ça va péter des flammes* [*ça va barder*] farà caldo; ci sarà un'atmosfera incandescente **2** (*fam.*) [*éclater avec bruit*] scoppiare (*cour.*): *des obus pétaient de tous les coins* delle granate scoppiavano da tutte le parti → **exploser** ◇ [*se rompre brusquement, se casser*] *tous les boutons de ma veste ont pété* mi sono saltati tutti i bottoni della giacca; *l'affaire va vous péter dans la main* [*rater*] l'affare vi sfumerà tra le mani.

pètesec, pète-sec |pɛtsɛk| *s. et adj. inv.* (*fam.*) [*personne autoritaire au ton hargneux et cassant*] bisbetico* (*var.*): *quelle pètesec!* che bisbetica!; *une institutrice pètesec* una maestra bisbetica.

péteur, euse |petœʀ, øz| *s.* (*rare*) [*personne qui a l'habitude de laisser échapper des vents*] scoreggione (*vulg.*).

péteux, euse |petø, øz| *s.* (*fam.*) [*peureux*] fifone.

pétillant, ante |petijɑ̃, ɑ̃t| *adj.* **1** [*qui pétille*] spumeggiante, frizzante: *une eau de source pétillante* una acqua di sorgente spumeggiante, frizzante **2** [*qui brille d'un vif éclat*] scintillante: *avoir le regard pétillant de malice* avere lo sguardo scintillante di malizia # *un esprit pétillant* una mente brillante, spumeggiante.

pétillement |petijmɑ̃| *s.m.* **1** [→ PÉTILLER 1, 2] lo spumeggiare *inv.*; scoppiettio*: *le pétillement du champagne* lo spumeggiare dello 'champagne' **2** [*effet de ce qui jette de vifs éclats*] sfavillio*, scintillio*: *un pétillement de lumière* uno sfavillio di luce **3** (*fig.*) impeto, slancio*.

pétiller |petije| *v.intr.* **1** [*éclater avec de petits bruits secs et répétés*] scoppiettare → **crépiter** **2** (*liquide*) [*produire de nombreuses bulles en bruissant*] spumeggiare: *le champagne pétille dans les coupes* lo 'champagne' spumeggia nelle coppe **3** (*littér.*) [*briller d'un éclat très vif*] sfavillare: *la joie pétille dans ses yeux* la gioia sfavilla nei suoi occhi ◇ (*fig.*) *il pétille d'esprit* è un tipo brillante, spumeggiante.

pétiole |pesjɔl| *s.m.* (*bot.*) picciolo.

pétiolé, ée |pesjɔle| *adj.* (*bot.*) picciolato.

petiot, ote |pətjo, ɔt| *adj.* (*fam.*) [*tout petit*] piccino ◆ *s.* [*petit enfant*] piccino.

petit, ite |p(ə)ti, it| **I** *adj.* (*dans l'ordre physique*: *quantité mesurable*) **1** (*êtres vivants*) [*dont la hauteur, la taille est inférieure à la moyenne*] piccolo: *un homme petit, très petit* un uomo piccolo, piccolissimo → **minuscule;** *petit misérable* piccolo miserabile; *quand vous étiez encore petite* quando lei era ancora piccola → **jeune;** *rendre plus petit* rendere più piccolo, rimpicciolire → **rapetisser** ◇ (*spécialt.*) (*servant, en italien, à former le 'diminutivo' ou le 'vezzeggiativo'*) *petit frère* fratellino; *petite sœur* sorellina; *petit garçon* ragazzino; *petite fille* ragazzina; *un petit nègre* un negretto; *les petits Chinois* i Cinesini; *un petit bonhomme de dix ans* un ometto, un omino di dieci anni; *un petit diable, un petit ange* un diavoletto, un angioletto ◆ *s.* → II ◇ (*loc.*) *se faire tout petit* farsi piccolo piccolo **2** [*dont les dimensions* (*longueur, etc.*) *sont inférieures à la moyenne*] piccolo (*servant, souvent, à former en italien le 'diminutivo' et, précédé de 'joli', le 'vezzeggiativo'*): *elle a de petites mains* ha mani piccole, delle manine; *une petite maison* una piccola casa, una casetta; *une jolie petite maison* una bella casetta, una casuccia; *un petit cadeau* un regalino; *un joli petit cadeau* un bel regalino, un regaluccio; *nous avons fait un petit tour* abbiamo fatto un giretto ◆ (*s.m.*) *l'infiniment petit* l'infinitamente piccolo ◇ (*désignant, avant le nom, une catégorie particulière de la chose*) *les petits pois* i piselli, i pisellini; *le petit doigt* il mignolo **3** [*dont la grandeur, l'importance, l'intensité est faible*] piccolo: *petites sommes* piccole somme; *les petites et moyennes entreprises* le piccole e medie imprese → **faible, infime** # *je vous demande une petite minute* le chiedo un minutino ◇ (*loc.*) *en petit* in piccolo ~ *au petit jour* sul far del giorno, all'alba ~ *à petit feu* a fuoco lento ~ *au petit trot* al piccolo trotto **4** [*qualifiant ce qu'on trouve aimable, charmant, attendrissant*] *des petits plats* dei piattini (squisiti); (*fam.*) *un petit coup de rouge* un bicchiere di (vino) rosso; (*fam.*) *comment va cette petite santé?* come va la salute? ◇ (*condescendant, méprisant ou exprimant 'la familiarité'*) *qu'est-ce qu'elle a, qu'est-ce qu'elle veut la petite dame?* che ha, che vuole la signora? ◇ (*affectueux*) *ma petite maman* la mia mammina ◇ (*loc. fam.*) *son petit ami, sa petite amie* [*son amant, sa maîtresse*] il suo amichetto, la sua amichetta **5** (*dans l'ordre qualitatif: non mesurable*) [*de peu d'importance*] piccolo: *des petits inconvénients* dei piccoli inconvenienti; *le petit nom* → **prénom**; *ce sont de tout petits détails* sono piccolissimi, trascurabilissimi dettagli → **minime** **6** (*personnes*) [*qui a une condition, une situation peu importante*] piccolo: *les petits commerçants* i piccoli commercianti # *les petites gens* la gente umile, gli umili ◇ (*loc.*) *c'est toujours le petit qui trinque* sono sempre i piccoli, i deboli a pagare, a rimetterci **7** [*qui a peu de valeur* (*quant au mérite, aux qualités intellectuelles ou morales*] piccolo: *les petits poètes* i piccoli poeti → **mineur** **II** *s.* **1** [*enfant ou être humain jeune*] piccolo: *le petit, ce petit* il piccolo, il bambino; quel piccolo, quel bambino; *la cour des petits et celle des grands* il cortile dei piccoli e quello dei grandi; *hé, petit! va porter ça à ta mère* ehi, piccolo! porta questo a tua madre # **2** *les tout-petits* i piccolissimi, i piccini → **bébé**; [*jeune animal*] piccolo: *la chatte et ses petits* la gatta e i suoi piccoli ◇ (*loc. fam.*) *son argent a fait des petits* [*a rapporté*] il denaro ha fruttato **3** [*enfant* (*d'une personne*)] figlio*, ragazzo: *les petites Durand* le figlie, le ragazze Durand **III** *adv.* **1** (*vx.*) → **peu** **2** *loc.* PETIT À PETIT [*peu à peu*] a poco a poco, poco per volta: *petit à petit il aménageait sa maison* a poco a poco, poco alla volta sistemava la casa → **graduellement, progressivement** ◇ (*prov.*) *petit à petit l'oiseau fait son nid* col tempo e colla paglia maturano le nespole **3** *loc.* EN PETIT in piccolo: *je voudrais le même modèle, mais en petit* vorrei lo stesso modello, ma in piccolo → **réduit** [C] **I 1 grand.**

petit-beurre |p(ə)tibœʀ| *s.m.* 'petit-beurre' *inv.*, biscotto secco* (al burro): *un paquet de petits-beurre* un pacchetto di 'petit-beurre', di biscotti secchi (al burro).

petit-bois |p(ə)tibwa| *s.m.* (*charpent.*) telaio* (della finestra).

petit-bourgeois |p(ə)tibuʀʒwa|, **petite-bourgeoise** |p(ə)titbuʀʒwaz| *s.* [*personne qui appartient à la petite bourgeoisie*] piccolo-borghese ◆ *adj.* (*péj.*) *des réactions petites-bourgeoises* delle reazioni piccolo-borghesi.

petite-fille |p(ə)titfij| *s.f.* → **petit-fils.**

petitement |pətitmɑ̃| *adv.* **1** *être logé petitement* [*à l'étroit*] alloggiare allo stretto *loc. inv.* **2** (*fig.*) [*chichement; mesquinement*] poveramente; meschinamente: *il vivait petitement de son salaire* viveva poveramente, molto modestamente con il suo salario ‖ *se venger petitement* vendicarsi meschinamente.

petitesse |p(ə)titɛs| *s.f.* **1** [*caractère de ce qui est de petite dimension*] piccolezza: *la petitesse de ses mains* la piccolezza delle sue mani # *la petitesse de ses revenus* la modestia delle sue entrate → **modicité** **2** (*fig.*) [*caractère mesquin, sans grandeur*] grettezza: *petitesse d'esprit* grettezza d'animo → **étroitesse, mesquinerie** **3** UNE PETITESSE [*trait, action dénotant un esprit mesquin*] piccineria: *les petitesses d'un grand homme* le piccinerie di un grande uomo [C] **1 grandeur.**

petit-fils |p(ə)tifis| *s.m.*, **petite-fille** |p(ə)titfij| *s.f.* [*fils, fille d'un fils ou d'une fille, par rapport à un grand-père ou à une grand-mère*] nipote *s.*

petit-gris |p(ə)tigʀi| *s.m.* **1** (*t.zool.*) scoiattolo siberiano ◇ [*fourrure de cet animal*] 'petit-gris' *inv.* **2** (*t.zool.*) chiocciola *f.* (commestibile).

pétition |petisjɔ̃| *s.f.* **1** petizione: *faire, signer une pétition pour la paix* fare, firmare una petizione per la pace **2** (*dr.*) petizione **3** (*philo.*) *pétition de principe* petizione di principio.

pétitionnaire |petisjɔnɛʀ| *s.* (*dr.*) richiedente, petente.

pétitionner |petisjɔne| *v.intr.* (*rare*) [*faire une pétition; demander par une pétition*] presentare *tr.* una petizione (*cour.*).

petit-lait |p(ə)tilɛ| *s.m.* → **babeurre.**

petit-maître |p(ə)timɛtʀ(ə)| *s.m.*, **petite-maîtresse** |p(ə)titmɛtʀɛs| *s.f.* (*vx.*) [*muscadin, dandy*] zerbinotto *s.* (*cour.*).

petit-nègre |p(ə)tinɛgʀ(ə)| *s.m.* → **nègre.**

petit-neveu |p(ə)tinvø| *s.m.*, **petite-nièce** |p(ə)titnjɛs| *s.f.* [*fils, fille d'un neveu ou d'une nièce, par rapport à un grand-oncle ou à une grand-tante*] nipote *s.*

pétitoire |petitwaʀ| *s.m. et adj.* (*dr.*) petitorio*.

petits-enfants |p(ə)tizɑ̃fɑ̃| *s.m. pl.* [*les enfants d'un fils ou d'une fille*] nipoti (*s.*): *les grands-parents et leurs petits-enfants* i nonni e i loro nipoti.

petits-pois |p(ə)tipwa(ɑ)| *s.m. pl.* → **pois.**

petit-suisse |p(ə)tisɥis| *s.m.* [*fromage frais triple crème qui se mange avec du sucre*] ⊠.

pétoche |petɔʃ| *s.f.* (*pop.*) [*peur*] fifa: *avoir la pétoche* aver fifa.

pétoire |petwaʀ| *s.m.* **1** (*fam.*) [*mauvais fusil*] cacafuoco* (*plais.*) **2** [*branche de sureau vidée de sa moelle et servant de cannonière*] cerbottana *f.*

peton |pətɔ̃| *s.m.* (*fam.*) [*petit pied*] piedino (*cour.*).

pétoncle |petɔ̃kl(ə)| *s.m.* (*t.zool.*) pettine.

pétrarquiser |petʀaʀkize| *v.intr.* **1** (*hist. litt.*) [*imiter Pétrarque*] petrarcheggiare ◆ (*au p. prés. adj.*) *les poètes pétrarquisants* i poeti petrarcheggianti **2** (*vx.*) [*aimer platoniquement*] amare *tr.* platonicamente (*cour.*).

pétrarquisme |petʀaʀkism(ə)| *s.m.* (*hist. litt.*) petrarchismo.

pétrarquiste |petʀaʀkist(ə)| *adj.* [*imitateur de Pétrarque*] petrarchesco* ◆ (*s.*) *un pétrarquiste* un petrarchista.

pétré, ée |petʀe| *adj.* **1** (*rare*) [*qui ressemble à la pierre*] pietroso (*cour.*) ◇ [*couvert de pierres*] pietroso → **pierreux** **2** *l'Arabie pétrée* l'Arabia pietrosa.

pétrel |petʀɛl| *s.m.* (*t.zool.*) procellaria *f.*

pétreux, euse |petʀø, øz| *adj.* (*anat.*) petroso.

pétri, ie |petʀi| *adj.* → **pétrir.**

pétrifiant, ante |petʀifjɑ̃, ɑ̃t| *adj.* [→ PÉTRIFIER] pietrificante.

pétrification |petʀifikasjɔ̃| *s.f.* **1** (*sc., littér.*) pietrificazione: *la pétrification de certains organismes permet leur fossilisation* la pietrificazione di certi organismi permette la loro fossilizzazione **2** (*chim.*) incrostazione **3** UNE PÉTRIFICATION [*corps entouré d'une couche pierreuse*] concrezione **4** (*fig.*) [*durcissement et immobilisation*] impietrimento *m.*, cristallizzazione.

pétrifié, ée |petʀifje| *adj.* **1** *fossile pétrifié* fossile pietrificato **2** (*fig.*) [*immobilisé par une émotion violente*] impietrito, pietrificato.

pétrifier |petʀifje| **A** *v.tr.* **1** [*changer en pierre*] pietrificare: *la silice pétrifie le bois* la silice pietrifica il legno **2** [*recouvrir d'une couche de pierre*] incrostare: *les eaux calcaires pétrifient les corps* le acque calcaree incrostano i corpi **3** (*fig.*) [*immobiliser* (*qqn.*) *par une émotion violente*] impietrire (197), pietrificare: *cette nouvelle le pétrifia* la notizia lo impietrì, lo lasciò di sasso → **1 glacer, méduser** **B** *v.pron. intr.* SE PÉTRIFIER **1** [*devenir minéral*] pietrificarsi **2** (*fig.*) [*s'immobiliser définitivement*] fossilizzarsi.

pétrin |petʀɛ̃| *s.m.* **1** [*coffre dans lequel on pétrit le pain*] madia *f.* → **huche** # *pétrin mécanique* impastatrice meccanica **2** (*fig., fam.*) [*situation embarrassante*] pasticcio*, seccatura (*f.*): *quel pétrin!* che pasticcio, che seccatura! ◇ (*loc.*) *se fourrer, être dans le pétrin* mettersi, essere nei guai, nei pasticci.

pétrir |petʀiʀ| *v.tr.* **1** [*presser, remuer fortement et en tous sens* (*une pâte consistante*)] impastare: *boulanger qui pétrit la pâte* fornaio che impasta la pasta ◇ [*façonner, modeler*] plasmare: *pétrir de l'argile* plasmare l'argilla **2** [*palper fortement en tous sens*] *il pétrissait son chapeau entre ses doigts* cincischiava, tormentava il cappello con le mani; *le masseur lui pétrit les mollets* il massaggiatore gli massaggiò energicamente i polpacci **3** (*fig.*) [*donner une forme à, façonner*] plasmare: *nous avons été pétris par notre éducation* siamo stati plasmati dalla nostra educazione **4** *passif et p.p.* ÊTRE PÉTRI DE [*fait avec*] essere impastato di: *être pétri d'orgueil* essere impastato di orgoglio # *il est pétri de bonne volonté* è pieno di buona volontà.

pétrissable |petrisabl(ə)| *adj.* **1** (*rare*) [→ PÉTRIR 1] impastabile **2** (*fig.*) [→ PÉTRIR 3] plasmabile (*cour.*).

pétrissage |petrisaʒ| *s.m.* **1** [→ PÉTRIR 1] impastamento, impastatura *f.* **2** massaggio* in profondità.

pétrisseur, euse |petrisœr, øz| *s.* **1** *s.* [*ouvrier boulanger*] impastatore* **2** *s.m.* (*techn.*) impastatrice *f.* meccanica* **3** *s.m.* (*par ext.*) apparecchio* per massaggi; cuscinetto vibratore.

pétro- |petrɔ| *préf.* (*signifiant 'pierre', correspond généralt. à*) petro: *pétrographie* petrografia.

pétrochimie |petrɔʃimi|, **pétrolochimie** |petrɔlɔʃimi| *s.f.* petrolchimica*, petrochimica*.

pétrochimique |petrɔʃimik|, **pétrolochimique** |petrɔlɔʃimik| *adj.* petrolchimico*, petrochimico*.

pétrochimiste |petrɔʃimist(ə)|, **pétrolochimiste** |petrɔlɔʃimist(ə)| *s.* petrolchimico*.

pétrodollar |petrɔdɔlar| *s.m.* petrodollaro.

pétrogale |petrɔgal| *s.m.* (*t.zool.*) petrogale.

pétrographe |petrɔgraf| *s.* petrografo.

pétrographie |petrɔgrafi| *s.f.* petrografia.

pétrographique |petrɔgrafik| *adj.* petrografico*.

pétrole |petrɔl| *s.m.* **1** petrolio*: *gisements de pétrole* giacimenti di petrolio; *puits de pétrole* pozzi di petrolio; *pétrole brut* petrolio greggio → **naphte** **2** *poêle à pétrole* stufa a petrolio, a cherosene **3** (*appos.*) *bleu pétrole* blu petrolio.

pétrolette |petrɔlɛt| *s.f.* [*petite moto*] motoretta, motorino *m.*

pétroleuse |petrɔløz| *s.f.* (*hist. fr.*) rivoluzionaria incendiaria.

pétrolier, ière |petrɔlje, jɛr| **I** *s.m.* **1** [*navire-citerne*] petroliera *f.* **2** [*industriel, financier des sociétés pétrolières*] petroliere **II** *adj.* **1** [*relatif au pétrole*] petrolifero, petroliero: *industrie pétrolière* industria petrolifera **2** (*personnes*) *géologue pétrolier* geologo esperto in campo petrolifero.

pétrolifère |petrɔlifɛr| *adj.* petrolifero: *gisements pétrolifères* giacimenti petroliferi.

petrolochimie |petrɔlɔʃimi| *et dérivés* → **pétrochimie** *et dérivés.*

pétulance |petylɑ̃s| *s.f.* [*ardeur exubérante, désordonnée*] foga*, impetuosità (*inv.*): *la pétulance des jeunes gens* la foga, l'impetuosità dei giovani → **turbulence.**

pétulant, ante |petylɑ̃, ɑ̃t| *adj.* [*qui manifeste une ardeur exubérante*] impetuoso, esuberante: *une joie pétulante* una gioia impetuosa, esuberante; *une bande de petits garçons pétulants* una banda di ragazzini impetuosi, esuberanti → **fougueux, turbulent.**

pétun |petœ̃| *s.m.* (*vx.*) → 1 **tabac.**

pétuner |petyne| *v.intr.* (*vx.*) → **fumer, 2 priser (du tabac).**

pétunia |petynja| *s.m.* (*t.bot.*) petunia *f.*

peu |pø| *adv.* **I** (*en fonction de nom ou de nominal*) [*faible quantité*] poco **1** (*précédé d'un déterm.*) LE PEU QUE il poco che: *le peu que je sais, je le dois à mon père* il poco, quel poco che so, lo devo a mio padre ~ LE PEU DE (*art.* +) poco* (*adj.*): *le peu de temps qui me reste* il poco tempo che mi rimane; *le peu de chance qu'il a eue* la poca fortuna che ha avuto; *le peu d'amis qui me sont restés* i pochi amici che mi sono rimasti **2** *loc.* UN PEU DE un po' di: *un peu de sel* un po' di sale; *un peu de patience* un po' di pazienza → **brin, grain, miette** # *un tout petit peu de vin* pochissimo vino → 1 **goutte** ~ *loc. adv.* POUR UN PEU (+ *v. au cond.*) quasi quasi (+ *ind.*), poco ci manca (ci manca poco) che (+ *subj.*): *pour un peu il se serait mis en colère* quasi quasi si arrabbiava, c'è mancato poco che si arrabbiasse **3** (*employé seul, sans compl.*) poco: *exiger beaucoup pour obtenir peu* esigere molto per avere poco; *ce n'est pas peu dire* non è certo (cosa da) poco ◇ *loc.* DE PEU di poco: *se contenter de peu* accontentarsi di poco; *il est de peu mon aîné* è di poco più vecchio di me; *il l'a évité de peu* lo ha evitato di, per poco → **justesse (de)** ~ *il s'en faut de peu* ci manca poco (poco ci manca) ~ *à peu près* pressappoco, all'incirca ~ (*fam.*) *très peu pour moi!* grazie, ne faccio a meno! ~ *c'est peu, trop peu* è poco, troppo poco ~ PEU À PEU a poco a poco, poco alla volta: *peu à peu le feu gagnait les étages* a poco a poco, poco alla volta il fuoco raggiungeva i piani superiori **4** *loc.* PEU DE... (+ *compl.*) poco (*adj.*): *en peu de temps* in poco tempo; *cela a peu d'importance* ha poca importanza, non importa (molto); *homme de peu de foi* uomo di poca fede; *nous avons peu de moyens* abbiamo pochi, scarsi mezzi; *vous avez peu d'idées* avete poche idee, mancate di idee ~ PEU DE CHOSE poca cosa, poco (*adv.*): *cela compte pour peu de chose* è poca cosa, conta poco → **bagatelle** ◇ (+ *compl. au plur.*) *en peu de jours* in pochi giorni; *il dit beaucoup en peu de mots* dice molto in poche parole **5** *ellipt.* [*peu de temps*] poco: *depuis peu* da poco; *d'ici peu* fra poco, fra breve; *dans, sous, avant peu* fra poco, fra breve → **bientôt** ◇ [*un petit nombre* (*de choses, de personnes*)] pochi (*pron. pl.*): *bien peu le croiraient* ben pochi, pochissimi lo crederebbero ◇ *loc.* POUR SI PEU! per così poco! **II** **1** (*avec un v.*) [*en petite quantité*] poco: *lampe qui éclaire peu* lampada che illumina poco, che fa poca luce; *il l'aime peu* l'ama poco, le vuole poco bene; *peu importe* poco importa, non importa → **modérément, peine (à)** ◇ (+ *adj.*) *ils sont peu nombreux* sono poco numerosi; *il n'était pas peu fier* era molto fiero ◇ (+ *adv.*) *peu souvent* poco sovente, non spesso ◇ *loc. conj.* SI PEU QUE (+ *subj.*) per quanto poco (+ *subj.*): *si peu que j'aie causé avec lui...* per quanto poco abbia parlato con lui...; per quel poco che ho parlato con lui...; *si peu que ce soit* per quanto poco sia ~ POUR PEU QUE (+ *subj.*) per (quanto) poco (che) (+ *subj.*): *pour peu qu'on le contrarie, il devient agressif* per (quanto) poco lo si contrarii, diventa aggressivo; appena lo si contraria (un po'), diventa aggressivo ◇ *loc.* TANT SOIT PEU [*un petit peu*] un pochino, un tantino: *il me paraît* (*un*) *tant soit peu idiot* mi sembra un pochino, un tantino scemo **2** *loc.* UN PEU un po', un poco: *elle fume un peu* fuma un po', un poco; *il y en a un peu partout* ce n'è un po' dappertutto ~ UN PETIT PEU un pochino, un tantino: *il va un petit peu mieux* va un pochino, un tantino meglio ~ (*littér.*) QUELQUE PEU un poco (*cour.*): *il se sentait quelque peu malade* si sentiva un poco indisposto ◇ (*pour atténuer 'un ordre' ou souligner 'une remarque'*) un po': *va-t'en un peu* vattene un po'! ◇ (*poli ou iron.*) [*bien trop*] *c'est un peu fort!* questa poi!, questa è bella!; *un peu beaucoup* un po' troppo.

peucédan |pøsedɑ̃| *s.m.* (*t.bot.*) peucedano.

peuchère |pøʃɛr| *interj.* → **pécaïre.**

peuh |pø| *interj.* (*exprimant 'le mépris ou l'indifférence'*) boh!: *peuh! ça m'est égal* boh! per me è lo stesso.

peulven |pølvɛn| *s.m.* (*rare*) → **menhir.**

peu ou prou |pøupru| *loc. adv.* → **prou.**

peuplade |pœplad| *s.f.* [*groupement humain de faible ou moyenne importance dans une société primitive*] popolazione: *une peuplade d'Amazonie* una popolazione dell'Amazzonia → **horde.**

peuple |pœpl(ə)| *s.m.* **I** popolo: *le peuple italien, français* il popolo italiano, francese; *le droit des peuples à disposer d'eux-mêmes* il diritto dei popoli di disporre di sé stessi ◇ [*communauté*] *le peuple élu* [*le peuple juif*] il popolo eletto **II** **1** LE PEUPLE, UN PEUPLE [*l'ensemble des personnes qui forment une communauté*] popolo: *gouvernement du peuple* governo del popolo; *le peuple en armes* il popolo in armi → **démocratie** **2** LE PEUPLE il popolo: *le peuple et la bourgeoisie* il popolo e la borghesia; *homme, femme, gens du peuple* uomo, donna, gente del popolo ♦ *adj. inv.* [*populaire*] ordinario* *var.*, plebeo (*var.*): *elle est jolie, mais elle fait peuple* è carina, ma è un tipo ordinario **III** **1** [*foule*] gente (*f.*): *place encombrée de peuple* piazza piena di gente ◇ (*fam.*) *il y a du peuple* [*du monde*] c'è parecchia gente **2** (*loc. fam.*) *se ficher, se foutre du peuple* infischiarsene della gente **3** (*littér.*) UN PEUPLE DE [*un grand nombre de*] uno stuolo, un corteo di: *s'entourer de tout un peuple d'admirateurs* circondarsi di uno stuolo, un corteo di ammiratori.

peuplé, ée |pœple| *adj.* [*où il y a des habitants*] popolato: *ville plus ou moins peuplée* città più o meno popolata → **populeux** **C** **dépeuplé.**

peuplement |pœpləmɑ̃| *s.m.* **1** [→ PEUPLER] popolamento: *le peuplement des terres vierges* il popolamento delle terre vergini ◇ (*animaux*) *le peuplement d'un étang* il popolamento di uno stagno **2** [*état d'un territoire peuplé*] popolamento: *évolution du peuplement* evoluzione del popolamento Ⓒ **dépeuplement.**

peupler |pœple| **A** *v.tr.* **I** [*pourvoir* (*un pays, une contrée*) *d'une population*] popolare: *peupler une région de colons* popolare una regione di coloni ◇ (*par ext.*) *peupler un étang* popolare uno stagno **II** **1** [*habiter* (*une contrée, un pays*)] popolare: *les hommes qui peuplent la terre* gli uomini che popolano la terra **2** [*habiter ou occuper* (*un lieu*)] popolare: *les étudiants qui peuplent les universités* gli studenti che popolano le università ◇ (*littér.*) *ces visions qui peuplent ses nuits* quelle visioni che popolano le sue notti → **hanter** **B** *v.pron. intr.* SE PEUPLER [*se remplir d'habitants*] popolarsi Ⓒ **A dépeupler.**

peupleraie |pøplərɛ| *s.f.* [*plantation de peupliers*] pioppeto *m.*

peuplier |pøplije| *s.m.* **1** (*t.bot.*) pioppo ~ *peuplier blanc* pioppo bianco ◇ (*cour.*) *route bordée de peupliers* strada fiancheggiata da pioppi **2** [*bois de peuplier*] pioppo.

peur |pœʀ| *s.f.* **1** LA PEUR [*émotion qui accompagne la prise de conscience d'un danger*] paura: *inspirer de la peur* ispirare paura; *être transi de peur* essere raggelato dalla paura; *être vert, mort de peur* essere verde, morto di paura ◇ (*loc.*) *en être quitte pour la peur, avoir plus de peur que de mal* cavarsela solo con un po' di paura **2** LA PEUR DE (*suivi du nom de la personne qui éprouve la 'peur'*) *la peur du gibier devant le chasseur* la paura della selvaggina davanti al cacciatore; *il cherche à cacher sa peur* cerca di nascondere la paura ◇ (*suivi du nom de l'être qui inspire la peur, ou d'un v.*) *la peur de la mort* la paura della morte; *la peur de mourir* la paura di morire → **hantise** **3** UNE PEUR [*l'émotion de peur qui saisit qqn. dans une occasion précise*] una paura: *une peur bleue, intense* una paura matta, una fifa verde (*pop.*) ◇ (*fam.*) *il m'a fait une de ces peurs!* mi ha fatto una di quelle paure! **4** *loc.* (*sans art.*) *prendre peur* prendere paura ~ *avoir peur* aver paura → **craindre**: *n'ayez pas peur* non abbia (abbiate) paura; *avoir peur de qqch.* aver paura di q.c. → **redouter**; *n'avoir peur de rien* non aver paura di niente; (*sens atténué*) *n'ayez pas peur d'insister* non abbiate paura di insistere ~ FAIRE PEUR fare paura: *être laid à faire peur* essere brutto da far paura; *faire plus de peur que de mal* far più paura che danno; *faire peur à qqn.* far paura a qc.; *tout lui fait peur* gli fa paura tutto → **intimider** ~ DE, PAR PEUR DE per paura di: *ils se cachaient de* (*par*) *peur du scandale* si nascondevano per paura dello scandalo ~ DE, PAR PEUR QUE per paura che: *il fermait les yeux de peur que l'illusion cesse* chiudeva gli occhi per paura che l'illusione cessasse.

peureusement |pœʀøzmɑ̃| *adv.* [→ PEUREUX] paurosamente.

peureux, euse |pœʀø, øz| *adj.* **1** [*qui a facilement peur*] pauroso: *un enfant peureux* un bambino pauroso → **couard, craintif,** 1 **lâche** ✦ (*s.*) *c'est un peureux* è un pauroso **2** [*qui est sous l'empire de la peur*] impaurito: *il alla se cacher, tout peureux* andò a nascondersi, tutto impaurito Ⓒ **1 brave, courageux.**

peut-être |pøtɛtʀ(ə)| *adv.* **1** (*indiquant que l'idée exprimée par la propos. est une simple possibilité*) forse: *ils ne viendront peut-être pas* forse non verranno; *je vais peut-être partir* forse partirò **2** *loc.* PEUT-ÊTRE BIEN (*marquant 'une possibilité'*) può darsi, forse: *'il a dit ça?' 'peut-être, peut être bien'* 'ha detto questo?' 'può darsi, forse' ~ *qui sait? peut-être aurons-nous la chance de réussir* chissà, può darsi che ci riusciamo, forse ci riusciremo **3** *loc.* PEUT-ÊTRE QUE forse, può darsi (di, che): *peut-être bien que oui, peut-être bien que non* forse sì, forse no; può darsi di sì, può darsi di no; *peut-être que je ne pourrai pas venir* forse non potrò venire, può darsi che non potrò venire.

peyotl |pɛjɔtl| *s.m.* (*t.bot.*) peyotl *inv.*

pèze |pɛz| *s.m.* (*arg.*) [*argent*] grana (*f.*): *je n'ai pas de pèze* non ho la grana → **fric.**

pézize |peziz| *s.f.* (*t.bot.*) peziza.

pfennig |pfenig| *s.m.* (*all.*) pfennig (*inv.*): *des pfennigs* dei pfennig.

pff(t)... |pf(t)|, **pfut...** |pfyt| *interj.* (*onomat., exprimant 'l'indifférence, le mépris'*) pfui: *pfft!... il en est bien incapable* pfui! non ne è proprio capace.

phacochère |fakɔʃɛʀ| *s.m.* (*t. zool.*) facocero.

phacomètre |fakɔmɛtʀ(ə)| *s.m.* (*opt.*) focometro.

phaéton |faetɔ̃| *s.m.* **1** (*vx., plais.*) → **charretier,** 2 **cocher** **2** (*t.zool.*) fetonte.

-phage |faʒ|, **-phagie** |faʒi| *suff.* (*signifiant 'manger', correspondent généralt. à*) fago; fagia: *anthropophage* antropofago ‖ *anthropophagie* antropofagia.

phagédénique |faʒedenik| *adj.* (*méd.*) fagedenico*: *ulcère phagédénique* ulcera fagedenica.

phagédénisme |faʒedenism(ə)| *s.m.* (*méd.*) fagedenismo.

phag(o)- |fag(ɔ)| *préf.* (*signifiant 'manger', correspond généralt. à*) fag(o): *phagocytaire* fagocitario.

phagocytaire |fagɔsitɛʀ| *adj.* (*biol.*) fagocitario*: *fonction phagocytaire* funzione fagocitaria.

phagocyte |fagɔsit| *s.m.* (*biol.*) fagocita, fagocito.

phagocyter |fagɔsite| *v.tr.* (*biol.*) [*détruire par phagocytose*] fagocitare ◇ (*fig.*) [*absorber et détruire*] fagocitare.

phagocytose |fagɔsitoz| *s.f.* (*biol.*) fagocitosi *inv.*

1 **phalange** |falɑ̃ʒ| *s.f.* **1** (*hist. gr. et esp.*) falange ◇ (*littér.*) [*armée, corps de troupes*] falange **2** (*littér., fig.*) [*groupe dont les membres sont étroitement unis*] falange.

2 **phalange** |falɑ̃ʒ| *s.f.* (*anat.*) falange: *première, deuxième, troisième phalange du médius* prima, seconda, terza falange del medio.

phalanger |falɑ̃ʒe| *s.m.* (*t.zool.*) falangista.

phalangette |falɑ̃ʒɛt| *s.f.* (*anat.*) falangetta, falange ungueale.

phalangien, ienne |falɑ̃ʒjɛ̃, jɛn| *adj.* (*anat.*) di, della falange *loc.*

phalangine |falɑ̃ʒin| *s.f.* (*anat.*) falangina, seconda falange.

phalangiste |falɑ̃ʒist(ə)| *s.* (*hist. esp.*) falangista ✦ (*adj.*) *parti phalangiste* partito falangista.

phalanstère |falɑ̃stɛʀ| *s.m.* falansterio*, falanstero.

phalanstérien, ienne |falɑ̃steʀjɛ̃, jɛn| *s. et adj.* falansteriano.

phalécien, ienne |falesjɛ̃, jɛn| *adj. et s.m.* (*versif. anc.*) faleceo, falecio*.

phalène |falɛn| *s.f. ou m.* (*t.zool.*) falena *f.*

1 **phalère** |falɛʀ| *s.f.* (*hist. rom.*) falera.

2 **phalère** |falɛʀ| *s.f.* (*t.zool.*) bucefala.

phalline |fa(l)lin| *s.f.* (*chim.*) fallina.

phallique |fa(l)lik| *adj.* **1** fallico*: *symboles, chants phalliques* simboli, canti fallici **2** (*physiol., psycho.*) *stade phallique* stadio fallico.

phallocentrique |fa(l)lɔsɑ̃tʀik| *adj.* fallocentrico*.

phallocrate |fa(l)lɔkʀat| *s.* fallocrate.

phallocratie |fa(l)lɔkʀasi| *s.f.* fallocrazia.

phalloïde |fa(l)lɔid| *adj.* [*qui a la forme d'un phallus*] falloideo ✦ (*t.bot.*) *amanite phalloïde* amanita phalloides *inv.*

phallus |fa(l)lys| *s.m.* fallo.

-phane |fan|, **-phanie** |fani| *suff.* (*signifiant 'paraître', correspondent généralt. à*) fano; fania: *diaphane* diafano ‖ *épiphanie* epifania.

phanère |fanɛʀ| *s.m.* (*anat.*) fanera *f.*

phanérogame |faneʀɔgam| *adj.* (*bot.*) fanerogamo: *une plante phanérogame* una pianta fanerogama.

Phanérogames |faneʀɔgam| *s.f. pl.* (*t.bot.*) Fanerogame.

phanérogamique |faneʀɔgamik| *adj.* (*bot.*) fanerogamico*.

phantasme |fɑ̃tasm(ə)| *s.m.* → **fantasme.**

pharamineux, euse |faʀaminø, øz| *adj.* → **faramineux.**

pharaon |faʀaɔ̃| *s.m.* **I** (*hist. égypt.*) faraone: *tombeaux des pharaons* tombe dei faraoni **II** (*jeu de cartes*) faraone.

pharaonien, ienne |faʀaɔnjɛ̃, jɛn|, **pharaonique** |faʀaɔnik| *adj.* (*hist. égypt.*) faraonico*: *l'Égypte pharaonique* l'Egitto faraonico.

phare |faʀ| *s.m.* **1** [*haute tour élevée, munie à son sommet d'un feu qui guide les navires*] faro: *phare à feu fixe, tournant* faro a luce fissa, girevole ◇ (*par anal.*) *phare d'un aéroport* faro di un aeroporto ◇ (*fig.*) [*ce qui peut guider, éclairer*] faro **2** [*projecteur placé à l'avant d'un véhicule*] faro: *phares code* fari anabbaglianti; *automobiliste qui allume, éteint ses phares* automobilista che accende, spegne i fari # *appels de phares* [*pour signaler*] lampeggiamenti; *mettre ses phares en veilleuse* accendere le luci di posizione, di città **3** (*mar.*) *phare de l'avant* quartiere di prora; *phare de l'arrière* quartiere di poppa.

pharillon |faʀijɔ̃| *s.m.* (*pêche*) lampara (*f.*): *pêche au pharillon* pesca con la lampara.

pharisaïque |faʀizaik| *adj.* farisaico* ◇ (*fig., littér.*) farisaico → **hypocrite.**

pharisaïsme |farizaism(ə)| *s.m.* farisaismo ◇ (*fig., littér.*) farisaismo → **hypocrisie.**
pharisien, ienne |farizjɛ̃, jɛn| *s.* fariseo.
pharmaceutique |farmasøtik| **1** *s.f.* (*vx.*) farmaceutica* → **pharmacologie** **2** *adj.* farmaceutico*: *produit pharmaceutique* prodotto farmaceutico; *formules pharmaceutiques* formule farmaceutiche.
pharmacie |farmasi| *s.f.* **1** farmacia*: *pharmacie de garde, ouverte la nuit* farmacia di guardia, farmacia aperta di notte; *étudiant en pharmacie* studente in farmacia **2** [*assortiment de produits pharmaceutiques usuels; armoire où l'on range ces produits*] farmacia: *pharmacie portative* farmacia portatile.
pharmacien, ienne |farmasjɛ̃, jɛn| *s.* farmacista: *ordre des pharmaciens* ordine dei farmacisti; *aide du pharmacien* aiuto farmacista.
pharmaco- |farmakɔ| *préf.* (*signifiant 'remède', correspond généralt. à*) farmaco: *pharmacodynamie* farmacodinamica.
pharmacodynamie |farmakɔdinami| *s.f.* farmacodinamica*.
pharmacodynamique |farmakɔdinamik| *adj.* farmacodinamico*.
pharmacogénétique |farmakɔʒenetik| *s.f.* farmacogenetica*.
pharmacognosie |farmakɔgnozi| *s.f.* farmacognosia.
pharmacologie |farmakɔlɔʒi| *s.f.* farmacologia*.
pharmacologique |farmakɔlɔʒik| *adj.* farmacologico*.
pharmacologiste |farmakɔlɔʒist(ə)| *s.* farmacologo*.
pharmacomanie |farmakɔmani| *s.f.* (*méd.*) farmacomania.
pharmacopée |farmakɔpe| *s.f.* farmacopea: *pharmacopée officielle* farmacopea ufficiale.
pharmacothérapie |farmakɔterapi| *s.f.* farmacoterapia.
pharmacovigilance |farmakɔviʒilɑ̃s| *s.f.* farmacovigilanza.
pharyngal, ale, aux |farɛ̃gal, o| *adj. et s.f.* (*phonét.*) faringale.
pharyngé, ée |farɛ̃ʒe| *adj.* (*anat.*) faringeo: *muqueuse pharyngée* mucosa faringea → **pharyngien** ◇ (*pathol.*) *affections pharyngées* affezioni faringee.
pharyngien, ienne |farɛ̃ʒjɛ̃, jɛn| *adj.* (*anat.*) faringeo: *nerfs pharyngiens* nervi faringei ◇ (*pathol.*) *angine pharyngienne* faringite *s.f.*
pharyngite |farɛ̃ʒit| *s.f.* (*méd.*) faringite.
pharyngo- |farɛ̃gɔ| *préf.* (*signifiant 'gorge', correspond généralt. à*) faringo: *pharyngoscopie* faringoscopia.
pharyngo-laryngite |farɛ̃gɔlarɛ̃ʒit| *s.f.* (*méd.*) laringofaringite.
pharyngoscopie |farɛ̃gɔskɔpi| *s.f.* (*méd.*) faringoscopia.
pharynx |farɛ̃ks| *s.m.* (*anat.*) faringe *f.*
phascolome |faskɔlɔm| *s.m.* (*t. zool.*) fascogale, topo marsupiale.
phase |fɑz| *s.f.* **1** fase: *les phases de la croissance* le fasi della crescita; *les trois phases du cycle menstruel* le tre fasi del ciclo mestruale; *les phases d'une maladie* le fasi di una malattia → **1 stade, 1 période** **2** (*astron.*) fase: *les phases de la Lune, de Vénus* le fasi della Luna, di Venere **3** (*chim., phys.*) fase.
phasemètre |fɑzmɛtr(ə)| *s.m.* (*phys.*) fasometro.
Phasianidés |fazjanide| *s.m. pl.* (*t.zool.*) Fasianidi.
phasme |fasm(ə)| *s.m.* (*t.zool.*) fasmide.
Phasmidés |fasmide| *s.m. pl.* (*t. zool.*) Fasmidi.
phelloderme |fe(ɛl)lɔdɛrm(ə)| *s.m.* (*bot.*) felloderma.
phellogène |fe(ɛl)lɔʒɛn| *adj.* (*bot.*) fellogeno.
phénakistiscope |fenakistiskɔp| *s.m.* fenachistiscopio*.
phénanthrène |fenɑ̃trɛn| *s.m.* (*chim.*) fenantrene.
phénate |fenat| *s.m.* → **phénolate.**
phénicien, ienne |fenisjɛ̃, jɛn| **1** *adj.* [*de la Phénicie*] fenicio*: *colonies phéniciennes d'Afrique* colonie fenicie d'Africa ◆ *s.* (*hist.*) *les Phéniciens* i Fenici **2** (*s.m.*) *le phénicien* [*la langue*] il fenicio.
phénicoptère |fenikɔptɛr| *s.m.* (*t.zool.*) fenicottero → **flamant.**
phénique |fenik| *adj.* (*chim.*) *acide phénique* acido fenico*.
phéniqué, ée |fenike| *adj.* (*chim.*) fenicato: *eau phéniquée* acqua fenicata.
phénix |feniks| *s.m.* **1** (*mythol.*) (araba) fenice *f.* **2** (*fig.*) [*personne unique en son genre*] araba fenice **3** (*t. bot.*) fenice.
phénol |fenɔl| *s.m.* (*chim.*) fenolo.
phénolate |fenɔlat| *s.m.* (*chim.*) fenato, fenolato: *phénolate de sodium, de calcium* fenato di sodio, di calcio.
phénologie |fenɔlɔʒi| *s.f.* fenologia*.
phénoménal, ale, aux |fenɔmenal, o| *adj.* **1** (*philo.*) fenomenico* **2** (*cour.*) fenomenale: *un acrobate phénoménal* un acrobata fenomenale → **étonnant, surprenant.**
phénoménalement |fenɔmenalmɑ̃| *adv.* **1** [→ PHÉNOMÉNAL 1] fenomenicamente **2** [→ PHÉNOMÉNAL 2] in modo fenomenale *loc. inv.*
phénoménalisme |fenɔmenalism(ə)| *s.m.* (*philo.*) fenomenismo, fenomenalismo.
phénoménalité |fenɔmenalite| *s.f.* fenomenalità *inv.*
phénomène |fenɔmɛn| *s.m.* **1** fenomeno: *phénomènes économiques, sociaux, moraux* fenomeni economici, sociali, morali → **fait** ◇ (*philo.*) fenomeno **2** [*fait, événement anormal ou surprenant*] fenomeno **3** (*fam.*) [*individu, personne bizarre*] fenomeno: *quel phénomène tu fais!, tu es un phénomène!* sei proprio un fenomeno!, che fenomeno che sei! → **1 excentrique, original.**
phénoménicité |fenɔmenisite| *s.f.* fenomenicità *inv.*
phénoménisme |fenɔmenism(ə)| *s.m.* (*philo.*) fenomenismo.
phénoménologie |fenɔmenɔlɔʒi| *s.f.* (*philo.*) fenomenologia*.
phénoménologique |fenɔmenɔlɔʒik| *adj.* (*philo.*) fenomenologico*.
phénoménologue |fenɔmenɔlɔg| *s.* fenomenologo*.
phénoplaste |fenɔplast(ə)| *s.m.* (*chim.*) fenoplasto.
phénotype |fenɔtip| *s.m.* (*biol.*) fenotipo.
phénotypique |fenɔtipik| *adj.* (*biol.*) fenotipico*.
phényl- |fenil| *préf.* (*indiquant la présence du radical 'phényle', correspond généralt. à*) fenil: *phénylacétique* fenilacetico.
phénylcétonurie |fenilsetɔnyri| *s.f.* (*méd.*) fenilchetonuria.
phényle |fenil| *s.m.* (*chim.*) fenile.
phénylique |fenilik| *adj.* (*chim.*) fenilico*.
Phéophycées |feɔfise| *s.f. pl.* (*t. bot.*) Feoficee.
phi |fi| *s.m.* [*lettre de l'alphabet gr.*] fi *m. ou f. inv.*
phil- |fil| *préf.* → **phil(o).**
philanthe |filɑ̃t| *s.m.* (*t.zool.*) filanto.
philanthrope |filɑ̃trɔp| *s.* filantropo.
philantropie |filɑ̃trɔpi| *s.f.* filantropia.
philanthropique |filɑ̃trɔpik| *adj.* filantropico*.
philatélie |filateli| *s.f.* filatelia.
philatélique |filatelik| *adj.* filatelico*: *journal philatélique* giornale filatelico.
philatéliste |filatelist(ə)| *s.* filatelico*.
-phile |fil|, **-philie** |fili| *suff.* (*signifiant 'ami, aimer', correspondent généralt. à*) filo; filia: *anglophile* anglofilo || *anglophilie* anglofilia.
philharmonie |filarmɔni| *s.f.* [*société philharmonique locale*] filarmonica*.
philharmonique |filarmɔnik| *adj.* filarmonico*: *orchestre, chœur philharmonique* orchestra filarmonica, coro filarmonico.
philhellène |file(ɛl)lɛn| *s.* filelleno ◆ *adj.* filellenico*: *mouvement philhellènes* movimenti filellenici.
philhellénisme |file(ɛl)lenism(ə)| *s.m.* (*hist.*) filellenismo.
philippin, ine |filipɛ̃, in| *adj.* [*des Philippines*] filippino.
philippine |filipin| *s.f.* gioco* *m.* del 'Bonjour Philippine' ◆ (*adj.*) *amandes philippines* mandorle gemelle.
philippique |filipik| *s.f.* (*litt.*) filippica*.
philistin |filistɛ̃| *s. et adj. m.* filisteo → **béotien.**
philistinisme |filistinism(ə)| *s.m.* (*littér.*) filisteismo.
phil(o)- |fil(ɔ)| *préf.* (*signifiant 'ami, aimer', correspond généralt. à*) fil(o): *philanthrope* filantropo; *philologie* filologia.
philo |filo| *s.f.* (*fam.*) → **philosophie.**
philodendron |filɔdɛ̃drɔ̃| *s.m.* (*t. bot.*) filodendro.
philologie |filɔlɔʒi| *s.f.* filologia*: *philologie germanique* filologia germanica.
philologique |filɔlɔʒik| *adj.* filologico*: *étude philologique* studio filologico.
philologiquement |filɔlɔʒikmɑ̃| *adv.* [→ PHILOLOGIQUE] filologicamente.
philologue |filɔlɔg| *s.* filologo* *m.*
philosophale |filɔzɔfal| (*adj. f.*) *pierre philosophale* pietra filosofale.
philosophe |filɔzɔf| **I** *s.* filosofo ◇ (*fig.*) [*personne détachée et optimiste*] filosofo # *il vit en philosophe* vive con filosofia **II** *adj.* **1** (*vieilli*) → **philosophique** **2** [*qui montre de la sagesse, de la fermeté d'âme*] filosofo: *pourquoi se lamenter? il faut être un peu plus philosophe que cela* perché lamentarsi? bisogna essere un po' più filosofi.
philosopher |filɔzɔfe| *v.intr.* [*pen-*

ser, raisonner (*sur des problèmes philosophiques, abstraits*)] filosofare.
philosophie |filɔzɔfi| *s.f.* **1** filosofia: *la philosophie orientale* la filosofia orientale; *la philosophie de Hugo* la filosofia di Hugo → **doctrine, théorie**; **1 pensée** ♦ (*absolt.*) *supporter les revers de fortune avec philosophie* sopportare i rovesci di fortuna con filosofia → **sagesse** **2** (*par ext.*) ultimo anno *m.* del liceo classico.
philosophique |filɔzɔfik| *adj.* **1** filosofico*: *spéculation philosophique* speculazione filosofica; *école, mouvement philosophique* scuola filosofica, movimento filosofico **2** [*qui dénote de la sagesse, de la résignation*] filosofico: *un mépris philosophique de l'argent* un disprezzo filosofico del denaro.
philosophiquement |filɔzɔfikmɑ̃| *adv.* [→ PHILOSOPHIQUE] filosoficamente.
philosophisme |filɔzɔfism(ə)| *s.m.* (*vx., péj.*) filosofismo.
philtre |filtʀ(ə)| *s.m.* filtro (magico*).
phimosis |fimozis| *s.m.* (*méd.*) fimosi *f. inv.*
phlébectomie |flebɛktɔmi| *s.f.* (*chir.*) flebectomia.
phlébite |flebit| *s.f.* (*méd.*) flebite.
phléb(o)- |fleb(ɔ)| *préf.* (*signifiant 'veine', correspond généralt. à*) fleb(o): *phlébectomie* flebectomia; *phlébotomie* flebotomia.
phléboclyse |flebɔkliz| *s.f.* (*méd.*) fleboclisi *inv.*
phlébographie |flebɔgʀafi| *s.f.* (*méd.*) flebografia.
phlébologie |flebɔlɔʒi| *s.f.* flebologia*.
phléborragie |flebɔʀaʒi| *s.f.* (*méd.*) fleborragia*.
phlébothrombose |flebɔtʀɔ̃boz| *s.f.* (*méd.*) flebotrombosi *inv.*
phlébotome |flebɔtɔm| *s.m.* (*méd.*) flebotomo.
phlébotomie |flebɔtɔmi| *s.f.* (*méd.*) flebotomia.
phlegmon |flɛgmɔ̃| *s.m.* (*méd.*) flemmone.
phlegmoneux, euse |flɛgmɔnø, øz| *adj.* (*méd.*) flemmonoso.
phléole |fleɔl| *s.f.* → **fléole.**
phlogistique |flɔʒistik| **1** *s.m.* (*hist. sc.*) flogisto **2** *adj.* (*méd.*) flogistico*.
phlogistiqué, ée |flɔʒistike| *adj.* (*chim. anc.*) flogistico*.
phlox |flɔks| *s.m. inv.* (*t.bot.*) phlox *f.*
phlyctène |fliktɛn| *s.f.* (*méd.*) flittena.
-phobe |fɔb|, **-phobie** |fɔbi| *suff.* (*signifiant 'crainte', correspondent généralt. à*) fobo; fobia: *anglophobe* anglofobo ‖ *anglophobie* anglofobia.
phobie |fɔbi| *s.f.* (*psycho.*) fobia ◇ (*cour.*) *il a la phobie des réunions familiales* ha la fobia delle riunioni familiari; odia, detesta le riunioni familiari → **haine, horreur.**
phobique |fɔbik| *adj.* (*psycho.*) fobico* ♦ (*s.*) *les phobiques* i fobici.
phocéen, éenne |fɔseɛ̃, eɛn| *adj. et s.* (*hist. anc.*) focese.
phocomèle |fɔkɔmɛl| *adj. et s.* (*méd.*) focomelico*.
phœnix |feniks| *s.m.* (*t.bot.*) fenice *f.*
pholade |fɔlad| *s.f.* (*t.zool.*) folade.
pholiote |fɔljɔt| *s.f.* (*t.bot.*) foliota.
phon- |fɔn| *préf.* → **phon(o).**
phonateur, trice |fɔnatœʀ, tʀis|, **phonatoire** |fɔnatwaʀ| *adj.* fonatorio*: *l'appareil phonateur, phonatoire* l'apparato fonatorio.
phonation |fɔnɑsjɔ̃| *s.f.* fonazione.
phonatoire |fɔnatwaʀ| *adj.* fonatorio*.
-phone |fɔn|, **-phonie** |fɔni| *suff.* (*signifiant 'voix, son', correspondent généralt. à*) fono; fonia: *aphone* afono ‖ *aphonie* afonia.
phone |fɔn| *s.m.* (*phys.*) fon *inv.*
phonématique |fɔnematik| *s.f.* (*ling.*) fonematica*.
phonème |fɔnɛm| *s.m.* (*ling.*) fonema.
phonémique |fɔnemik| *adj.* (*ling.*) fonematico*.
phonendoscope |fɔnɑ̃dɔskɔp| *s.m.* (*méd.*) fonendoscopio*.
phonéticien, ienne |fɔnetisjɛ̃, jɛn| *s.* fonetista.
phonétique |fɔnetik| **1** *adj.* (*ling.*) fonetico*: *évolution phonétique* evoluzione fonetica; *alphabet phonétique international* alfabeto fonetico internazionale **2** *s.f.* (*ling.*) fonetica*: *phonétique descriptive* fonetica descrittiva; *phonétique évolutive, historique* fonetica storica; *phonétique expérimentale* fonetica sperimentale.
phonétiquement |fɔnetikmɑ̃| *adv.* [→ PHONÉTIQUE 1] foneticamente.
phonétisme |fɔnetism(ə)| *s.m.* (*ling.*) fonetismo.
phoniatre |fɔnjatʀ(ə)| *s.* foniatra.
phoniatrie |fɔnjatʀi| *s.f.* foniatria.
phonie |fɔni| *s.f.* (*radio*) fonia.
phonique |fɔnik| *adj.* fonico*.
phon(o)- |fɔn(ɔ)| *préf.* (*signifiant 'voix, son', correspond généralt. à*) fon(o): *phonation* fonazione; *phonogramme* fonogramma.
phono |fɔno| *s.m.* (*fam.*) → **phonographe; électrophone, tourne-disque.**
phonogénie |fɔnɔʒeni| *s.f.* fonogenia.
phonogénique |fɔnɔʒenik| *adj.* fonogenico*: *voix peu phonogénique* voce poco fonogenica.
phonogramme |fɔnɔgʀam| *s.m.* (*ling.*) fonogramma.
phonographe |fɔnɔgʀaf| *s.m.* **1** (*anciennn.*) fonografo **2** [*gramophone*] grammofono, giradischi *inv.*
phonographie |fɔnɔgʀafi| *s.f.* fonografia.
phonographique |fɔnɔgʀafik| *adj.* fonografico*.
phonolit(h)e |fɔnɔlit| *s.m. ou f.* (*minér.*) fonolite *f.*
phonolit(h)ique |fɔnɔlitik| *adj.* (*minér.*) fonolitico*.
phonologie |fɔnɔlɔʒi| *s.f.* (*ling.*) fonologia*.
phonologique |fɔnɔlɔʒik| *adj.* (*ling.*) fonologico*.
phonologue |fɔnɔlɔg| *s.* (*ling.*) fonologista, fonologo* *m.*
phonomètre |fɔnɔmɛtʀ(ə)| *s.m.* (*phys.*) fonometro.
phonométrie |fɔnɔmetʀi| *s.f.* (*phys.*) fonometria.
phonomontage |fɔnɔmɔ̃taʒ| *s.m.* (radio) fonomontaggio*.
phonothèque |fɔnɔtɛk| *s.f.* fonoteca*.
phoque |fɔk| *s.m.* (*t.zool.*) foca* *f.* ~ *phoque macrorhine* foca elefantina, elefante marino ◇ [*fourrure*] foca: *manteau de phoque* pelliccia di foca ◇ (*loc.*) *souffler comme un phoque* [*respirer avec effort, avec bruit*] sbuffare come una locomotiva.
-phore |fɔʀ| *suff.* (*signifiant 'porter', correspond généralt. à*) foro: *doryphore* dorifor; *phosphore* fosforo.
phormion |fɔʀmjɔ̃|, **phormium** |fɔʀmjɔm| *s.m.* (*t.bot.*) formio*.
phosgène |fɔsʒɛn| *s.m.* (*chim.*) fosgene.
phosphatage |fɔsfataʒ| *s.m.* (*agric.*) concimazione *f.* fosfatica*.
phosphate |fɔsfat| *s.m.* (*chim.*) fosfato: *phosphates naturels* fosfati naturali.
phosphaté, ée |fɔsfate| *adj.* (*chim.*) fosfatico*: *engrais phosphaté* fertilizzante fosfatico.
phosphater |fɔsfate| *v.tr.* (*agric.*) [*fertiliser avec du phosphate de calcium*] concimare con fertilizzanti fosfatici.
phosphaturie |fɔsfatyʀi| *s.f.* (*méd.*) fosfaturia.
phosphène |fɔsfɛn| *s.m.* (*méd.*) fosfene.
phosphine |fɔsfin| *s.f.* (*chim.*) fosfina.
phosphite |fɔsfit| *s.m.* (*chim.*) fosfito.
phospholipide |fɔsfɔlipid| *s.m.* (*biochimie*) fosfolipide.
phosphoprotéide |fɔsfɔpʀɔteid| *s.m.*, **phosphoprotéine** |fɔsfɔpʀɔtein| *s.f.* (*biochimie*) fosfoprotide *m.*, fosfoproteina *f.*
phosphore |fɔsfɔʀ| *s.m.* **1** (*chim.*) fosforo: *phosphore blanc* fosforo bianco; *phosphore rouge* fosforo rosso, amorfo; *bombes au phosphore* bombe al fosforo **2** (*par métaph.*) *des yeux de phosphore* [*qui brillent*] occhi fosforescenti *adj.*
phosphoré, ée |fɔsfɔʀe| *adj.* (*chim.*) fosforato: *hydrogène phosphoré* idrogeno fosforato.
phosphorer |fɔsfɔʀe| *v.intr.* (*fam.*) [*travailler intellectuellement*] fare (103) *tr.* un lavoro intellettuale (*cour.*).
phosphorescence |fɔsfɔʀesɑ̃s| *s.f.* (*phys.*) fosforescenza ◇ (*par ext., bot., zool.*) fosforescenza.
phosphorescent, ente |fɔsfɔʀesɑ̃, ɑ̃t| *adj.* **1** fosforescente: *corps phosphorescent* corpo fosforescente; *mer phosphorescente* mare fosforescente; *lueur phosphorescente* bagliore fosforescente **2** (*phys.*) fosforescente.
phosphoreux, euse |fɔsfɔʀø, øz| *adj.* (*chim.*) fosforoso: *acide phosphoreux* acido fosforoso; *anhydride phosphoreux* anidride fosforosa.
phosphorique |fɔsfɔʀik| *adj.* (*chim.*) fosforico*: *acide phosphorique* acido fosforico; *anhydride phosphorique* anidride fosforica.
phosphorisation |fɔsfɔʀizɑsjɔ̃| *s.f.* (*physiol.*) fosforizzazione.
phosphorisme |fɔsfɔʀism(ə)| *s.m.* (*méd.*) fosforismo.
phosphorite |fɔsfɔʀit| *s.f.* (*chim.*) fosforite.
phosphoryle |fɔsfɔʀil| *s.m.* (*chim.*) fosforile.
phosphure |fɔsfyʀ| *s.m.* (*chim.*) fosfuro.
phot |fɔt| *s.m.* (*phys.*) fot *inv.*
photo- |fɔtɔ| *préf.* (*signifiant 'lumière', correspond généralt. à*) foto: *photochimie* fotochimica; *photo-électricité* fotoelettricità.
photo |fɔto| *s.f.* → **photographie.**
photobiologie |fɔtɔbjɔlɔʒi|, **photologie** |fɔtɔlɔʒi| *s.f.* fotobiologia*.

photocalque |fɔtɔkalk(ə)| *s.m.* (*techn.*) fotocalco*.
photocellule |fɔtɔselyl| *s.f.* fotocellula → **photo-électrique (cellule).**
photochimie |fɔtɔʃimi| *s.f.* (*sc.*) fotochimica*.
photochimique |fɔtɔʃimik| *adj.* (*sc.*) fotochimico*: *réactions photochimiques* reazioni fotochimiche.
photocomposeuse |fɔtɔkɔ̃pozøz| *s.f.* (*imprim.*) fotocompositrice.
photocomposition |fɔtɔkɔ̃pozisjɔ̃| *s.f.* (*imprim.*) fotocomposizione.
photoconducteur, trice |fɔtɔkɔ̃dyktœr, tris| *adj.* (*phys.*) fotoconduttore*: *effet photoconducteur* effetto fotoconduttore; *cellule photoconductrice* cellula fotoconduttrice.
photocopie |fɔtɔkɔpi| *s.f.* fotocopia.
photocopier |fɔtɔkɔpje| *v.tr.* [*reproduire (un document) par la photo.*] fotocopiare: *faire photocopier un contrat, un diplôme* far fotocopiare un contratto, un diploma.
photocopieur |fɔtɔkɔpjœr| *s.m.* (*techn.*) (foto)copiatrice *f.*, fotoriproduttore.
photodiode |fɔtɔdjɔd| *s.f.* (*électr.*) fotodiodo *m.*
photodissociation |fɔtɔdisɔsjasjɔ̃| *s.f.* (*chim.*) fotodissociazione.
photo-élasticimétrie |fɔtɔelastisimetri| *s.f.* (*techn.*) fotoelasticimetria.
photo-élasticité |fɔtɔelastisite| *s.f.* (*phys.*) fotoelasticità *inv.*
photo-électricité |fɔtɔelɛktrisite| *s.f.* (*électron.*) fotoelettricità *inv.*
photo-électrique |fɔtɔelɛktrik| *adj.* (*électron.*) fotoelettrico*: *effet photo-électrique* effetto fotoelettrico; *cellule photo-électrique* cellula fotoelettrica.
photo-électronique |fɔtɔelektrɔnik| *s.f.* fotoelettronica*.
photo-finish |fɔtɔfiniʃ| *s.f.* (*angl.*) fotofinish *m. inv.*
photogène |fɔtɔʒɛn| *adj.* fotogeno.
photogénie |fɔtɔʒeni| *s.f.* fotogenia, fotogenicità *inv.*
photogénique |fɔtɔʒenik| *adj.* fotogenico*: *un visage, un acteur photogénique* un viso, un attore fotogenico.
photogramme |fɔtɔgram| *s.m.* (*techn.*) fotogramma.
photogrammétrie |fɔtɔgrammetri| *s.f.* (*sc., techn.*) fotogrammetria.
photographe |fɔtɔgraf| *s.* fotografo (*m.*): *photographe amateur, professionnel* fotografo dilettante, di professione (professionista).
photographie |fɔtɔgrafi| *s.f.* **1** (*abrév.* '*photo*') fotografia: *photographie en noir et blanc, en couleurs* fotografia in bianco e nero, a colori; *faire de la photo* dilettarsi di fotografia ◇ *loc.* (DE) PHOTO fotografico* (*adj.*): *appareil (de) photo* macchina fotografica **2** *une photo(graphie)* una foto *inv.*, una fotografia: *prendre une photo* fare una foto(grafia) ◇ *loc.* EN PHOTO in fotografia: *il est mieux en photo qu'au naturel* è meglio in fotografia che al naturale # *prendre qqch. en photo* fotografare q.c., fare una foto di (a) q.c.
photographier |fɔtɔgrafje| *v.tr.* **1** [*obtenir l'image de (qqn., qqch.) par la photo.*] fotografare: *se faire photographier* farsi fotografare **2** (*fig.*) [*imprimer dans sa mémoire (l'image d'une personne ou d'une chose)*] fotografare.
photographique |fɔtɔgrafik| *adj.* fotografico*: *technique photographique* tecnica fotografica; *épreuve photographique* provino fotografico; stampa (fotografica) ◇ [*aussi exact que la photo.*] *un tableau d'un réalisme photographique* un quadro di un realismo fotografico.
photographiquement |fɔtɔgrafikmɑ̃| *adv.* [→ PHOTOGRAPHIQUE] fotograficamente.
photograveur |fɔtɔgravœr| *s.m.* [*ouvrier spécialiste de la photogravure*] fotoincisore.
photogravure |fɔtɔgravyr| *s.f.* (*imprim.*) fotoincisione: *photogravure sur zinc* fotoincisione su zinco.
photo-interprétation |fɔtɔɛ̃tɛrpretasjɔ̃| *s.f.* (*techn.*) fotointerpretazione.
photolecture |fɔtɔlɛktyr| *s.f.* (*techn.*) fotolettura.
photolithographie |fɔtɔlitɔgrafi| *s.f.* (*imprim.*) fotolitografia.
photoluminescence |fɔtɔlyminesɑ̃s| *s.f.* (*phys.*) fotoluminescenza.
photolyse |fɔtɔliz| *s.f.* (*chim.*) fotolisi *inv.*
photomacrographie |fɔtɔmakrɔgrafi| *s.f.* → **macrophotographie.**
photomagnétique |fɔtɔmaɲetik| *adj.* (*sc.*) fotomagnetico*.
photomaton |fɔtɔmatɔ̃| *s.m.* (*marque déposée*) fotoistantanea *f.*, foto *f. inv.* (per) tessera.
photomécanique |fɔtɔmekanik| *adj.* (*imprim.*) fotomeccanico*.
photomètre |fɔtɔmɛtr(ə)| *s.m.* (*sc.*) fotometro.
photométrie |fɔtɔmetri| *s.f.* (*sc.*) fotometria.
photométrique |fɔtɔmetrik| *adj.* (*sc.*) fotometrico*.
photomicrographie |fɔtɔmikrɔgrafi| *s.f.* → **microphotographie.**
photomontage |fɔtɔmɔ̃taʒ| *s.m.* fotomontaggio*.
photon |fɔtɔ̃| *s.m.* (*phys.*) fotone.
photonique |fɔtɔnik| *adj.* (*phys.*) fotonico*.
photopériode |fɔtɔperjɔd| *s.f.* (*sc.*) fotoperiodo *m.*
photopériodique |fɔtɔperjɔdik| *adj.* (*bot.*) fotoperiodico*.
photopériodisme |fɔtɔperjɔdism(ə)| *s.m.* (*bot.*) fotoperiodismo.
photophobie |fɔtɔfɔbi| *s.f.* (*méd.*) fotofobia.
photophore |fɔtɔfɔr| *s.m.* (*techn.*) fotoforo.
photopile |fɔtɔpil| *s.f.* (*techn.*) fotopila.
photo-reportage |fɔtɔr(ə)pɔrtaʒ| *s.m.* servizio* fotografico*.
photo-robot |fɔtɔrɔbo| *s.f.* fotokit *m. inv.*, identikit *m. inv.*
photoroman |fɔtɔrɔmɑ̃|, **roman-photo** |rɔmɑ̃fɔto| *s.m.* fotoromanzo.
photosensible |fɔtɔsɑ̃sibl(ə)| *adj.* (*sc.*) fotosensibile.
photosphère |fɔtɔsfɛr| *s.f.* (*astron.*) fotosfera.
photostat |fɔtɔsta| *s.m.* copia *f.* fotostatica*.
photostoppeur, euse |fɔtɔstɔpœr, øz| *s.* [*personne qui photographie les passants et leur propose de leur vendre la photo.*] fotografo *m.* (ambulante).
photosynthèse |fɔtɔsɛ̃tɛz| *s.f.* (*biochimie*) fotosintesi *inv.*
phototactisme |fɔtɔtaktism(ə)| *s.m.* (*biol.*) fototattismo, fototassi *f. inv.*
phototaxie |fɔtɔtaksi| *s.f.* → **phototactisme.**
photothèque |fɔtɔtɛk| *s.f.* fototeca*.
photothérapie |fɔtɔterapi| *s.f.* (*méd.*) fototerapia.
phototropisme |fɔtɔtrɔpism(ə)| *s.m.* (*bot., zool.*) fototropismo.
phototype |fɔtɔtip| *s.m.* (*rare*) → **cliché, négatif.**
phototypie |fɔtɔtipi| *s.f.* (*imprim.*) fototipia.
phragmite |fragmit| *s.m.* (*t.zool.*) cannareccione.
phrase |frɑz| *s.f.* **1** frase: *phrase nominale, verbale* frase nominale, verbale; *dire, prononcer une phrase* dire, pronunciare una frase # *échanger quelques phrases* scambiare due parole **2** (*au plur., en loc.*) *faire des phrases* [*avoir recours à des façons de parler recherchées ou prétentieuses*] parlare forbito, in punta di forchetta ~ *sans phrases* senza tante parole **3** (*mus.*) frase: *phrase mélodique* frase melodica.
phrasé |frɑze| *s.m.* (*mus.*) fraseggio*: *le phrasé d'un pianiste* il fraseggio di un pianista.
phraséologie |frazeɔlɔʒi| *s.f.* **1** fraseologia*: *la phraséologie administrative* la fraseologia del linguaggio amministrativo **2** (*littér.*) [*emploi de phrases, de grands mots vides de sens*] ampollosità *inv.*, magniloquenza.
phraséologique |frazeɔlɔʒik| *adj.* (*ling.*) fraseologico*: *dictionnaire phraséologique* dizionario fraseologico ◇ (*littér.*) [*empreint de phraséologie (2)*] ampolloso, magniloquente.
phraser |frɑze| *v.tr.* (*mus.*) [*délimiter ou ponctuer par l'exécution (les périodes successives d'une partition musicale)*] fraseggiare.
phraseur, euse |frɑzœr, øz| *s.* [*faiseur de phrases, de vains discours*] parolaio* → **bavard** ♦ (*adj.*) *il est un peu phraseur* è un po' parolaio.
phrastique |frastik| *adj.* frastico*.
phratrie |fratri| *s.f.* (*antiq. gr., sociol.*) fratria.
phréatique |freatik| *adj.* (*géol.*) freatico*: *nappe phréatique* falda freatica.
-phrénie |freni| *suff.* (*signifiant* '*esprit*', *correspond généralt. à*) frenia: *schizophrénie* schizofrenia.
phrénique |frenik| *adj.* (*anat.*) frenico*: *nerfs phréniques* nervi frenici.
phréno- |frenɔ| *préf.* (*signifiant* '*esprit*', *correspond généralt. à*) freno: *phrénologique* frenologico.
phrénologie |frenɔlɔʒi| *s.f.* frenologia*.
phrénologique |frenɔlɔʒik| *adj.* (*méd.*) frenologico*.
phrénologiste |frenɔlɔʒist(ə)|, **phrénologue** |frenɔlɔg| *s.* frenologo*.
phrygane |frigan| *s.f.* (*t.zool.*) friganea.
phrygien, ienne |friʒjɛ̃, jɛn| *adj. et s.* (*antiq. gr.*) frigio*: *mode phrygien* modo frigio ◇ (*spécialt.*) *bonnet phrygien* berretto frigio.
phtaléine |ftalein| *s.f.* (*chim.*) ftaleina.
phtalique |ftalik| *adj.* (*chim.*) ftalico*: *acide phtalique* acido ftalico.
phtiriasis |ftirjazis| *s.m.*, **phti-**

riase |ftiʀjɑz| *s.f.* (*méd.*) ftiriasi *f. inv.*
phtisie |ftizi| *s.f.* (*vx.*, *méd.*) tisi *inv.*
phtisiologie |ftizjɔlɔʒi| *s.f.* tisiologia*.
phtisiologique |ftizjɔlɔʒik| *adj.* (*méd.*) tisiologico*.
phtisiologue |ftizjɔlɔg| *s.* tisiologo*.
phtisique |ftizik| *adj. et s.* (*vieilli*) tisico*.
phyco- |fikɔ| *préf.* (*signifiant 'algue', correspond généralt. à*) fico: *Phycomycètes* Ficomiceti.
Phycomycètes |fikɔmisɛt| *s.m. pl.* (*t.bot.*) Ficomiceti.
phylactère |filaktɛʀ| *s.m.* **1** (*relig. jud.*) filatterio* **2** (*archéol.*) cartiglio* **3** (*bandes dessinées*) fumetto.
phylarque |filaʀk(ə)| *s.m.* (*antiq. gr.*) filarco*.
phylétique |filetik| *adj.* (*biol.*) filetico*.
phyllade |fil(l)lad| *s.m.* (*minér.*) fillade.
-phylle |fil| *suff.* (*signifiant 'feuille', correspond généralt. à*) fillo: *sporophylle* sporofillo.
phyllie |fil(l)i| *s.f.* (*t.zool.*) fillio* *m.*
phyll(o)- |fil(l)(ɔ)| *préf.* (*signifiant 'feuille', correspond généralt. à*) fill(o): *phyllade* fillade; *phylloxéra* fillossera.
Phyllopodes |fil(l)ɔpɔd| *s.m. pl.* (*t.zool.*) Fillopodi.
phylloxéra |filɔkseʀa| *s.m.* (*t.zool.*) fillossera *f.*
phylloxéré, ée |filɔkseʀe| *adj.* [*atteint par la phylloxéra*] fillosserato.
phylloxérien, ienne |filɔkseʀjɛ̃, jɛn|, **phylloxérique** |filɔkseʀik| *adj.* fillosserico*.
phylogenèse |filɔʒənɛz|, **phylogénie** |filɔʒeni| *s.f.* (*biol.*) filogenesi *inv.*
phylogénique |filɔʒenik|, **phylogénétique** |filɔʒenetik| *adj.* (*biol.*) filogenetico*.
phylum |filɔm| *s.m.* (*biol.*) filo.
physalie |fizali| *s.f.* (*t.zool.*) fisalia.
physalis |fizalis| *s.m.* (*t.bot.*) fisalia *f.*
-physe |fiz| *suff.* (*signifiant 'croissance, production', correspond généralt. à*) fisi: *apophyse* apofisi.
physicalisme |fizikalism(ə)| *s.m.* fisicalismo.
physicien, ienne |fizisjɛ̃, jɛn| *s.* fisico* *m.*
physico- |fizikɔ| *préf.* (*signifiant 'naturel', correspond généralt. à*) fisico: *physico-chimie* fisicochimica.
physico-chimie |fizikɔʃimi| *s.f.* chimica* fisica*, fisicochimica*.
physico-chimique |fizikɔʃimik| *adj.* fisicochimico*: *les manifestations physico-chimiques* le manifestazioni fisicochimiche.
physico-mathématique |fizikɔmatematik| *adj.* fisicomatematico*: *sciences physico-mathématiques* scienze fisicomatematiche.
physico-théologique |fizikɔteɔlɔʒik| *adj.* (*théol.*) *preuve physico-théologique de l'existence de Dieu* prova fisicoteologica* dell'esistenza di Dio.
physio- |fizjɔ| *préf.* (*signifiant 'nature', correspond généralt. à*) fisio: *physiocrate* fisiocrate; *physiocratie* fisiocrazia.
physiocrate |fizjɔkʀat| *s.m.* (*hist. écon.*) fisiocrate.
physiocratie |fizjɔkʀasi| *s.f.* (*hist. écon.*) fisiocrazia.
physiognomonie |fizjɔgnɔmɔni| *s.f.* (*vieilli*) fisiognomonia.
physiognomonique |fizjɔgnɔmɔnik| *adj.* (*vieilli*) fisiognomonico*.
physiognomoniste |fizjɔgnɔmɔnist(ə)| *s.* (*vieilli*) fisiognomonista.
physiologie |fizjɔlɔʒi| *s.f.* fisiologia*: *physiologie générale* fisiologia generale; *physiologie végétale* fisiologia vegetale, fitofisiologia; *physiologie animale* fisiologia animale, zoofisiologia; *physiologie humaine* fisiologia umana; *physiologie pathologique* fisiologia patologica, fisiopatologia.
physiologique |fizjɔlɔʒik| *adj.* fisiologico*: *l'état physiologique du malade* lo stato fisiologico del malato.
physiologiquement |fizjɔlɔʒikmɑ̃| *adv.* [→ PHYSIOLOGIQUE] fisiologicamente.
physiologiste |fizjɔlɔʒist(ə)| *s.* fisiologo*.
physiomancie |fizjɔmɑ̃si| *s.f.* fisiomanzia.
physionomie |fizjɔnɔmi| *s.f.* fisionomia → **face**, 1 **physique** # *sa physionomie s'anima* il suo viso si animò ◇ (*par anal.*) *la physionomie de ce pays a changé* la fisionomia di questo paese è cambiata → **apparence**.
physionomique |fizjɔnɔmik| *adj.* (*vieilli*) fisionomico*.
physionomiste |fizjɔnɔmist(ə)| *s. et adj.* fisionomista: *vous ne le reconnaissez pas? vous n'êtes pas physionomiste* non lo riconosce? non è fisionomista.
physiopathologie |fizjɔpatɔlɔʒi| *s.f.* fisiopatologia*.
physiopathologiste |fizjɔpatɔlɔʒist(ə)| *s.* fisiopatologo*.
physiothérapeute |fizjɔteʀapøt| *s.* fisioterapista.
physiothérapie |fizjɔteʀapi| *s.f.* fisioterapia.
physiothérapique |fizjɔteʀapik| *adj.* fisioterapico*.
1 **physique** |fizik| **I** *adj.* **1** [*qui se rapporte à la nature*] fisico*: *le monde physique* il mondo fisico; *géographie physique* geografia fisica → **matériel** **2** [*qui concerne le corps humain*] fisico: *éducation physique* educazione fisica; *état physique* stato fisico; *troubles physiques* disturbi fisici; *souffrance physique* sofferenza fisica; *dégoût physique* ripugnanza fisica ◇ (*dr.*) *personne physique* persona fisica **3** [*carnel, sexuel*] fisico: *amour physique* amore fisico **4** [*qui se rapporte à la nature, à l'exclusion des êtres vivants*] fisico: *sciences physiques* scienze fisiche **5** [*qui concerne la phys.*] fisico: *propriétés physiques et chimiques d'un corps* proprietà fisiche e chimiche di un corpo; *phénomènes physiques* fenomeni fisici **II** *s.m.* **1** [*ce qui est physique dans l'homme*] fisico ◇ *loc.* AU PHYSIQUE dal punto di vista fisico: *il est brutal, au physique comme au moral* è brutale, dal punto di vista sia fisico che morale **2** [*aspect génér.* (*de qqn.*)] fisico: *elle a un physique agréable* ha un bel fisico → **physionomie** ◇ (*loc.*) *avoir le physique de l'emploi* avere il fisico adatto **C** I 1 **abstrait, mental**, 2 **moral, psychologique, psychique.**
2 **physique** |fizik| *s.f.* fisica*: *physique expérimentale, atomique, nucléaire* fisica sperimentale, atomica, nucleare; *physique mathématique* fisica matematica; *étudier la physique* studiare la fisica; *avoir de bonnes notes en physique* avere bei voti in fisica ◇ [*étude physique d'un problème*] *physique du globe* fisica terrestre, geofisica; *physique des astres* fisica astronomica, astrofisica; *physique de la vie* fisica biologica, biofisica.
physiquement |fizikmɑ̃| *adv.* [→ 1 PHYSIQUE I 2] fisicamente: *une souffrance physiquement supportable* una sofferenza fisicamente sopportabile; *il est plutôt bien physiquement* è piuttosto bello fisicamente **C** **moralement.**
physostigma |fizɔstigma| *s.m.* (*t. bot.*) fava *f.* del Calabar.
physostigmine |fizɔstigmin| *s.f.* (*chim.*) fisostigmina.
Physostomes |fizɔstɔm| *s.m. pl.* (*t.zool.*) Fisostomi.
-phyte |fit| *suff.* (*signifiant 'plante', correspond généralt. à*) fita; fito: *Thallophytes* Tallofite ‖ *zoophyte* zoofito.
phyt(o)- |fit(ɔ)| *préf.* (*signifiant 'plante', correspond généralt. à*) fit(o): *phytobiologie* fitobiologia; *phytogéographie* fitogeografia.
phythormone |fitɔʀmɔn| *s.f.* (*biol.*) fitormone *m.*
phytobiologie |fitɔbjɔlɔʒi| *s.f.* fitobiologia*.
phytogéographie |fitɔʒeɔgʀafi| *s.f.* fitogeografia.
phytopathologie |fitɔpatɔlɔʒi| *s.f.* fitopatologia*, patologia* vegetale.
phytophage |fitɔfaʒ| *adj. et s.* (*zool.*) fitofago*.
phytopharmacie |fitɔfaʀmasi| *s.f.* fitofarmacia*.
phytophthora |fitɔftɔʀa| *s.m.* (*t. bot.*) fitoftora *f.*
phytoplancton |fitɔplɑ̃ktɔ̃| *s.m.* fitoplancton *inv.*
phytosociologie |fitɔsɔsjɔlɔʒi| *s.f.* fitosociologia*.
phytotoxine |fitɔtɔksin| *s.f.* (*biol., méd.*) fitotossina.
phytotron |fitɔtʀɔ̃| *s.m.* (*bot.*) fitotrone.
phytozoaire |fitɔzɔɛʀ| *s.m.* (*zool.*) zoofito, fitozoo.
pi |pi| *s.m.* [*lettre de l'alphabet gr.*] pi *inv.* (greco*).
piaculaire |pjakylɛʀ| *adj.* → **expiatoire.**
piaf |pjaf| *s.m.* (*pop.*) → **moineau.**
piaffant, ante |pjafɑ̃, ɑ̃t| *adj.* [*qui piaffe* (2)] scalpitante: *piaffant d'impatience* scalpitante per l'impazienza.
piaffement |pjafmɑ̃| *s.m.* [*mouvement, bruit du cheval qui piaffe*] scalpitio*.
piaffer |pjafe| *v.intr.* **1** (*se dit d'un cheval qui, sans avancer, frappe la terre des pieds de devant*) scalpitare **2** [*frapper du pied, piétiner*] scalpitare: *piaffer d'impatience* scalpitare per l'impazienza → **trépigner.**
piaffeur, euse |pjafœʀ, øz| *adj.* [*qui a l'habitude de piaffer* (1)] scalpitante: *cheval piaffeur* cavallo scalpitante.
piaillard, arde |pjɑjaʀ, aʀd(ə)| *adj.* (*fam.*) [*qui piaille, crie*] schiamazzante, che strilla *loc.* (*cour.*).
piaillement |pjɑjmɑ̃| *s.m.* (*fam.*) **1** [→ PIAILLER 1] pigolio* (*cour.*) **2** [*cri poussé en piaillant* (2)] strillo (*cour.*): *les piaillements d'une bande d'enfants* gli strilli di una banda di bambini.
piailler |pjɑje| *v.intr.* (*fam.*) **1** (*oi-*

seaux) [*pousser de petits cris aigus*] pigolare (*cour.*) **2** (*personnes*) [*crier, pleurer*] strillare (*cour.*): *enfant, marmot qui piaille* bambino, marmocchio che strilla.
piaillerie |pjɑjʀi| *s.f.* (*fam.*) → **piaillement.**
piailleur, euse |pjɑjœʀ, øz| *s.* (*fam.*) [*personne qui a l'habitude de piailler*] piagnone ♦ *adj.* piagnucoloso: *des mioches piailleurs* marmocchi piagnucolosi.
pian |pjɑ̃| *s.m.* (*méd.*) pian *inv.*
piane-piane |pjanpjan| *adv.* (*pop.*) [*tout doucement*] adagio adagio *loc.* (*cour.*), pian(o) piano *loc.* (*cour.*).
pianissimo |pjanisimo| *adv.* **1** (*mus.*) pianissimo ♦ (*s.m.*) *un pianissimo* un pianissimo: *des pianissimos* (*pianissimi*) dei pianissimi **2** (*fam.*) [*très doucement*] pianissimo → **piane-piane** 🄲 **1 fortissimo.**
pianiste |pjanist(ə)| *s.* pianista: *elle est très bonne pianiste* è una pianista molto brava.
pianistique |pjanistik| *adj.* (*mus.*) pianistico*.
1 **piano** |pjano| *s.m.* pianoforte, piano: *des pianos* dei pianoforti, dei piani; *touches, pédales d'un piano* tasti, pedali di un pianoforte; *tabouret de piano* sgabello di pianoforte; *piano à queue, droit* pianoforte a coda, verticale; *se mettre, être au piano* mettersi, essere al piano; *jouer du piano* suonare il piano ◇ (*spécialt.*) *piano mécanique* pianoforte meccanico, pianola *f.*
2 **piano** |pjano| *adv.* **1** (*mus.*) piano: *ce passage doit être joué piano* questo passaggio deve essere suonato piano ♦ (*s.*) *un piano* un piano **2** (*fam.*) [*doucement*] piano: *allez-y piano!* andateci piano! 🄲 **1 forte.**
piano-forte |pjanɔfɔʀte| *s.m.* (*hist. mus.*) pianoforte.
pianotage |pjanɔtaʒ| *s.m.* [→ PIANOTER 1] strimpellio*.
pianoter |pjanɔte| *v.intr.* **1** [*jouer du piano maladroitement, sans talent*] strimpellare *tr.* il piano **2** [*tapoter sur qqch. avec les doigts*] tamburellare (con le dita): *pianoter sur une table* tamburellare (con le dita) su un tavolo.
piariste |pjaʀist(ə)| *s.m.* [*membre de la congrégation des clercs réguliers des écoles pies*] scolopio*.
piassava |pjasava| *s.m.* [*fibre textile*] piassava *f.*
piastre |pjastʀ(ə)| *s.f.* piastra: *la piastre indochinoise* la piastra indocinese.
piaule |pjol| *s.f.* (*pop.*) [*chambre, logement*] buco* (*m.*): *rentrer dans sa piaule* rientrare nel proprio buco.
piaulement |pjolmɑ̃| *s.m.* → **piaillement.**
piauler |pjole| *v.intr.* → **piailler.**
pibale |pibal| *s.f.* (*région.*) [*jeune anguille*] c(i)eca*.
pible (à) |apibl(ə)| *loc. adv.* (*mar.*) *mât à pible* albero a pible.
pibrock |pibʀɔk| *s.m.* pibrock *inv.*
1 **pic** |pik| *s.m.* (*t.zool.*) picchio* ~ *pic vert* picchio verde → **pivert** ~ *pic rouge* picchio rosso ~ *pic noir, pic de montagne* picchio nero.
2 **pic** |pik| *s.m.* [*instrument pour creuser le roc, casser des cailloux*] piccone.
3 **pic** |pik| *s.m.* [*montagne dont le sommet dessine une pointe aiguë*] picco*: *les pics enneigés des Alpes* i picchi innevati delle Alpi.
4 **pic (à)** |apik| **1** *loc. adv.* a picco: *rochers qui s'élèvent à pic au-dessus de la mer* rocce che si elevano a picco sul mare; *un bateau qui coule à pic* un battello che cola a picco ♦ (*adj.*) *montagne à pic* montagna a picco **2** *loc. fam.* [*à point nommé, à propos*] a fagiolo: *ça arrive à pic* càpita a fagiolo; *vous arrivez à pic* lei càpita (capitate) a fagiolo.
pica |pika| *s.m.* (*méd.*) pica* *f.*
picador |pikadɔʀ| *s.m.* (*esp.*) picador *inv.*
picage |pikaʒ| *s.m.* (*vétér.*) becchettamento delle (proprie) penne.
picaillons |pikajɔ̃| *s.m. pl.* (*pop.*) [*argent*] grana *f. sing.*, quattrini (*cour.*): *aboulez les picaillons* mollate la grana.
picard, arde |pikaʀ, aʀd(ə)| **1** *adj.* [*de Picardie*] piccardo, della Piccardia (*loc. inv.*): *les plages picardes* le spiagge piccarde, della Piccardia **2** (*s.m.*) *le picard* [*le dialecte*] il piccardo.
picardan(t) |pikaʀdɑ̃| *s.m.* [*cépage du Bas-Languedoc fournissant une variété de vin muscat*] ⊠.
picarel |pikaʀɛl| *s.m.* (*t.zool.*) menola *f.*
picaresque |pikaʀɛsk(ə)| *adj.* (*hist. litt.*) picaresco*: *aventures picaresques* avventure picaresche; *littérature picaresque* letteratura picaresca.
picaro |pikaʀo| *s.m.* (*esp.*) picaro.
pic(c)olo |pikɔlo| *s.m.* **I** (*mus.*) ottavino **II** (*pop., vieilli*) vinello locale.
pichenette |piʃnɛt| *s.f.* [*petit coup donné avec un doigt*] buffetto *m.* → **chiquenaude.**
pichet |piʃɛ| *s.m.* [*petit broc à grosse panse* (*pour la boisson*)] boccale: *boire un pichet de vin* bere un boccale di vino.
picholine |pikɔlin| *s.f.* (*bot.*) oliva verde ♦ (*adj.*) *des olives picholines* olive verdi.
Piciformes |pisifɔʀm| *s.m. pl.* (*t. zool.*) Piciformi.
pickles |pikœls| *s.m. pl.* (*angl.*) [*petits légumes, fruits et graines aromatiques macérés dans du vinaigre*] sottaceti.
pickpocket |pikpɔkɛt| *s.m.* (*angl.*) [*voleur à la tire*] borsaiolo, scippatore.
pick-up |pikœp| *s.m. inv.* (*angl.*) **1** [*tout phonographe électrique*] giradischi: *mettre un disque sur le pick-up* mettere un disco sul giradischi **2** (*techn.*) pick-up, fonorivelatore *var.*
pico- |piko| *préf.* (*indiquant 'l'unité un million de millions de fois plus petite', correspond généralt. à*) pico: *picofarad* picofarad.
picofarad |pikɔfaʀad| *s.m.* (*phys.*) picofarad *inv.*
picoler |pikɔle| *v.intr.* (*pop.*) [*boire* (*du vin, de l'alcool*)] sbevazzare (*cour.*): *il picole dans tous les bistrots* sbevazza in tutte le osterie; *il s'est mis à picoler* si è messo a sbevazzare.
picoleur, euse |pikɔlœʀ, øz| *s. et adj.* (*pop.*) [*qui boit avec excès*] beone *s.* (*cour.*), sbevazzatore* *s.* (*cour.*).
picolo |pikɔlo| *s.m.* → **piccolo.**
picorer |pikɔʀe| **A** *v.intr.* **1** (*oiseaux*) [*chercher sa nourriture*] razzolare **2** (*personnes*) [*manger très peu, sans appetit*] piluccare → **pignocher B** *v.tr.* [*piquer, prendre de-ci de-là avec le bec*] becchettare: *des poussins qui picorent des miettes de pain* pulcini che becchettano briciole di pane → **becqueter.**
picoseconde |pikos(ə)gɔ̃d| *s.f.* (*phys.*) picosecondo *m.*
picot |piko| *s.m.* **1** [*petite pointe en saillie sur du bois qui n'a pas été coupé net*] scheggia* *f.* **2** martello a punta **3** [*petite dent aiguë au bord d'une dentelle*] pippiolino **4** (*pêche*) rete *f.* (per pesci piatti) **5** (*dans la confection des chapeaux*) paglia* *f.* di Firenze.
picotage |pikɔtaʒ| *s.m.* [→ PICOTER] punzecchiatura *f.*, puntura *f.*
picote |pikɔt| *s.f.* **1** (*vx.*) → **variole 2** (*ancienn.*) stoffa di lana grossolana.
picoté, ée |pikɔte| *adj.* [*marqué de petites taches, de petits points*] segnato # *visage picoté de petite vérole* viso butterato dal vaiolo.
picotement |pikɔtmɑ̃| *s.m.* [*sensation de légères piqûres répétées*] pizzicore; formicolio*: *éprouver des picotements dans la gorge* sentire un pizzicore in gola ‖ *éprouver des picotements dans le jambes* sentire un formicolio alle gambe.
picoter |pikɔte| *v.tr.* **1** [*piquer légèrement et à petits coups répétés*] bucherellare, punzecchiare ◇ (*oiseaux*) → **becqueter, picorer 2** [*irriter comme par de légères piqûres répétées*] pungere (150), pizzicare: *fumée qui picote les yeux* fumo che punge gli occhi.
picotin |pikɔtɛ̃| *s.m.* [*portion de nourriture donnée à un chéval*] profenda *f.*
picpouille |pikpuj|, **picpoule** |pikpul| *s.m.* [*cépage du Languedoc et de Provence; vin obtenu avec ce raisin*] ⊠.
1 **picrate** |pikʀat| *s.m.* (*pop.*) [*vin rouge de mauvaise qualité*] vinaccio*: *il boit ses deux litres de picrate* beve i suoi due litri di vinaccio.
2 **picrate** |pikʀat| *s.m.* (*chim.*) picrato.
picrique |pikʀik| *adj. m.* (*chim.*) *acide picrique* acido picrico* *m. ou f.*
picr(o)- |pikʀ(ɔ)| *préf.* (*signifiant 'amer', correspond généralt. à*) picr(o): *picrate* picrato; *picrotoxine* picrotossina.
pictogramme |piktɔgʀam| *s.m.* pittogramma.
pictographie |piktɔgʀafi| *s.f.* pittografia.
pictographique |piktɔgʀafik| *adj.* pittografico*.
pictural, ale, aux |piktyʀal, o| *adj.* [*qui a rapport ou appartient à la peint.*] pittorico*: *œuvre picturale* opera pittorica; *art pictural* arte pittorica.
pic-vert |pikvɛʀ| *s.m.* → **pivert.**
pidgin |pidʒin| *s.m.* (*angl.*) (*ling.*) pidgin(-english) *inv.*
1 **pie** |pi| *s.f.* **1** (*t.zool.*) gazza ◇ (*loc. fig., fam.*) *femme bavarde comme une pie* donna ciarliera come una cornacchia ~ *c'est une vraie pie* [*une bavarde*] è proprio una gazza ~ *trouver la pie au nid* fare un'importante scoperta (*cour.*) **2** *fromage à la pie* formaggio condito con erbe **3** (*mar.*) *nid-de-pie* coffa.
2 **pie** |pi| *adj. inv.* (*animaux*) [*à robe noire et blanche, ou fauve et blanche*] pezzato (*var.*): *cheval pie* cavallo pezzato; *vaches pie* vacche pezzate.
3 **pie** |pi| *adj. f.* (*loc.*) *œuvre pie* opera pia → **pieux.**
1 **pièce** |pjɛs| *s.f.* **I** **1** (*seulement dans quelques emplois*) [*chaque objet, chaque élément ou unité* (*d'un ensemble*)] pezzo (*m.*): *les pièces d'une collection* i pezzi di una collezione; *c'est une pièce*

de musée è un pezzo da museo; *les pièces d'un jeu d'échecs* i pezzi degli scacchi; *un costume trois-pièces* un vestito a tre pezzi # *marchandises vendues en gros ou à la pièce* merci vendute all'ingrosso o al dettaglio ◇ (*loc.*) *travail aux pièces* (lavoro a) cottimo *s.m.* ~ (*fam.*) *on n'est pas aux pièces!* non lavoriamo a cottimo! ◇ (*blas.*) *pièce honorable* pezza onorevole **2** [*quantité déterminée* (*d'une substance formant un tout*)] pezzo: *une pièce de viande* un pezzo di carne; *une pièce de soie* un pezzo di seta **3** (*devant un sing. collectif désignant des animaux*) capo (*m.*): *une pièce de bétail* un capo di bestiame → **tête II** (*emplois spéciaux*) **1** PIÈCE DE TERRE [*espace de terre cultivable*] appezzamento *m.*, campo (*m.*): *une pièce de blé* un appezzamento (coltivato) a grano, un campo di grano; *il a hypothéqué sa dernière pièce* ha ipotecato il suo ultimo appezzamento ~ *pièce d'eau* [*grand bassin ou petit étang*] laghetto *m.*; vasca* **2** *pièce de vin* [*quantité déterminée de vin en fût*] fusto *m.* di vino **3** *pièce montée* torta a più piani **4** *pièce* (*d'artillerie*) pezzo (d'artiglieria); *pièce de campagne* pezzo da campagna → **canon** # *chef de pièce* capopezzo **III** [*écrit servant à établir un droit, à faire la preuve d'un fait*] documento *m.*, pezza: *pièces justificatives* pezze giustificative; *pièces à l'appui* documenti probatori, pezze d'appoggio; *pièces d'identité* documenti di identità → 1 **acte, document** # *pièces à conviction* corpi del reato, prove della colpevolezza dell'imputato ◇ (*loc.*) *juger, décider sur pièces, avec pièces à l'appui* giudicare, decidere in base a prove, a documenti probatori **IV 1** [*chacun des éléments dont l'agencement, l'assemblage forme un tout organisé*] pezzo: *pièces d'un mécanisme, d'une machine* pezzi di un meccanismo, di una macchina; *pièces de rechange* pezzi di ricambio; *pièces accessoires* (pezzi) accessori **2** [*élément destiné à réparer une déchirure, une coupure*] pezza, toppa: *mettre une pièce à un vêtement* mettere una pezza, una toppa ad un vestito **3** (*loc.*) *être fait d'une seule pièce, tout d'une pièce* essere fatto di un solo pezzo, di un blocco unico ◇ (*fig.*) *ne se mouvoir que tout d'une pièce* muoversi tutto impettito, muoversi come un pezzo di legno ~ *être tout d'une pièce* essere tutto d'un pezzo ~ *fait de pièces et de morceaux* fatto a pezzi e a bocconi → **disparate** ~ *créer, inventer de toutes pièces* creare, inventare di sana pianta ~ *pièce à pièce* pezzo a pezzo, (a) poco a poco **V** (*loc. littér.*) *faire pièce à qqn.* [*lui faire échec, s'opposer à lui*] opporsi, contrapporsi a qc.

2 **pièce** |pjɛs| *s.f.* (*dans un appartement, une maison*) [*chaque partie isolée, entourée de cloisons ou nettement séparée*] vano *m.*, stanza: *un appartement de trois pièces* un appartamento di tre vani, di tre stanze ◇ (*ellipt.*) *un deux pièces cuisine* un due vani, un bicamere e (più) cucina.

3 **pièce** |pjɛs| *s.f.* PIÈCE (DE MONNAIE) [*morceau de métal servant de valeur d'échange*] moneta, pezzo (*m.*): *une pièce de cinq francs* una moneta, un pezzo da cinque franchi; *pièces d'or* monete d'oro ◇ (*fam.*) *donner la pièce à qqn.* dare la mancia a qc.

4 **pièce** |pjɛs| *s.f.* **1** [*ouvrage littér. ou musical*] pezzo (*m.*): *une pièce instrumentale* un pezzo strumentale # *une pièce de vers* un componimento poetico **2** PIÈCE (DE THÉÂTRE) commedia, opera teatrale: *pièce en cinq actes* commedia in cinque atti; *une pièce engagée* una commedia impegnata.

pièces (en) |ɑ̃pjɛs| *loc. adv.* [*en morceaux*] a pezzi: *mettre en pièces* fare a pezzi; *tailler en pièces l'ennemi* fare a pezzi il nemico.

piécette |pjesɛt| *s.f.* [*petite pièce de monnaie*] monetina.

1 **pied** |pje| *s.m.* **I 1** (*chez l'homme*) piede: *cou de pied* collo del piede; *plante du pied* pianta del piede; *pied plat* piede piatto; *être pieds nus, nu-pieds* essere a piedi nudi; *passer une rivière à pied sec* attraversare un torrente a piede asciutto; *avoir mal aux pieds* avere male ai, mal di piedi; *avoir des cors aux pieds* avere i calli sui piedi; *se fouler, se tordre le pied* slogarsi, storcersi il piede; *boiter du pied droit, gauche* zoppicare dal piede destro, sinistro; *avoir chaud, froid aux pieds* avere caldo, freddo ai piedi; avere i piedi caldi, freddi # *prendre un bain de pieds* fare un pediluvio ◇ *loc.* COUP DE PIED calcio, pedata (*f.*): *recevoir un coup de pied* prendere un calcio, una pedata; (*sport*) *coup de pied de pénalité* calcio di punizione ◇ (*loc. fig.*) *avoir les pieds nickelés* [*se montrer habituellement paresseux*] battere la fiacca ~ *il a trouvé chaussure à son pied* ha trovato quello che fa per lui ~ *des pieds à la tête, de pied en cap* dalla testa ai piedi, da capo a piedi ◇ (*loc. fam.*) *il est bête comme ses pieds* ha il cervello nelle scarpe, ragiona con i piedi ~ *je l'ai fait comme un pied* [*très mal*] l'ho fatto coi piedi ~ *marcher sur les pieds de qqn.* pestare i piedi a qc. ~ *casser les pieds à qqn.* rompere le scatole a qc. ~ *ça vous fera les pieds!* vi servirà (serva) di lezione! (*cour.*) ~ (*loc. cour.*) *avoir un pied dans la tombe* avere un piede, essere con un piede nella fossa ~ *mettre les pieds dans le plat* fare, prendere una topica, una 'gaffe' ~ *faire du pied à qqn.* fare piedino a qc. ~ *ne pas se moucher du pied, du coude* credersi chissà chi ~ *mettre pied à terre* mettere piede a terra ~ *je n'y ai jamais mis les pieds* non ci ho mai messo piede ~ *je ne remettrai jamais les pieds chez lui* non metterò più piede a casa sua ~ *mettre le pied dehors* [*sortir*] mettere il naso fuori ~ *il ne peut plus mettre un pied devant l'autre* non può più fare, muovere un passo ~ *il s'est levé du pied gauche* si è alzato col piede sinistro, si è svegliato con la luna di traverso ~ *pieds et poings liés* legato mani e piedi ~ *ne pouvoir remuer ni pied ni patte* non poter muovere un dito ~ *couper l'herbe sous les pieds de qqn.* fare le scarpe a qc. ~ FAIRE DES PIEDS ET DES MAINS [*employer tous les moyens*] fare di tutto, muovere mari e monti: *il a fait des pieds et des mains pour me voir* ha fatto di tutto, ha mosso mari e monti per vedermi ~ *attendre qqn. de pied ferme* aspettare qc. a piè fermo ~ *au pied levé* [*sans préparation*] sui due piedi **2** (*loc. avec 'sur, à, en'*) SUR LES PIEDS, SUR UN PIED in piedi: *tomber sur ses pieds* cadere in piedi; (*fig.*) *retomber sur ses pieds* cadere in piedi → **debout** # *ne pas savoir sur quel pied danser* non sapere che pesci pigliare ~ SUR PIED in piedi: *dès cinq heures, il est sur pied* è in piedi dalle cinque; *le malade sera sur pied dans quelques jours* il malato sarà in piedi tra qualche giorno; *mettre sur pied une entreprise* mettere in piedi un'impresa ~ À PIED a piedi: *course à pied* corsa a piedi; *allons-y à pied* andiamoci a piedi # *il a été mis à pied* [*suspendu dans ses fonctions*] è stato mandato a spasso ~ *à pieds joints* a piedi uniti, a piè pari ~ EN PIED in piedi # *un portrait en pied* un ritratto intero ~ AUX PIEDS DE QQN. ai piedi di qc.: *se jeter, tomber aux pieds de qqn.* gettarsi, cadere ai piedi di qc. **3** (*loc. sans art.*) *avoir pied* [*pouvoir, en touchant du pied le fond, avoir la tête hors de l'eau*] toccare ~ *perdre pied* [*n'avoir plus pied*] non toccare (più); (*fig.*) [*se troubler, être emporté par qqch. qu'on ne contrôle plus*] perdere la bussola ~ *lâcher pied* [*céder, reculer*] perdere terreno **4** (*loc. désignant la manière de se tenir*) *Achille au pied léger* il piè veloce Achille ~ *avoir le pied marin* avere piede da marinaio ~ *avoir bon pied, bon œil* essere in gamba ◇ [*pas*] passo: *pied à pied* (a) passo (a) passo; *s'en aller du même pied* andarsene con lo stesso passo **5** [*emplacement des pieds*] piedi (*pl.*): *pied et tête d'un lit* piedi e testata di un letto **6** (*chez l'animal*) piede, zampa *f.* ◇ (*bouch.*) piedino: *pieds de porc* piedini di maiale **II 1** [*partie par laquelle un objet touche le sol*] piede → **bas, base** ◇ (*par ext.*) *pied d'une perpendiculaire* piede di una perpendicolare; *le pied et le chapeau d'un champignon* il piede e la cappella di un fungo; *le pied d'un mur* la base *f.* di un muro ◇ (*loc. fig.*) *mettre qqn. au pied du mur* mettere qc. con le spalle al muro ~ *sécher sur pied* [*s'ennuyer*] scocciarsi ◇ (*végétaux*) *fruits vendus sur pied* [*avant la récolte*] frutti venduti sull'albero **2** (*de certains végétaux cultivés*) [*chaque individu, chaque plante*] piede: *pied de salade* piede, cespo d'insalata; *pied de vigne* piede, ceppo di vite **3** [*partie d'un objet servant de support*] piede: *les pieds d'un meuble* i piedi di un mobile # *un verre à pied* un bicchiere a calice.

2 **pied** |pje| *s.m.* **I 1** [*anc. unité de mesure de longueur*] piede ◇ (*loc. fig.*) *il aurait voulu être* (*à*) *cent pieds sous terre* avrebbe voluto sprofondare (cento metri) sottoterra, andare a nascondersi (per la vergogna) **2** [*mesure de longueur anglosaxonne*] piede **II** *loc.* SUR LE, SUR UN PIED: *armée sur le pied de guerre* esercito sul piede di guerra ~ *sur un pied d'égalité* su un piede di parità, su basi di parità ~ *mettre sur le même pied* mettere sullo stesso piano, livello ~ *être traité, reçu sur le pied de...* essere trattato, ricevuto come... ~ *vivre sur le pied de vingt mille francs par an* vivere su una media base di ventimila franchi all'anno ~ *vivre sur un grand pied* [*en dépensant beaucoup*] vivere da gran signore, avere un alto tenore di vita **III** (*techn.*) *pied à coulisse* calibro a corsoio **IV** (*fam.*) [*plaisir sexuel*] il godere *inv.*, godimento (*cour.*) # *prendre son pied* godere → **jouir.**

3 **pied** |pje| *s.m.* (*versif.*) piede: *les pieds d'un vers latin* i piedi di un verso latino.
pied-à-terre |pjetatɛʀ| *s.m. inv.* 'pied-à-terre': *avoir un pied-à-terre à Paris* avere un 'pied-à-terre' a Parigi → **garçonnière.**
pied-bot |pjebo| *adj.* → **bot.**
pied-d'alouette |pjedalwɛt| *s.m.* → **dauphinelle.**
pied-de-biche |pjedbiʃ| *s.m.* **1** (*techn.*) piè di porco (*inv.*): *des pieds-de-biche* dei piè di porco ◇ (*dans une machine à coudre*) premistoffa *inv.* **2** [*pied de meuble caractéristique du style Louis XV*] gamba *f.* a capriolo.
pied-de-cheval |pjedʃəval| *s.m.* grossa ostrica* (*f.*): *des pieds-de-cheval* delle grosse ostriche.
pied-de-chèvre |pjedʃɛvʀ(ə)| *s.m.* (*techn.*) piè di capra (*inv.*): *des pieds-de-chèvre* dei piè di capra ◇ (*par anal.*) gamba *f.* di capriolo.
pied-de-loup |pjedlu| *s.m.* → **lycopode.**
pied-de-poule |pjedpul| *s.m.* 'pied-de-poule' (*inv.*): *des pieds-de-poule* dei 'pied-de-poule' ◆ (*adj. inv.*) *un manteau pied-de-poule* un cappotto 'pied-de-poule'.
pied-de-veau |pjedvo| *s.m.* → **arum.**
pied-d'oiseau |pjedwazo| *s.m.* (*t. bot.*) piè d'uccello *inv.*, serradella (*f.*): *des pieds-d'oiseau* dei piè d'uccello, delle serradelle.
pied-droit, piédroit |pjedʀwa| *s.m.* (*archit.*) piedritto: *des pieds-droits, des piédroits* dei piedritti.
piédestal, aux |pjedɛstal, o| *s.m.* piedistallo → **socle** ◇ (*loc. fig.*) *mettre qqn. sur un piédestal* mettere qc. su un piedistallo ~ *tomber de son piédestal* cadere dal (proprio) piedistallo.
pied-fort, piéfort |pjefɔʀ| *s.m.* (*techn.*) moneta *f.* campione: *des pieds-fort, des piéforts* delle monete campione.
pied-noir |pjenwaʀ| *s.m.* (*fam.*) Francese d'Algeria (*cour.*): *les pieds-noirs rapatriés* i Francesi d'Algeria rimpatriati.
piédouche |pjeduʃ| *s.m.* [*petit piédestal*] peduccio*.
pied-plat |pjepla| *s.m.* (*littér.*) [*personne servile*] leccapiedi *inv.* (*péj.*): *des pieds-plats* dei leccapiedi.
piège |pjɛʒ| *s.m.* [*dispositif destiné à prendre les animaux terrestres ou les oiseaux*] trappola (*f.*): *dresser, tendre un piège* preparare, tendere una trappola; *un renard pris au piège* una volpe presa in trappola ◇ (*fig.*) tranello, trappola: *on lui a tendu un piège* gli hanno teso un tranello; *il est tombé dans le piège* è caduto nella trappola → **traquenard** ◇ [*difficulté qui a qqch. d'insidieux*] tranello: *dictée pleine de pièges* dettato pieno di tranelli.
piégeage |pjeʒaʒ| *s.m.* [*chasse au moyen de pièges*] caccia* *f.* con le trappole ◇ (*milit.*) l'innescare *inv.* (una mina, un ordigno esplosivo).
piéger |pjeʒe| (3) *v.tr.* **1** [*chasser, prendre au moyen de pièges*] intrappolare **2** (*milit.*) [*munir* (*une mine, un engin*) *d'un dispositif spécial qui déclenche l'explosion au premier contact*] innescare ◆ (*au p.p.*) *engin piégé* ordigno esplosivo.
piégeur |pjeʒœʀ| *s.m.* chi mette trappole *loc.*, chi caccia con le trappole *loc.*
pie-grièche |pigʀijɛʃ| *s.f.* **1** (*t. zool.*) averla: *des pies-grièches* delle averle **2** (*fig.*) [*femme acariâtre et querelleuse*] arpia.
pie-mère |pimɛʀ| *s.f.* (*anat.*) piamadre*, pia madre: *des pies-mères* delle piemadri.
piémont |pjemɔ̃| *s.m.* (*loc. géogr.*) DE PIÉMONT pedemontano (*adj.*): *glacier de piémont* ghiacciaio pedemontano; *plaine alluviale de piémont* pianura alluvionale pedemontana.
piémontais, aise |pjemɔ̃tɛ, ɛz| **1** *adj.* [*du Piémont*] piemontese **2** (*s.m.*) *le piémontais* [*le dialecte*] il piemontese.
piéride |pjeʀid| *s.f.* (*t.zool.*) pieride.
pierraille |pjɛʀɑj| *s.f.* **1** [*petites pierres; éclats de pierre*] pietrisco* *m.* **2** [*étendue de pierres*] pietraia → **caillasse.**
pierre |pjɛʀ| *s.f.* **I 1** pietra: *un bloc de pierre* un blocco di pietra; *pierre à bâtir, de taille* pietra da costruzione, da taglio; *escalier de pierre, cheminée en pierre* scale, camino di pietra ◇ (*loc.*) *dur comme la pierre* duro come la pietra ~ *un cœur de pierre* un cuore di pietra ◇ (*préhist.*) *âge de* (*la*) *pierre* età della pietra; *âge de la pierre taillée* età della pietra scheggiata, periodo paleolitico; *âge de la pierre polie* età della pietra levigata, periodo neolitico **2** [*variété particulière de cette matière*] pietra: *pierre calcaire, meulière, ollaire* pietra calcarea, molare, ollare; *pierre ponce* (pietra)pomice **3** UNE PIERRE [*bloc ou fragment rocheux*] pietra, sasso *m.*; masso (*m.*): *un tas de pierres* un mucchio di pietre, di sassi → **caillou, galet, roc,** 1 **rocher** ‖ *pierre branlante* masso pericolante # *casseur de pierres* spaccapietre ◇ (*loc. fig.*) *malheureux comme les pierres* infelice come un cane bastonato ~ *pierre d'achoppement* [*obstacle*] pietra d'inciampo, intoppo ~ *à un jet de pierre* a un tiro di schioppo ~ *faire d'une pierre deux coups* prendere due piccioni con una fava ~ *jeter la pierre à qqn.* [*l'accuser, le blâmer*] gettare la croce addosso a qc. ~ *c'est une pierre dans mon jardin* [*attaque voilée, allusion désobligeante*] è una frecciata contro di me ◇ (*prov.*) *pierre qui roule n'amasse pas mousse* pietra mossa non fa muschio **4** [*fragment de pierre servant à un usage particulier*] pietra: *une pierre à aiguiser* una pietra da affilare ◇ (*orfèvrerie*) *pierre de touche* pietra di paragone ◇ [*bloc de roche pour la construction*] *une carrière de pierres* una cava di pietra # *tailleur de pierres* tagliapietre; *construction en pierres sèches* costruzione in pietrame a secco ◇ (*loc.*) *pierre à pierre* pietra su pietra ~ *la pierre angulaire* la pietra angolare ~ *il a posé la première pierre* ha posto la prima pietra ~ *apporter sa pierre à l'édifice* portare il proprio mattone a un'opera **5** [*bloc constituant un monument*] pietra: *inscription gravée sur une pierre tombale* iscrizione incisa su una pietra sepolcrale **II 1** PIERRE (PRÉCIEUSE) pietra (preziosa): *pierres dures* pietre dure: *tailler, monter une pierre précieuse* tagliare, montare una pietra preziosa → **gemme** **2** (*se dit de nombreuses substances naturelles ou fabriquées, employées à divers usages*) *pierre à briquet* pietrina da accendino; *pierre infernale* pietra infernale; *pierre philosophale* pietra filosofale **III** (*vx., méd.*) pietra.
pierrée |pjeʀe| *s.f.* (*techn.*) canale *m.* di scolo (in pietrame a secco).
pierreries |pjɛʀʀi| *s.f. pl.* pietre preziose, gemme: *une couronne sertie de pierreries* una corona tempestata di pietre preziose.
pierreux, euse |pjɛʀø, øz| *adj.* **1** [*couvert de pierres*] pietroso: *chemin pierreux* sentiero pietroso; *le lit pierreux du ruisseau* il letto pietroso del ruscello → **rocailleux** **2** [*qui ressemble à de la pierre*] pietroso: *concrétion pierreuse* concrezione pietrosa.
pierrier |pjɛʀje| *s.m.* (*ancienn.*) [*machine de guerre*] petriera *f.*
pierrot |pjɛʀo| *s.m.* **1** → **moineau** **2** [*homme travesti en Pierrot, personnage de la pantomime*] 'pierrot' *inv.* **3** (*arg. milit., vieilli*) → **bleu.**
pietà |pjeta| *s.f. inv.* (*bx-arts*) pietà.
piétaille |pjetɑj| *s.f.* (*plais.*) **1** [*l'infanterie*] buffa **2** [*les piétons*] appiedati *m. pl.*, pedoni *m. pl.*
piété |pjete| *s.f.* **1** [*fervent attachement aux devoirs et aux pratiques de la religion*] pietà (*inv.*): *des livres de piété* dei libri di pietà → **dévotion, ferveur** **2** (*littér.*) [*attachement fait de tendresse et de respect*] pietà, devozione (*cour.*): *la piété filiale* la pietà, la devozione filiale → 1 **affection, amour, culte.**
piètement |pjɛtmɑ̃| *s.m.* [*ensemble des pieds et traverses d'un meuble*] base *f.*, piede.
piéter |pjete| (8) **A** *v.intr.* (*chasse*) (*gibier à plumes*) [*avancer en courant au lieu de voler*] pedinare **B** *v.pron. intr.* (*littér.*) SE PIÉTER [*se planter, se raidir sur ses pieds*] impuntarsi ◇ (*fig.*) [*se raidir en résistant*] irrigidirsi (197).
piétin |pjetɛ̃| *s.m.* **1** [*maladie du pied du mouton*] zoppina *f.* **2** [*maladie cryptogamique des céréales*] mal del piede.
piétinant, ante |pjetinɑ̃, ɑ̃t| *adj.* [*qui piétine*] scalpicciante (*rare*), che scalpita (*loc.*): *foule piétinante* folla scalpicciante ◇ (*fig.*) [*qui n'avance pas*] che ristagna *loc.*, arenato: *enquête piétinante* indagine che ristagna, arenata.
piétinement |pjetinmɑ̃| *s.m.* [→ PIÉTINER] calpestamento; calpestio* ◇ (*fig.*) stasi *f. inv.*, ristagno.
piétiner |pjetine| **A** *v.intr.* **1** [*s'agiter sur place en frappant les pieds contre le sol*] pestare *tr.* i piedi: *un enfant qui piétine de colère* un bambino che pesta i piedi di rabbia → **trépigner** ◇ [*remuer les pieds sans avancer ou en avançant péniblement*] procedere (125) a fatica: *la foule piétinait* la folla procedeva a fatica **2** (*fig.*) [*avancer peu; ne faire aucun progrès*] segnare *tr.* il passo: *l'affaire piétinait* la faccenda segnava il passo, ristagnava # *il a l'impression de piétiner, de perdre son temps* ha l'impressione di non concludere nulla, di perdere tempo **3** (*foule, troupeau*) [*marcher ou courir en martelant le sol avec un bruit sourd*] scalpitare **B** *v.tr.* **1** [*fouler, écraser* (*qqch.*) *en piétinant*] calpestare: *il jeta la lettre et la piétina* gettò per terra la lettera e la calpestò; *ils piétinent l'herbe* calpestano l'erba **2** [*ne pas respecter, malmener*] calpestare: *dans son article, il piétine les traditions* nel suo articolo calpesta le tradizioni.

piétisme |pjetism(ə)| *s.m.* (*hist. relig.*) pietismo.

piétiste |pjetist(ə)| *s.* (*hist. relig.*) pietista ✦ *adj.* pietistico*: *l'influence piétiste* l'influenza pietistica.

piéton |pjetɔ̃| *s.m.* [*personne qui circule à pied*] pedone: *les piétons marchent sur les trottoirs* i pedoni camminano sui marciapiedi.

piéton, onne |pjetɔ̃, ɔn| *adj.* [*à l'usage exclusif des piétons*] pedonale: *sentier piéton* sentiero pedonale; *rue, voie piétonne* strada pedonale.

piétonnier, ière |pjetɔnje, jɛʀ| *adj.* [*réservé à l'usage des piétons*] pedonale.

piètre |pjɛtʀ(ə)| *adj.* (*littér.*, *toujours devant le nom*) [*très médiocre*] meschino (*cour.*), magro (*cour.*): *il fera piètre figure* farà una figura meschina, una magra figura; *c'est un piètre réconfort* è una magra consolazione → **dérisoire, minable.**

piètrement |pjɛtʀəmɑ̃| *adv.* (*rare*) → **médiocrement.**

1 **pieu** |pjø| *s.m.* [*pièce de bois droite et rigide, dont l'un des bouts est pointu et destiné à être enfoncé en terre*] palo: *pieux d'une clôture* pali di una recinzione; *pieu de fondation* palo di fondazione.

2 **pieu** |pjø| *s.m.* (*pop.*) → **lit.**

pieusement |pjøzmɑ̃| *adv.* **1** [*avec piété*] piamente, devotamente **2** [*avec un pieux respect*] religiosamente: *elle conserve pieusement des souvenirs de sa mère* custodisce religiosamente i ricordi di sua madre.

pieuter (se) |pjøte| *v.pron.* (*pop.*) → **1 coucher (se).**

pieuvre |pjœvʀ(ə)| *s.f.* [*poulpe commun, de grande taille*] piovra ◇ (*fig.*) *c'est une vraie pieuvre* è una vera piovra, è proprio una piovra.

pieux, pieuse |pjø, pjøz| *adj.* **1** [*qui est animé ou inspiré par des sentiments de piété*] pio*: *c'est une femme très pieuse* è una donna molto pia → **dévot** # *un pieux mensonge* una pietosa bugia **2** (*littér.*) [*plein d'une respectueuse affection*] devoto: *des soins pieux* cure, premure devote.

pièze |pjɛz| *s.f.* (*phys.*) unità *inv.* di pressione.

piézo(-) |pjezɔ| *préf.* (*signifiant 'presser', correspond généralt. à*) piezo: *piézo-électricité* piezoelettricità; *piézographe* piezografo.

piézo-électricité |pjezɔelɛktʀisite| *s.f.* (*phys.*) piezoelettricità *inv.*

piézo-électrique |pjezɔelɛktʀik| *adj.* (*phys.*) piezoelettrico*: *effet piézo-électrique* effetto piezoelettrico.

piézographe |pjezɔgʀaf| *s.m.* (*phys.*) piezografo.

piézomètre |pjezɔmɛtʀ(ə)| *s.m.* (*phys.*) piezometro.

piézométrique |pjezɔmetʀik| *adj.* (*phys.*) piezometrico*.

1 **pif!** |pif| *intérj.* (*onomat.*, *presque toujours redoublée ou suivie de 'paf'*, *exprimant 'un bruit sec'*) pif!

2 **pif** |pif| *s.m.* (*pop.*) → **nez.**

pif(f)er |pife| *v.tr.* (*pop.*) (*toujours au négatif*) [*sentir*] digerire (197), sopportare (*cour.*): *je ne peux pas le pifer, ce type-là!* non lo posso digerire, sopportare, quel tipo!

pifomètre (au) |opifɔmɛtʀ(ə)| *loc. adv.* (*fam.*) [*par le simple flair, sans calcul*] a (lume di) naso.

1 **pige** |piʒ| *s.f.* **1** (*pop.*) → **année** **2** (*arg. de métier*) [*mode de rémunération d'un journaliste, d'un typographe rétribué à la ligne*] riga* (*cour.*): *être payé à la pige* essere pagato a riga.

2 **pige** |piʒ| *s.f. pop.* FAIRE LA PIGE À QQN. [*faire mieux que lui, le dépasser, le surpasser*] bagnare il naso a qc.: *pour le travail, il leur faisait la pige à tous* nel lavoro bagnava il naso a tutti.

1 **pigeon** |piʒɔ̃| *s.m.* **1** (*t.zool.*) piccione, colombo ◇ (*cour.*) *pigeon voyageur* piccione, colombo viaggiatore; *manger des pigeons rôtis* mangiare piccioni arrosto **2** (*jeu*) *jouer à pigeon vole* giocare ad asino vola ◇ (*t. d'affection*) piccioncino (*s.*): *mon pigeon, mon petit pigeon* piccioncino mio, piccioncina mia.

2 **pigeon** |piʒɔ̃| *s.m.* (*fam.*) [*homme qu'on attire dans une affaire pour le dépouiller*] merlo, pollo: *il a été le pigeon dans l'affaire* in quell'affare ha fatto la figura del merlo, del pollo → **dupe.**

pigeonnant, ante |piʒɔnɑ̃, ɑ̃t| *adj.* (*fam.*) (*se dit d'une poitrine haute et ronde*) palombino.

pigeonne |piʒɔn| *s.f.* (*rare*) [*femelle du pigeon*] colomba (*cour.*).

pigeonneau |piʒɔno| *s.m.* [*jeune pigeon*] piccioncino: *pigeonneaux rôtis* piccioncini arrosto.

pigeonner |piʒɔne| *v.tr.* (*fam.*) [*duper, rouler*] fregare.

pigeonnier |piʒɔnje| *s.m.* [*petit bâtiment où l'on élève des pigeons*] colombaia *f.*, piccionaia *f.* ◇ (*plais.*) [*petit logement situé aux étages supérieurs*] piccionaia: *venez me voir dans mon pigeonnier* venite a trovarmi nella mia piccionaia.

piger |piʒe| (3) *v.tr.* (*fam.*) [*saisir, comprendre*] capire (197) (*cour.*): *je n'ai rien pigé à ce livre* non (ci) ho capito niente di questo libro ✦ (*absolt.*) *tu piges?* (hai) capito?

pigiste |piʒist(ə)| *s.m.* (*arg. de métier*) compositore, giornalista pagato a riga.

pigment |pigmɑ̃| *s.m.* pigmento.

pigmentaire |pigmɑ̃tɛʀ| *adj.* (*biol.*) pigmentario*: *cellules pigmentaires* cellule pigmentarie; *maladies pigmentaires* malattie pigmentarie.

pigmentation |pigmɑ̃tasjɔ̃| *s.f.* pigmentazione: *la pigmentation de la peau* la pigmentazione della pelle.

pigmenté, ée |pigmɑ̃te| *adj.* pigmentato: *peau fortement pigmentée* pelle fortemente pigmentata.

pigmenter |pigmɑ̃te| *v.tr.* (*techn.*) [*colorer avec un pigment*] pigmentare.

pignade |piɲad|, **pignada** |piɲada| *s.f.* (*région.*) → **pinède.**

pignatelle |piɲatɛl| *s.f.* (*région.*) (*nom déposé*) frittella al formaggio.

pigne |piɲ| *s.f.* (*région.*) pigna (*cour.*) ◇ [*petite graine de la pomme de pin*] pinolo *m.*

pignocher |piɲɔʃe| **A** *v.intr.* **1** [*manger sans appétit*] piluccare (*tr.*): *elle pignoche dans les plats* pilucca nei piatti → **picorer** **2** [*peindre à petits coups de pinceaux, en employant une facture minutieuse et soignée*] leccare *tr.* un quadro **B** (*v.tr.*) *pignocher un tableau* [→ *intr.* 2] leccare un quadro.

1 **pignon** |piɲɔ̃| *s.m.* (*maçonn.*) frontone, timpano (triangolare); pignone → **fronton** ◇ (*loc.*) *avoir pignon sur rue* [*être propriétaire*] avere beni al sole.

2 **pignon** |piɲɔ̃| *s.m.* (*mécan.*) pignone: *pignons d'un changement de vitesse* pignoni di un cambio (di velocità) → **tympan.**

3 **pignon** |piɲɔ̃| *s.m.* **1** [*graine comestible de la pomme de pin*] pinolo, pinocchio* **2** (*appos.*) *pin pignon* pino da pinoli *loc. inv.*, da pinocchi *loc. inv.*

pignoratif, ive |pignɔʀatif, iv| *adj.* (*dr.*) pignoratizio*: *contrat pignoratif* contratto pignoratizio.

pignouf |piɲuf| *s.m.* (*pop.*) [*individu mal élevé, sans aucune délicatesse*] buzzurro, burino → **goujat, rustre.**

pigoulière |piguljɛʀ| *s.f.* (*mar.*) pegoliera.

pilaf |pilaf| *s.m.* (*cuis.*) pilaf *inv.* ✦ (*appos.*) *riz pilaf* riso pilaf.

pilage |pilaʒ| *s.m.* [→ PILER 1] battitura *f.*, pestatura (*f.*): *le pilage du mil* la battitura del miglio.

pilaire |pilɛʀ| *adj.* (*rare*) → **pileux.**

pilastre |pilastʀ(ə)| *s.m.* (*archit.*) lesena *f.*, colonnina (*f.*): *cheminée à pilastres* caminetto con lesene, con colonnine.

pilchard |pilʃaʀ(d)| *s.m.* (*angl.*) → **sardine.**

1 **pile** |pil| *s.f.* **1** [*tas plus haut que large d'objets mis les uns sur les autres*] pila: *une pile de livres, d'assiettes* una pila di libri, di piatti; *une pile de bois* una pila, una catasta di legna # *mettre en pile* impilare, accatastare **2** (*maçonn.*) pila, pilone *m.*

2 **pile** |pil| *s.f.* pila → **générateur** ◇ (*par ext.*) *pile atomique* pila atomica → **réacteur.**

3 **pile** |pil| *s.f.* (*fam.*) [*volée de coups*] scarica* di botte: *il lui a fichu une pile* gli ha dato una scarica di botte, un fracco di botte → **rossée.**

4 **pile** |pil| *s.f.* (*loc.*) PILE OU FACE [*revers ou face* (*d'une monnaie qu'on jette en l'air*) *pour remettre une décision au hasard*] testa o croce: *il a joué son départ à pile ou face* si è giocata la partenza a testa o croce ~ *pile* [*le coup où la pièce tombe en montrant son revers*] croce.

5 **pile** |pil| *adv.* **1** [*net, brusquement*] di botto (*loc. inv.*): *il s'est arrêté pile* si è fermato di botto **2** [*juste comme il faut*] *ça tombe pile* capita a proposito *loc. inv.*, a fagiolo *loc. inv.* (*cour.*); *on est arrivé pile pour le train de onze heures* siamo arrivati giusto in tempo *loc. inv.* per il treno delle undici; *à deux heures pile* alle due precise *adj.*, in punto *loc. inv.*

6 **pile** |pil| *s.f.* (*techn.*, *papeterie*) pila.

piler |pile| *v.tr.* **1** [*réduire en menus fragments, en poudre, en pâte, par des coups répétés*] battere; pestare: *elle pilait du maïs* batteva il granoturco → **broyer, écraser** ‖ *piler de l'ail* pestare l'aglio **2** (*fam.*) [*flanquer une* (3) *pile à* (*qqn.*)] pestare, menare → **battre** ◇ (*par ext.*) *notre équipe s'est fait piler* [*écraser*] la nostra squadra si è fatta schiacciare, stracciare.

pilet |pilɛ| *s.m.* (*t.zool.*) codone.

pileur, euse |pilœʀ, øz| *s.* [*ouvrier, ouvrière chargé(e) de piler* (*les épices, le tan*)] macinatore*.

pileux, euse |pilø, øz| *adj.* (*anat.*) pilifero: *le système pileux* il sistema pilifero.

pilier |pilje| *s.m.* **1** (*archit.*) pilastro: *pilier butant de contreboutant* pilastro di contrafforte **2** (*dans une mine*) palo

◇ (*anat.*) pilastro: *les piliers de la voûte du palais* i pilastri del palato **3** (*fam.*) [*jambe massive, épaisse*] gambona *f.* **4** (*fig.*) [*ce qui assure la stabilité*] pilastro ◇ (*personnes*) [*défenseur, soutien*] pilastro, colonna *f.* ◇ (*péj.*) [*habitué qui fréquente assidûment un lieu*] *un pilier de cabaret, de bistrot* un frequentatore, un assiduo di osterie, di bettole **5** (*rugby*) pilone.

pilifère |pilifɛʀ| *adj.* (*bot.*) pilifero.

pillage |pijaʒ| *s.m.* [→ PILLER 1] saccheggio*: *une ville livrée au pillage* una città abbandonata al saccheggio → **déprédation, 2 sac.**

pillard, arde |pijaʀ, aʀd(ə)| **1** *s.* [*personne qui pille* (1)] saccheggiatore*, predone (*m.*): *une bande de pillards affamés* una banda di saccheggiatori, di predoni affamati → **brigand, pirate** ◇ (*fig., vieilli*) → **plagiaire 2** *adj.* [*qui pille, a l'habitude de piller*] predatore*, saccheggiatore (*s.*): *des nomades pillards* nomadi predatori.

piller |pije| *v.tr.* **1** [*dépouiller* (*une ville, un local*) *des biens qu'on trouve, d'une façon violente et destructive*] saccheggiare → **dévaster, ravager** ♦ (*au p.p.*) *des magasins pillés au cours d'une émeute* negozi saccheggiati durante una sommossa **2** [*voler* (*un bien*) *dans un pillage*] saccheggiare, rubare ♦ (*au p.p.*) *des objets pillés dans un magasin* oggetti saccheggiati, rubati in un negozio **3** (*fig.*) [*emprunter à un auteur qu'on plagie*] saccheggiare, plagiare: *les passages qu'il a pillés chez un auteur étranger* i brani che ha saccheggiato in, plagiato da un autore straniero.

pilleur, euse |pijœʀ, øz| *s.* → **pillard** 1.

pilocarpe |pilɔkaʀp(ə)| *s.m.* → **jaborandi.**

pilocarpine |pilɔkaʀpin| *s.f.* (*chim.*) pilocarpina.

pilon |pilɔ̃| *s.m.* **1** [*instrument cylindrique, arrondi sur une face, servant à piler*] pestello: *broyer de l'ail avec un pilon* pestare l'aglio con il pestello ◇ (*loc. fig.*) *mettre un livre au pilon* [*en détruire l'édition*] mandare un libro al macero **2** estremità *f. inv.* di una gamba di legno **3** coscia* *f.* di pollo.

pilonnage |pilɔnaʒ| *s.m.* [→ PILONNER 2] bombardamento a tappeto: *le pilonnage d'une ville par l'aviation* il bombardamento a tappeto di una città da parte dell'aviazione.

pilonner |pilɔne| *v.tr.* **1** [*écraser avec un pilon*] pestare **2** [*écraser sous les obus, les bombes*] bombardare a tappeto: *l'artillerie pilonnait les lignes ennemies* l'artiglieria bombardava a tappeto le linee nemiche.

pilori |pilɔʀi| *s.m.* [*poteau auquel on attachait le condamné à l'exposition publ.*] berlina *f.*, gogna (*f.*): *il fut condamné au pilori* fu condannato alla berlina, alla gogna ◇ (*loc. fig.*) *mettre, clouer qqn. au pilori* mettere qc. alla gogna, alla (in) berlina.

pilo-sébacé, ée |pilɔsebase| *adj.* (*anat.*) pilosebaceo.

piloselle |pilɔsɛl| *s.f.* → **épervière.**

pilosisme |pilozism(ə)| *s.m.* (*méd.*) ipertricosi *f. inv.*, ipertrichia *f.*

pilosité |pilosite| *s.f.* pelosità *inv.*

1 **pilot** |pilo| *s.m.* (*techn.*) [*gros pieu pointu, employé à faire un pilotis*] palo di fondazione.

2 **pilot** |pilo| *s.m.* (*techn.*) [*chiffons utilisés dans la fabrication du papier*] cenci *pl.* (per fabbricare carta).

1 **pilotage** |pilɔtaʒ| *s.m.* (*rare*) [*construction, ouvrage de pilotis*] palificazione *f.*

2 **pilotage** |pilɔtaʒ| *s.m.* [→ 2 PILOTER 1] pilotaggio*: *pilotage téléguidé* pilotaggio teleguidato; *le pilotage des navires dans un canal* il pilotaggio delle navi in un canale # *pilotage sans visibilité* volo cieco.

1 **pilote** |pilɔt| *s.m.* pilota (*s.*): *bateau-pilote* nave pilota, pilotina; *pilote de ligne* pilota di linea; *pilote d'essai* pilota collaudatore; *brevet de pilote* brevetto di pilota.

2 **pilote** |pilɔt| *adj.* (*après un nom de chose*) pilota (*appos.*): *usine-pilote* fabbrica pilota; *classe-pilote* classe pilota.

1 **piloter** |pilɔte| *v.tr.* (*rare*) [*garnir de* (1) *pilots* (*un terrain*)] palificare.

2 **piloter** |pilɔte| *v.tr.* **1** [*conduire en qualité de pilote* (*un navire, un avion*)] pilotare **2** [*servir de guide à* (*qqn.*)] fare (103) *intr.* da guida (a), guidare: *je l'ai piloté dans Paris* gli ho fatto da guida a Parigi.

pilotin |pilɔtɛ̃| *s.m.* allievo ufficiale (della marina mercantile).

pilotis |pilɔti| *s.m.* (*archeol.*) palafitta (*f.*): *des maisons bâties sur pilotis* case costruite su palafitte.

pilou |pilu| *s.m.* (*tissu*) cotone felpato.

pilulaire |pilylɛʀ| **1** *adj.* (*pharm.*) pillolare **2** *s.m.* (*vétér.*) lanciaboli *inv.*

pilule |pilyl| *s.f.* **1** pillola: *un tube de pilules homéopathiques* un tubetto di pillole omeopatiche ◇ (*spécialt.*) *pilule* (*anticonceptionnelle*) pillola (anticoncezionale): *elle prend la pilule* prende la pillola ◇ (*loc. fig.*) *avaler la pilule* inghiottire la pillola ~ *dorer la pilule* indorare la pillola **2** (*fam.*) *il a pris la pilule* ha preso un sacco di botte.

pilulier |pilylje| *s.m.* (*pharm.*) pilloliera *f.*

pilum |pilɔm| *s.m.* (*archéol.*) pilo.

pimbêche |pɛ̃bɛʃ| *s.f.* [*femme déplaisante, qui prend de grands airs*] smorfiosa: *c'est une petite pimbêche* è una piccola smorfiosa, una smorfiosetta ♦ (*adj.*) *elle est un peu pimbêche* è un po' smorfiosa.

piment |pimɑ̃| *s.m.* **1** (*t.bot.*) peperoncino, pepe di Caienna, paprica* *f.* ◇ [*fruit de cette plante*] *piment rouge* peperoncino rosso ~ *piment doux* paprica dolce, peperone **2** (*fig.*) [*ce qui relève, donne du piquant*] mordente, pepe: *ses allusions ont mis du piment dans la conversation* le sue allusioni hanno dato mordente alla conversazione, hanno messo del pepe nella conservazione.

pimenter |pimɑ̃te| *v.tr.* **1** [*assaisonner de piment, épicer fortement*] condire (197) con peperoncino, pepare ♦ (*au p.p.*) *une cuisine très pimentée* una cucina molto piccante, pepata **2** (*fig.*) [*relever, rendre piquant*] rendere (105) piccante, pepato.

pimpant, ante |pɛ̃pɑ̃, ɑ̃t| *adj.* pimpante: *une jeune fille pimpante* una ragazza pimpante → **fringant, 2 gracieux** ◇ [*coquet, élégant*] grazioso: *une pimpante petite ville* una graziosa cittadina.

pimprenelle |pɛ̃pʀənɛl| *s.f.* (*t.bot.*) pimpinella, salvastrella.

pin |pɛ̃| *s.m.* (*t.bot.*) pino ~ *pin sylvestre* pino silvestre ~ *pin maritime* pino marittimo ~ *pin pignon, pin parasol* pino da pinoli, a ombrello ◇ (*cour.*) *pommes de pin* pigne.

pinacle |pinakl(ə)| *s.m.* **1** pinnacolo ◇ (*archit.*) pinnacolo, guglia *f.* **2** [*haut degré d'honneurs*] vertice, apice ◇ (*loc.*) *porter qqn. au pinacle* portare qc. al cielo, levare qc. alle stelle → 1 **louer.**

pinacothèque |pinakɔtɛk| *s.f.* pinacoteca*.

pinaillage |pinɑjaʒ| *s.m.* (*fam.*) [*le fait d'ergoter sur des détails infimes*] cavillosità *f. inv.* (*cour.*), il cavillare *inv.* (*cour.*).

pinailler |pinɑje| *v.intr.* (*pop.*) [*ergoter sur des vétilles, se perdre dans les subtilités*] cavillare (*cour.*).

pinailleur, euse |pinɑjœʀ, øz| *s.* [*personne qui a l'habitude de pinailler*] cavillatore*.

pinard |pinaʀ| *s.m.* (*pop.*) vino (*cour.*) → **vin.**

pinardier |pinaʀdje| *s.m.* (*pop., péj.*) commerciante, grossista di vini (*cour.*).

pinasse |pinas| *s.f.* (*mar.*) lancia* ◇ (*ancienn.*) [*petit vaisseau, propre à la course*] pinaccia*.

pinastre |pinastʀ(ə)| *s.m.* (*région.*) → **pin** (**maritime**).

pinçage |pɛ̃saʒ| *s.m.* → **pincement** 3.

pinçard, arde |pɛ̃saʀ, aʀd(ə)| *adj.* (*hippol.*) *cheval pinçard* cavallo rampino.

pince |pɛ̃s| *s.f.* **1** (*souvent au plur., s'il s'agit d'un outil de grandes dimensions*) [*outil, instrument servant à saisir, à serrer*] pinza; molla, molletta: *branches d'une pince* branche delle pinze (delle molle); *pinces de chirurgien* pinze chirurgiche ‖ *pince de forgeron* molle da fucina; *pinces à sucre* molle, mollette per lo zucchero; *pince à linge* molletta per la biancheria; *pince à cheveux* molletta per i capelli # *pince à épiler* pinzetta per depilare **2** [*levier*] leva: *pince de carrier, de paveur* leva da cavapietre, da selciatore **3** *pince-monseigneur* [*levier utilisé par les voleurs*] grimaldello (*m.*): *des pinces-monseigneur* dei grimaldelli **4** [*partie antérieure des grosses pattes de certains crustacés*] pinza, chela **5** (*loc. pop.*) *serrer la pince à qqn.* [*la main*] stringere la mano (*cour.*) a qc. ~ *aller à pinces* andare a piedi (*cour.*), andare a fette **6** (*cout.*) 'pince' (*inv.*): *faire des pinces à une veste* fare delle 'pince' a una giacca.

pincé, ée |pɛ̃se| *adj.* **1** [*qui a qqch. de contraint, de prétentieux, ou de mécontent*] altezzoso, sdegnoso: *elle est antiphatique avec son air pincé* è antipatica con il suo fare altezzoso, sdegnoso **2** [*mince, serré*] stretto: *bouche pincée* bocca stretta **3** (*mus.*) *instrument de musique à cordes pincées* strumento musicale a corde pizzicate.

pinceau |pɛ̃so| *s.m.* **1** pennello: *pinceau de peintre en bâtiment* pennello da imbianchino; *pinceaux d'un artiste peintre* pennelli di un pittore # *coup de pinceau* pennellata **2** *pinceau lumineux* pennello luminoso **3** (*pop.*) [*pied*] fetta *f.*

pincée |pɛ̃se| *s.f.* [*quantité que l'on peut prendre entre les doigts*] pizzico* *m.*, presa: *une pincée de sel* un pizzico, una presa di sale.

pince-fesse(s) |pɛ̃sfɛs| *s.m. inv.* (*fam.*) [*bal, surprise-partie, réception où les invités se tiennent mal*] party sguaiato, bordello *var.*

pincelier |pɛ̃səlje| *s.m.* piccolo recipiente per lavare i pennelli.
pince-maille |pɛ̃smɑj| *s.m.* (*vx.*) → **avare.**
pincement |pɛ̃smɑ̃| *s.m.* **1** *pincement au cœur* [*sensation brève de douleur et d'angoisse*] stretta *f.*, fitta *f.* al cuore **2** [→ PINCER A 2] pizzicamento **3** (*arbor.*) cimatura *f.*
pince-monseigneur |pɛ̃smɔ̃seɲœʀ| *s.f.* → **pince** 3.
pince-nez |pɛ̃sne| *s.m. inv.* 'pince-nez'.
pincer |pɛ̃se| (2) **A** *v.tr.* **1** [*serrer (surtout une partie de la peau, du corps) entre les extrémités des doigts, entre les branches d'une pince ou d'un objet analogue*] pizzicare; stringere (131); schiacciare: *sa sœur l'a pincé jusqu'au sang* sua sorella l'ha pizzicato a sangue || *pincer les revers de son veston entre le pouce et l'index* stringere i risvolti dalla giacca tra il pollice e l'indice || *la porte en se refermant lui a pincé un doigt* la porta chiudendosi gli ha schiacciato un dito **2** *pincer les cordes d'un instrument* [*les faire vibrer*] pizzicare (le corde di) uno strumento **3** (*en parlant du froid*) [*affecter désagréablement*] pungere (150): *le froid nous pinçait au visage* il freddo ci pungeva il viso → **mordre** ♦ (*absolt.*) *ça pince dur, ce matin* c'è, fa un freddo pungente stamattina **4** [*serrer fortement de manière à rapprocher, à rendre plus étroit*] serrare, stringere: *pincer les lèvres* serrare, stringere le labbra ◇ (*cout.*) *il faudra pincer un peu plus cette veste* bisognerà fare delle 'pince' più profonde a questa giacca **5** (*arbor.*) [*arracher ou couper en pinçant (un bourgeon)*] cimare **6** (*loc.*) *en pincer pour qqn.* [*être amoureux*] prendersi (105) *pron.* una cotta per (qc.): *il en pince pour sa secrétaire* si è preso una cotta per la sua segretaria **7** (*fam.*) [*arrêter, prendre (un malfaiteur); prendre en faute*] pizzicare: *il s'est fait pincer cette nuit* si è fatto pizzicare questa notte → 2 **piquer** **B** *v.pron. réfl.* SE PIQUER [→ *tr.* 1] schiacciarsi (*tr.*): *il s'est pincé un doigt en fermant la porte* si è schiacciato un dito chiudendo la porta.
pince-sans-rire |pɛ̃ssɑ̃ʀiʀ| *s. inv.* [*personne qui pratique l'humour, l'ironie à froid*] freddurista *var.* ♦ *adj. inv.* canzonatorio* (*var.*): *un air, un ton pince-sans-rire* un'aria, un tono canzonatorio.
pincette |pɛ̃sɛt| *s.f.* **1** [*petite pince*] pinzetta: *pincette d'horloger* pinzetta da orologiaio **2** *au plur.* [*longue pince à deux branches pour attiser le feu*] molle ◇ (*fig.*) *il n'est pas à prendre, à toucher avec des pincettes* [*il est très sale*] è molto sporco; [*de très mauvaise humeur*] è da prendere con le pinze, le molle.
pinceur, euse |pɛ̃sœʀ, øz| *adj. et s.* (*rare*) che, chi ha l'abitudine di pizzicare *loc.*
pinchard, arde |pɛ̃ʃaʀ, aʀd(ə)| *adj.* (*région.*) *cheval pinchard* cavallo ubero.
pinçon |pɛ̃sɔ̃| *s.m.* [*marque qui apparaît sur la peau qui a été pincée*] livido.
pinçure |pɛ̃syʀ| *s.f.* (*rare*) [*sensation, douleur de qqn. qui est pincé*] trafittura, fitta (*cour.*).
pindarique |pɛ̃daʀik| *adj.* (*hist. litt.*) pindarico*: *ode pindarique* ode pindarica.
pindariser |pɛ̃daʀize| *v.intr.* (*vx.*, *littér.*) [*imiter le style pindarique*] pindareggiare.
pindarisme |pɛ̃daʀism(ə)| *s.m.* (*vx.*, *littér.*) pindarismo.
pinéal, ale, aux |pineal, o| *adj.* (*anat.*) *glande pinéale, corps pinéal* ghiandola, corpo pineale → **épiphyse.**
pineau |pino| *s.m.* [*vin de liqueur charentais, préparé avec du cognac et du moût de raisin frais*] ⊠.
pinède |pinɛd| *s.f.* [*bois, plantation de pins*] pineta: *l'odeur de résine des pinèdes* l'odore di resina delle pinete.
pineraie |pinʀɛ| *s.f.* (*rare*) → **pinède.**
pingouin |pɛ̃gwɛ̃| *s.m.* (*t.zool.*) pinguino.
ping-pong |piŋpɔ̃g| *s.m. inv.* (*angl.*) ping-pong: *raquette de ping-pong* racchetta da ping-pong.
pingre |pɛ̃gʀ(ə)| *s.* [*avare particulièrement mesquin*] taccagno, spilorcio*: *c'est un vieux pingre* è un vecchio taccagno, spilorcio ♦ (*adj.*) *elle est très pingre* è una gran spilorcia, taccagna; è di una tirchieria, spilorceria spaventosa.
pingrerie |pɛ̃gʀəʀi| *s.f.* [*avarice mesquine*] tirchieria, spilorceria.
pinière |pinjɛʀ| *s.f.* (*rare*) → **pinède.**
pinifère |pinifɛʀ|, **pinigère** |piniʒɛʀ| *adj.* (*bot.*) pinifero.
pinne |pin| *s.f.* (*t.zool.*) *pinne marine* pinna.
Pinnipèdes |pi(n)nipɛd| *s.m. pl.* (*t.zool.*) Pinnipedi.
pinnothère |pi(n)nɔtɛʀ| *s.m.* (*t. zool.*) pinnotero, guardapinna *inv.*
pinnule |pinyl| *s.f.* (*topographie*) traguardo *m.*
pinot |pino| *s.m.* [*cépage fr. réputé, cultivé notamment en Bourgogne*] 'pinot' *inv.*
pin-pon |pɛ̃pɔ̃| *interj.* (*onomat. qui, souvent répétée, exprime 'le bruit des avertisseurs à deux tons des voitures de pompiers'*) ⊠.
pinson |pɛ̃sɔ̃| *s.m.* (*t.zool.*) fringuello ◇ (*loc.*) *gai comme un pinson* allegro come un fringuello.
pintade |pɛ̃tad| *s.f.* (*t.zool.*) (gallina) faraona.
pintadeau |pɛ̃tado| *s.m.* giovane faraona *f.*
pintadine |pɛ̃tadin| *s.f.* → **méléagrine.**
pinte |pɛ̃t| *s.f.* pinta ◇ (*loc. fig.*) *il s'est payé une pinte de bon sang* si è concesso un quarto d'ora di buon umore, se l'è spassata un po'.
pinter |pɛ̃te| **A** *v.intr.* (*pop.*) [*boire beaucoup*] trincare, sbevazzare (*cour.*) **B** (*v.tr.*) *pinter du rouge* [→ *intr.*] trincare, tracannare del rosso.
pin up |pinœp| *s.f. inv.* (*angl.*) pin-up.
piochage |pjɔʃaʒ| *s.m.* [*travail à la pioche*] zappatura *f.* ◇ (*fig.*) [*travail acharné*] sgobbata *f.*
pioche |pjɔʃ| *s.f.* [*outil de terrassier ou de cultivateur*] zappa; piccone *m.* a zappa ◇ (*loc. fam.*) *une tête de pioche* una testa di legno.
piocher |pjɔʃe| **A** *v.tr.* **1** [*creuser, remuer avec une pioche*] zappare: *piocher la terre* zappare la terra **2** (*fam.*) [*travailler, étudier avec ardeur*] sgobbare (*intr.*): *je me mettais à piocher mon histoire* mi mettevo a sgobbare sul libro di storia → 2 **bûcher** ♦ (*absolt.*) *il pioche comme un enragé* sgobba come un dannato **B** *v.intr.* [*fouiller (dans un tas) pour saisir qqch.*] rovistare (in), frugare (in) ♦ *absolt.* (*dans certains jeux*) pescare.
piocheur, euse |pjɔʃœʀ, øz| *s.* **I** *s.* **1** → **terrassier** **2** (*fig.*, *fam.*) [*travailleur assidu*] sgobbone → **bûcheur** **II** *s.f.* (*agric.*) → **scarificateur.**
piolet |pjɔlɛ| *s.m.* [*bâton d'alpiniste*] piccozza *f.*
1 **pion** |pjɔ̃| *s.m.* (*fam.*, *péj.*) [*surveillant, maître d'internat*] sorvegliante (*cour.*), assistente (*cour.*).
2 **pion** |pjɔ̃| *s.m.* **1** (*aux échecs*) pedone ◇ (*au jeu de dames*) pedina *f.* **2** (*loc. fig.*) *n'être qu'un pion sur l'échiquier* essere solo una pedina ~ *damer le pion à qqn.* [*l'emporter sur lui*] averla vinta, spuntarla su qc.
pioncer |pjɔ̃se| (2) *v.intr.* (*pop.*) → **dormir.**
pionne |pjɔn| *s.f.* (*fam.*, *péj.*) [*surveillante dans un établissement de jeunes filles*] sorvegliante (*cour.*), assistente (*cour.*).
pionnier |pjɔnje| *s.m.* **1** pioniere: *les pionniers de l'aviation* i pionieri dell'aviazione **2** (*milit.*) [*soldat employé aux travaux de terrassement*] zappatore ◇ [*soldat du génie*] geniere.
pioupiou |pjupju| *s.m.* (*fam.*, *vieilli*) [*jeune soldat*] burba *f.* (*arg.*).
pipa |pipa| *s.m.* (*t.zool.*) pipa *f.*
pipe |pip| *s.f.* **1** pipa: *pipe en porcelaine* pipa di porcellana; *bourrer une pipe* caricare una pipa; *fumer la pipe* fumare la pipa **2** (*loc. fam.*) *par tête de pipe* [*par personne*] a cranio, a testa (*cour.*) ~ *casser sa pipe* [*mourir*] tirare le cuoia ~ *se fendre la pipe* [*rire*] sganasciarsi, scompisciarsi dalle risa ~ *nom d'une pipe!* (*juron fam.*) porca miseria!, perdinci! **3** (*pop.*) → **cigarette.**
pipeau |pipo| *s.m.* **1** [*flûte champêtre*] zuf(f)olo, piffero **2** [*appeau*] panione.
1 **pipée** |pipe| *s.f.* (*chasse*) caccia* con le panie, uccellagione.
2 **pipée** |pipe| *s.f.* (*rare*) [*quantité de tabac qu'on peut mettre dans le fourneau d'une pipe*] pipata.
pipelet, ette |piplɛ, ɛt| *s.* (*pop.*) → **concierge.**
pipeline, pipe-line |piplin, pajplajn| *s.m.* (*techn.*) tubazione *f.*, conduttura *f.* ◇ (*spécialt.*) *transport du pétrole par des pipelines* trasporto del petrolio mediante oleodotti → **oléoduc**; *transport du gaz par des pipelines* trasporto del gas naturale mediante metanodotti, gasdotti → **gazoduc.**
piper |pipe| **A** *v.intr.* (*loc.*) *ne pas piper* [*ne pas souffler mot*] non fiatare, non aprir *tr.* bocca **B** *v.tr.* **1** *piper des dés, des cartes* [*les truquer*] truccare i dadi, le carte ◇ (*loc. fig.*) *les dés sont pipés* [*la partie est faussée*] i dadi sono truccati **2** [*attirer, prendre à la pipée (les oiseaux)*] uccellare *intr.*
Pipéracées |pipeʀase| *s.f. pl.* (*t. bot.*) Piperacee.
piperade |pipeʀad| *s.f.* [*plat de cuis. basque, œufs battus assaisonnés de tomates et de poivrons*] ⊠.
pipérazine |pipeʀazin| *s.f.* (*chim.*) piperazina.
piperie |pipʀi| *s.f.* (*littér.*) → **tromperie, leurre.**

pipérin |pipeʀɛ̃| *s.m.*, **pipérine** |pipeʀin| *s.f.* (*chim.*) piperina *f.*
pipéronal |pipeʀɔnal| *s.m.* (*chim.*) piperonalio*.
pipette |pipɛt| *s.f.* **1** [*petit tube gradué, utilisé en laboratoire*] pipetta **2** (*rare*) [*petite pipe*] pipetta.
pipeur, euse |pipœʀ, øz|, (*rare*) **piperesse** |pipʀɛs| *s.* (*vx.*) → **tricheur, trompeur.**
pipi |pipi| *s.m.* (*fam.*, *langage enfantin*) pipì *f.* (*inv.*): *faire pipi* fare (la) pipì → **pisser, uriner** ◇ (*loc. fig.*) *c'est du pipi de chat* [*une mauvaise boisson*] è pipì di cavallo, pipì di gatto.
pipi |pipi|, **pipit** |pipit| *s.m.* (*t.zool.*) pispola *f.*
pipier, ière |pipje, jɛʀ| **1** *s.* [*ouvrier, ouvrière procédant au tournage et au façonnage des pipes*] pipaio* **2** *adj.* della pipa (*loc. inv.*): *l'industrie pipière* l'industria della pipa.
pipistrelle |pipistʀɛl| *s.f.* (*t.zool.*) piccolo pipistrello *m.*
pipo |pipo| *s.m.* (*arg. scol.*) → **polytechnique; polytechnicien.**
piquage |pikaʒ| *s.m.* **1** [→ PIQUER A 5] cucitura *f.* (a macchina): *le piquage d'une veste à la machine* la cucitura a macchina di una giacca **2** (*techn.*) picchiettatura *f.* ◇ (*par ext.*) *exercices de piquage* esercizi di punteggiamento.
piquant |pikɑ̃| *s.m.* [*excroissance dure et acérée*] (*des végétaux*) spina *f.*; (*des animaux*) spina, aculeo: *les piquants des cactus* le spine dei cactus → **épine** ‖ *les piquants des oursins* le spine, gli aculei dei ricci di mare.
piquant, ante |pikɑ̃, ɑ̃t| *adj.* **1** [*qui présente une ou plusieurs pointes capables de piquer*] appuntito, pungente (*rare*) → **pointu** **2** [*qui donne une sensation de piqûre*] pungente: *l'air était piquant* l'aria era pungente ◇ (*au goût*) piccante: *sauce piquante* salsa piccante ◇ (*fam.*) *eau piquante* acqua frizzante (*cour.*) **3** (*fig.*) [*qui blesse, pique au vif*] pungente: *des mots piquants* parole pungenti → **aigre, caustique, mordant** **4** (*littér.*) [*qui stimule agréablement l'intérêt, l'attention*] procace, provocante (*cour.*): *une petite brune piquante* una brunetta procace, provocante ✦ (*s.m.*) *le piquant* il piccante, il bello: *le piquant de l'aventure* il piccante, il bello dell'avventura → **sel.**
1 **pique** |pik| *s.f.* (*arme*) picca* ◇ (*taurom.*) picca.
2 **pique** |pik| *s.m.* (*cartes*) picche (*f. pl.*): *un as de pique* un asso di picche; *j'ai encore du pique* ho ancora picche; *j'ai défaussé deux piques* ho scartato due picche ◇ (*bridge*) *quatre piques contrés* quattro picche contrate.
3 **pique** |pik| *s.f.* [*parole ou allusion blessante*] frecciata: *envoyer, lancer des piques à qqn.* lanciare frecciate a qc.
1 **piqué** |pike| *s.m.* (*tissu*) 'piqué' (*inv.*): *une robe en piqué de coton* un vestito di 'piqué' di cotone.
2 **piqué** |pike| *s.m.* (*aviat.*) picchiata (*f.*): *bombardement en piqué* bombardamento in picchiata.
piqué, ée |pike| *adj.* **I** **1** [*cousu ou orné par un point de piqûre*] trapuntato, trapunto: *des couvre-pieds piqués* dei copripiedi trapuntati, trapunti **2** [*marqué de petites taches sombres, de moisissures*] macchiato: *glace ancienne piquée* specchio antico macchiato **3** (*du vin*) [*altéré, aigri*] inacetito: *ce vin est piqué* questo vino è inacetito, ha preso lo spunto **4** (*mus.*) *note piquée* nota staccata **II** (*fam.*) [*un peu fou*] matto, picchiato: *il est complètement piqué* è completamente matto → **cinglé, timbré, toqué** ✦ (*s.*) *une vieille piquée* una vecchia matta.
pique-assiette |pikasjɛt| *s. inv.* [*personne qui se fait partout inviter à dîner*] scroccone *var.*, sbafatore* *var.*
pique-bœuf |pikbœf| *s.m.* (*zool.*) picchiabovi (*inv.*): *des pique-bœufs* dei picchiabovi.
pique-feu |pikfø| *s.m. inv.* → **tisonnier.**
pique-nique |piknik| *s.m.* picnic (*inv.*): *des pique-niques* dei picnic.
pique-niquer |piknike| *v.intr.* [*faire un pique-nique*] fare (103) *tr.* un picnic.
pique-niqueur, euse |piknikœʀ, øz| *s.* chi fa un picnic *loc.*
pique-notes |piknɔt| *s.m. inv.* uncino *var.* appunta-note.
piquepouille |pikpuj| *s.m.* → **picpouille.**
1 **piquer** |pike| **A** *v.tr.* **1** [*entamer légèrement ou percer avec une pointe*] pungere (150): *il m'a piqué le doigt avec une aiguille* mi ha punto il dito con un ago □ *elle s'est piqué un doigt* si è punta un dito **2** [*faire une piqûre* (4) *à* (*qqn.*)] fare (103) un'iniezione (a) ◇ (*fam.*) vaccinare (*cour.*): *on l'a piqué contre la variole* è stato vaccinato contro il vaiolo **3** (*insectes, serpents*) [*percer en enfonçant un dard, un stylet, un crochet à venin*] pungere; mordere (156): *elle a été piquée par un scorpion* è stata punta da uno scorpione ‖ *un serpent l'a piqué* lo ha morso un serpente ◇ (*loc. fig.*) *quelle mouche te pique?* che ti piglia?, ti ha morso una vipera? **4** (*compl. de chose*) [*percer pour prendre, pour attraper*] infilzare: *piquer sa viande avec une fourchette* infilzare la carne con una forchetta ◇ [*fixer en traversant avec une pointe*] attaccare, appendere (105): *piquer une photo au mur* attaccare, appendere una fotografia al muro **5** [*coudre à la machine*] cucire (203) a macchina: *bâtir une robe avant de la piquer* imbastire un vestito prima di cucirlo a macchina ◇ (*par ext.*) *piquer un dessin* [*le marquer par de petits trous*] punteggiare un disegno **6** [*parsemer de petits trous*] tarlare: *les vers ont piqué ce meuble* i tarli hanno tarlato questo mobile ✦ (*au p.p.*) *meuble ancien piqué de vers* mobile antico tarlato ◇ (*loc. fam.*) *ce n'est pas piqué des hannetons* (*des vers*) [*c'est très fort, remarquable en son genre*] è forte nel suo genere ◇ [*semer de points, de petites taches*] cospargere (114), punteggiare ✦ (*au p.p.*) *un visage piqué de taches de rousseur* un viso cosparso di efelidi ◇ (*loc. fam.*) *se piquer le nez* [*s'énivrer*] prendere (105) una sbronza **7** (*mus.*) *piquer une note* [*la marquer en la détachant*] staccare una nota ◇ (*mar.*) *piquer la cloche* [*frapper la cloche pour sonner l'heure*] battere le ore **8** [*donner la sensation d'entamer avec une pointe*] pungere, pizzicare: *le froid pique la peau* il freddo punge, pizzica la pelle; *une barbe qui pique* una barba che punge; *la fumée piquait les yeux* il fumo pizzicava gli occhi ◇ (*loc. fam.*) *ça me pique!* [*ça me démange*] mi prude!, mi brucia! ◇ (*langage enfantin*) *de l'eau qui pique* [*gazeuse*] acqua che pizzica, frizzante (*cour.*) **9** [*faire une vive impression sur*] stuzzicare, stimolare: *son attitude piqua ma curiosité* il suo comportamento stuzzicò, stimolò la mia curiosità → **exciter** ◇ (*loc.*) *piquer au vif* pungere sul vivo **10** [*enfoncer* (*qqch.*) *par la pointe*] infilare: *elle piqua son aiguille dans son ouvrage* infilò l'ago nel suo lavoro ◇ (*loc.*) *piquer une tête* [*se jeter la tête la première en avant*] buttarsi, gettarsi a capofitto **B** *v.intr.* [*tomber, descendre brusquement*] *un avion qui pique* un aereo che picchia, scende in picchiata; *le navire piquait de l'avant* la nave affondava di prua, era appruata; *il piqua du nez* sbattè il naso per terra, cadde in avanti **C** *v. pron.* SE PIQUER **1** *réfl.* [*se blesser avec une pointe*] pungersi: *elle s'est piquée en poussant son aiguille* si è punta con l'ago ✦ → *tr.* A 1 □ **2** *réfl.* [*se faire une piqûre*] farsi un'iniezione # *morphinomane qui se pique* morfinomane che si buca **3** *intr.* [*se couvrir de petites taches, de moisissures*] coprirsi (186) di muffa, ammuffire (197) (*intr.*): *les livres se piquent* i libri si coprono di muffa, ammuffiscono ◇ (*par ext.*) *vin qui se pique* [*s'aigrit*] vino che inacetisce, si inacidisce **4** *intr.* SE PIQUER DE [*prétendre avoir* (*une qualité, un avantage*)] piccarsi di: *il se piquait de littérature* si piccava di essere un letterato; *il se pique d'être désintéressé* si picca di essere disinteressato.
2 **piquer** |pike| *v.tr.* (*pop.*) **1** [*prendre, chiper, voler*] sgraffignare: *on lui a piqué son portefeuille* gli hanno sgraffignato il portafoglio **2** [*arrêter* (*qqn.*)] pizzicare: *la police l'a piqué à la sortie du métro* la polizia l'ha pizzicato all'uscita della metropolitana → **pincer.**
3 **piquer** |pike| *v.tr.* (*fam.*) [*prendre, faire, avoir brusquement*] *piquer un cent mètres* fare (103) una corsetta; *piquer un roupillon* schiacciare un pisolino; *piquer un fard* arrossire (197) *intr.* (*aux.* essere) improvvisamente (*cour.*).
1 **piquet** |pikɛ| *s.m.* **1** [*petit pieu destiné à être fiché en terre*] picchetto, paletto: *piquets de tente* picchetti da tenda; *attacher un cheval à un piquet* attaccare un cavallo a un paletto ◇ (*loc.*) *droit, raide, planté comme un piquet* diritto come un palo, piantato come un piolo **2** (*loc.*) *mettre un élève au piquet* [*le punir en le mettant au coin, debout et immobile face au mur*] mettere un alunno nell'angolo.
2 **piquet** |pikɛ| *s.m.* **1** (*milit.*) picchetto: *piquet d'incendie* picchetto antincendio **2** *piquet de grève* picchetto di scioperanti.
3 **piquet** |pikɛ| *s.m.* (*vx.*) (*jeu de cartes*) picchetto.
piquetage |piktaʒ| *s.m.* (*techn.*) picchettatura *f.*
piqueter |pikte| (5) *v.tr.* **1** [*parsemer de petites taches, de points*] picchiettare, punteggiare **2** [*tracer à l'aide de piquets, de bâtons d'alignement*] picchettare.
1 **piquette** |pikɛt| *s.f.* [*vin ou cidre médiocre, acide*] vino *m.*, sidro *m.* mediocre.
2 **piquette** |pikɛt| *s.f.* (*pop.*) [*raclée, défaite écrasante*] batosta: *on lui*

a flanqué une piquette gli hanno dato una bella batosta → 3 **pile.**

piqueur |pikœʀ| *s.m.* [*mineur travaillant au pic*] picconiere ◇ [*ouvrier utilisant un marteau pneumatique*] perforatore.

piqueur, euse |pikœʀ, øz| **I** *s.* **1** (*dans la chasse à courre*) bracchiere *m.* a cavallo **2** [*ouvrier, ouvrière qui pique à la machine*] (operaio*) cucitore* **II** (*adj.*) *insectes piqueurs* insetti pungitori.

piqueux |pikø| *s.m.* → **piqueur** I 1.

piquier |pikje| *s.m.* (*ancienn.*) [*soldat armé d'une pique*] picchiere.

piquoir |pikwaʀ| *s.m.* (*techn.*) punteruolo.

piqûre |pikyʀ| *s.f.* **1** [*petite blessure faite par ce qui pique*] puntura: *une piqûre d'épingle* una puntura di spillo; *des piqûres de moustiques* delle punture di zanzare; *piqûre d'ortie* puntura di ortica **2** (*cout.*) (*point de*) *piqûre* impuntura; *piqûres à la machine* impunture a machina **3** [*petit trou*] forellino *m.* # *piqûre de ver* tarlatura ◇ [*petite tache*] macchiolina # *piqûres de mouches* cacature di mosche **4** (*méd., cour.*) puntura: *je viens de lui faire sa piqûre* gli ho appena fatto la puntura, l'iniezione → **injection.**

piranha |piʀana|, **piraya** |piʀaja| *s.m.* (*t.zool.*) piranha *inv.*

pirate |piʀat| **I** *s.m.* **1** pirata: (*bateau*) *pirate* vascello pirata → **corsaire, flibustier, forban** ◇ (*par ext.*) *des pirates de l'air* dei pirati dell'aria **2** (*fig.*) [*individu sans scrupule, qui s'enrichit aux dépens d'autrui*] pirata, filibustiere → **escroc, requin, voleur II** (*adj.*) *émetteur pirate* trasmittente pirata.

pirater |piʀate| *v.intr.* [*se livrer à la piraterie*] pirateggiare.

piraterie |piʀatʀi| *s.f.* pirateria.

pire |piʀ| *adj.* **I** *comparatif* [*plus mauvais, plus nuisible, plus pénible*] peggiore: *je ne connais pas de pire désagrément* non conosco peggior dispiacere ◇ (*loc.*) *le remède est pire que le mal* il rimedio è peggio del male ◇ (*par ext.*) [*pis*] peggio (*adv.*): *il n'y a rien de pire* non c'è niente di peggio ◇ (*prov.*) *il n'est pire eau que l'eau qui dort* le acque chete rovinano i ponti **II** *superlatif* [*le plus mauvais*] il peggiore: *les pires voyous* le peggiori canaglie; *la pire des choses* la peggiore delle cose ♦ *s.m. inv.* [*ce qu'il y a de plus mauvais*] il peggio: *le pire n'est pas encore arrivé* il peggio non è ancora venuto; *le pire de tout, c'est l'ennui* non c'è peggio, peggior cosa della noia → 2 **pis** ♦ (*absolt.*) *je m'attends au pire* mi aspetto il peggio # *époux unis pour le meilleur et le pire* sposi uniti nella buona e nella cattiva sorte, nel bene e nel male ◇ (*spécialt.*) *la politique du pire* la politica del tanto peggio © I; II **meilleur**; II **mieux.**

piriforme |piʀifɔʀm(ə)| *adj.* piriforme.

pirogue |piʀɔg| *s.f.* piroga*.

piroguier |piʀɔgje| *s.m.* rematore di una piroga.

pirole |piʀɔl| *s.f.* (*t.bot.*) pirola.

piroplasmose |piʀɔplasmoz| *s.f.* (*vétér.*) piroplasmosi *inv.*

pirouette |piʀwɛt| *s.f.* **1** piroetta: *pirouettes de danseur* piroette di ballerino ◇ (*loc. fam.*) *répondre par des pirouettes* eludere la domanda scherzando (*cour.*) **2** (*fig., fam.*) → **culbute.**

pirouettement |piʀwɛtmɑ̃| *s.m.* (*rare*) [→ PIROUETTER] il piroettare *inv.*; il susseguirsi *inv.* di piroette.

pirouetter |piʀwete| *v.intr.* [*faire une, plusieurs pirouettes*] piroettare.

1 **pis** |pi| *s.m.* [*mamelle* (*d'une bête laitière*)] mammella *f.*

2 **pis** |pi| **I** *comparatif* **1** *adv.* (*littér.*) [*plus mal*] peggio (*cour.*): *tant pis* tanto peggio; *cela ne va ni mieux ni pis qu'avant* non va né meglio né peggio di prima ◇ (*loc.*) *les choses vont de pis en pis, de mal en pis* le cose vanno di male in peggio **2** *adj. neutre* (*littér.*) [*plus mauvais, plus fâcheux*] peggio (*cour.*): *c'est bien pis* è molto peggio ◇ *loc.* QUI PIS EST quel ch'è peggio: *elle est paresseuse, ou qui pis est, très bête* è pigra o, quel che è peggio, molto stupida **3** (*nominal*) [*une chose pire*] (di) peggio: *faire pis qu'à l'ordinaire* fare peggio del solito; *il y a pis* c'è di peggio ◇ (*loc.*) *dire pis que pendre de qqn.* [*répandre sur lui les pires médisances*] dire peste e corna di qc. **II** *superlatif s.m. inv.* (*littér.*) *le pis* [*la pire chose, ce qu'il y a de plus mauvais*] il peggio: *le pis qui puisse vous arriver* il peggio che vi possa capitare ◇ (*loc.*) *mettre les choses au pis* guardare l'aspetto peggiore delle cose ◇ (*loc. adv.*) *au pis aller* alla peggio © **mieux.**

pis-aller |pizale| *s.m. inv.* [*personne, solution, moyen à quoi on a recours faute de mieux*] ripiego* *var.*

pisan, ane |pizɑ̃, an| *adj.* [*de Pise*] pisano.

piscatoire |piskatwaʀ|, **piscatorial, ale, aux** |piskatɔʀjal, o| *adj.* piscatorio* (*littér.*).

pisci- |pisi| *préf.* (*signifiant 'poisson', correspond généralt. à*) pisci: *pisciculteur* piscicoltore; *pisciculture* piscicoltura.

piscicole |pisikɔl| *adj.* [*qui appartient à la pisciculture*] ittico*, della piscicoltura *loc. inv.*

pisciculteur |pisikyltœʀ| *s.m.* piscicoltore* *s.*

pisciculture |pisikyltyʀ| *s.f.* piscicoltura.

pisciforme |pisifɔʀm(ə)| *adj.* pisciforme.

piscine |pisin| *s.f.* **1** piscina: *piscine publique, privée* piscina pubblica, privata; *piscine en plein air, couverte* piscina scoperta, coperta; *piscine olympique* piscina olimpica; *aller à la piscine* andare in piscina; *nager en piscine* nuotare in piscina **2** (*hist. relig.*) *la piscine probatique* la piscina probatica.

piscivore |pisivɔʀ| *adj.* piscivoro.

pisé |pize| *s.m.* costruzione *f.* in argilla battuta # *des maisons en pisé* case in argilla battuta.

pisiforme |pizifɔʀm(ə)| *adj. m.* (*anat.*) *os pisiforme* (osso) pisiforme.

pisolithe |pizɔlit| *s.f.* (*géol.*) pisolite.

pisolithique |pizɔlitik| *adj.* (*géol.*) pisolitico*.

pissaladière |pisaladjɛʀ| *s.f.* [*mets provençal, fait de pâte salée sur laquelle on place des tomates, des anchois*] ⊠.

pissat |pisa| *s.m.* [*urine de certains animaux*] piscio*: *du pissat d'âne* piscio d'asino.

pisse |pis| *s.f.* (*vulg.*) [*urine*] piscia*.

pisse-froid |pisfʀwa| *s.m. inv.* (*fam.*) [*homme froid et morose, ennuyeux*] pittima *f. var.*

pissement |pismɑ̃| *s.m.* (*rare*) [→ PISSER A] pisciata *f.* ◇ (*méd.*) *pissement de sang* ematuria *f.*

pissenlit |pisɑ̃li| *s.m.* (*t.bot.*) soffione, dente di leone ◇ (*loc. fam.*) *manger les pissenlits par la racine* [*être mort*] essere morto e sepolto (*cour.*).

pisser |pise| **A** *v.intr.* (*vulg.*) [*uriner*] pisciare → 1 **pipi** (**faire**) ◇ (*loc. pop.*) *il pleut comme vache qui pisse* piove come Dio la manda (*cour.*) ~ *c'est comme si on pissait dans un violon* è come fare un buco nell'acqua (*cour.*) ~ *ça l'a pris comme une envie de pisser* [*brusquement*] gli è preso così, improvvisamente ~ *pisser de la copie* essere uno scribacchino ~ *laisser pisser les mérinos* aspettare il momento opportuno (*cour.*) ~ *il y a de quoi pisser* (*de rire*) c'è di che farsela sotto, da scompisciarsi (dal ridere) **B** *v.tr.* (*fam.*) [*évacuer avec l'urine*] pisciare, urinare (*cour.*): *pisser du sang* pisciare, urinare sangue ◇ [*laisser s'écouler* (*un liquide*)] pisciare, perdere (163) (*cour.*): *ce réservoir pisse l'eau de tous les côtés* questo serbatoio piscia, perde da tutte le parti.

pissette |pisɛt| *s.f.* [*appareil de laboratoire produisant un petit jet liquide*] spruzzetta.

pisseur, euse |pisœʀ, øz| (*vulg.*) *s.* **1** *s.* [*personne qui pisse souvent*] piscione **2** *s.f.* [*petite fille*] pisciona, mocciosa.

pisseux, euse |pisø, øz| *adj.* **1** (*fam.*) [*imprégné d'urine, qui sent l'urine*] piscioso, sporco* di pipì: *du linge pisseux* biancheria pisciosa, sporca di pipì **2** [*d'une couleur passée, jaunie*] giallastro: *des rideaux d'un blanc pisseux* tende di un bianco giallastro.

pisse-vinaigre |pisvinɛgʀ(ə)| *s.m. inv.* (*fam.*) **1** [*avare*] taccagno *var.*, spilorcio* *var.* (*cour.*) **2** → **pisse-froid.**

pissoir |piswaʀ| *s.m.* (*fam., région.*) [*urinoir*] pisciatoio*.

pissotière |pisɔtjɛʀ| *s.f.* (*fam.*) [*urinoir publ.*] pisciatoio* *m.*, orinatoio* *m.* (pubblico*) (*cour.*).

pistache |pistaʃ| *s.f.* [*fruit du pistachier*] pistacchio* (*m.*): *glace à la pistache* gelato di pistacchio ♦ (*adj. inv.*) *couleur pistache, vert pistache* color pistacchio, verde pistacchio.

pistachier |pistaʃje| *s.m.* (*t.bot.*) pistacchio*.

pistage |pistaʒ| *s.m.* [→ PISTER] pedinamento.

pistard |pistaʀ| *s.m.* (*sport*) pistaiolo, 'pistard' *inv.*

piste |pist(ə)| *s.f.* **1** [*trace que laisse un animal sur le sol où il marche*] pista, traccia* → **foulée, voie** ◇ [*chemin qui conduit à qqn. ou à qqch.; ce qui guide dans une recherche*] pista, traccia, tracce (*pl.*): *cela m'a mis sur la* (*bonne*) *piste* questo mi ha messo sulla pista (buona); *la police est sur sa piste* la polizia è sulle sue tracce ◇ (*loc.*) *brouiller les pistes* confondere le tracce **2** (*sport*) pista: *piste d'un vélodrome, d'un stade* pista di un velodromo, di uno stadio ◇ (*par ext.*) *piste pour skieurs* pista per sciatori **3** [*emplacement souvent circulaire, disposé pour certaines activités*] pista: *la piste d'un cirque* la pista di un circo; *piste de danse* pista da ballo **4** [*chemin non revêtu* (*notamment en pays peu développé*)] pista **5** (*aviat.*) pista: *piste d'envol, d'atter-*

rissage pista di decollo, di atterraggio **6** (*ciné.*) pista, colonna sonora.

pister |piste| *v.tr.* [*suivre la piste, épier*] pedinare, seguire le tracce (di): *attention! on nous piste!* attenzione, ci pedinano! → **filer.**

pisteur |pistœR| *s.m.* (*ski*) addetto alle piste, apripista *inv.*

pistil |pistil| *s.m.* (*bot.*) pistillo.

pistillaire |pistilɛR| *adj.* (*bot.*) pistillifero.

pistole |pistɔl| *s.f.* [*anc. monnaie*] pistola.

pistoléro |pistɔleRo| *s.m.* pistolero.

1 **pistolet** |pistɔlɛ| *s.m.* **1** [*arme à feu*] pistola (*f.*): *une paire de pistolets* un paio di pistole; *pistolets automatiques* pistole automatiche → **revolver** ◇ [*jouet analogue*] *pistolet à air comprimé* pistola ad aria compressa **2** [*pulvérisateur de peinture, de vernis*] pistola a spruzzo # *peinture au pistolet* pittura a spruzzo **3** (*mar.*) gru *f. inv.* **4** [*petit pain*] panino al latte.

2 **pistolet** |pistɔlɛ| *s.m.* (*loc. fam.*) *un drôle de pistolet* [*un individu bizarre*] un bel tipo, un bel tomo.

pistolet-mitrailleur |pistɔlɛmitRajœR| *s.m.* pistola *f.* mitragliatrice, mitra *inv.*

pistoleur |pistɔlœR| *s.m.* pittore che dipinge a spruzzo.

1 **piston** |pistɔ̃| *s.m.* **1** (*mécan.*) stantuffo, pistone: *piston de pompe* stantuffo di pompa; *mouvement du piston* movimento del pistone **2** (*mus.*) pistone # *cornet à pistons* cornetta.

2 **piston** |pistɔ̃| *s.m.* [*appui, recommandation qui décide d'une nomination, d'un avancement*] raccomandazione *f.*, spinta (*f.*): *pour réussir, il faut avoir du piston* per avere successo ci vogliono delle raccomandazioni, delle spinte.

pistonner |pistɔne| *v.tr.* [*appuyer, protéger (un candidat à une place)*] raccomandare: *il s'est fait pistonner par le ministre* si è fatto raccomandare dal ministro.

pitance |pitɑ̃s| *s.f.* (*péj.*) [*nourriture (pauvre, insuffisante)*] cibo *m.*, pasto (*m.*): *pour toute pitance, des pommes de terre bouillies* come unico cibo, patate bollite; *on leur servit une maigre pitance* servirono loro un magro pasto.

pite |pit| *s.f.* pita.

piteusement |pitøzmɑ̃| *adv.* [→ PITEUX] pietosamente, in (un) modo pietoso (*loc. inv.*): *il a échoué piteusement* ha fatto fiasco in (un) modo pietoso.

piteux, euse |pitø, øz| *adj.* (*iron.*) [*qui excite une pitié mêlée de mépris par son caractère misérable*] pietoso: *en piteux état* in uno stato pietoso; *les résultats sont piteux* i risultati sono pietosi → **pitoyable.**

pithécanthrope |pitekɑ̃tRɔp| *s.m.* (*paléont.*) pitecantropo.

pithécie |pitesi| *s.f.* (*t.zool.*) pitecia* *m. ou f.*

pithécoïde |pitekɔid| *adj.* (*zool.*) pitecoide.

pithèque |pitɛk| *s.m.* (*t.zool.*) piteco*.

pithiatique |pitjatik| *adj.* (*psychiatr.*) pitiatico*, isterico*.

pithiatisme |pitjatism(ə)| *s.m.* (*psychiatr.*) pitiatismo, isteria *f.*

pithiviers |pitivje| *s.m.* pasticcio* di allodole.

pitié |pitje| *s.f.* **1** pietà (*inv.*): *pitié!* pietà!; *sans pitié* senza pietà; *inspirer, exciter la pitié* ispirare, suscitare pietà; *il me fait pitié* mi fa pietà; *j'ai pitié de lui* ho pietà di lui; *par pitié, laissez-moi tranquille* per pietà, lasciatemi in pace; *prenez-le en pitié!* abbiatene pietà!, impietositevi! → **commisération, compassion** **2** [*sentiment de commisération méprisante*] commiserazione; pena: *un sourire de pitié* un sorriso di commiserazione || *quelle pitié!* che pena!, che peccato!

piton |pitɔ̃| *s.m.* **1** [*clou, vis dont la tête forme un anneau ou un crochet*] chiodo, vite *f.* a occhiello ◇ (*spécialt.*) *pitons d'alpiniste* chiodi da roccia **2** [*éminence isolée en forme de pointe*] picco*: *piton volcanique* picco vulcanico.

pitonnage |pitɔnaʒ| *s.m.* (*alpinisme*) (in)chiodatura *f.*

pitonner |pitɔne| *v.intr.* (*alpinisme*) [*enfoncer des pitons dans le rocher*] piantare *tr.* chiodi nella roccia, inchiodare.

pitoyable |pitwajabl(ə)| *adj.* **I** **1** [*digne de pitié*] pietoso: *après son accident, il était dans un état pitoyable* dopo l'incidente era in uno stato pietoso → **déplorable** **2** [*qui inspire, mérite une pitié méprisante*] pietoso: *sa réponse aux interpellations a été pitoyable* la sua risposta alle interpellanze è stata pietosa → **piteux, lamentable** **II** (*vx.*) [*qui éprouve de la pitié*] pietoso (*cour.*), compassionevole (*cour.*).

pitoyablement |pitwajabləmɑ̃| *adv.* [→ PITOYABLE I] in (un) modo pietoso *loc. inv.*, pietosamente: *c'est pitoyablement rédigé* è redatto in un modo pietoso.

pitre |pitR(ə)| *s.m.* [*personne qui fait rire par des facéties*] buffone, pagliaccio*: *quel pitre!* che buffone!, che pagliaccio!; *arrête de faire le pitre!* smettila di fare il buffone, il pagliaccio! → **clown.**

pitrerie |pitRəRi| *s.f.* [*plaisanterie, facétie de pitre*] buffonata, pagliacciata: *faire des pitreries* far buffonate, pagliacciate → **clownerie.**

pittoresque |pitɔRɛsk(ə)| *adj.* pittoresco*: *un quartier pittoresque* un quartiere pittoresco; *un personnage pittoresque* un personaggio pittoresco; *des expressions pittoresques* espressioni pittoresche ♦ (*s.m.*) *le pittoresque* il pittoresco → **couleur.**

pittoresquement |pitɔRɛskəmɑ̃| *adv.* [→ PITTORESQUE] pittorescamente.

pittosporum |pitɔspɔRɔm| *s.m.* (*t. bot.*) pittosporo.

pituitaire |pitɥitɛR| *adj.* (*anat.*) pituitario*: *la membrane, la muqueuse pituitaire* la membrana, la mucosa pituitaria.

pituite |pitɥit| *s.f.* (*méd.*) pituita.

pityriasis |pitiRjazis| *s.m.* (*méd.*) pitiriasi *f. inv.*

più |pju| *adv.* (*mus.*) più: *più lento* più lento.

pivert |pivɛR| *s.m.* (*t.zool.*) picchio* verde.

pivoine |pivwan| *s.f.* (*t.bot.*) peonia ◇ (*loc.*) *elle devint rouge comme une pivoine* divenne rossa come un peperone.

pivot |pivo| *s.m.* **1** [*extrémité amincie d'un arbre tournant vertical*] perno: *le pivot sur lequel repose l'aiguille de la bussole* il perno sul quale poggia l'ago della bussola → **axe** ◇ (*fig.*) *il est le pivot de cette entreprise* è il perno, il fulcro di questa impresa → **base, centre** **2** (*bot.*) fittone **3** [*support d'une dent artificielle, enfoncé dans la racine*] perno **4** (*basket*) 'pivot' *inv.*

pivotant, ante |pivɔtɑ̃, ɑ̃t| *adj.* **1** [*qui pivote*] girevole, r(u)otante: *fauteuil pivotant* poltrona girevole **2** (*bot.*) *racine pivotante* radice a fittone *loc. inv.*

pivoter |pivɔte| *v.intr.* [*tourner sur un pivot*] girare, r(u)otare: *il pivota sur ses talons* girò sui talloni.

pizza |pidza| *s.f.* pizza.

pizzeria |pidzeRja| *s.f.* pizzeria.

pizzicato |pidzikato| *s.m.* (*mus.*) pizzicato: *des pizzicati, pizzicatos* dei pizzicati.

placage |plakaʒ| *s.m.* **1** [*application sur une matière d'une plaque de matière plus précieuse*] placcatura *f.* **2** → **plaquage.**

1 **placard** |plakaR| *s.m.* **1** [*écrit qu'on affiche (sur un mur) pour donner un avis au public*] manifesto, affisso → **écriteau, pancarte** ◇ [*insertion d'un texte (ou d'illustrations) séparé, dans un périodique*] inserzione (*f.*): *placard publicitaire* inserzione pubblicitaria **2** (*imprim.*) bozza *f.* di stampa, stampone **3** (*mar.*) rinforzo.

2 **placard** |plakaR| *s.m.* armadio* (a muro): *placard-penderie* armadio-guardaroba; *mettre des vêtements dans un placard* riporre dei vestiti in un armadio a muro.

placarder |plakaRde| *v.tr.* [*afficher*] affiggere (109): *placarder un avis* affiggere un avviso.

place |plas| *s.f.* **I** **1** [*lieu publ., espace découvert, généralt. entouré de constructions*] piazza: *une place rectangulaire* una piazza rettangolare ◇ *loc.* LA PLACE PUBLIQUE [*le public*] la piazza: *les agitations de la place publique* le agitazioni di piazza **2** *place (forte)* [*forteresse*] piazzaforte; *place d'armes* piazza d'armi ◇ (*loc. fig.*) *être maître de la place* essere il padrone del vapore ~ *avoir des complicités dans la place* avere dei complici tra gli avversari **3** (*comm., fin.*) piazza: *sur la place de Paris* sulla piazza di Parigi **4** *voiture de place* taxi *m. inv.* → **taxi** **II** **1** [*partie d'un espace ou d'un lieu (surtout avec une prép. de lieu)*] posto *m.*, luogo* (*m.*): *à la même place* allo stesso posto, nello stesso luogo; *de place en place* di luogo in luogo, qua e là → **emplacement, 1 endroit, 1 lieu** ◇ *loc.* EN PLACE sul posto: *rester en place* rimanere sul posto # *ne pas tenir en place* non riuscire a star fermo ~ SUR PLACE sul posto: *faire une enquête sur place* fare un'indagine sul posto # *être cloué de surprise sur place* rimanere inchiodato dalla sorpresa; *rester sur place* rimanere immobile ◇ (*cyclisme*) *faire du sur place* fare 'surplace' ◇ (*fam.*) *voiture qui fait du sur place dans une rue encombrée* automobile che rimane imbottigliata in una via piena di traffico **2** [*endroit, position qu'une personne peut ou doit occuper*] posto: *à vos places!, en place!* ai vostri posti!, a posto!; *la place d'un élève dans une salle de classe* il posto di un alunno in un'aula scolastica; *faites-moi une petite place près de vous* fatemi un po' di posto vicino a voi; *aller s'asseoir à sa place* andare a sedersi al proprio posto ◇ (*à table*) *la place d'honneur* il posto d'onore ◇ *loc.* (*sans art.*) *prendre place* prendere posto ~ *faire place à qqn.* fare largo a qc. **3** [*siège qu'occupe une personne* (*dans une salle de spectacle, un véhicule*)] posto: *voiture à deux, à quatre places* automobile a due, a quattro posti; *places assises, places debout* posti a sedere, posti in piedi; *louer, retenir, réserver sa place dans un train* prenotare, riservare un posto in treno # *payer demi-place, place entière* pagare metà biglietto, biglietto intero **4** [*espace libre où l'on peut mettre qqch.*; *portion d'espace qu'une chose occupe*] posto, spazio* (*m.*): *faire, gagner de la place en se débarrassant des objets inutiles* fare, guadagnare. posto, spazio sbarazzandosi delle cose inutili; *un meuble encombrant qui tient trop de place* un mobile ingombrante che occupa troppo posto, spazio **5** [*endroit, position qu'une chose occupe dans un lieu, un ensemble*] posto: *la place des mots dans la phrase* il posto delle parole nella frase; *changer la place des meubles* cambiare posto ai mobili, la disposizione dei mobili ◇ *loc.* EN PLACE a posto: *il faut tout remettre en place* bisogna rimettere a posto tutto → 1 **ordre** ~ *mise en place* [*arrangement*; *installation*] sistemazione; installazione, insediamento **III** (*abstrait*) **1** [*le fait d'être admis dans un ensemble, d'être classé dans une catégorie*; *situation dans laquelle on se trouve*] posto: *avoir une place dans le cœur de qqn.* avere un posto nel cuore di qc. ◇ *loc.* PLACE À...! largo a...!: *place aux jeunes!* largo ai giovani! ~ *avoir sa place au soleil* avere un posto al sole ~ *il ne donnerait pas sa place pour un empire*, (*pop.*) *pour un boulet de canon* non darebbe il suo posto per tutto l'oro del mondo ~ À LA PLACE DE QQN. al posto di qc.: *à votre place, je refuserais* al suo posto, rifiuterei **2** [*position, rang dans une hiérarchie, un classement*] posto: *être reçu à un concours dans les premières places* essere ai primi posti nella graduatoria di un concorso # *avoir une bonne place en histoire* essere fra i migliori in storia **3** [*emploi* (*généralt. modeste*)] posto: *une place d'employé de bureau* un posto di impiegato d'ufficio; *perdre sa place* perdere il posto ◇ (*loc.*) *être en place* [*jouir d'un emploi, d'une charge qui confère à son titulaire de l'autorité*] essere in vista ~ *les gens en place* le persone in vista **4** (*exprime 'l'idée de remplacement'*) posto: *prendre la place de qqn.* prendere, occupare il posto di qc.; *laisser la place à qqn.* lasciare il posto a qc. ◇ (*loc.*) *faire place à* fare posto a, lasciare il posto a ~ À LA PLACE DE al posto di, invece di: *employer un mot à la place d'un autre* usare una parola al posto, invece di un'altra **5** LA PLACE DE QQN. il posto di qc.; *être à sa place* essere al proprio posto; *se tenir, rester à sa place* stare, rimanere al proprio posto ◇ (*loc.*) *remettre qqn. à sa place* mettere a posto qc. → 2 **reprendre, réprimander.**

placé, ée |plase| *adj.* **1** [*mis à une place*] sistemato: *bien, mal placé* sistemato bene, male **2** (*en loc.*) *personnage haut placé* personaggio altolocato, importante ~ ÊTRE BIEN PLACÉ POUR: *être bien placé pour le savoir* essere nella condizione adatta, nel posto adatto per saperlo; *être bien placé pour en parler* essere qualificato per parlarne; poter parlarne con cognizione di causa ~ *c'est de la fierté mal placée* è orgoglio mal riposto **3** (*turf*) *cheval placé* cavallo piazzato ✦ (*s.m.*) *toucher un placé* riscuotere, incassare un piazzato.

placebo |plasebo| *s.m.* (*pharm.*) placebo *inv.*

placement |plasmɑ̃| *s.m.* **1** (*rare*) [→ 1 PLACER A I 1] sistemazione *f.* (*cour.*) **2** [→ 1 PLACER A II 7] investimento: *vous avez fait un bon placement* avete fatto un buon investimento **3** *agence, bureau de placement* [*qui se charge de répartir les offres et les demandes d'emploi*] agenzia, ufficio di collocamento.

placenta |plasɛ̃ta| *s.m.* (*anat., bot.*) placenta *f.*

placentaire |plasɛ̃tɛʀ| *adj.* placentare: *membranes placentaires* membrane placentari.

Placentaires |plasɛ̃tɛʀ| *s.m. pl.* (*t.zool.*) Placentati, Placentali.

placentation |plasɛ̃tɑsjɔ̃| *s.f.* (*bot.*) placentazione.

placentin, ine |plasɑ̃tɛ̃, in| *adj.* [*de Plaisance*] piacentino.

1 **placer** |plase| (2) **A** *v.tr.* **I 1** [*mettre* (*qqn.*) *à une certaine place, en un certain lieu*; *conduire à sa place*] far (103) *intr.* accomodare, sistemare: *placer qqn. à table* far accomodare, sistemare qc. a tavola; *l'ouvreuse de cinéma place les spectateurs* la maschera sistema, accompagna gli spettatori ai loro posti → **caser, installer** **2** [*mettre* (*qqch.*) *à une certaine place, en un certain lieu*; *disposer*] mettere (155), sistemare: *placer une pendule sur une cheminée* mettere, sistemare una pendola sopra un caminetto; *placer les choses bien en ordre* mettere le cose in ordine → **classer, ranger** ◇ (*fig.*) *placer sa voix* impostare la propria voce ◇ (*sport*) *placer la balle* [*la lancer de manière qu'elle touche un point déterminé*] piazzare la palla; (*boxe*) *placer un direct, son gauche* piazzare un diretto, il sinistro **II 1** [*mettre* (*qqn.*) *dans une situation déterminée*] collocare, porre (168): *placer qqn. trop haut* collocare, porre qc. troppo in alto ✦ (*au p.p.*) *l'équipe placée sous mes ordres* la squadra posta ai miei ordini **2** *loc.* PLACER QQN. [*lui procurer une place, un emploi*] collocare, sistemare qc.: *placer un apprenti chez un boucher* collocare, sistemare un apprendista da un macellaio **3** (*abstrait*) [*mettre* (*qqch.*) *dans une situation, à une place*; *faire consister en*] riporre (168): *placer le bonheur dans la sagesse* riporre la felicità nella saggezza, far coincidere la felicità con la saggezza **4** [*faire se passer en un lieu* (*un récit*); *situer* (*un événement*) *en un point du temps*] ambientare: *les lieux où Rousseau a placé la 'Nouvelle Héloïse'* i luoghi dove Rousseau ha ambientato la 'Nouvelle Héloïse' → **localiser, situer** **5** [*introduire dans un récit, une conversation*] dire (132); raccontare: *il n'a pas pu placer un seul mot* non ha potuto dire una (sola) parola ‖ *placer une anecdote, une histoire* raccontare un aneddoto, una storiella # *placer une réflexion* fare una considerazione **6** [*s'occuper de vendre*] piazzare: *un représentant qui place des marchandises* un rappresentante che piazza delle merci **7** [*employer* (*un capital*) *afin d'en tirer un revenu ou d'en conserver la valeur*] investire: *placer son argent en fonds d'État* investire il proprio denaro in titoli di Stato **B** *v. pron.* **1** *réfl.* (*personnes*) [*se mettre à une place*] sistemarsi, disporsi (168): *les autres convives se sont placés à leur goût* gli altri commensali si sono sistemati, disposti come preferivano # *placez-vous de face!* si metta di fronte! ◇ (*choses*) [*être placé*] mettersi: *le fauteuil se place devant la cheminée* la poltrona si mette, va sistemata davanti al caminetto **2** *réfl.* (*abstrait*) [*se mettre dans une situation déterminée*] mettersi: *se placer sous la protection de qqn.* mettersi sotto la protezione di qc.; *se placer dans la situation la plus favorable* mettersi nella situazione più favorevole # *se placer à un certain point de vue* guardare da un certo punto di vista **3** *intr.* [*prendre une place, un emploi* (*notamment comme personnel de maison*)] sistemarsi, prendere (105) *tr.* servizio: *domestique qui se place* domestico che si sitema, prende servizio Ⓒ A I 2 **déplacer, déranger** 1.

2 **placer** |plasɛʀ| *s.m.* (*angl.*) placer *inv.*

placet |plasɛ| *s.m.* (*lat.*) **1** (*vx.*) [*écrit adressé à un roi, à un ministre pour se faire accorder une grâce*] supplica* *f.*, petizione *f.* **2** (*dr.*) nota *f.* di iscrizione a ruolo (di una causa).

placette |plasɛt| *s.f.* [*petite place*] piazzetta (*cour.*).

placeur, euse |plasœʀ, øz| *s.* **1** [*personne qui, dans une salle de spectacle, conduit chaque spectateur à sa place*] maschera *f.* **2** [*personne qui tient un bureau de placement*] collocatore* **3** (*rare*) → **placier.**

placide |plasid| *adj.* placido: *un sourire placide* un placido sorriso.

placidement |plasidmɑ̃| *adv.* [→ PLACIDE] placidamente # *il répondit placidement à toutes les attaques* ripose serenamente, con calma a tutti gli attacchi.

placidité |plasidite| *s.f.* placidità *inv.*, placidezza (*rare*) → 1 **calme, flegme, sérénité.**

placier, ière |plasje, jɛʀ| *s.* **1** *placier en librairie* rappresentante di libri **2** [*agent qui fait la place* (I 3)] piazzista ◇ [*agent qui vend qqch. pour une maison de comm.*] rappresentante.

Placophores |plakɔfɔʀ| *s.m. pl.* (*t.zool.*) Placofori.

plafond |plafɔ̃| *s.m.* **I 1** (*maçonn.*) soffitto: *chambre basse de plafond* camera bassa di soffitto ◇ (*loc. fam.*) *il a une araignée au plafond* [*il est fou*] gli manca qualche rotella **2** [*paroi supérieure*] tetto: *plafond d'un wagon, d'une automobile* tetto di un vagone, di un'automobile **II 1** (*aviat.*) 'plafond' *inv.*, quota *f.* di tangenza **2** (*écon., fin.*) massimale, 'plafond'.

plafonnage |plafɔnaʒ| *s.m.* [→ PLAFONNER A] soffittatura *f.*

plafonnement |plafɔnmɑ̃| *s.m.* [→ PLAFONNER B 2] fissazione *f.*, raggiungimento di un massimale, di un 'plafond'.

plafonner |plafɔne| **A** *v.tr.* [*garnir* (*une pièce*) *d'un plafond en plâtre*] soffittare: *aucune pièce n'est encore plafonnée* ancora nessuna stanza è soffittata **B** *v.intr.* **1** (*en parlant d'un avion*) [*atteindre son altitude maximum*] raggiungere (150) *tr.* il 'plafond', la quota di tangenza **2** [*atteindre un plafond* (II 2)] raggiungere il massimale, il 'plafond': *salaires qui plafonnent* salari che raggiungono il massimale, il limite massimo; *production industrielle qui plafonne* produzione industriale che raggiunge il 'plafond', che ristagna.

plafonneur |plafɔnœʀ| *s.m.* [*ouvrier qui fait les plafonds de plâtre*] stuccatore (di soffitti).

plafonnier |plafɔnje| *s.m.* plafoniera *f.*

plagal, ale, aux |plagal, o| *adj.* (*mus.*) plagale: *cadence plagale* cadenza plagale.

1 **plage** |plaʒ| *s.f.* [*endroit plat et bas d'un rivage où les vagues déferlent*] spiaggia*: *plage de sable, de galets* spiaggia sabbiosa, ghiaiosa; *plage publique, privée* spiaggia pubblica, privata; *sac de plage* borsa da spiaggia; *nous sommes allés à la plage nous baigner* siamo andati alla spiaggia a fare il bagno ◇ (*par ext.*) *les casinos des plages à la mode* i casinò delle spiagge alla moda.

2 **plage** |plaʒ| *s.f.* **1** (*auto.*) *plage arrière d'une automobile* ripiano *m.* posteriore di un'automobile **2** (*sc.*) *plage d'équilibre* area di equilibrio ◇ (*opt.*) *plage lumineuse* superficie* luminosa **3** (*techn.*) *plage d'un disque* brano *m.* di un disco ◇ (*radio*) *des plages musicales d'un quart d'heure* delle sequenze musicali di un quarto d'ora **4** (*écon.*) *plage de prix, de choix* gamma di prezzi, di scelte.

plagiaire |plaʒjɛʀ| *s.* plagiario* → **imitateur.**

plagiat |plaʒja| *s.m.* [→ PLAGIER] plagio*: *ce chapitre est un plagiat* questo capitolo è un plagio → **copie, imitation.**

plagier |plaʒje| *v.tr.* [*copier* (*un auteur*) *en s'attribuant indûment des passages de son œuvre*] plagiare: *plagier une œuvre* plagiare un'opera → **imiter, piller.**

plagioclases |plaʒjɔklɑz| *s.m.pl.* (*minér.*) plagioclasio* *sing. et pl.*

plagiste |plaʒist(ə)| *s.* concessionario*, gestore* di uno stabilimento balneare.

1 **plaid** |plɛ| *s.m.* (*vx.*) **1** → **audience 2** → **querelle, discussion.**

2 **plaid** |plɛd| *s.m.* (*angl.*) plaid (*inv.*): *s'envelopper les jambes dans un plaid* avvolgersi le gambe in un plaid.

plaidable |plɛdabl(ə)| *adj.* (*dr.*) che può essere patrocinato *loc.*, difeso (*loc.*): *sa cause n'est pas plaidable* la sua causa non può essere difesa.

plaidant, ante |plɛdɑ̃, ɑ̃t| *adj.* (*dr.*) *avocat plaidant* avvocato patrocinante, difensore; *les parties plaidantes* le parti in causa *loc. inv.*

plaider |plede| **A** *v.intr.* **1** [*soutenir ou contester qqch. en justice*] intentare *tr.* causa, far (103) *tr.* causa: *personne qui plaide* persona che intenta causa; *plaider contre qqn.* intentare causa contro qc., far causa a qc. **2** [*défendre une cause devant les juges*] patrocinare *tr.* (una causa): *un avocat qui plaide pour son client* un avvocato che patrocina la causa del suo cliente **3** *loc.* PLAIDER POUR, EN FAVEUR DE [*défendre par des arguments justificatifs ou des excuses*] difendere (105) (*tr.*): *il a plaidé en sa faveur auprès de ses parents* lo ha difeso davanti ai genitori; *parlementaire qui plaide pour son programme* parlamentare che difende il suo programma # *sa sincérité plaide pour lui, plaide en sa faveur* la sua sincerità depone, gioca a suo favore **B** *v.tr.* **1** [*défendre* (*une cause*) *en justice*] patrocinare, perorare: *avocat qui plaide la cause d'un accusé* avvocato che patrocina la causa di un imputato; *plaider la cause de qqn.* perorare la causa di qc. **2** [*soutenir, faire valoir* (*qqch.*) *dans une plaidoirie*] invocare: *avocat qui plaide la légitime défense* avvocato che invoca la legittima difesa ◇ *loc.* PLAIDER COUPABLE, NON COUPABLE dichiararsi colpevole, non colpevole: *accusé, plaidez-vous coupable ou non coupable?* imputato, si dichiara colpevole o non colpevole? ~ *plaider le faux pour savoir le vrai* sostenere il falso per scoprire la verità.

plaideur, euse |plɛdœʀ, øz| *s.* [*personne qui plaide en justice*] parte *f.* (in causa): *les plaideurs d'un procès* le parti (in causa) di un processo.

plaidoirie |plɛdwaʀi| *s.f.* (*dr.*) arringa*: *une longue plaidoirie* una lunga arringa → 1 **défense** Ⓒ **accusation, réquisitoire.**

plaidoyer |plɛdwaje| *s.m.* **1** [*plaidoirie pour défendre les droits de qqn.*] arringa* (*f.*): *avocat qui prononce un plaidoyer passionné* avvocato che pronuncia un'appassionata arringa **2** [*défense passionnée*] apologia* (*f.*): *un plaidoyer en faveur du mariage* un'apologia del matrimonio.

plaie |plɛ| *s.f.* **1** (*méd.*) piaga*, ferita: *plaie profonde* piaga, ferita profonda; *les lèvres de la plaie* i labbri della piaga, della ferita; *désinfecter, panser une plaie* disinfettare, medicare una ferita; *la plaie se cicatrise* la piaga, la ferita si cicatrizza → **lésion** ◇ (*loc. fig.*) *ne demander, ne rêver que plaies et bosses* [*chercher toutes les occasions de se battre*] essere un attaccabrighe **2** (*fig.*) [*blessure, déchirement*] ferita, piaga: *rouvrir une plaie* riaprire una vecchia ferita, piaga ◇ (*loc.*) *retourner, remuer le couteau, le poignard, le fer dans la plaie* girare il coltello nella piaga ~ *plaie d'argent n'est pas mortelle* meglio un dolore di tasca che un dolore di cuore **3** *les sept plaies d'Égypte* [*fléaux dévastateurs*] le (sette) piaghe d'Egitto **4** (*fam.*) *c'est une vraie plaie, quelle plaie!* è una vera piaga, che piaga!

plaignant, ante |plɛɲɑ̃, ɑ̃t| *adj.* (*dr.*) querelante, attore *s.m.*, attrice (*s.f.*): *la partie plaignante* la parte querelante, l'attore ♦ (*s.*) *le plaignant* il querelante, l'attore, l'attrice.

plain |plɛ̃| *s.m.* (*techn.*) recipiente per calcina.

plain, plaine |plɛ̃, plɛn| **1** *adj.* (*vx.*) → **plat; uni** ◇ (*région., Belgique*) *tapis plain* 'moquette' *s.f. inv.* **2** *s.m.* (*mar.*) alta marea *f.* ◇ (*loc.*) *aller au plain* [*s'échouer à marée haute*] andare in secco.

plain-chant |plɛ̃ʃɑ̃| *s.m.* (*liturg. cathol.*) canto piano: *des plains-chants* dei canti piani.

plaindre |plɛ̃dʀ(ə)| (65) **A** *v.tr.* **1** [*considérer* (*qqn.*) *avec un sentiment de pitié, de compassion*] compatire (197), compiangere (165): *être à plaindre* essere da compatire, da compiangere; *il est plus à plaindre qu'à blâmer* è più da compatire che da biasimare; *se faire plaindre* farsi compatire; *il aime à être plaint* gli piace essere compatito; *je ne le plains pas* non lo compatisco, non mi fa pena **2** (*loc.*) *il ne plaint pas sa peine* [*il travaille avec zèle, sans se ménager*] non si risparmia **B** *v.pron. intr.* SE PLAINDRE **1** [*exprimer sa peine, sa souffrance par des pleurs, des paroles*] lamentarsi, lagnarsi: *il ne se plaignait jamais* non si lamentava, lagnava mai; *elle se plaint de maux de tête* si lamenta di frequenti emicranie **2** [*exprimer son mécontentement* (*au sujet de qqn., qqch.*)] lamentarsi: *se plaindre de qqn.* lamentarsi di qc.; *se plaindre de son sort* lamentarsi della propria sorte → 1 **protester, rouspéter** (*fam.*) ♦ (*absolt.*) *il se plaint sans cesse* si lamenta continuamente ◇ *loc.* SE PLAINDRE À QQN. lamentarsi con, da qc.: *j'irai me plaindre de cet employé au chef de service* andrò a lamentarmi di quell'impiegato dal capufficio ~ SE PLAINDRE DE (+ *inf.*) lamentarsi di (+ *inf.*): *elle se plaignait d'avoir trop à faire* si lamentava di avere troppo da fare ~ SE PLAINDRE QUE (+ *subj., ind.*) lamentarsi perché (+ *ind.*), che (+ *ind.*): *il se plaint qu'on l'ait calomnié* si lamenta perché lo hanno calunniato; *il se plaignait qu'on ne lui donnait pas assez à manger* si lamentava che non gli davano abbastanza da mangiare ~ SE PLAINDRE DE CE QUE (+ *ind., subj.*) lamentarsi perché (+ *ind.*): *le professeur se plaint de ce que vous n'obéissez pas* il professore si lamenta perché non ubbidite.

plaine |plɛn| *s.f.* [*vaste étendue de pays plat ou faiblement ondulé*] pianura: *une immense plaine* una immensa pianura; *plaine alluviale, d'érosion* pianura alluvionale, d'erosione # *pays de plaines* paese pianeggiante ◇ (*collectif*) *la plaine et la montagne* la pianura e la montagna.

plain-pied (de) |d(ə)plɛ̃pje| *loc. adv.* allo stesso livello *loc. inv.* # *des pièces ouvertes de plain-pied sur une terrasse* stanze che danno direttamente su una terrazza ◇ (*fig.*) *être de plain-pied avec qqn.* essere sullo stesso piano di qc., considerarsi allo stesso livello di qc.

plainte |plɛ̃t| *s.f.* **1** [*express. vocale de la douleur*] gemito *m.*, lamento (*m.*): *les blessés poussaient des plaintes déchirantes* i feriti mandavano gemiti, lamenti strazianti; *souffrir sans une plainte* soffrire senza un lamento → **gémissement, lamentation** ◇ [*son qui évoque la plainte*] lamento: *la plainte du vent* il lamento del vento **2** [*express. d'un mécontentement*] lagnanza, lamentela: *les plaintes et les revendications des ouvriers* le lagnanze e le rivendicazioni degli operai → **blâme, doléance 3** (*dr.*) denuncia*, querela: *si ça continue, je porte plainte* se continua, sporgo denuncia, querela; *elle a déposé une plainte contre son agresseur* ha presentato denuncia contro il suo aggressore.

plaintif, ive |plɛ̃tif, iv| *adj.* [*qui a l'accent, la sonorité d'une plainte* (1)] lamentoso: *ton plaintif, voix plaintive* tono lamentoso, voce lamentosa.

plaintivement |plɛ̃tivmɑ̃| *adv.* [→ PLAINTIF] lamentosamente: *elle réclama* *plaintivement à boire* chiese lamentosamente da bere.

plaire |plɛʀ| (68) **A** *v.intr.* **I** (*personnes*) **1** PLAIRE À [*être d'une fréquentation agréable à* (*qqn.*)] piacere (149) (*aux.* essere) a: *chercher à plaire à qqn.* cercare di piacere a qc.; *cet individu ne me plaît pas du tout* quell'individuo non mi piace per niente → **captiver, charmer, séduire** **2** [*éveiller l'amour, le désir de* (*qqn.*)] piacere: *elle lui plut, il l'épousa* lei gli piacque, e lui la sposò **3** (*sans objet précisé*) [*plaire aux autres, aux gens à qui on a affaire*] piacere: *il plaît* piace **II** (*choses*) **1** [*être agréable à*] piacere: *cette situation lui plaît* questa situazione gli piace; *ce spectacle m'a beaucoup plu* questo spettacolo mi è piaciuto molto → **enchanter, ravir** # *si ça vous plaît* se le (vi) fa piacere ◇ (*loc.*) *cela vous plaît à dire!* lo dice lei! (lo dite voi!) **2** *absolt.* [*réussir*] piacere: *la pièce a plu* la commedia è piaciuta; *un modèle qui plaît* un modello che piace **III** *impers.* **1** IL... PLAÎT piace: *il me plaît de commander* mi piace comandare; *faites ce qui vous plaît* fate quello che vi pare e piace → **aimer,** 1 **vouloir** # *faites ce qu'il vous plaît* fate quello che volete; *tant qu'il vous plaira* tanto quanto vorrete **2** *loc.* (*formule de politesse*) *s'il vous plaît* per favore, per piacere: *comment dites-vous cela, s'il vous plaît?* come si dice questo, per favore? **3** (*vieilli*) *plaît-il?* (*employé pour faire répéter ce qu'on a mal entendu ou compris*) prego?, scusi?, come? → **comment, pardon** **4** (*littér.*, *au subj.*) PLAISE..., PLÛT... (*en tête de phrase pour marquer qu'on souhaite qqch.*) voglia..., volesse...: *plaise, plût à Dieu, au ciel que...* voglia, volesse Dio, il cielo che...; *à Dieu ne plaise que...* Dio non voglia che... **B** *v.pron.* SE PLAIRE **1** *réfl.* [*plaire à soi-même, être content de soi*] piacersi: *je me plais avec les cheveux longs* mi piaccio molto con i capelli lunghi **2** (*récipr.*) [*se plaire l'un à l'autre*] piacersi: *il se sont plu* si sono piaciuti **3** *intr.* SE PLAIRE À (+ *s. ou inf.*) [*prendre plaisir à*] piacere *intr.* (+ *s. ou inf.*): *il se plaît au travail, à travailler* gli piace il lavoro, lavorare → **aimer, intéresser (s')** **4** *intr.* [*trouver du plaisir, de l'agrément* (*à être dans un lieu, une compagnie*)] piacere *intr.*, trovarsi bene: *il se plaît beaucoup à la campagne* gli piace molto la campagna, si trova molto bene in campagna; *je me plais avec toi* mi trovo bene, sto bene con te ◇ (*par ext.*) (*animaux, plantes*) [*se trouver de préférence*] preferire (197) (*tr.*): *plante qui se plaît dans les lieux humides* pianta che preferisce i luoghi umidi 🄲 A I 1 **déplaire.**

plaisamment |plɛzamɑ̃| *adv.* **1** [→ PLAISANT I 1] piacevolmente: *causer plaisamment* conversare piacevolmente **2** [→ PLAISANT I 2] comicamente: *une colère plaisamment simulée* una collera comicamente simulata → **drôlement** **3** → **ridiculement.**

plaisance |plɛzɑ̃s| *s.f.* (*loc. adj.*) DE PLAISANCE da diporto: *un bateau de plaisance* una imbarcazione da diporto; *navigation de plaisance* navigazione da diporto ♦ (*absolt.*) *la plaisance* la nautica*, la navigazione da diporto.

plaisancier |plɛzɑ̃sje| *s.m.* [*personne qui pratique la navigation de plaisance*] diportista, appassionato *s.* di nautica.

plaisant, ante |plɛzɑ̃, ɑ̃t| **I** *adj.* **1** [*qui plaît, procure du plaisir*] piacevole: *une maison plaisante* una casa piacevole; *ce n'est guère plaisant* non è per niente piacevole → **agréable, attrayant** ◇ (*personnes*) piacevole, piacente: *une femme plaisante* una donna piacevole, piacente **2** [*qui plaît en amusant, en faisant rire*] divertente: *je vais vous raconter une anecdote assez plaisante* vi voglio raccontare un aneddoto piuttosto divertente → **comique, drôle** **3** (*iron.*, *littér.*) [*bizarre, risible*] ridicolo: *je vous trouve plaisant d'oser me dire cela à moi* trovo ridicolo che si osi dire a me una cosa simile **II** *s.m.* **1** (*littér.*) *le plaisant* (*de qqch.*) [*ce qui plaît, amuse*] il lato ameno, il bello (*cour.*) **2** *mauvais plaisant* burlone (che fa scherzi di cattivo gusto).

plaisanter |plɛzɑ̃te| **A** *v.intr.* **1** [*faire ou* (*plus souvent*) *dire des choses destinées à faire rire ou à amuser*] scherzare: *il aime à plaisanter* gli piace scherzare; *je ne suis pas d'humeur à plaisanter* non ho voglia di scherzare; *ils ont plaisanté à propos de tout et sur tout le monde* hanno scherzato su tutto e su tutti → **blaguer** **2** [*dire ou faire qqch. par jeu, sans penser être pris au sérieux*] scherzare: *vous plaisantez, j'espère* lei scherza (scherzate), spero; *c'est un homme qui ne plaisante pas* è un uomo che non scherza; *ne plaisantez pas avec cela!* non scherzateci sopra! → **charrier** **B** *v.tr.* (*compl. de personne*) [*railler légèrement, sans méchanceté*] prendere (105) in giro, canzonare → **taquiner.**

plaisanterie |plɛzɑ̃tʀi| *s.f.* **1** [*propos destinés à faire rire, à amuser*] scherzo *m.*, battuta (di spirito): *plaisanterie lourde* scherzo, battuta pesante; *il ne fait que des plaisanteries de mauvais goût* non fa altro che scherzi, battute di cattivo gusto **2** [*propos ou actes visant à se moquer*] scherzo: *plaisanterie cruelle, macabre* scherzo crudele, macabro; *c'était une plaisanterie à l'adresse de ta famille* era uno scherzo diretto alla tua famiglia; *être victime d'une mauvaise plaisanterie* essere vittima di un brutto scherzo; *il ne comprend pas la plaisanterie* non sa stare allo scherzo → **taquinerie** ◇ [*chose dite ou faite en plaisantant*] *dire une chose par plaisanterie* dire una cosa per scherzo; *ça a l'air d'une plaisanterie* ha tutta l'aria di uno scherzo **3** [*chose peu sérieuse, dérisoire, très facile*] scherzo: *ce sera pour lui une plaisanterie de battre ce record* per lui sarà uno scherzo battere quel record → **bagatelle.**

plaisantin |plɛzɑ̃tɛ̃| *s. et adj. m.* [*personne qui fait des plaisanteries d'un goût douteux*] burlone: *c'est un plaisantin, mais il n'est pas méchant* è un burlone, ma non è cattivo; *vous êtes un petit plaisantin!* lei è un gran burlone!

1 **plaisir** |plezir| *s.m.* **I** **1** LE PLAISIR [*le bien-être, le contentement*] il piacere: *le plaisir physique, des sens* il piacere fisico, dei sensi; *le plaisir esthétique, intellectuel* il piacere estetico, intellettuale; *éprouver, avoir du plaisir* provare, avere piacere; *cela me fait un grand plaisir, ne me fait aucun plaisir* (questo) mi fa molto piacere, non mi fa per niente piacere ◇ (*loc.*) (*formule de politesse iron.*) *je vous souhaite bien du plaisir!* buon divertimento!, si diverta! (divertitevi!) ~ FAIRE PLAISIR (À QQN.) fare (un) piacere (a qc.): *je ne demande pas mieux que de vous faire plaisir* non chiedo di meglio che di farle (un) piacere **2** (*absolt.*) *le plaisir* [*le plaisir des sens, de la chair*] il piacere → **volupté** **3** [*émotion, sentiment agréable* (*correspondant à des circonstances particulières*)] piacere, gioia (*f.*): *plaisirs innocents* piaceri, gioie innocenti; *éprouver, goûter un plaisir* provare un piacere, una gioia; *procurer un petit plaisir à un enfant* procurare una piccola gioia a un bambino **4** LE PLAISIR DE (*qqch.*) [*le plaisir causé par* (*une chose, un objet*)] la gioia di: *le plaisir de vivre* la gioia di vivere; *le plaisir du devoir accompli* la gioia, la soddisfazione del dovere compiuto **5** (*loc.*) *avoir du plaisir, beaucoup de plaisir à* (+ *inf.*) essere (molto) contento, felice di (+ *inf.*) ~ *prendre plaisir à faire qqch.* prender gusto a fare q.c. ◇ (*au sens affaibli d'*"*agrément*") *j'espère que nous aurons bientôt le plaisir de vous voir* spero che avremo presto il piacere di vedervi (vederla) ~ *c'est, ce sera un plaisir* (*que*) *de les voir* è, sarà un piacere vederli ~ *M. et M*me *X ont le plaisir de vous faire part de...* il Signore e la Signora X sono lieti, hanno il piacere di annunciare... ~ *se faire, prendre un malin plaisir à...* averci gusto a... ◇ (*formule aimable d'adieu*) *au plaisir* (*de vous revoir*)*!* arrivederci! ◇ (*prov.*) *nul plaisir sans peine* non c'è rosa senza spine, non c'è gioia senza noia **6** *loc.* POUR LE PLAISIR, POUR SON PLAISIR, PAR PLAISIR per divertimento, per il gusto di farlo: *il ment pour le, par plaisir* mente per divertimento, per il gusto di farlo (di mentire) ~ AVEC PLAISIR con piacere, con gioia: '*viendrez-vous?*' '*avec grand plaisir*' 'verrete?' 'con molto piacere, con molta gioia'; *travailler avec plaisir* lavorare con gioia **II** *surtout au plur.* **1** [*ce qui peut donner une émotion ou une sensation agréable* (*objets ou actions*)] piaceri: *il est jeune, il court après les plaisirs de la vie* è giovane, corre dietro ai piaceri della vita; *réserver une part de son budget pour ses menus plaisirs* riservare una quota del proprio bilancio per i piccoli piaceri ◇ *au sing.* svago, divertimento: *le ski est un plaisir coûteux* lo sci è uno svago, un divertimento costoso **2** *les plaisirs* [*sensuels*] i piaceri: *mener une vie de plaisirs* condurre una vita di piaceri ◇ (*sing. collectif*) *fréquenter les lieux de plaisir* frequentare i luoghi di piacere **III** (*dans des express.*) **1** *si c'est votre* (*bon*) *plaisir* [*ce qu'il vous plaît de faire, d'ordonner*] se così vuole, comandi **2** *à plaisir* [*en obéissant à un caprice, sans justification raisonnable*] senza ragione: *vous dramatisez à plaisir* fate una tragedia senza ragione.

2 **plaisir** |plezir| *s.m.* (*vx.*) → **oublie.**

1 **plan** |plɑ̃| *s.m.* **1** (*dans quelques emplois*) [*surface plane*] *plan incliné* piano inclinato; *plan d'eau* specchio* d'acqua **2** (*géom.*) piano: *plans sécants, parallèles, perpendiculaires* piani secanti, paralleli, perpendicolari **3** (*dessin, peinture*) piano: *premiers, seconds plans* primi, secondi piani; *au premier plan* in primo piano ◇ (*loc. fig.*) *mettre*

(*qqch.*) *au premier plan* porre, mettere (q.c.) in primo piano ~ *mettre au second plan, sur le même plan* porre, mettere in secondo piano, sullo stesso piano ~ *de premier, de second plan* di primo, di secondo piano ~ SUR LE PLAN DE... (+ *s.*), SUR LE PLAN (+ *adj. abstrait*) sul piano, dal punto di vista: *sur le plan logique, moral* sul piano, dal punto di vista logico, morale **4** (*ciné., photo.*) piano; inquadratura (*f.*): *gros plan* primo piano; *plan américain* piano americano; *plan moyen* piano medio || *plan-séquence* inquadratura-sequenza # *plan général, d'ensemble* campo lungo.

2 **plan** |plɑ̃| *s.m.* **I** **1** [*représentation (d'une construction, d'un jardin) en projection horizontale*] planimetria *f.*, pianta (*f.*): *plan d'un bâtiment* planimetria, pianta di un edificio; *tracer un plan* tracciare una planimetria, disegnare una pianta **2** [*carte à grande échelle (d'une ville, d'un réseau de communications)*] pianta: *plan de Paris* pianta di Parigi **3** [*reproduction en projection orthogonale*] planimetria, pianta: *plans et maquettes d'un prototype d'avion* planimetrie, progetti e modelli di un prototipo d'aereo **II** **1** [*projet élaboré, comportant une suite ordonnée d'opérations destinée à atteindre un but*] piano: *plan d'action, stratégique* piano d'azione, strategico; *plan de bataille* piano di battaglia; *avoir, exécuter un plan* avere, realizzare un piano ◇ (*loc.*) *tirer des plans sur la comète* [*faire des projets chimériques*] fare castelli in aria **2** *plan d'une œuvre, d'un ouvrage* [*disposition, organisation de ses parties*] schema di un'opera: *faites le plan de votre dissertation* fate lo schema del tema → **canevas** **3** (*écon.*) piano: *plan économique* piano di sviluppo economico; *plan de trois, cinq ans* piano triennale, quinquennale; *plan de travail* piano di lavoro; *plan d'urbanisme* piano regolatore **4** *loc. fam.* EN PLAN [*sur place, sans s'en occuper*] in sospeso (*cour.*): *tous les projets sont restés en plan* tutti i progetti sono rimasti in sospeso # *laisser qqn. en plan* piantare qc. in asso.

plan, plane |plɑ̃, plan| *adj.* piano: *surface, figure plane* superficie, figura piana → **plat, uni** ◇ (*math.*) *courbe plane, angle plan* curva piana, angolo piano ◇ (*spécialt.*) *géométrie plane* geometria piana © **courbe** 1.

planage |planaʒ| *s.m.* [→ 1 PLANER] spianamento, livellamento ◇ [*action de rendre plane une tôle déformée*] spianatura *f.*

planaire |planɛʀ| *s.f.* (*t.zool.*) planaria.

planant, ante |planɑ̃, ɑ̃t| *adj.* (*fam.*) [*qui fait (2) planer (3)*] che fa partire *loc.*, che fa sognare *loc. cour.*

1 **planche** |plɑ̃ʃ| *s.f.* **1** [*pièce de bois plane, plus longue que large*] asse: *planches d'une armoire* assi di un armadio → **latte, planchette** ◇ (*loc.*) *planche à dessin* tavolo *m.* da disegno ~ *planche à laver, à repasser* asse da (per) lavare, asse da stiro ~ *planche à pâtisserie* spianatoia, tavolo da spianare ~ *planche à pain* asse per (tagliare) il pane, tagliere *m.* ◇ (*loc. fig.*) *avoir du pain, du travail sur la planche* avere molto lavoro (in vista) ~ *elle est maigre, plate comme une planche (à pain)* è magra come un chiodo; è piatta come un'asse, una sogliola ~ *être cloué entre quatre planches* essere inchiodato tra quattro assi ~ *planche de salut* àncora di salvezza ~ *faire la planche* fare il morto ◇ (*mar.*) passerella: *retirer la planche* ritirare la passerella # *jours de planche* giorni di stallia **2** LES PLANCHES [*le plancher de la scène, au théât.*] le scene, il palcoscenico (*m. sing.*): *monter sur les planches* calcare le scene **3** [*estampe tirée sur une planche gravée; feuille ornée d'une gravure*] tavola, illustrazione: *planches en hors-texte* tavole fuori testo; *les planches en couleurs d'un livre* tavole, illustrazioni a colori di un libro **4** (*aviat.*) *planche de bord* cruscotto *m.* **5** (*fam.*) → **ski** **6** *planche (à voile)* tavola a vela, windsurf *m.inv.* **7** (*arg. scol.*) interrogazione (alla lavagna): *il a fait une bonne planche* ha fatto una bella interrogazione.

2 **planche** |plɑ̃ʃ| *s.f.* (*agric.*) aiuola.

planchéiage |plɑ̃ʃejaʒ| *s.m.* (*maçonn.*) impalcatura *f.* di tavole; tavolato, perlinato.

planchéier |plɑ̃ʃeje| *v.tr.* (*maçonn.*) [*garnir (le sol, les parois intérieures d'une construction) d'un assemblage de planches*] tavolare, perlinare.

1 **plancher** |plɑ̃ʃe| *s.m.* **1** (*maçonn.*) solaio* **2** [*sol de la pièce constitué d'un assemblage de bois*] pavimento, impiantito: *plancher de chêne* pavimento, impiantito di quercia ◇ [*sol (d'un véhicule)*] pavimento: *plancher d'un ascenseur* pavimento di un ascensore ◇ (*loc. fam.*) *mettre le pied au plancher* premere a fondo l'acceleratore, andare a tavoletta ~ *débarrasser le plancher* [*sortir, être chassé*] togliersi, levarsi dai piedi ~ *le plancher des vaches* la terraferma *f.* **3** (*anat.*) *plancher buccal* pavimento orale **4** (*appos.*) *prix plancher* [*minimum*] prezzo base *f.*

2 **plancher** |plɑ̃ʃe| *v.intr.* (*arg. scol.*) [*subir une interrogation, faire un travail au tableau*] essere (96) (*aux.* essere) (interrogato) alla lavagna (*cour.*): *il m'a fait plancher pendant une heure* sono stato, mi ha tenuto alla lavagna un'ora.

planchette |plɑ̃ʃɛt| *s.f.* [*petite planche*] assicella, tavoletta.

plançon |plɑ̃sɔ̃| *s.m.* **1** (*agric.*) piantone **2** (*techn.*) → **madrier**.

plan-concave |plɑ̃kɔ̃kav| *adj.* (*opt.*) pianoconcavo, piano-concavo: *lentilles plan-concaves* lenti pianoconcave.

plan-convexe |plɑ̃kɔ̃vɛks(ə)| *adj.* (*opt.*) pianoconvesso, piano-convesso.

plancton |plɑ̃ktɔ̃| *s.m.* plancton *inv.*

plane |plan| *s.f.* (*techn.*) coltello *m.* a due manici.

plané, ée |plane| *adj.* (*loc.*) *vol plané* volo planato, librato ◇ (*loc. fam.*) *faire un vol plané* [*une chute*] fare un capitombolo.

planéité |planeite| *s.f.* [*caractère de ce qui est plan*] pianezza (*rare*), planarità *inv.* ◇ (*opt.*) planeicità *inv.*, planeticità *inv.*

planement |planmɑ̃| *s.m.* (*aviat.*) planamento.

1 **planer** |plane| *v.tr.* (*techn.*) [*rendre plan, aplanir, en enlevant les aspérités*] spianare, levigare ◇ (*spécialt.*) *planer des tôles* spianare delle lamiere # *planer une planche* piallare un'asse.

2 **planer** |plane| *v.intr.* **1** (*oiseaux*) [*se soutenir en l'air sans (paraître) remuer les ailes*] planare: *des faucons planaient* dei falchi planavano, si libravano **2** (*littér.*) [*considérer de haut, dominer du regard*] spaziare: *l'œil plane sur la ville entière* l'occhio spazia su tutta la città **3** [*dominer par la pensée*] *planer au-dessus des querelles* essere (96) (*aux.* essere) al di sopra delle controversie ◇ [*rêver, être perdu dans l'abstraction*] *il a toujours l'air de planer* sembra sempre tra le nuvole **4** (*choses*) [*flotter en l'air*] aleggiare: *une vapeur épaisse planait* aleggiava un fitto vapore **5** (*fig.*) [*constituer une présence menaçante*] incombere*: *un danger planait sur nous* un pericolo incombeva su di noi.

planétaire |planetɛʀ| *adj.* **1** planetario*: *système, mouvement planétaire* sistema, moto planetario **2** (*sc., techn.*) planetario: *électrons planétaires* elettroni planetari ✦ *s.m.* (*auto.*) *un planétaire* un planetario **3** [*relatif à toute la planète Terre*] mondiale, universale: *expansion planétaire de la technique* espansione mondiale, universale della tecnica.

planétairement |planetɛʀmɑ̃| *adv.* [*à l'échelle de la planète*] planetariamente (*rare*).

planétarium |planetaʀjɔm| *s.m.* planetario*.

planète |planɛt| *s.f.* pianeta (*m.*): *la trajectoire d'une planète* la traiettoria di un pianeta ◇ (*loc.*) *être né sous une bonne, une heureuse planète* essere nato sotto una buona stella.

planétisation |planetizɑsjɔ̃|, **planétarisation** |planetaʀizɑsjɔ̃| *s.f.* [*extension d'un phénomène à l'échelle mondiale*] universalizzazione.

planétoïde |planetɔid| *s.m.* (*astron.*) planetoide.

1 **planeur** |planœʀ| *s.m.* [*appareil semblable à un avion léger, mais sans moteur et destiné à planer*] aliante.

2 **planeur** |planœʀ| *s.m.* [*ouvrier qui plane, dresse les métaux*] spianatore.

planeuse |planøz| *s.f.* (*techn.*) spianatrice.

planèze |planɛz| *s.f.* (*géogr.*) altopiano* *m.* basaltico*.

plani- |plani| *préf.* (*signifiant 'plan', correspond généralt. à*) plani: *planisphère* planisfero; *planimétrie* planimetria.

planificateur, trice |planifikatœʀ, tʀis| *s.* pianificatore* ✦ *adj.* pianificatore, pianificatorio*.

planification |planifikɑsjɔ̃| *s.f.* (*écon.*) pianificazione.

planifier |planifje| *v.tr.* [*organiser suivant un plan*] pianificare: *planifier l'économie d'une région* pianificare l'economia di una regione ✦ (*au p.p.*) *économie planifiée* economia pianificata.

planimètre |planimɛtʀ(ə)| *s.m.* planimetro.

planimétrie |planimetʀi| *s.f.* (*sc.*) planimetria.

planimétrique |planimetʀik| *adj.* (*sc.*) planimetrico*.

Planipennes |planipɛn| *s.m. pl.* (*t.zool.*) Planipenni.

planisme |planism(ə)| *s.m.* (*écon.*) (teoria *f.* della) pianificazione *f.*, pianismo: *planisme familial* pianificazione familiare, controllo delle nascite.

planisphère |planisfɛʀ| *s.m.* (*géogr.*) planisfero.

planisphérique |planisfeʀik| *adj.* planisferico*.

planiste |planist(ə)| *s.* fautore*, studioso della pianificazione.

planning |planiŋ| *s.m.* (*angl.*) (*écon.*) pianificazione *f.*, programmazione (*f.*): *planning industriel* pianificazione, programmazione industriale → **planisme** (*t. recomm.*) ◇ (*par ext.*) *planning familial* pianificazione familiare, controllo delle nascite.

planoir |planwaʀ| *s.m.* (*techn.*) pianatoio*.

planorbe |planɔʀb(ə)| *s.f.* (*t.zool.*) planorbis *m. inv.*

plan-plan |plɑ̃plɑ̃| *adv.* (*région.*, *fam.*) [*tout doucement, tranquillement, sans se presser*] pian pianino: *il est arrivé tout plan-plan* è arrivato pian pianino, lemme lemme (*cour.*).

planque |plɑ̃k| *s.f.* **1** (*pop.*) → **cachette** **2** (*fig.*) [*place abritée, peu exposée, où le travail est facile*] *j'ai trouvé une bonne planque* ho trovato un posto *m.* che è una pacchia → **filon.**

planquer |plɑ̃ke| **A** *v.tr.* (*pop.*) [*cacher, mettre à l'abri*] imboscare, nascondere (159) (*cour.*): *il a planqué le fric* ha imboscato, nascosto la grana **B** *v.pron. réfl.* SE PLANQUER [*se mettre à l'abri du danger*] imboscarsi ◆ (*au p.p. subst.*) *il ne risque rien, c'est un planqué* non rischia niente, è un imboscato.

plant |plɑ̃| *s.m.* **1** [*ensemble de végétaux de même espèce plantés dans un même terrain; ce terrain*] piantagione *f.*, piantata *f.* → **pépinière, plantation** # *un plant d'arbres* un vivaio di alberi **2** [*végétal au début de sa croissance, destiné à être repiqué ou qui vient de l'être*] piantina *f.*, piantone.

plantage |plɑ̃taʒ| *s.m.* (*vx.*) → **plantation.**

Plantaginacées |plɑ̃taʒinase| *s.f. pl.* (*t.bot.*) Plantaginacee.

plantain |plɑ̃tɛ̃| *s.m.* (*t.bot.*) piantaggine *f.*

plantaire |plɑ̃tɛʀ| *adj.* (*anat.*) plantare: *artères, veines plantaires* arterie, vene plantari.

plantard |plɑ̃taʀ| *s.m.* → **plançon** 1.

plantation |plɑ̃tɑsjɔ̃| *s.f.* **I** **1** [→ PLANTER A 1] trapianto *m.*, piantata, piantagione: *c'est la saison des plantations* è la stagione dei trapianti, delle piantagioni **2** (*théât.*) *plantation de décors* allestimento *m.* delle scene **II** **1** [*ensemble de végétaux plantés*] piantagione, piantata: *l'orage a saccagé les plantations* la tempesta ha devastato le piantagioni → 1 **culture** **2** [*terrain, champ planté*] piantagione: *une plantation d'arbres fruitiers* una piantagione di alberi da frutta **3** [*exploitation agricole de produits tropicaux*] piantagione: *une plantation où l'on cultive le café* una piantagione dove si coltiva il caffè **III** (*par anal.*) *plantation des cheveux* attaccatura dei capelli.

1 **plante** |plɑ̃t| *s.f.* pianta: *plantes d'un lieu* piante di un luogo; *plante grimpante, naine* pianta rampicante, nana; *plantes grasses* piante grasse; *plantes* [...]*rnementales, d'appartament, vertes* [...] ornamentali, d'appartamento, [...]

[...]**te** |plɑ̃t| *s.f.* [*face inférieure* [...]]pianta: *la plante du pied, des* [...]anta del piede, dei piedi.

[...]**ée** |plɑ̃te| *adj.* (*personnes*) **1** (*loc.*) *bien planté* ben piantato: *un garçon bien planté* un ragazzo ben piantato **2** (*loc.*) *planté quelque part* [*debout et immobile*] impalato, piantato: *ne restez pas planté là à me regarder* non resti lì impalato a guardarmi, piantato lì a guardarmi.

planter |plɑ̃te| **A** *v.tr.* **1** [*mettre, fixer* (*une plante*) *en terre*] piantare: *planter des salades* piantare dell'insalata ◇ (*par ext.*) [*mettre en terre* (*des graines, bulbes*)] *planter des haricots* piantare fagioli → **semer** ◇ (*fig.*) *aller planter ses choux* andare a piantare cavoli **2** [*garnir de végétaux qu'on plante par plants ou semences*] piantare: *planter des terrains en vignes* piantare dei terreni a viti, a vigna ◆ (*au p.p.*) *avenue plantée d'arbres* viale alberato **3** [*enfoncer, faire entrer en terre* (*un objet*)] piantare: *planter un pieu, des clous* piantare un palo, dei chiodi → 1 **ficher** ◆ *au p.p.* (*cheveux, poils de barbe, dents*) *une barbe bien plantée* una barba folta; *cheveux plantés serrés* capelli folti; *des dents mal plantées* denti tutti storti **4** [*mettre, placer debout droit*] piantare: *planter sa tente* piantare la tenda → 1 **dresser** # *planter les décors* allestire le scene **5** PLANTER LÀ [*abandonner brusquement* (*qqn., qqch.*)] piantare (lì): *il l'a planté là et s'est enfui en courant* l'ha piantato lì ed è scappato correndo; *elle est décidée à tout planter là* è decisa a piantare tutto **B** *v. pron.* SE PLANTER **1** *passif* [→ *tr.* 1, 2] piantarsi: *arbuste qui se plante en automne* arbusto che si pianta in autunno **2** *intr.* (*personnes*) [*se tenir debout et immobile* (*par rapport à qqch.*)] piantarsi: *il est venu se planter devant nous* è venuto a piantarsi davanti a noi 🄲 A 1 **arracher, déraciner.**

planteur, euse |plɑ̃tœʀ, øz| *s.* **I** [*agriculteur, qui possède et exploite une plantation spécialt. dans les pays tropicaux*] piantatore* # *planteur de tabac* tabacchicoltore **II** (*rare*) [*personne qui plante*] piantatore.

planteuse |plɑ̃tøz| *s.f.* (*techn.*) piantatrice.

plantigrade |plɑ̃tigʀad| *adj.* (*zool.*) plantigrado: *un animal plantigrade* un animale plantigrado.

Plantigrades |plɑ̃tigʀad| *s.m. pl.* (*t.zool.*) Plantigradi.

plantoir |plɑ̃twaʀ| *s.m.* (*agric.*) piantatoio*.

planton |plɑ̃tɔ̃| *s.m.* (*milit.*) piantone: *être de planton* essere di piantone; *mettre un soldat de planton* mettere un soldato di piantone ◇ (*loc. fig.*, *fam.*) *faire le planton, rester de planton une heure pour voir qqn.* rimanere di piantone, fare il piantone per un'ora per vedere qc.

plantule |plɑ̃tyl| *s.f.* (*bot.*) plantula.

plantureusement |plɑ̃tyʀøzmɑ̃| *adv.* (*vx.*) → **abondamment, copieusement.**

plantureux, euse |plɑ̃tyʀø, øz| *adj.* **1** [*très abondant*] abbondante, opulento: *repas plantureux et bien arrosé* pasto abbondante e ben innaffiato ◇ (*spécialt.*) *femme plantureuse* donna opulenta, formosa; *poitrine plantureuse* seno prosperoso, opulento **2** (*rare*) [*qui produit des fruits abondants*] opulento, opimo (*littér.*) → **fécond, fertile, riche.**

plaquage |plakaʒ| *s.m.* **1** (*sport*) placcaggio* **2** (*pop.*) → **abandon.**

plaque |plak| *s.f.* **I** **1** [*feuille d'une matière rigide, plate et peu épaisse*] lastra; piastra: *plaque d'ardoise, de verre* lastra di ardesia, di vetro ‖ *plaques de revêtement, de protection* piastre di rivestimento, di protezione; *plaque de four* piastra di forno; *plaques* (*chauffantes*) *d'une cuisinière* piastre di una cucina # *plaque d'égout* tombino, chiusino ◇ (*par ext.*) *plaque de chocolat* tavoletta di cioccolato **2** [*plaque portant une inscription*] targa*, lapide: *plaque commémorative* targa, lapide commemorativa ◇ (*spécialt.*) *plaque d'identité* piastrino *m.* di riconoscimento; *plaque de police* placca* di poliziotto ◇ (*auto.*) *plaque d'immatriculation, plaque minéralogique d'une automobile* targa d'automobile **3** *loc.* PLAQUE TOURNANTE: (*pr.*) piattaforma girevole; (*fig.*) [*carrefour, centre*] cuore *m.*, centro *m.* nevralgico*: *Paris est la plaque tournante de la France* Parigi è il cuore della Francia **4** (*photo.*) *plaque sensible* (*photographique*) lastra fotografica **5** (*pathol.*) placca: *sclérose à plaques* sclerosi a placche ◇ (*biol.*) *plaque neutrale d'un embryon* placca neutrale di un embrione; *plaque motrice des muscles* placca motrice dei muscoli **II** [*tache*] macchia, chiazza: *avoir des plaques rouges sur le visage* avere delle macchie, delle chiazze rosse sul viso.

plaqué |plake| *s.m.* (metallo) placcato: *plaqué or, argent* placcato oro, argento.

plaquemine |plakmin| *s.f.* [*fruit du plaqueminier*] cachi *m. inv.*

plaqueminier |plakminje| *s.m.* (*t.bot.*) cachi *inv.* ~ *plaqueminier de l'Inde* → **ébénier.**

plaquer |plake| **A** *v.tr.* **I** **1** [*appliquer une plaque sur* (*qqch.*)] applicare, rivestire → **coller** **2** [*mettre* (*qqch.*) *à plat*] appiattire (197): *plaquer ses cheveux sur les tempes* appiattire i capelli sulle tempie □ *se plaquer les cheveux sur les tempes* appiattirsi i capelli sulle tempie **3** (*mus.*) *plaquer un accord* [*en maintenir les notes ensemble avec force*] marcare un accordo ◆ (*au p.p.*) *accord plaqué* accordo marcato **4** *plaquer qqn. contre, sur qqch.* [*l'y appuyer avec force*] inchiodare qc. a q.c., immobilizzare qc. contro q.c. ◇ (*sport*) [*faire tomber* (*le porteur du ballon*) *en le saisissant par les jambes*] placcare **II** (*pop.*) [*abandonner* (*qqn., qqch.*)] piantare: *elle a plaqué son mari* ha piantato il marito; *il a tout plaqué pour elle* ha piantato tutto per lei → 1 **lâcher** **III** [*couvrir* (*qqch.*) *d'une couche plate* (*de métal*)] placcare: *plaquer des bijoux d'or* placcare dei gioielli in oro **B** *v. pron. réfl.* SE PLAQUER [→ *tr.* I 4] appiattirsi: *se plaquer au sol* appiattirsi a terra; *se plaquer contre un mur* appiattirsi contro un muro ◆ → *tr.* I 2 □.

plaquette |plakɛt| *s.f.* **1** piccola lastra, piastrina: *plaquette de marbre* piccola lastra di marmo ◇ (*spécialt.*) targa* (commemorativa) **2** [*petit livre très mince*] volumetto *m.*, opuscolo (*m.*): *plaquette de vers* volumetto di versi **3** (*physiol.*) *plaquette sanguine* piastrina.

plaqueur, euse |plakœʀ, øz| (*s.*) *plaqueur sur métaux* [*qui lamine à chaud les feuilles de métal pour obtenir le plaqué*] placcatore*; *plaqueur en ébénisterie* impiallacciatore*.

-plasie |plazi| *suff.* (*signifiant 'formation, façon', correspond généralt. à*) plasia: *néoplasie* neoplasia.
plasma |plasma| *s.m.* **1** *plasma sanguin* plasma sanguigno **2** [*gaz ionisé*] plasma: *plasmas de l'ionosphère* plasmi della ionosfera.
plasmagène |plasmaʒɛn| **1** *s.m.* (*biol.*) plasmageno **2** *adj.* (*phys.*) plasmageno.
plasmatique |plasmatik| *adj.* (*physiol.*) plasmatico*: *coagulation plasmatique* coagulazione plasmatica.
plasmifier |plasmifje| *v.tr.* (*phys.*) [*transformer un gaz en plasme*] plasmificare.
plasmocyte |plasmɔsit| *s.m.* (*biol.*) plasmocito, plasmocita.
plasmode |plasmɔd| *s.m.* (*biol.*) plasmodio*.
plasmodium |plasmɔdjɔm| *s.m.* (*t.zool.*) plasmodio*.
plasmolyse |plasmɔliz| *s.f.* (*physiol.*) plasmolisi *inv.*
plasmopara |plasmɔpaʀa| *s.m.* (*t. bot.*) plasmopara *f.*
plaste |plast(ə)| *s.m.* (*bot.*) plastidio*, plasto.
-plaste |plast(ə)|, **-plastie** |plasti| *suff.* (*signifiant 'modeler', correspondent généralt. à*) plasto; plastica: *aminoplaste* amminoplasto || *galvanoplastie* galvanoplastica.
plastic |plastik| *s.m.* plastico*: *attentat au plastic* attentato al plastico.
plasticage, plastiquage |plastikaʒ| *s.m.* attentato al plastico.
plasticien |plastisjɛ̃| *s.m.* **1** artista *s.* che studia gli effetti plastici **2** tecnico*, operaio* specializzato nelle materie plastiche **3** specialista *s.* in chirurgia plastica.
plasticité |plastisite| *s.f.* plasticità (*inv.*): *plasticité de la cire* plasticità della cera ◇ (*fig.*) *la plasticité du caractère de l'enfant* la plasticità del carattere del bambino.
plastie |plasti| *s.f.* (*chir.*) plastica*.
plastifiant |plastifjɑ̃| *s.m.* (*chim., techn.*) plastificante.
plastification |plastifikɑsjɔ̃| *s.f.* [→ PLASTIFIER] plastificazione.
plastifier |plastifje| *v.tr.* [*traiter avec un plastifiant*] plastificare ◆ (*au p.p.*) *fils plastifiés* fili plastificati.
1 **plastique** |plastik| *adj.* **I** **1** (*bx-arts*) plastico*: *arts plastiques* arti plastiche ◆ (*s.f.*) *la plastique* la plastica ◇ (*chir.*) *opération plastique* (operazione di chirurgia) plastica **2** [*beau de forme*] plastico: *des gestes plastiques* gesti plastici **II** [*flexible, malléable, mou*] plastico: *l'argile est plastique* l'argilla è plastica ⓒ II **rigide**.
2 **plastique** |plastik| (*adj.*) *matière plastique* materia plastica* ◆ (*s.m.*) *un plastique* una plastica (*f.*): *vaisselle en plastique* vasellame di plastica.
plastiquement |plastikmɑ̃| *adv.* [*quant aux formes, à leur beauté*] plasticamente.
plastiquer |plastike| *v.tr.* [*faire exploser au plastic*] fare (103) *intr.* saltare col plastico: *terroristes qui plastiquent une maison* terroristi che fanno saltare una casa col plastico.
plastisol |plastisɔl| *s.m.* (*chim.*) plastisol *inv.*
plastron |plastʀɔ̃| *s.m.* **1** [*pièce d'armure protégeant la poitrine*] piastrone: *plastron d'une cuirasse* piastrone di una corazza ◇ (*escrime*) piastrone ◇ (*zool.*) piastrone **2** [*partie de certains vêtements qui recouvre la poitrine*] sparato, pettino: *plastron de chemise* sparato, pettino della camicia.
plastronner |plastʀɔne| **A** *v.tr.* → **protéger** **B** *v.intr.* [*bomber le torse*] gonfiare *tr.* il petto ◇ (*fig.*) → **parader, poser.**
1 **plat** |pla| *s.m.* **1** [*la partie plate de qqch.*] piatto: *le plat de la lame, d'un couteau* il piatto della lama, d'un coltello # *le plat de la main* la palma della mano **2** (*loc. fam.*) FAIRE DU PLAT À QQN. [*courtiser, flatter*] fare la corte *f.* a qc. (*cour.*); adulare qc. (*cour.*): *faire du plat à une femme* fare la corte a una donna, fare il cascamorto con una donna **3** [*chacun des deux côtés de la reliure d'un livre*] piatto.
2 **plat** |pla| *s.m.* **I** **1** [*pièce de vaisselle dans laquelle on sert les aliments à table*] piatto (di portata): *plat long, rond* piatto ovale, rotondo; *plat à poissons, à légumes* piatto per pesce, legumi ◇ (*cuis.*) *œufs au plat, sur le plat* uova al tegamino ◇ (*loc. fig.*) *mettre les pieds dans le plat* [*intervenir maladroitement*] fare una topica, una 'gaffe' ~ *mettre les petits plats dans les grands* [*se mettre en frais en l'honneur de qqn.*] fare le cose in grande **2** (*vieilli*) → **plateau** **3** (*ancienn.*) *plat à barbe* bacinella *f.* da barba **II** [*mets d'un repas*] piatto: *plats régionaux* piatti regionali; *plat garni* piatto con contorno; *plat du jour* piatto del giorno; *plat de résistance* piatto forte; *faire honneur à un plat* fare onore a un piatto → **spécialité** ◇ (*loc. fam.*) *il a fait tout un plat de cette affaire* ha fatto un pandemonio, un sacco di storie per questa faccenda.
plat, plate |pla, plat| *adj.* **I** **1** [*qui présente une surface plane, horizontale*] piatto: *pays plat* paese piatto; *bateau à fond plat* barca a fondo piatto; *les anciens croyaient que la Terre était plate* gli antichi credevano che la Terra fosse piatta ◇ (*géom.*) *angle plat* angolo piatto ◇ (*mar.*) *calme plat* bonaccia* *s.f.* ◇ (*loc. fig.*) *c'est le calme plat dans les affaires* negli affari è un periodo di calma ◇ (*cout.*) *pli plat* piega piatta; *couture plate* cucitura piatta ◇ (*loc. fig.*) *battre qqn. à plate couture* sconfiggere qc. su tutta la linea **2** [*dont le fond est plat ou peu profond*] piatto, piano: *bateau plat* barca piatta; *casquette plate* berretto piatto; *assiette plate* piatto piano **3** [*peu saillant*] piatto: *poitrine plate* seno piatto; *talons plats* tacchi piatti; *avoir le ventre plat* avere la pancia piatta ◇ (*loc.*) *elle est plate comme une limande* è piatta come una sogliola **4** *loc. adv.* À PLAT VENTRE a pancia in giù, bocconi (*adv.*): *se mettre à plat ventre* mettersi a pancia in giù, mettersi bocconi ◇ (*fig.*) *ils sont à plat ventre devant leurs supérieurs* strisciano, si prostrano davanti ai loro superiori **5** [*de peu d'épaisseur*] piatto: *poissons plats* pesci piatti ◇ (*loc.*) *avoir la bourse plate* [*vide*] essere al verde **6** *loc. adv.* À PLAT a terra: *pneu à plat* gomma a terra → **dégonflé** ◇ (*personnes*) (*fig.*) *être à plat* essere a terra; *sa maladie l'a mis à plat* la malattia l'ha buttato a terra ◇ (*loc. fig.*) TOMBER À PLAT essere un fiasco, fare fiasco: *ce spectacle est tombé à plat* questo spettacolo è stato un fiasco; *ses astuces tombent toujours à plat* le sue spiritosaggini fanno sempre fiasco **7** (*versif.*) *rimes plates* rime baciate **II** (*abstrait*) **1** [*sans caractère saillant ni qualité frappante*] piatto: *style plat* stile piatto → **fade, médiocre** **2** [*obséquieux*] rispettoso; ossequioso: *de plates excuses* scuse rispettose || *il est toujours très plat devant ses supérieurs* è sempre molto ossequioso con i suoi superiori **3** (*spécialt.*) *de l'eau plate* [*non gazeuse*] acqua naturale; *du vin plat* vinello da poco *loc. inv.*
platanaie |platanɛ| *s.f.* [*lieu planté de platanes*] plataneto *m.*
platane |platan| *s.m.* **1** (*t.bot.*) platano ◇ (*cour.*) *avenue de platanes* viale di platani ◇ (*loc. fam.*) *rentrer dans un platane* andare a sbattere contro un albero (*cour.*) **2** *faux platane* → **sycomore.**
plataniste |platanist(ə)| *s.m.* (*t. zool.*) platanista *f.*
plat-bord |plabɔʀ| *s.m.* (*mar.*) capo di banda: *des plats-bords* dei capi di banda.
plate |plat| *s.f.* **1** (*archéol.*) piastra **2** (*mar.*) chiatta.
plateau |plato| *s.m.* **1** [*support plat servant à poser et transporter divers objets*] vassoio*: *plateau de bois, d'argent* vassoio di legno, d'argento; *servir le déjeuner sur un plateau* servire il pranzo su un vassoio # *plateau à fromages* piatto dei formaggi ◇ (*loc. fig.*) *il voudrait qu'on lui apporte tout sur un plateau* vorrebbe che gli si presentasse tutto su un piatto d'argento ◇ (*par ext.*) *un plateau de fromages* un piatto di formaggi ◇ (*spécialt.*) *plateaux d'une balance* piatti di una bilancia; *plateau d'un tourne-disques* piatto di un giradischi **2** [*étendue de pays assez plate et dominant les environs*] pianoro, altopiano*: *plateau calcaire* pianoro, altopiano calcareo; *hauts plateaux* altipiani # *plateau continental* piattaforma, platea continentale **3** [*plate-forme où est présenté un spectacle*] palcoscenico*: *plateau d'un théâtre* palcoscenico di un teatro ◇ [*ensemble des installations, du personnel nécessaires à la prise de vue en studio*] set (*inv.*): *frais de plateau* spese di set.
plate-bande |platbɑ̃d| *s.f.* **1** (*archit.*) piattabanda*: *des plates-bandes* delle piattebande **2** [*bande de terre cultivée, dans un jardin*] aiuola ◇ (*loc. fam.*) *marcher sur les plates-bandes de qqn.* [*empiéter sur son domaine*] invadere il campo *m.* di qc.
1 **platée** |plate| *s.f.* [*contenu d'un plat*] piatto (*m.*): *une platée de purée* un piatto di purè.
2 **platée** |plate| *s.f.* (*maçonn.*) platea.
plate-forme |platfɔʀm(ə)| *s.f.* **1** piattaforma: *des plates-formes* delle piatteforme; *plate-forme de maçonnerie* piattaforma in muratura # *plates-formes d'un terre-plein* terrazze di un terrapieno ◇ (*milit.*) piattaforma, piazzola di tiro **2** [*partie ouverte d'un véhicule publ.*] piattaforma: *plate-forme d'un autobus* piattaforma di un autobus **3** [*wagon (à marchandises) plat, ouvert*] pianale *m.*, carro *m.* merci aperto **4** (*techn.*) zeppo *m.* di supporto **5** (*géogr., géol.*) piattaforma: *plate-forme continentale, littorale* piattaforma continentale, litorale **6** [*ensemble d'idées, sur

lesquelles on s'appuie pour présenter une polit. commune] piattaforma: *la plate-forme électorale d'un parti* la piattaforma elettorale di un partito → **base.**
platelage |platlaʒ| *s.m.* (*techn.*) tavolato.
plate-longe |platlɔ̃ʒ| *s.f.* [*pièce du harnais des chevaux attelés, qui les empêche de ruer*] pastoia: *des plates-longes* delle pastoie.
platement |platmɑ̃| *adv.* [→ PLAT II 1] piattamente, in modo piatto (*loc. inv.*): *écrire platement* scrivere piattamente, in modo piatto → **banalement.**
plateresque |platʀɛsk(ə)| *adj.* (*archit.*) plateresco*.
Plathelminthes |platɛlmɛ̃t| *s.m. pl.* (*t.zool.*) Platelminti. •
platière |platjɛʀ| *s.f.* (*région.*) **1** [*ruisseau qui traverse une chaussée*] rigagnolo *m.* (*cour.*) **2** [*terrain, champ plat au bas d'une colline*] piana (*cour.*).
platinage |platinaʒ| *s.m.* [→ PLATINER] platinatura *f.*
1 **platine** |platin| *s.f.* **1** (*techn.*) [*pièce soutenant les éléments d'un mouvement d'horlogerie*] cartella: *la platine d'une montre* la cartella di un orologio ◇ [*pièce des anc. armes à feu portatives sur laquelle l'amorce était mise à feu*] acciarino *m.* ◇ [*plaque métallique protégeant le mécanisme d'une serrure*] piastra ◇ (*dans des appareils sc.*) [*mince lame utilisée comme support*] portaoggetto (*m.*): *platine de microscope* portaoggetto di microscopio ◇ (*imprim.*) platina **2** (*loc. vieilli*) *avoir une bonne, une fameuse platine* [*parler facilement*] avere una buona parlantina, lo scilinguagnolo sciolto.
2 **platine** |platin| **1** *s.m.* (*chim.*) platino: *éponge de platine* spugna di platino **2** *adj. inv.* [*de la couleur du platine*] (color) platino: *des cheveux platine* capelli (color) platino.
platiné, ée |platine| *adj.* platinato: *cheveux platinés, blond platiné* capelli platinati, biondo platinato; *une blonde platinée* una bionda platinata ◇ (*auto.*) *vis platinées* puntine platinate.
platiner |platine| *v.tr.* (*techn.*) [*recouvrir* (*un métal, du verre*) *d'une mince couche de platine*] platinare: *platiner du cuivre* platinare il rame..
platinifère |platinifɛʀ| *adj.* platinifero: *minerais platinifères* minerali platiniferi.
platinique |platinik| *adj.* (*chim.*) platinico*.
platiniser |platinize| *v.tr.* → **platiner.**
platinite |platinit| *s.f.* (*métall.*) platinite.
platinotypie |platinɔtipi| *s.f.* (*techn.*) platinotipia.
platitude |platityd| *s.f.* **1** [*caractère de ce qui est plat, sans originalité*] piattezza, banalità *inv.* → **médiocrité** ◇ (*par ext.*) *une platitude* una banalità, una schiocchezza: *débiter des platitudes* raccontare, snocciolare banalità, sciocchezze → **fadaise** **2** [*acte qui témoigne de servilité*] bassezza, viltà (*inv.*): *il est incapable de faire des platitudes* è incapace di (commettere) bassezze, viltà.
platonicien, ienne |platɔnisjɛ̃, jɛn| *adj.* (*philo.*) platonico*: *philosophes platoniciens* filosofi platonici ✦ (*s.*) *les platoniciens* i platonici.
platonique |platɔnik| *adj.* **1** platonico*: *amour platonique* amore platonico **2** [*qui a un caractère théorique, n'a pas d'effet concret*] platonico: *une décision platonique* una decisione platonica **3** (*vx.*) → **platonicien** © 1 **charnel.**
platoniquement |platɔnikmɑ̃| *adv.* [→ PLATONIQUE 1, 2] platonicamente: *il l'aime platoniquement* l'ama platonicamente.
platonisme |platɔnism(ə)| *s.m.* (*philo.*) platonismo.
plâtrage |plɑtʀaʒ| *s.m.* **1** [→ PLÂTRER A 1] gessatura (*f.*): *le plâtrage d'un mur* la gessatura di un muro **2** (*agric.*) gessatura: *plâtrage du vin* gessatura del vino.
plâtras |plɑtʀɑ| *s.m.* **1** [*morceau détaché d'un ouvrage en plâtre*] calcinaccio*: *de gros plâtras se détachaient* si staccavano grossi calcinacci → **débris, gravats** **2** materiale (da costruzione) scadente **3** [*chose informe et lourde*] pietra *f.*, masso ◇ (*loc.*) *avoir un plâtras sur l'estomac* avere una pietra sullo stomaco.
plâtre |plɑtʀ(ə)| *s.m.* **1** [*poudre blanche tirée du gypse et servant de matériau*] gesso: *sac de plâtre* sacco di gesso ◇ (*minér.*) *carrière de plâtre* cava di gesso ◇ (*loc. fig.*) *battre qqn. comme plâtre* [*avec violence*] picchiare qqn. di santa ragione **2** *les plâtres* [*les revêtements, les ouvrages de plâtre*] gli intonaci, gli stucchi ◇ (*loc.*) *essuyer les plâtres* [*occuper une habitation qui vient d'être achevée*] asciugare i muri; (*fig.*) [*subir le premier les conséquences d'une situation fâcheuse*] fare le spese di q.c. **3** *un plâtre* [*objet moulé en plâtre*] un gesso: *un plâtre antique* un gesso antico **4** (*méd.*) gesso: *on lui enlève son plâtre demain* gli tolgono il gesso domani.
plâtrer |plɑtʀe| **A** *v.tr.* **1** [*couvrir de plâtre; sceller avec du plâtre*] ingessare **2** (*agric.*) [*amender* (*une prairie*) *en y répandant du plâtre*] gessare ◇ (*vinification*) *plâtrer du vin* gessare il vino **3** (*méd.*) [*mettre* (*un membre fracturé*) *dans un plâtre*] ingessare ✦ (*au p.p.*) *jambe plâtrée* gamba ingessata **B** *v. pron. réfl.* (*fam.*) SE PLÂTRER [*se farder de blanc, exagérément et mal*] infarinarsi.
plâtrerie |plɑtʀəʀi| *s.f.* **1** [*entreprise, usine où l'on fabrique le plâtre*] fornace (da gesso) **2** lavorazione del gesso.
plâtreux, euse |plɑtʀø, øz| *adj.* **1** [*couvert de plâtre*] gessato **2** [*d'une blancheur de plâtre*] gessoso # *teint plâtreux* colorito biancastro.
plâtrier |plɑtʀije| *s.m.* [*ouvrier qui utilise le plâtre gâché pour le revêtement et divers ouvrages de plâtre*] gessista.
plâtrière |plɑtʀijɛʀ| *s.f.* **1** [*carrière de gypse, de plâtre*] gessaia **2** → **plâtrerie** 1.
platy- |plati| *préf.* (*signifiant* '*large*', *correspond généralt. à*) plati: *Platyrrhiniens* Platirrine.
platycerque |platisɛʀk| *s.m.* (*t. zool.*) platicerco*.
Platyr(r)hiniens |platiʀinjɛ̃| *s.m. pl.* (*t.zool.*) Platirrine *f.*
plausibilité |plozibilite| *s.f.* plausibilità (*inv.*): *plausibilité d'une nouvelle* plausibilità di una notizia.
plausible |plozibl(ə)| *adj.* plausibile: *c'est une raison très plausible* è una ragione molto plausibile → **admissible, vraisemblable.**
plausiblement |ploziblәmɑ̃| *adv.* [→ PLAUSIBLE] plausibilmente, in modo plausibile *loc. inv.*
play-back |plɛbak| *s.m.* (*angl.*) (*ciné., télév.*) playback *inv.* → **présonorisation** (*t. recomm.*).
play-boy |plɛbɔj| *s.m.* (*angl.*) playboy *inv.*
playon |plɛjɔ̃| *s.m.* (*agric.*) vinco*.
pléban |plebɑ̃|, **plébain** |plebɛ̃| *s.m.* (*relig. cathol.*) pievano.
plèbe |plɛb| *s.f.* **1** (*antiq.*) plebe **2** (*péj., littér.*) [*le bas peuple*] plebe → **populace, racaille.**
plébéien, ienne |plebejɛ̃, jɛn| *s.* **1** (*antiq.*) plebeo ✦ (*adj.*) *famille plébéienne* famiglia plebea **2** (*littér.*) [*homme, femme du peuple*] plebeo ✦ (*adj.*) *des goûts plébéiens* gusti plebei © 1 **patricien**; 2 **aristocratique.**
plébiscitaire |plebisitɛʀ| *adj.* plebiscitario* # *consulter les électeurs par voie plébiscitaire* consultare gli elettori con un plebiscito.
plébiscite |plebisit| *s.m.* plebiscito: *recourir au plébiscite* ricorrere al plebiscito → **référendum.**
plébisciter |plebisite| *v.tr.* **1** [*voter* (*qqch.*), *désigner* (*qqn.*) *par plébiscite*] votare, eleggere (154) per plebiscito **2** [*élire* (*qqn.*) *ou approuver* (*qqch.*) *à une majorité écrasante*] eleggere, approvare a grande maggioranza.
Plécoptères |plekɔptɛʀ| *s.m. pl.* (*t.zool.*) Plecotteri.
Plectognathes |plɛktɔgnat| *s.m. pl.* (*t.zool.*) Plettognati.
plectre |plɛktʀ(ə)| *s.m.* (*mus.*) plettro.
-plégie |pleʒi| *suff.* (*signifiant* '*frapper*', *correspond généralt. à*) plegia: *hémiplégie* emiplegia.
pléiade |plejad| *s.f.* **1** (*astron.*) Pleiade **2** (*hist. litt.*) Pleiade ◇ [*groupe de personnes remarquables*] *une pléiade de compositeurs* una pleiade di compositori.
1 **plein** |plɛ̃| *s.m.* **I** LE PLEIN DE **1** [*état de ce qui est plein*] pieno: *la lune était dans son plein* la luna era nel suo pieno, era piena **2** *loc.* BATTRE SON PLEIN [*être à son point culminant*] essere al culmine: *les fêtes battaient leur plein* le feste erano al culmine **3** [*la plénitude, le maximum*] culmine, massimo: *c'était le plein de la bousculade* era il culmine, il massimo della calca; *donner son plein* dare il massimo **4** *loc.* FAIRE LE PLEIN DE fare il pieno di: *faire le plein d'eau* fare il pieno d'acqua ✦ (*absolt.*) *faire le plein* [*de carburant*] fare il pieno **II** UN PLEIN **1** [*endroit plein* (*d'une chose*)] pieno: *les pleins et les vides* i pieni e i vuoti **2** [*trait épais, dans l'écriture calligraphiée*] grassetto, neretto.
2 **plein** |plɛ̃| **I** *prép.* **1** [*en grande quantité dans*] pieno (*adj.*): *avoir de l'argent plein les poches* essere pieno di soldi ◇ (*loc.*) *en avoir plein la bouche* (*de qqn., de qqch.*) non parlare d'altro (che di qc., q.c.), sciacquarsi la bocca (con qc., q.c.) ◇ (*fam.*) *en avoir plein les bottes* essere stanco morto, non reggersi più in piedi ~ *en avoir plein le dos* averne abbastanza, averne le tasche piene ◇ (*fam.*) [*partout sur*] tutto pieno *adj.*, in tutto: *il avait du poil plein la figure* aveva la faccia tutta

piena di peli **2** *loc. prép.* (*fam.*) PLEIN DE un sacco di: *avoir plein d'argent* avere un sacco di soldi, essere pieno di soldi; *il y avait plein de monde dans la rue* c'era un sacco, un mucchio di gente per strada **II** *adv.* (*fam.*) TOUT PLEIN tanto (*cour.*): *c'est mignon tout plein, tout plein mignon* è tanto carino, grazioso → **très.**

plein, pleine |plɛ̃, plɛn| *adj.* **I** (*sens fort*) [*qui contient toute la quantité possible*] **1** (*choses*) pieno: *un verre plein à ras bords* un bicchiere pieno fino all'orlo; *une valise pleine à craquer* una valigia piena da scoppiare → **rempli** ◇ (*loc.*) *plein comme un œuf* pieno come un uovo ~ *n'en jetez plus, la cour est pleine* basta, è troppo!; basta, se ne è già parlato fin troppo! ~ *avoir le nez plein* [*bouché*] avere il naso intasato, chiuso, tappato (*fam.*) ~ *parler la bouche pleine* parlare con la bocca piena ~ *avoir l'estomac, le ventre plein* avere la pancia piena; essere, sentirsi pieno **2** (*personnes*) pieno: *un convive plein comme une barrique* un commensale pieno come un otre ◇ (*loc. fam.*) *un gros plein de soupe* un trippone pieno di grana **3** *au f.* (*se dit d'une femelle animale en gestation*) pregna → **gros** **4** (*avant le nom*) pieno: *un plein panier de légumes* un cesto pieno di verdure ◇ (*loc.*) *à pleine main* a piene mani ~ *chose qui sent, qui pue à plein nez* cosa che puzza lontano un miglio ~ *aspirer à pleins poumons* respirare a pieni pomoni ~ *crier, chanter à plein gosier* gridare, cantare a squarciagola ~ *à pleins tubes* [*avec toute la puissance du moteur*] a tutta birra, a tutto gas **5** [*qui contient autant de personnes qu'il est possible*] pieno (zeppo): *les autobus sont pleins* gli autobus sono pieni (zeppi) → **complet, bondé** **6** (*temps*) pieno: *une journée pleine* una giornata piena **7** (*abstrait*) [*qui éprouve entièrement* (*un sentiment*), *est rempli* (*de connaissances, d'idées*)] pieno ◇ (*loc.*) *avoir le cœur plein* avere il cuore gonfio ◇ (*personnes*) PLEIN DE pieno di: *plein de soi* pieno di sé # *être plein d'une préoccupation* essere molto preoccupato ◇ (*loc. fam.*) *plein aux as* [*très riche*] pieno di grana **II** **1** [*dont la matière occupe tout le volume*] pieno: *une sphère pleine* una sfera piena ◇ (*formes humaines*) [*rond*] *des joues pleines* guance piene; *visage plein* viso pieno → **dodu, potelé** **2** [*qui est entier, à son maximum*] pieno: *la pleine lune* la luna piena; *travailler à plein temps, à temps plein* lavorare a tempo pieno (a pieno tempo), a tutto tempo # *un jour plein* un giorno intero; *reliure pleine peau* rilegatura tutta, completamente in pelle **3** [*qui a sa plus grande force*] pieno: *plein succès* pieno successo; *de plein droit* con pieno diritto; *donner pleine satisfaction* dare piena soddisfazione; *être en pleine forme* essere in piena forma → **total** **4** *loc. adv.* À PLEIN, EN PLEIN in pieno, appieno (*adv.*): *argument qui porte à plein* argomentazione che raggiunge in pieno, appieno lo scopo → **pleinement, totalement** **5** *loc.* EN PLEIN(E) (+ *s.*) [*au milieu de*] in pieno (piena) (+ *s.*): *en plein soleil, en plein jour* in pieno sole, in pieno giorno; *se réveiller en pleine nuit* svegliarsi in piena notte ~ *vivre en plein air* vivere all'aria aperta, all'aperto ~ *en pleine mer* in alto mare, al largo ~ *en pleine nature* in mezzo alla natura ◇ [*exactement* (*dans, sur*)] esattamente (a); completamente (a): *visez en plein milieu* mirate esattamente al centro, in pieno centro ‖ *chambre en plein nord* camera completamente a nord **6** (*loc. adv.*) *en plein sur, en plein dans* (*fam.*) in pieno (su), in pieno (in): *la bombe est tombée en plein sur la gare* la bomba è caduta in pieno sulla stazione; *il a visé en plein dans le mille* ha centrato in pieno il bersaglio **7** (*spécialt.*) *la pleine mer* il largo *s.m.*, l'alto mare; *le plein air* l'aria aperta; *activités de plein air* attività all'aperto *s.m.* **III** (*sens faible*) *loc.* PLEIN DE pieno di: *pré plein de fleurs* prato pieno di fiori; *des yeux pleins de larmes* occhi pieni di lacrime; *les rues sont pleines de monde* le strade sono piene di gente ◇ (*personnes*) *être plein de vie* essere pieno di vita; *être plein d'admiration, de reconnaissance* essere pieno d'ammirazione, di riconoscenza; *être plein de santé* scoppiare di salute ◇ (*loc. fam.*) TOUT PLEIN DE (tutto) pieno di: *expression toute pleine de candeur* espressione piena di candore, estremamente candida **IV** (*confondu avec 'plain'*) (*loc.*) *se heurter de plein fouet* scontrarsi in pieno, frontalmente 🄲 I **vide**; II 1 **creux.**

pleinement |plɛnmɑ̃| *adv.* [*entièrement, totalement*] pienamente, interamente: *jouir pleinement d'un bien* godere pienamente, interamente di un bene; *il est pleinement responsable* è pienamente, interamente responsabile → **parfaitement.**

plein(-)emploi |plɛnɑ̃plwa| *s.m.* (*écon.*) piena occupazione (*f.*): *politique de plein-emploi* politica della piena occupazione.

plein-vent |plɛ̃vɑ̃| *s.m.* (*arbor.*) albero in pienovento.

pléistocène |pleistɔsɛn| *adj.* (*géol.*) pleistocenico* ✦ (*s.m.*) *le pléistocène* il pleistocene.

plénier, ière |plenje, jɛʀ| *adj.* (*loc.*) *assemblée plénière* [*où siègent tous les membres*] assemblea plenaria ◇ (*théol.*) *indulgence plénière* indulgenza plenaria.

plénipotentiaire |plenipɔtɑ̃sjɛʀ| *s.m.* plenipotenziario* → **envoyé** ✦ (*adj.*) *ministre plénipotentiaire* ministro plenipotenziario.

plénitude |plenityd| *s.f.* **1** (*littér.*) [*ampleur, épanouissement*] pienezza (*cour.*), plenitudine: *la plénitude des formes* la pienezza delle forme **2** [*état de ce qui est complet, dans toute sa force*] pienezza, pieno (*m.*): *un homme dans la plénitude de ses facultés* un uomo nella pienezza, nel pieno delle sue facoltà → **intégrité, totalité.**

plenum |plenɔm| *s.m.* (*polit.*) plenum *inv.*, riunione *f.* plenaria *adj.*

pléonasme |pleɔnasm(ə)| *s.m.* pleonasmo.

pléonastique |pleɔnastik| *adj.* (*gram.*) pleonastico*: *emploi pléonastique des pronoms* uso pleonastico dei pronomi.

pléonastiquement |pleɔnastikmɑ̃| *adv.* [→ PLÉONASTIQUE] pleonasticamente.

pléroma |pleʀɔma| *s.m.* (*t.bot.*) pleroma.

plérome |pleʀɔm| *s.m.* (*philo.*) pleroma.

plésiosaure |plezjɔsɔʀ| *s.m.* (*paléont.*) plesiosauro.

plessimètre |plɛsimɛtʀ(ə)| *s.m.* (*méd.*) plessimetro.

pléthore |pletɔʀ| *s.f.* **1** [*abondance, excès*] pletora: *la pléthore d'un produit sur le marché* la pletora di un prodotto sul mercato **2** (*méd.*) pletora.

pléthorique |pletɔʀik| *adj.* pletorico*: *classes pléthoriques* classi pletoriche ◇ (*méd.*) *tempérament pléthorique* temperamento pletorico.

pleur |plœʀ| *s.m.* **1** *au plur.* (*vx., littér.*) pianto *sing.*; lacrime (*f.*): *pleurs convulsifs* pianto convulso ‖ *répandre, verser des pleurs* spargere, versare lacrime ◇ *loc. cour.* EN PLEURS in lacrime: *elle était tout en pleurs* era tutta in lacrime **2** (*bot.*) lacrima.

pleural, ale, aux |plœʀal, o| *adj.* (*anat.*) pleurico*, pleurale: *épanchement pleural* versamento pleurico.

pleurant |plœʀɑ̃| *s.m.* (*bx-arts*) piagnone.

pleurard, arde |plœʀaʀ, aʀd(ə)| *adj.* **1** (*fam.*) [*qui pleure à tout propos*] piagnucoloso (*cour.*): *gamin pleurard* marmocchio piagnucoloso → **pleurnicheur** ✦ (*s.*) piagnucolone, piagnone: *un pleurard insupportable* un piagnucolone, un piagnone insopportabile **2** [*plaintif*] lamentoso: *ton pleurard* tono lamentoso.

pleure-misère |plœʀmizɛʀ| *s. inv.* (*vieilli*) persona *f. var.* che piange sempre miseria # *c'est un pleure-misère* (è uno che) piange sempre miseria.

pleurer |plœʀe| **A** *v.intr.* **I** (*sens concret*) **1** [*répandre des larmes, sous l'effet d'une émotion*] piangere (165): *j'ai envie de pleurer* ho voglia di piangere; *il pleurait à chaudes larmes, comme un veau* piangeva a calde lacrime, come un vitello; *elle pleurait de rage* piangeva di rabbia; *un bébé qui pleure parce qu'il a faim* un neonato che piange perché ha fame → **crier, pleurnicher** **2** (*loc. fig.*) *c'est Jean qui pleure et Jean qui rit* passa con facilità dal pianto al riso ~ *il n'a plus que les yeux pour pleurer* gli son rimasti solo gli occhi per piangere ~ *ne pas avoir assez de ses yeux pour pleurer* non aver più occhi per piangere ◇ (*prov.*) *tel qui rit vendredi, dimanche pleurera* chi ride il venerdì, piange la domenica; chi ride il venerdì, piange per tre di **3** *loc.* À (FAIRE) PLEURER da (far) piangere: *une chanson triste à faire pleurer* una canzone triste da (far) piangere **4** (*en parlant d'un écoulement de larmes physiologique*) piangere: *a force d'éplucher les oignons, on a les yeux qui pleurent* a forza di pulire cipolle piangono gli occhi **II** (*abstrait*) **1** [*être dans un état d'affliction*] piangere: *consoler ceux qui pleurent* consolare quelli che piangono, gli afflitti ◇ *loc.* PLEURER SUR piangere su: *pleurer sur son sort* piangere sulla propria sorte → **gémir, lamenter (se)** **2** [*présenter une demande d'une manière plaintive et pressante*] piangere: *il va pleurer auprès de son patron pour obtenir une augmentation* va a piangere dal principale per ottenere un aumento ◇ (*pop.*) *pleurer après qqch.* [*réclamer avec insistance*] esigere (141) q.c. (*cour.*) **B** *v.tr.* **1** [*regretter, se lamenter sur*] rimpiangere (165): *pleurer sa jeunesse enfuie* rimpiangere la propria giovinezza passata ◇ (*fam.*)

pleurer misère piangere miseria **2** (*fam.*) [*accorder, dépenser à regret*] lesinare (*cour.*): *pleurer le pain qu'on mange* lesinare il pane che si mangia; *il ne pleure pas sa peine* non lesina, non risparmia la fatica **3** [*laisser couler (des larmes, des pleurs)*] piangere: *elle pleura des larmes de joie* pianse lacrime di gioia Ⓒ A I 1 **rire** 1.

pleurésie |plœʀezi| *s.f.* (*méd.*) pleurite.

pleurétique |plœʀetik| *adj.* pleuritico*: *point pleurétique* punto pleuritico; *enfant pleurétique* bambino pleuritico ✦ (*s.*) *un pleurétique* un pleuritico.

pleureur, euse |plœʀœʀ, øz| *adj.* **1** → **pleurard** 2 **2** *arbre pleureur* albero piangente; *saule pleureur* salice piangente.

pleureuse |plœʀøz| *s.f.* [*femme payée pour pleurer aux funérailles*] prefica*.

pleurite |plœʀit| *s.f.* (*méd.*) pleurite secca*.

pleurnichard, arde |plœʀniʃaʀ, aʀd(ə)| *adj. et s.* → **pleurnicheur.**

pleurnichement |plœʀniʃmɑ̃| *s.m.*, **pleurnicherie** |plœʀniʃʀi| *s.f.* (*fam.*) [→ PLEURNICHER] lagna *f.*; piagnucolio* *m.* (*cour.*), piagnisteo *m.* (*cour.*).

pleurnicher |plœʀniʃe| *v.intr.* (*fam.*) [*pleurer sans raison, d'une manière affectée*] piagnucolare (*cour.*), frignare.

pleurnicheur, euse |plœʀniʃœʀ, øz| *adj.* (*fam.*) (*se dit d'une personne qui pleurniche, geint à tout propos*) piagnucoloso (*cour.*): *gamin pleurnicheur* marmocchio piagnucoloso; *ton pleurnicheur* tono piagnucoloso ✦ (*s.*) *un pleurnicheur* un piagnucolone, un piagnone.

pleuro- |plœʀɔ| *préf.* (*signifiant 'côté', correspond généralt. à*) pleuro: *pleuronectes* pleuronettidi; *pleuropneumonie* pleuropolmonite.

Pleurobranchidés |plœʀɔbʀɑ̃ʃide| *s.m. pl.* (*t.zool.*) Pleurobranchidi.

pleurodynie |plœʀɔdini| *s.f.* (*méd.*) pleuralgia*.

Pleuronectes |plœʀɔnɛkt(ə)|, **Pleuronectidés** |plœʀɔnɛktide| *s.m. pl.* (*t.zool.*) Pleuronettidi.

pleuropneumonie |plœʀɔpnømɔni| *s.f.* (*méd.*) pleuropolmonite.

pleurote |plœʀɔt| *s.m.* (*t.bot.*) gelone.

pleurotomie |plœʀɔtɔmi| *s.f.* (*méd.*) pleurotomia.

pleutre |pløtʀ(ə)| *s.m.* [*homme sans courage*] codardo, vigliacco* → 1 **lâche, poltron** ✦ (*adj.*) *il est très pleutre* è molto codardo, vigliacco; è un gran codardo *s.m.*, vigliacco *s.*

pleutrerie |pløtʀəʀi| *s.f.* (*littér.*) [*caractère de pleutre*] codardia, vigliaccheria (*cour.*) → **lâcheté** ◇ (*par ext.*) *une pleutrerie* [*une lâcheté*] una vigliaccheria.

pleuvasser |pløvase| *v. impers.* [*pleuvoir légèrement*] piovigginare (*aux.* essere, avere).

pleuviner |pløvine| *v.intr.* [*bruiner, faire du crachin*] piovigginare (*aux.* essere, avere).

pleuvoir |pløvwaʀ| **A** *v.impers.* (*ind. prés.*: *il pleut*; *imp.*: *il pleuvait*; *p. simple*: *il plut*; *fut.*: *il pleuvra*; *subj. prés.*: *qu'il pleuve*; *subj. imp.*: *qu'il plût*; *p. prés.*: *pleuvant*; *p.p.*: *plu*) **1** (*en parlant de l'eau de pluie*) [*tomber*] piovere (166) (*aux.* essere, avere): *il pleuvait à verse, à flots, à seaux, à torrents* pioveva a scrosci, a catinelle, a dirotto, a torrenti; *il sort par tous les temps, qu'il pleuve, qu'il vente* esce con qualsiasi tempo, che piova o tiri vento ◇ (*pop.*) *ça pleut* piove (*cour.*), sta piovendo (*cour.*) **2** [*tomber*] piovere: *il pleut de grosses gouttes* piovono, cadono grosse gocce ◇ (*loc. fam.*) *il ramasse de l'argent comme s'il en pleuvait* fa soldi a palate **B** *v. pers. intr.* **1** (*en parlant de ce que l'on compare à la pluie*) [*s'abattre*] piovere (*aux.* essere), fioccare (*aux.* essere): *les obus pleuvaient* le granate piovevano, fioccavano **2** [*affluer, arriver en abondance*] fioccare, piovere: *les médisances, les contredanses pleuvent* fioccano, piovono le maldicenze, le multe.

pleuvoter |pløvɔte| *v.impers.* → **pleuvasser.**

plèvre |plɛvʀ(ə)| *s.f.* (*anat.*) pleura: *inflammation de la plèvre* infiammazione della pleura.

plexiglas |plɛksiglɑs| *s.m.* (*nom déposé*) plexiglas *inv.*

plexus |plɛksys| *s.m.* (*anat.*) plesso: *plexus cervical* plesso cercicale; *plexus solaire* plesso solare.

pleyon |plɛjɔ̃| *s.m.* → **playon.**

1 **pli** |pli| *s.m.* **1** [*partie d'une matière souple rabattue sur elle-même et formant une double épaisseur*] piega* (*f.*): *plis d'une étoffe* pieghe di una stoffa; *jupe à plis* gonna a pieghe ◇ (*cout.*) *pli couché* piega piatta; *pli creux* piega a combaciare **2** [*ondulation (d'un tissu flottant)*] piega: *les plis des drapeaux* le pieghe delle bandiere ◇ [*mouvement (de terrain)*] ondulazione (*f.*): *un pli du terrain* una ondulazione del terreno ◇ (*géol.*) piega: *pli convexe, concave* piega convessa, concava **3** [*marque qui reste à ce qui a été plié*] piega: *le pli d'un ourlet* la piega di un orlo; *faire le pli d'un pantalon* fare la piega ai pantaloni → **pliure** ◇ (*spécialt.*) (*faux*) *pli* brutta piega, grinza (*f.*): *cette veste fait un pli dans le dos* questa giacca fa una brutta piega, una grinza sulla schiena ◇ (*loc. fam.*) *cela ne fait* (*ne fera*) *pas un pli* non fa (non farà) una grinza **4** (*loc.*) *mise en plis* messa in piega: *se faire une mise en plis* farsi una messa in piega **5** *loc. fig.* PRENDRE UN (LE) PLI [*acquérir une habitude*] prendere una (la) piega: *elle a pris un mauvais pli* ha preso una brutta piega **6** [*endroit de la peau qui forme une sorte de repli ou qui porte une marque semblable*] piega: *les plis du cou* le pieghe del collo **7** [*papier replié servant d'enveloppe*] plico*, piego*: *envoyer un message sous pli cacheté* mandare un messaggio in plico sigillato ◇ (*aux cartes*) presa *f.*

2 **pli** |pli| *s.m.* foglio* di legno per compensato.

pliable |plijabl(ə)| *adj.* [→ PLIER A 2] pieghevole, piegabile → **flexible, souple.**

pliage |plijaʒ| *s.m.* [→ PLIER A 1, 2, 3] piegatura *f.*, piegamento: *le pliage du linge* la piegatura della biancheria ◇ (*imprim.*) piegatura Ⓒ **dépliage.**

pliant, ante |plijɑ̃, ɑ̃t| **1** *adj.* [*articulé de manière à pouvoir se plier*] pieghevole: *table pliante* tavolo pieghevole **2** *s.m.* [*siège de toile sans dossier ni bras, à pieds articulés en X*] seggiolino (pieghevole).

plie |pli| *s.f.* (*t.zool.*) passera di mare, pianuzza.

plié |plije| *s.m.* (*danse*) piegata *f.*, flessione *f.*

pliement |plimɑ̃| *s.m.* (*rare*) → **pliage.**

plier |plije| **A** *v.tr.* **1** [*rabattre (une chose souple) sur elle-même*] piegare: *plier un journal* piegare un giornale; *plie ta serviette* piega il tovagliolo ✦ (*au p.p.*) *chose pliée en deux* cosa piegata in due ◇ (*loc. fam.*) *plier ses affaires* mettere via la propria roba ~ *plier bagage* [*s'apprêter à partir, à fuir*] fare fagotto **2** [*courber une chose flexible*] piegare: *plier une branche* piegare un ramo → **ployer, recourber** ◇ (*loc.*) *il est plié en deux par l'âge* è piegato in due dall'età **3** [*rabattre l'une sur l'autre (les parties d'un ensemble articulé)*] (ri)piegare: *plier une chaise longue* ripiegare una sdraio; *plier le bras, la jambe* piegare, flettere il braccio, la gamba → **replier** **4** (*compl. de personne*) [*forcer à s'adapter*] piegare, imporre (168) (a): *il plie ses élèves à une discipline sévère* piega i propri alunni a, impone ai propri alunni una severa disciplina **B** *v.intr.* **1** [*se courber, fléchir*] piegarsi *pron.*, cedere: *l'arbre plie sous le poids des fruits* l'albero si piega, cede sotto il peso dei frutti → **affaisser (s')** **2** (*personnes*) [*céder, faiblir*] piegare, cedere: *rien ne le fait plier* niente lo fa piegare, cedere **C** *v.pron. intr.* SE PLIER [*suivre, s'adapter par force*] piegarsi: *elle se plie à toutes ses volontés* si piega sempre al suo volere; *il faut se plier aux circonstances* bisogna piegarsi, adattarsi alle circostanze → **céder, soumettre** (se) Ⓒ A 1 **déplier**; C **résister.**

plieur, euse |plijœʀ, øz| *s.* **1** *s.* [*ouvrier, ouvrière qui plie une matière souple*] piegatore* **2** *s.f.* [*machine à plier (le papier)*] piegatrice.

plinthe |plɛ̃t| *s.f.* **1** (*archit.*) plinto *m.* **2** [*bande, saillie plate au bas d'un mur*] zoccolatura, zoccolo *m.* ◇ [*bande plate de menuis. au bas d'une cloison, d'un lambris*] battiscopa *m. inv.*

pliocène |plijɔsɛn| *adj.* (*géol.*) pliocenico*: *terrain pliocène* terreno pliocenico ✦ (*s.m.*) *le pliocène* il pliocene.

plioir |plijwaʀ| *s.m.* **1** (*typogr.*) tagliacarte *inv.* **2** (*pêche*) tavoletta *f.* per avvolgere la lenza.

plique |plik| *s.f.* (*méd.*) plica*, polonica*.

plissage |plisaʒ| *s.m.* [→ PLISSER 1] pieghettatura (*f.*): *plissage d'une jupe* pieghettatura di una gonna.

plissé, ée |plise| **I** *adj.* **1** [*à plis*] pieghettato, 'plissé' (*inv.*): *jupe plissée* gonna pieghettata, 'plissé' **2** [*qui forme des plis*] raggrinzito, increspato: *il a la peau toute plissée* ha la pelle tutta raggrinzita **II** *s.m.* [*ensemble, aspect des plis*] pieghettatura *f.*, 'plissé': *le plissé d'une jupe* la pieghettatura, il 'plissé' di una gonna.

plissement |plismɑ̃| *s.m.* **1** [→ PLISSER 2] corrugamento: *le plissement du front* il corrugamento della fronte # *plissement d'yeux* occhietto, ammiccamento **2** (*géol.*) corrugamento: *le plissement alpin* il corrugamento alpino.

plisser |plise| *v.tr.* **1** [*modifier (une surface souple) en y faisant un arrangement de plis*] pieghettare: *plisser une jupe, du papier* pieghettare una gonna, un foglio di carta ◇ [*déformer par des faux plis*] stazzonare, sgualcire (197): *plisser ses vêtements en dormant tout habillé* stazzonare, sgualcire gli abiti dormendo vestito → **chiffonner, froisser** 2 [*contracter les muscles de... en formant un pli*] corrugare: *plisser le front* corrugare la fronte → **froncer** # *plisser les yeux* strizzare gli occhi.

plisseur, euse |plisœʀ, øz| *s.* 1 *s.* [*personne qui effectue le plissage*] pieghettatore* 2 *s.f.* (*techn.*) pieghettatrice.

plissure |plisyʀ| *s.f.* (*rare*) → **plissé.**

pliure |plijyʀ| *s.f.* 1 (*imprim.*) piegatura 2 [*endroit où une partie se replie sur elle-même*] piega*: *à la pliure du bras* alla piega del braccio ◇ (*par ext.*) *la pliure d'un ourlet* la piega di un orlo.

ploc! |plɔk| *interj.* (*onomat. employée pour évoquer un bruit de chute, de heurt dans l'eau*) pluf!, splash!

ploiement |plwamɑ̃| *s.m.* (*littér.*) [→ PLOYER] piegamento (*cour.*); incurvamento.

plomb |plɔ̃| *s.m.* **I** 1 (*chim.*) piombo: *plomb argentifère* piombo argentifero; *bioxyde de plomb* biossido di piombo; *sels de plomb* sali di piombo; *chambres de plomb* camere di piombo ◇ (*spécialt.*) *soldats de plomb* soldatini di piombo ◇ (*loc. fig.*) *lourd comme du plomb* pesante come il piombo ~ *avoir du plomb dans l'estomac* sentire un peso allo stomaco, avere un mattone sullo stomaco ~ *n'avoir pas de plomb dans la tête* aver poco sale in zucca ~ *ça lui mettra du plomb dans la tête* questo gli metterà un po' di sale in zucca 2 *loc. fig.* DE, EN PLOMB di piombo: *avoir, se sentir des jambes de (en) plomb* avere, sentirsi le gambe di piombo # *sommeil de plomb* sonno di sasso; *un soleil de plomb* un solleone 3 (*imprim.*) piombo **II** 1 *plomb* (*de sonde*) [*masse de plomb attachée à l'extrémité d'une corde (pour sonder)*] scandaglio* 2 (*chasse*) pallino 3 (*pêche*) piombino ◇ [*petit disque de plomb portant une marque, qui sert à sceller un colis*] piombo, piombino → **sceau** 4 [*baguette de plomb qui maintient les verres d'un vitrail*] piombo 5 (*électr.*) *plomb* (*fusible*) fusibile **III** *loc. adv.* À PLOMB a piombo: *fil à plomb* filo a piombo; *mettre un mur à plomb* mettere a piombo un muro, appiombare un muro.

plombage |plɔ̃baʒ| *s.m.* 1 [→ PLOMBER A 1, 3] impiombatura (*f.*): *plombage d'un colis* impiombatura di un pacco 2 [→ PLOMBER A 5] impiombatura, otturazione *f.* ◇ (*fam.*) [*amalgame qui bouche le trou d'une dent*] otturazione *f.* (*cour.*), impiombatura (*f.*): *mon plombage est parti* la mia otturazione, impiombatura è saltata via.

Plombaginacées |plɔ̃baʒinase|, **Plombaginées** |plɔ̃baʒine| *s.f. pl.* (*t.bot.*) Plumbaginacee.

plombagine |plɔ̃baʒin| *s.f.* piombaggine.

plombate |plɔ̃bat| *s.m.* (*chim.*) piombato.

plombe |plɔ̃b| *s.f.* (*arg.*) → **heure.**

plombé, ée |plɔ̃be| *adj.* 1 [*garni de plomb*] (im)piombato: *ligne plombée* lenza (im)piombata ◇ [*obturé*] *dent plombée* dente impiombato 2 [*scellé avec des plombs*] impiombato: *colis plombé* pacco impiombato 3 [*d'une teinte grisâtre, bleuâtre*] livido, plumbeo: *un teint plombé* un colorito livido, plumbeo.

plombée |plɔ̃be| *s.f.* 1 (*archéol.*) mazza piombata 2 (*pêche*) piombini *m. pl.*

plomber |plɔ̃be| **A** *v.tr.* 1 [*garnir de plomb (pour lester)*] impiombare: *plomber une ligne* impiombare una lenza 2 (*techn.*) [*vernir avec de la mine de plomb*] verniciare con piombaggine 3 [*sceller avec un sceau de plomb*] impiombare: *plomber un colis* impiombare un pacco 4 (*techn.*) [*vérifier avec un fil à plomb si un ouvrage est vertical*] appiombare: *plomber un mur* appiombare un muro 5 [*obturer (une dent) avec un alliage de plomb*] impiombare, otturare **B** *v.pron. intr.* SE PLOMBER [*devenir livide*] illividire (197) *intr.*, diventare *intr.* livido: *sa peau se plombait* la sua pelle illividiva, diventava livida.

plomberie |plɔ̃bʀi| *s.f.* 1 [*industrie de la fabrication des objets de plomb*] lattoneria idraulica* 2 opere *f. pl.* idrauliche # *entreprise de plomberie* impresa idraulica 3 [*installation, canalisation*] impianto *m.* idraulico*, condutture (*pl.*): *la plomberie est en mauvais état* l'impianto idraulico è in cattivo stato.

plombeur |plɔ̃bœʀ| *s.m.* 1 [*celui qui appose un sceau de plomb sur des marchandises*] (im)piombatore 2 [*rouleau lourd qui sert à plomber la terre*] compressore ♦ (*adj.*) *rouleau plombeur* rullo compressore.

plombeux, euse |plɔ̃bø, øz| *adj.* (*chim., minér.*) piomboso.

plombier |plɔ̃bje| *s.m.* [*ouvrier, entrepreneur qui exécute des travaux de plomberie*] lattoniere; idraulico*; stagnaio*, stagnino.

plombières |plɔ̃bjɛʀ| *s.f.* [*glace garnie de fruits confits*] cassata.

plombifère |plɔ̃bifɛʀ| *adj.* piombifero: *gisement plombifère* giacimento piombifero.

plombique |plɔ̃bik| *adj.* (*chim.*) piombico*.

plomboir |plɔ̃bwaʀ| *s.m.* (*chir.*) otturatore per piombaggio.

plombure |plɔ̃byʀ| *s.f.* (*techn.*) piombi *m. pl.*

plommée |plɔme| *s.f.* → **plombée** 1.

plonge |plɔ̃ʒ| *s.f.* [*travail des plongeurs dans un restaurant*] rigovernatura, lavatura dei piatti # *faire la plonge* rigovernare, lavare i piatti.

plongeant, ante |plɔ̃ʒɑ̃, ɑ̃t| *adj.* (*en loc.*) [*qui est dirigé vers le bas*] *vue plongeante* vista, ripresa dall'alto (*loc. inv.*); *tir plongeant* tiro spiovente; *décolleté plongeant* scollatura profonda.

plongée |plɔ̃ʒe| *s.f.* **I** 1 [→ PLONGER B 1] immersione: *la plongée d'un pêcheur d'éponges* l'immersione di un pescatore di spugne; *sous-marin en plongée* sottomarino in immersione 2 ripresa dall'alto **II** 1 (*fortif.*) scarpata 2 (*hydrographie*) sprofondamento *m.* (del fondo marino).

plongement |plɔ̃ʒmɑ̃| *s.m.* [→ PLONGER A 1] immersione *f.*

plongeoir |plɔ̃ʒwaʀ| *s.m.* [*tremplin permettant de plonger*] trampolino.

1 **plongeon** |plɔ̃ʒɔ̃| *s.m.* (*t.zool.*) svasso.

2 **plongeon** |plɔ̃ʒɔ̃| *s.m.* 1 [→ PLONGER B 2] tuffo: *plongeon de départ* tuffo di partenza; *plongeon en avant, en arrière* tuffo in avanti, indietro ◇ (*loc. fig.*) *faire le plongeon* [*perdre beaucoup d'argent et être en difficulté*] cadere in miseria 2 (*fam.*) [*salut plongeant, révérence*] inchino (*cour.*), riverenza *f.* (*cour.*) 3 (*football*) tuffo.

plonger |plɔ̃ʒe| (3) **A** *v.tr.* 1 [*faire entrer dans un liquide, entièrement ou en partie*] immergere (114), tuffare: *plonger les doigts dans l'eau* immergere, tuffare le dita nell'acqua 2 [*enfoncer (une arme)*] affondare, piantare: *il lui plongea son poignard dans le cœur* gli affondò, gli piantò il pugnale nel cuore 3 [*mettre, enfoncer une partie du corps (dans une chose creuse ou molle)*] introdurre (108), affondare: *plonger la main dans une boîte* introdurre la mano in una scatola; *il plongea sa main dans le sac* affondò la mano nel sacco ◇ [*mettre (qqn.) brusquement dans*] immergere: *nous avons été brusquement plongés dans l'obscurité* ci siamo trovati improvvisamente immersi nell'oscurità 4 *plonger ses yeux, son regard dans* [*regarder au fond de*] piantare gli occhi su q.c., addosso a qc.; *il plongea son regard dans les yeux de son frère* fissò profondamente negli occhi suo fratello 5 [*mettre (qqn.) d'une manière brusque et complète (dans une situation)*] mettere (155); gettare: *vous me plongez dans l'embarras* lei mi mette in imbarazzo → **précipiter** ‖ *plonger qqn. dans le désespoir* gettare qc. nella disperazione ♦ (*au p.p.*) [*entièrement absorbé par*] immerso: *plongé dans sa douleur* immerso nel suo dolore **B** *v.intr.* 1 [*s'enfoncer tout entier dans l'eau, descendre au fond de l'eau*] immergersi (*pron.*): *un scaphandrier qui plonge* un palombaro che si immerge 2 [*se jeter dans l'eau la tête et les bras en avant*] tuffarsi (*pron.*): *plonger du plongeoir* tuffarsi dal trampolino ◇ (*football*) *le gardien du but plonge* il portiere si tuffa 3 (*abstrait*) [*se jeter (dans)*] immergersi, tuffarsi: *plonger dans ses pensées* immergersi, tuffarsi nei propri pensieri 4 (*en parlant du regard*) [*s'enfoncer au loin, vers le bas*] vagare: *laisser plonger le regard sur* lasciar *intr.* vagare lo sguardo su ◇ (*fam.*) [*voir aisément (d'un lieu plus élevé)*] vedere (192) *tr.* (*cour.*): *de cette fenêtre, on plonge chez les voisins* da questa finestra si vede in casa dei vicini **C** *v.pron. réfl.* 1 [→ *tr.* 1] immergersi: *se plonger dans l'eau* immergersi nell'acqua 2 [→ *tr.* 5] immergersi, tuffarsi: *se plonger dans une lecture* immergersi, tuffarsi in una lettura; *se plonger dans un livre* immergersi, tuffarsi nella lettura di un libro.

plongeur, euse |plɔ̃ʒœʀ, øz| *s.* 1 *s.* [*personne qui plonge sous l'eau*] *un plongeur qui pêche des perles* un pescatore* di perle ◇ (*spécialt.*) [*scaphandrier*] palombaro ◇ (*sport*) subacqueo, sub *inv.* ◇ [*personne qui plonge, se jette dans l'eau la tête la première*] tuffatore* 2 *s.* [*personne chargée de laver la vaisselle (dans un restaurant)*] sguattero, lavapiatti *inv.* 3 *s.m.* (*t.zool.*) tuffatore, tuffetto.

plot |plot| *s.m.* (*électr.*) morsetto, piastrina *f.* (di contatto).

plouc, plouk |pluk| *adj. et s.* (*pop., péj.*) [*paysan*] zappaterra *s.m. inv.*

plouf! |pluf| *interj.* (*onomat. évoquant le bruit d'une chute dans l'eau*) pluf!, splash!

plouto- |plutɔ| *préf.* (*signifiant 'richesse', correspond généralt. à*) pluto: *ploutocrate* plutocrate; *ploutocratie* plutocrazia.
ploutocrate |plutɔkʀat| *s.m.* plutocrate.
ploutocratie |plutɔkʀasi| *s.f.* plutocrazia.
ploutocratique |plutɔkʀatik| *adj.* plutocratico*.
ployable |plwajabl(ə)| *adj.* (*rare*) [→ PLOYER A] pieghevole (*cour.*).
ployer |plwaje| (10) **A** *v.tr.* (*littér.*) [*plier, tordre en abaissant*] piegare (*cour.*), flettere (145) (*cour.*): *ployer les genoux* piegare, flettere le ginocchia → **courber** **B** *v.intr.* **1** [*se courber, se déformer sous une force*] piegare (piegarsi *pron.*), incurvare (incurvarsi *pron.*): *le vent faisait ployer les arbres* il vento faceva piegare, incurvare gli alberi → **céder, fléchir** # *ses jambes ployèrent sous lui* gli cedettero le gambe → **faiblir** **2** (*littér.*) [*céder à une force*] piegarsi: *ployer sous le joug* piegarsi sotto il giogo → **fléchir** Ⓒ A **déployer**; B 1 **résister.**
plucher |plyʃe| *v.intr.* → **pelucher.**
pluches |plyʃ| *s.f.pl.* (*fam.*) [*épluchage des légumes*] *corvée de pluches* 'corvée' della pelatura *sing.* (*cour.*) (delle patate), della sbucciatura *sing.* (*cour.*) (dei legumi).
plucheux |plyʃø| *adj.* → **pelucheux.**
pluie |plɥi| *s.f.* **1** pioggia*: *gouttes de pluie* gocce di pioggia; *pluie fine* pioggia sottile, pioggerellina; *pluie diluvienne, battante* pioggia torrenziale, dirotta; *jour de pluie* giorno di pioggia; *la saison des pluies* la stagione delle piogge; *régime des pluies* regime delle piogge; *recevoir la pluie* prendere la pioggia, l'acqua; *le temps est à la pluie* il cielo si mette a pioggia, sta per piovere **2** (*loc. fig.*) *ennuyeux comme la pluie* noioso come una mosca ~ *après la pluie, le beau temps* dopo la pioggia viene il sereno ~ *faire la pluie et le beau temps* fare il buono e il cattivo tempo ~ *parler de la pluie et du beau temps* parlare del più e del meno **3** *loc.* EN PLUIE a pioggia: *liquide qui retombe en pluie* liquido che cade a pioggia **4** [*ce qui est dispensé en grande quantité, qui tombe d'en haut, comme une pluie*] pioggia: *une pluie de coups* una pioggia, una gragnuola di colpi; *une pluie d'injures* una pioggia, una scarica di ingiurie; *s'enfuir sous une pluie de pierres* fuggire sotto una pioggia di sassi → **avalanche, déluge.**
plumage |plymaʒ| *s.m.* **1** piumaggio*: *le plumage noir du corbeau* il piumaggio nero del corvo **2** → **plumée.**
plumaison |plymɛzɔ̃| *s.f.* (*rare*) → **plumée.**
plumard |plymaʀ| *s.m.* (*pop.*) → **lit.**
plumasserie |plymasʀi| *s.f.* mestiere *m.*, commercio* *m.* del piumaio.
plumassier, ière |plymasje, jɛʀ| *s.* [*personne qui fabrique, prépare les garnitures de plumes*] piumaio*.
plum-cake |plu(œ)mkɛk| *s.m.* (*angl.*) (*pâtiss.*) plum-cake (*inv.*): *des plum-cakes* dei plum-cake.
plum(e) |plym| *s.m.* (*pop.*) → **lit.**
plume |plym| *s.f.* **I** **1** [*chacun des appendices qui recouvrent la peau des oiseaux*] penna, piuma: *gibier à plumes* selvaggina di penna ◇ (*loc. pop.*) *y laisser, perdre des plumes* perdere i capelli *m.*; (*fig.*) [*essuyer une perte*] lasciarci, rimetterci le penne ◇ (*loc. fig., pop.*) *voler dans les plumes à qqn.* saltare addosso a qc. ~ *se sentir léger comme une plume* sentirsi leggero come una piuma **2** (*boxe*) *poids plume* peso piuma **3** [*plume d'oiseau utilisée comme ornement*] piuma: *chapeau à plumes* cappello di piume; *lit de plume(s)* letto di piume ◇ (*loc. pop.*) *se mettre dans les plumes* cacciarsi sotto le coperte **II** **1** [*grande plume de certains oiseaux qui servait à écrire*] penna: *plume d'oie* penna d'oca **2** (*par anal.*) pennino *m.* ◇ (*loc.*) *stylo à plume* penna stilografica* (*adj.*); *dessin à la plume* disegno a penna, a tratto; *trait de plume* tratto di penna, frego **3** [*instrument de celui qui s'exprime par écrit, de l'écrivain*] penna ◇ (*loc.*) *tremper sa plume dans le fiel, le poison* intingere la penna nel fiele, nel veleno ~ *vivre de sa plume* vivere della propria penna.
plumeau |plymo| *s.m.* **1** [*ustensile de ménage servant à épousseter*] piumino # *donner un coup de plumeau* dare una spolverata **2** [*touffe de plumes, de poils*] piumino.
plumée |plyme| *s.f.* [→ PLUMER A 1] spennata, spennatura.
plumer |plyme| **A** *v.tr.* **1** [*dépouiller (un oiseau) de ses plumes en les arrachant*] spennare ✦ (*au p.p.*) *volaille plumée* pollo spennato **2** (*fig.*) [*dépouiller, voler*] spennare: *il s'est laissé plumer comme un oison* si è fatto spennare come un pollo **3** (*région.*) → **éplucher** **B** *v.intr.* (*mar.*) [*friser l'eau en ramenant l'aviron en arrière*] sfiorare *tr.* l'acqua (con il remo) **C** *v.pron. réfl.* SE PLUMER (*pop.*) → 1 **coucher (se).**
plumet |plymɛ| *s.m.* [*touffe de plumes garnissant une coiffure*] pennacchio*.
plumeté, ée |plymte| *adj.* (*blas.*) ornato di piume.
plumetis |plymti| *s.m.* (*broderies*) punto pieno, 'plumetis' *inv.*
plumeur, euse |plymœʀ, øz| *s.* spennatore* (di volatili).
plumeux, euse |plymø, øz| *adj.* [*qui ressemble aux plumes*] piumoso ◇ (*zool.*) *antennes plumeuses* antenne piumose.
plumier |plymje| *s.m.* [*boîte oblongue dans laquelle on met plumes, porte-plume, crayons, gommes*] astuccio*.
plumitif |plymitif| *s.m.* [*greffier, commis aux écritures*] scrivano ◇ (*péj.*) [*mauvais auteur, mauvais écrivain*] imbrattacarte *inv.*, scribacchino.
plum-pudding |plu(œ)mpudiŋ| *s.m.* (*angl.*) (*pâtiss.*) pudding (*inv.*): *des plum-puddings* dei pudding.
plumule |plymyl| *s.f.* **1** (*bot.*) plumula **2** [*petite plume du duvet*] plumula.
plupart (la) |laplypaʀ| **1** *s.f.* LA PLUPART DE (*avec un sing.*) la maggior parte di: *je passais la plupart de mon temps dehors* trascorrevo la maggior parte del tempo fuori ◇ (*loc. adv.*) *la plupart du temps* per lo più ◇ (*avec un plur.*) *la plupart des hommes* la maggior parte degli uomini; *dans la plupart des cas* nella maggior parte dei casi → 1 **majorité** ◇ (*loc. adv.*) *pour la plupart* per lo più, in maggioranza: *les convives étaient, pour la plupart, des marchands* i commensali erano per lo più, in maggioranza, commercianti **2** *pron. indéf.* LA PLUPART [*le plus grand nombre*] i più (*m. pl.*): *la plupart s'en vont*, (*littér.*) *s'en va* i più se ne vanno Ⓒ **peu.**
plural, ale, aux |plyʀal, o| *adj.* [*qui contient plusieurs unités, plusieurs éléments*] plurimo: *vote plural* voto plurimo.
pluralisme |plyʀalism(ə)| *s.m.* (*philo., polit.*) pluralismo: *le pluralisme syndical* il pluralismo sindacale.
pluraliste |plyʀalist(ə)| *adj.* pluralistico*.
pluralité |plyʀalite| *s.f.* **1** pluralità (*inv.*): *la pluralité des partis politiques* la pluralità dei partiti politici → **multiplicité** **2** (*vx.*) → 1 **majorité** 2 Ⓒ 1 **singularité.**
pluri- |plyʀi| *préf.* (*signifiant 'plusieurs', correspond généralt. à*) pluri: *pluricellulaire* pluricellulare.
pluriannuel, elle |plyʀianɥɛl| *adj.* poliennale, pluriennale.
pluricellulaire |plyʀise(ɛl)lylɛʀ| *adj.* (*biol.*) pluricellulare: *organisme pluricellulaire* organismo pluricellulare.
pluridisciplinaire |plyʀidisiplinɛʀ| *adj.* pluridisciplinare, multidisciplinare.
pluridisciplinarité |plyʀidisiplinaʀite| *s.f.* pluridisciplinarità *inv.*, multidisciplinarità *inv.*
pluriel, elle, els |plyʀjɛl| **1** *s.m.* plurale: *mettre un mot au pluriel* mettere una parola al plurale # *pluriel de majesté, de modestie* pluralis majestatis, modestiæ **2** *adj.* (*rare*) plurale (*cour.*): *la première personne plurielle de l'indicatif présent* la prima persona plurale dell'indicativo presente Ⓒ **singulier.**
plurilatéral, ale, aux |plyʀilateʀal, o| *adj.* plurilaterale, multilaterale.
plurinational, ale, aux |plyʀinasjɔnal, o| *adj.* plurinazionale.
plurinominal, ale, aux |plyʀinɔminal, o| *adj.* plurinominale.
pluripartisme |plyʀipaʀtism(ə)| *s.m.* pluripartitismo.
plurivalent, ente |plyʀivalɑ̃, ɑ̃t| *adj.* **1** (*chim.*) polivalente, plurivalente **2** (*philo.*) plurivalente.
plurivoque |plyʀivɔk| *adj.* (*log., math., ling.*) plurivoco*.
1 **plus** |plys| *adv.* **I** *adverbial* **1** PLUS (|ply| *devant consonne*, |plyz| *devant voyelle*, |plys| *à la finale*) (*modifiant un v., un adj., un adv.*) (di) più: *plus grand* più grande, maggiore; *plus souvent* più spesso; *de plus près* più da vicino; *je t'aime plus maintenant* ora ti voglio più bene, ti amo di più → **davantage** ◇ *loc.* EN PLUS (+ *adj.*) più (in) (+ *adj.*): *c'est comme chez lui en plus grand* è come (a) casa sua, ma più (in) grande **2** PLUS... QUE più... che; più... di: *il est plus bête que méchant* è più stupido che (non) cattivo → **plutôt**; *plus* |ply(s)| *que jamais* più che mai; *un résultat plus qu'honorable* un risultato più che onorevole ‖ *il aime ça plus que tout* (questo) gli piace più di ogni altra cosa, gli piace soprattutto questo; *plus qu'il ne faudrait* più del necessario → **trop** ◇ *loc.* PLUS (*avec un adv. ou un numer.*) (di) più: *beaucoup plus* molto (di) più; *encore plus* ancora di più # *deux ans plus tard* due anni dopo; *deux ans plus tôt*

due anni prima **3** (*en corrélation avec 'plus' ou 'moins'*) (quanto) più... (tanto) più (tanto meno): *plus on est de fous, plus on s'amuse* più si è mattacchioni, e più ci si diverte; *c'est d'autant plus cher qu'on en produit moins* è tanto più caro quanto meno se ne produce **4** PLUS OU MOINS più o meno: *réussir plus ou moins bien* riuscire più o meno bene ~ NI PLUS NI MOINS né più né meno: *c'est du vol, ni plus ni moins* è un furto, né più né meno ~ DE PLUS EN PLUS sempre (di) più: *il penche de plus en plus* pende sempre di più; *aller de plus en plus vite* andare sempre più veloce ~ ON NE PEUT PLUS (+ *adj. ou adv.*) estremamente *adv.*, quanto mai: *je suis on ne peut plus heureux* sono estremamente felice, quanto mai felice **II** *nominal* (|ply| *devant consonne*, |plyz| *devant voyelle*, |plys| *à la finale*) → **davantage** **1** *absolt.* (di) più: *plus d'une fois* più di una volta, più volte; *pour plus d'une raison* per più di una ragione, per parecchie ragioni; *demander plus* chiedere di più → **plusieurs, beaucoup,** 1 **bien** # *il était plus de minuit* era passata mezzanotte **2** *loc.* PLUS DE (*avec un compl. partitif*) più: *elle avait plus de charme que de beauté* aveva più fascino che bellezza, era più affascinante che bella **3** *loc.* DE PLUS di più: *une minute de plus* un minuto di più, un altro minuto # *rien de plus* nient'altro; *raison de plus* a maggior ragione; *une fois de plus* ancora una volta, un'altra volta ~ *de plus, qui plus est* [*en outre*] inoltre, per di più (perdipiù) **4** *loc.* SANS PLUS [*sans rien de plus*] niente di più, e basta: *elle est mignonne, sans plus* è carina, niente di più; è carina e basta ~ *en plus* in più, anche → **aussi, également** ◇ *loc. prép.* EN PLUS DE oltre (a): *en plus de son travail, il suit des cours* oltre al lavoro, segue dei corsi **5** *subst.* (di) più *adv.* # *qui peut le plus peut le moins* chi può tanto può poco **III** (*même prononciation que I et II*) **1** *conj.* [*en ajoutant*] più: *deux plus trois font cinq* due più tre (fa) cinque → **et** **2** (*s'emploie pour désigner une quantité positive, ou certaines grandeurs au-dessus du point zéro*) più: *le signe plus* il segno più **IV** *superlatif* LE, LA, LES PLUS (*même prononciation que I et II*) **1** *adv.* più: *au plus tôt* al più presto; *ce qui frappe le plus* quello che colpisce di più, maggiormente; *c'est le plus important* è la cosa più importante; *le plus qu'il peut* quanto più può, il più possibile # *la plus grande partie* la maggior parte → **majeur** ◇ *loc.* CE QUE... DE PLUS quello che... di più: *ce que j'ai de plus précieux* quello che ho di più prezioso ~ DES PLUS dei più, fra i più: *une situation des plus embarrassantes* una situazione delle più imbarazzanti, estremamente imbarazzante **2** *nominal* LE PLUS DE più, il maggior numero di: *les gens qui ont rendu le plus de services* le persone che hanno reso più servigi, il maggior numero di servigi ◇ *loc.* (TOUT) AU PLUS al massimo, tutt'al più: *dix francs au plus* al massimo, dieci franchi.

2 **plus** |ply| *adv. de négation* **1** PAS PLUS... QUE non più... di: *pas plus haut qu'une botte* non più alto di un soldo di cacio ◇ *loc.* PAS PLUS QUE: *on ne doit pas mentir pas plus qu'on ne doit dissimuler* non si deve mentire, e neanche (neppure, nemmeno) dissimulare; come non si deve mentire, così non si deve dissimulare **2** *loc.* NON PLUS [*pas plus que telle autre personne ou chose dont il est question*] (*remplace 'aussi', en propos. négative*) neanche *adv.*, nemmeno *adv.*, neppure (*adv.*): *tu n'attends pas? moi non plus* tu non aspetti? io neanche, nemmeno, neppure **3** NE... PLUS non... più: *on ne comprend plus* non si capisce più; *il n'y en a plus* non ce n'è più; *ne plus dire un mot* non dire più una parola; *elle n'est plus* ella non è più; *il n'y a plus personne* non c'è più nessuno; *je ne le ferai jamais plus, plus jamais* non lo farò mai più ◇ *loc.* SANS PLUS... senza più...: *sans plus se soucier de rien* senza più preoccuparsi di niente ~ NON PLUS non più: *compter non plus par syllabes, mais par mots* contare non più le sillabe, ma le parole.

plusieurs |plyzjœʀ| **1** *adj. indéf. pl.* [*plus d'un, un certain nombre*] parecchi, più (*adv.*): *plusieurs personnes* parecchie, più persone; *plusieurs fois* parecchie, più volte; *en plusieurs endroits* in più, in parecchi posti; *à plusieurs reprises* a più riprese → **différent, divers, quelque(s)** **2** *nominal indéf. pl.* (*avec un compl. partitif*) parecchi: *plusieurs d'entre eux* parecchi di loro ◇ (*indéterminé*) [*plusieurs personnes*] *ils s'y sont mis à plusieurs* ci si sono messi in parecchi → **certain(s), quelque(s-uns).**

plus-que-parfait |plyskɔpaʀfɛ| *s.m.* (*gram.*) piuccheperfetto: *plus-que--parfait de l'indicatif, du subjonctif* piuccheperfetto indicativo, congiuntivo.

plus-value |plyvaly| *s.f.* **1** (*écon.*) plusvalore *m.*, plusvalenza **2** (*philo.*) plusvalore.

pluteus |plyteys| *s.m.* (*archéol.*) pluteo.

pluton |plytɔ̃| *s.m.* (*géol.*) plutone: *pluton granitique* plutone granitico.

plutonien, ienne |plytɔnjɛ̃, jɛn| *adj.* **1** [*relatif à Pluton*] plutoniano **2** (*vx.*) → **plutonique.**

plutonigène |plytɔniʒɛn| *adj.* (*phys.*) producente plutonio, che produce plutonio *loc.*

plutonique |plytɔnik| *adj.* (*géol.*) plutoniano: *roches plutoniques* rocce plutoniane.

plutonisme |plytɔnism(ə)| *s.m.* (*géol.*) plutonismo.

plutonium |plytɔnjɔm| *s.m.* (*chim.*) plutonio*: *bombe au plutonium* bomba al plutonio.

plutôt |plyto| *adv.* **1** [*de préférence*] (*appliqué à une action*) di preferenza *loc. inv.*; piuttosto: *les grandes misères frappent plutôt les faibles* le grandi disgrazie colpiscono di preferenza i deboli ‖ *plutôt que de se plaindre, il ferait mieux de se soigner* piuttosto che lamentarsi, invece di lamentarsi, farebbe meglio a curarsi; *plutôt mourir!* piuttosto la morte! ◇ (*appliqué à une appréciation plus juste*) piuttosto: *plutôt moins que trop* piuttosto meno che troppo → **plus** ◇ *loc. adv.* OU PLUTÔT o piuttosto, anzi (*conj.*): *elle a l'air méchant, ou plutôt revêche* ha un'aria cattiva, o piuttosto scontrosa, anzi scontrosa ~ MAIS PLUTÔT ma piuttosto: *ce n'est pas lui, mais (bien) plutôt elle qui en porte la responsabilité* non è lui, ma piuttosto lei che ne ha la responsabilità **2** [*passablement, assez*] piuttosto, alquanto: *la vie est plutôt monotone* la vita è piuttosto, alquanto monotona ◇ (*fam.*) [*très*] piuttosto: *il est plutôt barbant, celui-là* è piuttosto barboso, quel tipo!

pluvial, ale, aux |plyvjal, o| *adj.* (*géogr.*) pluviale, piovano: *eau pluviale* acqua piovana, pluviale.

pluvian |plyvjɑ̃| *s.m.* (*t.zool.*) guardiano del coccodrillo.

pluvier |plyvje| *s.m.* (*t.zool.*) piviere ~ *pluvier doré* piviere dorato.

pluvieux, euse |plyvjø, øz| *adj.* [*caractérisé par la pluie*] piovoso: *temps pluvieux* tempo piovoso; *les jours pluvieux* i giorni piovosi; *pays pluvieux* paese piovoso Ⓒ **sec.**

pluviner |plyvine| *v.intr.* → **pleuviner.**

pluviomètre |plyvjɔmɛtʀ(ə)| *s.m.* pluviometro.

pluviométrie |plyvjɔmetʀi| *s.f.* pluviometria.

pluviométrique |plyvjɔmetʀik| *adj.* pluviometrico*: *courbe pluviométrique* curva pluviometrica.

pluvio-nival, ale, aux |plyvjonival, o| *adj.* (*géogr.*) pluvionivale.

pluviôse |plyvjoz| *s.m.* (*hist.*) piovoso.

pluviosité |plyvjozite| *s.f.* piovosità *inv.*

1 **pneu, pneus** |pnø| *s.m.* pneumatico*, gomma (*f.*): *pneus d'une automobile, d'une bicyclette* pneumatici, gomme di una automobile, di una bicicletta; *pneus avant, pneus arrière* pneumatici, gomme anteriori, posteriori; *train de pneus* treno di gomme; *pneu à plat* gomma a terra.

2 **pneu, pneus** |pnø| *s.m.* → **pneumatique** II 1.

pneuma |pnøma| *s.m.* (*philo.*) pneuma.

pneumatique |pnømatik| **I** *adj.* pneumatico*: *machine pneumatique* macchina pneumatica; *marteau pneumatique* martello pneumatico; *canot pneumatique* canotto pneumatico, gommone *s.m.* **II** *s.* **1** *s.m.* corrispondenza *f.* (inviata) per posta pneumatica: *envoyer un pneumatique* spedire una corrispondenza per posta pneumatica **2** *s.f.* (*vx.*) → **pneumatologie.**

pneumat(o)- |pnømat(ɔ)| *préf.* (*signifiant 'souffle', correspond généralt. à*) pneumat(o): *pneumatique* pneumatico; *pneumatologie* pneumatologia.

pneumatologie |pnømatɔlɔʒi| *s.f.* (*hist. philo.*) pneumatologia*.

pneumatomètre |pnømatɔmɛtʀ(ə)| *s.m.* (*méd.*) pneumometro.

pneumatométrie |pnømatɔmetʀi| *s.f.* (*méd.*) pneumometria.

pneumatophore |pnømatɔfɔʀ| *s.m.* (*bot., zool.*) pneumatoforo.

pneumatothérapie |pnømatɔteʀapi| *s.f.* [*cure d'air*] aeroterapia.

pneumectomie |pnømɛktɔmi|, **pneumonectomie** |pnømɔnɛktɔmi| *s.f.* (*chir.*) pneumectomia, pneumonectomia.

pneum(o)- |pnøm(ɔ)| *préf.* (*signifiant 'poumon', correspond généralt. a*) pneum(o): *pneumoconiose* pneumoconiosi; *pneumocoque* pneumococco.

pneumo |pnømo| *s.m.* → **pneumothorax.**

pneumocèle |pnømɔsɛl| *s.f.* (*méd.*) pneumocele *m.*, pneumonocele *m.*

pneumoconiose |pnømɔkɔnjoz| *s.f.* (*méd.*) pneumoconiosi *inv.*

pneumocoque |pnømɔkɔk| *s.m.* (*méd.*) pneumococco*.

pneumogastrique |pnømɔgastʀik| *adj. et s.m.* (*anat.*) *le* (*nerf*) *pneumogastrique* il (nervo) pneumogastrico*.

pneumographe |pnømɔgʀaf| *s.m.* (*méd.*) pneumografo.

pneumographie |pnømɔgʀafi| *s.f.* (*méd.*) pneumografia.

pneumologie |pnømɔlɔʒi| *s.f.* pneumologia*.

pneumologue |pnømɔlɔg| *s.* pneumologo* *m.*

pneumonie |pnømɔni| *s.f.* (*méd.*) polmonite, pneumonite: *pneumonie double* polmonite doppia.

pneumonique |pnømɔnik| (*s.*) *un, une pneumonique* un malato, una malata di polmonite.

pneumopéritoine |pnømɔpeʀitwan| *s.m.* (*méd.*) pneumoperitoneo.

pneumorragie |pnømɔʀaʒi| *s.f.* (*méd.*) pneumorragia*.

pneumothorax |pnømɔtɔʀaks| *s.m.* (*méd.*) pneumotorace ◇ (*abrév.*) *des pneumos* dei pneumotoraci.

pneumotomie |pnømɔtɔmi| *s.f.* (*chir.*) pneumotomia.

pochade |pɔʃad| *s.f.* **1** (*litt.*) 'pochade' *inv.* **2** (*peint.*) bozzetto *m.*

pochard, arde |pɔʃaʀ, aʀd(ə)| *s.* (*fam.*) [*ivrogne misérable*] ubriacone: *une vieille pocharde* una vecchia ubriacona.

pocharder (se) |pɔʃaʀde| *v.pron.* (*pop., vieilli*) → **enivrer (s')**.

pochardise |pɔʃaʀdiz| *s.f.* (*fam., vieilli*) → **ivrognerie**.

poche |pɔʃ| *s.f.* **1** (*cour.*) tasca*: *les poches d'un veston* le tasche di una giacca; *poche-revolver d'un pantalon* tasca posteriore dei pantaloni; *mettre qqch. dans ses poches* mettersi q.c. in tasca → **empocher** # *petite poche d'un gilet* taschino di un gilè ◇ (*loc. fig., fam.*) *faire les poches à qqn.* ripulire le tasche a qc.; fare i conti in tasca a qc. ~ *les mains dans les poches* con le mani in tasca, con le mani in mano ~ *se remplir les poches* riempirsi le tasche ~ *payer de sa poche* pagare di tasca propria ~ (*fam.*) *en être de sa poche* rimetterci di tasca propria ~ *connaître comme sa poche* conoscere come le proprie tasche ~ (*fam.*) *n'avoir pas les yeux dans sa poche* avere gli occhi ben aperti ~ (*fam.*) *n'avoir pas sa langue dans sa poche* avere la lingua sciolta ~ *mettre qqn. dans sa poche* tenere in pugno qc., mettersi qc. in tasca ~ (*pop.*) *c'est dans la poche* l'abbiamo in tasca, è fatta ~ *mettre son amour-propre dans sa poche* mettere da parte l'amor proprio **2** *loc.* DE POCHE tascabile (*adj.*): *livre de poche* libro (di formato tascabile # *carnet de poche* taccuino; *argent de poche* denaro per le piccole spese personali, 'argent de poche' **3** [*déformation de ce qui est détendu*] borsa: *poches sous les yeux* borse sotto gli occhi; *ce pantalon fait des poches aux genoux* questi pantaloni fanno le borse alle ginocchia **4** [*petit sac en papier, en matière plastique*] sacchetto *m.* (di carta, di plastica) → **pochette** **5** [*partie, compartement* (*d'un cartable, d'un portefeuille*)] tasca **6** (*chasse*) callai(u)ola ◇ (*pêche*) sacco* (*m.*): *poche d'un chalut* sacco di una sciabica **7** (*anat.*) sacco: *poche des eaux* sacco delle acque ◇ [*repli abdominal des femelles des marsupiaux*] borsa, marsupio* *m.* **8** [*amas d'une substance logé dans une cavité; cette cavité*] sacca*: *poche d'eau, de gaz naturel, de pus* sacca d'acqua, di gas naturale, di pus **9** (*milit.*) sacca **10** (*vx.*) → **sac** ◇ (*loc.*) *acheter chat en poche* [*sans connaître l'objet qu'on achète*] comprare a scatola chiusa **11** [*grand sac de toile pour le blé, l'avoine*] sacco.

poché, ée |pɔʃe| *adj.* **1** *œil poché* [*ecchymose et enflure des chairs autour de l'œil, après un coup*] occhio pesto, nero **2** YEUX POCHÉS (*d'une personne qui a des poches sous les yeux*): *il a les yeux pochés* ha le borse sotto gli occhi **3** [*qu'on a cuit en pochant*] in camicia *loc. inv.*, affogato: *des œufs pochés* uova in camicia, affogate.

pochée |pɔʃe| *s.f.* (*vx.*) [*contenu d'une poche* (*de vêtement*)] tascata (*cour.*).

pocher |pɔʃe| *v.tr.* **1** *pocher un œil à qqn.* [*meurtrir par un coup violent*] pompare gli occhi a qc., far (103) l'occhio nero a qc. **2** [*plonger dans un liquide très chaud*] lessare: *pocher un poisson dans un court-bouillon* lessare un pesce in un brodo aromatico **3** (*peint.*) [*exécuter rapidement à la manière d'une pochade*] schizzare.

pochetée |pɔʃte| *s.f.* **1** (*vx.*) → **pochée** **2** (*pop.*) [*imbécile, maladroit*] scemo *s.*

pochette |pɔʃɛt| *s.f.* **1** [*petite enveloppe* (*d'étoffe, de papier*)] bustina, busta: *pochette d'allumettes* bustina di fiammiferi; *pochette à serviette de table* busta portatovagliolo ◇ (*loc.*) *pochette-surprise* [*qu'on achète ou qu'on gagne sans en connaître le contenu*] busta, cartoccio *m.* a sorpresa **2** [*petite pièce d'étoffe qu'on dispose dans la poche de poitrine pour l'orner*] fazzoletto *m.* da taschino **3** (*vx.*) taschino *m.* (di un vestito) (*cour.*) **4** [*trousse d'écolier, plate*] astuccio* *m.* **5** (*hist. mus.*) 'pochette' *inv.*

pocheuse |pɔʃøz| *s.f.* [*ustensile de cuis. qui sert à préparer les œufs pochés*] cucchiaia*.

pochoir |pɔʃwaʀ| *s.m.* (*techn.*) stampino.

pochouse |pɔʃuz| *s.f.* (*région.*) [*matelote de poissons de rivière au vin blanc*] ⊠.

pochon |pɔʃɔ̃| *s.m.* (*région., techn.*) [*grande louche*] ramaiolo (*cour.*).

poco |pɔko| *adv.* (*mus.*) poco: *poco allegro* poco allegro ◇ (*loc.*) *poco à poco* poco a poco.

1 **podagre** |pɔdagʀ(ə)| *s.f.* (*vx., méd.*) podagra.

2 **podagre** |pɔdagʀ(ə)| *adj.* (*vx., méd.*) podagrico* → **impotent** ✦ (*s.*) *un podagre* un podagroso.

podaire |pɔdɛʀ| *s.f.* (*math.*) podaria.

-pode |pɔd| *suff.* (*signifiant 'pied', correspond généralt. à*) pode: *myriapode* miriapode.

podestariat |pɔdɛstaʀja| *s.m.* (*hist.*) podesteria *f.*

podestat |pɔdɛsta| *s.m.* podestà *inv.*

podium |pɔdjɔm| *s.m.* **1** (*archéol.*) podio* **2** (*sport*) podio: *monter sur le podium* [*devenir champion*] salire sul podio (dei vincitori).

podologie |pɔdɔlɔʒi| *s.f.* (*méd.*) podologia*.

podologique |pɔdɔlɔʒik| *adj.* podologico*.

podomètre |pɔdɔmɛtʀ(ə)| *s.m.* → **pédomètre.**

podophylline |pɔdɔfilin| *s.f.* (*pharm.*) podofillina.

podophyllum |pɔdɔfilɔm| *s.m.* (*t. bot.*) podofillo.

podzol |pɔdzɔl| *s.m.* (*russe*) (*géogr.*) podsol *inv.*

podzolique |pɔdzɔlik| *adj.* (*géogr.*) di, del podsol *loc. inv.*

podzoliser |pɔdzɔlize| *v.tr.* (*géol.*) [*transformer* (*un sol*) *en podzol par un processus d'acidification et de lessivage*] podsolizzare.

pœcile |pesil| *s.m.* (*archéol.*) pecile.

pœcilotherme |pesilɔtɛʀm(ə)| *adj.* → **poïkilotherme.**

1 **poêle** |pwal| *s.f.* [*ustensile de cuis. plat, à bords bas et muni d'une longue queue*] padella: *poêle à frire* padella per friggere; *faire revenir des légumes à la poêle* far rosolare delle verdure in padella ◇ (*loc. fig.*) *tenir la queue de la poêle* tenere, avere le redini in mano.

2 **poêle** |pwal| *s.m.* **1** [*drap recouvrant le cercueil pendant les funérailles*] (*seulement dans la loc.*) *tenir les cordons du poêle* tenere i cordoni del drappo funebre **2** (*vx.*) velo (teso sopra la testa degli sposi).

poêle, poële |pwal| *s.m.* [*appareil de chauffage*] stufa (*f.*): *poêle à mazout* stufa a nafta → **fourneau.**

poêlée |pwale| *s.f.* [*contenu d'une poêle*] padellata.

poêler |pwale| *v.tr.* **1** [*cuire dans une casserole fermée, avec un corps gras*] stufare: *poêler un morceau de viande* stufare un pezzo di carne **2** (*rare*) [*cuire, passer à la poêle*] cuocere (129) in padella (*cour.*) ✦ (*au p.p.*) *œufs poêlés* uova al tegame *loc. inv.*

poêlier |pwalje| *s.m.* (*rare*) [*celui qui fabrique, installe des poêles et appareils de chauffage*] fumista.

poêlon |pwalɔ̃| *s.m.* [*casserole de métal ou de terre à manche creux dans laquelle on fait revenir et mijoter*] tegame, casseruola *f.*

poème |pɔɛm| *s.m.* **1** poesia *f.*, poema: *strophes, quatrains d'un poème* strofe, quartine di una poesia, di un poema; *un recueil de poèmes* una raccolta di poesie → **poésie** # *poème en prose* poemetto in prosa **2** (*loc. fam., iron.*) *c'est tout un poème* è tutto un poema **3** (*mus.*) *poème symphonique* poema sinfonico.

poésie |pɔezi| *s.f.* **1** poesia: *le vers, la rime en poésie* il verso, la rima in poesia; *poésie lyrique* poesia lirica ◇ [*manière propre à un poète, une école de pratiquer cet art*] *la poésie symboliste* la poesia simbolista **2** [*poème*] poesia: *un choix de poésies* una scelta di poesie → **anthologie** **3** [*caractère de ce qui éveille l'émotion poétique*] poesia: *la poésie des ruines* la poesia dei ruderi → **beauté** **4** [*aptitude d'une personne à éprouver l'émotion poétique*] poesia: *il manque de poésie* è privo di poesia 🄲 **prose.**

poète |pɔɛt| *s.m.* **1** poeta: *les poètes romantiques* i poeti romantici; *l'inspiration du poète* l'ispirazione del poeta ◇ (*en parlant d'une femme*) *cette femme est un grand poète* questa donna è una grande poetessa *f.* ✦ (*adj.*) *il* *est poète* è poeta **2** [*auteur dont l'œuvre est pénétrée de poésie*] poeta: *ce romancier est un poète* questo romanziere è un poeta **3** [*homme doué de poésie* (4)] poeta.

poétereau |pɔetʀo| *s.m.* [*mauvais poète, poète mineur*] poetucolo *s.*, poetastro *s.*

poétesse |pɔetɛs| *s.f.* [*femme poète*] (*souvent péj.*) poetessa (*cour.*); verseggiatrice.

1 **poétique** |pɔetik| *adj.* **1** poetico*: *style, image poétique* stile poetico; immagine poetica; *l'inspiration poétique* l'ispirazione poetica; *art poétique* arte poetica **2** [*empreint de poésie*] poetico: *une prose poétique* una prosa poetica → **lyrique** ◇ (*par ext.*) *émotion, état poétique* emozione poetica, stato poetico ◇ [*qui émeut par la beauté, le charme*] *un paysage très poétique* un paesaggio molto poetico Ⓒ 2 **banal, prosaïque.**

2 **poétique** |pɔetik| *s.f.* (*litt.*) poetica*.

poétiquement |pɔetikmɑ̃| *adv.* [→ 1 POÉTIQUE] poeticamente.

poétisation |pɔetizɑsjɔ̃| *s.f.* [→ POÉTISER] idealizzazione.

poétiser |pɔetize| *v.tr.* [*rendre* (1) *poétique* (2), *embellir, idéaliser*] idealizzare ✦ (*au p.p.*) *des souvenirs poétisés* ricordi idealizzati.

pogne |pɔɲ| *s.f.* (*pop.*) → 1 **main.**

pognon |pɔɲɔ̃| *s.m.* (*pop.*) [*argent*] grana (*f.*): *il a du pognon plein les poches* è pieno di grana.

pogrom, pogrome |pɔgʀɔm| *s.m.* pogrom *inv.*

poids |pwa(ɑ)| *s.m.* **I** **1** [*force exercée par un corps matériel*] peso: *poids spécifique, atomique, moléculaire* peso specifico, atomico, molecolare; *d'un poids faible, d'un grand poids* di scarso, notevole peso **2** [*caractère, effet de ce qui pèse*] peso: *le poids d'un fardeau* il peso di un fardello; *peser de tout son poids* premere con tutto il proprio peso; *tomber de tout son poids* cadere di peso **3** [*mesure du poids* (*de la masse*)] peso: *poids utile* peso utile; *poids brut, net* peso lordo, netto; *poids mort, vif* peso morto, vivo; *denrée qui se vend au poids ou à la pièce* derrata che si vende a peso o all'unità ◇ (*personnes*) *prendre, perdre du poids* aumentare, diminuire di peso **4** (*boxe, haltérophilie*) peso: *poids léger, plume, moyen, lourd* peso leggero, piuma, medio, massimo ◇ (*fig.*) *un poids lourd, plume* [*un homme grand et gros, un homme mince et léger*] un omone, un omino ◇ (*loc.*) *il ne fait pas le poids* [*il n'a pas les capacités requises*] non è all'altezza **II** **1** [*corps matériel pesant*] peso: *un poids de tant, de X kilos* un peso di tot, di X chili; *une horloge à poids* un orologio a pesi **2** [*objet de masse déterminée servant à peser*] peso ◇ (*admin.*) *poids et mesures* pesi e misure **3** (*sport*) *poids et haltères* sollevamento pesi, atletica* *f.* pesante; *lancement du poids* lancio, getto del peso **4** *poids lourd* [*véhicule automobile de fort tonnage*] autocarro, camion *inv.* → 1 **camion** **5** [*sensation d'un corps pesant*] peso: *avoir un poids sur l'estomac* avere un peso sullo stomaco **III** **1** [*charge pénible*] peso: *un vieillard courbé sous le poids des années* un vecchio curvo sotto il peso degli anni; *le poids de l'impôt* il peso, il gravame dell'imposta ◇ [*souci, remords*] *cela m'ôte un poids de la conscience* (la cosa) mi toglie un peso dalla coscienza; *c'est un poids mort* è un peso morto **2** [*force, influence de qqch.*] peso: *le poids d'un argument* il peso di un argomento; *un homme de poids* un uomo di peso, autorevole **3** (*math.*) peso.

poids lourd |pwaluʀ| *s.m* → **poids** II 4.

poignant, ante |pwaɲɑ̃, ɑ̃t| *adj.* [*qui cause une impression très vive et pénible; qui serre, déchire le cœur*] cocente, straziante: *une douleur poignante* un dolore cocente; *un souvenir poignant* un ricordo straziante → **déchirant.**

poignard |pwaɲaʀ| *s.m.* [*arme blanche à lame courte, pointue du bout*] pugnale: *à coups de poignard* a colpi di pugnale # *il le frappa d'un coup de poignard* lo colpì con una pugnalata.

poignarder |pwaɲaʀde| *v.tr.* **1** [*frapper avec un poignard, un couteau*] pugnalare ◇ (*loc. fig.*) *poignarder qqn. dans le dos* pugnalare qc. alla schiena **2** (*fig.*) [*causer une douleur très vive à*] straziare: *la jalousie le poignardait* la gelosia lo straziava.

poignardeur, euse |pwaɲaʀdœʀ, øz| *s.* (*rare*) [*personne qui poignarde qqn.*] pugnalatore*.

poigne |pwaɲ| *s.f.* **1** [*la force du poing, de la main pour empoigner, tenir*] stretta: *avoir de la poigne* avere una stretta d'accaio **2** (*fig.*) [*énergie, fermeté*] polso (*m.*): *un homme à poigne* un uomo di polso; *avoir de la poigne* avere polso.

poignée |pwaɲe| *s.f.* **1** [*quantité* (*d'une chose*) *que peut contenir une main fermée*] pugno (*m.*): *une poignée de sel* un pugno di sale ◇ (*loc.*) *à poignées, par poignées* a piene mani → **abondance (en)** **2** [*petit nombre* (*de personnes*)] pugno: *une poignée de mécontents* un pugno di scontenti ✦ (*absolt.*) *nous n'étions qu'une poignée* eravamo in pochi **3** [*partie* (*d'un objet: arme, ustensile*) *spécialt. disposée pour être tenue avec la main serrée*] maniglia: *poignée de porte, de valise* maniglia di porta, di valigia # *poignée d'épée* impugnatura di spada ◇ [*pièce de protection pour saisir un objet chaud*] presa: *poignée pour fer à repasser* presa per il ferro da stiro **4** *loc.* POIGNÉE DE MAIN stretta di mano: *poignées de mains chaleureuses, cordiales* strette di mano calorose, cordiali; *donner une poignée de main* dare una stretta di mano.

poignet |pwaɲɛ| *s.m.* **1** [*articulation qui réunit l'avant-bras à la main*] polso: *porter un bracelet-montre au poignet* portare un orologio al polso ◇ *loc.* (*pr.*) *à la force du poignet, des poignets* a forza di braccia *f. pl.*; (*fig.*) *fortune acquise à la force du poignet* ricchezza sudata **2** [*extrémité de la manche, couvrant le poignet*] polsino: *des poignets de chemise* polsini di camicia.

poïkilotherme |pɔikilɔtɛʀm(ə)| *adj.* (*se dit des animaux dont la température est variable*) eterotermo.

poil |pwal| *s.m.* **I.** **1** pelo: *racine du poil* radice del pelo; *un chat qui perd ses poils* un gatto che perde il pelo ◇ [*poils d'animaux utilisés dans la confection d'objets*] *les poils d'une brosse, d'un pinceau* i peli di una spazzola, di un pennello **2** [*peau d'animal garnie de ses poils et ne méritant pas le nom de 'fourrure'*] pelo: *bonnet en poil de lapin* berretto di pelo di coniglio → 1 **pelage** **3** (*chez l'homme*) pelo: *les poils du visage* i peli del viso ◇ (*loc. fam.*) *ne pas avoir un poil sur le caillou* non avere nemmeno un pelo sulla zucca, essere completamente calvo (*cour.*) ◇ (*collectif*) LE POIL, DU POIL pelo: *avoir du poil sur le corps* avere (del) pelo sul corpo, essere peloso → **poilu** **4** (*loc. fig., fam.*) *avoir un poil dans la main* essere pigro, uno sfaticato (*cour.*) ~ (*pop.*) *tomber sur le poil de qqn.* dare addosso a qc. (*cour.*) ~ *reprendre du poil de la bête* riaversi (*cour.*), riprendere il sopravvento (*cour.*) ~ DE TOUT POIL, DE TOUS POILS di ogni genere, di ogni risma (*cour.*): *ils reçoivent des gens de tout poil* ricevono gente di ogni genere ~ (*fam.*) À POIL [*tout nu*] (completamente) nudo *adj.* (*cour.*): *se mettre à poil* mettersi nudo, denudarsi # *monter un cheval à poil* montare un cavallo a pelo, a bisdosso ~ *à un poil près* per un pelo ~ *il s'en est fallu d'un poil* c'è mancato un pelo ~ (*fam.*) *être de bon, de mauvais poil* [*humeur*] essere di buon umore, di cattivo umore (di malumore) (*cour.*) ~ *loc. adv.* (*fam.*) AU POIL [*exactement*]: *au petit poil, au quart de poil* con la massima precisione, esattezza (*cour.*); *arriver au poil* arrivare al momento giusto (a proposito) (*cour.*), come il cacio sui maccheroni (*cour.*) ✦ (*à valeur adj.*) [*très satisfaisant*] coi fiocchi *loc. inv.* # *c'est au poil* è perfetto (*cour.*), è splendido (*cour.*) ✦ (*exclam.*) *au poil!* perfetto! (*cour.*), magnifico! (*cour.*) **5** *poil à gratter* borra *f.* del grattaculo ◇ (*bot.*) pelo **6** [*partie velue d'un tissu*] pelo: *les poils d'un tapis* i peli di un tappeto.

poilant, ante |pwalɑ̃, ɑ̃t| *adj.* (*pop.*) [*très drôle*] da sganasciarsi *loc. inv.*, da spanciarsi (dalle risate) (*loc. inv.*): *c'était poilant* c'era da sganasciarsi, da spanciarsi dalle risate.

poiler (se) |pwale| *v.tr.* (*pop.*) [*rire aux éclats*] sganasciarsi *pron.*, spanciarsi (dalle risate) *pron.*

poilu |pwaly| *s.m.* [*soldat combattant de la guerre de 1914-1918*] ⊠.

poilu, ue |pwaly| *adj.* **1** [*qui a des poils*] peloso **2** [*qui a des poils très apparents*] peloso, villoso: *bras poilus* braccia pelose, villose; *un homme à torse poilu* un uomo dal petto villoso → **velu** ◇ (*loc. fam.*) *il est poilu comme un singe* è peloso come uno scimmione.

poinçon |pwɛ̃sɔ̃| *s.m.* **I** **1** [*instrument terminé en pointe pour percer les matières dures*] punteruolo: *poinçon de sellier* punteruolo del sellaio; *poinçon de brodeuse* punteruolo di ricamatrice → **alène** # *poinçon de forge* punzone di fucina → **mandrin** **2** [*tige d'acier trempé terminée par une face gravée, pour imprimer une marque*] punzone ◇ [*la marque gravée*] marchio*: *poinçon d'un bijou contrôlé* marchio di un gioiello controllato → **estampille** **3** (*typogr.*) punzone **II** (*charpent.*) monaco*, ometto.

poinçonnage |pwɛ̃sɔnaʒ|, **poinçonnement** |pwɛ̃sɔnmɑ̃| *s.m.* **1** [→ POINÇONNER 1] punzonatura (*f.*): *le poinçonnage de l'argent* la punzonatura dell'argento **2** [→ POINÇONNER 2] foratura (*f.*): *le poinçonnage des tickets* la foratura dei biglietti.

poinçonner |pwɛ̃sɔne| *v.tr.* 1 [*marquer d'un poinçon* (*une marchandise, un poids, une pièce d'orfèvrerie*)] punzonare 2 [*perforer avec une pince* (*un billet de ch. de fer, de métro*)] forare ♦ (*au p.p.*) *billet poinçonné* biglietto forato 3 [*découper* (*une tôle*) *avec une poinçonneuse*] punzonare.

poinçonneur, euse |pwɛ̃sɔnœʀ, øz| *s.* 1 [*ouvrier qui travaille sur une poinçonneuse*] punzonatore* 2 [*employé*(*e*) *qui poinçonne les billets de ch. de fer, de métro, à l'accès des quais*] controllore.

poinçonneuse |pwɛ̃sɔnøz| *s.f.* (*techn.*) punzonatrice.

poindre |pwɛ̃ʀ(ə)| (61) (*s'emploie surtout à l'inf., aux troisièmes pers. du prés. et de l'imp. ind. et au p. prés.*) **A** *v.tr.* (*littér.*) [*blesser, faire souffrir*] trafiggere (110), straziare (*cour.*): *l'angoisse le point, le poignait* l'angoscia lo trafigge, lo strazia, lo trafiggeva, lo straziava **B** *v.intr.* (*littér.*) [*apparaître*] sorgere (167) (*aux.* essere), spuntare (*aux.* essere) (*cour.*): *l'aube commence à poindre* l'alba incomincia a sorgere, a spuntare; *vous verrez bientôt poindre les jacinthes* vedrete presto spuntare i giacinti → 3 **pointer** Ⓒ B **disparaître.**

poing |pwɛ̃| *s.m.* 1 [*main serrée*] pugno: *revolver au poing* pistola in pugno; *serrer le poing* stringere il pugno; *donner des coups de poing à qqn.* prendere a pugni qc.; *taper du poing sur la table* battere il pugno sul tavolo; *montrer le poing* mostrare il pugno # *les poings sur les hanches* con le mani sui fianchi 2 (*loc.*) *il faut serrer les poings* bisogna stringere i denti ~ *dormir à poings fermés* dormire saporitamente *adv.*, della grossa ~ (*fam.*) *faire le coup de poing* fare a pugni ~ *avoir pieds et poings liés* avere mani e piedi legati 3 (*loc.*) *coup de poing* [*arme qui s'ajuste sur le poing pour frapper*] pugno di ferro → **casse-tête.**

1 **point** |pwɛ̃| *s.m.* **I** 1 [*endroit, lieu*] punto: *en différents points* in parecchi punti; *viser un point précis* mirare un punto preciso ◇ (*loc.*) *point de mire* punto di mira, bersaglio ~ *point de repère* punto di riferimento, di orientamento ~ *de tous les points de l'horizon* da ogni punto dell'orizzonte ~ *point de départ, d'arrivée* punto di partenza, di arrivo ~ *point stratégique* punto strategico ~ (*milit.*) *point d'appui* caposaldo ~ *point culminant* punto culminante, culmine ~ *point faible, sensible, vulnérable* punto debole, sensibile, vulnerabile ~ *point d'eau* punto d'acqua ~ *point de vue* → **point de vue** ~ (*méd.*) *point de côté* pleuralgia* *f.*, dolore pleurico ~ (*milit., fig.*) *point chaud* punto caldo ~ (*mar.*) *point d'attache d'un bateau* punto di ormeggio di una nave; (*fig.*) *c'est son point d'attache* è il suo rifiugio, è dove risiede 2 [*portion de l'espace dont toutes les dimensions linéaires sont nulles*] punto ◇ (*astron.*) *point gamma* punto gamma; *point culminant d'un astre* punto culminante di un astro ◇ (*géol.*) *point astronomique fondamental* punto astronomico fondamentale ◇ (*spécialt.*) *les points cardinaux* i punti cardinali ◇ (*math.*) *point géométrique* punto geometrico; *point d'intersection, de tangence* punto d'intersezione, di tangenza; *point d'un espace* punto di uno spazio 3 (*aviat., mar.*) punto: *faire, donner le point par radio* fare, dare il punto via radio ◇ (*fig.*) FAIRE LE POINT fare il punto: *faire le point sur la crise de l'énergie* fare il punto sulla crisi energetica 4 *point mort* punto morto ◇ (*auto.*) folle ◇ (*fig.*) *l'affaire est au point mort* l'affare è a un punto morto 5 *loc.* AU POINT [*de façon que l'image se forme à l'endroit convenable*] a fuoco: *mise au point* messa a fuoco; *mettre un appareil de photo au point* mettere a fuoco una macchina fotografica ~ METTRE AU POINT mettere a punto: *mettre un moteur au point* mettere a punto un motore ~ MISE AU POINT: (*pr.*) messa a punto; (*fig.*) *ce projet demande une mise au point* questo progetto richiede una messa a punto, una puntualizzazione # *nous avons eu une mise au point* abbiamo puntualizzato, chiarito la faccenda **II** [*partie précise et définie d'une durée*] → **instant,** 1 **moment** ◇ *loc.* À POINT, À POINT NOMMÉ al momento opportuno (giusto), a proposito: *venir, arriver à point* venire, arrivare al momento opportuno, a proposito ~ *sur le point de* [*au moment de*] sul punto, in procinto di ~ ÊTRE SUR LE POINT DE essere sul punto (in procinto) di, stare per: *il est sur le point de démissionner* è sul punto di dare, sta per dare le dimissioni ◇ (*prov.*) *tout vient à point à qui sait attendre* tutto arriva per chi sa attendere **III** [*degré, état d'une chose qui change*] 1 *loc. adv.* AU POINT [*dans tel état, situation*] al punto: *se trouver au même point que la veille* ritrovarsi allo stesso punto del giorno prima; *au point où nous en sommes* al punto in cui stanno le cose ~ À POINT [*dans l'état convenable*] a puntino: *un steak* (*cuit*) *à point* una bistecca cotta a puntino ~ MAL EN POINT mal ridotto *adj.*, a mal partito: *il est mal en point* è mal ridotto, a mal partito 2 [*degré particulier d'une échelle* (*qualitativement*)] punto: *le plus haut point, le point culminant* il punto più alto, il punto culminante ◇ (*loc.*) *au plus haut point* sommamente *adv.*, estremamente *adv.* ~ *au dernier point* al limite; allo stremo ~ *a ce point* talmente, tanto ~ *à un certain point* a un certo punto ~ *au point de* al punto di ~ *à ce point, au point, à tel point que* al punto che, a tal punto che 3 (*chim., phys.*) punto: *point de congélation, d'ébullition, de fusion* punto di congelamento, di ebollizione, di fusione; *point critique* punto critico **IV** [*action de poindre; état de ce qui point, pique*] 1 LE POINT DU JOUR lo spuntare *inv.* del giorno, l'alba (*f.*): *au point du jour* all'alba 2 (*cout.*) punto: *points d'un tricot, d'une tapisserie* punti di un lavoro a maglia, di una tappezzeria; *faire un point à un vêtement* dare un punto, una rammendata a un vestito ◇ (*par ext.*) [*manière d'exécuter une suite de points*] *point de couture* punto di cucito; *point de tricot* punto a maglia # *point d'Alençon* trina d'Alençon **V** [*marque, signe, objet visible extrêmement petit*] 1 [*objet visible aux contours imperceptibles*] punto: *un point à l'horizon, dans le lointain* un punto all'orizzonte, in lontananza; *points lumineux* punti luminosi ◇ (*spécialt.*) *un point noir sur la peau* un punto nero sulla pelle; *dent qui a un point de carie* dente che ha un punto di carie, leggermente cariato 2 [*l'un des signes d'un dé à jouer*] punto: *amener deux, cinq points* far uscire due, cinque punti ◇ (*cartes, billard, sport*) *compter les points* contare i punti; *annoncer les points* annunciare i punti; *marquer les points* segnare i punti; *marquer un point, des points* segnare un punto, dei punti; *rendre des points à un adversaire* dare, concedere dei punti a un avversario ◇ (*boxe*) *victoire, vainqueur aux points* vittoria, vincitore ai punti; *battre son adversaire aux points* battere l'avversario ai punti 3 [*chaque unité d'une note attribuée à un élève*] punto: *enlever un point par faute* togliere un punto per (ogni) errore ◇ (*par ext.*) *bon point, mauvais point* buon, bel voto; cattivo voto 4 [*chaque unité d'une échelle de grandeur ou d'un indice*] punto: *indice qui gagne deux points* indice che sale di due punti ◇ (*typogr.*) corpo 5 [*signe servant à marquer la séparation des phrases*] punto: *point final* punto (e basta); *point, à la ligne* punto e a capo; *points de suspension* punti, puntini di sospensione; *point-virgule* punto e virgola; *les deux-points* i due punti; *point d'exclamation* punto esclamativo ◇ (*spécialt.*) *point d'interrogation* punto interrogativo; (*fig.*) [*interrogation*] *qui sera élu? c'est le point d'interrogation* chi sarà eletto? è un punto interrogativo, è questo l'interrogativo ◇ [*petit signe qui surmonte les lettres 'i' et 'j' minuscules*] punto, puntino ◇ (*loc. fig.*) *mettre les points sur les 'i'* mettere i puntini sugli 'i' 6 (*mus.*) punto: *point de reprise* punto di ripresa # *point d'orgue* corona 7 (*télécom.*) *points et traits du morse* punti e linee dell'alfabeto morse 8 (*blas.*) punto **VI** (*fig.*) 1 [*chaque partie d'un discours*] punto, argomento: *les différents points d'une dissertation, d'une loi* i diversi punti di una dissertazione, di una legge 2 [*question*] punto: *point capital, essentiel, litigieux* punto capitale, essenziale, controverso; *un point d'honneur* un punto d'onore; un puntiglio ◇ (*spécialt.*) *il y a un point noir dans cette affaire* c'è un intoppo, una difficoltà *f. inv.* in questa faccenda ◇ (*par anal.*) *un point noir pour la circulation automobile* un intoppo, un punto nero per la circolazione stradale ◇ (*dr.*) *point de fait, de droit* punto di fatto, di diritto ◇ (*loc. fig.*) *point de fait* dato di fatto ~ *sur un point je ne suis pas d'accord* su un punto non sono d'accordo ~ *en tous points* del tutto, assolutamente ~ *exécuter des ordres de point en point* eseguire degli ordini alla lettera, punto per punto ~ *je vous suivrai point par point* la seguirò punto per punto.

2 **point** |pwɛ̃| *adv.* (*vx., littér.*) (*deuxième élément de la négation, employé généralt. avec 'ne'*) affatto (*cour.*), punto: *je n'irai point* non ci andrò affatto, punto; *il n'a point de chance* non ha affatto fortuna; *point du tout* niente affatto → **nullement,** 2 **pas.**

pointage |pwɛ̃taʒ| *s.m.* 1 [→ 1 POINTER A I 1] spuntata (*f.*): *pointage du personnel à l'entrée d'une usine* spuntata alla lista, controllo (delle entrate e delle uscite) del personale all'ingresso di uno stabilimento 2 [→ 1 POINTER A II 2] puntamento: *le pointage d'un*

canon il puntamento di un cannone → **tir** **3** (*mar.*) *le pointage de la carte* il fare *inv.* il punto (sulla carta nautica).
pointal, aux |pwɛ̃tal, o| *s.m.* (*techn.*) puntello.
point de vue |pwɛ̃dvy| *s.m.* **1** punto di vista **2** punto panoramico*: *un beau point de vue* un bel punto panoramico ◇ (*par ext.*) *c'est un beau point de vue* [*un beau paysage*] è una bella vista *f.* **3** [*manière particulière dont une question peut être considérée*] punto di vista, visuale (*f.*): *adopter, choisir un point de vue* adottare, scegliere un punto di vista, una visuale → **aspect, optique, perspective** **4** [*opinion particulière*] punto di vista: *je partage votre point de vue* condivido il suo punto di vista ◇ *loc.* DU POINT DE VUE, AU POINT DE VUE dal punto di vista: *au point de vue social* dal punto di vista sociale ◇ (*fam.*) (*suivi d'un nom, sans 'de'*) *au point de vue santé* dal lato salute; dal punto di vista della salute (*cour.*).
pointe |pwɛ̃t| *s.f.* **I** **1** [*extrémité allongée d'un objet servant à piquer, percer*] punta: *pointe d'une aiguille, d'un clou, d'un crayon, d'une épingle* punta di ago, di chiodo, di matita, di spillo; *compas à pointes sèches* compasso a punte secche; *aiguiser la pointe d'un outil* affilare la punta di un utensile ◇ (*escrime*) *frapper, parer de la pointe* colpire, parare di punta ◇ (*fig.*) *à la pointe de l'épée, des baïonnettes* armi alla mano; con la violenza **2** [*extrémité aiguë ou plus fine*] punta: *pointe d'un paratonnerre* punta, puntale di un parafulmine; *pointe de diamant* punta di diamante; *barbe à deux pointes* barba a due punte; *les pointes d'un col, d'un fichu* le punte di un colletto, di uno scialle; *depuis la pointe des cheveux jusqu'à la plante des pieds* dalla punta dei capelli (dai capelli) fino alla punta dei piedi (ai piedi) ◇ [*extrémité, sommet* (*d'une branche, d'un arbre*)] *pointe d'asperge* punta d'asparago **3** (*géogr.*) punta ◇ (*par anal.*) *la pointe d'une armée* la punta, gli avamposti di un esercito ◇ (*loc. fig.*) *être à la pointe du progrès* essere di punta, essere all'avanguardia del progresso ~ DE POINTE di punta: *industries, recherches de pointe* industrie, ricerche di punta, d'avanguardia **4** (*blas.*) punta **5** LA POINTE DES PIEDS la punta dei piedi: *se dresser, se hausser sur la pointe des pieds* rizzarsi, alzarsi sulla punta dei piedi; *marcher sur la pointe des pieds* camminare in punta di piedi, sulla punta dei piedi ◇ (*danse*) (*chaussons à*) *pointes* scarpette a punta; *demi-pointes* mezzepunte; *faire les pointes* fare le punte **6** *loc.* EN POINTE a punta: *aiguiser en pointe* affilare a punta, appuntire; *tailler en pointe* tagliare a punta, appuntare **II** **1** [*objet en forme d'aiguille, de lame*] punta: *casque à pointe* casco a punta; *pointes de fer d'une grille* punte di ferro di un cancello ◇ (*spécialt.*) [*clou à tige de grosseur constante*] punta, chiodo *m.* **2** (*techn.*) *pointe à sertir* punta per incastonare; *pointe* (*sèche*) punta secca*, puntasecca*; *gravure à la pointe sèche* incisione a punta secca ◇ (*par ext.*) *livre illustré de pointes sèches* libro illustrato con puntesecche **3** (*anc. méd.*) *pointes de feu* ignipuntura **4** [*pièce d'étoffe en forme de triangle; linge en forme de triangle*] triangolo *m.* **III** (*fig.*) **1** [*opération qui consiste à avancer dans le territoire ennemi*] puntata ◇ (*par anal.*) *faire une pointe jusqu'à* fare una puntata, una puntatina fino a **2** (*littér.*) *la pointe du jour* lo spuntare *m. inv.* del giorno, l'alba (*cour.*) **3** [*allusion iron., parole blessante*] frecciata, frecciatina: *lancer, décocher des pointes à qqn.* lanciare frecciate, frecciatine a qc. **IV** [*petite quantité d'une chose piquante ou forte*] punta, pizzico* *m.* → **soupçon** ◇ (*fig.*) *une pointe de jalousie, d'ironie, de malice* una punta, un pizzico di gelosia, d'ironia, di malizia **V** [*moment où une activité, un phénomène atteint un maximum d'intensité*] punta: *vitesse de pointe d'une automobile* velocità di punta di un'automobile # *coureur cycliste qui pousse une pointe de vitesse* ciclista che fa uno spunto di velocità, uno scatto ◇ (*spécialt.*) *heures de pointe* ore di punta.
pointé, ée |pwɛ̃te| *adj.* **1** segnato con punto, puntato; spuntato **2** (*mus.*) *note pointée* nota puntata **3** *zéro pointé* zero (spaccato).
1 **pointeau** |pwɛ̃to| *s.m.* **1** (*techn.*) punteruolo → **poinçon** **2** [*tige à extrémité conique, servant à régler le débit d'un fluide*] lancia* (*f.*): *robinet à pointeau* rubinetto a lancia, a getto # *pointeau d'un carburateur* valvola a spillo di un carburatore.
2 **pointeau** |pwɛ̃to| *s.m.* [*employé chargé d'enregistrer les temps de travail du personnel dans une usine*] marcatempo *inv.*, tempista *s.*
1 **pointer** |pwɛ̃te| **A** *v.tr.* **I** **1** [*marquer d'un point* (*qqch.*) *pour faire un contrôle*] spuntare: *il examinait la liste et pointait les noms* esaminava l'elenco e spuntava i nomi **2** [*contrôler les entrées et les sorties* (*des employés d'un bureau, d'une usine*)] controllare (le entrate e le uscite di) ◆ *intr.* timbrare *tr.* (il cartellino) # *un ouvrier qui pointe au chômage* un operaio che si presenta ogni mattino all'ufficio collocamento durante la disoccupazione **3** (*mus.*) [*augmenter* (*une note*) *de la moitié de sa durée*] puntare **4** (*imprim.*) *pointer les feuilles* [*disposer les feuilles déjà imprimées d'un côté*] fare (103) la puntatura dei fogli **5** (*mar.*) *pointer la carte* [*matérialiser par un point sur la carte la position d'un navire*] fare il punto **6** (*cout.*) [*faire quelques points d'aiguille à* (*une étoffe*) *afin de maintenir les plis en place*] imbastire (197), fermare **7** (*techn.*) [*rapporter sur un panneau* (*les cotes qu'on a relevées sur une épure*)] riportare **II** **1** [*diriger*] puntare: *il pointait son index vers moi* puntava l'indice verso di me **2** [*braquer, viser*] puntare: *l'ennemi pointa le canon sur l'objectif* il nemico puntò il cannone sull'obiettivo **B** *v.pron. intr.* SE POINTER (*fam.*) [*arriver*] farsi vivo, spuntare (*intr.*): *il s'est pointé à trois heures* si è fatto vivo, è spuntato alle tre.
2 **pointer** |pwɛ̃te| **A** *v.tr.* **1** [*dresser en pointe*] (d)rizzare: *cheval qui pointe les oreilles* cavallo che drizza gli orecchi **2** [*aiguiser en pointe*] appuntire (197), fare (103) la punta (a): *pointer des aiguilles* appuntire degli aghi, fare la punta a degli aghi **3** [*piquer* (*avec une arme*)] colpire (197) (di punta) **4** *pointer un bœuf* [*le tuer en l'égorgeant*] sgozzare un bue **B** *v.intr.* [*s'élever en formant une pointe*] svettare: *des cyprès qui pointent vers le ciel* dei cipressi che svettano verso il cielo.
3 **pointer** |pwɛ̃te| *v.intr.* [*commencer d'apparaître* (*aube, jour*)] spuntare (*aux.* essere).
pointer, pointeur |pwɛ̃tœʀ| *s.m.* (*angl.*) (*t.zool.*) pointer *inv.*
1 **pointeur, euse** |pwɛ̃tœʀ, øz| *s.* **1** → 2 **pointeau** **2** [*celui qui enregistre les résultats obtenus au cours d'une épreuve sportive*] segnapunti *m. inv.* **3** (*milit.*) puntatore *m.* → **artilleur** **4** [*joueur chargé de pointer aux boules, à la pétanque*] puntatore*.
2 **pointeur, euse** |pwɛ̃tœʀ, øz| *s.* chi confeziona le punte (di certi oggetti) *loc.*
pointillage |pwɛ̃tijaʒ| *s.m.* **1** (*bx-arts*) punteggiatura *f.*, punteggiamento → **pointillé** **2** (*méd.*) [*mode de massage effectué avec un ou plusieurs doigts*] sfioramento.
pointillé |pwɛ̃tije| *s.m.* **1** [*dessin, gravure au moyen de points*] maniera *f.* punteggiata: *dessin, gravure au pointillé* disegno, incisione secondo la maniera punteggiata **2** [*groupe de petits points*] punteggiamento, punteggiatura *f.* **3** [*trait formé de petites perforations*] punteggiatura, linea *f.* perforata: *détachez suivant le pointillé* staccare seguendo la punteggiatura, la linea perforata.
1 **pointiller** |pwɛ̃tije| **A** *v.tr.* **1** (*rare*) [*tracer au moyen de points alignés*] punteggiare: *pointiller une ligne* punteggiare una linea **2** [*parsemer de points d'une couleur différente de celle du fond*] punteggiare **B** *v.intr.* [*dessiner, graver, peindre en utilisant des points*] punteggiare → **pointillage, pointillé**.
2 **pointiller** |pwɛ̃tije| *v.intr.* (*vx.*) [*élever une contestation sur un sujet mesquin*] cavillare (*cour.*) → **chicaner.**
pointilleux, euse |pwɛ̃tijø, øz| *adj.* [*qui est d'une minutie excessive, dans ses exigences*] meticoloso, pignolo: *il est très pointilleux sur le protocole* è molto meticoloso, pignolo in materia di protocollo → **formaliste, minutieux.**
pointillisme |pwɛ̃tijism(ə)| *s.m.* (*peint.*) 'pointillisme' *inv.*, puntinismo.
pointilliste |pwɛ̃tijist(ə)| *s. et adj.* (*peint.*) puntinista, 'pointilliste' *inv.*
pointu, ue |pwɛ̃ty| *adj.* **1** [*qui se termine en pointe*] appuntito; puntuto; a punta (*loc. inv.*): *menton pointu* mento appuntito, a punta; *clou pointu* chiodo appuntito → **aigu** ‖ *clocher pointu* campanile puntuto, aguzzo ‖ *chapeau pointu* cappello a punta **2** (*fig.*) *un caractère pointu* un carattere spigoloso, scontroso; *un air pointu* [*désagréable et sec*] un'aria scostante → **susceptible, pointilleux** **3** (*d'un son, d'une voix*) [*qui a un timbre aigu, désagréable*] aspro, stridulo: *parler sur un ton pointu* parlare con un tono aspro, stridulo **4** *accent pointu* (*se dit dans le Midi de la France de l'accent parisien*) accento stretto.
pointure |pwɛ̃tyʀ| *s.f.* **1** (*imprim.*) registro *m.* **2** [*nombre qui indique la dimension des chaussures*] numero (*m.*): *quelle pointure chaussez-vous?* che numero porta, ha?; *la pointure 42,* (*ellipt.*) *du 42* il numero 42, il 42 ◇ [*des gants*] misura, numero ◇ [*des vêtements*] taglia.
poire |pwaʀ| *s.f.* **1** [*fruit du poirier*] pera: *une tarte aux poires* una torta di

pere; *poires à couteau* pere da tavola ◇ (*loc.*) *entre la poire et le fromage* [*à la fin du repas, quand les propos deviennent moins sérieux*] al caffè ~ *garder une poire pour la soif* mettere da parte q.c. per i momenti di bisogno **2** [*objet de forme analogue*] peretta: *une poire à lavement* una peretta per clistere; *poire électrique* peretta (elettrica) **3** (*pop.*) [*face, figure*] muso (*m.*): *il a pris un coup en pleine poire* ha preso un pugno in pieno muso **4** (*fam.*) [*personne qui se laisse tromper facilement*] merlo (*m.*): *quelle poire, ce type!* che merlo, quel tizio! → **imbécile, sot, naïf** ✦ (*adj.*) *tu es aussi poire que moi* sei un merlo *s.m.* come me.

poiré |pwaʀe| *s.m.* sidro di pere.

poireau |pwaʀo| *s.m.* **1** (*t.bot.*) porro ◇ (*cour.*) *soupe aux poireaux* minestra di porri **2** [*verrue*] porro **3** (*loc. fam.*) *rester planté comme un poireau* restare come un palo; *faire le poireau* fare il palo → **poireauter.**

poireauter |pwaʀote|, **poiroter** |pwaʀɔte| *v.intr.* (*fam.*) [*attendre*] fare (103) *tr.* il palo: *ça fait deux heures que je poirote* è da due ore che faccio il palo.

poirée |pwaʀe| *s.f.* (*t.bot.*) (varietà *inv.* di) bietola.

poirier |pwaʀje| *s.m.* **1** (*t.bot.*) pero **2** [*bois de poirier*] pero: *meubles en poirier* mobili di pero **3** (*fig.*) *faire le poirier* stare in equilibrio a testa in giù.

pois |pwa(ɑ)| *s.m.* **I** **1** (*t.bot.*) pisello **2** [*le fruit des plantes appelées 'pois'; chacune des graines enfermées dans les gousses*] pisello: *pois verts* piselli verdi; *écosser des pois* sgusciare dei piselli ◇ (*spécialt.*) PETITS POIS (*pois à écosser*) piselli: *petits pois frais, de conserve* piselli freschi, in scatola **3** (*t. bot.*) *pois chiche* cece ◇ (*cour.*) POIS DE SENTEUR pisello odoroso → **gesse (odorante)** **II** [*pastille (sur une étoffe)*] 'pois' *inv.*, pallino: *une cravate à pois* una cravatta a 'pois', a pallini.

poiscaille |pwaskɑj| *s.f.* (*pop.*) → **poisson.**

poise |pwaz| *s.f.* (*sc.*) 'poise' *m. inv.*

poiseuille |pwazœj| *s.m.* (*sc.*) 'poise' *inv.*

poison |pwazɔ̃| *s.* **1** *s.m.* veleno: *poison mortel, violent* veleno mortale, potente # *assassiner par le poison* avvelenare → **empoisonner** ◇ [*toute substance dangereuse pour l'organisme*] veleno: *poisons minéraux, organiques, végétaux* veleni minerali, organici, vegetali → **toxique** **2** *s.m.* (*fig., littér.*) [*ce qui est pernicieux, dangereux*] veleno: *le poison de la calomnie* il veleno della calunnia → **venin** **3** *s.* (*fam.*) *un, une poison* [*personne acariâtre, ou insupportable*] una peste (*f.*): *cet enfant est un petit poison* quel bambino è una piccola peste ◇ [*chose très ennuyeuse*] strazio* *m.*, morte (*f.*): *quel poison de retourner là-bas!* che strazio, che morte tornare laggiù.

poissard, arde |pwasaʀ, aʀd(ə)| **1** *adj.* (*littér.*) [*qui emploie ou imite le langage du bas peuple*] popolareggiante (*cour.*), popolaresco* (*cour.*): *genre, style poissard* genere, stile popolareggiante, popolaresco; *argot poissard* gergo popolaresco → **grossier, populacier** ✦ (*s.*) *le poissard* il genere popolareggiante, popolaresco **2** *s.f.* (*vieilli*) *poissarde* popolana (*cour.*) ◇ (*spécialt.*) [*marchande de poisson, aux anc. Halles de Paris*] pescivendola.

poisse |pwas| *s.f.* **1** [*malchance*] iella: *quelle poisse!* che iella!; *encore une panne, c'est la poisse!* un altro guasto, è proprio una iella! **2** (*vieilli*) → **gêne, misère.**

poisser |pwase| *v.tr.* **1** [*enduire de poix ou d'une matière analogue*] impeciare: *poisser du fil* impeciare del filo **2** [*salir avec une matière gluante*] impiastrare, impiastricciare □ *se poisser les mains* impiastrarsi, impiastricciarsi le mani ✦ (*au p.p.*) *avoir les cheveux tous poissés* avere i capelli tutti unti, impiastricciati ✦ (*intr.*) *ça poisse* appiccica **3** (*fig., pop.*) [*arrêter, prendre* (*qqn.*)] beccare: *on risque de se faire poisser* rischiamo di farci beccare.

poisseux, euse |pwasø, øz| *adj.* [*gluant, collant*] appiccicoso, appiccicaticcio*: *des papiers de bonbons poisseux* carte di caramelle appicciocose, appiccicaticce ◇ [*sali par une matière poisseuse*] *mains poisseuses* mani appiccicose, appiccicaticce.

poisson |pwasɔ̃| *s.m.* **1** (*zool.*) pesce: *poissons de rivière, de mer* pesci di fiume, di mare; *élevage des poissons* allevamento di pesci → **pisciculture;** *prendre, attraper des poissons* prendere dei pesci ◇ (*collectif*) DU, LE POISSON del, il pesce: *soupe de, au poisson* zuppa di pesce; *friture de poisson* fritto di pesce; *couteau à poisson* coltello da pesce # *marchand de poisson* pescivendolo ◇ (*dans des noms d'espèces ou de groupes particuliers*) *poisson(-)chat* pesce gatto; *poisson volant* pesce volante; *poisson rouge* pesce rosso **2** (*loc.*) *être heureux comme un poisson dans l'eau* essere, trovarsi nel proprio elemento ~ (*fam.*) *engueuler qqn. comme du poisson pourri* prendere qc. a pesci in faccia ~ *finir en queue de poisson* finire in modo inconcludente ~ *automobiliste qui fait une queue de poisson en doublant un véhicule* automobilista che rientra bruscamente in corsia dopo un sorpasso ~ *n'être ni chair ni poisson* non essere né carne né pesce ~ *poisson d'avril* pesce d'aprile **3** (*astrol.*) *les Poissons* i Pesci.

poissonnerie |pwasɔnʀi| *s.f.* **1** mercato *m.* del pesce, pescheria **2** commercio* *m.* del pesce.

poissonneux, euse |pwasɔnø, øz| *adj.* [*qui contient de nombreux poissons*] pescoso: *une rivière poissonneuse* un fiume pescoso.

poissonnier, ière |pwasɔnje, jɛʀ| *s.* **1** *s.* [*personne qui fait le commerce de détail des poissons*] pescivendolo **2** *s.m.* autocarro adibito al trasporto del pesce.

poissonnière |pwasɔnjɛʀ| *s.f.* [*ustensile de cuis. servant à faire cuire le poisson*] pesciaiola.

poitrail |pwatʀaj| *s.m.* **1** [*devant du corps du cheval et d'autres animaux domestiques*] petto ◇ (*plais.*) [*poitrine humaine*] petto **2** (*ancienn.*) [*partie du harnais, couvrant la poitrine du cheval*] pettorale **3** (*techn.*) architrave *f.*

poitrinaire |pwatʀinɛʀ| *adj.* (*vx.*) [*tuberculeux pulmonaire*] tisico* ✦ (*s.*) *un poitrinaire* un tisico → **phtisique, tuberculeux.**

poitrine |pwatʀin| *s.f.* **1** (*anat.*) petto (*m.*): *tour de poitrine* giro petto, circonferenza toracica → **thorax, buste, torse**; *voix de poitrine* voce di petto # *angine de poitrine* angina pectoris; *fluxion de poitrine* congestione polmonare; *respirer à pleine poitrine* respirare a pieni polmoni ◇ (*loc.*) *partir, s'en aller de la poitrine* [*être tuberculeux*] essere tisico *adj.*, avere il mal sottile **2** [*partie antérieure du thorax*] petto: *serrer contre sa poitrine* stringere al petto; *se frapper la poitrine* battersi il petto; *bomber la poitrine* gonfiare il petto ◇ [*région antérieure du corps de certains animaux, entre le cou et le ventre*] *lévriers larges de poitrine* levrieri dal petto ampio **3** (*bouch.*) petto, punta di petto: *la poitrine de bœuf sert à faire le pot-au-feu* il petto di manzo serve a fare il lesso **4** [*seins de femme*] petto: *une belle poitrine* un bel petto; *elle a beaucoup de poitrine* ha molto petto → **sein(s)**, 1 **gorge.**

poitrinière |pwatʀinjɛʀ| *s.f.* **1** [*courroie qui passe sur le poitrail du cheval*] pettorale *m.* **2** [*pièce protégeant la poitrine de certains artisans*] pettorale **3** [*pièce du métier à tisser*] pettorale.

poivrade |pwavʀad| *s.f.* (*cuis.*) pinzimonio* (*m.*): *des artichauds (à la) poivrade* carciofi in pinzimonio.

poivre |pwavʀ(ə)| *s.m.* **1** [*épice à saveur très forte, faite des fruits séchés du poivrier*] pepe: *poivre en grains* pepe in grani; *poivre moulu* pepe macinato; *moulin à poivre* macinino da pepe **2** (*loc.*) *cheveux poivre et sel* capelli sale e pepe → **grisonnant** **3** (*t.bot.*) *poivre de Guinée* pepe di Guinea ~ *poivre de Cayenne* pepe di Caienna.

poivré, ée |pwavʀe| *adj.* **1** [*assaisonné de poivre*] pepato: *un mets très poivré* una pietanza molto pepata **2** (*fig.*) [*grossier ou licencieux*] pepato, salace: *une plaisanterie poivrée* una battuta pepata, salace.

poivrer |pwavʀe| **A** *v.tr.* [*assaisonner de poivre*] pepare **B** *v.pron. intr.* (*fam.*) SE POIVRER [*s'enivrer*] sbronzarsi, prendere (105) *tr.* la ciucca.

poivrier |pwavʀije| *s.m.* **1** (*t.bot.*) pepe ~ *faux poivrier* [*arbre au poivre*] agnacasto **2** [*petit ustensile de table dans lequel on met le poivre moulu*] pepiera *f.*, pepaiola *f.*

poivrière |pwavʀijɛʀ| *s.f.* **1** [*boîte à poivre cylindrique*] pepaiola → **poivrier** **2** (*fortif.*) [*guérite de forme conique à l'angle d'un bastion*] torretta d'angolo ◇ (*loc.*) *en poivrière* a pan di zucchero, a capanna **3** piantagione di pepe.

poivron |pwavʀɔ̃| *s.m.* **1** [*fruit du piment, ou du piment doux*] peperone: *poivron vert, rouge* peperone verde, rosso **2** (*t.bot.*) peperone.

poivrot, ote |pwavʀo, ɔt| *s.* (*pop.*) [*ivrogne*] ubriacone (*cour.*): *une vieille poivrote* una vecchia ubriacona.

poix |pwa(ɑ)| *s.f.* [*matière visqueuse à base de résine ou de goudron de bois*] pece: *la poix est utilisée dans l'encollage des papiers* la pece è adoperata nell'incollaggio della carta.

poker |pɔkɛʀ| *s.m.* **I** **1** (*jeu de cartes*) poker (*inv.*): *jouer au poker* giocare a poker; *faire un poker* fare un poker **2** [*carré, ou quatre cartes de même valeur*] poker: *poker d'as* poker d'assi **3** (*fig.*) *partie de poker* (*se dit d'une partie très serrée entre diplomates, hommes d'affaires*) gioco* sottile

→ **bluff** **II** *poker d'as* poker con (5) dadi.
polacre |pɔlakʀ(ə)| *s.f.* (*mar. anc.*) polacca*.
polaire |pɔlɛʀ| *adj.* **1** polare: *cercle polaire* circolo polare; *étoile polaire* stella polare ✦ (*s.f.*) *la Polaire* la stella polare *adj.* **2** [*propre aux régions polaires*] polare: *climat polaire* clima polare; *expédition polaire* spedizione polare, al polo ◇ (*par ext.*) *un froid polaire* un freddo polare **3** (*math.*) polare: *droite polaire* retta polare; *coordonnées polaires* coordinate polari ✦ (*s.f.*) *la polaire* la polare **4** (*chim.*) *molécule polaire* molecola polare **5** (*biol.*) *globules polaires* globuli polari.
polaque |pɔlak| *s.m.* **1** (*hist.*) cavaliere polacco* *adj.* (al servizio dell'esercito francese) **2** (*pop., péj.*) → **polonais.**
polar |pɔlaʀ| *s.m.* (*arg.*) → **roman (policier).**
polari- |pɔlaʀi| *préf.* (*signifiant 'tourner', correspond généralt. à*) polari: *polarimètre* polarimetro.
polarimètre |pɔlaʀimɛtʀ(ə)| *s.m.* (*phys.*) polarimetro.
polarimétrie |pɔlaʀimetʀi| *s.f.* (*phys.*) polarimetria.
polarimétrique |pɔlaʀimetʀik| *adj.* (*phys.*) polarimetrico*.
polarisabilité |pɔlaʀizabilite| *s.f.* (*phys.*) polarizzabilità *inv.*
polarisable |pɔlaʀizabl(ə)| *adj.* (*phys.*) [→ POLARISER] polarizzabile.
polarisant, ante |pɔlaʀizɑ̃, ɑ̃t| *adj.* (*phys.*) polarizzante.
polarisation |pɔlaʀizɑsjɔ̃| *s.f.* **1** (*phys.*) polarizzazione: *polarisation linéaire, circulaire* polarizzazione lineare, circolare **2** (*électr.*) *polarisation induite, magnétique* polarizzazione indotta, magnetica **3** (*fig.*) [*action de concentrer en un point* (*des forces, des influences*)] polarizzazione, il polarizzarsi *m. inv.*
polariscope |pɔlaʀiskɔp| *s.m.* (*phys.*) polariscopio*.
polariser |pɔlaʀize| *v.tr.* **1** (*électr., phys.*) [*soumettre au phénomène de la polarisation*] polarizzare: *polariser un rayon lumineux* polarizzare un raggio luminoso ✦ (*au p.p.*) *lumière polarisée* luce polarizzata **2** (*fig.*) [*attirer, réunir en un point*] polarizzare: *ces problèmes polarisent toutes leurs activités* questi problemi polarizzano tutte le loro attività ◇ (*fam.*) *il est complètement polarisé* [*obsédé*] è completamente fissato.
polariseur |pɔlaʀizœʀ| *adj. et s.m.* (*phys.*) polarizzatore.
polarité |pɔlaʀite| *s.f.* (*biol., math., phys.*) polarità *inv.*
polarographie |pɔlaʀɔgʀafi| *s.f.* (*chim.*) polarografia.
polaroïd |pɔlaʀɔid| *adj. et s.m.* (*nom déposé*) polaroid *adj. et s.f. inv.*
polatouche |pɔlatuʃ| *s.m.* (*t.zool.*) scoiattolo volante.
polder |pɔldɛʀ| *s.m.* polder (*inv.*): *les polders du Zuyderzee* i polder dello Zuyderzee.
-pole |pɔl|, **-polite** |pɔlit| *suff.* (*signifiant 'ville', correspondent généralt. à*) poli; polita: *métropole* metropoli ‖ *métropolite* metropolita.
pôle |pol| *s.m.* **1** (*astron., géogr.*) polo: *pôle céleste* polo celeste; *pôle arctique, antarctique* polo artico, antartico **2** [*région géographique située près d'un pôle*] polo: *aplatissement de la Terre aux pôles* appiattimento della Terra ai poli **3** (*phys.*) polo: *pôles d'un aimant* poli di una calamita **4** (*électr.*) *pôle positif, négatif* polo positivo, negativo **5** (*biol.*) polo **6** (*fig.*) (*se dit de deux points principaux et opposés*) polo: *les deux pôles de l'opinion* i due poli (opposti) dell'opinione pubblica **7** (*écon.*) *pôle de croissance* polo di sviluppo.
polémarque |pɔlemaʀk(ə)| *s.m. et adj.* (*hist. gr.*) polemarco*.
polémique |pɔlemik| **1** *adj.* polemico*: *attitude polémique* atteggiamento polemico; *un style polémique* uno stile polemico **2** *s.f.* polemica*: *engager, entretenir une polémique avec qqn.* entrare in polemica con qc., condurre una polemica contro qc. → **controverse, discussion.**
polémiquer |pɔlemike| *v.intr.* [*faire de la polémique*] polemizzare: *polémiquer contre qqn.* polemizzare con qc.
polémiste |pɔlemist(ə)| *s.* polemista: *cette journaliste est une redoutable polémiste* quella giornalista è una temibile polemista → **pamphlétaire.**
polémologie |pɔlemɔlɔʒi| *s.f.* polemologia*.
polémologue |pɔlemɔlɔg| *s.* polemologo*.
Polémoniacées |pɔlemɔnjase| *s.f. pl.* (*t.bot.*) Polemoniacee.
polémonium |pɔlemɔnjɔm| *s.m.* (*t. bot.*) polemonio*.
polenta |pɔlɛnta| *s.f.* **1** (*en Italie*) polenta **2** (*en Corse*) [*galette de châtaignes*] castagnaccio* *m.*
poli |pɔli| *s.m.* [*aspect d'une chose lisse et brillante*] levigatezza (*f.*): *le poli d'un marbre* la levigatezza di un marmo # *donner un beau poli à du marbre* rendere ben levigato un armo → **polir.**
1 **poli, ie** |pɔli| *adj.* **1** [*dont le comportement, le langage sont conformes aux règles de la politesse*] educato, cortese: *enfant poli* bambino ben educato; *il a été tout juste poli avec moi* è stato appena appena educato, cortese con me → **correct, courtois** ◇ (*loc. prov.*) *il est trop poli pour être honnête* è una gattamorta; è troppo gentile per essere sincero **2** (*choses*) *un refus poli* un rifiuto cortese **C** **impoli.**
2 **poli, ie** |pɔli| *adj.* [*lisse et brillant*] levigato: *un caillou poli* un ciottolo levigato **C** **rugueux.**
1 **police** |pɔlis| *s.f.* **1** [*ensemble d'organes et d'institutions assurant le maintien de l'ordre publ. et la répression des infractions*] polizia: *police judiciaire* polizia giudiziaria; *police secrète* polizia segreta; *inspecteurs de police* ispettori di polizia; *agents de police* agenti di polizia, di Pubblica Sicurezza; *commissariat de police* commissariato di polizia, di Pubblica Sicurezza; *être de la police, dans la police* essere della polizia, nella polizia ◇ (*spécialt.*) *police secours* (squadra) volante, pronto intervento (*m.*); *police des mœurs* squadra del buon costume, buoncostume *inv.* **2** [*organisation rationnelle de l'ordre publ.*] servizio* *m.* d'ordine ◇ (*spécialt.*) *police de la circulation* disciplina del traffico; *police intérieure d'un groupe, d'un lycée* comitato *m.* di disciplina di un gruppo, di un liceo → 1 **discipline.**
2 **police** |pɔlis| *s.f.* [*écrit rédigé pour prouver la conclusion et les conditions d'un contrat d'assurance*] polizza: *souscrire à une police d'assurance* sottoscrivere una polizza assicurativa.
policé, ée |pɔlise| *p.p. et adj.* → **policer.**
policeman |pɔlisman| *s.m.* (*angl.*) [*agent de police en Grande-Bretagne et dans les pays britanniques*] poliziotto: *des policemen* dei poliziotti.
policer |pɔlise| (2) *v.tr.* **1** (*littér.*) [*civiliser, adoucir les mœurs par des institutions, par la culture*] incivilire (197) ✦ (*au p.p.*) *les sociétés les plus policées* le società più civili **2** (*vx.*) → **gouverner.**
polichinelle |pɔliʃinɛl| *s.m.* **1** [*personnage bossu de la comédie it.*] Pulcinella ◇ (*loc.*) *c'est un secret de Polichinelle* è il segreto di Pulcinella **2** (*fig.*) [*personnage ridicule*] buffone (*s.*): *faire le polichinelle* fare il buffone ◇ [*personne irréfléchie et ridicule*] pulcinella → **guignol.**
policier, ière |pɔlisje, jɛʀ| **I** *adj.* **1** [*relatif à la police; appartenant à la police*] poliziesco*: *mesures policières* misure poliziesche; *régime policier* regime poliziesco # *chien policier* cane poliziotto **2** (*se dit des formes de littérature, de spectacle qui concernent des activités criminelles et leur découverte*) poliziesco, giallo: *un film policier* un film poliziesco, giallo; *un roman policier* un romanzo poliziesco, giallo ✦ (*s.m.*) *lire des policiers* leggere dei gialli **II** *s.m.* [*personne qui appartient à un service de police*] poliziotto : *un policier en civil* un poliziotto in borghese.
policlinique |pɔliklinik| *s.f.* [*établissement où l'on donne un enseignement et des soins médicaux mais où les malades ne sont pas hospitalisés*] ambulatorio* *m.* ◇ [*clinique établie ou fonctionnant aux frais d'une commune*] ospedale *m.* municipale.
poliment |pɔlimɑ̃| *adv.* [→ 1 POLI] cortesemente, educatamente: *refuser poliment* rifiutare cortesemente, educatamente **C** **impoliment.**
polio |pɔljo| *s.* **1** *s.f.* → **poliomyélite** **2** *s.* → **poliomyélitique.**
poliomyélite |pɔljɔmjelit| *s.f.* (*méd.*) poliomielite: *vaccin contre la poliomyélite* vaccino contro la poliomielite, antipolio.
poliomyélitique |pɔljɔmjelitik| *adj. et s.* poliomielitico*.
poliorcétique |pɔljɔʀsetik| *adj.* poliorcetico* ✦ (*s.f.*) *la poliorcétique* la poliorcetica*.
polir |pɔliʀ| *v.tr.* **1** [*rendre lisse et luisant par frottement* (*une substance dure*)] levigare, lucidare: *polir qqch. avec un abrasif* levigare, lucidare q.c. con un abrasivo → **limer, poncer** **2** [*parachever* (*un ouvrage*) *avec soin*] limare, forbire (197): *polir son style* limare, forbire il proprio stile → **parfaire, perfectionner** **3** (*vieilli, littér.*) [*initier aux usages du monde*] dirozzare.
polissable |pɔlisabl(ə)| *adj.* [→ POLIR 1] levigabile.
polissage |pɔlisaʒ| *s.m.* [→ POLIR 1] levigazione *f.*, levigatura (*f.*): *le polissage du bois* la levigazione, la levigatura del legno → **ponçage.**
polisseur, euse |pɔlisœʀ, øz| *s.* [*ouvrier, ouvrière qui polit une substance*] levigatore*, lucidatore*.
polissoir |pɔliswaʀ| *s.m.* **1** (*techn.*) levigatrice *f.*; brunitoio* **2** (*paléont.*)

frammento di roccia (usato per levigare la selce).
polissoire |pɔliswaʀ| *s.f.* (*techn.*) **1** [*meule de bois qui sert à polir les couteaux*] brunitoio* *m.* → **polissoir 1** **2** spazzola da scarpe **3** officina di brunitura degli spilli.
polisson, onne |pɔlisɔ̃, ɔn| **1** *s.* [*enfant espiègle, désobéissant*] birichino, bricconcello: *cet écolier est un polisson* questo scolaro è un birichino, un bricconcello ♦ (*adj.*) *elle est polissonne, cette mioche!* che birichina, che bricconcella, questa bimbetta! **2** *adj.* (*choses*) [*un peu grivois, licencieux*] spinto: *une chanson polissonne* una canzone spinta → **canaille, égrillard** ◇ [*fripon*] malizioso: *des yeux polissons* occhi maliziosi.
polissonner |pɔlisɔne| *v.intr.* **1** [*être polisson* (*enfant*)] fare (103) *tr.* birichinate, monellerie **2** (*vieilli*) [*se livrer à des actes, des propos licencieux*] abbandonarsi *pron.* a scostumatezze **3** (*vx.*) → **badiner.**
polissonnerie |pɔlisɔnʀi| *s.f.* **1** [→ POLISSONNER 1] birichinata, monelleria **2** [*acte ou propos licencieux*] scostumatezza **3** (*vx.*) → **badinage.**
poliste |pɔlist(ə)| *s.f. ou m.* (*t.zool.*) poliste *f.*
politesse |pɔlitɛs| *s.f.* **1** [*ensemble des règles qui régissent le comportement, le langage de qqn.*; *le fait et la manière d'observer ces usages*] cortesia, educazione: *devoir de politesse* dovere di cortesia; *formules de politesse* formule di cortesia; *faire une visite de politesse à qqn.* fare una visita di cortesia a qc. → **civilité, savoir-vivre** ◇ (*gram.*) *pluriel de politesse* (*emploi de 'vous' au lieu de 'tu'*) plurale di cortesia ◇ (*loc.*) *brûler la politesse* [*partir brusquement, sans prendre congé*] piantare in asso **2** UNE POLITESSE [*action, parole exigée par les bons usages*] cortesia, gentilezza: *rendre une politesse à qqn.* usare una cortesia, una gentilezza a qc. # *échange de politesses* scambio di convenevoli Ⓒ 1 **impolitesse.**
politicaillerie |pɔlitikɑjʀi| *s.f.* (*fam.*) bassa politica*, politicume *m.*
politicard |pɔlitikaʀ| *s.m.* [*politicien arriviste, sans scrupule*] politicante *s.*
politicien, ienne |pɔlitisjɛ̃, jɛn| *s.* [*personne qui exerce une action polit.*] politico* *m.* → 2 **État (homme d'),** 1 **politique** ◇ (*souvent péj.*) *un politicien véreux* un losco politicante → **politicard.**
politico- |pɔlitikɔ| *préf.* (*signifiant 'politique', correspond généralt. à*) politico-: *politico-économique, politico-social* politico-economico, politico-sociale.
1 **politique** |pɔlitik| **I** *adj.* **1** politico*: *pouvoir politique* potere politico; *les institutions politiques d'un État* le istituzioni politiche di uno Stato → **constitution**; *un homme politique* un uomo politico **2** [*relatif à la théorie du gouvernement*] politico: *les grandes doctrines politiques* le grandi dottrine politiche ◇ [*relatif à la connaissance sc. des faits polit.*] *institut d'études politiques* istituto di scienze politiche **3** [*relatif aux rapports du gouvernement et de son opposition*] politico: *la vie politique française* la vita politica francese; *les partis politiques* i partiti politici; *les procès politiques* i processi politici **4** [*relatif aux États et à leurs rapports*] politico: *unité politique* unità politica; *géographie politique* geografia politica **5** (*littér.*) [*habile*] politico: *ce n'est pas très politique* (questo) non è molto politico → **diplomatique** **6** *économie politique* economia politica **II** *s.m.* **1** (*littér.*) [*homme de gouvernement*] politico* (*cour.*): *les grands politiques* i grandi politici; *un fin politique* un abile politico ◇ [*personne qui sait gouverner autrui*] politico, diplomatico* (*s.*): *il était mauvais politique* era un cattivo politico, diplomatico **2** [*ce qui est politique*] politico: *le politique et le social* il politico e il sociale.
2 **politique** |pɔlitik| *s.f.* **1** politica*: *la politique d'un parti* la politica di un partito; *politique conservatrice* politica conservatrice **2** [*ensemble des affaires publ.*] politica: *s'occuper de politique* occuparsi di politica; *faire de la politique* fare della politica ◇ [*la carrière politique*] *il se destine à la politique* si dà alla politica **3** [*manière concertée de conduire une affaire*] politica: *pratiquer la politique du moindre effort* adottare la politica del minimo sforzo → **tactique** ♦ (*absolt.*) *ce n'est pas une politique* non è una buona politica, tattica.
politique-fiction |pɔlitikfiksjɔ̃| *s.f.* [*politique utopique*] fantapolitica*.
politiquement |pɔlitikmɑ̃| *adv.* **1** [→ 1 POLITIQUE I] politicamente: *pays unifié politiquement* paese politicamente unificato **2** (*littér.*) [*avec habileté*] politicamente (*cour.*): *agir politiquement* agire politicamente, diplomaticamente.
politiquer |pɔlitike| *v.intr.* (*vx., fam.*) [*parler politique*] parlare di politica (*cour.*).
politisation |pɔlitizɑsjɔ̃| *s.f.* [→ POLITISER] politicizzazione.
politiser |pɔlitize| *v.tr.* [*donner un caractère, un rôle polit. à*] politicizzare: *politiser des élections syndicales* politicizzare delle elezioni sindacali Ⓒ **dépolitiser.**
politologie |pɔlitɔlɔʒi|, **politicologie** |pɔlitikɔlɔʒi| *s.f.* politologia*.
politologue |pɔlitɔlɔg|, **politicologue** |pɔlitikɔlɔg| *s.* politologo*.
poljé |pɔlje| *s.m.* (*slave*) (*géogr.*) polje *inv.*
polka |pɔlka| *s.f.* (*danse, mus.*) polca*: *jouer une polka* suonare una polca.
pollakiurie |pɔ(l)lakiyʀi| *s.f.* (*méd.*) pollachiuria.
pollen |pɔ(l)lɛn| *s.m.* (*bot.*) polline: *grain de pollen* granulo di polline.
pollicitation |pɔ(l)lisitɑsjɔ̃| *s.f.* (*dr.*) pollicitazione.
pollinie |pɔ(l)lini| *s.f.* (*bot.*) pollinio* *m.*
pollinique |pɔ(l)linik| *adj.* (*bot.*) pollinico*: *sac pollinique* sacco pollinico # *asthme pollinique* asma da polline.
pollinisation |pɔ(l)linizɑsjɔ̃| *s.f.* (*bot.*) impollinazione # *pollinisation directe* autoimpollinazione.
pollinose |pɔ(l)linoz| *s.f.*, **pollinosis** |pɔ(l)linozis| *s.m.* (*méd.*) pollinosi *f. inv.*
polluant, ante |pɔlyɑ̃, ɑ̃t| *adj.* [*qui pollue*] inquinante: *produits polluants* prodotti inquinanti ♦ *s.m.* sostanza *f.*, agente inquinante.
polluer |pɔ(l)lɥe| *v.tr.* **1** [*salir en rendant malsain, dangereux*] inquinare: *les gaz qui polluent l'atmosphère des villes* i gas che inquinano l'atmosfera delle città ♦ (*au p.p.*) *eaux polluées* acque inquinate; *air pollué* aria inquinata **2** (*vx., littér.*) [*salir, souiller*] lordare ◇ (*fig.*) [*profaner*] profanare.
pollueur, euse |pɔlɥœʀ, øz| *adj. et s.* [*qui pollue*] inquinatore* ◇ (*loc.*) *pollueur payeur* chi inquina paga.
pollution |pɔ(l)lysjɔ̃| *s.f.* **1** [→ POLLUER 1] inquinamento (*m.*): *la pollution des eaux d'une rivière* l'inquinamento delle acque di un fiume; *pollution de la mer par les hydrocarbures* inquinamento marino da idrocarburi; *lutter contre la pollution de l'air* lottare contro l'inquinamento atmosferico → **souillure 2** (*vx.*) → **profanation 3** (*méd.*) *pollutions nocturnes* polluzioni notturne.
polo |pɔlo| *s.m.* **1** (*sport*) polo *inv.* **2** [*chemise de sport en tricot, à col ouvert*] polo *f. inv.*
polochon |pɔlɔʃɔ̃| *s.m.* (*pop.*) → **traversin.**
polonais, aise |pɔlɔnɛ, ɛz| **1** *adj.* [*de Pologne*] polacco* **2** (*s.m.*) *le polonais* [*la langue*] il polacco **3** (*loc. fam.*) *être soûl comme un Polonais* essere ubriaco* fradicio* (*cour.*).
polonaise |pɔlɔnɛz| *s.f.* (*danse, mus.*) polacca*.
polonium |pɔlɔnjɔm| *s.m.* (*chim.*) polonio*.
poltron, onne |pɔltʀɔ̃, ɔn| *adj. et s.* [*qui manque de courage physique*] vigliacco*, codardo → **couard, 1 lâche** Ⓒ **courageux.**
poltronnerie |pɔltʀɔnʀi| *s.f.* [*vice du poltron*] vigliaccheria, codardia → **couardise, lâcheté.**
poly- |pɔli| *préf.* (*signifiant 'nombreux, abondant', correspond généralt. à*) poli: *polychrome* policromo.
polyacide |pɔliasid| *adj. et s.m.* (*chim.*) poliacido.
polyadelphe |pɔliadɛlf(ə)| *adj.* (*bot.*) poliadelfo: *étamines polyadelphes* stami poliadelfi.
polyakène |pɔliakɛn| *s.m. et adj.* (*bot.*) poliachenio* *s.m.*
polyamide |pɔliamid| *s.m.* (*chim.*) poliammide *f.*
polyamine |pɔliamin| *s.f.* (*chim.*) poliammina.
polyandre |pɔljɑ̃dʀ(ə)| *adj.* **1** [*qui a plusieurs maris*] (donna) poligama **2** (*bot.*) poliandro.
polyandrie |pɔliɑ̃dʀi| *s.f.* **1** poliandria **2** (*bot.*) poliandria.
polyarchie |pɔliaʀʃi| *s.f.* (*polit.*) poliarchia.
polyarchique |pɔliaʀʃik| *adj.* poliarchico*: *gouvernement polyarchique* governo poliarchico.
polyarthrite |pɔliaʀtʀit| *s.f.* (*méd.*) poliartrite.
polyatomique |pɔliatɔmik| *adj.* (*chim., phys.*) poliatomico*: *molécule polyatomique* molecola poliatomica.
polybasique |pɔlibazik| *adj.* (*chim.*) polibasico*.
polycarpique |pɔlikaʀpik|, **policarpien, ienne** |pɔlikaʀpjɛ̃, jɛn| *adj.* (*bot.*) policarpico*.
polycentrique |pɔlisɑ̃tʀik| *adj.* (*archit., polit.*) policentrico*.
polycentrisme |pɔlisɑ̃tʀism(ə)| *s.m.* (*polit.*) policentrismo.
polycéphale |pɔlisefal| *adj.* poli-

cefalo ◇ (*fig.*) *gouvernement polycéphale* governo policefalo.
Polychètes |pɔlikɛt| *s.m. pl.* (*t. zool.*) Policheti.
polychroïsme |pɔlikʀɔism(ə)| *s.m.* (*opt.*) policroismo, pleocroismo.
polychrome |pɔlikʀom| *adj.* policromo: *une statue polychrome* una statua policroma © **monochrome.**
polychromie |pɔlikʀɔmi| *s.f.* policromia.
polyclinique |pɔliklinik| *s.f.* policlinico* *m.*
polycondensation |pɔlikɔ̃dɑ̃sɑsjɔ̃| *s.f.* (*chim.*) policondensazione.
polycopie |pɔlikɔpi| *s.f.* (*typogr.*) ciclostile (*m.*): *bulletin tiré à la polycopie* bollettino tirato a ciclostile, ciclostilato.
polycopié, ée |pɔlikɔpje| *adj.* (*typogr.*) ciclostilato ✦ (*s.m.*) *un polycopié* un (testo) ciclostilato ◇ (*spécialt.*) dispensa *f.* (universitaria).
polycopier |pɔlikɔpje| *v.tr.* [*reproduire en polycopie*] ciclostilare.
polycorde |pɔlikɔʀd(ə)| *s.m.* (*mus.*) policordo.
polyculture |pɔlikyltyʀ| *s.f.* (*agric.*) policoltura, diversificazione colturale © **monoculture.**
polycyclique |pɔlisiklik| *adj.* (*électr.*) policiclico*.
polycythémie |pɔlisitemi| *s.f.* (*méd.*) policitemia.
polydactyle |pɔlidaktil| *adj. et s.* (*biol.*) polidattilo.
polydactylie |pɔlidaktili| *s.f.* (*biol.*) polidattilia.
polyèdre |pɔlj(i)ɛdʀ(ə)| *s.m.* (*géom.*) poliedro.
polyédrique |pɔliedʀik| *adj.* (*géom.*) poliedrico*.
polyembryonie |pɔliɑ̃bʀijɔni| *s.f.* (*biol.*) poliembrionia.
polyester |pɔliɛstɛʀ| *s.m.* (*chim.*) poliestere.
polyéthylène |pɔlietilɛn|, **polythène** |pɔlitɛn| *s.m.* (*chim.*) polietilene.
polygala |pɔligala|, **polygale** |pɔligal| *s.m.* (*t.bot.*) poligala *f.*
polygame |pɔligam| *s. et adj.* **1** poligamo **2** (*bot.*) poligamo © **1 monogame.**
polygamie |pɔligami| *s.f.* **1** poligamia **2** (*bot.*) poligamia © **1 monogamie.**
polygamique |pɔligamik| *adj.* poligamico*.
polygénie |pɔliʒeni| *s.f.* poligenesi *inv.*
polygénisme |pɔliʒenism(ə)| *s.m.* poligenismo.
polygéniste |pɔliʒenist(ə)| *s.* poligenista ✦ *adj.* poligenetico*.
polyglobulie |pɔliglɔbyli| *s.f.* (*méd.*) poliglobulia.
polyglotte |pɔliglɔt| *adj.* **1** poliglotta: *dictionnaire polyglotte* vocabolario poliglotta **2** [*qui parle plusieurs langues*] poliglotta: *interprète polyglotte* interprete poliglotta ✦ (*s.*) *un polyglotte* un poliglotta.
Polygonacées |pɔligɔnase| *s.f. pl.* (*t.bot.*) Poligonacee.
polygonal, ale, aux |pɔligɔnal, o| *adj.* poligonale.
polygonation |pɔligɔnɑsjɔ̃| *s.f.* (*techn.*) poligonazione.
polygonatum |pɔligɔnatɔm| *s.m.* (*t.bot.*) poligonato.
polygone |pɔligɔn| *s.m.* **1** (*géom.*, *phys.*) poligono: *polygone régulier* poligono regolare; *polygone de forces* poligono di forze **2** (*milit.*) *polygone de tir* poligono di tiro.
polygraphe |pɔligʀaf| *s.* poligrafo.
polygraphique |pɔligʀafik| *adj.* poligrafico*: *établissement polygraphique* stabilimento poligrafico.
polyinsaturé, ée |pɔliɛ̃satyʀe| *adj.* (*chim.*) poliinsaturo: *acides gras polyinsaturés* acidi grassi poliinsaturi.
polylobé |pɔlilɔbe| *adj.* (*archit.*) polilobato.
polymère |pɔlimɛʀ| *s.m.* (*chim.*) polimero ✦ (*adj.*) polimerico*, polimero.
polymérie |pɔlimeʀi| *s.f.* (*biol.*, *chim.*) polimeria.
polymérisable |pɔlimeʀizabl(ə)| *adj.* (*chim.*) polimerizzabile.
polymérisation |pɔlimeʀizɑsjɔ̃| *s.f.* (*chim.*) polimerizzazione.
polymériser |pɔlimeʀize| *v.tr.* (*chim.*) [*transformer en polymère*] polimerizzare.
polymérisme |pɔlimeʀism(ə)| *s.m.* (*chim.*) polimerismo.
polymorphe |pɔlimɔʀf(ə)| *adj.* polimorfo.
polymorphie |pɔlimɔʀfi| *s.f.*, **polymorphisme** |pɔlimɔʀfism(ə)| *s.m.* polimorfismo (*m.*): *polymorphisme des virus* polimorfismo dei virus.
polynésien, ienne |pɔlinezjɛ̃, jɛn| *adj.* [*de Polynésie*] polinesiano.
polynévrite |pɔlinevʀit| *s.f.* (*méd.*) polinevrite, polineurite.
polynôme |pɔlinom| *s.m.* (*math.*) polinomio*.
polynucléaire |pɔlinykleɛʀ| *adj. et s.m.* (*biol.*) polinucleato *adj.*
polype |pɔlip| *s.m.* **1** (*zool.*) polipo **2** (*méd.*, *cour.*) polipo: *polype de l'œsophage* polipo dell'esofago.
polypeptide |pɔlipɛptid| *s.m.* (*chim.*) polipeptide.
polypétale |pɔlipetal| *adj.* (*biol.*) polipetalo.
polypeux, euse |pɔlipø, øz| *adj.* (*méd.*) poliposo.
polyphage |pɔlifaʒ| *adj.* polifago*: *organismes polyphages* organismi polifagi.
polyphagie |pɔlifaʒi| *s.f.* polifagia*.
polyphasé, ée |pɔlifɑze| *adj.* (*phys.*) polifase.
polyphonie |pɔlifɔni| *s.f.* (*mus.*) polifonia → **contrepoint.**
polyphonique |pɔlifɔnik| *adj.* (*mus.*) polifonico*: *pièce polyphonique vocale* pezzo polifonico vocale.
polyphoniquement |pɔlifɔnikmɑ̃| *adv.* [→ POLYPHONIQUE] polifonicamente.
polypier |pɔlipje| *s.m.* (*zool.*) polipaio* ◇ (*fig.*) formicaio*: *un polypier humain* un formicaio umano.
polyploïde |pɔliplɔid| *s.f.* (*biol.*) poliploide.
polyploïdie |pɔliplɔidi| *s.f.* (*biol.*) poliploidia.
polypnée |pɔlipne| *s.f.* (*méd.*) polipnea.
polypode |pɔlipɔd| *s.m.* (*t.bot.*) polipodio*
Polypodiacées |pɔlipɔdjase| *s.f. pl.* (*t.bot.*) Polipodiacee.
polypoïde |pɔlipɔid| *adj.* (*pathol.*) polipoide.
polypore |pɔlipɔʀ| *s.m.* (*t.bot.*) poliporo.
Polyporées |pɔlipɔʀe| *s.f. pl.* (*t. bot.*) Poliporacee.
polypose |pɔlipoz| *s.f.* (*méd.*) poliposi *inv.*
polypropylène |pɔlipʀɔpilɛn| *s.m.* (*chim.*) polipropilene.
polyptère |pɔliptɛʀ| *s.m.* (*t.zool.*) polittero.
polyptyque |pɔliptik| *s.m.* (*bx-arts*) polittico*.
polyrème |pɔliʀɛm| (*adj.*) *embarcation polyrème* polireme *s.f.*
polyrythmie |pɔliʀitmi| *s.f.* (*mus.*) poliritmia.
polysaccharide |pɔlisakaʀid| *s.m.* (*chim.*) polisaccaride.
polysarcie |pɔlizaʀsi| *s.f.* (*méd.*) polisarcia* → **obésité.**
polysémie |pɔlisemi| *s.f.* (*ling.*) polisemia.
polysémique |pɔlisemik| *adj.* (*ling.*) polisemico*, polisemantico*.
polysoc |pɔlisɔk| *s.m. et adj.* (*techn.*) (*charrue*) *polysoc* aratro polivomere *adj.*
polystyle |pɔlistil| *adj.* (*archit.*) polistilo.
polystyrène |pɔlistiʀɛn|, **polystyrolène** |pɔlistiʀɔlɛn| *s.m.* (*chim.*) polistirolo.
polysulfure |pɔlisylfyʀ| *s.m.* (*chim.*) polisolfuro.
polysyllabe |pɔlisi(l)lab|, **polysyllabique** |pɔlisi(l)labik| *adj.* (*ling.*) polisillabico* ✦ (*s.m.*) *un polysyllabe* un polisillabo © **monosyllabe.**
polysyllogisme |pɔlisi(l)lɔʒism(ə)| *s.m.* (*philo.*) polisillogismo.
polysyndète |pɔlisɛ̃dɛt| *s.f.* (*gram.*) polisindeto *m.*
polysynthétique |pɔlisɛ̃tetik| *adj.* (*ling.*) polisintetico*
polytechnicien |pɔlitɛknisjɛ̃| *s.m.* studente del Politecnico.
polytechnique |pɔlitɛknik| **1** *adj.* (*vx.*) politecnico* **2** *s.f.* (*école*) *polytechnique* (*arg.* *L'X*) Politecnico *m.*
polythéisme |pɔliteism(ə)| *s.m.* politeismo: *le polythéisme grec* il politeismo greco © **monothéisme.**
polythéiste |pɔliteist(ə)| *s.* politeista ✦ *adj.* politeistico*.
polythène |pɔlitɛn| *s.m.* (*chim.*) polietilene.
polytonal, ale, als |pɔlitɔnal| *adj.* (*mus.*) politonale.
polytraumatisé, ée |pɔlitʀomatize| *adj. et s.* (*méd.*) politraumatizzato.
polytric |pɔlitʀik| *s.m.* (*t.bot.*) politrico*.
polyurie |pɔliyʀi| *s.f.* (*méd.*) poliuria.
polyvalence |pɔlivalɑ̃s| *s.f.* polivalenza.
polyvalent, ente |pɔlivalɑ̃, ɑ̃t| *adj.* polivalente.
polyvinyle |pɔlivinil| *s.m.* (*chim.*) polivinile: *chlorure de polyvinyle* (*P.V.C.*) cloruro di polivinile (P.V.C.).
polyvinylique |pɔlivinilik| *adj.* (*chim.*) polivinilico*.
pomélo |pɔmelo| *s.m.* **1** (*t.bot.*) pompelmo **2** [*le fruit, appelé couramment 'pamplemousse'*] pompelmo.
poméranien, ienne |pɔmeʀanjɛ̃, jɛn| **1** *adj.* [*de la Poméranie*] pomerano **2** (*s.m.*) *le poméranien* [*la langue*] il pomerano.

pomi- |pɔmi| *préf.* → **pomo-**.
pomiculteur |pɔmikyltœʀ| *s.m.* pomicoltore.
pommade |pɔmad| *s.f.* **1** (*vx.*) pomata → **cosmétique, crème, onguent** ◇ (*loc.*) *passer de la pommade à qqn.* [*le flatter grossièrement*] lisciare, ungere qc. **2** [*médicament à usage externe*] pomata: *un tube de pommade* un tubetto di pomata.
pommader |pɔmade| *v.tr.* (*plais., péj.*) [*enduire de pommade*] impomatare: *se pommader les cheveux* impomatarsi i capelli.
pommard |pɔmaʀ| *s.m.* [*grand vin rouge de Bourgogne*] ⊠.
1 **pomme** |pɔm| *s.f.* **I** **1** [*fruit du pommier*] mela: *pomme de reinette* mela renetta, ranetta; *pommes cuites* mele cotte; *compote de pommes* composta di mele; *tarte aux pommes* torta di mele ◇ (*loc.*) *rond comme une pomme* tondo come una mela ~ *grand, haut comme trois pommes* alto come un soldo di cacio **2** (*appos.*) *vert pomme* verde mela **3** (*loc. fam.*) *aux pommes* [*très bien, très beau*] al bacio, coi fiocchi ~ *tomber dans les pommes* [*s'évanouir*] svenire (*cour.*) ~ (*pop.*) *ma, sa pomme* io (me), lui (*cour.*) **4** *pomme d'Adam* pomo *m.* di Adamo **5** *pomme de terre* → **pomme de terre**; *pomme d'amour* → **tomate**; *pomme cannelle* → **anone**; *pomme de merveille* → **momordique**; *pomme de pin* [*organe reproducteur du pin*] pigna **II** **1** (*techn.*) *pomme d'arrosoir* bocchetta dell'annaffiatoio **2** [*boule décorative de bois, de métal*] pomo, pomello (*m.*): *pommes de lit* pomi del letto.
2 **pomme** |pɔm| *s.f.* (*t. de restaurant et de gastronomie*) [*pomme de terre*] patata: *des pommes frites* patate, patatine fritte; *pommes vapeur* patate all'inglese.
pommé, ée |pɔme| *adj.* **1** *chou pommé* cavolo cappuccio*; *laitue pommée* (lattuga) cappuccina *s.f.* **2** (*fam.*) [*achevé, complet*] integrale (*cour.*), bell'e finito.
pommeau |pɔmo| *s.m.* [*tête arrondie de la poignée d'un sabre, d'une épée*] pomo ◇ [*boule à l'extrémité d'une canne, d'un parapluie*] pomolo.
pomme de terre |pɔmdətɛʀ| *s.f.* **1** (*t.bot.*) patata **2** [*le tubercule comestible*] patata: *pommes de terre frites* patate fritte, patatine → 2 **pomme**; *purée de pommes de terre* purè di patate; *éplucher des pommes de terre* sbucciare, pelare le patate ◇ (*plais.*) *nez en pomme de terre* naso a patata.
pommelé, ée |pɔmle| *adj.* **1** [*couvert ou formé de petits nuages ronds*] a pecorelle (*loc. inv.*): *un ciel pommelé* un cielo a pecorelle **2** *cheval pommelé* [*couvert de taches rondes grises ou blanches*] cavallo pomellato.
pommeler (se) |pɔmle| (4) *v. pron. intr.* **1** (*ciel*) [*se couvrir de petits nuages ronds*] diventare *intr.* (*aux.* essere) a pecorelle → **moutonner** **2** (*fruits, choux, etc.*) [*prendre une forme ronde*] formare *tr.* il grumolo → **pommer.**
pommelle |pɔmɛl| *s.f.*(*techn.*) pigna.
pommer |pɔme| *v.intr.* (*se dit de certaines plantes dont les feuilles poussent serrées en forme de boule*) formare *tr.* il grumolo: *choux qui commencent à pommer* cavoli che incominciano a formare il grumolo.

pommeraie |pɔmʀɛ| *s.f.* (*rare*) [*plantation, champ de pommiers*] meleto *m.* (*cour.*).
pommeté, ée |pɔmte|, **pommetté, ée** |pɔmete| *adj.* (*blas.*) pomato.
pommette |pɔmɛt| *s.f.* **1** (*anat.*) zigomo (*m.*): *un visage aux pommettes saillantes* un viso dagli zigomi sporgenti **2** (*blas.*) *croix à pommettes* croce pomata *adj.* → **pommeté** **3** [*partie arrondie de la crosse d'un pistolet*] pomo *m.* → **pommeau.**
pommier |pɔmje| *s.m.* (*t.bot.*) melo.
pomo- |pɔmɔ|, **pomi-** |pɔmi| *préf.* (*signifiant 'fruit', correspondent généralt. à*) pomo, pomi: *pomologie* pomologia; *pomiculteur* pomicoltore.
pomoculture |pɔmɔkyltyʀ| *s.f.* pomicoltura.
pomœrium, pomerium |pɔmeʀjɔm| *s.m.* (*antiq. rom.*) pomerio*.
pomologie |pɔmɔlɔʒi| *s.f.* pomologia*.
pomologue |pɔmɔlɔg|, **pomologiste** |pɔmɔlɔʒist(ə)| *s.* pomologo*.
pompadour |pɔ̃paduʀ| *adj. inv.* **1** (*vieilli, bx-arts*) 'pompadour' ✦ (*s.m. inv.*) *le Pompadour* il 'Pompadour' **2** (*vx.*) [*suranné, vieillot*] del tempo in cui Berta filava *loc. inv.* (*cour.*).
pompage |pɔ̃paʒ| *s.m.* [→ POMPER] pompaggio*: *stations de pompage d'un pipe-line* stazioni di pompaggio di un oleodotto.
1 **pompe** |pɔ̃p| *s.f.* **1** (*littér.*) pompa → **apparat, magnificence** ◇ (*loc.*) *en grande pompe* in pompa magna **2** *pompes funèbres* pompe funebri → **funérailles** **3** (*vx., péj.*) → **emphase** **4** (*relig.*) *renoncer à Satan, à ses pompes* rinunciare a Satana, alle sue pompe **5** (*cout.*) ritocco* *m.*
2 **pompe** |pɔ̃p| *s.f.* **1** (*techn.*) pompa: *pompe aspirante, foulante* pompa aspirante, premente; *amorçage d'une pompe* adescamento di una pompa; *pompe à incendie* pompa antincendio; *aller chercher de l'eau à la pompe* andare a cercare acqua alla pompa ◇ (*plais.*) *du Château-la-Pompe* l'acqua del rubinetto **2** *pompe* (*à essence*) pompa della benzina ◇ (*par ext.*) distributore *m.* (di benzina) → **poste (d'essence)** **3** *pompe de bicyclette* pompa di bicicletta ◇ (*phys.*) *pompe à vide* pompa da, per vuoto **4** (*pop.*) → **chaussure** **5** (*pop.*) *avoir le, un coup de pompe* [*se sentir brusquement épuisé*] essere, sentirsi spompato *adj.* → **pomper** 7 **6** (*fam.*) À TOUTE POMPE [*à toute vitesse*] a tutta birra, a tutto gas: *je me tire à toute pompe*, me la filo a tutta birra, a tutto gas **7** (*arg. milit.*) *soldat de deuxième pompe, un deuxième pompe* [*un simple soldat*] un marmittone *m.*
pompé, ée |pɔ̃pe| *adj.* → **pomper** 6.
pompéien, ienne |pɔ̃pejɛ̃, jɛn| *adj.* **1** [*relatif à Pompéi*] pompeiano **2** (*hist. rom.*) [*relatif à Pompée*] pompeiano: *le parti pompéien* il partito pompeiano ✦ *s.* (*hist.*) *les Pompéiens* i Pompeiani.
pomper |pɔ̃pe| *v.tr.* **1** [*déplacer* (*un fluide*) *à l'aide d'une pompe*] pompare: *pomper de l'eau* pompare l'acqua → **puiser** ✦ (*absolt.*) *pomper pour tirer de l'eau* pompare per prelevare acqua **2** [*aspirer* (*un liquide*)] succhiare: *les moustiques pompent le sang* le zanzare succhiano il sangue **3** (*pop.*) [*boire*] alzare *tr.* il gomito, trincare **4** [*absorber* (*un liquide*)] assorbire (204) **5** (*arg. scol.*) [*copier*] scopiazzare (*cour.*): *il a encore pompé sur son voisin* ha ancora scopiazzato dal suo vicino **6** (*fig.*) [*attirer à soi, soutirer* (*qqch. de qqn.*)] pompare **7** (*pop.*) [*épuiser*] spompare: *cet effort l'a pompé* questo sforzo l'ha spompato ✦ (*au p.p.*) *il est pompé* [*épuisé, claqué*] è spompato.
pompette |pɔ̃pɛt| *adj.* (*fam.*) [*un peu ivre, éméché*] sbronzo: *il était rentré pompette* era tornato a casa sbronzo.
pompeur, euse |pɔ̃pœʀ, øz| *s.* [*ouvrier chargé de la vidange des puisards, du pompage de l'huile brute*] pompatore*.
pompeusement |pɔ̃pøzmɑ̃| *adv.* [→ POMPEUX] pomposamente.
pompeux, euse |pɔ̃pø, øz| *adj.* **1** (*vx.*) [*magnifique, somptueux*] pomposo (*littér.*) → **majestueux** **2** (*vieilli*) [*qui est exprimé avec solennité*] solenne: *un style pompeux* uno stile solenne → **soutenu** ◇ (*péj., cour.*) [*ampoulé, emphatique*] pomposo, ampolloso **3** [*qui affecte une solennité plus ou moins ridicule*] pomposo: *un ton pompeux* un tono pomposo → **sentencieux, déclamatoire.**
pompier |pɔ̃pje| *s.m.* **1** pompiere, vigile del fuoco: *avertisseur des voitures de pompiers* sirena degli autoveicoli dei pompieri, dei vigili del fuoco → **pin-pon**; *échelle de pompiers* scala dei pompieri; *pompier de service* pompiere di servizio (in una sala di spettacolo) **2** operaio* addetto alle pompe da vuoto.
1 **pompier, ière** |pɔ̃pje, jɛʀ| *adj.* [*emphatique et prétentieux*] pomposo, enfatico*: *un écrivain pompier* uno scrittore pomposo ✦ *s.* (*peint.*) *un pompier* un pompiere; *ça fait terriblement pompier* fa terribilmente pompiere.
2 **pompier, ière** |pɔ̃pje, jɛʀ| *s.* (*cout.*) lavorante che esegue ritocchi.
pompiérisme |pɔ̃pjeʀism(ə)| *s.m.* [*emphase ridicule*] pomposità *f. inv.*
pompile |pɔ̃pil| *s.m.* (*t.zool.*) pompilo.
pompiste |pɔ̃pist(ə)| *s.* **1** [*personne préposée à la distribution de l'essence*] benzinaio* **2** [*ouvrier qui assure l'entretien des pompes*] pompista.
pompon |pɔ̃pɔ̃| *s.m.* **1** 'pompon' (*inv.*): *bonnet à pompon rouge des marins* berretto con 'pompon' rosso dei marinai (francesi) **2** (*loc., souvent iron.*) *avoir le pompon* [*l'emporter*] averla vinta ~ *c'est le pompon* è il colmo.
pomponner |pɔ̃pɔne| *v.tr.* [*parer avec soin*] agghindare; infiocchettare → **bichonner** ✦ (*au p.p.*) *elle était toute pomponnée pour sortir* era tutta agghindata per uscire ✦ (*pron. réfl.*) *se pomponner* agghindarsi.
ponant |pɔnɑ̃| *s.m.* (*vx., littér.*) [*couchant, opposé à 'levant'*] ponente (*cour.*) → **ouest, occident.**
ponantais, aise |pɔnɑ̃tɛ, ɛz| *s. et adj.* (*vx.*) → **occidental.**
ponçage |pɔ̃saʒ| *s.m.* (*techn.*) pomiciatura *f.*
ponce |pɔ̃s| *s.f.* **1** (*pierre*) *ponce* [*variété de roche volcanique*] pomice **2** (*techn.*) spolvero *m.* **3** inchiostro *m.* grasso (per segnare le estremità delle pezze di tela).
poncé, ée |pɔ̃se| *adj.* → 2 **poncer.**
1 **ponceau** |pɔ̃so| **1** *s.m.* (*t.bot.*) rosolaccio* → **coquelicot** **2** *adj. inv.*

[*de la couleur d'un coquelicot*] rosso papavero ✦ (*s.m.*) colorante rosso papavero.

2 **ponceau** |pɔ̃so| *s.m.* ponticello (ad una sola campata).

poncelet |pɔ̃slɛ| *s.m.* (*phys.*) 'poncelet' *inv.*

poncer |pɔ̃se| (2) *v.tr.* **1** [*décaper, polir au moyen d'une substance abrasive*] pomiciare, levigare con la pomice → **frotter, polir** **2** [*reproduire* (*un dessin*) *au moyen d'un poncif* (1)] spolverare (un disegno) ✦ (*au p.p.*) *un* (*dessin*) *poncé* uno spolvero *s.m.* **3** (*techn.*) [*marquer* (*une pièce de toile*) *avec une encre spéciale*] segnare (una pezza di tela) con inchiostro grasso.

ponceur, euse |pɔ̃sœʀ, øz| *s.* **1** *s.m.* [*ouvrier chargé d'un ponçage*] levigatore **2** *s.f.* (*techn.*) levigatrice.

ponceux, euse |pɔ̃sø, øz| *adj.* (*minér.*) pomiceo, pomicioso: *roche ponceuse* roccia pomicea, pomiciosa.

poncho |pɔ̃tʃo| *s.m.* (*esp.*) poncho *inv.*

poncif |pɔ̃sif| *s.m.* **1** (*techn.*) spolvero: *reproduire un dessin avec un poncif* riprodurre un disegno con lo spolvero **2** (*litt., bx-arts*) tema stereotipato, espressione *f.* stereotipata: *les poncifs romantiques* i temi stereotipati romantici, le espressioni stereotipate romantiche → **cliché,** 1 **lieu (commun).**

ponction |pɔ̃ksjɔ̃| *s.f.* **1** (*méd.*) puntura: *ponction lombaire* puntura lombare → **rachicentèse** **2** (*fig.*) prelievo *m.* (di denaro); salasso *m.*

ponctionner |pɔ̃ksjɔne| *v.tr.* (*méd.*) [*traiter, vider par une ponction*] siringare.

ponctualité |pɔ̃ktɥalite| *s.f.* **1** [*soin, exactitude dans l'accomplissement de ses devoirs*] diligenza: *la ponctualité d'un employé* la diligenza di un impiegato → **assiduité** **2** [*qualité de celui qui est toujours à l'heure*] puntualità (*inv.*): *il arrivait à l'heure, avec ponctualité* arrivava in orario, con puntualità.

ponctuation |pɔ̃ktɥasjɔ̃| *s.f.* **1** (*gram.*) punteggiatura, interpunzione: *signes de ponctuation* segni di punteggiatura, di interpunzione ◇ [*manière d'utiliser ces signes*] punteggiatura: *mettre, oublier la ponctuation* mettere, dimenticare la punteggiatura **2** (*bot.*) punteggiatura.

1 **ponctuel, elle** |pɔ̃ktɥɛl| *adj.* diligente; puntuale: *un employé ponctuel* un impiegato diligente → **assidu, régulier** ‖ *sois ponctuel au rendez-vous* sii puntuale all'appuntamento Ⓒ **inexact.**

2 **ponctuel, elle** |pɔ̃ktɥɛl| *adj.* (*sc.*) puntiforme: *source lumineuse ponctuelle* sorgente luminosa puntiforme ◇ (*fig.*) *action, opération ponctuelle* azione, operazione specifica, circoscritta.

ponctuellement |pɔ̃ktɥɛlmɑ̃| *adv.* [→ 1 PONCTUEL] puntualmente; diligentemente.

ponctuer |pɔ̃ktɥe| *v.tr.* **1** [*diviser* (*un texte*) *au moyen de la ponctuation*] punteggiare, interpungere (150) (*rare*) ✦ (*au p.p.*) *dictée mal ponctuée* dettato punteggiato male **2** *ponctuer... de* [*marquer* (*ses phrases*) *d'une exclam., d'un geste*] punteggiare... di: *elle ponctuait ses phrases de soupirs* punteggiava le frasi di sospiri **3** (*mus.*) [*indiquer les repos, les divisions en périodes ou phrases musicales dans* (*un morceau*)] puntare le pause (in).

pondaison |pɔ̃dɛzɔ̃| *s.f.* (*rare*) epoca* ovaiola.

pondérable |pɔ̃deʀabl(ə)| *adj.* ponderabile Ⓒ **impondérable.**

pondéral, ale, aux |pɔ̃deʀal, o| *adj.* ponderale: *analyse pondérale* analisi ponderale.

pondérateur, trice |pɔ̃deʀatœʀ, tʀis| *adj.* (*littér.*) [*qui maintient l'équilibre*] moderatore* (*cour.*), equilibratore* (*cour.*): *influence pondératrice* influenza moderatrice, equilibratrice.

pondération |pɔ̃deʀasjɔ̃| *s.f.* **1** ponderazione, ponderatezza: *faire preuve de pondération* dar prova di ponderazione, ponderatezza **2** [*équilibre des forces sociales et polit.*] equilibrio* (*m.*): *pondération des pouvoirs* equilibrio dei poteri → **balance** **3** (*archit.*) [*équilibre entre les masses dans une œuvre plastique*] equilibrio → **balancement, symétrie** **4** (*écon., statistique*) ponderazione.

pondéré, ée |pɔ̃deʀe| *adj.* **1** ponderato: *un esprit pondéré* un carattere ponderato **2** (*écon., statistique*) ponderato: *moyenne pondérée* media ponderata; *indice pondéré* indice ponderato Ⓒ 1 **déraisonnable.**

pondérer |pɔ̃deʀe| (8) *v.tr.* **1** [*équilibrer, balancer*] ponderare, equilibrare (*cour.*) → **pondération** 2 **2** (*écon., statistique*) *pondérer une moyenne, un indice* ponderare una media, un indice.

pondéreux, euse |pɔ̃deʀø, øz| *adj.* (*sc., techn.*) ponderoso: *marchandises pondéreuses* merci ponderose ✦ (*s.m. pl.*) *les pondéreux* merci *f.* ponderose *adj.* (che pesano più di 1 t/m³).

pondeur, euse |pɔ̃dœʀ, øz| *s.* **1** *s.f.* [*femelle d'oiseau qui pond beaucoup*] ovaiola: *cette poule est une bonne pondeuse* questa gallina è una buona ovaiola ✦ (*adj.*) *poule pondeuse* gallina ovaiola ◇ (*fig., fam.*) [*femme prolifique*] coniglia **2** *s.* (*loc. fam.*) *un pondeur de romans* uno scrittore* prolifico*.

pondoir |pɔ̃dwaʀ| *s.m.* (*techn.*) nido apprestato per la deposizione delle uova.

pondre |pɔ̃dʀ(ə)| (53) *v.tr.* **1** (*en parlant d'une femelle d'ovipare*) [*déposer, faire* (*ses œufs*)] deporre (168), fare (103) le uova: *les oiseaux pondent des œufs* gli uccelli depongono le uova ✦ (*au p.p.*) *un œuf frais pondu* un uovo appena fatto, fresco fresco **2** (*fam., péj.*) [*écrire, produire* (*une œuvre*)] sfornare (*cour.*) **3** (*pop., péj.*) [*accoucher de, avoir* (*un enfant*)] sfornare.

poney |pɔnɛ| *s.m.* pony *inv.*

pongé, pongée |pɔ̃ʒe| *s.m.* taffetà *inv.* leggero di seta.

pongiste |pɔ̃ʒist(ə)| *s.* giocatore* di ping-pong.

1 **pont** |pɔ̃| *s.m.* **1** ponte: *le pont de chemin de fer* il ponte della ferrovia; *sous un pont* sotto un ponte; *ponts mobiles* ponti mobili; *pont franchissant un canal, une voie ferrée* ponte che scavalca un canale, una strada ferrata; *franchir, passer, traverser un pont* attraversare, superare un ponte # *pont pour les piétons* passerella pedonale ◇ (*loc.*) *il est solide comme le Pont-Neuf* è saldo come una quercia *f.* ~ *il coulera* (*passera*) *de l'eau sous les ponts!* ne deve passare di acqua sotto i ponti! ~ *couper, brûler les ponts* tagliare, bruciare i ponti **2** *al plur.* PONTS ET CHAUSSÉES [*service publ. chargé de la constr. et de l'entretien des voies publ.*] Genio Civile (*sing.*): *ingénieur des Ponts et Chaussées* ingegnere del Genio Civile **3** (*loc. fig.*) *pont aux ânes* ponte dell'asino ◇ (*par ext.*) [*banalité connue de tous*] banalità *f. inv.* ~ *faire un pont d'or à qqn.* fare a qc. ponti d'oro ~ *faire le pont* [*chômer entre deux jours fériés*] fare il ponte **4** (*auto.*) *pont arrière* ponte posteriore; *pont de graissage* ponte per l'ingrassaggio **5** *pont aérien* ponte aereo ◇ (*milit.*) *tête de pont* testa di ponte **6** incurvatura *f.* data a una carta da gioco (prima di far tagliare il mazzo) **7** *culotte à pont* bracchetta *f.*

2 **pont** |pɔ̃| *s.m.* (*mar.*) ponte: *pont principal* ponte principale (di forza); *pont promenade* ponte di passeggiata; *pont d'envol* ponte di volo ✦ (*absolt.*) *tout le monde sur le pont!* tutti in coperta!

pontage |pɔ̃taʒ| *s.m.* **1** (*techn.*) costruzione *f.* di un ponte (su); superamento con un ponte **2** (*chir.*) by-pass *inv.*, bypass *inv.*

1 **ponte** |pɔ̃t| *s.f.* [→ PONDRE 1] deposizione delle uova ◇ [*les œufs pondus en une fois*] covata.

2 **ponte** |pɔ̃t| *s.m.* (*au baccara, à la roulette, etc.*) [*chacun des joueurs qui jouent contre le banquier*] puntatore* *s.*

3 **ponte** |pɔ̃t| *s.m.* (*fam.*) [*personnage important*] pezzo grosso: *c'est un gros ponte* è un pezzo grosso → **pontife** 3.

ponté, ée |pɔ̃te| *adj.* (*mar.*) pontato: *une barque pontée* una barca pontata.

pontée |pɔ̃te| *s.f.* (*mar.*) carico* *m.* di coperta.

1 **ponter** |pɔ̃te| *v.tr.* **1** (*mar.*) [*munir d'un pont* (*un navire en constr.*)] munire (197) di ponte (una nave) **2** (*rare*) [*franchir par la constr. d'un pont*] superare con un ponte.

2 **ponter** |pɔ̃te| **A** *v.intr.* [*jouer contre celui qui tient la banque; être ponte au baccara, à la roulette*] puntare **B** *v. tr.* [*miser*] scommettere (155), puntare: *ponter une somme* scommettere, puntare una somma.

pontet |pɔ̃tɛ| *s.m.* (*techn.*) ponticello: *pontet d'un fusil* ponticello del fucile.

pontier |pɔ̃tje| *s.m.* manovratore di un ponte mobile.

pontife |pɔ̃tif| *s.m.* **1** (*antiq. rom.*) pontefice **2** (*relig. cathol.*) pontefice: *le souverain pontife* il sommo pontefice **3** (*fam., souvent iron.*) [*personnage qui fait autorité et qui est gonflé de son importance*] padreterno, papavero: *les grands pontifes de la politique* i padreterni, i papaveri della politica.

pontifiant, ante |pɔ̃tifjɑ̃, ɑ̃t| *adj.* pontificante: *un ton pontifiant* un tono pontificante → **doctoral.**

pontifical, ale, aux |pɔ̃tifikal, o| *adj.* **1** (*relig. cathol.*) pontificale, pontificio*: *messe pontificale* messa pontificale; *trône pontifical* trono pontificio → **papal** ✦ (*s.m.*) *le pontifical* il pontificale **2** (*antiq. rom.*) pontificale.

pontificat |pɔ̃tifika| *s.m.* **1** (*antiq. rom.*) pontificato **2** (*relig. cathol.*) pontificato: *cardinal élevé au pontificat* cardinale elevato al pontificato → **papauté** ◇ [*durée de l'exercice de cette dignité*] pontificato.

pontifier |pɔ̃tifje| *v.intr.* **1** [*faire le pontife* (3), *dispenser sa science, ses conseils avec prétention et emphase*] pontificare: *il pontifiait entouré de ses*

disciples pontificava, circondato dai suoi discepoli **2** (*rare*) [*officier en pontife* (2)] pontificare.
pontil |pɔ̃til| *s.m.* (*techn.*) pontello.
pontin, ine |pɔ̃tɛ̃, in| *adj.* [*de la région pontine, dans le Latium*] pontino: *les marais pontins* le paludi pontine.
pont-l'évêque |pɔ̃levɛk| *s.m. inv.* [*fromage fermenté fabriqué dans la région de Pont-l'Évêque*] ⊠.
pont-levis |pɔ̃lvi| *s.m.* **1** ponte levatoio* **2** (*fig.*, *t. de manège*) l'impennarsi *inv.* a più riprese del cavallo.
ponton |pɔ̃tɔ̃| *s.m.* **1** (*techn.*) pontone: *les pontons d'un pont flottant* i pontoni di un ponte galleggiante # *ponton d'accostage* pontile di sbarco **2** [*chaland ponté servant aux gros travaux des ports*] pontone: *ponton-bigue* pontone a biga.
pontonnier |pɔ̃tɔnje| *s.m.* **1** [*soldat du génie chargé de l'entretien des ponts*] pontiere **2** → **pontier.**
pontuseau |pɔ̃tyzo| *s.m.* (*techn.*) punzone.
pool |pul| *s.m.* (*angl.*) pool (*inv.*): *le pool du charbon et de l'acier* il pool del carbone e dell'acciaio, il pool carbosiderurgico ◇ (*par anal.*) *le pool des rédacteurs sportifs d'un journal* il pool sportivo di un giornale.
pop |pɔp| *adj. inv.* (*angl.*) pop: *un chanteur pop* un cantante pop; *musique pop* musica pop.
pop'art |pɔpaʀ(t)| *s.m.* (*angl.*) (*bx-arts*) pop-art *f. inv.*
pop-corn |pɔpkɔʀn| *s.m.* (*amér.*) pop-corn *inv.*
pope |pɔp| *s.m.* pope *inv.*
popeline |pɔplin| *s.f.* 'popeline' *inv.*
poplité, ée |pɔplite| *adj.* (*anat.*) popliteo: *muscle poplité* muscolo popliteo.
popote |pɔpɔt| **I** *s.f.* **1** (*milit.*) mensa ufficiali → **mess, cantine 2** (*fam.*) [*cuisine*] il mangiare *m. inv.* # *faire la popote* fare da mangiare, cucinare (*cour.*) **II** *adj. inv.* (*fam.*) [*qui est trop exclusivement occupé par les travaux, les devoirs du foyer*] casa e famiglia (*loc.*): *elles sont très popote* sono tutta casa e famiglia → **pot-au-feu.**
popotin |pɔpɔtɛ̃| *s.m.* (*pop.*) [*le derrière*] sedere (*cour.*) ◇ (*loc. fam.*) *se manier le popotin* [*se dépêcher*] muoversi, spicciarsi.
populace |pɔpylas| *s.f.* (*péj.*) [*bas peuple*] plebaglia → **masse,** 1 **populo.**
populacier, ière |pɔpylasje, jɛʀ| *adj.* [*propre à la populace*] plebeo: *langage populacier* linguaggio plebeo → **poissard, commun, vulgaire** # *une allure populacière* un modo di fare sguaiato, volgare → **canaille.**
populage |pɔpylaʒ| *s.m.* (*t.bot.*) calta *f.*
populaire |pɔpylɛʀ| *adj.* **1** popolare: *la volonté populaire* la volontà popolare; *démocraties populaires socialistes* democrazie popolari socialiste; *front populaire* fronte popolare **2** [*propre au peuple*] popolare: *les traditions populaires* le tradizioni popolari ◇ (*langage*) popolaresco*, popolano: *mot, expression populaire* parola, espressione popolaresca, popolana **3** [*à l'usage du peuple*] popolare: *un spectacle populaire* uno spettacolo popolare; *art populaire* arte popolare ◇ (*personnes*) [*qui s'adresse au peuple*] *un romancier populaire* un romanziere popolare **4** [*qui se recrute dans le peuple, que fréquente le peuple*] popolare: *les milieux populaires* gli ambienti popolari; *bals populaires* balli popolari **5** [*qui plaît au peuple, au plus grand nombre*] popolare: *mesure populaire* provvedimento popolare; *ce chanteur est très populaire* quel cantante è molto popolare 🅲 5 **impopulaire.**
populairement |pɔpylɛʀmɑ̃| *adv.* [→ POPULAIRE] popolarmente; popolanamente: *s'exprimer populairement* esprimersi popolarmente, popolarescamente.
populariser |pɔpylaʀize| *v.tr.* **1** [*faire connaître parmi le peuple, le grand nombre*] rendere (105) popolare: *les mots 'enliser, pieuvre' ont été popularisés par Hugo* le parole 'enliser, pieuvre' sono state rese popolari da Hugo → **répandre 2** (*vieilli*) [*mettre à la portée du peuple*] popolarizzare: *populariser la science* popolarizzare la scienza → **vulgariser 3** (*rare*) [*faire acquérir à* (*qqn.*) *la popularité*] rendere popolare (*cour.*).
popularité |pɔpylaʀite| *s.f.* popolarità (*inv.*): *la popularité d'un chef d'État* la popolarità di un capo di Stato ◇ [*faveur*] *il jouit d'une certaine popularité dans la maison* gode di una certa popolarità nell'azienda 🅲 **impopularité.**
population |pɔpylɑsjɔ̃| *s.f.* **1** popolazione: *la population de l'Italie* la popolazione dell'Italia; *recensement de la population* censimento della popolazione # *région à population dense* regione densamente popolata **2** [*ensemble des personnes d'une catégorie particulière*] popolazione: *la population active* la popolazione attiva; *la population scolaire* la popolazione scolastica # *les populations laborieuses* le classi lavoratrici **3** (*sc.*) popolazione.
populationnisme |pɔpylasjɔnism(ə)| *s.m.* popolazionismo.
populationniste |pɔpylasjɔnist(ə)| *adj. e s.* popolazionista.
populéum |pɔpyleɔm| *s.m.* (*pharm.*) unguento populeo *adj.*
populeux, euse |pɔpylø, øz| *adj.* [*très peuplé*] popoloso: *des villes populeuses* città popolose # *des rues populeuses* strade affollate 🅲 **désert.**
populisme |pɔpylism(ə)| *s.m.* (*litt.*) populismo.
populiste |pɔpylist(ə)| *s.* populista ✦ *adj.* populista, populistico*: *école populiste* scuola populista, populistica.
populo |pɔpylo| *s.m.* (*fam.*) **1** [*peuple*] poveracci (*pl.*): *c'est encore le populo qui trinque* sono sempre i poveracci che ci vanno di mezzo **2** [*grand nombre de gens*] gente *f.* (*cour.*): *c'est plein de populo* è pieno di gente.
poquer |pɔke| *v.intr.* (*au jeu de boules*) [*jeter sa boule en l'air de manière qu'une fois retombée elle reste immobile*] alzare *tr.* la boccia, giocare *tr.* una boccia a palla resta.
poquet |pɔkɛ| *s.m.* (*agric.*) buco* per più semi.
porc |pɔʀ| *s.m.* **1** (*t.zool.*) maiale ~ *porc sauvage* → **sanglier** ◇ (*cour.*) *poils, soies du porc* peli, setole del maiale ◇ (*loc.*) *il est gras, sale comme un porc* è grasso, sporco come un maiale, un porco ~ *c'est un vrai porc* è proprio un porco ~ *manger comme un porc* mangiare come un porco **2** [*la viande de porc*] maiale; carne *f.* suina: *un rôti de porc* un arrosto di maiale; *graisse de porc* grasso di maiale → **lard, saindoux** ‖ *porc frais, salé, fumé* carne suina fresca, salata, affumicata **3** [*peau tannée de porc*] cinghiale: *une valise en porc* una valigia di cinghiale.
porcelaine |pɔʀsəlɛn| *s.f.* **1** porcellana: *vaisselle de, en porcelaine* vasellame di porcellana; *porcelaine de Chine, de Limoges* porcellana cinese, di Limoges **2** [*objet en porcelaine*] porcellana: *une porcelaine de Sèvres* una porcellana di Sèvres; *casser une porcelaine* rompere una porcellana **3** (*t. zool.*) porcellana.
porcelainier, lainière |pɔʀsəlenje, lɛnjɛʀ| **1** *s.* fabbricante, commerciante di porcellane **2** (*adj.*) *l'industrie porcelainière* l'industria della porcellana *loc. inv.*
porcelet |pɔʀsəlɛ| *s.m.* [*jeune porc*] porcellino *s.* → **cochonnet, goret** ◇ [*la viande*] *manger du porcelet rôti* mangiare della porchetta *f.*, del porchetto arrosto.
porc-épic |pɔʀkepik| *s.m.* (*t.zool.*) porcospino, istrice: *des porcs-épics* dei porcospini, degli istrici ◇ (*loc.*) *c'est un véritable porc-épic* è proprio un istrice.
porchaison |pɔʀʃɛzɔ̃| *s.f.* (*chasse*) stagione in cui il cinghiale è grasso; condizione del cinghiale durante questa stagione.
porche |pɔʀʃ(ə)| *s.m.* **1** (*archit.*) portico*: *le porche d'une cathédrale* il portico di una cattedrale **2** [*vestibule, hall*] anticamera *f.*, atrio*.
porcher, ère |pɔʀʃe, ɛʀ| *s.* **1** [*gardien, gardienne de porcs*] porcaio*, porcaro **2** salariato agricolo addetto ai maiali.
porcherie |pɔʀʃəʀi| *s.f.* **1** [*bâtiment où l'on élève les porcs*] porcile *m.* **2** (*fig.*) [*local très sale*] porcile: *c'est une vraie porcherie ici !* è un vero porcile qui!
porcin, ine |pɔʀsɛ̃, in| *adj.* **1** [*relatif au porc*] suino: *race porcine* razza suina; *viande porcine* carne suina ✦ (*s.m.*) *un porcin* un suino **2** (*fig.*) [*dont l'aspect rappelle celui du porc*] porcino: *des yeux porcins* occhi porcini.
pore |pɔʀ| *s.m.* **1** (*anat.*) poro: *pores dilatés* pori dilatati ◇ *loc.* PAR TOUS LES PORES da tutti i pori: *il respire la joie par tous les pores* sprizza gioia da tutti i porri **2** (*bot.*) poro: *les pores d'une plante* i pori di una pianta.
poreux, euse |pɔʀø, øz| *adj.* poroso: *pierre poreuse* pietra porosa.
porion |pɔʀjɔ̃| *s.m.* [*agent de maîtrise, contremaître dans les mines de charbon, les gisements de pétrole*] caposquadra*.
pornographe |pɔʀnɔgʀaf| *s.m.* pornografo: *c'est un vulgaire pornographe* è un volgare pornografo ✦ *adj.* pornografico*: *éditeur pornographe* editore pornografico.
pornographie |pɔʀnɔgʀafi| *s.f.* pornografia.
pornographique |pɔʀnɔgʀafik| *adj.* pornografico*: *romans, films pornographiques* romanzi, film pornografici ◇ (*abrév. fam.* 'porno') porno (*inv.*): *livre, film porno* libro, film porno.
pornographiquement |pɔʀ-

nɔgʀafikmɑ̃| *adv.* [→ PORNOGRAPHIQUE] pornograficamente.

porosité |pɔʀozite| *s.f.* porosità *inv.*

porphyre |pɔʀfiʀ| *s.m.* (*minér.*) porfido: *des colonnes de porphyre* delle colonne di porfido.

porphyrique |pɔʀfiʀik| *adj.* (*minér.*) porfirico*: *texture porphyrique* struttura porfirica.

porphyrisation |pɔʀfiʀizɑsjɔ̃| *s.f.* (*pharm.*) [→ PORPHYRISER] porfirizzazione.

porphyriser |pɔʀfiʀize| *v.tr.* (*pharm.*) [*réduire en poudre impalpable en broyant* (*sur du porphyre*)] porfirizzare.

porphyrogénète |pɔʀfiʀɔʒenɛt| *adj.* (*antiq.*) porfirogenito.

porphyroïde |pɔʀfiʀɔid| *adj.* porfiroide: *roche porphyroïde* roccia porfiroide.

porque |pɔʀk(ə)| *s.f.* (*mar.*) porca*.

porreau |pɔʀ(ʀ)o| *s.m.* → **poireau.**

porrection |pɔʀ(ʀ)ɛksjɔ̃| *s.f.* (*liturg. cathol.*) tradizione (degli oggetti relativi al ministero sacerdotale).

porridge |pɔʀidʒ(ə)| *s.m.* (*angl.*) porridge *inv.*

1 **port** |pɔʀ| *s.m.* **1** porto: *un port maritime, fluvial* un porto marittimo, fluviale; *port de commerce* porto commerciale, mercantile; *port d'attache d'un bateau* [*où il est immatriculé*] porto d'immatricolazione; *port franc* porto franco; *navire qui arrive au port, entre dans le port* nave che arriva, entra in porto ◇ (*loc.*) *arriver à bon port*: (*personnes*) arrivare sano e salvo; (*choses*) arrivare in buono stato **2** (*littér.*) [*abri; lieu de repos*] porto: *chercher un port après une vie agitée* cercare un porto dopo una vita agitata → **refuge 3** [*ville qui possède un port*] porto: *Marseille, port de la Méditerranée* Marsiglia, porto del Mediterraneo.

2 **port** |pɔʀ| *s.m.* (*dans les Pyrénées*) passo.

3 **port** |pɔʀ| *s.m.* **I** (*dans quelques express.*) [*action de porter*] **1** [*le fait de porter sur soi*] porto: *port d'armes* porto d'armi # *le port illégal de décorations* il fregiarsi *inv.* illegalmente di decorazioni **2** (*loc. milit.*) PORT D'ARMES presentat'arm, presentatàrm: *soldat qui se met au port d'armes* soldato che si mette sul presentat'arm **3** (*mus.*) *port de voix* portamento di voce **II** [*prix du transport* (*d'une lettre, d'un colis*)] porto: *colis expédié franc de port, franco de port* pacco spedito franco di porto; *port dû* porto assegnato; *port payé* porto a carico del mittente; *frais de port* spese di porto **III** [*manière naturelle de se tenir*] portamento: *elle avait un port de déesse, de reine* aveva un portamento da dea, da regina → **allure, maintien** # *un gracieux port de tête* un modo grazioso di tenere la testa.

portable |pɔʀtabl(ə)| *adj.* **1** (*d'un vêtement*) [→ PORTER] portabile: *ce manteau est encore portable* questo cappotto è ancora portabile → **mettable 2** (*angl.*) [*portatif*] portatile: *machine à écrire portable* macchina da scrivere portatile **3** (*dr.*) pagabile a domicilio (del creditore).

portage |pɔʀtaʒ| *s.m.* **1** [*transport à dos d'homme*] facchinaggio* **2** trasporto via terra (di imbarcazioni, da una via navigabile ad un'altra).

portail |pɔʀtaj| *s.m.* cancello (d'ingresso) ◇ (*archit.*) portale: *le portail d'une cathédrale* il portale di una cattedrale.

portance |pɔʀtɑ̃s| *s.f.* (*techn., aviat.*) portanza.

portant |pɔʀtɑ̃| *s.m.* **1** [*anse d'un coffre, d'une malle, etc.*] maniglia *f.* **2** (*théât.*) [*montant qui soutient un élément de décor, un appareil d'éclairage*] sostegno **3** [*montant d'une ouverture*] stipite.

portant, ante |pɔʀtɑ̃, ɑ̃t| *adj.* **1** portante: *murs portants d'un édifice* muri portanti di un edificio **2** *loc.* À BOUT PORTANT [*de très près*] a bruciapelo: *tirer à bout portant* sparare a bruciapelo **3** (*loc.*) *être bien, mal portant* essere in buona, in cattiva salute *loc. inv.* → 1 **porter (se)** ♦ (*s.*) *les bien portants* quelli che stanno bene *loc.*

portatif, ive |pɔʀtatif, iv| *adj.* [*qui peut être transporté facilement*] portatile: *poste de radio portatif à transistors* apparecchio radio portatile a transistor.

porte- |pɔʀt| *préf.* (*signifiant 'qui porte', correspond généralt. à*) porta: *porte-bagages* portabagagli.

1 **porte** |pɔʀt(ə)| *s.f.* **I 1** porta: *porte d'une maison* porta di una casa; *porte d'entrée, de service* porta d'ingresso, di servizio; *porte-fenêtre* porta-finestra; *entrer par la porte* entrare dalla porta; *franchir, passer la porte* superare, oltrepassare la porta # *porte cochère* portone ◇ (*loc.*) *de porte en porte* di porta in porta ~ *faire du porte à porte* andare di porta in porta; praticare la vendita (diretta) a domicilio ~ *ils habitent porte à porte* abitano a porta a porta ~ *cela s'est passé à ma porte* è accaduto a due passi da casa (mia) ~ *je l'ai reçu entre deux portes, je lui ai parlé entre deux portes* l'ho ricevuto sulla porta ~ *mettre, flanquer* (*fam.*) *qqn. à la porte* mettere qc. alla porta, sbattere fuori qc. → **chasser, congédier, renvoyer** ~ (*ellipt.*) *à la porte!* fuori! ~ *prendre la porte* prendere la porta → 1 **partir,** 1 **sortir** ~ *entrer, passer par la grande porte* entrare dalla porta principale ~ *entrer par la petite porte* entrare dalla porta di servizio, fare la gavetta ~ *se ménager, se réserver une porte de sortie* assicurarsi una via di uscita, una scappatoia → **échappatoire, issue 2** [*panneau mobile permettant d'obturer l'ouverture d'une porte*] porta: *porte vitrée* porta a vetri; *porte à deux battants* porta a due battenti; *porte coulissante* porta scorrevole; *porte grande ouverte* porta spalancata; *écouter aux portes* origliare dietro la porta # *porte à tambour* bussola (girevole) ◇ (*loc.*) *frapper à la bonne, à la mauvaise porte* bussare alla porta giusta, alla porta sbagliata ~ *ouvrir, fermer sa porte à qqn.* aprire, chiudere la porta a qc. **3** (*d'un véhicule*) porta → 1 **portière** ◇ (*d'un meuble*) *porte d'une armoire* porta di un armadio **II** (*d'une ville*) **1** (*ancienn.*) porta ◇ (*fig.*) *l'ennemi est à nos portes* [*à nos frontières*] il nemico è alle porte **2** [*lieu où ancienn. se trouvait une porte de l'enceinte d'une ville*] porta: *habiter à la porte de Saint-Cloud* abitare a porta Saint-Cloud **III 1** [*passage étroit dans une région montagneuse*] porta → 1 **défilé, gorge 2** (*ski, dans un slalom*) porta.

2 **porte** |pɔʀt(ə)| *adj. f.* (*anat.*) *veine porte* (vena) porta.

porte-aéronefs |pɔʀtaeʀɔnɛf| *s.m. inv.* (*milit.*) portaerei *f.*; portaelicotteri *f.*

porte(-)à(-)faux |pɔʀtafo| *s.m. inv.* **1** [*disposition d'une chose* (*construction, assemblage*) *hors d'aplomb*] aggetto *var.*, sbalzo *var.* # *un mur en porte-à-faux* un muro non a piombo ◇ (*loc. fig.*) *en porte-à-faux* in una situazione instabile, precaria **2** [*construction, objet en porte-à-faux*] aggetto, sbalzo.

porte-affiche(s) |pɔʀtafiʃ| *s.m.* (*rare*) [*cadre dans lequel on appose des affiches*] bacheca* *f.* (*cour.*), albo (*cour.*): *des porte-affiches grillagés* bacheche, albi con rete metallica.

porte-aiguille |pɔʀtegɥij| *s.m.* (*chir.*) portaaghi *inv.*

porte-aiguilles |pɔʀtegɥij| *s.m. inv.* [*étui, feuillets de tissu où l'on range les aiguilles à coudre*] agoraio* *var.*

porte-allumettes |pɔʀtalymɛt| *s.m. inv.* portafiammiferi.

porte-amarre |pɔʀtamaʀ| *s.m.* (*mar.*) lanciasagola *inv.*

porte à porte |pɔʀtapɔʀt| *s.m.* → 1 **porte I 1.**

porte-avions |pɔʀtavjɔ̃| *s.m. inv.* (*milit.*) portaerei *f.*

porte-bagages |pɔʀtbagaʒ| *s.m. inv.* portapacchi: *porte-bagages d'une bicyclette* portapacchi di una bicicletta ◇ [*filet, galerie métallique où l'on place les bagages dans un train, un car*] portabagagli.

porte-baïonnette |pɔʀtbajɔnɛt| *s.m.* reggifodero della baionetta.

porte-balais |pɔʀtbalɛ| *s.m. inv.* (*techn.*) portaspazzole.

porte-bannière |pɔʀtbanjɛʀ| *s.* portabandiera *inv.*, alfiere *m.*; gonfaloniere *m.*

porte-billets |pɔʀtbijɛ| *s.m. inv.* portafogli.

porte-bobine |pɔʀtbɔbin| *s.m.* (*techn.*) portarocchetto.

porte-bonheur |pɔʀtbɔnœʀ| *s.m. inv.* portafortuna: *le trèfle à quatre feuilles, le fer à cheval sont des porte-bonheur* il quadrifoglio, il ferro di cavallo sono dei portafortuna → **amulette, fétiche.**

porte-bouquet |pɔʀtbukɛ| *s.m.* portafiori (*inv.*): *des porte-bouquet(s)* dei portafiori.

porte-bouteilles |pɔʀtbutɛj| *s.m. inv.* portabottiglie.

porte-brancard |pɔʀt(ə)bʀɑ̃kaʀ| *s.m.* (*techn.*) portastanghe *inv.*

porte-carnier |pɔʀtkaʀnje| *s.m.* (*rare*) chi porta il carniere *loc.*

porte-carte(s) |pɔʀtəkaʀt(ə)| *s.m. inv.* portatessere ◇ [*étui, support pour les cartes géographiques*] portacarte.

porte-chapeaux |pɔʀtʃapo| *s.m. inv.* attaccapanni, mensola *f. var.* per cappelli.

porte-cigares |pɔʀtsigaʀ| *s.m. inv.* portasigari.

porte-cigarettes |pɔʀtsigaʀɛt| *s.m. inv.* portasigarette.

porte-clefs, porte-clés |pɔʀtəkle| *s.m. inv.* **1** portachiavi **2** (*vieilli*) → **geôlier.**

porte-conteneurs |pɔʀtkɔ̃tnœʀ| *s.m. inv.* (nave *f. var.*) portacontenitori *f.*, porta-container *f.*

porte-copie |pɔʀtkɔpi| *s.m.* supporto per il testo da battere a macchina.

porte-couteau |pɔRtkuto| *s.m.* [*ustensile de table sur lequel on pose l'extrémité du couteau*] reggiposata (*inv.*): *des porte-couteau(x)* dei reggiposata.

porte-crayon |pɔRtkRɛjɔ̃| *s.m.* portamatita *inv.*, portalapis *inv.*

porte-croix |pɔRtəkRwa| *s.m. inv.* (*relig.*) crocifero *var.*

porte-crosse |pɔRtəkRɔs| *s.m.* (*rare*) **1** (*ecclés.*) chi porta il pastorale *loc.* **2** guaina *f.* per arma da fuoco (attaccata alla sella).

porte-dîner(s) |pɔRtədine| *s.m.* portapranzi *inv.*

porte-documents |pɔRtdɔkymɑ̃| *s.m. inv.* portacarte, cartella (*f. var.*): *porte-documents à fermeture éclair* portacarte, cartella con cerniera lampo.

porte-drapeau |pɔRtdRapo| *s.m.* **1** portabandiera (*s. inv.*): *des porte-drapeau(x)* dei portabandiera **2** [*chef reconnu et actif*] portabandiera, alfiere: *le porte-drapeau de l'insurrection féminine* la portabandiera, l'alfiere dell'insurrezione femminile.

1 **portée** |pɔRte| *s.f.* [*ensemble des petits qu'une femelle de mammifère porte et met bas en une fois*] figliata: *les lapins d'une même portée* i conigli di una stessa figliata.

2 **portée** |pɔRte| *s.f.* **1** (*mus.*) pentagramma (*m.*): *les portées d'une partition musicale* i pentagrammi di uno spartito musicale **2** [*charge d'un navire*] portata: *portée en lourd* portata lorda **3** *la portée de l'arche d'un pont* la luce, la campata dell'arco di un ponte.

3 **portée** |pɔRte| *s.f.* **1** [*distance à laquelle peut être lancé un projectile; amplitude du jet*] portata, gittata: *un canon à longue portée* un cannone a grande portata, a lunga gittata ◇ (*par anal.*) *la portée d'une voix* la portata di una voce **2** *loc.* À (LA) PORTÉE (DE) a portata di mano di: *à portée de la main* a portata di mano; *à la portée de qqn.* a portata di mano di qc. # *à portée de sa vue* entro il suo campo visivo ~ HORS DE (LA) PORTÉE fuori portata: *hors de portée de voix* fuori portata di voce **3** (*fig.*) À (LA) PORTÉE, HORS DE (LA) PORTÉE DE alla portata, non alla portata di: *spectacle à la portée de toutes les bourses* spettacolo alla portata di tutte le borse; *cela est hors de ma portée* (ciò) non è alla mia portata, supera le mie possibilità **4** [*aptitude (d'un esprit) à atteindre et comprendre des objets plus ou moins complexes*] capacità (*inv.*): *cela passe la portée de son esprit* (ciò) supera la sua capacità mentale → **étendue, 1 force** ◇ *loc.* À LA PORTÉE DE alla portata di: *la vulgarisation met la science à la portée de tous* la divulgazione pone la scienza alla portata di tutti → **niveau** **5** (*en parlant d'une idée*) [*aptitude à avoir des effets en atteignant*] forza: *la portée d'un argument* la forza di un'argomentazione ◇ (*d'une action, d'un événement*) portata: *je sens la portée de ma faute* sento la portata del mio errore; *une décision sans portée pratique* una decisione senza una portata pratica, senza pratiche conseguenze.

porte-engins |pɔRtɑ̃ʒɛ̃| *s.m. inv.* (*milit.*) portamissili.

porte-enseigne |pɔRtɑ̃sɛɲ| *s.m. inv.* (*vx.*) → **porte-drapeau.**

porte-épée |pɔRtepe| *s.m. inv.* (*ancienn.*) portaspada.

porte-étendard |pɔRtetɑ̃daR| *s.m. inv.* portastendardo *var.*, alfiere *var.*

porte-étriers |pɔRtetRije| *s.m. inv.* [*courroie, sangle pour relever l'étrier quand le cheval n'est pas monté*] reggistaffe.

porte-étrivière |pɔRtetRivjɛR| *s.m. inv.* cinghia *f. var.* per staffile.

porte-faix, portefaix |pɔRtəfɛ| *s.m. inv.* (*ancienn.*) → **porteur I 1.**

porte-fanion |pɔRtfanjɔ̃| *s.m. inv.* (*milit.*) portaguidone *var.*

porte-fenêtre |pɔRtfənɛtR(ə)| *s.f.* portafinestra, porta finestra: *des portes-fenêtres* delle porte(-)finestre.

portefeuille |pɔRtəfœj| *s.m.* **1** portafoglio*: *portefeuille de cuir* portafoglio di cuoio; *avoir un portefeuille bien garni* avere un portafoglio ben fornito → **porte-monnaie** **2** *faire un lit en portefeuille* fare il sacco* **3** [*titre, fonctions de ministre*] portafoglio: *le portefeuille des Affaires étrangères* il portafoglio degli Affari esteri **4** [*ensemble des effets de comm. détenus par une personne ou une entreprise*] portafoglio.

porte-flambeau |pɔRtəflɑ̃bo| *s.m.* tedoforo, portafiaccole (*inv.*): *des porte-flambeaux* dei tedofori, dei portafiaccole.

porte-fort |pɔRtəfɔR| *s.m. inv.* (*dr.*) malleveria *f. var.*

porte-fusées |pɔRtəfyze| *s.m. inv.* (*milit.*) portamissili.

porte-glaive |pɔRtəglɛv| *s.m. inv.* (*rare*) chi porta il gladio *loc. var.*

porte-greffe(s) |pɔRtəgRɛf| *s.m.* (*arbor.*) portinnesto: *des porte-greffe(s)* dei portinnesti.

porte-hauban(s) |pɔRtəobɑ̃| *s.m.* (*mar.*) parasartie *inv.*

porte-hélicoptères |pɔRtelikɔptɛR| *s.m. inv.* portaelicotteri *f.*

porte-jarretelles |pɔRtʒaRtɛl| *s.m. inv.* [*sous-vêtement féminin qui est muni de quatre jarretelles pour attacher les bas*] reggicalze.

porte-jupe |pɔRtəʒyp| *s.m.* gruccia* *f.* per le gonne.

porte-lames |pɔRtəlam| *s.m. inv.* (*techn.*) portalame.

porte-malheur |pɔRtmalœR| *s.m. inv.* (*rare*) **1** oggetto *var.* che porta sfortuna **2** [*personne que l'on considère comme portant malheur*] iettatore* *s. var.* (*cour.*), uccello *var.* del malaugurio.

portemanteau |pɔRtmɑ̃to| *s.m.* **1** [*dispositif pour suspendre les vêtements*] attaccapanni (*inv.*): *accrochez, mettez votre pardessus au portemanteau* appenda il soprabito all'attaccapanni, metta il soprabito sull'attaccapanni ◇ (*loc. fam.*) *épaules en portemanteau* spalle larghe e quadrate (*cour.*) **2** (*vx.*) [*enveloppe qui contenait le paquetage du chevalier*] (sacca* *f.*) portamantello *inv.* **3** (*vx.*) ufficiale che portava il mantello del re.

portement |pɔRtəmɑ̃| (*s.m.*) *portement de croix* [*scène de la Passion où le Christ est représenté portant sa croix*] Via-Crucis *f. inv.*, scena *f.* della Passione.

porte-menu |pɔRtməny| *s.m. inv.* portamenù.

porte-mine, portemine |pɔRtəmin| *s.m.* portamina (*inv.*): *des porte(-)mine(s)* dei portamina.

porte-monnaie |pɔRtmɔnɛ| *s.m. inv.* portamonete → **portefeuille** ◇ (*par ext.*) *faire appel au porte-monnaie de qqn.* fare appello alla generosità di qc.; *avoir le porte-monnaie bien garni* avere il portafoglio ben fornito.

porte-montre |pɔRtəmɔ̃tR(ə)| *s.m.* (*rare*) **1** sostegno per appendere l'orologio **2** vetrina *f.* per gli orologi.

porte-mors |pɔRtəmɔR| *s.m. inv.* portamorso *var.*

porte-musique |pɔRtmyzik| *s.m. inv.* cartella *f. var.* (per spartiti musicali).

porte-objet |pɔRtɔbʒɛ| *s.m.* (*techn.*) portaoggetto: *des porte-objet(s)* dei portaoggetti.

porte-outil |pɔRtuti| *s.m.* (*techn.*) portautensili (*inv.*): *des porte-outil(s)* dei portautensili.

porte-parapluies |pɔRtpaRaplɥi| *s.m. inv.* portaombrelli.

porte-parole |pɔRtpaRɔl| *s.m. inv.* portavoce (*s.*): *le porte-parole officiel du ministre* il portavoce ufficiale del ministro ◇ (*par ext.*) (*choses*) *ce journal est le porte-parole de l'opposition* questo giornale è il portavoce dell'opposizione → **interprète.**

porte-photos |pɔRtəfɔto| *s.m. inv.* portaritratti.

porte-pincettes |pɔRtəpɛ̃sɛt| *s.m. inv.* posamolle.

porte-plume |pɔRtəplym| *s.m. inv.* portapenne.

porte-queue |pɔRtəkø| *s.m. inv.* → **machaon.**

1 **porter** |pɔRte| **A** *v.tr.* **I** [*supporter le poids de*] **1** [*soutenir, tenir (ce qui pèse)*] portare: *porter une valise à la main* portare una valigia a mano; *la mère portait son enfant dans ses bras* la madre portava in braccio il suo bambino **2** (*fig.*) [*supporter*] sopportare, sostenere (188): *porter tout le poids d'une affaire* sopportare, sostenere tutto il peso di un'azienda; *nous portons la responsabilité de nos fautes* sopportiamo le conseguenze dei nostri sbagli **3** (*sujet de chose*) [*soutenir*] reggere (154): *ses jambes ne le portaient plus* le gambe non lo reggevano più **4** [*produire en soi (un petit, un rejeton)*] portare; produrre (108): *porter un enfant* portare in seno un bambino ‖ *cet arbre porte les plus beaux fruits* quell'albero produce i frutti più belli ♦ (*absolt.*) *les juments portent onze mois* le giumente hanno una gestazione di undici mesi **5** (*loc.*) *je ne le porte pas dans mon cœur* [*je ne l'aime pas, je lui en veux*] non mi piace molto; non lo sopporto **6** [*avoir sur soi*] portare, avere (97): *porter la barbe* portare, avere la barba; *porter des lunettes* portare, avere gli occhiali; *le nom que l'on porte* il nome che si porta, si ha **7** (*choses*) [*être revêtu de (une inscription, une marque)*] portare: *la lettre porte la date du 20 mai* la lettera porta la data del 20 maggio **II** (*sujet de personne*) **1** [*prendre pour emporter, déposer*] portare: *ils la portèrent sur le lit* la portarono sul letto → **mettre, 1 transporter**; *va lui porter ce paquet* va a portargli questo pacco → **apporter** **2** [*orienter, diriger*] portare: *porter une cuillère à sa bouche* portare un cucchiaio alla bocca; *porter la main à son chapeau* portare la mano al cappello # *porter la main sur qqn.* alzare la mano su qc. **3** (*loc.*) *porter atteinte à l'honneur, à la réputation de qqn.* attentare all'onore,

alla reputazione di qc. ~ *porter témoignage* testimoniare ~ *porter plainte contre qqn.* sporgere querela contro qc., denunciare qc. **4** [*mettre par écrit*] segnare: *porter une somme sur un registre* segnare una somma su un registro, registrare una somma → **inscrire** ◇ (*milit.*) *se faire porter malade* darsi ammalato, marcare visita **5** *loc.* PORTER À [*amener, faire arriver* (*à un état élevé*)] portare a: *porter qqn. au pouvoir* portare qc. al potere; *porter qqn. aux nues* portare qc. alle stelle **6** [*donner, apporter* (*un sentiment, une aide, etc. à qqn.*)] *porter secours à qqn.* dare, prestare aiuto a qc.; *porter assistance à qqn.* dare, fornire assistenza a qc.; *porter amitié, intérêt à qqn.* provare, nutrire amicizia, interesse per qc.; *cet événement lui porte ombrage* questo avvenimento gli dà ombra ◇ (*prov.*) *la nuit porte conseil* la notte porta consiglio ◇ (*loc.*) *porter un jugement sur* (*qqn., qqch.*) formulare un giudizio su (qc., q.c.) **7** *loc.* PORTER À (+ *inf.*) [*pousser, inciter* (*qqn.*) *à*] portare a (+ *inf.*): *tout porte à croire que c'est faux* tutto porta a credere che è falso ~ ÊTRE PORTÉ À (+ *inf.*) [*être naturellement poussé à*] essere portato, propenso a (+ *inf.*): *nous sommes portés à croire qu'il a raison* siamo portati, propensi a credere che abbia ragione ~ ÊTRE PORTÉ SUR (QQCH.) essere portato a (q.c.): *être porté sur la boisson* essere portato al bere → **aimer** **B** *v. intr.* (*sujet de chose*) **1** *loc.* PORTER SUR [*peser, appuyer sur* (*qqch.*)] poggiare su (q.c.): *tout l'édifice porte sur ces colonnes* tutto l'edificio poggia su queste colonne; *l'accent porte sur la dernière syllabe* l'accento poggia, cade sull'ultima sillaba ◇ (*fam.*) *cela me porte sur les nerfs* [*m'agace*] mi dà ai, sui nervi ◇ [*avoir pour objet*] *une discussion qui porte sur des problèmes politiques* una discussione che verte su problemi politici **2** *absolt.* [*avoir une portée* (*tir*)] avere *tr.* una gittata, una portata (di): *ce canon porte loin* questo cannone ha una lunga gittata, una grande portata ◇ [*toucher le but*] fare (103) *tr.* centro: *le coup a porté juste* il colpo ha fatto centro # *une voix qui porte* una voce che si fa sentire, una voce potente ◇ [*avoir de l'effet*] cogliere (123) nel segno: *vos observations ont porté* [*on en a tenu compte*] le sue osservazioni hanno colto nel segno, hanno fatto centro **C** *v.pron.* SE PORTER **1** (*intr.*) *se porter* (*bien, mal*) [*être en bonne, en mauvaise santé*] stare *intr.* (bene, male): *comment vous portez-vous?* come sta?; *je me porte beaucoup mieux* sto molto meglio → 1 **aller** **2** *passif* (*d'un vêtement*) [*être porté*] portarsi: *les jupes se porteront plus longues cette année* quest'anno le gonne si porteranno più lunghe; *cela se porte encore* si porta ancora **3** *intr.* (*littér.*) [*se diriger* (*vers*)] muovere (157) *intr.*, andare (101) *intr.* (*cour.*): *se porter à la rencontre de qqn.* muovere verso qc., andare incontro a qc. → 1 **aller** **4** *intr.* (*loc.*) SE PORTER À [*se laisser aller à*] lasciarsi andare a: *empêchez-le de se porter à cette extrémité* impeditegli di lasciarsi andare a questo eccesso **5** *intr.* (*dans quelques express.*) [*se présenter* (*à, comme*)] presentarsi (come): *se porter acquéreur* presentarsi come acquirente # *il se porte garant* si rende, si fa garante → 2 **répondre.**

2 **porter** |pɔʀtɛ| *s.m.* (*angl.*) porter *inv.*, birra *f.* inglese scura.

porte-revues |pɔʀtəʀ(ə)vy| *s.m. inv.* portariviste.

porterie |pɔʀtəʀi| *s.f.* porteria.

porte-savon |pɔʀtsavɔ̃| *s.m.* portasapone *inv.*

porte-serviettes |pɔʀtsɛʀvjɛt| *s.m. inv.* portasciugamano *var.*

porte-skis |pɔʀtski| *s.m. inv.* portasci.

porteur, euse |pɔʀtœʀ, øz| **I** *s.* **1** [*personne chargée de remettre des lettres, des colis à leurs destinataires*] fattorino: *un porteur de télégrammes* un fattorino del telegrafo → 2 **facteur, messager** ♦ *au m.* (*absolt.*) PORTEUR [*homme d'équipe chargé de porter les bagages de voyageurs dans une gare, etc.*] portabagagli *inv.*, facchino: *appeler un porteur sur le quai d'une gare* chiamare un portabagagli, un facchino sul marciapiede di una stazione ◇ [*homme qui porte les équipements dans une expédition*] portatore → **portage** **2** [*personne qui porte effectivement* (*un objet*)] portatore* (*rare*), chi porta *loc.* **3** (*comm.*) portatore: *chèque* (*payable*) *au porteur* assegno (pagabile) al portatore **4** [*personne qui détient* (*certains papiers, titres*)] possessore*, in possesso di (*loc. inv.*): *il était porteur de faux papiers* era in possesso di documenti falsi **5** [*personne ou chose qui transmet, apporte*] portatore, vettore*: *le porteur d'une maladie contagieuse* il portatore, il vettore di una malattia contagiosa ♦ (*adj.*) *être porteur de microbes* essere portatore, vettore di microbi **II** *adj.* [*qui porte*] portante: *courant porteur* corrente portante; *onde porteuse* onda portante.

porte-vent |pɔʀtəvɑ̃| *s.m. inv.* (*techn.*) portavento *var.*

porte-voix |pɔʀtəvwa| *s.m. inv.* portavoce, megafono *var.* ◇ (*par ext.*) *mettre ses mains en porte-voix* mettere le mani a imbuto.

portier, ière |pɔʀtje, jɛʀ| *s.* **1** *s.m.* portiere (*s.*): *le portier de l'hôtel* il portiere dell'albergo **2** *s.* (*littér.*) [*personne qui garde une porte*] custode (*cour.*) **3** *s.* (*vx.*) → **concierge** **4** *s.* (*dans une communauté religieuse*) [*personne qui a la garde de la porte du couvent*] portinaio* ♦ (*appos.*) *sœur portière* suora portinaia.

1 **portière** |pɔʀtjɛʀ| *s.f.* **1** [*tenture placée devant une porte*] portiera **2** [*porte* (*d'une voiture, d'un train*)] portiera; sportello (*m.*): *portières avant* portiere anteriori; *automobile à deux portières* automobile a due portiere.

2 **portière** |pɔʀtjɛʀ| **1** *s.f.* (*techn.*) portiera **2** *adj.* (*d'une femelle*) *brebis portière* pecora riproduttrice, da riproduzione *loc. inv.*

portillon |pɔʀtijɔ̃| *s.m.* [*porte à battant plus ou moins bas*] portello # *les portillons automatiques du métro* le porte automatiche del metrò ◇ (*loc. fam.*) *ça se bouscule au portillon* [*il parle trop vite et s'embrouille*] quando parla, si mangia le parole.

portion |pɔʀsjɔ̃| *s.f.* **1** porzione ◇ [*partie* (*d'un mets*) *destinée à une personne*] porzione: *une portion de gâteau* una porzione di dolce → **tranche, ration** ◇ [*part* (*d'argent, de biens*) *attribuée à qqn.*] quota, parte: *sa portion de l'héritage* la sua quota, parte dell'eredità **2** [*partie*] pezzo (*m.*): *portion de terrain cultivé* pezzo, appezzamento di terreno coltivato; *une portion de route* un pezzo, tratto di strada → **tronçon, parcelle.**

portionnaire |pɔʀsjɔnɛʀ| *s.* (*dr.*) beneficiario* di una quota ereditaria.

portique |pɔʀtik| *s.m.* **1** portico*: *un portique d'église* un portico di chiesa → **narthex** **2** palco* di salita **3** (*techn.*) (*grue à*) *portique* (gru a) carroponte, portale ◇ (*ch. de fer*) *portique à signaux* portale per segnali, ponte-segnali ◇ (*routes*) *signalisation en portique* segnaletica a portale ◇ (*auto.*) *portique de lavage* tunnel *inv.* di lavaggio.

portland |pɔʀtlɑ̃d| *s.m.* (*techn.*) cemento idraulico*, (cemento) Portland *inv.*

porto |pɔʀto| *s.m.* porto *inv.*

portor |pɔʀtɔʀ| *s.m.* (*minér.*) portoro.

portoricain, aine |pɔʀtɔʀikɛ̃, ɛn| *adj.* [*de Porto Rico*] portoricano.

portrait |pɔʀtʀɛ| *s.m.* **I** **1** [*représentation* (*d'une personne réelle*) *par le dessin, la peint., la gravure*] ritratto: *portrait en pied* ritratto a figura intera; *portrait grandeur nature* ritratto a grandezza naturale; *faire le portrait de qqn.* fare il ritratto di, a qc. ◇ (*par ext.*) *le portrait* [*le genre du portrait*] la ritrattistica* *f.* **2** [*photo.* (*d'une personne*)] ritratto ◇ (*loc. fam.*) *se faire tirer le portrait* farsi fotografare **3** (*loc.*) *c'est* (*tout*) *le portrait de son père* è (tutto) il ritratto di suo padre **4** (*pop.*) [*figure*] connotati (*pl.*): *abîmer le portrait à qqn.* cambiare i connotati a qc. **II** **1** [*description orale, écrite* (*d'une personne*)] ritratto: *le portrait du vaniteux, du bourgeois, du Français* il ritratto del vanitoso, del borghese, del Francese → **peinture** **2** *jeu du portrait* gioco* di 'indovina chi è?'; gioco dell''oggetto misterioso'.

portraitiste |pɔʀtʀetist(ə)| *s.* [*peintre, dessinateur de portraits*] ritrattista: *les grands portraitistes flamands* i grandi ritrattisti fiamminghi.

portrait-robot |pɔʀtʀɛʀɔbo| *s.m.* [*portrait d'un individu recherché par la police*] identikit *inv.*

portraiturer |pɔʀtʀetyʀe| *v.tr.* (*rare*) [*faire le portrait de*] ritrarre (190) (*cour.*).

port-salut |pɔʀsaly| *s.m. inv.* [*fromage à pâte ferme et de saveur douce*] ⊠.

portuaire |pɔʀtɥɛʀ| *adj.* [*qui appartient à un port*] portuale: *installations portuaires* installazioni portuali.

portugais, aise |pɔʀtygɛ, ɛz| *s.* **1** *s.* [*du Portugal*] portoghese ♦ (*adj.*) *les navigateurs portugais* i navigatori portoghesi **2** (*s.m.*) *le portugais* [*la langue*] il portoghese.

portugaise |pɔʀtygez| *s.f.* **1** varietà *inv.* d'ostrica **2** (*pop.*) → **oreille.**

Portulacacées |pɔʀtylakase| *s.f. pl.* (*t.bot.*) Portulacacee.

portulan |pɔʀtylɑ̃| *s.m.* (*mar.*) portolano.

portune |pɔʀtyn| *s.m.* (*t.zool.*) portunus *inv.*

pose |poz| *s.f.* **1** posa (in opera): *cérémonie de la pose de la première pierre* (*d'un édifice*) cerimonia della posa della prima pietra **2** [*attitude que prend le modèle qui pose*] posa: *une pose académique* una posa accademica

→ **position** ◇ [*attitude du corps*] *prendre une pose* assumere una posa; *essayer des poses* provare delle pose **3** [*affectation dans le maintien*] posa → **prétention, recherche, snobisme** ◇ (*loc. fam.*) *le faire à la pose* [*à l'esbroufe*] farla da sbruffone **4** (*photo.*) posa: *temps de pose* tempo di posa; *pose longue* posa lunga **C** 3 **simplicité.**

posé, ée |poze| *adj.* **1** [*calme, pondéré*] posato: *un homme posé* un uomo posato → **réfléchi** **2** (*loc.*) *voix bien, mal posée* voce bene, male impostata.

posément |pozemɑ̃| *adv.* [*calmement*] pacatamente: *parler posément* parlare pacatamente → **doucement.**

posemètre |pozmɛtʀ(ə)| *s.m.* (*photo.*) esposimetro.

poser |poze| **A** *v.tr.* **1** [*mettre* (*une chose*) *en un endroit*] posare: *posez cela par terre* posatelo a terra; *il posa sa tête sur l'oreiller* posò la testa sul cuscino ◇ (*par ext.*) *elle posa son regard sur lui* ella posò lo sguardo su di lui **2** [*mettre en place à l'endroit approprié*] montare: *poser des rideaux* montare delle tende; *poser un décor* montare una scena; *faire poser une serrure* far montare una serratura # *poser la première pierre* porre la prima pietra; *poser les bases, les fondéments* porre, gettare le basi, le fondamenta ◇ [*écrire* (*un chiffre dans une opération*)] scrivere (182): *quatorze, je pose quatre et je retiens un* quattordici, scrivo quattro e riporto uno **3** (*fig.*) [*établir*] porre (168), stabilire (197): *poser un principe* porre, stabilire un principio; *ceci posé* [*ceci étant admis*] posto, stabilito questo → **affirmer, énoncer** **4** [*formuler* (*une question, un problème*)] porre: *poser une question à qqn.* porre, fare una domanda a qc.; *se poser une question* porsi un interrogativo → **interroger (s')** ◇ (*sujet de chose*) *cela pose un problème* questo pone, fa nascere un problema → **soulever** **5** *poser sa candidature* [*se déclarer officiellement candidat*] porre la propria candidatura **6** (*sujet de chose*) [*mettre en crédit, en vue; donner de l'importance à*] dare (102) prestigio ◇ *absolt.* (*fam.*) *une maison comme ça, ça vous pose!* una casa così vi dà prestigio! **B** *v.intr.* **1** [*être posé* (*sur qqch.*)] poggiare: *les poutres posent sur une traverse* le travi poggiano su una traversa → 1 **porter,** 1 **reposer** **2** (*d'un modèle*) [*rester dans l'attitude voulue par le peintre*] posare: *le peintre la faisait poser des heures* il pittore la faceva posare per ore **3** [*prendre des attitudes étudiées pour se faire remarquer*] posare, mettersi (155) *pron.* in posa: *il pose pour la galerie* posa, si mette in posa per la platea → **pose** 3 ◇ (*fam.*) POSER À [*tenter de se faire passer pour*] fare (103) *tr.*, atteggiarsi *pron.* a: *poser au martyr* fare il, atteggiarsi a martire → **jouer** **C** *v.pron.* SE POSER **1** *réfl.* [*se mettre doucement* (*quelque part*)] posarsi: *l'oiseau se pose sur une branche* l'uccello si posa su un ramo ✦ (*absolt.*) *un avion qui se pose* un aereo che atterra → **atterrir** ✦ *intr.* [*s'arrêter*] posarsi: *son regard se posa sur nous* il suo sguardo si posò su di noi **2** (*intr.*) *se poser comme, en tant que* [*prétendre qu'on est*] atteggiarsi a ◇ SE POSER EN atteggiarsi, erigersi (133) a: *il se pose en chef* si atteggia, si erige a capo **3** *passif* (*choses*) [*être, devoir être posé*] posarsi, appoggiarsi ◇ [*exister* (*question, problème*)] porsi: *la question qui se pose* il problema che si pone.

poseur, euse |pozœʀ, øz| *s.* **1** [*personne qui prend une attitude affectée, pour se faire valoir*] posatore* ✦ (*adj.*) *elle est un peu poseuse* è un po' posatrice, posa un po' → **maniéré, prétentieux** **2** [*toute personne chargée de la pose* (*de certains objets*)] posatore (*m.*): *poseur de pavés, de parquets, de rails* posatore di selci, di 'parquet', di binari **C** 1 **naturel, simple.**

positif, ive |pozitif, iv| *adj.* **I** **1** [*qui a un caractère de certitude*] positivo, certo: *un fait positif* [*attesté, assuré*] un fatto positivo; *il n'y a rien de positif dans son rapport* non c'è niente di positivo nel suo rapporto → **évident, sûr** **2** [*qui a un caractère d'utilité pratique*] positivo, concreto: *cela présente des avantages positifs* ciò presenta positivi, concreti vantaggi → **effectif** **3** (*personnes*) [*qui donne la préférence aux faits, aux réalités*] positivo: *c'est un esprit positif* è una mente positiva ✦ *s.m.* LE POSITIF [*ce qui est rationnel*] la concretezza (*f.*): *il lui faut du positif* ha bisogno di concretezza, di qualcosa di positivo **II** [*qui est imposé à l'esprit par les faits*] positivo: *connaissance positive* conoscenza positiva ◇ [*fondé sur la connaissance positive*] *sciences positives* scienze positive; *la philosophie positive* la filosofia positiva → **positivisme** **III** **1** [*qui affirme qqch.*] positivo: *une réponse positive* una risposta positiva; *proposition positive* proposta positiva ◇ (*emploi critiqué*) [*qui affirme du bien de qqn., qqch.*] *la critique de ce film a été positive* la critica di quel film è stata positiva **2** (*méd.*) *réaction positive* reazione positiva **3** (*math.*) *nombres positifs* numeri positivi **4** (*phys.*) *électricité positive* elettricità positiva; *charge positive* carica positiva **5** (*photo.*) *épreuve positive* (stampa) positiva **C** I 3 **abstrait, imaginaire**; II **intuitif, métaphysique**; III 1 **négatif.**

position |pozisjɔ̃| *s.f.* **I** **1** posizione: *position horizontale, verticale, stable, instable* posizione orizzontale, verticale, stabile, instabile ◇ *loc.* FEU DE POSITION (*signalant la position d'un navire, d'un avion, d'une auto.*) luce di posizione: *allumez vos feux de position* accendete le luci di posizione ◇ [*place relative* (*d'une syllabe, d'un mot*)] *voyelle en position forte* vocale in posizione forte **2** (*milit.*) posizione: *position stratégique* posizione strategica ◇ (*loc.*) *guerre de positions* guerra di posizione **3** [*maintien du corps ou d'une partie du corps*] posizione: *la position assise, couchée* la posizione seduta, coricata; *la position réglementaire du soldat* la posizione regolamentare del soldato; *rester dans une position inconfortable* restare in una posizione scomoda → **pose, posture** ◇ *loc.* EN POSITION in posizione, ai posti: *on se mit en position de combat* ci si dispose in posizione, ai posti di combattimento ✦ *absolt.* EN POSITION! ai vostri posti! **4** (*fig.*) [*ensemble des circonstances où l'on se trouve*] posizione: *une position délicate, critique, fausse* una posizione delicata, critica, falsa ◇ (*loc.*) *être en position de* [*pouvoir*] essere in grado di **5** [*situation dans la société*] posizione: *occuper une telle position sociale* occupare una certa posizione sociale; *un homme dans sa position ne peut pas se compromettre* un uomo nella sua posizione non può compromettersi → **condition** **6** [*ensemble des idées qu'une personne soutient et qui la situe par rapport à d'autres personnes*] posizione: *quelle est sa position politique?* quale è la sua posizione politica?; *prendre position* prendere posizione; *rester sur ses positions* restare sulle proprie posizioni **II** [*le fait de poser comme une chose admise ou à débattre*] impostazione: *la position d'un problème* l'impostazione di un problema.

positionnement |pozisjɔnmɑ̃| *s.m.* (*techn.*) posizionamento ◇ (*banque*) posizione *f.* ◇ (*publicité*) collocazione *f.*

positionner |pozisjɔne| *v.tr.* **1** (*techn.*) [*mettre* (*une pièce*) *dans une position déterminée*] posizionare **2** (*banque*) [*calculer la position* (*d'un compte*)] posizionare **3** (*publicité*) [*définir* (*un produit*) *quant à son marché, au type de clientèle qu'il intéresse*] collocare.

positivement |pozitivmɑ̃| *adv.* **1** [→ POSITIF] per certo *loc. inv.*, realmente: *je ne le sais pas positivement* non lo so per certo; *c'est positivement insupportable* è realmente, veramente insopportabile **2** (*phys.*) *particules chargées positivement* particelle cariche positivamente, con carica positiva *loc. inv.*

positivisme |pozitivism(ə)| *s.m.* (*philo.*) positivismo.

positiviste |pozitivist(ə)| *s.* (*philo.*) positivista ✦ (*adj.*) positivistico*.

positivité |pozitivite| *s.f.* (*philo., sc.*) positività *inv.*

positon |pozitɔ̃| *s.m.* (*phys.*) positrone, positone.

positonium |pozitɔnjɔm| *s.m.* (*phys.*) positronio*, positonio*.

posologie |pozɔlɔʒi| *s.f.* (*méd.*) posologia*.

possédant, ante |pɔsedɑ̃, ɑ̃t| *adj.* [*qui possède des biens, des richesses*] abbiente: *la classe possédante* la classe abbiente → **capitaliste** ✦ (*s.*) *les possédants* gli abbienti.

possédé, ée |pɔsede| *adj.* (*se dit d'une personne dominée par une puissance occulte*) ossesso, indemoniato ✦ (*s.*) *un possédé* un ossesso, un indemoniato ◇ (*loc.*) *se démener, jurer comme un possédé* dimenarsi, urlare come un ossesso, un indemoniato.

posséder |pɔsede| (8) *v.tr.* **1** [*avoir* (*qqch.*) *à sa disposition de façon effective*] possedere (183): *il possède une fortune, une maison* possiede una fortuna, una casa; *ce pays possède de grandes richesses naturelles* questo paese possiede grandi ricchezze naturali → **détenir** **2** [*avoir en propre* (*une chose abstraite*)] possedere: *il croit posséder la vérité* crede di possedere la verità → **détenir** ◇ [*avoir* (*une qualité*)] *il possède une mémoire excellente* possiede un'ottima memoria **3** [*avoir une connaissance sûre de* (*qqch.*)] padroneggiare, possedere: *cet auteur possède parfaitement sa langue* questo autore padroneggia, possiede perfettamente la lingua, ha una perfetta padronanza della lingua → **connaître** **4** *posséder une femme* [*accomplir avec elle l'acte sexuel*] possedere una donna **5**

(*pop.*) [*duper, tromper*] fregare: *il nous a bien possédés* ci ha fregati ben bene → 1 **avoir, rouler**; *se faire posséder* farsi fregare **6** (*sujet de chose abstraite*) [*dominer moralement*] possedere: *la jalousie le possède* la gelosia lo possiede, è in preda alla gelosia **7** (*littér.*) [*maîtriser* (*ses propres états*)] dominare (*cour.*) ♦ (*pron. réfl.*) *se posséder* [*se maîtriser*] dominarsi # *il ne se possède plus de joie* non sta più in sé dalla gioia **8** (*force occulte*) [*s'emparer du corps et de l'esprit de* (*qqn.*)] possedere: *un démon le possédait* un demonio lo possedeva.

possesseur |pɔsesœʀ| *s.m.* **1** possessore* (*s.*): *l'heureux possesseur de cette maison* il fortunato possessore di questa casa ◇ (*dr.*) *possesseur de bonne foi* possessore in buona fede; *possesseur à titre précaire* possessore a titolo precario → **détenteur** **2** [*personne qui peut jouir* (*de qqch.*)] detentore* *s.*, depositario* (*s.*): *les possesseurs d'un secret, de la vérité* i detentori, i depositari di un segreto, della verità.

possessif, ive |pɔsesif, iv| *adj.* (*gram.*) possessivo: *adjectifs possessifs* aggettivi possessivi ♦ (*s.m.*) *un possessif* un possessivo.

possession |pɔsesjɔ̃| *s.f.* **I** **1** [*faculté d'user d'un bien dont on dispose*] possesso (*m.*): *la possession d'une fortune* il possesso di un patrimonio; *possession et usufruit* possesso e usufrutto; *s'assurer la possession de* assicurarsi il possesso di → **jouissance** ◇ *loc.* EN (LA, SA...) POSSESSION in (suo...) possesso: *avoir des biens en sa possession* avere dei beni in proprio possesso → **détenir**; *être en la possession de qqn.* essere in possesso di qc. → **appartenir, être (à)**; *il ne faut pas que ce papier tombe en sa possession* non bisogna che questo documento cada in suo possesso, nelle sue mani ~ PRENDRE POSSESSION DE prendere possesso di: *prendre possession d'une chambre* prendere possesso di una camera **2** (*fig.*) *la possession de la vérité* il possesso della verità → **connaissance, maîtrise** **3** [*le fait de posséder l'amour, l'affection* (*de qqn.*)] possesso, dominio* *m.* ◇ [→ POSSÉDER 4] possesso **4** [*maîtrise* (*des facultés, des possibilités humaines*)] dominio, padronanza: *il avait repris possession de lui-même* aveva riacquistato il dominio, la padronanza di sé stesso ◇ (*loc.*) *être* EN POSSESSION *de toutes ses facultés* essere nel pieno possesso, avere il pieno possesso delle proprie facoltà ~ *être en pleine possession de ses moyens* essere in piena forma **5** (*psychiatr.*) possessione **6** [*mode de relation exprimé par les poss. ou les prép.* '*à, de*'] possesso → **appartenance** **II** **1** *une, des possession(s)* [*avoir, bien*] possesso **2** [*dépendance coloniale d'un État*] possedimento *m.*, possesso: *les possessions de la couronne britannique* i possedimenti, possessi della corona britannica.

possessionnel, elle |pɔsesjɔnɛl| *adj.* (*dr.*) possessorio*.

possessivité |pɔsesivite| *s.f.* (*psycho.*) possessività *inv.*

possessoire |pɔseswaʀ| *adj.* (*dr.*) possessorio*: *actions possessoires* azioni possessorie.

possibilisme |pɔsibilism(ə)| *s.m.* possibilismo: *possibilisme politique* possibilismo politico.

possibiliste |pɔsibilist(ə)| *adj.* possibilistico*: *attitude possibiliste* atteggiamento possibilistico ♦ (*s.*) *un possibiliste* un possibilista.

possibilité |pɔsibilite| *s.f.* **1** possibilità (*inv.*): *la possibilité d'une guerre* la possibilità di una guerra → **éventualité** **2** [*chose possible*] possibilità: *envisager toutes les possibilités* considerare tutte le possibilità → 1 **cas**; *il n'y a que deux possibilités* ci sono solo due possibilità → **alternative** **3** [*capacité* (*de faire*)] possibilità: *je viendrai si j'en ai la possibilité* verrò se ne avrò la possibilità; *tu as la possibilité de refuser* hai la possibilità di rifiutare → 1 **faculté** **4** *au plur.* [*moyens dont on peut disposer*] possibilità: *chacun doit payer selon ses possibilités* ognuno deve pagare secondo le proprie possibilità Ⓒ 1 **impossibilité**.

possible |pɔsibl(ə)| **I** *adj.* **1** possibile: *ce n'est pas possible autrement* non è possibile diversamente; *venez demain, si (c'est) possible* venite domani, se (è) possibile; *il est possible d'y parvenir, qu'on y parvienne* è possibile riuscirci, che ci si riesca # *votre plan est à peine possible* il vostro progetto è a mala pena attuabile → **faisable, réalisable** ◇ (*pour marquer 'l'étonnement'*) *est-ce possible?* possibile?; *ce n'est pas possible!* non è possibile! ◇ *ellipt.* (*fam.*) *pas possible!* non è possibile! (*cour.*) **2** [*qui constitue une limite extrême*] possibile: *il fait toutes les sottises possibles et imaginables* fa tutte le sciocchezze possibili e immaginabili; *je suis heureux autant qu'il est possible de l'être* sono felice quanto è possibile esserlo, quanto lo si può essere ◇ (*ellipt.*) *il a arrangé cela aussi bien que possible* l'ha sistemato per quanto è stato possibile, quanto meglio possibile ◇ *loc.* LE PLUS, LE MOINS POSSIBLE il più, il meno possibile: *parlez le moins possible* parlate il meno possibile ◇ (*avec un nom*) LE PLUS, LE MOINS DE... POSSIBLE il più, il meno possibile: *prendre le moins de risques possible(s)* correre rischi il meno possibile, correre meno rischi che si può ~ *le meilleur des mondes possibles* il miglior mondo possibile **3** [*qui peut se réaliser, être vrai; qui peut être ou ne pas être*] possibile: *une aggravation possible de la maladie* un possibile aggravarsi della malattia ◇ (*dans une réponse*) *'irez-vous à la mer cette été?' 'possible'* 'andrete al mare quest'anno?' 'probabile, può darsi' **4** (*loc.*) IL EST POSSIBLE QUE (+ *subj.*) [*il se peut que*] può darsi che (+ *subj.*): *il est possible qu'il fasse froid cette nuit* può darsi che faccia freddo stanotte **5** [*qui est peut-être, ou peut devenir* (*tel*)] possibile: *c'est un concurrent possible* è un possibile concorrente → **éventuel** **6** (*fam.*) (*choses ou personnes*) [*acceptable, convenable*] possibile: *ces conditions de travail ne sont vraiment plus possibles* queste condizioni di lavoro non sono davvero più possibili **II** *s.m.* **1** (*dans quelques emplois*) [*ce qui est possible*] possibile: *dans (toute) la mesure du possible* nei limiti del possibile, per quanto possibile; *faire tout son possible* fare tutto il possibile ◇ *loc. adv.* AU POSSIBLE [*beaucoup, extrêmement*] estremamente *adv.*, quanto mai: *il est gentil au possible* è estremamente, quanto mai gentile **2** possibile: *les limites du possible* i limiti del possibile **3** *au plur.* [*les choses qu'on peut faire, qui peuvent arriver*] possibilità (*f.*): *envisager tous les possibles* considerare tutte le possibilità.

post- |pɔst| *préf.* (*signifiant 'après', correspond généralt. à*) post, pos: *postdater* postdatare; *postposer* posporre.

postage |pɔstaʒ| *s.m.* **1** [→ POSTER 1] impostazione *f.* **2** spedizione *f.* della posta per battello.

postal, ale, aux |pɔstal, o| *adj.* postale: *service postal* servizio postale.

postclassique |pɔstklasik| *adj.* postclassico*: *littérature postclassique* letteratura postclassica.

postcombustion |pɔstkɔ̃bystjɔ̃| *s.f.* (*techn.*) postcombustione.

postcommunion |pɔstkɔmynjɔ̃| *s.f.* (*liturg. cathol.*) postcommunio *m.*

postconsonantique |pɔstkɔ̃sɔnɑ̃tik| *adj.* (*ling.*) postconsonantico*.

postdatation |pɔstdatɑsjɔ̃| *s.f.* postdatazione: *la postdatation d'une lettre* la postdatazione di una lettera.

postdate |pɔstdat| *s.f.* (*admin.*) data posteriore (a quella effettiva).

postdater |pɔstdate| *v.tr.* [*dater par une date postérieure à la date réelle*] postdatare: *postdater une lettre* postdatare una lettera ♦ (*au p.p.*) *chèque postdaté* assegno postdatato.

1 **poste** |pɔst(ə)| *s.f.* **1** posta: *employé des postes* impiegato delle poste → **postier**; *un colis expédié par la poste* un pacco spedito per posta # *bureau de poste* ufficio postale **2** [*bureau de poste*] posta, ufficio* *m.* postale: *la poste ouvre à 8 heures* la posta, l'ufficio postale apre alle 8 # *mettre une lettre à la poste* imbucare una lettera → 1 **poster** ◇ *loc.* POSTE RESTANTE fermo posta, fermoposta **3** (*ancienn.*) *chevaux de poste* cavalli da posta ◇ (*vx., littér.*) *courir la poste* [*aller très rapidement*] correre di, a gran carriera.

2 **poste** |pɔst(ə)| *s.m.* **I** **1** (*milit.*) posto, postazione (*f.*): *poste avancé* posto avanzato, postazione avanzata → **avant-poste**; *poste de commandement* posto di comando ◇ (*loc.*) *être, rester à son poste* [*là où le devoir l'exige*] essere, rimanere al proprio posto; (*fam.*) *être solide au poste* [*rester à son poste, à son travail sans faiblir; être d'une santé robuste*] tener duro **2** [*corps de troupes placé dans un poste*] posto: *poste de garde* posto di guardia **3** (*dans une ville*) POSTE (DE POLICE) commissariato (di polizia): *conduire un manifestant au poste* portare un manifestante al commissariato **4** [*emploi auquel on est nommé dans une hiérarchie; lieu où on l'exerce*] posto: *poste vacant* posto vacante; *quitter son poste* lasciare il posto → 1 **charge, fonction** # *professeur titulaire d'un poste* professore titolare di una cattedra **II** (*dans des express.*) [*emplacement aménagé pour recevoir des appareils destinés à un usage particulier*] *poste de commande* posto di comando; *poste d'essence* distributore (di benzina) → **distributeur**, 2 **pompe**; *poste d'incendie* colonnina *f.* antincendio ◇ (*radio, télév.*) *poste* (*émetteur*) stazione *f.* (trasmittente).

3 **poste** |pɔst(ə)| *s.m.* [*appareil récepteur* (*de radio, de télév.*)] apparecchio*; radio *f. inv.*, televisore: *poste de radio à modulation de fréquence* (apparecchio) radio a modulazione di fre-

quenza ♦ (*absolt.*) *ouvrir, fermer le poste* accendere, spegnere la radio (il televisore).
4 **poste** |pɔst(ə)| *s.m.* (*admin., fin.*) voce *f.*, posta (*f.*): *poste budgétaire* voce, posta di bilancio.
postélémentaire |pɔstelemɑ̃tɛʀ| *adj.* postelementare: *instruction postélémentaire* istruzione postelementare.
postembryonnaire |pɔstɑ̃bʀijɔnɛʀ| *adj.* (*biol.*) postembrionale.
1 **poster** |pɔste| *v.tr.* [*remettre à la poste*] impostare, imbucare: *il avait posté ses lettres* aveva impostato, imbucato le lettere.
2 **poster** |pɔste| **A** *v.tr.* [*placer* (*des soldats*) *à un* (2) *poste déterminé*] appostare, piazzare: *poster des sentinelles* appostare delle sentinelle → **établir** **B** *v.pron. réfl.* SE POSTER [*se placer* (*quelque part*) *pour une action déterminée, pour observer, guetter*] appostarsi: *il s'était posté à l'entrée du village* si era appostato all'entrata del paese.
3 **poster** |pɔstɛʀ| *s.m.* (*angl.*) poster *inv.*
postérieur |pɔsteʀjœʀ| *s.m.* (*fam.*) [*derrière* (*d'une personne*)] posteriore, sedere (*cour.*): *tomber sur son postérieur* cadere sul sedere → **arrière-train, cul.**
postérieur, eure |pɔsteʀjœʀ| *adj.* **1** *adj. comparatif* [*qui vient après, dans le temps*] posteriore; successivo: *le document est très postérieur à l'année 1800* il documento è di molto posteriore all'anno 1800 || *nous verrons cela à una date postérieure* vedremo ciò in una successiva occasione, successivamente → **futur, ultérieur** **2** [*qui est derrière, dans l'espace*] posteriore: *partie postérieure et partie antérieure* parte posteriore e parte anteriore [C] **antérieur.**
postérieurement |pɔsteʀjœʀmɑ̃| *adv.* [*à une date postérieure*] posteriormente; successivamente: *un acte établi postérieurement à un autre* un atto stipulato posteriormente a un altro → **après.**
posteriori (a) |apɔsteʀjɔʀi| *loc. adv.* → **a posteriori.**
postériorité |pɔsteʀjɔʀite| *s.f.* posteriorità *inv.* [C] **antériorité.**
postérité |pɔsteʀite| *s.f.* **1** (*littér.*) [*suite de personnes de même descendance*] discendenza: *la postérité d'Abraham* la discendenza di Abramo; *mourir sans postérité* morire senza lasciare discendenza, successori → **enfant, fils, lignée** ◇ (*fig.*) *la postérité d'un artiste* [*ceux qui sont dans sa lignée*] gli epigoni *m. pl.* di un artista **2** [*suite des générations à venir*] posterità *inv.*, posteri (*m. pl.*): *œuvre qui passe à la postérité* opera che passa alla posterità, ai posteri; *travailler pour la postérité* lavorare per i posteri.
postface |pɔstfas| *s.f.* nota conclusiva.
postglaciaire |pɔstglasjɛʀ|, **postglacial, ale, aux** |pɔstglasjal, o| *adj.* (*géol.*) postglaciale.
posthite |pɔstit| *s.f.* (*méd.*) postite.
posthume |pɔstym| *adj.* **1** [*qui est né après la mort de son père*] postumo **2** *œuvres posthumes* opere postume **3** [*qui a lieu après la mort de qqn.*] postumo: *décoration posthume* decorazione postuma.
posthypophyse |pɔstipɔfiz| *s.f.* (*anat.*) postipofisi *inv.*
postiche |pɔstiʃ| *adj.* **I** **1** posticcio*: *des cheveux postiches* dei capelli posticci → **factice, faux** # *cils postiches* ciglia false ♦ *s.m.* [*mèche que l'on adapte à volonté à sa coiffure*] 'toupet' *inv.* → **moumoute** **2** [*fait et ajouté après coup*] inserito, aggiunto: *épisode postiche d'une œuvre littéraire* episodio inserito, aggiunto di un'opera letteraria → **rapporté** **II** [*faux, inventé*] fasullo: *talents postiches* talenti fasulli.
postier, ière |pɔstje, jɛʀ| *s.* postelegrafonico*, dipendente delle Poste.
1 **postillon** |pɔstijɔ̃| *s.m.* (*ancienn.*) postiglione: *le postillon de la diligence* il postiglione della diligenza → **2 cocher.**
2 **postillon** |pɔstijɔ̃| *s.m.* spruzzo di saliva # *arrête de m'envoyer des postillons* smettila di sputacchiarmi in faccia.
postillonner |pɔstijɔne| *v.intr.* [*envoyer des* (2) *postillons*] sputacchiare: *il me postillonnait dans la figure* mi sputacchiava in faccia.
post(-)industriel, elle |pɔstɛ̃dystʀijɛl| *adj.* postindustriale.
postlarvaire |pɔstlaʀvɛʀ| *adj.* (*zool.*) postlarvale.
postliminium |pɔstliminjɔm| *s.m.* (*dr. rom.*) postliminio*.
postlude |pɔstlyd| *s.m.* (*mus.*) postludio*.
post-natal, ale, als |pɔstnatal| *adj.* postnatale.
postopératoire |pɔstɔpeʀatwaʀ| *adj.* (*méd., cour.*) postoperatorio*: *traitement postopératoire* terapia postoperatoria.
post-palatal, ale, aux |pɔstpalatal, o| *adj. et s.f.* (*phonét.*) (*consonne*) *post-palatale* (consonante) postpalatale.
postposer |pɔstpoze| *v.tr.* [*placer* (*un mot*) *après un autre mot*] posporre (168) ♦ (*au p.p.*) *sujet postposé* soggetto posposto.
postpositif, ive |pɔstpozitif, iv| *adj.* (*gram.*) pospositivo: *pronom postpositif* pronome pospositivo.
postposition |pɔstpozisjɔ̃| *s.f.* (*gram.*) posposizione → **inversion.**
postromantique |pɔstʀɔmɑ̃tik| *adj.* postromantico*.
postscolaire |pɔstskɔlɛʀ| *adj.* post-scolastico*: *enseignement postscolaire* istruzione post-scolastica; doposcuola *s.m. inv.*
post-scriptum |pɔstskʀiptɔm| *s.m. inv.* (*lat.*) post-scriptum, poscritto (*var.*): *je lui ai donné ma nouvelle adresse en post-scriptum* gli ho dato il mio nuovo indirizzo nel post-scriptum, nel poscritto.
postsonorisation |pɔstsɔnɔʀizɑsjɔ̃| *s.f.* (*techn.*) postsonorizzazione, playback *inv.*
postsynchronisation |pɔstsɛ̃kʀɔnizɑsjɔ̃| *s.f.* (*techn.*) postsincronizzazione.
postsynchroniser |pɔstsɛ̃kʀɔnize| *v.tr.* [*ajouter le son et la parole après le tournage d'un film, notamment pour le doublage*] postsincronizzare ♦ (*au p.p.*) *film postsynchronisé* [*doublé*] film postsincronizzato.
posttonique |pɔsttɔnik| *adj.* (*phonét.*) postonico*: *voyelles posttoniques* vocali postoniche.
post-traumatique |pɔsttʀomatik| *adj.* postraumatico*: *choc post-traumatique* shock postraumatico.
postulant, ante |pɔstylɑ̃, ɑ̃t| *s.* **1** [*candidat à une place, un emploi*] candidato, aspirante **2** (*relig.*) postulante.
postulat |pɔstyla| *s.m.* (*math., log.*) postulato.
postulation |pɔstylɑsjɔ̃| *s.f.* **1** (*vx.*) → **supplication** **2** (*dr.*) patrocinio* *m.*
postuler |pɔstyle| **A** *v.tr.* **1** [*demander, solliciter* (*un emploi*)] richiedere (122), aspirare *intr.* (a) **2** [*poser* (*une propos.*) *comme postulat*] postulare **B** *v.intr.* (*dr.*) [*représenter en justice et faire les actes de la procédure*] patrocinare *tr.*
postural, ale, aux |pɔstyʀal, o| *adj.* (*méd., psycho.*) posturale.
posture |pɔstyʀ| *s.f.* **1** [*attitude particulière du corps* (*surtout lorsqu'elle est peu naturelle ou peu convenable*)] posizione, positura: *essayer une posture pour dormir* cercare una posizione, una positura per dormire → **position** **2** (*fig.*) *se trouver, être en bonne, en mauvaise posture* trovarsi, essere in una situazione favorevole, difficile.
post-vocalique |pɔstvɔkalik| *adj.* (*phonét.*) postvocalico*.
pot |po| *s.m.* **I** **1** [*récipient de ménage, destiné surtout à contenir liquides et aliments*] vaso: *pot de cuivre, de porcelaine, de terre* vaso di rame, di porcellana, di terracotta **2** *loc.* POT À [*destiné à contenir qqch.*] *pot à fleurs* vaso da fiori ~ *pot à eau* brocca* *f.* dell'acqua; *pot à lait* lattiera *f.*; bidone del latte; *pot à bière* boccale della birra **3** *loc.* POT DE... [*contenant effectivement qqch.*] *pot de yaourt* vasetto di yogurt ~ *pot* (*de fleurs*) vaso (di fiori) **4** (*loc.*) *c'est le pot de terre contre le pot de fer* [*une lutte inégale*] è una lotta impari ~ *découvrir le* POT AUX ROSES [*découvrir le secret d'une affaire*] scoprire gli altarini ~ *payer les pots cassés* [*réparer les dommages qui ont été faits*] andarci di mezzo: *je ne veux pas payer les pots cassés* non voglio andarci di mezzo ~ *être sourd comme un pot* [*très sourd*] essere sordo come una campana *f.* **5** (*vx.*) [*marmite servant à faire cuire les aliments*] pignatta *f.* (*cour.*) # *poule au pot* gallina lessa, a lesso ◇ (*loc. fam.*) *en deux coups de cuiller à pot* in quattro e quattr'otto ~ *tourner autour du pot* menare il can per l'aia **6** POT (DE CHAMBRE) vaso da notte; vasino: *mettre un enfant sur le pot* mettere un bambino sul vasino **7** [*contenu d'un pot*] barattolo; boccale: *manger tout un pot de miel* mangiare tutto un barattolo di miele ♦ *absolt.* (*fam.*) *boire, prendre un pot* [*une consommation*] bere, prendere qualcosa *pron.* → **verre** **8** (*techn.*) *pot d'échappement* marmitta *f.*, scappamento → **silencieux** **II** (*pop., vulg.*) [*postérieur, derrière*] culo ◇ (*loc.*) *se manier le pot* [*se dépêcher*] muoversi (*fam.*), sbrigarsi (*cour.*) **III** (*fam.*) [*chance, veine*] fortuna *f.* (*cour.*): *un coup de pot* un colpo di fortuna; *j'ai eu du pot* ho avuto fortuna, sono stato fortunato ◇ (*loc.*) *manque de pot!* che scalogna!
potabilité |pɔtabilite| *s.f.* potabilità *inv.*
potable |pɔtabl(ə)| *adj.* **1** potabile: *eau non potable* acqua non potabile **2** (*fam.*) [*qui passe à la rigueur; assez bon*] passabile (*cour.*): *un travail potable* un lavoro passabile; *c'est tout juste potable* è appena passabile.
potache |pɔtaʃ| *s.m.* (*fam.*) [*col-*

légien, lycéen] studente di scuola media (*cour.*); liceale (*cour.*).
potage |pɔtaʒ| *s.m.* **1** (*cuis.*) minestra (*f.*): *un potage aux légumes* una minestra di verdura; *prendre du, un potage au restaurant* prendere la, una minestra al ristorante → **soupe** **2** *loc.* (*vx., littér.*) *pour tout potage* in tutto e per tutto.
potager |pɔtaʒe| *s.m.* [*jardin destiné à la culture des légumes pour la consommation*] orto.
potager, ère |pɔtaʒe, ɛʀ| *adj.* **1** (*se dit des plantes dont certaines parties peuvent être utilisées dans l'alimentation humaine, à l'exclusion des céréales*) ortivo: *plantes potagères* piante ortive, ortaggi → **légume** **2** [*où l'on cultive des plantes potagères pour la consommation*] *jardin potager* orto *s.m.* ◇ [*relatif aux légumes*] ortivo: *culture potagère* coltura ortiva.
potamo- |pɔtamɔ| *préf.*, **-potame** |pɔtam| *suff.* (*signifiant 'fleuve', correspondent généralt. à*) potamo; potamo: *potamochère* potamochero ‖ *hippopotame* ippopotamo.
potamochère |pɔtamɔʃɛʀ| *s.m.* (*t.zool.*) potamochero, potamocero.
potamologie |pɔtamɔlɔʒi| *s.f.* potamologia*.
potamot |pɔtamo|, **potamogéton** |pɔtamɔʒetɔ̃| *s.m.* (*t.bot.*) potamogeton *inv.*
potard |pɔtaʀ| *s.m.* (*fam., vx.*) → **pharmacien.**
potasse |pɔtas| *s.f.* (*chim.*) potassa: *potasse caustique* potassa caustica.
potasser |pɔtase| *v.tr.* (*fam.*) [*étudier avec acharnement*] sgobbare. *intr.* (per, su): *il potasse un examen* sgobba per un esame; *il potasse ses livres* sgobba sui libri.
potasseur |pɔtasœʀ| *s.m.* (*vieilli*) [*celui qui potasse, travaille dur*] sgobbone (*cour.*) → **bûcheur.**
potassique |pɔtasik| *adj.* (*chim.*) potassico*.
potassium |pɔtasjɔm| *s.m.* (*chim.*) potassio*.
pot-au-feu |pɔtofø| **I** *s.m. inv.* [*viande bouillie avec des légumes*] **1** bollito *var.*, lesso *var.* **2** carne *f. var.* da bollito, da lesso **II** *adj. inv.* (*fam.*) *une personne pot-au-feu* [*qui aime avant tout le calme et le confort du foyer*] una persona tutta *var.* casa e famiglia → **popote.**
pot-bouille |pobuj| *s.f.* (*vx.*) → **popote.**
pot-de-vin |podvɛ̃| *s.m.* [*somme d'argent qui se donne en dehors du prix convenu, dans un marché, ou pour obtenir qqch.* (*d'une façon souvent illégale*)] bustarella *f.*, tangente (*f.*): *des pots--de-vin* delle bustarelle, delle tangenti.
pote |pɔt| *s.m.* (*pop.*) [*ami, copain fidèle*] amico* (*cour.*), compagno (*cour.*).
poteau |pɔto| *s.m.* **1** (*charpent.*) palo, montante: *poteau de bois, de béton* palo, montante di legno, di calcestruzzo **2** [*pièce de bois, de métal, etc. dressée verticalement*] palo: *poteau télégraphique* palo del telegrafo ◇ (*spécialt.*) *poteau indicateur* cartello indicatore ◇ (*dans une course*) *poteau de départ, d'arrivée* linea *f.* di partenza, (linea del) traguardo **3** *poteau* (*d'exécution*) palo (della fucilazione): *mettre, envoyer au poteau* mettere al palo, al muro; mandare alla fucilazione ◇ (*loc.*) *au poteau!* a morte! **4** (*loc.*) *avoir des jambes comme des poteaux* [*grosses et informes*] avere le gambe come prosciutti.
potée |pɔte| *s.f.* **I** **1** (*rare*) contenuto *m.* di un vaso, di un barattolo **2** lesso *m.*, bollito *m.* con verdure **II** *loc.* (*techn.*) POTÉE DE... (*se dit de diverses préparations utilisées dans les industries*) polvere di: *potée d'émeri* polvere di smeriglio.
potelé, ée |pɔtle| *adj.* [*qui a des formes rondes et pleines*] paffuto, grassottello: *un bébé potelé* un bebè paffuto, grassottello; *main potelée* mano paffuta, grassottella → **dodu.**
potence |pɔtɑ̃s| *s.f.* **1** (*techn.*) braccio* *m.* a squadra: *lanterne en potence* lanterna sostenuta da un braccio a squadra **2** (*loc.*) *en potence* [*en équerre*] a squadra **3** [*instrument de supplice, formé d'une potence soutenant une corde*] forca*: *dresser une potence* alzare una forca → **gibet** ◇ [*le supplice lui-même*] *mériter la potence* meritare la forca → **corde.**
potencé, ée |pɔtɑ̃se| *adj.* (*blas.*) potenziato.
potentat |pɔtɑ̃ta| *s.m.* **1** [*celui qui a la souveraineté absolue dans un grand État*] potentato → **monarque, tyran** **2** [*homme qui possède un pouvoir excessif, absolu*] tiranno, despota.
potentialité |pɔtɑ̃sjalite| *s.f.* (*littér., sc.*) **1** potenzialità *inv.* **2** UNE, DES POTENTIALITÉ(S) [*qualité, chose potentielle*] potenzialità: *potentialités héréditaires* potenzialità ereditarie → **possibilité, virtualité.**
potentiel, elle |pɔtɑ̃sjɛl| **I** *adj.* **1** potenziale → **virtuel** **2** (*phys.*) *énergie potentielle* energia potenziale **3** (*ling.*) potenziale **II** *s.m.* **1** (*sc.*) potenziale: *potentiel électrique* potenziale elettrico; *différence de potentiel* differenza di potenziale **2** [*capacité d'action, de production*] potenziale, potenzialità (*f. inv.*): *le potentiel économique d'un pays* il potenziale economico di un paese → **puissance.**
potentiellement |pɔtɑ̃sjɛlmɑ̃| *adv.* [→ POTENTIEL] potenzialmente, in potenza *loc. inv.*
potentille |pɔtɑ̃tij| *s.f.* (*t.bot.*) potentilla.
potentiomètre |pɔtɑ̃sjɔmɛtʀ(ə)| *s.m.* (*électr.*) potenziometro.
poterie |pɔtʀi| *s.f.* **1** fabbricazione di terraglie, di terracotte ◇ [*objet en poterie*] terraglia, terracotta ◇ [*matière dont ils sont faits*] terracotta, terraglia: *façonner une poterie au tour* modellare una terracotta, una terraglia al tornio → **terre (cuite)** **2** (*techn.*) POTERIE DE... [*ensemble des récipients de ménage faits d'une seule pièce en métal*] vasellame *m.* di...: *poterie d'étain* vasellame di peltro.
poterne |pɔtɛʀn(ə)| *s.f.* [*porte dérobée dans la muraille d'enceinte* (*d'un château, de fortif.*)] postierla.
potestatif, ive |pɔtɛstatif, iv| *adj.* (*dr.*) potestativo.
potiche |pɔtiʃ| *s.f.* **1** (grande) vaso *m.* di porcellana (dell'Estremo Oriente) **2** (*loc. fam.*) *jouer les potiches* avere un ruolo puramente decorativo.
potier |pɔtje| *s.m.* [*celui qui fabrique et vend des objets en céramique, des poteries*] vasaio*: *tour, four du potier* tornio, forno del vasaio → **céramiste.**
potin |pɔtɛ̃| *s.m.* **1** *surtout au plur.* [*bavardage, commérage*] pettegolezzo: *faire des potins sur qqn.* fare pettegolezzi su qc. **2** *au sing.* [*bruit, tapage, vacarme*] baccano, chiasso: *faire du potin, un potin du diable* fare baccano, un baccano del diavolo.
potiner |pɔtine| *v.intr.* [*faire des potins* (1)] (s)pettegolare → **médire.**
potinier, ière |pɔtinje, jɛʀ| *adj.* *et s.* (*vieilli*) [*qui aime les commérages*] pettegolo (*cour.*).
potinière |pɔtinjɛʀ| *s.f.* (*vx.*) luogo* *m.* di pettegolezzi (*cour.*).
potion |posjɔ̃| *s.f.* pozione: *une potion calmante* una pozione calmante.
potiquet |pɔtikɛ| *s.m.* (*Belgique*) [*petit pot, récipient*] vasetto, (piccolo) recipiente.
potiron |pɔtiʀɔ̃| *s.m.* (*t.bot.*) zucca* *f.* gigante.
potomanie |pɔtɔmani| *s.f.* (*pathol.*) dipsomania.
potomètre |pɔtɔmɛtʀ(ə)| *s.m.* (*sc.*) potometro.
pot-pourri |popuʀi| *s.m.* **1** (*vx., cuis.*) 'pot-pourri' *inv.* **2** (*vx.*) [*mélange hétéroclite* (*de textes littér.*)] 'pot-pourri' **3** [*pièce de mus. légère faite de thèmes empruntés à diverses sources*] 'pot-pourri'.
potron-jaquet |pɔtʀɔ̃ʒakɛ| (*vx.*), **potron-minet** |pɔtʀɔ̃minɛ| *s.m.* (*fam.*) [*le point du jour, l'aube*] canto del gallo: *dès le potron-minet* al canto del gallo.
pou, poux |pu| *s.m.* **1** (*t.zool.*) pidocchio* (*cour.*): *être couvert de poux* essere pieno di pidocchi → **pouilleux**; *chercher les poux* cercare i pidocchi → **épouiller** ◇ (*loc. fam.*) *être laid comme un pou* essere brutto come il peccato, la fame ~ *chercher des poux dans la tête de qqn.* cercare ogni pretesto per attaccare briga con qc.; punzecchiare qc. (per attaccar briga) ~ *être orgueilleux comme un pou* essere vanitoso, tronfio come un pavone **2** [*insecte parasite des animaux*] pidocchio: *pou de chien* pidocchio del cane.
pouacre |pwakʀ(ə)| *adj.* (*vx., fam.*) (*personnes*) [*très laid, très sale; avare*] pidocchioso ✦ (*s.*) *un vieux pouacre* un vecchio pidocchioso.
pouah! |pwa| *interj.* (*fam.*) (*exprimant 'le dégoût, le mépris'*) puah!
poubelle |pubɛl| *s.f.* [*récipient destiné aux ordures ménagères d'un immeuble*] bidone *m.* (della spazzatura, delle immondizie) ◇ [*d'un appartement*] pattumiera: *mettre qqch. à la poubelle* gettare q.c. in pattumiera ◇ (*loc. fam.*) *jeter à la poubelle* [*rejeter avec mépris*] gettare nella spazzatura.
pouce |pus| *s.m.* **1** (*anat.*) pollice: *il suçait son pouce* si succhiava il pollice ◇ (*loc.*) *mettre les pouces* [*cesser de résister*] mollare → **céder** ~ (*fam.*) *manger un morceau sur le pouce* mangiare un boccone in piedi ~ *tourner ses pouces, se tourner les pouces* girarsi i pollici, stare con le mani in mano ~ *donner le coup du pouce* dare l'ultimo tocco ~ *il a donné un coup de pouce à l'histoire* ha ritoccato un po' la storia ~ *donner un coup de pouce à qqn.* dare una spintarella a qc. ✦ (*interj.* *employée par les enfants, servant à se mettre momentanément hors du jeu*) *pouce!* pace!, morto (*adj.*); *pouce cassé!* [*le jeu reprend*] vivo *adj.*! **2** [*le gros orteil*] alluce **3** [*anc. mesure de longueur;*

mesure des pays anglosaxons] pollice: *mesurer cinq pieds six pouces* misurare cinque piedi e sei pollici ◇ (*loc.*) *ne pas reculer, bouger, avancer d'un pouce* non indietreggiare (cedere), muoversi, andare avanti d'un pollice **4** (*pop.*) ET LE POUCE [*encore plus, avec qqch. en plus*] e il resto: '*ça coûte au moins cinq cents francs*' '*oui, et le pouce!*' 'costa almeno cinquecento franchi' 'sì, e il resto!, senza contare il resto!'

pouce-pied |puspje| *s.m. inv.* (*t. zool.*) piede-pollice.

poucettes |pusɛt| *s.f. pl.* (*ancienn.*) manette per i pollici.

poucier |pusje| *s.m.* (*techn.*) **1** [*doigtier pour se protéger le pouce*] ditale **2** leva *f.* (del saliscendi).

pou-de-soie |pudswa| *s.m.* tipo di seta pesante.

pouding |pudɛ̃g| *s.m.* → **pudding.**

poudingue |pudɛ̃g| *s.m.* (*géol.*) puddinga* *f.*

poudrage |pudʀaʒ| *s.m.* (*agric., techn.*) polverizzazione *f.*

1 **poudre** |pudʀ(ə)| *s.f.* **1** [*substance solide divisée en très petites particules*] polvere: *poudre fine* polvere fine ◇ *loc.* EN POUDRE in polvere: *sucre, lait en poudre* zucchero, latte in polvere ◇ (*loc.*) *poudre de perlimpinpin* polvere del pimperimpera, polvere magica ~ *jeter de la poudre aux yeux* gettare (la) polvere negli occhi **2** [*substance pulvérulente utilisée sur la peau comme fard*] cipria: *se mettre de la poudre* mettersi la cipria, incipriarsi **3** (*vx.*) → **poussière.**

2 **poudre** |pudʀ(ə)| *s.f.* [*mélange explosif pulvérulent*] polvere (da sparo): *poudre à canon* polvere da cannone; *poudre blanche* polvere bianca ◇ (*loc. fig.*) *mettre le feu aux poudres* dare fuoco alle polveri ~ *il n'a pas inventé la poudre* non è un genio, non è una aquila ~ *être vif comme la poudre* avere l'argento vivo addosso.

poudrer |pudʀe| **A** *v.tr.* **1** [*couvrir légèrement de* (1) *poudre*] impolverare → **saupoudrer 2** [*couvrir* (*ses cheveux, sa peau*) *d'une fine couche de* (1) *poudre* (2)] incipriare **B** *v.pron. réfl.* SE POUDRER [→ *tr.* 2] incipriarsi ♦ (*au p.p.*) *poudré* [*au visage poudré*] incipriato: *une femme fardée, poudrée* una donna truccata, incipriata.

poudrerie |pudʀəʀi| *s.f.* [*fabrique de* (2) *poudre*] polverificio* *m.*

poudrette |pudʀɛt| *s.f.* (*agric.*) polveretta.

poudreuse |pudʀøz| *s.f.* **1** [*sucrier à couvercle perforé, pour le sucre en poudre*] spargizucchero *m. inv.* **2** (*agric.*) polverizzatore *m.*

poudreux, euse |pudʀø, øz| *adj.* **1** [*qui a la consistance d'une poudre*] farinoso: *neige poudreuse* neve farinosa **2** (*vx.*) → **poussiéreux.**

poudrier |pudʀije| *s.m.* [*récipient à* (1) *poudre* (2)] portacipria (*inv.*): *elle tira un poudrier de son sac* estrasse un portacipria dalla borsetta.

poudrière |pudʀijɛʀ| *s.f.* [*magasin à* (2) *poudre, à explosifs*] polveriera.

poudrin |pudʀɛ̃| *s.m.* (*mar.*) [*embruns marins*] spruzzi *pl.* (d'acqua di mare).

poudroiement |pudʀwamɑ̃| *s.m.* [*effet produit par la poussière soulevée et éclairée ou par la lumière éclairant les grains d'une poudre*] polverio*.

poudroyer |pudʀwaje| (10) *v.intr.* **1** (*littér.*) [*produire de la poussière; s'élever en poussière*] coprirsi (186) *pron.* di polvere (*cour.*); alzarsi in un polverio: *le chemin poudroie au passage d'une voiture* la strada si copre di polvere al passaggio di un'auto ‖ *la neige poudroie* la neve si alza in un polverio **2** [*avoir une apparence de poudre brillante, sous l'effet d'un éclairage vif*] rilucere*, sfavillare **3** (*se dit du soleil, de la lumière*) [*faire briller les grains de poussière en suspension*] far (103) brillare il pulviscolo, produrre (108) *tr.* uno sfavillio.

1 **pouf** |puf| *interj.* (*exprimant 'un bruit sourd de chute'*) punfete, patapùm: *et pouf!, le voilà qui s'étale par terre* punfete!, e patapùm! eccolo lungo disteso per terra ◇ (*loc.*) (*langage enfantin*) *faire pouf* [*tomber*] fare punfete, patapùm.

2 **pouf** |puf| *s.m.* **1** 'pouf' (*inv.*): *il était assis sur un pouf* era seduto su un 'pouf' **2** (*ancienn., cout.*) sellino.

pouffer |pufe| (*v.intr.*) *pouffer* (*de rire*) [*éclater de rire malgré soi*] scoppiare (*aux.* essere) a ridere → **esclaffer (s').**

pouf(f)iasse |pufjas| *s.f.* (*vulg.*) [*prostituée*] battona ◇ (*par ext.*) [*femme, fille épaisse, vulgaire*] bofficiona (*pop.*), cicciona (*pop.*).

pouillard |pujaʀ| *s.m.* (*région.*) giovane fagiano, giovane pernice *f.*

pouillerie |pujʀi| *s.f.* miseria sordida ◇ [*lieu, chose misérable*] sudiciume *m.*, porcile *m.*

pouilles |puj| *s.f. pl.* **1** (*littér.*) *chanter pouilles à qqn.* [*l'accabler d'injures, de reproches*] ricoprire (186) qc. di vituperi *m.* **2** (*vx.*) → **injure**(s).

pouilleux, euse |pujø, øz| *adj.* **1** [*couvert de poux, de vermine*] pidocchioso: *un vieux mendiant pouilleux* un vecchio mendicante pidocchioso **2** [*qui est dans une extrême misère*] miserabile ♦ (*s.*) *un pouilleux* un pezzente → **gueux 3** (*choses*) [*misérable, sordide*] sordido: *un quartier pouilleux* un quartiere sordido **4** (*géogr.*) [*stérile*] arido.

pouillot |pujo| *s.m.* (*t.zool.*) luì *inv.*

poujadisme |puʒadism(ə)| *s.m.* [*mouvement et parti polit. pop. de droite, à la fin de la IVe République, soutenu surtout par les petits commerçants*] ⊠ ◇ (*par ext.*) qualunquismo.

poujadiste |puʒadist(ə)| *s. et adj.* [*partisan du poujadisme; relatif au poujadisme*] ⊠ ◇ (*par ext.*) qualunquista *s.*, qualunquistico* *adj.*

poulailler |pulɑje| *s.m.* **1** [*abri où on élève des poules*] pollaio* ◇ [*ensemble des poules qui logent dans cet abri*] pollaio **2** (*fam.*) [*galerie supérieure d'un théât., où sont les places les moins chères*] piccionaia (*f.*): *prendre une place au poulailler* prendere un posto in piccionaia.

poulain |pulɛ̃| *s.m.* **1** [*petit du cheval*] puledro; puledra *f.* **2** [*sportif* (*par rapport à son entraîneur*)] allievo *s.* ◇ [*étudiant* (*par rapport à son professeur*)] discepolo *s.*, pupillo *s.* ◇ [*écrivain débutant* (*par rapport à son éditeur*)] pupillo **3** (*techn.*) scivolo ◇ (*mar.*) puntello.

poulaine |pulɛn| *s.f.* **1** *souliers à la poulaine* scarpe alla polacca **2** (*mar.*) serpa.

poularde |pulaʀd(ə)| *s.f.* [*jeune poule engraissée*] pollastra.

poulbot |pulbo| *s.m.* [*enfant pauvre de Montmartre*] ⊠.

1 **poule** |pul| *s.f.* **I 1** [*la femelle du coq*] gallina: *œuf de poule* uovo di gallina; *les poules couvent* le galline covano **2** (*loc.*) *quand les poules auront des dents* [*jamais*] quando gli asini voleranno; alle calende greche ~ *tuer la poule aux œufs d'or* uccidere la gallina dalle uova d'oro ~ *se coucher, se lever comme, avec les poules* coricarsi, alzarsi con le galline ~ MÈRE POULE [*mère affairée et timorée; mère qui aime à être entourée de ses enfants*] chioccia* ~ *poule mouillée* [*personne poltronne, timorée*] pulcino *m.* bagnato ♦ (*adj.*) *il est un peu trop poule mouillée* è un po' troppo imbranato (*fam.*), impacciato ~ *bouche en cul-de-poule* [*qui s'arrondit et se resserre en faisant une petite moue*] bocchino ~ *avoir la chair de poule* avere la pelle d'oca **3** [*femelle de certains gallinacés*] gallina: *poule de Pharaon* (gallina) faraona ~ *poule d'eau* gallinella d'acqua # *poule sultane* pollo sultano **II** (*fam., t. d'affection*) cocca*: *viens, ma poule* vieni cocca (mia) → 1 **poulet III** (*fam.*) [*fille de mœurs légères*] farfalla ◇ (*avec un poss.*) [*maîtresse* (*d'un homme*)] amichetta: *c'est sa poule* è la sua amichetta.

2 **poule** |pul| *s.f.* **1** [*enjeu déposé au début de la partie; somme constituée par le total des mises qui revient au gagnant*] posta, puntata (complessiva): *gagner la poule* vincere la posta **2** (*sport*) batteria, girone *m.* di eliminazione, 'poule' *inv.* **3** (*turf*) *poule d'essai* prova di corsa (per puledri).

1 **poulet** |pulɛ| *s.m.* **I 1** [*petit de la poule*] pulcino: *une poule et ses poulets* una gallina e i suoi pulcini **2** [*poule, coq jeune et destiné à l'alimentation*] pollo: *poulet rôti* pollo arrosto; *manger du poulet* [*de la viande de poulet*] mangiare pollo → **chapon, poularde II** (*t. d'affection*) *mon poulet, mon petit poulet* cocco* (mio), tesoruccio* (mio) → 1 **poule, poulette.**

2 **poulet** |pulɛ| *s.m.* (*vx.*) [*billet doux*] bigliettino galante ◇ (*fam.*) lettera *f.* (*cour.*): *j'ai reçu un poulet* ho ricevuto una lettera.

3 **poulet** |pulɛ| *s.m.* (*fam.*) [*policier*] sbirro: *il s'est fait pincer par les poulets* si è fatto beccare dagli sbirri.

poulette |pulɛt| *s.f.* **1** [*jeune poule*] pollastra **2** (*fam.*) [*jeune fille, jeune femme*] pollastra ◇ (*t. d'affection*) cocca*: *oui, ma poulette* sì, cocca (mia) → 1 **poulet 3** *sauce* (*à la*) *poulette* salsa a base di tuorlo d'uovo, burro, aceto.

pouliche |puliʃ| *s.f.* [*jument qui n'est pas encore adulte* (*mais qui n'est plus un poulain*)] cavallina.

poulie |puli| *s.f.* (*techn.*) puleggia*, carrucola: *poulie folle, fixe* puleggia folle, fissa.

pouliner |puline| *v.intr.* (*vétér.*) (*dit d'une jument*) [*mettre bas*] figliare *tr.*

poulinière |pulinjɛʀ| *adj. f. et s.f.* (*jument*) *poulinière* giumenta riproduttrice *adj.*, da riproduzione *loc. inv.*

1 **pouliot** |puljo| *s.m.* (*bot.*) puleggio*.

2 **pouliot** |puljo| *s.m.* (*agric.*) argano.

poulot, otte |pulo, ɔt| *s.* (*fam.*) (*t. d'affection à l'égard d'un enfant*) cocco* # *mon petit poulot* cocchino,

coccolino (mio); *ma grosse poulotte* la mia coccolona.
poulpe |pulp(ə)| *s.m.* (*t.zool.*) polipo.
pouls |pu| *s.m.* polso: *prendre le pouls* sentire il polso ◇ [*l'endroit où l'on sent le pouls*] polso: *tâter le pouls*: (*pr.*, *fig.*) tastare il polso.
poult-de-soie |pudswa| *s.m.* → **pou-de-soie.**
poumon |pumɔ̃| *s.m.* **1** (*anat.*) polmone: *poumon droit, gauche* polmone destro, sinistro; *maladies du poumon* malattie del polmone ◇ (*loc.*) *aspirer à pleins poumons* respirare a pieni polmoni ~ *chanter, crier à pleins poumons* cantare, gridare a squarciagola → **époumoner (s')** ~ *avoir de bons poumons, des poumons* avere buoni polmoni **2** *poumon d'acier* polmone d'acciaio.
pound |pawnd| *s.m.* (*angl.*) [*mesure anglo-saxonne de masse*] libbra *f.*
poupard |pupaʀ| *s.m.* **1** [*bébé gros et joufflu*] bamboccio*, bambolotto → **poupon** **2** (*vieilli*) [*poupée de celluloïd représentant un bébé*] bambolotto → **baigneur** ✦ (*adj.*) *une physionomie pouparde* lineamenti paffutelli, da bambolotto *loc. inv.* → **poupin.**
poupart |pupaʀ| *s.m.* (*région.*) → 2 **tourteau.**
poupe |pup| *s.f.* [*arrière d'un navire*] poppa ◇ (*loc.*) *avoir le vent en poupe* avere il vento in poppa.
poupée |pupe| *s.f.* **1** [*figurine humaine servant de jouet d'enfant*] bambola: *la petite fille joue à la poupée* la bambina gioca alle bambole ◇ (*fig.*) *un visage de poupée* un viso da bambola → **poupin** ◇ *loc.* DE POUPÉE in miniatura, minuscolo (*adj.*): *jardin de poupée* giardino in miniatura, minuscolo **2** (*pop.*) [*jeune fille, jeune femme*] bambola, pupa: *une chouette poupée* una splendida bambola, pupa → **pépée** **3** dito *m.* fasciato **4** (*au tir*) sagoma di gesso **5** (*techn.*) *poupée fixe, mobile d'une machine-outil* toppo *m.* fisso, mobile di una macchina utensile.
poupin, ine |pupɛ̃, in| *adj.* [*qui a les traits d'une poupée*] fanciullesco*, da bambola (*loc. inv.*): *un visage poupin* un viso fanciullesco, da bambola → **poupard.**
poupon |pupɔ̃| *s.m.* [*bébé, très jeune enfant*] pupo: *un joli poupon rose* un bel pupo rosa → **poupard.**
pouponner |pupɔne| *v.intr.* [*dorloter maternellement des bébés*] vezzeggiare *tr.*, coccolare *tr.* i bambini: *elle adore pouponner* adora vezzeggiare, coccolare i bambini.
pouponnière |pupɔnjɛʀ| *s.f.* asilo *m.* nido.
1 **pour** |puʀ| *prép.* **I** (*marquant l'idée 'd'échange, d'équivalence, de correspondance, de réciprocité'*) **1** [*en échange de; à la place de*] per: *vendre qqch. pour telle somme* vendere q.c. per una certa cifra → 1 **contre, moyennant**; *je l'ai eu pour presque rien* l'ho avuto quasi per niente ◇ (*loc.*) *il en a été pour son argent, pour ses frais* è rimasto con le pive nel sacco ~ *dix pour cent* (%) dieci per cento, percento ~ *prendre, dire un mot pour un autre* prendere, dire una parola per l'altra ~ *dans un an, jour pour jour* esattamente fra un anno ~ *elle lui ressemble trait pour trait* gli assomiglia moltissimo **2** (*avec un nom ou un inf. redoublé, marquant 'la possibilité d'un choix entre deux choses'*) per: *mourir pour mourir, autant que ce soit de mort subite* morire per morire, tanto vale sia di morte improvvisa **3** (*exprimant 'un rapport d'équivalence entre deux termes'*) per, come: *avoir la liberté pour principe* avere per, come principio la libertà; *pour tout avantage, pour tous avantages, il avait...* come unico vantaggio, aveva...; *il l'a eu pour maître, pour élève* lo ha avuto come maestro, come allievo; *prendre pour femme* prendere per, in moglie → **comme** ◇ (*loc.*) *pour le moins* perlomeno *adv.* ~ (*fam.*) *pour de bon*, (*pop.*) *pour de vrai* (per) davvero *adv.* (*cour.*) **4** [*en prenant la place de*] per: *payer pour qqn.* pagare per qc., al posto di qc.; *pour le directeur, le ministre* per il direttore, per il ministro **5** [*en ce qui concerne*] per: *en tout et pour tout* in tutto e per tutto; *il fait froid pour la saison* [*par rapport à*] fa freddo per la stagione (in cui siamo) **6** (*servant à mettre en valeur le sujet, l'attribut ou le compl. d'objet*) per: *pour ma part* per parte mia; *pour ce qui est de...* per quanto riguarda..., per quel che concerne...; *pour un artiste, c'est un artiste!* per essere un artista, lo è!; *pour m'aider, elle m'a aidé* per aiutarmi, mi ha aiutato → **quant (à)** **II** (*direction, destination, résultat, intention*) **1** (*marquant 'la direction, le but dans l'espace'*) per: *partir pour le Japon* partire per il Giappone; *les voyageurs pour Lyon, en voiture!* i viaggiatori per Lione, in carrozza! **2** (*marquant le terme dans le temps*) per: *c'est pour ce soir* è per questa sera; *il travaillera pour six mois avec nous* lavorerà per sei mesi con noi; *pour le moment* per il momento; *c'est pour quand?* per quando è?; *pour après* per dopo; *pour une fois, pour cette fois...* per una volta, per questa volta...; *pour le coup, je te pardonne* (per) questa volta ti perdono; *c'est pour dans huit jours* è per oggi a otto **3** (*marquant 'la destination figurée, le but...'*) [*destiné à* (*qqn., qqch.*)] per: *c'est pour vous* è per voi (per lei); *film pour adultes* film per adulti ◇ [*destiné à combattre*] *médicament pour la grippe* farmaco per, contro l'influenza → 1 **contre** ◇ [*en vue de*] *c'est pour son bien* è per il suo bene; *pour le cas où* nel caso che, per il caso in cui ◇ [*à l'égard de*] *sa haine pour lui* il suo odio per lui; *par égard pour lui* per riguardo verso di lui; *tant pis, tant mieux pour lui* tanto peggio, tanto meglio per lui; *c'est bien fait pour elle!* le sta bene!, ben le sta! → 1 **envers** ◇ [*en faveur de, pour l'intérêt, le bien de*] *prier pour qqn.* pregare per qc.; *chacun pour soi* (*et Dieu pour tous*) ognuno per sé (e Dio per tutti) ◇ *loc.* ÊTRE POUR... [*être partisan de* (*qqn., qqch.*)] essere per, favorevole a (qc., q.c.): *quiconque n'est pas pour moi est contre moi* chi non è per, con me è contro di me; *je suis pour* (*cette décision*) sono favorevole (a questa decisione) **4** *loc.* POUR (+ *inf.*) [*afin de pouvoir*] per (+ *inf.*): *faire l'impossible pour réussir* fare l'impossibile per riuscire; *travailler pour vivre* lavorare per vivere; *pour quoi faire?* per fare (che) cosa?; per quale ragione? ~ (*fam.*) *ce n'est pas pour dire, mais il a du culot!* non (è), non si fa per dire, ma ha una faccia tosta!; *c'est pour rire* è per scherzo; *je le lui ai dit pour plaisanter* gliel'ho detto per scherzo, scherzando **5** *loc.* POUR QUE (+ *subj.*) [*afin que*] per (+ *inf.*), affinché, perché (+ *subj.*): *unissons-nous pour que cela réussisse* uniamoci per (poter) riuscire, affinché si possa riuscire; *tu laisses la porte ouverte pour qu'on te vole?* lasci la porta aperta per farti derubare?, perché ti derubino? ~ POUR QUE... NE PAS per non, affinché non, perché non: *il ferma les volets pour que la chaleur n'entre pas* chiuse le imposte per non far entrare il caldo, affinché, perché non entrasse il caldo **6** *loc.* ÊTRE POUR (+ *inf.*) [*être sur le point de*] stare per: *il était pour sortir, quand...* stava per uscire, quando... **III** (*conséquence*) **1** [*en ayant pour résultat* (*qqch.*)] per: *pour son malheur, il a cédé* per sua sfortuna, ha ceduto # *cela a été pour ma déception* è accaduto con mia grande delusione ◇ (*suivi de l'inf.*) [*afin de*] per: *pour réussir, il a besoin d'être plus sûr de lui* per riuscire ha bisogno di essere più sicuro di sé ◇ (*forme négative*) *ce projet n'est pas pour me déplaire* è un progetto che non mi dispiace; il progetto non è che mi dispiaccia **2** *loc.* POUR QUE (*avec une subordonnée de conséquence*) perché: *assez, trop... pour que* abbastanza, troppo... perché; *il suffit, il faut... pour que...* basta (bastano), ci vuole (ci vogliono)... perché ~ *c'est trop beau pour être vrai* è troppo bello per essere vero **IV** (*cause*) **1** [*à cause de*] per: *on l'admire pour ses qualités* è ammirato per le sue qualità; *pour un oui, pour un non* per un sì, per un no; *pour quoi?* per che cosa?, perché?; *pour quelle raison?* per quale ragione?; *remercier qqn. pour, de qqch.* ringraziare qc. per, di q.c.; *le magasin est fermé pour cause de maladie* il negozio è chiuso per malattia (del gestore) ✦ (*absolt.*) *et pour cause!* [*pour une raison trop évidente*] e con ragione, e a ragione!; c'è (c'era) di che! **2** (*suivi d'un inf. p. ou passif*) per: *il a été puni pour avoir menti* è stato punito per aver mentito; *il a perdu pour s'être trompé de chemin* ha perso per aver, perché aveva sbagliato strada **V** (*valeur d'opposition ou de concession*) **1** *loc.* (*littér.*) POUR... QUE (+ *ind. ou subj.*) per quanto (+ *subj.*): *pour intelligent qu'il soit, il ne réussira pas* per quanto intelligente sia, non riuscirà → **aussi,** 2 **si** ~ *pour peu que...* per poco che... ~ *ne t'en fais pas pour si peu!* non prendertela per così poco! ~ *pour autant que...* per quanto... **2** (*loc.*) *pour être riches, ils n'en sont pas plus heureux* per quanto (sebbene) ricchi, non sono per questo più felici → 1 **bien (que).**
2 **pour** |puʀ| *s.m.* [*le bon côté*] pro (*inv.*): *peser le pour et le contre* soppesare il (i) pro e il (i) contro.
pourboire |puʀbwaʀ| *s.m.* [*somme d'argent remise, à titre de gratification, par le client à un travailleur salarié*] mancia* (*f.*): *donner un petit pourboire* dare una piccola mancia; *le pourboire est compris* la mancia è compresa.
pourceau |puʀso| *s.m.* **1** (*vx., littér.*) → **cochon, porc** **2** (*fig., littér.*) *un pourceau* [*un homme qui s'adonne aux plaisirs des sens*] un epicureo, un edonista.
pourcentage |puʀsɑ̃taʒ| *s.m.* **1**

[*taux* (*d'un intérêt, d'une commission*) *calculé sur un capital de cent unités*] percentuale (*f.*): *il touche un pourcentage sur la recette* percepisce una percentuale sull'incasso **2** [*proportion pour cent*] percentuale: *un faible pourcentage de l'opinion* una bassa percentuale dell'opinione pubblica.

pourchasser |puRʃase| *v.tr.* **1** [*poursuivre, rechercher* (*qqn.*) *avec obstination*] inseguire (qc.), dare (102) la caccia a (qc.): *pourchasser un criminel* inseguire un criminale, dare la caccia a un criminale; *être pourchassé par des créanciers, par la police* essere inseguito, perseguitato dai creditori; essere inseguito, braccato dalla polizia → **chasser, poursuivre** ♦ (*pron. récipr.*) *ils se pourchassaient les uns les autres* si inseguivano, si davano la caccia l'un l'altro **2** [*poursuivre* (*qqch.*)] inseguire (q.c.): *il pourchasse les honneurs* insegue gli onori.

pour-compte, pourcompte |puRkɔ̃t| *s.m.* (*comm.*) deposito in conto del venditore.

pourfendeur |puRfɑ̃dœR| *s.m.* (*vx.*) chi fende in due (con una sciabolata) *loc.* ◇ (*plais.*) [*celui qui pourfend*] spaccone.

pourfendre |puRfɑ̃dR(ə)| (53) *v.tr.* **1** (*vx.*) [*fendre complètement, couper*] fendere (105) in due (con una sciabolata) **2** (*littér., plais.*) [*attaquer violemment*] attaccare con violenza (*cour.*).

pourlèche |puRlɛʃ| *s.f.* → **perlèche.**

pourlécher |puRleʃe| (8) *v.tr.* **1** *pron. réfl.* SE POURLÉCHER [*se passer la langue sur les lèvres* (*en signe de contentement avant ou après un bon repas*)] leccarsi i baffi: *on s'en pourlèche* c'è da leccarsi i baffi **2** (*fig., vieilli*) [*lécher, parfaire*] leccare.

pourparler |puRpaRle| *s.m. surtout au plur.* [*conversation entre plusieurs États, groupes, etc. pour arriver à un accord*] negoziato, trattativa (*f.*): *de longs pourparlers* lunghi negoziati, lunghe trattative; *être en pourparlers* essere in trattative; *entrer en pourparlers* intavolare negoziati, trattative.

pourpier |puRpje| *s.m.* (*t.bot.*) portulaca* *f.*

pourpoint |puRpwɛ̃| *s.m.* (*ancienn.*) [*partie du vêtement d'homme qui couvrait le torse jusqu'au-dessous de la ceinture*] giustacuore → **justaucorps.**

pourpre |puRpR(ə)| **I** *s.* **1** *s.f.* [*matière colorante d'un rouge vif, extraite d'un mollusque*] porpora **2** *s.f.* (*littér.*) porpora: *la pourpre royale* la porpora regale ◇ [*la dignité de cardinal*] porpora (cardinalizia) **3** *s.f.* (*littér.*) [*couleur rouge vif*] porpora (*f. ou m.*): *la pourpre de ses lèvres* le sue labbra di porpora, purpuree **4** *s.m.* [*couleur rouge foncé, tirant sur le violet*] porpora *m. ou f.*, (rosso) porpora ◇ (*anat.*) porpora (*f.*): *pourpre rétinien* porpora retinica **II** *adj.* [*d'une couleur rouge foncé*] (rosso) porpora (*inv.*): *velours pourpre* velluto (rosso) porpora.

pourpré, ée |puRpRe| *adj.* **1** (*littér.*) [*coloré de pourpre*] purpureo, porporino **2** (*vx.*) *fièvre pourprée* febbre petecchiale → **urticaire.**

pourprin, ine |puRpRɛ̃, in| *adj.* (*vx.*) → **purpurin** ♦ (*s.m.*) *le pourprin d'une fleur* il colore purpureo *adj.* di un fiore.

pourquoi |puRkwa| **I** *adv. et conj.* **1** (*interrogation directe*) [*pour quelle raison, dans quelle intention?*] perché?: *pourquoi partez-vous?* perché ve ne andate?; *pourquoi veux-tu donc que j'y aille?* perché mai vuoi che ci vada? ◇ (*fam.*) *pourquoi est-ce que vous la saluez?* perché la salutate? ◇ (*suivi de l'inf.*) [*à quoi bon?*] *mais pourquoi crier?* ma perché gridare? ◇ (*sans v.*) *pourquoi?* perché?; *pourquoi non? pourquoi pas?* perché no? **2** (*interrogation indirecte*) perché: *je ne comprenais pas pourquoi je devais me taire* non capivo perché dovevo (avrei dovuto) tacere; *je me demande pourquoi vous riez* mi chiedo perché ridete; *expliquez-moi pourquoi* spiegatemi perché **3** *voici, voilà pourquoi* ecco perché; *c'est pourquoi...* ecco perché, è per questo che... **II** *s.m. inv.* **1** [*cause, motif, raison*] perché: *il demandait le pourquoi de toute cette agitation* chiedeva il perché di tutta quella agitazione, perché tutta quella agitazione; *je veux connaître le pourquoi et le comment* voglio sapere il come e il perché **2** [*question par laquelle on demande la raison d'une chose*] perché: *les pourquoi des enfants* i perché dei bambini → **question.**

pourri, ie |puRi| **I** *adj.* **1** [*corrompu ou altéré par la décomposition*] marcio*: *des fruits pourris* della frutta marcia ◇ (*aliments*) [*avarié*] guasto, andato a male: *de la viande pourrie* della carne guasta, andata a male ◇ (*loc. pop.*) *engueuler qqn. comme du poisson pourri* prendere qc. a pesci in faccia **2** [*désagrégé*] marcio: *pierre pourrie* pietra marcia; *neige pourrie* neve marcia **3** [*humide et mou*] malsano: *climat pourri* clima malsano # *un été pourri* un'estate piovosa **4** (*personnes*) [*moralement corrompu*] marcio: *une société pourrie* una società marcia ♦ *s.* (*pop., t. d'injure*) tarato: *bande de pourris!* banda di tarati! **5** (*fam.*) POURRI DE [*rempli de, qui a beaucoup de*] pieno (*cour.*) di: *il est pourri de fric* è pieno di grana **II** *s.m.* [*ce qui est pourri*] marcio: *sentir le pourri* sapere di marcio.

pourridié |puRidje| *s.m.* (*agric.*) marciume.

pourrir |puRiR| **A** *v.intr.* **1** (*en parlant d'une matière organique*) [*se décomposer*] marcire (197) (*aux.* essere): *ce bois pourrit à l'humidité* questo legno marcisce con l'umidità → **putréfier (se)** **2** (*personnes*) [*rester dans une situation où l'on se dégrade*] marcire: *pourrir en prison* marcire in prigione; *pourrir dans la misère, dans l'ignorance* marcire nella miseria, nell'ignoranza **B** *v.tr.* **1** [*attaquer, corrompre en faisant pourrir*] guastare, far (103) *intr.* marcire: *la pluie pourrit les végétaux* la pioggia guasta, fa marcire i vegetali → 1 **gâter** ♦ (*pron. intr.*) *se pourrir* [*devenir pourri*] guastarsi, marcire *intr.* ◇ [*se dégrader*] guastarsi, deteriorarsi: *la situation se pourrit* la situazione si sta guastando, deteriorando **2** [*gâter extrêmement* (*un enfant*)] guastare: *sa mère finira par le pourrir* sua madre finirà col guastarlo ◇ [*corrompre* (*qqn.*) *par de mauvaises influences*] guastare.

pourrissage |puRisaʒ| *s.m.* (*techn.*) procedimento per ammorbidire la creta (per ceramiche).

pourrissant, ante |puRisɑ̃, ɑ̃t| *adj.* [→ POURRIR] che marcisce *loc.*; che corrompe *loc.*

pourrissement |puRismɑ̃| *s.m.* [*dégradation progressive d'une situation*] deterioramento.

pourrissoir |puRiswaR| *s.m.* (*techn.*) macero.

pourriture |puRityR| *s.f.* **1** [*altération profonde, décomposition des tissus organiques*] putrefazione: *une odeur de pourriture* un odore di putrefazione **2** [*ce qui est complètement pourri*] putredine, marciume (*m.*): *une répugnante pourriture* una ripugnante putredine, un ripugnante marciume **3** (*agric.*) marciume **4** (*fig.*) [*état de grande corruption morale*] marciume, putredine: *la pourriture de la société* il marciume, la putredine della società **5** (*t. d'injure violente*) [*personne corrompue, ignoble*] essere *m.* immondo: *quelle pourriture, ce type!* che essere immondo, quell'individuo! → **pourri.**

pour-soi |puRswa| *s.m.* (*philo.*) per sé *loc. subst. m.*

poursuite |puRsɥit| *s.f.* **I** **1** [*action de suivre* (*qqn., un animal*) *pour le rattraper, l'atteindre*] inseguimento (*m.*): *scènes de poursuite d'un film d'aventures* scene di inseguimento di un film d'avventura; *la police s'est lancée à la poursuite du malfaiteur* la polizia si è lanciata all'inseguimento del malvivente ◇ (*sport*) (*course*) *poursuite* (gara ad) inseguimento **2** [*effort pour atteindre* (*une chose qui semble inaccessible*] ricerca*: *la poursuite de l'argent, de la vérité* la ricerca del denaro, della verità **3** (*dr.*) procedimento *m.*, azione: *poursuite judiciaire* procedimento, azione penale; *engager des poursuites* promuovere dei procedimenti, delle azioni penali **4** (*arg. du théât., du cirque*) proiettore *m.* (che segue l'artista) **II** LA POURSUITE DE (QQCH.) prosecuzione, proseguimento (*m.*): *la poursuite d'un travail, des négotiations* la prosecuzione, il proseguimento di un lavoro, dei negoziati © II **arrêt, cessation.**

poursuiteur |puRsɥitœR| *s.m.* (*sport*) inseguitore* *s.*

poursuivable |puRsɥivabl(ə)| *adj.* [→ POURSUIVRE I 6, 7] perseguibile.

poursuivant, ante |puRsɥivɑ̃, ɑ̃t| *s.* **1** [*personne qui poursuit qqn.*] inseguitore*: *le malfaiteur a échappé à ses poursuivants* il malvivente è sfuggito agli inseguitori **2** (*dr.*) attore, attrice ♦ (*adj.*) *la partie poursuivante* la parte agente, l'attore.

poursuiveur |puRsɥivœR| *s.m.* (*rare*) → **poursuivant.**

poursuivre |puRsɥivR(ə)| (52) *v.tr.* **I** **1** [*suivre de près pour atteindre* (*ce qui fuit*)] inseguire: *poursuivre qqn.* inseguire qc.; *poursuivre les fugitifs* inseguire i fuggiaschi → **traquer, courir (après), pourchasser** **2** [*tenter de rejoindre* (*qqn. qui se dérobe*)] braccare, perseguitare: *il est poursuivi par ses créanciers* è braccato, perseguitato dai creditori **3** [*tenter d'obtenir les faveurs amoureuses de* (*qqn.*)] corteggiare → **courir (après)** (*fam.*) ◇ (*loc.*) *il la poursuit de ses assiduités* la importuna con le sue profferte amorose **4** POURSUIVRE QQN. DE... [*s'acharner contre lui par...*] tormentare, perseguitare qc. con...: *elle le poursuivait de sa colère* lo tormentava, lo perseguitava con la sua collera → **harceler** **5** (*choses*) [*hanter, obséder*] perseguitare: *ces images lugubres me poursuivirent longtemps* quelle lugubri immagini mi perseguitarono a lungo **6** [*agir en justice contre* (*qqn.*)] citare, perseguire: *je vous poursuivrai devant les tribunaux* la citerò in tribunale; *poursuivre qqn. au criminel, au civil* (*civilement*) perseguire qc. in sede penale, in sede civile → 1 **accuser 7** [*chercher à obtenir* (*qqch.*)] perseguire, (ri)cercare: *poursuivre son intérêt* perseguire, ricercare il proprio interesse; *nous poursuivons l'idéal sans jamais l'atteindre* cerchiamo, inseguiamo l'ideale senza raggiungerlo mai → **briguer, rechercher II** [*continuer sans relâche*] continuare, proseguire: *poursuivre son voyage* continuare, proseguire il viaggio; *il poursuit ses études* continua gli studi, prosegue negli studi; *poursuivre un récit* continuare un racconto ✦ (*absolt.*) *poursuivez, cela m'intéresse!* continui, m'interessa! ✦ *pron. passif* [*se continuer*] continuare *intr.*, proseguire *intr.* # *un drame se poursuivait* si svolgeva un dramma Ⓒ II **abandonner, arrêter.**

pourtant |puʀtɑ̃| *adv.* (*marquant 'l'opposition entre deux choses liées, deux aspects contradictoires d'une même chose'*) eppure *conj.*, pur tuttavia (*conj.*): *il faut pourtant avancer* eppure bisogna andare avanti; *c'est pourtant bien simple* eppure è molto semplice → **cependant, mais, toutefois, néanmoins** ◇ (*loc.*) *et pourtant* eppure: *elle est assez laide et pourtant pleine de charme* è piuttosto brutta, eppure è piena di fascino.

pourtour |puʀtuʀ| *s.m.* **1** [*ligne formant le tour d'un objet, d'une surface*] circonferenza *f.*, perimetro → **circonférence, périphérie 2** [*partie qui fait le tour* (*d'un lieu*), *qui forme les bords* (*d'une chose*)] perimetro: *une petite place dont le pourtour est pavé* una piazzetta dal perimetro lastricato.

pourvoi |puʀvwa| *s.m.* (*dr.*) ricorso: *pourvoi en cassation* ricorso in cassazione → **appel** # *pourvoi en grâce* domanda di grazia.

pourvoir |puʀvwaʀ| (39) **A** *v.intr.* POURVOIR À [*faire, ou fournir le nécessaire pour*] provvedere (192) a: *pourvoir à l'entretien de la famille* provvedere al mantenimento della famiglia → **assurer**; *pourvoir aux besoins de qqn.* provvedere ai bisogni di qc. ◇ (*spécialt.*) *pourvoir à un emploi* [*y mettre qqn.*] coprire (186) *tr.* un impiego **B** *v.tr.* **1** [*mettre* (*qqn.*) *en possession* (*de ce qui est nécessaire*)] provvedere, fornire (197): *son père l'a pourvu d'une recommandation* suo padre l'ha provvisto, fornito di una raccomandazione → **donner (à), munir 2** [*munir* (*une chose*)] fornire, dotare: *pourvoir un atelier d'outils, de matériel* fornire, dotare un'officina di attrezzature, di macchinari → **approvisionner 3** (*sujet de chose*) (*littér.*) dotare (*cour.*): *la nature l'a pourvu de grandes qualités* la natura l'ha dotato di grandi qualità → **doter, douer 4** (*au passif et au p.p.*) *être pourvu de* [*avoir, posséder*] essere provvisto, munito di ◇ (*loc.*) *le voilà bien pourvu* [*il a tout ce qu'il faut*] ora è a posto, è munito di tutto, ha tutto (*pop.*) **C** *v.pron. intr.* **1** SE POURVOIR DE [*faire en sorte de posséder, d'avoir* (*une chose nécessaire*)] fornirsi, munirsi (197): *il faut se pourvoir de provisions pour le voyage* bisogna fornirsi, munirsi di provviste per il viaggio **2** (*dr.*) [*recourir à une juridiction supérieure*] fare (103) *tr.*, presentare *tr.* ricorso; ricorrere (127) *intr.* Ⓒ B 4 **dépourvu.**

pourvoyeur, euse |puʀvwajœʀ, øz| *s.* **1** *s.* (*littér.*) *pourvoyeur de...* [*personne, chose qui fournit* (*qqch.*) *ou munit* (*une chose*)] dispensatore* di... # *la misère est une grande pourvoyeuse de crimes* la miseria è una grande matrice, fonte di delitti **2** *s.m.* (*milit.*) servente.

pourvu que |puʀvyk(ə)| *loc. conj.* **1** (*servant à présenter une condition comme étant à la fois nécessaire et suffisante*) [*à condition de, si*] purché (*conj.*): *pourvu qu'il ait le nécessaire, il est content* purché abbia, se ha il necessario, è contento; *pourvu que je mange à ma faim...* purché, a condizione che mangi abbastanza... **2** (*exprimant 'le souhait qu'une chose soit ou non, lorsqu'on redoute la possibilité contraire'*) *pourvu qu'on arrive à temps* speriamo di arrivare in tempo; *pourvu que ça dure...* speriamo che duri...

poussage |pusaʒ| *s.m.* (*techn.*) propulsione *f.* a spinta.

poussa(h) |pusa| *s.m.* **1** [*buste de magot porté par une demi-sphère lestée qui le ramène à la position verticale lorsqu'on le pousse*] misirizzi *inv.* **2** [*gros homme mal bâti*] pancione.

pousse |pus| *s.f.* **1** [→ 2 POUSSER] germogliamento *m.*; crescita: *pousse de printemps* germogliamento di primavera ‖ *une lotion pour la pousse des cheveux* una lozione per la crescita dei capelli **2** [*bourgeon naissant, germe de la graine*] germoglio* (*m.*): *les jeunes pousses des arbres* i nuovi germogli degli alberi **3** (*vétér.*) bolsaggine **4** (*techn.*) intorbidamento *m.* (del vino).

pousse-café |puskafe| *s.m. inv.* [*petit verre d'alcool que l'on prend après le café*] ammazzacaffè (*fam.*).

pousse-cailloux |puskaju| *s.m. inv.* (*vx., fam.*) → **fantassin.**

poussée |puse| *s.f.* **1** [→ 1 POUSSER A I] spinta: *résister aux poussées de l'ennemi* resistere alla spinta, all'urto delle forze nemiche → **attaque** ◇ [*action de pousser qqn.* (*pour l'écarter*)] spinta, spintone *m.* **2** (*fig.*) spinta: *la poussée de l'instinct* la spinta dell'istinto → **impulsion, pulsion 3** (*archit., phys.*) spinta **4** [*manifestation subite* (*d'une force*)] ondata: *la poussée révolutionnaire* l'ondata rivoluzionaria **5** [*manifestation subite* (*d'un mal*)] accesso (*m.*): *une poussée de fièvre* un accesso febbrile → 2 **accès, crise.**

pousse-pousse |puspus|, **pousse** |pus| *s.m. inv.* [*voiture légère à deux roues, à une place, tirée par un homme, en usage en Extrême-Orient*] risciò.

1 **pousser** |puse| **A** *v.tr.* **I 1** [*soumettre* (*qqch., qqn.*) *à une force permettant de mettre en mouvement et de déplacer dans une direction*] spingere (119): *poussez la porte* spinga la porta; *on nous a poussés dehors* ci hanno spinto fuori # *pousser qqn. du coude, du genou* toccare con il gomito, il ginocchio qc. ✦ (*intr.*) *ne poussez pas* non spingete (non spinga) ◇ *loc. adv. fam.* À LA VA COMME JE TE POUSSE [*n'importe comment*] alla carlona: *ce travail à été fait à la va comme je te pousse* questo lavoro è stato fatto alla carlona **2** [*faire aller* (*un être vivant*) *devant soi, dans une direction déterminée, par une action continue*] spingere: *le berger pousse son troupeau devant lui* il pastore spinge il gregge davanti a sé ◇ (*d'une force*) [*entraîner*] *je me sens poussé par l'ambition* mi sento spinto dall'ambizione **3** POUSSER (QQN), POUSSER (QQN) À [*inciter*] spingere (a): *pousser qqn. à faire qqch.* spingere qc. a fare q.c. ◇ [*aider* (*qqn.*) *à atteindre une position meilleure; faciliter la réussite de* (*qqn.*)] dare (102) una spintarella (a): *pousser un élève* dare una spintarella a un allievo → **favoriser** ◇ *loc.* POUSSER À BOUT [*acculer, exaspérer* (*qqn.*)] esasperare: *la contrariété le poussait à bout* la contrarietà lo esasperava **4** [*faire avancer* (*qqch.*)] spingere: *pousser une brouette* spingere una carriola # *pousser l'aiguille* cucire **5** (*fig.*) [*faire aller jusqu'à un certain point, un certain degré* (*une activité, un travail, etc.*)] spingere: *il poussa ses recherches jusqu'au bout* spinse le sue ricerche fino in fondo; *il pousse la plaisanterie un peu trop loin* spinge lo scherzo un po' troppo oltre → **exagérer** ✦ (*au p.p.*) *plaisanterie un peu poussée* scherzo un po' spinto **6** (*sans compl. indirect*) [*faire parvenir à un degré supérieur de développement, d'intensité*] far (103) *intr.* progredire: *pousser son travail* far progredire il proprio lavoro # *pousser un moteur* spingere al massimo un motore ✦ (*au p.p.*) *un moteur poussé* un motore spinto **II** (*sujet d'être animé*) [*produire avec force ou laisser échapper avec effort par la bouche* (*un son*)] gettare, lanciare: *pousser des cris* gettare, lanciare grida → **crier** # *elle poussa un soupir* emise un sospiro → **exhaler**; *pousser de grands éclats de rire* prorompere in grandi scoppi di risa, scoppiare dalle risa ◇ (*fam.*) *un ténor poussa la chansonnette* un tenore fece la sua cantatina → **chanter B** *v.intr.* [*faire un effort pour expulser de son organisme un excrément*] spingere **C** *v.pron. réfl.* SE POUSSER [*s'écarter pour laisser passer*] scansarsi ◇ [*avancer en poussant*] spingersi avanti, farsi avanti.

2 **pousser** |puse| *v.intr.* **1** (*végétation*) [*croître, grandir*] crescere (128) (*aux.* essere): *un bon champ où tout pousse* un buon campo dove cresce di tutto → **venir**; *faire pousser* far crescere → 1 **cultiver** ✦ *tr.* (*par anal.*) *enfant qui pousse ses premières dents* bambino che mette i primi denti **2** (*en parlant de villes, de constructions*) [*s'accroître, se développer*] spuntare (*aux.* essere): *des villes qui poussent comme des champignons* città che spuntano come funghi.

poussette |pusɛt| *s.f.* **1** (*à la roulette*) il barare *m. inv.* spingendo la puntata sul numero vincente **2** [*petite voiture d'enfant très basse, généralt. pliante*] passeggino *m.* ◇ [*châssis à roulette pour transporter les provisions, etc.*] carrello *m.* **3** (*sport, fam.*) spintarella **4** (*fam.*) andatura (*cour.*) lenta dei veicoli (su strada ingombra).

pousseur |pusœʀ| *s.m.* (*techn.*) spintore, rimorchiatore a spinta.

poussier |pusje| *s.m.* **1** polvere *f.* di carbone **2** [*débris pulvérulents*] tritume: *poussier de paille, de foin* tritume di paglia, di fieno.

poussière |pusjɛʀ| *s.f.* **1** [*terre desséchée réduite en particules très fines*] polvere: *la poussière des routes* la polvere delle strade; *un tourbillon de poussière* un turbine di polvere ◇ (*loc.*) *réduire en poussière* ridurre in polvere ~ *tomber en poussière* cadere in polvere **2** (*littér.*) [*les restes matériels de l'homme après la mort*] polvere → **cendre(s)** **3** UNE POUSSIÈRE [*un rien*] una sciocchezza ◇ *au plur.* rotti (*m.*): *cela m'a coûté deux cents francs et des poussières* mi è costato duecento franchi e rotti ~ UNE POUSSIÈRE DE... [*un grand nombre* (*d'éléments*)] una miriade di: *la voie lactée est une poussière d'étoiles* la via lattea è una miriade di stelle **4** [*matière réduite en fines particules*] polvere: *poussière de charbon* polvere di carbone → **poussier** 1, 1 **poudre** # *les poussières qui polluent l'atmosphère des villes* il pulviscolo che inquina l'atmosfera delle città; *poussières radioactives* particelle radioattive **5** (*sc. nat.*) *poussière fécondante* polline *m.* **6** (*astron.*) *poussière cosmique, interstellaire* polvere cosmica, interstellare.

poussiéreux, euse |pusjeʀø, øz| *adj.* **1** [*couvert de poussière*] polveroso: *route poussiéreuse* strada polverosa; *chambre poussiéreuse* camera polverosa **2** [*qui semble couvert, gris de poussière*] terreo: *un teint poussiéreux* un colorito terreo **3** (*fig.*) [*vieux, à l'abandon*] polveroso: *cette administration poussiéreuse* questa amministrazione polverosa.

poussif, ive |pusif, iv| *adj.* **1** [*qui respire difficilement, manque de souffle*] asmatico*: *un homme poussif* un uomo asmatico **2** (*fig.*) [*qui manque d'inspiration*] bolso **3** *une voiture poussive* [*qui marche par à-coups*] un'auto asmatica.

poussin |pusɛ̃| *s.m.* **1** [*jeune poulet nouvellement sorti de l'œuf*] pulcino **2** (*fam., t. d'affection*) *mon poussin* cocco*, cocchino (mio).

poussinière |pusinjɛʀ| *s.f.* (*agric.*) stia (per pulcini) ◇ [*couveuse artificielle*] incubatrice.

poussivement |pusivmɑ̃| *adv.* [→ POUSSIF] ansimando (*gérondif*): *il montait poussivement la côte* saliva ansimando il pendio.

poussoir |puswaʀ| *s.m.* [*bouton sur lequel on appuie pour déclencher un mécanisme, etc.*] pulsante: *le poussoir d'une sonnette* il pulsante di un campanello.

poutargue |putaʀg(ə)|, **boutargue** |butaʀg(ə)| *s.f.* [*sorte de caviar fait avec les œufs du muge*] bottarga*.

pout-de-soie |pudswa| *s.m.* → **pou-de-soie.**

poutrage |putʀaʒ| *s.m.* (*techn.*) travatura *f.* → **charpente.**

poutre |putʀ(ə)| *s.f.* **1** (*maçonn.*) trave: *un plafond aux poutres apparentes* un soffitto dalle travi visibili; *maîtresse poutre* trave maestra → **madrier** ◇ (*loc. prov.*) *il voit la paille dans l'œil du voisin et ne voit pas la poutre dans le sien* vede la pagliuzza nell'occhio altrui e non vede la trave nel proprio **2** (*constr.*) trave: *poutres métalliques d'un pont* travi metalliche di un ponte.

poutrelle |putʀɛl| *s.f.* (*constr.*) [*petite poutre*] travicello *m.*, travetto *m.* ◇ [*barre d'acier allongée, entrant dans la constr. d'une charpente métallique*] putrella.

pouture |putyʀ| *s.f.* (*agric.*) ingrasso *m.* del bestiame mediante granaglie.

1 **pouvoir** |puvwaʀ| (42) **I** *v. aux. tr.* (*devant un inf., servant à exprimer 'la modalité du possible, l'hypothèse, le souhait, etc.'*) **1** [*avoir la possibilité de* (*faire qqch.*)] potere (169): *il ne peut pas parler* non può parlare; *qui peut savoir?* chi può saperlo?; *dire qu'il a pu faire une chose pareille!* e dire che ha potuto fare una cosa simile! ◇ (*loc. adv. et adj.*) *on ne peut mieux* (che) meglio non si può ~ ON NE PEUT PLUS quanto mai, estremamente: *il est on ne peut plus serviable* è quanto mai, estremamente servizievole ◇ (*sujet de chose*) *qu'est-ce que ça pouvait bien lui faire?* che cosa gliene poteva importare? **2** [*avoir le droit, la permission de* (*faire qqch.*)] potere: *les élèves peuvent sortir* gli allievi possono uscire; *on ne peut quand même pas l'abandonner* malgrado tutto non si può abbandonarlo ◇ [*avoir raisonnablement la possibilité de*] *on peut tout supposer* si può fare ogni ipotesi; *si l'on peut dire* se così si può dire **3** (*de ce qui est incertain*) potere: *les malheurs qui peuvent nous arriver* le disgrazie che ci possono capitare **4** (*littér.*) PUISSE (*subj.*) (*exprime 'un souhait'*) possa: *puisse le ciel nous être favorable!* possa il cielo esserci propizio! **5** *impers.* IL PEUT, IL POURRA può, potrà: *il peut y avoir, il ne peut pas y avoir la guerre* può, non può esserci la guerra; è probabile che ci sia, che non ci sia la guerra; *il peut arriver que* può accadere che ◇ (*loc.*) *autant que faire se peut, se pourrait* per quanto (è) possibile, sarà possibile ~ *il se peut que* (+ *subj.*) può darsi che (+ *subj.*) ~ *cela ne se peut pas* non è possibile, è impossibile ~ (*fam.*) *ça se peut* può darsi, forse ~ *ça se pourrait bien* potrebbe ben darsi, è molto probabile **II** *v.tr.* **1** (*le pron. neutre 'le' remplaçant l'inf. compl.*) *résistez si vous le pouvez* resistete se potete; *dès qu'il le put* appena potè **2** [*être capable, être en mesure de faire* (*qqch.*)] potere: *je fais ce que je peux* faccio quello che posso; *qu'y puis-je?* che ci posso fare?, che posso farci?; *on n'y peut rien* non ci si può fare niente ◇ (*loc.*) *pouvoir* (*qqch.*) *sur* potere (q.c.) su ~ N'EN POUVOIR PLUS non poterne più: *je n'en peux plus, je m'en vais* non ne posso più, me ne vado.

2 **pouvoir** |puvwaʀ| *s.m.* **1** [*le fait de* (1) *pouvoir* (I 1, 2), *de disposer de moyens qui permettent une action*] potere: *cet élève possède un grand pouvoir de concentration* questo alunno ha un grande potere di concentrazione; *si j'avais le pouvoir de connaître l'avenir!* se avessi il potere di conoscere il futuro! → **don**; *cela n'est pas en mon pouvoir* questo non è in mio potere; *pouvoir d'achat* potere d'acquisto → 1 **faculté, possibilité** # *cela dépasse son pouvoir* questo esula dalle sue possibilità ◇ (*plur.*) *des pouvoirs extraordinaires* poteri straordinari **2** (*dr.*) [*capacité légale de faire une chose*] potere: *avoir plein(s) pouvoir(s)* avere pieni poteri → 1 **carte (blanche), droit** ◇ (*loc.*) *fondé de pouvoir* [*d'une société*] procuratore ~ *avoir un pouvoir par-devant notaire* avere una procura dinanzi a notaio **3** (*avec un adj.*) (*phys.*) *pouvoir calorifique* potere calorifico **4** [*possibilité d'agir sur qqn.*] potere: *le pouvoir moral qu'il a sur nous* il potere morale che ha su di noi → 2 **ascendant**; *il a un pouvoir irrésistible* ha un potere irresistibile; *vous êtes en notre pouvoir* siete in nostro potere; *tomber au pouvoir de qqn.* cadere in potere di qc. → **autorité, puissance** **5** [*situation de celui, de ceux qui dirigent; puissance polit.*] potere: *pouvoir suprême, absolu* potere supremo, assoluto; *pouvoir législatif, exécutif* potere legislativo, esecutivo; *division, séparation des pouvoirs* divisione, separazione dei poteri **6** [*organes, hommes qui exercent le pouvoir*] potere: *les pouvoirs publics* i pubblici poteri.

pouzzolane |puzɔlan| *s.f.* pozzolana.

præsidium |pʀezidjɔm| *s.m.* presidium (*inv.*): *le Præsidium du Soviet suprême* il Presidium del Soviet supremo.

pragmatique |pʀagmatik| *adj.* **1** pragmatico*, prammatico*: *une politique pragmatique* una politica pragmatica **2** (*hist.*) *pragmatique sanction* prammatica sanzione.

pragmatisme |pʀagmatism(ə)| *s.m.* (*philo.*) pragmatismo.

pragmatiste |pʀagmatist(ə)| *s. et adj.* pragmatista *s.*

praire |pʀɛʀ| *s.f.* (*t.zool.*) cappa verrucosa.

prairial |pʀɛʀjal| *s.m.* (*hist. fr.*) pratile.

prairie |pʀɛʀi| *s.f.* [*surface couverte de plantes herbacées, qui fournit du fourrage au bétail*] prato *m.*; prateria: *prairie artificielle* prato artificiale ‖ *les Prairies, la Grande Prairie* le Praterie, la Grande Prateria (del Nord America).

prâkrit, prâcrit |pʀɑkʀi| *s.m.* (*ling.*) pracrito.

pralin |pʀalɛ̃| *s.m.* **1** (*techn.*) terricciato **2** (*pâtiss.*) preparato a base di praline, mandorle e zucchero.

pralinage |pʀalinaʒ| *s.m.* **1** (*techn.*) concimazione *f.* con terricciato **2** preparazione *f.* delle praline.

praline |pʀalin| *s.f.* pralina ◇ (*loc. fam.*) *paraître cucul la praline* [*désuet et ridicule*] sembrare vecchio come il cucco.

praliné, ée |pʀaline| *adj.* pralinato: *amandes pralinées* mandorle pralinate # *glace pralinée* gelato alla nocciola ◆ (*s.m.*) *du praliné* dolce con praline.

praliner |pʀaline| *v.tr.* **1** [*préparer à la manière des pralines*] pralinare **2** (*agric.*) [*enrober* (*une racine, des graines*) *dans une préparation protectrice*] coprire (186) con terricciato.

prase |pʀaz| *s.m.* (*minér.*) prasio*.

praséodyme |pʀazeɔdim| *s.m.* (*chim.*) praseodimio*.

praticabilité |pʀatikabilite| *s.f.* (*rare*) praticabilità *inv.* Ⓒ **impraticabilité.**

1 **praticable** |pʀatikabl(ə)| *adj.* **1** [→ PRATIQUER] praticabile: *un chemin praticable* una strada praticabile → **carrossable** **2** [*qu'on peut mettre à exécution*] attuabile, realizzabile: *un plan difficilement praticable* un piano difficilmente attuabile, realizzabile → **possible** Ⓒ 1 **impraticable.**

2 **praticable** |pʀatikabl(ə)| *s.m.* (*théât., ciné., télév.*) praticabile.

praticien, ienne |pʀatisjɛ̃, jɛn| *s.* **1** [*personne qui connaît la pratique d'un art, d'une techn.*] praticante: *les théoriciens et les praticiens* i teorici e

i praticanti **2** [*médecin qui exerce, qui soigne les malades*] medico* *m.* (che esercita).
pratiquant, ante |pRatikɑ̃, ɑ̃t| *adj. et s.* [*qui observe exactement les pratiques* (*d'une relig.*)] praticante.
1 **pratique** |pRatik| *s.f.* **1** pratica*, prassi (*inv.*): *dans la pratique* nella pratica, nella prassi ◇ (*loc.*) *dans la pratique de chaque jour* nell'esperienza quotidiana **2** [*manière concrète d'exercer une activité* (*opposé à 'règle, principe'*)] pratica: *la pratique d'un art, d'une technique* la pratica di un'arte, di una tecnica; *je n'ai pas la pratique* mi manca la pratica → **expérience** ◇ *loc.* EN PRATIQUE in pratica: *des décisions qu'il faut mettre en pratique* delle decisioni che bisogna mettere in pratica **3** (*littér.*) [*le fait de suivre une règle d'action* (*sur le plan moral ou social*)] pratica (*cour.*): *la pratique religieuse* la pratica, l'osservanza religiosa; *les pratiques* [*les exercices extérieurs de la piété*] le pratiche religiose → **culte** **4** *une, des pratique(s)* [*manière habituelle d'agir* (*propre à une personne, un groupe*)] prassi, abitudine: *la vente à crédit est devenue une pratique courante* la vendita a rate è diventata prassi corrente, un'abitudine corrente → 1 **mode, usage** **5** (*comm., mar.*) *libre pratique* libera pratica **6** strumento *m.* usato dai burattinai per cambiare voce **7** (*vieilli*) [*clientèle*] pratica.
2 **pratique** |pRatik| *adj.* **1** pratico*: *une ménagère doit avoir le sens pratique* una donna di casa deve avere senso pratico ◇ (*personnes*) [*qui a le sens pratique*] *une femme pratique* una donna pratica **2** (*chose, action*) [*ingénieux et efficace, bien adapté à son but*] pratico: *un outil pratique* un utensile pratico; *c'est pratique* è pratico, comodo **3** [*qui concerne la réalité matérielle, banale*] pratico: *la vie pratique* la vita pratica; *des considérations pratiques* delle considerazioni pratiche **4** [*qui concerne l'action*] pratico: *la connaissance pratique d'une langue* la conoscenza pratica di una lingua # *exercices pratiques* esercitazioni Ⓒ 4 **théorique, spéculatif.**
pratiquement |pRatikmɑ̃| *adv.* **1** [→ 2 PRATIQUE] praticamente **2** [*virtuellement, presque* (*emploi critiqué*)] praticamente: *il est pratiquement incapable de se déplacer* è praticamente incapace di muoversi Ⓒ 1 **théoriquement.**
pratiquer |pRatike| *v.tr.* **1** [*mettre en application* (*une prescription, une règle*)] praticare: *pratiquer la charité* praticare la carità; *pratiquer une religion* praticare una religione → **observer** ♦ *absolt.* [*observer les pratiques religieuses*] praticare: *il ne pratiquait plus* non praticava più, non era più praticante **2** [*mettre en action* (*une théorie*); *exercer* (*un métier, une activité, un sport*)] praticare **3** [*employer* (*un moyen, un procédé*) *d'une manière habituelle*] usare (abitualmente), ricorrere (127) *intr.* (a): *il pratique le chantage* usa il ricatto, ricorre al ricatto ♦ (*pron. passif*) *comme cela se pratique en général* come si fa, si usa generalmente **4** [*exécuter* (*une opération manuelle*) *selon les règles prescrites*] eseguire, effettuare: *pratiquer une opération chirurgicale* eseguire un'operazione chirurgica → **opérer** **5** [*ménager* (*une ouverture, un abri, etc.*)] praticare: *de nombreuses fenêtres étaient pratiquées dans les murs* nei muri erano praticate numerose finestre **6** (*vx.*) [*fréquenter*] praticare (*cour.*) **7** (*littér.*) *c'est un auteur, un ouvrage que je pratique* è un autore, un'opera che consulto spesso (*cour.*) **8** (*rare*) [*aller régulièrement dans* (*un lieu*)] praticare.
praxie |pRaksi| *s.f.* (*méd.*) prassia.
praxinoscope |pRaksinɔskɔp| *s.m.* prassinoscopio*.
praxis |pRaksis| *s.f.*(*philo.*) prassi *inv.*
praxithérapie |pRaksiteRapi| *s.f.* (*méd.*) prassiterapia, ergoterapia.
pré- |pRe| *préf.* (*signifiant 'devant, en avant', correspond généralt. à*) pre: *préavis* preavviso.
pré |pRe| *s.m.* **1** [*terrain produisant de l'herbe qui sert à la nourriture du bétail*] pascolo: *mener les vaches au pré* condurre le mucche al pascolo → **pâturage, prairie** ◇ [*étendue d'herbe à la campagne*] prato: *on courait dans les prés* si correva nei prati **2** SUR LE PRÉ [*sur le terrain* (*du duel*)] in (a) duello: *aller sur le pré* battersi in (a) duello.
préadamisme |pReadamism(ə)| *s.m.* preadamitismo.
préadamite |pReadamit| **1** *s.* preadamita ♦ (*adj.*) preadamitico*: *hérésie préadamite* eresia preadamitica **2** *adj.* [*antérieur à Adam*] preadamitico.
préadolescence |pReadɔlesɑ̃s| *s.f.* (*pédagogie, psycho.*) preadolescenza, prepubertà *inv.*
préadolescent, ente |pReadɔlesɑ̃, ɑ̃t| *adj.* preadolescente, prepubere.
préalable |pRealabl(ə)| **I** *adj.* **1** [*qui a lieu, se fait ou se dit avant autre chose, dans une suite de faits liés entre eux*] preliminare, previo*: *cette décision demande une réflexion préalable* questa decisione richiede una riflessione preliminare, una previa riflessione ◇ *loc.* PRÉALABLE À preliminare *adj.*, preventivo *adj.* a: *l'enquête préalable à une opération publicitaire* l'inchiesta preliminare, preventiva a una operazione pubblicitaria **2** [*qui doit précéder* (*qqch.*)] preventivo, pregiudiziale: *question préalable* questione pregiudiziale **II** *s.m.* [*condition à laquelle est subordonnée l'ouverture de négociations*] premessa *f.*, condizione *f.* **III** *loc. adv.* AU PRÉALABLE prima (di tutto), previamente (*adv.*): *il faudrait l'en avertir au préalable* bisognerebbe prima avvertirla → **abord (d)', auparavant.**
préalablement |pRealabləmɑ̃| *adv.* [*au préalable*] previamente, in via preliminare *loc. inv.*
préalpin, ine |pRealpɛ̃, in| *adj.* (*géogr.*) prealpino: *relief préalpin* rilievo prealpino.
préambule |pReɑ̃byl| *s.m.* **1** preambolo: *un interminable préambule* un interminabile preambolo **2** [*paroles, démarches qui ne sont qu'une entrée en matière*] preambolo: *assez de préambules!* basta con i preamboli!; *il m'a demandé sans préambule ce que je venais faire ici* mi ha chiesto senza (tanti) preamboli che cosa venivo (venissi) a fare qui Ⓒ 1 **conclusion, péroraison.**
préamplificateur |pReɑ̃plifikatœR|, (*abrév. cour.*) **préampli** |pReɑ̃pli| *s.m.* preamplificatore.
préaryen, yenne |pReaRjɛ̃, jɛn| *adj.* (*ethnogr., ling.*) preario*: *les langues, les populations préaryennes* le lingue, le popolazioni prearie.
préau |pReo| *s.m.* **1** [*cour intérieure* (*d'un monastère, d'une prison, d'un hôpital*)] cortile **2** [*partie couverte d'une cour d'école*] portico*: *un préau où l'on faisait la gymnastique* un portico sotto il quale si faceva ginnastica.
préavis |pReavi| *s.m.* preavviso: *préavis* (*de congé, de licenciement*) preavviso di licenziamento, preavviso.
préaviser |pReavize| *v.tr.* (*dr.*) [*donner préavis à* (*qqn.*)] preavvisare, dare (102) un preavviso (a).
prébende |pRebɑ̃d| *s.f.* prebenda ◇ (*fig., littér.*) [*profit tiré d'une charge*] prebenda.
prébendé, ée |pRebɑ̃de| *adj.* prebendato.
prébendier |pRebɑ̃dje| *s.m.* **1** [*titulaire d'une prébende*] prebendario* **2** (*littér.*) [*personne qui profite d'une charge*] approfittatore* *s.* (*cour.*).
précaire |pRekɛR| *adj.* **1** precario*: *sa santé est précaire* la sua salute è precaria → **fragile**; *nous jouissons d'un bonheur précaire* godiamo di una precaria felicità; *être dans une situation précaire* essere in una situazione precaria → **incertain** **2** (*dr.*) precario: *possession précaire* possesso precario Ⓒ 1 **solide.**
précairement |pRekɛRmɑ̃| *adv.* [→ PRÉCAIRE] (*dr., littér.*) precariamente, a titolo precario *loc. inv.*
précambrien, ienne |pRekɑ̃bRijɛ, ijɛn| *adj. et s.m.* (*géol.*) precambriano, precambrico*.
précarité |pRekaRite| *s.f.* **1** (*littér.*) precarietà *inv.* → **fragilité, instabilité** **2** (*dr.*) precario* *m.*
précaution |pRekosjɔ̃| *s.f.* **1** precauzione, cautela: *parler avec précaution* parlare con precauzione, con cautela → **circonspection, ménagement** **2** [*disposition prise pour éviter un mal ou en atténuer un effet*] precauzione: *par précaution contre un accident possible* per precauzione in caso di incidente; *prendre des précautions, ses précautions* prendere (delle) precauzioni, cautelarsi → **garantie.**
précautionner |pRekosjɔne| **A** *v. pron. intr.* (*vieilli, littér.*) *se précautionner contre* [*prendre des précautions*] cautelarsi, prendere (105) *tr.* precauzioni per, contro → **assurer (s'), prémunir (se)** **B** *v.tr.* (*vx.*) [*mettre en garde* (*qqn.*) *contre qqch.*] premunire (197) (*cour.*).
précautionneusement |pRekosjɔnøzmɑ̃| *adv.* [*avec précaution*] cautamente, con cautela *loc. inv.*
précautionneux, euse |pRekosjɔnø, øz| *adj.* [*qui a l'habitude de prendre des précautions*] cauto, prudente: *manière d'agir précautionneuse* modo di agire cauto, prudente.
précédemment |pResedamɑ̃| *adv.* [*auparavant*] precedentemente, in precedenza (*loc. inv.*): *comme nous l'avons dit précédemment* come abbiamo detto precedentemente, in precedenza.
précédent, ente |pResedɑ̃, ɑ̃t| **I** *adj.* precedente: *dans un précédent ouvrage* in un'opera precedente → **antérieur**; *le jour précédent* il giorno precedente **II** *s.m.* **1** *un, des précédent(s)* precedente: *cette décision va créer un précédent* questa decisione creerà un precedente; *c'est un précédent dangereux* è un pericoloso precedente **2** *loc.* SANS PRÉCÉDENT senza precedenti: *c'est*

un événement sans précédent è un avvenimento senza precedenti ⓒ I **suivant.**

précéder |pʀesede| (8) *v.tr.* **I** (*choses*) **1** [*exister, se produire avant dans le temps*] precedere: *dans la semaine qui précéda la crise* nella settimana che precedette la crisi **2** [*être avant, selon l'ordre logique, la place occupée*] precedere: *l'avant-propos qui précède cet ouvrage* la premessa che precede l'opera **3** [*être connu ou perçu avant*] precedere: *sa mauvaise réputation l'avait précédé* l'aveva preceduto la sua cattiva reputazione; *la voiture arrivait, précédée d'un bruit de ferraille* l'auto arrivava preceduta da uno sferragliare **II** (*personnes*) **1** [*être, marcher devant* (*qqn., qqch.*)] precedere: *je vais vous précéder pour vous montrer le chemin* vi (la) precedo per mostrarvi (le) la strada; faccio strada **2** [*arriver à un endroit avant* (*qqn., qqch.*)] precedere: *il ne m'a précédé que de cinq minutes* mi ha preceduto solo di cinque minuti **3** (*fig.*) [*devancer* (*qqn.*)] precedere: *il l'a précédé dans la voie du succès* l'ha preceduto sulla strada del successo ⓒ **suivre.**

préceinte |pʀesɛ̃t| *s.f.* (*mar.*) cinta.

précellence |pʀeselɑ̃s| *s.f.* (*vx., littér.*) precellenza, assoluta superiorità *inv.* (*cour.*).

précepte |pʀesɛpt(ə)| *s.m.* precetto: *les préceptes de la morale* i precetti morali; *les préceptes de l'Évangile* i precetti del Vangelo; *il suit les préceptes de son maître* segue i precetti, gli insegnamenti del maestro → **leçon, principe.**

précepteur, trice |pʀesɛptœʀ, tʀis| *s.* **1** precettore *m.*, istitutore*: *le précepteur d'un jeune prince* il precettore, l'istitutore di un principino **2** (*vx.*) → **professeur.**

préceptorat |pʀesɛptɔʀa| *s.m.* incarico* di precettore.

précession |pʀesesjɔ̃| *s.f.* (*astron.*) *précession des équinoxes* precessione degli equinozi.

préchambre |pʀeʃɑ̃bʀ(ə)| *s.f.* (*techn.*) precamera.

préchauffage |pʀeʃofaʒ| *s.m.* (*techn.*) preriscaldamento, preriscaldo.

préchauffeur |pʀeʃofœʀ| *s.m.* (*techn.*) preriscaldatore.

prêche |pʀɛʃ| *s.m.* **1** (*relig.*) predica* *f.* **2** (*fam.*) [*discours moralisateur et ennuyeux*] predica, predicozzo.

prêcher |pʀeʃe| **A** *v.tr.* **I** **1** [*enseigner* (*la révélation religieuse*)] predicare: *prêcher l'Évangile* predicare il Vangelo ◇ (*par anal.*) *prêcher le Carême* predicare il quaresimale **2** [*conseiller, vanter* (*qqch.*) *par des paroles, des écrits*] predicare: *prêcher la haine* predicare l'odio; *ils prêchaient l'union des travailleurs* predicavano l'unione dei lavoratori → **préconiser, prôner** **II** PRÊCHER QQN. [*lui enseigner la parole de Dieu*] evangelizzare qc.: *prêcher les infidèles* evangelizzare gli infedeli ◇ (*fam.*) [*essayer de convaincre, faire la morale à* (*qqn.*)] fare (103) la predica (a) ◇ (*loc. fig.*) *prêcher un converti* sfondare una porta aperta → **sermonner** **B** *v.intr.* **1** [*prononcer un sermon ou une série de sermons*] predicare: *le curé a bien prêché* il parroco ha predicato bene **2** [*faire des discours solennels et ennuyeux*] predicare → **moraliser** **3** (*loc.*) *prêcher dans le désert* predicare al deserto, al vento; vox clamans in deserto ~ *prêcher pour son saint* tirare l'acqua al proprio mulino; Cicero pro domo sua.

prêcheur, euse |pʀɛʃœʀ, øz| **1** (*adj.*) *les frères prêcheurs* i frati predicatori **2** *s.* (*péj.*) [*personne qui aime à faire la morale*] moralista: *une vieille prêcheuse* una vecchia moralista.

prêchi-prêcha |pʀeʃipʀeʃa| *s.m. inv.* (*fam.*) [*radotage d'un sermonneur*] tiritera (*f. var.*): *il nous ennuie avec son prêchi-prêcha* ci scoccia con quella sua tiritera.

précieusement |pʀesjøzmɑ̃| *adv.* **1** [*avec le plus grand soin, comme pour une chose précieuse*] gelosamente **2** [*avec préciosité*] con ricercatezza *loc. inv.*; con preziosismo (*loc. inv.*): *s'exprimer précieusement* esprimersi con ricercatezza.

1 **précieux, euse** |pʀesjø, øz| *adj.* **1** prezioso: *des bijoux précieux* dei gioielli preziosi **2** [*auquel on attache une grande valeur*] prezioso: *les droits les plus précieux de l'homme* i diritti più preziosi, sacri dell'uomo ◇ [*particulièrement cher, ou utile* (*à qqn.*)] *un précieux collaborateur* un collaboratore prezioso; *perdre un temps précieux* perdere (del) tempo prezioso.

2 **précieux, euse** |pʀesjø, øz| **1** *s.f.* (*hist. litt.*) preziosa **2** *adj.* [*relatif aux précieuses et à leurs idéals*] del preziosismo (*loc. inv.*): *la littérature précieuse* la letteratura del preziosismo.

préciosité |pʀesjozite| *s.f.* **1** (*hist. litt.*) preziosismo *m.* **2** [*caractère affecté, recherché du langage, du style*] preziosità *inv.* → 2 **affectation** **3** (*rare*) → **raffinement** ⓒ 2 **simplicité.**

précipice |pʀesipis| *s.m.* precipizio*: *précipices dans les montagnes* precipizi nelle montagne → **abîme, gouffre** ◇ (*par métaph.*) [*désastre, malheur*] precipizio.

précipitabilité |pʀesipitabilite| *s.f.* (*chim.*) precipitabilità *inv.*

précipitamment |pʀesipitamɑ̃| *adv.* [*en grande hâte*] precipitosamente: *s'enfuir précipitamment* fuggire precipitosamente.

1 **précipitation** |pʀesipitasjɔ̃| *s.f.* **1** precipitazione: *il faut décider sans précipitation* bisogna decidere senza precipitazione **2** [*caractère hâtif et improvisé*] precipitazione: *dans la précipitation du départ il a oublié son passeport* nella precipitazione della partenza ha dimenticato il passaporto.

2 **précipitation** |pʀesipitasjɔ̃| *s.f.* **1** (*chim., phys.*) precipitazione **2** (*au plur.*) *précipitations* (*atmosphériques*) precipitazioni (atmosferiche) ⓒ 1 **dissolution.**

précipité |pʀesipite| *s.m.* (*chim.*) precipitato.

précipité, ée |pʀesipite| *adj.* **1** [*très rapide dans son allure, son rythme*] precipitoso: *il s'éloigna à pas précipités* si allontanò a passi precipitosi **2** [*qui a un caractère de précipitation*] precipitoso: *tout cela est bien précipité* tutto questo è molto precipitoso, è troppo affrettato → **hâtif** ⓒ 1 **lent.**

précipiter |pʀesipite| **A** *v.tr.* **1** (*littér.*) [*jeter ou faire tomber d'un lieu élevé dans un lieu bas ou profond*] precipitare ◇ (*fig.*) [*faire tomber d'une situation élevée ou avantageuse; entraîner la décadence de*] precipitare **2** (*chim.*) (*de l'agent de la précipitation*) [*faire tomber, faire déposer* (*le corps en solution dans un liquide*) *par précipitation*] precipitare **3** [*pousser, entraîner avec violence*] gettare, scagliare: *ils ont été précipités contre la paroi* sono stati gettati, scagliati contro la parete **4** [*faire aller plus vite*] affrettare, accelerare: *précipiter ses pas, sa marche* affrettare, accelerare il passo, l'andatura; *précipiter son départ* affrettare la partenza → **avancer** # *il ne faut rien précipiter* [*il faut avoir de la patience*] non bisogna precipitare le cose **B** *v. pron.* SE PRÉCIPITER **1** *réfl.* (*personnes, choses*) [*se jeter du haut dans un lieu bas ou profond*] gettarsi, precipitare (*intr.*): *le torrent se précipite du haut d'un rocher* il torrente si getta, precipita dall'alto di una rupe → 1 **tomber** **2** *réfl.* (*personnes*) [*s'élancer brusquement, impétueusement*] precipitarsi, gettarsi: *se précipiter vers, contre qqch.* precipitarsi, gettarsi verso, contro q.c.; *se précipiter aux pieds de qqn.* gettarsi ai piedi di qc.; *elle se précipita au-devant de sa mère* si precipitò incontro a sua madre → **accourir, courir,** 1 **lancer (se), ruer (se),** 3 **foncer** ◆ *absolt.* [*se dépêcher; se hâter*] affrettarsi: *inutile de tant se précipiter!* inutile affrettarsi tanto! **3** *intr.* (*choses*) [*prendre un rythme accéléré*] precipitare: *les événements se précipitent* gli avvenimenti precipitano # *les battements du cœur se précipitaient* i battiti del cuore diventavano sempre più rapidi ⓒ A 4 **ralentir, différer** 2, **retarder.**

préciput |pʀespy(t)| *s.m.* (*dr.*) antiparte *f.*

préciputaire |pʀesipytɛʀ| *adj.* (*dr.*) relativo all'antiparte.

précis |pʀesi| *s.m.* **1** [*exposé précis et succinct*] compendio*, sommario*: *un précis des événements historiques* un compendio, sommario degli avvenimenti storici **2** [*petit manuel*] compendio: *acheter un précis d'histoire, de géographie générale* comprare un compendio di storia, di geografia generale.

précis, ise |pʀesi, iz| *adj.* **1** preciso: *des idées, des indications précises* delle idee, delle indicazioni precise; *sans raison précise* senza un preciso motivo; *renseignez-moi de façon précise* datemi informazioni precise → **clair** **2** [*perçu nettement*] netto, nitido: *des contours précis* dei contorni netti, nitidi ◇ [*déterminé avec exactitude*] preciso: *un point précis* un punto preciso **3** [*qui est exécuté ou qui opère d'une façon sûre*] preciso: *un geste précis* un gesto preciso; *un homme précis* un uomo preciso **4** (*grandeurs, mesures*) preciso: *à quatre heures et demie très précises* alle quattro e mezzo precise → 1 **juste,** 5 **pile, sonnant, exact** ⓒ 1 **imprécis.**

précisément |pʀesizemɑ̃| *adv.* **1** [→ PRÉCIS 1] precisamente, esattamente: *répondre précisément* rispondere precisamente, esattamente ◇ [*à proprement parler*] *les blessés, les malades plus précisément* i feriti, più precisamente, esattamente i malati **2** *ellipt.* (*dans une réponse*) [*oui, c'est cela même*] precisamente, esattamente: '*c'est lui qui vous en a parlé?*' '*précisément*' 'è lui che ve ne ha parlato?' 'precisamente, esattamente' ◇ (*en loc. négative*) *ma vie n'est pas précisément distrayante* la mia vita non è precisamente piacevole **3** (*sens affaibli, s'emploie pour souligner* *une concordance entre deux séries de faits ou d'idées distinctes*) proprio, precisamente: *c'est précisément pour cela que je viens vous voir* è proprio, precisamente per questo che vengo da lei → **justement.**

préciser |pʀesize| **A** *v.tr.* [*exprimer, présenter de façon précise, plus précise*] precisare: *précisez votre idée* precisi la sua idea; *il précisa certains points* precisò alcuni punti → **établir** ♦ (*absolt.*) *précisez !* precisi (meglio)! ◇ [*dire de façon plus précise pour clairifier*] *le ministre a précisé que...* il ministro ha precisato che... → **souligner** **B** *v.pron. passif* [*devenir plus précis, plus net*] precisarsi: *le danger se précise* il pericolo si precisa, si delinea in modo più preciso.

précision |pʀesizjɔ̃| *s.f.* **I** **1** precisione: *il revoyait toute la scène avec précision* rivedeva con precisione tutta la scena → **clarté** **2** [*façon précise d'agir, d'opérer*] precisione: *une précision mathématique* una precisione matematica; *la précision d'un tir* la precisione di un tiro → **justesse, sûreté** **3** [*qualité de ce qui est calculé d'une manière précise*] precisione: *la précision d'un calcul* la precisione di un calcolo **II** *souvent au plur.* [*détails, faits précis, explications précises permettant une information sûre*] precisazioni: *demander des précisions sur tel ou tel point* chiedere precisazioni su vari punti.

précité, ée |pʀesite| *adj.* precitato, succitato.

préclassique |pʀeklasik| *adj.* (*hist.*) preclassico*: *littérature préclassique* letteratura preclassica.

préclinique |pʀeklinik| *adj.* preclinico*.

précoce |pʀekɔs| *adj.* **1** (*végétaux*) precoce: *fruits précoces* frutti precoci ◇ (*animaux*) *races précoces* razze precoci **2** [*qui survient plus tôt que d'habitude*] precoce: *un automne précoce* un autunno precoce; *sénilité précoce* senilità precoce **3** [*qui se produit plus tôt qu'il n'est d'usage*] precoce: *un mariage précoce* un matrimonio precoce **4** (*personnes*) [*dont le développement est très rapide*] precoce: *un enfant précoce* un bambino precoce → **avancé** Ⓒ **2 tardif**; **4 arriéré, attardé.**

précocement |pʀekɔsmɑ̃| *adv.* (*littér.*) [→ PRÉCOCE] precocemente (*cour.*).

précocité |pʀekɔsite| *s.f.* precocità (*inv.*): *précocité d'une variété de fruits* precocità di una varietà di frutta; *précocité d'esprit* precocità d'ingegno; *précocité sexuelle* precocità sessuale.

précolombien, ienne |pʀekɔlɔ̃bjɛ̃, jɛn| *adj.* precolombiano: *l'Amérique précolombienne* l'America precolombiana.

précombustion |pʀekɔ̃bystjɔ̃| *s.f.* (*techn.*) precombustione.

précompte |pʀekɔ̃t| *s.m.* (*comm.*) calcolo preventivo ◇ [*retenue opérée sur une rémunération*] trattenuta *f.*; ritenuta *f.* d'acconto.

précompter |pʀekɔ̃te| *v.tr.* (*comm.*) [*calculer par avance* (*les sommes à déduire d'un règlement entre créancier et débiteur*)] calcolare preventivamente ◇ [*retenir*] trattenere (188).

préconception |pʀekɔ̃sɛpsjɔ̃| *s.f.* (*rare*) [*idée qu'on se fait par avance* (*de qqch.*)] preconcetto *m.* (*cour.*) → **préjugé.**

préconçu, ue |pʀekɔ̃sy| *adj.* **1** *opinion, idée préconçue* opinione, idea preconcetta; preconcetto *s.m.* **2** [*imaginé par avance*] prestabilito: *un plan préconçu* un piano prestabilito.

préconisation |pʀekɔnizɑsjɔ̃| *s.f.* (*relig.*) preconizzazione.

préconiser |pʀekɔnize| *v.tr.* **1** [*recommander vivement* (*une méthode, un remède, etc.*)] preconizzare, consigliare (caldamente) → **prôner** **2** (*relig.*) [*proclamer* (*un ecclésiastique*) *apte à remplir les fonctions épiscopales*] preconizzare **3** (*vx.*) → **1 louer.**

préconiseur |pʀekɔnizœʀ|, **préconisateur** |pʀekɔnizatœʀ| *s.m.* (*relig.*) preconizzatore.

préconscient, ente |pʀekɔ̃sjɑ̃, ɑ̃t| *adj.* (*psychan.*) preconscio*: *état préconscient* stato preconscio ♦ (*s.m.*) *le préconscient* il preconscio.

préconsonantique |pʀekɔ̃sɔnɑ̃tik| *adj.* (*ling.*) preconsonantico*.

précontraindre |pʀekɔ̃tʀɛ̃dʀ(ə)| (65) *v.tr.* (*constr.*) [*soumettre* (*un matériau*) *à un système de compressions permanentes*] precomprimere (124): *précontraindre des bétons de ciment* precomprimere conglomerati cementizi.

précontraint, ainte |pʀekɔ̃tʀɛ̃, ɛ̃t| (*constr.*) **1** (*adj.*) *béton* (*armé*) *précontraint* cemento armato precompresso **2** (*s.m.*) *pont en précontraint* ponte in precompresso.

précontrainte |pʀekɔ̃tʀɛ̃t| *s.f.* (*constr.*) precompressione.

précordial, ale, aux |pʀekɔʀdjal, o| *adj.* (*méd.*) precordiale: *douleurs précordiales* dolori precordiali.

précuit, cuite |pʀekɥi, kɥit| *adj.* [*cuit à l'avance*] precotto: *des mets précuits* cibi precotti.

précurseur |pʀekyʀsœʀ| **1** *s.m.* precursore: *les précurseurs de la science moderne* i precursori della scienza moderna **2** *adj. m.* [*annonciateur*] premonitore* (*m. ou f.*): *les signes précurseurs de l'orage* i segni premonitori del temporale → **avant-coureur** ◇ (*milit.*) *détachement précurseur* reparto in avanscoperta *loc. inv.*

prédateur |pʀedatœʀ| *s.m.* **1** (*zool.*) predatore ◇ (*bot.*) iperparassita **2** (*vx.*) [*homme qui vit de rapines*] predatore, predone.

prédation |pʀedɑsjɔ̃| *s.f.* predazione.

prédécesseur |pʀedesesœʀ| *s.m.* **1** predecessore **2** *au plur.* [*ancêtres, précurseurs*] predecessori Ⓒ **1 successeur.**

prédelle |pʀedɛl| *s.f.* (*bx-arts*) predella.

prédestination |pʀedɛstinɑsjɔ̃| *s.f.* (*relig., littér.*) predestinazione.

prédestiné, ée |pʀedɛstine| *adj.* **1** (*relig.*) predestinato **2** (*loc.*) *prédestiné à* [*voué à* (*un destin particulier*)] (pre)destinato a ♦ *absolt.* [*voué à un destin exceptionnel*] predestinato: *le poète romantique se considère comme prédestiné* il poeta romantico si considera (un) predestinato.

prédestiner |pʀedɛstine| *v.tr.* **1** (*relig.*) [*destiner de toute éternité à la damnation ou au salut*] predestinare **2** (*par ext.*) (*surtout au passif*) [*vouer d'avance à l'accomplissement de grandes choses*] predestinare.

prédétermination |pʀedetɛʀminɑsjɔ̃| *s.f.* (*philo., relig.*) predeterminazione.

prédéterminer |pʀedetɛʀmine| *v. tr.* (*rare*) [*déterminer d'avance* (*une décision, un acte*)] predeterminare.

prédéterminisme |pʀedetɛʀminism(ə)| *s.m.* (*philo.*) predeterminismo.

prédicable |pʀedikabl(ə)| *adj.* predicabile ♦ (*s.*) *les prédicables* i predicabili.

prédicant |pʀedikɑ̃| **I** *s.m.* **1** pastore, ministro protestante **2** (*vx.*) → **prêcheur** **II** *adj.* (*littér.*) moraleggiante (*cour.*), che fa il moralista *loc.* (*cour.*).

prédicat |pʀedika| *s.m.* **1** (*log.*) predicato **2** (*gram.*) predicato verbale ◇ (*spécialt.*) predicato nominale.

prédicateur |pʀedikatœʀ| *s.m.* **1** predicatore* (*s.*): *le prédicateur monte en chaire* il predicatore sale sul pulpito **2** (*rare*) [*celui qui tente de propager une religion, une doctrine*] predicatore.

prédicatif, ive |pʀedikatif, iv| *adj.* (*gram., philo.*) predicativo.

prédication |pʀedikɑsjɔ̃| *s.f.* **1** [→ PRÊCHER] predicazione: *la prédication des apôtres* la predicazione degli apostoli **2** (*littér.*) predica* (*cour.*) → **sermon.**

prédiction |pʀediksjɔ̃| *s.f.* [→ PRÉDIRE] predizione: *faire des prédictions* fare predizioni ◇ [*ce qui est prédit*] *voir s'accomplir, se réaliser une prédiction* veder compiersi, realizzarsi una predizione.

prédigéré, ée |pʀediʒeʀe| *adj.* (*comm.*) predigerito.

prédigestion |pʀediʒɛstjɔ̃| *s.f.* (*comm.*) predigestione: *certains aliments pour nourrissons sont soumis à la prédigestion* alcuni alimenti per lattanti sono sottoposti alla predigestione.

prédilection |pʀedilɛksjɔ̃| *s.f.* **1** predilezione: *la prédilection d'une mère pour un de ses enfants* la predilezione di una madre per un suo bambino **2** *loc.* DE PRÉDILECTION prediletto *adj.*, preferito (*adj.*): *c'est mon sport de prédilection* è il mio sport prediletto, preferito.

prédire |pʀediʀ| (48) (*sauf à la 2ᵉ pers. pl. prés. ind.* '*vous prédisez*' *et impér.* '*prédisez*') *v.tr.* **1** [*annoncer comme devant se produire* (*un événement qui n'a pas une forte probabilité*)] predire (132): *elle se flattait de prédire l'avenir* si vantava di predire l'avvenire **2** [*annoncer* (*une chose probable*) *comme devant se produire, en se fondant sur le raisonnement, l'intuition, etc.*] predire: *on lui prédisait le plus brillant avenir* gli predicevano il più brillante avvenire.

prédisposer |pʀedispoze| *v.tr.* [*disposer d'avance* (*qqn. à qqch.*), *mettre dans une disposition favorable*] predisporre (168): *l'attitude de l'accusé ne prédisposait pas le tribunal à l'indulgence* l'atteggiamento dell'accusato non predisponeva il tribunale all'indulgenza → **incliner** ♦ (*au p.p.*) *prédisposé à la paresse* predisposto alla pigrizia → **enclin.**

prédisposition |pʀedispozisjɔ̃| *s.f* predisposizione → **penchant.**

prédominance |pʀedɔminɑ̃s| *s.f.* predominanza, prevalenza: *prédominance d'éléments méridionaux* predominanza, prevalenza di elementi meridionali ◇ [*prépondérance*] predominio* (*m.*): *prédominance d'un pays* predominio di un paese.

prédominant, ante |pʀedɔminɑ̃, ɑ̃t| *adj.* predominante, prevalente: *les tendances prédominantes de l'art à une époque donnée* le tendenze predominanti, prevalenti dell'arte in una data epoca → **principal.**

prédominer |pʀedɔmine| *v.intr.* (*choses*) [*être le plus important, avoir le plus d'action*] predominare, prevalere (191) (*aux.* essere, avere): *ce qui prédomine en lui, c'est l'imagination* ciò che predomina, prevale in lui è l'immaginazione → **emporter (l'), prévaloir.**

pré-électoral, ale, aux |pʀeelɛktɔʀal, o| *adj.* preelettorale.

prééminence |pʀeeminɑ̃s| *s.f.* preminenza: *donner la prééminence à qqch.* dare la preminenza a q.c. © **infériorité.**

prééminent, ente |pʀeeminɑ̃, ɑ̃t| *adj.* (*littér.*) preminente: *rang prééminent* posizione sociale preminente.

préemption |pʀeɑ̃psjɔ̃| *s.f.* (*dr.*) prelazione.

préétablir |pʀeetabliʀ| *v.tr.* (*rare*) [*établir d'avance* (*une chose abstraite*)] prestabilire (197) ✦ (*p.p. et adj.*) *préétabli* prestabilito: *réaliser un plan préétabli* realizzare un piano prestabilito.

préexcellence |pʀeɛkselɑ̃s| *s.f.* (*rare*) precellenza → **précellence.**

préexistant, ante |pʀeɛgzistɑ̃, ɑ̃t| *adj.* preesistente: *les institutions préexistentes* le istituzioni preesistenti.

préexistence |pʀeɛgzistɑ̃s| *s.f.* (*littér.*) preesistenza.

préexister |pʀeɛgziste| *v.intr.* [*exister antérieurement* (*à qqch.*)] preesistere (116) (*aux.* essere).

préfabrication |pʀefabʀikɑsjɔ̃| *s.f.* (*techn.*) prefabbricazione.

préfabriqué, ée |pʀefabʀike| *adj.* **1** (*se dit d'une maison montée avec des éléments faits au préalable*) prefabbricato: *maison préfabriquée* casa prefabbricata **2** (*péj.*) [*composé à l'avance, peu naturel*] artefatto: *un sourire préfabriqué* un sorriso artefatto.

préface |pʀefas| *s.f.* **1** prefazione → **avant-propos, introduction** **2** (*liturg. cathol.*) prefazio* *m.* © **1 postface.**

préfacer |pʀefaseʀ| (2) *v.tr.* [*présenter par une préface*] scrivere (182), fare (103) la (una) prefazione (a): *écrivain qui préface le roman d'un jeune auteur* scrittore che fa la prefazione al romanzo di un giovane autore.

préfacier |pʀefasje| *s.m.* autore* *s.* di una prefazione, prefatore (*littér.*).

préfectoral, ale, aux |pʀefɛktɔʀal, o| *adj.* [*relatif au préfet*] prefettizio*: *mesure préfectorale* provvedimento prefettizio.

préfecture |pʀefɛktyʀ| *s.f.* **1** prefettura **2** sede di prefettura, capoluogo* *m.* di dipartimento **3** *préfecture de police* questura.

préférable |pʀefeʀabl(ə)| *adj.* [→ PRÉFÉRER] preferibile: *cette solution me paraît préférable à la première* questa soluzione mi sembra preferibile alla prima; *il est préférable que* (+ *subj.*) *de* (+ *inf.*) [*il vaut mieux*] è preferibile che (+ *subj.*) → **meilleur.**

préférablement |pʀefeʀabləmɑ̃| *adv.* (*littér.*) [→ PRÉFÉRABLE] preferibilmente (*cour.*).

préféré, ée |pʀefeʀe| **1** *adj.* preferito: *c'est son disque préféré* è il suo disco preferito **2** *s.* [*personne qui est mieux aimée*] preferito: *cet élève est son préféré* quell'allievo è il suo preferito → **chouchou.**

préférence |pʀefeʀɑ̃s| *s.f.* **1** preferenza: *les préférences de chacun* le preferenze di ciascuno; *je n'ai pas de préférence* non ho preferenze; *accorder, donner la préférence à* concedere, dare la preferenza a → **préférer** ◇ (*loc.*) *par ordre de préférence* in ordine di preferenza ~ DE PRÉFÉRENCE di preferenza, preferibilmente (*adv.*): *je sors la matin, de préférence* esco di preferenza, preferibilmente al mattino → **plutôt** ~ (*loc. prép.*) *de, par préférence à* piuttosto che, di → **plutôt (que)** **2** (*loc.*) *avoir, obtenir la préférence sur qqn.* essere preferito a qc. ◇ (*dr.*) *droit de préférence* diritto di priorità *inv.*, di prelazione ◇ (*écon.*) *préférences commerciales généralisées* preferenze commericali generalizzate.

préférentiel, ielle |pʀefeʀɑ̃sjɛl| *adj.* **1** preferenziale: *traitement préférentiel* trattamento preferenziale **2** (*dr.*) *vote préférentiel* voto preferenziale, di preferenza *loc. inv.*; preferenza *s.f.* ◇ (*écon.*) *accord commercial préférentiel* accordo commerciale preferenziale.

préférentiellement |pʀefeʀɑ̃sjɛlmɑ̃| *adv.* [→ PRÉFÉRENTIEL] preferibilmente, di preferenza *loc. inv.*

préférer |pʀefeʀe| (8) *v.tr.* [*considérer comme meilleure, plus importante* (*une chose, une personne parmi plusieurs*); *se déterminer en sa faveur*] preferire (197): *préférer une personne, une chose à une autre* preferire una persona, una cosa a un'altra → **aimer (mieux)** ✦ (*absolt.*) *si tu préfères* se preferisci; *faites comme vous préférez* faccia come preferisce ◇ (+ *inf.*) *il préférait souffrir que d'être seul* preferiva soffrire piuttosto che essere solo ✦ (*pron. réfl.*) *je me préfère avec les cheveux longs* mi preferisco, mi piaccio di più con i capelli lunghi.

préfet |pʀefɛ| *s.m.* **1** (*hist. rom.*) prefetto **2** [*fonctionnaire représentant le pouvoir central à la tête d'un département*] prefetto: *le préfet et les sous-préfets* il prefetto e i sottoprefetti **3** *préfet de police* questore **4** [*prêtre chargé de la discipline, dans certains collèges religieux*] prefetto: *préfet des études* prefetto degli studi **5** *préfet maritime* comandante di un (del) dipartimento marittimo **6** (*Belgique*) preside di scuola media.

préfète |pʀefɛt| *s.f.* moglie* del prefetto, (*plais.*) prefettessa ◇ (*Belgique*) preside di scuola media.

préfiguration |pʀefigyʀɑsjɔ̃| *s.f.* (*littér.*) prefigurazione.

préfigurer |pʀefigyʀe| *v.tr.* [*avoir tous les caractères de* (*une chose à venir*)] prefigurare: *ces troubles préfiguraient les journées révolutionnaires* questi disordini prefiguravano le giornate della rivoluzione.

préfinancement |pʀefinɑ̃smɑ̃| *s.m.* (*écon.*) prefinanziamento.

préfinancer |pʀefinɑ̃se| *v.tr.* (*écon.*) [*financer* (*une opération*) *à l'avance*] prefinanziare.

préfix, ixe |pʀefiks, iks(ə)| *adj.* (*vx.*, *dr.*) prefisso.

préfixal, ale, aux |pʀefiksal, o| *adj.* (*ling.*) prefissale.

1 **préfixation** |pʀefiksɑsjɔ̃| *s.f.* [→ PRÉFIXER 1] (*ling.*) formazione (di parole) per mezzo di prefissi; uso *m.* di prefissi.

2 **préfixation** |pʀefiksɑsjɔ̃| *s.f.* (*écon.*) [→ PRÉFIXER 2] prefissazione: *la préfixation des prix agricoles communautaires* la prefissazione dei prezzi agricoli comunitari.

préfixe |pʀefiks(ə)| *s.m.* (*ling.*) prefisso.

préfixer |pʀefikse| *v.tr.* **1** (*ling.*) [*joindre* (*un élément*) *comme préfixe*; *composer avec un préfixe*] prefiggere (109); comporre (168) con un prefisso **2** [*fixer d'avance*] prefissare: *préfixer un terme, un délai* prefissare un termine ◇ (*écon.*) prefissare.

préfixion |pʀefiksjɔ̃| *s.f.* (*dr.*) fissazione di un termine; termine *m.*

préfloraison |pʀeflɔʀɛzɔ̃| *s.f.* (*bot.*) preflorazione.

préfoliaison |pʀefɔljɛsɔ̃|, **préfoliation** |pʀefɔljɑsjɔ̃| *s.f.* (*bot.*) prefogliazione.

préformation |pʀefɔʀmɑsjɔ̃| *s.f.* (*hist. sc.*) preformazione.

préformer |pʀefɔʀme| *v.tr.* [*former d'avance*] preformare ✦ (*au p.p.*) *homme, animal préformé dans le germe* uomo, animale preformato nell'embrione.

préglaciaire |pʀeglasjɛʀ| *adj.* (*géogr.*) preglaciale.

prégnance |pʀegnɑ̃s| *s.f.* (*psycho.*) pregnanza.

prégnant, ante |pʀegnɑ̃, ɑ̃t| *adj.* (*littér., ling., psycho.*) pregnante.

prégustation |pʀegystɑsjɔ̃| *s.f.* pregustazione (*littér.*).

préhellénique |pʀee(ɛl)lenik| *adj.* preellenico*.

préhenseur |pʀeɑ̃sœʀ| *adj. m.* (*sc.*) [*qui sert à prendre*] prensile *m. ou f.*

préhensile |pʀeɑ̃sil| *adj.* prensile: *queue préhensile* coda prensile.

préhension |pʀeɑ̃sjɔ̃| *s.f.* prensione, presa.

préhistoire |pʀeistwaʀ| *s.f.* preistoria.

préhistorien, ienne |pʀeistɔʀjɛ̃, jɛn| *s.* studioso della preistoria.

préhistorique |pʀeistɔʀik| *adj.* **1** preistorico*: *les temps préhistoriques* i tempi preistorici ◇ [*relatif à la préhistoire*] *animaux préhistoriques* animali preistorici **2** [*très ancien, suranné*] antidiluviano: *une voiture préhistorique* un'auto antidiluviana.

préhominiens |pʀeɔminjɛ̃| *s.m. pl.* (*sc.*) preominidi.

préjudice |pʀeʒydis| *s.m.* **1** pregiudizio*, danno: *causer un préjudice à qqn.* (ar)recare pregiudizio, danno a qc.; danneggiare qc.; *subir un préjudice* subire un danno, un torto ◇ (*loc.*) *au préjudice de qqn.* a scapito, a danno di qc. → **détriment** **2** [*ce qui est nuisible pour, ce qui va contre* (*qqch.*)] scapito: *au préjudice de la vérité* a scapito della verità → **1 contre, malgré** ◇ (*littér.*) SANS PRÉJUDICE DE senza pregiudizio di: *sans préjudice des questions qui pourront être soulevées plus tard* senza pregiudizio delle questioni che potranno essere sollevate in seguito; lasciando impregiudicate, fatte salve le questioni che potranno essere sollevate in seguito.

préjudiciable |pʀeʒydisjabl(ə)| *adj.* [*qui porte, peut porter préjudice* (*à qqn., à qqch.*)] dannoso, pregiudizievole: *un travail préjudiciable à la* *santé de qqn.* un lavoro dannoso, pregiudizievole per la salute di qc. → **nuisible.**

préjudiciaux |pʀeʒydisjo| *adj. m. pl.* (*dr.*) *frais préjudiciaux* spese di giudizio anticipate *loc.*

préjudiciel, elle, els |pʀeʒydisjɛl| *adj.* (*dr.*) pregiudiziale: *question préjudicielle* questione pregiudiziale.

préjudicier |pʀeʒydisje| *v.intr.* (*vx., littér.*) [*porter préjudice, faire tort à*] recare *tr.* pregiudizio (a), danneggiare *tr.* (*cour.*) → **blesser, nuire.**

préjugé |pʀeʒyʒe| *s.m.* **1** [*croyance, opinion préconçue souvent imposée par le milieu; parti pris*] pregiudizio*, preconcetto: *les préjugés bourgeois* i pregiudizi, preconcetti borghesi; *il est sans préjugés* è privo di pregiudizi, è spregiudicato **2** [*indice qui permet de se faire une opinion provisoire*] elemento: *c'est un préjugé en sa faveur* è un elemento, un punto a suo favore.

préjuger |pʀeʒyʒe| (3) **A** *v.tr.* **1** (*vx., littér.*) [*porter un jugement prématuré sur* (*qqch.*)] pregiudicare, giudicare anticipatamente (*cour.*) **2** (*dr.*) [*prendre une décision provisoire sur* (*qqch.*), *en laissant prévoir le jugement définitif*] pregiudicare **B** *v.intr.* (*littér., dr.*) *préjuger de* [*porter un jugement prématuré sur* (*qqch.*); *considérer comme résolue* (*une question qui ne l'est pas*)] pregiudicare *tr.*

prélart |pʀelaʀ| *s.m.* (*mar., techn.*) incerata *f.*

prélasser (se) |pʀelɑ(a)se| *v. pron.* [*se détendre, se reposer nonchalamment et béatement*] abbandonarsi: *se prélasser dans un fauteuil* abbandonarsi in una poltrona.

prélat |pʀela| *s.m.* prelato.

prélatin, ine |pʀelatɛ̃, in| *s.m. et adj.* prelatino *adj.*

prélature |pʀelatyʀ| *s.f.* prelatura.

prélavage |pʀelavaʒ| *s.m.* prelavaggio*.

prèle, prêle, presle |pʀɛl| *s.f.* (*t.bot.*) asperella.

prélegs |pʀelɛ(g)| *s.m.* (*dr.*) prelegato.

prélèvement |pʀelɛvmɑ̃| *s.m.* **1** [→ PRÉLEVER 1] prelievo: *un prélèvement de sang* un prelievo di sangue ✦ (*absolt.*) *faire un prélèvement* [*d'organe, de tissu, etc.*] fare un prelievo **2** (*dr.*) distrazione *f.* (dall'asse ereditario).

prélever |pʀelve| (6) *v.tr.* **1** [*prendre* (*une partie d'un ensemble, d'un total*)] prelevare: *prélever un échantillon* prelevare un campione; *prélever une somme* prelevare una somma → **enlever, retenir, retrancher** **2** (*dr.*) [*prendre* (*une part d'un total*) *avant le partage*] distrarre (190) **3** (*rare*) *prélever un impôt* riscuotere (162) un'imposta (*cour.*) → **1 lever.**

préliminaire |pʀeliminɛʀ| **I** *s.m. pl.* **1** preliminari: *les préliminaires de la paix* i preliminari della pace **2** [*ce qui prépare un acte, un événement plus important*] preliminari, premesse (*f.*): *abréger les préliminaires* abbreviare i preliminari **II** *adj.* preliminare: *discours préliminaire* discorso preliminare.

préliminairement |pʀeliminɛʀmɑ̃| *adv.* (*rare*) [→ PRÉLIMINAIRE II] preliminarmente, in via preliminare *loc. inv.* (*cour.*).

prélogique |pʀelɔʒik| *adj.* (*psycho., sociol.*) prelogico*.

prélude |pʀelyd| *s.m.* **1** (*mus.*) preludio*: *préludes de Chopin* preludi di Chopin **2** (*fig.*) [*ce qui précède, annonce* (*qqch.*)] preludio: *le prélude des hostilités* il preludio delle ostilità.

préluder |pʀelyde| *v.intr.* **1** *préluder par* [*chanter, jouer* (*tel morceau*) *pour commencer*] preludiare con **2** (*fig.*) (*choses*) PRÉLUDER À [*se produire dans l'attente d'autre chose*] preludere (106): *les incidents qui préludaient aux hostilités* gli incidenti che preludevano alle ostilità → **annoncer.**

prématuré, ée |pʀematyʀe| *adj.* **1** prematuro: *une démarche prématurée* un passo prematuro; *une nouvelle prématurée* [*annoncée avant sa réalisation*] una notizia prematura **2** [*qui arrive avant le temps normal*] prematuro: *une mort prématurée* una morte prematura → **précoce** **3** *un enfant prématuré* un bambino prematuro ✦ (*s.*) *un prématuré* un prematuro.

prématurément |pʀematyʀemɑ̃| *adv.* [*avant le temps convenable ou habituel*] prematuramente Ⓒ **tard.**

prématurité |pʀematyʀite| *s.f.* prematurità *inv.*

prémédication |pʀemedikɑsjɔ̃| *s.f.* (*méd.*) premedicazione.

préméditation |pʀemeditɑsjɔ̃| *s.f.* premeditazione ◇ (*dr.*) *meurtre avec préméditation* omicidio premeditato *adj.*

prémédité, ée |pʀemedite| *adj.* premeditato: *réponse préméditée* risposta premeditata.

préméditer |pʀemedite| *v.tr.* [*décider, préparer avec calcul*] premeditare: *il avait prémédité sa fuite, de s'enfuir* aveva premeditato la fuga, di fuggire → **2 projeter** ✦ (*au p.p.*) *c'est un crime prémédité* è un crimine premeditato.

prémenstruel, elle |pʀemɑ̃stʀyɛl| *adj.* (*méd.*) premestruale.

prémices |pʀemis| *s.f. pl.* **1** (*antiq.*) primizie **2** (*littér.*) [*commencement, début*] presagio* *m. sing.*, preludio* (*m. sing.*): *les prémices de l'hiver* i presagi, il preludio dell'inverno.

premier, ière |pʀəmje, jɛʀ| **I** *adj.* (*épithète, le plus souvent avant le nom*) **1** [*qui est le plus anc. dans le temps; qui s'est produit, apparaît, doit apparaître avant*] primo: *le premier jour du mois,* (*s.*) *le premier* il primo giorno del mese, il primo; *son premier amour* il suo primo amore; *au premier, du premier coup* al primo colpo, di primo acchito; *à première vue* a prima vista # *première nouvelle!* [*je ne le savais pas*] questa (sì che) è nuova! ✦ (*attribut*) *arriver premier, bon premier* arrivare primo → **tête (en)** ✦ (*s.*) *parler le premier* parlare per primo **2** (*dans le fut.*) [*prochain*] primo: *à la première occasion* alla prima occasione **3** [*qui se présente avant* (*dans une série, un ordre conventionnel*)] primo: *la première personne du singulier* la prima persona singolare; *la première partie* la prima parte → **commencement, début**; *de la première ligne à la dernière* dalla prima all'ultima riga **4** (*après le nom*) (*littér.*) [*qui est dans l'état de son origine*] pristino, primiero: *il ne retrouvait plus sa ferveur première* non ritrovava più il suo pristino, primiero fervore → **primitif** **5** (*dans l'espace*) [*qui se présente d'abord par rapport à un observateur*] primo: *la première* (*rue*) *à droite* la prima (strada) a destra; *montez au premier* (*étage*) salga al primo (piano) # *il tomba, la tête la première* [*en avant*] cadde a testa in giù **6** [*qui vient en tête pour l'importance, la valeur*] primo: *première qualité, premier choix* prima qualità, prima scelta; *de premier ordre* di prim'ordine; *voyager en première* (*classe*) viaggiare in prima (classe) → **meilleur, principal** ◇ (*personnes*) *premier ministre* primo ministro; *premier violon* primo violino ✦ *attribut* [*qui vient avant les autres, dans un classement*] *sortir premier d'une école* risultare il primo di una scuola ✦ (*s.*) *le premier de sa classe* il primo della classe **7** (*après le nom*) [*qui n'est pas déduit, qui n'est pas défini au moyen d'autre chose*] primo: *les vérités premières* le verità prime; *cause première* causa prima **II** *s.* **1** *s.* (*personnes*) *le premier, le premier venu* il primo, il primo venuto **2** (*s.*) *jeune premier* (*première*) [*comédien* (*comédienne*) *qui joue les premiers rôles d'amoureux*] attor giovane *m.*, amoroso **3** *s.m.* [*premier ministre* (*en Grande-Bretagne*)] Premier *inv.* **4** *s.m.* [*premier terme d'une charade*] primiero **III** (*loc. adv.*) *en premier* [*d'abord*] dapprima *adv.* ~ *en premier lieu* in primo luogo ◇ [*en tête pour l'importance*] in prima: *capitaine en premier* capitano in prima Ⓒ **I dernier.**

première |pʀəmjɛʀ| *s.f.* **1** [*première représentation d'une pièce ou projection d'un film*] prima ◇ (*par ext.*) [*première course d'une série*] prima **2** (*loc. fam.*) *de première!* [*de première qualité; remarquable, exceptionnel*] di prim'ordine **3** (classe corrispondente al) penultimo anno *m.* degli studi medi superiori **4** prima lavorante (di una sartoria) **5** (*ch. de fer*) prima: *voyager en première* viaggiare in prima **6** (*auto.*) prima: *monter une côte en première* salire in prima.

premièrement |pʀəmjɛʀmɑ̃| *adv.* [*d'abord, en premier lieu* (*dans une énumération*)] primo, in primo luogo *loc. inv.*

premier-maître |pʀəmjemɛtʀ(ə)| *s.m.* primo nostromo.

premier-né |pʀəmjene|, **première-née** |pʀəmjɛʀne| *adj. et s.* primogenito: *les premiers-nés* i primogeniti Ⓒ **dernier-né.**

premier-Paris |pʀəmjepaʀi| *s.m.* (*vx.*) → **éditorial.**

prémilitaire |pʀemilitɛʀ| *adj.* premilitare: *instruction prémilitaire* istruzione premilitare.

prémise |pʀemiz| *s.f.* (*typogr.*) preavviamento *m.*

prémisse |pʀemis| *s.f.* (*log., cour.*) premessa.

prémolaire |pʀemɔlɛʀ| *s.f.* premolare *m.*

prémonition |pʀemɔnisjɔ̃| *s.f.* premonizione → **pressentiment.**

prémonitoire |pʀemɔnitwaʀ| *adj.* [*qui constitue une prémonition*] premonitore*: *rêve prémonitoire* sogno premonitore.

prémontré, ée |pʀemɔ̃tʀe| *s.* premonstratense.

prémunir |pʀemyniʀ| *v.tr.* (*littér.*) [*protéger* (*qqn.*), *mettre en garde contre qqch.*] premunire (197): *je voudrais vous prémunir contre ce danger* vorrei premunirvi contro quel pericolo ✦ (*pron. réfl.*) *comment nous prémunir contre* *leurs intrigues?* come premunirci contro i loro intrighi?

prémunition |pRemynisjɔ̃| *s.f.* (*méd.*) premunizione.

prenable |pRənabl(ə)| *adj.* (*rare*) [→ 1 PRENDRE A II 4] prendibile © **imprenable.**

prenant, ante |pRənɑ̃, ɑ̃t| *adj.* **1** (*dr.*) *partie prenante* parte beneficiaria, beneficiario* *s.* **2** [*qui captive en émouvant*] avvincente: *un film prenant* un film avvincente → **passionnant.**

prénatal, ale, als |pRenatal| *adj.* prenatale.

1 **prendre** |pRɑ̃dR(ə)|· (73) **A** *v.tr.* **I** [*mettre avec soi ou faire sien*] **1** [*mettre dans sa main*] prendere (105): *je te défends de prendre ce livre* ti proibisco di prendere quel libro; *prendre qqch. des mains de qqn.* prendere q.c. dalle mani di qc.; *prendre un objet entre ses doigts* prendere un oggetto tra le dita; *prendre une poignée, une pincée de farine* prendere una manciata, un pizzico di farina; *prendre qqn. à la gorge, au collet* prendere, afferrare qc. per la gola, per il bavero ◇ (*loc. fig.*) *prendre une affaire en main* prendere in mano un affare ~ *prendre l'occasion aux cheveux* cogliere al volo un'occasione ~ *prendre le taureau par les cornes* prendere il toro per le corna ◇ (*par ext.*) *prendre qqch. avec la bouche, les dents* prendere q.c. con la bocca, con i denti; *l'oiseau a pris un ver dans son bec* l'uccello ha preso un verme col becco; *prendre de la terre avec une pelle* prendere della terra con una pala **2** [*mettre avec soi, amener à soi*] prendere: *n'oublie pas de prendre ton parapluie* non dimenticare di prendere l'ombrello; *prendre de l'argent à la banque* prendere del denaro in banca; *prendre ses cliques et ses claques* prender su baracca e burattini; far fagotto → **emporter** ◇ (*compl. de personne*) *prendre qqn. sur ses genoux* prendere qc. sulle ginocchia; *prendre un élève dans une classe* prendere un alunno in una classe; *taxi qui prend un client* taxi che prende (a bordo) un cliente # *le coiffeur m'a pris cinq heures* il parrucchiere mi ha tenuto per cinque ore **3** *loc.* PRENDRE QQCH. SUR SOI assumersi (118) la responsabilità di q.c. → **assumer** ~ *prendre sur soi de* impegnarsi a, imporsi di → **efforcer (s')** **4** (*fig.*) [*aborder, se mettre à considérer* (*qqch., qqn.*) *de telle façon*] prendere: *prendre une question de front* prendere, affrontare di petto una questione; *prendre à l'endroit, à l'envers* prendere per il giusto verso (per il verso giusto), per il verso sbagliato; *prendre la vie du bon côté* prendere la vita dal lato giusto, cogliere il lato positivo della vita; *on ne sait par où le prendre* non si sa da che parte prenderlo, come prenderlo ◇ (*par ext.*) *prendre une expression à la lettre* prendere un'espressione alla lettera ◇ (*sans compl. de manière*) *prenons cet exemple* prendiamo questo esempio → **considérer** ◇ *loc.* À TOUT PRENDRE tutto sommato, a conti fatti: *à tout prendre, il vaut mieux ainsi* tutto sommato, è meglio così ~ *prendre bien ou mal qqch.* prendere bene o male q.c. ~ *prendre les choses comme elles viennent* prendere le cose come vengono, la vita come viene ~ *prendre la chose avec philosophie* prendere la cosa con filosofia ~ *prendre qqch. au sérieux, à cœur, au tragique* prendere q.c. sul serio, a cuore, sul tragico ~ *prendre qqch. en bonne, en mauvaise part* prendere q.c. bene, male ~ *si vous le prenez ainsi* se lei la prende così, in questo modo ~ PRENDRE EN prendere in: *prendre qqn. en sympathie, en haine* prendere qc. in simpatia, in odio; *prendre en considération* prendere in considerazione, considerare # *prendre qqn. en amitié* diventare amico di qc., stringere amicizia con qc. **5** [*faire sienne* (*une chose abstraite*)] prendere: *prendre un surnom* prendere, assumere un soprannome; *prendre* (*un*) *rendez-vous* prendere (un) appuntamento; *prendre une habitude* prendere un'abitudine; *prendre des renseignements* prendere, assumere delle informazioni **6** [*évaluer, définir* (*pour connaître*)] prendere: *prendre les mesures* prendere le misure; *prendre la température* prendere la temperatura, misurare la febbre → **mesurer** **7** [*inscrire ou reproduire*] prendere: *prendre des notes* prendere appunti # *prendre une photo* fare, scattare una foto **8** [*s'adjoindre* (*une personne*)] prendere: *prendre un collaborateur* prendere un collaboratore; *on ne prend plus personne à l'usine* in fabbrica non prendono, non assumono più nessuno; *prendre* (*une*) *femme* prendere moglie, sposarsi; *prendre qqn. à son service* prendere, assumere qc. al proprio servizio; *prendre un amant, une maîtresse* prendere un amante, farsi l'amante ◇ *loc.* PRENDRE POUR, COMME, À, EN prendere per, come, a, in: *prendre pour associé* prendere per, come socio; *il l'a prise comme secrétaire* l'ha presa, assunta come segretaria; *prendre à témoin* prendere a testimone **9** *loc.* PRENDRE POUR [*croire qu'une personne, une chose est* (*autre ou autrement*)] prendere per: *prendre une personne pour une autre* prendere una persona per un altra → 2 **confondre**; *pour qui me prenez-vous?* per chi mi prende?; *on le prenait pour un savant* lo prendevano per uno studioso ◇ (*prov.*) *prendre des vessies pour des lanternes* prendere lucciole per lanterne **10** [*absorber*] prendere: *prendre un café, son café* prendere un caffè, il caffè; *prendre un remède, un cachet* prendere una medicina, una cialda # *prendre un verre, un pot* bere qualcosa ◇ (*par anal.*) *prendre l'air, le frais* prendere l'aria, il fresco; *prendre un bain, une douche* fare il bagno, la doccia **II** [*agir de façon à avoir, à posséder* (*qqch., qqn.*)] **1** [*se mettre en possession de; se rendre maître de*] prendere: *prendre qqch. par force, par ruse* prendere q.c. con la forza, con l'astuzia ✦ (*absolt.*) *c'est à prendre ou à laisser* prendere o lasciare **2** [*demander, exiger*] prendere: *combien me prendriez-vous pour...?* quanto mi prenderebbe, mi farebbe pagare per..?; *combien prend-il?* quanto prende?, quanto vuole? ◇ (*fam.*) *médecin qui prend cher* medico che si fa pagare caro ◇ [*exiger, employer* (*du temps*)] prendere, richiedere (122): *ce travail me prend tout mon temps* questo lavoro mi prende, mi porta via tutto il tempo → **absorber** **3** (*fam.*) [*recevoir, supporter*] prendere: *prendre des coups* prendere botte, prenderle; *qu'est-ce qu'il a pris!* quante ne ha prese (di botte)!; *il a pris le ballon en pleine figure* si è preso il pallone in faccia **4** [*se rendre maître par force; conquérir*] prendere: *prendre d'assaut* prendere d'assalto → **enlever**; *prendre une forteresse, une ville* prendere una fortezza, una città; *prendre le pouvoir* prendere il potere ◇ (*loc. fam.*) *c'est autant de pris* [*sur l'ennemi*] (sempre) meglio di niente **5** PRENDRE QQCH. À QQN. [*s'emparer de* (*ce qui appartient à qqn.*)] prendere, rubare q.c. a qc.: *il lui a pris son argent* gli ha preso, rubato il denaro; *prendre la place à qqn.* rubare, fregare (*pop.*) il posto a qc.; *il lui a pris un baiser* le ha rubato un bacio → 2 **voler** **6** (*animal, personne*) [*se saisir de* (*ce qui fuit, se dérobe*)] prendere: *prenez-le vivant!* prendetelo vivo!, catturatelo vivo!; *il s'est fait prendre par la police* si è fatto prendere, pizzicare (*pop.*) dalla polizia → **arrêter**; *se laisser, se faire prendre* lasciarsi, farsi prendere → **attraper, capturer** ✦ (*passif*) *être pris dans l'engrenage* essere preso nell'ingranaggio □ *il s'est pris le doigt dans la porte* si è schiacciato il dito nella porta ◇ (*prov.*) *on ne prend pas les mouches avec du vinaigre* si pigliano più mosche che con una goccia di miele che con un barile di aceto **7** [*amener* (*qqn.*) *à ses vues, à faire ce qu'on veut*] prendere: *prendre qqn. par la douceur* prendere qc. con le buone; *prendre qqn. par son point faible* prendere qc. per il (suo) lato debole # *on ne m'y prendra plus* non ci ricasco più; non mi ci beccano (*fam.*), fregano (*pop.*) più ✦ (*absolt.*) *savoir prendre qqn.* saper prendere qc. (per il verso giusto) **8** PRENDRE QQN. (*de telle ou telle manière*) prendere, cogliere (123) qc.: *prendre qqn. en faute, en flagrant délit* prendere, cogliere qc. in fallo, in flagrante; *prendre qqn. sur le fait* prendere, cogliere qc. sul fatto; *je vous y prends* vi ho colto sul fatto; *prendre qqn. au dépourvu* prendere qc. alla sprovvista; *prendre qqn. au mot* prendere qc. in, sulla parola → **surprendre** **9** (*sensation, sentiment, etc.*) [*saisir* (*qqn.*), *faire sentir* (*à qqn.*)] prendere, cogliere: *la douleur le prit brusquement* il dolore lo prese, lo colse all'improvviso; *être pris de vertige* essere preso, colto dalle vertigini ◇ (*vulg.*) *ça m'a pris comme une envie de pisser* mi è venuta una mezza voglia di pisciare ◇ (*fam.*) *qu'est-ce qui vous prend?* che le prende?; *ça vous prend souvent?* le capita, succede spesso? ✦ (*impers.*) *il me prend l'envie d'aller le voir* mi è venuta (la) voglia di andarlo a trovare **10** BIEN, MAL (*lui, vous, etc.*) PREND DE [*cela a de bonnes, de fâcheuses conséquences pour...*] è un bene, è un male (per lui, voi ecc.): *bien, mal lui prend de ne plus la rencontrer* è un bene, un male per lui non incontrarla più # *mal lui en a pris* mal gliene incolse **III** **1** [*se mettre à utiliser, à avoir* (*sans idée d'appropriation*)] prendere: *prendre ses gants, son chapeau* prendere i guanti, il cappello ◇ (*loc. fig.*) *prendre des gants* [*agir avec délicatesse avec qqn.*] usare i guanti ~ *prendre le deuil* prendere il lutto ~ *prendre la plume* prendere la penna ~ *prendre le voile, l'habit* prendere il velo, l'abito talare ~ *prendre les armes* prendere le armi ~ *prendre le lit* met-

tersi a letto ~ *prendre la clef des champs* svignarsela, tagliare la corda ~ *prendre les rênes* prendere le redini ◇ (*mar.*) *prendre le vent* prendere il vento ◇ [*faire usage de* (*un véhicule*)] *prendre l'avion, le train, sa voiture* prendere l'aereo, il treno, la macchina ◇ [*s'engager dans*] *prendre un virage* prendere una curva; *prendre la porte* prendere la porta, andarsene; *prendre la mer* prendere il mare → **embarquer** (s'); *prendre le large* prendere il largo **2** [*user à son gré de*] prendere ◇ (*loc.*) *prendre le temps de* prendere il tempo di ~ *prendre* (*tout*) *son temps* fare le cose con (tutta) calma, metterci (tutto) il tempo che ci vuole ~ *prendre congé* prendere congedo, congedarsi ~ *prendre la liberté* prendersi la libertà ~ *prendre le droit de* arrogarsi il diritto di, permettersi di ~ *en prendre à son aise* fare i propri comodi **3** [*se mettre à avoir, à se donner*] prendere, assumere (118): *prendre la parole* prendere la parola; *prendre possession, position, une décision* prendere possesso, posizione, una decisione; *prendre soin de* prendersi cura, curarsi di; *prendre le dessus, l'avantage* prendere il sopravvento; *prendre des risques* assumersi, correre rischi; *prendre des mesures, des précautions* prendere dei provvedimenti, delle precauzioni; *prendre du repos* prendere un po' di riposo, riposarsi; *prendre une attitude* assumere un atteggiamento # *prendre la fuite* darsi alla fuga, fuggire; *prendre garde* fare attenzione; *prenez la peine d'entrer* faccia la cortesia di entrare; *prendre sa retraite* andare in pensione **4** [*commencer à avoir* (*une façon d'être*)] prendere: *prendre forme* prendere, assumere forma; *prendre une bonne, une mauvaise tournure* prendere una buona, una cattiva piega; *prendre une couleur* prendere un colore; *prendre un mauvais goût* prendere un cattivo sapore ◇ (*personnes désignant une action involontaire*) *prendre goût* prendere gusto: *il y prend goût* ci prende gusto; *prendre de l'assurance* prendere baldanza; acquistare sicurezza, diventare disinvolto; *prendre peur* prendere, avere paura; *prendre de l'âge* andar avanti con gli anni, invecchiare; *prendre du retard, de l'avance* essere in ritardo (ritardare), in anticipo (anticipare) **5** [*subir l'effet de*] prendere: *prendre feu* prendere fuoco, incendiarsi; *prendre froid* prendere freddo, infreddolirsi **B** *v.pron.* SE PRENDRE **1** *passif* [*être mis en main*] prendersi: *cela se prend par le milieu* si prende, bisogna prenderlo in mezzo ◇ [*être absorbé*] *médicament qui se prend avant les repas* medicina che si prende, da prendersi prima dei pasti ◇ [*être attrapé*] *poisson qui se prend au filet* pesce che si prende con la rete **2** *réfl.* [*se laisser attraper*] *moucheron qui se prend dans une toile d'araignée* moscerino che s'impiglia in una ragnatela; *il se prenait à son jeu* era rimasto preso nella propria rete **3** *intr.* S'EN PRENDRE À [*s'attaquer à* (*qqn.*), *en le rendant responsable*] prendersela con: *il ne pourra s'en prendre qu'à lui-même* non potrà che prendersela con sé stesso; *il s'en est pris à moi qui n'y étais pour rien* se l'è presa con me che non c'entravo per niente **4** *intr.* SE PRENDRE DE [*se mettre à avoir*]: *se prendre d'amitié pour qqn.* stringere *tr.*, fare (103) *tr.* amicizia con qc. → **éprouver** **5** *intr.* S'Y PRENDRE [*agir d'une certaine manière en vue d'obtenir un résultat*]: *il s'y prit mal* non ci ha saputo fare; *s'y prendre à deux fois* procedere a tentoni; *savoir s'y prendre* saperci fare ◇ (*avec une précision de temps*) *il faudra s'y prendre à l'avance* [*s'en occuper*] bisognerà pensarci, provvedervi in (per) tempo **6** *réfl.* [*se considérer*] prendersi: *se prendre au sérieux* prendersi sul serio ◇ SE PRENDRE POUR considerarsi, credersi: *il se prend pour un génie* si considera, si crede un genio; *se prendre pour qqn.* credersi qc.; (*péj.*) *pour qui se prend-il?* ma chi si crede?, ma chi crede di essere? ◇ (*pop.*) *il ne se prend pas pour une merde* sa di non essere una merda **7** *récipr.* [*se tenir l'un l'autre*] prendersi: *se prendre par la main* prendersi per (la) mano ◇ (*loc.*) *se prendre aux cheveux* [*se quereller*] prendersi per i capelli, azzuffarsi **8** *récipr.* [*s'ôter l'un à l'autre*] prendersi: *joueurs qui cherchent à se prendre le ballon* giocatori che cercano di prendersi, di rubarsi il pallone **9** *récipr.* [*s'unir sexuellement*] unirsi (197), amarsi.

2 **prendre** |pRɑ̃dR(ə)| (73) *v.intr.* **1** (*substances*) [*durcir, épaissir*] rapprendere (105) (*aux.* essere), rapprendersi (*pron.*): *la mayonnaise prend, commence à prendre* la maionese (si) rapprende, comincia a rapprendersi # *lait qui prend* latte che caglia ◇ [*attacher, coller*] attaccarsi (*pron.*): *aliment qui prend au fond de la casserole* cibo che si attacca sul fondo della casseruola **2** (*végétaux*) [*pousser des racines, continuer sa croissance après transplantation*] attecchire (197), attaccare: *la bouture a pris* la talea ha attecchito, attaccato **3** (*feu*) [*se mettre à consumer une substance*] accendersi (105) (*pron.*): *le feu ne prend pas* il fuoco non si accende **4** [*produire son effet, l'effet recherché*] attaccare, attecchire: *c'est une mode qui ne prendra pas* è una moda che non attaccherà, attecchirà; *vaccin qui ne prend pas* vaccino che non attacca ◇ [*être cru, accepté*] *à d'autres, ça ne prend pas* (*avec moi*) raccontalo a un altro, con me non attacca **5** (*personnes*) [*se mettre à suivre une direction, un chemin*] prendere: *prenez à droite* prenda, vada a destra; *il a pris sur la gauche* ha preso, ha girato a sinistra.

preneur, euse |pRənœR, øz| **I** *s.* **1** [*personne qui achète qqch.*] acquirente → **acheteur** **2** (*dr. comm.*) affittuario*, locatario* **II** *adj.* (*techn.*) *benne preneuse* benna mordente.

prénom |pRenɔ̃| *s.m.* nome (di battesimo): *appeler qqn. par son prénom* chiamare qc. per nome → **nom.**

prénommé, ée |pRenɔme| *s.* (*dr.*) → **susnommé.**

prénommer |pRenɔme| *v.tr.* [*appeler d'un prénom*] chiamare, mettere (155) nome (a): *il se prénomme Jean* si chiama Giovanni; *il est prénommé Jean* gli è stato messo (il) nome (di) Giovanni.

prénotion |pRenosjɔ̃| *s.f.* (*philo.*) prenozione.

prénuptial, ale, aux |pRenypsjal, o| *adj.* [*qui précède le mariage*] prematrimoniale: *certificat prénuptial* certificato prematrimoniale.

préoccupant, ante |pReɔkypɑ̃, ɑ̃t| *adj.* preoccupante: *la situation est très préoccupante* la situazione è molto preoccupante.

préoccupation |pReɔkypɑsjɔ̃| *s.f.* **1** preoccupazione: *c'est leur préoccupation majeure* è la loro maggiore preoccupazione → 1 **souci, soin** **2** [*idée fixe*] ossessione.

préoccupé, ée |pReɔkype| *adj.* preoccupato: *il a l'air préoccupé* sembra preoccupato → **absorbé, anxieux.**

préoccuper |pReɔkype| **A** *v.tr.* **1** [*inquiéter fortement*] preoccupare: *ces problèmes me préoccupent depuis longtemps* questi problemi mi preoccupano da tempo → **tourmenter, tracasser** **2** [*occuper exclusivement* (*l'esprit, l'attention*)] ossessionare: *cette idée le préoccupe* questa idea lo ossessiona → **absorber, obséder** **B** *v.pron.* SE PRÉOCCUPER [*s'occuper* (*de qqch.*) *en y attachant un vif intérêt mêlé d'inquiétude*] preoccuparsi: *il ne s'en préoccupe guère* non se ne preoccupa gran che **C** **B** **se désintéresser.**

préopératoire |pReɔpeRatwaR| *adj.* (*méd.*) preoperatorio*.

préoral, ale, aux |pReɔRal, o| *adj.* (*zool.*) preorale.

préparateur, trice |pRepaRatœR, tRis| *s.* **1** (*vx.*) preparatore* **2** *préparateur en pharmacie* aiuto *m.* farmacista **3** assistente di laboratorio.

préparatifs |pRepaRatif| *s.m. pl.* preparativi: *préparatifs de guerre* preparativi di guerra; *faire les préparatifs du départ* fare i preparativi per la partenza → **arrangement, disposition.**

préparation |pRepaRɑsjɔ̃| *s.f.* **I** **1** preparazione: *la préparation des plats* la preparazione dei piatti ◇ [*chose préparée*] preparato (*m.*): *des préparations pharmaceutiques* dei preparati farmaceutici → **composition** **2** [*arrangement ayant pour effet de préparer*] preparazione, preparativi (*m. pl.*): *la préparation d'une fête* la preparazione di una festa, i preparativi per una festa; *roman en préparation* romanzo in preparazione **3** *préparation latine, française* lavoro *m.* preparatorio di un testo latino, francese da spiegare in classe **4** [*manière de préparer en rendant naturel*] preparazione: *préparation d'un dénouement* preparazione, predisposizione di un epilogo **II** **1** [→ PRÉPARER A II; B 1] preparazione: *la préparation au baccalauréat* la preparazione all'esame di maturità → **formation** ◇ (*spécialt.*) *mauvaise nouvelle donnée sans préparation* brutta notizia data senza preparazione **2** *préparation militaire* (*P.M.*) addestramento *m.* militare preparatorio* (per i futuri ufficiali o sottufficiali di complemento).

préparatoire |pRepaRatwaR| *adj.* **1** preparatorio*: *travail préparatoire* lavoro preparatorio **2** *cours préparatoire* corso preparatorio (prescolastico*) **3** (*dr.*) *instruction préparatoire* istruzione preparatoria.

préparer |pRepaRe| **A** *v.tr.* **I** **1** [*mettre, par un travail préalable, en état de remplir sa destination, d'être utilisé*] preparare: *je vais vous préparer votre chambre* vi preparo la camera; *préparer la table* preparare la tavola → **mettre**; *elle prépare le repas* prepara il pranzo; *préparer le terrain* preparare il terreno → **apprêter, arranger, disposer** **2** [*faire* *tout ce qu'il faut en vue d'une opération à réaliser, d'une œuvre à accomplir, etc.*] preparare: *il a préparé soigneusement son voyage* ha accuratamente preparato il viaggio → **organiser** ◇ [*travailler* (*à*)] *le professeur a préparé son cours* il professore ha preparato la lezione; *préparer un examen* preparare un esame **3** [*rendre possible par son action*] preparare: *on lui a préparé une surprise* gli hanno preparato una sorpresa ◇ (*sujet de chose*) [*rendre possible ou probable*] *cela ne nous prépare rien de bon* la cosa non ci prepara, riserva niente di buono **4** (*dans une œuvre*) [*rendre possible ou naturel, en enlevant le caractère arbitraire*] preparare, predisporre (168): *préparer ses effets* predisporre gli effetti **II** PRÉPARER (QQN.) À [*rendre* (*qqn.*) *capable de, par une action préalable*] preparare (qc.) a: *préparer un élève à l'examen* preparare un allievo all'esame ◇ [*mettre dans les dispositions d'esprit requises*] *on a voulu le préparer à cette triste nouvelle* lo si è voluto preparare a quella triste notizia **B** *v.pron.* SE PRÉPARER **1** *réfl.* [*se mettre en état de faire* (*qqch*)] prepararsi: *se préparer au combat* prepararsi al combattimento; *elle se prépare pour le bal* si prepara per il ballo **2** *passif* [*être préparé*] prepararsi: *la cuisine où se prépare le repas* la cucina dove si prepara il pranzo ◇ [*être prêt de se produire*] *je crois qu'un orage se prépare* credo che si prepari un temporale; *il se prépare qqch. de grave* si prepara q.c. di grave.

prépayer |pʀepeje| (9) *v.tr.* [*payer d'avance*] prepagare, pagare in anticipo ✦ (*au p.p.*) *billet d'avion prépayé* biglietto d'aereo prepagato.

prépondérance |pʀepɔ̃deʀɑ̃s| *s.f.* preponderanza.

prépondérant, ante |pʀepɔ̃deʀɑ̃, ɑ̃t| *adj.* preponderante: *la voix du président est prépondérante* il voto del presidente è preponderante, determinante → **dominant.**

préposé, ée |pʀepoze| *s.* **1** [*personne qui accomplit une fonction déterminée* (*généralt. subalterne*)] incaricato, addetto # *la préposée au vestiaire* la guardarobiera **2** [*nom administratif du facteur des postes*] portalettere *inv.* → 2 **facteur.**

préposer |pʀepoze| (*v.tr.*) *préposer à* [*charger* (*qqn.*) *d'assurer* (*un service, une fonction*)] incaricare di: *ils étaient préposés au nettoyage de l'immeuble* erano incaricati della pulizia dell'immobile → **employer.**

prépositif, ive |pʀepozitif, iv| *adj.* (*gram.*) prepositivo: *locutions prépositives* locuzioni prepositive.

préposition |pʀepozisjɔ̃| *s.f.* (*gram.*) preposizione.

prépositivement |pʀepozitivmɑ̃| *adv.* (*gram.*) con funzione prepositiva *loc. inv.*

prépotence |pʀepɔtɑ̃s| *s.f.* (*vx.*) [*puissance, domination*] prepotere *m.* (*cour.*), strapotere *m.* (*cour.*).

prépsychotique |pʀepsikɔtik| *adj. et s.* (*psycho.*) prepsicotico*.

prépubertaire |pʀepubɛʀtɛʀ| *adj.* prepubere, preadolescente.

prépuberté |pʀepybɛʀte| *s.f.* prepubertà *inv.*, preadolescenza.

prépuce |pʀepys| *s.m.* (*anat.*) prepuzio*.

préraphaélisme |pʀeʀafaelism(ə)| *s.m.* (*bx-arts*) preraffaellismo.

préraphaélite |pʀeʀafaelit| *s.m. et adj.* preraffaellita.

préréfrigérer |pʀeʀefʀiʒeʀe| (8) *v.tr.* (*techn.*) [*réfrigérer à l'avance*] prerefrigerare, preraffreddare.

préréfrigération |pʀeʀefʀiʒeʀɑsjɔ̃| *s.f.* (*techn.*) prerefrigerazione, preraffreddamento *m.*

préretraite |pʀeʀətʀɛt| *s.f.* [*retraite anticipée; allocation versée avant l'âge normal de la retraite*] prepensionamento *m.*; anticipo *m.* sulla pensione.

prérogative |pʀeʀɔgativ| *s.f.* **1** prerogativa: *les prérogatives des nobles* le prerogative dei nobili → **privilège** **2** [*avantage, faculté que possèdent exclusivement les êtres d'une certaine espèce*] prerogativa: *les prérogatives de l'artiste* le prerogative dell'artista.

préromain, aine |pʀeʀɔmɛ̃, ɛn| *adj.* preromano: *les populations préromaines de l'Italie* le popolazioni preromane dell'Italia.

préroman, ane |pʀeʀɔmɑ̃, an| *adj.* (*ling.*) preromanzo: *langues préromanes* lingue preromanze.

préromantique |pʀeʀɔmɑ̃tik| *adj.* (*hist. litt.*) preromantico*.

préromantisme |pʀeʀɔmɑ̃tism(ə)| *s.m.* (*hist. litt.*) preromanticismo.

près |pʀɛ| *adv.* **I** (*marquant 'la proximité', indiquant 'une petite distance'*) **1** [*à une petite distance*] vicino: *il habite près, tout près* abita vicino, vicinissimo ◇ (*iron., fam.*) *ce n'est pas* (*tout*) *près* [*c'est loin*] non è (poi) mica tanto vicino **2** *loc. adv.* DE PRÈS (*dans l'espace*) da vicino, da presso (*littér.*): *regarder de près, de trop près* guardare da vicino, troppo da vicino # *se raser de près* radersi a pelo ◇ (*fig.*) *connaître qqn. de près* conoscere qc. da vicino; *examiner une question de près* esaminare una questione da vicino, in modo approfondito, a fondo; *ne pas y regarder de si près, de trop près* accontentarsi di quel che si ha; *coudoyer la mort de près* sfiorare la morte ◇ (*dans le temps*) *deux événements qui se suivent de près* due avvenimenti che si susseguono a breve intervallo **3** *loc. prép.* PRÈS DE (*dans l'espace*) vicino a, accanto a, presso (*prép.*): *tout près de Paris* vicino a Parigi, presso Parigi; *s'asseoir près de qqn.* sedersi vicino a, accanto a qc.; *ils étaient l'un près de l'autre, tout près l'un de l'autre* erano uno accanto all'altro, vicinissimi l'uno all'altro; *vivre près de qqn.* vivere accanto a qc. # (*tout*) *près d'ici* (proprio) qui vicino ◇ (*loc. fam.*) *être près de son argent, de ses intérêts* essere attaccato al denaro, ai propri interessi ~ *avoir la tête près du bonnet* essere una testa calda ◇ (*mar.*) *naviguer près du vent, au plus près* (*du vent*) navigare di bolina ◇ (*pour indiquer une mesure approximative*) circa (*adv.*): *près de la moitié* circa la metà ◇ (+ *inf.*): *il est près d'arriver* sta per arrivare, è sul punto di arrivare **4** PRÈS + *subst.* presso: *notre ambassadeur près le Saint-Siège* il nostro ambasciatore presso la Santa Sede **II** *en loc.* (*exprimant 'l'idée d'une différence'*) **1** À PEU PRÈS quasi *adv.*; circa, all'incirca; pressappoco (press'a poco): *l'hôtel était à peu près vide* l'albergo era quasi vuoto → **presque** ‖ *à peu près six mille hommes* circa seimila uomini; *il y a à peu près vingt minutes d'ici à la gare* ci sono circa, pressappoco venti minuti di strada da qui alla stazione; *il y a à peu près dix minutes* circa, all'incirca dieci minuti fa ‖ *à peu près comme...* pressappoco, all'incirca come... ✦ (*s.m.*) UN, DES À PEU PRÈS: *je n'aime pas les à peu près* non mi piace il pressappochismo, non mi piacciono le approssimazioni **2** À PEU DE CHOSE(S) PRÈS pressappoco, suppergiù, all'incirca: *il y en a mille, à peu de chose près* ce ne sono pressappoco, suppergiù, all'incirca mille → **presque** **3** À BEAUCOUP PRÈS (nemmeno) lontanamente: *tu ne parais pas ton âge, même à beaucoup près* non dimostri nemmeno lontanamente la tua età **4** À CELA PRÈS QUE salvo (per il fatto) che; con la (piccola) differenza che: *il se sentait heureux, à cela près qu'il n'avait pas un sou* si sentiva felice, salvo per il fatto che non aveva il becco di un quattrino **5** À (QQCH.) PRÈS: *à cela près, ils se ressemblent* a parte questo, si assomigliano; *chaque jour, ils calculaient leurs bénéfices à un franc près* ogni giorno calcolavano i loro guadagni fino all'ultimo franco ◇ (*avec l'idée d'une différence sans importance*) *il n'en est pas à cent francs près* cento franchi più o meno per lui non contano; *je ne suis pas à ça près!* non ci penso nemmeno!, non me la prendo certo per questo!

présage |pʀezaʒ| *s.m.* **1** presagio*: *croire aux présages* credere ai presagi → 2 **augure, auspice** **2** [*ce qui annonce* (*un événement à venir*)] presagio: *les présages d'une catastrophe* i presagi di una catastrofe.

présager |pʀezaʒe| (3) *v.tr.* (*littér.*) **1** (*choses*) [*être le présage de*] presagire (197) → **annoncer** ◇ [*faire présumer*] *cela ne présage rien de bon* non presagisce, non fa presagire niente di buono **2** (*personnes*) [*prévoir*] prevedere (192) (*cour.*).

présalaire |pʀesalɛʀ| *s.m.* presalario*.

pré-salé |pʀesale| *s.m.* agnello allevato nei pascoli vicini al mare; carne *f.* di questo agnello.

présanctifié, ée |pʀesɑ̃ktifje| *adj. et s.* (*liturg.*) presantificato*.

presbyte |pʀɛsbit| *s. et adj.* presbite.

presbytéral, ale, aux |pʀɛsbiteʀal, o| *adj.* (*relig.*) presbiterale.

presbytérat |pʀɛsbiteʀa| *s.m.* (*eccl.*) presbiterato.

presbytère |pʀɛsbitɛʀ| *s.m.* presbiterio*.

presbytériat |pʀɛsbiteʀja| *s.m.* (*hist. ecclés.*) presbiterio*.

presbytérianisme |pʀɛsbiteʀjanism(ə)| *s.m.* (*relig.*) presbiterianesimo.

presbytérien, ienne |pʀɛsbiteʀjɛ̃, jɛn| *adj. et s.m.* (*relig.*) presbiteriano.

presbytie |pʀɛsbisi| *s.f.* (*méd.*) presbitismo *m.*

prescience |pʀesjɑ̃s| *s.f.* **1** (*théol.*) prescienza **2** (*littér.*) [*faculté ou action de prévoir des événements à venir*] prescienza → **prévision, pressentiment.**

prescient, ente |pʀesjɑ̃, ɑ̃t| *adj.* (*rare*) presciente.

préscolaire |pʀeskɔlɛʀ| *adj.* prescolastico*.
prescriptibilité |pʀɛskʀiptibilite| *s.f.* (*dr.*) prescrittibilità *inv.*
prescriptible |pʀɛskʀiptibl(ə)| *adj.* (*dr.*) prescrittibile.
prescription |pʀɛskʀipsjɔ̃| *s.f.* **1** (*dr.*) prescrizione: *prescription acquisitive* prescrizione acquisitiva **2** [*ordre expressément formulé*] prescrizione ◇ (*spécialt.*) *les prescriptions d'un médecin* le prescrizioni, le ricette di un medico.
prescrire |pʀɛskʀiʀ| (51) *v.tr.* **1** [*ordonner ou recommander expressément*] prescrivere (182): *les formes que la loi a prescrites* le forme prescritte dalla legge → **fixer** ◇ [*recommander, conseiller formellement*] *le médecin a prescrit un traitement* il medico ha prescritto una cura **2** (*choses*) [*demander impérieusement*] imporre (168): *les circonstances nous prescrivent de continuer le combat* le circostanze ci impongono di continuare la lotta → 1 **obliger** **3** (*dr.*) [*soumettre à la prescription*] prescrivere: *condamné dont la peine est prescrite* condannato la cui pena è prescritta.
prescrit, ite |pʀɛskʀi, it| *adj.* prescritto: *au terme prescrit* nel termine prescritto; *ne pas dépasser la dose prescrite* non superare la dose prescritta.
préséance |pʀeseɑ̃s| *s.f.* [*droit de précéder* (*qqn.*) *dans une hiérarchie protocolaire*] precedenza: *respecter les préséances* rispettare le precedenze.
présélecteur |pʀeselɛktœʀ| *s.m.* (*techn.*) preselettore.
présélection |pʀeselɛksjɔ̃| *s.f.* (*techn.*) preselezione.
présence |pʀezɑ̃s| *s.f.* **I** **1** (*personnes*) presenza: *jeton de présence* gettone di presenza; *sa présence chez moi me réconfortait* la sua presenza a casa mia mi era di conforto; *éviter la présence de qqn.* evitare la presenza di qc.; *faire acte de présence* fare atto di presenza ◇ (*formule d'invitation*) *vous êtes prié d'honorer de votre présence...* la preghiamo di onorare con la sua presenza... ◇ (*par ext.*) *la présence française en Afrique* la presenza francese in Africa ◇ (*relig.*) *présence mystique* presenza mistica **2** (*fig.*) [*caractère toujours vivant, actuel*] attualità (*inv.*): *la présence de Shakespeare* l'attualità di Shakespeare **3** (*d'un acteur*) [*qualité qui consiste à manifester avec force sa personnalité*] presenza scenica: *cette comédienne a de la présence* quell'attrice ha presenza scenica **4** *loc.* PRÉSENCE D'ESPRIT presenza di spirito **5** (*choses*) [*le fait qu'une chose soit dans le lieu où l'on est ou dont on parle*] presenza: *les sondages ont révélé la présence d'une nappe de pétrole* i sondaggi hanno rivelato la presenza di una falda petrolifera **II** **1** *loc. prép.* EN PRÉSENCE DE [*en face de, devant*] in (alla) presenza di; di fronte a, davanti a: *en ma présence* in mia presenza; *dresser un acte en présence de témoins* stilare un atto in presenza di testimoni, alla presenza di testimoni ‖ *être, mettre qqn. en présence de* (*qqn., qqch.*) essere, mettere qc. di fronte, davanti a (qc., q.c.) **2** *loc. adv.* EN PRÉSENCE [*dans le même lieu, face à face*] contrapposto *adj.*, a confronto: *les deux armées en présence* i due eserciti contrapposti ◇ (*dans un procès*) *les parties en présence* le parti in causa ⓒ I 1 **absence.**
présénile |pʀesenil| *adj.* presenile.
1 **présent** |pʀezɑ̃| **I** *s.m.* **1** presente: *vivre dans le présent* vivere nel presente ◇ [*ce qui existe dans cette partie du temps*] *jouir du présent* godere del presente **2** (*gram.*) presente: *conjuguer un verbe au présent* coniugare un verbo al presente **II** *loc.* **1** *loc. adv.* À PRÉSENT [*au moment où l'on parle*; *au moment dont on parle*] ora *adv.*, adesso (*adv.*): *à présent, allons-nous-en* ora, adesso andiamocene; *jusqu'à présent, il n'a pas fait ses preuves* fino ad ora (finora) non ha dato prova delle proprie capacità; *dès à présent* fin d'ora (sin d'ora), fin da adesso **2** *loc. conj.* À PRÉSENT QUE [*maintenant que*] ora che, adesso che: *à présent qu'ils dormaient, on n'entendait plus rien* ora che dormivano non si sentiva più niente **3** *loc. adj.* (*littér.*) D'À PRÉSENT [*actuel*] d'oggi (*cour.*): *la jeunesse d'à présent* la gioventù d'oggi.
2 **présent** |pʀezɑ̃| *s.m.* presente, regalo → **cadeau.**
présent, ente |pʀezɑ̃, ɑ̃t| *adj.* **I** **1** presente: *les personnes ici présentes* le persone qui presenti; *être présent à une réunion* essere presente a una riunione → **assister**; *les soldats présents à l'appel* (*qui répondent 'présent!'*) i soldati presenti all'appello (che rispondono 'presente!') **2** (*choses*) *métal présent dans un mineral* metallo presente in un minerale **3** (*fig.*) *présent à l'esprit, à la mémoire* [*à quoi l'on pense, dont on se souvient*] presente (nella mente): *tu m'es toujours présent à l'esprit* sei sempre presente nella mia mente **II** (*opposé à 'futur' ou à 'passé'*) **1** [*qui existe à l'époque où l'on parle ou dont on parle*] presente: *les circonstances présentes* le presenti circostanze → **actuel**; *l'instant présent* l'istante presente **2** (*avant le nom*) [*dont il est actuellement question, qu'on fait en ce moment même*] presente: *la présente lettre* la presente lettera ◆ (*s.f.*) *par la présente* [*par cette lettre*] con la presente **3** [*qui est au présent*] presente: *participe présent* participio presente ⓒ I **absent.**
présentable |pʀezɑ̃tabl(ə)| *adj.* **1** (*choses*) [*qui est digne d'être présenté, donné*] presentabile: *ce plat n'est pas présentable* non è un piatto presentabile **2** (*personnes*) [*qui peut paraître en public*] presentabile → **sortable.**
présentateur, trice |pʀezɑ̃tatœʀ, tʀis| *s.* **1** presentatore* **2** [*personne qui présente une émission, un spectacle*] presentatore → **animateur** **3** (*rare*) [*personne qui présente qqn. en société*] presentatore.
présentation |pʀezɑ̃tɑsjɔ̃| *s.f.* **1** *surtout au pl.* [→ PRESENTER A 1] presentazione: *la maîtresse de maison fit les présentations* la padrona di casa fece le presentazioni **2** (*fam.*) [*apparence d'une personne*] presenza (*cour.*): *avoir une bonne, une mauvaise présentation* avere (una bella) presenza, non aver presenza **3** [*action de présenter qqch. à qqn.*] presentazione: *la présentation d'une pièce d'identité est obligatoire* la presentazione, l'esibizione di un documento d'identità è obbligatoria **4** [*manifestation au cours de laquelle on présente qqch. au public*] presentazione: *présentation de modèles chez un grand couturier* presentazione di modelli da un grande sarto **5** [*manière dont une chose est présentée*] presentazione, allestimento (*m.*): *la présentation des marchandises dans un magasin* la presentazione, l'allestimento della merce in un negozio **6** [*manière de présenter une thèse, ses idées, etc.*] presentazione, modo *m.* di esporre **7** (*méd.*) *présentation du fœtus* presentazione del feto **8** (*relig.*) presentazione **9** [*action de présenter qqn. à un emploi*] presentazione.
présentement |pʀezɑ̃tmɑ̃| *adv.* [→ PRÉSENT II] (*région., vx.*) presentemente (*cour.*) → **actuellement.**
présenter |pʀezɑ̃te| **A** *v.tr.* **1** PRÉSENTER UNE PERSONNE À UNE AUTRE [*l'amener en sa présence et la faire connaître en énonçant son nom, etc. selon les usages de la politesse*] presentare una persona a un'altra: *permettez-moi de vous présenter mon ami M.X.* mi permetta di presentarle il mio amico sig. X **2** [*faire inscrire* (*à un examen, à une élection*)] presentare: *le parti présente des candidats dans la plupart des circonscriptions* il partito presenta dei candidati nella maggior parte delle circoscrizioni **3** [*mettre* (*qqch.*) *à la portée, sous les yeux de qqn.*] presentare: *présenter son billet au contrôleur* presentare, esibire il biglietto al controllore → **montrer** ◇ (*milit.*) *présenter les armes* presentare le armi; *présentez armes!* presentat'arm! ◇ (*sujet de chose*) *la baie de Naples présente un spectacle splendide* il golfo di Napoli presenta, offre uno splendido spettacolo **4** [*faire connaître au public par une manifestation spécialt. organisée*] presentare: *présenter une émission, un spectacle* presentare una trasmissione, uno spettacolo **5** [*disposer* (*ce qu'on expose à la vue du public*)] presentare, allestire (197): *présenter un étalage* presentare una mostra (di merce in vendita), allestire una vetrina **6** [*remettre* (*qqch.*) *à qqn. en vue d'un examen, d'une vérification, etc.*] presentare: *présenter une note* presentare un conto; *présenter sa candidature à un poste* presentare la propria candidatura a un posto **7** [*exprimer, faire l'exposé de*] presentare: *présenter ses félicitations, ses condoléances* presentare le (proprie) congratulazioni, condoglianze **8** [*montrer, définir comme...*] presentare: *il vaut mieux présenter les choses telles qu'elles sont* è meglio presentare le cose come stanno **9** [*avoir telle apparence* (*par rapport à un observateur, un utilisateur*)] presentare: *le malade présentait des symptômes inquiétants* il malato presentava dei sintomi inquietanti; *ceci présente des inconvénients* ciò presenta degli inconvenienti **B** *v.intr.* (*fam.*) *présenter bien, mal* [*faire bonne, mauvaise impression par son physique, sa tenue*] presentarsi *pron.* bene, male **C** *v.pron.* SE PRÉSENTER **1** *réfl.* [*arriver en un lieu, paraître* (*devant qqn.*)] presentarsi: *vous êtes prié de vous présenter à la direction* è pregato di presentarsi in direzione **2** *réfl. récipr.* [*se faire connaître à qqn., en énonçant son nom selon les usages de la politesse*] presentarsi: *je me présente: P.M.* mi presento: P.M. **3** *réfl.* [*venir se proposer au choix, à l'appréciation de qqn.*] presentarsi: *se présenter pour un emploi* presentarsi per un impiego ◇ [*subir les épreuves* (*d'un*

examen, d'un concours)] presentarsi → 1 **passer** ◇ [*être candidat*] *il se présente aux prochaines élections* si presenta alle prossime elezioni **4** *intr.* (*sujet de chose*) [*apparaître, venir*] presentarsi: *profiter des occasions qui se présentent* approfittare delle occasioni che si presentano → **offrir (s')** **5** *intr.* [*apparaître sous un certain aspect*; *être disposé d'une certaine manière*] presentarsi: *se présenter bien* (*mal*) presentarsi bene (male); *cette affaire se présente plutôt mal* la faccenda si presenta piuttosto male.

présentoir |pʀezɑ̃twaʀ| *s.m.* [*dispositif pour présenter des marchandises*] espositore.

présérie |pʀeseʀi| *s.f.* (*techn., comm.*) preserie *inv.*

préservateur, trice |pʀezɛʀvatœʀ, tʀis| *adj.* (*vx.*) [*qui préserve d'une maladie, d'un danger*] preservatore*.

préservatif, ive |pʀezɛʀvatif, iv| **1** *s.m.* preservativo **2** *adj.* (*vx.*) [*qui préserve des maladies*] preservativo.

préservation |pʀezɛʀvɑsjɔ̃| *s.f.* [→ PRÉSERVER] preservazione.

préserver |pʀezɛʀve| *v.tr.* [*garantir, mettre à l'abri ou sauver* (*d'un danger, d'un mal*)] preservare: *ce produit préserve vos chaussures de l'humidité* questo prodotto preserva le scarpe dall'umidità # *un auvent qui nous préservait de la pluie* una tettoia che ci riparava, proteggeva dalla pioggia → **abriter**; *le ciel m'en préserve!* il cielo mi guardi!, me ne scampi! ✦ (*pron. réfl.*) *comment se préserver de la contagion* come proteggersi (154), difendersi (105) dal contagio.

préside |pʀezid| *s.m.* (*hist.*) presidio*.

présidence |pʀezidɑ̃s| *s.f.* **1** presidenza: *la présidence de la République* la presidenza della Repubblica ◇ [*durée des fonctions d'un président*] presidenza **2** [→ PRÉSIDER] presidenza: *la présidence de la séance* la presidenza della seduta **3** [*résidence, bureau(x) d'un président*] presidenza: *aller à la présidence* andare in presidenza.

président |pʀezidɑ̃| *s.m.* **1** presidente: *le président d'un jury d'examen* il presidente di una commissione d'esame **2** [*le chef de l'État*] presidente: *le président de la République française* il presidente della Repubblica francese **3** (*loc.*) *président du Conseil* presidente del Consiglio.

présidente |pʀezidɑ̃t| *s.f.* **1** [*femme qui préside*] presidentessa **2** (*vx.*) [*femme d'un président*] presidentessa.

présidentialisme |pʀesidɑ̃sjalism(ə)| *s.m.* (*polit.*) presidenzialismo.

présidentiel, elle, els |pʀezidɑ̃sjɛl| *adj.* presidenziale: *élections présidentielles* elezioni presidenziali; *régime présidentiel* regime presidenziale.

présider |pʀezide| **A** *v.tr.* **1** [*diriger à titre de président*] presiedere: *il a été désigné pour présider la séance* è stato designato a presiedere la seduta **2** [*occuper la place d'honneur dans* (*une manifestation*)] presiedere **B** *v.intr.* (*choses*) PRÉSIDER À... [*être présent en tant qu'élément actif dans...*] presiedere a: *la volonté d'aboutir qui a présidé à nos entretiens* la volontà di giungere ad un accordo che ha presieduto ai nostri incontri.

présidial, ale, aux |pʀezidjal, o| **1** *s.m.* (*hist. fr.*) 'présidial' *inv.* **2** (*adj.*) *sentences présidiales* sentenze emesse dal 'présidial'.

présidialité |pʀezidjalite| *s.f.* (*hist. fr.*) giurisdizione di un 'présidial'.

présidium |pʀezidjɔm| *s.m.* → **præsidium.**

présomptif, ive |pʀezɔptif, iv| *adj.* (*dr.*) *héritier présomptif* erede presuntivo.

présomption |pʀezɔ̃psjɔ̃| *s.f.* **1** [*opinion fondée seulement sur la vraisemblance*] supposizione, indizio* (*m.*): *vous n'avez contre lui que des présomptions, mais aucune preuve* contro di lui avete solo supposizioni, indizi, ma nessuna prova **2** (*littér.*) [*opinion trop avantageuse que l'on a de soi-même*] presunzione (*cour.*) → **prétention, suffisance** **3** (*dr.*) presunzione: *présomption légale* presunzione legale Ⓒ 2 **modestie.**

présomptueusement |pʀezɔ̃ptɥøzmɑ̃| *adv.* [→ PRÉSOMPTUEUX] presuntuosamente.

présomptueux, euse |pʀezɔ̃ptɥø, øz| *adj.* presuntuoso → **prétentieux** Ⓒ **modeste.**

présonorisation |pʀesɔnɔʀizɑsjɔ̃| *s.f.* (*t. recomm. pour 'play-back'*) (*ciné., télév.*) play-back *m. inv.*

presque |pʀɛsk(ə)| *adv.* **1** [*à peu près*; *pas exactement ou pas tout à fait*] quasi: *c'est presque sûr* è quasi sicuro; *presque toujours* quasi sempre; *presque personne, presque rien* quasi nessuno, quasi niente; *cela fait presque dix kilomètres* sono quasi dieci chilometri; *presque pas* quasi non, non... quasi *absolt.*; pochissimo ◇ (*ellipt.*) *tout le monde ou presque* tutti o quasi **2** (*littér.*) (*modifiant un subst. abstrait*) quasi: *la presque totalité des êtres* la quasi totalità degli esseri.

presqu'île |pʀɛskil| *s.f.* (*géogr.*) penisola.

pressage |pʀesaʒ| *s.m.* (*techn.*) pressatura *f.*

pressant, ante |pʀɛsɑ̃, ɑ̃t| *adj.* **1** pressante: *prières pressantes* preghiere pressanti ◇ (*personnes*) *il a beaucoup insisté*: *il a été pressant* ha molto insistito: è stato pressante **2** [*qui oblige à agir sans délais*] pressante: *un pressant besoin d'argent* un pressante bisogno di denaro → **urgent.**

presse- |pʀɛs| *préf.* (*signifiant 'presser', correspond généralt. à*) spremi: *presse-citron* spremilimoni.

1 **presse** |pʀɛs| *s.f.* **1** (*techn.*) pressa: *presse hydraulique* pressa idraulica **2** (*typogr.*) pressa ◇ (*loc.*) *mettre sous presse* mandare, andare in macchina.

2 **presse** |pʀɛs| *s.f.* **1** [*le fait d'imprimer*; *impression de textes*] stampa: *liberté de la presse* libertà di stampa **2** LA PRESSE [*l'ensemble des publications périodiques et des organismes qui s'y rattachent*] la stampa: *agence de presse* agenzia di stampa; *presse d'information, politique* stampa d'informazione, politica; *la presse du cœur, féminine* la stampa rosa, femminile; *campagne de presse* campagna di stampa; *service de presse* servizio stampa ◇ (*loc. fig.*) *avoir bonne, mauvaise presse* avere buona, cattiva stampa.

3 **presse** |pʀɛs| *s.f.* **1** (*littér.*) [*foule très dense*] ressa (*cour.*), calca* (*cour.*) **2** (*se dit, dans le commerce et l'industrie, des activités plus intenses dans certaines périodes*) punta: *les moments de presse* i momenti di punta.

pressé, ée |pʀese| *adj.* **1** [*qui a été pressé*] spremuto # *citron pressé, orange pressée* spremuta di limone, di arancia **2** [*qui a de la hâte*] frettoloso, affrettato: *pas pressés* passi frettolosi, affrettati # *il est bien pressé* ha molta fretta, premura **3** [*urgent, pressant*] urgente: *une lettre pressée* una lettera urgente ✦ (*s.m.*) *aller au plus pressé* badare alle cose *f. pl.* più urgenti.

presse-agrume |pʀɛsagʀym| *s.m. inv.* spremiagrumi.

presse-bouton |pʀɛsbutɔ̃| *adj. inv.* (*seulement dans la loc.*) *guerre presse-bouton* guerra telecomandata *var.*

presse-citron |pʀɛssitʀɔ̃| *s.m. inv.* spremilimoni, spremiagrumi ◇ (*fig., fam.*) *on lui a fait le coup du presse-citron* lo hanno spremuto come un limone.

pressée |pʀese| *s.f.* (*agric.*) spremitura, spremuta.

presse-étoupe |pʀɛsetup| *s.m. inv.* (*techn.*) premistoppa.

presse-fruits |pʀɛsfʀɥi| *s.m. inv.* (*rare*) spremifrutta, spremitoio* *var.*

pressentiment |pʀesɑ̃timɑ̃| *s.m.* presentimento: *le pressentiment d'un danger* il presentimento di un pericolo; *j'ai le pressentiment qu'il ne viendra pas* ho il presentimento che non verrà → **intuition, prémonition.**

pressentir |pʀesɑ̃tiʀ| (21) *v.tr.* **1** [*prévoir vaguement*] presentire: *il pressentait un malheur* presentiva una disgrazia ◇ [*entrevoir* (*une intention cachée, une intrigue*)] intuire (197) **2** [*sonder* (*qqn.*) *sur ses intentions avant de lui confier certaines responsabilités*] consultare, interpellare: *pressentir qqn. sur qqch.* consultare, interpellare qc. su q.c.; *il a été pressenti pour être ministre* è stato consultato, interpellato per diventare ministro ✦ (*au p.p.*) *le premier ministre pressenti* il primo ministro incaricato (di formare il nuovo governo).

presse-papiers |pʀɛspapje| *s.m. inv.* [*ustensile de bureau qu'on pose sur les papiers pour les maintenir*] fermacarte.

presse-purée |pʀɛspyʀe| *s.m. inv.* [*ustensile de cuis. servant à réduire les légumes en purée*] passaverdure.

presser |pʀese| **A** *v.tr.* **I** **1** [*serrer* (*qqch.*) *de manière à extraire un liquide*] spremere: *presser des citrons* spremere dei limoni ◇ (*loc.*) *on presse l'orange et on jette l'écorce* buttare via qc. come un limone spremuto **2** [*serrer ou appuyer fortement*] serrare, stringere (131): *il la pressait dans ses bras, contre, sur sa poitrine* la serrava, la stringeva tra le braccia, al petto → **étreindre** ✦ (*au p.p.*) *pressés les uns contre les autres* stretti, accalcati (pigiati) gli uni contro gli altri **3** [*exercer une poussée sur*] premere: *pressez le bouton, la sonnette* premere il pulsante, il campanello → **appuyer** **4** [*imprimer*] imprimere (124): *presser un cachet, une marque sur la cire* imprimere un sigillo, un marchio nella cera **II** *abstrait* **1** [*pousser vivement* (*qqn.*) *à faire qqch.*] sollecitare, spingere (119): *il presse ses amis à agir* sollecita, spinge gli amici ad agire **2** [*inciter, obliger* (*qqn.*) *à se hâter*] far (103) fretta (a): *rien ne vous presse* niente le fa fretta, non ha bisogno di affrettarsi **3** *presser qqn. de questions* [*le questionner avec insistance*] tempestare, subissare qc. di domande **4** (*compl. de chose*) [*mener plus activement*] affrettare: *il faut presser les choses* bisogna affrettare, accelerare le cose; *presser le pas, l'allure* affrettare, accelerare il passo, l'andatura; *presser les événements, une affaire* affrettare gli eventi, una faccenda **B** *v.intr.* [*être urgent; ne laisser aucun délai*] *le temps presse* il tempo stringe; *rien ne presse* non c'è alcuna fretta; non c'è niente di urgente **C** *v.pron.* SE PRESSER **1** *réfl.* [*se presser fortement*] stringersi: *l'enfant se pressait contre elle* il bambino si stringeva a lei → **blottir (se)** **2** *réfl.* [*être ou se disposer en foule compacte*] accalcarsi, pigiarsi: *les gens se pressaient à l'entrée* la gente si accalcava, si pigiava all'ingresso → **entasser (s')** **3** *intr.* [*se hâter*] affrettarsi: *sans se presser* senza affrettarsi; *presse-toi de finir ce travail* affrettati, sbrigati a finire quel lavoro; *pressez-vous un peu* affrettatevi, spicciatevi un po' → 2 **dépêcher (se)** ◇ (*fam., avec ellipse de 'se'*) *allons, pressons!* su, sbrighiamoci!

presse-raquette |pʀɛsʀakɛt| *s.m. inv.* pressa *f. var.* per racchette.

presseur, euse |pʀɛsœʀ, øz| **1** *s.* (*techn.*) [*ouvrier, ouvrière qui travaille à une presse*] calandratore* **2** *adj.* [*qui exerce une pression*] premente # *cylindre presseur* cilindro di pressione.

pressier |pʀesje| *s.m.* [*ouvrier imprimeur qui travaille à une presse à bras*] pressatore.

pressing |pʀesiŋ| *s.m.* (*angl.*) stiratura *f.* a vapore ◇ [*établissement où l'on repasse les vêtements à la vapeur*] stireria *f.*

pression |pʀɛsjɔ̃| *s.f.* **I** **1** (*phys.*) pressione: *la pression des gaz, de la vapeur* la pressione dei gas, del vapore ◇ *loc.* SOUS PRESSION sotto pressione: *locomotive sous pression* locomotiva sotto pressione ◇ (*spécialt.*) *pression atmosphérique* pressione atmosferica ◇ (*fig.*) *il est toujours sous pression* è sempre sotto pressione ✦ (*absolt.*) *hautes, basses pressions* alte, basse pressioni **2** [→ PRESSER A I 3] pressione: *une légère pression de la main* una leggera pressione della mano **3** *un bouton-pression,* (*ellipt.*) *une pression* [*petit bouton qui se ferme par pression*] automatico* *m.* **4** *bière (à la) pression* birra alla spina **II** (*fig.*) [*influence, action qui tend à contraindre*] pressione: *faire pression sur qqn.* fare pressione, premere su qc.; *sa famille exerce une très forte pression sur lui* la sua famiglia esercita su di lui una notevolissima pressione # *la pression des événements* l'incalzare degli eventi.

pressoir |pʀɛswaʀ| *s.m.* **1** [*machine servant à presser (certains fruits ou graines)*] torchio*: *pressoir à huile, à olives* torchio da olio, per olive; *pressoir à vin* torchio da vino **2** [*bâtiment où est le pressoir*] frantoio* # *exploitant d'un pressoir* frantoiano.

pressurage |pʀesyʀaʒ| *s.m.* (*techn.*) [→ PRESSURER] torchiatura *f.*; spremitura *f.*

pressurer |pʀesyʀe| *v.tr.* **1** [*presser (des fruits, des graines pour en extraire un liquide; des fromages)*] torchiare; spremere **2** [*tirer de (qqn., qqch.) tout ce qu'on peut tirer*] sfruttare, spremere: *pressurer le peuple* sfruttare il popolo → **exploiter** ◇ [*extorquer l'argent, les biens (de qqn.)*] spremere, mungere (150): *pressurer les contribuables* spremere, mungere i contribuenti **3** (*fam.*) *se pressurer le cerveau* [*se torturer*] spremersi le meningi.

pressureur, euse |pʀesyʀœʀ, øz| *s.* [*ouvrier, ouvrière qui assure le fonctionnement d'un pressoir*] torchiatore*.

pressurisation |pʀesyʀizɑsjɔ̃| *s.f.* (*angl.*) (*techn.*) pressurizzazione.

pressuriser |pʀesyʀize| *v.tr.* (*angl.*) (*techn.*) [*maintenir à une pression normale (un avion, un véhicule spatial)*] pressurizzare ✦ (*au p.p.*) *cabine pressurisée* cabina pressurizzata.

prestance |pʀɛstɑ̃s| *s.f.* prestanza: *il a de la prestance* ha prestanza, è prestante.

prestant |pʀɛstɑ̃| *s.m.* (*mus.*) prestante.

prestataire |pʀɛstatɛʀ| *s.m.* (*dr.*) contribuente sottoposto a prestazione in natura.

prestation |pʀɛstɑsjɔ̃| *s.f.* **I** **1** prestazione → **impôt, tribut** **2** [*allocation en espèces que l'État verse aux assurés dans certaines circonstances*] indennità (*inv.*): *prestations sociales* indennità sociali **II** [*action de prêter (serment)*] giuramento *m.*

preste |pʀɛst(ə)| *adj.* [*prompt et agile*] lesto: *avoir la main preste* [*adroite*] aver la mano lesta, aver destrezza di mano.

prestement |pʀɛstəmɑ̃| *adv.* [→ PRESTE] lestamente, alla svelta *loc. inv.*

prestesse |pʀɛstɛs| *s.f.* (*littér.*) [*promptitude et agilité*] lestezza, sveltezza (*cour.*).

prestidigitateur, trice |pʀɛstidiʒitatœʀ, tʀis| *s.* prestigiatore*, prestidigitatore*: *tour de prestidigitateur* numero da prestigiatore → **escamoteur, illusionniste.**

prestidigitation |pʀɛstidiʒitɑsjɔ̃| *s.f.* prestidigitazione: *un numéro de prestidigitation* un numero di prestidigitazione, gioco di prestigio → **escamotage, illusion.**

prestige |pʀɛstiʒ| *s.m.* **1** prestigio*: *le prestige de l'uniforme* il prestigio dell'uniforme; *jouir d'un grand prestige* godere di grande prestigio ◇ (*loc.*) *politique de prestige* politica di prestigio **2** (*vx., littér.*) [*illusion dont les causes sont surnaturelles*] malìa *f.*

prestigieux, euse |pʀɛstiʒjø, øz| *adj.* **1** [*qui a du prestige* (1)] prestigioso **2** (*littér.*) [*qui tient du prestige* (2)] portentoso.

prestissimo |pʀɛstisimo| *adv.* (*mus.*) prestissimo.

presto |pʀɛsto| *adv.* **1** (*mus.*) presto **2** (*fam.*) [*rapidement*] alla svelta (*loc. inv.*): *il faut le payer presto* bisogna pagarlo alla svelta → **subito.**

présumable |pʀezymabl(ə)| *adj.* (*rare*) [→ PRÉSUMER] presumibile.

présumé, ée |pʀezyme| *adj.* [*que l'on croit tel par hypothèse*] presunto: *ses intentions présumées* le sue presunte intenzioni.

présumer |pʀezyme| **A** *v.tr.* [*supposer comme probable*] presumere (118): *on ne le voit plus, je présume qu'il est vexé* non lo si vede più, presumo, suppongo che sia offeso → **supposer** ✦ (*au passif*) *tout homme est présumé innocent s'il n'a pas été déclaré coupable* ogni uomo è presunto, ritenuto innocente finché non lo si dichiara colpevole **B** (*v.intr.*) *trop présumer de* [*compter trop sur*] presumere troppo di: *il a trop présumé de ses forces* ha presunto troppo delle proprie forze.

présupposé, ée |pʀesypoze| *adj.* (*littér.*) [*supposé d'avance*] presupposto ✦ (*s.m.*) *les présupposés d'une doctrine* i presupposti di una dottrina.

présupposer |pʀesypoze| *v.tr.* (*littér.*) (*choses*) [*supposer préalablement*] presuppore (168): *l'adjectif présuppose le nom* l'aggettivo presuppone il nome.

présupposition |pʀesypozisjɔ̃| *s.f.* (*littér.*) presupposizione.

présure |pʀezyʀ| *s.f.* [*substance qui fait cailler le lait*] caglio* *m.*

présurer |pʀezyʀe| *v.tr.* (*techn.*) [*cailler avec de la présure*] far (103) *intr.* cagliare.

prêt |pʀɛ| *s.m.* **1** [→ 1 PRÊTER A 1, 2] prestito, mutuo: *prêt à intérêt* prestito a interesse; *prêt à bas taux d'intérêt* prestito, mutuo agevolato; *prêt à court, à moyen, à long terme* prestito, mutuo a breve, medio, lungo termine; *prêt sur garantie* prestito su garanzia; *prêt de consommation* prestito a consumo **2** [*somme allouée par l'État pour l'entretien d'un soldat, d'un sous-officier*] soldo, decade (*f.*): *toucher le prêt* riscuotere il soldo, la decade.

prêt, prête |pʀɛ, pʀɛt| *adj.* **1** [*qui est en état, est devenu capable (de faire qqch.) grâce à une préparation matérielle ou morale*] pronto: *il est prêt* è pronto ◇ [*habillé, paré (pour sortir)*] *elle est prête, on peut partir* è pronta, possiamo andare ◇ *loc.* PRÊT À pronto a: *il est prêt à partir* è pronto a partire; *prêt à tout* pronto a tutto **2** (*choses*) [*mis en état (pour telle ou telle utilisation)*] pronto: *tout est prêt pour les recevoir* tutto è pronto per riceverli; *le café est prêt* il caffè è pronto.

prêt-à-porter |pʀɛtapɔʀte| *s.m.* (*collectif*) confezione *f.*, 'prêt-à-porter' *inv.*; alta moda *f.* pronta.

prêté, ée |pʀete| **1** *adj.* [*qui a été (1) prêté*] prestato: *argent prêté* denaro prestato **2** *s.m.* (*loc.*) *c'est un prêté pour un rendu* [*le procédé, l'injustice est, sera payé(e) de retour*] ti ho reso (ti renderò) pan per focaccia.

prétendant, ante |pʀetɑ̃dɑ̃, ɑ̃t| *s.* **1** (*s.*) *prince prétendant* principe pretendente **2** *s.m.* (*littér.*) [*celui qui aspire à la main d'une femme*] pretendente.

prétendre |pʀetɑ̃dʀ(ə)| (53) **A** *v.tr.* **1** [*avoir la ferme intention de (avec la conscience d'en avoir le droit, le pouvoir)*] pretendere (105) (di): *je prétends être obéi* pretendo di essere obbedito; *je ne prétends pas faire fortune* non pretendo di fare fortuna **2** [*affirmer; oser donner pour certain (sans nécessairement convaincre autrui)*] pretendere, sostenere (188): *il prétend m'avoir prévenu, qu'il m'a prévenu* sostiene, pretende di avvermi avvertito, che mi ha avvertito → **déclarer, soutenir** # *à ce qu'il prétend...* stando alle sue parole... ✦ (*pron. intr.*) *il se prétend persécuté* sostiene di essere perseguitato, si vuole far credere perseguitato **B** (*v.intr.*) *prétendre à* [*aspirer ouvertement à (ce que l'on considère comme un droit, un dû)*] pretendere a, ambire (197) (a): *pré-*

tendre à un titre, à une responsabilité pretendere a, ambire (a) un titolo, (a) una carica.
prétendu, ue |pRetɑ̃dy| *adj.* (*placé avant le nom*) [*que l'on prétend à tort être tel; qui passe à tort pour*] preteso: *la prétendue justice, les prétendues libertés* la pretesa giustizia, le pretese libertà Ⓒ **authentique, vrai.**
prétendument |pRetɑ̃dymɑ̃| *adv.* → **soi-disant.**
prête-nom |pRɛtnɔ̃| *s.m.* prestanome (*s. inv.*): *des prête-noms* dei (delle) prestanome.
prétentaine |pRetɑ̃tɛn|, **pretantaine** |pRətɑ̃tɛn| *s.f.* (*loc.*) *courir la prétentaine* [*avoir de nombreuses aventures galantes*] correre la cavallina.
prétentiard, arde |pRetɑ̃sjaR, aRd(ə)| *adj.* (*fam., péj.*) → **prétentieux.**
prétentieusement |pRetɑ̃sjøzmɑ̃| *adv.* [→ PRÉTENTIEUX] pretenziosamente.
prétentieux, euse |pRetɑ̃sjø, øz| *adj.* [*qui affiche de la prétention*] pretenzioso → **présomptueux** ♦ (*s.*) *un prétentieux* un pretenzioso ◇ [*qui dénote de la prétention*] *il parlait sur un ton prétentieux* parlava con un tono pretenzioso → **affecté, maniéré**; *une villa prétentieuse* una villa pretenziosa.
prétention |pRetɑ̃sjɔ̃| *s.f.* **I** **1** [*le fait de revendiquer qqch. en vertu d'un droit que l'on affirme, d'un privilège que l'on réclame*] pretesa: *il a des prétentions sur cet héritage* ha pretese su quella eredità; *démordre, rabattre de ses prétentions* rinunciare alle proprie pretese **2** [*le fait de revendiquer pour soi une qualité ou de se flatter d'obtenir un résultat*] pretesa: *sans prétention(s), sans aucune prétention* senza pretese, senza nessuna pretesa; *je n'ai pas la prétention d'être savant* non ho la pretesa di essere dotto ◇ (*choses*) *une maison coquette, mais sans prétention* una casa carina, ma senza pretese → **simple** **II** [*estime trop grande de soi-même qui pousse à des ambitions excessives*] pretenziosità *inv.*, presunzione: *il est d'une prétention insupportable* è di una insopportabile pretenziosità, presunzione → **présomption** Ⓒ **II modestie, simplicité.**
1 **prêter** |pRete| **A** *v.tr.* **1** [*fournir (une chose) à la condition qu'elle sera rendue*] prestare: *prêter des livres* prestare dei libri; *prêter de l'argent* prestare del denaro → **avancer**; *prêter sur gage* prestare su pegno **2** [*mettre (qqch.) à la disposition de qqn. pour un temps déterminé*] prestare: *prêter son concours* prestare il proprio aiuto → **donner, fournir** ◇ (*loc.*) *prêter attention* prestare attenzione ~ *prêter l'oreille* prestare orecchio ~ *prêter serment* prestare giuramento ♦ *pron. réfl.* SE PRÊTER À [*consentir à, supporter*] prestarsi a: *je ne me prêterai pas à cette manœuvre* non mi presterò a questa manovra ◇ (*choses*) [*pouvoir s'adapter à*] *une terre qui se prête à certaines cultures* una terra che si presta a certe colture **3** [*attribuer (un caractère, un acte) à qqn.*] attribuire (197): *on me prête des propos que je n'ai jamais tenus* mi si attribuiscono affermazioni che non ho mai fatto; *prêter de l'importance à qqch.* attribuire, dare importanza a q.c. → **donner** ◇ (*prov.*) *on ne prête qu'aux riches* piove sul bagnato **B** *v.intr.* PRÊTER À [*donner matière à*] prestarsi (*pron.*): *cela prête à discussion* la cosa si presta, dà luogo a discussioni.
2 **prêter** |pRete| *v.intr.* (*dit d'une matière non élastique*) [*pouvoir s'étirer, s'étendre*] cedere (125): *tissu qui prête à l'usage* tessuto che cede con l'uso.
prétérit |pReteRit| *s.m.* (*gram.*) preterito.
prétérition |pReteRisjɔ̃| *s.f.* (*rhétorique*) preterizione.
préternaturel, elle |pRetɛRnatyRɛl| *adj.* (*théol.*) preternaturale.
préteur |pRetœR| *s.m.* (*hist. rom.*) pretore.
prêteur, euse |pRɛtœR, øz| *s.* **1** [*personne qui prête de l'argent, consent un prêt*] mutuante **2** chi, per mestiere, presta denaro a interesse *loc.* Ⓒ **1 emprunteur.**
1 **prétexte** |pRetɛkst(ə)| *s.m.* **1** pretesto: *il trouvait toujours des prétextes* trovava sempre pretesti; *ce n'est qu'un prétexte* è solo un pretesto; *donner, fournir des prétextes (à qqn.)* dare, fornire pretesti (a qc.) ◇ *loc.* SOUS PRÉTEXTE con il pretesto: *sous un prétexte quelconque* con un pretesto qualsiasi # *ne sortez sous aucun prétexte* non esca (uscite) per nessuna ragione, per nessun motivo **2** [*occasion; ce qui permet de faire qqch.*] pretesto: *cet événement fut le prétexte de son roman* questo avvenimento fu il pretesto per il suo romanzo.
2 **prétexte** |pRetɛkst(ə)| *adj. f.* et *s.f.* (*antiq. rom.*) (*toge*) *prétexte* (toga) pretesta.
prétexter |pRetɛkste| *v.tr.* [*alléguer, prendre pour prétexte*] addurre (108) a pretesto: *elle prétexta un malaise et se retira* addusse a pretesto un malessere e si ritirò → **objecter.**
pretintaille |pRətɛ̃tɑj| *s.f.* (*vx., cout.*) falpalà *m. inv.*
pretium doloris |pResjɔmdɔlɔRis| *loc.* (*lat.*) (*dr.*) risarcimento del danno morale.
prétoire |pRetwaR| *s.m.* **I** (*antiq. rom.*) pretorio* **II** (*littér.*) aula *f.* di tribunale (*cour.*).
prétonique |pRetɔnik|, **protonique** |pRɔtɔnik| *adj.* (*ling.*) protonico*.
prétorial, ale, aux |pRetɔRjal, o| *adj.* (*dr.*) pretorio*.
prétorien, ienne |pRetɔRjɛ̃, jɛn| **1** *adj.* (*antiq. rom.*) pretorio*: *garde prétorienne* guardia pretoria; *cohorte prétorienne* coorte pretoria ♦ (*s.m.*) *les prétoriens* i pretoriani **2** *s.m.* [*élément milit. qui soutient un tyran*] pretoriano.
prêtraille |pRɛtRɑj| *s.f.* (*vieilli*) (*t. injurieux pour désigner le clergé*) pretaglia.
prêtre |pRɛtR(ə)| *s.m.* **1** (*relig. cathol.*) sacerdote, prete: *un prêtre qui célèbre la messe* un sacerdote, un prete che celebra la messa; *se faire prêtre* farsi prete ◇ (*loc.*) *prêtre-ouvrier* prete operaio **2** [*ministre de la relig. antique (gr., lat., etc.)*] sacerdote.
prêtresse |pRɛtRɛs| *s.f.* (*dans les relig. païennes*) sacerdotessa: *prêtresse de Diane* sacerdotessa di Diana.
prêtrise |pRɛtRiz| *s.f.* [*la fonction, la dignité de prêtre cathol.*] sacerdozio* *m.*
préture |pRetyR| *s.f.* (*antiq. rom.*) pretura.
preuve |pRœv| *s.f.* **1** [*ce qui sert à établir qu'une chose est vraie*] prova: *donner comme preuve* dare come prova; *démontrer preuve en main* dimostrare prove alla mano; *croire une chose jusqu'à preuve (du) contraire* credere una cosa fino a prova contraria ◇ [*acte qui atteste un sentiment, une intention*] *recevoir une preuve d'amour* ricevere una prova d'amore → **marque** ◇ (*loc. fam.*) À PREUVE, LA PREUVE [*en voici la preuve*] tanto è vero che: *tu te sens coupable, la preuve, tu as rougi* ti senti colpevole, tanto è vero che sei arrossito ◇ (*loc.*) *c'est la preuve que* [*cela prouve que*] il che dimostra che ~ *la preuve en est que* prova ne sia che ~ FAIRE PREUVE DE dar prova di: *faire preuve de tolérance* dar prova di tolleranza → **montrer** ~ *faire ses preuves* mostrare le proprie capacità ~ *vous en êtes la preuve (vivante)* lei ne è la prova (vivente) **2** (*par ext.*) prova: *des preuves matérielles* prove materiali; *on n'a aucune preuve contre lui* non ci sono prove contro di lui **3** (*math.*) *preuve d'une opération* prova di una operazione.
preux |pRø| *adj. m.* et *s.m.* (*vx.*) [*brave, vaillant*] prode.
prévalence |pRevalɑ̃s| *s.f.* (*méd., statistique*) prevalenza → **incidence.**
prévaloir |pRevalwaR| (35) (*sauf subj. prés.*: *que je prévale, que tu prévales..., qu'ils prévalent*) **A** *v.intr.* **1** (*littér.*) (*choses*) [*l'emporter*] prevalere (191): *l'éducation ne prévaut pas contre les instincts* l'educazione non prevale sugli istinti ♦ (*absolt.*) *les vieux préjugés prévalaient encore* prevalevano ancora i vecchi pregiudizi **2** (*vx.*) (*personnes*) [*avoir le dessus, prendre l'avantage*] prevalere (*cour.*) **B** *v.pron. réfl.* SE PRÉVALOIR DE... [*faire valoir (qqch.) pour en tirer avantage ou parti*] (av)valersi (191) di ◇ [*tirer vanité (de qqch.)*] vantarsi di: *c'est un homme modeste qui ne se prévaut jamais de ses titres* è un uomo modesto che non si vanta mai dei propri titoli → **enorgueillir** (s').
prévaricateur, trice |pRevaRikatœR, tRis| *adj.* et *s.* (*littér.*) prevaricatore*.
prévarication |pRevaRikɑsjɔ̃| *s.f.* prevaricazione.
prévariquer |pRevaRike| *v.intr.* [*se rendre coupable d'un grave manquement aux devoirs de sa charge*] prevaricare.
prévenance |pRɛvnɑ̃s| *s.f.* **1** [*disposition à se montrer prévenant*] cortesia **2** [*action, parole qui témoigne de cette disposition*] attenzione, premura: *elle l'entourait de prévenances* lo circondava di attenzioni, premure → **gentillesse, soin.**
prévenant, ante |pRɛvnɑ̃, ɑ̃t| *adj.* **1** [*qui va au-devant des désirs d'autrui, est plein d'attentions délicates*] premuroso → **attentionné** **2** (*choses*) [*qui plaît*] simpatico*: *air prévenant* aspetto simpatico → **agréable, avenant** **3** (*théol.*) *grâce prévenante* grazia preveniente.
prévenir |pRɛvniR| (27) *v.tr.* **I** **1** [*mettre (qqn.) au courant d'une chose, d'un fait à venir*] avvertire, avvisare: *ne fais rien sans me prévenir* non far niente senza avvertirmi, avvisarmi → **avertir** ♦ (*absolt.*) *partir sans prévenir* partire senza avvertire, avvisare ♦ (*au p.p.*) *te voilà prévenu, à toi de faire attention* sei avvisato, ora stai attento

2 [*informer (qqn.) d'une chose fâcheuse ou illégale pour qu'il y remédie*] avvertire: *prévenez vite le médecin!* presto, avvertire il medico!; *on a prévenu la police* hanno avvertito la polizia **II** *prévenir contre, en faveur de* [*mettre par avance dans une disposition d'esprit hostile ou favorable à*] prevenire (202); predisporre (168): *des mauvaises langues vous ont prévenu contre lui* le malelingue vi hanno prevenuto contro di lui || *son air sérieux nous prévenait en sa faveur* il suo contegno serio ci predisponeva in suo favore, ci rendeva ben disposti nei suoi confronti **III 1** [*aller au-devant de (un besoin, un désir) pour mieux le satisfaire*] prevenire: *il essaie de prévenir tous nos désirs* cerca di prevenire tutti i nostri desideri **2** [*empêcher par ses précautions (un mal, un abus)*] prevenire ✦ (*absolt.*) *mieux vaut prévenir que guérir* è meglio prevenire che curare ◇ [*éviter (une chose considérée comme gênante) en prenant les devants*] *prévenir une objection* prevenire un'obiezione.

préventif, ive |prevɑ̃tif, iv| *adj.* **1** [→ PREVENIR III 2] preventivo: *prendre des mesures préventives* prendere delle misure preventive ◇ (*spécialt.*) *médecine préventive* medicina preventiva **2** [*qui est appliqué aux prévenus*] preventivo: *détention préventive* detenzione preventiva, carcere preventivo.

prévention |prevɑ̃sjɔ̃| *s.f.* **1** prevenzione: *examiner les choses sans prévention* esaminare le cose senza prevenzione; *avoir des préventions contre qqn.* avere delle prevenzioni nei riguardi di qc. **2** carcere *m.* preventivo, detenzione preventiva **3** [*ensemble de mesures préventives contre certains risques; organisation chargée de les appliquer*] prevenzione: *prévention des accidents du travail* prevenzione degli infortuni sul lavoro.

préventivement |prevɑ̃tivmɑ̃| *adv.* **1** [→ PRÉVENTIF 1] preventivamente, a titolo preventivo *loc. inv.* **2** (*dr.*) in stato d'accusa *loc. inv.*

préventorium |prevɑ̃tɔrjɔm| *s.m.* preventorio*.

prévenu, ue |prevny| *adj.* **1** [*qui a de la prévention contre (qqn., qqch.)*] prevenuto ◇ [*qui a de la prévention pour (qqn., qqch.)*] ben disposto: *j'étais prévenu en ta faveur* ero ben disposto nei tuoi riguardi **2** [*qui est considéré comme coupable*] accusato, imputato: *être prévenu d'un délit* essere accusato, imputato di un reato ✦ *s.* [*inculpé*] imputato: *citer un prévenu devant le tribunal* citare un imputato davanti al tribunale.

préverbe |prevɛrb(ə)| *s.m.* (*ling.*) preverbio*.

prévisibilité |previzibilite| *s.f.* prevedibilità *inv.*

prévisible |previzibl(ə)| *adj.* [→ PRÉVOIR] prevedibile: *la chose était prévisible* la cosa era prevedibile.

prévision |previzjɔ̃| *s.f.* **1** [→ PRÉVOIR] previsione: *prévision des recettes et des dépenses dans l'établissement d'un budget* previsione delle entrate e delle uscite nella stesura di un bilancio preventivo **2** *loc. prép.* EN PRÉVISION DE in previsione di: *elle fit ses valises en prévision de son départ* fece le valigie in previsione della partenza **3** (*rare au sing.*) [*opinion formée par le raisonnement sur les choses futures*] previsione: *prévisions météorologiques* previsioni meteorologiche; *se tromper dans ses prévisions* sbagliarsi nelle proprie previsioni **4** (*admin.*) *les prévisions des règlements* i casi *m.* previsti dai regolamenti.

prévisionnel, elle |previzjɔnɛl| *adj.* di previsione (*loc. inv.*): *le ministre a demandé une étude prévisionnelle* il ministro ha chiesto uno studio di previsione.

prévocalique |prevɔkalik| *adj.* (*ling.*) prevocalico*.

prévoir |prevwar| (38) *v.tr.* **1** [*imaginer à l'avance comme probable (un événement futur)*] prevedere (192): *il faut prévoir le pire* bisogna prevedere il peggio; *il était facile de prévoir qu'il échouerait* era facile prevedere che non ci sarebbe riuscito **2** [*envisager (des possibilités)*] prevedere: *prévoir toutes les réponses* prevedere tutte le risposte ✦ (*au p.p.*) *les cas prévus par la loi* i casi previsti dalla legge **3** [*organiser d'avance, décider pour l'avenir*] prevedere: *l'État a prévu la construction de logements* lo stato ha previsto la costruzione di alloggi ◇ *ellipt.* (*fam.*) *l'opération s'est déroulée comme prévu* l'operazione si è svolta come previsto ◇ (*loc.*) *être prévu pour* [*être fait pour*] essere destinato a.

prévôt |prevo| *s.m.* **1** (*ancienn.*) prevosto: *le prévôt de Paris* il prevosto di Parigi **2** capo della polizia militare **3** (*ecclés.*) *père prévôt* prevosto, parroco* **4** sorvegliante di prigione (scelto tra i detenuti); detenuto capocamerata.

prévôtal, ale, aux |prevotal, o| *adj.* prevostale.

prévôté |prevote| *s.f.* **1** (*ancienn.*) [*fonction, juridiction du prévôt*] prevostura **2** servizio* *m.* di polizia militare.

prévoyance |prevwajɑ̃s| *s.f.* **1** [*qualité d'une personne prévoyante*] previdenza, lungimiranza **2** (*vieilli*) → **prévision** **3** *société de prévoyance* società di mutuo soccorso (*m.*); *prévoyance sociale* previdenza sociale.

prévoyant, ante |prevwajɑ̃, ɑ̃t| *adj.* **1** [*qui prévoit avec perspicacité*] previdente, preveggente (*littér.*) **2** [*qui prend des dispositions en vue de ce qui peut arriver*] previdente: *une ménagère prévoyante* una donna di casa previdente → **prudent**.

prévu, ue |prevy| *adj. et s.m.* previsto: *comme prévu* come previsto.

priapée |prijape| *s.f.* priapeo (*m.*): *les priapées et les bacchanales* i priapei e i baccanali.

priapisme |prijapism(ə)| *s.m.* (*méd.*) priapismo.

Priapuliens |prijapyljɛ̃| *s.m. pl.* (*t.zool.*) Priapulidi.

prie-Dieu |pridjø| *s.m. inv.* **1** [*siège bas sur lequel on s'agenouille pour prier*] inginocchiatoio* *var.* **2** [*nom usuel de la mante religieuse*] pregadio.

prier |prije| *v.* **A** *v.intr.* [*élever son âme à Dieu par la prière*] pregare: *il priait avec ferveur* pregava con fervore; *priez pour les morts* pregate per i morti **B** *v.tr.* **I** [*s'adresser à (Dieu, un être surnaturel)*] pregare: *prions le ciel qu'il nous aide* preghiamo il cielo che ci aiuti **II 1** [*s'adresser à (qqn.) en lui demandant avec humilité ou déférence*] pregare: *il le priait de passer chez lui* lo pregava di passare da lui; *se faire prier* farsi pregare; *elle ne se fait pas prier* non si fa pregare → **supplier** **2** (*sens faible*) [*demander à (qqn.)*] pregare: *vous êtes prié d'assister à...* la S.V. (signoria vostra) è pregata di assistere a... ◇ *ellipt.* (*après une interrogation*) '*je peux entrer?*' '*je vous en prie*' 'posso entrare?' 'prego' ~ *dites-moi, je vous prie, où est la mairie* mi può dire, per cortesia (per gentilezza), dov'è il municipio? **3** [*demander avec fermeté à (qqn.)*] pregare: *elle me pria de me taire* mi pregò di tacere ◇ (*iron.*) *ah non, je t'en prie, ça suffit!* ah no, per piacere (per favore), basta! **4** (*littér.*) [*inviter*] invitare (*cour.*): *il fut prié à déjeuner* fu invitato a colazione.

prière |prijɛr| *s.f.* **1** preghiera: *être en prière* essere in preghiera → **prier** **2** (*par ext.*) preghiera: *faire, dire sa prière, des prières* dire le preghiere **3** [→ PRIER B II] preghiera: *il finit par céder à sa prière* finì per cedere alle sue preghiere; *c'est une prière que j'ai à vous faire* ho da rivolgerle una preghiera, è una preghiera che le rivolgo ◇ (*loc.*) *à la prière de* dietro, su preghiera di ◇ *ellipt.* PRIÈRE DE si prega di; con preghiera di: *prière de répondre par retour du courrier* si prega di rispondere a giro di posta || *prière d'insérer* con preghiera di pubblicazione.

prieur, eure |prijœr| *s.* (*ecclés.*) priore: *père prieur* padre priore; *mère prieure* madre priora.

prieural, ale, aux |prijœral; o| *adj.* (*ecclés.*) priorale: *titre prieural* titolo priorale; *dignité prieurale* dignità priorale.

prieuré |prijœre| *s.m.* (*ecclés.*) priorato.

prima donna |primadɔ(n)na| *s.f.* prima donna: *des prime donne* |primedɔ(n)e| (*des prima donna*) delle prime donne.

primage |primaʒ| *s.m.* (*techn.*) formazione *f.* di goccioline d'acqua (in un bollitore).

primaire |primɛr| *adj.* **1** [*qui est du premier degré, en commençant*] primario*: *élections primaires* elezioni primarie ◇ (*spécialt.*) *enseignement primaire* istruzione elementare ✦ (*s.m.*) *le primaire* l'istruzione *f.*, la scuola *f.* elementare ◇ (*péj.*) [*simpliste et peu ouvert (esprit, idées)*] semplicistico*, rudimentale: *un raisonnement un peu primaire* un ragionamento un po' semplicistico, puerile **2** (*dans les emplois sc., spéciaux*) primario: *ère primaire* era primaria ✦ (*s.m.*) *le primaire* l'era *f.* primaria *adj.* ◇ (*méd.*) *accidents primaires* disturbi primari ◇ (*écon.*) *le secteur primaire* il settore primario ◇ (*électr.*) *enroulement primaire* avvolgimento primario.

primarité |primarite| *s.f.* (*caractérologie*) primarietà *inv.*

1 **primat** |prima| *s.m.* (*ecclés.*) primate.

2 **primat** |prima| *s.m.* (*littér.*) primato (*cour.*): *le primat de la pensée* il primato del pensiero.

primate |primat| *s.m.* **1** (*zool.*) primate: *les primates* i primati **2** (*fam.*) [*homme grossier, inintelligent (comparé à un singe)*] scimmione.

primatial, ale, aux |primasjal, o| *adj.* (*ecclés.*) primaziale: *église primatiale* chiesa primaziale.

primatie |primasi| *s.f.* (*ecclés.*) primazia; sede di un primate.

primauté |primote| *s.f.* **1** [*carac-*

tère de ce qu'on met au premier rang] primato (*m.*): *une Église qui refuse la primauté de Rome* una Chiesa che rifiuta il primato di Roma → **prééminence, suprématie** 2 [*supériorité de fait*] supremazia, superiorità *inv.*

1 **prime** |pRim| **I** *adj.* **1** (*vx., littér.*) primo (*cour.*) ◇ (*loc.*) *prime jeunesse* prima giovinezza ~ *de prime abord* di primo acchito **2** (*math.*) primo **II** *s.f.* **1** [*première heure canoniale*] prima **2** (*escrime*) prima.

2 **prime** |pRim| *s.f.* **1** [*somme que l'assuré doit payer à l'assureur*] premio* (*m.*): *payer une prime d'assurance* pagare un premio assicurativo **2** [*somme d'argent allouée à titre d'encouragement, d'aide ou de récompense*] premio, contributo (*m.*): *prime de fin d'année* premio, gratifica di fine anno; *prime à la construction* contributo per la costruzione di alloggi, per la casa **3** [*objet remis à titre gratuit à un acheteur*] omaggio* *m.*, regalo (*m.*): *un paquet de lessive avec un porte-clés en prime* una scatola di detersivo con un portachiavi (in) omaggio, in regalo (in dono) ◇ (*loc.*) *en prime* [*en plus*] per soprammercato, in aggiunta **4** FAIRE PRIME [*être le plus recherché, être considéré comme le plus avantageux*] trionfare: *c'est le faux qui fait prime* è il falso che trionfa **5** (*Bourse*) *prime d'émission* premio di emissione.

3 **prime** |pRim| *s.f.* (*minér.*) prisma *m.*

primé, ée |pRime| *adj.* → 2 **primer.**

1 **primer** |pRime| *v.intr.* (*choses*) [*l'emporter*] prevalere (191): *chez lui, c'est l'intelligence qui prime* in lui prevale l'intelligenza → **dominer** ♦ *tr.* prevalere *intr.* su: *il estime que la force prime le droit* crede che la forza prevalga sul diritto.

2 **primer** |pRime| *v.tr.* [*récompenser par une prime*] premiare ♦ (*surtout passif et p.p.*) *animaux primés à un concours agricole* animali premiati a un concorso agricolo.

primerose |pRimRoz| *s.f.* → **passe-rose.**

primesautier, ière |pRimsotje, jɛR| *adj.* [*qui obéit au premier mouvement, agit, parle spontanément*] spontaneo: *elle était gaie, primesautière* era allegra, spontanea ◇ (*par ext.*) *mouvement primesautier* movimento spontaneo.

primeur |pRimœR| *s.f.* **1** (*littér.*) [*caractère de ce qui est tout nouveau*] primizia: *vous en aurez la primeur, je vous en réserve la primeur* avrete la primizia, vi riservo la primizia **2** [*fruit, légume qui est à maturité avant ceux de son espèce*] primizia ◇ *au plur.* [*fruits, légumes consommables avant la saison normale*] primizie: *marchand de primeurs* negoziante in primizie.

primeuriste |pRimœRist(ə)| *s.* coltivatore* di primizie; negoziante in primizie.

primevère |pRimvɛR| *s.f.* (*t.bot.*) primavera → 1 **coucou.**

primicériat |pRimiseRja| *s.m.* (*ecclés.*) primiceriato.

primicier |pRimisje| *s.m.* (*ecclés.*) primicerio*.

primidi |pRimidi| *s.m.* (*hist. fr.*) 'primidi' *inv.*

primipare |pRimipaR| *adj. f. et s.f.* primipara.

primipilaire |pRimipilɛR|, **primipile** |pRimipil| *s.m.* (*hist. rom.*) primipilo.

primitif, ive |pRimitif, iv| **I** *adj.* **1** primitivo: *l'homme primitif* l'uomo primitivo **2** [*qui est le premier, le plus anc.*] primitivo: *dans sa forme primitive* nella sua forma primitiva → **initial, originaire, originel**; *cette étoffe a perdu sa couleur primitive* questa stoffa ha perso il primitivo colore **3** (*ling.*) primitivo: *sens primitif* (*d'un mot*) senso primitivo # *temps primitifs d'un verbe* tempi fondamentali di un verbo **4** (*math.*) *fonction primitive et fonction dérivée* funzione primitiva e funzione derivata ◇ (*géol.*) *terrains primitifs* terreni primari **5** (*se dit des groupes humains qui ignorent l'écriture et les techniques des sociétés plus complexes*) primitivo: *les peuples primitifs* i popoli primitivi ◇ (*par ext.*) *l'art primitif* l'arte primitiva **6** [*fruste, inculte*] primitivo: *il est un peu primitif* è un po' primitivo **II** *s.* **1** *les primitifs d'Australie* i primitivi dell'Australia **2** [*artiste* (*surtout peintre*) *antérieur à la Renaissance*] primitivo: *les primitifs italiens* i primitivi italiani ⓒ I 2 **actuel.**

primitivement |pRimitivmɑ̃| *adv.* [*à l'origine, initialement*] primitivamente.

primitivisme |pRimitivism(ə)| *s.m.* primitivismo.

primo |pRimo| *adv.* [*d'abord, en premier lieu*] primo, in primo luogo *loc. inv.*

primogéniture |pRimoʒenityR| *s.f.* primogenitura.

primo-infection |pRimoɛ̃fɛksjɔ̃| *s.f.* (*méd.*) infezione primaria.

primordial, ale, aux |pRimɔRdjal, o| *adj.* **1** primordiale **2** [*qui est de première importance*] fondamentale: *son rôle a été primordial* il suo ruolo è stato fondamentale; *d'une importance primordiale* di importanza fondamentale, di primaria importanza → **capital, essentiel.**

primordialement |pRimɔRdjalmɑ̃| *adv.* (*rare*) primordialmente.

Primulacées |pRimylase| *s.f. pl.* (*t.bot.*) Primulacee.

prince |pRɛ̃s| *s.m.* **I** **1** (*littér.*) [*celui qui possède une souveraineté*] principe: *les courtisans d'un prince* i cortigiani di un principe ◇ (*loc.*) *le fait du prince* factum principis, atto autoritario **2** [*celui qui appartient à une famille souveraine, sans régner lui-même*] principe: *le prince héritier* il principe ereditario; *les princes du sang* i principi di sangue ◇ (*loc.*) *le prince charmant* [*des contes de fées*] il principe azzurro **3** [*celui qui possède un titre conféré par un souverain; titulaire du plus haut titre de noblesse*] principe **4** [*souverain régnant sur un État portant le nom de 'principauté'*] principe: *le prince de Monaco* il principe di Monaco **5** (*loc.*) *être habillé, vêtu comme un prince* vestire come un principe ~ *être bon prince* [*faire preuve de générosité, de tolérance*] essere magnanimo **II** (*loc.*) *prince de...* principe di: *le prince des apôtres* il principe degli apostoli; *les princes de l'Église* i principi della Chiesa ◇ (*par anal.*) *les princes de la terre* i principi della terra.

prince de Galles |pRɛ̃sdəgal| *adj. et s.m. inv.* principe di Galles.

princeps |pRɛ̃sɛps| (*adj.*) *édition princeps* edizione principe.

princesse |pRɛ̃sɛs| *s.f.* **1** [*fille ou femme d'un prince; fille d'un souverain*] principessa **2** (*loc. fam.*) AUX FRAIS DE LA PRINCESSE a spese del governo, della collettività (*cour.*): *il fait un voyage aux frais de la princesse* fa un viaggio a spese del governo ~ *faire sa princesse, prendre des airs de princesse* far la gran signora, darsi arie da gran signora **3** (*cout.*) 'princesse' *inv.*

princier, ière |pRɛ̃sje, jɛR| *adj.* **1** (*littér.*) [*de prince, de princesse*] principesco*: *titre princier* titolo principesco **2** [*digne d'un prince*] principesco: *un train de vie princier* un tenore di vita principesco → **luxueux, somptueux.**

princièrement |pRɛ̃sjɛRmɑ̃| *adv.* [→ PRINCIER 2] principescamente.

principal |pRɛ̃sipal| *s.m.* **1** rettore (di un collegio) **2** giovane di studio (notarile) **3** (*dr.*) soccombenza *f.* **4** (*mus.*) → **prestant.**

principal, ale, aux |pRɛ̃sipal, o| **I** *adj.* **1** principale: *les principales puissances du monde* le principali potenze del mondo → **premier**; *il joue le rôle principal* interpreta il ruolo principale → **capital, essentiel** ◇ (*gram.*) *proposition principale* proposizione principale ♦ (*s.f.*) *la principale* la principale **2** (*personnes*) *elle est la principale intéressée dans cette affaire* è la principale interessata in questa faccenda **II** *s.m.* [*la chose essentielle*] l'importante, l'essenziale: *le principal est de réussir* l'importante, l'essenziale è riuscire # *c'est le principal* è la cosa più importante.

principalat |pRɛ̃sipala| *s.m.* (*rare, vx.*) [*fonction de principal*] rettorato.

principalement |pRɛ̃sipalmɑ̃| *adv.* [*avant les autres choses, par-dessus tout*] principalmente → 1 **surtout.**

principat |pRɛ̃sipa| *s.m.* (*hist.*) principato → **principauté.**

principauté |pRɛ̃sipote| *s.f.* [*petit État indépendant dont le souverain porte le titre de 'prince'*] principato (*m.*): *la principauté de Monaco* il principato di Monaco.

principe |pRɛ̃sip| *s.m.* **I** **1** principio*: *Dieu considéré comme le principe de l'univers* Dio considerato come principio dell'universo **2** [*cause agissante d'une chose*] origine *f.*, principio: *le principe de toute action est dans la volonté d'un être libre* l'origine, il principio di ogni azione è nella volontà di un essere libero; *remonter jusqu'au principe* risalire all'origine → **source,** 1 **fondement** **3** (*par anal.*) principio: *principes nécessaires à la nutrition* principi nutritivi **II** **1** [*propos. première, posée et non déduite*] principio: *principe posé à priori* principio posto a priori → **postulat, prémisse** **2** [*notion importante à laquelle est subordonné le développement d'un ordre de connaissance*] principio: *les principes de la physique* i princìpi della fisica ◇ *au plur.* [*connaissances élémentaires et essentielles*] elementi: *apprendre les premiers principes d'une science* imparare i primi elementi di una scienza → **rudiment** **III** **1** [*règle d'action*] principio: *une déclaration de principe* una dichiarazione di principio; *j'ai toujours eu pour principe de...* ho sempre avuto come, per principio di...; *partir d'un principe* partire da un principio; *ériger, poser en principe que...* erigere a principio, porre come principio che... → **loi** ◇ (*loc.*) *faire, demander qqch. pour le principe* fare, chiedere q.c. per principio **2** *au plur.* [*les règles morales auxquelles une personne est attachée*] princìpi: *manquer à ses principes* venir meno ai propri princìpi; *il n'est pas dans mes principes de...* non rientra nei mei princìpi di... ✦ (*absolt.*) *une personne sans principes* una persona senza princìpi **IV** *loc.* PAR PRINCIPE [*par une décision à priori*] per principio: *il critique tout par principe* critica tutto per principio ~ DE PRINCIPE: *un accord de principe* un accordo di massima; *une hostilité de principe* una ostilità preconcetta ~ EN PRINCIPE in linea di massima, in linea di principio: *il avait raison en principe* in linea di principio, teoricamente aveva ragione lui.

printanier, ière |pRɛ̃tanje, jɛR| *adj.* [*du printemps*] primaverile: *un temps printanier* un tempo primaverile; *une tenue printanière* un vestito primaverile ◇ (*fam.*) *vous êtes bien printanière, avec cette robe!* come è primaverile con quel vestito!

printanisation |pRɛ̃tanizɑsjɔ̃| *s.f.* (*rare, agric.*) → **vernalisation.**

printemps |pRɛ̃tɑ̃| *s.m.* **1** [*la première des quatre saisons*] primavera (*f.*): *un printemps précoce, tardif* una primavera precoce, tardiva ◇ (*prov.*) *une hirondelle ne fait pas le printemps* una rondine non fa primavera **2** [*jeune âge*] primavera **3** (*vieilli*) [*année*] primavera (*plais.*): *elle avait quinze printemps* aveva quindici primavere; *ses quatre-vingts printemps* le sue ottanta primavere.

priodonte |pRijɔdɔ̃t| *s.m.* (*t.zool.*) priodonte.

priorat |pRijɔRa| *s.m.* (*ecclés.*) priorato.

priori (a) |apRijɔRi| *loc. adv.* → **a priori.**

prioritaire |pRijɔRitɛR| *adj.* che ha la precedenza (*loc.*): *personne prioritaire* persona che ha la precedenza; *le véhicule venant de la droite est prioritaire* il veicolo proveniente da destra è quello che ha la precedenza.

priorité |pRijɔRite| *s.f.* **1** priorità (*inv.*): *il a revendiqué la priorité de sa découverte* ha rivendicato la priorità della propria scoperta # *il faut discuter ce point en priorité* bisogna discutere questo punto per primo **2** [*droit de passer le premier*] precedenza: *laisser la priorité à une voiture* dare la precedenza a una macchina ◇ (*loc.*) *carte de priorité* tessera di precedenza ◇ (*fam.*) *laissez passer les priorités* lasciate passare chi ha la tessera di precedenza.

pris, prise |pRi, pRiz| *adj.* **1** [*occupé*] occupato: *cette place est-elle prise?* è occupato questo posto?; *il a toute la semaine prise* ha la settimana tutta occupata ◇ (*personnes*) [*qui a des occupations*] occupato, impegnato: *nous ne pouvons pas sortir ce soir, je suis prise* non possiamo uscire questa sera, sono occupata, impegnata **2** (*littér.*) *pris de vin* ebbro **3** [*atteint d'une affection*] colpito # *avoir la gorge prise* avere la gola infiammata **4** BIEN PRIS ben fatto: *elle a la taille bien prise* ha la figura ben fatta **5** [*durci, coagulé*] rappreso: *la crème est prise* la crema è rappresa ◇ (*spécialt.*) [*gelé*] gelato.

priscillianisme |pRisiljanism(ə)| *s.m.* (*hist. relig.*) priscillianesimo.

priscillianiste |pRisiljanist(ə)| *s.* priscillianista.

1 **prise** |pRiz| *s.f.* **I** **1** [*manière de saisir et d'immobiliser l'adversaire*] presa: *faire une prise de catch* fare una presa di catch ◇ (*loc.*) *être aux prises avec qqn.* [*se battre avec*] venire alle prese con qc. ~ *se trouver aux prises avec des difficultés* trovarsi alle prese con delle difficoltà ~ *mettre aux prises* mettere di fronte, far affrontare ~ LÂCHER PRISE: (*pr.*) [*cesser de tenir*] lasciare, abbandonare la presa; (*fig.*) [*abandonner*] mollare: *ce n'est pas le moment de lâcher prise* non è il momento di mollare ~ *prise de bec* [*altercation, dispute*] battibecco* *m.* **2** [*endroit, moyen par lequel une chose peut être prise*] presa ◇ [*endroit d'une paroi où l'on peut se tenir*] appiglio* (*m.*): *chercher une prise* cercare un appiglio ◇ *loc.* DONNER PRISE À dare adito a: *donner prise aux soupçons* dare adito ai sospetti ~ AVOIR PRISE SUR far presa su: *tes paroles n'ont pas de prise sur lui* le tue parole non fanno presa su di lui **3** [*action de s'emparer*] presa: *la prise de la Bastille* la presa della Bastiglia ◇ (*dr.*) *mandant de prise de corps* mandato d'arresto *m.* **4** [*capture; personne, chose dont on s'est emparé*] presa, bottino (*m.*): *une belle prise!* una bella presa!, un bel bottino! **II** PRISE DE... [*action d'utiliser, de prendre...*] **1** *prise d'armes* parata militare **2** (*ciné., télév.*) *prise de vue(s)* ripresa; *prise de son* registrazione (del suono) **3** *prise de sang* prelievo *m.* del sangue **4** (*auto.*) *prise directe* presa diretta ◇ (*loc. fig.*) *être en prise directe sur* essere in stretto contatto *m.* con **III** PRISE DE... [*dispositif qui prend...*] *prise d'eau* presa d'acqua; *prise de courant, prise (électrique)* presa di corrente, presa (elettrica) **IV** (*fig.*) *prise de conscience, prise de position* presa di coscienza, presa di posizione; *prise en considération* presa in considerazione; *prise de contact avec qqn.* presa di contatto con qc.

2 **prise** |pRiz| *s.f.* [*dose, pincée* (*de tabac*) *que l'on aspire par le nez*] presa.

prisée |pRize| *s.f.* [→ 1 PRISER] stima: *prisée de vente aux enchères* stima di vendita all'asta.

1 **priser** |pRize| *v.tr.* **1** (*littér.*) [*apprécier, estimer*] apprezzare (*cour.*) ✦ (*au p.p.*) *une qualité fort prisée* una qualità molto apprezzata **2** (*vx.*) [*mettre un prix à*] apprezzare, valutare (*cour.*) → **évaluer.**

2 **priser** |pRize| *v.tr.* [*aspirer* (*du tabac*) *par le nez*] fiutare # *tabac à priser* tabacco da fiuto, da naso.

priseur |pRizœR| *s.m.* → **commissaire-priseur.**

priseur, euse |pRizœR, øz| *s.* chi fiuta tabacco *loc.*, tabaccone.

prismatique |pRismatik| *adj.* prismatico*: *cristal prismatique* cristallo prismatico.

prisme |pRism(ə)| *s.m.* **1** (*géom.*) prisma **2** (*opt.*) prisma ◇ (*fig.*) *voir à travers un prisme* vedere attraverso un prisma **3** (*minér.*) prisma.

prison |pRizɔ̃| *s.f.* **I** **1** carcere *m.*, prigione: *être en prison* essere in carcere, in prigione; *mettre en prison* mandare in carcere → **emprisonner, incarcérer** ◇ (*loc. fam.*) *aimable comme une porte de prison* allegro come un funerale **2** [*tout local où l'on garde des individus enfermés*] prigione **3** [*bâtiment, local dont l'aspect sinistre évoque une prison*] prigione **II** [*peine privative de liberté*] carcere: *condamné à cinq ans de prison* condannato a cinque anni di carcere → **emprisonnement, réclusion.**

prisonnier, ière |pRizɔnje, jɛR| **I** *s.* **1** prigioniero: *prisonnier de guerre* prigioniero di guerra; *il a été fait prisonnier* è stato fatto prigioniero **2** [*personne qui est détenue dans une prison*] detenuto, carcerato **3** [*personne qui est prise par la police*] *faire prisonnier* arrestare ~ *se constituer prisonnier* costituirsi **II** *adj.* prigioniero ◇ (*fig.*) *il était prisonnier de ses préjugés* era prigioniero dei suoi pregiudizi → **esclave.**

prisunic |pRizynik| *s.m. inv.* [*nom d'une chaîne de magasins à succursales multiples*] ⊠.

privat-docent |pRivatdɔsɛnt|,
privat-dozent |pRivatdɔtsɛnt| *s.m.* (*all.*) libero docente (nelle università tedesche, austriache, svizzere).

privatif, ive |pRivatif, iv| *adj.* **1** (*gram.*) privativo: *préfixes privatifs* prefissi privativi **2** (*dr.*) *peine privative de liberté* pena detentiva.

privation |pRivɑsjɔ̃| *s.f.* **1** [→ PRIVER] privazione: *privation des droits civils* privazione dei diritti civili → **1 défaut, 2 manque** **2** *souvent au plur.* privazioni: *elle menait une vie de privations* conduceva una vita di privazioni, di stenti *m.*

privatisation |pRivatizɑsjɔ̃| *s.f.* [→ PRIVATISER] privatizzazione.

privatiser |pRivatize| *v.tr.* [*confier au secteur privé une activité relevant jusqu'alors du secteur publ.*] privatizzare.

privauté |pRivote| *s.f. surtout au pl.* [*libertés excessives* (*en particulier à l'égard d'une femme*)] libertà (*inv.*): *prendre des privautés avec qqn.* prendersi delle libertà con qc.

privé, ée |pRive| *adj.* **1** privato: *voie privée* strada privata; *propriété privée* proprietà privata ◇ [*qui se tient à part*] *audience privée* udienza privata ◇ *loc. adv.* EN PRIVÉ in privato: *puis-je vous parler en privé?* posso parlare in privato? **2** [*individuel, particulier*] privato: *intérêts privés* interessi privati **3** [*personnel*] privato: *sa vie privée ne regarde que lui* la sua vita privata riguarda solo lui → **intime** **4** [*qui n'a aucune part aux affaires publ.*] privato: *en tant que personne privée* come privato cittadino # *de source privée, on apprend que...* apprendiamo da fonte riservata che... → **officieux** **5** [*qui n'est pas d'État*] privato: *enseignement privé* istruzione, scuola privata → **libre**; *les entreprises privées* le imprese private ✦ *s.m.* (*fam.*) *dans le privé* nel settore privato *adj.* (*cour.*) 🄲 **1 public**; 4 **officiel**; 5 **public.**

priver |pRive| **A** *v.tr.* [*empêcher* (*qqn.*) *de jouir* (*d'un bien, d'un avantage*)] privare: *on l'a privé de ses droits* è stato privato dei suoi diritti; *ses bourreaux le privaient de nourriture, de sommeil* i suoi carnefici lo privavano del cibo, del sonno ◇ (*sujet de chose*) *la peur le prive de tous ses moyens* la paura lo priva di tutte le sue risorse **B** *v.pron. réfl.* SE PRIVER [*renoncer* (*à qqch.*) *volontairement*] privarsi: *il se prive de tout* si priva di tutto → **refuser** (se) # *elle ne se prive pas de vous dénigrer* non manca mai, non tralascia di denigrarvi ♦ (*absolt.*) *il n'aime pas se priver* non gli va di imporsi delle rinunce.

privilège |pʀivilɛʒ| *s.m.* **1** privilegio*: *les privilèges des nobles* i privilegi dei nobili → **prérogative** **2** [*avantage que confère qqch.*] vantaggio*: *les privilèges de la beauté* i vantaggi della bellezza **3** [*apanage exclusif de* (*un être, une chose*)] prerogativa (*f.*): *la pensée est le privilège de l'espèce humaine* il pensiero è la prerogativa del genere umano **4** (*dr.*) privilegio.

privilégié, ée |pʀivileʒje| *adj.* **1** privilegiato: *les classes privilégiées* le classi privilegiate ♦ (*s.*) *un privilégié* un privilegiato ◇ (*dr.*) *créance privilégiée* credito privilegiato ◇ (*fin.*) *actions privilégiées* azioni privilegiate **2** [*qui a de la chance*] fortunato: *nous avons été privilégiés, nous avons joui d'un temps splendide* siamo stati fortunati, abbiamo avuto un tempo splendido.

privilégier |pʀivileʒje| *v.tr.* [*doter d'un privilège; accorder une situation privilégiée à* (*qqn. ou qqch.*)] privilegiare.

prix |pʀi| *s.m.* **I** **1** [*rapport de valeur d'un bien à un autre bien; rapport d'échange avec la monnaie*] prezzo: *le prix d'une marchandise* il prezzo di una merce; *à quel prix est ce manteau?* qual è il prezzo di questo cappotto?; *vendre à bas prix, à vil prix* vendere a basso prezzo; *ça coûte un prix fou* il prezzo è esorbitante; *n'avoir pas de prix* non avere prezzo → **coût, valeur** ◇ (*loc.*) *prix d'ami* prezzo da amico ~ *à prix d'or* a peso d'oro ~ *prix coûtant* prezzo di costo ~ *prix de revient* costo di produzione, prezzo di fabbrica ~ *de prix* di prezzo; pregiato ~ *hors de prix* (di valore) inestimabile *adj.*; inabbordabile, a un prezzo astronomico esorbitante ~ *mettre à prix* mettere in vendita, all'asta ~ *mettre à prix la tête de qqn.* mettere una taglia sulla testa di qc. **2** [*valeur relative, ce qu'il en coûte pour obtenir qqch.*] prezzo: *le prix du succès* il prezzo del successo ◇ (*loc.*) *j'apprécie votre geste à son juste prix* apprezzo il suo gesto per il suo giusto valore ~ *donner du prix à* dar valore, importanza a ~ *ils ne céderont à aucun prix* non cederanno a nessun costo ~ *à tout prix* a ogni costo ~ *au prix de* a prezzo di **II** **1** [*récompense destinée à honorer la personne qui l'emporte dans une compétition*] premio*: *prix littéraires* premi letterari ◇ (*dans les écoles*) *distribution des prix* consegna dei premi; *prix d'excellence* primo premio (per l'allievo migliore in tutte le materie) **2** (*par ext.*) *c'est un premier prix du conservatoire* è il vincitore* *s.* del primo premio al conservatorio **3** [*ouvrage couronné par un prix*] premio: *avez-vous lu le prix Goncourt?* ha letto il premio Goncourt? **4** [*épreuve à l'issue de laquelle est décernée cette récompense*] premio: *grand prix automobile* gran premio automobilistico.

pro- |pʀɔ| *préf.* (*signifiant 'en avant, en faveur de', correspond généralt. à*) pro; filo: *progrès* progresso; *proconsul* proconsole || *profrançais* filofrancese; *procommuniste* filocomunista.

pro |pʀo| *s.* → **professionnel.**

probabilisme |pʀɔbabilism(ə)| *s.m.* (*philo., théol.*) probabilismo.

probabiliste |pʀɔbabilist(ə)| *s.* **1** probabilista ♦ *adj.* probabilistico* **2** (*math.*) probabilista ♦ *adj.* [*qui utilise la théorie des probabilités*] probabilistico: *calcul probabiliste* calcolo probabilistico; *statistique probabiliste* statistica probabilistica.

probabilité |pʀɔbabilite| *s.f.* **1** probabilità (*inv.*): *selon toute probabilité* con tutta probabilità → **vraisemblance** **2** (*techn.*) probabilità: *la probabilité d'un événement* la probabilità di un evento ◇ (*écon., phys.*) *calcul des probabilités* calcolo delle probabilità **3** [*apparence, indice qui laisse à penser qu'une chose est probable*] probabilità: *opinion fondée sur de simples probabilités* opinione fondata su semplici probabilità.

probable |pʀɔbabl(ə)| *adj.* **1** probabile: *une hypothèse probable* un'ipotesi probabile ◇ (*théol.*) *opinion probable* opinione probabile **2** [*qu'il est raisonnable de prévoir*]: probabile: *son échec n'est pas certain, mais il est probable* il suo insuccesso non è sicuro, ma è probabile → **vraisemblable**; *il est probable qu'il viendra* è probabile che verrà; *il est peu probable qu'il vienne* è poco probabile che venga ◇ (*ellipt.*) *probable* [*c'est probable*]: *probable que c'est la première fois* è probabile che sia la prima volta ♦ (*s.m.*) *le probable* ciò, quel che è probabile *loc.* © **improbable.**

probablement |pʀɔbabləmɑ̃| *adv.* [→ PROBABLE 2] probabilmente: *c'est probablement ce qui va arriver* probabilmente è quello che capiterà; *probablement que...* probabilmente..., è probabile che...

probant, ante |pʀɔbɑ̃, ɑ̃t| *adj.* probante: *un argument probant* un argomento probante → **concluant, convaincant, décisif**; *ce n'est pas très probant* non è molto probante ◇ (*dr.*) *en forme probante* in forma probante; *pièce probante* documento probatorio*.

probation |pʀɔbɑsjɔ̃| *s.f.* (*ecclés.*) probandato *m.*

probatique |pʀɔbatik| *adj.* (*antiq. jud.*) *piscine probatique* piscina probatica*.

probatoire |pʀɔbatwaʀ| *adj.* di verifica *loc. inv.*, di controllo (*loc. inv.*): *examen probatoire* esame di verifica; *test probatoire* prova di verifica, di controllo # *stage probatoire* tirocinio di prova.

probe |pʀɔb| *adj.* (*littér.*) (*personnes*) probo.

probité |pʀɔbite| *s.f.* probità (*inv.*): *doutez-vous de ma probité?* lei dubita della mia probità? → **honnêteté, intégrité.**

problématique |pʀɔblematik| **1** *adj.* problematico*: *la victoire est très problématique* la vittoria è molto problematica, incerta **2** (*s.f.*) *la problématique* la problematica*.

problématiquement |pʀɔblematikmɑ̃| *adv.* [→ PROBLÉMATIQUE 1] problematicamente.

problème |pʀɔblɛm| *s.m.* **1** problema: *poser, résoudre un problème* porre (impostare), risolvere un problema; *c'est la clef du problème* è la chiave del problema ◇ (*math.*) *résoudre un problème d'algèbre* risolvere un problema di algebra ◇ (*par ext.*) *données, énoncé d'un problème* dati, enunciato di un problema **2** [*difficulté qu'il faut résoudre pour obtenir un résultat; situation instable ou dangereuse exigeant une décision*] problema: *les problèmes de la circulation* i problemi del traffico; *les problèmes du Moyen-Orient* i problemi del Medio Oriente ◇ (*fam.*) *il n'y a pas de problème* non ci sono problemi ◇ (*psycho.*) *problèmes psychologiques*; (*absolt.*) *problèmes* problemi (psicologici); *il est à l'âge où l'on a des problèmes* è nell'età in cui si hanno problemi.

Proboscidiens |pʀɔbɔsidjɛ̃| *s.m. pl.* (*t.zool.*) Proboscidati.

procédé |pʀɔsede| *s.m.* **1** [*façon d'agir à l'égard d'autrui*] comportamento, modo di fare (di agire): *procédés corrects, indélicats* comportamenti, modi di agire corretti, indelicati → 1 **conduite** ◇ (*loc.*) *échange de bons procédés* scambio di cortesie **2** [*méthode employée pour parvenir à un certain résultat*] procedimento, processo: *un procédé technique* un procedimento, processo tecnico ◇ (*abstrait*) *procédés syntaxiques* procedimenti sintattici ◇ (*péj.*) *cela sent le procédé* (ciò) sembra artificioso, non sembra naturale **3** (*billard*) girello di cuoio: *queue à procédé* punta con girello di cuoio.

procéder |pʀɔsede| (8) *v.intr.* **1** (*littér.*) PROCÉDER DE [*tirer son origine de*] procedere (125) (*aux.* essere) da, derivare (*aux.* essere) da (*cour.*): *ces œuvres procèdent du même courant d'idées* queste opere procedono, derivano dalla stessa corrente d'idee → **découler,** 1 **dépendre** ◇ (*théol.*) *le Saint-Esprit procède du Père et du Fils* lo Spirito Santo procede dal Padre e dal Figlio **2** PROCÉDER À [*faire, exécuter* (*un travail complexe, une opération*)] procedere (*aux.* avere) a: *les constructeurs ont d'abord fait procéder à une étude géologique* i costruttori per prima cosa hanno fatto procedere ad uno studio geologico; *on a procédé à une enquête* si è proceduto a un'inchiesta **3** [*agir d'une certaine manière*] procedere: *procédons par élimination, par ordre, par ordre alphabétique* procediamo per eliminazione, con ordine, per ordine alfabetico.

procédure |pʀɔsedyʀ| *s.f.* **1** procedura: *vice de procédure* vizio di procedura, procedurale; *quelle est la procédure à suivre?* qual è la procedura da seguire? # *engager, intenter, introduire une procédure de divorce* iniziare, intentare, avviare un procedimento di divorzio **2** (*dr.*) procedura: *code de procédure civile* codice di procedura, processuale civile.

procédurier, ière |pʀɔsedyʀje, jɛʀ| *adj.* (*péj.*) [*qui est enclin à la procédure, à la chicane*] cavilloso, pignolo ♦ *s.* [*personne qui aime la chicane, recourt volontiers à la procédure*] piantagrane *inv.*, pignolo.

Procellariiformes |pʀɔsellaʀiifɔʀm| *s.m. pl.* (*t.zool.*) Procellariformi.

1 **procès** |pʀɔsɛ| *s.m.* **1** processo: *faire, intenter un procès à qqn.* fare, intentare un processo a, contro qc.; far causa a qc.; *gagner, perdre un procès* vincere, perdere un processo → **ins-**

tance # *être en procès avec qqn.* essere in causa con qc. **2** (*fig.*) *faire le procès de* fare il processo a **3** *loc.* SANS AUTRE FORME DE PROCÈS senza tante formalità, storie: *on l'a renvoyé sans autre forme de procès* lo hanno licenziato senza tante formalità, storie.
2 **procès** |pʀɔsɛ| *s.m.* (*anat., ling.*) processo.
processif, ive |pʀɔsesif, iv| *adj.* (*vx.*) → **chicanier, procédurier.**
procession |pʀɔsesjɔ̃| *s.f.* **1** (*relig.*) processione: *la procession de la Fête-Dieu* la processione del Corpus Domini **2** [*longue suite de personnes* (*qui marchent à la file*)] processione: *que de visites! une vraie procession* quante visite! una vera processione **3** (*théol.*) *procession du Saint-Esprit* processione dello Spirito Santo.
processionnaire |pʀɔsesjɔnɛʀ| *s.f.* (*zool.*) processionaria ◇ (*t.zool.*) *processionnaire du pin* processionaria del pino ✦ (*adj.*) *chenilles processionnaires* bruchi di processionaria *loc. inv.*
processionnal, aux |pʀɔsesjɔnal, o| *s.m.* (*relig.*) libro processionale *adj.*
processionnel, elle |pʀɔsesjɔnɛl| *adj.* (*littér.*) processionale: *cortège processionnel* corteo processionale; *croix processionnelle* croce processionale.
processionnellement |pʀɔsesjɔnɛlmɑ̃| *adv.* (*littér.*) [*en procession, en cortège*] processionalmente.
processus |pʀɔsesys| *s.m.* (*sc.*) processo: *un processus biologique* un processo biologico; *processus de croissance* processo di crescita → 2 **évolution** ◇ (*fig.*) *processus social, politique,* processo sociale, politico.
procès-verbal, aux |pʀɔsɛvɛʀbal, o| *s.m.* **1** verbale, processo verbale: *l'huissier est venu faire le procès-verbal de la saisie* l'ufficiale giudiziario è venuto a stendere il verbale, il processo verbale del pignoramento # *avoir des procès-verbaux pour excès de vitesse* avere delle contravvenzioni, delle multe per eccesso di velocità ◇ (*loc.*) *dresser procès-verbal* redigere un verbale, mettere a verbale **2** [*relation officielle écrite de ce qui a été dit ou fait dans une réunion, une assemblée, etc.*] verbale: *procès-verbal de séance* verbale della seduta; *lire, approuver le procès-verbal* leggere, approvare il verbale.
prochain |pʀɔʃɛ̃| *s.m. sing.* prossimo: *l'amour du prochain* l'amore del prossimo; *dire du mal de son prochain* parlar male del prossimo.
prochain, aine |pʀɔʃɛ̃, ɛn| *adj.* **1** [*qui est près de se produire*] prossimo: *prochain départ, dans une heure!* la prossima partenza, fra un'ora!; *j'irai à la prochaine occasion* andrò alla prossima occasione **2** (*date*) [*qui suit immédiatement*] prossimo: *la semaine prochaine* la settimana prossima; *l'été prochain* l'estate prossima; *la prochaine fois* la prossima volta; *à la prochaine fois!,* (*fam.*) *à la prochaine!* [*formule de départ, de salutation*] alla prossima!, arrivederci! ◇ (*par anal.*) [*suivant*] *je descends au prochain arrêt, à la prochaine station* scendo alla prossima fermata, stazione ◇ (*fam.*) *vous descendez à la prochaine?* scende alla prossima? **3** (*gram., log., théol.*) prossimo.
prochainement |pʀɔʃɛnmɑ̃| *adv.* [*dans un proche avenir*] prossimamente: *je reviendrai prochainement* ritornerò prossimamente → **bientôt.**
1 **proche** |pʀɔʃ| *adj.* [*qui est à peu de distance*] **1** (*dans l'espace*) [*voisin*] vicino: *la gare est proche, toute proche de la ville* la stazione è vicina, vicinissima alla città **2** (*dans le temps*) (*littér.*) [*qui va bientôt arriver, qui est arrivé il y a peu de temps*] vicino (*cour.*), prossimo: *la fin est proche* la fine è vicina, prossima; *des événements tout proches de nous* avvenimenti molto vicini a noi **3** (*abstrait*) [*qui est peu différent*] vicino: *une prose lyrique proche de la poésie* una prosa lirica vicina alla poesia **4** [*dont les liens de parenté sont étroits*] prossimo, stretto: *un proche parent* un parente prossimo, stretto ✦ *s.m. pl.* LES PROCHES [*les parents*] i parenti: *tous ses proches l'ont abandonné* tutti i suoi parenti lo hanno abbandonato **C** **lointain, éloigné.**
2 **proche** |pʀɔʃ| (*loc. adv.*) *de proche en proche* [*en avançant par degré, peu à peu*] a poco a poco, gradatamente *adv.*
prochinois, oise |pʀɔʃinwa, waz| *adj. et s.* (*polit.*) filocinese.
Prochordés |pʀɔkɔʀde| *s.m. pl.* → **Procordés.**
proclamateur, trice |pʀɔklamatœʀ, tʀis| *s.* (*rare*) proclamatore*.
proclamation |pʀɔklamɑsjɔ̃| *s.f.* **1** proclamazione: *la proclamation de la République* la proclamazione della Repubblica → **annonce, déclaration, publication** **2** [*discours ou écrit publ. contenant ce qu'on proclame*] proclama (*m.*): *afficher une proclamation* affiggere un proclama.
proclamer |pʀɔklame| *v.tr.* **1** [*publier ou reconnaître solennellement, par un acte officiel*] proclamare: *proclamer le résultat d'un scrutin* proclamare il risultato di uno scrutinio; *la République est proclamée!* è proclamata la Repubblica!; *proclamer l'état de siège* proclamare lo stato di assedio **2** [*annoncer ou déclarer hautement auprès d'un vaste public*] proclamare: *l'accusé a proclamé son innocence* l'accusato ha proclamato la propria innocenza; *ils proclament que la justice triomphera* proclamano che la giustizia trionferà → **clamer, crier.**
proclitique |pʀɔklitik| *adj.* (*ling.*) proclitico*.
procombant, ante |pʀɔkɔ̃bɑ̃, ɑ̃t| *adj.* (*bot.*) procombente.
proconsul |pʀɔkɔ̃syl| *s.m.* (*hist. rom.*) proconsole.
proconsulaire |pʀɔkɔ̃sylɛʀ| *adj.* **1** (*hist. rom.*) proconsolare **2** (*méd.*) *cou proconsulaire* collo proconsolare.
proconsulat |pʀɔkɔ̃syla| *s.m.* (*hist. rom.*) proconsolato.
Procordés |pʀɔkɔʀde| *s.m. pl.* (*t. zool.*) Procordati.
procrastination |pʀɔkʀastinɑsjɔ̃| *s.f.* (*littér.*) procrastinazione.
procréateur, trice |pʀɔkʀeatœʀ, tʀis| *s.* (*plais.*) procreatore* ✦ *adj.* (*littér.*) *pouvoir procréateur* potere procreatore.
procréation |pʀɔkʀeɑsjɔ̃| *s.f.* (*littér.*) procreazione (*cour.*).
procréer |pʀɔkʀee| *v.tr.* (*littér.*) (*en parlant de l'espèce humaine*) [*engendrer*] procreare.
proctalgie |pʀɔktalʒi| *s.f.* (*méd.*) proctalgia*.
proctite |pʀɔktit| *s.f.* (*méd.*) proctite.
proct(o)- |pʀɔkt(ɔ)| (*signifiant 'anus', correspond générait. à*) proct(o): *proctalgie* proctalgia.
proctologie |pʀɔktɔlɔʒi| *s.f.* proctologia*.
proctorrhée |pʀɔktɔʀe| *s.f.* (*méd.*) proctorrea.
procurable |pʀɔkyʀabl(ə)| *adj.* [→ PROCURER] procurabile.
procurateur |pʀɔkyʀatœʀ| *s.m.* (*hist. rom.*) procuratore: *Ponce Pilate était procurateur de Judée* Ponzio Pilato era procuratore della Giudea ◇ (*hist. mod.*) procuratore → **procureur** 2.
procuratie |pʀɔkyʀasi| *s.f.* (*hist.*) procuratia, procuratoria (*rare*).
procuration |pʀɔkyʀɑsjɔ̃| *s.f.* **1** (*dr.*) procura, delega*: *je vais vous signer une procuration* le firmerò una procura, una delega **2** (*loc.*) *par procuration* per procura, per delega.
procuratoire |pʀɔkyʀatwaʀ| *adj.* (*dr.*) procuratorio*.
procuratrice |pʀɔkyʀatʀis| *s.f.* (*dr.*) procuratrice.
procure |pʀɔkyʀ| *s.f.* (*ecclés.*) procura.
procurer |pʀɔkyʀe| **A** *v.tr.* **1** [*faire obtenir à qqn.* (*qqch. d'utile ou agréable*) *par ses soins*] procurare: *il faut lui procurer un emploi* bisogna procurargli un impiego → **trouver, donner, fournir** □ *se procurer de l'argent* procurarsi del denaro; *se procurer de quoi vivre* procurarsi di che vivere ◇ (*fig.*) *se procurer un plaisir* procurarsi un piacere **2** (*sujet de chose*) [*être la cause ou l'occasion de* (*pour qqn. qui en retire l'avantage*)] procurare: *le plaisir que nous procure la lecture* il piacere che ci procura la lettura → 1 **causer, occasionner** **B** *v.pron. réfl.* SE PROCURER [→ *tr.* 1] procurarsi → *tr.* 1 □.
procureur |pʀɔkyʀœʀ| *s.m.* **1** (*dr.*) procuratore: *agir par procureur* agire tramite procuratore **2** PROCUREUR DE LA RÉPUBLIQUE procuratore della Repubblica; *procureur général* procuratore generale ◇ (*hist.*) PROCUREUR DU ROI procuratore del re **3** (*ecclés.*) procuratore: *le procureur général des Bénédictins* il procuratore generale dei Benedettini ◇ (*par ext.*) *le père procureur* il padre procuratore.
prodigalité |pʀɔdigalite| *s.f.* **1** prodigalità *inv.* **2** *souvent au plur.* [*dépense excessive*] prodigalità: *il s'est ruiné par ses prodigalités* si è rovinato con la sua prodigalità **C** **avarice.**
prodige |pʀɔdiʒ| *s.m.* **I** **1** prodigio* ◇ (*loc.*) *tenir du prodige* avere del prodigioso, del miracoloso **2** [*action très difficile qui émerveille*] prodigio: *vous avez fait des prodiges!* lei ha fatto prodigi! ◇ *un, des prodige(s) de* un prodigio, (dei) prodigi di; *des prodiges de courage* prodigi di coraggio **II** [*personne extraordinaire par ses dons, ses talents*] prodigio: *c'est un petit prodige* è un piccolo prodigio ✦ (*par appos.*) *enfant prodige* bambino (bambina) prodigio.
prodigieusement |pʀɔdiʒjøzmɑ̃| *adv.* [→ PRODIGIEUX] prodigiosamente.
prodigieux, euse |pʀɔdiʒjø, øz| *adj.* prodigioso: *une quantité prodigieuse* una quantità prodigiosa → **considérable**; *sa force était prodigieuse* la sua forza era prodigiosa; *un artiste, un talent prodigieux* un artista, un talento prodigioso → **étonnant, surprenant** ✦

s.m. [*caractère extraordinaire*] prodigioso: *le prodigieux et le sublime* il prodigioso e il sublime.
prodigue |pʀɔdig| *adj.* **1** prodigo*: *il se montre prodigue avec ses amis dans le besoin* si mostra prodigo verso i suoi amici bisognosi → **dépensier** ✦ *s.* [*personne reconnue prodigue par le tribunal*] prodigo, dissipatore* **2** *prodigue de* [*qui distribue, donne abondamment* (*qqch.*)] prodigo di: *il est prodigue de compliments* è prodigo di complimenti 🄲 **économe 2.**
prodiguer |pʀɔdige| **A** *v.tr.* **1** [*accorder, distribuer sans compter, en grand nombre*] prodigare: *on lui a pourtant prodigué des recommandations* eppure gli abbiamo prodigato raccomandazioni; *les soins que sa mère lui prodigue* le cure che sua madre gli (le) prodiga ◇ (*par ext.*) *prodiguer son énergie, son talent* prodigare la propria energia, il proprio talento **2** [*dépenser avec prodigalité* (*ses biens ou ceux d'autrui*)] prodigare, sperperare **B** *v.pron. intr.* SE PRODIGUER [→ *tr.* 2] prodigarsi.
pro domo |pʀodomo| *loc. adv. et adj. inv.* (*lat.*) pro domo sua.
prodrome |pʀɔdʀom| *s.m.* **1** (*littér.*) prodromo: *les prodromes d'une guerre* i prodromi di una guerra **2** *au plur.* (*méd.*) prodromi.
prodromique |pʀɔdʀɔmik| *adj.* (*méd.*) prodromico*.
producteur, trice |pʀɔdyktœʀ, tʀis| **I** *adj.* produttivo, produttore*: *les forces productrices* le forze produttive; *pays producteur d'électricité* paese produttore di energia elettrica **II** *s.* **1** produttore: *directement du producteur au consommateur* direttamente dal produttore al consumatore **2** [*personne ou société qui assure le financement d'un film*] produttore.
productible |pʀɔdyktibl(ə)| *adj.* producibile: *marchandise productible à peu de frais* merce producibile con poca spesa.
productif, ive |pʀɔdyktif, iv| *adj.* produttivo: *sol productif* terreno produttivo; *travail productif* lavoro produttivo # *capital productif d'intérêts* capitale fruttifero ◇ (*dr.*) *le contrat est productif d'obligations* il contratto produce obblighi ◇ (*philo.*) *cause productive* causa attuale.
production |pʀɔdyksjɔ̃| *s.f.* **1** produzione: *il y a eu production de gaz carbonique* c'è stata una produzione di anidride carbonica **2** [*ouvrage* (*de l'art ou de l'esprit*); *ensemble des œuvres* (*d'un artiste, d'un genre ou d'une époque*)] produzione: *la production dramatique du XVIIe siècle* la produzione drammatica del '600 **3** [*le fait de produire plus ou moins* (*en parlant d'une terre, d'une entreprise*); *les biens créés par l'agric. ou l'industrie*] produzione: *une production élevée* una produzione elevata; *la production annuelle de cette mine* la produzione annua di questa miniera; *la production d'un nouveau modèle* la produzione di un nuovo modello → **fabrication** # *les productions su sol, du sous-sol* i prodotti del suolo, del sottosuolo ✦ *absolt.* (*opposé à 'consommation'*) *facteurs de production* fattori produttivi (*adj.*); *les moyens de production* i mezzi di produzione; *coopérative de production* cooperativa di produzione **4** [→ PRODUIRE A I 6] produzione: *la société X a assuré la production de ce film* la società X ha curato la produzione di quel film ◇ (*par ext.*) [*le film lui-même*] *une production à grand spectacle* una produzione spettacolare ◇ [*émission radiophonique, spectacle télévisé*] produzione, trasmissione.
productivité |pʀɔdyktivite| *s.f.* **1** produttività (*inv.*): *productivité d'une terre* produttività di una terra **2** [*rapport du produit aux facteurs de production*] produttività: *accroître la productivité du travail* aumentare la produttività del lavoro → **rendement** ✦ *absolt.* [*ce rapport considéré comme élevé ou devant être accru*] *recherche systématique de la productivité* ricerca sistematica della produttività.
produire |pʀɔdɥiʀ| (75) **A** *v.tr.* **I** [*faire exister*] **1** [*causer, provoquer* (*un phénomène*); *avoir pour conséquence*] produrre (108): *cette nouvelle produisit sur lui une vive impression* quella notizia produsse in lui, gli fece una viva impressione → 1 **faire**; *l'effet produit a été désastreux* l'effetto prodotto è stato disastroso **2** [*composer* (*une œuvre*)] produrre: *produire une tragédie, une comédie* produrre una tragedia, una commedia → **écrire** ✦ (*absolt.*) *un romancier qui produit beaucoup* un romanziere che produce molto **3** [*former naturellement, faire naître*] produrre: *cet arbre produit de beaux fruits* quest'albero produce dei bei frutti → **donner**; *la Grèce a produit beaucoup de grands hommes* la Grecia ha prodotto, generato molti grandi uomini ◇ (*animaux*) [*donner naissance à* (*un être vivant*)] produrre **4** [*faire exister, par une activité économique*] produrre: *un pays qui produit dix millions de tonnes d'acier par an* un paese che produce dieci milioni di tonnellate d'acciaio all'anno **5** [*procurer* (*un profit*)] rendere (105), fruttare: *faire produire son argent* far rendere, fruttare il proprio denaro **6** [*assurer la réalisation matérielle de* (*un film, une émission*), *par le financement et l'organisation*] produrre **II** [*présenter* (*un document*)] presentare, produrre: *produire un certificat* esibire, produrre un certificato → **fournir** **B** *v.pron.* SE PRODUIRE **1** *réfl.* [*jouer, paraître en public au cours d'une représentation*] esibirsi (197), prodursi: *c'est la première fois qu'il se produit sur cette scène* è la prima volta che si esibisce, si produce su queste scene **2** *intr.* (*choses*) [*arriver, survenir*] capitare *intr.*, verificarsi: *cela peut se produire* (ciò) può capitare, accadere ✦ (*impers.*) *il se produisit un incident* si verificò, successe un incidente 🄲 A I 4 **consommer** 1.
produit |pʀɔdɥi| *s.m.* **I** LE PRODUIT (DE) **1** [*ce que rapporte* (*une propriété, une activité*)] *produit brut* incasso, provento lordo; *produit net* incasso, utile netto; *le produit d'un impôt* il gettito di un'imposta; *vivre des produits de ses terres* vivere del reddito della propria terra → **bénéfice, profit, rapport** **2** (*math.*) prodotto: *le produit de deux facteurs* il prodotto di due fattori; *produit d'un nombre multiplié par lui-même* prodotto di un numero moltiplicato per sé stesso; *produit scalaire* prodotto scalare **II** **1** UN, LES PRODUIT(S) (DE) prodotto (di): *les produits de la terre* i prodotti della terra → 1 **fruit**(s); *les produits de la distillation du pétrole* i prodotti della distillazione del petrolio **2** [*production de l'agric. ou de l'industrie*] prodotto: *les produits fabriqués, manufacturés* i prodotti lavorati, i manufatti; *produits bruts, finis* prodotti grezzi, finiti; *produits semi-finis* (prodotti) semilavorati; *produits pharmaceutiques, chimiques* prodotti farmaceutici, chimici; *les produits d'entretien* i prodotti per la pulizia della casa, i casalinghi; *un nouveau produit pour la vaisselle* un nuovo prodotto per lavare i piatti **3** [*animal considéré du point de vue de l'hérédité*] prodotto **4** (*chim.*) prodotto.
proème |pʀɔɛm| *s.m.* (*litt.*) proemio*.
proéminence |pʀɔeminɑ̃s| *s.f.* (*littér.*) prominenza: *proéminence du nez* prominenza del naso; *une proéminence du sol* una prominenza del terreno.
proéminent, ente |pʀɔeminɑ̃, ɑ̃t| *adj.* prominente: *nez, front proéminent* naso, fronte prominente → **saillant.**
prof |pʀɔf| *s.* (*abrév. fam.*) → **professeur.**
profanateur, trice |pʀɔfanatœʀ, tʀis| *s.* profanatore*: *profanateur d'un objet sacré* profanatore di un oggetto sacro ✦ (*adj.*) *une main profanatrice et impie* una mano profanatrice ed empia.
profanation |pʀɔfanɑsjɔ̃| *s.f.* profanazione: *profanation de sépulture* profanazione di tomba ◇ (*fig.*) profanazione → **avilissement,** 2 **dégradation.**
profane |pʀɔfan| *adj.* **1** (*littér.*) (*opposé à 'religieux, sacré'*) profano: *l'art profane* l'arte profana ✦ (*s.m.*) *le profane et le sacré* il sacro e il profano ✦ *s.* [*personne qui n'est pas initiée à une relig.*] profano **2** [*qui n'est pas initié à un art, une science, etc.*] profano: *expliquez-moi, je suis profane en la matière* mi spieghi, sono profano in materia → **ignorant** ✦ (*s.*) *je suis une profane en musique* sono una profana di musica; *aux yeux du profane* agli occhi del profano 🄲 2 **connaisseur.**
profaner |pʀɔfane| *v.tr.* **1** [*traiter sans respect* (*un lieu sacré*), *en violant le caractère sacré*] profanare: *les envahisseurs ont profané plusieurs églises* gli invasori hanno profanato parecchie chiese **2** [*faire un usage indigne, mauvais de* (*qqch.*), *en violant le respect qui est dû*] profanare: *profaner un nom* profanare un nome; *c'est profaner les plus beaux sentiments* questo significa profanare i sentimenti più belli → **avilir,** 1 **dégrader.**
profectif, ive |pʀɔfɛktif, ive| *adj.* (*dr.*) profettizio*: *biens profectifs d'un héritage* beni profettizi di un'eredità.
proférer |pʀɔfeʀe| (8) *v.tr.* [*articuler à voix haute, prononcer avec force*] pro(f)ferire (197): *il partit en proférant des menaces, des injures* andò via profferendo minacce, ingiurie.
profès, esse |pʀɔfɛ, ɛs| *adj.* (*relig.*) professo: *religieuses professes* suore professe ✦ (*s.*) *un profès* un professo.
professer |pʀɔfese| **A** *v.tr.* (*littér.*) [*déclarer hautement* (*un sentiment, une opinion*)] professare: *ils professaient envers leur maître la plus vive admiration* professavano la più viva ammirazione per il loro maestro **B** *v.intr.* [*enseigner en qualité de professeur*] insegnare: *il*

professe dans un lycée parisien insegna in un liceo di Parigi.

professeur |pʀɔfɛsœʀ| *s.m.* (*abrév. fam.* '*prof*') professore, professoressa (*f.*): *professeur de mathématiques, de musique* professore di matematica, di musica; *professeur de collège, de lycée, de faculté* professore di scuola media, di liceo, di università (universitario) || *elle est professeur d'anglais* è professoressa, insegnante d'inglese ♦ (*absolt.*) *une chaire de professeur* una cattedra di professore ◇ (*spécialt.*) *professeur certifié* professore abilitato; *professeur suppléant* (professore) supplente.

1 **profession** |pʀɔfɛsjɔ̃| *s.f.* **1** (*littér.*) FAIRE PROFESSION DE [*proclamer* (*une opinion, une croyance*)] fare professione di: *faire profession d'une opinion politique, d'une religion* fare professione di un'opinione politica, di una religione **2** *profession de foi* professione di fede **3** (*relig.*) professione # *novice qui vient de faire sa profession* novizia che ha appena pronunciato i voti.

2 **profession** |pʀɔfɛsjɔ̃| *s.f.* **1** professione, mestiere (*m.*): *quelle est votre profession?* qual è la sua professione, il suo mestiere? # *femme mariée sans profession* donna sposata casalinga **2** [*métier qui a un certain prestige social ou intellectuel*] professione: *la profession d'avocat* la professione di avvocato; *embrasser, exercer une profession* abbracciare, esercitare una professione → 2 **carrière** # *membre d'une profession libérale* (libero) professionista; *les professions libérales* le professioni liberali, le libere professioni; i (liberi) professionisti ◇ (*fig.*) *faire profession de...* esercitare la professione di..., essere.... professionista **3** *loc.* DE PROFESSION professionista *adj.*, di professione: *un chanteur de profession* un cantante professionista, di professione.

professionnalisme |pʀɔfɛsjɔnalism(ə)| *s.m.* professionismo.

professionnel, elle |pʀɔfɛsjɔnɛl| **I** *adj.* **1** professionale: *orientation professionnelle* orientamento professionale; *formation professionnelle* addestramento, formazione professionale; *enseignement professionnel* istruzione professionale → **technique**; *certificat d'aptitude professionnelle* (*C.A.P.*) licenza professionale; *déformation professionnelle* deformazione professionale; *secret professionnel* segreto professionale ◇ (*spécialt.*) *association, organisation professionnelle* associazione, organizzazione di categoria *loc. inv.*, professionale **2** [*de profession*] professionista: *sportif professionnel* sportivo professionista ♦ *s.* (*sport*) *les professionnels*, (*abrév. fam.*) *pro* i professionisti; *il est passé pro* è passato professionista **II** *s.* **1** *s.* [*personne de métier*] professionista; operatore *m.* ◇ (*spécialt.*) [*ouvrier qualifié* (*appelé 'P1, P2', etc.*)] operaio* specializzato **2** *s.f.* (*fam.*) *une professionnelle* [*une prostituée*] una prostituta (*cour.*).

professionnellement |pʀɔfɛsjɔnɛlmɑ̃| *adv.* [→ PROFESSIONNEL I] professionalmente.

professoral, ale, aux |pʀɔfɛsɔʀal, o| *adj.* professorale # *le corps professoral* il corpo insegnante, docente ◇ (*péj.*) *un ton professoral* un tono professorale → **pédant.**

professorat |pʀɔfɛsɔʀa| *s.m.* professorato → **enseignement.**

profil |pʀɔfil| *s.m.* **1** profilo: *profil grec* profilo greco; *profil perdu* profilo sfuggente; *dessiner le profil de qqn.* disegnare il profilo di qc. → **contour** **2** *loc.* DE PROFIL di profilo: *un portrait de profil* un ritratto di profilo; *dessiner, peindre qqn. de profil* disegnare, dipingere qc. di profilo **3** [*représentation ou aspect d'une chose dont les traits, les contours se détachent*] profilo, sagoma (*f.*): *le profil de la cathédrale se découpait sur le ciel* il profilo, la sagoma della cattedrale si stagliava nel cielo → **silhouette** ◇ (*archit.*) *profil d'une corniche, d'une moulure* profilo, sezione *f.* di una cornice, di una modanatura ◇ (*géol.*) *profil d'un lit de rivière, d'un sol* profilo del letto di un fiume, di un terreno ◇ (*par anal.*) *profil en long, en travers d'une route, d'une voie de chemin de fer* profilo longitudinale, trasversale di una strada, di una linea ferroviaria ◇ (*géom.*) *plan de profil* piano di sezione *f.* **4** (*fig.*) [*courbe dont les éléments proviennent des résultats de tests*] profilo: *profil psychologique* profilo psicologico.

profilage |pʀɔfilaʒ| *s.m.* (*techn.*) profilatura *f.*

profilé, ée |pʀɔfile| *adj.* profilato: *acier profilé* acciaio profilato ♦ (*s.m.*) *un profilé* un profilato: *profilés métalliques* profilati metallici.

profiler |pʀɔfile| **A** *v.tr.* (*choses*) **1** [*présenter* (*ses contours*) *avec netteté*] profilare **2** [*établir en projet ou en exécution le profil de*] profilare: *profiler une carlingue* profilare una carlinga **B** *v.pron. intr.* SE PROFILER **1** (*constr.*) [*avoir un profil déterminé*] profilarsi, stagliarsi **2** [*se montrer en silhouette, avec des contours précis*] profilarsi, stagliarsi: *les tours se profilaient sur le ciel* le torri si profilavano, si stagliavano nel cielo → **découper (se), dessiner (se),** 1 **détacher (se).**

profileur |pʀɔfilœʀ| *s.m.* (*techn.*) profilatoio*.

profit |pʀɔfi| *s.m.* **1** profitto: *profit matériel, intellectuel, moral* profitto materiale, intellettuale, morale; *il ne cherche que son profit* cerca solo il proprio profitto → **avantage, bénéfice** ◇ (*loc.*) *il y a du profit, il y a profit à* c'è vantaggio, c'è vantaggio a ~ *avoir le profit de* (*qqch.*) approfittare di q.c. ~ *faire son profit de qqch.* approfittare di q.c., trarre profitto da q.c. ~ *tirer profit de qqch.* trarre profitto da q.c. ~ *mettre à profit* mettere a profitto ~ AU PROFIT DE (*qqn., qqch.*) a beneficio, a vantaggio di: *fête donnée au profit d'œuvres* festa data a beneficio di opere assistenziali → **(au) benefice (de)** ◇ (*par ext.*) *trahir qqn. au profit d'un ami* tradire qc. a vantaggio di un amico ◇ (*fam.*) (*choses*) *faire du profit, beaucoup de profit* [*être d'un usage économique*] essere (molto) economico (*cour.*), conveniente (*cour.*); dare una buona, un'ottima resa **2** *un, les profit(s)* [*gain, avantage pécuniaire que l'on retire d'une chose ou d'une activité*] guadagno, profitto: *profits illicites* guadagni, profitti illeciti; *faire de petits profits* fare piccoli guadagni ◇ (*compt.*) *profits et pertes* profitti e perdite; *profit brut, net* utile, profitto lordo, netto ◇ (*écon.*) *le profit* il profitto: *la loi du profit* la legge del profitto; *niveler les profits* livellare i profitti Ⓒ **dommage, perte.**

profitable |pʀɔfitabl(ə)| *adj.* [→ PROFITER 3] profittevole, utile; proficuo: *profitable à qqn.* profittevole, utile a qc.; *cette leçon lui sera peut-être profitable* forse la lezione gli sarà utile, gli servirà → **avantageux** Ⓒ **néfaste.**

profitablement |pʀɔfitabləmɑ̃| *adv.* [→ PROFITABLE] proficuamente, profittevolmente (*rare*) → **fructueusement.**

profitant, ante |pʀɔfitɑ̃, ɑ̃t| *adj.* (*fam.*) [*qui est d'un usage économique, qui 'fait du profit'*] conveniente (*cour.*), economico* (*cour.*); di buona resa *loc. inv.*

profiter |pʀɔfite| *v.intr.* **1** (*personnes*) PROFITER DE [*tirer avantage de*] (ap)profittare di: *il faut profiter de l'occasion* bisogna approfittare dell'occasione → **saisir** ◇ (*par anal.*) PROFITER DE (QQCH.) POUR... approfittare di (q.c.) per...: *il en a profité pour se sauver* ne ha approfittato per scappar via; *il profita de ce que je ne le voyais pas* approfittò del fatto che non lo vedevo **2** (*fam.*) [*se développer, se fortifier*] crescere (128) (*aux.* essere) (*cour.*), svilupparsi *pron.* (*cour.*): *cet enfant a bien profité* questo bambino è cresciuto, si è sviluppato bene **3** (*choses*) PROFITER À (QQN.) [*apporter du profit; être utile* (*à*)] avvantaggiare *tr.* (qc.), giovare a (qc.): *vos conseils m'ont bien profité* i vostri consigli mi hanno molto giovato; *cette entreprise lui a beaucoup profité* quell'impresa lo ha avvantaggiato molto, gli ha giovato molto → **servir** ♦ *absolt.* (*prov.*) *bien mal acquis ne profite jamais* la farina del diavolo se ne va in crusca ◇ (*fam.*) [*être d'un usage avantageux, économique*] rendere (105) (*cour.*): *c'est un plat qui profite* è un piatto che rende Ⓒ 1 **gâcher, négliger.**

profiterole |pʀɔfitʀɔl| *s.f.* (*pâtiss.*) 'profiterole' *m. inv.*

profiteur, euse |pʀɔfitœʀ, øz| *s.* (*péj.*) profittatore*: *les profiteurs de guerre* i profittatori di guerra.

profond, onde |pʀɔfɔ̃, ɔ̃d| **I** *adj.* **1** profondo: *un puits profond* un pozzo profondo; *profond de 30 cm* profondo 30 cm ◇ (*eaux*) *un endroit profond* un punto profondo; *eaux profondes* acque profonde **2** [*qui est loin au-dessous de la surface du sol ou de l'eau*] profondo: *une cave profonde* una cantina profonda → **bas** ◇ (*ellipt.*) *au plus profond de* nel più profondo di **3** [*dont le fond est loin de l'orifice, des bords*] profondo: *un placard profond* un armadio a muro profondo; *un fauteuil profond* una poltrona profonda; *la rade est profonde* la rada è profonda **4** (*trace, empreinte...*) [*très marqué*] profondo: *rides profondes* rughe profonde **5** [*qui évoque la profondeur*] profondo: *un regard profond* uno sguardo profondo; *une nuit profonde* una notte profonda → **épais**; *d'un vert profond* di un verde profondo; *tomber dans un profond sommeil* cadere in un sonno profondo **6** (*mouvement, opération*) [*qui descend très bas, ou pénètre très avant*] profondo: *un forage profond* una perforazione profonda ◇ (*par anal.*) *un profond salut* un profondo inchino **7** [*qui va au fond ou vient du fond des poumons*] profondo: *une aspiration profonde* una profonda aspirazione; *une voix profonde* una voce profonda → **grave** **8** *abstrait* (*en parlant de l'esprit, de ses* *activités*) [*qui va au fond des choses*] profondo: *c'est un esprit profond* è una mente profonda → **pénétrant**; *de profondes réflexions* profonde riflessioni ◇ (*personnes*) *un écrivain profond* uno scrittore profondo; *un profond penseur* un profondo pensatore **9** [*intérieur, difficile à atteindre*] profondo: *la signification profonde d'une œuvre* il significato profondo di un'opera ◇ (*psycho.*) *nos tendances profondes* le nostre tendenze profonde, inconsce **10** [*très grand, extrême en son genre*] profondo: *un profond silence* un profondo silenzio; *une différence profonde* una profonda differenza; *éprouver une joie profonde* provare una gioia profonda → **intense** # *une erreur profonde* un gravissimo errore **II** *s.* **1** *s.m.* (*fig.*) profondo, profondità *f. inv.* ◇ (*par ext.*) [*ce qui est profond*] *le clair n'exclut pas le profond* la chiarezza non esclude la profondità **2** *s.f.* (*pop., vieilli*) [*poche*] saccoccia* **III** *adv.* [*profondément; bas*] profondo, in profondità (*loc. inv.*): *creuser très profond* scavare molto profondo, molto in profondità Ⓒ I **superficiel.**

profondément |pʀɔfɔ̃demɑ̃| *adv.* [→ PROFOND I] profondamente, in profondità (*loc. inv.*): *creuser profondément la terre* scavare profondamente la terra, scavare la terra in profondità ◇ (*par ext.*) *dormir profondément* dormire profondamente; *respirer profondément* respirare profondamente; *j'en suis profondément convaincu* ne sono profondamente convinto → **intimement**; *je l'aime profondément* l'amo profondamente → **vivement** ◇ (*par anal.*) *c'est profondément différent* è profondamente, del tutto diverso → **foncièrement**; *il est profondément vexé* è profondamente offeso → **extrêmement.**

profondeur |pʀɔfɔ̃dœʀ| *s.f.* **I** **1** profondità (*inv.*): *la profondeur du fossé* la profondità del fosso ◇ (*par anal.*) *les profondeurs de l'océan, de la mine* le profondità dell'oceano, della miniera **2** [*dimension verticale d'un corps, d'un espace à trois dimensions, mesurée de haut en bas*] profondità; *profondeur d'une boîte* profondità di una scatola ◇ [*distance au-dessous de la surface (du sol, de l'eau)*] *à deux mètres de profondeur* a due metri di profondità; *creuser en profondeur* scavare in profondità ◇ (*aviat., mar.*) *gouvernail de profondeur* timone di profondità ◇ (*par anal.*) *la profondeur d'un tiroir* la profondità di un cassetto ◇ (*ciné., photo., télév.*) *profondeur de champ* profondità di campo **3** [*suggestion d'un espace à trois dimensions sur une surface*] profondità: *la profondeur est rendue par la perspective* la profondità è resa dalla prospettiva ◇ (*fig.*) *profondeur des yeux, du regard* profondità degli occhi, dello sguardo **4** [*caractère de ce qui s'enfonce*] profondità: *la profondeur d'un forage* la profondità di una perforazione **II** *abstrait* **1** [*qualité de ce qui va au fond des choses, au delà des apparences*] profondità: *un esprit, une œuvre sans profondeur* uno spirito, un'opera senza profondità **2** (*vie affective*) [*caractère de ce qui est durable, intense*] profondità, intensità (*inv.*): *la profondeur d'un sentiment* la profondità, l'intensità di un sentimento **3** *loc.* EN PROFONDEUR in profondità: *nous devons agir en profondeur* dobbiamo agire in profondità **4** (*psycho.*) profondo *m.*, inconscio* (*m.*): *la psychologie des profondeurs* la psicologia del profondo, dell'inconscio.

proforma |pʀɔfɔʀma| *loc. adv.* (*comm.*) proforma, pro forma: *une facture proforma* una fattura proforma.

profus, use |pʀɔfy, yz| *adj.* (*littér.*) profuso: *une lumière profuse* una luce profusa → **abondant.**

profusément |pʀɔfyzemɑ̃| *adv.* [*avec profusion, en abondance*] profusamente.

profusion |pʀɔfyzjɔ̃| *s.f.* **1** profusione: *profusion de cadeaux* profusione di regali ◇ (*par ext.*) [*abondance excessive*] *une profusion d'ornements, de détails* una profusione di ornamenti, di particolari → **débauche, surabondance** **2** *loc. adv.* À PROFUSION a profusione, in abbondanza: *vous aurez tout à profusion* avrà tutto a profusione, in abbondanza.

progéniture |pʀɔʒenityʀ| *s.f.* (*littér.*) progenie *inv.*, prole *sing.* (*cour.*) → **enfant, petit** ◇ (*plais.*) *le père promenait sa progéniture* il padre portava a spasso la prole.

progestatif, ive |pʀɔʒɛstatif, iv| *adj.* (*biol.*) progestativo.

progestérone |pʀɔʒɛsteʀɔn| *s.f.* (*physiol.*) progesterone *m.*

proglottis |pʀɔglɔtis| *s.m.* (*zool.*) proglottide *f.*

prognathe |pʀɔgnat| *adj.* (*anat.*) prognato: *races prognathes* razze prognate ◇ (*par anal.*) *être prognathe* avere il mento sporgente, avere la bazza.

prognathisme |pʀɔgnatism(ə)| *s.m.* (*anat.*) prognatismo.

progouvernemental, ale, aux |pʀɔguvɛʀnəmɑ̃tal, o| *adj.* [*qui est partisan du gouvernement*] filogovernativo.

programmateur, trice |pʀɔgʀamatœʀ, tʀis| *s.* programmatore* ✦ *adj.* programmatore, programmatorio*.

programmation |pʀɔgʀamɑsjɔ̃| *s.f.* **1** programmazione **2** (*cybernétique, informatique*) programmazione: *programmation d'une machine électronique* programmazione di una macchina elettronica.

programme |pʀɔgʀam| *s.m.* **1** programma: *un programme de télévision* un programma televisivo ◇ (*par ext.*) *changement de programme* cambiamento di programma; *un programme intéressant* un programma interessante ◇ (*fig., fam.*) *quel est le programme des réjouissances?* qual è il programma? **2** [*ensemble des matières qui sont enseignées dans un cycle d'études ou qui forment le sujet d'un examen*] programma: *le programme de la licence* il programma dell'esame di laurea; *œuvres inscrites au programme* opere in programma **3** [*suite d'actions que l'on se propose d'accomplir pour arriver à un résultat*] programma: *il s'est donné un programme de travail* si è fatto un programma di lavoro; *c'est tout un programme* è tutto un programma → **projet** **4** [*exposé général des intentions, des objectifs d'un homme ou d'un parti polit.*] programma: *un programme de réformes* un programma di riforme ◇ (*écon.*) programma **5** (*informatique*) programma: *le programme d'un ordinateur* il programma di un calcolatore elettronico; *programme sur bande perforée, magnétique* programma su nastro perforato, magnetico.

programmer |pʀɔgʀame| **A** *v.tr.* [*inclure dans un programme de ciné., de radio*] programmare: *cette émission a été programmée à une heure trop tardive* questa trasmissione è stata programmata ad un'ora troppo tarda **B** *v. intr.* (*informatique*) [*élaborer un programme (5) sur machine*] programmare.

programmeur, euse |pʀɔgʀamœʀ, øz| *s.* programmatore*.

progrès |pʀɔgʀɛ| *s.m.* **1** progresso, il progredire (*inv.*): *le progrès du mal, de la maladie* il progresso, il progredire del male, della malattia → **développement** # *la criminalité est en progrès, fait des progrès* la criminalità è in aumento, aumenta **2** [*développement en bien*] progresso: *cet élève ne fait aucun progrès* questo alunno non fa alcun progresso; *le progrès social, scientifique* il progresso sociale, scientifico → **amélioration** ◇ (*fam.*) *il y a du progrès* c'è un progresso, va meglio **3** (*absolt.*) *le progrès* il progresso: *croire au progrès* credere nel progresso **4** [*le fait de se répandre, de s'étendre dans l'espace, de gagner du terrain*] il propagarsi (*inv.*): *les progrès de l'incendie, d'une épidémie* il propagarsi dell'incendio, di un'epidemia → **propagation.**

progresser |pʀɔgʀese| *v.intr.* **1** (*choses*) [*se développer, être en progrès*] progredire (197) (*aux.* essere): *le mal a progressé* il male è progredito → **empirer** ◇ (*personnes*) [*faire des progrès, être dans un état meilleur*] progredire (*aux.* avere), migliorare (*aux.* essere) **2** [*avancer, gagner régulièrement du terrain*] avanzare (*aux.* essere, avere): *l'ennemi progresse* il nemico avanza Ⓒ **1 décroître, reculer**; **2 régresser.**

progressif, ive |pʀɔgʀesif, iv| *adj.* **1** progressivo: *un développement progressif* uno sviluppo progressivo → **graduel** ◇ (*ling.*) progressivo: *forme progressive* forma progressiva ◇ (*méd.*) *paralysie générale progressive* paralisi generale progressiva **2** [*qui suit une progression, un mouvement par degrés*] progressivo: *impôt progressif* imposta progressiva Ⓒ **2 dégressif.**

progression |pʀɔgʀesjɔ̃| *s.f.* **1** (*math.*) progressione: *progression arithmétique, géométrique* progressione aritmetica, geometrica ◇ (*mus.*) progressione: *progression mélodique* progressione melodica **2** [*suite ininterrompue, graduelle, correspondant à un développement*] progressione → **gradation** **3** [*mouvement dans une direction déterminée, mouvement en avant*] avanzata: *la lente progression des glaciers* la lenta avanzata dei ghiacciai ◇ (*milit.*) *progression d'une armée* avanzata di un esercito → **avance, 2 marche** **4** [*développement par degrés, régulier et continu*] progresso (*m.*): *la progression du mal* il progresso della malattia.

progressisme |pʀɔgʀesism(ə)| *s.m.* progressismo.

progressiste |pʀɔgʀesist(ə)| *adj.* progressista: *parti progressiste* partito progressista; *idées progressistes* idee progressiste ◇ (*par ext.*) [*qui est partisan d'une polit. d'extrême gauche*] *chrétiens progressistes* cristiani progressisti ✦ (*s.*) *un progressiste* un progressista Ⓒ **conservateur 2.**

progressivement |pRɔgResivmɑ̃| *adv.* [→ PROGRESSIF] progressivamente: *augmenter, diminuer progressivement* aumentare, diminuire progressivamente → **graduellement.**

progressivité |pRɔgResivite| *s.f.* progressività *inv.* ◇ (*spécialt.*) *progressivité de l'impôt* progressività dell'imposta.

prohibé, ée |pRɔibe| *adj.* proibito: *armes prohibées* armi proibite.

prohiber |pRɔibe| *v.tr.* [*défendre, interdire par une mesure légale*] proibire (197) [C] **autoriser.**

prohibitif, ive |pRɔibitif, iv| *adj.* **1** (*littér.*) proibitivo, di divieto *loc. inv.* (*cour.*): *des mesures prohibitives* provvedimenti proibitivi, di divieto ◇ (*dr.*) *régime, système prohibitif* regime proibitivo, sistemi proibitivi, di interdizione *loc. inv.* **2** *droits, tarifs douaniers prohibitifs* dazi proibitivi, tariffe doganali proibitive ◇ (*par ext.*) (*d'un prix*) [*trop élevé, excessif; trop cher*] proibitivo: *un prix exhorbitant, prohibitif* un prezzo esorbitante, proibitivo.

prohibition |pRɔibisjɔ̃| *s.f.* **1** proibizione: *prohibition du port d'armes* proibizione del porto d'armi **2** [*interdiction d'importer, de fabriquer, de vendre certaines marchandises, certaines denrées*] proibizione, divieto *m.* ✦ (*absolt.*) *la prohibition* [*celle de l'alcool, naguère, aux États-Unis*] il proibizionismo *m.*

prohibitionnisme |pRɔibisjɔnism(ə)| *s.m.* (*admin.*) proibizionismo.

prohibitionniste |pRɔibisjɔnist(ə)| *s.* proibizionista ✦ (*adj.*) proibizionistico*.

proie |pRwa(ɑ)| *s.f.* **1** [*être vivant dont un animal s'empare pour le dévorer*] preda: *manger, dévorer une proie* mangiare, divorare una preda ◇ *loc.* DE PROIE da preda: *oiseau de proie* uccello da preda → **prédateur** **2** [*bien dont on s'empare par force; personne qu'on dépouille*] preda: *sa fortune fut la proie des créanciers, des voleurs* la sua fortuna fu preda dei creditori, dei ladri; *ce fut une proie facile pour ces escrocs* fu (una) facile preda per quei truffatori **3** *loc.* ÊTRE LA PROIE DE... (*personnes*) essere vittima di...: *il a été la proie de ces escrocs* è stato vittima di quegli imbroglioni ◇ (*fig.*) [*être absorbé, pris par* (*un sentiment, une force hostile*)] preda, vittima: *être la proie du malheur* essere preda, vittima della sfortuna ◇ (*choses*) *la forêt fut en un instant la proie des flammes* in un attimo la foresta fu preda delle fiamme, in preda alle fiamme **4** *loc.* EN PROIE À... in preda a...: *il était en proie au désespoir* era in preda alla disperazione.

projecteur |pRɔʒɛktœR| *s.m.* **1** proiettore: *des projecteurs de théâtre* proiettori da teatro **2** [*appareil servant à projeter des images sur un écran*] proiettore: *projecteur de cinéma* proiettore cinematografico; *projecteur sonore* proiettore sonoro.

projectif, ive |pRɔʒɛktif, iv| *adj.* (*géom.*) proiettivo: *géométrie projective* geometria proiettiva.

projectile |pRɔʒɛktil| *s.m.* proiettile: *projectiles d'artillerie* proiettili d'artiglieria; *grêle, pluie de projectiles* gragnuola, pioggia di proiettili ◇ (*mécan.*) *vitesse initiale d'un projectile* velocità iniziale di un proiettile.

projection |pRɔʒɛksjɔ̃| *s.f.* **I** (*sc.*) **1** proiezione: *l'éruption commença par une projection de cendres* l'eruzione iniziò con una proiezione di ceneri ◇ *au plur.* [*matières projetées*] proietto *m. sing.* **2** (*géom.*) proiezione: *projection orthogonale* proiezione ortogonale ◇ (*cartographie*) proiezione **3** [*action de projeter des radiations, des rayons lumineux; ces rayons*] proiezione: *projection d'une ombre* proiezione di un'ombra **4** (*psycho.*) proiezione **II** [*action de projeter une image sur un écran*] proiezione: *la projection d'un film* la proiezione di un film # *appareil de projection* proiettore.

projectionniste |pRɔʒɛksjɔnist(ə)| *s.* proiezionista.

projecture |pRɔʒɛktyR| *s.f.* (*archit.*) aggetto *m.*

projet |pRɔʒɛ| *s.m.* **1** progetto: *projets de vacances* progetti di vacanza; *projet de mariage* progetto di matrimonio; *caresser un projet* accarezzare un progetto; *faire des projets au lieu d'agir* fare progetti invece di agire; *dévoiler ses projets* svelare i propri progetti; *nous allons réaliser nos projets* realizzeremo i nostri progetti; *quels sont vos projets pour cet été?* quali sono i vostri progetti per quest'estate? → **dessein, intention,** 2 **plan** **2** [*travail, rédaction préparatoire; premier état*] progetto: *un projet de roman* un progetto di romanzo; *ce travail est resté à l'état de projet* questo lavoro è rimasto allo stadio di progetto ◇ (*spécialt.*) *projet de loi* progetto di legge; *voter, adopter, rejeter un projet de loi* votare, approvare, respingere un progetto di legge ◇ [*dessin d'un édifice à construire*] *dresser un projet sommaire de constructions* preparare il progetto di massima di alcune costruzioni → **avant-projet**; *projet d'exécution* progetto esecutivo ◇ [*dessin, modèle antérieur à la réalisation*] *l'étude d'un projet* lo studio di un progetto, la progettazione; *l'auteur d'un projet* il progettista.

1 **projeter** |pRɔʒte| (5) **A** *v.tr.* **1** [*jeter en avant et avec force*] proiettare: *le volcan projetait une pluie de pierres* il vulcano proiettava una pioggia di lapilli → 1 **lancer** **2** [*envoyer sur une surface* (*des rayons lumineux, une image*)] proiettare: *les silhouettes projetées sur le mur* le sagome proiettate sul muro ◇ (*ciné., photo.*) *projeter un film, des diapositives* proiettare un film, delle diapositive **3** (*psycho.*) *projeter un sentiment sur qqn.* [*lui attribuer un sentiment, un état affectif qu'on a soi-même*] proiettare un sentimento su qc. **B** *v.pron. intr.* SE PROJETER [*se profiler*] proiettarsi, profilarsi: *l'ombre du palais se projetait sur les jardins* l'ombra del palazzo si proiettava, si profilava sui giardini.

2 **projeter** |pRɔʒte| (5) *v.tr.* [*former l'idée de* (*ce que l'on veut faire et des moyens pour y parvenir*)] progettare: *il projetait un voyage* progettava un viaggio.

projeteur |pRɔʒtœR| *s.m.* progettista *s.*

prolactine |pRɔlaktin| *s.f.* (*physiol.*) prolattina, prolactina.

prolamine |pRɔlamin| *s.f.* (*biol.*) prolamina.

prolan |pRɔlɑ̃| *s.m.* (*physiol.*) prolan *inv.*

prolapsus |pRɔlapsys| *s.m.* (*méd.*) prolasso: *prolapsus de l'utérus, du rectum* prolasso dell'utero, del retto → **descente, ptose.**

prolation |pRɔlɑsjɔ̃| *s.f.* (*hist. mus.*) prolazione.

prolégomènes |pRɔlegɔmɛn| *s.m. pl.* (*litt., philo.*) prolegomeni.

prolepse |pRɔlɛps(ə)| *s.f.* (*ling.*) prolessi *inv.*

proleptique |pRɔlɛptik| *adj.* (*ling.*) prolettico*.

prolétaire |pRɔletɛR| *s.m.* (*abrév. pop.* 'prolo') proletario* *s.* [C] **capitaliste, bourgeois.**

prolétariat |pRɔletaRja| *s.m.* proletariato: *prolétariat urbain, ouvrier, rural* proletariato urbano, operaio, agricolo ◇ (*spécialt.*) *dictature du prolétariat* dittatura del proletariato [C] **bourgeoisie, capital, aristocratie.**

prolétarien, ienne |pRɔletaRjɛ̃, jɛn| *adj.* proletario*: *la révolution prolétarienne* la rivoluzione proletaria.

prolétarisation |pRɔletaRizɑsjɔ̃| *s.f.* [→ PROLÉTARISER] proletarizzazione.

prolétariser |pRɔletaRize| *v.tr.* [*réduire à la condition de prolétaire*] proletarizzare ✦ (*au p.p.*) *petits propriétaires ruraux prolétarisés* piccoli proprietari rurali proletarizzati.

prolifération |pRɔlifeRɑsjɔ̃| *s.f.* **1** (*biol., bot.*) proliferazione: *prolifération microbienne* proliferazione microbica **2** [*multiplication rapide*] proliferazione, prolificazione: *prolifération de plantes, d'animaux* proliferazione, prolificazione di piante, di animali ◇ (*fig.*) *la prolifération des doctrines, des théories, des écoles* la proliferazione delle dottrine, delle teorie, delle scuole.

prolifère |pRɔlifɛR| *adj.* (*bot.*) prolifero: *fleur, fruit prolifère* fiore, frutto prolifero.

proliférer |pRɔlifeRe| (8) *v.intr.* **1** [*se multiplier, se reproduire* (*cellules vivantes*); *engendrer, produire un organe, un tissu par des divisions cellulaires*] proliferare **2** [*se multiplier en abondance, rapidement*] proliferare: *le gibier prolifère dans cette région* la cacciagione prolifera in questa regione **3** [*naître en grand nombre, foisonner*] proliferare, pullulare: *on voit proliférer les agences immobilières* si vedono proliferare, pullulare le agenzie immobiliari.

prolificité |pRɔlifisite| *s.f.* (*littér., sc.*) prolificità *inv.*

prolifique |pRɔlifik| *adj.* **1** prolifico*: *les lapins sont prolifiques* i conigli sono prolifici **2** (*plais.*) *un romancier prolifique* un romanziere prolifico.

proligère |pRɔliʒɛR| *adj.* (*sc.*) proligero.

prolixe |pRɔliks(ə)| *adj.* prolisso: *un orateur prolixe* un oratore prolisso → **verbeux** ◇ (*par ext.*) [*abondant, copieux*] *style prolixe* stile prolisso [C] **concis, sobre.**

prolixement |pRɔliksəmɑ̃| *adv.* (*littér.*) [→ PROLIXE] prolissamente (*cour.*): *écrire prolixement* scrivere prolissamente.

prolixité |pRɔliksite| *s.f.* (*littér.*) prolissità *inv.* (*cour.*): *expliquer qqch. avec prolixité* spiegare q.c. con prolissità.

prolo |pRɔlo| *s.m.* (*abrév. pop.*) → **prolétaire.**

prologue |pRɔlɔg| *s.m.* **1** (*litt.*) prologo*: *les prologues de la tragédie grecque* i prologhi della tragedia greca ◇ (*mus.*) preludio* **2** [*texte introductif*] prologo, introduzione (*f.*): *prologue en vers* prologo, introduzione in versi ◇ [*préliminaire, prélude*] prologo, preludio: *cette rencontre fut le prologue à la conférence* quell'incontro fece da prologo, preludio alla conferenza **C** **épilogue.**

prolongateur |pRɔlɔ̃gatœR| *s.m.* (*électr.*) prolunga* *f.*

prolongation |pRɔlɔ̃gasjɔ̃| *s.f.* **1** [→ PROLONGER A 1] proroga*, prolungamento (*m.*): *prolongation d'une trêve* proroga, prolungamento di una tregua; *obtenir une prolongation de congé* ottenere il prolungamento delle ferie **2** [*temps accordé en plus*] proroga → **délai** ◇ (*football*) ricupero *m.*, tempo *m.* supplementare: *jouer les prolongations* giocare il ricupero, giocare i tempi supplementari.

prolonge |pRɔlɔ̃ʒ| *s.f.* (*artill., techn.*) prolunga*: *prolonge d'artillerie* prolunga d'artiglieria.

prolongé, ée |pRɔlɔ̃ʒe| *adj.* **1** (*dans le temps*) prolungato: *rire, cri prolongé* riso, grido prolungato ◇ (*dans l'espace*) *rue prolongée* strada prolungata; prolungamento di via **2** (*fam.*) *une jeune fille prolongée* una ragazza un po' stagionata.

prolongement |pRɔlɔ̃ʒmɑ̃| *s.m.* **1** prolungamento: *décider le prolongement d'une autoroute* decidere il prolungamento di un'autostrada → **allongement** **2** [*ce qui prolonge la partie principale d'une chose*] prolungamento: *les prolongements de la cellule nerveuse* i prolungamenti della cellula nervosa **3** (*loc.*) *dans le prolongement de...* nel prolungamento di... **4** [*ce par quoi un événement, une situation se prolonge*] sviluppo, esito: *les prolongements d'une affaire* gli sviluppi, l'esito di una vicenda → **continuation, suite** **C** 1 **raccourcissement.**

prolonger |pRɔlɔ̃ʒe| (3) **A** *v.tr.* (*personnes*) **1** [*faire durer plus longtemps*] prolungare: *nous ne pouvons prolonger notre séjour* non possiamo prolungare il nostro soggiorno **2** [*faire aller plus loin dans le sens de la longueur*] prolungare: *on a prolongé certaines lignes du métro au-delà de Paris* alcune linee della metropolitana sono state prolungate oltre Parigi; *prolonger une rue, une voie ferrée* prolungare una strada, una ferrovia **3** (*choses*) [*être le prolongement de*] prolungare: *les bâtiments qui prolongent les ailes du château* gli edifici che prolungano le ali del castello **B** *v.pron. intr.* SE PROLONGER **1** [→ *tr.* 1] prolungarsi: *la leçon s'est prolongée jusqu'à neuf heures* la lezione si è prolungata fino alle nove **2** [→ *tr.* 2] allungarsi, prolungarsi: *le chemin se prolonge à travers bois* il sentiero si allunga, si prolunga attraverso i boschi → **continuer** **C** A 1 **abréger.**

promenade |pRɔmnad| *s.f.* **1** [→ PROMENER B 1] passeggiata, gita: *promenade à la campagne, en montagne* passeggiata, gita in campagna, in montagna; *faire une promenade à pied, en voiture* fare una passeggiata, una gita a piedi, in macchina → **excursion,** 3 **tour** # *les enfants sont allés en promenade* i ragazzi sono andati a passeggio, a spasso **2** [*lieu aménagé dans une ville pour les promeneurs*] passeggiata: *la promenade des Anglais* (*à Nice*) la passeggiata degli Inglesi → **avenue,** 3 **cours.**

promener |pRɔmne| (6) **A** *v.tr.* **1** [*faire aller dans plusieurs endroits, pour le plaisir, le délassement*] portare in giro, a spasso; far (103) *intr.* passeggiare: *je dois promener un ami étranger à travers Paris* devo portare un mio amico straniero in giro, a spasso per Parigi; *promener son chien* portare a spasso il cane ◇ (*fam.*) *cela vous promènera* così farà una passeggiata ◇ (*compl. de chose*) *promener dans les rues une statue* portare una statua in giro per le strade **2** [*déplacer, faire aller et venir* (*qqch.*)] far *intr.* scorrere; far *intr.* errare: *promener un archet sur les cordes* far scorrere un archetto sulle corde ‖ *je promenais mon regard sur le paysage* facevo errare lo sguardo sul paesaggio **3** [*faire aller avec soi*] portare con sé: *il promène partout son ennui* porta con sé dappertutto la sua noia **B** *v.pron. intr.* SE PROMENER **1** [→ *tr.* 1] passeggiare *intr.*, andare (101) *intr.* a passeggio: *je vais me promener un peu* vado a passeggiare un po', vado un poco a passeggio → 1 **sortir**; *viens te promener avec papa* vieni a passeggiare, a passeggio con papà → **balader (se), marcher** ◇ (*loc.*) *va te promener!* vattene fuori dai piedi!, va a quel paese! **2** *loc. fam.* (*avec ellipse du réfl. 'se'*) *envoyer promener* (*qqn.*) mandare (qc.) a quel paese, a farsi benedire ◇ (*fig.*) *j'ai tout envoyé promener* ho lasciato perdere tutto, ho mandato tutto a quel paese **3** (*choses*) [*se déplacer*] spostarsi.

promeneur, euse |pRɔmnœR, øz| *s.* [*personne qui se promène à pied, dans les rues et les promenades publ.*] passante; passeggiatore (*m.*): *il y avait encore quelques promeneurs attardés* c'erano ancora dei passanti ritardatari → **flâneur,** 2 **passant** ✦ *s.f.* [*personne chargée de promener* (*qqn.*)] accompagnatrice: *promeneuse d'enfants* accompagnatrice di bambini.

promenoir |pRɔm(ə)nwaR| *s.m.* [*lieu destiné à la promenade dans l'enceinte d'un édifice clos* (*couvent, hôpital, etc.*)] ambulacro ◇ (*par anal.*) [*partie d'un théât. où les spectateurs circulent*] galleria *f.*, balconata *f.*, loggione.

promesse |pRɔmɛs| *s.f.* **1** promessa: *il m'a fait des promesses qu'il n'a pas tenues* mi ha fatto delle promesse che non ha mantenuto; *manquer à sa promesse* mancare, venir meno alla propria promessa → **parole**; *j'ai votre promesse, je compte sur votre promesse* ho la sua promessa, conto sulla sua promessa **2** [*engagement de contracter une obligation ou d'accomplir un acte*] promessa; impegno (*m.*): *promesse de mariage* promessa di matrimonio ‖ *promesse d'achat* impegno d'acquisto ◇ (*relig.*) *les enfants de la promesse* i figli della promessa, gli eletti; *le peuple de la promesse* [*les Hébreux*] il popolo eletto *adj.* **3** (*littér.*) [*espérance que donne qqch.*] promessa (*cour.*): *un livre plein de promesses* un libro pieno di promesse, che promette bene.

prométhéen, éenne |pRɔmeteɛ̃, eɛn| *adj.* (*littér.*) prometeico*.

prométhium |pRɔmetjɔm| *s.m.* (*chim.*) promezio*.

prometteur, euse |pRɔmɛtœR, øz| *adj.* promettente: *cette jeune chanteuse fait des débuts prometteurs* quella giovane cantante ha avuto un esordio promettente ✦ *s.* (*rare*) [*personne qui promet facilement sans tenir toujours*] promettitore* (*littér.*).

promettre |pRɔmɛtR(ə)| (71) **A** *v. tr.* **1** [*s'engager envers qqn. à...*] promettere (155): *il lui a promis son aide* gli ha promesso il suo aiuto; *je te promets de me taire, que je me tairai* ti prometto di tacere, che tacerò ◇ (*prov.*) *promettre et tenir font deux* dal dire al fare c'è di mezzo il mare **2** [*affirmer, assurer*] assicurare: *je vous promets qu'il s'en repentira* vi assicuro che se ne pentirà **3** [*s'engager envers qqn. à donner* (*qqch.*)] promettere: *on leur promet une récompense* è stata loro promessa una ricompensa ◇ (*loc.*) *promettre la lune, monts et merveilles* promettere mari e monti **4** [*annoncer, prédire*] promettere: *je vous promets du beau temps pour demain* vi prometto il bel tempo per domani **5** (*choses*) [*faire espérer* (*un développement, des événements*)] promettere: *la soirée promettait une belle nuit* la sera prometteva una bella notte; *cela ne nous promet rien de bon* la cosa non promette niente di buono **6** PROMETTRE BEAUCOUP, (*absolt.*) PROMETTRE [*donner de grandes espérances*] promettere (bene): *c'est un enfant qui promet* è un bambino che promette (bene) ◇ (*fam.*) *de la neige en septembre! ça promet pour cet hiver!* la neve in settembre! promette bene per quest'inverno! **B** *v.pron.* SE PROMETTRE **1** *intr.* [*espérer, compter sur*] ripromettersi (155), sperare *tr. et intr.* (in): *les joies qu'il s'était promises* le gioie che si era ripromesse, che (in cui) aveva sperato ◇ *loc.* SE PROMETTRE DE (+ *inf.*) [*faire le projet de*] promettersi di (+ *inf.*): *il se promit de ne plus recommencer* si ripromise di non ricominciare più **2** *récipr.* [*se faire des promesses mutuelles*] promettersi: *elles se sont promis de garder le secret* si sono promesse di mantenere il segreto.

promis, ise |pRɔmi, iz| **I** *adj.* **1** (*prov.*) *chose promise, chose due* ogni promessa è debito ~ *la terre promise*: (*pr., fig.*) la terra promessa **2** *loc.* PROMIS À [*destiné à, voué à*] destinato a: *jeune homme promis à un brillant avenir* giovane destinato a un brillante avvenire **II** *s.* (*région.*) [*fiancé*] promesso, fidanzato (*cour.*): *il est venu avec sa promise* è venuto con la sua promessa, fidanzata.

promiscuité |pRɔmiskɥite| *s.f.* promiscuità (*inv.*): *la promiscuité des taudis* la promiscuità dei tuguri ◇ (*par ext.*) *la promiscuité de l'hôpital, du métro* la promiscuità dell'ospedale, della metropolitana.

promission |pRɔmisjɔ̃| *s.f.* (*relig. jud.*) *terre de promission* terra promessa *adj.*

promissoire |pRɔmiswaR| *adj.* (*dr.*) promissorio*: *serment promissoire* giuramento promissorio.

promo |pRɔmo| *s.f.* (*abrév. fam.*) → **promotion** 2.

promontoire |pRɔmɔ̃twaR| *s.m.* (*anat.*) promontorio* ◇ (*géogr.*) promontorio → **cap.**

promoteur, trice |pRɔmɔtœR, tRis| *s.* **1** (*littér.*) promotore* (*cour.*): *il a été le promoteur de cette réforme* è stato lui il promotore di questa riforma → **animateur** ◇ (*dr. can.*) promotore (della giustizia) 2 (*chim.*) promotore 3 *promoteur immobilier* costruttore* edile.

promotion |pRɔmɔsjɔ̃| *s.f.* 1 promozione → **avancement** ◇ (*par ext.*) *promotion sociale, ouvrière* progresso *m.*, elevazione sociale, operaio (operaia) 2 [*ensemble des candidats admis la même année à certaines grandes écoles*] ⊠; *camarades de promotion*, (*fam.*) *de promo* compagni di corso *m.* 3 *promotion des ventes* promozione delle vendite.

promotionnel, elle |pRɔmɔsjɔnɛl| *adj.* promozionale: *vente promotionnelle* vendita promozionale.

promouvoir |pRɔmuvwaR| (31) *v. tr.* 1 [*élever à une dignité, un grade supérieur*] promuovere (157): *il vient d'être promu officier de la Légion d'honneur* è stato promosso ufficiale della Legion d'onore 2 [*encourager* (*qqch.*), *provoquer la création, l'essor de*] promuovere, favorire (197): *il est indispensable de promouvoir la recherche scientifique* è indispensabile promuovere, favorire la ricerca scientifica.

prompt, prompte |pRɔ̃, pRɔ̃t| *adj.* I 1 (*littér.*) (*personnes*) [*qui agit, fait* (*qqch.*) *sans tarder*] pronto, sollecito ◇ *loc.* PROMPT À... [*que son tempérament entraîne rapidement à...*] pronto a, facile a...: *il était prompt à la colère, à riposter* era pronto, facile all'ira, a rimbeccare ✦ (*absolt.*) *avoir la main prompte* essere lesto di mano; *avoir le geste prompt* essere generoso (nel dare) 2 (*choses*) [*qui ne tarde pas à se produire*] sollecito, rapido: *je vous souhaite un prompt rétablissement* le auguro una sollecita, pronta guarigione; *avoir la repartie prompte* avere la risposta pronta II (*littér.*) [*qui met peu de temps à ce qu'il fait, se meut avec rapidité*] veloce (*cour.*), rapido (*cour.*): *prompt comme l'éclair, comme la foudre* veloce, rapido come il lampo, come la folgore ◇ (*par ext., vx.*) *sa joie fut prompte* la sua gioia fu di breve durata *loc. inv.* (*cour.*) Ⓒ **lent.**

promptement |pRɔ̃tmɑ̃| *adv.* [→ PROMPT I 2] (*littér.*) prontamente (*cour.*), sollecitamente: *le désir d'arriver plus promptement à la célébrité* il desiderio di arrivare più prontamente, rapidamente alla celebrità; *expédier promptement son travail* sbrigare sollecitamente, rapidamente il proprio lavoro.

promptitude |pRɔ̃tityd| *s.f.* (*littér.*) 1 (*personnes*) [*manière d'agir, réaction d'une personne prompte*] prontezza (*cour.*), sveltezza (*cour.*): *promptitude à...* prontezza, sveltezza a, nel... → **rapidité** 2 (*choses*) [*caractère de ce qui survient vite*] prontezza (*cour.*), rapidità *inv.* (*cour.*): *la promptitude de leur riposte* la prontezza, la rapidità della loro risposta; *la promptitude de ses réactions, de sa guérison* la prontezza delle sue reazioni, della sua guarigione → **vivacité** 3 [*caractère de ce qui est prompt* (II)] rapidità: *la promptitude du rêve* la rapidità del sogno Ⓒ **lenteur.**

promu, ue |pRɔmy| *adj.* [*qui vient d'avoir une promotion*] promosso: *les élèves promus* gli alunni promossi ✦ (*s.*) *les nouveaux promus* i nuovi promossi.

promulgateur |pRɔmylgatœR| *s.m.* promulgatore* *s.*

promulgation |pRɔmylgɑsjɔ̃| *s.f.* 1 promulgazione, emanazione 2 (*fig., littér.*) [*publication*] pubblicazione, divulgazione.

promulguer |pRɔmylge| *v.tr.* 1 [*rendre* (*une loi, etc.*) *exécutoire en attestant officiellement son existence*] promulgare, emanare: *promulguer des textes de loi, des décrets, des ordonnances* promulgare, emanare testi di legge, decreti, ordinanze → **édicter** 2 (*fig., littér.*) [*publier*] rendere (105) pubblico* (*cour.*), divulgare (*cour.*), pubblicare (*cour.*).

pronaos |pRɔnaos| *s.m.* (*gr.*) (*archit.*) pronao.

pronateur, trice |pRɔnatœR, tRis| *adj.* (*anat.*) *muscles pronateurs* muscoli pronatori ✦ (*s.m.*) *les deux pronateurs* i due pronatori.

pronation |pRɔnɑsjɔ̃| *s.f.* (*physiol.*) pronazione.

prône |pRon| *s.m.* (*relig.*) predica* *f.* ◇ (*par ext.*) *recommander qqn. au prône* raccomandare qc. alle preghiere *f. pl.*, alla carità *f. inv.* dei fedeli.

prôner |pRone| *v.tr.* [*louer et recommander sans réserve et avec insistance*] vantare, magnificare; esaltare, raccomandare: *prôner l'esprit, la grâce d'une femme* vantare, magnificare lo spirito, la grazia di una donna → **préconiser, vanter** ‖ *ils prônent la tolérance* esaltano, predicano la tolleranza.

prôneur, euse |pRonœR, øz| *s.* (*vx., littér.*) (*souvent iron.*) [*personne qui se répand en éloges*] elogiatore*, lodatore*.

pronom |pRɔnɔ̃| *s.m.* (*gram.*) pronome: *pronoms démonstratifs, interrogatifs, personnels, possessifs, relatifs* pronomi dimostrativi, interrogativi, personali, possessivi, relativi.

pronominal, ale, aux |pRɔnɔminal, o| *adj.* 1 (*gram.*) pronominale: *adjectif pronominal* aggettivo pronominale 2 *verbe pronominal* verbo pronominale ✦ (*s.m.*) *un pronominal* un verbo pronominale *adj.*

pronominalement |pRɔnɔminalmɑ̃| *adv.* [*en fonction de pronom*] pronominalmente: *verbe employé pronominalement* verbo usato pronominalmente.

prononçable |pRɔnɔ̃sabl(ə)| *adj.* pronunciabile, pronunziabile: *ce mot n'est pas prononçable* questa parola non è pronunciabile.

prononcé, ée |pRɔnɔ̃se| *adj.* 1 pronunciato, pronunziato: *avoir les traits du visage très prononcés* avere i lineamenti del viso molto pronunciati → **accentué** 2 [*très perceptible*] marcato, spiccato: *ce gâteau a un parfum de vanille prononcé* questo dolce ha un marcato sapore di vaniglia; *un goût prononcé pour la musique* un gusto spiccato per la musica → **fort, marqué** 3 (*dr.*) pronunciato, pronunziato: *le jugement prononcé* la sentenza pronunciata ✦ (*s.m.*) *le prononcé de l'arrêt* il dispositivo della sentenza.

prononcer |pRɔnɔ̃se| (2) A *v.tr.* 1 [*dire* (*un mot, une phrase*)] pronunciare, pronunziare: *elle ne pouvait prononcer un mot* ella non riusciva a pronunciare una parola; *c'est un mot, un nom qu'on ne peut prononcer sans émotion* è una parola, un nome che non si può pronunziare senza emozione ◇ (*relig.*) *prononcer ses vœux* pronunziare i voti ✦ (*au p.p.*) *des mots prononcés tout bas* parole pronunciate sottovoce 2 [*articuler d'une certaine manière* (*les sons du langage*)] pronunciare: *il prononce les 'o' très ouverts* pronuncia le 'o' molto aperte; *il prononce correctement l'anglais* pronuncia l'inglese correttamente; *les enfants ont du mal à prononcer le 'r'* i bambini fanno fatica a pronunciare la 'r' ◇ (*par ext.*) [*articuler* (*tel mot*)] *c'est un mot impossible à prononcer* è una parola che non si può pronunciare; *ce mot s'écrit comme il se prononce* questa parola si scrive come si pronuncia ✦ (*absolt.*) *il prononce bien* egli pronunzia bene, ha una buona pronuncia 3 [*faire entendre, dire ou lire publiquement* (*un texte*)] pronunciare: *le maire prononça un discours* il sindaco pronunciò un discorso 4 (*dr.*) [*rendre, lire* (*un jugement*); *faire connaître* (*une décision*)] pronunciare: *le président a prononcé la clôture des débats* il presidente ha pronunciato la chiusura del dibattito; *prononcer une sentence* pronunciare una sentenza B *v.intr.* (*dr.*) [*rendre un arrêt, un jugement*] pronunciarsi *pron.*, pronunziarsi (*pron.*): *le tribunal n'a pas encore prononcé* il tribunale non si è ancora pronunciato → **juger** C *v.pron. réfl.* SE PRONONCER [*se décider, se déterminer*] pronunciarsi, pronunziarsi: *se prononcer en faveur de qqn., pour qqch.* pronunciarsi a favore di qc., per q.c.

prononciation |pRɔnɔ̃sjɑsjɔ̃| *s.f.* 1 pronuncia*, pronunzia: *prononciation des voyelles, des syllabes* pronuncia delle vocali, delle sillabe; *prononciation correcte, usuelle d'un mot* pronuncia corretta, usuale di una parola ◇ [*manière d'articuler, de prononcer* (*propre à une personne, un milieu, une région, une époque*)] *vices de prononciation* difetti di pronuncia; *avoir une bonne prononciation* avere una buona pronuncia; *avoir une mauvaise prononciation, une prononciation défectueuse* avere una cattiva pronuncia, una pronuncia difettosa ◇ (*par ext.*) [*l'art, la manière de prononcer les mots d'une langue conformément aux règles, à l'usage*] *manuel, traité de prononciation* manuale, trattato di pronuncia; *les règles de la prononciation française* le regole della pronuncia francese 2 (*dr.*) pronunciamento (*m.*): *assister à la prononciation de l'arrêt* assistere al pronunciamento della sentenza.

pronostic |pRɔnɔstik| *s.m.* 1 (*méd.*) prognosi *f. inv.* ◇ (*par ext.*) *il avait un pronostic infaillible* aveva una capacità di prognosi infallibile 2 *souvent au plur.* [*conjecture sur ce qui doit arriver, sur l'issue d'une affaire, etc.*] pronostico*: *les partants des courses et les pronostics de la presse* i partenti delle corse e i pronostici della stampa; *faire des pronostics* fare i pronostici; *se tromper dans ses pronostics* sbagliarsi nei propri pronostici.

pronostique |pRɔnɔstik| *adj.* (*méd.*) prognostico*.

pronostiquer |pRɔnɔstike| *v.tr.* 1 (*méd.*) [*émettre un pronostic*] fare (103) una prognosi 2 [*émettre un pronostic* (*sur ce qui doit arriver*)] pronosticare: *les journaux avaient pronostiqué la victoire de ce boxeur* i giornali avevano pronosticato la vittoria di quel pugile; *pronostiquer qqch. à qqn.* pronosticare q.c. a qc. → **annoncer, prévoir** ◇ (*sujet de chose*) [*constituer le signe avant-coureur* (*d'un événement, d'un phénomène*)] preannunciare: *ces gros nuages noirs pronostiquent la pluie* quelle grosse nubi nere preannunciano la pioggia.

pronostiqueur, euse |pRɔnɔstikœR, øz| *s.* pronosticatore* (*rare*) ◇ [*celui qui établit les pronostics sportifs*] pronosticatore.

pronunciamiento |pRɔnunsjamjɛnto, pRɔnɔ̃sjamɛ̃to| *s.m.* (*esp.*) (*polit.*) pronunciamento.

propagande |pRɔpagɑ̃d| *s.f.* **1** propaganda: *la propagande électorale* la propaganda elettorale; *instruments, moyens de propagande* strumenti, mezzi di propaganda, propagandistici; *propagande et publicité* propaganda e pubblicità ◇ (*loc.*) *c'est de la propagande!* è tutta propaganda! ◇ (*par ext.*) [*action de vanter les mérites d'une théorie, d'un homme... pour recueillir une adhésion, un soutien*] *il fait de la propagande pour le nouveau roman* fa propaganda al nuovo romanzo **2** (*relig.*) missione: *propagandes catholiques, évangéliques* missioni cattoliche, evangeliche.

propagandiste |pRɔpagɑ̃dist(ə)| *s.* propagandista ✦ (*adj.*) *militant propagandiste* militante propagandista.

propagateur, trice |pRɔpagatœR, tRis| *s.* propagatore*: *les missionnaires, propagateurs de la foi* i missionari, propagatori della fede.

propagation |pRɔpagɑsjɔ̃| *s.f.* **1** propagazione: *association pour la propagation de la foi* associazione per la propagazione, la diffusione della fede **2** [*le fait de se propager; progression par expansion, communication dans un milieu*] il propagarsi *m. inv.*, propagazione: *la propagation de l'épidémie, de l'incendie* il propagarsi, la propagazione dell'epidemia, dell'incendio ◇ (*phys.*) *propagation d'une onde* propagazione di un'onda; *propagation du son, de la lumière* propagazione del suono, della luce ◇ (*abstrait*) *lutter contre la propagation des fausses nouvelles* lottare contro la propagazione, la propalazione delle notizie false.

propager |pRɔpaʒe| (3) **A** *v.tr.* [*répandre, faire accepter, faire connaître à de nombreuses personnes, en de nombreux endroits*] diffondere (146), propagare: *propager une nouvelle* diffondere, propagare una notizia → **colporter**; *propager une idée, une science* propagare, divulgare un'idea, una scienza; *c'est la presse féminine qui a propagé cette mode* è la stampa femminile che ha diffuso questa moda **B** *v.pron. intr.* SE PROPAGER **1** [*se multiplier par reproduction*] propagarsi: *cette espèce s'est propagée en France* questa specie si è propagata in Francia **2** [*se répandre*] propagarsi: *l'incendie se propage* l'incendio si propaga; *le désordre se propage* il disordine si propaga → **étendre** (**s'**), **gagner**; *la nouvelle s'est propagée rapidement* la notizia si è propagata rapidamente; *idées, théories qui se propagent* idee, teorie che si propagano **3** (*en parlant d'un phénomène vibratoire, etc.*) [*s'éloigner de son origine*] propagarsi: *la vitesse à laquelle le son se propage* la velocità alla quale si propaga il suono, la velocità di propagazione del suono.

propagule |pRɔpagyl| *s.f.* (*bot.*) propagolo *m.*

propane |pRɔpan| *s.m.* (*chim.*) propano.

propanier |pRɔpanje| *s.m.* nave *f.* equipaggiata per il trasporto di propano.

proparoxyton |pRɔpaRɔksitɔ̃| *adj. m. et s.m.* (*ling.*) proparossitono *adj.*

propédeute |pRɔpedøt| *s. et adj.* studente* *s.* di propedeutica.

propédeutique |pRɔpedøtik| **1** *adj.* propedeutico* **2** *s.f.* (*abrév. fam.* '*propé*') corso *m.* propedeutico *adj.*, propedeutica*: *être en propédeutique, faire* (*sa*) *propédeutique* seguire un corso propedeutico.

propène |pRɔpɛn| *s.m.* (*chim.*) propene.

propension |pRɔpɑ̃sjɔ̃| *s.f.* propensione: *propension à un sentiment, à la bienveillance, à critiquer autrui* propensione a un sentimento, alla benevolenza, a criticare il prossimo; *il a une certaine propension à la mélancolie, à douteur de lui* ha una certa propensione alla malinconia, a dubitare di sé → **inclination, penchant** ◇ (*écon.*) *propension à consommer, à épargner* propensione al consumo, al risparmio.

propergol |pRɔpɛRgɔl| *s.m.* (*chim.*) propellente: *fusées à propergol solide, liquide* razzi a propellente solido, liquido.

propérispomène |pRɔpeRispɔmɛn| *s.m.* (*ling.*) (parola *f.*) properispomena *f.*

propharmacien, ienne |pRɔfaRmasjɛ̃, jɛn| *s.* medico* *m.* autorizzato alla vendita di medicinali nei luoghi sprovvisti di farmacia.

prophase |pRɔfɑz| *s.f.* (*biol.*) profase.

prophète, prophétesse |pRɔfɛt, pRɔfetɛs| *s.* **1** profeta (*m.*): *les prophètes hébreux* i profeti ebrei; *le tombeau du Prophète* [*de Mahomet*] la tomba del Profeta ◇ (*loc.*) *faux prophètes* falsi profeti **2** (*loc. prov.*) *nul n'est prophète dans, en son pays* nessuno è profeta in patria, nemo propheta in patria ◇ (*fam.*) *pas besoin d'être prophète pour prévoir, pour savoir que...* non c'è bisogno di essere profeta per prevedere, per sapere che... ◇ (*loc.*) *prophète de malheur* profeta di sventure, di sciagure.

prophétie |pRɔfesi| *s.f.* **1** profezia: *le don de prophétie* il dono della profezia **2** [*ce qui est annoncé par des personnes qui prétendent connaître l'avenir*] profezia: *prophéties d'une cartomancienne* profezie di una cartomante **3** [*express. d'une conjecture sur des événements à venir*] profezia: *tes prophéties se sont réalisées* le tue profezie si sono avverate → **prédiction.**

prophétique |pRɔfetik| *adj.* **1** profetico*: *inspiration, don prophétique* ispirazione profetica, dono profetico **2** [*qui a le caractère de la prophétie, qui annonce, prédit*] profetico: *il prononça alors ces paroles prophétiques...* pronunciò allora queste parole profetiche...

prophétiquement |pRɔfetikmɑ̃| *adv.* (*littér.*) [→ PROPHÉTIQUE] profeticamente.

prophétiser |pRɔfetize| *v.tr.* **1** [*prédire, en se proclamant inspiré de Dieu*] profetizzare, profetare: *prophétiser la venue du Messie* profetizzare, profetare la venuta del Messia **2** [*prédire, annoncer* (*ce qui va arriver*)] predire (132), prevedere (192): *prophétiser l'avenir* predire, prevedere il futuro.

prophétisme |pRɔfetism(ə)| *s.m.* profetismo.

prophylactique |pRɔfilaktik| *adj.* profilattico*: *mesures prophylactiques* misure profilattiche; *hygiène prophylactique* igiene profilattica.

prophylaxie |pRɔfilaksi| *s.f.* profilassi (*inv.*): *prophylaxie des infections, des épidémies* profilassi delle infezioni, delle epidemie; *prophylaxie antituberculeuse* profilassi antitubercolare.

propice |pRɔpis| *adj.* **1** (*littér.*) propizio*: *que le sort nous soit propice!* la sorte ci sia propizia! **2** (*choses*) PROPICE À [*qui se prête tout particulièrement à*] propizio, adatto a: *un climat propice à sa santé* un clima propizio, adatto alla sua salute → **bon** ◇ (*par ext.*) [*opportun, favorable*] *l'occasion était propice* l'occasione era propizia; *choisir le moment propice* scegliere il momento propizio, opportuno.

propionique |pRɔpjɔnik| *adj.* (*chim.*) propionico*.

propithèque |pRɔpitɛk| *s.m.* (*t. zool.*) propiteco*.

propitiateur, trice |pRɔpisjatœR, tRis| *s.* propiziatore* ✦ *adj.* propiziatorio*: *rite propitiateur* rito propiziatorio.

propitiation |pRɔpisjɑsjɔ̃| *s.f.* (*relig.*) propiziazione: *sacrifice, victime de propitiation* sacrificio, vittima di propiziazione; *acte de propitiation* atto di propiziazione.

propitiatoire |pRɔpisjatwaR| *adj.* (*littér.*) propiziatorio*: *une offrande propitiatoire* un'offerta propiziatoria.

propolis |pRɔpɔlis| *s.f.* (*lat.*) (*apiculture*) propoli *f. ou m. inv.*

proportion |pRɔpɔRsjɔ̃| *s.f.* **1** proporzione: *la proportion entre la largeur et la hauteur d'une façade* la proporzione fra la larghezza e l'altezza di una facciata; *une statue aux proportions harmonieuses* una statua dalle proporzioni armoniose ◇ (*spécialt.*) *la proportion des parties* la proporzione delle parti **2** (*sc.*) proporzione: *les proportions des nombres* le proporzioni dei numeri ◇ (*géom.*) *compas de proportion* compasso di proporzione ◇ (*math.*) *termes d'une proportion* termini di una proporzione **3** [*rapport quantitatif* (*entre deux ou plusieurs choses*)] proporzione, percentuale: *il y a une proportion égale de réussites et d'échecs* c'è una uguale proporzione di successi e di insuccessi; *la proportion des décès est élevée dans ce pays* in questo paese la percentuale dei decessi è elevata → **pourcentage** **4** *loc.* À PROPORTION DE in proporzione a: *chose qui augmente à proportion de...* cosa che aumenta in proporzione a... → **proportionnellement** ~ *à proportion que* a mano a mano che, man mano che ~ *à proportion* in proporzione, proporzionalmente ~ EN PROPORTION DE in proporzione a: *le travail était payé en proportion des risques* il lavoro era pagato in proporzione ai rischi → **selon, suivant**; *c'est peu de chose, en proportion du service qu'il vous avait rendu* è poca cosa, in proporzione, in confronto al favore che le aveva fatto → **comparaison** (**en**), **relativement** ~ EN PROPORTION in proporzione, proporzionalmente: *il est grand, et gros en pro-*

portion è alto, e grosso in proporzione, proporzionalmente ~ *hors de proportion* fuori proporzione, sproporzionato → **disproportionné** **5** *au plur.* [*dimensions* (*par référence implicite à une échelle, à une mesure*)] proporzioni: *le déficit a pris des proportions considérables* il deficit ha assunto proporzioni considerevoli; *ramener une nouvelle à ses proportions véritables* riportare una notizia alle sue reali proporzioni, ridimensionare una notizia **C** **disproportion.**

proportionnable |pRɔpɔRsjɔnabl(ə)| *adj.* [→ PROPORTIONNER] proporzionabile (*rare*).

proportionnalité |pRɔpɔRsjɔnalite| *s.f.* **1** proporzionalità (*inv.*): *la proportionnalité de la masse et du poids* la proporzionalità della massa e del peso; *coefficient de proportionnalité* coefficiente di proporzionalità **2** [*le fait de répartir* (*qqch.*) *selon une juste proportion*] proporzionalità: *proportionnalité de l'impôt* proporzionalità dell'imposta.

proportionné, ée |pRɔpɔRsjɔne| *adj.* **1** *proportionné à* [*qui a un rapport normal avec*] proporzionato a **2** BIEN PROPORTIONNÉ ben proporzionato: *corps bien proportionné* corpo ben proporzionato.

proportionnel, elle, els |pRɔpɔRsjɔnɛl| *adj.* **1** (*sc.*) proporzionale: *grandeurs proportionnelles* grandezze proporzionali ◇ (*math.*) *moyenne proportionnelle* media proporzionale **2** (*par ext.*) proporzionale, proporzionato: *un traitement proportionnel à l'ancienneté* uno stipendio proporzionale, proporzionato all'anzianità ✦ (*absolt.*) *impôt proportionnel* imposta proporzionale **3** (*polit.*) *représentation proportionnelle* (*R.P.*) rappresentanza proporzionale ✦ (*s.f.*) *la proportionnelle* la proporzionale.

proportionnellement |pRɔpɔRsjɔnɛlmɑ̃| *adv.* [*suivant une proportion*] proporzionalmente, in proporzione (*loc. inv.*): *il calcule ses dépenses proportionnellement à son salaire* calcola le sue spese proporzionalmente, in proporzione al suo stipendio; *un petit État peut être proportionnellement plus fort qu'un grand* un piccolo Stato può essere proporzionalmente più forte di uno grande → **comparativement, relativement.**

proportionnément |pRɔpɔRsjɔnemɑ̃| *adv.* [→ PROPORTIONNÉ] (*rare*) proporzionatamente (*cour.*).

proportionner |pRɔpɔRsjɔne| **A** *v.tr.* [*rendre* (*une chose*) *proportionnelle* (*à une autre*); *établir un rapport convenable, normal entre* (*plusieurs choses*)] proporzionare, adeguare: *proportionner l'effort, le travail aux résultats cherchés* proporzionare, adeguare lo sforzo, il lavoro ai risultati prefissi; *proportionner les récompenses aux services, proportionner les récompenses et les services* adeguare le ricompense ai servizi resi **B** *v. pron. intr.* (*vx.*) SE PROPORTIONNER [*prendre une importance, une action proportionnelle* (*à une circonstance, etc.*)] adeguarsi (*cour.*).

1 **propos** |pRɔpo| *s.m.* **I** (*littér.*) [*ce qu'on propose; ce qu'on se fixe pour but*] proposito (*cour.*), intenzione *f.* (*cour.*): *son propos est de...* il suo proposito, la sua intenzione è di...; è suo proposito, sua intenzione... → **dessein, intention** ◇ (*relig.*) *ferme propos* fermo proposito ◇ (*loc.*) *de propos délibéré* deliberatamente *adv.*, a bella posta **II** UN, DES PROPOS [*paroles dites au sujet de qqn., qqch., mots échangés*] parole *f. pl.*, discorso: *propos licencieux* discorsi licenziosi, sconci; *ce sont des propos en l'air* sono discorsi, parole senza fondamento; *il lui tint des propos blessants* gli (le) rivolse parole pungenti → **parole.**

2 **propos** |pRɔpo| *s.m.* (*dans des loc. avec 'à'*) **1** À PROPOS DE a proposito di, riguardo a: *je n'ai rien à ajouter à propos de cette affaire, à ce propos* non ho niente da aggiungere a proposito di (riguardo a) questa faccenda, a questo proposito (a questo riguardo); *à quel propos?* a che proposito? ~ *à propos de tout et de rien* senza motivo ~ *il se met en colère à tout propos* si arrabbia alla minima occasione ~ À PROPOS, À CE PROPOS a proposito, a questo proposito: *ah! à propos, je voulais vous demander...* ah! a proposito, volevo chiederle... ~ *mal à propos* a sproposito; fuori posto, fuori luogo **2** À PROPOS a proposito: *voilà qui tombe à propos* la cosa viene (arriva) a proposito # *il a jugé à propos de démissionner* ha giudicato opportuno dare le dimissioni.

proposable |pRɔpozabl(ə)| *adj.* (*rare*) proponibile (*cour.*).

proposer |pRɔpoze| **A** *v.tr.* **I** PROPOSER QQCH. (À QQN.) **1** [*faire connaître* (*à qqn.*), *soumettre à son choix*] proporre (168): *quel menu nous proposez-vous?* che menù ci propone?; *on proposa un nouveau projet* fu proposto un nuovo progetto → **présenter**; *proposer des lois* proporre delle leggi; *il proposa que la motion fût mise aux voix immédiatement* propose che la mozione fosse messa immediatamente ai voti **2** [*soumettre* (*un projet*) *en demandant d'y prendre part*] proporre: *proposer une bonne affaire à qqn.* proporre a qc. un buon affare; *il nous a proposé un arrangement, de partager les frais* ci ha proposto un accomodamento, di dividere le spese ◇ (*dans une incise*) '*mettons-nous là*', *proposa-t-il* 'mettiamoci qua', propose **3** [*demander* (*à qqn.*) *d'accepter*] offrire (186), proporre: *il m'a proposé de l'argent, son aide* mi ha offerto, proposto del denaro, il suo aiuto **4** [*donner* (*un sujet, un thème*)] assegnare, proporre: *le sujet proposé cette année aux candidats* il tema assegnato, proposto quest'anno ai candidati **5** (*littér.*) [*montrer*] proporre **II** **1** [*faire connaître, promettre de donner*] proporre: *proposer un prix, une récompense* proporre un premio, una ricompensa **2** [*désigner* (*qqn.*) *comme candidat pour un emploi*] proporre: *proposer un candidat* proporre un candidato; *on l'a proposé pour ce poste* lo hanno proposto per quell'incarico ✦ *v. intr.* (*prov.*) *l'homme propose, et Dieu dispose* l'uomo propone e Dio dispone **B** *v.pron. réfl.* SE PROPOSER **1** [*se fixer* (*un but*); *former le projet de*] proporsi: *je me propose de vous démontrer le contraire* mi propongo di dimostrarle il contrario **2** [*poser sa candidature à un emploi, offrir ses services*] offrirsi, proporsi: *elle s'est proposée pour garder les enfants* si è offerta di custodire i bambini.

proposition |pRɔpozisjɔ̃| *s.f.* **1** [→ PROPOSER A] proposta: *ils ont fait des propositions de paix* hanno fatto proposte di pace → **offre**; *sa proposition avait été rejetée* la sua proposta era stata respinta; *faire des propositions* (*déshonnêtes*) *à une femme* fare proposte disoneste a una donna; *proposition votée au cours d'un congrès, dans une assemblée* proposta votata durante un congresso, in un'assemblea ◇ (*dr.*) *proposition de loi* proposta di legge ◇ *loc.* SUR LA PROPOSITION DE su proposta di: *être nommé à un poste sur la proposition de ses supérieurs* essere designato per un incarico su proposta dei propri superiori → 1 **conseil, initiative** **2** [*expression d'un jugement de réalité, de valeur*] proposta: *argument qui vient appuyer une proposition* argomentazione in appoggio a una proposta **3** (*log.*) proposizione: *sujet, copule, attribut d'une proposition* soggetto, copula, attributo di una proposizione; *proposition principale, subordonnée* proposizione principale, subordinata.

propositionnel, elle |pRɔpozisjɔnɛl| *adj.* (*log.*) proposizionale.

1 **propre** |pRɔpR(ə)| **I** *adj.* **1** (*après le nom*) proprio*: *vous lui remettrez ces papiers en mains propres* lei consegnerà questi documenti nelle sue proprie mani ◇ (*par ext.*) *nom propre* nome proprio ◇ (*par anal.*) SENS PROPRE senso proprio: *mot employé au sens propre* parola usata in senso proprio → **littéral** ◇ (*astron.*) *mouvement propre d'un astre, d'une étoile* movimento proprio di un astro, di una stella ◇ (*dr.*) *biens propres* beni propri ◇ *loc.* PROPRE À proprio di, caratteristico* di: *caractère propre à une personne, à une chose* carattere proprio, caratteristico di una persona, di una cosa # *c'est un trait de caractère qui lui est propre* è una particolarità di carattere che gli (le) è propria **2** (*sens affaibli avec un poss., avant le nom*) proprio: *il rentrera par ses propres moyens* ritornerà con i propri mezzi (con mezzi propri); *dans leur propre intérêt* nel loro (proprio) interesse # *ce sont ses propres mots* sono esattamente, proprio le sue parole → **même** **3** (*après le nom*) (*choses*) [*qui convient particulièrement*] adatto, appropriato: *le mot propre* la parola adatta, appropriata → **exact, 1 juste**; *une athmosphère propre au recueillement* un'atmosfera adatta, propizia al raccoglimento → **approprié, convenable** ◇ (*personnes*) [*apte* (*par sa personnalité, ses capacités*)] adatto, idoneo: *je le crois propre à remplir cet emploi* lo credo adatto, idoneo per quest'impiego ✦ (*s.*) *propre à rien* buono a nulla → **incapable** **II** *s.m.* **1** *loc.* EN PROPRE in proprio: *avoir un bien en propre* avere un bene in proprio → **propriété** **2** LE PROPRE DE [*la qualité distinctive qui caractérise, qui appartient* (*à qqch., à qqn.*)] la caratteristica* *f.*, caratteristico* *adj.* di: *c'est le propre du régime actuel* è la caratteristica, è caratteristico del regime attuale → **particularité** **3** *loc.* AU PROPRE in senso proprio: *se dit au propre et au figuré* si dice in senso proprio e figurato **4** (*dr.*) proprio **5** (*liturg.*) proprio: *propre des Saints* proprio dei Santi.

2 **propre** |pRɔpR(ə)| *adj.* **1** (*choses*) [*qui n'a aucune trace de crasse, de poussière, de souillure*] pulito: *un hôtel modeste mais propre* un albergo mo-

desto ma pulito; *des draps bien propres* delle lenzuola pulitissime → **immaculé**; *avoir les mains propres* avere le mani pulite → **impeccable, net** ◇ (*d'une action, d'une occupation*) *ne mange pas avec les doigts, ce n'est pas propre* non mangiare con le dita, non è pulito **2** (*personnes*) [*qui se lave souvent; dont le corps et les vêtements sont débarrassés de toute impureté*] pulito ◇ (*loc.*) *propre comme un sou neuf* tutto lindo e pulito ◇ (*fig.*) (*par antiphrase*) *nous voilà propres!* [*dans une mauvaise situation*] stiamo freschi! → **frais** **3** [*qui a l'aspect convenable, net*] pulito # *une copie propre* una bella copia ✦ (*s.m.*) *recopier au propre* ricopiare in bella *f.* ◇ (*par anal.*) [*fait convenablement*] corretto, accurato: *voilà du travail propre* ecco un lavoro corretto, accurato → **correct** **4** (*fig.*) (*personnes*) [*qui est honnête, dont la réputation est sans tache*] pulito: *c'est un homme propre, en qui l'on peut avoir confiance* è un uomo pulito, nel quale si può avere fiducia ◇ (*fam.*) *je le connais, c'est pas grand-chose de propre* lo conosco, non è davvero molto pulito ◇ (*choses*) *une affaire pas très propre* un affare non molto pulito ✦ (*s.m.*) *c'est du propre!* (*se dit par antiphrase d'un comportement indécent, immoral*) bella rọba!, bell'affare! ⓒ 1, 2 **malpropre, sale**; 3 **négligé.**

1 **proprement** |pʀɔpʀəmɑ̃| *adv.* **1** [*d'une manière spéciale à qqn.; en propre*] schiettamente, tipicamente: *le gouvernement affirme que c'est une affaire proprement française* il governo afferma che è un problema schiettamente, esclusivamente francese **2** [*au sens propre du mot, à la lettre*] propriamente, precisamente ◇ *loc.* À PROPREMENT PARLER a dire il vero, in realtà: *ce château est à proprement parler une grande maison* questo castello, a dirla schietta, è una grande casa ~ PROPREMENT DIT vero e proprio, propriamente detto: *on arriva enfin au village proprement dit* finalmente arrivammo al paese vero e proprio, propriamente detto.

2 **proprement** |pʀɔpʀəmɑ̃| *adv.* **1** [*d'une manière propre, soigneuse*] in modo pulito *loc. inv.*; come si deve (*loc. inv.*): *l'appartement est tenu très proprement* l'appartamento è tenuto (in modo molto) pulito ‖ *veux-tu manger proprement* vuoi mangiare come si deve? # *proprement vêtu* vestito decentemente **2** [*comme il faut, sans plus*] correttamente, convenientemente, decorosamente: *travail proprement exécuté* lavoro eseguito correttamente → **convenablement, correctement** **3** [*avec honnêteté, décence*] pulitamente, correttamente: *se conduire proprement* comportarsi corretamente, pulitamente.

propret, ette |pʀɔpʀɛ, ɛt| *adj.* [*bien propre dans sa simplicité*] pulitino, lindo: *une petite auberge proprette* una locanda pulitina, linda; *una servante proprette* una linda cameriera.

propreté |pʀɔpʀəte| *s.f.* **1** [*état, qualité de ce qui est* (2) *propre*] pulizia: *la propreté des maisons hollandaises* la pulizia delle case olandesi; *la propreté d'une ville* la pulizia di una città # *un air de propreté* un aspetto pulito ◇ (*spécialt.*) *plaque de propreté* [*appliquée autour des poignées des portes*] coprimaniglia *m. inv.* **2** [*qualité d'une personne qui est propre et soigneuse sur elle et ses objets*] pulizia, lindezza (*rare*): *propreté minutieuse d'une ménagère* pulizia scrupolosa di una casalinga # *manger avec propreté* mangiare pulito **3** (*cout.*) finitura ⓒ **saleté, malpropreté.**

propréteur |pʀɔpʀetœʀ| *s.m.* (*hist. rom.*) propretore.

propréture |pʀɔpʀetyʀ| *s.f.* (*hist. rom.*) propretura.

propriétaire |pʀɔpʀijetɛʀ| *s.* **1** LE PROPRIÉTAIRE (*de qqch.*) [*personne qui possède en propriété*] il proprietario* (di q.c.): *le propriétaire d'une auto* il proprietario di una macchina ◇ (*loc.*) *faire le tour du propriétaire* fare il giro della proprietà, della casa **2** UN PROPRIÉTAIRE [*personne qui possède en propriété des biens immeubles*] un proprietario: *propriétaire terrien* proprietario terrriero; *les grands, les petits propriétaires* i grandi, i piccoli proprietari **3** [*personne qui possède une maison en propriété et la loue*] (*abrév. fam.* '*proprio*') proprietario, padrone di casa: *le loyer dû au propriétaire* l'affitto dovuto al proprietario, al padrone di casa.

propriété |pʀɔpʀijete| *s.f.* **I** **1** proprietà (*inv.*): *titre de propriété* titolo di proprietà; *transfert de propriété* trasferimento di proprietà; *propriété immobilière* proprietà immobiliare # *le goût, l'amour de la propriété* il gusto, l'amore del possesso ◇ (*loc.*) *en toute propriété* in piena, esclusiva proprietà ◇ (*par ext.*) *propriété littéraire, industrielle* proprietà letteraria, industriale **2** [*ce qu'on possède en vertu du droit de propriété*] proprietà: *la propriété de l'État* la proprietà dello Stato; *c'est ma propriété* è di mia proprietà **3** [*terre, construction ainsi possédée*] proprietà: *il vit du revenu de ses propriétés* vive delle rendite delle sue proprietà ◇ (*collectif*) *la grande et la petite propriété* la grande e la piccola proprietà **4** [*riche maison d'habitation avec un jardin, un parc*] proprietà: *il habite une superbe propriété dans les environs de Paris* abita in una superba proprietà nei dintorni di Parigi **II** *abstrait* **1** [*qualité propre, caractère qui appartient à tous les individus d'une espèce*] proprietà: *les propriétés de la matière* le proprietà della materia; *propriétés physiques, chimiques* proprietà fisiche, chimiche ◇ (*biol., math.*) proprietà **2** [*qualité du mot propre, de l'express. qui convient exactement*] proprietà: *la propriété d'un mot* la proprietà di una parola; *propriété des termes* proprietà dei termini ⓒ II 2 **impropriété.**

proprio |pʀɔpʀi(j)o| *s.m.* (*abrév. pop.*) → **propriétaire** 3.

proprioceptif, ive |pʀɔpʀijosɛptif, iv| *adj.* (*physiol.*) propriocettivo.

propulser |pʀɔpylse| **A** *v.tr.* **1** [*faire avancer par une poussée*] propellere (143) (*rare, sauf au p.p.*), spingere (119): *missile propulsé par une fusée* missile propulso, spinto da un razzo **2** [*projeter au loin, avec violence*] proiettare, scagliare **B** *v.pron. intr.* (*pop.*) SE PROPULSER: *se propulser dans la nature* [*se promener*] andare (101) *intr.* in giro (*cour.*), a spasso (*cour.*).

propulseur |pʀɔpylsœʀ| **I** *s.m.* **1** (*techn.*) propulsore: *propulseur à gas, à réaction* propulsore a gas, a reazione **2** (*ethnologie, préhist.*) propulsore **II** *adj. m.* propulsivo, propulsore: *organe, mécanisme propulseur* organo, meccanismo propulsivo, propulsore.

propulsif, ive |pʀɔpylsif, iv| *adj.* propulsivo: *hélice, roue propulsive* elica, ruota propulsiva.

propulsion |pʀɔpylsjɔ̃| *s.f.* propulsione ◇ (*par ext.*) *propulsion par réaction* propulsione a reazione; *propulsion nucléaire* propulsione nucleare.

propylée |pʀɔpile| *s.m.* (*antiq. gr.*) propileo ◇ (*au plur.*) *les Propylées* [*de l'Acropole d'Athènes*] i Propilei.

propylène |pʀɔpilɛn| *s.m.* (*chim.*) propilene.

propylique |pʀɔpilik| *adj.* (*chim.*) propilico*.

prorata |pʀɔʀata| *s.m. inv.* **1** *loc. prép.* AU PRORATA DE proporzionalmente a, in proporzione a: *le partage des bénéfices se fait au prorata des fonds engagés* la divisione degli utili viene effettuata proporzionalmente, in proporzione ai capitali investiti **2** (*vx.*) [*quote-part*] aliquota *f. var.* (*cour.*), quota *f. var.* (parte) (*cour.*): *toucher, verser son prorata* riscuotere, versare la propria aliquota, quota.

prorogatif, ive |pʀɔʀɔgatif, iv| *adj.* di proroga *loc. inv.*, che proroga *loc.*

prorogation |pʀɔʀɔgasjɔ̃| *s.f.* **1** [→ PROROGER A 1] proroga*: *prorogation du délai, du terme* proroga del termine **2** (*polit.*) aggiornamento *m.* (dei lavori parlamentari).

proroger |pʀɔʀɔʒe| (3) **A** *v.tr.* **1** [*renvoyer à une date ultérieure, accorder un délai à*] prorogare: *proroger une échéance* prorogare una scadenza ◇ [*faire durer au delà de la date d'expiration fixée*] *le traité a été prorogé* il trattato è stato prorogato → **prolonger** **2** (*polit.*) [*suspendre les séances d'une assemblée et en reporter la suite à une date ultérieure*] aggiornare i lavori (di): *proroger une assemblée* aggiornare i lavori di un'assemblea **B** *v.pron. intr.* SE PROROGER [→ *tr.* 2] *le Parlement s'est prorogé jusqu'en octobre* il Parlamento ha aggiornato *tr.* i propri lavori a ottobre.

prosaïque |pʀozaik| *adj.* **1** (*fig.*) prosaico*: *nous menons une vie prosaïque* conduciamo una vita prosaica; *c'est un homme prosaïque* è un uomo prosaico → **commun, plat** **2** (*vx.*) [*qui tient trop de la prose, qui manque d'élévation*] prosaico: *un vers prosaïque* un verso prosaico ⓒ **poétique** 1.

prosaïquement |pʀozaikmɑ̃| *adv.* [→ PROSAÏQUE] prosaicamente.

prosaïsme |pʀozaism(ə)| *s.m.* **1** (*littér.*) prosaicismo, prosaicità (*f. inv.*): *le prosaïsme de la vie quotidienne* il prosaicismo, la prosaicità della vita quotidiana **2** (*vx.*) [*caractère de ce qui est prosaïque* (2)] prosaicismo (*cour.*), prosaicità (*cour.*): *le prosaïsme de ces vers* il prosaicismo di questi versi.

prosateur |pʀozatœʀ| *s.m.* prosatore* *s.*

proscenium |pʀɔsenjɔm| *s.m.* (*lat.*) (*antiq.*) proscenio*.

proscripteur |pʀɔskʀiptœʀ| *s.m.* proscrittore.

proscription |pʀɔskʀipsjɔ̃| *s.f.* **1** proscrizione: *proscriptions politiques, religieuses* proscrizioni politiche, religiose **2** (*fig., littér.*) [→ PROSCRIRE 2] condanna, proscrizione: *la proscription de certains mots* la condanna, l'eliminazione di certe parole → **condamnation,**

interdiction 3 (*hist. rom.*) proscrizione: *les sanglantes proscriptions de Sylla* le sanguinose proscrizioni di Silla.

proscrire |pʀɔskʀiʀ| (51) *v.tr.* 1 [*bannir, exhiler*] esiliare, proscrivere (182) ◇ (*hist. rom.*) [*frapper de proscription*] proscrivere ◇ (*littér.*) PROSCRIRE (QQN., QQCH.) DE bandire (197), allontanare (*cour.*) da; eliminare da: *proscrire un homme de la société* bandire, allontanare un uomo dalla società || *proscrire de son style les mots superflus* eliminare dal proprio stile le parole superflue 2 [*interdire formellement* (*une chose que l'on condamne, l'usage de qqch.*)] proibire (197), condannare: *il y a des mots que les convenances proscrivent* ci sono parole che la buona creanza proibisce, condanna © 2 **autoriser**.

proscrit, ite |pʀɔskʀi, it| *adj.* proscritto, esiliato → **banni, exilé** ◆ (*s.*) *les proscrits* i proscritti, gli esuli.

prose |pʀoz| *s.f.* **I** 1 prosa: *style, vocabulaire de la prose* stile, vocabolario della prosa; *prose lyrique, poétique* prosa lirica, poetica; *écrire en prose* scrivere in prosa; *un drame en prose* un dramma in prosa ◇ (*loc. fig.*) *faire de la prose sans le savoir* fare q.c. senza accorgersene ◇ (*par ext.*) [*style; texte en prose*] *la prose fançaise du XVII*[e] *siècle* la prosa francese del Seicento 2 (*fam., souvent iron.*) [*manière propre à une personne ou à certains milieux d'utiliser le langage écrit; texte où se reconnaît cette manière*] prosa: *la prose administrative* la prosa amministrativa; *je reconnais sa prose* riconosco la sua prosa → **style** # *j'ai lu votre prose* [*votre lettre*] ho letto la sua lettera, il suo scritto **II** (*liturg.*) prosa: *les cinq proses du missel romain* le cinque prose del messale romano → **séquence** © I 1 **poésie, vers** 2.

prosecteur |pʀɔsɛktœʀ| *s.m.* prosettore *s.*

prosectorat |pʀɔsɛktɔʀa| *s.m.* carica* *f.* di prosettore.

prosélyte |pʀɔzelit| *s.* 1 (*hist. hébr.*) proselito 2 (*cour.*) proselito, seguace: *faire de nombreux prosélytes* fare numerosi proseliti, seguaci → **adepte.**

prosélytisme |pʀɔzelitism(ə)| *s.m.* proselitismo.

prosenchyme |pʀɔsɑ̃ʃim| *s.m.* (*bot.*) prosenchima.

Prosimiens |pʀɔsimjɛ̃| *s.m. pl.* → **Lémuriens.**

Prosobranches |pʀɔzɔbʀɑ̃ʃ| *s.m. pl.* (*t.zool.*) Prosobranchi.

prosodie |pʀɔzɔdi| *s.f.* (*ling., mus., versif.*) prosodia.

prosodique |pʀɔzɔdik| *adj.* prosodico*.

prosopopée |pʀɔzɔpɔpe| *s.f.* (*rhétorique*) prosopopea ◇ (*rare, fig.*) discorso *m.* enfatico*.

prospect |pʀɔspɛ| *s.m.* (*angl.*) cliente *s.* potenziale.

prospecter |pʀɔspɛkte| *v.tr.* 1 [*examiner, étudier* (*un terrain*) *pour rechercher les richesses naturelles*] esplorare: *prospecter une région saharienne pour y chercher du pétrole* esplorare una regione del Sahara per cercarvi il petrolio, fare ricerche petrolifere in una regione del Sahara 2 [*parcourir* (*une région*) *pour y découvrir une source de profit*] sondare, scandagliare: *nos agents commerciaux ont prospecté cette région* i nostri ispettori commerciali hanno sondato, scandagliato quella zona.

prospecteur, trice |pʀɔspɛktœʀ, tʀis| *s.* prospettore*: *le coup de pioche du prospecteur* il colpo di piccone del prospettore.

prospectif, ive |pʀɔspɛktif, iv| *adj.* prospettivo, che concerne il futuro *loc.*

prospection |pʀɔspɛksjɔ̃| *s.f.* 1 ricerca*, prospezione 2 ricerca, reperimento *m.* della clientela; visita ai clienti ◇ (*fig.*) [*exploration*] ricerca, esplorazione.

prospective |pʀɔspɛktiv| *s.f.* prospettiva, futurologia*.

prospectus |pʀɔspɛktys| *s.m.* (*lat.*) 1 opuscolo (pubblicitario*, illustrativo); *prospectus d'un hôtel, d'une station thermale* opuscolo pubblicitario di un albergo, di una località termale → 2 **réclame** 2 [*annonce imprimée, brochure exposant le plan d'une ouvrage à paraître, etc.*] prospetto: *prospectus d'un nouveau journal* prospetto di un nuovo giornale ◇ (*fin.*) prospetto.

prospère |pʀɔspɛʀ| *adj.* prospero: *une santé prospère* una salute prospera, florida; *le commerce était prospère* il commercio era prospero → **florissant** ◇ (*par ext.*) *années, périodes prospères* anni, periodi prosperi, di prosperità *loc. inv.*

prospérer |pʀɔspeʀe| (8) *v.intr.* 1 [*être, devenir prospère*] prosperare: *un terrain où prospèrent certaines cultures* un terreno nel quale prosperano certe colture 2 (*affaires, entreprises, etc.*) [*réussir, progresser dans la voie du succès*] prosperare, progredire (197) (*aux.* essere, avere): *une entreprise qui prospère* un'azienda che prospera; *science, technique qui prospère* scienza, tecnica che prospera, che progredisce → **développer (se), marcher** © **péricliter.**

prospérité |pʀɔspeʀite| *s.f.* 1 prosperità (*inv.*): *jaloux de la prospérité d'autrui* geloso della prosperità altrui; *je vous souhaite bonheur et prospérité* le auguro felicità e prosperità 2 (*écon.*) prosperità: *une industrie en pleine prospérité* un'industria in piena prosperità → **essor**; *prospérité nationale* prosperità nazionale; *époque de prospérité et de culture* epoca di prosperità e di cultura © 2 **marasme.**

prostaglandine |pʀɔstaglɑ̃din| *s.f.* (*méd.*) prostaglandina.

prostate |pʀɔstat| *s.f.* (*anat.*) prostata.

prostatectomie |pʀɔstatɛktɔmi| *s.f.* (*méd.*) prostatectomia.

prostatique |pʀɔstatik| 1 *adj.* (*anat.*) prostatico* 2 *s.m.* [*homme atteint d'une maladie de la prostate*] prostatico.

prostatite |pʀɔstatit| *s.f.* (*méd.*) prostatite.

prosternation |pʀɔstɛʀnɑsjɔ̃| *s.f.* 1 (*littér.*) prosternazione, il prosternarsi *m. inv.* → **prostration** 2 (*fig.*) [*abaissement, acte de servilité*] prosternazione (*rare*).

prosternement |pʀɔstɛʀnəmɑ̃| *s.m.* 1 prosternazione *f.*, prostrazione *f.* → **prosternation** 2 (*fig., littér.*) [*humiliation*] prostrazione, umiliazione *f.*

prosterner |pʀɔstɛʀne| **A** *v.tr.* (*littér.*) 1 (*vx.*) → **courber** 2 [*placer ou étendre à terre* (*devant qqn., à ses pieds*) *en signe d'hommage*] prosternare **B** *v. pron. réfl.* SE PROSTERNER 1 [*s'incliner en avant et très bas dans une attitude d'adoration, de supplication, d'extrême respect*] prosternarsi: *les fidèles se prosternaient devant les reliques* i fedeli si prosternavano davanti alle reliquie; *se prosterner devant qqn., aux pieds de qqn.* prosternarsi davanti a qc., ai piedi di qc. ◆ (*au p.p.*) *prosterné devant Dieu* prosternato davanti a Dio 2 (*fig.*) *se prosterner devant qqn.* [*faire preuve d'une humilité excessive, de servilité envers lui*] prosternarsi, prostrarsi davanti a qc.: *pourquoi se prosterner devant le pouvoir?* perché prostrarsi davanti al potere? → **humilier (s').**

prosthèse |pʀɔstɛz|, **prothèse** |pʀɔtɛz| *s.f.* (*ling.*) prostesi *inv.*, protesi *inv.*

prosthétique |pʀɔstetik|, **prothétique** |pʀɔtetik| *adj.* 1 (*ling.*) prostetico*, protetico* 2 (*biochim.*) prostetico: *groupement prosthétique* gruppo prostetico.

prostituée |pʀɔstitɥe| *s.f.* prostituta: *prostituée en carte* prostituta sottoposta a controllo sanitario → **putain.**

prostituer |pʀɔstitɥe| **A** *v.tr.* 1 [*livrer* (*une personne*) *ou l'inciter à se livrer aux désirs sexuels de qqn., pour un motif d'intérêt*] prostituire (197): *prostituer une jeune fille à un riche vieillard* prostituire una ragazza a un vecchio ricco ◇ (*par ext.*) [*faire de* (*une femme*) *une prostituée*] prostituire 2 (*littér.*) [*déshonorer, avilir*] prostituire: *prostituer son talent, sa plume* prostituire il proprio talento, la propria penna **B** *v.pron. réfl.* SE PROSTITUER [→ *tr.* 1] prostituirsi.

prostitution |pʀɔstitysjɔ̃| *s.f.* 1 prostituzione: *la lutte contre la prostitution* la lotta contro la prostituzione; *se livrer à la prostitution* darsi alla prostituzione # *établissement, maison de prostitution* casa di tolleranza, casa chiusa 2 (*fig., littér.*) [*action d'avilir, de s'avilir dans un comportement dégradant*] prostituzione.

prostration |pʀɔstʀɑsjɔ̃| *s.f.* (*méd., relig.*) prostrazione.

prostré, ée |pʀɔstʀe| *adj.* prostrato → **abattu** ◇ (*méd.*) prostrato, in (uno) stato di prostrazione *loc.*

prostyle |pʀɔstil| *adj.* (*archit.*) prostilo: *temple, vestibule prostyle* tempio, vestibolo prostilo ◆ *s.m.* prostilo.

prosyllogisme |pʀɔsi(l)lɔʒism(ə)| *s.m.* (*philo.*) prosillogismo.

protactinium |pʀɔtaktinjɔm| *s.m.* (*chim.*) protoattinio*, protattinio*.

protagoniste |pʀɔtagɔnist(ə)| *s.m.* 1 protagonista *s.* 2 (*litt.*) protagonista.

protamine |pʀɔtamin| *s.f.* (*chim.*) protamina.

protase |pʀɔtɑz| *s.f.* (*vieilli*) protasi *inv.* → **exposition.**

prote |pʀɔt| *s.m.* (*imprim.*) proto.

protéase |pʀɔteɑz| *s.f.* (*chim.*) proteasi *inv.*

protecteur, trice |pʀɔtɛktœʀ, tʀis| **I** *s.* 1 *s.* (*personnes*) protettore*: *le protecteur de la veuve et de l'orphelin* il protettore della vedova e dell'orfano → **défenseur** ◇ (*loc. iron.*) *il veut être le protecteur des enfants martyrs* dice di essere il protettore dei diseredati ◇ (*choses*) *une loi qui est la protectrice de la sécurité de chacun* una legge che protegge *loc.* la sicurezza di ognuno ◇ (*hist.*) *le Protecteur* [*titre sous lequel Cromwell exerça le pouvoir*] il Protettore **2** *s.* [*personne qui protège, qui patronne qqn.*] protettore: *un protecteur puissant* un potente protettore **3** *s.* [*personne qui favorise la naissance ou le développement* (*de qqch.*)] protettore: *il s'est fait le protecteur des arts* è diventato il protettore delle arti **4** *s.m.* [*amant qui entretient une femme*] protettore: *le protecteur d'une femme* il protettore di una donna **II** *adj.* **1** protettore # *société protectrice des animaux* (*S.P.A.*) società per la protezione degli animali ◇ (*chim.*) protettivo: *action protectrice* azione protettiva ◇ (*écon.*) protettivo, di tutela *loc. inv.*; protezionistico*: *régime, système protecteur* regime, sistema protettivo, di tutela **2** [*qui exprime 'une intention bienveillante et condescendante'*] protettivo, di protezione (*loc. inv.*): *un ton protecteur* un tono protettivo, di protezione © I **oppresseur, persécuteur.**

protection |pʀɔtɛksjɔ̃| *s.f.* **1** protezione: *la protection de l'enfance* la protezione, la tutela dell'infanzia; *la protection contre les maladies* la protezione contro le malattie; *prendre qqn. sous sa protection* prendere qc. sotto la propria protezione; *accorder sa protection à...* concedere la propria protezione a... → 1 **aide,** 1 **défense, secours** ◇ *loc. adj.* DE PROTECTION di protezione, protettivo (*adj.*): *écran de protection* schermo di protezione, protettivo **2** [*personne ou chose qui protège*] protezione: *c'est une bonne protection contre le froid* è una buona protezione contro il freddo ◇ (*par anal.*) *protection d'un navire de guerre, d'un char d'assaut* protezione di una nave da guerra, di un carro armato **3** [*action d'aider, de patronner qqn.*] protezione; raccomandazione: *le ministre le prit sous sa protection* il ministro lo prese sotto la sua protezione ‖ *c'est une place qu'il a eue par protection* è un posto che ha avuto con una raccomandazione **4** [*action de favoriser la naissance ou le développement de qqch.*] protezione: *une œuvre qui bénéficie de la protection de l'État* un'opera che gode della protezione dello Stato **5** (*écon.*) protezione; protezionismo *m.* **6** [*comportement protecteur*] protezione: *un air, un ton, un sourire de protection* un'aria, un tono, un sorriso di protezione.

protectionnisme |pʀɔtɛksjɔnism(ə)| *s.m.* (*écon.*) protezionismo © **libre-échange.**

protectionniste |pʀɔtɛksjɔnist(ə)| **1** *adj.* (*écon.*) protezionistico*, protezionista: *système protectionniste* sistema protezionistico, protezionista **2** *s.* protezionista.

protectorat |pʀɔtɛktɔʀa| *s.m.* **1** protettorato ◇ (*par ext.*) [*le pays soumis au contrôle d'un autre*] *le Maroc, la Tunisie étaient des protectorats français* il Marocco, la Tunisia erano protettorati francesi **2** (*hist.*) *le protectorat de Cromwell* il protettorato di Cromwell.

protée |pʀɔte| *s.m.* **1** (*littér.*) proteo **2** (*t.zool.*) proteo.

protégé, ée |pʀɔteʒe| **1** *adj.* protetto, riparato ◇ (*loc.*) *passage protégé* incrocio con diritto di precedenza ◇ (*dr.*) *état protégé* stato protetto **2** *s.* protetto: *c'est mon petit protégé* è il mio piccolo protetto.

protège-cahier |pʀɔtɛʒkaje| *s.m.* copriquaderno (*inv.*): *des protège-cahiers* dei copriquaderno.

protège-coude |pʀɔtɛʒkud| *s.m.* (*sport*) gomitiera (*f.*): *des protège-coudes* delle gomitiere.

protège-dents |pʀɔtɛʒdɑ̃| *s.m. inv.* (*boxe*) paradenti.

protège-parapluie |pʀɔtɛʒpaʀaplɥi| *s.m.* fodera *f.* (di ombrello): *des protège-parapluies* delle fodere (di ombrello).

protéger |pʀɔteʒe| (8) (3) **A** *v.tr.* **1** [*aider* (*qqn.*) *pour le mettre à l'abri d'une attaque, des mauvais traitements, du danger* (*physique ou moral*)] proteggere (154): *que Dieu vous protège!* Dio vi protegga! → **assister,** 1 **défendre, secourir** ◇ [*défendre contre toute atteinte*] proteggere, tutelare: *la loi doit protéger les libertés individuelles* la legge deve proteggere, tutelare le libertà individuali **2** (*choses*) [*couvrir de manière à arrêter ce qui peut nuire, à mettre à l'abri*] proteggere: *gants de caoutchouc qui protègent les mains* guanti di gomma che proteggono le mani; *des arbres qui nous protègent du vent, du soleil* (*contre le vent, le soleil*) degli alberi che ci proteggono, riparano dal vento, dal sole (contro il vento, contro il sole) → **abriter, garantir, préserver** ◇ (*ch. de fer*) *protéger un train par un signal, des pétards* proteggere un treno con un segnale, con petardi **3** [*aider* (*une personne*), *faciliter la réussite, la carrière de* (*qqn.*) *par des recommandations, un appui matériel ou moral*] proteggere, aiutare: *les personnalités qui le protègent* le persone importanti che lo proteggono → 1 **patronner, pistonner, recommander 4** [*favoriser la naissance ou le développement de* (*une activité*)] proteggere: *Louis XIV a protégé les arts* Luigi XIV ha protetto le arti → **encourager, favoriser 5** [*favoriser la production, la vente de* (*produits*) *par des mesures protectionnistes*] proteggere **B** *v.pron. réfl.* SE PROTÉGER [→ *tr.* 2, 3] proteggersi; ripararsi: *se protéger contre soi-même* proteggersi da sé stesso ‖ *se protéger du soleil* ripararsi, proteggersi dal sole © **attaquer, menacer.**

protège-tibia |pʀɔtɛʒtibja| *s.m.* (*sport*) parastinchi *inv.*

protéide |pʀɔteid| *s.m.* (*vieilli*) (*biol., chim.*) → **protide.**

protéiforme |pʀɔteifɔʀm(ə)| *adj.* (*littér.*) proteiforme.

protéine |pʀɔtein| *s.f.* (*biol., chim.*) proteina → **albuminoïde** ◇ (*spécialt.*) *protéines conjuguées, hétéroprotéines* proteine coniugate, eteroproteine ◇ (*par ext.*) *assimilation, digestion des protéines* assimilazione, digestione delle proteine.

protéinothérapie |pʀɔteinɔteʀapi| *s.f.* (*méd.*) proteinoterapia.

protéinurie |pʀɔteinyʀi| *s.f.* (*pathol.*) proteinuria.

protéique |pʀɔteik| *adj.* (*biol., chim.*) proteico*.

protèle |pʀɔtɛl| *s.m.* (*t.zool.*) protele.

protéolyse |pʀɔteɔliz| *s.f.* (*biol., chim.*) proteolisi *inv.*

protéolytique |pʀɔteɔlitik| *adj.* (*biol., chim.*) proteolitico*.

protérandrie |pʀɔteʀɑ̃dʀi| *s.f.* (*bot.*) proterandria.

protestable |pʀɔtɛstabl(ə)| *adj.* (*dr.*) protestabile: *effet protestable* effetto protestabile.

protestant, ante |pʀɔtɛstɑ̃, ɑ̃t| *s.* (*relig.*) protestante ♦ (*adj.*) *temple, culte protestant* tempio, culto protestante.

protestantisme |pʀɔtɛstɑ̃tism(ə)| *s.m.* **1** (*relig.*) protestantesimo **2** [*les protestants* (*d'une région, d'un pays*)] protestanti (*pl.*): *le protestantisme français* i protestanti francesi.

protestataire |pʀɔtɛstatɛʀ| *adj.* (*littér.*) protestatario* ♦ *s.* protestatore* (*rare*).

protestation |pʀɔtɛstɑsjɔ̃| *s.f.* **1** protesta: *il me faisait des protestations d'amitié* mi faceva proteste di amicizia → **démonstration 2** [*déclaration formelle par laquelle on s'élève contre qqch. qu'on déclare illégitime, injuste*] protesta: *protestation écrite, verbale* protesta scritta, verbale; *rédiger, signer une protestation* redigere, firmare una protesta **3** [*témoignage de désapprobation, d'opposition, de refus*] protesta: *une protestation énergique, violente, indignée* una protesta energica, violenta, indignata (sdegnata); *il se contenta d'un geste de protestation* si accontentò di un gesto di protesta ◇ (*par ext.*) *protestation collective de la foule* protesta collettiva della folla **4** (*dr.*) protesto *m.* © 2; 3 **approbation, assentiment.**

1 **protester** |pʀɔtɛste| **A** *v.tr.* (*littér.*) PROTESTER DE [*donner l'assurance formelle de*] protestare: *l'accusé protestait de son innocente* l'imputato protestava la propria innocenza **B** *v.intr.* [*déclarer formellement son opposition, son refus*] protestare: *ils protestèrent contre cette injustice* protestarono contro quella ingiustizia; *protester avec force, indignation contre qqch.* protestare con forza, con indignazione contro q.c.; *vous avez beau protester* ha un bel protestare, è inutile che protesti → **rouspéter**; *vous avez été courageux, ne protestez pas!* lei è stato coraggioso, non protesti! ◇ (*en incise*) *'mais non', protesta-t-il* 'ma no', protestò © B **approuver.**

2 **protester** |pʀɔtɛste| *v.tr.* (*dr.*) [*faire un protêt contre* (*un billet, un chèque*)] protestare.

protêt |pʀɔtɛ| *s.m.* (*dr.*) protesto: *délais, frais de protêt* termini, spese di protesto.

prothalle |pʀɔtal| *s.m.* (*bot.*) protallo.

1 **prothèse** |pʀɔtɛz| *s.f.* **1** protesi (*inv.*): *des appareils de prothèse* apparecchi di protesi **2** (*par ext.*) protesi: *prothèse dentaire* protesi dentaria; *prothèse fixe, mobile* protesi fissa, mobile.

2 **prothèse** |pʀɔtɛz| *s.f.* (*vx., ling.*) → **prosthèse.**

1 **prothétique** |pʀɔtetik| *adj.* [*de la prothèse*] protesico*.

2 **prothétique** |pʀɔtetik| *adj.* (*ling.*) → **prosthétique 1.**

prothorax |pʀɔtɔʀaks| *s.m.* (*zool.*) protorace: *prothorax des coléoptères* protorace dei coleotteri.

prothrombine |pʀɔtʀɔ̃bin| *s.f.* (*biol., chim., physiol.*) protrombina.

protide |pʀɔtid| *s.m.* (*biol., chim.*) protide.

protidique |pʀɔtidik| *adj.* (*biol.,*

chim.) protidico*: *synthèse protidique* sintesi protidica; *hormones protidiques* ormoni protidici.
Protistes |pʀɔtist(ə)| *s.m. pl.* (*t. zool.*) Protisti.
protistologie |pʀɔtistɔlɔʒi| *s.f.* (*biol.*) protistologia*.
prot(o)- |pʀɔt(ɔ)| *suff.* (*signifiant 'premier, primitif, rudimentaire', correspond généralt. à*) prot(o): *Protozoaires* Protozoi.
Protoc(h)ordés |pʀɔtɔkɔʀde| *s.m. pl.* → **Procordés.**
protococcus |pʀɔtɔkɔkys| *s.m.* (*bot.*) protococco*.
protocolaire |pʀɔtɔkɔlɛʀ| *adj.* **1** protocollare: *questions protocolaires* questioni protocollari **2** [*conforme au protocole* (2), *respectueux du protocole*] protocollare, conforme all'etichetta: *il a une manière de recevoir qui n'est pas très protocolaire* ha un modo di ricevere che non è molto protocollare, molto conforme all'etichetta.
protocole |pʀɔtɔkɔl| *s.m.* **1** protocollo ◇ (*par ext.*) [*le contenu d'un protocole*] protocollo **2** [*recueil de règles à observer en matière d'étiquette, de préséances, dans les cérémonies et les relations officielles*] protocollo, cerimoniale ◇ [*service chargé des questions d'étiquette*] cerimoniale: *chef du protocole* capo del cerimoniale ◇ (*fig.*) [*formes, respect des formes, dans la vie en société*] etichetta *f.* **3** (*hist., typogr.*) protocollo.
protogine |pʀɔtɔʒin| *s.m. ou f.* (*minér.*) protogino *m.*
protogyne |pʀɔtɔʒin| *adj.* (*bot.*) protogino.
protogynie |pʀɔtɔʒini| *s.f.* (*bot.*) protoginia.
protohistoire |pʀɔtɔistwaʀ| *s.f.* protostoria: *civilisations mégalithiques de la protohistoire* civiltà megalitiche della protostoria.
protohistorique |pʀɔtɔistɔʀik| *adj.* protostorico*.
protomartyr |pʀɔtɔmaʀtiʀ| *s.m.* (*ecclés.*) protomartire.
protomé |pʀɔtɔme| *s.m.* (*archéol.*) protome *f.*
protomédecin |pʀɔtɔmɛdsɛ̃| *s.m.* (*hist.*) protomedico*.
proton |pʀɔtɔ̃| *s.m.* (*phys.*) protone.
protonéma |pʀɔtɔnema| *s.m.* (*bot.*) protonema.
protonique |pʀɔtɔnik| *adj.* (*phys.*) protonico*: *masse protonique* massa protonica.
protonotaire |pʀɔtɔnɔtɛʀ| *s.m.* (*ecclés.*) protonotario*: *protonotaires apostoliques* protonotari apostolici.
protonotariat |pʀɔtɔnɔtaʀja| *s.m.* (*ecclés.*) protonotariato.
protophyte |pʀɔtɔfit| *s.m. ou f.* (*bot.*) protofita *f.*
protoplasma |pʀɔtɔplasma|, **protoplasme** |pʀɔtɔplasm(ə)| *s.m.* (*biol.*) protoplasma: *protoplasme de la membrane cellulaire* protoplasma della membrana cellulare.
protoplasmique |pʀɔtɔplasmik| *adj.* (*biol.*) protoplasmatico*: *masse protoplasmique* massa protoplasmatica.
protoptère |pʀɔtɔptɛʀ| *s.m.* (*t. zool.*) protottero.
protothorax |pʀɔtɔtɔʀaks| *s.m.* (*zool.*) prototorace.
prototype |pʀɔtɔtip| *s.m.* **1** prototipo: *un prototype de voiture de course* un prototipo di macchina da corsa **2** (*littér.*) [*type, modèle originel ou principal*] prototipo: *prototype d'une œuvre d'art* prototipo di un'opera d'arte → **original, archétype.**
Protoures |pʀɔtuʀ| *s.m. pl.* (*t. zool.*) Proturi.
protoxyde |pʀɔtɔksid| *s.m.* (*chim.*) protossido: *protoxyde de baryum* protossido di bario, barite; *protoxyde d'azote* protossido di azoto.
Protozoaires |pʀɔtɔzɔɛʀ| *s.m. pl.* (*t.zool.*) Protozoi.
protractile |pʀɔtʀaktil| *adj.* (*sc. nat.*) protrattile: *langue protractile du formilier* lingua protrattile del formichiere.
protrusion |pʀɔtʀyzjɔ̃| *s.f.* (*géol., méd.*) protrusione.
protubérance |pʀɔtybeʀɑ̃s| *s.f.* **1** protuberanza ◇ (*anat.*) *protubérance annulaire* protuberanza anulare **2** [*saillie quelconque*] protuberanza, sporgenza **3** (*astron.*) *protubérances solaires* protuberanze solari ⓒ 1; 2 **cavité.**
protubérant, ante |pʀɔtybeʀɑ̃, ɑ̃t| *adj.* protuberante, sporgente: *une pomme d'Adam protubérante* un pomo d'Adamo protuberante, sporgente → **proéminent, saillant.**
protuteur, trice |pʀɔtytœʀ, tʀis| *s.* (*dr.*) protutore*.
prou (peu ou) |pøupʀu| *loc. adv.* (*littér.*) [*plus ou moins*] più o meno (*cour.*).
proudhonien, ienne |pʀudɔnjɛ̃, jɛn| *adj.* di Proudhon *loc. inv.*, relativo a Proudhon: *le socialisme proudhonien* il socialismo di Proudhon ♦ *s.* seguace di Proudhon.
proue |pʀu| *s.f.* (*mar.*) prua, prora # *figure de proue* polena ◇ (*loc. fig.*) *s'avancer en proue* [*faire saillie*] sporgere.
prouesse |pʀuɛs| *s.f.* **1** (*littér.*) [*acte de courage, d'héroïsme; action d'éclat*] prodezza: *les prouesses des pionniers de l'aviation* le prodezze dei pionieri dell'aviazione → **exploit** **2** (*souvent iron.*) [*action remarquable*] prodezza: *il raconte partout ses prouesses sportives* racconta dappertutto le sue prodezze sportive.
prouvable |pʀuvabl(ə)| *adj.* (*rare*) provabile, dimostrabile (*cour.*).
prouver |pʀuve| **A** *v.tr.* **1** [*faire apparaître ou reconnaître* (*qqch.*) *comme vrai, réel, au moyen de preuves*] provare, dimostrare: *prouvez-le!* provatelo!, dimostratelo!; *cela reste à prouver* questo è (resta) da dimostrare → **démontrer, établir** ♦ (*absolt.*) *le désir de prouver* il desiderio di provare, di dimostrare ♦ (*impers.*) *il est prouvé que...* è (com)provato, è dimostrato che... ◇ (*dr.*) *l'infanticide a été prouvé* l'infanticidio è stato dimostrato, provato; *prouver en justice* produrre (108) prove in tribunale **2** [*exprimer* (*une chose*) *par une attitude, des gestes, des paroles*] dimostrare: *comment vous prouver ma reconnaissance?* come dimostrarle, esprimerle la mia riconoscenza?; *cet enfant prouve qu'il a le sens de l'humour* questo ragazzo dimostra di possedere il senso dell'umorismo → **montrer** **3** (*sujet de chose*) [*servir de preuve, être le signe de*] provare, dimostrare: *les derniers événements prouvent que la crise n'est pas terminée* gli ultimi avvenimenti provano, dimostrano che la crisi non è finita; *cela ne prouve rien* questo non prova, dimostra niente; *qu'est-ce que cela prouve?* e questo cosa prova? → **révéler, témoigner** **B** *v.pron.* **1** *passif* SE PROUVER [*être prouvé*] dimostrarsi, essere (96) *intr.* provato: *ces choses se prouvent par elles-mêmes* queste cose si dimostrano da sole **2** *réfl.* [*prouver, montrer à soi-même*] provare *tr.*, dimostrare *tr.* a sé stesso: *il a voulu se prouver* (*à soi-même*) *son courage, qu'il était courageux* ha voluto provare, dimostrare a sé stesso il proprio coraggio, di essere coraggioso **3** *récipr.* (*littér.*) [→ *pron.* 2] dimostrarsi (a vicenda): *nous nous prouverons que nous avions tous les deux raison* ci dimostreremo che avevamo ragione tutti e due.
provéditeur |pʀɔveditœʀ| *s.m.* (*hist.*) provveditore: *provéditeur de la mer* provveditore del mare.
provenance |pʀɔvnɑ̃s| *s.f.* **1** provenienza: *j'ignore la provenance de cette lettre* ignoro la provenienza di questa lettera; *un avion en provenance de Paris* un aereo in provenienza, proveniente da Parigi ◇ [*origine*] provenienza, origine: *des éléments de toutes provenances* elementi di ogni provenienza, origine **2** (*comm.*) *pays de provenance* paese d'origine ◇ (*au plur.*) *les provenances* [*les marchandises et produits importés*] le importazioni.
provençal, ale, aux |pʀɔvɑ̃sal, o| **1** *adj.* provenzale: *cuisine provençale, à l'huile d'olive et à l'ail* cucina provenzale, all'olio d'oliva e all'aglio ◇ *loc. adv.* À LA PROVENÇALE alla provenzale: *tomates* (*à la*) *provençale* pomodori alla provenzale **2** (*s.m.*) *le provençal* [*la langue d'oc; sa variété parlée en Provence*] il provenzale.
provençalisme |pʀɔvɑ̃saliʒm(ə)| *s.m.* (*litt.*) provenzalismo.
provende |pʀɔvɑ̃d| *s.f.* **1** (*vieilli*) [*provisions de bouche, vivres*] cibaria, viveri *m. pl.* (*cour.*) **2** [*nourriture pour animaux, bestiaux*] mangime *m.*; becchime *m.*
provenir |pʀɔvniʀ| *v.intr.* (27) **1** (*choses*) (*aux. 'être'*) [*venir* (*de*)] (pro)venire (202): *d'où provient ce colis?* da dove (pro)viene, arriva quel pacco? **2** (*choses*) [*avoir son origine* (*dans*), *tirer son origine* (*de*)] provenire, derivare: *personne ne savait d'où provenait leur fortune* nessuno sapeva da dove provenisse, derivasse la loro fortuna; *huiles provenant de la distillation des goudrons* oli derivanti dalla distillazione dei catrami → 2 **dériver** ◇ (*sentiments, idées*) [*découler, émaner* (*de*)] derivare: *des habitudes qui proviennent de l'éducation* abitudini che derivano dall'educazione.
proverbe |pʀɔvɛʀb(ə)| *s.m.* proverbio*: *passer en proverbe* passare in proverbio; *parler par proverbes* parlare per proverbi ◇ (*spécialt.*) *le livre des Proverbes* il libro dei Proverbi.
proverbial, iale, iaux |pʀɔvɛʀbjal, jo| *adj.* **1** proverbiale: *phrase proverbiale* frase proverbiale ◇ (*par anal.*) *expression, locution proverbiale* espressione, locuzione proverbiale **2** [*qui est aussi généralt. connu et aussi frappant qu'un proverbe; qui est cité comme type*] proverbiale: *sa bonté est proverbiale* la sua bontà è proverbiale.
proverbialement |pʀɔvɛʀbjalmɑ̃| *adv.* [→ PROVERBIAL 1] proverbial-

mente: *on dit proverbialement...* si dice proverbialmente...

providence |pʀɔvidɑ̃s| *s.f.* 1 provvidenza: *les décrets de la providence* i decreti della provvidenza; *la divine providence, la providence de Dieu* la divina provvidenza, la provvidenza di Dio ◇ (*spécialt.*) la Provvidenza, la (Divina) Provvidenza 2 *loc. fig.* ÊTRE LA PROVIDENCE DE QQN. essere la provvidenza di qc.: *vous êtes ma providence!* lei è la mia provvidenza! ~ *il s'est fait la providence des malheureux* è diventato la provvidenza degli infelici.

providentialisme |pʀɔvidɑ̃sjalism(ə)| *s.m.* (*philo.*) provvidenzialismo.

providentiel, elle |pʀɔvidɑ̃sjɛl| *adj.* 1 [*qui se rapporte à la providence* (1)] provvidenziale 2 [*qui arrive opportunément, par un heureux hasard*] provvidenziale: *il fit alors une rencontre providentielle* fece allora un incontro provvidenziale; *une nouvelle providentielle* una notizia provvidenziale ◇ (*par ext.*) *un homme providentiel* un uomo mandato dalla provvidenza.

providentiellement |pʀɔvidɑ̃sjɛlmɑ̃| *adv.* 1 [→ PROVIDENTIEL 1] provvidenzialmente: *una âme providentiellement secourue* un'anima soccorsa provvidenzialmente, dalla provvidenza 2 [*par bonheur, par une chance inespérée*] insperatamente, provvidenzialmente: *il put providentiellement s'échapper* potè insperatamente, provvidenzialmente scappare.

provignage |pʀɔviɲaʒ|, **provignement** |pʀɔviɲmɑ̃| *s.m.* (*agric.*) propagginazione *f.*, propagginamento.

provigner |pʀɔviɲe| **A** *v.tr.* (*agric.*) [*marcotter* (*la vigne*)] propagginare: *provigner un cep pour obtenir un plant* propagginare un ceppo per ottenere una pianticella **B** *v.intr.* [*se multiplier par provins, par marcottes*] propagginarsi *pron.*, riprodursi (108) *pron.* per propagginazione.

provin |pʀɔvɛ̃| *s.m.* (*agric.*) propaggine (*f.*): *provin qui prend racine* propaggine che attecchisce.

province |pʀɔvɛ̃s| *s.f.* 1 provincia*: *la Bretagne, la Normandie, la Provence... provinces françaises* la Bretagna, la Normandia, la Provenza... province francesi ◇ (*en Belgique, au Canada*) provincia 2 [*partie d'un pays ayant un caractère propre, à l'exclusion de la capitale*] provincia: *il arrive de sa province* arriva dalla provincia ◇ (*spécialt.*) LA PROVINCE (*en France*) [*l'ensemble du pays* (*les villes, les bourgs*) *à l'exclusion de la capitale*] la provincia: *vivre en province* vivere in provincia; *villes, petites villes de province* città, cittadine di provincia ◇ (*dans d'autres pays d'Europe*) *la province anglaise, italienne* la provincia inglese, italiana ✦ *adj.* (*fam.*) [*provincial*] provinciale: *cela fait province* fa tanto provinciale 3 (*hist. rom.*) provincia: *la Gaule cisalpine, province romaine* la Gallia cisalpina, provincia romana 4 (*vx.*) → **pays,** 2 **État.**

provincial, ale, aux |pʀɔvɛ̃sjal, o| **I** *adj.* 1 provinciale: *la vie provinciale* la vita provinciale, di provincia ◇ (*péj.*) *avoir des manières provinciales* avere modi provinciali 2 (*ecclés.*) *Pères provinciaux des Jésuites* Padri provinciali dei Gesuiti **II** *s.* [*personne qui vit en province*] provinciale: *les provinciaux et les Parisiens* i provinciali e i Parigini.

provincialat |pʀɔvɛ̃sjala| *s.m.* (*ecclés.*) provincialato.

provincialisme |pʀɔvɛ̃sjalism(ə)| *s.m.* (*ling.*) provincialismo: *les provincialismes d'un écrivain* i provincialismi di uno scrittore ◇ (*péj.*) [*caractère de ce qui est provincial*] provincialismo.

proviseur |pʀɔvizœʀ|, (*arg. scol.*) **proto** |pʀɔto|, **protal** |pʀɔtal| *s.m.* [*fonctionnaire de l'administration scol. qui dirige un lycée de garçons*] preside *s.* → **directeur.**

provision |pʀɔvizjɔ̃| *s.f.* **I** 1 [*réunion de choses utiles ou nécessaires à la subsistance, à l'entretien ou à la défense*] provvista, scorta: *une armoire à provisions* un mobile per le provviste; *avoir une provision de charbon* avere una provvista, una scorta di carbone; *faire provision de qqch.* fare provvista, scorta di q.c.; *faire des provisions pour l'hiver* fare provviste per l'inverno → **approvisionnement,** 1 **réserve, stock** 2 *au plur.* [*achat de choses nécessaires à la vie* (*nourriture, produits d'entretien*); *les choses que l'on achète*] spesa *sing.*, provviste: *filet, panier à provisions* rete, borsa per la (della) spesa; *une ménagère qui fait ses provisions* una massaia che fa la spesa, le provviste → **course(s)** **II** 1 [*somme versée à titre d'acompte* (*à un avocat, un avoué*)] anticipo *m.*, caparra 2 (*dr. comm.*) copertura ◇ (*loc.*) *chèque sans provision* assegno a vuoto, assegno scoperto ◇ (*fin.*) accantonamento *m.*

provisionnel, elle |pʀɔvizjɔnɛl| *adj.* (*dr.*) *acompte, tiers provisionnel* acconto, terzo provvisionale.

provisoire |pʀɔvizwaʀ| *adj.* 1 provvisorio*: *une solution provisoire* una soluzione provvisoria; *à titre provisoire* a titolo provvisorio, provvisoriamente; *gouvernement provisoire* governo provvisorio → **transitoire** ◇ (*choses matérielles*) *une installation provisoire* una sistemazione provvisoria → **fortune (de)** ✦ (*s.*) *le provisoire risque de durer longtemps!* il provvisorio rischia di durare a lungo! 2 (*dr.*) provvisorio: *liberté provisoire* libertà provvisoria Ⓒ **définitif.**

provisoirement |pʀɔvizwaʀmɑ̃| *adv.* [→ PROVISOIRE 1] provvisoriamente: *je me suis installé chez lui provisoirement* mi sono sistemato in casa sua provvisoriamente → **momentanément.**

provisorat |pʀɔvizɔʀa| *s.m.* [*qualité, fonctions de proviseur; durée des fonctions d'un proviseur*] presidenza *f.*, carica* *f.* di preside.

provitamine |pʀɔvitamin| *s.f.* (*biol., chim.*) provitamina.

provo |pʀovo| *s.m.* (*holl.*) provo *inv.* ✦ (*adj.*) *le mouvement provo* il movimento provo.

provocant, ante |pʀɔvɔkɑ̃, ɑ̃t| *adj.* 1 [*qui cherche ou tend à provoquer qqn. à des sentiments ou à des actions violentes*] provocatorio*: *attitude provocante* atteggiamento provocatorio → **agressif** 2 [*qui incite au désir, au trouble des sens*] provocante: *des airs provocants* degli atteggiamenti provocanti; *elle lui jeta un regard provocant* gli gettò uno sguardo provocante.

provocateur, trice |pʀɔvɔkatœʀ, tʀis| *s.* 1 (*rare au f.*) provocatore* → **meneur** 2 [*personne qui incite qqn. ou un groupe à la violence*] provocatore, sobillatore*: *indicateurs et provocateurs* informatori e provocatori ✦ (*adj.*) *agent provocateur* agente provocatore; *geste provocateur* gesto provocatorio*, provocatore.

provocation |pʀɔvɔkasjɔ̃| *s.f.* 1 provocazione, istigazione: *poursuivi pour provocation à la désobéissance* perseguito per istigazione alla disubbidienza → **incitation** # *provocation en duel* sfida a duello ◇ (*dr. pénal*) provocazione, istigazione: *complicité par provocation* complicità per provocazione, per istigazione ✦ *absolt.* [*défi*] *elle y mettait de la provocation* ci metteva della provocazione, aveva voglia di provocare 2 [*action, parole qui provoque, qui émane d'un provocateur*] provocazione: *les manifestants ont été mis en garde contre toute provocation* i manifestanti sono stati messi in guardia contro ogni provocazione; *répondre à une provocation* rispondere a una provocazione 3 [*le fait d'être provoqué*] provocazione: *l'agression est une attaque sans provocation* l'aggressione è un attacco senza provocazione.

provoquer |pʀɔvɔke| *v.tr.* **I** PROVOQUER QQN. À... 1 [*inciter, pousser* (*qqn.*), *particulièrement à une action violente*] provocare, sfidare qc. a: *provoquer qqn. à faire qqch.* provocare, sfidare qc. a fare q.c.; *provoquer qqn. en duel* sfidare qc. a duello → 1 **entraîner, inciter** ✦ (*absolt.*) *provoquer qqn.* [*l'inciter à la violence*] provocare, sobillare qc.: *arrête, ne le provoque pas* smettila, non provocarlo → **attaquer,** 1 **défier** 2 [*exciter le désir de* (*qqn.*) *par son attitude*] provocare: *c'est une femme qui provoque les hommes* è una donna che provoca gli uomini ✦ *pron. récipr.* SE PROVOQUER [→ *tr.* 1] provocarsi (a vicenda): *ils s'accusent et se provoquent* si accusano e si provocano a vicenda **II** PROVOQUER (QQCH.) 1 [*être volontairement ou non la cause de* (*qqch.*)] provocare: *provoquer des aveux* provocare una confessione; *provoquer la colère, l'indignation, le ressentiment de qqn.* provocare l'ira, l'indignazione, il risentimento di qc.; *provoquer des troubles* provocare torbidi → 1 **causer, susciter**; *nous avons eu une franche explication, que j'avais d'ailleurs provoquée* abbiamo avuto una franca spiegazione, che d'altra parte avevo provocato io 2 (*sujet de chose*) *les bouleversements que provoque une invention* gli sconvolgimenti provocati da una invenzione → **apporter, occasionner.**

proxène |pʀɔksɛn| *s.m.* (*hist. gr.*) prosseno.

proxénète |pʀɔksenɛt| *s.* 1 *s.* (*littér.*) prosseneta *m.*, ruffiano (*cour.*) 2 *s.m.* [*celui qui tire des revenus de la prostitution d'autrui*] prosseneta → **maquereau, souteneur.**

proxénétisme |pʀɔksenetism(ə)| *s.m.* (*littér.*) prossenetismo ◇ (*dr.*) sfruttamento della prostituzione.

proximal, ale, aux |pʀɔksimal, o| *adj.* (*méd.*) prossimale.

proximité |pʀɔksimite| *s.f.* 1 (*littér.*) prossimità *inv.*, vicinanza (*cour.*): *la proximité de la ville* la prossimità, la vicinanza della città → **contiguïté** 2 (*loc. adv.*) *à proximité* [*tout près*] vicino (vicinissimo) *adv.*, nelle vicinanze ◇ *loc. prép.* À PROXIMITÉ DE [*à faible distance de*] in prossimità di, nelle vicinanze di: *il habite à proximité de son* *bureau* abita in prossimità, nelle vicinanze dell'ufficio → **auprès de, environs (aux), près** 3 [*caractère de ce qui est proche dans le temps passé ou futur*] vicinanza, prossimità: *il avait conscience de la proximité du danger* era consapevole della vicinanza, dell'imminenza del pericolo 4 (*fig., vieilli*) [*caractère de ce qui est proche* (*des liens de parenté*)] prossimità, (grado *m.* di) parentela (*cour.*).

proyer |pRwaje| *s.m.* → **bruant.**

prude |pRyd| *adj.* 1 [*qui est d'une pudeur affectée et outrée*] pudico*, verecondo (*littér.*) → **pudibond** ✦ *s.f.* santerellina → **sainte-nitouche** 2 (*vieilli*) [*vertueux et austère; qui déteste, réprouve le relâchement des mœurs*] puritano (*cour.*) → **pudibond, puritain** ✦ (*s.*) *un prude* un puritano.

prudemment |pRydamɑ̃| *adv.* [→ PRUDENT] prudentemente, cautamente: *il faut agir prudemment* occorre agire prudentemente, cautamente.

prudence |pRydɑ̃s| *s.f.* 1 prudenza, cautela: *avoir de la prudence* avere prudenza; *annoncez-lui la nouvelle avec beaucoup de prudence* dategli la notizia con molta prudenza, cautela → **ménagement, précaution**; *donner conseils de prudence aux automobilistes* dare consigli di prudenza per gli automobilisti; *je vais faire vacciner mes enfants par prudence* per prudenza farò vaccinare i miei figli ◇ (*loc.*) *avoir la prudence du serpent* avere l'accortezza del serpente ◇ (*prov.*) *prudence est mère de sûreté* la prudenza non è mai troppa; fidarsi è bene, non fidarsi è meglio 2 *surtout au plur.* (*littér.*) precauzioni, cautele 3 (*vx.*) [*sagesse; conduite raisonnable* (*vertu cardinale*)] prudenza Ⓒ **imprudence.**

prudent, ente |pRydɑ̃, ɑ̃t| *adj.* 1 (*personnes*) prudente, cauto: *il était trop prudent pour brusquer les choses* era troppo prudente per precipitare le cose; *soyez prudents, ne roulez pas trop vite* siate prudenti, non correte troppo → **circonspect, prévoyant** ✦ (*s.*) *les prudents* le persone *f.* prudenti *adj.* 2 (*choses*) prudente, cauto: *une démarche prudente* un intervento prudente, cauto; *prenez une assurance tous risques, c'est plus prudent* faccia un'assicurazione contro tutti i rischi, è più prudente; *ce n'est pas prudent* non è prudente; *il jugea prudent de se retirer* ritenne prudente ritirarsi Ⓒ **imprudent.**

pruderie |pRydRi| *s.f.* (*littér.*) 'pruderie' *inv.*

prud'homal, ale, aux |pRydɔmal, o| *adj.* (*dr.*) dei probiviri *loc. inv.*, relativo ai probiviri: *compétence prud'homale* competenza dei probiviri.

prud'homie |pRydɔmi| *s.f.* (*dr.*) competenza, giurisdizione dei probiviri.

prud'homme |pRydɔm| *s.m.* (*dr.*) proboviro* ✦ (*par appos.*) *conseillers prud'hommes* consiglieri probiviri.

prudhommerie |pRydɔmRi| *s.f.* (*littér.*) [*caractère banal et prétentieux*] prosopopea.

prudhommesque |pRydɔmɛsk(ə)| *adj.* (*littér.*) [*qui a un caractère de banalité emphatique et ridicule*] prosopopeico*, enfatico*: *propos prudhommesques et ridicules* discorsi prosopopeici e ridicoli.

pruine |pRɥin| *s.f.* (*bot.*) pruina.

pruiné, ée |pRɥine| *adj.* (*bot.*) pruinoso.

prune |pRyn| *s.f.* 1 [*fruit du prunier*] prugna, susina: *tarte aux prunes* torta di prugne, di susine; *cofiture de prunes* marmellata di prugne; *eau-de-vie de prunes* acquavite di prugne ◇ (*ellipt.*) *un petit verre de prune* un bicchierino di prugna 2 *loc. pop.* POUR DES PRUNES [*pour rien*] per niente (*cour.*): *je me suis dérangé pour des prunes* mi sono disturbato per niente ✦ (*absolt.*) *des prunes!* un fico secco!, col cavolo, un cavolo! ✦ *adj. inv.* (color) prugna: *une robe prune* un vestito (color) prugna.

pruneau |pRyno| *s.m.* 1 [*prune séchée*] prugna *f.* (secca*): *pruneaux crus, cuits* prugne crude, cotte ◇ (*fam.*) *elle est noire comme un pruneau* è nera come la pece 2 (*pop.*) [*projectile, balle de fusil*] prugna, pallottola *f.* (*cour.*).

prunelaie |pRynlɛ| *s.f.* [*terrain planté de pruniers*] prunaio* *m.*, pruneto *m.*

prunelée |pRynle| *s.f.* (*région.*) marmellata di prugne (*cour.*).

1 **prunelle** |pRynɛl| *s.f.* [*fruit du prunellier*] prugnola, susina selvatica* ◇ (*par ext.*) [*eau-de-vie, liqueur de prunelle*] prunella: *un carafon de prunelle* una piccola caraffa di prunella.

2 **prunelle** |pRynɛl| *s.f.* 1 (*anat.*) pupilla ◇ (*loc. fig.*) *il y tient comme à la prunelle de ses yeux* ci tiene come alla pupilla dei suoi occhi 2 [*l'œil considéré quant à sa mobilité, son aspect, son expression; la couleur de l'iris*] occhio* *m.* ◇ (*loc. fam.*) *jouer de la prunelle* strizzare l'occhio, fare l'occhiolino.

prunellier |pRynelje| *s.m.* (*t.bot.*) prugnolo, susino di macchia, selvatico*.

prunier |pRynje| *s.m.* (*t.bot.*) susino, prugno ◇ (*loc. fam.*) *secouer qqn. comme un prunier* dare una scrollata a qc.; (*fig.*) [*le réprimander vertement*] dare una strigliata a qc.

prunus |pRynys| *s.m.* → **prunier.**

prurigineux, euse |pRyRiʒinø, øz| *adj.* (*méd.*) pruriginoso: *dermatose prurigineuse* dermatosi pruriginosa.

prurigo |pRyRigo| *s.m.* (*méd.*) prurigine *f.*

prurit |pRyRit| *s.m.* 1 prurito, prudore (*rare*) 2 (*abstrait, littér.*) [*désir irrépressible*] bramosia (*f.*): *le prurit de la gloire* la bramosia di gloria.

prussiate |pRysjat| *s.m.* (*chim.*) prussiato.

prussien, ienne |pRysjɛ̃, jɛn| *adj.* prussiano: *l'armée prussienne* l'esercito prussiano ◇ (*par ext.*) tedesco*: *le caporalisme prussien* il militarismo tedesco ◇ (*loc.*) *cheminée prussienne* prussiana *s.f.* ✦ (*s.m.*) *le prussien* [*la langue*] il prussiano.

prussique |pRysik| *adj. m.* (*chim.*) *acide prussique* acido prussico*.

prytane |pRitan| *s.m.* (*hist. gr.*) pritano.

prytanée |pRitane| *s.m.* 1 (*antiq. gr.*) pritaneo: *le prytanée d'Athènes* il pritaneo di Atene 2 [*établissement d'éducation gratuite pour fils de milit.*] ⊠.

prytanie |pRitani| *s.f.* (*hist. gr.*) pritania.

psallette |psalɛt| *s.f.* (*liturg. mus.*) salmodica*.

psalliote |psaljɔt| *s.m. ou f.* (*t.bot.*) psalliota *f.*

psalmiste |psalmist(ə)| *s.m.* 1 salmista ✦ (*absolt.*) *le Psalmiste* [*le roi David*] il Salmista 2 [*chantre de psaumes*] salmista.

psalmodie |psalmɔdi| *s.f.* 1 (*liturg.*) salmodia 2 (*littér.*) [*manière monotone de déclamer, de chanter*] cantilena (*cour.*).

psalmodier |psalmɔdje| **A** *v.intr.* 1 (*liturg. mus.*) [*dire ou chanter les psaumes*] salmodiare: *psalmodier avec une antienne* salmodiare su un'antifona 2 [*parler ou dire d'une façon monotone*] cantilenare **B** *v.tr.* 1 [→ *intr.* 1] salmodiare: *psalmodier les offices* salmodiare le funzioni religiose; *psalmodier une phrase du Coran* salmodiare un versetto del Corano 2 [→ *intr.* 2] cantilenare.

psalmodique |psalmɔdik| *adj.* salmodico*: *chant psalmodique* canto salmodico.

psaltérion |psalteRjɔ̃| *s.m.* (*hist. mus.*) salterio*.

psaume |psom| *s.m.* 1 [*l'un des poèmes religieux qui constituent un livre de la Bible*] salmo: *chanter, réciter des psaumes* cantare, recitare dei salmi 2 (*mus.*) salmo.

psautier |psotje| *s.m.* (*liturg.*) salterio*: *le psautier d'un bréviaire* il salterio di un breviario.

pseudarthrose |psødaRtRoz| *s.f.* (*méd.*) pseudoartrosi *inv.*

pseudesthésie |psødɛstezi| *s.f.* (*méd.*) pseudoestesia.

pseud(o)- |psød(ɔ)| *préf.* (*signifiant 'faux', correspond généralt. à*) pseudo: *pseudarthrose* pseudoartrosi.

pseudo-bulbaire |psødɔbylbɛR| *adj.* (*méd.*) pseudobulbare.

pseudocarpe |psødɔkaRp(ə)| *s.m.* (*bot.*) pseudocarpo.

pseudo-concept |psødɔkɔ̃sɛpt| *s.m.*, **pseudo-idée** |psødɔide| *s.f.* (*philo.*) pseudoconcetto *m.*

pseudo-fécondation |psødɔfekɔ̃dasjɔ̃| *s.f.* (*bot.*) pseudofecondazione.

pseudo-intellectuel, elle |psødɔɛ̃te(ɛl)lɛktɥɛl| *adj.* (*péj.*) intellettualoide: *une attitude pseudo-intellectuelle* un atteggiamento intellettualoide ✦ (*s.*) *un pseudo-intellectuel* un intellettualoide.

pseudo-membrane |psødɔmɑ̃bRan| *s.f.* (*méd.*) pseudomembrana.

pseudomorphe |psødɔmɔRf| *adj.* (*minér.*) pseudomorfo.

pseudomorphisme |psødɔmɔRfism(ə)| *s.m.* (*minér.*) pseudomorfosi *f. inv.*

Pseudo(-)névroptères |psødɔnevRɔptɛR| *s.m. pl.* → **Archiptères.**

pseudonyme |psødɔnim| *s.m.* pseudonimo: *Molière, Voltaire sont des pseudonymes* Molière, Voltaire sono degli pseudonimi.

pseudopode |psødɔpɔd| *s.m.* (*biol.*) pseudopodio* ◇ (*fig.*) [*prolongement*] propaggine (*f.*): *la ville pousse, étend des pseudopodes dans toutes les directions* la città cresce, estende le sue propaggini in tutte le direzioni.

pseudo-prophète |psødɔpRɔfɛt| *s.m.* pseudoprofeta.

pseudo-scarlatine |psødɔskaRlatin| *s.f.* (*méd.*) pseudoscarlattina.

psi |psi| *s.m.* [*vingt-troisième lettre de l'alphabet gr.*] psi *inv.*

psitt! |psit|, **pst!** |pst| *interj. fam.* (*bref sifflement qui sert à appeler, à attirer l'attention*) pss!, pst!: *psitt! psitt! venez donc un peu par ici!* pss! pss! venite un po' qui!

Psittacidés |psitaside| *s.m. pl.*

(*t.zool.*) Psittaciformi ◇ *au sing.* (*cour.*) → 1 **perroquet.**

Psittaciformes |psitasifɔʀm| *s.m. pl.* (*t.zool.*) Psittaciformi.

psittacisme |psitasism(ə)| *s.m.* (*psycho.*) psittacismo.

psittacose |psitakoz| *s.f.* (*méd.*) psittacosi *inv.*

psoas |psɔas| *s.m. inv.* (*anat.*) psoas.

Psocoptères |psɔkɔptɛʀ| *s.m. pl.* (*t.zool.*) Psocotteri.

psoque |psɔk| *s.m.* (*t.zool.*) psoco*.

psoriasis |psɔʀjazis| *s.m.* (*méd.*) psoriasi *f. inv.*

psych-, psycho- |psik, psikɔ| *préf.* (*signifiant 'âme, esprit', correspondent généralt. à*) psic, psico: *psychanalyse* psicanalisi; *psychologie* psicologia.

psychagogie |psikagɔʒi| *s.f.* (*antiq. gr.*) psicagogia*.

psychagogique |psikagɔʒik| *adj.* (*antiq. gr.*) psicagogico*.

psychanalyse |psikanaliz| *s.f.* 1 psicanalisi, psicoanalisi *inv.* 2 [*traitement de troubles psychiques et psychosomatiques*] psicanalisi → **psychotérapie** # *subir une psychanalyse* essere psicanalizzato 3 [*étude psychanalytique* (*d'une œuvre d'art, de thèmes...*)] psicanalisi: *la psychanalyse des textes littéraires* la psicanalisi dei testi letterari.

psychanalyser |psikanalize| *v.tr.* 1 [*traiter par la psychan.* (2)] psicanalizzare, psicoanalizzare: *se faire psychanalyser* farsi psicanalizzare → **analyser** 2 [*étudier, interpréter par la psychan.* (3)] psicanalizzare, fare (103) la psicanalisi (a).

psychanalyste |psikanalist(ə)| *s.* psicanalista, psicoanalista → **analyste.**

psychanalytique |psikanalitik| *adj.* psicanalitico*, psicoanalitico*: *théories psychanalytiques* teorie psicanalitiche; *cure psychanalytique* cura psicanalitica.

psychasthénie |psikasteni| *s.f.* psicastenia, psicoastenia.

psychasthénique |psikastenik| *adj.* psicastenico*, psicoastenico* ◇ [*qui souffre de psychasthénie*] psicastenico ✦ (*s.*) *un psychasthénique* uno psicastenico.

psyché |psiʃe| *s.f.* (*gr.*) psiche *inv.* → **glace, miroir.**

psyché, psychè |psiʃe(ɛ)| *s.f.* (*gr.*) (*philo.*) psiche *inv.*

psychédélique |psikedelik| *adj.* psichedelico*.

psychédélisme |psikedelism(ə)| *s.m.* (*psychiatr.*) stato psichedelico*.

psychiatre |psikjatʀ(ə)| *s.* psichiatra → **aliéniste** ◇ (*spécialt.*) *psychiatre expert près les tribunaux* perito psichiatrico* (giudiziario).

psychiatrie |psikjatʀi| *s.f.* psichiatria.

psychiatrique |psikjatʀik| *adj.* psichiatrico*: *hôpital psychiatrique* ospedale psichiatrico.

psychique |psiʃik| *adj.* psichico*: *phénomènes psychiques* fenomeni psichici → **mental, psychologique** ◇ (*abusiv.*) [*métapsychique*] psichico.

psychisme |psiʃism(ə)| *s.m.* psichismo: *le psychisme morbide* lo psichismo morboso.

psycho- |psikɔ| *préf.* → **psych-.**

psychobiologie |psikɔbjɔlɔʒi| *s.f.* psicobiologia*.

psychochimie |psikɔʃimi| *s.f.* psicochimica*.

psychochirurgie |psikɔʃiʀyʀʒi| *s.f.* psicochirurgia*.

psychodiagnostic |psikɔdjagnɔstik| *s.m.* psicodiagnostica* *f.*

psychodramatique |psikɔdʀamatik| *adj.* psicodrammatico*.

psychodrame |psikɔdʀam| *s.m.* psicodramma.

psychodynamique |psikɔdinamik| *s.f.* psicodinamica*.

psychogenèse |psikɔʒənɛz| *s.f.* psicogenesi *inv.*

psychogénie |psikɔʒeni| *s.f.* psicogenesi *inv.*

psychogramme |psikɔgʀam| *s.m.* psicogramma.

psychographie |psikɔgʀafi| *s.f.* psicografia.

psycholeptique |psikɔlɛptik| *adj. et s.m.* → **neuroleptique.**

psycholinguistique |psikɔlɛ̃gɥistik| *s.f.* psicolinguistica* ✦ *adj.* psicolinguistico*: *travaux psycholinguistiques* ricerche psicolinguistiche.

psychologie |psikɔlɔʒi| *s.f.* 1 psicologia*: *psychologie subjective* psicologia soggettiva; *psychologie expérimentale* psicologia sperimentale; *psychologie génétique, descriptive* psicologia genetica, descrittiva; *la psychologie des profondeurs* la psicologia del profondo; *licence de psychologie,* (*fam.*) *psycho* laurea in psicologia 2 [*connaissance spontanée des sentiments d'autrui; aptitude à comprendre, à prévoir les comportements*] psicologia: *il manque de psychologie* manca di psicologia → **intuition** 3 [*analyse des états de conscience, des sentiments, dans une œuvre*] psicologia 4 [*ensemble d'idées, d'états, d'esprit caractéristiques d'une collectivité*] psicologia ◇ (*fam.*) [*mentalité* (*d'une personne*)] psicologia.

psychologique |psikɔlɔʒik| *adj.* 1 psicologico*: *méthodes, théories psychologiques* metodi psicologici, teorie psicologiche; *l'analyse psychologique* l'analisi psicologica; *un roman psychologique* un romanzo psicologico 2 [*étudié par la psycho.; qui concerne les faits psychiques, la pensée*] psicologico: *faits, états psychologiques* fatti, stati psicologici → **mental, psychique** Ⓒ **2 physiologique, physique.**

psychologiquement |psikɔlɔʒikmɑ̃| *adv.* 1 [*du point de vue de la psycho.*] psicologicamente 2 [(*opposé à 'physiquement'*) *mentalement; moralement*] psicologicamente, dal punto di vista psicologico *loc. inv.*

psychologisme |psikɔlɔʒism(ə)| *s.m.* psicologismo.

psychologiste |psikɔlɔʒist(ə)| *s.* psicologista.

psychologue |psikɔlɔg| *s.* 1 psicologo* 2 [*personne qui a une connaissance de l'âme humaine*] psicologo ✦ (*adj.*) *vous n'êtes pas psychologue!* lei non è psicologo!

psychomancie |psikɔmɑ̃si| *s.f.* psicomanzia.

psychométricien, ienne |psikɔmetʀisjɛ̃, jɛn| *s.* psicometrista.

psychométrie |psikɔmetʀi| *s.f.* psicometria.

psychométrique |psikɔmetʀik| *adj.* psicometrico*.

psychomoteur, trice |psikɔmɔtœʀ, tʀis| *adj.* psicomotorio*: *centres psychomoteurs* centri psicomotori; *troubles psychomoteurs* turbe psicomotorie.

psychonévrose |psikɔnevʀoz| *s.f.* psiconevrosi *inv.*

psychopathe |psikɔpat| *s.* (*vieilli*) psicopatico* *s. et adj.* (*cour.*).

psychopathie |psikɔpati| *s.f.* (*vieilli*) psicopatia (*cour.*).

psychopathologie |psikɔpatɔlɔʒi| *s.f.* psicopatologia*.

psychopathologique |psikɔpatɔlɔʒik| *adj.* psicopatologico*.

psychopathologiste |psikɔpatɔlɔʒist(ə)| *s.* psicopatologo*.

psychopédagogie |psikɔpedagɔʒi| *s.f.* psicopedagogia*.

psychopédagogue |psikɔpedagɔg| *s.* psicopedagogo*.

psychopharmacologie |psikɔfaʀmakɔlɔʒi| *s.f.* psicofarmacologia*.

psychopharmacologique |psikɔfaʀmakɔlɔʒik| *adj.* psicofarmacologico*.

psychophysiologie |psikɔfizjɔlɔʒi| *s.f.* psicofisiologia*.

psychophysiologique |psikɔfizjɔlɔʒik| *adj.* psicofisiologico*.

psychophysique |psikɔfizik| *s.f.* psicofisica* ✦ *adj.* psicofisico*: *méthodes psychophysiques* metodi psicofisici.

psychopompe |psikɔpɔ̃p| *adj.* (*mythol.*) psicopompo.

psychose |psikoz| *s.f.* 1 psicosi *inv.* → **démence, folie** 2 (*par ext.*) [*obsession, idée fixe*] psicosi: *psychose collective* psicosi colletiva.

psychosé, ée |psikoze| *adj.* → **psychotique.**

psychosensoriel, elle |psikɔsɑ̃sɔʀjɛl| *adj.* psicosensoriale.

psycho-sensori-moteur |psikɔsɑ̃sɔʀimɔtœʀ| *adj.* psicosensiomotorio*.

psychosocial, ale, aux |psikɔsɔsjal, o| *adj.* psicosociale.

psychosociologie |psikɔsɔsjɔlɔʒi| *s.f.* psicosociologia*.

psychosociologue |psikɔsɔsjɔlɔg| *s.* psicosociologo*.

psychosomaticien, ienne |psikɔsɔmatisjɛ̃, jɛn| *s.* specialista, studioso di psicosomatica.

psychosomatique |psikɔsɔmatik| *adj.* psicosomatico* ✦ *s.f.* psicosomatica*.

psychotechnicien, ienne |psikɔtɛknisjɛ̃, jɛn| *s.* psicotecnico*.

psychotechnique |psikɔtɛknik| *s.f.* psicotecnica* ✦ *adj.* psicotecnico*: *examens psychotechniques* esami psicotecnici → **2 test.**

psychothérapeute |psikɔteʀapøt| *s.* psicoterapista.

psychothérapie |psikɔteʀapi| *s.f.* psicoterapia: *psychothérapie analytique* psicoterapia analitica.

psychothérapique |psikɔteʀapik| *adj.* psicoterapeutico*, psicoterapico* (*rare*).

psychotique |psikɔtik| *adj.* psicotico*: *troubles psychotiques* turbe psicotiche ✦ (*s.*) *un psychotique* uno psicotico.

psychotonique |psikɔtɔnik| *adj.* psicotonico*: *substances psychotoniques* sostanze psicotoniche ✦ (*s.m.*) *un psychotonique* uno psicotonico.

psychotrope |psikɔtʀɔp| *adj.* psicotropo ✦ (*s.m.*) *un psychotrope* un farmaco* psicotropo, uno psicofarmaco*.

psychromètre |psikʀɔmɛtʀ(ə)| *s.m.* (*sc., techn.*) psicrometro.

1 **psylle** |psil| *s.f.* (*t.zool.*) psilla.
2 **psylle** |psil| *s.m.* [*charmeur de serpents en Inde, en Orient*] incantatore* *s.* di serpenti.
psyllium |psiljɔm| *s.m.* (*pharm.*) psillio*.
ptarmique |ptaʀmik| *s.f.* (*t.bot.*) ptarmica*.
Ptéranodons |pteʀanɔdɔ̃| *s.m. pl.* (*paléont.*) Pteranodontidi.
-ptère |ptɛʀ| *suff.* (*signifiant 'plume d'aile, ailé' et, en archit., 'aile, colonnade', correspond généralt. à*): ttero, ptero: *coléoptère* coleottero; *monoptère* monoptero.
ptéride |pteʀid|, **ptéris** |pteʀis| *s.f.* (*t.bot.*) pteride.
Ptéridophytes |pteʀidɔfit| *s.f. pl.* (*t.bot.*) Pteridofite.
Ptéridospermales |pteʀidɔspɛʀmal|, **Ptéridospermées** |pteʀidɔspɛʀme| *s.f. pl.* (*t.bot.*) Pteridosperme.
ptér(o)- |pteʀ(ɔ)| *préf.* (*signifiant 'plume d'aile, ailé' et, en archit., 'aile, colonnade', correspond généralt. à*) pter(o): *Ptéropodes* Pteropodi.
Ptérodactyles |pteʀɔdaktil| *s.m. pl.* (*paléont.*) Pterodattili.
Ptéropodes |pteʀɔpɔd| *s.m. pl.* (*t. zool.*) Pteropodi.
Ptérosauriens |pteʀɔsɔʀjɛ̃| *s.m. pl.* (*paléont.*) Pterosauri.
ptérygion |pteʀiʒjɔ̃| *s.m.* (*méd.*) pterigio*.
ptérygoïdien |pteʀigɔidjɛ̃| *adj. et s.m.* (*anat.*) pterigoideo.
Ptérygotes |pteʀigɔt| *s.m. pl.* (*t. zool.*) Pterigoti.
ptilose |ptiloz| *s.f.* (*méd.*) ptilosi *inv.*
ptolémaïque |ptɔlemaik| *adj.* [*de Ptolémée*] tolemaico*: *temple ptolémaïque* tempio tolemaico.
ptomaïne |ptɔmain| *s.f.* (*biol.*) ptomaina.
ptose, ptôse |ptoz| *s.f.* (*méd.*) ptosi (*inv.*): *ptose abdominale* ptosi addominale.
ptosis |ptozis| *s.m.* (*méd.*) ptosi *f. inv.* palpebrale.
ptyaline |ptjalin| *s.f.* (*biol.*) ptialina.
ptyalisme |ptjalism(ə)| *s.m.* (*méd.*) ptialismo.
puant, ante |pɥɑ̃, ɑ̃t| *adj.* **1** [*qui pue*] puzzolente, fetido ◇ (*vén.*) *bêtes puantes* bestie, animali puzzolenti **2** *abstrait* (*littér.*) [*qui est odieux de prétention, de vanité*] spudorato, impudente: *mensonge puant* menzogna spudorata ◇ (*personnes*) odioso: *il est devenu puant de vanité* è diventato odioso per la sua vanità.
puanteur |pɥɑ̃tœʀ| *s.f.* [*odeur infecte*] fetore (*m.*): *une puanteur d'égouts* un fetore di fogna → **infection.**
pubère |pybɛʀ| *adj.* (*littér.*) pubere *adj. et s.* 🄲 **impubère.**
pubertaire |pybɛʀtɛʀ| *adj.* puberale: *âge pubertaire* età puberale, della pubertà.
puberté |pybɛʀte| *s.f.* pubertà *inv.*
pubescence |pybesɑ̃s| *s.f.* (*bot.*) pubescenza.
pubescent, ente |pybesɑ̃, ɑ̃t| *adj.* (*bot.*) pubescente: *feuille, tige pubescente* foglia, stelo pubescente.
pubien, ienne |pybjɛ̃, jɛn| *adj.* (*anat.*) pubico*: *symphise pubienne* sinfisi pubica.
pubis |pybis| *s.m.* (*anat.*) *pubis, os pubis* pube, osso pubico* *adj.* ◇ (*cour.*) pube: *les poils du pubis* i peli del pube, il pelo pubico → **pénil.**
publiable |pyblijabl(ə)| *adj.* [→ PUBLIER 2] pubblicabile: *ses mémoires seront publiables vingt ans après sa mort* le sue memorie saranno pubblicabili, potranno essere pubblicate vent'anni dopo la sua morte.
public |pyblik| *s.m.* **1** pubblico*: *bâtiments interdits au public* edifici vietati al pubblico; *le public est informé des décisions du gouvernement* il pubblico è informato delle decisioni del governo ◇ (*par ext.*) *service chargé des rapports avec le public* ufficio (incaricato delle) pubbliche *adj.* relazioni **2** [*l'ensemble des gens qui lisent, voient, entendent* (*les œuvres littér., artistiques, etc.*)] pubblico: *il a son public* ha il suo pubblico; *conquérir le grand public* conquistare il grande pubblico # *livrer son ouvrage au public* pubblicare, rendere pubblica la propria opera **3** [*ensemble de personnes qui assistent effectivement* (*à un spectacle, une réunion...*)] pubblico: *un bon public* un buon pubblico; *le public applaudissait* il pubblico applaudiva → 1 **assistance, auditoire, spectateur** ◇ (*par anal.*) [*les personnes devant lesquelles on parle ou on se donne en spectacle*] *il lui faut toujours un public* gli ci vuole sempre un pubblico **4** *loc.adv.* EN PUBLIC in pubblico: *parler en public* parlare in pubblico.
public, ique |pyblik| *adj.* **1** pubblico*: *la vie publique* la vita pubblica; *les affaires publiques* gli affari pubblici → 1 **politique**; *l'intéret public* il pubblico interesse → **commun,** 1 **général**; *l'opinion* (*publique*) l'opinione pubblica, la pubblica opinione ◇ [*relatif aux collectivités sociales juridiquement définies, à l'État*] *le droit public* il diritto pubblico; *les pouvoirs publics* i pubblici poteri; *l'instruction publique* la pubblica istruzione; *les services publics* i servizi pubblici ◇ (*dr.*) *acte public* atto pubblico **2** [*accessible, ouvert à tous*] pubblico: *la voie publique* la pubblica via; *jardin public* giardino pubblico; *les lieux publics* i luoghi pubblici **3** [*qui a lieu en présence de témoins, n'est pas secret*] pubblico: *scrutin public* scrutinio pubblico **4** [*qui concerne la fonction, plus ou moins officielle, qu'on remplit dans la société*] pubblico: *la vie publique et la vie privée* la vita pubblica e la vita privata ◇ (*par ext.*) *un homme public* una personalità pubblica **5** [*connu de tous*] pubblico: *le scandale est devenu public* lo scandalo è diventato pubblico, di pubblico dominio; *rendre public* rendere pubblico, di dominio pubblico → **notoire, officiel** 🄲 **privé, particulier.**
publicain |pyblikɛ̃| *s.m.* (*antiq. rom.*) pubblicano: *le pharisien et le publicain de l'Évangile* il fariseo e il pubblicano del Vangelo.
publication |pyblikasjɔ̃| *s.f.* **1** [*action, manière de publier un ouvrage, un écrit*] pubblicazione: *dès la publication de son premier roman* fin dalla pubblicazione del suo primo romanzo → **apparition, parution**; *la publication de documents, de textes* la pubblicazione di documenti, di testi ◇ [*écrit publié* (*brochures, périodiques*)] *un exemplaire des publications socialistes* un esemplare delle pubblicazioni socialiste **2** [→ PUBLIER 2] pubblicazione: *la publication des résultats d'un examen* la pubblicazione, la divulgazione dei risultati di un esame; *les publications de mariage* le pubblicazioni di matrimonio ◇ (*dr.*) emanazione: *la publication d'une loi* l'emanazione di una legge → **promulgation.**
publiciste |pyblisist(ə)| *s.* **1** (*vieilli*) pubblicista (*cour.*) **2** (*emploi abusif*) [*agent publicitaire*] (agente) pubblicitario*.
publicitaire |pyblisitɛʀ| *adj.* **1** pubblicitario*: *un film publicitaire* un film pubblicitario; *vente publicitaire* vendita pubblicitaria; *un grand battage publicitaire* una grande montatura pubblicitaria **2** [*qui s'occupe de publicité*] pubblicitario: *agence publicitaire* agenzia pubblicitaria, di pubblicità; *rédacteur, dessinateur publicitaire* redattore, disegnatore pubblicitario ♦ (*s.*) *un publicitaire* un pubblicitario.
publicité |pyblisite| *s.f.* **I** **1** pubblicità (*inv.*): *agence de publicité* agenzia di pubblicità; *campagne de publicité* campagna di pubblicità, pubblicitaria → 2 **réclame** **2** [*affiche, texte, etc. à caractère publicitaire*] pubblicità: *il y a deux pages entières de publicité dans ce journal* in questo giornale ci sono due pagine intere di pubblicità **II** [*caractère de ce qui est public, connu de tous*] pubblicità: *donner une regrettable publicité à une affaire privée* dare una spiacevole pubblicità ad una questione privata ◇ [*caractère de ce qui est public, n'est pas tenu secret*] *publicité des débats en justice* pubblicità delle udienze giudiziarie.
public-relations |pœblikʀilɛʃəns| *s.f. pl.* (*angl.*) pubbliche relazioni.
publier |pyblije| *v.tr.* **1** [*faire paraître* (*un texte*) *dans un livre, un journal*] pubblicare: *publier un article dans une revue* pubblicare un articolo in una rivista → **éditer** **2** [*faire connaître au public; annoncer publiquement*] pubblicare: *publier un texte officiel, juridique* pubblicare un testo ufficiale, giuridico → **divulguer** # *on a publié les bans à l'église* sono state fatte le pubblicazioni in chiesa.
publipostage |pyblipɔstaʒ| *s.m.* ricerca* *f.* di mercato (fatta per corrispondenza); vendita *f.* diretta (per corrispondenza).
publiquement |pyblikmɑ̃| *adv.* [→ PUBLIC] pubblicamente.
puccinia |pyksinja| *s.m.*, **puccinie** |pyksini| *s.f.* (*t.bot.*) puccinia *f.*
puce |pys| *s.f.* **1** (*t.zool.*) pulce ◇ (*cour.*) *être piqué, mordu par une puce* essere pizzicato, morsicato da una pulce ◇ (*fam.*) *sac à puces* [*lit*] cuccia* (*plais.*), giaciglio* (*plais.*), pagliericcio* (*cour.*) → **pucier** **2** (*loc. fam.*) *mettre la puce à l'oreille à qqn.* mettere una pulce nell'orecchio a qc. ~ *secouer ses puces, se secouer les puces* [*s'agiter, se dépêcher*] darsi da fare, sbrigarsi ~ *secouer les puces à qqn.* dare una lavata di capo a qc. ~ *le marché aux puces, les puces* il mercato delle pulci **3** (*fam.*) [*personne de très petite taille*] pulce **4** *en appos., inv.* color pulce: *des habits puce* dei vestiti color pulce **5** (*par anal.*) *puce d'eau* → **daphnie** ~ *puce de mer* → **talitre.**
puceau |pyso| *s.m.* (*fam.*) [*garçon, homme vierge*] ragazzo, uomo* vergine (*cour.*) ♦ *adj. m.* vergine.

pucelage |pyslaʒ| *s.m.* (*fam.*) pulzellaggio*, pulcellaggio*, verginità *f. inv.* (*cour.*).

pucelle |pysɛl| *s.f.* **1** (*vx., plais.*) [*jeune fille*] pulzella, pulcella ◇ (*loc. cour.*) *la pucelle d'Orléans* [*Jeanne d'Arc*] la pulzella d'Orléans ♦ (*adj. f.*) *elle n'est plus pucelle* non è più vergine (*cour.*) **2** (*fam.*) [*fille vierge*] vergine.

puceron |pysʀɔ̃| *s.m.* (*t.zool.*) afide *f.*, gorgoglione (*pop.*), pidocchio* (delle piante): *puceron du rosier, de la vigne* pidocchio del rosaio, della vite ◇ (*fam.*) [*enfant très petit*] bimbetto.

puche |pyʃ| *s.f.* (*région.*) [*filet à crevettes, épuisette*] gamberana.

pucheux |pyʃø| *s.m.* (*région., techn.*) cucchiaione di rame.

pucier |pysje| *s.m.* (*pop.*) [*lit*] cuccia* *f.* (*plais.*), giaciglio* (*plais.*), pagliericcio* (*cour.*).

pudding |pudiŋ| *s.m.* (*angl.*) pudding *inv.*

puddlage |pydlaʒ| *s.m.* (*métall.*) puddellaggio*.

puddler |pydle| *v.tr.* (*métall.*) [*affiner* (*la fonte*) *par puddlage*] puddellare.

puddleur |pydlœʀ| *s.m.* [*ouvrier qui travaille au puddlage*] (operaio*) addetto al puddellaggio.

pudeur |pydœʀ| *s.f.* **1** pudore (*m.*): *des propos qui blessent la pudeur* discorsi che offendono il pudore; *spectacle qui offense la pudeur* spettacolo che offende il pudore → **chasteté, décence, pudicité** ◇ (*dr.*) *attentat, outrage public à la pudeur* oltraggio al pudore **2** [*gêne qu'éprouve une personne délicate devant ce que sa dignité semble lui interdire*] pudore: *ayez au moins la pudeur de vous taire!* abbia almeno il pudore, la decenza di tacere!; *elle cachait son chagrin par pudeur* nascondeva il suo dolore per pudore → **discrétion, 2 réserve, 2 retenue** ◇ (*littér.*) [*réaction inspirée par ce sentiment*] pudore, ritegno *m.* ⓒ **impudeur.**

pudibond, onde |pydibɔ̃, ɔ̃d| *adj.* pudibondo → **prude.**

pudibonderie |pydibɔ̃dʀi| *s.f.* [*caractère pudibond, affectation de pudeur*] verecondia, pudicizia: *il est d'une pudibonderie ridicule* è di una verecondia, di una pudicizia ridicola.

pudicité |pydisite| *s.f.* (*littér.*) pudicizia (*cour.*) ⓒ **impudicité.**

pudique |pydik| *adj.* **1** pudico*: *une femme pudique* una donna pudica; *un geste pudique* un gesto pudico → **chaste, sage 2** [*plein de discrétion, de réserve*] pudico: *un lyrisme pudique* un lirismo discreto, pudico; *expression pudique* espressione pudica, riservata; *il a fait une allusion pudique à leurs querelles* ha fatto un pudico accenno ai loro litigi ⓒ **impudique.**

pudiquement |pydikmɑ̃| *adv.* **1** [→ PUDIQUE] pudicamente: *elle tourna la tête pudiquement* volse la testa pudicamente **2** [*en termes pudiques, par euphémisme*] pudicamente: *ce qu'on appelle pudiquement 'rétablir l'ordre'* quel che si dice pudicamente, eufemisticamente, 'ristabilire l'ordine'.

puer |pɥe| **A** *v.intr.* [*sentir très mauvais, exhaler une odeur infecte*] puzzare → **empester B** *v.tr.* [*répandre une très mauvaise odeur de...*] puzzare *intr.* di: *il a encore bu, il pue l'alcool* ha bevuto ancora, puzza d'alcool.

puéricultrice |pɥeʀikyltʀis| *s.f.* puericultrice.

puériculture |pɥeʀikyltyʀ| *s.f.* puericultura.

puéril, ile |pɥeʀil| *adj.* **1** [*relatif à l'enfant, à l'enfance*] infantile: *elle a quelque chose de puéril dans le visage* ha un che d'infantile nel volto → **infantile 2** [*qui ne convient qu'à un enfant, n'est pas digne d'un adulte, manque de sérieux*] puerile, infantile: *des propos, des arguments puérils* discorsi, argomenti puerili, infantili → **enfantin.**

puérilement |pɥeʀilmɑ̃| *adv.* (*littér.*) [→ PUÉRIL 2] puerilmente (*cour.*).

puérilisme |pɥeʀilism(ə)| *s.m.* (*méd.*) puerilismo.

puérilité |pɥeʀilite| *s.f.* **1** [*caractère puéril, peu sérieux*] puerilità *inv.*, infantilismo *m.* → **futilité 2** (*littér.*) *une puérilité* una puerilità: *cessez vos puérilités!* smettetela con le vostre puerilità → **enfantillage.**

puerpéral, ale, aux |pɥɛʀpeʀal, o| *adj.* (*méd.*) puerperale: *fièvre puerpérale* febbre puerperale.

puerpéralité |pɥɛʀpeʀalite| *s.f.* (*méd.*) puerperio* *m.*

puffin |pyfɛ̃| *s.m.* (*t.zool.*) puffino.

pugilat |pyʒila| *s.m.* **1** [*bagarre à coup de poings*] rissa *f.*, scazzottata *f.*, zuffa (*f.*): *un pugilat en règle* una rissa in piena regola → **rixe 2** (*antiq.*) pugilato → **pancrace.**

pugiliste |pyʒilist(ə)| *s.m.* (*littér.*) pugilatore, pugile (*cour.*).

pugilistique |pyʒilistik| *adj.* (*littér.*) pugilistico* (*cour.*).

pugnace |pygnas| *adj.* (*littér.*) pugnace, battagliero (*cour.*) → **combatif.**

pugnacité |pygnasite| *s.f.* (*littér.*) [*caractère pugnace, esprit combatif*] combattività *inv.* (*cour.*).

puîné, ée |pɥine| *adj. et s.* (*vieilli*) → **cadet.**

puis |pɥi| *adv.* **1** (*succession dans le temps*) [*après cela, dans le temps qui suit*] poi, dopo: *ils entraient, puis sortaient* entravano e poi uscivano; *il convoqua sa secrétaire, puis le chef du personnel* convocò la segretaria e dopo, e poi il capo del personale → **ensuite 2** [*plus loin, dans l'espace*] poi, dopo: *on aperçoit la cathédrale, puis les tours du château* si vede la cattedrale e poi, dopo si vedono le torri del castello → **après 3** (ET) PUIS (*introduisant le second, le troisième... terme d'une enumération*) e (*conj.*): *il y avait ses amis, son frère et puis sa sœur* c'erano i suoi amici, suo fratello e sua sorella → **et 4** *loc.* ET PUIS (*servant à introduire une nouvelle raison*) e poi, d'altronde, d'altra parte: *je n'ai pas le temps, et puis ça m'embête* non ho tempo, e poi, e del resto è una cosa che mi scoccia → **ailleurs (d')** ~ *et puis?*, (*fam.*) *et puis quoi?*, *et puis après?* (*s'emploie pour demander quelle importance peut bien avoir la chose en question*) e beh?, e allora?

puisage |pɥizaʒ| *s.m.* (*rare, techn.*) [→ PUISER] attingimento ◇ (*dr.*) *servitude de puisage* servitù di presa *f.* d'acqua.

puisard |pɥizaʀ| *s.m.* **1** pozzo di scarico, pozzo smaltitore → **égout** ◇ (*par anal.*) *puisard d'aqueduc* pozzetto di acquedotto **2** (*mar.*) sentina *f.*

puisatier |pɥizatje| *s.m.* scavatore di pozzi.

puiser |pɥize| *v.tr.* **1** [*prendre dans une masse liquide* (*une portion de liquide*)] attingere (119): *puiser de l'eau à une source* attingere acqua da, a una fonte ◇ (*par anal.*) *puiser des confettis dans un sac* prendere (105) (a piene mani) coriandoli in un sacchetto ♦ (*absolt.*) *puiser dans son sac, dans son porte-monnaie* tirar fuori soldi dalla tasca, dal portamonete **2** (*abstrait*) [*emprunter, prendre*] trarre (190), attingere: *il a puisé ses exemples dans les auteurs classiques* ha tratto i suoi esempi dagli autori classici; *une documentation puisée dans des revues* una documentazione attinta, tratta da riviste.

puisette |pɥizɛt| *s.f.* (*vx.*) [*petit récipient de cuisine pour puiser de l'eau*] attingitoio* *m.*

puisque |pɥisk(ə)| *conj.* (*de subordination, à valeur causale*) **1** (*introduisant une cause, en faisant reconnaître comme logique le rapport de cause à effet*) [*dès l'instant où, du moment que*] poiché, dato che *loc.*, dal momento che (*loc.*): *puisque l'expérience a été concluante, nous pouvons affirmer ceci* poiché, dato che, dal momento che l'esperienza è stata positiva, possiamo affermare questo **2** (*servant à justifier une assertion*) dato che, visto che (*loc.*): *il ne viendra sûrement plus, puisqu'il devait être là à dix heures* certamente non verrà più, dato che, visto che doveva essere qui alle dieci ◇ (*exclam.*) *puisque je vous le dis!* (ma) glielo dico io!; *mais puisque c'est trop tard!* ti dico che ormai è troppo tardi! **3** (*introduisant la cause qui explique non pas le fait énoncé dans la principale, mais son énonciation*) poiché, visto che, dato che: *puisque vous voulez me parler, venez dans mon bureau* poiché, visto che, dato che vuole parlarmi, venga nel mio ufficio.

puissamment |pɥisamɑ̃| *adv.* **1** [*avec des moyens puissants, avec une action efficace*] potentemente; efficacemente **2** [*avec force, intensité*] potentemente, intensamente ◇ (*iron.*) *c'est puissamment raisonné!* è proprio un bel ragionamento! ◇ (*fam.*) [*extrêmement*] enormemente: *il était puissamment riche* era enormemente ricco ⓒ **faiblement.**

puissance |pɥisɑ̃s| *s.f.* **I 1** [*état de celui qui peut beaucoup, qui a une grande action sur les personnes, les choses; domination qui en résulte*] potere (*m.*): *puissance spirituelle et puissance temporelle* potere spirituale e potere temporale # *la puissance paternelle* la patria potestà **2** [*grand pouvoir de fait qu'une personne, un groupe exerce dans la vie polit. d'une communauté*] potere: *la puissance d'une caste, d'un parti* il potere di una casta, di un partito **3** [*caractère de ce qui peut beaucoup, de ce qui produit de grands effets*] potenza: *la puissance des signes* la potenza dei simboli → **efficacité, 1 force 4** (*phys.*) potenza: *unités de puissance* unità di potenza → **énergie** ◇ (*par ext.*) *puissance administrative, fiscale d'un moteur d'automobile* potenza fiscale del motore di un'automobile **5** (*électr.*) potenza: *puissance installée* potenza installata **6** (*sc.*) potenza: *puissance d'un système optique* potenza di un sistema ottico; *puissance d'une source lumineuse* potenza di una fonte luminosa ◇ (*cour.*) *augmenter, diminuer la puissance d'un poste de radio* aumentare, ridurre il volume di un apparecchio radio **7** (*math.*) *puissance d'un nombre* potenza di un numero; *élever un nombre à la puissance deux, trois* elevare un numero alla seconda potenza (al quadrato), alla terza (potenza) (al cubo) # *dix puissance cinq* dieci alla quinta; *dix puissance moins trois* dieci alla meno tre ◇ (*fam.*) *à la nième puissance* all'ennesima potenza ◇ (*géom.*) *puissance d'un point P par rapport à un cercle, à une sphère* potenza di un punto P in rapporto a un cerchio, a una sfera **II** UNE, DES PUISSANCE(S) **1** (*littér.*) [*chose qui a un grand pouvoir, produit de grands effets*] potenza: *l'or est une puissance* l'oro è una potenza **2** [*catégorie, groupement de personnes qui ont un grand pouvoir de fait dans la société*] potenza: *les puissances d'argent* le potenze economiche **3** [*État souverain* (*surtout quand il est très puissant*)] potenza: *les grandes puissances* le grandi potenze → **nation, pays** ◇ (*relig.*) *les Puissances* le Potenze **III** (*philo.*) (*opposé à 'acte'*) potenza ◇ *loc. adj.* (*cour.*) EN PUISSANCE in potenza: *c'est un talent en puissance* è un talento in potenza.

puissant, ante |pɥisɑ̃, ɑ̃t| *adj.* **1** [*qui a un grand pouvoir, de la puissance*] potente → **considérable, influent** ✦ (*s.*) *les puissants de ce monde* i potenti di questo mondo ◇ (*spécialt.*) [*qui a de grands moyens milit.*] *pays menacé par un puissant voisin* paese minacciato da un potente vicino **2** (*choses*) [*qui est très actif, produit de grands effets*] efficace, potente: *administrer un remède puissant* somministrare una medicina efficace, potente; *un sentiment puissant* un potente, forte sentimento → **profond** ◇ (*personnes*) [*qui s'impose par sa force, son action*] forte, potente: *une puissante personnalité* una forte personalità **3** [*qui a de la force physique*] potente, possente (*littér.*): *des muscles puissants* muscoli potenti, possenti **4** (*moteur, machine*) [*qui a de la puissance, de l'énergie*] potente: *une voiture puissante* una macchina potente **5** [*qui a une grande intensité*] potente, possente: *il parlait d'une voix puissante* parlava con voce potente, possente → **haut, fort** ◻C **faible.**

puits |pɥi| *s.m.* **1** pozzo: *puiser, tirer de l'eau au puits* attingere, prendere acqua al, dal pozzo ◇ (*prov.*) *la vérité est au fond d'un puits* la verità è in fondo al pozzo **2** [*excavation pratiquée dans le sol ou le sous-sol pour l'exploitation d'un gisement*] pozzo: *puits de mine* pozzo di miniera ◇ (*par ext.*) *forage d'un puits de pétrole* trivellazione di un pozzo petrolifero ◇ (*géogr.*) *puits naturel* pozzo naturale **3** (*loc. fig.*) *un puits de science* un pozzo di scienza **4** (*mar.*) pozzo: *puits aux chaînes* pozzo delle catene **5** (*pâtiss.*) *puits d'amour* ⊠ **6** (*techn.*) pozzo.

pulicaire |pylikɛʀ| *s.f.* (*t.bot.*) pulicaria.

pull |pul, pyl| *s.m.* → **pull-over.**

pullman |pulman| *s.m.* (*ch. de fer*) carrozza *f.*, vettura *f.*, pul(l)man *inv.* ◇ (*par ext., appos.*) *autocar pullman* pullman (di) gran turismo.

pullorose |py(l)lɔʀoz| *s.f.* (*vétér.*) pullorosi *inv.*

pull-over |pulɔvœʀ, pylɔvɛʀ| *s.m.* (*angl.*) pullover *inv.* ◇ (*abrév. fam. 'pull'*) *acheter un pull* acquistare un pullover.

pullulation |pylylɑsjɔ̃| *s.f.* (*vx.*), **pullulement** |pylylmɑ̃| *s.m.* **1** [→ PULLULER 1] il pullulare *m. inv.*, pullulamento *m.* (*rare*) **2** [→ PULLULER 2] proliferazione *f.* → **profusion, grouillement.**

pulluler |pylyle| *v.intr.* **1** [*se multiplier; se reproduire en grand nombre et très vite*] pullulare (*aux.*, avere, *rare* essere): *des égouts où les rats pullulent* fogne in cui pullulano i topi **2** [*se manifester en très grand nombre*] pullulare: *les petits mendiants pullulent dans cette ville* questa città pullula di piccoli mendicanti → **grouiller** ◇ (*choses*) [*abonder, foisonner*] *les œuvres de charité pullulent* le opere di carità pullulano.

1 **pulmonaire** |pylmɔnɛʀ| *s.f.* (*t. bot.*) polmonaria.

2 **pulmonaire** |pylmɔnɛʀ| *adj.* (*anat., méd.*) polmonare: *congestion pulmonaire* congestione polmonare; *tuberculose pulmonaire* tubercolosi polmonare ◇ [*qui appartient au poumon*] *artère pulmonaire* arteria polmonare.

Pulmonés |pylmɔne| *s.m. pl.* (*t. zool.*) Polmonati.

pulpaire |pylpɛʀ| *adj.* della polpa dentaria *loc. inv.*, relativo alla polpa dentaria.

pulpe |pylp(ə)| *s.f.* **1** (*anat.*) *la pulpe des dents* la polpa dentaria **2** [*partie juteuse des fruits charnus*] polpa → **chair** ◇ [*partie charnue et comestible de certains légumes*] *la peau et la pulpe* la pelle e la polpa **3** [*résidu pâteux du traitement de certains végétaux dans les sucreries et distilleries*] polpa: *pulpes fraîches ou séchées de betteraves* polpe fresche o essiccate di barbabietola → 1 **tourteau.**

pulpeux, euse |pylpø, øz| *adj.* (*littér.*) polposo (*cour.*).

pulsatile |pylsatil| *adj.* (*méd.*) pulsatile.

pulsatille |pylsatil| *s.f.* (*t.bot.*) pulsatilla.

pulsation |pylsɑsjɔ̃| *s.f.* **1** pulsazione ✦ *absolt.* [*pouls*] pulsazione, polso (*m.*): *ralentissement, accélération des pulsations* rallentamento, accelerazione delle pulsazioni, del polso **2** (*phys.*) *pulsation d'un mouvement vibratoire, sinusoïdal* pulsazione di un movimento vibratorio, sinusoidale ◇ (*électr.*) *pulsation d'un courant alternatif* pulsazione di una corrente alternata.

pulsative |pylsativ| *adj. f.* (*méd.*) *douleur pulsative* dolore pulsante *adj.*

pulsatoire |pylsatwaʀ| *adj.* (*électr.*) pulsante: *courant pulsatoire* corrente pulsante ◇ (*phys.*) *grandeurs pulsatoires* grandezze pulsanti.

pulsé |pylse| *adj. m.* (*techn.*) compresso (*m. et f.*): *air pulsé* aria compressa, ventilazione forzata.

pulsion |pylsjɔ̃| *s.f.* (*psychan.*) pulsione, impulso (*m.*): *pulsions sexuelles* pulsioni, impulsi sessuali; *refoulement, sublimation des pulsions* rimozione, sublimazione delle pulsioni, degli impulsi → **libido.**

pulsionnel, elle |pylsjɔnɛl| *adj.* (*psychan.*) pulsionale → **instinctuel.**

pulsomètre |pylsɔmɛtʀ(ə)| *s.m.* (*techn.*) pulsometro.

pulsoréacteur |pylsɔʀeaktœʀ| *s.m.* (*aviat.*) pulsoreattore.

pultacé, ée |pyltase| *adj.* (*méd.*) poltaceo: *exsudat pultacé* essudato poltaceo.

pulvérin |pylveʀɛ̃| *s.m.* (*techn.*) polverino.

pulvérisable |pylveʀizabl(ə)| *adj.* [→ PULVÉRISER 1] polverizzabile; *liquide, mélange pulvérisable* liquido, miscela polverizzabile.

pulvérisateur |pylveʀizatœʀ| *s.m.* polverizzatore → **atomiseur, vaporisateur.**

pulvérisation |pylveʀizɑsjɔ̃| *s.f.* **1** [→ PULVÉRISER 1] polverizzazione: *pulvérisation par broyage, par trituration* polverizzazione mediante macinazione, triturazione **2** [*projection en poudre ou en fines gouttelettes*] polverizzazione, spruzzatura.

pulvériser |pylveʀize| *v.tr.* **1** [*réduire* (*un solide*) *en poudre, en très petites parcelles ou miettes*] polverizzare: *pulvériser de la craie* polverizzare del gesso → **broyer, piler** ✦ (*au p.p.*) *de petits objets pulvérisés* degli oggettini polverizzati **2** [*projeter un liquide en fines gouttelettes*] polverizzare, spruzzare: *pulvériser du parfum* polverizzare, spruzzare del profumo; *il faut pulvériser de l'insecticide sur les arbres* bisogna polverizzare, spruzzare un insetticida sugli alberi → **vaporiser 3** (*fig.*) [*détruire complètement, réduire à néant*] polverizzare, annientare: *il a pulvérisé vos arguments* ha polverizzato, annientato le vostre argomentazioni → **anéantir** ◇ (*fam.*) *le record a été pulvérisé* il record è stato polverizzato.

pulvériseur |pylveʀizœʀ| *s.m.* (*techn.*) polverizzatore.

pulvérulence |pylveʀylɑ̃s| *s.f.* stato *m.*, aspetto *m.* polverulento.

pulvérulent, ente |pylveʀylɑ̃, ɑ̃t| *adj.* **1** polverulento, pulverulento: *la chaux est pulvérulente* la calce è polverulenta **2** (*sc. nat.*) polverulento.

pulvinar |pylvinaʀ| *s.m.* (*antiq. rom.*) pulvinare.

puma |pyma| *s.m.* (*t.zool.*) puma *inv.*

puna |pyna| *s.f.* (*géogr.*) puna.

punais, aise |pynɛ, ɛz| *adj. et s.* (*personnes*) che, chi soffre di ozena *loc.* ◇ (*dial.*) *des œufs punais* uova marce (*cour.*).

1 **punaise** |pynɛz| *s.f.* (*t.zool.*) cimice ~ *punaise des bois* cimice delle piante ~ *punaise des lits* cimice dei letti ◇ (*cour.*) *une chambre sordide, pleine de punaises* una camera sordida, piena di cimici ◇ (*par anal.*) *punaise d'eau* → **nèpe** ◇ (*loc.*) *plat comme une punaise* falso, servile ~ *une punaise de sacristie* una bigotta, una baciapile ◇ *exclam.* (*pop., région.*) *punaise!* accidenti!

2 **punaise** |pynɛz| *s.f.* [*petit clou servant à fixer des feuilles de papier sur une surface*] puntina (da disegno).

punaiser |pynɛze| *v.tr.* (*fam.*) [*fixer avec des* (2) *punaises*] attaccare con puntine (da disegno).

1 **punch** |pɔ̃ʃ| *s.m.* (*angl.*) (*boisson*) punch *inv.*, ponce (*inv.*): *punch chaud, glacé* punch caldo, freddo; *punch flambé* punch alla fiamma.

2 **punch** |pœnʃ| *s.m.* (*angl.*) **1** [*aptitude d'un boxeur à porter des coups secs et décisifs*] grinta *f.*, punch *inv.* **2** (*fig., fam.*) [*efficacité, dynamisme*] grinta: *il manque de punch* non ha grinta.

puncheur |pœnʃœʀ| *s.m.* (*boxe*) pugile dotato di grinta, di punch.
punching-ball |pœnʃiŋbol| *s.m.* (*angl.*) (*boxe*) punching-ball *inv.*
punique |pynik| *adj.* **1** (*antiq.*) punico*: *les guerres puniques* le guerre puniche **2** (*rare, fig., littér.*) [*qui évoque la ruse, la perfidie que les Romains prêtaient aux Carthaginois*] punico.
punir |pyniʀ| *v.tr.* **1** [*frapper* (*qqn.*) *d'une peine pour avoir commis un délit ou un crime*] condannare, punire (197): *être puni de prison* essere condannato alla prigione, punito con la prigione → **châtier, condamner** ◇ [*frapper d'une sanction pour un acte répréhensible*] punire: *punir un enfant, un élève* punire un bambino, un alunno; *sa mère, son maître l'a puni* sua madre, il suo maestro lo ha punito ✦ (*au p.p.*) *les soldats punis* i soldati puniti **2** [*sanctionner* (*une faute*) *par une peine, une punition*] punire ✦ (*au passif, au p.p.*) *il est bien puni de sa curiosité* è stato punito proprio bene per la sua curiosità; *il a été puni par où il a péché* è stato punito dal suo stesso peccato ◇ [*mal récompenser*] *sa générosité a été bien punie* la sua generosità è stata mal ricompensata Ⓒ **récompenser.**
punissable |pynisabl(ə)| *adj.* [→ PUNIR] punibile: *un crime punissable de mort* un delitto punibile con la morte.
punisseur, euse |pynisœʀ, øz| *adj. et s.* (*rare*) [*qui punit*] punitore*.
punitif, ive |pynitif, iv| *adj.* punitivo: *expédition punitive* spedizione punitiva.
punition |pynisjɔ̃| *s.f.* **1** punizione: *en punition de ses péchés* come punizione dei suoi peccati → **châtiment** **2** [*ce que l'on fait subir à l'auteur d'une simple faute*] punizione: *des punitions corporelles* punizioni corporali; *les élèves qui n'ont pas appris leur leçon subiront une punition* gli alunni che non hanno imparato la lezione subiranno una punizione, saranno puniti **3** [*conséquence pénible* (*d'une faute, d'un défaut dont on semble puni*)] punizione: *son impopularité est la punition de ses mensonges* la sua impopolarità è la punizione delle sue menzogne Ⓒ **récompense.**
punka |pɔ̃ka| *s.m.* → **panca.**
puntarelle |pɔ̃taʀɛl| *s.f.* (*techn.*) scheggia* (di corallo).
pupazzo |pupadzo|, *pl.* **pupazzi** |pupadzi| *s.m.* burattino, pupazzo: *spectacle de pupazzi* spettacolo di burattini → **guignol.**
pupe |pyp| *s.f.* (*zool.*) pupa ◇ (*par ext.*) → **chrysalide.**
1 **pupillaire** |pypi(l)lɛʀ| *adj.* (*dr.*) pupillare: *la gestion du patrimoine pupillaire* la gestione del patrimonio pupillare.
2 **pupillaire** |pypi(l)lɛʀ| *adj.* (*méd., physiol.*) pupillare: *réflexes pupillaires* riflessi pupillari.
pupillarité |pypi(l)laʀite| *s.f.* (*dr.*) stato *m.* pupillare.
1 **pupille** |pypij, pypil| *s.* **1** [*orphelin(e) mineur(e) en tutelle*] pupillo: *patrimoine du pupille* patrimonio del pupillo **2** [*enfant privé de son soutien naturel et pris en charge par une collectivité*] assistito; orfano: *pupilles de l'État* assistiti dallo Stato ‖ *pupilles de la Nation* [*enfant victimes de la guerre*] orfani di guerra.
2 **pupille** |pypij, pypil| *s.f.* (*anat.*) pupilla → 2 **prunelle.**
pupinisation |pypinizɑsjɔ̃| *s.f.* (*sc., techn.*) pupinizzazione.
pupitre |pypitʀ(ə)| *s.m.* **1** [*petit meuble sur lequel on pose, à hauteur de vue, un livre, du papier*] leggio*: *il posa sa partition sur le pupitre* posò lo spartito sul leggio **2** [*petite table à couvercle incliné, servant à écrire*] banco*: *pupitre d'écolier* banco di scuola **3** (*électron., informatique*) consol(l)e *f. inv.*
pupitreur, euse |pypitʀœʀ, øz| *s.* (*électron., informatique*) consol(l)ista.
pur, pure |pyʀ| *adj.* **I** (*concret*) **1** puro: *substance chimiquement pure* sostanza chimicamente pura; *du vin pur* vino puro; *tissu pure laine* tessuto (di) pura lana; *métal pur* metallo puro # *couleur pure* [*franche*] colore deciso ◇ (*par anal.*) *son pur* suono puro; *cheval pur-sang* (cavallo) purosangue *inv.* **2** [*qui ne renferme aucun élément mauvais ou défectueux*] puro: *eau pure* acqua pura; *air pur* aria pura # *ciel pur* cielo terso **II** (*abstrait*) **1** [*qui est sans mélange, s'interdit toute préoccupation étrangère à sa nature*] puro: *science pure* scienza pura; *recherche pure* ricerca pura; *musique pure* musica pura; *poésie pure* poesia pura → **absolu** **2** (*devant le nom*) [*qui est seulement et complètement tel*] puro, mero (*littér.*): *un ouvrage de pure imagination* un'opera di pura, mera fantasia; *un pur hasard* un puro caso → **simple** ◇ (*loc.*) *de pure forme* proforma ~ *en pure perte* in pura perdita ◇ (*après le nom*) PUR ET SIMPLE puro e semplice: *je vous demande une acceptation pure et simple* le chiedo un consenso puro e semplice, incondizionato ✦ *s.* [*personne rigoureusement fidèle à un parti, à une orthodoxie, sans mélange ni concession*] *c'est un pur* è un puro **3** [*sans défaut d'ordre moral, sans corruption, sans tache*] puro: *un cœur pur* un cuore puro → **innocent** # *ses intentions étaient pures* le sue intenzioni erano buone; *pur de tout soupçon* al di sopra di ogni sospetto **4** [*sans défaut d'ordre esthétique*] puro: *un profil pur, des traits purs* un profilo puro, dei lineamenti puri → **parfait** ◇ (*langue, style*) [*d'une correction élégante*] puro, forbito: *un style plus pur* uno stile più puro Ⓒ I **impur.**
pureau |pyʀo| *s.m.* (*maçonn.*) parte *f.* non ricoperta di una tegola, di una lastra d'ardesia.
purée |pyʀe| *s.f.* **1** [*légumes cuits et écrasés*] purè *m. inv.*, purea (*vieilli*); passato (*m.*): *purée de pommes de terre* purè di patate ‖ *purée de pois* passato di piselli ✦ *absolt.* [*purée de pommes de terre*] purè: *une assiette de purée* un piatto di purè ✦ (*par appos.*) *pommes purée* → **mousseline** ◇ (*loc. fig.*) *purée de pois* [*brouillard très épais*] nebbione *m.* **2** (*fam.*) *être dans la purée* [*dans la gêne, dans la misère*] essere squattrinato *adj.*, al verde → **panade** ◇ [*pauvre, miséreux*] → **purotin** ◇ *exclam.* (*pop.*) *purée!* [*misère!*] porca miseria!, accidenti! ✦ *adj.* (*pop.*) [*misérable, minable*] miserabile (*cour.*), meschino (*cour.*).
purement |pyʀmɑ̃| *adv.* **1** [→ PUR II 2] puramente, meramente (*littér.*): *une éducation purement négative* una educazione puramente, completamente negativa ◇ (*loc.*) *vous pouvez refuser purement et simplement* potete semplicemente rifiutare **2** (*rare*) [*avec pureté, honnêteté*] onestamente **3** (*vieilli*) [*avec une correction élégante*] in modo forbito *loc. inv.*
pureté |pyʀte| *s.f.* **I** **1** [*état de ce qui est pur* (I 1)] purezza: *pureté chimique* purezza chimica **2** [*état de ce qui est sans défaut, sans altération*] purezza: *diamant d'une grande pureté* diamante di grande purezza; *la pureté de l'air des montagnes* la purezza dell'aria di montagna; *la pureté de sa voix* la purezza della sua voce → **limpidité, netteté** **II** **1** (*littér.*) [*état de ce qui est pur* (II 3), *sans souillure morale*] candore *m.*, purezza (*cour.*): *la pureté de l'enfance* il candore, la purezza dell'infanzia → **honnêteté, innocence** ◇ (*par ext.*) [*état de chasteté parfaite*] purezza **2** [*état de ce qui est sans mélange*] purezza: *c'est la foi dans toute sa pureté* è la fede in tutta la sua purezza **3** [*état de ce qui se conforme avec élégance à des règles, à un type de perfection*] purezza: *veiller à la pureté de la langue* badare alla purezza della lingua → **correction.**
purgatif, ive |pyʀgatif, iv| *adj.* purgativo: *huiles purgatives* oli purgativi; *sels purgatifs* sali purgativi → **laxatif** ✦ (*s.m.*) *un purgatif* un purgante, una purga* *f.*
purgation |pyʀgɑsjɔ̃| *s.f.* **1** (*vx., relig.*) → **purgatoire** ◇ (*hist. litt.*) *purgation des passions* purgazione delle passioni **2** (*vieilli*) → **purge.**
purgatoire |pyʀgatwaʀ| *s.m.* **1** (*théol. cathol.*) purgatorio*: *les âmes du purgatoire* le anime del purgatorio **2** (*fig.*) [*lieu ou temps d'épreuve, d'expiation*] purgatorio: *faire son purgatoire sur terre* scontare il purgatorio in terra.
purge |pyʀʒ(ə)| *s.f.* **1** purga*: *prendre une purge* prendere una purga **2** [*évacuation d'un liquide nuisible d'un appareil*] spurgo* (*m.*): *robinet de purge* rubinetto di spurgo → **vidange** **3** (*fig.*) [*élimination autoritaire d'éléments politiquement indésirables*] purga, epurazione → **épuration** **4** (*dr.*) purgazione, purga.
purgeoir |pyʀʒwaʀ| *s.m.* (*techn.*) spurgatoio*.
purger |pyʀʒe| (3) **A** *v.tr.* **1** [*débarrasser de ce qui altère, gêne*] spurgare: *purger un radiateur, une conduite* spurgare un radiatore, un condotto **2** (*littér.*) [*débarrasser d'une chose mauvaise ou d'êtres dangereux*] purificare, ripulire (197) (*cour.*): *il faut purger la société de tous ces profiteurs* bisogna purificare, ripulire la società da tutti questi profittatori **3** [*administrer un purgatif à*] purgare: *purger un enfant* purgare un bambino **4** [*faire disparaître en subissant* (*une condamnation, une peine*)] scontare, espiare: *je dois purger ma peine* devo scontare, espiare la pena **B** *v.pron. réfl.* SE PURGER [*prendre un purgatif*] purgarsi.
purgeur |pyʀʒœʀ| *s.m.* rubinetto, valvola *f.* di spurgo, di scarico.
purifiant, ante |pyʀifjɑ̃, ɑ̃t| *adj.* (*littér.*) [*qui purifie*] purificatorio*, purificativo (*rare*).
purificateur, trice |pyʀifikatœʀ, tʀis| **1** *s.* (*rare*) purificatore* **2** *adj.* → **purificatoire.**

purification |pyRifikɑsjɔ̃| *s.f.* **1** purificazione: *les purifications prescrites par la loi mosaïque, islamique* le purificazioni prescritte dalla legge mosaica, islamica → **ablutions** ◇ (*relig. cathol.*) *fête de la Purification de la Vierge* festa della Purificazione della Vergine ◇ (*liturg.*) purificazione **2** (*vx.*, *techn.*) purificazione, depurazione (*cour.*).
purificatoire |pyRifikatwaR| **1** *s.m.* (*liturg.*) purificatoio* **2** *adj.* (*littér.*) purificatorio*, purificatore*: *rites purificatoires* riti purificatori → **lustral.**
purifier |pyRifje| **A** *v.tr.* **1** [*débarrasser* (*une substance matérielle*) *de ses impuretés*] purificare → **clarifier, filtrer** **2** (*littér.*) [*rendre pur, débarrasser de la corruption, de la souillure morale*] purificare (*cour.*): *la souffrance l'avait purifié* la sofferenza lo aveva purificato ◇ [*laver, débarrasser de ce qui souille, en se conformant à certains rites religieux*] purificare **3** [*rendre plus pur, plus correct* (*la langue, le style*)] purificare, depurare **B** *v.pron. intr.* SE PURIFIER [*redevenir pur par les rites purificatoires*] purificarsi: *il s'est purifié par le remords* si è purificato col rimorso.
purin |pyRɛ̃| *s.m.* [*partie liquide du fumier*] colaticcio*, liquami (*pl.*): *une fosse à purin* una fossa per liquami.
purine |pyRin| *s.f.* (*chim.*) purina.
purique |pyRik| *adj.* (*chim.*) purinico*.
purisme |pyRism(ə)| *s.m.* purismo Ⓒ **laxisme.**
puriste |pyRist(ə)| *s.* purista ✦ *adj.* puristico*.
puritain, aine |pyRitɛ̃, ɛn| *s.* **1** (*hist. relig.*) puritano: *les puritains qui émigrèrent en Amérique* i puritani che emigrarono in America ✦ (*adj.*) *le régime puritain de la Nouvelle-Angleterre* il regime puritano della Nuova Inghilterra **2** [*personne qui montre ou affiche une pureté morale scrupuleuse, un respect rigoureux des principes*] puritano → **rigoriste** ✦ (*adj.*) *il a reçu une éducation puritaine* ha ricevuto un'educazione puritana → **austère, rigide.**
puritanisme |pyRitanism(ə)| *s.m.* puritanesimo, puritanismo: *le puritanisme anglo-saxon* il puritanesimo anglosassone.
purot |pyRo| *s.m.* (*agric.*) fossa *f.* dei liquami.
purotin |pyRɔtɛ̃| *s.m.* (*pop.*) [*homme qui est dans la purée* (2)] spiantato *s.*, squattrinato *s.* → **fauché, pauvre.**
purpura |pyRpyRa| *s.m.* (*méd.*) porpora (*f.*): *purpura infectieux* porpora infettiva.
purpurin, ine |pyRpyRɛ̃, in| *adj.* (*poét.*, *plais.*) porporino, purpureo: *des lèvres purpurines* labbra porporine, purpuree → **pourpré, pourprin.**
purpurine |pyRpyRin| *s.f.* (*chim.*, *techn.*) porporina.
pur-sang |pyRsɑ̃| *s.m. inv.* purosangue *adj. et s.*
purulence |pyRylɑ̃s| *s.f.* (*méd.*) purulenza ◇ (*fig.*, *littér.*) putridume *m.*, marciume *m.* (*cour.*) → **pourriture.**
purulent, ente |pyRylɑ̃, ɑ̃t| *adj.* purulento: *une plaie purulente* una piaga purulenta ◇ (*fig.*, *littér.*) putrido, marcio* (*cour.*) → **putride.**
pus |py| *s.m.* pus (*inv.*): *du pus s'est formé dans la plaie* nella piaga si è formato del pus → **suppuration.**
push-pull |puʃpul| *s.m. inv.* (*angl.*) (*électr.*) amplificatore *var.* in controfase.
pusillanime |pyzi(l)lanim| *adj.* (*littér.*) pusillanime → **craintif, timoré** Ⓒ **audacieux.**
pusillanimité |pyzi(l)lanimite| *s.f.* (*littér.*) pusillanimità *inv.* → **faiblesse** Ⓒ **audace.**
pustule |pystyl| *s.f.* **1** (*méd.*, *cour.*) pustola: *les pustules de la variole* le pustole del vaiolo → 2 **bouton** **2** (*bot.*, *zool.*) pustola.
pustulé, ée |pystyle| *adj.* [*couvert de pustules*] pustoloso.
pustuleux, euse |pystylø, øz| *adj.* [*caractérisé par la présence de pustules*] pustoloso: *éruption pustuleuse* eruzione pustolosa; *acné pustuleuse, boutonneuse* acne pustolosa.
puszta |pusta| *s.f.* (*hongr.*) (*géogr.*) puszta *inv.*
putain |pytɛ̃| *s.f.* **1** (*fam.*, *vulg.*) puttana, mignotta ◇ (*t. d'injure*) *enfant, fils de putain* figlio di puttana, di mignotta ✦ *adj.* (*fam.*) [*qui se prostitue, qui cherche à plaire à tout le monde*] ruffiano (*s.*): *il n'est pas sans talent, mais il est très putain* ha delle qualità, ma è un gran ruffiano **2** (*pop.*) (*suivi de 'de' et d'un nom, s'emploie pour maudire qqch. qu'on déteste*): (*quel*) *putain de temps!* (che) tempo schifoso! **3** (*vulg.*) *putain!* (*exclam. marquant généralt. 'l'étonnement'*) cazzo! *m.*, cavolo! *m.* (*pop.*).
putassier, ière |pytasje, jɛR| *adj.* (*vulg.*) [*relatif aux prostituées, digne d'une prostituée*] puttanesco*: *langage putassier* linguaggio puttanesco, da trivio ✦ *s.m.* [*qui fréquente habituellement les putains*] puttaniere.
putatif, ive |pytatif, iv| *adj.* (*dr.*) putativo: *enfant, père putatif* figlio, padre putativo ◇ (*par ext.*) *mariage putatif* matrimonio putativo.
pute |pyt| *s.f.* (*pop.*, *vulg.*) → **putain.**
putier |pytje|, **putiet** |pytjɛ| *s.m.* (*région.*) → **merisier.**
putois |pytwa| *s.m.* **1** (*t.zool.*) puzzola *f.* ◇ (*loc.*) *crier comme un putois* [*crier, protester très fort*] strillare come un'aquila **2** [*la fourrure*] pelliccia* *f.* di puzzola: *porter un putois autour du cou* portare intorno al collo una pelliccia di puzzola ◇ (*techn.*) pennello (per dipingere la terraglia).
putréfaction |pytRefaksjɔ̃| *s.f.* [→ PUTRÉFIER] putrefazione, imputridimento (*m.*): *un cadavre en état de putréfaction avancée* un cadavere in stato di avanzata putrefazione, di decomposizione → **pourriture.**
putréfiable |pytRefjabl(ə)| *adj.* → **putrescible.**
putréfié, ée |pytRefje| *adj.* putrefatto, imputridito: *des cadavres putréfiés* cadaveri putrefatti.
putréfier |pytRefje| **A** *v.tr.* [*faire tomber en putréfaction*] putrefare (103), imputridire (197): *la chaleur putréfie la viande* il caldo putrefà, imputridisce la carne **B** *v.pron. intr.* SE PUTRÉFIER [*se décomposer, pourrir*] putrefarsi, imputridire *intr.*
putrescence |pytResɑ̃s| *s.f.* putrescenza, putrefazione.
putrescent, ente |pytResɑ̃, ɑ̃t| *adj.* putrescente.
putrescibilité |pytResibilite| *s.f.* putrescibilità *inv.*
putrescible |pytResibl(ə)| *adj.* marcescibile, putrescibile (*rare*) → **corruptible, putréfiable** Ⓒ **incorruptible, imputrescible.**
putrescine |pytResin| *s.f.* (*chim.*) putrescina.
putride |pytRid| *adj.* **1** putrido ◇ (*par ext.*) *eaux putrides* acque putride **2** [*qui résulte de la putréfaction*] putrido: *fermentation putride* fermentazione putrida **3** (*fig.*, *littér.*) [*qui répand la pourriture morale*] putrido, marcio* (*cour.*): *une littérature putride* una letteratura putrida, marcia.
putridité |pytRidite| *s.f.* (*littér.*) putridità *inv.* (*rare*).
putsch |putʃ| *s.m.* (*all.*) putsch *inv.*, golpe *inv.*; colpo di Stato → 2 **État (coup d').**
putto |pytto| *s.m.* (*bx-arts*) putto, puttino: *des putti* dei putti.
puy |pɥi| *s.m.* **1** [*nom de montagnes, en Auvergne*] ⊠ **2** (*hist. litt.*) 'puy' *inv.*
puzzle |pœzl(ə)| *s.m.* (*angl.*) **1** puzzle *inv.* **2** (*fig.*) [*multiplicité d'éléments qu'un raisonnement logique doit assembler pour reconstituer la réalité des faits*] mosaico*, puzzle (*inv.*): *les pièces du puzzle commençaient à s'ordonner dans sa tête* i pezzi del mosaico cominciavano a ricomporsi nella sua testa.
pycnomètre |piknɔmɛtR(ə)| *s.m.* (*techn.*) picnometro.
pycnose |piknoz| *s.f.* (*pathol.*) picnosi *inv.*
pyélite |pjelit| *s.f.* (*méd.*) pielite.
pygargue |pigaRg(ə)| *s.m.* (*t.zool.*) aquila *f.* di mare.
pygmée |pigme| *s.m.* **1** pigmeo → **négrille** ◇ (*antiq.*) *Hercule lutta contre les Pygmées* Ercole lottò contro i Pigmei **2** (*littér.*) pigmeo → **myrmidon** Ⓒ **géant.**
pygmée |pigme|, **pygméen, éenne** |pigmeɛ̃, eɛn| *adj.* pigmeo.
pygméisme |pigmeism(ə)| *s.m.* (*anthrop.*) pigmeismo.
pyjama |piʒama| *s.m.* pigiama: *veste, pantalon de pyjama* giacca, pantaloni di pigiama; *être en pyjama(s)* essere in pigiama.
pylône |pilon| *s.m.* **1** pilone: *des pylônes électriques* piloni dell'elettricità **2** (*par anal.*) pilone: *les pylônes du pont Alexandre III, à Paris* i piloni del ponte Alessandro III, a Parigi ◇ (*archéol.*) pilone.
pylore |pilɔR| *s.m.* (*anat.*) piloro.
pylorique |pilɔRik| *adj.* (*anat.*) pilorico*: *valvule, artère pylorique* valvola, arteria pilorica.
pyo- |pjɔ| *préf.* (*signifiant 'pus', correspond généralt. à*) pio: *pyogène* piogeno.
pyodermite |pjɔdɛRmit| *s.f.* (*méd.*) piodermite.
pyogène |pjɔʒɛn| *adj.* (*méd.*) piogeno: *facteurs pyogènes* fattori piogeni.
pyonéphrose |pjɔnefRoz| *s.f.* (*méd.*) pionefrosi *inv.*
pyorrhée |pjɔRe| *s.f.* (*méd.*, *cour.*) piorrea: *pyorrhée alvéolaire* piorrea alveolare → **gingivite.**
pyrale |piRal| *s.f.* (*t.zool.*) piralide: *la pyrale de la vigne, des pommes* la piralide della vigna, delle mele.
pyramidal, ale, aux |piRamidal, o| *adj.* **1** piramidale ◇ (*anat.*) *os pyramidal* osso piramidale; *cellules pyramidales* cellule piramidali **2** (*vx.*, *fig.*) colossale (*cour.*): *un peintre d'un talent pyramidal* un pittore di un talento colossale.

pyramide |piʀamid| *s.f.* **1** piramide: *la pyramide de Chéops* la piramide di Cheope **2** (*géom.*) piramide: *pyramide quadrangulaire* piramide quadrangolare; *pyramide régulière* piramide regolare; *tronc de pyramide* tronco di piramide ◇ (*par ext.*) *une pyramide de fruits et légumes* una piramide di frutta e verdura **3** (*anat.*) piramide: *pyramides rénales* piramidi renali **4** (*démogr.*) *pyramide des âges* piramide delle età.

pyramidion |piʀamidjɔ̃| *s.m.* (*archéol.*) punta *f.* piramidale.

pyramidon |piʀamidɔ̃| *s.m.* (*nom déposé*) (*pharm.*) piramidone.

pyrène |piʀɛn| *s.m.* (*chim.*) pirene.

pyrénéen, éenne |piʀeneɛ̃, eɛn| *adj.* *et s.* [*des Pyrénées*] pirenaico* (*adj.*): *les vallées pyrénéennes* le valli pirenaiche.

pyrénéite |piʀeneit| *s.f.* (*minér.*) pireneite.

Pyrénomycètes |piʀenɔmisɛt| *s.m. pl.* (*t.bot.*) Pirenomiceti.

pyrèthre |piʀɛtʀ(ə)| *s.m.* (*t.bot.*) piretro.

pyrétique |piʀetik| *adj.* (*méd.*) piretico*.

pyrétothérapie |piʀetɔteʀapi| *s.f.* (*méd.*) piretoterapia.

pyrex |piʀɛks| *s.m.* (*marque déposée*) pirex *inv.*

pyrexie |piʀɛksi| *s.f.* (*méd.*) piressia.

pyridine |piʀidin| *s.f.* (*chim.*) piridina.

pyridoxine |piʀidɔksin| *s.f.* (*pharm.*) piridossina.

pyrimidine |piʀimidin| *s.f.* (*chim.*) pirimidina.

pyrite |piʀit| *s.f.* (*minér.*) pirite ◇ (*par ext.*) *pyrite de cuivre* pirite di rame.

pyriteux, euse |piʀitø, øz| *adj.* (*minér.*) piritico*.

pyr(o)- |piʀ(ɔ)| *préf.* (*signifiant 'feu', correspond généralt. à*) pir(o): *pyromane* piromane.

pyroclastique |piʀɔklastik| *adj.* (*minér.*) piroclastico*: *roches pyroclastiques* rocce piroclastiche.

pyroélectricité |piʀɔelɛktʀisite| *s.f.* (*phys.*) piroelettricità *inv.*

pyroélectrique |piʀɔelɛktʀik| *adj.* (*phys.*) piroelettrico*.

pyrogallique |piʀɔgalik| *adj.* (*chim.*) pirogallico*.

pyrogallol |piʀɔga(l)lɔl| *s.m.* (*chim.*, *techn.*) pirogallolo.

pyrogénation |piʀɔʒenɑsjɔ̃| *s.f.* (*sc.*) pirogenazione.

pyrogène |piʀɔʒɛn| *adj.* (*pharm.*) pirogeno (*adj. et s.m.*): *préparation pyrogène* pirogeno.

pyrograver |piʀɔgʀave| *v.tr.* (*techn.*) [*décorer, exécuter à la pyrogravure*] fare (103) una pirografia, una piroincisione ◆ (*au p.p.*) *dessin pyrogravé* disegno a piroincisione *loc.*

pyrograveur, euse |piʀɔgʀavœʀ, øz| *s.* [*artiste (graveur) en pyrogravure*] pirografista.

pyrogravure |piʀɔgʀavyʀ| *s.f.* (*techn.*) pirografia.

pyroligneux |piʀɔliɲø| *adj. m.* (*chim.*) *acide pyroligneux* acido pirolegnoso.

pyrolusite |piʀɔlyzit| *s.f.* (*minér.*) pirolusite.

pyrolyse |piʀɔliz| *s.f.* (*sc.*) pirolisi *inv.*

pyromancie |piʀɔmɑ̃si| *s.f.* piromanzia.

pyromancien, ienne |piʀɔmɑ̃sjɛ̃, jɛn| *s.* piromante.

pyromane |piʀɔman| *s.* piromane: *le pyromane a été arrêté* il piromane è stato arrestato.

pyromanie |piʀɔmani| *s.f.* piromania.

pyromètre |piʀɔmɛtʀ(ə)| *s.m.* (*sc.*, *techn.*) pirometro.

pyrométrie |piʀɔmetʀi| *s.f.* (*sc.*) pirometria.

pyrométrique |piʀɔmetʀik| *adj.* (*sc.*) pirometrico*: *mesures pyrométriques* misure pirometriche.

pyromorphite |piʀɔmɔʀfit| *s.f.* (*minér.*) piromorfite.

pyrope |piʀɔp| *s.m.* (*minér.*) piropo.

pyrophobie |piʀɔfɔbi| *s.f.* (*psycho.*) pirofobia.

pyrophore |piʀɔfɔʀ| *s.m.* (*vx.*, *sc.*) piroforo.

pyrophorique |piʀɔfɔʀik| *adj.* (*vx.*, *sc.*) piroforico*: *fer pyrophorique* ferro piroforico.

pyrophosphate |piʀɔfɔsfat| *s.m.* (*chim.*) pirofosfato.

pyrophosphorique |piʀɔfɔsfɔʀik| *adj.* (*chim.*) *acide pyrophosphorique* acido pirofosforico*.

pyroscaphe |piʀɔskaf| *s.m.* (*hist. mar.*) piroscafo (*cour.*).

pyrosis |piʀɔzis| *s.m.* (*méd.*) pirosi *f. inv.*

pyrosphère |piʀɔsfɛʀ| *s.f.* (*géol.*) pirosfera.

pyrosulfate |piʀɔsylfat| *s.m.* (*chim.*) pirosolfato.

pyrosulfite |piʀɔsylfit| *s.m.* (*chim.*) pirosolfito.

pyrosulfurique |piʀɔsylfyʀik| *adj.* (*chim.*) pirosolforico*.

pyrotechnicien, ienne |piʀɔtɛknisjɛ̃, jɛn| *s.* (*rare*) pirotecnico* (*cour.*).

pyrotechnie |piʀɔtɛkni| *s.f.* (*techn.*) pirotecnica*.

pyrotechnique |piʀɔtɛknik| *adj.* (*techn.*) pirotecnico*: *compositions pyrotechniques* composizioni pirotecniche.

pyroxène |piʀɔksɛn| *s.m.* (*minér.*) pirosseno.

pyroxénite |piʀɔksenit| *s.f.* (*minér.*) pirossenite.

pyroxyle |piʀɔksil| *s.m.* (*vieilli*, *chim.*) fulmicotone → **coton-poudre**.

pyroxylé, ée |piʀɔksile| *adj.* (*chim.*) a base di fulmicotone (*loc. inv.*): *poudre pyroxylée* polvere a base di fulmicotone.

pyroxyline |piʀɔksilin| *s.f.* (*chim.*) pirossilina.

1 **pyrrhique** |piʀik| *s.m.* (*versif.*) pirrichio*.

2 **pyrrhique** |piʀik| *s.f.* (*antiq. gr.*) pirrica*.

Pyrrhocoris |piʀɔkɔʀis|, **Pyrrhocores** |piʀɔkɔʀ| *s.m. pl.* (*t.zool.*) Pirrocoridi.

pyrrhonien, ienne |piʀɔnjɛ̃, jɛn| *adj. et s.* (*philo.*) pirronistico* ◇ (*vx.*) → **sceptique**.

pyrrhonisme |piʀɔnism(ə)| *s.m.* (*philo.*) pirronismo.

pyrrhotine |piʀɔtin| *s.f.* (*minér.*) pirrotite.

pyrrol(e) |piʀɔl| *s.m.* (*chim.*) pirrolo.

pyruvique |piʀyvik| *adj.* (*chim.*) piruvico*.

pythagoricien, ienne |pitagɔʀisjɛ̃, jɛn| *adj.* pitagorico*: *l'école pythagoricienne* la scuola pitagorica ◆ *s.* (*philo.*) pitagorico.

pythagorique |pitagɔʀik| *adj.* **1** pitagorico*: *silence pythagorique* silenzio pitagorico; *nombres pythagoriques* numeri pitagorici **2** (*vx.*) → **pythagoricien**.

pythagorisme |pitagɔʀism(ə)| *s.m.* (*philo.*) pitagorismo, pitagoricismo.

pythie |piti| *s.f.* (*antiq. gr.*) Pizia ◇ (*littér.*) [*devineresse*] maga*, indovina.

pythien, ienne |pitjɛ̃, jɛn| *adj.* [*de Delphes*] pizio*: *Apollon pythien* Apollo pizio.

pythique |pitik| **1** *adj.* (*antiq. gr.*) pitico*: *jeux pythiques* giochi pitici **2** (*s.f.*) *les Pythiques* le odi pitiche *adj.*

python |pitɔ̃| *s.m.* (*t.zool.*) pitone.

pythonisse |pitɔnis| *s.f.* (*littér.*, *plais.*) pitonessa; maga* (*cour.*).

pyurie |pjyʀi| *s.f.* (*méd.*) piuria.

pyxide |pjksid| *s.f.* **1** (*bot.*) pisside: *pyxides du mouron, du pourpier* pissidi dell'anagallide, della portulaca **2** (*archéol.*, *liturg.*) pisside.

Q

q |ky| *s.m.* [*dix-septième lettre de l'alphabet*] q (*m. ou f.*): *q minuscule* q minuscolo; *Q majuscule* Q maiuscola ◇ *REM. le groupe 'qu' se prononce* |k| *ou* |kɥ| ◇ (*télécom.*): (*en France*) *Q comme Quintal*; (*en Belgique*) *Q comme Quinze* Q come Quarto.
quadr- |kwadʀ|, **quadri-** |kwadʀi|, **quadru-** |kwadʀy| *préf.* (*signifiant 'quatre', correspondent généralt. à*) quadr; quadri; quadru: *quadrangulaire* quadrangolare ‖ *quadrimestre* quadrimestre ‖ *quadrupède* quadrupede.
quadragénaire |kwadʀaʒenɛʀ| *adj. et s.* quarantenne, quadragenario*.
quadragésimal, ale, aux |kwadʀaʒezimal, o| *adj.* (*liturg.*) quadragesimale, quaresimale.
quadragésime |kwadʀaʒezim| *s.f.* (*liturg.*) quadragesima.
quadrangle |kwadʀɑ̃gl(ə)| *s.m.* (*géom.*) quadrangolo.
quadrangulaire |kwadʀɑ̃gylɛʀ| *adj.* quadrangolare.
quadrant |k(w)adʀɑ̃| *s.m.* (*géom.*) quadrante.
quadratique |kwadʀatik| *adj.* **1** (*math.*) quadratico* **2** (*minér.*) tetragonale.
quadrature |kwadʀatyʀ| *s.f.* (*astron., géom.*) quadratura ◇ (*loc. fig.*) *c'est la quadrature du cercle* è la quadratura del cerchio.
quadrette |kadʀɛt| *s.f.* squadra di quattro giocatori, quartetto *m.*
quadri- |kwadʀi| *préf.* → **quadr-**.
quadriceps |kwadʀisɛps| *s.m.* (*anat.*) quadricipite.
quadrichromie |kwadʀikʀɔmi| *s.f.* (*photo., typogr.*) quadricromia.
quadridimensionnel, elle |kwadʀidimɑ̃sjɔnɛl| *adj.* (*phys.*) quadridimensionale.
quadriennal, ale, aux |kwadʀije(ɛn)nal, o| *adj.* quadriennale.
quadrifide |kwadʀifid| *adj.* (*bot.*) quadrifido.
quadrifolié, ée |kwadʀifɔlje| *adj.* (*bot.*) quadrifogliato.
quadrige |k(w)adʀiʒ| *s.m.* (*antiq. rom.*) quadriga* *f.*
quadrijumeaux |kwadʀiʒymo| *adj. m. pl.* (*anat.*) *tubercules quadrijumeaux* tubercoli quadrigemini, quadrigemelli ✦ *s.m. pl.* quattro gemelli; parto *sing.* quadrigemino.
quadrilatère |k(w)adʀilatɛʀ| *s.m.* (*géom., milit.*) quadrilatero.
quadrilingue |kwadʀilɛ̃g| *adj.* quadrilingue.
quadrillage |kadʀijaʒ| *s.m.* **1** quadrettatura *f.*, suddivisione *f.* in quadretti **2** (*milit.*) compartimentazione *f.*, suddivisione *f.* a scacchiera.
quadrille |kadʀij| *s.* **1** *s.f.* (*ancienn.*) quadriglia **2** *s.m.* (*danse*) (*mus.*) quadriglia *f.*
quadrillé, ée |kadʀije| *adj.* [*couvert de lignes entrecroisées en carreaux*] quadrettato.
quadriller |kadʀije| *v.tr.* **1** [*couvrir de lignes droites, de bandes qui se coupent de manière à former des carreaux, des rectangles*] quadrettare **2** [*procéder au quadrillage de* (*un territoire*)] suddividere (130) a scacchiera.
quadrillion |k(w)adʀiljɔ̃| *s.m.* (*math.*) quadrilione.
quadrilobe |kwadʀilɔb| *s.m.* (*archit.*) quadrilobo.
quadrimestre |k(w)adʀimɛstʀ(ə)| *s.m.* (*compt.*) quadrimestre.
quadrimoteur |k(w)adʀimɔtœʀ| *adj. et s.m.* (*aviat.*) quadrimotore.
quadrinôme |kwadʀinom| *s.m.* (*math.*) quadrinomio*.
quadriparti, ie |kwadʀipaʀti|, **quadripartite** |kwadʀipaʀtit| *adj.* (*bot., polit.*) quadripartito.
quadripartition |kwadʀipaʀtisjɔ̃| *s.f.* quadripartizione.
quadripétale |kwadʀipetal| *adj.* (*bot.*) quadripetalo.
quadriphonie |kwadʀifɔni| *s.f.* quadrifonia.
quadriplégie |kwadʀipleʒi| *s.f.* (*méd.*) quadriplegia*.
quadripolaire |kwadʀipɔlɛʀ| *adj.* (*phys.*) quadripolare.
quadrique |kwadʀik| *adj.* (*géom.*) quadrico* ✦ *s.f.* (*géom.*) quadrica*.
quadriréacteur |k(w)adʀiʀeaktœʀ| *s.m.* (*aviat.*) quadrireattore, quadrigetto.
quadrirème |kwadʀiʀɛm| *s.f.* (*antiq. rom.*) quadrireme.
quadrisyllabe |kwadʀisi(l)lab| *s.m.* (*gram.*) quadrisillabo.
quadrisyllabique |kwadʀisi(l)labik| *adj.* (*gram.*) quadrisillabo.
quadrivium |kwadʀivjɔm| *s.m.* (*hist.*) quadrivio*.
quadru- |kwadʀy| *préf.* → **quadr-**.
quadrumane |k(w)adʀyman| *adj. et s.* (*zool.*) quadrumane *adj. et s.m.*
quadrupède |k(w)adʀypɛd| *adj. et s.* (*zool.*) quadrupede *adj. et s.m.*
quadruple |k(w)adʀypl(ə)| *adj. et s.m.* quadruplo.
quadrupler |k(w)adʀyple| **A** *v.tr.* [*multiplier par quatre*] quadruplicare: *quadrupler la production* quadruplicare la produzione **B** *v.intr.* [*devenir quatre fois plus élevé*] quadruplicarsi (*pron.*): *la production a quadruplé* la produzione si è quadruplicata.
quadruplés, ées |k(w)adʀyple| *s. pl.* quattro gemelli *m.*, quattro gemelle *f.*; parto *m. sing.* quadrigemino → **quadrijumeaux.**
quadruplex |kwadʀyplɛks| *s.m.* (*techn.*) sistema quadruplo di trasmissione telegrafica.
quai |ke| *s.m.* **1** [*ouvrage d'accostage d'un port, chaussée aménagée au bord de l'eau*] banchina *f.*, molo: *quai de débarquement, d'embarquement* banchina, molo di sbarco, d'imbarco ◇ *loc.* À QUAI: *le navire est à quai* la nave è attraccata nel porto, è in porto ◇ (*dr.*) *droits de quai* [*de douane*] diritti portuali *adj.* **2** [*levée de terre le long d'un cours d'eau, d'un canal*] argine, alzaia *f.* ◇ [*voie publique aménagée le long de cet ouvrage*] lungofiume: *se promener sur les quais* passeggiare sul lungofiume **3** (*loc.*) *le Quai* (*d'Orsay*) il 'Quai d'Orsay', il Ministero degli Esteri francese **4** [*plate-forme longeant la voie dans une gare*] marciapiede, banchina: *quai nº 4* marciapiede, banchina nº 4 # *billet de quai* biglietto d'ingresso (alla stazione).
quaker, keresse |kwɛkœʀ, kʀɛs| *s.* (*angl.*) (*relig.*) quacchero.
quakerisme |kwɛkœʀism(ə)| *s.m.* (*relig.*) quaccherismo.
qualifiable |kalifjabl(ə)| *adj.* [→ QUALIFIER A 1] qualificabile: *sa conduite n'est pas qualifiable* il suo comportamento non è qualificabile, è inqualificabile Ⓒ **inqualifiable.**
qualificateur |kalifikatœʀ| *s.m.* (*hist. ecclés.*) qualificatore.
qualificatif, ive |kalifikatif, iv| **1** *adj.* qualificativo: *adjectif qualificatif* aggettivo qualificativo **2** *s.m.* [*mot ou groupe de mots servant à qualifier qqn. ou qqch.*] epiteto.
qualification |kalifikɑsjɔ̃| *s.f.* **1** [*appellation, titre*] qualifica* ◇ (*dr.*) qualificazione **2** (*sport*) [→ QUALIFIER A 2] qualificazione **3** (*spécialt.*) *qualification professionnelle* qualificazione professionale Ⓒ 2 **disqualification, élimination.**
qualifié, ée |kalifje| *adj.* **1** (*dr.*) *vol qualifié* furto aggravato **2** (*sport*) qualificato **3** *ouvrier qualifié* operaio specializzato **4** (*math.*) *nombres qualifiés* numeri relativi.
qualifier |kalifje| **A** *v.tr.* **1** [*caractériser par un mot, une expression*] qualificare, definire (197): *comment qualifier sa conduite?* come qualificare, definire il suo comportamento? → **appeler, désigner, nommer** ◇ (*avec un attribut*) *ce réduit qualifié de laboratoire* questo sgabuzzino chiamato, definito laboratorio **2** [*faire que* (*un cheval, un sportif, une équipe*) *ait le droit de disputer une épreuve* (*en remportant une épreuve préliminaire*)] qualificare **3** (*compl. de personne*) [*donner qualité de faire qqch.*] qualificare: *cela ne le qualifie nullement pour ce travail* ciò non lo qualifica affatto per questo lavoro **B** *v.pron. réfl.* SE QUALIFIER [*obtenir sa qualification* (2)] qualificarsi: *se qualifier pour la finale* qualificarsi per la finale Ⓒ A 2 **disqualifier.**

qualitatif, ive |kalitatif, iv| *adj.* qualitativo [C] **quantitatif.**
qualitativement |kalitativmɑ̃| *adv.* [*au point de vue qualitatif*] qualitativamente [C] **quantitativement.**
qualité |kalite| *s.f.* **I** **1** (*choses*) qualità (*inv.*): *marchandise de bonne, de mauvaise qualité* merce di buona, di cattiva qualità; *de première qualité* di prima qualità; *améliorer la qualité* migliorare la qualità ◇ (*spécialt.*) *statut de qualité* marchio di qualità **2** [*bonne qualité*] qualità: *un produit de qualité* un prodotto di qualità **3** [*trait de caractère auquel on attribue une valeur morale, sociale*] qualità: *la bonté, la prudence sont des qualités* la bontà, la prudenza sono qualità → **vertu**; *elle a toutes les qualités* ha tutte le qualità **II** (*personnes*) [*condition sociale, civile, juridique*] condizione sociale: *nom, prénom, qualité* nome, cognome, condizione sociale; generalità ◇ *loc.* EN SA QUALITÉ DE in qualità di: *en sa qualité de chef du gouvernement* in qualità di capo del governo ◇ *loc.* (*dr.*) *ès qualités* in quanto tale; *ici, le ministre ne pouvait parler, ès qualités* qui, il ministro non poteva parlare, in quanto tale [C] I 2 **défaut.**
quand |kɑ̃| **I** *conj.* **1** [*au moment où*] quando: *j'attendais depuis dix minutes, quand il est arrivé* aspettavo da dieci minuti, quando è arrivato → **lorsque** ◇ (*exclam.*) *quand je pense que son fils a 20 ans!* quando penso che suo figlio ha 20 anni!; *quand je vous le disais...* quando ve lo dicevo io... ◇ (*fam.*) *je n'aime pas quand vous criez* non mi piace quando gridate **2** [*chaque fois que, toutes les fois que*] quando: *quand l'un disait oui, l'autre disait non* quando uno diceva (di) sì, l'altro diceva (di) no **3** QUAND, QUAND (BIEN) MÊME (*exprimant une opposition ou introduisant une hypothèse*) (+ *condit.*) quand'anche (+ *subj.*), quando pure (+ *subj.*), anche se (+ *subj.*) (*cour.*): *quand (bien même) il l'aurait voulu, il n'aurait pas pu* quand'anche, anche se avesse voluto, non avrebbe potuto ◇ *loc. adv.* QUAND MÊME [*cependant, pourtant*] (pur) tuttavia, nonostante (malgrado) tutto: *il l'aime quand même* pur tuttavia, nonostante tutto le vuole bene # *j'irai quand même* ci andrò lo stesso, ugualmente ◇ (*fam.*) [*tout de même*] tuttavia (*cour.*), comunque (*cour.*): *ce serait quand même plus convenable si vous veniez* sarebbe tuttavia, comunque più opportuno che lei venisse **II** *adv.* (*d'interrogation sur le temps*) [*à quel moment...?, dans quel temps...?*] quando: *quand partez-vous?* quando partite?; *jusqu'à quand?* fino a quando?; *c'est pour quand?* per quando è?; *alors, à quand le mariage?* allora, a quando le nozze?; *je ne sais pas quand* non so quando.
quant (à) |kɑ̃ta| *loc. prép.* [*pour ce qui est de, relativement à*] (in) quanto a: *quant à vous, attendez ici* (in) quanto a lei, aspetti qui; *quant à moi, je n'y crois pas* quanto a me, per parte mia, non ci credo.
quanta |kwɑ̃ta| *s.m. pl.* → **quantum.**
quant-à-soi |kɑ̃taswa| *s.m.* [*réserve un peu fière de celui qui garde pour soi ses sentiments*] sostenutezza *f.* # *rester sur son quant-à-soi* stare sulle sue, tenere le distanze.
quantième |kɑ̃tjɛm| *s.m.* (*littér.*) [*désignation du jour du mois par son chiffre*] data *f.* (*cour.*), giorno (del mese) (*cour.*): *cette montre marque les quantièmes* questo orologio dà la data, il giorno (del mese).
quantifiable |kɑ̃tifjabl(ə)| *adj.* [→ QUANTIFIER] quantificabile: *des données quantifiables* dati quantificabili.
quantificateur |kɑ̃tifikatœʀ| *s.m.* (*log., phys.*) quantificatore.
quantification |kɑ̃tifikɑsjɔ̃| *s.f.* **1** (*log.*) quantificazione **2** (*phys.*) quantizzazione.
quantifié, ée |kɑ̃tifje| *adj.* (*phys.*) quantizzato.
quantifier |kɑ̃tifje| *v.tr.* **1** (*log.*) [*attribuer une quantité à (un terme)*] quantificare **2** (*phys.*) [*appliquer une loi de quantification à (une grandeur physique)*] quantizzare.
quantique |k(w)ɑ̃tik| *adj.* (*phys.*) quantistico*, quantico*: *physique quantique* fisica quantistica.
quantitatif, ive |kɑ̃titatif, iv| *adj.* quantitativo [C] **qualitatif.**
quantitativement |kɑ̃titativmɑ̃| *adv.* [*du point de vue quantitatif*] quantitativamente [C] **qualitativement.**
quantité |kɑ̃tite| *s.f.* **1** quantità *inv.*, quantitativo (*m.*): *quelle quantité de farine doit-on mettre?* che quantità di farina si deve mettere?; *en grande, en petite quantité* in grande, in piccola quantità **2** UNE, DES QUANTITÉ(S) *de...* quantità di...: *une grande quantité de livres* una grande quantità di libri → 1 **masse** # *quantité de gens le pensent* molta gente, un sacco di gente lo pensa → **foule, beaucoup** ◇ (*loc.*) *en quantité* in quantità, in abbondanza **3** (*philo., sc., versif.*) quantità **4** (*loc.*) *considérer qqn. comme une quantité négligeable* tenere qc. in scarsissima considerazione.
quantum |kwɑ̃tɔm|, *pl.* **quanta** |kwɑ̃ta| *s.m.* (*lat.*) **1** (*philo.*) quantità *f. inv.* indeterminata ◇ (*dr., admin.*) quota *f.*, parte *f.* **2** (*phys.*) quanto: *théorie des quanta* teoria dei quanti.
quarantaine |kaʀɑ̃tɛn| *s.f.* **1** quarantina: *une quarantaine de personnes* una quarantina di persone **2** [*âge d'environ quarante ans*] quarantina **3** (*méd.*) quarantena ◇ (*loc. fig.*) *mettre qqn. en quarantaine* mettere qc. in quarantena, al bando **4** (*bot.*) ravizzone *m.* estivo; patata primaticcia*; violacciocca*.
quarante |kaʀɑ̃t| **1** *adj. numér. cardinal* quaranta: *semaine de quarante heures* settimana di quarante ore ◇ *ordinal* [*quarantième*] *page quarante* (a) pagina quaranta ◇ (*fam.*) *s'en moquer comme de l'an quarante* infischiarsene completamente **2** *s.m. inv.* [*le nombre 40*] quaranta.
quarante-huitard, arde |kaʀɑ̃twitaʀ, aʀd(ə)| *adj.* (*fam.*) [*propre aux révolutionnaires de 1848*] quarantottesco*.
quarantenaire |kaʀɑ̃tnɛʀ| *adj.* **1** (*dr.*) quarantennale, che dura quarant'anni *loc.* **2** (*rare*) [*relatif à la quarantaine sanitaire*] quarantenario* ◆ *s.m.* luogo* di quarantena.
quarantième |kaʀɑ̃tjɛm| *adj.* **1** *numér. ordinal* quarantesimo: *dans sa quarantième année* nel suo quarantesimo anno ◆ (*s.*) *il est le quarantième de la liste* è il quarantesimo della lista **2** (*se dit de la fraction d'un tout divisé également en quarante*) quarantesimo: *la quarantième partie d'une somme* la quarantesima parte di una somma ◆ (*s.m.*) *deux quarantièmes* due quarantesimi.
quarderonner · |kaʀdəʀɔne| *v.tr.* (*techn.*) [*tailler en quart-de-rond*] tagliare a ovolo.
quark |kwaʀk| *s.m.* (*all.*) (*phys.*) quark *inv.*
quart |kaʀ| *s.m.* **1** quarto: *chacun a reçu un quart de la succession* ognuno ha ricevuto un quarto della successione; *un quart de circonférence* un quarto di circonferenza ◇ [*quart d'une livre*] *un quart de beurre* un quarto di burro ◇ [*quart de litre*] *un quart de vin* un quarto di vino, un quartino (*fam.*) **2** QUART (D'HEURE) quarto (d'ora): *une heure moins le quart* l'una meno un quarto; *deux heures et (un) quart* le due e un quarto ◇ (*loc.*) *un mauvais quart d'heure* un brutto quarto d'ora **3** (*mar.*) quarto, turno di guardia: *officier de quart* ufficiale di quarto # *prendre le quart* montare di guardia ◇ (*par ext.*) [*les hommes de quart*] *relever le quart* rilevare la guardia *f.*, dare il cambio alla guardia **4** [*partie appréciable de qqch.*] *je n'ai pas fait le quart de ce que j'avais à faire* non ho fatto nemmeno la quarta parte di quello che dovevo fare; *les trois quarts* i tre quarti; *les trois quarts du temps* la maggior parte del tempo, per lo più ◆ (*adj.*) *manteau trois quarts* cappotto tre quarti.
quart, quarte |kaʀ, kaʀt(ə)| *adj.* (*méd. anc.*) *fièvre quarte* quartana *s.f.* ◆ (*s.m.*) *se moquer du tiers et du quart* [*se moquer de tout*] infischiarsene di tutto e di tutti.
quartager |kaʀtaʒe| (3) *v.tr.* (*agric.*) [*donner un quatrième labour à (la vigne)*] inquartare.
quartan(n)ier |kaʀtanje| *s.m.* (*vén.*) cinghiale di quattro anni.
quartation |kaʀtɑsjɔ̃| *s.f.* → **inquart.**
quartaut |kaʀto| *s.m.* (*région., vx.*) [*petit tonneau (de 57 litres)*] barilotto.
quart-de-rond |kaʀdəʀɔ̃| *s.m.* (*techn.*) [*moulure à profil convexe*] ovolo ◇ [*outil servant à faire cette moulure*] sponderuola *f.*
1 **quarte** |kaʀt(ə)| *s.f.* **1** (*escrime, mus.*) quarta **2** (*ancienn.*) quartarolo *m.*
2 **quarte** |kaʀt(ə)| *adj. f.* → **quart.**
quarté |kaʀte| *s.m.* [*forme de pari mutuel où l'on parie sur quatre chevaux*] ⊠.
quartefeuille |kaʀtəfœj| *s.f.* (*blas.*) quattrofoglie *m. inv.*
quartelette |kaʀtəlɛt| *s.f.* (*techn.*) specie di ardesia.
quartenier |kaʀtənje| *s.m.* (*ancienn.*) ufficiale municipale (addetto alla sorveglianza di un quartiere).
quarteron |kaʀtəʀɔ̃| *s.m.* [*petit nombre, poignée*] pugno, manipolo: *un quarteron de conjurés* un pugno, un manipolo di congiurati.
quarteron, onne |kaʀtəʀɔ̃, ɔn| *s.* [*fils, fille d'un blanc et d'une mulâtresse, ou d'un mulâtre et d'une blanche*] cuarteron *inv.*
quartette |kwaʀtɛt| *s.m.* (*mus.*) quartetto (jazz).
quartidi |kwaʀtidi| *s.m.* (*hist. fr.*) 'quartidi' *inv.*
1 **quartier** |kaʀtje| *s.m.* **I** [*quart*] **1** [*portion d'environ un quart (de fruits,

animaux de bouch.)] quarto: *un quartier de pomme* un quarto di mela; *un quartier de bœuf* un quarto di bue **2** [*chacune des quatre phases de la lune*] quarto: *premier, dernier quartier* primo, ultimo quarto → **croissant** **3** (*blas.*) quarto **4** (*fig.*) *cette institution a ses quartiers de noblesse* questa istituzione ha i suoi quarti di nobiltà **II** [*morceau*] **1** [*partie d'une chose inégalement partagée*] parte *f.*, pezzo # *un quartier d'orange* uno spicchio d'arancia **2** [*partie de la chaussure qui emboîte le talon*] quartiere.

2 **quartier** |kaRtje| *s.m.* **1** [*partie d'une ville ayant une certaine unité*] quartiere: *le quartier Latin, à Paris* il quartiere Latino, a Parigi; *les vieux quartiers* i quartieri antichi, il centro storico # *cinéma de quartier* cinema rionale **2** *surtout au plur.* (*milit.*) [*cantonnement*] quartiere: *quartiers d'hiver* quartieri d'inverno ◇ (*spécialt.*) *quartier général* (*Q.G.*) quartier generale ◇ (*loc.*) *avoir quartier libre* avere, essere in libera uscita.

quartier-maître |kaRtjemɛtR(ə)| *s.m.* **1** (*ancienn.*) quartiermastro **2** (*mar.*) sottocapo.

quartilage |kwaRtilaʒ| *s.m.* (*statistique*) divisione *f.* in quartili; calcolo dei quartili.

quartile |kwaRtil| *s.m.* (*statistique*) quartile.

quarto |kwaRto| *adv.* (*lat.*) (*rare*) in quarto luogo *loc. inv.*, quarto.

quartz |kwaRts| *s.m.* (*minér.*) quarzo.

quartzeux, euse |kwaRtsø, øz| *adj.* (*minér.*) quarzoso.

quartzifère |kwaRtsifɛR| *adj.* (*minér.*) quarzifero.

quartzite |kwaRtsit| *s.m.* (*minér.*) quarzite *f.*

quasar |kazaR| *s.m.* (*angl.*) (*astron.*) quasar *inv.*

1 **quasi** |kazi| *adv.* (*lat.*) (*littér.*, *région.*) [*presque, pour ainsi dire*] quasi (*cour.*): *le raisin est quasi mûr* l'uva è quasi matura.

2 **quasi** |kazi| *s.m.* [*morceau du haut de la cuisse du veau, très apprécié*] girello.

quasi-contrat |kazikɔ̃tRa| *s.m.* (*dr.*) quasi contratto.

quasi-délit |kazideli| *s.m.* (*dr.*) quasi delitto.

quasiment |kazimɑ̃| *adv.* (*fam.*, *région.*) [*presque, à peu près*] quasi (*cour.*), pressappoco (*cour.*).

quasimodo |kasimɔdo| *s.f.* (*liturg.*) domenica* in Albis.

quasi-usufruit |kaziyzyfRɥi| *s.m.* (*dr. civil*) quasi usufrutto (*loc. subst. m.*): *des quasi-usufruits* dei quasi usufrutti.

quassia |kwasja|, **quassier** |kwasje| *s.m.* (*t.bot.*) quassia *f.*

quassine |kwasin| *s.f.* quassina.

quater |kwatɛR| *adv.* (*lat.*) (*rare*) quater *inv.*

quaternaire |kwatɛRnɛR| *adj.* **1** (*chim.*) quaternario* **2** (*géol.*) quaternario: *ère quaternaire* era quaternaria ✦ (*s.m.*) *le quaternaire* il quaternario.

quaterne |kwatɛRn(ə)| *s.m.* (*vx.*) quaterna *f.* (*cour.*).

quaternion |kwatɛRnjɔ̃| *s.m.* (*math.*) quaternione.

quatorze |katɔRz(ə)| **1** *adj. numér. cardinal* quattordici # *quatorze cents francs* millequattrocento franchi ◇ *ordinal* [*quatorzième*] quattordici; quattordicesimo: *à la page quatorze* a pagina quattordici ‖ *Louis quatorze* (*XIV*) Luigi quattordicesimo (XIV) ◇ (*loc.*) *chercher midi à quatorze heures* [*compliquer les choses*] complicarsi la vita, l'esistenza **2** *s.m. inv.* [*le nombre, le numéro 14*] quattordici.

quatorzième |katɔRzjɛm| *adj.* **1** *numér. ordinal* quattordicesimo: *le quatorzième siècle* il quattordicesimo secolo, il Trecento **2** [*partie d'un tout également divisé en quatorze*] quattordicesimo: *la quatorzième partie* la quattordicesima parte ✦ (*s.m.*) *un quatorzième* un quattordicesimo.

quatorzièmement |katɔRzjɛmmɑ̃| *adv.* in quattordicesimo luogo *loc. inv.*

quatrain |katRɛ̃| *s.m.* [*strophe de quatre vers*] quartina *f.*

quatre |kaRtR(ə)| **I** *adj. numér. inv.* **1** *cardinal* quattro: *les quatre saisons* le quattro stagioni # *quatre cents, quatre mille* quattrocento, quattromila ◇ (*loc.*) *se mettre en quatre* [*se donner beaucoup de mal*] farsi in quattro ~ *se mettre par quatre* mettersi (in fila) per quattro ~ *faire les quatre cents coups* condurre una vita disordinata, dissipata ~ *manger comme quatre* mangiare per quattro ~ *entre quatre yeux*, (*fam.*) *quat'-z-yeux* a quattr'occhi ~ *jouer aux quatre coins* giocare ai quattro cantoni ~ *descendre un escalier quatre à quatre* scendere le scale a quattro a quattro **2** *ordinal* [*quatrième*] quattro; quarto: *à la page quatre* a pagina quattro ‖ *Henri quatre* (*IV*) Enrico quarto (IV) **II** *s.m. inv.* [*le nombre, le numéro 4*] quattro: *habiter au quatre de rue Chopin* abitare al (numero) quattro di via Chopin ◇ [*carte, face de dé, de domino présentant quatre marques*] *le quatre de cœur* il quattro di cuori ◇ (*sport*) [*embarcation à quatre rameurs*] *un quatre avec barreur* un quattro con; *un quatre sans barreur* un quattro senza.

quatre-de-chiffre |katRədəʃifR(ə)| *s.m. inv.* (*chasse*) schiaccia* *f. var.*

quatre-épices |katRepis| *s.m.* ou *f. inv.* (*t.bot.*) nigella *f. var.*

quatre-feuilles |katRəfœj| *s.m. inv.* (*archit.*) quadrilobo *var.*

quatre-huit |katRəɥit| *s.m. inv.* (*mus.*) (tempo *var.* di) quattro ottavi.

quatre-mâts |katRəmɑ| *s.m. inv.* (*mar.*) quattro alberi.

quatre-quarts |katRəkaR, katkaR| *s.m. inv.* (*cuis.*) pasta *f. var.* frolla.

quatre-saisons |katRəsɛzɔ̃, katsɛzɔ̃| *s.f. inv.* (*bot.*) quattro stagioni.

quatre-temps |katRətɑ̃| *s.m. pl.* quattro tempora *f.*

quatre-vingtième |katRəvɛ̃tjɛm| *adj.* ottantesimo: *dans sa quatre-vingtième année* nel suo ottantesimo anno ✦ (*s.m.*) *un quatre-vingtième* un ottantesimo.

quatre-vingt(s) |katRəvɛ̃| **1** *adj. numér. cardinal inv.* ottanta: *il est âgé de quatre-vingts ans, de quatre-vingt-deux ans* ha ottant'anni (è ottantenne), ha ottantadue anni # *quatre-vingt-dix* novanta ◇ *ordinal* [*quatre-vingtième*] ottanta; ottantesimo: *page quatre-vingt* (a) pagina ottanta **2** *s.m.* [*le nombre, le numéro 80*] ottanta.

quatrième |katRijɛm| **1** *adj. numér. ordinal* quarto: *habiter au quatrième* [*étage*] abitare al quarto (piano); *passer en quatrième* [*vitesse*] innestare la quarta, passare in quarta **2** *s.f.* terzo anno *m.* di studi medi inferiori.

quatrièmement |katRijɛmmɑ̃| *adv.* in quarto luogo *loc. inv.*, quarto.

quatrillion |katRiljɔ̃| *s.m.* quadrilione.

quattrocentiste |kwatRɔtʃɛntist(ə)| *s.* (*hist. litt.*) quattrocentista.

quattrocento |kwatRɔtʃɛnto| *s.m.* (*hist. it.*) Quattrocento.

quatuor |kwatɥɔR| *s.m.* (*lat.*) (*mus.*) quartetto.

quatuorvir |kwatɥɔRviR| *s.m.* (*antiq. rom.*) quadrunviro quadrumviro.

quatuorviral, ale, aux |kwatɥɔRviRal, o| *adj.* (*antiq. rom.*) quadrunvirale, quadrumvirale.

1 **que** |k(ə)| *conj.* **1** (*introduisant une subordonnée complétive, à l'ind. ou au subj. suivant le v. de la principale, ou la nuance à rendre*) che: *je crois qu'il est là* credo che ci sia; *je pense que tout ira bien* penso che tutto andrà (vada) bene; *c'est dommage qu'il soit malade* peccato che sia ammalato; *c'est que...* il fatto è che... → 1 **ce**; *voilà, voici que...* ecco che... **2** (*servant à former des loc. conj.*) *à condition que* → **condition**; *à mesure que* → **mesure** **3** (*introduisant une propos. temporelle*) *il avait à peine fini qu'il s'en alla* (aveva) appena finito (che) se ne andò → **peine (à)** ◇ (*finale*) che, affinché: *venez là que nous causions* venga qui che chiacchieriamo ◇ (*causale*) che, perché: *il reste au lit, non qu'il soit vraiment malade, mais il le croit* rimane a letto, non che, non perché sia veramente malato, ma perché lo crede (crede di esserlo) ◇ (*hypothétique*) che: *qu'il commence ou qu'il finisse...* che cominci o che finisca... ◇ *loc.* QUE... NE...: *il ne se passait pas une semaine qu'il ne vînt* non passava una settimana senza che egli venisse **4** (*substitut d'un autre mot grammatical dans une coordonnée*) *quand tu auras fini et que nous pourrons partir...* quando avrai finito e potremo partire... **5** (*introduisant le second terme d'une comparaison*) *autant que...* tanto quanto...; *moins que...* meno di, di quanto; *plus que* più di, di quanto; *il mange autant que toi* mangia (tanto) quanto te; *il lit moins que toi* legge meno di te; *il en a plus que toi* ne ha più di te; *il est plus intelligent que tu ne croyais* è più intelligente di quanto tu credessi **6** NE... QUE... (*pour marquer la restriction*) solo, soltanto, non... che: *je n'aime que toi* amo solo, soltanto te; non amo che te; *cela ne fait que cent francs* costa solo cento franchi → **seulement** ◇ (*renforcement*) *il n'en est que plus coupable* è ancora più, tanto più colpevole **7** (*introduisant une indépendante au subj., exprimant un ordre, un souhait*) *qu'il entre!* (che) entri!

2 **que** |k(ə)| *adv.* **1** *interrogatif* [*pourquoi, en quoi?*] perché: *que ne venez-vous?* perché lei non viene? **2** *exclam.* [*comme, combien!*] come, quanto: *que c'est beau!* come, quanto è bello! # *oh, qu'il fait chaud!* oh, che caldo (fa)! ◇ *loc.* QUE DE quanto (*adj.*): *que de gens!* quanta gente! ◇ (*fam.*) *ce qu'il est bête!* che stupido!, quant'è stupido!

3 **que** |k(ə)| **I** *pron. relatif* **1** (*objet direct*) che: *celle que j'aime* quella che amo; *les cadeaux que tu me feras* i regali che mi farai; *la pièce que j'ai vu jouer* la commedia

che ho visto rappresentare; *la faute que tu as faite est grave* l'errore che hai commesso è grave; *que je sache...* che io sappia..., per quanto io ne sappia... **2** (*compl. indir. ou circonstanciel*) in cui, che: *l'été qu'il a fait si chaud* l'estate che (*fam.*), in cui ha fatto così caldo; *depuis dix ans que nous habitons ici...* in dieci anni che abitiamo qui... **3** (*attribut*) che: *l'homme que vous êtes* l'uomo che voi siete **II** *pron. interrogatif* (*désignant une chose*) **1** (*objet direct*) [*quelle chose?*] che?, (che) cosa?: *que faisiez-vous?* che (cosa) faceva?; *qu'en dites-vous?* che, cosa ne dite?; *que se passe-t-il?* che succede? ◇ (*interrogation indirecte*) *il ne savait plus que dire* non sapeva più che (cosa), cosa dire → **quoi 2** (*attribut*) che (cosa)?, cosa?: *qu'est-ce?* che cos'è?; *que deviendras-tu?* che sarà di te? ✦ (*impers.*) *qu'y a-t-il?* che c'è?; *que se passe-t-il?* che (cosa) succede?, cosa succede? ◇ (*spécialt.*) QU'EST-CE QUI? (*sujet*), QU'EST-CE QUE? (*objet*) che, (che) cosa: *qu'est-ce qui te prend?* che, cosa ti prende?; *qu'est-ce que vous faites* (che) cosa fate?; *qu'est-ce que vous en dites?* che ne dice?

québécisme |kebesism(ə)| *s.m.* (*ling.*) forma *f.* linguistica* del Quebec, del Canada francese.

quebracho |kebRatʃo| *s.m.* (*esp.*) (*t.bot.*) quebracho *inv.*

quel, quelle |kɛl| **I** *adj. interrogatif* (*servant généralt. à questionner sur la nature ou l'identité d'une personne ou d'une chose*) **1** (*interrogation directe, attribut*) che *inv.*, quale: *quelle est donc cette jeune fille?* che ragazza è dunque questa?; *quel est son vrai but?* qual è il suo vero scopo? → **qui** ◇ (*épithète*) *quels amis inviterez-vous?* che, quali amici inviterete?; *il a fait des observations, mais quelles observations?* ha fatto delle osservazioni, ma che osservazioni? **2** (*interrogation indirecte*) quale, che: *j'ignore quelle est la situation* non so quale sia la situazione; *il ne savait pas quelle route prendre* non sapeva che, quale strada prendere **3** (*exclam.*) che, quale (*littér.*): *quelle jolie maison!* che bella casa!; *quel dommage quell'elle soit partie!* che peccato che sia andata via!; *quelle idée!* che idea! **II** *pron. interrogatif* (*seulement avec un partitif*) chi *inv.*, quale: *de nous deux, quel est le plus grand?* di noi due, chi è, qual è (il) più alto? → **lequel, qui III** *adj. relatif* (*en loc. concessive*) QUEL... QUE (*avec le v. 'être' au subj.*; *ne pas confondre avec 'quelque'*) qualunque (*inv.*): *quelle que fût la ligne politique de notre pays* qualunque fosse la linea politica del nostro paese.

quelconque |kɛlkɔ̃k| *adj.* **1** *indéf.* [*n'importe lequel, quel qu'il soit*] qualunque *inv.*, qualsiasi (*inv.*): *un point quelconque du cercle* un punto qualunque, qualsiasi del cerchio; *pour une raison quelconque* per una ragione qualunque; *il trouvera des prétextes quelconques* troverà dei pretesti qualsiasi ◇ [*qui n'a aucune propriété particulière*] *triangle quelconque* triangolo qualunque **2** *qualificatif* [*tel qu'on peut en trouver partout, sans qualité ou valeur particulière*] qualunque: *un homme quelconque* un uomo qualunque → **insignifiant, ordinaire** # *c'est très quelconque* è ordinario, è proprio insignificante Ⓒ 2 **remarquable.**

quelque |kɛlk(ə)| *adj.* **I** (*littér.*, *concessif*) *quelque.... que* **1** *var.* (*qualifiant un subst.*) per quanto (*adj.*): *quelque(s) progrès que vous fassiez, vous ne serez jamais fort en maths* per quanti progressi lei faccia, non sarà mai bravo in matematica; *quelques raisons que vous donniez...* per quante ragioni possiate fornire... **2** *inv.*, *adv.* (*qualifiant un adj.*) per quanto *loc. inv.*, quantunque (sebbene) (*conj.*): *quelque méchants que soient les hommes* per quanto cattivi siano gli uomini, quantunque gli uomini siano cattivi; *quelque irréalisables que soient vos suggestions...* per quanto irrealizzabili siano i vostri suggerimenti...; sebbene i vostri suggerimenti siano irrealizzabili... → 1 **pour,** 1 **si II** *indéf.* **1** *au sing.* QUELQUE [*un, certain*] qualche: *il sera allé voir quelque copain* sarà andato a trovare qualche compagno ◇ (*loc.*) *quelque part* da (in) qualche parte; *quelque autre chose* qualche altra cosa, qualcos'altro; *depuis quelque temps* da qualche tempo **2** *au plur.* QUELQUES [*un petit nombre, un certain nombre de*] qualche *sing. inv.*, alcuni, alcune: *j'ai vu quelques amis* ho visto qualche amico, alcuni amici; *il a déjà commis quelques crimes* ha già commesso alcuni delitti → **plusieurs** # *cent et quelques francs* cento franchi e qualcosa, cento e più franchi ◇ LES QUELQUES [*le petit nombre de...*] i pochi, le poche: *les quelques biens qu'il possédait* i pochi, gli scarsi beni che possedeva; *les quelques amies qu'il avait* le poche amiche che aveva ✦ *adv.* [*environ*] circa: *un livre de quelque cinquante francs* un libro di circa cinquanta franchi; *il y a quelque dix jours* circa dieci giorni fa.

quelque chose |kɛlk(ə)ʃoz| → **chose.**

quelquefois |kɛlkəfwa| *adv.* [*un certain nombre de fois*] qualche volta *loc. inv.*, alcune volte (*loc. inv.*): *il est venu quelquefois* è venuto qualche volta, alcune volte ◇ [*dans un certain nombre de cas*] qualche volta, talvolta: *il est quelquefois drôle* qualche volta, talvolta è divertente → **parfois.**

quelqu'un, une |kɛlkœ̃, yn|, *pl.* **quelques-uns, unes** |kɛlkəzœ̃, yn| *pron. indéf.* **I** *au sing.* **1** [*une personne* (*absolument indéterminée*)] qualcuno (*seulement m.*): *on dirait que quelqu'un joue du piano quelque part* si direbbe che qualcuno stia suonando il piano da qualche parte **2** (*avec un qualificatif*) qualcuno (*seulement m.*): *quelqu'un de sûr, d'important* qualcuno di sicuro, d'importante **3** [*un homme ou une femme de valeur, remarquable*] qualcuno (*seulement m.*): *ah, c'est quelqu'un!* ah, è proprio qualcuno!; *il a appris à devenir quelqu'un* ha imparato a diventare qualcuno **II** *au plur.* (*accompagné d'un partitif*) [*un petit nombre indéterminé de, parmi plusieurs*] alcuni, alcune; qualcuno, qualcuna (*sing.*): *quelques-uns des assistants se mirent à rire* alcuni degli astanti si misero a ridere, qualcuno degli astanti si mise a ridere; *quelques-unes de ses poésies sont belles* alcune sue poesie sono belle, qualcuna delle sue poesie è bella ✦ (*absolt.*) *c'est l'avis de quelques-uns* è il parere di alcuni, di qualcuno; *quelques-uns étaient sûrement d'accord* alcuni erano certamente d'accordo, qualcuno era certamente d'accordo.

quémander |kemɑ̃de| *v.tr.* [*demander humblement et avec insistance* (*de l'argent, une faveur*)] postulare, sollecitare.

quémandeur, euse |kemɑ̃dœR, øz| *s.* (*littér.*) [*personne qui quémande*] postulante.

qu'en-dira-t-on |kɑ̃diRatɔ̃| *s.m. inv.* [*l'opinion* (*malveillante*) *d'autrui, de la société*] dicerie *f. pl.*, chiacchiere (*f. pl.*): *se moquer du qu'en-dira-t-on* infischiarsene delle dicerie, di quel che dice la gente.

quenelle |kənɛl| *s.f.* (*cuis.*) chenella, 'quenelle' *inv.*

quenotte |kənɔt| *s.f.* (*fam.*) [*petite dent d'enfant*] dentino *m.*, dente *m.* di latte.

quenouille |kənuj| *s.f.* **1** [*petit bâton garni en haut d'une matière textile, que les femmes filaient*] conocchia, rocca* **2** (*bot.*) biodo *m.* **3** (*archéol.*) colonnetta.

quenouillée |kənuje| *s.f.* [*quantité de filasse nécessaire pour garnir une quenouille*] pennecchio* *m.*

quenouillette |kənujɛt| *s.f.* (*mar.*) tarozzo *m.*

quéquette |kekɛt| *s.f.* (*vulg.*) [*verge* (*d'un très jeune garçon*)] uccello (*m.*); (*langage enfantin*) pisello *m.*, pisellino *m.*

quérable |keRabl(ə)| *adj.* (*dr.*) riscuotibile (presso il debitore): *créance quérable* credito riscuotibile.

quercite |kɛRsit| *s.f.* (*chim.*) quercite.

quercitrine |kɛRsitRin| *s.f.* (*techn.*) quercitrina.

quercitron |kɛRsitRɔ̃| *s.m.* (*t.bot.*) quercitrone.

querelle |kəRɛl| *s.f.* [*vive opposition entre personnes qui ne sont pas d'accord*] lite, litigio* (*m.*): *querelle de famille* lite, litigio di famiglia; *chercher* (*une*) *querelle à qqn.* cercare la lite con qc. → **dispute** ◇ [*lutte d'idées, contestation intellectuelle*] disputa: *la querelle des anciens et des modernes* la disputa sugli antichi e sui moderni.

quereller |kəRele| **A** *v.tr.* (*littér.*) [*adresser des reproches à* (*qqn.*)] rimbrottare, rimproverare (*cour.*) → **gronder B** *v.pron. récipr.* SE QUERELLER [*avoir une querelle, une dispute vive*] bisticciare *intr.*, litigare *intr.* → **disputer (se).**

querelleur, euse |kəRɛlœR, øz| *adj.* [*qui aime les querelles*] litigioso: *d'humeur querelleuse* di indole litigiosa → **batailleur** ✦ (*s.*) *un insupportable querelleur* un insopportabile attaccabrighe *inv.*

quérir |keRiR| *v.tr.* (*ne s'emploie qu'à l'inf.*) (*dial., littér.*) [*chercher*] cercare (*cour.*), prendere (105) (*cour.*).

quérulence |keRylɑ̃s| *s.f.* (*psychiatr.*) querulomania.

questeur |kɥɛstœR| *s.m.* **1** (*hist. rom.*) questore **2** (*polit.*) questore.

question |kɛstjɔ̃| *s.f.* **1** [*demande qu'on adresse à qqn. en vue d'apprendre qqch. de lui*] domanda: *poser une question à qqn.* fare, rivolgere una domanda a qc. → **interrogation** ◇ (*iron.*) *belle question!, quelle question!* bella domanda!, che domanda! ◇ (*polit.*) interrogazione, interpellanza: *questions écrites, orales* interrogazioni scritte, interpellanze; interrogazioni orali # *ques-*

tion de confiance questione di fiducia; *question préalable* mozione preclusiva **2** [*sujet qui implique des difficultés, donne lieu à discussion*] questione: *les divers aspects d'une question* i diversi aspetti di una questione; *le nœud de la question* il nocciolo della questione; *examiner, discuter une question* esaminare, discutere una questione → **affaire, problème** ◇ (*loc.*) *c'est toute la question* qui sta il punto, il problema ~ *il n'y a pas de question* non ci sono problemi, difficoltà ~ *ce n'est pas la question* non si tratta di ciò ~ *il est question de...* si parla, si tratta di...; *il n'est pas question ici de s'amuser* qui non si tratta di divertirsi ◇ (*introduisant une éventualité qu'on envisage*) *il est question de le nommer directeur* si parla, si pensa di nominarlo direttore ◇ *loc.* EN QUESTION in questione, in parola: *la personne, la chose en question* la persona, la cosa in questione **3** (*ancienn.*) [*torture infligée aux accusés ou aux condamnés pour leur arracher des aveux*] tortura, questione: *soumettre qqn. à la question* sottoporre qc. alla tortura.

questionnaire |kɛstjɔnɛʀ| *s.m.* questionario*.

questionnement |kɛstjɔn(ə)mɑ̃| *s.m.* [(*le fait de poser un*) *ensemble de questions*] interrogazione *f.*

questionner |kɛstjɔne| *v.tr.* [*poser des questions à* (*qqn.*) *d'une manière suivie*] interrogare.

questionneur, euse |kɛstjɔnœʀ, øz| *s.* [*personne qui aime à questionner*] curioso ✦ *adj.* interrogativo, indagatore*.

questure |kɥɛstyʀ| *s.f.* **1** (*hist. rom.*) questura **2** (*polit.*) questura.

1 **quête** |kɛt| *s.f.* [*action de demander et de recueillir de l'argent pour des œuvres pieuses ou charitables*] questua: *faire la quête dans une église* fare la questua in una chiesa.

2 **quête** |kɛt| *s.f.* (*vx.*) [*recherche*] ricerca* (*cour.*) ◇ *loc.* EN QUÊTE DE... in cerca, alla ricerca di...: *il se met en quête d'un restaurant* si mette in cerca, alla ricerca di un ristorante.

3 **quête** |kɛt| *s.f.* (*mar.*) **1** inclinazione verso poppa **2** angolo *m.* tra la chiglia e il telaio di poppa.

quêter |kete| **A** *v.intr.* [*faire la quête*] questuare **B** *v.tr.* (*littér.*) [*demander ou rechercher comme un don, une faveur*] elemosinare, mendicare: *il quêtait son affection, un regard* elemosinava, mendicava il suo affetto, uno sguardo.

quêteur, euse |kɛtœʀ, øz| *s.* **1** (*littér.*) [*personne qui recherche* (*qqch.*) *comme une faveur*] questuante **2** [*personne chargée de faire la quête*] questuante.

quetsche |kwɛtʃ(ə)| *s.f.* (*t.bot.*) grossa susina ◇ (*par ext.*) acquavite di susine.

queue |kø| *s.f.* **I** **1** (*mammifères*) coda: *la queue d'un chat, d'un écureuil* la coda di un gatto, di uno scoiattolo ◇ (*fam.*) *la queue en trompette* [*en l'air*] con la coda diritta ◇ (*loc.*) *tirer le diable par la queue* vivere di stenti, stentatamente ~ *rentrer la queue basse, la queue entre les jambes* ritornare con la coda fra le gambe ~ *chat à neuf queues* gatto a nove code, staffile ~: *à la queue leu leu* in fila indiana **2** (*vulg.*) [*membre viril*] cazzo *m.*, coda (*plais.*) **3** [*extrémité postérieure allongée du corps des poissons, reptiles, etc.*] coda: *la queue du lézard* la coda della lucertola ◇ (*cuis.*) *queues de langoustines* scampi *m.* **4** [*ensemble des plumes du croupion* (*d'un oiseau*)] coda: *queue du paon* coda del pavone ◇ (*fig., techn.*) *assemblage à queue d'aronde* unione a coda di rondine **5** (*loc.*) *queue de morue, de pie* coda di rondine ~ *queue de cheval* [*coiffure*] coda di cavallo **6** [*pédoncule qui attache un fruit à la branche*] peduncolo *m.*, picciòlo (*m.*): *queue de cerise* peduncolo, picciolo di ciliegia ◇ [*pétiole d'une feuille*] gambo *m.*, picciolo ◇ [*pédoncule d'une fleur*] gambo **II** **1** [*partie terminale, prolongement*] coda: *la queue d'une comète* la coda di una cometa; *la queue d'un avion* la coda di un aereo; *piano à queue* pianoforte a coda **2** *queue de billard* stecca* da bigliardo **III** **1** [*derniers rangs, dernières personnes* (*d'un groupe en ordre de progression*)] coda: *la tête et la queue du cortège* la testa e la coda del corteo; *à la queue* in coda # *être à la queue de sa classe* essere fra gli ultimi della classe **2** [*file de personnes qui attendent leur tour*] coda, fila: *il y avait une queue de vingt mètres devant le cinéma* c'era una coda di venti metri davanti al cinema; *faire la queue* fare la coda, la fila **3** [*arrière d'une file de véhicules*] coda: *les wagons de queue* i vagoni di coda **4** (*loc.*) *commencer par la queue* [*par la fin*] incominciare dalla fine ~ *sans queue ni tête* senza capo né coda.

queue(-)d'aronde |kødaʀɔ̃d| → **aronde.**

queue-de-cochon |kødkɔʃɔ̃| *s.f.* **1** (*techn.*) succhiello *m.* **2** ornamento *m.* in ferro battuto.

queue(-)de(-)morue |kødmɔʀy| → **queue.**

queue(-)de(-)pie |kødpi| → **queue.**

queue-de-rat |kødʀa| *s.f.* (*techn.*) lima a coda di topo.

queue-de-renard |kødʀənaʀ| *s.f.* **1** (*t.bot.*) coda di volpe **2** (*techn.*) scalpello *m.*

queusot |køzo| *s.m.* (*techn.*) tubo di vetro (per ottenere il vuoto nelle lampadine elettriche).

queuter |køte| *v.intr.* (*billard*) [*pousser la bille, la boule en l'accompagnant au lieu de la frapper*] carambolare.

1 **queux** |kø| *s.m.* (*vx.*) *maître queux* [*cuisinier*] capocuoco* (*cour.*).

2 **queux** |kø| *s.f.* (*techn.*) cote.

qui |ki| *pron. inv.* **I** *relatif* **1** (*sujet avec antécédent exprimé*) che, il quale *m. sing.*, la quale *f. sing.*, i quali *m. pl.*, le quali (*f. pl.*): *les personnes qui nous intéressent* le persone che ci interessano, le quali ci interessano; *celui qui, ce qui...* colui che, ciò che...; *moi qui suis ici, toi qui es là* io che sono qui, tu che sei lì; *le voilà qui arrive* eccolo che arriva **2** (*sans antécédent exprimé*) [*quiconque*] chi: *qui va lentement va sûrement* chi va piano, va sano e lontano; *nous sommes attirés par qui nous flatte* siamo attratti da chi ci adula ◇ (*loc.*) *c'était à qui des deux serait le plus aimable* facevano a gara a chi dei due sarebbe stato più gentile **3** *en loc.* [*ce qui*] *voilà qui m'étonne* ecco una cosa che mi stupisce; *voilà qui est bien* ecco una buona cosa; *voilà qui est mieux, pis* così è (va) meglio, peggio; *voilà qui doit être très agréable* ecco una cosa che dev'essere molto piacevole ◇ (*loc.*) *qui plus est...* per di più... ~ (*fam.*) *je l'avais invité comme qui dirait à titre personnel* lo avevo invitato in un certo senso a titolo personale **4** *compl.* [*celui, celle qui...*] chi: *embrassez qui voudrez* baciate chi volete; *qui vous savez* la persona che sapete, chi sapete voi **5** (*compl. indirect ou circonstanciel*) cui, il quale: *l'homme à qui j'ai parlé*; *de qui je vous parlais*; *pour qui je travaille* l'uomo (a) cui, al quale ho parlato; di cui, del quale vi parlavo; per cui, per il quale lavoro → **lequel** **6** (*répété*) QUI... QUI... chi... chi...: *qui écoutait de la musique, qui lisait* chi ascoltava musica, chi leggeva **II** *interrogatif* (*désignant une personne*) **1** (*interrogation directe; sujet, attribut*) chi: *qui te l'a dit?* chi te l'ha detto?; *qui sait?* chi lo sa?, chissà?; *qui donc décide?* chi decide quindi?; *qui est-ce?* chi è? **2** *compl.* chi: *qui appelez-vous?* chi chiamate?; *qui demandez-vous?* chi desiderate?; *de qui, à qui parlez-vous?* di chi, a chi parlate? **3** (*interrogation indirecte*) chi: *dis-moi qui tu veux voir* dimmi chi vuoi vedere; *dis-moi qui tu fréquentes, et je te dirai qui tu es* dimmi con chi vai, e ti dirò chi sei # *n'importe qui* chiunque → 2 **importer (n'importe qui)** **4** *loc.* QUI QUE CE SOIT (+ *v. au prés. ou au fut.*) chicchessia: *je ne le dirai à qui que ce soit* non lo dirò certo a chicchessia ~ QUI QUE CE FÛT (+ *v. au p. ou condit.*) chiunque, chicchessia: *tu aurais pu inviter qui que ce fût* avresti potuto invitare chiunque, chicchessia ~ QUI QUE chiunque: *qui que tu sois, tu n'en as pas le droit* chiunque tu sia, non puoi farlo **5** (*personnes: sujet*) QUI EST-CE QUI? chi?: *qui est-ce qui te l'a dit?* chi te l'ha detto? ◇ *compl.* QUI EST-CE QUE? chi?: *qui est-ce que tu as consulté?* chi hai consultato? **6** (*choses: sujet*) QU'EST-CE QUI? che, (che) cosa?: *qu'est-ce qui t'est arrivé?* che ti è successo?

quia (à) |akɥija| *loc. adv.* (*vieilli*) *mettre, réduire qqn. à quia* ridurre qc. al silenzio (*cour.*).

quiche |kiʃ| *s.f.* (*cuis.*) [*sorte de tarte garnie d'une préparation à base de crème et d'œufs, avec du lard*] ⊠.

quichua |kiʃɥa| *s.m.* [*langue parlée sur les hauts plateaux du Pérou et de la Bolivie*] quechua *inv.*

quiconque |kikɔ̃k| *pron. relatif et indéf.* **1** *relatif* [*toute personne qui...; qui que ce soit qui*] chiunque: *donnez-le à quiconque le voudra* datelo a chiunque lo voglia **2** *indéf.* [*n'importe qui, personne*] chiunque, chicchessia: *j'en parlerai à quiconque* ne parlerò a chiunque, a chicchessia.

quidam |kɥidam| *s.m.* (*lat.*) (*plais.*) [*un certain individu*] tale, quidam (*inv.*): *qui est ce quidam?* chi è quel tale?

quiddité |kɥi(d)dite| *s.f.* (*philo.*) quiddità *inv.*

quiet, quiète |kjɛ, kjɛt| *adj.* (*vx.*) [*paisible, tranquille*] quieto (*cour.*).

quiétisme |k(ɥi)jetism(ə)| *s.m.* (*hist. relig.*) quietismo.

quiétiste |k(ɥi)jetist(ə)| *adj. et s.* quietista.
quiétude |k(ɥi)jetyd| *s.f.* **1** (*philo., théol.*) atarassia **2** (*littér.*) [*calme paisible*] tranquillità *inv.* (*cour.*), quiete (*cour.*): *en toute quiétude* in tutta tranquillità.
quignon |kiɲɔ̃| *s.m.* (*fam.*) grosso pezzo di pane, tozzo di pane.
1 **quille** |kij| *s.f.* **1** birillo (*m.*): *un jeu de quilles* un gioco di birilli ◇ (*loc. fam.*) *arriver, être reçu comme un chien dans un jeu de quilles* essere accolto come un cane in chiesa **2** (*fam.*) [*jambe*] gamba (*cour.*).
2 **quille** |kij| *s.f.* (*mar.*) chiglia # *un navire la quille en l'air* una nave rovesciata.
3 **quille** |kij| *s.f.* (*arg. milit.*) [*fin de service*] congedo *m.* (*cour.*).
quilleur, euse |kijœʀ, øz| *s.* (*Canada*) giocatore* di bowling, di birilli.
quillier |kije| *s.m.* (*vx.*) campo dove si gioca ai birilli ◇ (*par ext.*) (i nove) birilli *pl.*
quillon |kijɔ̃| *s.m.* (*techn.*) elsa *f.*
quinaire |kinɛʀ| *adj. et s.m.* quinario*.
quinaud, aude |kino, od| *adj.* (*vieilli*) [*confus, penaud*] vergognoso (*cour.*), confuso (*cour.*).
quincaillerie |kɛ̃kɑjʀi| *s.f.* **1** [*ensemble des ustensiles, produits semi-finis en métal*] ferramenta *pl.* **2** negozio* *m.* di ferramenta **3** (*fam.*) [*bijoux faux ou de mauvais goût*] chincaglieria (*cour.*).
quincaillier, ière |kɛ̃kɑje, jɛʀ| *s.* negoziante di ferramenta; chincagliere.
quinconce |kɛ̃kɔ̃s| *s.m.* quinconce (*m. ou f. inv.*): *disposition en quinconce* disposizione a quinconce.
quindécimvir |kɥɛ̃desimviʀ| *s.m.* (*hist. rom.*) quindecemviro.
quine |kin| *s.m.* (*vx.*) [*dans les anc. loteries, cinq numéros pris et sortis ensemble*] cinquina *f.* (*cour.*).
quiné, ée |kine| *adj.* (*bot.*) composto di cinque foglioline *loc.*
quinine |kinin| *s.f.* (*chim., pharm.*) chinina, chinino *m.*
quinoa |kinɔa| *s.m.* (*t.bot.*) quinoa *f.*
quinoléine |kinɔlein| *s.f.* (*chim.*) chinolina.
quinqu(a)- |k(ɥ)ɛ̃k(w)(a)| *préf.* (*signifiant 'cinq', correspond généralt. à*) quinqu(a): *quinquagénaire* quinquagenario.
quinquagénaire |k(ɥ)ɛ̃k(w)aʒenɛʀ| *adj. et s.* cinquantenne, quinquagenario*.
quinquagésime |kɥɛ̃kwaʒezim| *s.f.* (*liturg.*) quinquagesima.
quinquennal, ale, aux |k(ɥ)ɛ̃k(ɥ)e(ɛn)nal, o| *adj.* quinquennale: *plan quinquennal* piano quinquennale.
quinquennat |k(ɥ)ɛ̃k(ɥ)e(ɛn)na| *s.m.* [*durée de cinq ans, d'un plan quinquennal*] quinquennio*.
quinquérème |kɥɛ̃kɥeʀɛm| *s.f.* (*antiq. rom.*) quinquereme.
quinquet |kɛ̃kɛ| *s.m.* **1** [*anc. lampe à réservoir*] lampada *f.* Quinquet **2** (*pop.*) [*œil*] occhio* (*cour.*): *allume tes quinquets* apri gli occhi.
quinquina |kɛ̃kina| *s.m.* **1** (*t.bot.*) china *f.* **2** [*vin apéritif*] china.
quint- |kɛ̃t| *préf.* (*signifiant 'cinquième', correspond généralt. à*) quint: *quintuple* quintuplo.
quintaine |kɛ̃tɛn| *s.f.* (*ancienn.*) quintana.
quintal, aux |kɛ̃tal, o| *s.m.* quintale.
quintane |kɛ̃tan| *adj.* (*méd.*) *fièvre quintane* quintana *s.f.*
1 **quinte** |kɛ̃t| *s.f.* **1** (*escrime, mus.*) quinta **2** (*aux cartes*) scala: *quinte flush* scala reale.
2 **quinte** |kɛ̃t| *s.f.* (*vx.*) [*caprice*] capriccio* *m.* (*cour.*), bizza (*cour.*).
3 **quinte** |kɛ̃t| (*s.f.*) *quinte* (*de toux*) [*accès de toux*] accesso *m.* di tosse.
quintefeuille |kɛ̃tfœj| *s.* **1** *s.f.* (*bot., blas.*) cinquefoglie *m. inv.* **2** *s.m.* (*archéol.*) pentalobo.
quintessence |kɛ̃tesɑ̃s| *s.f.* quintessenza.
quintessencié, iée |kɛ̃tesɑ̃sje| *adj.* (*littér.*) quintessenziato, sofisticato (*cour.*) → **alambiqué**.
quintessenciel, elle |kɛ̃tesɑ̃sjɛl| *adj.* (*littér.*) quintessenziale.
quintessencier |kɛ̃tesɑ̃sje| *v.tr.* (*littér.*) [*porter au plus haut point de pureté, de subtilité*] quintessenziare.
quintette |k(ɥ)ɛ̃tɛt| *s.m.* (*mus.*) quintetto.
quinteux, euse |kɛ̃tø, øz| *adj.* [*qui est d'humeur fantasque, se fâche facilement*] capriccioso, bizzoso ◇ (*par anal.*) *cheval quinteux* cavallo bizzoso, ombroso.
quintidi |k(ɥ)ɛ̃tidi| *s.m.* (*hist. fr.*) 'quintidi' *inv.*
quintillion |k(ɥ)ɛ̃tiljɔ̃| *s.m.* (*math.*) quintilione.
quinto |kɥɛ̃to| *adv.* (*lat.*) (*rare*) in quinto luogo *loc.*, quinto.
quintuple |kɛ̃typl(ə)| *adj.* quintuplo: *somme quintuple d'une autre* somma quintupla di un'altra ✦ (*s.m.*) *le quintuple* il quintuplo.
quintupler |kɛ̃typle| **A** *v.tr.* [*rendre quintuple*] quintuplicare **B** *v.intr.* [*devenir quintuple*] quintuplicarsi (*pron.*): *les prix ont quintuplé* i prezzi si sono quintuplicati.
quintuplés, ées |kɛ̃typle| *s. pl.* cinque gemelli *m.*, cinque gemelle *f.*
quinzaine |kɛ̃zɛn| *s.f.* **1** [*nombre de quinze ou environ*] quindicina **2** [*espace de quinze jours ou de deux semaines*] quindicina: *dans une quinzaine* fra una quindicina di giorni.
quinze |kɛ̃z| **I** *adj. numér. inv.* **1** *cardinal* quindici: *quinze minutes* quindici minuti; *quinze jours* quindici giorni → **quinzaine** # *quinze cents francs* millecinquecento franchi **2** *ordinal* [*quinzième*] quindici; quindicesimo: *à la page quinze* a pagina quindici ‖ *Louis quinze* (*XV*) Luigi quindicesimo (XV) **II** *s.m. inv.* **1** [*le nombre, le numéro 15*] quindici **2** (*rugby*) quindici.
quinzième |kɛ̃zjɛm| *adj.* **1** quindicesimo: *le quinzième siècle* il quindicesimo secolo, il Quattrocento ✦ (*s.*) *le quinzième de la classe* il quindicesimo della classe **2** [*qui est contenu quinze fois dans le tout*] quindicesimo: *la quinzième partie* la quindicesima parte ✦ (*s.m.*) *un quinzième du capital* un quindicesimo del capitale.
quinzièmement |kɛ̃zjɛmmɑ̃| *adv.* in quindicesimo luogo *loc.*, quindicesimo.
quipo |kipo|, **quipou** |kipu|, **quipu** |kipy| *s.m.* (*hist.*) quipu *inv.*
quiproquo |kipʀɔko| *s.m.* qui pro quo (*loc. inv.*): *des quiproquos* dei qui pro quo.
quirite |kɥiʀit| *s.m.* (*hist. rom.*) quirite.
quittance |kitɑ̃s| *s.f.* [*écrit par lequel un créancier reconnaît que le débiteur a acquitté sa dette*] quietanza: *donner quittance* rilasciare quietanza # *quittance de loyer* ricevuta dell'affitto.
quittancer |kitɑ̃se| *v.tr.* (*compt., dr.*) [*donner quittance de* (*un mémoire, un contrat, etc.*)] quietanzare.
quitte |kit| *adj.* **1** (*surtout avec le v. 'être'*) [*libéré d'une obligation juridique, d'une dette* (*matérielle ou morale*)] sdebitato: *être quitte envers qqn.* essere sdebitato nei confronti di qc. # *nous sommes quittes* siamo pari ◇ (*dr.*) *quitte de tous droits et taxes* esente da ogni imposta e tassa **2** (*avec quelques v.: 'tenir, considérer, estimer', etc.*) [*libéré d'une obligation morale* (*par l'accomplissement de ce qu'on doit*)] disobbligato, sdebitato: *s'estimer quitte envers qqn.* considerarsi sdebitato nei confronti di qc. **3** (*loc.*) *être quitte* (*de*) [*débarrassé* (*d'une situation désagréable, d'obligations*)] essere libero, dispensato (da) # *j'en suis quitte à bon compte* me la sono cavata a buon mercato ◇ (*loc.*) *en être quitte pour la peur* cavarsela con la sola paura **4** *loc.* QUITTE À (+ *inf.*) a rischio di (+ *inf.*): *j'irai jusqu'au bout, quitte à tout perdre* andrò fino in fondo, a rischio di perdere tutto ◇ *inv. en loc. adv.* [*au risque de*] *amusons-nous, quitte à le regretter plus tard* divertiamoci, col rischio di rimpiangerlo, salvo a rimpiangerlo più tardi **5** (*loc.*) *jouer* (*à*) *quitte ou double* giocare a lascia o raddoppia.
quitter |kite| **A** *v.tr.* **1** [*laisser* (*qqn.*) *en s'éloignant, en prenant congé*] lasciare: *allons, il faut que je vous quitte* su, bisogna che la lasci **2** [*laisser* (*qqn.*) *pour très longtemps, rompre avec* (*qqn.*)] lasciare, abbandonare **3** (*sujet chose*) [*cesser d'habiter, d'affecter* (*qqn.*)] lasciare, abbandonare: *cette pensée ne le quittait pas* questo pensiero non lo lasciava, non lo abbandonava **4** [*laisser* (*un lieu*) *en s'éloignant, cesser d'y être*] lasciare: *quitter son pays* lasciare il proprio paese ◇ [*sortir de*] *le médecin lui a interdit de quitter la chambre* il medico gli ha proibito di lasciare la stanza, di uscire **5** (*loc.*) *ne pas quitter* (*qqn.*) *des yeux* non togliere gli occhi di dosso (a qc.) ~ *ne quittez pas l'écoute* [*à la radio*] rimanete in ascolto ~ *ne quittez pas!* [*au téléphone*] rimanga in linea! **6** (*surtout négatif*) [*cesser d'avoir sur soi, avec soi*] levarsi *pron.*, togliersi (123) (*pron.*): *il ne quittait pas ses gants* non si toglieva i guanti → **ôter** **7** [*abandonner* (*une activité, un genre de vie*)] lasciare, abbandonare: *il a quitté son métier* ha lasciato il suo lavoro **B** *v. pron. récipr.* SE QUITTER [*se séparer*] lasciarsi: *ils viennent de se quitter* si sono appena lasciati **C** A 7 **garder**.
quitus |k(ɥ)itys| *s.m.* (*dr.*) scarico*.
qui-vive? |kiviv| **1** *loc. interj.* chi va là? **2** *s.m.* (*loc. adv.*) SUR LE QUI-VIVE sul chi vive: *nous étions toujours sur le qui-vive* eravamo sempre sul chi vive.
quoi |kwa| *pron.* **I** *relatif* (*désignant une chose*) **1** (*avec un antécédent ou précédé d'une prép.*) cui: *la chose à quoi tu penses* la cosa (a) cui pensi; *ce pour quoi on s'est sacrifié* ciò per cui ci siamo sacrificati; *il n'y a rien de quoi on soit sûr* non c'è niente di cui si sia sicuri ◇ (*se rapportant à l'idée*

précédemment exprimée) il a d'abord fallu payer l'amende, après quoi on nous a laissés partir prima abbiamo dovuto pagare la multa, dopo di che ci hanno lasciati andare; *faute de quoi, je ne pourrai pas accepter* in caso contrario, altrimenti non potrò accettare → **autrement, sinon**; *je lui ai donné un bon pourboire, moyennant quoi il m'a fait entrer* gli ho dato una bella mancia, e così mi ha fatto entrare; *sur quoi, il est sorti* e con questo è uscito **2** (*dans une relative à l'inf.*) *il n'a pas de quoi vivre* non ha di che vivere; *il n'y a pas de quoi rire* non c'è proprio da ridere, non è proprio il caso di ridere ◇ (*ellipt.*) *'je vous remercie beaucoup' 'il n'y a pas de quoi'* 'la ringrazio molto' 'non c'è di che' ◇ (*fam.*) *il a de quoi* [*de la fortune*] ha i soldi, i quattrini **II** *interrogatif* (*désignant une chose*) **1** (*interrogation indirecte*) che, (che) cosa: *je ne sais quoi penser* non so che pensare, (che) cosa pensare # *je saurai à quoi m'en tenir* saprò come regolarmi ◇ (*loc.*) *n'importe quoi* qualsiasi cosa; una cosa qualsiasi → **importer (n'importe quoi)** **2** (*interrogation directe*) che, (che) cosa: *quoi faire?* che fare, (che) cosa fare?; *à quoi pensez-vous* a cosa, a che pensa? **3** (*fam.*) (*pour demander un compl. d'information*) cosa?, come?: *quoi?, qu'est-ce que tu dis?* cosa (come)?, che dici? → **comment** ◇ (*pop.*) *de quoi?* (*expression de menace, de défi*) (che) cosa? **4** *interj.* cosa?, come?: *quoi! vous osez protester?* cosa?, come?, lei osa protestare? → **comment** ◇ (*fam.*) (*achevant une explication, une énumération*) *alors, tu viens, ou quoi?* allora, vieni, sì o no?; *il m'a donné et ceci et cela, tout, quoi* mi ha dato questo e quello, insomma tutto **5** *loc. concessive* QUOI QUE qualunque (qualsiasi) cosa: *quoi qu'il arrive* qualunque cosa accada ~ *quoi qu'il en soit* comunque (sia), comunque stiano le cose **6** *loc.* (*ne pas confondre avec 'quoique'*) QUOI QUE CE SOIT (+ *v. au prés. ou au fut.*) qualunque cosa, qualsiasi cosa: *je ne peux accepter quoi que ce soit* non posso accettare qualunque cosa, qualsiasi cosa ~ QUOI QUE CE FÛT (+ *v. au p. ou au condit.*) qualunque cosa, qualsiasi cosa: *il aurait fait quoi que ce fût pour son fils* avrebbe fatto qualunque cosa, qualsiasi cosa per suo figlio → **importer (n'importe quoi).**

quoique |kwak(ə)| *conj. REM. 'quoique' s'élide devant 'il, elle', ou 'un, une'* **1** (*suivi d'un subj., introduit une propos. circonstancielle d'opposition ou de concession*) sebbene, quantunque, benché: *je lui confierai ce travail quoiqu'il soit bien jeune* gli affiderò questo lavoro, sebbene (quantunque, benché) sia molto giovane; *quoiqu'il plût à verse, il décida de sortir* benché, sebbene piovesse a dirotto, decise di uscire → **bien (que), encore (que)** ◇ (*avec ellipse du v.*) *il était simple, quoique riche* era alla buona, benché (sebbene, quantunque) ricco; *quoique très occupé, il accepta notre invitation* benché (fosse) occupatissimo, accettò il nostro invito **2** (*introduit une objection faite plus loin, plus tard*) sebbene, quantunque, benché: *je passerai mes vacances à la montagne, quoique j'aime bien la mer, quoique j'aimerais autant la mer, quoique aimant la mer* passerò la vacanze in montagna, sebbene (quantunque, benché) mi piaccia anche il mare.

quolibet |kɔlibɛ| *s.m.* (*littér.*) [*propos gouailleur, plaisanterie à l'adresse de qqn.*] frizzo, lazzo → **raillerie.**

quorum |k(w)ɔʀɔm| *s.m.* (*lat.*) (*admin., dr.*) quorum *inv.*, numero legale.

quota |k(w)ɔta| *s.m.* (*lat.*) contingente, quota (*f.*): *quota d'immigration* contingente d'immigrazione.

quote-part |kɔtpaʀ| *s.f.* quota, aliquota: *leurs quote-parts sont inégales* le loro quote, aliquote sono disuguali.

quotidien, ienne |kɔtidjɛ̃, jɛn| **1** *adj.* quotidiano: *pain quotidien* pane quotidiano **2** *s.m.* [*journal qui paraît chaque jour*] quotidiano: *vous trouverez la nouvelle dans les quotidiens* troverà la notizia sui quotidiani.

quotidiennement |kɔtidjɛnmɑ̃| *adv.* [*tous les jours*] quotidianamente.

quotidienneté |kɔtidjɛnte| *s.f.* quotidianità *inv.* (*rare*).

quotient |kɔsjɑ̃| *s.m.* (*math.*) quoziente ◇ (*dr.*) *quotient électoral* quoziente elettorale ◇ (*méd.*) *quotient respiratoire* quoziente respiratorio ◇ (*psycho.*) *quotient intellectuel* (*Q.I.*) quoziente intellettuale.

quotité |kɔtite| *s.f.* (*dr.*) quota.

R

r |ɛʀ| *s.m.* [*dix-huitième lettre de l'alphabet*] r (*f. ou m.*): *r minuscule* r minuscola; *R majuscule* R maiuscolo ◇ (*télécom.*): (*en France*) *R comme Raoul*; (*en Belgique*) *R comme Robert* R come Roma.

rabâchage |ʀabɑʃaʒ| *s.m.* [→ RABÂCHER] ripetizione *f.* (delle stesse cose).

rabâcher |ʀabɑʃe| **A** *v.intr.* [*revenir sans cesse sur ce qu'on a déjà dit*] ripetersi *pron.*, ripetere *tr.* sempre le stesse cose: *les vieilles gens rabâchent* i vecchi si ripetono, ripetono sempre le stesse cose; *cesse donc de rabâcher!* smettila di ripeterti! **B** *v.tr.* [*répéter continuellement, d'une manière fastidieuse*] ripetere: *ils rabâchaient toujours les mêmes choses* ripetevano sempre le stesse cose ◇ [*apprendre en répétant sans cesse*] *rabâcher ses leçons* ripetere le lezioni.

rabâcheur, euse |ʀabɑʃœʀ, øz| *s. et adj.* che, chi si ripete (*loc.*): *un vieux rabâcheur* un vecchio che si ripete, che ripete sempre le stesse cose # *il est un peu rabâcheur* si ripete sempre.

rabais |ʀabɛ| *s.m.* [*diminution faite sur le prix d'une marchandise, le montant d'une facture*] ribasso, sconto → **réduction** ◇ *loc.* AU RABAIS a ribasso, a prezzi ridotti: *vente au rabais* vendita a ribasso, a prezzi ridotti → 2 **solde** ◇ (*fam.*) *refuser un travail au rabais* rifiutare un lavoro mal retribuito ~ *un Don Juan au rabais* un Don Giovanni da strapazzo.

rabaissement |ʀabɛsmɑ̃| *s.m.* (*rare*) [→ RABAISSER A 2] deprezzamento, svilimento.

rabaisser |ʀabese| **A** *v.tr.* **1** [*rabattre, diminuer*] ridurre (108): *rabaisser les prétentions de qqn.* ridurre le pretese di qc. # *rabaisser l'orgueil de qqn.* rintuzzare l'orgoglio di qc. ◇ (*loc. fig.*) *rabaisser le caquet de qqn.* fare abbassare la cresta a qc. **2** [*ramener à un état ou à un degré inférieur*] degradare: *rabaisser l'homme au niveau de la brute* degradare l'uomo al livello delle bestie → **ravaler** ◇ [*estimer ou mettre très au-dessous de la valeur réelle*] sminuire (197), abbassare: *rabaisser les mérites de qqn.* sminuire i meriti di qc. → **dénigrer, déprécier** **B** *v.pron. réfl.* SE RABAISSER → **humilier** (s').

raban |ʀabɑ̃| *s.m.* (*mar.*) matafione.

rabane |ʀaban| *s.f.* tessuto *m.* (di fibre) di rafia; stuoia (di rafia).

rabat |ʀaba| *s.m.* **1** (*chasse*) ribattuta *f.* **2** [*large cravate portée par les magistrats, certains religieux*] facciola *f.* **3** [*partie rabattue ou qui peu se plier*] patta (*f.*): *poche à rabat* tasca con patta.

rabat-joie |ʀabaʒwa| *s. et adj. inv.* [*personne chagrine, ennemie de la joie des autres*] guastafeste (*s.*): *quel vieux rabat-joie!* che vecchio guastafeste!; *elle est un peu rabat-joie* è un po' una guastafeste.

rabattage |ʀabataʒ| *s.m.* → **rabat 1.**

rabattement |ʀabatmɑ̃| *s.m.* **1** (*dr.*) *rabattement de défaut* annullamento di sentenza (resa provvisoriamente in contumacia) a seguito della comparizione del convenuto **2** (*géom.*) ribaltamento.

rabatteur, euse |ʀabatœʀ, øz| *s.* **I** *s.* **1** [*personne chargée de rabattre le gibier*] battitore* **2** [*personne qui fournit des clients à un vendeur*] procacciatore* ◇ [*personne qui fournit des marchandises à un acheteur*] commissionario* **II** *s.m.* (*techn.*) aspo.

rabattoir |ʀabatwaʀ| *s.m.* (*techn.*) **1** arnese per tagliare l'ardesia **2** attrezzo, martelletto per ribattere.

1 **rabattre** |ʀabatʀ(ə)| (76) *v.tr.* **1** [*diminuer en retranchant* (*une partie de la somme*)] ribassare, ridurre (108): *il n'a pas voulu rabattre un centime de la somme demandée* non ha voluto ribassare, ridurre di un centesimo la somma rischiesta → 1 **déduire, défalquer** ◇ (*loc. fig.*) *en rabattre* [*abandonner de ses prétentions ou de ses illusions*] darci un taglio **2** (*arbor.*) [*tailler* (*en coupant la cime, les gros rameaux*)] cimare, potare **3** [*amener vivement à un niveau plus bas, faire retomber*] abbassare: *rabattre un capuchon sur son front* abbassare il cappuccio sulla fronte ◇ (*sport*) *rabattre une balle* schiacciare la palla ◇ (*loc. fig.*) *rabattre le caquet de qqn.* far abbassare la cresta a qc. **4** [*mettre à plat, appliquer contre qqch.*] abbassare, ripiegare: *rabattre le col de son pardessus* abbassare, ripiegare il collo del soprabito ◇ [*refermer*] chiudere (106), abbassare: *rabattre un couvercle, le capot d'une voiture* chiudere, abbassare un coperchio, il cofano di un'automobile.

2 **rabattre** |ʀabatʀ(ə)| (76) **A** *v.tr.* [*ramener par force dans une certaine direction*] battere: *rabattre le gibier* battere la selvaggina **B** *v.pron. intr.* SE RABATTRE **1** [*changer de direction en se portant brusquement de côté*] spostarsi: *voiture qui se rabat après un dépassement* automobile che si sposta, rientra dopo un sorpasso **2** *loc.* SE RABATTRE SUR (*qqn., qqch.*) [*en venir à accepter, faute de mieux*] ripiegare *intr.* su (qc., q.c.): *l'aînée l'ayant évincé, il s'est rabattu sur la cadette* piantato dalla maggiore, ha ripiegato sulla minore.

rabattu, ue |ʀabaty| *adj.* [*qui est abaissé ou replié*] rivoltato, ripiegato: *poches rabattues* tasche rivoltate; *chapeau aux bords rabattus* cappello con la tesa ripiegata # *couture rabattue* cucitura ribattuta.

rabbi |ʀabi| *s.m.* → **rabbin.**

rabbin |ʀabɛ̃| *s.m.* rabbino.

rabbinat |ʀabina| *s.m.* (*rare*) rabbinato.

rabbinique |ʀabinik| *adj.* rabbinico*: *la littérature rabbinique* la letteratura rabbinica; *école rabbinique* scuola rabbinica.

rabbinisme |ʀabinism(ə)| *s.m.* (*relig. hébr.*) rabbinismo.

rabbiniste |ʀabinist(ə)| *s.* rabbinista.

rabdologie |ʀabdɔlɔʒi| *s.f.* rabdologia*.

rabdologique |ʀabdɔlɔʒik| *adj.* rabdologico*.

rabdomancie |ʀabdɔmɑ̃si| *s.f.* → **rhabdomancie.**

rabelaisien, ienne |ʀablɛzjɛ̃, jɛn| *adj.* [(*digne*) *de Rabelais*] rabelesiano: *verve rabelaisienne* spirito rabelesiano.

rabibochage |ʀabibɔʃaʒ| *s.m.* (*fam.*) [*réparation sommaire*] rabberciamento (*cour.*) ◇ (*fig.*) rappacificazione *f.* (*cour.*) → **réconciliation.**

rabibocher |ʀabibɔʃe| (*fam.*) **A** *v.tr.* **1** [*réparer d'une manière sommaire ou provisoire*] rabberciare (*cour.*) → **rafistoler** **2** (*fig.*) [*réconcilier*] rappacificare (*cour.*) **B** *v.pron. récipr.* SE RABIBOCHER [→ *tr.* 2] rappacificarsi (*cour.*): *ils se sont rabibochés* si sono rappacificati.

rabiot |ʀabjo| *s.m.* (*fam.*) **1** [*supplément ou surplus dans une distribution*] supplemento (*cour.*): *rabiot de vin, de cigarettes* supplemento di vino, di sigarette; *il y a du rab*(*iot*) c'è un supplemento (di viveri), ce n'è ancora **2** [*temps de travail supplémentaire*] straordinario* (*cour.*): *faire du rab*(*iot*) fare dello straordinario.

rabioter |ʀabjɔte| (*fam.*) **A** *v.intr.* [*faire de petits profits supplémentaires*] arrotondare *tr.* il guadagno (*cour.*) **B** *v.tr.* [*s'approprier, obtenir en supplément*] rimediare (*cour.*): *il a rabioté une portion* ha rimediato una porzione.

rabique |ʀabik| *adj.* (*méd.*) rabbico*.

1 **râble** |ʀɑbl(ə)| *s.m.* (*techn.*) riavolo.

2 **râble** |ʀɑbl(ə)| *s.m.* **1** [*partie charnue du dos, chez certains quadrupèdes*] lombo **2** (*fam.*) [*bas du dos*] posteriore ◇ (*loc.*) *il nous sont tombés sur le râble* [*il nous ont attaqués*] ci sono piombati alle spalle (*cour.*).

râblé, ée |ʀɑble| *adj.* **1** (*animaux*) [*qui a le râble épais*] schienuto **2** (*personnes*) [*trapu et vigoureux*] robusto, tarchiato.

râblure |ʀɑblyʀ| *s.f.* (*mar.*) battura.

rabot |ʀabo| *s.m.* [*outil de menuisier*] pialla *f.*

rabotage |ʀabɔtaʒ| *s.m.* [→ RABOTER] piallatura *f.*

raboter |Rabɔte| *v.tr.* [*aplanir au rabot*] piallare: *raboter une pièce de bois* piallare un pezzo di legno ✦ (*au p.p.*) *plancher raboté* pavimento piallato.

raboteur |Rabɔtœr| *s.m.* [*ouvrier spécialisé dans le rabotage*] piallatore.

raboteuse |Rabɔtøz| *s.f.* (*techn.*) piallatrice.

raboteux, euse |Rabɔtø, øz| *adj.* [*qui présente des inégalités, des aspérités*] scabro; gibboso: *plancher raboteux* pavimento scabro, non liscio ‖ *des sentiers raboteux* sentieri gibbosi.

rabougri, ie |Rabugʀi| *adj.* **1** (*se dit d'une plante qui s'est peu développée*) rachitico*, rinsecchito: *arbre au tronc rabougri* albero dal tronco rachitico, rinsecchito **2** (*personnes*) [*mal conformé, chétif*] rachitico → **ratatiné.**

rabougrir (se) |Rabugʀiʀ| *v.pron. intr.* (*végétaux*) [*se recroqueviller sous l'effet de la sécheresse*] intristire (197) *intr.*, rinsecchire (197) *intr.* ◇ (*personnes*) [*se recroqueviller sous l'effet de l'âge*] rinsecchire.

rabougrissement |Rabugʀismɑ̃| *s.m.* [*état d'une plante rabougrie*] rinsecchimento ◇ (*personnes*) rachitismo, rattrappimento.

rabouillère |Rabujɛʀ| *s.f.* (*région.*) tana di coniglio selvatico.

rabouter |Rabute| *v.tr.* → **abouter.**

rabrouement |RabRumɑ̃| *s.m.* (*rare*) [→ RABROUER] strapazzata *f.* (*cour.*).

rabrouer |RabRue| *v.tr.* [*traiter avec rudesse* (*qqn. qu'on désapprouve, dont on veut se débarrasser*)] strapazzare, trattare male, maltrattare: *il s'est fait rabrouer* si è proprio fatto strapazzare, trattare male, maltrattare → **rembarrer.**

raca |Raka| *interj.* (*dans l'Évangile*) raca.

racage |Rakaʒ| *s.m.* (*mar.*) trozza *f.*

racaille |Rakɑj| *s.f.* [*populace méprisable*] plebaglia, gentaglia ◇ [*ensemble de fripouilles*] gentaglia, canagliume (*m.*): *jetez-moi cette racaille en prison!* gettate questa gentaglia, questo canagliume in prigione!

raccommodable |Rakɔmɔdabl(ə)| *adj.* [→ RACCOMMODER A I] rammendabile, riparabile.

raccommodage |Rakɔmɔdaʒ| *s.m.* [→ RACCOMMODER A I] rammendo, rammendatura (*f.*): *faire du raccommodage* fare dei rammendi, rammendare → **rapiéçage, reprise.**

raccommodement |Rakɔmɔdmɑ̃| *s.m.* (*fam.*) [→ RACCOMMODER A II] rappacificazione *f.* (*cour.*) → **réconciliation.**

raccommoder |Rakɔmɔde| **A** *v.tr.* **I** **1** [*réparer à l'aiguille* (*du linge*)] rammendare: *raccommoder une veste de laine* rammendare una giacca di lana → **rapiécer, repriser** ✦ (*au p.p.*) *gants raccommodés* guanti rammendati **2** (*vx.*) → **réparer** **II** (*fam.*) [*réconcilier*] rappacificare (*cour.*): *raccommoder deux amis* rappacificare due amici **B** *v.pron.* SE RACCOMMODER **1** *réfl.* [→ *tr.* A II] rappacificarsi: *il s'est raccommodé avec son frère* si è rappacificato con suo fratello **2** (*récipr.*) *ils se sont raccommodés* si sono rappacificati.

raccommodeur, euse |Rakɔmɔdœʀ, øz| *s.* **1** [*ouvrier, ouvrière qui raccommode* (*du linge*)] rammendatore* ◇ (*spécialt.*) *raccommodeur de filets de pêche* rammendatore di reti da pesca **2** [*réparateur*] riparatore*, restauratore*: *raccommodeur de faïences et de porcelaines* riparatore di maioliche e di porcellane.

raccompagner |Rakɔ̃paɲe| *v.tr.* [*accompagner* (*qqn., qui s'en retourne, rentre chez lui*)] riaccompagnare → **reconduire.**

raccord |RakɔR| *s.m.* **1** raccordo: *raccord de maçonnerie* raccordo in muratura ◇ (*loc. fam.*) *faire un raccord* [*refaire un peu son maquillage*] ritoccarsi il trucco, darsi un ritocco al trucco **2** (*ciné.*) *raccord* (*de plans*) raccordo di inquadrature **3** [*pièce servant à réunir deux éléments qui doivent communiquer*] raccordo: *raccord de pompe* raccordo di pompa.

raccordement |RakɔRdəmɑ̃| *s.m.* [→ RACCORDER] raccordo, collegamento: *voie de raccordement, reliant deux voies ferrées* binario di raccordo, che unisce due binari; *raccordement de deux bâtiments* collegamento di due edifici ◇ (*géom.*) *ligne de raccordement de deux surfaces* linea di raccordo di due superfici.

raccorder |RakɔRde| **A** *v.tr.* [*relier par un raccord*] raccordare, collegare: *raccorder deux tuyaux* raccordare, collegare due tubi ◇ (*choses*) *le tronçon qui raccorde les deux voies* il tronco che raccorda, collega i due binari **B** *v. pron. intr.* SE RACCORDER [→ *tr.*] ricollegarsi: *cette route se raccorde à l'autoroute* questa strada si ricollega all'autostrada ◇ [*se rattacher*] *discours qui ne se raccorde à rien* discorso che non si ricollega a niente.

raccourci |RakuRsi| *s.m.* **1** *loc.* EN RACCOURCI [*en abrégé*] in breve, in poche parole: *voici l'histoire en raccourci* ecco in breve, in poche parole la vicenda **2** [*ce qui est exprimé de façon ramassée, elliptique*] riassunto, sintesi (*f. inv.*): *un raccourci des faits* un riassunto, una sintesi dei fatti **3** (*peint.*) scorcio* **4** [*chemin plus court que le chemin ordinaire pour aller quelque part*] scorciatoia (*f.*): *prendre un raccourci* prendere una scorciatoia.

raccourcir |RakuRsiR| **A** *v.tr.* [*rendre plus court*] accorciare: *raccourcir une robe* accorciare un vestito; *il faut raccourcir ce texte* bisogna accorciare, abbreviare questo testo → **abréger,** 1 **couper** ✦ (*au p.p.*) *jupe raccourcie* gonna accorciata **B** *v.intr.* [*devenir plus court*] accorciarsi (*pron.*): *cette jupe a raccourci au lavage* questa gonna si è accorciata lavandola; *les robes raccourcissent cette année* quest'anno i vestiti si accorciano, vanno di moda più corti ◇ (*temps*) *les jours commencent à raccourcir* le giornate cominciano ad accorciarsi © **allonger.**

raccourcissement |RakuRsismɑ̃| *s.m.* [→ RACCOURCIR A] (r)accorciamento; *la mode est au raccourcissement des robes* la moda impone l'accorciamento dei vestiti; va di moda il corto.

raccoutumer |Rakutyme| *v.tr.* → **réaccoutumer.**

raccroc |RakRo| *s.m.* (*dans la loc. adv.*) PAR RACCROC [*par hasard, sans l'avoir prévu*] per (puro) caso: *il a réussi par raccroc* ci è riuscito per (puro) caso.

raccrochage |RakRɔʃaʒ| *s.m.* [→ RACCROCHER A 3] aggancio*, agganciamento (dei passanti); adescamento (*péj.*).

raccrochement |RakRɔʃmɑ̃| *s.m.* [→ RACCROCHER B 2] il rifarsi *inv.*, il ricollegarsi (*inv.*): *tous ces raccrochements au passé* questo continuo rifarsi, ricollegarsi al passato.

raccrocher |RakRɔʃe| **A** *v.tr.* **1** [*remettre en accrochant* (*ce qui était décroché*)] riappendere (105), riattaccare: *raccrocher un tableau* riappendere un quadro; *raccrocher le récepteur* (*du téléphone*) riattaccare il ricevitore (del telefono) ✦ (*absolt.*) *il a raccroché* ha riattaccato; *ce boxeur vieillit, il devrait raccrocher* (*les gants*) quel pugile invecchia, dovrebbe appendere i guantoni al chiodo **2** [*rattraper par un coup heureux* (*ce qui semble perdu*)] ricuperare (per puro caso): *raccrocher une affaire* ricuperare per puro caso un affare **3** [*arrêter pour retenir* (*qqn. qui passe*)] fermare; adescare (*péj.*): *le camelot raccrochait les passants* il venditore ambulante fermava i passanti ‖ *raccrocher le client* adescare il cliente **B** *v. pron.* SE RACCROCHER **1** *réfl.* [*se retenir* (*à un point d'appui*)] aggrapparsi, attaccarsi: *se raccrocher à une branche* aggrapparsi a un ramo ◇ (*fig.*) *se raccrocher à qqn., à une idée* aggrapparsi, attaccarsi a qc., a una idea **2** *intr.* (*sujet de chose*) [*se rapporter, se rattacher à*] ricollegarsi: *cette idée se raccroche bien au sujet* quest'idea si ricollega bene all'argomento.

raccrocheur, euse |RakRɔʃœR, øz| *s.* (*rare*) [*personne qui raccroche* (A 3)] chi ferma i passanti *loc.*; adescatore* (*péj.*).

race |Ras| *s.f.* **I** **1** [*famille illustre, considérée dans la suite des générations et la continuité de ses caractères*] razza, stirpe: *être de race noble* essere di nobile razza, stirpe → **sang** ◇ *loc. adj.* FIN DE RACE [*décadent*] decadente (*adj.*): *un homme très distingué, un peu fin de race* un uomo molto distinto, un po' decadente **2** [*catégorie de personnes apparentées par des comportements communs*] razza: *la race humaine* la razza umana; *nous ne sommes pas de la même race* non siamo della stessa razza; *c'est une race qui s'éteint* è una razza che si estingue → **espèce** ◇ (*fam.*) *quelle sale race!* che brutta razza! **II** [*subdivision de l'espèce zool.*] razza: *races de chiens, de chats* razze di cani, di gatti ◇ *loc. adj.* DE RACE di razza: *animal, chien de race* animale, cane di razza **III** [*groupe humain*] razza: *race blanche, jaune, noire* razza bianca, gialla, nera; *croisement entre races* incrocio di razze; *race latine, germanique* razza latina, germanica ◇ (*loc.*) *avoir de la race* [*être racé*] avere classe, essere raffinato.

racé, ée |Rase| *adj.* **1** (*animaux*) di razza *loc. inv.*, purosangue (*inv.*): *un cheval racé* un cavallo di razza, purosangue **2** (*personnes*) [*qui a une distinction, une élégance naturelle*] distinto, raffinato.

racème |Rasɛm| *s.m.* (*bot.*) racemo.

racémeux, euse |Rasemø, øz| *adj.* (*bot.*) racemoso: *inflorescence racémeuse* infiorescenza racemosa.

racémifère |RasemifɛR| *adj.* (*litter.*) racemifero.

racémique |Rasemik| *adj.* (*chim.*) racemico*.

racémisation |Rasemisasjɔ̃| *s.f.* (*chim.*) racemizzazione.

racer |RESœR| *s.m.* (*angl.*) (*sport*) racer *inv.*
1 **rachat** |Raʃa| *s.m.* [→ 1 RACHETER] riacquisto: *rachat de titres en Bourse* riacquisto di titoli in Borsa ◇ (*dr.*) *faculté de rachat* patto di riscatto.
2 **rachat** |Raʃa| *s.m.* [→ 2 RACHETER A 1, 2, 4] riscatto: *rachat de rente* riscatto di rendita; *le rachat d'un prisonnier* il riscatto di un prigioniero.
rachetabilité |Raʃtabilite| *s.f.* (*écon.*) redimibilità (*inv.*): *la rachetabilité d'une hypothèque* la redimibilità di una ipoteca.
rachetable |Raʃtabl(ə)| *adj.* **I** [→ 1 RACHETER] ricomprabile **II** [→ 2 RACHETER] riscattabile; redimibile.
1 **racheter** |Raʃte| (7) *v.tr.* [*acheter de nouveau*] ricomp(e)rare, riacquistare: *il faudra racheter du pain* bisognerà ricomprare il pane; *faire racheter l'immeuble* far ricomprare, riacquistare l'immobile; *vous l'avez payé cent francs, je vous le rachète cent cinquante* lei lo ha pagato cento franchi, io gielo ricompro a centocinquanta © **revendre.**
2 **racheter** |Raʃte| (7) **A** *v.tr.* **1** [*se libérer de* (*une servitude*) *moyennant versement d'une indemnité*] riscattare: *racheter une rente* riscattare una rendita **2** [*obtenir, moyennant rançon, qu'on mette en liberté qqn.*] riscattare: *racheter un esclave* riscattare uno schiavo **3** [*sauver par la rédemption*] redimere (172), riscattare **4** [*réparer, effacer par sa conduite ultérieure* (*ses fautes, ses erreurs*)] riscattare: *il a racheté ses péchés* ha riscattato i suoi peccati **5** (*archit.*) [*corriger, compenser* (*une irrégularité*) *en ménageant une transition*] collegare, raccordare **B** *v.pron. réfl.* SE RACHETER [*se réhabiliter après une faute*] riscattarsi, redimersi.
rachialgie |Raʃjalʒi| *s.f.* (*méd.*) rachialgia*.
rachianesthésie |Raʃianεstezi| *s.f.* (*méd.*) rachianestesia.
rachicentèse |Raʃisɑ̃tεz| *s.f.* (*méd.*) rachicentesi *inv.*
rachidien, ienne |Raʃidjɛ̃, jεn| *adj.* (*anat.*) rachidiano, rachideo: *canal rachidien* canale rachidiano, rachideo.
rachis |Raʃis| *s.m.* (*anat., sc. nat.*) rachide.
rachitique |Raʃitik| *adj.* rachitico*: *enfant rachitique* bambino rachitico; *blé rachitique* grano rachitico ✦ (*s.*) *un rachitique* un rachitico.
rachitisme |Raʃitism(ə)| *s.m.* (*méd., cour.*) rachitismo.
racial, iale, iaux |Rasjal, jo| *adj.* razziale: *la question, la politique raciale* la questione, la politica razziale; *discrimination raciale* discriminazione razziale.
racinal, aux |Rasinal, o| *s.m.* (*techn.*) longherina *f.*, longarina *f.*
racine |Rasin| *s.f.* **I** **1** (*bot.*) radice: *racines comestibles* radici commestibili; *racine fasciculée, aérienne* radice fascicolata, aerea; *racines adventives* radici avventizie **2** *loc. fig.* PRENDRE RACINE mettere (le) radici, mettere radice: *un invité qui a l'air de vouloir prendre racine* un invitato che ha tutta l'aria di voler mettere le radici; *depuis que je l'attends, je commence à prendre racine!* lo aspetto da così tanto, che comincio a mettere radice! **3** (*littér.*) [*principe profond*] radice (*cour.*): *détruire, couper le mal à la racine* distruggere, estirpare il male alle radici, dalle radici **II** [*partie par laquelle un organe est implanté*] radice: *racine d'une dent, des cheveux* radice di un dente, dei capelli; *racine des poils, d'un nerf* radice dei peli, di un nervo **III** **1** (*math.*) radice: *racine carrée, cubique d'un nombre* radice quadrata, cubica di un numero; *extraire une racine* estrarre una radice **2** (*ling.*) radice → **radical** 1.
raciner |Rasine| **A** *v.intr.* (*vx.*) [*prendre racine*] mettere (155) *tr.* (le) radici (*cour.*), radicare (*aux.* essere) **B** *v.tr.* [*orner d'un dessin imitant des racines la couverture d'un livre*] ornare con disegni riproducenti le venature del legno di radica.
racinien, ienne |Rasinjɛ̃, jεn| *adj.* di Racine *loc. inv.*, alla maniera di Racine (*loc. inv.*): *les héroïnes raciniennes* le eroine di Racine.
raciologie |Rasjɔlɔʒi| *s.f.* antropofagia* razziale.
racisme |Rasism(ə)| *s.m.* razzismo.
raciste |Rasist(ə)| *s.* razzista: *c'est un raciste* è un razzista ✦ (*adj.*) *politique raciste* politica razzista.
racket |Rakεt| *s.m.* (*amér.*) racket *inv.*
racket(t)eur, racketter |Rakεtœr| *s.m.* appartenente a un racket.
raclage |Rɑklaʒ| *s.m.* [→ RACLER 1] raschiatura (*f.*): *le raclage des peaux* la raschiatura delle pelli ◇ (*méd.*) raschiamento: *raclage des os* raschiamento delle ossa.
racle |Rɑkl(ə)| *s.f.* (*région.*) → **racloir.**
raclée |Rɑkle| *s.f.* (*fam.*) [*volée de coups*] sacco* *m.*, fracco *m. sing.* di botte, di legnate: *recevoir une raclée* prendere un sacco, un fracco di botte ◇ (*fig.*) [*défaite complète*] batosta: *ils vont prendre une belle raclée aux élections* finiranno col prendere una bella batosta alle elezioni.
raclement |Rɑkləmɑ̃| *s.m.* [→ RACLER 1] raschiatura *f.* # *raclement de gorge* raschio di gola.
racler |Rɑkle| *v.tr.* **1** [*frotter rudement* (*une surface*) *avec qqch. de dur ou de tranchant, de manière à égaliser ou à détacher ce qui adhère*] raschiare, raspare □ *se racler la gorge* raschiarsi la gola ◇ (*loc.*) *racler une casserole, un plat* pulire una casseruola, un piatto ~ *racler les tiroirs, les fonds de tiroirs* dar fondo a tutti i risparmi ◇ (*méd.*) raschiare: *le chirurgien a dû racler l'os* il chirurgo ha dovuto raschiare l'osso **2** [*enlever* (*qqch.*) *en frottant de cette façon*] grattare via, pulire (197) via: *racler une tache de boue sur son pantalon* grattare via, pulire via una macchia di fango dai pantaloni **3** [*frotter en entrant rudement en contact*] strisciare (*tr. et intr.*): *les pneus raclent le bord du trottoir* le gomme strisciano (contro) il bordo del marciapiede ◇ (*par hyperbole*) *ce vin racle le gosier* questo vino raspa la gola **4** [*jouer en raclant les cordes maladroitement*] strimpellare: *racler du violon* strimpellare il violino.
raclette |Rɑklεt| *s.f.* **1** [*petit racloir*] raschietto *m.*, raschino (*m.*): *raclette de boulanger* raschietto di panettiere **2** [*fromage fondu*] ⊠.
racleur, euse |Rɑklœr, øz| *s.* **1** [*ouvrier, ouvrière effectuant le raclage*] raschiatore* (*rare*) **2** [*personne qui joue mal* (*d'un instrument*)] strimpellatore*.
racloir |Rɑklwar| *s.m.* [*outil servant à racler* (1)] raschiatoio*, raschino.
raclure |RɑklyR| *s.f.* [*parcelle enlevée de la surface d'un corps en le raclant*] raschiatura.
racolage |Rakɔlaʒ| *s.m.* **1** [→ RACOLER 2] adescamento **2** (*ancienn.*) [→ RACOLER 3] reclutamento forzoso (di soldati).
racoler |Rakɔle| *v.tr.* **1** [*attirer, recruter par des moyens publicitaires ou autres*] procurarsi *pron.*, procacciarsi (*pron.*): *racoler des partisans* procurarsi, procacciarsi dei sostenitori **2** [*accoster* (*qqn.*) *en vue de l'attirer*] (*se dit surtout des prostituées*) adescare **3** (*ancienn.*) [*enrôler par force ou par ruse, en violation déguisée du principe de l'engagement volontaire*] reclutare con la forza.
racoleur, euse |Rakɔlœr, øz| *s.* **1** *s.m.* reclutatore (di soldati) ◇ (*par ext.*) propagandista poco scrupoloso, imbonitore **2** *s.f.* [*fille qui racole*] prostituta, adescatrice.
racontable |Rakɔ̃tabl(ə)| *adj. surtout au négatif* [→ RACONTER A 1] raccontabile: *cela n'est guère racontable en public* (questo) non è affatto raccontabile, non si può proprio raccontare in pubblico.
racontar |Rakɔ̃taR| *s.m.* [*propos médisant ou sans fondement sur le compte de qqn.*] pettegolezzo, maldicenza (*f.*): *ce ne sont que des racontars* sono solo pettegolezzi, maldicenze → **bavardage,** 1 **cancan.**
raconter |Rakɔ̃te| **A** *v.tr.* **1** [*exposer par un récit* (*des faits vrais ou présentés comme tels*)] raccontare: *raconter une histoire* raccontare una storia; *raconter ce qui s'est passé* raccontare quello che è successo → **conter, narrer** # *il a entendu raconter que...* ha sentito dire che... **2** [*dire, débiter à la légère ou de mauvaise foi*] raccontare: *je sais ce qu'on raconte* so quello che si va raccontando; *qu'est-ce que tu me racontes?* che cosa mi racconti? → 1 **dire** **B** *v.pron. réfl.* SE RACONTER [*se décrire, se dépeindre*] parlare *intr.* di sé: *se raconter avec complaisance* parlare di sé con compiacimento.
raconteur, euse |Rakɔ̃tœr, øz| *s.* (*rare*) [*personne qui raconte, aime à raconter*] narratore* (*cour.*).
racorni, ie |RakɔRni| *adj.* **1** [*durci comme de la corne*] indurito: *un vieux bout de viande tout racorni* un vecchio pezzo di carne tutto indurito, rinsecchito **2** (*fig.*) [*rendu insensible, sec* (*cœur, esprit*)] inaridito, incallito.
racornir |RakɔRniR| *v.tr.* [*rendre dur, coriace, ou dessécher*] indurire (197): *la chaleur a racorni ce cuir* il calore ha indurito questo cuoio.
racornissement |RakɔRnismɑ̃| *s.m.* [→ RACORNIR] indurimento.
rad |Rad| *s.m.* (*phys.*) rad *inv.*
radar |RadaR| *s.m.* (*angl.*) radar *inv.*
radariste |RadaRist(ə)| *s.* radarista.
1 **rade** |Rad| *s.f.* rada ◇ (*loc. fam.*) *laisser en rade* [*abandonner*] lasciare lì, accantonare (*cour.*): *ce projet est resté en rade* quel progetto è stato lasciato lì, accantonato.
2 **rade** |Rad| *s.m.* (*arg.*) → **bistrot,** 1 **bar.**
radeau |Rado| *s.m.* [*plate-forme en*

pièces de bois assemblées, pouvant porter des personnes ou des marchandises] zattera *f.*
rader |Rade| *v.tr.* (*techn.*) [*entamer* (*un bloc de pierre*) *en dessus et en dessous, afin de le diviser*] sezionare.
radeuse |Radøz| *s.f.* (*vieilli*) → **prostituée.**
radiaire |RadjɛR| *adj.* (*sc. nat.*) raggiato.
Radiaires |RadjɛR| *s.m. pl.* (*t.zool.*) Raggiati.
radial, ale, aux |Radjal, o| *adj.* **1** (*anat.*) radiale: *nerf radial, artère radiale* nervo, arteria radiale **2** (*sc., techn.*) radiale: *vitesse radiale* velocità radiale; *pneu radial* pneumatico radiale **3** *une* (*voie*) *radiale* una (strada) radiale.
radian |Radjɑ̃| *s.m.* (*sc.*) radiante.
radiance |Radjɑ̃s| *s.f.* **1** (*vx.*) → **rayonnement, éclat 2** (*phys.*) radianza.
radiant, ante |Radjɑ̃, ɑ̃t| *adj.* **1** (*vx.*) → **rayonnant 2** (*sc.*) radiante: *chaleur radiante* calore radiante **3** (*astron.*) *le* (*point*) *radiant* il punto radiante.
1 **radiateur** |RadjatœR| *s.m.* (*techn.*) radiatore; termosifone: *radiateur électrique* radiatore elettrico.
2 **radiateur** |RadjatœR| *s.m.* (*auto.*) radiatore.
radiatif, ive |Radjatif, iv| *adj.* (*phys.*) radiativo.
1 **radiation** |Radjɑsjɔ̃| *s.f.* [→ 2 RADIER] radiazione, espulsione ⓒ **inscription.**
2 **radiation** |Radjɑsjɔ̃| *s.f.* (*phys.*) radiazione: *période, fréquence, longueur d'onde d'une radiation* periodo, frequenza, lunghezza d'onda di una radiazione.
radical |Radikal| *s.m.* **1** (*ling.*) radicale → **racine** III 2 **2** (*algèbre, chim.*) radicale.
radical, ale, aux |Radikal, o| *adj.* **I 1** radicale: *changement radical* cambiamento radicale → **total, fondamental, essentiel 2** [*qui vise à agir sur la cause profonde de ce que l'on veut modifier*] radicale: *méthode radicale* metodo radicale; *prendre des mesures radicales* prendere provvedimenti radicali **3** (*bot., ling.*) radicale **II** [*partisan de réformes radicales*] radicale: *parti radical* partito radicale ✦ (*s.*) *un radical* un radicale.
radicalement |Radikalmɑ̃| *adv.* [→ RADICAL I 1, 2] radicalmente: *ce que vous dites est radicalement faux* quello che dite è radicalmente, completamente falso → 1 **complètement, totalement.**
radicalisation |Radikalizɑsjɔ̃| *s.f.* (*polit.*) radicalizzazione.
radicaliser |Radikalize| *v.tr.* (*polit.*) [*rendre radical, plus extrême*] radicalizzare ✦ *pron. intr.* radicalizzarsi.
radicalisme |Radikalism(ə)| *s.m.* radicalismo.
radical-socialisme |Radikalsɔsjalism(ə)| *s.m.* radicalsocialismo.
radical-socialiste |Radikalsɔsjalist(ə)| *adj.* radicalsocialista: *gouvernement radical-socialiste* governo radicalsocialista ✦ (*s.*) *les radicaux-socialistes* i radicalsocialisti.
radicant, ante |Radikɑ̃, ɑ̃t| *adj.* (*bot.*) (a fusto) radicante: *une plante radicante* una pianta a fusto radicante.
radicelle |Radisɛl| *s.f.* (*bot.*) radice secondaria.
radiculaire |RadikylɛR| *adj.* **1** (*bot.*) radicolare **2** (*méd.*) *paralysie radiculaire* paralisi radicolare.
radicule |Radikyl| *s.f.* (*bot.*) radichetta.
radiculite |Radikylit| *s.f.* (*méd.*) radicolite.
radié, ée |Radje| *adj.* [*qui présente des lignes rayonnant à partir d'un point central*] raggiato: *symétrie radiée* simmetria raggiata.
Radiées |Radje| *s.f. pl.* (*t.bot.*) Raggiati *m.*
1 **radier** |Radje| *s.m.* [*revêtement, plate-forme qui recouvre le sol d'une constr. hydraulique*] platea *f.*
2 **radier** |Radje| *v.tr.* [*faire disparaître d'une liste, d'un registre, d'un compte*] radiare, cancellare: *on l'a radié des listes électorales* è stato radiato dalle liste elettorali → **effacer, rayer** ⓒ **inscrire.**
radiesthésie |Radjɛstezi| *s.f.* radioestesia.
radiesthésique |Radjɛstezik| *adj.* radioestesico*.
radiesthésiste |Radjɛstezist(ə)| *s.* radioestesista.
radieusement |Radjøzmɑ̃| *adv.* [→ RADIEUX] radiosamente.
radieux, euse |Radjø, øz| *adj.* radioso: *un soleil radieux* un sole radioso; *une journée radieuse* una giornata radiosa; *un sourire radieux* un sorriso radioso → **heureux, ravi.**
radifère |RadifɛR| *adj.* (*méd., phys.*) radifero: *aiguille radifère* ago radifero.
radin, ine |Radɛ̃, in| *adj. et s.* (*fam.*) [*un peu avare*] taccagno (*cour.*), pitocco* (*cour.*): *ce qu'elle est radine* (*ou inv.* '*radin*')! quant'è taccagna, pitocca!
radiner |Radine| *v.intr. et pron.* (*pop.*) → **arriver.**
radinerie |RadinRi| *s.f.* (*fam.*) [*avarice*] pitoccheria (*cour.*), spilorceria (*cour.*).
radio(-) |Radjɔ| *préf.* **1** (*signifiant 'rayon, radioactif', correspond généralt. à*) radio: *radioastronomie* radioastronomia; *radio-isotope* radioisotopo **2** (*signifiant 'radiodiffusion', correspond généralt. à*) radio: *radiotélévisé* radiotelevisivo.
1 **radio** |Radjo| *s.f.* [*radiodiffusion*] radio (*inv.*): *un poste de radio* un apparecchio radio, una radio; *écouter la radio* ascoltare la radio.
2 **radio** |Radjo| *s.f.* **1** [*radioscopie*] radioscopia: *passer à la radio* fare una radioscopia **2** [*radiographie*] radiografia: *se faire faire une radio* farsi fare una radiografia.
3 **radio** |Radjo| *s.m.* (*abrév.*) → **radiogramme; radiotélégraphiste.**
radioactif, ive |Radjɔaktif, iv| *adj.* radioattivo: *éléments radioactifs* elementi radioattivi; *pluies radioactives* piogge radioattive.
radioactivité |Radjɔaktivite| *s.f.* radioattività *inv.*
radioalignement |Radjɔaliɲmɑ̃| *s.m.* (*techn.*) radiosentiero.
radioamateur |RadjoamatœR| *s.m.* radioamatore* *s.*
radioastronome |RadjɔastRɔnɔm| *s.m.* radioastronomo.
radioastronomie |RadjɔastRɔnɔmi| *s.f.* radioastronomia.
radiobalisage |Radjɔbalizaʒ| *s.m.* (*techn.*) radiosegnalamento.
radiobiologie |Radjɔbjɔlɔʒi| *s.f.* radiobiologia*.
radiocarbone |RadjɔkaRbɔn| *s.m.* (*sc.*) radiocarbonio*.
radiochimie |Radjɔʃimi| *s.f.* radiochimica*.
radiochirurgie |RadjɔʃiRyRʒi| *s.f.* radiochirurgia*.
radiocobalt |Radjɔkɔbalt| *s.m.* (*sc.*) radiocobalto.
radiocommunication |Radjɔkɔmynikɑsjɔ̃| *s.f.* (*techn.*) radiocomunicazione.
radiocompas |Radjɔkɔ̃pa| *s.m.* (*aviat.*) radiobussola *f.*
radioconducteur |Radjɔkɔ̃dyktœR| *s.m.* (*sc.*) radioconduttore.
radiodermite |RadjɔdɛRmit| *s.f.* (*méd.*) radiodermite.
radiodétection |Radjɔdetɛksjɔ̃| *s.f.* radiorivelazione.
radiodiagnostic |Radjɔdjagnɔstik| *s.m.* (*méd.*) radiodiagnosi *f. inv.*
radiodiffuser |Radjɔdifyze| *v.tr.* [*émettre et transmettre par radiodiffusion*] radiodiffondere (146), trasmettere (155) (per radio): *radiodiffuser un concert* radiodiffondere un concerto ✦ (*au p.p.*) *conférence radiodiffusée* conferenza radiodiffusa, radiotrasmessa.
radiodiffusion |Radjɔdifyzjɔ̃| *s.f.* [→ RADIODIFFUSER] radiodiffusione.
radiodrame |RadjɔdRam| *s.m.* radiodramma.
radioélectricien |RadjɔelɛktRisjɛ̃| *s.m.* radioelettricista, marconista.
radioélectricité |RadjɔelɛktRisite| *s.f.* radioelettricità *inv.*
radioélectrique |RadjɔelɛktRik| *adj.* radioelettrico*: *techniques radioélectriques de navigation* tecniche radioelettriche di navigazione; *ondes radioélectriques* onde radioelettriche # *orgue radioélectrique* organo elettrico.
radioélément |Radjɔelemɑ̃| *s.m.* (*sc.*) radioelemento.
radioémanation |Radjɔemanɑsjɔ̃| *s.f.* (*phys.*) radioemanazione.
radioétoile |Radjɔetwal| *s.f.* (*astron.*) radiostella.
radiofréquence |RadjɔfRekɑ̃s| *s.f.* radiofrequenza.
radiogoniomètre |RadjɔgɔnjɔmɛtR(ə)| *s.m.* (*techn.*) radiogoniometro.
radiogoniométrie |RadjɔgɔnjɔmetRi| *s.f.* (*techn.*) radiogoniometria.
radiogoniométrique |RadjɔgɔnjɔmetRik| *adj.* (*techn.*) radiogoniometrico*: *station radiogoniométrique* stazione radiogoniometrica.
radiogoniométriste |RadjɔgɔnjɔmetRist(ə)| *s.* radiogoniometrista.
radiogramme |RadjɔgRam| *s.m.* radiogramma, radiotelegramma.
radiographie |RadjɔgRafi| *s.f.* radiografia.
radiographier |RadjɔgRafje| *v.tr.* [*photographier au moyen des rayons X*] radiografare # *radiographier un malade, un organe* fare una radiografia a un malato, a un organo; *se faire radiographier* farsi (fare) una radiografia.
radiographique |RadjɔgRafik| *adj.* radiografico*.
radioguidage |Radjɔgidaʒ| *s.m.* (*aviat., milit., techn.*) radiocomando, radiotelecomando.
radioguidé, ée |Radjɔgide| *adj.* (*aviat., milit., techn.*) radiocomandato: *missiles radioguidés* missili radiocomandati.

radioguider |Radjɔgide| *v.tr.* (*aviat., milit., techn.*) [*guider à distance par ondes radioélectriques*] radiocomandare: *radioguider un avion* radiocomandare un aereo.
radioindicateur |Radjɔɛ̃dikatœR| *s.m.* (*techn.*) radioindicatore.
radio-isotope |Radjɔizɔtɔp| *s.m.* (*sc.*) radioisotopo: *des radio-isotopes* dei radioisotopi.
Radiolaires |RadjɔlɛR| *s.m. pl.* (*t. zool.*) Radiolari.
radiolarite |Radjɔlarit| *s.f.* (*minér.*) radiolarite.
radiologie |Radjɔlɔʒi| *s.f.* radiologia*.
radiologique |Radjɔlɔʒik| *adj.* **1** (*phys.*) radiologico*: *recherches radiologiques* ricerche radiologiche **2** (*méd.*) radiologico: *examen radiologique* esame radiologico.
radiologue |Radjɔlɔg|, **radiologiste** |Radjɔlɔʒist(ə)| *s.* radiologo* *m.*
radiolyse |Radjɔliz| *s.f.* (*chim.*) radiolisi *inv.*
radiomane |Radjɔman| *s.* radiomane.
radiométéorologie |RadjɔmeteɔRɔlɔʒi| *s.f.* radiometeorologia*.
radiométéorologique |RadjɔmeteɔRɔlɔʒik| *adj.* radiometeorologico*.
radiomètre |RadjɔmɛtR(ə)| *s.m.* (*phys.*) radiometro.
radiomicromètre |RadjɔmikRɔmɛtR(ə)| *s.m.* (*phys.*) radiomicrometro.
radionavigant |Radjɔnavigɑ̃| *s.m.* [*spécialiste assurant, à bord d'un avion de ligne, les liaisons par radio*] marconista → **radiotélégraphiste.**
radionavigation |Radjɔnavigɑsjɔ̃| *s.f.* (*techn.*) radionavigazione.
radiophare |RadjɔfaR| *s.m.* (*techn.*) radiofaro.
radiophonie |Radjɔfɔni| *s.f.* (*techn.*) radiofonia.
radiophonique |Radjɔfɔnik| *adj.* radiofonico*: *programmes radiophoniques* programmi radiofonici.
radiophotographie |RadjɔfɔtɔgRafi| *s.f.* (*radiologie*) schermografia ◇ (*techn.*) radiofoto.
radiophotographique |RadjɔfɔtɔgRafik| *adj.* (*radiologie*) schermografico*: *une analyse radiophotographique* un esame schermografico.
radioprotection |RadjɔpRɔtɛksjɔ̃| *s.f.* radioprotezione.
radiorécepteur |RadjɔReseptœR| *s.m.* (*techn.*) radioricevitore.
radiorepérage |RadjɔR(ə)peRaʒ| *s.m.* (*techn.*) [→ RADIOREPÉRER] radiolocalizzazione *f.*
radiorepérer |RadjɔR(ə)peRe| (8) *v.tr.* [*repérer au moyen du radar*] radiolocalizzare.
radioreportage |RadjɔR(ə)pɔRtaʒ| *s.m.* [*reportage radiodiffusé*] radiocronaca* *f.* (*cour.*).
radioscopie |Radjɔskɔpi| *s.f.* radioscopia: *passer à la radioscopie*; (*abrév. fam.*) *à la radio*; (*abrév., arg. méd.*) *à la scopie* fare una radioscopia.
radioscopique |Radjɔskɔpik| *adj.* radioscopico*: *la technique radioscopique* la tecnica radioscopica; *examen radioscopique* esame radioscopico.
radiosensibilité |Radjɔsɑ̃sibilite| *s.f.* (*méd.*) radiosensibilità *inv.*
radiosondage |Radjɔsɔ̃daʒ| *s.m.* (*sc., techn.*) radiosondaggio*.
radiosonde |Radjɔsɔ̃d| *s.f.* (*techn.*) radiosonda.
radiosource |RadjɔsuRs(ə)| *s.f.* (*astron.*) radiosorgente.
radiotechnicien, ienne |Radjɔtɛknisjɛ̃, jɛn| *s.* radiotecnico* *m.*
radiotechnique |Radjɔtɛknik| **1** *s.f.* (*techn.*) radiotecnica* **2** *adj.* radiotecnico*.
radiotélégraphie |RadjɔtelegRafi| *s.f.* radiotelegrafia.
radiotélégraphier |RadjɔtelegRafje| *v.tr.* [*transmettre par radiogrammes*] radiotelegrafare.
radiotélégraphique |RadjɔtelegRafik| *adj.* radiotelegrafico*: *station radiotélégraphique* stazione radiotelegrafica.
radiotélégraphiste |RadjɔtelegRafist(ə)| *s.* (*vieilli*) radiotelegrafista, marconista (*cour.*).
radiotéléphone |Radjɔtelefɔn| *s.m.* radiotelefono.
radiotéléphonie |Radjɔtelefɔni| *s.f.* radiotelefonia (*cour.*).
radiotéléphonique |Radjɔtelefɔnik| *adj.* radiotelefonico*: *liaison radiotéléphonique* collegamento radiotelefonico.
radiotéléphoniste |Radjɔtelefɔnist(ə)| *s.* radiotelefonista.
radiotélescope |Radjɔtelɛskɔp| *s.m.* (*astron.*) radiotelescopio*.
radiotélévisé, ée |Radjɔtelevize| *adj.* radiotelevisivo: *reportage radiotélévisé* cronaca radiotelevisiva.
radiothérapeute |RadjɔteRapøt| *s.* radioterapista.
radiothérapie |RadjɔteRapi| *s.f.* (*méd.*) radioterapia.
radiothérapique |RadjɔteRapik| *adj.* (*méd.*) radioterapico*.
radis |Radi| *s.m.* **1** (*t.bot.*) rafano, ravanello **2** (*loc. pop.*) *n'avoir plus un radis* [*plus d'argent*] essere in bolletta, essere senza un soldo (*cour.*).
radium |Radjɔm| *s.m.* (*chim.*) radio*, radium *inv.*
radiumthérapie |RadjɔmteRapi| *s.f.* (*méd.*) radioterapia.
radiumthérapique |RadjɔmteRapik| *adj.* (*méd.*) radioterapico*.
radius |Radjys| *s.m.* (*lat.*) (*anat.*) radio*.
radjah |Radʒa| *s.m.* → **raja(h).**
radome, radôme |Radom| *s.m.* (*techn.*) radomo.
radon |Radɔ̃| *s.m.* (*sc.*) radon *inv.*
radotage |Radɔtaʒ| *s.m.* **1** (*vx.*) → **sénilité** **2** [*propos d'une personne qui radote*] vaneggiamento, farneticamento.
radoter |Radɔte| **A** *v.intr.* **1** [*tenir, par sénilité, des propos décousus et peu sensés*] sragionare, farneticare: *vieillard qui radote* vecchio che sragiona, farnetica → **divaguer** **2** → **rabâcher** **B** *v.tr.* (*fam.*) *qu'est-ce qu'il radote?* [→ *intr.* 1] che cosa va farneticando?
radoteur, euse |RadɔtœR, øz| *s.* [*personne qui radote*] rimbambito: *un vieux radoteur* un vecchio rimbambito.
radoub |Radu| *s.m.* (*mar.*) raddobbo: *bassin de radoub* bacino di raddobbo, di carenaggio → **carénage.**
radouber |Radube| *v.tr.* (*mar.*) [*réparer la coque de* (*un navire*) *dans un bassin spécial*] raddobbare.
radoucir |RadusiR| **A** *v.tr.* [*rendre plus doux* (*le temps*)] mitigare: *le vent d'ouest a radouci le temps* il vento dell'ovest ha mitigato il tempo **B** *v.pron. intr.* SE RADOUCIR [*devenir plus doux*] raddolcirsi (197): *la température s'est beaucoup radoucie* la temperatura si è molto raddolcita ◇ (*personnes*) *son ton se radoucit* il suo tono si raddolcì.
radoucissement |Radusismɑ̃| *s.m.* [→ RADOUCIR B] raddolcimento: *le radoucissement de la température, du temps* il raddolcimento della temperatura, del tempo.
radula |Radyla|, **radule** |Radyl| *s.f.* (*zool.*) radula.
rafale |Rafal| *s.f.* **1** [*coup de vent soudain et brutal*] raffica*: *le vent souffle par rafales, en rafales* il vento soffia a raffiche # *rafale de pluie* rovescio di pioggia **2** [*succession de coups tirés rapidement* (*par une batterie, une arme automatique*)] raffica: *rafale de mitrailleuse* raffica di mitragliatrice; *tirer par rafales* sparare a raffiche.
raffermir |RafɛRmiR| *v.tr.* **1** [*rendre plus ferme*] rassodare: *la douche froide raffermit les tissus* la doccia fredda rassoda i tessuti → **durcir** **2** [*remettre dans un état plus stable*] rafforzare, rinsaldare: *le gouvernement est sorti raffermi de la crise* il governo è uscito rafforzato, rinsaldato dalla crisi → **fortifier.**
raffermissement |RafɛRmismɑ̃| *s.m.* **1** [→ RAFFERMIR 1] rassodamento **2** [→ RAFFERMIR 2] rafforzamento, rinsaldamento.
raffinage |Rafinaʒ| *s.m.* (*techn.*) [→ 1 RAFFINER] raffinazione (*f.*): *raffinage du sucre, du pétrole* raffinazione dello zucchero, del petrolio.
raffiné, ée |Rafine| *adj.* **1** [*traité par raffinage*] raffinato: *du sucre raffiné* zucchero raffinato; *pétrole raffiné* petrolio raffinato **2** (*fig.*) [*qui est d'une extrême délicatesse*] raffinato: *élégance raffinée* eleganza raffinata; *une éducation raffinée* un'educazione raffinata ◇ (*personnes*) *un homme raffiné* un uomo raffinato.
raffinement |Rafinmɑ̃| *s.m.* [*caractère de ce qui est* (2) *raffiné*] raffinatezza *f.*, finezza (*f.*): *le raffinement des manières* la raffinatezza, la finezza dei modi ◇ (*par ext.*) *un, des raffinement(s)* [*acte, chose qui dénote ou exige de la recherche, une grande finesse de goût*] raffinatezza ◇ (*loc.*) *par un raffinement de cruauté* con raffinata *adj.* crudeltà.
1 **raffiner** |Rafine| *v.tr.* [*procéder au raffinage de* (*une substance, un corps brut*)] raffinare: *raffiner le sucre, le pétrole* raffinare lo zucchero, il petrolio.
2 **raffiner** |Rafine| *v.intr.* [*rechercher la délicatesse ou la subtilité la plus grande*] raffinarsi (*pron.*): *raffiner avec excès* raffinarsi in modo eccessivo ◇ (*loc.*) *raffiner sur une question* sottilizzare, cavillare su una questione ~ *raffiner sur l'élégance* eccedere in eleganza.
raffinerie |RafinRi| *s.f.* raffineria.
raffineur, euse |RafinœR, øz| *s.* **1** *s.* [*spécialiste d'opérations de raffinage*] raffinatore* **2** *s.f.* (*techn.*) raffinatore *m.* olandese, raffinatrice.
rafflesia |Raflezja|, **rafflésie** |Raflezi| *s.f.* (*t.bot.*) rafflesia.
raffoler |Rafɔle| (*v.intr.*) *raffoler de* [*aimer à la folie, avoir un goût très vif pour* (*qqn., qqch.*)] andare (101) (*aux.* essere) matto per, diventare (*aux.* essere) matto per: *cet enfant raffole des sucreries* questo bambino va matto per

i dolci; *elles raffolent toutes de lui* diventano tutte matte per lui.
raffut |ʀafy| *s.m.* (*fam.*) [*tapage, vacarme*] cagnara *f.*, baccano (*cour.*): *quel raffut!* che cagnara!
raffûter |ʀafyte| *v.tr.* (*techn.*) [*affûter de nouveau* (*un instrument tranchant*)] raffilare.
rafiau, rafiot |ʀafjo| *s.m.* **1** [*mauvais bateau*] bagnarola *f.* **2** (*vx.*) [*petite embarcation méditerranéenne*] tartana *f.*
rafistolage |ʀafistɔlaʒ| *s.m.* (*fam.*) [→ RAFISTOLER] rabberciamento (*cour.*), raffazzonamento (*cour.*).
rafistoler |ʀafistɔle| *v.tr.* (*fam.*) [*raccommoder, réparer grossièrement*] rabberciare (*cour.*), raffazzonare (*cour.*).
1 **rafle** |ʀɑfl(ə)| *s.f.* **1** [*arrestation massive opérée à l'improviste par la police*] retata: *être pris dans une rafle* essere preso in una retata **2** (*vieilli*) [→ RAFLER] razzia (*cour.*).
2 **rafle** |ʀɑfl(ə)| *s.f.* (*agric., bot.*) raspo *m.*
rafler |ʀɑfle| *v.tr.* (*fam.*) [*prendre et emporter promptement sans rien laisser*] fare (103) piazza pulita (di) (*cour.*), arraffare (*cour.*).
rafraîchi, ie |ʀafʀeʃi| *adj.* [*rendu frais*] rinfrescato, raffreddato ◇ (*loc.*) *fruits rafraîchis* frutta mista (servita fredda).
rafraîchir |ʀafʀeʃiʀ| **A** *v.tr.* **I 1** [*rendre frais, refroidir modérément*] rinfrescare; raffreddare: *la pluie a rafraîchi l'atmosphère* la pioggia ha rinfrescato l'aria ‖ *mettre quelques glaçons dans une boisson pour la rafraîchir* mettere dei cubetti di ghiaccio in una bibita per raffreddarla ✦ (*absolt.*) *seau à rafraîchir* secchiello del (per il) ghiaccio **2** [*donner une sensation de fraîcheur à*] rinfrescare: *cette boisson m'a rafraîchi* questa bibita mi ha rinfrescato **II 1** [*rendre la fraîcheur, l'éclat du neuf à* (*qqch.*)] rinfrescare, rinnovare: *rafraîchir un manteau en changeant les boutons, le col* rinfrescare, rinnovare un cappotto cambiando i bottoni, il collo ◇ (*par ext.*) *rafraîchir les cheveux* spuntare i capelli, dare una spuntatina ai capelli **2** (*fam.*) [*ranimer, revivifier*] rinfrescare: *je vais vous rafraîchir la mémoire, les idées* vi rinfrescherò la memoria, le idee **B** *v.intr.* [*devenir plus frais*] rinfrescare (*aux.* essere) # *mettre du vin, un melon à rafraîchir* mettere il vino, un melone al fresco **C** *v.pron.* SE RAFRAÎCHIR **1** *intr.* [*devenir plus frais*] rinfrescare (*intr. ou impers.*): *le temps s'est rafraîchi* (il tempo) è rinfrescato **2** *réfl.* [*se donner une sensation de fraîcheur*] rinfrescarsi.
rafraîchissant, ante |ʀafʀeʃisɑ̃, ɑ̃t| *adj.* **1** [*qui rafraîchit, donne une sensation de fraîcheur*] rinfrescante, refrigerante (*rare*): *une brise rafraîchissante* una brezza rinfrescante ◇ [*qui désaltère*] dissetante: *boissons rafraîchissantes* bevande dissetanti **2** (*fig.*) [*qui plaît par sa fraîcheur, sa simplicité*] fresco*: *une œuvre rafraîchissante* una opera fresca.
rafraîchissement |ʀafʀeʃismɑ̃| *s.m.* **1** [→ RAFRAÎCHIR A I 1] rinfrescata *f.*, rinfrescatura *f.* (*rare*): *rafraîchissement de la température* rinfrescata, abbassamento della temperatura **2** [*boisson fraîche prise en dehors des repas*] bibita *f.* fresca*: *prendre un rafraîchissement dans un café* bere, prendere una bibita fresca al bar ◇ *au plur.* [*boissons fraîches, glaces, fruits rafraîchis offerts à des invités*] rinfreschi: *servir des rafraîchissements* servire i rinfreschi.
rafraîchissoir |ʀafʀeʃiswaʀ| *s.m.* (*anciénn.*) [*vase de faïence, de métal, où l'on mettait les boissons à rafraîchir*] secchiello del (per il) ghiaccio (*cour.*).
ragaillardir |ʀagajaʀdiʀ| *v.tr.* [*rendre de la vitalité, de l'entrain à* (*une personne fatiguée*)] rinfrancare: *cette nouvelle nous a ragaillardis* questa notizia ci ha rinfrancati → **réconforter, revigorer.**
1 **rage** |ʀaʒ| *s.f.* **1** [*état, mouvement de colère, de dépit extrêmement violent, qui rend aggressif*] rabbia: *être fou de rage* essere fuori di sé dalla rabbia → **fureur**; *cela me met en rage* (questo) mi fa rabbia, mi fa andare in bestia **2** *loc.* RAGE DE... [*envie violente, besoin passionné*] smania di...: *cette rage de tout détruire* questa smania di distruggere tutto ◇ (*loc. fam.*) *c'est plus de l'amour, c'est de la rage* non è più amore, è una vera follia **3** *rage de dents* violento, fortissimo mal *m.* di denti **4** *loc.* (*subjet de chose*) FAIRE RAGE [*se déchaîner, atteindre la plus grande violence*] infuriare, imperversare: *la tempête faisait rage* le tempesta infuriava.
2 **rage** |ʀaʒ| *s.f.* (*méd.*) rabbia # *vaccin contre la rage* vaccino antirabbico.
rageant, ante |ʀaʒɑ̃, ɑ̃t| *adj.* [*qui fait rager*] irritante, esasperante # *c'est rageant* (la cosa) mi fa andare in bestia.
rager |ʀaʒe| (3) *v.intr.* (*fam.*) [*enrager*] andare (101) (*aux.* essere) in bestia: *cela me fait rager* (questo) mi fa andare in bestia.
rageur, euse |ʀaʒœʀ, øz| *adj.* **1** [*sujet à des accès de colère*] collerico*, irascibile: *c'est un homme rageur* è un uomo molto collerico, irascibile → **hargneux** **2** [*qui dénote la colère, la mauvaise humeur*] rabbioso: *ton rageur* tono rabbioso.
rageusement |ʀaʒøzmɑ̃| *adv.* [*avec rage*] rabbiosamente.
raglan |ʀaglɑ̃| *s.m.* (*angl.*) raglan *f. ou m. inv.* ✦ (*adj.*) *des manches raglan* maniche alla, a raglan (*loc.*); *un imperméable raglan* un impermeabile alla raglan.
ragondin |ʀagɔ̃dɛ̃| *s.m.* (*t.zool.*) nutria *f.* ◇ (*cour.*) *un manteau de ragondin* una pelliccia di nutria.
ragot |ʀago| *s.m.* (*fam.*) [*bavardage malveillant, racontar*] pettegolezzo (*cour.*), maldicenza *f.* (*cour.*): *faire des ragots* fare dei pettegolezzi.
ragot, ote |ʀago, ɔt| *s.* **1** *s.m.* (*vén.*) cinghiale tra i due e i tre anni **2** *s.* [*personne petite et grosse*] tracagnotto.
ragougnasse |ʀaguɲas| *s.f.* [*cuisine infecte*] brodaglia, sbobba (*fam.*).
ragoût |ʀagu| *s.m.* (*cuis.*) stufato, carne *f.* in umido.
ragoûtant, ante |ʀagutɑ̃, ɑ̃t| *adj.* (*en tours négatifs ou exclam., iron.*) [*appétissant*] allettante: *cette histoire est peu ragoûtante* questa storia è poco allettante [C] **dégoûtant.**
ragréer |ʀagʀee| *v.tr.* (*techn.*) [*mettre la dernière main à* (*un ouvrage de constr., de menuis.*)] rifinire (197).
rag-time |ʀagtajm| *s.m.* (*amér.*) (*mus.*) rag-time *inv.*
raguer |ʀage| **A** *v.tr.* (*mar.*) [*user, déchirer par frottement*] consumare, logorare ✦ (*au p.p.*) *un câble ragué* un cavo consumato **B** *v.intr.* [→ *tr.*] consumarsi *pron.*, logorarsi (*pron.*): *un câble qui rague* un cavo che si consuma, si logora.
rai |ʀɛ| *s.m.* **1** (*vx.*) raggio* di luce (*cour.*) **2** (*blas.*) raggio **3** (*techn.*) raggio.
raïa, raya |ʀaja| *s.m.* raya *inv.*
raid |ʀɛd| *s.m.* (*angl.*) incursione *f.*; raid (*inv.*): *un raid de bombardiers* un incursione di bombardieri; *raids aériens* incursioni aeree.
raide |ʀɛd| *adj. et adv.* **I** *adj.* **1** [*qui ne se laisse pas plier, manque de souplesse*] rigido: *avoir les jambes raides* avere le gambe rigide # *cheveux raides* capelli dritti ◇ (*pop.*) [*ivre*] sbronzo **2** (*personnes*) [*qui se tient droit et ferme sans plier*] diritto, rigido: *il est, se tient raide comme un échalas, comme un piquet, comme la justice* è, se ne sta diritto come un palo, come un fuso; se ne sta impalato; *avoir le cou, la tête raide* avere il collo rigido, la testa rigida **3** [*tendu au maximum*] teso: *une corde raide* una corda tesa (al massimo) ◇ (*loc. fig.*) *être sur la corde raide* essere in una situazione delicata **4** [*très incliné par rapport au plan horizontal, difficile à gravir ou à descendre*] ripido: *un escalier, une pente très raide* una scala molto ripida, un pendio molto ripido → **abrupt** **II** *adj.* **1** (*littér.*) [*qui manque d'abandon, de spontanéité*] freddo (*cour.*), rigido (*cour.*): *un maintien raide* un atteggiamento freddo, rigido → **compassé** **2** (*choses*) (*fam.*) [*difficile à accepter, à croire ou à supporter*] duro (da credere, da sopportare) (*cour.*): *elle est raide, celle-là!* questa poi è dura da credere (da sopportare)!; *c'est un peu raide!* è un po' dura da credere! **3** (*pop.*) (*personnes*) [*sans argent*] in bolletta (*loc. inv.*): *être raide comme un passe-lacet* essere completamente in bolletta **III** *adv.* **1** [*violemment, sèchement*] con forza *loc. inv.*, con violenza (*loc. inv.*): *frapper raide une balle* colpire con forza, con violenza una palla → **fort** **2** [*en pente raide*] ripidamente: *un sentier qui grimpe raide* un sentiero che si inerpica ripidamente **3** *loc.* RAIDE MORT (*s'accorde comme un adj.*) morto stecchito: *elles sont tombées raides mortes* sono cadute morte stecchite.
rai-de-cœur |ʀɛdkœʀ| *s.m.* (*archit.*) foglie *f. pl.* cuoriformi: *des rais-de-cœur* delle foglie cuoriformi.
raideur |ʀɛdœʀ| *s.f.* **1** [*état de ce qui est raide ou raidi*] rigidità *inv.*, rigidezza: *la blessure lui avait laissé une certaine raideur dans le bras* la ferita gli aveva lasciato una certa rigidità al braccio **2** (*fig.*) [*caractère rigide, manque de souplesse*] rigidezza, rigidità → **rigueur.**
raidillon |ʀɛdijɔ̃| *s.m.* [*partie d'un chemin qui est en pente raide sur une faible longueur*] erta *f.*, rampa (*f.*): *gravir un raidillon* inerpicarsi su per una rampa.
raidir |ʀediʀ| **A** *v.tr.* [*faire devenir raide ou tendu, priver de souplesse*] irrigidire (197): *raidir ses muscles* irrigidire i muscoli **B** *v.pron. intr.* SE RAIDIR **1** [*tendre ses forces pour résister*] tenere (188) *intr.* duro: *se raidir contre le malheur* tenere duro contro la cattiva sorte **2** [*se montrer plus intransigeant*] irrigidirsi: *des deux côtés on se raidit, la négocia-*

tion risque d'échouer ci si irrigidisce da ambo le parti, il negoziato rischia di fallire.
raidissement |Redismɑ̃| *s.m.* [→ RAIDIR] irrigidimento.
raidisseur |Redisœr| *s.m.* (*techn.*) tenditore.
1 **raie** |rɛ| *s.f.* **1** (*agric.*) solco* *m.* **2** [*ligne droite, bande mince et longue tracée sur qqch.*] riga*: *de fines raies blanches* sottili righe bianche; *tissu à raies* tessuto a righe, rigato → **rayure, 1 trait** **3** [*ligne de séparation entre les cheveux*] riga: *porter la raie au milieu* portare, avere la riga in mezzo.
2 **raie** |rɛ| *s.f.* (*t.zool.*) razza ◇ (*loc. pop.*) *gueule de raie* (*t. d'injure*) brutto ceffo.
raifort |Rɛfɔr| *s.m.* (*t.bot.*) rafano.
rail |Rɑj| *s.m.* **1** (*ch. de fer*) rotaia (*f.*): *écartement des rails* scartamento delle rotaie; *rails mobiles d'un aiguillage* rotaie mobili di uno scambio; *remplacer un rail* sostituire una rotaia; *sortir des rails* uscire dalle rotaie, deragliare ◇ (*loc. fig.*) *remettre sur les rails* rimettere, ricondurre sulla buona strada **2** *au sing.* [*transport par voie ferrée*] ferrovia → **chemin de fer** ◆ (*en appos.*) *transport rail-route* trasporto combinato ferroviario *adj.* e stradale *adj.*
railler |Rɑje| **A** *v.intr.* (*vx.*) → **plaisanter** **B** *v.tr.* (*littér.*) [*tourner en ridicule* (*qqn., qqch.*) *par des moqueries, des plaisanteries*] dileggiare, canzonare (*cour.*): *il aime à le railler* gli piace canzonarlo.
raillerie |RɑjRi| *s.f.* **1** [*habitude, art de railler* (*les gens, les choses*)] canzonatura, presa in giro: *un ton de raillerie* un tono da canzonatura, da presa in giro → **moquerie, persiflage** **2** *une, des raillerie(s)* [*propos ou écrit par lesquels on raille* (*qqn. ou qqch.*)] canzonatura, scherzo (*m.*): *je n'apprécie pas du tout vos railleries* non mi piacciono affatto i vostri scherzi.
railleur, euse |Rɑjœr, øz| **1** *s.* [*personne qui raille* (B)] canzonatore* **2** *adj.* [*qui raille, exprime la moquerie*] canzonatorio*, beffardo: *ton, air railleur* tono canzonatorio, aria canzonatoria, da presa in giro → **ironique, narquois.**
railleusement |Rɑjøzmɑ̃| *adv.* [→ RAILLEUR 2] in tono canzonatorio *loc. inv.*, beffardamente.
rail-route |RajRut| *s.m.* → **rail** 2.
rainer |Rene| *v.tr.* (*techn.*) [*creuser, intailler en faisant une rainure*] scanalare.
rainette |Renɛt| *s.f.* (*t.zool.*) raganella.
rainure |Renyr| *s.f.* **1** [*entaille faite en long*] scanalatura: *panneau qui glisse dans des rainures* pannello che scorre su scanalature **2** (*anat.*) solco* (*m.*): *rainure de l'astragale* solco dell'astragalo.
rainurer |RenyRe| *v.tr.* → **rainer.**
rainureuse |RenyRøz| *s.f.* (*t.bot.*) rap(er)onzolo *m.*
raiponce |Rɛpɔ̃s| *s.f.* (*t.bot.*) raperonzolo *m.*
raire |Rɛr| *v.intr.* (*vx.*) → **bramer.**
rais |Rɛ| *s.m.* → **rai.**
raisin |Rɛzɛ̃| *s.m.* **1** *au sing. collectif et au plur.* [*fruit de la vigne*] uva (*f. sing.*): *raisin blanc, noir* uva bianca, nera; *raisin de cuve, de table* uva da vino, da tavola; *raisins secs de Corinthe* uva passa, uvetta; *cueillir le raisin, manger du raisin, des raisins* cogliere, mangiare l'uva # *pain aux raisins* panino all'uvetta **2** [*baies en grappes de certaines plantes*] uva: *raisin de renard* uva di volpe **3** *raisins de mer* uva di mare, uova *f. pl.* di seppia **4** (*appos.*) *un in-huit raisin* un in-ottavo su carta formato cm 50 x 65 *loc.*
raisiné |Rɛzine| *s.m.* **1** [*jus de raisin concentré et pris en gelée*] ⊠ ◇ [*confiture* (*notamment de poires, de coings*) *préparée avec ce jus*] ⊠ **2** (*pop., vieilli*) → **sang.**
1 **raison** |Rɛzɔ̃| *s.f.* **I** (*pensée, jugement*) **1** [*la faculté qui permet à l'homme de connaître, juger et agir conformément à des principes*] ragione: *conforme, contraire à la raison* conforme, contrario alla ragione; *l'âge de raison* l'età della ragione; *ramener qqn. à la raison* ricondurre qc. alla ragione ◇ [*pensée logique*] *la raison et la passion* la ragione e la passione # *un mariage de raison* un matrimonio di convenienza **2** [*les facultés intellectuelles* (*d'une personne*), *dans leur fonctionnement*] ragione: *perdre la raison* perdere la ragione # *il n'a plus toute sa raison* non è più nel pieno possesso delle sue facoltà mentali **3** *loc.* PLUS QUE DE RAISON più del dovuto, più del ragionevole: *il a bu plus que de raison* ha bevuto più del dovuto ~ *cela n'a ni rime ni raison* [*aucun sens*] (questo) non ha né capo né coda ~ *il ne veut pas entendre raison* non vuol intendere, sentire ragioni **4** (*philo.*) ragione: *la raison pure* la ragion pura **5** (*dans des loc., opposé à 'tort'*) AVOIR RAISON avere ragione: *prouver qu'on a raison* dimostrare di avere ragione; *vous avez raison de dire* lei ha ragione di dire ~ *donner raison à qqn.* dar ragione a qc. ~ *à tort ou à raison* a torto o a ragione **II** (*principe, cause*) **1** [*principe d'explication* (*d'un événement, d'un objet nouveau*)] ragione, causa: *la raison d'un phénomène* la ragione, la causa di un fenomeno; *demander la raison de* (*qqch.*) domandare la ragione, la causa di q.c.; *un mouvement d'humeur dont on s'explique mal la raison* un cambiamento d'umore di cui non si riesce a capire bene la ragione; *crier sans raison* gridare senza ragione, senza motivo ◇ *loc.* PAR, POUR LA RAISON QUE per la ragione che: *je ne l'ai pas vu pour la* (*simple*) *raison que je me trouvais absent* non l'ho visto per la (semplice) ragione, per il semplice motivo che non c'ero ~ *pour une raison ou pour une autre* per una ragione o per l'altra, per un motivo o per l'altro ~ EN RAISON DE a causa di, tenendo conto di: *je le pardonne en raison de son âge* lo perdono a causa, tenendo conto della sua età ~ SE FAIRE UNE RAISON farsi una ragione: *s'il le faut, je me ferai une raison* se necessario, me ne farò una ragione ◇ (*dr.*) *raisons de fait, de droit* ragioni di fatto, di diritto; *raison d'État* ragion di Stato **2** [*motif légitime qui justifie qqch. en expliquant*] ragione, motivo: *raison de plus* ragione, motivo di più; *ce n'est pas une raison!* non è una buona ragione, un buon motivo!; *avoir de bonnes, de fortes raisons de croire, de penser...* avere buone, valide ragioni per credere, per pensare...; *cet enfant est sa raison de vivre* quel bambino è la sua ragione di vita → **but, 1 fondement, sujet** ◇ *loc.* (*au sing.*) *avec* (*juste*) *raison* a ragione, con ragione ~ *à plus forte raison* a maggior ragione ~ SANS RAISON senza ragione, senza motivo: *il s'est fâché, non sans raison* si è arrabbiato, e non senza ragione, senza motivo **3** [*argument destiné à prouver*] ragione: *des raisons puissantes* valide ragioni; *se rendre aux raisons de qqn.* arrendersi alle ragioni di qc., addotte da qc. **4** (*loc.*) *demander raison d'une offense* chiedere soddisfazione di un'offesa ~ *avoir raison de qqn., de qqch.* aver ragione di qc., di q.c. **III** (*comm.*) *la raison sociale d'une société* [*sa désignation*] la ragione sociale di una società.
2 **raison** |Rɛzɔ̃| *s.f.* (*idée de compte, proportion*) **1** [*rapport entre deux grandeurs, deux quantités*] ragione: *raison d'une progression* ragione di una progressione; *raison directe, inverse* ragione diretta, inversa **2** *loc. prép.* À RAISON DE in ragione di; a (*prép.*): *dix paquets à raison de deux francs le paquet* dieci pacchetti in ragione di due franchi, a due franchi al pacchetto.
raisonnable |Rɛzɔnabl(ə)| *adj.* **1** [*doué de* (1) *raison* (I)] ragionevole, razionale: *l'homme, animal raisonnable* l'uomo, animale ragionevole, razionale → **intelligent, pensant** **2** (*personnes*) [*qui pense et agit selon la raison*] ragionevole: *un enfant raisonnable* un bambino ragionevole; *soyez donc raisonnable!* ma sia ragionevole! → **réfléchi, sensé** ◇ (*choses*) *opinion, conduite raisonnable* opinione, condotta ragionevole → **judicieux, sage** ◇ (*impers.*) *il est raisonnable de croire...* è ragionevole credere... → **naturel, normal** **3** [*qui consent des conditions modérées*] ragionevole: *prix raisonnable* prezzo ragionevole → **acceptable.**
raisonnablement |Rɛzɔnabləmɑ̃| *adv.* **1** [→ RAISONNABLE 1] razionalmente: *agir raisonnablement* agire razionalmente **2** [→ RAISONNABLE 3] ragionevolmente: *c'est ce qu'on peut raisonnablement demander* è quello che si può chiedere ragionevolmente.
raisonnant, ante |Rɛzɔnɑ̃, ɑ̃t| (*adj.*) *folie raisonnante* pazzia lucida.
raisonné, ée |Rɛzɔne| *adj.* **1** [*appuyé de raisons, de preuves*] ragionato: *projet raisonné* progetto ragionato **2** [*qui explique par des raisonnements*] razionale: *méthode raisonnée* metodo razionale.
raisonnement |Rɛzɔnmɑ̃| *s.m.* **1** [*l'activité de la* (1) *raison* (I)] ragionamento: *opinion fondée sur le raisonnement* opinione fondata sul ragionamento; *convaincre par le raisonnement* convincere con il ragionamento **2** [*le fait de raisonner en vue de parvenir à une conclusion*] ragionamento: *conclusion d'un raisonnement* conclusione di un ragionamento; *raisonnement juste, faux* ragionamento giusto, sbagliato ◇ (*loc. fam.*) *ce n'est pas un raisonnement!* non è (questo) il modo di ragionare! ~ *raisonnement de femme saoûle* ragionamento che non sta in piedi.
raisonner |Rɛzɔne| **A** *v.intr.* **1** [*faire usage de sa raison pour former des idées, des jugements*] ragionare: *raisonner avant d'agir* ragionare, pensare prima di agire **2** [*employer des arguments pour convaincre, prouver ou réfuter*] ragionare: *la manie de raisonner*

la mania di ragionare ◇ (*loc. fam.*) *raisonner comme un panier percé, comme une pantoufle* ragionare con i piedi **3** [*enchaîner les diverses parties d'un raisonnement pour aboutir à une conclusion*] ragionare: *raisonner faux, juste* ragionare male, bene **B** (*v.tr.*) *raisonner qqn.* [*chercher à l'amener à une attitude raisonnable*] far (103) *intr.* ragionare qc.: *on ne peut pas le raisonner* non si riesce a farlo ragionare **C** *v.pron.* SE RAISONNER **1** *intr.* [*écouter la voix de la raison*] convincersi (193) con il ragionamento **2** *passif* [*pouvoir être contrôlé par la raison* (*sentiment, impulsion*)] dominarsi, controllarsi.

raisonneur, euse |ʀɛzɔnœʀ, øz| *s.* **1** [*personne qui discute, réplique*] ciarlone, rompiscatole *inv.* (*fam.*): *un insupportable raisonneur* un insopportabile rompiscatole # *faire la raisonneuse* fare l'insolente ✦ *adj.* impertinente, insolente: *une petite fille raisonneuse et désobéissante* una ragazzina impertinente e disubbidiente **2** [*personne qui raisonne* (A 1, 2)] ragionatore*: *un subtil raisonneur* un sottile ragionatore.

raja(h) |ʀa(d)ʒa| *s.m.* (*aux Indes*) ragià *inv.*

rajeunir |ʀaʒœniʀ| **A** *v.tr.* **1** [*rendre une certaine jeunesse à* (*qqn. d'âgé*)] ringiovanire (197) ◇ [*abaisser l'âge* (*de recrutement d'une personne*)] *rajeunir les cadres d'une entreprise* ringiovanire i quadri dirigenti di un'impresa **2** [*attribuer un âge moins avancé à*] ringiovanire: *vous me rajeunissez de cinq ans!* lei mi ringiovanisce di cinque anni! ◇ (*sujet de chose*) *voilà qui ne me rajeunit pas!* ecco una cosa che non mi ringiovanisce di certo! **3** [*faire paraître plus jeune*] ringiovanire: *cette coiffure la rajeunit* questa pettinatura la ringiovanisce **4** [*ramener à un état de nouveauté*] rinnovare, ammodernare: *rajeunir une installation* rinnovare, ammodernare un impianto **B** *v.intr.* [*repandre les apparences de la jeunesse*] ringiovanire (*aux.* essere): *il a rajeuni* è ringiovanito ✦ (*au p.p.*) *je le trouve rajeuni* mi sembra ringiovanito **C** *v.pron. intr.* SE RAJEUNIR [*se faire paraître plus jeune qu'on n'est*] ringiovanirsi: *elle essaie de se rajeunir par tous les moyens* cerca di ringiovanirsi in tutti i modi Ⓒ **vieillir.**

rajeunissant, ante |ʀaʒœnisɑ̃, ɑ̃t| *adj.* che ringiovanisce *loc.*, che fa ringiovanire (*loc.*): *traitement rajeunissant* trattamento che ringiovanisce, che fa ringiovanire; cura di ringiovanimento.

rajeunissement |ʀaʒœnismɑ̃| *s.m.* **1** [→ RAJEUNIR A 1; B] ringiovanimento: *cure de rajeunissement* cura di ringiovanimento **2** [→ RAJEUNIR A 4] rinnovamento, ammodernamento: *rajeunissement d'un vieux thème* rinnovamento di un vecchio tema.

Rajidés |ʀaʒide| *s.m. pl.* (*t.zool.*) Raidi.

rajout |ʀaʒu| *s.m.* [*ce qui est rajouté*] aggiunta *f.*

rajouter |ʀaʒute| *v.tr.* **1** [*ajouter de nouveau*] aggiungere (150): *rajouter du sel, du poivre* aggiungere sale, pepe; *rajouter quelques détails* aggiungere alcuni dettagli **2** *loc.* EN RAJOUTER [*en dire ou en faire plus qu'il n'en faut*] esagerare: *il faut toujours qu'il en rajoute!* bisogna che esageri sempre!

rajustement |ʀaʒystəmɑ̃| *s.m.* **1** (*rare*) [→ RAJUSTER A 1] aggiustamento, rassettata *f.* (*fam.*) **2** *un rajustement des salaires* [→ RAJUSTER A 3] un adeguamento dei salari.

rajuster |ʀaʒyste| **A** *v.tr.* **1** [*remettre en bonne place, en ordre*] sistemare, rimettere (155) in ordine: *rajuster ses lunettes* sistemarsi gli occhiali; *rajuster sa coiffure* sistemarsi, rassettarsi i capelli **2** [*redonner de la justesse, de la précision à*] aggiustare: *rajuster le tir* aggiustare il tiro **3** *rajuster les salaires* [*les relever pour qu'ils demeurent proportionnés au coût de la vie*] adeguare i salari **B** *v.pron. réfl.* SE RAJUSTER [*remettre de l'ordre dans ses vêtements*] rassettarsi i vestiti.

raki |ʀaki| *s.m.* [*eau-de-vie parfumée à l'anis*] rachi *inv.*

1 **râle** |ʀɑl| *s.m.* (*t.zool.*) porciglione, rallo ~ *râle d'eau* porciglione, rallo acquatico ~ *râle des genêts* re di quaglie.

2 **râle** |ʀɑl| *s.m.* **1** [*bruit rauque de la respiration chez certains moribonds*] rantolo: *râle d'agonie* rantolo d'agonia **2** (*méd.*) *râle sibilant* rantolo crepitante.

râlement |ʀɑlmɑ̃| *s.m.* (*littér.*) [*bruit d'un* (2) *râle*] rantolo.

ralenti |ʀalɑ̃ti| **I** *adj.* [*au rythme très lent*] rallentato: *mouvement ralenti* movimento rallentato **II** *s.m.* **1** [*régime le plus bas d'un moteur*] minimo: *moteur qui tient bien le ralenti* motore che tiene bene il minimo; *régler le ralenti d'un moteur d'automobile* regolare il minimo di un motore d'automobile ◇ (*fig.*) *travailler au ralenti* lavorare al rallentatore **2** (*ciné.*) *projection au, en ralenti* proiezione al rallentatore, 'ralenti' *inv.*, replay *inv.*

ralentir |ʀalɑ̃tiʀ| **A** *v.tr.* **1** [*rendre plus lent* (*un mouvement, une progression dans l'espace*)] rallentare: *ralentir le pas, son allure, sa marche* rallentare il passo, l'andatura, la marcia; *ralentir la progression de l'ennemi* rallentare, ritardare l'avanzata del nemico → **retarder** **2** [*rendre plus lent* (*le déroulement d'un processus*)] rallentare: *ralentir l'expansion économique* rallentare l'espansione economica; *scènes oiseuses qui ralentissent une action dramatique* scene inutili che rallentano, frenano l'azione drammatica ◇ (*phys.*) *ralentir une réaction en chaîne* rallentare una reazione a catena → **freiner** ◇ (*mus.*) *ralentir le mouvement* rallentare il movimento **B** *v.intr.* [*aller moins vite, réduire sa vitesse*] rallentare: *ralentir, travaux!* rallentare, lavori in corso! **C** *v.pron. intr.* SE RALENTIR [→ *tr.* 1] diminuire (197) *intr.*, rallentare (*intr.*): *l'offensive ennemie commence à se ralentir* l'offensiva nemica comincia a diminuire, a rallentare.

ralentissement |ʀalɑ̃tismɑ̃| *s.m.* **1** [→ RALENTIR A 1; B] rallentamento: *ralentissement de la marche d'un véhicule* rallentamento della marcia di un veicolo → **freinage** ◇ (*ch. de fer*) *disque mobile de ralentissement* disco di frenaggio **2** [*affaiblissement de l'intensité d'un phénomène; diminution d'activité*] rallentamento: *ralentissement de la production* rallentamento della produzione; *ralentissement des fonctions physiologiques* rallentamento delle funzioni fisiologiche ◇ (*fig.*) diminuzione (*f.*): *ralentissement de l'ardeur, du zèle* diminuzione dell'ardore, dello zelo.

ralentisseur |ʀalɑ̃tisœʀ| *s.m.* **1** (*techn.*) rallentatore **2** (*phys.*) moderatore.

râler |ʀɑle| *v.intr.* **1** [*faire entendre un râle en respirant*] rantolare **2** (*en parlant de certains animaux*) [*crier*]: *chevreuil qui râle* capriolo che bramisce; *tigre qui râle* tigre che ruggisce **3** (*fam.*) [*manifester sa mauvaise humeur; récriminer*] brontolare (*cour.*) # *faire râler qqn.* mandare in bestia qc.

râleur, euse |ʀɑlœʀ, øz| (*pop.*) **1** *s.* [*personne qui proteste, qui râle à tout propos*] brontolone **2** *adj.* [→ *s.*] brontolone: *il n'est pas méchant, mais il est trop râle* non è cattivo, ma è troppo brontolone, brontola troppo.

ralingue |ʀalɛ̃g| *s.f.* (*mar.*) ralinga*: *voile en ralingue* vela in ralinga, in fila con il vento.

ralinguer |ʀalɛ̃ge| **A** *v.tr.* (*mar.*) [*orienter* (*une voile*) *pour qu'elle soit parallèle à la direction du vent*] ralingare ◇ [*garnir, border* (*une voile*) *de ses ralingues*] ralingare **B** *v.intr.* [*voile qui est en ralingue*] fileggiare, sbattere → **battre.**

rallentando |ʀalentando| *s.m. inv.* (*mus.*) rallentando.

raller |ʀale| *v.intr.* (*rare*) [*cerf qui pousse son cri*] bramire (197) (*cour.*).

Rallidés |ʀalide| *s.m. pl.* (*t.zool.*) Rallidi.

ralliement |ʀalimɑ̃| *s.m.* **1** (*au sens propre*) [*le fait de rallier une troupe, de se rallier*] raduno, adunata (*f.*): *point de ralliement* luogo di raduno → **rassemblement** # *signe de ralliement* segno di riconoscimento **2** (*fig.*) [*le fait de se rallier* (*à un parti, à un régime, à une opinion*)] adesione *f.* ◇ (*hist.*) adesione.

rallier |ʀalje| **A** *v.tr.* **1** [*regrouper* (*des gens dispersés*)] radunare: *rallier ses soldats, ses troupes* radunare i propri soldati, le truppe → **rassembler** ◇ (*vén.*) *rallier des chiens* radunare i cani **2** (*fig.*) [*unir, grouper* (*des personnes*) *pour une cause commune*] unire (197), riunire (197) → **assembler** ✦ (*au p.p.*) *société ralliée autour d'un but, d'une doctrine* società unita attorno a uno scopo, a una dottrina ◇ (*sujet de chose*) *rallier des suffrages* raccogliere (123), ottenere (188) dei suffragi **3** [*rejoindre* (*le gros d'une troupe*)] raggiungere (150): *les cavaliers ont rallié leur escadron* i cavalieri hanno raggiunto il loro squadrone **B** *v.pron. intr.* SE RALLIER **1** [*se regrouper*] radunarsi: *troupes qui se rallient* truppe che si radunano **2** *se rallier à* [*adhérer* (*après s'être opposé*)] aderire (197) *intr.* a: *se rallier à un parti* aderire a un partito.

Ralliformes |ʀalifɔʀm(ə)| *s.m. pl.* (*t.zool.*) Ralliformi.

rallonge |ʀalɔ̃ʒ| *s.f.* **1** [*ce qu'on ajoute à une chose pour la rallonger*] allungatura → **allonge** # *mettre une rallonge à un vêtement* allungare un vestito ◇ [*planche qui sert à augmenter la surface d'une table*] prolunga* ◇ (*fam.*) *nom à rallonges* cognome con più elementi (*cour.*), che non finisce mai (*plais.*) **2** (*fig., fam.*) [*ce qu'on paye, on reçoit en plus du prix convenu*] supplemento *m.* (*cour.*), integrazione (*cour.*): *obtenir une rallonge de crédits* ottenere un'integrazione dello stanziamento → **supplément.**

rallongement |ʀalɔ̃ʒmɑ̃| *s.m.*

[*opération qui consiste à rallonger* (*qqch.*)] allungamento: *le rallongement d'un manteau* l'allungamento di un cappotto © **raccourcissement.**

rallonger |Ralɔ̃ʒe| (3) *v.tr.* [*rendre plus long en ajoutant une partie*] allungare: *rallonger une robe* allungare un abito → **allonger** ✦ *intr.* (*fam.*) *les jours rallongent* i giorni si allungano *pron.* (*cour.*) → **allonger (s')** © **raccourcir.**

rallumer |Ralyme| *v.tr.* **1** [*allumer de nouveau*] riaccendere (105): *rallumer le feu* riaccendere il fuoco; *rallumer une cigarette éteinte* riaccendere una sigaretta spenta ✦ (*pron. intr.*) *le feu s'est rallumé* il fuoco si è riacceso **2** [*redonner de la lumière à*] riaccendere **3** (*fig.*) [*redonner de la force, de l'ardeur à*] riaccendere: *rallumer une guerre* riaccendere una guerra ✦ (*pron. intr.*) *les haines se sont rallumées* gli odi si sono riaccesi.

rallye |Rali| *s.m.* (*angl.*) (*sport*) rally *inv.*, raduno.

-rama |Rama| *suff.* → **-(o)rama.**

ramadan |Ramadɑ̃| *s.m.* **1** (*ar.*) ramadan *inv.* **2** (*fig.*, *fam.*) [*tapage, vacarme*] baccano (*cour.*), casino (*pop.*): *ils ont fait un ramadan terrible* hanno fatto un baccano, un casino terribile.

1 **ramage** |Ramaʒ| *s.m.* **1** (*vx.*) → **rameau, branchage 2** *au plur.* disegno *sing.* ad arabeschi; disegno a fogliame.

2 **ramage** |Ramaʒ| *s.m.* [*chant des oiseaux*] canto, cinguettio*.

ramager |Ramaʒe| (3) **A** *v.intr.* [*faire entendre son* (2) *ramage*] cantare, cinguettare: *pinson qui ramage* fringuello che canta, cinguetta **B** *v.tr.* [*dessiner, peindre des* (1) *ramages* (2)] arabescare ✦ (*au p.p.*) *étoffe ramagée* stoffa arabescata.

ramas |Rɑmɑ| *s.m.* **1** (*vx.*) → **ramassis 2** (*fig.*) → **écume, lie.**

ramassage |Ramɑsaʒ| *s.m.* **1** [→ RAMASSER A I 3] raccolta (*f.*): *ramassage du foin* raccolta del fieno: *ramassage du lait dans les fermes* raccolta del latte nelle fattorie # *ramassage scolaire* servizio di trasporto scolastico, di scuolabus **2** [→ RAMASSER A II 1, 2] raccolta: *ramassage des fruits tombés, du bois mort* raccolta dei frutti caduti, della legna secca.

ramassé, ée |Ramɑse| *adj.* [*resserré en une masse, blotti*] rannicchiato ◇ (*des formes*) tarchiato: *un aspect ramassé* un aspetto tarchiato → **massif, trapu** ◇ (*par ext.*) *formule, expression ramassée* formula, espressione concisa, condensata © **allongé, élancé.**

ramassement |Ramɑsmɑ̃| *s.m.* (*littér.*) [→ RAMASSER A I 1, 2] compendio*; raccoglimento: *les Évangiles sont un ramassement total de la pensée chrétienne* i Vangeli sono il compendio totale del pensiero cristiano ‖ *le ramassement sur soi* il raccoglimento in sé.

ramasse-miettes |Ramɑsmjɛt| *s.m. inv.* raccogli-briciole.

ramasse-monnaie |Ramɑsmɔnɛ| *s.m. inv.* raccogli-monete.

ramasse-poussière |Ramɑspusjɛr| *s.m. inv.* (*région.*) paletta *f. var.* per la polvere.

ramasser |Ramɑse| **A** *v.tr.* **I 1** [*resserrer en une masse*] raccogliere (123): *elle ramassa ses jupes, courant dans l'averse* raccolse le gonne, correndo sotto l'acquazzone ◇ (*par ext.*) [*tenir serré*] stringere (131), tener (188) stretto: *ramasser les guides* tener strette le guide ◇ (*fig.*) [*condenser*] condensare: *ramasser son style* condensare il proprio stile **2** [*réunir* (*des choses éparses*)] radunare, riunire (197): *ramasser les débris d'une armée* radunare, riunire i resti di un esercito → **regrouper** ◇ (*par anal.*) *ramasser ses forces* raccogliere le proprie forze **3** [*prendre en divers endroits pour réunir*] raccogliere: *ramasser des chiffons, des ordures* raccogliere stracci, immondizie; *ramasser les cartes au jeu* raccogliere le carte al gioco; *professeur qui ramasse les cahiers, les copies* professore che raccoglie i quaderni, i compiti; *toutes les jolies pièces qu'il a pu ramasser* tutti i bei pezzi che ha potuto raccogliere; *ramasser de l'argent à une quête* raccogliere del denaro a una questua → **collecter, enlever** ◇ (*fam.*) (*en parlant de gens dont les autorités s'emparent*) *la police les a tous ramassés dans cette rafle* la polizia li ha rastrellati tutti in quella retata → **cueillir, prendre** ◇ (*en parlant d'une seule personne*) *se faire ramasser* farsi pizzicare, beccare **II 1** [*prendre par terre* (*des choses éparses*) *pour les réunir*] raccogliere: *ramasser du bois mort, des épis, des marrons* raccogliere legna secca, spighe, castagne **2** [*prendre par terre* (*une chose qui s'y trouve naturellement ou qui est tombée*)] raccogliere, raccattare: *ramasser un caillou* raccogliere, raccattare un sasso; *ramasser les balles au tennis* raccogliere, raccattare le palle al tennis ◇ (*en parlant d'une personne dans l'impossibilité de se relever, d'un mort*) raccogliere: *on l'a ramassé ivre-mort* lo hanno raccolto ubriaco fradicio ◇ (*fig.*, *péj.*) *il a épousé une fille qu'il a ramassée dans le ruisseau* ha sposato una ragazza che ha raccolto per la strada ◇ (*fig.*, *fam.*) *il est à ramasser à la petite cuiller* è da raccattare con il cucchiaino **3** (*par métaph.*, *pop.*) *ramasser une bûche, une pelle* [*tomber*] fare (103) un capitombolo (*cour.*) ✦ *pron. réfl.* (*pop.*) [*se relever lorsqu'on est tombé*] rialzarsi (*cour.*) **4** (*fig.*, *fam.*) [*recevoir* (*des coups, des réprimandes*)] buscare: *ramasser une volée* buscare una scarica di botte → **attraper** ◇ [*prendre* (*une maladie*)] *ramasser un bon rhume* buscarsi un bel raffreddore **B** *v.pron. réfl.* SE RAMASSER [*se mettre en masse, en boule*] raggomitolarsi, rannicchiarsi → **blottir (se), pelotonner (se).**

ramassette |Ramɑsɛt| *s.f.* **1** [*léger clayonnage adapté à une faux et qui ramasse les tiges coupées*] graticcio* *m.* **2** (*région.*) [*pelle à poussière*] paletta per la polvere → **ramasse-poussière.**

ramasseur, euse |Ramɑsœr, øz| *s.* **1** *s.* [*personne qui ramasse*] raccoglitore*: *ramasseur de mégots* raccoglitore di cicche ◇ [*personne qui va chercher chez les producteurs* (*les denrées destinées à la vente*)] raccoglitore: *ramasseur de lait* raccoglitore di latte **2** *s.m.* (*techn.*) raccoglitore: *ramasseur d'une broyeuse* raccoglitore di un frantoio ✦ (*adj.*) *pelle ramasseuse* paletta raccoglitrice.

ramassis |Ramɑsi| *s.m.* (*péj.*) [*réunion de choses, de gens de peu de valeur*] accozzaglia (*f.*): *un ramassis d'incapables et de paresseux* un'accozzaglia di incapaci e di pigri.

rambarde |Rɑ̃bard(ə)| *s.f.* **1** [*constr. élevée à la proue d'une galère*] rembata **2** [*garde-coups placé autour des gaillards et des passerelles d'un navire*] battagliola **3** [*rampe métallique*] parapetto *m.*

rambour |Rɑ̃bur| *s.m.* melo di Ramboures.

ramdam |Ramdɑ̃| *s.m.* → **ramadan 2.**

1 **rame** |Ram| *s.f.* [*longue barre de bois aplatie à une extrémité qu'on manœuvre pour diriger une embarcation*] remo (*m.*): *une paire de rames* un paio di remi → **aviron** ◇ (*loc.*) *faire force de rames* fare forza sui remi.

2 **rame** |Ram| *s.f.* **1** (*littér.*, *vx.*) [*branche d'arbre*] ramoscello *m.* (*cour.*) **2** [*branche rameuse fichée en terre à côté d'une tige grimpante pour lui servir de support*] ramo *m.*, palo *m.* di sostegno # *pois nains et pois à rames* piselli nani e piselli rampicanti ◇ (*loc. fam.*) *ne pas en fiche une rame* grattarsi la pancia.

3 **rame** |Ram| *s.f.* **1** [*ensemble de cinq cent feuilles de papier*] risma ◇ pacco* *m.* da 20 rotoli (di carta da parati) **2** [*file de wagons attelés*] convoglio* (*m.*): *rame de chemin de fer* convoglio ferroviario; *la dernière rame* (*du métro*) *vient de passer* l'ultimo convoglio, treno è appena passato.

4 **rame** |Ram| *s.f.* (*tissage*) stenditoio*.

ramé, ée |Rame| *adj.* **1** (*vx.*) [*qui a des rames*] rameggiato (*cour.*) **2** (*vén.*) rameggiato.

rameau |Ramo| *s.m.* **1** [*petite branche d'arbre*] ramoscello, rametto → **ramée, ramure** ◇ (*spécialt.*) *dimanche des Rameaux, les Rameaux* domenica delle palme *f.*, le Palme **2** [*subdivision d'une division en arbre*] ramo: *le rameau sémitique de la race blanche* il ramo semitico della razza bianca **3** (*anat.*) ramificazione (*f.*): *rameaux nerveux* ramificazioni nervose ◇ (*géol.*) ramificazione, catena *f.* secondaria.

ramée |Rame| *s.f.* **1** (*littér.*, *vx.*) [*ensemble des branches feuillées d'un arbre*] pergolato *m.* → **feuillage, feuille 2** [*branches coupées avec leurs feuilles*] frasche *pl.* ◇ (*loc. fam.*) *ne pas en fiche une ramée* [*ne rien faire*] grattarsi la pancia.

ramender |Ramɑ̃de| *v.tr.* **1** [*raccommoder* (*des filets de pêche*)] riparare **2** [*amender de nouveau* (*un terrain*)] riconcimare **3** [*réparer* (*une dorure*) *en mettant des feuilles d'or aux endroits dédorés*] rifare (103) la doratura (a, di).

ramendeur, euse |Ramɑ̃dœr, øz| *s.* riparatore* (di reti).

ramener |Ramne| (6) **A** *v.tr.* **1** [*amener de nouveau*] riportare, ricondurre (108): *ramenez-moi le malade, je veux l'examiner une seconde fois* riportatemi, riconducetemi l'ammalato, voglio esaminarlo un'altra volta **2** [*faire revenir* (*qqn.*) *généralt. en l'accompagnant au lieu qu'il avait quitté*] riaccompagnare, ricondurre: *je vais le ramener chez lui* lo riaccompagnerò, lo ricondurrò a casa sua; *ramener un cheval à l'écurie* ricondurre un cavallo nella scuderia → **reconduire** ◇ [*provoquer le retour de*] fare (103) *intr.* rientrare: *le mauvais temps le ramena à la maison* il cattivo tempo lo fece rientrare a casa **3** [*faire revenir* (*à un sujet*)] riportare: *il ramena la question sur...* riportò la questione su... ◇ [*faire revenir* (*à un état*)] *ramener un noyé à la vie* riportare un annegato alla vita, rianimare un annegato → **ranimer**; *ramener qqn. à de meilleurs sentiments* ridurre qc. a più miti consigli; *ramener les prix au niveau antérieur* riportare i prezzi al livello precedente **4** (*fig.*) [*faire renaître* (*une chose là où elle s'était manifestée*)] riportare: *le soir ramenait mes inquiétudes* la sera riportava le mie inquietudini; *ramener la paix* riportare, ristabilire la pace **5** [*amener* (*qqn.*) *ou apporter* (*qqch.*) *avec soi, en revenant au lieu qu'on avait quitté*] portare: *il a habité quelque temps l'Angleterre et en a ramené une femme charmante* ha abitato per qualche tempo in Inghilterra e ne ha portato una donna affascinante; *bibelot ramené de Chine* ninnolo portato dalla Cina **6** [*faire prendre une certaine position à* (*qqch.*); *la remettre en place*] tirarsi *pron.*, aggiustare: *ramener sur ses genoux les pans d'une robe de chambre* tirarsi sulle ginocchia i lembi della vestaglia → 1 **rabattre, tirer** **7** (*fig., pop.*) *ramener sa gueule, sa fraise, la ramener* [*protester bruyamment*; *prétendre imposer son point de vue*] protestare (*cour.*), imporre (168) il proprio punto di vista (*cour.*) **8** [*porter à un certain point de simplification ou d'unification*] ridurre (108), ricondurre: *ramener une fraction à sa plus simple expression* ridurre una frazione ai minimi termini → **réduire**; *ramener tout à soi* ricondurre tutto a sé stesso **B** *v.pron.* SE RAMENER **1** *passif* [*se réduire*; *être réductible*] ridursi, ricondursi: *ces lois se ramènent à une loi plus simple* queste leggi si riducono, si riconducono a una più semplice **2** *réfl.* → **amener (s')**.

ramequin |Ramkɛ̃| *s.m.* [*petit gâteau au fromage*] ⊠ ◇ (*par ext.*) [*petit récipient utilisé pour la cuisson au four ou au bain-marie*] tegamino.

1 **ramer** |Rame| *v.intr.* [*manœuvrer les rames d'une embarcation*] remare, vogare: *galériens condamnés à ramer* galeotti condannati a remare, a vogare ◇ [*avancer avec les rames*] *ils ramaient vers le rivage* remavano verso la riva ♦ (*au p.p.*) *vol ramé* [*vol des grands oiseaux migrateurs*] volo remigante.

2 **ramer** |Rame| *v.tr.* (*hortic.*) [*soutenir* (*une plante grimpante*) *avec une rame*] impalare, rameggiare: *ramer des pois* impalare, rameggiare i piselli.

ramereau, ramerot |RamRo| *s.m.* (*rare*) [*jeune ramier*] giovane colombaccio*.

ramescence |Ramesɑ̃s| *s.f.* (*bot.*) ramificazione.

1 **ramette** |Ramɛt| *s.f.* (*imprim.*) fraschetta.

2 **ramette** |Ramɛt| *s.f.* risma (di carta di piccolo formato).

1 **rameur, euse** |RamœR, øz| *s.* [*personne qui rame, qui est chargée de ramer*] rematore*, vogatore*: *rang de rameurs* fila di rematori.

2 **rameur, euse** |RamœR, øz| *s.* **1** *s.* [*ouvrier* (*ère*) *qui met le tissu sur les* (4) *rames et les conduit*] stenditore* **2** *s.f.* (*techn.*) stenditoio* *m.* meccanico*.

Rameurs |RamœR| *s.m. pl.* (*t.zool.*) Remiganti.

rameuter |Ramøte| *v.tr.* **1** [*ameuter de nouveau, pour une nouvelle action*] aizzare, istigare (di nuovo): *rameuter la foule* aizzare, istigare la folla **2** (*vén.*) [*ramener les chiens en meute*] radunare (in muta) → **ameuter** ♦ (*pron. intr.*) *les chiens s'étaient rameutés d'eux-mêmes* i cani si erano radunati in muta da soli.

rameux, euse |Ramø, øz| *adj.* (*bot.*) ramoso: *arbrisseaux rameux* arboscelli ramosi.

rami |Rami| *s.m.* (*jeu de cartes*) ramino.

ramie |Rami| *s.f.* (*t.bot.*) ramia, ramiè *m. inv.*, ortica* bianca*.

ramier |Ramje| *s.m.* (*t.zool.*) colombaccio* ♦ (*adj.*) *pigeon ramier* colombaccio *s.m.*

ramification |Ramifikɑsjɔ̃| *s.f.* **1** (*bot.*) [→ RAMIFIER (SE)] ramificazione: *ramification des racines, des nervures des feuilles* ramificazione delle radici, delle nervature delle foglie ◇ (*anat.*) *ramifications nerveuses* ramificazioni nervose ◇ (*zool.*) *ramifications des bois du cerf* ramificazioni dei palchi del cervo ◇ (*par anal.*) *ramifications d'un égout, d'une voie ferrée, d'un filon* diramazioni, ramificazioni di una fognatura, di una ferrovia, di un filone **2** [*groupement secondaire dépendant d'un organisme central*] ramificazione: *ramification d'un programme d'ordinateur* ramificazione di un programma di un elaboratore elettronico ◇ (*fig.*) *société ayant des ramifications à l'étranger* società con diramazioni, ramificazioni all'estero.

ramifié, ée |Ramifje| *adj.* [*qui a de nombreuses ramifications*] ramificato: *deltas ramifiés* delta ramificati.

ramifier (se) |Ramifje| *v.pron. intr.* [*se diviser en plusieurs branches ou rameaux*] ramificarsi, diramarsi: *tige, arbre qui se ramifie* stelo, albero che si ramifica; *les veines, les nerfs se ramifient* le vene, i nervi si ramificano ◇ (*fig.*) *secte qui se ramifie* setta che si ramifica.

ramille |Ramij| *s.f. au sing. collectif* [*menues branches d'arbres coupées avec leurs feuilles*] ramaglia: *fagots, fascines de ramille* fascine di ramaglia.

ramingue |Ramɛ̃g| (*adj.*) *cheval ramingue* [*qui refuse d'avancer quand on lui fait sentir l'éperon*] cavallo restio*.

ramolli, ie |Ramɔli| *adj.* **1** (*choses*) [*devenu mou*] rammollito ◇ (*fig., fam.*) *cerveau ramolli* cervello rammollito **2** (*personnes*) (*fam.*) [*dont le cerveau est devenu faible*] rimbambito → **gâteux** ♦ (*s.*) *un vieux ramolli* un vecchio rimbambito.

ramollir |RamɔliR| *v.tr.* [*rendre mou ou moins dur*] rammollire (197): *ramollir du cuir* rammollire una pelle → **amollir** ♦ (*pron. intr.*) *cerveau qui se ramollit* cervello che si rammollisce.

ramollissant, ante |Ramɔlisɑ̃, ɑ̃t| *adj. et s.m.* (*méd.*) emolliente Ⓒ **astringent**.

ramollissement |Ramɔlismɑ̃| *s.m.* [→ RAMOLLIR] rammollimento ◇ (*pathol.*) *ramollissement cérébral, des os* rammollimento cerebrale, delle ossa.

ramollo |Ramɔlo| *adj. et s.* (*fam.*) → **ramolli 2**.

ramonage |Ramɔnaʒ| *s.m.* [→ RAMONER 1] spazzatura *f.*, pulitura *f.* (dei camini, dei tubi).

ramoner |Ramɔne| *v.tr.* **1** [*nettoyer en raclant pour débarrasser de la suie* (*les cheminées, les tuyaux*)] spazzare, pulire (197) ◇ (*par ext.*) *ramoner une pipe* pulire, nettare una pipa **2** (*fig.*) (*alpinisme*) [*faire une escalade entre deux parois verticales très rapprochées*] scalare un camino.

ramoneur |RamɔnœR| *s.m.* [*celui dont le métier est de ramoner. les cheminées*] spazzacamino: *raclette, hérisson d'un ramoneur* raschiatoio, spazzatoio dello spazzacamino.

rampant, ante |Rɑ̃pɑ̃, ɑ̃t| *adj.* **1** [*qui rampe*] strisciante: *bête, animal rampant*(*e*) bestia, animale strisciante ◇ (*par ext., milit.*) *marche rampante* marcia sul ventre *loc.* ◇ (*plais.*) *personnel rampant* (*opposé à 'navigant'*) personale a terra *loc. inv.*, non navigante ♦ (*s.m.*) *les rampants* il personale a terra, non navigante **2** (*blas.*) *animal rampant* animale rampante ◇ (*archit.*) *arc rampant* arco rampante ♦ (*s.m.*) *le rampant* [*la partie montante, inclinée*] lo spiovente: *toit à deux rampants* tetto a due spioventi **3** [*qui s'abaisse, fait preuve de bassesse devant les puissants*] strisciante: *caractère rampant* carattere strisciante → **bas, obséquieux, servile.**

1 **rampe** |Rɑ̃p| *s.f.* **1** [*plan incliné entre deux plans horizontaux*] rampa: *rampe pour voitures dans un garage, rampe d'accès* rampa per automobili in un 'garage', rampa di accesso; *automobiliste qui monte une rampe longue et sinueuse* automobilista che sale una rampa lunga e sinuosa → **montée** **2** (*spécialt.*) *rampes de lancement de fusées* rampe di lancio per missili.

2 **rampe** |Rɑ̃p| *s.f.* **1** [*balustrade à hauteur d'appui, posée sur le limon d'un escalier*; *main courante*] ringhiera, corrimano (*m.*): *rampe de bois* ringhiera, corrimano di legno; *corde tenant lieu de rampe* corda che serve da ringhiera, da corrimano; *s'accrocher à la rampe* aggrapparsi alla ringhiera ◇ (*loc. fig., fam.*) *tenir bon la rampe* mantenersi in perfetta salute (*cour.*) ~ *lâcher la rampe* [*mourir*] andare all'altro mondo **2** [*rangée de lumières disposées au bord de la scène*] ribalta: *les feux de la rampe* le luci della ribalta ◇ (*fig.*) *dialogue, réplique, mot qui passe la rampe* dialogo, battuta, parola che fa effetto, che fa presa sul pubblico ◇ [*dispositif présentant une suite de sources lumineuses* (*pour l'éclairage des devantures, des façades*)] impianto *m.* di illuminazione ◇ (*aviat.*) *rampe de balisage* fila di proiettori (per illuminare la pista).

rampeau |Rɑ̃po| *s.m.* (*jeux*) *faire rampeau* pareggiare *v. intr.*

rampement |Rɑ̃pmɑ̃| *s.m.* (*rare*) [→ RAMPER 2] strisciamento.

ramper |Rɑ̃pe| *v.intr.* **1** (*en parlant des reptiles, des vers, etc.*) [*progresser par un mouvement de reptation*] strisciare: *serpent qui rampe* serpente che striscia ◇ (*par ext.*) (*en parlant d'animaux, de l'homme*) strisciare, avanzare sul ventre, carponi: *fauve qui rampe en approchant de sa proie* belva che avanza strisciando, avvicinandosi alla preda # *l'enfant rampe avant de marcher* il bambino si muove carponi prima di camminare ◇ (*par anal., plantes*) abbarbicarsi (*pron.*): *une vigne qui rampe* *le long d'un mur* una vite che si abbarbica su un muro **2** (*personnes*) [*s'abaisser, être rampant, humblement soumis*] strisciare: *ramper devant des supérieurs* strisciare davanti ai superiori.

rampon(n)eau |Rãpɔno| *s.m.* (*pop.*) [*bourrade, coup*] spintone, botta (*f.*): *donner un ramponneau* dare uno spintone, una botta.

ramule |Ramyl| *s.m.* (*arbor.*) ramulo.

ramure |RamyR| *s.f.* **1** [*ensemble des branches et rameaux* (*d'un arbre*)] ramatura → **branchage, ramée 2** [*ensemble du bois des Cervidés*] palchi *m. pl.*, rami *m. pl.*

ranatre |RanatR(ə)| *s.f.* (*t.zool.*) ranatra.

rancard |RãkaR| *s.m.* **1** (*arg.*) [*renseignement confidentiel*] soffiata *f.* (*pop.*) **2** (*pop.*) [*rendez-vous secret*] appuntamento (*cour.*): *avoir un rancard* avere un appuntamento.

rancarder |RãkaRde| *v.tr.* **1** (*pop.*) [*renseigner secrètement* (*qqn.*), *indiquer* (*à qqn.*) *un coup à faire*] soffiare (a), fare (103) una soffiata (a) **2** (*rare, pop.*) [*donner un rendez-vous à* (*qqn.*)] dare (102) un appuntamento (a) (*cour.*).

rancart |RãkaR| *s.m.* (*dans la loc. fam.*) METTRE AU RANCART [*jeter, se débarrasser* (*d'une chose inutile ou usée*)] gettare, buttare via (in un canto, da parte): *bon à mettre au rancart* buono da gettare, buttare via ◇ (*fig.*) *mise au rancart d'un projet* accantonamento, insabbiamento di un progetto.

rance |Rãs| *adj.* (*se dit d'un corps gras qui a pris une odeur forte et un goût âcre*) rancido: *beurre, huile, lard rance* burro, olio, lardo rancido # *odeur, goût rance* odore, gusto di rancido ✦ (*s.m.*) *beurre qui sent le rance* burro che sa di rancido.

rancescible |Rãsesibl(ə)| *adj.* che irrancidisce facilmente (*loc.*): *huiles rancescibles* oli che irrancidiscono facilmente.

ranch |Rãtʃ|, **rancho** |Rãtʃo| *s.m.* (*anglo-amér.*) ranch *inv.*

ranche |Rãʃ| *s.f.* (*région.*) [*barre transversale assemblée sur une poutre et servant d'échelon*] piolo *m.*

ranci, ie |Rãsi| *adj.* → **rance** ◇ (*fig.*) *une vieille fille rancie* una zitella irrancidita, inacidita.

rancidité |Rãsidite| *s.f.* rancidità *inv.*

rancio |Rãsjo| *s.m.* (*esp.*) rancio *inv.*

rancir |RãsiR| *v.intr.* [*devenir rance*] irrancidire (197) (*aux.* essere) ◇ (*fig.*) [*vieillir sans se renouveler, et en perdant ses qualités*] *il a ranci* è irrancidito.

rancissement |Rãsismã| *s.m.* [*le fait de rancir*] irrancidimento.

rancœur |RãkœR| *s.f.* rancore *m.*, astio* *m.*

rançon |Rãsɔ̃| *s.f.* **1** [*prix que l'on exige pour délivrer une personne captive*] riscatto (*m.*): *payer une rançon* pagare un riscatto; *exiger une rançon après avoir enlevé un enfant* chiedere un riscatto dopo aver rapito un bambino **2** (*fig.*) [*inconvénient que comporte un avantage, un plaisir*] prezzo (*m.*): *il n'a plus de vie privée, c'est la rançon de la célébrité* non ha più una sua vita privata, è il prezzo della celebrità → **compensation.**

rançonnement |Rãsɔnmã| *s.m.* (*rare*) [→ RANÇONNER 2] il taglieggiare *inv.* → **brigandage; racket.**

rançonner |Rãsɔne| *v.tr.* **1** (*vieilli*) [*proposer de relâcher contre une rançon*] esigere (141) un riscatto (per) **2** (*par ext.*) [*faire payer par la force, exiger une contribution qui n'est point due*] taglieggiare: *brigands qui rançonnaient les voyageurs* briganti che taglieggiavano i viaggiatori **3** (*fig., vieilli, littér.*) [*exiger plus qu'il n'est dû*] sfruttare, pelare (*fam.*): *rançonner les clients* sfruttare, pelare i clienti.

rançonneur, euse |RãsɔnœR, øz| *s.* [*personne qui rançonne* (2)] taglieggiatore*.

rancune |Rãkyn| *s.f.* [*souvenir tenace que l'on garde d'une offense, d'un préjudice, avec de l'hostilité et un désir de vengeance*] rancore (*m.*): *avoir de la rancune contre qqn.* serbare rancore a qc. → **rancœur, ressentiment** ◇ (*ellipt.*) *sans rancune* senza rancore Ⓒ **oubli, pardon.**

rancuneux, euse |Rãkynø, øz| *adj.* (*littér., vieilli*) (*Belgique, Canada*) → **rancunier.**

rancunier, ière |Rãkynje, jɛR| *adj.* [*porté à la rancune*] acrimonioso, astioso: *caractère rancunier* carattere acrimonioso, astioso ✦ (*s.*) *un rancunier* una persona *f.* vendicativa.

randonnée |Rãdɔne| *s.f.* [*course, promenade longue et ininterrompue*] (lunga) gita, scarpinata (*fam.*): *une randonnée à bicyclette, en automobile* una gita in bicicletta, in auto.

rang |Rã| *s.m.* **I 1** [*suite* (*de personnes, de choses*) *disposée sur une même ligne, en largeur*] fila (*f.*): *rang de personnes, de spectateurs* fila di persone, di spettatori; *disposer par rangs, en rangs superposés* disporre in fila in file sovrapposte; *se mettre en rang(s)* mettersi in fila # *un rang de perles* un filo di perle; *collier à trois rangs de perles* collana di perle a tre fili ◇ [*ligne de sièges les uns à côté des autres*] *rang de loges, de fauteuils* fila di palchi, di poltrone ✦ (*absolt.*) *se placer au dixième rang, au premier rang* mettersi nella (in) decima fila, nella (in) prima fila ◇ [*suite de mailles constituant une même ligne d'un ouvrage*] (*tricot*) ferro: *un rang* (*tricoté*) *à l'endroit, un rang à l'envers* un ferro (lavorato) a dritto, un ferro a rovescio; (*crochet*) giro ◇ (*loc. fig.*) *en rang d'oignon* in fila **2** (*milit.*) rango*: *les rangs d'une armée* i ranghi di un esercito; *dans les rangs, hors des rangs* nei ranghi, fuori dai ranghi; *sortir des rangs* uscire dai ranghi; *servir dans les rangs de tel régiment d'infanterie* servire nei ranghi di un certo reggimento di fanteria # *serrer, rompre les rangs* serrare, rompere le file ◇ (*absolt.*) *le rang* [*l'ensemble des hommes de troupe*] la truppa *f.* # *officiers sortis du rang* ufficiali venuti dalla gavetta; *servir dans les rangs* essere soldato semplice ◇ (*loc. fig.*) *être, se mettre sur les rangs* [*entrer en courrence avec d'autres* (*pour obtenir un poste*)] presentarsi come candidato ◇ (*fig.*) [*masse, nombre*] fila: *grossir les rangs des mécontents* ingrossare le file degli scontenti # *nous l'avons admis dans nos rangs* l'abbiamo ammesso fra noi **II** [*place dans une série, un ordre*] **1** [*situation dans une série, une suite concrète*] posto: *être placé au troisième rang* essere collocato al terzo posto; *avoir rang avant, après qqn.* occupare un posto superiore, inferiore a qc. # *en rang, par rang d'ancienneté, d'âge, de taille* per ordine di anzianità, di età, di altezza **2** (*abstrait*) [*place, position dans un ordre, dans une hiérarchie*] rango: *rang le plus bas, le plus haut* rango più basso, più elevato → **1 classe, échelon** # *officier d'un certain rang* ufficiale di un certo grado ◇ (*spécialt.*) [*place qu'une personne occupe dans la société et qui lui est conférée par la naissance, la position, la célébrité*] *rang inférieur, subalterne* rango inferiore, subalterno → **1 classe, condition**; *fonction, titre qui confère un haut rang* funzione, titolo che conferisce un alto rango ◇ (*absolt.*) *prestige du rang* prestigio del rango ◇ (*anc. mar.*) *vaisseau du premier, du second, du troisième rang* vascello di primo, secondo, terzo rango ◇ *loc.* (*personnes ou choses*) *être du même rang* essere dello stesso rango ~ *mettre sur le même rang* mettere sul medesimo piano **3** *loc.* AU RANG DE [*parmi*] tra, fra (*prép.*): *mettre au rang de* contare, annoverare tra.

rangé, ée |Rãʒe| *adj.* **1** *bataille rangée* [*organisée, qui a un plan*] battaglia campale **2** [*qui mène une vie régulière, réglée sans excès; qui a une bonne conduite*] ordinato, regolato: *cet homme si réglé, si rangé* questo uomo così posato, ordinato → **sérieux** ◇ (*fam.*) *être rangé des voitures* aver messo la testa a partito ◇ (*par ext.*) *vie rangée* vita regolata Ⓒ **bohème, irrégulier.**

rangée |Rãʒe| *s.f.* [*suite* (*de choses ou de personnes*) *disposée côte à côte sur une même ligne*] fila: *rangée de maisons* fila di case; *rangées de fauteuils* file di poltrone; *rangées d'officiers* file di ufficiali → **ligne, rang** # *rangée d'arbres* filare di alberi.

rangement |Rãʒmã| *s.m.* **1** [→ RANGER 2] il mettere *inv.* in ordine, il sistemare (*inv.*): *rangement d'une armoire* il mettere in ordine, il sistemare un armadio # *faire des rangements, du rangement dans un tiroir* fare ordine in un cassetto, mettere in ordine un cassetto ✦ (*absolt.*) *aimer le rangement* amare l'ordine **2** [*disposition des choses* (*bien ou mal*) *rangées*] sistemazione *f.*, disposizione (*f.*): *un rangement rationnel* una sistemazione, disposizione razionale.

ranger |Rãʒe| (3) **A** *v.tr.* **1** (*vieilli*) [*disposer en un ou plusieurs rangs ou files*] schierare (*cour.*), allineare (*cour.*): *ranger des soldats* schierare dei soldati → **aligner 2** [*disposer à sa place, avec ordre*] riporre (168), riordinare: *rangez vos affaires!* riponete, riordinate le vostre cose!; *ranger et étiqueter des dossiers, des marchandises* riordinare e etichettare dei plichi, delle merci # *ranger sous une même étiquette* classificare con la medesima etichetta ✦ *au p.p.* in ordine (*loc. inv.*): *tout est* (*bien*) *rangé dans sa chambre* tutto è (ben) in ordine nella sua stanza ◇ (*fig.*) *mots rangés par ordre alphabétique* parole disposte in ordine alfabetico **3** (*par ext., vieilli*) (*sans idée d'ordre de classement*) [*mettre au nombre de, au rang de*] annoverare (*cour.*): *il le range parmi les bons ouvrages* lo annovera tra le buone opere **4** (*spécialt.*) [*mettre de coté pour laisser* *le passage*] posteggiare: *ranger l'auto* posteggiare l'auto → **garer** **5** (*mar.*) [*passer auprès de, le long de*] costeggiare → **longer** **B** *v.pron.* SE RANGER **1** *réfl.* [*se mettre en rangs, en ordre*] disporsi (168) in fila, schierarsi: *soldats qui se rangent par trois* soldati che si dispongono in fila, che si schierano per tre ◇ (*fig.*) *se ranger sous les enseignes, les drapeaux d'un général* disporsi sotto le insegne, le bandiere di un generale **2** *réfl.* [*s'écarter ou être écarté pour laisser le passage*] scansarsi, tirarsi da parte: *quand une automobile arrive, on se range* quando arriva un'auto, ci si scansa, ci si tira da parte ◇ (*mar.*) *se ranger à bord, à quai* accostare *intr.* a un'altra nave, alla banchina **3** *réfl.* (*fig.*) [*se mettre, se placer aux côtés ou sous l'autorité de*] schierarsi, mettersi (155) → **rallier (se)** **4** *intr.*, *absolt.* [*adopter un genre de vie plus régulier, une conduite plus raisonnable*] mettere *tr.* giudizio, rinsavire (197) *intr.* → **assagir (s')** **5** *passif* [*devoir être rangé* (*quelque part*)] *où cela se range-t-il?* dove si mette questo? → **mettre (se).**

rani |Rani| *s.f.* [*femme du rajah*] maharani *inv.*

Ranidés |Ranide| *s.m. pl.* (*t.zool.*) Ranidi.

ranimation |Ranimasjɔ̃| *s.f.* → **réanimation.**

ranimer |Ranime| *v.tr.* **1** (*vx.*) → **ressusciter** ◇ (*par métaph.*) [*faire renaître, revivre*] rievocare, far (103) *intr.* rivivere: *ranimer le passé* rievocare, far rivivere il passato → **revivifier** **2** [*rendre la conscience, le mouvement à*] rianimare: *ranimer un noyé, une personne évanouie* rianimare un annegato, una persona svenuta **3** (*sens moral*) [*rendre plus vif, plus actif; redonner de l'énergie à*] rianimare, ravvivare: *ce discours ranima les troupes* questo discorso rianimò le truppe; *ranimer le zèle* ravvivare lo zelo → **animer, encourager, réconforter** # *ranimer le courage, l'ardeur, les énergies, l'enthousiasme* ridare coraggio, ardore, energie, entusiasmo; *ranimer des vieilles rancunes* risvegliare vecchi rancori → **exalter, raviver** **4** [*redonner de la force, de l'éclat* (*au feu*)] ravvivare, attizzare (il fuoco): *ranimer la flamme sur la tombe du Soldat inconnu* ravvivare la fiamma sulla tomba del Milite ignoto.

ranz |Rɑ̃z, Rɑ̃ts| *s.m.* [*air de berger, chanson pastorale suisse*] pastorale *f.*

raout |Raut| *s.m.* (*vieilli*) [*réunion, fête mondaine*] ricevimento (*cour.*), serata *f.* mondana (*cour.*).

rapace |Rapas| *adj.* **1** (*zool.*) rapace **2** [*qui aime le gain à l'excès, qui cherche à s'enrichir rapidement et brutalement, au détriment d'autrui*] rapace: *homme d'affaires rapace* uomo d'affari rapace, avido → **avide, cupide.**

Rapaces |Rapas| *s.m. pl.* (*t.zool.*) Rapaci.

rapacité |Rapasite| *s.f.* **1** rapacità *inv.* → **avidité, cupidité** **2** [*avidité à se jeter sur sa proie, ardeur à la poursuivre*] rapacità: *la rapacité du tigre, du loup, du vautour* la rapacità della tigre, del lupo, dell'avvoltoio.

râpage |Rɑpaʒ| *s.m.* [*opération qui consiste à râper*] grattatura *f.*; raspatura *f.*

rapatrié, ée |RapatRije| *adj.* [*qu'on fait rentrer dans son pays*] rimpatriato: *matelot rapatrié* marinaio rimpatriato ✦ (*s.*) *les rapatriés* i rimpatriati.

rapatriement |RapatRimɑ̃| *s.m.* [→ RAPATRIER 2] rimpatrio*: *rapatriement des prisonniers de guerre* rimpatrio dei prigionieri di guerra.

rapatrier |RapatRije| *v.tr.* **1** (*vx.*, *fam.*) → **réconcilier** **2** (*d'une autorité*) [*assurer le retour de* (*une personne*) *sur le territoire du pays auquel elle appartient par sa nationalité*] rimpatriare: *rapatrier des prisonniers de guerre* rimpatriare dei prigionieri di guerra ◇ (*écon.*) *rapatrier des capitaux exportés* rimpatriare capitali esportati.

rapatronnage |RapatRɔnaʒ| *s.m.* (*Eaux et For.*) raffronto con il ceppo.

rapatronner |RapatRɔne| *v.tr.* (*Eaux et For.*) [*rapprocher le tronc de* (*un arbre*) *coupé d'une souche restée en terre, afin de vérifier qu'il en provient*] raffrontare il tronco con il ceppo.

râpe |Rɑp| *s.f.* **I** (*agric.*) raspo *m.*, graspo *m.* **II** **1** (*techn.*) raspa: *râpe à bois* raspa da legno; *râpe de sculpteur, de cordonnier, de plombier* raspa dello scultore, del calzolaio, dell'idraulico → **lime** ◇ (*méd.*) *bruit de râpe* rumore di raspa **2** [*ustensile de cuis.*] grattugia*: *râpe à fromage* grattugia del formaggio.

râpé |Rɑpe| *s.m.* **I** [*boisson qu'on obtient en faisant passer de l'eau sur du marc ou sur du raisin frais entassé dans un tonneau*] vinello ◇ [*vin éclairci avec des copeaux de hêtre, de chêne, qu'on y a laissé tremper; ces copeaux eux-mêmes*] vino chiarificato **II** (*fam.*) *du râpé* formaggio* grattugiato (*cour.*).

râpé, ée |Rɑpe| *adj.* **1** (*se dit d'un tissu usé par le frottement, qui a perdu ses poils, son velouté*) logoro, liso → **élimé** **2** (*loc. fam.*) *c'est râpé!* (*se dit d'un contretemps, d'une attente déçue*) niente da fare: *pour l'invitation, c'est râpé!* per l'invito, niente da fare!

râper |Rɑpe| *v.tr.* **1** [*réduire en poudre grossière, en petits morceaux au moyen d'une râpe* (II 2)] grattugiare: *râper du fromage* grattugiare il formaggio ✦ (*au p.p.*) *carottes râpées* carote grattugiate **2** [*travailler à la râpe* (II 1)] raspare: *râper un morceau de bois* raspare un pezzo di legno ◇ (*fig.*) *vin grossier qui râpe la gorge* vino scadente che raspa la gola.

râperie |RɑpRi| *s.f.* (*techn.*) reparto *m.* trinciatura delle barbabietole; reparto trinciatura del legno.

râpes |Rap| *s.f. pl.* (*véter.*) crepacce, ragadi (del ginocchio del cavallo).

rapetassage |Raptasaʒ| *s.m.* (*fam.*) [→ RAPETASSER] rabberciatura *f.*, rabberciamento.

rapetasser |Raptase| *v.tr.* (*fam.*) [*rapiécer sommairement, grossièrement* (*un vêtement*)] rappezzare, rabberciare → **raccommoder, rapiécer** ◇ (*fig.*, *péj.*) [*remanier, corriger par fragments*] raffazzonare, rabberciare: *rapetasser un manuscrit* raffazzonare, rabberciare un manoscritto.

rapetissement |Raptismɑ̃| *s.m.* (*pr.*, *fig.*) [→ RAPETISSER] rimpicciolimento; lo sminuire *inv.*

rapetisser |Raptise| **A** *v.tr.* **1** [*rendre plus petit*] rimpicc(i)olire (197): *rapetisser le manteau d'un aîné pour le faire servir au cadet* rimpicciolire, accorciare il cappotto del fratello maggiore perché serva al minore **2** [*faire paraître plus petit* (*par un effet d'opt.*)] rimpicc(i)olire: *la distance rapetisse les objets* la distanza rimpicciolisce gli oggetti **3** (*fig.*) [*diminuer la grandeur de* (*une chose*), *le mérite de* (*une personne*)] sminuire (197) → **amoindrir** ✦ (*pron. réfl.*) *j'essayais de me rapetisser à ses yeux* cercavo di sminuirmi ai suoi occhi **B** *v.intr.* [*devenir plus petit, plus court* (*dans l'espace ou dans le temps*)] rimpicciolire (*aux.* essere), rimpicciolirsi (*pron.*): *on rapetisse avec l'âge* si rimpicciolisce con l'età.

râpeux, euse |Rɑpø, øz| *adj.* [*hérissé d'aspérités, rude au toucher comme une râpe*] ruvido, aspro: *langue râpeuse d'un chat* lingua ruvida del gatto → **rugueux** ◇ (*fig.*) (*en parlant d'une boisson, vin, cidre, d'une voix qui manque de moelleux*) aspro: *un bordeaux râpeux* un 'bordeaux' aspro → **âpre.**

raphaélesque |Rafaelɛsk| *adj.* [*de Raphaël*] raffaellesco*: *le style raphaélesque* lo stile raffaellesco.

raphé |Rafe| *s.m.* rafe.

raphia |Rafja| *s.m.* (*t.bot.*) rafia *f.* ◇ [*la fibre qu'on tire des feuilles de ce palmier*] rafia.

raphide |Rafid| *s.f.* (*biol.*) rafidio* *m.*

Raphidioptères |Rafidjɔptɛr| *s.m. pl.* (*t.bot.*) Rafididi.

rapiat, ate |Rapja, at| *adj.* (*fam.*) [*avare, cupide* (*avec une idée de mesquinerie, de goût pour les petites économies*)] taccagno (*cour.*), spilorcio* (*cour.*): *elle est rapiat*(*e*) è taccagna ✦ (*s.*) *un vieux rapiat* un vecchio taccagno.

rapide |Rapid| **I** *adj.* **1** (*en parlant d'un cours d'eau*) rapido, veloce ◇ [*fortement incliné par rapport au plan horizontal*] ripido: *pente rapide* pendio ripido → **abrupt, raide** **2** [*qui se meut* (*ou qui peut se mouvoir*) *avec une vitesse élevée*] veloce: *cheval rapide* cavallo veloce; *rapide comme une flèche* veloce come una freccia # *train rapide* treno rapido **3** (*sans idée de déplacement*) [*qui exécute* (*ou peut exécuter*) *avec promptitude*] svelto, celere: *il est rapide dans son travail, dans l'exécution de ses projets* è svelto, celere nell'esecuzione del suo lavoro, dei suoi progetti → **prompt** ◇ (*spécialt.*) [*qui comprend, qui voit tout de suite*] pronto, vivace: *esprit rapide et brillant* intelligenza pronta e brillante **4** (*d'une allure, d'un mouvement*) [*qui s'accomplit avec une vitesse élevée*] spedito, veloce: *allure, pas rapide* andatura spedita; passo veloce, spedito ◇ (*mus.*) veloce: *mouvement, rythme rapide* movimento, ritmo veloce ◇ (*méd.*) *pouls rapide* polso rapido **5** (*fig.*) (*du style, d'un récit*) [*qui va droit à l'essentiel*] rapido: *style rapide* stile rapido **6** (*d'une action, d'un processus*) [*qui est fait, se fait sans tarder; dont les différentes phases se succèdent à des intervalles rapprochés*] rapido: *progrès, guérison rapide* progresso rapido, guarigione rapida → **prompt** ◇ [*qui conduit vite au but désiré*] *moyen, expédient rapide* mezzo, espediente rapido **7** (*métall.*) *acier* (*à coupe*) *rapide* acciaio rapido ◇ (*photo.*) *pellicule rapide, ultra rapide* pellicola rapida, ultrarapida **8** (*sport*) veloce: *piste, piscine rapide* pista, piscina veloce **II** *s.m.* **1** [*partie d'un cours d'eau où le courant est rapide, agité et tourbillonnant*] rapida (*f.*): *les rapides des fleuves africains* le rapide dei fiumi africani **2** (*ch. de fer*) rapido: *le rapide Paris-Bordeaux* il rapido Parigi-Bordeaux 🄲 I **lent.**

rapidement |Rapidmɑ̃| *adv.* [*à une grande vitesse, en un temps bref*] rapidamente, velocemente: *aller rapidement* andare rapidamente, velocemente; *mener rapidement une affaire* condurre velocemente un affare → **expéditivement, vite, vivement** # *parcourir rapidement le journal* sfogliare in fretta il giornale 🄲 **lentement.**

rapidité |Rapidite| *s.f.* rapidità *inv.*, velocità (*inv.*): *rapidité d'un cheval* rapidità, velocità di un cavallo; *la rapidité du temps* la rapidità del tempo; *agir avec rapidité* agire con rapidità → **hâte, velocité, vitesse** ◇ (*sport*) velocità.

rapiéçage |Rapjesaʒ|, **rapiècement** |Rapjɛsmɑ̃| *s.m.* [→ RAPIÉCER] rattoppatura *f.*, rattoppo: *le rapiéçage d'un drap* la rattoppatura di un lenzuolo.

rapiécer |Rapjese| (8) (2) *v.tr.* [*réparer ou raccommoder en mettant, en cousant une pièce*] rattoppare, rappezzare: *lingère qui rapièce du linge* guardarobiera che rattoppa della biancheria ✦ (*au p.p.*) *un jean tout rapiécé* un paio di jeans tutti rattoppati.

rapière |RapjɛR| *s.f.* (*vx.*, *plais.*) [*épée longue et effilée, à garde hémisphérique*] spadone *m.* # *un traîneur de rapière, de sabre* un soldataccio.

rapin |Rapɛ̃| *s.m.* (*péj.*) [*artiste peintre*] imbrattatele *s. inv.*

rapine |Rapin| *s.f.* (*littér.*) rapina (*cour.*) ◇ [*vol, pillage*] saccheggio* (*m.*): *rapines des soldats en campagne* saccheggi dei soldati in campagna.

rapiner |Rapine| *v.tr. et intr.* (*vieilli*) [*pratiquer la rapine*] rubacchiare (*cour.*), rapinare (*cour.*): *il rapinait de toutes côté* rubacchiava ovunque.

rapinerie |RapinRi| *s.f.* [*acte de rapine*] rapina: *les rapineries l'avaient enrichi* le rapine l'avevano arricchito.

raplatir |RaplatiR| *v.tr.* [*rendre de nouveau plat ou plus plat*] appiattire (197) di nuovo ◇ (*loc. fig.*, *fam.*) *être tout raplati, raplapla* (*inv.*) essere a terra ~ *un retraité raplati, raplapla* un pensionato rammollito.

rapointir |Rapwɛ̃tiR| *v.tr.* (*techn.*) [*refaire la pointe de*] riappuntire (197), rifare (103) la punta (a) → **appointer.**

rappareiller |RapaReje| *v.tr.* (*rare*) [*remettre* (*une chose*) *avec sa pareille ou ses pareilles*] riappaiare, riaccoppiare 🄲 **dépareiller.**

rappariement |RapaRimɑ̃| *s.m.* (*rare*) [→ RAPPARIER] riappaiamento, riaccoppiamento.

rapparier |RapaRje| *v.tr.* (*rare*) [*remettre* (*une chose*) *avec sa pareille, pour reformer une paire*] riappaiare, riaccoppiare ◇ (*spécialt.*) (*pour reformer un couple d'animaux*) *rapparier des pigeons* riaccoppiare dei piccioni.

rappel |Rapɛl| *s.m.* **1** [*action d'appeler pour faire revenir*] richiamo: *rappel d'un exilé* richiamo di un esiliato; *rappel de réservistes* richiamo di riservisti ◇ (*spécialt.*) *battre le rappel* suonare l'adunata *f.* ◇ [*applaudissements par lesquels on rappelle* (*un comédien*) *à la fin d'une représentation*] chiamata *f.* (alla ribalta) **2** RAPPEL À richiamo a: *rappel à l'ordre* richiamo all'ordine; *rappel à la raison* richiamo alla ragione **3** [*action de faire revenir* (*qqch.*); *action d'évoquer*] rievocazione (*f.*): *il rougit au rappel de cette aventure passée* arrossì alla rievocazione di quella avventura trascorsa ◇ [*action de faire penser de nouveau à*] richiamo: *signal de rappel de limitation de vitesse* segnale di richiamo del limite di velocità; *vaccination de rappel* vaccinazione di richiamo **4** (*spécialt.*) [*paiement d'une portion d'appointements ou d'arrérages restée en suspens*] conguaglio*, riscossione *f.* **5** (*techn.*) richiamo: *vis, ressort de rappel* vite, molla di richiamo ◇ (*mécan.*) *couple, force de rappel* coppia, forza antagonista *adj.* ◇ (*alpinisme*) *descente en rappel* discesa a corda *f.* doppia.

rappelé, ée |Raple| *adj.* [*qu'on fait revenir ou qu'on révoque pour raisons diplomatiques*] richiamato: *ambassadeur rappelé* ambasciatore richiamato ◇ [*appelé de nouveau sous les drapeaux*] *soldats rappelés* soldati richiamati ✦ (*s.*) *des rappelés* dei richiamati.

rappeler |Raple| (4) **A** *v.tr.* **1** [*appeler pour faire revenir*] richiamare: *rappeler son chien en le sifflant* richiamare il proprio cane fischiando; *on l'a rappelé auprès de sa mère malade* l'hanno richiamato presso la madre malata ◇ (*spécialt.*) *rappeler un ambassadeur* richiamare un ambasciatore ◇ (*loc.*) *Dieu l'a rappelé à lui* Dio l'ha chiamato a sé **2** (*fig.*) *rappeler qqn. à la vie* richiamare qc. in vita; *rappeler à la raison* richiamare alla ragione **3** [*appeler de nouveau*] richiamare: *rappelez-moi plus tard* (mi) richiami più tardi **4** [*faire souvenir de*] ricordare: *faut-il rappeler que...* occorre ricordare che...; *rappelez-moi au bon souvenir de Madame votre mère* mi ricordi a sua madre, voglia salutarmi sua madre **5** (*sujet de chose*) [*faire venir à l'esprit par association d'idées*] evocare: *les excuses rappellent la faute* le scuse evocano la colpa **B** *v.pron.* SE RAPPELER **1** *intr.* [*rappeler* (*un souvenir*) *à sa mémoire, avoir présent à l'esprit*] ricordarsi: *se rappeler mot à mot un entretien* ricordarsi parola per parola un incontro; *elle s'est rappelé avoir pleuré en cette occasion* si è ricordata di aver pianto in quell'occasione **2** (*réfl.*) *se rappeler à qqn., au bon souvenir de qqn.* [*faire souvenir de soi*] farsi (103) ricordare da qc.

rappliquer |Raplike| **A** *v.tr.* (*rare*) [*appliquer de nouveau*] riapplicare **B** *v. intr.* (*pop.*) [*revenir*; *venir, arriver*] tornare (*aux.* essere), arrivare (*aux.* essere), venire (202) (*aux.* essere): *le voilà qui rapplique!* eccolo che arriva!

rappointis |Rapwɛ̃ti| *s.m.* (*techn.*) zanca* *f.*

rapport |RapɔR| *s.m.* **I** **1** [*action de raconter, d'exposer à qqn. ce qu'on a vu, entendu*; *ce que l'on rapporte*] rapporto, relazione (*f.*): *rapport de police* rapporto di polizia; *faire un rapport écrit, oral sur une question* fare una relazione scritta, orale su un argomento ◇ (*milit.*) rapporto: *au rapport!* a rapporto! **2** [*le fait d'apporter un, des profit*(*s*)] rendita (*f.*): *vivre du rapport d'une terre, d'un capital* vivere della rendita di un terreno, di un capitale; *être d'un grand, d'un bon rapport* avere, dare una buona rendita # *immeuble, maison de rapport* immobile, casa di reddito **3** [*adjonction d'une matière d'origine étrangère*] riporto: *terres de rapport* terre di riporto **4** (*dr.*) *rapport de biens à la masse* restituzione *f.* di beni alla massa **II** **1** [*lien, relation que l'esprit constate entre plusieurs objets distincts*] rapporto, relazione: *liés par un rapport* legati da un rapporto; *rapports de parenté* rapporti di parentela **2** [*relation de ressemblance*; *traits, éléments communs*] somiglianza (*f.*): *avoir beaucoup de rapport avec qqn.* avere molta somiglianza con qc. → **affinité, parenté** # *être sans rapport avec* non somigliare a ◇ (*loc.*) *en rapport avec* [*qui correspond, convient à*] in rapporto con, consono *adj.* **3** [*relation de cause à effet*] rapporto: *établir le rapport entre deux choses, deux événements* stabilire il rapporto tra due cose, due avvenimenti # *avoir rapport à...* avere analogia con..., essere fatto per... **4** (*math.*) proporzione *f.*, rapporto: *rapport entre une grandeur et une unité* proporzione fra una grandezza e una unità; *rapport de un à dix* rapporto di uno a dieci → **mesure** ◇ (*loc.*) *en rapport de* nella misura di ◇ (*bx-arts*) *être en rapport de symétrie* essere in proporzione simmetrica **5** *loc. prép.* PAR RAPPORT À in rapporto a, a paragone di: *considérer une grandeur par rapport à une autre* considerare una grandezza in rapporto a un'altra **6** (*loc. pop.*) *rapport à* a proposito di **7** *loc.* SOUS LE RAPPORT DE dal punto di vista di: *considérer une chose sous tel ou tel rapport* considerare una cosa da questo o da quel punto di vista # *sous tous les rapports* da tutti i punti di vista **III** **1** *surtout au plur.* [*relation entre des personnes*] rapporti, relazioni: *rapports sociaux* rapporti, relazioni sociali; *avoir des rapports tendus avec qqn.* avere rapporti tesi con qc.; *entretenir de bons rapports* intrattenere buone relazioni → **commerce, 1 relation** ◇ (*spécialt.*) *rapports sexuels* rapporti sessuali; *avoir des rapports avec une femme* aver rapporti intimi con una donna **2** [*relation avec des collectivités*] relazione, rapporto: *rapports entre États, entre peuples* rapporti tra Stati, tra popoli.

rapportable |RapɔRtabl(ə)| *adj.* [*qui doit, qui peut être rapporté*] riportabile, riferibile.

rapportage |RapɔRtaʒ| *s.m.* (*fam.*) (*dans le langage des écoliers*) [*action de rapporter, de dénoncer*] spiata *f.*

rapporté, ée |RapɔRte| *adj.* [*qui a été ajouté pour compléter*] riportato: *terres rapportées* terre riportate, di riporto ◇ (*cout.*) *veste à poches rapportées* giacca a tasche riportate.

rapporter |RapɔRte| **A** *v.tr.* **I** **1** [*porter de nouveau à qqn.*] riportare **2** [*apporter* (*une chose qui avait été déplacée*) *à l'endroit où elle était*] riportare, restituire (197): *rapporter ce qu'on a pris* riportare, restituire ciò che si è preso → **rendre** **3** [*apporter* (*qqch.*) *d'un lieu en revenant, en s'en retournant*] portare: *rapporter des cigares de Suisse* portare dei sigari dalla Svizzera ◇ (*spécialt.*) *chien qui rapporte le gibier abattu* cane che riporta la selvaggina **4** [*apporter* (*une chose*) *pour compléter, parfaire qqch.*] riportare: *rapporter des terres* riportare delle terre ◇ (*cout.*) [*coudre* (*une pièce séparée*) *sur une autre*] cucire (203): *rapporter une poche* cucire una tasca ◇ (*géom.*) *rapporter un angle* riportare un angolo **5** [*donner *comme produit, comme gain, comme bénéfice*] fruttare, rendere (105): *rapporter un revenu* fruttare, produrre una rendita ✦ (*absolt.*) *champ qui rapporte* campo che frutta, rende → **fructifier** **6** [*venir dire, répéter* (*ce qu'on a appris, entendu*)] riferire (197): *on m'a rapporté que ses affaires allaient mal* mi hanno riferito che i suoi affari vanno male ◇ (*spécialt.*) [*répéter par indiscrétion, par malice, une chose de nature à nuire à qqn.*] riportare: *espionner qqn. pour rapporter ses actions* spiare qc. per riportare le sue azioni ✦ *absolt.* (*fam.*) → **dénoncer; cafarder** **II** *rapporter à* [*rattacher* (*une chose*) *à une autre, par une relation logique*] riferire, attribuire (197); ricondurre (108): *rapporter un événement à une certaine époque* riferire, ricollegare un avvenimento a una certa epoca; *rapporter tout à soi* ricondurre tutto a sé → **ramener, attribuer** ◇ [*établir un rapport numérique*] riportare: *rapporter des mesures à une certaine échelle* riportare delle misure a una certa scala **III** (*dr.*) → **abroger, annuler** **B** *v.pron. intr.* SE RAPPORTER **1** [*avoir rapport à*] riferirsi # *la réponse ne se rapporte pas à la question* la risposta non è pertinente alla domanda **2** *se rapporter à qqn. de qqch.* rimettersi (155) a qc. per q.c.: *je m'en rapporte à vous* mi rimetto a voi.

rapporteur, euse |RapɔRtœR, øz| *s.* **1** *s.* [*personne qui, par indiscrétion ou pour nuire, répète, rapporte ce qu'il conviendrait de taire*] delatore*, spione ✦ (*adj.*) *elle est rapporteuse et sournoise* fa la spia ed è subdola **2** *s.m.* [*celui qui rend compte d'un procès au tribunal, d'un projet de loi devant une assemblée, etc.*] relatore* (*s.*): *désigner un rapporteur* designare un relatore ✦ (*par appos.*) *juge rapporteur* giudice relatore **3** *s.m.* (*géom.*) rapportatore, goniometro.

rapprendre |RapRɑ̃dR(ə)| (*vieilli*), **réapprendre** |ReapRɑ̃dR(ə)| (73) *v.tr.* [*apprendre de nouveau*] rimparare, imparare di nuovo.

rapprêter |RapRete| *v.tr.* (*techn.*) [*donner un second apprêt à* (*une étoffe*)] apprettare di nuovo.

rapproché, ée |RapRɔʃe| *adj.* [*proche, voisin*] ravvicinato Ⓒ **distant, éloigné.**

rapprochement |RapRɔʃmɑ̃| *s.m.* **1** [→ RAPPROCHER A 1, 2] r(i)avvicinamento: *le rapprochement de deux objets* il riavvicinamento di due oggetti **2** [*établissement ou rétablissement d'un contact, de relations plus cordiales*] riavvicinamento: *rapprochement franco-allemand* riavvicinamento franco-tedesco; *essayer de concilier les parties en vue d'un rapprochement* cercare di conciliare le parti in vista di un riavvicinamento **3** [*action d'associer ou de combiner en vertu d'analogies ou de rapports*] accostamento: *rapprochement de mots* accostamento di parole # *le rapprochement de ces deux textes est éloquent* il confronto di questi due testi è eloquente ◇ [*relation perçue entre deux faits qui paraissaient appartenir à des séries distinctes*] confronto, raffronto: *je n'avais pas fait le rapprochement entre ces deux événements* non avevo fatto il confronto, il raffronto tra questi due avvenimenti, non avevo collegato questi due avvenimenti Ⓒ **éloignement.**

rapprocher |RapRɔʃe| **A** *v.tr.* **1** [*mettre plus près de qqn., de qqch.*] avvicinare: *rapprochez votre siège* avvicini la sua sedia; *rapprocher deux objets l'un de l'autre* avvicinare due oggetti l'uno all'altro ◇ (*par ext.*) [*faire paraître plus proche*] *lunettes qui rapprochent* occhiali che avvicinano gli oggetti **2** [*faire approcher d'un temps, d'un état à venir*] avvicinare: *chaque jour nous rapproche de la mort* ogni giorno ci avvicina alla morte ◇ [*faire arriver plus tôt*] anticipare: *rapprocher une échéance* anticipare una scadenza **3** [*disposer* (*des personnes*) *à des rapports amicaux*] r(i)avvicinare, unire (197): *le besoin rapproche les hommes* il bisogno riavvicina, unisce gli uomini **4** [*mettre ensemble par la pensée*] ricollegare, raffrontare: *choses à rapprocher de...* cose da ricollegare, confrontare con... **B** *v.pron.* SE RAPPROCHER **1** *intr.* [*venir plus près*] avvicinarsi: *l'orage se rapproche* il temporale si avvicina **2** *intr.* [*devenir plus proche*] avvicinarsi: *le bruit se rapproche* il rumore si avvicina **3** *récipr.* (*fig.*) [*en venir à des relations plus confiantes, plus affectueuses*] riavvicinarsi, riconciliarsi: *depuis quelque temps ils se sont rapprochés* da qualche tempo si sono riconciliati **4** *intr.* SE RAPPROCHER DE [*présenter une conformité, une analogie avec*] avvicinarsi a, (as)somigliare *intr.* a: *c'est ce qui se rapproche le plus de la vérité* è ciò che più si avvicina, assomiglia alla verità Ⓒ **éloigner.**

rapproprier |RapRɔpRije| *v.tr.* (*Belgique, Nord*) → **approprier.**

rapsode |Rapsɔd| *s.m.* → **rhapsode.**

rapsodie |Rapsɔdi| *s.f.* → **rhapsodie.**

rapt |Rapt| *s.m.* [*enlèvement illégal* (*d'une personne*)] rapimento, ratto: *rapt d'un enfant* rapimento, ratto di un bambino → **kidnapping.**

raptus |Raptys| *s.m.* (*psychiatr.*) raptus *inv.*

râpure |RɑpyR| *s.f.* (*techn.*) raspatura, raschiatura.

raquer |Rake| *v.tr.* (*pop.*) → **payer.**

raquette |Rakɛt| *s.f.* **1** racchetta: *raquette de tennis, de ping-pong* racchetta da tennis, da ping-pong ◇ (*par métonymie*) *une de nos meilleures raquettes* una delle nostre migliori racchette ◇ (*loc. fig.*) *un coup de raquette* una scossa **2** [*sorte de large semelle ovale qu'on adapte aux chaussures pour marcher dans la neige sans enfoncer*] racchetta **3** (*chasse*) archetto *m.* **4** → **oponce.**

rare |Ra(ɑ)R| *adj.* **1** raro, scarso: *objet rare* oggetto raro; *pierres rares* pietre rare; *livres, éditions rares* libri rari, edizioni rare; *un sentiment rare* un sentimento raro, poco comune ‖ *la main-d'œuvre était rare* la mano d'opera era scarsa ◇ *au plur.* [*peu nombreux, en petit nombre*] scarsi, radi: *de rares étoiles* scarse stelle ◇ (*chim.*) *gaz rares* gas rari **2** [*qui se produit, arrive, se présente peu souvent; peu fréquent*] raro: *cas rares* casi rari; *devenir, se faire rare* diventare, farsi raro; *cela arrive, mais c'est rare* accade, ma è raro # *vous devenez bien rare* la si vede di rado ◇ (*loc.*) *il est rare de* (+ *inf.*) è raro, accade raramente di (+ *inf.*) ~ *il est rare, fort rare que...* (+ *subj.*) è (molto) raro, accade (molto) raramente che (+ *subj.*) **3** (*avant le nom*) non comune, fuori del comune (*loc. inv.*): *d'une rare énergie* d'una energia non comune, fuori del comune **4** (*fam.*) [*improbable*] strano (*cour.*): *ce serait bien rare* sarebbe molto strano **5** [*peu fourni*] rado: *chevelure, barbe rare* capigliatura, barba rada Ⓒ 1; 2; 3; 4 **commun;** 5 **nombreux.**

raréfaction |RaRefaksjɔ̃| *s.f.* **1** rarefazione: *raréfaction de l'air en haute montagne* rarefazione dell'aria in alta montagna **2** [*diminution dans la quantité de produits sur le marché*] lo scarseggiare (*m. inv.*): *raréfaction provoquée par des spéculateurs* lo scarseggiare provocato dagli speculatori.

raréfiable |Ra(ɑ)Refjabl(ə)| *adj.* (*phys.*) rarefattibile.

raréfier |Ra(ɑ)Refje| *v.tr.* **1** (*phys.*) [*rendre rare, moins dense* (*en augmentant le volume*)] rarefare (103): *raréfier l'air* rarefare l'aria ✦ (*pron.*) *air qui se raréfie* aria che si rarefà ✦ (*au p.p.*) *gaz raréfié* gas rarefatto **2** [*rendre rare* (1, 2)] rendere (105) raro, scarso; fare (103) *intr.* scarseggiare ✦ *pron. intr.* [*devenir plus rare, moins fréquent*] scarseggiare (*intr.*): *l'argent s'est raréfié pendant cette crise* il denaro ha scarseggiato durante quella crisi.

rarement |Ra(ɑ)Rmɑ̃| *adv.* [*peu souvent*] raramente, di rado *loc.*

rarescent, ente |Ra(ɑ)Resɑ̃, ɑ̃t| *adj.* che si rarefà *loc.*, che scarseggia *loc.*

rareté |Ra(ɑ)Rte| *s.f.* **1** rarità (*inv.*): *rareté d'un terme, d'une image* rarità di un termine, di un'immagine; *édition de la plus grande rareté* edizione della massima rarità ◇ (*écon.*) scarsità *inv.*, scarsezza **2** *une, des rareté(s)* [*objet rare, curieux*] rarità **3** [*caractère de ce qui est rare* (2), *se produit, arrive peu souvent*] scarsità, rarità: *tu te plains de la rareté de mes lettres* ti lamenti della scarsità delle mie lettere.

rarissime |Ra(ɑ)Risim| *adj.* rarissimo: *livre rarissime* libro rarissimo.

1 **ras** |Rɑ| *s.m.* (*mar.*) pontone.

2 **ras** |Rɑs| *s.m.* (*ar.*) ras *inv.*

ras, rase |Rɑ, Rɑz| *adj.* **1** [*tondu*] rasato: *barbe rase* barba rasata; *étoffe rase* stoffa rasata → **rasé** ◇ [*qui s'élève au-dessus du sol* (*en parlant de la végétation*)] raso: *une prairie à l'herbe rase* un prato con erba rasa ✦ *adv.* [*très court*] cortissimo (*adj.*): *cheveux coupés ras* capelli (tagliati) cortissimi **2** (*dans des expressions*) *rase campagne* aperta campagna: *se rendre en rase campagne* recarsi in aperta campagna ~ *route en rase campagne* strada extraurbana ◇ (*mar.*) *bâtiment ras* nave rasa ◇ *loc.* (*philo.*) *table rase* tabula rasa ◇ (*cour.*) *faire table rase de...* fare tabula rasa, piazza pulita di... **3** [*rempli jusqu'au niveau des bords*] raso, colmo: *mesure rase* misura rasa, colma ◇ (*loc.*) *à ras bords* fino all'orlo ◇ (*mar.*) *navire ras d'eau* nave molto carica* **4** *loc. prép.* À RAS, AU RAS DE a fior di, rasente (a): *au ras des eaux* a fior d'acqua, rasente all'acqua; *à ras de terre* raso terra, rasente a terra ◇ *loc. adv.* À RAS raso (*adj.*): *coupé à ras* tagliato raso ~ RAS DU COU girocollo: *une robe, un pull-over ras du cou* un abito, un pullover girocollo **5** (*loc. fam.*) *en avoir ras le bol* averne piene le tasche, le scatole (*pop.*); essere stufo, arcistufo.

rasade |ʀɑzad| *s.f.* [*quantité de boisson servie à ras bords*] bicchiere *m.* colmo, raso: *rasade de vin, de bière* bicchiere colmo, raso di vino, di birra.

rasage |ʀɑzaʒ| *s.m.* **1** (*techn.*) rasatura *f.* **2** [*action de raser, de faire la barbe*] rasatura # *lotion après-rasage* lozione dopobarba.

rasance |ʀɑzɑ̃s| *s.f.* (*milit.*) radenza.

rasant, ante |ʀɑzɑ̃, ɑ̃t| *adj.* **1** (*milit.*) raso terra (*loc. inv.*): *fortifications rasantes* fortificazioni raso terra **2** [*qui rase* (III), *passe tout près*] radente: *lumière rasante* luce radente; *tir rasant* tiro radente **3** (*fam.*) [*qui ennuie*] barboso, noioso (*cour.*): *un discours, un auteur rasant* un discorso, un autore barboso, noioso.

rascasse |ʀaskas| *s.f.* → **scorpène.**

rasé, ée |ʀɑze| *adj.* **1** [*coupé à ras*] rasato: *poils, cheveux rasés* peli, capelli rasati **2** [*dont le poil est coupé à ras*] sbarbato, rasato: *être bien rasé* essere ben sbarbato, rasato.

rase-mottes |ʀɑzmɔt| (*s.m. inv.*) *vol en rase-mottes* [*près du sol*] volo raso terra; *faire du rase-mottes, un rase-mottes* fare del volo radente, acrobatico.

rase-pet |ʀɑzpɛ| *s.m.* (*vx.*) cappotto, mantello maschile molto corto.

raser |ʀɑze| *v.tr.* **I** **1** [*couper* (*le poil*) *au ras de la peau*] radere (153), rasare: *raser la barbe, les cheveux de qqn.* radere la barba, rasare i capelli a qc. # *crème à raser* crema da barba ◇ (*techn.*) rasare: *raser le drap, le velours* rasare la stoffa, il velluto ◇ [*dépouiller* (*qqn.*) *de son poil en le rasant*] *raser qqn.* radere qc., fare (103) la barba a qc. ✦ (*pron. réfl.*) *se raser* [*se faire la barbe*] radersi, farsi la barba **2** [*couper à ras* (*une plante*)] radere, rasare **3** (*fam.*) [*ennuyer, fatiguer*] scocciare, seccare (*cour.*): *ça me rase d'aller les voir* mi scoccia andare a trovarli ✦ (*pron. intr.*) *se raser* [*s'ennuyer*] scocciarsi, annoiarsi **II** **1** [*abattre à ras de terre*] spianare, radere al suolo: *raser un bâtiment, une fortification* spianare al suolo un edificio, una fortificazione; *tout le quartier a été rasé par un bombardement* tutto il quartiere è stato raso al suolo da un bombardamento # *raser un navire* disalberare una nave **2** (*techn.*) [*mettre à ras, de niveau*] livellare **3** (*chasse*) *bête qui rase les oreilles* animale che abbassa le orecchie ✦ (*pron. réfl.*) *bête qui se rase* animale che si accovaccia per terra **III** [*passer très près de* (*qqch.*)] sfiorare i muri per non essere visto # *l'avion rase le sol* l'aereo vola rasente al suolo, raso terra.

rasette |ʀɑzɛt| *s.f.* (*techn.*) avanvomere *m.*

raseur, euse |ʀɑzœʀ, øz| *s.* **1** *s.m.* [*ouvrier qui fait le rasage des étoffes, des peaux*] rasatore **2** *s.* (*fam.*) [*personne qui ennuie, fatigue par des propos interminables et oiseux*] scocciatore*, rompiscatole *inv.* ✦ *adj.* scocciante: *il est plutôt raseur!* è piuttosto scocciante, è uno che scoccia!

rash |ʀaʃ| *s.m.* (*méd.*) (*angl.*) eruzione *f.* cutanea, sfogo*.

rasibus |ʀɑzibys| *adv.* (*pop.*) [*à ras, tout près*] rasente *prép.* (*cour.*), vicino (*cour.*).

rasoir |ʀɑzwaʀ| *s.m.* **1** [*instrument à tranchant très fin, servant à raser les poils du visage* (*barbe, moustache*)] rasoio*: *rasoir à main, électrique* rasoio a mano, elettrico; *coupe de cheveux au rasoir* taglio di capelli al, col rasoio; *coupant comme un rasoir* tagliente come un rasoio; *rasoir pour se faire la barbe* rasoio per farsi la barba # *paquet de lames de rasoir* pacchetto di lamette da barba **2** (*fig., fam.*) [*personne qui rase, ennuie*] scocciatore* *s.*, rompiscatole (*s. inv.*): *quel rasoir, ce type!* che scocciatore, che rompiscatole quel tipo! ✦ *adj.* scocciante: *elle est un peu rasoir* è un po' scocciante, quella! Ⓒ 2 **intéressant.**

raspoutitsa |ʀasputitsa| *s.f.* (*russe*) (*géogr.*) disgelo *m.*

rassasiant, ante |ʀasazjɑ̃, ɑ̃t| *adj.* (*rare*) [*qui rassasie*] nutriente (*cour.*), che sazia (*loc. cour.*): *un plat rassasiant* un piatto nutriente, che sazia.

rassasié, ée |ʀasazje| *adj.* [*repu*] sazio*: *des convives rassasiés* dei commensali sazi ◇ (*fig.*) appagato → **soûl** Ⓒ **affamé.**

rassasiement |ʀasazimɑ̃| *s.m.* (*rare*) [*état d'une personne rassasiée; fait d'être rassasié* (*de qqch.*)] sazietà *f. inv.* ◇ (*fig.*) appagamento completo.

rassasier |ʀasazje| *v.tr.* **1** [*satisfaire entièrement la faim de* (*qqn.*)] saziare, sfamare ✦ (*absolt.*) *un plat qui rassasie* un piatto che sazia ✦ (*pron. intr.*) *se rassasier* saziarsi **2** (*fig.*) [*satisfaire pleinement les désirs, les aspirations, les passions de* (*qqn.*)] saziare, appagare completamente: *rassasier sa vue, ses regards, ses yeux de...* saziare, appagare la propria vista, il proprio sguardo, i propri occhi di...; *heureux ceux qui ont faim et soif de justice car ils seront rassasiés* beati coloro che hanno fame e sete di giustizia perché saranno saziati **3** (*spécialt.*) [*satisfaire jusqu'au dégoût, à la lassitude*] nauseare: *je suis rassasié de vos mensonges* sono nauseato dalle vostre menzogne.

rassemblé, ée |ʀasɑ̃ble| *adj.* [*groupé avec; groupé ensemble*] raccolto, radunato.

rassemblement |ʀasɑ̃bləmɑ̃| *s.m.* **1** [→ RASSEMBLER A 2] raccolta (*f.*): *rassemblement des documents, des matériaux nécessaires à une œuvre* raccolta dei documenti, del materiale necessario per un'opera (letteraria) **2** [→ RASSEMBLER B] raduno, assembramento: *le rassemblement des personnes convoquées* il raduno delle persone convocate **3** (*milit.*) adunata (*f.*): *faites sonner le rassemblement* fate suonare l'adunata; *rassemblement!* adunata! **4** [*union pour une action commune*] raggruppamento ◇ (*polit.*) raggruppamento.

rassembler |ʀasɑ̃ble| **A** *v.tr.* **1** [*assembler de nouveau* (*des personnes séparées*); *faire venir au même endroit* (*des personnes*)] radunare, riunire (197): *général qui rassemble ses troupes avant l'attaque* generale che raduna le truppe prima dell'attacco → **réunir** ◇ (*fig.*) [*recruter, réunir pour une action commune*] radunare, reclutare **2** [*mettre ensemble* (*des choses concrètes*)] raccogliere (123): *rassembler des papiers épars* raccogliere delle carte sparse **3** [*réunir* (*ses facultés*)] raccogliere: *rassembler ses idées* raccogliere le proprie idee # *rassembler son courage* fare appello al proprio coraggio **4** (*techn.*) [*remettre en place* (*les pièces d'un ensemble démonté*)] rimontare: *rassembler une charpente* rimontare un'impalcatura **5** (*manège*) *rassembler son cheval* [*le tenir de manière à le préparer aux mouvements qu'on veut lui faire exécuter*] trattenere (188) il proprio cavallo **B** *v.pron. intr.* SE RASSEMBLER **1** [*s'assembler de nouveau*] riunirsi, (r)adunarsi: *ils se séparaient, puis se rassemblaient* si separavano, poi si riunivano **2** [*s'assembler*] raccogliersi: *la foule compacte se rassemble autour du corps* la folla compatta si raccoglie attorno al corpo Ⓒ A 1, 2 **disloquer, disperser, éparpiller.**

rassembleur |ʀasɑ̃blœʀ| *s.m.* (*fig.*) [*celui qui rassemble, qui unit*] unificatore* (*s.*): *un roi grand rassembleur de territoires* un re grande unificatore dei territori.

rasseoir |ʀaswaʀ| (30) **A** *v.tr.* **1** [*asseoir de nouveau*] rimettere (155) a sedere **2** [*replacer*] rimettere (a posto): *rasseoir une statue sur sa base* rimettere (a posto) una statua sulla sua base **B** *v.intr.* (*techn.*) (*se dit d'un liquide qui se repose et s'épure*) decantare (*aux.* essere), posare: *laisser* (*se*) *rasseoir un vin* lasciar decantare, posare un vino **C** *v.pron.* SE RASSEOIR *intr.* **1** [→ *tr.* 1] risedersi (183), rimettersi a sedere: *il s'est levé, puis s'est rassis aussitôt* si è alzato e poi si è risieduto subito **2** (*fig.*) [*reprendre ses esprits*] riprendersi (105), riaversi (97).

rasséréné, ée |ʀaseʀene| *adj.* [*calmé, redevenu serein*] rasserenato.

rasséréner |ʀaseʀene| (8) *v.tr.* **1** (*rare*) [*faire redevenir serein* (*le ciel*)] rasserenare: *le soleil parut et rasséréna le temps* il sole apparve e rasserenò il tempo **2** (*fig.*) [*ramener au calme, à la sérénité*] rasserenare, calmare ✦ *pron. intr.* [*redevenir calme*] rasserenarsi: *à cette bonne nouvelle, son visage s'est rasséréné* a quella buona notizia il suo viso si è rasserenato.

rassir |ʀasiʀ| *v.intr.* et *pron.* [*devenir rassis*] indurirsi (197) *pron.*, diventare *intr.* (*aux.* essere) raffermo: *ce pain commence à* (*se*) *rassir* questo pane comincia a indurirsi, a diventare raffermo.

rassis, ise |ʀasi, iz| *adj.* **1** (*en parlant du pain, des pâtiss.*) [*qui n'est plus frais, sans être encore dur*] raffermo: *du* (*pain*) *rassis* pane raffermo **2** (*fig.*) [*pondéré, réfléchi*] riflessivo, posato: *un homme de sens rassis* un uomo dalle mente riflessiva; un uomo posato, riflessivo.

rassortiment |ʀasɔʀtimɑ̃| *s.m.* → **réassortiment.**

rassortir |ʀasɔʀtiʀ| *v.tr.* → **réassortir.**

rassurant, ante |ʀasyʀɑ̃, ɑ̃t| *adj.* [*de nature à rassurer, à redonner confiance*] rassicurante: *nouvelles rassurantes* notizie rassicuranti: *un individu peu rassurant* un individuo poco rassicurante → **sécurisant, tranquillisant** Ⓒ **alarmant, menaçant.**

rassuré, ée |ʀasyʀe| *adj.* [*tranquillisé*] rassicurato, rinfrancato # *je n'étais pas rassuré* non ero tranquillo.

rassurer |ʀasyʀe| **A** *v.tr.* **1** (*vx.*) [*rendre sûr de nouveau*] consolidare (*cour.*): *cette victoire a rassuré son autorité* questa vittoria ha consolidato la sua autorità **2** [*rendre la confiance, la tranquillité d'esprit à* (*qqn.*)] rincuorare: *rassurer les moribonds* rincuorare i moribondi → **tranquilliser** **B** *v.pron. intr.* SE RASSURER [*se libérer de ses craintes*] rinfrancarsi # *rassurez-vous, je ne vais pas vous faire un discours* state tranquilli, non voglio farvi un discorso.

rastaquouère |RastakwɛR|, (*fam.*) **rasta** |Rasta| *s.m.* [*étranger aux allures voyantes, affichant une richesse suspecte*] avventuriero (*cour.*), straniero che ostenta ricchezza (*cour.*).

rastel |Rastɛl| *s.m.* (*région.*) (*Midi*) [*réunion de gens qu'on invite à boire*] combriccola *f.*, compagnia *f.* ◇ [*l'endroit où se tient cette réunion*] osteria *f.*

rat |Ra| *s.m.* **1** (*t.zool.*) ratto, topo ~ *rat de blé* topo del grano ~ *rat musqué* topo muschiato ◇ (*loc.*) *être fait comme un rat* [*être pris au piège*] fare la fine del topo ~ *les rats quittent le navire* i topi se la squagliano ◇ (*prov.*) *à bon chat, bon rat* a scaltro, scaltro e mezzo ◇ (*t. d'affection*) *mon rat, mon petit rat* tesoro, tesoruccio* mio ◇ (*péj.*) *face de rat* brutto muso **2** (*fig.*) avaro, spilorcio*: *c'est un rat* è un avaro, uno spilorcio ◆ (*adj.*) *ce qu'il est rat!* quant'è avaro, spilorcio! **3** (*loc. fig.*) *rat de cave* lucignolo, stoppino ~ *rat de bibliothèque* topo di biblioteca ~ *rat d'hôtel* topo d'albergo **4** *petit rat de l'Opéra* allieva ballerina *f.* (dell'Opera).

rata |Rata| *s.m.* (*vieilli, arg. milit.*) rancio*, sbobba *f.* ◇ (*loc.*) *ne pas s'endormir sur le rata* [*être actif, diligent*] non addormentarsi sugli allori.

ratafia |Ratafja| *s.m.* ratafià *inv.*

ratage |Rataʒ| *s.m.* [*échec*] insuccesso, fallimento [C] **succès.**

ratanhia |Ratanja| *s.m.* (*t.bot.*) ratania *f.*

rataplan |Rataplɑ̃|, **rantanplan** |Rɑ̃tɑ̃plɑ̃| (*onomat.*) (*exprimant le 'roulement du tambour'*) rataplan.

ratatiné, ée |Ratatine| *adj.* **1** [*rapetissé et déformé*] raggrinzito, vizzo: *visage ratatiné* viso raggrinzito; *pomme ratatinée* mela avvizzita, vizza **2** (*fig., fam.*) [*démoli, battu, fichu*] scassato, rovinato (*cour.*): *nous l'avons échappé belle, mais la voiture est complètement ratatinée* l'abbiamo scampata bella, ma l'auto è completamente scassata.

ratatiner |Ratatine| **A** *v.tr.* **1** [*rapetisser, réduire la taille en déformant*] rattrappire (197), rendere (105) rattrappito: *quel travail a pu le ratatiner ainsi?* quale lavoro ha potuto renderlo così rattrappito? **2** (*fig., fam.*) *se faire ratatiner* [*se faire battre (au jeu, dans une compétition)*] farsi (103) stracciare, battere (*cour.*) ◇ (*pop.*) [*tuer, anéantir*] far fuori, accoppare **B** *v.pron. intr.* SE RATATINER [*se contracter, se réduire en se déformant*] raggrinzirsi (197); rattrappirsi: *pomme tombée qui se ratatine* mela caduta che si raggrinzisce ‖ *vieillard qui se ratatine* vecchio che si rattrappisce ◇ (*par ext.*) [*se ramasser sur soi-même pour tenir moins de place*] raggomitolarsi, rannicchiarsi → **recroqueviller** (se).

ratatouille |Ratatuj| *s.f.* **1** (*fam., péj.*) intingolo *m.* grossolano ◇ (*par ext.*) cucina grossolana: *la ratatouille des gargotes* la cucina grossolana delle bettole **2** [*mélange de courgettes, de tomates, d'aubergines, d'oignons, cuits à l'huile*] ⊠ **3** (*vx.*) → **rata** **4** (*fig., fam.*) [*volée de coups*] scarica*, fracco *m. sing.* di botte.

1 **rate** |Rat| *s.f.* (*rare, plais.*) topo *m.* femmina.

2 **rate** |Rat| *s.f.* (*anat., cour.*) milza ~ (*loc. fig., fam.*) *dilater la rate* far ridere a crepapelle ~ *se fouler la rate* [*faire des efforts*] prendersela calda, a cuore ~ *ne pas se fouler la rate* [*paresser*] battere la fiacca.

raté, ée |Rate| *s.* **I** *s.m.* **1** [*le fait de rater (en parlant d'une arme à feu)*; *coup qui ne part pas*] il fare *inv.* cilecca **2** (*par ext.*) [*bruit anormal révélant le mauvais fonctionnement d'un moteur à explosion*] colpo (a vuoto) ◇ (*fig.*) [*déficience dans le fonctionnement d'un système*] vuoto, deficienza *f.* # *le système a des ratés* il sistema perde colpi **II** *s.* [*personne qui a raté sa vie, sa carrière*] fallito: *il n'était qu'un raté* non era che un fallito.

râteau |Rɑto| *s.m.* **1** rastrello: *râteau de charbonnier* rastrello del carbonio; *ramasser avec un râteau* raccogliere col rastrello, rastrellare **2** (*techn.*) pettine: *râteau de métier, de rasoir* pettine di telaio, di rasoio **3** [*raclette à manche des croupiers*] rastrello.

ratel |Ratɛl| *s.m.* (*t.zool.*) ratele.

râtelage |Rɑtlaʒ| *s.m.* (*agric.*) rastrellamento: *râtelage du foin* rastrellamento, raccolta del fieno.

râtelée |Rɑtle| *s.f.* [*quantité ramassée d'un coup de râteau*] rastrellata: *une râtelée de feuilles mortes* una rastrellata di foglie morte.

râteler |Rɑtle| (4) *v.tr.* **1** (*agric.*) [*ramasser avec un râteau*] rastrellare: *râteler le foin* rastrellare il fieno **2** (*rare*) [*nettoyer au râteau*] pulire (197) col rastrello (*cour.*); rastrellare (*cour.*).

râteleur, euse |Rɑtlœr, øz| *s.* chi rastrella *loc.*, rastrellatore* (rare) ◆ *s.f.* (*techn.*) rastrello *m.* meccanico*.

râtelier |Rɑtəlje| *s.m.* **1** [*sorte d'échelle, inclinée contre le mur, qui sert à recevoir le fourrage du bétail*] rastrelliera *f.*, greppia (*f.*): *mettre de la paille, du foin dans le râtelier* mettere paglia, fieno nella rastrelliera ◇ (*loc. fig.*) *manger au râtelier de qqn.* vivere a spese, alle spalle di qc. ~ *manger à plusieurs râteliers, à tous les râteliers* mangiare a tutte le greppie ◇ (*fam.*) *quand il n'y a plus de foin dans le râtelier* quando le tasche sono vuote **2** [*support servant à ranger verticalement des objets longs*] rastrelliera: *râtelier d'armes* rastrelliera di armi; *râtelier à pipes* rastrelliera per pipe **3** (*vx.*) [*denture*] dentatura (*cour.*) ◇ (*par ext., fam.*) *râtelier de fausses dents* dentiera *f.* (*cour.*).

râtelures |RɑtlyR| *s.f. pl.* (*rare*) le cose rastrellate, quel *m. sing.* che si è rastrellato.

rater |Rate| **A** *v.intr.* **1** (*en parlant d'une arme à feu*) [*ne pas partir*] far (103) *tr.* cilecca, scattare a vuoto: *son pistolet a raté* la sua pistola ha fatto cilecca **2** [*échouer*] far *tr.* fiasco, fallire (197) (*aux.* essere) # *l'affaire a raté* l'affare è andato a monte ◇ (*loc. fam.*) *ça n'a pas raté!* [*c'était inévitable, prévisible*] era previsto **B** *v.tr.* **1** [*ne pas atteindre (ce qu'on visait)*] mancare, sbagliare: *chasseur qui rate un lièvre* cacciatore che manca una lepre; *raté!* sbagliato! # *rater son train* perdere il treno ◇ (*fig.*) *rater une occasion* perdere un'occasione ◇ (*fam., iron.*) *il n'en rate pas une* non ne imbrocca una (giusta) **2** [*ne pas réussir, ne pas mener à bien*] mandare a monte; fallire (*intr.*): *rater son affaire* mandare a monte un affare ‖ *rater sa vie* fallire nella vita.

ratiboiser |Ratibwaze| *v.tr.* **1** (*fam.*) [*rafler aux jeu; prendre, voler*] sgraffignare, rubare (*cour.*): *ils m'ont ratiboisé dix mille francs* mi hanno sgraffignato, rubato diecimila franchi **2** [*ruiner (qqn.) au jeu*] rovinare al gioco ◆ (*au p.p.*) *c'est fini, je suis complètement ratiboisé!* è la fine, sono completamente rovinato! ◇ [*perdre, ruiner (qqn.) dans sa santé, sa situation, sa carrière*] rovinare.

ratichon |Ratiʃɔ̃| *s.m.* (*pop., péj.*) → **prêtre.**

raticide |Ratisid| *s.m.* [*produit utilisé pour détruire les rats*] topicida.

ratier |Ratje| *s.m.* cane da topi ◆ (*adj.*) *un chien ratier* un cane da topi *loc. inv.*

1 **ratière** |RatjɛR| *s.f.* trappola per topi → **souricière.**

2 **ratière** |RatjɛR| *s.f.* (*tissage*) ratiera.

ratification |Ratifikɑsjɔ̃| *s.f.* **1** [→ RATIFIER] ratifica*, ratificazione: *ratification de vente* ratifica di vendita; *sous réserve de ratification par les Chambres* con riserva di ratifica (da parte) delle Camere; *ratification du traité de paix* ratifica del trattato di pace **2** (*diplomatie*) *procéder à l'échange des ratifications* procedere allo scambio degli strumenti *m.* di ratifica.

ratifier |Ratifje| *v.tr.* **1** [*approuver ou confirmer par un acte authentique*] ratificare → **approuver, confirmer, homologuer** **2** (*littér.*) [*confirmer ou affirmer publiquement*] confermare (*cour.*): *je ratifie tout ce qu'on vous a dit* confermo tutto ciò che le hanno detto.

ratinage |Ratinaʒ| *s.m.* (*tissage*) ratinatura *f.*; accotonatura *f.*

ratine |Ratin| *s.f.* (*tissage*) ratina.

ratiner |Ratine| *v.tr.* (*tissage*) [*soumettre (un drap, une étoffe) à l'opération du ratinage*] ratinare.

ratineuse |Ratinøz| *s.f.* (*tissage*) ratiera.

rating |Ra(e)tiŋ| *s.m.* (*angl.*) (*mar.*) rating *inv.*

ratio |Rasjo| *s.m.* (*écon.*) rapporto, tasso.

ratiocination |Rasjɔsinɑsjɔ̃| *s.f.* (*littér.*) [*argument ou raisonnement vain et exagérément subtil*] cavillo *m.*, sofisma *m.*

ratiociner |Rasjɔsine| *v.intr.* (*littér.*) [*se perdre en raisonnements, en considérations, en discussions interminables*] cavillare, sofisticare.

ratiocineur |Rasjɔsinœr| *s.m.* (*littér.*) [*homme qui se plaît à ratiociner*] sofista *s.*

ration |Rɑ(a)sjɔ̃| *s.f.* **1** razione: *recevoir, toucher sa ration de pain, de viande* ricevere la propria razione di pane, di carne **2** [*quantité (d'aliments) qui revient à un homme, à un animal pendant une journée*] razione: *rations imposées en temps de guerre* razioni assegnate in tempo di guerra → **rationnement** **3** (*agric.*) *ration (alimentaire)* razione alimentare ◇ (*physiol.*) razione di sostentamento **4** (*fig.*) RATION DE... razione di...: *recevoir sa ration de coups* ricevere la propria razione di botte.

rational, aux |Rasjɔnal, o| *s.m.* **1** (*antiq.*) [*pièce d'étoffe ornée de pierreries que le grand prêtre des Hébreux portait sur la poitrine*] pettorale **2** (*relig.*) razionale.

rationalisation |Rasjɔnalizɑsjɔ̃| *s.f.* [→ RATIONALISER] razionalizzazione ◇ (*écon.*) organizzazione razionale # *plan de rationalisation* pianificazione razionale.

rationaliser |Rasjɔnalize| *v.tr.* **1** [*rendre rationnel, conforme à la raison*] razionalizzare **2** (*écon.*) *rationaliser le travail, la production* [*l'organiser d'une manière rationnelle*] organizzare razionalmente il lavoro, la produzione.

rationalisme |Rasjɔnalism(ə)| *s.m.* (*philo.*, *théol.*) razionalismo.

rationaliste |Rasjɔnalist(ə)| *adj.* (*philo.*) razionalista: *écoles, doctrines rationalistes* scuole, dottrine razionaliste; *philosophie rationaliste* filosofia razionalista ✦ (*s.*) *les rationalistes* i razionalisti.

rationalité |Rasjɔnalite| *s.f.* razionalità *inv.*

rationnaire |Ra(ɑ)sjɔnɛR| *s.* (*admin.*) tesserato.

rationnel, elle |Ra(ɑ)sjɔnɛl| **I** *adj.* **1** razionale: *connaissance rationnelle et connaissance révélée* conoscenza razionale e conoscenza rivelata ◇ [*qui provient de la raison et non de l'expérience*] *philosophie rationnelle et philosophie expérimentale* filosofia razionale e filosofia sperimentale **2** [*conforme à la raison, au bon sens*] razionale: *méthode rationnelle* metodo razionale → **raisonnable** **3** (*math.*) *nombre rationnel* numero razionale **II** *s.m.* razionale: *le réel et le rationnel* il reale e il razionale **C** **irrationnel.**

rationnellement |Rasjɔnɛlmɑ̃| *adv.* [→ RATIONNEL I] razionalmente.

rationnement |Ra(ɑ)sjɔnmɑ̃| *s.m.* [→ RATIONNER] razionamento # *cartes, tickets de rationnement* tessere annonarie.

rationner |Ra(ɑ)sjɔne| *v.tr.* **1** [*distribuer des rations déterminées et limitées de* (*qqch.*)] razionare **2** [*mettre* (*qqn.*) *à la ration, soumettre au rationnement*] razionare, sottoporre (168) a razionamento: *rationner les habitants d'une ville assiégée* sottoporre a razionamento gli abitanti di una città assediata.

ratissage |Ratisaʒ| *s.m.* **1** [→ RATISSER] rastrellatura (*f.*): *ratissage d'une allée, d'un jardin* rastrellatura di un viale, di un giardino **2** (*milit.*) rastrellamento: *opération de ratissage* operazione di rastrellamento.

ratisser |Ratise| *v.tr.* **1** [*nettoyer à l'aide d'un râteau, promener le râteau sur*] rastrellare → **râteler** **2** (*fig.*, *fam.*) [*ratiboiser, ruiner*] pelare, ripulire (197): *se faire ratisser au jeu* farsi pelare, ripulire al gioco **3** (*milit.*) *ratisser le terrain* [*fouiller méthodiquement une zone de terrain*] rastrellare il terreno; *la police a ratissé tout le quartier* la polizia ha rastrellato tutto il quartiere ◇ (*rugby*) *ratisser le ballon* rastrellare la palla.

ratissette |Ratisɛt| *s.f.* (*techn.*) rastrelletto *m.*

ratissoire |RatiswaR| *s.f.* (*agric.*) sarchio* *m.*

Ratites |Ratit| *s.m. pl.* (*t.zool.*) Ratiti.

1 **raton** |Ratɔ̃| *s.m.* **1** [*jeune rat*] topolino **2** (*t.zool.*) *raton laveur* procione lavatore **3** (*fam.*, *péj.*) (*injure raciste*) [*Nord-Africain*] ⊠.

2 **raton** |Ratɔ̃| *s.m.* (*cuis.*) tartina *f.* al formaggio.

raton(n)ade |Ratɔnad| *s.f.* spedizione punitiva contro i Nordafricani.

rattachement |Rataʃmɑ̃| *s.m.* [→ RATTACHER] ricongiungimento, ricollegamento: *le rattachement de l'Alsace-Lorraine à la France* il ricongiungimento, la riannessione dell'Alsazia-Lorena alla Francia → **adjonction, annexion, réunion.**

rattacher |Rataʃe| *v.tr.* **1** [*attacher de nouveau*] legare di nuovo, rilegare: *rattacher un chien après l'avoir promené* legare di nuovo, rilegare un cane alla catena, dopo averlo portato a passeggio **2** [*attacher, lier entre eux* (*des objets*)] ricollegare, ricongiungere (150): *rattacher un fil électrique à un circuit* ricollegare un filo elettrico a un circuito; *rattacher une province à un État* ricongiungere una provincia ad uno Stato **3** (*fig.*) [*attacher, lier à une chose principale, faire dépendre de qqch.*] riallacciare, ricollegare ✦ *pron. passif* riallacciarsi, ricollegarsi: *ce qui se rattache à une question* ciò che si riallaccia, si ricollega a una questione → 1 **dépendre.**

rattrapable |RatRapabl(ə)| *adj.* [→ RATTRAPER] recuperabile: *heures rattrapables* ore recuperabili → **récupérable.**

rattrapage |RatRapaʒ| *s.m.* [→ RATTRAPER A 1; B 1] recupero ◇ (*typogr.*) regolazione *f.* ◇ (*spécialt.*) *cours, classe de rattrapage* corso di recupero; classe differenziale ◇ (*écon.*) *rattrapage des prix, des salaires* aggancio* dei prezzi, dei salari al costo della vita → **rajustement.**

rattraper |RatRape| **A** *v.tr.* **1** [*attraper de nouveau* (*qqn. ou qqch. qu'on avait laissé échapper*)] riprendere (105), riacciuffare: *rattraper un prisonnier qui s'est évadé* riprendere un prigioniero evaso **2** (*fig.*) [*regagner, récupérer* (*le temps perdu*)] ricuperare, recuperare, riguadagnare: *on ne peut rattraper le temps perdu* non si può ricuperare, riguadagnare il tempo perduto ◇ [*retrouver* (*l'argent perdu*)] ritrovare, ricuperare → **récupérer** ◇ (*par ext.*) [*réparer* (*une imprudence, une erreur, un inconvénient*)] *rattraper un retard* ricuperare, compensare un ritardo ◇ (*en parlant de ce qu'on arrive finalement à corriger*) *la cuisinière à pu rattraper sa mayonnaise* la cuoca ha potuto salvare la maionese **3** [*rejoindre* (*qqn. ou qqch. qui a de l'avance*)] raggiungere (150): *il a été rattrapé au dernier tour* è stato raggiunto all'ultimo giro → **atteindre** **B** *v.pron.* SE RATTRAPER **1** *réfl.* [*se raccrocher*] aggrapparsi: *se rattraper à une branche* aggrapparsi a un ramo **2** *intr.* [*regagner l'argent qu'on a perdu*; *regagner le temps perdu*] rifarsi (103): *après ses pertes d'hier, il s'est rattrapé* dopo le perdite di ieri si è rifatto.

raturage |RatyRaʒ| *s.m.* (*techn.*) [→ RATURER] raschiamento:

rature |RatyR| *s.f.* [*trait que l'on tire sur un ou plusieurs mots pour les annuler*] cancellatura: *manuscrit surchargé de ratures* manoscritto pieno di cancellature; *il l'écrit d'un jet, presque sans rature* lo scrive di getto, quasi senza cancellature.

raturer |RatyRe| *v.tr.* **1** (*vx.*) [*soumettre au raturage*] raschiare (*cour.*): *raturer le parchemin* raschiare la pergamena **2** [*effacer, annuler, ou corriger par des ratures*] cancellare: *raturer un mot* cancellare una parola ✦ (*absolt.*) *écrivain qui a l'habitude de raturer* scrittore che ha l'abitudine di cancellare ◇ (*par métaph.*) [*annuler, abolir*] abolire (197).

raucheur |Roʃœʀ| *s.m.* minatore addetto all'armatura e alla manutenzione delle gallerie.

raucité |Rosite| *s.f.* (*littér.*) [*caractère d'une voix, d'un son rauque*] raucedine (*cour.*).

raugmenter |Rɔ(o)gmɑ̃te| *v.intr.* (*pop.*) [*augmenter de nouveau*] aumentare (*aux.* essere) di nuovo (*cour.*).

rauque |Rok| *adj.* rauco*, roco*: *voix rauque* voce rauca, roca **C** **clair.**

rauquement |Rokmɑ̃| *s.m.* (*rare*) [→ RAUQUER] urlo* rauco* (di un felino).

rauquer |Roke| *v.intr.* (*tigre*) [*crier*] urlare.

rauwolfia |Rovɔlfja| *s.f.* (*t.bot.*) rauwolfia *inv.*

ravage |Ravaʒ| *s.m. surtout au plur.* **1** [*dommage, dégât important causé par des hommes avec violence et soudaineté*] devastazioni *f.*, rovine (*f.*): *les ravages d'une armée ennemie* le devastazioni di un esercito nemico; *les ravages de la guerre* le devastazioni, rovine della guerra → **dévastation, pillage** **2** [*dégâts, destructions causés par les forces de la nature*] danno: *les ravages du feu, d'un incendie* i danni, le devastazioni del fuoco, di un incendio; *de grands, de terribles ravages* grandi, terribili danni **3** [*détérioration subie par le corps*] guasto, devastazione: *les ravages du temps, de la maladie* i guasti del tempo, le devastazioni della malattia ◇ (*fam.*) *faire des ravages* far strage di cuori.

ravagé, ée |Ravaʒe| *adj.* **1** [*endommagé, détruit par une action violente*] devastato: *pays ravagé* paese devastato **2** (*corps humain*) [*marqué, flétri* (*par le temps, la maladie*)] devastato: *visage ravagé de rides* viso devastato dalle rughe **3** (*fam.*) [*cinglé*] suonato, picchiato: *il est complètement ravagé!* è completamente suonato, picchiato!

ravager |Ravaʒe| (3) *v.tr.* **1** [*endommager gravement ou détruire par une action violente*] devastare: *la guerre a ravagé la contrée* la guerra ha devastato la regione → **désoler, dévaster** **2** (*en parlant des forces naturelles*) distruggere (136), devastare: *pluies, grêle, sauterelles qui ravagent les récoltes* pioggе, grandine, cavallette che distruggono i raccolti; *tremblement de terre qui ravage toute une région* terremoto che devasta tutta una regione **3** (*fig.*) [*apporter à* (*qqn.*) *de graves perturbations physiques ou morales*] distruggere: *la maladie, le malheur l'ont ravagé* la malattia, la sfortuna l'hanno distrutto.

ravageur, euse |Ravaʒœʀ, øz| *adj.* **1** [*qui détruit, ravage, saccage*] devastatore*, distruttore*: *les insectes ravageurs du blé* gli insetti devastatori del grano ✦ *s.* (*agric.*) *les ravageurs des cultures* i devastatori, i distruttori delle colture **2** (*fig.*) [*qui ravage* (3)] devastatore: *passion ravageuse* passione devastatrice.

ravalement |ravalmɑ̃| *s.m.* **1** (*vieilli*) [*action de rabaisser ou de déprécier*] svilimento, deprezzamento → **avilissement, bassesse** **2** [*nettoyage, remise en état des murs* (*par regrattage, nettoyage, application d'un enduit*)] arricciatura *f.* # *le ravalement des monuments d'une ville* la ripulitura dei monumenti di una città ◇ (*constr.*) intonacatura *f.* **3** (*agric.*) spuntatura *f.*

ravaler |ravale| *v.tr.* **I** **1** (*vx.*) [*faire redescendre*] fare (103) *intr.* ridiscendere **2** [*achever ou nettoyer, refaire le parement d'un mur, d'un ouvrage de maçonn. de haut en bas*] arricciare, intonacare: *ravaler un mur* arricciare, intonacare un muro # *ravaler une façade* ripulire (197) una facciata **3** (*techn.*) [*diminuer* (*une chose*) *en hauteur ou en épaisseur*] assottigliare ◇ (*agric.*) [*faire le ravalement d'un arbre*] spuntare **4** (*fig.*) [*abaisser, déprécier*] svilire (197), deprezzare: *ravaler la dignité de médecin* svilire la dignità di medico ♦ (*au p.p.*) *un ivrogne ravalé au rang de la brute* un ubriaco abbassato, ridotto al rango di bruto ♦ (*pron. intr.*) *se ravaler* [*s'abaisser, s'avilir moralement, socialement*] svilirsi, abbassarsi **II** [*avaler de nouveau, avaler* (*ce qu'on a dans la bouche*)] ringoiare, rimandare giù: *ravaler sa salive* ringoiare la saliva ◇ (*par ext.*) [*retenir* (*ce qu'on allait dire*)] trattenere (188), ringoiare: *ravaler une boutade* trattenere, ringoiare una battuta ◇ (*fig.*) [*empêcher de s'exprimer*] reprimere (124): *ravaler sa colère, son dégoût* reprimere la propria collera, il proprio disgusto.

ravaleur |ravalœr| *s.m.* [*ouvrier, maçon ou peintre qui travaille au ravalement d'un mur, d'une constr.*] intonacatore; pulitore di facciata ◇ [*tailleur de pierres qui effectue le ravalement*] scalpellino.

ravaudage |ravodaʒ| *s.m.* **1** [→ RAVAUDER] rattoppo, rammendo # *faire du ravaudage* rammendare **2** (*fig.*) [*travail grossier, réparation sommaire; ouvrage fait de pièces et de morceaux*] rabberciatura *f.*, raffazzonatura *f.*

ravauder |ravode| *v.tr.* [*raccommoder à l'aiguille* (*le plus souvent en parlant de vieux vêtements*)] rammendare: *ravauder des bas* rammendare delle calze.

ravaudeur, euse |ravodœr, øz| *s.* [*personne qui ravaude*] rammendatore*.

rave |rav| *s.f.* (*t.bot.*) rapa ~ *céleri rave* sedano rapa.

ravelin |ravlɛ̃| *s.m.* (*vx., fortif.*) rivellino.

ravenala |ravnala| *s.m.* (*t.bot.*) ravenala *f.*

ravenelle |ravnɛl| *s.f.* (*t.bot.*) ramolaccio* *m.*, rafano *m.* selvatico*.

ravi, ie |ravi| *adj.* [*qui est très content*] lietissimo; estasiato: *ravi de vous connaître* lietissimo di conoscerla ‖ *un air ravi* un'aria estasiata.

ravier |ravje| *s.m.* piattino per antipasti.

ravière |ravjɛr| *s.f.* [*terrain où l'on cultive des raves*] rapaio* *m.*

ravigotant, ante |ravigɔtɑ̃, ɑ̃t| *adj.* (*fam.*) che rinvigorisce *loc.* (*cour.*), che tonifica *loc.* (*cour.*): *un petit froid ravigotant* un'aria fresca che rinvigorisce, che tonifica.

ravigote |ravigɔt| *s.f.* [*vinaigrette mêlée d'œufs durs pilés et relevée de fines herbes*] ⊠.

ravigoter |ravigɔte| *v.tr.* (*fam.*) [*rendre plus vigoureux, redonner de la force, de la vigueur à*] rinvigorire (197) (*cour.*), tonificare (*cour.*) ♦ (*absolt.*) *un petit vin qui ravigote* un vinello che rinvigorisce, tonifica.

ravilir |ravilir| *v.tr.* (*rare*) [*rendre vil et méprisable*] svilire (197) (*cour.*), deprezzare (*cour.*).

ravin |ravɛ̃| *s.m.* **1** [*petite vallée étroite à versants raides*] gola *f.*; burrone: *torrent qui coule au fond d'un ravin* torrente che scorre in fondo a una gola # *chemin suivant le fond d'un ravin* strada incassata **2** [*rigole, cavité creusée par le ruissellement*] rivolo, rigagnolo.

ravine |ravin| *s.f.* **1** (*vieilli*) [*torrent*] torrentello *m.* (*cour.*) **2** [*petit ravin; lit encaissé d'un ruisseau, d'un torrent*] borro *m.*

ravinée |ravine| *s.f.* (*région.*) [*creux formé par le passage d'un torrent*] borro *m.*

ravinement |ravinmɑ̃| *s.m.* **1** [*formation de sillons dans le sol par les eaux de ruissellement*] erosione *f.* (da dilavamento) **2** [*sillons laissés par le passage des eaux de ruissellement*] borro.

raviner |ravine| *v.tr.* **1** [*creuser* (*le sol, la terre*) *de sillons, emporter la terre par endroits* (*en parlant des eaux de ruissellement*)] erodere (175): *pluies, orages, ruisseaux qui ravinent une pente* piogge, temporali, ruscelli che erodono un pendio **2** (*fig.*) [*marquer de rides*] scavare, solcare (di rughe): *les larmes qui ont raviné son visage* le lacrime che hanno scavato, solcato di rughe il suo viso.

ravioli |ravjɔli| *s.m. pl.* (*cuis.*) ravioli.

ravir |ravir| *v.tr.* **1** (*littér.*) [*emporter, emmener de force*] rapire (197) (*cour.*): *aigle qui ravit sa proie* aquila che rapisce la preda; *ravir une femme* rapire una donna ◇ [*prendre par violence, par ruse ou par surprise* (*ce qui appartient à autrui*)] carpire (197): *ravir un trésor* carpire un tesoro ◇ [*arracher* (*qqn.*) *à l'affection de ses proches, à la vie*] rapire: *la mort a ravi ce petit innocent* la morte ha rapito questo piccolo innocente **2** (*relig.*) [*transporter au ciel*] rapire, trasportare in cielo ◇ (*fig.*) (*sans idée de déplacement réel*) rapire: *être ravi en extase* essere rapito in estasi **3** [*porter* (*qqn.*) *à un état de bonheur suprême; plaire beaucoup à*] estasiare, piacere (149) *intr.* molto (a): *cela m'a ravi* questo mi ha estasiato, mi è piaciuto molto ◇ *loc. adv.* À RAVIR da impazzire: *elle est belle à ravir* è bella da impazzire.

raviser (se) |ravize| *v.pron. intr.* [*changer d'avis, revenir sur sa décision, sa promesse*] cambiar *tr.* idea, parere: *il semblait décidé, mais il s'est ravisé au dernier moment* sembra deciso, ma ha cambiato idea, parere all'ultimo minuto.

ravissant, ante |ravisɑ̃, ɑ̃t| *adj.* [*qui plaît beaucoup, touche par la beauté, le charme*] stupendo, affascinante: *votre robe est ravissante* il suo abito è stupendo; *sa fiancée est ravissante* la sua fidanzata è affascinante → **charmant, joli.**

ravissement |ravismɑ̃| *s.m.* **1** (*relig.*) rapimento, estasi (*f. inv.*): *le ravissement de Saint Paul* il rapimento, l'estasi di S. Paolo **2** [*émotion éprouvée par une personne transportée de joie et dans une sorte d'extase*] rapimento, estasi # *il l'écoutait avec ravissement* lo ascoltava rapito, incantato.

ravisseur, euse |ravisœr, øz| **I** *s.* **1** (*vx.*) → **voleur** **2** [*celui, celle qui enlève, emmène une personne de force*] rapitore* ◇ *au m.* (*spécialt.*) [*celui qui a enlevé une femme, une jeune fille*] rapitore **II** (*adj.*) *loup ravisseur* lupo rapace.

ravitaillement |ravitajmɑ̃| *s.m.* [→ RAVITAILLER] approvvigionamento, vettovagliamento: *ravitaillement en vivres et en munitions* approvvigionamento di viveri e di munizioni ◇ (*par ext.*) [*alimentation; approvisionnement*] approvvigionamento, rifornimento: *ravitaillement des grandes villes* approvvigionamento, rifornimento delle grandi città ◇ (*fam.*) *aller au ravitaillement* andare a fare provviste ◇ [*les denrées qui servent à ravitailler*] provviste *f. pl.*

ravitailler |ravitaje| *v.tr.* [*pourvoir* (*une armée, une place, etc.*) *de vivres, de munitions*] approvvigionare, vettovagliare ◇ (*par ext.*) [*fournir de vivres, de denrées diverses*] rifornire (197): *ravitailler une ville en viande, en carburant* rifornire una città di carne, di carburante; *ravitailler un avion en vol* rifornire un aereo in volo ♦ (*pron. réfl.*) *armée qui se ravitaille* esercito che si approvvigiona.

ravitailleur |ravitajœr| *s.m.* (*milit.*) veicolo addetto al rifornimento ♦ (*adj.*) *navire ravitailleur* nave di rifornimento *loc. inv.* ◇ (*aviat.*) aereo cisterna ◇ (*sport*) addetto al rifornimento.

ravivage |ravivaʒ| *s.m.* [→ RAVIVER 1, 2] ravvivamento ◇ (*tissage*) decapaggio*.

raviver |ravive| *v.tr.* **1** [*rendre plus vif, plus actif, ramener à sa vigueur première*] ravvivare, rianimare: *raviver le feu, la flamme, les couleurs* ravvivare il fuoco, la fiamma, i colori **2** (*fig.*) [*ranimer, faire revivre*] ravvivare: *raviver un vieux souvenir, une douleur ancienne, la colère de qqn.* ravvivare un vecchio ricordo, un vecchio dolore, la collera di qc. **3** (*techn.*) [*nettoyer, décaper le métal qu'on veut souder ou dorer*] decapare ◇ (*chir.*) *raviver une plaie* cruentare una piaga.

ravoir |ravwar| *v.tr.* (*seulement inf.*) **1** [*avoir de nouveau, reprendre possession de* (*qqch.*)] riavere (97), recuperare → **recouvrer, récupérer** **2** (*fam.*) *au négatif* [*remettre en bon état de propreté*] ripristinare, restaurare: *on ne peut ravoir ces bronzes* non si riesce a ripristinare, restaurare questi bronzi.

rayage |rejaʒ| *s.m.* **1** [→ RAYER 3] cancellazione (*f.*): *le rayage d'un nom dans une liste* la cancellazione di un nome da un elenco **2** (*techn.*) rigatura *f.*

rayé, ée |reje| *adj.* **1** [*qui porte des raies, des rayures*] rigato: *toile rayée* tela rigata; *papier rayé* carta rigata # *pantalon rayé* pantaloni a righe; *poisson au dos rayé de noir* pesce striato di nero sul dorso **2** [*qui porte une, des rayure(s), des éraflures*] rigato, scalfito: *reliure rayée* rilegatura rigata; *vitre rayée* vetro scalfito, rigato.

rayer |Reje| (9) *v.tr.* **1** [*marquer* (*une surface*) *d'une ou de plusieurs raies*] rigare: *rayer du papier avec un crayon et une règle* rigare un foglio con una matita e una riga **2** [*marquer*] scalfire (197), rigare: *le diamant raye le verre* il diamante scalfisce, riga il vetro ◇ (*techn.*) *rayer un canon* rigare la canna (di un'arma da fuoco) **3** [*tracer un trait sur* (*un mot, un groupe de mots*) *pour l'annuler*] cancellare: *rayer qqch. de sa mémoire* cancellare q.c. dalla propria memoria # *rayer qqn. des cadres* radiare qc. dai ruoli.

rayère |RɛjɛR| *s.f.* (*archit.*) feritoia.

ray-grass |RɛgRɑs| *s.m.* (*t.bot.*) loglio* perenne.

1 **rayon** |Rɛjɔ̃| *s.m.* **1** [*toute trace de lumière en ligne ou en bande*] raggio*: *un rayon de soleil, de lune* un raggio di sole, di luna ◇ (*au plur.*) *les rayons du soleil* i raggi del sole; *lancer des rayons* lanciare dei raggi ◇ (*opt., phys.*) *rayons convergents, divergents, parallèles* raggi convergenti, divergenti, paralleli; *rayon visuel* raggio visivo **2** (*par anal.*) → **irradiation** ◇ *au plur.* raggi: *rayons infrarouges* raggi infrarossi; *rayons X* raggi X; *rayons gamma* raggi gamma; *rayons cathodiques* raggi catodici; *rayons cosmiques* raggi cosmici ♦ *absolt.* (*méd.*) *traitement par les rayons* cura coi raggi **3** [*chacune des pièces allongées qui relient le moyeu d'une roue à sa jante, en divergeant*] raggio: *rayons métalliques d'une roue de bicyclette* raggi metallici di una ruota di bicicletta # *disposition en rayons* disposizione a raggiera **4** (*géom.*) raggio: *le rayon est égal au demi-diamètre* il raggio è la metà del diametro ◇ (*par ext.*) *rayon vecteur* raggio vettore ◇ (*auto.*) *rayon de braquage* raggio di sterzata, di sterzo ◇ (*par ext.*) [*distance déterminée, mesurée à partir d'un point d'origine*] raggio ◇ (*spécialt.*) (*pr., fig.*) *rayon d'action* raggio d'azione.

2 **rayon** |Rɛjɔ̃| *s.m.* **1** [*chaque gâteau de cire formé par les abeilles, les guêpes et dont les alvéoles ou cellules sont remplies de miel ou de couvain*] favo: *les rayons d'une ruche* i favi di un'arnia **2** (*par anal.*) [*planche, tablette de rangement*] ripiano, scaffale: *rayons d'une bibliothèque* ripiani, scaffali di una biblioteca **3** (*par ext.*) [*partie d'un grand magasin réservée au comm. d'une marchandise*] reparto: *le rayon des manteaux, des bagages* il reparto cappotti, valigeria # *chef de rayon* caporeparto **4** (*fig.*) *c'est* (*de*) *votre rayon* è di vostra competenza ◇ (*loc. fam.*) *il en connaît un rayon* lui sì che se ne intende.

3 **rayon** |Rɛjɔ̃| *s.m.* [*petit sillon tracé sur une planche labourée et ratissée ou au bord d'une allée*] solco*, fila (*f.*): *semer, planter en rayons* seminare, piantare a solchi, file.

1 **rayonnage** |Rɛjɔnaʒ| *s.m.* (*agric.*) solcatura *f.*, tracciatura *f.* di solchi.

2 **rayonnage** |Rɛjɔnaʒ| *s.m.* [*ensemble des rayons d'un meuble de rangement*] scaffalatura *f.*, scaffali *pl.*

rayonnant, ante |Rɛjɔnɑ̃, ɑ̃t| *adj.* **1** [*qui présente une disposition en rayon*] raggiato, radiale: *décor rayonnant* decorazione raggiata ◇ (*archit.*) *chapelles rayonnantes* cappelle radiali, raggiste **2** [*qui émet des rayons lumineux*] radioso: *soleil rayonnant* sole radioso ◇ (*phys.*) radiante: *chaleur rayonnante* calore radiante **3** (*fig.*) raggiante, radioso: *un air rayonnant* un'aria raggiante, radiosa ◇ *loc.* RAYONNANT DE raggiante di: *visage rayonnant de joie, de satisfaction* viso raggiante di gioia, di soddisfazione # *un enfant rayonnant de santé* un bambino che scoppia di salute.

rayonne |Rɛjɔn| *s.f.* [*fibres textiles artificielles*] raion *m. inv.*, rayon *m. inv.*

rayonné, ée |Rɛjɔne| *adj.* **1** [*disposé selon des rayons*] raggiato, radiale: *symétrie rayonnée* simmetria raggiata, radiale **2** [*orné de rayons figurés*] ornato di raggi: *tête rayonnée* testa ornata di raggi.

Rayonnés |Rɛjɔne| *s.m. pl.* (*t.zool.*) Raggiati.

rayonnement |Rɛjɔnmɑ̃| *s.m.* **1** (*littér.*) [*lumière rayonnante, clarté*] irradiamento: *le rayonnement des cierges* l'irradiamento dei ceri **2** [*émission et propagation d'un ensemble de radiations*] irradiazione *f.*, irraggiamento: *rayonnement solaire* irradiazione solare; *rayonnement d'un corps radioactif* irradiazione, irraggiamento di un corpo radioattivo **3** (*phys.*) radiazione (*f.*): *rayonnement visible, ultraviolet* radiazione visibile, ultravioletta **4** (*fig.*) [*influence heureuse, éclat excitant l'admiration*] influenza *f.*, diffusione (*f.*): *rayonnement d'une œuvre, d'un pays, d'une civilisation* influenza di un'opera, di un paese, di una civiltà.

1 **rayonner** |Rɛjɔne| **A** *v.intr.* **1** (*littér.*) [*répandre de la lumière, des rayons lumineux*] irradiare **2** (*par ext.*) [*se propager par rayonnement*] irradiare: *chaleur qui rayonne* calore che irradia **3** (*fig.*) [*répandre comme une lumière, un rayonnement*] essere (96) (*aux.* essere) raggiante, risplendere*: *rayonner de joie, de bonheur* essere raggiante, risplendere di gioia, di felicità ◇ [*se répandre, se manifester comme une clarté*] irradiarsi *pron.*, diffondersi (146) (*pron.*): *civilisation, culture qui rayonne dans le monde* civiltà, cultura che si irradia, si diffonde nel mondo ◇ [*exprimer le bonheur*] essere raggiante, radioso: *son visage rayonnait* il suo viso era raggiante, radioso **4** [*être disposé en rayons, en lignes divergentes autour d'un centre*] dipartirsi *pron.* a raggiera, irradiarsi *pron.* ◇ (*par ext.*) [*se répandre, se manifester dans toutes les directions*] irradiare, irradiarsi: *douleur qui rayonne* dolore che irradia **5** [*se déplacer dans un certain rayon*] spostarsi *pron.* in un certo raggio # *service de cars qui rayonne autour d'une ville* servizio di autobus che serve i dintorni di una città **B** *v.tr.* (*sc., techn.*) [*émettre* (*un rayonnement, un flux lumineux*)] irradiare, irraggiare, emettere (155).

2 **rayonner** |Rɛjɔne| *v.tr.* (*rare*) [*garnir de rayons, de rayonnages*] scaffalare # *j'ai fait rayonner ma chambre pour y ranger mes livres* ho fatto mettere degli scaffali nella mia camera per sistemarci i libri.

rayure |RejyR| *s.f.* **1** [*chacune des bandes, des lignes qui se détachent sur un fond de couleur différente*] rigatura, riga*: *rayures d'un dessin* rigatura, righe di un disegno; *étoffe à rayures* stoffa a righe, rigata **2** [*éraflure sur une surface*] scalfittura: *rayures sur un meuble* scalfitture su un mobile ◇ [*entaille allongée de forme régulière*] scanalatura → **sillon, strie** ◇ (*spécialt.*) *rayures d'un canon de fusil* rigature di una canna di fucile.

raz, ras |Rɑ| *s.m.* **1** (*mar.*) violenta corrente *f.* marina **2** *raz de marée, raz-de-marée* maremoto ◇ (*fig.*) sconvolgimento; ondata (*f.*): *les raz-de-marée qui emportent la société* gli sconvolgimenti che travolgono la società.

razzia |Razja| *s.f.* **1** razzia **2** (*vieilli, fam.*) [*rafle de police*] retata (*cour.*) ◇ (*loc. fam.*) *faire* (*une*) *razzia sur qqch.* fare razzia di q.c.

razzier |Razje| *v.tr.* **1** [*exécuter une razzia contre*] razziare, saccheggiare: *razzier un village* razziare, saccheggiare un villaggio **2** [*enlever au cours d'une razzia*] razziare, fare (103) razzia di.

ré |Re| *s.m. inv.* (*mus.*) re: *messe en ré mineur* messa in re minore.

réa |Rea| *s.m.* **1** → **rouet** **2** (*techn.*) puleggia* *f.* a gola.

réabonnement |Reabɔnmɑ̃| *s.m.* [→ RÉABONNER] rinnovo di abbonamento.

réabonner |Reabɔne| **A** *v.tr.* [*abonner de nouveau*] riabbonare, rinnovare l'abbonamento (di) **B** *v.pron. réfl.* SE RÉABONNER [*reprendre un abonnement*] riabbonarsi, rinnovare *tr.* l'abbonamento: *se réabonner à un journal dont l'abonnement expire* riabbonarsi ad un giornale di cui scade l'abbonamento.

réabsorber |ReapsɔRbe| *v.tr.* [*absorber de nouveau*] riassorbire (204).

réabsorption |ReapsɔRpsjɔ̃| *s.f.* [→ RÉABSORBER] riassorbimento *m.*

réaccoutumer |Reakutyme| **A** *v. tr.* (*littér.*) [*réhabituer*] riabituare (*cour.*) **B** *v.pron. intr.* SE RÉACCOUTUMER [→ *tr.*] riabituarsi: *se réaccoutumer à un travail* riabituarsi a un lavoro.

réactance |Reaktɑ̃s| *s.f.* (*électr.*) reattanza: *réactance inductive* reattanza induttiva.

réacteur, trice |ReaktœR, tRis| *s.* **I** *s.m.* **1** (*techn.*) reattore: *réacteur d'avion* reattore d'aereo **2** (*chim.*) reattore: *réacteur nucléaire* reattore nucleare **II** *s.* (*vx.*) → **réactionnaire.**

réactif, ive |Reaktif, iv| *s.m.* (*chim.*) reattivo, reagente ♦ *adj.* (*phys., psycho.*) reattivo.

réaction |Reaksjɔ̃| *s.f.* **I** **1** (*mécan.*) reazione: *principe de l'égalité de l'action et de la réaction* principio dell'uguaglianza fra azione e reazione ◇ (*par anal.*) *propulsion par réaction* propulsione a reazione; *avion à réaction* aereo a reazione **2** (*chim.*) reazione: *réaction d'un mélange chimique* reazione di una miscela chimica ◇ (*par anal.*) *réaction nucléaire* reazione nucleare; *réaction en chaîne* reazione a catena **3** (*physiol.*) reazione: *réactions de défense de l'organisme* reazioni di difesa dell'organismo **4** (*psycho.*) reazione: *temps de réaction* tempo di reazione **II** **1** [*réponse à une action par une action contraire tendant à l'annuler*] reazione: *décision prise en réaction contre...* decisione presa per reazione contro... ♦ (*absolt.*) *par réaction* per reazione **2** [*comportement d'une personne qui répond à une action extérieure*] reazione: *réaction de qqn. à une catastrophe, à une injure* reazione di qc. di fronte a una catastrofe, a un'ingiuria; *réaction lente, vive, soudaine* reazione lenta, vivace, improvvisa; *avoir une réaction de peur, de colère* avere una reazione di paura, di rabbia; *être sans réaction* non avere reazioni ◇ (*fam.*) *provoquer des réactions* provocare (delle) reazioni; '*il a protesté?*' '*non, aucune réaction*' 'ha protestato?' 'no, non ha reagito, non ha battuto ciglio' **3** (*péj.*) [*action polit. qui s'oppose aux changements, au progrès social*] reazione: *les forces de la réaction* le forze della reazione, reazionarie ◇ [*la droite polit.*] reazione, reazionari (*m. pl.*): *à bas la réaction!* abbasso la reazione, i reazionari!

réactionnaire |ʀeaksjɔnɛʀ| *adj.* (*abrév. fam.* 'réac') (*péj.*) reazionario*: *opinions réactionnaires* opinioni reazionarie; *écrivain réactionnaire* scrittore reazionario ✦ (*s.*) *un vieux réactionnaire* un vecchio reazionario.

réactionnel, elle |ʀeaksjɔnɛl| *adj.* (*méd., psychan., psycho.*) reattivo.

réactivation |ʀeaktivɑsjɔ̃| *s.f.* [→ RÉACTIVER] riattivazione.

réactiver |ʀeaktive| *v.tr.* [*rendre de nouveau actif*] riattivare.

réactivité |ʀeaktivite| *s.f.* **1** (*chim., chim. nucléaire*) reattività *inv.* **2** (*méd., psycho.*) reattività.

réactogène |ʀeaktɔʒɛn| *adj. et s.m.* (*méd.*) reattogeno.

réadaptation |ʀeadaptɑsjɔ̃| *s.f.* [*adaptation nouvelle*] riadattamento (*m.*): *réadaptation d'un soldat à la vie civile* riadattamento di un soldato alla vita civile ◇ (*méd.*) *réadaptation fonctionnelle* rieducazione funzionale.

réadapter |ʀeadapte| **A** *v.tr.* [*adapter (ce qui ne l'était plus)*] riadattare ◇ (*méd.*) rieducare: *réadapter un convalescent à sa vie professionnelle* rieducare un convalescente alla vita professionale ✦ (*au p.p.*) *infirme réadapté à son travail* infermo rieducato al lavoro **B** *v.pron. intr.* SE RÉADAPTER [→ *tr.*] riadattarsi, riabituarsi: *laissez-lui le temps de se réadapter* lasciategli il tempo di riadattarsi, di riabituarsi ✦ (*s.*) *les réadaptés* le persone *f.* rieducate.

réadmettre |ʀeadmɛtʀ(ə)| (71) *v. tr.* [*admettre de nouveau*] riammettere (155).

réadmission |ʀeadmisjɔ̃| *s.f.* [→ RÉADMETTRE] riammissione: *réadmission d'un sociétaire exclu* riammissione di un socio escluso.

réaffirmer |ʀeafiʀme| *v.tr.* [*affirmer de nouveau, dans une autre occasion*] riaffermare, ribadire (197): *il a réaffirmé ses intentions dans sa dernière conférence de presse* ha riaffermato, ribadito le sue intenzioni nell'ultima conferenza stampa.

réagir |ʀeaʒiʀ| *v.intr.* **I** (*biol., chim., mécan.*) RÉAGIR SUR, CONTRE [*avoir une réaction, des réactions*] reagire (197) contro: *l'organisme réagit contre les maladies infectieuses* l'organismo reagisce contro le malattie infettive **II 1** RÉAGIR SUR (*qqn., qqch.*) [*agir en retour ou réciproquement sur*] agire (197) su, influire (197) su: *les troubles psychologiques réagissent sur l'organisme* le turbe psichiche agiscono, influiscono sull'organismo → **répercuter (se)** **2** RÉAGIR CONTRE [*s'opposer à (une action) par une action contraire*] reagire contro: *réagir contre une mode, un usage* reagire contro una moda, un'usanza ✦ (*absolt.*) *ils essayèrent de réagir et de rétablir l'ordre* tentarono di reagire e di ristabilire l'ordine ◇ (*par anal.*) [*faire un effort pour sortir d'une situation pénible*] *réagissez! ne vous laissez pas abattre!* reagisca! non si lasci abbattere! → **secouer (se)** **3** [*avoir une réaction*] reagire: *réagir brutalement, violemment* reagire brutalmente, violentemente; *je ne sais pas comment je réagirais* non so come reagirei.

réajustement |ʀeaʒystəmɑ̃| *s.m.* → **rajustement.**

réajuster |ʀeaʒyste| *v.tr.* → **rajuster.**

réal, aux |ʀeal, o| *s.m.*, **réale** |ʀeal| *s.f.* (*numism.*) reale (*m.*): *cinq millions de réaux* cinque milioni di reali.

réal, ale, aux |ʀeal, o| *adj.* (*hist.*) *galère réale* galera reale ✦ (*s.f.*) *la réale* la galera reale *adj.*

réalésage |ʀealezaʒ| *s.m.* (*techn.*) [→ RÉALESER] rialesaggio*, rialesatura *f.*

réaléser |ʀealeze| (8) *v.tr.* [*aléser une seconde fois*] rialesare.

réalgar |ʀealgaʀ| *s.m.* (*chim.*) realgar *inv.*

réalisable |ʀealizabl(ə)| *adj.* **1** [→ 1 RÉALISER A I 1, II 1] realizzabile, attuabile: *plan, projet réalisable* piano, progetto realizzabile, attuabile → **possible** **2** [*transformable en argent*] realizzabile: *une fortune entièrement réalisable* un patrimonio interamente realizzabile.

réalisateur, trice |ʀealizatœʀ, tʀis| *s.* **1** realizzatore* ✦ (*adj.*) *un esprit réalisateur* una mente creatrice **2** [*personne responsable de la réalisation d'un film, d'une émission*] regista → **metteur (en scène).**

réalisation |ʀealizɑsjɔ̃| *s.f.* **1** [→ 1 RÉALISER A I 1] realizzazione, attuazione: *la réalisation d'un projet* la realizzazione, l'attuazione di un progetto ◇ (*dr.*) *réalisation d'un contrat* esecuzione, adempimento *m.* di un contratto **2** [*chose réalisée; création, œuvre*] realizzazione: *les inventions de la science et les réalisations de l'art* le invenzioni della scienza e le realizzazioni dell'arte; *une magnifique réalisation* una magnifica realizzazione **3** [*transformation d'un bien en argent par la vente*] realizzo *m.*, ricavo (*m.*): *réalisation de l'actif d'une société, d'un capital, de valeurs* realizzo, ricavo dell'attivo di una società, di un capitale, di valori **4** [*mise en scène (d'un film), mise en images (d'une émission)*] realizzazione **5** (*mus.*) realizzazione.

1 **réaliser** |ʀealize| **A** *v.tr.* **I 1** [*faire exister à titre de réalité concrète (ce qui n'existait que dans l'esprit)*] realizzare: *réaliser un projet* realizzare, attuare un progetto: *réaliser une ambition, un idéal* realizzare un'ambizione, un ideale → **atteindre, accomplir, exécuter** **2** *réaliser (en soi) un type, un modèle* [*en présenter un exemple concret*] personificare, impersonare (in sé stesso) un tipo, un modello **II 1** (*dr.*) [*faire*] realizzare, attuare: *réaliser un achat, une vente* realizzare, attuare un acquisto, una vendita ◇ (*ciné.*) *réaliser un film* realizzare un film **2** [*convertir, transformer en argent*] realizzare: *réaliser des biens, un capital* realizzare dei beni, un capitale → **vendre** **B** *v.pron. réfl.* SE RÉALISER [*atteindre son idéal personnel*] realizzarsi.

2 **réaliser** |ʀealize| *v.tr.* (*emploi critiqué*) [*se rendre compte avec précision, se faire une idée nette de*] rendersi (105) *pron.* conto di, realizzare: *je réalise soudain ce que vous me dites* mi rendo conto improvvisamente di quello che mi dice, realizzo improvvisamente quello che mi dice ✦ (*absolt.*) *tu réalises!* ti rendi conto!, capisci?

réalisme |ʀealism(ə)| *s.m.* **1** (*bx-arts, litt., philo.*) realismo: *réalisme littéraire* realismo letterario → **naturalisme** ◇ (*par ext.*) *le réalisme d'un récit, d'une description, d'un personnage* il realismo di un racconto, di una descrizione, di un personaggio **2** [*attitude de celui qui tient compte de la réalité, l'apprécie avec justesse*] realismo: *réalisme politique* realismo politico **3** [*tendance à décrire, à représenter les aspects grossiers, vulg. du réel*] realismo: *un réalisme brutal* un brutale realismo.

réaliste |ʀealist(ə)| *adj.* **1** realista; realistico*: *un écrivain, un peintre réaliste* uno scrittore, un pittore realista || *portrait réaliste* ritratto realistico **2** [*qui a le sens des réalités*] realistico: *homme d'État réaliste* statista realistico ✦ (*s.*) *un réaliste* un realista ◇ (*par ext.*) *une analyse réaliste* un'analisi realistica.

réalistement |ʀealistəmɑ̃| *adv.* [→ RÉALISTE 2] realisticamente, in modo realistico *loc. inv.*

réalité |ʀealite| *s.f.* **1** realtà (*inv.*): *douter de la réalité, de la matérialité d'un fait* dubitare della realtà, della concretezza di un fatto → **vérité** **2** LA RÉALITÉ [*ce qui est réel*] la realtà: *connaissance de la réalité par la science* conoscenza della realtà attraverso la scienza; *la réalité intérieure* la realtà intima, interiore **3** [*la vie, l'existence réelle*] realtà: *le rêve et la réalité* il sogno e la realtà; *la réalité quotidienne* la realtà quotidiana ◇ [*ce qui existe*] *la réalité dépasse la fiction* la realtà supera l'immaginazione; *dans la réalité* nella realtà ◇ *loc.* EN RÉALITÉ in realtà: *en réalité c'est tout différent* in realtà è tutto diverso **4** UNE, DES RÉALITÉ(S) [*chose réelle, fait réel*] realtà: *les réalités de tous les jours* la realtà quotidiana; *avoir le sens des réalités* avere il senso della realtà ◇ (*loc.*) *prendre ses désirs pour des réalités* illudersi, farsi delle illusioni.

réanimateur, trice |ʀeanimatœʀ, tʀis| *s.* **1** *s.* specialista della rianimazione **2** *s.m.* → **respirateur.**

réanimation |ʀeanimɑsjɔ̃| *s.f.* (*méd.*) [→ RÉANIMER] rianimazione: *réanimation d'un asphyxié* rianimazione di un asfissiato ◇ (*fig.*) il far rivivere *m. inv.*

réanimer |ʀeanime| *v.tr.* [*procéder à la réanimation de*] rianimare ◇ (*fig.*) [*faire revivre*] far (103) *intr.* rivivere.

réapparaître |ʀeapaʀɛtʀ(ə)| (72) *v.intr.* [*apparaître, paraître de nouveau*] riapparire (142) (*aux.* essere), ricomparire (142) (*aux.* essere): *le mal réapparaît* il male riappare, ricompare.

réapparition |ʀeapaʀisjɔ̃| *s.f.* [→ RÉAPPARAÎTRE] riapparizione, ricomparsa: *réapparition du soleil après une éclipse* riapparizione, ricomparsa del sole dopo un'eclissi.

réapprendre |ʀeapʀɑ̃dʀ(ə)| (73) *v.tr.* → **rapprendre.**

réapprovisionnement |ʀeapʀɔvizjɔnmɑ̃| *s.m.* [→ RÉAPPROVISION-

NER] riapprovvigionamento, rifornimento: *réapprovisionnement en sucre d'une épicerie* riapprovvigionamento di zucchero di una drogheria.

réapprovisionner |ReapRɔvizjɔne| *v.tr.* [*approvisionner de nouveau*] riapprovvigionare, rifornire (197).

réargenter |ReaRʒɑ̃te| *v.tr.* [*argenter de nouveau*] riargentare: *donner des couverts à réargenter* far riargentare delle posate.

réarmement |ReaRməmɑ̃| *s.m.* **1** [→ RÉARMER] riarmo: *réarmement d'une troupe, d'un vaisseau* riarmo di una truppa, di una nave ◇ (*par ext.*) *politique de réarmement* politica di riarmo **2** (*fig.*) *réarmement moral* riarmo morale **C** **désarmement.**

réarmer |ReaRme| **A** *v.tr.* [*recharger* (*une arme*)] ricaricare: *réarmer un fusil, un pistolet* ricaricare un fucile, una pistola ◇ (*mar.*) *réarmer un vaisseau* riarmare una nave **B** *v.intr.* (*en parlant d'un État*) [*recommencer à s'équiper pour la guerre*] riarmarsi *pron.*

réarrangement |ReaRɑ̃ʒmɑ̃| *s.m.* [*nouvel arrangement*] riordinamento, riassetto ◇ (*chim.*) *réarrangement moléculaire* trasposizione *f.* molecolare.

réarranger |ReaRɑ̃ʒe| (3) *v.tr.* [*arranger de nouveau*] riordinare, riassettare.

réassignation |Reasiɲasjɔ̃| *s.f.* (*dr.*) seconda citazione (del convenuto non comparso) ◇ (*fin.*) l'ipotecare *m. inv.* di nuovo.

réassigner |Reasiɲe| *v.tr.* **1** (*dr.*) [*assigner de nouveau*] riconvocare, citare nuovamente: *réassigner le défaillant* riconvocare il convenuto non comparso **2** (*fin.*) [*assigner, gager sur un autre fonds* (*en garantie de paiement*)] ipotecare (un fondo diverso) **3** [*attribuer de nouveau*] riassegnare: *réassigner un but à une association* riassegnare un fine ad un'associazione.

réassortiment |ReasɔRtimɑ̃| *s.m.* [*nouvel assortiment*] nuovo assortimento.

réassortir |ReasɔRtiR| **A** *v.tr.* **1** [*reconstituer un assortiment* (*en remplaçant ce qui manque*)] completare: *réassortir un service de verres* completare un servizio di bicchieri **2** [*fournir un nouvel assortiment* (*d'un certain modèle*)] rifornire (197): *je crains de ne pouvoir vous réassortir* temo di non poterla rifornire **B** *v.pron. réfl.* SE RÉASSORTIR [→ *tr.* 2] rifornirsi: *libraire qui va se réassortir chez l'éditeur* libraio che va a rifornirsi presso l'editore.

réassurance |ReasyRɑ̃s| *s.f.* (*dr.*) riassicurazione.

réassurer |ReasyRe| *v.tr.* (*dr.*) [*garantir* (*un assureur*) *par une réassurance*] riassicurare.

réassureur |ReasyRœR| *s.m.* (*dr.*) riassicuratore.

rebaisser |R(ə)bese| *v.intr.* [*baisser de nouveau*] ribassare (*aux.* essere), diminuire (197) (*aux.* essere) di nuovo: *les prix ont remonté puis rebaissé* i prezzi sono aumentati e poi sono ribassati, sono diminuiti di nuovo.

rebaptiser |R(ə)batize| *v.tr.* **1** [*baptiser une seconde fois*] ribattezzare **2** [*nommer d'un autre nom*] ribattezzare: *la rue a été rebaptisée* la via è stata ribattezzata.

rébarbatif, ive |RebaRbatif, iv| *adj.* [*qui rebute par un aspect rude, désagréable*] arcigno: *mine rébarbative* aspetto arcigno ◇ (*fig.*) [*difficile et ennuyeux*] noioso, ingrato: *études, sujets rébarbatifs* studi, argomenti noiosi, ingrati.

rebâtir |R(ə)bɑtiR| *v.tr.* [*bâtir de nouveau* (*ce qui était détruit*)] ricostruire (197), riedificare: *rebâtir une maison* ricostruire, riedificare una casa → **reconstruire** ◇ (*fig.*) *rebâtir une société* ricostruire, riedificare una società.

rebattement |R(ə)batmɑ̃| *s.m.* (*blas.*) moltiplicazione *f.*

rebattre |R(ə)batR(ə)| (76) *v.tr.* **1** *loc.* REBATTRE LES OREILLES *à qqn. de qqch.* [*lui en parler continuellement jusqu'à l'excéder*] fare (103) la testa grossa (*fam.*), a pallone (*fam.*) a qc. per q.c.: *vous me rebattez sans cesse les oreilles de vos vertus!* lei mi fa la testa grossa, a pallone parlandomi continuamente delle sue virtù! **2** (*rare, techn.*) [*battre de nouveau, battre à plusieurs reprises*] ribattere (*cour.*) # *rebattre un matelas* rifare un materasso ◇ (*jeux*) *rebattre les cartes* rimescolare le carte.

rebattu, ue |R(ə)baty| *adj.* [*dont on a parlé inlassablement*] trito (e ritrito): *sujet rebattu* argomento trito e ritrito.

rebec |Rəbɛk| *s.m.* (*mus.*) ribeca* *f.*, rubeca* *f.*

rebelle |Rəbɛl| *adj.* **1** ribelle: *des sujets rebelles à leur souverain* sudditi ribelli al loro sovrano ◆ (*absolt.*) *troupes rebelles* truppe ribelli ◆ (*s.*) *négocier avec des rebelles* trattare con dei ribelli → **insurgé** **2** [*qui est réfractaire* (*à qqch.*)] ribelle: *rebelle à toute discipline, à tout effort* ribelle ad ogni disciplina, ad ogni sforzo → **opposé** # *il est rebelle aux mathématiques* è negato per la matematica → **fermé** ◇ (*choses*) [*qui résiste* (*à qqch.*)] refrattario*; ribelle: *organisme rebelle a certains remèdes* organismo refrattario a certe medicine ‖ *fièvre rebelle* febbre ribelle **3** (*choses concrètes; sans compl.*) [*qui ne se laisse pas facilement manier*] ribelle: *mèches de cheveux rebelles* ciocche di capelli ribelli → **indiscipliné.**

rebeller (se) |R(ə)be(ɛl)le| *v.pron. intr.* [*faire acte de rebelle en se révoltant*] ribellarsi: *se rebeller contre l'autorité paternelle* ribellarsi contro l'autorità paterna → **braver** ◇ (*fig.*) [*protester, regimber*] *à la fin je me suis rebellé, je lui ai dit ce que je pensais* alla fine mi sono ribellato, gli (le) ho detto quello che pensavo.

rébellion |Rebeljɔ̃| *s.f.* **1** [→ REBELLER (SE)] ribellione → **insurrection, révolte** ◇ (*par ext.*) [*tendance à se rebeller*] ribellione, rivolta: *esprit de rébellion* spirito di ribellione, di rivolta → **désobéissance, insurbordination** **2** [*l'ensemble des rebelles*] ribelli *m. pl.*, rivoltosi (*m. pl.*): *négocier avec la rébellion* trattare con i ribelli, con i rivoltosi.

rebiffer (se) |R(ə)bife| *v.pron. intr.* (*fam.*) [*refuser brusquement, avec vivacité de se laisser mener plus longtemps*] ribellarsi (*cour.*): *le gosse, qu'on envoyait faire toutes les courses, s'est rebiffé* il ragazzino, al quale facevano fare tutte le commissioni, si è ribellato → **révolter (se).**

rebiquer |R(ə)bike| *v.intr.* (*fam.*) [*se dresser, se retrousser en faisant un angle*] arricciarsi *pron.* (*cour.*), arrotolarsi *pron.* (*cour.*): *les pointes de son col rebiquent* le punte del suo colletto si arricciano.

reblanchir |R(ə)blɑ̃ʃiR| *v.tr.* [*blanchir de nouveau* (*ce qui s'est sali, ce qui a jauni*)] rimbiancare, rimbianchire (197) (*rare*): *reblanchir un mur en le passant à la chaux* rimbiancare un muro con la calce.

reblochon |Rəblɔʃɔ̃| *s.m.* [*fromage à pâte grasse, de saveur douce, fabriqué en Savoie*] ⊠.

reboisement |R(ə)bwazmɑ̃| *s.m.* [→ REBOISER] rimboschimento, rimboscamento.

reboiser |R(ə)bwaze| *v.tr.* [*planter d'arbres* (*un terrain qui a été déboisé*)] rimboschire (197), rimboscare: *reboiser les pentes d'une montagne* rimboschire, rimboscare i pendii di un monte.

rebond |R(ə)bɔ̃| *s.m.* [*mouvement d'un corps qui rebondit*] rimbalzo: *rebond d'un ballon* rimbalzo di un pallone; *frapper la balle après le premier rebond* colpire la palla al primo rimbalzo.

rebondi, ie |R(ə)bɔ̃di| *adj.* (*se dit d'une partie du corps*) [*de forme arrondie*] pieno, pienotto: *joues rebondies* guance piene, pienotte → 1 **plein, dodu, gras, rond** ◇ (*personnes*) [*gros et gras*] grassoccio*, grassottello.

rebondir |R(ə)bɔ̃diR| *v.intr.* **1** [*faire un ou plusieurs bonds après avoir heurté un obstacle*] rimbalzare (*aux.* essere): *ballon qui rebondit sur le sol* pallone che rimbalza sul terreno **2** (*fig.*) [*prendre un nouveau développement après un arrêt, une pause*] risollevarsi *pron.*; prendere (105) *tr.* un nuovo sviluppo (nuovi sviluppi): *l'action rebondit au trosième acte* l'azione si risolleva al terzo atto ‖ *les derniers témoignages pourraient faire rebondir l'affaire* le ultime testimonianze potrebbero far prendere nuovi sviluppi al processo.

rebondissement |R(ə)bɔ̃dismɑ̃| *s.m.* **1** [*développement nouveau survenant après un temps d'arrêt*] (nuovo) sviluppo: *le rebondissement d'une affaire en justice* lo sviluppo di una causa giudiziaria **2** (*rare*) [→ REBONDIR 1] rimbalzo (*cour.*): *le rebondissement d'une balle* il rimbalzo di una palla.

rebord |R(ə)bɔR| *s.m.* [*bord en saillie*] bordo, orlo: *rebord d'un puits* orlo di un pozzo → **bordure** # *le rebord d'une fenêtre* il davanzale di una finestra ◇ (*cout.*) risvolto ◇ [*bord naturel d'une chose, le long d'une dénivellation*] bordo: *rebord d'un fossé* bordo di un fosso.

reborder |R(ə)bɔRde| *v.tr.* **1** [*garnir d'un nouveau bord ou d'un rebord rapporté*] orlare (di nuovo): *reborder un vêtement* orlare di nuovo un abito **2** [*border de nouveau*] rincalzare, rimboccare: *reborder un enfant dans son lit* rincalzare, rimboccare le coperte a un bambino.

rebot |Rəbo| *s.m.* (*sport*) pelota *f.* basca*.

reboucher |R(ə)buʃe| **A** *v.tr.* **1** [*boucher de nouveau*] richiudere (106), ritappare: *rebouchez le flacon après usage* richiudere, ritappare il flacone dopo l'uso **2** [*combler* (*un trou*)] tappare, otturare: *reboucher des trous au mastic* tappare, otturare dei buchi col mastice **B** *v.pron. intr.* SE REBOUCHER [→ *tr.* 1] riotturarsi, ostruirsi (197) di

nuovo: *le siphon de l'évier s'est rebouché* lo scarico dell'acquaio si è riotturato, si è ostruito di nuovo.
rebours |R(ə)buR| *s.m.* (*dans la loc. adv.*) À REBOURS [*à rebrousse-poil*] contropelo (*adv.*): *caresser un animal à rebours* accarezzare un animale contropelo ◇ [*dans le sens contraire au sens normal, habituel; à l'envers*] alla rovescia, all'indietro: *tourner les pages d'un livre à rebours* girare le pagine di un libro alla rovescia, all'indietro ◇ (*spécialt.*) *compte, comptage à rebours* conto alla rovescia: *recyclage d'un compte à rebours* ripresa di un conto alla rovescia ◇ (*fig.*) *faire tout à rebours* fare tutto alla rovescia ◇ *loc. prép.* À REBOURS DE, AU REBOURS DE in senso contrario a, contrariamente a: *aller à rebours de l'évolution générale* procedere in senso contrario all'evoluzione generale.
rebouter |R(ə)bute| *v.tr.* **1** (*vx.*) → **remettre, replacer** **2** [*remettre par des moyens empiriques* (*un membre démis*), *réduire* (*une fracture, une foulure*)] ridurre (108) in modo empirico, rimettere (155) a posto.
rebouteur |R(ə)butœR|, **rebouteux, euse** |R(ə)butø, øz| *s.* (*fam.*) [*personne qui fait métier de remettre les membres démís, de réduire, par des moyens empiriques, les luxations, les fractures*] medicone *m.*, conciaossa *inv.*
reboutonner |R(ə)butɔne| *v.tr.* [*boutonner de nouveau* (*un vêtement*)] riabbottonare # *reboutonner sa veste* riabbottonarsi la giacca ◆ (*pron. réfl.*) *se reboutonner* riabbottonarsi.
rebraguetter |R(ə)bRagete| *v.tr.* (*fam.*) [*fermer une braguette*] abbottonare (i calzoni) (*cour.*).
rebras |RəbRa| *s.m.* [*revers, parement d'une manche*] risvolto ◇ [*partie d'un gant long qui s'étend sur le bras*] campana *f.*
rebroder |R(ə)bRɔde| *v.tr.* [*garnir* (*un vêtement*) *d'une seconde broderie qui se superpose à une première*] ricamare di nuovo.
rebroussement |R(ə)bRusmɑ̃| *s.m.* [→ REBROUSSER] lo spazzolare *inv.* contropelo: *le rebroussement des poils d'une fourrure* lo spazzolare contropelo una pelliccia ◇ [*état qui en résulte*] arruffamento ◇ (*géom.*) *point de rebroussement* spigolo di regresso.
rebrousse-poil (à) |aRbRuspwal| *loc. adv.* [*en rebroussant le poil, à contre-poil*] contropelo (*adv.*): *il caressait la fourrure à rebrousse-poil* accarezzava la pelliccia contropelo ◇ (*fig., fam.*) *prendre qqn. à rebrousse-poil* prendere qc. di contropelo.
rebrousser |R(ə)bRuse| **A** *v.tr.* **1** [*relever* (*les cheveux, le poil*) *dans un sens contraire à la direction naturelle*] spazzolare contropelo, arruffare # *le vent rebrousse les feuilles* il vento scompiglia le foglie ◇ (*techn.*) [*passer un instrument sur* (*le cuir*) *de manière à abattre le grain*] granire (197), zigrinare **2** *loc.* REBROUSSER CHEMIN [*s'en retourner en sens opposé au milieu d'un trajet*] tornare *intr.* (*aux.* essere) sui propri passi: *ne pouvant passer, il dut rebrousser chemin* non potendo passare, dovette ritornare sui propri passi **B** *v. intr.* (*techn.*) [*ne pas mordre sur la matière qu'on veut couper*] non penetrare (*aux.* essere, avere).
rebuffade |R(ə)byfad| *s.f.* cattiva accoglienza; rifiuto *m.* sgarbato: *essuyer une rebuffade* non ottenere che un rifiuto sgarbato.
rébus |Rebys| *s.m.* **1** rebus *inv.* **2** (*fig.*) [*énigme; allusion plus ou moins obscure*] rebus.
rebut |Rəby| *s.m.* **1** [*ce qu'on a rebouté, rejeté*] scarto, rifiuto ◇ (*postes*) posta *f.* giacente, giacenza (*f.*): *service des rebuts* servizio di posta giacente; *détruire les rebuts* distruggere le giacenze, la corrispondenza non recapitata **2** (*fig.*) [*ce qu'il y a de plus mauvais dans un ensemble*] feccia* *f.*, scarto: *le rebut de la société, du genre humain* la feccia della società, del genere umano **3** *loc.* AU REBUT [*parmi ce dont on ne veut pas, ou plus*] fra gli scarti: *mettre, jeter qqch. au rebut* mettere, buttare q.c. fra gli scarti ◇ *loc. adj.* DE REBUT di scarto: *meubles, bois de rebut* mobili, legno di scarto, di pessima qualità.
rebutant, ante |R(ə)bytɑ̃, ɑ̃t| *adj.* [*qui rebute, ennuie*] ripugnante, scoraggiante: *travail rebutant* lavoro ripugnante.
rebuter |R(ə)byte| *v.tr.* **1** (*littér.*) [*repousser* (*qqn.*) *avec dureté ou avec mépris*] respingere (119) (*cour.*): *femme qui rebute un soupirant* donna che respinge un corteggiatore ◇ (*par ext.*) *rebuter les offres de qqn.* respingere, rifiutare le offerte di qc. **2** [*détourner, dégoûter* (*qqn.*) *d'une entreprise, par les obstacles, les échecs, l'ennui*] scoraggiare: *rien ne le rebute* niente lo scoraggia ◆ (*pron. intr.*) *il finira par se rebuter* finirà per scoraggiarsi **3** [*choquer* (*qqn.*), *inspirer de la répugnance*] ripugnare *intr.* (a): *la vulgarité de ses façons me rebutait* la volgarità delle sue maniere mi ripugnava.
recacheter |R(ə)kaʃte| (5) *v.tr.* [*cacheter de nouveau*] risigillare: *la lettre avait été repliée et recachetée* la lettera era stata ripiegata e risigillata.
recalage |R(ə)kalaʒ| *s.m.* **1** [*action d'annuler une dérive*] *recalage d'un compteur à zéro* azzeramento di un contatore **2** (*fam.*) [*le fait d'être recalé, d'échouer à un examen*] bocciatura *f.*
recalcification |R(ə)kalsifikɑsjɔ̃| *s.f.* (*biochim.*) [→ RECALCIFIER] ricalcificazione **C** **décalcification.**
recalcifier |R(ə)kalsifje| *v.tr.* [*enrichir en calcium*] ricalcificare **C** **décalcifier.**
récalcitrant, ante |Rekalsitrɑ̃, ɑ̃t| **1** *adj.* recalcitrante: *cheval, mulet récalcitrant* cavallo, mulo recalcitrante; *caractère récalcitrant* carattere recalcitrante ◇ (*fam.*) *boutons de manchettes récalcitrants* gemelli che non si abbottonano **2** (*s.*) *les récalcitrants à l'impôt* gli evasori fiscali.
recalé, ée |R(ə)kale| *adj. et s.* → recaler 2.
recaler |R(ə)kale| *v.tr.* **1** (*techn.*) [*caler de nouveau*] rifinire (197) con lo scalpello, la pialla **2** [*refuser à un examen*] bocciare: *il s'est fait recaler au bachot* si è fatto bocciare alla maturità ◆ (*au p.p.*) *il est recalé* è bocciato ◆ (*s.*) *les recalés de juillet* i bocciati di luglio, i respinti.
récapitulatif, ive |Rekapitylatif, iv| *adj.* riepilogativo, ricapitolativo: *table récapitulative* tavola riepilogativa, riassuntiva.
récapitulation |Rekapitylɑsjɔ̃| *s.f.* [→ RÉCAPITULER] riepilogo* *m.*, ricapitolazione: *faire la récapitulation d'un compte* fare il riepilogo di un conto.
récapituler |Rekapityle| *v.tr.* [*répéter en énumérant les points principaux*] riepilogare, ricapitolare: *voyons, récapitulons!* su, riepiloghiamo!
recarder |R(ə)kaRde| *v.tr.* [*carder de nouveau*] ricardare: *recarder des matelas* ricardare i materassi.
recarreler |R(ə)kaRle| (4) *v.tr.* (*techn.*) [*carreler de nouveau*] ripavimentare: *recarreler une salle de bains* ripavimentare una stanza da bagno.
recaser |R(ə)kɑze| *v.tr.* (*fam.*) [*caser de nouveau* (*qqn. qui a perdu sa place*)] risistemare.
recauser |R(ə)koze| *v.intr.* [*causer de nouveau* (*de*)] riparlare: *on en recausera plus tard* ne riparleremo più tardi.
recéder |R(ə)sede| (8) *v.tr.* **1** [*rendre ce qui avait été cédé* (*rétrocéder*); *céder ce qu'on avait acheté* (*revendre*)] restituire (197); rivendere **2** [*céder de nouveau*] ricedere.
recel |Rəsɛl| *s.m.* [→ RECELER A 2] ricettazione (*f.*): *recel de bijoux* ricettazione di gioielli ◇ (*dr.*) *recel de malfaiteur* favoreggiamento di delinquente.
recélé |R(ə)sele|, **recelé** |Rəs(ə)le, Rsəle| *s.m.* (*dr.*) ricettazione *f.* ◇ (*spécialt.*) [*recel d'enfant*] sottrazione *f.* di minore.
receler |Rəs(ə)le, Rsəle| (6), **recéler** |R(ə)sele| (8) **A** *v.tr.* **1** [*tenir caché, secret*] celare, nascondere (159): *receler un secret* nascondere un segreto ◇ (*fig.*) [*garder, contenir en soi*] racchiudere (106): *cela recèle un mystère* ciò racchiude un mistero **2** [*détenir, garder par un recel*] ricettare: *receler des objets volés* ricettare della refurtiva ◇ (*dr.*) *receler un malfaiteur* nascondere un malfattore **B** *v.intr.* (*chasse*) [*se cacher, rester dans son enceinte sans en sortir*] nascondersi (*pron.*): *le cerf recèle* il cervo si nasconde.
receleur, euse |Rəs(ə)lœR, Rsəlœr, øz| *s.* [*personne qui se rend coupable de recel*] ricettatore*: *receleur d'objets volés* ricettatore (di refurtiva).
récemment |Resamɑ̃| *adv.* [*à une époque récente, depuis peu de temps*] recentemente, di recente *loc.* **C** **anciennement, autrefois.**
recensement |R(ə)sɑ̃smɑ̃| *s.m.* [*compte ou inventaire détaillé*] censimento, rilevamento, rilevazione *f.* ◇ (*spécialt.*) *recensement du contingent* revisione *f.* delle liste di leva.
recenser |R(ə)sɑ̃se| *v.tr.* [*dénombrer par le détail* (*la population*)] censire (197): *recenser la population d'un pays* censire la popolazione di un paese.
recenseur |R(ə)sɑ̃sœR| *s.m. et adj.* (*vx.*) [*celui qui compte les suffrages*] scrutinatore* *s.*, scrutatore* *s.* ◇ (*mod.*) (*agent*) *recenseur* addetto *s.* al rilevamento, al censimento.
recension |R(ə)sɑ̃sjɔ̃| *s.f.* **1** (*littér.*) recensione (*cour.*) **2** (*fig.*) [*examen, inventaire détaillé et critique*] esame *m.* critico*, disamina.
récent, ente |Resɑ̃, ɑ̃t| *adj.* recente: *événements récents* avvenimenti recenti # *nouvelle toute récente* notizia di prima mano ◇ (*personnes*) *bourgeois récent* nuovo borghese.
recepage |Rəs(ə)paʒ, Rsəpaʒ|, **recépage** |R(ə)sepaʒ| *s.m.* (*agric.*)

spuntatura (*f.*): *recépage des jeunes arbres, de la vigne* spuntatura degli alberelli, della vite.
recepée |Rəs(ə)pe, Rsəpe|, **recépée** |R(ə)sepe| *s.f.* (*agric.*) spuntatura.
receper |Rəs(ə)pe, Rsəpe| (6), **recéper** |R(ə)sepe| (8) *v.tr.* **1** (*agric.*) [*couper, tailler* (*un arbuste*) *près de terre pour faire venir des pousses plus fortes*] spuntare, succidere (130) (*littér.*) ◇ (*par ext.*) *bois recépé* legno spuntato **2** (*techn.*) [*raccourcir* (*des pieux, des pilotis qui dépassent le niveau voulu*)] cimare, spuntare.
récépissé |Resepise| *s.m.* [*écrit par lequel on reconnaît avoir reçu des pièces, des objets, de l'argent*] ricevuta (*f.*): *récépissé d'un dépôt, d'un envoi* ricevuta di un deposito, di una spedizione.
réceptacle |Resεptakl(ə)| *s.m.* **1** [*lieu, emplacement, contenant qui reçoit son contenu de diverses provenances*] ricettacolo: *la mer, réceptacle des eaux fluviales* il mare, ricettacolo delle acque fluviali ◇ (*techn.*) bacino di raccolta **2** (*bot.*) ricettacolo, talamo.
récepteur |Resεptœr| *s.m.* **1** *récepteur d'un compte courant* [*correspondant qui reçoit la remise et en est débité*] correntista *s.* **2** (*techn.*) ricevitore: *récepteur d'ondes de T.S.F.* ricevitore di onde radio; *récepteur de téléphone* ricevitore telefonico ◇ (*spécialt.*) *récepteur de radio* radioricevitore; *récepteur à transistors* (ricevitore a) transistor (*inv.*); *récepteur de poche* radiolina *f.* (portatile); *émetteur-récepteur* ricetrasmittente *f.* **3** (*physiol.*) recettore: *récepteur tactile, auditif, olfactif* recettore tattile, uditivo, olfattivo **4** (*fig., littér.*) [*organisme vivant recevant des impressions*] ricevitore, ricettore 🄲 **émetteur.**
récepteur, trice |Resεptœr, tRis| *adj.* [*qui reçoit* (*des ondes*)] ricevente: *poste récepteur* apparecchio ricevente; *antenne réceptrice* antenna ricevente ◇ (*physiol.*) *centre récepteur* centro recettore 🄲 **émetteur.**
réceptif, ive |Resεptif, iv| *adj.* **1** [*susceptible de recevoir des impressions*] ricettivo: *les capacités proprement réceptives des organes sensitifs* le capacità propriamente ricettive degli organi sensitivi **2** (*biol.*) ricettivo.
réception |Resεpsjɔ̃| *s.f.* **I** (*de qqch.*) **1** [*le fait pour le destinataire de recevoir effectivement* (*une marchandise transportée*)] ricevimento (*m.*): *réception d'un paquet, d'une lettre* ricevimento di un pacchetto, di una lettera # *accuser réception d'une lettre* accusare ricevuta di una lettera; *accusé, avis de réception* ricevuta di ritorno **2** (*sc.*) ricezione: *réception de la lumière, des sons par l'organisme* ricezione della luce, dei suoni da parte dell'organismo **3** (*sport*) [*action de recevoir le ballon*] presa ◇ [*manière dont le corps se reçoit au sol après un saut*] caduta: *réception d'un sauteur, d'un parachutiste* caduta di un saltatore, di un paracadutista ◇ (*dr.*) *réception de caution* accettazione di fideiussione; *réception de travaux* collaudo *m.* di opere **II** (*de qqn.*) **1** [*action de recevoir* (*une personne*), *d'accueillir*] ricevimento, accoglienza: *réception d'un client d'hôtel* ricevimento di un cliente d'albergo; *faire une bonne, une mauvaise réception à qqn.* fare buona, cattiva accoglienza a qc. **2** *absolt.* [*bureau affecté à la réception des clients*] accettazione: *adressez-vous à la reception* si rivolga all'accettazione ◇ (*dans un hôtel*) ricevimento **3** [*action de recevoir des amis chez soi*] ricevimento: *salon, salle de réception* salone, sala di ricevimento, di rappresentanza; *le mardi est mon jour de réception* il martedì è il mio giorno di ricevimento ◇ (*par ext.*) *la réception* [*les pièces où l'on reçoit*] (i locali *m. pl.* di) rappresentanza **4** [*le fait de recevoir* (*qqn.*), *d'être reçu* (*dans un corps, un club*)] ammissione: *réception d'un sociétaire au Jockey-Club* ammissione di un socio al Jockey-Club; *réception à l'Académie française* ammissione all'Accademia di Francia; *séance, discours de réception* seduta, discorso di ammissione 🄲 I 1 **envoi, expédition, 2 émission.**
réceptionnaire |Resεpsjɔnεr| *s.* **1** (*dr., cour.*) ricevente, ricevitore*; addetto al ricevimento, all'accettazione delle merci **2** (*dans un hôtel*) addetto al ricevimento, aiuto *m.* ricevimento.
réceptionner |Resεpsjɔne| *v.tr.* (*dr., techn.*) [*recevoir, vérifier et enregistrer* (*une livraison*)] controllare: *réceptionner des marchandises* controllare le merci (in arrivo).
réceptionniste |Resεpsjɔnist(ə)| *s.* addetto al ricevimento.
réceptivité |Resεptivite| *s.f.* **1** ricettività (*inv.*): *réceptivité d'un organe* ricettività di un organo **2** [*qualité d'un récepteur de T.S.F.*] ricettività **3** (*méd.*) ricettività.
recerclage |R(ə)sεRklaʒ| *s.m.* (*techn.*) [→ RECERCLER] ricerchiatura *f.* (delle botti).
recercler |R(ə)sεRkle| *v.tr.* [*cercler de nouveau*] ricerchiare: *recercler un tonneau* ricerchiare una botte.
recès |Rəsε| *s.m.* **1** (*hist.*) deliberazione *f.* della Dieta germanica **2** (*diplomatie*) verbale delle convenzioni concluse tra due Stati.
récessif, ive |Resesif, iv| *adj.* recessivo 🄲 **processif.**
récession |Resesjɔ̃| *s.f.* recessione ◇ (*astron., écon.*) recessione.
récessivité |Resesivite| *s.f.* (*biol.*) recessività *inv.*
1 **recette** |R(ə)sεt| *s.f.* **I 1** [*total des sommes d'argent reçues*] incasso *m.*, introito *m.*; entrate (*pl.*): *le montant d'une recette* l'ammontare di un incasso; *la recette journalière d'un théâtre* l'incasso giornaliero di un teatro; *recette nette* incasso netto ‖ *recettes et dépenses d'un budget* entrate e uscite di un bilancio ◇ (*loc.*) *faire recette* fare cassetta ◇ (*spécialt.*) *recette des finances* riscossione delle imposte dirette, ufficio* *m.* imposte dirette; *établissement du montant des recettes* determinazione dell'ammontare delle esazioni **2** (*dr.*) esazione # *faire la recette des contributions* riscuotere le imposte; *garçon de recette* esattore **3** (*techn.*) collaudo *m.*, accettazione **4** [*bureau d'un receveur des impôts*] ricevitoria, esattoria **II** (*techn.*) piano *m.* di carico.
2 **recette** |R(ə)sεt| *s.f.* **1** [*procédé particulier pour réussir une opération domestique*] ricetta: *une bonne recette* una buona ricetta; *livre de recettes* libro di ricette **2** (*fig.*) [*moyen, procédé*] ricetta: *une recette infaillible pour réussir* una ricetta infallibile per riuscire; *donnez-moi la recette* mi dia la ricetta.
recevabilité |Rəsvabilite, Rsəvabilite| *s.f.* (*dr.*) ricevibilità *inv.*, ammissibilità (*inv.*): *la recevabilité d'un action* la ricevibilità, l'ammissibilità di una azione.
recevable |Rəsvabl(ə), Rsəvabl(ə)| *adj.* **1** [*qui peut être reçu, accepté*] accettabile, ammissibile: *cette excuse n'est pas recevable* questa scusa non è accettabile, ammissibile **2** (*dr.*) ricevibile, ammissibile # *être déclaré non recevable* essere dichiarato non accettabile ◇ (*personne*) abilitato, avente diritto.
receveur, euse |Rəsvœr, Rsəvœr, øz| *s.* **1** [*comptable public chargé d'effecteur les recettes et certaines dépenses publiques*] esattore*: *receveur des contributions* esattore delle imposte # *receveur des postes* ricevitore postale **2** [*employé préposé à la recette dans les transports publics*] bigliettaio*: *receveur de tramway, d'un autobus* bigliettaio di tram, di autobus **3** (*méd.*) recettore (*m.*): *receveur universel* recettore universale.
recevoir |Rəsvwar, Rsəvwar| (33) **A** *v.tr.* **I** (*sens passif*) [*se voir adresser* (*qqch.*)] **1** [*être mis en possession de* (*qqch.*) *par un envoi, un don, un paiement*] ricevere: *recevoir une lettre, un colis, un catalogue* ricevere una lettera, un pacco, un catalogo; *recevoir de l'argent* ricevere denaro; *recevoir une récompense, un prix* ricevere una ricompensa, un premio ◇ (*compl. abstrait*) *recevoir un ordre, des compliments, des félicitations* ricevere un ordine, dei complimenti, delle congratulazioni ◇ (*relig.*) *recevoir la communion, un sacrement* ricevere la comunione, un sacramento **2** [*être atteint par, être l'objet de* (*qqch. que l'on subit, que l'on éprouve*)] ricevere: *recevoir des coups, des blessures* ricevere colpi, ferite # *qu'est-ce qu'il a reçu!* quante ne ha prese (di botte)! ◇ (*abstrait*) *recevoir un affront, une leçon* ricevere un affronto, una lezione ◇ (*choses abstraites*) [*être l'objet de*] assumere (118), prendere (105): *mot qui reçoit une signification* parola che assume, prende un significato → 1 **prendre II** (*sens actif*) **1** [*laisser entrer* (*qqn. qui se présente*)] ricevere: *recevoir qqn. à dîner, à sa table* ricevere qc. a cena, alla propria tavola ◇ [*réserver un accueil* (*bon ou mauvais*) *à*] accogliere (123): *être bien reçu* essere ben accolto; *être mal reçu* essere accolto male ◇ (*plais.*) *recevoir l'ennemi à coups de canon* accogliere il nemico a colpi di cannone ✦ *absolt.* [*accueillir habituellement des amis, des invités*] ricevere: *ils reçoivent très peu* ricevono molto poco ◇ [*accueillir les visiteurs*] *Monsieur le Directeur reçoit tel jour, de telle heure à telle heure* il signor direttore riceve il tal giorno, dall'ora tale alla tale ✦ (*au p.p.*) *initiative mal, bien reçue* iniziativa accolta male, ben accolta **2** [*laisser entrer* (*qqn.*) *à certaines conditions après certaines épreuves*] ammettere (155), promuovere (157) → **admettre** ◇ (*surtout au passif*) *être reçu à un examen, à un concours* essere promosso a un esame, a un concorso; superare un esame, un concorso **3** [*faire entrer* (*qqch.*), *recueillir*] ricevere: *fleuves qui reçoivent des affluents* fiumi che ricevono degli affluenti **4** (*littér.*) [*admettre en son esprit* (*comme vrai, légitime*)] accogliere, riconoscere (126) → **reconnaître** **B** *v. pron.* SE RECEVOIR **1** *récipr.* [→ A II 1] *ils se re-*

çoivent beaucoup si invitano molto (a casa, gli uni degli altri) **2** *réfl.* (*turf, sport*) [*retomber d'une certaine façon après un saut*] ricadere (121) (*intr.*): *sauteur qui se reçoit sur la jambe droite* saltatore che ricade sulla gamba destra Ⓒ A I 1 **envoyer.**

recez |ʀəsɛ| *s.m.* → **recès.**

réchampi |ʀeʃɑ̃pi|, **rechampi** |ʀəʃɑ̃pi| *s.m.* (*techn.*) filettatura *f.* a risalto (di una modanatura).

réchampir |ʀeʃɑ̃piʀ|, **rechampir** |ʀ(ə)ʃɑ̃piʀ| *v.tr.* (*techn.*) [*détacher du fond* (*des ornements*)] dar (102) risalto (a).

réchampissage |ʀeʃɑ̃pisaʒ|, **rechampissage** |ʀ(ə)ʃɑ̃pisaʒ| *s.m.* (*techn.*) il dare *inv.* risalto (a q.c.).

1 **rechange** |ʀ(ə)ʃɑ̃ʒ| *s.m.* **1** *loc. adj.* DE RECHANGE di ricambio: *pièces de rechange* pezzi di ricambio, ricambi; *vêtements de rechange* indumenti di ricambio ◇ (*fig.*) [*de remplacement*] alternativo (*adj.*): *une solution de rechange* una soluzione alternativa **2** (*par ext.*) [*pièce, objet de rechange*] ricambio*: *un rechange de vêtements* un ricambio di vestiario.

2 **rechange** |ʀ(ə)ʃɑ̃ʒ| *s.m.* (*dr. comm.*) rivalsa *f.*

rechanger |ʀ(ə)ʃɑ̃ʒe| (3) *v.tr.* [*changer de nouveau*] ricambiare: *encore crevés! il va falloir rechanger la roue* abbiamo ancora forato! bisogna ricambiare la ruota.

rechanter |ʀ(ə)ʃɑ̃te| *v.tr.* [*chanter de nouveau*] ricantare, cantare di nuovo: *rechantez-nous cette mélodie* ci ricanti, ci canti di nuovo questa melodia.

rechapage |ʀ(ə)ʃapaʒ| *s.m.* [→ RECHAPER] rigenerazione *f.*

rechaper |ʀ(ə)ʃape| *v.tr.* [*réparer* (*un pneu*) *en reconstituant la couche de caoutchouc usée par la chape*] rigenerare ✦ (*au p.p.*) *pneu rechapé* pneumatico rigenerato.

réchappé, ée |ʀeʃape| *s.* (*littér.*) → **rescapé.**

réchapper |ʀeʃape| *v.intr.* (*littér.*) [*échapper à un péril pressant, menaçant*] scampare (*aux.* essere), salvarsi *pron.* (*cour.*): *il a réchappé de cette guerre, de cette maladie* è scampato a quella guerra, si è salvato da quella malattia ◇ (*loc.*) *en réchapper* scamparla (*aux.* avere) ~ *réchapper à* scampare, sfuggire (*aux.* essere) a ✦ (*absolt.*) *personne n'en a réchappé, n'en est réchappé* non si è salvato nessuno.

recharge |ʀ(ə)ʃaʀʒ(ə)| *s.f.* **1** [→ RECHARGER 2] ricarica*: *mettre un accumulateur en recharge* mettere un accumulatore alla ricarica **2** [*seconde charge que l'on met dans qqch.*] ricambio* (*m.*): *recharge de stylo* ricambio di stilografica; *recharge pour un tube de rouge à lèvres* ricambio di un rossetto.

rechargeable |ʀ(ə)ʃaʀʒabl(ə)| *adj.* [→ RECHARGER] ricaricabile: *briquet, stylo rechargeable* accendino, stilografica ricaricabile.

rechargement |ʀ(ə)ʃaʀʒəmɑ̃| *s.m.* [→ RECHARGER] ricarica* *f.* ◇ (*techn.*) *rechargement d'une route* ricarico* di una strada.

recharger |ʀ(ə)ʃaʀʒe| (3) *v.tr.* **1** [*charger de nouveau ou davantage*] ricaricare: *recharger un camion* ricaricare un camion **2** [*remettre une charge dans* (*une arme*)] ricaricare: *recharger son fusil* ricaricare il fucile ◇ [*approvisionner de nouveau*] *recharger un briquet à gaz, un poêle* ricaricare un accendino a gas, una stufa; *recharger une batterie d'accumulateurs* ricaricare una batteria d'accumulatori **3** (*techn.*) [*empierrer* (*une voie*) *de façon à en relever le niveau*] ricaricare: *recharger une route, une voie de chemin de fer* ricaricare una strada, una strada ferrata.

rechasser |ʀ(ə)ʃase| **A** *v.tr.* [*chasser, expulser de nouveau* (*qqn.*)] ricacciare, riespellere (143) **B** *v.intr.* [*aller de nouveau à la chasse*] andare (101) (*aux.* essere) di nuovo a caccia.

réchaud |ʀeʃo| *s.m.* **I** **1** [*ustensile de cuis. portatif, servant à chauffer ou à faire cuire les aliments*] fornello: *réchaud à gaz, électrique, à pétrole* fornello a gas, elettrico, a petrolio; *réchaud de camping* fornello da campeggio **2** [*plat à double fond, support sous lequel se trouve un réchaud et qui sert de chauffe-plats*] scaldavivande *inv.* ◇ [*ustensile formé d'un récipient contenant un combustible, une matière incandescente et qui sert à chauffer*] scaldino **II** (*hortic.*) letame pressato.

réchauffage |ʀeʃofaʒ| *s.m.* [*opération par laquelle on réchauffe*] riscaldamento, riscaldo ◇ (*agric.*) *réchauffage des vergers* riscaldamento dei frutteti.

réchauffé, ée |ʀeʃofe| *adj.* **1** [*qui a été chauffé après s'être refroidi*] riscaldato: *un dîner réchauffé* una cena riscaldata **2** (*fig., péj.*) [*ranimé sans nécessité*] frusto, vieto: *une plaisanterie réchauffée* uno scherzo frusto, trito e ritrito ✦ (*s.m.*) *c'est du réchauffé* son cose *f. pl.* trite e ritrite.

réchauffement |ʀeʃofmɑ̃| *s.m.* [→ RÉCHAUFFER] riscaldamento: *un lent réchauffement de l'atmosphère* un lento riscaldamento dell'atmosfera Ⓒ **refroidissement.**

réchauffer |ʀeʃofe| **A** *v.tr.* **1** [*chauffer* (*ce qui s'est refroidi*)] riscaldare: *réchauffer un potage* riscaldare una minestra ✦ (*absolt.*) *une marche, une bonne soupe, ça réchauffe!* una camminata, una buona minestra, sì che riscaldano! ◇ *loc.* (*vx., plais.*) *réchauffer un serpent dans son sein* allevarsi, scaldare una serpe in seno **2** [*ranimer* (*les esprits, les cœurs, les sentiments*)] riaccendere (105), rianimare: *cela réchauffe le cœur* è una cosa che riaccende, rianima il cuore → **réconforter** **3** (*hortic.*) *réchauffer les couches* [*avec du fumier chaud*] riconcimare i cassoni a letto caldo; *réchauffer les vergers* [*avec des braseros*] riscaldare i frutteti **B** *v.pron. réfl.* SE RÉCHAUFFER [*redonner de la chaleur à son corps*] riscaldarsi: *courir pour se réchauffer* correre per riscaldarsi.

réchauffeur |ʀeʃofœʀ| *s.m.* (*techn.*) riscaldatore: *réchauffeur d'eau, d'air* riscaldatore d'acqua, d'aria.

rechaussement |ʀ(ə)ʃosmɑ̃| *s.m.* (*arbor.*) rincalzatura *f.*

rechausser |ʀ(ə)ʃose| *v.tr.* **1** [*chausser de nouveau*] ricalzare ✦ (*pron. réfl.*) *se rechausser* rimettersi (155) le scarpe ◇ (*par ext.*) [*ferrer* (*un cheval*) *qui a perdu son fer*] ferrare di nuovo **2** (*arbor.*) [*remettre de la terre au pied de* (*un arbre, un arbuste*)] rincalzare: *rechausser un arbre* rincalzare un albero ◇ (*archit.*) [*consolider le pied, la base d'un mur*] rinforzare ◇ (*auto.*) mettere (155) pneumatici nuovi, cambiare le gomme (*fam.*) a (un'auto).

rêche |ʀɛʃ| *adj.* **1** (*rare*) [*âpre au goût*] aspro (*cour.*): *une poire rêche* una pera aspra **2** [*rude au toucher, légèrement râpeux*] ruvido: *peau rêche* pelle ruvida **3** (*fig.*) [*rude de caractère; difficile à vivre*] burbero, scontroso.

recherche |ʀ(ə)ʃɛʀʃ(ə)| *s.f.* **I** [*action de chercher, de rechercher*] **1** [*effort pour trouver* (*qqch.*)] ricerca*: *la recherche d'un objet perdu* la ricerca di un oggetto smarrito; *recherche de gîtes minéraux* ricerca di giacimenti minerali → **fouille**; *recherche d'un absent, d'un fuyard* ricerca di un assente, di un fuggiasco ◇ (*dr.*) *recherche de paternité légitime, naturelle* ricerca di paternità legittima, naturale ✦ (*absolt.*) *faire de vaines recherches* fare vane ricerche **2** [*effort de l'esprit pour trouver* (*une connaissance, la vérité*)] ricerca: *faire des recherches* fare (delle) ricerche **3** [*ensemble des travaux, des activités intellectuelles qui tendent à la découverte de connaissances et de lois nouvelles*] ricerca: *centre national de la recherche scientifique* centro nazionale della ricerca scientifica **4** [*action de chercher à obtenir*] ricerca: *la recherche du bonheur, de la gloire* la ricerca della felicità, della gloria **5** *loc. prép.* À LA RECHERCHE DE... alla ricerca, in cerca di...: *à la recherche du temps perdu* alla ricerca del tempo perduto **II** [*effort pour se distinguer par une délicatesse, un raffinement plus grand; caractère de ce qui est recherché*] ricercatezza: *recherche dans le style* ricercatezza nello stile; *être vêtu avec recherche* essere vestito con ricercatezza; *il y a trop de recherche, ce n'est guère naturel* c'è troppa ricercatezza, non è affatto spontaneo.

recherché, ée |ʀ(ə)ʃɛʀʃe| *adj.* **1** [*que l'on cherche à obtenir; à quoi l'on attache du prix*] ricercato: *édition recherchée* edizione ricercata, pregiata ◇ (*personnes*) *une femme très recherchée* una donna molto ricercata **2** [*qui a été obtenu par une recherche, un raffinement, du soin*] raffinato: *une arme d'un travail très recherché* un'arma di una lavorazione molto raffinata # *paroles recherchées et choisies* parole ricercate e ben scelte ◇ (*péj.*) [*qui trahit une recherche excessive, manque de naturel, de simplicité*] affettato.

rechercher |ʀ(ə)ʃɛʀʃe| *v.tr.* **1** [*chercher de façon consciente, méthodique ou insistante*] (ri)cercare: *rechercher un objet égaré* cercare un oggetto smarrito ◇ [*chercher à découvrir, à retrouver*] *on recherche les témoins de l'accident* si ricercano i testimoni dell'incidente; *il est recherché pour meurtre* è ricercato per omicidio **2** [*chercher à connaître, à découvrir*] (ri)cercare: *rechercher la cause, les effets d'un phénomène* cercare la causa, gli effetti di un fenomeno **3** [*tenter d'obtenir, d'avoir, par une recherche*] (ri)cercare: *souhaiter une chose sans vraiment la rechercher* desiderare una cosa senza ricercarla veramente → **poursuivre**, 1 **viser.**

rechigner |ʀ(ə)ʃiɲe| *v.intr.* (*vieilli*) [*montrer, par l'expression de son visage, sa mauvaise humeur, sa répugnance*] far (103) *tr.* viso arcigno (*cour.*) →

grogner ◇ *loc.* RECHIGNER À [*témoigner de la mauvaise volonté pour*] recalcitrare davanti a: *rechigner à la besogne* recalcitrare davanti al lavoro ✦ (*au p.p.*) *air, visage rechigné* aria, viso scontroso.

rechristianiser |R(ə)kRistjanize| *v.tr.* [*ramener à la foi chrét.* (*un pays, un milieu déchristianisé*)] ricristianizzare: *tentatives pour rechristianiser la classe ouvrière* tentativi per ricristianizzare la classe operaia.

rechute |R(ə)ʃyt| *s.f.* **1** [*reprise d'une maladie qui était en voie de guérison*] ricaduta: *avoir une rechute* avere una ricaduta; *rechute due à une imprudence* ricaduta dovuta a un'imprudenza **2** [*le fait de retomber dans le péché, le vice*] ricaduta.

rechuter |R(ə)ʃyte| *v.intr.* [*faire une rechute, tomber malade de nouveau*] avere (97) *tr.* una ricaduta, riammalarsi *pron.*

récidivant, ante |Residivɑ̃, ɑ̃t| *adj.* (*méd.*) recidivante: *luxation récidivante d'une articulation* lussazione recidivante di un'articolazione.

récidive |Residiv| *s.f.* **1** (*méd.*) recidiva **2** (*dr.*) recidiva: *escroquerie avec récidive* truffa con recidiva # *être en récidive* essere recidivo.

récidiver |Residive| *v.intr.* **1** (*méd.*) [*réapparaître, recommencer*] recidivare **2** [*commettre une infraction avec récidive; retomber dans les mêmes crimes, les mêmes défauts*] essere (96) (*aux.* essere) recidivo.

récidiviste |Residivist(ə)| *s.* (*dr.*) recidivo ✦ (*adj.*) *un criminel, un condamné récidiviste* un criminale, un condannato recidivo.

récidivité |Residivite| *s.f.* (*méd.*) recidività (*inv.*): *récidivité d'une tumeur* recidività di un tumore.

récif |Resif| *s.m.* [*rocher ou groupe de rochers à fleur d'eau, dans la mer*] scogliera (*f.*): *récif de corail* scogliera corallina; *faire naufrage sur un récif* naufragare su una scogliera ◇ (*géogr.*) *récif-barrière* barriera *f.* di scogli.

récipiendaire |Resjpjɑ̃dɛR| *s.m.* **1** (*dr., littér.*) nuovo socio* *s.* **2** nuovo eletto *s.*; neo-laureato *s.*

récipient |Resipjɑ̃| *s.m.* recipiente, contenitore: *récipient métallique* recipiente metallico; *changer un liquide de récipient* travasare un liquido in un altro recipiente.

réciprocité |ResipRɔsite| *s.f.* reciprocità *inv.*

réciproque |ResipRɔk| **I** *adj.* **1** reciproco*: *relations réciproques* relazioni reciproche; *confiance, tolérance réciproque* fiducia, tolleranza reciproca; *contrat réciproque* contratto reciproco → **bilatéral** **2** (*log.*) *proposition réciproque* proposizione reciproca **3** (*géom.*) reciproco: *figures réciproques* figure reciproche ◇ (*math.*) *fonction réciproque d'une fonction* funzione reciproca di una funzione **4** (*gram.*) *verbe* (*pronominal*) *réciproque* verbo (pronominale) reciproco **II** *s.f.* **1** (*log.*) contrario* *m.*, inverso *m.* **2** (*loc.*) *rendre la réciproque à qqn.* rendere la pariglia a qc.

réciproquement |ResipRɔkmɑ̃| *adv.* **1** [→ RÉCIPROQUE I] reciprocamente **2** (*loc.*) *et réciproquement* e reciprocamente, e viceversa.

réciproquer |ResipRɔke| **A** *v.intr.* (*région.*) (*Belgique*) [*rendre la pareille*] rendere (105) *tr.* la pariglia **B** *v.tr.* [*adresser en retour* (*spécialt. des vœux*)] contraccambiare.

récit |Resi| *s.m.* **1** [*relation orale ou écrite* (*de faits vrais ou imaginaires*)] racconto: *récit d'aventures, historique* racconto di avventure, storico; *écrire un récit* scrivere un racconto **2** (*mus.*) recitativo.

récital, als |Resital| *s.m.* recital *inv.*, concerto.

récitant, ante |Resitɑ̃, ɑ̃t| **1** *adj.* (*mus.*) recitante ✦ (*s.*) *le récitant, la récitante* il, la recitante **2** *s.* [*personne qui lit le commentaire explicatif, les passages destinés à relier des morceaux isolés*] commentatore*, narratore*.

récitateur, trice |ResitatœR, tRis| *s.* recitatore*.

récitatif |Resitatif| *s.m.* (*mus.*) recitativo: *chanter, déclamer un récitatif* cantare, declamare un recitativo.

récitation |Resitɑsjɔ̃| *s.f.* **1** [→ RÉCITER 1] recitazione, il recitare (*m. inv.*): *récitation d'une leçon* il recitare una lezione **2** *absolt.* [*exercice scolaire qui consiste à réciter un texte litt. appris par cœur*] recitazione.

réciter |Resite| *v.tr.* **1** [*dire à haute voix* (*ce qu'on sait de mémoire*)] recitare: *réciter des prières, des vers* recitare delle preghiere, dei versi □ *se réciter des vers* recitarsi dei versi ✦ (*absolt.*) *réciter avec expression* recitare con espressione **2** [*dire sans sincerité ni véracité*] recitare: *ses compliments ont l'air d'être récités* i suoi complimenti sembrano recitati (a memoria) **3** (*mus.*) [*chanter* (*un récitatif*)] cantare (un recitativo).

réclamant, ante |Rekla(ɑ)mɑ̃, ɑ̃t| *s.* (*dr.*) ricorrente *m.*

réclamation |Rekla(ɑ)mɑsjɔ̃| *s.f.* **1** [*action de réclamer, de s'adresser à une autorité pour faire reconnaître l'existence d'un droit*] reclamo (*m.*): *faire, déposer une réclamation* fare, presentare un reclamo ◇ (*sport*) *réclamation contre le gagnant* reclamo contro il vincitore **2** [*protestation*] protesta: *les réclamations d'un parti politique* le proteste di un partito politico; *assez de réclamations!* basta con le proteste, le recriminazioni! **3** (*littér.*) *réclamation de* (*qqch.*) [*fait de réclamer*] implorazione di (q.c.).

1 **réclame** |Rekla(ɑ)m| *s.m.* (*ancienn., fauconn.*) richiamo.

2 **réclame** |Rekla(ɑ)m| *s.f.* **I** (*hist. mus., typogr., théât.*) richiamo **II** (*cour.*) **1** [*article élogieux présentant et recommandant qqch. ou qqn., inséré dans un journal*] propaganda, pubblicità (*inv.*): *réclame pour une marque d'automobile* propaganda per una marca d'automobili **2** LA RÉCLAME [*la publicité*] la pubblicità, 'réclame' (*inv.*): *faire de la réclame* fare pubblicità, 'réclame' ◇ *loc.* EN RÉCLAME per propaganda, propagandistico* (*adj.*): *ces articles sont en réclame* questi prodotti sono in vendita di propaganda, propagandistica ✦ (*par appos.*) *vente-réclame* vendita di propaganda, propagandistica **3** [*publicité particulière* (*annonce, affiche, prospectus*)] *des réclames lumineuses* insegne luminose; *panneau-réclame* cartellone pubblicitario* *adj.* **4** (*fig.*) [*ce qui recommande, ce qui fait valoir, ce qui assure le succès*] pubblicità, propaganda: *cela ne lui fait pas de réclame* (ciò) non gli fa certo buona pubblicità.

réclamer |Rekla(ɑ)me| **A** *v.tr.* **1** (*vx.*) → **implorer** **2** [*demander* (*comme une chose indispensable*) *en insistant*] invocare; richiedere (122): *réclamer le secours, l'assistance de qc.* invocare l'aiuto, l'assistenza di qc.; *enfant qui réclame sa mère* bambino che invoca, chiama la mamma || *réclamer le silence, la paix* richiedere il silenzio, la pace; *réclamer à cor et à cri* richiedere con insistenza **3** [*demander avec insistance comme dû, comme juste*] esigere (141): *réclamer son dû, sa part* esigere il giusto, la propria parte; *réclamer qqch. à qqn.* esigere q.c. da qc., chiedere insistentemente q.c. a qc. **B** *v.intr.* [*faire une réclamation*] reclamare, protestare: *réclamer en faveur de qqn.* reclamare, protestare in favore di qc. **C** *v.pron. intr.* SE RÉCLAMER DE [*invoquer en sa faveur le témoignage ou la caution de* (*qqn.*)] far (103) *tr.* appello a, invocare (*tr.*): *se réclamer de ses ancêtres, de ses origines* fare appello ai propri antenati, alle proprie origini # *vous avez bien fait de vous réclamer de moi* avete fatto bene a fare il mio nome, a chiamarmi in causa.

reclassement |R(ə)klɑsmɑ̃| *s.m.* **1** [*nouveau classement*] riclassificazione *f.* ◇ (*spécialt.*) [*établissement d'une nouvelle échelle des traitements, des salaires*] riassetto: *reclassement de la fonction publique* riassetto del pubblico impiego **2** [*réaffectation* (*à un emploi, à une place dans la société*)] riqualificazione *f.*

reclasser |R(ə)klɑse| *v.tr.* **1** [*classer de nouveau, selon une nouvelle méthode*] riclassificare: *reclasser des fiches* riclassificare le schede **2** [*procéder au reclassement de* (*qqn.*)] riqualificare: *reclasser des fonctionnaires, des ouvriers licenciés* riqualificare impiegati, operai licenziati.

reclouer |R(ə)klue| *v.tr.* [*clouer de nouveau*] rinchiodare, inchiodare di nuovo: *ce panneau est décloué: il faudra le reclouer* questo pannello è schiodato: occorrerà rinchiodarlo, inchiodarlo di nuovo.

reclus, use |Rəkly, yz| **1** *adj.* recluso # *mener une existence recluse* condurre una vita da recluso **2** *s.* recluso: *il ne sort plus, il vit en reclus* non esce più, vive da recluso.

réclusion |Reklyzjɔ̃| *s.f.* (*dr., cour.*) reclusione.

réclusionnaire |ReklyzjɔnɛR| *s.* (*dr.*) recluso, detenuto.

récognitif |Rekɔgnitif| *adj. m.* (*dr.*) ricognitivo *m. ou f.*

récognition |Rekɔgnisjɔ̃| *s.f.* (*philo.*) ricognizione.

recoiffer |R(ə)kwafe| *v.tr.* [*coiffer de nouveau*] ripettinare, pettinare di nuovo ✦ (*pron. réfl.*) *se recoiffer avant de sortir* ripettinarsi prima di uscire.

recoin |Rəkwɛ̃| *s.m.* **1** [*coin caché, retiré*] angolino: *explorer les coins et les recoins* esplorare gli angoli e gli angolini **2** (*fig.*) [*partie cachée, secrète, intime*] recesso, latebra *f.* (*littér.*).

récolement |Rekɔlmɑ̃| *s.m.* **1** (*dr.*) inventario* ◇ (*dr. forestier*) ispezione *f.* di controllo **2** [→ RÉCOLER 2] verifica* (d'inventario): *faire un récolement dans une bibliothèque* fare la verifica d'inventario dei volumi di una biblioteca **3** (*dr.*) [→ RÉCOLER 1] ri-

lettura (a un testimone) della sua deposizione.
récoler |Rekɔle| *v.tr.* **1** (*dr.*) *récoler des témoins* [*leur relire la déposition qu'ils ont faite pour vérifier s'ils en maintiennent les termes*] rileggere (154) ai testimoni le deposizioni (affinché ne diano conferma) **2** [*faire la vérification et le pointage sur inventaire*] verificare, fare (103) l'inventario (di): *récoler une coupe de bois* verificare, fare l'inventario di un taglio di alberi; *huissier récolant les meubles saisis* ufficiale giudiziario che fa l'inventario dei mobili sequestrati.
recollage |R(ə)kɔlaʒ| *s.m.* [→ RECOLLER A] il rincollare *inv.*
récollection |Rekɔlɛksjɔ̃| *s.f.* (*relig.*) raccoglimento (*m.*): *se réunir pour une journée de récollection* riunirsi per una giornata di raccoglimento.
recollement |R(ə)kɔlmɑ̃| *s.m.* [→ RECOLLER] il rincollare *inv.*; il rincollarsi *inv.*
recoller |R(ə)kɔle| **A** *v.tr.* [*coller de nouveau*] rincollare, incollare di nuovo: *elle recolla l'enveloppe* rincollò la busta ◇ [*raccommoder en collant*] *recoller un vase, une assiette* rincollare un vaso, un piatto **B** *v.intr.* (*sport*) [*rejoindre le gros du peloton, après avoir un moment 'décollé'*] raggiungere (150) *tr.* di nuovo il gruppo **C** *v.pron. réfl.* (*pop.*) SE RECOLLER [*se remettre en ménage*] rimettersi (155) (*cour.*): *elle s'est recollée avec lui* si è rimessa con lui.
récollet |Rekɔlɛ| *s.m.* recolletto francescano.
récoltable |Rekɔltabl(ə)| *adj.* [→ RÉCOLTER] raccoglibile: *fruits récoltables en août* frutta raccoglibile in agosto.
récoltant, ante |Rekɔltɑ̃, ɑ̃t| *adj.* che fa da sé la raccolta (*loc.*): *viticulteur, propriétaire récoltant* viticoltore, proprietario che fa da sé la raccolta ♦ (*s.*) *les récoltants* i viticoltori, i proprietari che fanno da sé la raccolta.
récolte |Rekɔlt(ə)| *s.f.* **1** [→ RECUEILLIR A I 1] raccolta; raccolto (*m.*): *la récolte des pommes de terre, des olives* la raccolta delle patate, delle olive ‖ *assurer la soudure jusqu'à la prochaine récolte* permettere la saldatura fino al prossimo raccolto ◇ (*par anal.*) *la récolte du miel* la raccolta del miele **2** [*les produits recueillis*] raccolto **3** (*fig.*) [*ce qu'on recueille à la suite d'une quête, d'une recherche*] raccolta: *faire une ample récolte d'observations* fare un'ampia raccolta di osservazioni → **collecte, moisson.**
récolter |Rekɔlte| *v.tr.* **1** [*faire la récolte de*] raccogliere (123): *récolter le blé, le raisin, les fruits* raccogliere il grano, l'uva, la frutta → **recueillir** ♦ (*pron. passif*) *ces fraises se récoltent en juin* queste fragole si raccolgono in giugno ◇ (*loc. fig.*) *récolter ce qu'on a semé* raccogliere ciò che si è seminato ◇ (*prov.*) *qui sème le vent, récolte la tempête* chi semina vento, raccoglie tempesta **2** (*fig.*) [*gagner, recueillir*] avere (97), guadagnare: *je n'en ai récolté que des désagréments* ne ho avuto, ci ho guadagnato solo dispiaceri.
récolteur |Rekɔltœr| *s.m.* [*ouvrier employé à la récolte du caoutchouc*] raccoglitore* *s.*
recommandable |R(ə)kɔmɑ̃dabl(ə)| *adj.* [→ RECOMMANDER] raccommandabile: *personne recommandable à tous égards* persona raccommandabile sotto tutti gli aspetti.
recommandataire |Rəkɔmɑ̃datɛR| *s.m.* raccomandatario*.
recommandation |R(ə)kɔmɑ̃dɑsjɔ̃| *s.f.* **1** [→ RECOMMANDER A 1] raccommandazione: *une lettre de recommandation* una lettera di raccomandazione; *solliciter une recommandation* chiedere una raccomandazione ◇ (*relig. cathol.*) *recommandation de l'âme* raccomandazione dell'anima **2** [*action de désigner* (*une chose*) *à l'attention de qqn., en soulignant les mérites, les avantages*] raccomandazione **3** [*action de conseiller avec insistance*] raccomandazione: *recommandation pressante* raccomandazione pressante ◇ (*spécialt.*) *recommandation du Conseil de sécurité de l'O.N.U., d'un organisme international* raccomandazione del Consiglio di sicurezza dell'O.N.U., di una organizzazione internazionale **4** (*comm.*) (diritto *m.* di) raccomandazione # *fiche de recommandation postale* ricevuta di raccomandata, di invio raccomandato.
recommandé, ée |R(ə)kɔmɑ̃de| *adj.* → **recommander** A 3, 5.
recommander |R(ə)kɔmɑ̃de| **A** *v.tr.* **1** [*désigner* (*qqn.*) *à l'attention bienveillante, à la protection d'une personne*] raccomandare: *il a été chaudement recommandé auprès du ministre* è stato caldamente raccomandato al ministro; *recommander son âme à Dieu* raccomandarsi l'anima a Dio **2** [*vanter les mérites, les avantages de*] raccomandare: *recommander un magasin, un produit* raccomandare un negozio, un prodotto → **conseiller** **3** [*demander avec insistance* (*qqch.*) *à qqn.*] raccomandare: *je vous recommande la discrétion* le raccomando la discrezione; *je vous recommande de lui faire le meilleur accueil* le raccomando di fargli la migliore accoglienza ♦ (*au p.p.*) *il est recommandé de* si raccomanda di ◇ (*fam.*) *ce n'est pas très recommandé* non è molto consigliabile **4** (*sujet de chose*) [*rendre digne d'estime, de considération*] rendere (105) degno di stima **5** [*soumettre* (*un envoi postal*) *à la formalité de la recommandation*] spedire (197) per raccomandata ♦ (*au p.p.*) *lettre recommandée* lettera raccomandata ♦ (*s.m.*) *envoi en recommandé* spedizione (per) raccomandata *f.* **B** *v.pron. réfl.* SE RECOMMANDER **1** *se recommander de* [*invoquer l'appui, le témoignage de*] invocare *tr.* l'appoggio di, fare (103) *tr.* il nome di **2** *se recommander à* raccomandarsi a: *se recommander à Dieu* raccomandarsi a Dio **3** *se recommander par qqch.* [*montrer son mérite, sa valeur*] raccomandarsi per q.c.: *il se recommande par son sérieux* si raccomanda per la sua serietà.
recommencement |R(ə)kɔmɑ̃smɑ̃| *s.m.* [→ RECOMMENCER] ripresa (*f.*): *le recommencement des combats* la ripresa dei combattimenti.
recommencer |R(ə)kɔmɑ̃se| (2) **A** *v.tr.* **1** [*commencer de nouveau* (*ce qu'on avait interrompu, abandonné ou rejeté*)] ricominciare: *recommencer un récit à partir du début* ricominciare un racconto dall'inizio → **reprendre** ◇ (*vx., littér.*) *recommencer de, à* ricominciare a (*cour.*) → **remettre (se)** ♦ (*impers.*) *voilà qu'il recommence à pleuvoir!* ecco che ricomincia a piovere! **2** [*faire de nouveau depuis le début* (*ce qu'on a déjà fait*)] ricominciare, ripetere: *recommencer une expérience* ricominciare, rifare un'esperienza; *recommencer un numéro de spectacle* ripetere un numero in uno spettacolo; *tout est à recommencer* è tutto da ricominciare, da rifare; *si c'était à recommencer...* se si dovesse ricominciare...; *si tu recommences, tu seras puni* se ricominci, sarai punito → **refaire, bisser** **B** *v.intr.* **1** [*avoir de nouveau un commencement*] ricominciare (*aux.* essere, avere): *tout renaît et recommence* tutto rinasce e ricomincia **2** [*exister, se produire de nouveau; avoir une nouvelle activité, après une interruption*] ricominciare, riprendere (105) (*aux.* essere, avere): *les combats ont recommencé* i combattimenti sono ricominciati, ripresi; *l'orage recommence* il temporale ricomincia → **reprendre** ◇ (*fam.*) *voilà que ça recommence de plus belle!* ecco che ricomincia con più lena, peggio di prima!
récompense |Rekɔ̃pɑ̃s| *s.f.* **1** ricompensa: *récompense en argent* ricompensa in denaro; *promettre des récompenses* promettere delle ricompense; *mériter une récompense* meritare una ricompensa **2** (*vx.*) [*faveur qui compense* (*une perte, un dommage*)] compenso *m.* (*cour.*): *la récompense d'une perte* il compenso di una perdita ◇ (*loc.*) *en récompense* in compenso → **compensation, dédommagement** ◇ (*dr.*) compenso.
récompenser |Rekɔ̃pɑ̃se| *v.tr.* **1** [*gratifier d'une récompense, accorder une récompense à*] ricompensare: *récompenser qqn. par de l'argent, en lui décernant un prix* ricompensare qc. con del denaro, conferendogli un premio; *être récompensé de ses efforts* essere ricompensato dei propri sforzi ◇ (*compl. de chose*) *récompenser des services* retribuire (197) dei servizi **2** (*vx.*) [*dédommager*] compensare (*cour.*), risarcire (197) (*cour.*): *récompenser qqn. pour une perte* compensare, ripagare qc. per una perdita.
recomposable |R(ə)kɔ̃pozabl(ə)| *adj.* [→ RECOMPOSER] ricomponibile.
recomposer |R(ə)kɔ̃poze| *v.tr.* **1** [*composer* (*ce qui est décomposé, défait*); *réunir les éléments de* (*qqch.*)] ricomporre (168): *recomposer un corps* ricomporre un corpo; *l'intelligence décompose et recompose* l'intelligenza scompone e ricompone **2** (*imprim.*) [*composer de nouveau* (*un texte*)] ricomporre: *recomposer une ligne à laquelle ont été apportées des corrections* ricomporre una riga a cui sono state apportate correzioni.
recomposition |R(ə)kɔ̃pozisjɔ̃| *s.f.* **1** [→ RECOMPOSER 1] ricomposizione: *la recomposition d'un corps* la ricomposizione di un corpo **2** (*imprim.*) ricomposizione: *la recomposition d'un texte* la ricomposizione di un testo.
recompter |R(ə)kɔ̃te| *v.tr.* [*compter de nouveau*] ricontare, contare di nuovo: *recompter de l'argent* ricontare del denaro.
réconciliable |Rekɔ̃siljabl(ə)| *adj.* [→ RÉCONCILIER] riconciliabile.
réconciliateur, trice |Rekɔ̃siljatœR, tRis| *s.* riconciliatore*.
réconciliation |Rekɔ̃siljɑsjɔ̃| *s.f.* **1** [→ RÉCONCILIER 1] riconciliazione:

réconciliation des époux riconciliazione dei coniugi **2** (*liturg. cathol.*) riconciliazione.
réconcilier |ʀekɔ̃silje| *v.tr.* **1** [*remettre en accord, en harmonie* (*des personnes qui étaient brouillées*)] riconciliare: *essayer de réconcilier deux ennemis* cercare di riconciliare due nemici ♦ (*pron. récipr.*) *se réconcilier avec qqn.* riconciliarsi con qc.; *se réconcilier avec soi-même* riconciliarsi con sé stesso **2** (*liturg. cathol.*) [*réunir* (*une personne*) *à l'Église*] riconciliare: *réconcilier un hérétique* riconciliare un eretico **3** (*fig.*) [*concilier* (*des opinions, des doctrines différentes*)] conciliare: *réconcilier la politique et la morale* conciliare la politica e la morale **4** [*faire revenir* (*qqn.*) *sur une hostilité, une prévention*] riconciliare: *réconcilier un désespéré avec la vie* riconciliare un disperato con la vita; *Ravel me réconcilie avec la musique moderne* Ravel mi riconcilia con la musica moderna.
recondamner |ʀ(ə)kɔ̃dɑ(a)ne| *v. tr.* [*condamner de nouveau*] ricondannare.
reconductible |ʀ(ə)kɔ̃dyktibl(ə)| *adj.* [→ RECONDUIRE 3] riconducibile, rinnovabile: *contrat, bail reconductible* contratto, affitto riconducibile, rinnovabile.
reconduction |ʀ(ə)kɔ̃dyksjɔ̃| *s.f.* (*dr.*) riconduzione, rinnovo (*m.*): *tacite reconduction* tacita riconduzione, tacito rinnovo; *reconduction expresse* rinnovo espresso ◇ (*fig.*) *reconduction d'une politique* continuazione, proseguimento *m.* di una politica → **continuation.**
reconduire |ʀ(ə)kɔ̃dɥiʀ| (75) *v.tr.* **1** [*accompagner* (*une personne qui s'en retourne, qui s'en va*)] ricondurre (108), riaccompagnare: *reconduire des enfants chez leurs parents* ricondurre, riaccompagnare dei bambini dai genitori → **raccompagner** **2** [*accompagner* (*un visiteur*) *jusqu'à la porte*] accompagnare: *ils avaient tenu à la reconduire jusqu'à la porte* avevano insistito per riaccompagnarla fino alla porta **3** (*dr. admin.*) [*renouveler par reconduction*] rinnovare: *reconduire des mesures temporaires de sécurité* rinnovare delle misure temporanee di sicurezza.
réconfort |ʀekɔ̃fɔʀ| *s.m.* [*ce qui redonne du courage, de l'espoir*] conforto: *avoir besoin de réconfort* aver bisogno di conforto.
réconfortant, ante |ʀekɔ̃fɔʀtɑ̃, ɑ̃t| *adj.* **1** [*qui réconforte*] confortante → **consolant** **2** [*qui revigore*] corroborante: *médicament réconfortant* medicina corroborante → **remontant, stimulant, 1 tonique.**
réconforter |ʀekɔ̃fɔʀte| *v.tr.* **1** [*donner, redonner du courage, de la force à*] confortare, riconfortare: *réconforter un ami par son aide* riconfortare un amico con il proprio aiuto **2** [*redonner momentanément des forces physiques, de la vigueur à*] riconfortare, ristorare: *un petit verre de porto l'a réconforté* un bicchierino di porto l'ha riconfortato, ristorato ♦ (*pron. réfl.*) *il est l'heure de se réconforter* è ora di prendere *tr.* q.c.
reconnaissable |ʀ(ə)kɔnɛsabl(ə)| *adj.* [*qui peut être aisément reconnu*] riconoscibile: *il est à peine reconnaissable, tant il est changé* è appena riconoscibile, tanto è cambiato.
reconnaissance |ʀ(ə)kɔnɛsɑ̃s| *s.f.* **I** **1** [*acte de juger qu'un objet a déjà été connu*] riconoscimento (*m.*): *fausse reconnaissance* falso riconoscimento; *signe de reconnaissance* segno di riconoscimento **2** [*le fait de se reconnaître, de s'identifier mutuellement*] riconoscimento: *la reconnaissance finale dans les comédies classiques* il riconoscimento, l'agnizione finale nelle commedie classiche **II** **1** (*littér.*) [*aveu, confession* (*d'une faute*)] riconoscimento: *la reconnaissance de ses fautes* il riconoscimento dei propri errori **2** [→ RECONNAÎTRE A II 2] riconoscimento: *reconnaissance d'un souverain* riconoscimento di un sovrano **3** [→ RECONNAÎTRE A II 3] riconoscimento: *la reconnaissance d'une qualité chez qqn.* il riconoscimento di una qualità di qc. **4** (*milit.*) ricognizione: *reconnaissance du terrain, du sol* ricognizione del terreno; *mission, patrouille de reconnaissance* missione, pattuglia di ricognizione; *avion de reconnaissance* aereo da ricognizione, ricognitore ◇ *loc.* EN RECONNAISSANCE in ricognizione: *aller en reconnaissance* andare in ricognizione **5** [→ RECONNAÎTRE A II 5] riconoscimento: *la reconnaissance de la Chine communiste* il riconoscimento della Cina comunista ◇ (*dr. civil*) *reconnaissance d'un enfant naturel* riconoscimento di un figlio naturale; *reconnaissance du mont-de-piété* ricevuta del monte di pietà **III** [*action de reconnaître un bienfait reçu*] riconoscenza: *il l'a faite son héritière en reconnaissance de son dévouement pour lui* l'ha nominata sua erede per riconoscenza per la sua devozione; *éprouver de la reconnaissance* sentire riconoscenza ◇ (*fam.*) *il a la reconnaissance du ventre* mostra riconoscenza verso chi lo ha nutrito (*cour.*).
reconnaissant, ante |ʀ(ə)kɔnɛsɑ̃, ɑ̃t| *adj.* riconoscente, grato: *aux grands hommes, la patrie reconnaissante* ai grandi uomini, la patria riconoscente ◇ (*loc.*) (*formule de demande polie*) *je vous serai reconnaissant de bien vouloir me répondre au plus tôt* le sarò riconoscente, grato se vorrà rispondermi al più presto.
reconnaître |ʀ(ə)kɔnɛtʀ(ə)| (72) **A** *v.tr.* **I** [*identifier par la mémoire, le jugement ou l'action*] **1** [*penser* (*un objet présent*) *comme ayant déjà été saisi par la pensée*] riconoscere (126): *reconnaître un lieu* riconoscere un luogo; *après tant d'années je l'ai parfaitement reconnu* dopo tanti anni l'ho perfettamente riconosciuto → **rappeler (se),** 2 **souvenir (se)** **2** [*penser, juger* (*un objet, un concept*) *comme compris dans une catégorie*] riconoscere: *reconnaître une chose sans pouvoir la nommer* riconoscere una cosa senza poterla nominare; *reconnaître une voix* riconoscere una voce; *on ne le reconnaît plus* non lo si riconosce più ◇ (*avec un compl. au plur.*) *des jumeaux impossibles à reconnaître* gemelli impossibili da riconoscere ◇ *loc.* RECONNAÎTRE (QQCH., QQN.) À... riconoscere q.c., qc. da...: *reconnaître un arbre à ses feuilles* riconoscere un albero dalle foglie; *je le reconnais à son allure* lo riconosco dalla (sua) andatura **II** [*accepter*] **1** [*admettre qu'on a commis* (*un acte blâmable, une faute*)] riconoscere, ammettere (155): *reconnaître ses torts* riconoscere, ammettere i propri torti → **avouer, confesser** **2** [*admettre* (*qqn.*) *pour chef, pour maître*] riconoscere: *reconnaître qqn. pour maître* riconoscere qc. come maestro ♦ (*au p.p.*) *c'est le chef reconnu de la rébellion* è il capo riconosciuto della ribellione **3** [*admettre* (*qqch.*) *après avoir nié, ou après avoir douté*; *accepter malgré des réticences*] riconoscere: *on a fini par reconnaître son innocence* hanno finito col riconoscere la sua innocenza; *il faut lui reconnaître une certaine franchise* bisogna riconoscergli una certa franchezza **4** [*chercher à connaître, à déterminer*] esplorare: *reconnaître le terrain, les positions* esplorare il terreno, le posizioni; andare in ricognizione; *reconnaître des terres inconnues* esplorare terre sconosciute # *reconnaître les lieux* fare un sopra(l)luogo **5** [*admettre officiellement l'existence juridique de*] riconoscere: *reconnaître un gouvernement* riconoscere un governo; *reconnaître un enfant* riconoscere un bambino; *reconnaître une dette* riconoscere un debito **B** *v.pron.* SE RECONNAÎTRE **1** (*réfl.*) *ne plus se reconnaître en se regardant dans une glace* non riconoscersi più guardandosi allo specchio ◇ [*avouer, admettre qqch. concernant soi-même*] *se reconnaître coupable* riconoscersi colpevole ◇ (*fig.*) *ne plus s'y reconnaître* non raccapezzarcisi più **2** (*récipr.*) *ils ne se sont pas reconnus, après dix ans de séparation* dopo dieci anni di separazione, non si sono riconosciuti **3** *passif* [*être reconnu ou reconnaissable*] riconoscersi: *l'homme du monde se reconnaît à ses manières* l'uomo di mondo si riconosce dai modi.
reconnu, ue |ʀ(ə)kɔny| *adj.* [*admis pour vrai ou pour important*] riconosciuto: *c'est un fait reconnu* è un fatto riconosciuto.
reconquérir |ʀ(ə)kɔ̃keʀiʀ| (26) *v. tr.* [*reprendre par une conquête*] riconquistare ♦ (*au p.p.*) *village conquis, perdu et reconquis* villaggio conquistato, perso e riconquistato ◇ (*fig.*) [*conquérir de nouveau, recouvrer par une lutte*] riconquistare: *reconquérir sa liberté* riconquistare la propria libertà.
reconquête |ʀ(ə)kɔ̃kɛt| *s.f.* [→ RECONQUÉRIR] riconquista: *la reconquête du territoire envahi* la riconquista del territorio invaso ◇ (*fig.*) *la reconquête d'un droit* la riconquista di un diritto.
reconsidérer |ʀ(ə)kɔ̃sideʀe| (8) *v.tr.* [*considérer de nouveau* (*une question, un projet*)] riconsiderare: *il faut reconsidérer le problème* bisogna riconsiderare il problema.
reconsolider |ʀ(ə)kɔ̃sɔlide| *v.tr.* [*consolider de nouveau*] riconsolidare.
reconstituant, ante |ʀ(ə)kɔ̃stitɥɑ̃, ɑ̃t| *adj.* ricostituente: *régime reconstituant* cura ricostituente ♦ (*s.m.*) *un reconstituant* un ricostituente.
reconstituer |ʀ(ə)kɔ̃stitɥe| *v.tr.* **1** [*constituer, former de nouveau*] ricostituire (197): *reconstituer une armée* ricostituire un esercito ♦ (*pron. intr.*) *le parti s'est reconstitué dans la clandestinité* il partito si è ricostituito nella clandestinità **2** [*rétablir dans sa forme, dans son état d'origine, en réalité ou par la pensée* (*une chose disparue*)] ricostruire (197): *reconstituer fidèlement un quartier ancien* ricostruire fedelmente un

vecchio quartiere; *reconstituer les faits après enquête* ricostruire i fatti a seguito di un'indagine; *reconstituer un crime* ricostruire un delitto **3** [*rétablir dans son état antérieur et normal*] ricostruire, rigenerare: *reconstituer un tissu* ricostruire un tessuto.

reconstitution |R(ə)kɔ̃stitysjɔ̃| *s.f.* **1** [→ RECONSTITUER] ricostituzione; ricostruzione: *reconstitution d'un parti* ricostituzione di un partito || *reconstitution d'un monument antique disparu* ricostruzione di un monumento antico scomparso; *reconstitution historique* ricostruzione storica; *reconstitution d'un crime, d'un accident* ricostruzione di un delitto, di un incidente **2** (*admin.*) *reconstitution de carrière* ricostruzione della carriera.

reconstructeur |R(ə)kɔ̃stRyktœR| *adj. m. et s.m.* ricostruttore.

reconstruction |R(ə)kɔ̃stRyksjɔ̃| *s.f.* [→ RECONSTRUIRE] ricostruzione: *reconstruction d'un mur, d'un édifice* ricostruzione di un muro, di un edificio.

reconstruire |R(ə)kɔ̃stRɥiR| (75) *v.tr.* [*construire de nouveau*] ricostruire (197): *cette église a été détruite et reconstruite* questa chiesa è stata distrutta e ricostruita; *reconstruire sa fortune* ricostruire il proprio patrimonio.

reconventionnel, elle |Rəkɔ̃vɑ̃sjɔnɛl| *adj.* (*dr.*) riconvenzionale: *demande reconventionnelle* domanda riconvenzionale.

reconventionnellement |Rəkɔ̃vɑ̃sjɔnɛlmɑ̃| *adv.* (*dr.*) in via riconvenzionale *loc. inv.*

reconversion |R(ə)kɔ̃vɛRsjɔ̃| *s.f.* (*écon.*) riconversione: *reconversion d'une fabrique de tanks en usine d'automobiles* riconversione di una fabbrica di carri armati in fabbrica di automobili; *reconversion économique, technique, politique* riconversione economica, tecnica, politica.

reconvertir |R(ə)kɔ̃vɛRtiR| *v.tr.* (*écon.*) [*procéder à la reconversion de* (*qqch. ou qqn.*)] riconvertire (197).

recopier |R(ə)kɔpje| *v.tr.* [*copier un texte déjà écrit*] ricopiare: *recopier un rapport en trois exemplaires* ricopiare un rapporto in tre copie.

recoquiller |R(ə)kɔkije| *v.tr.* (*vx.*) → **recroqueviller**.

record |R(ə)kɔR| *s.m.* [*exploit sportif*] primato, record (*inv.*): *record de vitesse* record di velocità; *homologuer un record* omologare un primato ◇ (*fig.*) *pour la maladresse, il bat tous les records* come goffaggine, batte tutti i primati ✦ (*par appos.*) [*jamais atteint*] record: *niveau de vie, production record* livello di vita, produzione record, senza precedenti; *à une vitesse record* a una velocità record, mai raggiunta prima.

recordage |R(ə)kɔRdaʒ| *s.m.* (*techn.*) rincordatura *f.*

recorder |R(ə)kɔRde| *v.tr.* (*techn.*) [*corder de nouveau; regarnir de cordes*] rimettere (155) le corde a, incordare di nuovo: *recorder une raquette* rimettere le corde a, incordare di nuovo una racchetta.

recordman |R(ə)kɔRdman| *s.m.* [*détenteur d'un record*] primatista *s.*

recorriger |R(ə)kɔRiʒe| (3) *v.tr.* [*corriger une nouvelle fois*] ricorreggere (154).

recors |R(ə)kɔR| *s.m.* (*ancienn.*) assistente *s.* dell'ufficiale giudiziario.

recoucher |R(ə)kuʃe| *v.tr.* [*coucher de nouveau*] ricoricare, rimettere (155) a letto ✦ (*pron. réfl.*) ricoricarsi, rimettersi a letto.

recoudre |R(ə)kudR(ə)| (60) *v.tr.* [*coudre* (*ce qui est décousu*)] ricucire (197): *recoudre un bouton* ricucire un bottone ◇ (*par ext.*) *recoudre un opéré* ricucire un operato.

recoupage |R(ə)kupaʒ| *s.m.* (*techn.*) [→ RECOUPER 1] ritaglio*, il ritagliare *inv.*

recoupe |R(ə)kup| *s.f.* **1** (*techn.*) scheggia*; ritaglio* (*m.*): *recoupes de métal* schegge di metallo || *recoupes d'étoffe* ritagli di stoffa **2** (*agric.*) secondo taglio* *m.* **3** [*farine grossière de seconde mouture*] cruschello (*m.*): *pain de recoupe* pane di cruschello.

recoupement |R(ə)kupmɑ̃| *s.m.* **1** (*techn.*) rientranza *f.* **2** [→ RECOUPER 4] *point de recoupement* punto d'intersezione *f.* ◇ (*fig.*) [*rencontre de renseignements de sources différentes qui permettent d'établir un fait*] confronto, accostamento: *le recoupement des témoignages* il confronto, l'accostamento delle testimonianze; *faire un recoupement* fare un confronto.

recouper |R(ə)kupe| *v.tr.* **1** [*couper de nouveau*] ritagliare: *recouper une tranche de gigot* ritagliare una fetta di cosciotto **2** *absolt.* [*couper une seconde fois les cartes*] tagliare, alzare di nuovo **3** [*mélanger* (*un vin de cru*) *avec un coupage*] tagliare ✦ (*au p.p.*) *vin recoupé* vino tagliato **4** [*couper* (*une ligne*)] intersecare ✦ (*pron.*) *lignes, cercles qui se recoupent* linee, cerchi che si intersecano ◇ (*fig.*) [*coïncider en confirmant*] confermare, concordare *intr.* (con): *votre témoignage recoupe le sien* la vostra testimonianza conferma la sua, concorda con la sua ✦ (*pron. récipr.*) *les détails provenant de ces deux sources se recoupent* i particolari provenienti da queste due fonti concordano.

recoupette |R(ə)kupɛt| *s.f.* (*techn.*) secondo cruschello *m.*, secondo tritello *m.*

recouponner |R(ə)kupɔne| *v.tr.* [*regarnir* (*une valeur mobilière*) *de coupons lorsqu'ils ont été tous utilisés*] riaffogliare.

recourbé, ée |R(ə)kuRbe| *adj.* [*dont l'extrémité forme une courbe*] ricurvo: *bec recourbé* becco ricurvo, adunco; *cornes recourbées du bélier* corna ricurve dell'ariete # *nez recourbé* naso aquilino.

recourbe-cils |R(ə)kuRb(ə)sil| *s.m. inv.* piegaciglia.

recourbement |R(ə)kuRbəmɑ̃| *s.m.* (*rare*) [→ RECOURBER] incurvamento.

recourber |R(ə)kuRbe| *v.tr.* [*courber à son extrémité, rendre courbe*] (in)curvare: *recourber une branche* curvare un ramo.

recourbure |R(ə)kuRbyR| *s.f.* (*rare*) [*état d'une chose recourbée; partie recourbée d'un objet*] curvatura (*cour.*).

recourir |R(ə)kuRiR| (17) *v.intr.* **I** **1** [*courir de nouveau*] correre (127) di nuovo: *se mettre à recourir après une pause* mettersi a correre di nuovo, rimettersi a correre dopo una sosta **2** [*refaire une course, reprendre les courses*] tornare (*aux.* essere) a correre: *cet athlète n'a pas recouru après son accident* questo atleta non è più tornato a correre dal giorno dell'incidente ✦ (*tr.*) *recourir un cent mètres* ricorrere (127) i cento metri **3** (*fam.*) [*aller rapidement, une seconde fois*] correre di nuovo, (ri)tornare (*aux.* essere): *j'ai oublié la viande, je vais recourir au marché* ho dimenticato la carne, devo correre di nuovo, ritornare subito al mercato **II** RECOURIR À **1** [*demander une aide à* (*qqn.*)] ricorrere: *recourir à l'autorité suprême* ricorrere all'autorità suprema; *recourir à une agence* ricorrere a un'agenzia; *recourir à l'emprunt* ricorrere ad un prestito → **adresser (s')** **2** *absolt.* (*dr.*) [*faire appel*] ricorrere: *recourir contre qqn.* ricorrere contro qc.

recours |R(ə)kuR| *s.m.* **1** [→ RECOURIR II] ricorso: *le recours à la violence* il ricorso alla violenza ◇ *loc.* AVOIR RECOURS À ricorrere, far ricorso a: *avoir recours à des moyens extrêmes* ricorrere, far ricorso a mezzi estremi **2** [*ce à quoi on recourt, dernier moyen efficace*] risorsa *f.*, via *f.* d'uscita: *c'est notre dernier recours* è la nostra ultima risorsa; *il n'y a aucun recours contre cela* non c'è via d'uscita contro ciò **3** (*dr. admin.*) ricorso: *recours contentieux* ricorso contenzioso; *recours pour excès de pouvoir* ricorso per eccesso di potere; *recours en cassation* ricorso in cassazione # *recours en grâce* domanda di grazia.

recouvrable |R(ə)kuvRabl(ə)| *adj.* [→ RECOUVRER] recuperabile: *sommes recouvrables* somme recuperabili → **percevable** **C** **irrécouvrable.**

recouvrage |R(ə)kuvRaʒ| *s.m.* [→ RECOUVRIR A I] ricopertura (*f.*): *recouvrage d'un parapluie* ricopertura di un ombrello.

1 **recouvrement** |R(ə)kuvRəmɑ̃| *s.m.* (*littér.*) [→ RECOUVRER 1] recupero (*cour.*): *recouvrement des forces, de la santé* recupero delle forze, della salute ◇ (*cour.*) [→ RECOUVRER 2] *recouvrement d'une créance* recupero di un credito # *recouvrement de l'impôt direct* riscossione, esazione delle imposte dirette.

2 **recouvrement** |R(ə)kuvRəmɑ̃| *s.m.* (*rare*) [→ RECOUVRIR] ricoprimento, il ricoprire *inv.* ◇ (*géol.*) *lambeaux de recouvrement* falde di ricoprimento ◇ (*constr.*) *tuiles à recouvrement* tegole di ricoprimento.

recouvrer |R(ə)kuvRe| *v.tr.* **1** (*littér.*) [*rentrer en possession de*] recuperare: *recouvrer son argent* recuperare il proprio denaro; *recouvrer la santé, ses forces, la raison* recuperare la salute, le forze, la ragione **2** [*recevoir le paiement de* (*une somme due*)] riscuotere (162), incassare: *recouvrer une créance, un effet de commerce* riscuotere, incassare un credito, un effetto commerciale.

recouvrir |R(ə)kuvRiR| (23) **A** *v.tr.* **I** [*couvrir de nouveau; mettre une nouvelle couverture, un nouveau revêtement*] ricoprire (186): *recouvrir un livre* ricoprire, foderare un libro: *recouvrir un enfant qui s'est découvert dans son sommeil* ricoprire un bambino che si è scoperto nel sonno **II** **1** [*couvrir entièrement*] (ri)coprire: *animal au corps recouvert de plumes* animale dal corpo (ri)coperto di piume; *faire recouvrir des bergères d'une soie d'époque* far ricoprire delle poltrone con una seta d'epoca **2** (*fig.*) [*cacher, masquer*] nascondere (159), mascherare: *sa désinvolture recouvre une grande timidité* la sua disinvoltura nasconde, maschera una grande timidezza **3** [*s'appliquer, correspondre à*] corrispondere (159), applicarsi *pron.* (a): *le concept de personnalité recouvre deux idées différentes* il concetto di personalità si applica a due idee diverse **B** *v.pron. intr.* SE RECOUVRIR [*se couvrir l'un l'autre*] sovrapporsi (168), ricoprirsi: *tuiles qui se recouvrent partiellement* tegole che si sovrappongono, si ricoprono parzialmente.

recracher |R(ə)kRaʃe| **A** *v.tr.* [*rejeter de la bouche ce qu'on y a mis*] risputare: *recracher un bonbon* risputare una caramella **B** *v.intr.* [*cracher de nouveau*] sputare di nuovo.

récréance |RekReɑ̃s| *s.f.* **1** (*ancienn.*) possesso *m.* transitorio* **2** (*dr. internat.*) *lettres de récréance* lettere di richiamo *m.*

récréatif, ive |RekReatif, iv| *adj.* ricreativo: *lecture récréative* lettura ricreativa.

récréation |RekReɑsjɔ̃| *s.f.* **1** [*détente, divertissement après une occupation plus sérieuse*] svago* (*m.*): *la peinture n'est pour lui qu'une récréation* per lui la pittura è solo uno svago **2** *récréation*, (*abrév. fam., arg. scol.* '*récré*') ricreazione (*cour.*): *être en récré* essere in ricreazione.

recréer |R(ə)kRee| *v.tr.* [*créer de nouveau*] ricreare.

récréer |RekRee| *v.tr.* (*littér.*) [*délasser par une occupation agréable*] ricreare, svagare (*cour.*) ✦ (*pron. intr.*) *se récréer* svagarsi.

recrépir |R(ə)kRepiR| *v.tr.* (*maçonn.*) [*crépir de nouveau* (*une surface*)] rintonacare, intonacare di nuovo: *faire recrépir sa maison* far rintonacare la casa.

recrépissage |R(ə)kRepisaʒ| *s.m.* (*maçonn.*) rintonacatura *f.*

recreuser |R(ə)kRøze| *v.tr.* **1** [*creuser de nouveau*] scavare di nuovo **2** [*creuser davantage*] scavare più profondamente.

récrier (se) |RekRije| *v.pron. intr.* (*littér.*) [*s'exclamer sous l'effet d'une vive émotion*] prorompere (176) *intr.* in esclamazioni ✦ (*absolt.*) *à ces mots ils se sont récriés* a queste parole hanno protestato *intr.*

récriminateur, trice |RekRiminatœR, tRis| *adj. et s.* recriminatore*.

récriminations |RekRiminɑsjɔ̃| *s.f. pl.* recriminazioni: *cessez vos récriminations!* basta con le recriminazioni!

récriminer |RekRimine| *v.intr.* [*critiquer avec amertume et âpreté*] recriminare: *récriminer contre qqn.* recriminare contro qc.

récrire |RekRiR| (51) *v.tr.* [*écrire ou rédiger de nouveau*] riscrivere (182): *il n'a pas répondu, je vais lui récrire* (*réécrire*) non mi ha risposto, gli riscriverò ✦ (*au p.p.*) *textes récrits* (*réécrits*) *par un collaborateur* testi riscritti da un collaboratore.

recristallisation |R(ə)kRistalizɑsjɔ̃| *s.f.* (*minér.*) ricristallizzazione.

recristalliser |R(ə)kRistalize| *v.tr. et intr.* (*minér.*) [*cristalliser de nouveau*] ricristallizzare.

recroquevillé, ée |R(ə)kRɔkvije| *adj.* **1** [*replié et racorni*] accartocciato, raggrinzato, raggrinzito: *feuilles mortes toutes recroquevillées* foglie morte tutte accartocciate, raggrinzate **2** [*replié sur soi*] rannicchiato: *malade recroquevillé dans son lit* malato rannicchiato nel letto.

recroqueviller |R(ə)kRɔkvije| **A** *v.tr.* [*rendre recroquevillé*] raggrinzare: *le froid recroqueville les feuilles* il freddo raggrinza le foglie **B** *v.pron. intr.* SE RECROQUEVILLER [*se rétracter, se recourber, se tordre en se desséchant*] accartocciarsi, raggrinzarsi, raggrinzirsi (197): *feuille d'arbre, papier qui se recroqueville à la chaleur* foglia, carta che si accartoccia al caldo ◇ (*par anal.*) [*se replier, se ramasser sur soi-même*] rannicchiarsi: *il se recroquevilla sur lui-même* si rannicchiò su sé stesso.

recru, ue |R(ə)kRy| *adj.* (*littér.*) [*extrêmement fatigué, jusqu'à l'épuisement*] esausto, sfinito: *bête recrue* animale esausto, sfinito; *être recru de fatigue* essere sfinito, rotto dalla fatica.

recrû |RəkRy| *s.m.* (*arbor.*) polloni *pl.*

recrudescence |R(ə)kRydesɑ̃s| *s.f.* **1** recrudescenza: *recrudescence d'une épidémie* recrudescenza di un'epidemia **2** [*brusque réapparition, sous une forme plus violente*] recrudescenza: *recrudescence d'un incendie* recrudescenza di un incendio.

recrudescent, ente |R(ə)kRydesɑ̃, ɑ̃t| *adj.* (*littér.*) recrudescente.

recrue |R(ə)kRy| *s.f.* **1** [*soldat qui vient d'être recruté*] recluta, coscritto (*m.*): *brimades infligées aux jeunes recrues* scherzi inflitti alle nuove reclute **2** [*personne qui vient s'ajouter à un groupe*] recluta: *les recrues d'un parti* le reclute di un partito.

recrutement |R(ə)kRytmɑ̃| *s.m.* **1** [→ RECRUTER A 1] reclutamento, arruolamento # *bureau de recrutement* ufficio leva **2** [→ RECRUTER A 2] reclutamento; ingaggio*, assunzione *f.* ◇ (*fig.*) *le recrutement d'une classe gouvernante* il reclutamento di una classe governante **3** [*ensemble de recrues*] reclute *f. pl.*

recruter |R(ə)kRyte| **A** *v.tr.* **1** [*former* (*une troupe*) *en levant des hommes*] reclutare, arruolare: *recruter une armée* reclutare, arruolare un esercito ✦ (*au p.p.*) *soldats fraîchement recrutés* soldati arruolati da poco **2** [*amener* (*qqn.*) *à faire partie d'un groupe* (*association, parti*)] reclutare, ingaggiare: *recruter des travailleurs* reclutare, ingaggiare lavoratori ✦ (*au p.p.*) *des collaborateurs recrutés dans tous les milieux* collaboratori reclutati in ogni ambiente **B** *v.pron. passif* SE RECRUTER [*être recruté, se former en recevant des recrues*] formarsi, reclutarsi: *assemblée qui se recrute par cooptation* assemblea che si forma per cooptazione # *se recruter dans tous les milieux* provenire da ogni ambiente.

recruteur |R(ə)kRytœR| *s.m.* [*celui qui est chargé de recruter des soldats*] reclutatore: *sergent recruteur* sergente reclutatore.

rect- |Rɛkt| *préf.* (*signifiant* '*droit*', *correspond généralt. à*) rett(i): *rectifier* rettificare.

recta |Rɛkta| *adv.* [*ponctuellement, très exactement*] puntualmente: *payer recta* pagare puntualmente.

rectal, ale, aux |Rɛktal, o| *adj.* rettale: *température rectale* temperatura rettale → **anal.**

rectangle |Rɛktɑ̃gl(ə)| **1** *adj.* (*géom.*) rettangolo: *triangle rectangle* triangolo rettangolo ◇ (*math.*) *termes rectangles* termini rettangoli **2** *s.m.* (*géom.*) rettangolo: *le carré est un rectangle* il quadrato è un rettangolo ◇ (*par anal.*) *tissu écossais formant des carrés et des rectangles* tessuto scozzese che forma quadrati e rettangoli.

rectangulaire |Rɛktɑ̃gylɛR| *adj.* rettangolare: *pièce rectangulaire* stanza rettangolare.

recteur |Rɛktœr| *s.m.* **1** [*universitaire qui est à la tête d'une Académie*] rettore **2** (*relig.*) rettore **3** (*en Bretagne*) [*curé ou desservant*] parroco*.

recteur, trice |Rɛktœr, tRis| *adj.* (*zool.*) *plumes rectrices* penne rettrici.

recti- |Rɛkti| *préf.* → **rect-.**

rectifiable |Rɛktifjabl(ə)| *adj.* [→ RECTIFIER] rettificabile ◇ (*chim.*) *alcool rectifiable* alcool rettificabile.

rectificateur, trice |RɛktifikatœR, tRis| *s.* **1** *s.* (*littér.*) rettificatore* **2** *s.m.* (*chim.*) rettificatore.

rectificatif, ive |Rɛktifikatif, iv| *adj.* [*qui a pour objet de rectifier* (*une chose inexacte*)] rettificante: *acte rectificatif* atto rettificante ✦ (*s.m.*) *un rectificatif* una rettifica* (*f.*): *communiquer à la presse un rectificatif* comunicare alla stampa una rettifica.

rectification |Rɛktifikɑsjɔ̃| *s.f.* **1** [→ RECTIFIER 1] rettifica*, rettificazione: *rectification d'un alignement* rettifica, rettificazione di un allineamento ◇ (*math.*) *rectification d'une courbe* rettificazione di una curva **2** [→ RECTIFIER 2] rettifica: *rectification d'un acte de l'état civil* rettifica d'atto di stato civile ◇ (*chim.*) *rectification de l'alcool* rettificazione dell'alcool **3** [*action de faire disparaître en corrigeant*] rettifica: *rectification d'une erreur* rettifica di un errore **4** [*correction, note ou parole rectificative*] correzione: *rectification en marge* correzione in margine.

rectifier |Rɛktifje| *v.tr.* **1** [*rendre droit*] rettificare: *rectifier un alignement* rettificare un allineamento ◇ (*math.*) *rectifier une courbe* rettificare una curva **2** [*rendre matériellement correct, conforme*] rettificare: *rectifier un tracé* rettificare un tracciato; *rectifier le tir* rettificare il tiro ✦ *au p.p.* (*chim.*) *alcool rectifié* alcool rettificato **3** [*rendre exact*] rettificare, correggere (154): *rectifier un calcul* rettificare, correggere un calcolo; *texte à rectifier* testo da rettificare **4** [*faire disparaître en corrigeant*] rettificare: *rectifier une erreur* rettificare un errore **5** (*pop.*) [*tuer*] accoppare, far (103) fuori: *il a été rectifié, il s'est fait rectifier* è stato accoppato, fatto fuori, si è fatto accoppare.

rectifieur, euse |Rɛktifjœr, øz| *s.* rettificatore*.

rectifieuse |Rɛktifjøz| *s.f.* (*techn.*) rettificatrice.

rectiligne |Rɛktiliɲ| *adj.* **1** rettilineo: *allées rectilignes* viali rettilinei **2** (*géom.*) rettilineo: *figure, angle rectiligne* figura, angolo rettilineo ✦ (*s.m.*) *le rectiligne d'un dièdre* la sezione *f.* normale di un diedro.

rectilinéaire |RɛktilineɛR| *adj.* (*photo.*) ortoscopico*: *objectifs rectilinéaires* obiettivi ortoscopici.

rectite |Rɛktit| *s.f.* (*méd.*) rettite.

rectitude |Rɛktityd| *s.f.* **1** rettitudine: *rectitude de jugement* rettitudine

di giudizio **2** (*littér.*) [*caractère de ce qui est en ligne droite*] rettitudine: *il veillait à la rectitude parfaite du sillon* badava alla rettitudine perfetta del solco.
recto |ʀɛkto| *s.m.* (*lat.*) retto ◇ (*loc.*) *recto verso* sul retto e sul verso.
recto-colite |ʀɛktɔkɔlit| *s.f.* (*méd.*) rettocolite.
rectoral, ale, aux |ʀɛktɔʀal, o| *adj.* rettorale: *décision rectorale* decisione rettorale.
rectorat |ʀɛktɔʀa| *s.m.* rettorato.
rectoscope |ʀɛktɔskɔp| *s.m.* (*méd.*) rectoscopio*.
rectoscopie |ʀɛktɔskɔpi| *s.f.* (*méd.*) rettoscopia.
rectum |ʀɛktɔm| *s.m.* (*anat.*) (intestino) retto.
reçu |ʀ(ə)sy| *s.m.* [*écrit dans lequel une personne reconnaît avoir reçu qqch. à titre de paiement, de dépôt, de prêt ou de mandat*] ricevuta (*f.*): *reçu pour solde* ricevuta a saldo; *donner, remettre un reçu* dare, rilasciare una ricevuta.
recueil |ʀ(ə)kœj| *s.m.* [*ouvrage ou volume réunissant des écrits, des documents*] raccolta (*f.*): *recueil de poèmes* raccolta di poesie; *recueil de documents* raccolta di documenti.
recueillement |ʀ(ə)kœjmɑ̃| *s.m.* **1** [*action, fait de concentrer sa pensée sur la vie spirituelle*] raccoglimento **2** [*état de l'esprit qui s'isole du monde extérieur pour se concentrer sur la vie intérieure*] raccoglimento: *écouter avec recueillement* ascoltare con raccoglimento.
recueilli, ie |ʀ(ə)kœji| *adj.* [*en état de recueillement*] raccolto: *air, visage recueilli* aspetto, viso raccolto.
recueillir |ʀ(ə)kœjiʀ| (18) **A** *v.tr.* **I** *recueillir qqch.* **1** [*prendre en cueillant ou en ramassant en vue de conserver pour utiliser ultérieurement*] raccogliere (123): *les abeilles recueillent le pollen* le api raccolgono il polline ◇ (*par métaph.*) *recueillir les fruits d'une bonne action* raccogliere i frutti di una buona azione **2** [*rassembler, réunir* (*des éléments dispersés*)] raccogliere: *recueillir des fonds, des exemples pour un dictionnaire* raccogliere fondi, esempi per un dizionario **3** [*faire ou laisser entrer et séjourner dans un récipient*] raccogliere # *citernes destinées à recueillir les eaux pluviales* cisterne destinate alla raccolta delle acque piovane ◇ (*fig.*) *recueillir des renseignements* raccogliere informazioni **4** [*recevoir* (*par voie d'héritage*)] ereditare: *recueillir une bonne part des biens* ereditare buona parte dei beni **5** [*obtenir*] raccogliere, ottenere (188): *recueillir des voix, des suffrages* raccogliere, ottenere voti, suffragi **II** *recueillir qqn.* [*offrir chez soi un refuge à* (*qqn. dans le besoin, le malheur*)] accogliere (123) qc.: *Nume s'offrit à recueillir Rousseau* Nume si offrì di accogliere Rousseau **B** *v. pron. réfl.* SE RECUEILLIR **1** (*relig.*) [*pratiquer le recueillement religieux*] raccogliersi: *se recueillir avant de se mettre au travail* raccogliersi prima di mettersi al lavoro ✦ (*au p.p.*) *une âme recueillie* un'anima raccolta **2** [*chercher ou trouver le recueillement*] raccogliersi: *j'ai besoin de me recueillir* ho bisogno di raccogliermi.
recuire |ʀ(ə)kɥiʀ| (75) **A** *v.tr.* [*cuire de nouveau*] ricuocere (129), cuocere (129) di nuovo: *recuire des confitures trop liquides* ricuocere, cuocere di nuovo delle marmellate troppo liquide ◇ (*techn.*) ricuocere: *recuire des cristaux* ricuocere dei cristalli **B** *v.intr.* [*subir une nouvelle cuisson*] ricuocere: *faire recuire un gigot trop saignant* far ricuocere un cosciotto troppo al sangue.
recuit |ʀ(ə)kɥi| *s.m.* (*techn.*) [→ RECUIRE] ricottura (*f.*): *le recuit de l'émail* la ricottura dello smalto.
recul |ʀ(ə)kyl| *s.m.* **1** (*mécan.*) rinculo: *recul d'un canon, d'une arme à feu* rinculo di un cannone, di un'arma da fuoco **2** [→ RECULER A 1] indietreggiamento, arretramento: *le recul d'une armée* l'indietreggiamento, l'arretramento di un esercito ◇ (*fig.*) (*choses*) [*régression*] regresso: *le recul d'une épidémie* il regresso di un'epidemia **3** [*position éloignée* (*dans l'espace ou dans le temps*) *permettant une appréciation meilleure*] distacco*: *recul nécessaire à l'historien* distacco necessario allo storico ◇ (*loc. fig.*) *avoir, prendre du recul* prendere le distanze *f. pl.* **4** (*tennis, ping-pong*) spazio*: *ce court n'a pas assez de recul* questo campo non lascia abbastanza spazio; (*volley-ball*) zona *f.* di rispetto.
reculade |ʀ(ə)kylad| *s.f.* **1** [*action de qqn. qui recule, cède après s'être trop avancé*] regresso *m.*, marcia* indietro: *honteuse reculade* vergognoso regresso **2** (*vx.*) [*recul*] arretramento *m.* (*cour.*): *reculade d'une armée* arretramento di un esercito.
reculé, ée |ʀ(ə)kyle| *adj.* [*lointain et difficile d'accès*] remoto, lontano: *montagnes, vallées reculées* montagne, valli remote, lontane ◇ (*dans le temps*) remoto: *les siècles les plus reculés* i secoli più remoti.
reculée |ʀ(ə)kyle| *s.f.* (*géogr.*) orrido *m.*
reculement |ʀ(ə)kylmɑ̃| *s.m.* **1** (*techn.*) imbraca* *f.* **2** (*vx.*) → **recul 1**.
reculer |ʀ(ə)kyle| **A** *v.intr.* **1** [*aller, faire mouvement en arrière*] indietreggiare (*aux.* essere, avere): *reculer d'un pas* indietreggiare di un passo; *reculer devant l'ennemi* indietreggiare davanti al nemico ◇ (*loc. prov.*) *reculer pour mieux sauter* indietreggiare per spiccare meglio il salto **2** (*d'un mécanisme*) [*avoir du recul*] rinculare (*aux.* essere, avere): *le canon, le fusil recule en tirant* il cannone, il fucile rincula al momento dello sparo **3** (*fig.*) (*choses*) [*perdre du terrain, rétrograder*] regredire (197) (*aux.* essere, avere): *l'épidémie a reculé* l'epidemia è regredita, è in regresso **4** [*renoncer en présence d'une difficulté à poursuivre une entreprise*] tornare (*aux.* essere) indietro, far (103) *tr.* marcia indietro: *plus moyen de reculer* non è più possibile tornare indietro ◇ *loc.* RECULER DEVANT indietreggiare di fronte a: *il ne recule devant rien* non indietreggia di fronte a nulla **B** *v.tr.* **1** [*faire aller, porter en arrière*] spostare indietro, arretrare: *reculez un peu votre chaise* sposti un po' indietro la sedia ◇ (*par ext.*) arretrare: *reculer les frontières d'un pays* arretrare le frontiere di un paese **2** [*éloigner dans le temps, reporter à plus tard*] ritardare, rimandare: *reculer une décision* ritardare, rinviare una decisione.
reculons (à) |aʀkylɔ̃| *loc. adv.* [*en reculant, en allant en arrière*] a ritroso, all'indietro: *aller, marcher à reculons* andare, camminare a ritroso, all'indietro.
récupérable |ʀekypeʀabl(ə)| *adj.* [→ RÉCUPÉRER] ricuperabile, recuperabile: *créance récupérable* credito recuperabile.
récupérateur |ʀekypeʀatœʀ| *s.m.* (*techn.*) ricuperatore, recuperatore: *récupérateur de chaleur* ricuperatore di calore; *récupérateur de haut fourneau* ricuperatore di altoforno ◇ (*artill.*) *récupérateur à ressort* ricuperatore a molle.
récupération |ʀekypeʀɑsjɔ̃| *s.f.* **1** [→ RÉCUPÉRER 1] ricupero *m.*, recupero (*m.*): *récupération d'une créance* ricupero di un credito **2** [→ RÉCUPÉRER 3] ricupero, recupero: *récupération d'heures de cours* ricupero di ore di lezione.
récupérer |ʀekypeʀe| (8) *v.tr.* **1** [*rentrer en possession de* (*ce qu'on avait perdu, dépensé*)] ricuperare, recuperare: *récupérer ses avances* ricuperare gli anticipi versati ◇ (*fam.*) [*retrouver, reprendre, rechercher* (*une chose laissée, prêtée, rangée; une personne*)] *j'irai récupérer mes disques chez toi* verrò a ricuperare, a riprendere (105) i miei dischi da te ◇ (*spécialt.*) *récupérer une cabine spatiale* ricuperare una capsula spaziale; *récupérer ses forces* ricuperare le forze **2** [*recueillir* (*ce qui serait perdu ou inutilisé*)] ricuperare, recuperare: *récupérer de la ferraille* ricuperare rottame di ferro ◇ (*spécialt.*) RÉCUPÉRER QQN.: *récupérer et reclasser des accidentés* ricuperare e reinserire degli infortunati **3** (*par ext.*) *récupérer des heures, des journées de travail* recuperare ore, giornate di lavoro **4** (*arg. polit.*) [*détourner de son sens et annexer* (*qqch. autonome à l'origine*)] ricuperare, recuperare.
récurage |ʀekyʀaʒ| *s.m.* [→ RÉCURER] lustratura *f.*, lucidatura (*f.*): *le récurage d'une casserole* la lustratura, la lucidatura di una pentola.
récurer |ʀekyʀe| *v.tr.* [*nettoyer en frottant avec un abrasif*] lustrare, lucidare: *récurer des casseroles* lustrare, lucidare delle pentole # *poudre à récurer* pomice, detersivo.
récurrence |ʀekyʀɑ̃s| *s.f.* **1** (*littér., math.*) [*retour, répétition*] il ricorrere (*m. inv.*): *la récurrence des émotions* il ricorrere delle emozioni **2** (*log., sc.*) ricorrenza: *démonstration par récurrence* dimostrazione per ricorrenza **3** (*méd.*) ricorrenza.
récurrent, ente |ʀekyʀɑ̃, ɑ̃t| *adj.* **1** (*anat.*) ricorrente **2** (*math.*) *série récurrente* serie ricorrente ◇ (*méd.*) *fièvre récurrente* febbre ricorrente.
récursif, ive |ʀekyʀsif, iv| *adj.* (*ling., math.*) ricorrente: *processus récursif* processo ricorrente.
récursivité |ʀekyʀsivite| *s.f.* (*ling., math.*) ricorrenza.
récursoire |ʀekyʀswaʀ| *adj.* (*dr.*) *action récursoire* azione di regresso *loc. inv.*, di rivalsa *loc. inv.*
récusable |ʀekyzabl(ə)| *adj.* [→ RÉCUSER] ricusabile: *témoin récusable* testimone ricusabile ◇ [*auquel on n'accorde pas confiance*] *témoignage récusable* testimonianza ricusabile.
récusation |ʀekyzɑsjɔ̃| *s.f.* (*dr.*) ricusazione.
récuser |ʀekyze| **A** *v.tr.* **1** (*dr.*) [*refuser d'accepter* (*qqn.*) *comme juge, ar-*

bitre, expert ou témoin] ricusare: *récuser un témoin* ricusare un testimone ◇ (*par ext.*) *récuser la compétence d'un tribunal* ricusare, rifiutare la competenza di un tribunale **2** [*repousser comme tel*] ricusare, rifiutare: *récuser l'autorité d'un auteur* ricusare, rifiutare l'autorità di un autore **B** *v.pron. intr.* SE RÉCUSER [*affirmer son incompétence sur une question; refuser de donner son avis, de prendre une responsabilité*] astenersi (188), rifiutarsi.

recyclage |R(ə)siklaʒ| *s.m.* **1** (*personnes*) [*changement de l'orientation scolaire (d'un enfant) vers un autre cycle d'études*] riorientamento ◇ (*par ext.*) [*formation professionnelle complémentaire dispensée à des adultes*] aggiornamento, riqualificazione (*f.*): *suivre un cours de recyclage* seguire un corso di aggiornamento, di riqualificazione **2** (*choses*) (*écon., techn.*) riciclo, riciclaggio*: *recyclage de l'eau d'un circuit* riciclo, riciclaggio dell'acqua di un circuito # *recyclage d'un compte à rebours* ripetizione di un conto alla rovescia.

recycler |R(ə)sikle| **A** *v.tr.* [*effectuer le recyclage de*] (*personnes*) aggiornare, riqualificare; (*choses*) riciclare **B** *v.pron. intr.* (*personnes*) SE RECYCLER *en suivant des cours de soir* aggiornarsi, riqualificarsi seguendo corsi serali.

rédacteur, trice |Redaktœʀ, tʀis| *s.* redattore*: *rédacteur publicitaire, politique* redattore pubblicitario, politico; *rédacteur en chef* redattore capo.

rédaction |Redaksjɔ̃| *s.f.* **1** [→ REDIGER] redazione: *rédaction de premier jet* redazione di primo getto; *secrétaire de (la) rédaction* segretaria di redazione; *salle, bureaux de rédaction* sala, uffici di redazione **2** [*exercice qui consiste à traiter par écrit un sujet narratif ou descriptif*] composizione, tema *m.*, componimento *m.*

rédactionnel, elle |Redaksjɔnɛl| *adj.* redazionale: *article rédactionnel* articolo redazionale.

redan |R(ə)dɑ̃| *s.m.* **1** (*techn.*) saliente, aggetto **2** (*bx-arts*) *redan, redent* dentello: *arc orné de redans* arco ornato di dentelli.

reddition |Rɛdisjɔ̃, Rɛddisjɔ̃| *s.f.* **1** [*le fait de se rendre, de capituler*] resa: *la reddition d'une armée* la resa di un esercito; *reddition sans conditions* resa incondizionata → **capitulation** **2** (*dr.*) rendiconto *m.*, resa dei conti.

redécouvrir |R(ə)dekuvRiR| (23) *v. tr.* [*découvrir de nouveau; découvrir (ce qu'un autre avait découvert)*] riscoprire (186).

redéfaire |R(ə)defɛR| (45) *v.tr.* [*défaire de nouveau*] disfare (103) di nuovo: *redéfaire un ouvrage* disfare di nuovo un lavoro.

redéfinir |R(ə)definiR| *v.tr.* [*donner une nouvelle définition de*] ridefinire (197).

redemander |Rədmɑ̃de, Rdəmɑ̃de| *v.tr.* **1** [*demander de nouveau*] ridomandare, richiedere (122): *redemander d'un plat à table* ridomandare, richiedere un piatto a tavola **2** [*demander (ce qu'on a laissé, ce qu'on a prêté à qqn.)*] chiedere (122) indietro: *je lui ai redemandé mon stylo* gli ho chiesto indietro la penna.

redémarrage |Rədemaʀaʒ| *s.m.* [→ REDÉMARRER] ripresa (*f.*): *le redémarrage de l'économie nationale après une crise* la ripresa dell'economia nazionale dopo una crisi.

redémarrer |Rədemaʀe| *v.intr.* **1** [*faire repartir un véhicule immobilisé; repartir après s'être arrêté*] ripartire (*aux.* essere), rimettere (155) *tr.* in moto **2** (*fig.*) [*retrouver de la vigueur, de l'impulsion*] riprendersi (105) (*pron.*): *l'économie n'a pas encore redémarré* l'economia non si è ancora ripresa.

rédempteur, trice |Redɑ̃(p)tœʀ, tʀis| **1** (*s.m.*) *le Rédempteur* il Redentore **2** *adj.* redentore*: *souffrance rédemptrice* sofferenza redentrice.

rédemption |Redɑ̃psjɔ̃| *s.f.* **1** (*relig. chrét.*) *Rédemption* Redenzione: *le mystère de la Rédemption* il mistero della Redenzione ◇ (*par ext.*) *la rédemption des péchés* la redenzione dei peccati **2** (*dr.*) redenzione, riscatto (*m.*): *la rédemption d'un droit, d'une rente* la redenzione, il riscatto di un diritto, di una rendita.

rédemptoriste |Redɑ̃ptɔʀist(ə)| *s.m.* redentorista.

redent |R(ə)dɑ̃| *s.m.* → **redan** 2.

redenté, ée |R(ə)dɑ̃te| *adj.* (*archit.*) dentellato.

redescendre |R(ə)desɑ̃dR(ə)| (53) **A** *v.intr.* [*descendre de nouveau; descendre après être monté*] ridiscendere (105) (*aux.* essere): *le chemin redescend* il sentiero ridiscende **B** *v.tr.* **1** [*descendre de nouveau, parcourir de nouveau de haut en bas*] ridiscendere: *redescendre un escalier* ridiscendere una scala **2** [*descendre de nouveau (ce qu'on a placé à un endroit élevé)*] riportare giù: *redescendre un meuble du grenier* riportare giù un mobile dalla soffitta.

redevable |Rədvabl(ə), Rdəvabl(ə)| *adj.* **1** [*qui est ou qui demeure débiteur de qqn.*] debitore*: *être redevable d'une somme* essere debitore di una somma **2** *loc.* ÊTRE REDEVABLE DE QQCH. À QQN. essere debitore di (per) q.c. a qc.: *je vous suis redevable d'avoir intercédé en ma faveur* le sono debitore d'aver (per aver) interceduto a mio favore.

redevance |Rədvɑ̃s, Rdəvɑ̃s| *s.f.* **1** [*somme qui doit être payée à échéances déterminées (à titre de rente, de dette)*] canone (*m.*): *redevance payable en nature ou en argent* canone pagabile in natura o in denaro **2** [*taxe due en contrepartie de l'utilisation d'un service public, d'une concession*] canone: *redevance téléphonique* canone telefonico ◇ (*féod.*) *redevances féodales* benefici *m.* feudali.

redevenir |Rədvəniʀ, Rdəvniʀ| (27) *v.intr.* (*aux.* 'être') [*recommencer à être*] ridiventare, ridivenire (202).

redevoir |Rədvwaʀ, Rdəvwaʀ| (34) *v.tr.* (*dr. comm.*) [*devoir comme reliquat de compte ou de dette*] rimanere (174) *intr.* debitore (di): *il me redoit cinq mille francs* rimane debitore verso di me di cinquemila franchi ♦ (*au p.p.*) *la somme redue* la somma residua.

rédhibition |Redibisjɔ̃| *s.f.* (*dr.*) risoluzione (di un contratto) per vizio redibitorio.

rédhibitoire |Redibitwaʀ| *adj.* (*dr.*) redibitorio*: *vice rédhibitoire* vizio redibitorio.

rédie |Redi| *s.f.* (*zool.*) redia.

rédiger |Rediʒe| (3) *v.tr.* [*écrire (un texte) d'une certaine manière; écrire dans la forme définitive, selon la formule prescrite*] redigere (171), compilare: *rédiger un article de journal* redigere, compilare un articolo di giornale ♦ (*absolt.*) *il rédige bien* compone bene ♦ (*au passif*) *une revue remarquablement rédigée* una rivista redatta mirabilmente.

rédimer |Redime| *v.tr.* (*relig.*) [*racheter*] redimere (172): *rédimer les pécheurs* redimere i peccatori ♦ (*pron. réfl.*) *se rédimer par le repentir* redimersi con il pentimento.

redingote |R(ə)dɛ̃gɔt| *s.f.* 'redingote' *inv.*

rédintégration |Redɛ̃tegʀasjɔ̃| *s.f.* (*psycho.*) re(d)integrazione.

redire |R(ə)diR| (48) **A** *v.tr.* [*dire de nouveau*] **1** [*dire (qqch.) plusieurs fois*] ridire (132), ripetere: *il redit toujours la même histoire* ridice, ripete sempre la stessa storia **2** [*dire (ce qu'un autre a déjà dit)*] ripetere, ridire: *n'allez pas le lui redire* non andate a ripeterglielo, a ridirglielo **B** *v.intr.* (*loc.*) AVOIR, TROUVER À REDIRE À avere, trovare da ridire su: *trouver à redire à tout* trovare da ridire su tutto.

rediscuter |R(ə)diskyte| *v.tr.* [*remettre en discussion*] ridiscutere, rimettere (155) in discussione: *rediscuter à la Chambre un projet modifié par le Sénat* ridiscutere alla Camera un progetto modificato dal Senato.

redistribuer |R(ə)distRibɥe| *v.tr.* [*distribuer une seconde fois*] ridistribuire (197), distribuire (197) di nuovo.

redistribution |R(ə)distRibysjɔ̃| *s.f.* [→ REDISTRIBUER] ridistribuzione.

redite |R(ə)dit| *s.f.* (*littér.*) [→ REDIRE A] ripetizione (*cour.*) ◇ [*chose répétée inutilement dans un texte, un discours*] *un livre plein de redites* un libro pieno di ripetizioni.

redondance |R(ə)dɔ̃dɑ̃s| *s.f.* **1** ridondanza: *la redondance du style, des termes* la ridondanza dello stile, dei termini **2** (*par ext.*) [*ornement ou développement excessif, inutile*] ridondanza **3** (*informatique*) ridondanza.

redondant, ante |R(ə)dɔ̃dɑ̃, ɑ̃t| *adj.* **1** ridondante: *style redondant* stile ridondante **2** [*qui est de trop (dans l'expression de la pensée)*] ridondante: *épithètes redondantes* epiteti ridondanti.

redonner |R(ə)dɔne| **A** *v.tr.* **1** [*donner de nouveau (une même chose ou une chose semblable)*] ridare (102): *redonner à qqn. ce qu'on lui avait pris* ridare a qc. quanto gli si era preso **2** [*rendre (qqch.) à une personne qui a déjà eu la même chose ou une chose semblable*] ridare: *redonner du courage, confiance à qqn.* ridare coraggio, fiducia a qc. **B** *v.intr.* REDONNER DANS [*donner de nouveau, retomber dans*] ricadere (121) (*aux.* essere): *il redonne dans ses erreurs passées* ricade negli errori passati.

redorer |R(ə)dɔRe| *v.tr.* [*dorer de nouveau, dorer ce qui est dédoré*] ridorare, dorare di nuovo: *redorer un cadre de tableau* ridorare la cornice di un quadro ◇ (*fig.*) *redorer son blason* ridare (102) lustro al casato.

redormir |R(ə)dɔRmiR| (21) *v.intr.* [*dormir de nouveau*] dormire di nuovo ◇ [*recommencer à dormir*] riaddormentarsi (*pron.*): *réveillé par le bruit, il n'a pu redormir* svegliato dal rumore, non è più riuscito a riaddormentarsi.

redoublant, ante |R(ə)dublɑ̃, ɑ̃t| *s.* [*élève qui redouble, double une classe*] ripetente: *les redoublants d'une classe terminale* i ripetenti dell'ultimo anno.

redoublé, ée |R(ə)duble| *adj.* **1** [*qui est répété deux fois*] ripetuto, raddoppiato: *lettre redoublée* lettera ripetuta, raddoppiata # *rimes redoublées* rime baciate ◇ (*mus.*) *intervalle redoublé* intervallo doppio **2** [*répété plusieurs fois*] ripetuto: *à coups redoublés* a colpi ripetuti # *pas redoublé* passo raddoppiato, accelerato.

redoublement |R(ə)dubləmɑ̃| *s.m.* **1** [→ REDOUBLER A 1] raddoppio*, raddoppiamento **2** [*action d'augmenter subitement, de reprendre avec plus de force*] aumento: *le redoublement de la fièvre* l'aumento della febbre.

redoubler |R(ə)duble| **A** *v.tr.* **1** [*rendre double*] raddoppiare: *redoubler une syllabe* raddoppiare una sillaba **2** (*par ext.*) [*recommencer*] ripetere: *redoubler une classe* ripetere una classe **3** [*mettre une nouvelle doublure à*] rifoderare: *redoubler un manteau* rifoderare un cappotto ◇ (*mar.*) cambiare le lamiere di rinforzo (a) **4** [*renouveler en augmentant considérablement*] raddoppiare **B** *v.intr.* **1** REDOUBLER DE (*avec un nom exprimant le comportement*) [*apporter, montrer encore plus de*] raddoppiare (*tr.*): *redoubler d'attention, de sang-froid, de patience* raddoppiare l'attenzione, il sangue freddo, la pazienza **2** [*recommencer de plus belle*] raddoppiare: *la tempête redouble* la burrasca raddoppia.

redoutable |R(ə)dutabl(ə)| *adj.* [*qui est à redouter, à craindre grandement*] temibile: *concurrence redoutable* temibile concorrenza; *il n'a pas l'air bien redoutable* non sembra molto temibile.

redoute |R(ə)dut| *s.f.* **1** (*ancienn., fortif.*) fortino *m.* **2** (*vx.*) sala da ballo (*cour.*).

redouter |R(ə)dute| *v.tr.* [*craindre grandement*] temere: *redouter qqn.* temere qc.; *redouter l'avenir* temere il futuro ◇ *loc.* REDOUTER DE (+ *inf.*) temere di (+ *inf.*): *elle redoutait d'être surprise* temeva di essere sorpresa ~ REDOUTER QUE (+ *subj.*) temere che (+ *subj.*): *elle redoudait qu'on la surprenne* temeva che la sorprendessero.

redoux |Rədu| *s.m.* [*bref radoucissement de la température au milieu de la saison froide*] tepore.

rédowa |Redɔva| *s.f.* (*danse anc.*) redova.

1 **redresse** |R(ə)dRɛs| *s.f.* (*mar.*) cordame *m.*

2 **redresse (à la)** |alaRdRɛs| *loc. adj.* (*pop.*) [*qu'on ne peut duper, qui se fait respecter* (*par la violence*)] *c'est un mec à la redresse* è un duro *s.m.*

redressement |R(ə)dRɛsmɑ̃| *s.m.* **I** **1** [*action de remettre droit*] raddrizzamento: *redressement du buste* raddrizzamento del busto **2** (*électr.*) raddrizzamento **3** (*fig.*) [*action de reprendre son essor* (*en parlant d'un pays vaincu, appauvri*)] ricostruzione *f.*, rinascita (*f.*): *plan de redressement* piano di ricostruzione, di rinascita; *le redressement de la France après la guerre* la ricostruzione, la rinascita della Francia dopo la guerra ◇ (*par ext.*) risollevamento, risanamento: *redressement de l'économie, des finances* risollevamento, risanamento dell'economia, delle finanze **II** **1** (*compt., dr. fiscal*) rettifica* *f.* **2** (*ancienn.*) *maison de redressement* casa di correzione *f.* **3** (*rare*) [*réparation* (*d'un tort*)] riparazione *f.*

redresser |R(ə)dRese| **A** *v.tr.* **I** [*remettre dans une position droite*] **1** [*replacer verticalement*] raddrizzare, rialzare: *redresser un mât* raddrizzare, rialzare un albero ◇ (*fig.*) *redresser sa tête* rialzare il capo **2** [*hausser le nez* (*d'un avion*) *pour lui faire prendre de la hauteur*] raddrizzare **3** [*remettre les roues* (*d'une voiture*) *en ligne droite après un virage*] raddrizzare: *braquer et redresser* sterzare e raddrizzare **II** [*redonner une forme droite à*] **1** (*pr.*) raddrizzare: *redresser une tôle déformée* raddrizzare una lamiera deformata ◇ (*par anal.*) *redresser un courant* raddrizzare una corrente **2** (*fig., vieilli*) [*remettre droit ou corriger* (*qqch.*)] raddrizzare, correggere (154): *redresser les abus* raddrizzare, correggere gli abusi ◇ (*cour.*) *redresser la situation* riprendere in mano la situazione **3** (*spécialt.*) *redresser les torts* [*rétablir les droits de ceux qui sont injustement lésés, opprimés*] riparare i torti **B** *v.pron. réfl.* SE REDRESSER **1** [*se remettre droit, vertical, debout; revenir en haut*] risollevarsi, rialzarsi ◇ (*fig.*) *pays qui se redresse après une guerre* paese che si risolleva dopo una guerra; *l'économie s'est redressée* l'economia si è risollevata, si è ripresa **2** [*se tenir très droit*] rialzarsi, mettersi (155) d(i)ritto: *redresse-toi!* mettiti dritto!, rialzati!

redresseur |R(ə)dRɛsœR| **I** *s.m.* **1** (*féod.*) *redresseur de torts* riparatore di torti, paladino ◇ (*iron.*) paladino **2** [*ouvrier qui redresse* (A II 1)] raddrizzatore **3** (*phys.*) *redresseur de courant électrique* raddrizzatore di corrente (elettrica) **II** *adj.* **1** (*anat.*) erettore*: *muscles redresseurs des poils* muscoli erettori dei peli **2** (*opt.*) *prisme redresseur* prisma raddrizzatore.

réductase |Redyktɑz| *s.f.* (*biol.*) reduttasi *inv.*

réducteur, trice |RedyktœR, tRis| *adj.* **1** (*chim.*) riduttore* *s.* ◆ (*s.m.*) *un réducteur* un riduttore **2** (*techn.*) riduttore: *engrenages réducteurs* ingranaggi riduttori ◆ (*s.m.*) *un réducteur* un riduttore.

réductibilité |Redyktibilite| *s.f.* [*caractère de ce qui est réductible*] riducibilità *inv.*

réductible |Redyktibl(ə)| *adj.* **1** [*transformable en chose plus simple, limitable à*] riducibile: *polygone réductible en triangles* poligono riducibile in triangoli **2** (*chim.*) riducibile **3** [*qui peut être diminué*] riducibile: *quantité réductible* quantità riducibile **4** (*chir.*) riducibile: *hernie réductible* ernia riducibile.

réduction |Redyksjɔ̃| *s.f.* **I** (*méd.*) riduzione: *réduction d'une fracture* riduzione di una frattura **II** **1** (*vx.*) → **soumission** **2** [*le fait de résoudre, de réduire* (*une chose en une autre plus simple*)] riduzione: *réduction à des éléments simples* riduzione a elementi semplici **3** (*chim.*) riduzione **III** [*action de diminuer, de réduire*] **1** [*reproduction à petite échelle*] riduzione: *réduction d'une carte* riduzione di una carta ◇ *loc. adv.* EN RÉDUCTION in miniatura: *l'enfant n'est pas un adulte en réduction* il bambino non è un adulto in miniatura **2** [*action de rendre plus petit, plus faible, moins nombreux; son résultat*] riduzione: *la réduction des dépenses* la riduzione delle spese → **diminution** ◇ (*absolt.*) *faire une réduction* fare una riduzione ◇ (*biol.*) *réduction chromatique* riduzione cromatica **3** [*action d'abréger, de raccourcir; son résultat*] riduzione: *la réduction d'un chapitre* la riduzione di un capitolo.

réductionnisme |Redyksjɔnism(ə)| *s.m.* (*log., math.*) riduzionismo.

réduire |RedɥiR| (75) **A** *v.tr.* **I** (*méd.*) [*remettre en place* (*un os, un organe déplacé*)] ridurre (108): *réduire une fracture* ridurre una frattura **II** [*ramener à un état inférieur, plus simple*] **1** RÉDUIRE EN, À [*amener à, dans* (*un état d'infériorité, de soumission*), *contre le gré des intéressés*] ridurre in, a: *réduire en esclavage* ridurre in schiavitù; *réduire à l'obéissance* ridurre all'obbedienza; *réduire qqn. au désespoir* ridurre, costringere qc. alla disperazione; *réduire au silence* ridurre al silenzio ◇ (*sans compl. indirect*) (*vieilli*) sottomettere (155) (*cour.*): *réduire qqn., un ennemi, un pays* sottomettere qc., un nemico, un paese **2** RÉDUIRE EN, À [*résoudre* (*une chose*) *en une autre plus simple, ramener à ses éléments, à un état plus simple*] ridurre in, a: *réduire des kilomètres en mètres* ridurre dei chilometri in metri; *réduire des fractions au même dénominateur* ridurre delle frazioni allo stesso denominatore → **simplifier** ◇ (*par ext.*) *loc.* RÉDUIRE À NÉANT, À RIEN annientare, distruggere (136): *cet échec a réduit ses ambitions à rien* quell'insuccesso ha annientato, distrutto le sue ambizioni **3** (*loc.*) *réduire en miettes, en morceaux* ridurre in briciole, a pezzi; *réduire en cendres* ridurre in cenere **4** (*chim.*) [*enlever de l'oxygène à* (*un corps*)] ridurre ◇ (*cuis.*) [*faire épaissir par évaporation*] ridurre, concentrare: *réduire un jus, une sauce* ridurre, concentrare un sugo, una salsa **III** [*ramener à une quantité plus faible, à un nombre plus petit*] **1** [*changer en diminuant la dimension*] ridurre: *réduire un dessin, une photographie* ridurre un disegno, una fotografia **2** [*rendre plus petit, plus faible, moins nombreux*] ridurre, diminuire (197): *réduire le nombre de trains* ridurre, diminuire il numero dei treni; *réduire la vitesse d'une machine* ridurre, diminuire la velocità di una macchina **B** *v.pron. intr.* SE RÉDUIRE **1** SE RÉDUIRE À [*consister seulement en, se limiter ou se simplifier en*] ridursi a: *ses économies se réduisent à peu de chose* le sue economie si riducono a poca cosa **2** SE RÉDUIRE EN [*se transformer en* (*éléments très petits*)] ridursi in: *matière qui se réduit en cendre* materia che si riduce in cenere **3** *absolt.* [*restreindre son importance; ses dépenses*] ridimensionarsi; ridurre *tr.* le spese.

réduit |Redɥi| *s.m.* **1** [*local exigu généralt. sombre et pauvre*] bugigattolo, sgabuzzino: *vivre dans un réduit* vivere in un bugigattolo **2** [*recoin, enfoncement dans une pièce*] nicchia (*f.*): *réduit servant de placard* nicchia che serve da armadio **3** (*fortif.*) ridotto: *réduit d'un château fort* ridotto di una fortezza **4** (*vx.*) → **retraite.**

réduit, ite |Redɥi, it| *adj.* **1** [*rendu de taille plus petite*] ridotto ◇ [*fait avec des dimensions plus petites*] *modèle réduit d'une voiture servant de jouet*

modellino *s.m.* di auto che serve da giocattolo **2** [*pour lequel on a consenti une diminution*] ridotto: *prix, tarif réduit* prezzo ridotto, tariffa ridotta **3** [*diminué, restreint* (*en nombre, en importance*)] ridotto: *vitesse réduite* velocità ridotta; *des débouchés réduits* sbocchi ridotti.
réduplicatif, ive |Redyplikatif, iv| *adj.* reduplicativo.
réduplication |Redyplikasjɔ̃| *s.f.* reduplicazione.
réduve |Redyv| *s.m.* (*t.zool.*) reduvio*.
réécrire |ReekRiR| *v.tr.* → **récrire.**
réécriture |ReekRityR| *s.f.* **1** [→ RÉ(É)CRIRE] trascrizione **2** (*ling.*) trascrizione: *règles de réécriture* regole di trascrizione.
réédifiable |Reedifjabl(ə)| *adj.* [→ RÉÉDIFIER] riedificabile.
réédification |Reedifikasjɔ̃| *s.f.* (*littér.*) [→ RÉÉDIFIER] riedificazione.
réédifier |Reedifje| *v.tr.* (*littér.*) [*édifier de nouveau*] riedificare: *cette église a été réédifiée* questa chiesa è stata riedificata.
rééditer |Reedite| *v.tr.* **1** [*éditer de nouveau, donner une nouvelle édition de*] ristampare, ripubblicare: *rééditer un ouvrage ancien, épuisé* ristampare una opera vecchia, esaurita **2** (*fig., fam.*) [*refaire*] ripetere: *il a réédité la scène qu'il nous avait faite l'an dernier* ha ripetuto la scena che ci aveva fatto l'anno scorso.
réédition |Reedisjɔ̃| *s.f.* **1** [→ RÉÉDITER] riedizione, nuova edizione **2** [*le livre réédité*] riedizione, ristampa: *une réédition fautive* una riedizione, una ristampa difettosa **3** (*fig., fam.*) [*répétition, réplique*] replica*, ripetizione: *la situation actuelle est une réédition de celle de l'année dernière* la situazione attuale è una replica, ripetizione di quella dell'anno scorso.
rééducation |Reedykasjɔ̃| *s.f.* **1** rieducazione: *rééducation de la parole* rieducazione della parola **2** [*éducation* (*morale*) *nouvelle*] rieducazione.
rééduquer |Reedyke| *v.tr.* **1** [*procéder à la rééducation* (1) *de*] rieducare: *rééduquer un mutilé* rieducare un mutilato **2** [*éduquer* (*moralement*) *une seconde fois et différemment*] rieducare.
réel, elle, els |Reɛl| **I** *adj.* **1** (*dr., math., opt., philo., théol.*) reale ◇ (*cour.*) *personnage imaginaire et personnage réel* personaggio immaginario e personaggio reale; *un fait réel et incontestable* un fatto reale e incontestabile **2** [*qui est bien conforme à sa définition*] reale, effettivo: *valeur réelle* valore reale, effettivo; *salaire réel* salario reale → **véritable, vrai** ◇ (*avant le nom*) [*sensible, notable*] *éprouver un réel bien-être* provare un vero, reale benessere **II** *s.m.* [*les choses elles-mêmes; les faits réels, la vie réelle, ce qui est*] realtà *f. inv.*
réélection |Reelɛksjɔ̃| *s.f.* [→ RÉÉLIRE] rielezione.
rééligibilité |Reeliʒibilite| *s.f.* rieleggibilità *inv.*
rééligible |Reeliʒibl(ə)| *adj.* [*légalement apte à être réélu*] rieleggibile.
réélire |ReeliR| (55) *v.tr.* [*élire de nouveau, élire* (*qqn.*) *à une fonction à laquelle il avait déjà été élu*] rieleggere (154): *réélire un député* rieleggere un deputato.
réellement |Reɛlmɑ̃| *adv.* [*en fait, en réalité*] realmente, effettivamente → **effectivement, véritablement, vraiment.**
réembaucher |Reɑ̃boʃe|, **rembaucher** |Rɑ̃boʃe| *v.tr.* [*embaucher à nouveau* (*qqn.*)] riassumere (118).
réemploi |Reɑ̃plwa| *et dérivés* → **remploi** *et dérivés.*
réengager |Reɑ̃gaʒe| *et dérivés* → **rengager** *et dérivés.*
réensemencement |Reɑ̃smɑ̃smɑ̃| *s.m.* [→ RÉENSEMENCER] risemina *f.*
réensemencer |Reɑ̃smɑ̃se| (2) *v. tr.* [*ensemencer de nouveau* (*lorsque les semences ne lèvent pas ou sont détruites*)] riseminare, seminare di nuovo.
réentendre |Reɑ̃tɑ̃dR(ə)| (53) *v.tr.* [*entendre de nouveau*] risentire, riascoltare: *réentendre un disque* risentire, riascoltare un disco.
rééquilibrage |ReekilibRaʒ| *s.m.* [→ RÉÉQUILIBRER] riequilibrio*: *le rééquilibrage de la gauche* il riequilibrio della sinistra.
rééquilibrer |ReekilibRe| *v.tr.* [*redonner un équilibre à* (*ce qui l'avait perdu*)] riequilibrare.
réer |Ree| *v.intr.* (*vx.*) → **bramer.**
réescompte |Reɛskɔ̃t| *s.m.* (*fin.*) risconto.
réescompter |Reɛskɔ̃te| *v.tr.* (*fin.*) [*opérer le réescompte de*] riscontare: *effet réescompté par la Banque de France* effetto riscontato dalla Banca di Francia.
réessayer |Reeseje| *et dérivés* → **ressayer** *et dérivés.*
réévaluation |Reevalɥasjɔ̃| *s.f.* (*fin.*) [→ RÉÉVALUER] rivalutazione: *réévaluation des bilans, du franc suisse* rivalutazione dei bilanci, del franco svizzero.
réévaluer |Reevalɥe| *v.tr.* [*procéder à la réévaluation de*] rivalutare.
réexamen |Reɛgzamɛ̃| *s.m.* [→ RÉEXAMINER] riesame: *le réexamen d'un problème* il riesame di un problema.
réexaminer |Reɛgzamine| *v.tr.* [*procéder à un nouvel examen de*] riesaminare: *nous allons réexaminer votre candidature* riesamineremo la sua candidatura.
réexpédier |Reɛkspedje| *v.tr.* [*expédier à une nouvelle destination; renvoyer* (*une chose*) *d'où elle vient*] rispedire (197): *réexpédier une lettre* rispedire una lettera.
réexpédition |Reɛkspedisjɔ̃| *s.f.* [→ RÉEXPÉDIER] rispedizione: *ordre de réexpédition du courrier* ordine di rispedizione della corrispondenza.
réexportation |Reɛkspɔrtasjɔ̃| *s.f.* [→ RÉEXPORTER] riesportazione.
réexporter |Reɛkspɔrte| *v.tr.* [*exporter à destination d'un autre pays* (*des marchandises qu'on avait précédemment importées*)] riesportare.
refaçonner |R(ə)fasɔne| *v.tr.* [*donner une nouvelle façon à* (*qqch.*)] rifoggiare, rimodellare.
réfaction |Refaksjɔ̃| *s.f.* (*comm.*) abbuono *m.*, bonifico* *m.*
refaire |R(ə)fɛR| (45) **A** *v.tr.* **1** [*faire de nouveau* (*ce qu'on a déjà fait, ou ce qui a déjà été fait*)] rifare (103): *refaire entièrement un ouvrage* rifare completamente un'opera → **recommencer**; *refaire un voyage, les mêmes erreurs* rifare un viaggio, gli stessi errori ◆ (*absolt.*) *à refaire* da rifare di nuovo, daccapo **2** [*faire tout autrement, en apportant de profondes transformations*] rifare: *ton éducation est à refaire* la tua educazione è da rifare; *il pense à refaire sa vie avec une autre femme* pensa di rifarsi una vita con un'altra donna **3** [*remettre en état*] rifare: *donner des fauteuils à refaire* dare delle poltrone da rifare # *refaire à neuf* rimettere a nuovo □ *se refaire une beauté* rifarsi bella ◇ (*par ext.*) *refaire ses forces, sa santé* [*rétablir*] ristabilirsi *pron.* **4** (*fam.*) [*attraper*] fregare, gabbare (*cour.*): *je suis refait!* mi hanno fregato! **B** *v.pron. intr.* SE REFAIRE **1** [*réparer sa fortune après des pertes au jeu*] rifarsi **2** (*au négatif*) [*se faire autre qu'on est, changer complètement*] cambiare (*intr.*): *je suis comme ça, je ne peux pas me refaire* sono fatto così, non posso cambiare.
réfection |Refɛksjɔ̃| *s.f.* **1** [*collation, repas dans les communautés religieuses*] refezione **2** [*action de refaire, de réparer, de remettre à neuf*] rifacimento (*m.*): *réfection d'un mur, d'une route* rifacimento di un muro, di una strada; *travaux de réfection* lavori di rifacimento ◇ (*chir.*) *réfection d'un organe* rifacimento di un organo.
réfectoire |Refɛktwar| *s.m.* refettorio*.
refend (de) |dəR(ə)fɑ̃| (*loc. adj.*) *mur de refend* [*mur formant séparation dans l'intérieur d'un bâtiment*] muro divisorio* *adj.* ~ *ligne de refend* scanalatura *s.f.* ◇ (*techn.*) *bois de refend* legname segato *adj.* per il lungo.
refendre |R(ə)fɑ̃dR(ə)| (53) *v.tr.* (*techn.*) [*fendre ou scier dans le sens de la longueur*] segare (per il lungo), fendere (105): *refendre du bois* segare il legno; *refendre l'ardoise* fendere l'ardesia.
référé |RefeRe| *s.m.* (*dr.*) procedura *f.* per direttissima # *assigner en référé* citare in giudizio per direttissima ◇ (*par ext.*) sentenza emessa per direttissima.
référence |RefeRɑ̃s| *s.f.* **I 1** [*action ou moyen de se référer, de situer par rapport à*] riferimento (*m.*): *système de référence* sistema di riferimento; *indemnité fixée par référence au traitement* indennità fissata in riferimento, in relazione allo stipendio **2** [→ RÉFÉRER B] riferimento: *faire référence à un ouvrage* fare riferimento a un'opera # *ouvrages de référence* opere di consultazione ◇ [*la note, l'indication précise qui en résulte*] riferimento, rinvio* (*m.*): *références au bas des pages* riferimenti, rinvii in calce → **renvoi** ◇ (*admin., comm.*) riferimento, (numero *m.* di) protocollo *m.* **3** *au plur.* referenze: *fournir de sérieuses références* fornire serie referenze ◇ (*fig.*) *être loué par un tel critique, ce n'est pas une référence!* essere lodato da un simile critico non è certo una referenza! **II** (*ling., philo.*) referenza.
référencer |RefeRɑ̃se| (2) *v.tr.* (*comm.*) [*joindre en échantillon à* (*une référence*)] accludere (106) un campione (a).
référendaire |RefeRɑ̃dɛR| **1** *s.m.* (*hist.*) referendario*: *grand référendaire* grande referendario, guardasigilli ◆ (*adj.*) *conseiller référendaire* consigliere referendario **2** *adj.* per il referendum *loc. inv.*, relativo al referendum: *loi, campagne référendaire* legge, campagna per il referendum.

referendum, référendum |Referɛ̃dɔm| *s.m.* referendum *inv.*
référent |Referɑ̃| *s.m.* (*ling.*) referente.
référentiel |Referɑ̃sjɛl| *s.m.* (*math.*) referenziale.
référentiel, elle |Referɑ̃sjɛl| *adj.* (*ling.*) referenziale: *fonction référentielle du signe* funzione referenziale del segno.
référer |Refere| (8) **A** *v.tr.* (*dr.*) *en référer à* [*faire rapport, en appeler*] deferire (197) (una questione) a; riferire (197) a: *en référer au juge* deferire la questione al giudice ‖ *en référer à son chef, à un supérieur* riferire, rimettersi al proprio capo, a un superiore ◇ (*ling.*) *référer à* [*avoir pour référent*] avere per referente **B** *v.pron. intr.* SE RÉFÉRER À [*s'en rapporter, recourir à, comme une autorité*] riferirsi a: *se référer à une définition, à un texte* riferirsi a una definizione, a un testo.
refermer |R(ə)fɛRme| **A** *v.tr.* [*fermer* (*ce qu'on avait ouvert, ou ce qui s'était ouvert*)] richiudere (106): *refermer sa valise, un livre* richiudere la valigia, un libro **B** *v.pron. intr.* SE REFERMER [*se fermer après s'être ouvert*] richiudersi; rimarginarsi: *fleur qui se referme* fiore che si richiude ‖ *sa plaie se referme* la sua piaga si rimargina.
refiler |R(ə)file| *v.tr.* (*pop.*) [*donner, remettre à qqn., en le trompant, en profitant de son inattention*] rifilare ◇ (*fig.*) *il m'a refilé sa grippe* mi ha attaccato l'influenza.
réfléchi, ie |Refleʃi| *adj.* **I** [*renvoyé*] riflesso: *lumière, image réfléchie* luce, immagine riflessa **II** **1** (*gram.*) riflessivo: *verbe pronominal réfléchi* verbo pronominale riflessivo; *pronom réfléchi* pronome riflessivo **2** [*qui porte la marque de la réfléxion*] riflessivo ◇ [*qui a l'habitude de la réflexion*] *un homme, un enfant réfléchi* un uomo, un bambino riflessivo **3** [*qui a été l'objet de réflexion*] *tout bien réfléchi* tutto considerato, tutto sommato; *c'est tout réfléchi* è tutto calcolato, è già tutto bell'e deciso.
réfléchir |Refleʃir| **A** *v.tr.* [*renvoyer par réflexion dans une direction différente* (*ou dans la direction d'origine*)] riflettere (179): *miroir qui réfléchit une image* specchio che riflette un'immagine ✦ (*pron. intr.*) *se réfléchir* riflettersi, specchiarsi **B** *v.intr.* [*faire usage de la réflexion*] riflettere, pensare: *laissez-moi le temps de réfléchir* lasciatemi il tempo di riflettere, di pensare; *réfléchir sur un sujet* riflettere su un problema; *chose qui donne à réfléchir* cosa che dà da pensare; *je réfléchirai* ci penserò ◇ *loc.* RÉFLÉCHIR À QQCH. pensare a, riflettere su q.c.: *réfléchissez à ce que vous faites* pensate a, riflettete su quello che fate → **étudier, examiner.**
réfléchissant, ante |Refleʃisɑ̃, ɑ̃t| *adj.* [*qui réfléchit* (*la lumière, une onde*)] riflettente: *pouvoir réfléchissant d'un miroir* potere riflettente di uno specchio.
réflecteur |Reflɛktœr| *s.m.* riflettore: *réflecteur d'un projecteur* riflettore di un proiettore ✦ *adj.* riflettente: *miroir réflecteur* specchio riflettente.
réflectif, ive |Reflɛktif, iv| *adj.* (*philo., physiol.*) riflettivo.
1 **réflectivité** |Reflɛktivite| *s.f.* (*phys.*) riflettività *inv.*
2 **réflectivité** |Reflɛktivite| *s.f.* (*physiol.*) riflettività *inv.*
reflet |R(ə)flɛ| *s.m.* **1** (*phys., cour.*) riflesso: *reflet changeant* riflesso cangiante; *cheveux bruns à reflets roux* capelli bruni dai riflessi rossicci; *reflets d'incendie dans le ciel* riflessi d'incendio nel cielo **2** [*image réfléchie*] riflesso, immagine (*f.*): *reflet d'un visage dans la vitre* riflesso, immagine di un viso nel vetro **3** (*fig.*) [*éclat qui rejaillit*] riflesso: *l'écriture, reflet de la personnalité* la scrittura, riflesso della personalità; *sa beauté est le reflet de son âme* la sua bellezza è il riflesso del suo animo.
refléter |R(ə)flete| (8) *v.tr.* **1** [*réfléchir de façon atténuée et plus ou moins vague*] riflettere (179): *miroir, surface polie, eau qui reflètent la lumière* specchio, superficie levigata, acqua che riflettono la luce ✦ (*pron. réfl.*) *se refléter* riflettersi **2** (*fig.*) [*être un reflet de, présenter un reflet de*] riflettere, rispecchiare: *mes paroles ne reflètent pas mes sentiments* le mie parole non riflettono, non rispecchiano i miei sentimenti ✦ (*pron. intr.*) *se refléter dans* riflettersi in.
refleurir |R(ə)flœRiR| **A** *v.intr.* [*fleurir de nouveau*] rifiorire (197) (*aux.* essere) ◇ (*fig.*) [*se ranimer*] *une amitié ancienne prête à refleurir* una vecchia amicizia pronta a rifiorire ◇ [*redevenir florissant*] *le XVI*ᵉ *siècle vit refleurir les lettres* il XVI secolo vide rifiorire le lettere **B** *v.tr.* [*regarnir de fleurs*] rinfiorare, infiorare di nuovo: *refleurir une tombe* rinfiorare, infiorare di nuovo una tomba.
refleurissement |R(ə)flœRismɑ̃| *s.m.* (*littér.*) [→ REFLEURIR B] rifioritura *f.*
reflex |Reflɛks| *adj. et s.m.* (*angl.*) (*photo.*) reflex *inv.*
réflexe |Reflɛks(ə)| **I** *adj.* **1** (*opt.*) riflesso: *image réflexe* immagine riflessa **2** (*physiol.*) riflesso: *action, mouvement réflexe* atto, movimento riflesso **II** *s.m.* riflesso: *réflexe rotulien* riflesso rotuleo; *réflexe conditionné* riflesso condizionato ◇ [*toute réaction prompte à une situation nouvelle*] *automobiliste qui a de bons réflexes* automobilista che ha buoni riflessi.
réflexibilité |Reflɛksibilite| *s.f.* (*sc.*) riflessibilità *inv.*
réflexible |Reflɛksibl(ə)| *adj.* (*sc.*) riflessibile.
réflexif, ive |Reflɛksif, iv| *adj.* (*philo.*) riflessivo: *psychologie, analyse réflexive* psicologia, analisi riflessiva ◇ (*math.*) *relation réflexive* relazione riflessiva.
réflexion |Reflɛksjɔ̃| *s.f.* **I** (*phys.*) riflessione: *réflexion et réfraction* riflessione e rifrazione; *réflexion des ondes sonores* riflessione delle onde sonore **II** **1** [*retour de la pensée sur elle-même*] riflessione: *réflexion sur qqch., sur soi-même* riflessione su q.c., su sé stesso; *s'absorber dans ses réflexions* essere assorto nelle proprie riflessioni ◇ *loc.* RÉFLEXION FAITE pensandoci bene: *réflexion faite, je ne partirai pas aujourd'hui* pensandoci bene, non partirò oggi ~ À LA RÉFLEXION riflettendo, pensandoci bene: *au premier abord cela semble vrai, mais à la réflexion cela ne tient pas debout* a prima vista sembra vero, ma riflettendo, pensandoci bene la cosa non regge ◇ (*spécialt.*) LA RÉFLEXION [*la capacité de réfléchir, la qualité d'un esprit qui sait réfléchir*] l'intelligenza: *affaire menée avec réflexion* affare condotto con intelligenza **2** *une, des réflexion(s)* [*pensée exprimée* (*orale ou écrite*) *d'une personne qui a réfléchi*] pensiero *m.*, considerazione: *recueil de réflexions* raccolta di pensieri, di massime; *j'ai quelques réfléxions à vous communiquer à ce sujet* ho qualche considerazione, osservazione da farvi a tal proposito ◇ (*par ext.*) [*remarque adressée à qqn. qui le concerne personnellement*] osservazione: *une réflexion désobligeante* un'osservazione scortese.
réflexivement |Reflɛksivmɑ̃| *adv.* [*par la réflexion, d'une manière réflexive*] riflessivamente.
réflexivité |Reflɛksivite| *s.f.* (*math.*) riflessività *inv.*
réflexogène |Reflɛksɔʒɛn| *adj.* (*méd.*) riflessogeno.
réflexogramme |Reflɛksɔgram| *s.m.* (*méd.*) diagramma dei riflessi.
réflexologie |Reflɛksɔlɔʒi| *s.f.* riflessologia*.
réflexothérapie |Reflɛksɔterapi| *s.f.* (*méd.*) riflessoterapia.
refluer |R(ə)flye| *v.intr.* [*se mettre à couler en sens contraire*] rifluire (197) (*aux.* essere): *l'eau reflue à marée descendante* l'acqua rifluisce con la bassa marea ◇ (*fig.*) (*d'un flot, d'un ensemble de personnes*) *les enfants refluaient vers le collège* i bambini rifluivano verso il collegio; *faire refluer les manifestants* far ritirare, indietreggiare i manifestanti.
reflux |Rəfly| *s.m.* **1** [*mouvement des eaux marines qui se retirent à marée descendante*] riflusso: *le flux et le reflux de la mer* il flusso e riflusso del mare **2** [*mouvement en arrière* (*d'un ensemble de gens*) *qui succède à un mouvement en avant*] riflusso, arretramento: *le reflux de la foule* il riflusso, l'arretramento della folla → **recul.**
refondre |R(ə)fɔ̃dR(ə)| (53) **A** *v.tr.* **1** [*fondre une seconde fois*] rifondere (146): *refondre un métal* rifondere un metallo ✦ (*au p.p.*) *fonte refondue* ghisa rifusa **2** [*reformer* (*un objet de métal*) *en le fondant une seconde fois*] rifondere: *refondre des monnaies* rifondere monete **3** (*fig.*) [*refaire* (*un ouvrage*) *en fondant des parties les unes avec les autres, en donnant une meilleure forme*] rifare (103), rimaneggiare: *refondre un texte* rifare, rimaneggiare un testo; *un manuel scolaire entièrement refondu* un testo scolastico completamente rifatto, rimaneggiato **B** *v.intr.* [*passer pour la seconde fois de l'état solide à l'état liquide*] tornare (*aux.* essere) a fondere: *la glace refond* il ghiaccio torna a fondere.
refonte |R(ə)fɔ̃t| *s.f.* **1** [→ REFONDRE A 1, 2] rifusione: *la refonte des monnaies* la rifusione delle monete **2** (*par anal.*) [→ REFONDRE A 3] *la refonte d'un ouvrage, d'un texte* il rifacimento *m.* di un'opera, di un testo.
réformable |Refɔrmabl(ə)| *adj.* [→ RÉFORMER] riformabile.
réformateur, trice |Refɔrmatœr, tris| **1** *s.* riformatore*: *réformateur des mœurs, d'une société* riformatore dei costumi, di una società ◇ (*hist. relig.*) riformatore **2** *adj.* riformatore: *le pouvoir réformateur de la raison* il potere riformatore della ragione.

réformation |ʀefɔʀmɑsjɔ̃| *s.f.* **1** (*vx.*) → **réforme** ◇ (*hist. relig.*) riforma **2** (*dr.*) revoca*.

réforme |ʀefɔʀm(ə)| *s.f.* **I** **1** [*amélioration apportée dans le domaine moral ou social*] riforma **2** (*absolt., relig.*) *la Réforme* la Riforma **3** [*changement qu'on apporte dans la forme d'une institution afin de l'améliorer*] riforma: *la réforme du calendrier* la riforma del calendario; *réformes sociales, politiques* riforme sociali, politiche; *proposer une réforme agraire, financière* proporre una riforma agraria, finanziaria ◇ (*spécialt.*) [*amélioration partielle et progressive de l'ordre social*] riforma **II** (*milit.*) **1** [*mise hors de service de ce qui y est devenu impropre; situation qui en résulte*] riforma **2** (*milit.*) riforma: *réforme temporaire, définitive* riforma temporanea, definitiva.

réformé, ée |ʀefɔʀme| *adj.* **1** [*issu de la Réforme*] riformato: *religion réformée* religione riformata; *l'Église réformée de France* la Chiesa riformata di Francia **2** (*milit.*) riformato: *soldat réformé* soldato riformato ✦ (*s.m.*) *un réformé temporaire, définitif* un riformato temporaneo, definitivo.

reformer |ʀ(ə)fɔʀme| *v.tr.* [*former de nouveau, refaire (ce qui était défait)*] riformare, ricostituire (197): *reformer une armée en déroute* riformare, ricostituire un esercito in rotta ✦ *v.pron. intr.* SE REFORMER riformarsi: *des nuages qui se défont et se reforment* nubi che si disfano e si riformano.

réformer |ʀefɔʀme| *v.tr.* **1** [*rétablir dans sa forme primitive (une règle, une discipline qui s'est corrompue)*] riformare: *réformer un ordre religieux* riformare un ordine religioso **2** [*changer en mieux, ramener à une forme meilleure (une institution)*] riformare: *réformer les coutumes* riformare i costumi; *réformer une loi* riformare una legge ◇ (*dr.*) *réformer un jugement* riformare una sentenza **3** [*supprimer pour améliorer*] correggere (154): *réformer les abus* correggere gli abusi **4** (*milit.*) [*retirer du service (ce qui est devenu impropre)*] riformare: *réformer un soldat* riformare un soldato.

réformette |ʀefɔʀmɛt| *s.f.* (*fam., plais.*) [*réforme jugée superficielle, peu sérieuse*] pseudoriforma, riforma sui generis.

réformisme |ʀefɔʀmism(ə)| *s.m.* (*polit.*) riformismo: *réformisme socialiste* riformismo socialista.

réformiste |ʀefɔʀmist(ə)| *s.* riformista ✦ *adj.* (*polit.*) riformista, riformistico*: *socialisme réformiste* socialismo riformista, riformistico.

refouillement |ʀ(ə)fujmɑ̃| *s.m.* (*bx-arts, techn.*) incavatura *f.*

refouiller |ʀ(ə)fuje| *v.tr.* (*bx-arts, techn.*) [*évider, creuser*] incavare: *refouiller une pierre de taille* incavare una pietra da taglio.

refoulé, ée |ʀ(ə)fule| *adj.* (*fam.*) [*personne qui a refoulé ses instincts et notamment ses pulsions sexuelles*] inibito: *un vieux garçon refoulé* un vecchio scapolo inibito ✦ (*s.*) *nous sommes tous des refoulés* siamo tutti degli inibiti.

refoulement |ʀ(ə)fulmɑ̃| *s.m.* **1** [→ REFOULER 3] allontanamento: *refoulement des immigrants étrangers* allontanamento degli immigrati stranieri **2** (*fig.*) [*action de refuser l'accès de la conscience (à des désirs, des sentiments que l'on ne peut pas ou ne veut pas satisfaire)*] repressione (*f.*): *refoulement des instincts, des ambitions* repressione degli istinti, delle ambizioni ◇ (*psychan.*) repressione, rimozione *f.* ◇ [*refus des pulsions sexuelles, comportement qui en résulte*] repressione, inibizione *f.*

refouler |ʀ(ə)fule| *v.tr.* **1** (*techn.*) [*comprimer avec le refouloir*] ricalcare: *refouler un métal* ricalcare un metallo **2** [*pousser en arrière, faire reculer*] far (103) *intr.* retrocedere: *refouler un train* far retrocedere un treno ◇ (*mar.*) *le navire refoule le courant* la nave rimonta la corrente **3** [*faire reculer, refluer (des personnes)*] respingere degli invasori; *refouler des immigrants à la frontière* respingere degli immigranti alla frontiera **4** (*fig.*) [*faire rentrer en soi (ce qui veut s'extérioriser, s'exprimer)*] reprimere (124), trattenere (188): *refouler ses larmes* reprimere, trattenere le lacrime ◇ (*psychan.*) [*rejeter, éliminer inconsciemment (un désir)*] rimuovere (157), reprimere: *refouler son agressivité* rimuovere, reprimere la propria aggressività ✦ (*au p.p.*) *conflits affectifs refoulés* conflitti affettivi rimossi, repressi.

refouloir |ʀ(ə)fulwaʀ| *s.m.* (*armes anc.*) calcatoio*, scovolo.

réfractaire |ʀefʀaktɛʀ| *adj.* **1** RÉFRACTAIRE À refrattario*, renitente a: *il est réfractaire aux ordres, à l'autorité, à la loi* è refrattario, renitente agli ordini, all'autorità, alla legge ◇ (*par ext.*) [*qui résiste, est insensible à*] *être réfractaire aux influences* essere refrattario alle influenze **2** (*absolt.*) *prêtre réfractaire* prete non giurato; *conscrit réfractaire* coscritto renitente ✦ (*s.*) *les réfractaires et les déserteurs* i renitenti e i disertori; *être porté réfractaire* essere dichiarato renitente **3** [*qui résiste à de très hautes températures*] refrattario: *métaux réfractaires* metalli refrattari; *brique réfractaire* mattone refrattario **4** (*physiol.*) refrattario ◇ (*méd.*) *maladie réfractaire* malattia refrattaria.

réfractarité |ʀefʀaktaʀite| *s.f.* (*techn.*) refrattarietà (*inv.*): *réfractarité d'un matériau* refrattarietà di un materiale.

réfracter |ʀefʀakte| *v.tr.* [*faire dévier (un rayon lumineux ou une onde électromagnétique invisible) par le phénomène de la réfraction*] rifrangere (147): *propriété de réfracter la lumière* proprietà di rifrangere la luce ✦ (*au p.p.*) *rayons réfractés par un prisme* raggi rifratti da un prisma.

réfracteur, trice |ʀefʀaktœʀ, tʀis| *adj.* (*sc., techn.*) rifrattore*: *appareil réfracteur* apparecchio rifrattore.

réfraction |ʀefʀaksjɔ̃| *s.f.* (*phys.*) [→ RÉFRACTER] rifrazione: *angle de réfraction* angolo di rifrazione; *indice de réfraction* indice di rifrazione ◇ (*méd.*) *réfraction oculaire* rifrazione oculare ◇ (*par anal.*) *réfraction du son* rifrazione del suono.

réfractomètre |ʀefʀaktɔmɛtʀ(ə)| *s.m.* (*phys.*) rifrattometro.

refrain |ʀ(ə)fʀɛ̃| *s.m.* **1** [*suite de mots ou de phrases répétés à la fin de chaque couplet d'une chanson, d'un poème à forme fixe*] ritornello: *reprenons le refrain en chœur* riprendiamo il ritornello in coro ◇ (*par anal.*) [*chant monotone*] cantilena (*f.*): *le refrain du moulin* il canto monotono del mulino **2** (*fig.*) [*paroles, idées qui reviennent sans cesse*] ritornello, solfa (*f.*): *avec lui, c'est toujours le même refrain* con lui è sempre lo stesso ritornello, la stessa solfa; *changez de refrain!* cambiate ritornello!

réfrangibilité |ʀefʀɑ̃ʒibilite| *s.f.* (*phys.*) rifrangibilità *inv.*

réfrangible |ʀefʀɑ̃ʒibl(ə)| *adj.* (*phys.*) [→ RÉFRACTER] rifrangibile.

refrènement |ʀ(ə)fʀɛnmɑ̃| *s.m.* (*vx.*) [→ REFRÉNER] freno (*cour.*).

refréner |ʀ(ə)fʀene| (8) *v.tr.* [*réprimer par une contrainte; mettre un frein à*] raffrenare (*littér.*), frenare.

réfrigérant, ante |ʀefʀiʒeʀɑ̃, ɑ̃t| *adj.* **1** refrigerante: *fluides réfrigérants* fluidi refrigeranti; *mélange réfrigérant* miscela refrigerante ✦ (*s.m.*) *un réfrigérant* un refrigerante **2** (*fig., fam.*) [*qui refroidit, glace; qui engendre la froideur*] gelido: *un accueil réfrigérant* un'accoglienza gelida; *une femme ironique et réfrigérante* una donna ironica e gelida.

réfrigérateur |ʀefʀiʒeʀatœʀ| *s.m.* [*appareil muni d'un organe producteur de froid et destiné à conserver certaines denrées*] frigorifero: *réfrigérateur à compression* frigorifero a compressione ◇ (*loc. fig.*) *mettre au réfrigérateur* mettere in frigorifero, in letargo ~ *il est sorti du réfrigérateur* è uscito dal dimenticatoio.

réfrigération |ʀefʀiʒeʀɑsjɔ̃| *s.f.* [→ RÉFRIGÉRER] refrigerazione: *appareils de réfrigération* apparecchi di refrigerazione.

réfrigérer |ʀefʀiʒeʀe| (8) *v.tr.* **1** [*refroidir par une technique appropriée*] refrigerare: *réfrigérer un local dans un pays tropical* refrigerare un locale in un paese tropicale ◇ (*fam.*) [*refroidir*] congelare: *il est sorti sans manteau, il est complètement réfrigéré* è uscito senza cappotto, è completamente congelato **2** (*fig.*) [*mettre mal à l'aise par un accueil, un comportement froid*] raggelare.

réfringence |ʀefʀɛ̃ʒɑ̃s| *s.f.* (*phys.*) rifrangenza.

réfringent, ente |ʀefʀɛ̃ʒɑ̃, ɑ̃t| *adj.* (*phys.*) rifrangente.

refroidir |ʀ(ə)fʀwadiʀ| **A** *v.tr.* **1** [*rendre plus froid ou moins chaud; faire baisser la température de (qqch.)*] raffreddare: *refroidir légèrement, beaucoup* raffreddare leggermente, molto **2** (*fig.*) REFROIDIR QQN. [*diminuer son ardeur, sa bonne volonté*] raffreddare, raggelare qc.: *son accueil nous a refroidis* la sua accoglienza ci ha raffreddato, raggelato ◇ (*par ext.*) *refroidir l'ardeur, le zèle de qqn.* raffreddare, frenare l'ardore, lo zelo di qc. **3** (*pop.*) [*assassiner*] freddare, far (103) fuori **B** *v.intr.* [*devenir plus froid, moins chaud*] raffreddarsi *pron.*, diventare (*aux.* essere) freddo: *faire refroidir un plat* far raffreddare, diventare freddo un piatto ◇ (*fig., fam.*) *laisser refroidir qqch.* lasciar sbollire q.c. **C** *v.pron. intr.* SE REFROIDIR [*devenir plus froid*] raffreddarsi: *le temps s'est refroidi* il tempo si è raffreddato ◇ [*prendre froid*] prendere (105) *tr.* freddo: *n'attends pas dehors, tu vas te refroidir* non aspettare fuori, prenderai freddo.

refroidissement |ʀ(ə)fʀwadismɑ̃| *s.m.* **1** [*abaissement de la température*] raffreddamento: *refroidissement de l'air, de l'atmosphère* raffreddamento dell'aria, dell'atmosfera; *refroidissement par air, par eau* raffreddamento ad aria, ad acqua **2** [*affection déclenchée par une baisse de la température ambiante*] infreddatura *f.*, raffreddore: *prendre un refroidissement* prendere un'infreddatura, un raffreddore **3** [*diminution de la chaleur* (*des sentiments*)] raffreddamento: *refroidissement de l'amitié* raffreddamento dell'amicizia.

refroidisseur |R(ə)fRwadisœR| *s.m.* (*techn.*) raffreddatore ✦ (*adj.*) *système refroidisseur d'un réacteur atomique* sistema di raffredamento *loc. inv.*, di refrigerazione *loc. inv.* di un reattore atomico.

refuge |R(ə)fyʒ| *s.m.* **1** [*lieu où l'on se retire pour échapper à un danger*] rifugio*, asilo: *chercher refuge* cercare rifugio, asilo; *demander refuge à qqn.* chiedere rifugio, asilo a qc. ◇ [*lieu où se rassemblent des personnes qui ne peuvent ou ne veulent pas aller ailleurs*] rifugio: *son salon était le refuge de l'aristocratie non ralliée* il suo salotto era il rifugio dell'aristocrazia non allineata **2** (*chasse*) tana *f.* **3** [*petit trottoir ou emplacement délimité au milieu de la chaussée, qui permet aux piétons de se mettre à l'abri de la circulation des voitures*] salvagente *inv.* **4** [*petite constr. en haute montagne où les alpinistes peuvent s'abriter en cas de mauvais temps*] rifugio **5** (*vx.*) → **soutien, sauveur.**

réfugié, ée |Refyʒje| *adj.* rifugiato, profugo* ✦ (*s.*) *aide aux réfugiés* aiuto ai rifugiati, ai profughi.

réfugier (se) |Refyʒje| *v.pron. intr.* [*se retirer (en un lieu) pour trouver un refuge*] rifugiarsi, riparare (*intr.*): *sous le seconde Empire, de nombreux républicains durent se réfugier à l'étranger* durante il secondo Impero, numerosi repubblicani dovettero rifugiarsi, riparare all'estero; *enfant qui court se réfugier dans les bras de sa mère* bambino che corre a rifugiarsi tra le braccia della mamma.

refus |R(ə)fy| *s.m.* [→ REFUSER] rifiuto: *être puni pour refus d'obéissance* essere punito per rifiuto d'obbedienza # *refus de comparaître* contumacia ◇ (*absolt.*) *refus humiliant* rifiuto umiliante; *essuyer nn refus* ricevere un rifiuto ◇ (*psycho.*) *conduites de refus* comportamenti di rifiuto ◇ (*loc. fam.*) *ce n'est pas de refus* non dico di nó, non mi faccio pregare.

refusable |R(ə)fyzabl(ə)| *adj.* [→ REFUSER] rifiutabile.

refuser |R(ə)fyze| **A** *v.tr.* **1** [*ne pas consentir à accorder* (*ce qui est demandé*)] rifiutare: *refuser une permission à un soldat, une augmentation à un ouvrier* rifiutare un permesso a un soldato, un aumento a un operaio # *il ne se refuse rien!* non si priva di nulla! **2** REFUSER DE (+ *inf.*) [*ne pas consentir à* (*faire qqch.*)] rifiutare di (+ *inf.*): *elle refuse de reconnaître ses torts* rifiuta di riconoscere i propri torti ✦ (*absolt.*) *vous pouvez toujours le lui demander, mais il refusera sûrement* potete sempre domandarglielo, ma rifiuterà certamente **3** [*ne pas accepter* (*ce qui est offert*)] rifiutare: *refuser une offre, une invitation* rifiutare un'offerta, un invito ◇ [*ne pas accepter* (*ce qui se présente*)] *refuser le combat* rifiutare il combattimento; *cheval qui refuse* (*l'obstacle*) cavallo che rifiuta l'ostacolo **4** [*ne pas accepter* (*ce que l'on considère comme défectueux ou insuffisant*)] rifiutare: *refuser une marchandise* rifiutare una merce **5** (*personnes*) [*ne pas laisser entrer*] respingere (119), rifiutare # *ils refusent du monde tous les soirs* è strapieno, pieno zeppo ogni sera ◇ [*ne pas recevoir à un examen*] respingere: *refuser un candidat* respingere un candidato **B** *v.intr.* **1** (*techn.*) (*se dit d'un pilotis, d'un pieu qui cesse de s'enfoncer parce qu'il rencontre une résistance trop forte*) non penetrare (*aux.* essere, avere) **2** (*mar.*) *le vent refuse* [*change de direction*] il vento ricusa **C** *v.pron.* SE REFUSER **1** *passif* [*être refusé*] rifiutarsi: *un apéritif ne se refuse pas* un aperitivo non si rifiuta **2** (*intr.*) *se refuser à* [*ne pas s'engager à accepter*] rifiutarsi; non prestarsi a: *se refuser à l'évidence* rifiutarsi all'evidenza ‖ *se refuser à une solution de facilité* non prestarsi ad una soluzione di comodo.

réfutable |Refytabl(ə)| *adj.* [→ RÉFUTER] confutabile: *argument réfutable* argomento confutabile.

réfutation |Refytɑsjɔ̃| *s.f.* **1** [→ RÉFUTER] confutazione: *la réfutation d'un argument* la confutazione di un errore, di un argomento **2** (*rhétorique*) confutazione.

réfuter |Refyte| *v.tr.* [*repousser* (*un raisonnement*) *en prouvant sa fausseté*] confutare: *réfuter une thèse, une théorie* confutare una tesi, una teoria ◇ (*par ext.*) *réfuter un auteur* confutare un autore.

reg |Rɛg| *s.m.* (*géogr.*) deserto roccioso.

regagner |R(ə)gɑɲe| *v.tr.* **1** [*obtenir de nouveau, reprendre ou retrouver* (*ce qu'on avait perdu*)] riguadagnare: *regagner l'argent perdu* riguadagnare il denaro perso; *regagner l'amitié de qqn.* riguadagnare l'amicizia di qc. **2** [*revenir, retourner à* (*un endroit*)] (ri)tornare (*aux.* essere) (a), raggiungere (150): *regagner sa place* tornare al proprio posto, raggiungere il proprio posto.

regain |R(ə)gɛ̃| *s.m.* **1** secondo fieno: *faucher le regain d'un pré* falciare il secondo fieno di un prato **2** (*fig.*) *regain de* [*retour de* (*ce qui était compromis, avait disparu*)] ritorno di: *regain de jeunesse* ritorno di giovinezza.

régal, als |Regal| *s.m.* **1** [*mets qu'on trouve particulièrement délicieux*] leccornia *f.*, squisitezza (*f.*): *des régals* delle leccornie; *ce rôti est un vrai régal* questo arrosto è una vera leccornia, squisitezza → **délice** **2** (*fig., fam.*) [*ce qui cause un grand plaisir*] godimento: *un régal pour les yeux* un godimento per gli occhi.

régalade |Regalad| *s.f.* **1** (*loc.*) *boire à la régalade* [*en renversant la tête en arrière et en faisant couler le liquide dans la bouche*] bere a garganella **2** (*région.*) fuoco* *m.* vivace di ramaglia.

régalage |Regalaʒ|, **régalement** |Regalmɑ̃| *s.m.* (*techn.*) livellamento.

1 **régale** |Regal| *s.f.* (*dr. anc.*) regalia.

2 **régale** |Regal| *s.m.* (*mus.*) regale, voce *f.* regale *adj.*

3 **régale** |Regal| *adj. f.* (*techn.*) *eau régale* acqua regia*.

1 **régaler** |Regale| *v.tr.* (*techn.*) [*niveler* (*un terrain*), *faire le régalement de*] livellare: *régaler un remblai* livellare un terrapieno.

2 **régaler** |Regale| **A** *v.tr.* [*offrir un bon repas à* (*qqn.*)] offrire (186) (un buon pranzo): *elle les a régalés d'un gâteau* ha offerto loro un dolce squisito ✦ *absolt.* (*fam.*) invitare a pranzo; offrire da bere (a) # *c'est moi qui régale* offro io, tocca a me (offrire) **B** *v.pron. intr.* SE RÉGALER [*faire un bon repas, manger ce qu'on aime*] deliziarsi (a tavola): *nous nous sommes régalés* ci siamo deliziati, ce la siamo proprio goduta ◇ (*fig.*) [*se donner un grand plaisir*] deliziarsi ◇ (*fam.*) [*faire un bénéfice important*] realizzare *tr.* un grosso guadagno: *il y en a qui se sont régalés dans cette opération* c'è chi ha realizzato grossi guadagni in quest'operazione.

régalien, ienne |Regaljɛ̃, jɛn| *adj.* (*hist.*) regio*: *droits régaliens* prerogative regie.

regard |R(ə)gaR| *s.m.* **1** sguardo: *le regard humain* lo sguardo umano; *parcourir, suivre du regard* percorrere, seguire con lo sguardo; *dérober, soustraire aux regards* sottrarre agli sguardi; *dévorer du regard* divorare con lo sguardo; *son regard se posa sur moi* il suo sguardo si posò su di me ◇ (*par ext.*) *un regard rapide, distrait, furtif* uno sguardo rapido, distratto, furtivo; *au premier regard* al primo sguardo; *un regard noir* uno sguardo furente # *des regards en coin, en coulisse* occhiate di sfuggita, sguardi in tralice **2** (*fig.*) *avoir droit de regard sur* [*avoir le droit de surveiller, de contrôler*] avere potere di controllo su: *le droit de regard de Rome sur la nomination des évêques* il potere di controllo di Roma sulla nomina dei vescovi ◇ *loc. prép.* AU REGARD DE riguardo a, secondo (*prép.*): *au regard de la loi, de la morale* riguardo alla legge, alla morale; secondo la legge, la morale **3** (*vx.*) → **orientation** ◇ *loc. adv.* EN REGARD [*en face, vis-à-vis*] a fronte: *texte latin, anglais avec la traduction en regard* testo latino, inglese con traduzione a fronte ◇ (*fig.*) *mettre deux choses en regard* confrontare, raffrontare due cose ◇ (*loc. prép.*) *en regard de* di fronte a, a paragone di **4** [*ouverture destinée à faciliter les visites, les réparations*] spia *f.*, pozzetto: *regard fermé par une plaque* spia, pozzetto chiuso da una piastra.

regardable |R(ə)gaRdabl(ə)| *adj.* [→ REGARDER] guardabile.

regardant, ante |R(ə)gaRdɑ̃, ɑ̃t| *adj.* **1** [*qui regarde à la dépense*] parsimonioso → 2 **économe** **2** (*blas.*) *animal regardant* animale guardante.

regarder |R(ə)gaRde| **A** *v.tr.* **1** [*faire en sorte de voir, s'appliquer à voir* (*qqn., qqch.*)] guardare: *regarder qqch. avec attention* guardare q.c. con attenzione; *regarder sa montre* guardare l'orologio; *regarder du coin de l'œil, à la dérobée* guardare con la coda dell'occhio, di sottecchi; *regarder de travers* guardare di traverso, storto ◇ (*loc. fam.*) *regardez voir!* guarda un po'! ~ *regardez-moi cet idiot!* guarda che idiota! ~ *non mais, regardez-moi ce travail!* no, ma guarda un po' che lavoro! ~ *vous ne m'avez pas regardé!* ma per chi mi prende? ◇ (*prov.*) *un chien regarde bien un évêque* uno sguardo non offende nessuno **2** *loc.* RE-

GARDER (+ *inf.*) guardare (+ *inf.*): *regarder la pluie tomber, tomber la pluie* guardare la pioggia cadere, cadere la pioggia **3** *absolt.* [*observer*] guardare: *apprendre à regarder* imparare a guardare; *se contenter de regarder* limitarsi a guardare **4** [*envisager* (*de telle ou telle façon*)] guardare: *regarder le danger, le péril en face* guardare il pericolo in faccia ◇ (*fig.*) [*considérer*] badare *intr.* (a): *il ne regarde que son intérêt* non bada che ai suoi interessi ◇ (*loc.*) *regarder* (*qqn.*, *qqch.*) *avec..., comme...* considerare (qc., q.c.) con..., come... **5** (*sujet de chose*) [*avoir rapport à*] riguardare, concernere*: *ce qui regarde qqn.* ciò che riguarda, concerne qc.; *cela ne vous regarde pas* ciò non la riguarda # *mêlez-vous de ce qui vous regarde!* badi ai fatti suoi! **6** [*être tourné vers*] guardare: *les deux façades regardent l'une au nord, l'autre au sud* le due facciate guardano una a nord, l'altra a sud **B** (*v.intr.*) *regarder à* [*considérer attentivement*] badare (a), guardare: *regarder aux principes* badare ai principi; *y regarder de près* guardare per il sottile; *regarder à la dépense* badare alle spese, guardare *tr.* la spesa # *y regarder à deux fois avant de se décider* pensarci due volte prima di decidersi **C** *v.pron.* SE REGARDER **1** *réfl.* guardarsi: *se regarder dans un miroir* guardarsi in uno specchio # *se regarder comme le centre de l'univers* considerarsi il centro dell'universo **2** (*récipr.*) *se regarder l'un l'autre* guardarsi l'un l'altro ◇ (*loc. prov.*) *se regarder en chiens de faïence* guardarsi in cagnesco ◇ (*fig.*) [*être l'un en face de l'autre*] guardarsi, stare (104) *intr.* di fronte: *nos deux maisons se regardaient* le nostre due case si guardavano, stavano l'una di fronte all'altra **3** *passif* [*être regardé*] guardarsi: *dans quel sens cela se regarde-t-il?* in che senso si guarda?

regardeur, euse |R(ə)gaRdœR, øz| *s.* (*vx.*, *littér.*) colui, colei che guarda *loc.*

regarnir |R(ə)gaRniR| *v.tr.* [*garnir de nouveau, garnir ce qui est dégarni*] riguarnire (197), rifornire (197): *regarnir une trousse, un rayon* riguarnire una borsa, rifornire un reparto.

régate |Regat| *s.f.* **1** (*au plur.*) *régates* regate **2** cravatta lunga*, alla marinara.

régatier |Regatje| *s.m.* [*celui qui participe aux régates*] regatante.

regazonner |R(ə)ga(ɑ)zɔne| *v.tr.* [*regarnir de gazon*] inerbire (197) di nuovo.

regel |R(ə)ʒɛl| *s.m.* [*gel, gelée qui survient après un dégel*] rigelo ◇ (*phys.*) *phénomène de regel* fenomeno di rigelo.

regeler |Rəʒle, Rʒəle| (6) *v.tr.* [*geler de nouveau*] rigelare, gelare di nuovo: *il regèle* rigela, gela di nuovo.

régence |Reʒɑ̃s| **I** *s.f.* **1** reggenza: *conseil de régence* consiglio di reggenza **2** (*absolt.*) *la Régence* la Reggenza **3** *appos.* [*qui appartient à l'époque de la Régence*] (stile) Reggenza: *table, fauteuils Régence* tavoli, poltrone stile Reggenza **II** *adj. inv.* [*qui a des manières élégantes rappelant celles de l'Ancien Régime*] antiquato (*var.*): *ils sont un peu régence* sono un po' antiquati.

régénérateur, trice |Reʒeneratœr, tRis| *adj.* **1** [*qui régénère* (3)] rigeneratore*: *crème régénératrice de l'épiderme* crema rigeneratrice dell'epidermide ✦ *s.m.* (*techn.*) rigeneratore **2** [*qui régénère* (1)] rigeneratore: *eau régénératrice* acqua rigeneratrice.

régénération |Reʒeneʀɑsjɔ̃| *s.f.* **1** rigenerazione: *régénération du tissu osseux* rigenerazione del tessuto osseo **2** (*fig.*, *littér.*) rigenerazione **3** [→ RÉGÉNÉRER 2] rigenerazione → **réactivation.**

régénéré, ée |Reʒeneʀe| *adj.* (*sc.*, *techn.*) rigenerato: *caoutchouc régénéré* gomma rigenerata.

régénérer |Reʒeneʀe| (8) *v.tr.* **1** (*relig.*) [*faire renaître à la pureté, à la vérité, au bien*] rigenerare **2** (*techn.*) [*éliminer les impuretés de* (*un produit industriel*)] rigenerare → **réactiver 3** (*biol.*, *méd.*) [*reconstituer une partie détruite d'un être vivant*] rigenerare.

régent, ente |Reʒɑ̃, ɑ̃t| *s.* **1** reggente ✦ (*adj.*) *le prince régent* il principe reggente ◇ *au m.* (*spécialt.*) [*nom d'un diamant de la couronne acheté par le Régent*] reggente **2** (*en Belgique*) professore *m.*, professoressa *f.* di scuola media inferiore **3** consigliere di amministrazione: *régent de la Banque de France* consigliere di amministrazione della Banca di Francia.

régenter |Reʒɑ̃te| *v.tr.* **1** [*diriger avec une autorité excessive ou injustifiée*] dettare legge, comandare: *il veut tout régenter* vuole dettare legge su tutto **2** (*vx.*) → **gouverner, diriger.**

regeste |Rəʒɛst| *s.m.* (*hist.*, *paléont.*) regesto.

régicide |Reʒisid| *s.* **1** *s.* regicida ✦ (*adj.*) *les révolutions régicides* le rivoluzioni regicide **2** *s.m.* [*meurtre ou condamnation à mort d'un roi*] regicidio*.

régie |Reʒi| *s.f.* **1** (*dr.*, *admin.*) azienda (autonoma): *régie d'État, régie communale* azienda (autonoma) statale, comunale; *Régie autonome des transports parisiens* Azienda autonoma dei trasporti parigini ◇ (*spécialt.*) *travaux en régie* lavori in economia; *régies d'État avec monopole* monopoli *m.* di Stato; *cigarettes de la Régie* sigarette del monopolio; *la régie Renault* gli stabilimenti *m. pl.* Renault **2** [*administration chargée de l'organisation matérielle d'un spectacle*] regia*: *adressez-vous à la régie* si rivolga alla regia.

regimbement |R(ə)ʒɛ̃bmɑ̃| *s.m.* (*littér.*) [→ REGIMBER] ricalcitramento, recalcitramento, il ricalcitrare *inv.*, recalcitrare *inv.*

regimber |R(ə)ʒɛ̃be| *v.intr.* **1** [*résister en ruant*] ricalcitrare, recalcitrare: *cheval qui regimbe* cavallo che ricalcitra **2** [*résister en refusant*] ricalcitrare, recalcitrare, opporsi (168) (*pron.*): *inutile de regimber* inutile ricalcitrare, opporsi ✦ (*pron. intr.*) *se regimber* opporsi.

regimbeur, euse |R(ə)ʒɛ̃bœR, øz| *s.* (*rare*) [*personne qui regimbe*] ricalcitrante, recalcitrante ✦ (*adj.*) *cheval regimbeur* cavallo ricalcitrante.

1 **régime** |Reʒim| *s.m.* **1** regime: *changement de régime* cambiamento di regime; *régimes politiques* regimi politici; *régime fiscal, douanier* regime fiscale, doganale # *régime des prisons* amministrazione penitenziaria **2** [*conduite à suivre en matière d'hygiène, de nourriture*] regime: *un régime de vie* un regime di vita; *imposer, ordonner un régime à un malade* imporre, prescrivere un regime a un ammalato ◇ [*alimentation raisonnée*] dieta (*f.*): *régime alimentaire diététique* dieta alimentare; *régime sans sel, végétarien* dieta senza sale, vegetariana; *un régime sévère, strict* una dieta severa, rigorosa **3** (*phys.*) regime: *régime d'écoulement d'un fluide* regime di flusso di un fluido ◇ (*d'un moteur*) *régime normal, de croisière* regime normale, di crociera ◇ (*loc. fig.*) *marcher à plein régime* funzionare a pieno ritmo ◇ (*géogr.*) *le régime d'un fleuve* il regime di un fiume **4** (*gram.*) complemento: *régime direct, indirect* complemento diretto, indiretto; *cas régime* complemento oggetto.

2 **régime** |Reʒim| *s.m.* [*réunion en grappe des fruits des bananiers et palmiers dattiers*] casco*: *régime de bananes, de dattes* casco di banane, di datteri.

régiment |Reʒimɑ̃| *s.m.* **1** (*milit.*) reggimento ◇ (*fam.*) *le régiment* [*l'armée*] la naia *f.* (*arg.*): *aller au régiment* andare sotto la naia, sotto le armi **2** (*par ext.*) [*grand nombre* (*de personnes, de choses*)] reggimento: *il y en a pour un régiment* ce n'è per un reggimento.

régimentaire |Reʒimɑ̃tɛR| *adj.* [*d'un régiment*] reggimentale: *infirmerie régimentaire* infermeria reggimentale.

reginglard |R(ə)ʒɛ̃glaR| *s.m.* (*région.*, *vx.*) → **ginguet, piquette.**

région |Reʒjɔ̃| *s.f.* **1** (*géogr.*) regione: *régions naturelles* regioni naturali; *carte d'une région* carta di una regione ◇ (*par ext.*) *dans nos régions* nelle nostre regioni ◇ (*spécialt.*, *admin.*) regione: *régions militaires* regioni, circoscrizioni militari **2** [*étendue de pays autour d'une ville*] zona: *aller en vacances dans la région de Royan* andare in vacanza nella zona di Royan **3** (*fig.*) [*domaine, sphère*] sfera, dominio* (*m.*): *les hautes régions de la philosophie* le alte sfere della filosofia **4** (*anat.*) regione: *région lombaire, plantaire* regione lombare, plantare.

régional, ale, aux |Reʒjɔnal, o| **I** *adj.* **1** regionale: *cuisine régionale* cucina regionale; *mots régionaux* termini regionali **2** [*qui groupe plusieurs nations voisines*] regionale: *les accords régionaux de l'Europe des Neuf* gli accordi regionali dell'Europa dei Nove **3** (*méd.*) locale: *anesthésie régionale* anestesia locale **II** (*s.m.*) *le régional* rete *f.* telefonica* di una zona.

régionalisation |Reʒjɔnalizasjɔ̃| *s.f.* [→ RÉGIONALISER] regionalizzazione: *régionalisation et autonomisme* regionalizzazione e autonomismo.

régionaliser |Reʒjɔnalize| *v.tr.* [*opérer la régionalisation de*] regionalizzare.

régionalisme |Reʒjɔnalism(ə)| *s.m.* **1** regionalismo **2** (*ling.*) *un régionalisme* un regionalismo **3** [*système donnant aux régions, aux provinces une certaine autonomie*] regionalismo.

régionaliste |Reʒjɔnalist(ə)| *adj.* regionalistico* ✦ *s.* regionalista.

régir |ReʒiR| *v.tr.* **1** [*déterminer* (*en parlant d'une loi, d'une règle*)] reggere (154): *les règles juridiques qui régissent les relations entre les États* le norme giuridiche che reggono le relazioni tra gli Stati **2** (*gram.*) [*imposer à* (*un autre mot*) *une fonction grammaticale dépendante*] reggere: *le verbe transitif régit* *un complément* il verbo transitivo regge un complemento.

régisseur |ʀeʒisœʀ| *s.m.* **1** [*celui qui administre, qui gère* (*une propriété*)] amministratore* *s.*, intendente **2** *régisseur d'un théâtre* direttore (di scena) ◇ (*ciné.*) *régisseur de plateau* segretario* di produzione **3** (*dr.*) amministratore: *régisseur comptable* amministratore contabile.

registre |ʀəʒistʀ(ə)| *s.m.* **I** **1** registro: *registre coté* registro numerato; *registre à souches* registro a madre e figlia; *registres publics d'état civil* registri di stato civile; *inscrire sur un registre* annotare in un registro ◇ (*fig.*, *littér.*) *être sur les registres de qqn.* essere nella memoria di qc. ◇ (*informatique*) registro **2** [*compte rendu, recueil*] resoconto **II** **1** (*mus.*) registro **2** [*chacun des étages de la voix d'un chanteur, quant à la hauteur des sons*] registro: *registre aigu, haut, moyen, grave* registro acuto, alto, medio, basso **3** (*fig.*) [*caractères particuliers, tonalité propre* (*d'une œuvre, du discours*)] tono: *son dernier roman est dans un autre registre que le précédent* il suo ultimo romanzo ha un tono diverso dal precedente **4** (*techn.*) registro, valvola (*f.*): *registre de vapeur* valvola d'immissione del vapore **5** (*typogr.*) registro.

réglable |ʀeglabl(ə)| *adj.* [→ RÉGLER II 5] regolabile: *sièges réglables d'une voiture* sedili regolabili di un'auto.

réglage |ʀeglaʒ| *s.m.* **1** [*action ou manière de régler du papier; l'ensemble des lignes ainsi tracées*] rigatura *f.* **2** [*opération qui consiste à régler un appareil, un mécanisme, à régulariser un mouvement*] regolazione (*f.*): *réglage d'une horloge* regolazione, registrazione di un orologio # *réglage du tir* aggiustamento del tiro.

règle |ʀɛgl(ə)| *s.f.* **I** riga*: *tracer des lignes avec une règle, à la règle* tracciare righe con una riga, con la riga # *règle à calcul* regolo (calcolatore) **II** (*fig.*) **1** [*ce qui est imposé ou adopté comme ligne directrice de conduite*] regola, norma: *les règles de la politesse* le regole, le norme del galateo; *règles grammaticales* regole grammaticali; *j'ai pour règle de ne jamais désespérer* la mia regola è: non disperare mai; ho come norma di non disperare mai ◇ *loc.* (*pr.*, *fig.*): *la règle, les règles du jeu* le regole del gioco ◇ (*loc.*) *en règle générale* di regola, in linea di massima ~ *c'est la règle* è la regola, è così ~ *de règle* di regola, di norma ◇ *loc. adj.* EN RÈGLE in regola: *être en règle* essere in regola; *avoir sa comptabilité en règle* avere la propria contabilità in regola; *faire une cour en règle à une femme* fare una corte in piena regola ad una donna **2** [*ensemble des préceptes disciplinaires auxquels sont soumis les membres d'un ordre religieux*] regola: *règle d'une communauté, d'un couvent* regola di una comunità, di un convento **3** (*arithm.*) regola ◇ (*vieilli*) *les quatre règles* le quattro operazioni **III** *au plur.* [*écoulement menstruel*] regole, mestruazioni: *avoir ses règles* avere le regole, le mestruazioni.

réglé, ée |ʀegle| *adj.* **I** **1** (*vieilli*) [*qui a une vie disciplinée, ordonnée*] regolato **2** [*qui est soumis à des règles, se déroule dans un ordre régulier*] regolato: *une vie réglée* una vita regolata ◇ (*fam.*) *c'est réglé, c'est réglé comme du papier à musique* è sicuro come due e due fanno quattro **3** [*fixé définitivement*] stabilito, definito: *c'est une chose réglée, tout est réglé* la cosa è stabilita, tutto è stabilito, fissato **4** [*résolu*] definito, sistemato: *l'affaire est réglée* la faccenda è definita, sistemata **5** [*mis au point pour fonctionner correctement*] regolato: *carburateur mal réglé* carburatore regolato male **6** [*qui a ses règles* (III)] mestruato: *cette fillette est déjà réglée* questa ragazzina è già mestruata, ha già avuto le mestruazioni # *une femme bien, mal réglée* una donna con mestruazioni regolari, irregolari **II** **1** [*qui porte une réglure, ligné*] rigato: *papier réglé* carta rigata **2** (*géom.*) rigato: *surface réglée* superficie rigata.

règlement |ʀɛgləmɑ̃| *s.m.* **1** (*dr.*) regolamento: *règlement de police, sanitaire* regolamento di polizia, sanitario **2** [*ensemble ordonné de règles*] regolamento: *règlement d'une société* regolamento, statuto di una società; *le règlement dispose, prévoit que...* il regolamento dispone, prevede che...; *afficher, lire le règlement* affiggere, leggere il regolamento # *il faut obéir, c'est le règlement* bisogna obbedire, sono gli ordini **3** (*dr.*) *règlement de juges* regolamento di competenza **4** [→ RÉGLER II 3] risoluzione *f.*, composizione (*f.*): *règlement d'un conflit* risoluzione, composizione di un conflitto; *règlement amiable* risoluzione amichevole, amichevole composizione **5** [→ RÉGLER II 4] saldo, pagamento: *le règlement d'un compte* il saldo, il pagamento di un conto; *faire un règlement par chèque* fare un pagamento mediante assegno ◇ (*dr.*) *règlement judiciaire* liquidazione *f.* giudiziaria ◇ (*fig.*) *règlement de compte(s)* regolamento di conti: *règlement de comptes entre truands* regolamento di conti tra malviventi.

réglementaire |ʀɛgləmɑ̃tɛʀ| *adj.* [*conforme au règlement; imposé, fixé par un règlement*] regolamentare, regolare: *tenue réglementaire d'un soldat* divisa regolamentare di un soldato; *ce certificat n'est pas réglementaire* questo certificato non è regolare ◇ (*dr.*) regolamentare: *pouvoir réglementaire* potere regolamentare.

réglementairement |ʀɛgləmɑ̃tɛʀmɑ̃| *adv.* in modo regolamentare *loc. inv.*, secondo i regolamenti (*loc. inv.*): *initiative prise réglementairement* iniziativa presa in modo regolamentare, secondo i regolamenti.

réglementation |ʀɛgləmɑ̃tasjɔ̃| *s.f.* **1** [→ RÉGLEMENTER] disciplina, regolamentazione: *réglementation des prix* disciplina, regolamentazione dei prezzi **2** [*ensemble de règles, de règlements, de prescriptions qui concernent un domaine particulier*] normativa, regolamentazione: *le réglementation du Code de la route* la normativa, regolamentazione del codice della strada.

réglementer |ʀɛgləmɑ̃te| *v.tr.* [*assujettir à un règlement, organiser par un règlement*] disciplinare, regolamentare: *réglementer le droit de grève* disciplinare, regolamentare il diritto di sciopero ✦ (*au p.p.*) *commerce réglementé* commercio disciplinato, controllato.

régler |ʀegle| (8) *v.tr.* **I** [*couvrir de lignes droites parallèles pour écrire*] rigare: *régler du papier* rigare della carta # *machine à régler* rigatrice **II** **1** RÉGLER... SUR regolare... su: *régler sa conduite sur qqn.* regolare la propria condotta su quella di qc.; *régler sa conduite sur les circonstances* regolare il proprio comportamento secondo le circostanze ✦ (*pron.*) *se régler sur qqn.* seguire *tr.* l'esempio di qc. ◇ (*sujet de choses*) (*littér.*) [*servir de règle, de principe directeur*] regolare: *c'est la mode qui règle leurs goûts* è la moda che regola i loro gusti **2** [*fixer définitivement ou exactement*] stabilire (197), definire (197): *régler le sort de qqn.* stabilire, definire il destino di qc. **3** [*résoudre définitivement, terminer*] definire, sistemare: *régler une affaire* definire, sistemare una faccenda; *arbitre chargé de régler un litige* arbitro incaricato di definire, comporre una controversia ✦ (*pron. passif*) *l'affaire s'est réglée à l'amiable* la questione è stata risolta amichevolmente **4** (*compt.*) *régler un compte* [*l'arrêter et le payer*] chiudere (106), saldare un conto; *régler le boucher, le boulanger* pagare, saldare il macellaio, il fornaio ◇ (*fig.*) *régler son compte à qqn.* regolare i conti con qc. **5** [*mettre au point ou remettre en état de fonctionner correctement*] (*un dispositif, un mécanisme, un appareil*) regolare: *régler la flamme d'une lampe* regolare la fiamma di una lampada; *régler sa montre* regolare l'orologio ✦ (*pron. passif*) *un appareil qui se règle facilement* un apparecchio che si regola facilmente.

réglet |ʀeglɛ| *s.m.* **1** (*typogr.*) → filet **2** (*techn.*) regolo **3** [*moulure étroite et plate qui sépare les compartiments d'un panneau*] listello.

réglette |ʀeglɛt| *s.f.* (*typogr.*) lingotto *m.*

régleur, euse |ʀeglœʀ, øz| *s.* [*ouvrier spécialisé dans le réglage de certains appareils, de certaines machines*] attrezzatore (*m.*), regolatore (*m.*): *régleur en balances* regolatore di bilance ✦ *s.f.* (*techn.*) *régleuse* rigatrice.

réglisse |ʀeglis| *s.* **1** *s.f.* (*t.bot.*) glicirriza, liquirizia **2** *s.f. ou m.* [*racine et rhizome de la plante*] liquirizia (*f.*): *mâcher un bâton de réglisse* masticare un bastoncino di liquirizia ◇ (*ellipt.*) *acheter, sucer du réglisse* comperare, succhiare liquirizia.

réglo |ʀeglo| *adj. inv. et adv.* (*fam.*) [*conforme à la règle, à une loi*] regolare *adj. var.* (*cour.*): *c'est réglo* è regolare ◇ (*personnes*) [*qui respecte la règle en vigueur*] *un type réglo* un tipo corretto, regolare.

régloir |ʀeglwaʀ| *s.m.* (*techn.*) regolo ◇ [*petit instrument de bois ou d'os, dont se servent les cordonniers*] lisciatoio*.

réglure |ʀeglyʀ| *s.f.* [*opération qui consiste à régler du papier*] rigatura.

régnant, ante |ʀeɲɑ̃, ɑ̃t| *adj.* **1** regnante: *le prince régnant* il principe regnante; *famille régnante* famiglia regnante **2** (*fig.*, *littér.*) [*qui domine, qui a cours*] dominante: *les idées régnantes* le idee dominanti.

règne |ʀɛɲ| *s.m.* **I** **1** regno: *le règne de Louis XIV* il regno di Luigi XIV; *sous le règne du tsar Pierre le Grand* durante il regno dello zar Pietro il Grande **2** (*fig.*) [*pouvoir absolu d'une personne, d'une catégorie de personnes*] regno: *le règne des banquiers* il regno dei banchieri; *le règne de la justice et de la fraternité* il regno della giustizia e della fraternità **II** (*fig.*) *règne minéral, végétal* regno minerale, vegetale **III** [*chacune des trois couronnes superposées de la tiare pontificale*] regno, corona *f.*

régner |ReɲeI (8) *v.intr.* **I** [*exercer le pouvoir monarchique*] regnare: *régner pendant vingt ans* regnare per venti anni; *les vingt ans que ce prince a régné* i venti anni che quel principe ha regnato ◇ (*loc. prov.*) *diviser pour régner* dividere per dominare, divide et impera (*lat.*) **II** **1** [*exercer un pouvoir absolu*] regnare, dominare: *elle règne dans la maison* regna, domina in casa **2** (*choses*) [*avoir une influence prédominante*] regnare: *il voudrait faire régner la justice sur le monde* vorrebbe far regnare la giustizia sul mondo **III** (*dans un sens très affaibli*) (*sujet de chose*) **1** [*exister, s'être établi* (*quelque part*)] regnare, esistere (116) (*aux.* essere): *le bon accord qui règne entre nous* il buon accordo che regna, esiste tra noi ◇ (*iron.*) *vous vérifiez tous les comptes? eh bien, la confiance règne!* lei verifica tutti i conti? viva la faccia della fiducia! **2** (*archit.*) [*élément d'archit. ou de décoration qui s'étend tout au long de* (*qqch.*)] regnare.

regonflement |R(ə)gɔ̃fləmɑ̃|, **regonflage** |R(ə)gɔ̃flaʒ| *s.m.* [→ REGONFLER] rigonfiamento.

regonfler |R(ə)gɔ̃fle| **A** *v.intr.* [*se gonfler de nouveau*] gonfiarsi *pron.* di nuovo: *la rivière regonfle* il fiume si gonfia, cresce di nuovo; *son bras a regonflé* il suo braccio si è gonfiato di nuovo **B** *v.tr.* [*gonfler de nouveau* (*qqch.*)] rigonfiare, gonfiare di nuovo: *regonfler un ballon* rigonfiare un pallone ◇ (*fig., fam.*) *regonfler qqn., le moral de qqn.* ridare coraggio a qc. ✦ (*au p.p.*) *il est regonflé à bloc!* è tornato su di giri!

regorgement |R(ə)gɔRʒəmɑ̃| *s.m.* (*rare*) → **débordement** ◇ (*pathol.*) rigurgito.

regorger |R(ə)gɔRʒe| (3) *v.intr.* **1** (*vieilli*) [*s'épancher hors d'un contenant trop plein*] traboccare (*aux.* essere): *liquide qui regorge* liquido che trabocca **2** REGORGER DE [*avoir en surabondance*] rigurgitare (*aus.* essere, avere) di, traboccare di: *région qui regorge de richesses* regione che rigurgita di ricchezze.

regrat |R(ə)gRa| *s.m.* (*vx.*) **1** [*vente de menues denrées au détail et de seconde main*] rivendita *f.* **2** (*dans un restaurant*) vendita *f.* degli avanzi.

regrattage |R(ə)gRataʒ| *s.m.* [→ REGRATTER B] raschiatura *f.*

regratter |R(ə)gRate| **A** *v.intr.* (*vx.*) [*faire de petits bénéfices en revendant de seconde main; faire de petites économis en épluchant les comptes*] realizzare *tr.* modesti guadagni; stiracchiare sul prezzo **B** *v.tr.* [*gratter de nouveau, gratter la pierre d'un bâtiment pour le nettoyer*] raschiare: *regratter un mur, une façade* raschiare un muro, una facciata.

regrattier, ière |R(ə)gRatje, jɛR| *s.* (*ancienn.*) [*personne qui faisait le comm. de regrat*] rivendugliolo ◇ (*vx., fam.*) [*personne qui épluche mesquinement les comptes*] spilorcio* (*cour.*), taccagno (*cour.*).

regréer |R(ə)gRee| *v.tr.* (*mar.*) *regréer un navire* [*en remplacer le gréement*] riarmare una nave.

regreffage |R(ə)gRefaʒ| *s.m.* [→ REGREFFER] reinnesto.

regreffer |R(ə)gRefe| *v.tr.* [*greffer une seconde fois*] reinnestare.

régresser |RegRese| *v.intr.* [*subir une régression*] regredire (197) (*aux.* essere) ◇ (*écon.*) *production qui régresse* produzione che regredisce ◇ (*psycho.*) *malade qui régresse au stade infantile* malato che regredisce allo stadio infantile.

régressif, ive |RegResif, iv| *adj.* (*biol., géol., philo.*) regressivo.

régression |RegResjɔ̃| *s.f.* **1** [*évolution vers le point de départ*] regresso *m.*, regressione: *la mortalité infantile est en régression, en voie de régression* la mortalità infantile è in regresso, in via di regressione → **recul** **2** (*géol., math., psycho.*) regressione.

regret |R(ə)gRɛ| *s.m.* **I** [*état de conscience douloureux causé par la perte d'un bien*] rimpianto: *regret du pays natal* rimpianto, nostalgia del paese natale; *quitter un lieu, une personne avec regret* abbandonare un luogo, una persona con rimpianto **II** **1** [*mécontentement ou chagrin* (*d'avoir fait, de n'avoir pas fait, dans le passé*)] rammarico*: *le regret d'une faute* il rammarico per un errore; *le regret d'avoir offensé qqn.* il rammarico di aver offeso qc.; *le regret de n'avoir pas réussi* il rammarico di non essere riuscito (a fare q.c.) ◇ (*loc. adv.*) *à regret* a malincuore **2** [*déplaisir qu'on exprime d'être dans la nécessité de, d'être responsable de* (*la situation présente*)] dispiacere, rammarico # *j'ai le regret de ne pouvoir vous recevoir aujourd'hui* mi rincresce, mi spiace (di) non poterla ricevere oggi; *je suis au regret de vous annoncer* mi spiace (di) annunciarle, sono spiacente di annunciarle che...

regrettable |R(ə)gRetabl(ə)| *adj.* [*qui est à regretter* (II 2)] spiacevole, increscioso: *une erreur regrettable* un errore spiacevole; *conséquences regrettables* conseguenze spiacevoli, incresciose; *il est regrettable qu'il l'ait appris si tard* è spiacevole, increscioso che lo abbia saputo così tardi.

regrettablement |R(ə)gRetabləmɑ̃| *adv.* (*littér.*) [→ REGRETTABLE] incresciosamente, spiacevolmente: *il s'est regrettablement immiscé dans cette affaire* si è incresciosamente immischiato in questo affare.

regretter |R(ə)gRete| *v.tr.* **I** [*éprouver le désir douloureux de* (*un bien qu'on a eu ou qu'on n'a plus*)] rimpiangere (165): *regretter le temps passé, son bonheur perdu* rimpiangere il tempo passato, la felicità perduta; *je vous regretterai longtemps* la rimpiangerò a lungo ✦ (*au p.p.*) *notre regretté président* il nostro compianto presidente **II** **1** [*être mécontent* (*d'avoir fait ou de n'avoir pas fait*)] rammaricarsi *pron.* (di), pentirsi *pron.* (di): *elle regrette d'être venue* si rammarica, si pente di essere venuta; *je ne regrette rien* non mi pento di niente; *vous le regretterez!* ve ne pentirete! (se ne pentirà!); *vous ne le regretterez pas!* non ve ne pentirete! (non se ne pentirà!) **2** [*désapprouver; être mécontent de* (*ce qui contrarie une attente, un désir, un souhait*)] (di)spiacere (149) *intr.* (a), dolersi (137) (*pron.*): *nous regrettons qu'il ne puisse venir* ci spiace che non possa venire **3** [*se montrer fâché auprès de qqn.* (*d'une action, d'une situation dont on est responsable*)] (di)spiacere: *je regrette de vous avoir fait attendre* mi dispiace di averla fatta attendere ✦ (*absolt.*) *je regrette* mi (di)spiace: *'la rue X, s'il vous plaît?' 'je regrette, je ne suis pas du quartier'* 'la via X, per favore?' 'mi (di)spiace, non sono del quartiere'.

regrèvement |R(ə)gRɛvmɑ̃| *s.m.* (*fin.*) sovr(a)imposta *f.*

regrimper |R(ə)gRɛ̃pe| *v.intr.* [*grimper de nouveau*] arrampicarsi *pron.* di nuovo ◇ (*fig., fam.*) risalire (199) (*aux.* essere): *courbe de température qui regrimpe* curva della temperatura che risale ✦ (*tr.*) *regrimper la pente* risalire il pendio.

regros |RəgRo| *s.m.* (*techn.*) scorza *f.*, corteccia* *f.*

regrossir |R(ə)gRosiR| *v.intr.* [*grossir de nouveau, grossir après avoir maigri*] ingrassare (*aux.* essere) di nuovo.

regroupement |R(ə)gRupmɑ̃| *s.m.* [→ REGROUPER] raggruppamento: *regroupement d'hommes, de forces* raggruppamento di uomini, di forze.

regrouper |R(ə)gRupe| *v.tr.* **1** [*grouper, unir de nouveau* (*ce qui était dispersé*)] raggruppare: *regrouper les hommes d'un parti, d'une armée* raggruppare gli uomini di un partito, di un esercito ✦ (*pron. intr.*) SE REGROUPER [*se remettre en groupe*] raggrupparsi, raccogliersi (123): *se regrouper autour de qqn., derrière qqn.* raggrupparsi, raccogliersi attorno a qc., dietro qc. **2** [*grouper* (*des éléments dispersés*), *réunir*] raggruppare, riunire (197): *regrouper les populations, les industries* raggruppare, riunire le popolazioni, le industrie.

régularisation |RegylaRizɑsjɔ̃| *s.f.* **1** [→ RÉGULARISER 1] regolarizzazione: *régularisation d'un compte, d'un acte* regolarizzazione di un conto, di un atto **2** [→ RÉGULARISER 2] regolazione: *régularisation d'un cours d'eau* regolazione, regimazione di un corso d'acqua.

régulariser |RegylaRize| *v.tr.* **1** [*rendre conforme aux lois, aux règlements*] regolarizzare: *régulariser sa situation financière, militaire* regolarizzare la propria posizione finanziaria, militare ◇ (*spécialt.*) *régulariser* (*sa situation*) regolarizzare la propria situazione **2** [*rendre régulier* (*ce qui est désordonné, inégal, intermittent*)] regolare: *régulariser le fonctionnement d'un appareil* regolare il funzionamento di un apparecchio; *régulariser le trafic* regolare, disciplinare il traffico; *régulariser un fleuve* regolare, regimare un fiume.

régularité |RegylaRite| *s.f.* **1** regolarità (*inv.*): *la régularité de son pas, de son allure* la regolarità del suo passo, della sua andatura ◇ (*fam.*) *une régularité d'horloge, de chronomètre* una regolarità cronometrica **2** [*le fait de présenter des proportions régulières*] regolarità: *régularité d'une façade* regolarità di una facciata **3** [*conformité aux règles*] regolarità: *régularité d'une élection* regolarità di un'elezione.

régulateur, trice |RegylatœR, tRis| **I** *adj.* (*mécan., physiol., sc.*) regolatore* **II** *s.m.* **1** (*littér.*) regolatore **2** (*techn.*) regolatore: *régulateur de pres-*

sion, de tension regolatore di pressione, di tensione **3** (*agric., horlogerie*) regolatore.
régulation |ʀegylɑsjɔ̃| *s.f.* regolazione: *régulation du trafic* regolazione, disciplina del traffico; *régulation des naissances* regolazione, controllo delle nascite ◇ (*physiol.*) regolazione: *régulation thermique* regolazione termica.
régule |ʀegyl| *s.m.* (*techn.*) lega* *f.* antifrizione.
régulier, ière |ʀegylje, jɛʀ| *adj.* **I** (*choses*) **1** regolare: *verbes réguliers* verbi regolari; *gouvernement, tribunal régulier* governo, tribunale regolare ◇ [*permis* (*par la loi, par les règles d'un jeu*)] *coup régulier* colpo regolare ◇ (*fam., pop.*) [*loyal, correct, réglé*] regolare (*cour.*), corretto (*cour.*): *opération commerciale parfaitement régulière* operazione commerciale perfettamente regolare, corretta **2** [*qui présente un caractère de symétrie, d'ordre, d'harmonie*] regolare: *forme régulière* forma regolare; *visage régulier* viso regolare ◇ (*math.*) *élément régulier* elemento regolare; *polygone régulier* poligono regolare **3** [*caractérisé par une vitesse, un rythme uniforme; sans à-coups, sans interruption*] regolare: *pouls régulier* polso regolare; *cours d'eau régulier* corso d'acqua regolare **4** (*loc. adv.*) *à intervalles réguliers* ad intervalli regolari, regolarmente *adv.* **5** [*qui n'est pas occasionnel, mais habituel*] regolare: *service régulier d'autocars* servizio regolare di pullman; *être en correspondance régulière avec qqn.* intrattenere una corrispondenza regolare con qc. **6** [*soumis à des habitudes conformes à la morale*] metodico*, regolare: *avoir une vie régulière* condurre una vita metodica, regolare **II** (*personnes*) **1** [*qui appartient à un ordre religieux*] regolare: *clergé régulier et clergé séculier* clero regolare e clero secolare ♦ (*s.m.*) *un régulier* un religioso regolare *adj.* **2** (*troupe, soldat*) regolare: *armées régulières* eserciti regolari **3** [*assidu, exact, ponctuel, réglé*] metodico: *il est régulier dans ses habitudes* è metodico nelle sue abitudini **4** (*fam.*) [*qui respecte les usages, les règles en vigueur dans un milieu, une profession, une activité*] corretto (*cour.*): *régulier en affaires* corretto in affari.
régulière |ʀegyljɛʀ| *s.f.* (*pop.*) [*épouse*] moglie* (*cour.*): *il se promène avec sa régulière* va a passeggio con la moglie, con la sua signora ◇ [*maîtresse*] amante (*cour.*).
régulièrement |ʀegyljɛʀmɑ̃| *adv.* **1** [→ RÉGULIER I] regolarmente: *fonctionnaire régulièrement nommé* funzionario regolarmente nominato **2** [*avec régularité, uniformité*] regolarmente: *payer régulièrement* pagare regolarmente **3** [*normalement, d'ordinaire*] in linea di massima (*loc. inv.*): *régulièrement, il ne devrait pas être battu* in linea di massima non dovrebbe essere battuto.
régurgitation |ʀegyʀʒitɑsjɔ̃| *s.f.* (*méd.*) [→ REGURGITER] rigurgito *m.*
régurgiter |ʀegyʀʒite| *v.tr.* [*rendre; faire revenir de l'estomac dans la bouche*] rigurgitare.
réhabilitable |ʀeabilitabl(ə)| *adj.* [→ RÉHABILITER] riabilitabile.
réhabilitation |ʀeabilitɑsjɔ̃| *s.f.* **1** [*le fait de restituer ou de régagner l'estime, la considération perdue*] riabilitazione: *réhabilitation d'une personne compromise* riabilitazione di una persona compromessa **2** (*dr.*) riabilitazione: *réhabilitation du failli* riabilitazione del fallito **3** (*urbanisme*) *réhabilitation d'un quartier, d'immeubles vétustes* rinnovamento *m.*, riattamento *m.* di un quartiere, di edifici fatiscenti.
réhabiliter |ʀeabilite| *v.tr.* **1** [*rendre à* (*un condamné*) *ses droits perdus et l'estime publique, en reconnaissant son innocence*] riabilitare: *réhabiliter la victime d'une erreur judiciaire* riabilitare la vittima di un errore giudiziario ♦ (*au p.p.*) *failli réhabilité* fallito riabilitato **2** [*rétablir dans l'estime, dans la considération d'autrui*] riabilitare: *réhabiliter la mémoire d'un ami* riabilitare la memoria di un amico ♦ *pron. intr.* SE RÉHABILITER riabilitarsi: *se réhabiliter dans l'opinion publique* riabilitarsi agli occhi dell'opinione pubblica **3** [*remettre en état, rénover* (*un quartier, un immeuble*)] ripristinare, riattare: *réhabiliter un paysage urbain et industriel dégradé* ripristinare un paesaggio urbano e industriale guastato.
réhabituer |ʀeabitɥe| *v.tr.* [*habituer de nouveau, faire reprendre une habitude perdue*] riabituare ♦ (*pron. intr.*) *se réhabituer à un travail* riabituarsi a un lavoro.
rehaussement |ʀəosmɑ̃| *s.m.* [→ REHAUSSER 1] rialzo, rialzamento: *le rehaussement d'une clôture* il rialzo, rialzamento di una recinzione; *rehaussement fiscal* rialzo, aggravio fiscale.
rehausser |ʀəose| *v.tr.* **1** [*hausser davantage; élever à un plus haut niveau*] rialzare, sopraelevare: *rehausser un mur* rialzare un muro **2** (*sujet de chose*) [*faire paraître, valoir davantage par sa présence*] far (103) *intr.* risaltare, mettere (155) in risalto: *fard qui rehausse l'éclat du teint* trucco che mette in risalto, ravviva lo splendore della carnagione ♦ (*au p.p.*) *habit rehaussé de broderies* abito valorizzato, impreziosito da ricami **3** [*donner plus de relief à un* (*dessin*), *en soulignant, en accentuant certains éléments*] lumeggiare: *rehausser un dessin par des touches de gouache* lumeggiare un disegno con pennellate a tempera.
rehaut |ʀəo| *s.m.* (*peint.*) [→ REHAUSSER 3] lumeggiamento: *dessin avec des rehauts de craie, d'aquarelle* disegno con lumeggiamenti a gessetto, ad acquarello.
reichsmark |ʀajʃsmaʀk| *s.m.* (*all.*) [*anc. unité monétaire all.*] marco*.
réification |ʀeifikɑsjɔ̃| *s.f.* (*philo.*) reificazione.
réifier |ʀeifje| *v.tr.* (*philo.*) [*transformer en chose; donner un caractère de chose*] reificare.
réimperméabilisation |ʀeɛ̃pɛʀmeabilizɑsjɔ̃|, (*fam.*) **réimper** |ʀeɛ̃pɛʀ| *s.f.* [→ RÉIMPERMÉABILISER] nuova impermeabilizzazione.
réimperméabiliser |ʀeɛ̃pɛʀmeabilize| *v.tr.* [*imperméabiliser de nouveau*] impermeabilizzare di nuovo.
réimplantation |ʀeɛ̃plɑ̃tɑsjɔ̃| *s.f.* (*chir.*) reinnesto *m.*, reimpianto *m.*
réimplanter |ʀeɛ̃plɑ̃te| *v.tr.* (*chir.*) [*pratiquer la réimplantation de*] reinnestare, reimpiantare.
réimportation |ʀeɛ̃pɔʀtɑsjɔ̃| *s.f.* [→ RÉIMPORTER] reimportazione: *réimportation en franchise* reimportazione in franchigia.
réimporter |ʀeɛ̃pɔʀte| *v.tr.* [*faire rentrer dans leur pays d'origine* (*des marchandises qui ont été exportées*)] reimportare.
réimposer |ʀeɛ̃poze| *v.tr.* **1** [*frapper d'une taxe complémentaire ou d'un nouvel impôt*] ritassare **2** (*typogr., imprim.*) [*procéder à une nouvelle disposition sur châssis des pages composées d'un feuillet*] reimporre (168), fare (103) una nuova imposizione.
réimposition |ʀeɛ̃pozisjɔ̃| *s.f.* [→ RÉIMPOSER] nuova imposta, reimposizione.
réimpression |ʀeɛ̃pʀɛsjɔ̃| *s.f.* [→ RÉIMPRIMER] ristampa.
réimprimer |ʀeɛ̃pʀime| *v.tr.* [*imprimer de nouveau, sans changement*] ristampare.
rein |ʀɛ̃| *s.m.* **1** *au plur.* LES REINS [*la partie inférieure du dos, au niveau des vertèbres lombaires*] le reni *f.*, la schiena (*f. sing.*): *coup de reins* colpo di reni; *douleur, maux de reins* dolore, mal di reni ◇ (*loc.*) *avoir les reins solides* avere le spalle robuste ~ *avoir les reins souples* essere accondiscendente ~ *casser les reins à qqn.* spezzare le reni a qc. ~ *mettre à qqn. l'épée dans les reins* pungolare qc. **2** (*anat.*) rene: *rein flottant* rene mobile; *ablation d'un rein* asportazione di un rene; *rein artificiel* rene artificiale **3** (*archit.*) fianchi *pl.* di una volta.
réincarcération |ʀeɛ̃kaʀseʀɑsjɔ̃| *s.f.* (*dr.*) reincarcerazione.
réincarcérer |ʀeɛ̃kaʀseʀe| (8) *v.tr.* (*dr.*) [*incarcérer de nouveau*] incarcerare di nuovo.
réincarnation |ʀeɛ̃kaʀnɑsjɔ̃| *s.f.* (*relig.*) [→ RÉINCARNER (SE)] reincarnazione.
réincarner (se) |ʀeɛ̃kaʀne| *v. pron. intr.* [*s'incarner de nouveau*] reincarnarsi.
réincorporer |ʀeɛ̃kɔʀpɔʀe| *v.tr.* (*milit.*) [*incorporer de nouveau*] rincorporare: *il fut réincorporé dans le même régiment* fu rincorporato nello stesso reggimento.
reine |ʀɛn| *s.f.* **1** [*épouse d'un roi*] regina ◇ (*fig., fam.*) *la reine mère* [*la belle mère*] la suocera (*cour.*): *pas un mot à la reine mère !* non una parola alla suocera! **2** [*femme qui détient l'autorité souveraine dans un royaume*] regina: *la reine d'Angleterre* la regina d'Inghilterra ◇ (*loc.*) *avoir un port de reine* avere un portamento da regina ◇ (*cuis.*) *bouchée à la reine* timballo *m.* **3** (*aux échecs*) regina **4** [*femme qui l'emporte sur les autres par une éminente qualité*] *la reine du bal, de la fête* la regina del ballo, della festa **5** (*fig.*) [*ce qui domine, prime* (*pour un nom au f.*)] regina: *l'infanterie est la reine des batailles* la fanteria è la regina delle battaglie **6** [*femelle féconde* (*d'abeille, de guêpe, etc. unique dans la colonie*)] regina.
reine-claude |ʀɛnklod| *s.f.* [*variété de poires*] regina claudia (*inv.*): *des reines-claudes, des reine-claudes* delle regina claudia.
reine-des-prés |ʀɛndepʀe| *s.f.* (*t.bot.*) regina dei prati: *des reines-des-prés* delle regine dei prati.
reine-marguerite |ʀɛnmaʀgəʀit| *s.f.* (*t.bot.*) astro *m.* della Cina: *des reines-marguerites* degli astri della Cina.

reinette, rainette |Rɛnɛt| *s.f.* [*variété de pommes*] renetta, ranetta.
réinfecter |Reɛ̃fɛkte| *v.tr.* [*infecter de nouveau*] reinfettare ♦ (*pron. intr.*) *la plaie s'est réinfectée* la piaga si è reinfettata.
réinfection |Reɛ̃fɛksjɔ̃| *s.f.* (*méd.*) [→ RÉINFECTER] reinfezione.
réinfestation |Reɛ̃fɛstɑsjɔ̃| *s.f.* (*agric.*) reinfestazione.
réinscription |Reɛ̃skRipsjɔ̃| *s.f.* nuova iscrizione.
réinscrire |Reɛ̃skRiR| (51) *v.tr.* [*inscrire de nouveau*] iscrivere (182) di nuovo.
réinsérer |Reɛ̃seRe| (8) *v.tr.* [*insérer à nouveau, réintroduire*] reinserire (197).
réinsertion |Reɛ̃sɛRsjɔ̃| *s.f.* [→ RÉINSÉRER] reinserimento *m.*
réinstallation |Reɛ̃stalɑsjɔ̃| *s.f.* [→ RÉINSTALLER] nuova installazione.
réinstaller |Reɛ̃stale| *v.tr.* [*installer de nouveau*] installare di nuovo.
réintégrable |Reɛ̃tegRabl(ə)| *adj.* [→ RÉINTÉGRER 2] reintegrabile.
réintégration |Reɛ̃tegRɑsjɔ̃| *s.f.* [→ RÉINTÉGRER 2] reintegrazione: *fonctionnaire révoqué qui obtient sa réintégration* funzionario sospeso che ottiene la reintegrazione nel suo ufficio ◇ (*dr.*) riassunzione di cittadinanza.
réintégrer |Reɛ̃tegRe| (8) *v.tr.* **1** (*compl. de chose*) [*reprendre possession de* (*un lieu*)] riprendere (105) possesso (di): *réintégrer le domicile conjugal* riprendere possesso del domicilio coniugale ◇ (*par ext.*) [*revenir dans* (*un lieu qu'on avait quitté*)] (ri)tornare *intr.* (*aux.* essere) (a): *réintégrer son logis* ritornare al proprio alloggio **2** (*compl. de personne*) [*rétablir* (*qqn.*) *dans la possession, la jouissance d'un bien, d'un droit*] reintegrare: *réintégrer un fonctionnaire* reintegrare un funzionario.
réintroduction |Reɛ̃tRɔdyksjɔ̃| *s.f.* [→ RÉINTRODUIRE] reintroduzione.
réintroduire |Reɛ̃tRɔdɥiR| (75) *v.tr.* [*introduire de nouveau*] reintrodurre (108).
réinventer |Reɛ̃vɑ̃te| *v.tr.* [*inventer de nouveau, redonner une valeur nouvelle à* (*une chose oubliée ou perdue*)] reinventare.
réinvention |Reɛ̃vɑ̃sjɔ̃| *s.f.* [→ RÉINVENTER] reinvenzione.
réinviter |Reɛ̃vite| *v.tr.* [*inviter de nouveau*] rinvitare, invitare di nuovo.
reis |Rɛjs| *s.m.* **1** (*hist.*) dignitario* **2** [*patron, capitaine d'un bateau turc*] capitano ◇ (*mar.*) *reis de madrague* capopesca*.
réitérable |ReiteRabl(ə)| *adj.* [→ RÉITÉRER] reiterabile.
réitératif, ive |ReiteRatif, iv| *adj.* (*dr.*) reiterato: *sommation réitérative* ingiunzione reiterata.
réitération |ReiteRɑsjɔ̃| *s.f.* (*littér.*) [→ RÉITÉRER] reiterazione.
réitéré, ée |ReiteRe| *adj.* reiterato, ripetuto.
réitérer |ReiteRe| (8) *v.tr.* [*faire de nouveau, faire plusieurs fois*] reiterare, ripetere: *réitérer sa demande* reiterare, ripetere la propria richiesta ♦ (*absolt.*) *il avait promis de ne pas recommencer, mais il a réitéré* aveva promesso di non farlo più, ma ha ricominciato daccapo.
reître |RɛtR(ə)| *s.m.* **1** (*ancienn.*) [*cavalier all.*] raitro **2** (*fig., littér.*) [*guerrier brutal*] soldataccio* → **soudard.**

rejaillir |R(ə)ʒajiR| *v.intr.* **1** (*d'un liquide*) [*jaillir en étant renvoyé par un obstacle ou sous l'effet d'une pression*] schizzare (*aux.* essere), sprizzare (*aux.* essere): *la boue rejaillissait sous les roues de la voiture* il fango schizzava da sotto le ruote della macchina; *sang qui rejaillit d'une veine* sangue che sprizza da una vena **2** (*fig.*) REJAILLIR SUR (QQN.) [*se reporter sur* (*qqn.*, *par un prolongement de l'effet*)] riflettersi *pron.*, ricadere (*aux.* essere) su: *les fautes des parents rejaillissent sur leurs enfants* le colpe dei padri ricadono sui figli.
rejaillissement |R(ə)ʒajismɑ̃| *s.m.* (*littér.*) **1** [→ REJAILLIR 1] schizzo (*cour.*), spruzzo (*cour.*): *rejaillissement d'un jet d'eau* schizzo, spruzzo di un getto d'acqua **2** (*fig.*) [→ REJAILLIR 2] riflesso: *le rejaillissement de sa gloire sur toute la famille* il riflesso della sua gloria su tutta la famiglia.
1 **rejet** |R(ə)ʒɛ| *s.m.* **1** [→ REJETER I; II] rigetto ◇ (*géol.*) *rejet d'une faille* rigetto di una faglia **2** (*versif.*) rimando ◇ (*gram.*) posposizione (*f.*): *rejet du sujet* posposizione del soggetto **3** (*méd.*) rigetto: *phénomène de rejet* fenomeno di rigetto **4** [→ REJETER III] rigetto, reiezione (*f.*): *rejet d'une requête, d'une proposition, d'un projet* rigetto, bocciatura di una richiesta, di una proposta, di un progetto; *rejet d'un recours en grâce* rigetto di un ricorso per la grazia.
2 **rejet** |R(ə)ʒɛ| *s.m.* (*bot.*) germoglio*, pollone.
rejetable |Rəʒtabl(ə)| *adj.* (*littér.*) [→ REJETER III] rigettabile, che si può respingere *loc.* (*cour.*).
rejeter |Rəʒte, Rʒəte| (5) *v.tr.* **I** **1** [*jeter en sens inverse* (*ce qu'on a reçu, pris*)] rigettare, ributtare: *rejeter un poisson à la mer* rigettare, ributtare un pesce in mare; *la mer rejette les épaves à la côte* il mare rigetta i relitti verso la costa **2** [*évacuer, expulser*] rigettare: *rejeter un caillot de sang* rigettare, sputare un grumo di sangue; *son estomac rejette toute nourriture* il suo stomaco rigetta, rifiuta ogni specie di cibo → **rendre, vomir** **3** (*fig.*) [*faire retomber* (*sur un autre*)] rigettare: *rejeter un tort, une responsabilité sur qqn.* rigettare un torto, una responsabilità su qc. → **relancer** **II** [*jeter, porter ou mettre ailleurs*] rimandare: *rejeter un mot à la fin de la phrase* rimandare una parola alla fine della frase, posporre una parola ◇ (*en changeant de position*) gettare: *rejeter la tête, les épaules en arrière* gettare la testa, le spalle indietro **III** [*ne pas admettre*] **1** [*écarter* (*qqch.*) *en refusant*] rifiutare, respingere (119), rigettare: *rejeter une offre, une proposition* rifiutare, respingere un'offerta, una proposta; *l'Assemblée a rejeté ce projet de loi* l'Assemblea ha respinto quel progetto di legge → 1 **repousser,** 1 **décliner** **2** [*écarter* (*qqn.*) *en repoussant*] rifiutare, respingere: *individus rejetés par la société* individui rifiutati, respinti dalla società.
rejeton |Rəʒtɔ̃, Rʒətɔ̃| *s.m.* **1** [*nouvelle pousse sur la souche, le tronc d'un arbre*] pollone, rimessiticcio* **2** (*fam., iron.*) [*enfant, fils*] rampollo.
rejoindre |R(ə)ʒwɛ̃dR(ə)| (61) *v.tr.* **1** [*se joindre de nouveau à* (*une ou plusieurs personnes*)] raggiungere (150): *rejoindre sa famille, son régiment* raggiungere la propria famiglia, il proprio reggimento ♦ (*récipr.*) *nous devons nous rejoindre chez lui* dobbiamo ritrovarci a casa sua **2** [*regagner* (*un lieu*)] raggiungere ◇ (*choses*) [*venir en contact avec*] *la rue rejoint la place à cet endroit* la via raggiunge la piazza, sbocca nella piazza in quel punto **3** (*fig.*) [*avoir une grande ressemblance avec*] avvicinarsi *pron.* (a), ricollegarsi *pron.* (a): *l'art de Rodin rejoint celui de Michel-Ange* l'arte di Rodin si avvicina, si ricollega a quella di Michelangelo **4** [*atteindre* (*qqn. qui a de l'avance*)] raggiungere: *je n'ai pas pu le rejoindre* non ho potuto raggiungerlo → **rattraper.**
rejointoiement |R(ə)ʒwɛ̃twamɑ̃| *s.m.* (*techn.*) (ri)cementazione *f.*
rejointoyer |R(ə)ʒwɛ̃twaje| (10) *v. tr.* (*techn.*) [*procéder à un nouveau jointoiement de*] (ri)cementare: *rejointoyer un mur* (ri)cementare un muro.
rejouer |R(ə)ʒwe| **A** *v.intr.* [*se remettre à jouer* (*après avoir cessé*)] rigiocare **B** *v.tr.* [*jouer une nouvelle fois*] ris(u)onare, rieseguire (197); ridare (102), rappresentare di nuovo: *rejouer un air, un morceau* (*de musique*) risonare, rieseguire un motivo, un pezzo (musicale) ‖ *rejouer une pièce, un spectacle* ridare, rappresentare di nuovo una commedia, uno spettacolo.
réjouir |Reʒwir| **A** *v.tr.* [*rendre joyeux*] rallegrare, allietare: *choses qui réjouissent le cœur, le regard* cose che rallegrano, allietano il cuore, lo sguardo ◇ [*mettre en belle humeur, en gaieté*] rallegrare, divertire (197) → **amuser, divertir** **B** *v.pron. intr.* SE RÉJOUIR **1** (*vieilli*) → **amuser** (**s'**), **divertir** (**se**) **2** [*éprouver de la joie, de la satisfaction*] rallegrarsi, compiacersi (149): *se réjouir des malheurs des autres* rallegrarsi, compiacersi delle disgrazie altrui; *réjouissez-vous, j'apporte une bonne nouvelle* rallegratevi, vi porto una buona notizia **3** SE RÉJOUIR À essere (96) *intr.* felice, contento a: *se réjouir à la pensée qu'on a réussi* essere felice, contento al pensiero della propria riuscita → **jubiler** ~ SE RÉJOUIR DE rallegrarsi: *je me réjouis de votre succès* mi rallegro, mi compiaccio del vostro successo; *je me réjouis que tout soit terminé* mi rallegro, sono contento che sia tutto finito → **féliciter** (**se**) ♦ *au p.p.* gaio*, allegro: *un air réjoui* un'aria gaia, allegra; *une mine réjouie* una faccia allegra.
réjouissance |Reʒwisɑ̃s| *s.f.* [*joie collective*] allegrezza, giubilo (*m.*): *des signes de réjouissance* segni di allegrezza, di giubilo → **amusement, divertissement** ◇ *au plur.* festeggiamenti (*m.*): *réjouissances publiques* pubblici festeggiamenti; *le programme des réjouissances* il programma dei festeggiamenti.
réjouissant, ante |Reʒwisɑ̃, ɑ̃t| *adj.* [*qui est propre à réjouir*] piacevole, divertente: *un succès réjouissant* un successo piacevole; *une nouvelle qui n'a rien de réjouissant* una notizia che non ha niente di divertente, di piacevole ◇ [*qui amuse*] divertente: *il est d'une bêtise réjouissante* è di una stupidaggine (persino) divertente.
relâche |R(ə)lɑʃ| *s.* **1** *s.m. ou f.* (*littér.*) [*répit, repos*] riposo *m.*, pausa (*f.*): *un moment de relâche* un momento di pausa, di respiro; *prendre un peu de relâche* prendere un po' di riposo, di respiro # *se donner relâche* prendere

fiato ◇ *loc.* SANS RELÂCHE [*continuellement*] senza posa, senza sosta: *travailler sans relâche* lavorare senza posa, senza sosta → **interruption, trêve 2** *s.f.* [*fermeture momentanée d'une salle de spectacle*] riposo: *jour de relâche* giorno di riposo; *faire relâche* fare, avere riposo **3** *s.f.* (*mar.*) scalo *m.* → **échelle, escale** ◇ (*cour.*) [*action de s'arrêter dans un port*] scalo.

relâché, ée |R(ə)lɑʃe| *adj.* [*qui a perdu sa force, sa vigueur*] rilassato: *discipline, conduite, morale relâchée* disciplina, condotta, morale rilassata → **dissolu.**

1 **relâchement** |R(ə)lɑʃmɑ̃| *s.m.* **1** (*vx.*) → **relâche** 1 **2** [*état de ce qui est relâché, plus lâche*] allentamento: *le relâchement d'une corde détendue* l'allentamento di una corda distesa ◇ (*méd.*) rilassamento: *relâchement de la musculature abdominale, relâchement musculaire* rilassamento della muscolatura addominale, rilassamento muscolare **3** (*fig.*) [*diminution d'activité, d'effort*] rilassatezza *f.*, rilassamento: *le relâchement de la discipline, des mœurs* la rilassatezza, il rilassamento della disciplina, dei costumi → **laisser-aller.**

2 **relâchement** |R(ə)lɑʃmɑ̃| *s.m.* [→ 2 RELÂCHER] rilascio*: *le relâchement d'un détenu* il rilascio di un prigioniero → **relaxe.**

1 **relâcher** |R(ə)lɑʃe| **A** *v.tr.* **1** [*rendre moins tendu ou moins serré*] allentare: *relâcher une corde, une étreinte* allentare una corda, una stretta → **détendre, desserrer** ◇ (*par ext.*) [*décontracter*] rilassare: *relâcher les muscles* rilassare i muscoli **2** [*reposer, détendre*] allentare, diminuire (197): *relâcher son attention* allentare, diminuire la propria attenzione **B** *v.pron. intr.* SE RELÂCHER **1** [*devenir plus lâche*] allentarsi: *les liens entre nous se relâchent* i nostri rapporti si allentano **2** [*devenir moins rigoureux*] rilassarsi, allentarsi: *la discipline se relâche* la disciplina si rilassa, si allenta → **faiblir** ◇ (*personnes*) [*montrer moins d'ardeur, d'exactitude*] applicarsi con minor impegno; lasciarsi andare: *il se relâche dans son travail* si applica con minor impegno nel proprio lavoro || *il se relâche souvent* si lascia spesso andare.

2 **relâcher** |R(ə)lɑʃe| *v.tr.* [*remettre en liberté*] rilasciare: *relâcher un prisonnier* rilasciare un prigioniero.

3 **relâcher** |R(ə)lɑʃe| *v.intr.* (*mar.*) [*s'arrêter dans un port; faire escale*] fare (103) *tr.* scalo.

relais |R(ə)lɛ| *s.m.* **I** **1** (*chasse*) muta *f.* di ricambio # *donner le relais* lanciare i cani **2** cambio* di cavalli ◇ (*par ext.*) [*lieu, poste où ces chevaux sont préparés*] posta (*f.*): *relais de poste* posta **3** (*sport*) *course de relais* (corsa a) staffetta *f.* ◇ (*par ellipse*) *le relais 4 fois cent mètres* la staffetta 4 x 100; *le quatre cents mètres relais* i quattrocento staffetta # *coureur de relais qui passe le témoin* staffettista che passa il testimone **4** [*mode d'organisation du travail où les ouvriers se remplacent par roulement*] cambio: *équipe de relais* squadra che dà il cambio; *prendre le relais de qqn.* dare il cambio a qc., rilevare qc. # *travail par relais* lavoro a squadre, a turni **5** [*étape entre deux points de l'espace*] scalo ◇ (*fig.*) intermediario*: *je vous servirai de relais* le farò da intermediario **II** (*électr.*) relè (*inv.*): *relais à minima, à maxima* relè di minima, di massima ◇ (*télécom.*) ripetitore: *relais téléphonique* ripetitore telefonico; *relais de télévision* ripetitore televisivo.

relaisser (se) |R(ə)lese| *v.pron. intr.* (*chasse*) (*en parlant d'un animal poursuivi*) [*s'arrêter après avoir longtemps couru*] fermarsi per (ri)prendere fiato: *lièvre qui se relaisse* lepre che si ferma per prendere fiato.

relance |R(ə)lɑ̃s| *s.f.* **1** (*jeu*) [→ RELANCER 4] rilancio* *m.* **2** [*reprise* (*d'une idée, d'un projet*)] rilancio: *la relance de l'économie* il rilancio dell'economia ◇ [*nouvelle impulsion*] recrudescenza: *la relance du terrorisme, de la répression* la recrudescenza del terrorismo, della repressione.

relancer |R(ə)lɑ̃se| (2) *v.tr.* **1** [*lancer de nouveau, lancer à son tour*] rilanciare: *relancer la balle* rilanciare la palla → **renvoyer** **2** (*chasse*) [*lancer de nouveau* (*une bête qui s'est arrêtée*)] rilanciare: *relancer le cerf* rilanciare il cervo ◇ [*remettre en marche, en route*] rimettere (155) in moto, in marcia: *relancer un moteur* rimettere in moto un motore ◇ (*fig.*) rilanciare: *relancer un projet, une idée* rilanciare un progetto, un'idea; *relancer l'économie d'un pays* rilanciare l'economia di un paese **3** [*poursuivre avec insistance* (*qqn.*) *pour obtenir de lui qqch.*] sollecitare: *un importun qui relance ses amis pour se faire inviter* uno scocciatore che sollecita, importuna gli amici per farsi invitare; *ses créanciers le relancent* i suoi creditori lo sollecitano, non gli dànno tregua **4** (*jeu*) [*mettre un enjeu supérieur à celui de l'adversaire*] rilanciare, fare (103) un rilancio *absolt.*

relaps, apse |R(ə)laps, aps(ə)| *adj. et s.* (*relig.*) recidivo (in un'eresia).

rélargir |RelaRʒiR| *v.tr.* (*rare*) [*rendre encore plus large*] riallargare (*cour.*) ⓒ **rétrécir.**

relater |R(ə)late| *v.tr.* **1** (*littér.*) [*raconter d'une manière précise et détaillée*] riferire (197), riportare: *les historiens relatent que...* gli storici riferiscono, riportano che...; *écrit, journal qui relatent les événements de l'actualité* scritto, giornale che riferiscono gli avvenimenti di attualità → **rapporter** **2** (*dr.*) *relater une pièce dans un inventaire, un procès-verbal* [*la mentionner*] menzionare un atto in un inventario, in un processo verbale; *relater un fait* [*le consigner*] registrare un fatto.

relatif, ive |R(ə)latif, iv| *adj.* **1** relativo: *positions relatives* posizioni relative; *dimensions relatives des parties* dimensioni relative delle parti; *majorité relative* maggioranza relativa ◇ (*mus.*) *tons relatifs* toni relativi ◇ (*math.*) *nombres relatifs* numeri relativi **2** [*qui ne suffit pas à soi-même, n'est ni absolu, ni indépendant*] relativo: *tenir toute connaissance pour relative* considerare ogni conoscenza come relativa; *tout est relatif!* tutto è relativo! ◆ (*s.m.*) *avoir le sens du relatif* avere il senso del relativo **3** [*incomplet, imparfait*] relativo: *un isolement, un silence relatif* un isolamento, un silenzio relativo; *il est d'une honnêteté toute relative* è di un'onestà molto relativa → **partiel** **4** *loc.* RELATIF À relativo a: *affirmations, discussions relatives à un sujet, à une question* affermazioni, discussioni relative a un soggetto, a un argomento **5** *adj. et s.m. ou f.* (*gram.*) relativo: (*pronoms*) *relatifs* (pronomi) relativi; (*proposition*) *relative* (proposizione) relativa.

1 **relation** |R(ə)lɑsjɔ̃| *s.f.* **I** (*philo.*) relazione ◇ (*log.*) *relations binaires* relazioni binarie ◇ (*cour.*) *ce que je dis est sans relation avec ce qui précède* quello che dico non è in relazione con quello che precede ◇ (*géom., math.*) relazione ◇ (*mus.*) *relation enharmonique* relazione enarmonica **II** **1** [*lien de dépendance ou d'influence réciproque* (*entre personnes*)] relazione, rapporto (*m.*): *les relations entre les hommes* le relazioni, i rapporti tra gli uomini; *les relations humaines* le relazioni umane, i rapporti umani; *relations d'amitié* relazioni d'amicizia; *relations sociales, professionnelles, mondaines* relazioni sociali, professionali, mondane; *relations de voisinage* relazioni di buon vicinato; *nouer une relation, des relations avec qqn.* stringere una relazione, delle relazioni con qc. ◇ *au plur.* relazioni, rapporti: *avoir des relations suivies, espacées avec qqn.* avere relazioni frequenti, rade con qc.; *cultiver, entretenir des relations avec un collègue* coltivare, intrattenere relazioni, rapporti con un collega → **fréquentation** ◇ (*spécialt.*) *relations épistolaires* relazioni, rapporti epistolari → 2 **correspondance** ◇ (*loc.*) *être, se mettre en relation avec qqn.* essere, mettersi in relazione con qc. **2** [*connaissance, fréquentation d'une personne*] relazione: *c'est une relation qu'il faut cultiver* è una relazione che bisogna coltivare; *avoir de nombreuses relations* avere numerose relazioni **3** [*personne avec laquelle on est en relation*] conoscente *s.*, conoscenza: *ce n'est pas un ami, seulement une relation* non è un amico, soltanto un conoscente, una conoscenza **4** [*lien moral et variable entre groupes* (*peuples, nations, États*)] relazione, rapporto: *tension, détente dans les relations internationales* tensione, distensione nelle relazioni, nei rapporti internazionali; *relations diplomatiques* relazioni diplomatiche; *relations culturelles, universitaires entre pays* relazioni culturali, universitarie tra paesi ◇ (*spécialt.*) *relations publiques* relazioni pubbliche **III** (*sc.*) relazione: *les relations de l'homme avec ses semblables, avec le monde, les choses* le relazioni dell'uomo con i suoi simili, con il mondo, le cose ◇ (*philo.*) *la relation du sujet et de l'objet* la relazione tra soggetto e oggetto ◇ (*physiol.*) *fonctions de relation* funzioni di relazione.

2 **relation** |R(ə)lɑsjɔ̃| *s.f.* relazione, resoconto (*m.*): *relation d'un voyage en Chine* relazione, resoconto di un viaggio in Cina; *relation orale, écrite* relazione orale, scritta; *faire la* (*une*) *relation des événements* fare la (una) relazione, il (un) resoconto degli avvenimenti → **procès-verbal, récit.**

relationnel, elle |R(ə)lɑsjɔnɛl| *adj.* relazionale.

relationnisme |R(ə)lɑsjɔnism(ə)| *s.m.* (*philo.*) relazionismo.

relativement |R(ə)lativmɑ̃| *adv.* **1** relativamente: *mesurer deux grandeurs relativement à une troisième* misurare due grandezze relativamente a una terza → **proportionnellement, rap-**

port (par) **2** [→ RELATIF 1] relativamente: *une valeur relativament fixe* un valore relativamente fisso ◇ [*jusqu'à un certain point*] *il est relativement honnête* è relativamente onesto **3** *loc.* RELATIVEMENT À... relativamente a, in relazione a: *interroger un témoin relativement à un crime* interrogare un testimone relativamente, in relazione a un delitto.

relativisation |R(ə)lativizɑsjɔ̃| *s.f.* [→ RELATIVISER] relativizzazione.

relativiser |R(ə)lativize| *v.tr.* [*considérer par rapport à qqch. d'analogue, de comparable, ou à un ensemble*] relativizzare.

relativisme |R(ə)lativism(ə)| *s.m.* (*philo.*) relativismo.

relativiste |R(ə)lativist(ə)| *adj.* relativistico* ✦ (*s.*) *un relativiste* un relativista.

relativité |R(ə)lativite| *s.f.* **I** **1** (*philo.*) relatività (*inv.*): *relativité de la connaissance* relatività della conoscenza **2** [*caractère de ce qui dépend d'autre chose*] relatività: *le sens de la relativité* il senso della relatività **II** (*sc.*) relatività.

relaver |R(ə)lave| *v.tr.* [*laver de nouveau*] rilavare.

relax, relaxe |R(ə)laks| *adj.* (*angl.*) (*fam.*) (*choses*) [*qui favorise la détente, un repos détendu*] distensivo, rilassante: *une petite balade très relax(e)* una passeggiatina distensiva, rilassante → **décontracté** ✦ (*appos.*) *fauteuil relax(e)* poltrona a sdraio *loc. inv.* ✦ *s.m.* rilassamento, relax *inv.* → **repos, décontraction.**

relaxant, ante |R(ə)laksɑ̃, ɑ̃t| *adj.* rilassante: *atmosphère relaxante* atmosfera rilassante ✦ *s.m.* (*médicaments*) → **anxiolytique.**

relaxation |R(ə)laksɑsjɔ̃| *s.f.* **1** (*méd.*) rilassamento (*m.*): *relaxation des muscles* rilassamento dei muscoli → **décontraction,** 1 **relâchement** **2** (*vx.*) → 2 **élargissement** **3** (*angl.*) [*méthode thérapeutique de détente et de maîtrise des fonctions corporelles par des procédés psychologiques actifs*] relax *m. inv.*, rilassamento ◇ (*cour.*) rilassamento, distensione → **repos, détente** **4** (*techn.*) rilassamento: *relaxation des aciers* rilassamento degli acciai.

1 **relaxe** |R(ə)laks(ə)| *s.f.* (*dr. pén.*) rilascio* *m.*, scarcerazione.

2 **relaxe** |R(ə)laks(ə)| *s.f.* → **relaxation 1.**

3 **relaxe** |R(ə)laks(ə)| *adj. et s.m.* → **relax.**

relaxer |R(ə)lakse| **A** *v.tr.* **1** (*dr.*) [*remettre en liberté*] rilasciare, scarcerare → **libérer,** 2 **relâcher** **2** (*méd.*) [*relâcher, détendre* (*les muscles*)] rilassare, distendere (105) **B** *v.pron. réfl.* SE RELAXER [*se détendre, se reposer, physiquement et intellectuellement*] rilassarsi.

relayer |R(ə)leje| (9) **A** *v.intr.* (*vx.*) [*changer de chevaux*] cambiare *tr.* i cavalli (*cour.*) **B** *v.tr.* [*remplacer* (*qqn.*) *pour continuer une tâche, accomplir une épreuve sportive*] rilevare, dare (102) il cambio (a), sostituire (197) ◇ (*techn.*) [*retransmettre* (*par relais*) *une émission de radio ou de télév. à partir d'un émetteur principal*] ritrasmettere (155) **C** *v. pron. récipr.* SE RELAYER [*se remplacer l'un l'autre alternativement*] darsi *tr.* il cambio: *coureurs qui se relaient pour mener* corridori che si danno il cambio per condurre (la corsa) → **alterner.**

relayeur |Rəlɛjœr| *s.m.* (*sport*) frazionista *s.*, staffettista *s.*

relecture |R(ə)lɛktyR| *s.f.* [→ RELIRE 2] rilettura: *relecture des épreuves d'imprimerie* rilettura delle bozze di stampa ◇ [*seconde lecture*] *la relecture de cette œuvre a modifié mon opinion* la rilettura di quell'opera ha modificato la mia opinione.

relégation |R(ə)legɑsjɔ̃| *s.f.* (*dr.*) relegazione ◇ (*dr. pén.*) confino *m.*

reléguer |R(ə)lege| (8) *v.tr.* **1** (*dr.*) [*exiler dans un lieu déterminé*] relegare, confinare: *l'empereur fit reléguer Ovide* l'imperatore fece relegare, confinare Ovidio ✦ (*s.*) *les relégués* i relegati, i confinati **2** (*par anal.*) [*envoyer, placer, maintenir* (*en un lieu écarté ou un endroit médiocre*)] relegare, confinare: *on l'a relégué au fond de l'appartement* lo hanno relegato, confinato in fondo all'appartamento → **confiner, exiler** ◇ (*choses*) *reléguer un objet dans un débarras* relegare un oggetto in un ripostiglio.

relent |R(ə)lɑ̃| *s.m.* [*mauvaise odeur qui persiste*] miasma, tanfo: *relents d'alcool, de graillon* miasmi di alcool, tanfo di grasso ◇ (*fig.*) [*trace, soupçon*] puzzo, sentore: *un relent de crime* un puzzo, un sentore di delitto.

relevable |Rəlvabl(ə)| *adj.* [→ RELEVER A II 1] rialzabile, sollevabile: *sièges, volets relevables* sedili, imposte rialzabili, sollevabili.

relevage |Rəlvaʒ, Rləvaʒ| *s.m.* (*techn.*) sollevamento → **relèvement.**

relevailles |Rəlvaj, Rləvaj| *s.f. pl.* (*relig.*) purificazione *sing.* della puerpera.

relève |R(ə)lɛv| *s.f.* **1** [*remplacement d'une personne, d'une équipe par une autre dans un travail continu*] cambio* *m.*, sostituzione: *la relève de l'équipe de nuit par l'équipe du jour* il cambio, la sostituzione della squadra di notte con la squadra di giorno; *la relève de la garde* il cambio della guardia; *prendre la relève de qqn.* dare il cambio a qc. ◇ [*les personnes qui assurent ce remplacement*] cambio: *la relève tardait à arriver* il cambio tardava ad arrivare **2** (*fig.*) [*remplacement* (*dans une action, une tâche collective*)] cambio, sostituzione: *la jeunesse prendra la relève* i giovani daranno il cambio ai vecchi, sostituiranno i vecchi.

relevé |Rəlve, Rləve| *s.m.* [*action de noter par écrit ou par un dessin; ce qu'on a ainsi copié, représenté*] estratto, nota *f.*; rilevazione (*f.*): *relevé de compte, des dépenses* estratto conto, nota spese; *relevé des condamnations* estratto del casellario giudiziale, fedina penale ‖ *relevé de compteur* rilevazione, lettura del contatore.

relevé, ée |Rəlve, Rləve| *adj.* **1** [*dirigé, ramené vers le haut*] rialzato: *chapeau à bords relevés* cappello con i bordi rialzati; *col relevé* colletto rialzato # *manches relevées* maniche rimboccate → **retroussé** ◇ (*par anal.*) *virage relevé* curva sopraelevata **2** (*vx.*) elevato (*cour.*) → **élevé, noble** **3** [*rendu fort par un assaisonnement*] piccante: *un mets très relevé* un piatto molto piccante → **épicé** 🄲 3 **insipide.**

relevée |Rəlve, Rləve| *s.f.* (*vx.*) → **après-midi.**

relèvement |R(ə)lɛvmɑ̃| *s.m.* **1** [*action de relever* (*un objet*), *de remettre debout*] (ri)sollevamento, rialzo: *le relèvement d'un pylône* il risollevamento, il rialzo di un pilone ◇ (*fig.*) *le relèvement d'un pays, d'une économie* il risollevamento, la ripresa *f.* di un paese, di un'economia **2** [→ RELEVER A II 2] rialzo: *relèvement d'un niveau, d'un sol* rialzo di un livello, di un terreno; *relèvement des salaires* rialzo, aumento dei salari **3** (*géom., mar., topogr.*) rilevamento.

relève-moustache |R(ə)lɛv(ə)mustaʃ| *s.m. inv.* piegabaffi.

relever |Rəlve, Rləve| (6) **A** *v.tr.* **I** **1** [*remettre debout*] rialzare, (ri)sollevare: *relever qqn. qui est tombé* rialzare qc. che è caduto; *relever un mur* rialzare un muro **2** (*fig.*) [*remettre en bon état, en bonne position*] rialzare, risollevare: *relever un pays vaincu* rialzare, risollevare un paese vinto; *relever l'économie, les finances* rialzare, risollevare l'economia, le finanze # *relever le courage de qqn.* ridare coraggio a qc. **3** (*vx.*) → **ramasser** ◇ (*loc.*) *relever le gant, le défi* raccogliere il guanto, accettare la sfida **4** (*par anal.*) *professeur, surveillant qui relève les cahiers, les copies* [*les ramasse*] professore, sorvegliante che raccoglie i quaderni, i compiti **5** [*faire remarquer; mettre en relief*] rilevare: *relever des fautes, des défauts* rilevare degli errori, dei difetti; *relever une allusion perfide, une offense* rilevare una perfida allusione, un'offesa → **noter, souligner** ◇ [*noter par écrit ou par un croquis*] annotare: *relever une citation, une adresse, une date* annotare una citazione, un indirizzo, una data # *relever un dessin* copiare un disegno ◇ (*mar.*) *relever un point* rilevare un punto **II** **1** [*diriger, orienter vers le haut une partie du corps, du vêtement*] rialzare: *relever la tête, le front* rialzare la testa, la fronte; *relever son col par grand froid* rialzare il collo per il gran freddo; *relever ses jupes* rialzare le gonne → **retrousser** **2** [*donner plus de hauter à*] alzare, far (103) *intr.* salire: *relever le niveau de l'eau* alzare, far salire il livello dell'acqua ◇ (*fig.*) elevare, aumentare: *relever le niveau de vie, les salaires, les impôts* elevare, aumentare il tenore di vita, i salari, le imposte **3** (*fig.*) → **rehausser** **4** [*donner plus de goût en ajoutant un assaisonnement*] rendere (105) piccante: *relever une sauce avec des câpres* rendere piccante una salsa con dei capperi; *relever le goût d'un mets avec des aromates* rendere piccante una pietanza con degli aromi → **assaisonner, épicer** **5** RELEVER (QQCH.) DE [*donner du relief, de l'attrait par*] condire (197) (q.c.) di: *relever un récit de détails licencieux* condire un racconto di dettagli licenziosi → **agrémenter** ◇ (*par ext.*) → **souligner** **III** **1** [*remplacer* (*qqn.*) *dans un travail continu*] rilevare, dare (102) il cambio (a) → **relayer** **2** RELEVER QQN. DE [*le libérer* (*d'une obligation*)] liberare, esonerare da: *relever qqn. d'une promesse, d'un vœu* liberare, esonerare qc. da una promessa, da un voto → **délier** **B** *v.intr.* **1** RELEVER DE [*se rétablir, commencer à guérir*] rimettersi (155) *pron.* da: *relever de maladie* rimettersi dalla malattia; *relever de couches* rimettersi, risollevarsi dal parto **2** [*être dans la dépendance* (*d'une* *autorité supérieure*)] dipendere (105) (*aux.* essere): *fief qui relève d'un seigneur* feudo che dipende da un signore ◇ (*par ext.*) [*être du ressort de, dépendre de* (*en parlant d'un fait*)] essere (96) (*aux.* essere) di competenza, di pertinenza: *affaire qui relève de la compétence de...* faccenda che è di competenza, di pertinenza di... ◇ (*fig.*) [*être du domaine de*] rientrare (*aux.* essere) nel campo: *cela relève de la psychologie* (questo) rientra nel campo della psicologia → **appartenir (à), concerner** **C** *v.pron.* SE RELEVER **1** *intr.* [*se remettre debout; reprendre la position verticale*] rialzarsi: *enfant qui tombe et se relève* bambino che cade e si rialza, si rimette in piedi; *faire (se) relever* far rialzare ◇ (*fig.*) rialzarsi, risollevarsi: *la France se relève* la Francia si rialza, si risolleva; *se relever de ses ruines, de ses cendres* risollevarsi, resuscitare dalle proprie rovine, dalle proprie ceneri # *se relever d'un malheur, d'un chagrin* rimettersi da una disgrazia, da un dispiacere **2** *intr.* [*se diriger vers le haut*] rialzarsi **3** *passif* [(*pouvoir*) *être dirigé vers le haut*] rialzarsi: *volet, col qui se relève* persiana, collo che si rialza **4** *récipr.* [*se remplacer dans une tâche*] darsi il cambio.

releveur, euse |Rəlvœʀ, Rlɘvœʀ, øz| **I** *adj.* **1** (*anat.*) *muscle releveur* muscolo elevatore ✦ (*s.m.*) *le releveur de la paupière, de la lèvre supérieure* il muscolo elevatore della palpebra, del labbro superiore **2** (*techn.*) *chaîne releveuse* elevatore *s.m.* a catena **II** *s.* **1** *s.m.* (*mar.*) dragamine *inv.* **2** *s.m.* (*techn.*) elevatore, sollevatore **3** *s.* [*professionnel qui relève, ramasse, note*] raccoglitore*: *releveur de lait dans les campagnes* raccoglitore del latte nelle campagne # *releveur de compteur* letturista.

reliage |Rəljaʒ| *s.m.* (*techn.*) cerchiatura *f.* delle botti.

1 **relief** |Rəljɛf| *s.m.* **1** [*ce qui fait saillie sur une surface*] rilievo, sporgenza (*f.*): *la pierre ne présentait aucun relief* la pietra non presentava nessun rilievo, nessuna sporgenza → **bosse, proéminence, saillie** **2** (*bx-arts*) rilievo: *relief décoratif, sculpté* rilievo decorativo, scolpito **3** (*par ext.*) rilievo: *le relief d'un dessin* il rilievo di un disegno ◇ (*par anal.*) *relief acoustique* stereofonia *f.* **4** [*forme d'une surface qui comporte des saillies et des creux*] rilievo **5** (*géogr.*) rilievo: *relief accidenté, calcaire, sous-marin* rilievo accidentato, calcareo, sottomarino **6** *loc.* EN RELIEF in rilievo: *motifs en relief* motivi in rilievo; *photographie, cinéma en relief* fotografia, cinema in rilievo, tridimensionale → **stéréoscope** **7** (*fig.*) [*apparence plus nette, plus vive, du fait des oppositions*] rilievo, risalto ◇ (*loc.*) *mettre en relief* mettere in rilievo, in risalto ~ *donner du relief* (*à*) dare rilievo (risalto) (a), far risaltare.

2 **relief** |Rəljɛf| *s.m. au plur.* (*vx.*) [*restes*] resti (*cour.*), avanzi (*cour.*): *les reliefs de la table* i resti, gli avanzi della tavola ◇ (*fig.*) resti: *les reliefs d'une splendeur passée* i resti, le vestigia di uno splendore passato.

1 **relier** |Rəlje| *v.tr.* **1** [*assembler, attacher ensemble* (*les feuillets formant un ouvrage*) *et les couvrir avec une matière rigide*] rilegare: *relier un livre* rilegare un libro ✦ (*au p.p.*) *livre relié* libro rilegato **2** (*techn.*) [*assembler* (*les douves d'un tonneau*) *au moyen de cercles*] ricerchiare → **cercler.**

2 **relier** |Rəlje| *v.tr.* **1** [*lier ensemble*] collegare, unire (197): *lien qui relie deux, plusieurs choses* legame che collega, unisce due, più cose; *tracer une figure en reliant des points* tracciare una figura unendo dei punti → **assembler, attacher, lier** **2** [*mettre en communication avec*] collegare, unire: *route qui relie deux villes* strada che collega, unisce due città; *ligne de transport qui relie deux pays* linea di trasporto che collega due paesi → **joindre, raccorder** **3** (*fig.*) [*mettre en rapport avec autre chose*] collegare: *relier des idées* collegare delle idee; *relier le progrès à la tradition* collegare il progresso alla tradizione.

relieur, euse |RəljœR, øz| *s.* [*personne dont le métier est de relier des livres*] rilegatore*: *relieur d'art* rilegatore d'arte ✦ (*appos.*) *ouvrier relieur* rilegatore.

relieuse |Rəljøz| *s.f.* (*techn.*) rilegatrice.

religieuse |R(ə)liʒjøz| *s.f.* [*pâtiss. faite de pâte à choux fourrée de crème pâtissière*] ⊠.

religieusement |R(ə)liʒjøzmɑ̃| *adv.* **1** [*d'une manière religieuse, avec relig., selon les rites de la relig.*] religiosamente **2** [*avec une exactitude, un scrupule religieux*] scrupolosamente, religiosamente: *garder religieusement un cadeau* conservare scrupolosamente, religiosamente un regalo **3** [*avec une attention admirative, recueillie*] religiosamente: *écouter religieusement un orateur* ascoltare religiosamente un oratore.

religieux, euse |R(ə)liʒjø, øz| **I** *adj.* **1** religioso: *secte religieuse* setta religiosa; *pratiques religieuses* pratiche religiose; *cérémonies, fêtes religieuses* cerimonie, feste religiose; *propagande religieuse* propaganda religiosa; *sentiments religieux* sentimenti religiosi **2** [*consacré à la relig. à Dieu, par des vœux*] religioso: *la vie religieuse* la vita religiosa; *communautés, congrégations religieuses* comunità, congregazioni religiose; *habits religieux* abiti religiosi; *règle religieuse* regola religiosa **3** [*qui pratique une relig.*] religioso: *un esprit religieux* uno spirito religioso → **croyant** **4** (*fig.*) [*qui présente les caractères du sentiment ou du comportement religieux*] religioso: *un respect religieux* un religioso rispetto; *un silence religieux* un religioso silenzio **5** (*t.zool.*) *mante religieuse* mantide religiosa **II** *s.* [*personne qui fait profession, a prononcé des vœux dans une relig., ordre ou congrégation*] religioso → **moine, sœur, nonne** 🄲 I 1 **profane,** 3 **athée, irréligieux.**

religion |R(ə)liʒjɔ̃| *s.f.* **I** **1** LA RELIGION la religione # *indifférence en matière de religion* indifferentismo religioso ✦ (*absolt.*) *avoir de la religion* essere credente *adj.* **2** UNE RELIGION una religione: *religions révélées* religioni rivelate; *religion musulmane, catholique* religione musulmana, cattolica; *professer, pratiquer, embrasser une religion* professare, praticare, abbracciare una religione; *abjurer, renier une religion* abiurare, rinnegare una religione # *la religion réformée* il protestantesimo ◇ (*par anal.*) *la religion du progrès, de la raison* la religione del progresso, della ragione **3** (*fig.*) [*culte, attachement mystique* (*à certaines valeurs*)] religione: *la religion de la science, de l'art* la religione della scienza, dell'arte **II** (*dans le christianisme*) religione ◇ (*loc.*) *nom de religion* nome in Cristo ~ *entrer en religion* entrare in religione, farsi monaco* (monaca*) # *Simone Monin, en religion Sœur Virginie* Simone Monin, in Cristo suor Virginia 🄲 **irréligion.**

religionnaire |R(ə)liʒjɔnɛR| *s.* → **protestant.**

religiosité |R(ə)liʒjozite| *s.f.* religiosità *inv.*

reliquaire |R(ə)likɛR| *s.m.* reliquario*.

reliquat |R(ə)lika| *s.m.* **1** (*compt., dr.*) residuo, rimanenza *f.* → **reste** **2** → **séquelle.**

relique |R(ə)lik| *s.f.* **1** reliquia: *la vénération des reliques* la venerazione delle reliquie ◇ (*fig.*) *garder un objet comme une relique* conservare un oggetto come una reliquia **2** [*objet auquel on attache moralement le plus grand prix comme témoin d'un passé cher*] reliquia.

relire |R(ə)liR| (55) *v.tr.* **1** [*lire une nouvelle fois* (*ce qu'on a déjà lu*)] rileggere (154) **2** [*lire en vue de corriger, de vérifier* (*ce qu'on vient d'écrire*)] rileggere: *écrivain qui relit son manuscrit* scrittore che rilegge il proprio manoscritto.

reliure |RəljyR| *s.f.* **1** [→ 1 RELIER 1] rilegatura # *donner un livre à la reliure* far rilegare un libro **2** [*manière dont un livre est relié; couverture d'un livre relié*] rilegatura: *reliure pleine, en maroquin* rilegatura in tutta pelle, in marocchino.

relogement |R(ə)lɔʒmɑ̃| *s.m.* [→ RELOGER] il dare *inv.* un nuovo alloggio, una nuova sistemazione.

reloger |R(ə)lɔʒe| (3) *v.tr.* [*procurer un nouveau logement* (*à qqn. qui a perdu le sien*)] dare (102), trovare una nuova sistemazione (a): *reloger des sinistrés* dare un nuovo alloggio, una nuova sistemazione ai sinistrati.

relouer |Rəlwe| *v.tr.* [*louer de nouveau*] riaffittare, affittare di nuovo: *j'ai reloué mon appartement à mes anciens locataires* ho riaffittato, ho affittato di nuovo l'appartamento ai vecchi inquilini.

réluctance |Relyktɑ̃s| *s.f.* (*sc.*) riluttanza.

reluire |RəlɥiR| (75) (*sauf au p.p. 'relui'; pas de p.p. f.; p. simple et imp. du subj. inusités*) *v.intr.* [*luire en réfléchissant la lumière, en produisant des reflets*] risplendere*, brillare, rilucere*: *faire reluire des cuivres, des meubles* far risplendere, brillare i rami, i mobili # *brosse à reluire* spazzola per lucidare ◇ (*loc. fam.*) *manier la brosse à reluire* [*flatter lourdement*] leccare i piedi, ungere.

reluisant, ante |Rəlɥizɑ̃, ɑ̃t| *adj.* **1** [*qui reluit de propreté*] rilucente, (ri)splendente: *parquet reluisant* 'parquet' rilucente, risplendente **2** (*fig.*) (*en phrase négative*) brillante: *il n'est pas reluisant son avenir* il suo avvenire non sarà certo brillante.

reluquer |R(ə)lyke| *v.tr.* [*regarder du coin de l'œil, avec intérêt et curiosité*] sbirciare: *reluquer les filles* sbirciare le ragazze ◇ (*fig.*) → **guigner.**

rem |ʀɛm| *s.m.* (*biol., phys.*) rem *inv.*
remâcher |ʀ(ə)mɑʃe| *v.tr.* **1** (*rare*) → **ruminer** **2** (*fig.*) [*revenir sans cesse en esprit sur*] rimuginare, rivangare: *remâcher sa rancune, le passé* rimuginare il proprio rancore, rivangare il passato.
remaillage |ʀ(ə)mɑjaʒ| *s.m.* [→ REMAILLER] rammagliatura *f.*
remailler |ʀ(ə)mɑje| *v.tr.* [*réparer* (*un tricot, un filet*) *en reconstituant les mailles*] rammagliare: *remailler un filet* rammagliare (una rete).
remake |ʀimɛk| *s.m.* (*angl.*) (*ciné.*) rifacimento, riedizione *f.* di un film di successo.
rémanence |ʀemanɑ̃s| *s.f.* (*sc.*) rimanenza ◇ (*phys.*) *rémanence, persistance des images visuelles* permanenza delle immagini visive.
rémanent, ente |ʀemanɑ̃, ɑ̃t| *adj.* (*sc.*) *magnétisme rémanent* magnetismo rimanente; *image rémanente* immagine persistente.
remanger |ʀ(ə)mɑ̃ʒe| (3) *v.tr.* [*manger une autre fois* (*le même type de nourriture*)] rimangiare, mangiare di nuovo.
remaniable |ʀ(ə)manjabl(ə)| *adj.* [→ REMANIER 1] rimaneggiabile.
remaniement |ʀ(ə)manimɑ̃| *s.m.* **1** [→ REMANIER 1] rimaneggiamento, rimpasto: *remaniement d'un texte, d'un plan* rimaneggiamento, rimpasto di un testo, di un piano → **modification** **2** [→ REMANIER 2] rimpasto, rimaneggiamento: *procéder à un remaniement ministériel* procedere a un rimpasto ministeriale, a un rimaneggiamento di governo.
remanier |ʀ(ə)manje| *v.tr.* **1** [*modifier* (*un ouvrage de l'esprit*) *par un nouveau travail*] rimaneggiare, rimpastare → **corriger, retoucher** **2** [*modifier la composition de* (*un groupe, un ensemble de choses*)] rimpastare, rimaneggiare: *remanier le ministère* rimpastare, rimaneggiare il governo.
remanieur, euse |ʀ(ə)manjœʀ, øz| *s.* [*qui remanie*] rifacitore*.
remaquiller |ʀ(ə)makije| **A** *v.tr.* [*maquiller, farder de nouveau*] rifare (103) il trucco (a), ritruccare **B** *v.pron. réfl.* SE REMAQUILLER [→ *tr.*] rifarsi *tr.* il trucco, ritruccarsi.
remarcher |ʀ(ə)maʀʃe| *v.intr.* **1** (*personnes*) [*marcher après une infirmité qui empêchait de marcher*] camminare di nuovo, ricamminare # *il remarche avec difficulté* ricomincia a camminare con difficoltà **2** (*choses*) [*fonctionner de nouveau* (*après une panne, une grève*)] rifunzionare, funzionare di nuovo: *la télévision remarche* la televisione rifunziona, funziona di nuovo.
remariage |ʀ(ə)maʀjaʒ| *s.m.* [*nouveau mariage*] nuovo matrimonio*; seconde nozze *f. pl.*
remarier |ʀ(ə)maʀje| **A** *v.tr.* [*marier de nouveau*] risposare, rimaritare **B** *v.pron. intr.* SE REMARIER [→ *tr.*] risposarsi, rimaritarsi.
remarquable |ʀ(ə)maʀkabl(ə)| *adj.* **1** [*digne d'être remarqué, d'attirer l'attention*] notevole, ragguardevole: *des frais remarquables* spese notevoli; *propriété remarquable* proprietà ragguardevole → **notable** # *il est remarquable que...* è sorprendente che... **2** [*digne d'être remarqué par son mérite, sa qualité*] insigne, di valore (*loc. inv.*): *une des femmes les plus remarquables de ce temps* una delle donne più insigni, di maggior valore di questo periodo → **éminent** # *exploit remarquable* impresa notevole, straordinaria.
remarquablement |ʀ(ə)maʀkabləmɑ̃| *adv.* [→ REMARQUABLE] notevolmente, ragguardevolmente (*rare*): *cette fille est remarquablement belle* quella ragazza è notevolmente bella → **très** # *il a remarquablement réussi* è riuscito benissimo.
remarque |ʀ(ə)maʀk(ə)| *s.f.* **1** [→ REMARQUER I 1] nota: *c'est une chose digne de remarque* è una cosa degna di nota **2** [*mots prononcés pour attirer l'attention de qqn. sur qqch. et comportant une critique*] osservazione, rilievo (*m.*): *faire une remarque à qqn.* fare una osservazione, un rilievo a qc. **3** [*notation, réflexion qui attire l'attention du lecteur*] nota, postilla: *ce livre est plein de remarques pertinentes* questo libro è pieno di note, postille pertinenti.
remarqué, ée |ʀ(ə)maʀke| *adj.* [*qui est l'objet de la curiosité, de l'attention, des commentaires*] notato: *une absence fort remarquée* un'assenza molto notata # *il a prononcé un discours très remarqué* ha pronunciato un discorso molto seguito, di largo interesse Ⓒ **inaperçu.**
remarquer |ʀ(ə)maʀke| *v.tr.* **I** **1** [*avoir la vue, l'attention attirée où frappée par* (*qqch.*)] notare, rilevare: *remarquer la présence, l'absence de qqn.* notare, rilevare la presenza, l'assenza di qc.; *avez-vous remarqué ceci?* l'avete notato? ◇ *loc.* REMARQUER QUE notare che: *je n'ai pas remarqué qu'il vous faisait la cour* non ho notato che le faceva la corte; *permettez-moi de vous faire remarquer qu'il en est tout autrement* permettetemi di farvi notare che le cose stanno in tutt'altro modo ~ *je n'avais pas remarqué combien il était timide* non avevo notato quanto, come fosse timido ♦ (*pron. passif*) *détails qui se remarquent à peine* dettagli che si notano appena **2** [*distinguer particulièrement* (*une personne parmi d'autres*)] notare: *il entra sans être remarqué* entrò senza essere notato, senza farsi notare; *je remarquai un individu à la mine louche* notai un individuo dall'aspetto losco ◇ (*par ext.*) (*choses*) *un roman qui mérite à peine d'être remarqué* un romanzo che merita appena di essere segnalato **3** (*sujet de chose*) FAIRE REMARQUER far notare: *elle est d'une distinction qui la fait remarquer* è di una distinzione che la fa notare ~ SE FAIRE REMARQUER farsi notare: *il cherche à se faire remarquer* cerca di farsi notare **II** [*marquer de nouveau*] marcare di nuovo, rimarcare: *remarquer du linge* marcare di nuovo la biancheria.
remasticage |ʀ(ə)mastikaʒ| *s.m.* (*techn.*) [→ REMASTIQUER] ristuccatura *f.*
remastiquer |ʀ(ə)mastike| *v.tr.* [*mastiquer à nouveau*] ristuccare: *remastiquer un carreau* ristuccare un vetro.
remballage |ʀɑ̃balaʒ| *s.m.* [→ REMBALLER] l'imballare *inv.* di nuovo; nuovo imballaggio*.
remballer |ʀɑ̃bale| *v.tr.* [*emballer de nouveau* (*ce qu'on a déballé*)] rimballare, riporre (168) via: *représentant qui remballe ses échantillons* rappresentante che rimballa il campionario ◇ (*loc. fam.*) *remballer sa marchandise* rinunciare a reclamizzare la propria merce (*cour.*) ~ *il peut remballer ses compliments* può risparmiarsi i (suoi) complimenti Ⓒ **déballer, étaler.**
rembarquement |ʀɑ̃baʀkəmɑ̃| *s.m.* [→ REMBARQUER] reimbarco*, rimbarco*.
rembarquer |ʀɑ̃baʀke| **A** *v.tr.* [*embarquer de nouveau* (*ce qu'on avait débarqué*)] reimbarcare, rimbarcare: *rembarquer des troupes, des marchandises* reimbarcare le truppe, le merci **B** *v.intr.* [→ *pron.*] **C** *v.pron. réfl.* SE REMBARQUER [→ *tr.*] reimbarcarsi Ⓒ **débarquer.**
rembarrer |ʀɑ̃ba(ɑ)ʀe| *v.tr.* [*repousser brutalement* (*qqn.*) *par un refus, une réponse désobligeante*] mandare al diavolo: *il s'est fait rembarrer et il a dû se taire* l'hanno mandato al diavolo e ha dovuto stare zitto.
remblai |ʀɑ̃blɛ| *s.m.* **1** [*opération de terrassement, consistant à rapporter des terres pour faire une levée ou combler une cavité*] riporto, rinterro: *travaux de remblai* lavori di riporto, di rinterro **2** materiale di riporto ◇ [*ouvrage ou levée de terre rapportée*] rilevato: *remblai disposé en talus* rilevato disposto a scarpata; *mur de soutènement d'un remblai* muro di sostegno di un rilevato Ⓒ **déblai.**
remblaiement |ʀɑ̃blɛmɑ̃| *s.m.* (*géol.*) [→ REMBLAYER] colmata *f.* per alluvione.
remblaver |ʀɑ̃blave| *v.tr.* (*agric.*) [*emblaver à nouveau, quand le premier emblavage n'a pas réussi*] riseminare (a grano) → **réensemencer.**
remblayage |ʀɑ̃blɛjaʒ| *s.m.* → **remblai** 1.
remblayer |ʀɑ̃bleje| (9) (*v.tr.*) *remblayer une route* [*la hausser*] rialzare, rinterrare una strada; *remblayer un fossé* [*le combler*] rinterrare, colmare un fossato Ⓒ **déblayer.**
remblayeuse |ʀɑ̃blɛjøz| *s.f.* (*techn.*) macchina per rinterro, per ripiena.
remboîtage |ʀɑ̃bwataʒ| *s.m.* (*reliure*) rilegatura *f.*
remboîtement |ʀɑ̃bwatmɑ̃| *s.m.* [→ REMBOÎTER 1] riduzione (*f.*): *remboîtement d'une articulation* riduzione di un'articolazione Ⓒ **déboîtement.**
remboîter |ʀɑ̃bwate| *v.tr.* **1** [*remettre en place* (*ce qui était déboîté*)] ridurre (108): *remboîter une articulation* ridurre un'articolazione **2** (*reliure*) [*remettre dans sa reliure*] rilegare Ⓒ **déboîter.**
rembouger |ʀɑ̃buʒe| (3) *v.tr.* (*techn.*) [*maintenir plein* (*un tonneau*) *en y versant un liquide de même nature*] rabboccare.
rembourrage |ʀɑ̃buʀaʒ| *s.m.* [→ REMBOURRER] imbottitura (*f.*): *fauteuil usé qui laisse voir le rembourrage* poltrona consunta che lascia vedere l'imbottitura.
rembourrer |ʀɑ̃buʀe| *v.tr.* [*garnir de bourre* (*laine, crin, kapok*)] imbottire (197): *rembourrer un siège* imbottire una sedia; *rembourrer les épaules d'un veston* imbottire le spalle di una giacca ◇ (*plais.*) *un lit rembourré avec des noyaux de pêche* un letto duro come un sacco ◇ (*loc. fam.*) *il est bien rembourré* è bene in carne, è (bello) grassottello.
rembourrure |ʀɑ̃buʀyʀ| *s.f.* (*techn.*) imbottitura.
remboursabilité |ʀɑ̃buʀsabilite| *s.f.* (*comm.*) rimborsabilità *inv.*

remboursable |ʀɑ̃buʀsabl(ə)| *adj.* [→ REMBOURSER] rimborsabile: *billet à vue remboursable* effetto a vista rimborsabile.
remboursement |ʀɑ̃buʀsəmɑ̃| *s.m.* [→ REMBOURSER] rimborso; pagamento: *remboursement des frais* rimborso delle spese; *remboursement d'une rente* rimborso di una rendita || *remboursement d'une dette, d'un effet* pagamento di un debito, di una cambiale # *envoi contre remboursement* spedizione contrassegno (contro assegno).
rembourser |ʀɑ̃buʀse| *v.tr.* [*payer (qqch.) pour faire rentrer qqn. dans ses débours*] rimborsare: *rembourser une somme d'argent* rimborsare una somma di denaro; *rembourser une avance, un emprunt* rimborsare un anticipo, un prestito; *rembourser qqn. de ses dépenses, de ses frais* rimborsare le spese a qc. # *rembourser tous ses créanciers* saldare tutti i creditori ◇ (*spécialt.*) *remboursez (les places)!* [*cri de mécontentement, à un mauvais spectacle*] restituiteci i soldi, ladri!, rivogliamo i quattrini! (*fam.*) ✦ (*pron. intr.*) *il s'est remboursé* si è rifatto delle spese ⓒ **débourser, emprunter.**
rembrunir (se) |ʀɑ̃bʀyniʀ| *v. pron. intr.* [*prendre un air sombre, chagrin; devenir plus sombre*] rabbuiarsi, oscurarsi; rannuvolarsi: *sa mine, son visage se rembrunit* si rabbuiò, si oscurò in volto || *le ciel se rembrunit* il cielo si rannuvola, si va oscurando.
rembrunissement |ʀɑ̃bʀynismɑ̃| *s.m.* (*littér.*) [→ REMBRUNIR (SE)] oscuramento, rabbuiamento.
rembuchement |ʀɑ̃byʃmɑ̃| *s.m.* (*chasse*) il rimboscarsi *inv.*
rembucher |ʀɑ̃byʃe| *v.tr.* (*chasse*) [*faire rentrer (la bête) dans le bois en la poursuivant*] far (103) *intr.* rimboscare ✦ (*pron. intr.*) *cerf qui se rembuche* cervo che si rimbosca ⓒ **débucher, débusquer.**
remède |ʀ(ə)mɛd| *s.m.* **1** rimedio*, medicina *f.*, farmaco*: *remède de bonne femme* rimedio empirico; *remède de cheval* medicina da cavallo; *prescrire, administrer un remède* prescrivere, somministrare un farmaco → **médicament** **2** (*fig.*) rimedio: *le remède à nos maux, à l'ennui* il rimedio ai nostri mali, contro la noia ◇ (*loc. prov.*) *le remède est pire que le mal* il rimedio è peggio del male ~ *aux grands maux, les grandes remèdes* a mali estremi, estremi rimedi ~ *apporter un remède, porter remède à...* porre rimedio a...; rimediare a... ~ *on peut y porter remède* (ci) si può rimediare ~ REMÈDE CONTRE rimedio contro: *un remède contre la souffrance* un rimedio contro la sofferenza # *c'est un remède contre l'amour, à l'amour* [*personne repoussante*] è brutto (brutta) come il peccato ~ SANS REMÈDE senza rimedio: *le mal est sans remède* il male è senza rimedio, non ha rimedio.
remédiable |ʀ(ə)medjabl(ə)| *adj.* [→ REMÉDIER] rimediabile.
remédier |ʀ(ə)medje| *v.intr.* REMÉDIER À [*porter remède à*] rimediare a, porre (168) *tr.* rimedio a ◇ (*fig.*) *remédier à une situation* rimediare, ovviare a una situazione # *remédier à un abus* riparare a un abuso.
remembrement |ʀ(ə)mɑ̃bʀəmɑ̃| *s.m.* (*agric., dr.*) [→ REMEMBRER] ricomposizione *f.* fondiaria, riaccorpamento.
remembrer |ʀ(ə)mɑ̃bʀe| *v.tr.* [*rassembler (des parcelles) en un seul domaine*] riaccorpare, ricomporre (168).
remémoration |ʀ(ə)memɔʀɑsjɔ̃| *s.f.* (*rare*) [→ REMÉMORER] rammemorazione (*littér.*), il rammentarsi *m. inv.* ◇ (*psycho.*) richiamo *m.* volontario* del ricordo.
remémorer |ʀ(ə)memɔʀe| **A** *v.tr.* (*littér.*) [*remettre en mémoire*] rievocare, richiamare alla memoria **B** *v.pron. intr.* SE REMÉMORER [*reconstituer avec précision en sa mémoire*] rammentarsi, ricordarsi → **rappeler (se).**
remerciement |ʀ(ə)mɛʀsimɑ̃| *s.m.* [→ REMERCIER 1] ringraziamento: *avec tous mes remerciements* con tutti i miei ringraziamenti; *lettre, discours de remerciement* lettera, discorso di ringraziamento # *faire des remerciements à qqn.* ringraziare qc.
remercier |ʀ(ə)mɛʀsje| *v.tr.* **1** [*dire merci, témoigner quelque reconnaissance à (qqn.)*] ringraziare: *remercier un ami qui nous a rendu service* ringraziare un amico che ci ha fatto un favore; *remercier verbalement, par lettre, par un cadeau* ringraziare a voce, per lettera, con un regalo; *je ne sais pas comment vous remercier* non so come ringraziarla; *voilà comment il me remercie!* bel modo di ringraziarmi! ◇ (*spécialt.*) REMERCIER DE, POUR ringraziare di, per: *je vous remercie de votre obligeance, pour votre cadeau* vi ringrazio della vostra cortesia, per il vostro regalo; *je vous remercie d'être venu* la ringrazio di essere venuto **2** REMERCIER QQN. (*souvent simple euphémisme pour 'renvoyer'*) [*le renvoyer poliment*] congedare, licenziare qc.: *remercier son secrétaire* congedare il proprio segretario; *il a été remercié* è stato licenziato.
réméré |ʀemeʀe| *s.m.* (*dr.*) riscatto: *clause de réméré* clausola di riscatto; *vente à réméré* vendita con patto di riscatto, a riscatto.
remettage |ʀ(ə)mɛtaʒ| *s.m.* (*tissage*) rimettaggio*.
remettant |ʀ(ə)mɛtɑ̃| *s.m.* (*dr. comm.*) chi fa una rimessa *loc.*
remettre |ʀ(ə)mɛtʀ(ə)| (71) **A** *v.tr.* **I** [*mettre de nouveau*] **1** [*mettre à sa place antérieure*] rimettere (155): *remettre une chose en place* rimettere una cosa a posto; *remettre un objet dans sa poche* rimettersi un oggetto in tasca; *remettre un enfant en pension* rimettere un bambino in collegio ◇ (*abstrait*) *remettre qqn. sur la bonne voie* rimettere qc. sulla buona strada **2** REMETTRE EN ESPRIT, EN MÉMOIRE [*rappeler (une chose oubliée)*] ricordare: *je vais vous remettre cette affaire en esprit* le ricorderò questa faccenda ◇ (*fam.*) REMETTRE QQN. [*le reconnaître*] riconoscere (126) (*cour.*) qc.: *ah!, maintenant je vous remets!* ah! ora la riconosco! **3** [*replacer (dans la position antérieure)*] rimettere: *remettre une chose d'aplomb [la redresser]* rimettere in piedi una cosa **4** [*porter de nouveau sur soi*] rimettere: *remettre son chapeau, ses gants* rimettersi il cappello, i guanti **5** [*rétablir*] ristabilire (197): *remettre de l'ordre* ristabilire l'ordine **6** [*mettre une seconde fois, encore*] rimettere: *remettre de l'eau dans un radiateur* rimettere acqua in un radiatore → **ajouter** ◇ (*fam.*) *j'en ai remis* ho esagerato **7** [*faire passer dans un autre état, ou à l'état antérieur*] rimettere: *remettre un moteur en marche* rimettere in moto un motore; *remettre en ordre* rimettere in ordine; *remettre en cause, en question* rimettere in causa, in questione # *remettre en état* ripristinare; riparare, restaurare **II** [*mettre en la possession ou au pouvoir de qqn. qui doit le recevoir*] consegnare: *remettre un paquet au destinataire* consegnare, recapitare un pacco al destinatario; *remettre un coupable à la justice* consegnare un colpevole alla giustizia ◇ (*abstrait*) *remettre sa démission* dare, rassegnare le dimissioni; *je remets mon sort entre vos mains* rimetto il mio destino nelle vostre mani; *remettre une dette*: (*pr.*) condonare un debito; (*fig.*) rimettere un debito; *Dieu remet les péchés* Dio rimette i peccati **III** [*renvoyer (qqch.) à plus tard*] rimandare, rinviare: *remettre une chose au lendemain* rimandare, rinviare una cosa al giorno seguente; *remettre à plus tard de faire qqch.* rinviare, rimandare q.c. a più tardi → **ajourner, 2 différer** **IV** (*pop.*) REMETTRE ÇA [*recommencer*] (ri)cominciare *intr.* da capo (*cour.*): *et dire qu'il va falloir remettre ça!* e dire che bisogna ricominciare da capo! ◇ (*par ext.*) *on remet ça!* [*on boit une autre tournée*] (facciamo) un altro giro! **B** *v.pron. intr.* SE REMETTRE **1** [*se mettre de nouveau*] rimettersi: *se remettre en route* rimettersi in cammino; *le temps s'est remis au beau* il tempo si è rimesso al bello ✦ (*absolt.*) *le temps va se remettre* il tempo sta per rimettersi **2** SE REMETTRE À (+ *s.*, + *inf.*) [*reprendre (une activité)*] rimettersi a (+ *inf.*): *il s'est remis à fumer* si è rimesso a fumare → **recommencer** # *se remettre à l'équitation* ha ricominciato ad andare a cavallo **3** SE REMETTRE DE [*revenir à un état meilleur après (une maladie, une épreuve)*] rimettersi, ristabilirsi (197) da: *se remettre d'une maladie, de ses fatigues* rimettersi, ristabilirsi da una malattia, dalle fatiche ◇ (*fig.*) *se remettre de son émotion, de sa frayeur* rimettersi, riaversi (97) dall'emozione, dallo spavento ✦ (*absolt.*) *allons, remettez-vous!* [*reprenez vos esprits*] su, si calmi (calmatevi)! **4** *se remettre avec qqn., se remettre ensemble (en parlant d'un couple)* [*habiter de nouveau ensemble*] rimettersi con qc., rimettersi (ritornare) insieme **5** S'EN REMETTRE À *qqn., à sa décision, à son avis* [*lui faire confiance, s'y fier*] rimettersi a qc., alla sua decisione, al suo parere # *remettez-vous-en à moi* lasci fare a me; *s'en remettre à qqn. du soin de...* affidare a qc. il compito, l'incarico di...
remeubler |ʀ(ə)mœble| *v.tr.* [*meubler de nouveau*] riammobiliare: *remeubler sa chambre* riammobiliare la propria camera ✦ (*pron. intr.*) *il s'est remeublé* ha riammobiliato *tr.* la casa, ha rifatto *tr.* i mobili di casa.
rémige |ʀemiʒ| *s.f.* (*zool.*) remigante ✦ (*adj.*) *plumes rémiges* penne remiganti.
remilitarisation |ʀ(ə)militaʀizɑsjɔ̃| *s.f.* [→ REMILITARISER] rimilitarizzazione → **réarmement** ⓒ **démilitarisation.**
remilitariser |ʀ(ə)militaʀize| *v.tr.* [*militariser de nouveau*] rimilitarizzare → **réarmer** ⓒ **démilitariser.**

réminiscence |Reminisɑ̃s| *s.f.* **1** (*philo., psycho.*) reminiscenza **2** [*souvenir vague, imprécis, où domine la tonalité affective*] reminiscenza: *réminiscences d'un passé lointain* reminiscenze di un lontano passato.

remisage |R(ə)mizaʒ| *s.m.* (*rare*) → **garage.**

1 **remise** |R(ə)miz| *s.f.* **1** REMISE EN... rimessa a, in: *remise en place, en marche, en ordre, en question* rimessa a posto, in marcia, in ordine, in questione; *remise en jeu* rimessa in gioco # *remise en état* ripristino, restauro **2** [*action de mettre en la possession de qqn.*] consegna: *remise d'une lettre, d'un colis au destinataire* consegna, recapito di una lettera, di un pacco al destinatario; *remise des prix aux lauréats* consegna, conferimento dei premi ai vincitori ◇ (*fin.*) *remise d'un titre* consegna, rimessa di un titolo **3** [*renonciation à* (*une créance*)] condono *m.*, remissione: *remise de dette* condono, remissione di un debito ◇ (*comm.*) sconto *m.*, riduzione: *une remise de 15%* uno sconto del 15%; *faire une remise* fare uno sconto **4** [*réduction*] condono; remissione: *remise de peine* condono di pena || *remise des péchés par l'absolution* remissione dei peccati mediante l'assoluzione **5** [*renvoi à plus tard*] rinvio* *m.*, rimando *m.* → **ajournement, délai** ◇ (*dr.*) *remise de cause* rinvio di causa.

2 **remise** |R(ə)miz| *s.f.* [*local où l'on peut abriter* (*des voitures*)] rimessa, 'garage' (*m. inv.*): *garer une auto dans une remise* parcheggiare un'automobile in una rimessa, in un 'garage' ◇ (*par ext.*) *les remises d'une ferme* le rimesse di una fattoria; *voiture de* (*grande*) *remise* auto da rimessa.

1 **remiser** |R(ə)mize| **A** *v.tr.* **1** [*placer, ranger* (*une voiture*) *dans une remise*] mettere (155) in rimessa → **garer** **2** (*fig.*) → **rembarrer, rabrouer** **B** *v. pron. intr.* SE REMISER (*chasse, gibier*) [*se réfugier dans un taillis*] rifugiarsi (nel sottobosco): *perdrix qui se remisent* pernici che si rifugiano nel sottobosco.

2 **remiser** |R(ə)mize| *v.intr.* [*faire une nouvelle mise* (*au jeu*)] ripuntare, puntare di nuovo.

remisier |R(ə)mizje| *s.m.* (*bourse*) 'remisier' *inv.*

rémissible |Remisibl(ə)| *adj.* [→ REMETTRE A II] remissibile: *péché rémissible* peccato remissibile → **pardonnable** ◻ **impardonnable, irrémissible.**

rémission |Remisjɔ̃| *s.f.* **1** *la rémission des péchés* la remissione dei peccati ◇ (*dr.*) → 1 **grâce** **2** *loc.* SANS RÉMISSION: *punir sans rémission* punire senza pietà, implacabilmente; *c'est sans rémission* è senza appello, è definitivo; *une déchéance sans rémission* una decadenza implacabile **3** [*diminution momentanée* (*d'un mal*)] remissione.

rémittence |Remitɑ̃s| *s.f.* (*littér., méd.*) → **rémission** 3.

rémittent, ente |Remitɑ̃, ɑ̃t| *adj.* (*méd.*) remittente: *fièvre rémittente* febbre remittente.

rémiz |Remiz| *s.m.* (*t.zool.*) pendolino, fiaschettone.

remmaillage |Rɑ̃majaʒ| *s.m.* [*réparation qui consiste à reconstituer, à remonter les mailles*] rammagliatura (*f.*): *remmaillage d'un tricot, des bas* rammagliatura di un maglione, delle calze.

remmailler |Rɑ̃maje| *v.tr.* [*réparer en reconstituant, en remontant les mailles*] rammagliare.

remmailleuse |Rɑ̃majøz| *s.f.* [*ouvrière qui effectue le remmaillage*] rammagliatrice: *remmailleuse à la machine, au crochet* rammagliatrice a macchina, a uncinetto.

remmailloter |Rɑ̃majɔte| *v.tr.* [*emmailloter de nouveau*] rifasciare.

remmancher |Rɑ̃mɑ̃ʃe| *v.tr.* [*emmancher de nouveau*] rimettere (155), rifare (103) il manico a: *remmancher un outil* rimettere, rifare il manico a un attrezzo.

remmener |Rɑ̃mne| (6) *v.tr.* [*mener avec soi au lieu d'où l'on a amené*] riportare, ricondurre (108): *remmener un enfant chez lui* riportare, ricondurre un bambino a casa → **ramener.**

remodelage |R(ə)mɔdlaʒ| *s.m.* [→ REMODELER 1] ristrutturazione *f.*; il rimodellare (*inv.*): *remodelage des vieux quartiers d'une ville* ristrutturazione del centro storico di una città.

remodeler |R(ə)mɔdle| (6) *v.tr.* **1** [*refaçonner, modifier en l'améliorant, la forme de* (*qqch.*)] rimodellare, ridisegnare: *remodeler un ensemble urbain* rimodellare, ristrutturare un comprensorio urbano **2** [*donner une nouvelle structure ou organisation à* (*qqch.*)] ristrutturare: *remodeler les cours supérieurs* ristrutturare il corso superiore di studi.

remontage |R(ə)mɔ̃taʒ| *s.m.* **1** → **remonte** 1 **2** [*action de remonter un mécanisme*] ricarica* (*f.*): *remontage d'un mécanisme d'horlogerie* ricarica di un meccanismo di orologeria **3** [*nouveau montage*] rimontatura *f.*, assemblaggio*: *remontage d'un moteur* rimontatura, assemblaggio di un motore ◇ (*cordonnerie*) *remontage des chaussures* rimonta *f.* delle scarpe.

remontant, ante |R(ə)mɔ̃tɑ̃, ɑ̃t| *adj.* **1** (*hortic.*) rimontante, rifiorente: *rosier remontant* rosa rimontante, rifiorente **2** [*qui redonne de la vigueur, de l'énergie*] corroborante: *boisson remontante* bevanda corroborante → **fortifiant, reconstituant** ✦ (*s.m.*) *un remontant* un corroborante, un tonico* → **reconstituant, 1 tonique** ◻ 2 **déprimant, fatigant.**

remonte |R(ə)mɔ̃t| *s.f.* **1** [→ REMONTER B 2] risalita, il risalire *m. inv.* ◇ (*par ext.*) *la remonte des poissons* la risalita (a monte) dei pesci; l'insieme *m.* dei pesci in risalita **2** (*milit.*) rimonta **3** *cheval de remonte* cavallo di rimonta.

remontée |R(ə)mɔ̃te| *s.f.* **1** [→ REMONTER A 1] risalita: *la remontée des mineurs* la risalita dei minatori ◇ (*sport*) rimonta: *il a fait une belle remontée* ha fatto una bella rimonta **2** *remontée* (*mécanique*) [*dispositif servant à remonter les skieurs*] (impianto *m.* di) risalita.

remonte-pente |R(ə)mɔ̃tpɑ̃t| *s.m.* [*dispositif servant à hisser les skieurs en haut d'une pente, au moyen d'amarres tirées par un câble*] sciovia (*f.*): *des remonte-pentes* delle sciovie.

remonter |R(ə)mɔ̃te| **A** *v.intr.* **1** [*monter de nouveau; regagner l'endroit d'où l'on est descendu*] risalire (199) (*aux.* essere), rimontare (*aux.* essere): *remonter au premier étage* risalire, rimontare al primo piano; *remonter en voiture* risalire in macchina; *remonter sur le trône* risalire sul trono **2** (*choses*) [*aller de nouveau en haut*] risalire: *remonter à la surface* risalire in superficie # *souvenirs qui remontent à la mémoire* ricordi che ritornano alla memoria ✦ (*absolt.*) *baromètre qui remonte* barometro che risale ◇ (*en parlant de ce qui ne reste pas à sa place*) salire (199) (*aux.* essere) su: *gaine qui remonte* guaina che sale su ◇ [*s'élever de nouveau*] risalire: *la route descend, puis remonte* la strada scende, poi risale **3** [*aller vers la source, à contre-courant*] risalire, rimontare: *remonter jusqu'à la source*: (*pr., fig.*) risalire fino alla fonte; *remonter de l'effet à la cause* risalire dall'effetto alla causa; *aussi loin que remontent mes souvenirs* per quanto lontano risalgano i miei ricordi **4** [*avoir sa source, être localisé dans le passé*] risalire: *ceci remonte aux Croisades* è una cosa che risale alle Crociate → **dater** **B** *v.tr.* **1** [*parcourir de nouveau vers le haut*] risalire: *remonter l'escalier* risalire le scale ◇ (*dans une course*) *remonter le peloton* risalire il plotone **2** (*d'un cours d'eau*) [*aller vers l'amont*] risalire, rimontare: *remonter le Rhône* risalire, rimontare il Rodano ◇ (*loc. fig.*) *remonter le courant* risalire la corrente **3** [*porter de nouveau en haut*] riportare (su): *remonter une malle au grenier* riportare (su) un baule in soffitta **4** [*mettre à un niveau plus élevé*] tirare su, rialzare: *remonter son pantalon, son col* tirarsi su i pantaloni, rialzarsi il collo → **relever** **5** [*tendre de nouveau le ressort* (*d'un mécanisme*)] ricaricare: *remonter une horloge, une montre* ricaricare un orologio # *remonter un ressort* riarmare una molla **6** [*rendre plus fort*] tirare su: *remonter le moral de qqn.* tirare su il morale a qc. → **raffermir** ◇ [*redonner de la force à* (*qqn.*)] *ce cordial vous remontera* questo cordiale vi tirerà su → **réconforter** **7** [*monter de nouveau* (*ce qui était démonté*)] rimontare: *remonter un carburateur* rimontare un carburatore **8** [*pourvoir à nouveau de ce qui est nécessaire*] rinnovare: *il faut que je remonte ma garde-robe* devo rinnovare il mio guardaroba ◻ A 1 **redescendre.**

remonteur |R(ə)mɔ̃tœR| *s.m.* [*ouvrier qui effectue certains montages* (*armurerie, horlogerie*)] montatore.

remontoir |R(ə)mɔ̃twaR| *s.m.* [*appareil, dispositif servant à remonter un mécanisme*] 'remontoir' (*inv.*): *montre à remontoir* orologio a 'remontoir'.

remontrance |R(ə)mɔ̃tRɑ̃s| *s.f.* **1** rimostranza, lamentela ◇ *surtout au plur.* rimprovero (*m. sing.*): *faire des remontrances à un enfant* fare un rimprovero a un bambino, rimproverare un bambino **2** *au sing.* (*hist.*) rimostranza: *droit de remontrance du Parlement* diritto di rimostranza del Parlamento.

1 **remontrer** |R(ə)mɔ̃tRe| *v.tr.* [*montrer de nouveau*] rimostrare, mostrare di nuovo: *remontrez-moi ce modèle* mi rimostri, mi mostri di nuovo quel modello.

2 **remontrer** |R(ə)mɔ̃tRe| *v.tr.* **1** (*vx., littér.*) → **admonester, critiquer** **2** *loc.* EN REMONTRER À (QQN.) [*se montrer, ou se prétendre supérieur à* (*qqn.*); *donner des leçons*] saperla (177) più lunga di, dare (102) dei punti a: *il prétend en remontrer à son maître* pretende di saperla più lunga del, di dare dei punti al suo maestro.

rémora |RemɔRa| *s.m.* (*lat.*) **1** (*t.

zool.) remora *f.* **2** (*vx.*) [*obstacle, difficulté*] remora (*littér.*).

remordre |R(ə)mɔRdR(ə)| (53) *v. intr.* [*mordre de nouveau*] riabboccare, mordere (156) *tr.* di nuovo: *remordre à l'hameçon* riabboccare all'amo, mordere di nuovo l'amo ◇ (*fig.*) *il ne veut plus remordre au travail* [*s'y remettre*] non vuol più rimettersi (155) *pron.* al lavoro.

remords |R(ə)mɔR| *s.m.* rimorso: *remords cuisants, torturants* rimorsi cocenti, tormentosi; *remords d'une faute* rimorsi per una colpa; *avoir des remords* avere dei rimorsi; *être bourrelé de remords* essere tormentato dai rimorsi; *être la proie des remords* essere in preda ai rimorsi → **regret.**

remorquage |R(ə)mɔRkaʒ| *s.m.* [→ REMORQUER 1] rimorchio*, traino, il rimorchiare (*inv.*): *remorquage fluvial* rimorchio, traino fluviale; *remorquage d'une voiture par une dépanneuse* rimorchio, traino di un'auto con il carro attrezzi.

remorque |R(ə)mɔRk(ə)| *s.f.* **1** rimorchio* (*m.*): *corde, câble de remorque* corda, cavo di rimorchio; *prendre un bateau en remorque* prendere una nave a rimorchio, rimorchiare una nave; *prendre en remorque une automobile* prendere a rimorchio, trainare un'automobile **2** *loc. fig.* ÊTRE, SE METTRE À LA REMORQUE DE QQN. farsi rimorchiare da qc.: *il est toujours à la remorque* si fa sempre rimorchiare **3** [*câble de remorque*] gomena di rimorchio **4** [*véhicule sans môteur, destiné à être traîné, tiré par un autre*] rimorchio: *remorque de camion* rimorchio di camion # *remorque de camping* rimorchietto portabagagli.

remorquer |R(ə)mɔRke| *v.tr.* **1** [*tirer* (*un navire*) *au moyen d'une remorque* (3)] rimorchiare: *vapeur qui remorque des péniches* vaporetto che rimorchia delle chiatte **2** [*tirer* (*un véhicule automobile qui ne fonctionne plus*)] rimorchiare, trainare: *dépanneuse, tracteur qui remorque une voiture en panne* carro attrezzi, trattore che rimorchia una auto guasta, in panne **3** (*fig.*) [*tirer, traîner derrière soi*] rimorchiare: *il faut remorquer toute la famille* bisogna rimorchiare tutta la famiglia.

remorqueur |R(ə)mɔRkœR| *s.m.* (*mar.*) rimorchiatore: *remorqueur fluvial, de port* rimorchiatore fluviale, portuale.

remoudre |R(ə)mudR(ə)| (59) *v.tr.* [*moudre de nouveau*] rimacinare: *remoudre du café* rimacinare il caffè.

remouillage |R(ə)mujaʒ| *s.m.* (*techn.*) [→ REMOUILLER 1] ribagnatura *f.* (di stoffe).

remouiller |R(ə)muje| *v.tr.* **1** [*mouiller de nouveau*] ribagnare: *remouiller du linge à repasser* ribagnare la biancheria da stirare **2** (*mar.*) *remouiller* (*l'ancre*) [*jeter de nouveau l'ancre*] riaffondare l'ancora.

rémoulade |Remulad| *s.f.* (*cuis.*) salsa remolata ✦ (*appos.*) *céleri rémoulade* sedano alla salsa remolata *loc.*

1 **remoulage** |R(ə)mulaʒ| *s.m.* **1** [→ REMOUDRE] rimacinatura *f.* **2** [*farine qui adhère encore au son et qu'on extrait par une deuxième moulure*] tritello, cruschetto.

2 **remoulage** |R(ə)mulaʒ| *s.m.* [*opération qui consiste à remouler* (*une statue*)] rimodellatura *f.* ◇ (*par ext.*) nuovo calco*.

remouler |R(ə)mule| *v.tr.* [*mouler de nouveau* (*une statue*)] rimodellare.

rémouleur |RemulœR| *s.m.* [*artisan, généralt. ambulant, qui aiguise les instruments tranchants*] arrotino → **repasseur.**

remous |R(ə)mu| *s.m.* **1** (*mar.*) risucchio*, gorgo* ◇ (*cour.*) *les remous d'une rivière* i gorghi di un fiume ◇ (*par ext.*) *remous d'air* risucchio di aria ◇ (*par anal.*) *les remous de la foule* gli ondeggiamenti della folla **2** (*fig.*) [*agitation*] turbine: *un remous d'idées* un turbine di idee.

rempaillage |Rɑ̃pɑjaʒ| *s.m.* [→ REMPAILLER] rimpagliatura *f.*

rempailler |Rɑ̃pɑje| *v.tr.* [*garnir* (*un siège*) *d'une nouvelle paille*] rimpagliare.

rempailleur, euse |Rɑ̃pɑjœR, øz| *s.* [*personne qui rempaille des sièges*] rimpagliatore*.

rempaqueter |Rɑ̃pakte| (5) *v.tr.* [*empaqueter de nouveau*] impacchettare di nuovo, riavvolgere (196).

rempart |Rɑ̃paR| *s.m.* **1** [*forte muraille qui forme l'enceinte d'une forteresse, d'une ville fortifiée*] bastione, baluardo: *protéger une ville par des remparts* proteggere una città con bastioni, baluardi → 1 **enceinte, mur, muraille** ◇ [*levée de terre*] terrapieno **2** *au plur.* (*dans une ville*) [*zone comprise entre les remparts* (1) *et les habitations les plus proches*] bastioni, mura (*f.*): *se promener sur les remparts* passeggiare sui bastioni, sulle mura **3** (*littér.*) [*ce qui sert de défense, de protection*] scudo: *se faire un rempart du corps de qqn.* farsi scudo con il corpo di qc. ◇ (*abstrait*) *le rempart de la foi, de la vertu* il baluardo della fede, della virtù.

rempiétement |Rɑ̃pjɛtmɑ̃| *s.m.* (*constr.*) consolidamento, rifacimento (delle fondamenta).

rempiéter |Rɑ̃pjete| (8) *v.tr.* (*constr.*) [*réparer, refaire le pied de* (*une constr.*)] consolidare, rifare (103) (le fondamenta di): *rempiéter un mur* consolidare un muro (alla base).

rempiler |Rɑ̃pile| **A** *v.tr.* [*empiler de nouveau*] riammucchiare: *rempiler des livres* riammucchiare dei libri **B** *v.intr.* (*arg. milit.*) [*se rengager à la fin de la durée légale du service milit. ou à l'expiration d'un précédent engagement*] raffermarsi *pron.*, fare (103) *tr.* la firma ✦ (*au p.p.*) *sous-officier rempilé* sottufficiale firmaiolo ✦ (*s.*) *un rempilé* un firmaiolo.

remplaçable |Rɑ̃plasabl(ə)| *adj.* [→ REMPLACER 1] sostituibile: *objet facilement remplaçable* oggetto facilmente sostituibile © **irremplaçable.**

remplaçant, ante |Rɑ̃plasɑ̃, ɑ̃t| *s.* [*personne qui en remplace une autre dans son travail, à son poste, à une fonction*] sostituto, supplente: *se chercher un remplaçant* cercarsi un sostituto, un supplente ◇ (*sport*) riserva *f.*

remplacement |Rɑ̃plasmɑ̃| *s.m.* **1** [→ REMPLACER 1] sostituzione (*f.*): *en remplacement de qqch.* in sostituzione, in cambio di q.c.; *remplacement d'un pneu usé, d'un carreau cassé* sostituzione di un pneumatico consumato, di un vetro rotto # *produit de remplacement* succedaneo, surrogato **2** (*admin. scol.*) supplenza (*f.*): *faire un remplacement* fare una supplenza; *jeune institutrice qui fait des remplacements* giovane insegnante che fa delle supplenze.

remplacer |Rɑ̃plase| (2) *v.tr.* **1** *remplacer une chose* (*par une autre*) [*mettre une autre chose à sa place*] sostituire (197) una cosa (con una altra); *remplacer qqn.* sostituire qc.; *remplacer un carreau cassé* sostituire un vetro rotto; *remplacer une pièce d'un moteur* sostituire un pezzo del motore ✦ (*pron. passif*) *cette pièce peut se remplacer* questo pezzo si può sostituire, può essere sostituito **2** [*être mis, se mettre à la place de* (*qqch., qqn.*)] sostituire # *aller remplacer une sentinelle* dare il cambio a una sentinella → **relever 3** [*tenir la place de*] sostituire: *la traction électrique remplace de plus en plus la traction à vapeur* la trazione elettrica sostituisce sempre più quella a vapore **4** [*exercer temporainement les fonctions de* (*qqn.*)] sostituire: *remplacer qqn. à une cérémonie* sostituire qc. a una cerimonia; *acteur qui se fait remplacer pour jouer un rôle* attore che si fa sostituire per interpretare una parte → **doubler.**

remplage |Rɑ̃plaʒ| *s.m.* **1** (*constr.*) ripieno **2** (*archéol.*) ornamento a traforo.

rempli |Rɑ̃pli| *s.m.* [*pli qu'on fait à une étoffe afin de la raccourcir, de la border*] basta *f.*, sessitura (*f.*): *rempli d'une jupe, d'un rideau* basta di una gonna, di una tenda.

rempli, ie |Rɑ̃pli| *adj.* **1** [*rendu plein* (*de qqch.*)] pieno: *bol rempli de lait* tazza piena di latte ✦ (*absolt.*) *le théâtre est rempli* il teatro è pieno ◇ (*temps*) [*occupé dans toute sa durée*] *journée bien remplie* giornata tutta piena ◇ (*littér.*) *il est tout rempli de son importance, de ses mérites* è molto compreso della propria importanza, dei propri meriti; *un homme tout rempli de lui-même* un uomo pieno di sé **2** [*qui contient une grande quantité*] pieno: *parc rempli d'oiseaux* parco pieno di uccelli; *un texte rempli d'erreurs* un testo pieno di errori → **peuplé 3** [*accompli, tenu*] assolto: *un engagement rempli* un impegno assolto.

remplier |Rɑ̃plije| *v.tr.* (*rare*) [*faire un rempli à*] fare (103) una basta, una sessitura a.

1 **remplir** |Rɑ̃pliR| *v.tr.* **I 1** [*rendre* (*un espace disponible*) *plein* (*d'une substance, d'éléments quelconques*)] riempire: *remplir une casserole d'eau* riempire una casseruola d'acqua; *remplir jusqu'au bord* riempire fino all'orlo; *remplir une salle* riempire una sala → **emplir** ✦ (*pron. intr.*) *la salle commence à se remplir* la sala comincia a riempirsi ◇ *loc.* REMPLIR (QQN.) DE (*un sentiment*) riempire (qc.) di: *ce succès l'a rempli d'orgueil* quel successo l'ha riempito d'orgoglio **2** [*faire en sorte que* (*une chose*) *contienne beaucoup de*] riempire: *remplir un discours de citations* riempire, farcire un discorso di citazioni **3** [*compléter par des indications dans les espaces laissés en blanc*] riempire, compilare: *remplir un questionnaire* riempire, compilare un questionario **II 1** [*rendre plein par sa présence* (*une portion d'espace*)] riempire: *l'eau remplissait les réservoirs* l'acqua riempiva i serbatoi; *remplir un vide* riempire, col-

mare un vuoto **2** (*abstrait*) [*occuper entièrement*] riempire: *la colère qui remplit son cœur* l'ira che gli riempie, gli gonfia il cuore ◇ (*temps*) *toutes les occupations qui remplissent sa vie* tutte le occupazioni che gli riempiono la vita **3** [*couvrir entièrement* (*une feuille, une page*)] riempire: *remplir des pages et des pages* riempire pagine e pagine.

2 **remplir** |Rɑ̃pliR| *v.tr.* [*exercer, accomplir effectivement*] adempiere (140) (a), assolvere (117): *remplir une formalité, une fonction* adempiere una formalità, una funzione # *il a rempli ses engagements* ha mantenuto, ha tenuto fede ai suoi impegni; *la tragédie classique devait remplir certaines conditions* la tragedia greca doveva soddisfare certe condizioni; *remplir un rôle* svolgere una funzione; *remplir une mission* compiere una missione.

remplissage |Rɑ̃plisaʒ| *s.m.* **1** [*opération qui consiste à remplir un récipient, un bassin; le fait de se remplir*] riempimento: *remplissage d'un tonneau, d'une écluse* riempimento di un barile, di una chiusa **2** (*constr.*) ripieno **3** (*péj.*) [*ce qui allonge un texte sans rien exprimer d'important*] riempitivo **4** (*mus.*) ripieno.

remplisseur, euse |Rɑ̃plisœR, øz| *s.* **1** (*s.*) *remplisseur sur porcelaine, sur verre* decoratore* di porcellane, di vetri **2** *s.f.* rammendatrice di merletti **3** *s.f.* (*techn.*) *remplisseuse* riempitrice.

remploi |Rɑ̃plwa| *s.m.* **1** [*le fait d'employer ou d'être employé de nouveau*] reimpiego*: *colonnes, chapiteaux de remploi* colonne, capitelli di reimpiego **2** (*fin.*) reinvestimento.

remployer |Rɑ̃plwaje| (10) *v.tr.* **1** [*employer de nouveau*] reimpiegare, riadoperare: *réemployer des matériaux de démolition* reimpiegare materiale di demolizione **2** (*fig.*) [*faire le remploi de*] reinvestire: *remployer l'argent de la vente d'un immeuble* reinvestire il denaro ricavato dalla vendita di un immobile.

remplumer (se) |Rɑ̃plyme| *v. pron. intr.* **1** (*en parlant d'oiseaux*) [*se couvrir de nouvelles plumes*] rimpiumarsi, rimpennarsi **2** (*fam.*) [*rétablir sa situation financière*] rimpannucciarsi (*cour.*), riassestare *tr.* le proprie finanze (*cour.*) ◇ [*reprendre de l'embonpoint, se rétablir*] rimettersi (155) in carne, in sesto: *il s'est remplumé* si è rimesso in carne; *ses deux semaines de congé l'ont bien remplumé* le due settimane di vacanza lo hanno rimesso in sesto ⓒ **déplumer (se)**.

rempocher |Rɑ̃pɔʃe| *v.tr.* [*remettre dans sa poche*] rintascare, rimettersi (155) *pron.* in tasca: *rempocher son argent* rintascare, rimettersi in tasca il proprio denaro.

rempoissonnement |Rɑ̃pwasɔnmɑ̃| *s.m.* [*repeuplement en poissons*] ripopolamento, il ripopolare *inv.* (di pesci).

rempoissonner |Rɑ̃pwasɔne| *v.tr.* [*repeupler de poissons*] ripopolare (di pesci): *rempoissonner un étang* ripopolare (di pesci) uno stagno.

remporter |Rɑ̃pɔRte| *v.tr.* **I** [*emporter* (*ce qu'on avait apporté*)] riportare via: *le livreur a remporté la marchandise refusée* il fattorino ha riportato via la merce rifiutata → 1 **reprendre** **II** [*emporter ce qui est disputé*] ottenere (188), conseguire: *remporter une victoire* ottenere, conseguire una vittoria → **gagner** # *remporter la Coupe Davis* vincere la Coppa Davis ◇ (*par ext.*) *remporter un succès* ottenere, conseguire un successo.

rempotage |Rɑ̃pɔtaʒ| *s.m.* (*hortic.*) rinvasamento, il rinvasare *inv.*

rempoter |Rɑ̃pɔte| *v.tr.* (*hortic.*) [*changer* (*une plante*) *de pot; mettre dans un pot plus grand*] rinvasare: *dépoter et rempoter des géraniums* svasare e rinvasare dei gerani.

remprunter |Rɑ̃pRœ̃te| *v.tr.* [*emprunter de nouveau*] riprendere (105) a prestito, farsi (103) *pron.* riprestare: *il me faut lui remprunter de l'argent* devo riprendere del denaro a prestito da lui, devo farmi riprestare del denaro da lui.

remuable |Rəmɥabl(ə)| *adj.* [*qu'on peut* (*à peine*) *remuer*] spostabile: *une armoire à peine remuable* un armadio appena spostabile, movibile.

remuage |Rəmɥaʒ| *s.m.* (*techn.*) **1** [→ REMUER A 2] l'agitare *inv.* il grano **2** [*traitement des vins blancs par la méthode champenoise*] lo smuovere *inv.* (lo 'champagne').

remuant, ante |Rəmɥɑ̃, ɑ̃t| *adj.* (*personnes*) [*qui a pour habitude de s'agiter, de se dépenser beaucoup*] irrequieto: *un enfant remuant* un bambino irrequieto ◇ [*qui a des activités multiples et un peu brouillonnes*] dispersivo, affaccendato ⓒ **calme, inerte**.

remue |R(ə)my| *s.f.* (*région.*) → **transhumance** ◇ [*lieu de pâturage temporaire*] pascolo *m.* temporaneo.

remue-ménage |R(ə)mymenaʒ| *s.m. inv.* [*mouvements, déplacements bruyants et désordonnés*] confusione *f. var.*, trambusto (*var.*): *faire du remue-ménage* fare confusione; *il y a du remue-ménage dans la maison* in casa c'è trambusto, scompiglio ◇ [*agitation, mouvement*] confusione: *le remue-ménage d'une grande ville* la confusione di una grande città.

remuement |R(ə)mymɑ̃| *s.m.* [→ REMUER A 1] movimento: *remuement des lèvres* movimento delle labbra.

remuer |R(ə)mɥe| **A** *v.tr.* **1** [*faire changer de position*] muovere (157), spostare: *objet lourd à remuer* oggetto pesante da muovere, spostare → **bouger, déplacer** ◇ [*mouvoir une partie du corps*] muovere: *remuer les lèvres* muovere le labbra; *bête qui remue la queue* bestia che muove, dimena la coda ◇ (*loc.*) *ne pas remuer le petit doigt* non muovere un dito **2** [*déplacer dans ses parties, ses éléments*] smuovere (157), rivoltare: *remuer la terre* smuovere, rivoltare la terra; *remuer la salade* mescolare, rivoltare l'insalata → **retourner** # *remuer la pâte* impastare la pasta → **pétrir** ◇ (*loc.*) *remuer l'argent à la pelle* avere quattrini a palate ~ *remuer des millions* maneggiare milioni ~ *remuer ciel et terre pour...* smuovere cielo e terra per... ~ *remuer l'ordure, la boue* sguazzare negli scandali **3** [*agiter moralement, émouvoir*] agitare # *remuer de vieux souvenirs* rivangare vecchi ricordi ✦ (*au p.p.*) *il se sent tout remué* si sente tutto scombussolato **B** *v. intr.* **1** [*bouger, changer de position*] muoversi *pron.*, agitarsi (*pron.*): *il ne peut rester sans remuer* non può stare un attimo senza muoversi, agitarsi ◇ (*par anal.*) *une plante qui remue dans le vent* una pianta che si muove al vento; *une dent qui remue* un dente che si muove, dondola ◇ (*loc. fam.*) *ton nez remue* [*tu mens*] ti si allunga il naso **2** (*d'un groupe d'opposants*) [*s'agiter, menacer de passer à l'action*] agitarsi, essere (96) (*aux.* essere) in fermento **C** *v.pron. réfl.* SE REMUER [*se mouvoir, faire des mouvements*] muoversi: *il a de la peine à se remuer* fa fatica a muoversi ◇ [*agir en se donnant de la peine*] darsi (102) da fare: *se remuer pour faire aboutir un projet* darsi da fare per far arrivare in porto un progetto ◇ (*fam.*) *allons, remue-toi!* su, muoviti!, datti da fare! → **grouiller (se)**.

remueur |Rəmɥœr| (*s.m.*) *remueur de champagne* operaio* addetto a smuovere le bottiglie di 'champagne'.

remugle |R(ə)mygl(ə)| *s.m.* (*littér.*) tanfo, odore di muffa, di chiuso (*cour.*).

rémunérateur, trice |RemyneRatœR, tRis| **1** *s.* rimuneratore*, remuneratore* ✦ (*adj.*) *un dieu rémunérateur* un dio rimuneratore **2** *adj.* [*qui paie bien, procure des bénéfices*] rimunerativo, remunerativo: *une occupation rémunératrice* un'occupazione rimunerativa → **lucratif**.

rémunération |RemyneRɑsjɔ̃| *s.f.* **1** (*vx.*) → **récompense** **2** rimunerazione, remunerazione, retribuzione → **rétribution, salaire** ◇ (*mar.*) *rémunération d'assistance* rimunerazione di assistenza.

rémunératoire |RemyneRatwaR| *adj.* (*dr.*) rimuneratorio*: *legs rémunératoire* lascito rimuneratorio.

rémunérer |RemyneRe| (8) *v.tr.* **1** (*vx.*) [*récompenser* (*une action, une qualité, une personne*)] rimunerare (*littér.*), remunerare (*littér.*): *punir le crime et rémunérer la vertu* punire il delitto e rimunerare la virtù **2** [*récompenser en argent, payer* (*un service, un travail*)] (ri)compensare ◇ (*par ext.*) [*payer* (*qqn.*) *pour un travail*] retribuire (197) ✦ (*au p.p.*) *collaborateurs rémunérés* collaboratori retribuiti.

renâcler |R(ə)nɑkle| *v.intr.* **1** (*se dit surtout des animaux*) [*renifler bruyamment en signe de mécontentement*] sbuffare: *cheval qui renâcle* cavallo che sbuffa **2** [*témoigner de la répugnance* (*devant une contrainte, une obligation*)] essere (96) (*aux.* essere) riluttante: *renâcler à la besogne* essere riluttante a un lavoro # *il accepte en renâclant* accetta con riluttanza.

renaissance |R(ə)nɛsɑ̃s| *s.f.* **I** **1** (*relig.*) rinascita **2** (*fig.*) rinascita, rinascimento (*m.*): *renaissance des arts, des lettres* rinascita, rinascimento delle arti, delle lettere **II** LA RENAISSANCE il Rinascimento: *tableau, fresque, édifice de la Renaissance* quadro, affresco, edificio del Rinascimento, rinascimentale *adj.* ✦ *adj. inv.* rinascimentale (*var.*): *l'architecture Renaissance* l'architettura rinascimentale.

renaissant, ante |R(ə)nɛsɑ̃, ɑ̃t| *adj.* **1** (*abstrait*) [*qui renaît*] rinascente, risorgente **2** (*littér.*) [*qui appartient à l'époque de la Renaissance*] rinascimentale (*cour.*): *l'art renaissant* l'arte rinascimentale.

renaître |R(ə)nɛtR(ə)| (74) *v.intr.* (*aux.* 'être') **1** [*naître de nouveau; recommencer de vivre*] rinascere (158)

◇ (*fig.*) *renaître de ses cendres* rinascere dalle proprie ceneri ◇ (*théol. chrét.*) *renaître par le baptême, en Jésus--Christ* rinascere con il battesimo, in Gesù Cristo **2** (*littér.*) RENAÎTRE À [*retourner, revenir dans tel ou tel état*] rinascere a: *renaître à la vie* rinascere alla vita; *renaître au bonheur, à l'espoir* rinascere alla felicità, alla speranza ◇ (*relig.*) *mourir au péché pour renaître à la grâce* morire al peccato per rinascere alla grazia **3** [*naître, pousser, à la place de ce qui est ou semble mort ou disparu*] rinascere, rifiorire (197): *tout renaît au printemps* tutto rinasce, rifiorisce in primavera → 2 **repousser** **4** (*choses*) [*recommencer à vivre, à se développer*] rinascere: *sentiment, désir, espoir qui renaît* sentimento, desiderio, speranza che rinasce; *faire renaître le passé* far rinascere il passato → **revivre.**

rénal, ale, aux |Renal, o| *adj.* (*anat.*) renale: *pédicule rénal* peduncolo renale; *tuberculose rénale* tubercolosi renale.

renard |R(ə)naR| *s.m.* **1** (*t.zool.*) volpe *f.* ~ *renard commun* volpe comune ~ *renard argenté* volpe argentata ~ *renard bleu* volpe azzurra ◇ (*cour.*) *chasse au renard* caccia alla volpe **2** [*peau, fourrure du renard apprêtée*] volpe: *manteau à col de renard* cappotto con collo di volpe **3** (*fig.*) *un fin renard* una vecchia volpe, un volpone *s.* **4** (*loc. pop., vieilli*) *écorcher le renard, piquer un renard* [*vomir*] fare i gattini (*fam.*) **5** (*vx., fig.*) → **mouchard, espion** ◇ [*ouvrier qui refuse de faire grève*] crumiro *s.* → **jaune** **6** [*fente, trou par où se perd l'eau d'un canal, d'un bassin, de la coque d'un navire*] fenditura *f.*, spaccatura *f.*

renarde |R(ə)naRd(ə)| *s.f.* volpe femmina.

renardeau |R(ə)naRdo| *s.m.* [*petit du renard*] volpacchiotto.

renardière |R(ə)naRdjɛR| *s.f.* **1** (*chasse*) tana della volpe, volpaia (*rare*) **2** (*Canada*) allevamento *m.* di volpi.

renauder |R(ə)node| *v.intr.* (*vieilli, pop.*) → **râler, rouspéter.**

rencaissage |Rɑ̃kɛsaʒ| *s.m.* (*hortic.*) il rimettere *inv.* in cassa; il rinvasare *inv.* in casse.

rencaissement |Rɑ̃kɛsmɑ̃| *s.m.* (*fin.*) nuovo incasso, il rincassare *inv.*

rencaisser |Rɑ̃kese| *v.tr.* **1** (*hortic.*) [*remettre en caisse*] rincassare, rimettere (155) in cassa: *rencaisser des orangers* rincassare, rimettere in cassa degli aranci **2** (*fin.*) [*encaisser de nouveau* (*une somme*)] rincassare, riscuotere (162) di nuovo.

rencard |Rɑ̃kaR| *s.m.* → **rancard.**

rencarder |Rɑ̃kaRde| *v.tr.* → **rancarder.**

rencart |Rɑ̃kaR| *s.m.* → **rancart.**

renchaîner |Rɑ̃ʃene| *v.tr.* [*attacher de nouveau avec une chaîne*] rincatenare.

renchéri, ie |Rɑ̃ʃeRi| *adj. et s.* (*littér.*) [*difficile, dédaigneux*] sdegnoso (*cour.*).

renchérir |Rɑ̃ʃeRiR| **A** *v.tr.* [*rendre encore plus cher*] rincarare: *renchérir une marchandise* rincarare una merce → **enchérir** **B** *v.intr.* **1** [*devenir encore plus cher*] rincarare (*aux.* essere) → **enchérir** **2** (*fig.*) RENCHÉRIR SUR [*aller encore plus loin, en action ou en paroles*] rincarare la dose: *renchérir sur tous* rincarare la dose rispetto a tutti gli altri.

renchérissement |Rɑ̃ʃeRismɑ̃| *s.m.* [→ RENCHÉRIR] rincaro, aumento di prezzo.

rencogner |Rɑ̃kɔɲe| **A** *v.tr.* (*fam.*) → **coincer** **B** *v.pron. réfl.* → **blottir (se).**

1 **rencontre** |Rɑ̃kɔ̃tR(ə)| *s.f.* **1** [*le fait pour deux personnes de se trouver* (*par hasard*) *en contact*] incontro (*m.*): *mauvaise rencontre* cattivo incontro; *ménager une rencontre entre deux personnes* combinare un incontro tra due persone # *faire la rencontre de qqn.* incontrare, conoscere qc. ◇ *loc. prép.* À LA RENCONTRE DE incontro a: *aller, venir à la rencontre de qqn., à sa rencontre* andare, venire incontro a qc.; *il venait à ma rencontre* mi veniva incontro **2** [*engagement, combat*] scontro (*m.*): *il y eut une rencontre* ci fu uno scontro ◇ [*match*] incontro: *rencontre de boxe* incontro di pugilato **3** (*choses*) [*le fait de se trouver en contact*] incontro: *point de rencontre* punto d'incontro; *rencontre de deux cours d'eau, de deux lignes* incontro, confluenza di due corsi d'acqua, di due linee → **jonction** # *rencontre brutale* scontro brutale → **choc, collision** ◇ (*techn.*) *roue de rencontre* bilanciere *m.* **4** *loc. adj.* (*littér.*) DE RENCONTRE [*fortuit*] casuale *adj.* (*cour.*), occasionale *adj.* (*cour.*): *joies de rencontre* gioie casuali, occasionali; *une connaissance de rencontre* una conoscenza casuale.

2 **rencontre** |Rɑ̃kɔ̃tR(ə)| *s.m.* (*blas.*) rincontro.

rencontrer |Rɑ̃kɔ̃tRe| **A** *v.tr.* **I** **1** [*se trouver en présence de* (*qqn.*) *par hasard*] incontrare: *je l'ai rencontré au coin de la rue* l'ho incontrato, mi sono imbattuto in lui all'angolo della via → 1 **tomber (sur)** **2** [*se trouver après rendez-vous en contact avec* (*qqn.*)] incontrare: *rencontrer un émissaire* incontrare un emissario → **contacter** ◇ [*être opposé en compétition à* (*un adversaire*)] *il a rencontré le champion du monde* ha incontrato il campione, si è incontrato *pron.* con il campione del mondo **3** [*se trouver pour la première fois avec* (*qqn.*)] incontrare, conoscere (126): *je l'ai rencontré dans un bal* l'ho incontrato, conosciuto a un ballo **4** [*trouver* (*parmi d'autres*)] incontrare, trovare: *un serviteur comme on n'en rencontre plus* un servitore come non se ne incontrano, trovano più **II** (*compl. de chose*) [*se trouver en présence de, en contact avec* (*qqch.*)] incontrare: *un des plus beaux sites qu'il m'ait été donné de rencontrer* uno dei più bei posti che mi sia capitato di incontrare, di vedere → **voir** ◇ (*d'un obstacle*) sbattere: *sa tête a rencontré le mur* ha sbattuto la testa contro il muro → **heurter** ◇ (*abstrait*) incontrare: *rencontrer une forte opposition* incontrare una forte opposizione **B** *v.pron.* SE RENCONTRER **1** *récipr.* (*personnes*) [*se trouver en même temps au même endroit*] incontrarsi: *ils se sont rencontrés dans la rue* si sono incontrati per la strada ◇ [*faire connaissance*] *nous nous sommes déjà rencontrés* ci siamo già incontrati, conosciuti ◇ [*avoir une entrevue*] incontrarsi **2** *intr.* (*personnes*) [*partager, exprimer les mêmes idées, les mêmes sentiments*] incontrarsi: *les grands esprits se rencontrent* le grandi menti si incontrano **3** *intr.* (*choses*) [*entrer en contact*] incontrarsi **4** *passif* [*se trouver, être constaté*] riscontrarsi: *les petitesses qui se rencontrent dans les grands caractères* le piccolezze che si riscontrano nei grandi caratteri → **exister** ✦ (*impers.*) *il se rencontre des gens qui...* si incontra, c'è gente che... → **trouver (se)** **5** *récipr.* (*sport*) *les deux équipes se rencontrent pour la première fois* le due squadre si incontrano per la prima volta.

rendement |Rɑ̃dmɑ̃| *s.m.* **1** [*production de la terre, évaluée par rapport à l'unité de surface cultivée*] resa (*f.*): *rendement à l'hectare* resa per ettaro, resa unitaria ◇ (*par ext.*) rendimento, resa: *diminuer, augmenter le rendement* diminuire, aumentare il rendimento, la resa → **productivité** ◇ (*écon.*) reddito: *rendement d'un placement, d'une action* reddito di un investimento, di una azione ◇ (*phys.*) *rendement lumineux* rendimento luminoso **2** [*produit effectif d'un travail*] rendimento, resa: *il s'applique, mais le rendement est faible* lui si applica, ma il rendimento è scarso, la resa è scarsa → **efficacité** **3** (*sport*) → **handicap.**

rendez-vous |Rɑ̃devu| *s.m.* **1** [*rencontre convenue entre deux ou plusieurs personnes*] appuntamento: *rendez-vous manqué, d'affaires* appuntamento mancato, d'affari; *avoir un rendez-vous* avere un appuntamento; *avoir rendez-vous avec qqn.* avere appuntamento con qc.; *donner rendez-vous (à qqn.)* dare appuntamento (a qc.); *prendre un rendez--vous* prendere un appuntamento; *médecin qui reçoit sur rendez-vous* medico che riceve su appuntamento ◇ (*fig.*) *toutes les laideurs s'étaient donné rendez--vous* tutte le bruttezze si erano date appuntamento; *avoir rendez-vous avec la chance* avere un appuntamento con la fortuna, trovare la fortuna ◇ (*spécialt.*) *rendez-vous amoureux, galant* appuntamento amoroso, galante; *maison de rendez-vous* casa di appuntamenti ◇ (*par anal.*) *rendez-vous spatial* appuntamento, 'rendez-vous' *inv.* spaziale **2** [*lieu fixé pour le rendez-vous*] appuntamento: *arriver le premier au rendez--vous* arrivare per primo all'appuntamento ◇ (*par ext.*) ritrovo, luogo* di convegno: *ce café est le rendez-vous des artistes à la mode* quel caffè è il ritrovo, il luogo di convegno degli artisti alla moda.

rendormir |Rɑ̃dɔRmiR| (21) *v.tr.* [*endormir de nouveau*] riaddormentare: *il a fallu rendormir le patient* è stato necessario riaddormentare il paziente ✦ (*pron. intr.*) *elles se sont rendormies* si sono riaddormentate.

rendosser |Rɑ̃dose| *v.tr.* [*endosser, mettre de nouveau*] rindossare, indossare di nuovo: *rendosser le maillot jaune* rindossare, indossare di nuovo la maglia gialla.

rendre |Rɑ̃dR(ə)| (53) **A** *v.tr.* **I** **1** [*donner en retour ce qui est dû*] rendere (105), restituire (197): *je vous rends votre argent, votre livre* le rendo, le restituisco il suo denaro, il suo libro ◇ *abstrait.* rendere, tributare: *le culte qu'on rend à la divinité* il culto che si rende, si tributa alla divinità **2** [*donner* (*sans idée de restitution*)] rendere: *ren-*

dre des services rendere, prestare dei servizi # *rendre un jugement, un arrêt* emettere, pronunciare una sentenza → **prononcer** **3** [*redonner* (*ce qui a été pris ou reçu*)] restituire, rendere: *rendre ce qu'on a volé* restituire quel che si è rubato; *rendre un cadeau* restituire un regalo; *rendre à qqn. sa parole, sa liberté* rendere la parola a qc.; rendere, restituire la libertà a qc. **4** [*rapporter au vendeur* (*ce qu'on a acheté*)] rendere: *article qui ne peut être ni rendu ni échangé* articolo che non può essere né reso né sostituito **5** (*abstrait*) [*donner à nouveau* (*à son possesseur ce qu'il a perdu*)] restituire, ridare (102): *ce traitement m'a rendu des forces, le sommeil* questa cura mi ha restituito, mi ha ridato le forze, il sonno **6** [*donner* (*une chose semblable en échange de ce qu'on a reçu*)] restituire, rendere: *recevoir un coup et le rendre* ricevere un colpo e restituirlo; *rendre à qqn. sa visite* restituire la visita a qc.; *rendre un salut* rendere il saluto # *rendre la monnaie* dare il resto **II** [*laisser échapper* (*ce qu'on ne peut garder, retenir*)] **1** [*vomir*] rimettere (155), vomitare: *il a rendu tout son dîner* ha rimesso, vomitato tutta la cena ✦ (*absolt.*) *avoir envie de rendre* aver voglia di rimettere, di vomitare **2** (*loc.*) *rendre l'âme, le dernier soupir* [*mourir*] rendere l'anima, l'ultimo respiro **3** [*faire entendre, émettre* (*un son*)] rendere: *rendre des sons grêles* rendere dei suoni deboli **4** [*céder, livrer*] cedere: *rendre les armes* cedere le armi, arrendersi; *le commandant a dû rendre la place* il comandante ha dovuto cedere la piazza **III** (*suivi d'un attribut du compl.*) [*faire devenir*] rendere: *il me rend fou* mi rende, mi fa diventare pazzo; *rendre une femme heureuse* rendere felice una donna **IV** [*présenter après interprétation*] **1** [*traduire*] rendere, tradurre (108): *il est difficile de rendre en français cette tournure* è difficile rendere, tradurre in francese questa costruzione **2** [*exprimer par le langage*] rendere, esprimere (124): *le mot qui rend le mieux ma pensée* la parola che rende, esprime meglio il mio pensiero **3** [*représenter par un moyen plastique, graphique*] rendere, raffigurare: *rendre avec vérité un paysage* rendere, raffigurare un paesaggio in modo realistico **B** *v.intr.* [*rapporter*] rendere: *ces terres rendent peu* queste terre rendono poco; *la pêche a bien rendu* la pesca ha reso bene ◇ (*fam.*) *ça n'a pas rendu* non ha funzionato **C** *v.pron. intr.* SE RENDRE **1** [*se soumettre, céder*] arrendersi (105), cedere (*intr.*): *se rendre aux prières, aux ordres de qqn.* arrendersi, cedere alle preghiere, agli ordini di qc. → **obéir** ◇ [*se soumettre* (*en rendant ses armes*)] arrendersi: *mourir plutôt que de se rendre* morire piuttosto che arrendersi; *se rendre sans conditions* arrendersi incondizionatamente → **capituler** ◇ (*d'un criminel*) [*se livrer*] costituirsi (197) **2** [*se transporter, aller*] recarsi: *se rendre à l'étranger* recarsi all'estero ✦ (*au p.p.*) *nous voilà rendus* [*arrivés*] eccoci arrivati **3** (*suivi d'un attribut*) [*se faire tel, devenir par son propre fait*] rendersi: *chercher à se rendre utile* cercare di rendersi utile # *vous allez vous rendre malade* si ammalerà.

rendu, ue |ʀɑ̃dy| **I** *p.p. et adj.* **1** *au p.p.* [*arrivé*] arrivato: *nous voilà rendus* eccoci arrivati **2** *adj.* [*très fatigué*] sfinito, spossato **II** *s.m.* **1** (*dans la loc.*) *c'est un prêté pour un rendu* quel che è fatto, è reso; gli ha reso pan per focaccia **2** (*bx-arts*) resa *f.*, forza *f.* espressiva: *le rendu d'un dessin* la resa, la forza espressiva di un disegno **3** [*objet rendu à un commerçant*] resa, oggetto reso **4** [*réalisation graphique d'un projet d'archit., de décoration, ou de publicité*] bozzetto.

rêne |ʀɛn| *s.f.* [*chacune des courroies servant à diriger une bête de selle*] redine, briglia: *lâcher la rêne, les rênes; laisser flotter les rênes* abbandonare le redini, le briglie → **bride**, 1 **guide** ◇ (*fig.*) *tenir, prendre les rênes d'une affaire* tenere, prendere le redini di un affare; *lâcher les rênes* abbandonare, mollare tutto.

renégat, ate |ʀənega, at| *s.* (*pr., fig.*) rinnegato.

reneiger |ʀ(ə)neʒe| (3) *v.intr.* [*neiger de nouveau, encore*] rinevicare (*aux.* essere), nevicare (*aux.* essere) di nuovo.

rénette |ʀenɛt| *s.f.* (*techn.*) curasnetta ◇ (*menuis.*) graffietto *m.*, traccialinee *m. inv.*

renfaîtage |ʀɑ̃fɛtaʒ| *s.m.* [→ RENFAÎTER] riparazione *f.* del colmo (di un tetto).

renfaîter |ʀɑ̃fete| *v.tr.* (*techn.*) [*réparer* (*un toit*) *en refaisant le faîte*] riparare il colmo (di un tetto).

renfermé |ʀɑ̃fɛʀme| *s.m.* [*mauvaise odeur d'un lieu mal aéré*] (odore di) chiuso, tanfo: *cette chambre sent le renfermé* questa camera odora di chiuso.

renfermé, ée |ʀɑ̃fɛʀme| *adj.* (*fig.*) [*qui ne montre pas ses sentiments*] chiuso: *enfant, caractère renfermé* bambino, carattere chiuso.

renfermer |ʀɑ̃fɛʀme| *v.tr.* **1** [*tenir contenu dans un espace, en soi*] contenere (188), racchiudere (106): *tiroir qui renferme des papiers importants* cassetto che contiene, racchiude dei documenti importanti ◇ (*fig.*) [*comprendre, contenir*] contenere, comprendere (105): *combien cette phrase renferme-t-elle de mots?* quante parole contiene, comprende questa frase? **2** (*fig.*) [*tenir caché* (*un sentiment*)] nascondere (159), celare: *renfermer ses émotions* nascondere, celare le proprie emozioni → **dissimuler** ✦ (*pron. réfl.*) rinchiudersi (106): *se renfermer en soi-même* rinchiudersi in sé stesso.

renfiler |ʀɑ̃file| *v.tr.* [*enfiler une seconde fois*] rinfilare, infilare di nuovo: *renfiler un collier* rinfilare una collana.

renflammer |ʀɑ̃fla(ɑ)me| *v.tr.* [*enflammer de nouveau*] rinfiammare, infiammare di nuovo.

renflé, ée |ʀɑ̃fle| *adj.* [*qui présente une partie bombée*] rigonfio*; panciuto: *forme renflée d'un bulbe, d'un oignon* forma rigonfia di un bulbo, di una cipolla ‖ *vase renflé* vaso panciuto ◇ (*archit.*) *colonne renflée* colonna a entasi *loc. inv.*

renflement |ʀɑ̃fləmɑ̃| *s.m.* **1** (*rare*) → **gonflement** **2** [*état, forme de ce qui est bombé, renflé; la partie renflée*] rigonfiamento: *le renflement de la panse d'un vase, d'une amphore* il rigonfiamento del ventre di un vaso, di un'anfora; *le renflement d'une racine, d'une tige* il rigonfiamento di una radice, di uno stelo # *renflement d'une colonne* entasi, ventre di una colonna.

renfler |ʀɑ̃fle| **A** *v.tr.* [*rendre convexe, bombé*] rigonfiare **B** *v.pron. intr.* SE RENFLER [*devenir plus gros, plus rond*] (ri)gonfiarsi.

renflouage |ʀɑ̃fluaʒ|, **renflouement** |ʀɑ̃flumɑ̃| *s.m.* **1** [*remise à flot* (*d'un navire coulé, échoué*)] ricupero, recupero, il rimettere *inv.* a galla **2** (*fig.*) [→ RENFLOUER 2] il rimettere, la rimessa *f.* a galla: *le renflouement d'une affaire, d'un banquier* il rimettere, la rimessa a galla di una azienda, di un banchiere.

renflouer |ʀɑ̃flue| *v.tr.* **1** [*remettre à flot*] ricuperare, recuperare, rimettere (155) a galla: *renflouer un navire coulé* ricuperare, rimettere a galla una nave colata a picco **2** (*fig.*) [*sauver des difficultés financières en fournissant des fonds*] rimettere a galla, rinsanguare: *renflouer une affaire, une entreprise* rimettere a galla, riassestare un'azienda, un'impresa; *renflouer un banquier* rimettere a galla, rinsanguare un banchiere.

renfoncement |ʀɑ̃fɔ̃smɑ̃| *s.m.* **1** [*état, forme de ce qui est renfoncé*] rientranza (*f.*): *le renfoncement d'un mur* la rientranza di un muro **2** [*ce qui forme un creux*] vano: *se cacher dans le renfoncement d'une porte* nascondersi nel vano di una porta **C** 1 **saillie**.

renfoncer |ʀɑ̃fɔ̃se| (2) *v.tr.* **1** [*enfoncer plus avant, plus fort*] calcare; ricacciare: *renfoncer son chapeau* calcarsi il cappello in testa ‖ *renfoncer ses larmes* ricacciare indietro le lacrime **2** (*typogr.*) *renfoncer une ligne* [*la faire commencer en retrait*] rientrare un rigo.

renforçage |ʀɑ̃fɔʀsaʒ| *s.m.* [*opération par laquelle on renforce* (*un élément de constr.; une partie d'un vêtement*)] rinforzo, rafforzamento ◇ (*photo.*) rinforzo.

renforçateur |ʀɑ̃fɔʀsatœʀ| *s.m.* (*photo.*) (*bain*) *renforçateur* bagno di rinforzo ✦ *adj.* di rinforzo (*loc. inv.*): *agent renforçateur* agente di rinforzo.

renforcement |ʀɑ̃fɔʀsəmɑ̃| *s.m.* [→ RENFORCER 1] rinforzo, rafforzamento: *renforcement d'un mur, d'une poutre, d'une chaussée* rinforzo, rafforzamento di un muro, di una trave, del fondo stradale; *renforcement d'une troupe* rafforzamento delle truppe ◇ (*photo.*) rinforzo ◇ (*gram.*) rafforzamento: *renforcement de l'expression, de la négation* rafforzamento dell'espressione, della negazione ◇ (*par anal.*) *renforcement d'un son* rafforzamento di un suono.

renforcer |ʀɑ̃fɔʀse| (2) *v.tr.* **1** [*rendre plus fort, plus résistant*] rinforzare, rafforzare: *renforcer un mur, un support* rinforzare, rafforzare un muro, un supporto; *renforcer un pied de bas* rinforzare il piede di una calza ✦ (*au p.p.*) *bas à talons renforcés* calza con talloni rinforzati **2** [*rendre plus fort, plus efficace*] rinforzare: *renforcer une armée, une équipe* rinforzare un esercito, una squadra **3** [*rendre plus intense, plus énergique*] rinforzare; rafforzare: *renforcer une couleur* rinforzare un colore ‖ *mot qui sert à renforcer l'expression* parola che serve a rafforzare l'espressione **4** (*fig.*) [*rendre plus ferme, plus certain, plus solide*] rafforzare: *renforcer la paix* rafforzare la pace ◇ (*par ext.*) *renforcer qqn. dans une opinion* rafforzare qc. nelle sue opinioni.

renformir |Rɑ̃fɔRmiR| *v.tr.* (*maçonn.*) [*réparer* (*un mur*) *en remplaçant les pierres manquantes et en le crépissant*] rimpellare.

renfort |Rɑ̃fɔR| *s.m.* **1** (*milit.*) rinforzo, rincalzo: *un régiment de renfort* un reggimento di rinforzo, di rincalzo; *l'arrivée du renfort* l'arrivo dei rinforzi; *envoyer des renforts* mandare dei rinforzi **2** (*techn.*) rinforzo ◇ (*mar.*) *renfort de proue* rinforzo di prua **3** *loc.* À GRAND RENFORT DE [*à l'aide d'une grande quantité*] a forza di, a furia di # *laver à grand renfort d'eau* lavare con acqua abbondante.

renfrogné, ée |Rɑ̃fRɔɲe| *adj.* [*contracté par le mécontentement*] accigliato, imbronciato: *visage, air renfrogné* viso, aspetto accigliato, imbronciato ◇ (*personnes*) *une femme renfrognée* una donna accigliata, imbronciata.

renfrognement |Rɑ̃fRɔɲmɑ̃| *s.m.* (*rare*) [*le fait de se renfrogner, d'être renfrogné*] cipiglio*.

renfrogner (se) |Rɑ̃fRɔɲe| *v. pron. intr.* [*témoigner son mécontentement par une expression contractée, maussade du visage*] accigliarsi, imbronciarsi.

rengagement |Rɑ̃gaʒmɑ̃| *s.m.* [→ RENGAGER A] rafferma *f.*, reingaggio*.

rengager |Rɑ̃gaʒe| (3) **A** *v.tr.* [*engager de nouveau*] rimpegnare, impegnare di nuovo **B** *v.intr.* [→ *pron.*] **C** *v.pron. réfl.* SE RENGAGER, SE RÉENGAGER [*reprendre volontairement du service dans l'armée*] raffermarsi, rinnovare *tr.* la ferma, raffermare *intr.*

rengaine |Rɑ̃gɛn| *s.f.* **1** [*formule répétée à tout propos*] ritornello *m.*, solfa: *c'est toujours la même rengaine* è sempre lo stesso ritornello, la stessa solfa **2** [*refrain banal; chanson ressassée*] ritornello: *fredonner une rengaine à la mode* canticchiare un ritornello alla moda.

rengainer |Rɑ̃gene| *v.tr.* **1** [*remettre dans la gaine, le fourreau, l'étui*] rinfoderare **2** (*fig., fam.*) [*rentrer* (*ce qu'on avait l'intention de manifester*)] ringoiarsi *pron.*, rimangiarsi (*pron.*): *rengainer son compliment* ringoiarsi, rimangiarsi un complimento.

rengorgement |Rɑ̃gɔRʒəmɑ̃| *s.m.* (*rare*) [*le fait de se rengorger, d'avoir un air vaniteux*] il pavoneggiarsi *inv.*, il darsi *inv.* delle arie (*cour.*).

rengorger (se) |Rɑ̃gɔRʒe| (3) *v. pron. intr.* [*prendre une attitude avantageuse par affectation d'importance, par fierté, orgueil*] pavoneggiarsi, darsi (102) delle arie ◇ (*fig.*) *se rengorger de* (+ *inf.*) pavoneggiarsi, darsi delle arie per (+ *inf.*).

rengraisser |Rɑ̃gRese| *v.intr.* [*engraisser après avoir maigri*] ringrassare (*aux.* essere), ingrassare (*aux.* essere) di nuovo.

rengrènement |Rɑ̃gRɛnmɑ̃| *s.m.* (*techn.*) alimentazione *f.* (di una tramoggia).

rengréner |Rɑ̃gRene| (8), **rengrener** |Rɑ̃gRəne| (6) *v.tr.* (*techn.*) **1** [*remplir de nouveau* (*une trémie*) *de grain*] alimentare (una tramoggia*) **2** [*engager de nouveau dans un engrenage*] ringranare ◇ [*faire coincider les creux des coins et les reliefs d'une médaille mal frappée en la remettant à la frappe*] riconiare.

reniable |Rənjabl(ə)| *adj.* [→ RENIER] rinnegabile.

reniement |R(ə)nimɑ̃| *s.m.* [→ RENIER 2] rinnegamento, il rinnegare (*inv.*): *le reniement de Saint Pierre* il rinnegamento di San Pietro; *le reniement de sa foi, de sa religion* il rinnegamento della, il rinnegare la propria fede, la propria religione; *le reniement de ses opinions, d'un parti* il rinnegamento delle proprie opinioni, di un partito.

renier |Rənje| *v.tr.* **1** *renier Dieu* [*déclarer qu'on ne croit plus*] rinnegare Dio **2** [*déclarer faussement qu'on ne connaît ou qu'on ne reconnaît pas* (*qqn.*)] rinnegare: *Saint Pierre renia trois fois Jésus* San Pietro rinnegò tre volte Gesù; *renier sa famille* rinnegare la propria famiglia **3** (*par ext.*) [*renoncer à* (*ce à quoi on aurait dû rester fidèle*)] rinnegare: *renier ses opinions, ses idées* rinnegare le proprie opinioni, le proprie idee; *renier sa signature* rinnegare, disconoscere la propria firma # *renier ses promesses* venir meno, mancare alle proprie promesse ◆ (*pron. réfl.*) *se renier* [*renier ses opinions*] rinnegarsi, rinnegare *tr.* le proprie opinioni.

reniflard |R(ə)niflaR| *s.m.* (*techn.*) valvola *f.* di aspirazione (di una caldaia) ◇ [*dispositif pour évacuer les vapeurs d'huile d'un carter de moteur*] sfiatatoio*.

reniflement |R(ə)nifləmɑ̃| *s.m.* [→ RENIFLER A] il tirare *inv.* su col naso; rumore (che si fa tirando su col naso).

renifler |R(ə)nifle| **A** *v.intr.* [*aspirer bruyamment par le nez*] tirar su col naso; aspirare fortemente **B** *v.tr.* [*aspirer par le nez*] annusare, fiutare: *renifler du tabac* annusare, fiutare tabacco → 2 **priser** ◇ (*fig.*) *renifler qqch. de louche* fiutare q.c. di losco → **flairer.**

renifleur, euse |R(ə)niflœR, øz| *s. et adj.* (*fam.*) chi, che tira su col naso *loc.* (*cour.*).

réniforme |Renifɔrm(ə)| *adj.* reniforme: *la graine de haricot est réniforme* il grano del fagiolo è reniforme.

rénitence |Renitɑ̃s| *s.f.* (*méd.*) renitenza.

rénitent, ente |Renitɑ̃, ɑ̃t| *adj.* (*méd.*) renitente: *tumeur rénitente* tumore renitente.

renne |Rɛn| *s.m.* (*t.zool.*) renna *f.* ◇ (*cour.*) [*peau de renne apprêtée*] renna.

renom |R(ə)nɔ̃| *s.m.* **1** (*littér.*) [*opinion répandue dans le public, sur qqn. ou qqch.*] fama *f.* (*cour.*), reputazione *f.* (*cour.*): *un bon, un mauvais renom* una buona, una cattiva fama, reputazione **2** [*opinion favorable et largement répandue*] rinomanza *f.*, celebrità (*inv.*): *grand renom* grande rinomanza, celebrità; *acquérir, avoir du renom* acquistare, avere rinomanza # *les cafés en renom* i caffè rinomati → **réputé.**

renommé, ée |R(ə)nɔme| *adj.* **1** (*vx.*) (*personnes*) → **célèbre** **2** (*choses*) rinomato **3** *loc.* RENOMMÉ POUR (QQCH.) famoso per (q.c.): *elle est renommée pour sa façon de rire* è famosa per il suo modo di ridere.

renommée |R(ə)nɔme| *s.f.* **1** [*connaissance* (*d'un nom, d'une personne, d'une chose*) *parmi un public étendu*] rinomanza, fama: *édifier, étendre sa renommée* costruire, estendere la propria rinomanza, fama; *la renommée dont il jouit* la fama, la reputazione di cui gode → **célébrité, gloire** ◇ (*prov.*) *bonne renommée vaut mieux que ceinture dorée* chi acquista fama, acquista ricchezza; una buona reputazione vale più di ogni ricchezza **2** (*littér.*) [*opinion publique exprimée et répandue sur qqn., sur qqch.*] rinomanza, fama (*cour.*): *connaître qqn. de renommée* conoscere qc. di fama # *apprendre qqch. par la renommée* venire a sapere q.c. dall'opinione pubblica ◇ (*dr.*) *preuve par commune renommée* prova per fatto notorio.

renommer |R(ə)nɔme| *v.tr.* **1** [*nommer* (*et par ext.* '*élire*') *une autre fois*] rinominare; rieleggere (154) **2** (*vx.*) [*nommer souvent et avec éloges; célébrer*] celebrare (*littér.*).

renon, renom |R(ə)nɔ̃| *s.m.* (*Belgique*) rescissione *f.* di locazione.

renoncement |R(ə)nɔ̃smɑ̃| *s.m.* [*le fait de renoncer* (*à un agrément*) *par un effort de volonté*] rinuncia* *f.*, rinunzia (*f.*): *renoncement au monde, aux plaisirs de la vie* rinuncia del mondo, dei piaceri della vita # *le renoncement à soi-même* la dedizione, l'abnegazione di sé stessi ◆ (*absolt.*) *vivre dans les privations et le renoncement* vivere nelle privazioni e nella rinuncia, nelle strettezze → **abnégation, 1 dépouillement.**

renoncer |R(ə)nɔ̃se| (2) **A** *v.intr.* RENONCER À **1** [*cesser de prétendre volontairement à* (*qqch.*) *et d'agir pour l'obtenir; abandonner un droit sur* (*qqch.*)] rinunciare, rinunziare: *renoncer à un droit, à une succession* rinunciare a un diritto, a una successione; *renoncer à un voyage* rinunciare a un viaggio ◇ (+ *inf.*) *renoncer à comprendre, à chercher* rinunciare a capire, a cercare; *j'y renonce!* ci rinuncio! **2** [*abandonner volontairement* (*ce qu'on a*)] rinunciare: *renoncer au pouvoir, au bonheur* rinunciare al potere, alla felicità; *renoncer à une opinion, à ses idées* rinunziare a un'opinione, alle proprie idee; *renoncer à un travail* rinunziare a un lavoro; *renoncer à la lutte* rinunziare alla lotta; *renoncer au tabac, au vin* rinunciare al fumo, al vino ◇ (+ *inf.*) *renoncer à fréquenter qqn.* rinunciare a frequentare qc. **3** (*morale, mystique, relig.*) [*cesser d'être attaché* (*aux choses de ce monde*)] rinunziare, rinunciare: *renoncer au monde pour entrer en religion* rinunziare al mondo per entrare in religione ◇ (*loc.*) *renoncer à Satan, à ses pompes et à ses œuvres* rinunziare a Satana, alle sue pompe e alle sue opere **4** *renoncer à qqn.* [*cesser de rechercher sa compagnie, de le fréquenter*] rinunziare a qc. ◇ (*fig.*) *renoncer à soi-même* rinunziare a sé stesso, abnegare *tr.* sé stesso **B** *v.tr.* **1** (*vx.*) → **renier** **2** (*littér.*) [*abandonner* (*moralement*)] rifiutare (*cour.*) **3** (*Belgique*) [*résilier* (*un bail*)] rescindere (181) (una locazione); [*donner congé à* (*un locataire*)] sfrattare (un inquilino).

renonciataire |R(ə)nɔ̃sjatɛR| *s.* (*dr.*) rinunziatario*, rinunciatario*.

renonciateur, trice |R(ə)nɔ̃sjatœR, tRis| *s.* (*dr.*) rinunziante, rinunziatore* (*rare*).

renonciation |R(ə)nɔ̃sjasjɔ̃| *s.f.* [*le fait de renoncer* (*à un droit, à une charge*); *l'acte par lequel on y renonce*] rinuncia*, rinunzia; recesso *m.* (*dr.*): *renonciation à une hypothèque* rinuncia a un'ipoteca; *renonciation à une opinion, à un projet* rinuncia a un'opinione, a un progetto; *renonciation au trône* rinunzia al trono → **abdication** Ⓒ **acceptation.**

Renonculacées |ʀ(ə)nɔ̃kylase| *s.f. pl.* (*t.bot.*) Ranuncolacee.

renoncule |ʀ(ə)nɔ̃kyl| *s.f.* (*t.bot.*) ranuncolo *m.*

renouée |ʀənwe| *s.f.* (*t.bot.*) poligono *m.* ~ *renouée cultivée* → **sarrasin.**

renouement |ʀ(ə)numɑ̃| *s.m.* (*rare*) [→ RENOUER] r(i)annodamento; riavvicinamento.

renouer |ʀənweʀ| *v.tr.* **1** [*refaire un nœud à; nouer ce qui est dénoué, détaché, rompu*] riannodare, riallacciare: *renouer sa cravate, ses lacets de chaussures* riannodare la cravatta, riallacciare i lacci delle scarpe **2** (*par métaph.*) *renouer le fil de la conversation* [*le reprendre*] riprendere (105) il filo del discorso ◇ (*fig.*) [*rétablir après une interruption*] riallacciare, riannodare: *renouer la conversation* riallacciare, riprendere la conversazione: *renouer une liaison* riallacciare, riannodare un legame **3** *absolt.* [*rétablir des liens brisés, reprendre ses relations interrompues*] riavvicinarsi (*pron.*): *renouer avec un ami après une brouille* riavvicinarsi a un amico dopo una lite; riallacciare un'amicizia dopo una lite.

renouveau |ʀ(ə)nuvo| *s.m.* **1** (*poét.*) [*retour du printemps où la nature se renouvelle*] stagione *f.* novella, ritorno della bella stagione (*cour.*) **2** (*fig.*) [*retour, reprise, nouvelle période de*] *un renouveau de succès* un nuovo *adj.* successo; *un renouveau de faveur* un nuovo favore.

renouvelable |ʀ(ə)nuvlabl(ə)| *adj.* [→ RENOUVELER A 4] rinnovabile: *passeport, permis renouvelable* passaporto, permesso rinnovabile; *le Directoire était renouvelable tous les ans par cinquième* il Direttorio era rinnovabile ogni anno per un quinto dei membri.

renouvelant, ante |ʀ(ə)nuvlɑ̃, ɑ̃t| *s.* fanciullo che rifà in forma solenne la prima comunione.

renouveler |ʀ(ə)nuvle| (4) **A** *v.tr.* **1** [*remplacer par une chose nouvelle et semblable* (*ce qui a servi, est altéré ou diminué*)] rinnovare: *renouveler l'air d'une pièce* rinnovare l'aria di una stanza; *renouveler le matériel d'un atelier* rinnovare le attrezzature di un laboratorio; *renouveler le personnel, les cadres d'une entreprise* rinnovare il personale, i quadri di un'impresa → **changer** ✦ (*absolt.*) *à renouveler* [*mention portée par le médecin sur une ordonnance*] da ripetere **2** [*rendre nouveau en transformant*] *renouveler une mode, un genre* rinnovare una moda, un genere; innovare *intr.* in una moda, un genere; *cette découverte a complètement renouvelé la question* questa scoperta ha completamente riproposto, riaperto la questione → **rénover** ◇ (*relig.*) *la grâce renouvelle l'homme* la grazia rinnova, rigenera l'uomo → **régénérer** **3** (*littér.*) [*faire renaître, donner une vigueur nouvelle à*] rinnovare: *renouveler une douleur* rinnovare un dolore → **raviver, réveiller** **4** [*donner une validité nouvelle à* (*ce qui expire*)] rinnovare: *renouveler un bail, un contrat* rinnovare un affitto, un contratto; *le passeport n'est plus valable, il faut le renouveler* il passaporto non è più valido, bisogna rinnovarlo; *les députés ont renouvelé leur confiance au gouvernement* i deputati hanno rinnovato la fiducia al governo → **proroger** ◇ (*littér.*) RENOUVELÉ DE ripreso da, preso (a prestito) da (*cour.*): *les jeux olympiques modernes, renouvelés des jeux grecs* le Olimpiadi moderne, riprese dai giochi olimpici greci **5** [*faire de nouveau*] rinnovare, ripetere: *renouveler une demande, des promesses* rinnovare, rifare una richiesta, delle promesse; *renouveler un exploit* ripetere un'impresa → **recommencer, refaire, réitérer** ✦ *tr. et intr.* (*relig.*) *renouveler* (*les vœux du baptême*) rinnovare *tr.* in forma solenne le promesse del battesimo **B** *v. pron. intr.* SE RENOUVELER **1** [*prendre une forme, des formes nouvelles; changer*] rinnovarsi: *l'humanité se renouvelle* l'umanità si rinnova ◇ (*par ext.*) *peintre, écrivain qui se renouvelle au cours de sa carrière* pittore, scrittore che si rinnova nel corso della carriera **2** [*renaître, se reformer, réparer ses pertes*] rinnovarsi: *le bois des Cervidés se renouvelle chaque année* le corna ramificate dei Cervidi si rinnovano ogni anno **3** [*recommencer*] rinnovarsi, ripetersi: *la même scène se renouvela plusieurs fois* la stessa scena si rinnovò, si ripetè parecchie volte → **reproduire (se)** ◇ (*en menace*) *que ça ne se renouvelle pas!* che non si ripeta, non accada più!

renouvellement |ʀ(ə)nuvɛlmɑ̃| *s.m.* **1** [→ RENOUVELER A 1] rinnovamento, rinnovo: *renouvellement d'un stock* rinnovamento delle scorte; *renouvellement d'une promesse* rinnovo di una promessa **2** [*changement complet des formes, qui crée un état nouveau*] rinnovamento: *le renouvellement de certaines structures* il rinnovamento di certe strutture; *le renouvellement des sciences et des arts* il rinnovamento delle scienze e delle arti → **renaissance, rénovation** **3** [*remise en vigueur*] rinnovo: *renouvellement d'un bail* rinnovo di un contratto d'affitto: *demande de renouvellement de passeport* domanda di rinnovo del passaporto → **prorogation, reconduction** **4** (*relig.*) rinnovamento in forma solenne (delle promesse) della prima comunione.

rénovateur, trice |ʀenɔvatœʀ, tʀis| **1** *s. et adj.* rinnovatore* **2** *s.m.* [*nom donné à certains produits d'entretien qui 'remettent à neuf'*] rinnovatore: *rénovateur universel* rinnovatore universale.

rénovation |ʀenɔvɑsjɔ̃| *s.f.* **1** [→ RÉNOVER 1] rinnovamento *m.*, rinnovazione **2** [*remise à neuf*] rinnovamento, ammodernamento (*m.*): *rénovation d'un hôtel* rinnovamento, ammodernamento di un albergo; *travaux de rénovation* lavori di ammodernamento, di trasformazione → 1 **restauration** II 2.

rénover |ʀenɔve| *v.tr.* **1** [*améliorer en donnant une forme nouvelle*] rinnovare: *rénover un enseignement* rinnovare un insegnamento → **améliorer, transformer** **2** [*remettre à neuf*] rinnovare, ammodernare: *rénover une salle de spectacle* rinnovare, ammodernare una sala di spettacoli; *rénover une décoration* rinnovare, trasformare una decorazione ✦ (*au p.p.*) *café entièrement rénové* caffè completamente trasformato, rimesso a nuovo → **modernisé.**

renquiller |ʀɑ̃kije| *v.tr.* (*arg.*) → **rempocher, rengainer.**

renseignement |ʀɑ̃sɛɲmɑ̃| *s.m.* **1** [*ce par quoi on renseigne qqn.; la chose portée à sa connaissance*] informazione (*f.*): *il m'a donné un renseignement faux* mi ha dato un'informazione sbagliata; *pouvez-vous me fournir ce renseignement?* può darmi questa informazione, questo ragguaglio?; *aller aux renseignements* andare a prendere informazioni, a informarsi; *demander à titre de renseignement* chiedere a titolo d'informazione, a titolo informativo; *chercher des renseignements sur qqch.* cercare informazioni, dati su q.c.; *recherche de renseignements* richiesta di informazioni → **information** ◇ (*spécialt.*) *renseignements sur le compte d'une personne, d'une entreprise* informazioni sul conto di una persona, di un'impresa; *prendre ses renseignements* assumere informazioni; *fournir de bons renseignements* fornire buone informazioni, referenze *f.* ◇ (*dans le langage du comm., de l'admin.*) *bureau des renseignements* ufficio informazioni **2** (*milit.*) informazione; ricognizione (*f.*): *service de renseignements* servizio informazioni ‖ *aviation de renseignement* aviazione da ricognizione.

renseigner |ʀɑ̃seɲe| **A** *v.tr.* [*éclairer sur un point précis, fournir un renseignement à*] informare: *renseigner qqn. en lui indiquant qqch.* informare, ragguagliare qc. indicandogli q.c.; *on vous a mal renseigné* la hanno informata male → **informer, instruire** ✦ (*au p.p.*) *un monsieur* (*bien*) *renseigné* una persona (ben) informata ◇ (*choses*) informare, fornire (197) ragguagli (a): *document qui renseigne utilement* documento che informa utilmente, fornisce utili ragguagli **B** *v.pron. intr.* SE RENSEIGNER [*prendre, obtenir des renseignements*] informarsi: *se renseigner auprès de qqn.* informarsi presso, da qc.; *renseignez-vous avant d'entreprendre quoi que ce soit* informatevi prima di prendere qualsiasi iniziativa.

rentabilisation |ʀɑ̃tabilizɑsjɔ̃| *s.f.* (*écon.*) [→ RENTABILISER] (il garantire *m. inv.* la) redditività *inv.*, economicità *inv.*

rentabiliser |ʀɑ̃tabilize| *v.tr.* (*écon.*) [*rendre rentable, financièrement avantageux*] garantire (197) la redditività, l'economicità (di): *rentabiliser des capitaux investis, une opération* garantire la redditività dei capitali investiti, di un'operazione; *rentabiliser une entreprise en abaissant les frais généraux* garantire l'economicità di un'impresa riducendo le spese generali.

rentabilité |ʀɑ̃tabilite| *s.f.* (*écon.*) redditività *inv.*; economicità (*inv.*): *taux de rentabilité* tasso di redditività.

rentable |ʀɑ̃tabl(ə)| *adj.* **1** [*qui produit une rente, donne un bénéfice suffisant*] redditizio*: *une exploitation rentable* una gestione redditizia; *une affaire rentable* un'azienda redditizia **2** (*fig., fam.*) [*qui donne des résultats, vaut la peine*] redditizio (*cour.*): *ces recherches ne sont pas très rentables* queste ricerche non sono molto redditizie → **fructueux, payant.**

rentamer |ʀɑ̃tame| *v.tr.* (*rare*) [*recommencer, reprendre*] riprendere (105) (*cour.*), ricominciare (*cour.*): *rentamer son discours après une interruption* riprendere, ricominciare un discorso dopo un'interruzione.

rente |Rɑ̃t| *s.f.* **1** [*revenu périodique d'un bien, d'un capital*] rendita: *avoir des rentes* avere delle rendite; *vivre de ses rentes* vivere di rendita **2** [*somme d'argent qu'une personne est tenue de servir à une autre personne*] rendita: *rente viagère* rendita vitalizia, vitalizio* (*s.m.*); *rente foncière* rendita fondiaria # *rente d'invalidité* pensione di invalidità ◇ (*fig.*) *cette grande maison de campagne est une rente !* [*cause de dépense*] questa grande casa di campagna è (come) il pozzo di S. Patrizio ! **3** [*emprunt de l'État, représenté par un titre qui donne droit à un intérêt*] rendita: *rente à 5 pour cent* rendita al 5 per cento # *titres de rente* buoni fruttiferi **4** (*écon.*) rendita: *rente d'une terre, des capitaux investis* rendita di una terra, dei capitali investiti; *rente marginale* rendita marginale.

renté, ée |Rɑ̃te| *adj.* (*dans la loc.*) *être né bien renté* [*riche*] essere ricco*.

renter |Rɑ̃te| *v.tr.* (*vieilli*) [*doter d'une rente* (1, 2)] assegnare una rendita (a).

rentier, ière |Rɑ̃tje, jɛR| *s.* beneficiario* di una rendita, redditiere; benestante ◇ (*loc. fig.*) *mener une vie de rentier* vivere di rendita.

rentoilage |Rɑ̃twalaʒ| *s.m.* [→ RENTOILER] rintelatura *f.*

rentoiler |Rɑ̃twale| *v.tr.* [*renforcer la toile usée de* (*un tableau*); *fixer sur une toile neuve* (*une peinture*)] rintelare: *rentoiler un tableau* rintelare un quadro.

rentoileur, euse |Rɑ̃twalœR, øz| *s.* chi esegue rintelature *loc.*

rentrage |Rɑ̃tRaʒ| *s.m.* [→ RENTRER B 1] il riportare *inv.* dentro, il riporre (*inv.*): *le rentrage du bois* il riportare dentro, il riporre la legna.

rentraire |Rɑ̃tRɛR| (62), **rentrayer** |Rɑ̃tReje| (9) *v.tr.* (*cout.*) [*coudre bord à bord* (*un tissu déchiré*) *de façon à rendre la couture invisible*] rammendare (in modo invisibile) ◇ (*par anal.*) [*réparer à l'aiguille la trame de* (*une tapisserie*)] rammendare.

rentraiture |Rɑ̃tRetyR| *s.f.*, **rentrayage** |Rɑ̃tRɛjaʒ| *s.m.* (*tissage*) rammendatura *f.*

rentrant, ante |Rɑ̃tRɑ̃, ɑ̃t| **I** *adj.* **1** (*géom.*) *angle rentrant* angolo rientrante; *surface rentrante* superficie rientrante, concava **2** [*qui peut être rentré*] retrattile: *train d'atterrissage rentrant* carrello di atterraggio retrattile **II** *s.* [*joueur qui prend la place d'un perdant*] subentrante ◇ (*par ext.*) alunno che rientra dalle vacanze.

rentré, ée |Rɑ̃tRe| *adj.* **1** (*sentiments*) [*qu'on a réprimé, refoulé*] represso: *colère rentrée* collera repressa **2** [*creux*] infossato, incavato: *des yeux rentrés* occhi infossati, incavati.

rentrée |Rɑ̃tRe| *s.f.* **I** (*êtres vivants*) **1** [*le fait de rentrer*] rientro *m.*, ritorno (*m.*): *la rentrée des vacanciers à Paris* il rientro, il ritorno dei vacanzieri a Parigi; *heure de rentrée* ora del rientro; *la rentrée des voitures à la fin du week-end* il rientro delle macchine dopo il fine settimana **2** [*reprise des activités de certaines institutions après une interruption*] riapertura, ripresa: *la rentrée parlementaire* la riapertura del Parlamento, la ripresa dell'attività parlamentare; *la rentrée* (*des classes*) la riapertura delle scuole, l'inizio delle lezioni; *à la rentrée des tribunaux* alla ripresa delle udienze (dopo le ferie estive) **3** ritorno alle (sulle) scene, 'rentrée' (*inv.*): *faire sa rentrée sur une scène parisienne* fare la 'rentrée' in un teatro parigino ◇ (*par ext.*) *préparer sa rentrée politique* preparare il proprio ritorno sulla scena politica **II** (*choses*) **1** [*mise à l'abri* (*de ce qui était dehors*)] il riporre *m. inv.*, il mettere *m. inv.* dentro: *la rentrée des foins* il riporre il fieno (nel fienile) **2** *rentrée d'argent* [*somme d'argent qui entre en caisse*] incasso *m.*, introito (*m.*): *rentrées et sorties de caisse* incassi ed esborsi ✦ *absolt.* LES RENTRÉES gli incassi: *commerçant qui a de bonnes rentrées* commerciante che fa dei buoni incassi ◇ (*spécialt.*) *la rentrée des impôts* la riscossione delle imposte; *les rentrées fiscales* le entrate fiscali 🄲 I 1; II 2 **sortie.**

rentrer |Rɑ̃tRe| **A** *v.intr.* (*aux.* 'être') **1** [*entrer de nouveau* (*dans un lieu où l'on a déjà été*)] rientrare, (ri)tornare: *je l'ai vu sortir, puis rentrer précipitamment dans la maison* l'ho visto uscire e poi rientrare, ritornare precipitosamente in casa; *rentrer chez soi, à Paris* rientrare (a casa), ritornare a Parigi; *il est rentré dîner* è rientrato per la cena; *rentrer de la chasse* ritornare dalla caccia **2** [*reprendre ses activités, ses fonctions*] riaprire (186) (*aux.* avere), riprendere (105) *tr.* l'attività: *les tribunaux, les classes rentrent à telle date* i tribunali riprendono l'attività, le scuole riaprono a una certa data **3** (*loc.*) *rentrer dans ses droits* riacquistare *tr.* i propri diritti → **recouvrer** ~ *rentrer dans ses dépenses, ses frais* rientrare nelle spese ~ *tout est rentré dans l'ordre* tutto è ritornato nella normalità **4** (*littér.*) *rentrer en soi-même* [*faire retour sur soi-même*] ripiegarsi *pron.* in sé **5** [*se jeter avec violence*] andare (101) a sbattere; venire (202) addosso (contro): *sa voiture est rentrée dans un arbre* la sua auto è andata a sbattere contro un albero || *il m'est rentré dedans avec sa voiture* mi è venuto addosso, contro con l'automobile ◇ (*loc. fig.*) *faire rentrer qqch. dans la tête* fare entrare q.c. in testa (a qc.) **6** (*choses*) [*s'emboîter, s'enfoncer*] entrare: *clé qui rentre dans la serrure* chiave che entra nella serratura; *le cou lui rentre dans les épaules* il collo gli entra nelle spalle # *les jambes lui rentraient dans le corps* [*de fatigue*] non si reggeva più in piedi dalla stanchezza **7** [*être compris dans*] rientrare: *cela ne rentre pas dans mes attributions* (ciò) non rientra nelle mie competenze, non è di mia competenza → **entrer** ◇ FAIRE RENTRER (*se dit de l'argent*) [*être perçu, gagné*] riscuotere (162): *faire rentrer l'impôt* riscuotere una imposta; *faire rentrer des créances* riscuotere, ricuperare dei crediti **B** *v.tr.* **1** [*mettre ou remettre à l'intérieur, dedans*] riporre (168), portare (dentro): *rentrer les foins* riporre, portare dentro il fieno; *il a rentré sa voiture* [*au garage*] ha portato, messo la macchina in 'garage' # *rentrer le ventre* tirare (in) dentro la pancia **2** [*dissimuler, faire disparaître sous* (*ou dans*)] infilare: *rentrer sa chemise dans son pantalon* infilare la camicia nei pantaloni # *le chat rentre ses griffes* il gatto rinfodera gli artigli ◇ [*refouler*] trattenere (188): *rentrer ses larmes* trattenere le lacrime; *rentrer sa rage* trattenere, reprimere la rabbia.

reversable |Rɑ̃vɛRsabl(ə)| *adj.* [→ RENVERSER] rovesciabile.

renversant, ante |Rɑ̃vɛRsɑ̃, ɑ̃t| *adj.* [*qui renverse* (6), *déconcerte au plus haut point, frappe de stupeur*] stupefacente, sbalorditivo: *une nouvelle renversante* una notizia stupefacente, sbalorditiva.

renverse |Rɑ̃vɛRs(ə)| *s.f.* **1** (*mar.*) cambiamento *m.* di vento, salto *m.* di vento **2** *loc. adv.* À LA RENVERSE [*sur le dos* (*après une chute*)] riverso *adj.*, all'indietro: *tomber à la renverse* cadere riverso, all'indietro ◇ (*loc. fig.*) *il y a de quoi tomber à la renverse* c'è di che rimanere sbalorditi → **renversant.**

renversé, ée |Rɑ̃vɛRse| *adj.* **1** [*à l'envers*] rovesciato, capovolto: *la silhouette renversée des arbres dans l'eau* il contorno degli alberi capovolto, rovesciato nell'acqua; *cône, pyramide renversés* cono, piramide rovesciati; *une image renversée* un'immagine capovolta # *crème renversée* latte alla portoghese ◇ (*math.*) *fraction renversée* frazione rovesciata ◇ (*blas.*) *chevron renversé* capriolo rovesciato ◇ (*fig.*) *c'est le monde renversé* il mondo va alla rovescia **2** [*qu'on a fait tomber*] rovesciato: *chaises renversées* sedie rovesciate; *du vin renversé sur la table* vino rovesciato sulla tavola ◇ (*fig.*) sbalordito, strabiliato → **stupéfait** **3** [*incliné en arrière*] rovesciato all'indietro, riverso: *la tête renversée* la testa rovesciata all'indietro, riversa # *écriture renversée* grafia inclinata verso sinistra 🄲 **debout.**

renversement |Rɑ̃vɛRsəmɑ̃| *s.m.* **I** [*action de mettre à l'envers*] **1** [*passage en bas de la partie haute*] rovesciamento, capovolgimento, inversione (*f.*): *renversement des images* capovolgimento, inversione delle immagini ◇ (*techn.*) *appareil à renversement* apparecchio a rovesciamento, a capovolgimento ◇ (*mus.*) *renversement des intervalles* rivolto **2** [*passage à un mouvement de sens inverse*] inversione, capovolgimento: *renversement de courant* inversione di corrente; *renversement du vent* inversione, salto del vento; *renversement de la marée* capovolgimento della marea ◇ (*par anal., sport*) *le renversement du jeu* il rovesciamento del gioco; il capovolgimento di fronte **3** [*passage à un ordre inverse*] rovesciamento, ribaltamento: *renversement des termes d'un rapport, d'une proposition* rovesciamento, ribaltamento dei termini di un rapporto, di una proposizione **4** [*changement complet en l'inverse*] rovesciamento, ribaltamento, capovolgimento: *renversement des alliances* rovesciamento, capovolgimento delle alleanze; *renversement des valeurs* ribaltamento, sovvertimento dei valori; *renversement de la situation* capovolgimento della situazione → **retournement** **II** **1** [*le fait de renverser, de jeter bas*] rovesciamento: *le renversement de la monarchie, du régime, du gouvernement* il rovesciamento della monarchia, del regime, del governo → 1 **chute** # *le renversement de tous nos projets* il sovvertimento, il crollo di tutti i nostri progetti **2** [*rejet en arrière* (*d'une partie du corps*)] rovesciamento, il rovesciare *inv.* indietro: *renversement de la tête* rovesciamento della testa, il rovesciare indietro la testa.

renverser |Rɑ̃vɛRse| *v.tr.* **1** [*mettre de façon que la partie supérieure devienne inférieure*] rovesciare, capovolgere (196): *renverser un seau* rovesciare, capovolgere un secchio ✦ (*pron. intr.*) *la barque s'est renversée* la barca si è rovesciata **2** [*disposer ou faire mouvoir en sens inverse*] invertire, rovesciare: *renverser les termes d'une proposition* invertire i termini di una proposizione; *renverser le courant* invertire la corrente; *renverser la vapeur* invertire il movimento (di una locomotiva) → **inverser** **3** [*faire tomber à la renverse, jeter à terre* (*qqn., qqch.*)] rovesciare, far (103) *intr.* cadere: *renverser une chaise* rovesciare, far cadere una sedia # *voiture qui renverse un piéton* auto che travolge, investe un pedone ◇ [*répandre* (*un liquide*) *en faisant tomber le récipient*] rovesciare: *renverser du vin sur la nappe* rovesciare del vino sulla tovaglia **4** [*faire tomber, démolir*] abbattere: *renverser tous les obstacles* abbattere tutti gli ostacoli; *renverser un adversaire d'un coup de poing* abbattere un avversario con un pugno → **abattre** ◇ (*par anal.*) rovesciare: *renverser un cabinet* rovesciare un gabinetto # *renverser un ministre* destituire un ministro **5** [*incliner en arrière* (*la tête, le buste*)] rovesciare: *renverser la tête en arrière* rovesciare la testa all'indietro **6** (*compl. de personne*) [*étonner extrêmement*] sbalordire (197), strabiliare: *cela me renverse* è una cosa che mi sbalordisce, mi strabilia.

renvidage |Rɑ̃vidaʒ| *s.m.* (*techn.*) incannaggio*, incannatura *f.*

renvider |Rɑ̃vide| *v.tr.* (*techn.*) [*enrouler* (*le fil*) *sur les bobines d'un métier à tisser*] incannare Ⓒ **dévider.**

renvideur |Rɑ̃vidœR| *s.m.* [*ouvrier fileur, chargé du renvidage*] incannatore* *s.* ◇ (*techn.*) (*métier*) *renvideur* incannatore.

renvoi |Rɑ̃vwa| *s.m.* [→ RENVOYER] **1** (*dr.*) rinvio*: *demande de renvoi* domanda di rinvio; *renvoi pour incompétence* rinvio per incompetenza ◇ (*dr. pén.*) *ordonnance de renvoi aux assises* ordinanza di rinvio in assise **2** [*marque invitant le lecteur à se reporter* (*à tel ou tel mot ou passage*)] rinvio, rimando → **référence** **3** [*le fait de renvoyer qqn.*] licenziamento: *renvoi d'un ouvrier, d'un employé* licenziamento di un operaio, di un impiegato → **congédiement, licenciement** # *décider le renvoi d'un élève* decidere l'espulsione di un alunno; *le renvoi d'un ministre* la destituzione di un ministro **4** [*le fait de retourner* (*qqch.*) *à celui qui l'a envoyé*] rinvio, rispedizione (*f.*): *renvoi d'une lettre, d'une marchandise* rinvio, rispedizione di una lettera, di una merce **5** (*mécan.*) rinvio: *levier, poulie de renvoi* leva, puleggia di rinvio **6** [*éructation*] rutto; rigurgito: *faire un renvoi* fare un rutto → **rot** **7** [*ajournement, remise*] rinvio: *renvoi à huitaine* rinvio di (a) otto giorni; *renvoi d'une interpellation à une date ultérieure* rinvio di un'interpellanza a una data successiva.

renvoyer |Rɑ̃vwaje| (14) *v.tr.* **1** [*faire retourner* (*qqn.*) *là où il était précédemment*] rimandare, rinviare: *il est guéri, vous pouvez le renvoyer en classe* è guarito, può rimandarlo a scuola ◇ [*faire repartir* (*qqn.*) *dont on ne souhaite plus la présence*] congedare: *elle désirait se reposer et renvoya tout le monde* desiderava riposarsi e congedò tutti **2** [*faire partir* (*en faisant cesser une fonction*)] licenziare: *renvoyer un domestique, un employé* licenziare un domestico, un impiegato → **licencier, chasser, congédier** # *il est renvoyé du lycée* è stato espulso dalla scuola **3** [*faire reporter* (*qqch. à qqn.*)] rinviare, restituire (197): *renvoyer un cadeau* rinviare, restituire un regalo → **rendre** **4** [*relancer* (*un objet qu'on a reçu*)] rinviare: *renvoyer un ballon* rinviare una palla ◇ [*réfléchir, répercuter*] riflettere (179); ripercuotere (162): *renvoyer la lumière* riflettere la luce ‖ *renvoyer le son* ripercuotere il suono **5** [*envoyer, adresser à une autorité plus compétente*] rinviare: *on m'a renvoyé à un autre service* mi hanno rinviato, indirizzato a un altro ufficio; *renvoyer un prévenu devant la cour d'assises* rinviare un imputato in assise ◇ [*faire se reporter*] *je renvoie le lecteur à mon précédent ouvrage* rinvio il lettore alla mia precedente opera; *notes qui renvoient à certains passages* note che rinviano a certi passi **6** [*remettre à une date ultérieure*] rimandare, rinviare: *renvoyer l'affaire à huitaine* rimandare, rinviare un affare di otto giorni; *renvoyer au lendemain, aux calendes grecques* rimandare, rinviare all'indomani, alle calende greche.

réoccupation |Reɔkypɑsjɔ̃| *s.f.* [→ RÉOCCUPER] rioccupazione.

réoccuper |Reɔkype| *v.tr.* [*occuper de nouveau*] rioccupare: *réoccuper une position stratégique* rioccupare una posizione strategica # *réoccuper une fonction* riassumere una funzione.

réorchestration |ReɔRkɛstRɑsjɔ̃| *s.f.* [→ RÉORCHESTRER] riorchestrazione.

réorchestrer |ReɔRkɛstRe| *v.tr.* [*faire une nouvelle orchestration de* (*une œuvre déjà orchestrée*)] riorchestrare.

réordination |ReɔRdinɑsjɔ̃| *s.f.* (*relig.*) riordinazione.

réordonner |ReɔRdɔne| *v.tr.* **1** (*relig.*) [*ordonner de nouveau*] riordinare, ridare (102) gli ordini sacri (a) **2** (*rare*) [*réitérer l'ordre de*] riordinare (*cour.*), ordinare di nuovo (*cour.*) **3** [*remettre en ordre*] riordinare, rimettere (155) in ordine.

réorganisateur, trice |ReɔRganizatœR, tRis| *s.* riorganizzatore* ✦ (*adj.*) *l'action réorganisatrice d'un gouvernement* l'azione riorganizzatrice di un governo.

réorganisation |ReɔRganizɑsjɔ̃| *s.f.* [→ RÉORGANISER] riorganizzazione, riassetto (*m.*): *réorganisation d'une administration, d'une société* riorganizzazione di una amministrazione, di una società Ⓒ **désorganisation.**

réorganiser |ReɔRganize| *v.tr.* [*organiser de nouveau, d'une autre manière*] riorganizzare: *réorganiser un pays* riorganizzare un paese ✦ (*pron. réfl.*) *le parti s'est entièrement réorganisé* il partito si è completamente riorganizzato Ⓒ **désorganiser.**

réorientation |ReɔRjɑ̃tɑsjɔ̃| *s.f.* [→ RÉORIENTER] nuovo orientamento *m.*

réorienter |ReɔRjɑ̃te| *v.tr.* [*orienter dans une nouvelle direction*] orientare di nuovo.

réouverture |ReuvɛRtyR| *s.f.* **1** [*le fait de rouvrir* (*un établissement qui a été quelque temps fermé*)] riapertura: *réouverture d'un théâtre, d'un magasin* riapertura di un teatro, di un negozio **2** (*dr.*) *réouverture des débats* riapertura dei dibattiti.

repaire |R(ə)pɛR| *s.m.* **1** [*lieu qui sert de refuge à une bête sauvage*] covo, tana (*f.*): *ce ravin est un repaire de serpents* questo burrone è un covo di serpenti → **antre, tanière** **2** (*fig*) [*endroit qui sert de refuge, de lieu de réunion à des individus dangereux*] covo: *un repaire de brigands* un covo di briganti.

repairer |R(ə)peRe| *v.intr.* (*vén.*) [*être au gîte, au repaire*] essere (96) (*aux.* essere), stare (104) (*aux.* essere) rintanato.

repaître |RəpɛtR(ə)| (72) **A** *v.tr.* **1** (*vx.*) → **nourrir,** 2 **restaurer** **2** (*littér.*) [*nourrir, rassasier* (*ses yeux, son esprit*)] pascere*, nutrire (*cour.*) **B** *v.pron. réfl.* SE REPAÎTRE (*animaux*) [*assouvir sa faim, manger*] pascersi, nutrirsi ◇ (*littér.*) pascersi, nutrirsi: *ce tyran ne se repaît que de sang* quel tiranno si pasce, si nutre solo di sangue; *se repaître d'illusions* nutrirsi d'illusioni.

répandre |Repɑ̃dR(ə)| (53) **A** *v.tr.* **I** **1** [*verser* (*un liquide*)] versare, rovesciare; spargere (114): *répandre du vin sur une nappe* versare, rovesciare vino sulla tovaglia → **renverser** ‖ *répandre du sel* spargere sale; *répandre des larmes* spargere lacrime; *répandre du sang* spargere sangue **2** (*choses*) [*produire et envoyer autour de soi* (*de la lumière, de la chaleur*)] spandere (184), diffondere (146): *répandre une odeur* diffondere un odore → **dégager, exhaler, diffuser, émettre** **II** **1** (*littér.*) [*donner avec profusion* (*une chose abstraite*)] elargire (197), dispensare: *répandre des bienfaits* elargire, dispensare doni → **dispenser, prodiguer** **2** [*faire régner* (*un sentiment*) *autour de soi*] diffondere: *répandre la joie, l'allégresse* diffondere gioia, allegria # *repandre l'effroi* seminare lo spavento → **jeter, semer** **3** [*diffuser, étendre à un plus grand nombre*] diffondere: *répandre une doctrine, une mode* diffondere una dottrina, una moda → **propager, vulgariser** **4** [*rendre public*] diffondere: *répandre une nouvelle, un bruit* diffondere una notizia, una voce → **colporter** **B** *v.pron. intr.* SE RÉPANDRE **1** (*choses*) [*couler, s'étaler sur un plus grand espace*] diffondersi, spargersi: *la fumée se répand dans la pièce* il fumo si diffonde nella stanza ◇ (*abstrait*) *la consternation se répandit sur tous les visages* la costernazione si diffuse, si sparse su tutti i volti **2** [*se propager*] diffondersi; spargersi: *cet usage se répand peu à peu* questa usanza si diffonde a poco a poco ‖ *le bruit s'est répandu qu'il avait disparu* si è sparsa la voce che era scomparso → **courir** **3** (*personnes*) *se répandre, être répandu dans la société* fare (103) *tr.* vita mondana, frequentare *tr.* il bel mondo **4** (*personnes*) SE RÉPANDRE EN [*extérioriser ses sentiments par une abondance de...*] prorompere (176) *intr.* in, profondersi (146) in: *se répandre en injures, en menaces* prorompere in ingiurie, in minacce.

répandu, ue |Repɑ̃dy| *adj.* **1** *concret* [*qui a été versé, renversé, qui a débordé* (*liquides*)] sparso, versato: *vin* *répandu sur une nappe* vino sparso, versato sulla tovaglia ◇ (*choses*) [*qui est étalé sans ordre, dispersé*] sparso: *papiers répandus sur le sol* carte sparse sul pavimento → **épars** **2** (*abstrait*) [*qui est commun à un grand nombre de personnes* (*pensées, opinions*)] diffuso: *le préjugé le plus répandu à cette époque* il pregiudizio più diffuso in quell'epoca; *méthode très répandue* metodo diffusissimo → **connu** **3** [*qui fréquente le monde, y a beaucoup de relations*] mondano: *c'est un homme très repandu* è un uomo molto mondano.

réparable |ʀepaʀabl(ə)| *adj.* **1** (*concret*) [→ RÉPARER 1] riparabile: *cette pendule n'est pas réparable* questo orologio non è riparabile **2** (*abstrait*) [*qu'on peut corriger, compenser*] riparabile: *erreur réparable* errore riparabile; *c'est une perte facilement réparable* è una perdita facilmente riparabile → **rachetable** ⓒ **irréparable, irrémédiable.**

reparaître |ʀ(ə)paʀɛtʀ(ə)| (72) *v. intr.* [*se montrer de nouveau* (*à la vue*)] riapparire (142) (*aux.* essere), ricomparire (142) (*aux.* essere) → **réapparaître** ⓒ **disparaître.**

réparateur, trice |ʀepaʀatœʀ, tʀis| **1** *s.* riparatore* **2** *adj.* [*qui répare les forces*] ristoratore*: *sommeil réparateur* sonno ristoratore ◇ [*qui répare, rachète une faute*] riparatore: *mesures réparatrices* provvedimenti riparatori.

réparation |ʀepaʀɑsjɔ̃| *s.f.* **1** [→ RÉPARER 1] riparazione: *réparation d'un mur, d'un navire* riparazione di un muro, di una nave; *réparation d'un vêtement, d'une paire de chaussures* riparazione di un abito, di un paio di scarpe → **raccommodage, 1 restauration** # *fermé pour travaux de réparation* chiuso per (lavori di) restauro ◇ *loc.* EN RÉPARATION in riparazione: *l'ascenseur est en réparation* l'ascensore è in riparazione **2** [*le fait de réparer* (*ses forces*)] ricupero *m.*, recupero, ripresa ◇ (*physiol.*) *réparation des tissus après une blessure* cicatrizzazione dei tessuti dopo una ferita **3** [*l'action de réparer* (*un accident*)] riparazione: *réparation d'une avarie* riparazione di un'avaria ◇ (*fig.*) *demander réparation d'un affront* chiedere riparazione di un affronto; *obtenir réparation* ottenere soddisfazione; *réparation par les armes* duello *m.*, riparazione con le armi ◇ (*spécialt.*) riparazione, risarcimento *m.* → **dommage, indemnité** ◇ *au plur.* riparazione (di guerra): *réparations imposées à l'Allemagne après la guerre de 1914-1918* riparazioni imposte alla Germania dopo la guerra del 1915-18 **4** (*football*) rigore (*m.*): *coup de pied de réparation* calcio di rigore; *surface de réparation* area di rigore; *point de réparation* dischetto del rigore.

réparer |ʀepaʀe| *v.tr.* **1** [*remettre en bon état* (*ce qui a été endommagé, ce qui s'est détérioré*)] riparare: *réparer un vieux mur* riparare un vecchio muro; *réparer sommairement* riparare, aggiustare alla meno peggio; *réparer une voiture en panne* riparare un'automobile guasta; *donner ses chaussures à réparer* dare le scarpe da riparare, accomodare **2** (*fig.*) *réparer ses forces, sa santé* [*se rétablir*] ricuperare, recuperare, riacquistare le forze, la salute **3** [*faire disparaître* (*les dégâts causés à qqch.*)] riparare: *réparer une brèche* riparare una falla; *réparer une déchirure* riparare uno strappo → **raccommoder, rapiécer** ◇ (*fig.*) riparare, riparare *intr.* a: *réparer une perte, une négligence, un oubli* riparare (a) una perdita, una negligenza, una dimenticanza; *réparer une faute* riparare (a) un errore; *réparer un tort* riparare un torto → **corriger, remédier, expier** ◆ *absolt.* [*épouser une jeune fille qu'on a séduite*] riparare.

reparler |ʀ(ə)paʀle| *v.intr.* **1** [*parler de nouveau* (*de qqch. ou de qqn.*)] riparlare **2** [*parler de nouveau* (*à qqn. avec qui on s'était fâché*)] riparlare ◆ (*pron. récipr.*) *ils commencent à se reparler* cominciano a riparlarsi.

repartager |ʀ(ə)paʀtaʒe| (3) *v.tr.* [*partager une nouvelle fois*] ripartire (197) di nuovo, dividere (130) di nuovo.

répartement |ʀepaʀtəmɑ̃| *s.m.* (*dr. fiscal*) ripartizione *f.* territoriale delle imposte.

reparti, ie |ʀəpaʀti| *adj. et s.m.* (*blas.*) ripartito.

repartie |ʀə(e)paʀti| *s.f.* [*réponse rapide et juste*] replica* ◇ (*loc.*) *avoir de la repartie, la repartie facile* avere la battuta pronta, una risposta sempre pronta.

1 **repartir** |ʀəpaʀtiʀ| (21) *v.intr.* (*aux.* 'avoir') (*littér.*) replicare (*cour.*) → **répliquer, 1 répondre.**

2 **repartir** |ʀəpaʀtiʀ| (21) *v.intr.* (*aux.* 'être') **1** [*partir de nouveau* (*après un temps d'arrêt*)] ripartire: *automobiliste qui repart après une halte* automobilista che riparte dopo una sosta ◇ (*fig.*) [*recommencer*] *repartir à zéro* ripartire da zero, da capo **2** [*partir pour l'endroit d'où l'on vient*] ripartire ⓒ **arrêter (s').**

répartir |ʀepaʀtiʀ| (15) **A** *v.tr.* **1** [*partager* (*selon des conventions précises*) *une quantité ou un ensemble*] ripartire (197), suddividere (130): *répartir équitablement une somme entre plusieurs personnes* ripartire, suddividere equamente una somma tra parecchie persone □ *les ouvriers se sont répartis le travail* gli operai si sono ripartiti, suddivisi il lavoro **2** [*distribuer sur une surface, dans un espace*] distribuire (197): *répartir ses troupes dans divers villages* distribuire le truppe in diversi villaggi → **disposer** ◆ (*passif*) *chargement mal réparti* carico mal distribuito; *dans ce tableau les masses sont harmonieusement réparties* in questo quadro le masse sono distribuite armoniosamente **3** (*par ext.*) [*étaler dans le temps*] distribuire, scaglionare: *répartir un programme sur plusieurs années* distribuire, scaglionare un programma in più anni **4** (*abstrait*) [*classer*] classificare **B** *v. pron. passif* SE RÉPARTIR [*être réparti, se trouver partagé* (*d'une certaine manière*)] suddividersi: *les dépenses se répartissent ainsi* le spese si suddividono così.

répartiteur |ʀepaʀtitœʀ| *s.m.* **1** (*littér.*) → **dispensateur, distributeur** **2** (*t. recomm. pour remplacer 'dispatcher'*) responsabile del movimento (dei prodotti petroliferi).

répartition |ʀepaʀtisjɔ̃| *s.f.* **1** [→ RÉPARTIR A 1] ripartizione, distribuzione: *répartition des vivres en période de pénurie* ripartizione, distribuzione dei viveri in tempi di scarsezza; *répartition des tâches entre collaborateurs* ripartizione, distribuzione dei compiti tra collaboratori; *répartition de l'impôt* ripartizione dell'imposta **2** [*distribution dans un espace, à l'intérieur d'un volume*] distribuzione: *répartition géographique des animaux, des plantes* distribuzione geografica degli animali, delle piante; *répartition des masses dans un tableau* distribuzione delle masse in un quadro → **disposition** **3** [*classement*] classificazione: *la répartition des races dans une espèce* la classificazione delle razze di una specie.

repas |ʀ(ə)pɑ| *s.m.* **1** [*nourriture prise en une fois à heures réglées*] pasto, pranzo: *un repas substantiel, copieux* un pasto, un pranzo sostanzioso, abbondante; *repas léger, frugal* pasto, pranzo leggero, frugale; *repas à la carte, à prix fixe* pranzo alla carta, a prezzo fisso; *offrir un repas* offrire un pranzo; *prendre son repas* consumare un pasto, pranzare # *repas d'affaires* colazione d'affari ◇ [*nourriture dont se repaissent les animaux*] pasto **2** [*action de se nourrir, répétée quotidiennement à heures réglées*] pasto: *repas du matin* pasto del mattino; *repas de midi* pasto di mezzogiorno; *repas du soir* pasto della sera → 2 **dîner, 2 déjeuner (petit)** ◇ (*spécialt.*) [*le déjeuner ou le dîner*] pranzo, pasto: *repas sans façon, à la fortune du pot, à la bonne franquette* pranzo alla buona; *un joyeux repas de noces, de fiançailles* un allegro pranzo di nozze, di fidanzamento; *convier qqn. à un repas* invitare qc. a pranzo; *je suis chez moi à l'heure des repas* sono a casa all'ora dei pasti ◇ (*relig. chrét.*) *dernier repas des apôtres et de Jésus* ultima cena *f.* degli apostoli e di Gesù ◇ (*en parlant des animaux*) [*action de se nourrir*] pasto: *assister au repas des fauves* assistere al pasto delle belve.

repassage |ʀ(ə)pɑsaʒ| *s.m.* **1** [*opération par laquelle on repasse le linge, les vêtements*] stiratura (*f.*): *le repassage d'une chemise* la stiratura di una camicia # *un repassage rapide* una stiratina, un colpo di ferro; *table de repassage* tavolo da stiro **2** [*action d'aiguiser, d'affûter* (*une lame*)] affilatura *f.*, arrotatura (*f.*): *le repassage d'un couteau* l'affilatura, l'arrotatura di un coltello.

1 **repasser** |ʀ(ə)pɑse| **A** *v.intr.* (*aux.* 'avoir, être') [*passer de nouveau*] ripassare (*aux.* essere): *les coureurs repassaient toutes les vingt secondes* i corridori ripassavano ogni venti secondi; *voulez-vous repasser lundi prochain?* vuole ripassare lunedì prossimo? ◇ (*fig., fam.*) *il peut toujours repasser!* [*il n'aura rien, quoi qu'il fasse*] sta fresco! ◇ (*abstrait*) *des souvenirs repassaient dans sa mémoire* passavano nella sua mente dei ricordi **B** *v.tr.* **1** [*passer, franchir de nouveau ou en retournant*] ripassare, riattraversare: *repasser les monts, les mers* ripassare, riattraversare i monti, i mari ◇ (*par anal.*) *repasser un examen* [*en subir de nouveau les épreuves*] ripetere, ridare (102) un esame **2** [*passer, faire traverser, transporter de nouveau ou en arrière*] traghettare di nuovo: *le bac a repassé les voyageurs* la chiatta ha traghettato di nuovo i viaggiatori **3** [*faire passer de nouveau* (*qqch.*)] *repasser un plat au four* ripassare, rimettere (155) un piatto al forno; *repasser un film* ridare un film; *repasse-moi le plat, le pain* ripassami il piatto, il pane

◇ (*fig.*) *repasser des événements dans son esprit* riandare (101) *intr.* con la mente a degli avvenimenti → **évoquer, remémorer** **4** (*fig.*, *fam.*) [*passer* (*ce qu'on a reçu de qqn. d'autre*)] rifilare, affibbiare (*cour.*): *repasser un travail à qqn.* rifilare, affibbiare un lavoro a qc.; *repasser un élève à un autre professeur* rifilare, affibbiare un alunno a un altro professore.

2 **repasser** |R(ə)pɑse| *v.tr.* **1** [*affiler, aiguiser* (*une lame*)] affilare, arrotare: *repasser des ciseaux, un couteau* affilare, arrotare un paio di forbici, un coltello **2** [*rendre lisse et net* (*du linge, du tissu*) *au moyen d'un instrument approprié* (*fer, cylindre*)] stirare: *repasser une chemise, un pantalon* stirare una camicia, un paio di pantaloni; *linge à repasser* biancheria da stirare; *repasser avec la pattemouille, à la vapeur* stirare col panno bagnato, a vapore # *fer, planche, table à repasser* ferro, asse, tavolo da stiro ✦ (*pron. passif*) *le nylon ne se repasse pas* il nailon non si stira.

3 **repasser** |R(ə)pɑse| *v.tr.* [*relire, apprendre en revenant plusieurs fois sur le même sujet*] ripassare, ripetere: *repasser ses leçons* ripassare, ripetere la lezione ◇ (*par ext.*) *repasser son rôle, un pas de danse* ripassare la propria parte, un passo di danza.

repasseur |R(ə)pɑsœR| *s.m.* [*rémouleur*] arrotino: *repasseur de couteaux et ciseaux* arrotino di coltelli e forbici.

repasseuse |R(ə)pɑsøz| *s.f.* **1** [*ouvrière qui repasse le linge, les vêtements*] stiratrice **2** (*techn.*) stiratrice.

repavage |R(ə)pavaʒ|, **repavement** |R(ə)pavmɑ̃| *s.m.* [→ REPAVER] ripavimentazione *f.*

repaver |R(ə)pave| *v.tr.* [*paver de nouveau; remplacer les pavés de*] ripavimentare: *repaver une rue* ripavimentare una strada.

repayer |R(ə)peje| (9) *v.tr.* [*payer une seconde fois*] ripagare, pagare di nuovo.

repêchage |R(ə)pɛʃaʒ| *s.m.* **1** [→ REPÊCHER] il ripescare (*inv.*): *le repêchage d'un noyé* il ripescare un annegato **2** (*fig.*) [*le fait d'accorder l'admission* (*à un candidat qui serait normalement éliminé*); *épreuve, examen supplémentaire qui a lieu à cet effet*] recupero, salvataggio* # *examen de repêchage* esame di riparazione ◇ (*sport*) 'repêchage' *inv.*, ripescaggio*: *course, épreuve de repêchage* corsa, prova di 'repêchage'.

repêcher |R(ə)peʃe| *v.tr.* **1** [*pêcher de nouveau*] ripescare ◇ [*retirer de l'eau* (*ce qui y était tombé*)] *repêcher un noyé* ripescare un annegato **2** (*fig.*, *fam.*) *repêcher qqn.* [*l'aider à sortir d'une mauvaise passe*] tirare qc. d'impiccio ◇ (*spécialt.*) *repêcher un candidat* salvare un candidato ✦ (*au p.p.*) *élève repêché à un examen* alunno salvato all'esame.

repeindre |R(ə)pɛ̃dR(ə)| (66) *v.tr.* [*peindre de nouveau, peindre à neuf*] ridipingere (119): *repeindre un appartement, une voiture* ridipingere un appartamento, un'automobile.

repeint |R(ə)pɛ̃| *s.m.* (*peint.*) parte *f.* ridipinta (di un quadro).

rependre |R(ə)pɑ̃dR(ə)| (53) *v.tr.* [*pendre de nouveau*] riappendere (105), riattaccare.

repenser |R(ə)pɑ̃se| **A** *v.intr.* [*penser de nouveau, réfléchir encore plus* (*à qqch.*)] ripensare, riflettere (179): *j'y repenserai* ci ripenserò, ci rifletterò **B** *v.tr.* **1** [*penser, élaborer de nouveau* (*un ensemble*) *avec un regard neuf*] riesaminare: *repenser un projet d'ouvrage* riesaminare il progetto di un'opera **2** [*revoir, réviser, reconsidérer*] riesaminare, rivedere (192): *il faut repenser la question* è necessario riesaminare, rivedere la questione.

repentance |R(ə)pɑ̃tɑ̃s| *s.f.* (*littér.*) → **repentir.**

repentant, ante |R(ə)pɑ̃tɑ̃, ɑ̃t| *adj.* [*qui se repent de ses fautes, de ses péchés*] pentito, ravveduto: *un air repentant* un'aria pentita → **contrit, pénitent** [C] **impénitent.**

repenti, ie |R(ə)pɑ̃ti| *adj.* [*qui s'est repenti de ses fautes, qui a commencé à réparer*] pentito: *pécheur repenti* peccatore pentito ✦ (*s.f.*) (*fille*) *repentie* [*fille qui s'est repentie de sa conduite et s'est retirée dans une maison religieuse*] (ragazza) pentita.

1 **repentir** |R(ə)pɑ̃tiR| *s.m.* **1** [*vif regret d'une faute, accompagné d'un désir d'expiation, de réparation*] pentimento: *un repentir sincère* un sincero pentimento → **remords, contrition** **2** [*regret d'une action quelconque*] pentimento, rammarico* **3** (*peint.*) pentimento ◇ (*par ext.*) *les repentirs d'un manuscrit* le correzioni *f.* di un manoscritto **4** (*ancienn.*) [*longue boucle pendant de chaque côté du cou*] boccoli *pl.*

2 **repentir (se)** |R(ə)pɑ̃tiR| (21) *v.pron. intr.* **1** [*ressentir le regret* (*d'une faute*), *accompagné du désir de ne plus la commettre, de réparer*] pentirsi: *se repentir d'une faute, d'avoir commis une faute* pentirsi di un errore, di aver commesso un errore → **regretter** **2** [*regretter* (*une action*), *souhaiter ne pas l'avoir faite; subir les conséquences désagréables* (*d'un acte*)] pentirsi: *se repentir d'un acte* pentirsi di un atto; *elle s'est repentie amèrement d'avoir trop parlé* si è amaramente pentita di aver parlato troppo; *il s'en repentira* se ne pentirà.

repérable |R(ə)peRabl(ə)| *adj.* [*qui peut être repéré*] avvistabile, individuabile ◇ (*sc.*) reperibile: *grandeurs repérables* grandezze reperibili.

repérage |R(ə)peRaʒ| *s.m.* [*opération par laquelle on repère*] avvistamento, individuazione (*f.*): *repérage et guidage des avions par le radar* avvistamento e guida degli aerei col radar ◇ (*spécialt.*) *repérage des dessins* riscontro di disegni; *repérage d'électrodes* identificazione *f.* di elettrodi.

repercer |R(ə)pɛRse| (2) *v.tr.* **1** [*percer de nouveau*] riforare, ribucare **2** (*techn.*) [*découper à jour*] traforare ✦ (*au p.p.*) *ouvrage d'orfèvrerie repercé* opera di oreficeria traforata.

répercussion |RepɛRkysjɔ̃| *s.f.* **1** [→ RÉPERCUTER A 1] ripercussione: *répercussion d'un son par l'écho* ripercussione di un suono per eco; *répercussion d'un choc* ripercussione di un colpo → **contrecoup, réflexion, renvoi** **2** (*fig.*) [→ RÉPERCUTER B] ripercussione: *les répercussions d'une décision, d'une crise économique* le ripercussioni di una decisione, di una crisi economica ◇ (*fin.*) *répercussion de l'impôt* traslazione dell'imposta.

répercuter |RepɛRkyte| **A** *v.tr.* **1** [*renvoyer dans une direction nouvelle* (*un son, une image*)] ripercuotere (162): *murs, surfaces qui répercutent le son* muri, superfici che ripercuotono il suono; *échos répercutés par les montagnes* echi ripercossi dalle montagne → **réfléchir** **2** (*fin.*) *répercuter un impôt* [*faire supporter* (*une charge financière*)] far (103) *intr.* gravare, trasferire (197) un'imposta **B** *v.pron. intr.* SE RÉPERCUTER [*être renvoyé*] ripercuotersi, riflettersi (179): *reflet qui se répercute dans des glaces* riflesso che si ripercuote, si riflette negli specchi ◇ (*fig.*) [*se transmettre, se propager par une suite de réactions*] *majoration qui se répercute sur les marchandises* aumento che si ripercuote, si riflette sulle merci; *les effets de la fatigue se répercutent sur le moral* gli effetti della fatica si ripercuotono sul morale → **réagir.**

reperdre |R(ə)pɛRdR(ə)| (53) *v.tr.* [*perdre ce qu'on a gagné; perdre de nouveau*] riperdere (163): *il a tout reperdu au poker* ha riperso tutto al poker.

repère |R(ə)pɛR| *s.m.* **1** [*marque, signe utilisé pour retrouver un endroit dans un travail avec précision*] (segno di) riferimento, segnale: *repères de niveau* segnali di livello; *choisir, trouver un repère* scegliere, trovare un segno di riferimento, un contrassegno ◇ (*fig.*) *cette date me sert de repère* questa data mi serve da riferimento **2** POINT DE REPÈRE punto di riferimento ◇ (*fig.*) *événements qui servent de point de repère* avvenimenti che servono da punto di riferimento; *il manque de points de repère pour en juger* non dispone di elementi sufficienti per giudicare **3** (*math.*) riferimento: *repère orthonormé* riferimento ortonormo.

repérer |R(ə)peRe| (8) **A** *v.tr.* **1** [*marquer, signaler par un repère, des repères*] segnare, contrassegnare: *repérer le niveau* segnare il livello # *repérer l'alignement* picchettare l'allineamento → **jalonner** **2** (*fam.*) [*découvrir* (*qqch.*); *reconnaître ou retrouver* (*qqn.*)] avvistare (*cour.*), individuare (*cour.*): *repérer qqn. dans la foule* avvistare, individuare qc. tra la folla → **apercevoir, remarquer** ✦ (*pron. intr.*) *se faire repérer* [*attirer l'attention*] farsi notare **B** *v.pron. réfl.* (*fam.*) SE REPÉRER [*reconnaître où l'on est*] orientarsi, orizzontarsi: *je me repère facilement dans cette ville* mi oriento facilmente in questa città ◇ (*fig.*) *je n'arrive pas à me repérer dans ce problème* non riesco a orientarmi, orizzontarmi in questo problema.

répertoire |RepɛRtwaR| *s.m.* **1** repertorio*: *répertoire alphabétique* repertorio alfabetico ◇ (*par ext.*) *répertoire de jurisprudence* repertorio di giurisprudenza # *répertoire d'adresses* indirizzario **2** [*liste des pièces, des œuvres qui forment le fonds d'un théât. et sont susceptibles d'être reprises*] repertorio: *le répertoire de la Comédie-Française* il repertorio della 'Comédie-Française'; *le répertoire classique* il repertorio classico ◇ (*par anal.*) *le répertoire d'un musicien* il repertorio di un musicista ◇ (*fig.*) *tout un répertoire d'injures* tutto un repertorio di insulti.

répertorier |RepɛRtɔRje| *v.tr.* [*inscrire dans un répertoire*] registrare, rubricare: *répertorier des informations* registrare, rubricare delle informazioni.

répétable |ʀepetabl(ə)| *adj.* [→ RÉPÉTER] ripetibile.

répéter |ʀepete| (8) **A** *v.tr.* **I** **1** [*dire de nouveau* (*ce qu'on a déjà dit*)] ripetere: *répéter un mot, une phrase, une idée plusieurs fois* ripetere più volte una parola, una frase, un'idea; *répéter une formule, une chanson* ripetere una formula, una canzone; *il ne se l'est pas fait répéter* non se lo è fatto ripetere → **redire** ◇ *loc.* RÉPÉTER QUE (+ *ind.*) ripetere che (+ *ind.*): *il avait beau se répéter qu'il ne risquait rien* aveva un bel ripetersi, dirsi che non rischiava niente **2** [*exprimer, dire* (*ce qu'un autre a dit*)] ripetere: *répéter fidèlement, mot par mot, par cœur* ripetere fedelmente, parola per parola, a memoria → **redire** # *répéter un bruit* riportare una diceria; *répéter un secret* svelare un segreto □ *se répéter une nouvelle* raccontarsi una notizia ◇ (*par ext.*) *il répète ce qu'il a entendu dire* ripete quel che ha sentito dire **3** (*sujet de chose*) [*reproduire* (*un bruit, une image*)] riprodurre (108), riflettere (179): *les miroirs répétaient son image* gli specchi riproducevano, riflettevano la sua immagine → **réfléchir** ✦ *au p.p.* ripetuto: *coups répétés* colpi ripetuti, ripercossi **4** (*personnes*) [*recommencer* (*une action, un geste*)] ripetere: *répéter les essais, les expériences* ripetere le prove, gli esperimenti ✦ (*au p.p.*) *des tentatives répétées* ripetuti, reiterati tentativi **5** [*redire ou refaire pour s'exercer, pour fixer dans sa mémoire*] ripetere, ripassare: *répéter son rôle* ripetere, ripassare la propria parte → 1 **repasser** ✦ (*absolt.*) *les comédiens sont en train de répéter* gli attori stanno provando, facendo le prove **II** (*vx.*) → **redemander, réclamer** ◇ (*dr.*) *répéter des dommages et intérêts* chiedere (122) i danni **B** *v.pron.* SE RÉPÉTER **1** *intr.* (*personnes*) *absolt.* [*recommencer, redire les mêmes choses sans nécessité*] ripetersi: *les vieux se répètent* i vecchi si ripetono; *un écrivain qui se répète* uno scrittore che si ripete → **radoter** **2** *passif* (*choses*) [*être répété*] ripetersi, venire (202) *intr.* ripetuto: *le refrain se répète après chaque couplet* il ritornello si ripete dopo ogni strofa ◇ [*se reproduire*] *que cela ne se répète pas!* che non si ripeta più, che non accada più!

répéteur |ʀepetœʀ| *s.m.* (*techn.*) ripetitore.

répétiteur, trice |ʀepetitœʀ, tʀis| *s.* **1** *s.* ripetitore *m.*, insegnante privato ◇ (*anciennn.*) → **maître** (**d'internat**) **2** *s.m.* (*techn.*) ripetitore: *répétiteur de signaux* ripetitore di segnali.

répétitif, ive |ʀepetitif, iv| *adj.* ripetitivo: *gestes répétitifs* gesti ripetitivi; *une tâche répétitive et monotone* un compito ripetitivo e monotono → **itératif.**

répétition |ʀepetisjɔ̃| *s.f.* **I** **1** ripetizione: *répétition d'une phrase* ripetizione di una frase; *répétitions continuelles* continue ripetizioni; *répétition d'un son, d'un rythme, d'un thème* ripetizione di un suono, di un ritmo, di un tema musicale **2** [*le fait de recommencer* (*une action, un processus*)] ripetizione: *la répétition d'une faute* la ripetizione di un errore → **recommencement, réitération** ◇ (*d'un mécanisme*) ripetizione: *fusil, montre à répétition* fucile, orologio a ripetizione **3** [*le fait de répéter pour s'exercer*] prova: *répétition d'un rôle, d'un numéro de music-hall* ripetizione di una parte, di un numero di varietà; *répétition générale* prova generale # *mettre une pièce en répétition* allestire una commedia **4** [*leçon particulière*] ripetizione, lezione privata **II** (*dr.*) *répétition de dot, de l'indu* ripetizione di dote, dell'indebito.

répétitorat |ʀepetitɔʀa| *s.m.* attività *f. inv.*, incarico* di ripetitore, di insegnante privato.

repeuplement |ʀəpœpləmɑ̃| *s.m.* [*l'action, le fait de repeupler*] (*en personnes*) ripopolamento: *le repeuplement d'une région dévastée* il ripopolamento di una regione devastata ◇ (*en animaux*) *repeuplement d'un étang* ripopolamento di uno stagno ◇ (*en plantes*) rimboschimento: *repeuplement d'un terrain boisé en résineux* rimboschimento di un terreno boscoso a conifere → **reboisement** © **dépeuplement, dépopulation.**

repeupler |ʀəpœple| *v.tr.* [*peupler de nouveau*] ripopolare: *les immigrants qui repeuplèrent ce pays* gli immigranti che ripopolarono questo paese ◇ [*regarnir d'animaux*] *repeupler un étang de poissons* ripopolare uno stagno di pesci ◇ [*regarnir de plantes, de végétation*] rimboschire (197): *repeupler une forêt* rimboschire una foresta © **dépeupler.**

repic |ʀəpik| *s.m.* (*dans le jeu de piquet*) cappotto: *faire* (*un*) *repic* fare cappotto ✦ (*adj.*) *être repic* subire un cappotto *s.m.*

repincer |ʀ(ə)pɛ̃se| (2) *v.tr.* **1** [*pincer de nouveau*] pizzicare di nuovo, ripizzicare **2** (*fig.*) [*attraper, prendre de nouveau*] riacciuffare, ribeccare → **repiquer.**

repiquage |ʀ(ə)pikaʒ| *s.m.* **1** [→ REPIQUER A 1] trapianto: *repiquage de salades au plantoir* trapianto dell'insalata col piantatoio → **plantation, transplantation** ◇ (*par anal.*) *repiquage bactériologique* trapianto batteriologico **2** [→ REPIQUER A 2] rappezzatura *f.*, rincalzatura (*f.*): *repiquage d'une chaussée* rappezzatura di una strada ◇ (*photo.*) ritocco* ◇ (*typogr.*) stampa *f.* supplementare ◇ (*disques*) nuova registrazione (*f.*): *un repiquage d'Armstrong* una nuova registrazione, riedizione di Armstrong.

repiquer |ʀ(ə)pike| **A** *v.tr.* **1** [*mettre en terre, planter* (*des plants provenant de semis, de pépinière*)] trapiantare: *repiquer des salades, des arbustes* trapiantare delle insalate, degli arbusti → **replanter** ◇ (*biol.*) [*transporter* (*une culture bactériologique*) *sur un nouveau milieu*] trapiantare **2** (*techn.*) *repiquer une chaussée* [*la remettre de niveau en remplaçant les pavés*] rappezzare, rincalzare una strada ◇ (*photo.*) [*faire des retouches à*] ritoccare ◇ (*journalisme*) *repiquer un article* ritoccare, correggere (154) un articolo ◇ [*faire un nouvel enregistrement de*] fare (103) una nuova registrazione, rifare la registrazione (di) **3** (*pop.*) [*prendre de nouveau*] ribeccare, riacciuffare (*cour.*): *il s'est fait repiquer* si è fatto ribeccare, riacciuffare → **repincer** **B** *v.intr.* (*pop.*) [*revenir à qqch., recommencer*] riprendere (105) *tr.* (*cour.*): *repiquer au plat* riprendere un'altra porzione dal piatto, riservirsi; *repiquer à une activité* riprendere un'attività.

répit |ʀepi| *s.m.* [*arrêt d'une chose pénible; temps pendant lequel on cesse d'être menacé ou accablé par elle*] respiro, tregua (*f.*): *répit dans le travail, la douleur* tregua nel lavoro, nel dolore; *accorder un répit à ses débiteurs* concedere un po' di respiro, una dilazione ai propri debitori ◇ (*loc.*) *sans répit* senza tregua, senza respiro → **trêve** (**sans**).

replacement |ʀ(ə)plasmɑ̃| *s.m.* [→ REPLACER 1, 2] ricollocamento ◇ (*fin.*) reinvestimento.

replacer |ʀ(ə)plase| (2) *v.tr.* **1** [*remettre en place, à sa place*] rimettere (155), riporre (168): *replacer une pipe dans son étui* rimettere, riporre una pipa nel suo astuccio → **ranger,** 1 **placer, remettre** ◇ (*fig.*) collocare: *replacer une histoire dans son époque* collocare un fatto nella sua epoca **2** [*mettre à, dans une nouvelle place*] ricollocare: *replacer ses employés* ricollocare i propri impiegati ✦ (*pron. intr.*) *domestique qui se replace* domestico che trova una nuova sistemazione **3** (*fin.*) *replacer des capitaux* reinvestire dei capitali.

replantation |ʀəplɑ̃tɑsjɔ̃| *s.f.* [→ REPLANTER] il ripiantare *inv.* # *droit de replantation d'un vignoble* diritto di ripiantare un vigneto.

replanter |ʀ(ə)plɑ̃te| *v.tr.* **1** [*planter de nouveau dans une autre terre*] ripiantare: *dépoter une plante et la replanter* svasare una pianta e ripiantarla → **repiquer, transplanter** **2** [*repeupler* (*en*)] ripiantare, rimboschire (197): *replanter une forêt en chênes* ripiantare, rimboschire una foresta a querce © **déplanter.**

replat |ʀəpla| *s.m.* (*géogr.*) ripiano.

replâtrage |ʀ(ə)plɑtʀaʒ| *s.m.* **1** [→ REPLÂTRER 1] rintonacatura *f.* (di gesso) **2** (*fig.*) [*arrangement fragile, maladroit*] rabberciatura *f.* ◇ (*spécialt.*) riappacificazione *f.* superficiale.

replâtrer |ʀ(ə)plɑtʀe| *v.tr.* **1** [*plâtrer de nouveau*] rintonacare (di gesso): *replâtrer un mur* rintonacare (di gesso) un muro **2** (*fam.*) [*arranger d'une manière sommaire, fragile, maladroite*] rabberciare.

replet, ète |ʀəplɛ, ɛt| *adj.* [*qui est bien en chair, qui a assez d'embonpoint*] rotondetto, grassoccio*: *visage replet, mine replète* viso rotondetto, faccia grassoccia → **dodu, grassouillet.**

réplétif, ive |ʀepletif, iv| *adj.* (*méd.*) di replezione (*loc. inv.*): *injection réplétive* iniezione di replezione.

réplétion |ʀeplesjɔ̃| *s.f.* **1** (*vx.*) → **pléthore** **2** [*état de l'organisme* (*humain*) *dont l'estomac est surchargé d'aliments*] replezione (*littér.*), pienezza → **satiété.**

repleuvoir |ʀ(ə)plœvwaʀ| (29) *v. impers.* [*pleuvoir de nouveau*] ripiovere (166) (*aux.* essere, avere): *voilà qu'il repleut!* ecco che ripiove!

1 **repli** |ʀ(ə)pli| *s.m.* **1** [*bord plié une fois ou deux fois*] ripiegatura *f.*, piega* *f.* → **ourlet,** 2 **rempli** **2** [*pli, ondulation profonde ou qui se répète*] piega: *drapé qui fait des plis et des replis* drappeggio che fa delle pieghe ◇ (*anat.*) *replis du péritoine* pieghe del peritoneo **3** [*mouvement sinueux des reptiles*] spira *f.* ◇ (*par anal.*) [*sinousité*] sinuosità (*f. inv.*): *les replis d'une rivière* le sinuosità di un fiume **4** (*fig.*) [*partie dissimulée, secrète*] recessi *pl.*, latebre *f. pl.*

(*littér.*): *les replis de l'âme, du cœur* i recessi, le latebre dell'anima, del cuore.

2 **repli** |R(ə)pli| *s.m.* [*action de se replier* (*troupes*)] ripiegamento: *mouvement, manœuvre de repli* movimento, manovra di ripiegamento; *repli stratégique* ripiegamento strategico; *ordre de repli* ordine di ripiegamento → **recul.**

repliable |R(ə)plijabl(ə)| *adj.* [→ REPLIER A 1, 2] ripiegabile.

repliement |R(ə)plimɑ̃| *s.m.* (*abstrait*) [*le fait de se replier sur soi-même*] ripiegamento → **introversion.**

replier |R(ə)plije| **A** *v.tr.* **1** [*plier de nouveau* (*ce qui avait été déplié*)] ripiegare: *replier un journal* ripiegare un giornale # *replier sa manche sur son avant-bras* arrotolare la manica sull'avambraccio ✦ (*au p.p.*) *vêtements repliés et rangés* abiti piegati e riposti **2** [*ramener en pliant* (*ce qui a été étendu, déployé*)] (ri)piegare, richiudere (106): *replier ses ailes* ripiegare, richiudere le ali; *il s'endort les jambes repliées* si addormenta con le gambe ripiegate; *la lame se replie sur le manche* la lama si richiude sul manico **3** [*ramener en arrière, en bon ordre*] ripiegare, ritirare: *replier ses troupes* ripiegare, ritirare le truppe **B** *v.pron.* SE REPLIER **1** *réfl.* [*rentrer en soi-même*] ripiegarsi: *se replier sur soi-même* ripiegarsi su sé stesso **2** *intr.* [*reculer, se retirer en bon ordre*] ripiegare (*intr.*): *les troupes se replièrent* le truppe ripiegarono (in buon ordine) ⓒ A 1, 2 **déplier,** 3 **avancer.**

1 **réplique** |Replik| *s.f.* **1** replica*, risposta: *réplique habile, bien envoyée* replica, risposta abile, ben data; *argument sans réplique* argomento che non ammette replica # *pas de réplique!* niente discussioni!; *prouver qqch. sans réplique* provare q.c. inconfutabilmente, irrefutabilmente; *obéissez sans réplique!* obbedite senza discutere! **2** [*ce qu'un acteur doit dire*; *chaque élément du dialogue*] battuta: *il a oublié, manqué sa réplique* ha dimenticato, sbagliato la battuta ◇ (*loc.*) *donner la réplique* dare, dire la battuta; (*fig.*) ribattere a tono → **répliquer** ~ *se donner la réplique* polemizzare, rispondersi a vicenda **3** [*personne qui donne la réplique*] *demander une réplique pour passer une audition* chiedere che un attore dia la battuta per fare un'audizione.

2 **réplique** |Replik| *s.f.* **1** [*chose qui en répète une autre*; *chacune des œuvres d'un artiste reprenant exactement le même sujet*] replica* **2** [*œuvre semblable à un original*] replica: *réplique étrangère d'un monument français* replica straniera di un monumento francese → **reproduction** **3** [*chose ou personne qui semble être le double, l'image d'une autre*] ritratto *m.*, copia: *une vivante réplique de son frère* il ritratto, la copia vivente di suo fratello → **jumeau, sosie.**

répliquer |Replike| *v.tr.* **1** [*répondre vivement en s'opposant* (*à ce qui a été dit ou écrit*)] replicare, ribattere: *répliquer à une critique, une objection* replicare, ribattere a una critica, a una obiezione **2** RÉPLIQUER QQCH. À QQN. [*répondre à qqn. par une réplique*] rispondere (159), replicare q.c. a qc.: *que pouvais-je lui répliquer?* cosa potevo rispondergli, replicargli?; *il lui répliqua qu'il n'en ferait rien* gli rispose che non ne avrebbe fatto niente **3** [*répondre avec vivacité, en s'opposant*] rispondere, replicare: *il n'admet pas qu'on lui réplique* non ammette che gli si risponda, non ammette repliche ◇ [*protester contre un ordre*] discutere (131) # *qu'on ne réplique pas!* niente discussioni! **4** (*fig.*) reagire (197) → **riposter.**

replisser |R(ə)plise| *v.tr.* [*plisser à plusieurs reprises*] pieghettare di nuovo.

reploiement |Rəplwamɑ̃| *s.m.* (*littér.*) [*repliement*] ripiegamento (*cour.*): *le reploiement des bras* il ripiegamento delle braccia ◇ (*fig.*) [*recueillement, retour sur soi-même*] ripiegamento (su sé stesso).

replonger |R(ə)plɔ̃ʒe| (3) **A** *v.tr.* **1** [*plonger de nouveau*] rituffare ✦ (*pron. réfl.*) *se replonger dans l'eau* rituffarsi nell'acqua **2** (*fig.*) [*remettre*] rituffare: *replonger un pays dans l'anarchie* rituffare un paese nell'anarchia ✦ (*pron. réfl.*) *se replonger dans une lecture, dans le travail* rituffarsi nella lettura, nel lavoro **B** *v.intr.* [→ *tr.* 1] rituffarsi (*pron.*): *il a replongé dans la piscine* si è rituffato nella piscina.

reployer |Rəplwaje| (10) *v.tr.* (*vx.*) → **replier.**

repolir |R(ə)pɔliR| *v.tr.* (*rare*) [*polir de nouveau, polir* (*ce qui est dépoli*)] levigare, polire di nuovo ◇ (*fig.*) [*corriger de nouveau* (*un ouvrage*)] rilimare.

repolissage |R(ə)pɔlisaʒ| *s.m.* (*techn.*) [→ REPOLIR] nuova levigatura *f.*, ripolitura *f.*

répondant, ante |Repɔ̃dɑ̃, ɑ̃t| *s.* **1** *s.* [*personne qui se rend garante pour qqn.*] garante, fideiussore (*m.*): *répondant d'un traité* garante di un trattato; *être le répondant de qqn.* essere il garante, il fideiussore di qc. **2** *s.m.* (*ancienn.*) sostenitore* *s.* di una tesi di laurea **3** *s.m.* (*relig. cathol.*) chierico* ◇ *au plur.* i fedeli dialoganti.

répondeur |Repɔ̃dœR| *s.m.* (*télécom.*) *répondeur(-enregistreur),*(*téléphone-*)*répondeur* segreteria *f.* telefonica*.

répondeur, euse |Repɔ̃dœR, øz| *adj.* che risponde *loc.*

1 **répondre** |Repɔ̃dR(ə)| (53) *v.tr. et intr.* **I** RÉPONDRE À QQN. [*faire connaître en retour sa pensée*] rispondere (159) a qc.: *répondre oralement à un interlocuteur* rispondere oralmente a un interlocutore; *il ne répondait que par monosyllabes, par oui ou par non* rispondeva solo a monosillabi, sì o no; *je vous répondrai par écrit* le risponderò per iscritto; *répondre à qqn. par retour du courrier* rispondere a qc. a (stretto) giro di posta; *répondre de la tête* rispondere con un cenno del capo ◇ (*spécialt.*) [*se défendre verbalement, s'opposer en retour*] *je saurai lui répondre* saprò rispondergli a tono; *enfant qui répond à son père* bambino che risponde al padre **II** RÉPONDRE À QQCH. rispondere a q.c.: *répondre à une question* rispondere a una domanda; *répondre à des critiques, à des objections* rispondere a delle critiche, a delle obiezioni ◇ [*réagir* (*à un appel, un stimulus*)] *nous avons sonné, personne ne nous a répondu* abbiamo suonato e non ci ha risposto nessuno; *j'ai fait le numéro, ça ne répond pas* [*au téléphone*] ho fatto il numero e non risponde; *répondre au nom de...* rispondere al nome di... **III** RÉPONDRE QQCH. À QQN. [*dire ou écrire à celui qui s'adresse à vous*] rispondere q.c. a qc.: *et que lui répondrez-vous?* e cosa gli risponderete?; *il m'a répondu une longue lettre* mi ha risposto con una lunga lettera ◇ (*fam.*) *bien répondu* bella risposta, ben detto; *répondre présent à l'appel* rispondere presente all'appello ◇ *loc.* RÉPONDRE DE (+ *inf.*), RÉPONDRE QUE (+ *inf.*) rispondere di (+ *inf.*), rispondere che (+ *subj.*): *il m'a répondu de faire ce que je voulais, que je fasse ce que je voulais* mi ha risposto di fare quel che volevo, che facessi quel che volevo ◇ (*dr.*) *répondre une requête* provvedere (192) *intr.* in calce a una istanza ◇ (*liturg.*) *répondre la messe* servire la messa.

2 **répondre** |Repɔ̃dR(ə)| *v.intr.* **I** RÉPONDRE À **1** (*choses*) [*être en accord avec, conforme à* (*une chose*)] rispondere, corrispondere (159): *sa voix répondait exactement à sa physionomie* la sua voce rispondeva, corrispondeva esattamente alla sua fisionomia; *politique qui ne répond pas à la volonté du pays* politica che non corrisponde alla volontà del paese; *répondre à une attente* corrispondere all'attesa; *répondre à une description* corrispondere a una descrizione **2** (*personnes*) [*réagir par un certain comportement à*] rispondere: *répondre à la force par la force* rispondere alla forza con la forza; *répondre par un crochet du gauche à un direct du droit* rispondere con un gancio sinistro a un diretto destro; *répondre à un salut* rispondere a un saluto → **rendre** # *répondre à l'affection de qqn.* corrispondere l'affetto di qc. **3** (*choses*) [*produire les effets attendus*] rispondere: *l'organisme répond aux excitations du milieu extérieur* l'organismo risponde alle sollecitazioni dell'ambiente esterno; *des freins qui répondent bien* freni che rispondono bene → **réagir** **II** (*personnes*) RÉPONDRE DE (POUR) **1** [*s'engager en faveur de* (*qqn.*) *envers un tiers*] rispondere di (per): *je réponds de* (*pour*) *lui* rispondo io di, per lui; *répondre de soi* rispondere di sé stesso **2** [*se porter garant de* (*qqch.*)] rispondere di, garantire (197) (*tr.*): *répondre de l'innocence de qqn.* rispondere dell'innocenza, garantire l'innocenza di qc.; *répondre* (*de la vie*) *d'un malade* rispondere (della vita) di un malato **3** [*s'engager en affirmant*] garantire: *je ne réponds de rien* non garantisco nulla → **assurer, garantir** ◇ (*fam.*) *je vous en réponds* glielo garantisco io ◇ (*avec* 'que' + *ind.*) *je vous réponds que ça ne se passera pas comme cela* le assicuro, le garantisco che le cose non andranno così.

répons |Repɔ̃| *s.m.* (*liturg.*) responsorio*.

réponse |Repɔ̃s| *s.f.* **I** **1** [→ 1 RÉPONDRE I] risposta: *réponse à une question* risposta a una domanda; *réponse affirmative, négative* risposta affermativa, negativa; *réponse de Normand* risposta ambigua; *faire, donner une réponse* dare una risposta, rispondere; *obtenir une réponse* ottenere una risposta; *notre demande est restée sans réponse* la nostra richiesta non ha avuto risposta; *avoir réponse à tout* avere la risposta pronta # *réponse d'un jury* responso, verdetto di una giuria ◇ (*loc. fam.*) *faire la demande et la réponse* dire tutto da sé ◇ (*loc.*) *en réponse à votre lettre* in risposta alla Sua (gradita lettera) ~ *réponse payée* [*télégramme de réponse payé à l'avance par son destinataire*] risposta pagata ◇ (*mus.*) risposta **2** [*solution apportée à une question par le raisonnement*] risposta: *noter les réponses d'un élève* valutare le risposte di un allievo **3** [*réfutation qu'on oppose aux attaques, aux critiques de qqn.*] replica*: *droit de réponse* diritto di replica **II** **1** [*riposte*] replica: *ce sera une réponse à ses manœuvres* sarà una replica alle sue manovre **2** [*réaction de qqn. à un appel*] risposta: *j'ai frappé à la porte, mais pas de réponse* ho bussato alla porta, ma nessuna risposta ◇ [*réaction* (*d'un mécanisme*) *aux commandes*] *temps de réponse* tempo di risposta ◇ (*psycho., physiol.*) *réponse réflexe, musculaire* risposta riflessa, muscolare → **réflexe.**

repopulation |Rəpɔpylɑsjɔ̃| *s.f.* ripopolamento *m.*

report |R(ə)pɔR| *s.m.* **1** [*le fait de reporter, de renvoyer à plus tard*] rinvio*, differimento: *report de la date d'ouverture d'une conférence* rinvio, differimento della data di apertura di una conferenza → **renvoi** ◇ (*dr. comm.*) rinvio: *report de faillite* rinvio di fallimento; *jugement de report* sentenza di rinvio **2** (*Bourse*) riporto: *taux de report* tasso di riporto **3** (*compt.*) riporto: *report d'écritures sur le grand livre* riporto di scritture sul (libro) mastro ◇ (*lithographie, photo.*) *papier à report* carta per copie *f. pl.* riproducibili ◇ (*jeu*) riporto di una vincita (su un altro numero, un altro cavallo).

reportage |R(ə)pɔRtaʒ| *s.m.* **1** (*journalisme*) servizio*, 'reportage' (*inv.*): *reportage photographique, filmé, télévisé* servizio, 'reportage' fotografico, filmato, televisivo **2** mestiere del cronista # *il a débuté dans le reportage* ha debuttato come cronista.

reporté |R(ə)pɔRte| *s.m.* (*Bourse*) riportato.

1 **reporter** |R(ə)pɔRte| **A** *v.tr.* **I** **1** [*porter* (*une chose*) *à l'endroit où elle se trouvait*] riportare **2** (*fig.*) [*faire revenir en esprit* (*à une époque antérieure*)] riportare: *ce souvenir nous reporte à l'hiver dernier* questo ricordo ci riporta all'inverno scorso **II** [*porter plus loin ou ailleurs* (*espace ou temps*)] **1** (*compt.*) [*faire un report* (3)] riportare **2** (*Bourse*) [*être le reporteur dans une opération de report*] riportare: *faire reporter des titres* far riportare dei titoli **3** [*renvoyer à plus tard*] rinviare, rimandare: *reporter une décision à un moment plus favorable* rinviare, rimandare una decisione a un momento più favorevole → **remettre** **4** REPORTER SUR [*appliquer à une chose ou à une personne* (*ce qui revenait à une autre*)] riporre (168) in: *j'ai reporté sur lui l'affection que j'avais pour vous* ho riposto in lui l'affetto che avevo per voi # *reporter ses voix sur un autre candidat* riversare, convogliare i propri voti su un altro candidato ◇ (*jeu*) [*miser* (*un gain sur un nouveau numéro, un nouveau cheval*)] riportare (la somma vinta su un altro numero, su un altro cavallo) **B** *v.pron. intr.* SE REPORTER [*se référer* (*à qqch.*)] riportarsi, rifarsi (103): *se reporter au texte d'une loi* riportarsi, rifarsi al testo di una legge; *reportez-vous au chapitre II* riportatevi al capitolo II.

2 **reporter** |R(ə)pɔRtɛR| *s.m.* (*angl.*) reporter *inv.* # *reporter de radio* radiocronista; *reporter de télévision* telecronista; *reporter photographe* fotoreporter → **reporteur** (*t. recomm.*).

reporteur |R(ə)pɔRtœR| *s.m.* **1** (*Bourse*) riportatore, riportista, riportante **2** (*techn.*) riportatore ◇ (*télév.*) *reporteur d'images* (*t. recomm. pour 'reporter-cameraman'*) reporter *inv.*

repos |R(ə)po| *s.m.* **1** riposo: *jour de repos* giorno di riposo; *maison de repos* casa di riposo; *prendre du repos* prendersi un po' di riposo **2** (*milit.*) riposo: *garde à vous!... repos!* attenti!... riposo! **3** *loc.* EN REPOS in riposo, in stato di quiete # *ne pas pouvoir rester en repos* non poter (saper) star fermo ~ *muscles à l'état de repos* muscoli in stato di riposo ~ AU REPOS a riposo, immobile (*adj.*): *animal au repos* animale a riposo, immobile # *machine au repos* macchina disinnestata ◇ (*phys.*) immobile: *masse au repos* massa immobile **4** [*état d'une personne que rien ne vient troubler, déranger*] pace *f.*, quiete (*f.*): *il ne peut trouver le repos* non può trovare pace; *laisser qqn. en repos* lasciare in pace qc.; *avoir la conscience en repos* avere la coscienza in pace; *troubler le repos de qqn.* disturbare la quiete di qc. → **paix, tranquillité** ◇ *loc.* DE TOUT REPOS tranquillo *adj.*, sicuro (*adj.*): *c'est une situation, une affaire de tout repos* è un posto tranquillo, un affare sicuro **5** [*moment de calme*] respiro → **détente, répit** **6** (*littér.*) *le repos de la mort* il sonno della morte ◇ (*relig.*) *le repos éternel* il riposo eterno **7** (*mus.*) pausa *f.* ◇ (*versif.*) cesura (*f.*): *repos dans un vers* cesura di un verso → 2 **coupe, césure.**

reposant, ante |R(ə)pozɑ̃, ɑ̃t| *adj.* riposante: *vacances reposantes* vacanze riposanti; *lumière reposante pour la vue* luce riposante per la vista → **délassant, distrayant** Ⓒ **fatigant.**

repose |R(ə)poz| *s.f.* [→ 2 REPOSER 2] il rimettere *m. inv.* a posto.

reposé, ée |R(ə)poze| *adj.* [*qui n'est plus fatigué*] riposato: *visage reposé* viso riposato; *avoir l'esprit libre et reposé* avere la mente sgombra e riposata, fresca → 1 **frais** # *teint reposé* colorito fresco ◇ *loc. adv.* À TÊTE REPOSÉE a mente fresca: *il faut réfléchir à tête reposée* bisogna riflettere a mente fresca Ⓒ **fatigué.**

repose-bras |Rəpozbrɑ| *s.m. inv.* [*accoudoir de la banquette d'une automobile*] bracciolo *var.*, appoggiabraccio → **appui-bras.**

reposée |R(ə)poze| *s.f.* [*lieu où un animal se retire et se repose pendant le jour*] tana, covo *m.*

repose-pied |R(ə)pozpje| *s.m. inv.* poggiapiedi.

1 **reposer** |R(ə)poze| **A** *v.intr.* **1** (*littér.*) [*rester immobile ou allongé de manière à se délasser*] riposare, riposarsi (*pron.*): *il ne dort pas, il repose* non dorme, riposa ◇ (*par ext.*) → **dormir** **2** (*d'un mort*) [*être étendu*] giacere (149) (*aux.* essere), riposare (*littér.*): *le lit sur lequel il reposait était entouré de six grands cierges* il letto sul quale giaceva era attorniato da sei grossi ceri ◇ [*être enterré* (*à tel endroit*)] *ici repose* qui giace, riposa → **ci-gît** **3** REPOSER SUR [*être établi, fondé sur*] poggiare su: *architrave qui repose sur des piliers* architrave che poggia su dei pilastri → **appuyer (s')** ◇ (*abstrait*) poggiare, fondarsi *pron.* su: *raisonnement qui repose sur une hypothèse* ragionamento che poggia, si fonda su un'ipotesi **4** *laisser reposer un liquide, du vin, une pâte* lasciar riposare un liquido, il vino una pasta **B** *v.tr.* **1** [*mettre dans une position qui délasse; appuyer* (*sur*)] posare, (ap)poggiare: *reposer sa tête sur un oreiller* posare, appoggiare la testa su un cuscino **2** [*délasser* (*le corps, l'esprit*)] riposare: *cette lumière douce repose la vue* questa luce dolce riposa la vista □ *se reposer l'esprit* riposarsi, distendere (105) la mente **C** *v.pron. intr.* SE REPOSER **1** [*cesser de se livrer à une activité fatigante*] riposarsi: *je n'ai pas le temps de me reposer* non ho il tempo di riposarmi → **délasser (se), détendre (se)** ✦ → *tr.* 2 □ ◇ (*loc. fam.*) *se reposer sur ses lauriers* riposare *intr.*, dormire *intr.* sugli allori **2** *laisser* (*se*) *reposer la terre* [*la laisser en jachère*] lasciar riposare la terra **3** [*être, vivre dans l'inaction*] riposarsi, oziare *intr.* **4** SE REPOSER SUR [*faire confiance à* (*une personne, une chose*), *se décharger sur* (*qqn.*) *d'un travail*] contare *intr.*, fare (103) *tr.* assegnamento su: *reposez-vous sur moi* contate su di me → **compter (sur).**

2 **reposer** |R(ə)poze| *v.tr.* **1** [*poser de nouveau* (*ce qu'on a soulevé*)] riposare, posare di nuovo ◇ (*milit.*) *reposez arme!* riposo! **2** [*poser de nouveau* (*ce qu'on a enlevé*); *remettre en place*] rimettere (155) a posto, in opera: *faire reposer une moquette, une serrure* far rimettere a posto una 'moquette', una serratura **3** [*poser de nouveau* (*une question, un problème*)] riporre (168), riproporre (168): *reposer la question de confiance* riporre, porre di nuovo la questione di fiducia ✦ (*pron. intr.*) *le problème se repose dans les mêmes termes* il problema si ripropone negli stessi termini.

repose-tête |R(ə)poztɛt| *s.m. inv.* poggiatesta.

reposoir |R(ə)pozwaR| *s.m.* (*ecclés.*) repositorio*.

repoussage |R(ə)pusaʒ| *s.m.* **1** (*techn.*) stampaggio*; (lavoro a) sbalzo **2** (*par ext.*) [*emboutissage mécanique*] stampaggio: *repoussage au tour* stampaggio al tornio.

repoussant, ante |R(ə)pusɑ̃, ɑ̃t| *adj.* [*qui inspire la répulsion, le dégoût ou l'aversion*] ripugnante, repellente: *saleté repoussante* sporcizia ripugnante, ributtante; *odeur repoussante* odore ripugnante; *il est d'une laideur repoussante* è di una bruttezza ripugnante, repellente → **affreux, hideux, répulsif.**

repousse |R(ə)pus| *s.f.* [→ 2 REPOUSSER] ricrescita: *la repousse du gazon* la ricrescita dell'erba; *traitement pour la repousse des cheveux* trattamento per la ricrescita dei capelli.

repoussé, ée |R(ə)puse| **1** (*adj.*) *cuire repoussé* cuoio lavorato a sbalzo **2** *s.m.* (lavoro a) sbalzo.

repoussement |R(ə)pusmɑ̃| (*s.m.*) *repoussement d'une arme à feu* rinculo di un'arma da fuoco → **recul.**

1 **repousser** |R(ə)puse| *v.tr.* **1** [*pousser* (*qqn.*) *en arrière, faire reculer loin de soi*] respingere (119): *repousser l'ennemi, l'envahisseur* respingere il nemico, l'invasore; *repousser les invasions,*

les attaques respingere le invasioni, gli attacchi → 1 **écarter, eloigner** ◇ (*par est.*) *il n'y a rien en lui qui me repousse ou qui m'attire* non c'è niente in lui che mi respinga o mi attiri **2** [*pousser* (*qqch.*) *en arrière ou en sens contraire*] spingere (119) (via, lontano), allontanare (da sé): *repousser une chaise* spingere via, allontanare una sedia ◇ (*sujet de chose*) respingere: *matière électrisée qui repousse les corps légers* materia elettrizzata che respinge i corpi leggeri **3** (*techn.*) [*façonner par repoussage*] lavorare a sbalzo; stampare **4** (*fig.*) [*refuser d'accepter, de céder à*] respingere: *repousser les conseils, les supplications, les offres* respingere i consigli, le suppliche, le offerte; *repousser qqn. avec dédain* respingere qc. con sdegno → **rejeter** **5** [*différer*] rimandare, rinviare.

2 **repousser** |R(ə)puse| **A** *v.tr.* (*rare*) → 2 **pousser** **B** *v.intr.* [*pousser de nouveau*] rispuntare (*aux.* essere), ricrescere (128) (*aux.* essere): *les feuilles repoussent* le foglie rispuntano, ricrescono; *laisser repousser sa barbe* lasciarsi ricrescere la barba.

repousseur |R(ə)pusœR| *s.m.* [*ouvrier qui* (1) *repousse* (3)] stampatore.

repoussoir |R(ə)puswaR| *s.m.* **1** (*techn.*) cacciachiodo **2** (*peint.*) contrasto ◇ (*fig.*) *servir de repoussoir* fare da contrasto ✦ (*absolt.*) *c'est un repoussoir* è una racchiona *f.*, è contro ogni tentazione.

répréhensible |RepReɑ̃sibl(ə)| *adj.* [*qui mérite d'être repris, blâmé, réprimandé*] riprovevole, riprensibile (*littér.*), reprensibile (*littér.*): *un acte répréhensible* un'azione riprovevole → **blâmable, condamnable** ◇ (*personnes*) → **coupable** Ⓒ **irrépréhensible, irréprochable.**

répréhension |RepReɑ̃sjɔ̃| *s.f.* (*vx.*) → **blâme, réprimande.**

1 **reprendre** |R(ə)pRɑ̃dR(ə)| (73) **A** *v.tr.* **1** [*prendre de nouveau* (*ce qu'on a cessé d'avoir ou d'utiliser*)] riprendere (105): *reprendre les armes, sa place* riprendere le armi, il proprio posto; *reprendre sa route* riprendere il cammino; *reprendre connaissance, ses esprits, ses sens* riprendere conoscenza, i sensi; *reprendre haleine* riprendere fiato **2** [*prendre* (*ce qu'on avait donné*)] riprendere: *reprendre sa liberté* riprendere la propria libertà; *reprendre ses forces* riprendere, ricuperare le forze # *reprendre sa parole* ritirare, rimangiarsi la parola **3** [*prendre et rembourser le prix de* (*ce qu'on avait vendu*)] riprendere (indietro): *article en solde qui ne peut être ni échangé ni repris* articolo in liquidazione che non può essere né cambiato né ripreso indietro; *le garagiste m'a repris ma vieille voiture* il meccanico mi ha ripreso indietro la mia vecchia auto **4** REPRENDRE DE (*qqch.*) [*en prendre une seconde fois*] riprendere, prendere ancora (q.c.): *reprendre du vin* riprendere, prendere ancora del vino ◇ (*loc.*) *reprendre du poil de la bête* [*se ressaisir*] riprendersi *pron.*, riprendere le forze **5** [*prendre de nouveau* (*qqn. qu'on avait abandonné ou laissé échapper*)] riprendere: *reprendre un évadé* riprendere un evaso; *reprendre un ancien domestique* riprendere un vecchio domestico → **rattraper** # *on ne m'y reprendra plus* non ci casco più, non mi beccheranno più ◇ (*sujet de chose*) *mon rhumatisme m'a repris* mi ha ripreso il mio reumatismo **6** [*recommencer* (*après une interruption*)] riprendere: *reprendre un travail, ses habitudes, ses fonctions* riprendere un lavoro, le proprie abitudini, le proprie funzioni; *reprendre la lutte, l'offensive* riprendere la lotta, l'offensiva; *ils ont repris leur entretien* hanno ripreso il loro colloquio ◇ (*sujet de chose*) *la vie reprend son cours* la vita riprende il suo corso **7** [*prendre de nouveau la parole pour dire* (*telle ou telle chose*)] riprendere: *il reprit d'une voix sourde* riprese con voce sorda **8** [*remettre la main à* (*qqch.*) *pour améliorer*] *reprendre un mur* riparare un muro; *reprendre un vêtement* fare delle modifiche a un vestito; restringere (131) un vestito; *reprendre un tableau* ritoccare un quadro; *reprendre un article* rifare (103) un articolo → **reparer, retoucher** **9** [*adopter de nouveau* (*en renouvelant*)] riprendere: *reprendre une politique, un programme* riprendere una politica, un programma **10** [*redire, répéter*] riprendere: *reprendre un refrain* riprendere un ritornello ◇ (*spécialt.*) [*récapituler*] *reprendre l'histoire par le détail* riprendere una storia nei dettagli **B** *v.intr.* **1** [*reprendre vie, vigueur* (*après un temps d'arrêt, de faiblesse*)] riprendersi *pron.*, riprendere: *le petit a bien repris* il piccolo si è ripreso bene; *les affaires reprennent* gli affari riprendono **2** [*recommencer*] riprendere, ricominciare: *les cours reprennent le 15 septembre* le lezioni riprendono, ricominciano il 15 settembre **C** *v.pron.* SE REPRENDRE **1** *réfl.* [*se ressaisir en retrouvant la maîtrise de soi ou en corrigeant ses erreurs*] riprendersi **2** (*intr.*) *s'y reprendre à deux fois, à plusieurs fois* [*recommencer*] mettercisi (155) due, più volte **3** (*intr.*) *se reprendre à* [*se remettre à*] riprendere *tr.* a, ricominciare *tr.* a: *il se reprit à penser à...* riprese, ricominciò a pensare a... **4** (*récipr.*) *on se quitte parfois pour se reprendre* a volte ci si lascia per poi tornare *intr.* (*aux.* essere) insieme, riappacificarsi.

2 **reprendre** |R(ə)pRɑ̃dR(ə)| (73) *v. tr.* [*faire à* (*qqn.*) *une observation sur une erreur, ou une faute qu'il a commise*] riprendere (105), rimproverare: *le professeur reprend un élève* il professore riprende, rimprovera un alunno; *il l'a repris vertement* l'ha aspramente ripreso, rimproverato → **reprimander** ◇ (*par anal.*) *reprendre qqch.* biasimare q.c. → **blâmer, condamner**; *trouver à reprendre à qqch.* avere, trovare da ridire (132) su q.c. → **redire.**

représailles |R(ə)pRezɑj| *s.f. pl.* **1** rappreseglia (*sing.*): *par représailles* per rappresaglia; *user de représailles* compiere una rappresaglia, delle rappresaglie **2** [*riposte individuelle à un mauvais procédé*] rappresaglia.

représentable |R(ə)pRezɑ̃tabl(ə)| *adj.* **1** [*qui peut être représenté, reproduit ou évoqué*] rappresentabile: *l'évolution d'un phénomène est représentable par un graphique* l'evoluzione di un fenomeno è rappresentabile mediante un grafico **2** (*arg. scol.*) che può ripresentarsi (a un esame) *loc.*

représentant |R(ə)pRezɑ̃tɑ̃| *s.m.* **I** **1** [*personne qui représente qqn. et agit en son nom*] rappresentante: *envoyer un représentant* inviare un rappresentante ◇ (*dr.*) rappresentante # *représentant à la commission* commissionario; *représentant du défunt* erede, successore **2** [*personne désignée par un groupe, une société pour agir en son nom*] rappresentante: *le représentant d'un syndicat* il rappresentante di un sindacato ◇ [*personne qui a été élue par le peuple pour le représenter*] *les représentants des citoyens, du peuple* i rappresentanti dei cittadini, del popolo → **député** ◇ (*aux États-Unis, en Belgique*) *la Chambre des représentants* la Camera dei rappresentanti **3** [*personne désignée pour représenter un État, un gouvernement, auprès d'un autre*] rappresentante: *représentant accrédité auprès de qqn.* rappresentante accredidato presso qc.; *représentant du Saint-Siège* rappresentante della Santa Sede **4** [*personne qui représente une ou plusieurs maisons de comm.*] rappresentante (di commercio) → **voyageur (de commerce)** **II** [*personne, animal, chose que l'on considère comme type* (*d'une classe, d'une catégorie*)] rappresentante: *animal qui est le seul représentant de son espèce* animale che è l'unico rappresentante della propria specie.

représentatif, ive |R(ə)pRezɑ̃tatif, iv| *adj.* **1** rappresentativo: *emblème représentatif d'une idée* emblema rappresentativo di un'idea **2** (*polit.*) rappresentativo: *assemblée représentative* assemblea rappresentativa **3** (*psycho.*) rappresentativo: *perception, imagination représentative* percezione, immaginazione rappresentativa **4** [*propre à représenter une classe, qui la représente bien*] rappresentativo: *un garçon représentatif de la jeune génération* un ragazzo rappresentativo della giovane generazione → **typique** ◇ (*fam.*) [*qui a une belle prestance*] *il est très représentatif* è molto ben messo, è proprio un fusto.

représentation |R(ə)pRezɑ̃tɑsjɔ̃| *s.f.* **I** **1** rappresentazione: *représentation d'un objet par une figure, d'un phénomène par un tracé* rappresentazione di un oggetto con una figura, di un fenomeno con un tracciato ◇ (*bx.-arts*) *la représentation réaliste, stylisée de la réalité* la rappresentazione realistica, stilizzata della realtà; *représentation du visage humain* rappresentazione del viso umano **2** (*psycho.*) rappresentazione **3** [*le fait de représenter une pièce en public*] rappresentazione, recita: *première représentation d'une pièce* prima rappresentazione, recita di un lavoro teatrale; *représentation de gala, en matinée, en soirée* rappresentazione, recita di gala, diurna, serale; *donner une représentation* dare una rappresentazione, una recita **II** [*train de vie auquel certaines personnes sont tenues, en raison de leur situation*] rappresentanza: *frais de représentation* spese di rappresentanza **III** **1** (*dr.*) rappresentanza: *représentation en justice* rappresentanza in giudizio **2** [*action de représenter à l'étranger*] rappresentanza: *représentation diplomatique* rappresentanza diplomatica **IV** **1** [*le fait de représenter* (*le peuple, la nation*), *dans l'exercice du pouvoir*] rappresentanza: *la représentation du peuple, du pays* la rappresentanza del popolo, del paese; *la représentation proportionnelle* la rappresentanza proporzionale ◇ (*par ext.*) [*ceux qui représentent le peuple*] *la représentation communale, nationale, syn-*

dicale la rappresentanza comunale, nazionale, sindacale → **représentant 2** [*métier de représentant de comm.*] rappresentanza # *il fait de la représentation* fa il rappresentante.

représentativité |R(ə)pRezɑ̃tativite| *s.f.* rappresentatività (*inv.*): *la représentativité d'une assemblée* la rappresentatività di un'assemblea.

représenter |R(ə)pRezɑ̃te| **A** *v.tr.* **I 1** [*présenter à l'esprit, au moyen d'un autre objet qui lui correspond*] rappresentare: *représenter une abstraction par un emblème, un symbole* rappresentare un'astrazione mediante un emblema, un simbolo ◇ (*par ext.*) [*en parlant du signe lui-même*] *la monnaie représente la valeur des biens* la moneta rappresenta il valore dei beni **2** [*évoquer par un procédé plastique, graphique*] rappresentare, raffigurare: *représenter fidèlement un objet* rappresentare, raffigurare fedelmente un oggetto ◇ (*en parlant de l'image*) *la scène représente une rue* la scena rappresenta, raffigura una strada **3** [*faire apparaître à l'esprit par le moyen du langage*] rappresentare, presentare: *on le représente souvent comme un aventurier* lo si rappresenta, presenta spesso come un avventuriero → **décrire, dépeindre 4** [*rendre présent à l'esprit, à la conscience* (*un objet qui n'est pas perçu directement*)] rappresentare: *ce que représente un mot* quel che rappresenta una parola □ *se représenter qqch.* figurarsi, immaginarsi q.c.: *représentez-vous ma surprise* figuratevi, immaginatevi la mia sorpresa; *je me représente la mine qu'il a faite* mi immagino la faccia che ha fatto → **figurer (se) 5** [*présenter* (*une chose*) *à l'esprit par association d'idées*] rappresentare: *il représente la société d'avant-guerre* rappresenta la società prebellica; *personne qui représente une tendance* persona che rappresenta una tendenza → **évoquer** ◇ (*choses équivalentes*) *l'épargne représente une privation* il risparmio rappresenta una privazione; *cela représente plus d'un million* rappresenta più di un milione; *cela ne représente pas grand-chose pour un homme si riche* non rappresenta, non significa gran che per un uomo così ricco → **constituer, 1 correspondre (à) 6** [*montrer* (*une action*) *à un public par des moyens scéniques*] rappresentare: *troupe qui représente une pièce, un spectacle* compagnia che rappresenta un'opera teatrale, uno spettacolo → **interpréter, jouer** ◇ (*par ext.*) *représenter un auteur* rappresentare un autore **II 1** [*tenir la place de* (*qqn.*), *agir en son nom*] rappresentare: *le ministre s'était fait représenter par son chef de cabinet* il ministro si era fatto rappresentare dal suo capogabinetto; *représenter un groupe, un gouvernement* rappresentare un gruppo, un governo → **remplacer 2** [*être représentant de*] rappresentare, essere (96) *intr.* (*aux.* essere) rappresentante di: *il représente une marque de voitures* rappresenta una marca di automobili, è rappresentante di una marca d'automobili **B** *v.intr.* (*littér.*) → **1 imposer (en) C** *v.pron.* SE REPRÉSENTER **1** *réfl.* [*se présenter de nouveau*] ripresentarsi: *se représenter à un examen, aux élections* ripresentarsi a un esame, alle elezioni ♦ → *tr.* 4 □ **2** *intr.* (*par anal.*) *idée qui se représente à l'esprit* idea che si ripresenta alla mente.

répressible |RepResibl(ə)| *adj.* [→ RÉPRIMER 2] reprimibile Ⓒ **1 irrépressible.**

répressif, ive |RepResif, iv| *adj.* repressivo: *loi répressive* legge repressiva; *les moyens répressifs de la société* i mezzi repressivi della società.

répression |RepResjɔ̃| *s.f.* **1** [→ RÉPRIMER 2] repressione: *répression d'un crime* repressione di un crimine **2** [*le fait d'arrêter par la violence un mouvement de révolte collectif*] repressione # *mesures de répression* misure repressive **3** (*psycho.*) repressione.

reprêter |RəpRete| *v.tr.* [*prêter de nouveau*] riprestare.

réprimande |RepRimɑ̃d| *s.f.* [*blâme adressé avec sévérité à un inférieur*] rimprovero *m.*, ramanzina: *faire des réprimandes* fare dei rimproveri, rimproverare → **remontrance, reproche** ◇ (*dr. pén.*) ammonizione (a un minore).

réprimander |RepRimɑ̃de| *v.tr.* [*faire une réprimande* (*à qqn.*)] rimproverare, rimbrottare: *réprimander un enfant* rimproverare, rimbrottare un bambino → **blâmer.**

réprimer |RepRime| *v.tr.* **1** [*empêcher* (*un sentiment, une tendance*) *de se développer, de s'exprimer*] reprimere (124): *réprimer sa colère* reprimere la collera → **contenir 2** [*empêcher* (*une chose jugée condamnable ou dangereuse pour la société*) *de se manifester, de se développer*] reprimere: *réprimer une insurrection* reprimere un'insurrezione → **étouffer.**

reprisage |R(ə)pRizaʒ| *s.m.* [*raccommodage par reprise*] rammendo, rammendatura (*f.*): *le reprisage des chaussettes* il rammendo, la rammendatura dei calzini.

repris de justice |R(ə)pRidʒystis| *s.m.* (*dr.*) pregiudicato *s.* → **condamné, récidiviste.**

reprise |R(ə)pRiz| *s.f.* **I 1** [*action de prendre* (*ce qu'on avait laissé, donné*)] ripresa: *reprise d'une marchandise vendue* ripresa di una merce venduta ◇ (*dr.*) *droit de reprise* diritto di compensazione parziale **2** [*action de faire de nouveau après une interruption*] ripresa: *reprise d'une activité* ripresa di un'attività; *la reprise des hostilités* la ripresa delle ostilità ◇ (*spécialt.*) *reprise d'une pièce de théâtre* ripresa di un'opera teatrale ◇ (*mus.*) *la reprise des violons* la ripresa dei violini; *signe de reprise* segno di ripresa ◇ (*sport*) *reprise de volée* tiro *m.* al volo ◇ (*loc. adv.*) *à plusieurs* (*maintes, différentes*) *reprises* a più riprese, ripetutamente *adv.* ~ *à deux, trois reprises* due, tre volte → **fois 3** (*sport*) ripresa: *match de boxe en quinze reprises* incontro di pugilato in quindici riprese ◇ [*fragment musical noté comme devant être répété*] ripresa → **refrain 4** [*réfection d'un mur, d'un pilier*] rifacimento (*m.*): *reprise en sous-œuvre* rifacimento di una sottofondazione **5** [*raccommodage d'un tissu dont on cherche à reconstituer le tissage*] rammendo (*m.*): *reprise perdue* rammendo invisibile **6** (*d'une automobile, d'un moteur*) ripresa: *reprise de vitesse* ripresa di velocità ◇ (*par ext.*) [*accélération* (*plus ou moins efficace*) *après un ralentissement*] *une voiture de sport qui a de bonnes reprises* una macchina sportiva che ha una buona ripresa **7** [*objets mobiliers qu'un locataire rétrocède, pour un prix convenu, au locataire qui lui succède*] riscatto dei mobili: *payer dix mille francs de reprise en louant un appartement* pagare diecimila franchi per il riscatto dei mobili affittando un appartamento **II 1** [*le fait de reprendre vie, vigueur, essor*] ripresa: *la reprise des affaires* la ripresa degli affari **2** [*le fait de recommencer, de revenir*] ripresa, ripristino (*m.*): *la reprise d'une mode* la ripresa, il ripristino di una moda; *la reprise des communications* il ripristino delle comunicazioni.

repriser |R(ə)pRize| *v.tr.* [*raccommoder en faisant une ou plusieurs reprises* (I 5)] rammendare: *repriser un bas* rammendare una calza ♦ (*absolt.*) *aiguille, coton, œuf à repriser* ago, cotone, uovo da rammendo.

repriseuse |R(ə)pRizøz| *s.f.* [*ouvrière qui reprise* (*des bas, des dentelles*)] rammendatrice.

réprobateur, trice |RepRɔbatœR, tRis| *adj.* [*qui exprime la réprobation*] riprovatore*, (pieno) di rimprovero (*loc. inv.*): *ton réprobateur* tono riprovatore; *regard sévère, réprobateur* sguardo severo, pieno di rimprovero Ⓒ **approbateur.**

réprobation |RepRɔbasjɔ̃| *s.f.* **1** (*relig.*) → **malédiction 2** [*désapprobation vive, sévère*] riprovazione (*littér.*), biasimo (*m.*): *encourir la réprobation de ses amis* incorrere nel biasimo, esporsi alla riprovazione dei propri amici → **condamnation.**

reprochable |R(ə)pRɔʃabl(ə)| *adj.* **1** (*rare*) [*qui mérite, encourt des reproches*] riprovevole → **blâmable, criticable 2** (*dr.*) *témoin reprochable* teste ricusabile → **récusable** Ⓒ **1 irréprochable; 2 irrécusable.**

reproche |R(ə)pRɔʃ| *s.m.* **1** [*blâme formulé pour inspirer la honte ou le regret*] rimprovero: *paroles de reproche* parole di rimprovero; *grave, léger reproche* duro, leggero rimprovero; *un ton, un air de reproche* un tono, un'aria di rimprovero; *accabler qqn. de reproches* coprire qc. di rimproveri # *faire reproche à qqn. de sa conduite* rimproverare a qc. la sua condotta ◇ *loc.* SANS REPROCHE(S) irreprensibile (*adj.*): *une vie sans reproche* una vita irreprensibile ~ *le chevalier sans peur et sans reproche* il cavaliere senza macchia e senza paura ◇ (*loc. adv.*) *soit dit sans reproche* sia detto senza voler fare un rimprovero, senza tono di rimprovero **2** (*littér.*) *être un vivant reproche pour qqn.* essere un costante rimprovero, ammonimento per qc. **3** (*dr.*) *reproche de témoin* ricusazione *f.*, rifiuto di testimone.

reprocher |R(ə)pRɔʃe| *v.tr.* **1** REPROCHER QQCH. À QQN. [*le blâmer pour une chose dont on le tient coupable ou responsable*] rimproverare q.c. a qc.: *je ne vous reproche rien* non le rimprovero niente, non le faccio nessuna colpa; *il m'a reproché de* (+ *inf.*) mi ha rimproverato di (+ *inf.*) □ *se reprocher qqch.* rimproverarsi q.c.: *il n'a rien à se reprocher* non ha nulla da rimproverarsi, non ha nessuna colpa **2** *reprocher un service à qqn.* [*le lui rappeler en l'accusant d'ingratitude*] rinfacciare un favore a qc. **3** (*dr.*) [*demander que* *l'on écarte* (*un témoin*) *en invoquant une cause précise*] ricusare, rifiutare: *reprocher un témoin pour cause de parenté* ricusare un teste per ragioni di parentela.

reproducteur, trice |R(ə)pRɔdyktœR, tRis| *adj.* **1** (*bot.*, *zool.*) riproduttore*: *cellules reproductrices* cellule riproduttrici; *organes reproducteurs* organi riproduttori **2** [*qui est employé à la reproduction*] riproduttore: *cheval reproducteur* cavallo riproduttore ✦ (*s.m.*) *les reproducteurs* i riproduttori **3** (*fig.*) [*qui reproduit*] riproduttore: *imagination reproductrice* immaginazione riproduttrice.

reproductibilité |R(ə)pRɔdyktibilite| *s.f.* riproducibilità (*inv.*): *reproductibilité des êtres vivants* riproducibilità degli esseri viventi; *bonne reproductibilité d'un document* buona riproducibilità di un documento.

reproductible |R(ə)pRɔdyktibl(ə)| *adj.* [→ REPRODUIRE A] riproducibile.

reproductif, ive |R(ə)pRɔdyktif, iv| *adj.* riproduttivo: *potentiel reproductif d'un organisme vivant* potenziale riproduttivo di un organismo vivente; *phase reproductive de la vie* fase riproduttiva della vita.

reproduction |R(ə)pRɔdyksjɔ̃| *s.f.* **I** (*biol.*) riproduzione: *reproduction sexuée, asexuée* riproduzione sessuata, asessuata; *organes de reproduction* organi di riproduzione **II 1** [*action de reproduire par imitation, par répétition; ce qui est ainsi reproduit*] riproduzione: *reproduction d'un tableau* riproduzione di un quadro; *droit de reproduction* diritto di riproduzione; *reproduction d'un son, d'une image* riproduzione di un suono, di un'immagine; *procédés de reproduction* procedimenti di riproduzione; *reproduction au duplicateur* riproduzione col duplicatore → **image** ◇ (*par ext.*) [*image obtenue en partant d'un original*] *reproductions en noir, en couleurs* riproduzioni in nero, a colori **2** [*nouvelle publication d'un texte*] riproduzione: *reproduction d'un article dans un journal* riproduzione di un articolo in un giornale; *reproduction interdite* riproduzione vietata → **copie III** (*écon.*) *reproduction simple* ricostituzione semplice; *taux de reproduction* tasso di ricostituzione.

reproductrice |R(ə)pRɔdyktRis| *s.f.* (*techn.*) riproduttrice.

reproduire |R(ə)pRɔdɥiR| (75) **A** *v.tr.* **1** [*répéter, rendre fidèlement* (*qqch.*)] riprodurre (108): *reproduire un son* riprodurre un suono → **imiter, représenter** ◇ [*imiter* (*l'apparence, le comportement, les gestes de qqn.*)] riprodurre: *reproduire un geste* riprodurre, ripetere un gesto **2** [*faire exister des choses semblables ou identiques à* (*un modèle*)] riprodurre: *reproduire un dessin, un texte* riprodurre un disegno, un testo ✦ (*au p.p.*) *tableau reproduit à des milliers d'exemplaires* quadro riprodotto in migliaia di esemplari # *machine à reproduire* riproduttrice **3** [*constituer une réplique, une image de*] riprodurre: *objets qui reproduisent un modèle* oggetti che riproducono un modello **B** *v.pron. intr.* SE REPRODUIRE **1** [*produire des êtres vivants semblables à soi-même par la génération*] riprodursi: *se reproduire par scissiparité, par génération sexuée* riprodursi per scissiparità, per generazione sessuata → **proliférer, multiplier** (se) **2** [*se produire de nouveau*] ripetersi: *faits qui se reproduisent regulièrement* fatti che si ripetono regolarmente; *veillez à ce que cela ne se reproduise plus* fate in modo che ciò non si ripeta, non accada più → **recommencer, répéter** (se).

reprographie |R(ə)pRɔgRafi| *s.f.* (*techn.*) riprografia, reprografia.

reprographier |R(ə)pRɔgRafje| *v. tr.* [*reproduire* (*un document*) *par reprographie*] riprodurre (108) (mediante riprografia): *reprographier une circulaire* riprodurre una circolare mediante riprografia → **reproduire, photocopier.**

réprouvé, ée |RepRuve| *s.* [*personne rejetée par les hommes, par la société*] reietto (della società): *vivre en réprouvé* vivere come un reietto ◇ (*relig.*) [*personne rejetée par Dieu*] reprobo → **damné.**

réprouver |RepRuve| *v.tr.* **1** [*rejeter en condamnant* (*qqch.*, *qqn.*)] disapprovare, riprovare (*littér.*): *ceux que la société réprouve* coloro che sono disapprovati, riprovati dalla società; *réprouver l'attitude de qqn.* riprovare l'atteggiamento di qc. → **blâmer, désapprouver 2** (*théol.*) [*rejeter et destiner aux peines éternelles*] condannare Ⓒ **approuver.**

reps |Rɛps| *s.m.* reps *inv.*

reptation |Rɛptɑsjɔ̃| *s.f.* (*zool.*) reptazione.

reptile |Rɛptil| *s.m.* **1** [*serpent*] rettile **2** *au plur.* (*t.zool.*) *les Reptiles* i Rettili **3** (*fig.*) [*personne de caractère bas et rampant*] rettile.

reptilien, ienne |Rɛptiljɛ̃, jɛn| *adj.* di rettile (*loc.*): *un squelette reptilien* uno scheletro di rettile.

repu, ue |Rəpy| *adj.* **1** [*qui a mangé à satiété*] sazio*, satollo: *lion repu* leone sazio, satollo; *je suis repu* sono sazio **2** (*fig.*) [*assouvi*] sazio: *je suis repu de théâtre* sono sazio, stufo di teatro.

républicain, aine |Repyblikɛ̃, ɛn| **I** *adj.* **1** [*qui est partisan de la république, lui est favorable*] repubblicano: *journal républicain* giornale repubblicano ✦ (*s.*) *un républicain* un repubblicano **2** [*relatif à la république, de la république*] repubblicano: *constitution républicaine* costituzione repubblicana **3** (*aux États-Unis*) *le parti républicain* il partito repubblicano ✦ (*s.*) *les Républicains et les Démocrates* i Repubblicani e i Democratici **II** *s.m.* (*t.zool.*) passero repubblicano.

républicaniser |Repyblikanize| *v. tr.* [*rendre républicain; ériger en république*] rendere (105) repubblicano ✦ (*pron. intr.*) *se républicaniser* [*devenir républicain*] diventare *intr.* repubblicano.

républicanisme |Repyblikanism(ə)| *s.m.* repubblicanesimo.

république |Repyblik| *s.f.* repubblica*: *république démocratique, populaire, socialiste* repubblica democratica, popolare, socialista; *la République française* la Repubblica francese; *la Union des Républiques socialistes soviétiques* (*U.R.S.S.*) l'Unione delle Repubbliche socialiste sovietiche (U.R.S.S.); *vivre en république* vivere in repubblica.

répudiation |Repydjasjɔ̃| *s.f.* **1** [*acte par lequel l'un des conjoints répudie l'autre* (*dans certaines civilisations*)] ripudio* *m.* **2** (*fig.*) [*action de rejeter* (*un sentiment, une opinion*); *son résultat*] ripudio: *répudiation de ses principes* ripudio dei propri princìpi **3** (*dr.*) ripudio; rinuncia*: *répudiation d'une dette* ripudio di un debito ‖ *répudiation d'une succession* rinuncia alla successione.

répudier |Repydje| *v.tr.* **1** (*dans certaines civilisations*) [*renvoyer* (*sa femme*) *en rompant le mariage par une décision unilatérale*] ripudiare ◇ (*par ext.*) *répudier son mari* ripudiare il proprio marito **2** [*rejeter, repousser* (*un sentiment, une idée*)] ripudiare; venir (202) *intr.* (*aux.* essere) meno a: *répudier sa foi* ripudiare la propria fede; *répudier ses engagements, ses devoirs* venir meno ai propri impegni, ai propri doveri → **renoncer 3** (*dr.*) [*renoncer volontairement à*] rinunciare *intr.* a: *répudier une succession, la nationalité française* rinunciare a una successione, alla nazionalità francese.

répugnance |Repyɲɑ̃s| *s.f.* **1** ripugnanza, repulsione: *avoir de la répugnance pour qqn., qqch.* avere ripugnanza, repulsione per qc., q.c. → **répulsion 2** [*vif sentiment de mépris, de dégoût qui fait qu'on évite* (*qqn., qqch.*)] ripugnanza # *j'ai une grande répugnance pour le mensonge* mi ripugnano le menzogne, mi ripugna mentire **3** [*impossibilité ou difficulté psychologique de faire qqch.*] ritrosia: *faire qqch. avec répugnance* fare q.c. con ritrosia.

répugnant, ante |Repyɲɑ̃, ɑ̃t| *adj.* **1** [*qui inspire de la répugnance physique*] ripugnante, repellente: *odeur répugnante* odore ripugnante, repellente; *laideur répugnante* bruttezza repellente **2** (*au moral*) ripugnante, repellente: *action répugnante* atto ripugnante, repellente; *individu répugnant* individuo ripugnante.

répugner |Repyɲe| **A** (*v.intr.*) *répugner à* **1** [*éprouver de la répugnance pour* (*qqch.*)] avere (97) *tr.*, provare *tr.* ripugnanza a: *il ne répugnait pas à cette perspective* non aveva, non provava ripugnanza a una simile prospettiva **2** [*inspirer de la répugnance à* (*qqn.*); *faire horreur*] ripugnare: *cette nourriture lui répugne* questo cibo gli ripugna; *ce type me répugne* è un tipo che mi ripugna ✦ (*impers.*) *il lui répugne d'avoir à quémander* gli ripugna di dover elemosinare **B** *v.tr.* [*dégoûter, rebuter* (*qqn.*)] ripugnare *intr.* a: *cela répugnait ses amis* la cosa ripugnava ai suoi amici.

répulsif, ive |Repylsif, iv| *adj.* **1** (*phys.*) ripulsivo: *forces répulsives* forze ripulsive **2** (*littér.*) [*qui inspire de la répulsion*] ripulsivo (*cour.*), repellente (*cour.*) → **repoussant, répugnant.**

répulsion |Repylsjɔ̃| *s.f.* **1** (*phys.*) repulsione: *répulsion électrique* repulsione elettrica; *répulsion de l'aimant* repulsione della calamita **2** [*répugnance physique ou morale à l'égard de qqch. ou qqn. qu'on repousse*] repulsione: *inspirer de la répulsion* ispirare repulsione → **dégoût, écœurement.**

réputation |Repytɑsjɔ̃| *s.f.* **1** reputazione: *compromettre, perdre sa réputation* compromettere, perdere la propria reputazione; *nuire à la réputation de qqn.* nuocere alla reputazione di qc. # *perdre qqn. de réputation* [*le déshonorer, le diffamer*] (di)screditare qc.

◇ (*spécialt.*) *la réputation d'une femme* la reputazione di una donna **2** [*le fait d'être célèbre*] fama, rinomanza: *acquérir de la réputation* acquistare fama, rinomanza; *soutenir sa réputation* tener alta la propria fama → **renommée** ◇ (*en parlant d'une chose*) reputazione, fama: *réputation d'une maison de commerce, d'une station touristique* reputazione, fama di una casa commerciale, di una stazione turistica → **renom 3** [*le fait d'être connu* (*honorablement ou fâcheusement*)] reputazione, fama: *jouir d'une excellente réputation* godere di un'ottima reputazione; *connaître de réputation* conoscere di fama; *maison, rue qui a une mauvaise réputation* casa, strada che ha una cattiva reputazione, fama **4** RÉPUTATION DE [*le fait d'être considéré comme...*] reputazione, fama di: *une réputation d'homme d'esprit* una reputazione, una fama di uomo d'ingegno.

réputé, ée |Repyte| *adj.* rinomato, reputato: *un des restaurants les plus réputés de la capitale* uno dei ristoranti più rinomati della capitale → **connu, fameux.**

réputer |Repyte| *v.tr.* **1** (+ *attribut*) [*tenir pour, considérer comme*] reputare, considerare → **croire, regarder (comme) 2** ÊTRE RÉPUTÉ (+ *attribut*) essere reputato, considerato (+ *attribut*): *il est réputé* (*pour être*) *intelligent* è reputato, considerato intelligente.

requalification |Rəkalifikasjɔ̃| *s.f.* (*admin.*) riqualificazione.

requérable |RəkeRabl(ə)| *adj.* (*dr.*) esigibile: *rente requérable* rendita esigibile.

requérant, ante |RəkeRɑ̃, ɑ̃t| *adj.* (*dr.*) richiedente: *la partie requérante dans un procès* la parte richiedente, l'attore in un processo ♦ (*s.*) *le requérant* il richiedente; l'attore *m.*, l'attrice *f.*

requérir |RəkeRiR| (26) *v.tr.* **1** (*littér.*) [*demander* (*une chose abstraite*)] richiedere (122) (*cour.*): *requérir l'aide de qqn.* richiedere l'aiuto di qc. → **solliciter 2** (*dr.*) [*réclamer au nom de la loi*] chiedere (122), esigere (141): *le procureur a requis la peine de mort pour l'accusé* il procuratore ha chiesto la pena di morte per l'imputato; *réquérir l'application de la loi* esigere l'applicazione della legge **3** (*littér.*) (*sujet de chose*) [*demander, réclamer*] richiedere, esigere (*cour.*): *ce travail requiert toute notre attention* questo lavoro richiede, esige tutta la nostra attenzione.

requête |Rəkɛt| *s.f.* **1** [*demande instante, verbale ou écrite*] richiesta: *requête pour obtenir une faveur, une grâce* richiesta, istanza per ottenere un favore, una grazia; *satisfaire à une requête* soddisfare una richiesta ◇ (*loc.*) *à, sur la requête de* su richiesta di **2** (*dr.*) istanza, ricorso (*m.*): *requête en cassation soumise à la Chambre des requêtes* istanza, ricorso in Cassazione sottoposto alla sezione competente per l'esame preliminare; *maître des requêtes au Conseil d'État* relatore sui ricorsi al Consiglio di Stato; referendario # *requête civile* azione di revocazione di sentenza; *requête de faillite* domanda di fallimento.

requêter |Rəkete| *v.tr.* (*chasse*) [*quêter de nouveau* (*la bête*)] braccare di nuovo (la bestia).

requiem |Rekɥiɛm| *s.m. inv.* (*lat.*) **1** requiem **2** (*par ext.*) [*partie de la messe des morts mise en mus.*] requiem: *le Requiem de Mozart, de Verdi* il Requiem di Mozart, di Verdi.

requin |R(ə)kɛ̃| *s.m.* **1** (*t.zool.*) squalo, pescecane* ~ *requin commun, requin bleu* squalo azzurro, verdesca* *f.*, verdone ~ *requin marteau* pesce martello **2** (*fig.*) [*personne cupide et impitoyable en affaires*] avvoltoio*, pescecane: *les requins de la finance* gli avvoltoi della finanza → **rapace.**

requinquer |R(ə)kɛ̃ke| (*fam.*) **A** *v.tr.* [*redonner des forces, de l'entrain à*] rimettere (155) in forze (*cour.*), in sesto (*cour.*): *ce voyage l'a requinqué* quel viaggio l'ha rimesso in forze, in sesto **B** *v.pron. intr.* SE REQUINQUER [*reprendre des forces, retrouver sa forme*] rimettersi (in salute, in forma), ristabilirsi (197): *il s'est bien requinqué* si è rimesso, ristabilito bene.

requis, ise |Rəki, iz| *adj.* **1** [*demandé, exigé comme nécessaire*] richiesto: *satisfaire aux conditions requises* soddisfare le condizioni richieste, i requisiti → 1 **nécessaire, obligatoire, prescrit 2** [*civil mobilisé pour un travail, par réquisition*] precettato, mobilitato: *travailleur requis* lavoratore precettato, mobilitato ♦ (*s.m.*) *un requis* un precettato, un civile mobilitato.

réquisit |Rekwizit| *s.m.* (*philo.*) requisito.

réquisition |Rekizjsjɔ̃| *s.f.* **1** requisizione: *réquisitions civiles, militaires* requisizioni civili, militari; *réquisition d'hommes* requisizione, precettazione di uomini **2** (*dr.*) requisizione; domanda incidentale all'udienza # *lever une réquisition* derequisire **3** (*dr. pén.*) requisitoria → **réquisitoire**; **plaidoirie.**

réquisitionner |Rekizisjɔne| *v.tr.* **1** (*en parlant de l'État, de l'administration*) [*se procurer* (*une chose*) *par voie de réquisition*] requisire (197): *le maire a réquisitionné des locaux pour les réfugiés* il sindaco ha requisito dei locali per i profughi **2** [*utiliser d'office, d'autorité* (*une personne*)] requisire, precettare ◇ (*par anal., fam.*) *je vous réquisitionne pour m'aider à préparer les sandwiches* la requisisco per aiutarmi a preparare i panini.

réquisitoire |RekizitwaR| *s.m.* (*dr. pén.*) requisitoria *f.* ◇ (*fig.*) *son discours s'est terminé par un violent réquisitoire* il suo discorso è terminato con una violenta requisitoria.

réquisitorial, iale, iaux |Rekizitɔrjal, jo| *adj.* (*dr.*) della requisitoria (*loc.*): *plaidoyer réquisitorial* arringa della requisitoria.

requitter |R(ə)kite| *v.tr.* [*quitter de nouveau*] lasciare di nuovo ♦ (*pron. récipr.*) *ils se sont requittés* si sono lasciati di nuovo.

resaler |R(ə)sale| *v.tr.* [*saler de nouveau*] risalare, salare di nuovo.

resalir |R(ə)saliR| *v.tr.* [*salir de nouveau* (*ce qui vient d'être nettoyé*)] sporcare di nuovo ♦ (*pron. réfl.*) *l'enfant s'est resali* il bambino si è risporcato di nuovo.

resarcelé, ée |RəsaRsəle| *adj.* (*blas.*) sarchiato.

rescapé, ée |Rɛskape| *adj.* [*qui est réchappé d'un accident, d'un sinistre*] scampato, superstite ♦ (*s.*) *les rescapés d'un naufrage, d'un incendie* gli scampati al naufragio, all'incendio; *les rescapés de Buchenwald* i superstiti di Buchenwald.

rescindable |Resɛ̃dabl(ə)| *adj.* (*dr.*) rescindibile: *contrat rescindable* contratto rescindibile.

rescindant, ante |Resɛ̃dɑ̃, ɑ̃t| (*dr.*) **1** *adj.* rescindente **2** *s.m.* istanza *f.* di rescissione.

rescinder |Resɛ̃de| *v.tr.* (*dr.*) [*déclarer de nul effet* (*un jugement, une convention*)] rescindere (181), annullare → **annuler, casser.**

rescision |Resizjɔ̃| *s.f.* (*dr.*) rescissione, annullamento *m.* per causa di lesione.

rescisoire |ResizwaR| (*dr.*) **1** *adj.* → **rescindant** 1 **2** *s.m.* giudizio* rescissorio*.

rescousse |Rɛskus| *s.f.* **1** (*dr. mar.*) ripresa della preda **2** *loc.* À LA RESCOUSSE [*au secours, à l'aide*] in aiuto, in soccorso: *arriver à la rescousse* arrivare in aiuto, in soccorso; *appeler à la rescousse* chiamare in aiuto # *à la rescousse!* alla riscossa!

rescription |RɛskRipsjɔ̃| *s.f.* (*vx.*) mandato *m.* (*cour.*), ordine *m.* (*cour.*) di pagamento.

rescrit |RɛskRi| *s.m.* **1** (*dr. rom.*) rescritto **2** (*hist.*) rescritto **3** (*dr. canon.*) rescritto: *rescrit de justice, de grâce* rescritto di giustizia, di grazia.

réseau |Rezo| *s.m.* **1** [*ensemble de lignes, de bandes entrelacées plus ou moins régulièrement*] rete *f.*; reticolo: *le réseau d'une toile d'araignée* la rete della ragnatela ‖ *réseau de veines* reticolo di vene; *réseau de trancées, de fils de fer barbelés* reticolo di trincee, di filo spinato ◇ (*électr.*) rete ◇ (*phys.*) reticolo: *réseau de diffraction* reticolo di diffrazione; *réseau cristallin* reticolo cristallino **2** [*ensemble des lignes, des voies de communication, des conducteurs électriques, des canalisations*] rete: *réseau de distribution des eaux* rete idrica; *réseau de chemins de fer, ferroviaire* rete ferroviaria; *réseau urbain* rete urbana; *réseau du métro* rete della metropolitana; *réseau routier* rete stradale; *réseau de lignes aériennes* rete delle linee aeree; *réseau téléphonique* rete telefonica; *les abonnées d'un réseau* gli abbonati di una rete **3** [*répartition des éléments d'une organisation en différents points; ces éléments*] rete: *réseau commercial* rete commerciale; *réseau de télévision* rete televisiva; *réseau d'espionnage* rete di spionaggio.

résection |Resɛksjɔ̃| *s.f.* (*chir.*) resezione.

réséda |Rezeda| *s.m.* **1** (*t.bot.*) reseda *f.* **2** [*couleur d'un vert jaunâtre*] reseda.

réséquer |Reseke| (8) *v.tr.* (*chir.*) [*enlever par résection*] resecare → **amputer.**

réserpine |RezɛRpin| *s.f.* (*pharm.*) reserpina.

réservataire |RezɛRvatɛR| *adj. et s.m.* (*dr.*) (*héritier*) *réservataire* (erede) legittimario*.

1 **réservation** |RezɛRvasjɔ̃| *s.f.* (*dr.*) riserva, salvezza.

2 **réservation** |RezɛRvasjɔ̃| *s.f.* [*le fait de réserver une place* (*dans un avion, un théât.*), *de retenir une chambre* (*dans un hôtel*)] prenotazione: *réservation des places* prenotazione dei posti; *bureau de réservation* ufficio prenotazioni.

1 **réserve** |RezɛRv(ə)| *s.f.* **I** [*le fait*

de garder pour l'avenir] **1** (*dr.*) riserva: *faire des réserves sur une opinion, un projet* fare delle riserve su una opinione, un progetto; *faire des réserves sur une théorie* fare delle riserve su una teoria ◇ *loc.* SOUS TOUTES RÉSERVES con riserva, con le debite riserve: *nouvelle donnée sous toutes réserves* notizia data con riserva ~ SOUS RÉSERVE DE salvo *prép.*, con riserva: *sous réserve d'erreur* salvo errore; *j'accepte sous réserve de vérification* accetto con riserva di verifica ~ *toute réserve faite* fatta ogni (debita) riserva, con le debite riserve ~ *sous les réserves d'usage* con le riserve d'uso **2** (*dr.*) *réserve* (*héréditaire, légale*) legittima, parte indisponibile **3** *loc. adv. et adj.* SANS RÉSERVE senza riserve, incondizionato (*adj.*): *acceptation sans réserve* accettazione senza riserve, incondizionata; *admiration sans réserve* ammirazione senza riserve, incondizionata **II** (*concret*) **1** [*quantité accumulée pour en disposer au moment le plus opportun*] riserva: *disposer d'importantes réserves de vivres* disporre di notevoli riserve di viveri; *ses réserves sont épuisées* le sue riserve sono esaurite → **provision, approvisionnement, stock** ◇ (*fin.*) *fonds de réserve* fondo di riserva ◇ (*physiol.*) *réserve alcaline* riserva alcalina; *les réserves de graisse de l'organisme* le riserve di grasso dell'organismo ◇ [*quantité non encore exploitée* (*d'une substance minérale*)] *les réserves mondiales de pétrole* le riserve mondiali di petrolio **2** *loc.* EN RÉSERVE in serbo, da parte: *avoir, mettre, tenir qqch. en réserve* avere, mettere, tenere q.c. in serbo, da parte ~ DE RÉSERVE di scorta, di riserva: *vivres de réserve* viveri di scorta, di riserva **3** *au plur.* (*milit.*) LES RÉSERVES la riserva *sing.* ◇ (*spécialt.*) *la réserve* (*opposée à 'l'armée active'*): *officiers de réserve* ufficiali di riserva; *première réserve* milizia mobile; *deuxième réserve* milizia territoriale → **réserviste** **III** **1** [*territoire choisi pour la protection de la flore et de la faune*] riserva; *réserve zoologique* riserva zoologica; *réserve nationale de la Camargue* riserva nazionale della Camargue **2** [*local* (*d'une bibliothèque, d'un musée...*) *où l'on garde à part certains objets*] riserva **3** (*tissage*) riserva.

2 **réserve** |REZERV(ə)| *s.f.* [*qualité qui consiste à se garder de tout excès dans les propos, les jugements*] riservatezza, riserbo (*m.*): *agir avec réserve* agire con riservatezza, con riserbo → **discrétion** ◇ (*loc.*) *être, se tenir sur la réserve* non sbilanciarsi.

réservé, ée |REZERVe| *adj.* **I** **1** (*dr.*) riservato: *biens réservés* beni riservati; *tous droits de reproduction réservés pour tous pays* tutti i diritti di riproduzione riservati per tutti i paesi **2** [*dont l'usage ou l'accès est réservé* (*à une personne déterminée, à un groupe*)] riservato: *places réservées aux mutilés, aux invalides* posti riservati ai mutilati, agli invalidi ◇ [*consacré, destiné* (*à qqn., à un usage*)] *salle réservée aux réunions* sala riservata alle riunioni; *chasse réservée* caccia riservata, riserva di caccia **II** (*personnes*) [*qui fait preuve de retenue, de réserve*] riservato: *il est réservé dans ses propos* è riservato nei suoi discorsi ◇ (*par ext.*) *caractère réservé* carattere riservato.

réserver |REZERVe| **A** *v.tr.* **1** [*destiner exclusivement ou spécialt.* (*à une personne ou à un groupe*)] riservare: *on vous a réservé ce bureau, cette place* le hanno riservato questo ufficio, questo posto ✦ (*au p.p.*) *places réservées aux mutilés* posti riservati ai mutilati ◇ (*dr.*) riservare **2** [*s'abstenir d'utiliser immédiatement* (*qqch.*) *en vue d'une occasion plus favorable*] riservare, serbare: *réserver le meilleur pour la fin* riservare, serbare il meglio per la fine → **garder** ◇ *loc.* SE RÉSERVER DE riservarsi di: *il se réserve de prendre une décision* si riserva di prendere una decisione ◇ (*par ext.*) *réserver l'avenir* riservarsi *pron.* il futuro **3** [*mettre de côté* (*une marchandise, une place*) *pour la tenir à la disposition de qqn.*] mettere (155), tenere (188) da parte: *pouvez-vous me réserver deux mètres de cette étoffe?* può mettermi, tenermi da parte due metri di questa stoffa? ◇ (*spécialt.*) [*faire mettre à part* (*ce qu'on veut trouver disponible*)] prenotare, riservare: *réserver des places dans le train, une table au restaurant* prenotare, riservare dei posti in treno, un tavolo al ristorante → 2 **louer, retenir** **4** (*abstrait*) [*destiner* (*à qqn.*)] riservare: *le sort qui nous est réservé* il destino che ci è riservato; *cette soirée me réservait bien des surprises* quella serata mi riservava, aveva in serbo molte sorprese; *les châtiments que la loi réserve aux criminels* le pene che la legge riserva ai criminali; *réserver un bon accueil à qqn.* riservare una buona accoglienza a qc. # *il lui était réservé de mourir jeune* era destino che morisse giovane, era destinato a morire giovane **B** *v.pron. réfl.* SE RÉSERVER [→ *tr.* 2] riservarsi, astenersi (188): *je préfère me réserver pour une meilleure occasion* preferisco riservarmi per un'occasione migliore → **attendre** ✦ → *tr.* ☐ ✦ (*absolt.*) *l'avenir est trop incertain, il vaut mieux se réserver* il futuro è troppo incerto, (è) meglio non sbilanciarsi.

réserviste |REZERVist(ə)| *s.m.* (*milit.*) riservista: *rappel des réservistes* richiamo dei riservisti.

réservoir |REZERVWAR| *s.m.* **1** [*bassin, cavité où un liquide peut s'accumuler, être gardé en réserve*] serbatoio*: *réservoir d'irrigation* serbatoio d'irrigazione; *réservoir d'eau en tôle, en maçonnerie* serbatoio d'acqua in lamiera, in muratura; *réservoirs d'une raffinerie de pétrole* serbatoi di una raffineria di petrolio; *réservoir d'une automobile* serbatoio dell'automobile → **citerne** # *réservoir à gaz* gassometro ◇ (*spécialt.*) vivaio* (di pesci) **2** (*fig.*) *ce pays est un inépuisable réservoir d'hommes* questo paese è un'inesauribile miniera *f.* di uomini ◇ (*pathol.*) *réservoir d'infection* nido d'infezione.

résidant, ante |Rezidɑ̃, ɑ̃t| *adj.* residente → **habitant** ◇ (*spécialt.*) *membre résidant d'une académie* membro residente di un'accademia.

résidence |Rezidɑ̃s| *s.f.* **1** residenza: *certificat de résidence* certificato di residenza; *résidence principale, secondaire* residenza principale, secondaria; *résidence virilocale* residenza virilocale; *avoir, établir, fixer sa résidence quelque part* avere, fissare la propria residenza in un luogo; *changer sa résidence* cambiare residenza **2** [*lieu construit, généralt. luxueux, où l'on réside*] residenza: *une somptueuse résidence* una sontuosa residenza → **demeure, logement, maison** ◇ [*groupe d'immeubles résidentiels assez luxueux*] complesso *m.* residenziale; residence *m. inv.* **3** (*dr.*) residenza ◇ (*spécialt.*) *résidence forcée* domicilio* *m.* coatto; *résidence surveillée* residenza vigilata; *être astreint, obligé à la résidence* avere l'obbligo di residenza.

résident, ente |Rezidɑ̃, ɑ̃t| *s.* **1** [*diplomate envoyé par un État auprès d'un gouvernement étranger*] residente ✦ (*par appos.*) *ministre résident* ministro residente **2** (*ancienn.*) residente: *résident général en Tunisie* residente generale in Tunisia **3** [*personne établie dans un autre pays que son pays d'origine*] residente *adj.*, immigrato: *les résidents espagnols en France* gli Spagnoli residenti, gli immigrati spagnoli in Francia → **étranger**.

résidentiel, ielle |Rezidɑ̃sjɛl| *adj.* residenziale: *immeubles, quartiers résidentiels d'une ville* edifici, quartieri residenziali di una città.

résider |Rezide| *v.intr.* **1** (*personnes*) [*être établi d'une manière habituelle dans un lieu; y avoir sa résidence*] risiedere: *les étrangers qui résidaient aux États-Unis* gli stranieri che risiedevano negli Stati Uniti **2** (*choses abstraites*) [*avoir son siège, exister habituellement*] consistere (116) (*aux.* essere), stare (104) (*aux.* essere): *la difficulté réside en ceci* la difficoltà consiste, sta in questo.

résidu |Rezidy| *s.m.* **1** (*péj.*) [*ce qui reste*] residuo → **déchet, détritus** **2** (*chim., techn.*) residuo: *utilisation des résidus par l'industrie* utilizzazione dei residui da parte dell'industria; *résidu qui se dépose* residuo che si deposita ◇ (*phys. nucléaire*) *résidus de fission* residui di fissione **3** (*log.*) *méthode des résidus* metodo dei residui.

résiduaire |RezidɥɛR| *adj.* (*littér.*) [*qui constitue un résidu, un dépôt*] residuale.

résiduel, elle |Rezidɥɛl| *adj.* residuale, residuo ◇ (*électr.*) *résistance résiduelle* resistenza residuale, residua ◇ (*géol.*) *relief résiduel* rilievo residuale.

résignataire |RezipatɛR| *s.m.* (*dr.*) rassegnatario*.

résignation |Rezipasjɔ̃| *s.f.* [*le fait d'accepter sans protester; de subir sans réagir*] rassegnazione: *résignation à l'injustice* rassegnazione all'ingiustizia; *endurer, subir la douleur avec résignation* sopportare, subire il dolore con rassegnazione ⓒ **révolte**.

résigné, ée |Reziɲe| *adj. et s.* rassegnato.

résigner |Reziɲe| **A** *v.tr.* (*littér.*) [*abandonner* (*un bénéfice, un office*)] rassegnare: *résigner sa charge, son emploi* rassegnare la propria carica, il proprio impiego → 2 **démettre (se)** **B** *v.pron. intr.* SE RÉSIGNER À [*accepter sans résister* (*une chose*) *malgré son caractère désagréable*] rassegnarsi a: *se résigner à mourir* rassegnarsi a morire; *il ne se résigne pas à son départ* non sa rassegnarsi alla sua partenza ✦ *absolt.* [*adopter une attitude d'acceptation; se soumettre*] *il faut se résigner, c'est la vie!* bisogna rassegnarsi, la vita è fatta così! → **incliner (s')** ⓒ B **révolter (se)**.

résiliable |Reziljabl(ə)| *adj.* (*dr.*) rescindibile.

résiliation |Reziljasjɔ̃| *s.f.* (*dr.*) rescissione, risoluzione: *résiliation d'un bail, d'un marché* rescissione, risoluzione di un contratto d'affitto, di un mercato → **annulation, 1 résolution.**

résilience |Reziljɑ̃s| *s.f.* (*phys.*) resilienza.

résilient, ente |Reziljɑ̃, ɑ̃t| *adj.* (*phys.*) resiliente.

résilier |Rezilje| *v.tr.* (*dr.*) [*dissoudre* (*un contrat*) *soit par l'accord des parties, soit par la volonté d'un seul*] rescindere (181), risolvere (117): *résilier un bail* rescindere, risolvere un contratto di locazione.

résille |Rezij| *s.f.* **1** [*tissu de mailles formant une poche dans laquelle on serre les cheveux*] retina, reticella → 3 **filet** **2** [*réseau des plombs d'un vitrail*] piombo *m.*

résine |Rezin| *s.f.* **1** resina: *résines naturelles* resine naturali; *résine du pin* resina di pino **2** (*chim.*) resina ◇ (*par anal.*) *résines synthétiques, vinyliques* resine sintetiche, viniliche.

résiné, ée |Rezine| *adj. et s.m.* (*vin*) *résiné* vino resinato *adj.*

résiner |Rezine| *v.tr.* (*techn.*) [*enduire de résine; récolter la résine de* (*un arbre*)] resinare.

résineux, euse |Rezinø, øz| *adj.* resinoso: *bois résineux* legno resinoso; *aspect résineux* aspetto resinoso # *odeur résineuse* odore di resina.

Résineux |Rezinø| *s.m. pl.* (*t.bot.*) Resinose *f.*, Conifere *f.*

résingle |Resɛ̃gl(ə)| *s.f.* (*techn.*) stozzo *m.*

résinier, ière |Rezinje, jɛR| **1** *s.* resiniere **2** *adj.* della resina (*loc. inv.*): *l'industrie résinière* l'industria della resina.

résinifère |RezinifɛR| *adj.* resinifero: *plante résinifère* pianta resinifera → **résineux.**

résipiscence |Resipisɑ̃s| *s.f.* (*littér., relig.*) resipiscenza.

résistance |Rezistɑ̃s| *s.f.* **I** (*phénomènes phys.*) **1** [*fait de résister, d'opposer une force* (*à une autre*)] resistenza: *résistance d'un corps au choc, d'une pierre à l'érosion, d'un textile à l'usure* resistenza di un corpo all'urto, di una pietra all'erosione, di un tessile all'usura; *résistance de l'air* resistenza dell'aria; *résistance à la compression, à la torsion* resistenza alla compressione, alla torsione; *résistance des matériaux* resistenza dei materiali **2** (*électr.*) *résistance électrique* resistenza elettrica ◇ (*cour.*) *une résistance* [*un conducteur conçu pour dégager une puissance thermique déterminée*] un resistore *m.*, una resistenza: *les résistances d'un fer à repasser* le resistenze di un ferro da stiro **3** [*qualité de ce qui résiste, caractère résistant* (*d'une personne*)] resistenza: *manquer de résistance, n'avoir aucune résistance* mancare di resistenza, non avere alcuna resistenza → **force** **4** *plat de résistance* [*plat principal d'un repas*] piatto forte *adj.* **II** (*action humaine*) **1** [*action par laquelle on essaie de rendre sans effet* (*une action dirigée contre soi*)] resistenza: *résistance à l'oppression* resistenza all'oppressione; *résistance active, passive* resistenza attiva, passiva; *opposer une résistance farouche à qqn.* opporre una resistenza accanita a qc.; *venir à bout d'une résistance* vincere una resistenza; *cela ne se fera pas sans résistance* la cosa non avverrà senza resistenze → **difficulté** ◇ (*psychan.*) *les résistances du malade sont des défenses inconscientes* le resistenze del malato sono difese inconsce **2** (*milit.*) resistenza: *noyau de résistance* focolaio di resistenza **3** (*dans la seconde guerre mondiale*) Resistenza ◇ (*par ext.*) [*l'organisation par laquelle la résistance fr. agissait*] *entrer dans la Résistance* entrare a far parte della Resistenza.

résistant, ante |Rezistɑ̃, ɑ̃t| **I** *adj.* **1** resistente: *l'acier est plus résistant que le fer* l'acciaio è più resistente del ferro ◇ (*par ext.*) *couleurs résistantes au lavage* colori resistenti al lavaggio **2** (*êtres vivants*) [*qui supporte facilement l'effort, la fatigue*] resistente **II** (*s.*) *un résistant* [*patriote qui appartenait à la Résistance, dans la seconde guerre mondiale*] un partigiano: *les résistants du maquis* i partigiani alla macchia ◇ (*par ext.*) *les résistants palestiniens* i patrioti, i militanti palestinesi.

résister |Reziste| *v.intr.* **I** **1** (*choses*) [*ne pas céder sous l'effet d'une force*] resistere (116): *quelques arbres ont résisté à la tempête* alcuni alberi hanno resistito alla tempesta; *couleurs qui résistent au lavage* colori che resistono al lavaggio **2** (*êtres vivants*) [*ne pas être détruit, ne pas être affaibli* (*par ce qui menace l'organisme*)] resistere: *résister à la fatigue, à la maladie* resistere alla fatica, alla malattia; *il a bien résisté* ha resistito bene; *résister à un grand chagrin* resistere a, sopportare un grande dispiacere; *plante qui résiste à la sécheresse* pianta che resiste alla siccità → 1 **supporter** **3** (*choses abstraites*) [*se maintenir, survivre*] resistere: *la douleur résiste au temps* il dolore resiste al tempo; *l'amour ne résiste pas à l'habitude* l'amore non resiste all'abitudine; *cette preuve ne résiste pas à une analyse sérieuse* questa prova non resiste a una seria analisi **II** **1** [*faire effort contre l'usage de la force*] (*valeur active*) resistere, opporre (168) resistenza: *il résista aux agents qui le saisirent* resistette, oppose resistenza agli agenti che lo afferravano; *résister à des assauts répétés* resistere ai ripetuti assalti → 1 **défendre (se)** **2** [*s'opposer* (*à ce qui contrarie les désirs, menace la liberté*)] resistere: *résister à l'oppression* resistere all'oppressione: *rien ne lui résistait* niente gli resisteva **3** [*repousser les sollicitations* (*de qqn.*)] resistere: *elle n'a pas su lui résister* non ha saputo resistergli → 1 **repousser** **4** [*s'opposer* (*à ce qui plaît, séduit*)] resistere: *résister à ses passions, à une tentation* resistere alle passioni, a una tentazione; *je n'ai pas pu résister à l'envie de venir* non ho saputo resistere alla voglia di venire.

résisteur |RezistœR| *s.m.* (*phys.*) resistore.

résistible |Rezistibl(ə)| *adj.* (*rare*) [→ RÉSISTER] resistibile 🄲 **irrésistible.**

résistivité |Rezistivite| *s.f.* (*électr.*) resistività *inv.*, resistenza specifica* 🄲 **conductibilité.**

résolu, ue |Rezɔly| *adj.* [*qui sait prendre hardiment une résolution et s'y tenir fermement*] risoluto, deciso: *un adversaire résolu* un avversario risoluto, deciso → **décidé** ◇ (*par ext.*) *air résolu, attitude résolue* aria decisa, atteggiamento risoluto.

résoluble |Rezɔlybl(ə)| *adj.* **1** [*qu'on peut décomposer en ses éléments constituants*] scomponibile **2** [*qui peut recevoir une solution*] risolubile, risolvibile: *problème, question résoluble* problema, questione risolubile, risolvibile **3** (*dr.*) risolubile: *droit, contrat résoluble* diritto risolubile, contratto risolubile, rescindibile.

résolument |Rezɔlymɑ̃| *adv.* [→ RÉSOLU] risolutamente ◇ (*spécialt.*) [*avec une résolution qui dénote du courage, de l'intrépidité*] decisamente: *s'avancer résolument contre l'ennemi* avanzare decisamente contro il nemico → **courageusement, énergiquement.**

résolutif, ive |Rezɔlytif, iv| *adj.* (*méd.*) risolutivo, risolvente: *cataplasme résolutif* cataplasma risolutivo, risolvente ◆ (*s.m.*) *un résolutif* un risolvente.

1 **résolution** |Rezɔlysjɔ̃| *s.f.* **1** UNE RÉSOLUTION [*décision volontaire arrêtée après délibération*] decisione, risoluzione: *résolution irrévocable* decisione, risoluzione irrevocabile; *j'ai pris la résolution de...* ho preso la risoluzione, la decisione di...; *ma résolution était prise* ormai avevo preso la decisione, avevo deciso # *les bonnes résolutions* i buoni propositi **2** (*dr.*) risoluzione; mozione: *résolution de l'Assemblée générale des Nations Unies* risoluzione dell'Assemblea generale delle Nazioni Unite ‖ *résolutions prises par le congrès d'un parti* mozioni approvate, ordini del giorno approvati dal congresso di un partito **3** LA RÉSOLUTION [*comportement, caractère d'une personne résolue*] la risolutezza, la decisione → **énergie, fermeté** # *visage plein de résolution* faccia decisa.

2 **résolution** |Rezɔlysjɔ̃| *s.f.* **1** [*transformation phys. qui résout*] trasformazione: *résolution de l'eau en vapeur, de la neige en eau* trasformazione dell'acqua in vapore, della neve in acqua **2** (*méd.*) risoluzione: *résolution d'une tumeur, d'un abcès* risoluzione di un tumore, di un ascesso **3** (*dr.*) risoluzione, rescissione.

résolutoire |RezɔlytwaR| *adj.* (*dr.*) risolutivo: *clause, condition résolutoire* clausola, condizione risolutiva.

résolvant, ante |Rezɔlvɑ̃, ɑ̃t| *adj.* (*vx.*) → **résolutif.**

résolvante |Rezɔlvɑ̃t| *s.f.* (*math.*) risolvente: *résolvante d'une équation* risolvente di un'equazione.

résonance, (*vieilli*) **résonnance** |Rezɔnɑ̃s| *s.f.* **1** (*phys.*) risonanza: *résonance d'un son* risonanza di un suono; *caisse de résonance* cassa di risonanza, cassa armonica ◇ [*propriété d'un lieu où le phénomène se produit*] *la résonance d'une voûte* la risonanza di una volta ◇ (*électr.*) *résonance magnétique* risonanza magnetica; *spectre de résonance* spettro di risonanza ◇ (*par anal.*) *niveau de résonance nucléaire* livello di risonanza nucleare **2** (*littér.*) [*effet de ce qui se répercute dans l'esprit*] risonanza, eco* (*f. ou m.*): *ce thème éveillait en moi des résonances profondes* quel tema risvegliava in me delle risonanze profonde, un'eco profonda → **écho, retentissement.**

résonant, ante |Rezɔnɑ̃, ɑ̃t| *adj.* → **résonnant** 2.

résonateur, trice |RezɔnatœR, tRis| (*sc.*) **1** *s.m.* risonatore: *résonateur acoustique, électrique* risonatore acustico, elettrico; *résonateur nucléaire* risonatore nucleare **2** *adj.* (*rare*) ris(u)onatore*.

résonnant, ante |ʀezɔnɑ̃, ɑ̃t| *adj.* **1** (*poét., vieilli*) → **retentissant, sonore** **2** (*phys.*) risonante: *circuit électrique résonnant* circuito elettrico risonante; *fréquence résonnante d'une antenne* frequenza risonante di un'antenna.

résonnement |ʀezɔnmɑ̃| *s.m.* (*vx.*) → **résonance.**

résonner |ʀezɔne| *v.intr.* **1** [*produire un son accompagné de résonances*] ris(u)onare (*aux.* essere, avere): *cloche qui résonne* campana che risuona; *des pas résonnaient sur la chaussée* dei passi risuonavano sulla strada → **tinter** **2** (*en parlant du son*) [*retentir en s'accompagnant de résonances*] ris(u)onare **3** [*s'emplir de bruit, d'échos, de résonances*] risuonare, avere (97) *tr.* risonanza: *faire insonoriser une salle qui résonne trop* fare isolare acusticamente una sala che ha troppa risonanza; *la rue résonnait de cris d'enfants* la strada risuonava delle grida dei bambini → **retentir.**

résorber |ʀezɔʀbe| *v.tr.* **1** [*opérer la résorption de* (*une sérosité, une tumeur*)] far (103) *intr.* riassorbire: *on a pu résorber rapidement l'épanchement* si è riusciti a far riassorbire rapidamente il travaso ♦ (*pron. intr.*) *abcès qui se résorbe* ascesso che si riassorbe **2** (*fig.*) [*faire disparaître par une action interne* (*un élément, un phénomène mauvais, dangereux*)] eliminare: *résorber le chômage* eliminare la disoccupazione # *résorber un déficit* sanare un disavanzo ♦ (*pron. intr.*) *les excédents se sont résorbés* le eccedenze si sono esaurite.

résorcine |ʀezɔʀsin| *s.f.* (*chim.*) resorcina.

résorption |ʀezɔʀpsjɔ̃| *s.f.* **1** (*physiol.*) riassorbimento (*m.*): *résorption intestinale d'un médicament pris par la bouche* riassorbimento intestinale di un farmaco preso per bocca ◇ (*méd.*) *résorption d'un épanchement de la plèvre* riassorbimento di un travaso pleurico **2** (*phys. nucléaire*) riassorbimento **3** (*fig.*) [*suppression* (*de ce qui est résorbé*)] eliminazione: *résorption du chômage, de l'inflation* eliminazione della disoccupazione, dell'inflazione.

résoudre |ʀezudʀ(ə)| (64) **A** *v.tr.* **I** [*découvrir la solution de*] risolvere (117): *résoudre un problème, une équation* risolvere un problema, un'equazione; *résoudre des difficultés* risolvere delle difficoltà **II** **1** [*déterminer* (*qqn.*) *à prendre une résolution*] indurre (108): *il faut le résoudre à accepter* bisogna indurlo ad accettare ◇ (*p.p.*) *être résolu à faire qqch.* essere deciso a fare q.c. ♦ (*pron. réfl.*) *se résoudre à faire qqch.* decidersi (130), risolversi a fare q.c. **2** [*arrêter par une résolution* (*qqch. à exécuter*)] decidere: *ils ont résolu sa mort, sa perte* hanno deciso la sua morte, la sua perdita ◇ (*loc.*) *résoudre de faire qqch.* decidere di fare q.c. **III** **1** [*transformer en ses éléments*] risolvere, trasformare **2** (*méd.*) [*résorber, faire disparaître*] far (103) *intr.* riassorbire: *résoudre une tumeur* far riassorbire un tumore **3** (*dr.*) [*annuler* (*une convention, une vente*)] risolvere → **résilier** **B** *v. pron. intr.* SE RÉSOUDRE [*se transformer*] risolversi: *les nuages de grêle se résolvent en eaux* le nubi di grandine si risolvono in acqua ◇ (*fig.*) *se résoudre en* risolversi in, trasformarsi in.

respect |ʀɛspɛ| *s.m.* **1** rispetto: *imposer, inspirer le respect* imporre, ispirare rispetto; *avoir, témoigner du respect à, envers, pour qqn., à l'égard de qqn.* avere, testimoniare rispetto per qc., nei confronti di qc.; *manquer de respect envers qqn.* mancare di rispetto a qc.; *manquer de respect à une femme* mancare di rispetto a una donna ◇ (*loc.*) *sauf votre respect, sauf le respect que je vous dois* con rispetto parlando **2** *loc.* (*vx.*) *au respect de* rispetto a (*cour.*) → **(à l')égard (de), (par) rapport (à)** **3** [*sentiment de vénération dû au sacré, à Dieu*] rispetto: *le respect pour les morts* il rispetto per i morti; *le respect d'un idéal* il rispetto di un ideale; *le respect de la parole donnée* il rispetto della parola data; *le respect de soi, pour soi* il rispetto di sé, per sé → **2 dignité; amour-propre, culte** **4** *au plur.* (*expression de politesse*) rispetti, omaggi: *mes respects* i miei rispetti, i miei omaggi; *présenter ses respects* presentare i propri omaggi, i propri ossequi **5** [*considération que l'on porte à une chose jugée bonne*] rispetto: *le respect de l'étiquette, de la forme* il rispetto dell'etichetta, della forma; *un respect exagéré pour les convenances* un rispetto esagerato per le convenienze **6** *respect humain* rispetto umano **7** (*loc.*) *tenir qqn. en respect* [*dans une soumission forcée*] tenere qc. a bada.

respectabilité |ʀɛspɛktabilite| *s.f.* rispettabilità *inv.*

respectable |ʀɛspɛktabl(ə)| *adj.* **1** [→ RESPECTER A 1] rispettabile: *un homme respectable* un uomo rispettabile → **estimable, honorable** ◇ (*iron.*) *deux ou trois respectables matrones* due o tre rispettabili matrone **2** [*assez important, digne de considération*] rispettabile, considerevole: *somme respectable* somma rispettabile, considerevole; *une salle de dimension respectable* una sala di dimensioni considerevoli, di notevoli dimensioni.

respecter |ʀɛspɛkte| **A** *v.tr.* **1** [*considérer avec respect*] rispettare: *respecter ses parents* rispettare i genitori; *il se fait respecter* si fa rispettare; *respecter une femme* rispettare una donna; *respecter une valeur morale, un idéal* rispettare un valore morale, un ideale ♦ (*au p.p.*) *un nom respecté* un nome rispettato **2** [*ne pas porter atteinte à*] rispettare: *respecter les convenances* rispettare le convenienze, le forme; *respecter le sommeil de ses voisins* rispettare il sonno dei vicini → **observer** **B** *v.pron. réfl.* SE RESPECTER [*agir de manière à conserver l'estime de soi-même*] rispettarsi ◇ *loc. fam.* QUI SE RESPECTE che si rispetti: *l'artiste qui se respecte travaille avec désintéressement* l'artista che si rispetti lavora disinteressatamente.

respectif, ive |ʀɛspɛktif, iv| *adj.* rispettivo: *ils eurent leurs places respectives* ebbero i loro rispettivi posti ◇ (*au sing. collectif*) *la position respective des astres* la posizione rispettiva degli astri.

respectivement |ʀɛspɛktivmɑ̃| *adv.* [*chacun en ce qui le concerne*] rispettivamente: *les parents veillent respectivement à l'éducation des enfants* i genitori curano rispettivamente l'educazione dei figli.

respectueusement |ʀɛspɛktɥøzmɑ̃| *adv.* [*avec respect, en témoignant du respect*] rispettosamente: *parler respectueusement à qqn.* parlare rispettosamente a qc.

respectueux, euse |ʀɛspɛktɥø, øz| *adj.* **1** rispettoso: *des fils tendres et respectueux* figli affettuosi e rispettosi; *être respectueux envers ses parents* essere rispettoso verso, con i genitori; *être respectueux à l'égard d'une valeur morale* essere rispettoso di un valore morale ♦ (*s.f.*) *une respectueuse* (*euphémisme fam. pour 'prostituée'*) una prostituta (*cour.*) **2** [*qui marque du respect*] rispettoso: *ton, silence respectueux* tono, silenzio rispettoso ◇ (*expression de politesse*) *respectueuses salutations* rispettosi saluti; *hommages respectueux* rispettosi omaggi; *veuillez agréer mes sentiments respectueux* gradisca i miei sentimenti riverenti ◇ (*par ext.*) *rester à distance respectueuse* restare a rispettosa distanza **3** *loc.* RESPECTUEUX DE rispettoso di: *être respectueux des formes* essere rispettoso delle forme.

respirable |ʀɛspiʀabl(ə)| *adj.* [→ RESPIRER A 1] respirabile: *air raréfié, peu respirable* aria rarefatta, poco respirabile ◇ (*fig.*) *l'atmosphère n'est pas respirable, ici!* l'atmosfera non è respirabile, qui!

respirateur |ʀɛspiʀatœʀ| *s.m.* (*méd., techn.*) respiratore.

respiration |ʀɛspiʀɑsjɔ̃| *s.f.* **1** [*le fait de respirer*] respirazione: *respiration haletante, entrecoupée* respirazione affannosa; *respiration artificielle* respirazione artificiale # *retenir sa respiration* trattenere il respiro, il fiato **2** (*physiol.*) respirazione: *respiration pulmonaire* respirazione polmonare; *respiration cutanée* respirazione cutanea; *respiration branchiale des animaux aquatiques* respirazione brachiale degli animali acquatici; *respiration des plantes* respirazione delle piante.

respiratoire |ʀɛspiʀatwaʀ| *adj.* **1** [*qui sert à la respiration*] respiratorio*: *appareil, système respiratoire* apparato, sistema respiratorio; *voies respiratoires* vie respiratorie **2** [*de la respiration*] respiratorio: *échanges respiratoires de la plante* scambi respiratori della pianta; *troubles respiratoires* disturbi respiratori.

respirer |ʀɛspiʀe| **A** *v.intr.* **1** [*aspirer l'air dans les poumons, puis l'en rejeter*] respirare: *respirer bruyamment* respirare rumorosamente ◇ (*par anal.*) *les cellules, les plantes respirent* le cellule, le piante respirano ◇ (*fig.*) (*personnes*) *respirer à l'aise, librement* respirare agevolmente, liberamente ◇ (*loc.*) *il ment comme il respire* mente per la gola, la menzogna è il suo pane quotidiano **2** [*avoir un moment de calme, de répit*] respirare, riprendere (105) *tr.* fiato: *je commence à respirer* comincio a respirare, a riprendere fiato; *oh! on respire!* oh, si respira! **B** *v.tr.* **I** [*avoir un air de, dégager une impression de*] respirare: *respirer la santé, la franchise* respirare la salute, la sincerità → **exprimer, manifester** **II** **1** [*aspirer par les voies respiratoires*] respirare: *respirer le grand air* respirare a pieni polmoni **2** *absolt.* → **aspirer.**

resplendir |ʀɛsplɑ̃diʀ| *v.intr.* [*bril-*

ler d'un vif éclat] risplendere* (*aux.* essere, avere): *métal qui resplendit au soleil* metallo che risplende al sole.

resplendissant, ante |Rɛsplɑ̃disɑ̃, ɑ̃t| *adj.* [*qui resplendit, brille, étincelle*] (ri)splendente: *yeux resplendissants* occhi splendenti → **éclatant** ◇ (*par métaph.*) *visage resplendissant de bonheur* viso splendente di felicità.

resplendissement |Rɛsplɑ̃dismɑ̃| *s.m.* (*littér.*) [*éclat, lumière de ce qui resplendit*] fulgore, splendore (*cour.*).

responsabilité |Rɛspɔ̃sabilite| *s.f.* **1** responsabilità (*inv.*): *de lourdes responsabilités* gravi responsabilità; *accepter, assumer une responsabilité* accettare, assumersi una responsabilità; *prendre la responsabilité d'une affaire* assumersi la responsabilità di un affare; *rejeter sur qqn. la responsabilité d'un crime* addossare a qc. la responsabilità di un delitto; *décliner toute responsabilité* declinare ogni responsabilità; *avoir la responsabilité de qqn.* avere la responsabilità di qc. ◇ (*par ext.*) *promouvoir qqn. à une haute responsabilité* promuovere qc. a un'alta responsabilità **2** (*dr.*) responsabilità: *responsabilité civile, pénale, délictuelle, contractuelle* responsabilità civile, penale, ex-delicto, contrattuale; *responsabilité légale de l'employeur pour les accidents du travail* responsabilità legale del datore di lavoro per gli infortuni sul lavoro ◇ (*spécialt.*) *société à responsabilité limitée* (*S.A.R.L.*) società a responsabilità limitata (S.R.L.) Ⓒ **irresponsabilité.**

responsable |Rɛspɔ̃sabl(ə)| *adj.* **1** responsabile: *être civilement, pénalement responsable* essere civilmente, penalmente responsabile; *être responsable de qqn., de sa vie* essere responsabile di qc., della sua vita; *rendre qqn. responsable de qqch.* rendere qc. responsabile di q.c. ◇ [*qui doit subir le châtiment prévu par la loi*] *les experts pensent que l'accusé n'est pas responsable* i periti ritengono che l'imputato non sia responsabile **2** [*qui est la cause volontaire et consciente* (*de qqh.*)] responsabile ✦ *s.* (*fam.*) *qui est le responsable de cette plaisanterie?* chi è il responsabile di questo scherzo? → **auteur, coupable** **3** [*chargé de, en tant que chef qui prend les décisions*] responsabile: *le premier ministre est responsable de la défense nationale* il primo ministro è risponsabile della difesa nazionale ✦ (*s.*) *un responsable* un esponente, un dirigente: *les responsables d'un parti, les responsables syndicaux* gli esponenti di un partito, i dirigenti sindacali Ⓒ **irresponsable.**

resquille |Rɛskij| *s.f.*, **resquillage** |Rɛskijaʒ| *s.m.* [→ RESQUILLER] scrocco* *m.*

resquiller |Rɛskije| **A** *v.intr.* [*entrer, se faufiler sans payer* (*dans un spectacle, un moyen de transport*)] fare (103) *tr.* il portoghese; entrare (*aux.* essere), viaggiare a sbafo (*pop.*) **B** *v.tr.* [*obtenir* (*qqch.*) *en resquillant*] scroccare (*fam.*), sbafare (*pop.*): *resquiller une place de cinéma* scroccare un posto al cinema.

resquilleur, euse |Rɛskijœr, øz| **1** *s.* [*qui resquille, a l'habitude de resquiller*] scroccone (*fam.*), sbafatore* (*pop.*) → **écornifleur, fraudeur** **2** (*adj.*) *il est très resquilleur* è uno sbafatore *s.*, scroccone *s.*

ressac |Rəsak| *s.m.* [*retour violent des vagues sur elles-mêmes, après un choc*] risacca* *f.*

ressaigner |R(ə)seɲe| **A** *v.tr.* [*saigner de nouveau* (*un malade*)] salassare di nuovo **B** *v.intr.* [*saigner de nouveau*] sanguinare di nuovo: *la plaie ressaigne* la piaga sanguina di nuovo.

ressaisir |R(ə)seziR| **A** *v.tr.* **1** [*saisir de nouveau, saisir* (*ce qui a échappé*)] riafferrare, ripigliare: *ressaisir un fuyard* riafferrare, ripigliare un fuggitivo **2** (*sujet de chose*) [*saisir de nouveau* (*qqn.*)] riprendere (105): *la peur le ressaisit* la paura lo riprende **B** *v.pron. réfl.* SE RESSAISIR **1** (*dr.*) SE RESSAISIR DE [*rentrer en possession de, reprendre possession de*] rientrare *intr.* in possesso di: *se ressaisir de ses biens* rientrare in possesso dei propri beni **2** [*rentrer en possession de son calme, de son sang-froid, redevenir maître de soi*] riprendere *tr.* il controllo di sé: *il faillit éclater en sanglots, mais il s'est ressaisi* è mancato poco che scoppiasse in lagrime, ma ha ripreso il controllo di sé # *ressaisissez-vous!* si riprenda, torni in sé!

ressaisissement |R(ə)sezismɑ̃| *s.m.* (*littér.*) [→ RESSAISIR] il riprendere *inv.* il controllo di sé (*cour.*).

ressasser |R(ə)sase| *v.tr.* **1** [*revenir sur* (*les mêmes choses*), *faire repasser dans son esprit*] rimuginare: *ressasser des regrets* rimuginare dei rimpianti **2** [*répéter de façon lassante*] ripetere (fino alla noia), rifriggere (148): *ressasser les mêmes plaisanteries* ripetere gli stessi scherzi fino alla noia.

ressasseur |R(ə)sasœR| *s.m.* chi ripete fino alla noia le stesse cose *loc.*

ressaut |R(ə)so| *s.m.* **1** (*archit.*) sporgenza *f.*, aggetto **2** [*saillie, dénivellation*] dislivello: *un ressaut du terrain* un dislivello del terreno **3** [*petit palier qui interrompt un plan vertical; rupture de pente*] cengia* (*f.*): *ressauts utilisés par l'alpiniste* cenge utilizzate dall'alpinista.

1 **ressauter** |R(ə)sote| *v.intr.* (*archit.*) [*former un ressaut*] sporgere (167) (*aux.* essere), aggettare (*aux.* essere).

2 **ressauter** |R(ə)sote| **A** *v.tr.* [*franchir de nouveau en sautant*] risaltare, saltare di nuovo: *le cavalier a fait ressauter le fossé à son cheval* il cavaliere ha fatto di nuovo saltare il fossato al cavallo **B** *v.intr.* [*sauter de nouveau, faire un nouveau saut*] risaltare: *champion qui ressaute au deuxième essai* campione che risalta al secondo tentativo # *l'acrobate va ressauter sans filet* l'acrobata rifarà il salto senza rete.

ressayage |Resɛjaʒ| *s.m.* [*action de ressayer un vêtement, nouvel essayage*] nuova prova (*f.*): *le réessayage d'un habit* nuova prova di un abito.

ressayer |Reseje| (9) *v.tr.* [*essayer de nouveau, faire un nouvel essai*] riprovare, provare di nuovo: *il faut ressayer cette robe* bisogna provare di nuovo questo abito.

ressemblance |R(ə)sɑ̃blɑ̃s| *s.f.* **1** (ras)somiglianza: *grande ressemblance, ressemblance parfaite* grande somiglianza, somiglianza perfetta; *ressemblance de, entre deux objets* rassomiglianza di, tra due oggetti ◇ (*au plur.*) *ressemblances qui provoquent des associations de idées* somiglianze che provocano associazioni d'idee **2** (*personnes*) somiglianza: *ressemblance lointaine* vaga somiglianza; *il y a une ressemblance frappante entre la mère et la fille* c'è una impressionante somiglianza tra madre e figlia **3** [*rapport entre la chose et son modèle*] (ras)somiglianza: *ce portraitiste cherche la ressemblance* questo ritrattista cerca la somiglianza # *toute ressemblance avec des personnages réels ne peut être que fortuite* ogni riferimento a personaggi reali è puramente casuale.

ressemblant, ante |R(ə)sɑ̃blɑ̃, ɑ̃t| *adj.* (ras)somigliante: *photo très ressemblante* foto molto rassomigliante; *il est très ressemblant* è molto somigliante, rassomiglia molto.

ressembler |R(ə)sɑ̃ble| *v.intr.* **I** (*personnes*) **1** (*au physique*) [*avoir de la ressemblance* (*avec qqn.*)] somigliare (*aux.* essere, avere), (r)assomigliare (*aux.* essere, avere): *ressembler à sa mère* somigliare, rassomigliare alla propria madre ◇ (*fam.*) *à quoi ressemble-t-il?* com'è?, che tipo è? ✦ (*pron. récipr.*) *se ressembler comme deux gouttes d'eau* somigliarsi come due gocce d'acqua **2** (*au moral*) (r)assomigliare: *enfants qui ressemblent à leurs parents* bambini che assomigliano ai genitori ◇ (*prov.*) *qui se ressemble, s'assemble* chi s'assomiglia, si piglia **II** (*choses*) **1** [*avoir de la ressemblance, un aspect semblable*] (r)assomigliare: *l'amour ressemble à la haine* l'amore assomiglia all'odio ◇ (*spécialt.*) *cela ne ressemble à rien, je vous demande un peu à quoi ça ressemble* è una cosa che non ha senso, che non ha né capo né coda ◇ (*prov.*) *les jours se suivent et ne se ressemblent pas* si può sempre sperare che le cose cambino **2** [*être digne de son auteur* (*en parlant d'une production, d'un comportement*)] *cela lui ressemble tout à fait* è un'azione degna di lui; *cela ne lui ressemble pas* non è da lui.

ressemelage |R(ə)səmlaʒ| *s.m.* [→ RESSEMELER] ris(u)olatura *f.*

ressemeler |R(ə)səmle| (4) *v.tr.* [*garnir de semelles neuves*] ris(u)olare: *sandales à ressemeler* sandali da risuolare → **réparer.**

ressemer |Rəsme, Rsəme| (6) *v.tr.* **1** [*semer une seconde fois*] riseminare: *ressemer des orges après une gelée* riseminare l'orzo dopo una gelata **2** [*ensemencer de nouveau*] riseminare: *ressemer un champ* riseminare un campo.

ressentiment |R(ə)sɑ̃timɑ̃| *s.m.* [*rancœr, rancune*] risentimento.

ressentir |R(ə)sɑ̃tiR| (21) **A** *v.tr.* **1** [*éprouver vivement, sentir* (*l'effet moral d'une cause extérieure*)] (ri)sentire: *ressentir très profondément les choses* sentire profondamente le cose; *ressentir les effets d'une chute* risentire gli effetti di una caduta; *ressentir les privations* risentire (gli effetti del)le privazioni **2** [*être pleinement conscient de* (*un état subjectif, un sentiment, une tendance*)] sentire, provare: *ressentir de l'amitié, de la sympathie pour qqn.* sentire, provare amicizia, simpatia per qc.; *ressentir de la pitié, de la colère* provare pietà, rabbia ◇ [*éprouver, subir* (*une douleur physique*)] provare, patire (197): *ressentir des souffrances, la soif* provare, patire sofferenze, la sete **B** *v.pron. intr.* SE RESSENTIR **1** [*éprouver une influence, subir* (*les suites fâcheuses ou favorables*)] risentire *intr.* (di): *mon travail se ressent de mon humeur* il mio lavoro risente del mio umore **2** [*con-*

tinuer à éprouver les effets (*d'une maladie, d'une douleur, d'une peine*)] risentire *tr.* le conseguenze di: *se ressentir d'une chute, d'une maladie mal soignée* risentire le conseguenze di una caduta, di una malattia curata male; *le pays se ressent de la guerre* il paese risente le conseguenze della guerra.

resserre |R(ə)sɛR| *s.f.* [*endroit où l'on range, où l'on remise certaines choses*] ripostiglio* *m.* # *resserre dans un jardin* rimessa in un giardino.

resserré, ée |R(ə)seRe| *adj.* **1** [*étroitement limité*] stretto, angusto: *vallée resserrée* valle stretta, angusta → **encaissé** **2** [*serré davantage*] stretto: *écrous resserrés* dadi stretti.

resserrement |R(ə)sɛRmɑ̃| *s.m.* [→ RESSERRER] restringimento: *resserrement d'un nœud, des liens* restringimento di un nodo, dei legacci ◇ (*fig.*) rinsaldamento: *resserrement d'une amitié* rinsaldamento di un'amicizia.

resserrer |R(ə)seRe| **A** *v.tr.* **I** **1** [*diminuer le volume, la surface de* (*qqch.*), *en rapprochant les éléments*] restringere (131): *resserrer le cercle des curieux* restringere il cerchio dei curiosi; *lotion astringente qui resserre les pores* lozione astringente che restringe i pọri ◇ (*abstrait*) condensare: *resserrer un récit* condensare un racconto **2** (*fig., littér.*) *resserrer le cœur, l'âme* [*empêcher de s'épanouir*] stringere (131), chiudere (106) il cuore, l'animo **3** (*vieilli*) → **encaisser** **II** [*rapprocher de nouveau ou davantage* (*des parties disjointes, les éléments d'un lien*); *serrer davantage*] stringere: *resserrer les cordons, les liens* stringere i cordoni, i legacci; *resserrer un nœud, un boulon* stringere un nodo, un bullone → **serrer**; **refermer** ◇ (*fig.*) *ce malheur a resserré leurs liens* quella disgrazia ha stretto ulteriormente, ha rinsaldato i loro legami **B** *v.pron.* SE RESSERRER **1** *intr.* [*devenir plus étroit, être borné, maintenu dans ses limites*] (re)stringersi, richiudersi (106) ◇ (*au sens moral*) *mon cœur se resserre de crainte* il mio cuore si stringe, si chiude per la paura **2** *intr.* [*se rapprocher, se serrer de nouveau ou encore plus*] stringersi, diventare *intr.* più stretto: *liens, nœuds qui se resserrent* legacci, nodi che si stringono ◇ (*fig.*) *relations qui se resserrent* relazioni che si rinsaldano, che diventano più strette.

resservir |R(ə)sɛRviR| (21) **A** *v.tr.* [*servir de nouveau*] riservire, servire di nuovo: *resservir un plat* riservire, servire di nuovo un piatto ◇ (*fig.*) *ce sont les mêmes histoires qu'il nous ressert* sono sempre le stesse stòrie che tira fuori ♦ (*pron. intr.*) *se resservir de la voiture après un accident* riservirsi della, riadoperare *tr.* la macchina dopo un incidente **B** *v.intr.* [*être encore utilisable*] riservire (*aux.* essere): *cela peut resservir* è una cosa che può riservire.

1 **ressort** |R(ə)sɔR| *s.m.* **1** (*mécan.*) molla (*f.*): *ressort à boudin, conique, à lame* molla a spirale, conica, a balestra; *ressort de montre, d'un jouet mécanique* molla di orologio, di un giocattolo meccanico; *ressorts de suspension d'une auto* molle di sospensione di un'auto **2** [*énergie, force* (*généralt. occulte*) *qui fait agir*] molla: *un aveugle ressort* una molla, una forza cieca; *les ressorts cachés de nos actes* le molle segrete dei nostri atti ◇ (*loc.*) *avoir du ressort* avere energia, vitalità ~ *sans aucun ressort* senza alcuna energia, vitalità.

2 **ressort** |R(ə)sɔR| *s.m.* **1** (*dr.*) *jugement en premier, en dernier ressort* giudizio in prima, in ultima istanza *f.* ◇ (*cour.*) *en dernier ressort, il décide de partir* alla fine, in ultima analisi, ha deciso di partire **2** (*dr.*) [*compétence* (*d'une juridiction*)] competenza *f.* ◇ *loc.* (*cour.*) DU RESSORT DE di competenza di: *cela n'est pas de mon ressort* questo non è di mia competenza ◇ [*étendue de juridiction*] giurisdizione *f.*

1 **ressortir** |R(ə)sɔRtiR| (21) *v.intr.* **I** [*sortir* (*d'un lieu*) *peu après y être entré*] riuscire (201) (*aux.* essere), uscire (201) (*aux.* essere) di nuovo: *ressortir de chez soi* riuscire, uscire di nuovo di casa ◇ (*sujet de chose*) *la balle est ressortie par le cou* la pallottola è riuscita dal collo **II** **1** [*paraître avec plus de relief, être saillant*] risaltare, spiccare: *couleur qui ressort sur un fond* colore che risalta, spicca su un fondo ◇ (*fig.*) *une qualité qui ressort par le contraste* una qualità che spicca per contrasto; *faire ressortir qqch.* far risaltare, porre in risalto q.c. **2** [*apparaître comme conséquence*] risultare (*aux.* essere): *il en ressort que nous sommes d'accord* ne risulta che siamo d'accordo → **résulter.**

2 **ressortir** |R(ə)sɔRtiR| *v.intr.* **1** (*dr.*) [*être du ressort, de la compétence d'une juridiction*] essere (96) (*aux.* essere) di competenza (di): *cette affaire, ce procès ressortissait à la cour d'appel, au tribunal de commerce* questa faccenda, questo processo era di competenza della corte d'appello, del tribunale di commercio **2** (*fig., littér.*) [*être relatif à* (*quant à la nature*)] essere proprio* (di): *cela ressortit à l'ethnologie* questo è proprio dell'etnologia, rientra nell'etnologia → **concerner.**

ressortissant, ante |R(ə)sɔRtisɑ̃, ɑ̃t| **1** *adj.* (*dr.*) di competenza *loc. inv.* (di): *une affaire ressortissante à la cour d'appel* una causa di competenza della corte d'appello **2** *s.* [*personne qui ressortit à l'autorité d'un pays, à un statut*] cittadino: *les nationaux et ressortissants français* i cittadini francesi.

ressouder |R(ə)sude| *v.tr.* [*souder de nouveau; souder ce qui était brisé*] risaldare: *ressouder un tuyau* risaldare un tubo.

ressource |R(ə)suRs(ə)| *s.f.* **1** [*ce qui peut améliorer una situation fâcheuse*] risorsa: *je n'ai d'autre ressource que partir* non ho altra risorsa che partire, non mi resta che partire → 2 **expédient, moyen** ◇ (*loc.*) *en dernière ressource* come ultima risorsa ~ *sans ressource* [*sans remède*] senza scampo ~ *vous êtes ma dernière ressource* lei è la mia ultima risorsa **2** *au plur.* [*moyens pécuniaires, moyens matériels d'existence*] risorse, mezzi (*m.*): *ses ressources sont modestes* le sue risorse sono modeste; *être sans ressources* essere senza risorse, privo di mezzi → 2 **argent, richesse(s)** ◇ (*spécialt.*) *les ressources de l'État* le risorse dello Stato; *ressources affectées* entrate destinate a un fine specifico **3** *au plur.* [*moyens materiels* (*hommes, réserves d'énergie*) *dont dispose ou peut disposer une collectivité*] risorse: *ressources en hommes et en matériel d'un pays* risorse di uomini e di materiale di un paese **4** *au plur.* (*fig.*) [*moyens intellectuels et possibilités d'action* (*de qqn.*)] risorse: *les ressources de l'artiste* le risorse dell'artista; *un homme de ressources* un uomo dalle molte risorse; *avoir des ressources variées* avere molteplici risorse ◇ (*loc.*) *il a de la ressource* [*il est encore capable d'un effort*] ha ancora energie *pl.* ◇ (*par anal.*) *les ressources d'une langue* le risorse, i mezzi espressivi di una lingua **5** (*aviat.*) richiamata, ripresa: *avion en ressource* aereo in richiamata.

ressourcement |R(ə)suRsəmɑ̃| *s.m.* (*littér.*) ritorno alle origini (*cour.*).

ressouvenir (se) |R(ə)suvniR| (27) *v.pron. intr.* (*littér.*) [*se souvenir* (*d'une chose anc.*)] sovvenirsi (202), ricordarsi (*cour.*) → **rappeler (se), 1 souvenir (se).**

ressuage |Rəsɥaʒ| *s.m.* (*techn.*) **1** (*métall.*) affinazione *f.* (per zone) **2** (*céramique*) trasudamento.

ressuer |Rəsɥe| *v.intr.* **1** (*rare*) [*suer de nouveau ou beaucoup*] sudare (di nuovo, molto) **2** (*techn.*) [*rendre son humidité*] trasudare (*aux.* essere, avere): *mur qui ressue* muro che trasuda ♦ *tr.* (*techn.*) [*soumettre au ressuage* (1) *pour affiner*] affinare (per zone).

ressui |Resɥi| *s.m.* (*vén.*) luogo* dove la selvaggina si asciuga (dopo la pioggia o la rugiada).

ressurgir |R(ə)syRʒiR| *v.intr.* → **resurgir.**

ressusciter |Resysite| **A** *v.intr.* **1** [*reprendre vie, être de nouveau vivant*] risuscitare (*aux.* essere) ♦ (*au p.p.*) *Lazare ressuscité* Lazzaro risuscitato ◇ (*biol.*) *organismes hibernés qui ressuscitent* organismi ibernati che risuscitano **2** [*revenir à la vie normale, après une grave maladie*] risuscitare: *je me sens ressusciter* mi sento risuscitare **3** (*fig.*) [*manifester une vie nouvelle*] rinascere (158) (*aux.* essere), risorgere (167) (*aux.* essere): *la nature ressuscite à chaque printemps* la natura rinasce ad ogni primavera; *pays qui ressuscite après une catastrophe* paese che risorge dopo una catastrofe **B** *v.tr.* **1** [*ramener de la mort à la vie*] risuscitare: *ressusciter les morts* risuscitare i morti ◇ (*par exagér.*) *un alcool à ressusciter un mort* [*très fort*] un alcolico da far risuscitare un morto **2** [*ranimer, guérir* (*d'une grave maladie*), *sortir d'un état de mort apparente*] risuscitare: *ce traitement l'a ressuscité* la cura lo ha risuscitato ◇ (*fig.*) *cette bonne nouvelle l'a ressuscité* quella buona notizia lo ha risuscitato **3** (*fig.*) [*faire revivre en esprit, par le souvenir*] risuscitare: *ressusciter les héros du passé* risuscitare gli eroi del passato # *ressusciter des souvenirs* risuscitare, risvegliare dei ricordi; *ressusciter en soi un sentiment* risuscitare, far rinascere in sé un sentimento.

ressuyage |Resɥijaʒ| *s.m.* (*techn.*) [→ RESSUYER] rasciugamento.

ressuyer |Resɥije| (11) *v.tr.* (*région., vx.*) [*faire sécher*] rasciugare.

restant |Rɛstɑ̃| *s.m.* (*surtout en parlant de choses matérielles*) [*reste*] resto, residuo: *le restant du jour* il resto della giornata; *un restant de lumière* un residuo di luce; *je vous paierai le restant dans un mois* pagherò il resto, il rimanente tra un mese.

restant, ante |Rɛstɑ̃, ɑ̃t| *adj.* **1**

restante, rimanente: *les cents francs restants* i cento franchi restanti, che restano; *la seule personne restante* la sola persona rimanente, che rimane ◇ (*phys.*) *rayons restants* raggi restanti **2** *poste restante* fermo posta *s.m. inv.*

restaurant |ʀɛstɔʀɑ̃| *s.m.* ristorante: *restaurant à bon marché* ristorante economico, trattoria; *hôtel-restaurant* albergo ristorante; *café-restaurant* caffè ristorante; *manger au restaurant* mangiare al ristorante # *restaurant d'autoroute* autogrill (*nom déposé*).

1 **restaurateur, trice** |ʀɛstɔʀatœʀ, tʀis| **I** *s.* **1** restauratore*: *restaurateur de tapis, de tableaux* restauratore di tappeti, di quadri **2** (*littér.*) [*personne qui restaure, rétablit*] restauratore: *le restaurateur d'un régime, de la monarchie* il restauratore di un regime, della monarchia **II** (*adj.*) *chirurgie restauratrice* chirurgia restauratrice.

2 **restaurateur, trice** |ʀɛstɔʀatœʀ, tʀis| *s.* (*rare au f.*) gestore *m.* di ristorante; trattore *m.*, oste*.

1 **restauration** |ʀɛstɔʀɑsjɔ̃| *s.f.* **I 1** [→ 1 RESTAURER 1] restaurazione: *la restauration de la religion catholique* la restaurazione della religione cattolica ◇ (*spécialt.*) *la restauration des Stuarts* la restaurazione degli Stuart **2** (*hist. fr.*) *la Restauration* la Restaurazione ♦ (*adj.*) *le style Restauration* lo stile Restaurazione **II 1** → **réparation 2** [→ 1 RESTAURER 2] restauro (*m.*): *restauration d'une statue, d'un tableau, d'une tapisserie, d'un meuble de style* restauro di una statua, di un quadro, di un arazzo, di un mobile d'arte.

2 **restauration** |ʀɛstɔʀɑsjɔ̃| *s.f.* **1** gestione di ristoranti **2** (*région.*) → **restaurant.**

1 **restaurer** |ʀɛstɔʀe| *v.tr.* **1** (*choses abstraites*) (*littér.*) [*rétablir en son état anc. ou en sa forme première*] restaurare, ripristinare (*cour.*): *restaurer une coutume* restaurare, ripristinare un'usanza; *restaurer un régime* restaurare un regime; *restaurer la paix* restaurare, ripristinare la pace **2** [*réparer* (*des objets d'art ou des monuments anc.*)] restaurare: *restaurer une cathédrale* restaurare una cattedrale; *restaurer un tableau, une statue, un meuble* restaurare un quadro, una statua, un mobile.

2 **restaurer** |ʀɛstɔʀe| **A** *v.tr.* [*faire manger*] ristorare **B** *v.pron. réfl.* SE RESTAURER [*reprendre des forces en mangeant*] ristorarsi, rifocillarsi: *restaurez-vous un peu avant de reprendre la route* ristoratevi, rifocillatevi un po' prima di rimettervi in viaggio.

reste |ʀɛst(ə)| *s.m.* **I** [*le reste de*] **1** (*d'un objet ou d'une quantité mesurable*) resto: *le reste d'une somme d'argent* il resto, il rimanente di una somma di denaro; *le reste de la maison* il resto della casa; *mettez le reste du lait dans un pot* mettete il resto del latte in una brocca; *vous jugerez du reste* giudicherà lei il resto ◇ (*loc. fig.*) *il n'a pas attendu, demandé son reste* [*il n'a pas insisté, il a jugé qu'il en avait pour son compte*] non ha insistito, non ha fiatato **2** (*d'un espace de temps*) resto: *le reste de sa vie* il resto della sua vita ◇ (*loc. adv.*) *le reste du temps* (per) il resto del tempo **3** (*d'une pluralité d'êtres ou de choses*) resto: *il vit isolé du reste des hommes* vive isolato dal resto dell'umanità **4** (*d'une chose non mesurable*) resto: *le reste de l'ouvrage* il resto dell'opera; *laissez-moi faire le reste* lasciate fare a me il resto **5** *absolt.* LE RESTE [*tout ce qui n'est pas la chose précédemment mentionnée*] il resto: *fichez-vous du reste* se ne freghi del resto ◇ (*loc.*) *pour le reste* per il resto ~ *quant au reste* quanto al resto ◇ (*iron.*) *il sait faire ça comme le reste* sa fare questo (male) come il resto ◇ (*en fin d'énumération*)... *et le reste* ... e così via, eccetera → **et cætera II** *loc. adv.* DE RESTE [*plus qu'il n'en faut*] d'avanzo: *avoir de l'argent, du temps de reste* avere denaro, tempo d'avanzo; *vous avez de la bonté de reste* lei ha bontà d'avanzo, lei è troppo buono ~ EN RESTE da meno: *être, demeurer en reste* essere da meno ~ DU RESTE, (*littér.*) AU RESTE del resto: *elle vivait du* (*au*) *reste très simplement* del resto, viveva molto semplicemente **III** UN RESTE, DES RESTES **1** (*concret*) resto: *les restes d'une vieille cité* i resti, i ruderi di una vecchia città ◇ (*spécialt.*) *les restes d'un repas* i resti, gli avanzi di un pasto; *vieille cité* i resti, i ruderi di una vecchia città ◇ (*spécialt.*) *les restes d'un repas* i resti, gli avanzi di un pasto; *restes jetés aux ordures* resti, avanzi gettati nella spazzatura ◇ (*par anal.*) *il y a un reste de beurre* c'è un resto di burro # *elle a de beaux restes* (*se dit d'une femme*) [*des restes de beauté*] conserva ancora tracce, segni dell'antica bellezza ◇ *au plur.* [*cadavre, dépouille*] spoglie (*f.*): *restes exhumés, incinérés* spoglie esumate, cremate; *recueillir les restes de qqn.* raccogliere le spoglie di qc. → **cendre**(s) ◇ (*personnes*) [*survivant, descendant encore vivant*] resto: *les restes d'une armée vaincue* i resti di un esercito sconfitto **2** (*abstrait*) resto, residuo: *un reste de l'ancien langage* un resto, un residuo della vecchia lingua # *aucun reste d'espoir* non c'è più alcuna speranza **3** (*dans un calcul*) [*élément restant d'une quantité, après soustraction*] resto ◇ (*dr. constititutionnel*) *les restes d'un suffrage* i resti di una votazione **4** *au plur.* LES RESTES (*de qqn., ses restes*) [*ce qu'il a laissé, négligé, méprisé*] avanzi: *il n'a eu que vos restes* non ha avuto che i vostri avanzi.

rester |ʀɛste| *v.intr.* (*aux.* 'être') **I** [*continuer d'être*] **1** [*continuer d'être dans un lieu*] rimanere (174), restare: *nous y sommes restés cinq heures* ci siamo rimasti, restati cinque ore; *rester au lit, à table* rimanere a letto, a tavola; *rester auprès de qqn.* rimanere accanto a qc. → **demeurer** ◇ (*fig., fam.*) *tu ne vas pas rester des heures là-dessus?* non ci starai delle ore lì sopra? ◇ (*loc. fam.*) *y rester* rimanerci ◇ (*loc.*) *rester sur place* rimanere, restare sul posto ~ *rester en chemin, en route* rimanere per strada ~ RESTER À (+ *inf. de but*) restare a: *restez à déjeuner avec nous* restate a pranzo da (con) noi ♦ (*absolt.*) *je ne peux pas rester, je reviendrai demain* non posso più restare, trattenermi, tornerò domani; *je resterai* (*pour*) *garder la maison* mi fermerò per sorvegliare la casa **2** (*sujet de chose*) rimanere, restare: *la voiture est restée au garage* la macchina è rimasta in 'garage'; *l'odeur de sueur qui lui restait aux mains* l'odore di sudore che gli restava nelle mani ◇ (*par métaph.*). *cela me reste sur le cœur, sur l'estomac* mi rimane, mi sta sullo stomaco ◇ (*fig.*) *rester dans la mémoire, dans le souvenir des hommes* restare, rimanere nella memoria, nel ricordo degli uomini; *cela reste entre nous* (la cosa) resti tra di noi **II** [*continuer d'être* (*dans une position, une situation, un état*)] restare, rimanere: *rester debout* restare, rimanere in piedi; *rester en arrière* restare indietro; *rester en contact avec qqn.*, *en suspens* rimanere in contatto con qc., in sospeso; *automobile qui est restée en panne* automobile rimasta in panne; *rester dans l'ignorance* rimanere nell'ignoranza; *il est resté sans bouger* è rimasto senza muoversi, non si è mosso ◇ *loc.* RESTER À (+ *inf.*) rimanere a (+ *inf.*): *elle resta seule à attendre* rimase lei sola ad aspettare ~ (+ *attribut*) *rester jeune, immobile* rimanere giovane, immobile; *les magasins resteront ouverts jusqu'à 19 heures* i negozi rimarranno aperti fino alle 19 ♦ (*impers.*) *il reste entendu que...* rimane, resta inteso che... **III** [*subsister à travers le temps*] rimanere, durare (*aux.* essere, avere): *c'est une œuvre, un artiste qui restera* è un'opera, un artista che rimarrà, durerà → **durer** ◇ (*prov.*) *les paroles s'envolent, les écrits restent* verba volant, scripta manent **IV** RESTER À QQN. [*continuer d'être à qqn. demeurer en sa possession*] rimanere, restare: *ce nom lui est resté* quel nome gli è rimasto; *le souvenir qui m'en est resté* il ricordo che me ne è rimasto ◇ *loc.* EN RESTER À... [*s'arrêter, être arrêté à* (*un moment d'une action, d'une évolution*)] rimanere (a): *où en est-il resté de sa lecture* dove è rimasto, a che punto è con la lettura?; *une région où les paysans en sont restés aux lampes à pétrole* una regione in cui i contadini sono rimasti alle lampade a petrolio ~ EN RESTER LÀ [*ne pas aller plus loin, au delà de*] lasciar (*aux.* avere) perdere, fermarsi *pron.* (lì): *restons-en là, inutile de continuer à nous voir* lasciamo perdere, è inutile continuare a vederci ~ RESTER SUR rimanere con: *rester sur la bonne bouche* rimanere con la bocca buona, non guastarsi la bocca; *rester sur sa faim* rimanere con, avere ancora un po' di fame; *rester sur une impression* rimanere con un'impressione **V** (*région.*) [*habiter*] stare, abitare (*aux.* avere): *il reste en banlieue* sta, abita in periferia **VI** (*en parlant des éléments d'un tout*) **1** [*être encore présent* (*après élimination des autres éléments*), *subsister*] restare, rimanere: *le peu de jours qui restent* i pochi giorni che restano; *rien ne reste de ces chefs-d'œuvre* non rimane nulla di quei capolavori ♦ (*impers.*) *il ne restait qu'un bout de pain* restava, rimaneva solo un tozzo di pane; *il lui restait trois francs* gli restavano tre franchi; *il nous reste encore de quoi vivre* ci resta ancora di che vivere; *le temps qui me reste* il tempo che mi resta; *tout ce qui reste des fruits est sur la table* tutta la frutta che resta è sulla tavola **2** *loc.* RESTER À... (+ *inf.*) restare, rimanere da (+ *inf.*): *une trentaine de mille francs restaient à payer* restavano da pagare circa trentamila franchi ♦ (*impers.*) *il reste beau-*

coup à faire resta, rimane molto da fare ◇ (*par anal.*) *le temps qu'il me reste à vivre* il tempo che mi rimane da vivere; *il ne me reste plus qu'à vous remercier* non mi resta che ringraziarvi; *il ne vous reste plus qu'à renoncer* ormai non ha altra scelta, non può far altro che rinunciare ◇ *loc.* (*il*) *reste à savoir* (*si...*) resta da sapere, da vedere (se...) **3** (IL) RESTE QUE, IL N'EN RESTE PAS MOINS QUE (+ *ind.*) rimane, resta il fatto che (+ *ind.*): *reste qu'il faudra bien lui en parler* rimane, resta il fatto che bisognerà pure parlargliene → **toujours (est-il que)**.

restituable |ʀɛstitɥabl(ə)| *adj.* [→ RESTITUER] restituibile: *sommes restituables aux héritiers* somme restituibili agli eredi.

restituer |ʀɛstitɥe| *v.tr.* **1** [*rendre à qqn.* (*ce qu'on lui a pris illégalement ou injustement*)] restituire (197): *restituer une somme* restituire una somma → **redonner, rendre** **2** [*reconstituer à l'aide de fragments subsistants, de déductions, de documents*] ricostruire (197), ripristinare: *restituer un texte mutilé* ricostruire un testo mutilato; *restituer une fresque* ripristinare un affresco **3** [*libérer, dégager* (*ce qui a été absorbé, accumulé*)] restituire ◇ [*reproduire* (*un son enregistré*)] riprodurre (108).

restitution |ʀɛstitysjɔ̃| *s.f.* **1** [→ RESTITUER 1] restituzione **2** [→ RESTITUER 2] ricostruzione, restituzione **3** (*phys.*) *coefficient de restitution* coefficiente di restituzione.

restitutoire |ʀɛstitytwaʀ| *adj.* (*dr.*) restitutorio*: *décision, jugement restitutoire* decisione, sentenza restitutoria.

restoroute |ʀɛstɔʀut| *s.m.* (*nom déposé*) [*restaurant au bord d'une grande route, d'une autoroute, pour les automobilistes*] autogrill *inv.* (*nom déposé*).

restreindre |ʀɛstʀɛ̃dʀ(ə)| (66) **A** *v.tr.* [*rendre plus petit; renfermer dans des limites plus étroites*] ridurre (108), limitare: *restreindre le volume, le nombre* ridurre il volume, il numero; *restreindre l'autorité de qqn.* ridurre l'autorità di qc.; *restreindre ses dépenses* limitare le spese **B** *v.pron.* SE RESTREINDRE **1** *intr.* [*devenir plus petit, moins étendu, moins libre*] restringersi (131): *le champ de nos recherches s'est restreint* il campo delle nostre ricerche si è ristretto **2** (*réfl.*) *se restreindre dans ses dépenses* limitarsi nelle spese ◆ (*absolt.*) *il va falloir nous restreindre* dovremo limitarci nelle spese, ridurre le spese.

restreint, einte |ʀɛstʀɛ̃, ɛ̃t| *adj.* **1** [*étroit; limité; petit*] ristretto, limitato: *auditoire, personnel restreint* uditorio, personale ristretto, limitato; *sens restreint d'un mot* senso ristretto di una parola ◇ (*phys.*) *relativité restreinte* relatività ristretta **2** RESTREINT À [*limité à*] limitato a: *un tirage restreint à Paris* una tiratura limitata a Parigi.

restrictif, ive |ʀɛstʀiktif, iv| *adj.* restrittivo, limitativo: *clause, condition restrictive* clausola, condizione restrittiva, limitativa.

restriction |ʀɛstʀiksjɔ̃| *s.f.* **1** restrizione, riserva: *il a accepté mais avec restriction, des restrictions* ha accettato, ma con delle restrizioni, delle riserve; *faire des restrictions* fare delle riserve, delle restrizioni ◇ (*par ext.*) *restriction mentale* restrizione, riserva mentale **2** (*loc. adv.*) *sans restriction* senza restrizioni, senza riserve ◇ (*loc. adj.*) *une soumission sans restriction* una sottomissione senza riserve, incondizionata **3** *restriction des naissances, de la production* limitazione, restrizione delle nascite, della produzione **4** *au plur.* [*mesures qui ont pour objet de réduire la consommation en période de pénurie; privations qui résultent de ces mesures*] restrizioni, razionamento *m. sing.* (dei generi di consumo) ◇ [*période des restrictions*] *pendant les restrictions* durante il razionamento.

restringent, ente |ʀɛstʀɛ̃ʒɑ̃, ɑ̃t| *adj. et s.m.* (*vx.*) → **astringent.**

restructuration |ʀəstʀyktyʀɑsjɔ̃| *s.f.* [→ RESTRUCTURER] ristrutturazione.

restructurer |ʀəstʀyktyʀe| *v.tr.* [*donner une nouvelle structure à; organiser sur de nouvelles bases*] ristrutturare: *restructurer un espace urbain*, ristrutturare un ambiente urbano ◇ (*abstrait*) *restructurer un secteur industriel, un parti politique* ristrutturare un settore industriale, un partito politico.

resucée |ʀ(ə)syse| *s.f.* (*fam.*) **1** nuova bevuta (*cour.*) **2** [*reprise, répétition*] ripetizione (*cour.*), rifrittura.

résultant, ante |ʀezyltɑ̃, ɑ̃t| *adj.* **1** (*vieilli*) risultante (*cour.*), conseguente (*cour.*) → **consécutif** **2** (*mus.*) *son résultant* suono risultante ◇ (*math.*) *élément résultant* elemento risultante.

résultante |ʀezyltɑ̃t| *s.f.* (*sc.*) risultante: *la résultante de deux forces* la risultante di due forze.

résultat |ʀezylta| *s.m.* **1** risultato: *avoir pour résultat, avoir le résultat de...* avere come risultato di... → **conséquence** ◇ (*fam.*) *il a voulu sauter par la fenêtre; résultat, il s'est foulé la cheville* ha voluto saltare dalla finestra; risultato, si è slogato la caviglia **2** [*ce qui produit une activité consciente dirigée vers une fin; cette fin*] risultato: *le résultat d'un travail, d'une recherche, d'une expérience* il risultato di un lavoro, di una ricerca, di un esperimento; *rechercher un résultat, viser à un résultat* cercare un risultato, mirare a un risultato # *obtenir deux résultats* prendere due piccioni con una fava ◇ *au plur.* [*réalisations concrètes*] *nous exigeons des résultats* vogliamo dei risultati **3** [*solution* (*d'un problème*)] risultato: *il connaissait le résultat d'avance* conosceva in anticipo il risultato ◇ (*math.*) *le résultat d'une division* il risultato di una divisione **4** *au plur.* [*l'admission ou la non-admission à un examen; la liste de ceux qui ont réussi*] risultati: *affichage, lecture des résultats* esposizione, lettura dei risultati; *les résultats de l'élection* i risultati dell'elezione; *résultats d'un match, des courses* risultati di un incontro, delle corse.

résulter |ʀezylte| *v.intr.* **1** [*être produit par une cause; être le résultat* (*de qqch.*) *ou apparaître comme tel*] risultare (*aux.* essere), derivare (*aux.* essere): *ce qui en a, en est résulté* quel che ne è risultato, derivato; *fatigue qui résulte du surmenage* stanchezza derivante dal sovraffaticamento → **découler** **2** (*impers.*) *il résulte de ceci que, il en résulte que...* ne risulta, ne consegue che... → **apparaître, 1 ressortir.**

résumé |ʀezyme| *s.m.* **1** [*abrégé, condensé*] riassunto, compendio* **2** *loc. adv.* EN RÉSUMÉ [*en peu de mots*] in sintesi, riassumendo: *en résumé, il est content* in sintesi, è contento → **1 bref (en).**

résumé, ée |ʀezyme| *adj.* [*rendu plus court*] riassunto, compendiato: *récit résumé* racconto compendiato.

résumer |ʀezyme| **A** *v.tr.* [*rendre plus court*] riassumere (118): *résumer la pensée d'un auteur* riassumere il pensiero di un autore; *résumer un texte* riassumere un testo → **abréger** **B** *v. pron.* SE RÉSUMER **1** *réfl.* [*reprendre en peu de mots ou abréger ce qu'on a dit*] riassumere (*tr.*): *pour nous résumer...* per riassumere..., riassumendo... **2** *passif* [*se manifester par un seul caractère*] riassumersi: *en lui se résume toute une époque* in lui si riassume tutta un'epoca.

résurgence |ʀezyʀʒɑ̃s| *s.f.* (*géogr.*) risorgiva.

résurgent, ente |ʀezyʀʒɑ̃, ɑ̃t| *adj.* (*géol.*) risorgivo: *point d'émergence d'eaux résurgentes* punto di emergenza delle acque risorgive.

resurgir |ʀ(ə)syʀʒiʀ| *v.intr.* [*surgir, apparaître brusquement de nouveau*] riapparire (*aux.* essere), rispuntare (*aux.* essere).

résurrection |ʀezyʀɛksjɔ̃| *s.f.* **1** [→ RESURGIR] risurrezione, resurrezione: *la résurrection du Christ* la risurrezione di Cristo; *la résurrection de la chair, des corps* la risurrezione della carne, dei corpi **2** [*retour à l'existence, à l'activité; nouvel essor* (*parfois avec l'idée de progrès*)] risurrezione: *l'histoire conçue comme résurrection du passé* la storia concepita come risurrezione del passato.

résurrectionnel, elle |ʀezyʀɛksjɔnɛl| *adj.* (*littér.*) inerente alla risurrezione.

retable |ʀətabl(ə)| *s.m.* pala *f.* d'altare, ancona *f.*

rétabli, ie |ʀetabli| *adj.* **1** (*choses*) [*qu'on a rétabli*] ristabilito, ripristinato: *contact rétabli* contatto ristabilito **2** (*personnes*) [*guéri*] ristabilito.

rétablir |ʀetabliʀ| **A** *v.tr.* **I** **1** [*établir de nouveau* (*ce qui a été oublié, changé, altéré*)] ricostruire (197), ricostituire (197): *rétablir un texte dans son intégrité* ricostruire, ricostituire integralmente un testo **2** RÉTABLIR (QQCH. EN, DANS, À) [*remettre en une place, une situation, un état* (*ce qui n'y était plus*)] ristabilire, ripristinare: *on l'a rétabli à sa place, dans son emploi* è stato ripristinato al suo posto, nel suo impiego → **réintégrer** **3** [*faire exister de nouveau*] ristabilire, ripristinare: *rétablir des communications* ristabilire, ripristinare le comunicazioni; *rétablir un contact, un circuit* ristabilire, ripristinare un contatto, un circuito; *rétablir l'ordre* ristabilire l'ordine ◇ [*remettre en vigueur*] *rétablir une loi* ripristinare, ristabilire una legge **II** [*remettre* (*qqn.*) *en bonne santé*] (fare) (103) *intr.* ristabilire: *ce traitement le rétablira en peu de temps* questa cura lo ristabilirà, lo farà ristabilire in poco tempo **B** *v.pron. intr.* SE RÉTABLIR **1** [*se faire de nouveau*] ristabilirsi: *le silence se rétablit* si ristabilisce il silenzio **2** (*personne*) [*guérir, se remettre*] ristabilirsi: *il s'est vite rétabli* si è ristabilito in fretta.

rétablissement |ʀetablismɑ̃| *s.m.* **1** [→ RÉTABLIR A I 1] ripristino, ricostruzione (*f.*): *rétablissement d'un texte modifié* ripristino, ricostruzione di un testo modificato; *rétablissement d'un monument* ripristino, restauro di un monumento ◇ [*remise en fonction ou en vigueur*] ripristino, ristabilimento: *rétablissement des communications* ripristino, ristabilimento delle comunicazioni; *rétablissement de l'ordre* ristabilimento dell'ordine **2** [*retour à la santé*] ristabilimento, guarigione *f.* **3** (*fig.*) [*effort pour retrouver son équilibre*] ripresa (*f.*): *opérer un rétablissement* compiere una ripresa.

retaille |R(ə)taj| *s.f.* [*partie enlevée, retranchée (d'une chose façonnée)*] ritaglio* (*m.*): *une retaille de peau, d'étoffe* un ritaglio di pelle, di stoffa.

retailler |R(ə)taje| *v.tr.* [*tailler de nouveau*] ritagliare: *retailler un costume* ritagliare un abito # *retailler un crayon* ritemperare una matita.

rétamage |Retamaʒ| *s.m.* [→ RÉTAMER 1] ristagnatura *f.*

rétamé, ée |Retame| *adj.* → **rétamer** 2.

rétamer |Retame| *v.tr.* **1** [*étamer de nouveau; refaire l'étamage (des ustensiles)*] ristagnare: *faire rétamer des casseroles* far ristagnare dei tegami **2** (*fam.*) [*enivrer*] mettere (155) fuori combattimento (*cour.*), k.o.: *le cognac l'a rétamé* il cognac l'ha messo fuori combattimento, k.o. ✦ *au p.p.* [*ivre; très fatigué*] sbronzo *adj.*; stanco* *adj.* morto (*cour.*) **3** (*fam.*) [*dépouiller au jeu*] spennare, pelare.

rétameur |RetamœR| *s.m.* [*ouvrier qui rétame*] stagnaio*, stagnino, stagnaro (*région.*).

retapage |R(ə)tapaʒ| *s.m.* [→ RETAPER] *retapage d'un lit* il riassettare *inv.* il letto; *cela ira après un bon retapage* andrà ancora bene, dopo una buona rabberciatura *f.*

retape |R(ə)tap| *s.f.* (*pop.*) [*action de guetter et d'accoster le client*] adescamento *m.* (*cour.*) # *faire la retape* [*racoler*] adescare (i passanti) → **racolage.**

retaper |R(ə)tape| *v.tr.* **I 1** [*remettre dans sa forme (d'abord en donnant des tapes)*] r(i)assettare, riordinare: *retaper un lit* rassettare, riordinare il letto **2** [*réparer, arranger grossièrement*] rabberciare, raffazzonare: *retaper une vieille maison* rabberciare una vecchia casa **3** (*fam.*) [*remettre en bonne santé, en bonne forme*] rimettere (155) in sesto ✦ (*pron.*) *il s'est retapé* si è rimesso in sesto → **rétablir II** [*taper de nouveau à la machine*] ribattere (a macchina): *retaper une lettre* ribattere una lettera.

retapisser |R(ə)tapise| *v.tr.* [*tapisser de neuf*] ritappezzare, tappezzare di nuovo.

retard |R(ə)taR| *s.m.* **1** ritardo: *le retard d'une personne à un rendez-vous* il ritardo di una persona a un appuntamento ◇ *loc.* EN RETARD in ritardo: *coureur en retard sur le peloton* corridore in ritardo sul gruppo; *arriver, être en retard* arrivare, essere in ritardo # *le train a du retard aujourd'hui* oggi il treno ha ritardo; *payer avec retard* pagare con ritardo; *j'ai du courrier en retard* ho della corrispondenza in arretrato, arretrata **2** (*choses*) [*le fait de ne pas fonctionner à l'allure normale, mais moins vite*] ritardo # *ma montre prend du retard* il mio orologio ritarda, va indietro **3** (*techn.*) *ligne de retard* linea di ritardo; *retard à l'allumage* ritardo di accensione **4** [*action de retarder, de remettre à plus tard*] ritardo, indugio* ◇ *loc.* SANS RETARD [*sans attendre, sans tarder*] senza indugio: *écrivez-lui sans retard* gli scriva senza indugio, senza aspettare oltre ◇ (*mus.*) ritardo **5** (*chim.*) ritardo ✦ (*par appos.*) *pénicilline retard* penicillina ad azione ritardata (*loc. inv.*); *antihistaminique, insuline retard* antistaminico, insulina ad effetto ritardato *loc. inv.* **6** (*méd.*) *retard mental* ritardo mentale; *retard psychomoteur d'un enfant* ritardo psicomotorio di un bambino **7** (*fig.*) [*état, situation de celui qui est moins avancé dans un développement, un progrès*] ritardo: *ce pays a du retard sur le nôtre, sur nous* quel paese è in ritardo sul nostro, su di noi # *avoir du retard, être en retard sur les idées de son temps* non essere all'altezza dei tempi; *tu as du retard!* non sei all'altezza dei tempi!

retardataire |R(ə)taRdatɛR| *adj.* **1** ritardatario* ✦ (*s.*) *les retardataires ne sont pas admis au spectacle* i ritardatari non sono ammessi allo spettacolo **2** [*qui est moins avancé qu'il ne faudrait*] ritardato: *enfants retardataires* ragazzi ritardati ✦ (*s.*) *un retardataire* un ritardato ◇ (*en parlant des œuvres, des idées*) *méthodes retardataires* metodi superati, antiquati → **archaïque.**

retardateur, trice |R(ə)taRdatœR, tRis| **1** *adj.* ritardante, ritardatore* ◇ (*phys.*) *force retardatrice* forza ritardante; *potentiel retardateur* potenziale ritardatore ◇ (*milit.*) *action retardatrice* azione ritardatrice **2** *s.m.* (*chim., photo.*) ritardatore Ⓒ **accélérateur.**

retardé, ée |R(ə)taRde| *adj.* **1** (*phys.*) ritardato: *mouvement uniformément retardé* movimento uniformemente ritardato ◇ (*par anal.*) *départ retardé* partenza ritardata **2** [*qui est en retard dans ses études, son développement*] ritardato: *enfant retardé* bambino ritardato.

retardement |R(ə)taRdəmɑ̃| *s.m.* **1** *loc.* À RETARDEMENT: *engin à retardement* ritardatore (*s.m.*); *bombe à retardement* bomba a scoppio ritardato; *dispositif à retardement d'un appareil de photo* autoscatto *s.m.* ◇ (*fig.*) *être jaloux à retardement* essere geloso a scoppio ritardato **2** (*vieilli*) → **retard.**

retarder |R(ə)taRde| **A** *v.tr.* **1** [*faire arriver en retard*] fare (103) *intr.* perdere tempo (a): *je ne veux pas vous retarder* non voglio farle perder tempo; *ne le retardez pas dans son travail* non fategli perder tempo mentre lavora ✦ (*pron.*) *je ne veux pas que vous vous retardiez* non voglio che lei sia in ritardo ◇ (*sujet de chose*) *cet incident m'a retardé* quell'incidente mi ha fatto perder tempo **2** *retarder une montre* [*la mettre à une heure moins avancée*] mettere (155) indietro un orologio **3** [*faire se produire plus tard*] ritardare, differire (197): *retarder le départ de qqn.* ritardare, differire la partenza di qc. **B** *v.intr.* **1** (*en parlant d'une horloge, d'une pendule*) [*aller trop lentement, marquer une heure moins avancée que l'heure réelle*] ritardare, andare (101) (*aux.* essere) indietro: *ma montre retarde de cinq minutes* il mio orologio ritarda, va indietro di cinque minuti ◇ (*par ext.*) *je retarde de cinq minutes* vado indietro di cinque minuti **2** *retarder sur son siècle, sur son temps* [*ne pas avoir les idées, le goût de son temps*] non essere (96) (*aux.* essere) all'altezza dei tempi **3** (*fam.*) RETARDER [*apprendre, découvrir qqch. longtemps après les autres*] non essere informato: *sa femme? vous retardez, il a divorcé l'an dernier* sua moglie? lei non è informato, ha divorziato l'anno scorso Ⓒ A 2 **avancer.**

retâter |R(ə)tɑte| *v.tr.* [*tâter de nouveau*] tastare di nuovo ✦ (*intr.*) *retâter de* [*goûter de nouveau à, revenir à*] riprovare *tr.*

reteindre |R(ə)tɛ̃dR(ə)| (66) *v.tr.* [*teindre de nouveau*] ritingere (119), tingere (119) di nuovo.

retéléphoner |R(ə)telefɔne| *v.tr.* [*téléphoner de nouveau*] ritelefonare: *je retéléphonerai dans la soirée* ritelefonerò in serata → **rappeler.**

retendoir |R(ə)tɑ̃dwaR| *s.m.* [*outil de facteur de pianos, clé pour régler la tension des cordes*] chiave *f.*

retendre |R(ə)tɑ̃dR(ə)| (53) *v.tr.* [*tendre de nouveau, tendre ce qui est détendu*] ritendere (105), tendere (105) di nuovo: *retendre les cordes d'un instrument* ritendere le corde di uno strumento.

retenir |RətniR, RtəniR| (27) **A** *v.tr.* **I 1** [*garder (ce qui appartient à autrui); refuser de donner*] trattenere (188), tenere (188): *retenir l'argent qu'on doit à qqn.* trattenere, tenere per sé il denaro che si deve a qc.; *retenir tant pour cent du salaire d'un employé* trattenere un tanto per cento sullo stipendio di un impiegato **2** [*faire réserver (ce qu'on veut trouver disponible)*] prenotare, fissare: *retenir une chambre dans un hôtel* prenotare, fissare una camera in un albergo → **réserver** **3** [*conserver, garder dans sa mémoire*] tenere a mente, ricordare: *retenez bien ce que je vais vous dire* tenete bene a mente, ricordate bene quel che vi dirò → 1 **souvenir (se)** **4** (*fam.*) *je le retiens!* [*je me souviendrai de lui*] me ne ricorderò! **5** (*dr.*) [*admettre, garder (un chef d'accusation, un argument)*] accogliere (123): *le jury n'a pas retenu la préméditation* la giuria non ha accolto la tesi della premeditazione ◇ (*cour.*) [*prendre en considération (un fait, une idée) pour en tirer parti*] accogliere, accettare: *nous regrettons de ne pouvoir retenir votre proposition* ci spiace di non poter accogliere, accettare la vostra proposta **6** [*réserver (un chiffre) pour l'additionner dans la colonne suivante*] riportare: *28 et 6 = 34; je pose 4 et je retiens 1* 28 + 6 = 34; scrivo 4 e riporto 1 **II 1** [*faire rester (qqn.) avec soi*] trattenere: *il m'a retenu plus d'une heure* mi ha trattenuto, mi ha tenuto più di un'ora; *je ne veux pas vous retenir plus longtemps* non voglio trattenerla oltre; *retenir qqn. comme otage* trattenere qc. come ostaggio ◇ (*choses*) *le mauvais temps nous a retenus toute la journée à la maison* il cattivo tempo ci ha trattenuto, tenuto tutto il giorno in casa → **immobiliser** **2** [*être un objet d'intérêt pour (le regard, l'attention... de qqn.)*] trattenere: *retenir le regard, l'attention de qqn.* trattenere lo sguardo, l'attenzione di qc. **3** [*maintenir (qqch.) en place, dans une position fixe*] trattenere: *cheveux retenus par un ruban* capelli trattenuti, raccolti con un nastro **4** (*sujet de chose*) [*ne pas laisser passer*; *contenir*] trattenere: *une écluse retient l'eau* una chiusa trattiene l'acqua; *retenir la lumière* trattenere la luce **5** (*sujet de personne*) [*s'abstrenir de laisser apparaître, de prononcer*] trattenere: *retenir son haleine, son souffle, ses larmes* trattenere il fiato, il respiro, le lacrime **6** [*saisir, maintenir, tirer en arrière afin d'empêcher de tomber*] trattenere: *retenir qqn. par le bras* trattenere qc. per il braccio; *retenir un cheval* trattenere un cavallo **7** [*empêcher d'agir* (*une personne sur le point de faire qqch.*)] trattenere: *retenir qqn. de faire des bêtises* trattenere qc. dal fare stupidaggini, impedire a qc. di fare stupidaggini ◇ (*plais.*) *retenez-moi ou je fais un malheur!* tenetemi, o faccio una strage! ◇ (*sujet de chose*) [*empêcher d'agir, de parler*] *je ne sais pas ce qui me retient de te flanquer une gifle* non so cosa mi trattiene dal darti uno schiaffo ◇ (*loc.*) *retenir de* (+ *inf.*) trattenere dal, impedire di (+ *inf.*) → **empêcher** **B** *v.pron. réfl.* SE RETENIR **1** [*faire effort pour ne pas tomber*] tenersi, aggrapparsi: *se retenir sur une pente glissante* tenersi, aggrapparsi su un pendio ripido; *se retenir à qqch.* aggrapparsi a q.c. **2** [*s'abstenir, différer de céder à* (*un désir, une impulsion*)] trattenersi: *elle se retenait pour ne pas pleurer* si tratteneva per non piangere; *se retenir de faire qqch.* trattenersi dal fare q.c. ◇ (*par euphémisme*) [*différer de satisfaire ses besoins naturels*] trattenersi.

retenter |R(ə)tɑ̃te| *v.tr.* [*essayer, tenter de nouveau*] ritentare, tentare di nuovo.

rétenteur, trice |Retɑ̃tœR, tRis| *adj.* [*qui retient, qui exerce une action pour retenir*] ritentivo.

rétention |Retɑ̃sjɔ̃| *s.f.* **1** ritenzione **2** (*dr.*) *droit de rétention* diritto di ritenzione **3** (*méd.*) ritenzione: *rétention d'urine* ritenzione di urina; *rétention d'eau dans les tissus* ritenzione idrica nei tessuti **4** (*géogr.*) ritenzione.

retentir |R(ə)tɑ̃tiR| *v.intr.* **1** (*du son*) [*se faire entendre avec force*] squillare, risuonare (*aux.* avere, essere): *le timbre de l'entrée retentit* il campanello dell'ingresso squilla, suona → **résonner** **2** (*littér.*) (*lieu, espace*) [*être rempli par un bruit*] echeggiare: *la salle retentissait d'applaudissements* la sala echeggiava di applausi → **résonner** **3** (*abstrait*) RETENTIR SUR [*avoir des répercussions, un retentissement sur*] ripercuotersi (162) *pron.* su: *toute lésion d'un organe peut retentir sur les lymphatiques correspondants* ogni lesione di un organo può ripercuotersi sui linfatici corrispondenti.

retentissant, ante |R(ə)tɑ̃tisɑ̃, ɑ̃t| *adj.* **1** (*bruit, voix*) [*qui s'entend bien, qui fait un grand bruit*] risonante, squillante: *voix retentissante* voce risonante, squillante → **bruyant, sonore** **2** [*qui a un grand retentissement dans l'opinion; dont on parle beaucoup*] *succès retentissant* successo strepitoso; *un scandale retentissant* uno scandalo clamoroso, che fa scalpore (*loc.*); *des mots retentissants* parole altisonanti → **éclatant.**

retentissement |R(ə)tɑ̃tismɑ̃| *s.m.* **1** (*littér.*) [*bruit, son répercuté*] il risuonare *inv.*, rimbombo: *le retentissement de la cloche* il risuonare, il rimbombo della campana **2** [*effet indirect ou effet en retour*; *série de conséquences*] riflesso, ripercussione (*f.*): *ces mesures auront un retentissement sur la situation économique* questi provvedimenti avranno un riflesso, una ripercussione sulla situazione economica **3** [*le fait de susciter l'intérêt ou les réactions du public*] eco* *f. ou m.*, risonanza (*f.*): *ce roman, ce film a eu un grand retentissement* quel romanzo, quel film ha avuto una grande eco, risonanza → **bruit.**

retenu, ue |Rətny, Rtəny| *adj.* **1** [*qui a été réservé*] prenotato: *place retenue* posto riservato **2** [*qui fait preuve de retenue*] riservato → **discret** **3** [*qui est empêché d'agir, de se manifester*] trattenuto: *larmes retenues* lagrime trattenute.

1 **retenue** |Rətny, Rtəny| *s.f.* **I** **1** [*prélèvement sur une rémunération*] ritenuta, trattenuta: *faire une retenue d'un tant pour cent sur le salaire d'un ouvrier* fare una ritenuta, una trattenuta di un tanto per cento sulla paga di un operaio ◇ (*dr. fiscal*) *retenue à la source* ritenuta alla fonte **2** [*chiffre qu'on réserve pour l'ajouter à la colonne suivante, dans une addition, une soustraction etc.*] riporto *m.* **II** **1** [*punition scol. qui consiste à faire rester un élève en dehors des heures de cours*] castigo* (*m.*): *deux heures de retenue* due ore di castigo; *être en retenue* essere in castigo → 2 **colle, consigne** **2** (*techn.*) incastratura, immuratura ◇ (*mar.*) ritenuta, ritegno *m.* **3** [*le fait de retenir* (*l'eau*); *masse d'eau accumulée servant à l'irrigation, aux usages industriels*] invaso *m.*, ritenuta: *bassin de retenue* (bacino d') invaso **4** (*techn.*) *papier qui a de la retenue* carta stagna *adj.*

2 **retenue** |Rətny, Rtəny| *s.f.* [*attitude de celui qui sait se retenir, se modérer*] ritegno (*m.*): *rire sans retenue* ridere senza ritegno.

reterçage |R(ə)tɛRsaʒ| *s.m.* (*agric.*) quarta aratura *f.*

retercer (2), **reterser** |R(ə)tɛRse| *v.tr.* (*agric.*) [*labourer une quatrième fois après avoir tercé ou tiercé*] arare per la quarta volta.

rétiaire |ResjɛR| *s.m.* (*antiq. rom.*) reziario*.

réticence |Retisɑ̃s| *s.f.* **1** reticenza: *parler sans réticence* parlare senza reticenza ◇ (*dr.*) reticenza **2** [*attitude ou témoignage de réserve, dans les discours, le comportement*] reticenza; perplessità *inv.* → **hésitation.**

réticent, ente |Retisɑ̃, ɑ̃t| *adj.* **1** reticente **2** [*qui manifeste de la réticence, des hésitations*] reticente, perplesso: *je le sens réticent* lo sento reticente, perplesso.

réticulaire |RetikylɛR| *adj.* **1** reticolare ◇ (*cristallographie*) *plan réticulaire* piano reticolare **2** (*anat.*) reticolare: *tissu réticulaire* tessuto reticolare.

réticulation |Retikylɑsjɔ̃| *s.f.* **1** reticolazione **2** (*chim.*) reticolazione.

réticule |Retikyl| *s.m.* **1** (*opt.*) reticolo **2** (*antiq.*) reticella *f.*, retina *f.* (per capelli) **3** [*petit sac à main ou bourse*] reticella.

réticulé, ée |Retikyle| *adj.* reticolato ◇ (*anat., histologie*) reticolare: *tissu réticulé* tessuto reticolare◇ (*archit.*) *appareil réticulé* opus reticulatum; (*géol.*) *sols réticules* suoli reticolati ◇ (*par anal.*) *porcelaine réticulée* porcellana reticolata.

réticuler |Retikyle| *v.tr.* (*chim.*) [*provoquer la réticulation de* (*un polymère*)] reticolare.

réticulocyte |Retikylɔsit| *s.m.* (*méd.*) reticolocito, reticolocita.

réticulo-endothélial, ale, aux |Retikylɔɑ̃dɔteljal, o| *adj.* (*anat., physiol.*) reticoloendoteliale: *système réticulo-endothélial* sistema reticoloendoteliale.

réticulum |Retikylɔm| *s.m.* (*histologie*) reticolo.

rétif, ive |Retif, iv| *adj.* [*qui s'arrête, refuse d'avancer* (*en parlant d'une monture*)] restio*, riluttante: *âne, cheval rétif* asino, cavallo restio, riluttante ◇ (*fig.*) (*personnes*) *enfant rétif et désobéissant* bambino caparbio* e disubbidiente.

rétine |Retin| *s.f.* (*anat.*) rétina: *décollement de la rétine* distacco della rétina.

rétinien, ienne |Retinjɛ̃, jɛn| *adj.* [*qui concerne la rétine, qui lui appartient*] retinico*: *artères rétiniennes* arterie retiniche; *image rétinienne* immagine retinica.

rétinite |Retinit| *s.f.* (*méd.*) retinite.

rétique |Retik| *adj. et s.m.* → **rhétique.**

retirable |R(ə)tiRabl(ə)| *adj.* (*en parlant d'un fonctionnaire*) [*qui peut être retiré, enlevé*] amovibile, che può essere allontanato *loc.*

retirage |R(ə)tiRaʒ| *s.m.* (*imprim.*) nuova tiratura *f.*

retiraison |RətiRɛzɔ̃| *s.f.* (*comm.*) ritiro *m.* (della merce).

retiration |R(ə)tiRɑsjɔ̃| *s.f.* (*imprim.*) volta: *presse à retiration* stampa in bianca e volta.

retiré, ée |R(ə)tiRe| *adj.* **1** (*personnes*) [*qui s'est retiré*] ritirato: *vie retirée* vita ritirata; *vivre solitaire et retiré comme un ermite* vivere solitario e ritirato come un eremita ◇ (*par ext.*) ritiratosi dagli affari: *négociants retirés* commercianti ritiratisi dagli affari **2** (*choses*) [*éloigné, situé dans un lieu isolé*] appartato: *coin retiré* luogo appartato.

retirement |R(ə)tiRmɑ̃| *s.m.* **1** (*rare*) [*action de retirer, d'ôter, de reprendre* (*qqch.*)] ritiro → 2 **retrait** **2** (*rare, méd.*) contrazione *f.* (*cour.*): *retirement des muscles* contrazione dei muscoli.

retirer |R(ə)tiRe| **A** *v.tr.* **I** *retirer* (*qqch.*) *à qqn.* **1** [*enlever, priver de cette chose*] ritirare: *retirer une autorisation, un permis à qqn.* ritirare un'autorizzazione, un permesso a qc. → **ôter** **2** [*enlever ce qui couvre, garnit*] togliere (123): *retirer ses harnais à un cheval* togliere i finimenti a un cavallo; *retirer ses gants, ses bottes, ses lunettes* togliersi i guanti, gli stivali, gli occhiali **II** RETIRER (QQN., QQCH.) DE **1** [*faire sortir de*] togliere da: *retirer un corps des ruines* togliere, estrarre un corpo da sotto le rovine; *retirer un homme de prison* togliere, liberare un uomo dalla prigione; *elle retira son fils du collège* tolse, ritirò suo figlio dal collegio ◇ (*compl. de chose*) *retirer un objet d'une boîte, une fleur d'un pot* togliere un oggetto da una scatola, un fiore da un vaso ◇ (*loc.*) *retirer à qqn. le pain de la bouche* togliere il pane di bocca a qc. ◇ (*fig., fam.*) *on me retirera difficilement de l'idée que...* non mi toglieranno, nessuno mi toglie dalla testa (l'idea) che... **2** [*faire sortir* (*un objet qui était* *déposé, confié, engagé*)] ritirare: *retirer un objet du mont-de-piété* ritirare un oggetto dal monte di pietà; *retirer de l'argent de la banque* ritirare del denaro dalla banca **3** [*éloigner de qqch.*] tirare indietro, ritirare: *retirer la main, ses mains* tirare indietro la mano, le mani **4** [*cesser de formuler, de présenter*] ritirare: *retirer sa candidature, une plainte* ritirare la propria candidatura, una denuncia; *je retire ce que j'ai dit* ritiro quello che ho detto; come non detto **III** RETIRER QQCH. DE (*qqn., qqch.*) [*obtenir pour soi* (*en enlevant de qqch. ou de qqn.*); *obtenir en retour*] ricavare, trarre (190): *retirer un bénéfice d'une affaire* ricavare, trarre un utile da un affare; *je n'en ai retiré que des désagrements* ne ho ricavato, avuto soltanto noie **IV** [*tirer de nouveau*] *retirer quelques coups de feu* sparare (di nuovo) alcuni colpi di arma da fuoco ◆ (*intr.*) *retirer au sort* estrarre (190) a sorte di nuovo **B** *v.pron.* SE RETIRER **1** *réfl.* [*partir, s'éloigner*] ritirarsi: *il est temps de se retirer* è ora di ritirarsi; *se retirer discrètement, sans bruit* ritirarsi con discrezione, senza far rumore **2** *réfl.* [*aller* (*dans tel ou tel lieu*) *pour y trouver un abri, un refuge*] ritirarsi: *se retirer chez soi, dans sa chambre* ritirarsi in casa, in camera ◇ (*loc.*) *se retirer dans sa tour d'ivoire* ritirarsi nella propria torre d'avorio **3** *réfl.* [*prendre sa retraite* (*dans un lieu*)] ritirarsi **4** *réfl.* SE RETIRER DE [*quitter* (*une activité*)] ritirarsi da: *se retirer des affaires* ritirarsi dagli affari ◆ *absolt.* [*cesser de jouer, de participer*] *se retirer devant un adversaire trop fort* ritirarsi di fronte a un avversario troppo forte → **abandonner** **5** *intr.* [*refluer, revenir vers son origine* (*en parlant de fluides*)] ritirarsi: *la mer se retire* il mare si ritira; *les eaux se retirent* le acque si ritirano.

retirons |R(ə)tiRɔ̃| *s.m. pl.* [*bourres de laine restées dans les peignes, après le peignage*] ciuffi.

retissage |R(ə)tisaʒ| *s.m.* (*rare*) [→ RETISSER] ritessitura *f.*

retisser |R(ə)tise| *v.tr.* [*tisser de nouveau*] ritessere.

rétiveté |Retivte|, **rétivité** |Retivite| *s.f.* (*rare*) [*caractère d'une monture, d'une personne rétive*] ritrosia, riluttanza.

retombant, ante |R(ə)tɔ̃bɑ̃, ɑ̃t| *adj.* [*qui retombe*] ricadente → **pendant.**

retombe |R(ə)tɔ̃b| *s.f.* **1** → **retombée 1** **2** (*admin.*) *feuilles de retombe* fogli aggiunti *adj.*

retombé |R(ə)tɔ̃be| *s.m.* (*chorégr.*) ricaduta *f.*

retombée |R(ə)tɔ̃be| *s.f.* **1** (*archit.*) (linea d')imposta **2** [*choses qui retombent*] cascata: *des retombées de fleurs* delle cascate di fiori ◇ (*spécialt.*) *retombées radioactives* caduta di particelle radioattive, fall-out *inv.* **3** [*conséquences, répercussions; effets secondaires*] riflesso *m.* ◇ (*péj.*) [*effets nuisibles*] riflesso, conseguenza: *subir les retombées politiques d'un scandale* subire le conseguenze politiche di uno scandalo.

retombement |R(ə)tɔ̃bmɑ̃| *s.m.* [*le fait de retomber*] ricaduta *f.*

retomber |R(ə)tɔ̃be| *v.intr.* (*aux.* 'être') **I** (*êtres vivants*) **1** [*tomber de nouveau*] ricadere (121), cadere (121) di nuovo ◇ [*toucher terre après s'être élevé, après être monté*] *retomber après un saut* (ri)cadere dopo un salto; *bien, mal retomber* cadere bene, male ◇ (*loc.*) *retomber sur ses pieds* cadere in piedi **2** (*fig.*) [*tomber de nouveau dans une situation mauvaise* (*après en être sorti*)] ricadere, ripiombare: *retomber dans la misère* ricadere, ripiombare nella miseria # *retomber malade* riammalarsi, ammalarsi di nuovo **II** (*choses*) **1** [*tomber de nouveau, ou après s'être élevé*] ricadere (a terra): *la fusée est retombée* il razzo è ricaduto (a terra) ◇ (*loc. fig., fam.*) *ça lui retombera sur le nez* [*il en subira les conséquences*] la pagherà **2** [*s'abaisser* (*après avoir été levé*)] (ri)cadere: *laisser retomber les bras* lasciar cadere le braccia **3** (*en parlant de ce qui est attaché, soutenu par le haut*) [*pendre*] ricadere: *laisser retomber les plis de sa robe* lasciar ricadere, pendere le pieghe del vestito; *cheveux qui retombent sur les épaules* capelli che ricadono sulle spalle **4** (*fig.*) [*revenir* (*dans tel état, dans telle situation*)] ricadere: *retomber dans l'oubli* ricadere nell'oblio, nel dimenticatoio; *pays qui retombe dans le chaos* paese che ricade, ripiomba nel caos ◆ *absolt.* [*cesser de se soutenir, d'agir*] cadere, scemare: *l'intérêt ne doit pas retomber* l'interesse non deve più cadere, scemare **5** RETOMBER SUR (QQN.) [*être rejeté sur*] ricadere su: *c'est sur lui que doit retomber la responsabilité* è su di lui che deve ricadere la responsabilità.

retondre |R(ə)tɔ̃dR(ə)| (53) *v.tr.* [*tondre de nouveau*] ritosare.

retordage |R(ə)tɔRdaʒ|, **retordement** |R(ə)tɔRdəmɑ̃| *s.m.* (*tissage*) [→ RETORDRE] ritorcitura *f.*

retordeur, euse |R(ə)tɔRdœR, øz| *s.* [*ouvrier, ouvrière qui effectue le retordage*] torcitore* ◆ *s.f.* → **retordoir.**

retordoir |R(ə)tɔRdwaR|, **retorsoir** |R(ə)tɔRswaR| *s.m.* (*techn.*) torcitrice *f.*, torcitoio*.

retordre |R(ə)tɔRdR(ə)| (53) *v.tr.* **1** [*assembler en tordant à plusieurs tours pour obtenir des fils plus résistants*] ritorcere (189), torcere (189): *retordre des fils de coton* ritorcere, torcere dei fili di cotone; *machine à retordre* → **retordoir** ◆ (*au p.p.*) *fil retordu* filo ritorto ◇ (*loc. fig.*) *donner du fil à retordre à qqn.* dare filo da torcere a qc. **2** [*tordre de nouveau*] torcere di nuovo: *retordre un drap mouillé* torcere di nuovo un lenzuolo umido.

rétorquable |RetɔRkabl(ə)| *adj.* (*littér.*) [→ RÉTORQUER] ritorcibile: *argument rétorquable* argomento ritorcibile.

rétorquer |RetɔRke| *v.tr.* **1** (*littér.*) [*retourner contre qqn.* (*les arguments, les raisons qu'il a données*)] ritorcere (189): *rétorquer une accusation contre qqn.* ritorcere un'accusa contro qc. **2** [*répliquer*] ribattere, replicare: *il m'a rétorqué que j'avais tort* mi ha ribattuto, replicato che ho torto.

retors, orse |Rətɔr, ɔRs(ə)| *adj.* **1** [*qui a été retordu, tordu en plusieurs tours*] ritorto: *fil retors* filo ritorto; *soie retorse* seta ritorta ◆ *s.m.* [*tissu fabriqué avec du fil retors*] ritorto **2** (*fig.*) [*plein de ruse, d'une habileté tortueuse*] scaltro, astuto: *un homme de loi retors* un uomo di legge scaltro, astuto; *des manœuvres retorses* delle manovre scaltre.

rétorsion |RetɔRsjɔ̃| *s.f.* **1** ritorsione **2** (*dr.*) ritorsione: *user de rétorsion* fare ritorsione; *mesures de rétorsion* misure di ritorsione.

retouchable |R(ə)tuʃabl(ə)| *adj.* [→ RETOUCHER] ritoccabile.

retouche |R(ə)tuʃ| *s.f.* **1** [*action de retoucher; correction*] ritocco* (*m.*): *faire quelques retouches à un tableau* fare qualche ritocco a un quadro; *faire quelques retouches à un texte* fare alcuni ritocchi a un testo **2** [*modification partielle* (*d'un vêtement de confection*) *pour l'adapter aux mesures de l'acheteur*] modifica*: *faire une retouche* fare una modifica.

retoucher |R(ə)tuʃe| **A** *v.tr.* [*reprendre* (*un travail, une œuvre d'art*) *en faisant des changements partiels*] ritoccare: *retoucher une photo* ritoccare una fotografia ◇ (*spécialt.*) *retoucher une veste, un pantalon* modificare una giacca, dei pantaloni **B** *v.intr.* (*vx.*) *retoucher à* → **corriger.**

retoucheur, euse |R(ə)tuʃœR, øz| *s.* [*spécialiste qui effectue des retouches*] ritoccatore*: *retoucheur photographe* ritoccatore # *retoucheur en confection* lavorante (che fa le modifiche agli abiti).

retour |R(ə)tuR| *s.m.* **I** (*personnes*) [*le fait de repartir pour l'endroit d'où l'on est venu*] ritorno: *il faut songer au retour* bisogna pensare al ritorno, a (ri)tornare # *être sur le retour* stare per tornare ◇ [*le chemin qu'on suit, le temps qu'on met pour revenir*] *billet d'aller* (*et*) *retour* biglietto di andata e ritorno; *prendre un aller-retour* prendere un biglietto di andata e ritorno ◇ (*loc.*) *à mon, ton, son... retour* al mio, tuo, suo... ritorno; *au retour de* al ritorno di; *à son retour du service militaire* al suo ritorno dal servizio militare ◇ *loc.* ÊTRE DE RETOUR essere di ritorno: *mon cousin sera de retour demain soir* mio cugino sarà di ritorno domani sera ~ RETOUR DE [*au retour de* (*tel endroit*); *qui revient de*] al ritorno da; che torna da: *retour d'Amérique j'ai changé de situation* al ritorno, al rientro dall'America ho cambiato impiego **II** (*choses*) **1** *cheval de retour* [*anc. forçat*] ex forzato; [*récidiviste plusieurs fois condamné*] pregiudicato ◇ (*mar.*) *retour d'une manœuvre* tirante di una manovra ◇ (*milit.*) *retour offensif d'une armée* ritorno offensivo di un esercito ◇ (*fig.*) *retour offensif du froid* ritorno all'offensiva del freddo ◇ (*techn.*) *retour de flamme* ritorno di fiamma ~ *retour de manivelle* ritorno di manovella ◇ (*électr.*) *retour du courant* ritorno di corrente **2** (*sport*) *match de retour* partita di ritorno **3** (*loc.*) *en retour* di ritorno, di rimando: *effet en retour* effetto di ritorno, contraccolpo # *choc en retour* contraccolpo **4** [*l'action de retourner, le fait d'être renvoyé, réexpédié*] rinvio*, rispedizione (*f.*): *retour à l'envoyeur* (respinto) al mittente; *par retour du courrier* a (stretto) giro di posta, a volta di corriere; *je vous répondrai par retour* le risponderò a stretto giro di posta ◇ (*dr.*) *retour sans frais* rispedizione senza spese **III** (*abstrait*) **1** RETOUR À... ritorno a...: *le retour au calme, aux sources* il ritorno alla calma, alle origini **2** (*loc.*) *être sur le retour* (*de l'âge*) essere nell'età critica, in menopausa **3** *retour en* *arrière* [*vue rétrospective*] retrospettiva *f.* ◇ (*ciné.*) *retour* (*en*) *arrière* flashback *inv.*; scena *f.* retrospettiva ◇ (*par anal.*) *retour sur soi-même* esame di coscienza ◇ [*changement d'avis, de décision*] ripensamento: *ses continuelles hésitations et ses retours* le sue continue esitazioni e i suoi ripensamenti **4** *les retours de la fortune* i rovesci, i capricci della fortuna ◇ (*loc.*) *par un juste retour des choses, il a été ruiné* per un giusto capovolgimento della situazione è stato rovinato **5** [*réapparition; le fait de se reproduire*] ritorno: *le retour de la belle saison, du printemps, de l'hiver* il ritorno della bella stagione, della primavera, dell'inverno; *un rétour de fièvre* un ritorno di febbre; *le retour de la paix, de la prospérité* il ritorno della pace, della prosperità **6** [*le fait de retourner à son premier possesseur*] restituzione *f.* ◇ (*loc.*) *faire retour à* far ritorno a, essere restituito a ◇ (*dr.*) *droit de retour* diritto di reversione *f.* **7** *loc. adv.* SANS RETOUR [*sans possibilité de répétition*] per sempre, definitivamente (*adv.*): *perdre qqch. sans retour* perdere q.c. definitivamente **8** [*réciprocité ou échange* (*de sentiments, de services, d'obligations, de droits*)] contraccambio*, ricambio* # *payer qqn. de retour* rendere la pariglia a qc. ◇ *loc. adv.* EN RETOUR [*en compensation, en échange*] di rimando: *tu l'as insulté et lui, en retour, il t'a giflé* lo hai insultato e lui, di rimando, ti ha dato uno schiaffo.

retournage |R(ə)tuRnaʒ| *s.m.* [→ RETOURNER A 1] rivoltatura (*f.*): *retournage d'un vêtement usagé* rivoltatura di un vestito usato.

retourne |R(ə)tuRn(ə)| *s.f.* **1** (*jeu*) trionfo *m.*, seme *m.* **2** (*dans un journal*) seguito *m.* → 1 **tourne.**

retournement |R(ə)tuRnəmɑ̃| *s.m.* **1** (*sens propre*) [*opération qui consiste à retourner* (*qqch.*); *changement brusque de direction ou d'orientation*] rivoltamento, rovesciamento ◇ (*aviat.*) rovesciamento ◇ (*photo.*) inversione *f.* **2** (*fig.*) [*changement brusque et complet d'attitude, d'opinion*] voltafaccia (*inv.*): *son brusque retournement a surpris tout le monde* il suo improvviso voltafaccia ha sorpreso tutti → **revirement** ◇ (*choses*) rovesciamento, capovolgimento: *un retournement de la situation* un rovesciamento, un capovolgimento della situazione → **renversement.**

retourner |R(ə)tuRne| **A** *v.tr.* **1** [*tourner en sens contraire, à l'envers*] (ri)voltare, rovesciare: *retourner un matelas* rivoltare un materasso; *retourner un morceau de viande sur le gril* voltare un pezzo di carne sulla griglia; *retourner une carte* voltare, scoprire una carta ♦ *impers.* (*intr.*) '*de quoi retourne-t-il?*' '*il retourne pique*' 'che seme ha voltato, scoperto?' 'ha scoperto picche' ◇ (*fig.*) *de quoi il retourne* [*de quoi il est question*] di che cosa si tratta **2** *retourner la terre* rivoltare la terra: *retourner la terre avec la charrue* rivoltare la terra con l'aratro ◇ (*par anal.*) *retourner la salade* mescolare, girare l'insalata ◇ (*fam.*) [*mettre sens dessus dessous*] *il a retourné toute la maison* ha buttato in aria, messo sottosopra tutta la casa **3** [*mettre la face intérieure à l'extérieur*] rovesciare: *retourner un sac* rovesciare un sacco; *retourner ses poches* rovesciare le tasche; *retourner un habit* rivoltare, rovesciare un vestito ◇ (*loc. fig.*) *retourner sa veste* voltare gabbana ◇ (*fam.*) *retourner qqn.* fare quello che si vuole di qc.; *on l'a retourné comme une crêpe, comme un gant* gli hanno fatto fare quel che volevano loro **4** (*fig., fam.*) [*causer une violente émotion à* (*qqn.*), *faire une profonde impression sur* (*qqn.*)] scombussolare (*cour.*), sconvolgere (196) (*cour.*): *cette nouvelle l'a tout retourné* quella notizia lo ha tutto scombussolato, sconvolto **5** [*modifier* (*une phrase*) *par la permutation de ses éléments*] capovolgere (196): *on peut retourner le proverbe et dire...* si potrebbe capovolgere il proverbio e dire... → **renverser** **6** [*diriger dans le sens opposé à la direction antérieure*] rivolgere (196): *le meurtrier retourna ensuite l'arme contre lui-même* l'assassino rivolse poi l'arma contro sé stesso ◇ (*fig.*) ritorcere (189): *on peut retourner l'argument contre vous* si può ritorcere l'argomento contro di lei **7** [*renvoyer*] respingere (119), restituire (197): *retourner un effet de commerce* respingere un effetto; *retourner une lettre, une marchandise* respingere, rispedire una lettera, restituire una merce; *retourner une critique à qqn.* restituire, ricambiare una critica a qc. # *retourner à qqn. son compliment* ripagare qc. con la stessa moneta, rendere pan per focaccia **8** (*fig.*) *tourner et retourner une idée, une pensée* [*l'examiner*] rimuginare un'idea, un pensiero **B** *v.intr.* (*aux.* '*être*') *retourner* (*à, dans, chez*) **1** [*aller au lieu d'où l'on est venu, à l'endroit où l'on est, où l'on devrait être normalement* (*et qu'on a quitté*)] (ri)tornare: *il vient de Paris mais il va y retourner* viene da Parigi ma ci deve (ri)tornare; *retourner dans son appartement, en France, chez soi* (ri)tornare nel proprio appartamento, in Francia, a casa; *retourner à son poste* (ri)tornare al proprio posto → **revenir** ♦ (*absolt.*) *je retournerai demain* tornerò domani; *il est retourné chez lui prendre son parapluie* è tornato a casa a prendere l'ombrello **2** [*aller de nouveau là où l'on est déjà allé*] tornare: *je retournerai à Venise dès que je pourrai* tornerò a Venezia appena potrò ◇ (*vx., fig.*) *retourner sur* → **revenir (sur)** **3** (*abstrait*) RETOURNER À [*retrouver* (*son état initial, un stade antérieur d'une évolution*)] ritornare a, in: *retourner à l'état animal, à la vie sauvage* ritornare allo stato animale, alla vita selvaggia; *retourner au néant* ritornare nel nulla ◇ (*fig.*) *il est retourné à son ancien métier* è ritornato al, ha ripreso il suo vecchio mestiere; *retourner à ses premières amours* ritornare ai primi amori; *retourner à son propos* ritornare al, riprendere il (filo del) proprio discorso; *retournons, revenons à nos moutons* torniamo a bomba **4** (*impers.*) *savoir de quoi il retourne* [*de quoi il s'agit*] sapere (*aux.* avere) di che cosa si tratta **C** *v.pron.* SE RETOURNER **1** *intr.* S'EN RETOURNER [*repartir pour le lieu d'où l'on est venu*] (ri)tornarsene: *s'en retourner chez soi* tornarsene a casa ♦ *absolt.* [*s'en aller*] andarsene (101): *il s'en est retourné comme il est venu* se ne è andato come era venuto **2** *intr.* (*absolt.*) [*user de ruses; s'adapter à des circonstances nouvelles*] *un homme qui sait se retourner* un uomo che sa cavarsela, tirarsi d'impaccio; *ne pas laisser à qqn. le temps de se retourner* [*le harceler*] non lasciare a qc. il tempo di riflettere, respirare; non dare tregua a qc. **3** *réfl.* [*changer de position en se tournant dans un autre sens, dans le sens inverse*] voltarsi, (ri)girarsi; capovolgersi, ribaltarsi: *se retourner sur le dos* voltarsi, (ri)girarsi sulla schiena ‖ *voiture qui se retourne, les roues en l'air* macchina che si capovolge, si ribalta con le ruote in aria → **capoter** **4** *réfl.* [*tourner la tête en arrière; faire un demi-tour*] voltarsi, volgersi (196) (*littér.*): *se retourner pour appeler, pour voir qqn.* voltarsi per chiamare, per vedere qc.; *on se retournait sur son passage* al suo passaggio si voltavano tutti; *il est parti sans se retourner* è partito senza voltarsi indietro **5** (*réfl.*) *se retourner contre* [*lutter contre*] rivoltarsi contro: *elle se retourna contre lui* si è rivoltata contro di lui ◇ *intr.* (*choses*) ritorcersi (189): *ses procédés se retourneront contre lui* il suo modo di fare si ritorcerà contro di lui.

retracer |R(ə)tRase| (2) *v.tr.* **1** [*tracer, dessiner à nouveau* (*ce qui était effacé*)] ritracciare, tracciare di nuovo **2** (*fig.*) [*raconter de manière à faire revivre*] descrivere (182): *retracer la vie d'un grand homme* descrivere la vita di un grande uomo.

rétractable |RetRaktabl(ə)| *adj.* (*dr.*) [→ 1 RÉTRACTER] ritrattabile.

rétractation |RetRaktɑsjɔ̃| *s.f.* [→ 1 RÉTRACTER] ritrattazione: *rétractation publique* ritrattazione pubblica; *rétractation d'une calomnie* ritrattazione di una calunnia ◇ (*dr.*) ritrattazione → **annulation.**

1 **rétracter** |RetRakte| **A** *v.tr.* (*littér.*) [*nier* (*ce qu'on avait dit*)] ritrattare (*cour.*): *rétracter des propos injurieux* ritrattare delle parole ingiuriose ◇ (*cour.*) ritirare, rimangiarsi: *je rétracte ce que j'ai dit* ritiro, mi rimangio quel che ho detto → **retirer** **B** *v.pron. réfl.* SE RÉTRACTER [→ *tr.*] ritrattarsi, disdirsi (132): *j'ai tort, vous avez raison, je me rétracte* ho torto io, ha ragione lei, mi ritratto, mi disdico.

2 **rétracter** |RetRakte| **A** *v.tr.* [*contracter; faire se rétrécir*] ritrarre (190), ritirare: *l'escargot rétracte ses cornes* la lumaca ritrae, ritira le corna **B** *v. pron. intr.* SE RÉTRACTER [*se contracter, se retirer*] ritrarsi: *le muscle s'est rétracté* il muscolo si è ritratto.

rétracteur |RetRaktœR| **1** *s.m.* (*chir.*) retrattore **2** *adj.* (*anat.*) *muscle rétracteur* muscolo retrattore ♦ (*s.m.*) *un rétracteur* un retrattore.

rétractibilité |RetRaktibilite| *s.f.* (*techn.*) restringibilità *inv.*, possibilità *inv.* di ritrazione.

rétractible |RetRaktibl(ə)| *adj.* **1** (*rare*) → **rétractile** **2** (*techn.*) restringibile, ritraibile.

rétractif, ive |RetRaktif, iv| *adj.* che produce una ritrazione *loc.*

rétractile |RetRaktil| *adj.* retrattile: *organes rétractiles* organi retrattili.

rétractilité |RetRaktilite| *s.f.* (*sc.*) retrattilità (*inv.*): *rétractilité d'un organe, d'un tissu* retrattilità di un organo, di un tessuto.

rétraction |RetRaksjɔ̃| *s.f.* **1** ritrazione: *la rétraction d'un hérisson* la ritrazione di un riccio ◇ (*méd.*) *rétrac-*

tion musculaire retrazione muscolare **2** (*fig.*) → **retrait.**
retraduction |R(ə)tRadyksjɔ̃| *s.f.* [→ RETRADUIRE] ritraduzione.
retraduire |R(ə)tRadɥiR| (75) *v.tr.* [*traduire de nouveau*; *traduire un texte qui est lui-même une traduction*] ritradurre (108).
retrait, aite |R(ə)tRɛ, ɛt| *adj.* **1** (*blas.*) ritirato **2** (*agric.*) *blé retrait* grano intisichito; *avoine retraite* avena intisichita; *bois retrait* legno che si è ritirato *loc.*
retrait |R(ə)tRɛ| *s.m.* **I** [*le fait de se retirer*] **1** (*choses*) *le retrait de la mer, des eaux après une inondation* il ritiro, il ritirarsi *inv.* del mare, delle acque dopo un'inondazione **2** (*personnes*) *le retrait des troupes d'occupation* il ritiro delle truppe d'occupazione → **évacuation** ◇ (*fig.*) *il annonça son retrait de la compétition* annunciò il suo ritiro dalla gara **3** *loc.* EN RETRAIT [*en arrière de l'alignement, ou par rapport à une ligne déterminée*] arretrato *adj.*, rientrante (*adj.*): *ligne en retrait* linea arretrata; *surface en retrait* superficie rientrante ◇ (*fig.*) *être, rester en retrait* [*être moins avancé, ne pas se mettre en avant*] essere, rimanere indietro *adv.*, in disparte **4** [*contraction, diminution de volume*] ritiro: *le retrait du béton, du mortier* il ritiro del calcestruzzo, della malta; *retrait d'un métal à la solidification* ritiro di un metallo per effetto della solidificazione ◇ (*géogr.*) *fente de retrait* cricca di ritiro **5** (*fig., littér.*) ripiegamento su sé stesso (*cour.*), il richiudersi *inv.* in sé stesso (*cour.*) **II** [*action de retirer* (*un objet déposé, confié*)] ritiro: *retrait d'une somme d'argent d'un compte bancaire* ritiro, prelievo di una somma di denaro da un conto in banca; *retrait des bagages en consigne* ritiro dei bagagli dal deposito; *retrait d'une candidature* ritiro di una candidatura; *retrait du permis de conduire pour infraction grave* ritiro della patente per una grave infrazione ◇ (*dr.*) *retrait successoral* prelazione *f.* di un coerede; *retrait litigieux* retratto litigioso.
retraitant, ante |R(ə)tRɛtɑ̃, ɑ̃t| *s.* chi fa un ritiro spirituale *loc.*
1 **retraite** |R(ə)tRɛt| *s.f.* **1** (*milit.*) ritirata: *c'est l'heure de la retraite* è l'ora della ritirata, del rientro in caserma ◇ (*spécialt.*) *retraite qui se change en déroute* ritirata che si trasforma in disfatta ◇ (*pr., fig.*) *battre en retraite* battere in ritirata **2** *retraite aux flambeaux* [*défilé solennel, avec flambeaux et fanfare*] fiaccolata.
2 **retraite** |R(ə)tRɛt| *s.f.* **I 1** [*action de se retirer de la vie active ou mondaine*] ritiro (*m.*): *retraite forcée* ritiro forzato **2** [*période passée à l'écart de toute vie mondaine, en vue de la récollection et de la préparation religieuse*] ritiro (spirituale): *faire, suivre une retraite* fare, seguire un ritiro spirituale **3** [*état d'une personne qui s'est retirée d'une fonction, d'un emploi, et qui a droit à une pension*] pensione: *pension de retraite* pensione; *caisse de retraite* cassa pensioni; *prendre sa retraite* andare in pensione; *officier, fonctionnaire en* (*à la*) *retraite* ufficiale, impiegato statale in pensione, a riposo; *être mis à la retraite d'office* essere messo in pensione, a riposo d'ufficio # *mise à la retraite* pensionamento **4** (*littér.*) [*lieu où l'on se retire, pour échapper aux dangers, aux tracas ou aux mondanités*] ritiro ◇ (*animaux*) → **repaire II** (*archit.*) risega*, rientranza: *ce mur fait retraite, a une retraite de vingt centimètres par étage* questo muro fa risega, ha una risega di 20 cm per piano.
3 **retraite** |R(ə)tRɛt| *s.f.* (*comm.*) rivalsa.
retraité, ée |R(ə)tRete| *adj.* [*qui est à la retraite, touche une pension de retraite*] pensionato, in pensione (*loc. inv.*): *des fonctionnaires retraités* dipendenti statali pensionati, in pensione (a riposo) → **pensionné** ♦ (*s.*) *un retraité* un pensionato.
retraitement |RətRɛtmɑ̃| *s.m.* (*phys. nucléaire, techn.*) ritrattamento.
retraiter |R(ə)tRete| *v.tr.* (*phys. nucléaire, techn.*) [*traiter à nouveau, opérer un deuxième traitement*] ritrattare.
retranchement |R(ə)tRɑ̃ʃmɑ̃| *s.m.* **I** (*dr.*) taglio*, riduzione *f.* dei vantaggi matrimoniali (per il nuovo coniuge) **II 1** (*milit.*) [→ RETRANCHER B] trinceramento, trincea *f.* **2** (*loc. fig.*) *attaquer qqn. dans ses derniers retranchements* attaccare le ultime difese di qc.; *forcer, poursuivre qqn. dans ses* (*derniers*) *retranchements* mettere qc. alle strette.
retrancher |R(ə)tRɑ̃ʃe| **A** *v.tr.* [*enlever d'un tout* (*une partie, un élément*); *supprimer* (*un élément*)] **1** [*enlever d'un texte*] sopprimere (124), togliere (123): *retrancher certains passages d'un texte* sopprimere, togliere certi passi da un testo → **biffer** **2** [*soustraire* (*une partie*) *d'une quantité*] detrarre (190); sottrarre (190): *retrancher une somme sur un salaire* detrarre una somma da uno stipendio **3** (*vx.*) → 1 **couper; élaguer, tailler** **B** *v.pron. intr.* SE RETRANCHER [*se fortifier, se protéger par des moyens de défense*] trincerarsi: *se retrancher sur une position* trincerarsi su una posizione ◇ (*fig.*) *se retrancher dans une attitude, un comportement* trincerarsi dietro un atteggiamento, un comportamento; *se retrancher derrière un prétexte* trincerarsi dietro un pretesto.
retranscription |R(ə)tRɑ̃skRipsjɔ̃| *s.f.* (*dr.*) [→ RETRANSCRIRE] ritrascrizione: *retranscription d'un acte par un notaire* ritrascrizione di un atto da parte di un notaio.
retranscrire |R(ə)tRɑ̃skRiR| (51) *v.tr.* [*transcrire de nouveau*] (ri)trascrivere (182) → **recopier.**
retransmetteur |R(ə)tRɑ̃smɛtœR| *s.m.* (*radio*) ritrasmettitore, ripetitore.
retransmettre |R(ə)tRɑ̃smɛ̃tR(ə)| (71) *v.tr.* [*transmettre de nouveau ou plus loin*] ritrasmettere (155), trasmettere (155) di nuovo ◇ (*radio*) [*diffuser de nouveau ou plus loin, sur un autre réseau*] ritrasmettere.
retransmission |R(ə)tRɑ̃smisjɔ̃| *s.f.* [→ RETRANSMETTRE] ritrasmissione.
retravailler |R(ə)tRavaje| **A** *v.tr.* [*travailler de nouveau*] *retravailler un discours* rielaborare, rimaneggiare un discorso; *retravailler une question* riesaminare una questione ♦ (*intr.*) *retravailler à un ouvrage* lavorare di nuovo a un'opera **B** *v.intr.* [*reprendre un travail*] lavorare di nuovo: *il retravaille à l'usine* lavora di nuovo, ricomincia a lavorare in fabbrica.
retraverser |R(ə)tRavɛRse| *v.tr.* [*traverser de nouveau*; *traverser en revenant*] riattraversare.
retrayant |R(ə)tRɛjɑ̃| *s.m.* (*dr.*) subentrante.
rétréci, ie |RetResi| *adj.* **1** [*devenu plus étroit*] (che si è *loc.*) ristretto: *lainage rétréci* lana che si è ristretta # *chemin rétréci* sentiero (più) stretto **2** (*fig.*) [*borné, étriqué*] ristretto, limitato: *intelligence rétrécie* intelligenza ristretta, limitata.
rétrécir |RetResiR| **A** **1** *v.tr.* [*rendre plus étroit*; *diminuer la largeur de* (*qqch.*)] (re)stringere (131): *rétrécir une jupe* stringere una gonna **2** (*fig.*) [*diminuer l'ampleur, la portée, la capacité de*] immiserire (197): *son éducation lui a rétréci l'esprit* la sua educazione gli ha immiserito la mente ♦ (*au p.p.*) *idée rétrécie* idea misera, gretta; *esprit rétréci* mente ristretta **B** *v.intr.* [*devenir plus étroit, plus court*] restringersi (*pron.*): *ce tissu rétrécit au lavage, ne rétrécit pas* questo tessuto si restringe al lavaggio, non si restringe **C** *v.pron. intr.* SE RÉTRÉCIR [*devenir de plus en plus étroit*] restringersi: *passage qui va en se rétrécissant* passaggio che va restringendosi © A 1 **élargir.**
rétrécissement |RetResismɑ̃| *s.m.* [*le fait de se rétrécir*] restringimento: *rétrécissement d'un lainage au lavage* il restringimento di una lana al lavaggio ◇ (*d'un conduit, d'un orifice*) restringimento ◇ (*méd.*) *rétrécissement de l'œsophage* restringimento, stenosi *f. inv.* dell'esofago; *souffrir d'un rétrécissement de l'aorte* soffrire di una stenosi aortica.
retreindre |RətRɛ̃dR(ə)|, **rétreindre** |RetRɛ̃dR(ə)| (66) *v.tr.* (*techn.*) [*modeler au marteau* (*une plaque de cuivre*)] modellare col martello ◇ [*diminuer par martelage* (*le diamètre d'un tube*)] assottigliare.
retreinte |RətRɛ̃t(ə)| *s.f.*, **rétreint** |RetRɛ̃| *s.m.* [→ RETREINDRE] modellatura *f.* col martello.
retrempe |R(ə)tRɑ̃p| *s.m.* (*techn.*) nuova tempra *f.* ◇ (*fig.*) il rituffarsi *inv.* in un'attività, ripresa *f.* (di un'attività).
retremper |R(ə)tRɑ̃pe| **A** *v.tr.* **1** (*techn.*) [*donner une nouvelle trempe à*] ritemprare: *retremper de l'acier* ritemprare l'acciaio **2** (*fig.*) ritemprare → **fortifier** **3** [*plonger de nouveau dans du liquide*] *retremper du linge* inzuppare di nuovo, rimettere (155) a mollo la biancheria **B** *v.pron. réfl.* SE RETREMPER **1** [*se tremper de nouveau*] rituffarsi: *se retremper dans l'eau* rituffarsi nell'acqua **2** (*fig.*) *se retremper à* [*reprendre de la vigueur, de l'énergie par*] ritemprarsi, rinvigorirsi (197) in, con **3** SE RETREMPER DANS [*se replonger dans*; (*pour reprendre des forces*)] rituffarsi: *se retremper dans le milieu familial* rituffarsi nell'ambiente familiare.
rétribuer |RetRibɥe| *v.tr.* **1** [*donner qqch., de l'argent, en contrepartie de* (*un service, un travail*)] retribuire (197): *rétribuer un travail au mois, à la journée* retribuire un lavoro a mese, a giornata → **payer, rémunérer** ♦ (*au p.p.*) *travail bien, mal rétribué* lavoro ben, mal retribuito **2** RÉTRIBUER QQN. [*le payer pour un travail*] retribuire qc.: *rétribuer un employé* retribuire un impiegato.
rétribution |RetRibysjɔ̃| *s.f.* **1** [→

RÉTRIBUER] retribuzione, compenso *m.* 2 [*récompense* (*au sens moral*)] ricompensa.
retriever |RetRivœR| *s.m.* (*angl.*) (*chasse*) cane da riporto.
rétro- |RetRɔ| *préf.* (*signifiant 'en arrière', correspond généralt. à*) retro: *rétroactif* retroattivo; *rétrograde* retrogrado.
1 **rétro** |RetRo| *s.m.* (*billard*) effetto retrogrado, retro *inv.* (*fam.*).
2 **rétro** |RetRo| *adj. inv.* [*qui marque un retour en arrière, reprend ou imite un style passé* (*spécialt. de la 1ère moitié du XXe s.*)] 'rétro', revival: *film rétro* film 'rétro'; *romancier rétro* romanziere 'rétro' ✦ (*s.m.*) *le rétro* la retrospettiva *f.*; lo stile, la moda *f.* 'rétro', revival.
3 **rétro** |RetRo| *s.m.* (*fam.*) → **rétroviseur.**
rétroactes |RetRɔakt| *s.m. pl.* (*Belgique*) [*antécedents*] precedenti, antecedenti: *les rétroactes d'une affaire* i precedenti di una faccenda.
rétroactif, ive |RetRɔaktif, iv| *adj.* retroattivo: *loi rétroactive* legge retroattiva.
rétroaction |RetRɔaksjɔ̃| *s.f.* (*écon.*, *sc.*) retroazione, controreazione; feedback *m. inv.*
rétroactivement |RetRɔaktivmɑ̃| *adv.* [→ RÉTROACTIF] retroattivamente, a titolo retroattivo *loc. inv.*
rétroactivité |RetRɔaktivite| *s.f.* retroattività (*inv.*): *la rétroactivité d'une mesure* la retroattività di un provvedimento.
rétroagir |RetRɔaʒiR| *v.intr.* (*littér.*) [*agir sur le passé*; *avoir un effet rétroactif*] retroagire (197).
rétrocéder |RetRɔsede| (8) **A** *v.tr.* [*céder à qqn.* (*ce qu'on a reçu de lui*)] retrocedere (125), restituire (197): *rétrocéder un droit, un don* retrocedere, restituire un diritto, un dono ◇ (*par ext.*) → **revendre B** *v.intr.* (*méd.*) [*subir une rétrocession, en parlant d'un processus pathologique*] recedere (125).
rétrocession |RetRɔsesjɔ̃| *s.f.* 1 [→ RÉTROCÉDER A] retrocessione, restituzione 2 (*méd.*) remissione, regresso (*m.*): *rétrocession d'une inflammation, d'une tumeur* remissione di un'infiammazione, di un tumore.
rétrochargeuse |RetRɔʃaRʒøz| *s.f.* (*tr. pub.*) (*t. recomm. pour 'back loader'*) pala rovescia*, pala caricatrice (a scarico posteriore).
rétrocroisement |RetRɔkRwazmɑ̃| *s.m.* (*biol.*) retroincrocio*.
rétrofléchi, ie |RetRɔfleʃi| *adj.* (*bot.*, *méd.*) retroflesso: *utérus rétrofléchi* utero retroflesso.
rétroflexe |RetRɔflɛks(ə)| *adj.* (*phonét.*) retroflesso ✦ (*s.f.*) *une rétroflexe* una vocale retroflessa *adj.*
rétroflexion |RetRɔflɛksjɔ̃| *s.f.* (*méd.*) retroflessione: *rétroflexion de l'utérus* retroflessione uterina.
rétrofusée |RetRɔfyze| *s.f.* [*fusée servant au freinage ou au recul*] retrorazzo *m.*
rétrogradation |RetRɔgRadɑsjɔ̃| *s.f.* 1 (*astron.*) retrogradazione 2 (*littér.*) → **régression** 3 [*mesure disciplinaire par laquelle une personne* (*sous-officier, fonctionnaire*) *doit reculer dans la hiérarchie*] retrocessione ◇ (*sport*) retrocessione.
rétrograde |RetRɔgRad| *adj.* 1 (*astron.*) retrogrado: *sens rétrograde* senso retrogrado 2 [*qui va en sens inverse de son sens initial, qui revient vers son point de départ*] retrogrado: *mouvement rétrograde* movimento retrogrado ◇ (*billard*) *effet rétrograde* effetto retrogrado, retro 3 (*fig.*) [*qui s'oppose au progrès, veut rétablir un état précédent*] retrogrado, retrivo: *une politique rétrograde* una politica retrograda, retriva 4 (*méd.*) *amnésie rétrograde* amnesia retrograda.
rétrograder |RetRɔgRade| **A** *v.intr.* 1 (*astron.*) [*avoir un mouvement apparent rétrograde*] retrogradare 2 [*aller, marcher vers l'arrière, vers son point de départ*] retrocedere (125) (*aux.* essere) → **reculer** 3 [*aller contre le progrès*; *perdre les acquisitions, les améliorations apportées par une évolution*] retrocedere, regredire (197) (*aux.* essere): *rétrograder dans la hiérarchie sociale* retrocedere, regredire nella gerarchia sociale → **régresser** 4 [*changer de vitesse, en augmentant la démultiplication*] passare (*aux.* essere), scalare: *rétrograder de troisième en deuxième* passare, scalare dalla terza alla seconda **B** *v.tr.* [*faire subir une rétrogradation*] retrocedere (nel grado): *rétrograder un sous-officier* retrocedere un sottufficiale.
rétrogression |RetRɔgResjɔ̃| *s.f.* regressione, retrocessione → **recul** 🄲 **progression.**
rétropédalage |RetRɔpedalaʒ| *s.m.* il pedalare *inv.* all'indietro.
rétroposition |RetRɔpozisjɔ̃| *s.f.* retroposizione.
rétropropulsion |RetRɔpRɔpylsjɔ̃| *s.f.* (*techn.*) retropropulsione.
rétrospectif, ive |RetRɔspɛktif, iv| **I** *adj.* 1 retrospettivo: *examen rétrospectif* esame retrospettivo 2 [*sentiment actuel qui s'applique à des faits passés*] retrospettivo: *jalousie, peur rétrospective* gelosia, paura retrospettiva **II** *s.m.* (*ciné.*, *télév.*) retrospettiva *f.*
rétrospection |RetRɔspɛksjɔ̃| *s.f.* retrospezione.
rétrospective |RetRɔspɛktiv| *s.f.* 1 retrospettiva 2 (*Canada*) → **retour, rétrospectif II.**
rétrospectivement |RetRɔspɛktivmɑ̃| *adv.* [*en regardant vers le passé*; *en s'appliquant à des faits passés*] retrospettivamente.
retroussage |R(ə)tRusaʒ| *s.m.* quarta aratura *f.*
retroussé, ée |R(ə)tRuse| *adj.* 1 [*qui est remonté, relevé*] rialzato, tirato su; rimboccato: *jupes retroussées* gonne rialzate, tirate su ‖ *manches retroussées* maniche rimboccate 2 *nez retroussé* naso all'insù *loc. inv.*
retroussement |R(ə)tRusmɑ̃| *s.m.* [→ RETROUSSER] il rialzare *inv.*, il tirar su *inv.*; rimboccatura *f.*
retrousser |R(ə)tRuse| *v.tr.* [*ramener l'extrémité, replier vers le haut et vers l'extérieur*] rialzare, tirar su; rimboccare: *retrousser sa jupe* rialzare, tirar su la gonna ‖ (*pr.*, *fig.*) *retrousser ses manches* rimboccar(si) le maniche ✦ (*pron. intr.*) *se retrousser* rialzarsi *tr.*, tirarsi *tr.* su il vestito.
retroussis |R(ə)tRusi| *s.m.* [*partie d'un vêtement retroussé de façon permanente*] risvolto ◇ (*spécialt.*) [*revers de botte*] *des bottines à retroussis* stivaletti a risvolti; *retroussis d'un chapeau* ala *f.* rialzata di un cappello.
retrouvable |R(ə)tRuvabl(ə)| *adj.* [→ RETROUVER] ritrovabile.
retrouvailles |R(ə)tRuvɑj| *s.f. pl.* (*fam.*) (*de personnes qui se retrouvent*) il rincontrarsi *m. sing. inv.*, la rimpatriata *sing.* ◇ (*par ext.*) [*rétablissement de relations interrompues, entre groupes sociaux*] distensione (*sing.*): *les retrouvailles de deux pays après une crise* la distensione fra due paesi dopo una crisi.
retrouve |RɔtRuv| *s.f.* (*informatique*) reperimento *m.*
retrouver |R(ə)tRuve| **A** *v.tr.* **I** 1 [*voir se présenter de nouveau*] ritrovare: *c'est une occasion que tu ne retrouveras jamais* è un'occasione che non ritroverai più, che non ti si ripresenterà più; *il n'a pu retrouver la même qualité de tissu* non è riuscito a ritrovare la stessa qualità di tessuto 2 [*découvrir de nouveau* (*ce qui a été découvert, puis oublié*)] ritrovare, riscoprire (186): *retrouver un secret de fabrication* ritrovare, riscoprire un segreto di fabbricazione 3 [*trouver de nouveau* (*quelque part, en un état*)] ritrovare: *gare à vous si je vous retrouve ici* guai a voi, se vi ritrovo qui 4 [*trouver quelque part* (*ce qui existe déjà ailleurs*)] ritrovare: *on retrouve chez le fils l'expression, le sourire du père* si ritrova nel figlio l'espressione, il sorriso del padre → **reconnaître II** 1 [*trouver* (*ce qu'on a perdu*; *un être vivant qui s'est échappé, une personne qui est partie*)] ritrovare: *retrouver le coupable* ritrovare il colpevole; *nous le retrouverons vivant* lo ritroveremo vivo; *retrouver une voiture volée* ritrovare una macchina rubata ◇ (*loc. prov.*) *une chienne n'y retrouverait pas ses petits*; *une poule n'y retrouverait pas ses poussins* è una bolgia; è un vero casino (*pop.*) ~ *un*(*e*) *de perdu*(*e*), *dix de retrouvé*(*e*)*s* per uno(a) perso(a), dieci ritrovati(e) 2 [*avoir de nouveau* (*une qualité, un état perdu*)] ritrovare, riacquistare: *retrouver joie et santé* ritrovare la gioia, riacquistare la salute; *retrouver le sommeil* ritrovare il sonno → **recouvrer** 3 [*être de nouveau en présence de* (*qqn. dont on était séparé*)] (ri)trovare: *j'irai le retrouver là-bas à la fin du mois* andrò a trovarlo, a raggiungerlo laggiù alla fine del mese → **rejoindre, revoir** ◇ (*avec un attribut d'objet*) *elle le retrouva grandi, un peu vieilli* lo ritrovò cresciuto, un po' invecchiato **B** *v.pron.* SE RETROUVER 1 *récipr.* [*être de nouveau en présence l'un de l'autre*] ritrovarsi, rincontrarsi: *en se retrouvant, ils furent déçus* ritrovandosi, rincontrandosi rimasero delusi 2 *réfl.* [*retrouver son chemin après s'être perdu*] orizzontarsi, (ri)trovare *tr.* la strada: *il fait si noir qu'on ne s'y retrouve plus* è così buio che non ci orizzontiamo più, che non troviamo più la strada ◇ (*fig.*) *se retrouver dans* (*qqch.*); *se retrouver dans ses comptes* raccapezzarsi nei conti; *s'y retrouver* [*retrouver où l'on est*] raccapezzarsi, orizzontarsi; *s'y reconnaître* raccapezzarcisi 3 *intr.* (*fam.*) *s'y retrouver* [*rentrer dans ses débours*] cavarsela (con le spese): *on a du mal à s'y retrouver* facciamo fatica a cavarcela (con le spese) ◇ (*par ext.*) [*faire un bénéfice, tirer profit, avantage*] *le patron a des frais, mais il s'y retrouve* il padrone ha delle spese, ma ne viene fuori (se la cava) bene lo stesso, ma ci trova lo

stesso il suo tornaconto **4** *intr.* (*littér.*) [*rentrer en possession de soi-même, de ses moyens*] ritrovarsi, ritrovare *tr.* sé stesso: *pour se retrouver il avait besoin d'être seul* per ritrovarsi, per ritrovare sé stesso aveva bisogno di essere solo **5** *intr.* [*être de nouveau* (*dans son état, une situation qui avait cessé*)] ritrovarsi: *se retrouver devant les mêmes difficultés* ritrovarsi nelle stesse difficoltà **6** *intr.* [*être trouvé une seconde fois*] (ri)accadere (121) (*intr.*): *la prochaine fois, si ça se retrouve,...* la prossima volta, se mai (accadrà),... **7** *intr.* [*se trouver aussi, exister ailleurs*] (ri)trovarsi: *le même caractère se retrouve dans plusieurs langues* lo stesso carattere si ritrova in parecchie lingue.

rétroversion |ʀetʀɔvɛʀsjɔ̃| *s.f.* (*méd.*) retroversione: *rétroversion de l'utérus* retroversione uterina.

rétroviseur |ʀetʀɔvizœʀ| *s.m.* (*abrév. fam.* '*rétro*') retrovisore.

rets |ʀɛ| *s.m.* **1** (*vx.*) → 3 **filet** **2** (*loc. fig., littér.*) *tendre des rets, prendre qqn. dans des rets* tendere la rete *f.* (*cour.*), prendere qc. nella rete → **piège**.

retuber |ʀətybe| *v.tr.* (*techn.*) [*remplacer les tubes, la tubulure de* (*une chaudière, etc.*)] sostituire (197) le tubazioni (di).

réuni, ie |ʀeyni| *adj.* riunito: *éléments réunis* elementi riuniti ◇ (*dans des noms comm.*) *les Magasins Réunis* i Magazzini Riuniti.

réunification |ʀeynifikasjɔ̃| *s.f.* [→ RÉUNIFIER] riunificazione: *le problème de la réunification de l'Allemagne* il problema della riunificazione della Germania.

réunifier |ʀeynifje| *v.tr.* [*rétablir l'unité* (*d'un pays divisé, d'une entité sociale ou polit. désunie*)] riunificare: *réunifier un pays* riunificare un paese.

réunion |ʀeynjɔ̃| *s.f.* **I** (*choses*) **1** [*le fait de réunir* (*une province à un État*)] riunione, riunificazione → **annexion, rattachement** **2** [*le fait de réunir* (*des choses séparées*), *de rassembler* (*des choses éparses*)] ricongiungimento (*m.*): *réunion d'une chose à une autre* ricongiungimento di una cosa a un'altra → **assemblage**, 1 **combinaison** **II** (*personnes*) **1** [*le fait de se retrouver ensemble; groupe de personnes réunies*] riunione, raduno *m.*; comitiva: *la réunion des hommes en groupes sociaux* la riunione degli uomini in gruppi sociali **2** [*fait de réunir des personnes* (*pour le plaisir ou le travail*); *les personnes ainsi réunies*] riunione: *organiser une réunion* organizzare una riunione; *participer à une réunion* partecipare a una riunione; *la réunion s'est prolongée* la riunione si è protratta → **assemblée** ◇ (*dr.*) *réunion privée, publique* riunione, adunanza privata, pubblica; *réunion électorale* riunione, comizio* *m.* elettorale.

réunir |ʀeyniʀ| **A** *v.tr.* **I** **1** [*mettre ensemble* (*des choses séparées*); *joindre ou rapprocher suffisamment pour unir* (*des choses entre elles*)] riunire (197): *réunir dans une vitrine des pièces de collection* riunire in una vetrina dei pezzi da collezione → **assembler, grouper, rassembler** **2** [*rapprocher par l'esprit* (*des éléments abstraits*)] riunire, raccogliere (123): *réunir des faits, des preuves* riunire, raccogliere dei fatti, delle prove → **rassembler** **3** [*comporter* (*plusieurs éléments d'origines diverses et parfois opposés*)] riunire: *il réunit en lui d'étonnants contrastes* riunisce in sé sorprendenti contrasti **II** [*mettre ensemble, faire communiquer* (*des personnes*)] riunire: *réunir des amis autour d'une table* riunire degli amici intorno a un tavolo; *le destin qui les avait séparés les a à nouveau réunis* il destino che li aveva separati li ha di nuovo riuniti **B** *v.pron. intr.* SE RÉUNIR **1** [*se rapprocher ou se joindre de façon à être ensemble*] riunirsi: *États qui se réunissent en une fédération* Stati che si riuniscono in una federazione **2** [*avoir une réunion*] riunirsi: *nous nous réunissons dans cette salle* ci riuniamo in questa sala; *se réunir entre amis* riunirsi tra amici → **retrouver (se)** ✦ (*absolt.*) *l'assemblée va se réunir* l'assemblea sta per riunirsi.

réunissage |ʀeynisaʒ| *s.m.* (*techn.*) accoppiamento.

réunisseuse |ʀeynisøz| *s.f.* (*techn.*) abbinatrice.

réussi, ie |ʀeysi| *adj.* [*exécuté avec bonheur, succès*] (ben) riuscito: *un plat réussi* un piatto (ben) riuscito; *une œuvre tout à fait réussie* un'opera riuscita proprio bene; *une soirée réussie* una serata (ben) riuscita ◇ (*fam., iron.*) *eh bien, c'est réussi!* beh, che bel risultato!

réussir |ʀeysiʀ| **A** *v.intr.* **1** (*choses*) [*avoir une heureuse issue, un bon résultat, du succès*] riuscire (201) (*aux.* essere), aver (97) *tr.* successo: *l'affaire a réussi* l'affare è riuscito, è andato in porto; *ce film a réussi* questo film ha avuto successo ◇ *loc.* RÉUSSIR À (QQN.) riuscire, andare bene a (qc.): *tout lui réussit* tutto gli riesce bene, gli va bene **2** (*personnes*) [*obtenir un bon résultat*] riuscire, aver successo: *réussir dans une entreprise* riuscire in un'impresa; *il est convaincu qu'il va réussir où les autres ont échoué* è convinto che riuscirà, avrà successo dove gli altri hanno fallito ◇ *loc.* RÉUSSIR À (+ *inf.*) riuscire a (+ *inf.*): *il n'a pas réussi à me convaincre* non è riuscito a convincermi **3** (*personnes*) [*avoir du succès* (*dans un milieu social, une profession*)] riuscire, aver successo: *c'est un jeune écrivain qui commence à réussir* è un giovane scrittore che comincia ad aver successo ◇ [*être reçu à un examen*] superare un esame **B** *v.tr.* [*exécuter, faire avec bonheur, avec succès*] fare (103) bene, riuscire *intr.* bene (in): *il réussit tout ce qu'il entreprend* fa bene, riesce bene in tutto ciò che incomincia; *réussir un plat* far bene un piatto # *réussir son effet* aver effetto, raggiungere lo scopo; *il n'a pas réussi son coup* gli è andata male, il colpo non gli è riuscito [C] A 3 **échouer**.

réussite |ʀeysit| *s.f.* **I** **1** RÉUSSITE DE QQCH. [*bon résultat*] riuscita; successo *m.* di q.c.: *réussite d'une entreprise* riuscita, buon esito di un'impresa ‖ *c'est une réussite* è un successo → **succès** **2** RÉUSSITE DE QQN. successo, riuscita di qc.; *réussite brillante, méritée* brillante, meritato successo; *il est fier de sa réussite* è fiero del proprio successo, della propria riuscita **II** (*jeu de cartes*) solitario* (*m.*): *faire une réussite* fare un solitario → **patience**.

revacciner |ʀ(ə)vaksine| *v.tr.* [*vacciner de nouveau*] rivaccinare.

revaloir |ʀ(ə)valwaʀ| (35) *v.tr.* [*rendre la pareille à qqn., en bien* (*récompenser, remercier*) *ou en mal* (*se venger*)] contraccambiare, ricambiare; rendere (105) la pariglia: *je vous revaudrai ça un jour* un giorno le contraccambierò, ricambierò ‖ *je vous le revaudrai* vi renderò la pariglia, ve la farò pagare.

revalorisation |ʀ(ə)valɔʀizasjɔ̃| *s.f.* [*relèvement de la valeur*] rivalutazione: *revalorisation de la monnaie* rivalutazione della moneta.

revaloriser |ʀ(ə)valɔʀize| *v.tr.* [*rendre sa valeur, donner une valeur plus grande à*] rivalutare.

revanchard, arde |ʀ(ə)vɑ̃ʃaʀ, aʀd(ə)| *adj.* (*péj.*) [*qui cherche à prendre une revanche* (*surtout d'ordre milit.*)] revanscistico*: *politique revancharde* politica revanscistica ✦ (*s.*) *les revanchards* i revanscisti.

revanche |ʀ(ə)vɑ̃ʃ| *s.f.* **1** [*le fait de reprendre l'avantage* (*sur qqn.*) *après avoir eu le dessous*] rivincita: *prendre sa revanche, une éclatante revanche sur qqn.* prendersi la rivincita, una clamorosa rivincita su qc. → **vengeance** ◇ (*jeu, sports*) rivincita: *la première manche, la revanche et la belle* la prima (partita), la rivincita e la bella ◇ (*loc.*) *à charge de revanche* a buon rendere; *je t'aiderai, mais à charge de revanche* ti aiuterò, ma a buon rendere **2** *loc. adv.* EN REVANCHE [*inversement, en contrepartie*] in compenso: *il y fait froid mais en revanche c'est très vivifiant* fa freddo ma in compenso è un clima molto tonificante.

revancher (se) |ʀ(ə)vɑ̃ʃe| *v. pron. réfl.* (*vx., littér.*) [*prendre sa revanche, rendre la pareille*] prendersi (105) la rivincita (*cour.*).

revanchisme |ʀəvɑ̃ʃism(ə)| *s.m.* (*polit.*) revanscismo.

revanchiste |ʀəvɑ̃ʃist(ə)| *s.* (*polit.*) revanscista.

revascularisation |ʀəvaskylaʀizasjɔ̃| *s.f.* (*chir.*) rivascolarizzazione.

rêvasser |ʀɛvase| *v.intr.* [*penser vaguement à des sujets imprécis, s'abandonner à une rêverie*] fantasticare.

rêvasserie |ʀɛvasʀi| *s.f.* [→ RÊVASSER] fantasticheria.

rêvasseur, euse |ʀɛvasœʀ, øz| *s.* [*personne qui rêvasse*] sognatore*, fantasticone ✦ (*adj.*) *un genre rêvasseur* un tipo sognatore.

rêve |ʀɛv| *s.m.* **1** sogno: *rêve agréable, mauvais rêve* bel sogno, brutto sogno; *bonne nuit, faites de beaux rêves!* buona notte, sogni d'oro! ◇ (*loc.*) *s'évanouir, disparaître comme un rêve* svanire, scomparire come un sogno ✦ *absolt.* LE RÊVE in sogno: *théorie freudienne du rêve* teoria freudiana dei sogni ◇ *loc.* EN RÊVE in sogno: *voir en rêve* vedere in sogno **2** [*constr. imaginaire destinée à échapper au réel, à satisfaire un désir, à refuser une réalité pénible*] sogno: *caresser, poursuivre un rêve* accarezzare, inseguire un sogno; *rêves irréalisables* sogni irrealizzabili; *c'était un beau rêve* era un bel sogno → **illusion** ◇ (*loc.*) *la femme de ses rêves* la donna dei propri sogni ~ DE RÊVE di sogno: *une voiture de rêve* una macchina di sogno **3** (*fam.*) [*chose ravissante*] sogno: *ce chapeau, un rêve!* quel cappello, un vero sogno! # *ce n'est pas le rêve* non è l'ideale.

rêvé, ée |ʀeve| *adj.* [*qui convient*

tout à fait, idéalement] ideale: *c'est l'endroit rêvé pour passer des vacances* è il luogo ideale per passare le vacanze; *voilà la solution rêvée* ecco la soluzione ideale.

revêche |ʀəvɛʃ| *adj.* **1** (*vx.*) (*choses*) → **rêche** **2** (*personnes*) [*peu accommodant, qui manifeste un mauvais caractère*] bisbetico*, intrattabile: *femme revêche* donna bisbetica ◇ (*par ext.*) *caractère revêche* carattere scontroso.

réveil |ʀevɛj| *s.m.* **I** **1** [*passage du sommeil à l'état de veille*] risveglio*: *un réveil brusque, pénible* un risveglio brusco, difficile; *au réveil* al risveglio ◇ (*milit.*) *sonner le réveil* suonare la sveglia *f.* **2** [*le fait de reprendre une activité*] risveglio: *le réveil de la nature* il risveglio della natura; *le réveil d'un volcan éteint* il risveglio di un vulcano spento **3** [*le fait de revenir à la réalité* (*après un beau rêve*)] risveglio: *n'ayez pas trop d'illusions, le réveil serait pénible* non fatevi troppe illusioni, il risveglio sarebbe doloroso **II** [*réveille-matin*] sveglia: *mettre le réveil à sept heures* mettere la sveglia alle sette.

réveille-matin |ʀevɛjmatɛ̃| *s.m. inv.* **1** [*pendule munie d'une sonnerie qui réveille à l'heure indiquée par une aiguille spéciale*] sveglia *f. var.* → **réveil** II **2** (*t.bot.*) euforbia *f. var.*

réveiller |ʀeveje| **A** *v.tr.* **1** [*tirer du sommeil*] svegliare: *tu me réveilleras à six heures* mi sveglierai alle sei; *le bruit du canon ne le réveillerait pas* non lo sveglierebbe nemmeno una cannonata ◇ (*prov.*) *il ne faut pas réveiller le chat qui dort* non stuzzicare il can che dorme ◇ [*ramener à la conscience, à la vie*] far (103) *intr.* rinvenire: *réveiller une personne évanouie* far rinvenire una persona svenuta ◇ (*loc. fam.*) *un bruit à réveiller les morts* un rumore da risvegliare i morti **2** [*ramener à l'activité* (*une personne*)] svegliare, risvegliare: *réveiller qqn. de sa torpeur* svegliare, risvegliare qc. dal suo torpore ◇ (*compl. de chose*) *réveiller une douleur, de vieux souvenirs* risvegliare un dolore, vecchi ricordi; *réveiller l'appétit* risvegliare l'appetito; *réveiller la curiosité* risvegliare, destare la curiosità → **ranimer** **B** *v.pron. intr.* SE RÉVEILLER **1** [*sortir du sommeil*] svegliarsi: *réveille-toi, il est huit heures passées* svegliati, sono le otto passate; *se réveiller en sursaut* svegliarsi di soprassalto → **eveiller(s')** **2** [*reprendre une activité après une longue inaction*] svegliarsi, destarsi: *allons, réveille-toi!* su, svegliati!; *se réveiller de sa torpeur* destarsi dal proprio torpore ◇ (*choses*) [*reprendre de la vigueur*] *toute leur animosité s'est réveillée* si è ridestato, risvegliato tutto il loro rancore.

réveilleur, euse |ʀevɛjœʀ, øz| *s.* **1** chi dà la sveglia *loc.*; chi sveglia una comunità *loc.* **2** (*fig.*) chi risveglia (sentimenti e sim.) *loc.*

réveillon |ʀevɛjɔ̃| *s.m.* **1** [*repas de fête que l'on fait la nuit de Noël et la nuit du 31 décembre*] cenone ◇ [*la fête elle-même*] veglione **2** (*vx.*) → **médianoche, 1 souper.**

réveillonner |ʀevɛjɔne| *v.intr.* [*faire un réveillon*] fare (103) *tr.* il cenone di Natale), partecipare al veglione (di San Silvestro).

réveillonneur |ʀevɛjɔnœʀ| *s.m.* partecipante *s.* al cenone (di Natale), al veglione (di San Silvestro).

révélateur, trice |ʀevelatœʀ, tʀis| **I** *s.* **1** *s.* [*personne qui révèle une vérité cachée*] rivelatore *m.* **2** *s.m.* (*photo.*) rivelatore **II** *adj.* [*qui révèle qqch.*] rivelatore*: *indice révélateur* indice rivelatore; *son attitude est révélatrice* il suo comportamento è rivelatore, significativo → **caractéristique.**

révélation |ʀevelɑsjɔ̃| *s.f.* **1** [*le fait de révéler* (*ce qui était secret*)] rivelazione: *la révélation d'un secret* la rivelazione di un segreto → **divulgation** ◇ (*par ext.*) *faire des révélations* fare delle rivelazioni **2** (*théol.*) rivelazione: *la révélation divine* la rivelazione divina **3** [*tout ce qui apparaît comme une connaissance nouvelle*] rivelazione: *il eut soudain la révélation de..., que...* ebbe improvvisamente la rivelazione di..., che...; *cela a été pour moi une véritable révélation* per me è stata una vera rivelazione **4** [*personne qui révèle soudain de grands talents*] rivelazione: *il a été la révélation de la saison* è stato la rivelazione della stagione **5** (*photo.*) rivelazione.

révélé, ée |ʀevele| *adj.* [*connu par une révélation*] rivelato, svelato: *mystère, secret révélé* mistero, segreto rivelato, svelato ◇ (*spécialt., relig.*) *les vérités révélées* le verità rivelate.

révéler |ʀevele| (8) **A** *v.tr.* **1** [*faire connaître, par une voie surnaturelle*] rivelare **2** [*faire connaître* (*ce qui était inconnu, secret*)] rivelare, svelare: *révéler des secrets* rivelare, svelare dei segreti; *il n'a pas encore révélé ses véritables intentions* non ha ancora rivelato, svelato le sue vere intenzioni → **dévoiler** # *l'épreuve nous révèle à nous-mêmes* le prove mettono in luce il nostro vero carattere **3** [*faire connaître, laisser deviner* (*par un signe manifeste*)] svelare, rivelare: *une démarche qui révèle de bons sentiments* un comportamento che rivela dei buoni sentimenti → **indiquer, témoigner** **4** (*photo.*) [*rendre visible* (*l'image latente*)] sviluppare **B** *v.pron. réfl.* SE RÉVÉLER **1** (*en parlant de la divinité*) [*se manifester par une révélation*] rivelarsi **2** [*se manifester par des signes, des résultats*] rivelarsi: *son talent s'est révélé cette année* il suo talento si è rivelato quest'anno ◇ (*avec un attribut*) *ce travail s'est révélé plus facile qu'on ne pensait* questo lavoro si è rivelato più facile di quanto si pensasse.

revenant, ante |ʀəvnɑ̃, ɑ̃t| *s.* **1** [*âme d'un mort qu'on suppose revenir de l'autre monde sous une forme physique*] spirito *m.*, fantasma *m.* → **apparition** **2** [*personne qui revient* (*après une longue absence*)] redivivo: *tiens, voilà un revenant!* toh, ecco un redivivo!, guarda chi si rivede!, chi non muore si rivede!

revenant-bon |ʀəvnɑ̃bɔ̃| *s.m.* (*comm.*) utile, vantaggio* → **boni, gain.**

revendeur, euse |ʀ(ə)vɑ̃dœʀ, øz| *s.* [*personne qui achète au détail pour revendre, qui fait comm. d'articles d'occasion*] rivenditore*: *revendeur de livres* rivenditore di libri (usati) ◇ [*personne qui vend au détail* (*après avoir acheté à un grossiste*)] rivenditore.

revendicateur, trice |ʀ(ə)vɑ̃dikatœʀ, tʀis| *adj. et s.* rivendicatore*.

revendicatif, ive |ʀ(ə)vɑ̃dikatif, iv| *adj.* rivendicativo: *mouvement revendicatif* movimento rivendicativo.

revendication |ʀ(ə)vɑ̃dikɑsjɔ̃| *s.f.* **1** (*dr.*) rivendicazione **2** [*demande, réclamation*] rivendicazione: *satisfaire aux revendications les plus légitimes* soddisfare le rivendicazioni più legittime ◇ (*par ext.*) *la revendication ouvrière* le rivendicazioni *pl.* sindacali, il movimento *m.* rivendicativo **3** (*pathol.*) *délire de revendication* delirio di rivendicazione.

revendiquer |ʀ(ə)vɑ̃dike| *v.tr.* **1** [*réclamer* (*une chose sur laquelle on a un droit*)] rivendicare: *revendiquer sa part d'héritage* rivendicare la propria parte di eredità **2** (*groupe, collectivité*) [*demander avec force, comme un dû*] rivendicare: *les syndicats revendiquent une augmentation de salaire* i sindacati rivendicano, chiedono aumenti salariali → **exiger** ◇ [*assumer pleinement*] *revendiquer la responsabilité de ses actes* rivendicare la responsabilità delle proprie azioni.

revendre |ʀ(ə)vɑ̃dʀ(ə)| (53) **A** *v.tr.* **1** [*vendre ce qu'on a acheté* (*notamment sans être commerçant soi-même*)] rivendere: *revendre sa voiture d'occasion* rivendere la propria macchina d'occasione ◇ (*loc.*) *avoir qqch. à revendre* aver q.c. da vendere ◇ (*fig.*) *il a de l'esprit à revendre* ha ingegno da vendere **2** [*vendre une seconde fois*] rivendere **B** *v.pron. passif* SE REVENDRE rivendersi: *cela se revend aisément* ciò si rivende facilmente.

revenez-y |ʀəvnezi, ʀ(ə)vənezi| *s.m. inv.* ritorno *var.* (di un sentimento, di una sensazione) ◇ (*loc. fam.*) *un goût de revenez-y* un sapore che invita a fare il bis.

revenir |ʀəvniʀ| (27) **A** *v.intr.* (*aux.* 'être') **I** **1** [*venir de nouveau là ou l'on était déjà venu*] tornare, ritornare: *le docteur promit de revenir le lendemain* il dottore promise di tornare, di ritornare l'indomani; *il n'est pas revenu nous voir depuis ce jour* non è più tornato a trovarci da quel giorno → **1 repasser** ◇ (*fig.*) *revenir à la charge* (ri)tornare alla carica **2** (*fig.*) REVENIR SUR [*examiner à nouveau, reprendre* (*une question, une affaire*)] (ri)tornare su, sopra: *à quoi bon revenir là-dessus?* a che pro tornarci sopra? ◇ [*annuler* (*ce qu'on a dit, promis*)] rimangiare *tr.*, ritrattare (*tr.*): *revenir sur ses opinions* rimangiarsi, ritrattare le proprie opinioni **3** (*choses*) [*apparaître ou se manifester de nouveau*] (ri)tornare: *un mot qui revient souvent dans la conversation* una parola che torna, ricorre spesso nella conversazione **II** (*avec un compl.*) [*venir d'un lieu, d'une situation* (*au lieu ou à la situation d'origine*)] **1** (*personnes*) *revenir chez soi, à la maison* (ri)tornare a casa; *revenir à sa place* (ri)tornare al proprio posto ◇ (*par ext.*) *son mari lui est revenu* (*après une fugue, une rupture*) suo marito è (ri)tornato da lei ♦ (*absolt.*) *je reviens dans une minute* ritorno fra un minuto; *revenir sur ses pas* tornare sui propri passi **2** (*fig.*) [*reprendre* (*ce qu'on avait laissé*)] (ri)tornare: *revenir aux anciennes méthodes* tornare ai vecchi metodi; *revenons à notre sujet* ritorniamo al nostro argomento; *revenons à nos moutons* torniamo a bomba; *nous y re-*

viendrons ci torneremo sopra **3** (*fig.*) [*se présenter de nouveau après être sorti de l'esprit*] *ça me revient!* ora mi torna in mente, mi ricordo! **4** [*être rapporté à qqn.* (*rumeur, nouvelle*)] giungere (150): *cela lui revint aux oreilles* la cosa gli giunse alle orecchie; *il me revient que...* mi è giunto all'orecchio, sono venuto a sapere che... **5** (*loc.*) *revenir à soi* [*reprendre conscience*] tornare in sé, rinvenire (202) **6** [*devoir être donné* (*à titre de profit, d'héritage*)] spettare, toccare: *la propriété doit lui revenir à sa majorité* la proprietà spetterà, andrà a lui alla maggior età; *il me revient tant* mi spetta, mi tocca tanto → **échoir** ◇ [*échoir, en vertu d'un droit, d'une prérogative*] *cet honneur vous revient* questo onore spetta, tocca a lei → **appartenir** ◆ (*impers.*) *c'est à lui qu'il revient de faire cette demande* spetta, tocca a lui fare la richiesta **7** [*plaire*] piacere (149), andare (101) a genio: *il a une tête qui ne me revient pas* ha una faccia che non mi piace, non mi va a genio **8** (*dans des express.*) [*équivaloir*] *cela revient au même* fa (è) lo stesso, è la stessa cosa; *cela revient à dire que...* ciò equivale a dire, ciò significa che...; vale a dire (che)... ◇ [*coûter au total* (*à qqn.*)] venire (202) a costare: *le dîner m'est revenu à cinquante francs par personne* la cena mi è venuta a costare cinquanta franchi a testa **III** REVENIR DE **1** [*rentrer*] (ri)tornare: *les enfants reviennent de l'école* i bambini tornano da scuola; *il est revenu très fatigué de ce voyage* è ritornato molto stanco da quel viaggio ◇ (*loc.*) *il revient de loin* [*il a failli mourir*] l'ha scampata bella **2** [*sortir* (*d'un état*)] riprendersi (105) (*pron.*): *revenir de son étonnement, de sa surprise* riprendersi dal proprio stupore, dalla propria sorpresa ◇ *loc.* N'EN PAS REVENIR [*être très étonné*] non riuscire a capacitarsi: *il n'en revenait pas* non riusciva a capacitarsene ◇ [*abandonner, cesser d'entretenir en soi* (*une erreur, une illusion*)] ricredersi: *il est revenu de ses illusions* si è ricreduto (sulle sue illusioni) # *il est revenu de tout* è nauseato da tutto **IV** *faire revenir un aliment* far rosolare un cibo → **rissoler** **B** *v.pron. intr.* S'EN REVENIR (*littér.*) [*revenir*] ritornarsene: *ils s'en revenaient tranquillement* se ne tornavano tranquillamente.

revente |R(ə)vɑ̃t| *s.f.* [→ REVENDRE A] rivendita.

revenu |Rəvny, R(ə)vəny| *s.m.* **1** [*ce qui revient à qqn. à titre d'intérêt, de rente, de salaire, etc.*] reddito: *revenu d'un capital* reddito, rendita di un capitale; *impôt sur les revenus* imposta sui redditi; *avoir de gros revenus* avere grossi redditi # *revenus de l'État* entrate dello Stato **2** (*métall.*) rinvenimento.

revenue |Rəvny, R(ə)vəny| *s.f.* (*sylvic.*) rimessiticcio* *m.*

rêver |Reve| **A** *v. intr.* **1** [*faire des rêves*] sognare: *je rêve rarement* sogno raramente ◇ (*loc.*) *je me demande si je rêve* mi chiedo se sto sognando ~ *je ne rêve pas, c'est bien lui* non sto sognando, è proprio lui ~ *on croit rêver* pare di sognare ~ RÊVER DE sognare (*tr.*): *rêver d'une personne, d'une chose* sognare una persona, una cosa ~ *il en rêve la nuit* se lo sogna anche di notte **2** [*laisser aller son imagination*] sognare, fantasticare: *vous rêvez au lieu de réfléchir* lei sta sognando, fantasticando invece di riflettere → **rêvasser** ◇ *loc.* RÊVER À sognare (*tr.*): *rêver aux vacances* sognare le vacanze **3** [*s'absorber dans ses désirs, ses souhaits*] sognare: *on rêve, on fait des châteaux en Espagne* si sogna, si fanno castelli in aria ◇ *loc.* RÊVER DE sognare (*tr.*): *la maison dont je rêve* la casa che sogno **B** *v.tr.* **1** (*littér.*) [*imaginer, désirer idéalement*] sognare (*cour.*): *ce n'est pas la vie que j'avais rêvée* non è la vita che avevo sognato **2** (*compl. indéterminé*) [*former en dormant telle image, telle représentation*] sognare: *nous avons rêvé la même chose* abbiamo sognato la stessa cosa ◇ *loc.* RÊVER QUE (+ *ind.*) sognare di (+ *inf.*), che (+ *ind.*): *j'ai rêvé que je mourais* ho sognato di morire, che morivo.

réverbération |RevɛRbeRɑsjɔ̃| *s.f.* [→ RÉVERBÉRER] riverbero *m.*, riverberazione.

réverbère |RevɛRbɛR| *s.m.* **1** riverbero: *four à réverbère* forno a riverbero **2** [*appareil destiné à l'éclairage de la voie publique*] lampione, fanale.

réverbérer |RevɛRbeRe| (8) *v.tr.* [*renvoyer* (*la lumière, la chaleur, un son*) *d'une surface*] riverberare: *le mur blanc réverbérait la chaleur* il muro bianco riverberava il calore → **réfléchir.**

revercher |R(ə)vɛRʃe| *v.tr.* (*techn.*) [*réparer les défauts, boucher les trous de* (*un récipient d'étain*) *avec le fer à souder*] saldare, stagnare.

reverdir |R(ə)vɛRdiR| **A** *v.tr.* **1** [*rendre vert de nouveau*] rinverdire (197) **2** (*techn.*) [*tremper* (*les peaux*)] rinverdire **B** *v.intr.* [*redevenir vert, retrouver sa verdure*] rinverdire (*aux.* essere).

reverdissage |R(ə)vɛRdisaʒ| *s.m.* (*techn.*) [→ REVERDIR A 2] rinverdimento.

reverdissement |R(ə)vɛRdismɑ̃| *s.m.* (*littér.*) [→ REVERDIR B] rinverdimento.

reverdoir |R(ə)vɛRdwaR| *s.m.* (*techn.*) tinozza *f.* (del birraio).

1 **révérence** |RevеRɑ̃s| *s.f.* (*littér.*) [*grand respect*] riverenza ◇ (*loc.*) *révérence parler* con rispetto parlando.

2 **révérence** |RevеRɑ̃s| *s.f.* [*salut cérémonieux*] riverenza, inchino (*m.*): *faire une révérence* fare una riverenza, un inchino ◇ (*loc. fam.*) *tirer sa révérence à qqn.* [*le quitter*] salutare e andarsene; piantare in asso qc.

révérenciel, ielle |RevеRɑ̃sjɛl| *adj.* reverenziale: *crainte révérencielle* timore reverenziale.

révérencieusement |RevеRɑ̃sjøzmɑ̃| *adv.* (*littér.*) [→ RÉVÉRENCIEUX] reverentemente.

révérencieux, ieuse |RevеRɑ̃sjø, jøz| *adj.* (*vx., littér.*) [*qui a, marque de la révérence*] reverente → **déférent.**

révérend, ende |RevеRɑ̃, ɑ̃d| *adj. et s.m.* reverendo.

révérendissime |RevеRɑ̃disim| *adj.* (*ecclés.*) reverendissimo.

révérer |RevеRe| (8) *v.tr.* [*traiter avec révérence, honorer particulièrement*] venerare, riverire (197): *révérer les saints* venerare i santi ◆ (*au p.p.*) *un nom révéré de tous* un nome riverito da tutti.

rêverie |RɛvRi| *s.f.* **1** (*vieilli*) [*activité de l'esprit qui médite, réfléchit*] riflessione **2** [*activité mentale qui n'est pas dirigée par l'attention et se soumet à des causes subjectives et affectives*] fantasticheria: *se laisser aller à la rêverie* lasciarsi andare alle fantasticherie → **imagination, songerie** **3** (*péj.*) [*idée vaine et chimérique*] chimera, illusione: *abandonnez ces rêveries qui ne mènent à rien* abbandonate queste chimere che non approdano a nulla.

revernir |R(ə)vɛRniR| *v.tr.* [*revêtir d'une nouvelle couche de vernis*] riverniciare.

revers |R(ə)vɛR| *s.m.* **I** **1** [*le côté opposé à celui qui se présente d'abord ou est considéré comme le principal*] rovescio*: *le revers d'une feuille, d'une tapisserie* il rovescio di un foglio, di una tappezzeria; *le revers de la main* il rovescio, il dorso della mano → 2 **envers, verso** **2** (*spécialt.*) [*côté* (*d'une médaille, d'une monnaie*) *qui est opposé à la face principale*] rovescio: *revers d'une pièce* rovescio, verso di una moneta ◇ (*loc. fig.*) *le revers de la médaille* il rovescio della medaglia **3** [*partie d'un vêtement qui est repliée et montre l'autre face du tissu*] risvolto: *pantalon à revers* pantaloni con risvolti; *bottes à revers* stivali con risvolto ◇ (*spécialt.*) [*chacune des deux parties rabattues sur la poitrine, qui prolongent le col*] 'revers' *inv.*, risvolto: *les revers d'un veston* i 'revers' di una giacca **4** *loc.* PRENDRE À REVERS [*de flanc ou par derrière*] prendere alle spalle: *il prit les troupes ennemies à revers* prese le truppe nemiche alle spalle → **tourner** **5** (*loc.*) *revers de main* [*geste par lequel on écarte, on frappe, etc., avec le dos de la main*] manrovescio* ◇ (*au tennis*) rovescio: *jouer en revers* giocare di rovescio **II** [*coup du sort qui change une situation en mal*] rovescio: *revers de fortune* rovescio di fortuna; *essuyer un revers* subire un rovescio # *revers militaires* sconfitte militari.

réversal, ale, aux |RevɛRsal, o| *adj.* reversale.

reversement |R(ə)vɛRsəmɑ̃| *s.m.* (*fin.*) trasferimento.

reverser |R(ə)vɛRse| *v.tr.* **1** [*verser de nouveau, encore*] riversare **2** [*verser dans le récipient d'où venait le liquide*] riversare: *reverser de l'huile dans un bidon* riversare dell'olio in una lattina **3** (*fin.*) [*reporter*] trasferire (197): *reverser un excédent sur un compte* trasferire una eccedenza su un conto.

reversi, reversis |R(ə)vɛRsi| *s.m.* (*cartes*) rovescina *f.*, reversino.

réversibilité |RevɛRsibilite| *s.f.* reversibilità *inv.*

réversible |RevɛRsibl(ə)| *adj.* **1** reversibile: *mouvement réversible* movimento reversibile; *l'histoire n'est pas réversible* la storia non è reversibile, non torna indietro **2** [*qui peut se porter à l'envers comme à l'endroit; qui n'a pas d'envers*] reversibile: *manteau réversible* cappotto reversibile, 'double face' **3** (*chim., phys., théol.*) reversibile.

réversion |RevɛRsjɔ̃| *s.f.* (*biol., dr.*) reversione.

reversoir |R(ə)vɛRswaR| *s.m.* (*techn.*) sbarramento.

revêtement |R(ə)vɛtmɑ̃| *s.m.* (*techn.*) [→ REVÊTIR II] rivestimento: *revêtement d'une paroi, d'un four* rivestimento di una parete, di un forno ◇ (*spécialt.*) *revêtement d'une chaussée* pavimentazione *f.* stradale.

revêtir |R(ə)vetiR| (25) *v.tr.* **I** **1**

[*couvrir (qqn.) d'un vêtement particulier*] rivestire: *revêtir un prêtre des ornements sacerdotaux* rivestire un sacerdote con i paramenti sacri **2** (*fig.*) [*investir*] investire: *revêtir qqn. d'une dignité, d'une autorité* investire qc. di una dignità, di una autorità ◇ [*couvrir (d'un aspect)*] rivestire: *l'air paradoxal dont il revêt ses idées* l'aria di paradosso con cui riveste le sue idee **3** [*mettre sur (un acte, un document) les signes matériels de sa validité*] munire (197): *revêtir d'une signature* munire di firma ✦ (*au p.p.*) *traite revêtue d'acceptation* tratta munita di accettazione **II** [*orner ou protéger par un revêtement*] rivestire → **garnir, couvrir** ✦ (*au p.p.*) *route revêtue* strada con rivestimento antipolvere *loc.* **III 1** [*mettre sur soi (un habillement spécial)*] rivestire, indossare: *revêtir l'uniforme* rivestire, indossare l'uniforme **2** [*avoir, prendre (un aspect)*] assumere (118), presentare: *le conflit revêtait un caractère dangereux* il conflitto assumeva un carattere pericoloso, presentava una certa pericolosità.

rêveur, euse |ʀɛvœʀ, øz| *adj.* **1** [*qui se laisse aller à la rêverie*] sognante: *un air rêveur* un'aria sognante → **songeur** ✦ *s.* sognatore*: *c'est un rêveur* è un sognatore ◇ (*péj.*) *ce n'est qu'un rêveur, ses idées sont irréalisables* è solo un sognatore, le sue idee sono irrealizzabili → **utopiste 2** (*loc.*) *cela me laisse rêveur* la cosa mi lascia perplesso.

rêveusement |ʀɛvøzmɑ̃| *adv.* [→ RÊVEUR 1] con aria sognante *loc. inv.*

revient (prix de) |pʀid(ə)ʀ(ə)vjɛ̃| *s.m.* prezzo di costo.

revif |ʀ(ə)vif| *s.m.* **1** (*mar.*) flusso **2** (*littér.*) → **regain.**

revigoration |ʀəvigɔʀɑsjɔ̃| *s.f.* (*littér.*) [→ REVIGORER] rinvigorimento *m.* © **affaiblissement.**

revigorer |ʀ(ə)vigɔʀe| *v.tr.* [*redonner de la vigueur à (qqn.)*] rinvigorire (197): *cette bonne douche m'a revigoré* questa bella doccia mi ha rinvigorito → **ragaillardir, ravigoter** © **affaiblir.**

revirement |ʀ(ə)viʀmɑ̃| *s.m.* **1** (*mar.*) nuova virata *f.* (di bordo) **2** [*changement brusque et complet dans les dispositions, les opinions*] voltafaccia (*inv.*): *un revirement inexplicable* un inspiegabile voltafaccia; *les revirements d'un homme politique* i voltafaccia di un uomo politico.

révisable |ʀevizabl(ə)| *adj.* [*qui peut être révisé*] rivedibile.

réviser |ʀevize| *v.tr.* **1** [*procéder à la révision de*] rivedere (192): *réviser un traité* rivedere un trattato; *réviser un jugement* rivedere il proprio giudizio # *réviser un procès* procedere alla revisione di un processo **2** [*revoir (ce qu'on a appris)*] ripassare: *réviser des matières d'examen* ripassare delle materie d'esame **3** [*vérifier le fonctionnement de (qqch.)*] revisionare: *réviser un moteur* revisionare un motore.

réviseur |ʀevizœʀ| *s.m.* [*personne qui révise ou qui revoit*] revisore.

révision |ʀevizjɔ̃| *s.f.* **1** [→ RÉVISER 1] revisione: *révision de la constitution* revisione della costituzione ◇ (*dr.*) *révision d'un procès* revisione di un processo **2** [*mise à jour par un nouvel examen*] revisione: *révision des listes électorales* revisione delle liste elettorali ◇ (*milit.*) *conseil de révision* visita di leva **3** (*techn.*) revisione: *révision d'un véhicule* revisione di un veicolo **4** [→ REVOIR II 2] ripasso (*m.*): *faire des révisions* fare dei ripassi.

révisionnel, elle |ʀevisjɔnɛl| *adj.* revisionale.

révisionnisme |ʀevizjɔnism(ə)| *s.m.* revisionismo.

révisionniste |ʀevizjɔnist(ə)| *adj.* revisionistico* ✦ (*s.*) *un révisionniste* un revisionista.

revisser |ʀ(ə)vise| *v.tr.* [*visser (ce qui était dévissé)*] riavvitare.

revitalisation |ʀəvitalizasjɔ̃| *s.f.* [→ REVITALISER] rivitalizzazione.

revitaliser |ʀəvitalize| *v.tr.* [*redonner la vitalité à (qqch. de vivant)*] rivitalizzare.

revivification |ʀ(ə)vivifikɑsjɔ̃| *s.f.* **1** (*littér.*) [→ REVIVIFIER] ravvivamento *m.*, il rivivificare *m. inv.* **2** (*techn.*) riduzione (ad ossido di ferro).

revivifier |ʀ(ə)vivifje| *v.tr.* (*littér.*) [*vivifier de nouveau, donner une nouvelle vie à*] rivivificare.

reviviscence |ʀəvivisɑ̃s|, **réviviscence** |ʀevivisɑ̃s| *s.f.* (*littér., sc.*) reviviscenza, riviviscenza.

reviviscent, ente |ʀəvivisɑ̃, ɑ̃t| *adj.* (*littér., sc.*) reviviscente, riviviscente.

revivre |ʀəvivʀ(ə)| (58) **A** *v.intr.* **1** [*vivre de nouveau (après la mort)*] rivivere (194) (*aux.* essere) → **ressusciter** ◇ (*par ext.*) *il revit dans son fils* rivive nel figlio ◇ (*par exagér.*) [*recouvrer ses forces, son énergie*] rivivere: *je commence à revivre depuis que j'ai reçu de ses nouvelles* comincio a rivivere da quando ho ricevuto sue notizie → **respirer 2** *faire revivre* far rivivere → **évoquer** ◇ (*par ext.*) *faire revivre un personnage du passé dans un film* far rivivere un personaggio del passato in un film **B** *v.tr.* [*vivre ou ressentir de nouveau (qqch.)*] rivivere: *je ne veux pas revivre cette épreuve* non voglio rivivere quella prova.

révocabilité |ʀevɔkabilite| *s.f.* revocabilità *inv.*

révocable |ʀevɔkabl(ə)| *adj.* revocabile.

révocation |ʀevɔkɑsjɔ̃| *s.f.* (*dr.*) revoca*, revocazione: *révocation d'un fonctionnaire* revoca di un funzionario.

révocatoire |ʀevɔkatwaʀ| *adj.* (*dr.*) revocatorio*.

revoici |ʀ(ə)vwasi|, **revoilà** |ʀ(ə)vwala| *prép.* (*fam.*) [*voici, voilà de nouveau*] riecco (*adv.*): *me revoici, c'est encore moi* rieccomi, sono ancora io.

revoir |ʀ(ə)vwaʀ| (37) *v.tr.* **I 1** [*être de nouveau en présence de (qqn.)*] rivedere (192): *je l'ai souvent revu depuis* l'ho rivisto spesso in seguito; *au plaisir de vous revoir!* spero di rivederla!, arrivederla presto! → **retrouver** ◇ *loc. interj.* AU REVOIR arrivederci *interj.* # *au revoir Monsieur* arrivederla, (signore); *dire au revoir (à qqn.)* salutare (qc.) ✦ (*s.m. inv.*) *ce n'est qu'un au revoir et non un adieu* è solo un arrivederci, non un addio **2** [*retourner dans un lieu qu'on avait quitté*] rivedere: *revoir sa patrie* rivedere la patria **3** [*regarder de nouveau, assister de nouveau (à un spectacle)*] rivedere: *revoir des photos* rivedere delle foto; *un film que j'aimerais revoir* un film che mi farebbe piacere rivedere **4** [*voir de nouveau en imagination, par la mémoire*] rivedere: *je revois les lieux de mon enfance* rivedo i luoghi della mia infanzia **II 1** [*examiner de nouveau pour parachever, corriger*] rivedere: *revoir un texte* rivedere un testo ✦ (*au p.p.*) *édition revue et corrigée* edizione riveduta e corretta **2** [*apprendre de nouveau pour se remettre en mémoire*] ripassare: *j'ai revu tout le programme* ho ripassato tutto il programma.

revoler |ʀ(ə)vɔle| **A** *v.intr.* **1** (*rare*) [*retourner en volant*] tornare (*aux.* essere) volando, a volo **2** [*voler de nouveau*] volare di nuovo, rivolare **B** *v.tr.* [*dérober de nouveau*] rubare di nuovo.

révoltant, ante |ʀevɔltɑ̃, ɑ̃t| *adj.* rivoltante, ripugnante.

révolte |ʀevɔlt(ə)| *s.f.* **1** rivolta, ribellione: *inciter, pousser à la révolte* incitare, spingere alla rivolta; *la révolte d'une province* la ribellione, l'insurrezione di una provincia → **émeute, insurrection 2** [*attitude de refus et d'hostilité devant une autorité, une contrainte*] rivolta, ribellione: *cri de révolte* grido di rivolta; *sursaut de révolte* moto di ribellione ◇ (*par ext.*) *la révolte de l'instinct* la rivolta dell'istinto (contro la ragione).

révolté, ée |ʀevɔlte| *adj.* **1** [*qui est en révolte (contre l'autorité, le pouvoir)*] ribelle → **dissident, insurgé** ✦ (*s.*) *les révoltés* i rivoltosi, i ribelli **2** [*rempli d'indignation*] indignato, sdegnato: *vous me voyez révolté* lei mi vede indignato, esasperato → **outré.**

révolter |ʀevɔlte| **A** *v.tr.* **1** [*soulever (qqn.) d'indignation, remplir de réprobation*] rivoltare, ripugnare *intr.* (a): *ces procédés me révoltent* questi metodi mi rivoltano, mi ripugnano → **écœurer, indigner 2** (*rare*) → **soulever B** *v.pron. intr.* SE RÉVOLTER **1** [*se dresser, entrer en lutte (contre le pouvoir, l'autorité établie)*] rivoltarsi, ribellarsi → **insurger (s')** ◇ (*par ext.*) *enfant qui se révolte contre ses parents* bambino che si ribella ai genitori **2** (*fig.*) [*être rempli d'indignation*] indignarsi, sdegnarsi.

révolu, ue |ʀevɔly| *adj.* (*espace de temps*) [*écoulé, terminé*] compiuto; passato: *à l'âge de 18 ans révolus* a 18 anni compiuti ‖ *une époque révolue* una epoca passata.

révolution |ʀevɔlysjɔ̃| *s.f.* **I** (*astron., géom.*) rivoluzione **II 1** [*changement très important dans l'ordre humain*] rivoluzione: *révolution des mœurs* rivoluzione dei costumi; *la révolution industrielle de la fin du XIXᵉ siècle* la rivoluzione industriale della fine del XIX secolo → **bouleversement, transformation** ◇ (*fam.*) [*agitation, ébullition*] subbuglio* *m.* (*cour.*), fermento *m.* (*cour.*): *tout le quartier est en révolution* tutto il quartiere è in subbuglio, in fermento **2** rivoluzione: *une révolution éclate* scoppia una rivoluzione; *la Révolution française* la Rivoluzione francese ✦ (*absolt.*) *avant la Révolution* [*sous l'anc. régime*] prima della Rivoluzione.

révolutionnaire |ʀevɔlysjɔnɛʀ| *adj.* **1** rivoluzionario*: *mouvement révolutionnaire* movimento rivoluzionario; *gouvernement révolutionnaire* governo rivoluzionario; *les chants révolutionnaires* i canti rivoluzionari ✦ (*s.*) *un révolutionnaire* un rivoluzionario **2** [*novateur*] rivoluzionario: *une technique révolutionnaire* una tecnica rivoluzionaria © **1 conservateur.**

révolutionnairement |Revɔlysjɔnɛrmɑ̃| *adv.* [*par des moyens révolutionnaires*] in modo rivoluzionario *loc.*
révolutionnarisation |Revɔlysjɔnarizɑsjɔ̃| *s.f.* (*polit.*) rivoluzionamento *m.*
révolution(n)arisme |Revɔlysjɔnarism(ə)| *s.m.* (*polit.*) rivoluzionarismo.
révolution(n)ariste |Revɔlysjɔnarist(ə)| *s.* rivoluzionarista.
révolutionner |Revɔlysjɔne| *v.tr.* **1** [*agiter violemment, mettre en émoi*] sconvolgere (196), mettere (155) in subbuglio: *cette nouvelle a révolutionné le quartier* la notizia ha sconvolto il quartiere **2** [*transformer radicalement, profondément*] rivoluzionare: *la machine à vapeur a révolutionné l'industrie* la macchina a vapore ha rivoluzionato l'industria → **bouleverser**.
revolver |Revɔlvɛr| *s.m.* **1** [*arme à feu*] rivoltella *f.*, revolver *inv.* # *un coup de revolver* una revolverata, una rivoltellata **2** (*par anal.*) [*mécanisme tournant*] revolver: *microscope à revolver* microscopio a revolver ◆ (*appos.*) *tour revolver* tornio a revolver *loc. inv.*
revolvériser |Revɔlverize| *v.tr.* (*fam.*) [*tuer, blesser avec un revolver*] prendere (105) a rivoltellate (*pop.*), ammazzare, ferire (197) a revolverate (*cour.*).
révoquer |Revɔke| *v.tr.* **1** [*destituer* (*un fonctionnaire, un magistrat*)] destituire (197), rimuovere (157): *le préfet a été révoqué* il prefetto è stato destituito → **casser** **2** [*annuler* (*un acte juridique*) *au moyen de formalités déterminées*] revocare, annullare: *révoquer un testament* revocare, annullare un testamento **3** (*littér.*) *révoquer en doute* [*mettre en doute*] mettere in dubbio (*cour.*).
revoter |R(ə)vɔte| *v.tr. et intr.* [*voter une nouvelle fois*] votare di nuovo.
revouloir |R(ə)vulwar| (40) *v.tr.* (*fam.*) [*vouloir de nouveau ou encore*] rivolere (195) (*cour.*), volere (195) ancora (*cour.*): *j'en reveux* ne voglio ancora.
revoyure |R(ə)vwajyr| *s.f.* (*loc. fam.*) *à la revoyure* [*au revoir*] arrivederci *interj.* (*cour.*).
1 **revue** |R(ə)vy| *s.f.* **I** **1** [*examen qu'on fait* (*d'un ensemble matériel ou abstrait*) *en considérant successivement chacun des éléments*] rassegna: *revue de* (*la*) *presse* rassegna della stampa; *faire la revue de ses documents* fare la rassegna dei propri documenti ◇ *loc.* PASSER EN REVUE passare in rassegna: *nous avons passé en revue les divers problèmes* abbiamo passato in rassegna i diversi problemi **2** *loc. fam.* ÊTRE DE REVUE [*avoir l'occasion de se revoir*] aver l'occasione di rivedersi: *ce sera pour une autre fois, nous sommes de revue* sarà per un'altra volta, avremo occasione di rivederci ◇ (*pop.*) *être de la revue* essere deluso *adj.*, ingannato *adj.* nelle proprie speranze (*cour.*) **II** (*milit.*) parata, rivista: *la revue du 14 juillet* la parata del 14 luglio → 2 **défilé**, 1 **parade** ◇ *loc.* PASSER EN REVUE passare in rassegna: *le général passa le régiment en revue* il generale passò in rassegna il reggimento **III** [*pièce satirique passant en revue l'actualité; spectacle de variétés ou de music-hall*] rivista: *revue à grand spectacle* rivista a grande spettacolo.
2 **revue** |R(ə)vy| *s.f.* [*publication périodique*] rivista, settimanale *m.* → **magazine, périodique.**
revuiste |R(ə)vyist(ə)| *s.m.* scrittore* *s.*, autore* *s.* di riviste teatrali.
révulsé, ée |Revylse| *adj.* (*visage, yeux*) [*qui a une expression bouleversée*] stralunato, stravolto: *yeux révulsés* occhi stralunati.
révulser |Revylse| *v.tr.* **1** (*méd.*) [*faire affluer le sang par révulsion*] provocare revulsione **2** [*retourner, bouleverser* (*le visage, les yeux*)] stralunare (il viso), strabuzzare (gli occhi).
révulsif, ive |Revylsif, iv| *adj. et s.m.* (*méd. pharm.*) revulsivo.
révulsion |Revylsjɔ̃| *s.f.* (*méd.*) revulsione.
rewriter |RiRajte, RəRajte| *v.tr.* (*angl.*) [*réécrire* (*un texte destiné à être publié*] riscrivere (182).
rewriting |RiRajtiŋ, RəRajtiŋ| *s.m.* (*angl.*) [→ REWRITER] ritrascrittura *f.*, nuova scrittura *f.*
rez-de-chaussée |Redʃose| *s.m. inv.* [*partie d'un édifice dont le plancher est sensiblement au niveau de la rue du sol*] pianterreno *var.* # *rez-de-chaussée surélevé* piano rialzato.
rez-de-jardin |Redʒardɛ̃| *s.m. inv.* pianterreno *var.* (di casa con giardino).
rhabdomancie |Rabdɔmɑ̃si| *s.f.* rabdomanzia.
rhabdomancien, ienne |Rabdɔmɑ̃sjɛ̃, jɛn| *s.* rabdomante.
rhabillage |Rabijaʒ| *s.m.* **1** [→ RHABILLER A 1] rivestitura *f.* → **riparation** **2** [→ RHABILLER B] il rivestirsi *inv.*
rhabiller |Rabije| **A** *v.tr.* **1** (*techn.*) [*remettre en état*] rivestire: *rhabiller une pendule* rivestire un orologio a pendolo → **réparer** **2** [*habiller de nouveau*] rivestire: *rhabiller une poupée* rivestire una bombola **3** [*transformer l'aspect extérieur de* (*un bâtiment*)] restaurare ◇ (*fig.*) [*donner une forme nouvelle, moderne à*] rinnovare: *rhabiller une vieille idée* rinnovare una vecchia idea **B** *v.pron. réfl.* SE RHABILLER [→ *tr.* 1] rivestirsi ◇ (*fam.*) *il peut aller se rhabiller* può andare a spasso.
rhabilleur, euse |Rabijœr, øz| *s.* [*ouvrier, ouvrière qui rhabille*] riparatore*.
rhagade |Ragad| *s.f.* (*méd.*) ragade.
Rhamnacées |Ramnase| *s.f. pl.* (*t.bot.*) Ramnacee.
rhamnus |Ramnys| *s.m.* (*t.bot.*) ramno.
rhapontic |Rapɔ̃tik| *s.m.* (*t.bot.*) rapontico*.
r(h)apsode |Rapsɔd| *s.m.* rapsodo.
r(h)apsodie |Rapsɔdi| *s.f.* rapsodia.
r(h)apsodique |Rapsɔdik| *adj.* rapsodico*.
rhé |Re| *s.m.* (*mécan.*) rhé *inv.*
rhénan, ane |Renɑ̃, an| *adj.* [*du* (*fleuve*) *Rhin*] renano.
rhénium |Renjɔm| *s.m.* (*chim.*) renio*.
rhéo- |Reɔ| *préf.* (*signifiant 'couler', correspond généralt. à*) reo: *rhéomètre* reometro.
rhéobase |Reɔbɑz| *s.f.* (*physiol.*) reobase.
rhéologie |Reɔlɔʒi| *s.f.* (*phys.*) reologia*.
rhéologique |Reɔlɔʒik| *adj.* (*phys.*) reologico*.
rhéomètre |Reɔmɛtr(ə)| *s.m.* (*phys.*) reometro.
rhéophile |Reɔfil| *adj.* reofilo.
rhéostat |Reɔsta| *s.m.* reostato.
rhéostatique |Reɔstatik| *adj.* (*phys.*) reostatico*.
rhésus |Rezys| *s.m.* **1** (*t.zool.*) reso **2** (*méd.*) *facteur rhésus* fattore Rh *inv.*
rhéteur |Retœr| *s.m.* retore.
rhétien, ienne |Resjɛ̃, jɛn| *adj. et s.m.* (*géol.*) retico*.
rhétique, rétique |Retik| *adj.* (*géogr.*) retico* ◆ *s.m.* (*ling.*) retico.
rhétoricien, ienne |Retɔrisjɛ̃, jɛn| *s.* **1** (*littér.*) retorico* *m.* **2** studente* di retorica.
rhétorique |Retɔrik| **I** *s.f.* **1** retorica*: *traité de rhétorique* trattato di retorica # *figures de rhétorique* figure retoriche **2** (*littér.*) [*moyens d'expression et de persuasion propres à qqn.*] eloquenza (*cour.*): *employer toute sa rhétorique à convaincre qqn.* usare tutta la propria eloquenza per convincere qc. **II** *adj.* retorico*.
rhétoriqueur |Retɔrikœr| *s.m.* **1** (*hist. litt.*) *grands rhétoriqueurs* [*noms que se donnèrent un certain nombre de poètes de la fin du XV*[e] *et du début du XVI*[e] *siècle*] ⊠ **2** (*rare*) → **rhétoricien.**
rhéto-roman, ane |Retɔrɔmɑ̃, an| *adj. et s.* (*ling.*) retoromanzo.
rhinalgie |Rinalʒi| *s.f.* (*méd.*) rinalgia*.
rhinanthe |Rinɑ̃t| *s.m.* (*t.bot.*) rinanto.
rhinencéphale |Rinɑ̃sefal| *s.m.* (*anat.*) rinencefalo.
rhingrave |Rɛ̃grav| *s.* **1** *s.m.* (*hist.*) conte del Reno **2** *s.f.* calzamaglia con gonnellino.
rhinite |Rinit| *s.f.* (*méd.*) rinite.
rhin(o)- |Rin(ɔ)| *préf.* (*signifiant 'nez', correspond généralt. à*) rin(o): *rhinopharyngite* rinofaringite.
rhinocéros |Rinɔserɔs| *s.m.* (*t. zool.*) rinoceronte.
rhinolaryngite |Rinɔlarɛ̃ʒit| *s.f.* (*méd.*) rinolaringite.
rhinologie |Rinɔlɔʒi| *s.f.* (*méd.*) rinologia*.
rhinolophe |Rinɔlɔf| *s.m.* (*t.zool.*) rinolofo.
rhinopharyngien, ienne |Rinɔfarɛ̃ʒjɛ̃, jɛn|, **rhinopharyngé, ée** |Rinɔfarɛ̃ʒe| *adj.* (*anat.*) rinofaringeo.
rhinopharyngite |Rinɔfarɛ̃ʒit| *s.f.* (*méd.*) rinofaringite.
rhinopharynx |Rinɔfarɛ̃ks| *s.m.* (*anat.*) rinofaringe.
rhinophonie |Rinɔfɔni| *s.f.* (*méd.*) rinolalia.
rhinoplastie |Rinɔplasti| *s.f.* (*chir.*) rinoplastica*.
rhinorragie |Rinɔraʒi| *s.f.* (*méd.*) rinorragia*.
rhinorragique |Rinɔraʒi| *adj.* (*méd.*) rinorragico*.
rhinorrhée |Rinɔre| *s.f.* (*méd.*) rinorrea.
rhinosclérome |Rinɔsklerɔm| *s.m.* (*méd.*) rinoscleroma.
rhinoscope |Rinɔskɔp| *s.m.* (*méd.*) rinoscopio*.
rhinoscopie |Rinɔskɔpi| *s.f.* (*méd.*) rinoscopia.
-rhize |Riz| *suff.* (*signifiant 'racine', correspond généralt. à*) rriza: *mycorhize* micorriza.

rhizo- |Rizɔ| *préf.* (*signifiant 'racine', correspond généralt. à*) rizo: *rhizopodes* rizopodi.
rhizobium |Rizɔbjɔm| *s.m.* (*biol.*) rizobio*.
rhizocarpé |Rizɔkarpe| *adj.* (*bot.*) rizocarpico*.
rhizoctone |Rizɔktɔn| *s.m.*, **rhizoctonie** |Rizɔktɔni| *s.f.* (*t.bot.*) rizottonia *f.*
rhizoïdes |Rizɔid| *s.m. pl.* (*bot.*) rizoidi.
rhizome |Rizom| *s.m.* (*bot.*) rizoma.
rhizophage |Rizɔfaʒ| *adj.* rizofago*.
rhizophore |Rizɔfɔr| *s.m.* (*bot.*) rizoforo.
Rhizopodes |Rizɔpɔd| *s.m. pl.* (*t. zool.*) Rizopodi.
rhizosphère |Rizɔsfɛr| *s.f.* (*biol.*, *pédologie*) rizosfera.
rhizostome |Rizɔstɔm| *s.m.* (*t. zool.*) rizostoma.
rhizotome |Rizɔtɔm| *s.m.* (*techn.*) tagliaradici *inv.*
rhô |Ro| *s.m.* [*lettre de l'alphabet grec*] ro *m. ou f. inv.*
rhodamine |Rɔdamin| *s.f.* (*chim.*) rodamina.
rhodanien, ienne |Rɔdanjɛ̃, jɛn| *adj.* (*géogr.*) del Rodano *loc. inv.*
rhodia |Rɔdja| *s.m.* (*nom déposé*) [*tissu synthétique*] rhodia *f.*
rhodié, ée |Rɔdje| *adj.* (*chim.*) legato con rodio.
rhodien, ienne |Rɔdjɛ̃, jɛn| *adj.* [*de Rhodes*] rodio*, rodiese, rodiota: *les antiques cités rhodiennes* le antiche città rodie.
rhodinol |Rɔdinɔl| *s.m.* (*chim.*) rodinolo.
rhodite |Rɔdit| *s.f.* (*chim.*) rodite.
rhodium |Rɔdjɔm| *s.m.* (*chim.*) rodio*.
rhod(o)- |Rɔd(ɔ)| *préf.* (*signifiant 'rose', correspond généralt. à*) rodo: *rhododendron* rododendro.
rhododendron |Rɔdɔdɛ̃drɔ̃| *s.m.* (*t.bot.*) rododendro.
rhodoïd |Rɔdɔid| *s.m.* (*nom déposé*) [*matière plastique à base d'acétate de cellulose, plastique, transparente et incombustible*] ⊠.
Rhodophycées |Rɔdɔfise| *s.f. pl.* (*t.bot.*) Rodoficee.
rhodopsine |Rɔdɔpsin| *s.f.* (*biol.*) rodopsina.
rhomb(o)- |Rɔ̃bɔ| *préf.* (*signifiant 'losange', correspond généralt. à*) rombo: *rhomboèdre* romboedro.
rhombe |Rɔ̃b| *s.m.* (*vx.*, *littér.*) rombo (*cour.*) → **losange.**
rhombencéphale |Rɔ̃bɑ̃sefal| *s.m.* (*anat.*) rombencefalo.
rhombique |Rɔ̃bik| *adj.* rombico*.
rhomboèdre |Rɔ̃bɔɛdr(ə)| *s.m.* (*géom.*) romboedro.
rhomboédrique |Rɔ̃bɔedrik| *adj.* (*géom.*) romboedrico*.
rhomboïdal, ale, aux |Rɔ̃bɔidal, o| *adj.* romboidale.
rhomboïde |Rɔ̃bɔid| *s.m. et adj.* (*anat.*, *géom.*) romboide.
r(h)onchus |Rɔ̃kys| *s.m.* (*méd.*) ronco*.
rhotacisme |Rɔtasism(ə)| *s.m.* (*ling.*, *méd.*) rotacismo.
rhovyl |Rɔvil| *s.m.* (*nom déposé*) [*tissu synthétique constitué de chlorure de polyvinyle pur*] ⊠.
rhubarbe |Rybarb(ə)| *s.f.* (*t.bot.*) rabarbaro *m.*
rhum |Rɔm| *s.m.* (*angl.*) [*eau-de-vie de canne à sucre*] rum *inv.*
rhumatisant, ante |Rymatizɑ̃, ɑ̃t| *adj. et s.* reumatico*.
rhumatismal, ale, aux |Rymatismal, o| *adj.* [*propre au rhumatisme*] reumatico*.
rhumatisme |Rymatism(ə)| *s.m.* reumatismo.
rhumatologie |Rymatɔlɔʒi| *s.f.* reumatologia*.
rhumatologique |Rymatɔlɔʒik| *adj.* reumatologico*.
rhumatologiste |Rymatɔlɔʒist(ə)|, **rhumatologue** |Rymatɔlɔg| *s.* reumatologo*.
rhumb |Rɔ̃b| *s.m.* (*mar.*) rombo.
rhume |Rym| *s.m.* (*méd.*, *cour.*) raffreddore: *rhume des foins* raffreddore da fieno; *avoir, attraper un rhume* avere il raffreddore, buscarsi un raffreddore.
rhumer |Rɔme| *v.tr.* [*additionner de rhum, parfumer au rhum*] correggere (154) con rum, bagnare di rum.
rhumerie |Rɔmri| *s.f.* distilleria di rum.
rhynchite |Rɛ̃kit| *s.m.* (*t.zool.*) rinchite.
r(h)ynch(o)- |Rɛ̃k(ɔ)| *préf.* (*signifiant 'groin, bec', correspond généralt. à*) rinc(o): *rhynchonelle* rinconellide.
rhynchonelle |Rɛ̃kɔnɛl| *s.f.* (*t. zool.*) rinconellide *m.*
rhynchophore |Rɛ̃kɔfɔr| *s.m.* (*t. zool.*) rincoforo.
Rhynchotes |Rɛ̃kɔt| *s.m. pl.* (*t. zool.*) Rincoti.
rhyolithe, rhyolite |Rjɔlit| *s.f.* (*géol.*) riolite.
rhytidome |Ritidɔm| *s.m.* (*bot.*) ritidoma.
ria |Rija| *s.f.* (*géogr.*) (*esp.*) ria *inv.*
riant, riante |R(i)jɑ̃, R(i)jɑ̃t| *adj.* **1** [*qui exprime la gaieté*] ridente: *yeux riants* occhi ridenti → **gai** **2** (*fig.*) [*qui semble respirer la gaieté et y inciter*] ridente, ameno: *riantes prairies* prati ridenti, ameni [C] 1 **triste.**
ribambelle |Ribɑ̃bɛl| *s.f.* [*longue suite* (*de personnes ou de choses en grand nombre*)] sfilza: *une ribambelle d'enfants* una sfilza di bambini.
ribaud, aude |Ribo, od| *adj. et s.* (*vx.*) → **débauché.**
ribaudequin |Ribodkɛ̃| *s.m.* (*ancienn.*) [*engin de guerre*] ribadocchino.
Ribésiées |Ribezje|, **Ribésiacées** |Ribezjase| *s.f. pl.* (*t.bot.*) Sassifragacee.
riblage |Riblaʒ| *s.m.* (*techn.*) affilatura *f.* (d'una mola).
ribler |Rible| *v.tr.* (*techn.*) [*aiguiser* (*une meule*), *en polir la surface, en particulier en la frottant contre une autre*] affilare.
riblon |Riblɔ̃| *s.m.* (*métall.*) truciolo (di metallo).
riboflavine |Riboflavin| *s.f.* (*biol.*, *chim.*) riboflavina, vitamina B.
ribonucléase |Ribonykleaz| *s.f.* (*biol.*, *chim.*) ribonucleasi *inv.*
ribonucléique |Ribonykleik| *adj.* (*biol.*) ribonucleico*.
ribose |Riboz| *s.m.* (*biol.*, *chim.*) ribosio*.
ribote |Ribɔt| *s.f.* (*vieilli, plais.*) [*joyeux excès de table et de boisson*] ribotta, baldoria (*cour.*), bisboccia* (*cour.*): *faire ribote* far ribotta, baldoria, bisboccia # *être en ribote* essere sbronzo.
ribouis |Ribwi| *s.m.* (*vx.*, *pop.*) [*soulier usagé*] scarpaccia* *f.* (*cour.*).
riboulant, ante |Ribulɑ̃, ɑ̃t| *adj.* (*fam.*) *yeux riboulants* [*étonnés*] occhi sgranati (*cour.*), sbarrati (*cour.*).
ribouldingue |Ribuldɛ̃g| *s.f.* (*pop.*) [*partie de plaisir, noce*] baldoria (*cour.*), bisboccia* (*cour.*): *faire la ribouldingue* far baldoria, bisboccia → 2 **bombe.**
ribouler |Ribule| *v.intr.* (*fam.*, *vieilli*) *ribouler des yeux, des quinquets* [*regarder en roulant les yeux d'un air stupéfait*] sgranare *tr.* (*cour.*), sbarrare *tr.* (*cour.*) gli occhi.
ricain, aine |Rikɛ̃, ɛn| *adj.* (*pop.*) americano (degli Stati Uniti) (*cour.*).
ricanement |Rikanmɑ̃| *s.m.* [→ RICANER] ghigno, sogghigno.
ricaner |Rikane| *v.intr.* [*rire à demi de façon méprisante ou sarcastique*] sogghignare.
ricaneur, euse |Rikanœr, øz| *adj.* [*qui ricane*] beffardo, schernitore*: *un air ricaneur* un'aria beffarda, di scherno ♦ (*s.*) schernitore, beffardo.
riccie |Riksi| *s.f.* (*t.bot.*) riccia*.
richard, arde |Riʃar, ard(ə)| *s.* (*fam.*, *péj.*) [*personne riche qui a de la fortune*] riccone.
riche |Riʃ| **I** *adj.* **1** [*qui a de la fortune, possède des richesses*] ricco*: *être très riche* essere molto ricco; *nous ne sommes pas riches* non siamo ricchi; *épouser une riche héritière* sposare una ricca ereditiera → **fortuné, opulent** ◇ (*par ext.*) *faire un riche mariage* fare un ricco matrimonio; *pays riches* paesi ricchi → **prospère** **2** (*choses*) [*qui annonce ou suppose la richesse*] ricco: *de riches tapis* ricchi tappeti ◇ (*fam.*) *ça fait riche* fa ricco, fa molto 'chic' **3** (*choses*) *loc.* RICHE EN... (*surtout concret*) ricco di...: *un aliment riche en vitamines* un alimento ricco di vitamine ~ RICHE DE... (*surtout abstrait*) ricco di...: *un livre riche d'enseignements* un libro ricco di insegnamenti **4** (*choses*) [*qui contient de nombreux éléments ou des éléments importants en abondance*] ricco: *un sol, une terre riche* un suolo, una terra ricca → **fertile** ◇ (*fam.*) *c'est une riche nature* è una persona piena di possibilità (*cour.*); *une riche idée* una brillante idea **II** (*s.m.*) *les riches* i ricchi ◇ (*prov.*) *on ne prête qu'aux riches* piove sempre sul bagnato ◇ (*loc.*) *nouveau riche* nuovo ricco → **parvenu** ◇ (*péj.*) *gosse de riche(s)* figlio di papà [C] **pauvre.**
richelieu |Riʃəljø| *s.m.* scarpa *f.* bassa (coi lacci).
richement |Riʃmɑ̃| *adv.* **1** [*de manière à rendre ou à devenir riche*] riccamente # *il a marié richement ses filles* ha fatto fare alle figlie un ricco matrimonio **2** [*avec magnificence*] riccamente, sontuosamente: *richement vêtu* riccamente vestito [C] 2 **pauvrement.**
richesse |Riʃɛs| *s.f.* **1** [*possession de grands biens* (*en nature ou en argent*)] ricchezza → **fortune, opulence** # *vivre dans la richesse* vivere nell'agiatezza ◇ (*prov.*) *contentement passe richesse* chi si contenta gode ◇ (*au plur.*) *les richesses* le ricchezze **2** *au plur.* [*l'argent, les possessions matérielles*] ricchezze: *accumuler les richesses* accumulare ricchezze ◇ [*objets de grands valeur*] tesori (*m.*): *des richesses enfouies* dei tesori sepolti; *les richesses d'un musée* i tesori di un museo **3** *au plur.* [*ressources*

d'un pays; produits de l'activité économique dont profite la collectivité] ricchezze: *les ressources et les richesses naturelles d'un pays* le risorse e le ricchezze naturali di un paese **4** (*fig.*) [*bien*] ricchezza **5** [*qualité de ce qui est coûteux ou le paraît*] ricchezza: *la richesse du décor, des tentures* la ricchezza dell'arredamento, delle tappezzerie **6** *loc.* RICHESSE EN abbondanza, ricchezza di: *la richesse de ce pays en pétrole* l'abbondanza, la ricchezza di petrolio di questo paese **7** [*qualité de ce qui est riche*] ricchezza: *richesse du sous-sol* ricchezza del sottosuolo; *la richesse de sa documentation* la ricchezza della sua documentazione → **abondance, importance** Ⓒ 1; 3 **pauvreté.**

richissime |riʃisim| *adj.* ricchissimo, straricco*.

ricin |risɛ̃| *s.m.* (*t.bot.*) ricino ◇ (*cour.*) *huile de ricin* olio di ricino.

riciné, ée |risine| *adj.* (*méd.*) contenente olio di ricino.

rickettsie |rikɛtsi| *s.f.* (*biol.*) rickettsia.

rickettsiose |rikɛtsjoz| *s.f.* (*méd.*) rickettsiosi *inv.*

ricocher |rikɔʃe| *v.intr.* [*faire ricochet*] rimbalzare (*aux.* essere, avere) → **rebondir.**

ricochet |rikɔʃɛ| *s.m.* **1** [*rebond d'une pierre lancée obliquement sur la surface de l'eau, ou d'un projectile renvoyé par un obstacle*] rimbalzo **2** (*loc. fig.*) *par ricochet* di rimbalzo, di riflesso.

ric-rac |rikrak| *loc. adv.* (*fam.*) [*très exactement*] a puntino # *il nous a payé ric-rac* ci ha pagato fino all'ultimo centesimo.

rictus |riktys| *s.m.* (*lat.*) **1** (*méd.*) rictus *inv.* **2** [*sourire grimaçant*] ghigno.

ridage |ridaʒ| *s.m.* (*mar.*) tesatura *f.*

ride |rid| *s.f.* **1** [*petit pli de la peau du front, de la face et du cou* (*dû à l'âge, à l'amaigrissement, ou au froncement*)] ruga*, grinza: *visage sillonné de rides* viso solcato di rughe **2** [*légère ondulation à la surface de l'eau*] crespa, increspatura ◇ (*par ext.*) [*pli, sillon sur une surface*] ondulazione: *les rides d'une plaine* le ondulazioni di una pianura **3** (*mar.*) rida.

ridé, ée |ride| *adj.* **1** [*marqué de rides*] rugoso: *peau ridée* pelle rugosa **2** [*qui présente des rides*] rugoso: *fruit ridé* frutto rugoso.

rideau |rido| *s.m.* **1** [*pièce d'étoffe* (*mobile*) *destinée à tamiser la lumière, à abriter ou décorer qqch.*] tenda (*f.*): *rideaux de fenêtre* tende di finestra; *fermer, ouvrir, écarter, tirer les rideaux* chiudere, aprire, scostare, tirare le tende # *rideaux du lit* cortine del letto **2** [*grande draperie* (*ou toile peinte*) *qui sépare la scène de la salle*] sipario*: *lever, baisser le rideau* alzare, calare il sipario; *rideau!* sipario! **3** (*loc.*) *rideau de fer* [*fermeture métallique de la devanture d'un magasin*] saracinesca* *f.*, serranda *f.* ◇ (*fig.*) [*ligne qui isole en Europe les pays communistes des pays non communistes*] cortina *f.* di ferro: *au delà du rideau de fer* al di là della cortina di ferro, oltrecortina **4** (*loc.*) *tirer le rideau sur qqch.* [*cesser de s'en occuper, d'en parler*] calare il sipario, stendere un velo su q.c. **5** RIDEAU DE... [*chose susceptible d'intercepter la vue, de mettre à couvert*] *un rideau de verdure* una cortina di verde; *rideau de troupes* schieramento di truppe → **écran.**

ridée |ride| *s.f.* (*chasse*) paretaio* *m.*

ridelle |ridɛl| *s.f.* [*châssis à claire-voie disposé de chaque côté d'une charrette, d'un camion, etc., afin de maintenir la charge*] sponda.

ridement |ridmɑ̃| *s.m.* (*rare*) [→ RIDER] raggrinzimento, corrugamento.

rider |ride| **A** *v.tr.* **1** [*marquer, sillonner de rides*] riempire di rughe, raggrinzire (197) → 1 **flétrir** **2** [*marquer d'ondulations, de plis*] increspare, aggrinzare **3** (*mar.*) arridare, tesare **B** *v. pron. intr.* SE RIDER [→ *tr.* 1] raggrinzarsi, raggrinzirsi, riempirsi di rughe: *peau qui se ride* pelle che si raggrinza, che si riempie di rughe.

ridicule |ridikyl| **I** *adj.* **1** ridicolo: *une personne ridicule* una persona ridicola; *cette mode est ridicule* questa moda è ridicola; *prétention ridicule* pretesa ridicola; *c'est ridicule!* è ridicolo! → 2 **grotesque, risible** ✦ (*impers.*) *il serait ridicule d'accepter* sarebbe ridicolo accettare **2** (*par ext.*) [*insignifiant*] ridicolo: *une somme, une quantité ridicule* una somma, una quantità ridicola → **dérisoire** **II** *s.m.* **1** (*loc.*) *tourner qqn. en ridicule* mettere qc. in ridicolo, rendere qc. ridicolo *adj.* **2** [*trait qui rend ridicule, ce qu'il y a de ridicule*] ridicolo, lato ridicolo: *montrer les ridicules* (*de qqn.*) mostrare il lato ridicolo (di qc.); *sentir tout le ridicule d'une situation* sentire tutto il ridicolo di una situazione → 1 **défaut** # *il se donne le ridicule de discuter sans rien savoir* si rende ridicolo discutendo senza saperne niente ✦ (*absolt.*) *le ridicule* il ridicolo; *couvrir qqn. de ridicule* coprire qc. di ridicolo; *avoir la peur du ridicule* aver paura del ridicolo; *le ridicule tue* il ridicolo uccide.

ridiculement |ridikylmɑ̃| *adv.* **1** [→ RIDICULE] in modo ridicolo *loc. inv.*, ridicolmente: *elle est ridiculement vêtue* è vestita in modo ridicolo **2** [*dans des proportions dérisoires*] ridicolmente: *salaire ridiculement bas* salario ridicolmente basso.

ridiculiser |ridikylize| **A** *v.tr.* [*rendre ridicule, tourner en ridicule*] ridicolizzare, rendere (105) ridicolo **B** *v. pron. intr.* SE RIDICULISER [→ *tr.*] ridicolizzarsi, rendersi ridicolo: *il se ridiculise* si rende ridicolo.

ridoir |ridwar| *s.m.* (*mar.*) arridatoio*, tenditore.

ridule |ridyl| *s.f.* [*petite ride*] rughetta, rughina.

riemannien, ienne |rimanjɛ̃, jɛn| *adj.* (*math.*) riemaniano.

rien |rjɛ̃| **I** *pron. nominal indéf.* (*dans cet emploi on fait la liaison, exemple*: *rien à dire* |rjɛ̃nadir|) **1** (*dans un contexte négatif*) [*quelque chose*] qualcosa, alcunché (*littér.*): *il fut incapable de rien dire* fu incapace di dire qualcosa, alcunché; *je ne crois pas qu'il puisse rien prouver contre moi* non credo che possa provare qualcosa, alcunché contro di me; *a-t-on jamais rien vu de pareil?* si è mai visto qualcosa, niente di simile? # *rester sans rien dire* rimanere senza (proferire) parola, parole **2** (*employé avec 'ne'*) [*aucune chose, nulle chose*] niente, nulla: *je n'ai rien vu* non ho visto niente, nulla; *vous n'aurez rien du tout* non avrete assolutamente niente; *il ne comprend rien à rien* non capisce niente di niente; *cela ne fait rien* non fa niente, non importa; *on n'y peut rien* non ci si può far niente; *comme si de rien n'était* come se niente fosse; *il n'y a rien de mieux* non c'è niente, nulla di meglio # *je n'ai rien que mon salaire* ho soltanto il mio stipendio → **seulement**; *il n'en est rien* non è affatto vero ◇ (*prov.*) *qui ne risque rien n'a rien* chi non risica non rosica ◇ *loc.* N'AVOIR RIEN DE non avere niente di, non sembrare per niente: *elle n'a rien d'une ingénue* non ha niente di un'ingenua, non sembra per niente (un')ingenua ~ (*avec un adj.*) *cela n'a rien d'impossible* non è per niente impossibile ~ *rien n'est trop beau pour lui* niente è troppo bello per lui ~ *rien ne va plus* 'rien ne va plus' ~ (*en attribut*) N'ÊTRE RIEN non essere niente: *n'être rien en comparaison de* (*qqn., qqch.*) non essere niente in confronto a, a confronto di (qc., q.c.) ~ *ce n'est rien* non è, non fa niente (nulla) ~ (*littér.*) RIEN MOINS QUE: *ce n'est rien moins que sûr* non è affatto (*cour.*) sicuro; nientemeno (niente di meno) che: *il ne s'agissait de rien moins que de...* si trattava niente (di) meno che di... **3** *loc. adv.* EN RIEN per niente, per nulla: *sans gêner en rien son action* senza per niente, per nulla disturbare la sua azione; *cela ne nous touche en rien* la cosa non ci riguarda per niente **4** (*sans particule négative, dans une phrase elliptique, une réponse*) [*nulle chose*] niente, nulla: *'à quoi penses-tu?' 'à rien'* 'a cosa pensi?' 'a niente'; *rien à dire* niente da dire; *rien de mieux pour se distraire* non c'è niente di meglio per distrarsi; *rien à faire* non c'è niente, nulla da fare; *c'est tout ou rien* o tutto o niente; *c'est cela ou rien* o questo o niente; *rien de plus, rien de moins* niente di più e niente di meno; *c'est mieux que rien* (è) meglio, sempre meglio di niente; *en moins de rien* in men che non si dica # *c'est moins que rien* è una nullità; *'je vous remercie' 'de rien'* 'la ringrazio' 'di niente, prego' ◇ *loc.* RIEN QUE solo *adv.*, soltanto (*adv.*): *c'est à moi, rien qu'à moi* tocca a me e solo, soltanto a me; *rien que d'y penser* solo, soltanto a pensarci → **uniquement, seulement** **5** (*après une prép.*) [*chose ou quantité* (*quasi*) *nulle*] niente, nulla: *se réduire à rien* ridursi a niente ◇ *loc.* POUR RIEN per niente: *se déranger pour rien* disturbarsi per niente; *ce n'est pas pour rien que...* non per niente... → **inutilement**; [*sans payer*] *je l'ai eu pour rien* l'ho avuto per niente; *on n'a rien pour rien* non si ha niente per niente → **gratuitement** # *c'est pour rien!* è regalato! ~ DE RIEN, DE RIEN DU TOUT (*compl. de nom*) da nulla, da niente: *un petit bobo de rien du tout* una bua da nulla, da niente # *une fille de rien* una ragazza da poco; *c'est deux, trois fois rien* è una cosa insignificante **II** *s.m.* (*dans cet emploi, on ne fait pas de liaison, exemple*: *un rien effraie* |rjɛ̃efrɛ| *cet enfant*) **1** UN RIEN [*peu de chose*] un niente *inv.*, un nonnulla (*inv.*): *un rien l'amuse, l'habille* basta un niente, un nonnulla per divertirlo, vestirlo ◇ (*au plur.*) *perdre son temps à des riens* perdere il tempo in cose da niente → **bagatelle, bêtise** ◇ *loc.*

POUR UN RIEN per (un) niente, per un nonnulla: *il se fait de la bile pour un rien* si fa cattivo sangue per un niente, per un nonnulla ~ (*fam.*) COMME UN RIEN [*très facilement*] come niente, come (se) niente fosse: *il saute 1,50 m comme un rien* salta un metro e cinquanta come niente **2** UN RIEN DE... [*un petit peu de*] un goccio, un briciolo; un pizzico: '*en reprenez-vous?*' '*un rien*' 'ne vuole ancora?' 'un goccio, un briciolo' ‖ *un rien de fantaisie* un pizzico di fantasia ◇ (*loc.*) *en un rien de temps* in un baleno, in men che non si dica ~ *loc. adv.* UN RIEN [*un petit peu, légèrement*] un pochino, appena appena: *c'est un rien trop grand* è un pochino, appena appena troppo grande **3** UN, UNE RIEN(-) DU(-) TOUT [*une personne méprisable* (*socialement, moralement*)] una nullità (*f. inv.*): *ce sont des riens du tout* sono delle nullità **III** *adv.* (*pop.*) (*par antiphrase*) RIEN [*très*] un sacco (*loc. fam.*), proprio (*cour.*): *c'est rien chouette ici!* è carino un sacco, qui; è proprio carino, qui! → **rudement.**

riesling |ʀisliŋ| *s.m.* (*all.*) riesling *inv.*

rieur, rieuse |ʀ(i)jœʀ, ʀ(i)jøz| **1** *s.* chi (che) ride, sta ridendo (*loc.*): *de jolies rieuses* delle belle ragazze che ridono ◇ (*loc.*) *avoir, mettre les rieurs de son côté, avec soi* gettare il ridicolo sul proprio avversario ◇ (*rare*) [*personne qui aime à rire, à plaisanter*] burlone (*cour.*), buontempone (*cour.*) **2** *adj.* [*qui aime à rire, à s'amuser*] allegro, gaio*: *un enfant rieur* un bambino allegro → **enjoué** ◇ (*par ext.*) [*qui exprime la gaieté*] ridente: *visage ouvert et rieur* viso aperto e ridente; *yeux rieurs* occhi ridenti.

rif |ʀif| *s.m.* → **rifle.**

riffe |ʀif| *s.m.* → **rifle.**

rififi |ʀififi| *s.m.* (*arg.*) [*bagarre*] rissa *f.* (*cour.*), zuffa *f.* (*cour.*).

1 **riflard** |ʀiflaʀ| *s.m.* (*techn.*) **1** lana *f.* greggia*, lunga* **2** [*rabot de charpentier et de menuisier qui sert à dégrossir le bois*] pialla *f.* da sgrossare ◇ [*ciseau dentelé de sculpteur*] scalpello ◇ [*outil de maçon à lame mince et large*] spatola *f.*

2 **riflard** |ʀiflaʀ| *s.m.* (*fam.*) [*parapluie*] paracqua *inv.*, ombrello (*cour.*).

rifle |ʀifl(ə)| *s.m.* carabina *f.* (a canna lunga).

rifler |ʀifle| *v.tr.* (*techn.*) **1** [*dresser* (*le bois*) *avec un riflard*] piallare **2** [*limer* (*le métal*) *avec un rifloir*] limare.

riflette |ʀiflɛt| *s.f.* (*arg.*) → **rifle.**

rifloir |ʀiflwaʀ| *s.m.* (*techn.*) lima *f.* tonda (per stampi).

rigaudon |ʀigodɔ̃| *s.m.* (*danse*) 'rigaudon' *inv.*

rigide |ʀiʒid| *adj.* **1** (*choses*) rigido: *carton rigide* cartone rigido; *armature rigide* armatura rigida → **raide** **2** (*personnes*) rigido: *un moraliste rigide* un rigido moralista → **inflexible, rigoureux** 🄲 1 **souple.**

rigidement |ʀiʒidmɑ̃| *adv.* [→ RIGIDE] rigidamente: *appliquer rigidement une règle* applicare rigidamente una regola.

rigidifier |ʀiʒidifje| *v.tr.* [*rendre* (*plus*) *rigide*] rendere (105) (più) rigido.

rigidité |ʀiʒidite| *s.f.* **1** rigidità (*inv.*): *rigidité cadavérique* rigidità cadaverica → **raideur** # *rigidité des poils d'une brosse* durezza dei peli di una spazzola ◇ (*phys.*) rigidità, rigidezza **2** (*fig.*) rigidità, rigidezza: *rigidité des principes* rigidità, rigidezza di princìpi → **austérite, rigorisme** 🄲 2 **souplesse.**

rigodon |ʀigɔdɔ̃| *s.m.* → **rigaudon.**

rigolade |ʀigɔlad| *s.f.* (*fam.*) **1** [*amusement, divertissement*] burla (*cour.*), scherzo *m.* (*cour.*) ◇ *loc.* À LA RIGOLADE per scherzo: *prendre qqch. à la rigolade* prendere qc. per scherzo **2** [*chose ridicule ou sans importance*] buffonata (*cour.*): *c'est une vaste rigolade* è una grossa buffonata.

rigolage |ʀigɔlaʒ| *s.m.* (*techn.*) scavo di canaletti.

rigolard, arde |ʀigɔlaʀ, aʀd(ə)| *adj.* (*fam.*) [*gai*] allegro (*cour.*), spassoso (*cour.*): *un air rigolard* un'aria allegra ♦ *s.* (*rare*) *un rigolard* un buontempone (*cour.*).

rigole |ʀigɔl| *s.f.* **1** [*petit conduit creusé dans une pierre ou petit fossé aménagé dans la terre pour l'écoulement des eaux*] canaletto (*m.*): *rigole d'irrigation* canaletto d'irrigazione **2** [*filet d'eau qui ruisselle par terre*] rigagnolo *m.* **3** (*constr.*) *rigole de fondation* fossa, trincea di fondazione ◇ (*hortic.*) solco* *m.*

rigoler |ʀigɔle| *v.intr.* (*fam.*) [*rire, s'amuser*] divertirsi *pron.* (*cour.*): *on a bien rigolé* ci siamo proprio divertiti # *il n'y a pas de quoi rigoler* non è affatto divertente, c'è poco da ridere ◇ [*plaisanter*] scherzare (*cour.*): *j'ai dit ça pour rigoler* l'ho detto scherzando, per scherzo; *il ne faut pas rigoler avec ça* non c'è da scherzarci (su, sopra) ◇ [*se moquer*] *il vaut mieux en rigoler* è meglio infischiarsene *pron.*, riderci (130) sopra.

rigoleur, euse |ʀigɔlœʀ, øz| **1** *s.* [*rigolo*] allegrone, buontempone **2** *adj.* (*vieilli*) [*rigolard*] allegro (*cour.*), spassoso (*cour.*).

rigollot |ʀigɔlo| *s.m.* carta *f.* senapata.

rigolo, ote |ʀigɔlo, ɔt| **I** *adj.* (*fam.*) **1** [*qui amuse, qui fait rigoler*] spassoso (*cour.*), divertente (*cour.*): *un type rigolo* un tipo spassoso, divertente; *une femme rigolote* una donna spassosa → **amusant, drôle** **2** (*par ext.*) [*curieux, étrange*] strano (*cour.*), buffo (*cour.*): *c'est rigolo ce qui m'arrive* è strano quello che mi capita **II** *s.* **1** *s.* (*fam.*) [*personne amusante*] burlone (*cour.*), mattacchione (*cour.*) **2** *s.m.* (*pop.*) [*revolver*] rivoltella *f.* (*cour.*).

rigorisme |ʀigɔʀism(ə)| *s.m.* rigorismo → **austérité, puritanisme.**

rigoriste |ʀigɔʀist(ə)| *s.* et *adj.* rigorista → **puritain, intransigeant.**

rigoureusement |ʀiguʀøzmɑ̃| *adv.* [→ RIGOUREUX] rigorosamente, rigidamente: *s'en tenir rigoureusement à la règle* attenersi rigorosamente, rigidamente alla regola # *il est rigoureusement interdit de fumer* è severamente, tassativamente proibito fumare ◇ (*par ext.*) [*absolument, totalement*] rigorosamente, assolutamente: *c'est rigoureusement exact* è assolutamente esatto.

rigoureux, euse |ʀiguʀø, øz| *adj.* **1** rigoroso, rigido: *censeur rigoureux* censore rigoroso, rigido; *sanction rigoureuse* sanzione rigorosa, rigida **2** [*dur à supporter*] rigido: *un hiver rigoureux* un inverno rigido → **rude** **3** [*d'une exactitude inflexible*] rigoroso: *observation rigoureuse* osservazione rigorosa; *analyse rigoureuse* analisi rigorosa.

rigueur |ʀigœʀ| *s.f.* **1** [*sévérité, dureté extrême*] rigore *m.*, durezza: *la rigueur de la répression* il rigore, la durezza della repressione ◇ (*loc.*) *tenir rigueur à qqn.* [*ne pas lui pardonner*] essere in collera con qc., serbare rancore a qc. ◇ *au plur.* (*littér.*) *les rigueurs de l'hiver* i rigori dell'inverno **2** [*exactitude, logique implacable*] rigore: *son exposé manque de rigueur* la sua relazione manca di rigore **3** (ÊTRE) DE RIGUEUR (essere) di rigore, d'obbligo: *tenue de soirée de rigueur* è d'obbligo l'abito da sera **4** *loc. adv.* À LA RIGUEUR a rigore: *on peut à la rigueur se passer de lui* a rigore, si può fare a meno di lui.

rikiki |ʀikiki| *adj.* → **riquiqui.**

rillettes |ʀijɛt| *s.f. pl.* [*charcut. faite de viande de porc ou d'oie hachée et cuite dans la graisse*] ⊠.

rillons |ʀijɔ̃| *s.m. pl.* [*résidus de viande de porc ou d'oie qu'on a fait fondre pour obtenir la graisse*] ciccioli.

rimailler |ʀimɑje| *v.intr.* (*vieilli*) [*faire de mauvais vers*] comporre (168) *tr.* cattivi versi.

rimailleur, euse |ʀimɑjœʀ, øz| *s.* (*vieilli*) [*mauvais poète*] poetastro, versaiolo.

rimaye |ʀimɑj| *s.f.* crepaccio* *m.* marginale, terminale.

rime |ʀim| *s.f.* **1** (*versif.*) rima: *rime plate* rima accoppiata, baciata; *rimes croisées* rime alternate; *rimes embrassées* rime incrociate **2** *loc.* (*fig.*) SANS RIME NI RAISON: *il est parti sans rime ni raison* è partito senza dare una spiegazione, senza un motivo plausibile ~ *ça n'a ni rime ni raison* (ciò) non ha né capo né coda.

rimer |ʀime| **A** *v.intr.* **1** [*faire des vers*] rimare, verseggiare **2** (*loc. fig.*) *cela ne rime à rien* ciò non significa nulla, è privo di ogni senso **B** *v.tr.* [*mettre en vers rimés*] rimare, mettere (155) in versi.

rimeur, euse |ʀimœʀ, øz| *s.* [*poète sans inspiration*] rimatore*, versificatore*.

rimmel |ʀimɛl| *s.m.* (*marque déposée*) rimmel *inv.*

rinçage |ʀɛ̃saʒ| *s.m.* [→ RINCER 1] risciacquatura *f.*, risciacquo.

rinceau |ʀɛ̃so| *s.m.* [*ornement en forme d'arabesque*] racemo.

rince-bouche |ʀɛ̃sbuʃ| *s.m. inv.* [*petit récipient contenant de l'eau, qu'on servait à la fin du repas pour se rincer la bouche*] sciacquabocca.

rince-bouteilles |ʀɛ̃sbutɛj| *s.m. inv.* [*appareil servant à nettoyer les bouteilles, les récipients*] lavabottiglie.

rince-doigts |ʀɛ̃sdwa| *s.m. inv.* [*petit récipient contenant de l'eau servant à se rincer les doigts au cours d'un repas*] lavadita.

rincée |ʀɛ̃se| *s.f.* **1** (*pop., vieilli*) sacco* *m.* di legnate, scarica* di botte **2** [*pluie torrentielle*] acquazzone *m.*

rincer |ʀɛ̃se| (2) *v.tr.* **1** [*nettoyer à l'eau* (*un récipient*)] sciacquare, risciacquare: *rincer des verres, des bouteilles* sciacquare dei bicchieri, delle bottiglie → **laver** **2** [*passer à l'eau* (*ce qui a été lavé*) *pour enlever les produits de lavage*] risciacquare: *rincer du linge* risciacquare il bucato ◇ (*par ext.*) *se rincer la bouche après s'être lavé les*

dents sciacquarsi la bocca dopo essersi lavati i denti **3** (*fig., pop.*) *se rincer le gosier, la dalle* bagnarsi il becco; *se rincer l'œil* lustrarsi la vista **4** (*fig., pop.*) [*voler, ruiner*] derubare; rovinare # *il s'est fait rincer* (*au jeu*) si è fatto spennare ♦ (*au p.p.*) *il est rincé* è rovinato; ha perso tutto.
rincette |Rε̃sεt| *s.f.* goccio* *m.* di acquavite (che si beve dopo il caffè), ammazzacaffè *m. inv.*
rinceur, euse |Rε̃sœR, øz| *s.* **1** *s.* [*personne qui est chargée de rincer* (*la vaisselle*)] lavapiatti *inv.*, sguattero **2** *s.f.* → **rince-bouteilles.**
rinçure |Rε̃syR| *s.f.* [*eau qui a servi à rincer* (*des verres, de la vaisselle*)] risciacquatura, sciacquatura → **lavure** ◇ (*par ext.*) *rinçure de tonneau* (ri)sciacquatura di botti ◇ (*fam.*) *de la rinçure* [*mauvaise boisson*] sciacquatura di bicchieri.
rinforzando |Rinfɔrdzando| *adv.* (*mus.*) rinforzando *s.m. inv.*
ring |Riŋ| *s.m.* (*angl.*) **1** (*vx.*) → **piste** **2** (*boxe*) ring *inv.*, quadrato: *monter sur le ring* salire sul ring.
ringard |Rε̃gaR| *s.m.* (*techn.*) attizzatoio*.
ringardage |Rε̃gaRdaʒ| *s.m.* [→ RINGARDER] l'attizzare *inv.*, attizzamento (*rare*).
ringarder |Rε̃gaRde| *v.tr.* (*techn.*) [*remuer le combustible; retirer les scories de* (*un foyer*) *avec un ringard*] attizzare, ravvivare; riavolare.
ripage |Ripaʒ| *s.m.* **1** (*techn.*) [→ RIPER] raschiatura *f.* **2** [*dérapage* (*des roues, d'un véhicule*)] slittamento.
ripaille |Ripɑj| *s.f.* (*fam.*) [*repas où l'on mange beaucoup et bien*] abbuffata, abboffata, bisboccia* # *faire ripaille* abbuffarsi, abboffarsi, far bisboccia.
ripailler |Ripɑje| *v.intr.* (*fam.*) [*faire ripaille*] abboffarsi *pron.*, bisbocciare.
ripailleur, euse |Ripɑjœr, øz| *s.* (*fam.*) [*personne qui ripaille, aime à ripailler*] abbuffone, bisboccione, crapulone.
ripaton |Ripatɔ̃| *s.m.* (*pop.*) (*personnes*) → 1 **pied.**
ripe |Rip| *s.f.* (*techn.*) raschietto *m.*, raschiatoio* *m.*
riper |Ripe| **A** *v.tr.* (*techn.*) **1** [*gratter, polir avec la ripe*] raschiare **2** [*faire glisser* (*un fardeau*) *sur des supports*] spostare lateralmente, fare (103) scorrere ◇ [*déplacer, sans la démonter* (*une partie de voie ferrée*)] spostare **B** *v. intr.* **1** (*mar.*) (*se dit de cordages ou pièces de bois qui glissent l'un contre l'autre par suite d'un effort qui s'exerce sur eux*) scorrere (127) (*aux.* essere) **2** [*déraper; glisser en frottant*] slittare (*aux.* essere, avere).
ripieno |Ripjεno| *s.m.* (*mus.*) ripieno.
ripolin |Ripɔlε̃| *s.m.* [*marque déposée de peinture laquée*] ⊠.
ripoliner |Ripɔline| *v.tr.* [*peindre au ripolin, avec une peinture laquée*] laccare.
riposte |Ripɔst(ə)| *s.f.* **1** [*réponse vive, instantanée, faite à un interlocuteur agressif*] risposta (pronta), replica*: *être prompt à la riposte* aver la risposta pronta, facile **2** (*escrime*) risposta.
riposter |Ripɔste| **A** *v.intr.* **1** [*adresser une riposte*] rispondere (159), replicare **2** [*répondre par une attaque* (*à une attaque*)] rispondere: *riposter à un attaque* rispondere a un attacco → **contre-attaquer** **B** *v.tr.* rispondere, replicare: *il riposta qu'il n'en savait rien* rispose, replicò che non ne sapeva nulla.
ripper |RipœR| *s.m.* (*techn.*) (*angl.*) ripper *inv.*, scarificatore.
ripuaire |RipɥεR| *adj.* (*hist.*) ripuario*.
riquiqui |Rikiki| *adj.* (*fam.*) [*petit, mesquin, pauvre*] striminzito (*cour.*), misero (*cour.*): *un petit col d'astrakan bien riquiqui* un collettino d'astrakan molto striminzito.
1 **rire** |RiR| **A** *v.intr.* **1** [*exprimer la gaieté par un mouvement de la bouche, accompagné d'expirations saccadées plus ou moins bruyantes*] ridere (130): *avoir envie de rire* aver voglia di ridere; *se mettre à rire* mettersi a ridere; *rire aux éclats* ridere fragorosamente, rumorosamente; *rire à gorge déployée* ridere a piena gola; *rire à en pleurer, aux larmes* ridere fino alle lacrime; *rire comme un bossu* ridere come un matto; *rire dans sa barbe, sous cape* ridere sotto i baffi # *avoir toujours le mot pour rire* avere sempre una battuta scherzosa ◇ (*précédé d'un inf. avec 'de'*) *éclater de rire* scoppiare a ridere; *c'est à mourir, à crever de rire* è da morire dal ridere, da crepare dalle risa ◇ *loc.* RIRE DE... ridere di, per...: *nous avons bien ri de ces plaisanteries* abbiamo proprio riso di, per questi scherzi; *il n'y a pas de quoi rire* non c'è motivo di ridere **2** [*se réjouir*] ridere ◇ (*loc. prov.*) *tel qui rit vendredi, dimanche pleurera* chi ride di venerdì, piange di domenica ~ *rira bien qui rira le dernier* ride bene chi ride ultimo ◇ [*s'amuser*] divertirsi (*pron.*): *elle ne pense qu'à rire* pensa solo a divertirsi **3** *dans des loc.* [*ne pas parler ou ne pas faire qqch. sérieusement*] scherzare: *vous voulez rire?* vuole scherzare, ma sta scherzando?; *je ne ris pas, c'est sérieux* non scherzo, sto parlando sul serio # *sans rire, est-ce que...?* senza scherzi, parlando sul serio, è vero che...? → **badiner, plaisanter**; *histoire de rire* tanto per ridere **4** RIRE DE... [*se moquer de*] ridere di...: *faire rire de soi* fare ridere di sé; *il vaut mieux en rire qu'en pleurer* meglio riderne (ridere) che piangerne (piangere) ♦ (*absolt.*) *laissez-moi rire!* non mi faccia ridere!; *rire au nez de qqn.* ridere in faccia a qc. **5** (*littér.*) [*avoir un aspect joyeux*] ridere: *ses yeux riaient* le ridevano gli occhi **B** *v.pron. intr.* SE RIRE DE [*se jouer de*] ridersela, burlarsi di: *il se rit des difficultés* se la ride, si burla delle difficoltà.
2 **rire** |RiR| *s.m.* [→ RIRE A 1] riso*, risata (*f.*): *un rire bruyant* una risata fragorosa; *un éclat de rire* uno scoppio di risa; *exciter les rires* suscitare il riso, le risate; *un rire général* una risata, un ridere generale # *avoir le fou rire* avere la ridarella.
1 **ris** |Ri| *s.m.* (*vx.*) → 2 **rire** ◇ (*littér.*) *les jeux et les ris* i giochi e i piaceri.
2 **ris** |Ri| *s.m.* (*mar.*) terzarolo.
3 **ris** |Ri| *s.m.* [*nom donné au thymus de veau*] animella *f.*
risban |Risbɑ̃| *s.m.* (*fortif.*) terrapieno munito di cannoni.
risberme |RisbεRm(ə)| *s.f.* (*techn.*) riparo *m.* di fascine.
1 **risée** |Rize| *s.f.* (*dans quelques express.*) [*moquerie collective envers une personne*] scherno *m.*, derisione: *être un objet de risée* essere oggetto di scherno # *s'exposer à la risée du public* esporsi al ludibrio della gente; *être la risée de tous* essere lo zimbello di tutti.
2 **risée** |Rize| *s.f.* (*mar.*) refolo *m.*
risette |Rizεt| *s.f.* (*loc.*) FAIRE RISETTE, DES RISETTES À QQN. [*des sourires* (*surtout en parlant des enfants*)] fare dei sorrisini *m.* a qc.: *allons, fais risette à ta maman!* su, fai un sorrisino alla mamma! ◇ (*fig., fam.*) sorriso *m.* di circostanza.
risible |Rizibl(ə)| *adj.* **1** (*vx.*) → **comique, plaisant** **2** [*propre à exciter une gaieté moqueuse*] risibile, ridicolo: *attitude risible* comportamento risibile, ridicolo → 1 **grotesque, ridicule.**
risiblement |Riziblәmɑ̃| *adv.* [→ RISIBLE 2] in modo ridicolo *loc. inv.*, ridicolmente: *je l'ai trouvé risiblement accoutré* l'ho trovato vestito in modo ridicolo.
risorius |RizɔRjys| *s.m.* (*anat.*) risorio* *adj.*
risotto |Rizɔto| *s.m.* (*cuis.*) risotto.
risque |Risk(ə)| *s.m.* **1** [*danger éventuel plus ou moins prévisible*] rischio*: *une entreprise pleine de risques* un'impresa piena di rischi; *vous pouvez le faire sans aucun risque* potete farlo senza alcun rischio, pericolo; *c'est un risque à courir* è un rischio che bisogna correre → **danger, hasard** # *ce sont les risques du métier* sono gli incerti del mestiere → **inconvénient** ◇ *loc.* RISQUE DE rischio di: *courir le risque de se voir trahi* correre il rischio di vedersi tradito ~ AU RISQUE DE con il rischio, rischiando di: *au risque de se tuer, il sauta dans le vide* saltò nel vuoto, con il rischio, rischiando di uccidersi ~ *à ses, à mes risques et périls* a proprio, a mio rischio e pericolo **2** (*dr.*) rischio ◇ (*par ext.*) *assurance tous risques* assicurazione contro ogni rischio **3** [*le fait de s'exposer à un danger* (*dans l'espoir d'obtenir un avantage*)] *prendre un risque, des risques, ses risques* rischiare → **oser** ◇ (*prov.*) *on n'a rien sans risque* chi non risica, non rosica.
risqué, ée |Riske| *adj.* [*plein de risques*] rischioso: *entreprise risquée* impresa rischiosa; *c'est trop risqué* è troppo rischioso.
risquer |Riske| *v.tr.* **1** [*exposer à un risque*] rischiare: *risquer sa vie* rischiare la vita, porre a repentaglio la vita; *risquer de l'argent au jeu* rischiare del denaro al gioco; *risquer le paquet* [*tout ce qu'on peut*] rischiare tutto; *risquer le tout pour le tout* rischiare il tutto per tutto → **aventurer** ◇ (*prov.*) *qui ne risque rien, n'a rien* chi non risica non rosica ♦ (*absolt.*) *risquer gros* rischiare una grossa somma; (*fig.*) rischiare molto ◇ (*fam.*) *risquer un œil à la fenêtre* dare una guardatina, un'occhiata dalla finestra **2** [*tenter* (*qqch. qui comporte des risques*)] tentare: *je ne suis pas d'avis de risquer le coup* non sono dell'avviso di tentare il colpo → **entreprendre** ◇ (*par ext.*) [*avancer* (*un mot, une remarque*) *avec la conscience du risque couru*] arrischiare, azzardare: *si je peux risquer cette comparaison* se posso arrischiare, azzardare questo paragone **3** [*s'exposer ou être exposé à* (*un danger, un inconvénient*)] rischiare: *je ne risque rien* non rischio niente; *après tout, qu'est-ce qu'on risque?* dopo tutto, che cosa rischiamo? ◇ (*choses*) *marchandises bien*

emballées qui ne risquent rien merci ben imballate che non corrono alcun rischio **4** *loc.* RISQUER DE (+ *inf.*) rischiare di (+ *inf.*): (*sujet de personne*) rischiare di: *tu risques de tomber* rischi di cadere ◇ (*sujet de chose*) *le rôti risque de brûler* l'arrosto rischia di bruciare ◇ (*par ext.*) [*avoir une chance de*] *la seule chose qui risque de l'intéresser, c'est de gagner cet argent* la sola cosa che possa interessarlo, è guadagnare questi soldi.

risque-tout |Riskətu| *s.m. inv.* [*personne qui pousse l'audace jusqu'à l'imprudence*] temerario* *s. var.*, spericolato *s. var.* ✦ *adj. inv.* temerario (*var.*): *elle est risque-tout* è temeraria, è spericolata.

1 **rissole** |Risɔl| *s.f.* [*petits morceaux de pâte feuilletée, renfermant de la viande ou du poisson hachés menu, que l'on cuit à grande friture*] ⊠.

2 **rissole** |Risɔl| *s.f.* (*région.*) rete per le acciughe.

rissoler |Risɔle| *v.tr.* [*faire cuire* (*une viande, des légumes, etc.*) *de manière à en dorer la surface*] rosolare, dorare ✦ (*au p.p.*) *pommes de terre rissolées* patate rosolate, dorate.

ristourne |RistuRn(ə)| *s.f.* **1** (*dr. mar.*) rescissione, annullamento *m.* (di una polizza d'assicurazione) **2** [*commission, remise plus ou moins licite*] sconto *m.* **3** (*comm.*) storno *m.*

ristourner |RistuRne| *v.tr.* **1** (*dr. mar.*) [*annuler* (*une police d'assurance*)] rescindere (181), annullare (una polizza d'assicurazione) **2** [*attribuer, remettre à titre de ristourne*] concedere (125) (a titolo di sconto).

rit (*vx.*, *liturg.*), **rite** |Rit| *s.m.* **1** (*relig.*) rito: *rites funèbres* riti funebri **2** (*fig.*) rito: *c'est devenu un rite* è diventato un rito → **coutume.**

rital, als |Rital| *s.m.* (*pop.*, *péj.*) [*appellatif que les Français donnent aux Italiens*] Italiano (*cour.*).

ritournelle |RituRnɛl| *s.f.* ritornello *m.* ◇ (*fig.*) *c'est toujours la même ritournelle* è sempre lo stesso ritornello.

ritualisation |Ritɥalizasjɔ̃| *s.f.* [→ RITUALISER] ritualizzazione.

ritualiser |Ritɥalize| *v.tr.* (*anthrop.*) [*organiser des rites; régler comme par des rites*] ritualizzare.

ritualisme |Ritɥalism(ə)| *s.m.* (*relig.*) ritualismo.

ritualiste |Ritɥalist(ə)| *s. et adj.* ritualista.

rituel, elle |Ritɥɛl| **1** *adj.* rituale: *chants rituels* canti rituali ◇ (*fig.*) *il faisait sa promenade rituelle* faceva la sua rituale passeggiata **2** *s.m.* (*relig.*) rituale.

rituellement |Ritɥɛlmɑ̃| *adv.* [→ RITUEL 1] ritualmente: *il arrivait rituellement à neuf heures* giungeva ritualmente, invariabilmente alle nove.

rivage |Rivaʒ| *s.m.* **1** [*partie de la terre qui borde une mer*] riva *f.*, costa (*f.*): *s'éloigner du rivage* allontanarsi dalla riva, dalla costa → **côte 2** (*géogr.*) riva, spiaggia*: *rivage de sable, de galets* spiaggia sabbiosa, ghiaiosa → **1 grève, 1 plage** ◇ (*dr.*) *droit d'accès au rivage* diritto di ormeggio.

rival, ale, aux |Rival, o| **1** *s.* rivale: *éliminer, vaincre tous ses rivaux* eliminare, vincere tutti i rivali; *n'avoir pas de rival* (*en qqch.*) non avere rivali (in q.c.); *sans rival* senza rivali → **adversaire, concurrent 2** *adj.* rivale: *nations rivales* nazioni rivali.

rivaliser |Rivalize| *v.intr.* [*disputer avec qqn. à qui sera le meilleur, être le rival de*] rivaleggiare: *il rivalise avec son père* rivaleggia con suo padre; *rivaliser* (*avec qqn.*) *d'élégance, de générosité* rivaleggiare (con qc.) in eleganza, in generosità.

rivalité |Rivalite| *s.f.* rivalità (*inv.*): *rivalité politique* rivalità politica; *rivalités de clocher* rivalità campanilistiche.

rive |Riv| *s.f.* **I** riva, sponda: *rive droite et rive gauche* riva, sponda destra e riva, sponda sinistra; *habiter Rive gauche* abitare sulla riva sinistra della Senna, sulla 'rive gauche' (a Parigi) **II** (*techn.*) *la rive d'un four* la bocca* di un forno; *pain de rive* pane cotto alla bocca del forno; *poutres de rive* travi maestre *adj.*

rivelaine |Rivlɛn| *s.f.* (*techn.*) piccone *m.* (da minatore).

river |Rive| *v.tr.* **I** **1** *river un clou* [*en aplatir l'extrémité en la rabattant sur le bord de la pièce assujettie*] ribadire (197) un chiodo ◇ (*loc.*) *river son clou à qqn.* rispondere per le rime a qc. **2** [*fixer, assujettir par des rivets, des clous que l'on rive*] fissare (con chiodi, ribattini) → **riveter II** **1** [*attacher solidement et étroitement, au moyen de pièces de métal*] attaccare, inchiodare: *on rivait les forçats à des chaînes* i forzati venivano attaccati a delle catene → **enchaîner 2** (*fig.*) [*attacher fermement, fixer*] inchiodare: *il est rivé à son travail* è inchiodato al suo lavoro # *le regard rivé sur l'horizon* lo sguardo fisso sull'orizzonte.

riverain, aine |RivRɛ̃, ɛn| *s.* **1** [*personne qui habite sur la rive d'un cours d'eau, d'un lac*] rivierasco* ✦ (*adj.*) *les pays riverains de la Méditerranée* i paesi rivieraschi del Mediterraneo ◇ (*dr.*) frontista ✦ (*adj.*) *les propriétaires riverains* i proprietari frontisti **2** *les riverains d'une rue, d'une route* gli abitanti di una via, di una strada.

riveraineté |RivRɛnte| *s.f.* diritti *m. pl.* dei frontisti.

rivet |Rivɛ| *s.m.* (*techn.*) ribattino, chiodo da ribadire.

rivetage |Rivtaʒ| *s.m.* (*techn.*) ribaditura *f.*, chiodatura *f.*

riveter |Rivte| (5) *v.tr.* (*techn.*) [*assembler, fixer au moyen de rivets*] ribadire (197), fissare (con ribattini).

riveur |Rivœʀ| *s.m.* [*ouvrier qui rive, qui pose des rivets*] ribattitore.

riveuse |Rivøz| *s.f.* (*techn.*) ribaditrice, chiodatrice.

rivière |Rivjɛʀ| *s.f.* **1** [*cours d'eau naturel de moyenne importance*] fiume *m.*, corso *m.* d'acqua: *rivière qui se jette dans un fleuve* corso d'acqua, affluente che si getta in un fiume; *rivière navigable* corso d'acqua, fiume navigabile; *poissons de rivière* pesci di fiume, d'acqua dolce # *oiseaux, plantes de rivière* uccelli, piante fluviali; *port de rivière* porto fluviale **2** (*sport*) riviera **3** (*littér.*) [*flots, ruisseau*] fiume: *des rivières de sang* fiumi di sangue **4** (*fig.*) *rivière de diamants* collana di diamanti.

rivoir |Rivwaʀ| *s.* **1** *s.m.* martello per ribadire **2** (*s.m. ou f.*) *rivoir*(*e*) ribaditrice *f.*, chiodatrice *f.*

rivulaire |Rivylɛʀ| **1** *adj.* che vive *loc.*, che cresce *loc.* nei ruscelli, sulle loro rive **2** *s.f.* (*t.bot.*) rivularia.

rivure |Rivyʀ| *s.f.* **1** [→ RIVER] ribaditura, chiodatura **2** piccolo perno *m.*

rixdale |Riksdal| *s.f.* (*hist.*) risdallero *m.*

rixe |Riks(ə)| *s.f.* [*bagarre, bataille*] rissa: *rixe entre matelots* rissa fra marinai.

riz |Ri| *s.m.* (*t.bot.*) riso ◇ (*cour.*) *riz au lait* riso al latte; *gâteau de riz* torta di riso.

rizerie |RizRi| *s.f.* riseria.

riziculteur, trice |Rizikyltœʀ, tʀis| *s.* risicoltore*.

riziculture |RizikyltyR| *s.f.* risicoltura.

rizier, ière |Rizje, jɛʀ| *adj.* risiero: *l'industrie rizière* l'industria risiera, del riso.

rizière |Rizjɛʀ| *s.f.* [*terrain périodiquement inondé où l'on cultive le riz*] risaia.

riz-pain-sel |Ripɛ̃sɛl| *s.m. inv.* (*arg. milit.*) ufficiale *var.* addetto alla sussistenza.

roadster |Rɔdstɛʀ| *s.m.* (*vx.*) (*angl.*) roadster *inv.*

roast-beef |Rɔsbif| *s.m.* → **rosbif.**

rob |Rɔb| *s.m.* (*pharm.*) sciroppo di frutta.

rob |Rɔb|, **robre** |RɔbR(ə)| *s.m.* (*au whist, au bridge*) rubber *inv.*

robage |Rɔbaʒ|, **robelage** |Rɔblaʒ| *s.m.* (*techn.*) **1** [→ ROBER 1] il togliere *inv.* la scorza della robbia **2** [→ ROBER 2] fasciatura *f.*

robe |Rɔb| *s.f.* **I** **1** [*vêtement f. de dessus*] vestito *m.*, abito *m.* (da donna): *robe longue, courte* vestito, abito lungo, corto; *robe de lainage, de soie* vestito di lana, di seta; *robe décolletée, montante* vestito scollato, accollato; *robe d'après-midi, du soir, de bal* abito da pomeriggio, da sera, da ballo; *robe de mariée* abito da sposa # *robe-manteau* 'robe-manteau' **2** [*vêtement d'enfant en bas âge*] abito, abitino (*m.*): *robe de baptême* abito da battesimo **3** [*vêtement distinctif de certains états ou professions* (*hommes*)] *robe du prêtre* abito talare; *robe de moine* veste monacale; *robe de magistrat, d'avocat* toga* di magistrato, di avvocato; *les gens de robe* i magistrati *m. pl.*, la magistratura **4** *robe de chambre* veste da camera, vestaglia → **déshabillé, peignoir** ◇ (*fig.*) *pommes de terre en robe de chambre, en robe des champs* patate in camicia **II** **1** [*enveloppe de certains fruits ou légumes*] buccia*, pelle **2** [*pelage de certains animaux* (*cheval*)] mantello *m.*, pelo *m.*

rober |Rɔbe| *v.tr.* (*techn.*) **1** [*dépouiller* (*la garance*) *de sa robe, de son écorce*] togliere (123) la scorza (alla robbia) **2** [*entourer* (*un cigare*) *d'une robe*] fasciare (un sigaro).

roberts |Rɔbɛʀ| *s.m. pl.* (*pop.*) [*seins*] tette *f.*

robeuse |Rɔbøz| *s.f.* (*techn.*) operaia addetta alla fasciatura dei sigari.

robin |Rɔbɛ̃| *s.m.* (*vx.*, *péj.*) → **magistrat.**

robinet |Rɔbinɛ| *s.m.* rubinetto: *robinet d'eau froide, d'eau chaude* rubinetto dell'acqua fredda, dell'acqua calda; *robinet mélangeur* rubinetto miscelatore; *robinet à gaz, du gaz* rubinetto, chiavetta del gas ◇ (*fig.*, *fam.*) *c'est un vrai robinet* è un gran chiacchierone *s.* (*cour.*).

robinetier |Rɔbin(e)tje| *s.m.* (*techn.*) fabbricante *s.* di rubinetti.

robinetterie |RɔbinɛtRi| *s.f.* **1** ru-

binetteria 2 fabbrica* di rubinetteria.
robinier |ʀɔbinje| *s.m.* (*t.bot.*) robinia *f.*
roboratif, ive |ʀɔbɔʀatif, iv| *adj.* (*anc. méd., littér.*) [*fortifiant*] corroborante.
robot |ʀɔbo| *s.m.* 1 robot *inv.* 2 (*spécialt.*) *avion-robot* [*sans pilote*] aereo telecomandato (*adj.*); *portrait-robot* → **portrait-robot** 3 [*homme réduit à l'état d'automate*] robot, automa *var.*
robotisation |ʀɔbɔtizɑsjɔ̃| *s.f.* il trasformare *m. inv.* in robot *inv.*, robotizzazione.
robotiser |ʀɔbɔtize| *v.tr.* [*transformer en robot; faire perdre certains caractères humains*] robotizzare, trasformare in robot *inv.*
roburite |ʀɔbyʀit| *s.f.* (*techn.*) roburite.
robuste |ʀɔbyst(ə)| *adj.* robusto: *un homme robuste* un uomo robusto; *plante robuste* pianta robusta; *voiture robuste* automobile robusta, solida → **costaud, 1 vivace** # *avoir une santé robuste* avere una salute di ferro ◇ (*fig.*) *avoir une foi robuste* avere una fede salda, incrollabile; *style robuste* stile robusto, vigoroso → **énergique, 1 ferme.**
robustement |ʀɔbystəmɑ̃| *adv.* [→ ROBUSTE] robustamente.
robustesse |ʀɔbystɛs| *s.f.* robustezza: *robustesse d'un organisme, d'un mécanisme* robustezza di un organismo, di un meccanismo → **1 force, résistance, solidité.**
roc |ʀɔk| *s.m.* 1 (*littér.*) [*bloc ou masse de pierre dure formant une éminence sur le sol*] roccia* *f.*, masso (*cour.*), macigno (*cour.*) → **pierre, 1 rocher** ◇ (*loc. fig.*) *dur, insensible comme un roc* duro, insensibile come una pietra 2 LE ROC [*matière rocheuse et dure*] roccia: *corniche creusée, taillée dans le roc* strada panoramica scavata, tagliata nella roccia.
rocade |ʀɔkad| *s.f.* (*milit.*) *ligne de rocade* (linea di) arroccamento *m.* ◇ (*par anal.*) *route de rocade* strada di arroccamento, di circonvallazione.
rocaillage |ʀɔkajaʒ| *s.m.* (*techn.*) rivestimento (lavoro, ornamentazione *f.*) in 'rocaille'.
rocaille |ʀɔkaj| *s.f.* I 1 ciottoli *m. pl.* (che coprono il terreno); terreno *m.* coperto di ciottoli → **caillasse, pierraille** 2 'rocaille' (*inv.*): *fontaine en rocaille* fontana in 'rocaille' II (*adj.*) *style rocaille* stile 'rocaille' *inv.* → **rococo** ♦ (*s.m.*) *le rocaille* il 'rocaille' *inv.*
rocailleur |ʀɔkajœʀ| *s.m.* operaio* specializzato nel lavoro di 'rocaille'.
rocailleux, euse |ʀɔkajø, øz| *adj.* 1 [*qui est une rocaille* (I 1), *est plein de pierres*] pietroso, ciottoloso: *chemin rocailleux* sentiero pietroso, ciottoloso → **pierreux, caillouteux** 2 (*fig.*) [*dur et heurté, cahotique*] aspro: *un style rocailleux* uno stile aspro; *une voix rocailleuse* [*rauque, râpeuse*] una voce aspra, roca.
rocambolesque |ʀɔkɑ̃bɔlɛsk(ə)| *adj.* rocambolesco*: *aventures, histoires rocambolesques* avventure, storie rocambolesche.
roccella |ʀɔksɛla|, **rocelle** |ʀɔsɛl| *s.f.* (*t.bot.*) roccella.
rochage |ʀɔʃaʒ| *s.m.* (*techn.*) [→ 2 ROCHER 2] raggrinzamento (dell'argento).
rochassier, ière |ʀɔʃasje, jɛʀ| *s.* [*alpiniste qui fait du rocher*] rocciatore*.
roche |ʀɔʃ| *s.f.* 1 (*littér.*) [*rocher*] roccia*, masso *m.* (*cour.*), macigno *m.* (*cour.*) ◇ (*prov.*) *il y a anguille sous roche* gatta ci cova 2 LA ROCHE [*la pierre* (*surtout dure*)] roccia: *creuser, forer la roche* scavare, forare la roccia → **pierre, roc** ◇ (*loc.*) *eau de roche* acqua sorgiva *adj.* ~ (*fig.*) *clair comme de l'eau de roche* chiaro come il sole 3 *cristal de roche* cristallo di roccia 4 (*sc.*) roccia: *roche dure, tendre, compacte* roccia dura, tenera, compatta.
1 **rocher** |ʀɔʃe| *s.m.* 1 [*grande masse de roche, formant une éminence généralt. abrupte*] roccia* *f.*, rupe *f.*; scoglio*: *les rochers de la forêt de Fontainebleau* le rocce, le rupi della foresta di Fontainebleau → **bloc, pierre, roche** || *rochers à fleur d'eau* scogli a fior d'acqua → **brisant, écueil, récif** ◇ [*éminence rocheuse*] rocca* *f.*, rupe: *le rocher de Gibraltar* la rocca di Gibilterra 2 LE ROCHER [*la roche qui constitue un rocher; la paroi rocheuse*] roccia: *creusé dans le rocher* scavato nella roccia ◇ (*loc.*) *faire du rocher* fare roccia 3 (*anat.*) rocca petrosa 4 [*gâteau ou confiserie ayant l'aspect d'un rocher*] ⊠.
2 **rocher** |ʀɔʃe| *v.intr.* (*techn.*) 1 (*en parlant de la bière qui fermente*) [*mousser*] spumeggiare 2 (*en parlant de l'argent fondu qui refroidit*) [*se couvrir d'excroissances*] raggrinzarsi *pron.*
1 **rochet** |ʀɔʃɛ| *s.m.* 1 (*ancienn.*) corta tunica* *f.* 2 [*aube courte que portent les évêques, les cardinaux et les protonotaires sous le mantelet*] rocchetto 3 [*mantelet de cérémonie des pairs d'Angleterre*] mantelletta *f.* corta.
2 **rochet** |ʀɔʃɛ| *s.m.* (*techn.*) 1 [*bobine de filature sur laquelle on enroule la soie, etc.*] rocchetto → **fuseau** 2 (*mécan.*) *roue à rochet* rocchetto, ruota *f.* dentata; nottolino.
rocheux, euse |ʀɔʃø, øz| *adj.* 1 [*couvert, formé de rochers*] roccioso: *côte rocheuse et côte de sable* costa rocciosa e costa sabbiosa 2 [*formé de roche, de matière minérale dure*] roccioso: *fond rocheux d'une rivière* fondo roccioso di un fiume.
rochier |ʀɔʃje| *s.m.* → **roussette; labre.**
rock |ʀɔk| *s.m.* (*mythol.*) uccello gigantesco*.
rock (and roll) |ʀɔk(ɛnʀɔl)| *s.m.* (*angl.*) rock (and roll) *inv.* ♦ (*adj.*) *un chanteur rock* un cantante rock *inv.*
rocker |ʀɔkœʀ| *s.* (*angl.*) cantante rock, rockettaro *m.*
rocket |ʀɔkɛt| *s.m.* → **2 roquette.**
rocking-chair |ʀɔkiŋ(t)ʃɛʀ| *s.m.* (*angl.*) sedia *f.* a dondolo → **berceuse.**
rococo |ʀɔkɔ(o)ko| 1 *s.m.* rococò *inv.* → **baroque** ♦ (*adj. inv.*) *l'art, le style rococo* l'arte, lo stile rococò 2 *adj. inv.* [*démodé et un peu ridicule*] rococò.
rocou |ʀɔku|, **raucourt** |ʀokuʀ| *s.m.* [*colorant d'un beau rouge orangé qu'on extrait des grains du rocouyer*] oriana *f.*
rocouer |ʀɔkwe| *v.tr.* (*techn.*) [*teindre avec du rocou*] tingere (119) con l'oriana.
rocouyer |ʀɔkuje| *s.m.* (*t.bot.*) bixa *f. inv.* orellana.
rodage |ʀɔdaʒ| *s.m.* 1 [*opération qui consiste à roder* (*une pièce*)] rodaggio*: *rodage des soupapes* rodaggio delle valvole 2 [*le fait de roder* (*un moteur, un véhicule*); *le temps pendant lequel on rode*] rodaggio: *voiture en rodage* auto in rodaggio ◇ (*fig.*) *rodage d'une institution politique* rodaggio di un'istituzione politica.
rôdailler |ʀodɑje| *v.intr.* (*fam.*) [*rôder, traînailler*] andare (101) (*aux.* essere) a zonzo, bighellonare (*cour.*).
rodeo, rodéo |ʀɔdeo| *s.m.* (*amér.*) rodeo ◇ (*fig., fam.*) → **corrida.**
roder |ʀɔde| *v.tr.* 1 (*techn.*) [*user* (*une pièce*) *par le frottement, pour qu'elle s'adapte exactement à une autre*] rodare: *roder les soupapes d'un moteur d'automobile* rodare le valvole di un motore di automobile 2 [*faire fonctionner* (*un moteur neuf, une voiture neuve*) *en prenant des précautions*] rodare: *quand vous aurez fini de roder votre voiture, vous pourrez dépasser le 120* quando avrà finito di rodare la sua auto, potrà superare i 120 ♦ (*au p.p.*) *voiture bien, mal rodée* auto rodata bene, male ◇ (*fam.*) *cette comédie, cette revue n'est pas encore parfaitement rodée* questa commedia, questa rivista non è ancora perfettamente rodata.
rôder |ʀode| *v.intr.* [*errer avec une intention suspecte ou hostile, au hasard*] aggirarsi *pron.*, gironzolare.
rôdeur, euse |ʀodœʀ, øz| *s. et adj.* 1 [*personne qui rôde, flâne*] girovago*, bighellone 2 [*individu d'allure louche qui rôde dans les rues ou dans la campagne*] vagabondo.
rodoir |ʀɔdwaʀ| *s.m.* (*techn.*) lisciatoio*, mola *f.*
rodomont |ʀɔdɔmɔ̃| *s.m.* (*littér.*) rodomonte, spaccone (*cour.*) ♦ *adj.* smargiasso.
rodomontade |ʀɔdɔmɔ̃tad| *s.f.* [*action, propos d'un rodomont*] rodomontata, spacconata → **bravade, vantardise.**
roentgen |ʀœntgɛn| *et dérivés* → **röntgen** *et dérivés.*
rogations |ʀɔgɑsjɔ̃| *s.f. pl.* (*relig. cathol.*) rogazioni.
rogatoire |ʀɔgatwaʀ| *adj.* (*dr.*) rogatorio*: *formule rogatoire* formula rogatoria.
rogatoirement |ʀɔgatwaʀmɑ̃| *adv.* (*dr.*) per rogatoria *loc.*
rogaton |ʀɔgatɔ̃| *s.m.* (*fam.*) [*bribe de nourriture; reste d'un repas*] rimasuglio* (*cour.*), avanzo (*cour.*): *il dîna de quelques rogatons* pranzò con qualche rimasuglio, con degli avanzi.
rognage |ʀɔɲaʒ| *s.m.* [*opération par laquelle on* (1) *rogne* (1) *qqch.*] rifilatura (*f.*): *rognage d'un livre* rifilatura di un libro.
rogne |ʀɔɲ| *s.f.* (*dans la loc. fam.*) EN ROGNE [*en colère, de mauvaise humeur*] in bestia, fuori dai gangheri: *être en rogne* essere in bestia, fuori dai gangheri; *mettre qqn. en rogne* mandare qc. in bestia, fuori dai gangheri.
rogne-pied |ʀɔɲpje| *s.m. inv.* (*techn.*) lima *f. var.*, raspa *f. var.* (da maniscalco).
1 **rogner** |ʀɔɲe| *v.tr.* 1 [*couper* (*qqch.*) *sur le bord de manière à rectifier le contour et à prélever une partie*] *rogner les pages d'un livre, un livre* rifilare le pagine di un libro, un libro; *rogner les ailes à un oiseau,* (*fig.*) *à qqn.* tarpare le ali a un uccello, a qc.; *rogner les griffes à un chat* mozzare le unghie

a un gatto **2** (*fig.*) [*diminuer d'une petite quantité* (*pour un profit mesquin*)] lesinare: *rogner sur qqch.* lesinare su q.c. → **lésiner, prélever.**
2 **rogner** |ʀɔɲe| *v.intr.* (*fam.*) [*être en rogne, en colère; rager*] essere (96) (*aux.* essere) in bestia, fuori dai gangheri → **rognonner.**
rogneur, euse |ʀɔɲœʀ, øz| *s.* [*ouvrier, ouvrière qui* (1) *rogne* (*le papier*)] rifilatore*.
rogneuse |ʀɔɲøz| *s.f.* (*techn.*) rifilatrice.
rognoir |ʀɔɲwaʀ| *s.m.* (*techn.*) raffilatoio*.
rognon |ʀɔɲɔ̃| *s.m.* **1** [*rein d'un animal, destiné à la cuis.*] rognone: *un rognon de bœuf, de porc* un rognone di manzo, di maiale **2** (*géol.*) nodulo: *rognons de silex* noduli di selce.
rognonnade |ʀɔɲɔnad| *s.f.* (*cuis.*) rognonata.
rognonner |ʀɔɲɔne| *v.intr.* (*fam.*) [(2) *rogner en bougonnant*] brontolare (*cour.*), borbottare (*cour.*) → **grogner.**
rognure |ʀɔɲyʀ| *s.f.* [*ce que l'on enlève, ce qui tombe quand on rogne qqch.*] *rognure de papier* raffilatura, ritaglio* *m.* di carta; *rognure de métal* trucioli *m. pl.* di metallo, limatura; *des rognures d'ongles* pezzetti *m.* d'unghia → **déchet** ◇ (*spécialt.*) [*déchet plus ou moins répugnant*] avanzi *m. pl.*, scarti *m. pl.*
rogomme |ʀɔgɔm| *s.m.* (*fam.*) *voix de rogomme* voce da alcoolizzato, da avvinazzato; voce roca* *adj.*, rauca* *adj.*
1 **rogue** |ʀɔg| *adj.* [*qui est plein de morgue, à la fois méprisant, froid et rude*] arrogante, tracotante → **arrogant, hargneux** 🄲 **aimable, doux.**
2 **rogue** |ʀɔg| *s.f.* (*pêche*) uova *pl.* di pesce (usate come esca).
rogué, ée |ʀɔge| *adj.* (*pêche*) che ha, porta uova *loc.*
rohart |ʀɔaʀ| *s.m.* [*ivoire qu'on tire des défenses du morse et des dents de l'hippopotame*] avorio*.
roi |ʀwa(ɑ)| *s.m.* **1** [*chef d'État* (*homme*) *de certains pays*] re (*inv.*): *les rois fainéants* i re fannulloni; *le Roi-Soleil* il Re Sole; *devenir roi* diventare re, salire al trono ◇ (*spécialt.*) *les Rois* i Re magi; *la fête des Rois* l'Epifania, la Befana; *la galette des Rois* la torta (di pasta sfoglia) dell'Epifania; *tirer les rois* dividere la torta dell'Epifania (in cui è nascosta una fava) ◇ (*loc.*) *heureux comme un roi* felice come una pasqua, beato come un papa ~ *un morceau de roi* un boccone ghiotto, da re ~ *être plus royaliste que le roi* essere più realista del re ~ *travailler pour le roi de Prusse* lavorare per la gloria **2** (*fig.*) [*celui qui règne quelque part, dans un domaine*] re: *les rois du pétrole* i re del petrolio **3** [*chef, représentant éminent* (*d'un groupe ou d'une espèce*)] re: *le roi des animaux* il re degli animali ◇ (*fam.*) *c'est le roi des imbéciles* è il re degli imbecilli **4** (*échecs*) *échec au roi* scacco al re ◇ (*cartes*) *roi de carreau* re di quadri.
roide |ʀwad| *adj.* (*vx.*) → **raide.**
roitelet |ʀwatlɛ| *s.m.* **1** (*péj., plais.*) [*roi peu important, roi d'un petit pays*] reuccio*, regolo **2** (*t.zool.*) regolo, scricciolo.
rôle |ʀol| *s.m.* **1** (*admin., dr.*) ruolo: *rôle d'impôt* ruolo d'imposta; *rôle de équipage* ruolo d'equipaggio; *mettre une cause au rôle, sur le rôle* mettere una causa a ruolo **2** (*loc. fig.*) *à tour de rôle* [*chacun à son tour, à son rang*] a turno, uno alla volta; (*dr.*) nell'ordine di iscrizione a ruolo **3** (*théât., ciné., télév.*) parte *f.*, ruolo: *le rôle de Phèdre* la parte, il ruolo di Fedra; *savoir son rôle* conoscere (a memoria) la propria parte; *jouer, interpréter un rôle* interpretare, impersonare una parte, un ruolo; *créer un rôle* interpretare per primo una parte # *un petit rôle peu important* una particina ◇ [*conduite sociale de qqn. qui joue dans le monde un certain personnage*] parte, ruolo ◇ (*loc.*) *avoir le beau rôle* avere la parte più facile **4** [*action, influence que l'on exerce, fonction que l'on remplit*] funzione *f.*, ruolo: *rôle de médecin, de prêtre* funzione di medico, di sacerdote; *avoir, jouer un rôle important dans une affaire, une décision* avere, svolgere una funzione, un ruolo importante in un affare, in una decisione # *ce n'est pas mon rôle de vous conseiller* non è compito mio darvi consigli ◇ (*choses*) [*fonction*] funzione: *rôle du verbe dans la phrase* funzione del verbo nella frase.
rollier |ʀɔlje| *s.m.* (*t.zool.*) ghiandaia *f.* marina.
rollmops |ʀɔlmɔps| *s.m.* (*all.*) [*filet de hareng mariné au vin blanc, enroulé autour d'un cornichon*] ⊠.
romagnol, ole |ʀɔmaɲɔl| *adj.* [*de la Romagne*] romagnolo: *les plages romagnoles* le spiagge romagnole.
romain, aine |ʀɔmɛ̃, ɛn| *adj.* **1** [*qui appartient à l'anc. Rome et à son empire*] romano: *empereur romain* imperatore romano; *chiffre romain* numero romano ✦ *s.* (*hist.*) *les Romains* i Romani ◇ (*loc. fam.*) *un travail de romain* un lavoro titanico* *adj.*, un'opera titanica **2** [*qui appartient à la Rome moderne*] romano: *caractères romains* caratteri romani ✦ *s.m.* (*typogr.*) romano, tondo: *composer en romain* comporre in romano, in tondo ◇ (*spécialt.*) *laitue romaine* → 1 **romaine** **3** [*qui a rapport à Rome considérée comme le siège de la papauté et de l'Église cathol.*] romano: *Église catholique romaine* chiesa cattolica, romana; *rit romain* rito romano.
1 **romaine** |ʀɔmɛn| *s.f.* lattuga* romana ◇ (*loc. pop.*) *il est bon comme la romaine* è buono come il pane; (*moderne*) [*cuit, refait*] è spacciato.
2 **romaine** |ʀɔmɛn| *s.f.* bilancia* romana, stadera.
romaïque |ʀɔmaik| *adj. et s.m.* romaico*.
roman |ʀɔmɑ̃| *s.m.* **1** (*ling.*) romanzo **2** (*hist. litt.*) romanzo: *le Roman d'Alexandre* il Romanzo di Alessandro; *le Roman de Tristan* il Romanzo di Tristano; *le Roman de la Rose* il Romanzo della Rosa **3** [*œuvre d'imagination en prose*] romanzo: *les romans de Stendhal, de Dumas* i romanzi di Stendhal, di Dumas; *roman historique* romanzo storico; *roman de aventures, de cape et d'épée* romanzo d'avventure, di cappa e spada; *roman policier* (romanzo) giallo; *roman d'anticipation, de science-fiction* romanzo avveniristico, di fantascienza; *roman à l'eau de rose* romanzo all'acqua di rose; *roman-fleuve* romanzo fiume; *cela n'arrive que dans les romans* è una cosa che capita solo nei romanzi, nei film ◇ (*spécialt.*) *roman-feuilleton* romanzo d'appendice, a puntate; *roman-photo* fotoromanzo; *des romans-photos, des photos-romans* dei fotoromanzi ◇ (*fig.*) *c'est tout un roman* è un romanzo ◇ (*litt.*) *le nouveau roman* il 'nouveau roman'.
roman, ane |ʀɔmɑ̃, an| *adj.* **1** (*ling.*) *la langue romane* la lingua romanza ✦ (*s.m.*) *le roman* il romanzo **2** (*archit.*) romanico*: *église romane* chiesa romanica; *chapiteaux romans* capitelli romanici ✦ (*s.m.*) *le roman* il romanico.
romance |ʀɔmɑ̃s| *s.f.* (*ling., mus.*) romanza.
romancer |ʀɔmɑ̃se| (2) *v.tr.* [*présenter sous forme de roman, en déformant plus ou moins les faits*] romanzare ✦ (*au p.p.*) *biographie, histoire romancée* biografia, storia romanzata.
romancero |ʀɔmɑ̃seʀo| *s.m.* (*hist. litt.*) (*esp.*) romanzero.
romanche |ʀɔmɑ̃ʃ| *s.m.* (*ling.*) (*Suisse*) romancio*.
romancier, ière |ʀɔmɑ̃sje, jɛʀ| *s.* [*écrivain qui fait des romans, auteur de romans*] romanziere.
romand, ande |ʀɔmɑ̃, ɑ̃d| *adj.* romando: *la Suisse romande* la Svizzera romanda.
romanesque |ʀɔmanɛsk(ə)| *adj.* **1** romanzesco*: *aventures romanesques* avventure romanzesche; *une passion romanesque* una passione romanzesca ◇ (*par ext.*) *une imagination romanesque* un'immaginazione romanzesca; *une personne romanesque* una persona fantasiosa, un sognatore* ✦ (*s.m.*) *le romanesque* il romanzesco **2** (*littér.*) [*qui a les caractères littér. du roman; propre au roman*] romanzesco: *la technique romanesque* la tecnica romanzesca, del romanzo.
roman-feuilleton, roman-fleuve, *etc.* → **roman.**
romani |ʀɔmani|, **romano** |ʀɔmano| *s.m.* zingaro → **romanichel.**
romanichel, elle |ʀɔmaniʃɛl| *s.* (*péj.*) [*tzigane nomade*] zingaro *m.* → **bohémien** ◇ (*par ext.*) vagabondo.
romanisant, ante |ʀɔmanizɑ̃, ɑ̃t| *adj.* **1** (*relig.*) simpatizzante per la Chiesa romana **2** → **romaniste.**
romanisation |ʀɔmanizɑsjɔ̃| *s.f.* (*hist., ling.*) [→ ROMANISER] romanizzazione.
romaniser |ʀɔmanize| **A** *v.intr.* (*relig.*) [*suivre les dogmes de l'Église cathol. rom.*] abbracciare *tr.* la fede della Chiesa cattolica romana **B** *v.tr.* (*relig.*) [*rendre cathol. rom.*] convertire alla fede cattolica.
romanisme |ʀɔmanism(ə)| *s.m.* (*relig.*) romanismo.
romaniste |ʀɔmanist(ə)| *s.* **1** (*bx-arts, dr., ling.*) romanista **2** (*relig.*) papista, sostenitore* del Papa.
romanité |ʀɔmanite| *s.f.* (*hist.*) romanità *inv.*
roman-photo |ʀɔmɑ̃fɔto| *s.m.* → **roman** 3.
romantique |ʀɔmɑ̃tik| *adj.* romantico*: *la poésie romantique* la poesia romantica ✦ (*s.*) *les classiques et les romantiques* i classici e i romantici ◇ (*par ext.*) *un paysage romantique* un paesaggio romantico.
romantiser |ʀɔmɑ̃tize| *v.tr.* [*donner un caractère, un penchant romantique*] romantizzare.

romantisme |ʀɔmɑ̃tism(ə)| *s.m.* romanticismo.

romarin |ʀɔmaʀɛ̃| *s.m.* (*t.bot.*) rosmarino.

rombière |ʀɔ̃bjɛʀ| *s.f.* (*fam.*) [*bourgeoise d'âge mûr, ennuyeuse, prétentieuse et un peu ridicule*] borghesotta.

rompre |ʀɔ̃pʀ(ə)| (44) **A** *v.tr.* **1** (*littér.*) [*casser*] rompere (176) (*cour.*), spezzare: *les esclaves ont rompu leurs chaînes* gli schiavi hanno rotto, spezzato le catene; *rompre le pain* spezzare il pane ◇ (*par exagér.*) *se rompre le cou* rompersi l'osso del collo ◇ (*loc. fig.*) *applaudir à tout rompre* applaudire fragorosamente, fino a spellarsi le mani ~ *rompre la glace* rompere il ghiaccio ~ *rompre en visière* contraddire violentemente **2** (*littér.*) [*enfoncer par un effort violent*] rompere: *le fleuve a rompu les digues* il fiume ha rotto gli argini; *rompre l'encerclement* rompere lo accerchiamento **3** [*défaire un arrangement, un ordre* (*de personnes ou de choses*)] rompere: *rompre les rangs* rompere le righe **4** [*arrêter le cours de*] rompere: *rompre le silence* rompere il silenzio; *rompre l'équilibre* rompere l'equilibrio ◇ (*spécialt.*) [*interrompre* (*des relations*)] *rompre les relations diplomatiques* rompere, interrompere (176) le relazioni diplomatiche ◇ [*cesser de respecter* (*un engagement, une promesse*)] *rompre un traité* rompere un trattato; *rompre ses fiançailles* rompere il fidanzamento # *rompre un pacte, un serment* violare un patto, un giuramento **5** (*chasse*) *rompre les chiens* richiamare i cani **6** (*littér.*) *rompre qqn. à un exercice* [*l'y accoutumer*] addestrare (*cour.*) qc. a un esercizio **B** *v. intr.* **1** (*littér.*) [*casser*] rompersi *pron.*, spezzarsi (*pron.*): *la corde a rompu* la corda si è rotta **2** (*milit.*) [*cesser d'être dans un certain ordre*] *rompre à droite, à gauche* rompere da destra, da sinistra ◇ (*escrime, boxe*) [*reculer*] indietreggiare (*aux.* essere, avere) **3** [*renoncer soudain à des relations d'amitié* (*avec qqn.*)] rompere: *rompre avec qqn.* rompere con qc. → **brouiller (se)** ◇ (*spécialt.*) (*en parlant d'amoureux*) [*se séparer*] *il n'a pas le courage de rompre* non ha il coraggio di rompere ◇ (*par ext.*) *rompre avec les traditions* rompere con le tradizioni **C** *v.pron. intr.* SE ROMPRE (*littér.*) [*se briser, se casser*] rompersi: *les attaches se sont rompues* gli attacchi si sono rotti.

rompu, ue |ʀɔ̃py| *adj.* **1** [*arraché, cassé*] rotto, spezzato: *liens rompus* legami spezzati **2** (*loc. fig.*) *à batons rompus* saltando di palo in frasca **3** [*extrêmement fatigué*] rotto, stremato: *être rompu de fatigue* essere rotto, stremato dalla fatica → **fourbu** **4** (*littér.*) *rompu à* [*qui a une grande expérience de*] rotto, avvezzo a: *rompu au travail* rotto alle fatiche.

romsteck |ʀɔmstɛk| *s.m.* (*cuis.*) (*angl.*) girello di bue (arrosto o brasato).

ronce |ʀɔ̃s| *s.f.* **1** (*t.bot.*) rovo *m.*, spino *m.* **2** [*branche épineuse*] rovo: *s'égratigner en passant dans des ronces* graffiarsi passando fra i rovi ◇ (*par anal.*) *clôture en ronces artificielles* recinto di filo *m. sing.* spinato **3** [*nœuds, veines de certains bois*] nodo *m.*, venatura.

ronceraie |ʀɔ̃sʀɛ| *s.f.* [*terrain inculte où croissent les ronces*] roveto *m.*, spineto *m.*

ronceux, euse |ʀɔ̃sø, øz| *adj.* **1** (*se dit d'un bois qui présente des ronces*) venato, nodoso **2** pieno di rovi: *chemin ronceux* sentiero pieno di rovi.

ronchon |ʀɔ̃ʃɔ̃| *s.* [*personne qui a l'habitude de ronchonner*] brontolone: *c'est un vieux ronchon* è un vecchio brontolone.

ronchonneau, ronchonnot |ʀɔ̃ʃɔno| *s.m.* (*vieilli*) ufficiale collerico* e brontolone.

ronchonnement |ʀɔ̃ʃɔnmɑ̃| *s.m.* [*grognement, paroles de celui qui ronchonne*] brontolio*, brontolamento.

ronchonner |ʀɔ̃ʃɔne| *v.intr.* (*fam.*) [*manifester son mécontentement en protestant avec mauvaise humeur*] borbottare, brontolare (*cour.*) → **bougonner, grogner, râler.**

ronchonneur, euse |ʀɔ̃ʃɔnœʀ, øz| *s. et adj.* [*qui ronchonne sans cesse*] brontolone.

roncier |ʀɔ̃sje| *s.m.*, **roncière** |ʀɔ̃sjɛʀ| *s.f.* [*buisson, touffe de ronces*] cespuglio* *m.* di rovi, roveto *m.*

rond, ronde |ʀɔ̃, ʀɔ̃d| **I** *adj.* **1** rotondo: *la terre est ronde* la terra è rotonda; *une table ronde* una tavola rotonda; *une écriture ronde* una scrittura rotonda → 1 **circulaire, sphérique** # *des yeux ronds* occhi tondi **2** [*en arc de cercle*] curvo, ricurvo: *tuiles rondes* tegole curve, ricurve ◇ [*arrondi, voûté*] *avoir le dos rond* aver la schiena curva **3** [*charnu, sans angles* (*partie du corps*)] paffuto, rotondo: *joues rondes* guance paffute → **rebondi** ◇ (*personnes*) [*gros et court*] *un petit enfant rond et rose* un bambino paffuto e roseo **4** (*quantité*) [*entier, sans décimales, et se terminant de préférence par un ou plusieurs zéros*] tondo: *un chiffre rond, un nombre rond* una cifra tonda, un numero tondo; *ça fait sept cents francs en chiffres ronds* fa settecento franchi tondi **5** (*personnes*) [*qui agit sans détours*] franco*, schietto: *un homme très rond* un uomo molto franco, schietto **6** (*pop.*) [*ivre, soûl*] sbronzo: *il était complètement rond* era completamente sbronzo **II** (*adv.*) *tourner rond* [*d'une manière régulière*] girare, funzionare bene, regolarmente ◇ (*fig.*) *ça ne tourne pas rond* non va, c'è qualcosa che non va **III** *s.m.* **1** [*figure circulaire*] cerchio*: *tracer un rond* tracciare un cerchio; *faire des ronds dans l'eau* fare cerchi nell'acqua → **cercle, circonférence** # *faire des ronds de fumée* fare anelli di fumo ◇ *loc. adv.* EN ROND in cerchio, in circolo, in tondo: *s'asseoir en rond autour d'une table* sedersi in circolo intorno a un tavolo; *tourner en rond* girare in tondo **2** [*objet matériel de forme ronde*] anello: *rond de serviette* (anello) portatovagliolo **3** [*tranche ronde*] fettina (*f.*): *manger quelques ronds de saucisson* mangiare qualche fettina di salame → **rondelle** ◇ (*anat.*) *le petit, le grand rond* il piccolo, il grande rotondo **4** (*danse*) *rond de bras, de jambe* movimento circolare (del braccio, della gamba) ◇ (*loc.*) *faire des ronds de jambe* [*des politesses affectées*] profondersi in salamelecchi **5** (*fam.*) [*sou*] quattrino, soldo: *ils ont des ronds* [*de l'argent*] hanno i quattrini, i soldi; *il n'a pas le rond* non ha il becco di un quattrino, non ha un soldo.

rondache |ʀɔ̃daʃ| *s.f.* (*archéol.*) rondaccia*, rotella.

rond-de-cuir |ʀɔ̃dkɥiʀ| *s.m.* (*péj.*) [*employé de bureau*] impiegatuccio*, travet *inv.*

ronde |ʀɔ̃d| *s.f.* **1** *loc.* À LA RONDE [*dans un espace circulaire*] in giro, all'intorno: *à dix lieues à la ronde* per dieci leghe all'intorno, nel raggio di dieci leghe → **alentour** ◇ [*tour à tour, parmi des personnes installées en rond*] a turno **2** [*inspection milit. pour s'assurer que tout va bien*] ronda: *faire la ronde* fare la ronda ◇ [*visite de surveillance*] ronda, giro *m.* d'ispezione: *la ronde d'un gardien de nuit* il giro di ispezione di un guardiano notturno **3** (*danse*) girotondo *m.* **4** [*écriture à jambages courbes, à boucles arrondies*] scrittura tonda, rotonda **5** (*mus.*) semibreve.

1 **rondeau** |ʀɔ̃do| *s.m.* (*litt., mus.*) rondò *inv.*, 'rondeau' *inv.*

2 **rondeau** |ʀɔ̃do| *s.m.* **1** (*techn.*) tondello, disco* **2** (*agric.*) rullo.

ronde-bosse, ronde bosse |ʀɔ̃dbɔs| *s.f.* [*sculpture en relief*] tuttotondo *m. inv.*

rondel |ʀɔdɛl| *s.m.* → 1 **rondeau.**

rondelet, ette |ʀɔ̃dlɛ, ɛt| *adj.* [*qui a des formes arrondies*] rotondetto, grassottello: *une femme rondelette* una donna rotondetta, grassottella → **dodu** ◇ (*fig.*) *une somme rondelette* [*assez importante*] una bella, discreta sommetta → **coquet.**

rondelle |ʀɔ̃dɛl| *s.f.* **1** rondella, rosetta **2** [*petite tranche ronde*] fettina: *rondelle de citron, de saucisson* fettina di limone, di salame → **rond.**

rondement |ʀɔ̃dmɑ̃| *adv.* **1** [*avec vivacité et efficacité*] speditamente, con risolutezza (*loc. inv.*): *une affaire rondement menée* una faccenda sbrigata speditamente, con risolutezza **2** [*d'une manière franche et directe*] chiaro e tondo (*loc. inv.*): *parler rondement* parlare chiaro e tondo.

rondeur |ʀɔ̃dœʀ| *s.f.* **1** [*forme ronde* (*d'une partie du corps*)] rotondità (*inv.*): *la rondeur des bras* la rotondità delle braccia # *elle a des rondeurs bien placées* è ben messa a curve **2** [*caractère rond*] lealtà *inv.*, schiettezza.

rondier |ʀɔ̃dje| *s.m.* → **borasse.**

rondin |ʀɔ̃dɛ̃| *s.m.* (*techn.*) **1** [*morceau de bois de chauffage* (*cylindrique*)] tondello **2** tronco* d'albero (scortecciato).

rondo |ʀɔ̃do| *s.m.* (*mus.*) rondò *inv.*

rondouillard, arde |ʀɔ̃dujaʀ, aʀd(ə)| *adj.* (*fam., iron.*) [*qui a de l'embonpoint*] rotondetto, grassottello → **grassouillet, rondelet.**

rond-point |ʀɔ̃pwɛ̃| *s.m.* [*place circulaire d'où rayonnent plusieurs avenues*] (piazza) rotonda *f.*, rondò *inv.*

ronéo |ʀɔneo| *s.f.* (*nom déposé*) [*machine à reproduire un texte dactylographié au moyen de stencils*] ciclostile *m.*

ronéoter |ʀɔneɔte| *v.tr.* → **ronéotyper.**

ronéotyper |ʀɔneɔtipe| *v.tr.* [*reproduire* (*un texte*) *au moyen de la machine appelée 'ronéo'*] ciclostilare.

ronflant, ante |ʀɔ̃flɑ̃, ɑ̃t| *adj.* **1** [*qui produit un son continu et puissant semblable à un ronflement*] rimbombante, risonante **2** (*fig., fam.*) [*grandiloquent, plein d'emphase*] enfatico* (*cour.*), reboante (*cour.*), roboante

(*cour.*): *phrases ronflantes* frasi enfatiche; *titre ronflant* titolo reboante.
ronflement |Rɔ̃fləmɑ̃| *s.m.* **1** [*respiration bruyante du nez qui se fait entendre parfois pendant le sommeil*] il russare *inv.* **2** [*bruit continu, plus au moins semblable au 'ronflement' d'un dormeur*] ronzio*, brontolio*.
ronfler |Rɔ̃fle| *v.intr.* [*faire, en respirant pendant le sommeil, un certain bruit du nez*] russare, ronfare (*fam.*) ◇ (*choses*) [*produire un bruit comparable*] ronzare, rombare → **ronronner, vrombir.**
ronfleur, euse |Rɔ̃flœR, øz| *s.* **1** *s.* chi russa *loc.* **2** *s.m.* (*techn.*) cicalino, vibratore a cicala.
rongement |Rɔ̃ʒmɑ̃| *s.m.* (*rare*) [→ RONGER] rodimento.
ronger |Rɔ̃ʒe| (3) *v.tr.* **1** [*user en coupant avec les dents (incisives) par petits morceaux*] rodere (175), rosicchiare: *souris qui rongent du pain* topi che rosicchiano del pane; *le chien rongeait un os* il cane rodeva, rosicchiava un osso; *se ronger les ongles* rosicchiarsi, mangiarsi le unghie → **grignoter** ◇ (*vers, insectes*) [*détériorer peu à peu*] rosicchiare: *meuble rongé par les vers* mobile rosicchiato dai tarli ◇ [*mordiller (un corps dur)*] mordere (156), mordicchiare: *le cheval rongeait son frein* il cavallo mordeva il freno ◇ (*loc. fig.*) *ronger son frein* mordere il freno **2** (*choses*) [*détruire peu à peu (qqch.)*] corrodere (175): *la rouille ronge le fer* la ruggine corrode il ferro ◇ (*fig.*) *être rongé par la maladie* essere consumato dalla malattia; *cette pensée me ronge* questo pensiero mi rode, mi tormenta → **miner** ◇ (*pop.*) *se ronger (les sangs)* [*se faire du souci*] guastarsi il sangue.
rongeur, euse |Rɔ̃ʒœR, øz| *adj.* [*qui ronge*] roditore*: *mammifère rongeur* mammifero roditore.
Rongeurs |Rɔ̃ʒœR| *s.m. pl.* (*t.zool.*) Roditori.
ronron |Rɔ̃Rɔ̃| *s.m.* **1** (*fam.*) [*ronflement sourd et continu*] ronzio*, rombo: *le ronron d'un moteur* il ronzio, il rombo di un motore **2** [*petit grondement continu et régulier du chat lorsqu'il est content*] ronron *inv.* # *faire ronron* ronfare, fare le fusa → **ronronner** **3** (*fig.*) *le ronron de la vie quotidienne* il trantran *inv.* della vita quotidiana.
ronronnement |Rɔ̃Rɔnmɑ̃| *s.m.* → **ronron.**
ronronner |Rɔ̃Rɔne| *v.intr.* **1** [*faire entendre des ronrons*] fare (103) *tr.* le fusa, ronfare: *chat qui ronronne* gatto che ronfa, che fa le fusa **2** [*ronfler sourdement et régulièrement*] ronzare, rombare.
ronsardiser |Rɔ̃saRdize| *v.intr.* (*hist. litt.*) [*écrire des vers à la manière de Ronsard*] imitare *tr.* lo stile di Ronsard.
röntgen |Rœntgɛn| *s.m.* (*phys.*) röntgen *inv.*
röntgenthérapie |RœntgɛnteRapi| *s.f.* (*méd.*) röntgenterapia, radioterapia.
roque |Rɔk| *s.m.* (*échecs*) arrocco*, arroccamento.
roquefort |RɔkfɔR| *s.m.* [*fromage fait de lait de brebis et ensemencé d'une moisissure spéciale*] ⊠.
roquelaure |RɔklɔR| *s.f.* (*ancienn.*) [*manteau demi-ajusté descendant jusqu'aux genoux, et que portaient les hommes, sous Louis XIV*] ⊠.
roquentin |Rɔkɑ̃tɛ̃| *s.m.* (*vieilli*) *un vieux roquentin* [*qui veut jouer au jeune homme*] un vecchio ringalluzzito.
roquer |Rɔke| *v.intr.* (*échecs*) [*placer l'une des tours à côté du roi et faire passer ce dernier de l'autre côté de la tour*] arroccare *tr.*
roquet |Rɔkɛ| *s.m.* [*petit chien hargneux qui aboie pour un rien*] botolo, cane ringhioso ◇ (*fig.*) *c'est un vrai roquet* è un tipo ringhioso.
roquetin |Rɔktɛ̃| *s.m.* (*techn.*) rocchetto.
1 **roquette** |Rɔkɛt| *s.f.* (*t.bot.*) ruca*, rucchetta.
2 **roquette** |Rɔkɛt| *s.f.* [*projectile autopropulsé*] razzo (*m.*): *roquette antichar* razzo anticarro → 1 **fusée.**
rorqual |RɔRkwal| *s.m.* (*norv.*) (*t. zool.*) balenottera *f.*
rosace |Rozas| *s.f.* **1** [*figure symétrique faite de courbes inscrites dans un cercle*] rosone *m.* ◇ [*ornement qui a cette forme*] *plafond à rosaces* soffitto a rosoni **2** [*grand vitrail d'église de forme circulaire*] rosone.
rosacé, ée |Rozase| *adj.* **1** (*bot.*) rosaceo **2** (*méd.*) *acné rosacée* acne rosacea.
Rosacées |Rozase| *s.f. pl.* (*t.bot.*) Rosacee.
1 **rosage** |Rozaʒ| *s.m.* → **rhododendron.**
2 **rosage** |Rozaʒ| *s.m.* (*tissage*) ravvivatura *f.* del cotone rosso tinto con la garanza.
rosaire |RozɛR| *s.m.* rosario*: *dire, réciter son rosaire* dire, recitare il rosario.
rosalbin |Rozalbɛ̃| *s.m.* (*t.zool.*) rosalba *f.*
rosaniline |Rozanilin| *s.f.* (*chim.*) rosanilina.
rosat |Roza| *adj. inv.* (*pharm.*) rosato (*var.*): *miel rosat* miele rosato.
rosâtre |RozɑtR(ə)| *adj.* (color) rosa *inv.* sporco.
rosbif |Rɔsbif| *s.m.* rosbif *inv.*, roast-beef *inv.*
1 **rose** |Roz| *s.f.* **1** [*fleur du rosier*] rosa: *roses rouges, blanches, jaunes* rose rosse, bianche, gialle; *boutons de rose* boccioli di rosa; *offrir des roses* regalare delle rose ◇ (*spécialt.*) *eau de rose* acqua di rose ◇ (*loc.*) *un roman, un film à l'eau de rose* un romanzo, un film all'acqua di rose ~ *être frais comme une rose* essere fresco come una rosa ~ *pas de roses sans épines* non c'è rosa senza spine ~ *ne pas sentir la rose* avere cattivo odore ~ (*fam.*) *envoyer qqn. sur les roses* mandare qc. al diavolo, a quel paese ~ *découvrir le pot aux roses* scoprire gli altarini ◇ *loc.* DE ROSE di rosa: *bois de rose* legno di rosa **2** (*t.bot.*) *rose trémière* malvone *m.* ~ *laurier-rose* → **laurier** ~ *rose de Noël* → **ellébore**; *rose d'Inde* → **tagète** **3** → **rosace** **4** *rose des vents* rosa dei venti **5** (*diamant en*) *rose* (diamante a) rosetta **6** (*géol.*) *rose de sable* rosa del deserto.
2 **rose** |Roz| **1** *adj.* rosa *inv.*, roseo: *joues roses* guance rosa, rosee; *couleur rose* color rosa; *son visage devenait rose* il suo viso diventava rosa ◇ (*fig.*) *ce n'est pas rose, pas tout rose* non sono tutte rose e fiori **2** *s.m.* rosa: *rose vif, pâle* rosa vivo, pallido; *rose orangé, saumoné* rosa arancio, salmone.
rosé, ée |Roze| *adj.* [*légèrement teinté de rose*] rosato, roseo: *beige rosé* 'beige' rosato; *vin rosé* vino rosato, 'rosé' ✦ (*s.m.*) *du rosé* [*vin rouge clair*] del rosato, del 'rosé' *inv.*
roseau |Rozo| *s.m.* (*bot.*) canna (*f.*): *roseaux d'un étang* canne di uno stagno; *natte, palissade de roseau* stuoia, staccionata di canne # *champ de roseaux* canneto ◇ (*loc.*) *être souple comme un roseau* essere flessibile come un giunco.
rose-croix |RozkRwa| *s. inv.* rosacroce *m.*
rosée |Roze| *s.f.* **1** rugiada: *la rosée du matin* la rugiada del mattino; *herbe humide de rosée* erba umida di rugiada ◇ (*loc.*) *salade, viande tendre comme (la) rosée* insalata molto tenera, carne tenera come il burro **2** (*phys.*) *point de rosée* punto di rugiada.
roselet |Rozlɛ| *s.m.* (pelliccia* *f.* di) ermellino.
roselier, ière |Rozəlje, jɛR| **1** *adj.* che produce canne *loc.*, ricco* di canne: *marais roselier* palude di canne **2** (*s.f.*) *roselière* [*lieu où poussent des roseaux*] canneto *m.*
roséole |Rozeɔl| *s.f.* (*méd.*) rubeola, rosolia.
roser |Roze| *v.tr.* **1** (*techn.*) [*faire le (2) rosage*] tingere (119) di rosa **2** *surtout passif* [*rendre rose*] rendere (105) rosa, tingere di rosa ✦ (*au p.p.*) *figure rosée* viso (tinto di) rosa, roseo.
roseraie |RozRɛ| *s.f.* [*champ planté de rosiers; endroit d'un jardin orné de rosiers*] roseto *m.*
rosette |Rozɛt| *s.f.* **1** [*ornement circulaire en forme de petite rose (en broderie, orfèvrerie, sculpture)*] coccarda **2** [*nœud à boucles d'un ruban*] fiocco* *m.*, nodo *m.* **3** [*insigne (formé d'un petit cercle d'étoffe) du grade d'officier dans certains ordres*] coccarda → **décoration** ✦ (*absolt.*) *avoir la rosette* essere insignito dalla Legion d'onore **4** [*petit cadran portant le réglage de l'avance et du retard, sur une montre*] registro *m.* **5** (*bot.*) rosetta ◇ (*loc.*) *en rosette* a rosetta **6** *rosette de Lyon* [*saucisson sec*] ⊠.
roseur |RozœR| *s.f.* (*rare*) colore *m.* rosa, roseo (*cour.*).
rosier |Rozje| *s.m.* (*t.bot.*) rosaio*, rosa (*f.*): *rosier sauvage* rosaio selvatico; *rosier grimpant, nain* rosaio rampicante, nano # *culture des rosiers* rosicoltura.
rosière |RozjɛR| *s.f.* [*jeune fille à qui on décernait une couronne de roses pour sa vertu*] ⊠.
rosiériste |RozjeRist(ə)| *s.* [*horticulteur spécialiste de la culture des rosiers*] rosicoltore*.
rosir |RoziR| **A** *v.intr.* [*prendre une couleur rose*] diventare (*aux.* essere) rosa, colorirsi (197) *pron.*, colorarsi *pron.* di rosa **B** *v.tr.* [*rendre rose*] rendere (105) rosa → **roser.**
rosissement |Rozismɑ̃| *s.m.* [→ ROSIR] il diventare *inv.* rosa, roseo; il rendere *inv.* rosa, roseo.
rosminien, ienne |Rɔsminjɛ̃, jɛn| **1** *adj.* (*philo.*) rosminiano **2** *s.m.* [*prêtre et laïque de la congrégation fondée par Rosmini Serbati*] rosminiano.
rossard, arde |RɔsaR, aRd(ə)| *s.* [*personne malveillante, médisante*] malevolo, malalingua* *f.* ✦ (*adj.*) *un*

critique rossard un critico malevolo.
rosse |ʀɔs| *s.f.* **1** (*vieilli*) [*mauvais cheval*] ronzino *m.* (*cour.*), rozza **2** (*fig.*) [*personne dont on subit les méchancetés, la sévérité, la dureté*] carogna: *sale rosse* sporca carogna → **vache** ✦ (*adj.*) *vous avez été rosse avec lui* lei è stato una carogna *s.f.* con lui ◇ [*sévère*] *un professeur rosse* un professore carogna, una carogna.
rossée |ʀɔse| *s.f.* (*fam.*) [*volée de coups, correction*] sacco* *m.* di botte, fracco *m. sing.* di legnate.
rosser |ʀɔse| *v.tr.* [*battre violemment*] pestare, picchiare → **cogner, frapper** ◇ (*fam.*) [*battre, vaincre dans une bataille*] *ils les ont rossés!* gliele hanno date!
rosserie |ʀɔsʀi| *s.f.* [*parole ou action rosse*] carognata, vigliaccata, vigliaccheria → **méchanceté, vacherie** ◇ [*caractère rosse*] *il est d'une rosserie!* è di una vigliaccheria!
rossignol |ʀɔsiɲɔl| *s.m.* **1** (*t.zool.*) usignolo **2** (*vx.*) [*petite flûte*] zufolo ◇ (*mar.*) fischietto **3** [*instrument pour crocheter les portes*] grimaldello: *rossignol de cambrioleur* grimaldello da scassinatore → 1 **crochet, passe-partout** **4** (*fam.*) [*livre invendu, sans valeur; objet démodé, marchandise invendable*] fondo di magazzino, scarto: *écouler de vieux rossignols en solde* smaltire dei vecchi fondi di magazzino in una liquidazione **5** (*méd.*) usignolo dei conciatori.
rossinante |ʀɔsinɑ̃t| *s.f.* (*vieilli*) [*mauvais cheval*] ronzino *m.* (*cour.*) rozza.
1 **rossolis** |ʀɔsɔli| *s.m.* → **droséra.**
2 **rossolis** |ʀɔsɔli| *s.m.* (*ancienn.*) [*ratafia de roses et de fleurs d'orangers fabriqué surtout en Italie et en Turquie*] rosolio*.
rostral, ale, aux |ʀɔstʀal, o| *adj.* (*antiq. rom.*) rostrato, rostrale: *colonne rostrale* colonna rostrata.
-rostre |ʀɔstʀ(ə)| *suff.* (*signifiant 'bec', correspond généralt. à*) rostro: *dentirostre* dentirostro.
rostre |ʀɔstʀ(ə)| *s.m.* **1** (*antiq. rom.*) *les rostres* i rostri ◇ [*éperon des navires de l'antiq.*] rostro ◇ (*archit.*) rostro **2** (*zool.*) rostro.
rostré, ée |ʀɔstʀe| *adj.* (*bot.*) rostrato.
1 **rot** |ʀo| *s.m.* (*vulg.*) [*expulsion plus ou moins bruyante de gaz stomacaux par la bouche*] rutto (*cour.*): *faire, lâcher un rot* fare, farsi scappare un rutto → **éructation.**
2 **rot** |ʀɔt| *s.m.* (*agric.*) (*angl.*) marciume.
rôt |ʀo| *s.m.* (*vx.*) → **rôti.**
rotacé, ée |ʀɔtase| *adj.* (*bot.*) a forma di ruota *loc. inv.*
rotang |ʀɔtɑ̃g| *s.m.* (*t.bot.*) rotang *inv.*
rotangle |ʀɔtɑ̃gl(ə)| *s.m.* → **rotengle.**
rotarien |ʀɔtaʀjɛ̃| *s. et adj. m.* rotariano *s.*, socio* *s.* del Rotary Club.
rotary |ʀɔtaʀi| *s.m.* (*angl.*) **1** (*techn.*) sonda *f.* a rotazione, rotary *inv.* **2** [*système de téléphone automatique*] sistema rotary.
rotateur, trice |ʀɔtatœʀ, tʀis| *adj.* (*rare*) rotatorio* (*cour.*): *force rotatrice* forza rotatoria ◇ (*anat.*) *muscle rotateur* muscolo rotatorio ✦ *s.m.* rotatorio: *les rotateurs du dos* i rotatori del dorso.
rotatif, ive |ʀɔtatif, iv| **1** *adj.* rotativo: *machine à vapeur rotative* macchina a vapore rotativa ◇ (*par ext.*) *mouvement rotatif* movimento rotativo; *moteur à piston rotatif* motore a pistone rotante → **rotatoire** **2** *s.f.* (*imprim.*) (*abrév. fam. 'roto'*) rotativa.
rotation |ʀɔtɑsjɔ̃| *s.f.* **1** rotazione: *rotation de la Terre* rotazione della Terra; *vitesse de rotation d'un arbre* velocità di rotazione di un albero; *sondage par rotation* sondaggio per rotazione ◇ (*géom.*) rotazione ◇ (*par ext.*) [*mouvement circulaire*] *exécuter une rotation* eseguire una rotazione **2** (*abstrait*) rotazione ◇ (*agric.*) *rotation des cultures* rotazione delle colture ◇ (*transports*) *rotation des avions d'une ligne* rotazione degli aerei su una linea ◇ (*comm.*) *rotation du stock* rotazione delle scorte; *rotation du capital* rotazione del capitale; *rotation du personnel* rotazione del personale; *responsabilité exercée par rotation* responsabilità esercitata per rotazione.
rotativiste |ʀɔtativist(ə)| *s.* rotativista *m.*
rotatoire |ʀɔtatwaʀ| *adj.* (*sc.*) rotatorio*.
1 **rote** |ʀɔt| *s.f.* (*hist. mus.*) rotta.
2 **rote** |ʀɔt| *s.f.* (*ecclés.*) (tribunale *m.* della) Sacra Rota.
rotengle |ʀɔtɑ̃gl(ə)| *s.m.* (*t.zool.*) scardola *f.*
roténone |ʀɔtenɔn| *s.f.* (*pharm.*) rotenone *m.*
roter |ʀɔte| *v.intr.* (*vulg.*) [*faire un rot, des rots*] ruttare (*cour.*) → **éructer** ◇ (*pop., fig.*) *en roter* [*supporter des mauvais traitements, des ennuis, un travail pénible*] ingoiarne: *il lui en a fait roter* gliene ha fatte ingoiare → **baver.**
rôti |ʀo(ɔ)ti| *s.m.* (*cuis.*) arrosto ◇ (*loc. fig.*) *s'endormir sur le rôti* addormentarsi, riposare sugli allori.
rôti, ie |ʀo(ɔ)ti| *adj.* (*viandes*) [*cuit à feu vif, à la broche ou au four*] arrosto (*inv.*): *bœuf, poulet rôti* manzo, pollo arrosto ◇ (*loc. fig.*) *il attend que les alouettes lui tombent toutes rôties* aspetta che la manna gli cada dal cielo, vuole la pappa scodellata (fatta).
rôtie |ʀo(ɔ)ti| *s.f.* fetta di pane tostato, crostino *m.* # *rôtie de pain frottée d'ail* bruschetta.
Rotifères |ʀɔtifɛʀ| *s.m. pl.* (*t.zool.*) Rotiferi.
1 **rotin** |ʀɔtɛ̃| *s.m.* **1** → **rotang** **2** (*par ext.*) giunco* d'India.
2 **rotin** |ʀɔtɛ̃| *s.m.* [*sou*] (*surtout dans des phrases négatives*) *rien! pas un rotin!* niente, neanche un soldo, il becco di un quattrino!
rôtir |ʀo(ɔ)tiʀ| **A** *v.tr.* [*faire cuire (de la viande) à feu vif*] arrostire (197), fare (103) arrosto: *rôtir un poulet, une pièce de bœuf* arrostire, fare arrosto un pollo, un pezzo di manzo # *rôtir au four* cuocere al forno ◇ (*fam.*) [*exposer à une forte chaleur*] arrostire ✦ (*pron. réfl.*) *se rôtir au soleil* arrostire *intr.*, arrostirsi al sole **B** *v.intr.* [*cuire, être cuit à feu vif*] arrostire (*aux.* essere): *mettre la viande à rôtir* mettere la carne ad arrostire, a cuocere ◇ (*fam.*) [*recevoir une chaleur très vive, qui incommode*] *on rôtit, ici!* si cuoce, si va arrosto qui! → **cuire.**
rôtissage |ʀo(ɔ)tisaʒ| *s.m.* (*rare*) [→ RÔTIR] arrostimento.
rôtisserie |ʀo(ɔ)tisʀi| *s.f.* rosticceria.
rôtisseur, euse |ʀo(ɔ)tisœʀ, øz| *s.* [*personne qui prépare et vend des viandes rôties*] rosticciere.
rôtissoire |ʀo(ɔ)tiswaʀ| *s.f.* [*ustensile de cuis. qui sert à faire rôtir la viande*] girarrosto (*m.*): *rôtissoire électrique, à rayons infrarouges* girarrosto elettrico, a raggi infrarossi.
rotogravure |ʀɔtɔgʀavyʀ| *s.f.* (*techn.*) rotocalcografia, (stampa a) rotocalco* *m.*
rotonde |ʀɔtɔ̃d| *s.f.* rotonda ◇ (*ch. de fer*) capannone *m.* (semi)circolare per locomotive.
rotondité |ʀɔtɔ̃dite| *s.f.* **1** rotondità *inv.* → **sphéricité** **2** (*fam.*) [*rondeur d'une personne assez grasse*] rotondità → **embonpoint** ◇ *au plur.* (*plais.*) [*formes pleines*] *les rotondités d'une femme* le rotondità di una donna → **rondeur(s).**
rotoplots |ʀɔtɔplo| *s.m. pl.* (*vulg.*) [*seins de femme*] tette *f.* (*fam.*).
rotor |ʀɔtɔʀ| *s.m.* (*aviat., électr.*) rotore.
rotruenge |ʀɔtʀyɑ̃ʒ|, **rotrouenge** |ʀɔtʀuɑ̃ʒ| *s.f.* (*hist. litt.*) poesia a più strofe con ritornello finale.
rotule |ʀɔtyl| *s.f.* **1** (*anat.*) rotula ◇ (*fig., fam.*) *être sur les rotules* essere a pezzi, sfinito (*cour.*) **2** (*techn.*) giunto *m.* a sfera: *changement de vitesse à rotule* cambio di velocità con giunto a sfera.
rotulien, ienne |ʀɔtyljɛ̃, jɛn| *adj.* [*de la rotule*] rotuleo: *réflexe rotulien* riflesso rotuleo.
roture |ʀɔtyʀ| *s.f.* (*littér.*) **1** (*hist.*) terra soggetta ad oneri feudali (*cour.*) **2** [*absence de noblesse*] ignobiltà *inv.*, bassa condizione di nascita (*cour.*) **3** [*la classe des roturiers* (*opposé à 'noblesse'*)] la plebe, il ceto *m.* plebeo.
roturier, ière |ʀɔtyʀje, jɛʀ| (*littér.*) **1** *adj.* [*qui n'est pas noble*] ignobile, plebeo (*cour.*) → **plébéien** ◇ (*par ext.*) *biens roturiers* beni soggetti a onere feudale **2** *s.* persona *f.* non nobile, di basse origini (*cour.*); plebeo (*cour.*).
rouable |ʀwabl(ə)| *s.m.* (*techn.*) **1** [*perche à crochet dont le boulanger se sert pour tirer la braise du four*] tirabrace *inv.* **2** [*râteau servant à ramasser le sel dans les salines*] rastrello.
rouage |ʀwaʒ| *s.m.* **1** [*chacune des pièces d'un mécanisme* (*d'horlogerie*)] rotismo, meccanismo: *rouages d'une montre* rotismi di un orologio **2** (*fig.*) [*chaque partie essentielle d'une chose qui fonctionne*] ingranaggio*: *les rouages de la machine sociale* gli ingranaggi della macchina sociale.
rouan, anne |ʀwɑ̃, an| *adj.* (*hippol.*) roano: *jument rouanne* giumenta roana ✦ (*s.m.*) *un rouan* un roano.
rouanne |ʀwan| *s.f.* (*techn.*) **1** [*outil servant à dégrossir et creuser le bois*] trivella, sgorbia **2** [*sorte de compas pour marquer les tonneaux*] compasso *m.*
rouannette |ʀwanɛt| *s.f.* (*techn.*) piccola sgorbia → **rouanne** 1.
roubignoles |ʀubiɲɔl| *s.f. pl.* (*vulg.*) [*testicules*] palle.
roublard, arde |ʀublaʀ, aʀd(ə)| *adj.* (*fam.*) [*qui fait preuve d'astuce et de ruse dans la défense de ses intérêts*] drittone ✦ (*s.*) *un vieux roublard* un gran drittone, una vecchia volpe *f.*
roublardise |ʀublaʀdiz| *s.f.* [*ca-*

ractère, conduite, acte de roublard] furberia, astuzia → **astuce, finesse, ruse.**
rouble |Rubl(ə)| *s.m.* [*unité monétaire de l'U.R.S.S.*] rublo.
rouchi |Ruʃi| *s.m.* [*patois du Hainaut fr.* (*Valenciennes et sa région*)] ⊠.
roucoulade |Rukulad| *s.f.* [*bruit que fait un oiseau en roucoulant*] il tubare *m. inv.* ◇ (*fig., fam.*) *les roucoulades des amoureux* il tubare degli innamorati.
roucoulant, ante |Rukulɑ̃, ɑ̃t| *adj.* [*qui roucoule* (*au pr. et au fig.*)] tubante, sospiroso ◇ [*qui ressemble à un roucoulement*] gorgheggiante: *sons roucoulants* suoni gorgheggianti.
roucoulement |Rukulmɑ̃| *s.m.* **1** [*cri du pigeon, de la tourterelle, semblable à une plainte douce et monotone*] il tubare *inv.* **2** (*fig.*) *roucoulements d'amoureux* il tubare degli innamorati.
roucouler |Rukule| *v.intr.* **1** (*en parlant du pigeon, de la tourterelle*) [*faire entendre son cri*] tubare **2** (*fig.*) [*tenir des propos tendres et langoureux, filer le parfait amour*] tubare.
roudoudou |Rududu| *s.m.* (*fam.*) [*caramel dans une petite boîte de bois ronde, que l'on lèche*] ⊠.
roue |Ru| *s.f.* **1** (*techn.*) ruota: *véhicule à deux, à quatre roues* veicolo a due, a quattro ruote; *roues avant, arrière* ruote anteriori, posteriori; *roues motrices, directrices* ruote motrici, direttrici; *roue de secours* ruota di scorta; *chapeau de roue* coppa della ruota ◇ (*loc.*) *faire un virage sur les chapeaux de roue* fare una curva su due ruote ~ *roue libre* ruota libera ~ (*fig.*) *être en roue libre* andare a ruota libera ~ *mettre des bâtons dans les roues* mettere i bastoni tra le ruote ~ *être la cinquième roue du carrosse, de la charrette* essere l'ultima ruota del carro ◇ (*admin.*) *un deux roues* un veicolo a due ruote: *autoroute interdite aux deux roues* autostrada vietata ai veicoli a due ruote **2** [*disque tournant sur son axe, servant d'organe de transmission, d'élévation, etc.*] ruota: *roue de transmission* ruota di trasmissione; *roue de friction* ruota di frizione, di attrito; *roue folle* ruota folle; *roue dentée* ruota dentata; *roues d'un engrenage* ruote di un ingranaggio; *roue de gouvernail* ruota del timone **3** *supplice de la roue* supplizio della ruota; *être condamné à la roue* essere condannato al supplizio della ruota **4** *grande roue* grande ruota; *roue de loterie* ruota della lotteria ◇ (*fig.*) *la roue de la fortune* la ruota della fortuna **5** (*gymnastique*) *faire la roue* fare la ruota; (*en parlant de certains oiseaux comme le paon*) fare la ruota ◇ (*fig.*) [*déployer ses séductions*] fare la ruota, pavoneggiarsi.
roué, ée |Rwe| **I** *adj.* **1** [*supplicié sur la roue*] arrotato ◇ (*fig.*) *roué de coups* [*battu, fossé*] pestato a sangue, di santa ragione **2** → 2 **malin, rusé II** *s.* [*personne rusée, sans scrupules*] drittone, volpe *f.*
rouelle |Rwɛl| *s.f.* **1** (*vx., région.*) → **rondelle 2** (*bouch.*) *rouelle* (*de veau*) ossobuco* *m.*
rouennerie |Rwanri| *s.f.* (*vx.*) tela di cotone, tessuto *m.* di lana di Rouen.
rouer |Rwe| *v.tr.* [*supplicier sur la roue* (3)] arrotare ◇ (*fig.*) *rouer qqn. de coups* [*le battre violemment*] pestare qc. di santa ragione → **tabasser.**
rouerie |Ruri| *s.f.* [*finesse et habileté sans scrupule*] furbizia, scaltrezza.
rouet |Rwɛ| *s.m.* **1** [*machine à filer* (*le chanvre, la laine, le lin, etc.*)] arcolaio* **2** (*ancienn.*) rotella *f.*, ruota (*f.*): *arquebuse à rouet* archibugio a ruota **3** (*techn.*) cerchio* di legno (alla base del pozzo) ◇ [*garde de serrure*] fernette *f. pl.* ◇ (*mar.*) puleggia* *f.*
rouette |Rwɛt| *s.f.* (*vx., région.*) [*branche fine et flexible, qui sert de lien pour attacher les fagots*] giunco* *m.*, vimine *m.*
rouf |Ruf| *s.m.* (*mar.*) tuga* *f.*
rouflaquette |Ruflakɛt| *s.f.* (*fam.*) [*favoris, poils que les hommes laissent pousser sur les côtés du visage*] fedine *pl.*, favoriti *m. pl.*
rouge |Ruʒ| **I** *adj.* **1** [*qui est de la couleur du sang, du rubis, etc.*] rosso: *une rose rouge* una rosa rossa; *le drapeau rouge* la bandiera rossa; *le feu rouge* il semaforo rosso; *vin rouge* vino rosso; *cheveux rouges* capelli rossi; *corriger un texte au crayon rouge* correggere un testo con la matita rossa ✦ (*s.m.*) *boire un coup de rouge* bere un bicchiere di (vino) rosso **2** [*qui a pour emblème le drapeau rouge; qui est d'extrême gauche*] rosso: *la banlieue rouge* la periferia rossa; *l'Armée rouge* l'Armata rossa → **soviétique, communiste** ✦ (*s.*) *les rouges* i rossi **3** [*qui est porté à l'incandescence*] arroventato, incandescente: *fer rouge* ferro arroventato, incandescente **4** (*personnes*) [*dont la peau est de cette couleur, par l'afflux du sang*] rosso: *être, devenir rouge de colère, de honte* essere, diventare rosso dalla collera, per la vergogna; *être rouge comme une écrevisse, une tomate* essere rosso come un gambero, un pomodoro → **rougeaud** ✦ (*adv.*) *se fâcher tout rouge* diventare rosso *adj.* dalla rabbia, andare su tutte le furie; *voir rouge* vedere rosso **II** *s.m.* **1** [*la couleur rouge*] rosso: *un rouge vif, foncé* un rosso vivo, scuro **2** [*colorant rouge; pigment donnant une couleur rouge*] rosso ◇ (*spécialt.*) [*fard rouge*] *rouge à joues* rossetto per le guance; *rouge à lèvres* rossetto **3** [*couleur, aspect du métal incandescent*] *porter une barre de fer au rouge* rendere rovente una sbarra di ferro **4** [*teinte rouge que prend la peau sous l'effet d'une émotion*] rossore: *le rouge lui montait au visage* il rossore gli saliva al viso.
rougeâtre |Ruʒɑtr(ə)| *adj.* [*légèrement rouge*] rossastro.
rougeaud, aude |Ruʒo, od| *adj.* [*haut en couleur* (*teint*); *qui a le teint trop rouge*] rubicondo: *une figure rougeaude* una faccia rubiconda.
rouge-gorge |Ruʒgɔrʒ(ə)| *s.m.* (*t. zool.*) pettirosso.
rougeoiement |Ruʒwamɑ̃| *s.m.* [*teinte ou reflet rougeâtre*] il rosseggiare *inv.*
rougeole |Ruʒɔl| *s.f.* **1** (*méd.*) morbillo *m.* **2** → **mélampyre.**
rougeoleux, euse |Ruʒɔlø, øz| *adj. et s.* [*qui a la rougeole*] morbilloso.
rougeoyant, ante |Ruʒwajɑ̃, ɑ̃t| *adj.* [*qui prend des teintes rougeâtres et changeantes*] rosseggiante.
rougeoyer |Ruʒwaje| (10) *v.intr.* [*prendre une teinte rougeâtre; produire des reflets rougeâtres*] rosseggiare.
rouge-queue |Ruʒkø| *s.m.* (*t. zool.*) codirosso.
rouget, ette |Ruʒɛ, ɛt| **I** *adj.* (*fam.*) leggermente rosso, rossigno **II** *s.m.* **1** (*t.zool.*) triglia *f.* **2** (*vétér.*) mal rossino.
rougeur |Ruʒœr| *s.f.* **1** [*coloration du visage causée par la chaleur, l'émotion*] rossore *m.* **2** *au plur.* macchie, chiazze rosse.
rougi, ie |Ruʒi| *adj.* **1** [*qui est devenu rouge, a été rendu rouge*] arrossato: *yeux rougis* (*de pleurs*) occhi arrossati (dal pianto) **2** *eau rougie* acqua e vino rosso.
rougir |Ruʒir| **A** *v.intr.* **1** [*devenir rouge, plus rouge*] arrossarsi *pron.*, diventare (*aux.* essere) rosso: *rougir et peler après un coup de soleil* diventare rosso e spellarsi dopo un colpo di sole **2** [*devenir rouge sous l'effet d'une émotion*] arrossire (197) (*aux.* essere): *rougir jusqu'aux oreilles* arrossire fino alle orecchie, alla punta dei capelli; *rougir de colère, de honte* arrossire di collera, di vergogna ◇ [*par pudeur*] *ces propos grivois la faisaient rougir* quelle parole scurrili la facevano arrossire ◇ [*éprouver un sentiment de culpabilité, de confusion*] *je n'ai pas à rougir de cela* non ho di che arrossire, vergognarmi **B** *v.tr.* [*rendre rouge*] arrossare, far (103) *intr.* diventare rosso: *la lumière du couchant rougit la campagne* la luce del tramonto arrossa la campagna ◇ (*littér.*) *rougir ses mains* arrossarsi le mani (di sangue); *rougir une barre de fer* arroventare una sbarra di ferro; *rougir son eau* mischiare acqua e vino rosso 🄲 A 2 **pâlir.**
rougissant, ante |Ruʒisɑ̃, ɑ̃t| *adj.* che arrossisce *loc.*, che diventa rosso *loc.*
rougissement |Ruʒismɑ̃| *s.m.* [*le fait de rougir*] arrossimento, l'arrossire *inv.*
rouille |Ruj| *s.f.* **1** [*produit de la corrosion du fer en présence de l'oxygène de l'air, en milieu humide*] ruggine: *tache de rouille* macchia di ruggine; *la rouille ronge le fer* la ruggine corrode il ferro ✦ *adj. inv.* (color) ruggine: *couleur rouille* color ruggine **2** (*agric.*) ruggine: *rouille du blé* ruggine del grano.
rouillé, ée |Ruje| *adj.* **1** [*taché, couvert de rouille*] arrugginito **2** (*fig.*) arrugginito: *mémoire rouillée* memoria arrugginita **3** [*atteint de la rouille* (2)] *blé rouillé* grano attaccato dalla ruggine.
rouiller |Ruje| **A** *v.intr.* [*se couvrir de rouille*] arrugginirsi (197) (*pron.*): *la grille commence à rouiller* la cancellata comincia ad arrugginirsi **B** *v.tr.* [*transformer en rouille*] arrugginire **C** *v. pron. intr.* SE ROUILLER [*se tacher de rouille*] arrugginirsi: *outil qui se rouille* attrezzo che si arrugginisce ◇ (*personnes*) *sportif qui se rouille faute d'exercice* sportivo che si arrugginisce per mancanza di esercizio.
rouillure |Rujyr| *s.f.* [*état du fer rouillé, d'une plante rouillée*] rugginosità *inv.*
rouir |Rwir| *v.tr.* [*préparer* (*le lin, le chanvre*) *en faisant macérer*] macerare.
rouissage |Rwisaʒ| *s.m.* [→ ROUIR] macerazione *f.*
rouissoir |RwiswaR| *s.m.* (*tissage*) maceratoio*.

roulade |Rulad| *s.f.* **1** (*mus.*) gorgheggio* *m.* **2** (*cuis.*) involtino *m.*
roulage |Rulaʒ| *s.m.* **1** [*transport de marchandises par voitures hippomobiles ou automobiles*] autotrasporto, trasporto (merci): *entreprise de roulage* impresa di trasporti, di trasporto merci ◇ (*Belgique*) (*auto.*) *taxe de roulage* tassa di circolazione *f.* ◇ [*transport souterrain du charbon dans une mine*] carreggio* **2** (*agric.*) rullatura *f.*
roulant, ante |Rulɑ̃, ɑ̃t| *adj.* **1** [*qui roule* (*sur roues, roulettes*)] *fauteuil roulant* poltrona a rotelle *loc. inv.*; *table roulante* carrello (*s.m.*); *cuisine roulante* cucina mobile, da campo (*loc. inv.*); *matériel roulant* materiale rotabile ◇ (*par ext.*) *le personnel roulant* il personale viaggiante **2** (*se dit de surfaces animées d'un mouvement continu, servant à transporter d'un point à un autre*) mobile: *escalier roulant* scala mobile; *trottoir roulant* marciapiede mobile # *tapis roulant* nastro trasportatore, 'tapis roulant' **3** [*où l'on roule avec facilité* (*route, voie*)] scorrevole **4** *feu roulant* fuoco di fila *loc. inv.*, fuoco continuo ◇ (*fig.*) *un feu roulant de questions* un fuoco di fila di domande **5** [*très drôle*] spassoso, molto divertente: *il est roulant* è spassoso, molto divertente; *c'est une aventure roulante* è un'avventura spassosa, molto divertente → **tordant.**
roulante |Rulɑ̃t| *s.f.* (*fam.*) cucina mobile, da campo (*cour.*).
roule |Rul| *s.m.* (*techn.*) tronco* (da legname).
roulé, ée |Rule| **I** *adj.* **1** [*enroulé; mis en rouleau*] arrotolato # *pull à col roulé* maglione a collo alto, dolce vita; *foulard roulé main* fazzoletto orlato a mano **2** (*phonét.*) *'r' roulé* 'r' arrotata **3** (*fam.*) *bien roulé* [*bien fait, qui a un beau corps*] ben fatto (*cour.*) **II** *s.* **1** *s.m.* (*pâtiss.*) dolce arrotolato **2** *s.f.* (*pop.*) scarica* di botte, di legnate.
rouleau |Rulo| *s.m.* **I** **1** [*bande enroulée de forme cylindrique*] rotolo: *rouleau de parchemin, de papier* rotolo di pergamena, di carta; *rouleau de pellicule photographique* rotolo di pellicola fotografica, rullino ◇ (*fig.*) *être au bout de son rouleau, du rouleau* non avere più nulla da dire ◇ (*par ext.*) [*n'avoir plus d'argent, plus d'énergie*] andare a rotoli; stare per morire **2** [*ensemble d'objets roulés en forme de cylindre*] rotolo: *rouleau de pièces de monnaie* rotoli di monete ◇ (*sport*) *rouleau ventral* rullata *f.* **II** **1** [*cylindre allongé de bois, de métal, etc., que l'on fait rouler*] rullo # *rouleau à pâtisserie* matterello, mattarello ◇ (*techn.*) *rouleau brise-mottes* rullo frangizolle; *rouleau compresseur* rullo compressore; *rouleau d'imprimerie, encreur* rullo inchiostratore; *rouleau masseur* rullo per massaggi; *rouleau de peintre en bâtiment* rullo da imbianchino **2** [*objet cylindrique destiné à recevoir ce qui s'enroule*] rullo: *rouleau d'une machine à écrire* rullo portacarta di una macchina da scrivere # *rouleau à mise en plis* bigodino.
rouleauté, ée |Rulote| *adj.* (*cout.*) → **roulotté.**
roulé-boulé |Rulebule| *s.m.* [*culbute par laquelle on tombe en se roulant en boule pour amortir le choc*] capriola *f.*
roulement |Rulmɑ̃| *s.m.* **1** [→ ROULER A 1] rotolamento, il rotolare *inv.* # *le roulement des voitures déforme les chaussées* la circolazione delle automobili danneggia le strade ◇ (*techn.*) *roulement à billes* cuscinetto a sfere **2** [*bruit d'un véhicule, etc., qui roule, ou bruit analogue*] rimbombo, frastuono # *un roulement de tambour* un rullo, un rullio di tamburo **3** [*mouvement de ce qui tourne*] il roteare (*inv.*): *un roulement d'yeux* il roteare degli occhi **4** (*argent*) [*action de circuler*] rotazione *f.*, giro: *fonds de roulement* fondo di rotazione; fondo di cassa corrente **5** [*alternance de personnes qui se relayent dans un travail*] avvicendamento, rotazione # *ils travaillent par roulement* lavorano a turno.
rouler |Rule| **A** *v.tr.* **1** [*déplacer* (*un corps arrondi*) *en le faisant tourner sur lui-même*] rotolare, far (103) *intr.* rotolare: *rouler un tonneau* (far) rotolare una botte; *rouler une pierre* far rotolare una pietra # *rouler des croquettes dans la farine* infarinare le crocchette **2** [*déplacer* (*un objet muni de roues, de roulettes*)] spingere (119): *rouler une brouette* spingere una carriola; *roulez la table jusqu'ici* spingete il tavolo fin qui **3** [*mettre en rouleau*] avvolgere (196), arrotolare: *rouler un tapis* avvolgere, arrotolare un tappeto; *rouler une cigarette* arrotolare una sigaretta ◇ [*mettre en boule*] *rouler des chaussettes pour les ranger* arrotolare dei calzini prima di riporli; *rouler de la pâte à la main* spianare la pasta a mano **4** [*imprimer un mouvement circulaire, rotatoire à*] ruotare: *rouler les épaules* ruotare le spalle # *rouler les hanches en marchant* ancheggiare camminando ◇ (*loc.*) *se rouler les pouces*, (*fam.*) *se les rouler* stare con le mani in mano **5** (*littér.*) [*tourner et retourner*] rimuginare (*cour.*): *rouler de tristes pensées* rimuginare tristi pensieri; *rouler mille projets dans sa tête* rimuginare mille progetti **6** (*phonét.*) *rouler les 'r'* [*les faire vibrer*] arrotare le 'r' **7** (*fam.*) [*duper; voler*] abbindolare, infinocchiare ◇ (*loc.*) *se faire rouler dans la farine* farsi abbindolare, infinocchiare **8** (*agric.*) [*aplatir, passer au rouleau*] spianare con il rullo, rullare **B** *v.intr.* **1** [*avancer en tournant sur soi-même*] rotolare (*aux.* essere): *balle, pièce d'or qui roule* palla, moneta d'oro che rotola; *faire rouler un cerceau* far rotolare un cerchio; *goutte d'eau, larme qui roule* goccia d'acqua, lacrima che rotola, che scorre → 1 **couleur** ◇ [*tomber et tourner sur soi-même par l'élan pris dans la chute*] *rouler du haut d'un talus* rotolare dall'alto di una scarpata → **dégringoler** **2** [*avancer au moyen de roues, de roulettes, sur un véhicules à roues*] viaggiare, correre (127): *rouler à cent à l'heure* viaggiare, marciare a 100 all'ora # *nous roulons vers Paris* andiamo, siamo diretti a Parigi; *rouler à droite* tenere la destra ◇ (*loc. fig.*) *rouler sur l'or* navigare, sguazzare nell'oro ◇ (*pop.*) *ça roule!* [*ça va, ça marche*] si tira avanti! **3** (*bateau*) [*s'incliner alternativement d'un bord et de l'autre*] rollare **4** [*errer de lieu en lieu sans s'arrêter*] girare: *elle a pas mal roulé dans sa vie* ha girato parecchio nella sua vita **5** (*argent*) [*circuler*] circolare (*aux.* essere, avere) **6** [*faire entendre un bruit sourd, comme un roulement*] rombare, rimbombare (*aux.* essere, avere): *le tonnerre roule* il tuono romba, rimbomba → **gronder** **7** (*conversation, propos, etc.*) ROULER SUR [*avoir pour sujet*] imperniarsi *pron.*, vertere* su: *l'entretien a roulé sur la politique* la conversazione si imperniava, verteva sulla politica **C** *v. pron. réfl.* SE ROULER **1** [*se tourner de côté et d'autre en position allongée*] rotolarsi: *se rouler par terre, dans l'herbe* rotolarsi per terra, nell'erba # *se rouler de douleur* contorcersi per il (dal) dolore; *une scène drôle à se rouler par terre* una scena spassosa, da sbellicarsi dalle risa **2** [*s'envelopper dans*] avvolgersi: *se rouler dans une couverture* avvolgersi in una coperta → **enrouler** (s') **3** [*se mettre en boule, en rouleau*] arrotolarsi, acciambellarsi: *serpent qui se roule* serpente che si arrotola, si acciambella; *se rouler en boule* acciambellarsi, raggomitolarsi.
roulette |Rulɛt| *s.f.* **1** [*petite roue permettant le déplacement d'un objet*] rotella: *patins à roulettes* pattini a rotelle ◇ (*fig.*) *marcher, aller comme sur des roulettes* andare a gonfie vele, andare a meraviglia **2** (*techn.*) *roulette de pâtissier* tagliapasta (*m. inv.*); *roulette de couturière* rotella (per segnare il modello); *roulette de dentiste* trapano *m.* del dentista **3** (*jeu de hasard*) 'roulette' *inv.*
rouleur, euse |RulœR, øz| *s.* **I** *s.m.* **1** [*ouvrier qui roule* (*le minerai, les tonneaux*)] trasportatore **2** (*vx.*) → **vagabond** **3** (*sport*) passista **II** *s.f.* (*vx.*) donna di facili costumi (*cour.*), sgualdrina.
roulier |Rulje| *s.m.* (*ancienn.*) [*voiturier*] carrettiere, barrocciaio*.
roulis |Ruli| *s.m.* **1** [*mouvement alternatif transversal d'un navire sous l'effet de la houle, d'un avion, d'un train, etc.*] rollio* **2** (*fig.*) ondeggiamento.
rouloir |RulwaR| *s.m.* (*techn.*) rullo, cilindro.
roulotte |Rulɔt| *s.f.* [*voiture aménagée en maison, où vivent des nomades*] carrozzone *m.* ◇ (*par ext.*) *roulottes de camping* 'roulotte' *inv.* da campeggio, caravan *m. inv.* → 2 **caravane.**
roulotté, ée |Rulɔte| *adj.* [*dont les bords sont finement roulés*] arrotolato ◇ (*cout.*) *ourlet roulotté* orlo arrotolato ✦ *s.m.* (*ourlet*) 'roulotté' *inv.*
roulotter |Rulɔte| *v.tr.* [*rouler, enrouler finement le bord* (*d'un papier, d'un tissu*)] arrotolare il bordo di ◇ (*cout.*) [*ourler d'un roulotté*] orlare.
roulure |RulyR| *s.f.* **1** (*rare*) [*enroulement*] arrotolamento *m.* **2** (*arbor.*) accerchiatura, cipollatura **3** (*vulg.*) [*prostituée*] puttana.
roumain, aine |Rumɛ̃, ɛn| *adj.* [*de la Roumanie*] romeno, rumeno ✦ (*s.m.*) *le roumain* [*la langue*] il romeno.
round |Rawnd, Rund| *s.m.* (*boxe*) (*angl.*) ripresa *f.*, round *inv.*
roupettes |Rupɛt| *s.f. pl.* (*pop., vulg.*) [*testicules*] palle *vulg.*
1 **roupie** |Rupi| *s.f.* (*vx.*) → **morve** ◇ (*loc. fam.*) *ce n'est pas de la roupie de sansonnet* non è cosa da poco.
2 **roupie** |Rupi| *s.f.* [*unité monétaire de l'Inde, du Pakistan, etc.*] rupia.
roupiller |Rupije| *v.intr.* (*fam.*) [*dormir*] dormire (*cour.*), pisolare (*fam.*).
roupillon |Rupijɔ̃| *s.m.* (*fam.*) [*pe-*

tit somme] dormita *f.*, pisolino (*fam.*): *piquer un roupillon* fare, schiacciare un pisolino.
rouquin, ine |Rukɛ̃, in| (*fam.*) **1** *adj.* → **roux 2** (*s.*) *un rouquin* un rosso (di capelli) (*cour.*); *une rouquine* una rossa (di capelli).
rouscailler |Ruskɑje| *v.intr.* (*pop.*) [*rouspéter*] rugare, protestare (*cour.*).
rouspétance |Ruspetɑ̃s| *s.f.* (*fam.*) [→ ROUSPÉTER] protesta (*cour.*), lamentela (*cour.*).
rouspéter |Ruspete| (8) *v.intr.* (*fam.*) [*protester, réclamer* (*contre qqch.*)] rugare, rognare: *être toujours à rouspéter* rugare, rognare in continuazione.
rouspéteur, euse |RuspetœR, øz| *s:* [*personne qui aime à rouspéter*] brontolone → **râleur.**
roussâtre |RusɑtR(ə)| *adj.* [*qui tire sur le roux*] rossastro, rossiccio*.
rousse |Rus| *s.f.* (*pop.*) [*police*] polizia (*cour.*).
rousseau |Ruso| *s.m.* → **pagel.**
rousselet |Rusle| *s.m.* [*variété de poire*] pera *f.* ruggine.
rousserolle |RusRɔl| *s.f.* (*t.zool.*) canneraia.
roussette |Rusɛt| *s.f.* **1** (*t.zool.*) [*poisson*] gattuccio* *m.* **2** (*t.zool.*) [*chauve-souris*] rossetta **3** (*pâtiss.*) frittella.
rousseur |RusœR| *s.f.* **1** [*couleur rousse*] (color *m.*) rossiccio* *m.* **2** (*loc.*) *tache de rousseur* lentiggine, efelide.
roussi |Rusi| *s.m.* [*odeur d'une chose qui a légèrement brûlé*] (odore di) bruciaticcio*: *ça brûle! ça sent le roussi* sta bruciando!, c'è odore di bruciaticcio! ◇ (*loc. fig.*) *ça sent le roussi* la cosa comincia a puzzare, prende una brutta piega.
1 **roussin** |Rusɛ̃| *s.m.* (*vx.*) [*cheval entier qu'on montait à la guerre ou à la chasse*] ronzone.
2 **roussin** |Rusɛ̃| *s.m.* (*vx.*) → **policier.**
roussir |RusiR| **A** *v.tr.* [*rendre roussâtre* (*surtout en brûlant légèrement*)] bruciacchiare, strinare: *roussir du linge en repassant* strinare della biancheria stirandola **B** *v.intr.* [*devenir roux*] diventare (*aux.* essere) rossiccio* # *faire roussir des oignons dans le beurre* far dorare, rosolare delle cipolle nel burro.
roussissement |Rusismɑ̃| *s.m.*, **roussissure** |RusisyR| *s.f.* **1** [→ ROUSSIR A] strinatura *f.*, abbruciacchiamento *m.* **2** [→ ROUSSIR B] doratura *f.*, rosolatura *f.*; il diventare *m. inv.* rossiccio*.
roustir |RustiR| *v.tr.* (*pop.*) [*rôtir*] arrostire (197) (*cour.*), abbrustolire (197) (*cour.*) ◇ (*fig.*) [*voler*] pelare, spennare.
roustons |Rustɔ̃| *s.m. pl.* (*arg.*) → **roubignoles, roupettes.**
routage |Rutaʒ| *s.m.* (*techn.*) smistamento.
routard |RutaR| *s.m.* [*celui qui prend la route et vagabonde librement*] giramondo *s. inv.*
route |Rut| *s.f.* **1** [*voie de communication de première importance*] strada: *route carrossable* strada carrozzabile; *route pavée* strada selciata; *route nationale, départementale* strada statale, provinciale; *la grande route, la grand-route* la strada maestra ♦ (*absolt.*) *la route* la strada: *code de la route* codice della strada; *courses cyclistes sur route* corse ciclistiche su strada; *faire de la route* fare molta strada # *police de la route* polizia stradale; *accidents de la route* incidenti stradali; *arriver à Paris par la route* arrivare a Parigi in automobile **2** [*chemin à suivre dans une direction déterminée pour parcourir un espace*] strada: *à moitié route* a metà strada; *changer de route* cambiare strada; *perdre sa route* perdere la strada → **itinéraire**; *couper, barrer la route à qqn.* tagliare, sbarrare la strada a qc. ◇ [*ligne que suit un navire, un avion*] rotta: *le navire a dû changer de route* la nave ha dovuto cambiare rotta ◇ (*loc.*) *faire fausse route*: (*pr., fig.*) sbagliare strada, prendere una strada sbagliata **3** [*marche, voyage*] viaggio* *m.*, cammino (*m.*): *en route!* in cammino!; *en cours de route* cammin facendo, strada facendo; *bonne route!* buon viaggio!; *se mettre en route* mettersi in viaggio, in cammino ◇ (*milit.*) *feuille de route* foglio di via **4** (*loc.*) *mettre en route* [*mettre en marche* (*un moteur, une machine*)] mettere in moto ♦ (*absolt.*) *au moment de mettre en route* al momento di partire ◇ (*fig.*) *la mise en route d'une affaire* l'avviamento *m.* di un affare **5** (*fig.*) [*chemin*] strada, via: *nos routes se sont croisées* le nostre strade, le nostre vie si sono incrociate.
router |Rute| *v.tr.* (*techn.*) [*grouper en liasses* (*des journaux, des imprimés*) *selon la destination*] smistare.
routier |Rutje| (*s.m.*) *vieux routier* [*homme habile, plein d'expérience*] uomo* navigato # *un vieux routier de la politique* una vecchia volpe della politica.
routier, ière |Rutje, jɛR| **I** *adj.* [*relatif aux routes*] stradale: *carte routière* carta stradale; *réseau routier* rete stradale; *circulation routière* circolazione stradale **II** *s.* **1** *s.m.* (*mar.*) carta *f.* nautica* **2** *s.m.* [*conducteur de poids lourds effectuant de longs trajets*] camionista, autotrenista → **camionneur 3** *s.m.* (*cyclisme*) stradista **4** *s.f.* automobile da gran turismo.
routine |Rutin| *s.f.* **1** [*habitude de agir ou de penser devenue mécanique*] 'routine' *inv.*, trantran (*m. inv.*): *son travail est devenu une espèce de routine* il suo lavoro è diventato una specie di 'routine'; *la routine quotidienne* il trantran quotidiano **2** (*angl.*) 'routine': *examen de routine* esame di 'routine'.
routinier, ière |Rutinje, jɛR| *adj.* [*qui agit par routine, se conforme à la routine*] abitudinario*, metodico*: *une personne routinière* una persona abitudinaria, metodica ♦ (*s.*) *un routinier* un abitudinario.
rouverain, rouverin |Ruvrɛ̃| *adj. m.* (*techn.*) *fer rouverin* ferro fragile (a caldo o a freddo).
rouvieux |Ruvjø| *s.m.* (*vétér.*) rogna *f.*, scabbia *f.* ♦ (*adj. m.*) *chien rouvieux* cane rognoso, scabbioso.
rouvraie |Ruvrɛ| *s.f.* [*lieu planté de chênes rouvres*] rovereto *m.*
rouvre |RuvR(ə)| *s.m.* (*t.bot.*) rovere *m.* ou *f.*
rouvrir |RuvRiR| (23) **A** *v.tr.* [*ouvrir de nouveau* (*ce qui a été fermé*)] riaprire (186): *rouvrir son magasin* riaprire il negozio; *rouvrir les yeux* riaprire gli occhi **B** *v.intr.* [*être de nouveau ouvert après une période de fermeture*] riaprire: *la boulangerie rouvre demain* la panetteria riapre domani **C** *v.pron. intr.* SE ROUVRIR [→ *tr.*] riaprirsi: *la plaie s'est rouverte* la piaga si è riaperta Ⓒ A; B **refermer.**
roux, rousse |Ru, Rus| *adj.* **1** [*d'une couleur entre l'orangé et le rouge*] fulvo, rossiccio*: *des cheveux roux* capelli fulvi, rossi → **roussâtre** ♦ (*s.m.*) *le roux* il fulvo, il rossiccio **2** [*dont les cheveux sont roux*] dai capelli rossi *loc. inv.*, fulvo: *une belle fille rousse* una bella ragazza dai capelli rossi, una bella rossa **3** (*cuis.*) *beurre roux* burro dorato, fuso ♦ *s.m.* salsa *f.* a base di burro e farina **4** (*loc.*) *lune rousse* luna rossa, luna d'aprile.
rowing |Rowiŋ| *s.m.* (*angl.*) [*sport de l'aviron*] canottaggio*.
royal, ale, aux |Rwajal, o| *adj.* **1** [*du roi; qui concerne le roi*] reale: *palais royal* palazzo reale; *la famille royale* la famiglia reale; *son Altesse Royale* sua Altezza Reale # *prince royal* principe ereditario **2** [*qui est digne d'un roi*] regale, principesco*: *un cadeau royal* un dono regale, principesco; *un salaire royal* uno stipendio principesco → **magnifique 3** (*zool.*) *tigre royal* tigre reale.
royale |Rwajal| *s.f.* [*touffe de poils sur la lèvre inférieure*] mosca*, moschino *m.*
royalement |Rwajalmɑ̃| *adv.* **1** [*avec magnificence*] regalmente, magnificamente: *être traité royalement* essere trattato regalmente, magnificamente **2** (*fam.*) *s'en moquer royalement* [*tout à fait*] infischiarsene altamente.
royalisme |Rwajalism(ə)| *s.m.* fedeltà *f. inv.* alla monarchia; fede *f.* monarchica*.
royaliste |Rwajalist(ə)| **1** *s.* [*partisan du roi, du régime monarchique*] realista, monarchico* **2** *adj.* monarchico: *les députés royalistes* i deputati monarchici ◇ (*loc. fig.*) *être plus royaliste que le roi* essere più realista del re.
royalties |Rwajalti| *s.f. pl.* (*comm.*) (*angl.*) diritti *m.* di licenza.
royaume |Rwajom| *s.m.* **1** [*État gouverné par un roi; territoire d'une monarchie*] regno, reame (*littér.*): *le Royaume-Uni* il Regno Unito **2** (*relig.*) *le royaume de Dieu* il regno di Dio.
royauté |Rwajote| *s.f.* **1** [*dignité de roi*] regalità *inv.* # *aspirer à la royauté* aspirare alla corona, al trono **2** [*pouvoir royal*] monarchia: *chute de la royauté* caduta della monarchia.
-rragie |Raʒi| *suff.* (*signifiant 'briser, jaillir', correspond généralt. à*) rragia: *hémorragie* emorragia.
-rr(h)ée |Re| *suff.* (*signifiant 'couler', correspond généralt. à*) rea: *séborrhée* seborrea.
ru |Ry| *s.m.* (*vx., région.*) → **ruisselet.**
ruade |Ryad| *s.f.* [*mouvement par lequel les chevaux, les ânes, etc., lancent vivement en arrière leurs membres postérieurs en soulevant leur train arrière*] calcio* *m.*, scalciatà: *décocher, lancer une ruade* tirare calci, scalciare.
ruban |Rybɑ̃| *s.m.* **1** [*étroite bande de tissu, servant d'ornement, d'attache*] nastro: *ruban de coton, de soie, de velours* nastro di cotone, di seta, di velluto **2** [*bande de tissu servant d'insigne à une décoration*] nastro, nastrino: *le ruban de la Légion d'honneur* il nastrino della Legion d'onore **3** [*bande mince et assez étroite d'une matière flexible*] nastro: *mètre à ruban* metro

a nastro; *ruban isolant* nastro isolante; *ruban encreur d'une machine à écrire* nastro dattilografico ◇ (*par ext.*) *ruban magnétique* nastro magnetico.

rubané, ée |Rybane| *adj.* **1** [*couvert de traces étroites et allongées*] striato, venato: *marbre rubané* marmo venato **2** [*qui est formé d'un ruban de métal; plat et mince comme un ruban*] nastriforme: *algues rubanées* alghe nastriformi.

rubaner |Rybane| *v.tr.* **1** (*vx.*) → **enrubanner** **2** (*techn.*) [*aplatir, disposer en ruban, en bande étroite*] lavorare a nastro, ridurre (108) a nastro.

rubanerie |RybanRi| *s.f.* industria, commercio* *m.* dei nastri.

rubanier, ière |Rybanje, jɛR| **1** *adj.* dei nastri (*loc. inv.*): *industrie rubanière* industria dei nastri **2** *s.* fabbricante, commerciante di nastri.

rubato |Rubato| *adj. et s.m.* (*mus.*) rubato.

rubéfaction |Rybefaksjɔ̃| *s.f.* (*méd.*) rubefazione.

rubéfiant, ante |Rybefjɑ̃, ɑ̃t| *adj. et s.m.* (*méd.*) rubefacente.

rubéfier |Rybefje| *v.tr.* (*méd.*) [*rendre* (*la peau*) *rouge par une irritation provoquée au moyen de rubéfiants*] arrossare.

rubellite |Rybe(ɛl)lit| *s.f.* (*minér.*) rubellite.

rubéole |Rybeɔl| *s.f.* (*méd.*) rosolia, rubeola.

rubéoleux, euse |Rybeɔlø, øz| *adj.* (*méd.*) relativo alla rubeola, alla rosolia; affetto da rubeola, da rosolia.

rubescent, ente |Rybesɑ̃, ɑ̃t| *adj.* erubescente.

Rubiacées |Rybjase| *s.f. pl.* (*t. bot.*) Rubiacee.

rubican |Rybikɑ̃| *adj.* (*hippol.*) rabicano.

rubicelle |Rybisɛl| *s.f.* (*minér.*) rubicello *m.*

rubicond, onde |Rybikɔ̃, ɔ̃d| *adj.* rubicondo.

rubidium |Rybidjɔm| *s.m.* (*chim.*) rubidio*.

rubiette |Rybjɛt| *s.f.* (*région.*) → **rouge-gorge**; **rouge-queue.**

rubigineux, euse |Rybiʒinø, øz| *adj.* [*couvert de rouille; couleur de rouille*] rugginoso.

rubis |Rybi| *s.m.* **1** [*pierre précieuse d'un beau rouge; cette pierre taillée en bijou*] rubino **2** [*monture de pivot en pierre dure, dans un rouage d'horlogerie*] rubino: *montre trois rubis* orologio a tre rubini **3** (*loc., vx.*) *faire rubis sur l'ongle* bere fino all'ultima goccia ~ (*mod.*) *payer rubis sur l'ongle* pagare sull'unghia ♦ *adj.* (color) rosso rubino.

rubrique |RybRik| *s.f.* **1** (*liturg.*) rubrica* **2** [*titre indiquant la matière des articles de presse*] rubrica: *la rubrique des spectacles, des sports* la rubrica degli spettacoli, sportiva ◇ [*série régulière d'articles sur un sujet déterminé*] rubrica, cronaca*: *tenir la rubrique littéraire, sportive* curare la rubrica letteraria, la cronaca sportiva **3** [*titre, désignation*] *sous* (*telle*) *rubrique* sotto (tale) voce: *classer, mettre deux choses différentes sous la même rubrique* classificare, mettere due cose differenti sotto la stessa voce.

1 **ruche** |Ryʃ| *s.f.* **1** [*abri aménagé pour un essaim d'abeilles*] alveare *m.*, arnia **2** [*la colonie d'abeilles qui l'habite*] sciame *m.* ◇ (*fig.*) *le centre de la ville est une véritable ruche où chacun s'affaire* il centro della città è un vero alveare in cui tutti hanno il loro da fare.

2 **ruche** |Ryʃ| *s.f.* [*garniture d'étoffe plissée ou froncée*] 'ruche' *inv.*, gala.

ruché |Ryʃe| *s.m.* 'ruche' *f. inv.*, gala *f.*

ruchée |Ryʃe| *s.f.* (*techn.*) popolazione, prodotto *m.* di un'arnia.

1 **rucher** |Ryʃe| *s.m.* [*emplacement où sont disposés des* (1) *ruches* (1); *ensemble de ruches*] apiario*.

2 **rucher** |Ryʃe| *v.tr.* **1** [*plisser en* (2) *ruche; garnir d'une ruche*] increspare, guarnire (197) con una 'ruche' **2** (*agric.*) *rucher le foin* mettere (155) il fieno in piccoli covoni.

rudbeckie |Rydbeki| *s.f.* (*t.bot.*) rudbeckia.

rude |Ryd| *adj.* **I** (*personnes*) **1** rude, rozzo: *un homme rude* un uomo rude, rozzo **2** (*littér.*) [*dur, sévère*] duro ◇ [*redoutable*] temibile: *un rude adversaire* un temibile avversario **II** (*choses*) **1** [*qui donne du mal, est dur à supporter*] rude, duro, faticoso: *métier rude* mestiere rude, duro, faticoso; *être à rude épreuve* essere messo a dura prova → **pénible** ♦ (*s.*) *en voir de rudes* vederne delle belle, di cotte e di crude ◇ (*par ext.*) *un hiver très rude* un inverno molto rigido → **rigoureux** **2** [*dur au toucher*] duro: *barbe rude* barba dura ◇ [*dur ou désagréable à l'oreille*] aspro **3** (*fam.*) (*avant le nom*) [*remarquable en son genre*] grande (*cour.*), notevole (*cour.*): *un rude appétit* un grande, notevole appetito; *il a une rude veine* ha una notevole fortuna, una fortuna sfacciata → **drôle, fameux.**

rudement |Rydmɑ̃| *adv.* **1** [*de façon brutale*] duramente, rudemente: *frapper rudement* colpire duramente **2** [*avec dureté, sans ménagement*] duramente, aspramente: *traiter qqn. rudement* trattare qc. duramente, rudemente **3** (*fam.*) [*beaucoup, très*] *elle est rudement bien* è proprio (*cour.*), davvero (*cour.*) carina; *il a rudement changé* è molto (*cour.*) cambiato → **drôlement.**

rudenté, ée |Rydɑ̃te| *adj.* (*archit.*) rudentato.

rudenture |Rydɑ̃tyR| *s.f.* (*archit.*) rudente *m. ou f.*

rudéral, ale, aux |RydeRal, o| *adj.* (*bot.*) ruderale.

rudération |RydeRɑsjɔ̃| *s.f.* (*techn.*) acciottolato *m.*

rudesse |Rydɛs| *s.f.* **1** (*personnes*) [*caractère rude*] durezza: *rudesse de ton* durezza di tono; *traiter qqn. avec rudesse* trattare qc. con durezza → **brutalité** **2** (*choses*) [*caractère primitif*] grossolanità *inv.*, rozzezza: *la rudesse de leurs mœurs* la grossolanità, la rozzezza dei loro costumi **3** [*caractère de ce qui est rude au toucher*] ruvidità (*inv.*): *la rudesse de la peau* la ruvidità della pelle.

rudiment |Rydimɑ̃| *s.m.* **1** [*ébauche ou reste* (*d'un organe*)] rudimento: *un rudiment de queue* un rudimento di coda **2** *au plur.* [*premiers éléments*] rudimenti, primi elementi: *rudiments de grammaire* rudimenti, primi elementi di grammatica.

rudimentaire |Rydimɑ̃tɛR| *adj.* rudimentale.

Rudistes |Rydist(ə)| *s.m. pl.* (*paléont.*) Rudiste *f.*

rudoiement |Rydwamɑ̃| *s.m.* [→ RUDOYER] maltrattamento, strapazzata *f.*

rudoyer |Rydwaje| (10) *v.tr.* [*traiter rudement, avec des paroles dures*] maltrattare, strapazzare: *il rudoyait ses domestiques* maltrattava, strapazzava i domestici.

1 **rue** |Ry| *s.f.* **1** [*voie bordée de maisons dans une agglomération*] strada, via: *la grand'rue, grand-rue* la via principale; *rue sans issue* strada senza uscita; *au coin de la rue* all'angolo della via, della strada; *rue déserte, animée, passante* strada, via deserta, animata, frequentata; *rue à sens unique* strada a senso unico; *marcher, se promener dans les rues* camminare, passeggiare per la strada; *prendre une rue* imboccare una strada; *traverser la rue* attraversare la strada # *croisement de rues* incrocio, crocevia **2** LA RUE, LES RUES [*symb. de la vie urbaine, des milieux*] strada: *l'homme de la rue* l'uomo della strada; *fille des rues* donna di strada ◇ *loc.* EN PLEINE RUE, DANS LA RUE [*dans la ville*] in strada, in istrada (*vieilli*), in piazza: *descendre, manifester dans la rue* scendere, manifestare in piazza ◇ [*population de la ville*] *la rue s'agitait, se soulevait* la piazza era in fermento, in rivolta **3** (*loc.*) *être à la rue* essere senza casa, senza tetto ~ *jeter qqn. à la rue* gettare qc. in strada.

2 **rue** |Ry| *s.f.* (*t.bot.*) ruta.

ruée |Rɥe| *s.f.* [*mouvement rapide d'un grand nombre de personnes dans la même direction*] corsa (precipitosa), irruzione: *la ruée vers l'or* la corsa all'oro; *une ruée subite* un'irruzione improvvisa, un improvviso precipitarsi.

ruelle |Rɥɛl| *s.f.* **1** [*petite rue étroite*] stradina, viuzza **2** [*espace libre entre un lit et le mur ou entre deux lits*] corsello *m.* ◇ (*hist. litt.*) alcova.

ruer |Rɥe| **A** *v.intr.* [*lancer une, des ruade(s)*] scalciare, tirar *tr.* calci ◇ (*loc. fig.*) *ruer dans les brancards* ricalcitrare **B** *v.pron. réfl.* SE RUER [*s'élancer avec violence, impétuosité*] scagliarsi: *fou de colère, il s'est rué sur moi* pazzo di collera, si è scagliato contro di me → **précipiter (se)** ◇ [*se précipiter en masse*] precipitarsi, lanciarsi: *les gens se ruaient vers la sortie, sur le buffet* la gente si precipitava verso l'uscita, verso il rinfresco; *les troupes se ruèrent à l'assaut* le truppe si lanciarono all'assalto.

ruf(f)ian |Ryfjɑ̃| *s.m.* ruffiano *s.*

rugby |Rygbi| *s.m.* (*sport*) rugby *inv.*

rugbyman |Rygbiman| *s.m.* (*faux angl.*) rugbista, giocatore di rugby ◇ (*au plur.*) *des rugbymen* dei rugbisti.

rugination |Ryʒinɑsjɔ̃| *s.f.* (*chir.*) raschiamento *m.* (di un osso) col cucchiaio raschiatore.

rugine |Ryʒin| *s.f.* (*chir.*) cucchiaio* *m.* raschiatore, raschiatoio* *m.*

ruginer |Ryʒine| *v.tr.* (*chir.*) [*racler* (*un os*) *avec la rugine*] raschiare.

rugir |Ryʒir| **A** *v.intr.* (*lion, fauves*) [*pousser des rugissements*] ruggire (197) ◇ (*par anal.*) (*personnes, choses*) ruggire → **hurler** **B** *v.tr.* [*proférer avec violence* (*des menaces, des injures...*)] inveire (197) *intr.* (contro qc.).

rugissant, ante |Ryʒisɑ̃, ɑ̃t| *adj.* [*qui rugit*] ruggente ◇ (*fig.*) → **bruyant.**

rugissement |Ryʒismɑ̃| *s.m.* **1** [*cri du lion et de certaines fauves*] ruggito

2 [*cri rauque*] ruggito: *des rugissements de colère* dei ruggiti di collera **3** (*choses*) ruggito → **mugissement.**
rugosité |Rygozite| *s.f.* rugosità *inv.*
rugueux, euse |Rygø, øz| *adj.* rugoso, ruvido: *écorce rugueuse* scorza rugosa → **rêche** © **lisse.**
ruiler |Rɥile| *v.tr.* (*techn.*) [*raccorder avec du plâtre* (*un joint*)] raccordare con del gesso.
ruine |Rɥin| *s.f.* **I 1** *spécialt. au plur.* [*débris d'un édifice anc. ou écroulé*] rudere *m.*, rovine (*pl.*): *des ruines gallo-romaines* ruderi gallo-romani; *les habitants ont été ensevelis sous les ruines* gli abitanti sono rimasti sepolti sotto le rovine, le macerie; *pays qui se relève de ses ruines* paese che risorge dalle rovine **2** (*loc.*) *n'être plus qu'une ruine* essere ormai un rudere **II 1** [*écroulement partiel ou total d'un édifice; état de ce qui s'écroule*] rovina: *la maison tombe en ruine* la casa cade in rovina # *ce mur menace ruine* questo muro minaccia di rovinare, di crollare **2** [*destruction, perte*] rovina: *le régime a précipité sa ruine* il regime ha affrettato la propria rovina # *c'est la ruine de ses espérances* è il crollo delle sue speranze **3** [*perte des biens, de la fortune*] rovina: *être au bord de la ruine* essere sull'orlo della rovina, del fallimento → **faillite.**
ruiné, ée |Rɥine| *adj.* **1** [*en ruine*] in rovina *loc. inv.*, rovinato: *château ruiné* castello in rovina **2** [*qui a perdu sa fortune*] rovinato: *il est complètement ruiné* è completamente rovinato.
ruiner |Rɥine| **A** *v.tr.* **1** [*endommager gravement*] rovinare: *ruiner sa santé* rovinarsi la salute **2** [*causer la ruine, la perte de*] rovinare: *ruiner la réputation de qqn.* rovinare la reputazione di qc. → **détruire 3** [*faire perdre la fortune à* (*qqn.*)] rovinare: *ruiner un concurrent* rovinare un concorrente; *la crise l'a ruiné* la crisi l'ha rovinato ◇ (*par exagér.*) *tu veux me ruiner!* vuoi rovinarmi!, vuoi mandarmi in rovina!; *ce n'est pas ça qui nous ruinera* non è questo che ci manderà in rovina **B** *v. pron. réfl.* SE RUINER [*causer sa propre ruine*] rovinarsi: *il s'est ruiné au jeu* si è rovinato al gioco ◇ [*dépenser trop*] *se ruiner en remèdes* spendere troppo in medicine.
ruineusement |Rɥinøzmɑ̃| *adv.* [*coûteusement*] in modo rovinoso *loc. inv.*, dispendiosamente.
ruineux, euse |Rɥinø, øz| *adj.* [*qui amène la ruine, la faillite*] rovinoso: *dépenses ruineuses* spese rovinose ◇ (*par ext.*) [*coûteux*] dispendioso: *ce n'est pas ruineux* non è dispendioso, non è troppo caro ◇ (*fig.*) *fondements ruineux* basi poco solide.
ruiniforme |Rɥinifɔrm(ə)| *adj.* (*géol.*) ruiniforme.
ruiniste |Rɥinist(ə)| *s.* [*peintre de ruines*] rovinista.
ruinure |RɥinyR| *s.f.* (*techn.*) incavo *m.*, intaccatura.
ruisseau |Rɥiso| *s.m.* **1** [*petit cours d'eau*] ruscello, rivo (*littér.*) ◇ (*prov.*) *les petits ruisseaux font les grandes rivières* i piccoli ruscelli fanno i grandi fiumi ◇ (*par exagér.*) *des ruisseaux de sang, de larmes* fiumi di sangue, di lacrime → **torrent 2** [*eau qui coule le long des trottoirs pour se jeter dans les égouts; caniveau destiné à recevoir cette eau*] rigagnolo; cunetta *f.* ◇ (*loc. fig.*) *tomber, rouler dans le ruisseau* cadere, rotolare nel fango ~ *sortir qqn. du ruisseau* togliere qc. dal fango, dalla strada.
ruisselant, ante |Rɥislɑ̃, ɑ̃t| *adj.* **1** che scorre *loc.*, fluente: *eau ruisselante* acqua che scorre, fluente **2** [*qui ruisselle*] grondante, gocciolante: *ruisselant d'eau* gocciolante (acqua); *ruisselant de sueur* grondante sudore.
ruisseler |Rɥisle| (4) *v.intr.* **1** [*couler sans arrêt en formant des ruisseaux*] scorrere (127) (*aux.* essere), colare (*aux.* essere, avere): *les larmes ruisselaient le long de ses joues* le lacrime gli scorrevano, colavano sulle guance; *la pluie ruisselle sur les murs* la pioggia scorre sui muri ◇ (*fig.*) [*se répandre à profusion*] *une pièce où ruisselle le soleil* una stanza inondata di sole **2** [*être couvert d'un liquide qui ruisselle*] gocciolare (*aux.* essere, avere): *la vitre ruisselait de pluie* il vetro gocciolava di pioggia; *il ruisselait de sueur* gocciolava, grondava sudore.
ruisselet |Rɥislɛ| *s.m.* [*petit ruisseau*] ruscelletto, rivolo.
ruissellement |Rɥisɛlmɑ̃| *s.m.* [*le fait de ruisseler*] scorrimento, ruscellamento ◇ (*géol.*) *ruissellement pluvial* ruscellamento pluviale.
rumb |Rɔ̃b| *s.m.* → **rhumb.**
rumba |Rumba| *s.f.* (*danse*) (*esp.*) rumba.
rumen |Rymɛn| *s.m.* (*lat.*) [*premier estomac des ruminants*] rumine.
rumeur |RymœR| *s.f.* **1** [*bruit confus de voix, de sons assourdis*] brusio* *m.*, clamore *m.* ◇ [*bruit de voix qui protestent*] *des rumeurs s'élevaient dans le public* un clamore (di protesta) si levava dal pubblico; *rumeur de mécontentement* clamore di malcontento **2** [*bruit, nouvelles qui se répandent*] voce, diceria: *apprendre par la rumeur publique* venire a sapere dalla voce pubblica; *la rumeur court que...* corre voce che...
rumex |Rymɛks| *s.m.* (*t.bot.*) (*lat.*) romice *f.*
ruminant, ante |Ryminɑ̃, ɑ̃t| *adj. et s.m.* ruminante.
rumination |Ryminɑsjɔ̃| *s.f.* [→ RUMINER 1] ruminazione.
ruminer |Rymine| *v.tr.* **1** (*en parlant des ruminants*) [*mâcher de nouveau des aliments revenus de l'estomac, avant de les avaler définitivement*] ruminare **2** (*fig.*) (*personnes*) [*tourner et retourner lentement dans son esprit*] rimuginare, ruminare: *ruminer un projet* rimuginare un progetto → **remâcher.**
rumsteck |Rɔmstɛk| *s.m.* → **romsteck.**
runabout |Rœnabawt| *s.m.* (*angl.*) (motoscafo) entrobordo *inv.*
rune |Ryn| *s.f.* (*ling.*) runa.
runique |Rynik| *adj.* (*ling.*) runico*: *alphabet runique* alfabeto runico.
ruolz |Rɥɔls| *s.m.* metallo dorato o argentato (mediante galvanoplastica).
rupestre |RypɛstR(ə)| *adj.* rupestre.
rupia |Rypja| *s.m.* (*méd.*) rupia *f.*
rupicole |Rypikɔl| *s.m.* (*t.zool.*) rupicola *f.*
rupin, ine |Rypɛ̃, in| *adj.* (*pop.*) [*riche*] ricco* (*cour.*), lussuoso (*cour.*) ♦ (*s.*) *les rupins* i ricconi.
rupiner |Rypine| *v.intr.* (*fam.*) [*bien réussir*] essere (96) (*aux.* essere) un cannone in, riuscire (201) (*aux.* essere) bene in (*cour.*): *il a rupiné à l'écrit* è stato un cannone nello scritto, è riuscito bene nello scritto.
rupteur |RyptœR| *s.m.* (*électr.*) ruttore.
rupture |RyptyR| *s.f.* **1** [*fait de se casser*] rottura: *la rupture d'un câble* la rottura di un cavo ◇ (*mécan.*) *limite de rupture* limite di rottura ◇ (*méd.*) *rupture d'une artère* rottura di un'arteria **2** [*cessation brusque* (*de ce qui durait*)] rottura, interruzione: *rupture des relations diplomatiques* rottura, interruzione delle relazioni diplomatiche ◇ *loc.* EN RUPTURE AVEC in rotta con: *être en rupture avec la société* essere in rotta con la società ◇ (*dr.*) *rupture d'un mariage* rottura di un matrimonio; *rupture de contrat* rottura di contratto **3** [*séparation plus ou moins brusque entre des personnes qui étaient unies*] separazione, rottura: *scène de rupture* scenata di separazione.
rural, ale, aux |RyRal, o| *adj.* rurale → **agricole** ♦ (*s.*) *les ruraux* la popolazione *f.* rurale *adj.*, i contadini → **paysan** © **urbain.**
ruse |Ryz| *s.f.* **1** [*procédé habile pour tromper*] astuzia, scaltrezza → **feinte, machination** # *ruses de guerre* stratagemmi ◇ (*loc.*) *des ruses de Sioux* astuzie da vecchia volpe **2** LA RUSE [*art de dissimuler, de tromper*] astuzia: *recourir à la ruse* ricorrere all'astuzia; *obtenir qqch. par* (*la*) *ruse* ottenere q.c. con l'astuzia → **habileté, rouerie.**
rusé, ée |Ryze| *adj.* **1** [*qui a de la ruse*] astuto, scaltro: *il est rusé comme un renard* è astuto, scaltro come una volpe → **2 malin, roublard** ♦ (*s.*) *une rusée* una furbacchiona **2** [*qui annonce la ruse*] astuto, furbo: *un air rusé* una aria furba, astuta.
ruser |Ryze| *v.intr.* [*user de ruses, agir avec ruse*] giocare d'astuzia, agire (197) con astuzia: *être obligé de ruser pour obtenir qqch.* essere costretto ad agire con astuzia per ottenere q.c.
rush |Rœʃ| *s.m.* (*angl.*) **1** (*sport*) volata *f.* finale, sprint *inv.* finale **2** [*afflux brusque d'un grand nombre de personnes*] massiccio* afflusso, irruzione *f.*
russe |Rys| *adj.* **1** [*de Russie*] russo: *la révolution russe* la rivoluzione russa ◇ (*loc.*) *salade russe* insalata russa; *boire à la russe* bere alla russa **2** (*s.m.*) *le russe* [*la langue*] il russo.
russification |Rysifikɑsjɔ̃| *s.f.* [→ RUSSIFIER] russificazione.
russifier |Rysifje| *v.tr.* [*rendre russe*] russificare.
russo- |Rysɔ| *préf.* (*signifiant 'russe', correspond généralt. à*) russo: *russophile* russofilo.
russophile |Rysɔfil| *adj. et s.* russofilo.
russule |Rysyl| *s.f.* (*t.bot.*) rossola.
rustaud, aude |Rysto, od| *adj.* [*qui a des manières grossières et maladroites*] zotico*, villano ♦ (*s.*) *quel rustaud!* che zoticone!, che villano!
rustauderie |RystodRi| *s.f.* (*rare*) [*manière d'agir d'un rustaud*] rozzezza, villania.
rusticage |Rystikaʒ| *s.m.* (*techn.*) rinzaffo.
rusticité |Rystisite| *s.f.* **1** rusticità *inv.*, rustichezza **2** (*agric.*) rusticità, resistenza alle intemperie.
rustine |Rystin| *s.f.* (*marque déposée*) [*petite rondelle de caoutchouc qui sert*

à réparer une chambre à air de bicyclette] pezza.

rustique |Rystik| **I** *adj.* **1** (*littér.*) [*de la campagne*] rustico*: *la vie rustique* la vita rustica → **agreste, champêtre** ◇ (*par ext.*) *maison rustique* casa rustica, rurale **2** *meuble rustique* mobile rustico ◇ (*décoration*) *bois rustique* legno grezzo **3** (*littér.*) [*très simple et peu raffiné*] rustico, rozzo: *manières rustiques* modi rustici, rozzi **4** (*agric.*) rustico **II** *s.m.* (*techn.*) martello dentato.

rustiquer |Rystike| *v.tr.* (*techn.*) [*tailler, travailler* (*une pierre*) *pour la rendre semblable à une pierre brute*] bugnare rusticamente ◇ [*travailler* (*une surface, une matière*) *pour lui donner une apparence rugueuse, rustique*] bocciardare ◇ (*spécialt.*) [*crépir* (*un mur*) *grossièrement*] rinzaffare.

rustre |RystR(ə)| *s.m.* [*homme grossier et brutal*] villano, zotico*, zoticone: *quel rustre !* che villano!, che zotico! → **brute, goujat** ♦ (*adj.*) *il est un peu rustre* è un po' rozzo.

rut |Ryt| *s.m.* [*période d'activité sexuelle chez les mammifères*] fregola *f.*

rutabaga |Rytabaga| *s.m.* (*t.bot.*) rutabaga *f. inv.*

Rutacées |Rytase| *s.f. pl.* (*t.bot.*) Rutacee.

ruthénium |Rytenjɔm| *s.m.* (*chim.*) rutenio*.

rutilance |Rytilɑ̃s| *s.f.*, **rutilement** |Rytilmɑ̃| *s.m.* (*littér.*) [*caractère, aspect, état de ce qui est rutilant*] rosseggiamento.

rutilant, ante |Rytilɑ̃, ɑ̃t| *adj.* [*qui brille, reluit*] rutilante (*littér.*), scintillante: *une rutilante voiture de sport* una scintillante auto sportiva.

rutile |Rytil| *s.m.* (*chim.*) rutilo.

rutiler |Rytile| *v.intr.* [*être rutilant, briller d'un très vif éclat*] rutilare (*littér.*), rifulgere (173) (*aux.* essere, avere).

rutoside |Rytɔzid| *s.m.* (*pharm.*) rutina *f.*

rythme |Ritm(ə)| *s.m.* **1** (*en poésie*) ritmo: *le rythme d'une phrase* il ritmo di una frase ◇ (*mus.*) *rythme endiablé* ritmo indiavolato; *marquer le rythme* battere il ritmo, segnare il tempo **2** [*mouvement périodique, régulier*] ritmo: *le rythme cardiaque* il ritmo cardiaco **3** [*allure à laquelle s'exécute une action, se déroule un processus*] ritmo: *le rythme de la production* il ritmo della produzione; *ne pas pouvoir suivre le rythme* non riuscire a seguire il ritmo ◇ *loc.* AU RYTHME DE... al ritmo di...: *il écrit au rythme de 5 ou 6 pages par jour* scrive al ritmo di 5 o 6 pagine al giorno.

rythmé, ée |Ritme| *adj.* ritmato.

rythmer |Ritme| *v.tr.* **1** [*soumettre à un rythme régulier et marqué*] ritmare: *rythmer sa marche en chantant* ritmare il passo cantando **2** [*souligner le rythme*] ritmare.

rythmicien |Ritmisjɛ̃| *s.m.* [*spécialiste des questions de rythmique gr. ou lat.*] metricista.

rythmicité |Ritmisite| *s.f.* ritmicità *inv.*

rythmique |Ritmik| **1** *adj.* ritmico* **2** *s.f.* (*litt.*) ritmica*.

rythmiquement |Ritmikmɑ̃| *adv.* [→ RYTHMIQUE 1] ritmicamente.

S

s |ɛs| *s.m.* **1** [*dix-neuvième lettre de l'alphabet*] s (*f. ou m.*): *s minuscule* s minuscola; *S majuscule* S maiuscolo ◇ (*télécom.*): (*en France*) *S comme Suzanne*; (*en Belgique*) *S comme Sophie* S come Savona ◇ (*emplois conventionnels*) *S* [*sud*] S; *s* [*seconde*] s, sec. ~ (*chim., symb. du soufre*) S; (*phys., symb. du siemens*) S **2** [*forme sinueuse du 's'*] *virage en s* doppio tornante, curva a doppio gomito; *ivrogne qui fait des s* ubriaco che cammina a zigzag.

sa |sa| *adj. poss.* → **son.**

sabayon |sabajɔ̃| *s.m.* (*cuis.*) zabaione.

sabbat |saba| *s.m.* **1** [*repos que les juifs doivent observer le samedi*] sabato **2** [*assemblée nocturne et bruyante de sorciers et sorcières, au moyen âge*] sabba *inv.* **3** (*fam.*) [*bruit d'enfer*] gazzarra *f.*, pandemonio*.

sabbathien, ienne |sabatjɛ̃, jɛn| *s.* (*relig.*) sabbaziano.

sabbatique |sabatik| *adj.* sabbatico*: *repos, année sabbatique* riposo, anno sabbatico ◇ (*fig.*) *année sabbatique* [*année de congé accordée tous les 7 ans aux professeurs de certaines universités*] anno sabbatico.

1 **sabéen, éenne** |sabeɛ̃, eɛn| *s. et adj.* (*relig.*) sabeo.

2 **sabéen, éenne** |sabeɛ̃, eɛn| *s. et adj.* (*hist.*) [*du pays de Saba*] sabeo.

sabéisme |sabeism(ə)| *s.m.* (*relig.*) sabeismo.

sabelle |sabɛl| *s.f.* (*t.zool.*) sabella.

sabellianisme |sabe(ɛl)ljanism(ə)| *s.m.* (*relig.*) sabellianismo.

sabine |sabin| *s.f.* (*t.bot.*) sabina.

sabir |sabiʀ| *s.m.* (*ling.*) sabir *inv.*

sablage |sɑblaʒ| *s.m.* [→ SABLER 1, 4] sabbiatura *f.*

1 **sable** |sɑbl(ə)| **1** *s.m.* sabbia *f.*, rena *f.*, arena *f.* (*vx.*): *grain de sable* granello di sabbia; *sable fin, très fin* sabbia fine, finissima; *dune de sable* duna di sabbia; *sables mouvants* sabbie mobili; *vent, tempête de sable* vento, tempesta di sabbia # *bain de sable* sabbiatura ◇ (*spécialt.*) *les sables* [*lieu ensablé; désert de sable*] le sabbie ◇ (*loc. fig.*) *bâtir sur le sable* costruire sulla sabbia, sulla rena ~ *bâti à chaux et à sable*: (*pr.*) solidamente costruito; (*fig.*) di robusta costituzione ~ *semer sur le sable* seminare nella sabbia ~ (*fam.*) *être sur le sable* essere al verde, a secco ~ (*fam.*) *le marchand de sable a passé* [*les enfants ont sommeil*] è passato il mago sabbiolino **2** *adj. inv.* [*beige grisé très clair*] (color) sabbia: *un manteau sable* un soprabito color sabbia.

2 **sable** |sɑ(a)bl(ə)| *s.m.* (*blas.*) nero (zibellino).

1 **sablé, ée** |sɑble| *adj.* [*couvert de sable*] insabbiato: *allées sablées* viali insabbiati.

2 **sablé, ée** |sɑble| **1** *s.m.* biscotto di pasta frolla **2** *adj.* [*qui a la texture de ce gâteau* (*qui s'effrite comme le sable*)] friabile # *galette sablée* biscotto di pasta frolla.

sabler |sɑble| *v.tr.* **1** [*couvrir de sable*] insabbiare: *sabler les allées d'un jardin* insabbiare i viali di un giardino **2** (*métall.*) [*jeter dans un moule fait de sable*] colare in uno stampo di sabbia **3** *sabler le champagne* [*boire du champagne en abondance lors d'une réjouissance*] brindare a 'champagne' **4** (*techn.*) [*décaper, dépolir, graver à la sableuse*] sabbiare.

sablerie |sɑ(a)bləʀi| *s.f.* impianto *m.* per la lavorazione delle terre.

sableur, euse |sɑblœʀ, øz| *s.* **1** [*ouvrier qui fait les moules en sable dans une fonderie*] sabbiatore* **2** [*ouvrier qui travaille à la sableuse*] sabbiatore.

sableuse |sɑbløz| *s.f.* (*techn.*) sabbiatrice.

sableux, euse |sɑblø, øz| *adj.* [*qui contient du sable*] sabbioso, (a)renoso: *alluvions sableuses* alluvioni sabbiose.

sablier |sɑ(a)blije| *s.m.* [*anc. instrument pour mesurer le temps*] clessidra *f.*, orologio* a sabbia.

sablière |sɑ(a)blijɛʀ| *s.f.* **I** (*techn.*) trave orizzontale **II** **1** cava di sabbia, renaio* *m.* **2** (*ch. de fer*) cassa della sabbia, sabbiera.

sablon |sɑblɔ̃| *s.m.* **1** (*techn.*) sabbia *f.* fine ◇ (*géol.*) sabbione **2** (*vx.*) → 1 **sable.**

sablonner |sɑ(a)blɔne| *v.tr.* **1** [*parsemer de sable* (*le fer chaud*) *pour souder*] sabbiare **2** [*récurer avec du sablon*] pulire (197) con sabbia fine **3** [*couvrir d'une couche de sable, de terre fine*] sabbiare, coprire (186) di sabbia fine.

sablonneux, euse |sɑ(a)blɔnø, øz| *adj.* [*naturellement couvert de sable; constitué de sable*] sabbioso: *chemin sablonneux* sentiero sabbioso.

sablonnière |sɑ(a)blɔnjɛʀ| *s.f.* cava di sabbia, renaio* *m.*; sabbionara (*rare*).

sabord |sabɔʀ| *s.m.* (*mar.*) portello di murata ◇ (*spécialt.*) *sabord de charge* portello di carico; *faux sabord, sabord d'aérage* controportello.

sabordage |sabɔʀdaʒ|, (*vx.*) **sabordement** |sabɔʀdəmɑ̃| *s.m.* [→ SABORDER] affondamento, autoaffondamento: *le sabordage de la flotte française a Toulon* l'autoaffondamento della flotta francese a Tolone.

saborder |sabɔʀde| **A** *v.tr.* **1** [*percer* (*un navire*) *au-dessous de la flottaison en créant des voies d'eau suffisantes pour le faire couler*] aprire (186) falle (in una nave) **2** *saborder son entreprise, se saborder* [*mettre fin volontairement aux activités de son entreprise*] chiudere (106) i battenti **B** *v. pron. réfl.* SE SABORDER [*couler volontairement son navire*] autoaffondarsi.

sabot |sabo| *s.m.* **1** [*chaussure paysanne faite généralt. d'une seule pièce de bois évidée*] zoccolo: *un paysan en sabots* un contadino con gli (in) zoccoli ◇ (*loc. fig.*) *je le vois venir, je l'entends venir avec ses gros sabots* capisco, so dove vuole (andare a) parare **2** (*chez les ongulés*) [*ongle très développé*] zoccolo, unghia (*f.*): *ferrer le sabot d'un cheval* ferrare lo zoccolo di un cavallo **3** (*techn.*) *sabot de table, de bureau* puntale di tavolo, di scrivania; *sabot d'enrayage, d'arrêt* cuneo, zeppa (*f.*); *sabot de frein* zoccolo, ganascia* *f.* di freno **4** (*appos.*) *baignoire sabot* (vasca* a) semicupio* **5** [*toupie*] trottola *f.* ◇ (*loc. fig.*) *dormir comme un sabot* dormire come un sasso, dormire della grossa **6** [*instrument de musique, bateau, véhicule de mauvaise qualité*] baracca* (*f.*): *ce bateau est un vrai sabot* quella barca è una baracca, una bagnarola; *comment pouvez-vous jouer sur un pareil sabot!* come fa a suonare con una baracca simile? ◇ (*personnes*) schiappa (*f.*): *travailler, jouer comme un sabot* lavorare, giocare come una schiappa.

sabotage |sabɔtaʒ| *s.m.* **1** [→ SABOTER 3] sabotaggio*: *sabotage du travail* sabotaggio del lavoro; *sabotage d'un matériel* sabotaggio di un impianto ◇ (*fig.*) *sabotage d'une politique, d'une négociation* sabotaggio di una politica, di un negoziato **2** (*techn.*) inzoccolatura *f.*; il mettere *inv.* puntazze (a).

saboter |sabɔte| *v.tr.* **1** (*techn.*) [*entailler et percer* (*les traverses*) *afin de préparer le logement du patin du rail et de ménager les trous où seront vissés les tire-fonds*] inzoccolare ◇ [*garnir* (*un pieu, un pilotis*) *d'un sabot*] mettere (155) puntazze (a) **2** [*faire vite et mal*] raffazzonare, acciabattare: *saboter un travail, un devoir* raffazzonare, acciabattare un lavoro, un compito → **gâcher** # *l'orchestre a saboté ce morceau* l'orchestra ha strapazzato questo pezzo **3** [*détériorer ou détruire par un acte de sabotage*] sabotare: *saboter une machine, un avion* sabotare una macchina, un aereo.

saboterie |sabɔtʀi| *s.f.* fabbrica* di zoccoli.

saboteur, euse |sabɔtœʀ, øz| *s.* **1** [*personne qui sabote* (2) *un travail*] arruffone, ciabattone **2** [*responsable, auteur d'un sabotage*] sabotatore*.

sabotier, ière |sabɔtje, jɛʀ| *s.* [*personne qui fabrique, qui vend des sabots*] zoccolaio* *m.*

sabouler |sabule| *v.tr.* (*vx.*) → **bousculer, malmener.**

sabrage |sɑbʀaʒ| *s.m.* (*techn.*) rasatura *f.*

sabre |sɑbʀ(ə)| *s.m.* **1** [*arme blanche, à pointe et à tranchant, à lame plus ou moins recourbée*] sciabola (*f.*): *escrime au sabre* (scherma con la) sciabola; *sabre au clair!* sguainate le sciabole! # *coup de sabre* sciabolata ◇ (*loc.*) *traîneurs de sabre* soldato fanfarone, spaccone ~ *bruit de sabre* minaccia di guerra; bellicosità ~ *le sabre et le goupillon* l'Esercito e la Chiesa **2** [*instrument servant à tondre les haies*] potatoio* **3** (*fam.*) rasoio* a mano (*cour.*) ◇ (*loc.*) *en sabre* a forma di sciabola.

sabrer |sɑbʀe| *v.tr.* **1** [*frapper à coups de sabre*] sciabolare, colpire (197) con la sciabola: *sabrer l'ennemi* sciabolare il nemico ◇ (*par ext.*) [*marquer de traits profonds*] tracciare (a grandi tratti); solcare **2** (*fig.*) [*pratiquer de larges coupures dans*] tagliare (in lungo e in largo): *la rédaction du journal a sabré l'article de son correspondant* la redazione del giornale ha tagliato in lungo e in largo l'articolo del proprio corrispondente ◇ (*fam.*) *il s'est fait sabrer* [*renvoyer*] si è fatto bocciare; *sabrer la moitié des candidats* bocciare la metà dei candidati.

sabretache |sɑbʀətaʃ| *s.f.* (*ancienn.*) [*sac que les cavaliers suspendaient au ceinturon, à côté du sabre*] giberna.

sabreur |sɑbʀœʀ| *s.m.* **1** [*celui qui se bat au sabre*] sciabolatore* *s.* **2** (*fig.*) soldato brutale e coraggioso.

sabreuse |sabʀøz| *s.f.* (*techn.*) (macchina) rasatrice.

saburral, ale, aux |saby(ʀ)ʀal, o| *adj.* (*méd.*) saburrale: *langue saburrale* lingua saburrale.

saburre |sabyʀ| *s.f.* (*méd. anc.*) saburra.

1 **sac** |sak| *s.m.* **I 1** sacco*: *sac de toile, de matière plastique, de papier* sacco di tela, di plastica, di carta; *toile à sac* (tela da) sacco; *sac à blé, à patates* sacco per grano, per patate; *sac de charbon, de terre* sacco di carbone, di terra; *sac de sable* [*servant à l'entraînement des boxeurs*] sacco (di sabbia); *course en sac* corsa nei sacchi; *remplir, vider un sac* riempire, vuotare un sacco # *mettre en sac* insaccare ◇ (*fig., pop.*) *le sac* [*l'argent, la richesse*] la grana (*f.*): *avoir le sac, faire un sac* avere, fare la grana; *il a épousé le sac* ha sposato la grana, la dote ◇ (*pop.*) [*somme de mille francs anc.* (*dix francs*)] sacco ◇ (*loc. fig.*) *homme* (*gens*) *de sac et de corde* [*malfaiteur(s), scélérat(s)*] avanzo di galera, pendaglio da forca, gente da capestro **2** (*loc.*) *être fagoté, ficelé comme un sac* [*très mal habillé*] essere infagottato come un sacco ♦ (*par appos.*) *paletot sac* cappotto a sacco; *robe sac* vestito a sacco **3** (*loc. fig.*) *mettre dans le même sac* fare di ogni erba un fascio ~ *prendre qqn. la main dans le sac* prendere, sorprendere qc. con le mani nel sacco ~ *sac à vin* [*ivrogne*] beone, otre di vino ~ *sac à malices* cappello del prestigiatore ~ *il a plus d'un tour dans son sac* è un furbo di tre cotte ~ (*pop.*) *sac de nœuds* faccenda imbrogliata **4** (*relig.*) *le sac et la cendre* il sacco e la cenere **5** [*objet souple, fabriqué pour servir de contenant, pour ranger, transporter diverses choses*] zaino; borsa (*f.*): *sac de soldat, de chasseur, d'alpiniste, de campeur* zaino militare, da cacciatore, da alpinista, da campeggiatore; *sac au dos* zaino ‖ *sac de plage* borsa da spiaggia; *sac à ouvrage* borsa da lavoro; *sac à provisions* borsa della spesa; *sac de voyage* borsa, sacca da viaggio # *sac de couchage* sacco a pelo, da bivacco ◇ (*spécialt.*) *sac* (*à main*) [*accessoire de la toilette féminine, destiné à contenir l'argent, les papiers, les fards, etc.*] borsa, borsetta (*f.*): *sac en crocodile, en croco* borsa, borsetta di coccodrillo # *petit sac en tissu* reticella, rete **6** (*dans le langage des écoliers*) [*serviette, cartable*] cartella *f.* **7** (*vx.*) → 2 **dossier** ◇ (*loc. fig.*) *juger sur l'étiquette du sac* giudicare dalle apparenze ~ *le fond du sac* il segreto, il profondo di q.c. ~ *l'affaire est dans le sac* l'affare è fatto; è fatta ~ (*fam.*) *vider son sac* vuotare il sacco **8** [*contenu d'un sac*] sacco: *moudre cent sacs de blé, un sac de café* macinare cento sacchi di grano, un sacco di caffè ◇ (*mar.*) *le sac du marin* il sacco del marinaio **II 1** [*l'estomac*] pancia* (*f.*): *s'en mettre plein le sac* riempirsi la pancia **2** (*sc. nat.*) sacco: *sac lacrymal, herniaire* sacco lacrimale, erniario; *sacs aériens* sacchi aerei; *sac embryonnaire* sacco embrionale.

2 **sac** |sak| *s.m.* [*pillage* (*d'une ville, d'une région*)] sacco*: *le sac de Rome* il sacco di Roma; *mettre à sac* [*piller, saccager*] mettere a sacco, saccheggiare → **pillage, saccage** # *mise à sac* saccheggio.

saccade |sakad| *s.f.* **1** [*brusque secousse*] strattone *m.* **2** [*mouvement brusque et irrégulier*] scossone *m.*, sobbalzo (*m.*): *les roues avançaient par saccades* le ruote avanzavano a scossoni → **heurt, secousse** ◇ (*par anal.*) *parler, rire par saccades* parlare a scatti, ridere a scoppi.

saccadé, ée |sakade| *adj.* [*qui procède par mouvements successifs, brusques*] brusco*, a scatti (*loc. inv.*): *gestes, mouvements saccadés* gesti, movimenti bruschi, a scatti # *bruit, craquement saccadé* rumore, scricchiolio intermittente ◇ (*fig.*) *style saccadé* stile spezzato, frammentario*.

saccader |sakade| *v.tr.* **1** (*équit.*) [*donner des saccades à* (*un cheval*)] strattonare **2** [*rendre saccadé*] rendere (105) brusco*.

saccage |sakaʒ| *s.m.* [*pillage commis en saccageant*] saccheggio* → 2 **sac.**

saccagement |sakaʒmɑ̃| *s.m.* (*vieilli*) → **saccage.**

saccager |sakaʒe| (3) *v.tr.* **1** [*mettre à sac, au pillage, en détruisant et en volant*] saccheggiare, mettere (155) a sacco → **piller, ravager** ◇ (*par ext.*) [*détruire, désoler*] devastare **2** [*mettre en désordre*] mettere sottosopra, a soqquadro: *les cambrioleurs ont tout saccagé chez lui* i ladri gli hanno messo tutto sottosopra, gli hanno messo a soqquadro la casa.

saccageur, euse |sakaʒœʀ, øz| *s. et adj.* [*personne qui saccage* (*une ville, un pays*)] saccheggiatore*.

sacchar- |sakaʀ| *préf.* → **sacchar(o)-.**

saccharase |sakaʀɑz| *s.f.* (*biol.*) saccarasi *inv.*

saccharate |sakaʀat| *s.m.* (*chim.*) saccarato.

sacchareux, euse |sakaʀø, øz| *adj.* saccaroso.

saccharidé |sakaʀide| *s.m.* (*pharm.*) saccaride.

saccharides |sakaʀid| *s.m. pl.* (*chim.*) (poli)saccaridi.

saccharifère |sakaʀifɛʀ| *adj.* saccarifero.

saccharifiable |sakaʀifjabl(ə)| *adj.* [→ SACCHARIFIER] saccarificabile.

saccharification |sakaʀifikɑsjɔ̃| *s.f.* (*chim.*) saccarificazione.

saccharifier |sakaʀifje| *v.tr.* (*chim.*) [*transformer en sucre* (*glucose, saccharose*) *les matières amylacées* (*amidon*) *et cellulosiques*] saccarificare.

saccharimètre |sakaʀimɛtʀ(ə)| *s.m.* (*sc., techn.*) saccarimetro.

saccharimétrie |sakaʀimetʀi| *s.m.* (*sc.*) saccarimetria.

saccharimétrique |sakaʀimetʀik| *adj.* (*sc.*) saccarimetrico*: *degré saccharimétrique* grado saccarimetrico.

saccharin, ine |sakaʀɛ̃, in| *adj.* saccarino.

saccharine |sakaʀin| *s.f.* (*chim., cour.*) saccarina.

sacchariné, ée |sakaʀine| *adj.* saccarinato: *café sacchariné* caffè saccarinato, con saccarina.

saccharique |sakaʀik|, **saccharinique** |sakaʀinik| *adj.* (*chim.*) saccarico*, saccarinico*.

sacchar(o)- |sakaʀ(ɔ)| *préf.* (*signifiant 'sucre', correspond généralt. à*) saccar(o): *saccharose* saccarosio.

saccharoïde |sakaʀɔid| *adj.* (*minér.*) saccaroide: *gypse saccharoïde* gesso saccaroide.

saccharolé |sakaʀɔle| *s.m.* (*pharm.*) saccarolato.

Saccharomyces |sakaʀɔmisɛs| *s.m. pl.* (*t.bot.*) Saccaromiceti.

saccharose |sakaʀoz| *s.m.* (*biol.*) saccarosio*.

saccharure |sakaʀyʀ| *s.m.* (*pharm.*) saccaruro.

sacciforme |sakifɔʀm(ə)| *adj.* sacciforme.

saccule |sakyl| *s.m.* (*anat.*) sacculo.

sacculiforme |sakylifɔʀm(ə)| *adj.* (*sc. nat.*) sacculiforme.

sacculine |sakylin| *s.f.* (*t.zool.*) sacculina.

sacerdoce |sasɛʀdɔs| *s.m.* **1** sacerdozio* ◇ (*fig.*) *le sacerdoce de l'artiste, du professeur* il sacerdozio, la missione *f.* dell'artista, del professore **2** [*corps ecclésiastique* (*considéré dans sa puissance, son autorité*)] clero.

sacerdotal, ale, aux |sasɛʀdɔtal, o| *adj.* sacerdotale: *fonctions sacerdotales* funzioni sacerdotali.

sachée |saʃe| *s.f.* (*rare*) [*contenu d'un sac*] saccata, sacco* *m.* (*cour.*) → 1 **sac.**

sachet |saʃɛ| *s.m.* [*petit sac*] sacchetto: *sachet de papier* sacchetto di carta; *sachet de bonbons* sacchetto di caramelle; *sachet de lavande* sacchetto di lavanda → **paquet** # *thé en sachets* té in bustine.

sacoche |sakɔʃ| *s.f.* [*sac de cuir* (*ou parfois de toile forte*) *qu'une courroie permet de porter*] borsa: *sacoche de livreur, de receveur* borsa del fattorino, del bigliettaio; *sacoche de cy-*

cliste, de motocycliste [*contenant des outils*] borsa portaferri (del ciclista, del motociclista) ◇ (*en Belgique*) [*sac à main* (*de femme*)] borsetta, borsa; (*d'homme*) borsetto *m.*, borsello *m.*

sacolève |sakɔlɛv| *s.m.*, **sacoléva** |sakɔleva| *s.f.* (*mar.*) saccoleva *m.*

sacome |sakom| *s.m.* (*archit.*) sagoma *f.*, modanatura *f.* aggettante.

sa(c)quebute |sak(ə)byt|, **saqueboute** |sak(ə)but| *s.f.* **1** (*archéol.*) lancia* con ferro uncinato **2** (*hist. mus.*) (specie *inv.* di) trombone *m.*

sacquer |sake| *v.tr.* (*fam.*) **1** [*renvoyer, congédier*] mettere (155) alla porta, licenziare (*cour.*) **2** *sacquer un candidat à l'examen* [*le refuser*] fregare (*pop.*), bocciare (*cour.*) un candidato all'esame.

sacral, ale, aux |sakʀal, o| *adj.* sacrale.

1 **sacralisation** |sakʀalizɑsjɔ̃| *s.f.* [→ SACRALISER] sacralizzazione.

2 **sacralisation** |sakʀalizɑsjɔ̃| *s.f.* (*méd.*) sacralizzazione.

sacraliser |sakʀalize| *v.tr.* [*rendre sacral, attribuer un caractère sacré à*] sacralizzare **C** **désacraliser.**

sacramentaire |sakʀamɑ̃tɛʀ| *s. et adj.* (*relig.*) **1** sacramentario* **2** [*relatif aux sacrements*] sacramentario: *théologie sacramentaire* teologia sacramentaria → **sacramentel.**

sacramental, aux |sakʀamɑ̃tal, o| *s.m.* (*liturg.*) sacramentale.

sacramentel, elle |sakʀamɑ̃tɛl| *adj.* **1** (*théol.*) sacramentale: *paroles, formules sacramentelles* parole, formule sacramentali **2** [*qui tient du sacrement, par son caractère consacré, solennel ou rituel*] sacramentale (*plais.*), rituale: *l'heure sacramentelle du dîner* l'ora sacramentale, rituale della cena.

1 **sacre** |sakʀ(ə)| *s.m.* **1** [*cérémonie par laquelle l'Église sanctionne la souveraineté royale*] consacrazione (*f.*): *sacre des rois de France* consacrazione dei re di Francia → **couronnement** **2** [*cérémonie par laquelle un prêtre reçoit l'épiscopat*] consacrazione: *sacre d'un évêque* consacrazione di un vescovo **3** (*fig.*) [*consécration solennelle et quasi religieuse*] sagra (*f.*): *le 'Sacre du printemps' de Strawinsky* la 'Sagra della primavera' di Strawinski.

2 **sacre** |sakʀ(ə)| *s.m.* (*t.zool., faucon.*) sagro.

1 **sacré, ée** |sakʀe| *adj.* **1** (*généralt. après le nom*) sacro: *édifice sacré* edificio sacro; *vases sacrés* vasi sacri; *livres sacrés* libri sacri ◇ (*loc.*) *le mal sacré* il morbo sacro ~ *le Sacré Collège* il Sacro Collegio ~ (*fig.*) *avoir le feu sacré* avere il sacro fuoco ◇ (*se dit des sentiments qu'inspire le sacré*) *horreur, terreur sacrée* sacro orrore, terrore ◇ (*par ext.*) *la musique sacrée* la musica sacra ✦ (*s.m.*) *le sacré et le profane* il sacro e il profano **2** [*qui est digne d'un respect absolu, qui a un caractère de valeur absolue*] sacro: *les droits naturels, sacrés de l'homme* i diritti naturali, sacri dell'uomo ◇ (*fam.*) *son sommeil, c'est sacré!* il suo sonno è sacro!, per lui il sonno è sacro **3** (*fam., avant le nom*) (*sert d'épithète pour renforcer un terme injurieux*) dannato # *sacré farceur!* (sei) il solito burlone!; *sacré menteur!* bugiardo sfacciato! ◇ (*pour qualifier une chose dont on a quelque désagrément*) *tu as un sacré culot!* hai una faccia tosta, una di quelle facce toste! ◇ (*avec une nuance d'admiration ou d'ironie*) *il a une sacrée chance!* ha una fortuna sfacciata, una di quelle fortune! ◇ (*pop.*) (*renforçant un juron*) *sacré nom de Dieu!, sacré nom!* dannazione! (*cour.*); *sacré nom d'un chien!* porco (di un) cane! **C** 1 **profane.**

2 **sacré, ée** |sakʀe| *adj.* (*anat.*) sacrale: *vertèbres sacrées* vertebre sacrali; *nerfs sacrés* nervi sacrali.

Sacré-Cœur |sakʀekœʀ| *s.m.* (*liturg.*) Sacro Cuore ◇ (*spécialt.*) *l'église du Sacré-Cœur, le Sacré-Cœur* (*à Montmartre*) la chiesa del Sacro Cuore.

sacredieu! |sakʀədjø|, **sacrebleu!** |sakʀəblø| *interj.* (*juron fam.*) accidenti!

sacrement |sakʀəmɑ̃| *s.m.* sacramento: *les sept sacrements* i sette sacramenti; *fréquenter les sacrements* frequentare i sacramenti ◇ (*liturg. cathol.*) *le saint sacrement de l'autel* il santo sacramento dell'altare; *exposition du saint sacrement* esposizione del Santissimo ◇ (*loc. fig.*) *promener qqch. comme le saint sacrement* [*comme une chose précieuse*] portare in giro q.c. come una reliquia.

sacrément |sakʀemɑ̃| *adv.* (*fam.*) [*diablement, beaucoup*] dannatamente # *ils avaient sacrément peur* avevano una paura boia, una paura del diavolo.

sacrer |sakʀe| **A** *v.tr.* [*consacrer* (*qqn.*) *par la cérémonie du* (1) *sacre* (1, 2)] consacrare: *sacrer un roi, l'empereur, un évêque* consacrare un re, l'imperatore, un vescovo **B** *v.intr.* (*fam.*) [*blasphémer*] bestemmiare (*cour.*).

sacret |sakʀɛ| *s.m.* (*faucon.*) sagro maschio*.

sacrificateur, trice |sakʀifikatœʀ, tʀis| *s.* sacrificatore* ◇ (*antiq.*) *le grand sacrificateur* [*grand prêtre, chez les juifs*] il sommo, il gran sacerdote.

sacrificatoire |sakʀifikatwaʀ| *adj.* (*vx.*) → **sacrificiel.**

sacrifice |sakʀifis| *s.m.* **1** sacrificio*: *sacrifices d'animaux, humains* sacrifici di animali, umani ◇ (*relig. cathol.*) *le sacrifice du Christ, de la Croix* il sacrificio di Cristo, della Croce; *le sacrifice, le saint sacrifice* (*de la messe*) il (santo) sacrificio della Messa **2** UN, DES SACRIFICE(S) sacrificio: *il faudra faire des sacrifices pour y arriver* bisognerà fare sacrifici per riuscirci ◇ (*spécialt.*) [*sacrifice financier; renoncement à un gain*] *je veux bien faire un sacrifice, un effort* sono pronto a fare un sacrificio, uno sforzo **3** LE SACRIFICE [*le fait de se sacrifier; le renoncement*] sacrificio: *esprit de sacrifice* spirito di sacrificio.

sacrificiel, ielle |sakʀifisjɛl| *adj.* [*propre à un sacrifice, aux sacrifices*] sacrificale.

sacrifié, ée |sakʀifje| *adj.* **1** (*personnes*) [*qui se sacrifie; qui est sacrifié*] sacrificato: *un peuple sacrifié* un popolo sacrificato **2** (*choses*) [*abandonné; dont on fait le sacrifice*] sacrificato: *marchandises sacrifiées* merci sacrificate.

sacrifier |sakʀifje| **A** *v.tr.* **1** [*offrir en sacrifice*] sacrificare: *sacrifier un animal, une victime à la divinité* sacrificare un animale, una vittima alla divinità ◇ (*sans compl. direct*) *sacrifier à un dieu* sacrificare a un dio ◇ (*par anal.*) *sacrifier à la mode, aux goûts du jour* sacrificare alla moda, ai gusti del momento **2** (*fam.*) [*se défaire avec peine de* (*qqch.*)] sacrificare: *je vais sacrifier une de mes bonnes bouteilles* sacrificherò una delle mie bottiglie buone ◇ (*spécialt.*) *sacrifier un article* [*le solder à bas prix*] sacrificare un articolo **B** *v. pron. réfl.* SE SACRIFIER [→ *tr.* 1] sacrificarsi.

1 **sacrilège** |sakʀilɛʒ| *s.m.* **1** sacrilegio* **2** [*attentat contre ce qui est particulièrement respectable*] sacrilegio, delitto: *c'est un sacrilège d'avoir démoli ce vieil hôtel* è un sacrilegio, un delitto aver demolito quel vecchio palazzo.

2 **sacrilège** |sakʀilɛʒ| *s.* [*personne qui a commis un sacrilège*] sacrilego* → **profanateur** ✦ (*adj.*) *attentat, action sacrilège* attentato, atto sacrilego.

sacripant |sakʀipɑ̃| *s.m.* (*fam.*) sacripante, furfante → **bandit, vaurien.**

sacristain |sakʀistɛ̃| *s.m.* **1** sagrestano, sacrestano, sacrista ◇ (*péj.*) [*personnage sottement dévot, calotin*] bigotto **2** [*petit gâteau de pâte feuilletée, en forme de rouleau*] ⊠.

sacristaine |sakʀistɛn| *s.f.* [*religieuse préposée à la sacristie dans un monastère; femme s'occupant de la sacristie d'une église*] sagrestana, sacrestana.

sacristi |sakʀisti| *interj.* → **sapristi.**

sacristie |sakʀisti| *s.f.* sagrestia, sacrestia ◇ (*pop.*) *punaise de sacristie* [*dévote qui hante les sacristies, les églises*] bigotta, baciapile *inv.*

sacristine |sakʀistin| *s.f.* → **sacristaine.**

sacro- |sakʀɔ| *préf.* (*signifiant 'du sacrum', correspond généralt. à*) sacro: *sacro-iliaque* sacroiliaco.

sacro-iliaque |sakʀɔiljak| *adj.* (*anat.*) sacroiliaco*.

sacro-saint, sainte |sakʀɔsɛ̃, sɛ̃t| *adj.* **1** (*vx.*) sacrosanto **2** (*iron.*) [*qui fait l'objet d'un respect exagéré ou même absurde*] sacrosanto: *ses sacro-saintes habitudes* le sue sacrosante abitudini → **intouchable.**

sacrum |sakʀɔm| *s.m.* (*anat.*) (osso) sacro.

sad(d)ucéen, éenne |sadyseɛ̃, eɛn| *s. et adj.* (*antiq.*) sad(d)uceo.

sadique |sadik| *adj.* **1** (*psychiatr.*) sadico* **2** [*qui prend plaisir à faire souffrir, à voir souffrir autrui*] sadico: *plaisir sadique* piacere sadico ✦ (*s.*) *un sadique* un sadico **3** (*psychan.*) *stade sadique anal ou sadico-anal* stadio sadico anale.

sadiquement |sadikmɑ̃| *adv.* [*avec sadisme* (2)] sadicamente.

sadisme |sadism(ə)| *s.m.* **1** (*psychiatr.*) sadismo **2** [*goût pervers de faire souffrir, délectation dans la souffrance d'autrui*] sadismo → **cruauté, méchanceté.**

sadomasochisme |sadɔmazɔʃism(ə)| *s.m.* (*psychiatr.*) sadomasochismo.

sadomasochiste |sadɔmazɔʃist(ə)| *adj.* (*psychiatr.*) sadomasochistico*: *comportement sadomasochiste* comportamento sadomasochistico ✦ (*s.*) *un sadomasochiste* un sadomasochista.

safari |safaʀi| *s.m.* safari *inv.* ◇ (*par ext.*) *des safaris-photos* dei safari fotografici.

1 **safran** |safʀɑ̃| *s.m.* **1** (*t.bot.*) zaf-

ferano **2** [*assaisonnement* (*provenant des stigmates de la fleur du safran*)] zafferano: *riz au safran* riso allo zafferano **3** [*couleur jaune*] (color) zafferano ✦ *adj. inv.* (color) zafferano.
2 **safran** |safʀɑ̃| *s.m.* (*mar.*) pala *f.* del timone.
safrané, ée |safʀane| *adj.* **1** [*assaisonné au* (1) *safran*] zafferanato (*rare*), allo zafferano (*loc. inv.*): *riz safrané* riso zafferanato, allo zafferano **2** [*d'un jaune safran*] (color) zafferano *inv.*
safraner |safʀane| *v.tr.* [*assaisonner au* (1) *safran*] condire (197) con zafferano.
safranière |safʀanjɛʀ| *s.f.* (*rare*) campo *m.* di zafferano.
safre |safʀ(ə)| *s.m.* (*techn.*) ossido di cobalto.
saga |saga| *s.f.* (*litt.*) saga*.
sagace |sagas| *adj.* sagace: *esprit, jugement sagace* mente, giudizio sagace.
sagacité |sagasite| *s.f.* sagacia*, sagacità *inv.*
sagaie |sagɛ| *s.f.* [*lance, javelot de tribus primitives*] zagaglia.
sagard |sagaʀ| *s.m.* (*dans les Vosges*) [*scieur qui débite les bois en planches*] segatore, segantino.
sage |saʒ| **I** *adj.* **1** saggio*: *de sages conseils* saggi consigli ✦ (*impers.*) *il serait plus sage d'y renoncer, de temporiser* sarebbe più saggio rinunciarvi, temporeggiare **2** (*littér.*) [*qui a un art de vivre supérieur, qui peut être considéré comme un modèle*] saggio, savio* **3** [*qui a du jugement, qui est avisé dans sa conduite*] saggio, savio: *les vierges sages et les vierges folles* le vergini sagge e le vergini folli **4** (*enfants*) [*calme et docile*] buono, bravo: *un enfant sage* un bambino buono, un bravo bambino; *sage comme une image* buono come un angelo, un angioletto **5** (*choses*) [*mesuré*] tranquillo: *un roman sage* un romanzo tranquillo ◇ (*fam.*) *une petite robe sage* un vestitino senza pretese, tranquillo, semplice semplice **II** *s.m.* **1** (*vx.*) savio, saggio: *les sept sages de la Grèce* i sette savi, saggi della Grecia; *le Sage* [*Salomon*] il Savio, il Saggio **2** [*celui qui se met à l'abri de ce qui tourmente les autres hommes*] saggio: *le vrai bonheur appartient au sage* la vera felicità è quella del saggio ◇ (*par ext.*) *comité des sages* comitato dei saggi **3** (*opposé à 'fou'*) [*celui qui a sa raison, son bon sens*] savio: *les sages et les fous* i savi e i pazzi Ⓒ I 1 **déraisonnable, fou.**
sage-femme |saʒfam| *s.f.* [*celle dont le métier est d'accoucher les femmes*] levatrice, ostetrica*: *des sages-femmes* delle levatrici, delle ostetriche.
sagement |saʒmɑ̃| *adv.* **1** [*d'une manière avisée, judicieuse*] saggiamente: *parler sagement* parlare saggiamente; *agir sagement* agire saggiamente → **raisonnablement** **2** [*avec calme et tranquillité*] tranquillamente: *bien sagement* molto tranquillamente.
sagesse |saʒɛs| *s.f.* **1** saggezza: *la voix de la sagesse* la voce della saggezza **2** (*littér.*) [*jugement dans les conceptions ou la conduite*] saggezza: *la sagesse du législateur* la saggezza del legislatore; *la sagesse des nations* la saggezza delle nazioni ◇ (*par ext.*) *dents de sagesse* denti del giudizio *m.* **3** [*tranquillité, obéissance* (*d'un enfant*)] bontà *inv.*, obbedienza: *il a été d'une sagesse exemplaire aujourd'hui* è stato di una bontà, un'obbedienza esemplare oggi **4** (*choses*) [*caractère mesuré, classique*] moderazione: *la sagesse de cette peinture* la moderazione di questa pittura.
sagette |saʒɛt| *s.f.* **1** → **sagittaire** 2 **2** (*vx.*) [*flèche*] saetta.
sagittaire |saʒitɛʀ| *s.* **1** *s.m.* (*astron.*) *le Sagittaire* il Sagittario* **2** *s.f.* (*t.bot.*) sagittaria.
sagittal, ale, aux |saʒital, o| *adj.* sagittale: *diagramme sagittal* diagramma sagittale ◇ (*anat., zool.*) sagittale.
sagitté, ée |saʒite| *adj.* sagittato: *feuilles sagittées* foglie sagittate.
sagou |sagu| *s.m.* (*bot.*) sagù *inv.*
sagouin |sagwɛ̃| *s.m.* (*fam.*) [*homme, enfant malpropre*] sporcaccione (*cour.*), sudicione (*cour.*) ◇ (*t. d'injure*) *tas de sagouins!* razza di sporcaccioni!
sagoutier |sagutje| *s.m.* (*t.bot.*) albero del pane.
sagum |sagɔm| *s.m.* (*lat.*) (*antiq. rom.*) sago*.
saharien, ienne |saaʀjɛ̃, jɛn| **1** *adj.* [*du Sahara*] sahariano **2** *s.f.* [*veste de toile à manches courtes*] sahariana.
sahel |saɛl| *s.m.* (*géogr.*) sahel *inv.*
sahélien, ienne |saeljɛ̃, jɛn| *adj.* (*géogr.*) del sahel (*loc. inv.*): *climat sahélien* clima del sahel.
saï |sai| *s.m.* (*t.zool.*) cebo cappuccino.
1 **saie** |sɛ| *s.f.* (*antiq. rom.*) → **sagum.**
2 **saie** |sɛ| *s.f.* [*petite brosse en soies de porc, utilisée par les orfèvres*] setolino *m.*, spazzolino *m.*
saietter |sɛjete| *v.tr.* (*techn.*) [*nettoyer, brosser avec la* (2) *saie*] setolinare.
saïga |saiga| *s.m.* (*russe*) (*t.zool.*) saiga *inv.*
saignant, ante |sɛɲɑ̃, ɑ̃t| **I** *adj.* **1** [*qui dégoutte de sang* (*de la chair vivante*)] sanguinante, sanguinolento: *blessure, plaie saignante* ferita, piaga sanguinante, sanguinolenta ◇ (*fig., se dit d'une blessure morale récente, douloureuse*) *un cœur saignant* un cuore sanguinante **2** (*se dit de la viande rôtie ou grillée, lorsqu'elle est peu cuite et qu'il y reste du sang*) al sangue (*loc. inv.*): *viande saignante, très saignante* carne al sangue, molto al sangue **II** *s.m.* [*ce qui est saignant; viande saignante*] carne *f.* sanguinolenta.
saignée |sɛɲe| *s.f.* **1** [*évacuation provoquée d'une certaine quantité de sang*] salasso (*m.*): *saignée copieuse* salasso abbondante ◇ (*fig.*) [*perte de substance; perte d'hommes par la guerre, l'émigration, etc.*] salasso, dissanguamento *m.* **2** (*par ext.*) piega* interna del gomito **3** (*fig.*) canaletto *m.*
saignement |sɛɲmɑ̃| *s.m.* [*écoulement, épanchement de sang*] emorragia* *f.* ◇ (*spécialt.*) emorragia nasale, epistassi *f. inv.* ◇ (*méd.*) *temps de saignement* tempo di coagulazione *f.*
saigner |sɛɲe| **A** *v.intr.* **1** (*en parlant du corps, d'un organe*) [*avoir un écoulement de sang; perdre du sang*] sanguinare: *saigner abondamment, comme un bœuf* sanguinare abbondantemente; *blessure, coupure, plaie qui saigne* ferita, taglio, piaga che sanguina; *saigner du nez* sanguinare dal naso **2** (*fig., littér.*) [*être le siège d'une souffrance vive*] sanguinare: *la blessure saigne encore* la ferita sanguina ancora ◇ (*loc. littér.*) *le cœur me* (*lui*) *saigne* mi (gli) sanguina, mi (gli) piange il cuore; *cela fait saigner le cœur* fa piangere il cuore, fa una gran pena **B** *v.tr.* **1** [*tirer du sang à* (*qqn.*) *en ouvrant une veine, faire une saignée à*] salassare: *saigner qqn. au bras* salassare qc. al braccio **2** [*tuer* (*un animal*) *en le privant de son sang, par égorgement*] sgozzare: *saigner un porc* sgozzare un maiale → **égorger** **3** (*fig.*) [*affaiblir, épuiser* (*qqn.*) *en retirant ses ressources*] salassare, dissanguare: *saigner qqn. à blanc* dissanguare qc.; *il est saigné à blanc* è dissanguato, al verde ✦ (*pron. réfl.*) *se saigner aux quatre veines* [*dépenser ou donner tout ce qu'on peut, se priver*] dissanguarsi, rovinarsi.
saigneur, euse |sɛɲœʀ, øz| *s.* (*rare*) **1** [*personne qui saigne, pratique des saignées*] sgozzatore*; salassatore* **2** operaio* addetto alla raccolta del lattice.
saigneux, euse |sɛɲø, øz| *adj.* (*rare*) → **sanglant.**
saignoir |sɛɲwaʀ| *s.m.* coltello per sgozzare.
saillant, ante |sajɑ̃, ɑ̃t| *adj.* **1** [*qui avance, dépasse*] sporgente, prominente → **proéminent** ◇ (*en parlant du corps, des traits du visage*) *menton saillant* mento sporgente, prominente; *angle saillant* angolo prominente ✦ *s.m.* [*partie d'un ouvrage qui fait saillie*] saliente: *le saillant d'un bastion* il saliente di un bastione **2** (*blas.*) saliente: *mouton saillant* montone saliente **3** (*fig.*) [*qui est en évidence, ressort du contexte et s'impose à l'attention*] saliente: *caractère, trait saillant* carattere, tratto saliente; *événements saillants* fatti salienti.
saillie |saji| *s.f.* **I** . **1** (*littér.*) (*dans la conversation, le style*) [*trait brillant et inattendu*] motto *m.*, facezia **2** [*accouplement des animaux domestiques*] monta, accoppiamento *m.* **3** (*vx.*) → 1 **élan, saut** **4** (*vx.*) → **caprice** **II** [*partie qui avance, dépasse le plan, l'alignement; angle saillant*] sporgenza, aggetto *m.* # *faire saillie* sporgere, aggettare; *balcon, escalier formant saillie* balcone, scala che sporge (sporgente), aggetta ◇ (*loc. adj.*) *en saillie* sporgente (*adj.*): *balcon en saillie* balcone sporgente ◇ (*dr.*) sporto *m.*
1 **saillir** |sajiʀ| (*rare, sauf inf. et 3e pers.*) **A** *v.intr.* [*sortir, s'élancer*] uscire (201) (*aux.* essere): *la faim fait saillir le loup du bois* la fame fa uscire il lupo dal bosco **B** *v.tr.* (*en parlant du mâle*) [*couvrir la femelle*] coprire (186), montare.
2 **saillir** |sajiʀ| (19) *v.intr.* [*être en saillie, avancer en formant un relief*] sporgere (167) (*aux.* essere).
saïmiri |saimiʀi| *s.m.* (*t.zool.*) saimiri *inv.*
sain |sɛ̃| *s.m.* (*vén.*) strutto di cinghiale, volpe, ecc.
sain, saine |sɛ̃, sɛn| *adj.* **1** (*opposé à 'malade'*) [*qui est en bonne santé*] sano: *les gens sains et les malades* le persone sane e gli ammalati ◇ *loc.* SAIN ET SAUF sano e salvo: *arriver sain et sauf, sains et saufs* arrivare sano e salvo, sani e salvi **2** [*dont l'organisme est bien constitué et fonctionne normalement, sans trouble*] sano: *constitution saine* sana costituzione ◇ (*en parlant d'une matière organique*) *fruits sains* frut-

ti sani **3** [*dont les activités mentales ne trahissent aucune anomalie*] sano: *sain de corps et d'esprit* sano di corpo e di mente ◇ (*par ext.*) *un jugement sain* un giudizio retto, giusto ◇ (*choses*) *opinions, idées saines* opinioni, idee valide, rette **4** [*qui contribue à la bonne santé physique*] sano: *un climat sain* un clima sano; *une nourriture saine* un cibo sano; *vie saine* vita sana; *ville, habitation saine* città, casa sana, salubre → **salubre** **5** [*sans danger*] sicuro: *côte, rade saine* costa, rada sicura **6** (*fig.*) *une affaire saine* [*normale, sans danger, sans anomalie cachée*] un affare tranquillo.

sainbois |sɛ̃bwa(ɑ)| *s.m.* → 2 **garou.**

saindoux |sɛ̃du| *s.m.* [*graisse de porc fondue*] strutto: *friture au saindoux* frittura allo strutto.

sainement |sɛnmɑ̃| *adv.* **1** [→ SAIN 4] sanamente, in modo sano (*loc. inv.*): *vivre sainement* vivere sanamente, in modo sano **2** [*d'une manière correcte, normale, sur le plan intellectuel, moral*] validamente, rettamente → **judicieusement, raisonnablement.**

sainfoin |sɛ̃fwɛ̃| *s.m.* (*t.bot.*) lupinella *f.*, sanofieno.

saint, sainte |sɛ̃, sɛ̃t| **I** *adj.* **1** santo, san (*devant un nom commençant par une consonne*); sant' (*devant un nom commençant par une voyelle*): *l'Évangile selon saint Jean* il Vangelo secondo san Giovanni; *saint patron* santo patrono; *la Sainte Vierge* la Santa Vergine # *la Sainte Famille* la Sacra Famiglia ◇ (*ellipt.*) *la Saint-Nicolas* la festa di san Nicola; *la Saint-Sylvestre* San Silvestro ◇ (*loc. fam.*) *la sainte paye, la sainte-touche* [*le jour de la paye*] il 27, san paganino **2** [*de Dieu*] *le Saint-Esprit* lo Spirito Santo; *la Sainte-Trinité* la Santissima Trinità **3** [*qui mène une vie irréprochable*] santo: *une âme sainte* un'anima santa **4** (*choses*) [*qui a un caractère religieux*] santo: *la sainte messe* la santa messa; *la sainte Croix* la santa Croce; *la Terre sainte* la Terra santa, la Terrasanta; *année sainte* anno santo; *être enterré en terre sainte* essere sepolto in terra santa, consacrata; *guerre sainte* guerra santa ◇ (*hist.*) *la Sainte-Alliance* la Santa Alleanza ◇ (*loc.*) *toute la sainte journée* tutto il santo giorno, tutta la santa giornata **5** [*qui est inspiré par la pitié*] santo: *une vie sainte* una vita santa; *être saisi d'une sainte colère, d'une sainte indignation* essere preso da una santa collera, da un santo sdegno **II** *s.* **1** *s.* (*relig. cathol.*) santo: *le saint du jour* il santo del giorno; *reliques d'un saint* reliquie di un santo ◇ (*loc.*) *prêcher pour son saint* tirare l'acqua al proprio mulino ~ *ne savoir à quel saint se vouer* non sapere a che santo votarsi ~ *ce n'est pas un saint, un petit saint* non è un santo, un santerello ~ *faire le petit saint* fare il santerello ~ *il vaut mieux s'adresser à Dieu qu'à ses saints* è meglio rivolgersi al padrone che ai suoi dipendenti **2** *s.* [*personne d'une vertu, d'une bonté, d'une patience exemplaires*] santo: *cette femme, mais c'est une sainte!* quella donna, ma è una santa! **3** (*s.m.*) *le Saint des Saints* il sancta *inv.* sanctorum.

saint-benoît |sɛ̃bənwa| *s.m.* [*fromage, fermier, au lait de vache, de la région de Saint-Benoît et de Sully-sur-Loire*] ⊠.

saint-bernard |sɛ̃bɛʀnaʀ| *s.m.* (*t. zool.*) cane (di) San Bernardo, sanbernardo: *des saint-bernard(s)* dei cani San Bernardo, dei sanbernardi ◇ (*loc. fig.*) *c'est un vrai saint-bernard* è un vero San Bernardo, un istituto di beneficenza, un buon samaritano.

saint-crépin |sɛ̃kʀepɛ̃| *s.m.* arnesi *pl.* del calzolaio ◇ (*vx.*, *fig.*) → **saint-frusquin.**

saint-cyrien |sɛ̃siʀjɛ̃| *s.m.* [*élève de l'école milit. de Saint-Cyr*] (*arg. scol.* '*cyrard*') ⊠.

saintement |sɛ̃tmɑ̃| *adv.* [*avec sainteté*] santamente: *vivre, mourir saintement* vivere, morire santamente.

saint-émilion |sɛ̃temiljɔ̃| *s.m.* [*vin des coteaux de Saint-Émilion, coloré et corsé*] ⊠.

sainte nitouche |sɛ̃tnituʃ| *s.f.* [*personne qui affecte l'innocence*] santarellina, verginella: *ce n'est pas une sainte nitouche* non è una santarellina, una verginella.

Saint-Esprit |sɛ̃tɛspʀi| *s.m.* → **saint** I 2.

sainteté |sɛ̃tte| *s.f.* **1** [*caractère, qualité d'une personne sainte ou d'une chose sainte*] santità (*inv.*): *vivre, mourir en odeur de sainteté* vivere, morire in odore di santità **2** [*titre de respect qu'on emploie en parlant du pape ou en s'adressant à lui*] *Sa, Votre Sainteté* Sua, Vostra Santità: *Sa Sainteté le pape Jean-Paul II* sua Santità papa Giovanni Paolo II.

saint-frusquin |sɛ̃fʀyskɛ̃| *s.m.* (*fam., pop.*) [*ce qu'on a d'argent, d'effets*] gruzzolo ◇ (*loc.*) *... et tout le saint-frusquin* [*et tout le reste*] ...e tutti quanti; e tutto il resto: *j'ai envoyé promener les parents, les copains et tout le saint-frusquin* ho mandato a quel paese i genitori, gli amici e tutti quanti.

saint-galmier |sɛ̃galmje| *s.* (*dans la loc. fam.*) *avoir des épaules comme une bouteille de Saint-Galmier* avere le spalle cadenti (*cour.*).

saint-germain |sɛ̃ʒɛʀmɛ̃| *s.m. inv.* [*grosse poire fondante et très sucrée*] ⊠.

saint-glinglin (à la) |alasɛ̃glɛ̃glɛ̃| *loc. adv.* (*fam.*) [*jamais*] alle calende greche (*cour.*).

saint-honoré |sɛ̃tɔnɔʀe| *s.m.* (*pâtiss.*) 'saint-honoré' *inv.*

saint-michel |sɛ̃miʃɛl| *s.m. inv.* [*gâteau, génoise au café et aux amandes grillées*] ⊠.

saint-nectaire |sɛ̃nɛktɛʀ| *s.m.* [*fromage d'Auvergne, à pâte pressée et chauffée*] ⊠.

Saint-Office |sɛ̃tɔfis| *s.m.* (*ecclés.*) Sant'Uffizio*, Sant'Offizio* (*vieilli*).

saint-paulin |sɛ̃polɛ̃| *s.m.* [*fromage affiné à pâte pressée, voisin du port-salut*] ⊠.

Saint-Père |sɛ̃pɛʀ| *s.m.* [*le pape*] Santo Padre.

saint-pierre |sɛ̃pjɛʀ| *s.m. inv.* (*t. zool.*) (pesce *var.*) sampietro.

saint sacrement |sɛ̃sakʀəmɑ̃| → **sacrement.**

saint sépulcre |sɛ̃sepylkʀ(ə)| → **sépulcre.**

Saint-Siège |sɛ̃sjɛʒ| *s.m.* [*pouvoir, gouvernement du souverain pontife*] Santa Sede (*f.*): *États du Saint-Siège* Stati della Santa Sede.

saint-simonien, ienne |sɛ̃simɔnjɛ̃, jɛn| *adj. et s.* sansimoniano: *système, socialisme saint-simonien* sistema, socialismo sansimoniano.

saint-simonisme |sɛ̃simɔnism(ə)| *s.m.* (*philo.*) sansimonismo.

saint-sulpicien, ienne |sɛ̃sylpisjɛ̃, jɛn| *adj.* → **sulpicien.**

saint-synode |sɛ̃sinɔd| *s.m.* → **synode.**

saisi, ie |sezi| *adj.* (*dr.*) pignorato: *le tiers saisi* il terzo pignorato ✦ (*s.*) *le saisi* il pignorato.

saisie |sezi| *s.f.* **1** (*dr.*) sequestro *m.*, pignoramento (*m.*): *saisie des biens d'un débiteur* sequestro, pignoramento dei beni di un debitore; *procès-verbal de saisie* verbale di sequestro, di pignoramento ◇ (*spécialt.*) *saisie conservatoire* sequestro conservativo; *saisie-gagerie* sequestro conservativo dei mobili e dei frutti (del locatore di un fondo rustico); *saisie-arrêt* sequestro presso terzi; *saisie-brandon* sequestro dei frutti pendenti # *saisie-exécution, saisie mobilière* esecuzione forzata su beni mobili **2** [*prise de possession* (*d'objets interdits par l'autorité publique*)] sequestro: *saisie d'un journal* sequestro di un giornale **3** (*rare*) → **capture** **4** (*informatique*) *la saisie des données* l'acquisizione (dei) dati.

saisie-arrêt, -brandon, -exécution |seziaʀɛ, bʀɑ̃dɔ̃, ɛgzekysjɔ̃| *s.f.* (*dr.*) → **saisie** 1.

1 **saisine** |sezin| *s.f.* (*dr.*) **1** deferimento *m.*, ricorso *m.* (a un tribunale, ecc.) **2** immissione nel possesso (di un'eredità).

2 **saisine** |sezin| *s.f.* (*mar.*) rizza.

saisir |seziʀ| **A** *v.tr.* **I** **1** [*mettre en sa main* (*qqch.*) *avec détermination, force ou rapidité*] afferrare, prendere (105): *saisir au passage* afferrare, prendere al volo; *saisir la balle au bond* prendere, cogliere la palla al balzo; *il n'arrive pas à saisir cet objet* non riesce ad afferrare quell'oggetto **2** *saisir qqn., un animal* [*le prendre, le retenir brusquement ou avec force*] prendere, afferrare qc., un animale; *saisir aux épaules* prendere per le spalle; *saisir à bras le corps* afferrare, agguantare per la (alla) vita; *saisir dans ses bras* prendere tra le braccia **3** [*se mettre promptement en mesure d'utiliser, de profiter de*] prendere, cogliere (123): *saisir une occasion, les chances* cogliere una occasione, le possibilità **4** [*se mettre en mesure de comprendre, de connaître* (*qqch.*) *par les sens, par la raison*] cogliere, afferrare: *saisir par le regard, d'un coup d'œil* afferrare, cogliere con lo sguardo, con un colpo d'occhio; *saisir par l'intelligence, par l'intuition* cogliere, afferrare con l'intelligenza, con l'intuizione; *saisir au vol une partie de la conversation* cogliere, afferrare al volo una parte della conversazione ◇ (*spécialt.*) *saisir qqn.* [*le comprendre*] capire (197) qc. ✦ *absolt.* (*fam.*) *vous saisissez?* lei capisce (capite)? **5** (*sensations, émotions, etc.*) [*s'emparer brusquement de la conscience, des sens, de l'esprit de* (*qqn.*)] *le froid le saisit* il freddo lo intirizzì; *une faiblesse, un malaise la saisit* una debolezza, un malessere la colpì ◇ (*par ext.*) [*émouvoir, impressionner*] *sa pâleur m'a saisi* il suo pallore mi ha colpito, impressionato **6** [*exposer sans transition à une forte* *chaleur* (*ce qu'on fait cuire*)] passare a fuoco vivo **7** (*dr.*) [*mettre sous la main de la justice par une saisie* (1, 2)] sequestrare, pignorare: *saisir les meubles de qqn.* sequestrare, pignorare i mobili di qc.; *saisir un journal* sequestrare un giornale ◇ (*par ext.*) *saisir qqn.* (far) sequestrare, pignorare i beni di qc. **II** (*dr.*) [*porter devant* (*une juridiction*)] *saisir un tribunal d'une affaire* adire (197) un tribunale per una vertenza, investire un tribunale di una vertenza **B** *v.pron. intr.* SE SAISIR [*mettre en sa possession, en son pouvoir*] impossessarsi, impadronirsi (197).

saisissabilité |sezisabilite| *s.f.* (*dr.*) pignorabilità *inv.*

saisissable |sezisabl(ə)| *adj.* **1** (*dr.*) sequestrabile, pignorabile: *bien saisissable* bene sequestrabile, pignorabile **2** [*qui peut être saisi, perçu ou compris*] afferrabile, comprensibile: *un sens précis, saisissable directement* un senso preciso, afferrabile, comprensibile direttamente.

saisissant, ante |sezisã, ãt| *adj.* **1** (*en parlant d'une sensation, d'une émotion*) [*qui surprend*] impressionante, sorprendente: *spectacle saisissant* spettacolo impressionante → **étonnant, frappant, surprenant** # *un froid saisissant* un freddo pungente **2** (*dr.*) sequestrante, pignorante ◆ (*s.*) *le saisissant et le saisi* il sequestrante e il pignorato (sequestrato).

saisissement |sezismã| *s.m.* [*impression, effet brusque, soudain, d'une sensation* (*ne se dit guère que du froid*), *d'une émotion, d'un sentiment*] *éprouver un saisissement au contact de l'eau glacée* provare un brivido a contatto con l'acqua gelata → **frisson**; *il est resté muet de saisissement à la nouvelle de cette catastrophe* la notizia di quella catastrofe è stata un colpo per lui → **émoi, émotion.**

saison |sɛzɔ̃| *s.f.* **I** stagione: *la belle saison* la bella stagione; *la saison nouvelle, du renouveau* [*le printemps*] la nuova stagione, la stagione novella; *la mauvaise saison, la saison des frimas* la cattiva stagione; *en cette saison* in questa stagione; *en toute saison, en toutes saisons* (in) ogni stagione, (in) tutte le stagioni, tutto l'anno ◇ [*l'époque où poussent certains produits de la terre; où la flore, la faune présentent tel caractère*] *la saison des feuilles, des fleurs* la stagione delle foglie, dei fiori; *la saison de la moisson, de la pêche au hareng* la stagione, l'epoca* della mietitura, della pesca alle aringhe; *la saison des amours* la stagione, il tempo *m.* degli amori ◇ (*loc.*) *marchand de, des quatre saisons, des quatre-saisons* fruttivendolo ambulante **II** **1** (*loc.*) *être de saison* [*être convenable, de circonstance, opportun*] essere opportuno; *n'être pas, n'être plus de saison* essere (ormai) inopportuno, fuori luogo; *cela est hors de saison* è una cosa fuori luogo, inopportuna **2** *loc.* SAISON DE [*temps de l'année propice à une activité*] epoca, stagione di: *la saison des vacances* l'epoca, il tempo delle vacanze; *la saison des prix littéraires* la stagione dei premi letterari → **époque** **3** *absolt.* (*modes*) *les nouveautés, les nouvelles toilettes de la saison* [*d'été ou d'hiver*] le novità, i nuovi modelli di stagione, stagionali ◇ [*époque où une activité est pratiquée, un lieu frequenté*] stagione: *la saison théâtrale* la stagione teatrale; *pendant la saison, hors saison* durante la stagione, fuori stagione; *haute saison, basse saison* alta, bassa stagione **4** [*durée pendant laquelle on prend les eaux*] cura: *faire une saison à Vittel* fare una cura a Vittel → 1 **cure.**

saisonnier, ière |sɛzɔnje, jɛʀ| *adj.* **1** [*propre à une saison*] stagionale: *maladies saisonnières* malattie stagionali; *variations saisonnières de température* variazioni stagionali di temperatura **2** [*qui ne dure qu'une saison, qu'une partie de l'année*] stagionale: *service saisonnier d'une ligne aérienne* servizio stagionale di una linea aerea **3** *ouvriers saisonniers* operai stagionali ◆ (*s.*) *des saisonniers* degli stagionali.

sajou |saʒu| *s.m.* (*vx.*) → **sapajou.**

saké |sake|, **saki** |saki| *s.m.* (*jap.*) sakè *inv.*

saki |saki| *s.m.* (*t.zool.*) pitecia* *f.*

salace |salas| *adj.* (*littér.*) salace → **lascif, lubrique, sensuel.**

salacité |salasite| *s.f.* (*littér.*) salacità *inv.* → **lubricité.**

1 **salade** |salad| *s.f.* **1** insalata: *remuer, tourner, fatiguer la salade* rivoltare, rimestare l'insalata **2** UNE SALADE [*plante cultivée, légume dont on fait la salade*] insalata: *pied, plant de salade* piede, cespo d'insalata; *salade cuite* insalata cotta **3** (*par anal.*) *salade de tomates, de pommes de terre* insalata di pomodori, di patàte; *salade mélangée* insalata mista ◇ (*loc.*) *en salade* in insalata **4** (*par ext.*) *salade de fruits* macedonia (di frutta); *salade d'oranges au marasquin* arance affettate al maraschino **5** (*fig., fam.*) [*mélange confus, réunion hétéroclite*] pasticcio* (*m.*): *quelle salade!* che pasticcio!, che pastrocchio! **6** (*fig., pop.*) *vendre sa salade* (*se dit d'un camelot, d'un artiste médiocre qui se produit*) vendere la propria merce (*cour.*) ◇ *au plur.* [*histoires, mensonges*] balle, frottole (*cour.*): *pas de salades!* niente balle, frottole!

2 **salade** |salad| *s.f.* (*hist. médiév.*) celata.

saladier |saladje| *s.m.* [*grande jatte où l'on sert la salade et d'autres mets*] insalatiera *f.*

saladier, ière |saladje, jɛʀ| *s.* (*arg.*) [*personne qui fait des* (1) *salades, embrouille tout par ses mensonges*] imbroglione (*cour.*), contafrottole *inv.* (*fam.*): *quelle saladière!* che imbrogliona!

salage |salaʒ| *s.m.* [*le fait de saler* (*pour assaisonner, conserver*)] salatura *f.*

salaire |salɛʀ| *s.m.* **1** salario*, stipendio*, retribuzione (*f.*): *salaire de famine, de misère* salario, stipendio da fame, da miseria; *relèvement, hausse automatique des salaires liés à la hausse des prix* aumento automatico dei salari, degli stipendi legato all'aumento dei prezzi, alla scala mobile; *salaire minimum* (*national*) *interprofessionnel garanti* (*S.M.I.G.*) salario minimo (nazionale) interprofessionale garantito; *éventail, fourchette des salaires* ventaglio dei salari; *toucher son salaire* riscuotere il salario, lo stipendio **2** (*écon.*) salario, stipendio, retribuzione: *salaire d'ouvrier, de jardinier*, salario di operaio, di giardiniere; *salaire de professeur* stipendio di professore; *salaire au temps, au rendement* (*aux pièces*), *à la tâche* salario, retribuzione a tempo, a cottimo; *salaire brut, net* salario, stipendio lordo, netto; *salaire de base* salario, stipendio di base # *salaire social indirect* oneri sociali **3** (*fig.*) compenso → **récompense.**

salaison |salɛzɔ̃| *s.f.* **1** [*opération par laquelle on sale* (*un produit alimentaire*) *pour le conserver*] salatura: *salaison des viandes, du poisson* salatura delle carni, del pesce **2** cibi *m. pl.* conservati sotto sale.

salamalec |salamalɛk| *s.m.* *surtout au plur.* [*révérences, politesses exagérées*] salamelecco*.

salamandre |salamɑ̃dʀ(ə)| *s.f.* **1** (*t.zool.*) salamandra **2** (*chim. anc.*) → **amiante** **3** [*poêle à combustion lente qui se place dans une cheminée*] ⊠.

salami |salami| *s.m.* [*gros saucisson sec*] salame (italiano).

salangane |salɑ̃gan| *s.f.* (*t.zool.*) salangana.

salant |salɑ̃| **1** (*adj.*) *puits salants* moia (*s.f.*); *marais salant* salina *s.f.* **2** *s.m.* (*géogr.*) terreno salino.

salarial, ale, aux |salaʀjal, o| *adj.* salariale: *politique salariale* politica salariale # *masse salariale* monte salari.

salariat |salaʀja| *s.m.* **1** condizione *f.* del lavoratore dipendente **2** [*ensemble des salariés* (*opposé à 'patronat'*)] lavoratori *pl.* (dipendenti).

salarié, ée |salaʀje| *adj. et s.* (lavoratore*) dipendente; salariato, stipendiato.

salarier |salaʀje| *v.tr.* (*rare*) [*rétribuer par un salaire* (1, 2)] salariare, stipendiare (*cour.*): *salarier un domestique* salariare un domestico.

salaud |salo| *s.m.* (*pop.*) [*personne méprisable, moralement répugnante*] mascalzone *s.* (*cour.*), farabutto *s.* (*cour.*): *il s'est conduit comme un salaud* si è comportato da mascalzone, da farabutto → **salope 2.**

sale |sal| *adj.* **I** **1** [*qui n'est pas propre*] sporco*, sudicio*: *mains sales* mani sporche, sudicie; *ongles sales* unghie sporche, nere; *cheveux sales* capelli sporchi; *eau sale* acqua sporca; *logement sale* alloggio sudicio → **malpropre, crasseux, dégoûtant** ◇ (*personnes*) *sale comme un cochon, comme un porc, un peigne* sporco come un maiale, un porco (*pop.*) ◇ (*loc. fig.*) *laver son linge sale en famille* lavare i panni sporchi in famiglia **2** [*qui, sans être souillé, n'est pas net*] sporco: *blanc, gris, vert sale* [*terni, brouillé*] bianco, grigio, verde sporco **II** (*abstrait*) **1** (*avant le nom*) [*très désagréable*] sporco: *une sale affaire, une sale histoire* una faccenda sporca, un brutto affare ◇ [*laid*] brutto: *faire une sale gueule* fare un brutto muso; *il a une sale gueule* è un brutto ceffo ◇ (*fam., au négatif*) *c'était pas sale* [*c'était beau*] non (c')era male **2** (*personnes*) [*mauvais, désagréable*] sporco: *un sale type* uno sporco individuo; *c'est une sale bête* è una sporca bestia → **salaud.**

salé |sale| *s.m.* carne *f.* di maiale salata; *petit salé* pezzi *pl.* di carne di maiale conservati nel sale ◇ (*fig., pop.*) *petit salé* [*petit enfant*] marmocchio*.

salé, ée |sale| *adj.* **1** salato, salso: *eau salée* acqua salata; *lac salé* lago salato ◇ [*de sel*] *goût salé, saveur salée* sapore salato ◇ (*fam.*) *avoir le bec salé* [*avoir soif*] avere il becco asciutto **2** [*assaisonné ou conservé avec du sel*] salato: *plat trop salé* piatto troppo salato; *amandes salées* mandorle salate; *beurre salé* burro salato; *bœuf, porc salé* manzo, maiale salato **3** (*vx.*) [*spirituel*] arguto (*cour.*) **4** [*qui excite l'esprit par qqch. de très libre, de licencieux*] salace, piccante: *un langage salé* un linguaggio piccante → **grivois, licencieux 5** (*fig., fam.*) [*exagéré, excessif*] salato: *la note est salée* il conto è salato.

salement |salmɑ̃| *adv.* **1** [*d'une manière malpropre, sale, en salissant*] sporcamente (*rare*), come un maiale (*loc.*): *il mange salement* mangia come un maiale **2** (*fig.*) [*d'une manière contraire à la pudeur ou à la correction; contraire à la loyauté*] sporcamente, vigliaccamente: *il s'est salement conduit* si è comportato sporcamente, vigliaccamente **3** (*pop.*) [*très*] maledettamente (*cour.*), dannatamente (*cour.*): *il est salement embêté* è maledettamente, dannatamente seccato → **vachement** [C] 1 **proprement** 2.

salep |salɛp| *s.m.* (*méd., pharm.*) salep *inv.*

saler |sale| *v.tr.* **1** [*assaisonner avec du sel*] salare: *saler la soupe, sa viande, un plat* salare la minestra, la carne, un piatto ✦ (*absolt.*) *elle sale trop* sala troppo ◇ [*imprégner de sel pour conserver*] *saler le hareng* salare le aringhe **2** (*fig., fam.*) [*punir sévèrement*] punire (197) severamente (*cour.*) **3** (*loc.*) *saler la note* [*demander un prix excessif*] salare il conto ~ *saler le client* [*lui vendre qqch. trop cher*] pelare, spennare il cliente.

salernitain, aine |salɛʀnitɛ̃, ɛn| *adj.* [*de Salerno*] salernitano: *la côte salernitaine* la costa salernitana.

saleron |salʀɔ̃| *s.m.* vaschetta *f.* (della saliera) ◇ [*petite salière individuelle*] saliera *f.*, salino (*région.*).

salésien, ienne |salezjɛ̃, jɛn| *adj. et s.m.* (*relig.*) salesiano.

saleté |salte| *s.f.* **1** [*caractère de ce qui est sale* (I 1)] sporcizia, sudiciume (*m.*): *saleté des habits, du corps* sporcizia dei vestiti, del corpo → **malpropreté 2** [*ce qui est sale, souillé, mal tenu; ce qui salit*] sporcizia, sudiciume: *vivre dans la saleté* vivere nella sporcizia, nel sudiciume → 1 **crasse, ordure** ◇ (*euphémisme*) [*excrément*] porcheria, sporcizia # *le chat a encore fait ses saletés dans la cuisine* il gatto ha sporcato ancora in cucina **3** [*chose immorale, indélicate*] porcheria → **obscénité, saloperie 4** (*fam.*) [*chose sans aucune valeur, qui déplaît*] porcheria: *pourquoi acheter toutes ces saletés?* perché comperare tutte queste porcherie?

saleur, euse |salœʀ, øz| *s.* [*personne dont le métier est de saler, de faire des salaisons*] salatore*: *saleur de viandes* salatore di carni; *saleur de morue* salatore di merluzzo.

Salicacées |salikase|, (*vx.*) **Salicinées** |salisine| *s.f. pl.* (*t.bot.*) Salicacee.

salicaire |salikɛʀ| *s.f.* (*t.bot.*) salicaria, salcerella.

salicine |salisin| *s.f.* → **salicoside.**

salicole |salikɔl| *adj.* [*qui concerne l'extraction et les industries chimiques du sel*] salifero.

salicoque |salikɔk| *s.f.* (*région.*) gamberetto *m.* grigio* (*cour.*), rosa (*cour.*).

salicorne |salikɔʀn(ə)| *s.f.* (*t.bot.*) salicornia.

salicoside |salikozid| *s.m.* (*chim.*) salicina *f.*

salicylate |salisilat| *s.m.* (*chim.*) salicilato.

salicylique |salisilik| *adj.* (*chim.*) *acide salicylique* acido salicilico*.

salien |saljɛ̃| *adj. m.* (*hist.*) dei Franchi Salii *loc.*

salière |saljɛʀ| *s.f.* **1** saliera: *salière formée d'un ou deux creux* saliera a una o due vaschette **2** (*par anal.*) [*partie enfoncée, au-dessus de l'œil du cheval*] conca*, fontanella ◇ (*fam.*) [*enfoncement derrière la clavicule, chez les personnes maigres*] saliera.

salifère |salifɛʀ| *adj.* salifero ◇ (*géol.*) *tectonique salifère* tettonica salifera.

salifiable |salifjabl(ə)| *adj.* [→ SALIFIER] salificabile: *base salifiable* base salificabile.

salification |salifikɑsjɔ̃| *s.f.* (*chim.*) salificazione.

salifier |salifje| *v.tr.* (*chim.*) [*faire réagir un acide sur* (*une base*) *avec production de sel et d'eau*] salificare.

saligaud, aude |saligo, od| *s.* (*pop.*) [*personne sale, malpropre*] sudicione (*cour.*), sporcaccione (*cour.*) ◇ (*fig.*) → **salaud.**

salignon |saliɲɔ̃| *s.m.* (*techn.*) pane di sale.

salin, ine |salɛ̃, in| **1** *adj.* salino: *croûte saline* crosta salina; *indice salin* indice salino, di salinità ◇ (*géol.*) *roche sédimentaire saline* roccia sedimentaria salina **2** *s.m.* → **saline.**

salinage |salinaʒ| *s.m.* (*techn.*) [*concentration d'une saumure pour obtenir le dépôt de sel*] salinatura *f.* ◇ [*emplacement où l'on recueille le sel*] salina *f.*

saline |salin| *s.f.* salina.

salinier, ière |salinje, jɛʀ| *adj.* [*relatif à la production du sel*] salifero: *l'industrie salinière* l'industria salifera ✦ *s.* [*personne qui conduit les opérations d'extraction du sel marin*] salinaro *m.*, salinatore *m.*

salinité |salinite| *s.f.* salinità *inv.*

salique |salik| *adj.* (*hist.*) salico*: *loi salique* legge salica.

salir |saliʀ| *v.tr.* **1** [*altérer la netteté, la pureté de* (*qqch.*) *par un contact répugnant ou enlaidissant*] sporcare, insudiciare: *salir ses vêtements* sporcarsi, insudiciarsi i vestiti; *cet enfant salit tout* quel bambino sporca tutto, è un sudicione ✦ (*pron. intr.*) *se salir en tombant* sporcarsi, insudiciarsi cadendo **2** (*fig.*) [*abaisser moralement; avilir par une tache morale*] insozzare, macchiare: *salir la réputation de qqn.* insozzare, macchiare la reputazione di qc.

salissant, ante |salisɑ̃, ɑ̃t| *adj.* **1** [*qui se salit aisément, qu'il est difficile de tenir propre*] sporchevole, che si sporca facilmente (*loc.*): *étoffes peu salissantes* stoffe poco sporchevoli, che non si sporcano (facilmente) **2** [*qui salit; où on se salit*] che sporca *loc.*, in cui ci si sporca (*loc. inv.*): *besogne, profession salissante* lavoro, mestiere che sporca, in cui ci si sporca.

salisson |salisɔ̃| *s.f.* (*fam., région.*) [*petite fille malpropre*] sbrodolona.

salissure |salisyʀ| *s.f.* [*ce qui salit, souille*] sporcizia, sudiciume *m.* → **ordure, souillure.**

salivaire |salivɛʀ| *adj.* (*anat.*) salivale, salivare: *sécrétion salivaire* secrezione salivale, salivare; *glande salivaires* ghiandole salivari.

salivant, ante |salivɑ̃, ɑ̃t| *adj.* (*rare*) [*qui fait saliver*] salivatorio*: *substances salivantes* sostanze salivatorie.

salivation |salivɑsjɔ̃| *s.f.* (*physiol.*) salivazione.

salive |saliv| *s.f.* saliva: *avaler sa salive* ingoiare la saliva ◇ (*loc. fam.*) *dépenser beaucoup de salive* parlare in continuazione ~ *perdre sa salive* sprecare il fiato, parlare al vento.

saliver |salive| *v.intr.* [*sécréter, rendre de la salive*] salivare → **baver.**

salle |sal| *s.f.* **1** sala: *salle à manger* sala da pranzo ◇ (*spécialt.*) *salle de bain(s)* (stanza da) bagno (*m.*); *baignoire, douche, lavabo, bidet d'une salle de bains* vasca, doccia, lavabo, 'bidet' di un bagno; *salle d'eau* bagno; *salle de séjour* soggiorno *m.*, salotto *m.* **2** [*vaste local dans un édifice ouvert au public*] sala: *salle au trône* sala del trono; *salle de billard, de jeux* sala da biliardo, da gioco; *salle d'opération, de réanimation* sala operatoria, di rianimazione; *salle d'audience* sala delle udienze; *salles d'attente d'une gare* sale di attesa di una stazione ferroviaria; *salle d'embarquement* sala d'imbarco; *salles d'un restaurant, d'un café, d'un casino* sale di un ristorante, di un caffè, di un casinò; *salle d'armes* [*où l'on enseigne et pratique l'escrime*] sala di scherma; *salle de vente, des ventes* sala delle aste; *salle de bal* sala da ballo; *salle de spectacle* sala, locale *m.* di pubblico spettacolo; *salle de cinéma* sala cinematografica, cinema *m.* # *salle de projection* locale di proiezione; *salle d'entrée* anticamera; *salles d'un hôpital* corsie di un ospedale; *salles de classe* aule (scolastiche); *salle d'un tribunal* aula di un tribunale; *salle de police* (*d'une caserne*) camera di punizione; *salle des pas perdus* corridoio dei passi perduti ◇ [*le public d'une salle de spectacle*] pubblico* *m.*, spettatori *m. pl.*

salmigondis |salmigɔ̃di| *s.m.* **1** (*vx.*) spezzatino (di resti di carne) **2** (*fig.*) [*mélange, assemblage disparate et incohérent*] guazzabuglio* → **confusion.**

salmis |salmi| *s.m.* spezzatino di selvaggina, di pollame (cotti precedentemente allo spiedo).

salmonella |salmɔnɛla| *s.f. inv.*, **salmonelle** |salmɔnɛl| *s.f.* (*biol.*) salmonella *var.*

salmonellose |salmɔneloz| *s.f.* (*méd.*) salmonellosi *inv.*

salmoniculteur |salmɔnikyltœʀ| *s.m.* salmonicoltore.

salmoniculture |salmɔnikyltyʀ| *s.f.* salmonicoltura.

Salmonidés |salmɔnide|, **Salmoniformes** |salmɔnifɔʀm(ə)| *s.m. pl.* (*t.zool.*) Salmonidi.

saloir |salwaʀ| *s.m.* [*coffre ou pot destiné aux salaisons*] salatoio*.

salol |salɔl| *s.m.* (*chim.*) salolo.

salon |salɔ̃| *s.m.* **1** [*pièce de réception* (*dans un logement privé*)] salotto ◇ (*par anal.*) *salon d'attente* sala *f.* d'attesa ◇ (*par ext.*) [*lieu de réunion, dans une maison où l'on reçoit régulièrement; la société qui s'y réunit*] salotto (letterario*, mondano) **2** [*salle d'un établissement ouvert au public*] salotto, sala: *salon de thé* sala da tè; *salon de réception* sala di ricevimento; *salon d'essayage* sala prova, salotto delle prove; *voiture-salon* carrozza salotto # *salon de coiffure* negozio di parrucchiere **3** [*exposition périodique d'œuvres d'artistes vivants* (*peinture, sculpture, etc.*)] salone: *salon d'automne* salone d'autunno ◇ (*par ext.*) *salon de l'automobile, des arts ménagers* salone dell'automobile, della casa.

salon(n)ard, arde |salɔnaʀ, aʀd(ə)| *s.* (*péj.*) frequentatore* di salotti mondani, letterari.

salonnier, ière |salɔnje, jɛʀ| *adj.* [*propre aux salons, à l'esprit mondain des salons*] salottiero.

saloon |salun| *s.m.* (*amér.*) [*bar, tripot* (*spécialt. en parlant du Far-West*)] saloon *inv.*

salop |salo| *s.m.* → **salaud.**

salopard |salɔpaʀ| *s.m.* **1** [*nom par lequel les soldats français désignaient, par dénigrement, les dissidents marocains aux ordres d'Abd-el-Krim*] ⊠ **2** (*pop.*) → **salaud.**

salope |salɔp| *s.f.* (*pop.*) **1** [*femme dévergondée de mauvaise vie*] sudiciona (*cour.*), sporcacciona (*cour.*) ◇ [*prostituée*] donnaccia* **2** (*rattaché à 'salaud', dont il est devenu le f.; t. d'injure pour désigner une femme qu'on méprise*) sporcacciona **3** (*t. intensif de mépris, adressé à un homme*) bestia, animale *m.*

saloper |salɔpe| *v.tr.* (*pop.*) [*faire très mal* (*un travail*), *exécuter très mal* (*un objet*)] abborracciare (*cour.*), raffazzonare (*cour.*).

saloperie |salɔpʀi| *s.f.* (*pop.*) [*saleté*] porcheria → **cochonnerie** ◇ [*chose sans valeur*] porcheria, schifezza → **saleté.**

salopette |salɔpɛt| *s.f.* [*vêtement de travail qu'on met par-dessus ses vêtements*] tuta (da lavoro): *salopette de mécanicien, de jardinier* tuta da meccanico, da giardiniere → 2 **combinaison** ◇ [*vêtement d'enfant composé d'un pantalon et d'un plastron retenu par des bretelles*] tutina, 'salopette' *inv.*

salopiau(d), salopiot |salɔpjo| *s.m.* (*pop.*) → **salaud.**

salpêtrage |salpɛtʀaʒ| *s.m.* formazione *f.* del salnitro; aggiunta di salnitro (a).

salpêtre |salpɛtʀ(ə)| *s.m.* (*chim., cour.*) salnitro, nitrato di potassio.

salpêtrer |salpetʀe| *v.tr.* **1** [*couvrir d'efflorescences de salpêtre*] coprire (186) di salnitro **2** [*mêler du salpêtre à* (*la terre*) *pour la rendre ferme et imperméable*] aggiungere (150) salnitro (a).

salpêtreux, euse |salpɛtʀø, øz| *adj.* (*rare*) coperto di salnitro; mescolato a salnitro.

salpêtrisation |salpɛtʀizɑsjɔ̃| *s.f.* formazione di salnitro (sui muri).

salpicon |salpikɔ̃| *s.m.* (*cuis.*) dadolata *f.*

salpingectomie |salpɛ̃ʒɛktɔmi| *s.f.* (*chir.*) salpingectomia.

salpingite |salpɛ̃ʒit| *s.f.* (*méd.*) salpingite.

salpingo-ovarite |salpɛ̃goɔvaʀit| *s.f.* (*méd.*) ovariosalpingite.

salse |sals(ə)| *s.f.* (*géol.*) salsa.

salsepareille |salsəpaʀɛj| *s.f.* (*t. bot.*) salsapariglia.

salsifis |salsifi| *s.m.* (*t.bot.*) *salsifis* (*blanc*) scorzobianca* *f.* ~ *salsifis noir* → **scorsonère.**

salso-iodique |salsɔjɔdik| *adj.* salsoiodico*: *boues salso-iodiques* fanghi salsoiodici.

Salsolacées |salsɔlase| *s.f.pl.* (*t. bot.*) Chenopodiacee.

salsugineux, euse |salsyʒinø, øz| *adj.* [*imprégné de sel marin*] salsedinoso.

saltarelle |saltaʀɛl| *s.f.* (*danse, mus.*) saltarello *m.*, salterello *m.*

saltation |saltɑsjɔ̃| *s.f.* **1** (*antiq. rom.*) saltazione **2** [*déplacement des particules d'un fluide, par brusques entraînements successifs*] saltazione.

saltatoire |saltatwaʀ| *adj.* saltatorio*: *appareil saltatoire de la sauterelle* apparato saltatorio della cavalletta.

saltimbanque |saltɛ̃bɑ̃k| *s.* saltimbanco*.

salubre |salybʀ(ə)| *adj.* salubre: *air salubre* aria salubre.

salubrité |salybʀite| *s.f.* **1** salubrità (*inv.*): *salubrité de l'air, d'un logement* salubrità dell'aria, di un alloggio **2** [*état d'un groupe social, caractérisé par l'absence de maladies endémiques contagieuses*] salubrità, sanità (*inv.*): *mesures de salubrité* provvedimenti a favore della salubrità, della sanità; *la salubrité publique* la pubblica sanità.

saluer |salɥe| *v.tr.* **1** [*adresser, donner une marque extérieure de reconnaissance et de civilité, de respect à* (*qqn.*)] salutare: *saluer un ami, une femme* salutare un amico, una donna; *saluer en se découvrant, en s'inclinant* salutare scoprendosi il capo, facendo un inchino ♦ (*pron. récipr.*) *se saluer* salutarsi ◇ (*spécialt.*) *acteur qui salue le public* attore che saluta il pubblico ◇ [*faire ses compliments, ses civilités par lettre à*] *j'ai bien l'honneur de vous saluer* mi pregio salutarla **2** [*manifester du respect, de la vénération par des gestes, des pratiques réglés*] salutare: *saluer le drapeau* salutare la bandiera; *le prêtre salue le saint sacrement d'une génuflexion* il sacerdote saluta il Santissimo genuflettendosi **3** (*fig.*) [*accueillir par des manifestations extérieures*] salutare: *saluer par des applaudissements, des sifflets* salutare con applausi, con fischi **4** (*fig.*) [*honorer, proclamer* (*qqn.*) *en lui reconnaissant un titre d'estime, de respect, de gloire*] salutare: *être salué comme un précurseur* essere salutato come un precursore; *je salue en lui notre maître* saluto in lui il nostro maestro.

salure |salyʀ| *s.f.* [*caractère de ce qui est salé; proportion de sel contenue dans un corps*] salinità *inv.*; salsedine.

1 **salut** |saly| *s.m.* **1** [*le fait d'échapper à la mort, au danger, de garder ou de recouvrer un état heureux, prospère*] salvezza (*f.*): *lieu, port de salut* luogo, porto di salvezza; *chercher son salut dans la fuite* cercare salvezza, scampo nella fuga ◇ (*loc.*) *planche de salut* ancora di salvezza ◇ (*par anal.*) *le salut d'une nation* la salvezza di una nazione ◇ (*hist.*) *salut public* salute *f.* pubblica; *comité de salut public* comitato di salute pubblica **2** (*relig.*) salvezza: *le salut de l'âme, le salut personnel* la salvezza dell'anima, la salvezza personale; *les voies de* (*du*) *salut* le vie della salvezza # *faire son salut* salvarsi ◇ (*loc.*) *hors de l'Église, point de salut* fuori della Chiesa nessuna salvezza ◇ (*spécialt.*) *Armée du Salut* Esercito della Salvezza.

2 **salut** |saly| *s.m.* **1** [*formule exclam. par laquelle on souhaite à qqn. santé, prospérité*] salute (*f.*): *salut et fraternité!* salute e fraternità! ◇ (*loc.*) *à bon entendeur, salut!* a bon intenditor poche parole! **2** (*fam.*) [*formule brève d'accueil*] ciao *interj.*, salve (*interj.*): *salut, les gars!* ciao, salve ragazzi! **3** [*démonstration de civilité* (*par le geste ou par la parole*) *qu'on fait en rencontrant qqn.*] saluto: *ébaucher, faire un salut* abbozzare, fare un saluto; *rendre un salut* ricambiare un saluto; *dispenser des saluts à droite et à gauche* dispensare saluti a destra e sinistra, a dritta e a manca ◇ [*geste ou ensemble des gestes que l'on fait pour saluer*] *salut fasciste* saluto fascista; *salut militaire* saluto militare **4** [*cérémonie où l'on marque son respect, sa vénération pour qqch.*] *salut au drapeau* saluto alla bandiera ◇ (*relig. cathol.*) *salut* (*du saint sacrement*) benedizione *f.*

salutaire |salytɛʀ| *adj.* salutare: *air salutaire* aria salutare ◇ (*abstrait*) *conseil salutaire* consiglio salutare.

salutairement |salytɛʀmɑ̃| *adv.* (*vieilli, littér.*) [→ SALUTAIRE] salutarmente (*rare*).

salutation |salytɑsjɔ̃| *s.f.* **1** (*relig.*) *la salutation angélique* la salutazione angelica **2** [*manière de saluer exagérée, solennelle ou hypocrite*] saluto *m.*, salutazione (*rare*): *les salutations et les révérences* i saluti e le riverenze **3** *au plur.* (*dans les formules de politesse écrites*) saluti: *sincères salutations* cordiali saluti; *veuillez agréer, Monsieur, mes salutations distinguées* distinti saluti.

salutiste |salytist(ə)| *s. et adj.* salutista.

salvateur, trice |salvatœʀ, tʀis| *adj. et s.* (*littér.*) salvatore* (*cour.*).

salve |salv(ə)| *s.f.* **1** [*décharge simultanée d'armes à feu ou coups de canon successifs*] salva, salve *inv.* ◇ [*décharge simultanée de plusieurs armes à feu*] scarica*: *feu de salve* scarica di fucileria **2** (*par anal.*) *une salve interminable d'applaudissements* una salva, uno scroscio* *m.* interminabile di applausi **3** (*phys.*) scarica: *salve* (*de neutrons*) scarica di neutroni.

salve, salvé |salve|, **salve Regina** |salveʀeʒina| *s.m.* (*liturg. cathol.*) salve Regina *m. ou f. inv.*

samare |samaʀ| *s.f.* (*t.bot.*) samara.

samaritain, aine |samaʀitɛ̃, ɛn| *adj.* (*hist. relig.*) samaritano ♦ (*s.*) *les Samaritains* i Samaritani ◇ (*loc. fig.*) *faire le bon samaritain* fare il buon samaritano.

samarium |samaʀjɔm| *s.m.* (*chim.*) samario*.

samba |sɑ̃mba| *s.f.* (*danse*) samba *f. ou m. inv.*

sambuque |sɑ̃byk| *s.f.* (*archéol., mus.*) sambuca*.

samedi |samdi| *s.m.* [*septième jour de la semaine*] sabato: *samedi saint* sabato santo ◇ (*loc. fam.*) *être né un samedi* [*être paresseux*] essere nato stanco.

samit |sami| *s.m.* (*archéol.*) sciamito.

samole |samɔl| *s.m.* (*t.bot.*) samolo.

samouraï, samurai |samuRaj| *s.m.* (*jap.*) samurai *inv.*
samovar |samɔvaR| *s.m.* (*russe*) samovar *inv.*
samoyède |samɔjɛd| *adj. et s.* samoiedo.
sampan(g) |sɑ̃pɑ̃| *s.m.* (*chinois*) sampan *inv.*
sana |sana| *s.m.* (*fam.*) → **sanatorium.**
sanatorium |sanatɔRjɔm| *s.m.* sanatorio*.
sancerre |sɑ̃sɛR| *s.m.* [*vin blanc de Sancerre*] ⊠.
sanctifiant, ante |sɑ̃ktifjɑ̃, ɑ̃t| *adj.* (*relig.*) santificante: *la grâce sanctifiante* la grazia santificante.
sanctificateur, trice |sɑ̃ktifikatœR, tRis| *s.* (*relig.*) santificatore* ✦ (*adj.*) *action sanctificatrice* azione santificatrice, santificante.
sanctification |sɑ̃ktifikɑsjɔ̃| *s.f.* (*relig.*) santificazione.
sanctifier |sɑ̃ktifje| *v.tr.* **1** [*rendre saint*] santificare ◇ [*mettre* (*qqn.*) *en état de grâce*] santificare **2** [*révérer comme saint*] santificare: *sanctifier le dimanche* santificare la domenica.
sanction |sɑ̃ksjɔ̃| *s.f.* **I 1** (*dr.*, *hist.*) sanzione: *la pragmatique sanction* la prammatica sanzione **2** [*approbation, consécration ou ratification*] sanzione: *la sanction de la conscience* la sanzione, l'approvazione della coscienza **3** [*conséquence inéluctable*] conseguenza, prezzo (*m.*): *la sanction du progrès* la conseguenza, il prezzo del progresso **II 1** (*dr.*) sanzione: *sanction pénale* sanzione penale **2** [*peine ou récompense attachée à une interdiction ou à un ordre, au mérite ou au démérite*] sanzione **3** [*peine établie pour réprimer un acte*] sanzione: *sanctions administratives, disciplinaires* sanzioni amministrative, disciplinari; *sanctions scolaires* sanzioni, punizioni scolastiche ◇ [*action par laquelle des pays, une organisation internationale répriment un acte de guerre, une violation de droits*] *sanctions économiques, militaires* sanzioni economiche, militari.
sanctionner |sɑ̃ksjɔne| *v.tr.* **1** [*confirmer par une sanction*] sancire (197): *sanctionner une loi* sancire una legge ✦ (*au p.p.*) *décret sanctionné* decreto sancito **2** [*confirmer, approuver légalement ou officiellement*] sancire, sanzionare: *emploi d'un mot sanctionné par l'usage* uso di una parola sancito, confermato dall'uso **3** → **punir.**
sanctuaire |sɑ̃ktɥɛR| *s.m.* **1** [*lieu le plus saint d'un temple, d'une église, interdit aux profanes*] santuario*, sancta sanctorum *inv.* **2** [*édifice consacré aux cérémonies d'une religion, lieu saint*] santuario **3** (*fig.*, *littér.*) [*lieu protégé, fermé, secret, sacré*] santuario: *le sanctuaire de la conscience* il santuario della coscienza.
sanctus |sɑ̃ktys| *s.m.* (*lat.*) (*liturg.*) sanctus *inv.*
sandal |sɑ̃dal| *s.m.* → **santal.**
sandale |sɑ̃dal| *s.f.* sandalo *m.* ◇ [*chaussure très découpée, sans quartier*] *sandales du soir* sandali da sera.
sandalette |sɑ̃dalɛt| *s.f.* [*sandale légère, à empeigne très basse*] sandaletto *m.*
sandalier |sɑ̃dalje|, **sandaliste** |sɑ̃dalist(ə)| *s.m.* fabbricante *s.* di sandali.
sandaraque |sɑ̃daRak| *s.f.* (*bot.*, *chim.*) sandracca*.
sanderling |sɑ̃dɛRlɛ̃| *s.m.* (*angl.*) (*t.zool.*) calidra *f.*
sandix, sandyx |sɑ̃diks| *s.m.* (*lat.*) (*archéol.*) sandyx *inv.*
sandjak |sɑ̃djak| *s.m.* (*turc*) (*hist.*) sangiaccato.
sandow |sɑ̃do| *s.m.* [*type de câble élastique*] cavo elastico* ◇ [*appareil* (*exerciseur, etc.*) *qui comporte ces câbles élastiques*] (*marque déposée*) estensore.
sandre |sɑ̃dR(ə)| *s.m. ou f.* (*t.zool.*) lucioperca* *f.*
sandwich |sɑ̃dwi(t)ʃ| *s.m.* (*angl.*) **1** panino (imbottito), tramezzino, sandwich *inv.* ◇ (*techn.*) (pannello a) sandwich **2** *loc. adv.* EN SANDWICH a sandwich, sandwich *adj. inv.* ◇ (*fam.*) *être pris en sandwich* essere preso in mezzo, bloccato ◇ (*techn.*) *montage en sandwich* struttura sandwich **3** (*par anal.*) *homme-sandwich* uomo sandwich.
sandwicher |sɑ̃dwi(t)ʃe| *v.tr.* (*fam.*) [*mettre en sandwich*; (*fig.*) *serrer, comprimer entre deux choses*] fare (103) a sandwich; stringere (131), incastrare.
sang |sɑ̃| *s.m.* **1** (*physiol.*) sangue: *sang artériel, veineux* sangue arterioso, venoso; *tension du sang* pressione, tensione del sangue; *donneur de sang* donatore di sangue; *transfusion de sang* trasfusione di sangue; *animaux à sang chaud, à sang froid* animali a sangue caldo, a sangue freddo; *troubles dans la circulation du sang* disturbi della circolazione del sangue ◇ (*loc.*) *sang qui monte à la tête, au visage* sangue che monta alla testa, che sale al viso ~ *coup de sang* congestione ~ *œil injecté de sang* occhio iniettato di sangue ~ *se gratter, se pincer jusqu'au sang* grattarsi, pizzicarsi a sangue **2** (*loc. fig.*) *des êtres de chair et de sang* esseri in carne e ossa ~ *avoir le sang chaud* avere il sangue caldo ~ *avoir du sang dans les veines* avere sangue nelle vene ~ (*fam.*) *avoir du sang de navet* essere fiacco; essere vigliacco ~ *sang qui se glace, se fige dans les veines* sangue che gela, raggela nelle vene ~ *se faire du mauvais sang* farsi cattivo sangue ~ *se faire un sang d'encre* farsi il sangue nero ~ (*fam.*) *se ronger, tourner les sangs* guastarsi il sangue ~ DANS LE SANG nel sangue: *il a ça dans le sang* ce l'ha nel sangue **3** (*spécialt., en parlant du sang versé*) sangue: *verser, faire couler le sang* versare, far scorrere il sangue ~ *noyer une révolte dans le sang* soffocare una rivolta nel sangue ~ *avoir du sang sur les mains* avere le mani macchiate di sangue ~ *mettre à feu et à sang* mettere a ferro e fuoco ~ *verser son sang pour la patrie* versare il proprio sangue per la patria ◇ (*relig.*) *le sang du Christ* il sangue di Cristo ✦ (*interj.*) *bon sang!* perdinci!, sangue di bacco! **4** LE SANG [*traditionnellement considéré comme porteur de caractères raciaux et héréditaires*] sangue: *frères du même sang* fratelli dello stesso sangue; *de sang mêlé* di sangue misto; *sang bleu, sang noble* sangue blu, sangue nobile; *la voix du sang* la voce del sangue # *cheval pur-sang* cavallo purosangue; *une bête de sang* bestia di razza ◇ (*prov.*) *bon sang ne peut faillir* buon sangue non mente ◇ (*littér.*) [*la famille considérée dans sa lignée*; *les enfants, les descendants*] stirpe *f.*
sang-de-dragon |sɑ̃ddRagɔ̃|, **sang-dragon** |sɑ̃dRagɔ̃| *s.m.* (*bot.*, *chim.*) sangue di drago.
sang-froid |sɑ̃fRwa(ɑ)| *s.m.* sangue freddo: *faire qqch. avec sang-froid* fare q.c. con sangue freddo; *garder, conserver son sang-froid* conservare il proprio sangue freddo; *perdre son sang-froid* perdere il proprio sangue freddo; *faire qqch. de sang-froid* fare q.c. a sangue freddo, freddamente (con freddezza).
sanglant, ante |sɑ̃glɑ̃, ɑ̃t| *adj.* **1** [*en sang, couvert de sang*] sanguinoso, insanguinato: *plaie sanglante* piaga insanguinata, cruenta; *poignard sanglant* pugnale insanguinato → **saignant, sanguinolent 2** [*qui fait couler le sang, s'accompagne d'effusion de sang*] sanguinoso, cruento: *guerre sanglante* guerra sanguinosa, cruenta; *mort sanglante* [*violente*] morte cruenta **3** (*fig.*) [*profondément blessant, extrêmement dur et outrageant*] sanguinoso; *injures sanglantes* ingiurie sanguinose; *reproches sanglants* rimproveri sanguinosi.
sangle |sɑ̃gl(ə)| *s.f.* **1** [*bande large et plate* (*de cuir, de toile, de tissu élastique, etc.*) *qu'on tend pour maintenir ou serrer qqch.*] cinghia: *les sangles d'une selle* le cinghie di una sella ◇ (*spécialt.*) [*bande de toile forte formant le fond d'un siège*] *lit de sangles* letto con cinghie, branda ◇ (*méd.*) fascia* ◇ (*parachutisme*) *sangle d'ouverture automatique* (*S.O.A.*) cinghia per l'apertura automatica **2** (*alpinisme*) cengia*.
sangler |sɑ̃gle| *v.tr.* **1** *sangler un cheval, un mulet* [*serrer la sangle qui sert à maintenir la selle sur son dos*] cinghiare, mettere (155) le cinghie a un cavallo, a un mulo **2** [*serrer fortement comme avec une sangle*] stringere (131) (troppo) forte ✦ (*pron. réfl.*) *se sangler* stringersi (troppo) forte ✦ (*au p.p.*) *être sanglé dans son uniforme* essere (troppo) stretto dentro l'uniforme **3** (*vx.*) [*frapper à coups de sangle, de fouet*] frustare a colpi di cinghia (*cour.*).
sanglier |sɑ̃glije| *s.m.* (*t.zool.*) cinghiale.
sanglot |sɑ̃glo| *s.m.* [*inspiration, respiration brusque et bruyante*] singhiozzo, singulto (*littér.*): *éclater en sanglots* scoppiare in singhiozzi; *avoir des sanglots dans la voix* avere la voce rotta dai singhiozzi.
sanglotement |sɑ̃glɔtmɑ̃| *s.m.* (*littér.*) [*le fait de sangloter*; *suite de sanglots*] il singhiozzare *inv.* (*cour.*), singhiozzi *pl.* (*cour.*).
sangloter |sɑ̃glɔte| *v.intr.* [*pleurer avec des sanglots*] singhiozzare.
sang-mêlé |sɑ̃mele| *s. inv.* sanguemisto *var.* → **métis.**
sangria |sɑ̃gRija| *s.f.* (*esp.*) sangria.
sangsue |sɑ̃sy| *s.f.* **1** (*t.zool.*) sanguisuga*, mignatta **2** (*fig.*) sanguisuga → **exploiteur** ◇ (*fam.*) [*femme collante*] sanguisuga.
sanguin, ine |sɑ̃gɛ̃, in| *adj.* **1** sanguigno: *vaisseaux sanguins* vasi sanguigni; *groupes sanguins* gruppi sanguigni **2** [*qui est couleur de sang*] sanguigno: *oranges sanguines* arance sanguigne, sanguinelle **3** (*par ext.*) *visage sanguin* faccia sanguigna; *tempérament sanguin* temperamento sanguigno ✦ (*s.*) *un sanguin* un tipo sanguigno *adj.*

1 **sanguinaire** |sɑ̃ginɛʀ| *adj.* (*littér.*) sanguinario*: *tyran, monstre sanguinaire* tiranno, mostro sanguinario ◇ (*choses*) → **cruel, féroce.**
2 **sanguinaire** |sɑ̃ginɛʀ| *s.f.* (*t. bot.*) sanguinaria.
sanguine |sɑ̃gin| *s.f.* **1** (*minér.*) sanguigna ◇ [*crayon d'hématite*] sanguigna ◇ (*par ext.*) [*dessin exécuté avec ce crayon*] sanguigna **2** (*bot.*) arancia* sanguigna, sanguinella.
sanguinolent, ente |sɑ̃ginɔlɑ̃, ɑ̃t| *adj.* sanguinolento.
sanguisorbe |sɑ̃gɥisɔʀb(ə)| *s.f.* (*t.bot.*) sanguisorba.
sanhédrin |sanedʀɛ̃| *s.m.* (*hist. jud.*) sinedrio*: *grand sanhédrin* gran sinedrio.
sanicle |sanikl(ə)|, **sanicule** |sanikyl| *s.f.* (*t.bot.*) sanicola.
sanie |sani| *s.f.* (*vx., méd.*) sanie *inv.*, materiale *m.* purulento (*cour.*).
sanieux, euse |sanjø, øz| *adj.* (*vx., méd.*) marcio*, purulento (*cour.*).
sanitaire |sanitɛʀ| *adj.* **1** sanitario*: *service sanitaire* servizio sanitario **2** (*se dit des appareils et installations d'hygiène destinés à distribuer, utiliser et évacuer l'eau dans les habitations*) igienico-sanitario*, igienico*: *appareils, installations sanitaires* apparecchiature igienico-sanitarie, impianti igienici ✦ (*s.m.*) *le sanitaire* i servizi *pl.* igienici; (l'industria *f.* degli) apparecchi *pl.* igienico-sanitari.
sans |sɑ̃| *prép.* **1** (*exprime 'l'absence, le manque, la privation ou l'exclusion'*) senza: *un enfant sans frère ni sœur* un bambino senza fratelli né sorelle; *sans argent,* (*fam.*) *sans le sou, sans un* senza soldi, squattrinato, al verde; *un homme sans scrupule* un uomo senza scrupoli; *tous, toutes sans exception* tutti, tutte senza eccezione; *sans toi, j'étais mort* senza (di) te, sarei morto; *c'est sans espoir* la cosa è senza speranza, è disperata; *il y parvint non sans peine* ci riuscì non senza fatica; *sans mot dire* senza dire (una) parola; *sans aucun doute* senza (alcun) dubbio # *sans doute* certamente; probabilmente; *partez, sans cela je me fâche, sans quoi je me fâche* andatevene, altrimenti mi arrabbio, se no mi arrabbio; *il pleut sans cesse* piove in continuazione, incessantemente; *vous n'êtes pas sans savoir que* lei non ignora certo che; *cela va sans dire* va da sé **2** *loc. conj.* SANS QUE (+ *subj.*) senza che (+ *subj.*): *ne faites pas cela sans qu'il soit averti* non fatelo senza che lui ne sia avvertito; *sans que personne le sache* senza che nessuno lo sappia **3** (*fam., employé comme adv.*) senza: *il avait son parapluie, il ne sort jamais sans* aveva l'ombrello, non esce mai senza.
sans-abri |sɑ̃zabʀi| *s. inv.* [*personne qui n'a plus aucun logement*] senzatetto.
sans-cœur |sɑ̃kœʀ| *s. inv.* (*fig., fam.*) persona *f. var.* senza cuore (*cour.*).
sanscrit, ite; sanskrit, ite |sɑ̃skʀi, it| *s.m. et adj.* (*ling.*) sanscrito.
sanscritisme, sanskritisme |sɑ̃skʀitism(ə)| *s.m.* sanscritismo.
sanscritiste, sanskritiste |sɑ̃skʀitist(ə)| *s.m.* sanscritista *s.*
sans-culotte |sɑ̃kylɔt| *s.m. et adj.* (*hist. fr.*) sanculotto (*s.m.*): *les sans-culottes* i sanculotti.
sans-emploi |sɑ̃zɑ̃plwa| *s. inv.* [*personne sans activité rétribuée*] disoccupato *var.* → **chômeur, sans-travail.**
sansevière |sɑ̃svjɛʀ| *s.f.* (*t.bot.*) sansevieria.
sans-façon |sɑ̃fasɔ̃| *s.m. inv.* [*désinvolture; caractère de ce qui est fait sans cérémonie*] (eccessiva) disinvoltura *f. var.*; semplicità *f.* di modi # *un accueil plein de sans-façon* un'accoglienza semplice.
sans-fil |sɑ̃fil| *s.* **1** *s.f.* [*télégraphie sans fil* (*T.S.F.*)] radiotelegrafia, telegrafia senza fili # *envoyer un message par sans-fil* radiotelegrafare un messaggio **2** *s.m.* [*radiogramme*] radiogramma, radiotelegramma.
sans-filiste |sɑ̃filist(ə)| *s.* **1** [*opérateur de T.S.F.*] radiotelegrafista → **3 radio 2** [*personne qui pratique la T.S.F.* (*en amateur*)] radioamatore: *des sans-filistes amateurs* dei radioamatori.
sans-gêne |sɑ̃ʒɛn| **1** *adj. inv.* [*qui agit avec une liberté, une familiarité excessive*] sfrontato *var.*, sfacciato *var.* **2** *s.m. inv.* [*attitude d'une personne qui ne se gêne pas pour les autres*] sfrontatezza *f. var.*, sfacciataggine (*f. var.*): *agir avec sans-gêne* comportarsi con sfrontatezza, sfacciatamente → **audace, inconvenance.**
sans-le-sou |sɑ̃lsu| *s. inv.* (*fam.*) [*personne sans argent*] squattrinato *var.*, spiantato *var.*
sans-logis |sɑ̃lɔʒi| *s. inv.* [*personne qui ne dispose pas pour se loger de local à usage d'habitation*] senzatetto: *des sans-logis installés dans des baraquements* dei senzatetto sistemati in baracche.
sansonnet |sɑ̃sɔnɛ| *s.m.* → **étourneau.**
sans-parti |sɑ̃paʀti| *s. inv.* senza partito, persona *f. var.* apartitica*; persona non iscritta al partito.
sans-patrie |sɑ̃patʀi| *s. inv.* senzapatria.
sans-souci |sɑ̃susi| **1** *s. inv.* (*vieilli*) persona *f. var.* spensierata, senza preoccupazioni **2** *adj. inv.* spensierato (*var.*): *il est vraiment sans-souci* è proprio spensierato.
sans-travail |sɑ̃tʀavaj| *s. inv.* [*personne sans travail*] disoccupato *var.* → **chômeur, sans-emploi.**
santal |sɑ̃tal| *s.m.* (*t.bot.*) sandalo ◇ (*cour.*) *essence de santal* essenza di sandalo.
santaline |sɑ̃talin| *s.f.* (*chim.*) santalina.
santé |sɑ̃te| *s.f.* **1** [*bon état physiologique d'un être vivant*] salute: *avoir de la santé, n'avoir pas de santé* avere, non avere salute; *respirer la santé* respirare salute; *perdre, recouvrer la santé* perdere, riacquistare la salute; *c'est mauvais pour la santé* è nocivo, fa male alla salute; *compromettre, détruire sa santé* compromettere, rovinare la propria salute; *boire à la santé de qqn.* bere alla salute di qc. **2** [*fonctionnement plus ou moins harmonieux de l'organisme*] salute: *état de santé* stato di salute; *santé éclatante, santé de fer* salute di ferro; *être en bonne, en parfaite santé* essere in buona salute, avere una salute perfetta; (*fam.*) *avoir une petite santé* essere debole di salute, di salute cagionevole; *comment va la santé?* come va (la salute)? **3** (*spécialt.*) *service de santé des armées* [*ensemble du personnel médical attaché à une armée, à un port*] servizio sanitario* *adj.* delle forze armate; *maison de santé* casa di cura; *santé publique* sanità pubblica; *ministère de la Santé publique* ministero della Sanità **4** [*équilibre et harmonie de la vie psychique*] salute: *la santé de l'esprit, de l'âme* la salute della mente, dell'animo.
santoline |sɑ̃tɔlin| *s.f.* (*t.bot.*) santolina.
santon, one |sɑ̃tɔ̃, ɔn| *s.* **1** *s.* (*vx.*) santone *m.* → **derviche, fakir 2** *s.m.* (*en Provence*) statuina *f.* del presepio.
santonine |sɑ̃tɔnin| *s.f.* (*bot., anc. pharm.*) **1** → **semen-contra 2** santonina.
santonnier, ière |sɑ̃tɔnje, jɛʀ| *s.* fabbricante di statuine del presepio.
sanve |sɑ̃v| *s.f.* (*région.*) → **sénevé, moutarde (des champs).**
sanza |sɑ̃za, sanza| *s.f.* (*mus.*) sanza.
saoul |su| *adj.* → **soûl.**
sapajou |sapaʒu| *s.m.* (*t.zool.*) cebo.
sape |sap| *s.f.* **I** [*outil du génie civil, pioche à large fer*] zappa **II 1** [*tranchée d'approche pour atteindre un obstacle ennemi, préparer un siège*] trincea ◇ [*fosse creusée au pied d'un mur, sous un bâtiment pour le faire écrouler*] scalzamento *m.* **2** [→ SAPER A 1] scalzamento, scavo (*m.*): *travaux de sape* lavori di scavo ◇ (*rare*) [*destruction par la base, menée souterraine pour miner*] il minare (*m. inv.*): *la sape des institutions* il minare le istituzioni **III** *au plur.* (*arg.*) *les sapes* [*les habits*] gli stracci *m.* (*pop.*).
sapement |sapmɑ̃| *s.m.* (*rare*) [→ SAPER A 1] scalzamento.
sapèque |sapɛk| *s.f.* (*numism.*) sapeco *m.*
saper |sape| **A** *v.tr.* **1** [*détruire les assises de* (*une construction*) *pour faire écrouler*] scalzare: *saper une muraille* scalzare un muro; *saper par des mines* scalzare con le mine → **miner** ◇ (*par ext.*) (*en parlant des eaux*) [*user, dégrader par la base*] *la mer sape les falaises* il mare scalza le falesie **2** (*fig.*) [*attaquer les bases, les principes pour ruiner*] scalzare, minare: *saper les fondements de la morale* scalzare, minare le fondamenta della morale **B** *v.pron. réfl.* SE SAPER (*pop.*) [*s'habiller*] vestirsi (*cour.*) ✦ (*au p.p.*) *être bien sapé* essere vestito bene.
saperde |sapɛʀd(ə)| *s.f.* (*t.zool.*) saperda.
saperlotte! |sapɛʀlɔt|, **saperlipopette!** |sapɛʀlipɔpɛt| *interj.* (*vieilli, juron fam.*) perdindirindina!, sacripante!
sapeur |sapœʀ| *s.m.* [*soldat du génie employé à la sape et à d'autres travaux*] geniere: *sapeur mineur* (geniere) minatore ◇ (*loc. fam.*) *fumer comme un sapeur* fumare come un turco.
sapeur-pompier |sapœʀpɔ̃pje| *s.m.* (*admin.*) vigile del fuoco, pompiere.
saphène |safɛn| *s.f.* (*anat.*) safena ✦ (*adj.*) *veine saphène* safena *s.f.*
saphique |safik| *adj.* (*versif.*) saffico* ✦ (*s.m.*) *le saphique* il verso saffico *adj.*
saphir |safiʀ| *s.m.* **1** zaffiro: *saphir d'une bague* zaffiro di un anello ◇ (*spécialt.*) *le saphir d'un phonographe, d'un tourne-disque* la puntina *f.* del fonografo, del giradischi **2** *loc. fig.* (*littér.*) *de saphir* blu zaffiro.

saphisme |safism(ə)| *s.m.* (*littér.*, *méd.*) saffismo, lesbismo.

sapide |sapid| *adj.* sapido.

sapidité |sapidite| *s.f.* sapidità *inv.*

sapience |sapjɑ̃s| *s.f.* (*vx.*) [*sagesse*] sapienza (*cour.*) ◇ (*théol.*) *livre de la sapience* libro della sapienza.

sapiential, ale, aux |sapjɑ̃(ɛ̃)sjal, o| *adj.* (*théol.*) sapienziale: *livres sapientiaux de la Bible* libri sapienziali della Bibbia ♦ (*s.m.*) *les sapientiaux* i sapienziali.

sapin |sapɛ̃| *s.m.* **1** (*t.bot.*) abete ~ *sapin blanc, rouge* abete bianco, rosso ◇ (*cour.*) *le sapin de Noël* l'albero di Natale **2** [*bois de cet arbre*] abete: *cercueil en sapin* bara in abete ◇ (*loc. fam.*) *sentir le sapin* [*n'avoir plus longtemps à vivre*] avere un piede nella fossa.

Sapindacées |sapɛ̃dase| *s.f. pl.* (*t.bot.*) Sapindacee.

sapine |sapin| *s.f.* **1** [*planche, solive de sapin*] abetella, trave d'abete ◇ (*techn.*) gru *inv.* (per materiali da costruzione) **2** (*région.*) mastello *m.* in legno d'abete.

sapinette |sapinɛt| *s.f.* **1** (*t.bot.*) abete *m.* del Canada → **épicéa** **2** bevanda fatta con le gemme dell'abete del Canada.

sapinière |sapinjɛʀ| *s.f.* [*bois, forêt, plantation de sapins*] abetaia.

saponacé, ée |sapɔnase| *adj.* saponaceo.

saponaire |sapɔnɛʀ| *s.f.* (*t.bot.*) saponaria.

saponase |sapɔnaz| *s.f.* → **lipase.**

saponé |sapɔne| *s.m.* (*pharm.*) saponato.

saponifiable |sapɔnifjabl(ə)| *adj.* [→ SAPONIFIER] saponificabile: *graisses saponifiables* grassi saponificabili.

saponification |sapɔnifikɑsjɔ̃| *s.f.* [→ SAPONIFIER] saponificazione.

saponifier |sapɔnifje| *v.tr.* (*techn.*) [*transformer en savon*] saponificare ◇ (*chim.*) [*transformer, sous l'action de l'eau ou d'une base, (un ester) en acide et alcool ou phénol*] saponificare.

saponine |sapɔnin| *s.f.* (*chim.*) saponina.

Sapotacées |sapɔtase| *s.f. pl.* (*t. bot.*) Sapotacee.

sapote |sapɔt|, **sapotille** |sapɔtij| *s.f.* [*fruit du sapotier*] sapotiglia.

sapotier |sapɔtje|, **sapotillier** |sapɔtije| *s.m.* (*t.bot.*) sapota *f.*

sapristi |sapʀisti| *interj.* (*juron fam. exprimant 'un sentiment vif, l'étonnement, l'exaspération'*) caspita, diamine.

sapro- |sapʀɔ| *préf.* (*signifiant 'putride', correspond généralt. à*) sapro: *saprophyte* saprofito.

sapropel *s.m.*, **sapropèle** *s.f.* |sapʀɔpɛl| (*géol.*) sapropel *m. inv.*

saprophage |sapʀɔfaʒ| *adj.* (*zool.*) saprofago*.

Saprophages |sapʀɔfaʒ| *s.m. pl.* (*t.zool.*) Saprofagi.

saprophyte |sapʀɔfit| *adj. et s.m.* (*biol.*, *méd.*) saprofito.

saprophytique |sapʀɔfitik| *adj.* (*biol.*) saprofitico*: *vie saprophytique* vita saprofitica.

saprophytisme |sapʀɔfitism(ə)| *s.m.* (*biol.*) saprofitismo.

saquer |sake| *v.tr.* → **sacquer.**

sarabande |sarabɑ̃d| *s.f.* **1** (*danse, mus.*) sarabanda **2** (*loc.*) *danser, faire la sarabande* [*faire du tapage, du vacarme*] fare chiasso, baccano.

sarancolin |saʀɑ̃kɔlɛ̃| *s.m.* → **sarrancolin.**

sarbacane |saʀbakan| *s.f.* [*tube creux servant à lancer de petits projectiles, par la force du souffle*] cerbottana.

sarcasme |saʀkasm(ə)| *s.m.* **1** sarcasmo **2** UN, DES SARCASME(S) [*trait d'ironie mordante*] sarcasmo: *répondre par des sarcasmes* rispondere con dei sarcasmi.

sarcastique |saʀkastik| *adj.* **1** (*littér.*) sarcastico*: *plaisanterie sarcastique* scherzo sarcastico **2** [*moqueur et méchant*] sarcastico: *air, ton sarcastique* aria sarcastica, tono sarcastico.

sarcastiquement |saʀkastikmɑ̃| *adv.* [→ SARCASTIQUE] sarcasticamente, con sarcasmo *loc. inv.*

sarcelle |saʀsɛl| *s.f.* (*t.zool.*) *sarcelle d'hiver* alzavola, arzavola ~ *sarcelle d'été* marzaiola.

sarcine |saʀsin| *s.f.* (*biol.*, *chim.*) sarcina.

sarclage |saʀklaʒ| *s.m.* (*agric.*) sarchiatura *f.*, scerbatura *f.*

sarcler |saʀkle| *v.tr.* (*agric.*) [*arracher en extirpant les racines avec un outil*] sarchiare, scerbare → **extirper** ◇ [*débarrasser (un lieu) des herbes nuisible avec un outil*] scerbare, diserbare: *sarcler une allée, un champ* scerbare un viale, un campo.

sarclette |saʀklɛt| *s.f.* [*petit sarcloir*] sarchiello *m.*

sarcleur, euse |saʀklœʀ, øz| *s.* [*personne qui est employée à sarcler (ouvrier agricole, jardinier)*] sarchiatore*.

sarcloir |saʀklwaʀ| *s.m.* (*agric.*) sarchio*.

sarclure |saʀklyʀ| *s.f.* erbe *pl.* estirpate.

sarco- |saʀkɔ| *préf.* (*signifiant 'chair', correspond généralt. à*) sarco: *sarcoplasma* sarcoplasma.

sarcocèle |saʀkɔsɛl| *s.f.* (*méd.*) sarcocele *m.*

sarcoïde |saʀkɔid| *s.f.* (*pathol.*) sarcoide *m.*

sarcolemme |saʀkɔlɛm| *s.m.* (*anat.*) sarcolemma.

sarcomateux, euse |saʀkɔmatø, øz| *adj.* (*méd.*) sarcomatoso.

sarcomatose |saʀkɔmatoz| *s.f.* (*méd.*) sarcomatosi *inv.*

sarcome |saʀkom| *s.m.* (*méd.*) sarcoma.

sarcophage |saʀkɔfaʒ| *s.m.* **1** sarcofago* **2** (*t.zool.*) sarcofaga* *f.*

sarcoplasma |saʀkɔplasma|,

sarcoplasme |saʀkɔplasm(ə)| *s.m.* (*biol.*) sarcoplasma.

sarcopte |saʀkɔpt(ə)| *s.m.* (*t.zool.*) sarcopte.

sardanapalesque |saʀdanapalɛsk(ə)| *adj.* (*vieilli*) sardanapalesco*.

sardane |saʀdan| *s.f.* (*danse catalane*) sardana.

sarde |saʀd(ə)| **1** *adj.* [*de la Sardaigne*] sardo **2** (*s.m.*) *le sarde* [*la langue*] il sardo.

sardine |saʀdin| *s.f.* **1** (*t.zool.*) sardina, sarda ◇ (*cour.*) *banc de sardines* banco di sardine; *sardines à l'huile* sardine sotto'olio ◇ (*loc. fam.*) *être serrés comme des sardines* essere pigiati come le sardine **2** (*pop.*) [*galon de caporal, de brigadier ou de sous-officier*] gallone *m.* (*cour.*).

sardinerie |saʀdinʀi| *s.f.* stabilimento *m.* per la lavorazione delle sardine.

sardinier, ière |saʀdinje, jɛʀ| **1** *adj.* della sardina (*loc.*): *industrie, pêche sardinière* industria, pesca delle sardine ♦ *s.m.* (*bateau*) *sardinier* peschereccio* (per la pesca delle sardine) **2** *s.* pescatore *m.* di sardine; operaio* addetto alla preparazione delle sardine.

sardoine |saʀdwan| *s.f.* (*minér.*) sardonica*.

sardonique |saʀdɔnik| *adj.* (*méd.*, *cour.*) sardonico*: *rire sardonique* riso sardonico.

sardoniquement |saʀdɔnikmɑ̃| *adv.* (*rare*) [→ SARDONIQUE] sardonicamente.

sardonyx |saʀdɔniks| *s.f.* (*archéol.*) sardonica*.

sargasse |saʀgas| *s.f.* (*t.bot.*) sargasso *m.*

sargue |saʀg| *s.m.* (*t.zool.*) sarago*.

sari |saʀi| *s.m.* (*hindi*) sari *inv.*

sarigue |saʀig| *s.f.* (*t.zool.*) sariga*.

sarisse |saʀis| *s.f.* (*antiq.*) sarissa.

sarmatique |saʀmatik| *adj.* sarmatico*: *la plaine sarmatique* la pianura sarmatica; *la langue sarmatique* la lingua sarmatica.

sarment |saʀmɑ̃| *s.m.* **1** [*rameau de la vigne lorsqu'il est aoûté*] tralcio* **2** [*tige de plantes sarmenteuses*] sarmento.

sarmenter |saʀmɑ̃te| *v.intr.* (*agric.*) [*ramasser les sarments, après la taille de la vigne*] raccogliere (123) *tr.* i sarmenti.

sarmenteux, euse |saʀmɑ̃tø, øz| *adj.* (*bot.*) sarmentoso.

sarong |saʀɔ̃(g)| *s.m.* (*malais*) sarong *inv.*

saros |saʀos| *s.m.* saros *inv.*

sarracénie |saʀaseni| *s.f.* (*t.bot.*) sarracenia.

sarracénique |saʀasenik| *adj.* saraceno.

sar(r)ancolin |sɑʀɑ̃kɔlɛ̃| *s.m.* [*marbre des Pyrénées, rouge violacé veiné de gris*] ☒.

sarrasin |saʀazɛ̃| *s.m.* (*t.bot.*) grano saraceno *adj.* ◇ (*cour.*) *farine de sarrasin* farina di grano saraceno.

sarrasin, ine |saʀazɛ̃, in| *adj.* [*des Sarrasins, relatif aux Sarrasins*] saraceno ♦ *s.* (*hist.*) *les Sarrasins* i Saraceni.

sarrasine |saʀazin| *s.f.* (*archéol.*) saracinesca*.

sarrau, aus |saʀo| *s.m.* [*blouse de travail, courte et ample, portée par-dessus les vêtements*] camiciotto, grembiule: *des sarraus de toile* dei camiciotti di tela.

sarrette |saʀɛt| *s.f.* (*t.bot.*) serratula, serretta (*région.*).

sar(r)iette |saʀjɛt| *s.f.* (*t.bot.*) santoreggia*.

sarrussophone |saʀysɔfɔn| *s.m.* (*mus.*) sarrussofono.

sas |sɑ, sas| *s.m.* **1** [*pièce de tissu montée sur un cadre de bois, servant à passer diverses matières liquides ou pulvérulentes*] setaccio*, staccio* **2** vasca* *f.* di chiusa **3** (*mar.*) camera *f.* di immersione ◇ (*astronautique*) compartimento stagno, camera di equilibrio.

sassafras |sasafʀɑ| *s.m.* (*t.bot.*) sassofrasso.

sassage |sɑsaʒ| *s.m.* (*techn.*) crivellatura *f.*, setacciatura *f.*, stacciatura *f.* ◇ (*bijout.*) lucidatura *f.*

sassanide |sasanid| *adj. et s.* (*hist.*) sassanide.

sassement |sɑsmɑ̃| *s.m.* (*techn.*) setacciatura *f.*, stacciatura *f.*, crivellatura *f.* ◇ (*mar.*) passaggio* in una chiusa.

sassenage |sasnaʒ| *s.m.* [*fromage à pâte ferme, fait d'un mélange de lait de vache, de chèvre et de brebis*] ⊠.

sasser |sɑse| *v.tr.* **1** [*passer au sas* (1), *au sasseur* (2)] setacciare, stacciare, crivellare ◇ (*loc. fig., vx.*) *sasser et ressasser une affaire* rimuginare una faccenda in testa (*cour.*) **2** (*mar.*) [*faire passer par le sas* (2) *d'une écluse, d'un bassin à flot*] far (103) *intr.* passare (una nave attraverso una chiusa).

sasseur, euse |sɑsœʀ, øz| *s.* **1** *s.* [*personne employée à sasser* (1)] crivellatore*, setacciatore*, stacciatore* **2** *s.m.* (*techn.*) setacciatrice *f.*

sassoline |sɑsɔlin| *s.f.* (*minér.*) sassolino *m.*

satané, ée |satane| *adj.* (*devant un nom*) [*maudit*] dannato, maledetto: *un satané menteur* un dannato, maledetto bugiardo.

satanique |satanik| *adj.* **1** [*de Satan*] satanico* **2** [*qui évoque Satan, est digne de Satan*] satanico, diabolico*: *ruse satanique* astuzia satanica, diabolica.

sataniquement |satanikmɑ̃| *adv.* [→ SATANIQUE] satanicamente, diabolicamente.

satanisme |satanism(ə)| *s.m.* satanismo.

satellisable |sate(ɛl)lizabl(ə)| *adj.* [→ SATELLISER 1] satellizzabile.

satellisation |sate(ɛl)lizɑsjɔ̃| *s.f.* **1** (*astronautique*) satellizzazione **2** [→ SATELLISER 2] satellizzazione.

satelliser |sate(ɛl)lize| *v.tr.* **1** [*transformer en satellite* (I 2); *mettre en orbite autour de la Terre*] satellizzare: *fusée porteuse satellisée* razzo vettore satellizzato ✦ *pron. intr.* (*pour un engin, un objet spatial*) [*se placer sur orbite*] satellizzarsi **2** (*fig.*) [*transformer en satellite* (II)] satellizzare: *satelliser un pays* satellizzare un paese.

satellite |sate(ɛl)lit| *s.m.* **I** **1** [*corps céleste*] satellite: *la Lune est le satellite de la Terre* la Luna è il satellite della Terra; *les satellites de Jupiter* i satelliti di Giove **2** SATELLITE (ARTIFICIEL) satellite (artificiale): *lancement d'un satellite* lancio di un satellite; *fusée porteuse d'un satellite* razzo vettore di un satellite; *satellite géostationnaire* satellite geostazionario; *satellite de télécommunications, satellite-relais* satellite per telecomunicazioni; *liaison, émission de télévision par satellite* collegamento, trasmissione televisiva via satellite ✦ (*appos.*) *satellite-observatoire* satellite osservatorio **3** (*mécan.*) *satellites d'un différentiel d'automobile* satelliti del differenziale di un'automobile ✦ (*appos.*) *pignons satellites* pignoni satelliti **4** (*anat.*) satellite: *veine satellite d'une artère* vena satellite di un'arteria; *muscle, nerf satellite* muscolo, nervo satellite **II** [*personne ou nation qui vit sous l'étroite dépendance d'une autre*] satellite ✦ (*appos.*) *les pays satellites des grandes puissances* i paesi satelliti delle grandi potenze; *cité-satellite* città satellite.

satiété |sasjete| *s.f.* sazietà (*inv.*): *manger jusqu'à satiété, à satiété* mangiare a sazietà # *avoir d'une chose à satiété* essere sazio di una cosa; avere a nausea una cosa, avere nausea di una cosa; *répéter une chose à satiété* ripetere una cosa fino alla nausea.

satin |satɛ̃| *s.m.* **1** [*étoffe de soie, moelleuse et lustrée sur l'endroit, sans trame apparente*] raso ◇ (*par ext.*) *satin de laine, de coton* raso di lana, di cotone ◇ (*loc. fig.*) *avoir une peau de satin* avere una pelle vellutata **2** (*techn.*) *armure satin* armatura raso.

satinage |satinaʒ| *s.m.* (*tissage*) satinatura *f.*

satiné, ée |satine| *adj.* satinato; vellutato: *tissu satiné* stoffa satinata; *papier satiné* carta satinata ‖ *peau satinée* pelle vellutata ✦ (*s.m.*) *le satiné de la peau* la lucentezza *f.*, il velluto della pelle.

satiner |satine| *v.tr.* (*tissage*) [*lustrer* (*une étoffe, un papier*) *pour donner l'apparence du satin*] satinare ◇ (*cour.*) [*donner l'aspect du satin à*] dare (102) lucentezza (a).

satinette |satinɛt| *s.f.* [*étoffe* (*de coton*) *qui a sur l'endroit l'aspect du satin*] rasatello *m.*

satineur, euse |satinœʀ, øz| *s.* [*ouvrier qui satine* (*des étoffes, un papier*)] satinatore*.

satire |satiʀ| *s.f.* **1** satira: *satire contre qqn.* satira contro qc. **2** (*hist. litt.*) satira.

satirique |satiʀik| *adj.* **1** satirico*: *Boileau, poète satirique* Boileau, poeta satirico **2** [*qui constitue une satire*] satirico: *ouvrage satirique* opera satirica; *propos satiriques* discorsi satirici, pieni di satira → **caustique.**

satiriquement |satiʀikmɑ̃| *adv.* (*rare*) [→ SATIRIQUE] satiricamente.

satiriser |satiʀize| *v.tr.* (*rare*) [*prendre pour sujet de satire*] satireggiare, mettere (155) in satira → **moquer** (se), **railler.**

satiriste |satiʀist(ə)| *s.* (autore*) satirico*; chi satireggia *loc.*

satisfaction |satisfaksjɔ̃| *s.f.* **1** [*acte par lequel qqn. obtient la réparation d'une offense*] soddisfazione: *donner, obtenir satisfaction* dare, ottenere soddisfazione → **réparation** ◇ [*acte par lequel on accorde à qqn. ce qu'il demande*] *le directeur a donné satisfaction aux grévistes, aux revendications des grévistes* il direttore ha dato soddisfazione agli scioperanti. ha soddisfatto le rivendicazioni degli scioperanti **2** [*sentiment de bien-être; plaisir qui résulte de l'accomplissement de ce qu'on attend, désire*] soddisfazione, contentezza: *sentiment de satisfaction* senso di soddisfazione; *à la satisfaction générale* con generale soddisfazione, con soddisfazione di tutti; *se frotter les mains en signe de satisfaction* fregarsi le mani in segno di contentezza, di soddisfazione → **contentement** ◇ (*spécialt.*) DONNER SATISFACTION dare soddisfazione: *un enfant qui donne toute satisfaction à ses parents, ses professeurs* un ragazzo che dà completa soddisfazione ai genitori, ai professori; *un travail qui ne donne pas satisfaction* un lavoro che non dà soddisfazione ◇ UNE, DES SATISFACTION(S) [*un plaisir, une occasion de plaisir*] soddisfazione: *satisfactions d'amour-propre* soddisfazioni per l'amor proprio, appagamento dell'amor proprio **3** [*action de satisfaire* (*un besoin, un désir*)] soddisfacimento *m.*, appagamento (*m.*): *la satisfaction de tous ses désirs* il soddisfacimento, l'appagamento di tutti i suoi desideri ✦ (*absolt.*) *la satisfaction tue le désir* la soddisfazione uccide il desiderio **4** (*écon.*) soddisfazione.

satisfaire |satisfɛʀ| (45) **A** *v.tr.* **1** [*faire ou être pour* (*qqn.*) *ce qu'il demande, ce qu'il attend, ce qui lui convient*] soddisfare (103), (ac)contentare: *satisfaire des créanciers* soddisfare, accontentare i creditori; *cet état de choses ne nous satisfait pas* questo stato di cose non ci soddisfa; *satisfaire qqn. en lui donnant ce qu'il veut* accontentare qc. dandogli quel che vuole **2** [*contenter* (*un besoin, un désir*)] soddisfare: *satisfaire sa faim* soddisfare la fame; *satisfaire les besoins de qqn.* soddisfare le esigenze di qc.; *satisfaire l'attente, la curiosité de qqn.* soddisfare l'attesa, la curiosità di qc. **B** *v.intr.* SATISFAIRE À [*s'acquitter de* (*ce qui est exigé par qqch.*), *remplir* (*une exigence*)] adempiere (140) a, adempire *tr.*; soddisfare *tr.*, dare (102) *tr.* soddisfazione a: *satisfaire à ses engagements* adempiere ai propri impegni ‖ *nous ne pouvons plus satisfaire à des demandes croissantes* non ci è più possibile soddisfare le crescenti richieste, dare soddisfazione alle crescenti richieste **C** *v. pron.* SE SATISFAIRE **1** *intr.* [*satisfaire ses besoins, ses désirs*] accontentarsi: *se satisfaire de peu* accontentarsi di poco **2** (*passif*) *désirs qui peuvent se satisfaire* desideri che possono essere soddisfatti, soddisfarsi.

satisfaisant, ante |satisfəzɑ̃, ɑ̃t| *adj.* [*qui satisfait, est conforme à ce qu'on peut attendre*] soddisfacente: *résultat satisfaisant* risultato soddisfacente.

satisfait, aite |satisfɛ, ɛt| *adj.* **1** [*qui a ce qu'il veut*] soddisfatto: *un air satisfait* un'aria soddisfatta **2** SATISFAIT DE soddisfatto, contento di: *être satisfait d'un élève, d'un employé* essere soddisfatto, contento di un alunno, di un impiegato; *être satisfait de son sort* essere soddisfatto del proprio destino **3** (*choses*) [*qui est assouvi, réalisé*] soddisfatto, appagato: *besoins, désirs satisfaits* bisogni, desideri soddisfatti, appagati.

satisfecit |satisfesit| *s.m. inv.* (*lat.*) attestato *var.* di benemerenza.

satrape |satʀap| *s.m.* **1** (*antiq.*) satrapo **2** (*fig., littér.*) [*homme despotique, riche et voluptueux*] satrapo.

satrapie |satʀapi| *s.f.* (*antiq.*) satrapia.

satrapique |satʀapik| *adj.* (*antiq.*) satrapico*.

saturabilité |satyʀabilite| *s.f.* (*sc.*) saturabilità *inv.*

saturable |satyʀabl(ə)| *adj.* (*sc.*) saturabile.

saturant, ante |satyʀɑ̃, ɑ̃t| *adj.* (*sc.*) che satura *loc.* # *vapeur saturante* vapore saturo.

saturateur |satyʀatœʀ| *s.m.* (*techn.*) saturatore: *saturateur d'un radiateur* saturatore di un radiatore → **humidificateur.**

saturation |satyʀɑsjɔ̃| *s.f.* **1** (*sc.*) saturazione: *point de saturation* punto di saturazione ◇ (*physiol.*) *saturation du sang en oxygène* saturazione del sangue in ossigeno ◇ (*géol.*) saturazione **2** (*fig.*) [*état de ce qui est saturé* (2)] saturazione: *saturation du marché* saturazione del mercato; *arriver à saturation* arrivare alla saturazione **3** (*psycho., statistique*) saturazione: *saturation d'une variable* saturazione di una variabile.

saturé, ée |satyʀe| *adj.* **1** (*sc.*) saturo: *carbures saturés* carburi saturi ◇ (*loc.*) *théorie saturée* teoria satura; *système axiomatique saturé* sistema assiomatico saturo **2** [*qui ne peut contenir plus*] saturo: *marché saturé* mercato saturo **3** (*abstrait*) saturo, sazio*: *il a trop lu de romans policiers: il en est saturé* ha letto troppi gialli, ne è saturo, sazio → **dégoûté, fatigué.**

saturer |satyʀe| *v.tr.* **1** (*sc.*) [*combiner, mélanger ou dissoudre jusqu'à saturation, réaliser une saturation*] saturare **2** [*rendre tel qu'un supplément de la chose ajoutée soit impossible ou inutile*] saturare: *saturer une éponge d'eau* saturare una spugna d'acqua ◇ (*abstrait*) saturare, saziare.

saturnales |satyʀnal| *s.f. pl.* (*antiq.*) saturnali *m.* ◇ (*fig., littér.*) *saturnales*, (*sing.*) *saturnale* [*temps de licence, de débauche ou de désordre*] saturnali *pl.*

saturne |satyʀn(ə)| *s.m.* (*alch.*) [*plomb, métal froid*] saturno ◇ (*pharm.*) saturno, piombo: *extrait, sel de saturne* estratto, sale di saturno.

saturnie |satyʀni| *s.f.* (*t.zool.*) saturnia.

saturnien, ienne |satyʀnjɛ̃, jɛn| *adj.* **1** (*rare*) [*de Saturne*] saturniano, saturnino **2** (*littér.*) [*triste, mélancolique*] saturnino.

saturnin, ine |satyʀnɛ̃, in| *adj.* (*méd.*) saturnino: *colique saturnine* colica saturnina.

saturnisme |satyʀnism(ə)| *s.m.* (*méd.*) saturnismo.

satyre |satiʀ| *s.m.* **1** (*mythol.*) satiro **2** (*fig., fam.*) [*homme lubrique, obscène*] satiro **3** (*t.zool.*) satiro.

satyriasis |satiʀjazis| *s.m.* (*psycho.*) satiriasi *f. inv.*

satyrique |satiʀik| *adj.* **1** (*mythol.*) satirico*: *danse satyrique* danza satirica **2** (*litt.*) *drame satyrique* dramma satiresco.

satyrisme |satiʀism(ə)| *s.m.* comportamento da satiro.

sauce |sos| *s.f.* **I** **1** (*cuis.*) salsa: *sauce tomate* salsa di pomodoro; *viande, poisson en sauce* carne, pesce con (la) salsa; *allonger, rallonger une sauce* allungare una salsa # *sauce vinaigrette* pinzimonio ✦ (*par appos.*) *rognons sauce madère* rognoni alla salsa madera ◇ (*loc. fig.*) *à quelle sauce sera-t-il mangé?* come lo cucineranno? **2** (*loc. fig.*) [*l'accessoire* (*opposé à 'l'essentiel, le principal'*)] *la sauce fait passer le poisson* val più la salsa dell'arrosto ~ *varier la sauce* cambiare musica, cambiare faccia ~ *mettre qqn. à toutes les sauces* far fare di tutto a qc. ~ *allonger la sauce, remettre de la sauce* menare il can per l'aia **3** (*fig., fam.*) [*pluie, averse*] (rovescio* *m.* di) pioggia* (*cour.*), acquazzone *m.* (*cour.*) # *recevoir la sauce* bagnarsi come un pulcino **II** (*techn.*) [*crayon tendre, très friable, servant à estomper*] pastello (*m.*): *dessin à la sauce* disegno a pastello.

saucé, ée |sose| *adj.* (*techn.*) placcato (d'oro, d'argento, ecc.).

saucée |sose| *s.f.* (*fam.*) **1** [*averse, forte pluie qui mouille, trempe*] bagnata, acquazzone *m.* (*cour.*) # *recevoir une saucée, la saucée* bagnarsi come un pulcino **2** [*réprimande*] strigliata, lavata di capo.

saucer |sose| (2) *v.tr.* **1** [*essuyer en enlevant la sauce* (*pour la manger*)] *saucer son assiette avec un morceau de pain* fare (103) la scarpetta (*fam.*) **2** (*fam.*) *se faire saucer, être saucé* [*recevoir la pluie*] bagnarsi come un pulcino → **mouiller, tremper** **3** (*vx.*) [*tremper dans la sauce*] intingere (119) nella salsa: *saucer son pain* intingere il pane nella salsa.

saucier |sosje| *s.m.* cuoco* addetto alla preparazione delle salse.

saucière |sosjɛʀ| *s.f.* [*récipient dans lequel on sert les sauces, les jus, les crèmes*] salsiera.

sauciflard |sosiflaʀ| *s.m.* (*fam.*) → **saucisson.**

saucisse |sosis| *s.f.* **1** [*préparation de viande de porc assaisonnée, et entourée d'un boyau*] salsiccia*: *chapelet de saucisses* filza di salsicce; *saucisse aux lentilles* salsiccia con lenticchie **2** (*par anal.*) pallone *m.* frenato **3** (*pop.*) [*imbécile*] citrullo *s.* (*cour.*) → **andouille.**

saucisson |sosisɔ̃| *s.m.* **1** [*préparation de viandes* (*porc, bœuf*) *hachées, assaisonnées, cuites ou séchées présentées dans un boyau*] salame: *saucisson à l'ail* salame all'aglio; *sandwich au saucisson* panino al salame, imbottito con salame ◇ (*vx.*) [*grosse saucisse*] salsicciotto ◇ (*loc. fig.*) *être ficelé comme un saucisson* essere legato come un salame **2** [*rouleau de toile rempli de poudre*] salsiccia* *f.* **3** [*pain de forme cylindrique* (*moins plat que les autres*)] ⊠.

saucissonné, ée |sosisɔne| *adj.* (*personnes*) legato, infagottato come un salame *loc.*

saucissonner |sosisɔne| *v.intr.* (*fam.*) [*manger du saucisson sur le pouce, manger froid*] mangiare *tr.* un boccone ◇ [*pique-niquer*] fare (103) *tr.* un picnic.

saucissonneur |sosisɔnœʀ| *s.m.* gitante *s.* della domenica; chi fa un picnic *loc.*

sauf |sof| *prép.* **1** [*à l'exclusion de*] salvo, tranne: *je perds tout sauf l'honneur* perdo tutto salvo, tranne l'onore; *il y en a pour tous, sauf pour lui* ce n'è per tutti, salvo per lui → **excepté** ◇ [*sans exclure l'éventualité de, excepté s'il y a*] salvo: *sauf avis contraire* salvo avviso contrario; *sauf erreur de notre part* salvo errore da parte nostra ◇ (*comm.*) *sauf bonne fin* salvo buon fine; *sauf encaissement* salvo l'incasso; *sauf erreur ou omission* (*S.E.O.*) salvo errori e omissioni (S.E. & O.) **2** (*loc.*) *sauf le respect que je vous dois* con tutto il rispetto che le devo; (*fam.*) *sauf votre respect* con rispetto parlando **3** (*littér.*) SAUF À (+ *inf.*) salvo a (+ *inf.*) (*cour.*): *il acceptera, sauf à s'en repentir plus tard* accetterà, salvo a pentirsene poi → **quitte (à)** **4** *sauf que* (+ *ind.*) salvo che (+ *ind.*), a parte il fatto che (+ *ind.*).

sauf, sauve |sof, sov| *adj.* [*qui a échappé à un très grave péril*] salvo: *être sain et sauf* essere sano e salvo; *avoir la vie sauve* avere salva la vita ◇ (*fig.*) *l'honneur est sauf* l'onore è salvo.

sauf-conduit |sofkɔ̃dɥi| *s.m.* (*dr., milit.*) salvacondotto: *des sauf-conduits* dei salvacondotti.

sauge |soʒ| *s.f.* (*t.bot.*) salvia.

saugrenu, ue |sogʀəny| *adj.* [*inattendu, bizarre et quelque peu ridicule*] strambo, strampalato: *idée saugrenue* idea stramba, strampalata; *question saugrenue* domanda strampalata.

saulaie |solɛ| *s.f.* (*rare*) [*plantation de saules*] saliceto *m.*

saule |sol| *s.m.* (*t.bot.*) salice ~ *saule pleureur* salice piangente.

saulée |sole| *s.f.* (*région.*) filare *m.* di salici.

saumâtre |somɑtʀ(ə)| *adj.* **1** [*qui a un goût salé*] salmastro: *eau saumâtre* acqua salmastra **2** (*fig.*) [*amer, désagréable*] sgradevole ◇ (*loc. fam.*) *la trouver saumâtre* trovare una cosa di cattivo gusto.

saumon |somɔ̃| **I** *s.m.* **1** (*t.zool.*) salmone **2** (*techn.*) salmone **II** *adj. inv.* (color) salmone ✦ (*par appos.*) *un joli rose saumon* un bel rosa salmone.

saumoné, ée |somɔne| *adj.* **1** (*se dit de poissons qui ont la chair rose comme le saumon*) salmonato: *truite saumonée* trota salmonata **2** (*couleur*) *rose saumoné* rosa salmone.

saumoneau |somɔno| *s.m.* (*rare*) piccolo salmone.

saumurage |somyʀaʒ| *s.m.* il mettere *inv.* in salamoia.

saumure |somyʀ| *s.f.* **1** salamoia **2** [*eau fortement salée dans laquelle on met des aliments pour en faire des conserves*] salamoia: *mettre des olives, de la viande dans la saumure* mettere olive, carne in salamoia **3** (*techn.*) acqua di mare (che ha già subito una forte evaporazione).

saumuré, ée |somyʀe| *adj.* [*conservé dans la saumure* (2)] (conservato) in salamoia (*loc. inv.*): *harengs saumurés* aringhe in salamoia.

saumurer |somyʀe| *v.tr.* [*mettre dans la saumure* (2) *pour conserver*] mettere (155) in salamoia: *saumurer des harengs* mettere aringhe in salamoia.

sauna |sona| *s.m. ou f.* (*finlandais*) sauna *f.*

saunage |sonaʒ| *s.m.*, **saunaison** |sonɛzɔ̃| *s.f.* **1** periodo *m.* della salinatura ◇ [*cette récolte*] salinatura *f.* **2** vendita *f.* del sale ◇ (*hist.*) *faux saunage* contrabbando del sale.

sauner |sone| *v.intr.* (*techn.*) [*produire du sel*] produrre (108) *tr.* sale; salinare.

saunier |sonje| *s.m.* **1** [*exploitant d'une saline; ouvrier qui travaille à l'extraction du sel dans un marais salant*] salinaio*, salinatore **2** (*hist.*) *faux saunier, faux-saunier* contrabbandiere di sale.

saunière |sonjɛʀ| *s.f.* (*anciennn.*) cassa per il sale.

saupe |sop| *s.f.* (*t.zool.*) salpa.

saupiquet |sopikɛ| *s.m.* (*cuis.*) salsa *f.* piccante.

saupoudrage |sopudʀaʒ| *s.m.* **1** [→ SAUPOUDRER A] il cospargere *inv.* (di sale, ecc.) **2** [*répartition de crédits minimes entre de très nombreux postes*] (eccessivo) frazionamento.

saupoudrer |sopudʀe| **A** *v.tr.* [*couvrir d'une légère couche d'une substance pulvérulente*] cospargere (114): *saupoudrer de sel, de farine* cospargere di sale, di farina; *saupoudrer un beignet avec*

du sucre cospargere una frittella di zucchero **B** *v.tr. et intr.* (*fig.*) [*attribuer à de très nombreux bénéficiaires* (*des crédits minimes*)] frazionare (eccessivamente).
saupoudreur, euse |sopudʀœʀ, øz| **1** *adj.* che serve a cospargere *loc.* **2** *s.f.* [*petit flacon à bouchon percé de trous qui sert à saupoudrer* (*de sel, de sucre, etc.*)] spargisale *m. inv.*; spargizucchero *m. inv.*
saupoudroir |sopudʀwaʀ| *s.m.* [*ustensile de pâtiss. et de cuis. qui sert à saupoudrer*] spargisale *inv.*; spargizucchero *inv.*
saur |sɔʀ| (*adj. m.*) *hareng saur* aringa affumicata *m. ou f.* ◇ (*loc. fam.*) *être sec, maigre comme un hareng saur* essere magro come una sardina.
saurage |sɔʀaʒ| *s.m.* → **saurissage.**
saurer |sɔʀe| *v.tr.* (*techn.*) [*faire sécher à la fumée* (*une substance alimentaire*) *pour conserver*] affumicare: *saurer des harengs, un jambon* affumicare aringhe, un prosciutto ✦ (*au p.p.*) *harengs saurés* aringhe affumicate.
sauret |sɔʀɛ| *adj. m.* (*vx.*) *hareng sauret* → **saur.**
Sauriens |sɔʀjɛ̃| *s.m. pl.* (*t.zool.*) Sauri.
saurin |sɔʀɛ̃| *s.m.* [*hareng laité nouvellement séché*] aringa* *f.* appena affumicata.
sauris |sɔʀi| *s.m.* [*saumure de harengs*] salamoia *f.* di aringhe.
saurissage |sɔʀisaʒ| *s.m.* [*opération qui consiste à saurer les poissons*] affumicamento, affumicatura *f.*
saurisserie |sɔʀisʀi| *s.f.* [*usine où l'on saure les poissons*] affumicatoio* *m.*
saurisseur |sɔʀisœʀ| *s.m.* [*ouvrier qui fait le saurissage des poissons*] affumicatore.
saussaie |sosɛ| *s.f.* (*région., vx.*) → **saulaie.**
saut |so| *s.m.* **1** salto: *saut à pieds joints* salto a piedi uniti, a piè pari; *saut périlleux* salto mortale; *saut à la corde* salto con la corda ◇ (*sport*) *saut en hauteur, en ciseaux* salto in alto, con sforbiciata; *saut en longueur* salto in lungo; *triple saut* salto triplo; *saut à la perche* salto con l'asta; *saut en skis* salto con gli sci # *saut en parachute* lancio col paracadute; *saut en chute libre* lancio a caduta libera ◇ (*loc. fig.*) *aller par sauts et par bonds* procedere senza un nesso logico, in modo frammentario ~ *faire le saut* [*prendre une décision, une résolution hasardeuse*] fare il grande passo **2** [*chute dans le vide*] salto, volo: *la voiture a fait un saut de 20 mètres dans le ravin* la macchina ha fatto un salto, un volo di 20 metri nel burrone **3** [*mouvement, déplacement brusque* (*pour changer de position, de place*)] balzo: *se lever d'un saut* alzarsi con un balzo, di scatto ◇ (*loc.*) *au saut du lit* appena alzato **4** [*action d'aller très rapidement et sans rester*] salto: *faire un saut chez qqn.* fare un salto da qc., a casa di qc. **5** [*passage par degrés disjoints*] salto: *le narrateur fait ici un saut de deux années* qui il narratore fa un salto di due anni **6** (*géogr.*) cascata *f.*; rapida *f.* → **cascade, 1 chute, rapide.**
saut-de-lit |sodli| *s.m. inv.* [*déshabillé que portent les femmes au saut du lit*] vestaglia *f. var.*
saut-de-loup |sodlu| *s.m.* [*large fossé*] fossato: *des sauts-de-loup* dei fossati.
saut-de-mouton |sodmutɔ̃| *s.m.* [*passage d'une voie ferrée, d'une route au-dessus d'une autre, pour éviter les croisements*] cavalcavia *inv.*; soprapassaggio*, sovrappasso: *des sauts-de-mouton* dei cavalcavia; dei soprapassaggi, dei sovrappassi.
saute |sot| *s.f.* **1** (*mar.*) salto *m.*, balzo (*m.*): *saute de vent* salto di vento **2** (*fig.*) brusco* cambiamento *m.* (di umore).
sauté, ée |sote| **1** *adj.* [*cuit à la poêle ou à la cocotte, à feu vif et en remuant*] rosolato, saltato (in padella, in pentola): *pommes de terre sautées* patate rosolate, saltate in padella **2** *s.m.* (*cuis.*) 'sauté' (*inv.*): *sauté de veau, de lapin* 'sauté' di vitello, di coniglio.
sautelle |sotɛl| *s.f.* (*agric.*) barbatella.
saute-mines |sotmin| *s.m. inv.* (*techn.*) congegno *var.* antimine (di un carrarmato).
saute-mouton |sotmutɔ̃| *s.m.* (*jeu*) cavallina (*f.*): *jouer à saute-mouton* giocare a cavallina.
sauter |sote| **A** *v.intr.* **1** [*quitter le sol par un ensemble de mouvements; franchir un espace ou un obstacle de cette façon*] saltare (*aux.* essere, avere): *sauter en l'air, haut* saltare in aria, (in) alto; *sauter à pieds joints* saltare a piedi uniti, a piè pari; *sauter de joie* saltare dalla gioia; *sauter comme une chèvre, un cabri* saltare come una capra, un capretto ◇ [*s'élancer d'un lieu élevé vers le bas*] *sauter par la fenêtre, dans le vide, dans l'eau* saltare dalla finestra, nel vuoto, in acqua; *sauter en parachute* lanciarsi col paracadute ◇ [*faire un saut particulier*] *sauter à la corde* saltare con la corda ◇ (*sport*) *sauter en hauteur, en longueur, à la perche* saltare in alto, in lungo, con l'asta ◇ (*animaux*) *écureuil qui saute de branche en branche* scoiattolo che salta di ramo in ramo **2** [*monter, descendre, se lever... vivement*] saltare: *sauter sur un cheval* saltare su un cavallo; *sauter de son siège* saltare su, giù dalla sedia; *sauter à bas du lit* saltare giù dal letto ◇ [*se jeter, se précipiter*] *sauter sur qqn., lui sauter dessus* saltare addosso a qc., saltargli addosso; *sauter au cou de qqn.* saltare, buttarsi al collo di qc. ◇ (*fig.*) *sauter aux yeux* saltare, balzare agli occhi **3** (*fig.*) [*aller, passer vivement* (*d'une chose à une autre*) *sans intermédiaire*] saltare: *sauter d'une idée à l'autre, d'un sujet à un autre* saltare di palo in frasca **4** (*choses*) [*être déplacé ou projeté avec soudaineté*] saltare: *bouchon qui saute* tappo che salta; *la chaîne du vélo sautait tout le temps* la catena della bici saltava continuamente; *faire sauter la bande d'un journal* far saltare, strappare la fascetta di un giornale ◇ (*fam.*) *et que ça saute!* [*allez-y rondement, vivement*] alla svelta!, e subito! **5** [*exploser*] saltare (in aria): *navire qui saute sur une mine* nave che salta in aria su una mina; *faire sauter les ponts* far saltare i ponti → **éclater** ◇ (*fig.*) *se faire sauter la cervelle* farsi saltare, bruciarsi le cervella ◇ [*fondre, par un court-circuit*] *faire sauter les plombs* far saltare le valvole **6** FAIRE SAUTER (*un aliment*) [*le faire revenir à feu très vif*] rosolare *tr.*, far (103) saltare: *faire sauter un lapin* rosolare, far saltare un coniglio **B** *v.tr.* **1** [*franchir en quittant le sol, par un saut*] saltare: *sauter un obstacle* saltare un ostacolo; *sauter le mur* saltare il muro ◇ (*fig.*) *sauter le pas* fare il gran passo **2** [*passer sans s'y arrêter*] saltare: *sauter un mot, une page en lisant* saltare una parola, una pagina leggendo; *sauter une réplique* saltare una battuta → **omettre**; *sauter une étape* saltare una tappa → **brûler**; *sauter un repas* saltare un pasto; *élève qui saute une classe* alunno che salta un anno **3** (*loc. pop.*) *la sauter* [*avoir faim*] fare la fame **4** [*cuire à feu vif*] (far) rosolare, far *intr.* saltare.
sautereau |sotʀo| *s.m.* (*mus.*) salterello.
sauterelle |sotʀɛl| *s.f.* **1** (*t.zool.*) cavalletta ◇ (*fig.*) [*personne maigre et sèche*] spilungone *s.* **2** (*abusiv.*) → **criquet (pèlerin)** ◇ (*loc. fam.*) *les invités se sont jetés sur le buffet comme une nuée de sauterelles* gli invitati si sono buttati sul rinfresco come un nugolo di cavallette **3** (*techn.*) calandrino *m.*, falsa squadra # *sauterelle graduée* squadra zoppa.
sauterie |sotʀi| *s.f.* ballo *m.* alla buona, ballo (quattro salti *m. pl.*) in famiglia.
sauternes |sotɛʀn(ə)| *s.m.* [*vin de Bordeaux blanc, de Sauternes, très fruité*] ⊠.
saute-ruisseau |sotʀɥiso| *s.m. inv.* [*petit clerc d'avoué, de notaire; jeune garçon de courses*] fattorino.
sauteur, euse |sotœʀ, øz| **I** *s.* **1** [*personne dont la profession est de faire des sauts acrobatiques*] saltatore* ◇ [*cheval dressé pour le saut*] saltatore ◇ [*athlète spécialisé dans les épreuves de saut*] saltatore: *sauteur en longueur, à la perche* saltatore in lungo, con l'asta (astista); *sauteur à skis* saltatore con gli sci **2** (*fig., fam.*) [*personne sur qui l'on ne peut compter*] banderuola (*f.*): *quel sauteur!* che banderuola! ✦ *s.f.* [*femme de mœurs légères*] una poco di buono *inv.*, fraschetta **II** *adj.* [*qui avance en sautant, qui saute souvent*] saltatore: *insectes sauteurs* insetti saltatori; *oiseaux sauteurs* uccelli saltatori.
sauteuse |sotøz| *s.f.* pentola, casseruola (larga* e bassa).
sautillage |sotijaʒ| *s.m.* [→ SAUTILLER] saltellamento.
sautillant, ante |sotijɑ̃, ɑ̃t| *adj.* **1** [*qui fait de petits sauts*] saltellante: *oiseau sautillant* uccello saltellante; *pas sautillant* passo saltellante **2** (*fig.*) [*formé d'éléments courts, décousus*] *style sautillant* stile sincopato, frammentario* ◇ (*par ext.*) (*personnes*) volubile → **capricieux, mobile.**
sautillement |sotijmɑ̃| *s.m.* **1** [*action de sautiller, suite de petits sauts*] saltellamento, il saltellare (*inv.*): *le sautillement des oiseaux* il saltellamento, il saltellare degli uccelli **2** (*fig.*) [*passage rapide et heurté* (*d'une idée à une autre*)] il saltare *inv.* di palo in frasca.
sautiller |sotije| *v.intr.* [*faire de petits sauts successifs*] saltellare.
sautoir |sotwaʀ| *s.m.* **I** **1** *loc.* EN SAUTOIR [*porté autour du cou*] attorno al collo: *porter une croix, un bijou en sautoir* portare una croce, un gioiello attorno al collo, come una collana ◇ (*par ext.*) [*longue chaîne,*

long collier qui se porte sur la poitrine] 'sautoir' *inv.* **2** (*blas.*) decusse *f.*, croce *f.* di Sant'Andrea ◇ *loc.* EN SAUTOIR [*disposé en X*] a croce di Sant'Andrea: *épées en sautoir* spade a croce di Sant'Andrea **II** (*gymnastique, athlétisme*) pista *f.* per il salto: *piste d'élan, planche d'appel, fosse à sable d'un sautoir* pista di rincorsa, pedana di slancio, fossa di sabbia di una pista per il salto # *barre d'un sautoir* asticella del salto (in alto, con l'asta).

sauvage |sovaʒ| *adj.* **I 1** (*animaux*) [*qui vit en liberté dans la nature*] selvatico*, selvaggio*: *chien, chat, canard sauvage* cane, gatto selvatico, anitra selvatica; *taureaux, chevaux sauvages* tori, cavalli selvaggi; *apprivoiser les bêtes sauvages* addomesticare gli animali selvatici, selvaggi **2** (*vieilli*) (*personnes*) selvaggio → **primitif** ✦ (*s.*) *les sauvages* i selvaggi ◇ (*par ext.*) [*propre aux sauvages*] *l'état, la vie sauvage* lo stato selvaggio, la vita selvaggia ◇ (*géol.*) *eaux sauvages* acque selvagge **3** (*végétaux*) selvatico: *plantes, fleurs, fruits sauvages* piante selvatiche, fiori, frutti selvatici **4** (*lieux*) [*peu accessible, d'un aspect peu hospitalier, parfois effrayant*] selvaggio: *un endroit sauvage* un posto selvaggio **5** (*choses*) [*qui surgit spontanément, se fait de façon anarchique, indépendamment des règles*] selvaggio, anarchico*: *grève sauvage* sciopero (a gatto) selvaggio; *dévaluation sauvage* svalutazione selvaggia, anarchica; *urbanisation sauvage* urbanizzazione selvaggia, incontrollata # *camping sauvage* campeggio libero **II 1** [*qui fuit toute relation avec les hommes*] selvatico: *il est devenu sauvage* è diventato selvatico ✦ (*s.*) *un sauvage* un selvatico **2** [*d'une nature rude, grossière ou même brutale*] selvaggio ✦ (*s.*) *ce sont de vrais sauvages* sono dei veri selvaggi **3** [*qui a qqch. d'inhumain, de barbare*] selvaggio: *des cris sauvages* delle grida selvagge.

sauvagement |sovaʒmɑ̃| *adv.* [→ SAUVAGE II 3] selvaggiamente: *il le tua sauvagement* lo ammazzò selvaggiamente.

sauvageon, onne |sovaʒɔ̃, ɔn| *s.* **1** *s.m.* (*arbor.*) arbusto non innestato, franco* ◇ (*spécialt.*) portainnesto **2** *s.* (*fig.*) ragazzo (ragazza) selvaggio*, selvatico*.

sauvagerie |sovaʒʀi| *s.f.* **1** [*caractère, humeur sauvage*] selvatichezza, mancanza di socievolezza **2** (*rare*) stato *m.* selvaggio* **3** [*brutalité, cruauté*] ferocia*, efferatezza: *frapper avec sauvagerie* colpire con ferocia, con efferatezza.

sauvagesse |sovaʒɛs| *s.f.* (*pr., fig.*) (donna) selvaggia*.

sauvagin, ine |sovaʒɛ̃, in| *adj.* (*chasse*) selvatico* ✦ (*s.m.*) *sentir le sauvagin* odorare di selvatico.

sauvagine |sovaʒin| *s.f.* (*chasse*) selvaggina da penna.

1 **sauvegarde** |sovgaʀd(ə)| *s.f.* **1** tutela, salvaguardia: *commission de sauvegarde* commissione di tutela; *se placer sous la sauvegarde de la justice* mettersi sotto la salvaguardia, la tutela della giustizia ◇ (*écon.*) *clause, mesures de sauvegarde* clausola, misure di salvaguardia **2** (*fig.*) [*protection, défense*] tutela; salvaguardia → **abri, refuge.**

2 **sauvegarde** |sovgaʀd(ə)| *s.f.* (*mar.*) cima di salvataggio.

sauvegarder |sovgaʀde| *v.tr.* [*assurer la* (1) *sauvegarde de*] tutelare, salvaguardare → **1 défendre, protéger.**

sauve-qui-peut |sovkipø| *s.m. inv.* **1** si salvi chi può *loc. inv.* **2** [*fuite génér. et désordonnée où chacun se tire d'affaire comme il le peut*] fuggi fuggi (generale) *loc.*, gran fuggi fuggi *loc.*

sauver |sove| **A** *v.tr.* **1** [*faire échapper* (*qqn.*) *à quelque grave danger*] salvare: *sauver un malade* salvare un ammalato; *sa fuite l'a sauvé* la fuga lo ha salvato # *il est sauvé* è salvo, è fuori pericolo ◇ (*relig.*) [*opérer ou assurer le salut de*] salvare ◇ (*loc.*) *il n'y a que la foi qui sauve* beato chi ha fede **2** SAUVER DE salvare da: *sauver qqn. du naufrage, du désespoir* salvare qc. dal naufragio, dalla disperazione **3** [*empêcher la destruction, la perte de* (*qqch.*)] salvare: *sauver la vie de qqn., à qqn.* salvare la vita di qc., a qc.; *sauver son honneur, les apparences* salvare l'onore, le apparenze; *sauver son âme* [*assurer son salut*] salvarsi l'anima ◇ (*spécialt.*) [*faire accepter* (*un ensemble médiocre ou mauvais*)] *ce qui sauve ce film, c'est la couleur* quel che salva il film, è il colore **B** *v.pron.* SE SAUVER **1** *réfl.* (*relig.*) [*faire son salut*] salvarsi **2** *intr.* [*s'enfuir pour échapper au danger*] scappare *intr.*, fuggire (*intr.*): *sauvez-vous!* scappate!, fuggite!; *les soldats se sauvèrent en désordre* i soldati fuggirono in disordine # *se sauver à toutes jambes* darsela a gambe ◇ (*fam.*) [*prendre congé promptement*] scappare: *sauve-toi, tu vas être en retard* scappa, o farai tardi **3** *intr.* [*déborder* (*liquide qui bout*)] traboccare (*intr.*): *le lait se sauve* il latte trabocca.

sauvetage |sovtaʒ| *s.m.* [*action de sauver* (*un navire en détresse, son équipage, ses passagers ou son chargement*)] salvataggio*: *bateau, chaloupe, canot de sauvetage* battello, scialuppa, lancia di salvataggio # *bouée de sauvetage* salvagente ◇ (*par ext.*) salvataggio: *échelles de sauvetage des pompiers* scale di salvataggio dei pompieri ◇ (*fig.*) salvataggio.

sauveté |sovte| *s.f.* (*apic.*) *cellules de sauveté* cellette dove le operaie allevano le api regine; *reine de sauveté* ape allevata dalle operaie per sostituire l'ape regina morta, regina di salvezza.

sauveteur |sovtœʀ| *s.m.* chi compie un salvataggio *loc.*, soccorritore* *s.*

sauvette (à la) |alasovɛt| *loc. adv.* **1** *vendre à la sauvette* vendere di nascosto; *marchands à la sauvette* venditori ambulanti abusivi **2** (*fig.*) À LA SAUVETTE [*à la hâte, avec une précipitation suspecte*] di nascosto, in fretta e furia: *baptiser un enfant à la sauvette* battezzare un bambino di nascosto, in fretta e furia.

sauveur |sovœʀ| *s.m.* **1** (*en parlant de Jésus-Christ*) *le Sauveur* il Salvatore ✦ (*adj.*) *un Dieu sauveur* un Dio salvatore **2** [*celui qui sauve* (*une personne, une collectivité*)] salvatore* (*s.*): *ce médecin a été mon sauveur* quel medico è stato il mio salvatore, mi ha salvato.

savamment |savamɑ̃| *adv.* **1** [*d'une manière savante; avec érudition, science*] dottamente, sapientemente: *parler savamment* parlare dottamente # *j'en parle savamment pour l'avoir expérimenté moi-même* ne parlo con cognizione di causa, avendolo sperimentato io stesso **2** [*avec habileté ou recherche*] sapientemente → **habilement.**

savane |savan| *s.f.* (*géogr.*) savana.

savant, ante |savɑ̃, ɑ̃t| **I** *adj.* **1** [*qui sait beaucoup, en matière d'érudition ou de science*] colto, erudito: *il est très savant* è molto colto, erudito ◇ [*qui connaît très bien* (*une matière*)] competente, (profondo) conoscitore*: *être savant sur un sujet* essere competente, profondo conoscitore di un argomento ◇ [*formé de savants, d'érudits*] erudito, dotto: *société savante* società erudita, dotta **2** [*où il y a de l'érudition*] dotto, erudito: *mots, termes savants* parole dotte, termini eruditi; *formes savante et populaire d'un même mot* forma dotta e forma popolare di una stessa parola ◇ [*qui, par sa difficulté, n'est pas accessible à tous*] complicato, difficile: *musique savante* musica complicata; *c'est trop savant pour moi* è troppo difficile per me → **difficile, recherché** **3** (*animaux*) *animal savant* animale sapiente; *chien savant* cane sapiente **4** [*fait avec science, art; où il y a une grande habileté*] sapiente: *une savante ordonnance* una sapiente disposizione **II** *s.m.* [*personne qui, par ses connaissances et ses recherches, contribue à l'élaboration, au progrès d'une science*] studioso, scienziato Ⓒ I 1 **ignorant,** 2 **populaire, simple,** 4 **facile, naïf.**

savarin |savaʀɛ̃| *s.m.* (*pâtiss.*) 'savarin' *inv.*

savart |savaʀ| *s.m.* (*mus.*) 'savart' *inv.*

savate |savat| *s.f.* **1** [*vieille chaussure ou pantoufle qui ne tient plus au pied*] ciabatta: *être en savates* essere in ciabatte; *traîner ses savates* trascinare le ciabatte, ciabattare ◇ (*loc. fig., fam.*) *traîner la savate* vivere nella miseria **2** (*fig., fam.*) (*injure à l'adresse d'une personne maladroite*) (vecchia) ciabatta: *quelle savate!* che vecchia ciabatta! # *il peint comme une savate!* dipinge con i piedi! **3** (*boxe fr.*) [*combat où l'on porte des coups de pied à l'adversaire*] 'savate' *inv.*, 'boxe' *inv.* francese **4** (*techn.*) zeppa ◇ (*mar.*) suola.

savetier |savtje| *s.m.* (*vx.*) ciabattino → **cordonnier.**

saveur |savœʀ| *s.f.* **1** [*qualité perçue par le sens du goût*] sapore (*m.*): *sans saveur* senza sapore, insipido; *saveur agréable, désagréable* sapore gradevole, sgradevole **2** (*fig.*) sapore: *la saveur de la nouveauté* il sapore della novità.

1 **savoir** |savwaʀ| (41) *v.tr.* **I 1** [*avoir présent à l'esprit; pouvoir affirmer l'existence de*] sapere (177): *je ne sais pas son nom* non so il suo nome; *il n'en sait rien* non ne sa nulla → **connaître** ✦ (*pron. passif*) *tout finit par se savoir* si viene a sapere tutto, alla fine tutto viene a galla; *ça se saurait!* si sarebbe saputo!, si saprebbe! ◇ (*suivi d'une subordonnée*) *je sais qu'il est en voyage* so che è in viaggio; *nous croyons savoir que...* crediamo di sapere che...; *je sais bien que...* so bene che...; *je sais pourquoi il est fâché* so perché è arrabbiato; *savez-vous s'il doit venir?* lei sa se deve venire?; *reste à savoir s'il en est capable* resta da sapere, rimane da vedere se ne è capace **2** [*être conscient de; connaître la valeur de*] sapere: *il ne sait plus ce qu'il dit* non sa più quel che dice; *vous ne savez*

pas ce que vous voulez (voi) non sapete quello che volete; *je ne veux pas le savoir* non voglio saperlo **3** [*avoir dans l'esprit* (*des connaissances*)] sapere: *on disait qu'il savait tout* si diceva che sapesse tutto ◇ (*fam.*) *il en sait, des choses* ne sa, di cose; *la seule chose que je sais, c'est que...* la sola cosa che so, è che...; *que sais-je?* cosa so io? ✦ (*absolt.*) *savoir, c'est pouvoir* sapere è potere **4** [*être en mesure d'utiliser, de pratiquer*] conoscere (126): *il sait son métier* conosce il proprio mestiere; *ne vous dérangez pas, je sais le chemin* non si scomodi, conosco, so la strada; *il ne sait pas l'orthographe* non conosce l'ortografia **5** [*avoir présent à l'esprit dans tous ses détails, de manière à pouvoir répéter*] conoscere, sapere: *il sait quatre langues* conosce, sa quattro lingue; *savoir son rôle par cœur* conoscere, sapere la parte a memoria; *savoir sa leçon, sa table de multiplication* sapere la lezione, le tabelline **II** (*loc.*) *vous n'êtes pas sans savoir que...* lei non ignora certo che... ~ *sachez que...* sappia, sappiate che... ~ *savez-vous, sais-tu?* sapete (sa)?, sai? ~ *il est gentil, vous savez* è carino, sa ~ *et puis, tu sais, nous t'aimons bien* e poi, sai, noi ti vogliamo bene ~ (*à*) *savoir* [*c'est-à-dire*] cioè, vale a dire ~ *peut-on savoir?* si può sapere?, è possibile saperlo? ◇ (*fam.*) *va savoir!, allez savoir!* vai (un po') a sapere! ~ *qui sait?* chissà! ~ *il est on ne sait où* non si sa dov'è ~ *savoir si ça va marcher* vai a sapere, chissà se funzionerà ~ *il y a je ne sais combien de temps* non so quanto tempo fa ~ *ne savoir que faire, quoi faire* non sapere che (cosa) fare ~ *ne savoir où se mettre* non sapere dove mettersi, andarsi a nascondere ~ *que je sache* che io sappia, per quel che ne so io; da quanto mi risulta **III** SAVOIR (+ *inf.*) **1** [*être capable par un apprentissage, par l'habitude, de* (*pratiquer une activité*)] sapere (+ *inf.*): *il ne sait pas encore nager* non sa ancora nuotare; *il a toujours su s'y prendre* ci ha sempre saputo fare ◇ (*pop.*) *il sait y faire* ci sa fare **2** [*avoir par aptitude, effort de volonté, la possibilité de...*] sapere (+ *inf.*): *c'est un homme qui sait écouter, attendre* è un uomo che sa ascoltare, aspettare **3** (*région., Belgique*) [*pouvoir*] potere (169) **4** (*au condit., et en tour négatif avec 'ne' seul*) [*pouvoir*] potere: *on ne saurait penser à tout* non si può pensare a tutto.

2 **savoir** |savwaʀ| *s.m.* **1** [*ensemble de connaissances plus ou moins systématiques, acquises par une activité mentale suivie*] sapere *inv.*, scibile → 2 **cultura, érudition** **2** (*philo.*) conoscenza *f.*

savoir-faire |savwaʀfɛʀ| *s.m. inv.* **1** abilità *f.*, diplomazia *f. var.*; 'savoir-faire' # *elle a beaucoup de savoir-faire avec les malades* con gli ammalati ci sa fare, sa trattare **2** (*dr. comm.*) know-how.

savoir-vivre |savwaʀvivʀ(ə)| *s.m. inv.* educazione *f. var.*, garbo *var.*, 'savoir-vivre'.

savoisien, ienne |savwazjɛ̃, jɛn|,
savoyard, arde |savwajaʀ, aʀd(ə)| *adj.* [*de la Savoie*] savoiardo.

savon |savɔ̃| *s.m.* **1** sapone: *pain de savon* pane di sapone; *savon en paillettes, en poudre* sapone a scaglie, in polvere; *savon à barbe* sapone da barba; *bulle de savon* bolla di sapone # *savon de toilette* saponetta **2** UN, DES SAVON(S) un (pezzo di) sapone: *savon de Marseille* sapone Marsiglia; *laver avec du savon* lavare col sapone → **savonnette** # *petit savon* saponetta **3** (*fig., fam.*) *donner, passer un savon à qqn.* [*l'attraper, le réprimander*] dare una lavata *f.* di capo (di testa) a qc. (*cour.*): *recevoir un bon savon* prendersi una bella lavata di capo.

savonnage |savɔnaʒ| *s.m.* [*lavage au savon*] insaponatura *f.*

savonner |savɔne| *v.tr.* **1** [*laver en frottant avec du savon*] insaponare: *savonner du linge* insaponare la biancheria **2** (*fig., fam., vieilli*) *savonner la tête de qqn.* dare (102) una lavata di capo a qc. (*cour.*).

savonnerie |savɔnʀi| *s.f.* **1** [*usine où l'on fabrique du savon*] saponificio* *m.* ◇ (*par ext.*) industria del sapone **2** [*tapis fabriqué à la manufacture de la Savonnerie*] ⊠.

savonnette |savɔnɛt| *s.f.* **1** saponetta **2** (*vx.*) [*montre à double boîtier*] saponetta **3** *au plur.* (*arg. auto.*) [*pneus n'ayant aucune adhérence*] gomme lisce (*fam.*).

savonneux, euse |savɔnø, øz| *adj.* saponoso, saponaceo.

savonnier, ière |savɔnje, jɛʀ| *s.m.* **1** [*fabricant de savon*] saponiere ✦ *adj.* saponiero **2** (*t.bot.*) sapindo.

savourer |savuʀe| *v.tr.* **1** [*manger, boire avec toute la lenteur et l'attention requises pour apprécier pleinement*] assaporare, gustare → 1 **déguster** **2** [*goûter de manière à prolonger le plaisir, à le rendre plus délicat, plus intense*] assaporare: *savourer la moindre joie* assaporare la minima gioia.

savoureusement |savuʀøzmɑ̃| *adv.* (*rare*) [→ SAVOUREUX] gustosamente, di gusto (*loc. inv.*): *un ragoût savoureusement préparé* uno stufato preparato gustosamente, in modo gustoso ◇ (*fig.*) *anecdote savoureusement racontée* aneddoto gustosamente raccontato.

savoureux, euse |savuʀø, øz| *adj.* **1** [*qui a une saveur agréable, riche et délicate*] saporito, gustoso: *des fruits savoureux* frutti saporiti, gustosi → **appétissant, succulent** **2** (*fig.*) [*qui a de la saveur, du piquant*] saporito, gustoso.

saxatile |saksatil| *adj.* → **saxicole.**

saxe |saks(ə)| *s.m.* porcellana *f.* di Sassonia.

saxhorn |saksɔʀn| *s.m.* (*mus.*) saxhorn *inv.*

saxi- |saksi| *préf.* (*signifiant 'pierre', correspond générait. à*) sassi: *saxicole* sassicolo.

saxicole |saksikɔl| *adj.* (*bot.*) sassicolo, saxicolo: *plantes saxicoles* piante sassicole.

Saxifragacées |saksifʀagase| *s.f. pl.* (*t.bot.*) Sassifragacee.

saxifrage |saksifʀaʒ| *s.f.* (*t.bot.*) sassifraga*.

saxo |sakso| *s.m.* → **saxophone, saxophoniste.**

saxon, onne |saksɔ̃, ɔn| **1** *s.* [*nom d'un des anc. peuples germ.*] Sassone ✦ (*adj.*) *les invasions saxonnes* le invasioni sassoni **2** *adj.* [*de la Saxe, région de l'Allemagne*] sassone ✦ *s.m.* (*ling.*) *vieux saxon* vecchio sassone; *bas saxon* basso sassone.

saxophone |saksɔfɔn| *s.m.* (*mus.*) sassofono.

saxophoniste |saksɔfɔnist(ə)| (*abrév. fam.* '*saxo*') *s.* sassofonista.

saynète |sɛnɛt| *s.f.* **1** (*hist. litt.*) sainete *m.* **2** (*vieilli*) [*sketch*] scenetta (*cour.*).

sayon |sɛjɔ̃| *s.m.* (*ancienn.*) [*casaque grossière de paysan, de berger*] sago*.

sbire |sbiʀ| *s.m.* sbirro ◇ (*péj.*) [*policier sans scrupule; homme de main*] sbirro.

scabieuse |skabjøz| *s.f.* (*t.bot.*) scabiosa.

scabieux, euse |skabjø, øz| *adj.* (*méd.*) scabbioso.

scabreux, euse |skabʀø, øz| *adj.* **1** (*littér.*) [*qui crée une situation embarrassante et des risques d'erreur*] scabroso: *question scabreuse* domanda scabrosa **2** [*qui choque la décence*] scabroso: *histoire scabreuse* storiella scabrosa → **indécent, licencieux.**

scaferlati |skafɛʀlati| *s.m.* (tabacco*) trinciato.

1 **scalaire** |skalɛʀ| *s.m.* (*t.zool.*) scalaria *f.*

2 **scalaire** |skalɛʀ| *adj.* (*math.*) scalare: *produit scalaire de deux secteurs* prodotto scalare di due settori.

Scala-Santa |skalasɑ̃ta| *s.f.* Scala Santa.

scalde |skald(ə)| *s.m.* (*hist. litt.*) scaldo.

scaldique |skaldik| *adj.* (*hist. litt.*) scaldico*: *poésie scaldique* poesia scaldica.

scalène |skalɛn| **1** *adj.* (*géom.*) scaleno: *triangle scalène* triangolo scaleno **2** *s.m.* (*anat.*) (*muscles*) *scalènes* (muscoli) scaleni.

scalogramme |skalɔgʀam| *s.m.* (*statistique*) scalogramma.

scalp |skalp| *s.m.* scalpo ◇ (*méd.*) scalpo.

scalpel |skalpɛl| *s.m.* (*chir.*) bisturi *inv.* a scalpello.

scalper |skalpe| *v.tr.* [*dépouiller* (*qqn.*) *du cuir chevelu après incision circulaire de la peau*] scotennare, scalpare: *les Indiens d'Amérique du Nord scalpaient leurs ennemis* gli Indiani del Nordamerica scotennavano, scalpavano i nemici vinti.

scammonée |skamɔne| *s.f.* (*t. bot.*) scamonea.

scampi |skɑ̃pi| *s.m.pl.* (*cuis.*) scampi.

scandale |skɑ̃dal| *s.m.* **1** scandalo: *scandale public* scandalo pubblico; *un livre, un film qui fait scandale* un libro, un film che fa scandalo ◇ [*émotion indignée*] *au grand scandale de sa famille* con grande scandalo della sua famiglia **2** [*désordre, esclandre*] scandalo; baccano, scompiglio*: *pas de scandale!* niente scandali!; *si on me renvoie, je ferai du scandale* se mi licenziano, farò uno scandalo **3** [*grave affaire qui émeut l'opinion publique*] scandalo: *le scandale de Watergate* lo scandalo del Watergate **4** [*fait immoral, révoltant*] scandalo, vergogna (*f.*): *c'est un scandale!* è uno scandalo, una vergogna! → **honte.**

scandaleusement |skɑ̃daløzmɑ̃| *adv.* [→ SCANDALEUX] scandalosamente.

scandaleux, euse |skɑ̃dalø, øz| *adj.* **1** scandaloso: *conduite scandaleuse* condotta scandalosa; *romans scandaleux* romanzi scandalosi ◇ [*relatif aux scandales* (3)] scandalistico*: *chronique scandaleuse* cronaca scandalistica ◇ (*fam.*) *prix scandaleux* [*trop élevé*] prezzo scandaloso; *c'est scandaleux!* è scandaloso!, è uno scandalo! **2** (*relig.*) scandaloso.

scandaliser |skɑ̃dalize| *v.tr.* **1** (*relig.*) [*être un sujet de scandale pour* (*qqn.*), *inciter au péché*] scandalizzare: *scandaliser les âmes* scandalizzare le anime **2** [*atteindre, toucher par le scandale; apparaître comme un scandale à*] scandalizzare ♦ (*pron. intr.*) *se scandaliser* scandalizzarsi.

scander |skɑ̃de| *v.tr.* **1** [*analyser* (*un vers*) *en ses éléments métriques; le déclamer en tenant compte de cette analyse*] scandire (197) **2** [*prononcer en détachant les syllabes, les groupes de mots*] scandire: *scander les mots* scandire le parole.

scandinave |skɑ̃dinav| *adj.* [*qui appartient à la Scandinavie*] scandinavo: *péninsule scandinave* penisola scandinava.

scandinavisme |skɑ̃dinavism(ə)| *s.m.* (*polit.*) scandinavismo.

scandium |skɑ̃djɔm| *s.m.* (*chim.*) scandio*.

scanographie |skanɔgʀafi| *s.f.* (*méd.*) tomografia assiale computerizzata, TAC *inv.*

scansion |skɑ̃sjɔ̃| *s.f.* scansione, lo scandire *m. inv.*

scaphandre |skafɑ̃dʀ(ə)| *s.m.* scafandro ◇ (*par anal.*) *le scaphandre des cosmonautes* lo scafandro dei cosmonauti.

scaphandrier |skafɑ̃dʀije| *s.m.* [*plongeur muni d'un scaphandre, chargé de divers travaux sous-marins*] palombaro.

-scaphe |skaf| *suff.* (*signifiant 'barque', correspond généralt. à*) scafo: *bathyscaphe* batiscafo.

scaphite |skafit| *s.m.* (*paléont.*) scafite.

scaph(o)- |skaf(ɔ)| *préf.* (*signifiant 'barque', correspond généralt. à*) scaf(o): *scaphandre* scafandro.

scaphocéphale |skafɔsefal| *adj.* (*méd.*) scafocefalo.

scaphocéphalie |skafɔsefali| *s.f.* (*méd.*) scafocefalia.

scaphoïde |skafɔid| *adj.* (*anat.*) *os scaphoïde* osso scafoide ♦ (*s.m.*) *le schapoïde* lo scafoide.

Scaphopodes |skafɔpɔd| *s.m. pl.* (*t.zool.*) Scafopodi.

1 **scapulaire** |skapylɛʀ| *s.m.* **1** (*rare*) [*vêtement de certains religieux*] scapolare **2** [*objet de dévotion*] scapolare.

2 **scapulaire** |skapylɛʀ| **1** *adj.* (*anat.*) scapolare: *ceinture scapulaire* cingolo scapolare; *artères, veines scapulaires* arterie, vene scapolari **2** *s.m.* (*chir.*) bendaggio* della scapola (biforcato anteriormente).

scapulo-huméral, ale, aux |skapylɔymeʀal, o| *adj.* (*anat.*) scapolo-omerale: *articulation scapulo-humérale* articolazione scapolo-omerale.

scarabée |skaʀabe| *s.m.* (*t.zool.*) scarabeo ◇ [*pierre gravée, bijou portant l'image du scarabée sacré égypt.*] scarabeo.

Scarabéidés |skaʀabeide| *s.m. pl.* (*t.zool.*) Scarabeidi.

scare |skaʀ| *s.m.* (*t.zool.*) scaro.

scarieux, euse |skaʀjø, øz| *adj.* (*bot.*) scarioso.

scarifiage |skaʀifjaʒ| *s.m.* (*agric.*) scarificazione *f.*, scarificatura *f.*

scarificateur |skaʀifikatœʀ| *s.m.* (*agric.*, *méd.*) scarificatore.

scarification |skaʀifikɑsjɔ̃| *s.f.* (*arbor.*, *méd.*) scarificazione, scarificatura.

scarifier |skaʀifje| *v.tr.* **1** (*méd.*) [*inciser superficiellement*] scarificare: *scarifier la peau* scarificare la pelle **2** (*agric.*) [*procéder au scarifiage de* (*la terre*)] scarificare **3** (*arbor.*) [*procéder à la scarification de* (*l'écorce*)] scarificare.

scarlatine |skaʀlatin| *s.f.* (*méd.*, *cour.*) scarlattina ♦ (*adj.*) *fièvre scarlatine* febbre scarlattina.

scarlatineux, euse |skaʀlatinø, øz| *adj. et s.* (*méd.*) scarlattinoso.

scarlatiniforme |skaʀlatinifɔʀm(ə)| *adj.* (*méd.*) scarlattiniforme.

scarole |skaʀɔl|, **escarole** |ɛskaʀɔl| *s.f.* (*t.bot.*) scarola.

scato- |skatɔ| *préf.* (*signifiant 'excrément', correspond généralt. à*) scato: *scatophile* scatofilo.

scatologie |skatɔlɔʒi| *s.f.* scatologia*.

scatologique |skatɔlɔʒik| *adj.* scatologico*: *plaisanterie scatologique* scherzo scatologico.

scatophile |skatɔfil| *adj.* (*sc. nat.*) scatofilo.

sceau |so| *s.m.* **1** [*cachet officiel où est gravée en creux l'effigie, les armes, la devise d'un souverain, d'un État, etc.*] sigillo # *Garde des Sceaux* (ministro) guardasigilli *inv.* **2** [*empreinte faite par ce cachet; morceau de cire, de plomb portant cette empreinte*] sigillo: *mettre, apposer son sceau* apporre il proprio sigillo; *briser le sceau* rompere il sigillo **3** (*fig.*, *littér.*) [*ce qui authentifie, confirme*] sigillo → **marque, empreinte** ◇ (*loc.*) *sous le sceau du secret* sotto il vincolo del segreto **4** (*t.bot.*) *sceau-de-Salomon* sigillo di Salomone.

sceau-de-Salomon |sodəsalɔmɔ̃| *s.m.* → **sceau** 4.

scélérat, ate |seleʀa, at| *adj. et s.* (*vx.*, *littér.*) scellerato → **criminel, coquin.**

scélératesse |seleʀatɛs| *s.f.* (*vx.*, *littér.*) scelleratezza → **méchanceté, perfidie** ◇ (*par ext.*) UNE, DES SCÉLÉRATESSE(S) [*action scélérate*]: *commettre une scélératesse* commettere una scelleratezza.

scellage |sɛlaʒ| *s.m.* (*techn.*) sigillatura *f.*

scellé |sele| *s.m.* (*dr.*) sigillo: *lever les scellés* rimuovere i sigilli.

scellement |sɛlmɑ̃| *s.m.* **1** [→ SCELLER II] sigillatura (*f.*): *scellement au plâtre, au plomb fondu* sigillatura a gesso, con piombo fuso; *scellement d'une prothèse dentaire* sigillatura di una corona, di una protesi dentaria **2** [*longueur sur laquelle une pièce est scellée*] sigillatura.

sceller |sele| *v.tr.* **I** **1** [*marquer* (*un acte*) *d'un sceau, pour l'authentiquer ou le fermer*] sigillare: *sceller un acte* sigillare un atto ◇ [*fermer* (*un contenant*) *au moyen d'un sceau, d'un cachet*] *sceller des sacs avec des cachets de plomb* sigillare dei sacchi con dei sigilli di piombo **2** (*fig.*) [*confirmer, comme par un sceau*] suggellare: *sceller un pacte, une réconciliation* suggellare un patto, una riconciliazione **II** **1** [*fermer hermétiquement* (*un contenant, une ouverture*)] sigillare: *faire sceller une fenêtre* far sigillare una finestra **2** [*fixer* (*un objet, un élément*) *avec du ciment, du plâtre, de la chaux*] sigillare → **cimenter, plâtrer.**

scénario |senaʀjo| *s.m.* **1** [*action, argument d'une pièce de théât.*; *sa présentation écrite*] soggetto; copione **2** [*description de l'action d'un film, comprenant généralt. des indications techniques, les dialogues*] soggetto; sceneggiatura *f.*, copione **3** (*fig.*) [*processus qui se déroule selon un plan réétabli*] scenario*: *le scénario des négociations* lo scenario dei negoziati.

scénariste |senaʀist(ə)| *s.* [*auteur de scénarios de films; spécialiste de l'adaptation et de la construction dramatique*] soggettista; sceneggiatore*.

scène |sɛn| *s.f.* **I** **1** (*théât.*) scena; palcoscenico* (*m.*): *par ordre d'entrée en scène* per ordine di entrata in scena; *mise en scène* messa in scena (messinscena), regìa; *entrer en scène, sortir de scène* entrare in scena, uscire di scena; *mettre en scène un type, un personnage, une histoire* mettere in scena un carattere, un personaggio, una storia; *porter à la scène, adapter pour la scène* portare in scena, adattare per la scena || *scène tournante* palcoscenico girevole # *avant-scène* proscenio; *arrière-scène* retroscena; *metteur en scène* regista ◇ (*fig.*) *le devant de la scène* la prima fila, il posto *m.* migliore; *la scène politique* la scena politica **2** [*décor du théât.*] scena: *la scène représente un palais, une forêt* la scena rappresenta un palazzo, una foresta ◇ [*lieu, temps où l'action dramatique se passe*] *la scène est à Londres, se passe au moyen âge* la scena si svolge a Londra, nel medioevo **3** [*le théât., l'art dramatique*] teatro (*m.*): *les chefs-d'œuvre de la scène* i capolavori del teatro, teatrali; *vedettes de la scène et de l'écran* divi del teatro e del cinema **II** **1** [*partie, division d'un acte*] scena: *acte III, scène II* atto III, scena II ◇ (*fig.*) *jouer la grande scène* fare la scena madre **2** (*par anal.*) *scènes d'un film* scene di un film **3** (*peint.*) scena: *scène de genre* scena di costume **4** [*événement qui constitue un spectacle remarquable ou éveille des sentiments*] scena: *scène bouffonne, comique* scena buffa, comica; *être témoin d'une scène* essere testimone di una scena **5** [*explosion de colère, dispute bruyante*] scenata, lite: *faire une scène violente* fare una (violenta) scenata, avere una violenta lite; *il nous a fait une grande scène d'indignation* ci ha fatto una scenata piena di sdegno; *scène de ménage* lite tra marito e moglie # *enfant qui fait une scène* bambino che fa i capricci **6** (*psychan.*) *scène originaire, primitive* scena originaria, primitiva.

scenic railway |senikʀɛlwɛ| *s.m.* (*angl.*) [*montagnes russes*] otto *inv.* volante, montagne *f. pl.* russe.

scénique |senik| *adj.* (*théât.*) scenico*: *représentations scéniques* rappresentazioni sceniche; *intrigue scénique* intrigo scenico.

scéniquement |senikmɑ̃| *adv.* [*du point de vue du théât.*] scenicamente.

scénographie |senɔgʀafi| *s.f.*

(*théât.*) **1** scenografia **2** (*on dit aussi 'scénologie'*) [*étude des aménagements matériels du théât.*] scenotecnica*.
scénographique |senɔgʀafik| *adj.* (*théât.*) |scenografico*, scenotecnico*.
scénologie |senɔlɔʒi| *s.f.* (*théât.*) → **scénographie 2.**
scénopégie |senɔpeʒi| *s.f.* (*hist. hébr.*) scenopegia*.
scepticisme |sɛptisism(ə)| *s.m.* (*philo.*, *cour.*) scetticismo.
sceptique |sɛptik| **I** *s.* **1** *s.m.* (*philo.*) scettico* **2** *s.* scettico → **incrédule, irréligieux** **II** *adj.* **1** (*philo.*) scettico: *philosophes sceptiques* filosofi scettici **2** (*par ext.*) scettico: *attitude sceptique* atteggiamento scettico ⓒ I 2 **crédule, croyant.**
sceptiquement |sɛptikmɑ̃| *adv.* (*rare*) [→ SCEPTIQUE II 2] scetticamente.
sceptre |sɛptʀ(ə)| *s.m.* **1** scettro: *sceptre des empereurs romains* scettro degli imperatori romani **2** (*fig.*) [*l'autorité souveraine*; *l'état de souverain*] scettro.
schah |ʃa| *s.m.* [*l'ex-souverain de la Perse* (*Iran*)] scià *inv.*
schako |ʃako| *s.m.* → **shako.**
schappe |ʃap| *s.m. ou f.* (*textiles*) bavella *f.*, borra *f.*
scheik |ʃɛk| *s.m.* → **cheik.**
schelem |ʃlɛm| *s.m.* → **chelem.**
schelling |ʃ(ə)liŋ| *s.m.* → **schilling.**
schéma |ʃema| *s.m.* schema: *voici le schéma de l'opération* ecco lo schema dell'operazione; *dessiner le schéma de qqch.* disegnare lo schema di q.c.
schématique |ʃematik| *adj.* **1** schematico*: *croquis schématique* schizzo schematico **2** (*péj.*) (troppo) schematico: *interprétation, conception schématique* interpretazione, concezione (troppo) schematica.
schématiquement |ʃematikmɑ̃| *adv.* [→ SCHÉMATIQUE] schematicamente: *organe représenté schématiquement* organo rappresentato schematicamente.
schématisation |ʃematizasjɔ̃| *s.f.* [→ SCHÉMATISER] schematizzazione.
schématiser |ʃematize| *v.tr.* **1** (*philo.*) [*considérer* (*les objets*) *comme des schèmes*] schematizzare **2** [*mettre en schéma*] schematizzare: *schématiser les relations entre les atomes* schematizzare i rapporti tra gli atomi **3** [*rendre schématique, réduire à l'essentiel*] schematizzare → **simplifier.**
schématisme |ʃematism(ə)| *s.m.* (*philo.*) schematismo.
schème |ʃɛm| *s.m.* (*philo.*) schema ◇ (*psycho.*) *schème d'action, de l'intelligence* schemi di azione, dell'intelligenza ◇ (*bx-arts*) *le peintre plie la réalité à ses schèmes* il pittore piega la realtà ai propri schemi.
schéol |ʃeɔl| *s.m.* (*relig.*) → **enfer.**
scherzando |skɛʀts(dz)ando| *adv.* (*mus.*) scherzando.
scherzo |skɛʀts(dz)o| *s.m.* (*mus.*) scherzo: *les scherzos de Beethoven* gli scherzi di Beethoven ✦ *adv.* scherzando: *jouer scherzo* eseguire scherzando.
schibboleth |ʃibɔlɛt| *s.m.* (*hébr.*) (*rare*) prova *f.* del fuoco (*cour.*).
schiedam |skidam| *s.m.* (*all.*) [*eau-de-vie de grain, en Hollande, en Belgique et dans le Nord de la France*] ⊠.
schilling |ʃiliŋ| *s.m.* (*all.*) [*unité monétaire de l'Autriche*] scellino (austriaco*).
schismatique |ʃismatik| *adj. et s.* scismatico*.
schisme |ʃism(ə)| *s.m.* **1** (*relig.*) scisma **2** [*scission* (*d'un groupe organisé, d'un parti*)] scisma.
schiste |ʃist(ə)| *s.m.* (*minér.*) scisto, schisto.
schisteux, euse |ʃistø, øz| *adj.* (*minér.*) scistoso schistoso: *roche schisteuse* roccia scistosa; *structure schisteuse* struttura scistosa.
schistoïde |ʃistɔid| *adj.* (*minér.*) scistoso, schistoso.
schiz(o)- |skiz(ɔ)| *préf.* (*signifiant 'division, séparation', correspond généralt. à*) schiz(o): *schizogamie* schizogamia.
schizogamie |skizɔgami| *s.f.* (*biol.*) schizogamia.
schizogenèse |skizɔʒənɛz| *s.f.* (*biol.*) schizogenesi *inv.*
schizogonie |skizɔgɔni| *s.f.* (*zool.*) schizogonia.
schizoïde |skizɔid| *adj.* (*psychiatr.*) schizoide ✦ (*s.*) *un schizoïde* uno schizoide.
schizoïdie |skizɔidi| *s.f.* (*psychiatr.*) schizoidismo *m.*
schizoïdique |skizɔidik| *adj.* (*psychiatr.*) schizoidico*.
schizométamérie |skizɔmetameʀi| *s.f.* (*biol.*) schizometameria.
Schizomycètes |skizɔmisɛt| *s.m. pl.* (*t.bot.*) Schizomiceti.
schizonévrose |skizɔnevʀoz| *s.f.* (*psychiatr.*) schizonevrosi *inv.*
schizoparaphasie |skizɔpaʀafazi| *s.f.* (*psychopathologie*) schizoparafasia.
schizophrène |skizɔfʀɛn| *s. et adj.* (*psychiatr.*) schizofrenico*.
schizophrénie |skizɔfʀeni| *s.f.* (*psychiatr.*) schizofrenia.
schizose |skizoz| *s.f.* (*psychiatr.*) schizosi *inv.*
schizothymie |skizɔtimi| *s.f.* (*psychiatr.*) schizotimia.
schizothymique |skizɔtimik| *s. et adj.* (*psychiatr.*) schizotimico*.
schlague |ʃlag| *s.f.* [*punition* (*coups de baguette*) *ancienn. en usage dans les armées all.*] punizione (con la verga) # *donner la schlague* punire con la verga.
schlamm |ʃlam| *s.m.* (*all.*) (*techn.*) schlamm *inv.*
1 **schlass** |ʃlɑ(a)s| *adj. inv.* (*all.*) (*pop.*) [*ivre, soûl*] sbronzo (*var.*): *elle est complètement schlass* è completamente sbronza.
2 **schlass** |ʃlɑ(a)s| *s.m.* (*pop.*) → **couteau.**
schlinguer, schelinguer, chlinguer |ʃlɛ̃ge| *v.intr.* (*pop.*) → **puer.**
schlittage |ʃlitaʒ| *s.m.* (*région., techn.*) trasporto (di legname) con la slitta.
schlitte |ʃlit| *s.f.* (*région.*) [*traîneau qui sert à descendre dans les vallées le bois abattu sur les hauteurs*] slitta.
schlitter |ʃlite| *v.tr.* (*région.*) [*transporter* (*du bois*) *au moyen de la schlitte*] trasportare (legname) con la slitta.
schlitteur |ʃlitœʀ| *s.m.* (*région.*) trasportatore di legname con la slitta.
schnaps |ʃnaps| *s.m.* (*all.*) [*eau-de-vie de pomme de terre ou de grain, fabriquée en Allemagne*] ⊠.
schnauzer |ʃnawzɛʀ| *s.m.* (*all.*) schnauzer *inv.*
schnock, schnoque, chnoque |ʃnɔk| *adj. et s.* (*pop.*) → **imbécile, fou.**
schnorchel, schnorkel |ʃnɔʀkɛl| *s.m.* (*all.*) (*mar.*) schnorchel *inv.*
schnouff, schnouf, chnouf |ʃnuf| *s.f.* (*arg.*) → **drogue, stupéfiant.**
schooner |skunœʀ, ʃunœʀ| *s.m.* (*angl.*) (*mar.*) schooner *inv.*
schupo |ʃupo| *s.m.* (*all.*) poliziotto tedesco*.
schuss |ʃus| *s.m.* (*all.*) (*ski*) schuss *inv.*, discesa *f.* lungo la linea di massima pendenza ✦ (*adv.*) *descendre, prendre schuss* scendere a schuss *loc. inv.*, lungo la linea di massima pendenza *loc. inv.*
sciable |sjabl(ə)| *adj.* (*rare*) [→ SCIER I] segabile.
sciage |sjaʒ| *s.m.* **1** [*opération qui consiste à scier* (*un matériau*); *procédé utilisé pour scier*] segatura *f.*, il segare (*inv.*): *sciage mécanique* segatura meccanica ◇ (*spécialt.*) *bois de sciage, du sciage* legname da costruzione *f.*, da falegnameria *f.* **2** (*techn.*) *sciage, fendage du diamant* segatura, taglio del diamante.
scialytique |sjalitik| *adj.* (*chir.*) scialitico* ✦ (*s.m.*) *un scialytique* una lampada *f.* scialitica.
sciant, sciante |sjɑ̃, sjɑ̃t| *adj.* (*fam.*, *vieilli*) [*ennuyeux, importun*] scocciante (*fam.*), seccante (*cour.*) # *c'est qu'il est sciant!* quanto scoccia, quello!
sciatique |sjatik| **1** *adj.* (*anat.*) sciatico*: *grand nerf sciatique* grande nervo sciatico **2** *s.f.* (*méd.*, *cour.*) sciatica*.
scie |si| *s.f.* **1** (*techn.*, *cour.*) sega*: *scie à lame libre, munie d'une poignée* sega a mano, con impugnatura; *scie à chantourner* sega da traforo; *scie à bois, à métaux, de menuisier, de boucher* sega da legno, da metalli, da falegname, da macellaio; *couteau-scie* coltello a sega; *scie circulaire* sega circolare; *scie à ruban* sega a nastro # *trait de scie* linea tracciata prima di segare ◇ *loc. fig.* EN DENTS DE SCIE dentato *adj.*, frastagliato (*adj.*): *montagne en dents de scie* montagna dentata, frastagliata **2** (*t. zool.*) (*poisson*) *scie* pesce *m.* sega **3** (*mus.*) *scie musicale* sega musicale **4** [*chanson, formule ressassée et usée*] ritornello *m.*, tiritera → **rengaine** **5** (*fam.*) [*personne, chose désagréable ou ennuyeuse*] lagna: *quelle scie! tous les jours la même histoire* che lagna! tutti i giorni la stessa storia.
sciemment |sjamɑ̃| *adv.* [*en connaissance de cause*] coscientemente, scientemente → 2 **exprès, volontairement.**
science |sjɑ̃s| *s.f.* **I** **1** [*ensemble de connaissances génér.*] scienza: *c'est un puits de science* è un pozzo di scienza ◇ (*loc.*) *avoir la science infuse* avere la scienza infusa → 2 **culture, érudition** **2** (*littér.*) [*savoir-faire que donnent les connaissances, l'habileté*] scienza, perizia: *sa science des couleurs* la sua scienza, perizia del colore; *il a manœuvré avec une science consommée* ha manovrato con consumata perizia → **art** **II** **1** UNE, LES SCIENCE(S) scienza: *sciences abstraites* scienze astratte; *sciences occultes* scienze occulte; *sciences exactes, mathématiques, expérimentales* scienze esatte, matematiche, sperimentali; *sciences naturelles* scienze na-

turali; *les sciences et les lettres* le scienze e le lettere; *faculté des sciences* facoltà di scienze **2** LA SCIENCE [*ensemble des travaux des sciences*] la scienza: *les branches, les spécialités de la science* le branche, le discipline della scienza ◇ [*les savants*] *le monde de la science* il mondo della scienza; *homme de science* uomo di scienza, scienziato.

science-fiction |sjɑ̃sfiksjɔ̃| *s.f.* (*amér.*) (*abrév. fam.* '*la S.F.*') fantascienza: *livre, film de science-fiction* libro, film di fantascienza, fantascientifico.

science-fictionnel, elle |sjɑ̃sfiksjɔnɛl| *adj.* fantascientifico*.

sciène |sjɛn| *s.f.* (*t.zool.*) sciena, aquila di mare.

Sciénidés |sjenide| *s.m. pl.* (*t.zool.*) Scienidi.

scientificité |sjɑ̃tifisite| *s.f.* scientificità *inv.*

scientifique |sjɑ̃tifik| **1** *adj.* scientifico*: *études scientifiques* studi scientifici; *examen, explication scientifique* esame scientifico, spiegazione scientifica; *nom scientifique d'une plante, d'un animal* nome scientifico di una pianta, di un animale; *Centre national de la recherche scientifique* (*C.N.R.S.*) Centro nazionale della ricerca scientifica **2** *s.* [*personne qui étudie les sciences, savant spécialiste d'une science*] scienziato.

scientifiquement |sjɑ̃tifikmɑ̃| *adv.* [→ SCIENTIFIQUE 1] scientificamente.

scientisme |sjɑ̃tism(ə)| *s.m.* scientismo.

scientiste |sjɑ̃tist(ə)| *s.* scientista ✦ *adj.* scientista, scientistico*.

scier |sje| *v.tr.* **I** [*couper, diviser avec une lame tranchante, dentée ou non*] segare: *scier du bois, le bois, de la pierre, du métal* segare legna, il legname, la pietra, il metallo **II** (*fam., vieilli*) *scier qqn.* [*le fatiguer, l'ennuyer par une répétition monotone*] scocciare (*fam.*), seccare (*cour.*) qc. ◇ (*pop.*) [*étonner, surprendre, suffoquer*] togliere (123) il fiato (a).

scierie |siʀi| *s.f.* [*atelier, usine où des scies débitent le bois, la pierre, etc.*] segheria.

scieur |sjœʀ| *s.m.* [*celui dont le métier est de scier* (I) (*la pierre, le bois*)] segatore; segantino: *scieur de long* segatore di assi.

scieuse |sjøz| *s.f.* (*techn.*) segatrice.

scille |sil| *s.f.* (*t.bot.*) scilla.

Scincidés |sɛ̃side|, **Scincoïdes** |sɛ̃kɔid| *s.m. pl.* (*t.zool.*) Scincidi.

scinder |sɛ̃de| *v.tr.* (*en parlant de choses abstraites ou de groupes*) [*couper, diviser*] scindere (181): *scinder la question, le problème* scindere la questione, il problema ✦ (*pron. intr.*) *se scinder en deux, trois...* scindersi in due, in tre...

scinque |sɛ̃k| *s.m.* (*t.zool.*) scinco*.

scintigramme |sɛ̃tigʀam|, **scintillogramme** |sɛ̃tillɔgʀam| *s.m.* (*méd.*) scintigramma, scintillogramma.

scintigraphie |sɛ̃tigʀafi|, **scintillographie** |sɛ̃tillɔgʀafi| *s.f.* (*méd.*) scintigrafia, scintillografia.

scintillant, ante |sɛ̃tijɑ̃, ɑ̃t| **1** *adj.* scintillante: *étoiles scintillantes* stelle scintillanti **2** *s.m.* [*ornement de clinquant pour arbre, crèche de Noël, etc.*] lustrino, orpello.

scintillateur |sɛ̃tillatœʀ| *s.m.* (*phys.*) scintillatore.

scintillation |sɛ̃tijɑsjɔ̃| *s.f.* (*astron., phys.*) scintillazione.

scintillement |sɛ̃tijmɑ̃| *s.m.* **1** [*scintillation des étoiles*] scintillio* → **clignotement** **2** [*éclat intermittent*] luccichio*: *le scintillement des lustres de cristal* il luccichio dei lampadari di cristallo.

scintiller |sɛ̃tije| *v.intr.* **1** (*astres*) [*briller d'un éclat inégal, caractérisé par le phénomène de la scintillation*] scintillare ◇ (*par anal.*) luccicare: *lumières lointaines qui scintillent* luci lontane che luccicano **2** [*étinceler, jeter de l'éclat par intervalles*] luccicare, sfavillare: *diamants qui scintillent* diamanti che luccicano, sfavillano.

scintillomètre |sɛ̃tillɔmɛtʀ(ə)| *s.m.* (*phys.*) scintillometro.

scion |sjɔ̃| *s.m.* **1** (*arbor.*) pollone **2** (*pêche*) cimino.

sciotte |sjɔt| *s.f.* (*techn.*) sega* da marmista.

scirpe |siʀp(ə)| *s.m.* (*t.bot.*) scirpe.

scissile |sisil| *adj.* (*géol.*) scissile: *roches scissiles* rocce scissili.

scission |sisjɔ̃| *s.f.* **1** scissione: *la scission du parti socialiste* la scissione del partito socialista ◇ (*loc.*) *faire scission* scindersi **2** (*biol., physiol.*) scissione.

scissionnisme |sisjɔnism(ə)| *s.m.* scissionismo.

scissionniste |sisjɔnist(ə)| *s.* scissionista ✦ *adj.* scissionistico*: *activités scissionnistes* attività scissionistiche.

scissipare |sisipaʀ| *adj.* (*biol.*) scissiparo.

scissiparité |sisipaʀite| *s.f.* (*biol.*) scissiparità *inv.*

scissure |sisyʀ| *s.f.* (*anat.*) scissura: *scissure du cervelet* scissura del cervelletto.

sciure |sjyʀ| *s.f.* [*déchets en poussière d'une matière qu'on scie*] segatura: *sciure de grès* segatura di gres ◇ (*spécialt.*) [*sciure de bois*] segatura.

Sciuridés |sjyʀide| *s.m. pl.* (*t.zool.*) Sciuridi.

scléral, ale, aux |skleʀal, o| *adj.* (*anat.*) sclerale: *conjonctive sclérale* congiuntiva sclerale.

scléranthe |skleʀɑ̃t| *s.m.* (*t.bot.*) scleranto.

sclérème |skleʀɛm| *s.m.* (*méd.*) sclerema.

sclérenchyme |skleʀɑ̃ʃim| *s.m.* (*bot.*) sclerenchima.

scléreux, euse |skleʀø, øz| *adj.* (*pathol.*) sclerotico*: *tissu scléreux* tessuto sclerotico.

sclérite |skleʀit| *s.f.* (*méd.*) sclerite.

sclér(o)- |skleʀ(ɔ)| *préf.* (*signifiant* '*dur*', *correspond généralt. à*) scler(o): *sclérogène* sclerogeno.

sclérodermie |skleʀɔdɛʀmi| *s.f.* (*méd.*) sclerodermia.

sclérogène |skleʀɔʒɛn| *adj.* (*méd.*) sclerogeno.

scléromètre |skleʀɔmɛtʀ(ə)| *s.m.* (*techn.*) sclerometro.

scléroprotéine |skleʀɔpʀɔtein| *s.f.* (*biol.*) scleroproteina.

sclérose |skleʀoz| *s.f.* **1** (*méd.*) sclerosi *inv.* **2** (*fig.*) sclerosi, fossilizzazione: *sclérose des institutions, d'un parti* sclerosi, fossilizzazione delle istituzioni, di un partito.

sclérosé, ée |skleʀoze| *adj.* **1** [*atteint de sclérose*] sclerotico*: *tissu sclérosé* tessuto sclerotico **2** (*fig.*) [*figé, qui n'évolue pas*] sclerotico, fossilizzato: *administration sclérosée* amministrazione sclerotica, fossilizzata.

scléroser (se) |skleʀoze| *v.pron. intr.* **1** [*se durcir, être atteint de sclérose* (*organe, tissu*)] sclerotizzarsi, sclerosarsi: *certains tissus se sclérosent* certi tessuti sclerotizzano, si sclerosano **2** (*fig.*) [*se figer, ne plus évoluer*] sclerotizzarsi, sclerosarsi, fossilizzarsi: *la société se sclérose de plus en plus* la società si sclerotizza, si fossilizza sempre più.

sclérote |skleʀɔt| *s.m.* (*bot.*) sclerozio*.

sclérotique |skleʀɔtik| *s.f.* (*anat.*) sclera, sclerotica*.

scolaire |skɔlɛʀ| *adj.* **1** [*relatif ou propre aux écoles, à l'enseignement*] scolastico*: *système scolaire* ordinamento scolastico; *année scolaire* anno scolastico; *âge scolaire* età scolastica, scolare ✦ (*s.*) *un scolaire* uno scolaro **2** (*péj.*) [*qui évoque les exercices de l'école, qui a qqch. d'appris et de livresque*] scolastico: *cet exposé est trop scolaire* è un'esposizione troppo scolastica.

scolairement |skɔlɛʀmɑ̃| *adv.* (*rare*) [→ SCOLAIRE 2] scolasticamente (*cour.*).

scolarisable |skɔlaʀizabl(ə)| *adj.* scolarizzabile.

scolarisation |skɔlaʀizɑsjɔ̃| *s.f.* [→ SCOLARISER] scolarizzazione.

scolariser |skɔlaʀize| *v.tr.* [*pourvoir d'établissements scolaires et d'enseignement régulier*] scolarizzare.

scolarité |skɔlaʀite| *s.f.* frequenza (scolastica*): *années de scolarité* anni di frequenza (scolastica); *certificat de scolarité* certificato di frequenza; *taux de scolarité* (tasso di) frequenza scolastica ◇ (*spécialt.*) *scolarité obligatoire* [*temps d'études prescrit*] obbligo *m.* scolastico*: *prolongation de la scolarité* prolungamento dell'obbligo scolastico.

scolasticat |skɔlastika| *s.m.* (*relig.*) scolasticato.

scolastique |skɔlastik| **I** *adj.* **1** (*philo.*) scolastico* **2** [*qui concerne ou rappelle la scolastique décadente* (*par le formalisme*)] scolastico: *esprit scolastique* mentalità scolastica **II** *s.* **1** *s.f.* (*philo.*) scolastica* **2** *s.m.* [*philosophe et théologien scolastique du moyen âge*] scolastico **3** *s.m.* [*jeune religieux d'un scolasticat*] scolastico → **séminariste.**

scolex |skɔlɛks| *s.m.* (*zool.*) scolice.

scoliaste, scholiaste |skɔljast(ə)| *s.m.* scoliaste.

scolie, scholie |skɔli| *s.* **1** *s.f.* [*note philologique, historique, due à un commentateur anc.*] scolio* *m.*, glossa → **annotation** **2** *s.m.* (*hist. sc.*) scolio.

scoliose |skɔljoz| *s.f.* (*méd.*) scoliosi *inv.*

scoliotique |skɔljɔtik| *adj. et s.* (*méd.*) scoliotico*.

1 **scolopendre** |skɔlɔpɑ̃dʀ(ə)| *s.f.* (*t.bot.*) scolopendrio* *m.*

2 **scolopendre** |skɔlɔpɑ̃dʀ(ə)| *s.f.* (*t.zool.*) sclopendra.

scolyte |skɔlit| *s.m.* (*t.zool.*) scolito.

Scombridés |skɔ̃bʀide| *s.m. pl.* (*t.zool.*) Scombridi.

sconse, skons |skɔ̃s| *s.m.* (pelliccia* *f.* di) moffetta *f.*

scoop |skup| *s.m.* (*angl.*) colpo (gior-

nalistico*) → **exclusivité** (*t. recomm.*).
scooter |skutœR, skutɛR| *s.m.* **1** scooter *inv.*, motoscooter *inv.*; motoretta *f.* **2** *scooter des neiges* → **motoneige** (*t. recomm.*).
scootériste |skuteRist(ə)| *s.* scooterista, scuterista.
-scope |skɔp|, **-scopie** |skɔpi| *suff.* (*signifiant 'examiner, observer', correspondent généralt. à*) scopio; scopia: *radiotélescope* radiotelescopio || *radioscopie* radioscopia.
scopie |skɔpi| *s.f.* (*abrév.*) → **radioscopie.**
scopolamine |skɔpɔlamin| *s.f.* (*chim.*) scopolamina.
scorbut |skɔRbyt| *s.m.* (*méd.*) scorbuto.
scorbutique |skɔRbytik| *adj.* scorbutico*: *symptômes scorbutiques* sintomi scorbutici ✦ (*s.*) *un scorbutique* uno scorbutico.
score |skɔR| *s.m.* (*angl.*) [*marque, décompte des points au cours d'un match; résultat indiqué par la marque*] punteggio*, risultato: *un score sévère* un punteggio severo; *le score final* il punteggio, il risultato finale ◇ [*nombre exprimant le résultat d'un test*] risultato: *score électoral* risultato elettorale → 2 **note.**
scoriacé, ée |skɔRjase| *adj.* scoriaceo.
scories |skɔRi| *s.f. pl.* **1** scorie: *scories radioactives* scorie radioattive **2** (*géol.*) *scories* (*volcaniques*) scorie vulcaniche **3** (*fig.*) [*partie médiocre ou mauvaise*] scorie.
scorification |skɔRifikasjɔ̃| *s.f.* (*métall.*) scorificazione.
scorifier |skɔRifje| *v.tr.* [*séparer les scories* (*d'un métal*), *après fusion*] scorificare.
scorpène |skɔRpɛn| *s.f.* (*t.zool.*) scorpena, scorfano *m.*
scorpioïde |skɔRpjɔid| *adj.* (*bot.*) scorpioide.
scorpion |skɔRpjɔ̃| *s.m.* **1** (*t.zool.*) scorpione ◇ (*cour.*) *être piqué par un scorpion* essere punto da uno scorpione **2** *Scorpion* [*huitième signe du zodiaque*] Scorpione.
Scorpionidés |skɔRpjɔnide| *s.m. pl.* (*t.zool.*) Scorpionidi.
scorpiurus |skɔRpjyRys| *s.m.* (*t. bot.*) scorpiuro.
scorsonère |skɔRsɔnɛR| *s.f.* (*t.bot.*) scorzonera.
1 **scotch** |skɔtʃ| *s.m.* (*angl.*) [*whisky écossais*] scotch (*inv.*): *commander un double scotch au bar* ordinare un doppio scotch al bar.
2 **scotch** |skɔtʃ| *s.m.* (*amér.*) (*nom déposé*) [*ruban adhésif transparent*] scotch *inv.* → **adhésif, collant.**
scotcher |skɔtʃe| *v.tr.* [*coller avec du* (2) *scotch*] incollare, attaccare con lo scotch.
scotie |skɔti| *s.f.* (*archit.*) scozia.
scotisme |skɔtism(ə)| *s.m.* (*philo.*) scotismo.
scotiste |skɔtist(ə)| *adj.* (*philo.*) scotistico* ✦ (*s.*) *les scotistes* gli scotisti.
scotodinie |skɔtɔdini| *s.f.* (*méd.*) scotodinia.
scotome |skɔtɔm| *s.m.* (*méd.*) scotoma.
scotomisation |skɔtɔmizasjɔ̃| *s.f.* (*psychan.*) scotomizzazione.
scottish |skɔtiʃ| *s.f.* (*angl.*) [*anc. danse écossaise*] scottish *inv.*
scottish-terrier |skɔtiʃteRje|, **scotch-terrier** |skɔtʃteRje| *s.m.* (*angl.*) terrier *inv.* scozzese: *des scottish-terriers, des scotch-terriers* dei terrier scozzesi.
scoured |skuRɛd| *adj. et s.m.* (lana *f.*) lavata e sgrassata prima della tosatura.
scout, scoute |skut| *s.m.* (*angl.*) (boy-)scout *inv.* ✦ (*adj.*) *mouvement scout* movimento scout *inv.*, scoutistico*, scautistico*.
scoutisme |skutism(ə)| *s.m.* scoutismo, scautismo.
scrabble |skRabəl| *s.m.* (*angl.*) (*nom déposé*) scrabble *inv.*; scarabeo (*nom déposé*).
scrabbleur, euse |skRablœR, øz| *s.* giocatore*, appassionato di scrabble, di scarabeo.
scraper |skRɛpœR| *s.m.* (*angl.*) (*techn.*) ruspa *f.* → **décapeuse** (*t. recomm.*).
scratch |skRatʃ| *s.m. et adj.* (*angl.*) (*sport, vieilli*) scratch *inv.* ◇ (*auto.*) *temps, classement scratch* tempo, classifica scratch.
scratcher |skRatʃe| *v.tr.* (*sport*) [*rayer* (*un concurrent qui ne se présente pas à temps*)] eliminare, squalificare.
scriban |skRibɑ̃| *s.m.* [*secrétaire à tiroirs, d'origine flamande, surmonté d'un corps d'armoire*] ⊠.
scribe |skRib| *s.m.* **1** scriba **2** (*antiq.*) scriba: *scribes égyptiens* scribi egiziani ◇ (*antiq. jud.*) *scribes et pharisiens* scribi e farisei **3** (*péj.*) [*employé de bureau, commis aux écritures*] scribacchino, imbrattacarte *s. inv.*
scribouillard, arde |skRibujaR, aRd(ə)| (*fam.*) *s.* **1** *s.m.* [*soldat employé aux écritures*] scritturale (*cour.*) **2** *s.* [*fonctionnaire, commis aux écritures*] scribacchino: *c'est un scribouillard du ministère* è uno scribacchino del ministero.
1 **script** |skRipt| *s.m.* (*fin.*) certificato azionario* provvisorio*.
2 **script** |skRipt| *s.m.* **I** [*type d'écriture à la main, proche des caractères d'imprimerie*] stampatello ✦ (*appos.*) *écriture script* scrittura a stampatello *loc. inv.* ◇ (*imprim.*) *scriptes* stampatello **II** (*angl.*) (*ciné., télév.*) copione, testo.
scripte |skRipt| *s.* (*ciné., télév.*) segretario* di produzione.
scripteur |skRiptœR| *s.m.* **1** (*relig.*) scrittore apostolico* **2** chi ha scritto un manoscritto *loc.*
script-girl |skRiptgœRl|, **script** |skRipt| *s.f.* (*angl.*) → **scripte** (*t. recomm.*).
scripturaire |skRiptyRɛR| *adj.* **1** scritturale, della Sacra Scrittura *loc. inv.* **2** [*relatif à l'écriture*] scritturale: *style scripturaire* stile scritturale → **graphique.**
scriptural, ale, aux |skRiptyRal, o| *adj.* (*écon.*) *monnaie scripturale* moneta scritturale.
scrobicule |skRɔbikyl| *s.f.* (*anat., bot.*) scrobicolo *m.*
scrofulaire |skRɔfylɛR| *s.f.* (*t.bot.*) scrofularia.
Scrofulariacées |skRɔfylaRjase| *s.f. pl.* (*t.bot.*) Scrofulariacee.
scrofule |skRɔfyl| *s.f.* *spécialt. au plur.* (*méd. anc.*) scrofole.
scrofuleux, euse |skRɔfylø, øz| *adj. et s.* (*méd. anc.*) scrofoloso.
scrotal, ale, aux |skRɔtal, o| *adj.* (*anat.*) scrotale.
scrotum |skRɔtɔm| *s.m.* (*anat.*) scroto.
scrub |skRœb| *s.m.* (*angl.*) (*géogr.*) boscaglia *f.*
scrubber |skRœ(y)bœR| *s.m.* (*angl.*) (*techn.*) gorgogliatore di lavaggio (per gas).
scrupule |skRypyl| *s.m.* **I** **1** scrupolo: *scrupules religieux* scrupoli religiosi; *être dénué de scrupules, sans scrupules* essere privo di scrupoli, senza scrupoli; *étaler son luxe sans scrupule* sfoggiare il proprio lusso senza scrupoli ◇ (*loc.*) *se faire scrupule de qqch.* farsi scrupolo di q.c. ~ AVOIR SCRUPULE À FAIRE QQCH. avere scrupolo a fare q.c.: *j'aurais scrupule à vous en parler* avrei scrupolo a parlarvene **2** [*exigence, délicatesse morale très poussée; tendance à juger avec rigueur sa propre conduite*] scrupolo, scrupolosità (*f. inv.*): *un homme de scrupule* un uomo di scrupolo, scrupoloso; *exactitude poussée jusqu'au scrupule* precisione spinta fino allo scrupolo, alla scrupolosità **3** [*doute, souci ou appréhension sur un point précis*] scrupolo: *ouvrage sérieux qui dénote un scrupule d'érudition* opera seria che denota uno scrupolo d'erudizione **II** (*ancienn.*) [*vingt-quatrième partie de l'once* (*unité de poids*)] scrupolo.
scrupuleusement |skRypyløzmɑ̃| *adv.* **1** [→ SCRUPULEUX 1] scrupolosamente: *payer scrupuleusement ses dettes* pagare scrupolosamente i debiti **2** [*avec exactitude, rigueur*] scrupolosamente: *respecter scrupuleusement les formes* rispettare scrupolosamente le forme.
scrupuleux, euse |skRypylø, øz| *adj.* **1** scrupoloso: *un homme scrupuleux* un uomo scrupoloso; *scrupuleux en affaires* scrupoloso negli affari → **consciencieux** ◇ (*choses*) *scrupuleuse honnêteté* scrupolosa onestà **2** [*qui respecte strictement les règles d'action, les prescriptions imposées*] scrupoloso.
scrutateur, trice |skRytatœR, tRis| **1** *adj.* (*littér.*) [*qui scrute, qui examine attentivement*] scrutatore* (*cour.*): *regard scrutateur* sguardo scrutatore **2** *s.m.* scrutatore* (*s.*): *scrutateurs d'un bureau de vote* scrutatori di un seggio elettorale.
scrutation |skRytasjɔ̃| *s.f.* (*littér.*) [→ SCRUTER] scrutamento *m.* (*cour.*) ◇ (*informatique*) lettura ottica*.
scruter |skRyte| *v.tr.* [*examiner avec une grande attention, pour découvrir ce qui est caché*] scrutare → **sonder** ◇ [*examiner attentivement par la vue; fouiller du regard*] *scruter l'horizon* scrutare l'orizzonte → **observer.**
scrutin |skRytɛ̃| *s.m.* **1** votazione *f.*, scrutinio*: *l'élection du pape se fait par voie de scrutin* l'elezione del Papa avviene mediante votazione, scrutinio **2** [*l'opération électorale*] scrutinio: *scrutin de ballottage* scrutinio di ballottaggio; *ouverture, clôture d'un scrutin* apertura, chiusura di uno scrutinio; *scrutin uninominal* scrutinio uninominale; *scrutin de liste* scrutinio di lista; *scrutin secret, public* scrutinio segreto, pubblico # *dépouiller le scrutin* scrutinare; fare lo spoglio dei voti.
scull |skyl, skœl| *s.m.* (*angl.*) (*sport*) *double-scull* due di coppia, 'double-scull' *inv.*
sculpter |skylte| *v.tr.* **1** [*façonner, produire* (*une œuvre d'art*) *en taillant*

une matière dure] scolpire (197): *sculpter un buste, une statue* scolpire un busto, una statua ◇ (*fig.*) [*façonner, former*] scolpire, modellare **2** [*façonner* (*une matière dure*) *par une des techniques de la sculpture*] scolpire: *sculpter un bloc de marbre, du bois* scolpire un blocco di marmo, del legno; *sculpter un bâton avec un canif* scolpire, intagliare un bastone col temperino ♦ (*absolt.*) [*faire de la sculpture*] scolpire.

sculpteur |skyltœʀ| *s.m.* scultore* *s.*

sculptural, ale, aux |skyltyʀal, o| *adj.* **1** [*relatif à la sculpture*] scultorio*, scultoreo: *art sculptural* arte scultoria, scultorea **2** [*qui évoque la sculpture*] scultoreo, statuario* ◇ [*qui a la beauté formelle des sculptures classiques*] *une femme majestueuse, sculpturale* una donna maestosa, scultorea, statuaria.

sculpture |skyltyʀ| *s.f.* **1** scultura: *sculpture grecque, abstraite* scultura greca, astratta **2** UNE, DES SCULPTURE(S) [*œuvre sculptée*] scultura: *modeler une sculpture* modellare una scultura → **statue.**

scutellaire |skyte(ɛl)lɛʀ| *s.f.* (*t. bot.*) scutellaria.

scutiforme |skytifɔʀm(ə)| *adj.* (*méd., zool.*) scutiforme.

scutum |skytɔm| *s.m.* **1** (*archéol.*) scudo **2** (*zool.*) scudo: *des scuta, des scutums* degli scudi.

Scyphoméduses |sifɔmedyz| *s.f. pl.*, **Scyphozoaires** |sifɔzɔɛʀ| *s.m. pl.* (*t.zool.*) Scifozoi *m.*

scytale |sital| *s.f.* (*hist. gr.*) scitala, scitale.

scythe |sit|, **scythique** |sitik| *adj.* scita, scitico* ♦ *s.* (*hist.*) *les Scythes* gli Sciti.

se |s(ə)| *pron. pers. réfl. de la 3ᵉ pers. du sing. et du plur. REM.*: '*se*' *s'élide en* '*s*'' *devant une voyelle ou un* '*h*' *muet* **1** (*compl. d'objet d'un v. pron. réfl. direct*) si: *il se lave* si lava; *ils se sont rencontrés* si sono incontrati ◇ (*avec un inf.*) *elle s'écoute parler* si ascolta parlare, mentre parla ◇ (*compl. indirect*) si; se: *il s'attribua tout le mérite de la victoire* si attribuì tutto il merito della vittoria ‖ *il ne se l'est pas fait dire deux fois* non se lo è fatto dire due volte **2** (*formant des v. pron. purs*) se: *il s'en moque* se ne infischia; *elle s'en va* se ne va **3** (*avec un v. pron. passif*) si: *ce sont des choses qui ne se font pas* sono cose che non si fanno; *ce plat peut se manger froid* questo piatto si può mangiare freddo **4** (*avec un v. pron. impers.*) si: *il se peut que je vienne* può darsi che (io) venga # *il s'en faut de beaucoup* ce ne vuole, ce ne corre; *comment se fait-il que vous vous taisiez?* come mai (lei) tace? **5** (*avec valeur de poss.*) si: *il se lave les mains* si lava le mani; *s'exercer la mémoire* esercitar(si) la memoria.

sea-line |silajn| *s.m.* (*angl.*) (*techn.*) oleodotto sottomarino: *des sea-lines* degli oleodotti sottomarini.

séance |seɑ̃s| *s.f.* **1** [*réunion des membres d'un corps constitué siégeant en vue d'accomplir certains travaux; durée réglée de cette réunion*] seduta: *les séances du Parlement* le sedute del Parlamento; *séance publique, extraordinaire* seduta pubblica, straordinaria; *être en séance* essere in seduta; *ouvrir, clore, lever la séance* aprire, chiudere, togliere la seduta; *la séance est levée* la seduta è tolta; *l'assemblée tient séance* l'assemblea è in seduta, è riunita ◇ (*loc.*) *séance tenante*: (*pr., fig.*) seduta stante **2** [*durée généralt. déterminée, consacrée à un travail, une occupation*] seduta: *séance de pose chez un peintre* seduta di posa presso un pittore; *séance de travail, d'entraînement, de gymnastique* seduta di lavoro, di allenamento, ginnica # *première, deuxième séance dans une salle de cinéma* primo, secondo spettacolo di un cinema ◇ (*dans un traitement médical*) *séances de massage, de rééducation* sedute di massaggi, di rieducazione ◇ (*fam.*) [*spectacle donné par qqn. qui se comporte de façon bizarre ou insupportable*] spettacolo (*m.*): *il nous a fait une de ces séances!* ci ha offerto uno di quegli spettacoli!

séant |seɑ̃| *s.m.* **1** *loc.* SUR, EN SON SÉANT (*en parlant d'une personne qui était couchée*) [*en position assise*] a sedere: *se dresser, se mettre sur son séant* drizzarsi a sedere, mettersi a sedere **2** (*fam.*) [*derrière*] sedere.

séant, ante |seɑ̃, ɑ̃t| *adj.* (*vx., littér.*) → **bienséant, décent** ◇ (*littér.*) *séant à...* → **seyant.**

seau |so| *s.m.* [*récipient cylindrique muni d'une anse*] secchio*, secchia (*f.*): *seau à charbon* secchio per il carbone; *seau à ordures* secchio della spazzatura, pattumiera; *seau à vif(s)* secchio per esche vive # *seau à glace* secchiello per il ghiaccio; *seau hygiénique* bugliolo ◇ [*contenu d'un seau, seau avec son contenu*] *un plein seau de charbon* un secchio pieno di carbone ◇ (*par hyperb.*) *il pleut à seaux* piove a catinelle, a dirotto.

sébacé, ée |sebase| *adj.* (*anat., physiol.*) sebaceo: *glandes sébacées* ghiandole sebacee.

sébacique |sebasik| *adj.* (*chim.*) sebacico*.

sébaste |sebast(ə)| *s.m.* (*t.zool.*) sebaste.

sébile |sebil| *s.f.* ciotola (di legno): *sébile d'un mendiant, d'un aveugle* ciotola di un mendicante, di un cieco.

sebk(h)a |sɛpka| *s.f.* (*géogr.*) sebcha *inv.*

séborrhée |sebɔʀe| *s.f.* (*méd.*) seborrea.

séborrhéique |sebɔʀeik| *adj.* (*méd.*) seborreico*, seborroico*: *eczéma séborrhéique* eczema seborreico, seborroico.

sébum |sebɔm| *s.m.* (*physiol.*) sebo.

sec, sèche |sɛk, sɛʃ| **I** *adj.* **1** [*qui n'est pas ou est peu imprégné de liquide*] secco*, asciutto: *bois sec* legna secca, asciutta; *terrain sec* terreno secco, asciutto; *feuilles sèches* foglie secche; *lieu, endroit sec* luogo, posto secco, asciutto ◇ [*sans humidité atmosphérique, sans pluie*] *air, vent sec* aria secca, vento secco; *climat sec* clima secco, asciutto; *froid sec* freddo asciutto ◇ (*loc.*) *avoir la gorge sèche, le gosier sec* avere la gola secca (asciutta), il becco secco ~ *traverser une rivière à pied sec* attraversare un fiume senza bagnarsi (i piedi) ~ *n'avoir plus un poil de sec* essere in un bagno di sudore ~ *faire cul sec* tracannare, mandar giù d'un fiato ◇ (*pop.*) *l'avoir sec* [*éprouver une déception, une contrariété*] avere il muso, la luna ◇ [*déshydraté, séché* (*par suite d'un traitement approprié*)] secco: *figues sèches* fichi secchi; *poisson sec* pesce secco, seccato **2** [*qui n'est pas accompagné du liquide auquel il est généralt. associé*] a secco *loc. inv.*; secco, asciutto: *mur de pierres, de briques sèches* muro di pietre, di mattoni a secco ‖ *nourrice sèche* balia asciutta; *régime sec* dieta asciutta; *pleurésie sèche* pleurite secca # *tomber en panne sèche* rimanere senza benzina ◇ [*non accompagné*] *pain sec* pane secco; *perte sèche* perdita secca ◇ (*cartes*) *avoir la dame sèche* avere la regina secca ◇ (*loc. fig.*) *en cinq sec* [*rapidement*] in quattro e quattr'otto **3** (*personnes*) [*qui a peu de graisse, qui est peu charnu*] magro, secco: *il est sec comme un échalas, comme un coup de trique* è magro come un chiodo, sembra un baccalà **4** [*qui manque d'ampleur, de moelleux ou de douceur*] secco: *contours, dessins secs* contorni, disegni secchi; *voix sèche* voce secca; *vins secs* vini secchi; *champagne brut, sec, demi-sec* 'champagne' 'brut', secco, semisecco **II** *adj.* (*abstrait*) **1** [*qui manque de sensibilité, de tendresse*] brusco*, secco; duro: *un homme sec* un uomo brusco; *réponse sèche* risposta brusca, secca; *répondre d'un ton très sec* rispondere con un tono molto brusco ‖ *cœur sec* cuore duro **2** [*qui manque de grâce, de charme, de richesse naturelle*] asciutto, secco: *un style sec* uno stile asciutto, secco → **austère** **3** (*fam.*) *être, rester sec* [*incapable de répondre*] rimanere secco, di stucco **III** *s.m.* **1** [*sécheresse*] siccità *f. inv.*, asciutto: *mettre, tenir une chose au sec* mettere, tenere una cosa all'asciutto, in secco (a secco) ◇ (*agric.*) *mettre son cheval au sec* mettere il cavallo a secco **2** *loc.* À SEC all'asciutto, in secco (a secco): *cours d'eau à sec* corso d'acqua a secco ◇ (*fam.*) *il était à sec* [*sans argent*] era in secco, all'asciutto, al verde ◇ (*techn.*) *filature à sec, au sec* filatura a secco **IV** *adv.* **1** *boire sec* [*boire ferme*] bere forte **2** [*rudement et rapidement*] sodo, duro: *boxeur qui frappe sec* pugile che picchia sodo, duro **3** (*télév.*) *couper sec* [*opérer une coupure brusque et nette du signal sonore ou visuel*] tagliare netto **4** *loc. adv.* (*pop.*) *aussi sec* [*immédiatement, sans hésiter et sans tarder*] in quattro e quattr'otto (*cour.*), immediatamente (*cour.*).

sécable |sekabl(ə)| *adj.* secabile **C** **insécable.**

secam |sekam| *adj. inv. et s.m. inv.* (*télév.*) secam.

sécant, ante |sekɑ̃, ɑ̃t| (*géom.*) **1** *adj.* secante **2** *s.f.* secante: *sécante d'un arc, d'un angle* secante di un arco, di un angolo.

sécateur |sekatœʀ| *s.m.* [*outil de jardinage, forts ciseaux à ressort dont une lame est tranchante*] cesoie (*f. pl.*): *sécateur à haie* cesoie per siepi.

sécession |sesesjɔ̃| *s.f.* secessione: *la guerre de Sécession* la guerra di Secessione.

sécessionnisme |sesesjɔnism(ə)| *s.m.* secessionismo → **séparatisme.**

sécessionniste |sesesjɔnist(ə)| *adj.* secessionistico* ♦ (*s.*) *les sécessionnistes* i secessionisti → **séparatiste.**

séchage |seʃaʒ| *s.m.* [*action de faire sécher; opération destinée à éli-*

miner le liquide] essiccamento, essiccatura *f.*; asciugamento: *séchage à l'air libre, au soleil, à l'air chaud, aux rayons infrarouges* essiccamento, essiccazione all'aperto, al sole, ad aria calda, ai raggi infrarossi || *séchage du linge* asciugamento della biancheria.

1 **sèche** |sɛʃ| *s.f.* (*mar.*) **1** [*banc qui reste à sec à marée basse*] secca* **2** verga* secca.

2 **sèche** |sɛʃ| *s.f.* (*pop.*) [*cigarette*] paglia.

sèche-cheveux |sɛʃʃəvœ| *s.m. inv.* [*appareil électrique pour sécher les cheveux après lavage*] asciugacapelli → **séchoir** # *sèche-cheveux des coiffeurs* casco (per capelli) del parrucchiere.

sèchement |sɛʃmɑ̃| *adv.* **1** [*d'une manière sèche, sans douceur*] seccamente: *frapper sèchement la balle* colpire seccamente la palla **2** [*avec froideur, indifférence, dureté*] seccamente, bruscamente: *parler, répliquer sèchement* parlare, replicare seccamente, bruscamente → **durement** **3** [*sans charme, ni grâce*] in modo asciutto, secco (*loc. inv.*): *c'est écrit bien sèchement* è scritto in modo molto asciutto.

sécher |seʃe| (8) **A** *v.tr.* **1** [*rendre sec*] seccare, essiccare: *le froid sèche la peau* il freddo secca la pelle; *sécher des viandes* (far) seccare, essiccare le carni; *sécher des figues* far seccare, essiccare i fichi → **dessécher** ✦ (*au p.p.*) *poisson séché* pesce essiccato ✦ *pron. réfl.* asciugarsi: *se sécher et se réchauffer devant le feu* asciugarsi e riscaldarsi davanti al fuoco; *se sécher avec une serviette* asciugarsi con un asciugamano **2** [*absorber ou évaporer* (*le liquide*)] asciugare; seccare: *sécher les larmes de qqn., ses pleurs* asciugare le lagrime, il pianto di qc. || *la chaleur a séché les ruisseaux* il caldo ha seccato, prosciugato i ruscelli ◇ (*fam.*) *sécher un verre* scolarsi un bicchierino **3** (*arg. scol.*) [*manquer volontairement et sans être excusé*] marinare: *sécher un cours, la classe* marinare una lezione, la scuola **B** *v.intr.* **1** [*devenir sec par une opération ou naturellement*] asciugare (*aux.* essere), asciugarsi (*pron.*): *des linges séchaient aux fenêtres* la biancheria (si) asciugava alla finestra; *faire sécher, mettre sécher, à sécher du linge* far asciugare, mettere ad asciugare la biancheria **2** (*fig.*) [*dépérir, languir*] morire (198) (*aux.* essere): *sécher d'impatience, d'envie* morire d'impazienza, d'invidia ◇ (*loc.*) *sécher sur pied* struggersi (aspettando) **3** (*fam.*) [*rester sec, être embarrassé pour répondre*] fare (103) *tr.* scena muta.

sécheresse |sɛ(e)ʃʀɛs| *s.f.* **1** [*état, caractère de ce qui est sec, de ce qui manque d'humidité*] secchezza, aridità (*inv.*): *sécheresse de la terre, du sol* secchezza, aridità della terra, del terreno ✦ (*absolt.*) [*temps sec, absence ou insuffisance des précipitations*] siccità *inv.* **2** [*caractère de ce qui manque d'ampleur, de douceur*] secchezza: *sécheresse des lignes, d'un dessin* secchezza delle linee, di un disegno **3** (*fig.*) [*dureté, froideur, insensibilité*] aridità, freddezza: *sécheresse de cœur* aridità, freddezza di cuore # *répondre avec sécheresse* rispondere seccamente, freddamente **4** [*caractère de ce qui manque de charme, de richesse, d'agrément*] secchezza, aridità: *sécheresse du style* secchezza di stile.

sécherie |sɛ(e)ʃʀi| *s.f.* [*lieu où l'on fait sécher diverses matières ou produits*] essiccatoio* *m.* ◇ [*installation industrielle destinée au séchage* (*des poissons, des peaux, etc.*)] essiccatoio.

sécheur, euse |seʃœʀ, øz| (*techn.*) *s.* **1** *s.m.* [*appareil de séchage*] essiccatore **2** *s.f.* [*machine à sécher*] asciugatrice: *une sécheuse de linge* una asciugatrice di biancheria.

séchoir |seʃwaʀ| *s.m.* **1** [*lieu aménagé pour le séchage* (*du linge, des peaux*)] essiccatoio* **2** [*dispositif sur lequel on étend des objets que l'on veut faire sécher*] stenditoio*: *séchoir à lessive* stenditoio (per biancheria) **3** [*appareil servant à faire sécher par évaporation accélérée*] essiccatore, asciugatore: *séchoir à air chaud* essiccatore ad aria calda ✦ *absolt.* [*séchoir à cheveux*] → **sèche-cheveux.**

second, onde |s(ə)gɔ̃, ɔ̃d| **I** *adj.* **1** secondo: *pour la seconde fois* per la seconda volta; *en second lieu* in secondo luogo; *de seconde main* di seconda mano; *second chapitre, livre second* capitolo secondo, libro secondo ✦ (*s.*) *le second* il secondo **2** [*qui vient après le plus important*] secondo: *article de second choix* articolo di seconda scelta ◇ *loc. adv.* EN SECOND in seconda; per secondo: *capitaine en second* capitano in seconda || *passer en second* passare per secondo ◇ (*littér.*) *à nulle autre seconde, à nul autre second* seconda a nessuna, secondo a nessuno **3** [*qui constitue une nouvelle forme d'une chose unique*] secondo: *une seconde nature* una seconda natura → **autre** ✦ *s.m.* (*littér.*) *sans seconde, sans second* [*sans pareil, unique*] senza pari, senza uguali **4** (*pathol.*) *état second* stato secondo ◇ (*loc. cour.*) *il est dans un état second* [*anormal*] è impazzito **II** *s.m.* **1** [*celui qui aide qqn.*] secondo → **adjoint** ◇ [*officier de mar. qui commande à bord, immediatement après le commandant*] secondo **2** [*second étage, dans une maison*] secondo (piano): *habiter au second* abitare al secondo **III** *s.f.* **1** (*mus.*) seconda **2** [*classe de l'enseignement secondaire qui précède la première*] ⊠ **3** (*escrime*) seconda **4** (*typogr.*) seconda (bozza) **5** [*seconde classe, dans les transports publics*] seconda: *voiture de seconde* carrozza di seconda; *voyager en seconde* viaggiare in seconda **6** [*seconde vitesse d'une auto.*] seconda: *passer en seconde* passare in seconda.

secondaire |s(ə)gɔ̃dɛʀ| *adj.* **1** secondario*: *personnage secondaire* personaggio secondario; *ne jouer qu'un rôle secondaire* svolgere soltanto un ruolo secondario **2** [*qui constitue un second ordre dans le temps*] secondario: *enseignement secondaire* istruzione secondaria, media; *études secondaires* studi secondari, medi ✦ (*s.m.*) *les professeurs du secondaire* i professori della scuola secondaria, media ◇ (*géol.*) *ère secondaire*, (*s.m.*) *le secondaire* era secondaria, il secondario ◇ (*psycho.*) *les émotifs secondaires* gli emotivi secondari **3** [*qui se produit en un deuxième temps*] secondario: *effets secondaires d'un traitement* effetti secondari, collaterali di una cura ✦ *s.m.* (*électr.*) *le secondaire* il secondario ◇ (*écon.*) *secteur secondaire*, (*s.m.*) *le secondaire* il (settore) secondario ⓒ 1 **capital.**

secondairement |s(ə)gɔ̃dɛʀmɑ̃| *adv.* [→ SECONDAIRE 1, 2] secondariamente.

secondarité |s(ə)gɔ̃daʀite| *s.f.* (*psycho.*) secondarietà *inv.*

1 **seconde** |s(ə)gɔ̃d| *s.f.* → **second** III.

2 **seconde** |s(ə)gɔ̃d| *s.f.* **1** (*abrév.* 's') [*soixantième partie de la minute; unité fondamentale de temps*] secondo *m.* (*abrév.* 's, sec.'): *vitesse par seconde* velocità al secondo; *trois mètres seconde* tre metri al secondo; *en une fraction de seconde* in una frazione di secondo ◇ (*loc.*) *une seconde!* [*attendez un instant*] un secondo!, un momento! **2** (*géom.*) secondo: *cercle gradué en degrés, minutes et secondes* cerchio graduato in gradi, primi e secondi.

secondement |s(ə)gɔ̃dmɑ̃| *adv.* [*en second lieu*] in secondo luogo *loc. inv.*

seconder |s(ə)gɔ̃de| *v.tr.* **1** [*aider* (*qqn.*) *en tant que second*] assistere (116), aiutare: *assistant, équipe qui seconde un médecin* assistente, 'équipe' che assiste, aiuta un medico **2** [*favoriser* (*les actions de qqn.*)] assecondare: *seconder les dessins de qqn.* assecondare i progetti di qc.; *être secondé par les circonstances* essere assecondato, favorito dalle circostanze.

secouement |s(ə)kumɑ̃| *s.m.* (*littér.*) [→ SECOUER 2] scotimento, scrollata *f.* (*cour.*): *un secouement de tête* uno scotimento, una scrollata del capo.

secouer |s(ə)kwe| *v.tr.* **1** [*remuer avec force, dans un sens puis dans l'autre*] scuotere (162): *les ménagères secouaient leurs tapis* le massaie scuotevano i tappeti; *secouer qqn. pour le réveiller* scuotere qc. per svegliarlo → **agiter** # *secouer la salade* sgocciolare l'insalata ✦ (*au p.p.*) *vitres secouées par une explosion* vetri scossi da una esplosione ◇ (*loc.*) *secouer qqn. comme un prunier* scrollare qc. **2** [*mouvoir brusquement et à plusieurs reprises* (*une partie de son corps*)] scuotere, scrollare: *secouer la tête* scuotere, scrollare la testa **3** [*se débarrasser de* (*qqch.*) *par des mouvements vifs et répétés*] scuotere, scrollare (via, di dosso): *secouer la poussière, la neige* scuotere via, scrollarsi di dosso la polvere, la neve ◇ (*loc. fig., fam.*) *secouer ses puces* [*se décider à agir*] muoversi, darsi da fare **4** (*fig.*) *secouer le joug* scuotere il giogo; *secouer l'oppression* scrollarsi di dosso l'oppressione **5** [*ébranler par une commotion physique ou morale; faire impression sur* (*qqn.*)] scuotere: *cette maladie, cette opération l'a bien secoué* quella malattia, quell'operazione lo ha scosso parecchio ◇ (*loc. fig., fam.*) *secouer qqn.* [*le réprimander*] dare una lavata di capo a qc.; *secouer les puces à qqn.* [*inciter à l'action*] spronare (*cour.*) qc. ✦ *pron. intr.* [*se décider à l'action*] *secouez-vous, au travail!* su, muovetevi, datevi da fare, al lavoro!

secoueur |s(ə)kwœʀ| *s.m.* (*agric.*) scuotipaglia *inv.*

secourable |s(ə)kuʀabl(ə)| *adj.* [*qui secourt, aide volontiers les autres*] caritatevole, pietoso: *il est secourable aux pauvres* è caritatevole con i poveri ◇ (*par ext.*) *tendre à qqn. une main secourable, pour l'aider* tendere una mano caritatevole a qc. per aiutarlo.

secoureur |s(ə)kuʀœʀ| *s.m.* (*rare*)

[*celui qui secourt*] soccorritore* s. (*cour.*).

secourir |s(ə)kuʀiʀ| (17) *v.tr.* **1** [*aider* (*qqn.*) *à se tirer d'un danger pressant; assister dans le besoin*] soccorrere (127): *secourir qqn.* soccorrere qc. → **aider, assister** ◇ (*par ext.*) *secourir les misères* alleviare le miserie → **soulager** **2** [*apporter un secours moral à*] soccorrere ◇ (*choses*) [*venir au secours de*] soccorrere.

secourisme |s(ə)kuʀism(ə)| *s.m.* mezzi *pl.* di pronto soccorso e di salvataggio.

secouriste |s(ə)kuʀist(ə)| *s.* membro *m.* di un'organizzazione di pronto soccorso ◇ [*personne appliquant les méthodes de sauvetage du secourisme*] soccorritore*: *les secouristes arrivèrent trop tard* i soccorritori arrivarono troppo tardi.

secours |s(ə)kuʀ| *s.m.* **1** [*tout ce qui sert à qqn. pour sortir d'une situation difficile*] aiuto, soccorso: *chercher, implorer le secours de qqn., du secours* cercare, implorare l'aiuto di qc., aiuto; *aller, courir au secours de qqn.* andare, correre in aiuto, in soccorso di qc.; *appeler, crier au secours* chiedere, gridare aiuto ◇ (*ellipt.*) *au secours!* aiuto! **2** [*aide matérielle, ou financière*] soccorsi *pl.*, aiuti (*pl.*): *secours aux indigents* soccorsi, aiuti ai bisognosi; *secours aux sinistrés, aux sans-abri* soccorsi ai sinistrati, ai senzatetto # *secours mutuel* mutuo soccorso, mutua assistenza **3** [*aide milit., moyens de défense*] soccorsi, rinforzi (*pl.*): *les secours arriveront demain* i soccorsi, i rinforzi arriveranno domani **4** [*soin qu'on donne à un malade, à un blessé dans un état dangereux*] assistenza *f.*, soccorso: *secours d'urgence* pronto soccorso, soccorso d'emergenza; *premiers secours aux asphyxiés, aux noyés* pronto soccorso agli asfissiati, agli annegati; *secours en montagne* soccorso, assistenza in montagna; *poste de secours* posto di soccorso, di assistenza **5** [*aide surnaturelle*] *Notre-Dame du Bon Secours* Nostra Signora di Buon Soccorso ◇ (*loc.*) *les secours de la religion* [*les sacrements*] i conforti *pl.* della religione **6** *loc.* (*choses*) DE SECOURS di sicurezza, di emergenza: *issue, sortie de secours* uscita di sicurezza, di emergenza.

secousse |s(ə)kus| *s.f.* **1** [*mouvement brusque qui ébranle un corps*] scossa: *violente secousse* violenta scossa; *se déplacer par secousses* spostarsi a scosse, a sbalzi → **choc** ◇ (*spécialt.*) *secousses telluriques* scosse telluriche **2** (*fig.*) [*choc psychologique*] scossa: *ça a été pour lui une terrible secousse* per lui è stata una terribile scossa **3** (*loc. fig.*) *par secousses* [*d'une manière irrégulière; par accès*] a sbalzi, a strappi.

secret |s(ə)kʀɛ| *s.m.* **1** segreto: *garder, confier un secret* mantenere (custodire), confidare un segreto; *c'est un secret* è un segreto ◇ (*loc.*) *le secret de Polichinelle* il segreto di Pulcinella ◇ (*spécialt.*) *un secret d'État* un segreto di Stato **2** (*loc.*) *dans le secret de* partecipe del segreto di ~ *mettre dans le secret* mettere a parte del segreto **3** [*ce qui ne peut pas être connu ou compris*] segreto: *le secret des cœurs, des consciences* il segreto dei cuori, delle coscienze; *les secrets de la nature, de l'homme* i segreti della natura, dell'uomo ◇ (*loc.*) *dans le secret du* (*de son*) *cœur* nel segreto, nell'intimo del (proprio) cuore **4** [*explication, raison cachée*] chiave (*f.*): *avoir, trouver le secret de l'affaire* avere, trovare la chiave della faccenda **5** [*moyen pour obtenir un résultat, connu seulement de quelques personnes qui se refusent à le répandre*] segreto: *secret de fabrication* segreto di fabbricazione ◇ *loc.* LE SECRET DE (+ *inf.*) il segreto per (+ *inf.*): *le secret d'ennuyer est celui de tout dire* il segreto per annoiare è quello di dire tutto ~ *une de ces formules dont il avait le secret* una di quelle formule di cui aveva il segreto **6** *loc.* DANS LE SECRET, EN SECRET in segreto, di nascosto: *il fumait dans le secret, en secret* fumava in segreto, di nascosto **7** *loc.* AU SECRET [*dans un lieu caché*] in segreta (*f.*): *mettre au secret* mettere in segreta, rinchiudere **8** [*discrétion, silence sur une chose*] segreto: *exiger le secret pour un procès* esigere il segreto per un processo ◇ (*dr.*) *le secret d'État* il segreto di Stato; *secret professionnel* segreto professionale ◇ (*loc.*) *sous le sceau du secret* sotto il vincolo del segreto.

secret, ète |səkʀɛ, ɛt| *adj.* **1** segreto: *desseins, projets secrets* disegni, progetti segreti; *manœuvres secrètes* manovre segrete; *garder, tenir une chose secrète* tenere segreta una cosa ◇ (*spécialt.*: *informations milit., polit.*) *renseignements secrets* informazioni segrete; *codes secrets* codici segreti; *négociations secrètes* trattative segrete; *fonds secrets* fondi segreti; *police secrète*, (*s.f.*) *la secrète* la polizia segreta; *services secrets* servizi segreti **2** [*qui appartient à un domaine réservé; qui est impénétrable*] segreto: *rites secrets* riti segreti **3** [*qui n'est pas facile à trouver*] segreto: *escalier secret* scala segreta; *tiroir secret* cassetto segreto **4** [*qui ne se manifeste pas, qui correspond à une réalité profonde*] segreto, recondito: *pensées secrètes* pensieri segreti, reconditi; *sa vie secrète* la sua vita segreta, privata → **intérieur** **5** (*personnes*) (*littér.*) [*qui ne se confie pas, sait se taire*] segreto: *homme secret et silencieux* uomo segreto e silenzioso.

secrétage |səkʀetaʒ| *s.m.* (*techn.*) infeltrimento (delle pelli).

1 **secrétaire** |s(ə)kʀetɛʀ| *s.* **1** *s.m.* segretario*: *secrétaire d'État* segretario di Stato; *secrétaire d'État aux Affaires étrangères* segretario di Stato agli Affari esteri; *secrétaire d'ambassade* segretario d'ambasciata **2** *s.m.* (*par ext.*) segretario: *secrétaire perpétuel de l'Académie française* segretario perpetuo dell'Accademia francese; *le premier secrétaire du parti communiste* il primo segretario del partito comunista; *secrétaire d'administration* segretario amministrativo; *secrétaire de mairie* segretario comunale; *secrétaire général des Nations Unies* segretario generale delle Nazioni Unite **3** *s.* [*employé(e) capable d'assurer la rédaction du courrier, de répondre aux communications téléphoniques, etc.*] segretario: *une secrétaire sténo-dactylographe* una segretaria stenodattilografa.

2 **secrétaire** |s(ə)kʀetɛʀ| *s.m.* **1** (*meuble*) 'secrétaire' *inv.* **2** → **serpentaire.**

secrétairerie |s(ə)kʀetɛʀʀi| *s.f.* **1** (*rare*) [*poste, fonction de secrétaire*] segreteria **2** *secrétairerie d'État* segreteria di Stato.

secrétariat |s(ə)kʀetaʀja| *s.m.* **1** segreteria *f.*, segretariato: *secrétariat d'État* segretariato di Stato; *secrétariat général* segreteria, segretariato generale; *secrétariat de direction* segretariato, segreteria di direzione **2** [*temps de fonction d'un secrétaire*] segreteria, segretariato **3** [*bureaux, services dirigés par un secrétaire, un secrétaire génér.*] segreteria: *passez au secrétariat* passi in segreteria ◇ [*le personnel d'un tel service* (*secrétaire(s), employé(s)*)] segreteria **4** professione *f.* (di) segretario (segretaria) # *école de secrétariat* scuola per segretarie d'azienda.

secrète |səkʀɛt| *s.f.* (*relig.*) segreta.

secrètement |səkʀɛtmɑ̃| *adv.* **1** [*en secret*] segretamente, in segreto *loc. inv.* **2** (*littér.*) [*d'une manière non apparente, sans rien exprimer*] segretamente: *il était secrètement déçu* segretamente, nel profondo del cuore era deluso.

sécréter |sekʀete| (8) *v.tr.* **1** [*produire* (*une substance*) *par sécrétion*] secernere (180): *glandes qui sécrètent des hormones* ghiandole che secernono ormoni **2** [*produire* (*une substance*), *laisser couler lentement*] secernere → **distiller, exsuder.**

secréteur |səkʀetœʀ| *s.m.* (operaio*) addetto all'infeltrimento delle pelli.

sécréteur, euse, trice |sekʀetœʀ, øz, tʀis| *adj.* secretore*, secretivo.

sécrétine |sekʀetin| *s.f.* (*physiol.*) secretina.

sécrétion |sekʀesjɔ̃| *s.f.* **1** secrezione: *glandes à sécrétion interne* (*endocrines*), *à sécrétion externe* (*exocrines*) ghiandole a secrezione interna (endocrine), a secrezione esterna (esocrine); *sécrétion du suc gastrique par l'estomac* secrezione dei succhi gastrici da parte dello stomaco **2** [*la substance*] secrezione ◇ (*par ext.*) *sécrétions végétales* secrezioni vegetali.

sécrétoire |sekʀetwaʀ| *adj.* (*physiol.*) secretorio*.

sectaire |sɛktɛʀ| *s.* settario* ✦ (*adj.*) *un partisan sectaire* un seguace settario; *une attitude sectaire* un atteggiamento settario, settaristico* → **fanatique, intolérant.**

sectarisme |sɛktaʀism(ə)| *s.m.* settarismo [C] **libéralisme.**

sectateur, trice |sɛktatœʀ, tʀis| *s.* (*vx.*) settatore*, seguace (*cour.*).

secte |sɛkt(ə)| *s.f.* **1** setta: *membre d'une secte* membro di una setta; *sectes protestantes, hérétiques* sette protestanti, eretiche **2** (*vx.*) → **école.**

secteur |sɛktœʀ| *s.m.* **1** (*géom.*) *secteur circulaire* settore circolare; *secteur sphérique* settore sferico **2** (*techn.*) settore: *secteur astronomique* settore astronomico ◇ (*mécan.*) settore **3** (*milit.*) settore ◇ (*spécialt.*) *secteur postal* posta *f.* militare; *sous-secteur* sottosettore **4** (*fam.*) [*endroit, lieu*] zona *f.* (*cour.*), posto (*cour.*): *il va falloir changer de secteur* bisognerà cambiare zona, posto **5** [*division artificielle d'un territoire* (*en vue d'organiser une action d'ensemble*)] zona, comprensorio*: *secteur industriel, résidentiel* zona, comprensorio industriale, residenziale → **zone** ◇ (*spécialt.*) [*subdivision administrative* (*d'une ville*)] circoscrizione *f.* ◇ [*subdivision d'un réseau de distribution d'électricité*] zona: *panne de secteur* guasto di zona, zonale ◇ (*anat.*) settore: *les secteurs des lobes droit et gauche du foie* i settori dei lobi destro e sinistro del fegato **6** (*écon.*) settore: *secteur primaire, secondaire, tertiaire* settore primario, secondario, terziario; *secteur public, privé* settore pubblico, privato ◇ [*ensemble des entreprises exerçant à titre principal la même activité*] *les industries du secteur* le industrie del settore **7** (*fig.*) [*domaine, partie*] settore: *un secteur de la science, de la culture* un settore della scienza, della cultura.

section |sɛksjɔ̃| *s.f.* **I 1** [*élément, partie* (*d'un groupe, d'un ensemble*)] sezione: *section locale d'un parti politique* sezione locale di un partito politico; *section électorale* sezione elettorale; *section d'un tribunal* sezione di un tribunale ◇ (*milit.*) *une section de fantassins* una sezione di fanti **2** [*partie* (*d'un ouvrage*)] sezione: *sections d'un livre, d'un traité* sezioni di un libro, di un trattato; *chapitres divisés en sections* capitoli divisi in sezioni **3** [*partie* (*d'un trajet*)] tratta: *la section d'une ligne d'autobus* la tratta di una linea di autobus; *fin de section* fine della tratta **4** (*mus.*) *section rythmique d'un orchestre de jazz* sezione ritmica di un'orchestra jazz; *section mélodique* sezione melodica **5** (*phys. nucléaire*) *section efficace* sezione d'urto **II 1** (*géom.*) sezione: *section plane, sections coniques* sezione piana, sezioni coniche **2** [*représentation graphique d'un édifice, d'un ouvrage, d'un objet*] sezione **3** [*aspect qu'une chose présente à l'endroit où elle est coupée*] sezione: *section irrégulière, nette* sezione irregolare, netta.

sectionnement |sɛksjɔnmɑ̃| *s.m.* **1** (*abstrait*) [*division en plusieurs sections, en plusieurs éléments*] suddivisione *f.*, ripartizione (*f.*): *sectionnement d'une circonscription électorale* suddivisione, ripartizione di una circoscrizione elettorale **2** (*concret*) sezionamento: *sectionnement d'une artère* sezionamento di un'arteria; *sectionnement d'un fil metallique* sezionamento di un filo metallico.

sectionner |sɛksjɔne| *v.tr.* **1** [*diviser* (*un ensemble*) *en plusieurs sections*] suddividere (130), ripartire (197): *sectionner un département en quatre circonscriptions électorales* suddividere, ripartire un dipartimento in quattro circoscrizioni elettorali → **fractionner 2** [*couper net*] sezionare: *sectionner un tendon* sezionare un tendine ◇ [*couper accidentellement*] recidere (130): *il a eu un doigt sectionné par la machine* la macchina gli ha reciso di netto un dito.

sectionneur |sɛksjɔnœʀ| *s.m.* (*électr.*) sezionatore.

sectoriel, ielle |sɛktɔʀjɛl| *adj.* **1** settoriale: *analyse sectorielle de productivité* analisi settoriale della produttività; *revendications sectorielles* rivendicazioni settoriali **2** (*math.*) settoriale.

sectorisation |sɛktɔʀizɑsjɔ̃| *s.f.* (*admin., écon.*) settorializzazione.

séculaire |sekylɛʀ| *adj.* **1** [*qui a lieu tous les cent ans*] secolare # *année séculaire* anno che conclude un secolo **2** [*qui existe, dure depuis des siècles*] secolare: *arbres séculaires* alberi secolari → **centenaire 3** (*astron.*) *perturbations séculaires* perturbazioni secolari.

séculairement |sekylɛʀmɑ̃| *adv.* (*littér.*) [*depuis des siècles, depuis très longtemps*] da secoli *loc. inv.* (*cour.*).

sécularisation |sekylaʀizɑsjɔ̃| *s.f.* **1** [→ SÉCULARISER 1] secolarizzazione **2** [*passage* (*d'un bien de communauté religieuse ou d'établissement ecclés.*) *dans le domaine de l'État*] secolarizzazione ◇ (*en parlant de fonctions jusqu'alors réservées au clergé*) laicizzazione: *sécularisation de l'enseignement public* laicizzazione della scuola → **laïcisation.**

séculariser |sekylaʀize| *v.tr.* **1** [*faire passer de l'état régulier à l'état séculier*] secolarizzare: *séculariser un monastère* secolarizzare un monastero **2** [*faire passer* (*un bien, une fonction*) *de l'état ecclés. à l'état laïque*] secolarizzare; laicizzare: *les biens du clergé ont été sécularisés* i beni del clero sono stati secolarizzati ‖ *séculariser l'enseignement* laicizzare la scuola → **laïciser.**

sécularité |sekylaʀite| *s.f.* [*état du prêtre séculier*] laicità *inv.*

séculier, ière |sekylje, jɛʀ| *adj.* **1** [*qui appartient au siècle, à la vie laïque*] secolare, laico*: *le bras séculier* il braccio secolare **2** [*qui vit dans le siècle, dans le monde*] secolare: *clergé, prêtre séculier* clero, prete secolare.

séculièrement |sekyljɛʀmɑ̃| *adv.* [→ SÉCULIER] secolarmente: *vivre séculièrement* vivere secolarmente.

secundo |s(ə)gɔ̃do, sekɔ̃do| *adv.* [*secondement, en second lieu*] in secondo luogo *loc. inv.*, secondo.

sécurisant, ante |sekyʀizɑ̃, ɑ̃t| *adj.* (*psycho.*) rassicurante.

sécurisation |sekyʀizɑsjɔ̃| *s.f.* (*psycho.*) rassicurazione.

sécuriser |sekyʀize| *v.tr.* (*psycho.*) [*apporter un sentiment de sécurité, de confiance en soi*] rassicurare.

sécurité |sekyʀite| *s.f.* **1** [*état d'esprit confiant et tranquille de celui qui se croit à l'abri du danger*] sicurezza: *en toute sécurité* in tutta sicurezza → **assurance, tranquillité 2** [*situation, état tranquille qui résulte de l'absence réelle de danger*] sicurezza: *veiller sur la sécurité de qqn.* proteggere la sicurezza di qc. # *être en sécurité* essere al sicuro **3** [*organisation, conditions matérielles, économiques, politiques propres à créer un tel état*] sicurezza: *sécurité publique* sicurezza nazionale; *sécurité routière* sicurezza stradale; *Conseil de sécurité* (*de l'O.N.U.*) Consiglio di sicurezza **4** *sécurité sociale* [*organisation destinée à garantir les travailleurs et leurs familles contre les risques de toute nature*] previdenza, sicurezza sociale: *prestations de la sécurité sociale* prestazioni della previdenza sociale **5** *loc.* DE SÉCURITÉ di sicurezza: *ceinture de sécurité* cintura di sicurezza; *marge de sécurité* margine di sicurezza.

sedan |sədɑ̃| *s.m.* [*drap fin et uni, fabriqué principalement à Sedan*] ⊠.

sédatif, ive |sedatif, iv| *adj.* (*méd., pharm.*) sedativo: *action sédative* azione sedativa, calmante ✦ (*s.m.*) *un sédatif* un sedativo.

sédation |sedɑsjɔ̃| *s.f.* (*méd.*) sedazione: *sédation de la douleur* sedazione del dolore.

sédentaire |sedɑ̃tɛʀ| *adj.* **1** sedentario*: *vie, travail sédentaire* vita sedentaria, lavoro sedentario **2** [*casanier*] sedentario **3** [*fixe, attaché à un lieu*] sedentario: *troupes sédentaires* truppe sedentarie.

sédentairement |sedɑ̃tɛʀmɑ̃| *adv.* [→ SÉDENTAIRE] sedentariamente.

sédentarisation |sedɑ̃taʀizɑsjɔ̃| *s.f.* il rendere *m. inv.* sedentario*; sedentarietà *inv.*, sedentarizzazione.

sédentariser |sedɑ̃taʀize| *v.tr.* [*rendre sédentaire*] rendere (105) sedentario*.

sédentarité |sedɑ̃taʀite| *s.f.* sedentarietà *inv.*

sedia gestatoria |sedjaʒɛstatɔʀja| *s.f.* (*it.*) (*liturg. cathol.*) sedia gestatoria.

sédiment |sedimɑ̃| *s.m.* **1** (*méd.*) sedimento: *sédiments organiques* sedimenti organici **2** (*géol.*) sedimento: *sédiments marins, terrestres* sedimenti marini, terrestri.

sédimentaire |sedimɑ̃tɛʀ| *adj.* sedimentario*: *roches sédimentaires* rocce sedimentarie.

sédimentation |sedimɑ̃tɑsjɔ̃| *s.f.* **1** (*méd.*) sedimentazione: *vitesse de sédimentation* velocità di sedimentazione **2** (*géol.*) sedimentazione: *sédimentation détritique* sedimentazione detritica.

sédimentologie |sedimɑ̃tɔlɔʒi| *s.f.* (*géol.*) sedimentologia*.

séditieusement |sedisjøzmɑ̃| *adv.* (*rare*) [→ SÉDITIEUX] sediziosamente.

séditieux, euse |sedisjø, øz| *adj.* **1** (*personnes*) sedizioso → **factieux, agitateur 2** (*choses*) sedizioso: *attroupement séditieux* adunata sediziosa.

sédition |sedisjɔ̃| *s.f.* sedizione: *sédition militaire* sedizione militare; *réprimer une sédition* reprimere una sedizione.

séducteur, trice |sedyktœʀ, tʀis| *s.* **1** seduttore* ✦ *adj.* seducente, di seduzione *loc. inv.* **2** (*vx.*) → **corrupteur.**

séduction |sedyksjɔ̃| *s.f.* **1** [*action de séduire, d'entraîner*] seduzione, attrattiva: *exercer une séduction irrésistible* esercitare una seduzione, un'attrattiva irresistibile → **fascination 2** [*moyen de séduire; charme ou attrait*] fascino (*m.*): *la séduction de la jeunesse* il fascino della gioventù **3** (*vx.*) [*action de séduire, de corrompre*] seduzione Ⓒ **2 répugnance.**

séduire |sedɥiʀ| (75) *v.tr.* **1** [*amener* (*une femme*) *à des rapports sexuels hors mariage*] sedurre (108) ✦ (*au p.p.*) *fille séduite* ragazza sedotta **2** [*gagner* (*qqn.*) *en persuadant ou en touchant, en employant tous les moyens de plaire*] affascinare; lusingare: *elle séduit tous les hommes* affascina tutti gli uomini → **conquérir** ‖ *il a séduit jusqu'à ses adversaires* ha lusingato perfino i suoi avversari **3** (*vieilli*) [*abuser, tromper*] ingannare: *être séduit par des apparences* essere ingannato dalle apparenze **4** (*sujet de chose*) [*attirer de façon puissante, irrésistible*] allettare, sedurre: *une vie qui me séduit* una vita che mi alletta, che mi seduce → **captiver, charmer, plaire 5** (*vx.*) → **corrompre.**

séduisant, ante |sedɥizɑ̃, ɑ̃t| *adj.* **1** [*qui séduit, ou peut séduire grâce à son charme*] seducente, affascinante **2** (*choses*) [*qui attire fortement*] affascinante; allettante: *beauté, grâce séduisante* bellezza, grazia affascinante ‖ *propositions séduisantes* proposte allettanti → **tentant.**

sedum |sedɔm| *s.m.* → **orpin.**

sefardi |sefaʀdi|, **sefaraddi** |sefaʀadi| *s. et adj.* (*hist.*) sefardita.

ségala |segala| *s.m.* (*dans le Massif Central*) [*terres à seigle des plateaux*] ⊠ ◇ (*par ext.*) *le Ségala* [*la région entre l'Aveyron et le Tarn*] ⊠.

seghia |segja| *s.f.* → **seguia.**

segment |sɛgmɑ̃| *s.m.* **1** (*géom.*) segmento: *segment de droite* segmento di retta; *segment de cercle, circulaire* segmento di cerchio, circolare; *segment de sphère, sphérique* segmento di sfera, sferico ◇ (*ling.*) segmento **2** (*anat.*) segmento: *segment de l'intestin* segmento dell'intestino, intestinale ◇ (*zool.*) segmento **3** (*mécan.*) *segment de piston* segmento del pistone; *segment de frein* ceppo dei freni.

segmentaire |sɛgmɑ̃tɛʀ| *adj.* (*sc. nat.*) segmentale ◇ (*méd.*) *anesthésie segmentaire* anestesia segmentale.

segmental, ale, aux |sɛgmɑ̃tal, o| *adj.* (*ling.*) segmentale: *trait pertinent segmental* tratto pertinente segmentale.

segmentation |sɛgmɑ̃tɑsjɔ̃| *s.f.* **1** (*littér.*) segmentazione → **fractionnement, fragmentation** **2** (*biol., embryol.*) segmentazione.

segmenter |sɛgmɑ̃te| **A** *v.tr.* (*littér.*) [*partager en segments*] segmentare **B** *v.pron. intr.* SE SEGMENTER [*se diviser, être divisé*] segmentarsi: *œuf qui se segmente* uovo che si segmenta.

ségrairie |segʀeʀi| *s.f.* (*Eaux et For.*) bosco* *m.* in condominio.

ségrégatif, ive |segʀegatif, iv| *adj.* segregante.

ségrégation |segʀegɑsjɔ̃| *s.f.* segregazione ◇ (*spécialt.*) *ségrégation raciale* segregazione razziale.

ségrégationnisme |segʀegɑsjɔnism(ə)| *s.m.* segregazionismo.

ségrégationniste |segʀegɑsjɔnist(ə)| *adj.* segregazionista, segregazionistico* ♦ (*s.*) *un ségrégationniste* un segregazionista Ⓒ **antiségrégationniste.**

ségrégé, ée |segʀeʒe|, **ségrégué, ée** |segʀege| *adj.* segregato.

séguedille |segədij| *s.f.* (*danse esp.*) seguidilla.

seguia |segja| *s.f.* (*ar.*) (*en Afrique du Nord*) canale *m.* d'irrigazione.

1 **seiche** |sɛʃ| *s.f.* (*t.zool.*) seppia ◇ (*cour.*) *os de seiche* osso di seppia.

2 **seiche** |sɛʃ| *s.f.* (*géogr., phys.*) sessa.

séide |seid| *s.m.* [*adepte fanatique des doctrines et exécutant aveugle des volontés* (*d'un maître, d'un chef*)] settario*, fanatico* *s.* → **sectateur.**

seigle |sɛgl(ə)| *s.m.* [*céréale dont les graines produisent une farine panifiable*] segala *f.*, segale (*f.*): *seigle ergoté* segala cornuta ◇ [*grain du seigle; farine qu'on en tire*] segala: *pain de seigle* pane di segala.

seigneur |sɛɲœʀ| *s.m.* **1** (*ancienn., hist.*) signore: *les seigneurs féodaux* i signori feudali ◇ (*plais.*) *mon seigneur et maître* [*mon mari*] il mio signore e padrone ◇ (*prov.*) *à tout seigneur tout honneur* a chi ha l'onore, l'onore **2** [*titre honorifique donné* (*jusqu'à la fin de l'Ancien régime*) *aux personnages de haut rang*] signore → **gentilhomme, noble** ◇ (*dans la langue classique, t. de civilité*) *seigneur capitaine* signor capitano **3** *grand seigneur* [*personne riche, de condition sociale élevée*] gran signore ◇ *loc.* EN (GRAND) SEIGNEUR [*avec noblesse*] da gran signore: *vivre en grand seigneur* far vita da gran signore ~ *faire le grand seigneur* [*être très généreux*] fare il magnanimo **4** (*fig.*) [*maître*] signore, principe **5** (*spécialt.*) [*Dieu*] Signore: *Notre-Seigneur Jésus-Christ* Nostro Signore Gesù Cristo; *le jour du Seigneur* il giorno del Signore.

seigneuriage |sɛɲœʀjaʒ| *s.m.* (*hist.*) signoraggio*.

seigneurial, ale, aux |sɛɲœʀjal, o| *adj.* **1** [*digne d'un seigneur*] signorile → **noble, magnifique** **2** (*hist.*) feudale: *châteaux seigneuriaux* castelli feudali.

seigneurie |sɛɲœʀi| *s.f.* **1** (*féod.*) signoria **2** (*précédé d'un pron. poss.*) Signoria: *Votre, Sa Seigneurie* Vostra, Sua Signoria.

seille |sɛj| *s.f.* [*seau de bois à oreilles évidées pour y passer un cordage*] secchio* *m.* (di legno).

seillon |sɛjɔ̃| *s.m.* (*région.*) [*baquet peu profond pour recueillir le vin qui s'égoutte, au soutirage*] piccolo secchio*.

seime |sɛm| *s.f.* (*vétér.*) setola.

sein |sɛ̃| *s.m.* **1** (*littér.*) [*la partie antérieure du thorax humain*] petto, seno: *dans le sein, sur le sein* nel petto (seno), sul petto (seno); *serrer sur, contre son sein* stringere al petto, al seno ◇ (*loc.*) *réchauffer un serpent dans son sein* scaldare (scaldarsi) una serpe in seno ◇ (*fig.*) [*cœur*] seno ◇ (*spécialt.*) *le sein de Dieu* [*le paradis*] il paradiso; *le sein de l'Église* il seno della Chiesa **2** [*chacune des mamelles de la femme*] seno: *donner le sein à un enfant* allattare un bambino al seno **3** (*littér.*) [*partie du corps de la femme où elle porte l'enfant qu'elle a conçu*] seno, grembo **4** (*littér.*) [*la partie intérieure, intime, le milieu*] seno: *le sein de la terre* il seno della terra ◇ (*loc.*) *au sein de* in seno a ◇ (*abstrait*) *au sein du bonheur, des plaisirs* nel pieno della felicità, nel bel mezzo dei piaceri; *au sein d'une organisation* in seno a un'organizzazione.

seine, senne |sɛn| *s.f.* (*pêche*) nassa.

seing |sɛ̃| *s.m.* **1** (*dr.*) *seing privé* scrittura *f.* privata: *acte sous seing privé, sous-seing* scrittura privata **2** (*vx.*) → **signature.**

séisme |seism(ə)| *s.m.* sisma: *épicentre d'un séisme* epicentro di un sisma; *séisme sous-marin* sisma sottomarino ◇ (*fig.*) [*bouleversement*] sconvolgimento, sovvertimento.

séism(o)- |seism(ɔ)| *et dérivés* → **sism(o)-** *et dérivés.*

seize |sɛz| **I** *adj. numér. inv.* **1** *cardinal* sedici: *seize ans* sedici anni # *seize cents* [*mille six cent*] milleseicento **2** *ordinal* [*seizième*] sedici; sedicesimo: *le numéro seize* il numero sedici; *page seize* pagina sedici; *le seize juillet* il sedici luglio ‖ *chapitre seize* capitolo sedicesimo, sedici; *Louis seize* (*XVI*) Luigi sedicesimo (XVI) **II** *s.m. inv.* [*le nombre 16*] sedici.

seizième |sɛzjɛm| **I** *adj. numér. ordinal* sedicesimo ♦ (*s.m.*) *le seizième* [*le seizième s.*] il sedicesimo secolo, il Cinquecento (il '500) ◇ [*le seizième arrondissement, à Paris*] *les beaux quartiers du seizième* i bei quartieri del sedicesimo 'arrondissement' **II** *s.* **1** *s.m.* [*fraction d'un tout divisé également en seize*] sedicesimo **2** *s.f.* (*mus.*) sedicesima.

seizièmement |sɛzjɛmmɑ̃| *adv.* in sedicesimo luogo *loc. inv.*

seiziémisme |sɛzjɛmism(ə)| *s.m.* [*étude du seizième s. littér. fr.*] ⊠.

seiziémiste |sɛzjɛmist(ə)| **1** *adj.* relativo alla letteratura del Cinquecento francese **2** *s.* studioso della letteratura francese del Cinquecento.

séjour |seʒuʀ| *s.m.* **1** [*le fait de séjourner, de demeurer un certain temps en un lieu*] soggiorno, permanenza (*f.*): *séjour forcé* soggiorno obbligato; *taxe de séjour* tassa di soggiorno **2** *le séjour* [*le temps où l'on séjourne*] soggiorno, permanenza: *bref séjour* breve soggiorno; *séjour d'été à la campagne* soggiorno estivo in campagna **3** (*salle de*) *séjour* (stanza *f.* di) soggiorno → **living-room** **4** (*littér.*) [*le lieu où l'on séjourne, où l'on demeure pendant un certain temps*] (luogo* di) soggiorno, residenza *f.*

séjourner |seʒuʀne| *v.intr.* **1** [*rester assez longtemps dans un lieu pour y avoir sa demeure sans toutefois y être fixé*] soggiornare → **demeurer, habiter** **2** (*sujet de chose*) [*rester longtemps à la même place*] rimanere (174) # *eau qui séjourne dans un fond* acqua che ristagna in un fondo.

sel |sɛl| *s.m.* **I** **1** sale: *sel de cuisine* sale da cucina; *gros sel* sale grosso; *sel fin* sale fino; *grain de sel* grano di sale # *sel gris* salgemma ◇ (*loc. fig.*) *être changé en statue de sel* [*être pétrifié, médusé*] restare di sale ~ *des cheveux poivre et sel* capelli color sale e pepe **2** (*fig.*) [*ce qui donne un intérêt vif et piquant aux discours, aux ouvrages de l'esprit*] *une plaisanterie pleine de sel* uno scherzo spiritoso → 1 **esprit**; *cela ne manque pas de sel* la cosa non manca di arguzia → **piquant**; *un récit sans sel* un racconto senza sale; *mettre son grain de sel* (*en qqch.*) immischiarsi (in q.c.) **II** **1** (*hist. sc.*) sale: *les acides, les alcalis et les sels* gli acidi, gli alcali e i sali **2** (*loc.*) *sels médicinaux, de bain* sali medicinali, da bagno ~ *sel de Vichy* sale di Vichy ~ *sels anglais* sali aromatici; *respirer des sels* respirare i sali **3** (*chim.*) sale: *sel basique* sale basico ◇ (*biol.*) *sels biliaires* sali biliari.

sélacien, ienne |selasjɛ̃, jɛn| *adj.* (*zool.*) → **cartilagineux.**

Sélaciens |selasjɛ̃| *s.m. pl.* (*t.zool.*) Selaci, Plagiostomi.

Sélaginacées |selaʒinase| *s.f. pl.* (*t.bot.*) Selaginellacee.

sélaginelle |selaʒinɛl| *s.f.* (*t.bot.*) selaginella.

select |selɛkt| *inv.*, **sélect, ecte** |selɛkt, ɛkt(ə)| *adj.* (*fam., vieilli*) → **chic, élégant.**

sélecter |selɛkte| *v.tr.* (*techn.*) [*effectuer la sélection de; obtenir au moyen d'une opération de sélection*] selezionare.

sélecteur, trice |selɛktœʀ, tʀis| **I** *s.m.* **1** (*techn., informatique*) selettore **2** [*pédale de changement de vitesse d'une motocyclette*] cambio* **3** [*commutateur à plusieurs directions*] selettore: *sélecteurs d'une centrale téléphonique* selettori di una centrale telefonica **II** *adj.* [*qui sélectionne*] selettivo, selettore*.

sélectif, ive |selɛktif, iv| *adj.* **1** selettivo: *classement sélectif* classifica-

zione selettiva; *mémoire sélective* memoria selettiva **2** (*radio*) selettivo.
sélection |selɛksjɔ̃| *s.f.* **I 1** selezione: *faire une sélection parmi des candidats* fare una selezione tra i candidati **2** (*sport*) selezione: *match, épreuve de sélection* incontro, prova di selezione ◇ (*ling., techn.*) selezione **II** [*choix d'animaux reproducteurs ayant les caractères qu'on désire perpétuer dans l'espèce*] selezione ◇ (*biol.*) *sélection naturelle* selezione naturale.
sélectionné, ée |selɛksjɔne| *adj.* **1** selezionato: *candidats sélectionnés pour un concours* candidati selezionati per un concorso **2** (*choses*) [*qui a été trié, choisi*] selezionato: *produits sélectionnés* prodotti selezionati.
sélectionner |selɛksjɔne| *v.tr.* [*choisir par sélection*] selezionare: *sélectionner des athlètes pour un championnat* selezionare degli atleti per un campionato; *sélectionner des graines à semer* selezionare delle sementi per la semina.
sélectionneur, euse |selɛksjɔnœʀ, øz| *s.* **1** [*personne dont le métier est de sélectionner (des choses)*] selezionatore*: *sélectionneur de graines, de peaux* selezionatore di sementi, di pelli **2** [*psychotechnicien qui s'occupe de sélection professionnelle*] selezionatore: *sélectionneur qui fait passer des tests* selezionatore che sottopone a dei test.
sélectivement |selɛktivmɑ̃| *adv.* [*d'une manière sélective, par une sélection*] selettivamente.
sélectivité |selɛktivite| *s.f.* (*chim., radio*) selettività *inv.*
séléniate |selenjat| *s.m.* (*chim.*) seleniato.
sélenien, ienne |selenjɛ̃, jɛn|,
sélénite |selenit| *s.* [*habitant ancienn. présumé de la Lune*] selenita ✦ *adj.* [*relatif à la Lune*] selenico*.
sélénieux |selenjø| *adj. m.* (*chim.*) selenioso *m. ou f.*
sélénique |selenik| *adj.* (*chim.*) selenico*.
1 **sélénite** |selenit| *s.m.* (*chim.*) selenite *f.*
2 **sélénite** |selenit| *s. et adj.* → **sélénien.**
séléniteux, euse |selenitø, øz| *adj.* (*chim.*) selenitico*.
sélénium |selenjɔm| *s.m.* (*chim.*) selenio*.
séléniure |selenjyʀ| *s.m.* (*chim.*) seleniuro.
sélén(o)- |selen(ɔ)| *préf.* (*signifiant 'Lune', correspond généralt. à*) selen(o): *sélénologue* selenologo.
sélénographe |selenɔgʀaf| *s.* (*astron.*) selenografo *m.*
sélénographie |selenɔgʀafi| *s.f.* (*astron.*) selenografia.
sélénographique |selenɔgʀafik| *adj.* (*astron.*) selenografico*: *carte sélénographique* carta selenografica.
sélénologie |selenɔlɔʒi| *s.f.* selenologia*.
sélénologue |selenɔlɔg| *s.* selenologo*
sélénotopographie |selenɔtɔpɔgʀafi| *s.f.* selenotopografia.
sélénotopographique |selenɔtɔpɔgʀafik| *adj.* selenotopografico*.
self- |sɛlf| *préf.* → **auto-.**
1 **self** |sɛlf| *s.f.* → **self-inductance, self-induction.**
2 **self** |sɛlf| *s.m.* (*angl.*) **1** (*méd.*) self *inv.* **2** (*psychan., psycho.*) → **moi, soi, personnalité.**
self-control |sɛlfkɔ̃tʀol| *s.m.* (*angl.*) self-control (*inv.*): *garder son self-control* mantenere il self-control.
self-government |sɛlfgɔvɛʀnmɑ̃t, mɑ̃, mɛnt| *s.m.* (*angl.*) autogoverno.
self-inductance |sɛlfɛ̃dyktɑ̃s| *s.f.* (*angl.*) (*phys.*) autoinduttanza.
self-induction |sɛlfɛ̃dyksjɔ̃| *s.f.* (*angl.*) (*phys.*) autoinduzione: *coefficient de self-induction* coefficiente di autoinduzione.
self-made-man |sɛlfmɛdman| *s.m.* (*angl.*) self-made-man: *des self-made-men* dei self-made-men # *c'est un self-made-man* (è un uomo che) si è fatto da solo.
self-service |sɛlfsɛʀvis| *s.m.* (*amér.*) self-service *inv.* → **libre-service** ✦ (*par appos.*) *restaurant self-service* ristorante self-service ◇ (*ellipt., fam.*) *aller au self* andare al self-service.
sellage |sɛlaʒ| *s.m.* [→ SELLER] insellamento: *sellage d'un cheval* insellamento di un cavallo.
1 **selle** |sɛl| *s.f.* **1** sella: *la selle du cheval* la sella del cavallo; *cheval de selle* cavallo da sella; *se mettre en selle* salire in sella, montare a cavallo ◇ (*loc. fig.*) *être bien en selle* [*être affermi dans sa position*] essere a cavallo ~ *mettre qqn. en selle* istradare qc. ~ *se remettre en selle* [*se rétablir*] rimettersi in sesto **2** [*petit siège de cuir, adapté à une bicyclette, une moto*] sella, sellino (*m.*): *selle et tan-sad d'une moto* sella e sellino di una moto **3** [*région de la croupe (du mouton, du chevreuil) entre le gigot et la première côte*] sella: *de la selle d'agneau* sella di agnello **4** [*escabeau surmonté d'un plateau tournant sur lequel le sculpteur pose la matière à modeler*] trespolo *m.*
2 **selle** |sɛl| *s.f.* (*loc.*) *aller à la selle* [*expulser les matières fécales*] andare di corpo ◇ (*par ext.*) *les selles* [*les matières fécales*] le feci.
seller |sele| *v.tr.* [*munir (un cheval) d'une selle*] sellare: *seller son cheval* sellare il proprio cavallo ✦ (*au p.p.*) *cheval sellé et bridé* cavallo sellato e bardato.
sellerie |sɛlʀi| *s.f.* **1** selleria **2** [*ensemble des selles et des harnais*] finimenti *m. pl.*
sellette |sɛlɛt| *s.f.* **1** [*petit siège bas sur lequel on faisait asseoir les accusés pour les interroger*] banco* (*m.*): *accusé sur la sellette* imputato al banco ◇ (*fig., fam.*) *mettre, tenir qqn. sur la sellette* fare il terzo grado a qc. **2** [*piece de harnais supportant la dossière qui soutient les brancards*] selletta, dorsale *m.* **3** piccolo trespolo *m.* (dello scultore) ◇ [*escabeau étroit, petit meuble destiné à porter une statue, une plante verte*] trespolo **4** [*petit siège suspendu à une corde utilisé par les ouvriers du bâtiment*] sgabello *m.*
sellier |selje| *s.m.* [*fabricant et marchand de selles, d'ouvrages de sellerie*] sellaio* → **bourrelier.**
selon |s(ə)lɔ̃| *prép.* **1** [*en se conformant à, en prenant pour regle, pour modèle*] secondo: *faire qqch. selon les règles* fare q.c. secondo le regole → **conformément, suivant** ◇ [*en proportion de*] secondo, a seconda di (*loc.*): *à chacun selon ses mérites* a ciascuno secondo i, a seconda dei propri meriti **2** [*si l'on se rapporte à*] secondo: *selon l'expression consacrée* secondo l'espressione consacrata ◇ [*d'après*] *il a fait, selon moi, une bêtise* secondo me, ha fatto una stupidaggine ◇ [*si l'on juge d'après tel principe, tel critère*] secondo, stando a (*loc.*): *selon toute vraisemblance* secondo ogni probabilità, stando alle apparenze ◇ (*spécialt.*) *Évangile selon saint Jean* Vangelo secondo San Giovanni **3** (*employé dans une phrase marquant l'alternative*) secondo, a seconda di: *selon les circonstances* secondo le, a seconda delle circostanze; *selon les cas* secondo i, a seconda dei casi; *son humeur change selon qu'on l'admire ou la critique* il suo umore cambia secondo, a seconda che la si ammiri o la si critichi **4** (*loc. fam.*) *c'est selon* [*cela dépend des circonstances*] dipende (*cour.*), forse (*cour.*).
seltz (eau de) |odsɛls| *s.f.* selz *m. inv.*
selve |sɛlv(ə)| *s.f.* (*géogr.*) selva.
séma- |sema| *préf.* → **sémio-.**
semailles |s(ə)mɑj| *s.f. pl.* **1** [*action de semer, d'ensemencer*] semina *sing.*, seminagione *sing.* (*littér.*): *semailles en ligne, à la volée* semina a righe, alla volata (a spaglio) **2** [*graine qu'on sème ou qu'on a semée*] sementi.
semaine |s(ə)mɛn| *s.f.* **1** [*cycle conventionnel de sept jours consécutifs*] settimana: *une fois la semaine, par semaine* una volta la, alla settimana; *au milieu ou à la fin de la semaine prochaine* a metà o alla fine della prossima settimana; *la semaine sainte* la settimana santa ◇ (*fam.*) *la semaine des quatre jeudis* il giorno di san mai ◇ [*répartition des heures de travail*] *la semaine de quarante heures* la settimana di quaranta ore; *semaine anglaise* settimana corta ◇ (*spécialt.*) *fin de semaine* fine settimana *m. ou f. inv.*, weekend *m. inv.* ◇ [*l'ensemble des jours ordinaires, des jours ouvrables*] *pendant la semaine, en semaine* durante la settimana, in settimana **2** [*période de sept jours, quel que soit le jour initial*] settimana: *la première semaine de novembre* la prima settimana di novembre; *dans une semaine, deux semaines à compter d'aujourd'hui* fra una settimana, due settimane da oggi ◇ [*cette période consacrée à une activité*] *semaine commerciale* settimana commerciale ◇ *loc.* À LA SEMAINE a, alla settimana: *travailler à la semaine* lavorare a settimana; *chambre louée à la semaine* camera affittata alla settimana ~ À LA PETITE SEMAINE alla giornata: *une politique à la petite semaine* una politica alla giornata; *gouverner à la petite semaine* governare alla giornata ~ DE SEMAINE [*à tour de rôle pendant une semaine*] di settimana: *être de semaine* essere di settimana **3** (*par ext.*) [*salaire d'un ouvrier pour une semaine de travail*] settimana: *il a déjà dépensé sa semaine* ha già speso la settimana **4** braccialetto *m.* (di sette anelli).
semainier, mainière |s(ə)mənje, mɛnjɛʀ| *s.* **1** *s.* chi lavora, ha un incarico per una settimana *loc.* → **hebdomadier** **2** *s.m.* agenda *f.* da tavolo ◇ (*meuble*) mobiletto (a sette cassetti) ◇ (*bracelet*) braccialetto (di sette anelli).
sémantème |semɑ̃tɛm| *s.m.* (*ling.*) semantema.

sémanticien |semɑ̃tisjɛ̃| *s.m.* studioso *s.* di semantica.
sémantique |semɑ̃tik| **I** *s.f.* **1** (*ling.*) semantica*: *sémantique analytique, structurale, générative* |semantica| analitica, strutturale, generativa; *sémantique synchronique, diachronique* semantica sincronica, diacronica **2** (*angl.*) *sémantique générale* semantica generale **3** (*log.*) semantica **II** *adj.* (*ling.*) semantico*: *champ sémantique* campo semantico ◇ (*loc.*) *système sémantique* sistema semantico.
sémaphore |semafɔʀ| *s.m.* (*ch. de fer, mar.*) semaforo.
sémaphorique |semafɔʀik| *adj.* (*ch. de fer, mar.*) semaforico*: *signal sémaphorique* segnale semaforico.
sémaphoriste |semafɔʀist(ə)| *s.m.* semaforista.
sémasiologie |semazjɔlɔʒi| *s.f.* (*ling.*) semasiologia*.
sémasiologique |semazjɔlɔʒik| *adj.* (*ling.*) semasiologico*.
semblable |sɑ̃blabl(ə)| **I** *adj.* **1** SEMBLABLE À [*qui a de la ressemblance avec*] simile: *une maison banale, semblable à beaucoup d'autres* una casa qualunque, simile, uguale a tante altre ◇ [*qui ressemble à la chose en question*] *en semblable occasion* in simili occasioni, in un'occasione simile **2** *au plur.* [*qui se ressemblent entre eux*] simili ◇ (*math.*) *triangles semblables* triangoli simili **3** [*de cette nature*] simile, tale: *de semblables propos sont inadmissibles* simili, tali affermazioni sono inammissibili → **tel** **II** *s.* [*être, personne semblable*] simile: *vous et vos semblables* voi e i vostri simili → **prochain.**
semblablement |sɑ̃blabləmɑ̃| *adv.* (*rare*) [*pareillement*] similmente, ugualmente; allo stesso modo *loc. inv.* (*cour.*).
semblant |sɑ̃blɑ̃| *s.m.* **1** (*vx.*) parvenza *f.* ◇ (*loc. cour.*) *faux semblant* [*apparence trompeuse*] falsa apparenza ~ UN SEMBLANT DE [*qqch. qui n'a que l'apparence de*] una parvenza di: *un semblant de bonheur, d'intérêt* una parvenza di felicità, di interesse **2** *loc.* FAIRE SEMBLANT DE far finta di, fingere di: *il fait semblant d'avoir oublié* fa finta, finge di essersene dimenticato # *ne faire semblant de rien* come se nulla (niente) fosse ✦ (*absolt.*) *il ne dort pas, il fait semblant* non dorme, fa finta.
sembler |sɑ̃ble| **A** *v.intr.* **1** SEMBLER À QQN. (+ *attribut*) [*avoir l'air, présenter (telle apparence) pour qqn.*] sembrare (*aux.* essere), parere (161) (*aux.* essere) a qc.: *les heures m'ont semblé longues* le ore mi sono sembrate, parse lunghe ◇ (+ *inf.*) [*donner l'impression, l'illusion de*] sembrare (+ *inf. ou subj.*): *vous semblez le regretter* lei sembra rammaricarsene, sembra che lei se ne rammarichi **2** (*sans compl. indirect*) sembrare, parere: *cela semble suffisant, être suffisant* mi sembra, pare sufficiente, essere sufficiente **B** *v.impers.* IL SEMBLE **1** IL SEMBLE À QQN. (+ *attribut*) [*il est apparemment, pour qqn.*] sembra, pare a qc.: *il me semble inutile de revenir là-dessus* mi sembra, pare inutile ritornarci sopra **2** IL SEMBLE QUE (+ *ind. ou subj.*) [*les apparences donnent à penser que*] sembra, pare che (+ *subj.*): *il semble qu'il n'y a, qu'il n'y ait plus rien à faire* sembra, pare che non ci sia più niente da fare **3** IL ME (TE...) SEMBLE QUE (+ *ind.*) [*je* (*tu...*) *crois que*] mi (ti...) sembra, pare che (+ *subj.*): *il me semble que c'est assez grave* mi sembra, pare che (la cosa) sia abbastanza grave **4** IL ME (TE...) SEMBLE (+ *inf.*) mi (ti...) sembra, pare di (+ *inf.*): *il nous semblait les connaître déjà* ci sembrava di conoscerli già **5** (*littér.*) *que vous en semble?* cosa gliene (ve ne) sembra (*cour.*), pare (*cour.*)?
sème |sɛm| *s.m.* (*ling.*) sema.
semé, ée |s(ə)me| *adj.* disseminato, seminato: *une mer semée d'écueils* un mare disseminato di scogli → **plein.**
séméio- |semejɔ| *et dérivés* → **sémio-** *et dérivés.*
semelle |s(ə)mɛl| *s.f.* **1** [*pièce constituant la partie inférieure de la chaussure*] suola: *semelles de cuir, de caoutchouc, de crêpe, de corde* suole di cuoio, di gomma, di para, di corda ◇ (*plais.*) *c'est de la semelle* (*se dit d'une viande coriace*) è dura come il cuoio ~ *battre la semelle* battere i piedi ◇ [*pièce découpée* (*de feutre, liège...*) *qu'on met à l'intérieur d'une chaussure*] soletta ◇ [*partie d'un bas, d'une chaussette correspondant à la plante du pied*] pedule *m.* ◇ [*partie plane du ski qui doit glisser sur la neige*] soletta **2** (*loc. fig.*) *ne pas avancer d'une semelle* non fare un passo avanti ~ *ne pas quitter qqn. d'une semelle* star sempre alle calcagna di qc. ~ *ne pas reculer d'une semelle* non fare un passo indietro; essere irremovibile **3** (*techn.*) *semelle d'un rail, d'une poutre, d'une machine* piastrina di appoggio di una rotaia, di una trave, di una macchina **4** (*maçonn.*) soletta; sottotrave.
sémème |semɛm| *s.m.* (*ling.*) semema.
semence |s(ə)mɑ̃s| *s.f.* **1** seme *m.*, semente: *blé, pommes de terre de semence* grano, patate da seme ◇ (*fig.*) seme, germe (*m.*): *les semences d'une révolution* i semi, i germi della rivoluzione **2** (*techn.*) *semence de diamants, de perles* semenza di diamanti, di perle **3** [*clou à tête plate et à tige courte*] semenza: *semence de tapissier* semenza da tappezziere.
semen-contra |semɛnkɔ̃tʀa| *s.m. inv.* (*lat.*) (*pharm. anc.*) semen contra, seme *var.* santo.
semer |s(ə)me| (6) *v.tr.* **1** [*répandre en surface ou mettre en terre* (*des semences*)] seminare ✦ (*absolt.*) *semer à la volée, en lignes* seminare alla volata (a spaglio), a righe ◇ (*loc. fig.*) *semer le bon grain* seminare il buon seme ~ *récolter ce qu'on a semé* raccogliere quel che si è seminato ~ *qui sème le vent récolte la tempête* chi semina vento raccoglie tempesta **2** [*répandre en dispersant, en diffusant*] seminare, disseminare: *des vêtements semés çà et là dans la chambre* vestiti seminati, disseminati qua e là nella stanza → **disséminer** ◇ (*fig.*) seminare: *les envahisseurs ont semé la ruine sur leur passage* gli invasori hanno seminato la rovina al loro passaggio **3** [*se débarrasser de la compagnie de* (*qqn., qu'on devance, qu'on prend de vitesse*)] seminare: *il a semé tous ses concurrents* ha seminato tutti i concorrenti.
semestre |s(ə)mɛstʀ(ə)| *s.m.* semestre.
semestriel, ielle |səmɛstʀijɛl| *adj.* semestrale: *assemblée semestrielle* assemblea semestrale.
semestriellement |səmɛstʀijɛlmɑ̃| *adv.* (*rare*) [*une fois par semestre*] semestralmente.
semeur, euse |s(ə)mœʀ, øz| *s.* **1** [*personne qui sème du grain, qui est chargée des semailles*] seminatore* **2** (*fig.*) SEMEUR DE seminatore di: *semeur de discorde* seminatore di discordia # *semeur de fausses nouvelles* propalatore di notizie false.
semi- |səmi| *préf.* (*signifiant 'partiellement, à demi', correspond généralt. à*) semi: *semi-automatique* semiautomatico; *semi-fini* semilavorato.
semi-argenté, ée |səmiaʀʒɑ̃te| *adj.* (*techn.*) semiargentato.
semi-aride |səmiaʀid| *adj.* (*géogr.*) semiarido: *les steppes semi-arides* le steppe semiaride.
semi-automatique |səmiɔ(o)tɔmatik| *adj.* semiautomatico*.
semi-autopropulsé, ée |səmiɔ(o)tɔpʀɔpylse| *adj.* (*milit.*) semimovente: *mortiers semi-autopropulsés* mortai semisemoventi.
semi-auxiliaire |səmiɔ(o)ksiljɛʀ| *adj. et s.m.* (*gram.*) (*verbes*) *semi-auxiliaires* (verbi) servili.
semi-balistique |səmibalistik| *adj.* (*milit.*) semibalistico*.
semi-chenillé, ée |səmiʃnije| *adj.* (*se dit d'un véhicule chenillé dont les roues directrices sont libres*) semicingolato ✦ (*s.m.*) *un semi-chenillé* un semicingolato.
semi-circulaire |səmisiʀkylɛʀ| *adj.* semicircolare ◇ (*anat.*) *canaux semi-circulaires* canali semicircolari.
semi-coke |səmikɔk| *s.m.* (*techn.*) semicoke *inv.*
semi-conducteur, trice |səmikɔ̃dyktœʀ, tʀis| *adj. et s.m.* (*électr.*) semiconduttore*.
semi-conserve |səmikɔ̃sɛʀv(ə)| *s.f.* semiconserva: *semi-conserve de poissons* semiconserva di pesce.
semi-consonne |səmikɔ̃sɔn| *s.f.* (*phonét.*) semiconsonante.
semi-déponent, ente |səmidepɔnɑ̃, ɑ̃t| *adj. et s.m.* (*gram. lat.*) semideponente.
semi-distillation |səmidistilasjɔ̃| *s.f.* (*techn.*) semidistillazione.
semi-dominance |səmidɔminɑ̃s| *s.f.* (*biol.*) semidominanza.
semi-double |səmidubl(ə)| *adj.* (*bot.*) semidoppio*.
semi-fini, ie |səmifini| *adj.* (*écon.*) semilavorato (*adj. et s.m.*): *produits semi-finis, semi-produits* (prodotti) semilavorati.
semi-gothique |səmigɔtik| *adj.* semigotico*.
semi-imperméable |səmiɛ̃pɛʀmeabl(ə)| *adj.* semimpermeabile.
sémillant, ante |semijɑ̃, ɑ̃t| *adj.* [*d'une vivacité plaisante, agréable*] vivace, brioso.
sémillon |semijɔ̃| *s.m.* [*cépage blanc de la Gironde, donnant des raisins très sucrés*] ⊠.
semi-lunaire |səmilynɛʀ| *adj.* (*anat.*) semilunare: *os semi-lunaire,* (*s.m.*) *le semi-lunaire* (osso) semilunare.
séminaire |seminɛʀ| *s.m.* **1** seminario* **2** (*dans une faculté*) seminario ◇ [*réunion d'ingénieurs, de techniciens,*

de *spécialistes pour l'étude de certaines questions*] seminario.

séminal, ale, aux |seminal, o| *adj.* (*biol.*, *bot.*) seminale.

séminariste |seminaʀist(ə)| *s.m.* seminarista.

semi-nasal, ale, als, aux |səminazal, o| *adj. et s.f.* (*phonét.*) seminasale.

séminifère |seminifɛʀ| *adj.* (*anat.*, *bot.*) seminifero.

semi-nomade |səminɔmad| *adj. et s.* (*géogr.*) seminomade.

semi-nomadisme |səminɔmadism(ə)| *s.m.* (*géogr.*) seminomadismo.

sémio-, séméio- |semjɔ, semejɔ| *préf.* (*signifiant 'signal, signe', correspondent généralt. à*) semio, semeio: *sémiologie*, *séméiologie* semiologia, semeiologia.

semi-occlusive |səmiɔklyziv| *s.f.* (*phonét.*) semiocclusiva.

semi-officiel, elle |səmiɔfisjɛl| *adj.* semiufficiale, semiufficioso; informale.

sémiographie |semjɔgʀafi|, **séméiographie** |semejɔgʀafi| *s.f.* semiografia.

sémiologie |semjɔlɔʒi| *s.f.* **1** (*méd.*) semeiotica*, semiologia*, semeiologia* **2** (*ling.*) semiologia, semeiologia.

sémiologique |semjɔlɔʒik| *adj.* (*ling.*, *méd.*) semiologico*, semeiotico* → **sémiotique.**

sémiologue |semjɔlɔg|, **séméiologue** |semejɔlɔg| *s.* semiologo*.

semi-oncial, ale, aux |səmiɔ̃sjal, o| *adj.* (*paléont.*) semionciale.

sémioticien, ienne |semjɔtisjɛ̃, jɛn| *s.* studioso di semiotica.

sémiotique |semjɔtik| **I** (*vx.*, *méd.*) **1** *s.f.* → **sémiologie** 1 **2** *adj.* → **sémiologique** **II** (*log.*, *philo.*) **1** *s.f.* semiotica* **2** *adj.* semiotico*.

semi-ouvert, erte |səmiuvɛʀ, ɛʀt(ə)| *adj.* (*math.*) semiaperto.

semi-ouvré, ée |səmiuvʀe| *adj.* (*écon.*) semilavorato.

semi-perméable |səmipɛʀmeabl(ə)| *adj.* (*phys.*) semipermeabile.

semi-portique |səmipɔʀtik| *s.m.* (*techn.*) semiportale, gru *f. inv.* a cavalletto zoppo.

semi-précieuse |səmipʀesjøz| (*adj. f.*) *pierre semi-précieuse* pietra semipreziosa *m. ou f.*, fine.

semi-produit |səmipʀɔdɥi| *s.m.* (*écon.*) semilavorato.

semi-public |səmipyblik| *adj.* (*dr.*) semipubblico*, parastatale.

sémique |semik| *adj.* (*ling.*) semico*.

semiquinaire |səmikinɛʀ| *adj.* (*versif.*) semiquinario*.

semi-remorque |səmiʀ(ə)mɔʀk(ə)| *s.f.* semirimorchio* *m.* ◇ (*par ext.*) autoarticolato *m.*

semi-rigide |səmiʀiʒid| *adj.* semirigido.

semis |s(ə)mi| *s.m.* **1** [*action, manière de semer, spécialt. en hortic. et sylvic.*] semina *f.*, seminagione (*f.*): *semis à la volée, au semoir* semina alla volata, con la seminatrice **2** [*plant provenant de graines*] piantina *f.*, pianticella *f.* ◇ [*terrain ensemencé de jeunes plantes qui y poussent*] semenzaio*.

sémite |semit| *adj.* semitico*, semita ✦ *s.* (*hist.*) *les Sémites* i Semiti.

sémitique |semitik| *adj.* semitico*: *les langues sémitiques* le lingue semitiche.

sémitisant, ante |semitizɑ̃, ɑ̃t| *adj. et s.* [*qui étudie les langues et les civilisations sémitiques*] semitista.

sémitisme |semitism(ə)| *s.m.* semitismo.

sémitiste |semitist(ə)| *s.* semitista.

semi-tubulaire |səmitybylɛʀ| *adj.* (*techn.*) semitubolare.

semi-voyelle |səmivwajɛl| *s.f.* (*phonét.*) semivocale.

semnopithèque |sɛmnɔpitɛk| *s.m.* (*t.zool.*) semnopiteco*.

semoir |səmwaʀ| *s.m.* **1** sacco* delle sementi **2** (*techn.*) seminatrice *f.*

semonce |səmɔ̃s| *s.f.* **1** (*mar.*) intimazione: *coup de semonce* colpo di intimazione **2** [*avertissement sous forme de reproches*] ammonimento *m.*, ramanzina.

semoncer |səmɔ̃se| (2) *v.tr.* **1** (*rare*) → **réprimander** **2** (*mar.*) [*adresser une semonce à* (*un navire*)] intimare (a una nave) di fermarsi.

semoule |s(ə)mul| *s.f.* semola, semolino *m.* ◇ (*par ext.*) *semoule de riz, de maïs* semola, semolino di riso, di mais.

semoulerie |s(ə)mulʀi| *s.f.* **1** stabilimento *m.* dove si ottiene il semolino **2** preparazione del semolino.

semper virens |sɛ̃pɛʀviʀɛ̃s| *s.m. inv. et adj. inv.* (*lat.*) (*bot.*) sempreverde *m. ou f. var.*

sempervivum |sɛ̃pɛʀvivɔm| *s.m. inv.* (*lat.*) (*bot.*) semprevivo *var.*

sempiternel, elle |sɛ̃pitɛʀnɛl| *adj.* (*plais.*) [*continuel, de manière à lasser*] continuo, perpetuo: *il nous ennuie avec ses sempiternels reproches* ci scoccia con i suoi continui, perpetui rimproveri.

sempiternellement |sɛ̃pitɛʀnɛlmɑ̃| *adv.* (*plais.*) continuamente, perpetuamente.

sen |sɛn| *s.m.* (*jap.*) [*monnaie divisionnaire du Japon*] sen *inv.*

sénaire |senɛʀ| *s.m.* (*versif.*) senario*.

sénarmontite |senaʀmɔ̃tit| *s.f.* (*minér.*) senarmontite.

sénat |sena| *s.m.* senato ◇ (*hist.*) *le sénat de Sparte, de Rome, de Venise* il senato di Sparta, di Roma, di Venezia.

sénateur |senatœʀ| *s.m.* senatore: *sénateurs et députés* senatori e deputati ◇ (*hist.*) *les sénateurs romains* i senatori romani ◇ (*loc. fam.*) *aller son train de sénateur* camminare con andatura lenta e solenne (*cour.*).

sénatorerie |senatɔʀʀi| *s.f.* (*hist.*) dotazione senatoriale.

sénatorial, ale, aux |senatɔʀjal, o| *adj.* senatoriale: *élections sénatoriales* elezioni senatoriali ◇ (*hist.*) *ordre sénatorial* ordine senatorio*.

sénatus-consulte |senatyskɔ̃sylt(ə)| *s.m.* **1** (*hist. rom.*) senatoconsulto **2** (*hist. fr.*) deliberazione *f.* del Senato.

séné |sene| *s.m.* (*t.bot.*) sena *f.*, senna *f.*

sénéchal, aux |seneʃal, o| *s.m.* **1** (*hist.*) siniscalco* **2** (*par ext.*, *anciènn.*) capitano di giustizia.

sénéchaussée |seneʃose| *s.f.* (*hist.*) siniscalcato *m.*

séneçon |sɛnsɔ̃| *s.m.* (*t.bot.*) senecio*, senecione.

sénégalais, aise |senegalɛ, ɛz| *adj.* [*du Sénégal*] senegalese: *langues sénégalaises* lingue senegalesi.

sénégalisme |senegalism(ə)| *s.m.* (*ling.*) senegalismo.

sénescence |senesɑ̃s| *s.f.* senescenza.

sénescent, ente |senesɑ̃, ɑ̃t| *adj. et s.* senescente.

senestre |sənɛstʀ(ə)|, **sénestre** |senɛstʀ(ə)| *adj.* **1** (*blas.*) sinistro **2** (*zool.*) sinistrorso **3** (*vx.*) → **1 gauche.**

sénestrochère |senɛstʀɔkɛʀ| *s.m.* (*blas.*) sinistrocherio*.

senestrorsum |senɛstʀɔʀsɔm| *adj. inv.* (*lat.*) sinistrorso *var.*

sénevé |sɛnve| *s.m.* (*t.bot.*) senape *f.* (nera).

sénile |senil| *adj.* **1** senile ◇ (*méd.*) *démence sénile* demenza senile **2** (*fam.*) [*atteint de sénilité*] vecchio* (*cour.*): *malgré ses quatre-vingts ans, il n'est pas du tout sénile* malgrado i suoi ottant'anni non sembra affatto vecchio.

sénilisme |senilism(ə)| *s.m.* → **gérontisme.**

sénilité |senilite| *s.f.* senilità (*inv.*): *sénilité précoce* senilità precoce.

senior |senjɔʀ| *s. et adj.* (*lat.*) senior: *des seniors* dei seniores.

séniorité |senjɔʀite| *s.f.* (*angl.*) (*ethnologie*) (diritti *m. pl.* di) anzianità *inv.*

senne |sɛn| *s.f.* → **seine.**

senousisme |s(ə)nusism(ə)| *s.m.* (*hist.*) senussismo.

senousiste |s(ə)nusist(ə)| *adj. et s.* (*hist.*) senussita.

1 **sens** |sɑ̃s| *s.m.* **I** **1** (*physiol.*) senso: *les cinq sens traditionnels* i cinque sensi; *les plaisirs des sens* i piaceri dei sensi; *reprendre* (*l'usage de*) *ses sens* riprendere i sensi **2** *au plur.* (*chez l'être humain*) sensi **3** LE SENS DE... [*faculté de connaître d'une manière immédiate et intuitive*] il senso di: *vous n'avez pas le sens du rythme* lei non ha il senso del ritmo; *avoir le sens du comique* avere il senso del comico → **instinct** ◇ (*spécialt.*) *le sens moral* il senso morale **II** **1** BON SENS buon senso: *un homme de bon sens* un uomo di buon senso; *en dépit du bon sens* contro ogni buon senso → **1 raison** **2** *sens commun* senso comune **3** *loc.* [*manière de juger* (*d'une personne*)] *à mon sens* a mio avviso, a mio parere ~ *en un sens* in un certo senso ~ *en ce sens que* nel senso che **III** **1** [*idée ou ensemble d'idées intelligible que représente un signe ou un ensemble de signes*] senso, significato: *cette allégorie a un sens très profond* questa allegoria ha un senso, un significato assai profondo ◇ (*ling.*) *sens propre, figuré* senso proprio, figurato; *au sens strict* nel senso stretto, in senso stretto; *au sens large du terme* in senso largo del termine, in senso lato; *ce mot a plusieurs sens* questa parola ha più significati, più sensi **2** [*idée intelligible servant d'explication, de justification*] senso, significato.

2 **sens** |sɑ̃s| *s.m.* **1** [*direction; position d'une droite dans un plan, d'un plan dans un volume*] senso: *dans le sens de leur longueur* nel senso della lunghezza; *sens d'un tissu* senso di una stoffa, dritto filo; *tailler dans le sens du bois* tagliare nel senso della fibra del legno ◇ *loc. adv.* SENS DESSUS DESSOUS sottosopra (*adv.*): *le salon est encore sens dessus dessous* il salotto è ancora sottosopra, in aria, per aria; *il a tout*

mis sens dessus dessous ha messo tutto sottosopra ~ SENS DEVANT DERRIÈRE all'incontrario: *mettre un pull-over sens devant derrière* mettere un pullover all'incontrario **2** [*ordre dans lequel un mobile parcourt une série de points; mouvement orienté*] senso: (*voie à*) *sens unique* (strada a) senso unico; *panneau de sens interdit* cartello di senso vietato; *dans le sens des aiguilles d'une montre* in senso orario; *dans le sens contraire à celui des aiguilles d'une montre* in senso antiorario; *chaque direction a deux sens opposés* ogni direzione ha due sensi opposti; *vous tournez le bouton dans le mauvais sens* lei gira la manopola nel senso sbagliato # *sens giratoire* circolazione rotatoria **3** (*abstrait*) [*direction que prend une activité*] senso, direzione (*f.*): *nous travaillons dans le même sens* lavoriamo nello stesso senso, nella stessa direzione ◇ [*succession ordonnée et irréversible des états* (*d'une chose en devenir*)] senso: *le sens de l'histoire* il senso della storia.

sensas(s) |sɑ̃sɑs|, **sensa** |sɑ̃sɑ| *adj. inv.* (*fam.*) → **sensationnel** 2.

sensation |sɑ̃sɑsjɔ̃| *s.f.* **1** sensazione, senso (*m.*): *sensations auditives, visuelles, thermiques* sensazioni uditive, visive, termiche; *sensation de brûlure, d'étouffement, de vertige* senso, sensazione di bruciore, di soffocamento, di vertigine **2** [*état psychologique à forte composante affective*] sensazione: *il avait la sensation d'être poursuivi* aveva la sensazione di essere inseguito **3** [*forte impression produite sur plusieurs personnes*] sensazione, impressione: *faire sensation* fare sensazione, impressione ◇ (*loc. adj.*) *à sensation* a sensazione # *film à sensations* film a suspense.

sensation(n)alisme |sɑ̃sasjɔnalism(ə)| *s.m.* gusto, ricerca* *f.* del sensazionale.

sensationnel, elle |sɑ̃sɑsjɔnɛl| *adj.* **1** sensazionale: *une nouvelle sensationnelle* una notizia sensazionale ♦ (*s.m.*) *le sensationnel* il sensazionale **2** (*fam.*) [*remarquable, d'une valeur exceptionnelle*] sensazionale → **sensas(s)** (*fam.*).

sensationnisme |sɑ̃sasjɔnism(ə)| *s.m.* → **sensualisme.**

sensé, ée |sɑ̃se| *adj.* [*qui a du bon sens*] sensato → **raisonnable, sage** ◇ (*choses*) *observations justes et sensées* osservazioni giuste e sensate → **judicieux, rationnel.**

sensément |sɑ̃semɑ̃| *adv.* (*vx.*) [*d'une manière sensée*] sensatamente (*cour.*), con buon senso *loc. inv.* (*cour.*).

sensibilisable |sɑ̃sibilizɑbl(ə)| *adj.* [→ SENSIBILISER] sensibilizzabile.

sensibilisateur, trice |sɑ̃sibilizatœʀ, tʀis| **1** *adj.* sensibilizzatore* ◇ (*chim.*) *rôle sensibilisateur de l'eau* ruolo sensibilizzatore dell'acqua ♦ *s.m.* (*photo.*) *sensibilisateur chromatique* sensibilizzatore cromatico **2** *s.f.* (*biol.*) sostanza sensibilizzante.

sensibilisation |sɑ̃sibilizɑsjɔ̃| *s.f.* **1** (*méd., photo.*) sensibilizzazione **2** (*fig.*) *la sensibilisation de l'opinion à un problème* la sensibilizzazione dell'opinione pubblica a un problema.

sensibiliser |sɑ̃sibilize| *v.tr.* **1** [*rendre sensible à l'action de la lumière* (*une plaque, une couche photographique*)] sensibilizzare **2** (*méd.*) [*déterminer une sensibilisation chez* (*qqn.*)] sensibilizzare **3** (*fig.*) [*rendre sensible, faire reagir* (*qqn.*) *à*] sensibilizzare: *l'opinion publique est aujourd'hui sensibilisée à ce problème* l'opinione pubblica oggi è sensibilizzata a questo problema.

sensibilité |sɑ̃sibilite| *s.f.* **1** sensibilità *inv.* → **excitabilité, sensation** **2** [*propriété de l'être humain sensible*] sensibilità: *une sensibilité vive* una viva sensibilità; *la sensibilité de l'artiste* la sensibilità dell'artista → **affectivité,** 2 **cœur** ◇ (*spécialt.*) [*faculté d'éprouver la compassion, la sympathie*] *il manque de sensibilité* manca di sensibilità, è insensibile **3** [*aptitude à détecter et à amplifier de faibles variations* (*d'une grandeur*)] sensibilità: *sensibilité d'un explosif* sensibilità di un esplosivo ◇ (*psycho.*) *sensibilité d'un test* sensibilità di un test.

sensible |sɑ̃sibl(ə)| *adj.* **I** (*sens actif*) **1** sensibile: *les êtres sensibles* gli esseri sensibili ◇ (*spécialt.*) [*que le moindre contact rend douloureux ou fait souffrir*] *point sensible* punto sensibile ◇ (*philo.*) *l'intuition sensible* l'intuizione sensibile **2** (*personnes*) sensibile ◇ *loc.* SENSIBLE À sensibile a: *sensible au charme de qqch., de qqn.* sensibile al fascino di q.c., di qc. **3** (*choses*) [*qui réagit au contact, à de faibles variations*] sensibile: *balance sensible* bilancia sensibile; *pellicule, plaque, émulsion sensible, ultrasensible* pellicola, lastra, emulsione sensibile, ultrasensibile ◇ (*mus.*) *la note sensible,* (*s.f.*) *la sensible* la (nota) sensibile **II** (*sens passif*) **1** [*qui peut être perçu par les sens*] sensibile: *le monde sensible* il mondo sensibile **2** [*assez grand pour être perçu, et par suite, non négligeable*] sensibile: *une baisse sensible des prix* una sensibile diminuzione dei prezzi → **appréciable, important** [C] **insensible.**

sensiblement |sɑ̃sibləmɑ̃| *adv.* **1** [*d'une manière appréciable*] sensibilmente: *cela est sensiblement plus cher* questo è sensibilmente più caro → **notablement** **2** (*vieilli*) → **visiblement** [C] 1 **insensiblement.**

sensiblerie |sɑ̃sibləʀi| *s.f.* [*sensibilité outrée et déplacée, compassion un peu ridicule*] sentimentalismo *m.*

sensitif, ive |sɑ̃sitif, iv| *adj.* **1** (*physiol.*) sensitivo → **sensoriel** ◇ (*spécialt.*) *nerfs sensitifs* nervi sensitivi **2** (*littér.*) [*particulièrement sensible, qu'un rien peut blesser*] sensitivo ♦ (*s.*) *un sensitif* un sensitivo.

sensitive |sɑ̃sitiv| *s.f.* (*t.bot.*) sensitiva.

sensitométrie |sɑ̃sitɔmetʀi| *s.f.* (*photo.*) sensitometria.

sensoriel, elle |sɑ̃sɔʀjɛl| *adj.* (*physiol., psycho.*) sensoriale, sensorio*: *les récepteurs sensoriels* i recettori sensoriali; *nerf sensoriel* nervo sensoriale.

sensorimétrie |sɑ̃sɔʀimetʀi| *s.f.* (*psycho.*) sensorimetria.

sensorimétrique |sɑ̃sɔʀimetʀik| *adj.* (*psycho.*) sensorimetrico*.

sensorimoteur, trice |sɑ̃sɔʀimɔtœʀ, tʀis| *adj.* (*physiol., psycho.*) sensorimotorio*.

sensualisme |sɑ̃sɥalism(ə)| *s.m.* (*philo.*) sensismo: *le sensualisme de Condillac* il sensismo di Condillac.

sensualiste |sɑ̃sɥalist(ə)| *adj. et s.* (*philo.*) sensista.

sensualité |sɑ̃sɥalite| *s.f.* sensualità *inv.*

sensuel, elle |sɑ̃sɥɛl| *adj.* **1** [*propre aux sens, émanant des sens*] sensuale (*vx.*), dei sensi *loc. inv.* → **animal, charnel** **2** (*personnes*) (*littér.*) [*porté à rechercher et à goûter tout ce qui flatte les sens*] sensuale **3** [*qui annonce ou évoque la sensualité, un tempérament voluptueux*] sensuale: *une bouche sensuelle* una bocca sensuale.

sensuellement |sɑ̃sɥɛlmɑ̃| *adv.* [→ SENSUEL 3] sensualmente.

sente |sɑ̃t| *s.f.* (*région.*) → **sentier.**

sentence |sɑ̃tɑ̃s| *s.f.* **1** sentenza ◇ (*spécialt.*) lodo *m.* arbitrale **2** (*vieilli*) [*adage, aphorisme, maxime*] sentenza.

sentencieusement |sɑ̃tɑ̃sjøzmɑ̃| *adv.* [→ SENTENCIEUX 1] sentenziosamente.

sentencieux, euse |sɑ̃tɑ̃sjø, øz| *adj.* **1** (*péj.*) sentenzioso: *un ton sentencieux* un tono sentenzioso → **pompeux** **2** (*vx.*) [*gnomique*] sentenzioso.

senteur |sɑ̃tœʀ| *s.f.* (*littér.*) sentore *m.* (*cour.*), profumo *m.* (*cour.*).

senti, ie |sɑ̃ti| **1** *adj.* (*littér.*) [*empreint de sincérité, de sensibilité*] sentito ◇ *loc. cour.* BIEN SENTI molto sentito: *des mots bien sentis* parole molto sentite **2** *s.m.* (*philo.*) *le senti* ciò che è sentito *loc.*

sentier |sɑ̃tje| *s.m.* sentiero ◇ (*fig., littér.*) *le sentier de la vertu* il sentiero della virtù ◇ (*loc. fig.*) *suivre les sentiers battus* seguire le strade *f.*, le vie *f.* battute ~ *être sur le sentier de la guerre* essere, marciare sul sentiero di guerra.

sentiment |sɑ̃timɑ̃| *s.m.* **I** **1** [*conscience plus ou moins claire, connaissance comportant des éléments affectifs et intuitifs*] senso, sensazione (*f.*): *il éprouvait un sentiment de solitude* provava un senso, una sensazione di solitudine → 2 **impression** **2** [*capacité de sentir, d'apprécier* (*un ordre de choses ou de valeurs*)] senso: *il a le sentiment du comique* ha il senso del comico → **instinct,** 1 **sens** **3** (*vieilli*) [*avis, opinion*] pensiero (*cour.*), parere (*cour.*) **II** **1** [*état affectif complexe, assez stable et durable*] sentimento: *le sentiment religieux, esthétique, patriotique* il sentimento religioso, estetico, patriottico ◇ (*spécialt.*) [*amour*] *un sentiment partagé* un sentimento contraccambiato ◇ (*fam.*) *ça n'empêche pas les sentiments* non vuol dire che non ci si voglia bene ◇ *au plur.* (*par ext.*) *les sentiments* [*les sentiments généreux, les inclinations altruistes*] i buoni sentimenti ◇ (*dans les formules de politesse*) saluti: *l'expression de mes sentiments respectueux, les meilleurs* i miei più distinti, più cordiali saluti; *sentiments distingués* distinti saluti **2** (*absolt.*) *le sentiment* [*la vie affective, la sensibilité*] il sentimento ◇ (*fam.*) [*démonstrations sentimentales*] sentimentalismo (*cour.*): *pas tant de sentiment* niente sentimentalismi ◇ [*expression de la sensibilité*] sentimento: *elle a chanté avec beaucoup de sentiment* ha cantato con molto sentimento.

sentimental, ale, aux |sɑ̃timɑ̃tal, o| *adj.* **1** sentimentale: *sa vie sentimentale est agitée* la sua vita sentimentale è agitata **2** [*qui provient de causes d'ordre affectif, n'est pas raisonné ni intéressé*] sentimentale: *il a pris une position sentimentale* ha preso una posizione sentimentale **3** [*qui est sensible, rêveur, donne de l'importance aux sentiments tendres*] sentimentale ◆ (*s.*) *c'est un sentimental* è un sentimentale **4** [*empreint d'une sensibilité mièvre, de beaux sentiments plus que de pensée solide*] sentimentale: *des romances sentimentales* romanzi sentimentali.

sentimentalement |sɑ̃timɑ̃talmɑ̃| *adv.* [→ SENTIMENTAL] sentimentalmente.

sentimentalisme |sɑ̃timɑ̃talism(ə)| *s.m.* sentimentalismo.

sentimentalité |sɑ̃timɑ̃talite| *s.f.* sentimentalità *inv.*

sentine |sɑ̃tin| *s.f.* **1** (*mar.*) sentina **2** (*littér.*) [*lieu sale et humide*] sentina → **cloaque** ◇ (*fig.*) *une sentine de vices* una sentina di vizi.

sentinelle |sɑ̃tinɛl| *s.f.* **1** sentinella **2** (*loc.*) *être en sentinelle* essere di sentinella ~ *mettre qqn. de sentinelle* mettere qc. di sentinella ~ *relever une sentinelle* dare il cambio a una sentinella.

sentir |sɑ̃tiʀ| (21) **A** *v.tr.* **I 1** [*avoir la sensation ou la perception de* (*un objet, un fait, une qualité*)] sentire: *je sens un courant d'air* sento una corrente d'aria → 1 **percevoir** ◇ (*fam.*) *ne plus sentir ses jambes, ses pieds* non sentirsi più le gambe, i piedi ◇ (*spécialt.*) [*avoir la sensation de* (*une odeur*)] *je sens un parfum très fort* sento un profumo intensissimo ◇ (*fam.*) *ne pas pouvoir sentir qqn.* [*le détester*] non poter soffrire, sopportare qc. **2** [*avoir ou prendre conscience plus ou moins nettement de*] sentire: *il sentait le danger, que c'était grave* sentiva, presentiva il pericolo, che era una cosa grave; *ce sont des choses qu'on sent, qui se sentent* sono cose che si sentono → **pressentir 3** [*avoir un sentiment esthétique de* (*qqch.*)] sentire: *il en sentait la beauté* ne sentiva, ne gustava la bellezza → **apprécier, 1 goûter 4** [*être affecté agréablement ou désagréablement par* (*qqch.*)] sentire: *l'élan que je sens* lo slancio che sento → **éprouver, ressentir** ◆ (*absolt.*) *sa façon de sentir et de penser* il suo modo di sentire e di pensare **5** FAIRE SENTIR far (103) *intr.* sentire, capire (197): *il m'a fait sentir que j'étais de trop* mi ha fatto capire che ero di troppo ~ SE FAIRE SENTIR farsi sentire: *les effets se feront bientôt sentir* gli effetti si faranno presto sentire **II 1** [*dégager, répandre une odeur de...*] sentire *intr.* di, avere (97) un odore di: *cette pièce sent le renfermé, le moisi* questa stanza sente, ha un odore di chiuso, di muffa ◆ *absolt.* [*sentir bon, mauvais*] avere un buon odore, un cattivo odore (puzzare): *cette viande sent* questa carne puzza ◇ (*par métaph.*) *sentir le fagot, le roussi* puzzare di eresia, di bruciato ◇ (*prov.*) *la caque sent toujours le hareng* chi di gallina nasce convien che razzoli **2** (*fig.*) [*donner une impression de*] avere l'aria di, fare (*fam.*): *il sent le parvenu* ha l'aria di un nuovo ricco, fa tanto nuovo ricco **B** *v.pron.* SE SENTIR **1** *passif* [*être senti*] sentirsi: *mais voyons, ça se sent* ma via, si sente **2** *réfl.* NE PAS SE SENTIR DE [*être transporté de*] essere (96) *intr.* fuori di sé da: *je ne me sens pas de joie* sono fuori di me dalla gioia, sono pazzo di (dalla) gioia ◇ (*fam.*) *tu ne te sens plus?* [*tu perds la tête?*] sei impazzito? ◇ (+ *inf.*) *il se sentait renaître* si sentiva rinascere ◇ (+ *attribut*) *il se sentait impatient, mieux* si sentiva impaziente, meglio **3** *réfl.* [*sentir comme étant en soi ou à soi*] sentirsi: *je ne m'en sens pas le courage* non mi sento il coraggio, non me la sento **4** (*récipr.*) *ils ne peuvent pas se sentir* [*ils se détestent*] non possono soffrirsi, sopportarsi.

1 **seoir** |swaʀ| *v.intr.* (*défectif*: *p. prés.*: *séant*; *p.p.*: *sis*) (*vx.*) → **assis** 1.

2 **seoir** |swaʀ| *v.intr.* (*défectif*: *prés. ind.*: *il sied, ils siéent* (*rare*); *imp.*: *il seyait*; *condit.*: *il siérait, ils siéraient*; *p. prés.*: *seyant*) **1** (*littér.*) [*convenir, aller*] addirsi (132) *pron.*; star (104), andare (101) bene (*cour.*) **2** (*impers.*) *comme il sied* come conviene, come si deve → 1 **convenir.**

sep |sɛp| *s.m.* → **cep.**

sépale |sepal| *s.m.* (*bot.*) sepalo.

sépaloïde |sepalɔid| *adj.* (*bot.*) sepaloide.

séparabilité |sepaʀabilite| *s.f.* separabilità *inv.*

séparable |sepaʀabl(ə)| *adj.* [→ SÉPARER A] separabile.

séparateur, trice |sepaʀatœʀ, tʀis| **1** *adj.* separatore* ◇ (*phys.*) *pouvoir séparateur d'un instrument d'optique* potere separatore di uno strumento ottico **2** *s.m.* (*techn.*) separatore: *séparateur d'isotopes* separatore di isotopi; *séparateur d'un accumulateur* separatore di un accumulatore; *séparateur d'eau, d'huile* separatore d'acqua, di olio; *séparateur centrifuge* separatore centrifugo.

séparatif, ive |sepaʀatif, iv| *adj.* separativo (*rare*).

séparation |sepaʀɑsjɔ̃| *s.f.* **1** [→ SÉPARER A 1] separazione: *séparation des éléments d'un mélange* separazione degli elementi di un miscuglio; *séparation des isotopes* separazione degli isotopi; *le principe de la séparation des pouvoirs* il principio della separazione dei poteri; *séparation de l'Église et de l'État* separazione dello Stato e della Chiesa **2** (*personnes*) [*fait de se séparer, de se quitter* (*par suite d'un départ ou d'une rupture*)] separazione ◇ (*dr.*) *séparation de fait, amiable* separazione di fatto; *séparation de corps* separazione legale; *séparation de biens* separazione dei beni; *séparation des patrimoines* separazione dei patrimoni **3** [*objet ou espace qui empêche un objet, un lieu d'être réuni à un autre*] separazione: *mur servant de séparation* muro di separazione ◇ (*fig.*) [*différenciation, distinction*] *la séparation commune entre le signe et la chose* la comune separazione tra il segno e la cosa.

séparatisme |sepaʀatism(ə)| *s.m.* separatismo.

séparatiste |sepaʀatist(ə)| *s.* separatista ◆ *adj.* separatista, separatistico*: *mouvement séparatiste* movimento separatista, separatistico.

séparé, ée |sepaʀe| *adj.* separato: *choses, personnes séparées* cose, persone separate.

séparément |sepaʀemɑ̃| *adv.* [*de façon séparée, à part l'un de l'autre*] separatamente ⓒ **conjointement, ensemble 1.**

séparer |sepaʀe| **A** *v.tr.* **1** [*faire cesser* (*une chose*) *d'être avec une autre*; *faire cesser* (*plusieurs choses*) *d'être ensemble*] separare: *séparer d'avec, d'autre chose* separare da un'altra cosa; *séparer des gaz, des liquides* separare dei gas, dei liquidi **2** [*faire en sorte que* (*des personnes*) *ne soient plus ensemble*] separare: *on a dû la séparer de ses enfants* hanno dovuto separarla dai figli ◆ (*au p.p.*) *des époux séparés* coniugi separati; *vivre séparés* vivere separati ◇ (*spécialt.*) [*séparer deux personnes qui se battent*] *on a dû les séparer* hanno dovuto separarli **3** (*par ext.*) separare: *il ne faut pas séparer la théorie et la pratique* non bisogna separare la teoria dalla pratica → **différencier, distinguer 4** [*constituer une séparation entre* (*deux choses, deux personnes*)] separare: *la frontière qui sépare deux pays* la frontiera che separa due paesi; *cloison qui sépare deux pièces* tramezzo che separa due stanze **B** *v.pron.* SE SÉPARER **1** *intr.* [*cesser d'être avec, de vivre avec*] separarsi: *elle ne veut pas se séparer de ses enfants* non vuole separarsi dai figli → **quitter** ◇ [*cesser d'être constitué, d'être réuni*] sciogliersi (123): *le cortège se sépara* il corteo si sciolse **2** *récipr.* [*cesser d'être, de vivre l'un avec l'autre*] separarsi: *ils se sont séparés après deux ans de mariage* si sono separati dopo due anni di matrimonio ⓒ A 1 **unir**, 3 **confondre** 2.

sépia |sepja| *s.f.* nero *m.* di seppia: *un dessin à la sépia*, (*ellipt.*) *une sépia* un disegno *m.* al nero di seppia.

sépiolite |sepjɔlit| *s.f.* (*minér.*) sepiolite.

seps |sɛps| *s.m.* (*t.zool.*) luscengola *f.*, cicigna *f.*

sept |sɛt| **I** *adj. numér. inv.* **1** *cardinal* sette: *les sept jours de la semaine* i sette giorni della settimana # *vingt-sept ans* ventisette anni; *sept cents francs* settecento franchi **2** *ordinal* [*septième*] settimo; sette: *Charles sept* (*VII*) Carlo settimo (VII) ‖ *page sept* pagina sette **II** *s.m. inv.* [*le nombre 7*] sette: *trois et quatre font sept* tre più quattro (fanno) sette; *le sept de carreau* il sette di quadri.

septain |sɛtɛ̃| *s.m.* (*litt.*) strofa *f.* di sette versi.

septantaine |sɛptɑ̃tɛn| *s.f.* (*Belgique, Suisse, Est de la France*) settantina.

septante |sɛptɑ̃t| *adj. numér.* (*Belgique, Suisse, Est de la France*) settanta.

septantième |sɛptɑ̃tjɛm| *adj. numér. ordinal* (*Belgique, Suisse, Est de la France*) settantesimo.

septembral, ale, aux |sɛptɑ̃bʀal, o| *adj.* (*rare, plais.*) [*de septembre*] settembrino.

septembre |sɛptɑ̃bʀ(ə)| *s.m.* [*neuvième mois de l'année*] settembre: *en septembre, au mois de septembre* in settembre.

septembrisades |sɛptɑ̃bʀizad| *s.f. pl.* (*hist. fr.*) stragi di settembre (1792).

septembriseur |sɛptɑ̃bʀizœʀ| *s.m.* (*hist. fr.*) settembrista.

septemvir |sɛptɛmviʀ| *s.m.* (*antiq. rom.*) settemviro, settenviro.

septénaire |sɛptenɛʀ| **1** *adj.* (*vx.*) → **septennal 2** *s.m.* settenario* ◇ (*versif.*) settenario.

septennal, ale, aux |sɛpte(ɛn)nal, o| *adj.* settennale.

septennalité |sɛpte(ɛn)nalite| *s.f.* (*rare*) settennalità *inv.*

septennat |sɛpte(ɛn)na| *s.m.* settennato.
septentrion |sɛptɑ̃tʀijɔ̃| *s.m.* (*poét.*, *vieilli*) settentrione (*cour.*).
septentrional, ale, aux |sɛptɑ̃tʀijɔnal, o| *adj.* settentrionale 🄲 **méridional.**
septicémie |sɛptisemi| *s.f.* (*méd.*) setticemia.
septicémique |sɛptisemik| *adj.* setticemico*.
septicité |sɛptisite| *s.f.* setticità *inv.*
septidi |sɛptidi| *s.m.* (*hist. fr.*) settidì *inv.*
septième |sɛtjɛm| *adj. numér. ordinal* **1** settimo: *le septième art* la settima arte ◇ (*loc. fig.*) *être au septième ciel* essere al settimo cielo ✦ *s.f.* (*mus.*) settima **2** (*se dit d'une fraction d'un tout divisé également en sept*) settimo ✦ (*s.m.*) *un septième* un settimo.
septièmement |sɛtjɛmmɑ̃| *adv.* in settimo luogo *loc. inv.*, settimo.
septime |sɛptim| *s.f.* (*escrime*) settima posizione.
septimo |sɛptimo| *adv.* (*rare*) in settimo luogo *loc.* (*cour.*), settimo (*cour.*).
-septique |sɛptik| *suff.* (*signifiant 'putréfaction', correspond généralt. à*) settico: *antiseptique* antisettico.
septique |sɛptik| *adj.* **1** (*méd.*) settico* **2** *fosse septique* fossa settica 🄲 **antiseptique, aseptique.**
septmoncel |sɛmɔ̃sɛl| *s.m.* [*fromage imitant le roquefort, fait avec un mélange de lait de chèvre et de vache*] ⊠.
septuagénaire |sɛptɥaʒenɛʀ| *adj. et s.* settuagenario*, settantenne.
septuagésime |sɛptɥaʒezim| *s.f.* (*liturg.*) settuagesima.
septum |sɛptɔm| *s.m.* (*lat.*) (*anat.*, *sc. nat.*) setto: *septum nasal* setto nasale.
septuor |sɛptɥɔʀ| *s.m.* (*mus.*) settimino.
septuple |sɛptypl(ə)| *adj. et s.m.* settuplo.
septupler |sɛptyple| **A** *v.tr.* [*porter à une valeur sept fois plus grande*] settuplicare: *septupler la mise* settuplicare la posta **B** *v.intr.* [*devenir sept fois plus élevé*] settuplicarsi (*pron.*): *ses bénéfices ont septuplé en deux ans* i suoi guadagni si sono settuplicati in due anni.
sépulcral, ale, aux |sepylkʀal, o| *adj.* **1** sepolcrale: *voix sépulcrale* voce sepolcrale, d'oltretomba **2** (*vx.*) [*funéraire*] sepolcrale.
sépulcre |sepylkʀ(ə)| *s.m.* sepolcro ◇ (*littér.*) [*tombeau*] sepolcro ◇ (*fig.*) *sépulcres blanchis* sepolcri imbiancati.
sépulture |sepyltyʀ| *s.f.* **1** sepoltura: *donner la sépulture* dare sepoltura **2** [*lieu où est déposé le corps d'un défunt*] sepoltura → **tombeau.**
séquelle |sekɛl| *s.f.* **1** (*péj.*, *vieilli*) [*suite de gens attachés aux intrérêts de qqn.*] cricca* (*cour.*), combriccola (*cour.*) **2** (*vx.*) [*conséquence*] sequela ◇ (*méd.*) [*état pathol.* (*lésion ou trouble*) *qui persiste après la fin d'une maladie*] esito *m.*, postumo *m.* ◇ (*fig.*) [*effet ou contrecoup inévitable, mais isolé et passager d'un événement*] conseguenza.
séquence |sekɑ̃s| *s.f.* **1** (*liturg.*) sequenza **2** (*dans certains jeux*) scala, sequenza **3** (*ciné.*, *informatique*, *ling.*) sequenza.
séquenceur |sekɑ̃sœʀ| *s.m.* (*techn.*) ordinatore di sequenza.
séquentiel, ielle |sekɑ̃sjɛl| *adj.* sequenziale: *ordre séquentiel* ordine sequenziale; *programmateur séquentiel* programmatore sequenziale.
séquestrant, ante |sekɛstʀɑ̃, ɑ̃t| *adj.* (*chim.*) sequestrante.
séquestration |sekɛstʀɑsjɔ̃| *s.f.* (*dr.*) sequestro *m.*
séquestre |sekɛstʀ(ə)| *s.m.* **1** (*dr.*) sequestro: *séquestre judiciaire* sequestro giudiziario; *des biens mis, placés sous séquestre* beni messi, posti sotto sequestro **2** (*rare*) [*le dépositaire des biens litigieux*] sequestratario* (*cour.*): *nommer un séquestre* nominare un sequestratario **3** (*pathol.*) sequestro.
séquestrer |sekɛstʀe| *v.tr.* **1** (*dr.*) [*mettre sous séquestre*] sequestrare **2** [*enfermer et isoler rigoureusement* (*qqn.*); *tenir arbitrairement et illégalement* (*qqn.*) *enfermé*] sequestrare ✦ (*au p.p.*) *une jeune fille séquestrée* una ragazza sequestrata.
sequin |səkɛ̃| *s.m.* (*numism.*) zecchino.
séquoia |sekɔja| *s.m.* (*t.bot.*) sequoia *f.*
sérac |seʀak| *s.m.* (*géogr.*) seracco*.
sérail |seʀaj| *s.m.* **1** [*palais du sultan, dans l'anc. empire ottoman*] serraglio* **2** (*vx.*) → **harem.**
sérançage |seʀɑ̃saʒ| *s.m.* (*techn.*) scapecchiatura *f.*, pettinatura *f.*
sérancer |seʀɑ̃se| (2) *v.tr.* (*techn.*) [*peigner* (*le lin, le chanvre*)] scapecchiare, pettinare.
sérancolin |seʀɑ̃kɔlɛ̃| *s.m.* → **sarrancolin.**
serapeum |seʀapeɔm| *s.m.* (*lat.*) (*archéol.*) serapeo.
séraphin |seʀafɛ̃| *s.m.* serafino ◇ (*fig.*, *fam.*) *c'est un vrai séraphin* è proprio un angelo.
séraphique |seʀafik| *adj.* **1** (*relig.*) serafico*: *vision séraphique* visione serafica; *l'ordre séraphique franciscain* l'ordine serafico francescano **2** (*fig.*, *littér.*) [*qui évoque les séraphins, les anges*] serafico.
séraskier |seʀaskje| *s.m.* (*hist. turque*) serraschiere *inv.*
serbe |sɛʀb(ə)| *adj.* [*de la Serbie*] serbo.
serbo-croate |sɛʀbɔkʀɔat| **1** *adj.* [*qui appartient à la Serbie et à la Croatie*] serbocroato **2** (*s.m.*) *le serbo-croate* [*langue slave*] il serbocroato.
serdeau |sɛʀdo| *s.m.* (*ancienn.*) ufficiale di bocca.
serein |səʀɛ̃| *s.m.* (*littér.*, *région.*) umidità *f. inv.* della sera (*cour.*), fresco* della sera (*cour.*).
serein, eine |səʀɛ̃, ɛn| *adj.* **1** (*littér.*) (*conditions atmosphériques*) sereno (*cour.*) ◇ (*par métaph.*) *un coup de tonnerre dans un ciel serein* un fulmine a ciel sereno ◇ (*méd.*) *goutte sereine* gotta serena **2** (*abstrait*) sereno → **paisible, tranquille** ◇ [*insensible aux passions ou à l'esprit de système*] *une critique sereine, un jugement serein* una critica serena, un giudizio sereno 🄲 1 **nuageux**; 2 **inquiet, troublé.**
sereinement |səʀɛnmɑ̃| *adv.* [→ SEREIN 2] serenamente.
sérénade |seʀenad| *s.f.* **1** serenata **2** (*fam.*) [*grand bruit et cris; charivari*] baccano *m.*, confusione.
sérénissime |seʀenisim| *adj.* serenissimo: *altesse sérénissime* altezza serenissima ◇ (*hist.*) *la sérénissime république* la Serenissima.
sérénité |seʀenite| *s.f.* **1** serenità (*inv.*): *la sérénité du raisonnement* la serenità del ragionamento; *j'ai retrouvé la sérénité* ho ritrovato la serenità → **1 calme 2** (*poét.*) [*état serein du ciel*] serenità 🄲 **1 agitation, émotion.**
séreux, euse |seʀø, øz| *adj.* **1** (*méd.*) sieroso: *liquide séreux* liquido sieroso ◇ (*spécialt.*) *la membrane séreuse*, (*s.f.*) *la séreuse* la sierosa *s.f.* **2** (*vx.*) → **aqueux.**
serf, serve |sɛʀ(f), sɛʀv(ə)| *s.* (*hist.*) servo ✦ *adj.* (*rare*) → **servile.**
serfouette |sɛʀfwɛt| *s.f.* (*agric.*) zappa bidente.
serfouir |sɛʀfwiʀ| *v.tr.* (*agric.*) [*sarcler, biner à la serfouette*] zappettare.
serfouissage |sɛʀfwisaʒ| *s.m.* (*agric.*) zappettatura *f.*
serge |sɛʀʒ(ə)| *s.f.* (*tissu*) sargia*.
sergé |sɛʀʒe| *s.m.* (*techn.*) saia *f.*
sergent |sɛʀʒɑ̃| *s.m.* **1** sergente: *sergent instructeur* sergente istruttore; *sergent-chef* sergente maggiore; *sergent-fourrier* sergente furiere **2** (*menuis.*) sergente **3** (*ancienn.*) ufficiale giudiziario* # *sergent de ville* vigile urbano, guardia municipale.
sergette |sɛʀʒɛt| *s.f.* (*tissu*) saietta.
sérialisme |seʀjalism(ə)| *s.m.* (*mus.*) serialismo.
sériation |seʀjɑsjɔ̃| *s.f.* [*le fait de sérier* (*des questions, des problèmes*)] classificazione ◇ (*math.*) seriazione.
sérici- |seʀisi| *préf.* (*signifiant 'de soie', correspond généralt. à*) seri: *sériciculture* sericoltura.
séricicole |seʀisikɔl| *adj.* sericolo.
sériciculteur |seʀisikyltœʀ| *s.m.* sericoltore → **magnanier.**
sériciculture |seʀisikyltyʀ| *s.f.* sericoltura → **magnanerie.**
séricigène |seʀisiʒɛn| *adj.* sericigeno, serigeno: *glandes séricigènes du bombyx* ghiandole sericigene, serigene del bombice.
séricigraphie |seʀisigʀafi| *s.f.* → **sérigraphie.**
séricimètre |seʀisimɛtʀ(ə)|, **sérimètre** |seʀimɛtʀ(ə)| *s.m.* serimetro.
séricine |seʀisin| *s.f.* (*biol.*, *chim.*) sericina.
séricite |seʀisit| *s.f.* (*minér.*) sericite.
séricolite |seʀikɔlit| *s.f.* (*minér.*) sericolite.
série |seʀi| *s.f.* **1** (*math.*) serie (*inv.*): *série convergente, divergente* serie convergente, divergente ◇ (*log.*, *statistique*) *série chronologique, statistique* serie temporale (cronologica), statistica **2** [*suite déterminée et limitée* (*de choses*)] serie: *une série de timbres* una serie di francobolli ◇ (*billard*) carambola ◇ (*boxe*) serie, successione (di colpi) ◇ (*athlétisme*) serie; batteria ◇ (*mus.*) serie ◇ (*comm.*) *fins de séries* saldi **3** [*petit groupe constituant une subdivision d'un classement*] serie → **catégorie** ◇ [*chaque groupe de concurrents disputant une épreuve de qualification*] categoria: *joueur de tennis classé dans la première série* giocatore di tennis classificato in prima categoria ◇ (*ellipt.*) *il est première, deuxième série* è un prima, un seconda categoria ◇ (*ciné.*) *film de série B* film di serie B; *un western de série Z* un western di infimo ordine *m.* **4** (*dans des expressions*) *production, travail en série* produzione, lavoro in serie; *une voiture de série, hors série* una macchina di serie, fuori serie

(una fuoriserie); *ranger des objets par séries* ordinare degli oggetti per serie ◇ (*fig.*) *hors série* fuori serie, eccezionale *adj.* ◇ (*électr.*) *en série* in serie.

sériel, elle |seʀjɛl| *adj.* seriale: *ordre sériel* ordine seriale ◇ (*par anal.*) *musique sérielle* musica seriale.

sérier |seʀje| *v.tr.* [*classer, disposer par séries selon l'importance*] classificare, seriare: *sérier les problèmes, les questions* classificare i problemi, le questioni.

sérieusement |seʀjøzmɑ̃| *adv.* **1** [*avec sérieux, avec réflexion et application*] seriamente: *travailler sérieusement* lavorare seriamente **2** [*sans rire, sans plaisanter*] seriamente, sul serio (*loc. inv.*): *parlez-vous sérieusement?* (lei) parla seriamente, sul serio? ◇ (*ellipt.*) *sérieusement?* sul serio?, davvero? **3** [*réellement, pour de bon*] seriamente → **vraiment 4** [*fortement*] seriamente: *il est sérieusement blessé* è seriamente ferito.

sérieux, euse |seʀjø, øz| **I** *adj.* **1** [*qui ne peut prêter à rire, qui mérite considération*] serio*: *à demain les affaires sérieuses* le faccende serie a domani → **important** ◇ [*qui compte, par la quantité ou la qualité*] *une sérieuse augmentation* un serio aumento ◇ [*qui constitue un danger, une menace*] *la situation est sérieuse* la situazione è seria → **dangereux 2** [*qui n'est pas fait, dit pour l'amusement*] serio: *des lectures sérieuses* delle letture serie **3** (*personnes*) [*qui prend en considération ce qui mérite de l'être*] serio: *un homme, un élève sérieux* un uomo, un alunno serio ◇ [*qui est fait dans cet esprit, avec soin*] *un travail sérieux* un lavoro serio **4** [*qui ne rit pas, ne manifeste aucune gaîté*] serio: *sérieux comme un pape* estremamente serio → **froid, grave 5** [*sur qui (ou sur quoi) l'on peut compter*] serio: *une maison sérieuse* una ditta seria; *renseignement sérieux* informazione seria, sicura → **sûr 6** [*qui ne prend pas de liberté avec la morale sexuelle*] serio: *jeune fille sérieuse* ragazza seria **II** *s.m.* **1** [*état de celui qui ne rit pas, ne plaisante pas*] serietà *f. inv.* → 1 **gravité** # *j'avais de la peine à conserver mon sérieux* facevo fatica a restare serio **2** [*qualité d'une personne posée, appliquée*] serietà: *il manque de sérieux dans son travail* manca di serietà nel lavoro ◇ (*spécialt.*) *esprit de sérieux* [*par lequel on fait tout avec application et gravité*] serietà **3** [*caractère d'une chose qu'on doit prendre en considération*] serietà: *le sérieux d'un projet, d'un propos* la serietà di un progetto, di un discorso ◇ (*loc.*) *prendre au sérieux* prendere sul serio ~ *il se prend au sérieux* si crede chissà chi **C** I 1 **futile**, 2 **amusant**.

sérigraphie |seʀigʀafi| *s.f.* (*techn.*) serigrafia.

serin |s(ə)ʀɛ̃| *s.m.* **1** (*t.zool.*) verzellino, serino d'Italia (*pop.*) ✦ (*par appos.*) *jaune serin* giallo canarino **2** (*fam.*) [*niais, nigaud*] merlo, pollo.

serinage |s(ə)ʀinaʒ| *s.m.* **1** [→ SERINER 1] ammaestramento **2** [→ SERINER 2] ripetizione *f.* (fino alla noia).

1 **sérine** |seʀin| *s.f.* (*biol.*) serina.

2 **sérine** |seʀin| *s.f.* (*chim.*) serina.

seriner |s(ə)ʀine| *v.tr.* **1** [*instruire (un oiseau), lui apprendre un air, en utilisant la serinette*] ammaestrare **2** (*fig.*) [*faire apprendre, mettre dans la tête de qqn. (un air, une leçon) en répétant inlassablement*] ripetere (fino alla noia).

serinette |s(ə)ʀinɛt| *s.f.* (*vx.*) [*petit orgue mécanique pour apprendre à chanter aux oiseaux*] organetto *m.*

seringa, seringat |s(ə)ʀɛ̃ga| *s.m.* (*t.bot.*) siringa* *f.*

seringage |s(ə)ʀɛ̃gaʒ| *s.m.* (*hortic.*) innaffiatura *f.* con lo schizzatoio.

seringue |s(ə)ʀɛ̃g| *s.f.* siringa*: *seringue à injections* siringa per iniezioni ◇ (*spécialt.*) *seringue à lavement* (apparecchio* *m.* per) clistere *m.* ◇ [*petit instrument de jardinier servant pour de menus arrosages, à projeter des insecticides*] schizzatoio* *m.* ◇ (*pop.*) [*fusil, arme à feu*] schizzetto *m.*

seringuer |s(ə)ʀɛ̃ge| *v.tr.* **1** [*injecter à l'aide d'une seringue*] siringare: *seringuer une plaie* siringare una piaga **2** (*hortic.*) [*arroser à l'aide d'une seringue ou d'une pompe (des serres, des arbres fruitiers)*] schizzettare **3** (*arg.*) [*tirer sur (qqn.) avec une arme automatique*] sparare (a) (*cour.*).

sériole |seʀjɔl| *s.f.* (*t.zool.*) seriola.

sérique |seʀik| *adj.* (*méd.*) sierico* # *accident sérique* accidente da siero.

serment |sɛʀmɑ̃| *s.m.* **1** giuramento: *faux serment* giuramento falso, spergiuro; *déclarer sous la foi du serment* dichiarare sotto giuramento; *témoigner sous serment* testimoniare sotto giuramento **2** [*promesse ou affirmation particulièrement ferme*] giuramento # *serment d'ivrogne* promessa da marinaio ◇ [*promesse d'amour durable, de fidélité*] giuramento.

sermon |sɛʀmɔ̃| *s.m.* **1** sermone → **prêche** ◇ (*spécialt.*) *le sermon sur la montagne* il discorso della montagna **2** (*péj.*) [*discours moralisant, généralt. long et ennuyeux*] predica* *f.*, paternale *f.*

sermonnaire |sɛʀmɔnɛʀ| *s.m.* **1** sermonario*, autore di sermoni → **prédicateur 2** [*recueil de sermons*] sermonario.

sermonner |sɛʀmɔne| **A** *v.tr.* [*adresser des conseils ou des remontrances à (qqn.)*] fare (103) una (la) predica, una (la) paternale (a) **B** *v.intr.* (*vx.*) → **prêcher**.

sermonneur, euse |sɛʀmɔnœʀ, øz| *s.* [*personne qui aime à sermonner les autres*] predicatore* ✦ (*adj.*) *il est un peu trop sermonneur* predica un po' troppo *loc.*, fa un po' troppe prediche *loc.*

séro- |seʀɔ| *préf.* (*signifiant 'sérum', correspond généralt. à*) siero: *sérothérapie* sieroterapia.

sérodiagnostic |seʀɔdjagnɔstik| *s.m.* (*méd.*) sierodiagnosi *f. inv.*

sérologie |seʀɔlɔʒi| *s.f.* (*sc.*) sierologia*.

sérologique |seʀɔlɔʒik| *adj.* sierologico*.

sérologiste |seʀɔlɔʒist(ə)| *s.m.* specialista *s.* in sierologia.

séroprophylaxie |seʀɔpʀɔfilaksi| *s.f.* (*méd.*) sieroprofilassi *inv.*

sérosité |seʀozite| *s.f.* (*biol.*) sierosità *inv.*

sérothérapie |seʀɔteʀapi| *s.f.* (*méd.*) sieroterapia.

sérothérapique |seʀɔteʀapik| *adj.* (*méd.*) sieroterapico*.

sérotonine |seʀɔtɔnin| *s.f.* (*biol.*) serotonina.

sérovaccination |seʀɔvaksinasjɔ̃| *s.f.* (*méd.*) sierovaccinazione.

serpe |sɛʀp(ə)| *s.f.* (*agric.*) roncola; potatoio* *m.*, falcetto *m.* ◇ (*loc. fig.*) *taillé à la serpe, à coups de serpe* tagliato con l'accetta, a colpi di scure.

serpent |sɛʀpɑ̃| *s.m.* **1** (*zool.*) serpente, serpe (*f.*): *serpents venimeux, non venimeux* serpenti velenosi, non velenosi; *sifflement de serpent* sibilo di serpente; *charmeur de serpent* incantatore di serpenti; *serpent à lunettes, à sonnettes* serpente dagli occhiali, a sonagli; *le serpent de mer* il serpente di mare # *serpent d'eau* biscia d'acqua ◇ (*loc. fig.*) *prudence, ruse de serpent* prudenza estrema, astuzia da volpe, serpentina **2** (*écon., fin.*) *serpent monétaire européen* serpente monetario europeo; *être, entrer dans le serpent* essere, entrare nel serpente.

serpentaire |sɛʀpɑ̃tɛʀ| *s.* **1** *s.f.* (*t.bot.*) serpentaria **2** *s.m.* (*t.zool.*) serpentario*.

serpente |sɛʀpɑ̃t| *s.f.* carta serpente.

serpenteau |sɛʀpɑ̃to| *s.m.* **1** [*jeune serpent*] serpentello **2** (*feux d'artifices*) salterello.

serpentement |sɛʀpɑ̃tmɑ̃| *s.m.* (*rare*) [→ SERPENTER] serpeggiamento → **ondulation.**

serpenter |sɛʀpɑ̃te| *v.intr.* [*suivre une ligne sinueuse, avec de nombreux tours et détours*] serpeggiare, snodarsi (*pron.*): *route qui serpente dans le bois* strada che serpeggia, si snoda nel bosco.

serpentin, ine |sɛʀpɑ̃tɛ̃, in| **I** *adj.* **1** (*littér.*) serpentino → **flexueux, sinueux 2** (*techn.*) serpentino: *marbre serpentin* marmo serpentino **II** *s.m.* **1** (*techn.*) serpentino, serpentina *f.* **2** stella *f.* filante.

serpentine |sɛʀpɑ̃tin| *s.f.* (*minér.*) serpentina.

serpette |sɛʀpɛt| *s.f.* [*petite serpe*] roncola, potatoio* *m.*, falcetto *m.*

serpigineux, euse |sɛʀpiʒinø, øz| *adj.* (*méd.*) serpiginoso.

serpillière |sɛʀpijɛʀ| *s.f.* (*vx.*) grossa tela da imballaggio ◇ strofinaccio* *m.* (per i pavimenti).

serpolet |sɛʀpɔlɛ| *s.m.* (*t.bot.*) timo, zerpillo.

serpule |sɛʀpyl| *s.f.* (*t.zool.*) serpula.

serra |sɛʀa| *s.f.* → **sierra.**

serrage |sɛʀaʒ| *s.m.* [→ SERRER] serraggio* # *serrage des freins* frenatura.

serran |sɛʀɑ̃| *s.m.* (*t.zool.*) sciarrano.

serrate |sɛʀat| *adj.* (*numism.*) serrato: *monnaies serrates* serrati *s.m. pl.*, nummi serrati.

serratule |sɛʀatyl| *s.f.* → **sarrette.**

1 **serre** |sɛʀ| *s.f.* **1** serra: *faire pousser une plante en serre* far crescere una pianta in serra **2** (*mar.*) corrente *m.* **3** *surtout au plur.* [*griffes ou ongles de certains oiseaux (rapaces)*] artigli *m.* **4** [*chacun des pressurages successifs qu'on fait subir à une substance*] pigiatura, premitura # *donner une deuxième serre au raisin* pigiare l'uva una seconda volta.

2 **serre** |sɛʀ| *s.f.* (*géogr.*) serra.

serré, ée |se(ɛ)ʀe| *adj.* **1** [*qui s'applique étroitement sur le corps*] stretto: *habit serré à la taille* abito stretto in vita **2** *au plur.* [*placés l'un contre l'autre, tout près l'un de l'autre*] serrati, stretti: *en rangs serrés* in file serrate; *nous étions serrés comme des harengs* stavamo stretti, pigiati come sardine # *serré entre des objets* stretto fra degli oggetti **3** [*dont les éléments sont très rapprochés*] fitto: *herbe serrée* erba fitta, folta → **compact, épais**; *écriture fine, serrée* scrittura fine, fitta ◇ (*milit.*) *ordre serré* ordine chiuso ◇ (*ciné., télév.*) *montage serré* montaggio serrato ◇ (*par anal.*) *un café, un express* (*bien, très*) *serré* un caffè, un espresso (molto) ristretto **4** (*fig.*) [*qui dit beaucoup en peu de mots*] serrato: *style serré* stile serrato; *discussion serrée* discussione serrata; *un jeu serré* [*prudent, mené avec vigilance*] un gioco serrato; *une partie serrée* [*extrêmement difficile*] una partita serrata **5** [*qui n'est pas financièrement à l'aise*] stentato # *il vivait fort serré* viveva molto stentatamente.

serre-bosse |sɛʀbɔs| *s.m. inv.* (*mar.*) serrabozze.

serre-écrou |sɛʀekʀu| *s.m.* (*techn.*) serradadi (*inv.*): *des serre-écrous* dei serradadi.

serre-file |sɛʀfil| *s.m.* serrafila (*s.*): *des serre-files* dei serrafile.

serre-fils |sɛʀfil| *s.m. inv.* (*techn.*) serrafilo *var.*

serre-frein(s) |sɛʀfʀɛ̃| *s.m.* [*garde frein*] frenatore.

serre-joint(s) |sɛʀʒwɛ̃| *s.m.* (*techn.*) sergente.

serre-livres |sɛʀlivʀ(ə)| *s.m. inv.* [*objet de bureau qui sert à maintenir des livres debout sur leur tranche*] reggilibro *var.*

serrement |sɛʀmɑ̃| *s.m.* **1** (*mines*) sbarramento **2** [→ SERRER A 1] stretta (*f.*): *serrement de main* stretta di mano; *serrement de cœur* stretta al cuore, stringimento *m.* di cuore.

serre-nez |sɛʀne| *s.m. inv.* (*vétér.*) torcinaso *var.*

serre-papiers |sɛʀpapje| *s.m. inv.* (*vieilli*) [*petit meuble de bureau, sorte de casier où l'on range des papiers*] schedario* *var.* (*cour.*).

serrer |se(ɛ)ʀe| **A** *v.tr.* **1** [*saisir ou maintenir vigoureusement, de manière à ne pas laisser échapper, à comprimer*] stringere (131): *serrer la main à qqn.* stringere la mano a qc.; *serrer qqn. entre ses bras* stringere qc. tra le braccia → **embrasser** ◇ (*sensation*) [*faire peser une sorte de pression, d'oppression sur* (*la gorge, le cœur*)] *cela me serre le cœur, j'en ai le cœur serré* è una cosa che mi stringe il cuore; mi si stringe il cuore **2** [*disposer* (*des choses, des personnes*) *plus près les unes des autres*] stringere, serrare: *serrez les rangs!* stringere, serrare le file! # *serrer les lettres, les mots, en écrivant* scrivere più stretto, più fitto **3** [*maintenir énergiquement fermé* (*le poing, la bouche*)] stringere: *serrer les dents* stringere i denti ◇ (*loc. pop.*) *serrer les fesses* farsela sotto dalla paura **4** (*sujet de chose*) [*comprimer en entourant ou en s'appliquant*] stringere: *cette jupe me serre* questa gonna mi stringe ◇ (*mar.*) *serrer une voile* serrare una vela ◇ [*rendre plus étroit* (*un lien*)] *serrer un nœud* stringere un nodo; *il serra sa ceinture d'un cran* strinse la cintura (di un buco) □ (*fam.*) *se serrer le ventre, la ceinture* stringere, stringersi la cintura **5** [*faire mouvoir* (*un élément mobile, un organe de fixation*) *de manière à rapprocher deux choses*] stringere, serrare: *serrer un frein, un robinet, un écrou, une vis* stringere, serrare un freno, un rubinetto, un dado, una vite ◇ (*loc. fig.*) *serrer la vis à qqn.* dare un giro di vite a qc. **6** *loc.* SERRER QQN. DE PRÈS stringere qc. da vicino, incalzare qc.: *serrer de près l'ennemi* stringere il nemico da vicino, incalzare il nemico ◇ (*mar.*) [*longer en passant au plus près*] rasentare: *le navire serrait la terre* la nave rasentava la terra ♦ (*intr.*) *pour telle direction, serrez à droite, à gauche* per quella direzione stringere a destra, a sinistra **7** (*région.*) → **ranger** **B** *v.pron.* SE SERRER **1** *réfl.* [*se mettre tout près, tout contre* (*qqn.*)] stringersi **2** *récipr.* [*se rapprocher jusqu'à se toucher*] stringersi: *serrez-vous, faites un peu de place* stringetevi, fate un po' di posto.

serre-tête |sɛʀtɛt| *s.m. inv.* **1** [*ruban, bandeau, objet circulaire flexible servant à maintenir les cheveux*] fascia* *f. var.*, cerchietto *var.* **2** [*coiffe, bonnet qui enserre les cheveux*] caschetto (*var.*): *serre-tête d'aviateur, de skieur* caschetto da aviatore, da sciatore.

serrette |sɛʀɛt| *s.f.* → **sarrette.**

serriste |sɛʀist(ə)| *s.* chi coltiva una serra *loc.*

serrure |sɛʀyʀ| *s.f.* [*dispositif fixe de fermeture* (*d'une porte, un tiroir, un coffre*)] serratura: *serrure à deux tours* serratura a due mandate; *mettre, laisser la clé dans la serrure* mettere, lasciare la chiave nella serratura; *crocheter une serrure* scassinare una serratura; *regarder par le trou de la serrure* guardare dal buco della serratura ◇ (*ch. de fer*) bloccaggio* *m.*

serrurerie |sɛʀyʀʀi| *s.f.* **1** mestiere *m.*, arte del fabbro (ferraio) **2** fabbrica* di serrature, di serramenta # *serrurerie d'art* ferramenta artistiche.

serrurier |sɛʀyʀje| *s.m.* **1** [*artisan qui fait, répare, pose des serrures, des verrous, fabrique des clefs*] fabbro (ferraio*), magnano **2** [*entrepreneur en serrurerie*] serramentista.

serte |sɛʀt(ə)| *s.f.* → **sertissage.**

sertir |sɛʀtiʀ| *v.tr.* **1** [*encastrer* (*une pierre*) *dans la monture, dans le chaton*] incastonare **2** (*techn.*) [*assujettir sans soudure* (*deux pièces métalliques*)] aggraffare ◇ (*par ext.*) *sertir une cartouche de chasse* [*refouler à l'intérieur, au moyen du sertisseur, le carton de la douille*] orlare una cartuccia.

sertissage |sɛʀtisaʒ| *s.m.* [*opération par laquelle on sertit une pierre* (*serte*); *sertissure*] incastonatura *f.* ◇ [→ SERTIR 2] aggraffatura *f.*

sertisseur, euse |sɛʀtisœʀ, øz| *s.* **1** *s.* [*artisan, ouvrier spécialisé dans le sertissage*] incastonatore* **2** *s.m.* [*instrument qui sert à sertir les cartouches*] orlatrice *f.*

sertissure |sɛʀtisyʀ| *s.f.* **1** [*manière dont une pierre précieuse est sertie*] incastonatura, montaggio* *m.* **2** [*partie du chaton qui maintient cette pierre*] castone *m.*

sérum |seʀɔm| *s.m.* **1** [*liquide qui reste après la coagulation du lait* (*on dit aussi 'lactosérum'*)] siero **2** (*biol., chim.*) *sérum sanguin* siero del sangue; *sérum antidiphtérique, antitétanique* siero antidifterico, antitetanico # *sérum artificiel* soluzione fisiologica.

sérum-albumine |seʀɔmalbymin| *s.f.* (*biol.*) sieroalbumina, plasmalbumina.

sérum-globuline |seʀɔmglɔbylin| *s.f.* (*biol.*) sieroglobulina, plasmaglobulina.

servage |sɛʀvaʒ| *s.m.* (*féod.*) servaggio* ◇ (*fig.*) [*esclavage, servitude*] schiavitù *f. inv.*, servaggio.

serval, als |sɛʀval| *s.m.* (*t.zool.*) servalo, gattopardo africano.

1 **servant** |sɛʀvɑ̃| *adj. m.* (*relig.*) *frère servant* frate converso ◇ (*par ext.*) *cavalier, chevalier servant* cavalier servente ◇ (*dr.*) *fonds servant* fondo servente.

2 **servant** |sɛʀvɑ̃| *s.m.* **1** [*clerc ou laïque qui sert le prêtre pendant la célébration de la messe basse*] chierico*; chierichetto **2** (*milit.*) servente.

servante |sɛʀvɑ̃t| *s.f.* **1** (*région., vieilli*) [*bonne*] serva ◇ (*t. de dévotion*) *servante du Christ, de Dieu* serva di Cristo, di Dio **2** [*petit meuble* (*table, étagère*) *servant de desserte*] tavolino *m.* di servizio ◇ (*techn.*) *servante de forgeron, de menuisier* supporto *m.* da fabbro, da falegname ◇ [*petite lampe de théât.*] lampadina.

serveur, euse |sɛʀvœʀ, øz| *s.* **1** [*garçon, femme de restaurant spécialt. chargés du service de la table*] cameriere → **barmaid** **2** (operaio*) addetto all'alimentatore **3** (*tennis, ping-pong, etc.*) [*joueur qui met la balle en jeu*] battitore* ◇ (*cartes*) [*joueur qui donne, qui sert les cartes*] mazziere.

serviabilité |sɛʀvjabilite| *s.f.* carattere *m.* servizievole, compiacenza.

serviable |sɛʀvjabl(ə)| *adj.* [*qui est toujours prêt à rendre service*] servizievole → **complaisant, obligeant.**

serviablement |sɛʀvjabləmɑ̃| *adv.* [→ SERVIABLE] servizievolmente.

1 **service** |sɛʀvis| *s.m.* **I** **1** [*ensemble des charges, des obligations envers la divinité*] servizio*: *le service divin* il servizio divino; *service funèbre* servizio funebre **2** [*ensemble des devoirs que les citoyens ont envers l'État, la société*] servizio: *service civil* servizio civile ◇ (*spécialt.*) SERVICE MILITAIRE servizio militare: *faire son service* (*militaire*) fare il servizio militare # *pendant son service* durante la ferma **3** [*travail particulier que l'on doit accomplir au cours d'une de ces activités* (*civ. ou milit.*)] servizio: *service de surveillance* servizio di sorveglianza, di vigilanza; *service d'ordre* servizio d'ordine **4** [*obligations d'une personne dont le métier est de servir un maître; fonction de domestique*] servizio: *escalier de service* scala di servizio; *être au service de qqn., en service chez qqn.* essere al servizio di qc., a servizio da qc. ◇ (*par ext.*) *le service est médiocre dans cet hôtel* il servizio è mediocre in questo albergo; *repas à 50 francs, service compris* pranzo a 50 franchi, compreso il servizio **5** [*action, manière de servir des convives, de servir les plats, à table*] servizio **6** [*série de repas servis à la fois* (*dans une cantine, un wagon-restaurant*)] turno, serie (*f. inv.*): *premier service* primo turno, prima serie **II** **1** [*fait de se mettre à la disposition de* (*qqn.*), *par obligeance*] servizio: *je suis à votre service* sono al vostro servizio, a vostra disposizione ◇ (*fam.*) *qu'y a-t-il pour votre service?* posso es-

serle utile?, cosa posso fare per lei? **2** UN SERVICE [*ce que l'on fait pour qqn., avantage qu'on lui procure bénévolement*] servizio, servigio* (*vieilli*), favore: *rendre un mauvais service à qqn.* rendere un brutto servizio, servigio a qc. ◇ (*loc.*) *rendre service à qqn.* rendere un servizio, fare un favore a qc. ◇ (*fam.*) *ça peut toujours rendre service* può sempre servire, essere utile **3** [*ce qu'on fait pour qqn. contre paiement ou rémunération*] servizio, prestazione (*f.*): *je serai obligé de me priver de vos services* sarò costretto a rinunciare ai suoi servizi (servigi), alle sue prestazioni **4** (*écon.*) servizio: *société de services* società di servizi ◇ (*routes*) *aire de services* area di servizio **III 1** *loc.* [*usage, fonctionnement*] *service après-vente* servizio assistenza ~ *mettre en service, hors service* mettere in funzione (in uso, in esercizio), fuori uso (fuori esercizio) **2** [*ensemble d'opérations par lesquelles on fait fonctionner* (*qqch.*)] servizio: *le service d'une pièce d'artillerie* il servizio di un pezzo d'artiglieria **3** (*tennis, volley-ball, etc.*) [*coup par lequel on sert la balle*] servizio, battuta (*f.*): *faute de service* fallo di servizio; *il a un bon service* ha un buon servizio, una buona battuta **4** [*expédition, distribution*] *on lui fait le service gratuit de la revue* gli mandano la rivista gratis, in abbonamento omaggio; *service de presse* servizio stampa **IV 1** [*fonction d'utilité commune, publique; activité organisée qui la remplit*] servizio: *le service des postes* il servizio postale; *services de transports* servizi di trasporto ✦ *absolt.* [*le travail* (*spécialt. dans les activités d'utilité publique*: *armée, admin.*)] *règlements, notes de service* regolamenti, note di servizio ◇ (*loc.*) *il est à cheval sur le service,* (*fam.*) *il est service-service* è molto esigente, pignolo sul lavoro **2** [*organisation chargée d'une branche d'activités correspondant à une fonction d'utilité sociale*] servizio, ufficio*: *chef de service* capo servizio, capufficio; *services administratifs* servizi, uffici amministrativi; *service de santé* servizio, ufficio sanitario; *service de publicité d'une entreprise* ufficio pubblicità di un'impresa ◇ (*spécialt.*) *service public* servizio pubblico; *services sociaux* servizi sociali; *service social d'une usine* servizio sociale di una fabbrica.

2 **service** |sɛʀvis| *s.m.* [*assortiment d'objets utilisés pour servir à table*] servizio*: *service à café, à thé, à liqueurs* servizio da caffè, da tè, da liquore; *service de table* servizio da tavola; *un service de porcelaine* un servizio di porcellana.

serviette |sɛʀvjɛt| *s.f.* **1** [*pièce de linge dont on se sert à table*] tovagliolo *m.*, salvietta ◇ [*pour la toilette*] asciugamano (*m.*): *serviette de toilette, de bain* asciugamano; *serviette éponge* asciugamano di spugna ◇ (*par ext.*) *serviette hygiénique* assorbente *m.* (igienico*) **2** [*sac à compartiments, servant à porter des papiers, des livres*] cartella, borsa.

servile |sɛʀvil| *adj.* **1** servile: *une admiration presque servile* un'ammirazione quasi servile ◇ [*qui est étroitement soumis à un modèle, dépourvu d'initiative et d'originalité*] pedissequo: *traducteur servile* traduttore pedissequo **2** [*propre aux esclaves et aux serfs, à leur état*] servile: *condition, travail servile* condizione, lavoro servile.

servilement |sɛʀvilmɑ̃| *adv.* [*d'une manière servile, basse ou sans originalité*] servilmente, in modo servile *loc. inv.*

servilisme |sɛʀvilism(ə)| *s.m.* servilismo.

servilité |sɛʀvilite| *s.f.* servilità *inv.* ◇ [*caractère servile, sans originalité*] servilità.

servir |sɛʀviʀ| (21) **A** *v.tr.* **I** SERVIR QQN. **1** [*s'acquitter de certaines obligations ou de certaines tâches envers qqn.* (*auquel on obéit*)] servire: *servir son pays, l'État* servire il proprio paese, lo Stato ✦ (*absolt.*) *servir* [*être soldat*] servire la patria ◇ (*à titre de domestique*) *on n'arrive plus à se faire servir* non si trova più servitù ◇ (*loc.*) *on n'est jamais si bien servi que par soi-même* chi fa da sé fa per tre **2** [*pourvoir du nécessaire*] servire: *servir qqn. à table* servire qc. a tavola ◇ (*par anal.*) *servir un client* servire un cliente; *le boucher nous a mal servis aujourd'hui* oggi il macellaio ci ha serviti male ◇ (*cartes*) *être servi* [*avoir en mains des cartes satisfaisantes; ne pas en demander d'autres*] essere (ben) servito ◇ (*fig.*) *en fait d'embêtements, nous avons été servis depuis quelque temps!* quanto a guai, da qualche tempo abbiamo avuto la nostra parte! ◇ (*vieilli*) *pour vous servir* per servirla **3** [*aider, appuyer* (*qqn.*), *en y employant sa peine, son crédit*] servire: *servir qqn., ses intérêts* servire qc., i propri interessi ◇ (*sujet de chose*) [*être utile, favorable à*] servire *intr.*, aiutare: *sa discrétion l'a servi* la sua discrezione gli è servita, lo ha aiutato **II** SERVIR QQCH. **1** [*mettre à la disposition de qqn. pour un tel usage*] servire: *on leur servit à boire* hanno servito loro da bere # *à table, c'est servi!* a tavola, è pronto! ◇ [*donner, présenter*] *servir des cartes* servire delle carte ◇ (*tennis, volley-ball, etc.*) *servir* (*la balle*) servire (la palla) # *à vous de servir* a lei il servizio ◇ (*par anal.*) *on lui sert une rente* gli passano una rendita **2** (*loc.*) *servir la messe* servire la messa ~ *servir une pièce d'artillerie* [*l'alimenter en munitions*] servire un pezzo d'artiglieria ~ *servir et desservir la table* apparecchiare e sparecchiare (la tavola) **B** *v.intr.* **1** *servir à qqn.* [*lui être utile*] servire (*aux.* essere) a qc. **2** SERVIR À QQCH. [*être utile à qqch.*] servire a q.c.: *à quoi ça sert cet outil?* a cosa serve questo utensile?; *ne pleurez pas, cela ne sert à rien* non pianga, non serve a niente; *rien ne sert de courir, il faut partir à point* correre non serve a niente, quel che conta è partire in tempo **C** *v.pron.* **1** *réfl.* SE SERVIR [*prendre de ce qui est* (*à table*)] servirsi: *servez-vous de rôti* servitevi di arrosto ◇ (*par anal.*) *se servir chez un marchand* servirsi in un negozio **2** *intr.* SE SERVIR DE [*utiliser*] servirsi di, far (103) *tr.* uso di: *se servir de qqch., de qqn.* servirsi di q.c., di qc.; *il s'est servi de son expérience* si è servito, ha fatto uso dell'esperienza che ha **3** SERVIR DE [*être utilisé comme, tenir lieu de*] servire, fare da: *la petite pièce sert de débarras* la stanzetta serve, fa da ripostiglio; *la personne qui lui sert de témoin* la persona che gli fa da testimone.

servite |sɛʀvit| *s.* (*ecclés.*) servita.

serviteur |sɛʀvitœʀ| *s.m.* **1** (*littér.*) servitore* *s.* ◇ (*vieilli*) [*domestique*] servitore, servo *s.* **2** (*vx.*) (*t. de politesse*) *votre très humble et très obéissant serviteur* il vostro umile ed obbedientissimo servo (*plais.*).

servitude |sɛʀvityd| *s.f.* **1** [*état de dépendance totale d'une personne soumise à une autre*] servitù (*inv.*): *la servitude militaire* la servitù militare **2** (*vx.*) [*esclavage; servage*] schiavitù *inv.* (*cour.*), servitù (*littér.*) **3** (*littér.*) [*ce qui crée ou peut créer un état de dépendance*] obbligo* *m.* (*cour.*): *les servitudes d'une fonction* gli obblighi di una carica ◇ (*dr.*) servitù: *servitude d'écoulement des eaux de passage* servitù di scolo delle acque di passaggio ◇ (*mar.*) *bâtiment de servitude* nave di servitù.

servo- |sɛʀvɔ| *préf.* (*marquant un 'asservissement mécanique', correspond généralt. à*) servo: *servocommande* servocomando.

servocommande |sɛʀvɔkɔmɑ̃d| *s.f.* (*techn.*) servocomando *m.*

servodirection |sɛʀvɔdiʀɛksjɔ̃| *s.f.* (*auto.*) servosterzo *m.*

servofrein |sɛʀvɔfʀɛ̃| *s.m.* (*auto.*) servofreno.

servomécanisme |sɛʀvɔmekanism(ə)| *s.m.* (*techn.*) servomeccanismo.

servomoteur |sɛʀvɔmɔtœʀ| *s.m.* (*techn.*) servomotore.

servovalve |sɛʀvɔvalv(ə)| *s.f.* (*techn.*) servovalvola.

ses |se| *adj. poss.* → **son.**

sésame |sezam| *s.m.* **1** (*t.bot.*) sesamo **2** (*loc.*) *sésame, ouvre-toi!* apriti, sesamo!

sésamoïde |sezamɔid| *adj.* (*anat.*) *os sésamoïde* (osso) sesamoide *adj. et s.m.*

sesbania |sɛsbanja|, **sesbanie** |sɛsbani| *s.f.* (*t.bot.*) sesbania.

sésie |sezi| *s.f.* (*t.zool.*) sesia.

sesquialtère |sɛskɥialtɛʀ| *adj.* (*math.*) sesquialtero: *nombres sesquialtères* numeri sesquialteri.

sesquioxyde |sɛskɥiɔksid| *s.m.* (*chim.*) sesquiossido.

sessile |sesil| *adj.* (*bot., pathol.*) sessile.

session |sesjɔ̃| *s.f.* sessione: *session ordinaire, extraordinaire* sessione ordinaria, straordinaria ◇ [*période de l'année pendant laquelle siège un jury d'examen*] *session de juin, d'octobre* sessione di giugno, di ottobre.

sesterce |sɛstɛʀs(ə)| *s.m.* [*monnaie rom.*] sesterzio*.

set |sɛt| *s.m.* **I** (*angl.*) (*tennis, ping-pong, volley-ball*) set *inv.*, partita (*f.*): *balle de set* set ball **II** *set* (*de table*) [*ensemble de napperons d'un service de table*] servizio* di tovagliette.

sétacé, ée |setase| *adj.* (*sc. nat.*) setoloso.

setier |sətje| *s.m.* **1** [*anc. mesure de capacité pour les grains* (*entre 150 et 300 litres environ*)] ⊠ **2** [*anc. mesure pour les liquides, valant huit pintes*] sestario*.

séton |setɔ̃| *s.m.* (*méd.*) setone: *blessure, plaie en séton* ferita, piaga a setone.

setter |setɛʀ| *s.m.* (*t.zool.*) setter *inv.*

seuil |sœj| *s.m.* **1** [*dalle ou pièce de bois, formant la partie inférieure de la baie d'une porte*] soglia *f.* ◇ [*entrée d'une maison; sol qui entoure la porte d'entrée*] soglia, limitare (*littér.*) ◇ *loc.*

AU SEUIL, SUR LE SEUIL DE alle soglie di: *jusqu'au seuil de la mort* fino alle soglie della morte **2** (*géogr.*, *techn.*) soglia **3** (*physiol.*) soglia: *seuil d'audibilité* soglia di udibilità; *seuil différentiel* soglia differenziale; *seuil d'élimination* soglia di eliminazione renale ◇ (*écon.*, *math.*, *phys.*) soglia ◇ (*fig.*) [*limite, point critique*] *franchir un seuil* superare una soglia.

seul, seule |sœl| *adj.* **I** (*attribut*) **1** [*qui se trouve être sans compagnie, séparé des autres*] (da) solo: *parler, rire tout seul* parlare, ridere da solo → **isolé, solitaire** ◇ (*par ext.*) *être seul avec qqn.* essere (da) solo con qc. ◇ (*loc.*) *seul à seul* da solo a solo, a quattr'occhi **2** [*qui a peu de relations avec les autres hommes*] solo: *il est seul dans la vie* è solo nella vita → **solitaire** **3** [*unique, singulier*] solo, unico*: *il est seul de son espèce* è il solo, l'unico della specie **II** (*épithète*) **1** (*placé après le nom*) [*qui n'est pas accompagné*] solo: *compartiment pour dames seules* compartimento per signore sole **2** (*placé avant le nom*) [*qui est unique de son espèce*] solo, unico: *d'un seul coup* con un solo colpo (con un colpo solo); *il n'y avait plus une seule place* non c'era più un solo posto (libero); *c'est le seul avantage* è l'unico, il solo vantaggio → **un** ✦ *s.* [*une seule personne*] solo, unico: *vous n'êtes pas le seul!* lei non è il solo, l'unico! **III** (*valeur adv.*) **1** (*en fonction d'appos., équivalant à 'seulement'*) unico; soltanto *adv.*, solo (*adv.*): *dans la seule intention de...* con l'unica intenzione di... ‖ *seuls doivent compter les faits* devono contare soltanto, solo i fatti **2** [*sans aide*] da solo (*loc.*): *je pourrai le faire seul, tout seul* potrò farlo da solo; *le feu ne prend pas tout seul* il fuoco non si accende da solo # *cela ira tout seul* andrà tutto liscio.

seulement |sœlmɑ̃| *adv.* **1** [*sans rien d'autre que ce qui est mentionné*] soltanto, solo, solamente: *il y avait seulement deux personnes* c'erano soltanto, solo, solamente due persone; *l'homme ne vit pas seulement de pain* non si vive di solo *adj.* pane → **rien (que), simplement, uniquement** ◇ (*modifiant un t. temporel*) *il vient seulement d'arriver* è appena arrivato, è arrivato appena adesso **2** (*dans certains tours négatifs ou interrogatifs*) [*même*] *sans avoir seulement le temps de dire un mot* senza avere nemmeno, neanche, neppure il tempo di dire una parola **3** *loc.* SI SEULEMENT se soltanto, se solo: *si seulement je pouvais dormir!* se soltanto, se almeno potessi dormire! **4** (*en tête de propos.: sert à introduire 'une restriction, une atténuation'*) solo, soltanto che (*loc. conj.*): *c'est une bonne voiture, seulement elle coûte cher* è una buona macchina, solo che, soltanto che costa cara → **mais.**

seulet, ette |sœlɛ, ɛt| *adj.* (*vx.*, *plais.*) [*tout seul*] soletto, solo soletto.

sève |sɛv| *s.f.* [*liquide nutritif tiré du sol par les poils absorbants des racines*] linfa, succhio* (*m.*): *sève brute, élaborée* linfa greggia, elaborata; *arbre en pleine sève* albero in pieno succhio.

sévère |sevɛʀ| *adj.* **1** (*personnes*) severo: *des parents sévères* genitori severi; *le juge s'est montré très sévère* il giudice si è dimostrato molto severo ◇ (*par anal.*) *un ton, un regard sévère* un tono, uno sguardo severo ◇ (*choses*) *un verdict sévère* un verdetto severo; *adresser de sévères critiques à qqn.* rivolgere critiche severe a qc. # *des mesures sévères* provvedimenti drastici **2** [*qui impose par la gravité, le sérieux*] severo: *son aspect un peu sévère* il suo aspetto un po' severo, grave → **grave** ◇ (*par anal.*) *une façade sévère* una facciata severa **3** [*très grave, très difficile*] severo: *l'ennemi a essuyé des pertes sévères* il nemico ha subito severe, gravissime perdite → **lourd** Ⓒ **1** **indulgent.**

sévèrement |sevɛʀmɑ̃| *adv.* **1** [*d'une manière sévère, dure*] severamente, duramente **2** [*gravement*] severamente, gravemente.

sévérité |seveʀite| *s.f.* **1** severità (*inv.*): *juger avec sévérité* giudicare con severità → **dureté** ◇ [*caractère sévère, rigoureux (d'une peine, d'une mesure)*] *la sévérité du verdict, de ses critiques* la severità del verdetto, delle sue critiche **2** (*littér.*) [*caractère austère, sérieux*] severità: *la sévérité des mœurs* la severità dei costumi → **austérité.**

sévices |sevis| *s.m. pl.* (*dr.*, *cour.*) sevizie *f.*

sévillan, ane |sevilɑ̃, .an| *adj.* [*de Séville*] sivigliano.

sévir |seviʀ| *v.intr.* **1** [*exercer la répression avec rigueur*] infierire (197), accanirsi (197) (*pron.*): *le gouvernement sévira contre les spéculateurs* il governo infierirà, si accanirà contro gli speculatori **2** (*se dit d'un fléau qui exerce ses ravages*) infierire, imperversare: *l'épidémie sévissait depuis plusieurs mois* l'epidemia infieriva, imperversava da parecchi mesi.

sevrage |səvʀaʒ| *s.m.* **1** [*action de sevrer (un nourrisson)*] svezzamento, divezzamento **2** (*méd.*) disassuefazione *f.* (dalla droga) **3** (*hortic.*) distacco* (di una margotta) dalla pianta madre.

sevrer |səvʀe| (6) *v.tr.* **1** [*cesser progressivement d'allaiter, d'alimenter en lait (un enfant)*] svezzare, divezzare **2** (*hortic.*) [*séparer du pied mère (une marcotte, un greffon)*] staccare (una margotta) dalla pianta madre **3** (*littér.*) [*priver (de qqch. d'agréable)*] staccare (*cour.*), privare (*cour.*) → **frustrer.**

sèvres |sɛvʀ(ə)| *s.m.* porcellana *f.* di Sèvres: *un service en vieux Sèvres* un servizio in porcellana antica di Sèvres.

sévrienne |sevʀijɛn| *s.f.* [*élève, anc. élève de l'École normale supérieure de jeunes filles (naguère installée à Sèvres)*] ⊠.

sexage |sɛksaʒ| *s.m.* (*aviculture*) determinazione *f.* del sesso (dei pulcini).

sexagénaire |sɛgz(ks)aʒenɛʀ| *adj. et s.* sessantenne, sessagenario* (*littér.*).

sexagésimal, ale, aux |sɛgzaʒezimal, o| *adj.* sessagesimale.

sexagésime |sɛgzaʒezim| *s.f.* (*liturg.*) sessagesima.

sex-appeal |sɛksapil| *s.m.* (*angl.*) [*charme, attrait sexuel*] sex-appeal *inv.*, fascino.

sexe |sɛks(ə)| *s.m.* **1** sesso: *enfant du sexe masculin, féminin* bambino di sesso maschile, femminile; maschio, femmina **2** [*ensemble des hommes ou des femmes*] *le sexe fort* il sesso forte; *le sexe faible, le deuxième sexe, le beau sexe* il sesso debole, il gentil sesso **3** [*sexualité*] sesso **4** [*parties sexuelles; organes génitaux externes (de l'homme ou de la femme)*] sesso, (organi *pl.*) genitali (*pl.*): *le sexe masculin, féminin* il sesso maschile, femminile; i genitali (gli organi genitali) maschili, femminili **5** (*biol.*) sesso: *sexe chromosomique* sesso cromosomico; *le sexe des plantes* il sesso delle piante.

sexisme |sɛksism(ə)| *s.m.* [*attitude de discrimination à l'égard du sexe féminin*] maschilismo.

sexiste |sɛksist(ə)| *s.* [*personne dont les modes de pensée et le comportement sont plus ou moins consciemment imprégnés de sexisme*] maschilista ✦ (*adj.*) *attitude sexiste* atteggiamento maschilista, maschilistico*.

sexologie |sɛksɔlɔʒi| *s.f.* sessuologia*.

sexologique |sɛksɔlɔʒik| *adj.* sessuologico*.

sexologue |sɛksɔlɔg| *s.* sessuologo*.

sexonomie |sɛksɔnɔmi| *s.f.* sessuonomia.

sexophobie |sɛksɔfɔbi| *s.f.* (*psycho.*) sessuofobia.

sex-shop |sɛksʃɔp| *s.m.* (*angl.*) sex shop *inv.*

sextant |sɛkstɑ̃| *s.m.* sestante.

1 **sexte** |sɛkst(ə)| *s.f.* (*liturg.*) sesta.

2 **sexte** |sɛkst(ə)| *adv.* (*rare*) [*sixièmement (dans une énumération commençant par 'primo, secundo...')*] in sesto luogo *loc.*, sesto (*cour.*).

sextidi |sɛkstidi| *s.m.* (*hist. fr.*) sestidì *inv.*

sextilis |sɛkstilis| *s.m.* (*hist. rom.*) sestile.

sextine |sɛkstin| *s.f.* (*hist. litt.*) sestina.

sexto |sɛksto| *adv.* (*rare*) in sesto luogo *loc. inv.*, sesto.

sextolet |sɛkstɔlɛ| *s.m.* (*mus.*) sestina *f.*

sextuor |sɛkstɥɔʀ| *s.m.* (*mus.*) sestetto.

sextuple |sɛkstypl(ə)| *adj.* sestuplo ✦ (*s.*) *douze est le sextuple de deux* dodici è il sestuplo di due.

sextupler |sɛkstyple| **A** *v.tr.* [*multiplier par six*] sestuplicare **B** *v.intr.* [*devenir sextuple*] sestuplicarsi (*pron.*): *les prix ont sextuplé en vingt ans* i prezzi si sono sestuplicati in vent'anni.

sexualisation |sɛksɥalizasjɔ̃| *s.f.* [→ SEXUALISER] sessualizzazione.

sexualiser |sɛksɥalize| *v.tr.* [*donner un caractère sexuel à (qqch.)*] sessualizzare.

sexualisme |sɛksɥalism(ə)| *s.m.* (*littér.*) sessualismo.

sexualité |sɛksɥalite| *s.f.* **1** (*biol.*) sessualità *inv.* **2** [*ensemble des comportements relatifs à l'instinct sexuel et à sa satisfaction*] sessualità: *stades oral, anal et génital de la sexualité* stadio orale, anale e genitale della sessualità.

sexué, ée |sɛksɥe| *adj.* **1** sessuato: *les animaux supérieurs sont sexués* gli animali superiori sono sessuati **2** [*qui se fait par la conjonction des sexes*] sessuale: *la reproduction sexuée* la riproduzione sessuale.

sexuel, elle |sɛksɥɛl| *adj.* **1** (*biol.*) sessuale: *caractères sexuels primaires, secondaires* caratteri sessuali primari, secondari **2** (*chez l'homme*) sessuale: *éducation sexuelle* educazione sessuale;

instinct sexuel istinto sessuale; *avoir des relations sexuelles avec qqn.* avere rapporti sessuali con qc. ◇ (*psychan.*) sessuale.
sexuellement |sɛksɥɛlmɑ̃| *adv.* [*d'un point de vue sexuel* (2)] sessualmente.
sexy |sɛksi| *adj. inv.* (*angl.*) sexy, conturbante (*var.*): *mode très sexy* moda molto sexy; *elle est sexy* (lei) è sexy, conturbante.
seyant, ante |sɛjɑ̃, ɑ̃t| *adj.* che sta bene *loc.*, indovinato: *une robe extrêmement seyante* un vestito che sta veramente bene; *une coiffure seyante* una pettinatura indovinata.
sézigue |sezig| *pron. pers. de la 3e pers. du sing.* (*pop.*) [*soi, lui*] sé (stesso) (*cour.*), lui (*cour.*): *ça n'est pas pour sézigue, je le garde* non è per lui, me lo tengo io.
sforzando |sfɔʀtsando, sfɔʀdzɑ̃do| *adv.* (*mus.*) sforzando.
sfumato |sfumato| *s.m.* (*peint.*) sfumato.
sgraffite |sgʀafit| *s.m.* (*bx-arts, techn.*) graffito.
shah |ʃa| *s.m.* → **schah.**
shake-hand |ʃɛkɑ̃d| *s.m. inv.* (*angl.*) [*poignée de main*] stretta *f. var.* di mano: *un vigoureux shake-hand* una vigorosa stretta di mano.
shaker |ʃɛkœʀ| *s.m.* (*angl.*) shaker *inv.*, sbattighiaccio *inv.*
shakespearien, ienne |ʃɛkspiʀjɛ̃, jɛn| *adj.* shakespeariano, scespiriano.
shako |ʃako| *s.m.* sciaccò *inv.*
shampooing, shampoing |ʃɑ̃pwɛ̃| *s.m.* (*angl.*) sciampo *inv.*, shampoo *inv.*
shampooiner, shampouiner, champouigner |ʃɑ̃pwine|, |ʃɑ̃pwiɲe| *v.tr. et intr.* [*faire un shampooing* (*à*)] fare (103) *tr.* lo (uno) shampo (a).
shampooineur, euse, shampouineur, euse |ʃɑ̃pwinœʀ, œz| *s.* **1** *s.* [*personne qui, dans un salon de coiffure, s'occupe surtout de faire les shampooings*] sciampista, shampista, lavorante di parrucchiere **2** *s.f.* (*techn.*) *shampouineuse à carrelage* lavapavimenti (*inv.*); *shampouineuse à moquette* lavamoquette *inv.*
shant(o)ung, chantoung |ʃɑ̃tuŋ| *s.m.* shantung *inv.*
shérif |ʃeʀif| *s.m.* (*angl.*) (*aux États-Unis et en Angleterre*) sceriffo.
sherpa(s) |ʃɛʀpa| *s.m.* scerpa *inv.*
sherry |ʃeʀi| *s.m.* (*angl.*) sherry *inv.* → **xérès.**
shetland |ʃɛtlɑ̃d| *s.m.* (*angl.*) shetland (*inv.*): *tailleur en shetland* completo di shetland.
shilling |ʃiliŋ, ʃ(ə)lɛ̃| *s.m.* (*angl.*) (*numism.*) scellino.
shimmy |ʃimi| *s.m.* (*angl.*) **1** [*danse d'origine amér.*] shimmy *inv.* **2** (*auto.*) shimmy, oscillazione *f.* delle ruote anteriori.
shintô |ʃɛ̃to, ʃinto|, **shintoïsme** |ʃɛ̃toism(ə)| *s.m.* (*relig.*) scintoismo.
shintoïque |ʃɛ̃tɔik, ʃintɔik|, **shintoïste** |ʃɛ̃tɔist(ə), ʃintɔist(ə)| *adj.* (*relig.*) scintoistico* ✦ (*s.*) *un shintoïste* uno scintoista.
shirting |ʃiʀtɛ̃g| *s.m.* (*angl.*) tela *f.* per camicie.
shocking, chocking |ʃɔkiŋ| *adj. inv.* (*angl.*) scioccante *var.*, shocking.
shoot |ʃut| *s.m.* **I** (*angl.*) (*football*) [*tir ou dégagement puissant*] tiro, cannonata *f.* **II** (*amér.*) (*arg. de la drogue*) [*piqûre, injection d'un stupéfiant*] buco*.
shooter |ʃute| **A** *v.intr.* [*exécuter un shoot* (I), *un tir*] tirare, calciare ✦ (*tr.*) *shooter un penalty* tirare, calciare un rigore **B** *v.tr.* (*arg. de la drogue*) [*piquer en injectant un stupéfiant*] bucare ✦ *pron. réfl.* SE SHOOTER bucarsi.
shooteuse |ʃutøz| *s.f.* (*arg. de la drogue*) [*seringue hypodermique servant à injecter des stupéfiants*] siringa*.
shop(p)ing |ʃɔpiŋ| *s.m.* (*angl.*) shopping *inv.*, acquisti (*pl.*): *faire du shopping* fare lo shopping, gli acquisti.
shopping center |ʃɔpiŋsɛntœʀ| *s.m.* (*amér.*) centro commerciale → **centre (commercial)** (*t. recomm.*).
short |ʃɔʀt| *s.m.* [*culotte courte* (*pour le sport, les loisirs*)] short, shorts *pl.*, pantaloncini *pl.* (corti): *être en short* essere in short(s), in pantaloncini.
show |ʃo| *s.m.* (*angl.*) [*spectacle de variétés centré sur une vedette ou exclusivement réservé à une vedette*] spettacolo, show *inv.*
shrapnel(l) |ʃʀapnɛl| *s.m.* (*angl.*) shrapnel *inv.*, granata *f.* a pallette.
shunt |ʃœ̃t| *s.m.* (*angl.*) (*électr.*) shunt *inv.*, derivazione *f.*
shuntage |ʃœ̃taʒ| *s.m.* (*électr.*) derivazione *f.*
shunter |ʃœ̃te| *v.tr.* (*angl.*) (*électr.*) [*munir d'un shunt*] derivare.
1 **si** |si| *conj. et s.m. inv. REM.* (*s'élide en* 's'' *seulement devant* '*il, ils*') **I** *conj.* (+ *ind.*) (*hypothétique*) **1** (*introduit soit une condition, soit une simple supposition ou éventualité*) se (+ *ind. ou subj.*): *si tu es libre, nous irons ensemble* se sei (sarai) libero, ci andremo insieme; *si tu lui en parlais, il accepterait peut-être* se gliene parlassi tu, forse accetterebbe; *si j'avais su, je ne me serais pas dérangé* se l'avessi saputo, non mi sarei scomodato → 1 **(au) cas (où), supposé (que)** **2** (*en corrélation avec une propos. implicite*) se: *il se conduit comme s'il était fou* si comporta come se fosse pazzo; *et si ça tournait mal?* e se andasse a finire male?; *si seulement je pouvais dormir!* se soltanto potessi dormire!; *s'il avait été plus prudent!* se (solo) fosse stato più prudente! **3** (*loc.*) *si on veut* se si vuole, se vogliamo ~ *si je ne me trompe, si je ne m'abuse* se non (mi) sbaglio ~ SI CE N'EST... se non...: *un des meilleurs, si ce n'est le meilleur* uno dei migliori, se non (addirittura) il migliore ~ *si ce n'est que...* salvo (per il fatto) che... **II** *s.m. inv.* [*hypothèse, supposition*] se: *avec des si et des mais, on mettrait Paris dans une bouteille* se non ci fosse il se e il ma, si sarebbe ricchi **III** *conj.* (*non hypothétique*) **1** (*servant à marquer un lien logique*) se: *s'il revient te voir, c'est qu'il n'a pas d'amour-propre* se torna a cercarti, vuol dire che non ha amor proprio **2** (*introduisant une complétive, une interrogative indirecte*) che, se: *je dois m'assurer si tout est en ordre* devo assicurarmi che tutto sia in ordine; *tu me diras si c'est lui* mi dirai se è lui.
2 **si** |si| *adv.* **I** **1** (*littér.*) *si fait* [*mais oui*] ma sì (*cour.*) **2** (*s'emploie pour contredire l'idée négative que vient d'exprimer l'interlocuteur*) sì: '*tu n'iras pas?*' '*si*' 'tu non ci andrai?' 'sì (che ci andrò)'; '*tu ne viens donc pas?*' '*mais si, je viens!*' 'allora, non vieni?' 'ma sì, vengo!' → **oui** ◇ (*fam.*) *que si* certo che sì **II** (*intensif*) **1** (*devant un adj. ou un adv.*) [*à un tel degré*] così, tanto, talmente: *il est si bête!* è così, talmente stupido!; *jamais il ne s'était senti si misérable, si inutile* non si era mai sentito così miserabile, così inutile → **tellement** **2** (*avec une consécutive*) così, tanto: *ils ont si mal joué qu'ils ont été écrasés* hanno giocato così male, tanto male che sono stati annientati; *il était si triste qu'il n'a pas parlé de la soirée* era così, tanto triste che non ha parlato per tutta la serata → **aussi** ◇ (*loc. conj.*) *si bien que* [*de sorte que*] cosicché, sicché **III** [*au même degré que*] così, tanto ◇ (*prov.*) *on n'est jamais si bien servi que par soi-même* chi fa da sé fa per tre **IV** SI... QUE... (*introduit une concessive impliquant une idée de degré variable*) per quanto...: *il échouera, si malin qu'il soit* non ci riuscirà, per quanto furbo sia; *si peu que ce soit* per quanto poco sia → **aussi,** 1 **pour (pour... que...), quelque (quelque... que...).**
3 **si** |si| *s.m. inv.* (*mus.*) si: *un si bémol* un si bemolle.
sial |sjal| *s.m.* (*géol.*) sial *inv.*
sialagogue |sjalagɔg| *adj. et s.m.* (*méd.*) scialagogo*.
sialique |sjalik| *adj.* (*géol.*) sialico*.
sialis |sjalis| *s.m.* (*t.zool.*) sialide *f.*
sialorrhée |sjalɔʀe| *s.f.* (*méd.*) scialorrea → **ptyalisme.**
siamois, oise |sjamwa, waz| **1** *adj.* [*du Siam ou Thaïlande*] siamese ◇ (*spécialt.*) *chat siamois* gatto siamese; *frères siamois, sœurs siamoises* fratelli, sorelle siamesi ◇ *au plur.* (*fig.*) [*frères, amis inséparables*] siamesi **2** (*s.f.*) *siamoise* [*anc. étoffe de soie et coton*] ⊠.
sibérien, ienne |sibeʀjɛ̃, jɛn| *adj.* [*de Sibérie*] siberiano: *la toundra sibérienne* la tundra siberiana ◇ (*fig.*) *un froid sibérien* un freddo siberiano, polare.
sibilant, ante |sibilɑ̃, ɑ̃t| *adj.* (*méd.*) sibilante.
sibylle |sibil| *s.f.* (*mythol.*) sibilla.
sibyllin, ine |sibi(l)lɛ̃, in| *adj.* **1** (*mythol.*) sibillino: *oracles sibyllins* oracoli sibillini **2** (*littér.*) [*dont le sens est caché, comme celui des oracles*] sibillino: *des propos sibyllins* frasi sibilline → **énigmatique, mystérieux, obscur.**
sic |sik| *adv.* (*lat.*) (*se met entre parenthèses pour souligner qu'on cite textuellement, si étranges que paraissent les termes*) sic.
sicaire |sikɛʀ| *s.m.* (*littér.*, *vx.*) sicario* (*cour.*) → **tueur (à gages).**
siccatif, ive |sikatif, iv| *adj.* **1** siccativo: *huile siccative* olio siccativo ✦ (*s.m.*) *un siccatif* un prodotto siccativo *adj.* **2** (*méd.*) essiccante.
siccativité |sikativite| *s.f.* (*chim.*) siccatività *inv.*
siccité |siksite| *s.f.* siccità *inv.* → **sécheresse.**
sicilien, ienne |sisiljɛ̃, jɛn| **1** *adj.* [*de Sicile*] siciliano: *le dialecte sicilien* il dialetto siciliano; *cassate sicilienne* cassata siciliana ◇ (*hist.*) *les Vêpres siciliennes* i Vespri siciliani **2** *s.f.* (*danse, mus.*) siciliana.
sicle |sikl(ə)| *s.m.* (*hist.*) siclo.
side-car |sidkaʀ, sajdkaʀ| *s.m.*

(*angl.*) sidecar *inv.* ◇ (*par ext.*) motocarrozzetta *f.*
sidéral, ale, aux |sideʀal, o| *adj.* (*astron.*) sidereo, siderale: *année sidérale* anno sidereo, siderale.
sidérant, ante |sideʀɑ̃, ɑ̃t| *adj.* (*fam.*) [*qui sidère*] sbalorditivo (*cour.*) → **stupéfiant.**
sidération |sideʀɑsjɔ̃| *s.f.* (*agric., méd.*) siderazione.
sidérer |sideʀe| (8) *v.tr.* (*fam.*) [*frapper de stupeur*] sbalordire (197) (*cour.*): *cette nouvelle m'a sidéré* la notizia mi ha sbalordito → **abasourdir, stupéfier** ✦ (*au p.p.*) *ils étaient tous sidérés* tutti erano sbalorditi.
sidérite |sideʀit| *s.f.* **1** → **sidérose 1** **2** (*vx.*) → **aimant.**
sidér(o)- |sideʀ(ɔ)| *préf.* **1** (*signifiant 'astre', correspond généralt. à*) sider(o): *sidérostat* siderostato **2** (*signifiant 'fer', correspond généralt. à*) sider(o): *sidérolithique* siderolitico.
sidérographie |sideʀɔgʀafi| *s.f.* (*rare, techn.*) siderografia.
sidérolit(h)e |sideʀɔlit| *s.f.* (*minér.*) siderolite.
sidérolithique |sideʀɔlitik| *adj.* (*géol.*) siderolitico*.
sidéroscope |sideʀɔskɔp| *s.m.* (*sc.*) sideroscopio*.
sidérose |sideʀoz| *s.f.* **1** (*minér.*) (*synonyme 'fer spathique'*) siderite, ferro *m.* spatico* **2** (*méd.*) siderosi *inv.*
sidérostat |sideʀɔsta| *s.m.* (*astron.*) siderostato.
sidéroxylon |sideʀɔksilɔ̃| *s.m.* (*t. bot.*) sideroxylon *inv.*
sidérurgie |sideʀyʀʒi| *s.f.* siderurgia*.
sidérurgique |sideʀyʀʒik| *adj.* siderurgico*: *usine sidérurgique* stabilimento siderurgico.
sidérurgiste |sideʀyʀʒist(ə)| *s.* [*métallurgiste qui produit de l'acier*] siderurgico*.
sidi |sidi| *s.m.* (*péj.*) [*indigène nord-africain établi en France*] ⊠.
siècle |sjɛkl(ə)| *s.m.* **1** [*période de cent ans*] secolo: *au XX*e *siècle* nel ventesimo secolo, nel '900 **2** [*période de cent années environ, considérée comme une unité historique présentant certains caractères*] secolo: *le grand siècle, le siècle de Louis XIV* [*le XVII*e *siècle fr.*] il secolo di Luigi XIV ✦ *absolt.* (*litt.*) *le mal du siècle* il male del secolo **3** [*durée de cent années*; (*au plur.*) *très longue période*] secolo: *depuis des siècles* [*depuis très longtemps*] da secoli **4** (*relig.*) *le siècle* [*la vie du monde* (*opposé à la vie religieuse*)] secolo → **monde.**
1 **siège** |sjɛʒ| *s.m.* **I 1** [*lieu où se trouve la résidence principale* (*d'une autorité, d'une société, etc.*)] sede (*f.*): *Rome, siège de la papauté* Roma, sede del papato; *siège d'un tribunal* sede di un tribunale; *siège d'un parti, d'un organisme* sede di un partito, di un ente **2** [*lieu où réside la cause* (*d'un phénomène*)] sede: *le siège de ces douleurs* la sede di questi dolori **II** (*milit.*) assedio*: *guerre de siège* guerra d'assedio; *mettre le siège devant une ville* mettere l'assedio a una città, assediare una città; *lever le siège d'une place*: (*pr.*) togliere l'assedio di una piazzaforte; (*fig.*) [*se retirer*] ritirarsi ◇ (*spécialt.*) *état de siège* stato di assedio.
2 **siège** |sjɛʒ| *s.m.* **1** [*objet fabriqué, meuble disposé pour qu'on puisse s'y asseoir*] sedia *f.*; sedile: *donner, offrir un siège à qqn.* dare, offrire una sedia a qc.; *prenez un siège* prenda una sedia, si sieda ‖ *siège avant, arrière* sedile anteriore, posteriore; *sièges transformables d'une voiture* sedili ribaltabili di una macchina # *le siège du cocher* la cassetta (del cocchiere) **2** (*dr.*) seggio*: *siège vacant, à pourvoir* seggio vacante; *le parti a gagné vingt sièges* il partito ha guadagnato venti seggi **3** [*dignité d'évêque, de pontife*] seggio: *siège épiscopal, pontifical* seggio episcopale, pontificio; *le siège apostolique* il seggio apostolico → **Saint-Siège.**
3 **siège** |sjɛʒ| *s.m.* [*partie du corps humain sur laquelle on s'assied*] didietro *inv.* # *bain de siège* semicupio ◇ (*méd.*) *enfant qui se présente par le siège* bambino che si presenta col podice.
siéger |sjeʒe| (8, 3) *v.intr.* **1** [*tenir séance, être en séance*] sedere (183) (*aux.* essere); essere (96) (*aux.* essere) in seduta, tenere (188) *tr.* seduta: *siéger au banc du ministère public* sedere al banco del pubblico ministero **2** [*avoir le siège de sa juridiction à tel endroit*] avere (97) *tr.* sede, risiedere: *la Cour des Comptes siège à Paris* la Corte dei Conti ha sede a Parigi ◇ (*fig.*) [*résider, se trouver*] essere, stare (104) (*aux.* essere): *voilà où siège le mal* ecco dov'è, dove sta il male.
siemens |simɛns, sjemɛ̃s| *s.m.* (*phys.*) siemens *inv.*
sien, sienne |sjɛ̃, sjɛn| **I** *adj. poss. de la 3*e *pers. du sing.* (*en fonction d'attribut*) suo*, proprio*: *il a fait siennes les idées de son chef* ha fatto sue, proprie le idee del suo capo **II** *pron.* LE SIEN, LA SIENNE, LES SIENS, LES SIENNES il suo, la sua, i suoi, le sue: *ton livre et le sien* il tuo libro e il suo, il tuo e il suo libro; *ma cousine et la sienne* mia cugina e la sua, la mia e la sua cugina **III** *s.m.* **1** LE SIEN [*son bien, sa propriété*] il suo, il proprio: *il y a mis du sien* ci ha messo del suo, del proprio ✦ (*s.f.pl.*) *il a encore fait des siennes* ne ha fatta ancora una delle sue **2** (*au plur.*) *les siens* [*sa famille, ses amis, ses partisans*] i suoi.
siennois, oise |sjɛnwa, waz| **1** *adj.* [*de Sienne*] senese: *la population siennoise* la popolazione senese **2** (*s.m.*) *le siennois* [*le dialecte*] il senese.
sierra |sjɛʀa| *s.f.* (*esp.*) (*géogr.*) sierra.
sieste |sjɛst(ə)| *s.f.* siesta.
sieur |sjœʀ| *s.m.* (*vx.*) → **monsieur.**
sifflage |siflaʒ| *s.m.* (*vétér.*) corneggio*.
sifflant, ante |siflɑ̃, ɑ̃t| *adj.* [*qui produit un sifflement, s'accompagne d'une sifflement*] sibilante ◇ (*phonét.*) *consonne sifflante* consonante sibilante ✦ (*s.f.*) *une sifflante* una sibilante.
sifflement |sifləmɑ̃| *s.m.* **1** [*action de siffler, son émis en sifflant*] fischio*: *sifflement d'appel, d'admiration* fischio di richiamo, di ammirazione; *le sifflement du train* il fischio del treno; *les sifflements du merle* il fischio del merlo **2** [*fait de siffler* (A 2); *production d'un son aigu*] il fischiare *inv.*, sibilo: *le sifflement des balles* il fischiare, il sibilo delle pallottole; *le sifflement du vent* il sibilo del vento; *le sifflement d'un serpent* il sibilo di un serpente ◇ [*bruit parasite perçu dans un récepteur de radio*] fischio **3** *sifflement d'oreilles* fischio alle orecchie.
siffler |sifle| **A** *v.intr.* **1** [*émettre un son aigu, en faisant échapper l'air par une ouverture étroite* (*bouche, sifflet, instrument*)] fischiare: *il siffle très bien* fischia molto bene; *la locomotive siffla* la locomotiva fischiò ◇ (*animaux*) fischiare ◇ [*sortir d'un orifice avec un son aigu*] fischiare, sibilare **2** [*produire un son aigu par un frottement, par un mouvement rapide de l'air*] fischiare, sibilare: *le vent sifflait* il vento fischiava, sibilava **B** *v.tr.* **1** [*appeler* (*qqn., un animal*) *en sifflant*] fischiare: *l'agent siffla un automobiliste* il vigile fischiò un automobilista # *siffler son chien* chiamare il cane con un fischio ◇ [*signaler en sifflant*] *l'arbitre a sifflé une faute, la mi-temps* l'arbitro ha fischiato un fallo, la fine del primo tempo **2** [*désapprouver bruyamment par des sifflements, des cris*] fischiare: *elle s'est fait siffler* si è fatta fischiare **3** [*moduler* (*un air*) *en sifflant*] fischiare, fischiettare: *il sifflait une chanson à la mode* fischiava, fischiettava una canzone di moda → **siffloter** **4** (*fam.*) [*avaler, boire d'un trait*] scolarsi: *siffler une bouteille* scolarsi una bottiglia.
sifflet |siflɛ| *s.m.* **1** fischietto: *le sifflet d'un agent de police, d'un arbitre* il fischietto di un vigile, di un arbitro # *coup de sifflet* fischio ◇ (*par ext.*) *sifflet d'une locomotive* fischio* di una locomotiva **2** [*sifflement* (*d'un sifflet*)] fischio ◇ [*comme marque de mécontentement*] fischio **3** (*fam.*) [*gorge, gosier*] *ça me coupe le sifflet* mi toglie il fiato (*cour.*), il respiro (*cour.*).
siffleur, euse |siflœʀ, øz| **1** *adj.* [*qui siffle*] fischiatore* **2** *s.* [*personne qui siffle un spectacle, un artiste*] fischiatore.
sifflotement |siflɔtmɑ̃| *s.m.* [*action de siffloter, air sifflote*] il fischiettare *inv.*, fischiettio*.
siffloter |siflɔte| *v.intr.* [*siffler négligemment en modulant un air*] fischiettare, fischierellare ✦ (*tr.*) *siffloter une chanson* fischiettare, fischierellare una canzone.
sifilet |sifilɛ| *s.m.* (*t.zool.*) uccello del paradiso.
sigillaire |siʒi(l)lɛʀ| **1** *adj.* munito di sigillo (*loc.*): *anneau sigillaire* anello munito di sigillo # *histoire sigillaire* storia dei sigilli, sigillografia **2** *s.f.* (*paléont.*) sigillaria.
sigillé, ée |siʒi(l)le| *adj.* sigillato.
sigillographie |siʒi(l)lɔgʀafi| *s.f.* sigillografia.
sigillographique |siʒi(l)lɔgʀafik| *adj.* sigillografico*.
sigisbée |siʒisbe| *s.m.* (*iron., vx.*) [*cavalier servant, compagnon empressé et galant*] cicisbeo.
siglaison |siglɛzɔ̃| *s.f.* creazione, formazione di sigle.
sigle |sigl(ə)| *s.m.* sigla *f.*
sigma |sigma| *s.m.* [*lettre de l'alphabet gr.*] sigma *inv.*
sigmoïde |sigmɔid| *adj.* (*anat.*) sigmoideo: *valvules sigmoïdes* valvole sigmoidee; *côlon sigmoïde*, (*s.m.*) *le sigmoïde* colon sigmoideo, sigma colico.
signal, aux |siɲal, o| *s.m.* **1** segnale ◇ (*psycho.*) segnale **2** [*signe* (*ou système*) *conventionnel destiné à faire savoir qqch. à qqn.*] segnale: *signal so-*

nore, acoustique segnale sonoro, acustico; *signal d'alarme, d'alerte* segnale d'allarme # *signaux de chemin de fer, de route* segnaletica ferroviaria, stradale ◇ (*sc.*) *émission, réception de signaux* trasmissione, ricezione di segnali ◇ (*cybernétique*) *rapport signal-bruit* rapporto segnale-rumore.

signalé, ée |siɲale| *adj.* (*littér.*) [*remarquable, insigne*] insigne: *il m'a rendu un signalé service* mi ha reso un insigne servigio.

signalement |siɲalmɑ̃| *s.m.* [*description physique d'une personne qu'on veut faire reconnaître*] connotati (*pl.*): *signalement sommaire porté sur un passeport, une carte d'identité* connotati principali riportati su un passaporto, una carta d'identità.

signaler |siɲale| **A** *v.tr.* **1** [*annoncer par un signal* (*ce qui se présente, un mouvement*)] segnalare: *signaler un train* segnalare un treno **2** [*faire remarquer ou connaître en attirant l'attention*] segnalare: *signaler la présence de qqn.* segnalare la presenza di qqn.; *rien à signaler* niente da segnalare; *permettez-moi de vous signaler que...* mi permetta di segnarlarle che... **3** [*désigner, dénoncer*] segnalare: *signaler qqn. à la police* segnalare qc. alla polizia **B** *v.pron. réfl.* SE SIGNALER [*se faire remarquer, se distinguer* (*en bien ou en mal*)] segnalarsi.

signalétique |siɲaletik| *adj.* **1** (*admin.*) segnaletico*: *fiche signalétique* scheda segnaletica **2** [*qui concerne les signaux, la signalisation*] segnaletico ✦ *s.f.* semiotica*, semiologia*.

signaleur |siɲalœʀ| *s.m.* (*milit.*) segnalatore.

signalisation |siɲalizɑsjɔ̃| *s.f.* [→ SIGNALISER] segnaletica*, segnalamento (*m.*): *signalisation des routes* segnaletica stradale; *signalisation des aérodromes* segnaletica aeroportuale # *panneaux de signalisation* cartelli stradali, segnaletici ◇ (*psycho.*) *système de signalisation* sistema di segnali *m. pl.*

signaliser |siɲalize| *v.tr.* [*munir d'une signalisation*] dotare di segnaletica; segnalare: *signaliser une route* dotare una strada di segnaletica ‖ *signaliser un carrefour, un virage dangereux* segnalare un incrocio, una curva pericolosa.

signataire |siɲatɛʀ| *s.* [*personne, autorité qui a signé* (*une lettre, un acte, un traité*)] firmatario* ✦ (*en appos.*) *les États signataires* gli Stati firmatari.

signature |siɲatyʀ| *s.f.* **1** [*inscription qu'une personne fait de son nom*] firma: *une signature illisible* una firma illeggibile; *signature d'un artiste* firma di un artista **2** [*engagement signé*] firma: *faire honneur à sa signature* onorare la propria firma **3** [→ 1 SIGNER] firma, sottoscrizione: *signature de complaisance* firma di favore, di comodo; *signature en blanc* firma, sottoscrizione in bianco **4** (*imprim.*) segnatura.

signe |siɲ| *s.m.* **I 1** segno, indizio*: *signes de richesse* segni, indizi di ricchezza; *ne pas donner signe de vie* non dare segno di vita; *donner des signes de fatigue* dare segni di stanchezza ◇ (*loc.*) *c'est bon, c'est mauvais signe* è (un) buon, (un) cattivo segno ~ *c'est signe que...* è segno che... **2** [*élément ou caractère* (*d'une personne, d'une chose*) *qui permet de distinguer, de reconnaître*] segno ◇ (*dans un signalement*) *signes particuliers*: *néant* segni particolari: nessuno ◇ (*méd.*) sintomo: *signe clinique, pathologique* sintomo clinico, patologico ◇ (*fig., péj.*) *signe des temps* segno dei tempi **II 1** [*mouvement volontaire, conventionnel, destiné à faire savoir qqch.*] segno, cenno: *signe de tête affirmatif, négatif* cenno del capo affermativo, negativo; *il me fit signe que non* mi fece segno di no; *il m'a fait signe d'entrer* mi ha fatto cenno di entrare; *je vous ferai signe* le farò un cenno, le farò sapere → 1 **geste, signal** ◇ *loc. prép.* EN SIGNE DE in segno di: *en signe d'adieu* in segno di saluto, a mo' di saluto **2** [*signal, symbol*] segno: *signes conventionnels* segni convenzionali; *signes de ponctuation* segni di punteggiatura, d'interpunzione **3** (*ling.*) segno: *le morphème, le mot sont des signes* il morfema, la parola sono segni **4** [*emblème, insigne* (*d'une société, d'une fonction*)] segno: *signes héraldiques* segni araldici; *le signe de la croix* il segno della croce; *faire le signe de la croix, un signe de croix* fare (farsi) il segno della croce, un segno di croce (la croce) ◇ (*astrol.*) *être né sous le signe de Saturne* essere nato sotto il segno di Saturno ◇ (*fig., fam.*) *sous le signe de la bonne humeur* all'insegna del buonumore.

1 **signer** |siɲe| *v.tr.* [*revêtir de sa signature*] firmare: *signer une lettre, un contrat, un traité* firmare una lettera, un contratto, un trattato; *signer la paix* firmare la pace; *signer d'une croix* firmare con una croce; *signer au bas de la feuille* firmare in calce; *signer en marge* firmare in margine ◇ (*fig.*) *c'est signé* porta la (sua) firma.

2 **signer (se)** |siɲe| *v.pron. réfl.* [*faire le signe de la croix*] segnarsi, farsi (103) *tr.* il segno della croce (la croce).

signet |siɲɛ| *s.m.* [*petit ruban pour marquer les pages d'un livre*] segnalibro.

signifiance |siɲifjɑ̃s| *s.f.* (*littér.*) [*le fait d'avoir du sens*] significatività *inv.*

signifiant, ante |siɲifjɑ̃, ɑ̃t| *adj.* **1** (*littér.*) significante, significativo **2** (*ling.*) significante ✦ *s.m.* significante.

significatif, ive |siɲifikatif, iv| *adj.* **1** significativo → **éloquent, expressif** **2** [*qui renseigne sur qqch. ou confirme une opinion*] sintomatico*, indicativo: *cette remarque est significative de son état d'esprit* questa osservazione è sintomatica, indicativa del suo stato d'animo.

signification |siɲifikɑsjɔ̃| *s.f.* **1** significato *m.*, significazione ◇ (*ling.*) significato **2** (*dr.*) notifica*, notificazione: *signification à domicile, à personne* notifica a domicilio, a mani proprie **3** (*gram.*) *degré de signification des adjectifs et des adverbes* significatività *inv.* degli aggettivi e degli avverbi.

signifié |siɲifje| *s.m.* (*ling.*) significato: *signifié dénotatif, connotatif* significato denotativo, connotativo → 1 **sens**.

signifier |siɲifje| *v.tr.* **1** [*avoir un sens, être le signe de*] significare, voler (195) *intr.* dire: *je ne sais pas ce que signifie ce mot* non so cosa significhi, voglia dire questa parola; *qu'est-ce que cela signifie?* che significa, vuol dire? **2** (*signes, mots*) [*avoir pour sens*] significare **3** [*faire connaître par des signes, des termes exprès*] manifestare, esprimere (124): *signifier ses intentions à qqn.* manifestare, esprimere le proprie intenzioni a qc. **4** (*dr.*) [*faire savoir légalement*] notificare: *signifier un acte judiciaire* notificare un atto giudiziario → **notifier.**

sil |sil| *s.m.* (*bx-arts*) ocra *f.*

silence |silɑ̃s| *s.m.* **I 1** silenzio*: *en silence* in silenzio; *une minute de silence* un minuto di silenzio; *garder le silence* mantenere il silenzio ◇ (*prov.*) *la parole est d'argent et le silence est d'or* la parola è d'argento e il silenzio è d'oro ◇ [*moment pendant lequel on ne dit rien*] *une conversations coupée de silences* una conversazione frammezzata di silenzi **2** [*le fait de ne pas exprimer, de ne pas divulguer ce qui est secret*] silenzio: *la loi du silence* la legge del silenzio, l'omertà; *passer sous silence* passare sotto silenzio, sottacere ◇ (*fig.*) *réduire l'opposition au silence* ridurre l'opposizione al silenzio **II 1** [*absence de bruit, d'agitation*] silenzio, quiete (*f.*): *un silence profond, absolu, de mort* un silenzio profondo, assoluto, di morte **2** (*mus.*) pausa *f.*

silencieusement |silɑ̃sjøzmɑ̃| *adv.* [*sans parler, sans faire de bruit*] silenziosamente → **silence (en).**

silencieux, euse |silɑ̃sjø, øz| *adj.* **1** silenzioso: *un moteur silencieux* un motore silenzioso ✦ *s.m.* [*pot d'échappement*; *dispositif qui étouffe le bruit d'une arme à feu*] silenziatore **2** [*qui garde le silence*] silenzioso: *la majorité silencieuse* la maggioranza silenziosa.

silène |silɛn| *s.m.* (*t.bot.*) silene *f.*

silentbloc |silɑ̃tblɔk| *s.m.* (*nom déposé*) (*techn.*) supporto elastico*.

silentiaire |silɑ̃sjɛʀ| *s.m.* (*hist.*) silenziario*.

silésien, ienne |silezjɛ̃, jɛn| *adj.* [*de Silésie*] slesiano.

silésienne |silezjɛn| *s.f.* [*tissu, dont on fait des doublures, des parapluies*] silesia.

silex |silɛks| *s.m.* (*minér.*) silice *f.*, selce (*f.*): *armes préhistoriques en silex*, (*ellipt.*) *des silex* armi preistoriche in silice (selce), delle selci.

silhouette |silwɛt| *s.f.* **1** sagoma, 'silhouette' *inv.* **2** [*allure ou ligne génér. d'une personne*] linea, figura; 'silhouette' ◇ (*artill.*) *silhouettes de tir* sagome di tiro.

silhouetter |silwete| *v.tr.* [*représenter en silhouette*] tratteggiare i contorni (di), il profilo (di) ✦ *pron. intr.* [*se profiler*] profilarsi, stagliarsi.

silicate |silikat| *s.m.* (*chim., minér.*) silicato.

silice |silis| *s.f.* (*minér.*) silice.

siliceux, euse |silisø, øz| *adj.* (*minér.*) [*formé de silice, contenant de la silice*] siliceo: *roches siliceuses* rocce silicee.

silicicole |silisikɔl| *adj.* (*bot.*) silicicolo.

silicifier |silisifje| *v.tr.* [*transformer en silice*] silicizzare.

silicique |silisik| *adj.* (*chim.*) silicico*: *anhydride silicique* anidride silicica.

silicium |silisjɔm| *s.m.* (*chim.*) silicio*.

siliciure |silisjyʀ| *s.m.* (*chim.*) siliciuro.

silicone |siliko(ɔ)n| *s.f.* (*chim.*) silicone *m.*

silicose |silikoz| *s.f.* (*méd.*) silicosi *inv.*
silicotique |silikɔtik| *adj.* (*méd.*) silicotico*: *infiltration silicotique du poumon* infiltrazione silicotica del polmone ✦ (*s.*) *un silicotique* un silicotico.
silicule |silikyl| *s.f.* (*t.bot.*) siliquetta.
silionne |siljɔn| *s.f.* (*nom déposé*) [*fibre continue de verre, appelée antérieurement 'rayonne de verre'*] ⊠.
silique |silik| *s.f.* (*bot.*) siliqua.
sillage |sijaʒ| *s.m.* **1** [*trace qu'un bâtiment laisse derrière lui à la surface de l'eau*] scia* *f.* ◇ (*loc. fig.*) *dans le sillage de* nella scia di, sulle orme di **2** (*phys.*) scia.
sillet |sijɛ| *s.m.* (*mus.*) capotasto.
sillon |sijɔ̃| *s.m.* **1** [*longue tranchée ouverte dans la terre par la charrue*] solco*: *tracer, creuser, ouvrir un sillon* tracciare, scavare, aprire un solco **2** *au plur.* (*poét.*) [*les champs cultivés*] i campi (*cour.*) **3** [*ligne, rayure, ride*] solco ◇ (*anat.*) *les sillons du cerveau* i solchi del cervello **4** [*trace produite à la surface du disque par l'enregistrement phonographique*] solco.
sillonner |sijɔne| *v.tr.* **1** [*creuser en faisant des sillons, des fentes*] solcare ◇ (*vx.*) → **labourer** ◇ (*fig.*) *un visage sillonné de rides* un viso solcato di rughe **2** [*traverser en laissant une trace, un sillage*] solcare **3** (*routes*) [*traverser, parcourir en tous sens*] solcare: *les routes qui sillonnent cette région* le strade che solcano questa regione.
silo |silo| *s.m.* silo: *des silos* dei sili, dei silos; *silos à céréales, à fourrages* sili da cereali, da foraggi # *mettre en silo* insilare.
silotage |silɔtaʒ| *s.m.* → **ensilage.**
silphe |silf(ə)| *s.m.* (*t.zool.*) silpha *f.*
silphium |silfjɔm| *s.m.* (*t.bot.*) silfio*.
silure |silyʀ| *s.m.* (*t.zool.*) siluro d'Europa.
silurien, ienne |silyʀjɛ̃, jɛn| *adj.* (*géol.*) siluriano, silurico*.
sima |sima| *s.m.* (*géol.*) sima.
simagrée |simagʀe| *s.f. surtout au plur.* [*façons, petite comédie destinée(s) à tromper*] moine: *je me suis laissé prendre à vos simagrées* mi sono lasciato ingannare dalle vostre moine.
simarre |simaʀ| *s.f.* (*ancienn., relig.*) zimarra.
simaruba |simaʀyba| *s.m.* (*t.bot.*) simaruba *f.*
Simarubacées |simaʀybase| *s.f. pl.* (*t.bot.*) Simarubacee.
simbleau |sɛ̃blo| *s.m.* (*techn.*) randa *f.*
simien, ienne |simjɛ̃, jɛn| *adj.* (*zool.*) scimmiesco*.
simiesque |simjɛsk(ə)| *adj.* scimmiesco*, da scimmia (*loc. inv.*): *visage, grimace, agilité simiesque* viso scimmiesco, smorfia, agilità da scimmia.
similaire |similɛʀ| *adj.* similare, affine **C** **différent.**
similarité |similaʀite| *s.f.* similarità *inv.*
simili |simili| *s.* **1** *s.m.* [*imitation (d'une matière ou chose précieuse)*] imitazione *f.* ◇ (*par ext.*) cotone mercerizzato **2** *s.f.* (*abrév. fam.*) → **similigravure.**
similicuir |similikɥiʀ| *s.m. inv.* [*imitation de la peau*] similpelle *f. var.*, vinilpelle *f. var.*, dermoide *f. var.*
similigravure |similigʀavyʀ| *s.f.* (*typogr.*) autotipia.
similisage |similizaʒ| *s.m.* (*techn.*) mercerizzazione (*f.*): *traiter par similisage* trattare mediante mercerizzazione ✦ (*au p.p.*) *coton similisé* cotone mercerizzato.
similiste |similist(ə)| *s.m.* [*spécialiste en similigravure, retoucheur de cliché*] autotipista.
similitude |similityd| *s.f.* similitudine → **analogie, ressemblance** ◇ (*géom.*) similitudine.
similor |similɔʀ| *s.m.* similoro.
simoniaque |simɔnjak| *adj.* (*littér.*) simoniaco*.
simonie |simɔni| *s.f.* (*relig.*) simonia.
simoun |simun| *s.m.* [*vent violent, chaud et sec des régions désertiques*] simùn *inv.*
simple |sɛ̃pl(ə)| *adj. et s.m.* **I** *adj.* (*personnes*) **1** semplice: *les gens simples* la gente semplice; *un cœur simple* un cuore semplice; *il a su rester simple dans les honneurs* ha saputo restare semplice anche nella gloria **2** [*qui a peu de finesse, se laisse facilement tromper*] sempliciotto, ingenuo → **crédule** # *simple d'esprit* povero di spirito ✦ (*s.*) *un simple* un debole di mente, un ritardato mentale **II** *adj.* (*choses*) **1** (*philo.*) semplice **2** [*qui (au niveau considéré) n'est pas composé de parties, est indivisible*] semplice: *nœud simple* nodo semplice; *comptabilité en partie simple* contabilità a partita semplice; *temps simples d'un verbe* tempi semplici di un verbo # *un aller simple* un biglietto di sola andata; *passé simple* passato remoto ✦ (*s.*) *varier du simple au double* essere moltiplicato per due **3** (*devant le nom*) semplice: *une simple formalité* una semplice, una mera formalità; *de simples salariés* dei semplici salariati **4** [*qui, étant formé de peu d'éléments, est aisé à comprendre, à utiliser*] semplice: *un moyen simple et sûr* un mezzo semplice e sicuro ◇ (*fam.*) *c'est simple, tout simple, bien simple, simple comme bonjour* è semplice, semplicissimo; è semplice come bere un bicchier d'acqua **5** [*qui comporte peu d'éléments ajoutés, peu d'ornements*] semplice: *toilette simple et de bon goût* abito semplice e di buon gusto; *une langue, un style simple* una lingua, uno stile semplice; *le mariage a été simple* il matrimonio è stato semplice ◇ (*fam.*) *dans le plus simple appareil* [*nu*] in costume adamitico **III** *s.m.* **1** *au plur.* [*plantes médicinales*] semplici, erbe *f.* medicinali **2** [*partie de tennis entre deux adversaires*] singolo: *simple dames* singolo femminile.
simplement |sɛ̃pləmɑ̃| *adv.* **1** [*sans complication, sans affectation*] semplicemente, con semplicità (*loc. inv.*): *recevoir des amis très simplement* ricevere semplicemente, con semplicità gli amici **2** [*seulement*] semplicemente.
simplet, ette |sɛ̃plɛ, ɛt| *adj.* **1** (*personnes*) [*qui est un peu simple d'esprit*] sempliciotto → **naïf, niais 2** (*choses*) [*un peu trop simple, un peu pauvre*] un po' troppo semplice, scarso: *une musique assez simplette* una musica un po' troppo semplice.
simplex |sɛ̃plɛks| *s.m.* (*informatique*) simplex *inv.*
simplexe |sɛ̃plɛks| *s.m.* (*math.*) simplesso.
simplicité |sɛ̃plisite| *s.f.* **I** (*personnes*) **1** semplicità *inv.* **2** [*caractère de naïveté exagérée*] semplicità, dabbenaggine **3** [*caractère d'une personne qui a des goûts simples*] semplicità **II** (*choses*) **1** semplicità: *problème, mécanisme d'une grande simplicité* problema, meccanismo di grande semplicità **2** [*qualité de ce qui n'est pas chargé d'éléments superflus*] semplicità: *la simplicité de sa toilette* la semplicità del suo vestito.
simplifiable |sɛ̃plifjabl(ə)| *adj.* [→ SIMPLIFIER] semplificabile: *fraction simplifiable* frazione semplificabile.
simplificateur, trice |sɛ̃plifikatœʀ, tʀis| *adj.* semplificatore*, semplificativo.
simplification |sɛ̃plifikɑsjɔ̃| *s.f.* [→ SIMPLIFIER] semplificazione.
simplifié, ée |sɛ̃plifje| *adj.* semplificato: *formule simplifiée* formula semplificata.
simplifier |sɛ̃plifje| *v.tr.* [*rendre plus simple, moins complexe, moins chargé d'éléments accessoires*] semplificare: *semplifier les formalités* semplificare le formalità ◇ (*math.*) *simplifier une fraction* semplificare una frazione.
simplisme |sɛ̃plism(ə)| *s.m.* semplicismo.
simpliste |sɛ̃plist(ə)| *adj.* semplicistico*, semplicista.
simulacre |simylakʀ(ə)| *s.m.* **1** (*littér.*) simulacro, parvenza *f.* → **fantôme 2** (*vx.*) [*image, idole*] simulacro.
simulateur, trice |simylatœʀ, tʀis| *s.* **1** *s.* simulatore* **2** *s.m.* (*techn.*) simulatore: *simulateur de vol* simulatore di volo; *essayer un satellite artificiel dans un simulateur* provare un satellite artificiale in un simulatore.
simulation |simylɑsjɔ̃| *s.f.* **1** simulazione ◇ (*psycho.*) *simulation d'infirmités, de troubles mentaux* simulazione di infermità, di disturbi mentali **2** (*informatique, sc.*) simulazione.
simulé, ée |simyle| *adj.* simulato.
simuler |simyle| *v.tr.* **1** [*faire paraître comme réel, effectif (ce qui ne l'est pas)*] simulare: *simuler une vente, une donation* simulare una vendita, una donazione ◇ [*affecter, feindre*] fingere (119), simulare: *il simula n'avoir point écouté* finse, simulò di non aver ascoltato **2** (*choses*) [*avoir l'apparence de*] simulare, imitare.
simulie |simyli| *s.f.* (*t.zool.*) simulio* *m.*
simultané, ée |simyltane| **I** *adj.* **1** simultaneo, contemporaneo → **concomitant, synchrone 2** [*qui se produit en même temps*] simultaneo: *l'interprétation, la traduction simultanée*, (*s.f.*) *la simultanée* l'interpretazione, la traduzione simultanea, la simultanea **II** *s.f.* (*échecs*) simultanea: *partie jouée en simultanée* partita giocata in simultanea.
simultanéisme |simyltaneism(ə)| *s.m.* (*hist. litt.*) simultaneismo.
simultanéité |simyltaneite| *s.f.* simultaneità *inv.*, contemporaneità *inv.*
simultanément |simyltanemɑ̃| *adv.* [*en même temps*] simultaneamente, contemporaneamente.
sinaïtique |sinaitik| *adj.* (*relig.*) sinaitico*.
sinanthrope |sinɑ̃tʀɔp| *s.m.* (*anthrop.*) sinantropo.
sinapisé, ée |sinapize| *adj.* [*additionné ou saupoudré de farine de moutarde*] senapato: *cataplasme sinapisé* cataplasma senapato.

sinapisme |sinapism(ə)| *s.m.* senapismo.
sincère |sɛ̃sɛʀ| *adj.* **1** sincero: *un homme sincère* un uomo sincero; *un ami sincère* un amico sincero; *j'ai été sincère avec moi-même* sono stato sincero con me stesso **2** [*réellement pensé ou senti*] sincero: *aveu, repentir sincère* confessione sincera, sincero pentimento ◇ (*dans des formules de politesse*) *sincères condoléances* sincere, sentite condoglianze; *sincères salutations* cordiali saluti ◇ [*authentique, non truqué*] autentico*: *des élections sincères* elezioni autentiche.
sincèrement |sɛ̃sɛʀmɑ̃| *adv.* [*d'une manière sincère, de bonne foi*] sinceramente: *je vous le dis bien sincèrement* ve lo dico molto sinceramente → **franchement** ◇ (*ellipt.*) *sincèrement, je ne le crois pas* sinceramente, non credo.
sincérité |sɛ̃seʀite| *s.f.* **1** sincerità *inv.* → **franchise, loyauté** ◇ (*loc.*) *en toute sincérité* in tutta sincerità **2** [*authenticité, absence de trucage*] autenticità (*inv.*): *vérifier la sincérité d'un document* verificare l'autenticità di un documento.
sincipital, ale, aux |sɛ̃sipital, o| *adj.* (*anat.*) sincipitale.
sinciput |sɛ̃sipyt| *s.m.* (*anat.*) sincipite.
sinécure |sinekyʀ| *s.f.* sinecura ◇ (*fam.*) *ce n'est pas une sinécure* non è una faccenda da poco (*cour.*), una cosa da niente (*cour.*).
sine die |sinedje| *loc. adv.* (*lat.*) (*admin., dr.*) sine die, a data da destinarsi: *renvoyer un débat, une affaire sine die* rinviare un dibattito, una causa sine die, a data da destinarsi.
sine qua non |sinekwanɔn| *loc. adj.* (*lat.*) sine qua non.
singalette |sɛ̃galɛt| *s.f.* [*mousseline de coton très claire et très apprêtée dont on fait surtout des patrons*] garza.
singe |sɛ̃ʒ| *s.m.* **1** (*t.zool.*) scimmia *f.* ◇ (*loc.*) *être agile comme un singe* essere agile come una scimmia ◇ (*loc. prov.*) *on n'apprend pas à un vieux singe à faire la grimace* non si insegna ai gatti ad arrampicarsi ~ *payer en monnaie de singe* ricompensare (solo) a parole, a (con le) chiacchiere **2** (*fig.*) [*personne laide, contrefaite*] scimmia: *laid comme un singe* brutto come una scimmia **3** [*imitateur; celui qui contrefait, imite*] scimmiottatore* *s.* **4** (*pop.*) [*patron*] padrone (*cour.*), capo (*cour.*) **5** (*arg. milit.*) carne *f.* in scatola (*cour.*).
singer |sɛ̃ʒe| (3) *v.tr.* **1** [*imiter maladroitement ou d'une manière caricaturale, pour se moquer*] scimmiottare → **contrefaire, imiter** **2** [*miner, simuler*] fingere (119), simulare.
singerie |sɛ̃ʒʀi| *s.f.* **I** **1** [*grimace, tour que fait un singe; grimace, gambade, tour comique*] smorfia **2** (*abstrait*) [*imitation maladroite ou caricaturale*] scimmiottatura **II** gabbia delle scimmie: *la singerie du jardin des plantes* la gabbia delle scimmie del giardino botanico.
single |siŋgəl| (*angl.*) **1** *s.m. et adj.* (*tennis*) singolo → **simple** **2** *adj.* (*chambre, cabine, wagon-lit*) [*occupé par une seule personne*] singolo ✦ (*s.m.*) *un single*: (*chambre, cabine*) una singola *f.*; (*wagon-lit*) un singolo.
singleton |sɛ̃glətɔ̃| *s.m.* (*angl.*) (*cartes*) singleton *inv.*

singulariser |sɛ̃gylaʀize| **A** *v.tr.* [*distinguer des autres par qqch. de peu courant*] rendere (105) singolare, distinguere (135) (dagli altri) **B** *v.pron. intr.* SE SINGULARISER [*se faire remarquer par qqch. d'extraordinaire, d'extravagant*] distinguersi (dagli altri).
singularité |sɛ̃gylaʀite| *s.f.* **1** (*littér.*) singolarità *inv.* **2** UNE SINGULARITÉ [*action, chose singulière* (II 1)] stranezza, stravaganza: *des singularités qui le rendaient odieux à tous* delle stranezze, stravaganze che lo rendevano odioso a tutti.
singulier, ière |sɛ̃gylje, jɛʀ| *adj.* **I** **1** (*gram.*) singolare: *nombre singulier* numero singolare ✦ *s.m.* (*gram.*) singolare: *singulier collectif* singolare collettivo **2** (*loc.*) *combat singulier* singolar tenzone **II** **1** [*qui est digne d'être remarqué, peu commun*] singolare, strano: *une singulière façon de voir les choses* un modo singolare, uno strano modo di vedere le cose; *il a une singulière propension à...* ha una singolare, strana propensione a... → **bizarre, curieux, étonnant** **2** (*littér.*) [*différent des autres*] singolare: *une nature singulière* una natura singolare → **particulier, spécial** [C] II 1 **banal.**
singulièrement |sɛ̃gyljɛʀmɑ̃| *adv.* **1** [*en se distinguant des autres*] singolarmente → **particulièrement** **2** [*beaucoup*] singolarmente, particolarmente: *un cas singulièrement pénible* un caso singolarmente, particolarmente penoso **3** (*littér.*) [*d'une manière singulière* (II 1), *étonnante, remarquable ou bizarre*] singolarmente, stranamente (*cour.*): *il était singulièrement accoutré* era singolarmente conciato, era conciato in modo strano.
sinisation |sinizɑsjɔ̃| *s.f.* [→ SINISER] cinesizzazione.
siniser |sinize| **A** *v.tr.* [*répandre la civilisation chinoise dans* (*un pays*); *rendre chinois quant à la culture*] cinesizzare **B** *v.pron. intr.* SE SINISER [→ *tr.*] cinesizzarsi.
1 **sinistre** |sinistʀ(ə)| *adj.* **1** [*qui fait craindre un malheur, une catastrophe*] sinistro: *présage sinistre* sinistro presagio; *sinistres prophéties* sinistre profezie; *bruits, craquements sinistres* rumori, scricchiolii sinistri; *une mine sinistre* una faccia sinistra → **funeste, menaçant** **2** (*devant le nom*) [*inquiétant, dangereux*] malvagio*, sinistro: *un sinistre voyou* un teppista malvagio; *une sinistre crapule* un sinistro figuro ◇ (*par ext.*) *un sinistre imbécile* un solenne imbecille **3** [*triste et ennuyeux*] sinistro; squallido: *un air froid et sinistre* una espressione fredda e sinistra.
2 **sinistre** |sinistʀ(ə)| *s.m.* **1** sinistro, disgrazia (*f.*): *le sinistre a fait des morts, des blessés* il sinistro, la disgrazia ha fatto dei morti, dei feriti **2** [*dommages ou pertes subis par des objets assurés*] sinistro: *le remboursement des sinistres* il risarcimento dei sinistri.
sinistré, ée |sinistʀe| *adj.* [*qui a subi un* (2) *sinistre*] sinistrato: *région sinistrée* regione sinistrata ✦ (*s.*) *les sinistrés* i sinistrati # *les sinistrés d'un séisme* i terremotati; *les sinistrés d'une inondation* gli alluvionati.
sinistrement |sinistʀəmɑ̃| *adv.* [→ 1 SINISTRE 1] sinistramente.
sinistrogyre |sinistʀɔʒiʀ| *adj.* sinistrorso.

sinité |sinite| *s.f.* [*ensemble des caractères, des manières de penser, de sentir propres à la civilisation chinoise*] cinesità *inv.*
sino- |sinɔ| *préf.* (*signifiant 'de la Chine', correspond généralt. à*) cino(-); sino: *sino-coréen* cino-coreano; *sino-communiste* cinocomunista ‖ *sinologue* sinologo.
sinologie |sinɔlɔʒi| *s.f.* sinologia*.
sinologue |sinɔlɔg| *s.* sinologo*.
sinon |sinɔ̃| *conj.* **1** (*après une propos. négative*) [*en dehors de, abstraction faite de*] se non *loc.*, tranne: *il ne sentait rien, sinon une légère douleur* non avvertiva nulla, se non, tranne un leggero dolore → **excepté, sauf** **2** (*après une propos. interrogative*) [*si ce n'est*] se non: *qu'est-ce qu'on peut faire sinon accepter?* che altro si può fare se non accettare? **3** (*concession*) [*en admettant que ce ne soit pas*] se non: *sa conduite a rencontré sinon l'approbation, du moins l'indulgence* la sua condotta ha trovato se non approvazione almeno indulgenza; *une force indifférente sinon ennemie* una forza indifferente se non nemica **4** (*emploi absolu*) [*si la condition, la supposition énoncée ne se réalise pas*] se no, altrimenti: *il n'a pas eu votre lettre, sinon il serait venu* non ha ricevuto la vostra lettera, se no, altrimenti sarebbe venuto → **autrement, sans (quoi).**
sinopia |sinɔpja| *s.f.* (*peint.*) sinopia.
sinople |sinɔpl(ə)| *s.m.* (*blas.*) verde.
sinoque, cinoque, sinoc |sinɔk| *adj.* (*fam.*) [*fou; imbécile*] sonato, picchiatello.
sinuer |sinɥe| *v.intr.* [*être sinueux, faire des sinuosités*] serpeggiare, snodarsi (*pron.*): *la route sinuait* la strada serpeggiava, si snodava → **serpenter.**
sinueux, euse |sinɥø, øz| *adj.* sinuoso, tortuoso: *des rues étroites et sinueuses* strade strette e sinuose, tortuose ◇ (*fig.*) [*tortueux*] tortuoso, involuto.
sinuosité |sinɥozite| *s.f.* sinuosità *inv.*, tortuosità *inv.*
1 **sinus** |sinys| *s.m.* (*anat.*) **1** [*cavité irrégulière* (*de certains os*)] seno: *sinus frontal, maxillaire* seno frontale, mascellare **2** [*renflement circonscrit ou dilatation d'un segment de certains vaisseaux*] seno: *sinus carotidien* seno carotideo.
2 **sinus** |sinys| *s.m.* (*géom., math.*) seno: *sinus d'un angle* seno di un angolo.
sinusite |sinyzit| *s.f.* (*méd., cour.*) sinusite.
sinusoïdal, ale, aux |sinyzɔidal, o| *adj.* (*math.*) sinusoidale.
sinusoïde |sinyzɔid| *s.f.* (*math.*) sinusoide.
sionisme |sjɔnism(ə)| *s.m.* sionismo.
sioniste |sjɔnist(ə)| *adj.* sionistico* ✦ (*s.*) *un sioniste* un sionista.
sioux |sju| *s. et adj. inv.* sioux ◇ (*loc. fam.*) *des ruses de Sioux* delle astuzie feroci.
siphoïde |sifɔid| *adj.* (*techn.*) a forma di sifone *loc. inv.*
Siphomycètes |sifɔmisɛt| *s.m.pl.* (*t.bot.*) Sifonomiceti.
siphon |sifɔ̃| *s.m.* **1** sifone: *siphon d'évier* sifone del lavandino **2** *siphon d'eau de seltz* sifone del selz **3** (*zool.*) sifone.

siphonné, ée |sifɔne| *adj.* (*fam.*) [*fou, dont le cerveau est vidé comme un siphon*] sonato, picchiatello.
siphonner |sifɔne| *v.tr.* [*transvaser (un liquide) à l'aide d'un siphon; faire fonctionner un siphon*] travasare (con un sifone).
Siphonophores |sifɔnɔfɔʀ| *s.m. pl.* (*t.zool.*) Sifonofori.
Sipunculiens |sipɔ̃kyljɛ̃| *s.m. pl.* (*t. zool.*) Sipunculoidei.
sirdar |siʀdaʀ| *s.m.* (*hist.*) sirdar *inv.*
sire |siʀ| *s.m.* sire, maestà *f. inv.* ◇ (*vx.*) messere ◇ (*loc.*) *un triste sire* [*un triste individu*] un tristo figuro.
sirène |siʀɛn| *s.f.* **1** [*animal fabuleux*] sirena **2** (*techn., cour.*) sirena: *la sirène de la police* la sirena della polizia; *sirène d'alerte, d'alarme* sirena d'allarme; *sirène d'usine* sirena di uno stabilimento.
Sirénidés |siʀenide| *s.m. pl.* (*t. zool.*) Sirenidi.
Siréniens |siʀenjɛ̃| *s.m. pl.* (*t.zool.*) Sireni.
sirex |siʀɛks| *s.m.* (*t.zool.*) sirex *inv.*
siroc(c)o |siʀɔko| *s.m.* scirocco*.
sirop |siʀo| *s.m.* sciroppo: *sirops de fruits, d'orgeat* sciroppi di frutta, di orzata; *sirops pharmaceutiques* sciroppi farmaceutici; *sirop contre la toux* sciroppo per la tosse.
siroter |siʀɔte| *v.tr.* (*fam.*) [*boire à petits coups en savourant*] sorseggiare, centellinare: *siroter son café, une fine* sorseggiare il caffè, centellinare una acquavite.
sirupeux, euse |siʀypø, øz| *adj.* [*de la nature, de la consistance du sirop*] sciropposo ◇ (*fig., péj.*) *musique sirupeuse* musica sciropposa; *film sirupeux* film sciropposo.
sirvente |siʀvɑ̃t|, **sirventès** |siʀvɑ̃(ɛ̃)tɛs|, **serventois** |sɛʀvɑ̃twa| *s.m.* (*hist. litt.*) sirventese.
sis, sise |si, siz| *adj.* (*dr., littér.*) [*situé*] sito, situato (*cour.*): *domaine sis à tel endroit* proprietà sita nel tal luogo.
sisal |sizal| *s.m.* (*t.bot.*) sisal *inv.*
sismal, ale, aux |sismal, o| *adj.* (*géogr.*) sismico*: *ligne sismale* linea sismica.
sismicité |sismisite| *s.f.* (*géol.*) sismicità *inv.*
sismique |sismik| *adj.* sismico*: *mouvements, phénomènes sismiques* movimenti, fenomeni sismici; *activité sismique* attività sismica.
sism(o)-, séism(o)- |sism(ɔ), seism(ɔ)| *préf.* (*signifiant 'secousse', correspondent généralt. à*) sism(o): *sismicité, séismicité* sismicità; *sismographe, séismographe* sismografo.
sismogramme |sismɔgʀam| *s.m.* sismogramma.
sismographe |sismɔgʀaf| *s.m.* sismografo.
sismographique |sismɔgʀafik| *adj.* sismografico*.
sismologie |sismɔlɔʒi| *s.f.* sismologia*.
sismologique |sismɔlɔʒik| *adj.* sismologico*.
sismologue |sismɔlɔg| *s.* sismologo*.
sismomètre |sismɔmɛtʀ(ə)| *s.m.* sismometro.
sismothérapie |sismɔteʀapi| *s.f.* (*méd.*) sismoterapia.
sistre |sistʀ(ə)| *s.m.* (*hist. mus.*) sistro.
sisymbre |sizɛ̃bʀ(ə)| *s.m.* (*t.bot.*) sisimbrium *inv.*
sitar |sitaʀ| *s.m.* (*mus.*) sitar *inv.*
site |sit| *s.m.* **1** [*paysage (considéré du point de vue de l'esthétique, du pittoresque)*] sito, paesaggio*, ambiente: *un site classé* un sito, un ambiente sottoposto a vincolo; *la protection des sites* la difesa del paesaggio, dell'ambiente **2** [*configuration du lieu, du terrain où s'élève une ville, manière dont elle est située*] sito, zona (*f.*): *site archéologique* zona archeologica **3** (*artill., techn.*) (*angle de*) *site* angolo di sito; *ligne de site* linea di sito.
sit-in |sitin| *s.m. inv.* (*angl.*) sit-in.
sitiomanie |sitjɔmani| *s.f.* (*psychopathologie*) sitomania.
sitiophobie |sitjɔfɔbi| *s.f.* (*psychopathologie*) sitofobia.
sitogoniomètre |sitɔgɔnjɔmɛtʀ(ə)| *s.m.* (*techn.*) goniometro (per la misurazione di angoli di sito).
sitologie |sitɔlɔʒi| *s.f.* sitologia*.
sitologue |sitɔlɔg| *s.* esperto in sitologia, sitologo*.
sitostérol |sitɔsteʀɔl| *s.m.* (*biol.*) sitosterolo.
sitôt |sito| *adv.* **1** (*littér.*) → **aussitôt** **2** (*loc.*) *sitôt après* subito dopo ~ *sitôt entré, il se coucha* appena entrato, si mise a letto ~ *pas de sitôt* non così presto, non tanto presto ~ *sitôt dit, sitôt fait* detto fatto **3** (*loc. conj.*) *sitôt que* (+ *ind.*) [*aussitôt que*] (non) appena (+ *ind.*) → **dès (que)**.
sittelle, sittèle |sitɛl| *s.f.* (*t.zool.*) sitta.
situation |sitɥasjɔ̃| *s.f.* **1** [*emplacement d'un édifice, d'une ville*] ubicazione: *situation d'une maison exposée à l'est, au sud* ubicazione di una casa esposta a levante, a mezzogiorno **2** [*ensemble des circonstances dans lesquelles une personne se trouve*] situazione: *situation délicate, désespérée* situazione delicata, disperata; *être dans une triste situation* essere in una triste situazione; *renverser la situation* rovesciare la situazione ◇ (*admin.*) *situation de famille* stato *m.* di famiglia ◇ (*fam.*) *elle est dans une situation intéressante* è in stato interessante **3** [*emploi, poste rémunérateur régulier et stable*] sistemazione, posto (*m.*): *se faire une situation* trovare una sistemazione, un impiego (*m.*); *perdre sa situation* perdere il posto **4** (*loc.*) *être en situation de* (+ *inf.*) [*capable de, en mesure de*] essere in grado di (+ *inf.*) **5** [*ensemble des circonstances dans lesquelles un pays, une collectivité se trouve*] situazione: *situation politique* situazione politica; *situation de fait* situazione, stato di fatto **6** (*fin.*) situazione: *situation financière* situazione finanziaria.
situationnisme |sitɥasjɔnism(ə)| *s.m* [*mouvement étudiant dirigé contre les structures existantes et les gens en place*] ⊠.
situationniste |sitɥasjɔnist(ə)| *adj. et s.* [*du situationnisme*] ⊠.
situé, ée |sitɥe| *adj.* [*placé (de telle façon)*] situato, ubicato: *sa maison est bien, mal située* la casa è ben, mal situata, ubicata # *situé au midi* esposto a mezzogiorno → **sis.**
situer |sitɥe| *v.tr.* **1** [*placer par la pensée en un lieu*] collocare, ambientare: *le romancier a situé cette scène à Lyon* il romanziere ha ambientato questa scena a Lione **2** [*mettre effectivement ou par la pensée à une certaine place dans un ensemble, une hiérarchie*] collocare: *situer un événement à telle époque* collocare, inquadrare un avvenimento in una certa epoca ◇ (*fam.*) *on ne le situe pas bien* [*on ne voit pas quelle sorte d'homme c'est*] non si riesce a inquadrarlo bene.
sium |sjɔm| *s.m.* (*t.bot.*) sium *inv.*
six |sis| **I** *adj. numér. inv.* **1** *cardinal* sei: *il a six ans* ha sei anni ◇ (*cyclisme*) *les six jours* la seigiorni *s.f. inv.* ♦ *s.m. pl.* (*polit.*) *l'Europe des Six, les Six* l'Europa dei Sei, i Sei **2** *ordinal* [*sixième*] sesto; sei: *Charles six (VI)* Carlo sesto (VI) ‖ *page six* pagina sei; *le six décembre* il sei dicembre; *il est six heures* sono le sei **II** *s.m. inv.* [*le nombre 6*] sei: *deux fois trois font six* due per tre (fa) sei ◇ [*carte, face de dé, de domino présentant six marques*] *un six de cœur* un sei di cuori ◇ [*le sixième jour du mois*] *sa lettre est du six* la sua lettera è del sei.
six-huit |sisɥit| *s.m. inv.* (*mus.*) sei ottavi.
sixième |sizjɛm| *adj. numér. ordinal* sesto: *la sixième partie du total* la sesta parte del totale ♦ (*s.m.*) *le sixième d'une longueur* il sesto, la sesta parte *f.* di una lunghezza; *cinq sixièmes* cinque sesti.
sixièmement |sizjɛmmɑ̃| *adv.* in sesto luogo *loc.*, sesto → **sexto.**
six-quatre-deux (à la) |alasiskatdø| *loc. adv.* (*fam.*) [*avec précipitation, à la hâte; sans soin, sans recherche*] in quattro e quattr'otto; alla carlona, alla bell'e meglio.
sixte |sikst(ə)| *s.f.* (*escrime, mus.*) sesta.
sizain |sizɛ̃| *s.m.* **1** (*hist. litt.*) sestina *f.* **2** (*jeu*) pacco* di sei mazzi di carte.
sizerin |sizʀɛ̃| *s.m.* (*t.zool.*) organetto.
skaï |skaj| *s.m.* (*nom déposé*) skai *inv.*
skating |skɛtiŋ| *s.m.* (*angl.*) pattinaggio* a rotelle, schettinaggio* (*vieilli*) ◇ (*par ext.*) pista *f.* di pattinaggio (a rotelle).
sketch |skɛtʃ| *s.m.* (*angl.*) scenetta *f.*, sketch *inv.*
ski |ski| *s.m.* sci (*inv.*): *moniteur de ski* maestro di sci; *bâtons de ski* racchette da sci; *épreuves de ski* gare di sci, sciistiche (*adj.*); *chausser, mettre ses skis* mettere gli sci; *farter ses skis* sciolinare gli sci; *faire du ski* fare dello sci, sciare; *aller quelque part en skis, à skis* andare in un posto in sci, con gli sci ◇ (*par anal.*) *ski nautique* sci nautico, sci d'acqua.
skiable |skjabl(ə)| *adj.* [→ SKIER] sciabile: *piste, neige skiable* pista, neve sciabile.
skiascopie |skjaskɔpi| *s.f.* (*méd.*) schiascopia.
ski-bob |skibɔb| *s.m.* (*angl.*) skibob *inv.*
skier |skje| *v.intr.* [*aller en skis, faire du ski*] sciare.
skieur, skieuse |skjœʀ, skjøz| *s.* sciatore*.
skif(f) |skif| *s.m.* (*angl.*) skiff *inv.* singolo.
ski-lift |skilift| *s.m.* (*angl.*) sciovia *f.*, skilift *inv.* → **remonte-pente** (*t. recomm.*).

skipper |skipəʀ| *s.m.* (*angl.*) skipper *inv.*
skun(k)s |skɔ̃s| *s.m.* → **sconse.**
slalom |slalɔm| *s.m.* (*norv.*) (*ski*) slalom (*inv.*): *course de slalom, descente en slalom* gara di slalom; *slalom géant, le géant* slalom gigante, il gigante; *slalom spécial, le spécial* slalom speciale, lo speciale; *slalom parallèle* slalom parallelo.
slalomeur, euse |slalɔmœʀ, øz| *s.* [*skieur, skieuse qui pratique le slalom*] slalomista.
slang |slɑ̃g| *s.m.* (*angl.*) slang *inv.*
slave |slav| *adj.* slavo: *peuples slaves* popoli slavi; *langues slaves* lingue slave ✦ *s.* (*hist.*) *les Slaves* gli Slavi.
slavisant, ante |slavizɑ̃, ɑ̃t| **1** *s.* slavista → **slaviste** **2** *adj.* che ha caratteristiche slave *loc.*
slaviser |slavize| *v.tr.* [*rendre slave* (*en imposant une langue slave, une civilisation slave*)] slavizzare.
slavisme |slavism(ə)| *s.m.* slavismo.
slaviste |slavist(ə)| *s.* slavista → **slavisant.**
slavistique |slavistik| *s.f.* (*ling.*) slavistica*.
slavon |slavɔ̃| *s.m.* (*ling.*) slavone.
slavophile |slavɔfil| *s.* slavofilo.
sleeping |slipiŋ| *s.m.* (*angl.*) (*vieilli*) → **wagon-lit.**
slip |slip| *s.m.* (*angl.*) **I** slip (*inv.*): *slip de bain* slip, calzoncini da bagno **II** (*mar.*) scivolo.
slogan |slɔgɑ̃| *s.m.* (*angl.*) slogan (*inv.*): *slogan publicitaire* slogan pubblicitario; *lancer, répéter un slogan* lanciare, ripetere uno slogan.
sloop |slup| *s.m.* (*mar.*) sloop *inv.*
sloughi |slugi| *s.m.* (*t.zool.*) levriero africano.
slovaque |slɔvak| *adj.* [*de Slovaquie*] slovacco*: *les parlers slovaques* le parlate slovacche.
slovène |slɔvɛn| **1** *adj.* [*de Slovénie*] sloveno **2** (*s.m.*) *le slovène* [*langue slave*] lo sloveno.
slow |slo| *s.m.* (*angl.*) (*danse*) slow *inv.*
smala |smala| *s.f.* **1** attendamento *m.*, famiglia di un capo arabo **2** (*fam.*) [*famille ou suite nombreuse qui vit aux côtés de qqn.*] tribù (*inv.*): *toute la smala est ici depuis deux jours* tutta la tribù è qui da due giorni.
smalt |smalt| *s.m.* (*techn.*) (*bleu de*) *smalt* vetro azzurro.
smaltine |smaltin| *s.f.* (*minér.*) smaltina.
smaltite |smaltit| *s.f.* (*minér.*) smaltite.
smaragdin, ine |smaʀagdɛ̃, in| *adj.* (color) verde smeraldo *inv.*
smaragdite |smaʀagdit| *s.f.* (*minér.*) smaragdite.
smart |smaʀt| *adj. inv.* (*angl.*) (*vieilli, fam.*) → **élégant, chic.**
smash |smaʃ| *s.m.* (*angl.*) (*tennis, ping-pong, volley-ball*) schiacciata *f.*, smash *inv.*
smasher |smaʃe| *v.intr.* (*angl.*) [*faire un smash*] schiacciare, fare (103) *tr.* una schiacciata.
smectique |smɛktik| *adj.* (*techn.*) smettico*: *argile smectique* argilla smettica, terra di follone.
smérinthe |smeʀɛ̃t(ə)| *s.m.* (*t.zool.*) smerinto.
smicard, arde |smikaʀ, aʀd(ə)| *s.* (*fam.*) [*celui, celle qui est au S.M.I.C., qui ne touche que le salaire minimum; salarié de la catégorie la plus défavorisée*] ⊠.
smigard, arde |smigɑʀ, ɑʀd(ə)| *s.* (*fam., ancienn.*) [*celui, celle qui touchait le S.M.I.G., le salaire minimum*] ⊠.
smilax |smilaks| *s.m.* → **salsepareille.**
smillage |smijaʒ| *s.m.* (*techn.*) sbozzatura *f.*, sgrossatura *f.* (di una pietra con la martellina).
smille |smij| *s.f.* (*techn.*) martellina.
smithsonite |smitsɔnit| *s.f.* (*minér.*) smithsonite.
smocks |smɔk| *s.m. pl.* (*cout.*) increspature *f.*, arricciature *f.*
smog |smɔg| *s.m.* (*angl.*) smog *inv.*
smoking |smɔkiŋ| *s.m.* (*angl.*) smoking *inv.*
smolt |smɔlt| *s.m.* (*angl.*) piccolo salmone.
smorzando |smɔʀts(dz)ɑ̃do| *adv.* (*mus.*) smorzando.
smyrnéen, éenne |smiʀneɛ̃, eɛn|, **smyrniote** |smiʀnjɔt| *adj.* [*de Smyrne*] smirniota.
snack(-bar) |snak(baʀ)| *s.m.* (*angl.*) tavola *f.* calda, snack(-bar) (*inv.*): *des snack-bars* delle tavole calde, degli snack-bar.
snif(f) |snif| (*onomat., désignant 'un bruit de reniflement', souvent répété*) snif.
snob |snɔb| *s. et adj.* (*angl.*) snob *inv.*
snober |snɔbe| *v.tr.* [*traiter* (*qqn.*) *de haut, le mépriser* (*comme fait le snob*)] snobbare.
snobinard, arde |snɔbinaʀ, aʀd(ə)| *adj.* (*fam., péj.*) [*un peu snob*] snobistico* ✦ (*s.*) *un snobinard* [*petit, petite snob*] uno snob *inv.*, uno snobista.
snobisme |snɔbism(ə)| *s.m.* snobismo.
snow-boot |snobut| *s.m.* (*angl.*) (*vieilli*) soprascarpa *f.* da neve, caloscia* *f.*
sobre |sɔbʀ(ə)| *adj.* **1** sobrio*, parco* ◇ (*fam.*) *il est sobre comme un chameau* è molto sobrio **2** (*littér.*) [*mesuré, modéré*] parco: *sobre en paroles, de gestes* parco di parole, di gesti ◇ (*par anal.*) [*qui manifeste de la mesure, de la simplicité*] sobrio: *vêtement de coupe sobre* vestito dal taglio sobrio; *art, style sobre* arte sobria, stile sobrio.
sobrement |sɔbʀəmɑ̃| *adv.* **1** [*avec modération, tempérance*] sobriamente, parcamente: *boire sobrement* bere sobriamente **2** (*littér.*) [*avec mesure, retenue*] sobriamente (*cour.*), con sobrietà (*loc. inv.*): *parler sobrement* parlare sobriamente, con sobrietà.
sobriété |sɔbʀijete| *s.f.* **1** sobrietà *inv.* **2** (*littér.*) [*modération, réserve* (*en une activité quelconque*)] sobrietà, misura: *sobriété de la tenue* sobrietà di contegno → **mesure.**
sobriquet |sɔbʀikɛ| *s.m.* [*surnom fam., souvent moqueur*] soprannome, nomignolo.
soc |sɔk| *s.m.* (*agric.*) vomere.
sociabilité |sɔsjabilite| *s.f.* **1** (*littér., sociol.*) socievolezza, sociabilità *inv.* **2** [*caractère d'une personne sociable, de commerce facile*] socievolezza → **amabilité, civilité.**
sociable |sɔsjabl(ə)| *adj.* **1** (*littér.*) socievole, sociabile (*rare*): *l'homme est un animal sociable* l'uomo è un animale socievole **2** [*qui est capable de relations humaines aimables, recherche la compagnie*] socievole: *caractère sociable* carattere socievole → **aimable.**
social, ale, aux |sɔsjal, o| *adj.* **I** **1** sociale: *vie sociale* vita sociale; *rapports sociaux* rapporti sociali; *l'édifice social* l'edificio sociale; *faits, phénomènes sociaux* fatti, fenomeni sociali **2** (*en parlant de la répartition des individus dans la société*) sociale: *classes sociales* classi sociali; *milieu social* ambiente, condizione sociale; *injustices sociales* ingiustizie sociali # *fonctions d'utilité sociale* funzioni di pubblica utilità **3** [*relatif aux rapports entre les classes de la société*] sociale: *révolution sociale* rivoluzione sociale; *conflits sociaux* conflitti sociali; *politique sociale* politica sociale ◇ (*en parlant d'institutions*) *assurances sociales* assicurazioni sociali; *sécurité sociale* previdenza, sicurezza sociale; *charges sociales, de la sécurité sociale* oneri sociali, previdenziali **II** [*relatif à la vie mondaine, aux relations dans la société*] sociale: *conventions sociales* convenzioni sociali **III** [*relatif à une association de personnes ayant un but, des intérêts communs*] sociale: *raison sociale* ragione sociale; *capital, siège social* capitale, sede sociale ⓒ I 1 **individuel.**
social-démocrate |sɔsjaldemɔkʀat| *adj.* (*polit.*) socialdemocratico* ✦ (*s.*) *les sociaux-démocrates* i socialdemocratici.
social-démocratie |sɔsjaldemɔkʀasi| *s.f.* (*polit.*) socialdemocrazia.
socialement |sɔsjalmɑ̃| *adv.* [*quant aux rapports humains dans la société, aux rapports entre classes sociales*] socialmente: *groupes socialement différenciés* gruppi socialmente differenziati.
socialisant, ante |sɔsjalizɑ̃, ɑ̃t| *adj. et s.* [*qui a des tendances socialistes*] socialisteggiante: *fraction socialisante* ala socialisteggiante.
socialisation |sɔsjalizɑsjɔ̃| *s.f.* socializzazione.
socialiser |sɔsjalize| *v.tr.* **1** [*gagner au socialisme*] rendere (105) socialista, acquisire (197) al socialismo ✦ (*au p.p.*) *pays socialisés* paesi (diventati) socialisti **2** (*vx.*) [*susciter ou développer les rapports sociaux entre des hommes*] socializzare **3** [*gérer ou diriger au nom de la société entière*] socializzare: *socialiser la propriété* socializzare la proprietà.
socialisme |sɔsjalism(ə)| *s.m.* (*polit.*) socialismo: *socialisme ouvrier, prolétarien* socialismo operaio, proletario.
socialiste |sɔsjalist(ə)| **1** *adj.* socialista, socialistico*: *doctrine, politique socialiste* dottrina, politica socialista; *député socialiste* deputato socialista **2** (*s.*) *un socialiste* un socialista.
socialité |sɔsjalite| *s.f.* socialità *var.*
sociatrie |sɔsjatʀi| *s.f.* sociatria.
sociétaire |sɔsjetɛʀ| **1** (*adj.*) *membre sociétaire* [*d'une société d'acteurs*] socio* *s.* ✦ (*s.*) *sociétaire de la Comédie-Française* socio, 'sociétaire' *inv.* della 'Comédie-Française' **2** *s.* (*en parlant d'autres sociétés, d'associations*) [*associé*] socio.
sociétariat |sɔsjetaʀja| *s.m.* qualità *f. inv.* di socio (di una cooperativa di attori e, specialmente, della 'Comédie-Française').
société |sɔsjete| *s.f.* **I** **1** [*relations mondaines, vie sociale*] società (*inv.*):

aimer la société amare la società, il bel mondo; *être introduit, reçu dans la société* essere introdotto, ricevuto in società ◇ (*spécialt.*) *la haute société* l'alta società ◇ *loc.* DE SOCIÉTÉ di società: *jeux de société* giochi di società **2** [*relations habituelles avec une ou plusieurs personnes*] compagnia: *rechercher la société des femmes* cercare la compagnia delle donne ◇ (*loc.*) *en société, dans la société de qqn.* → **compagnie (en)** **II 1** [*état particulier à certains êtres, qui vivent en groupes*] società: *vivre en société* vivere in società → **communauté** **2** [*ensemble des individus entre lesquels existent des rapports durables et organisés*] società: *les sociétés primitives* le società primitive; *société politique* società politica; *société de consommation* società dei consumi → **communauté** **III 1** [*compagnie ou association religieuse*] compagnia: *la Société de Jésus* la Compagnia di Gesù → **congrégation** **2** [*organisation fondée pour un travail commun ou une action commune*] società: *société sportive* società sportiva → **club**; *société secrète* società segreta **3** (*dr.*) società: *société de fait* società di fatto; *société coopérative* società cooperativa; *société de crédit* società di credito; *société d'assurance* società assicurativa ◇ (*spécialt.*) *société* (*commerciale*) società (commerciale); *société en nom collectif* società in nome collettivo; *société en commandite simple* società in accomandita semplice; *société par actions* società per azioni; *société anonyme* società anonima; *société à responsabilité limitée* (*S.A.R.L.*) società a responsabilità limitata (S.R.L.); *société financière, industrielle, immobilière* società finanziaria, industriale, immobiliare **4** (*dr. internat.*) *la Société des Nations* (*S.D.N.*) la Società delle Nazioni → **organisation.**

socinianisme |sɔsinjanism(ə)| *s.m.* (*relig.*) socinianesimo, socinianismo.

socinien, ienne |sɔsinjɛ̃, jɛn| *adj. et s.* (*relig.*) sociniano.

socio- |sɔsjɔ| *préf.* (*signifiant 'social, société', correspond généralt. à*) socio: *socioculturel* socioculturale; *sociolinguistique* sociolinguistica.

socio(-)culturel, elle |sɔsjɔkyltyʀɛl| *adj.* socioculturale.

sociodrame |sɔsjɔdʀam| *s.m.* (*psycho.*) sociodramma.

socio-économique |sɔsjɔekɔnɔmik| *adj.* socioeconomico*.

sociogramme |sɔsjɔgʀam| *s.m.* sociogramma.

sociolinguistique |sɔsjɔlɛ̃gɥistik| *s.f.* sociolinguistica* ✦ *adj.* sociolinguistico*: *étude sociolinguistique* studio sociolinguistico.

sociologie |sɔsjɔlɔʒi| *s.f.* sociologia*: *sociologie économique, politique* sociologia economica, politica; *sociologie de l'art, du langage* sociologia dell'arte, del linguaggio ◇ (*par ext.*) *sociologie animale* sociologia animale.

sociologique |sɔsjɔlɔʒik| *adj.* sociologico*: *enquête, statistique sociologique* indagine, statistica sociologica.

sociologiquement |sɔsjɔlɔʒikmɑ̃| *adv.* [*du point de vue de la sociol.*] sociologicamente.

sociologisme |sɔsjɔlɔʒism(ə)| *s.m.* sociologismo.

sociologue |sɔsjɔlɔg| *s.* sociologo* ◇ (*fam.*) studente* di sociologia (*cour.*).

sociométrie |sɔsjɔmetʀi| *s.f.* sociometria.

sociométrique |sɔsjɔmetʀik| *adj.* sociometrico*.

socio(-)professionnel, elle |sɔsjɔpʀɔfɛsjɔnɛl| *adj.* socioprofessionale: *catégories socioprofessionnelles* categorie socioprofessionali.

sociothérapie |sɔsjɔteʀapi| *s.f.* socioterapia.

socle |sɔkl(ə)| *s.m.* **1** [*base sur laquelle repose un édifice, une colonne*] zoccolo **2** (*géogr., géol.*) zoccolo: *socle continental* zoccolo continentale.

socque |sɔk| *s.m.* (*antiq. rom.*) socco* ◇ (*par métonymie, littér.*) [*symb. du genre comique*] il socco; il genere comico*, la commedia *f.* ◇ [*chaussure sans quartier, généralt. à semelle de bois*] zoccolo → **sabot.**

socquette |sɔkɛt| *s.f.* [*chaussette arrivant au-dessus de la cheville*] calzino (*m.*): *socquette de laine, de nylon* calzino di lana, di nailon.

socratique |sɔkʀatik| *adj.* socratico*.

soda |sɔda| *s.m.* (*angl.*) soda *f.*

sodé, ée |sɔde| *adj.* (*chim.*) contenente soda, sodio.

sodique |sɔdik| *adj.* (*chim.*) sodico*.

sodium |sɔdjɔm| *s.m.* (*chim.*) sodio*.

sodoku |sɔdɔky| *s.m.* (*jap.*) (*méd.*) sodoku *inv.*

sodomie |sɔdɔmi| *s.f.* sodomia → **pédérastie.**

sodomique |sɔdɔmik| *adj.* sodomitico*.

sodomite |sɔdɔmit| *s.m.* sodomita → **pédéraste.**

sœur |sœʀ| *s.f.* **1** sorella: *sœur germaine, consanguine, utérine* sorella germana, consanguinea, uterina; *sœur aînée, grande sœur* sorella maggiore, grande; *sœur cadette, puînée* sorella minore, piccola; *sœur de lait* sorella di latte # *les sœurs filandières* le tre Parche ◇ (*loc. pop.*) *et ta sœur?* (*se dit iron. pour inviter qqn. à se mêler de ce qui le regarde*) son cavoli tuoi?, e a te (che ti frega)? **2** [*nom qu'on donne à une personne pour laquelle on a la tendresse que peut inspirer une sœur*] sorella **3** (*choses*) (*se dit de choses qui sont apparentées*) sorella: *la grossièreté est sœur de l'ignorance* la volgarità è sorella dell'ignoranza ✦ (*appos.*) *âme sœur* anima gemella **4** [*titre donné aux religieuses dans la plupart des ordres ou des communautés*] suora, sorella: *sœur Thérèse* suor, sorella Teresa; *Sœurs de la Charité* Sorelle della Carità, Suore di Carità.

sœurette |sœʀɛt| *s.f.* (*t. d'affection envers une petite sœur*) sorellina.

sofa |sɔfa| *s.m.* sofà *inv.*, divano.

soffite |sɔfit| *s.m.* (*archit.*) soffitto (a cassettoni).

software |sɔftwɛʀ, sɔftwaʀ| *s.m.* (*amér.*) software *inv.* → **logiciel** (*t. recomm.*).

soi |swa| *pron. pers.* **I 1** (*indéterminé*) sé: *conscience de soi* coscienza di sé; *confiance en soi* fiducia in sé (stesso); *revenir à soi* tornare in sé # *prendre sur soi* assumersi la responsabilità, l'incarico di ◇ (*loc.*) *à part soi* tra sé e sé **2** (*déterminé*) sé: *il regardait droit devant soi* guardava dritto davanti a sé; *une femme sûre de soi* una donna sicura di sé → **lui, elle, eux** # *il fait bon rentrer chez soi* è bello tornare a casa (propria) **3** (*philo.*) sé **II** (*choses*) sé: *la chose n'est pas mauvaise en soi* la cosa non è cattiva in sé ◇ (*loc.*) *cela va de soi* (questo) va da sé ◇ (*philo.*) *en soi* in sé **III** SOI-MÊME sé (stesso): *ici, on fait tout soi-même* qui si fa tutto da sé; *aimer son prochain comme soi-même* amare il prossimo come sé stesso ◇ (*prov.*) *on n'est jamais si bien servi que par soi-même* chi fa da sé fa per tre **IV** *s.m. inv.* **1** [*la personnalité, le moi du sujet*] sé **2** *un autre soi-même* [*un ami intime*] un alter ego → **alter ego.**

soi-disant |swadizɑ̃| *adj. inv.* **1** [*qui dit, qui prétend être telle ou telle chose*] sedicente *var.*, cosiddetto (*var.*): *les soi-disant fanatiques* i sedicenti, i cosiddetti fanatici; *la soi-disant comtesse* la sedicente, la cosiddetta contessa **2** (*emploi critiqué*) [*prétendu, présumé*] cosiddetto, preteso (*var.*): *la soi-disant liberté est une illusion* la cosiddetta, pretesa libertà è un'illusione **3** *loc. adv.* per modo di dire, con la scusa di: *il est venu à Paris, soi-disant pour affaires* è venuto a Parigi con la scusa degli affari, per modo di dire per affari; *soi-disant qu'il serait trop jeune pour avoir une femme* per modo di dire, sarebbe troppo giovane per avere una moglie.

1 **soie** |swa| *s.f.* **I 1** seta: *soie grège* (*brute*), *crue* (*écrue*) seta greggia, cruda; *soie artificielle* seta artificiale; *soie végétale* seta vegetale; *déchets de soie* cascami di seta; *étoffes, tissus de soie* stoffe, tessuti di seta; *bas de soie* calze di seta **2** *papier de soie* carta seta **II** [*poil long et rude de certains animaux* (*porc, sanglier*)] setola: *brosse, pinceau en soie de sanglier* spazzola, pennello in setole di cinghiale.

2 **soie** |swa| *s.f.* [*prolongement en pointe de la lame* (*d'un couteau, d'une épée. etc.*)] codolo *m.*

soierie |swaʀi| *s.f.* **1** (tessuto *m.* di) seta **2** *la soierie* [*l'industrie et le comm. de la soie*] la seteria: *être dans la soierie* produrre seterie; commerciare in seterie.

soif |swaf| *s.f.* **1** sete: *avoir soif, très soif* avere sete, molta sete; *souffrir de la soif* soffrire la sete; *mourir de soif* morire di sete; *étancher sa soif* spegnere, appagare la sete ◇ (*fig.*) *jusqu'à plus soif* (fino) a sazietà; *rester sur sa soif*: (*pr.*) tenersi la sete; (*fig.*) restare a bocca asciutta ◇ (*loc. prov.*) *garder une poire pour la soif* tenere da parte q.c. per ogni evenienza, per una necessità imprevista **2** [*désir passionné et impatient*] sete: *soif de l'or* sete dell'oro; *avoir soif de vengeance* aver sete di vendetta.

soiffard, arde |swafaʀ, aʀd(ə)| *adj. et s.* (*pop.*) [*qui est toujours prêt à boire, qui boit exagérément* (*du vin, de l'alcool*)] beone (*cour.*), ubriacone (*cour.*) → **ivrogne.**

soigné, ée |swaɲe| *adj.* **1** [*dont on a pris soin; qui prend soin de sa personne*] curato: *mains soignées* mani curate, in ordine → **net, 2 propre** # *elle est très soignée de sa personne* ha molta cura della propria persona **2** [*fait avec soin*] curato, accurato: *travail soigné* lavoro curato, accurato; *cuisine soignée* cucina curata, scelta **3** (*fam., iron.*) [*fort, excessif*] *un rhume soigné* un solenne raffreddore, un raffreddore coi fiocchi; *une note salée, qqch. de soigné !* un conto salato, proprio coi fiocchi!

soigner |swaɲe| *v.tr.* **1** [*s'occuper du bien-être et du contentement de* (*qqn.*), *du bon état de qqch.*] curare, avere (97) cura di: *une maison qui soigne sa clientèle* una ditta che cura la (propria) clientela; *soigner des fleurs* curare i fiori, aver cura dei fiori; *soigner ses outils, ses livres* aver cura dei propri attrezzi, dei propri libri ◇ (*fam.*) *soigner qqn. aux petits oignons* conciare qc. per le feste ♦ (*pron. réfl.*) *il devrait se soigner davantage* dovrebbe curarsi di più, aver più cura di sé **2** [*apporter du soin à* (*ce qu'on fait*)] curare: *soigner un travail* curare un lavoro; *soigner sa mise* curarsi nel vestire; *soigner les détails* curare i dettagli → **fignoler** **3** [*s'occuper de rétablir la santé de* (*qqn.*)] curare: *soigner des malades, des blessés* curare gli ammalati, i feriti ◇ (*loc. fig., fam.*) *il faut te faire soigner !* [*tu es fou !*] devi farti curare, ricoverare! ◇ [*s'occuper de guérir un mal*] *soigner son rhume* curarsi il raffreddore ◇ (*fam.*) *il faut soigner ça, ça se soigne !* (*en parlant d'un comportement fâcheux, anormal*) bisogna starci attenti! **C** 1 **maltraiter.**

soigneur |swaɲœʀ| *s.m.* [*celui qui est chargé de soigner un athlète, un sportif*] massaggiatore → **masseur.**

soigneusement |swaɲøzmɑ̃| *adv.* [*d'une façon soigneuse, avec soin*] accuratamente.

soigneux, euse |swaɲø, øz| *adj.* **1** (*d'une action, d'un travail*) [*qui est fait avec soin, avec méthode*] accurato: *un travail peu soigneux* un lavoro poco accurato; *des recherches soigneuses* accurate ricerche → **soigné** **2** [*qui soigne son ouvrage*] ordinato: *servante soigneuse et fidèle* domestica ordinata e fedele; *avoir l'air propre et soigneux* avere un aspetto pulito e ordinato.

soin |swɛ̃| *s.m.* **I** **1** (*littér.*) [*pensée qui occupe l'esprit, relative à un objet auquel on s'intéresse*] preoccupazione *f.* (*cour.*), cura (*f.*): *son premier soin a été de...* la sua prima preoccupazione è stata quella di... ◇ *loc.* AVOIR, PRENDRE (LE) SOIN DE (+ *inf.*) aver cura, preoccuparsi di (+ *inf.*): *il faut prendre soin d'arroser les fleurs* bisogna aver cura di, pensare ad annaffiare i fiori; *j'avais pris le soin de l'avertir* avevo avuto cura, mi ero preoccupato di avvertirlo → **songer, veiller (à)** ◇ (*par ext.*) [*occupation, travail dont on est chargé*] *on lui confia le soin de la maison, de l'affaire* gli affidarono la cura della ditta, dell'azienda **2** (*loc.*) *avoir, prendre soin de* (*qqn., qqch.*) [*s'occuper du bien-être de* (*qqn.*), *du bon état de* (*qqch.*)] avere, prendersi cura di (qc., q.c.) ~ *ne pas prendre soin de qqch.* non curare, trascurare q.c. **3** LE SOIN [*manière appliquée, exacte, scrupuleuse* (*de faire qqch.*)] cura: *le soin qu'il met à...* la cura che ci mette nel...; *laver des taches avec soin* lavar via con cura delle macchie; *elle est habillée avec soin* è vestita con cura **II** *au plur.* LES SOINS **1** [*actes par lesquels on veille au bien-être de qqn., au bon état de qqch.*] cure, cura *sing.*, attenzioni (*f.*): *l'enfant a besoin des soins d'une mère* il bambino ha bisogno delle cure, delle attenzioni di una madre; *les soins du ménage, les soins domestiques* la cura della casa; *soins de beauté* cure di bellezza # *aux bons soins* (*a.b.s.*) *de Monsieur X* per il tramite, a mezzo del signor X; presso il Signor X ◇ (*loc.*) *être aux petits soins pour qqn.* essere pieno di premure, di attenzioni per, con qc. **2** [*actions par lesquelles on conserve ou on rétablit la santé*] cure (cura): *soins médicaux, dentaires* cure mediche, dentistiche; assistenza medica, dentistica → **traitement** ◇ (*loc.*) *premiers soins donnés à un blessé* pronto soccorso prestato a un ferito → **secours** ~ *recevoir des soins dans un hôpital* essere curato, ricoverato in ospedale; essere in cura in ospedale.

soir |swaʀ| *s.m.* **1** [*déclin et fin du jour*] sera (*f.*): *repas, salut du soir* pasto, saluto serale; *chaque soir, tous les soirs* ogni sera, tutte le sere; *du matin au soir* dalla mattina alla sera, da mane a sera (*littér.*); *le soir descend, tombe* scende, cala la sera **2** [*les dernières heures du jour et les premières de la nuit*] sera: *sortir le soir* uscire di sera, la sera; *la presse du soir* la stampa della sera → **soirée** ◇ (*loc.*) *hier soir* ieri sera ~ *la veille au soir* la sera prima ~ *le dimanche soir* (la, di) domenica sera ~ *à demain soir, à ce soir* a domani sera, a questa sera (a stasera) ~ *tous les samedis soir(s)* tutti i sabato sera, ogni sabato sera ~ *sur le soir* verso sera, sul far della sera ◇ [*temps qui va de 4 ou 5 heures à minuit*] *six heures du soir* le sei di sera; *robe du soir* abito da sera **3** (*fig., littér.*) *le soir de la vie* la sera, il tramonto della vita.

soirée |swaʀe| *s.f.* **1** [*temps compris entre le déclin du jour et le moment où l'on s'endort*] serata, sera: *les soirées d'hiver* le serate, le sere d'inverno; *toute la soirée* tutta la serata, la sera; *passer ses soirées à lire* passare le serate a leggere **2** [*réunion mondaine ou intellectuelle qui a lieu le soir, après le repas du soir*] serata, ricevimento (*m.*): *donner une soirée dansante* dare una serata, un ricevimento danzante → **fête, réception** ◇ (*iron.*) *charmante soirée !* (che) bella serata! ◇ (*loc.*) *la tenue de soirée est de rigueur* è di rigore l'abito da sera ◇ [*séance de spectacle qui se donne le soir*] spettacolo *m.* serale: *projeter un film en soirée* proiettare un film nello spettacolo serale.

soit |swa| **I** *conj.* **1** SOIT... SOIT... (*marquant l'alternative*) (o)... o, oppure: *soit l'un, soit l'autre* (o) l'uno o, oppure l'altro; *soit en bien, soit en mal* in bene o in male; *soit avant, soit après* (o) prima o dopo ◇ (*loc.*) *soit que... soit que...* (+ *subj.*) che... o, oppure che... (+ *subj.*) ~ *soit que... ou non* che... o no (o meno), oppure no **2** SOIT [*étant donné*] sia (siano) ◇ [*à savoir, c'est-à-dire*] cioè, ossia: *dix pages, soit une dizaine de pages* dieci pagine, cioè, o meglio una decina di pagine **II** *adv. d'affirmation* SOIT |swat| [*admettons*] e sia *loc. inv.*, e va bene (*loc. inv.*): *soit !, et après?* e sia!, ammettiamo!, e allora?

soit-communiqué |swakɔmynike| *s.m.* (*dr. pén.*) *ordonnance de soit-communiqué* ordinanza di chiusura *f.* dell'istruzione.

soixantaine |swasɑ̃tɛn| *s.f.* sessantina: *une soixantaine de personnes, de jours* una sessantina di persone, di giorni; *approcher de la soixantaine, friser la soixantaine* avvicinarsi alla sessantina, sfiorare la sessantina.

soixante |swasɑ̃t| **1** *adj. numér. cardinal inv.* sessanta: *soixante ans* sessant'anni; *soixante et un, soixante-deux* sessantuno, sessantadue # *soixante-dix* settanta; *soixante-quinze* settantacinque ◇ (*ordinal*) *page soixante* pagina sessanta ◇ (*ellipt.*) *la guerre de soixante-dix* la guerra del settanta ('70) **2** *s.m. inv.* [*le nombre 60*] sessanta.

soixantième |swasɑ̃tjɛm| **1** *adj. numér. ordinal* sessantesimo: *dans sa soixantième année* nel suo sessantesimo anno ♦ (*s.m.*) *il est le soixantième de la liste* è il sessantesimo della lista **2** (*s.m.*) *un soixantième* un sessantesimo.

soja |sɔʒa| *s.m.* (*t.bot.*) soia *f.*

1 **sol** |sɔl| *s.m.* → **sou.**

2 **sol** |sɔl| *s.m.* **1** suolo, terra (*f.*): *posé au sol, à même le sol* posato sul suolo, a terra, direttamente sul suolo, sulla nuda terra; *un avion qui rase le sol* un aereo che sfiora il suolo; *essai au sol* prova a terra → **terre** # *ondulation du sol* ondulazione del terreno; *sol qui s'effondre* terreno che sprofonda ◇ (*loc. adj.*) *sol-sol, sol-air* (*se dit d'un engin, d'une fusée ou d'un missile*) terra-terra, terra-aria ◇ LE SOL (*considéré comme objet de propriété*) suolo, terra: *l'attachement au sol natal* l'attaccamento al suolo natio, alla terra natia **2** (*géol.*) terreno, suolo: *constituants des sols* costituenti dei terreni, dei suoli ◇ (*agric.*) terreno: *pauvreté, appauvrissement, richesse du sol* povertà, impoverimento, ricchezza del terreno; *culture, exploitation du sol* coltivazione, sfruttamento del terreno.

3 **sol** |sɔl| *s.m. inv.* (*mus.*) sol: *sol dièse* sol diesis; *clef de sol* chiave di sol; *concerto en sol majeur* concerto in sol maggiore.

4 **sol** |sɔl| *s.m.* (*chim.*) sol *inv.*

5 **sol** |sɔl| *s.m.* [*unité monétaire du Pérou*] sol.

solaire |sɔlɛʀ| *adj.* **1** solare: *année, jour solaire* anno, giorno solare; *cycle solaire* ciclo solare **2** [*du Soleil*] solare: *lumière, énergie solaire* luce, energia solare; *taches, facules solaires* macchie, facole solari; *système solaire* sistema solare **3** [*qui fonctionne grâce à la lumière, au rayonnement du soleil*] solare: *cadran solaire* quadrante solare; *moteur solaire* motore solare ◇ (*spécialt.*) *l'énergie solaire*, (*s.m.*) *le solaire* l'energia* *f.* solare; *collecteur, panneau solaire* collettore, pannello solare; *centrale solaire* centrale solare **4** [*qui protège du soleil*] solare: *crème, filtre solaire* crema, filtro solare **5** (*anat.*) *plexus solaire* plesso solare ◇ (*méd.*) *dermatite, rétinite, urticaire solaire* dermatite, retinite, orticaria solare.

Solanacées |sɔlanase| *s.f. pl.* (*t. bot.*) Solanacee.

solanine |sɔlanin| *s.f.* (*chim.*) solanina.

solarigraphe |sɔlaʀigʀaf| *s.m.* (*sc.*) solarigrafo.

solarimètre |sɔlaʀimɛtʀ(ə)| *s.m.* (*sc.*) solarimetro.

solarium |sɔlaʀjɔm| *s.m.* **1** solarium *inv.* **2** (*antiq. rom.*) solario*.

soldanelle |sɔldanɛl| *s.f.* (*t.bot.*) soldanella.

soldat |sɔlda| *s.m.* **1** soldato ◇ (*fam.*) *jouer au petit soldat* [*faire le malin*] fare il dritto **2** (*spécialt.*) *simple soldat* soldato semplice; *soldat en uniforme, en tenue de combat* soldato in divisa, in tenuta di combattimento; *tombe du soldat inconnu* tomba del milite ignoto **3** (*fig.*) SOLDAT DE [*celui qui combat pour la défense ou le triomphe de* (*un idéal*)] soldato, difensore di: *soldat du Christ* soldato di Cristo; *soldat de la liberté* difensore, sostenitore della libertà **4** *soldat de plomb* soldatino di piombo.

soldate |sɔldat| *s.f.* donna soldato, soldatessa (*plais.*, *iron.*).

soldatesque |sɔldatɛsk(ə)| **1** *adj.* soldatesco*: *langage soldatesque* linguaggio soldatesco, da caserma **2** *s.f.* (*péj.*) soldatesca*.

1 **solde** |sɔld(ə)| *s.f.* [*rémunération versée aux milit. et à certains fonctionnaires civ. assimilés*] soldo *m.*, paga*: *toucher sa solde* riscuotere il soldo, la paga ◇ (*loc. péj.*) *être à la solde de qqn.* essere al soldo di qc., assoldato da qc. ~ *avoir qqn. à sa solde* prendere al soldo, assoldare qc.

2 **solde** |sɔld(ə)| *s.m.* **1** (*compt.*) saldo: *solde créditeur, débiteur* saldo creditore (attivo), debitore (passivo); *solde du compte de pertes et profits* saldo del conto profitti e perdite ✦ (*absolt.*) *solde* [*solde débiteur, ce qui reste à payer sur un compte*] saldo ◇ (*par ext.*) *pour solde de compte, de tout compte* a saldo del conto, di ogni rimanenza **2** SOLDE (*de marchandises*) [*marchandises qui se vendent au rabais*] saldo, liquidazione *f.* (di merci): *articles vendus, mis en solde* articoli di saldo, messi in liquidazione ◇ *au plur.* SOLDES [*articles mis en solde*] saldi: *vente de soldes* (vendita di) saldi; svendita, liquidazione → **braderie**.

1 **solder** |sɔlde| *v.tr.* (*vx.*) [*avoir* (*qqn.*) *à sa solde*] assoldare (*cour.*) → **payer**.

2 **solder** |sɔlde| *v.tr.* **1** (*compt.*) [*arrêter, clore* (*un compte*) *en établissant le solde, en faisant la balance*] saldare ✦ *pron. intr.* (*d'un compte, d'un budget, d'un bilan*) SE SOLDER EN, PAR saldarsi con: *le budget se solde par un déficit de cinq millions* il bilancio si salda con un disavanzo di cinque milioni **2** [*acquitter* (*un compte*) *en payant ce qui reste dû*] saldare: *solder son compte* saldare il proprio conto **3** [*mettre en solde, vendre en solde*] liquidare, svendere: *solder des invendus* liquidare, svendere degli invenduti; *je vous le solde à cent francs* glielo svendo per cento franchi.

soldeur, euse |sɔldœʀ, øz| *s.* commerciante in saldi, in articoli di saldo.

1 **sole** |sɔl| *s.f.* [*partie cornée formant le dessous du sabot chez le cheval, le mulet, l'âne, etc.*] suola.

2 **sole** |sɔl| *s.f.* (*charpent.*) suola ◇ (*mar.*) fondo *m.* ◇ (*techn.*) suola (di un forno).

3 **sole** |sɔl| *s.f.* (*agric.*) campo *m.* a rotazione.

4 **sole** |sɔl| *s.f.* (*t.zool.*) sogliola.

soléaire |sɔleɛʀ| *adj.* (*anat.*) *muscle soléaire* muscolo soleare.

solécisme |sɔlesism(ə)| *s.m.* (*ling.*) solecismo.

soleil |sɔlɛj| *s.m.* **1** sole: *le soleil se lève* sorge il sole; *le lever du soleil* il sorgere del sole; *soleil levant* sol levante; *le coucher du soleil* il calare del sole, il tramonto # *se lever avec le soleil* alzarsi all'alba ◇ (*loc.*) *rien de nouveau sous le soleil* niente di nuovo sotto il sole ◇ (*spécialt.*) *le Soleil* [*considéré comme un personnage divin, objet d'un culte*] il Sole **2** [*lumière du soleil; temps ensoleillé*] sole: *lunettes de soleil* occhiali da sole; *s'exposer au soleil pour brunir* esporsi al sole per abbronzarsi; *il fait soleil, du soleil* c'è (il) sole; *fondre comme neige au soleil* sciogliersi come neve al sole ◇ (*spécialt.*) *robe bain de soleil* prendisole (*inv.*); *coup de soleil* colpo di sole, insolazione *f.* ◇ [*lieu exposé aux rayons du soleil*] *en plein soleil* in pieno sole; *s'asseoir au soleil* sedersi al sole ◇ (*loc. fig.*) *une place au soleil* un posto al sole ~ *avoir des biens au soleil* avere beni al sole ~ (*loc. prov.*) *ôte-toi de mon soleil* togliti dal mio sole **3** (*astron.*) *Soleil* Sole **4** (*par métaph.*) [*tout ce qui brille, répand son influence bienfaisante comme le soleil; puissance royale*] *le Roi-Soleil* [*Louis XIV*] il Re Sole ◇ (*loc.*) *vous êtes mon soleil, mon rayon de soleil* lei è il mio sole, il mio raggio di sole **5** (*cout.*) *un plissé soleil* un pieghettato 'soleil', a raggi *loc. inv.* **6** [*tour acrobatique d'une personne autour d'un axe horizontal*] piroetta *f.* # *automobile qui capote, fait un soleil* automobile che cappotta, si ribalta **7** → **tournesol** **8** (*loc. fam.*) *piquer un soleil* [*rougir violemment*] arrossire violentemente.

solen |sɔlɛn| *s.m.* (*t.zool.*) solene.

Solénidés |sɔlenide| *s.m. pl.* (*t. zool.*) Solenidi.

solennel, elle |sɔlanɛl| *adj.* **1** solenne: *fêtes solennelles* feste solenni; *séance solennelle de l'Académie* seduta solenne dell''Académie' **2** [*accompagné de formalités, d'actes publ.*] solenne: *acte, serment solennel* atto, giuramento solenne → **officiel** **3** (*fig.*) [*qui a une gravité propre ou convenant aux grandes occasions*] solenne ◇ (*péj.*) *air, ton solennel* aria, tono solenne; *personne solennelle* persona (dall'aria) sostenuta *loc.*

solennellement |sɔlanɛlmɑ̃| *adv.* **1** [*d'une manière solennelle, en grande pompe*] solennemente, con solennità (*loc. inv.*): *mariage célébré solennellement* matrimonio celebrato solennemente, con solennità **2** [*publiquement, dans les formes*] solennemente: *démentir solennellement une opinion officielle* smentire solennemente un'opinione ufficiale **3** [*gravement, cérémonieusement*] cerimoniosamente, solennemente: *marchand qui étale solennellement sa marchandise* commerciante che espone cerimoniosamente la propria merce.

solenniser |sɔlanize| *v.tr.* [*rendre solennel*] solennizzare.

solennité |sɔlanite| *s.f.* **1** solennità *inv.* → **fête** **2** [*caractère solennel, majesté*] solennità: *un discours d'une gravité, d'une solennité admirables* un discorso di mirabile serietà e solennità **3** [*formes d'un acte solennel* (2)] forma, formalità *inv.* → **formalité**.

solénoïdal, ale, aux |sɔlenɔidal, o| *adj.* (*électr.*) solenoidale.

solénoïde |sɔlenɔid| *s.m.* (*électr.*) solenoide.

soleret |sɔlʀɛ| *s.m.* (*archéol.*) soletta *f.*

solex |sɔlɛks| *s.m.* (*marque déposée*) [*cyclomoteur d'une marque répandue*] solex *inv.*, motorino.

solfatare |sɔlfataʀ| *s.m.* (*géol.*) solfatara *f.*

solfège |sɔlfɛʒ| *s.m.* (*mus.*) solfeggio*.

solfier |sɔlfje| *v.tr.* (*mus.*) [*lire* (*un morceau de musique*) *en chantant et en nommant les notes*] solfeggiare: *solfier un exercice en battant la mesure* solfeggiare un esercizio battendo il tempo.

solidage |sɔlidaʒ| *s.f.* (*t.bot.*) solidago *inv.*

solidaire |sɔlidɛʀ| *adj.* **1** (*dr.*) solidale, in solido (*loc. inv.*): *obligation, engagement solidaire* obbligo, impegno solidale; *débiteurs solidaires* debitori solidali; *responsabilité solidaire* responsabilità solidale, in solido **2** (*se dit de personnes qui répondent en commun l'une pour l'autre d'une même chose*) solidale: *être, rester solidaire de qqn.* essere, rimanere solidale con qc. **3** (*mécan.*) solidale: *bielle solidaire d'un vilebrequin* biella solidale con l'albero a gomito.

solidairement |sɔlidɛʀmɑ̃| *adv.* [→ SOLIDAIRE 1] solidalmente, in solido *loc. inv.*

solidariser (se) |sɔlidaʀize| *v. pron. réfl.* [*se rendre solidaire en partageant des responsabilités, en défendant des intérêts communs*] solidarizzare (*intr.*): *se solidariser avec les grévistes* solidarizzare con gli scioperanti.

solidarisme |sɔlidaʀism(ə)| *s.m.* solidarismo.

solidariste |sɔlidaʀist(ə)| *adj.* solidaristico*.

solidarité |sɔlidaʀite| *s.f.* **1** (*dr.*) solidarietà *inv.* **2** [*le fait d'être solidaire* (2)] solidarietà: *solidarité avec qqn.* solidarietà con qc.; *liens, sentiments de solidarité* legami, sentimenti di solidarietà **3** (*choses*) interdipendenza, (inter)connessione: *solidarité de deux phénomènes* interdipendenza, interconnessione di due fenomeni.

solide |sɔlid| *adj.* **I** **1** solido: *aliments solides* alimenti solidi ◇ (*phys.*) *état solide de la matière* stato solido della materia; *corps solides* corpi solidi ✦ *s.m.* [*corps solide*] solido: *les liquides et les solides* i liquidi e i solidi **2** (*géom.*) solido ✦ (*s.m.*) *le cube, la sphère sont des solides* il cubo, la sfera sono dei solidi **II** **1** [*qui résiste aux efforts, à l'usure; qui garde sa cohésion ou sa rigidité*] solido, robusto: *maison, voiture solide* casa solida, macchina solida, robusta → **robuste**; *cuir solide* pelle robusta, forte → **résistant** ◇ (*loc.*) *être solide sur ses jambes* essere ben saldo sulle gambe **2** (*fig.*) [*sur quoi l'on peut s'appuyer, compter; qui est à la fois effectif et durable*] solido, saldo: *solide bon sens* solido buonsenso; *connaissances solides* solide, salde nozioni; *amitié solide* solida, salda amicizia; *bâtir sur des fondements solides* costruire su solide fondamenta; *sa position est solide* la sua posizione è solida, sicura # *avoir de solides raisons pour détester qqn.* avere validi motivi per detestare qc. **3** (*personnes*) [*qui est massif, puissant*] solido, forte # *un gaillard solide* un pezzo d'uomo ◇ (*loc.*) *un estomac très solide* uno stomaco

di ferro ~ *être solide comme le Pont-Neuf* essere di salute robusta, molto resistente ~ *avoir la tête solide*: (*pr.*) non essere soggetto a capogiri; (*fig.*) avere la testa sulle spalle ~ *être solide au poste*: (*pr.*) fare il proprio dovere; (*fig.*) essere incrollabile **4** (*fam.*) [*important, intense*] *un solide coup de poing* un bel pugno; *de solides revenus* cospicui redditi; *il a un solide appétit* ha un robusto appetito [C] II 1 **fragile.**
solidement |sɔlidmɑ̃| *adv.* **1** [*de façon à résister aux efforts, à l'usure*] saldamente, solidamente: *tenir solidement* tenere saldamente → **fortement** **2** [*fermement, de façon inébranlable*] saldamente **3** [*avec stabilité; de façon sûre, sérieusement*] saldamente, solidamente: *établir solidement son influence* imporre saldamente la propria influenza **4** [*de façon puissante, massive*] solidamente # *femme solidement charpentée* donna dalla costituzione massiccia, dalla solida corporatura ◇ (*fam.*) [*avec force, puissance*] *il l'a solidement engueulé* gli ha dato una bella strapazzata.
solidification |sɔlidifikɑsjɔ̃| *s.f.* [→ SOLIDIFIER] solidificazione ◇ (*chim., phys.*) *solidification d'un corps par le froid* solidificazione di un corpo mediante il freddo.
solidifier |sɔlidifje| **A** *v.tr.* [*donner une consistance solide à*] solidificare: *solidifier une substance* solidificare una sostanza **B** *v.pron. intr.* SE SOLIDIFIER [*devenir solide*] solidificarsi, solidificare (*intr.*): *ciment qui se solidifie* cemento che (si) solidifica.
solidité |sɔlidite| *s.f.* **1** solidità (*inv.*): *solidité d'un meuble* solidità di un mobile ◇ (*êtres vivants*) *avoir une solidité de roc* essere solido *adj.* come una roccia ◇ [*qualité de ce qui est ferme, fixe, stable*] *solidité d'une position* solidità di una posizione → **stabilité** **2** [*qualité de ce qui est effectif et durable*] solidità: *la solidité des institutions* la solidità delle istituzioni **3** [*qualité de ce qui est bien établi, bien pensé, sérieux*] solidità: *solidité d'un raisonnement* solidità di un ragionamento.
solifluxion |sɔliflyksjɔ̃| *s.f.* (*géol.*) soliflusso *m.*, soliflussione.
soliloque |sɔlilɔk| *s.m.* **1** soliloquio* **2** [*discours d'une personne qui, en compagnie, est seule à parler*] monologo*.
soliloquer |sɔlilɔke| *v.intr.* [*se livrer à des soliloques*] parlare da solo; fare (103) *tr.* soliloquì.
solin |sɔlɛ̃| *s.m.* (*techn.*) **1** spazio* tra correnti e travi **2** intonacatura *f.* degli embrici.
solipède |sɔlipɛd| *adj.* (*zool.*) solipede.
solipsisme |sɔlipsism(ə)| *s.m.* (*philo.*) solipsismo.
solipsiste |sɔlipsist(ə)| *s.* (*philo.*) solipsista ✦ *adj.* solipsistico*.
soliste |sɔlist(ə)| *s.* solista.
solitaire |sɔlitɛʀ| **I** *adj.* **1** solitario*: *un garçon solitaire* un ragazzo solitario **2** (*spécialt., bot.*) *fleur solitaire* fiore solitario; *ver solitaire* verme solitario → **ténia** **3** [*qu'on accomplit seul, qui se passe dans la solitude*] solitario: *vie solitaire* vita solitaria **4** [*qui est inhabité ou éloigné des lieux habités*] solitario: *l'endroit était solitaire* il luogo era solitario → **écarté, retiré** **II** *s.* [*celui qui a choisi la vie érémitique ou monacale*] eremita; monaco* ◇ (*par ext.*) [*personne qui a l'habitude de vivre seule, qui se plaît dans la solitude*] solitario **III** *s.m.* **1** (*vén.*) vecchio* cinghiale **2** [*diamant monté seul*] solitario **3** [*jeu de combinaison à un seul joueur*] solitario.
solitairement |sɔlitɛʀmɑ̃| *adv.* [*en solitaire, dans la solitude*] (da) solitario* *adj.*, nella (in) solitudine (*loc. inv.*): *vivre solitairement* vivere solitario, nella solitudine.
solitude |sɔlityd| *s.f.* **1** solitudine: *avoir besoin de solitude* aver bisogno di solitudine; *troubler la solitude de qqn.* turbare la solitudine di qc.; *vivre dans la solitude* vivere in (nella) solitudine **2** (*poét.*) [*lieu, caractère solitaire*] solitudine: *la solitude des forêts, de la nuit* la solitudine delle foreste, della notte.
solive |sɔliv| *s.f.* (*charpent.*) trave, corrente *m.*
soliveau |sɔlivo| *s.m.* [*petite solive*] travetto.
sollicitation |sɔ(l)lisitɑsjɔ̃| *s.f.* **1** (*littér.*) [→ SOLLICITER 1] sollecitazione **2** [*demande insistante, démarche pressante*] sollecitazione, sollecito *m.*
solliciter |sɔ(l)lisite| *v.tr.* **1** (*littér.*) [*inciter (qqn.) de façon pressante et continue, de manière à entraîner*] sollecitare: *les plaisirs qui nous sollicitent* i piaceri che ci sollecitano → **tenter** ◇ [*agir sur (qqch.) en éveillant, en stimulant*] *solliciter l'attention de qqn. par des signes* richiamare, attirare l'attenzione di qc. con dei segni ◇ [*inciter (un animal) à agir*] *solliciter un cheval* sollecitare un cavallo **2** [*prier (qqn.), faire appel à lui de façon pressante, en vue d'obtenir qqch.*] sollecitare: *solliciter qqn. de faire qqch.* sollecitare qc. a fare q.c., pregare qc. di fare q.c. ◇ (*par ext.*) *solliciter une faveur* sollecitare, chiedere (122) un favore.
solliciteur, euse |sɔ(l)lisitœʀ, øz| *s.* sollecitatore*: *éconduire un solliciteur* mettere alla porta un sollecitatore.
sollicitude |sɔ(l)lisityd| *s.f.* sollecitudine: *une sollicitude toute maternelle* una sollecitudine tutta materna.
solmisation |sɔlmizɑsjɔ̃| *s.f.* (*mus. anc.*) solmisazione.
solo |sɔlo| *s.m.* (*mus.*) assolo: *solo de piano, de batterie* assolo di pianoforte, di batteria.
solstice |sɔlstis| *s.m.* (*astron.*) solstizio*: *solstice d'hiver, d'été* solstizio d'inverno, d'estate.
solsticial, ale, aux |sɔlstisjal, o| *adj.* (*astron.*) solstiziale.
solubilisation |sɔlybilizɑsjɔ̃| *s.f.* (*phys., techn.*) solubilizzazione.
solubiliser |sɔlybilize| *v.tr.* (*phys., techn.*) [*rendre soluble par un traitement préliminaire convenable*] solubilizzare.
solubilité |sɔlybilite| *s.f.* (*chim., cour.*) solubilità *inv.* ◇ (*chim.*) *coefficient de solubilité* coefficiente di solubilità [C] **insolubilité.**
soluble |sɔlybl(ə)| *adj.* **1** solubile: *le sucre est soluble dans l'eau* lo zucchero è solubile nell'acqua, idrosolubile **2** [*qui peut être résolu*] solubile: *problème soluble* problema solubile [C] **insoluble.**
soluté |sɔlyte| *s.m.* (*chim., pharm.*) soluto: *soluté physiologique* soluto fisiologico.
1 **solution** |sɔlysjɔ̃| *s.f.* **1** (*abstrait*) soluzione: *la solution d'un problème* la soluzione, la risoluzione di un problema; *chercher, trouver la solution d'une énigme* cercare, trovare la soluzione di un enigma **2** [*ensemble des décisions et d'actes qui peuvent résoudre une difficulté*] soluzione: *trouver une solution* trovare una soluzione; *ce n'est pas une solution!* non è una soluzione; *brusquer la solution d'une crise* affrettare la soluzione di una crisi **3** (*loc.*) *solution de continuité* soluzione di continuità ~ *sans solution de continuité* senza soluzione di continuità ◇ (*méd.*) *solution de continuité* soluzione di continuità.
2 **solution** |sɔlysjɔ̃| *s.f.* **1** [*action de dissoudre un solide dans un liquide; le fait de se dissoudre*] soluzione, scioglimento (*m.*): *substance en solution* sostanza in soluzione, in via di scioglimento **2** (*chim.*) soluzione: *solution liquide, solide* soluzione liquida, solida.
solutionner |sɔlysjɔne| *v.tr.* → **résoudre.**
solutréen, éenne |sɔlytʀeɛ̃, eɛn| *adj. et s.m.* (*paléont.*) solutreano.
solvabilité |sɔlvabilite| *s.f.* solvibilità *inv.*, solvenza [C] **insolvabilité.**
solvable |sɔlvabl(ə)| *adj.* solvibile: *débiteur solvable* debitore solvibile [C] **insolvable.**
solvant |sɔlvɑ̃| *s.m.* solvente.
soma |sɔma| *s.m.* (*biol.*) soma.
somali, ie |sɔmali| **1** *adj.* [*de la Somalie*] somalo **2** (*s.m.*) *le somali* [*la langue*] il somalo.
somation |sɔmɑsjɔ̃| *s.f.* (*biol.*) somazione.
somatique |sɔmatik| *adj.* **1** (*méd., psycho.*) somatico*: *aspects somatiques des crises d'angoisse* aspetti somatici delle crisi di angoscia **2** (*biol.*) somatico: *cellules somatiques et gamètes* cellule somatiche e gameti.
somatisation |sɔmatizɑsjɔ̃| *s.f.* (*psycho., psychan.*) somatizzazione.
somatiser |sɔmatize| *v.tr.* (*psycho., psychan.*) [*rendre somatique* (1) *un trouble psychique (en parlant de la personne affectée de ce trouble)*] somatizzare.
somato- |sɔmatɔ| *préf.* (*signifiant 'corps', correspond généralt. à*) somato: *somatotrophine* somatrotrofina.
somatologie |sɔmatɔlɔʒi| *s.f.* somatologia*.
somatologique |sɔmatɔlɔʒik| *adj.* somatologico*.
somato-psychique |sɔmatɔpsiʃik| *adj.* (*méd.*) somatopsichico*.
somatotrope |sɔmatɔtʀɔp| *adj.* (*biol., méd.*) somatotropo: *hormones somatotropes* ormoni somatotropi.
somatotrophine |sɔmatɔtʀɔfin| *s.f.* (*biol.*) somatotrofina, ormone *m.* somatotropo.
sombre |sɔ̃bʀ(ə)| *adj.* **I** **1** [*qui est peu éclairé, reçoit peu de lumière*] buio*, scuro, oscuro: *sombre comme une prison, un tombeau* buio, oscuro come una prigione, una tomba; *nuit sombre* notte buia, fonda; *il fait sombre* è (fa) buio, scuro # *sombres abîmes* profondi abissi ◇ (*mythol.*) *le sombre empire, les sombres rivages* il regno delle tenebre, gli inferi **2** [*qui est mêlé de noir, ou se rapproche du noir*] scuro: *couleur, teinte sombre* colore, colorito scuro; *cheveux sombres* capelli scuri # *eau*

d'un bleu sombre acqua di un azzurro profondo **II** (*fig.*) **1** (*personnes*) [*empreint de tristesse, d'inquiétude*] tetro; cupo: *visage sombre* viso tetro; *tempérament sombre* carattere tetro || *une sombre jalousie* una cupa gelosia; *s'abîmer dans de sombres réflexions* sprofondare in cupe riflessioni **2** (*choses*) [*d'une tristesse tragique ou menaçante*] oscuro, sinistro: *un avenir sombre* un oscuro avvenire **3** (*fam.*) [*déplorable, lamentable*] *un sombre idiot* un emerito imbecille, un imbecille integrale; *une sombre histoire* una squallida storia Ⓒ I 1 **clair.**

sombrer |sɔ̃bʀe| *v.intr.* **1** [*cesser de flotter, s'enfoncer dans l'eau* (*en parlant d'un bateau*)] affondare (*aux.* essere): *le navire a sombré au large* la nave è affondata al largo → 2 **couler** **2** (*fig.*) [*disparaître, s'anéantir ou se perdre*] sprofondare (*aux.* essere): *sombrer dans le sommeil* sprofondare nel sonno; *sombrer dans la boisson* sprofondare nell'alcool; *sombrer dans la démence, la folie* sprofondare nella follia # *sa raison a sombré* ha perso il senno, la ragione Ⓒ 1 **flotter.**

sombrero |sɔ̃bʀeʀo| *s.m.* (*esp.*) sombrero.

-some |zom| *suff.* (*signifiant 'corps', correspond généralt. à*) soma: *chromosome* cromosoma.

somite |sɔmit| *s.m.* (*embryol.*) somite.

sommable |sɔ(m)mabl(ə)| *adj.* sommabile.

1 **sommaire** |sɔ(m)mɛʀ| *adj.* **1** sommario*: *un exposé des plus sommaires* una esposizione quanto mai sommaria → **court** **2** [*qui est fait promptement, sans formalité*] sommario: *exécution sommaire* esecuzione sommaria ◇ (*dr.*) *procédure sommaire* procedura sommaria, direttissima **3** [*qui est réduit à la forme la plus simple*] sommario: *examen sommaire* esame sommario → **élémentaire, succinct** # *repas sommaire* pranzo spiccio, sbrigativo Ⓒ 1 **détaillé.**

2 **sommaire** |sɔ(m)mɛʀ| *s.m.* sommario*: *sommaire d'un livre* sommario di un libro → **abrégé, précis, résumé.**

sommairement |sɔ(m)mɛʀmɑ̃| *adv.* **1** [→ 1 SOMMAIRE 1] sommariamente: *exposer sommairement ses idées* esporre sommariamente le proprie idee **2** [*sans formalités*] sommariamente: *sommairement jugé* giudicato sommariamente, per direttissima **3** [*de façon sommaire, élémentaire; simplement*] sommariamente: *pièces meublées très sommairement* stanze ammobiliate molto sommariamente.

1 **sommation** |sɔ(m)mɑsjɔ̃| *s.f.* [→ 1 SOMMER] ingiunzione, intimazione: *sommation de paraître en justice* ingiunzione di comparire in giudizio, citazione; *avoir sommation de payer une dette* ricevere l'intimazione di pagamento di un debito ◇ (*par ext.*) [*demande, invitation impérative*] ingiunzione → **injonction,** 2 **ordre.**

2 **sommation** |sɔ(m)mɑsjɔ̃| *s.f.* (*math., physiol.*) sommatoria.

1 **somme** |sɔm| *s.f.* **1** (*math., cour.*) somma: *somme algébrique* somma algebrica; *faire la somme de deux nombres* fare la somma di due numeri **2** (*fig.*) [*ensemble de choses qui s'ajoutent; quantité considérée dans son ensemble*] *la somme des pertes humaines est incalculable* il numero *m.*, il bilancio* *m.* delle perdite umane è incalcolabile; *une somme d'efforts considérable* un notevole complesso *m.* di sforzi, un notevole sforzo *m.* ◇ *loc. adv.* EN SOMME insomma *adv.*, tutto sommato: *c'est en somme assez facile* insomma, tutto sommato è abbastanza facile ~ *somme toute* tutto sommato, in fin dei conti **3** *somme* (*d'argent*) somma (di denaro); *la somme de 200 francs* la somma di 200 franchi; *une grosse somme* una grossa somma, una cifra notevole **4** (*littér.*) [*œuvre qui résume toutes les connaissances relatives à une sc., à un sujet*] summa, compendio* (*m.*): *somme philosophique, encyclopédique* summa filosofica, enciclopedica.

2 **somme** |sɔm| *s.f.* (*dans la loc.*) *bête de somme* bestia da soma ◇ (*fig.*) (*de l'homme*) *travailler comme une bête de somme* lavorare come un mulo.

3 **somme** |sɔm| *s.m.* [*action de dormir considérée dans sa durée, généralt. courte*] sonnellino, pisolino: *faire un somme, un petit somme* fare, schiacciare (*fam.*) un sonnellino, un pisolino ◇ (*loc.*) *ne faire qu'un somme* fare tutto un sonno, dormire ininterrottamente tutta la notte.

sommeil |sɔmɛj| *s.m.* **1** [*état d'une personne qui dort*] sonno: *premier sommeil* primo sonno; *en plein sommeil* in pieno sonno; *sommeil profond, réparateur* sonno profondo, ristoratore; *sommeil léger, agité* sonno leggero, agitato; *un sommeil de plomb* un sonno di piombo; *les yeux lourds de sommeil* gli occhi pesanti dal sonno; *maladie du sommeil* malattia del sonno; *cure de sommeil* cura del sonno; *avoir sommeil* avere sonno; *bâiller, mourir de sommeil* sbadigliare, morire dal sonno; *tirer qqn. du sommeil* levare, togliere il sonno a qc., tirare qc. giù dal letto; *j'ai besoin de dix heures de sommeil* ho bisogno di dieci ore di sonno **2** (*animaux*) sonno: *sommeil profond du chat* sonno profondo del gatto # *sommeil hiémal, hibernal* ibernazione, letargo **3** (*littér.*) LE SOMMEIL ÉTERNEL [*la mort*] il sonno eterno: *dormir du sommeil éternel* dormire il sonno eterno **4** (*fig.*) [*état de ce qui est provisoirement inactif*] riposo, quiescenza (*f.*): *le sommeil de la nature* il riposo della natura # *laisser une affaire en sommeil* [*en suspens*] lasciar dormire una faccenda.

sommeiller |sɔmeje| *v.intr.* **1** [*dormir d'un sommeil léger et pendant peu de temps*] sonnecchiare, dormicchiare: *malade qui sommeille* ammalato che sonnecchia, che dormicchia **2** (*fig.*) [*ne pas se manifester, exister à l'état latent*] sonnecchiare: *sa raison sommeillait* la sua ragione sonnecchiava ◇ (*loc. prov.*) *tout homme a dans son cœur un cochon qui sommeille* ogni uomo porta in sé un porco che dorme.

sommeilleux, euse |sɔmɛjø, øz| **1** *adj.* (*littér.*) [*qui sommeille, est plein de sommeil*] sonnolento, sonnacchioso **2** *s.m.* persona *f.* colpita dalla malattia del sonno.

sommelier, ière |sɔməlje, jɛʀ| *s.* **1** (*ancienn.*) [*personne qui avait la charge de la table et des vivres dans une maison, une communauté*] dispensiere **2** (*moderne*) cantiniere, 'sommelier' *m. inv.*

sommellerie |sɔmɛlʀi| *s.f.* **1** (*ancienn.*) carica* di dispensiere ◇ (*moderne*) posto *m.*, mestiere *m.* di cantiniere, di 'sommelier' **2** [*lieu où le sommelier range les vins, etc.*] dispensa.

1 **sommer** |sɔme| *v.tr.* [*mettre en demeure* (*de faire qqch. dans les formes établies*); *avertir par une sommation*] ingiungere (150) (a), intimare (a): *sommer qqn. de* (*à*) *comparaître* ingiungere a qc. di comparire in giudizio, citare qc. in tribunale → **citer.**

2 **sommer** |sɔme| *v.tr.* [*faire la somme de* (*plusieurs quantités*)] sommare: *sommer les termes d'une série* sommare i termini di una serie → **additionner.**

sommet |sɔmɛ| *s.m.* **1** [*point ou partie qui se trouve en haut; endroit le plus élevé d'une chose verticale*] sommità *f. inv.*, cima (*f.*): *sommet d'un toit, d'un arbre* sommità, cima di un tetto, di un albero; *sommet d'une montagne* cima, vetta di una montagna; *monter au sommet de la tour Eiffel* salire in cima alla torre Eiffel ✦ (*absolt.*) *l'air pur des sommets* l'aria pura delle cime ◇ (*méd.*) *présentation du sommet* presentazione della testa **2** (*fig.*) [*ce qui est le plus haut, ce qui domine; degré le plus élevé, supérieur, suprême*] vertice; apice: *le sommet de l'échelle sociale, de la hiérarchie* il vertice della scala sociale, della gerarchia || *être au sommet du pouvoir, de la gloire, des honneurs* essere all'apice del potere, della gloria, degli onori ◇ *loc.* AU SOMMET [*avec les dirigeants suprêmes*] al vertice: *conférence au sommet* conferenza al vertice ◇ (*ellipt.*) *le sommet des quatre Grands, des pays industrialisés* il vertice dei quattro Grandi, dei paesi industrializzati **3** (*géom.*) vertice: *sommet d'un angle* vertice di un angolo; *les trois sommets d'un triangle* i tre vertici di un triangolo; *sommet d'un cône* vertice di un cono.

sommier |sɔmje| *s.m.* **1** (*techn.*) [*pièce de charpente servant de linteau à une baie* (*croisée, porte, fenêtre*)] architrave *f.* ◇ [*poutre servant de support* (*dans le montage des cloches, etc.*)] mozzo ◇ [*pièce métallique qui supporte les barreaux d'une grille*] traversa *f.* ◇ [*pierre qui supporte la retombée d'une voûte, d'un cintre*] imposta *f.*, pulvino ◇ (*dans les instruments à corde et à clavier*) [*pièce qui reçoit les chevilles servant à tendre les cordes*] somiero, somiere **2** [*partie souple d'un lit, sur laquelle s'étend le matelas*] saccone; rete (*f.*): *sommier à ressorts* saccone a molle || *sommier métallique* rete (metallica) **3** [*gros registre; dossier de documents financiers, jurid., comptables*] grosso registro ◇ *au plur.* (*fam.*) *les sommiers* il casellario* *sing.* giudiziario* (*cour.*).

sommital, ale, aux |sɔ(m)mital, o| *adj.* [*qui est au sommet*] di vertice *loc. inv.*

sommité |sɔ(m)mite| *s.f.* **1** [*extrémité d'une tige, d'une plante*] cima: *sommités comestibles de l'asperge* cime commestibili dell'asparago → **pointe** **2** (*fig.*) [*personnage éminent*] luminare *m.*, cima (*fam.*): *c'est une sommité de la médecine* è un luminare della medicina → **personnalité, lumière.**

somnambule |sɔmnɑ̃byl| *s. et adj.* sonnambulo.

somnambulique |sɔmnɑ̃bylik| *adj.* di, del sonnambulismo (*loc.*): *crise somnambulique* crisi di sonnambulismo.
somnambulisme |sɔmnɑ̃bylis-m(ə)| *s.m.* sonnambulismo.
somnifère |sɔmnifɛʀ| *adj. et s.m.* sonnifero: *prendre des somnifères* prendere dei sonniferi.
somniloque |sɔmnilɔk| *s.* sonniloquo.
somnolence |sɔmnɔlɑ̃s| *s.f.* (*pr., fig.*) sonnolenza, torpore *m.*
somnolent, ente |sɔmnɔlɑ̃, ɑ̃t| *adj.* **1** sonnolento **2** [*sans activités; engourdi*] sonnolento, sonnacchioso → **inactif.**
somnoler |sɔmnɔle| *v.intr.* **1** [*être dans un état de somnolence, dormir à demi*] sonnecchiare, dormicchiare **2** [*être inactif, ne pas s'exprimer*] sonnecchiare → **sommeiller.**
somptuaire |sɔ̃ptɥɛʀ| *adj.* (*antiq. rom.*) *loi somptuaire* legge suntuaria ◇ (*emploi critiqué*) *dépenses somptuaires* spese voluttuarie (*cour.*).
somptueusement |sɔ̃ptɥøzmɑ̃| *adv.* [→ SOMPTUEUX] sontuosamente: *somptueusement vêtue* sontuosamente vestita.
somptueux, euse |sɔ̃ptɥø, øz| *adj.* sontuoso: *palais somptueux* palazzo sontuoso; *somptueux cadeau* regalo sontuoso ◇ (*par ext.*) *mener un train de vie somptueux* condurre una vita sontuosa, fastosa.
somptuosité |sɔ̃ptɥozite| *s.f.* sontuosità *inv.* → **luxe, splendeur.**
1 **son** |sɔ̃| *s.m.* **1** suono: *son aigu, grave* suono acuto, grave; *le son des guitares* il suono delle chitarre; *son de cloche*: (*pr.*) suono di campana, scampanio; (*fig.*) campana (*f.*): *sons articulés, inarticulés* suoni articolati, inarticolati; *écouter, entendre, percevoir un son* ascoltare, sentire (udire), percepire un suono; *produire, émettre un son, des sons* produrre, emettere un suono, dei suoni ◇ *loc.* AU SON, AUX SONS DE al suono di: *danser au son d'un accordéon* ballare al suono di una fisarmonica ◇ (*spécialt.*) [*tout élément du langage parlé; la combinaison de ces éléments*] *son fermé, ouvert* suono chiuso, aperto **2** (*phys.*) suono: *vitesse de propagation du son* velocità di propagazione del suono; *mur du son* muro del suono; *intensité, hauteur et timbre d'un son* intensità, altezza e timbro di un suono ◇ (*mus., électron.*) *sons musicaux* suoni musicali; *enregistrement du son* registrazione del suono, sonora; *ingénieur du son* tecnico del suono; *lecteur de son* lettore del suono # *baisser le son d'un poste* abbassare il volume della radio.
2 **son** |sɔ̃| *s.m.* **1** [*résidu de la mouture du blé ou d'autres céréales*] crusca* (*f.*): *farine de son* farina di crusca; *pain de son* pane di crusca ◇ (*loc.*) *faire l'âne pour avoir du son* fare lo scemo per non pagare il dazio; fingersi gonzo per ottenere di più **2** [*sciure servant à bourrer*] segatura (*f.*): *poupée de son* bambola di segatura ◇ (*fig.*) *taches de son* lentiggini (*f. pl.*); *taché de son* pieno di lentiggini, lentigginoso.
son |sɔ̃|, **sa** |sa|, **ses** |se| *adj. poss. de la 3ᵉ pers. du sing.* (*liaison*: *son ami, son amie* |sɔ̃nami|; *son histoire* |sɔ̃nistwaʀ|) *REM. en it., ce poss. est souvent remplacé par l'art. déterm.* [*qui appartient, est propre, est relatif à la personne dont il est question*] il (suo*) (*déterminé*); il (proprio*) (*indéterminé*): *il a son livre* ha il (suo) libro; *il a apporté sa voiture* ha portato la (sua) macchina; *il a fini ses études* ha finito gli studi; *il a ses lunettes sur son nez* ha gli occhiali sul naso; *il gagne ses cinq mille francs par mois* guadagna i suoi cinquemila franchi al mese ‖ *être plus attaché à sa vie qu'à son devoir* essere più attaccati alla (propria) vita che al (proprio) dovere; *être content de son sort* essere contento del proprio destino; *personne n'est satisfait de son état* nessuno è soddisfatto della propria condizione ◇ (*spécialt.*) (*expressions consacrées*) *Sa Majesté* Sua Maestà (S.M.); *Sa Sainteté* Sua Santità (S.S.) ◇ (*devant un nom de personne: rapport de parenté*) *son fils, sa mère* suo figlio (il figlio), sua madre (la madre).
sonar |sɔnaʀ| *s.m.* (*techn.*) sonar *inv.*
sonate |sɔnat| *s.f.* (*mus.*) sonata: *sonates pour piano et violon* sonate per pianoforte e violino.
sonatine |sɔnatin| *s.f.* (*mus.*) sonatina.
sondage |sɔ̃daʒ| *s.m.* **1** [→ SONDER 1] sondaggio*, scandaglio*: *sondage des profondeurs marines* sondaggio, scandaglio delle profondità marine; *sondage par ultra-sons* sondaggio per mezzo degli ultrasuoni ◇ (*par ext.*) *tour de sondage* torre di sondaggio **2** (*méd.*) sondaggio **3** (*fig.*) sondaggio ◇ (*statistique*) *enquête de sondage, sondage d'opinion* sondaggio di opinioni.
sonde |sɔ̃d| *s.f.* **1** (*techn.*) sonda, scandaglio* (*m.*): *naviguer à la sonde* navigare con lo scandaglio ◇ (*mar., pêche*) *être sur les sondes* essere sulle linee di scandaglio, sulle isobate ◇ (*par anal.*) *sonde aérienne, ballon-sonde* pallone *m.* sonda; *sonde spatiale* sonda spaziale ◇ (*aviat.*) *sonde radio-altimétrique* sonda radioaltimetrica **2** (*méd.*) sonda, specillo (*m.*): *sonde urétrale* sonda uretrale ◇ [*instrument servant à l'alimentation artificielle*] sonda **3** [*appareil servant aux forages et aux sondages du sol*] sonda, trivella **4** (*comm., techn.*) trivella: *sonde à fromage* trivella (per il formaggio).
sonder |sɔ̃de| *v.tr.* **1** [*reconnaître au moyen de la sonde, soumettre à un sondage*] sondare, scandagliare: *machine à sonder les grands fonds* macchina per sondare, scandagliare le profondità marine ◇ (*par anal.*) *sonder l'atmosphère* sondare l'atmosfera ◇ (*méd.*) *sonder une plaie, un malade* sondare, specillare una piaga, un ammalato ◇ (*techn.*) *sonder un terrain* sondare un terreno ◇ (*fig.*) *sonder le terrain* [*examiner soigneusement la situation*] sondare il terreno ◇ [*examiner à la sonde*] *sonder des bagages à la douane* controllare i bagagli alla dogana con una sonda **2** (*fig.*) [*chercher à entrer dans le secret de*] scrutare: *Dieu qui sonde les cœurs* Dio che scruta i cuori; *sonder l'avenir* scrutare il futuro ◇ (*par ext.*) *sonder qqn.* [*chercher à connaître son état d'esprit, ses intentions*] sondare, scandagliare qc. ◇ (*spécialt.*) *sonder l'opinion* sondare, scandagliare l'opinione pubblica.
sondeur |sɔ̃dœʀ| *s.m.* **1** [*personne qui fait des sondages*] sondatore, scandagliatore* *s.* **2** (*techn.*) *sondeur à ultra-sons* scandaglio* ultrasonoro.
sondeuse |sɔ̃døz| *s.f.* (*techn.*) trivella.
songe |sɔ̃ʒ| *s.m.* **1** (*littér.*) [*illusion, imagination*] sogno **2** (*cour., vx.*) [*rêve*] sogno (*cour.*).
songe-creux |sɔ̃ʒkʀø| *s.m.* [*personne qui nourrit son esprit de chimères*] sognatore* *s.*, fantasticone *s.* (*pop.*).
songer |sɔ̃ʒe| (3) *v.tr.* **1** SONGER À [*penser à, réfléchir à*] pensare a: *songer à qqn.* pensare a qc.; *songer à ce qu'on dit* pensare a quel che si dice; *il l'a fait sans y songer* lo ha fatto senza pensarci, senza riflettere; *songez-y bien!* pensateci (ci pensi) bene! ◇ *loc.* FAIRE SONGER À far pensare a: *vous me faites songer à mon frère* lei mi fa pensare a mio fratello; lei mi fa venire in mente mio fratello **2** [*envisager en tant que projet qui demande réflexion*] pensare: *songer au mariage* pensare al matrimonio; *il n'y faut pas songer, c'est impossible* non è da pensare, non è pensabile, è impossibile; *je songe à me venger* penso a (di) vendicarmi; *songer à son avancement, au lendemain* pensare alla propria promozione, al domani ◇ (+ *inf.*) *il faut songer à partir* bisogna pensare a partire **3** [*prendre en considération*] pensare, riflettere (179): *avez-vous songé qu'il y a un gros risque?* lei ha pensato, riflettuto che c'è un grosso rischio?
songerie |sɔ̃ʒʀi| *s.f.* [*rêverie*] fantasticheria.
songeur, euse |sɔ̃ʒœʀ, øz| *s.* (*rare*) [*personne qui aime la rêverie*] sognatore* → **rêveur** ✦ *adj.* [*perdu dans une rêverie empreinte de préoccupation*] pensieroso: *cette nouvelle le laissait songeur* quella notizia lo lasciava pensieroso → **pensif, préoccupé.**
sonique |sɔnik| *adj.* (*phys.*) sonico*.
sonnaille |sɔnɑj| *s.f.* **1** [*cloche ou clochette attachée au cou d'un animal domestique*] campano *m.*, campanaccio* *m.* **2** (*par ext.*) [*son, bruit des cloches*] scampanio* *m.*
1 **sonnailler** |sɔnɑje| *s.m.* [*animal qui porte une sonnaille, et qui va en tête du troupeau*] guidaiolo.
2 **sonnailler** |sɔnɑje| *v.intr.* (*péj.*) [*sonner*] scampanare, scampanellare.
sonnant, ante |sɔnɑ̃, ɑ̃t| *adj.* **1** (*fam.*) *espèces, pièces sonnantes et trébuchantes* [*monnaie métallique*] moneta contante e sonante **2** [*qui sonne les heures*] che suona, batte le ore (*loc.*): *horloge, montre sonnante* orologio che batte, suona le ore **3** [*qui est en train de sonner* (*en parlant de l'heure*)] preciso, in punto (*loc. inv.*): *à cinq heures sonnantes* alle cinque precise, in punto.
sonné, ée |sɔne| *adj.* **1** [*annoncé par les cloches, par une sonnerie*] suonato (sonato): *il est midi sonné* è mezzogiorno suonato; *il est trois heures bien sonnées* sono le tre già suonate ◇ (*fig., fam.*) *c'est midi sonné* è ormai tardi; *il a soixante ans bien sonnés* ha già sessant'anni suonati **2** (*fam.*) [*assommé, étourdi par un coup*] sonato: *boxeur sonné* pugile sonato ◇ (*fig., fam.*) [*fou, cinglé*] *il est complètement sonné* è completamente sonato, tocco*.
sonner |sɔne| **A** *v.intr.* **I** **1** [*produire le son qui est propre à certains instruments*] suonare, sonare (*aux.* avere, essere): *la cloche, le cor, la trompette*

sonnent la campana, il corno, la tromba suonano ◇ (*par anal.*) *les oreilles lui sonnent* gli fischiano le orecchie; *sonner creux* suonare vuoto, mandare un suono falso; *sonner à toute volée* suonare a distesa; *faire sonner un réveil* far suonare la sveglia; *le téléphone sonne* sta suonando, squillando il telefono; *midi a sonné* è suonato mezzogiorno # *sonner clair* avere un suono argentino ◇ (*fig.*) *son heure, sa dernière heure a sonné* la sua ultima ora è suonata, per lui è scoccata l'ultima ora **2** [*être prononcé, être marqué nettement dans la prononciation*] suonare: *sonner bien, mal* suonare bene, male # *faire sonner un mot* scandire una parola ◇ (*fig.*) *sonner faux* suonare falso: *un aveu qui sonne faux* una confessione che suona falsa, che sa di falso **3** [*faire fonctionner une sonnerie* (*pour appeler qqn. ou pour se faire ouvrir*)] suonare: *entrez sans sonner* entrare senza suonare; *j'ai sonné chez lui* ho suonato a casa sua **II** [*jouer de* (*un instrument à vent, un cuivre*)] suonare (*tr.*): *sonner du clairon, du cor* suonare la tromba, il corno **B** *v.tr.* **1** [*faire résonner, vibrer*] suonare: *sonner les cloches* suonare le campane ◇ (*fig., fam.*) *se faire sonner les cloches* prenderle di santa ragione **2** [*jouer de* (*un instrument à vent*)] suonare: *sonner le clairon* suonare la tromba **3** [*signaler, annoncer par une sonnerie de cloches, de cuivres*] suonare: *sonner les matines, le tocsin* suonare il mattutino, le campane a stormo; *sonner l'alarme* suonare, dare l'allarme; *le clairon sonne la charge* la tromba suona la carica **4** [*annoncer* (*l'heure*) *par une sonnerie*] suonare: *l'horloge sonne onze heures* l'orologio suona le undici **5** [*appeler* (*qqn.*) *par une sonnerie, une sonnette*] chiamare: *sonner une femme de chambre* chiamare la cameriera ◇ (*loc. pop.*) *on ne vous a pas sonné* nessuno l'ha mandata a chiamare **6** (*loc. fam.*) *se faire sonner* farsi suonare, menare di santa ragione; (*fig.*) [*se faire durement remettre à sa place, se faire réprimander*] prendersi una strigliata.

sonnerie |sɔnʀi| *s.f.* **1** suono *m.*; squillo (*m.*): *sonnerie des cloches* suono delle campane, scampanio ‖ *sonnerie d'une sonnette, du téléphone* squillo del campanello, del telefono; *une sonnerie de trompette* uno squillo di tromba **2** [*mécanisme qui fait sonner une horloge, un réveille-matin*] suoneria ◇ (*par ext.*) *sonnerie électrique* suoneria elettrica; *sonnerie téléphonique* suoneria telefonica; *bouton d'une sonnerie* pulsante, bottone (*pop.*) di una suoneria.

sonnet |sɔnɛ| *s.m.* (*litt.*) sonetto.

sonnette |sɔnɛt| *s.f.* **I** **1** campanello (*m.*): *sonnette du président, dans une assemblée* campanello del presidente di un'assemblea; *la sonnette d'une porte* il campanello della porta; *sonnette d'alarme* campanello d'allarme; *appuyer sur la sonnette* premere, suonare il campanello # *coup de sonnette* scampanellata ◇ (*fig.*) *serpent à sonnettes* serpente a sonagli **2** (*par ext.*) [*sonnerie produite par une sonnette*] campanello: *je n'ai pas entendu la sonnette* non ho sentito il campanello, suonare **II** (*techn.*) battipalo *m.*, maglio* *m.*

sonnettiste |sɔnɛtist(ə)| *s.m.* sonettista *s.*

sonneur |sɔnœʀ| *s.m.* [*celui qui sonne les cloches*] campanaro ◇ (*vieilli*) suonatore (di corno, di tromba).

sono |sɔno| *s.f.* (*fam.*) → **sonorisation** 3.

sonomètre |sɔnɔmɛtʀ(ə)| *s.m.* (*phys.*) sonometro.

sonore |sɔnɔʀ| *adj.* **1** sonoro: *rire sonore* riso sonoro ✦ *s.f.* (*phonét.*) *une* (*consonne*) *sonore* una (consonante) sonora **2** (*lieu*) [*qui renvoie ou propage bien le son*] sonoro # *rendre moins sonore* insonorizzare **3** [*relatif au son, phénomène physique ou sensation auditive; de la nature du son*] sonoro: *ondes, vibrations sonores* onde, vibrazioni sonore ◇ (*techn.*) *cinéma, film sonore* cinema, film sonoro; *bande sonore* colonna sonora; *effets sonores* effetti sonori; *piste sonore* pista sonora.

sonorisation |sɔnɔʀizɑsjɔ̃| *s.f.* **1** (*phonét.*) sonorizzazione **2** (*techn.*) sonorizzazione: *montage et sonorisation d'un film* montaggio e sonorizzazione di un film **3** [*action de sonoriser un lieu; ensemble des appareils utilisés à cet effet*] sonorizzazione.

sonoriser |sɔnɔʀize| *v.tr.* **1** (*phonét.*) [*rendre sonore* (*une consonne sourde*)] sonorizzare **2** (*techn.*) [*rendre sonore* (*ce qui était silencieux, muet*)] sonorizzare: *sonoriser un film* sonorizzare un film **3** [*munir d'un matériel de reproduction, de diffusion du son, spécialt. du son enregistré*] sonorizzare: *sonoriser une salle de cinéma* sonorizzare una sala cinematografica.

sonorité |sɔnɔʀite| *s.f.* (*phys., phonet.*) sonorità *inv.*

sonothèque |sɔnɔtɛk| *s.f.* archivio* *m.* di registrazioni sonore; nastroteca*.

-sophe |zɔf|, **-sophie** |zɔfi| *suff.* (*signifiant 'sage, savant, sagesse, science', correspondent généralt. à*) sofo; sofia: *philosophe* filosofo ‖ *philosophie* filosofia.

sophisme |sɔfism(ə)| *s.m.* sofisma.

sophiste |sɔfist(ə)| *s.m.* sofista *s.*

sophistication |sɔfistikɑsjɔ̃| *s.f.* sofisticazione.

sophistique |sɔfistik| **1** *adj.* sofistico*: *argument, raisonnement sophistique* argomento, ragionamento sofistico; *esprit sophistique* spirito sofistico **2** *s.f.* (*philo.*) sofistica*.

sophistiqué, ée |sɔfistike| *adj.* **1** (*vieilli*) sofisticato (*cour.*), adulterato (*cour.*): *vin sophistiqué* vino sofisticato, adulterato ◇ (*fig.*) sofisticato → **alambiqué, affecté** **2** (*techn.*) sofisticato: *matériel de guerre sophistiqué* materiale bellico sofisticato; *technologie sophistiquée* tecnologia sofisticata.

sophistiquer |sɔfistike| **A** *v.tr.* (*vieilli*) [*altérer frauduleusement* (*une substance*)] sofisticare (*cour.*), adulterare (*cour.*): *sophistiquer du vin* sofisticare, adulterare il vino → **dénaturer, frelater** **B** *v.pron. intr.* [*devenir de plus en plus perfectionné*] diventare *intr.* sofisticato.

sophora |sɔfɔʀa| *s.m.* (*t.bot.*) sofora *f.*

soporifique |sɔpɔʀifik| *adj.* **1** [*qui provoque le sommeil*] soporifero ✦ (*s.m.*) *un soporifique* un sonnifero **2** (*fig., fam.*) [*endormant, ennuyeux*] soporifero: *un film soporifique* un film soporifero ✦ (*s.m.*) *ce livre est un vrai soporifique* questo libro è un vero sonnifero.

sopraniste |sɔpʀanist(ə)| *s.m.* sopranista.

soprano |sɔpʀano, sɔpʀan| *s.* **1** *s.m.* (*mus.*) soprano **2** *s.* soprano: *des soprani, des sopranos* dei soprani; *soprano lyrique* soprano lirico (lirica).

sorbe |sɔʀb(ə)| *s.f.* [*fruit du sorbier*] sorba.

sorbet |sɔʀbɛ| *s.m.* **1** sorbetto **2** (*anciennn.*) [*boisson à base de jus de fruit et de sucre, battus avec de l'eau*] ⊠.

sorbetière |sɔʀbətjɛʀ|, **sorbétière** |sɔʀbetjɛʀ| *s.f.* sorbettiera.

sorbier |sɔʀbje| *s.m.* (*t.bot.*) sorbo.

sorbite |sɔʀbit| *s.f.*, **sorbitol** |sɔʀbitɔl| *s.m.* (*chim., métall.*) sorbite *f.*, sorbitolo *m.*

sorbonnard, arde |sɔʀbɔnaʀ, aʀd(ə)| *s.* (*fam., péj.*) [*étudiant, professeur de la Sorbonne*] ⊠.

sorcellerie |sɔʀsɛlʀi| *s.f.* [*pratiques de sorcier; magie de caractère pop. ou rudimentaire*] stregoneria ◇ (*fig.*) *cela tient de la sorcellerie* è pura stregoneria, sa di stregoneria.

sorcier, ière |sɔʀsje, jɛʀ| *s.* **1** [*personne qui pratique une magie de caractère primitif, secret et illicite*] stregone *m.*, strega* *f.*; mago* ◇ (*spécialt.*) *l'apprenti sorcier* l'apprendista stregone ◇ (*loc. fig.*) *chasse aux sorcières* caccia alle streghe **2** (*par anal., fam.*) (*vieille*) *sorcière* (vecchia) strega **3** (*loc. fig.*) *il ne faut pas être sorcier pour...* non c'è bisogno di essere un mago, un genio per ✦ *adj.* (*fam.*) *ce n'est pas bien sorcier* non è poi una cosa trascendentale, non è molto difficile (*cour.*).

sordide |sɔʀdid| *adj.* **1** sordido: *des taudis sordides* sordide catapecchie **2** (*fig.*) [*qui est bassement, honteusement intéressé, d'une mesquinerie ignoble*] sordido, squallido: *avarice sordide* sordida avarizia, avarizia gretta; *crime sordide* sordido, squallido crimine.

sordidement |sɔʀdidmɑ̃| *adv.* [*d'une manière sordide, dans la plus grande avarice*] sordidamente: *vivre sordidement* vivere sordidamente.

sordidité |sɔʀdidite| *s.f.* (*littér.*) **1** [*caractère de ce qui est sordide, très sale*] sordidezza **2** [*avarice, mesquinerie révoltante*] sordidezza, grettezza.

sore |sɔʀ| *s.m.* (*bot.*) soro.

sorgho |sɔʀgo| *s.m.* (*t.bot.*) sorgo*, saggina *f.*

sorite |sɔʀit| *s.m.* (*log.*) sorite.

sornettes |sɔʀnɛt| *s.f. pl.* (*vieilli*) [*propos frivoles et creux; affirmations qui ne reposent sur rien*] frottole: *conter, débiter des sornettes* raccontare, snocciolare frottole → **baliverne.**

sororal, ale, aux |sɔʀɔʀal, o| *adj.* (*littér., vx.*) sororale.

sort |sɔʀ| *s.m.* **1** sorte *f.*, destino: *les infirmités sont le sort de la vieillesse* le infermità sono la sorte, il destino della vecchiaia; *avoir confiance dans son sort* avere fiducia nel proprio destino; *abandonner qqn. à son triste sort* abbandonare qc. alla sua triste sorte, al suo triste destino; *être maître du sort de qqn.* essere l'artefice, padrone del destino di qc.; *améliorer le sort du prolétariat* migliorare la sorte, le condizioni del proletariato ◇ (*loc.*) *faire un sort à qqch.* mettere in evidenza, sottolineare q.c. ~ (*fam.*) *faire un sort à une bouteille, à un plat* far fuori una bottiglia, un piatto **2** [*puissance imaginaire qui est supposée fixer le cours des choses*] sorte, fato: *conjurer le mauvais sort* scongiurare la cattiva sorte, la mala sorte → **adversité, fatalité** **3** [*décision, désignation par le hasard* (*opposé à 'choix, élection'*)] sorte: *tirer au sort* estrarre a sorte, sorteggiare; *tirage au sort* estrazione a sorte, sorteggio # *le sort en est jeté* il dado è tratto **4** [*effet magique, généralt. néfaste, dont une personne, une chose est l'objet*] malocchio*: *jeter un sort à qqn.* gettare il malocchio su qc. → **sortilège.**

sortable |sɔʀtabl(ə)| *adj.* **I** [*que l'on peut sortir, montrer en public*] decente, presentabile: *vêtements sortables* vestiti decenti, presentabili ◆ (*personnes*) [*qui présente bien, a de bonnes manières*] presentabile: *tu n'es vraiment pas sortable* non sei proprio presentabile **II** (*vx.*) → **convenable, décent.**

sortant, ante |sɔʀtɑ̃, ɑ̃t| **I** *adj.* **1** [*qui se produit par le fait du hasard*] estratto (a sorte): *les numéros sortants* i numeri estratti → **gagnant** **2** [*qui cesse de faire partie d'un corps, d'une assemblée*] uscente: *le conseiller sortant* il consigliere uscente **II** *s.* LES SORTANTS [*les personnes qui sortent d'un lieu*] quelli che escono (*loc.*): *les entrants et les sortants* quelli che entrano e quelli che escono.

sorte |sɔʀt(ə)| *s.f.* **1** specie (*inv.*): *plusieurs sortes d'objets de même qualité* parecchie specie di oggetti della stessa qualità; *cette sorte de gens* questa specie di persone, questa gente; *choses de même sorte* cose della stessa specie, dello stesso genere ◇ *loc.* TOUTES SORTES DE, TOUTE SORTE DE (*vieilli*) ogni sorta, specie di: *on vend ici toutes sortes d'articles de sport* qui si vende ogni sorta, specie di articoli sportivi; qui si vendono articoli sportivi di ogni sorta, specie ◇ (*techn.*) tipo *m.*, qualità *inv.* **2** UNE SORTE DE una sorta, una specie di: *il a une sorte d'autorité naturelle* esercita una sorta, una specie di autorità naturale **3** (*loc.*) *de la sorte* in tal modo, così ~ DE SORTE À (+ *inf.*) in modo da (+ *inf.*): *agis de sorte à...* agisci in modo da... ~ *en quelque sorte* in un certo senso ~ (*vieilli*) *en aucune sorte* in nessun caso (*cour.*) ◇ (*loc. conj.*) *de* (*telle*) *sorte que* in modo (tale) che, cosicché ~ (*littér., vieilli*) *en sorte que* in modo che (*cour.*) ~ (*littér.*) FAIRE EN SORTE DE (+ *inf.*) fare in modo da (+ *inf.*) (*cour.*): *fais en sorte de le convaincre* fai in modo da, cerca di convincerlo.

sortie |sɔʀti| *s.f.* **I** **1** [*action de quitter un lieu; moment où des personnes sortent*] uscita: *porte de sortie* porta d'uscita; *la sortie des élèves, des ouvriers se fait à 6 heures* l'uscita degli alunni, degli operai è alle 6; *attendre qqn. à la sortie* aspettare qc. all'uscita ◇ [*action de quitter la scène*] *sortie d'un personnage* uscita di un personaggio **2** [*attaque milit.* (*pour sortir d'un lieu*)] sortita: *les assiégés ont tenté une sortie* gli assediati hanno tentato una sortita ◇ [*mission de combat d'un avion*] *avion qui fait une sortie* aereo che parte per una missione ◇ (*par anal.*) *le gardien de but a fait une sortie imprudente* il portiere ha fatto un'uscita azzardata ◇ (*fig.*) [*attaque verbale*] *faire une sortie contre qqn.* fare una sfuriata contro qc., una scenata a qc. → **invective** **3** [*action de sortir pour faire qqch., pour se distraire, faire une course*] uscita: *jour de sortie d'un domestique* giorno di uscita di un domestico # *faire une sortie pour prendre l'air* uscire per prendere una boccata d'aria ◇ (*loc. fam.*) *être de sortie*: (*personnes*) *aujourd'hui, nous sommes de sortie* oggi siamo in libertà, oggi usciamo; (*choses*) *l'argent est de sortie* ci mancano i soldi **4** [*le fait de sortir d'un pays* (*pour des marchandises d'exportation, des devises*)] uscita: *sortie de produits, de devises* uscita di prodotti, di valuta; *droit de sortie* dazio di uscita, di esportazione **5** [*le fait d'être produit, livré au public*] uscita: *la sortie d'un nouveau modèle de voiture* l'uscita di un nuovo modello di auto; *la sortie d'un livre* l'uscita di un libro **6** [*somme dépensée*] uscita: *il y a plus de sorties que de rentrées ce mois-ci* questo mese ci sono più uscite che entrate **7** (*en parlant des fluides*) [*action de s'écouler, de s'échapper*] fuor(i)uscita, fuga*: *sortie de gaz* fuoruscita, fuga di gas **8** [*résultats qui sortent d'un ordinateur, d'une calculatrice, d'une machine mécanographique*] dati *m. pl.* in uscita, risultati *m. pl.*; output *m. inv.* **II** [*porte, endroit par où les personnes, les choses sortent*] uscita: *sortie de secours* uscita di sicurezza, di emergenza; *sortie de garage* uscita (delle) macchine, passo carrabile; *gagner la sortie* raggiungere l'uscita ◇ (*par anal.*) *à la sortie du village* all'uscita del villaggio **III** *sortie de bal* cappa da sera; *sortie de bain* [*peignoir ou vêtement en tissu éponge que l'on porte après le bain*] accappatoio* *m.*

sortilège |sɔʀtilɛʒ| *s.m.* sortilegio* ◇ (*loc.*) *soumettre par un sortilège* stregare, ammaliare.

1 **sortir** |sɔʀtiʀ| (21) **A** *v.intr.* (*aux. 'être'*) **I** [*aller hors d'un lieu, du dedans au dehors*] **1** [*aller hors* (*d'un lieu*)] uscire (201): *sortir de chez soi* uscire di casa ◇ (*prov.*) *la faim fait sortir le loup du bois* la fame fa uscire il lupo dal bosco ◆ (*absolt.*) *sortir discrètement* uscire, andarsene (101) *pron.* con discrezione; *sortez!* fuori! uscite!, andatevene! **2** [*aller dehors*] uscire: *personne ne sort par ce temps* non esce nessuno con questo tempo ◇ [*se promener*] *sortir en auto* uscire in auto; *elle sortait peu* usciva poco; *nous sortons tous les soirs* usciamo tutte le sere **3** (*en parlant d'objets en mouvement, de fluides, d'ondes*) [*aller hors de*] uscire: *l'eau sort à la température de 18°* l'acqua esce, sgorga a 18° (di temperatura) ◆ (*impers.*) *il en sortait des étincelles* ne uscivano delle scintille **4** [*aller hors d'un contenant, d'un lieu*] uscire: *rivière qui sort de son lit* fiume che esce dall'alveo, che straripa; *wagon qui sort des rails* vagone che esce dai binari, che deraglia; *balle qui sort en touche* palla che esce in fallo laterale ◇ (*loc. fig.*) *sortir de ses gonds* uscire dai gangheri ~ *cela m'est sorti de la tête* mi è uscito di mente ~ *cela sort de l'ordinaire* è una cosa fuori dal normale, una cosa straordinaria **5** [*apparaître en se produisant à l'extérieur*] uscire: *plantes qui sortent de terre* piante che escono, spuntano da terra ◇ (*fig.*) [*être mis dans le comm.*] *article qui vient de sortir* articolo appena uscito ◇ [*être publié, édité*] *son livre est sorti* il suo libro è uscito → 1 **paraître** **6** [*se produire* (*au jeu, au tirage, au sort*)] uscire: *chiffre qui n'est sorti qu'une fois sur mille coups* numero che è uscito una sola volta in mille colpi ◇ (*par anal.*) *question qui sort à un examen* domanda che esce, è estratta a un esame **II** (*personnes*) [*cesser d'être dans tel lieu, dans tel état, de faire telle chose*] **1** [*quitter le lieu d'une occupation*] uscire: *écolier, ouvrier qui sort à six heures* scolaro che esce, operaio che esce (stacca) alle sei # *sortir de table* alzarsi (da tavola) **2** [*quitter* (*une occupation*)] uscire: *sortir d'un entretien* uscire da un colloquio ◇ (*loc. fam.*) *j'ai trop à faire, je n'en sors pas* ho troppe cose da fare, non ce la faccio ◇ (*fam.*) SORTIR DE (+ *inf.*): *je sors de lui parler* gli ho appena parlato; *merci bien, je sors d'en prendre!* no grazie, mi è bastata una volta!, non ho intenzione di ricascarci! **3** [*quitter* (*un état*); *faire ou voir cesser* (*une situation*)] uscire: *sortir de l'enfance* uscire dall'infanzia; *sortir de maladie* uscire da una malattia # *sortir d'affaire, d'embarras* cavarsi d'impaccio, uscire d'impiccio; *il en sortira* se la caverà ◇ (*avec un attribut*) *sortir indemne d'un accident* uscire illeso da un incidente ◇ [*abandonner* (*un comportement habituel, naturel*)] *il n'est point sorti de sa froideur habituelle* non è uscito dalla, non ha abbandonato la sua abituale freddezza **4** [*ne pas se tenir à* (*une chose fixée*)] uscire: *sortir de la légalité* uscire dalla legalità # *sortir du sujet* andare fuori tema ◇ (*choses*) [*cesser de faire partie de; être en dehors de*] *cela sort de ma compétence* ciò esula dalle mie competenze, la cosa non è di mia competenza; *sortir de l'ordinaire* essere fuori dell'ordinario **III** [*être issu de*] **1** [*avoir son origine, sa source dans*] uscire: *des mots qui sortent du cœur* parole che escono, vengono dal cuore → **venir (de)** ◆ (*impers.*) *il n'est rien sorti de nos recherches* dalle nostre ricerche non è venuto fuori nulla **2** (*personnes*) [*avoir pour ascendance*] provenire (202), venire (202): *sortir d'une famille distinguée* provenire da una famiglia distinta; *ingénieur qui sort d'une école* ingegnere che proviene da una facoltà; *officiers sortis du rang* ufficiali venuti dalla gavetta ◇ (*fig.*) *d'où sort-il?* ma quello chi è? **3** [*avoir été fait, fabriqué* (*quelque part*)] uscire: *des robes qui sortent de chez les grands couturiers* abiti che escono dalle grandi sartorie **B** *v.tr.* **1** [*mener dehors* (*les êtres qui ne peuvent sortir seuls*)] portare fuori: *sortir un enfant, un chien* portare fuori (a passeggio) un bambino, un cane ◇ (*fam.*) [*accompagner* (*qqn.*) *au spectacle, etc.*] *mari qui sort sa femme* marito che porta fuori la moglie **2** [*mettre dehors* (*qqch.*), *tirer* (*d'un lieu*)] *sortir la voiture* portar fuori la macchina; *sortir un objet de sa poche* tirar fuori un oggetto dalla tasca ◇ [*dégager*] estrarre (190), liberare: *sortir un blessé des décombres* estrarre un ferito dalle macerie **3** (*pop.*) [*faire sortir*] buttar fuori: *sortez-le!* buttatelo fuori! ◇ [*éliminer* (*un concurrent, une équipe*)] far (103) fuori **4** [*faire sortir* (*d'un état, d'une situation*)] tirare fuori: *il faut le sortir de là* bisogna tirarlo fuori da questa situazione ◆ (*pron. intr.*) *se*

sortir d'une situation tirarsi fuori da una situazione; *s'en sortir* cavarsela, venirne fuori; *comment voulez-vous que je m'en sorte?* come volete che me la cavi, che faccia a venirne fuori? **5** [*produire pour le public, mettre dans le comm.*] metter (155) fuori: *sortir un nouveau modèle de voiture* metter fuori un nuovo modello di auto # *éditeur qui sort un livre* editore che pubblica un libro **6** (*fam.*) [*dire, débiter*] sfornare, tirar fuori: *il nous en a sorti une bien bonne* ce ne ha sfornata, tirata fuori una buonissima Ⓒ A I 1 **entrer.**

2 **sortir** |sɔRtiR| *s.m.* **1** (*loc.*) *au sortir de* [*en sortant, à la sortie d'un lieu, d'une état*] all'uscita da, uscendo da # *au sortir de l'hiver* alla fine dell'inverno ◇ [*en quittant* (*une occupation, le lieu d'une occupation*)] *au sortir d'un entretien* al termine, alla fine di un colloquio **2** (*vx.*) [*l'action de sortir*] uscita *f.* (*cour.*).

3 **sortir** |sɔRtiR| *v.tr.* (*dr.*) [*obtenir*] sortire (197), ottenere (188) (un effetto).

sosie |sɔzi| *s.m.* sosia (*inv.*): *être le sosie de qqn.* essere il sosia di qc.; *c'est votre sosie* è il suo sosia.

sostenuto |sɔstenuto| *adv.* (*mus.*) sostenuto.

sot, sotte |so, sɔt| *adj.* **1** (*littér.*) [*qui a peu d'intelligence et peu de jugement*] stolto, sciocco* (*cour.*): *je ne suis pas assez sot pour lui en vouloir* non sono così stolto da volergliene → 2 **bête, idiot, stupide** ◇ [*privé momentanément d'intelligence, de jugement* (*du fait de la surprise, de l'embarras...*)] confuso, impacciato: *se trouver sot, tout sot* restare (tutto) confuso, del tutto impacciato ✦ (*s.*) *un sot* uno sciocco, uno stupido: *tu n'es qu'un sot* sei proprio uno sciocco, uno stupido ◇ (*fam.*) *petit sot, grand sot* (*se dit de nos jours en s'adressant à un enfant qui a commis une sottise*) sciocchino, scioccone; stupidino, stupidone **2** (*choses*) (*littér.*) [*qui ne dénote ni intelligence, ni jugement*] sciocco (*cour.*) → **absurde, inepte** ◇ (*prov.*) *il n'y a pas de sot métier* ogni mestiere è onorevole; tutti i mestieri sono uguali **3** (*hist. litt.*) [*personnage de fou, de bouffon; acteur jouant dans les soties du moyen âge*] buffone.

sotch |sɔtʃ| *s.m.* (*dans les Causses*) [*nom donné à de grandes dépressions fermées*] ⊠.

sotériologie |sɔteRjɔlɔʒi| *s.f.* soteriologia*.

sot-l'y-laisse |soliɛs| *s.m. inv.* [*morceau à la chair très fine, de chaque côté de la carcasse d'une volaille, au-dessus du croupion*] boccone prelibato *var.*

sottement |sɔtmɑ̃| *adv.* (*littér.*) [*d'une manière sotte, comme un sot*] stoltamente, scioccamente (*cour.*).

sot(t)ie |sɔti| *s.f.* (*hist. litt.*) 'sottie' *inv.*

sottise |sɔtiz| *s.f.* **1** [*manque d'intelligence et de jugement*] sciocchezza, stupidità (*inv.*): *avoir la sottise de...* avere la sciocchezza, la stupidità di..., essere così stupido da... → **bêtise, stupidité** **2** [*parole ou action qui dénote peu d'intelligence*] sciocchezza, stupidaggine: *dire des sottises* dire sciocchezze, stupidaggini; *faire, commettre une sottise* fare, commettere una sciocchezza, una stupidaggine **3** (*par ext.*) [*mots injurieux*] parolaccia*.

sottisier |sɔtizje| *s.m.* raccolta *f.* di stupidaggini, di banalità.

sou |su| *s.m.* [*le vingtième du franc ou cinq centimes*] soldo: *un petit sou* un soldino ◇ (*loc.*) *être propre comme un sou neuf* essere tutto lindo e pulito ~ *un sou amène l'autre* un soldo tira l'altro ~ *un sou est un sou* una lira è una lira ~ *compter, économiser sou à sou, sou par sou* contare a soldo a soldo; risparmiare soldo su soldo ~ *jusqu'au dernier sou* fino all'ultimo soldo, all'ultimo centesimo ~ *n'avoir pas le sou* non avere il becco di un quattrino; non avere una lira ~ *être sans le sou* essere al verde, squattrinato ~ *un bijou de quatre sous* un gioiello da quattro soldi ◇ *au plur.* (*fam.*) [*argent*] soldi, quattrini: *être près de ses sous* essere attaccato ai soldi, ai quattrini; *ça fait des sous!* sono (sempre) soldi!; *question de gros sous* è (una) questione di soldi, di grana; *parler gros sous* parlare di quattrini, di grana.

souabe |swab| *adj.* [*de Souabe*] svevo.

souahéli, ie |swaeli| *adj. et s.m.* (*ling.*) swahili *inv.*

soubassement |subɑsmɑ̃| *s.m.* **1** [*partie inférieure d'une construction sur laquelle porte l'édifice*] base *f.*; zoccolo: *le soubassement repose sur les fondations* la base poggia sulle fondamenta ‖ *soubassement d'une colonne, d'une statue* zoccolo di una colonna, di una statua **2** (*géol.*) basamento **3** (*fig.*) → **base.**

soubresaut |subRəso| *s.m.* **1** [*saut brusque et imprévu; à-coup, secousse d'un véhicule*] sobbalzo → **saccade** **2** [*mouvement convulsif et violent* (*d'un corps, d'une partie du corps*)] sussulto, trasalimento → **haut-le-corps.**

soubrette |subRɛt| *s.f.* [*suivante ou servante de comédie*] servetta, fantesca* ◇ (*fam.*) [*bonne, femme de chambre aimable et délurée*] cameriera (*cour.*).

soubreveste |subRəvɛst(ə)| *s.f.* (*ancienn.*) sopravveste.

souche |suʃ| *s.f.* **1** [*ce qui reste du tronc, avec les racines, quand l'arbre a été coupé*] ceppo *m.* ◇ (*loc.*) *dormir comme une souche* dormire come un sasso ◇ [*pied de la plante* (*racines et organes associés*)] *souche de vigne* ceppo di vite **2** (*fig.*) [*personne qui est à l'origine d'une famille, d'une suite de descendants, d'une lignée*] ceppo, capostipite *m.* # *faire souche* avere prole; dare inizio a una discendenza ◇ (*dr.*) *partage par souches* divisione per stirpi ◇ (*biol.*) ceppo **3** [*origine* (*d'une famille ethnique, linguistique*)] ceppo, origine: *mot de souche latine* parola di ceppo latino, di origine latina **4** [*partie d'un document qui reste fixée à un registre, à un carnet*] matrice, madre: *carnet à souche(s)* blocchetto a madre e figlia **5** [*base des tuyaux d'une cheminée, sur un comble*] fumaiolo *m.*, comignolo *m.*

1 **souchet** |suʃɛ| *s.m.* (*t.bot.*) cipero.

2 **souchet** |suʃɛ| *s.m.* (*t.zool.*) mestolone.

souchette |suʃɛt| *s.f.* (*t.bot.*) agarico* *m.*

sou-chong |suʃɔ̃| *s.m.* tè *inv.* nero cinese.

1 **souci** |susi| *s.m.* **1** [*état de l'esprit qui est absorbé par un objet et que cette préoccupation inquiète*] preoccupazione *f.*, pensiero: *être accablé de soucis* essere sommerso (oppresso) dalle preoccupazioni, dai pensieri; *oublier ses soucis* dimenticare le proprie preoccupazioni, i propri affanni; *cela vous épargnerait bien des soucis* la cosa le risparmierebbe molte preoccupazioni ◇ (*loc.*) *se faire du souci* [*s'inquiéter*] stare in pensiero, preoccuparsi ~ *être sans souci* essere spensierato, senza preoccupazioni **2** [*attitude subjective d'une personne qui recherche un résultat*] preoccupazione, pensiero: *c'est le dernier, le cadet de mes soucis* è l'ultima delle mie preoccupazioni, l'ultimo dei miei pensieri; non ci penso per niente, non me ne importa nulla **3** [*ce qui s'empare de l'esprit pour le troubler ou l'inquiéter*] preoccupazione, pensiero: *cet enfant est un souci perpétuel pour ses parents* quel bambino è una continua preoccupazione, un continuo pensiero per i suoi genitori.

2 **souci** |susi| *s.m.* (*t.bot.*) calendola *f.*, fiorrancio*.

soucier |susje| **A** *v.tr.* (*vx.*) → **ennuyer** **B** *v.pron. intr.* SE SOUCIER DE (*surtout au négatif*) [*prendre intérêt à, avoir la préoccupation de*] preoccuparsi, curarsi: *il se soucie toujours des autres* si preoccupa sempre degli altri; *sans plus se soucier de rien* senza più preoccuparsi, curarsi di niente; *je ne m'en soucie guère* non me ne preoccupo affatto ◇ (*loc.*) *il s'en soucie comme de l'an quarante, comme de sa première chemise* se ne infischia, se ne frega (*pop.*) altamente.

soucieusement |susjøzmɑ̃| *adv.* (*littér.*) [*avec inquiétude ou avec un soin particulier*] con preoccupazione *loc. inv.* (*cour.*); con cura *loc. inv.* (*cour.*).

soucieux, euse |susjø, øz| *adj.* **1** [*qui est absorbé par le souci, troublé par l'inquiétude, l'appréhension*] preoccupato: *air triste et soucieux* aria triste e preoccupata # *rendre soucieux* preoccupare, impensierire **2** SOUCIEUX DE [*qui se préoccupe de*] preoccupato per (di), sollecito di (*littér.*): *il est soucieux de notre bien-être* è preoccupato per il, si preoccupa del nostro benessere.

soucoupe |sukup| *s.f.* [*petite assiette qui se place sous une tasse, un gobelet*] piattino *m.*; sottocoppa ◇ (*par anal.*) *soucoupe volante* disco* *m.* volante.

soudable |sudabl(ə)| *adj.* [→ SOUDER] saldabile.

soudage |sudaʒ| *s.m.* [→ SOUDER 1] saldatura (*f.*): *soudage au chalumeau* saldatura a cannello.

soudain, aine |sudɛ̃, ɛn| **I** *adj.* [*qui arrive, se produit en très peu de temps*] improvviso, subitaneo (*littér.*): *douleur soudaine et aiguë* dolore improvviso e acuto; *amour soudain* amore improvviso **II** *adv.* [*dans l'instant même; d'un seul mouvement, sans transition, ni retard*] improvvisamente, (tutt')a un tratto *loc. inv.*

soudainement |sudɛnmɑ̃| *adv.* [*d'une manière rapide et imprévue; tout à coup*] improvvisamente, subitaneamente (*littér.*) → **soudain** II.

soudaineté |sudɛnte| *s.f.* [*caractère de ce qui est rapide et imprévu*] subitaneità *inv.*

soudan |sudɑ̃| *s.m.* (*vx.*) → **sultan.**
soudanais, aise |sudanɛ, ɛz|, **soudanien, ienne** |sudanjɛ̃, jɛn| *adj.* [*du Soudan*] sudanese.
soudant, ante |sudɑ̃, ɑ̃t| *adj.* (*métall.*) saldante, di saldatura *loc. inv.*
soudard |sudaʀ| *s.m.* **1** (*vx., hist.*) (soldato) mercenario* (*cour.*) **2** (*littér.*) [*homme de guerre brutal, grossier*] masnadiero.
soude |sud| *s.f.* **I** (*chim.*) **1** soda **2** *soude caustique* soda caustica **II** (*t. bot.*) soda.
soudé, ée |sude| *adj.* **1** [*uni par soudure*] saldato **2** [*qui adhère*] saldato: *pétales soudés* petali saldati ◇ (*fig.*) [*joint, uni*] unito, affiatato.
souder |sude| *v.tr.* **1** [*joindre, réunir ou faire adhérer* (*des pièces métalliques*) *par fusion de parties, par l'intermédiaire d'une composition fusible*] saldare: *souder des pièces d'acier* saldare dei pezzi d'acciaio # *fer à souder* saldatoio **2** [*réunir par adhésion, faire adhérer*] saldare, congiungere (150): *souder les parties d'une fracture* saldare le parti di una frattura.
soudeur, euse |sudœʀ, øz| *s.* **1** *s.* [*ouvrier qui soude, spécialiste de la soudure*] saldatore* **2** *s.f.* (*techn.*) saldatrice.
soudier, ière |sudje, jɛʀ| **I** *adj.* di, della soda *loc.* **II** *s.* **1** *s.m.* (operaio*) addetto all'industria della soda **2** *s.f.* fabbrica* di soda.
soudoyer |sudwaje| (10) *v.tr.* **1** [*s'assurer à prix d'argent le concours de* (*qqn.*)] prezzolare, assoldare **2** (*vx.*) [*payer une solde à* (*des gens de guerre*)] assoldare (*cour.*): *soudoyer une armée* assoldare un esercito.
soudure |sudyʀ| *s.f.* **1** (*techn.*) saldatura: *soudure à l'étain, au cuivre* saldatura a stagno, a rame ◇ [*plâtre servant aux raccords des enduits*] saldatura **2** [*union, adhérence étroite de deux parties*] saldatura: *la soudure des épiphyses* la saldatura delle epifisi **3** [*opération par laquelle on réunit deux corps solides, de manière qu'ils forment une masse indivise*] saldatura: *soudure autogène* saldatura autogena; *soudure à l'arc voltaïque, au chalumeau à hydrogène* saldatura ad arco voltaico, a cannello all'idrogeno; *soudure du verre, du celluloïd* saldatura del vetro, della celluloide ◇ (*par ext.*) [*partie soudée*] *tuyau dont la soudure se défait* tubo la cui saldatura cede, che si sta dissaldando **4** (*loc. fig.*) *faire la soudure* fare la saldatura, assicurare la continuità.
soue |su| *s.f.* [*étable à cochons*] porcile *m.*
soufflage |suflaʒ| *s.m.* **1** (*mar.*) controfasciame, bottazzo **2** soffiatura (*f.*): *le soufflage du verre* la soffiatura del vetro **3** (*métall.*) *soufflage de la fonte* soffiaggio*, insufflazione *f.* della ghisa.
soufflant, ante |suflɑ̃, ɑ̃t| **I** *adj.* **1** (*techn.*) *machine soufflante*, (*s.f.*) *une soufflante* soffiante *s.f.* **2** (*fig., fam.*) [*qui coupe le souffle*] mozzafiato *inv.* **II** *s.m.* (*pop.*) *un soufflant* [*un pistolet, un revolver*] una pistola *f.* (*cour.*), una rivoltella *f.* (*cour.*).
soufflante |suflɑ̃t| *s.f.* (*techn.*) soffiante, soffieria.
soufflard |suflaʀ| *s.m.* (*géol.*) soffione.
souffle |sufl(ə)| *s.m.* **I** **1** soffio*, soffiata *f.*; fiato: *éteindre dix bougies d'un seul souffle* spegnere dieci candeline con un solo soffio, con una sola soffiata ‖ *pour jouer du clairon, il faut du souffle* per suonare la tromba ci vuole fiato **2** [*le fait d'expirer l'air qu'on rejette par la bouche, en respirant*] respiro, fiato: *retenir son souffle* trattenere il respiro, il fiato; *recueillir le dernier souffle d'un agonisant* raccogliere l'ultimo respiro di un agonizzante ◇ (*loc.*) *couper le souffle*: (*pr., fig.*) togliere il fiato, mozzare il respiro ~ *avoir le souffle court* avere il fiato grosso, il fiatone (*fam.*) ~ *être à bout de souffle* essere senza fiato, sfiatato ~ *au bout de vingt pas, je perds le souffle* dopo venti passi sono senza fiato, sfiatato ~ (*fig., fam.*) *avoir du souffle* [*être hardi*] avere faccia tosta, essere sfacciato **3** (*fig.*) [*force qui anime, inspire, crée*] soffio: *le souffle créateur, divin* il soffio creatore, divino # *avoir du souffle* possedere una grande ispirazione, essere profondamente ispirato **II** **1** [*mouvement naturel de l'air dans l'atmosphère*] soffio, alito: *un souffle de vent* un soffio, un alito di vento **2** [*air, fluide déplacé* (*par une différence de pression*)] (spostamento d')aria (*f.*): *souffle d'un ventilateur* aria di un ventilatore; *souffle d'un réacteur* spostamento d'aria di un reattore **3** (*méd.*) soffio: *avoir un souffle au cœur* avere un soffio al cuore **4** (*phys.*) sibilo, soffio.
soufflé |sufle| *s.m.* 'soufflé' (*inv.*): *soufflé au fromage* 'soufflé' al formaggio; *moule à soufflé* stampo per 'soufflé'.
soufflé, ée |sufle| *adj.* **1** [*gonflé par le souffle, par un gaz*] gonfio*, soffiato ◇ [*qui a gonflé à la cuisson*] rigonfio*, soffiato: *beignets soufflés* frittelle rigonfie; *omelette soufflée* frittata soffiata; *pommes* (*de terre*) *soufflées* patate soffiate **2** (*sc.*) soffiato **3** (*fig., fam.*) [*abasourdi, très étonné*] sbalordito (*cour.*).
soufflement |sufləmɑ̃| *s.m.* (*rare*) [→ SOUFFLER B 3] soffiatura *f.*
souffler |sufle| **A** *v.intr.* **1** [*expulser de l'air par la bouche ou par le nez*] soffiare: *souffler fort* soffiare forte; *souffler sur le feu*: (*pr., fig.*) soffiare sul fuoco; *souffler dans une trompette* soffiare nella tromba ◇ (*loc. fig., fam.*) *il croit qu'il va y arriver en soufflant dessus* crede che sia come bere un bicchier d'acqua **2** [*respirer avec peine, en expirant fort, bruyamment*] soffiare, ansimare; respirare: *souffler comme un bœuf, comme un phoque* soffiare, ansimare come un mantice ‖ *laisser souffler son cheval* lasciar respirare il (proprio) cavallo, lasciare riprender fiato al cavallo; *laissez-moi le temps de souffler* lasciatemi il tempo di respirare, di riprender fiato **3** (*techn.*) [*faire fonctionner un soufflet, une soufflerie*] *souffler à l'orgue* tirare *tr.* il mantice dell'organo **4** (*en parlant du vent*) [*déplacer un fluide*; *produire un courant d'air*] soffiare, spirare: *le vent souffle* soffia il vento, spira (tira) vento ✦ (*impers.*) *il soufflait une brise du sud* soffiava una brezza da sud ◇ (*par métaph.*) *un vent de révolte soufflait* soffiava un vento di rivolta ◇ (*loc.*) *regarder, voir d'où, de quel côté souffle le vent* guardare da che parte tira, spira il vento **B** *v.tr.* **1** [*envoyer un courant d'air, de gaz sur* (*qqch.*)] soffiare *intr.* su: *souffler une bougie* soffiare su una candela, spegnere una candela ◇ (*fig., fam.*) *souffler qqch. à qqn.* [*le lui enlever*] soffiare (*tr.*): *il lui a soufflé sa maîtresse* gli ha soffiato l'amante ◇ (*jeu de dames*) *souffler un pion* soffiare una pedina **2** [*détruire par l'effet du souffle*] spazzar via: *beaucoup de maisons ont été soufflées par les explosions* molte case sono state spazzate via dalle esplosioni **3** (*techn.*) [*envoyer de l'air, du gaz dans* (*qqch.*)] soffiare: *souffler le verre, l'émail* soffiare il vetro, lo smalto # *souffler l'orgue* riempire d'aria il mantice dell'organo ◇ (*métall.*) insufflare ◇ [*gonfler de gaz*] gonfiare: *souffler un ballon* gonfiare un pallone **4** [*dire à voix basse*] sussurrare: *souffler qqch. à l'oreille de qqn.* sussurrare q.c. all'orecchio di qc. ◇ (*en incise*) *'chut'*, *souffla-t-il* 'silenzio', sussurrò ◇ (*loc.*) *ne pas souffler mot* non fiatare, non dire parola ◇ (*fig.*) [*suggérer*] suggerire (197) ◇ [*dire discrètement* (*qqch.*) *pour aider qqn.*] suggerire: *souffler une réplique à un acteur* suggerire una battuta a un attore ◇ (*fam.*) [*rendre stupéfait*] lasciare di stucco: *son culot nous a soufflés* la sua faccia tosta ci ha lasciato di stucco.
soufflerie |sufləʀi| *s.f.* **1** (*techn.*) soffieria, soffiante: *soufflerie d'un orgue* soffieria, mantici di un organo; *soufflerie d'une forge, d'un four* soffieria di una forgia, di un forno **2** (*techn.*) galleria: *soufflerie* (*aérodynamique*) galleria aerodinamica*, del vento; *essais en soufflerie* prove nella galleria aerodinamica, del vento.
soufflet |suflɛ| *s.m.* **I** **1** [*instrument servant à souffler de l'air*] mantice, soffietto: *soufflet de forge* mantice, soffietto da forgia **2** [*partie pliante ou souple entre deux parties rigides* (*ressemblant à un soufflet*)] soffietto: *sac à soufflet* borsa a soffietto; *soufflet d'appareil photographique* soffietto di una macchina fotografica # *soufflet de train, d'autobus* intercomunicante di treno, di autobus **II** (*fig.*) **1** (*littér., vx.*) → **gifle** **2** (*fig., littér.*) → **affront, outrage.**
souffleter |suflәte| (5) *v.tr.* **1** (*vieilli*) → **gifler** **2** (*fig., littér.*) → **humilier, outrager.**
souffletier |suflətje| *s.m.* fabbricante di mantici d'organo.
souffleur |suflœʀ| *s.m.* (*vx.*) → **Cétacés.**
souffleur, euse |suflœʀ, øz| *s.* **I** **1** *s.m.* [*ouvrier qui façonne le verre à chaud par soufflage*] soffiatore: *souffleur à la canne* soffiatore con la canna; *souffleur de bouteilles* soffiatore di bottiglie **2** *s.* (*dans un théât.*) [*personne qui souffle leur rôle aux acteurs*] suggeritore*: *le trou du souffleur* la buca del suggeritore **3** *s.m.* [*appareilleur chargé de surveiller le transport et la pose des pierres destinées à la construction*] capomastro* **II** *s.f.* (*techn.*) **1** (*agric.*) soffiatrice, soffiante **2** (*Canada*) [*chasse-neige muni d'un dispositif hélicoïdal qui projette la neige à distance*] sgombraneve *m. inv.* (a turbina).
soufflure |suflyʀ| *s.f.* (*techn.*) soffiatura, bolla.
souffrance |sufʀɑ̃s| *s.f.* **1** [*le fait de souffrir*; *douleur physique ou morale*] sofferenza: *des souffrances cruelles,*

atroces sofferenze crudeli, atroci **2** *loc.* EN SOUFFRANCE [*en suspens, qui attend sa conclusion*] in sofferenza: *affaires en souffrance* affari in sofferenza, giacenti; *effet en souffrance* effetto in sofferenza; *marchandises en souffrance* merci in sofferenza, giacenti.

souffrant, ante |sufʀɑ̃, ɑ̃t| *adj.* **1** (*littér.*) [*qui souffre habituellement* (*du fait de sa nature, de sa situation*)] sofferente: *l'humanité souffrante* l'umanità sofferente ◇ (*spécialt.*) *l'Église souffrante* la Chiesa purgante **2** [*légèrement malade*] indisposto: *je suis souffrante, j'ai pris froid en sortant* sono indisposta, ho preso freddo uscendo.

souffre-douleur |sufʀədulœʀ| *s.m. inv.* [*personne qui est en butte aux mauvais traitements, aux tracasseries de son entourage*] vittima *f. var.*, zimbello (*var.*): *être le souffre-douleur de ses camarades* essere la vittima, lo zimbello dei propri compagni.

souffreteux, euse |sufʀətø, øz| *adj.* **1** [*qui est de santé débile, qui est habituellement souffrant*] malaticcio* → **maladif** **2** (*vx.*) [*qui éprouve momentanément quelque douleur, quelque malaise*] misero.

souffrir |sufʀiʀ| (23) **A** *v.tr.* **1** (*littér.*) [*supporter* (*qqch. de pénible ou de désagréable*)] sopportare (*cour.*): *il ne souffre pas d'être seul* non sopporta la solitudine → **endurer, supporter** ◇ (*fam.*) *il ne peut pas souffrir les haricots verts* non può sopportare, soffrire (186) i fagiolini ◇ (*avec un compl. de personne*) *il ne peut pas le souffrir* non può soffrirlo, sopportarlo **2** (*littér.*) [*permettre, tolérer*] permettere (155) (*cour.*): *souffrez que...* permettete (permetta) che... ◇ (*sujet de chose*) [*admettre*] ammettere (155): *cela ne souffre plus aucun retard* è una cosa che non ammette più indugio; *une règle qui ne souffre aucune exception* una regola che non ammette eccezioni **3** [*éprouver douloureusement*] soffrire: *souffrir le martyre* soffrire il martirio **B** *v.intr.* **1** [*éprouver une souffrance, des douleurs physiques ou morales*] soffrire: *souffrir en silence* soffrire in silenzio; *ses rhumatismes le font souffrir* i reumatismi lo fanno soffrire # *où souffrez-vous?* dove ha male, dove le fa male? ◇ *loc.* SOUFFRIR DE soffrire (*tr.*): *souffrir du froid* soffrire il freddo, per il freddo; *il souffre de la solitude* soffre la solitudine ◇ (*fam.*) [*avoir bien du mal, se donner beaucoup de peine*] *j'ai souffert pour lui expliquer mon problème* ho sofferto, faticato (*cour.*) a fargli capire il mio problema; *nous avons gagné le match, mais ils nous ont fait souffrir!* abbiamo vinto la partita, ma ci hanno fatto soffrire! **2** [*éprouver un dommage, un préjudice quelconque*] soffrire, risentire: *sa réputation en a souffert* la sua reputazione ne ha sofferto, risentito.

soufisme |sufism(ə)| *s.m.* (*hist. relig.*) sufismo.

soufrage |sufʀaʒ| *s.m.* [→ SOUFRER] inzolfatura *f.*; solforazione *f.*, solforatura (*f.*): *soufrage des allumettes* inzolfatura dei fiammiferi ‖ *soufrage de la laine* solforazione della lana; *soufrage de la vigne* solforatura della vite.

soufre |sufʀ(ə)| *s.m.* **1** (*minér.*) zolfo # *gisement de soufre* solfara **2** (*par ext.*) color *inv.* zolfo ♦ (*en appos.*, *inv.*) *jaune soufre* giallo zolfo.

soufré, ée |sufʀe| *adj.* **1** [*enduit, imprégné de soufre*] inzolfato; solforato: *allumettes soufrées* fiammiferi inzolfati **2** [*d'une couleur jaune soufre*] color zolfo *loc. inv.*

soufrer |sufʀe| *v.tr.* **1** [*imprégner, enduire de soufre*] inzolfare **2** *soufrer la vigne* [*la traiter en répandant sur elle du soufre en poudre*] solforare, inzolfare la vite **3** *soufrer du vin* [*le muter avec de l'anhydride sulfureux*] solforare il vino **4** (*techn.*) [*traiter au soufre, à l'anhydride sulfureux*] solforare: *soufrer une étoffe, de la laine, de la soie* solforare una stoffa, la lana, la seta.

soufreur, euse |sufʀœʀ, øz| *s.* **1** *s.* (operaio*) addetto alla inzolfatura, alla preparazione dello zolfo **2** *s.f.* (*techn.*) solforatrice.

soufrière |sufʀijɛʀ| *s.f.* [*lieu où l'on extrait le soufre*] solfara.

soufroir |sufʀwaʀ| *s.m.* (*techn.*) solforatoio*.

souhait |swɛ| *s.m.* **1** [*désir exprimé ou non, d'obtenir qqch., de voir un événement se produire*] desiderio*, auspicio*; augurio*: *réaliser un souhait* realizzare, appagare un desiderio, un auspicio; *exprimer, formuler des souhaits* esprimere, formulare degli auspici; *décevoir, tromper les souhaits de qqn.* deludere i desideri di qc. ‖ *les souhaits de bonne année* gli auguri di buon anno → **vœu** ◇ (*loc.*) *à vos* (*tes*) *souhaits!* (*formule fam., plais. à l'adresse d'une personne qui éternue*) salute! **2** *loc. adv.* À SOUHAIT [*d'une manière conforme à ce que l'on souhaite*]: *une affaire qui marche à souhait* un affare che va a gonfie vele; *elle est jolie à souhait* più carina di così non potrebbe essere.

souhaitable |swɛtabl(ə)| *adj.* [*qui peut ou qui doit être souhaité, recherché*] auspicabile: *ça n'est guère souhaitable* non è affatto auspicabile, non c'è da augurarselo; *il serait souhaitable qu'elle fasse un bon mariage* sarebbe auspicabile che facesse un buon matrimonio.

souhaiter |swete| *v.tr.* **1** [*désirer pour soi la possession, la présence de* (*qqch.*), *la réalisation de* (*un événement*)] sperare, auspicare: *je souhaite sa réussite, qu'il réussisse* spero, mi auguro che ce la faccia; auspico il suo successo, che riesca ◇ *loc.* SOUHAITER (DE) (+ *inf.*) sperare, augurarsi di (+ *inf.*): *je souhaite* (*de*) *la rencontrer* spero, mi auguro di incontrarla ~ SOUHAITER QUE (+ *subj.*) sperare che, augurarsi che (+ *subj.*): *je souhaite que tout aille bien* spero, mi auguro che tutto vada bene **2** [*désirer* (*qqch.*) *pour autrui*] augurare: *je vous souhaite bonne chance* le auguro buona fortuna ◇ (*iron.*) *je vous souhaite bien du plaisir*, (*fam.*) *je vous en souhaite* buon divertimento! ◇ (*spécialt.*) *souhaiter la bienvenue à qqn.* porgere (167) il benvenuto a qc.; *souhaiter le bonjour à qqn.* salutare; *souhaiter bon voyage à qqn.* augurare buon viaggio a qc. ◇ (*fam.*) *souhaiter la bonne année* augurare buon anno ◇ *ellipt.* (*pop.*) *je vous la souhaite bonne et heureuse* le auguro un buono e felice anno (*cour.*).

souillard |sujaʀ| *s.m.* [*trou percé dans une dalle, dans l'épaisseur d'un mur, pour l'écoulement des eaux* (*ménagères*)] scarico*.

souillarde |sujaʀd(ə)| *s.f.* (*région.*) [*baquet à lessive*] conca* ◇ [*arrière-cuisine*] retrocucina *m. inv.*

souille |suj| *s.f.* **1** [*bourbier où le sanglier aime à se vautrer*] brago* *m.* → **bauge** **2** [*enfoncement que forme un navire échoué dans la vase, le sable*] solco* *m.*, impronta **3** [*trace laissée sur le sol par un projectile qui a ricoché avant d'éclater*] traccia*.

souiller |suje| *v.tr.* **1** (*littér.*) [*salir*] sporcare (*cour.*), lordare: *malade qui souille ses draps* ammalato che sporca, lorda le lenzuola **2** (*fig.*, *littér.*) [*salir par le contact d'une chose impure*] macchiare (*cour.*): *souiller ses mains de sang* macchiarsi, lordarsi le mani di sangue → **contaminer.**

souillon |sujɔ̃| *s.* **1** *s.f.* [*servante malpropre, sale*] sguattera **2** *s.* (*vx.*) [*personne malpropre qui se salit*] sudicione, sporcaccione.

souillure |sujyʀ| *s.f.* **1** (*rare*) [*marque laissée par ce qui souille; saleté, tache*] sporcizia (*cour.*), sozzura ◇ [*impureté*] impurità *inv.* **2** (*fig.*, *littér.*) [*avilissement, corruption, flétrissure*] lordura: *souillure morale* lordura morale → **tache.**

souk |suk| *s.m.* (*ar.*) suk *inv.*

soûl, soûle |su, sul| *adj.* **1** (*fam.*) [*ivre*] ubriaco* (*cour.*): *il était soûl comme un cochon, comme un âne, comme un Polonais, comme une bourrique* era ubriaco fradicio → **plein** **2** (*loc. adv.*) *tout mon,... son,... leur soûl* [*à satiété, autant qu'on veut*] a sazietà: *fumer tout son soûl* fumare a sazietà # *elle sanglotait tout son soûl* piangeva tutte le sue lacrime.

soulagement |sulaʒmɑ̃| *s.m.* **1** [*action ou manière de soulager: chose qui soulage*] sollievo: *il cherche dans la drogue un soulagement à sa douleur* cerca nella droga un sollievo al dolore **2** [*état de celui qui se trouve soulagé*] sollievo: *un soupir de soulagement* un sospiro di sollievo.

soulager |sulaʒe| (3) **A** *v.tr.* **1** [*débarrasser* (*qqn.*) *d'une partie d'un fardeau; dispenser de quelque effort ou fatigue*] alleggerire (197): *soulager qqn. d'un fardeau* alleggerire qc. di un fardello ◇ (*plais.*) *un pickpocket m'a soulagé de mon portefeuille* un borsaiolo mi ha alleggerito del portafoglio **2** [*débarrasser partiellement* (*qqn.*) *de ce qui pèse sur lui* (*douleur, remords, inquiétude*)] sollevare: *le malade s'est senti soulagé* il malato si è sentito sollevato # *pleurez, cela vous soulagera* pianga, le farà bene ◇ [*aider, secourir* (*les pauvres, les malheureux*)] soccorrere (127): *soulager les malheureux* soccorrere gli infelici **3** [*rendre moins pesant, moins pénible à supporter*] alleviare: *soulager les maux* alleviare i mali **B** *v.pron. intr.* **1** (*fam.*) [*satisfaire un besoin naturel*] scaricarsi, fare (103) *tr.* un bisogno **2** (*fig.*) [*se libérer de ce qui pèse ou oppresse*] trovare *tr.* conforto.

soulane |sulan| *s.f.* versante *m.* soleggiato (nei Pirenei).

soûlard, arde |sulaʀ, aʀd(ə)| *s. et adj.* (*pop.*) [*ivrogne*] ubriacone (*cour.*).

soûlaud, aude |sulo, od|, **soûlot, ote** |sulo, ɔt| *s.* (*pop.*) [*ivrogne*] ubriacone (*cour.*): *un vieux soûlaud* un vecchio ubriacone.

soûler |sule| *v.tr.* **1** (*littér.*) [*rassasier*] saziare **2** (*fam.*) [*enivrer*] ubriacare

♦ (*pron. intr.*) *il s'est soûlé* si è ubriacato **3** (*fig.*) [*griser*] inebriare.
soûlerie |sulʀi| *s.f.* (*pop.*) [*beuverie; ivresse*] sbornia, sbronza.
soulevé |sulve| *s.m.* (*poids et haltères*) sollevamento.
soulèvement |sulɛvmɑ̃| *s.m.* **1** [*fait de soulever, d'être soulevé*] sollevamento **2** (*fig.*) [*mouvement massif de révolte contre un oppresseur*] sollevazione *f.*, insurrezione *f.* C 1 **affaissement.**
soulever |sulve| (6) *v.tr.* **1** [*lever à une faible hauteur*] sollevare: *elle souleva le couvercle de la casserole* sollevò il coperchio della pentola ◇ [*relever*] *soulever le rideau* alzare il sipario **2** [*faire s'élever*] sollevare, alzare: *la voiture soulevait de la poussière* la macchina sollevava, alzava polvere ◇ (*loc. fig.*) *cela soulève le cœur* è una cosa che fa rivoltare lo stomaco, che dà la nausea **3** (*fig.*) [*animer, exalter, transporter* (*qqn.*)] trasportare: *l'élan de gratitude qui la soulevait* lo slancio di gratitudine da cui era trasportata **4** [*animer* (*qqn.*) *de sentiments hostiles, indisposer*] sollevare: *il avait soulevé contre lui l'opinion* gli aveva sollevato contro l'opinione pubblica ♦ *pron. intr.* [*se révolter*] sollevarsi **5** [*exciter puissamment* (*un sentiment*); *faire naître* (*un événement*)] sollevare: *ces mots soulevèrent une tempête de protestations* quelle parole sollevarono, provocarono un uragano di proteste; *son discours a soulevé l'enthousiasme* il suo discorso ha sollevato l'entusiasmo → **provoquer** **6** [*faire que se pose* (*une question, un problème*)] sollevare, porre (168): *la question sera soulevée à la prochaine session* la questione sarà sollevata, posta nel corso della prossima sessione **7** (*pop.*) [*enlever, prendre*] fregare: *il veut lui soulever ses meilleurs clients* vuole fregargli i migliori clienti.
soulier |sulje| *s.m.* [*chaussure à semelle résistante, qui couvre le pied*] scarpa (*f.*): *souliers bas, montants* scarpe basse, alte; *souliers plats* scarpe a tacco basso, senza tacco; *souliers à talons hauts* scarpe con tacchi alti; *souliers de sport, de chasse* scarpe sportive, da caccia ◇ (*loc. fig.*) *être dans ses petits souliers* essere sulle spine.
soulignage |suliɲaʒ|, **soulignement** |suliɲmɑ̃| *s.m.* [*action de souligner; trait dont on souligne*] sottolineatura *f.*
souligner |suliɲe| *v.tr.* **1** [*tirer une ligne, un trait sous* (*un mot, une suite de mots qu'on veut signaler à l'attention*)] sottolineare ◇ [*border d'un trait qui met en valeur*] *l'œil noir souligné par le crayon* l'occhio nero sottolineato con la matita **2** (*fig.*) [*accentuer, mettre en valeur*] sottolineare: *les clins d'œil dont il soulignait certaines allusions* le strizzatine d'occhio con cui sottolineava certe sue allusioni → 1 **ressortir (faire)** ◇ [*faire remarquer avec une insistance particulière*] *l'auteur souligne l'importance de cet événement* l'autore sottolinea l'importanza di questo avvenimento.
soûlographe |sulɔgʀaf| *s.* (*fam.*) [*ivrogne*] ubriacone (*cour.*).
soûlographie |sulɔgʀafi| *s.f.* (*fam.*) [*ivrognerie*] sbornia, sbronza.
soulte |sult(ə)| *s.f.* [*somme d'argent qui, dans un partage, compense une inégalité*] conguaglio* *m.* → **compensation.**
soumettre |sumɛtʀ(ə)| (71) **A** *v.tr.* **1** [*mettre dans un état de dépendance, ramener à l'obéissance*] sottomettere (155): *soumettre des rebelles* sottomettere dei ribelli **2** [*mettre dans l'obligation d'obéir à une loi, d'accomplir un acte*] sottoporre (168): *les règlements, les formalités auxquels est soumis tout citoyen* i regolamenti, le formalità ai quali è sottoposto ogni cittadino # *le revenu soumis à l'impôt* il reddito assoggettato, soggetto a imposta **3** [*présenter, proposer au jugement, au choix*] sottoporre: *le maire a soumis le cas, le problème au préfet* il sindaco ha sottoposto il caso, il problema al prefetto **4** [*exposer à une action, à un effet qu'on fait subir*] sottoporre: *soumettre un sportif à un entraînement sévère* sottoporre uno sportivo a un severo allenamento **B** *v.pron. intr.* SE SOUMETTRE [*obéir, se conformer*] sottomettersi: *se soumettre aux lois* sottomettersi, piegarsi alle leggi ♦ (*absolt.*) *se soumettre ou se démettre* piegarsi o dimettersi.
soumis, ise |sumi, iz| *adj.* **1** [*docile, obéissant*] sottomesso **2** (*loc. vieillie*) *fille soumise* prostituta *s.f.* (sottoposta al controllo sanitario).
soumission |sumisjɔ̃| *s.f.* **1** sottomissione → **obéissance** **2** (*dr.*) offerta (in una gara di appalto).
soumissionnaire |sumisjɔnɛʀ| *s.* (*dr.*) offerente (in una gara di appalto).
soumissionner |sumisjɔne| *v.tr.* (*dr.*) [*proposer de fournir ou d'entreprendre* (*qqch.*) *en faisant une soumission* (2)] fare (103) un'offerta (in una gara di appalto).
soupape |supap| *s.f.* (*techn.*) valvola: *soupape d'admission* valvola di ammissione; *soupape d'échappement* valvola di scappamento; *soupapes en tête* valvole in testa; *ressort de soupape* molla di valvola; *soupape de sûreté* valvola di sicurezza → **clapet, valve.**
soupçon |supsɔ̃| *s.m.* **1** [*conjecture qui fait attribuer à qqn. des actes ou intentions blâmables*] sospetto: *il est au-dessus, à l'abri de tout soupçon* è al di sopra di ogni sospetto; *éveiller les soupçons d'un mari jaloux* destare i sospetti di un marito geloso ◇ [*idée, pressentiment*] idea (*f.*): *je n'en ai pas le moindre soupçon* non ne ho la minima idea **2** [*apparence qui laisse supposer la présence d'une chose; très petite quantité*] ombra *f.*; pizzico*: *elle mettait un soupçon de rouge* si metteva un'ombra di belletto; *il n'y a pas chez lui un soupçon de vulgarité* in lui non c'è un'ombra di volgarità, il minimo accenno di volgarità → 1 **ombre, pointe** || *un soupçon de sel, de poivre* un pizzico di sale, di pepe.
soupçonnable |supsɔnabl(ə)| *adj.* (*rare*) [*sur qui, sur quoi peuvent peser des soupçons*] sospettabile (*cour.*).
soupçonner |supsɔne| *v.tr.* **1** [*faire peser de soupçons sur* (*qqn.*)] sospettare: *on le soupçonne de vol, d'avoir volé* è sospettato di furto, di aver rubato → **suspecter** **2** [*concevoir ou pressentir d'après certains indices*] sospettare: *je soupçonne une manœuvre de dernière heure* sospetto una manovra dell'ultima ora → **entrevoir, flairer.**
soupçonneusement |supsɔnøzmɑ̃| *adv.* (*littér.*) [→ SOUPÇONNEUX] sospettosamente, con sospetto *loc. inv.* (*cour.*).
soupçonneux, euse |supsɔnø, øz| *adj.* [*enclin aux soupçons*] sospettoso: *un air, des regards soupçonneux* un'aria sospettosa, degli sguardi sospettosi → **méfiant.**
soupe |sup| *s.f.* **1** [*potage ou bouillon épaissi*] minestra, zuppa: *soupe aux choux, à l'oignon* minestra, zuppa di cavolo, di cipolle ◇ (*loc. pop.*) *un gros plein de soupe* un trippone ~ (*fig.*) *monter comme une soupe au lait* accendersi come uno zolfanello ~ *c'est une soupe au lait, il est soupe au lait* va subito in bestia ~ *cela vient comme un cheveu sur la soupe* c'entra come i cavoli a merenda ~ (*péj.*) *marchand de soupe* gestore di collegio, di convitto **2** [*plat unique, plus ou moins liquide, qu'on servait aux soldats en campagne*] rancio* *m.* ◇ (*fam.*) *à la soupe!* a tavola!; *soupe populaire* mensa dei poveri ◇ (*loc. fig., pop.*) *par ici la bonne soupe!* [*l'argent*] qua i soldi! **3** (*pop.*) → **explosif** **4** (*loc. fig.*) *être trempé comme une soupe* essere inzuppato, bagnato fradicio.
soupente |supɑ̃t| *s.f.* (*constr.*) soppalco* *m.*; sottoscala *m. inv.*
1 **souper** |supe| *s.m.* **1** [*repas ou collation qu'on prend à une heure avancée de la nuit, après le spectacle*] cenetta *f.* (di mezzanotte) **2** (*région., vx.*) → 2 **dîner.**
2 **souper** |supe| *v.intr.* **1** [*faire un souper*] cenare, fare (103) *tr.* una cenetta **2** (*région., vx.*) → 1 **dîner** **3** (*fig., fam.*) *j'en ai soupé* [*j'en ai par-dessus la tête*] ne ho fin sopra i capelli.
soupeser |supəze| (6) *v.tr.* [*soulever et soutenir un moment dans la main pour juger approximativement du poids*] soppesare.
soupeur, euse |supœʀ, øz| *s.* **1** chi ha l'abitudine di cenare dopo uno spettacolo *loc.* **2** (*vx.*) → **dîneur.**
soupière |supjɛʀ| *s.f.* [*récipient dans lequel on sert la soupe ou le potage; son contenu*] zuppiera.
soupir |supiʀ| *s.m.* **1** sospiro: *soupir de résignation, de soulagment* sospiro di rassegnazione, di sollievo; *pousser des soupirs* fare, emettere dei sospiri; *rendre le dernier soupir* rendere l'ultimo sospiro **2** (*fig., littér.*) [*chant ou son mélancolique*] sospiro **3** (*mus.*) sospiro, pausa *f.*
soupirail, aux |supiʀaj, o| *s.m.* [*ouverture pratiquée dans le soubassement d'un rez-de-chaussée pour donner de l'air, du jour*] spiraglio*.
soupirant, ante |supiʀɑ̃, ɑ̃t| **1** *adj.* (*littér.*) [*qui soupire, se plaint*] spasimante, che sospira *loc.* (*cour.*) **2** *s.m.* (*plais., vieilli*) [*amoureux*] spasimante.
soupirer |supiʀe| **A** *v.intr.* [*pousser un soupir, des soupirs*] sospirare: *soupirer d'aise, d'amour* sospirare di sollievo, d'amore ◇ (*littér.*) *soupirer après..., pour...* [*désirer ardemment*] spasimare per... **B** *v.tr.* **1** (*poét.*) [*chanter sur le mode élégiaque*] sussurrare **2** (*surtout en incise*) [*dire en soupirant*] sospirare: '*hélas*', *soupira-t-il* 'ahimé', sospirò.
souple |supl(ə)| *adj.* **1** [*capable de s'adapter adroitement à la volonté d'autrui, aux exigences de la situation*] duttile, docile; elastico*, flessibile: *un esprit souple* una mente duttile **2** [*qu'on*

peut plier et replier facilement, sans le casser ni le détériorer] morbido; flessibile: *un cuir souple* una pelle morbida → **élastique, flexible** || *tiges souples d'osier* rami di vimini flessibili # *chemise à col souple* camicia a collo floscio **3** (*membres, corps*) [*qui se plie et se meut avec aisance*] agile: *un corps souple et musclé* un corpo agile e muscoloso # *démarche souple* andatura sciolta ◇ *loc.* (*métaph.*) *avoir l'échine souple, les reins souples* [*savoir céder, se soumettre*] essere arrendevole.

souplesse |suplɛs| *s.f.* **1** [*propriété de ce qui est souple* (2), *flexible*] flessibilità *inv.*, elasticità (*inv.*): *la souplesse d'une lame* la flessibilità di una lama; *la souplesse de poignet d'un escrimeur* l'elasticità del polso di uno schermidore → **élasticité, flexibilité** **2** (*fig.*) [*qualité d'une personne souple* (*dans le domaine pratique*)] flessibilità, elasticità: *elle a manœuvré avec souplesse* ha manovrato con una certa flessibilità, con abilità → 2 **adresse, diplomatie** ◇ [*faculté d'adaptation intellectuelle*] elasticità, duttilità (*inv.*): *la souplesse exceptionnelle de son esprit* l'elasticità, la duttilità eccezionale della sua mente; *la souplesse d'une langue* la duttilità di una lingua.

souquenille |suknij| *s.f.* (*vieilli*) [*longue blouse ou surtout de cocher, de clown, de palefrenier*] casacca*, camiciotto *m.*

souquer |suke| (*mar.*) **A** *v.tr.* [*serrer ferme* (*un nœud, un amarrage*)] stringere (131), serrare forte **B** *v.intr.* [*tirer fortement sur les avirons*] arrancare: *souquer ferme, dur* arrancare.

sourate |suʀat| *s.f.* → **surate.**

source |suʀs(ə)| *s.f.* **1** [*eau qui sort de la terre; issue par laquelle une eau souterraine se déverse à la surface du sol*] sorgente, fonte: *source thermale* sorgente, fonte termale; *eau de source* acqua di fonte, sorgiva ◇ (*loc. fig.*) *cela coule de source* è chiaro come il sole ◇ (*spécialt.*) *la source d'un cours d'eau* la sorgente di un corso d'acqua **2** (*fig.*) [*origine, principe*] origine, fonte: *la source du vrai bonheur est en nous* l'origine della vera felicità è in noi ◇ (*ling.*) *langue source* lingua di partenza *loc. inv.* **3** [*origine d'une information*] fonte: *tenir, savoir de bonne source, de source sûre* apprendere, sapere da una fonte solitamente bene informata, da fonte sicura ◇ [*document, texte original*] *la critique des sources* la critica delle fonti ◇ [*origine*] *retenue à la source* ritenuta d'acconto *m.*, alla fonte ◇ (*littér.*) [*œuvre antérieure* (*récit, légende, etc.*) *qui a fourni à un artiste ou à un écrivain un thème, une idée*] fonte **4** [*point d'où la lumière, la chaleur, etc. rayonne et se propage*] sorgente, fonte: *source de chaleur, de lumière* sorgente, fonte di calore, di luce; *source lumineuse, sonore* sorgente luminosa, sonora ◇ (*spécialt.*) *sources d'énergie, énergétiques* fonti d'energia, energetiche.

sourcier, ière |suʀsje, jɛʀ| *s.* [*personne à laquelle on attribue l'art de découvrir les sources cachées, les nappes d'eau souterraines*] rabdomante → **radiesthésiste, rhabdomancien.**

sourcil |suʀsi| *s.m.* [*saillie arquée, garnie de poils au-dessus de l'orbite; ces poils*] sopracciglio*: *froncer les sourcils* aggrottare, corrugare le sopracciglia.

sourcilier, ière |suʀsilje, jɛʀ| *adj.* (*anat.*) sopracciliare: *arcade sourcilière* arcata sopracciliare.

sourciller |suʀsije| *v.intr.* (*seulement en emploi négatif*) [*manifester son trouble, son mécontentement*] battere *tr.* ciglio: *il n'a pas sourcillé* non ha battuto ciglio.

sourcilleux, euse |suʀsijø, øz| *adj.* **1** (*littér.*) [*hautain; sévère, renfrogné*] accigliato: *front sourcilleux* fronte accigliata **2** [*pointilleux*] cavilloso **3** (*vx., littér.*) [*haut, élevé*] *roc sourcilleux* irta rupe.

sourd, sourde |suʀ, suʀd(ə)| *adj.* **I** **1** [*qui perçoit insuffisamment les sons ou ne les perçoit pas du tout*] sordo: *sourd de naissance, d'une oreille* sordo dalla nascita, da un orecchio ✦ (*s.*) *un sourd* un sordo ◇ (*loc.*) *sourd comme un pot* sordo come una campana ~ *faire la sourde oreille* fare orecchio da mercante ~ *crier comme un sourd* gridare come un pazzo (un dannato) ~ *frapper comme un sourd* dare botte da orbi ~ *ce n'est pas tombé dans l'oreille d'un sourd* non ha parlato al vento ~ *c'est comme si on parlait à un sourd* è come parlare a un sordo ◇ (*prov.*) *il n'est pire sourd que celui qui ne veut pas entendre* non c'è peggior sordo di chi non vuole sentire **2** (*fig.*) SOURD À [*qui refuse d'entendre, reste insensible*] sordo a: *il resta sourd à nos prières* rimase sordo alle nostre preghiere **II** (*choses*) **1** [*peu sonore, qui ne retentit pas*] sordo: *un bruit sourd* un rumore sordo ◇ (*phonét.*) *consonne sourde* consonante sorda ✦ (*s.f.*) *une sourde* una sorda **2** [*qui n'est pas éclatant*] opaco*: *un gris sourd* un grigio opaco → **doux, mat** **3** [*qui est peu prononcé, qui ne se manifeste pas nettement*] sordo: *douleur sourde* dolore sordo; *une colère sourde* una sorda rabbia; *une lutte sourde* una lotta sorda → 3 **vague.**

sourdement |suʀdəmɑ̃| *adv.* **1** [*avec un bruit sourd*] sordamente **2** (*fig.*) [*d'une manière sourde, cachée*] sordamente.

sourdine |suʀdin| *s.f.* sordina: *sourdine d'un violon, d'une trompette* sordina di un violino, di una tromba ◇ (*loc.*) *jouer en sourdine* suonare in sordina ◇ (*loc. fig.*) *tout se passa en sourdine* tutto accadde in sordina.

sourdingue |suʀdɛ̃g| *adj. et s.* (*pop.*) [*sourd*] sordastro (*cour.*).

sourd-muet, sourde-muette |suʀmyɛ, suʀdmyɛt| *s. et adj.* sordomuto.

sourdre |suʀdʀ(ə)| *v.intr.* (*seulement inf. et 3ᵉ pers.* '*il sourd, ils sourdent; il sourdait, ils sourdaient*') (*vx., littér.*) (*se dit de l'eau qui sort de terre*) sgorgare (*cour.*) → **filtrer, jaillir** ◇ (*fig.*) [*naître; surgir*] sorgere (167).

souriant, ante |suʀjɑ̃, ɑ̃t| *adj.* [*qui sourit, est aimable et gai*] sorridente; allegro: *bouche souriante* bocca sorridente || *ils sont toujours souriants* sono sempre allegri, sorridenti.

souriceau |suʀiso| *s.m.* [*petit d'une souris, jeune souris*] topolino, topino.

souricier |suʀisje| *s.m.* mangiatore di topi ✦ (*adj.*) *chat souricier* gatto acchiappatopi *inv.*

souricière |suʀisjɛʀ| *s.f.* **1** trappola per topi → 1 **ratière** **2** (*fig.*) [*piège tendu par la police*] trappola, trabocchetto *m.*

1 **sourire** |suʀiʀ| (47) *v.intr.* **1** [*prendre une expression rieuse ou ironique par un léger mouvement de la bouche et des yeux*] sorridere (130): *sourire à qqn.* sorridere a qc.; *cela fait sourire* (è una cosa che) fa sorridere **2** (*choses*) *sourire* (*à qqn.*) [*être agréable ou convenable*] sorridere, andare (101) (*aux.* essere) a genio (a qc.): *un mariage qui ne me sourit pas* un matrimonio che non mi va a genio; *cette idée ne me sourit pas* quest'idea non mi sorride affatto, non mi va affatto a genio ◇ [*être favorable*] arridere (130), sorridere: *la chance, la vie me sourit* la fortuna, la vita mi sorride.

2 **sourire** |suʀiʀ| *s.m.* [*action de sourire, mouvement et expression d'un visage qui sourit*] sorriso: *le sourire aux lèvres* col sorriso sulle labbra; *faire un sourire à qqn.* fare un sorriso a qc. ◇ (*loc.*) *avoir le sourire* mostrare la propria soddisfazione; *garder le sourire* continuare a sorridere, rimanere ottimista, fiducioso.

1 **souris** |suʀi| *s.f.* **1** (*t.zool.*) topo *m.* ~ *souris blanche* topo bianco ~ *souris rousse* topo rossiccio ◇ (*loc.*) *quand le chat n'est pas là les souris dansent* quando il gatto non c'è i topi ballano ~ *on entendrait trotter une souris* si sentirebbe volare una mosca ✦ (*appos.*) *gris souris* grigio topo (*inv.*): *un tailleur gris souris* un 'tailleur' grigio topo **2** (*fam.*) *souris d'hôtel* topo d'albergo ◇ (*pop.*) → **nana** **3** (*par anal.*) muscolo *m.* aderente all'osso (nel cosciotto d'agnello) ◇ (*méd.*) *souris articulaire* corpo *m.* mobile articolare.

2 **souris** |suʀi| *s.m.* (*vx.*) → 2 **sourire.**

sournois, oise |suʀnwa, waz| *adj.* **1** [*qui dissimule ses sentiments réels, souvent dans une intention malveillante*] sornione → **dissimulé** ✦ (*s.*) *un sournois* un sornione, una gattamorta* *f.* → **hypocrite** **2** (*choses*) [*qui ne se manifeste pas franchement*] subdolo: *une méchanceté sournoise* una cattiveria subdola **3** (*vx.*) → **sombre, mélancolique.**

sournoisement |suʀnwazmɑ̃| *adv.* [→ SOURNOIS 2] subdolamente.

sournoiserie |suʀnwazʀi| *s.f.* (*littér.*) [*caractère, comportement d'une personne sournoise*] falsità *inv.*, ipocrisia **C** **candeur, franchise.**

sous- |su| *préf.* (*marquant 'la position, la subordination, la subdivision', correspond généralt. à*) sotto; sub; vice: *sous-bas* sottocalza; *sous-préfet* sottoprefetto || *sous-agent* subagente || *sous-bibliothécaire* vicebibliotecario # *sous-alimentation* denutrizione, malnutrizione → **hypo-, infra-, sub-.**

sous |su| *prép.* **I** (*marque la position en bas par rapport à ce qui est en haut, ou en dedans par rapport à ce qui est en dehors*) **1** (*chose en contact*) sotto: *disposer un oreiller sous la tête d'un malade* mettere un cuscino sotto la testa di un malato ◇ (*loc.*) *sous le bras* sotto il braccio ~ *sous main* sottomano ~ *sous le joug* sotto il giogo ~ *sous l'eau* sott'acqua ~ *sous terre* sotto terra ~ *plier sous le poids* piegarsi sotto il peso **2** (*chose qui recouvre*) sotto: *sous les armes* sotto le armi; *sous la neige* sotto la neve # *mettre sous enveloppe* mettere in (una) busta ◇ (*fig.*) sotto, con: *sous les traits de* sotto, con le sembianze di; *sous le nom de* sotto il nome, con il nome di **3** (*le compl. désignant une chose qui domine, surplombe, sans contact avec l'autre*) sotto: *rien de nouveau sous le soleil* niente di nuovo sotto il sole; *s'abriter sous un parapluie* ripararsi sotto l'ombrello; *naviguer sous pavillon français* navigare sotto, battendo bandiera francese; *sous les drapeaux* sotto le armi # *inscrit sous tel numéro* iscritto con un certo numero ◇ (*le compl. désignant la chose à quoi on est exposé*) *sous le canon des ennemis* sotto le cannonate nemiche; *sous les yeux, le regard de tout le monde* sotto gli occhi, lo sguardo di tutti **II** (*fig.*) **1** [*rapport de subordination ou de dépendance*] sotto: *sous un régime socialiste* sotto un regime socialista; *sous la direction de* sotto la direzione di, diretto da; *sous sa responsabilité* sotto la propria responsabilità; *sous les auspices de* sotto gli auspici, l'egida di; *sous condition* sotto condizione, condizionato # *sous réserve de* con riserva di; *sous peine de mort* pena la morte; *sous les ordres de* agli ordini di **2** (*valeur temporelle*) sotto: *sous l'Empire* sotto l'Impero; *sous Louis XIV* sotto Luigi XIV ◇ (*loc.*) *sous huitaine* entro otto giorni ~ *sous peu* tra poco, tra breve **3** [*par l'effet de*] dietro: *sous la pression de qqn.* dietro le pressioni di qc. **4** (*introduisant un compl. de point de vue, de manière*) *sous cet angle* in questo angolo, in questa visuale, prospettiva; sotto questa angolazione; *sous cet aspect* sotto questo aspetto; *sous ce rapport* a questo riguardo, da questo punto di vista © **sur.**

sous-admissible |suzadmisibl(ə)| *adj.* (*se dit d'un candidat ayant franchi la première étape pour être admissible*) ⊠.

sous-affluent |suzaflyɑ̃| *s.m.* (*géogr.*) subaffluente.

sous-affrètement |suzafʀɛtmɑ̃| *s.m.* [→ SOUS-AFFRÉTER] subnoleggio*.

sous-affréter |suzafʀete| (8) *v.tr.* (*mar.*) [*affréter (un navire) d'un affréteur*] subnoleggiare.

sous-agence |suzaʒɑ̃s| *s.f.* subagenzia.

sous-agent |suzaʒɑ̃| *s.m.* subagente.

sous-aide |suzɛd| *s.* (*rare*) sottoaiutante.

sous-alimentation |suzalimɑ̃tɑsjɔ̃| *s.f.* [*insuffisance alimentaire*] denutrizione, malnutrizione © **suralimentation.**

sous-alimenté, ée |suzalimɑ̃te| *adj.* [*victime de la sous-alimentation*] denutrito.

sous-amendement |suzamɑ̃dmɑ̃| *s.m.* (*dr.*) modifica* *f.* di un emendamento.

sous-arbrisseau |suzaʀbʀiso| *s.m.* (*bot.*) suffrutice.

sous-arrondissement |suzaʀɔ̃dismɑ̃| *s.m.* (*admin.*) sottocircondario*.

sous-bailleur, -bailleresse |subajœʀ, bajʀɛs| *s.* (*dr.*) sublocatore*.

sous-barbe |subaʀb(ə)| *s.f.* **1** [*partie postérieure de la mâchoire inférieure du cheval*] barbozza ◇ (*hippol.*) sottogola *m. ou f. inv.* **2** (*mar.*) briglia (del bompresso).

sous-bas |suba| *s.m.* sottocalza *f.*

sous-bibliothécaire |subiblijɔtekɛʀ| *s.* vicebibliotecario*.

sous-bois |subwa(ɑ)| *s.m.* **1** sottobosco* **2** quadro raffigurante l'interno di una foresta.

sous-brigadier |subʀigadje| *s.m.* vicebrigadiere.

sous-calibré, ée |sukalibʀe| *adj.* (*techn.*) *projectile sous-calibré* proiettile decalibrato.

sous-cape |sukap| *s.f.* [*feuille de tabac utilisée pour la confection des cigares*] sottofascia*.

sous-chef |suʃɛf| *s.m.* sottocapo, vicecapo.

sous-classe |suklɑs| *s.f.* (*sc. nat.*) sottoclasse.

sous-clavier, ière |suklavje, jɛʀ| *adj.* (*anat.*) succlavio*.

sous-comité |sukɔmite| *s.m.* sottocomitato.

sous-commission |sukɔmisjɔ̃| *s.f.* sottocommissione.

sous-comptoir |sukɔ̃twaʀ| *s.m.* (*comm.*) subagenzia *f.* (all'estero).

sous-consommation |sukɔ̃sɔmɑsjɔ̃| *s.f.* (*écon.*) sottoconsumo *m.*

souscripteur, trice |suskʀiptœʀ, tʀis| *s.* **1** sottoscrittore* **2** (*comm.*) traente.

souscription |suskʀipsjɔ̃| *s.f.* sottoscrizione.

souscrire |suskʀiʀ| (51) **A** *v.tr.* [*s'engager à payer, en signant*] sottoscrivere (182) **B** (*v.intr.*) *souscrire à* **1** [*donner son adhésion*] sottoscrivere *tr.* **2** [*s'engager à fournir une somme pour sa part*] sottoscrivere (*tr. et intr.*): *souscrire à une publication* sottoscrivere (a) una pubblicazione; *souscrire à un emprunt* sottoscrivere (a) un prestito.

sous-cutané, ée |sukytane| *adj.* (*anat., méd.*) sottocutaneo: *injection sous-cutanée* iniezione sottocutanea.

sous-développé, ée |sudɛvlɔpe| *adj.* sottosviluppato: *économie sous-développée* economia sottosviluppata; *pays sous-développés* paesi sottosviluppati.

sous-développement |sudɛvlɔpmɑ̃| *s.m.* (*écon.*) sottosviluppo.

sous-diaconat |sudjakɔna| *s.m.* (*ecclés.*) suddiaconato.

sous-diacre |sudjakʀ(ə)| *s.m.* suddiacono.

sous-directeur, trice |sudiʀɛktœʀ, tʀis| *s.* vicedirettore*.

sous-dominante |sudɔminɑ̃t| *s.f.* (*mus.*) sottodominante.

sous-économat |suzekɔnɔma| *s.m.* subeconomato.

sous-économe |suzekɔnɔm| *s.* subeconomo.

sous-embranchement |suzɑ̃bʀɑ̃ʃmɑ̃| *s.m.* (*sc. nat.*) sottobranca* *f.*

sous-emploi |suzɑ̃plwa| *s.m.* (*écon.*) sottoccupazione *f.*

sous-ensemble |suzɑ̃sɑ̃bl(ə)| *s.m.* (*math.*) sottoinsieme.

sous-entendre |suzɑ̃tɑ̃dʀ(ə)| (53) *v.tr.* [*avoir dans l'esprit, sans dire expressément*] sottintendere (105).

sous-entendu |suzɑ̃tɑ̃dy| *s.m.* sottinteso.

sous-entrepreneur |suzɑ̃tʀəpʀənœʀ| *s.m.* subappaltatore.

sous-épidermique |suzepidɛʀmik| *adj.* (*anat.*) sottocutaneo.

sous-équipé, ée |suzekipe| *adj.* (*écon.*) insufficientemente attrezzato; carente dal punto di vista infrastrutturale.

sous-équipement |suzekipmɑ̃| *s.m.* (*écon.*) attrezzatura *f.* insufficiente; deficienze *f. pl.*, carenze *f. pl.* infrastrutturali.

sous-espèce |suzɛspɛs| *s.f.* (*sc. nat.*) sottospecie *inv.*

sous-estimation |suzɛstimɑsjɔ̃| *s.f.* [→ SOUS-ESTIMER] sottovalutazione.

sous-estimer |suzɛstime| *v.tr.* [*estimer au-dessous de sa valeur marchande, du prix réel*] sottovalutare.

sous-évaluer |suzevalɥe| *v.tr.* [*estimer au-dessous de sa valeur marchande, du prix réel*] sottovalutare.

sous-exposer |suzɛkspoze| *v.tr.* (*photo.*) [*exposer insuffisamment (une pellicule, un film)*] sottoesporre (168).

sous-exposition |suzɛkspozisjɔ̃| *s.f.* (*photo.*) sottoesposizione.

sous-faîte |sufɛt| *s.m.* (*techn.*) controcatena *f.*

sous-famille |sufamij| *s.f.* (*sc. nat.*) sottofamiglia.

sous-fifre |sufifʀ(ə)| *s.m.* (*fam.*) [*subalterne, tout petit employé*] impiegatuccio*.

sous-frutescent, ente |sufʀytesɑ̃, ɑ̃t| *adj.* (*bot.*) suffruticoso.

sous-garde |sugaʀd(ə)| *s.f.* [*pièce protégeant la détente (d'une arme à feu)*] ponticello *m.*

sous-genre |suʒɑ̃ʀ| *s.m.* (*sc. nat.*) sottogenere.

sous-gorge |sugɔʀʒ(ə)| *s.f. inv.* (*hippol.*) sottogola *m. ou f.*, soggolo *m. var.*

sous-gouverneur |suguvɛʀnœʀ| *s.m.* vicegovernatore.

sous-groupe |sugʀup| *s.m.* **1** sottogruppo: *un sous-groupe de travail, d'experts* un sottogruppo di lavoro, di esperti **2** (*math.*) sottogruppo.

sous-homme |suzɔm| *s.m.* sottospecie *f. inv.* d'uomo.

sous-ingénieur |suzɛ̃ʒenjœʀ| *s.m.* aiuto ingegnere.

sous-inspecteur, trice |suzɛ̃spɛktœʀ, tʀis| *s.* viceispettore*.

sous-intendance |suzɛ̃tɑ̃dɑ̃s| *s.f.* sott(o)intendenza.

sous-intendant |suzɛ̃tɑ̃dɑ̃| *s.m.* sott(o)intendente.

sous-jacent, ente |suʒasɑ̃, ɑ̃t| *adj.* sottostante, soggiacente ◇ (*fig.*) [*caché, profond*] nascosto, recondito: *les difficultés sous-jacentes* le difficoltà nascoste, insite.

sous-lieutenant |suljøtnɑ̃| *s.m.* sottotenente.

sous-locataire |sulɔkatɛʀ| *s.* sublocatario*, subaffittuario*.

sous-location |sulɔkɑsjɔ̃| *s.f.* sublocazione, subaffitto *m.*

sous-louer |sulwe| *v.tr.* **1** [*donner à loyer (ce dont on est soi-même locataire principal)*] subaffittare **2** [*prendre à loyer du locataire principal*] sublocare, prendere (105) in subaffitto.

sous-main |sumɛ̃| *s.m. inv.* **1** (*loc.*) *en sous-main* [*en secret*] sottomano, di nascosto **2** [*accessoire de bureau, sur lequel on place le papier pour écrire*] sottomano.

sous-maître |sumɛtʀ(ə)| *s.m.* (*milit.*) sottufficiale istruttore.

sous-marin, ine |sumaʀɛ̃, in| **1** *adj.* sottomarino, subacqueo: *explorateur sous-marin* esploratore sottomarino; *pêche sous-marine* pesca subacquea **2** *s.m.* (*mar.*) sottomarino, sommergibile.

sous-marinier |sumaʀinje| *s.m.* [*marin faisant partie de l'équipage d'un sous-marin*] sommergibilista.

sous-maxillaire |sumaksi(l)lɛʀ| *adj.* (*anat.*) sottomascellare, sottomandibolare.
sous-multiple |sumyltipl(ə)| *adj. et s.m.* (*math.*) sottomultiplo Ⓒ **multiple.**
sous-nappe |sunap| *s.f.* mollettone *m.*, sottotovaglia.
sous-normale |sunɔʀmal| *s.f.* (*géom.*) sottonormale.
sous-occipital, ale, aux |suzɔksipital, o| *adj.* (*anat.*, *méd.*) sotto(o)ccipitale.
sous-œuvre (en) |ɑ̃suzœvʀ(ə)| *loc. adv.* (*constr.*) sottomurazione *s.f.* ◇ (*fig.*) [*par la base*] daccapo *adv.*, dalla base: *reprendre en sous-œuvre un travail* riprendere un lavoro daccapo, dalla base.
sous-off |suzɔf| *s.m.* (*abrév. fam.*, *péj.*) → **sous-officier.**
sous-officier |suzɔfisje| *s.m.* sottufficiale.
sous-orbitaire |suzɔʀbitɛʀ| *adj.* (*anat.*) sottorbitale.
sous-ordre |suzɔʀdʀ(ə)| *s.m.* **1** (*dr.*) *créancier en sous-ordre* creditore di un creditore **2** [*employé subalterne qui n'a guère de responsabilités*] subalterno **3** (*sc. nat.*) sottordine.
sous-oxyde |suzɔksid| *s.m.* (*chim.*) sottossido.
sous-palan |supalɑ̃| *adv.* (*mar.*) sotto paranco.
sous-payer |supeje| *v.tr.* [*payer insuffisamment ou au-dessous de la normale*] sottopagare ✦ (*au p.p.*) *des ouvriers sous-payés* operai sottopagati.
sous-pied |supje| *s.m.* sottopiede.
sous-préfectoral, ale, aux |supʀefɛktɔʀal, o| *adj.* (*admin.*) della sottoprefettura *loc. inv.*, del sottoprefetto *loc. inv.*
sous-préfecture |supʀefɛktyʀ| *s.f.* sottoprefettura.
sous-préfet |supʀefɛ| *s.m.* sottoprefetto.
sous-préfète |supʀefɛt| *s.f.* moglie* del sottoprefetto.
sous-production |supʀɔdyksjɔ̃| *s.f.* sottoproduzione.
sous-produit |supʀɔdɥi| *s.m.* sottoprodotto.
sous-programme |supʀɔgʀam| *s.m.* (*informatique*) sottoprogramma.
sous-prolétaire |supʀɔletɛʀ| *adj. et s.* sottoproletario*.
sous-prolétariat |supʀɔletaʀja| *s.m.* sottoproletariato.
sous-pubien, ienne |supybjɛ̃, jɛn| *adj.* (*anat.*) sottopubico*.
sous-race |suʀas| *s.f.* (*anthrop.*) sottorazza.
sous-scapulaire |suskapylɛʀ| *adj.* (*anat.*) sottoscapolare.
sous-secrétaire |sus(ə)kʀetɛʀ| *s.m.* sottosegretario* (*s.*): *sous-secrétaire d'État* sottosegretario di Stato.
sous-secrétariat |sus(ə)kʀetaʀja| *s.m.* sottosegretariato.
sous-section |susɛksjɔ̃| *s.f.* sottosezione.
sous-seing |susɛ̃| *s.m. inv.* (*dr.*) scrittura *f. var.* privata.
soussigné, ée |susiɲe| *adj.* (*dr.*) sottoscritto: *je soussigné...* il sottoscritto...; *nous soussignés...* i sottoscritti... ✦ (*s.*) *les soussignés* i sottoscritti.
sous-sol |susɔl| *s.m.* **1** sottosuolo **2** [*partie d'une construction aménagée au-dessous du rez-de-chaussée; étage souterrain*] seminterrato, scantinato.
sous-station |susta(a)sjɔ̃| *s.f.* sottostazione.
sous-tangente |sutɑ̃ʒɑ̃t| *s.f.* (*géom.*) sottotangente.
sous-tasse, soutasse |sutas| *s.f.* → **soucoupe.**
sous-tendre |sutɑ̃dʀ(ə)| (53) *v.tr.* **1** (*géom.*) [*contenir entre ses côtés, ses extrémités; constituer la corde de* (*un arc*)] sottendere (105) **2** (*fig.*) [*servir de base plus ou moins nette à* (*un raisonnement, une politique*)] sottendere.
sous-tension |sutɑ̃sjɔ̃| *s.f.*, **sous-voltage** |suvɔltaʒ| *s.m.* (*électr.*) abbassamento *m.*, caduta *f.* di tensione.
sous-titrage |sutitʀaʒ| *s.m.* (*ciné.*, *télév.*) sovrimpressione *f.* dei sottotitoli.
sous-titre |sutitʀ(ə)| *s.m.* **1** sottotitolo: *le sous-titre d'un livre* il sottotitolo di un libro **2** (*ciné.*, *télév.*) sottotitolo: *un film qui passait en version originale avec sous-titres* un film dato in versione originale con sottotitoli.
sous-titrer |sutitʀe| *v.tr.* [*mettre des sous-titres à* (*un film, un programme de télév.*)] mettere (155) i sottotitoli (a) ✦ (*au p.p.*) *film sous-titré* film con sottotitoli *loc. inv.*
soustractif, ive |sustʀaktif, iv| *adj.* (*math.*) sottrattivo.
soustraction |sustʀaksjɔ̃| *s.f.* **1** (*dr.*) sottrazione **2** (*math.*, *cour.*) sottrazione.
soustraire |sustʀɛʀ| (62) *v.tr.* **1** [*retrancher par soustraction* (*un nombre d'un autre*)] sottrarre (190): *de cette somme nous devons soustraire nos frais généraux* da questa somma dobbiamo sottrarre le spese generali → 1 **déduire, ôter 2** [*enlever* (*qqch.*) *à qqn., le plus souvent par la ruse, la fraude*] sottrarre, portar via → **dérober, 2 voler** ✦ (*au p.p.*) *les pièces soustraites du dossier* i documenti sottratti dalla pratica **3** [*faire échapper à* (*qqch. à quoi on est exposé*)] sottrarre: *on n'a pu soustraire la vedette à la curiosité des fans* non hanno potuto sottrarre la diva (il divo) alla curiosità degli ammiratori (delle ammiratrici) ✦ (*pron. intr.*) *se soustraire à un devoir* sottrarsi a un dovere.
sous-traitance |sutʀɛtɑ̃s(ə)| *s.f.* (*dr.*) subappalto *m.*; subfornitura.
sous-traitant, ante |sutʀɛtɑ̃, ɑ̃t| *s.m.* (*dr.*) subappaltatore* *s.*; subfornitore* *s.* ✦ *adj.* subappaltante; subfornitore.
sous-traiter |sutʀete| *v.intr.* (*dr.*) [*devenir sous-traitant d'un entrepreneur principal*] subappaltare ✦ (*tr.*) *sous-traiter une affaire* subappaltare, dare (102) in subappalto (in subfornitura) un affare.
sous-ventrière |suvɑ̃tʀijɛʀ| *s.f.* sottopancia *m. inv.* ◇ (*loc. pop.*) *manger à s'en faire péter la sous-ventrière* mangiare a crepapelle, a strippapelle.
sous-verge |suvɛʀʒ(ə)| *s.m. inv.* **1** (*hippol.*) cavallo *var.* alla destra del postiglione **2** (*vx.*, *fig.*) → **subordonné.**
sous-verre |suvɛʀ| *s.m. inv.* [*image ou document que l'on place entre une plaque de verre et un fond rigide; cet encadrement*] portaritratti: *photos de famille dans un sous-verre* foto di famiglia incorniciate (sotto vetro), in un portaritratti.
sous-vêtement |suvɛtmɑ̃| *s.m.* capo di biancheria intima ◇ (*au plur.*) *les sous-vêtements* la biancheria *f. sing.* intima.
sous-virer |suviʀe| *v.intr.* (*auto.*) [*déraper par les roues avant* (*opposé à 'survirer'*)] sottosterzare.
sous-vireur, euse |suviʀœʀ, øz| *adj.* (*auto.*) sottosterzante.
sous-voltage |suvɔltaʒ| *s.m.* (*électr.*) → **sous-tension.**
soutache |sutaʃ| *s.f.* [*galon, ganse servant d'ornement distinctif sur le anc. uniformes*] gallone *m.* ◇ [*galon de garniture sur des vêtements féminins*] cordoncino *m.*, passamano *m.* (a treccia).
soutacher |sutaʃe| *v.tr.* [*orner de soutaches*] guarnire (197) (di cordoncino, di passamaneria).
soutane |sutan| *s.f.* sottana, abito *m.* talare.
soutanelle |sutanɛl| *s.f.* (*rare*) [*redingote à collet droit et sans revers, remplaçant la soutane dans certains pays*] 'redingote' *inv.*
soute |sut| *s.f.* [*magasin situé dans la cale ou l'entrepont d'un navire*] stiva, deposito (*m.*): *soute à charbon* stiva per carbone, deposito di carbone (carbonile); *soute à munitions* deposito di munizioni (santabarbara); *soutes d'un pétrolier* stive, cisterne di una petroliera ◇ (*par anal.*) *soutes d'un avion de transport* stive, compartimenti merci di un aereo da trasporto ◇ *au plur.* combustibile *m. sing.* liquido.
soutenable |sutnabl(ə)| *adj.* **1** [*qui peut être soutenu par des raisons plausibles*] sostenibile: *cette opinion, cette thèse est soutenable* è un'opinione, una tesi sostenibile **2** (*vx.*) → **supportable.**
soutenance |sutnɑ̃s| *s.f.* discussione *f.* di una tesi.
soutenant |sutnɑ̃| *s.m.* (*rare*) chi sostiene una tesi *loc.*
soutènement |sutɛnmɑ̃| *s.m.* [*action, manière de soutenir* (*une poussée, une pression*)] sostegno: *mur de soutènement* muro di sostegno ◇ (*minér.*) *soutènement marchant* sostegno mobile (di una galleria).
souteneur |sutnœʀ| *s.m.* **1** [*individu qui vit de proxénétisme*] protettore **2** (*vx.*) → **défenseur, partisan.**
soutenir |sutniʀ| (27) *v.tr.* **I 1** [*tenir* (*qqch.*) *par-dessous, en position de stabilité, en servant de support ou d'appui*] sostenere (188): *poutres qui soutiennent les solives* travi che sostengono i correnti **2** [*maintenir débout, empêcher* (*qqn.*) *de tomber*] sostenere, sorreggere (154): *l'infirmière soutenait le blessé* l'infermiera sosteneva, sorreggeva il ferito **3** [*empêcher* (*qqn.*) *de défaillir, en rendant des forces*] sostenere: *on lui a fait une piqûre pour lui soutenir le cœur* gli hanno fatto un'iniezione per sostenere il cuore → **fortifier, remonter 4** [*empêcher de fléchir, en apportant secours, réconfort*] sostenere: *son amitié m'a soutenu dans cette épreuve* la sua amicizia mi ha sostenuto in questa prova → **aider, encourager 5** [*appuyer en prenant parti en faveur de* (*qqn.*, *qqch.*), *en défendant*] sostenere: *deux partis ont décidé de soutenir ce candidat* due partiti hanno deciso di sostenere quel candidato **6** [*affirmer, faire valoir en appuyant par des raisons*] sostenere: *soutenir ses opinions, ses droits* sostenere le proprie opinioni, i propri diritti; *je soutiens que ce n'est pas possible*

sostengo che non è possibile → **assurer** ◇ (*spécialt.*) *soutenir une thèse* sostenere una tesi di laurea ✦ (*pron. intr.*) *cela peut se soutenir* è una cosa che si può sostenere, sostenibile 7 [*faire que* (*qqch.*) *continue sans faiblir, que ne retombe pas*] sostenere: *soutenir sa réputation* sostenere, tenere alta la propria reputazione; *soutenir un effort* sostenere uno sforzo # *orateur qui sait soutenir l'intérêt, la curiosité de l'auditoire* oratore che sa tenere vivo l'interesse, tenere viva la curiosità dell'uditorio **II** [*subir sans fléchir* (*une force, une action qui s'exerce*)] reggere (154) *tr. et intr.*; sostenere: *nos troupes ont soutenu le choc* le nostre truppe hanno retto l'assalto (all'assalto) ‖ *soutenir le regard de qqn.* sostenere lo sguardo di qc.

soutenu, ue |sutny| *adj.* **1** (*style*) [*qui se maintient à un certain niveau de pureté, d'élégance, évite toute familiarité*] sostenuto → **élevé, noble 2** [*qui se soutient, est constant, régulier*] costante, continuo: *travail, effort soutenu* lavoro costante, sforzo continuo; *avec une attention soutenue* con un'attenzione costante **3** [*accentué, prononcé*] scuro: *un bleu plus soutenu* un blu più scuro.

souterrain, aine |sutɛʀɛ̃, ɛn| **1** *adj.* sotterraneo: *galeries souterraines* gallerie sotterranee; *explosion atomique souterraine* esplosione atomica sotterranea # *passage souterrain* sottopassaggio; sottovia ◇ (*fig., littér.*) [*caché, obscur*] sotterraneo: *des manœuvres souterraines* manovre sotterranee **2** *s.m.* sotterraneo ◇ [*passage souterrain*] sottopassaggio*; sottovia *f.*

souterrainement |sutɛʀɛnmɑ̃| *adv.* (*rare*) [*par une voie souterraine*] sotto terra *loc. inv.* ◇ (*fig., littér.*) [*secrètement*] clandestinamente, occultamente.

soutien |sutjɛ̃| *s.m.* **1** (*rare*) [→ SOUTENIR I 1] sostegno ◇ *loc.* DE SOUTIEN di sostegno: *tissus de soutien* tessuti di sostegno **2** [*action ou moyen de soutenir* (*dans l'ordre financier, politique, milit.*)] sostegno: *notre parti apportera son soutien au gouvernement* il nostro partito darà il suo sostegno, appoggio al governo ◇ (*écon.*) *mesures, prix de soutien* misure, prezzi di sostegno ◇ (*milit.*) *unité de soutien* unità di rinforzo **3** [*personne qui soutient* (*une cause, un parti*)] sostenitore* *s.* ◇ (*dr.*) *soutien de famille* sostegno della famiglia.

soutien-gorge |sutjɛ̃gɔʀʒ(ə)| *s.m.* [*sous-vêtement f. destiné à soutenir et embellir la poitrine*] reggiseno, reggipetto: *des soutiens-gorge* dei reggiseni, dei reggipetti; *bonnets d'un soutien-gorge* coppe del reggiseno.

soutier |sutje| *s.m.* [*matelot chargé du service de la soute à charbon*] carbonaio*.

soutirage |sutiʀaʒ| *s.m.* [→ SOUTIRER 1] spillatura *f.*, travasamento.

soutirer |sutiʀe| *v.tr.* **1** [*transvaser doucement* (*le vin, le cidre*) *d'un récipient à un autre*] spillare, travasare **2** *soutirer qqch. à qqn.* [*obtenir de lui sans violence, mais par des moyens peu délicats*] spillare q.c. a qc. # *soutirer des promesses à qqn.* strappare promesse a qc.

souvenance |suvnɑ̃s| *s.f.* **1** (*loc. littér.*) *avoir souvenance* [*se souvenir*] rimembrarsi, ricordarsi (*cour.*) **2** (*vx.*) → 1 **mémoire.**

1 **souvenir** |suvniʀ| (27) **A** *v.intr. impers.* (*littér.*) [*revenir à la mémoire, à l'esprit*] rimembrare *tr.*, ricordare *tr.* (*cour.*): *il ne me souvient pas de les avoir rencontrés* non rimembro, ricordo di averli incontrati **B** *v.pron. intr.* SE SOUVENIR **1** [*avoir de nouveau présent à l'esprit* (*qqch.*) *qui appartient à une expérience passée*] ricordarsi, ricordare *tr.*, rammentarsi: *se souvenir de qqch., de qqn.* ricordarsi, rammentarsi (di) q.c., (di) qc.; ricordare q.c., qc.; *je m'en souviens* me ne ricordo, lo ricordo; *je me souviens l'avoir vu arriver* (mi) ricordo di averlo visto arrivare; *il s'est peut-être souvenu de vous* forse si è ricordato di lei → **rappeler** (se) ◇ (*avec reconnaissance ou rancune*) *je m'en souviendrai!* me ne ricorderò! **2** *impér.* [*ne pas manquer de considérer, de penser à*] ricordarsi: *souviens-toi de mon nom* ricordati del mio nome **C** B 1 **oublier.**

2 **souvenir** |suvniʀ| *s.m.* **1** [*mémoire; fait de se souvenir*] ricordo: *conserver, perdre le souvenir d'un événement* conservare, perdere il ricordo di un avvenimento **2** [*ce qui revient ou peut revenir à l'esprit des expériences passées; image que garde et fournit la mémoire*] ricordo: *un souvenir d'enfance, de guerre* un ricordo d'infanzia, di guerra; *pays, séjour qui laisse de bons souvenirs* paese, soggiorno che lascia buoni ricordi; *éveiller, susciter des souvenirs* risvegliare, suscitare dei ricordi → **réminiscence** ◇ (*dans les formules de politesse*) *mon bon souvenir à votre frère* mi ricordi a suo fratello; *affectueux, meilleurs souvenirs* un affettuoso ricordo, un caro saluto ◇ (*spécialt.*) *écrire ses souvenirs* scrivere le proprie memorie (*f.*); '*Souvenirs*' [*titre de mémoires*] 'Memorie' **3** *loc.* EN SOUVENIR DE in (a) ricordo di: *en souvenir de notre rencontre* in (a) ricordo del nostro incontro; *gardez ceci en souvenir de moi* lo tenga in mio ricordo **4** (*objets concrets*) [*ce qui fait souvenir*] ricordo, 'souvenir' (*inv.*): *un souvenir de Paris* un ricordo di Parigi; *une marchande de souvenirs* una venditrice di ricordi, di 'souvenir'.

souvent |suvɑ̃| *adv.* **1** [*plusieurs fois, à plusieurs reprises dans un espace de temps limité*] spesso, sovente: *bien, très souvent* spessissimo, molto sovente; *j'ai souvent pensé à vous* ho pensato spesso, sovente a voi; *il ne vient pas souvent ici* non viene spesso qui → **fréquemment** ◇ (*loc.*) *plus souvent qu'à mon tour, qu'à son tour* più spesso di quanto (non) dovrei, dovrebbe ◇ (*pop.*) PLUS SOUVENT [*sûrement pas! jamais de la vie*] col cavolo, un accidente: *plus souvent que je te donnerai ça* col cavolo, un accidente che te lo darò **2** [*en de nombreux cas*] spesso, sovente: *on a souvent besoin d'un plus petit que soi* si ha spesso bisogno di qualcuno più umile di noi # *le plus souvent* il più delle volte, per lo più → **généralement.**

souverain, aine |suvʀɛ̃, ɛn| **I** *adj.* **1** [*qui est au-dessus des autres, dans son genre*] supremo, sovrano: *le souverain bien* il bene supremo **2** [*qui, dans son domaine, n'est subordonné à personne*] sovrano: *la puissance souveraine* il potere sovrano; *État souverain* Stato sovrano; *juge souverain* giudice sovrano **3** [*extrême*] sovrano, supremo: *une souveraine indifférence* una sovrana, suprema indifferenza; *un souverain mépris* un sovrano, supremo disprezzo **II** *s.* **1** *s.* sovrano, monarca* (*m.*): *souverain absolu, constitutionnel* sovrano, monarca assoluto, costituzionale **2** *s.* (*fig.*) [*maître, maîtresse*] sovrano **3** *s.m.* (*numism.*) sovrana *f.*

souverainement |suvʀɛnmɑ̃| *adv.* **1** [*suprêmement*] sovranamente, supremamente **2** [*avec une autorité souveraine, sans appel*] sovranamente: *décider souverainement qqch.* decidere q.c. sovranamente.

souveraineté |suvʀɛnte| *s.f.* **1** [*autorité suprême* (*d'un souverain, d'un prince*)] sovranità *inv.* **2** [*caractère d'un État ou d'un organe qui n'est soumis à aucun autre État ou organe*] sovranità: *souveraineté territoriale* sovranità territoriale; *atteinte à la souveraineté d'un État* attentato alla sovranità dello Stato **3** (*fig., littér.*) [*puissance suprême*] sovranità, supremazia: *la souveraineté de la raison* la sovranità, supremazia della ragione → **empire.**

soviet |sɔvjɛt| *s.m.* (*en U.R.S.S.*) soviet (*inv.*): *soviet suprême* soviet supremo.

soviétique |sɔvjetik| *adj.* sovietico*: *la politique soviétique* la politica sovietica.

soviétisation |sɔvjetizɑsjɔ̃| *s.f.* [→ SOVIÉTISER] sovietizzazione.

soviétiser |sɔvjetize| *v.tr.* [*soumettre à l'autorité ou à l'influence de l'Union Soviétique*] sovietizzare: *États soviétisés* Stati sovietizzati.

soviétologue |sɔvjetɔlɔg| *s.* sovietologo*, cremlinologo*.

soya |sɔja| *s.m.* → **soja.**

soyer |swaje| *s.m.* (*vx.*) [*sorte de sorbet au champagne*] ⊠.

soyeux, euse |swajø, øz| **1** *adj.* (*vx.*) [*de soie*] serico*: *étoffe soyeuse* stoffa serica ◇ [*qui a l'apparence de la soie, est doux et brillant comme la soie*] *cheveux soyeux* capelli di seta *loc. inv.*, serici **2** *s.m.* (*à Lyon*) produttore di seta.

spacieusement |spasjøzmɑ̃| *adv.* (*rare*) [*en étant au large*] spaziosamente: *ils sont installés spacieusement* sono sistemati spaziosamente.

spacieux, euse |spasjø, øz| *adj.* spazioso: *une voiture spacieuse* una macchina spaziosa **C** **étroit.**

spadassin |spadasɛ̃| *s.m.* **1** (*littér.*) [*assassin à gages*] sicario* (*cour.*) **2** (*vx.*) [*homme d'épée, bretteur habile*] spadaccino (*cour.*).

spadice |spadis| *s.m.* (*bot.*) spadice.

spaghetti |spage(ɛt)ti| *s.m. pl.* (*cuis.*) spaghetti ✦ *par appos.* (*plais.*) *western spaghetti* western all'italiana *loc. inv.*

spahi |spai| *s.m.* (*turc*) spahi *inv.*, spai *inv.*

spalax |spalaks| *s.m.* (*t.zool.*) spalace.

spallation |spalɑsjɔ̃| *s.f.* (*phys.*) spallazione.

spalter |spaltɛʀ| *s.m.* (*all.*) [*brosse de peintre en bâtiment, utilisée pour faire les faux bois*] pennellessa *f.*

sparadrap |spaʀadʀa| *s.m.* cerotto, sparadrappo (*rare*).

spardeck |spaRdɛk| *s.m.* (*angl.*) (*mar.*) controcoperta *f.*

sparganier |spaRganje| *s.m.* (*t. bot.*) sparganium *inv.*

sparring-partner |spaRiŋpaRtnɛR| *s.m.* (*angl.*) (*boxe*) sparringpartner *inv.*

spart, sparte |spaRt(ə)| *s.m.* (*bot.*) sparto.

spartakisme |spaRtakism(ə)| *s.m.* (*hist.*) movimento spartachista.

spartakiste |spaRtakist(ə)| *s.* (*hist.*) spartachista.

spartéine |spaRtein| *s.f.* (*pharm.*) sparteina.

sparterie |spaRt(ə)Ri| *s.f.* **1** sparteria **2** oggetti *m. pl.* di sparto.

spartiate |spaRsjat| **I** *adj.* **1** (*antiq. gr.*) spartano ✦ *s.* (*hist.*) *les Spartiates* gli Spartani **2** (*fig.*) spartano **II** *s.f. pl.* [*sandales faites de lanières de cuir croisées*] sandali *m.*

spasme |spasm(ə)| *s.m.* (*méd.*) spasmo.

spasmodique |spasmɔdik| *adj.* spasmodico*.

spasmodiquement |spasmɔdikmɑ̃| *adv.* [→ SPASMODIQUE] spasmodicamente.

spasmolytique |spasmɔlitik| *adj.* (*méd.*) spasmolitico* ✦ (*s.m.*) *un spasmolytique* uno spasmolitico.

spasmophile |spasmɔfil| *adj. et s.* (*méd.*) → **spasmophilique**.

spasmophilie |spasmɔfili| *s.f.* (*méd.*) spasmofilia.

spasmophilique |spasmɔfilik| *adj. et s.* (*méd.*) spasmofilo.

spasticité |spastisite| *s.f.* (*méd.*) spasticità *inv.*

spatangue |spatɑ̃g| *s.m.* (*t.zool.*) spatango*.

spath |spat| *s.m.* (*all.*) (*minér.*) spato.

spathe |spat| *s.f.* (*archéol.*, *bot.*) spata.

spathique |spatik| *adj.* (*minér.*) spatico*.

spatial, ale, aux |spasjal, o| *adj.* spaziale: *rendez-vous spatial* 'rendez-vous' spaziale, nello spazio; *station spatiale* stazione spaziale.

spatialisation |spasjalizɑsjɔ̃| *s.f.* [→ SPATIALISER] spazializzazione.

spatialiser |spasjalize| *v.tr.* **1** [*donner à* (*qqch.*) *les caractères de l'espace*] spazializzare **2** [*adapter* (*un engin, un appareillage...*) *aux conditions de l'espace*] spazializzare.

spatialité |spasjalite| *s.f.* spazialità *inv.*

spationef |spasjɔnɛf| *s.m.* astronave *f.*, navicella *f.* spaziale.

spatio-temporel, elle |spasjɔtɑ̃pɔRɛl| *adj.* spaziotemporale.

spatule |spatyl| *s.f.* **1** spatola **2** (*t. zool.*) spatola.

spatulé, ée |spatyle| *adj.* (*sc. nat.*) a spatola (*loc. inv.*): *bec spatulé* becco a spatola.

speaker |spikœR| *s.m.* (*angl.*) **1** annunciatore, speaker *inv.* **2** (*en Angleterre*) [*président de la Chambre des communes*] speaker.

speakerine |spikRin| *s.f.* [*annonceuse, présentatrice*] annunciatrice: *les speakerines de la télévision* le annunciatrici della televisione.

spécial, ale, aux |spesjal, o| *adj.* **1** speciale: *des connaissances spéciales* conoscenze speciali, particolari conoscenze **2** [*qui est propre, particulier à* (*une personne, à l'exclusion des autres*)] speciale: *les salles spéciales de l'hôpital* i reparti speciali dell'ospedale → **particulier** ◇ [*qui constitue une exception*] *autorisation spéciale* autorizzazione speciale **3** [*qui présente des caractères particuliers dans son genre*] speciale, particolare: *il prenait alors une voix spéciale* assumeva allora un tono di voce speciale, particolare → **particulier** ◇ (*fam.*) *c'est un peu spécial* è una cosa particolare ◇ (*par euphémisme*) *des mœurs spéciales* abitudini particolari.

spécialement |spesjalmɑ̃| *adv.* **1** [*en particulier*] specialmente, particolarmente **2** [*à l'exclusion des autres*] particolarmente, appositamente: *être spécialement désigné pour..., chargé de...* essere particolarmente, appositamente designato per..., incaricato di... → **particulièrement** **3** [*d'une manière adéquate, tout exprès*] particolarmente, appositamente: *des salles spécialement équipées* reparti particolarmente, appositamente attrezzati **4** [*d'une manière très caractéristique*] particolarmente ◇ (*fam.*) *il n'est pas spécialement beau* non è particolarmente bello.

spécialisation |spesjalizɑsjɔ̃| *s.f.* specializzazione.

spécialiser |spesjalize| *v.tr.* **1** [*employer, cantonner dans une spécialité*] specializzare ✦ (*au p.p.*) *ouvrier spécialisé* (*O.S.*) operaio qualificato **2** (*vx.*) → **spécifier**.

spécialiste |spesjalist(ə)| *s.* specialista; esperto, studioso ◇ (*spécialt.*) *un spécialiste de maladies nerveuses* uno specialista di malattie nervose; *consulter un spécialiste en rhumatologie* consultare uno specialista in reumatologia, un reumatologo.

spécialité |spesjalite| *s.f.* **1** specialità (*inv.*): *en dehors de sa spécialité il ne sait rien* al di fuori della sua specialità, del suo campo, non sa nulla → **branche, domaine** ◇ (*dr.*) *spécialité hypothécaire* indicazioni *pl.* da darsi nell'atto di iscrizione di un'ipoteca **2** [*activité, production déterminée à laquelle se consacre qqn.*] specialità: *la spécialité d'un restaurateur, du chef cuisinier* la specialità di un ristoratore, del capocuoco; *déguster des spécialités* degustare delle specialità ◇ (*par ext.*) *spécialité pharmaceutique* specialità farmaceutica; *spécialité médicale* specializzazione medica **3** (*fam.*) [*comportement, art particulier et personnel*] specialità: *les insinuations, c'est sa spécialité* le insinuazioni sono la sua specialità.

spécieusement |spesjøzmɑ̃| *adv.* (*littér.*) [*en trompant avec les apparences de la vérité*] speciosamente.

spécieux, euse |spesjø, øz| *adj.* **1** specioso: *prétextes, raisonnements spécieux* pretesti, ragionamenti speciosi **2** (*vx.*) → **séduisant**.

spécificatif, ive |spesifikatif, iv| *adj.* specificativo.

spécification |spesifikɑsjɔ̃| *s.f.* **1** specificazione, specifica* ◇ *surtout au plur.* (*écon.*) *spécifications d'un produit industriel* specifiche di un prodotto industriale **2** (*dr.*) specificazione.

spécificité |spesifisite| *s.f.* specificità *inv.* ◇ (*méd.*) *spécificité immunologique* specificità immunologica.

spécifier |spesifje| *v.tr.* [*mentionner de façon précise*] specificare: *il a bien spécifié qu'il resterait deux jours* ha ben specificato, ha detto chiaro e tondo che sarebbe rimasto due giorni → **indiquer, préciser.**

spécifique |spesifik| *adj.* specifico*: *différence spécifique* differenza specifica; *poids, volume spécifique* peso, volume specifico ◇ (*comm.*) *droits spécifiques* dazi specifici ◇ (*chim.*) *réaction spécifique* reazione specifica ◇ (*méd.*) *médicament spécifique* farmaco specifico.

spécifiquement |spesifikmɑ̃| *adv.* [→ SPÉCIFIQUE] specificamente.

spécimen |spesimɛn| *s.m.* (*lat.*) **1** esemplare, campione; specimen *inv.* **2** [*exemplaire, fascicule ou feuillet publicitaire*] (copia *f.*, numero di) saggio*: *il est interdit de revendre les spécimens* è proibito rivendere le copie di saggio ✦ (*par appos.*) *numéro spécimen* numero di saggio *loc. inv.* ◇ (*d'un billet de banque, d'un chèque, etc.*) facsimile.

spéciosité |spesjozite| *s.f.* (*rare*) speciosità *inv.*

spectacle |spɛktakl(ə)| *s.m.* **1** [*ensemble de choses ou de faits qui s'offre au regard*] spettacolo ◇ (*loc.*) *au spectacle de* allo spettacolo, alla vista di; *donner en spectacle* dare in spettacolo, esibire ◇ (*péj.*) *se donner en spectacle* dare spettacolo di sé **2** [*représentation* (*théâtrale, cinématographique, etc.*)] spettacolo: *salle de spectacle(s)* locale di pubblico spettacolo; *courir les spectacles* frequentare gli spettacoli; *allez-vous souvent au spectacle?* andate spesso agli spettacoli (al cinema, a teatro)? ◇ [*l'ensemble des activités concernant le théât., le ciné., etc.*] *le monde, l'industrie du spectacle* il mondo, l'industria dello spettacolo **3** (*loc.*) *pièce, revue à grand spectacle* commedia, rivista spettacolare *adj.*

spectaculaire |spɛktakylɛR| *adj.* spettacolare; spettacoloso.

spectateur, trice |spɛktatœR, tRis| *s.* spettatore*.

spectral, ale, aux |spɛktRal, o| *adj.* **1** (*phys., sc.*) spettrale: *analyse spectrale* analisi spettrale; *couleurs spectrales* colori spettrali **2** [*qui a l'apparence d'un spectre, évoque un fantôme*] spettrale → **fantomatique.**

spectre |spɛktR(ə)| *s.m.* **1** spettro → **fantôme, revenant** ◇ (*par comparaison*) *une pâleur de spectre* un pallore spettrale *adj.* ◇ (*fig.*) *le spectre de la guerre* lo spettro della guerra **2** (*sc.*) spettro: *spectre solaire* spettro solare ◇ (*phys.*) *spectre sonore* spettro sonoro; *spectre d'absorption* spettro d'assorbimento; *spectre d'émission* spettro di emissione; *spectre infrarouge, ultraviolet* spettro infrarosso, ultravioletto.

spectrogramme |spɛktRɔgRam| *s.m.* (*phys.*) spettrogramma.

spectrographe |spɛktRɔgRaf| *s.m.* (*phys.*) spettrografo: *spectrographe de masse* spettrografo di massa.

spectrographie |spɛktRɔgRafi| *s.f.* (*phys.*) spettrografia.

spectrographique |spɛktRɔgRafik| *adj.* (*phys.*) spettrografico*.

spectrohéliographe |spɛktRɔeljɔgRaf| *s.m.* (*astron.*) spettroeliografo.

spectromètre |spɛktRɔmɛtR(ə)| *s.m.* (*phys.*) spettrometro.

spectrométrie |spɛktRɔmetRi| *s.f.* (*phys.*) spettrometria.

spectroscope |spɛktRɔskɔp| *s.m.* (*phys.*) spettroscopio*.

spectroscopie |spɛktʀɔskɔpi| *s.f.* (*phys.*) spettroscopia.
spectroscopique |spɛktʀɔskɔpik| *adj.* (*phys.*) spettroscopico*.
1 **spéculaire** |spekylɛʀ| *adj.* **1** (*sc.*) speculare **2** (*graphologie*) *écriture spéculaire* [*en miroir*] scrittura speculare.
2 **spéculaire** |spekylɛʀ| *s.f.* (*t.bot.*) specularia.
spéculateur, trice |spekylatœʀ, tʀis| *s.* speculatore*.
spéculatif, ive |spekylatif, iv| *adj.* **1** (*philo.*) speculativo **2** (*comm., fin.*) speculativo: *valeurs spéculatives* valori speculativi.
spéculation |spekylɑsjɔ̃| *s.f.* **1** (*philo.*) speculazione **2** (*comm., fin.*) speculazione: *la spéculation sur les terrains à bâtir* la speculazione sulle aree fabbricabili; la speculazione immobiliare, fondiaria.
spéculer |spekyle| *v.intr.* **1** (*philo.*) [*méditer, se livrer à la spéculation*] speculare **2** [*faire des spéculations financières, comm.*] speculare **3** (*fig.*) *spéculer sur qqch.* [*compter dessus pour réussir*] speculare su q.c.
spéculoos, spéculaus |spekylos| *s.m.* (*Belgique*) [*biscuit au sucre candi*] ⊠.
speculum, spéculum |spekylɔm| *s.m.* (*méd.*) specolo.
speech |spitʃ| *s.m.* (*angl.*) [*petite allocution de circonstance, notamment en réponse à un toast*] discorso, discorsetto (*fam.*).
speiss |spɛs| *s.m.* (*all.*) (*métall.*) speiss *inv.*
spéléo- |speleɔ| *préf.* (*signifiant 'caverne', correspond générait. à*) speleo: *spéléologie* speleologia.
spéléologie |speleɔlɔʒi| *s.f.* speleologia*.
spéléologique |speleɔlɔʒik| *adj.* speleologico*: *exploration spéléologique* esplorazione speleologica.
spéléologue |speleɔlɔg| *s.* speleologo*.
spéléonaute |speleɔnot| *s.* speleonauta.
spencer |spɛ̃sɛʀ| *s.m.* (*angl.*) (*modes*) spencer *inv.*
spéos |speos| *s.m.* (*gr.*) (*archéol.*) spéos *inv.*, tempio* (egiziano) sotterraneo.
spergule |spɛʀgyl| *s.f.* (*t.bot.*) renaiola, spergula.
spermaceti |spɛʀmaseti| *s.m.* spermaceti *inv.*, cetina *f.*; bianco* di balena.
spermatide |spɛʀmatid| *s.f.* (*biol.*) spermatidio* *m.*, spermatide *m.*
spermatie |spɛʀmati| *s.f.* (*bot.*) spora mononucleata.
spermatique |spɛʀmatik| *adj.* spermatico* ◇ (*anat.*) *artères, veines spermatiques* arterie, vene spermatiche.
spermat(o)-, spermo- |spɛʀmat(ɔ), spɛʀmɔ| *préf.* (*signifiant 'semence, graine', correspondent générait. à*) spermat(o); spermo: *spermatide* spermatidio, spermatide; *Spermatophytes* Spermatofite ‖ *spermogonie* spermogonio.
spermatocyte |spɛʀmatɔsit| *s.m.* (*biol.*) spermatocito.
spermatogénèse |spɛʀmatɔʒenɛz| *s.f.* (*biol.*) spermatogenesi *inv.*
spermatogonie |spɛʀmatɔgɔni| *s.f.* (*biol.*) spermatogonio* *m.*
Sperma(to)phytes |spɛʀma(tɔ)fit| *s.f. pl.* (*t.bot.*) Spermatofite.
spermatozoïde |spɛʀmatozɔid| *s.m.* (*biol.*) spermatozoo, spermio*.
-sperme |spɛʀm(ə)| *suff.* (*signifiant 'semence, graine', correspond généralt. à*) sperma: *Gymnospermes* Gimnosperme.
sperme |spɛʀm(ə)| *s.m.* sperma.
spermicide |spɛʀmisid|, **spermaticide** |spɛʀmatisid| *adj. et s.m.* spermicida.
spermo- |spɛʀmɔ| *préf.* → **spermat(o)-**.
spermogonie |spɛʀmɔgɔni| *s.f.* (*bot.*) spermogonio* *m.*
spermogramme |spɛʀmɔgʀam| *s.m.* (*méd.*) spermogramma.
spermophile |spɛʀmɔfil| *s.m.* (*t. zool.*) spermofilo.
Sphagnales |sfagnal| *s.f. pl.* (*t. bot.*) Sfagnali.
sphaigne |sfɛɲ| *s.f.* (*t.bot.*) sfagno *m.*
Sphénisciformes |sfenisifɔʀm(ə)| *s.m. pl.* (*t.zool.*) Sfenisciformi.
sphénisque |sfenisk(ə)| *s.m.* (*t. zool.*) sfenisco*.
sphénoïdal, ale, aux |sfenɔidal, o| *adj.* (*anat.*) sfenoidale.
sphénoïde |sfenɔid| *s.m.* (*anat.*) sfenoide.
sphère |sfɛʀ| *s.f.* **1** sfera: *centre, rayon, diamètre d'une sphère* centro, raggio, diametro di una sfera; *sphère céleste, terrestre* sfera celeste, terrestre **2** (*fig.*) [*domaine circonscrit à l'intérieur duquel s'exerce une activité, une sc., un art*] sfera: *les hautes sphères de la politique* le alte sfere della politica; *sphère d'influence* sfera d'influenza.
sphéricité |sfeʀisite| *s.f.* sfericità *inv.*
sphérique |sfeʀik| *adj.* **1** sferico*: *une bille parfaitement sphérique* una biglia perfettamente sferica **2** (*géom.*) sferico: *calotte, secteur sphérique* calotta sferica, settore sferico ◇ (*phys.*) *miroir sphérique* specchio sferico.
sphériquement |sfeʀikmɑ̃| *adv.* [→ SPHÉRIQUE] sfericamente.
sphéristère |sfeʀistɛʀ| *s.m.* sferisterio*.
sphéroïdal, ale, aux |sfeʀɔidal, o| *adj.* sferoidale ◇ (*phys.*) *état sphéroïdal* stato sferoidale.
sphéroïde |sfeʀɔid| *s.m.* sferoide.
sphéromètre |sfeʀɔmɛtʀ(ə)| *s.m.* (*phys.*) sferometro.
sphex |sfɛks| *s.m.* (*t.zool.*) sphex *inv.*
sphincter |sfɛ̃ktɛʀ| *s.m.* (*anat.*) sfintere.
sphinctérien, ienne |sfɛ̃kteʀjɛ̃, jɛn| *adj.* sfinterico*.
sphinx |sfɛ̃ks| *s.m.* **1** (*mythol.*) sfinge *f.* ◇ (*fig.*) [*personne énigmatique, figée dans une attitude mystérieuse*] sfinge **2** (*t.zool.*) sfinge.
sphygmique |sfigmik| *adj.* (*méd.*) sfigmico*.
sphygmo- |sfigmɔ| *préf.* (*signifiant 'pouls, pulsation', correspond généralt. à*) sfigmo: *sphygmogramme* sfigmogramma.
sphygmogramme |sfigmɔgʀam| *s.m.* (*méd.*) sfigmogramma.
sphygmographe |sfigmɔgʀaf| *s.m.* (*méd.*) sfigmografo.
sphygmographie |sfigmɔgʀafi| *s.f.* (*méd.*) sfigmografia.
sphygmomanomètre |sfigmɔmanɔmɛtʀ(ə)| *s.m.* (*méd.*) sfigmomanometro.
sphyrène |sfiʀɛn| *s.f.* (*t.zool.*) sfirena.
spic |spik| *s.m.* (*t.bot.*) spigo*.
spica |spika| *s.m.* (*méd.*) (fasciatura *f.* a) spica* *f.*, spiga* *f.*
spiciforme |spisifɔʀm(ə)| *adj.* (*bot.*) spiciforme.
spicilège |spisilɛʒ| *s.m.* spicilegio*.
spicule |spikyl| *s.m.* (*sc. nat.*) spicola *f.*
spider |spidɛʀ| *s.m.* (*angl.*) spider *f.* ou *m. inv.*
spiegel |spigɛl| *s.m.* (*all.*) (*métall.*) ghisa *f.* speculare.
spin |spin| *s.m.* (*angl.*) (*phys. nucléaire*) spin *inv.*
spina-bifida |spinabifida| *s.m.* (*méd.*) spina bifida *f.*
spinal, ale, aux |spinal, o| *adj.* (*anat.*) spinale: *nerf spinal* nervo spinale; *muscles spinaux* muscoli spinali.
spina-ventosa |spinavɛ̃toza| *s.m.* (*méd.*) spina ventosa *f.*
spinelle |spinɛl| *s.m.* (*minér.*) spinello.
spinnaker, spinacker |spinakə(ɛ)ʀ| *s.m.* (*abrév. fam. 'spi'*) (*mar.*) spinnaker *inv.*
spinosisme, spinozisme |spinozism(ə)| *s.m.* (*philo.*) spinozismo.
spinosiste, spinoziste |spinozist(ə)| *s. et adj.* spinozista.
spiracle |spiʀakl(ə)| *s.m.* (*zool.*) spiracolo.
spiral, ale, aux |spiʀal, o| *adj.* spirale: *un ressort spiral*, (*ellipt.*) *un spiral de montre* una (molla a) spirale *f.* di orologio.
spirale |spiʀal| *s.f.* **1** (*géom.*) spirale: *spirale d'Archimède* spirale di Archimede **2** [*courbe qui tourne autour d'un axe*] spirale: *escalier en spirale* scala a forma di spirale → **volute** # *spirales de fumée* volute di fumo.
spiralé, ée |spiʀale| *adj.* a spirale *loc. inv.*
spirant, ante |spiʀɑ̃, ɑ̃t| *adj.* (*phonét.*) *consonne spirante* consonante spirante ◆ (*s.f.*) *une spirante* una spirante.
spire |spiʀ| *s.f.* spira: *les spires d'un solénoïde* le spire di un solenoide.
spirée |spiʀe| *s.f.* (*t.bot.*) spirea.
spirifer |spiʀifɛʀ| *s.m.* (*zool.*) spirifero.
spirille |spiʀij| *s.m.* (*biol.*) spirillo.
spirillose |spiʀi(l)loz| *s.f.* (*méd.*) spirillosi *inv.*
spirite |spiʀit| **1** *adj.* spiritico* **2** *s.* spiritista.
spiritisme |spiʀitism(ə)| *s.m.* spiritismo.
spiritual, als |spiʀitɥol, ols| *s.m.* (*angl.*) spiritual *inv.*
spiritualisation |spiʀitɥalizɑsjɔ̃| *s.f.* (*littér.*) [→ SPIRITUALISER] spiritualizzazione.
spiritualiser |spiʀitɥalize| *v.tr.* (*littér.*) [*doter, imprégner de spiritualité*] spiritualizzare Ⓒ **matérialiser.**
spiritualisme |spiʀitɥalism(ə)| *s.m.* (*philo.*) spiritualismo.
spiritualiste |spiʀitɥalist(ə)| *adj.* (*philo.*) spiritualistico* ◆ (*s.*) *un spiritualiste* uno spiritualista.
spiritualité |spiʀitɥalite| *s.f.* (*philo., cour.*) spiritualità (*inv.*): *la spiritualité de l'âme* la spiritualità dell'anima; *la spiritualité franciscaine* la spiritualità francescana.
spirituel, elle |spiʀitɥɛl| *adj.* **I** **1** spirituale: *vie spirituelle* vita spirituale; *exercices spirituels* esercizi spi-

rituali **2** [*qui est d'ordre moral, n'appartient pas à la nature sensible, au monde physique*] spirituale: *les valeurs spirituelles d'une civilisation* i valori spirituali di una civiltà; *pouvoir spirituel et pouvoir temporel* potere spirituale e potere temporale ♦ (*s.m.*) *le spirituel et le temporel* il potere spirituale e il potere temporale **3** (*mus.*) *concert spirituel* concerto spirituale **II 1** (*personnes*) [*qui a de la vivacité, de l'à-propos, qui sait briller et plaire*] spiritoso **2** (*choses*) [*qui est plein d'esprit*] spiritoso: *une plaisanterie spirituelle* uno scherzo spiritoso; *une caricature très spirituelle* una caricatura molto spiritosa → **fin, piquant** Ⓒ **I 1 matériel, 2 temporel.**

spirituellement |spiʀitɥɛlmɑ̃| *adv.* **1** [*en esprit, dans l'ordre de l'esprit, de la spiritualité*] spiritualmente **2** [*avec un esprit fin et vif*] spiritosamente.

spiritueux, euse |spiʀitɥø, øz| *adj.* [*qui contient une forte proportion d'alcool*] alcolico*: *boissons spiritueuses* bevande alcoliche ♦ *s.m.* alcolico: *taxe sur les spiritueux* tassa sugli alcolici.

spirochète |spiʀɔkɛt| *s.m.* (*biol.*) spirocheta *f.*

spirochétose |spiʀɔketoz| *s.f.* (*méd.*) spirochetosi *inv.*

spirographe |spiʀɔgʀaf| *s.m.* (*t. zool.*) spirografide.

spirogyre |spiʀɔʒiʀ| *s.m.* (*t.bot.*) spirogira *f.*

spiroïdal, ale, aux |spiʀɔidal, o| *adj.* spiroidale.

spiroïde |spiʀɔid| *adj.* spiroide.

spiromètre |spiʀɔmɛtʀ(ə)| *s.m.* spirometro.

spi(t)tant, ante |spitɑ̃, ɑ̃t| *adj.* (*Belgique*) → **pétillant.**

splanchnique |splɑ̃knik| *adj.* (*anat.*) splancnico*.

splanchnologie |splɑ̃knɔlɔʒi| *s.f.* splancnologia *inv.*

spleen |splin| *s.m.* (*angl.*) (*littér.*) spleen *inv.*, melancolia *f.*; malinconia *f.* (*cour.*).

splendeur |splɑ̃dœʀ| *s.f.* **1** (*littér.*) splendore *m.* (*cour.*) **2** [*chose splendide*] splendore: *cette tapisserie est une splendeur* questo arazzo è uno splendore.

splendide |splɑ̃did| *adj.* **1** (*choses*) splendido: *il fait un temps splendide* c'è un tempo splendido **2** (*personnes*) splendido: *c'est une fille splendide* è una ragazza splendida → **2 superbe.**

splendidement |splɑ̃didmɑ̃| *adv.* [→ SPLENDIDE] splendidamente.

splénectomie |splenɛktɔmi| *s.f.* (*chir.*) splenectomia.

splénique |splenik| *adj.* (*anat.*) splenico*.

splénite |splenit| *s.f.* (*méd.*) splenite.

splénius |splenjys| *s.m.* (*anat.*) splenio*.

splénologie |splenɔlɔʒi| *s.f.* (*méd.*) splenologia*.

splénomégalie |splenɔmegali| *s.f.* (*méd.*) splenomegalia.

splénotomie |splenɔtɔmi| *s.f.* (*chir.*) splenotomia.

spodite |spɔdit| *s.f.* spodite.

spoliateur, trice |spɔljatœʀ, tʀis| *s. et adj.* spogliatore*, depredatore*.

spoliation |spɔljɑsjɔ̃| *s.f.* [→ SPOLIER] spoliazione.

spolier |spɔlje| *v.tr.* [*dépouiller d'un bien par violence, par fraude, par abus de pouvoir*] spogliare, defraudare.

spondaïque |spɔ̃daik| *adj.* (*versif. anc.*) spondaico*.

spondée |spɔ̃de| *s.m.* (*versif. anc.*) spondeo.

spondias |spɔ̃djɑs| *s.m.* (*t.bot.*) spondias *f. inv.*

spondylarthrite |spɔ̃dilaʀtʀit| *s.f.* (*méd.*) spondiloartrite.

spondylarthrose |spɔ̃dilaʀtʀoz| *s.f.* (*méd.*) spondiloartrosi *inv.*

spondyle |spɔ̃dil| *s.m.* (*vx.*) → **vertèbre.**

spondylite |spɔ̃dilit| *s.f.* (*méd.*) spondilite.

Spongiaires |spɔ̃ʒjɛʀ| *s.m. pl.* (*t. zool.*) Spongiari.

spongiculture |spɔ̃ʒikyltyʀ| *s.f.* coltura delle spugne in vivaio.

spongieux, euse |spɔ̃ʒjø, øz| *adj.* **1** [*qui rappelle l'éponge*] spugnoso, spongioso (*vx.*) **2** [*qui est mou et s'imbibe, retient les liquides*] spugnoso.

spongille |spɔ̃ʒil| *s.f.* (*t.zool.*) spongilla.

spongine |spɔ̃ʒin| *s.f.* (*biol.*) spongina.

spongiosité |spɔ̃ʒjozite| *s.f.* (*rare*) [*caractère de ce qui est spongieux*] spugnosità *inv.*, spongiosità *inv.* (*vx.*).

spontané, ée |spɔ̃tane| *adj.* **1** spontaneo: *une manifestation spontanée* una manifestazione spontanea **2** [*qui se fait de soi-même, sans avoir été provoqué*] spontaneo: *génération spontanée* generazione spontanea → **naturel 3** [*qui se fait sans que la volonté intervienne*] spontaneo: *sa réaction a été tout à fait spontanée* la sua reazione è stata del tutto spontanea → **instinctif, sincère, involontaire** ◇ (*personnes*) [*qui obéit au premier mouvement, ne calcule pas*] *un artiste spontané* un artista spontaneo.

spontanéisme |spɔ̃taneism(ə)| *s.m.* (*polit.*) spontaneismo.

spontanéiste |spɔ̃taneist(ə)| *s.* spontaneista.

spontanéité |spɔ̃taneite| *s.f.* spontaneità *inv.*

spontanément |spɔ̃tanemɑ̃| *adv.* **1** [*sans y être invité, sans y être contraint*] spontaneamente: *il a tout avoué spontanément* ha confessato tutto spontaneamente **2** [*instinctivement, naturellement*] spontaneamente.

spontanisme |spɔ̃tanism(ə)| *s.m.* (*hist. sc.*) spontanismo.

sporadicité |spɔʀadisite| *s.f.* sporadicità *inv.*

sporadique |spɔʀadik| *adj.* **1** (*méd., sc. nat.*) sporadico* **2** [*qui apparaît, se produit d'une manière irrégulière*] sporadico: *un fait sporadique* un fatto sporadico Ⓒ **1 épidémique; 2 constant, régulier.**

sporadiquement |spɔʀadikmɑ̃| *adv.* [*d'une manière sporadique, irrégulière; sous forme de cas isolés*] sporadicamente Ⓒ **constamment.**

sporange |spɔʀɑ̃ʒ| *s.m.* (*bot.*) sporangio*.

spore |spɔʀ| *s.f.* (*biol.*) spora.

sporogone |spɔʀɔgɔn| *s.m.* (*bot.*) sporogonio*.

sporogonie |spɔʀɔgɔni| *s.f.* (*biol.*) sporogonia.

sporophylle |spɔʀɔfil| *s.m.* (*bot.*) sporofillo.

sporophyte |spɔʀɔfit| *s.m.* (*bot.*) sporofito.

sporose |spɔʀoz| *s.f.* (*bot.*) sporosi *inv.*

sporotriche |spɔʀɔtʀiʃ| *s.m.* (*bot.*) sporotrichum *inv.*

sporotrichose |spɔʀɔtʀikoz| *s.f.* (*méd.*) sporotricosi *inv.*

Sporozoaires |spɔʀɔzɔɛʀ| *s.m. pl.* (*t.zool.*) Sporozoi.

sport |spɔʀ| (*angl.*) **I** *s.m.* **1** LE SPORT lo sport (*inv.*): *pratique du sport* pratica dello sport, sportiva; *sport amateur et sport professionnel* sport dilettantistico e sport professionistico; *faire du sport* fare dello sport ◇ *loc.* DE SPORT sportivo (*adj.*): *terrain de sport* campo sportivo; *voiture de sport* macchina sportiva; *vêtements, chaussures de sport* abbigliamento sportivo, scarpe sportive ♦ *adj. inv.* (*fam.*) *des chaussures sport* scarpe sportive (*var.*); *un complet sport* un abito sportivo ◇ (*loc. fig., fam.*) *c'est du sport!* non è una cosa da niente!; *il va y avoir du sport!* ci sarà baruffa!, voleranno botte! **2** UN, DES SPORT(S) sport: *sport individuels* sport individuali; *sports d'équipes* sport di squadra; *sports d'hiver* sport invernali # *partir aux sports d'hiver* andare a sciare **II** (*adj. inv.*) *être sport* [*être loyal et sans rancune*] essere sportivo *var.*

sportif, ive |spɔʀtif, iv| *adj.* **1** sportivo: *épreuves sportives* gare sportive; *journaux, résultats sportifs* giornali, risultati sportivi; *associations sportives* associazioni sportive; *natation, pêche sportive* nuoto sportivo, pesca sportiva **2** [*qui pratique, qui aime le sport*] sportivo: *une jeunesse sportive* una gioventù sportiva ♦ (*s.*) *un sportif* uno sportivo ◇ [*qui atteste la pratique du sport*] *allure sportive* fisico sportivo ◇ [*qui respecte l'esprit du sport, manifeste de la sportivité*] *le public a été sportif* il pubblico è stato sportivo.

sportivement |spɔʀtivmɑ̃| *adv.* [*avec un esprit sportif, une attitude sportive, loyale*] sportivamente: *accepter sportivement une défaite* accettare sportivamente una sconfitta.

sportivité |spɔʀtivite| *s.f.* sportività *inv.*

sportsman |spɔʀtsman| *s.m.* (*angl.*) (*littér.*) [*turfiste*] appassionato d'ippica (*cour.*): *les sportsmen* gli appassionati d'ippica.

sport(s)wear |spɔʀt(s)wɛʀ| *adj. et s.m.* (*amér.*) sport(s)wear *inv.*

sportule |spɔʀtyl| *s.f.* (*antiq. rom.*) sportula.

sporulation |spɔʀylɑsjɔ̃| *s.f.* (*sc. nat.*) sporulazione.

sporule |spɔʀyl| *s.f.* (*bot.*) sporula.

sporuler |spɔʀyle| *v.intr.* (*sc. nat.*) [*se reproduire par spores, produire des spores*] produrre (108) *tr.*, formare *tr.* spore.

spot |spɔt| *s.m.* (*angl.*) **1** (*phys.*) indice luminoso ◇ (*télév.*) punto luminoso, spot (*inv.*) # *vitesse de spot* velocità di esplorazione **2** (*théât.*) riflettore lenticolare, faretto **3** *spot publicitaire* sketch *inv.* pubblicitario, carosello.

spoutnik |sputnik| *s.m.* (*russe*) sputnik *inv.*

sprat |spʀat| *s.m.* (*angl.*) (*t.zool.*) spratto.

spray |spʀɛ| *s.m.* (*angl.*) spray *inv.*

◇ (*par ext.*) [*l'appareil lui-même, son contenu*] (bomboletta *f.*) spray.
springbok |spʀiŋbɔk| *s.m.* (*holl.*) (*t.zool.*) antilope *f.* saltante.
sprint |spʀint| *s.m.* (*angl.*) (*sport*) scatto, sprint (*inv.*): *battre son adversaire au sprint* battere l'avversario sullo scatto, sullo sprint; *piquer un sprint* fare uno scatto, scattare ◇ (*athlétisme, cyclisme*) corsa *f.* piana.
1 **sprinter** |spʀintœʀ| *s.m.* (*angl.*) (*athlétisme, cyclisme*) scattista *s.*, sprinter (*inv.*): *c'est un bon rouleur, mais ce n'est pas un sprinter* è un buon passista, ma non è uno scattista, uno sprinter.
2 **sprinter** |spʀinte| *v.intr.* (*angl.*) (*sport*) [*accélérer et soutenir l'allure la plus rapide possible, notamment en fin de course*] scattare.
sprue |spʀy| *s.f.* (*angl.*) (*méd.*) sprue *inv.*
spumescent, ente |spymesɑ̃, ɑ̃t| *adj.* [*qui est semblable à de l'écume; qui produit de l'écume*] schiumoso, spumoso; spumeggiante → **écumant.**
spumeux, euse |spymø, øz| *adj.* spumoso, schiumoso → **écumeux.**
spumosité |spymozite| *s.f.* spumosità *inv.*, schiumosità *inv.*
squale |skwal| *s.m.* (*t.zool.*) squalo.
Squaliformes |skwalifɔʀm(ə)| *s.m pl.* (*t.zool.*) Squaliformi.
Squamates |skwamat| *s.m. pl.* (*t. zool.*) Squamati.
squame |skwam| *s.f.* **1** (*méd.*) squama **2** (*littér.*) [*écaille*] squama (*cour.*).
squameux, euse |skwamø, øz| *adj.* **1** (*méd.*) squamoso **2** (*littér.*) [*écailleux*] squamoso (*cour.*).
squamifère |swamifɛʀ| *adj.* (*sc. nat.*) squamoso → **écaillé, écailleux.**
Squamipennes |skwamipɛn| *s.m. pl.* (*t.zool.*) Squamipenni.
squamule |skwamyl| *s.f.* (*sc. nat.*) squamula.
square |skwaʀ| *s.m.* (*angl.*) giardinetto pubblico* (al centro di una piazza).
squatine |skwatin| *s.m.* (*t.zool.*) squadro, pesce angelo (*cour.*).
Squatinidés |skwatinide| *s.m. pl.* (*t.zool.*) Squatinidi.
squatter |skwatœʀ(ɛʀ)| *s.m.* (*anglo-amér.*) **1** (*aux. États-Unis*) [*pionnier*] pioniere **2** squatter *inv.*, occupante *s.* abusivo (di uno stabile).
squaw |skwo| *s.f.* [*femme d'un Indien, en Amérique du Nord*] squaw *inv.*
squelette |skəlɛt| *s.m.* **I** (*anat.*) scheletro **II** **1** [*charpente* (*d'un navire, d'un édifice*)] scheletro, ossatura *f.* ◇ (*géol.*) *le squelette d'une montagne* lo scheletro di una montagna **2** (*fig.*) [*les grandes lignes d'un ensemble abstrait, d'une œuvre*] trama *f.*, scheletro.
squelettique |skəletik| *adj.* **1** [*qui évoque un squelette*] scheletrico*: *maigreur squelettique* magrezza scheletrica ◇ (*fig.*) [*trop schématique*] scheletrico: *un exposé squelettique* una esposizione scheletrica **2** (*anat.*) scheletrico.
squille |skij| *s.f.* (*t.zool.*) canocchia, cicala di mare, squilla.
squine |skin| *s.f.* (*t.bot.*) squinanto *m.*
squirr(h)e |skiʀ| *s.m.* (*pathol.*) scirro.
squirr(h)eux, euse |skiʀø, øz| *adj.* (*pathol.*) scirroso.
stabat (mater) |stabat(matɛʀ)| *s.m. inv.* (*lat.*) (*liturg., mus.*) stabat mater.
stabilimètre |stabilimɛtʀ(ə)| *s.m.* (*méd., psycho.*) stabilimetro.
stabilisateur, trice |stabilizatœʀ, tʀis| **1** *adj.* stabilizzatore* **2** *s.m.* (*chim., techn.*) stabilizzatore.
stabilisation |stabilizɑsjɔ̃| *s.f.* **1** [→ STABILISER A 1] stabilizzazione: *plan de stabilisation* piano di stabilizzazione **2** (*sc.*) stabilizzazione ◇ (*méd.*) *stabilisation d'une maladie, d'un processus morbide* stabilizzazione di una malattia, di un processo morboso **3** [*action, manière d'assurer la stabilité* (*d'un véhicule*), *de consolider* (*un sol*)] stabilizzazione.
stabiliser |stabilize| **A** *v.tr.* **1** [*rendre stable* (*la monnaie, les prix, les institutions, une situation, etc.*)] stabilizzare ✦ (*au p.p.*) *prix stabilisés* prezzi stabilizzati **2** (*sc.*) [*amener* (*un système, une substance*) *à la stabilité*] stabilizzare: *stabiliser une matière explosive* stabilizzare un materiale esplosivo **3** [*assurer la stabilité de* (*un navire, un avion, un véhicule, etc.*)] stabilizzare **B** *v.pron. intr.* SE STABILISER [→ *tr.*] stabilizzarsi ◇ (*méd.*) *la maladie s'est stabilisée* la malattia si è stabilizzata.
stabilité |stabilite| *s.f.* **1** stabilità (*inv.*): *stabilité de la monnaie* stabilità della moneta **2** [*propriété d'un corps de revenir à sa position d'équilibre*] stabilità: *stabilité d'un avion, d'un véhicule* stabilità di un aereo, di un veicolo **3** (*sc.*) stabilità.
stable |stabl(ə)| *adj.* **1** stabile: *un gouvernement, un régime stable* un governo, un regime stabile → **durable, solide** **2** (*se dit de l'équilibre qui subsiste après une légère perturbation*) stabile: *l'échelle est stable* la scala è stabile ◇ (*navigation*) *élément stable* elemento stabile **3** (*sc.*) stabile: *atome stable* atomo stabile Ⓒ **instable.**
stabulation |stabylɑsjɔ̃| *s.f.* stabulazione.
staccato |stakato| *adv. et s.m.* (*mus.*) staccato.
1 **stade** |stad| *s.m.* **1** (*méd.*) stadio*: *stade d'une maladie inféctieuse* stadio di una malattia infettiva; *les différents stades du développement de l'embryon* i vari stadi di sviluppo dell'embrione ◇ (*psychan.*) *stade oral, anal* stadio orale, anale **2** [*mesure de longueur de la Grèce antique*] stadio.
2 **stade** |stad| *s.m.* stadio*: *stade olympique* stadio olimpico ◇ (*par ext.*) *les vedettes du stade* i divi dello sport.
stadia |stadja| *s.m.* (*techn.*) stadia *f.*
1 **staff** |staf| *s.m.* (*angl.*) (*techn.*) stucco* (per decorazioni).
2 **staff** |staf| *s.m.* (*angl.*) staff (*inv.*): *un staff de médecins* uno staff medico.
staffer |stafe| *v.tr.* (*techn.*) [*construire en* (1) *staff*] stuccare.
staffeur |stafœʀ| *s.m.* [*ouvrier qui effectue la pose et le moulage d'ouvrages en* (1) *staff*] stuccatore.
stage |staʒ| *s.m.* corso, seminario* (di aggiornamento, di perfezionamento), 'stage' *inv.* ◇ [*période d'études pratiques imposée aux candidats à certaines professions*] tirocinio*, pratica* *f.*
stagflation |stagflɑsjɔ̃| *s.f.* (*amér.*) (*écon.*) stagflation *inv.*, inflazione associata a ristagno, stagflazione.
stagiaire |staʒjɛʀ| *adj.* [*qui fait son stage*] tirocinante, praticante: *avocat, professeur stagiaire* avvocato, professore tirocinante, praticante ✦ (*s.*) *un stagiaire* un tirocinante, un praticante.
stagnant, ante |stagnɑ̃, ɑ̃t| *adj.* **1** (*fluides*) stagnante **2** (*fig.*) stagnante: *le commerce est stagnant* il commercio è stagnante.
stagnation |stagnɑsjɔ̃| *s.f.* **1** ristagno *m.* ◇ (*méd.*) *stagnation du pus dans une plaie* ristagno di pus in una piaga **2** (*fig.*) [*état fâcheux d'immobilité, d'inactivité*] ristagno, stagnazione: *stagnation des affaires* ristagno, stagnazione degli affari.
stagner |stagne| *v.intr.* **1** (*fluides*) [*rester immobile sans couler, sans se renouveler*] (ri)stagnare **2** (*fig.*) [*être inerte, languir*] ristagnare.
stakhanovisme |stakanɔvism(ə)| *s.m.* stacanovismo.
stakhanoviste |stakanɔvist(ə)| *s. et adj.* stacanovista.
stalactite |stalaktit| *s.f.* (*géol.*) stalattite.
stalag |stalag| *s.m.* (*all.*) stalag *inv.*
stalagmite |stalagmit| *s.f.* (*géol.*) stalagmite.
stalagmitique |stalagmitik| *adj.* (*géol.*) stalagmitico*.
stalagmomètre |stalagmɔmɛtʀ(ə)| *s.m.* (*phys.*) stalagmometro.
stalagmométrie |stalagmɔmetʀi| *s.f.* (*phys.*) stalagmometria.
stalinien, ienne |stalinjɛ̃, jɛn| *adj.* [*de Staline*] staliniano, stalinistico*: *méthodes staliniennes* metodi staliniani, stalinistici ✦ (*s.*) *un stalinien* uno stalinista.
stalinisme |stalinism(ə)| *s.m.* stalinismo.
stalle |stal| *s.f.* **1** [*chacun des sièges qui garnissent les deux côtés du chœur d'une église*] stallo *m.* **2** → **box.**
staminal, ale, aux |staminal, o| *adj.* (*bot.*) staminale.
staminé, ée |stamine| *adj.* (*bot.*) staminifero.
staminifère |staminifɛʀ| *adj.* (*bot.*) staminifero.
stance |stɑ̃s| *s.f.* **1** *au plur.* (*littér.*) stanze **2** (*vx.*) [*strophe*] stanza.
1 **stand** |stɑ̃d| *s.m.* tiro a segno, tirassegno.
2 **stand** |stɑ̃d| *s.m.* (*angl.*) **1** (*dans une exposition*) stand *inv.* **2** *stand de ravitaillement* posto di rifornimento.
1 **standard** |stɑ̃daʀ| *s.m.* (*angl.*) **1** standard *inv.*, norma *f.* ✦ *adj.* (*appos.*) *modèle standard et modèle de luxe* modello standard e modello di lusso; *échange standard* ricambio standard ◇ (*sc.*) *conditions standard* condizioni standard **2** *standard de vie* tenore, livello di vita.
2 **standard** |stɑ̃daʀ| *s.m.* (*angl.*) (*télécom.*) centralino telefonico*.
standardisation |stɑ̃daʀdizɑsjɔ̃| *s.f.* [→ STANDARDISER] standardizzazione.
standardiser |stɑ̃daʀdize| *v.tr.* **1** [*normaliser*] standardizzare **2** (*fig.*) [*uniformiser*] standardizzare.
standardiste |stɑ̃daʀdist(ə)| *s.* [*téléphoniste chargé(e) du service d'un standard*] centralinista.
standing |stɑ̃diŋ| *s.m.* (*angl.*) **1** (*personnes*) livello sociale, tenore di vita **2** (*choses*) [*grand confort, luxe*] classe (*f.*): *immeuble, hôtel de grand standing*, '*de classe*' (*t. recomm.*) stabile, albergo di gran classe.

stannate |stanat| *s.m.* (*chim.*) stannato.
stanneux, euse |sta(n)nø, øz| *adj.* (*chim.*) stannoso.
stannifère |sta(n)nifɛʀ| *adj.* (*minér.*) stannifero.
stannique |sta(n)nik| *adj.* (*chim.*) stannico*.
staphisaigre |stafizɛgʀ(ə)| *s.f.* (*t. bot.*) stafisagria.
staphylier |stafilje| *s.m.* (*t.bot.*) staphylea *f. inv.*
staphylin |stafilɛ̃| *s.m.* (*t.zool.*) stafilino.
staphylin, ine |stafilɛ̃, in| *adj.* (*anat.*) stafilino.
staphylococcie |stafilɔkɔksi| *s.f.* (*méd.*) stafilococcia*.
staphylocoque |stafilɔkɔk| *s.m.* stafilococco*.
staphylome |stafilom| *s.m.* (*pathol.*) stafiloma.
star |staʀ| *s.f.* (*angl.*) divo *s.*, star *inv.*
starie |staʀi| *s.f.* → **estarie.**
stariser |staʀize|, **starifier** |staʀifje| *v.tr.* (*fam.*) [*transformer* (*qqn.*, *spécialt. une actrice*) *en star, en vedette*] fare (103) di (qc.) una diva (un divo), una star.
starlette, starlet |staʀlɛt| *s.f.* [*jeune actrice de ciné. qui rêve d'une carrière de star*] divetta (del cinema).
staroste |staʀɔst(ə)| *s.m.* (*hist.*) starosta.
star-system |staʀsistɛm| *s.m.* (*angl.*) star-system *inv.*
starter |staʀtɛʀ| *s.m.* (*angl.*) **1** (*turf*) starter (*inv.*): *les chevaux sont sous les ordres du starter* i cavalli sono agli ordini dello starter ◇ (*sport*) [*personne chargée de donner aux coureurs le signal de départ*] starter **2** (*auto.*) starter: *starter automatique* starter automatico.
starting-block |staʀtiŋblɔk| *s.m.* (*angl.*) (*sport*) blocchi *pl.* di partenza.
starting-gate |staʀtiŋgɛt| *s.m.* (*angl.*) (*turf*) nastri *pl.* di partenza.
stase |staz| *s.f.* (*méd.*) stasi *inv.*
-stat |sta| *suff.* (*signifiant 'stable', correspond généralt. à*) stato: *aérostat* aerostato.
statère |statɛʀ| *s.m.* (*antiq. gr.*) statere.
stat(h)olite |statɔlit(ə)| *s.m.* (*biol.*) statolito, statolite.
stathouder |statudɛʀ,|, **stadhouder** |stadudɛʀ| *s.m.* (*holl.*) (*hist.*) statolder *inv.*
stathoudérat |statudeʀa| *s.m.* (*hist.*) statolderato.
statice |statis| *s.m.* (*t.bot.*) statice *f.*
statif |statif| *s.m.* (*opt.*) stativo.
station |stɑ(a)sjɔ̃| *s.f.* **I** **1** [*fait de s'arrêter au cours d'un déplacement*] sosta: *elle faisait de longues stations devant les vitrines* faceva lunghe soste davanti alle vetrine → **arrêt, halte** ◇ (*spécialt.*) *les stations de la Croix* le stazioni della Via Crucis **2** [*fait de se tenir* (*d'une certaine façon*)] stazione: *rester en station verticale, en station debout* rimanere in stazione eretta, in piedi **3** (*astron.*) stazione **II** (*lieu*) **1** [*endroit où l'on se place pour effectuer des observations*] stazione: *station météorologique* stazione meteorologica, osservatorio meteorologico ◇ [*centre de production de courant électrique*] centrale (elettrica*) ◇ (*spécialt.*) *station radiophonique, d'émission* stazione radiofonica, trasmittente; *station spatiale* stazione spaziale; *station radar* stazione radar **2** [*endroit aménagé pour l'arrêt des véhicules*] stazione: *station de métro, d'autobus* stazione della metropolitana, degli autobus (autostazione) # *station de taxis* posteggio di taxi **3** (*relig.*) stazione **4** (*mar.*) stazione navale **5** [*lieu de séjour où l'on prend les eaux*] stazione, centro *m.* termale ◇ (*par anal.*) *station balnéaire, climatique, de sports d'hiver* stazione, località *inv.* balneare, climatica, di sport invernali **6** (*sc. nat.*) stazione, sede **7** [*installation fixe ou mobile, à un ou plusieurs usages*] stazione, impianto (*m.*): *station de lavage, de graissage* stazione di lavaggio, di ingrassaggio.
stationnaire |stasjɔnɛʀ| **I** *adj.* **1** stazionario*: *ondes stationnaires* onde stazionarie; *état stationnaire* stato stazionario **2** (*math., phys., sc.*) stazionario **II** *s.m.* **1** (*antiq. rom.*) stazionario **2** nave *f.* stazionaria.
stationnale |stasjɔnal| *adj. f.* (*liturg.*) *église stationnale* chiesa stazionale; *procession stationnale* processione stazionale.
stationnarité |stasjɔnaʀite| *s.f.* stazionarietà *inv.*
stationnement |stasjɔnmɑ̃| *s.m.* [→ STATIONNER] **1** sosta *f.*, stazionamento: *stationnement interdit* sosta vietata; *disque de stationnement* disco di sosta, disco orario; *stationnement unilatéral* sosta consentita su un solo lato (della strada) # *parc de stationnement* parcheggio, posteggio; *compteur de stationnement* parchimetro **2** (*dr.*) sosta, stazionamento.
stationner |stasjɔne| *v.intr.* [*faire une station, rester à la même place*] stazionare, sostare ♦ *au p.p.* [*en stationnement*] *les troupes stationnées en Allemagne* le truppe di stanza *loc. inv.* in Germania.
station-service |stasjɔ̃sɛʀvis| *s.f.* stazione di servizio, impianto *m.* di rifornimento di carburanti, distributore *m.* (di benzina) ◇ (*spécialt.*) *station libre-service* [*station-service où l'on peut se servir soi-même*] (distributore) self-service *m. inv.*
station-wagon |stasjɔ̃vagɔ̃| *s.f.* (*amér.*) [*voiture à grande capacité, dont la carrosserie est partiellement en bois*] giardinetta, familiare.
statique |statik| **I** *s.f.* (*sc.*) statica* **II** *adj.* **1** (*sc.*) statico*: *force, électricité statique* forza, elettricità statica **2** [*qui est fixé, qui n'évolue pas*] statico: *un art statique* un'arte statica Ⓒ **dynamique.**
statiquement |statikmɑ̃| *adv.* [→ STATIQUE II] staticamente Ⓒ **dynamiquement.**
statisme |statism(ə)| *s.m.* staticità *f. inv.* Ⓒ **dynamisme.**
statisticien, ienne |statistisjɛ̃, jɛn| *s.* statistico* *m.*, esperto di statistica.
statistique |statistik| **I** *s.f.* **1** statistica* ◇ (*phys.*) *statistique quantique, appliquée* statistica quantica (quantistica), applicata **2** [*ensemble de données numériques concernant une catégorie de faits*] statistica: *statistiques démographiques, économiques* statistiche demografiche, economiche; *statistiques de natalité* statistica della natalità **II** *adj.* statistico*: *analyses, méthodes statistiques* analisi statistiche, metodi statistici ◇ (*phys.*) *mécanique statistique* meccanica statistica.
statocyste |statɔsist(ə)| *s.f.* (*physiol.*) statociste, statocisti *inv.*
statokinésimètre |statɔkinezimɛtʀ(ə)| *s.m.* → **stabilimètre.**
stator |statɔʀ| *s.m.* (*techn.*) statore.
statoréacteur |statɔʀeaktœʀ| *s.m.* (*aviat.*) statoreattore.
statthalter |stataltɛʀ, ʃtataltəʀ| *s.m.* (*all.*) [*gouverneur all., spécialt. en Alsace-Lorraine, de 1879 à 1918*] ⊠.
statuaire |statɥɛʀ| **I** *s.* **1** *s.* (*littér.*) statuario*, scultore* (*cour.*) **2** *s.f.* statuaria, scultura → **sculpture** **II** *adj.* statuario: *marbre statuaire* marmo statuario.
statue |staty| *s.f.* statua: *statue en marbre, en or, en cire* statua di marmo, d'oro, di cera ◇ (*loc.*) *droit, immobile comme une statue* dritto, immobile come una statua ◇ (*fig.*) *une statue de la douleur* una statua di dolore.
statuer |statɥe| **A** *v.intr.* [*prendre une décision* (*sur un cas, une affaire*)] decidere (130), deliberare: *statuer sommairement* decidere con procedura sommaria **B** *v.tr.* (*vx.*) → **établir, ordonner.**
statuette |statɥɛt| *s.f.* statuetta, statuina.
statufier |statyfje| *v.tr.* **1** (*fam.*) [*représenter* (*qqn.*) *par une statue, élever une statue à* (*qqn.*)] fare (103) una statua (a) (*cour.*) **2** (*sujet de chose*) [*rendre semblable à une statue*] pietrificare.
statu quo |statykwo| *s.m.* (*lat.*) (*dr., cour.*) statu quo *inv.*, status quo *inv.*
stature |statyʀ| *s.f.* statura ◇ (*fig.*) *c'est un écrivain, un homme d'État d'une tout autre stature* è uno scrittore, uno statista di tutt'altra statura.
statut |staty| *s.m.* **1** (*dr.*) statuto, status *inv.* (giuridico): *statut personnel* status giuridico **2** [*état, situation de fait, dans la société*] stato, posizione *f.* sociale **3** *au plur.* [*suite d'art. définissant une société et réglant son fonctionnement*] statuto (*sing.*): *les statuts d'une société commerciale* lo statuto di una società commerciale.
statutaire |statytɛʀ| *adj.* statutario*: *répartition statutaire d'un dividende* ripartizione statutaria di un dividendo.
statutairement |statytɛʀmɑ̃| *adv.* (*dr.*) per statuto *loc. inv.*, conformemente allo statuto *loc. inv.*
staurothèque |stɔʀɔtɛk| *s.f.* (*archéol.*) stauroteca*.
stayer |stɛjœʀ| *s.m.* (*angl.*) **1** (*cyclisme*) mezzofondista, stayer *inv.* **2** (*turf*) stayer.
steak |stɛk| *s.m.* (*angl.*) [*tranche de bœuf grillée ou à griller*] bistecca* (*f.*): *steak frites* bistecca con (contorno di) patatine fritte; *steak haché* bistecca di carne tritata, hamburger.
steamer |stimœʀ| *s.m.* (*angl.*) (*vieilli*) [*navire, vapeur*] piroscafo.
stéarate |steaʀat| *s.m.* (*chim.*) stearato.
stéarine |steaʀin| *s.f.* (*chim.*) stearina.
stéarinerie |steaʀinʀi| *s.f.* fabbrica* di stearina.
stéarique |steaʀik| (*adj.*) *acide stéarique* acido stearico*.
stéaryle |steaʀil| *s.m.* (*chim.*) stearile.
stéarylique |steaʀilik| *adj.* (*chim.*) stearilico*.

stéatite |steatit| *s.f.* (*minér.*) steatite.
stéatome |steatɔm| *s.m.* (*vieilli*) (*méd.*) steatoma.
stéatopyge |steatɔpiʒ| *adj.* steatopigio*, steatopigo*.
stéatopygie |steatɔpiʒi| *s.f.* steatopigia*.
stéatose |steatoz| *s.f.* (*pathol.*) steatosi *inv.*
steeple(-chase) |stipəl(ʃɛz)| *s.m.* (*angl.*) **1** (*turf*) steeple-chase *inv.* **2** (*athlétisme*) STEEPLE corsa *f.* (a) ostacoli, 3.000 ostacoli *pl.*
Stéganopodes |steganɔpɔd| *s.m. pl.* (*t.zool.*) Steganopodi.
Stégocéphales |stegɔsefal| *s.m. pl.* (*paléont.*) Stegocefali.
stégomyie |stegɔmii|, **stegomya** |stegɔmija| *s.f.* (*t.zool.*) stegomya *inv.*
stégosaure |stegɔsɔʀ|, **stegosorus** |stegɔsɔʀys| *s.m.* (*paléont.*) stegosauro.
stèle |stɛl| *s.f.* stele: *stèle funéraire* stele funeraria.
stellage |ste(ɛl)laʒ| *s.m.* (*Bourse*) stellaggio*, 'stellage' *inv.*
stellaire |ste(ɛl)lɛʀ| **1** *adj.* stellare: *influences stellaires* influenze stellari **2** *s.f.* (*t.bot.*) stellaria.
Stellérides |ste(ɛl)leʀid| *s.m. pl.* (*t.zool.*) Stelleridi.
stellionat |ste(ɛl)ljɔna| *s.m.* (*dr.*) stellionato.
stellionataire |ste(ɛl)ljɔnatɛʀ| *s. et adj.* (*dr.*) reo di stellionato.
stellite |stɛlit| *s.m.* (*métall.*) stellite *f.*
stem(m) |stɛm| *s.m.* (*norv.*) (*ski*) stem *inv.*
stemmate |ste(ɛm)mat| *s.m.* (*zool.*) ocello.
stemmer |steme| *v.intr.* (*ski*) [*freiner*] curvare, frenare a stem.
stencil |stɛnsil| *s.m.* (*angl.*) matrice *f.* (per duplicatore).
stenciliste |stɛnsilist(ə)| *s.* chi prepara matrici per duplicatori *loc.*
stendhalien, ienne |stɛ̃daljɛ̃, jɛn| *adj. et s.* (*litt.*) stendhaliano.
sténo- |stenɔ| *préf.* (*signifiant 'étroit', correspond généralt. à*) steno: *sténographie* stenografia.
sténo |steno| *s.m. et f.* (*abrév.*) → **sténographe, sténographie.**
sténocardie |stenɔkaʀdi| *s.f.* (*méd.*) stenocardia: *il présente des symptômes de sténocardie* presenta sintomi di stenocardia.
sténocardique |stenɔkaʀdik| *adj.* (*méd.*) stenocardico*: *il a eu une attaque sténocardique provoquée par un trop grand effort* ha avuto un attacco stenocardico provocato da eccessivo sforzo.
sténodactylo(graphe) |stenɔdaktilɔ(gʀaf)| *s.* stenodattilografo.
sténodactylo(graphie) |stenɔdaktilɔ(gʀafi)| *s.f.* stenodattilografia.
sténogramme |stenɔgʀam| *s.m.* stenogramma.
sténographe |stenɔgʀaf| *s.* stenografo ✦ *s.f.* (*abrév. cour. 'sténo'*) *une sténo* una stenografa: *dicter du courrier à une sténo* dettare la corrispondenza a una stenografa.
sténographie |stenɔgʀafi| *s.f.* (*abrév. 'sténo'*) **1** stenografia: *apprendre la sténo* imparare la stenografia, a stenografare; *prendre le texte d'une conférence en sténo* annotare il testo di una conferenza in stenografia, stenografare il testo di una conferenza **2** [*le métier de sténographe*] stenografia: *sténographie commerciale* stenografia commerciale **3** [*sténogramme*] stenoscritto *m.*
sténographier |stenɔgʀafje| *v.tr.* [*noter par la sténographie*] stenografare: *sténographier une conversation* stenografare un colloquio.
sténographique |stenɔgʀafik| *adj.* stenografico*: *signes sténographiques* segni stenografici.
sténographiquement |stenɔgʀafikmɑ̃| *adv.* [*au moyen de la sténographie*] stenograficamente.
sténopé |stenɔpe| *s.m.* (*photo.*) foro (di stenoscopio).
sténosage |stenozaʒ| *s.m.* (*techn.*) stenosaggio*.
sténose |stenoz| *s.f.* (*pathol.*) stenosi *inv.*
sténotherme |stenɔtɛʀm(ə)| *adj.* (*biol.*) stenotermo: *plantes sténothermes* piante stenoterme.
sténothermie |stenɔtɛʀmi| *s.f.* (*biol.*) stenotermia.
sténotype |stenɔtip| *s.f.* macchina per stenotipia: *touches d'une sténotype* tasti di una macchina per stenotipia.
sténotypie |stenɔtipi| *s.f.* stenotipia.
sténotypiste |stenɔtipist(ə)| *s.* stenotipista.
1 **stentor** |stɑ̃tɔʀ| *s.m.* (*loc.*) *voix de stentor* [*voix forte, retentissante*] voce stentorea *adj.*
2 **stentor** |stɑ̃tɔʀ| *s.m.* (*t.zool.*) stentor *inv.*
steppage |stɛpaʒ| *s.m.* (*méd.*) 'steppage' *inv.*
steppe |stɛp| *s.f.* steppa ◇ (*archéol., hist.*) *art, civilisation, peuple des steppes* arte, civiltà, popolo delle steppe.
stepper, steppeur |stɛpœʀ| *s.m.* (*hippol.*) cavallo dal trotto veloce.
steppique |stepik| *adj.* steppico*, della steppa (*loc. inv.*): *flore steppique* flora steppica, della steppa.
stéradian |steʀadjɑ̃| *s.m.* (*sc.*) steradiante.
stercoraire |stɛʀkɔʀɛʀ| **1** *s.m.* (*t. zool.*) stercorario* **2** *adj.* (*méd.*) stercoraceo → **stercoral** ◇ (*sc. nat.*) stercorario: *plante, insecte stercoraire* pianta stercoraria, insetto stercorario.
stercoral, ale, aux |stɛʀkɔʀal, o| *adj.* (*méd., sc.*) stercoraceo: *fistule stercorale* fistola stercoracea.
stercorite |stɛʀkɔʀit| *s.m.* (*chim.*) stercorite.
Sterculiacées |stɛʀkyljase| *s.f. pl.* (*t.bot.*) Sterculiacee.
stère |stɛʀ| *s.m.* **1** [*unité de mesure*] (*abrév. 'st.'*) stero **2** (*techn.*) stero.
stéréo- |steʀeɔ| *préf.* (*signifiant 'solide', correspond généralt. à*) stereo: *stéréochimie* stereochimica.
stéréo |steʀeo| **I** *s.* **1** *s.m.* (*imprim.*) → **stéréotype** **2** *s.f.* [*stéréophonie*] stereofonia: *émission en stéréo* trasmissione in stereofonia **II** *adj. inv.* [*stéréophonique*] stereo: *disque stéréo* disco stereo ✦ (*s.m.*) *un stéréo* un impianto stereo *adj.*
stéréobate |steʀeɔbat| *s.m.* (*archit.*) stereobate.
stéréochimie |steʀeɔʃimi| *s.f.* stereochimica*.
stéréochromie |steʀeɔkʀɔmi| *s.f.* (*techn.*) stereocromia.
stéréocomparateur |steʀeɔkɔ̃paʀatœʀ| *s.m.* (*topographie*) stereocomparatore.
stéréoduc |steʀeɔdyk| *s.m.* (*techn.*) trasportatore, convogliatore per solidi.
stéréognosie |steʀeɔgnozi| *s.f.* (*physiol.*) stereognosia.
stéréogramme |steʀeɔgʀam| *s.m.* stereogramma.
stéréographe |steʀeɔgʀaf| *s.* stereografo.
stéréographie |steʀeɔgʀafi| *s.f.* stereografia.
stéréographique |steʀeɔgʀafik| *adj.* stereografico*.
stéréométrie |steʀeɔmetʀi| *s.f.* stereometria.
stéréométrique |steʀeɔmetʀik| *adj.* stereometrico*.
stéréophonie |steʀeɔfɔni| *s.f.* stereofonia.
stéréophonique |steʀeɔfɔnik| *adj.* stereofonico*: *audition stéréophonique* ascolto stereofonico; *effet stéréophonique* effetto stereofonico.
stéréophotographie |steʀeɔfɔtɔgʀafi| *s.f.* (*techn.*) stereofotografia.
stéréoradiographie |steʀeɔʀadjɔgʀafi| *s.f.* (*méd.*) stereoradiografia.
stéréorégularité |steʀeɔʀegylaʀite| *s.f.* (*chim.*) stereoregolarità *inv.*
stéréoscope |steʀeɔskɔp| *s.m.* stereoscopio*.
stéréoscopie |steʀeɔskɔpi| *s.f.* stereoscopia.
stéréoscopique |steʀeɔskɔpik| *adj.* stereoscopico*.
stéréospécificité |steʀeɔspesifisite| *s.f.* (*chim.*) stereospecificità *inv.*
Stéréospondyles |steʀeɔspɔ̃dil| *s.m. pl.* (*paléont.*) → **labyrinthodonte, Stégocéphales.**
stéréotaxie |steʀeɔtaksi| *s.f.* (*méd.*) stereotassia.
stéréotomie |steʀeɔtɔmi| *s.f.* (*techn.*) stereotomia.
stéréotomique |steʀeɔtɔmik| *adj.* (*techn.*) stereotomico*.
stéréotype |steʀeɔtip| **1** *adj. et s.m.* (*vx., imprim.*) stereotipo, stereotipico* *adj.* **2** *s.m.* (*littér.*) stereotipo, luogo* comune (*cour.*).
stéréotypé, ée |steʀeɔtipe| *adj.* stereotipato.
stéréotypeur |steʀeɔtipœʀ| *s.m.* stereotipista *s.*
stéréotypie |steʀeɔtipi| *s.f.* (*méd., psycho.*) stereotipia.
stérer |steʀe| (8) *v.tr.* (*techn.*) [*mesurer du bois au stère*] misurare con lo stero.
stéride |steʀid| *s.m.* (*biol., chim.*) steride.
1 **stérile** |steʀil| *adj.* **1** sterile: *homme stérile* uomo sterile; *fleur stérile* fiore sterile **2** (*fig.*) sterile: *pensées stériles* pensieri sterili; *sujet stérile* argomento sterile.
2 **stérile** |steʀil| *adj.* [*exempt de tout germe microbien*] sterile: *milieu stérile* ambiente sterile.
stérilement |steʀilmɑ̃| *adv.* (*littér.*) [→ 1 STÉRILE] sterilmente → **inutilement, vainement.**
stérilet |steʀilɛ| *s.m.* [*dispositif anticonceptionnel destiné à assurer une stérilité permanente mais réversible*] spirale *f.*
stérilisant, ante |steʀilizɑ̃, ɑ̃t| **1** *adj.* sterilizzante: *technique stérilisante* tecnica sterilizzante **2** *s.m.* (*pharm.*) anticoncezionale.

stérilisateur |steʀilizatœʀ| *s.m.* sterilizzatore: *stérilisateur à biberons* sterilizzatore per poppatoi.

1 **stérilisation** |steʀilizɑsjɔ̃| *s.f.* (*méd.*) [*suppression définitive, accidentelle ou intentionnelle, de la capacité de procréer*] sterilizzazione: *stérilisation chirurgicale* sterilizzazione chirurgica.

2 **stérilisation** |steʀilizɑsjɔ̃| *s.f.* [*opération qui consiste à détruire les germes*] sterilizzazione: *stérilisation du lait, des boissons* sterilizzazione del latte, delle bevande; *stérilisation par ébullition* sterilizzazione mediante ebollizione.

1 **stériliser** |steʀilize| *v.tr.* **1** [*rendre* (1) *stérile* (1)] sterilizzare ◇ (*méd.*) [*pratiquer une stérilisation* (*chirurgicale*)] sterilizzare **2** (*rare*) [*rendre stérile* (*le sol*)] isterilire (197) → **appauvrir, épuiser** **3** (*vieilli*) → **castrer, châtrer, émasculer.**

2 **stériliser** |steʀilize| *v.tr.* [*opérer la* (2) *stérilisation de* (*qqch.*)] sterilizzare: *stériliser un instrument, un pansement* sterilizzare uno strumento, una medicazione → **aseptiser, désinfecter** ✦ (*au p.p.*) *lait stérilisé* latte sterilizzato.

stériliste |steʀilist(ə)| *s.* fautore* della sterilizzazione.

1 **stérilité** |steʀilite| *s.f.* sterilità (*inv.*): *stérilité d'une femme, d'un homme* sterilità di una donna, di un uomo.

2 **stérilité** |steʀilite| *s.f.* **1** [*absence de micro-organismes* (*sur un objet, dans une matière biologique ou en un lieu*)] sterilità *inv.* **2** (*fig.*) sterilità: *stérilité des idées* sterilità di idee; *stérilité d'un écrivain* sterilità di uno scrittore.

stérique |steʀik| *adj.* (*chim.*) sterico*: *empêchement stérique* impedimento sterico.

sterlet |stɛʀlɛ| *s.m.* (*t.zool.*) sterletto, sterlatto.

sterling |stɛʀliŋ| *adj. inv.* (*angl.*) *livre sterling* lira sterlina *var.*, sterlina *s.f.* inglese.

sternal, ale, aux |stɛʀnal, o| *adj.* **1** (*anat.*) sternale: *côtes sternales* costole sternali **2** (*zool.*) → **ventral.**

sterne |stɛʀn(ə)| *s.f.* (*t.zool.*) sterna.

sterno-cléido-mastoïdien |stɛʀnɔkleidɔmastɔidjɛ̃| *adj. m. et s.m.* (*anat.*) sternocleidomastoideo.

sternum |stɛʀnɔm| *s.m.* (*anat.*) sterno ◇ (*par anal.*) *sternum de l'oiseau, d'un insecte* sterno di un uccello, di un insetto.

sternutation |stɛʀnytɑsjɔ̃| *s.f.* (*méd.*) starnutazione.

sternutatoire |stɛʀnytatwaʀ| *adj.* (*méd.*) starnutatorio*.

stéroïde |steʀɔid| *adj. et s.m.* (*biol.*) steroide.

stérol |steʀɔl| *s.m.* (*biol.*) sterolo.

stertor |stɛʀtɔʀ| *s.m.* (*méd.*) stertore.

stertoreux, euse |stɛʀtɔʀø, øz| *adj.* (*méd.*) *respiration stertoreuse* respirazione stertorosa, rantolosa.

stéthoscope |stetɔskɔp| *s.m.* (*méd.*) stetoscopio*: *stéthoscope biauriculaire* stetoscopio biauricolare.

stéthoscopie |stetɔskɔpi| *s.f.* (*méd.*) stetoscopia.

stéthoscopique |stetɔskɔpik| *adj.* (*méd.*) stetoscopico*.

steward |stjuwaʀd, *cour.* stiwaʀt| *s.m.* (*angl.*) steward *inv.*, assistente di volo.

sthène |stɛn| *s.m.* (*phys.*) steno.

sthénie |steni| *s.f.* (*méd., physiol.*) stenia.

sthénique |stenik| *adj.* (*méd.*) stenico*: *c'est un individu sthénique* è un tipo stenico.

stibié, ée |stibje| *adj.* (*pharm.*) stibico*, antimonico*.

stibine |stibin| *s.f.* (*chim.*) stibina.

stichométrie |stikɔmetʀi| *s.f.* sticometria.

stichomythie |stikɔmiti| *s.f.* (*litt.*) sticomitia.

1 **stick** |stik| *s.m.* (*angl.*) **1** [*sorte de canne mince et souple*] canna *f.*; frustino **2** (*sport*) bastone da hockey **3** [*bâtonnet de fard, de rouge à lèvres, etc.*] bastoncino, stick (*inv.*): *stick de fard à paupières* ombretto in stick ◇ [*déodorant solidifié sous forme de bâton*] stick.

2 **stick** |stik| *s.m.* (*angl.*) (*milit.*) squadra *f.* di paracadutisti.

stigmate |stigmat| *s.m.* **I** **1** *au plur.* stigmate *f.*, stimmate (*f.*): *les stigmates de saint François d'Assise* le stigmate di S. Francesco d'Assisi **2** [*marque laissée sur la peau par une plaie, une maladie*] cicatrice *f.* ◇ (*méd.*) stigmate **3** (*ancienn.*) → 2 **flétrissure** **4** *au plur.* (*péj.*) [*marque, signe*] stigmate → **empreinte, trace** **II** (*sc. nat.*) stigma, stimma.

stigmatique |stigmatik| *adj.* (*opt.*) stigmatico*.

stigmatisation |stigmatizɑsjɔ̃| *s.f.* **1** (*relig.*) stigmatizzazione **2** (*littér.*) [*action de stigmatiser, de flétrir*] stigmatizzazione.

stigmatisé, ée |stigmatize| *adj. et s.* (*relig.*) stigmatizzato.

stigmatiser |stigmatize| *v.tr.* **1** [*noter d'infamie, condamner définitivement et ignominieusement*] stigmatizzare: *stigmatiser la conduite de qqn.* stigmatizzare la condotta di qc. → **blâmer, condamner** **2** (*méd.*) (*en parlant d'une maladie*) [*marquer de stigmates* (I 2), *laisser des traces*] coprire (186) di cicatrici **3** (*ancienn.*) [*marquer de stigmates, de flétrissures*] bollare, marchiare.

stigmatisme |stigmatism(ə)| *s.m.* (*opt.*) stigmatismo.

stillation |sti(l)lɑsjɔ̃| *s.f.* [*écoulement d'un liquide qui coule goutte à goutte*] stillicidio* *m.*, stillamento *m.*

stillatoire |sti(l)latwaʀ| *adj.* [*qui tombe goutte à goutte*] stillante.

stilligoutte |sti(l)ligut| *s.m.* → **compte-gouttes.**

stimugène |stimyʒɛn| *adj. et s.m.* (*méd., pharm.*) stimolante.

stimulant, ante |stimylɑ̃, ɑ̃t| *adj.* **1** stimolante: *un médicament stimulant* un farmaco stimolante ✦ (*s.m.*) *un stimulant* uno stimolante **2** stimolante: *une émulation stimulante* un'emulazione stimolante → **encourageant, exaltant.**

stimulateur, trice |stimulatœʀ, tʀis| **1** *adj.* (*littér.*) stimolatore* **2** *s.m.* (*méd.*) stimolatore: *stimulateur cardiaque* stimolatore cardiaco, pacemaker *inv.*

stimulation |stimylɑsjɔ̃| *s.f.* **1** [→ STIMULER 1, 3] stimolazione, incitamento *m.*; incentivazione **2** (*méd., physiol.*) stimolazione.

stimuler |stimyle| *v.tr.* **1** [*augmenter l'énergie, l'activité de* (*qqn.*); *inciter, inviter, pousser à faire qqch.*] stimolare, incitare: *stimuler les hésitants* stimolare, incitare gli esitanti → **encourager, exciter** **2** [*augmenter l'activité* (*des fonctions organiques*)] stimolare: *le grand air stimule l'appétit* l'aria aperta stimola l'appetito → **activer** **3** [*redonner des forces, de l'ardeur à*] incoraggiare, incentivare: *la dévaluation stimulera les exportations* la svalutazione incoraggerà, incentiverà le esportazioni.

stimuline |stimylin| *s.f.* (*biol.*) stimulina.

stimulus |stimylys| *s.m.* (*physiol.*) stimolo: *des stimuli, des stimulus* degli stimoli.

stipe |stip| *s.m.* (*bot.*) stipite.

stipendié, ée |stipɑ̃dje| *adj.* (*littér.*) [*acheté, corrompu*] prezzolato, assoldato.

stipendier |stipɑ̃dje| *v.tr.* (*littér.*) [*corrompre pour de l'argent*] prezzolare, assoldare.

stipité, ée |stipite| *adj.* (*bot.*) stipitato.

stiple |stipl(ə)| *s.m.* (*t. recomm.*) → **steeple(-chase).**

stipulaire |stipylɛʀ| *adj.* (*bot.*) stipolare ◇ (*par ext.*) → **stipulé.**

stipulant, ante |stipulɑ̃, ɑ̃t| *adj. et s.* (*dr.*) stipulante.

stipulation |stipylɑsjɔ̃| *s.f.* [→ STIPULER 1] stipulazione, clausola.

stipule |stipyl| *s.f.* (*bot.*) stipola.

stipulé, ée |stipyle| *adj.* (*bot.*) stipolato.

stipuler |stipyle| *v.tr.* **1** (*dr.*) [*énoncer comme condition dans un contrat, un acte*] stipulare, prevedere (192): *le contrat stipule que les associés sont solidaires* il contratto stipula, prevede che i soci siano solidali **2** [*faire savoir expressément*] specificare, precisare: *il est stipulé dans l'annonce qu'il faut écrire au journal* nell'annuncio è specificato, precisato che bisogna scrivere al giornale.

stochastique |stɔkastik| **I** *adj.* **1** stocastico*: *phénomènes stochastiques* fenomeni stocastici **2** (*math., statistique*) stocastico **II** *s.f.* stocastica*.

stock |stɔk| *s.m.* (*angl.*) **1** stock *inv.*, scorte (*f. pl.*): *stocks d'un magasin* stock, scorte di un negozio; *renouveler un stock* rinnovare uno stock, le scorte; *gestion de stocks* gestione (delle) scorte **2** (*fam.*) [*choses en réserve*] scorta: *un petit stock de cigarettes* una piccola scorta di sigarette.

stockage |stɔkaʒ| *s.m.* [→ STOCKER] immagazzinamento, stoccaggio*: *stockage tournant* stoccaggio girevole # *stockage illicite* imboscamento; *stockage de produits agricoles* ammasso di prodotti agricoli.

stock-car |stɔkkaʀ| *s.m.* (*angl.*) stock-car *inv.*

stocker |stɔke| *v.tr.* [*mettre en stock, faire une réserve* (*de qqch.*)] immagazzinare, ammassare: *stocker des marchandises* immagazzinare merci ✦ (*absolt.*) *stocker pour spéculer* imboscare per speculare.

stockfisch |stɔkfiʃ| *s.m.* [*morue séchée à l'air; poisson salé et séché*] stoccafisso.

stockiste |stɔkist(ə)| *s.m.* depositario* (delle scorte di un fabbricante) → **dépositaire.**

stock-shot |stɔkʃɔt| *s.m.* (*angl.*) (*ciné., télév.*) immagini *f. pl.*, filmato di repertorio.

stœchiométrie |stekjɔmetʀi| *s.f.* (*chim.*) stechiometria.

stœchiométrique |stekjɔmetʀik| *adj.* (*chim.*) stechiometrico*.

stoïcien, ienne |stɔisjɛ̃, jɛn| *adj. et s.* (*philo.*) stoico*.

stoïcisme |stɔisism(ə)| *s.m.* **1** (*philo.*) stoicismo **2** (*cour.*) stoicismo: *supporter la douleur avec stoïcisme* sopportare il dolore con stoicismo.

stoïque |stɔik| *adj. et s.* **1** [*qui a du stoïcisme* (2)] stoico* ✦ (*s.*) *un stoïque* uno stoico **2** (*vx.*) → **stoïcien.**

stoïquement |stɔikmɑ̃| *adv.* [*d'une manière stoïque* (1), *avec un grand courage*] stoicamente → **courageusement, héroïquement.**

stoker |stɔkœʀ| *s.m.* (*angl.*) (*ch. de fer*) alimentatore automatico*.

stokes |stɔks| *s.m.* (*phys.*) stokes *inv.*

stolon |stɔlɔ̃| *s.m.* (*biol.*, *bot.*) stolone.

stolonifère |stɔlɔnifɛʀ| *adj.* (*bot.*) stolonifero.

stomacal, ale, aux |stɔmakal, o| *adj.* (*méd.*, *vieilli*) stomacale → **gastrique.**

stomachique |stɔmaʃik| *adj.* (*méd.*) stomachico* ✦ (*s.m.*) *un stomachique* un medicamento stomachico *adj.*

stomate |stɔmat| *s.m.* (*bot.*) stoma.

stomatique |stɔmatik| *adj.* (*bot.*) stomatico*.

stomatite |stɔmatit| *s.f.* (*méd.*) stomatite.

stomat(o)- |stɔmatɔ| *préf.* (*signifiant 'bouche', correspond généralt. à*) stomat(o): *stomatoplastie* stomatoplastica.

stomatologie |stɔmatɔlɔʒi| *s.f.* stomatologia*.

stomatologique |stɔmatɔlɔʒik| *adj.* stomatologico*.

stomatologiste |stɔmatɔlɔʒist(ə)|, **stomatologue** |stɔmatɔlɔg(ə)| *s.* stomatologo*.

stomatoplastie |stɔmatɔplasti| *s.f.* (*chir.*) stomatoplastica*.

stomatorragie |stɔmatɔʀaʒi| *s.f.* (*méd.*) stomatorrea.

stomatorragique |stɔmatɔʀaʒik| *adj.* (*méd.*) stomatorroico*.

stomatoscope |stɔmatɔskɔp| *s.m.* (*méd.*) stomatoscopio*.

stomoxe |stɔmɔks(ə)| *s.m.* (*t.zool.*) stomosside *f.*

stop |stɔp| (*angl.*) **I** *interj.* **1** [*commandement ou cri d'arrêt*] stop, alt **2** (*mot employé dans les télégrammes, pour séparer nettement les phrases*) stop, punto fermo **II** *s.m.* **1** [*arrêt*] stop *inv.*, arresto: (*signal de*) *stop* (segnale di) stop **2** (*fam.*) autostop *inv.* (*cour.*) ◇ (*en parlant de tout moyen de transport accordé gratuitement*) *camion-stop* camion-stop; *bateau-stop* battello-stop.

stoppage |stɔpaʒ| *s.m.* [→ 2 STOPPER] rammendo invisibile.

1 **stopper** |stɔpe| **A** *v.tr.* **1** (*mar.*) [*faire s'arrêter* (*un navire, une machine...*)] bloccare: *stopper l'ancre* bloccare l'ancora **2** (*fig.*) [*arrêter, juguler; empêcher de se continuer*] arrestare, bloccare: *stopper une invasion* arrestare, bloccare un'invasione **B** *v.intr.* (*en parlant de navires, de véhicules*) [*s'arrêter*] fermarsi *pron.*, arrestarsi *pron.*

2 **stopper** |stɔpe| *v.tr.* [*réparer une déchirure en refaisant la trame et la chaîne*] fare (103) un rammendo invisibile.

stoppeur |stɔpœʀ| *s.m.* (*football*) stopper *inv.*

1 **stoppeur, euse** |stɔpœʀ, øz| *s.* [*personne qui* (2) *stoppe les étoffes, dont le métier est de stopper*] rammendatore*.

2 **stoppeur, euse** |stɔpœʀ, øz| *s.* (*fam.*) → **auto-stoppeur.**

storax |stɔʀaks| *s.m.* → **styrax.**

store |stɔʀ| *s.m.* [*rideau ou assemblage souple d'éléments, qui s'enroule ou se replie devant une ouverture*] tenda *f.*, avvolgibile: *store d'étoffe* tenda di stoffa; *baisser, lever un store* abbassare, alzare un avvolgibile # *store en bambou* stuoia di bambù; *stores vénitiens* veneziane ◇ [*grand rideau à la devanture d'un magasin*] saracinesca* *f.* ◇ [*rideau intérieur qui coulisse horizontalement*] tenda scorrevole.

storiste |stɔʀist(ə)| *s.* fabbricante di tende, di avvolgibili; negoziante in tende, in avvolgibili.

stoûpa, stûpa |stupa| *s.m.* (*archéol.*) stupa *f.*

stout |stawt, stut| *s.m. ou f.* (*angl.*) birra *f.* scura fortissima.

stovaïne |stɔvain| *s.f.* (*pharm.*) stovaina.

strabique |stʀabik| *adj. et s.* strabico*.

strabisme |stʀabism(ə)| *s.m.* (*méd.*, *cour.*) strabismo.

stradiot |stʀadjo|, **stradiote** |stʀadjɔt| *s.m.* → **estradiot.**

stradivarius |stʀadivaʀjys| *s.m.* (*mus.*) stradivario*.

stramonium |stʀamɔnjɔm| *s.m.*, **stramoine** |stʀamwan| *s.f.* (*t.bot.*) stramonio* *m.*

strangulation |stʀɑ̃gylɑsjɔ̃| *s.f.* [→ STRANGULER] strangolamento *m.*, strozzamento (*m.*): *asphyxie par strangulation* asfissia da strangolamento.

stranguler |stʀɑ̃gyle| *v.tr.* (*plais.*) [*étrangler*] strozzare (*cour.*), strangolare (*cour.*).

strangurie |stʀɑ̃gyʀi| *s.f.* (*méd.*) stranguria.

strapontin |stʀapɔ̃tɛ̃| *s.m.* **I** **1** (*dans une voiture, une salle de spectacle*) strapuntino **2** (*fig.*) [*place d'importance secondaire et souvent éphémère* (*dans une assemblée, une conférence, un organisme*)] strapuntino, posto secondario* **II** [*coussinet que les femmes attachaient derrière, à la taille, et qui faisait bouffer la robe*] paniere.

stras(s) |stʀas| *s.m.* strass *inv.*

strasse |stʀas| *s.f.* (*tissage*) borra, strusa.

stratagème |stʀataʒɛm| *s.m.* stratagemma.

strate |stʀat| *s.f.* (*biol.*, *géol.*) strato *m.*

stratège |stʀatɛʒ| *s.m.* **1** (*hist. gr.*) stratega*, stratego* **2** [*général en chef qui conduit des opérations de grande envergure*] stratega.

stratégie |stʀateʒi| *s.f.* **1** strategia*: *stratégie atomique, nucléaire* strategia atomica, nucleare; *stratégie navale, aérienne* strategia navale, aerea **2** (*fig.*) *stratégie électorale, parlementaire* strategia elettorale, parlamentare ◇ (*écon.*) *stratégie défensive* strategia difensiva.

stratégique |stʀateʒik| *adj.* **1** strategico* **2** [*relatif à l'art de la guerre; qui présente un intérêt milit.*] strategico: *position stratégique* posizione strategica.

stratégiquement |stʀateʒikmɑ̃| *adv.* [*selon les règles de la stratégie; du point de vue de la stratégie, de l'art milit.*] strategicamente.

stratégiste |stʀateʒist(ə)| *s.m.* (*vieilli*) → **stratège.**

stratification |stʀatifikɑsjɔ̃| *s.f.* [→ STRATIFIER] stratificazione.

stratifié, ée |stʀatifje| *adj.* **1** stratificato: *roches stratifiées* rocce stratificate **2** (*techn.*) laminato: *polyester stratifié* poliestere laminato ◇ (*spécialt.*) *un plastique stratifié* un laminato *s.m.* plastico.

stratifier |stʀatifje| *v.tr.* [*disposer* (*des substances*) *en couches superposées*] stratificare.

stratiforme |stʀatifɔʀm(ə)| *adj.* stratiforme.

stratigraphie |stʀatigʀafi| *s.f.* (*méd.*, *sc.*) stratigrafia.

stratigraphique |stʀatigʀafik| *adj.* (*méd.*, *sc.*) stratigrafico*.

stratiome |stʀatjɔm|, **stratiomys** |stʀatjɔmis| *s.m.* (*t.zool.*) straziomide *f.*

strato-cumulus |stʀatɔkymylys| *s.m.* (*météo.*) stratocumulo.

stratopause |stʀatɔpoz| *s.f.* stratopausa.

stratosphère |stʀatɔsfɛʀ| *s.f.* stratosfera.

stratosphérique |stʀatɔsfeʀik| *adj.* stratosferico*: *température, air stratosphérique* tèmperatura, aria stratosferica ◇ [*qui sert à explorer la stratosphère, qui peut s'y déplacer*] *ballon-sonde, fusée stratosphérique* pallone sonda, razzo stratosferico.

stratovision |stʀatɔvizjɔ̃| *s.f.* (*techn.*) stratovisione.

stratus |statys| *s.m.* (*lat.*) (*météo.*) strato.

strelitzia |stʀelittsja| *s.f.* (*t.bot.*) strelitzia.

Strepsiptères |stʀɛpsiptɛʀ| *s.m. pl.* (*t.zool.*) Strepsitteri.

strepto- |stʀɛptɔ| *préf.* (*signifiant 'contourné, recourbé', correspond généralt. à*) strepto: *streptobacile* streptobacillo.

streptobacille |stʀɛptɔbasil| *s.m.* (*bactér.*) streptobacillo.

streptococcie |stʀɛptɔkɔksi| *s.f.* (*méd.*) streptococcemia.

streptocoque |stʀɛptɔkɔk| *s.m.* (*bactér.*) streptococco*.

streptomycète |stɛptɔmisɛt| *s.m.* (*bactér.*) streptomicete.

streptomycine |stʀɛptɔmisin| *s.f.* (*pharm.*) streptomicina.

stress |stʀɛs| *s.m.* (*angl.*) (*biol.*, *psycho.*) stress *inv.*

stressant, ante |stʀɛsɑ̃, ɑ̃t| *adj.* (*biol.*, *psycho.*) stressante: *facteur stressant* fattore stressante; *situation stressante* situazione stressante.

stresser |stʀɛse| *v.tr.* [*causer un stress à* (*l'organisme*)] stressare ✦ (*au p.p.*) *être stressé* essere stressato.

stretch |stʀɛtʃ|, **strech** |stʀɛʃ| *s.m. inv.* (*amér.*) (*nom déposé, techn.*) elasticizzazione *f. var.* ◇ (*par ext.*) tessuto *var.* elasticizzato ✦ *adj. inv.* elasticizzato *var.*

strette |stʀɛt| *s.f.* (*mus.*) stretta.

striation |stʀijɑsjɔ̃| *s.f.* [*disposition par stries parallèles*] striatura.

strict, stricte |stʀikt(ə)| *adj.* **1** [*qui laisse très peu de liberté d'action ou d'interprétation*] rigoroso: *morale* *stricte* morale rigorosa; *principes stricts* princìpi rigorosi; *donner une interprétation stricte de la loi* dare un'interpretazione rigorosa, restrittiva della legge ◇ [*rigoureusement conforme aux règles, à un modèle*] stretto, rigoroso: *la stricte observation du règlement* la stretta, rigorosa osservanza del regolamento # *c'est la stricte vérité* è la pura verità **2** (*personnes*) rigido, rigoroso: *il est très strict sur la discipline* è molto rigido, rigoroso circa la disciplina → **autoritaire, rigide, sévère** **3** (*choses*) stretto: *se borner au strict minimum* limitarsi allo stretto necessario; *dans la plus stricte intimité* nella più stretta intimità ◇ (*spécialt.*) *sens strict d'un mot* senso stretto di una parola; *au sens strict* in senso stretto **4** (*choses*) [*très correct et dépourvu d'orenments; conforme à un type classique*] severo: *tenue très stricte* abito molto severo.

strictement |stʀiktəmɑ̃| *adv.* [→ STRICT 1] strettamente: *affaire strictement personnelle* faccenda strettamente personale → **rigoureusement** ◇ [→ STRICT 4] severamente, in modo severo (*loc. inv.*): *strictement vêtu* severamente vestito.

striction |stʀiksjɔ̃| *s.f.* **1** (*méd.*) costrizione **2** (*phys.*) strizione.

stricto sensu |stʀiktɔsɛ̃sy| *adv.* (*lat.*) in senso stretto *loc.* → 1 **proprement** Ⓒ **lato sensu.**

stridence |stʀidɑ̃s| *s.f.* (*littér.*) [*bruit strident*] stridore *m.*

strident, ente |stʀidɑ̃, ɑ̃t| *adj.* stridente: *grincement strident* cigolio stridente; *rire strident* riso stridente.

stridor |stʀidɔʀ| *s.m.* (*méd.*) stridore respiratorio*.

stridulant, ante |stʀidylɑ̃, ɑ̃t| *adj.* (*zool.*) stridulante: *insectes stridulants* insetti stridulanti.

stridulation |stʀidylɑsjɔ̃| *s.f.* (*zool.*) stridulazione: *la stridulation des cigales, des grillons* la stridulazione delle cicale, dei grilli ◇ (*méd.*) stridore *m.* respiratorio*.

stridulatoire |stʀidylatwaʀ| *adj.* (*zool.*) stridulante.

striduler |stʀidyle| *v.intr.* [*produire une stridulation*] stridulare: *la cigale stridule* la cicala stridula.

striduleux, euse |stʀidylø, øz| *adj.* (*méd.*) stridulo: *respiration striduleuse* respirazione stridula; *laryngite striduleuse* laringite stridula.

strie |stʀi| *s.f.* **1** *spécialt. au plur.* striature, strie: *stries d'une coquille* striature di una conchiglia ◇ (*géol.*) striatura **2** (*archit.*) stria, scanalatura.

strié, ée |stʀije| *adj.* **1** striato: *tige striée* stelo striato ◇ (*géol.*) *roche striée* roccia striata ◇ (*anat.*) *muscles striés* muscoli striati **2** (*archit.*) scanalato: *colonne striée* colonna scanalata.

strier |stʀije| *v.tr.* [*couvrir, marquer, orner de stries, de raies*] striare.

strige, stryge |stʀiʒ| *s.f.* (*littér.*) strige.

Strigidés |stʀiʒide| *s.m. pl.* (*t.zool.*) Strigidi.

Strigiformes |stʀiʒifɔʀm(ə)| *s.m. pl.* (*t.zool.*) Strigiformi.

strigile |stʀiʒil| *s.m.* (*archéol.*) strigile *m. ou f.*

strioscopie |stʀijɔskɔpi| *s.f.* (*sc.*) strioscopia.

strioscopique |stʀijɔskɔpik| *adj.* (*sc.*) strioscopico*.

stripage |stʀipaʒ| *s.m.* (*phys. nucléaire*) (reazione *f.* di) strappo, sfioramento; stripping *inv.*

stripper |stʀipe| *v.tr.* (*techn.*) [*dépouiller* (*un liquide*) *de ses fractions trop volatiles* (*opération de distillation*)] realizzare lo strippaggio.

stripping |stʀipiŋ| *s.m.* (*angl.*) **1** (*techn.*) strippaggio* **2** (*chir.*) flebectomia *f.* **3** (*phys.*) → **stripage** (*t. recomm.*).

strip-tease |stʀiptiz| *s.m.* (*angl.*) spogliarello, strip-tease *inv.*

strip-teaseuse |stʀiptizøz| *s.f.* [*celle qui exécute un numéro de strip-tease*] spogliarellista → **effeuilleuse.**

striure |stʀijyʀ| *s.f.* [*disposition par stries parallèles; manière dont une chose est striée*] striatura ◇ (*archit.*) scanalatura: *striure d'une colonne* scanalatura di una colonna.

strix |stʀiks| *s.m.* (*lat.*) (*zool.*) strix *f. inv.*

strobile |stʀɔbil| *s.m.* (*bot., zool.*) strobilo.

strobophotographie |stʀɔbɔfɔtɔgʀafi| *s.f.* (*photo.*) strobofotografia.

stroborama |stʀɔbɔʀama| *s.m.* (*techn.*) stroborama.

stroboscope |stʀɔbɔskɔp| *s.m.* (*méd., phys.*) stroboscopio*.

stroboscopie |stʀɔbɔskɔpi| *s.f.* (*méd., phys.*) stroboscopia.

stroboscopique |stʀɔbɔskɔpik| *adj.* (*méd., phys.*) stroboscopico*.

stroma |stʀɔma| *s.m.* (*biol., pathol.*) stroma.

strombe |stʀɔ̃b| *s.m.* (*t.zool.*) strombo.

strombolien, ienne |stʀɔ̃bɔljɛ̃, jɛn| *adj.* (*géol.*) stromboliano.

strongle |stʀɔ̃gl(ə)|, **strongyle** |stʀɔ̃ʒil| *s.m.* (*t.zool.*) strongilo.

strongylose |stʀɔ̃ʒiloz| *s.f.* (*vétér.*) strongilosi *inv.*

strontiane |stʀɔ̃sjan| *s.f.* (*chim.*) idrossido *m.* di stronzio.

strontium |stʀɔ̃sjɔm| *s.m.* (*chim.*) stronzio*.

strophante |stʀɔfɑ̃t|, **strophantus** |stʀɔfɑ̃tys| *s.m.* (*t.bot.*) strofanto.

strophantine |stʀɔfɑ̃tin| *s.f.* (*chim.*) strofantina.

strophe |stʀɔf| *s.f.* (*antiq. gr.*) strofe *inv.* ◇ (*versif.*) strofa, strofe.

strophique |stʀɔfik| *adj.* (*versif.*) strofico*.

strophoïde |stʀɔfɔid| *s.f.* (*géom.*) strofoide.

structurable |stʀyktyʀabl(ə)| *adj.* [→ STRUCTURER] strutturabile.

structural, ale, aux |stʀyktyʀal, o| *adj.* strutturale: *état structural d'un organe* stato strutturale di un organo; *psychologie structurale* psicologia strutturale; *linguistique structurale* linguistica strutturale.

structuralisme |stʀyktyʀalism(ə)| *s.m.* (*biol., ling., psycho.*) strutturalismo.

structuraliste |stʀyktyʀalist(ə)| *s.* strutturalista ♦ *adj.* strutturalistico*.

structurant, ante |stʀyktyʀɑ̃, ɑ̃t| *adj.* strutturante.

structuration |stʀyktyʀɑsjɔ̃| *s.f.* [→ STRUCTURER] strutturazione.

structure |stʀyktyʀ| *s.f.* **1** (*en parlant d'un ensemble concret, spatial*) struttura: *structure homogène, hétérogène* struttura omogenea, eterogenea ◇ (*biol.*) *structure d'un tissu, d'un organe, d'une cellule* struttura di un tessuto, di un organo, di una cellula ◇ (*géol.*) *structure de l'écorce terrestre, des couches géologiques* struttura della crosta terrestre, degli strati geologici ◇ (*chim., phys.*) *structure de l'atome, du noyau* struttura dell'atomo, del nucleo; *structure moléculaire* struttura molecolare ◇ (*math.*) struttura **2** (*en parlant d'un ensemble abstrait, d'un phénomène, d'un système complexe*) struttura: *structure d'un État, de l'industrie française* struttura di uno Stato, dell'industria francese ◇ (*écon.*) *structures de production et d'échange* strutture di produzione e di scambio # *structure(s) d'accueil* ricettività, capacità ricettiva **3** (*philo., sc.*) struttura: *structures mathématiques, psychiques* strutture matematiche, psichiche; *structures sociales* strutture sociali ◇ (*ling.*) *structure profonde* struttura profonda ◇ (*techn.*) *structure logique* struttura logica.

structuré, ée |stʀyktyʀe| *adj.* strutturato.

structurel, elle |stʀyktyʀɛl| *adj.* **1** (*écon.*) strutturale: *chômage structurel* disoccupazione strutturale; *déséquilibre structurel* squilibrio strutturale **2** (*ling.*) strutturale: *analyse, description structurelle* analisi, descrizione strutturale.

structurer |stʀyktyʀe| **A** *v.tr.* [*donner une structure à* (*qqch.*)] strutturare **B** *v.pron. intr.* SE STRUCTURER [*acquérir une structure*] strutturarsi.

structurologie |stʀyktyʀɔlɔʒi| *s.f.* (*géol.*) strutturologia*.

strume |stʀym| *s.f.* (*vx., méd.*) → **scrofule** ◇ (*rare*) → **goitre.**

Struthionidés |stʀytjɔnide| *s.f. pl.* (*t.zool.*) Struzionidi *m.*

Struthioniformes |stʀytjɔnifɔʀm(ə)| *s.m. pl.* (*t.zool.*) Struzioniformi.

Strychnées |stʀikne| *s.f. pl.*, **Strychnos** |stʀiknos| *s.m. pl.* (*t. bot.*) Strychnos *f. inv.*

strychnine |stʀiknin| *s.f.* stricnina.

stryge |stʀiʒ| *s.f.* → **strige.**

stuc |styk| *s.m.* stucco* ◇ (*par ext.*) [*motif décoratif en stuc*] *de beaux stucs* dei begli stucchi.

stucage |stykaʒ| *s.m.* (*techn.*) stuccatura *f.*

stucateur |stykatœʀ| *s.m.* stuccatore.

stud-book |stœdbuk| *s.m.* (*angl.*) stud-book *inv.*

studette |stydɛt| *s.f.* (*fam.*) [*petit studio*] piccolo monolocale *m.* (*cour.*), piccola monocamera (*cour.*).

studieusement |stydjøzmɑ̃| *adv.* [→ STUDIEUX 1] studiosamente, con applicazione *loc. inv.*

studieux, euse |stydjø, øz| *adj.* **1** studioso: *élève studieux* alunno studioso → **appliqué** # *la jeunesse studieuse* gli studenti **2** [*favorable ou consacré à l'étude*] *une retraite studieuse* un luogo appartato, adatto allo studio; *de studieuses vacances* vacanze di studio *loc. inv.*, dedicate allo studio.

studio |stydjo| *s.m.* **1** studio*: *studio d'artiste, de photographe d'art* studio d'artista, di fotografo d'arte ◇ (*ciné., télév.*) studio, teatro di posa (*vieilli*): *tourner en studio ou en extérieur* girare in studio o in esterni **2** [*pièce servant de salon, de salle à manger et de chambre à coucher*] monolocale, monocamera *f.* **3** [*salle de spectacle de petites dimensions où l'on passe des*

films pour les connaisseurs] cinema 'd'essai'.
stupéfaction |stypefaksjɔ̃| *s.f.* stupefazione, stupore *m.* → **étonnement, stupeur.**
stupéfaire |stypefɛʀ| (45) *v.tr.* (*seulement à la 3e pers. sing. du prés. et temps comp.*) [*frapper de stupeur*] stupefare (103), stupire (197) → **étonner, stupéfier.**
stupéfait, aite |stypefɛ, ɛt| *adj.* stupefatto, stupito → 2 **interdit.**
stupéfiant, ante |stypefjɑ̃, ɑ̃t| *adj.* **1** stupefacente (*rare*) ♦ *s.m.* (*spécialt.*) *un stupéfiant* uno stupefacente: *trafic de stupéfiants* traffico di stupefacenti **2** [*qui stupéfie* (1)] stupefacente, sbalorditivo: *nouvelle stupéfiante* notizia stupefacente, sbalorditiva → **extraordinaire, étonnant.**
stupéfier |stypefje| *v.tr.* **1** [*rendre stupéfait*] stupefare (103), sbalordire (197) → **étonner 2** (*littér.*) → **paralyser.**
stupeur |stypœʀ| *s.f.* **1** (*méd., psychiatr.*) stupore *m.* **2** [*étonnement profond*] stupore, sbalordimento *m.* # *frappé de stupeur* stupefatto, sbalordito.
stupide |stypid| *adj.* **1** stupido → 2 **bête, idiot, imbécile 2** [*absurde, inepte, insensé* (*d'un comportement, d'un propos*)] stupido: *obstination stupide* stupida ostinazione ◊ (*par ext.*) *accident stupide* stupido incidente **3** (*littér.*) → **étonné, hébété, 2 interdit** Ⓒ **1 intelligent.**
stupidement |stypidmɑ̃| *adv.* [→ STUPIDE 1] stupidamente → **bêtement, sottement.**
stupidité |stypidite| *s.f.* **1** stupidità *inv.* **2** *une, des stupidité(s)* [*action ou parole stupide*] stupidaggine, stupidità **3** (*vx.*) → **stupeur** 2 Ⓒ **1 intelligence.**
stupre |stypʀ(ə)| *s.m.* (*rare, littér.*) stupro → **luxure.**
stuquer |styke| *v.tr.* [*enduire de stuc*] stuccare.
Sturnidés |styʀnide| *s.m. pl.* (*t. zool.*) Sturnidi.
stygien, ienne |stiʒjɛ̃, jɛn|, **stygial, ale, aux** |stiʒjal, ø| *adj.* (*littér.*) stigio*: *les eaux stygiennes* le acque stigie.
1 **style** |stil| *s.m.* **1** stile: *style familier, noble* stile familiare, nobile; *style didactique, épistolaire, oratoire* stile didattico, epistolare, oratorio; *style plat, pompeux, emphatique* stile piatto, pomposo, enfatico; *imiter le style d'un auteur* imitare lo stile di un autore ♦ (*absolt.*) *écrivain qui manque de style* scrittore privo di stile **2** (*ling.*) stile: *style parlé et écrit, familier et soutenu* stile parlato, scritto, familiare, sostenuto # *style direct, indirect* discorso diretto, indiretto **3** [*manière particulière de traiter la matière et les formes dans une œuvre d'art*] stile: *style d'un peintre, d'une école* stile di un pittore, di una scuola; *style Louis XIII* stile Luigi XIII; *meubles de style anglais* mobili di stile inglese ◊ (*par anal.*) *les styles en musique* gli stili in musica; *style d'un ballet, d'un film* stile di un balletto, di un film ◊ *loc.* DANS LE STYLE DE... (in) stile...: *des robes dans le style du Second Empire* degli abiti (in) stile Secondo Impero ~ DE STYLE di stile: *meubles de style* mobili di stile **4** [*manière personnelle d'agir, de se comporter*] stile: *style de vie* stile di vita; *c'est bien là son style* è proprio il suo stile ◊ *loc.* DE GRAND STYLE in grande stile: *offensive de grand style* offensiva in grande stile ◊ [*manière personnelle de pratiquer un sport, tendant à l'efficacité et à la beauté*] *style d'un coureur* stile di un corridore; *nageur qui a du style* nuotatore che ha stile.
2 **style** |stil| *s.m.* **1** (*antiq.*) stilo → **stylet** ◊ (*techn.*) stilo **2** [*tige verticale d'un cadran solaire, faisant ombre sur une surface plane*] stilo **3** (*bot.*) stilo: *ovaire à deux styles* ovario a doppio stilo.
stylé, ée |stile| *adj.* [*qui accomplit un service dans les formes*] impeccabile: *domestique stylé* domestico impeccabile.
styler |stile| *v.tr.* [*rendre stylé*] affinare, ammaestrare: *il aura du mal à styler sa bonne* farà fatica ad affinare la sua cameriera.
stylet |stilɛ| *s.m.* **1** stiletto ◊ (*chir.*) stilo **2** (*zool.*) stilo, rostro.
stylisation |stilizɑsjɔ̃| *s.f.* [→ STYLISER] stilizzazione.
styliser |stilize| *v.tr.* [*représenter* (*un objet naturel*) *en simplifiant les formes en vue d'un effet décoratif*] stilizzare ♦ (*au p.p.*) *fleurs stylisées* fiori stilizzati.
stylisme |stilism(ə)| *s.m.* **I** (*littér.*) stilismo **II** [*activité, profession de styliste*] (*esthétique industrielle*) disegno industriale, design *inv.* ◊ (*mode*) creazione *f.* di moda.
styliste |stilist(ə)| *s.* **I** stilista **II** (*esthétique industrielle*) stilista, designer *inv.* ◊ (*mode*) stilista.
stylisticien, ienne |stilistisjɛ̃, jɛn| *s.* stilista.
stylistique |stilistik| **1** *s.f.* (*vieilli*) stilistica* ◊ (*ling.*) *stylistique comparée* stilistica comparata **2** *adj.* stilistico*: *étude, analyse stylistique* studio stilistico, analisi stilistica; *emplois stylistiques et emplois grammaticaux* usi stilistici e usi grammaticali.
stylite |stilit| *s.m.* stilita, stilite.
stylo- |stilɔ| *préf.* (*signifiant 'styloïde', correspond généralt. à*) stilo: *styloïde* stiloide.
stylo |stilo|, (*vx.*) **stylographe** |stilɔgʀaf| *s.m.* (penna *f.*) stilografica* (*f.*): *stylo à cartouche* stilografica a cartuccia ◊ (*spécialt.*) *stylo à bille, stylobille, stylobille* biro *f. inv.*, penna a sfera.
stylobate |stilɔbat| *s.m.* (*archit.*) stilobate.
stylographique |stilɔgʀafik| *adj.* stilografico*: *encre stylographique* inchiostro stilografico.
styloïde |stilɔid| *adj.* (*anat.*) stiloide.
stylomine |stilɔmin| *s.m.* (*marque déposée*) [*porte-mine*] portamina *inv.*
stylophore |stilɔfɔʀ| *adj.* (*archit.*) stiloforo: *colonne avec un lion stylophore* colonna con leone stiloforo ♦ (*s.m.*) *un stylophore* uno stiloforo.
stylopode |stilɔpɔd| *s.m.* (*bot.*) stilopodio*.
styptique |stiptik| *adj. et s.m.* (*méd., pharm.*) astringente.
styrax |stiʀaks| *s.m.* **1** (*t.bot.*) storace **2** (*parfumerie, pharm.*) storace.
styrène |stiʀɛn|, **styrolène** |stiʀɔlɛn| *s.m.* (*chim.*) stirene, stirolo.
su, sue |sy| **1** *adj.* [*qui est connu, que l'on a appris, ou dont on a été informé*] saputo: *leçon bien sue, mal sue* lezione saputa bene, male; *la nouvelle à peine sue...* appena saputa, appresa la notizia... **2** *s.m.* LE SU [*la connaissance que l'on a d'une chose*] (*loc.*) *au su* (*de qqn.*) a conoscenza (di qc.), a saputa di qc. ~ *au vu et au su de tout le monde* sotto gli occhi di tutti, alla luce del sole ~ *sans le su de* all'insaputa di.
1 **suage** |sɥaʒ| *s.m.* [*petit ourlet sur le bord d'un plat, d'une assiette d'étain*] orlo (rialzato) ◊ [*partie carrée du pied d'un flambeau*] piede (di candeliere).
2 **suage** |sɥaʒ| *s.m.* [*humidité qui sort des bois d'un vaisseau neuf*] trasudamento di umidità ◊ [*eau qui suinte* (*du bois chauffé, etc.*)] umidità *f. inv.*
suaire |sɥɛʀ| *s.m.* **1** *le saint suaire* [*relique sacrée, linceul dans lequel le Christ aurait été enseveli*] la sacra Sindone *f.* **2** (*littér.*) [*linceul*] sudario*.
suant, ante |sɥɑ̃, ɑ̃t| *adj.* **1** (*fam.*) [*qui sue*] sudato (*cour.*), sudante (*cour.*): *spectateurs suants* spettatori sudati, sudanti **2** (*pop.*) [*qui fait suer, qui ennuie*] scocciante: *ce qu'il est suant!* quanto è scocciante!, quanto scoccia!
suave |sɥav| *adj.* soave: *parfum suave* profumo soave; *musique suave* musica soave.
suavement |sɥavmɑ̃| *adv.* (*littér.*) [→ SUAVE] soavemente.
suavité |sɥavite| *s.f.* soavità *inv.* → **délicatesse, 2 grâce.**
sub- |syb| *préf.* (*signifiant 'sous', correspond généralt. à*) sub: *subaigu* subacuto; *subalterne* subalterno.
subaérien, ienne |sybaeʀjɛ̃, jɛn| *adj.* subaereo: *plantes subaériennes* piante subaeree.
subaigu, uë |sybegy| *adj.* (*pathol.*) subacuto: *inflammation, maladie subaiguë* infiammazione, malattia subacuta.
subalpin, ine |sybalpɛ̃, in| *adj.* (*géogr.*) subalpino.
subalterne |sybaltɛʀn(ə)| **1** *adj.* subalterno: *officier, employé subalterne* ufficiale, impiegato subalterno ◊ (*par ext.*) *un rôle subalterne* un ruolo subalterno, secondario* **2** *s.* subalterno ◊ (*loc.*) *être le subalterne de qqn.* essere sottomesso a qc.; essere alle dipendenze di qc.
subantarctique |sybɑ̃taʀktik| *adj.* (*géogr.*) subantartico*.
subapennin, ine |sybapenɛ̃, in| *adj.* (*géogr.*) subappenninico*.
subaquatique |sybakwatik| *adj.* subacqueo.
subarctique |sybaʀktik| *adj.* (*géogr.*) subartico*.
subatomique |sybatɔmik| *adj.* (*phys.*) subatomico*.
subcarpatique |sybkaʀpatik| *adj.* (*géogr.*) subcarpatico*.
subconscience |sypkɔ̃sjɑ̃s| *s.f.* subcoscienza.
subconscient, ente |sypkɔ̃sjɑ̃, ɑ̃t| *adj. et s.m.* subcosciente, subconscio*.
subcontraire |sypkɔ̃tʀɛʀ| *adj.* subcontrario*.
subdélégation |sybdelegɑsjɔ̃| *s.f.* subdelegazione, subdelega*.
subdélégué |sybdelege| *s.m.* subdelegato.
subdéléguer |sybdelege| (8) *v.tr.* [*déléguer* (*qqn.*) *dans une fonction pour laquelle on a été délégué soi-même*] subdelegare.
subdésertique |sybdezɛʀtik| *adj.* (*géogr.*) subdesertico*: *climat subdésertique* clima subdesertico.
subdiviser |sybdivize| *v.tr.* [*diviser*

(*un tout déjà divisé; une partie d'un tout divisé*)] suddividere (130).
subdivision |sybdivizjɔ̃| *s.f.* **1** suddivisione **2** (*concret*) *subdivisions d'un classeur* suddivisioni di un classificatore.
subdivisionnaire |sybdivizjɔnɛʀ| *adj.* (*admin.*) della (di una) suddivisione *loc.*, relativo alla (a una) suddivisione.
subéquatorial, ale, aux |sybekwatɔʀjal, o| *adj.* (*géogr.*) subequatoriale: *climat subéquatorial* clima subequatoriale.
suber |sybɛʀ| *s.m.* (*lat.*) **1** (*région.*) [*liège*] sughero **2** quercia* *f.* da sughero.
subéreux, euse |sybeʀø, øz| *adj.* (*bot.*) sugheroso.
subérification |sybeʀifikɑsjɔ̃| *s.f.* (*bot.*) suberificazione.
subérine |sybeʀin| *s.f.* (*chim.*) suberina.
subérique |sybeʀik| *adj.* (*chim.*) suberico*.
subfébrile |sybfebʀil| *adj.* (*méd.*) subfebbrile.
subintrant, ante |sybɛ̃tʀɑ̃, ɑ̃t| *adj.* (*méd.*) subentrante.
subir |sybiʀ| *v.tr.* **1** [*être l'objet sur lequel s'exerce* (*une action, un pouvoir qu'on n'a pas voulu*)] sopportare; subire (197): *subir un joug* sopportare un giogo; *subir qqch. avec calme* sopportare q.c. con calma ‖ *subir un interrogatoire* subire un interrogatorio; *subir des violences* subire delle violenze; *subir des affronts* subire degli affronti ♦ (*absolt.*) *il faut agir, et non subir* bisogna agire, non subire **2** [*se soumettre volontairement à* (*un traitement, un examen*)] subire: *malade qui subit une opération chirurgicale* ammalato che subisce una operazione chirurgica; *subir une visite médicale* subire una visita medica **3** *subir qqn.* [*endurer son autorité, son pouvoir*] subire qc. ◇ (*fam.*) [*supporter effectivement une personne qui déplaît, ennuie, agace*] sopportare qc. **4** (*choses*) [*être l'objet de* (*une action, une opération*)] subire: *corps qui subit l'action du feu* corpo che subisce l'azione del fuoco ◇ [*être l'objet de* (*une modification*)] *subir des pertes* subire delle perdite # *couleur qui subit une altération* colore che si altera.
subit, ite |sybi, it| *adj.* [*qui arrive, se produit en très peu de temps, de façon soudaine*] improvviso, repentino: *mal subit* male improvviso; *changement subit de situation* un improvviso, repentino cambiamento di situazione; *la mort a été subite* la morte è stata improvvisa, subitanea.
subitement |sybitmɑ̃| *adv.* [→ SUBIT] improvvisamente, all'improvviso (*loc. inv.*): *arriver subitement* arrivare improvvisamente, all'improvviso; *mourir subitement* morire improvvisamente.
subito |sybito| *adv.* (*lat.*) (*fam.*) [*subitement*] improvvisamente (*cour.*), all'improvviso *loc. inv.* (*cour.*): *partir subito* partire all'improvviso.
subjacent, ente |sybʒasɑ̃, ɑ̃t| *adj.* (*littér.*) [*sous-jacent*] soggiacente, sottostante (*cour.*).
subjectif, ive |sybʒɛktif, iv| *adj.* **1** (*log.*) soggettivo ◇ (*ling.*) *sens subjectif des adjectifs possessifs* senso soggettivo degli aggettivi possessivi **2** [*qui concerne le sujet en tant qu'être conscient*] soggettivo: *la pensée est un phénomène subjectif* il pensiero è un fenomeno soggettivo **3** [*propre à un ou plusieurs sujets déterminés* (*et non à tous les autres*)] soggettivo: *les goûts sont subjectifs* i gusti sono soggettivi; *une vision subjective du monde* una visione soggettiva del mondo; *opinions, critiques subjectives* opinioni, critiche soggettive → **individuel** **4** (*méd.*) *troubles subjectifs* disturbi soggettivi Ⓒ **objectif.**
subjectile |sybʒɛktil| *s.m.* (*peint.*) supporto.
subjectivement |sybʒɛktivmɑ̃| *adv.* **1** [*d'après les donnés psychiques*] soggettivamente: *les états de conscience expriment subjectivement l'émotion* gli stati di coscienza esprimono soggettivamente l'emozione **2** [*d'une façon toute personnelle*] soggettivamente: *envisager les choses trop subjectivement* vedere le cose troppo soggettivamente Ⓒ **objectivement.**
subjectivisme |sybʒɛktivism(ə)| *s.m.* (*philo.*) soggettivismo.
subjectiviste |sybʒɛktivist(ə)| *s.* soggettivista ♦ *adj.* (*philo.*) soggettivistico*.
subjectivité |sybʒɛktivite| *s.f.* (*philo., cour.*) soggettività *inv.*
subjonctif, ive |sybʒɔ̃ktif, iv| *adj.* (*gram.*) *mode subjonctif* modo congiuntivo ♦ (*s.m.*) *le subjonctif* il congiuntivo.
subjuguer |sybʒyge| *v.tr.* **1** [*séduire vivement*] soggiogare → **charmer** **2** (*vieilli*) [*réduire par les armes à la soumission complète; mettre sous le joug*] soggiogare (*cour.*) → **asservir, conquérir** **3** (*littér., fig.*) → **dominer.**
sublimable |syblimabl(ə)| *adj.* [→ SUBLIMER 1] sublimabile.
sublimation |syblimɑsjɔ̃| *s.f.* **1** (*alchimie, chim.*) sublimazione **2** (*fig., littér.*) sublimazione: *sublimation des instincts* sublimazione degli istinti ◇ (*psychan.*) sublimazione.
sublime |syblim| **I** *adj.* **1** sublime → **beau, divin** **2** (*personnes*) [*dont le mérite est immense, qui fait preuve de génie ou d'une vertu exceptionnelle*] sublime: *une âme sublime* un animo sublime; *un homme sublime de dévouement* un uomo di sublime dedizione **II** *s.m.* **1** *le sublime* → **grandeur** **2** (*hist. litt.*) *le sublime* il sublime.
sublimé, ée |syblime| (*chim.*) **1** *adj.* sublimato: *métaux sublimés* metalli sublimati **2** (*s.m.*) *un sublimé* un sublimato.
sublimement |syblimmɑ̃| *adv.* (*rare*) [→ SUBLIME I] sublimemente, in modo sublime *loc. inv.* (*cour.*).
sublimer |syblime| *v.tr.* **1** (*alchimie*) [*opérer la sublimation de*] sublimare ◇ (*chim.*) [*faire passer de l'état solide à l'état gazeux*] sublimare **2** (*fig.*) [*épurer, raffiner*] sublimare ◇ (*psychan.*) [*transposer* (*les pulsions*) *sur un plan supérieur de réalisation* (*de façon consciente ou non*)] sublimare.
subliminal, ale, aux |subliminal, o|, **subliminaire** |sybliminɛʀ| *adj.* (*psycho.*) subliminale: *perception subliminale, subliminaire* percezione subliminale.
sublimité |syblimite| *s.f.* (*littér.*) sublimità *inv.*
sublingual, ale, aux |syblɛ̃gwal, o| *adj.* (*anat.*) sublinguale, sottolinguale ◇ (*méd.*) *comprimé sublingual* compressa sottolinguale.
sublunaire |syblynɛʀ| *adj.* sublunare.
submerger |sybmɛʀʒe| (3) *v.tr.* **1** (*liquide, flot, etc.*) [*recouvrir complètement*] sommergere (114): *l'inondation, le fleuve, la marée submergea les terres* l'inondazione, il fiume, la marea sommerse le terre ♦ (*au p.p.*) *récifs submergés* scogli sommersi **2** (*fig.*) [*envahir complètement*] sopraffare (103); sommergere: *être submergé par la douleur* essere sopraffatto dal dolore ‖ *être submergé de travail* essere sommerso dal lavoro.
submersible |sybmɛʀsibl(ə)| *adj.* **1** (*bot.*) che può essere sommerso *loc.* **2** (*géogr.*) sommergibile: *terrains submersibles* terre sommergibili **3** *un navire submersible,* (*s.m.*) *un submersible* un sommergibile *s.m.*
submersion |sybmɛʀsjɔ̃| *s.f.* [→ SUBMERGER 1] sommersione: *submersion d'une terre* sommersione di una terra.
subodorer |sybɔdɔʀe| *v.tr.* **1** (*fam.*) [*pressentir*] subodorare → **flairer** **2** (*rare*) [*flairer* (*une odeur*), *sentir de loin à la trace*] fiutare (*cour.*).
suborbital, ale, aux |sybɔʀbital, o| *adj.* suborbitale.
subordination |sybɔʀdinɑsjɔ̃| *s.f.* **1** subordinazione, dipendenza: *la subordination des fonctionnaires les uns aux autres* la subordinazione dei funzionari gli uni agli altri **2** (*gram.*) subordinazione # *conjonctions, locutions conjonctives de subordination* congiunzioni, locuzioni congiuntive subordinative.
subordonnant, ante |sybɔʀdɔnɑ̃, ɑ̃t| *adj.* (*gram.*) subordinante.
subordonné, ée |sybɔʀdɔne| **I** *adj.* **1** subordinato, dipendente **2** (*gram.*) subordinato: *proposition subordonnée* proposizione subordinata ♦ (*s.f.*) *une subordonnée* una subordinata **II** *s.* subordinato, dipendente Ⓒ **II supérieur 2.**
subordonner |sybɔʀdɔne| *v.tr.* **1** [*placer* (*une personne, un groupe*) *sous l'autorité de qqn. dans un ensemble hiérarchisé*] subordinare: *il est subordonné au chef de service* è subordinato al capufficio, dipende dal capufficio **2** [*faire dépendre* (*une chose*) *de l'accomplissement d'une condition*] subordinare, condizionare: *la victoire finale est subordonnée au succès de l'opération* la vittoria finale è subordinata al successo, dipende dal successo dell'operazione.
subornation |sybɔʀnɑsjɔ̃| *s.f.* (*dr.*) subornazione.
suborner |sybɔʀne| *v.tr.* [*détourner du droit chemin, du devoir*] sobillare; corrompere (176) ◇ (*littér.*) *suborner une jeune fille* [*la séduire*] sedurre (108) (*cour.*) una ragazza ◇ (*dr.*) *suborner un témoin* [*l'inciter à mentir par intérêt* (*en l'achetant, etc.*)] subornare un teste.
suborneur, euse |sybɔʀnœʀ, øz| *s.* **1** *s.* (*rare*) [*personne qui a suborné un témoin*] subornatore* **2** *s.m.* (*plais., vieilli*) → **séducteur.**
subrécargue |sybʀekaʀg(ə)| *s.m.* (*mar.*) rappresentante dell'armatore.
subreptice |sybʀɛptis| *adj.* **1** (*dr.*) surrettizio* **2** [*qui est obtenu, qui se fait par surprise, à l'insu de qqn. et contre sa volonté*] furtivo: *par une manœuvre subreptice* con una manovra furtiva.
subrepticement |sybʀɛptismɑ̃| *adv.* [*par surprise, sans bruit; d'une*

manière dissimulée, furtive] furtivamente, di soppiatto *loc. inv.* → **clandestinement.**

subreption |sybʀɛpsjɔ̃| *s.f.* (*dr. can.*) surrezione.

subrogateur |sybʀɔgatœʀ| (*dr.*) **1** (*adj. m.*) *acte subrogateur* atto surrogatorio* **2** *s.m.* sostituto del relatore, secondo relatore.

subrogatif, ive |sybʀɔgatif, iv| *adj.* (*dr.*) surrogatorio*.

subrogation |sybʀɔgɑsjɔ̃| *s.f.* (*dr.*) surrogazione, surroga*.

subrogatoire |sybʀɔgatwaʀ| *adj.* (*dr.*) surrogatorio*: *acte subrogatoire* atto surrogatorio.

subrogé, ée |sybʀɔʒe| *adj.* (*dr.*) *subrogé(-)tuteur* sostituto tutore ✦ (*s.*) *un subrogé* [*personne qui en remplace une autre par subrogation*] un sostituto.

subroger |sybʀɔʒe| (3) *v.tr.* (*dr.*) *subroger un rapporteur* [*nommer* (*un juge*) *à la place d'un autre comme rapporteur*] surrogare, sostituire (197) un relatore.

subséquemment |sypsekamɑ̃| *adv.* (*dr.*) [*après cela*] susseguentemente, successivamente (*cour.*).

subséquent, ente |sypsekɑ̃, ɑ̃t| *adj.* **1** (*vx.*, *littér.*) susseguente ◇ (*dr.*) susseguente, successivo **2** (*géogr.*) susseguente: *rivière subséquente* fiume susseguente Ⓒ 1 **antécédent, précédent.**

subside |sypsid| *s.m.* sussidio*, aiuto: *solliciter un subside* sollecitare un sussidio; *vivre des subsides de qqn.* vivere degli aiuti di qc. # *couper les subsides* tagliare i viveri ◇ [*somme accordée par un État, un organisme public, etc. à titre d'aide ou de prêt*] sussidio, sovvenzione *f.*

subsidence |sypsidɑ̃s, sybzidɑ̃s| *s.f.* (*géol.*, *géogr.*) subsidenza.

subsidiaire |sypsidjɛʀ, sybzidjɛʀ| *adj.* **1** sussidiario*: *motif, raison subsidiaire* motivo sussidiario, ragione sussidiaria **2** (*dr.*) accessorio*: *conclusions subsidiaires* conclusioni accessorie.

subsidiairement |sypsidjɛʀmɑ̃, sybzidjɛʀmɑ̃| *adv.* (*dr.*, *littér.*) [*de manière subsidiaire, accessoire; en second lieu*] sussidiariamente, in subordine *loc. inv.*

subsidier |sypsidje, sybzidje| *v.tr.* (*région.*, *Belgique*) [*subventionner*] sussidiare, sovvenzionare.

subsistance |sybzistɑ̃s| *s.f.* **1** [*le fait de subsister, de pourvoir à ses besoin; ce qui sert à assurer l'existence matérielle*] sostentamento *m.*, sussistenza: *contribuer à la subsistance du ménage* contribuire al sostentamento, alla sussistenza della famiglia **2** *au plur.* (*vieilli*) *les subsistances* [*ensemble des vivres et des objets qui permettent de subsister*] i viveri *m.*, le vettovaglie ◇ (*milit.*) *service des subsistances* servizio delle sussistenze **3** *militaire en subsistance* militare in sussistenza.

subsistant, ante |sybzistɑ̃, ɑ̃t| **1** *adj.* sussistente: *la partie subsistante* la parte sussistente **2** *s.m.* (*milit.*) *un subsistant* un militare in sussistenza.

subsister |sybziste| *v.intr.* **1** (*choses*) [*continuer d'exister après élimination des autres éléments ou malgré le temps*] sussistere (116) (*aux.* essere), perdurare (*aux.* essere, avere) **2** (*personnes*) [*entretenir son existence, pourvoir à ses besoins*] sopravvivere (194): *subsister tant bien que mal* sopravvivere alla meno peggio.

subsonique |sypsɔnik| *adj.* (*aviat.*) subsonico*: *vitesse subsonique* velocità subsonica ◇ (*par ext.*) *avion subsonique* aereo subsonico Ⓒ **sonique, supersonique.**

substance |sypstɑ̃s| *s.f.* **I** (*partie essentielle*) **1** (*philo.*) sostanza **2** [*ce qu'il y a d'essentiel dans une pensée, un discours, un écrit*] sostanza: *voici en quelques lignes la substance de cette discussion* ecco in poche righe la sostanza di questa discussione ◇ *loc.* EN SUBSTANCE in sostanza, sostanzialmente (*adv.*): *voilà ce qu'ils auraient dit, en substance* ecco in sostanza, sostanzialmente quello che avrebbero detto **II** **1** [*ce qui existe par soi-même*] sostanza: *substance matérielle, immatérielle* sostanza materiale, immateriale ◇ (*théol.*) *changement de substance du pain et du vin* cambiamento di sostanza del pane e del vino, transustanziazione **2** [*substance matérielle*] sostanza, materia: *substance organique, vivante* sostanza organica, vivente → **matière** **3** *une substance* [*une matière caractérisée par ses propriétés*] sostanza → 2 **corps** ◇ (*anat.*) *substance blanche, grise des centres nerveux* sostanza bianca, grigia dei centri nervosi.

substantialisme |sypstɑ̃sjalism(ə)| *s.m.* (*philo.*) sostanzialismo Ⓒ **phénoménisme.**

substantialiste |sypstɑ̃sjalist(ə)| *s.* (*philo.*) (filosofo) seguace del sostanzialismo ✦ *adj.* sostanzialistico*.

substantialité |sypstɑ̃sjalite| *s.f.* (*philo.*) sostanzialità *inv.*

substantiel, elle |sypstɑ̃sjɛl| *adj.* **1** sostanziale **2** [*où il y a beaucoup de matière, de contenu*] concettoso: *phrase substantielle* frase concettosa **3** [*qui nourrit beaucoup*] sostanzioso: *un repas substantiel* un pasto sostanzioso → **nourrissant, nutritif** ◇ (*par ext.*) *des avantages substantiels* [*importants*] notevoli, cospicui vantaggi.

substantiellement |sypstɑ̃sjɛlmɑ̃| *adv.* **1** (*philo.*) [*quant à la substance*] sostanzialmente **2** (*rare*) [*en substance, pour ne dire que l'essentiel*] sostanzialmente (*cour.*), in sostanza *loc. inv.* (*cour.*).

substantif, ive |sypstɑ̃tif, iv| (*gram.*) **1** *s.m.* sostantivo **2** (*adj.*) *proposition substantive* proposizione sostantiva.

substantivation |sypstɑ̃tivɑsjɔ̃| *s.f.* (*gram.*) sostantivazione.

substantivement |sypstɑ̃tivmɑ̃| *adv.* [*en tant que subst.*] sostantivamente: *adjectif pris substantivement* aggettivo usato sostantivamente, come sostantivo.

substantiver |sypstɑ̃tive| *v.tr.* (*gram.*) [*transformer en nom, en subst.*] sostantivare: *substantiver un adjectif, un infinitif* sostantivare un aggettivo, un infinito ✦ (*au p.p.*) *adjectif, participe passé substantivé* aggettivo, participio passato sostantivato.

substituant, ante |sypstitɥɑ̃, ɑ̃t| *adj. et s.m.* (*chim.*) sostituente.

substituer |sypstitɥe| **A** *v.tr.* **1** [*mettre* (*qqch.*, *qqn.*) *à la place de* (*qqch.*, *qqn. d'autre*), *pour faire jouer le même rôle*] sostituire (197): *substituer un mot à un autre* sostituire una parola con un'altra → **remplacer** **2** (*dr.*) [*appeler* (*qqn.*) *à une succession en remplacement d'un autre*] sostituire: *substituer un héritier* sostituire un erede (con un altro) **B** *v.pron. réfl.* SE SUBSTITUER [→ *tr.* 1] sostituirsi.

substitut |sypstity| *s.m.* **1** sostituto ◇ (*ling.*) sostituto, pronome **2** (*dr. pén.*) sostituto, vice *inv.*

substitutif, ive |sypstitytif, iv| *adj.* sostitutivo ◇ (*méd.*) *traitement substitutif* cura sostitutiva.

substitution |sypstitysjɔ̃| *s.f.* **1** [→ SUBSTITUER A 1] sostituzione: *substitution d'enfant* sostituzione di neonato ◇ (*chim.*, *ling.*, *math.*) sostituzione **2** (*dr.*) sostituzione.

substrat |sypstʀa|, (*vieilli*) **substratum** |sypstʀatɔm| *s.m.* (*biol.*, *géol.*, *ling.*, *philo.*) sostrato, substrato.

substruction |sypstʀyksjɔ̃| *s.f.* (*maçonn.*) sostruzione.

subsumer |sypsyme| *v.tr.* (*philo.*) [*penser* (*un objet individuel*) *comme compris dans un ensemble*] sussumere (118).

subterfuge |syptɛʀfyʒ| *s.m.* sotterfugio*: *user de subterfuges* ricorrere a sotterfugi.

subtil, ile |syptil| *adj.* **I** (*abstrait*) **1** (*personnes*) sottile, acuto: *esprit subtil, intelligence subtile* mente, intelligenza sottile, acuta **2** (*choses*) sottile, acuto: *argumentation trop subtile* argomentazione troppo sottile, acuta **II** (*concret*) **1** [*qui s'insinue, pénètre facilement*] sottile: *parfum subtil* profumo sottile **2** [*qui est difficile à percevoir, à définir ou à préciser*] sottile: *différence subtile* differenza sottile.

subtilement |syptilmɑ̃| *adv.* **1** [*avec finesse; en faisant preuve de subtilité*] sottilmente, acutamente: *pensée exprimée subtilement* pensiero sottilmente, acutamente espresso **2** → **imperceptiblement.**

subtilisation |syptilizɑsjɔ̃| *s.f.* **1** (*rare*) [→ 2 SUBTILISER] il sottilizzare *m. inv.*; cavillosità *inv.* **2** (*fam.*) → 2 **vol, escamotage.**

1 **subtiliser** |syptilize| *v.tr.* (*fam.*) [*dérober avec adresse; s'emparer avec habileté de* (*qqch.*)] far (103) *intr.* sparire: *subtiliser une lettre* far sparire una lettera → **escamoter.**

2 **subtiliser** |syptilize| *v.intr.* (*péj.*) [*raffiner à l'extrême, à l'excès* (*dans le raisonnement, la pensée, le style*)] sottilizzare; cavillare.

subtilité |syptilite| *s.f.* **1** (*abstrait*) [*caractère d'une personne subtile; caractère de ce qui est subtil*] sottigliezza, acutezza: *subtilité d'esprit* sottigliezza, acutezza di mente; *subtilité d'une analyse, d'un stratagème* sottigliezza, acutezza di un'analisi, di uno stratagemma **2** [*pensée, parole ou action subtile*] sottigliezza: *subtilités de langage, de raisonnement* sottigliezze di linguaggio, di ragionamento # *disputer sur des subtilités* sottilizzare, cavillare.

subtropical, ale, aux |syptʀɔpikal, o| *adj.* (*géogr.*) subtropicale.

subulé, ée |sybyle| *adj.* (*bot.*, *zool.*) subulato: *feuille subulée* foglia subulata; *à bec subulé* a becco subulato.

suburbain, aine |sybyʀbɛ̃, ɛn| *adj.* suburbano.

suburbicaire |sybyʀbikɛʀ| *adj.* (*ecclés.*) suburbicario*: *évêques suburbicaires* vescovi suburbicari.

subvenir |sybvəniʀ| (27) *v.intr.* SUBVENIR À [*fournir en nature, en ar-*

gent, ce qui est nécessaire à] sovvenire (202) a, provvedere (192) per → **pourvoir, satisfaire.**

subvention |sybvɑ̃sjɔ̃| *s.f.* [→ SUBVENTIONNER] sovvenzione, sussidio* (*m.*): *subventions accordées aux théâtres* sovvenzioni concesse ai teatri.

subventionnel, elle |sybvɑ̃sjɔnɛl| *adj.* (*dr., fin.*) di sovvenzione *loc. inv.*, di sussidio *loc. inv.* # *aide subventionnelle* sovvenzione.

subventionner |sybvɑ̃sjɔne| *v.tr.* [*aider financièrement, soutenir par une subvention*] sussidiare, sovvenzionare: *subventionner une commune sinistrée* sussidiare un comune sinistrato ✦ (*au p.p.*) *théâtres subventionnés* teatri sovvenzionati.

subversif, ive |sybvɛʀsif, iv| *adj.* sovversivo, eversivo: *opinions subversives* idee sovversive.

subversion |sybvɛʀsjɔ̃| *s.f.* (*littér.*) sovversione (*cour.*): *tentative de subversion de l'État* tentativo di sovversione dello Stato.

subversivement |sybvɛʀsivmɑ̃| *adv.* [*d'une manière subversive; par la subversion*] sovversivamente.

subvertir |sybvɛʀtiʀ| *v.tr.* [*bouleverser, renverser* (*un ordre*)] sovvertire.

suc |syk| *s.m.* **1** succo*: *sucs végétaux* succhi vegetali ◇ (*physiol.*) *suc gastrique, pancréatique, intestinal* succo gastrico, pancreatico, intestinale **2** (*fig.*) [*ce qu'il y a de plus substantiel*] succo, sugo*: *le suc d'un discours* il succo, il sugo di un discorso.

succédané |syksedane| *s.m. et adj.* **1** (*méd.*) succedaneo **2** (*cour.*) surrogato, succedaneo: *un succédané de café, de sucre* un surrogato del caffè, dello zucchero → **ersatz** **3** (*fig.*) [*ce qui peut remplacer, suppléer* (*une chose absente, insuffisante*)] surrogato, succedaneo.

succéder |syksede| (8) **A** *v. intr.* SUCCÉDER À **1** [*venir après* (*qqn.*) *de manière à prendre sa charge, sa place*] succedere (125) (*aux.* essere): *succéder à qqn. dans son emploi* succedere a qc. in un impiego; *roi, chef d'État qui succède à un autre* re, capo di Stato che succede a un altro; *succéder à son père à la direction d'une usine* succedere al padre nella direzione dello stabilimento **2** (*choses*) [*arriver, se produire, venir après dans l'ordre chronologique*] succedere: *la nuit succède au crépuscule* la notte succede al, segue al crepuscolo; *le découragement succédait à l'enthousiasme* lo scoramento succedeva all'entusiasmo ◇ (*dans l'espace*) *des champs succédaient aux vignes* i campi succedevano ai vigneti **B** *v.pron. intr.* SE SUCCÉDER [*venir l'un après l'autre*] succedersi, susseguirsi: *les gouvernements qui se sont succédé* (*inv.*) i governi che si sono succeduti ◇ (*époques, événements*) *les attractions se succédaient sans interruption* le attrazioni si succedevano, si susseguivano senza interruzione # *des semaines se succédèrent* passarono, trascorsero delle settimane ◇ (*dans l'espace*) *les tableaux se succèdent tout le long du mur* i quadri si susseguono lungo tutta la parete Ⓒ A 2 **précéder.**

succenturié |syksɑ̃tyʀje| *adj. m.* (*zool.*) *ventricule succenturié* ventricolo succenturiato.

succès |syksɛ| *s.m.* **1** successo: *tentative couronnée de succès* tentativo coronato da successo; *sans succès* senza successo; *assurer le succès d'une entreprise* assicurare il successo, la riuscita di un'impresa; *être sur le chemin du succès* essere sulla via del successo → **réussite** **2** UN, DES SUCCÈS [*événement particulier, circonstance qui constitue un résultat très heureux pour qqn.*] successo: *un beau succès* un bel successo; *obtenir, remporter des succès* ottenere, conseguire dei successi **3** [*le fait d'obtenir une audience nombreuse et favorable, d'être connu du public*] successo: *succès d'un auteur, d'une pièce* successo di un autore, di una commedia; *avoir du succès, beaucoup de succès* avere successo, molto successo ◇ (*fam.*) *un succès bœuf, brutal* un successone, un enorme successo (*cour.*) ◇ *loc.* À SUCCÈS di successo: *un écrivain à succès* uno scrittore di successo ◇ (*fam.*) UN SUCCÈS [*ce qui a du succès* (*film, pièce de théât., chanson, etc.*)] un successo: *les succès du jour* i successi del giorno; *le dernier succès de X* l'ultimo successo di X # *les succès de librairie* i libri più venduti, i best-seller **4** [*le fait de plaire*] successo: *les succès féminins d'un don Juan* i successi femminili di un dongiovanni; *elle a beaucoup de succès* ha molto successo, piace molto Ⓒ 1 **insuccès, échec** 1.

successeur |syksesœʀ| *s.m.* **1** successore: *le successeur d'un chef d'État, d'un roi* il successore di un capo di Stato, di un re; *désigner son successeur* designare il proprio successore # *elle sera bientôt son successeur* lei gli (le) succederà fra breve **2** (*dr., cour.*) successore Ⓒ 1 **prédécesseur.**

successibilité |syksesibilite| *s.f.* (*dr.*) successibilità *inv.* ◇ (*spécialt.*) *ordre de successibilité au trône* ordine di successione al trono.

successible |syksesibl(ə)| *adj.* (*dr.*) successibile: *prince successible* principe successibile → **héréditaire** ✦ (*s.*) *les successibles* i successibili: *parent au degré successible* parente di grado successibile.

successif, ive |syksesif, iv| *adj.* successivo Ⓒ **simultané.**

1 **succession** |syksesjɔ̃| *s.f.* **1** (*dr.*) successione: *droit de succession* diritto di successione; *succession vacante* successione vacante; *répudier une succession* rinunziare a una successione; *accepter une succession sous bénéfice d'inventaire* accettare una successione con beneficio d'inventario; *léguer, recevoir par droit de succession* lasciare, ricevere per via di successione, per via ereditaria **2** [*le fait de succéder à qqn.*] successione: *succession par ordre de primogéniture* successione per ordine di primogenitura.

2 **succession** |syksesjɔ̃| *s.f.* **1** (*dans le temps*) successione: *une succession ininterrompue* una successione ininterrotta → **série, suite** **2** (*dans l'espace*) successione ◇ [*suite ordonnée de termes*] *la succession des nombres* la successione dei numeri.

successivement |syksesivmɑ̃| *adv.* [*selon un ordre de succession, par éléments successifs*] successivamente Ⓒ **fois (à la), simultanément.**

successoral, ale, aux |syksesɔʀal, o| *adj.* (*dr.*) successorio*: *droits successoraux* diritti successori, di successione.

succin |syksɛ̃| *s.m.* (*minér.*) succino.

succinate |syksinat| *s.m.* (*chim.*) succinato.

succinct, incte |syksɛ̃, ɛ̃t, syksɛ̃kt(ə)| *adj.* succinto: *dresser un tableau succinct* fare un quadro succinto → **bref, schématique** ◇ (*par ext.*) [*qui s'exprime brièvement*] *soyez succinct* sia succinto ◇ (*fig., plais.*) *un dîner succinct* una cena frugale.

succinctement |syksɛ̃(k)t(ə)mɑ̃| *adv.* [→ SUCCINCT] succintamente: *exprimer succinctement sa pensée* esprimere succintamente il proprio pensiero → **brièvement, sommairement.**

succinique |syksinik| *adj.* (*chim.*) *acide succinique* acido succinico*.

succinite |syksinit| *s.f.* (*minér.*) succinite.

succintorium |syksɛ̃tɔʀjɔm| *s.m.* (*ecclés.*) succintorio*.

succion |syksjɔ̃| *s.f.* [→ SUCER I] aspirazione: *absorber par succion* ingerire per aspirazione ◇ (*méd.*) suzione ◇ (*techn.*) *appareils de succion* apparecchi di aspirazione.

succomber |sykɔ̃be| *v.intr.* **1** [*être vaincu dans une lutte; subir une défaite*] cedere, soccombere*: *sa foi a succombé* la sua fede ha ceduto, è venuta meno **2** [*mourir*] morire (198) (*aux.* essere), soccombere: *le blessé succomba aussitôt* il ferito è morto quasi subito **3** [*s'affaisser* (*sous un poids trop lourd*)] soccombere, accasciarsi (*pron.*): *succomber sous un fardeau* soccombere, accasciarsi sotto un fardello ◇ (*fig.*) *succomber sous le poids de ses fautes* soccombere sotto il peso delle proprie colpe **4** SUCCOMBER À [*se laisser aller, ne pas résister à*] cedere a, soccombere a: *succomber au sommeil* cedere al sonno; *succomber à la tentation* cedere, soccombere alla tentazione.

succube |sykyb| *s.m.* (*relig. chrét.*) succube, succubo.

succulence |sykylɑ̃s| *s.f.* (*littér.*) succulenza, squisitezza (*cour.*): *la succulence d'un mets* la succulenza di una pietanza → **saveur.**

succulent, ente |sykylɑ̃, ɑ̃t| *adj.* succulento, squisito: *soupers succulents* cene succulente, squisite → **délicieux, excellent, savoureux.**

succursale |sykyʀsal| **1** *s.f.* succursale: *succursale d'une banque* succursale di una banca; *magasin à succursales multiples* negozio con più succursali **2** *adj. et s.f.* (*relig.*) (*église*) *succursale* (chiesa) succursale.

succursalisme |sykyʀsalism(ə)| *s.m.* (*comm.*) catena *f.* (di negozi): *succursalisme alimentaire* catena di negozi alimentari.

succursaliste |sykyʀsalist(ə)| *adj.* (organizzato) a catena *loc. inv.* ✦ *s.m.* negozio, negoziante (facente parte di una catena).

succussion |sykysjɔ̃| *s.f.* (*méd.*) succussione.

sucement |sysmɑ̃| *s.m.* (*rare*) [→ SUCER II] succhiamento: *sucement du pouce, chez les enfants* succhiamento infantile del pollice.

sucer |syse| (2) *v.tr.* **I** **1** [*aspirer au moyen des lèvres, en faisant le vide dans la bouche*] succhiare: *sucer le jus d'une orange* succhiare il succo di una arancia; *sangsue qui suce le sang de* *sa victime* sanguisuga che succhia il sangue della vittima ◇ (*loc. fig.*) *sucer qqch. avec le lait* succhiare q.c. con il latte materno **2** (*plantes, animaux*) [*aspirer* (*un liquide nutritif*) *au moyen d'un organe qui pompe* (*suçoir*)] succhiare, assorbire (204) **II 1** [*exercer une pression et une aspiration avec les lèvres, la langue pour faire fondre* (*une substance*) *et en tirer le liquide*] succhiare: *sucer une sucette* succhiare il succhiotto ✦ (*pron. passif*) *pastilles qui se sucent* pastiglie che si succhiano ◇ (*fig.*) *sucer qqn. jusqu'à la moelle, jusqu'au dernier sou* succhiare il sangue a qc. **2** [*exercer une succion sur* (*un corps que l'on a dans la bouche, que l'on porte à la bouche*)] succhiare: *sucer son pouce* succhiarsi il pollice.

sucette |sysɛt| *s.f.* **1** [*bonbon fixé à l'extrémité d'un bâtonnet*] lecca lecca (*m. inv.*): *sucette au citron* lecca lecca al limone **2** [*petite tétine qu'on donne au bébé pour l'empêcher de sucer son pouce*] succhiotto *m.*

suceur, euse |sysœʀ, øz| *s.* **1** *s.* (*fig.*) *suceur de sang* succhiatore* di sangue, succiasangue *inv.* **2** *s.m.* (*zool.*) *les* (*insectes*) *suceurs* gli insetti succhiatori, i succhiatori **3** *s.f.* (*agric.*) aspiratore *m.*

suçoir |syswaʀ| *s.m.* **1** (*zool.*) succhiatoio* **2** (*bot.*) succhione, pollone.

suçon |sysɔ̃| *s.m.* [*légère ecchymose qu'on fait à la peau en la suçant, par des baisers appuyés*] segno.

suçoter |sysɔte| *v.tr.* [*sucer longuement et délicatement*] succhiare (a lungo, lentamente): *suçoter un bonbon* succhiare lentamente una caramella.

sucrage |sykʀaʒ| *s.m.* (*rare*) [→ SUCRER A 1, 2] inzuccheramento ◇ (*techn., vins*) zuccheraggio*.

sucrant, ante |sykʀɑ̃, ɑ̃t| *adj.* (*en parlant d'une substance*) [*qui sucre*] zuccherino: *pouvoir sucrant de la saccharine* potere zuccherino della saccarina.

sucrase |sykʀɑz| *s.f.* (*biol.*) invertosi *inv.*

sucrate |sykʀat| *s.m.* (*biol.*) saccarato → **saccharate.**

sucre |sykʀ(ə)| *s.m.* **1** zucchero: *sucre de canne, de betterave* zucchero di canna, di barbabietola; *pain de sucre* pan di zucchero; *sucre en morceaux, en poudre* zucchero in zollette (in quadretti), in polvere; *sucre cristallisé* zucchero cristallino; *pince à sucre* pinza da zucchero ◇ *loc.* AU SUCRE allo (con) zucchero: *fraises au sucre* fragole allo zucchero ◇ (*loc. fig.*) *casser du sucre sur le dos de qqn.* tagliare i panni addosso a qc. ~ *être tout sucre, tout miel* essere tutto zucchero e miele **2** (*fam.*) *un sucre* [*un morceau de sucre*] una zolletta *f.*, un quadretto di zucchero: *mettre deux sucres dans son café* mettere due zollette, due quadretti di zucchero nel caffè **3** (*confiserie*) [*sucre parfumé, coloré...; avec quoi sont faits certains bonbons, certaines friandises*] zucchero: *bonhomme en sucre* pupazzo di zucchero ◇ (*fig., fam.*) *cet enfant peut bien vous aider, il n'est pas en sucre* questo bambino può aiutarla, non è una pappa molle, un pappamolla ◇ (*par ext.*) *sucre d'orge* zucchero d'orzo; *sucre candi* zucchero candito **4** (*chim.*) saccarosio* ◇ (*spécialt.*) *sucre de fruits* fruttosio* ~ *sucre de lait* lattosio* ~ *sucre de malt* maltosio* ~ *sucre de miel, de raisin* glucosio*.

sucré, ée |sykʀe| *adj.* **1** [*qui a le goût du sucre; doux et agréable*] zuccherino, dolce: *fruit mûr, sucré* frutto maturo, zuccherino, dolce ◇ [*additionné de sucre*] zuccherato, dolce: *café trop sucré* caffè troppo zuccherato, troppo dolce; *lait non sucré* latte non zuccherato ✦ (*s.*) *le sucré et le salé* il dolce e il salato **2** (*fig., péj.*) [*d'une douceur affectée*] sdolcinato: *un air sucré* un'aria sdolcinata ✦ (*s.*) *faire la sucrée* fare la sdolcinata.

sucrer |sykʀe| **A** *v.tr.* **1** [*additionner de sucre ou d'une matière sucrante*] zuccherare: *sucrer son café* zuccherare il caffè ◇ (*fig., fam.*) *sucrer les fraises* avere la mano che trema **2** *absolt.* (*en parlant d'une substance*) [*donner une saveur sucrée*] zuccherare **3** (*pop., milit.*) *sucrer une permission* [*la supprimer*] annullare un permesso (*cour.*) ◇ (*théât.*) *sucrer une réplique* saltare una battuta **B** *v.pron. réfl.* SE SUCRER **1** (*très fam.*) [*se servir en sucre pour le café*] mettersi (155) *tr.* lo zucchero: *sucrez-vous* si metta lo zucchero **2** (*fig., fam.*) [*se servir amplement, faire de gros bénéfices* (*au détriment des autres*)] trattarsi bene.

sucrerie |sykʀəʀi| *s.f.* **1** [*usine où l'on fabrique le sucre de canne, de betterave*] zuccherificio* *m.* ◇ (*par ext.*) raffineria **2** [*friandise à base de sucre ou mets très sucré*] dolciumi *m. pl.*

sucrier, ière |sykʀije, ijɛʀ| **1** *adj.* [*qui produit du sucre*] saccarifero, zuccheriero: *industrie sucrière* industria saccarifera, zuccheriera **2** *s.m.* [*récipient, pièce de vaisselle ou d'orfèvrerie où l'on met le sucre*] zuccheriera *f.*

sucrin |sykʀɛ̃| *s.m.* (*t.bot.*) popone zuccherino *adj.*

sud |syd| *s.m. inv.* **1** sud: *se diriger vers le sud* dirigersi a sud; *façade exposée au sud* facciata esposta a sud ✦ (*adj. inv.*) *pôle sud* polo sud **2** [*ensemble des régions situées dans l'hémisphère sud*] Sud: *Afrique du Sud* Africa del Sud, Sudafrica; *les mers du Sud* i mari del Sud ◇ [*région sud d'un continent, d'un pays*] *dans le Sud de l'Europe* nel Sud dell'Europa, nell'Europa meridionale; *Sud de la France* Sud della Francia.

sud-africain, aine |sydafʀikɛ̃, ɛn| *adj.* [*de l'Afrique du Sud, de la République Sud-Africaine*] sudafricano.

sud-américain, aine |sydameʀikɛ̃, ɛn| *adj.* [*de l'Amérique du Sud*] sudamericano: *les républiques sud-américaines* le repubbliche sudamericane.

sudamina |sydamina| *s.f.* (*méd.*) sudamina.

sudation |sydɑsjɔ̃| *s.f.* **1** (*méd.*) sudorazione **2** [*transpiration*] traspirazione.

sudatoire |sydatwaʀ| *adj.* sudatorio*.

sud-coréen, éenne |sydkɔʀeɛ̃, eɛn| *adj.* [*de la Corée du Sud*] sudcoreano.

sud-est |sydɛst| *s.m. inv.* **1** sud-est: *maison exposée au sud-est* casa esposta a sud-est ✦ (*adj. inv.*) *région sud-est* regione sud-est, sud-orientale *var.* **2** [*partie d'un continent, d'un pays située au sud-est*] Sud-Est: *le Sud-Est asiatique* il Sud-Est asiatico.

sudiste |sydist(ə)| *s. et adj.* (*hist. des États-Unis*) sudista.

sudoral, ale, aux |sydɔʀal, o| *adj.* (*méd.*) sudorale: *sécrétion sudorale* secrezione sudorale.

sudorifère |sydɔʀifɛʀ| *adj.* → **sudoripare.**

sudorifique |sydɔʀifik| *adj. et s.m.* (*méd.*) sudorifero.

sudoripare |sydɔʀipaʀ| *adj.* (*anat.*) sudoriparo: *glande sudoripare* ghiandola sudoripara.

sud-ouest |sydwɛst| *s.m. inv.* sud-ovest: *vent du sud-ouest* vento di sud-ovest ✦ (*adj. inv.*) *région sud-ouest* regione sud-ovest, sud-occidentale *var.* ◇ [*partie d'un continent, d'un pays située au sud-ouest*] Sud-Ovest: *le Sud-Ouest de la France* il Sud-Ovest della Francia.

sud-vietnamien, ienne |sydvjɛtnamjɛ̃, jɛn| *adj.* [*de l'anc. Vietnam du Sud*] sudvietnamita.

suède |sɥɛd| *s.m.* pelle *f.* scamosciata, scamosciato.

suédé, ée |sɥede| *adj.* **1** (*se dit d'une peau, d'un cuir dont le côté chair est à l'extérieur*) scamosciato: *cuir suédé* pelle scamosciata **2** [*qui imite l'aspect du suède*] scamosciato: *tissu suédé* tessuto scamosciato ✦ (*s.m.*) *du suédé* lo scamosciato.

suédine |sɥedin| *s.f.* tessuto *m.* di cotone che imita la pelle.

suédois, oise |sɥedwa, waz| **1** *adj.* [*de Suède*] svedese: *mobilier suédois* mobili svedesi; *allumettes suédoises* (fiammiferi) svedesi **2** (*s.m.*) *le suédois* [*la langue*] lo svedese.

suée |sɥe| *s.f.* (*fam.*) [*transpiration abondante sous l'effet d'un travail, d'une inquiétude*] sudata: *prendre une suée* fare una (bella) sudata, una sfacchinata.

suer |sɥe| **A** *v.intr.* **1** [*rendre beaucoup de sueur, être en sueur*] sudare: *suer d'angoisse* sudare per l'angoscia; *suer froid* sudare freddo → **transpirer** # *suer à grosses gouttes* grondare sudore ◇ (*par ext.*) [*se fatiguer, se donner beaucoup de mal*] sudare, sfacchinare **2** (*fam.*) FAIRE SUER [*fatiguer, embêter* (*qqn.*)] scocciare, rompere (176) l'anima (a) ✦ (*pron. réfl.*) *se faire suer* [*s'ennuyer*] scocciarsi **3** [*dégager de l'humidité, se couvrir d'humidité*] trasudare: *bois vert qui sue sous la flamme* legna verde che trasuda alla fiamma; *les plâtres suent* gli intonaci trasudano **B** *v.tr.* **1** [*rendre par les pores de la peau*] sudare: *suer le sang* sudare sangue ◇ (*fig.*) *suer sang et eau* sudare sangue, sette camicie **2** [*exhaler*] *ce lieu sue l'ennui* questo luogo trasuda la noia **3** (*pop.*) *en suer une* [*faire une danse, danser au bal*] fare (103) un balletto, fare quattro salti.

suet |sɥɛt| *s.m.* (*mar.*) → **sud-est.**

suette |sɥɛt| *s.f.* (*méd.*) *suette miliaire* febbre miliare ◇ (*vx.*) *suette anglaise* sudore *m.* anglico.

sueur |sɥœʀ| *s.f.* **1** (*physiol.*) sudore (*m.*): *mouillé, trempé, ruisselant de sueur* bagnato, fradicio, grondante di sudore; *en sueur* in un bagno di sudore; *sueur froide* sudore freddo ◇ (*loc.*) *gagner son pain à la sueur de son front* guadagnarsi il pane con il sudore della fronte **2** (*par ext.*) *sueur de sang* sudore di sangue **3** *une, des sueur(s)* sudore, sudata *f.* ◇ (*loc. fam.*) *cela me donne des sueurs froides* mi fa venire i sudori freddi, mi fa sudare freddo **4** (*par métaph.*) *la sueur* [*symb. du travail* *et de l'effort*] il sudore della fronte.

suffètes |syfɛt| *s.m. pl.* (*antiq.*) (*à Carthage*) suf(f)eti.

suffire |syfiʀ| (48) (*sauf au p.p. 'suffi', sans f.*) **A** *v.intr.* **I** (*choses*) **1** SUFFIRE À, POUR [*avoir juste la quantité, la qualité, la force nécessaire à, pour* (*qqch.*)] bastare (*aux.* essere) a, per: *cela suffit à mon bonheur* questo basta alla mia felicità; *un jour suffit pour préparer, pour que nous préparions la rencontre* basta un giorno per preparare l'incontro ◇ (*prov.*) *à chaque jour suffit sa peine* a ogni giorno basta il suo affanno **2** [*être de nature à contenter* (*qqn.*) *sans qu'il ait besoin de plus ou d'autre chose*] bastare: *cela me suffit* mi basta; *votre parole me suffit* mi basta la sua parola ✦ (*absolt.*) *un seul peut suffire* uno solo può bastare; *cela ne suffit pas* non basta, non è abbastanza; *ça suffit* basta ◇ (*fam.*) *ça suffit comme ça* adesso basta **3** *impers.* IL SUFFIT À (*qqn.*) DE (+ *inf.*) basta a (qc.) (+ *inf.*): *il lui suffit de vivre en paix* gli basta vivere in pace ✦ *absolt.* IL SUFFIT DE basta (bastano): *il suffirait d'une seule goutte d'eau pour faire déborder le vase* basterebbe una sola goccia d'acqua per far traboccare il vaso; *il suffit de cinq minutes pour...* bastano cinque minuti per...; *il suffit d'une fois* basta una volta; *il suffirait d'y penser* basterebbe pensarci; *il suffit que vous nous teniez au courant* basta, è sufficiente che ci teniate al corrente **II** (*personnes*) SUFFIRE À **1** [*être capable de fournir ce qui est nécessaire à, de satisfaire à* (*qqch.*)] bastare per: *le concierge suffisait à l'entretien de la maison* il portiere bastava per la manutenzione della casa # *je n'y suffis plus* non ce la faccio più (da solo); sono sovraccarico di lavoro **2** [*être pour* (*qqn.*) *tel qu'il n'ait pas besoin d'une autre personne*] bastare: *sa famille lui suffit, il ne voit personne* la famiglia gli basta, non vede mai nessuno **B** *v.pron. intr.* SE SUFFIRE [*trouver par ses propres moyens de quoi satisfaire à ses besoins matériels ou à ses aspirations morales*] bastare *intr.* a sé stesso: *une famille paysanne qui arrive à se suffire* una famiglia di contadini che basta a sé stessa, riesce ad essere autosufficiente.

suffisamment |syfizamɑ̃| *adv.* [→ SUFFISANT 1] abbastanza, sufficientemente, a sufficienza (*loc. inv.*): *vous n'avez pas affranchi suffisamment cette lettre* lei non ha affrancato abbastanza, sufficientemente la lettera → **assez** ◇ *loc.* SUFFISAMMENT DE abbastanza, a sufficienza di: *il a suffisamment de quoi vivre* ha abbastanza per vivere, a sufficienza di che vivere.

suffisance |syfizɑ̃s| *s.f.* **1** [*caractère, esprit suffisant*] sufficienza, sussiego* *m.* → **fatuité, vanité** **2** (*vx.*) sufficienza (*cour.*): *j'en ai ma suffisance* ne ho a sufficienza, abbastanza ✦ *absolt.* (*cour.*) *vin en suffisance* vino a sufficienza, abbastanza vino.

suffisant, ante |syfizɑ̃, ɑ̃t| *adj.* **1** (*choses*) sufficiente: *en quantité suffisante* in quantità sufficiente; *je n'ai pas la somme suffisante* non ho una somma sufficiente; *c'est plus que suffisant, amplement suffisant* è più che (abbastanza) sufficiente, è ampiamente sufficiente; *avez-vous le temps suffisant pour terminer le travail?* dispone del tempo sufficiente, ha abbastanza tempo per terminare il lavoro? ✦ (*s.m.*) *avoir son suffisant* avere il sufficiente, quanto basta ◇ (*philo.*) *condition suffisante* condizione sufficiente ◇ (*théol.*) *grâce suffisante* grazia sufficiente **2** [*qui a une trop haute idée de soi et tranche sur tout sans douter de rien*] sufficiente, presuntuoso: *air, ton suffisant* aria, tono sufficiente, di sufficienza; *faire le suffisant* fare il sufficiente → **fat, prétentieux, vaniteux.**

suffixal, ale, aux |syfiksal, o| *adj.* (*ling.*) suffissale: *élément suffixal* elemento suffissale.

suffixation |syfiksɑsjɔ̃| *s.f.* (*ling.*) derivazione per suffisso.

suffixe |syfiks(ə)| *s.m.* (*ling.*) suffisso: *dérivation par suffixe* derivazione per suffisso.

suffixer |syfikse| *v.tr.* (*ling.*) [*pourvoir d'un suffixe*] aggiungere (150) un suffisso (a).

suffocant, ante |syfɔkɑ̃, ɑ̃t| *adj.* **1** soffocante: *atmosphère suffocante* atmosfera soffocante; *chaleur suffocante* caldo soffocante → **étouffant** **2** (*fig.*) → **étonnant, irritant.**

suffocation |syfɔkɑsjɔ̃| *s.f.* **1** [→ SUFFOQUER A 1] soffocamento *m.*, soffocazione **2** (*méd.*) soffocazione.

suffoquer |syfɔke| **A** *v.tr.* **1** (*choses*) [*empêcher* (*qqn.*) *de respirer, rendre la respiration difficile*] soffocare: *une odeur, une fumée qui suffoque* un odore, un fumo che soffoca, soffocante **2** (*fig.*) [*remplir d'une émotion vive qui coupe le souffle*] soffocare: *l'émotion, la colère le suffoquait* l'emozione, l'ira lo soffocava ◇ (*sujet de personne*) [*étonner vivement*] togliere (123) il fiato (a): *il m'a suffoqué avec ses déclarations* mi ha tolto il fiato con le sue dichiarazioni **B** *v.intr.* **1** [*respirer avec difficulté, perdre le souffle*] soffocare ◇ (*méd.*) [*éprouver la suffocation*] soffocare **2** (*fig.*) [*être étouffé, oppressé par une émotion vive*] soffocare: *suffoquer de colère, d'indignation, de surprise* soffocare per la collera, per l'indignazione, per la sorpresa.

suffragant, ante |syfʀagɑ̃, ɑ̃t| *adj. m.* (*ecclés.*) *évêque suffragant* vescovo suffragante ✦ *s.m.* suffragante.

suffrage |syfʀaʒ| *s.m.* **1** suffragio*: *droit de suffrage* diritto di suffragio; *suffrage restreint, universel* suffragio ristretto, universale; *suffrage direct, indirect* suffragio diretto, indiretto ◇ [*voix*] *le suffrage d'un électeur* il voto di un elettore **2** (*littér.*) [*opinion, avis favorable*] suffragio, consenso: *accorder son suffrage* dare il proprio consenso → **approbation.**

suffragette |syfʀaʒɛt| *s.f.* suffragetta, suffragista *s.*

suffusion |syfyzjɔ̃| *s.f.* (*méd.*) suffusione.

suggérer |sygʒeʀe| (8) *v.tr.* **1** (*personnes*) [*faire penser* (*qqch.*) *sans exprimer ni formuler*] suggerire (197): *suggérer une réponse* suggerire una risposta → **insinuer** ◇ [*présenter* (*une idée, un projet*) *en tant que suggestion, conseil*] *je leur ai suggéré d'aller au cinéma* ho suggerito loro di andare al cinema **2** [*faire naître* (*une idée, un sentiment*) *dans l'esprit*] suggerire → **évoquer.**

suggestibilité |sygʒɛstibilite| *s.f.* suggestionabilità *inv.*

suggestible |sygʒɛstibl(ə)| *adj.* suggestionabile.

suggestif, ive |sygʒɛstif, iv| *adj.* **1** suggestivo: *une musique suggestive* una musica suggestiva → **évocateur** **2** [*qui suggère des idées érotiques*] suggestivo, provocante: *une tenue très suggestive* un abbigliamento molto provocante.

suggestion |sygʒɛstjɔ̃| *s.f.* **1** [→ SUGGÉRER 1] suggerimento *m.* **2** [*ce qui est suggéré; idée, image, projet que l'esprit reçoit de l'extérieur*] suggerimento → 1 **conseil, proposition** **3** (*psycho.*) suggestione: *suggestion mentale* suggestione ipnotica **4** (*dr.*) plagio* *m.*

suggestionner |sygʒɛstjɔne| *v.tr.* [*influencer, faire penser ou faire agir par la suggestion*] suggestionare: *se laisser suggestionner* lasciarsi suggestionare ✦ (*pron. intr.*) *se suggestionner* suggestionarsi ◇ (*dr.*) plagiare.

suggestivité |sygʒɛstivite| *s.f.* suggestività *inv.*

suicidaire |sɥisidɛʀ| *adj.* **1** [*du suicide; qui mène, qui tend au suicide*] suicida: *tendances suicidaires* tendenze suicide **2** [*qui par sa psychologie, semble prédisposé au suicide*] suicida: *mélancolique suicidaire* melanconico suicida ✦ (*s.*) *un suicidaire* un suicida **3** (*fig.*) [*qui mène à l'échec, à la faillite*] suicida: *entreprise intellectuelle suicidaire* impresa intellettuale suicida.

suicide |sɥisid| *s.m.* **1** suicidio*: *projet, tentative de suicide* progetto, tentativo di suicidio; tentato suicidio ◇ (*fam.*) *candidat au suicide* candidato al suicidio ◇ [*mort par suicide*] *meurtre maquillé en suicide* delitto camuffato da suicidio **2** (*par ext.*) [*le fait de risquer sa vie sans nécessité*] suicidio: *rouler à cent à l'heure sur une telle route, c'est un suicide* andare a cento all'ora su una strada simile è un suicidio **3** (*fig.*) [*action de se détruire, de se nuire*] suicidio **4** *en appos.* [*qui comporte des risques mortels*] suicida (*adj.*): *mission(-)suicide* missione suicida; *avion suicide* aereo suicida, kamikaze.

suicidé, ée |sɥiside| *adj. et s.* suicida.

suicider (se) |sɥiside| *v.pron. réfl.* [*se tuer par un suicide*] suicidarsi: *se suicider d'un coup de revolver* suicidarsi con una revolverata.

Suidés |syide| *s.m. pl.* (*t.zool.*) Suidi.

suie |sɥi| *s.f.* [*noir de fumée, mêlé d'impuretés, que produisent les combustibles qui ne brûlent qu'incomplètement*] fuliggine: *dépôt de suie dans une cheminée* deposito di fuliggine in un camino ◇ (*par anal.*) *suie de bois* [*substance noire, obtenue lors de la pyrogénation du bois, utilisée comme engrais, comme couleur*] nerofumo *m.*

suif |sɥif| *s.m.* **1** [*graisse animale, composée de plusieurs glycérides; cette graisse fondue*] sego*: *suif de mouton, de bœuf* sego di montone, di bue; *chandelle de suif* candela di sego ◇ (*péj.*) [*graisse humaine*] *boule de suif* palla di sego **2** (*loc. arg.*) *chercher du suif à qqn.* [*lui chercher querelle*] cercare rogna con qc. ~ *il va y avoir du suif* [*de la bagarre, du scandale*] ci sarà il finimondo.

suiffer, (*vx.*) **suifer** |sɥife| *v.tr.* [*enduire de suif*] spalmare di sego.

suiffeux, euse |sɥifø, øz| *adj.*

1 [*de la nature du suif*] segoso: *matière grasse, suiffeuse* sostanza grassa, segosa 2 (*péj.*) [*très gras*] grassone.
sui generis |sɥiʒeneʀis| *loc. adj. inv.* (*lat.*) sui generis.
suint |sɥɛ̃| *s.m.* 1 untume di lana, grasso di lana ◇ (*loc.*) *laine en suint* lana non sgrassata 2 (*techn.*) scoria *f.* del vetro in fusione.
suintant, ante |sɥɛ̃tɑ̃, ɑ̃t| *adj.* [*qui suinte*] che trasuda (*loc.*): *pierres, roches suintantes* pietre, rocce che trasudano.
suintement |sɥɛ̃tmɑ̃| *s.m.* [*écoulement lent d'un liquide, goutte à goutte*] trasudazione *f.*; sgocciolio* ◇ (*méd.*) *suintement d'une plaie, d'un ulcère* trasudazione di una ferita, di un'ulcera.
suinter |sɥɛ̃te| *v.intr.* 1 [*s'écouler très lentement, sortir goutte à goutte*] trasudare (*aux.* essere); gocciolare (*aux.* essere, avere) 2 [*produire un liquide qui s'écoule goutte à goutte*] trasudare: *murailles qui suintent* muri che trasudano; *plaie qui suinte* ferita che trasuda.
suisse |sɥis| **I** *adj.* [*de la Suisse*] svizzero: *les Alpes suisses* le Alpi svizzere; *la Confédération suisse* la Confederazione svizzera → **helvétique** ◇ (*hist.*) *régiments suisses* reggimenti svizzeri **II** *s.m.* 1 cerimoniere ecclesiastico* 2 guardia *f.* svizzera 3 (*vx.*) [*portier, concierge d'un hôtel particulier*] guardaportone, portiere (*cour.*) 4 (*loc.*) *manger ou boire en suisse* [*tout seul, sans inviter les amis*] mangiare, bere da solo **III** *s.m.* → **petit-suisse.**
suite |sɥit| *s.f.* **I** 1 *en loc.* [*situation de ce qui suit*] *prendre la suite de qqn.* succedere a qc. ~ FAIRE SUITE À seguire a: *le vote qui fit suite à cette proposition* la votazione che seguì a quella proposta ~ À LA SUITE DE in seguito a; dietro a, di: *à la suite de cet accident* in seguito a quell'incidente ‖ *entraîner qqch. à sa suite* trascinare q.c. dietro di sé # *se mettre à la suite d'une file d'attente* mettersi in coda a una fila, in fila ~ À LA SUITE di seguito, uno dietro l'altro: *trois coups furent tirés à la suite* furono sparati tre colpi di seguito 2 [*ordre de ce qui suit en formant un sens*] filo *m.* (conduttore), nesso *m.* (logico*): *la suite d'un raisonnement, de la conversation* il filo, il nesso di un ragionamento, di una conversazione ◇ (*loc.*) *propos sans suite* discorso senza nesso logico (sconnesso), senza capo né coda ~ *étudier, lire avec suite* studiare, leggere con costanza ~ *esprit de suite* coerenza (di idee) ~ *avoir de la suite dans les idées* essere coerente; (*iron.*) essere testardo, fissato 3 *loc.* DE SUITE [*sans interruption*] di seguito: *j'ai écrit quatre pages de suite* ho scritto quattro pagine di seguito; *il a plu dix heures de suite* ha piovuto dieci ore di seguito, ininterrottamente ~ *et ainsi de suite* e così via, e via di seguito, e via dicendo 4 *loc.* TOUT DE SUITE [*sans délai, sans plus attendre*] subito (*adv.*): *venez tout de suite!* venga subito, immediatamente! ◇ (*par ext.*) *c'est tout de suite après le bureau de tabac* è subito dopo il tabaccaio ◇ (*fam., emploi critiqué*) DE SUITE [*immédiatement, incontinent*] subito (*cour.*): *j'arrive de suite* vengo subito **II** 1 [*personnes qui se déplacent avec une autre dont elles sont les subordonnés*] seguito *m.*, scorta: *le roi arriva avec sa suite* il re arrivò col suo seguito; *c'est quelqu'un de ma suite* è uno del mio seguito, della mia scorta 2 [*ce qui suit qqch.*; *ce qui vient après ce qui n'était pas terminé, entier*] seguito: *la suite du discours* il seguito del discorso; *la suite au prochain numéro* il seguito al prossimo numero; *la suite à demain!* il seguito a domani!; *suite et fin* seguito e fine # *apportez-nous la suite du repas* ci serva la prossima portata ◇ (*comm.*) *articles sans suite* articoli unici 3 [*temps qui vient après le fait ou l'action dont il est question*] seguito: *attendons la suite* aspettiamo il seguito, il resto ◇ (*loc.*) *dans la suite, par la suite* in seguito, successivamente *adv.* → **ensuite** 4 [*ce qui résulte* (*de qqch.*)] conseguenza: *de fâcheuses suites* conseguenze spiacevoli; *ce sont les suites normales de leur erreur* sono le conseguenze logiche del loro errore # *les suites d'une maladie* i postumi, gli esiti di una malattia ◇ (*loc.*) *donner suite à une demande* evadere una domanda ~ (*comme*) *suite à votre lettre du...* facendo seguito alla Vostra del... ~ *par suite de* in conseguenza di 5 [*ensemble de choses, de personnes qui se suivent*] *suite de personnes* fila, teoria di persone; *une longue suite de descendants* una lunga serie *inv.*, stirpe di discendenti; *la conversation n'a été qu'une suite de banalités* la conversazione è stata solo un susseguirsi *m. inv.*, una sfilza di banalità ◇ (*math.*) *la suite des nombres premiers* la serie dei numeri primi 6 (*mus.*) 'suite' *inv.* 7 [*appartement de plusieurs pièces en enfilade, loué à un seul client, dans un hôtel de luxe*] appartamento *m.* **III** (*dr.*) *droit de suite* diritto di sequela.
suitée |sɥite| *adj. f.* (*chasse, élevage*) *jument suitée* giumenta seguita dal puledro.
suivant |sɥivɑ̃| *prép.* 1 [*conformément à*] secondo: *suivant la loi, l'usage, la coutume* secondo la legge, l'uso, la consuetudine; *suivant son habitude* secondo (la) sua abitudine, al suo solito; *suivant un programme* secondo il programma; *suivant tel auteur* secondo il tal autore → **selon** 2 [*en fonction de*] secondo: *suivant une proportion géométrique* secondo una proporzione geometrica, in proporzione geometrica 3 [*conformément à* (*des circonstances qui changent*)] secondo, a seconda di (*loc. inv.*): *suivant le jour, l'heure* secondo il giorno, l'ora; a seconda del giorno, dell'ora 4 (*loc. conj.*) *suivant que* secondo che, a seconda che: *suivant qu'il accepte ou non* secondo che, a seconda che accetti o no.
suivant, ante |sɥivɑ̃, ɑ̃t| **I** *adj.* 1 [*qui vient immédiatement après*] seguente, successivo: *le grade suivant* il grado seguente, successivo ✦ (*s.*) *dans ces pages et dans les suivantes* in queste pagine e in quelle seguenti (*adj.*); *au suivant!* avanti un altro, il prossimo! ◇ (*dans le temps*) *les années suivantes* gli anni successivi; *la fois suivante* la volta successiva; *je suis pris dimanche prochain, remettons cela au dimanche suivant* domenica prossima sono occupato, rimandiamo alla domenica successiva 2 (*dans un énoncé, une énumération*) [*qui va suivre*] seguente: *l'exemple suivant* il seguente esempio **II** *s.* (*littér.*) [*personne qui en accompagne une autre pour la servir*] servitore (*cour.*) Ⓒ I 1 **précédent.**
suiveur |sɥivœʀ| *s.m.* 1 [*homme qui suit les femmes dans la rue*] pappagallo 2 [*personne qui suit une course, à titre officiel* (*observateur, journaliste*)] persona *f.* del seguito # *la caravane des suiveurs du Tour de France* la carovana del seguito al Giro di Francia 3 (*fig.*) [*celui qui s'inspire d'autrui, sans esprit critique, qui ne fait que suivre* (*un mouvement intellectuel, etc.*)] pedissequo *s.*, imitatore* *s.*
suivez-moi-jeune-homme |sɥivemwaʒœnɔm| *s.m. inv.* (*fam.*) nastri *pl.* di un cappello (*cour.*).
suivi, ie |sɥivi| **I** *adj.* 1 [*qu'on suit, qui se fait d'une manière continue*] regolare, continuo: *des habitudes suivies* abitudini regolari; *un travail suivi* lavoro regolare, continuo ◇ (*comm.*) *article suivi* articolo di serie *loc. inv.* 2 [*qui se suit; dont les éléments s'enchaînent pour former un tout*] coerente: *un raisonnement suivi* un ragionamento coerente **II** *s.m.* [*action de suivre, de surveiller pendant une période prolongée, en vue de contrôler*] controllo: *le suivi d'un produit* il controllo di un prodotto.
suivisme |sɥivism(ə)| *s.m.* [*attitude de suiveur* (3); *le fait d'imiter un initiateur ou de suivre une consigne sans examen*] sudditanza *f.*, atteggiamento pedissequo.
suiviste |sɥivist(ə)| *adj.* di sudditanza (*loc. inv.*): *attitude, politique suiviste* atteggiamento, politica di sudditanza.
suivre |sɥivʀ(ə)| (52) *v.tr.* **I** [*venir après*] 1 [*aller derrière* (*qqn. qui marche, qqn. qui avance*)] seguire: *suivre qqn. de près, pas à pas* seguire qc. da vicino, passo (per) passo; *suivre une procession, un convoi* seguire una processione, un convoglio; *suivez le guide!* seguite la guida! ✦ (*pron. réfl.*) *se suivre à la file, à la queue leu leu* seguirsi in fila (indiana) ◇ (*sujet de chose*) *bagages qui suivent un voyageur* bagagli appresso ◇ (*loc.*) *faire suivre* inoltrare al destinatario 2 [*aller derrière pour rejoindre, rattraper*] seguire, inseguire: *suivre une bête* seguire, inseguire un animale; *malfaiteur suivi par un policier* delinquente inseguito da un poliziotto; *faire suivre un suspect par un policier* far seguire, pedinare una persona sospetta da un poliziotto 3 [*aller avec* (*qqn. qui a l'initiative d'un déplacement*)] seguire: *suivre qqn. partout* seguire qc. ovunque; *suivre qqn. comme un caniche, un mouton, comme son ombre* seguire qc. come un cane, una pecora, un'ombra ◇ (*prov.*) *qui m'aime me suive!* chi mi ama mi segua! 4 (*par anal.*) *suivre des yeux, du regard* [*accompagner par le regard*] seguire qc. con gli occhi, con lo sguardo ◇ (*loc. fam.*) *suivre le mouvement* [*aller avec les autres*; (*fig.*) *faire comme eux*] seguire l'onda 5 [*être placé ou considéré après, dans un ordre donné*] seguire: *la maison qui suit la mienne* la casa che segue la mia ✦ (*absolt.*) *les pages qui suivent* le pagine che seguono, seguenti; *suivait une explication* seguiva una spiegazione ◇ (*pour annoncer, présenter ce qui va venir*) *on le verra dans l'exemple qui suit* lo si vedrà nell'esempio che segue, seguente ✦ (*impers.*) *comme suit* come segue ✦ (*pron. intr.*) *cartes qui*

se suivent carte che si seguono, serie di carte **6** [*venir se produire après dans le temps*] seguire *intr.* a, fare (103) seguito a: *plusieurs jours d'orage ont suivi les grosses chaleurs* parecchi giorni di temporali sono seguiti alle grandi calure ♦ (*absolt.*) *le jour qui suivit* il giorno seguente, successivo ◇ (*prov.*) *les jours se suivent et ne se ressemblent pas* i giorni sono tutti uguali e tutti diversi **7** [*venir après comme effet*] seguire ♦ (*impers.*) *il suit de là que..., d'où il suit que...* ne consegue, ne deriva che... → **ensuivre (s')** **II** [*garder une direction*] **1** [*aller dans une direction, une voie*] seguire: *suivre un chemin* seguire una strada; *suivre la piste, les traces de qqn.* seguire le tracce, le orme di qc.; *suivre le fil de ses idées* seguire il filo dei propri pensieri ◇ (*spécialt.*) *suivre son cours* seguire il proprio corso; *maladie qui suit son cours* malattia che segue il proprio corso; *l'enquête suit son cours* l'inchiesta segue il suo corso **2** [*aller le long de*] seguire: *suivez la rivière jusqu'au pont* segua il fiume fino al ponte → **longer** **3** (*abstrait*) [*garder* (*une idée, etc.*) *avec constance*] seguire: *suivre son idée* seguire un'idea ◇ [*s'occuper régulièrement à* (*qqch.*)] *suivre un cours* seguire un corso; *suivre un traitement, un régime* seguire una cura, una dieta ♦ (*au p.p.*) *des cours très suivis* corsi molto seguiti, frequentati ◇ (*au poker*) [*miser pour rester dans le jeu*] vedere (192) ◇ (*loc.*) *à suivre* [*mention indiquant qu'un récit se poursuivra*] continua, segue ◇ (*comm.*) *suivre un produit, un article* [*se réapprovisionner régulièrement*] seguire un prodotto, un articolo **III** [*se conformer à*] **1** [*aller dans le sens de* (*ses mouvements intérieurs, son destin*); *obéir à* (*une force, une impulsion*)] seguire: *suivre le caprice du moment* seguire il capriccio del momento; *suivre son premier mouvement* seguire il primo impulso **2** [*penser ou agir selon* (*les idées, la conduite de qqn.*)] seguire: *exemple à suivre* esempio da seguire; *suivre l'opinion commune* seguire l'opinione comune; *suivre la mode* seguire la moda ◇ [*se montrer apte à poursuivre* (*des études*)] *suivre aisément sa classe* seguire gli studi con facilità **3** [*faire la même chose*] *si les prix augmentent, les salaires doivent suivre* se i prezzi aumentano, anche i salari devono aumentare **4** [*se conformer à* (*un ordre, une recommandation*)] seguire: *les consignes n'ont pas été suivies* non sono state seguite le consegne → **obéir** **5** [*se conformer à* (*un modèle abstrait*)] seguire: *suivre une politique* seguire una politica; *la méthode à suivre* il metodo da seguire **IV** [*porter son attention sur*] **1** [*rester attentif à* (*un énoncé*)] seguire: *suivre un discours* seguire un discorso; *suivre le fil de la conversation* seguire il filo della conversazione; *suivre une symphonie sur la partition* seguire una sinfonia sulla partitura ♦ (*absolt.*) *cet élève ne suit pas* (*la leçon*) questo alunno non segue **2** [*observer attentivement et continûment dans son cours* (*l'évolution d'une action*)] seguire: *suivre la messe* seguire la messa; *les spectateurs suivaient le match avec passion* gli spettatori seguivano la partita con passione; *c'est une affaire à suivre* è una faccenda da seguire ◇ (*spécialt.*) *suivre qqn.* [*être attentif à son comportement, pour le surveiller, le diriger*] seguire qc.: *professeur qui suit un élève* professore che segue un alunno; *médecin qui suit un malade* medico che segue un malato **3** [*comprendre dans son déroulement* (*un énoncé*)] seguire: *je ne suis pas votre raisonnement* non seguo il suo ragionamento; *vous me suivez?* mi segue, mi seguite? → **comprendre.**

sujet |syʒɛ| *s.m.* **I** **1** [*ce sur quoi s'exerce la réflexion*] soggetto, argomento: *des sujets de méditation, de discussion* soggetti, argomenti di meditazione, di discussione; *entrer dans le cœur, dans le vif du sujet* entrare nel vivo di un argomento # *revenir à son sujet* tornare a bomba; *sur ce sujet* a questo proposito, al riguardo; *au sujet de...* a proposito di..., riguardo a... **2** [*ce qui, dans une œuvre litt., sert de base au talent créateur de l'auteur*] soggetto, argomento: *sujet de roman* argomento, tema di un romanzo; *un bon sujet* un buon soggetto, argomento → **thème** ◇ [*ce sur quoi s'applique la réflexion, dans un travail sc., une œuvre didactique*] argomento, tema: *bibliographie par sujets* bibliografia per argomenti, tematica; *traiter un sujet* trattare un tema, un argomento **3** [*thème ou motif principal, spécialt. dans la mus. contrapuntique*] soggetto **4** [*ce qui est représenté ou évoqué dans une œuvre graphique, plastique*] soggetto: *sujet de tableau* soggetto di un quadro **II** *loc.* SUJET DE argomento di, motivo di: *sujet de chagrin, de mécontentement* motivo, fonte di dispiacere, di scontento; *sujet de dispute* argomento, motivo di disputa ◇ *loc.* AVOIR SUJET DE (+ *inf.*) avere motivo di (+ *inf.*): *je n'ai pas sujet de me plaindre* non ho motivo di lamentarmi ~ *sans sujet* senza motivo, senza ragione **III** **1** (*log.*) soggetto **2** (*gram.*) soggetto: *le sujet d'une proposition* il soggetto di una proposizione ♦ (*par appos.*) *nom, pronom sujet* nome, pronome soggetto **IV** (*personnes*) **1** (*loc.*) *bon sujet* [*qui se conduit bien*] buon soggetto ~ *mauvais sujet* cattivo soggetto ~ *un brillant sujet, un sujet d'élite* un soggetto (molto) brillante **2** [*être vivant soumis à l'observation; individu présentant tel ou tel caractère*] soggetto: *les souris servent de sujets d'expérience* i topi servono da soggetti per esperimenti, da cavie **3** (*danse*) *petits, grands sujets* piccoli, grandi soggetti **4** (*dr.*) *sujet de droit* soggetto, titolare di diritto **5** (*philo.*) soggetto.

1 **sujet, ette** |syʒɛ, ɛt| *adj.* **1** [*exposé à*] soggetto: *je suis sujet au mal de mer* sono soggetto al mal di mare **2** (*dr.*) soggetto **3** (*vieilli*) → **soumis.**

2 **sujet, ette** |syʒɛ, ɛt| *s.* **1** [*personne soumise à une autorité souveraine*] suddito **2** [*ressortissant d'un État*] suddito, cittadino: *il est sujet britannique* è un suddito, è cittadino britannico.

sujétion |syʒesjɔ̃| *s.f.* **1** [*situation de celui qui est soumis à une autorité, une domination souveraine*] sudditanza, soggezione: *maintenir dans la sujétion* tenere in sudditanza, in soggezione **2** (*littér.*) [*état, situation de celui qui n'est pas libre d'agir à sa guise*] soggezione ◇ (*fig.*) *la sujétion aux passions* la soggezione alle passioni **3** [*obligation pénible, contrainte; situation qui en résulte*] *la sujétion d'habiter loin de son lieu de travail* la scomodità *inv.* di abitare lontano dal luogo di lavoro; *les enfants en bas âge sont pour la mère une sujétion de tous les instants* i bambini piccoli sono una continua schiavitù *inv.* per la madre → **oppression.**

sulcature |sylkatyʀ| *s.f.* (*géol.*) solcatura.

sulciforme |sylsifɔʀm(ə)| *adj.* solcato, a forma di solco *loc. inv.*

sulfamide |sylfamid| *s.m.* (*pharm.*) sulfamidico*.

sulfatage |sylfataʒ| *s.m.* (*agric.*) ramatura *f.*

sulfatation |sylfatɑsjɔ̃| *s.f.* (*chim.*) solfatazione.

sulfate |sylfat| *s.m.* (*chim.*) solfato.

sulfaté, ée |sylfate| *adj.* (*chim.*) solfatato ◇ (*agric.*) *vignes sulfatées* viti solfatate.

sulfater |sylfate| *v.tr.* **1** [*enduire de sulfate de cuivre* (*le bois*); *traiter* (*le vin, le moût*) *en y ajoutant du plâtre*] solforare **2** [*traiter* (*la vigne*) *avec du sulfate de cuivre*] ramare.

sulfateur, euse |sylfatœʀ, øz| *s.* chi effettua la ramatura *loc.*

sulfateuse |sylfatøz| *s.f.* (*agric.*) solforatrice ◇ (*arg. milit.*) [*mitraillette*] mitra *m. inv.*

sulfhydrate |sylfidʀat| *s.m.* (*chim.*) solfidrato.

sulfhydrique |sylfidʀik| *adj. m.* (*chim.*) *acide sulfhydrique* acido solfidrico*.

sulfinisation |sylfinizɑsjɔ̃| *s.f.* (*métall.*) sulfinizzazione.

sulfitage |sylfitaʒ| *s.m.* (*agric.*) solfitazione *f.*

sulfite |sylfit| *s.m.* (*chim.*) solfito.

sulfocarbonate |sylfɔkaʀbɔnat| *s.m.* (*chim.*) tiocarbonato.

sulfonation |sylfɔnɑsjɔ̃| *s.f.* (*chim.*) solfonazione.

sulfone |sylfɔn| *s.m.* (*chim.*) solfone.

sulfoné, ée |sylfɔne| *adj.* (*chim.*) solfonico*.

sulfosel |sylfɔsɛl| *s.m.* (*chim.*) solfosale.

sulfovinique |sylfɔvinik| *adj.* (*chim.*) *acide sulfovinique* acido etilsolforico*.

sulfurage |sylfyʀaʒ| *s.m.* (*agric.*) inzolfatura *f.*

sulfuration |sylfyʀɑsjɔ̃| *s.f.* (*chim.*) solforazione.

sulfure |sylfyʀ| *s.m.* (*chim.*) solfuro.

sulfuré, ée |sylfyʀe| *adj.* (*chim.*) solforato.

sulfurer |sylfyʀe| *v.tr.* **1** (*chim.*) [*combiner avec le soufre*] solforare **2** [*recouvrir de soufre; traiter* (*une vigne*) *au sulfure de carbone*] solforare.

sulfureux, euse |sylfyʀø, øz| *adj.* **1** [*qui contient du soufre libre ou à l'état d'ion sulfure; qui est relatif au soufre*] solforoso: *exhalaisons sulfureuses* esalazioni solforose, putizza *s.f.* **2** (*chim.*) *anhydride sulfureux, gaz sulfureux* anidride solforosa **3** *eau sulfureuse* acqua solforosa.

sulfurifère |sylfyʀifɛʀ| *adj.* (*minér.*) solfifero, zolfiero.

sulfurique |sylfyʀik| (*adj.*) *acide sulfurique* acido solforico*; *anhydride sulfurique* anidride solforica.

sulfurisé, ée |sylfyʀize| *adj.* trattato con acido solforico # *papier sulfurisé* carta pergamenata.

sulky |sylki| *s.m.* (*angl.*) (*turf*) sulky *inv.*, sediolo.
sulpicien, ienne |sylpisjɛ̃, jɛn| *adj.* (*ecclés.*) sulpiziano.
sultan |syltɑ̃| *s.m.* sultano.
sultanat |syltana| *s.m.* sultanato.
sultane |syltan| *s.f.* **1** sultana **2** → **galère** (*mar.*) **3** [*canapé formé d'une banquette et de deux dossiers latéraux*] sultana, divano *m.* alla turca.
sumac |symak| *s.m.* (*t.bot.*) sommacco*.
sumérien, ienne |symeʀjɛ̃, jɛn| **1** *adj.* (*antiq.*) sumerico* ♦ *s.* (*hist.*) *les Sumériens* i Sumeri **2** (*s.m.*) *le sumérien* [*la langue*] il sumero.
summum |sɔ(m)mɔm| *s.m.* (*lat.*) [*le plus haut point, le plus haut degré*] apice, vertice; non plus ultra *inv.*
sunna |sy(n)na|, **sou(n)na** |su(n)na| *s.f.* (*ar.*) (*relig.*) sunna.
sunnite |sy(n)nit| *adj. et s.* (*relig.*) sunnita.
super- |sypɛʀ| *préf.* (*marquant 'le plus haut degré' ou 'la supériorité', correspond généralt. à*) super: *supermarché* supermercato.
1 **super** |sype| **A** *v.tr.* [*aspirer, gober*] aspirare ◇ (*mar.*) (*en parlant d'une pompe*) [*aspirer, pomper*] pompare **B** *v. intr.* (*mar.*) [*se boucher, s'obstruer*] otturarsi *pron.*, turarsi (*pron.*): *la voie d'eau a supé* la falla si è otturata.
2 **super** |sypɛʀ| *s.m.* (*abrév. fam.*) super *f. inv.* → **supercarburant.**
3 **super** |sypɛʀ| *adj.* (*fam.*) [*supérieur, extra*] ganzissimo, fantastico* (*corr.*).
1 **superbe** |sypɛʀb(ə)| *s.f.* **1** (*littér.*) superbia → **fierté** **2** (*vx.*) [*orgueil*] superbia (*cour.*).
2 **superbe** |sypɛʀb(ə)| *adj.* **1** [*très beau, d'une beauté éclatante*] superbo, splendido: *d'ici la vue est superbe* da qui il panorama è superbo, splendido → **splendide, magnifique** ◇ (*sans valeur esthétique*) [*excellent, remarquable*] *une situation superbe* un posto splendido, magnifico* **2** (*vx., littér.*) [*orgueilleux*] superbo (*cour.*).
superbement |sypɛʀbəmɑ̃| *adv.* **1** [*magnifiquement*] superbamente, magnificamente **2** (*vx.*) [*orgueilleusement*] superbamente (*cour.*).
superbénéfice |sypɛʀbenefis| *s.m.* superprofitto, sovraprofitto.
superbombe |sypɛʀbɔ̃b| *s.f.* superbomba.
supercarburant |sypɛʀkaʀbyʀɑ̃| *s.m.* supercarburante → 2 **super.**
supercarré |sypɛʀka(ɑ)ʀe| *s.m.* (*comm., techn.*) superquadrato.
superchampion, onne |sypɛʀʃɑ̃pjɔ̃, ɔn| *s.* supercampione*.
supercherie |sypɛʀʃəʀi| *s.f.* [*tromperie qui implique généralt. la substitution du faux à l'authentique*] frode, inganno *m.*
superciment |sypɛʀsimɑ̃| *s.m.* (*techn.*) supercemento.
supère |sypɛʀ| *adj.* (*bot.*) supero.
supérette, superette |sype(ɛ)ʀɛt| *s.f.* → **libre-service, supermarché.**
superfécondation |sypɛʀfekɔ̃dɑsjɔ̃| *s.f.* superfecondazione.
superfétation |sypɛʀfetɑsjɔ̃| *s.f.* (*biol.*) superfetazione.
superfétatoire |sypɛʀfetatwaʀ| *adj.* (*littér.*) [*qui s'ajoute inutilement (à une autre chose utile)*] superfluo (*cour.*) → **superflu.**
superficiaire |sypɛʀfisjɛʀ| *adj.* (*dr.*) superficiario*: *propriété superficiaire* proprietà superficiaria ♦ (*s.*) *un superficiaire* un superficiario: *le superficiaire d'un terrain* il superficiario di un terreno.
superficialité |sypɛʀfisjalite| *s.f.* superficialità *inv.*
superficie |sypɛʀfisi| *s.f.* **1** superficie* ◇ (*par ext.*) *calculer, mesurer la superficie d'un terrain* calcolare, misurare la superficie di un terreno → **aire** **2** (*fig., littér.*) [*aspect superficiel*] superficie: *ce n'est ainsi qu'en superficie* è così solo in superficie → **surface.**
superficiel, elle |sypɛʀfisjɛl| *adj.* **1** superficiale: *couches superficielles de l'écorce terrestre* strati superficiali della crosta terrestre; *plaies, blessures superficielles* piaghe, ferite superficiali **2** (*abstrait*) [*qui n'est ni profond ni essentiel*] superficiale: *une amabilité superficielle* una gentilezza superficiale → **apparent** ◇ [*qui, dans l'ordre de la connaissance, ne fait qu'effleurer sans approfondir*] *un travail, un esprit superficiel* un lavoro, una mente superficiale; *vues superficielles* vedute superficiali.
superficiellement |sypɛʀfisjɛlmɑ̃| *adv.* [→ SUPERFICIEL 1] superficialmente, in modo superficiale (*loc. inv.*): *il a été blessé superficiellement* è stato ferito superficialmente, in modo superficiale ◇ (*abstrait*) *connaître, savoir superficiellement qqch.* conoscere, sapere q.c. superficialmente, in modo superficiale.
superfin, ine |sypɛʀfɛ̃, in| *adj.* (*comm.*) sopraffino: *miel, beurre superfin* miele, burro sopraffino.
superfinition |sypɛʀfinisjɔ̃| *s.f.* (*techn.*) superfinitura.
superflu, ue |sypɛʀfly| *adj.* **1** superfluo: *biens superflus* beni superflui ♦ (*s.m.*) *le superflu* il superfluo ◇ (*par euphémisme*) *poils superflus* peli superflui **2** [*qui est en trop (discours, manifestations, signes)*] superfluo: *propos, discours superflus* discorsi superflui; *il est superflu d'insister* è superfluo insistere → **inutile, oiseux.**
superfluide |sypɛʀflyid| *adj. et s.m.* (*phys.*) superfluido.
superfluité |sypɛʀflyite| *s.f.* **1** superfluità *inv.* **2** (*littér.*) *une, des superfluité(s)* cosa superflua *adj.* (*cour.*).
superforteresse |sypɛʀfɔʀtəʀɛs| *s.f.* (*aviat.*) superfortezza.
super-grand |sypɛʀgʀɑ̃| *s.m.* (*fam.*) [*les grandes puissances qui dominent le monde*] superpotenza *f.* (*cour.*).
superhétérodyne |sypɛʀeteʀɔdin| *s.m.* (*techn.*) supereterodina *f.*
super-huit |sypɛʀɥit| *adj. inv. et s.m. inv.* (*ciné.*) super-otto: *caméra super-huit* cinepresa super-otto.
1 **supérieur, eure** |sypeʀjœʀ| *adj.* **I** **1** [*qui est plus haut, au-dessus, en haut*] superiore: *la partie supérieure d'un objet* la parte superiore di un oggetto; *les étages supérieurs d'un immeuble* i piani superiori di uno stabile **2** [*dont l'altitude est plus grande; plus haut*] superiore: *cours supérieur d'un fleuve* corso superiore di un fiume **3** *planètes supérieures* pianeti superiori **II** (*abstrait*) **1** superiore: *être supérieur à qqn. par une qualité* essere superiore a qc. per una qualità ♦ (*absolt.*) *des intérêts supérieurs* interessi superiori; *produits de qualité supérieure* prodotti di qualità superiore; *il est supérieur à sa tâche* è superiore al proprio compito **2** [*plus grand que*] superiore: *température supérieure à 0°* temperatura superiore a 0°; *note supérieure à la moyenne* voto superiore alla media **3** [*plus avancé dans une évolution*] superiore: *animaux, végétaux supérieurs* animali, vegetali superiori **4** [*plus élevé dans une hiérarchie politique, administrative, sociale*] superiore: *les classes dites supérieures de la société* le cosiddette classi superiori della società; *Conseil supérieur de la magistrature* Consiglio superiore della magistratura; *enseignement supérieur* istruzione superiore; *cadres, officiers supérieurs* quadri, ufficiali superiori **5** [*qui témoigne d'un sentiment de supériorité*] superiore: *air, ton supérieur* aria, tono superiore, di superiorità → **condescendant, dédaigneux** **C** I 1 **inférieur.**
2 **supérieur, eure** |sypeʀjœʀ| *s.* **1** (*s.m.*) *le supérieur de qqn.* il superiore di qc.: *obéir, désobéir à ses supérieurs* ubbidire, disubbidire ai propri superiori **2** *s.* (*relig.*) superiore: *la supérieure* la superiora ♦ (*par appos.*) *le Père supérieur, la Mère supérieure* il Padre superiore, la Madre superiora.
supérieurement |sypeʀjœʀmɑ̃| *adv.* [→ 1 SUPÉRIEUR II] superlativamente, sommamente ◇ (*fam.*) estremamente (*cour.*) → **très.**
supériorité |sypeʀjɔʀite| *s.f.* **1** superiorità (*inv.*): *supériorité intellectuelle, d'esprit* superiorità intellettuale, di spirito; *grande, écrasante, évidente supériorité* grande, schiacciante, evidente superiorità → **prééminence, suprématie** ◇ (*gram.*) *comparatif de supériorité* comparativo di maggioranza **2** *absolt.* [*qualité d'une personne supérieure*] superiorità → **excellence, transcendance** ◇ [*condescendance*] *air, sourire de supériorité* aria, sorriso di superiorità.
superlatif, ive |sypɛʀlatif, iv| **I** *adj.* (*gram.*) superlativo **II** *s.m.* **1** superlativo: *superlatifs italiens en -issime* superlativi italiani in -issimo ◇ [*t. exagéré, hyperbolique*] superlativo **2** (*gram.*) *le superlatif* il superlativo ◇ (*fig.*) AU SUPERLATIF [*extrêmement, au plus haut degré*] al massimo: *il m'ennuie au superlatif* mi annoia al massimo.
superlativement |sypɛʀlativmɑ̃| *adv.* (*fam.*) [*extrêmement*] superlativamente (*cour.*).
super-léger |sypɛʀleʒe| *adj. et s.m.* (*boxe*) superleggero.
superman |sypɛʀman| *s.m.* (*angl.*) **1** superman* **2** (*fam., iron.*) [*homme supérieur*] *jouer les supermen* fare il superman.
supermarché |sypɛʀmaʀʃe| *s.m.* supermercato.
supernova |sypɛʀnɔva| *s.f.* (*astron.*) supernova.
superovarié, ée |sypɛʀɔvaʀje| *adj.* (*bot.*) che ha ovario supero *loc.*
superpétrolier |sypɛʀpetʀɔlje| *s.m.* superpetroliera *f.*
superphosphate |sypɛʀfɔsfat| *s.m.* (*chim.*) superfosfato.
superposable |sypɛʀpozabl(ə)| *adj.* [→ SUPERPOSER] sovrapponibile: *figures superposables* figure sovrapponibili.
superposé, ée |sypɛʀpoze| *adj.* sovrapposto.
superposer |sypɛʀpoze| **A** *v.tr.*

1 [*mettre, poser au-dessus, par-dessus; disposer l'un au-dessus de l'autre*] sovrapporre (168): *superposer des livres* sovrapporre dei libri 2 (*fig.*) [*mettre en plus*] sovrapporre → **accumuler** B *v.pron. intr.* SE SUPERPOSER [→ *tr.*] sovrapporsi.

superposition |sypɛʀpozisjɔ̃| *s.f.* [→ SUPERPOSER] sovrapposizione: *superposition des couches géologiques* sovrapposizione degli strati geologici.

superpréfet |sypɛʀpʀefɛ| *s.m.* (*admin. fr.*) 'superpréfet' *inv.*

superproduction |sypɛʀpʀɔdyksjɔ̃| *s.f.* (*ciné.*) superproduzione.

superprofit |sypɛʀpʀɔfi| *s.m.* superprofitto, sovraprofitto.

superpuissance |sypɛʀpɥisɑ̃s| *s.f.* superpotenza.

superréaction |sypɛʀʀeaksjɔ̃| *s.f.* (*radio*) superreazione.

supersonique |sypɛʀsɔnik| *adj.* 1 (*phys.*) supersonico* 2 (*cour., se dit d'une vitesse supérieure à celle du son*) supersonico ◇ (*par ext.*) *avion supersonique,* (*s.m.*) *un supersonique* aereo supersonico, un supersonico.

superstar |sypɛʀstaʀ| *s.f.* (*angl.*) superstar *inv.*

superstitieusement |sypɛʀstisjøzmɑ̃| *adv.* [→ SUPERSTITIEUX] superstiziosamente.

superstitieux, euse |sypɛʀstisjø, øz| *adj.* 1 superstizioso ◆ (*s.*) *un superstitieux* un superstizioso 2 [*où entre de la superstition*] superstizioso: *pratiques superstitieuses* pratiche superstiziose.

superstition |sypɛʀstisjɔ̃| *s.f.* 1 superstizione 2 UNE, DES SUPERSTITION(S) superstizione: *la superstition des reliques, du chiffre 13* la superstizione delle reliquie, del numero 13.

superstrat |sypɛʀstʀa| *s.m.* (*ling.*) superstrato.

superstructure |sypɛʀstʀyktyʀ| *s.f.* 1 sovrastruttura: *superstructure d'un pont* sovrastruttura di un ponte; *superstructures d'une voie de chemin de fer* sovrastrutture ferroviarie 2 (*philo.*) sovrastruttura.

supertanker |sypɛʀtɑ̃kœʀ| *s.m.* (*angl.*) → **superpétrolier.**

superviser |sypɛʀvize| *v. tr.* [*contrôler* (*un travail*), *sans entrer dans les détails*] sovr(a)intendere (105), sopr(a)intendere (105) *intr.* (a), curare la supervisione (di).

superviseur |sypɛʀvizœʀ| *s.m.* supervisore *s.*

supervision |sypɛʀvizjɔ̃| *s.f.* [→ SUPERVISER] supervisione.

superwelter |sypɛʀwɛltœʀ| *adj. et s.m.* (*boxe*) superwelter *inv.*

supin |sypɛ̃| *s.m.* (*gram. lat.*) supino.

supinateur |sypinatœʀ| *s.m.* (*anat.*) supinatore.

supination |sypinɑsjɔ̃| *s.f.* (*physiol.*) supinazione.

supplanter |syplɑ̃te| *v.tr.* 1 [*prendre la place de* (*qqn.*) *en lui faisant perdre son crédit auprès de qqn.*] soppiantare: *il cherche à supplanter son rival* cerca di soppiantare il (suo) rivale → **évincer** 2 (*choses*) [*éliminer* (*une chose*) *en la remplaçant dans la faveur du public*] soppiantare: *cette nouvelle danse a supplanté toutes les autres* questo nuovo ballo ha soppiantato tutti gli altri.

suppléance |sypleɑ̃s| *s.f.* supplenza: *la suppléance d'un professeur* la supplenza di un professore; *obtenir une suppléance* ottenere una supplenza.

suppléant, ante |sypleɑ̃, ɑ̃t| *adj.* supplente ◆ *s.* [*remplaçant*] supplente.

suppléer |syplee| A *v.tr.* (*littér.*) 1 [*mettre à la place de* (*ce qui est insuffisant*); *mettre en plus pour remplacer* (*ce qui manque*)] supplire (197) *intr.* a, sopperire (197) *intr.* a: *suppléer une lacune* supplire, sopperire a una lacuna; *suppléer un manque, un défaut* sopperire a una mancanza, rimediare (ovviare) a un difetto # *il y a dans cette phrase un mot à suppléer* in questa frase manca una parola 2 [*se mettre ou être mis à la place de*] supplire: *suppléer qqn.* supplire qc. ◇ [*remplacer, jouer le rôle de* (*qqch.*)] sostituire (197) B *v.intr.* SUPPLÉER À 1 [*apporter ce qu'il faut pour remplacer ou pour fournir* (*ce qui manque*)] supplire a 2 [*remédier à* (*un défaut, une insuffisance*) *en remplaçant, en compensant*] supplire a: *la rapidité de ce joueur supplée à son manque de puissance* in quel giocatore la velocità supplisce alla mancanza di potenza 3 [*avoir la même fonction, la même utilité que*] sostituire (197) → **remplacer.**

supplément |syplemɑ̃| *s.m.* 1 supplemento: *ajouter un supplément de cent mille francs à une somme* aggiungere un supplemento, un'integrazione di centomila franchi a una somma # *un supplément d'information* informazioni supplementari, complementari 2 [*ce qui est ajouté* (*à un livre, à une publication*)] supplemento: *supplément illustré à un journal, une revue* supplemento illustrato di un giornale, di una rivista: *supplément d'un dictionnaire* supplemento di un dizionario 3 (*dans un tarif: transports, théât., etc.*) supplemento, sovrapprezzo: *supplément de première classe en chemin de fer* supplemento ferroviario di prima classe; *supplément pour excédent de bagages* supplemento, sovrapprezzo per eccedenza di peso del bagaglio; *supplément au menu dans un restaurant* supplemento al menù (a prezzo fisso) in un ristorante.

supplémentaire |syplemɑ̃tɛʀ| *adj.* 1 supplementare, integrativo: *crédits supplémentaires* stanziamenti supplementari, integrativi; *dépenses supplémentaires* spese supplementari; *démander un délai supplémentaire* chiedere una proroga supplementare # *faire des heures supplémentaires* fare lo straordinario ◇ (*mus.*) *lignes supplémentaires* linee supplementari 2 (*dr.*) *jurés supplémentaires* giurati supplenti 3 (*géom.*) *angles supplémentaires* angoli supplementari 4 (*math.*) *espaces vectoriels supplémentaires* spazi vettoriali supplementari.

supplémentairement |syplemɑ̃tɛʀmɑ̃| *adv.* [→ SUPPLÉMENTAIRE 1] in supplemento *loc. inv.*, in aggiunta *loc. inv.*; a titolo integrativo *loc. inv.*

supplémenter |syplemɑ̃te| *v.tr.* [*charger d'un supplément à payer*] *faire supplémenter un billet* prendere (105) il supplemento per un biglietto.

supplétif, ive |sypletif, iv| *adj.* suppletivo ◆ (*s.m.*) *un supplétif* un militare suppletivo *adj.*

supplétoire |sypletwaʀ| *adj.* (*dr.*) suppletorio*: *serment supplétoire* giuramento suppletorio.

suppliant, ante |syplijɑ̃, ɑ̃t| 1 *adj.* [*qui supplie*] supplicante ◇ (*par ext.*) [*qui exprime la supplication*] supplicante, supplichevole: *air, regard suppliant* aria, sguardo supplicante, supplichevole; *voix suppliante* voce supplichevole → **implorant** 2 *s.* [*personne qui supplie*] *une suppliante* una supplicante, una supplice.

supplication |syplikɑsjɔ̃| *s.f.* 1 supplica* → **imploration** 2 (*hist., relig.*) supplica.

supplice |syplis| *s.m.* 1 supplizio*: *instruments de supplice* strumenti di supplizio; *les supplices des martyrs* i supplizi dei martiri; *supplice chinois* supplizio cinese; *conduire qqn. au supplice* condurre qc. al supplizio 2 (*mythol.*) *le supplice de Prométhée, de Tantale* il supplizio di Prometeo, di Tantalo ◇ (*relig. chrét.*) supplizio ◇ (*fig.*) *un supplice de damné* un supplizio da dannato 3 [*souffrance très vive* (*douleur physique ou, plus souvent, souffrance morale*)] supplizio, calvario* ◇ (*loc.*) *être au supplice* [*souffrir beaucoup*] (*pr., fig.*) soffrire le pene dell'inferno.

supplicier |syplisje| *v.tr.* 1 [*livrer au supplice; mettre à mort par un supplice*] suppliziare → **martyriser, torturer** 2 (*fig., littér.*) [*mettre au supplice*] tormentare, torturare: *la jalousie le suppliciait* la gelosia lo tormentava, lo torturava.

supplier |syplije| *v.tr.* [*prier* (*qqn.*) *en demandant qqch. comme une grâce, avec une insistance humble et soumise*] supplicare: *supplier qqn. à genoux* supplicare qc. in ginocchio; *l'enfant suppliait son père de ne pas le punir* il bambino supplicava il padre di non punirlo → **adjurer, implorer** ◇ (*par exagér.*) [*prier instamment*] supplicare, scongiurare: *je vous supplie de vous taire* la supplico, la scongiuro di tacere.

supplique |syplik| *s.f.* supplica*.

support |sypɔʀ| *s.m.* 1 supporto, sostegno: *supports de charpente* sostegni di una struttura ◇ [*assemblage, objet manufacturé destiné à recevoir un objet, un instrument*] supporto: *support à fourche* supporto a forca; *support universel* supporto universale 2 [*élément concret, matériel qui sert de base à une œuvre graphique*] supporto: *support d'un dessin* supporto di un disegno ◇ (*informatique*) *support* (*d'une information*) supporto (di un dato) ◇ (*math.*) *support d'un vecteur* supporto di un vettore ◇ (*biol., chim.*) supporto 3 (*abstrait, littér.*) [*substrat matériel*] supporto: *le signe, le symbole support de l'idée* il segno, il simbolo supporto dell'idea ◇ (*spécialt.*) *support publicitaire* mezzo, veicolo pubblicitario; media *pl.* 4 (*vx.*) [*action de supporter, d'aider*] sostegno (*cour.*) → **soutien.**

supportable |sypɔʀtabl(ə)| *adj.* 1 [→ SUPPORTER II] sopportabile: *douleur, peine supportable* dolore, pena sopportabile → **tolérable** 2 [*qu'on peut tolérer*] sopportabile: *sa conduite n'est pas supportable* la sua condotta non è sopportabile → **excusable** ◇ [*qui est acceptable, qui peut passer*] passabile: *un acteur supportable* un attore passabile Ⓒ **insupportable, intolérable.**

supportant, ante |sypɔʀtɑ̃, ɑ̃t| *adj.* (*blas.*) sostenente.

support-chaussette |sypɔʀʃosɛt| *s.m.* giarrettiera *f.* (da uomo): *des supports-chaussettes* delle giarrettiere.

supporter |sypɔʀte| *v.tr.* **I** **1** [*recevoir le poids, la poussée de (qqch.) sur soi*] sostenere (188), sopportare: *poutres qui supportent un toit* travi che sostengono un tetto → **soutenir, porter** **2** [*avoir (qqch.) comme charge, comme obligation; être assujetti à*] sopportare, sostenere: *supporter une dépense, un impôt, des frais* sopportare, sostenere una spesa, un'imposta, delle spese; *vous en supporterez les conséquences* ne sopporterete, pagherete le conseguenze # *supporter une responsabilité* assumersi una responsabilità; *supporter des risques* correre rischi **II** **1** [*subir, éprouver les effets pénibles de (qqch.) sans faiblir*] sopportare: *supporter une épreuve, un malheur* sopportare una prova, una disgrazia; *il supporte mal la critique* non sopporta di essere criticato → **endurer** **2** [*subir de la part d'autrui, sans réagir*] sopportare, subire (197): *supporter un affront, une injure* sopportare, subire un affronto, un'ingiuria; *supporter par faiblesse, par indulgence* sopportare, subire per debolezza, per indulgenza # *tout supporter de qqn.* permettere tutto a qc. ◇ *loc.* SUPPORTER QUE (+ *subj.*) sopportare, tollerare che (+ *subj.*): *je ne supporte pas qu'on me mente* non sopporto, non tollero che mi si dicano bugie **3** SUPPORTER QQN. [*admettre, tolérer sa présence, son comportement*] sopportare, soffrire (186): *il ne peut plus le supporter* non può più sopportarlo, soffrirlo ◆ (*pron. récipr.*) *il faut se supporter quand on vit en commun* bisogna sapersi sopportare quando si fa vita comune **4** [*subir sans dommage (une action physique)*] sopportare: *hiver dur à supporter* inverno duro da sopportare; *son estomac ne supporte aucune nourriture solide* il suo stomaco non sopporta cibi solidi # *il ne supporte pas l'alcool* non regge l'alcool; *cette thèse ne supporte pas l'examen* questa tesi non regge a un esame **III** (*angl.*) (*sport*) [*encourager, soutenir (un sportif, une équipe sportive)*] tifare, fare (103) il tifo (per).

supporter |sypɔʀtɛʀ|, **supporteur** |sypɔʀtœʀ| *s.m.* (*angl.*) [*partisan (d'un sportif, d'une équipe)*] tifoso *s.*, sostenitore* (*s.*): *les supporters d'un coureur, d'une équipe* i tifosi, i sostenitori di un corridore, di una squadra.

supposable |sypozabl(ə)| *adj.* (*rare*) [→ SUPPOSER I] supponibile, immaginabile (*cour.*) → **imaginable.**

supposé, ée |sypoze| *adj.* **1** [*admis comme hypothèse, comme probable*] supposto, presunto: *le nombre supposé des victimes* il numero supposto, presunto delle vittime **2** [*qui n'est pas authentique*] apocrifo, falso: *testament supposé* testamento apocrifo; *sous un nom supposé* sotto falso nome → **faux.**

supposer |sypoze| *v.tr.* **I** **1** [*poser à titre d'hypothèse n'impliquant aucun jugement*] (sup)porre (168), ammettere (155): *supposons le problème résolu* (sup)poniamo, ammettiamo che il problema sia risolto; *supposez que vous ayez un accident* supponete di avere un incidente ◇ (*avec l'ind.*) [*poser en principe (pour une démonstration)*] *supposons que nous sommes endormis* supponiamo, ammettiamo di essere addormentati **2** [*penser, admettre comme chose probable ou comme explication plausible*] supporre: *je le suppose, mais je n'en suis pas sûr* suppongo, ma non ne sono sicuro; *on la supposait menant joyeuse vie* supponevamo che conducesse una vita spensierata; *on vous supposait averti* la supponevamo avvisato, pensavamo fosse stato avvisato; *pourquoi le supposer infidèle?* perché supporlo, sospettarlo infedele? **II** (*sujet de chose*) [*comporter comme condition nécessaire*] presupporre (168): *cette détermination suppose un grand courage* questa determinazione presuppone un grande coraggio **III** **1** (*dr.*) [*donner pour authentique, en trompant*] contraffare (103): *supposer un testament, une signature* contraffare un testamento, una firma **2** (*vx.*) → **substituer.**

supposition |sypozisjɔ̃| *s.f.* **I** [→ SUPPOSER I] **1** (*littér.*) [*hypothèse de l'esprit*] supposizione, ipotesi (*inv.*): *dans cette supposition...* in tale supposizione, ipotesi... ◇ (*ellipt., fam.*) *une supposition (que)...* supponiamo, supponendo che... (*cour.*) **2** [*conjecture de l'esprit*] supposizione: *ce n'est pas une supposition gratuite, une simple supposition* non è una supposizione gratuita, una semplice supposizione **II** **1** (*dr.*) *supposition d'enfant, de part* sostituzione di bambino **2** (*vx.*) [*substitution frauduleuse*] contraffazione, sostituzione (*cour.*): *supposition de testament* contraffazione, sostituzione di testamento.

suppositoire |sypozitwaʀ| *s.m.* (*méd.*) supposta *f.*

suppôt |sypo| *s.m.* **1** (*littér.*) [*partisan (d'une personne nuisible)*] accolito, seguace *s.* (*cour.*): *les suppôts d'un tyran* gli accoliti, i seguaci di un tiranno ◇ (*loc.*) *suppôt de Satan, du diable* anima nera, tizzone d'inferno **2** (*vx.*) [*employé subalterne*] impiegato subalterno (*cour.*).

suppressif, ive |sypʀesif, iv| *adj.* soppressivo.

suppression |sypʀesjɔ̃| *s.f.* **1** [→ SUPPRIMER A 1, 2] soppressione, revoca*: *suppression d'une disposition légale* soppressione, revoca di una disposizione legale ◇ (*par anal.*) soppressione, abolizione: *suppression des libertés* soppressione, abolizione delle libertà **2** (*dr.*) soppressione: *suppression d'état* soppressione di stato.

supprimable |sypʀimabl(ə)| *adj.* [→ SUPPRIMER] sopprimibile; revocabile.

supprimer |sypʀime| **A** *v.tr.* **1** [*rendre sans effet légal; enlever de l'usage*] sopprimere (124), revocare: *supprimer une loi* sopprimere, revocare una legge **2** [*faire disparaître, faire cesser d'être*] sopprimere: *supprimer la douleur, le mal* sopprimere il dolore, il male ◇ (*par exagér.*) [*réduire considérablement*] *l'avion supprime les distances* l'aereo sopprime le distanze ◇ [*faire cesser d'être dans un ensemble, avec qqch.*] *supprimer un mot, un passage (d'une œuvre)* sopprimere una parola, un passo (da un'opera) **3** *supprimer qqn.* [*faire disparaître en tuant*] sopprimere qc. **4** (*vx.*) → **bâillonner** **B** *v. pron. réfl.* SE SUPPRIMER [*se tuer*] sopprimersi, uccidersi (130) → **suicider (se).**

suppurant, ante |sypyʀɑ̃, ɑ̃t| *adj.* (*méd.*) suppurante: *plaie suppurante* piaga suppurante.

suppuratif, ive |sypyʀatif, iv| *adj. et s.m.* (*méd.*) suppurativo.

suppuration |sypyʀɑsjɔ̃| *s.f.* (*méd.*) suppurazione.

suppurer |sypyʀe| *v.intr.* (*méd.*) [*laisser écouler du pus; produire du pus*] suppurare, venire (202) (*aux.* essere) a suppurazione: *la plaie suppure* la piaga suppura, viene a suppurazione.

supputation |sypytɑsjɔ̃| *s.f.* **1** [*estimation numérique*] calcolo *m.*, computo *m.* ◇ (*spécialt.*) computo cronologico* **2** [*appréciation, estimation*] valutazione, calcolo.

supputer |sypyte| *v.tr.* **1** [*évaluer indirectement, par un calcul*] calcolare, valutare: *essayons de supputer les revenus que suppose un tel train de vie* proviamo a calcolare, valutare le entrate che un simile tenore di vita presuppone → **calculer, évaluer** **2** [*évaluer empiriquement (les chances, la probabilité)*] calcolare, valutare: *il supputait ses chances* calcolava, valutava le proprie possibilità.

supra- |sypʀa| *préf.* (*signifiant 'qui est au-dessus, au delà', correspond généralt. à*) sopra, sovra: *supranational* sopra(n)nazionale, sovranazionale.

supra |sypʀa| *adv.* (*sert à renvoyer à un passage qui se trouve avant, dans un texte*) (qui) sopra → **haut (plus),** I **dessus (ci-).**

supraconductivité |sypʀakɔ̃dyktivite| *s.f.* (*phys.*) superconduttività *inv.*

supranational, ale, aux |sypʀanasjɔnal, o| *adj.* (*dr.*) sopra(n)nazionale, sovranazionale.

supranationalisme |sypʀanasjɔnalism(ə)| *s.m.* (*polit.*) sopra(n)nazionalismo sovranazionalismo.

supranationalité |sypʀanasjɔnalite| *s.f.* (*polit.*) sopran(n)azionalità *inv.*, sovranazionalità *inv.*

suprarationnel, elle |sypʀaʀa(ɑ)sjɔnɛl| *adj.* (*philo.*) soprarazionale.

suprasegmental, ale, aux |sypʀasɛgmɑ̃tal, o| *adj.* (*ling.*) soprasegmentale.

suprasensible |sypʀasɑ̃sibl(ə)| *adj.* soprasensibile, sovrasensibile.

supraterrestre |sypʀatɛʀ(ʀ)ɛstʀ(ə)| *adj.* [*de l'au-delà*] ultraterreno.

suprématie |sypʀemasi| *s.f.* [*supériorité active*] supremazia: *la suprématie de l'esprit* la supremazia dello spirito.

suprême |sypʀɛm| **I** *adj.* **1** supremo: *autorité suprême* autorità suprema ◇ (*spécialt., relig.*) *l'Être suprême* l'Essere supremo **2** [*très grand*] estremo, grandissimo: *une suprême habileté* una estrema, grandissima abilità ◇ (*loc.*) *au suprême* al massimo, in sommo grado **3** [*le dernier (avec une idée de solennité ou de tragique)*] supremo, estremo: *le jour suprême* il giorno supremo **II** *s.m.* (*cuis.*) 'suprême' *f. inv.*

suprêmement |sypʀɛmmɑ̃| *adv.* [*au suprême degré; extrêmement*] supremamente, estremamente: *suprêmement belle* supremamente, estremamente bella.

sur- |syʀ| *préf.* (*signifiant 'au-dessus' ou indiquant 'l'excès', correspond généralt. à*) sopra, sovra; super; sur: *surélevé* sopraelevato; *surabondant* sovrabbondante ‖ *suralimentation* superalimentazione ‖ *surgeler* surgelare.

sur |syʀ| *prép.* **I** (*marquant la position 'en haut' ou 'en dehors'*) **1** (*devant un compl. désignant une surface, une chose qui en porte une autre*) su (di), sopra: *poser un objet sur une ta-*

ble posare un oggetto su (di) un tavolo, sopra un tavolo; *s'asseoir sur une chaise* sedersi su (di) una sedia, sopra una sedia # *monter sur une bicyclette, une moto* salire in bicicletta, in moto; *avoir un chapeau sur la tête* avere un cappello in testa; *la clef est sur la porte* la chiave è nella porta ◇ (*loc.*) *sur la place, sur place* sul posto ~ *avoir qqn., qqch. sur les bras* avere qc., q.c. a (proprio) carico ◇ (*spécialt.*) *sur soi* con sé: *un carnet qu'il avait sur lui* il taccuino che aveva con sé **2** (*par anal.*) su: *s'étendre sur...* estendersi su... ~ *sur huit mètres de longueur* su otto metri di lunghezza ~ *sur telle longueur d'onde* su una certa lunghezza d'onda ~ *une pièce de quatre mètres sur trois* una stanza di quattro metri per tre **3** (*devant un compl. désignant 'surface, chose atteinte'*) su: *coup sur la tête* colpo sulla, in testa; *tirer sur qqn.* sparare su, a qc.; *écrire sur un registre* scrivere su, in un registro ◇ (*fam.*) *c'est sur le journal* è sul giornale ◇ (*marquant 'une proportion'*) *une fois sur mille* una volta su mille; *un cas sur cent* un caso su cento # *un jour sur deux* un giorno sì un giorno no, un giorno sì e uno no **4** (*sans contact*) su, sopra: *les ponts sur la Moselle* i ponti sulla Mosella; *les nuages qui passent sur nos têtes* le nubi che passano sulle, sopra le nostre teste → 1 **dessus** **5** (*direction*) su: *sur votre droite* sulla, alla sua destra; *donner sur un jardin* dare su (di) un giardino; *se jeter sur qqn.* scagliarsi su qc., addosso a qc. # *elle allait sur ses vingt ans* andava per i vent'anni, tra poco avrebbe avuto vent'anni **II** (*abstrait*) **1** (*avec un compl. désignant ce qui sert de base, de fondement*) da; su: *juger les gens sur la mine, sur les apparences* giudicare la gente dall'aspetto, dalle apparenze ‖ *jurer sur son honneur* giurare sul proprio onore **2** (*avec l'idée de garantie*) su: *compter sur qqn., qqch.* contare su qc., q.c.; *être cru sur parole* essere creduto sulla parola **3** (*avec l'idée de conformité, d'étalon, de modèle*) su: *sur mesure* su misura **4** (*sujet*) su: *réflexions sur...* riflessioni su...; *apprendre qqch. sur qqn.* venire a sapere q.c. su qc. **5** (*valeur temporelle*) [*immédiatement après, à la suite de*] su: *sur le moment* sul momento; *être pris sur le fait* essere colto sul fatto # *sur ce, il est parti* con questo, con ciò, è andato via ◇ *loc.* ÊTRE SUR LE POINT DE essere sul punto (in procinto) di, stare per: *il était sur le point d'accepter* era sul punto d'accettare, stava per accettare **6** (*approximation temporelle*) verso: *sur les onze heures, sur le soir* verso le undici, verso sera # *être sur son départ, sur le retour* essere in procinto di partire, di tornare **7** (*pour marquer 'une supériorité'*) su: *commander, régner sur* comandare, regnare su; *avoir des droits sur qqn.* avere dei diritti su qc. ◇ *dans des loc.* (*marquant 'un état, une situation, une manière'*) *sur ce ton* su questo tono ~ *rester, se tenir sur la défensive* rimanere, tenersi sulla difensiva.

sur, sure |syʀ| *adj.* [*qui a un goût acide, légèrement aigre*] acerbo, acido: *pommes sures* mele acerbe.

sûr, sûre |syʀ| *adj.* **I** (*sens subjectif*) (*personnes*) SÛR DE... **1** [*qui tient pour assuré* (*un événement*)] sicuro di: *être sûr du résultat, du succès* essere sicuro del risultato, del successo; *sûr de gagner, de réussir* sicuro di vincere, di riuscire; *ça y est, j'en étais sûr* ci siamo, ne ero sicuro; *être sûr de qqn., d'un ami* essere sicuro di qc., di un amico ◇ (*loc.*) *sûr de soi* sicuro di sé **2** [*qui sait avec certitude, qui est assuré de ne pas se tromper*] sicuro di: *être sûr de qqch.* essere sicuro di q.c. ◇ (*loc.*) *être sûr de son fait* essere sicuro del fatto proprio **II** (*sens objectif*) **1** [*où l'on ne risque rien; à l'abri du danger*] sicuro: *lieu sûr* luogo sicuro; *mettre qqch. en lieu sûr* mettere q.c. al sicuro ◇ *loc.* LE PLUS SÛR la cosa migliore: *le plus sûr est de ne pas trop compter sur les autres* la cosa migliore è di non contare troppo sugli altri **2** [*en qui l'on peut avoir confiance*] sicuro, fidato: *un ami sûr* un amico sicuro, fidato **3** [*sur quoi l'on peut compter*] sicuro: *moyen sûr* mezzo sicuro; *raisonner sur des bases peu sûres* ragionare su basi poco sicure, poco certe ◇ (*loc.*) *à coup sûr* a colpo sicuro, per certo **4** [*qui fonctionne avec efficacité et exactitude*] sicuro: *un diagnostic sûr* una diagnosi sicura; *un projectile lancé d'une main sûre* un proiettile lanciato con mano sicura, ferma **5** [*dont on ne peut douter, dont on est convaincu; qui est considéré comme vrai, inéluctable*] sicuro, certo: *la chose est sûre* la cosa è sicura, certa; *ce qui est sûr, c'est que je n'irai pas* quel che è sicuro, certo è che io non ci andrò ◇ (*fam.*) *ça, c'est sûr, c'est sûr et certain* questo è certo, più che certo **6** *loc. adv.* BIEN SÛR! certo!, sicuro!, certamente!: *bien sûr que oui!* certo che sì!, ma sicuro, certo! **7** (*loc. pop.*) *pour sûr* certamente *adv.*, senza dubbio *loc. inv.* ♦ *adv.* (*fam.*) [*sûrement*] sicuro *adj. ou adv.* (*cour.*), certamente (*cour.*): '*tu crois qu'il viendra?*' '*pas sûr...*' 'credi che verrà?' 'non è sicuro'.

surabondamment |syʀabɔ̃damɑ̃| *adv.* (*littér.*) [*d'une manière très abondante*] sovrabbondantemente, in sovrabbondanza *loc. inv.* (*cour.*).

surabondance |syʀabɔ̃dɑ̃s| *s.f.* sovrabbondanza, esuberanza: *une surabondance de couleurs* una sovrabbondanza di colori.

surabondant, ante |syʀabɔ̃dɑ̃, ɑ̃t| *adj.* sovrabbondante, esuberante: *production surabondante* produzione sovrabbondante, esuberante.

surabonder |syʀabɔ̃de| *v.intr.* **1** [*exister en quantité plus grande qu'il n'est nécessaire*] sovrabbondare (*aux.* essere, avere) **2** SURABONDER DE [*avoir en surabondance*] sovrabbondare di, avere (97) *tr.* in sovrabbondanza: *la région surabonde de richesses* la regione sovrabbonda di ricchezze.

suractivé, ée |syʀaktive| *adj.* (*chim., pharm.*) iperattivo: *sérum suractivé* siero iperattivo.

suractivité |syʀaktivite| *s.f.* (*sc.*) iperattività *inv.*

surah |syʀa| *s.m.* sura(h).

suraigu, uë |syʀegy| *adj.* [*très aigu*] sopracuto, acutissimo: *son suraigu* suono sopracuto; *cris suraigus* grida acutissime.

surajouter |syʀaʒute| *v.tr.* [*ajouter à ce qui est déjà complet*] aggiungere (150) in più, ancora.

sural, ale, aux |syʀal, o| *adj.* (*anat.*) surale.

suralimentation |syʀalimɑ̃tasjɔ̃| *s.f.* [→ SURALIMENTER] superalimentazione, ipernutrizione ◇ (*par ext., techn.*) *suralimentation d'un moteur* sovralimentazione di un motore.

suralimenter |syʀalimɑ̃te| *v.tr.* [*alimenter au delà de la normale*] superalimentare ◇ (*par ext., techn.*) *suralimenter un moteur* sovralimentare un motore.

suranné, ée |syʀane| *adj.* [*qui a cessé d'être en usage, qui évoque une époque révolue*] antiquato, superato: *il a des idées surannées* ha idee antiquate, superate.

surarbitre |syʀaʀbitʀ(ə)| *s.m.* (*dr.*) superarbitro.

surarmement |syʀaʀməmɑ̃| *s.m.* superarmamento.

surate |syʀat|, **sourate** |suʀat| *s.f.* (*ar.*) [*chapitre du Coran*] sura.

surbaissé, ée |syʀbese| *adj.* (*archit.*) ribassato: *arc surbaissé* arco ribassato, scemo ◇ (*auto.*) *voiture surbaissée* auto molto bassa, aerodinamica* **C** **surhaussé**.

surbaissement |syʀbɛsmɑ̃| *s.m.* (*archit.*) abbassamento (di un arco).

surbaisser |syʀbese| *v.tr.* (*archit.*) [*rendre surbaissé*] abbassare.

surboum |syʀbum| *s.f.* (*fam.*) [*surprise-partie*] festicciola, festa (*cour.*).

surcapacité |syʀkapasite| *s.f.* (*écon.*) sovra(c)capacità *inv.* (produttiva), iperproduttività *inv.*

surcapitalisation |syʀkapitalizasjɔ̃| *s.f.* (*écon.*) sovracapitalizzazione.

1 **surcharge** |syʀʃaʀʒ(ə)| *s.f.* **1** [*charge ajoutée à la charge ordinaire*] sovraccarico* *m.*, eccesso (*m.*): *surcharge de dépenses, de travail* sovraccarico, eccesso di spese, di lavoro # *surcharge de bagages* eccedenza di bagaglio, bagaglio in eccedenza **2** [→ 1 SURCHARGER 1] sovraccarico: *prendre des voyageurs en surcharge* accogliere dei viaggiatori in sovraccarico, in eccedenza **3** (*abstrait*) [*excès, surabondance*] eccesso.

2 **surcharge** |syʀʃaʀʒ(ə)| *s.f.* **1** [*mot écrit au-dessus d'un autre raturé*] correzione **2** [*inscription imprimée en recouvrant une autre, et ajoutée après coup*] sovrastampa: *surcharge d'un timbre-poste* sovrastampa di un francobollo.

1 **surchargé, ée** |syʀʃaʀʒe| *adj.* **1** [*qui est trop chargé*] sovraccarico*: *autobus surchargé* autobus sovraccarico **2** [*qui a trop d'occupations, de travail*] sovraccarico, oberato: *être surchargé* essere sovraccarico di lavoro, oberato dal lavoro.

2 **surchargé, ée** |syʀʃaʀʒe| *adj.* [*qui porte une* (2) *surcharge* (1)] con correzioni (*loc. inv.*): *brouillon surchargé* brutta copia con correzioni.

1 **surcharger** |syʀʃaʀʒe| (3) *v.tr.* **1** [*charger à l'excès*] sovraccaricare: *les bagages surchargent la voiture* i bagagli sovraccaricano l'auto **2** [*charger* (*qqn.*) *d'impôts nouveaux*] sovraccaricare, gravare (di nuove imposte) ◇ (*par ext.*) *être surchargé de soucis, de travail* essere sovraccarico di preoccupazioni, di lavoro (oberato dal lavoro).

2 **surcharger** |syʀʃaʀʒe| (3) *v.tr.* [*écrire un mot sur* (*un autre*), *pour corriger un texte*] correggere (154).

surchauffe |syʀʃof| *s.f.* (*phys.*, *techn.*) surriscaldamento *m.* ◇ (*écon.*) tensione congiunturale.
surchauffé, ée |syʀʃofe| *adj.* **1** (*se dit de l'air, d'un lieu très chauffé*) surriscaldato **2** (*fig.*) [*exalté*] surriscaldato, esaltato: *un esprit surchauffé* mente surriscaldata, esaltata.
surchauffer |syʀʃofe| *v.tr.* **1** [*chauffer à l'excès*] surriscaldare **2** (*techn.*) [*réchauffer (ce qui était déjà chaud)*] surriscaldare **3** (*phys.*) [*porter (un liquide) au-dessus de son point d'ébullition sans qu'il se vaporise*] surriscaldare.
surchauffeur |syʀʃofœʀ| *s.m.* (*techn.*) surriscaldatore.
surchoix |syʀʃwa| *s.m.* (*comm.*) prima scelta *f.*, prima qualità (*f. inv.*): *viande de surchoix* carne di prima scelta, di prima qualità ✦ (*adj.*) *un produit surchoix* un prodotto di prima scelta *loc. inv.*, di prima qualità *loc. inv.*
surclassé, ée |syʀklɑse| *adj.* surclassato.
surclasser |syʀklɑse| *v.tr.* **1** (*turf*) (*se dit d'un cheval qui domine ses adversaires*) surclassare ◇ (*sport*) [*avoir une incontestable supériorité de classe sur*] *coureur qui en surclasse un autre* corridore che ne surclassa un altro **2** [*être supérieur à*] surclassare.
surcompensation |syʀkɔ̃pɑ̃sɑsjɔ̃| *s.f.* **1** (*écon.*) sovracompenso *m.* **2** (*psycho.*) ipercompensazione.
1 **surcomposé, ée** |syʀkɔ̃poze| *adj.* (*gram.*) 'surcomposé' *inv.*
2 **surcomposé, ée** |syʀkɔ̃poze| *adj.* (*bot.*) sopracomposto.
surcompressé, ée |syʀkɔ̃pʀese| *adj.* (*abusiv.*) → **surcomprimé.**
surcompression |syʀkɔ̃pʀesjɔ̃| *s.f.* [→ SURCOMPRIMER] supercompressione.
surcomprimé, ée |syʀkɔ̃pʀime| *adj.* (*techn.*) supercompresso.
surcomprimer |syʀkɔ̃pʀime| *v.tr.* [*augmenter la compression de (un gaz déjà comprimé)*] supercomprimere (124) ✦ (*au p.p.*) *moteur surcomprimé* motore supercompresso.
surconsommation |syʀkɔ̃sɔmɑsjɔ̃| *s.f.* superconsumo *m.*
surcontre |syʀkɔ̃tʀ(ə)| *s.m.* (*bridge*) 'surcontre' *inv.*
surcontrer |syʀkɔ̃tʀe| *v.tr.* (*bridge, se dit d'un joueur qui contre l'adversaire qui vient de contrer*) dichiarare 'surcontre', surcontrare.
surcostal, ale, aux |syʀkɔstal, o| *adj.* (*anat.*) sopracostale: *muscles surcostaux* muscoli sopracostali ✦ (*s.m.*) *les surcostaux* i sopracostali.
surcot |syʀko| *s.m.* (*au moyen âge*) sopravveste *f.*
surcouper |syʀkupe| *v.tr.* (*aux cartes*) [*couper avec un atout supérieur à celui avec lequel un autre joueur vient de couper*] tagliare con trionfo maggiore, giocare una carta più alta.
surcreusement |syʀkʀøzmɑ̃| *s.m.* (*géol.*) soprascavo.
surcroît |syʀkʀwa(ɑ)| *s.m.* [*ce qui apporte un accroissement*] soprappiù *inv.*, sovrappiù *inv.*, aumento: *c'est un surcroît de travail* è un soprappiù, un aumento di lavoro ◇ (*loc. adv.*) *de surcroît, par surcroît* per di più (perdipiù), per (soprag)giunta.
surdent |syʀdɑ̃| *s.f.* (*anat.*, *vétér.*) sopradente *m.*
surdéterminant, ante |syʀdetɛʀminɑ̃, ɑ̃t| *adj.* (*ling.*, *psycho.*, *psychan.*) sovradeterminante.
surdétermination |syʀdetɛʀminɑsjɔ̃| *s.f.* (*ling.*, *psycho.*, *psychan.*) sovradeterminazione.
surdéterminé, ée |syʀdetɛʀmine| *adj.* (*psychan.*) sovradeterminato.
surdéveloppé, ée |syʀdevlɔpe| *adj.* (*écon.*) sovrasviluppato.
surdi-mutité |syʀdimytite| *s.f.* [*état du sourd-muet*] sordomutismo *m.*
surdité |syʀdite| *s.f.* (*méd.*, *cour.*) sordità *inv.*
surdorer |syʀdɔʀe| *v.tr.* [*dorer en revêtant d'une double couche d'or*] ridorare, dorare una seconda volta.
surdos |syʀdo| *s.m.* [*pièce de harnais, bande de cuir qui sert à retenir les traits*] sopraschiena *inv.*, reggitirelle *inv.*
surdosage |syʀdozaʒ| *s.m.* (*méd.*) intossicazione *f.* da medicinali.
surdoué, ée |syʀdwe| *adj. et s.* [*enfant d'un niveau mental très supérieur à la moyenne*] superdotato.
sureau |syʀo| *s.m.* (*t.bot.*) sambuco*.
surélévation |syʀelevɑsjɔ̃| *s.f.* [→ SURÉLEVER] sopr(a)elevazione, sovralzo *m.*
surélever |syʀɛlve| (6) *v.tr.* [*accroître la hauteur, donner plus de hauteur à*] sopr(a)elevare, rialzare: *surélever une maison ancienne d'un étage* soprelevare, rialzare una vecchia casa di un piano ✦ (*au p.p.*) *rez-de-chaussée surélevé* piano rialzato.
surelle |syʀɛl| *s.f.* → **oseille.**
sûrement |syʀmɑ̃| *adv.* **1** [*en sûreté*] sicuramente ◇ (*prov.*) *qui va lentement va sûrement* chi va piano va sano e va lontano **2** [*d'une manière sûre*] sicuramente, in modo sicuro *loc. inv.* **3** [*d'une manière sûre, certaine, évidente*] sicuramente, di sicuro (*loc.*): *tu connais sûrement des gens influents* conosci sicuramente, di sicuro persone influenti ✦ (*absolt.*) *'vous pensez venir nous voir?' 'sûrement!'* 'pensate di venirci a trovare?' 'sicuramente!, certamente!'
suréminent, ente |syʀeminɑ̃, ɑ̃t| *adj.* (*littér.*) sovr(a)eminente.
surémission |syʀemisjɔ̃| *s.f.* (*fin.*) emissione eccessiva.
suremploi |syʀɑ̃plwɑ| *s.m.* (*écon.*) sfruttamento (della manodopera); sovraoccupazione *f.*
surenchère |syʀɑ̃ʃɛʀ| *s.f.* **1** (*dr.*) rilancio* *m.* (in un'asta) **2** (*fig.*) promessa esagerata: *la surenchère électorale* le promesse esagerate fatte agli elettori **3** [→ SURENCHÉRIR] crescendo *m. inv.*, spirale: *une surenchère de violences, de menaces* un crescendo, una spirale di violenza, di minacce.
surenchérir |syʀɑ̃ʃeʀiʀ| *v.intr.* **1** (*dr.*) [*faire une surenchère, une offre plus élevée*] fare (103) *tr.* un'offerta maggiore, rilanciare **2** [*devenir encore plus cher*] rincarare (*aux.* essere).
surenchérissement |syʀɑ̃ʃeʀismɑ̃| *s.m.* [*enchérissement nouveau*] rincaro, aumento: *la hausse des salaires ne correspond pas au surenchérissement de la vie* l'aumento dei salari non corrisponde al rincaro della vita, all'aumento del costo della vita.
surenchérisseur, euse |syʀɑ̃ʃeʀisœʀ, øz| *s.* (*dr.*) maggior offerente.
surencombré, ée |syʀɑ̃kɔ̃bʀe| *adj.* [*très encombré*] sovraffollato, intasato: *rues surencombrées de voitures* strade sovraffollate, intasate di automobili.
surencombrement |syʀɑ̃kɔ̃bʀəmɑ̃| *s.m.* [*encombrement extrême*] sovraffollamento: *surencombrement des wagons* sovraffollamento dei vagoni.
surentraînement |syʀɑ̃tʀɛnmɑ̃| *s.m.* [→ SURENTRAÎNER] superallenamento.
surentraîner |syʀɑ̃tʀene| *v.tr.* [*entraîner d'une manière trop poussée*] superallenare ✦ (*au p.p.*) *athlète surentraîné* atleta superallenato.
suréquipement |syʀekipmɑ̃| *s.m.* [→ SURÉQUIPER] superequipaggiamento.
suréquiper |syʀekipe| *v.tr.* [*équiper au delà des besoins*] superequipaggiare ✦ (*au p.p.*) *usine suréquipée* stabilimento superequipaggiato.
surérogation |syʀeʀɔgɑsjɔ̃| *s.f.* (*vx.*, *littér.*) supererogazione.
surérogatoire |syʀeʀɔgatwaʀ| *adj.* (*littér.*) supererogatorio*.
surestarie |syʀɛstaʀi| *s.f.* (*dr. mar.*) soprastallia, controstallia.
surestimation |syʀɛstimɑsjɔ̃| *s.f.* [→ SURESTIMER] sopra(v)valutazione; superstima.
surestimer |syʀɛstime| *v.tr.* **1** [*estimer, évaluer au delà de sa valeur*] stimare più del valore: *l'expert a surestimé ce tableau* l'esperto ha stimato più del suo valore questo quadro **2** [*apprécier, estimer au delà de son importance, de sa valeur*] sopra(v)valutare: *surestimer l'importance d'un événement* sopravvalutare l'importanza di un avvenimento.
suret, ette |syʀɛ, ɛt| *adj.* [*un peu sur*] acidulo, agretto: *pommes surettes* mele acidule.
sûreté |syʀte| *s.f.* **I** **1** [*ce par quoi une personne est rendue sûre de qqn. ou de qqch.*] garanzia: *donner des sûretés à qqn.* dare delle garanzie a qc. ◇ (*dr.*) *sûreté personnelle* garanzia personale **2** (*vx.*) [*mesure de précaution*] precauzione (*cour.*) **II** **1** (*vieilli*) [*état, situation de celui qui n'est pas en danger, qui ne risque rien*] sicurezza → **sécurité** ◇ (*dr.*) garanzia **2** *loc.* EN SÛRETÉ al sicuro, al riparo; *mettre qqn. en sûreté* mettere qc. al sicuro ~ DE SÛRETÉ di sicurezza: *fermeture de sûreté* chiusura di sicurezza ~ *épingle de sûreté* spilla di sicurezza, da balia ~ *soupape de sûreté* valvola di sicurezza ~ *pour plus de sûreté* per maggior sicurezza **3** [*situation d'un groupe social qui est à l'abri du danger*] sicurezza: *la sûreté publique* la sicurezza pubblica; *attentat, complot contre la sûreté de l'État* attentato, complotto contro la sicurezza dello Stato **4** (*dr. pén.*) *maison de sûreté* carcere (*m.*); *chambre de sûreté* camera di sicurezza **5** LA SÛRETÉ (NATIONALE) la Pubblica Sicurezza: *services, agents de la Sûreté* servizi, agenti di Pubblica Sicurezza ◇ [*bâtiments où se tiennent les services de Sûreté*] *se rendre à la Sûreté* recarsi al commissariato *m.* (di Pubblica Sicurezza) **III** **1** [*caractère de ce qui est sûr*] sicurezza: *la sûreté des routes* la sicurezza delle strade **2** [*efficacité*] sicurezza → **précision.**
surévaluation |syʀevalɥɑsjɔ̃| *s.f.* [→ SURÉVALUER] sopra(v)valutazione.
surévaluer |syʀevalɥe| *v.tr.* [*évaluer au-dessus de sa valuer*] sopra(v)-

valutare: *l'enseignement a surévalué ce domaine* l'insegnamento ha sopravvalutato questo settore © **sous-évaluer.**
surexcitabilité |syʀɛksitabilite| *s.f.* sovreccitabilità *inv.*
surexcitable |syʀɛksitabl(ə)| *adj.* [→ SUREXCITER] sovreccitabile: *enfant surexcitable* bambino sovreccitabile.
surexcitant, ante |syʀɛksjtɑ̃, ɑ̃t| *adj.* sovreccitante → **excitant.**
surexcitation |syʀɛksitɑsjɔ̃| *s.f.* sovreccitazione → **exaltation.**
surexcité, ée |syʀɛksite| *adj.* sovreccitato: *les enfants étaient surexcités* i bambini erano sovreccitati → **exalté.**
surexciter |syʀɛksite| *v.tr.* [*exciter à l'extrême*] sovreccitare: *surexciter qqn.* sovreccitare qc.
surexploiter |syʀɛksplwate| *v.tr.* [*exploiter outre mesure*] sfruttare eccessivamente.
surexposer |syʀɛkspoze| *v.tr.* (*photo.*) [*exposer* (*une surface sensible*) *plus longtemps que la normale*] sovr(a)esporre (168) ✦ (*au p.p.*) *photo surexposée* fotografia sovresposta.
surexposition |syʀɛkspozisjɔ̃| *s.f.* (*photo.*) sovr(a)esposizione.
surf |sœʀf| *s.m.* (*angl.*) (*sport*) surf *inv.*
surfaçage |syʀfasaʒ| *s.m.* (*techn.*) [→ SURFACER] spianamento, spianatura *f.*
surface |syʀfas| *s.f.* **1** [*partie extérieure d'un corps, qui le limite en tous sens; face apparente*] superficie*: *la surface de la terre* la superficie della terra; *à la surface du sol* alla superficie del suolo; *sous-marin qui fait surface* sottomarino che ritorna in superficie, che riemerge **2** (*opposé à 'fond, profondeur'*) superficie: *rester à la surface des choses* rimanere alla superficie delle cose, fermarsi all'apparenza delle cose **3** [*aire, superficie*] superficie: *trente-cinq mètres carrés de surface* trentacinque metri quadrati di superficie ◇ (*dr.*) *surface corrigée* superficie reale **4** (*fig., fam.*) [*moyens, ressources*] mezzi *m. pl.* (*cour.*), disponibilità *inv.* (*cour.*): *il a plus de surface que moi* ha più mezzi, più disponibilità di me **5** (*géom.*) superficie: *surface plane, courbe* superficie piana, curva **6** (*phys.*) superficie **7** (*techn.*) superficie: *surface de chauffe* superficie di riscaldamento.
surfacer |syʀfase| (2) *v.tr. et intr.* (*techn.*) [*polir mécaniquement* (*une surface*) *en opérant par bandes successives*] spianare *tr.*
surfaceuse |syʀfasøz| *s.f.* (*techn.*) spianatrice.
surfaire |syʀfɛʀ| (45) *v.tr.* **1** (*littér.*) [*estimer ou proposer à un prix exagéré*] sopravvalutare (*cour.*), chiedere (122) un prezzo eccessivo (per) (*cour.*) **2** (*fig.*) [*apprécier, vanter exagérément*] stimare, esaltare esageratamente.
surfait, aite |syʀfɛ, ɛt| *adj.* [*trop apprécié*] valutato eccessivamente, esageratamente: *auteur, ouvrage surfait* autore valutato, opera valutata eccessivamente, esageratamente.
surfaix |syʀfɛ| *s.m.* [*pièce du harnais, sangle servant à maintenir une charge sur le dos d'une bête*] sottopancia* *f.*, sopraccinghia *f.*
surfil |syʀfil| *s.m.* (*cout.*) sopraffilo.
surfilage |syʀfilaʒ| *s.m.* **1** (*tissage*) torcitura *f.* supplementare **2** → **surfil.**
surfiler |syʀfile| *v.tr.* **1** (*cout.*) [*passer un fil qui chevauche le bord de* (*un tissu*) *pour l'empêcher de s'effilocher*] sopraffilare: *surfiler un vêtement* sopraffilare un abito **2** (*tissage*) [*augmenter la torsion de* (*un fil*)] torcere (189) ulteriormente.
surfin, ine |syʀfɛ̃, in| *adj.* [*superfin*] sopraffino: *qualité surfine* qualità sopraffina.
surfondu, ue |syʀfɔ̃dy| *adj.* (*sc.*) sopraffuso, in stato di sopraffusione *loc. inv.*
surfusion |syʀfyzjɔ̃| *s.f.* (*sc.*) sopraffusione.
surgélateur |syʀʒelatœʀ| *s.m.* (*techn.*) surgelatore, congelatore ✦ (*adj.*) *bateau surgélateur* peschereccio congelatore.
surgélation |syʀʒelɑsjɔ̃| *s.f.* (*techn.*) surgelazione, surgelamento *m.*
surgeler |syʀʒəle| (6) *v.tr.* [*traiter par surgélation*] surgelare ✦ (*au p.p.*) *aliments surgelés* cibi surgelati ✦ (*s.m.*) *les surgelés* i surgelati.
surgénérateur, trice |syʀʒeneʀatœʀ, tʀis| *adj.* (*techn.*) surrigeneratore* ◇ (*phys. nucléaire*) (*réacteur*) *surgénérateur* reattore *s.m.* autofertilizzante.
surgeon |syʀʒɔ̃| *s.m.* [*drageon*] pollone.
surgeonner |syʀʒɔne| *v.intr.* (*arbor.*) [*pousser, produire des surgeons, des drageons*] mettere (155) *tr.* polloni.
surgir |syʀʒiʀ| *v.intr.* **1** [*apparaître ou naître brusquement en s'élevant, en sortant de*] sorgere (167) (*aux.* essere), spuntare (*aux.* essere): *le soleil surgit* il sole sorge, spunta; *il a surgi de l'ombre* è spuntato dall'ombra **2** (*abstrait*) [*se manifester brusquement*] sorgere, nascere (158) (*aux.* essere): *les problèmes, les difficultés qui surgissent de toutes parts* i problemi, le difficoltà che sorgono, che nascono da ogni parte.
surgissement |syʀʒismɑ̃| *s.m.* (*littér.*) [→ SURGIR] il sorgere *inv.*, lo spuntare *inv.* ◇ (*par ext.*) improvvisa apparizione *f.*
surgreffage |syʀgʀɛfaʒ| *s.m.* (*agric.*) sovrainnesto.
surhaussé, ée |syʀose| *adj.* (*archit.*) rialzato: *arc surhaussé* arco rialzato.
surhaussement |syʀosmɑ̃| *s.m.* (*archit.*) rialzamento, sopraelevazione *f.*
surhausser |syʀose| *v.tr.* (*rare*) → **surélever.**
surhomme |syʀɔm| *s.m.* **1** (*philo.*) superuomo* **2** [*homme supérieur en tous genres à l'homme actuel*] superuomo.
surhumain, aine |syʀymɛ̃, ɛn| *adj.* sovrumano: *effort surhumain* sforzo sovrumano.
surhumainement |syʀymɛnmɑ̃| *adv.* (*littér.*) [→ SURHUMAIN] sovrumanamente.
surhumanité |syʀymanite| *s.f.* (*littér.*) sovrumanità *inv.*
suri, ie |syʀi| *adj.* [*aigri*] acido, inacidito: *soupe surie* minestra acida.
suricate, surikate |syʀikat| *s.m.* (*t.zool.*) suricato.
surimposé, ée |syʀɛ̃poze| *adj.* (*géol.*) sovrapposto.
surimposer |syʀɛ̃poze| *v.tr.* **1** [*frapper d'un impôt supplémentaire, imposer à l'excès*] sovratassare; oberare di tasse **2** (*vieilli*) [*placer par-dessus*] sovrapporre (168).
surimposition |syʀɛ̃pozisjɔ̃| *s.f.* **1** [*surtaxe, surcroît d'impôt*] sopra(t)tassa, sovratassa, sovrimposta **2** (*géol.*) sovrapposizione.
surimpression |syʀɛ̃pʀesjɔ̃| *s.f.* (*photo.*) sovrimpressione: *en surimpression* in sovrimpressione.
surimprimer |syʀɛ̃pʀime| *v.tr.* [*imprimer* (*une même surface sensible*) *deux ou plusieurs fois*] sovrimprimere (124).
surin |syʀɛ̃| *s.m.* (*arg., vieilli*) [*couteau, poignard*] coltello (*cour.*).
suriner |syʀine| *v.tr.* (*vx., pop.*) [*frapper d'un coup de surin*] accoltellare.
surinfection |syʀɛ̃fɛksjɔ̃| *s.f.* (*méd.*) superinfezione.
surintendance |syʀɛ̃tɑ̃dɑ̃s| *s.f.* (*anciennt.*) soprintendenza, sovrintendenza.
surintendant |syʀɛ̃tɑ̃dɑ̃| *s.m.* (*anciennt.*) soprintendente, sovrintendente.
surintendante |syʀɛ̃tɑ̃dɑ̃t| *s.f.* **1** (*anciennt.*) moglie* del soprintendente **2** direttrice di un educandato della Legion d'onore **3** *surintendante d'usine* assistente sociale.
surintensité |syʀɛ̃tɑ̃site| *s.f.* (*électr.*) sovracorrente.
surir |syʀiʀ| *v.intr.* [*devenir sur, un peu aigre*] inacidire (197) (*aux.* essere) → **aigrir.**
surjaler |syʀʒale| *v.intr.* (*mar.*) (*en parlant de la chaîne de l'ancre*) [*être engagé sous le jas et faire un tour par-dessus*] incepparsi *pron.*
surjection |syʀʒɛksjɔ̃| *s.f.* (*math.*) suriezione.
surjet |syʀʒɛ| *s.m.* (*cout.*) sopraggitto: *point de surjet* punto a sopraggitto.
surjeter |syʀʒəte| (5) *v.tr.* (*cout.*) [*coudre en surjet*] sopraggittare.
sur-le-champ |syʀl(ə)ʃɑ̃| *loc. adv.* → **champ.**
surlendemain |syʀlɑ̃dmɛ̃| *s.m.* due giorni *pl.* dopo: *le surlendemain de son arrivée* due giorni dopo il suo arrivo.
surlonge |syʀlɔ̃ʒ| *s.f.* (*bouch.*) lombata.
surloyer |syʀlwaje| *s.m.* (*comm.*) indennità *f. inv.* di occupazione (di un appartamento).
surmenage |syʀmənaʒ| *s.m.* sovraffaticamento, 'surmenage' (*inv.*): *surmenage intellectuel* sovraffaticamento, 'surmenage' intellettuale.
surmenant, ante |syʀmənɑ̃, ɑ̃t| *adj.* [*qui surmène, qui fatigue à l'excès*] affaticante: *travail surmenant* lavoro affaticante.
surmené, ée |syʀməne| *adj.* [*fatigué à l'excès; en état de surmenage*] sovraffaticato, spossato.
surmener |syʀməne| (6) *v.tr.* **1** [*fatiguer outre mesure* (*un cheval, une bête de somme*)] spossare, affaticare eccessivamente **2** [*excéder de fatigue* (*qqn.*)] affaticare eccessivamente: *surmener les élèves* affaticare eccessivamente gli alunni ✦ (*pron. réfl.*) *il se surmène trop* si affatica troppo; si sovraccarica di lavoro.
sur-moi, surmoi |syʀmwa| *s.m.* (*psychan.*) super-io *inv.*, super-ego *inv.*
surmontable |syʀmɔ̃tabl(ə)| *adj.* [→ SURMONTER II 1] superabile, sormontabile: *difficultés difficilement surmontables* difficoltà difficilmente superabili, sormontabili © **insurmontable.**
surmonter |syʀmɔ̃te| *v.tr.* **I** (*con-*

cret) **1** [*terrasser, mettre (son adversaire) à terre*] atterrare **2** [*être placé, situé au-dessus de*] sormontare: *la chapelle est surmontée d'un dôme* la cappella è sormontata da una cupola **II** (*abstrait*) **1** [*aller au delà de*] superare, vincere (193): *surmonter sa peur, sa timidité* superare, vincere la paura, la timidezza ♦ *pron. réfl.* SE SURMONTER [*vaincre, dépasser par la volonté ses penchants*] vincersi, dominarsi **2** (*vx.*) [*surpasser, se montrer supérieur à*] superare (*cour.*).

surmontoir |syRmɔ̃twaR| *s.m.* cartello pubblicitario*.

surmortalité |syRmɔRtalite| *s.f.* (*démogr.*) sopramortalità *inv.*, supermortalità *inv.*

surmoulage |syRmulaʒ| *s.m.* (*techn.*) calco* fatto su un altro calco; il modellare *inv.* su calco.

surmoule |syRmul| *s.m.* (*techn.*) calco* fatto su un altro calco.

surmouler |syRmule| *v.tr.* (*techn.*) [*mouler dans un moule obtenu sur un moulage (et non sur le modèle ou sur l'œuvre originale)*] modellare su calco.

surmulet |syRmylɛ| *s.m.* (*t.zool.*) triglia *f.* di scoglio.

surmulot |syRmylo| *s.m.* (*t.zool.*) surmolotto, topo delle chiaviche, di fogna (*cour.*).

surmultiplication |syRmyltiplikɑsjɔ̃| *s.f.* (*techn.*) (sovra)moltiplica*.

surmultiplié, ée |syRmyltiplije| *adj.* (*techn.*) (sovra)moltiplicato.

surnager |syRnaʒe| (3) *v.intr.* **1** [*se soutenir, rester à la surface d'un liquide*] galleggiare, stare (104) (*aux.* essere) a galla **2** (*fig.*) [*subsister, se maintenir (parmi ce qui disparaît)*] sussistere (*aux.* essere), rimanere (174) (*aux.* essere).

surnatalité |syRnatalite| *s.f.* (*démogr.*) sovranatalità *inv.*, supernatalità *inv.*

surnaturalisme |syRnatyRalism(ə)| *s.m.* soprannaturalismo.

surnaturel, elle |syRnatyRɛl| **I** *adj.* **1** (*relig.*) soprannaturale: *événement surnaturel* avvenimento soprannaturale **2** [*qui ne relève pas des lois naturelles*] soprannaturale: *visions surnaturelles* visioni soprannaturali **3** (*par ext.*) [*qui semble inexplicable, trop grand pour être naturel*] soprannaturale → **extroardinaire** **II** *s.m.* LE SURNATUREL il soprannaturale: *croire au surnaturel* credere nel soprannaturale.

surnaturellement |syRnatyRɛlmɑ̃| *adv.* (*rare*) [→ SURNATUREL I 2, 3] in modo soprannaturale *loc. inv.*

surnom |syRnɔ̃| *s.m.* **1** [*nom ajouté, lorsqu'il ne s'agit pas du nom de famille, du nom patronymique*] soprannome: *le Bien-Aimé, surnom de Louis XV* il 'Bien-Aimé', il benamato, soprannome di Luigi XV **2** [*désignation caractéristique que l'on substitue au véritable nom d'une personne*] soprannome: *le surnom n'a pas de valeur juridique* il soprannome non ha valore giuridico.

surnombre |syRnɔ̃bR(ə)| *s.m.* soprannumero ◇ (*loc.*) *en surnombre* in soprannumero.

surnommer |syRnɔme| *v.tr.* [*désigner par un surnom*] soprannominare ♦ (*au p.p.*) *Guillaume, surnommé le Conquérant* Guglielmo, soprannominato il Conquistatore.

surnuméraire |syRnymeRɛR| *adj.* **1** [*qui est en surnombre, en trop*] in soprannumero (*loc. inv.*): *organes surnuméraires* organi in soprannumero **2** (*admin.*) soprannumerario*, avventizio* ♦ (*s.*) *un surnuméraire* un avventizio, un soprannumerario.

suroffre |syRɔfR(ə)| *s.f.* (*dr.*) offerta superiore, maggiore offerta.

suroît |syRwa| *s.m.* **1** (*mar.*) libeccio*, vento di sud-ovest **2** cappello di tela impermeabile **3** (*vx.*) [*vareuse de marin*] casacca* *f.* (*cour.*).

suros |syRo| *s.m.* (*vétér.*) soprosso.

suroxydation |syRɔksidɑsjɔ̃| *s.f.* (*chim.*) sovraossidazione; perossidazione.

suroxyder |syRɔkside| *v.tr.* (*chim.*) [*oxyder au maximum; transformer en peroxyde*] sovraossidare; perossidare.

suroxygéné, ée |syRɔksiʒene| *adj.* (*chim.*) sovraossigenato.

surpassement |syRpɑsmɑ̃| *s.m.* (*littér.*) [→ SURPASSER A 2] superamento (*cour.*).

surpasser |syRpɑse| **A** *v.tr.* **1** (*vieilli*) [*dépasser, excéder*] superare (*cour.*), oltrepassare (*cour.*): *une entreprise qui surpasse les forces humaines* un'impresa che supera, oltrepassa le forze umane **2** [*faire mieux que*] superare: *surpasser en habileté* superare in abilità **B** *v.pron. réfl.* SE SURPASSER [*faire mieux qu'à l'ordinaire*] superarsi, fare (103) *tr.* meglio del solito: *la cuisinière s'est surpassée* la cuoca si è superata, ha fatto meglio del solito.

surpatte |syRpat| *s.f.* (*fam.*) [*surprise-partie*] festicciola.

surpaye |syRpɛ(j)| *s.f.* **1** (*vx.*) [*paye supplémentaire*] gratifica* (*cour.*) **2** (*comm.*) lo strapagare *m. inv.* (qc.).

surpayer |syRpeje| (9) *v.tr.* [*payer (qqn.) au-dessus de ce qu'il mérite*] strapagare.

surpeuplé, ée |syRpœple| *adj.* **1** sovrappopolato: *le Japon, pays surpeuplé* il Giappone, paese sovrappopolato **2** [*où les occupants sont trop nombreux*] sovraffollato.

surpeuplement |syRpœpləmɑ̃| *s.m.* [*état d'une région surpeuplée*] sovrappopolazione *f.* ◇ [*état d'un local surpeuplé*] sovraffollamento.

surplace, sur-place |syRplas| *s.m.* → **place** II 1.

surplis |syRpli| *s.m.* (*ecclés.*) cotta *f.*

surplomb |syRplɔ̃| *s.m.* **1** (*archit.*) strapiombo **2** *loc.* EN SURPLOMB a strapiombo: *mur en surplomb* muro a strapiombo; *falaise en surplomb* scogliera a strapiombo, strapiombante.

surplombant, ante |syRplɔ̃bɑ̃, ɑ̃t| *adj.* [*qui surplombe*] strapiombante.

surplombement |syRplɔ̃bmɑ̃| *s.m.* [→ SURPLOMBER] strapiombo: *le surplombement d'un mur* lo strapiombo di un muro.

surplomber |syRplɔ̃be| **A** *v.intr.* (*techn.*) [*dépasser par le sommet la ligne de l'aplomb*] strapiombare: *mur qui surplombe* muro che strapiomba **B** *v.tr.* [*dominer en se trouvant au-dessus et en surplomb*] strapiombare *intr.* (su), dominare: *les rochers qui surplombent la mer* le rocce che strapiombano sul mare, che dominano il mare.

surplus |syRply| *s.m.* **1** (*écon.*) eccedenza (*f.*): *surplus agricoles* eccedenze agricole **2** (*vx.*) [*ce qui vient s'ajouter à ce qui a déjà été mentionné*] resto (*cour.*) ◇ (*loc. adv. ou conj.*) *au surplus* del resto, d'altronde.

surpopulation |syRpɔpylɑsjɔ̃| *s.f.* (*démogr.*) sovrappopolazione.

surprenant, ante |syRpRənɑ̃, ɑ̃t| *adj.* **1** [*qui surprend, étonne*] sorprendente: *une histoire surprenante* una storia sorprendente; *apparition surprenante* apparizione sorprendente, inattesa; *l'effet est plus surprenant que douloureux* l'effetto è più sorprendente che doloroso **2** [*remarquable, étonnant*] sorprendente: *ses progrès ont été surprenants* i suoi progressi sono stati sorprendenti.

surprendre |syRpRɑ̃dR(ə)| (73) *v.tr.* **1** (*vx., littér.*) [*gagner artificieusement, obtenir par fraude*] carpire (197) (*cour.*): *surprendre la confiance de qqn.* carpire la fiducia di qc. **2** [*prendre sur le fait*] sorprendere (105), cogliere (123) sul fatto: *surprendre un voleur* sorprendere, cogliere sul fatto un ladro **3** [*découvrir (ce que qqn. cache)*] scoprire (186): *surprendre un secret* scoprire un segreto ♦ (*pron. intr.*) *se surprendre à* (+ *inf.*) sorprendersi a (+ *inf.*) **4** [*se présenter inopinément à, chez (qqn.)*] fare (103) un'improvvisata (a): *surprendre qqn. chez lui* fare un'improvvisata a (casa di) qc. ◇ [*attaquer par surprise*] sorprendere: *surprendre l'ennemi* sorprendere il nemico ◇ (*choses*) sorprendere: *la pluie m'a surpris* la pioggia mi ha sorpreso, mi ha colto alla sprovvista; *cela me surprendrait* la cosa mi sorprenderebbe; *vous me surprenez, cela me semble incroyable* lei mi sorprende, mi sembra incredibile ♦ *passif.* ÊTRE SURPRIS essere sorpreso: *être agréablement surpris* essere piacevolmente sorpreso **5** (*vx.*) [*saisir*] prendere (105): *se laisser surprendre à...* lasciarsi prendere a....

surpression |syRpResjɔ̃| *s.f.* (*techn.*) sovrapressione.

surprime |syRpRim| *s.f.* (*comm.*) sovrappremio* *m.*

surprise |syRpRiz| *s.f.* **1** [*émotion provoquée par qqch. d'inattendu*] sorpresa: *surprise agréable, désagréable* sorpresa piacevole, spiacevole; *à ma grande surprise* con mia grande sorpresa **2** [*ce qui surprend; chose inattendue*] sorpresa: *un voyage sans surprise* un viaggio senza sorprese; *boîte à surprise(s)* scatola a sorpresa; *pochette surprise* busta a sorpresa **3** (*deuxième élément de subst. composés, avec une valeur d'adj.*) [*inattendu, soudain*] a sorpresa (*loc. inv.*): *attaque-surprise* attacco a sorpresa; *visite-surprise* visita a sorpresa # *grève-surprise* sciopero selvaggio **4** [*plaisir ou cadeau fait à qqn. de manière à le surprendre agréablement*] sorpresa: *il veut vous faire une surprise* vuole farvi una sorpresa **5** *loc.* PAR SURPRISE di sorpresa: *attaquer qqn. par surprise* attaccare qc. di sorpresa.

surprise-partie, surprise-party |syRpRizpaRti| *s.f.* **1** [*soirée ou après-midi dansante de jeunes gens, qui a lieu chez l'un d'entre eux*] festa, festicciola (danzante): *des surprises-parties* delle feste, delle festicciole; *être invité à une surprise-partie* essere invitato a una festa **2** (*vieilli*) → **pique-nique.**

surproducteur, trice |syRpRɔdyktœR, tRis| *adj.* in sovrapproduzione *loc. inv.*

surproduction |syRpRɔdyksjɔ̃| *s.f.* sovrapproduzione: *crise de surproduction* crisi di sovrapproduzione [C] **sous-production.**

surproduire |syʀpʀɔdɥiʀ| (75) *v. tr.* [*produire en excès*] avere (97) una sovrapproduzione.
surpuissance |syʀpɥisɑ̃s| *s.f.* sovrapotenza; riserva di potenza.
surpuissant, ante |syʀpɥisɑ̃, ɑ̃t| *adj.* [*très puissant*] ultrapotente: *moteur surpuissant* motore ultrapotente ◇ (*fig.*) superpotente: *un État surpuissant* uno Stato superpotente.
surréalisme |syʀʀealism(ə)| *s.m.* (*bx-arts, litt.*) surrealismo.
surréaliste |syʀʀealist(ə)| *adj.* (*bx-arts, litt.*) surrealistico*, surrealista: *les techniques surréalistes* le tecniche surrealistiche; *poète surréaliste* poeta surrealista ◆ (*s.*) *un surréaliste* un surrealista.
surréalité |syʀʀealite| *s.f.* (*littér.*) aspetto *m.* surreale (*cour.*).
surrection |syʀʀɛksjɔ̃| *s.f.* (*géol.*) sollevamento *m.*
surréel, elle |syʀʀeɛl| *adj. et s.m.* (*littér.*) [*qui est au delà du réel*] surreale.
surrégénérateur |syʀʀeʒeneʀatœʀ| *s.m.* (*phys. nucléaire*) reattore autofertilizzante → **surgénérateur.**
surrénal, ale, aux |syʀʀenal, o| *adj.* (*anat.*) surrenale: *les* (*glandes, capsules*) *surrénales* le (ghiandole, capsule) surrenali, i surreni *s.m.*
surrénalien, ienne |syʀʀenaljɛ̃, jɛn| *adj.* (*méd., physiol.*) surrenalico*.
surrénalite |syʀʀenalit| *s.f.* (*méd.*) surrenalite.
sursalaire |syʀsalɛʀ| *s.m.* (*écon.*) integrazione *f.* salariale.
sursaturant, ante |syʀsatyʀɑ̃, ɑ̃t| *adj.* (*sc.*) sopra(s)saturante.
sursaturation |syʀsatyʀɑsjɔ̃| *s.f.* (*sc.*) sopra(s)saturazione.
sursaturé, ée |syʀsatyʀe| *adj.* **1** (*sc.*) sopra(s)saturo **2** (*cour.*) più che saturo.
sursaut |syʀso| *s.m.* **1** *loc. adv.* EN SURSAUT di soprassalto: *s'éveiller en sursaut* svegliarsi di soprassalto **2** [*mouvement brusque, réaction physiologique subite*] sussulto, sobbalzo: *elle eut un sursaut* ebbe un sussulto, un sobbalzo **3** (*fig.*) [*regain subit* (*d'un sentiment conduisant à une réaction vive*)] scatto, guizzo: *dans un dernier sursaut* con un ultimo scatto, guizzo.
sursauter |syʀsote| *v.intr.* [*avoir un mouvement brusque, un sursaut; réagir par un sursaut*] sussultare, sobbalzare: *des rires me firent sursauter* delle risate mi fecero sussultare, sobbalzare.
surséance |syʀseɑ̃s| *s.f.* (*vx.*) [*le fait de surseoir, délai pendant lequel on sursoit*] dilazione (*cour.*), proroga* (*cour.*).
sursemer |syʀsəme| (6) *v.tr.* (*agric.*) [*semer dans une terre déjà ensemencée*] soprasseminare.
surseoir |syʀswaʀ| (*prés. ind.: je sursois, tu sursois, il sursoit, nous sursoyons, vous sursoyez, ils sursoient; imp.: je sursoyais, nous sursoyions; p. simple: je sursis, nous sursîmes; fut.: je surseoirai; condit.: je surseoirais; impér.: sursois, sursoyons, sursoyez; subj. prés.: que je sursoie; imp. subj.: que je sursisse; p. prés.: sursoyant; p.p. sursis*) **A** *v.intr.* (*dr., littér.*) SURSEOIR À [*attendre l'expiration d'un délai pour procéder à*] soprassedere (183) a: *surseoir à l'exécution* soprassedere all'esecuzione; *surseoir à la publication d'un livre* soprassedere alla pubblicazione di un libro → 2 **différer, reculer B** *v.tr.* (*vx.*) → 2 **différer, suspendre.**
sursis |syʀsi| *s.m.* **1** [*ajournement, remise à une date postérieure*] rinvio*: *sursis d'appel, d'incorporation* rinvio di chiamata alle armi, del servizio militare # *trois ans de prison avec sursis* tre anni di prigione col beneficio della (con la) condizionale **2** [*délai par lequel on sursoit à qqch.*] dilazione *f.*, proroga* *f.* **3** [*période de répit, délai*] respiro: *les vacances laissent un sursis au gouvernement* le vacanze lasciano un periodo di respiro al governo.
sursitaire |syʀsitɛʀ| *adj. et s.* **1** beneficiario* di un rinvio, di una dilazione **2** beneficiario di un rinvio di chiamata alle armi.
sursoufflage |syʀsuflaʒ| *s.m.* (*métall.*) insufflazione *f.* (forzata), soffiaggio* (forzato).
surtaux |syʀto| *s.m.* (*dr.*) aliquota *f.* eccessiva.
surtaxe |syʀtaks(ə)| *s.f.* **1** (*admin., comm.*) imposta eccessiva, illegale **2** [*majoration d'une taxe; droit perçu en même temps qu'une autre taxe*] sopra(t)tassa, sovra(t)tassa, sovraimposta: *surtaxe à l'importation* soprattassa all'importazione # *surtaxe progressive* imposta complementare.
surtaxer |syʀtakse| *v.tr.* **1** [*taxer excessivement*] soprattassare **2** [*frapper d'une surtaxe*] gravare di una sopra(t)tassa, sovra(t)tassa.
surtension |syʀtɑ̃sjɔ̃| *s.f.* **1** (*électr.*) sovratensione **2** (*littér.*) [*tension extrême*] estrema tensione (*cour.*).
surtondre |syʀtɔ̃dʀ(ə)| (53) *v.tr.* [*couper les extrémités de la laine, du poil, après le lavage des peaux*] spuntare il pelo (di, a), cimare.
surtonte |syʀtɔ̃t| *s.f.* [→ SURTONDRE] cimatura, spuntatura del pelo.
1 **surtout** |syʀtu| *adv.* **1** (*vieilli*) → 1 **avant (tout) 2** (*renforçant 'un conseil, un ordre', etc.*) soprattutto: *pas de complications, surtout!* niente complicazioni, soprattutto!; *surtout ne dites rien!* soprattutto state zitti! **3** [*plus particulièrement*] soprattutto, principalmente: *il aime le sport, surtout le football* gli piace lo sport, soprattutto il calcio **4** (*fam.*) (*emploi critiqué*) *surtout que...* [*d'autant plus que*] tanto più che... (*cour.*).
2 **surtout** |syʀtu| *s.m.* **1** [*pièce de vaisselle ou d'orfèvrerie décorative, qu'on place sur une table*] centro tavola **2** (*vx.*) [*vêtement de dessus, cape ou grand manteau ample*] soprabito (*cour.*).
surveillance |syʀvɛjɑ̃s| *s.f.* **1** [→ SURVEILLER] sorveglianza, vigilanza: *éviter, tromper la surveillance des hommes de garde* eludere la sorveglianza degli uomini di guardia # *être sous la surveillance de qqn.* essere sorvegliato, vigilato da qc. ◇ (*spécialt.*) *surveillance militaire* ricognizione militare; *avion en surveillance* aereo in ricognizione **2** [*situation de celui qui est surveillé*] sorveglianza, controllo (*m.*): *surveillance médicale* sorveglianza medica, controllo medico.
surveillant, ante |syʀvɛjɑ̃, ɑ̃t| *s.* **1** [*personne qui surveille ce dont elle a la responsabilité, la charge*] sorvegliante, guardiano: *surveillants d'une prison* sorveglianti, guardiani di una prigione **2** [*agents de maîtrise, contremaîtres, ouvriers qualifiés chargés de surveiller des travaux*] assistente: *surveillant technique* assistente tecnico; *surveillant de travaux* assistente ai lavori **3** [*personne chargée de la discipline dans un établissement d'enseignement, une communauté*] sorvegliante, prefetto (*m.*): *surveillant*(*e*) *général*(*e*) sorvegliante generale.
surveillé, ée |syʀveje| (*adj.*) *externe surveillé* [*élève externe qui reste aux études surveillées*] alunno esterno ◇ (*dr.*) *liberté surveillée* libertà vigilata.
surveiller |syʀveje| *v.tr.* **1** [*observer avec une attention soutenue*] sorvegliare: *surveiller qqn.* sorvegliare qc.; *surveiller de près* sorvegliare da vicino; *surveiller un prisonnier, des enfants* sorvegliare un prigioniero, dei bambini **2** [*suivre avec attention* (*un travail*) *de manière à constater si tout se déroule comme il faut*] sorvegliare, controllare: *surveiller la construction d'une maison* sorvegliare, controllare la costruzione di una casa **3** [*observer attentivement pour éviter ou prévenir un danger, une action*] scrutare, spiare: *animal qui surveille sa proie* animale che scruta, spia la preda **4** [*exercer une surveillance milit. sur* (*qqch., qqn.*)] sorvegliare, spiare: *surveiller l'adversaire* sorvegliare l'avversario **5** [*être attentif à* (*ce que l'on fait, ce que l'on dit*)] sorvegliare, controllare: *surveiller son langage* sorvegliare, controllare il proprio linguaggio # *surveiller sa santé, sa ligne* curare la propria salute, la linea ◆ (*pron. réfl.*) *se surveiller* sorvegliarsi, controllarsi.
survenance |syʀvənɑ̃s| *s.f.* (*dr.*) [→ SURVENIR] sopravvenienza, il sopraggiungere *m. inv.*
survenir |syʀvəniʀ| (27) *v.intr.* (*aux.* 'être') **1** (*dr.*) *survenir à* [*venir après, par surcroît, s'ajouter à*] sopraggiungere (150) a **2** [*arriver, venir à l'improviste, brusquement*] sopravvenire (202): *changements qui surviennent dans une société* cambiamenti che sopravvengono in una società ◆ (*impers.*) *s'il survient un visiteur, dites-lui que je ne suis pas là* se arriva un visitatore, ditegli che non ci sono.
survente |syʀvɑ̃t| *s.f.* (*comm.*) vendita a prezzi eccessivi.
survenue |syʀvəny| *s.f.* (*littér.*) [→ SURVENIR 2] sopravvenuta (*rare*).
survêtement |syʀvɛtmɑ̃| *s.m.* [*blouson, pantalon molletonné que les sportifs passent sur leur tenue de sport*] tuta *f.* (sportiva).
survie |syʀvi| *s.f.* **1** (*dr.*) sopravvivenza **2** [*vie qui continue après la mort*] sopravvivenza: *croire à la survie de l'homme* credere alla sopravvivenza dell'uomo **3** [*le fait de survivre, de se maintenir en vie*] sopravvivenza: *table de survie* tavola di sopravvivenza.
survirage |syʀviʀaʒ| *s.m.* (*auto.*) sovrasterzatura *f.*
survirer |syʀviʀe| *v.intr.* (*auto.*) [*déraper par l'arrière, l'axe médian du véhicule s'orientant vers l'intérieur du virage*] sovrasterzare **C** **sous-virer.**
survireur, euse |syʀviʀœʀ, øz| *adj.* (*auto.*) sovrasterzante.
survivance |syʀvivɑ̃s| *s.f.* **1** (*littér.*) [*survie*] sopravvivenza (*cour.*): *survivance de l'âme* sopravvivenza dell'anima **2** [*ce qui survit, ce qui subsiste d'une chose disparue*] sopravvivenza: *l'anoblissement, survivance de la che-*

valerie du moyen âge la nobilitazione, sopravvivenza della cavalleria medioevale **3** [*le fait de continuer à vivre, de se maintenir en vie*] sopravvivenza.

survivant, ante |syʀvivɑ̃, ɑ̃t| *adj.* **1** [*qui survit à qqn., à d'autres*] superstite: *l'époux survivant* il coniuge superstite ♦ (*s.*) *le survivant* il superstite **2** [*qui survit à l'époque, à la société à laquelle il appartenait*] superstite: *le seul survivant d'une époque révolue* l'unico superstite di un'epoca passata **3** [*qui a échappé à la mort là où d'autres sont morts*] superstite, sopravvissuto: *les passagers survivants d'un accident ferroviaire* i passeggeri superstiti di, sopravvissuti a un incidente ferroviario ♦ (*s.*) *il n'y a pas de survivants, tous sont morts* non ci sono superstiti, sono tutti morti.

survivre |syʀvivʀ(ə)| (58) **A** *v.tr.* (*vx.*) *survivre qqn.* [*demeurer en vie après qu'il est mort*] sopravvivere (194) *intr.* a qc. (*cour.*) **B** *v.intr.* **I** SURVIVRE À **1** [*demeurer en vie, vivre après la mort de* (*qqn.*)] sopravvivere (*aux.* essere) a: *il a survécu à tous les siens* è sopravvissuto a tutti i suoi; *survivre à une époque, à une génération* sopravvivere a un'epoca, a una generazione **2** (*choses*) [*exister encore après que* (*une personne, une chose*) *a disparu; durer plus longtemps que*] sopravvivere a: *l'œuvre d'art survit à son auteur* l'opera d'arte sopravvive al suo autore **3** [*continuer à vivre après* (*une chose insupportable*)] sopravvivere a: *survivre à la honte, à l'humiliation* sopravvivere alla vergogna, all'umiliazione **4** [*échapper à* (*une mort violente et collective*)] sopravvivere a: *survivre à une catastrophe* sopravvivere a una catastrofe **5** [*résister à* (*ce qui fait disparaître*)] sopravvivere **II** *absolt.* **1** [*continuer à vivre après une cause de mort, rester en vie*] sopravvivere: *l'espoir de survivre* la speranza di sopravvivere **2** (*choses*) sopravvivere → **conserver (se), demeurer, subsister** **C** *v.pron. intr.* SE SURVIVRE **1** [*vivre encore* (*dans qqch.*) *après sa mort*] sopravvivere (*intr.*): *se survivre dans ses enfants* sopravvivere nei propri figli **2** [*vivre encore alors qu'on n'est plus soi-même*] sopravvivere: *cet auteur se survit, il n'écrit plus rien de bon* questo autore sopravvive a sé stesso, non scrive più nulla di buono.

survol |syʀvɔl| *s.m.* **1** [→ SURVOLER 1] sorvolo: *le survol d'une ville* il sorvolo di una città **2** (*fig.*) [→ SURVOLER 2] sorvolo.

survoler |syʀvɔle| *v.tr.* **1** [*voler au-dessus de*] sorvolare **2** (*fig.*) [*passer rapidement sur*] sorvolare *intr.* su, esaminare rapidamente: *survoler une question* sorvolare su una questione, esaminare rapidamente una questione.

survoltage |syʀvɔltaʒ| *s.m.* (*électr.*) sovratensione *f.*

survolté, ée |syʀvɔlte| *adj.* **1** (*électr.*) *courant survolté* corrente survoltata **2** (*fig.*) [*très excité*] sovreccitato: *les esprits étaient survoltés* gli animi erano sovreccitati → **surexcité.**

survolter |syʀvɔlte| *v.tr.* (*électr.*) [*augmenter le voltage de*] survoltare.

survolteur |syʀvɔltœʀ| *s.m.* (*électr.*) survoltore.

survolteur-dévolteur |syʀvɔltœʀdevɔltœʀ| *s.m.* (*électr.*) survoltore-devoltore.

sus |sy(s)| *adv.* **1** (*vx.*) *courir sus à l'ennemi* scagliarsi sul (*cour.*) nemico ◇ (*ellipt.*) *sus!, sus donc!* [*allons!*] su!, orsù!, suvvia! **2** *loc. adv.* (*vieilli*) *en sus* [*en plus, par-dessus le marché*] inoltre *adv.* (*cour.*), per di più, perdipiù (*cour.*) **3** (*loc. prép.*) *en sus de* oltre a, in aggiunta a.

susceptibilité |sysɛptibilite| *s.f.* **1** suscettibilità (*inv.*): *blesser la susceptibilité de qqn.* ferire la suscettibilità di qc. **2** (*phys.*) *susceptibilité magnétique* suscettibilità magnetica.

susceptible |sysɛptibl(ə)| *adj.* **I** SUSCEPTIBLE DE **1** suscettibile di: *travail susceptible d'améliorations* lavoro suscettibile di miglioramenti **2** (+ *inf.*) [*capable de*] in grado di, atto a (+ *inf.*): *des propositions susceptibles de vous intéresser* proposte in grado di, atte a interessarvi **II** **1** [*particulièrement sensible dans son amour-propre*] suscettibile, permaloso: *il est très susceptible* è molto suscettibile, permaloso **2** (*vx.*) → **sensible.**

susciter |sysite| *v.tr.* **1** (*littér.*) [*faire naître* (*qqn., qqch.*)] suscitare, far (103) *intr.* nascere: *susciter des querelles, des troubles* suscitare, far nascere liti, disordini **2** [*faire naître* (*un sentiment, une idée*)] suscitare: *susciter l'admiration* suscitare l'ammirazione ◇ (*par ext.*) → 1 **causer, créer, provoquer.**

suscription |syskʀipsjɔ̃| *s.f.* (*admin.*) soprascritta, indirizzo *m.*

susdit, dite |sysdi, dit| *adj. et s.* (*dr.*) suddetto, succitato → **susmentionné.**

sus-dominante |sysdɔminɑ̃t| *s.f.* (*mus.*) sopradominante.

sus-hépatique |syzepatik| *adj.* (*anat.*) sopraepatico*.

sus-maxillaire |sysmaksi(l)lɛʀ| *adj.* (*anat.*) della mascella superiore *loc.*

susmentionné, ée |sysmɑ̃sjɔne| *adj.* (*admin.*) summenzionato, sopra(m)menzionato.

susnommé, ée |sysnɔme| *adj. et s.* (*admin.*) sopra(c)citato, succitato → **prénommé.**

suspect, ecte |syspɛ(kt), ɛkt(ə)| *adj.* **1** sospetto: *individus suspects* individui sospetti ♦ (*s.*) *les suspects d'une enquête policière* i sospetti, gli indiziati in un'indagine di polizia ◇ (*spécialt.*) SUSPECT DE sospetto, sospettato di: *suspect d'anglophilie* sospetto, sospettato di anglofilia ♦ (*s.*) *un suspect* una persona *f.* sospettata *adj.* **2** (*choses*) [*qui éveille les soupçons ou le doute*] sospetto: *témoignage suspect* testimonianza sospetta **3** (*personnes*) (*méd.*) sospetto: *malades suspects* malati sospetti.

suspecter |syspɛkte| *v.tr.* [*tenir pour suspect* (*une personne ou une chose*)] sospettare *intr.* di: *on suspectait sa bonne foi* sospettavamo della sua buona fede.

suspendre |syspɑ̃dʀ(ə)| (53) **A** *v.tr.* **I** (*sens temporel*) [*rendre pour un temps immobile, inactif*] **1** [*interrompre* (*une action*)] sospendere (105): *on a dû suspendre la séance* si è dovuto sospendere la seduta → **arrêter** **2** [*mettre un terme aux activités, aux effets de*] sospendere: *suspendre la constitution, les garanties constitutionnelles* sospendere la costituzione, le garanzie costituzionali **3** [*remettre, reporter à plus tard*] sospendere: *suspendre son jugement* sospendere il giudizio **II** [*faire pendre*] **1** [*tenir ou faire tenir* (*une chose, une personne*) *de manière à ce qu'elle pende*] appendere (105), attaccare: *suspendre un lustre au plafond* appendere un lampadario al soffitto; *suspendre des vêtements à un porte-manteau* appendere, attaccare degli abiti ad un attaccapanni **2** (*loc.*) *être suspendu aux lèvres de qqn.* [*l'écouter avec avidité*] pendere dalle labbra di qc. **B** *v.pron. réfl.* SE SUSPENDRE [*se pendre, se tenir pendu*] appendersi: *il s'est suspendu au trapèze* si è appeso al trapezio.

suspendu, ue |syspɑ̃dy| *adj.* **I** (*abstrait*) **1** [*momentanément arrêté*] sospeso: *séance suspendue* seduta sospesa **2** [*à qui on a interdit l'exercice de ses fonctions*] sospeso: *magistrat suspendu* magistrato sospeso **3** [*remis à plus tard*] sospeso: *jugement suspendu* giudizio sospeso **II** **1** [*attaché, soutenu de manière à pendre*] sospeso: *suspendu en l'air, dans le vide* sospeso in aria, nel vuoto; *pont suspendu* ponte sospeso ◇ (*spécialt.*) *voiture suspendue* [*dont le corps, le châssis repose sur des ressorts*] auto molleggiata: *voiture bien suspendue* auto (ben) molleggiata **2** [*qui se tient à une certaine hauteur*] pensile: *les jardins suspendus de Babylone* i giardini pensili di Babilonia.

suspens |syspɑ̃| **I** *adj. m.* (*dr. can.*) sospeso 'a divinis' **II** *loc. adv.* **1** EN SUSPENS [*dans l'incertitude, l'indécision*] in sospeso, incerto (*adj.*): *demeurer, rester en suspens* rimanere, restare in sospeso, incerto ◇ [*arrêté momentanément*] *la question reste en suspens* la questione resta in sospeso, sospesa ◇ [*remis à plus tard*] *affaires, projets en suspens* affari, progetti in sospeso **2** EN SUSPENS [*suspension*] in sospensione: *de la poussière en suspens* polvere in sospensione **III** *s.m.* (*angl.*) (*littér.*) [*suspense*] suspense *f. inv.*

1 **suspense** |syspɑ̃s| *s.f.* (*dr. can.*) sospensione 'a divinis'.

2 **suspense** |syspɛns| *s.m.* (*angl.*) **1** suspense *f. inv.* **2** (*par ext.*) ansiosa attesa *f.*, aspettativa *f.*

suspenseur |syspɑ̃sœʀ| *adj. m.* (*anat.*) sospensorio*: *ligaments suspenseurs* legamenti sospensori ♦ *s.m.* (*bot.*) sospensore, embrioforo.

suspensif, ive |syspɑ̃sif, iv| *adj.* **1** (*dr.*) sospensivo: *veto suspensif* veto sospensivo **2** (*vx.*) *points suspensifs* [*de suspension*] punti, puntini di sospensione *loc. inv.* (*cour.*).

suspension |syspɑ̃sjɔ̃| *s.f.* **I** **1** [*interruption ou remise à plus tard*] sospensione: *suspension des hostilités, suspension d'armes* sospensione, cessazione delle ostilità **2** (*dr.*) *suspension d'audience* sospensione di udienza, sospensiva; *suspension de paiements* sospensione dei pagamenti **3** [*le fait de retirer ses fonctions* (*à un agent, un magistrat, un fonctionnaire*)] sospensione: *suspension d'un maire par le préfet* sospensione di un sindaco da parte del prefetto **4** (*style*) sospensione ◇ (*loc. inv.*) *points de suspension* punti, puntini di sospensione **II** **1** [*manière dont un objet suspendu est maintenu en équilibre stable*] sospensione: *point de suspension d'une balance* punto di sospensione di una bilancia **2** (*auto., mécan.*) sospensione: *ressorts de suspension* molle di sospensione; *les suspensions* le sospensioni **3** *loc. adv.* (*chim.*) EN SUSPENSION in sospensione: *colloïde en suspension*

colloide in sospensione **4** [*appareil d'éclairage muni de lampes et d'un abat-jour*] lampadario* *m.*
suspensoïde |syspɑ̃sɔid| *adj.* (*chim.*) sospensoide.
suspensoir |syspɑ̃swaʀ| *s.m.* (*méd.*) sospensorio*.
suspente |syspɑ̃t| *s.f.* **1** (*mar.*, *mécan.*) sospensore *m.* **2** [*corde attachant la nacelle au filet d'un ballon*] cavo *m.* di ritenuta.
suspicieusement |syspisjøzmɑ̃| *adv.* [→ SUSPICIEUX] sospettosamente, con sospetto *loc. inv.*
suspicieux, euse |syspisjø, øz| *adj.* [*plein de suspicion*] sospettoso: *des regards suspicieux* sguardi sospettosi → **soupçonneux.**
suspicion |syspisjɔ̃| *s.f.* **1** [*le fait de tenir pour suspect, de ne pas avoir confiance*] sospetto (*m.*): *avoir de la suspicion à l'égard de qqn.* nutrire sospetti verso qc. → **défiance, méfiance** ◇ (*loc. littér.*) *tenir en suspicion* avere in sospetto **2** (*dr.*) suspicione: *renvoi pour cause de suspicion* rinvio per legittima suspicione.
sussultoire |sysyltwaʀ|, **subsultant, ante** |sypsyltɑ̃, ɑ̃t| *adj.* (*géol.*) sussultorio*: *tremblement de terre sussultoire* terremoto sussultorio.
sustentateur, trice |systɑ̃tatœʀ, tʀis| *adj.* sostentatore*: *surfaces sustentatrices d'un avion* superfici sostentatrici di un aereo.
sustentation |systɑ̃tɑsjɔ̃| *s.f.* **1** (*méd.*) sostentamento (*m.*): *sustentation d'un malade* sostentamento di un ammalato **2** [*fait de soutenir, de maintenir en équilibre*] sostentazione: *base de sustentation* base di sostentazione **3** (*aviat.*) sostentazione: *rotor assurant la sustentation d'un hélicoptère* rotore che assicura la sostentazione di un elicottero **4** (*vx.*) [→ SUSTENTER] sostentamento.
sustenter |systɑ̃te| **A** *v.tr.* (*vieilli*) [*soutenir les forces de* (*qqn.*) *par la nourriture*] sostentare → **nourrir B** *v. pron. réfl.* (*fam.*) SE SUSTENTER [*se nourrir*] sostentarsi.
sus-tonique |systɔnik| *s.f.* (*mus.*) sopratonica*.
susurrant, ante |sysyʀɑ̃, ɑ̃t| *adj.* sussurrante: *voix susurrante* voce sussurrante.
susurration |sysyʀɑsjɔ̃| *s.f.* (*littér.*) [*bruit de ce qui susurre*] sussurro *m.* (*cour.*), ronzio* *m.* (*cour.*): *la susurration des moustiques* il ronzio delle zanzare.
susurrement |sysyʀmɑ̃| *s.m.* [→ SUSURRER] sussurro, mormorio*.
susurrer |sysyʀe| *v.intr.* [*murmurer doucement*] sussurrare, mormorare: *sa voix fade susurrait* la sua voce smorta sussurrava, mormorava ✦ (*v.tr.*) *il lui susurrait des mots doux à l'oreille* le mormorava, le sussurrava parole dolci all'orecchio.
susvisé, ée |sysvize| *adj.* (*admin.*) sopraindicato, di cui sopra *loc. inv.*
sûtra |sytʀa|, **soûtra** |sutʀa| *s.m.* (*sanscrit*) sutra *inv.*
sutural, ale, aux |sytyʀal, o| *adj.* (*anat.*, *sc.*) suturale.
suture |sytyʀ| *s.f.* (*anat.*, *chir.*, *sc.*) sutura: *points de suture* punti di sutura.
suturer |sytyʀe| *v.tr.* [*réunir par une suture*] suturare: *suturer les bords d'une plaie* suturare i labbri di una ferita.
suzerain, aine |syzʀɛ̃, ɛn| *s.* (*féod.*) signore ◇ (*spécialt.*) [*seigneur qui a concédé un fief à un vassal*] feudatario*.
suzeraineté |syzʀɛnte| *s.f.* **1** (*féod.*) signoria, dignità *inv.* di feudatario **2** (*fig.*, *littér.*) sovranità (*inv.*): *suzeraineté d'un État sur un autre* sovranità di uno Stato su un altro.
svastika |svastika| *s.m.* (*sanscrit*) svastica* *f.*
svelte |svɛlt(ə)| *adj.* **1** (*du corps humains ou animal*) [*mince et souple*] slanciato, snello: *une svelte jeune fille* una ragazza slanciata, snella; *taille svelte* vita slanciata, snella **2** [*qui produit une impression de légèreté, d'élégance*] slanciato → **fin, léger.**
sveltesse |svɛltɛs| *s.f.* [*caractère de ce qui est svelte*] snellezza, agilità *inv.*; forma slanciata.
swahéli |swaeli|, **swahili** |swaili| *adj. et s.* swahili *inv.*, swaheli *inv.*
swap |swap| *s.m.* (*angl.*) (*fin.*) swap *inv.* → **report.**
swastika |svastika| *s.m.* → **svastika.**
sweater |switœʀ| *s.m.* (*angl.*) (*vieilli*) [*tricot de sportif pour l'entraînement*] maglione ◇ (*par ext.*) golf *inv.*, giacchetta *f.* a maniche lunghe.
swing |swiŋ| *s.m.* (*angl.*) (*boxe, danse, jazz*) swing *inv.*
swinguer |swiŋge| *v.intr.* (*jazz*) [*jouer avec swing*] suonare con swing.
sybarite |sibaʀit| *s. et adj.* sibarita.
sybaritique |sibaʀitik| *adj.* sibaritico*.
sybaritisme |sibaʀitism(ə)| *s.m.* (*littér.*) vita *f.* sibaritica*, costumi *pl.* sibaritici → **indolence, mollesse, sensualité** [C] **ascétisme.**
sycomore |sikɔmɔʀ| *s.m.* (*t.bot.*) sicomoro.
sycone |sikɔn| *s.m.* (*bot.*) siconio*.
sycophante |sikɔfɑ̃t| *s.m.* (*littér.*, *vieilli*) sicofante.
sycosis |sikozis| *s.m.* (*méd.*) sicosi *f. inv.*
syénite |sjenit| *s.f.* (*sc.*) sienite.
syllabaire |si(l)labɛʀ| *s.m.* (*vieilli*) sillabario* (*cour.*).
syllabation |si(l)labɑsjɔ̃| *s.f.* (*ling.*) sillabazione.
syllabe |si(l)lab| *s.f.* sillaba: *syllabe initiale, finale d'un mot* sillaba iniziale, finale di una parola; *ne pas prononcer une syllabe* non pronunciare (una) sillaba, parola.
syllabique |si(l)labik| *adj.* sillabico*: *accent syllabique* accento sillabico; *vers syllabique* verso sillabico.
syllabisme |si(l)labism(ə)| *s.m.* (*ling.*) sillabismo.
syllabus |si(l)labys| *s.m.* (*lat.*) (*relig.*) sillabo.
syllepse |si(l)lɛps(ə)| *s.f.* (*gram.*) sillessi *inv.*, sillepsi *inv.*
sylleptique |si(l)lɛptik| *adj.* (*gram.*) che concerne la sillessi, sillepsi *loc.*, della sillessi *loc. inv.*
syllogisme |si(l)lɔʒism(ə)| *s.m.* **1** (*log.*) sillogismo **2** (*péj.*, *cour.*) [*raisonnement purement formel*] sillogismo.
syllogistique |si(l)lɔʒistik| *adj.* sillogistico* ✦ (*s.f.*) *la syllogistique* la sillogistica*.
sylphe |silf(ə)| *s.m.* silfo.
sylphide |silfid| *s.f.* silfide ◇ (*par ext.*) [*femme mince et gracieuse*] *c'est une sylphide* è una silfide.
sylvain |silvɛ̃| *s.m.* (*mythol.*) silvano.
sylve |silv(ə)| *s.f.* (*poét.*) [*forêt, bois*] selva.
sylvestre |silvɛstʀ(ə)| *adj.* silvestre → **forestier** ◇ (*t.bot.*) *pin sylvestre* pino silvestre.
sylvicole |silvikɔl| *adj.* **1** (*vieilli*) che vive nelle foreste *loc.*, silvicolo **2** silvicolo, forestale: *problèmes sylvicoles* problemi silvicoli, forestali.
sylviculteur |silvikyltœʀ| *s.m.* selvicoltore* *s.*, silvicoltore* *s.*
sylviculture |silvikyltyʀ| *s.f.* selvicoltura, silvicoltura.
sylvie |silvi| *s.f.* (*t.bot.*) silvia.
sylvinite |silvinit| *s.f.* (*techn.*) silvinite.
symbiose |sɛ̃bjoz| *s.f.* (*biol.*) simbiosi *inv.* ◇ (*fig.*) simbiosi.
symbiote |sɛ̃bjɔt| *s.* (*sc.*) simbionte *m.*
symbiotique |sɛ̃bjɔtik| *adj.* (*sc.*) simbiotico*.
symbole |sɛ̃bɔl| *s.m.* **I** (*relig. cathol.*) simbolo: *symbole des apôtres* simbolo degli apostoli, il Credo **II 1** simbolo: *la colombe, symbole de la paix* la colomba, simbolo della pace; *mythes et symboles* miti e simboli **2** (*par anal.*) simbolo: *symboles algébriques* simboli algebrici; *symbole chimique* simbolo chimico; *symbole graphique* simbolo grafico **3** [*personne qui incarne, qui personnifie de façon exemplaire*] simbolo: *Piero della Francesca est le symbole même de la sensibilité moderne* Piero della Francesca è il simbolo stesso della sensibilità moderna.
symbolique |sɛ̃bɔlik| **I** *adj.* **1** simbolico*: *objets symboliques* oggetti simbolici ◇ (*spécialt.*) *écriture symbolique* pittografia **2** (*par anal.*) simbolico: *geste symbolique, purement symbolique* gesto simbolico, puramente simbolico; *une augmentation toute symbolique des salaires* un aumento del tutto simbolico dei salari **II** *s.* **1** *s.f.* [*log. symbolique*] simbolica* **2** *s.f.* [*science, théorie génér. des symb.*] simbolica **3** (*s.f.*) *la symbolique de* [*système de symb. relatif à un domaine déterminé*] la simbologia* di **4** (*s.m.*) *le symbolique* [*le domaine des symb.*] il simbolico.
symboliquement |sɛ̃bɔlikmɑ̃| *adv.* [→ SYMBOLIQUE I] simbolicamente.
symbolisation |sɛ̃bɔlizɑsjɔ̃| *s.f.* **1** [→ SYMBOLISER 1] simbolizzazione **2** [*fait d'utiliser des symb.*] simbolizzazione.
symboliser |sɛ̃bɔlize| *v.tr.* **1** [*représenter, exprimer par un symb.*] simboleggiare: *l'auteur a symbolisé le mal par un personnage* l'autore ha simboleggiato il male attraverso un personaggio **2** [*être le symb. de*] simboleggiare.
symbolisme |sɛ̃bɔlism(ə)| *s.m.* **1** simbolismo: *symbolisme religieux, chrétien* simbolismo religioso, cristiano **2** (*bx-arts, philo., litt.*) simbolismo: *le symbolisme dans la peinture, la musique* il simbolismo in pittura, in musica.
symboliste |sɛ̃bɔlist(ə)| *adj.* simbolista, simbolistico*: *poésie symboliste* poesia simbolista ✦ (*s.*) *les symbolistes* i simbolisti.
Symbranchiformes |sɛ̃bʀɑ̃ʃifɔʀm(ə)| *s.m. pl.* (*t.zool.*) Simbranchiformi.
symétrie |simetʀi| *s.f.* **I 1** (*vx.*, *archit.*) → **harmonie, régularité 2** (*littér.*) simmetria **II 1** [*distribution ré-*

gulière de parties, d'objets semblables] simmetria: *vases disposés avec symétrie* vasi disposti con simmetria **2** (*géom.*) *symétrie de deux figures par rapport à un point, une droite ou un plan* simmetria di due figure rispetto a un punto, una retta o un piano **3** (*sc. nat.*) simmetria **4** (*bot.*, *cristallographie*) simmetria.

symétrique |simetʀik| *adj.* **1** (*vx.*, *littér.*) → **régulier** **2** [*qui a de la symétrie* (II)] simmetrico*: *les deux mains sont symétriques* le due mani sono simmetriche ◇ (*abstrait*) *considérer deux systèmes, deux théories comme symétriques* considerare due sistemi come simmetrici, due teorie come simmetriche **3** (*géom.*) simmetrico ◇ (*algèbre*) *fonction symétrique* funzione simmetrica ◇ (*math.*) *éléments symétriques* elementi simmetrici.

symétriquement |simetʀikmɑ̃| *adv.* (*géom.*, *cour.*) simmetricamente: *objets disposés symétriquement* oggetti disposti simmetricamente.

sympa |sɛ̃pa| *adj. inv.* (*très fam.*) [*symphathique*] simpatico* (*cour.*): *ils sont très sympa* sono molto simpatici, sono dei simpaticoni *s.*

sympathicectomie |sɛ̃patisɛktɔmi|, **sympathectomie** |sɛ̃patɛktɔmi| *s.f.* (*méd.*) simpatectomia.

sympathicotonie |sɛ̃patikɔtɔni| *s.f.* (*physiol.*) simpaticotonia.

sympathie |sɛ̃pati| *s.f.* **1** simpatia: *la sympathie qui existe entre eux* la simpatia che esiste tra loro ◇ (*par ext.*) simpatia: *avoir de la sympathie pour qqn.* nutrire simpatia per qc.; *attirer, inspirer la sympathie* attirarsi la simpatia, ispirare simpatia **2** (*littér.*) [*participation à la douleur d'autrui*] simpatia, partecipazione (*cour.*): *croyez à toute ma sympathie* vogliate credere alla mia più sentita partecipazione (al vostro dolore).

1 **sympathique** |sɛ̃patik| *adj.* **1** simpatico*: *sympathique à qqn.*, *antipathique à d'autres* simpatico a qc., antipatico ad altri; *trouver qqn. sympathique* trovare qc. simpatico → **aimable, agréable** # *c'est un type très sympathique* è un (gran) simpaticone **2** (*choses*) (*fam.*) [*très agréable*] simpatico: *une petite plage sympathique* una simpatica spiaggetta ◻C **antipathique.**

2 **sympathique** |sɛ̃patik| *s.m.* (*anat.*) *le sympathique* il simpatico* ✦ (*adj.*) *nerf sympathique* nervo simpatico.

sympathiquement |sɛ̃patikmɑ̃| *adv.* [*avec sympathie*] simpaticamente, con simpatia (*loc.*): *accueillir sympathiquement qqn.* accogliere qc. simpaticamente, con simpatia.

sympathisant, ante |sɛ̃patizɑ̃, ɑ̃t| *adj.* **1** [*qui, sans appartenir à un parti, en adopte les vues*] simpatizzante ✦ (*s.*) *un sympathisant communiste* un simpatizzante comunista **2** (*vx.*) *sympathisant avec* [*qui sympathise avec, a les mêmes goûts*] affino a (*cour.*).

sympathiser |sɛ̃patize| *v.intr.* [*être en affinité morale, avoir les mêmes goûts*] simpatizzare: *sympathiser avec qqn.* simpatizzare con qc.; *ils ont tout de suite sympathisé* hanno simpatizzato subito.

symphonie |sɛ̃fɔni| *s.f.* **1** (*mus.*) sinfonia: *symphonies de Mozart* sinfonie di Mozart **2** (*fig.*, *littér.*) sinfonia **3** (*vx.*) → **consonance, homophonie.**

symphonique |sɛ̃fɔnik| *adj.* **1** sinfonico*: *poème symphonique* poema sinfonico **2** [*de la symphonie; de la mus. classique pour grand orchestre*] sinfonico: *orchestre symphonique* orchestra sinfonica.

symphoniste |sɛ̃fɔnist(ə)| *s.* **1** musicista (componente di un'orchestra sinfonica) **2** [*auteur de symphonies*] sinfonista **3** (*vx.*) [*musicien compositeur*] musicista (*cour.*).

symphorine |sɛ̃fɔʀin| *s.f.* (*t.bot.*) sinforicarpo *m.*

symphyse |sɛ̃fiz| *s.f.* (*anat.*, *méd.*) sinfisi *inv.*

symplectique |sɛ̃plɛktik| *adj.* (*sc. nat.*) simplettico*.

symposiarque |sɛ̃pozjaʀk| *s.m.* simposiarca*, simposiarco*.

symposium |sɛ̃pozjɔm| *s.m.* (*angl.*) simposio*.

symptomatique |sɛ̃ptɔmatik| *adj.* **1** (*méd.*) sintomatico*: *douleur symptomatique* dolore sintomatico; *guérison symptomatique* guarigione sintomatica **2** [*qui révèle ou fait prévoir* (*un état ou un processus caché*)] sintomatico: *leur réaction a été symptomatique* la loro reazione è stata sintomatica.

symptomatiquement |sɛ̃ptɔmatikmɑ̃| *adv.* [→ SYMPTOMATIQUE] in maniera sintomatica *loc. inv.*

symptomatologie |sɛ̃ptɔmatɔlɔʒi| *s.f.* (*méd.*) sintomatologia*: *la symptomatologie d'une maladie* la sintomatologia di una malattia.

symptomatologique |sɛ̃ptɔmatɔlɔʒik| *adj.* sintomatologico*.

symptôme |sɛ̃ptom| *s.m.* **1** sintomo: *symptômes subjectifs* sintomi soggettivi **2** [*ce qui manifeste, révèle ou permet de prévoir* (*un état, une évolution*)] sintomo: *les symptômes avant-coureurs d'une crise* i sintomi premonitori di una crisi.

syn- |sɛ̃, sin|, **syl-** |sil|, **sym-** |sɛ̃, sim| *préf.* (*signifiant 'avec', correspondent généralt. à*) sin, sil, sim: *synchrone* sincrono.

synagogue |sinagɔg| *s.f.* sinagoga*.

synalèphe |sinalɛf| *s.f.* (*gram.*) sinalefe.

synallagmatique |sinalagmatik| *adj.* (*dr.*) sinallagmatico*.

synanthéré, ée |sinɑ̃teʀe| (*bot.*) **1** *adj.* sinanterico* **2** *s.f. pl.* (*vx.*) → **Composacées.**

synapse |sinaps(ə)| *s.f.* (*anat.*, *biol.*) sinapsi *inv.*

synaptase |sinaptɑz| *s.f.* → **émulsine.**

synarchie |sinaʀʃi| *s.f.* sinarchia, autorità *inv.* collegiale.

synarthrose |sinaʀtʀoz| *s.f.* (*anat.*) sinartrosi *inv.*

synase |sinɑz| *s.f.* (*biol.*, *chim.*) sinasi *inv.*

synaxe |sinaks| *s.f.* (*hist. chrét.*) sinassi *inv.*

syncarpe |sɛ̃kaʀp(ə)| *s.m.* (*bot.*) sincarpo.

synchondrose |sɛ̃kɔ̃dʀoz| *s.f.* (*anat.*) sincondrosi *inv.*

synchrocyclotron |sɛ̃kʀosiklɔtʀɔ̃| *s.m.* (*phys.*) sincrociclotrone.

synchrone |sɛ̃kʀɔn| *adj.* sincrono: *mouvements synchrones* movimenti sincroni ◇ (*électr.*) *moteur synchrone* motore sincrono ◻C **asynchrone.**

synchronie |sɛ̃kʀɔni| *s.f.* (*ling.*) sincronia.

synchronique |sɛ̃kʀɔnik| *adj.* (*ling.*) sincronico*: *linguistique synchronique* linguistica sincronica ◻C **diachronique.**

synchroniquement |sɛ̃kʀɔnikmɑ̃| *adv.* [→ SYNCHRONIQUE] sincronicamente.

synchronisation |sɛ̃kʀɔnizɑsjɔ̃| *s.f.* [→ SYNCHRONISER] sincronizzazione ◇ (*ciné.*, *télév.*) *synchronisation des images avec le son* sincronizzazione delle immagini con il suono; *synchronisation d'un film doublé* sincronizzazione di un film doppiato.

synchronisé, ée |sɛ̃kʀɔnize| *adj.* sincronizzato: *opérations parfaitement synchronisées* operazioni perfettamente sincronizzate.

synchroniser |sɛ̃kʀɔnize| *v.tr.* (*techn.*) [*rendre synchrones* (*des phénomènes, des mouvements, des mécanismes*)] sincronizzare: *synchroniser deux alternateurs* sincronizzare due alternatori ◇ (*ciné.*, *télév.*) [*mettre en concordance* (*la piste sonore et la bande des images d'un film*)] sincronizzare ◇ (*fig.*) *synchroniser deux actions* sincronizzare due azioni.

synchroniseur, euse |sɛ̃kʀɔnizœʀ, øz| *s.* **1** *s.m.* (*électr.*) sincronizzatore **2** *s.f.* (*techn.*) sincronizzatore *m.*

synchronisme |sɛ̃kʀɔnism(ə)| *s.m.* (*techn.*) sincronismo.

synchrotron |sɛ̃kʀɔtʀɔ̃| *s.m.* (*phys.*) sincrotrone.

synchrotronique |sɛ̃kʀɔtʀɔnik| *adj.* (*phys.*) sincrotronico*.

synclinal, ale, aux |sɛ̃klinal, o| **1** *s.m.* (*géogr.*, *géol.*) sinclinale *f.* **2** *adj.* sinclinale: *pli synclinal* piega sinclinale ◻C **anticlinal.**

syncopal, ale, aux |sɛ̃kɔpal, o| *adj.* (*méd.*) sincopale: *fièvre syncopale* febbre sincopale.

syncope |sɛ̃kɔp| *s.f.* **1** (*méd.*) sincope, collasso (*m.*): *avoir une syncope* avere una sincope, un collasso **2** (*gram. anc.*, *mus.*) sincope.

syncopé, ée |sɛ̃kɔpe| *adj.* **1** (*versif. anc.*) *vers syncopé* verso sincopato **2** (*mus.*) sincopato: *le rythme syncopé du jazz* il ritmo sincopato del jazz **3** (*fam.*) *je suis syncopé* [*stupéfait*] sono sbalordito (*cour.*).

syncoper |sɛ̃kɔpe| **A** *v.tr.* **1** (*vx.*, *gram.*) [*retrancher par syncope* (2)] sincopare **2** (*mus.*) [*unir* (*une note à la note suivante*) *en formant une syncope*] sincopare **B** *v.intr.* (*mus.*) [*former une syncope*] formare *tr.* una sincope: *notes qui syncopent* note che formano una sincope, sincopate.

syncrétique |sɛ̃kʀetik| *adj.* sincretico*.

syncrétisme |sɛ̃kʀetism(ə)| *s.m.* **1** sincretismo **2** (*ethnologie*, *hist. relig.*) sincretismo.

syncrétiste |sɛ̃kʀetist(ə)| **1** *s.m.* sincretista **2** *adj.* sincretistico*: *secte syncrétiste* setta sincretistica.

syncristalliser |sɛ̃kʀistalize| *v. intr.* (*chim.*) [*cristalliser ensemble*] cristallizzare (*aux.* essere) insieme.

syncytium |sɛ̃sisjɔm| *s.m.* (*biol.*) sincizio*.

syndactyle |sɛ̃daktil| *adj.* (*biol.*) sindattilo.

syndérèse |sɛ̃deʀɛz| *s.f.* sinderesi *inv.*

synderme |sɛ̃dɛʀm(ə)| *s.m.* (*techn.*) cuoio* artificiale, similpelle *f. inv.*
syndic |sɛ̃dik| *s.m.* **1** (*hist.*) rappresentante **2** (*dr. comm.*) curatore del fallimento **3** (*dans un immeuble en copropriété*) amministratore* *s.* (di condominio).
syndical, ale, aux |sɛ̃dikal, o| *adj.* sindacale: *action syndicale* azione sindacale; *union syndicale* unione sindacale; *revendications syndicales* rivendicazioni sindacali.
syndicalisation |sɛ̃dikalizɑsjɔ̃| *s.f.* sindacalizzazione.
syndicalisme |sɛ̃dikalism(ə)| *s.m.* **1** sindacalismo **2** [*activité exercée dans un syndicat*] sindacalismo: *faire du syndicalisme* fare del sindacalismo.
syndicaliste |sɛ̃dikalist(ə)| **1** *s.* sindacalista **2** *adj.* [*relatif aux syndicats, au syndicalisme*] sindacale; sindacalistico*: *mouvement syndicaliste* movimento sindacale ‖ *esprit syndicaliste* mentalità sindacalistica.
syndicat |sɛ̃dika| *s.m.* **1** *syndicat financier* sindacato, consorzio* finanziario ◇ (*dr. admin.*) *syndicat de communes* consorzio intercomunale **2** *syndicat d'initiative* azienda *f.* (autonoma) di cura, di soggiorno (e turismo); (associazione *f.*) pro loco *f. inv.* **3** [*association qui a pour objet la défense d'intérêts professionnels*] sindacato: *syndicat de producteurs* sindacato di produttori ◇ (*spécialt.*) *syndicats ouvriers* sindacati operai; *dirigeants d'un syndicat* dirigenti di un sindacato.
syndicataire |sɛ̃dikatɛʀ| *s.* (*dr.*) membro *m.* di un consorzio finanziario ♦ *adj.* relativo a un sindacato.
syndiqué, ée |sɛ̃dike| *adj.* iscritto a un sindacato, ai sindacati; sindacalizzato: *ouvriers syndiqués* operai iscritti a un sindacato, ai sindacati.
syndiquer |sɛ̃dike| **A** *v.tr.* [*grouper* (*des personnes*), *organiser* (*une profession*) *en syndicat*] organizzare in sindacato, sindacalizzare **B** *v.pron. réfl.* SE SYNDIQUER [*se grouper en un syndicat professionnel*] riunirsi (197) in sindacato, sindacalizzarsi; aderire (197) *intr.* a un sindacato.
syndrome |sɛ̃dʀo(ɔ)m| *s.m.* (*méd.*) sindrome *f.*
synecdoque |sinɛkdɔk| *s.f.* sineddoche.
synéchie |sineʃi| *s.f.* (*pathol.*) sinechia.
synérèse |sineʀɛz| *s.f.* (*chim.*, *phonét.*) sineresi *inv.*
synergie |sinɛʀʒi| *s.f.* sinergia*: *synergie musculaire* sinergia muscolare ◇ (*pharm.*) sinergia, sinergismo *m.* ⓒ **antagonisme.**
synergique |sinɛʀʒik| *adj.* sinergico*.
synergisme |sinɛʀʒism(ə)| *s.m.* (*théol.*) sinergismo.
synergiste |sinɛʀʒist(ə)| *s.m.* (*théol.*) sinergista.
synesthésie |sinɛstezi| *s.f.* (*méd.*) sinestesia.
syngnathe |sɛ̃gnat| *s.m.* (*t.zool.*) singnato.
Syngnathidés |sɛ̃gnatide| *s.m. pl.* (*t.zool.*) Singnatiformi.
synizèse |sinizɛs| *s.f.* (*ling.*) sinizesi *inv.*
synodal, ale, aux |sinɔdal, o| *adj.* (*relig.*) sinodale: *assemblée, réunion synodale* assemblea, riunione sinodale.
synode |sinɔd| *s.m.* (*relig.*) sinodo: *le synode des évêques* il sinodo vescovile.
synodique |sinɔdik| *adj.* **1** (*astron.*) sinodico*: *année synodique* anno sinodico **2** (*relig.*) sinodale, sinodico ♦ *s.m.* raccolta *f.* delle decisioni di un sinodo.
synonyme |sinɔnim| **1** *adj.* sinonimo, sinonimico*: *mots synonymes* parole sinonime, sinonimiche ◇ (*fig.*) *être synonyme de...* essere sinonimo di... **2** *s.m.* sinonimo: *chercher un synonyme* cercare un sinonimo ⓒ **antonyme, contraire.**
synonymie |sinɔnimi| *s.f.* (*ling.*) sinonimia.
synonymique |sinɔnimik| *adj.* (*ling.*) sinonimico*: *série synonymique* serie sinonimica.
synopse |sinɔps(ə)| *s.f.* (*relig.*) sinossi *inv.*
synopsie |sinɔpsi| *s.f.* (*méd.*) sinopsia.
synopsis |sinɔpsis| *s.f.* (*gr.*) **1** [*vue génér.*, *tableau synoptique d'une sc.*, *d'une question*] sinossi *inv.* **2** (*parfois m.*) (*ciné.*) sinossi *f.*
synoptique |sinɔptik| *adj.* **1** sinottico*: *un tableau synoptique* una tavola sinottica **2** (*relig.*) *les Évangiles synoptiques* i Vangeli sinottici.
synostose |sinɔstoz| *s.f.* (*anat.*, *méd.*) sinostosi *inv.*
synovial, ale, aux |sinɔvjal, o| *adj.* (*anat.*) sinoviale: *membrane synoviale*, (*s.f.*) *la synoviale* membrana sinoviale.
synovie |sinɔvi| *s.f.* (*méd.*, *physiol.*) sinovia.
synovite |sinɔvit| *s.f.* (*méd.*) sinovite.
syntacticien, ienne |sɛ̃taktisjɛ̃, jɛn| *s.* linguista specializzato in sintassi.
1 **syntactique** |sɛ̃taktik| *adj.* → **syntaxique.**
2 **syntactique** |sɛ̃taktik| *s.f.* (*log.*) sintattica*.
syntagmatique |sɛ̃tagmatik| *adj.* (*ling.*) sintagmatico*: *règles syntagmatiques* regole sintagmatiche ♦ (*s.f.*) *la syntagmatique* lo studio* *m.* dei sintagmi.
syntagme |sɛ̃tagm(ə)| *s.m.* (*ling.*) sintagma: *syntagme verbal, nominal* sintagma verbale, nominale.
syntaxe |sɛ̃taks(ə)| *s.f.* (*gram.*, *cour.*) sintassi (*inv.*): *étudier la syntaxe d'une phrase* studiare la sintassi di una frase.
syntaxique |sɛ̃taksik|, **syntactique** |sɛ̃taktik| *adj.* [*de la syntaxe*] sintattico*: *procédés syntaxiques* procedimenti sintattici.
synthèse |sɛ̃tɛz| *s.f.* **1** sintesi (*inv.*): *produits de synthèse* prodotti di sintesi; *synthèse mentale* sintesi mentale **2** [*ensemble complexe d'objets de pensée*] sintesi: *une vaste synthèse* una vasta sintesi ⓒ **analyse.**
synthétique |sɛ̃tetik| *adj.* **1** sintetico*: *jugement synthétique* giudizio sintetico **2** [*produit par synthèse chimique, artificiellement*] sintetico: *résines, fibres synthétiques* resine, fibre sintetiche **3** (*ling.*) sintetico: *langue synthétique* lingua sintetica **4** [*qui est apte à la synthèse*] sintetico: *esprits synthétiques et esprits analytiques* menti sintetiche e menti analitiche ⓒ 2 **analytique.**
synthétiquement |sɛ̃tetikmɑ̃| *adv.* [*par une synthèse*] sinteticamente, per sintesi *loc. inv.*
synthétisant, ante |sɛ̃tetizɑ̃, ɑ̃t| *adj.* [*qui synthétise, fait la synthèse*] sintetizzatore*.
synthétiser |sɛ̃tetize| *v.tr.* [*associer, combiner*] sintetizzare: *synthétiser les éléments d'une théorie* sintetizzare gli elementi di una teoria.
synthétiseur |sɛ̃tetizœʀ| *s.m.* (*techn.*) sintetizzatore.
syntone |sɛ̃tɔn| *adj.* (*phys.*, *psycho.*) sintonico*.
syntonie |sɛ̃tɔni| *s.f.* (*phys.*, *psycho.*) sintonia.
syntonisation |sɛ̃tɔnizɑsjɔ̃| *s.f.* (*phys.*) sintonizzazione.
syntoniser |sɛ̃tɔnize| *v.tr.* [*mettre en syntonie*] sintonizzare.
syntonisme |sɛ̃tɔnism(ə)| *s.m.* (*phys.*) sintonismo.
syphiligraphe |sifiligʀaf|, **syphilographe** |sifilɔgʀaf| *s.* sifilografo.
syphiligraphie |sifiligʀafi|, **syphilographie** |sifilɔgʀafi|, **syphilologie** |sifilɔlɔʒi| *s.f.* sifilografia.
syphilis |sifilis| *s.f.* (*méd.*) sifilide, lue *inv.*
syphilitique |sifilitik| *adj.* **1** sifilitico*, luetico*: *méningite syphilitique* meningite sifilitica **2** [*atteint de syphilis*] sifilitico ♦ (*s.*) *un syphilitique* un sifilitico.
syracusain, aine |siʀakyzɛ̃, ɛn| *adj.* [*de Syracuse*] siracusano.
syriaque |siʀjak| *s.m.* (*ling.*) siriaco* ♦ (*adj.*) *langue syriaque* lingua siriaca*.
syrien, ienne |siʀjɛ̃, jɛn| **1** *adj.* [*de Syrie*] siriano **2** (*s.m.*) *le syrien* [*l'ar. parlé en Syrie*] il siriano.
syringe |siʀɛ̃ʒ| *s.f.* (*archéol.*) tomba sotterranea dei re d'Egitto.
syringomyélie |siʀɛ̃gɔmjeli| *s.f.* (*méd.*) siringomielia.
syrinx |siʀɛ̃ks| *s.m. ou f.* **1** (*mus.*) flauto *m.* di Pan **2** (*zool.*) siringe *f.*
syrphe |siʀf(ə)| *s.m.* (*t.zool.*) sirfo.
syrte |siʀt(ə)| *s.f.* (*géogr.*) sirte: *la Grande et la Petite Syrte* la Grande e la Piccola Sirte.
systématicien, ienne |sistematisjɛ̃, jɛn| *s.* studioso di sistematica.
systématique |sistematik| **I** *adj.* **1** sistematico*: *opinion systématique* opinione sistematica **2** (*méd.*) sistematico: *affections systématiques* affezioni sistematiche ◇ [*qui forme un système abstrait*] *raisonnement systématique* ragionamento sistematico **3** [*qui procède avec méthode*] sistematico, metodico*: *un travail systématique* un lavoro sistematico, metodico ◇ (*fam.*) *c'est systématique* è la solita storia, siamo alle solite **4** [*qui pense ou agit selon un système*] sistematico: *esprit essentiellement systématique* intelligenza essenzialmente sistematica **II** *s.f.* [*sc. des classifications des formes vivantes*] sistematica* ⓒ **I empirique.**
systématiquement |sistematikmɑ̃| *adv.* **1** [→ SYSTÉMATIQUE I] sistematicamente **2** [*d'une manière constante, suivie*] sistematicamente.
systématisation |sistematizɑsjɔ̃| *s.f.* [*réunion en un système*] sistematizzazione, riduzione a sistema.
systématisé, ée |sistematize| *adj.* [*qui forme un système*] sistematizzato, ridotto a sistema.
systématiser |sistematize| *v.tr.* **1** [*réunir* (*plusieurs éléments*) *en un sys-*

tème] sistematizzare, ridurre (108) a sistema **2** *au passif ou au pron.* [*constituer un système* (II)] diventare *intr.* sistematico*, costituire (197) un sistema: *délire qui se systématise* delirio che diventa sistematico.

système |sistɛm| *s.m.* **I** [*ensemble organisé d'éléments intellectuels*] **1** (*hist. sc.*) sistema: *le système astronomique de Ptolémée* il sistema astronomico di Tolomeo **2** (*philo., sc.*) sistema: *le système philosophique de Descartes* il sistema filosofico, la dottrina filosofica di Cartesio **3** [*ensemble coordonné de pratiques tendant à obtenir un résultat*] sistema, metodo: *un système de vie* un sistema, un metodo di vita; *le système de défense d'un accusé* il sistema, il metodo di difesa di un imputato **4** (*fam.*) [*moyen habile*] sistema, trucco*: *je connais le système* conosco il sistema, il trucco # *le système D* [*des débrouillards*] l'arte di arrangiarsi **5** [*ensemble de pratiques, d'institutions*] sistema, ordinamento: *système politique, économique, social* sistema, ordinamento politico, economico, sociale **6** *absolt.* [*tendance à penser, agir, écrire selon un système*] *agir par système* agire per partito preso; *esprit de système* tendenza a schematizzare tutto **II 1** [*ensemble structuré d'éléments naturels de même espèce*] sistema: *la langue peut être considérée comme un système de signes* la lingua può essere considerata (come) un sistema di segni ◇ (*anat.*) *système nerveux* sistema nervoso ◇ (*sc.*) *système planétaire, solaire* sistema planetario, solare ✦ *absolt.* (*fam.*) *le système* il sistema nervoso (*cour.*) # *taper, porter sur le système* dare ai, sui nervi **2** [*dispositif formé par une réunion d'organes analogues constituant un tout cohérent*] sistema: *systèmes électriques, électroniques* sistemi elettrici, elettronici ✦ (*en appos.*) *ingénieur système* ingegnere sistemista **3** [*ensemble structuré* (*de choses abstraites*)] sistema ◇ (*math., sc.*) *système d'équations* sistema di equazioni; *système décimal, métrique* sistema decimale, metrico; *système de coordonnées* sistema di coordinate.

systémicien, ienne |sistemisjɛ̃, jɛn| *s.* sistemista.

systémique |sistemik| **1** *adj.* sistemico*: *insecticide systémique* insetticida sistemico **2** (*s.f.*) *la systémique* la sistemistica*.

systole |sistɔl| *s.f.* (*physiol.*) sistole.

systolique |sistɔlik| *adj.* (*physiol.*) sistolico* ◇ (*méd.*) *souffle systolique* soffio sistolico.

systyle |sistil| *s.m.* (*archit.*) sistilo ✦ (*adj.*) *portique systyle* portico sistilo.

syzygie |siziʒi| *s.f.* (*astron.*) sizigia*.

T

t |te| *s.m.* **1** [*vingtième lettre de l'alphabet*] t (*f. ou m.*): *t minuscule* t minuscola; *T majuscule* T maiuscolo; *t euphonique intercalé* t eufonica intercalata ◇ (*loc.*) *en T* a T: *antenne en T* antenna a T ◇ (*télécom.*): (*en France*) *T comme Thérèse*; (*en Belgique*) *T comme Téléphone* T come Torino **2** (*emplois conventionnels*) *T* (*symb. de 'tera', du 'tesla', du 'tritium'*) T; *t* (*symb. de 'tome', de 'tonne'*) t ◇ (*mus.*) *t* (*abrév. de 'tous' ou 'tutti'*) t.

ta |ta| *adj. poss.* → **ton.**

1 **tabac** |taba| *s.m.* **1** (*t.bot.*) tabacco* ◇ (*cour.*) *champ de tabac* campo di tabacco **2** [*produit manufacturé*] tabacco: *tabac brun, fort* tabacco scuro, forte; *tabac blond, léger* tabacco biondo, leggero; *tabac à mâcher, à priser* tabacco da masticare, da fiuto # *débit de tabac, bureau de tabac* tabaccheria, tabaccaio ◇ (*au plur.*) *régie française des tabacs* monopolio francese dei tabacchi ◇ (*loc. fam., fig.*) *c'est toujours le même tabac* è sempre la stessa storia **3** *couleur* (*de*) *tabac* color tabacco **4** *un tabac* [*un bureau de tabac*] una tabaccheria (*f.*) # *café-tabac* bar tabacchi.

2 **tabac** |taba| *s.m.* (*vx., fam.*) (*dans des loc.*) [*bataille, volée de coups*] *donner du tabac* picchiare ~ *passage à tabac* pestata *f.*, sacco di botte ~ *passer qqn. à tabac* pestare qc., dare un sacco di legnate a qc. ~ *coup de tabac* temporale ~ *avoir le gros tabac* ottenere un successone.

tabacomanie |tabakɔmani| *s.f.* tabaccomania.

tabacosis |tabakɔsis| *s.m.* (*méd.*) tabacosi *f. inv.*

tabaculteur, trice |tabakyltœʀ, tʀis| *s.* tabacchicoltore*.

tabagie |tabaʒi| *s.f.* **1** luogo* *m.* mal aerato dove si è fumato molto # *ce bureau est une tabagie* in questo ufficio c'è puzza di fumo; *quelle tabagie, chez vous!* che puzza qui dentro! **2** (*vx.*) [*sorte d'estaminet où l'on allait fumer*] locale *m.* per fumatori.

tabagique |tabaʒik| *adj.* (*méd.*) tabagico*.

tabagisme |tabaʒism(ə)| *s.m.* (*méd.*) tabagismo.

tabard, tabar |tabaʀ| *s.m.* (*au moyen âge*) tabarro.

tabassage |tabasaʒ| *s.m.* (*fam.*) [*bagarre; action de tabasser, de se tabasser*] zuffa *f.* (*cour.*), rissa *f.* (*cour.*); pestata *f.*

tabassée |tabase| *s.f.* (*pop.*) [*bagarre; raclée*] zuffa (*cour.*), rissa (*cour.*); botte (*pl.*): *il a reçu une de ces tabassées!* ha preso tante di quelle botte!

tabasser |tabase| *v.tr.* (*pop.*) [*battre, rouer de coups, passer à* (2) *tabac*] pestare, menare: *tabasse-le* pestalo, menalo ◆ (*pron. récipr.*) *ils se sont tabassés* si sono pestati, menati; se le sono date di santa ragione.

tabatière |tabatjɛʀ| *s.f.* **1** [*petite boîte à couvercle dans laquelle on mettait le tabac à priser*] tabacchiera **2** (*par anal.*) [*vitre d'une lucarne à charnière*] abbaino *m.*, lucernario* *m.*

tabellaire |tabe(ɛl)lɛʀ| *adj.* (*typogr.*) tabellare: *impression tabellaire* stampa tabellare.

tabellion |tabeljɔ̃| *s.m.* **1** (*vx.*) tabellione **2** (*littér., péj., plais.*) → **notaire.**

tabernacle |tabɛʀnakl(ə)| *s.m.* **1** (*relig.*) tabernacolo **2** (*techn.*) tabernacolo.

tabes, tabès |tabɛs| *s.m.* (*méd.*) tabe *f.*

tabétique |tabetik| *adj.* (*méd.*) tabetico* ◆ (*s.m.*) *un tabétique* un tabetico.

tablature |tablatyʀ| *s.f.* **1** (*mus.*) intavolatura **2** (*loc. fig.*) *donner de la tablature à qqn.* dare (del) filo da torcere a qc.

table |tabl(ə)| *s.f.* **I** **1** tavolo *m.*; tavola: *table ronde, ovale, à rallonges* tavolo rotondo, ovale, allungabile; *disposer un couvert, servir un plat sur la table* disporre un coperto, servire un piatto sul tavolo ‖ *dresser, mettre la table* preparare la tavola, apparecchiare ◇ *loc.* DE TABLE da tavola: *linge de table* biancheria da tavola; *service de table* servizio da tavola; *raisins de table* uva da tavola # *vin de table* vino da pasto ~ *se mettre à table* mettersi a tavola ~ *à table!* a tavola! ~ *être à table* essere a tavola ~ *se tenir bien à table* comportarsi bene a tavola ~ *inviter, recevoir à sa table* invitare, avere a pranzo ◇ (*loc. fig., pop.*) *se mettre à table* [*avouer, dire ce qu'on a sur la conscience*] vuotare il sacco, cantare **2** LA TABLE la tavola, la mensa: *plaisir de la table* piaceri della tavola, della mensa **3** (*par anal.*) tavolo: *table de travail, à repasser, de jeu* tavolo da lavoro, da stiro, da gioco # *table roulante* carrello ◇ (*loc. fig.*) *jouer cartes sur table* mettere le carte in tavola, giocare a carte scoperte ◇ (*par ext.*) *table ronde* tavola rotonda **4** (*par ext., loc.*) *table de nuit* comodino *m.* ~ *table à ouvrage* tavolino *m.* da lavoro ~ *table de cuisson* piano *m.* di cottura ~ *table de toilette* tavolino da toeletta **5** *table d'orientation* quadro *m.* d'orientamento **6** (*relig. chrét.*) *la sainte table* la sacra mensa # *s'approcher de la sainte table* accostarsi ai sacramenti **II** (*techn.*) tavola: *diamant en table* diamante in tavola ◇ [*partie plane ou légèrement incurvée d'un instrument de mus. sur laquelle les cordes sont tendues*] *table d'harmonie* tavola armonica ◇ (*par ext.*) *table d'écoute* posto *m.* d'intercettazione telefonica ◇ (*astronautique*) *table de lancement* piattaforma* di lancio **III** **1** *loc. fig.* (*philo.*) TABLE RASE tabula rasa: *faire table rase des anciennes institutions, du passé* fare tabula rasa delle vecchie istituzioni, del passato ◇ (*hist. relig.*) *les tables de la loi* le tavole della legge **2** [*présentation méthodique, sous forme de liste, d'un ensemble de données, d'informations*] tavola, tabella ◇ (*spécialt.*) *table des matières* indice (*m.*); *table alphabétique, analytique* indice alfabetico, analitico; *tables généalogiques* quadri genealogici ◇ (*sc.*) *tables astronomiques* tavole astronomiche; *tables de multiplication* tavola pitagorica ◇ (*cour.*) *il sait sa table par cœur* sa le tabelline *pl.* a memoria.

tableau |tablo| *s.m.* **I** **1** quadro, dipinto: *tableau de maître, de musée* quadro d'autore, da museo; *tableau peint à l'huile, à la gouache, au pastel* dipinto a olio, a tempera, a pastello **2** (*par ext.*) *tableau vivant* quadro vivente, quadro plastico ◇ (*fig.*) *vieux tableau* [*vieille coquette peinte, fardée*] vecchia befana *f.* **3** (*fig.*) [*image, scène réelle qui évoque une représentation picturale*] scena (*f.*): *vous voyez d'ici le tableau!* vi immaginate la scena! **4** *tableau de chasse* selvaggina *f.* uccisa, preda *f.* **5** [*description ou évocation imagée, par la parole ou par écrit*] quadro, descrizione (*f.*): *tableaux de la vie militaire* quadri di vita militare; *brosser un tableau de la situation* tracciare rapidamente un quadro della situazione ◇ (*loc. fig.*) *pour achever le tableau...* per completare il quadro, l'opera... **6** (*théât.*) quadro: *drame, opérette en vingt tableaux* dramma, operetta in venti quadri **II** [*panneau plat*] **1** [*panneau destiné à recevoir une inscription, une annonce*] quadro: *tableau des départs, des arrivées* quadro, orario delle partenze, degli arrivi **2** (*mar.*) quadro **3** (*à certains jeux d'argent*) [*surface, emplacement où l'on mise*] 'tableau' *inv.* ◇ (*loc. fig.*) *jouer, miser, gagner sur les deux tableaux* giocare, puntare, vincere sui due fronti, su tutti i fronti **4** TABLEAU (NOIR) lavagna (*f.*): *aller au tableau* andare alla lavagna **5** [*support plat réunissant plusieurs objets ou appareils*] mensola (*f.*): *tableau des clés dans un hôtel* mensola delle chiavi in un albergo ◇ (*électr.*) quadro: *tableau de distribution* quadro di distribuzione **6** TABLEAU DE BORD cruscotto, quadro degli strumenti: *tableau de bord d'un avion, d'une automobile* cruscotto di un aereo, di un'auto **III** [*ce qui est écrit sur un tableau*] **1** [*liste par ordre des personnes appartenant à une compagnie, à* *un corps*] albo: *tableau de l'ordre des avocats* albo dell'ordine degli avvocati; *tableau d'honneur* albo d'onore # *tableau de service* ordine del giorno **2** [*série de données, de renseignements, disposés d'une manière claire et ordonnée*] tavola *f.*, prospetto: *tableau chronologique* tavola cronologica; *tableau des conjugaisons* tavola, prospetto delle coniugazioni.

tableautin |tablotẽ| *s.m.* [*tableau de petite dimension*] quadretto.

tablée |table| *s.f.* [*ensemble des personnes assises à une même table, qui prennent ensemble leur repas*] tavolata.

tabler |table| *v.intr.* [*compter*] contare ◇ (*loc. fig.*) *tabler sur qqch.* contare, fare (103) *tr.* affidamento su q.c. ◇ (*spécialt.*) [*baser une estimation, un calcul sur* (*ce qu'on croit sûr*)] fare *tr.* conto su (q.c.).

table ronde |tablərɔ̃d| *s.f.* (*fig.*) tavola rotonda.

tabletier, ière |tablətje, jɛʀ| *s.* [*ouvrier spécialiste du travail de certains bois, de l'os pour la fabrication des articles de jeu*] ebanista.

tablette |tablɛt| *s.f.* **I** [*petite table*] tavola, tavoletta ◇ (*archéol.*) *tablette de cire des anciens* tavoletta di cera degli antichi ◇ *au plur.* (*loc. fig.*) *je l'écris, je le marque sur mes tablettes* me lo scrivo (segno), ne prendo nota ~ *ce n'est pas écrit sur mes tablettes* non ne ho preso nota, non me ne ricordo **II** [*petite planche horizontale*] ripiano (*m.*): *les tablettes d'une armoire* i ripiani di un armadio; *tablette à glissière* ripiano scorrevole ◇ [*plaque d'une matière dure, servant de support, d'ornement, d'appui*] mensola: *tablette d'une cheminée* mensola di un camino **III** [*médicament, produit alimentaire solide, solidifié, présenté en petites plaques de forme rectangulaire*] tavoletta: *tablette de chocolat* tavoletta di cioccolato.

tabletterie |tablɛtʀi| *s.f.* [*métier, comm. du tabletier*] ebanisteria ◇ (*par ext.*) oggetti *m. pl.* intarsiati.

tablier |tablije| *s.m.* **I** **1** [*vêtement de protection qui garantit le devant du corps*] grembiule, grembiale: *tablier à bavette, de boucher* grembiule con pettorina, da macellaio # *tablier d'écolier* grembiulino ◇ (*loc.*) *ceindre le tablier* diventare massone ~ *rendre son tablier* licenziarsi, dimettersi **2** (*techn.*) *tablier de la cheminée* parafuoco*; *tablier de fer d'un magasin* serranda *f.*, saracinesca* *f.* di un negozio ◇ (*auto.*) separazione *f.* fra vano motore e interno vettura **II** **1** (*ancienn.*) [*surface plane sur laquelle se jouent certains jeux* (*échecs, dames, trictrac*)] scacchiera *f.* **2** [*plate-forme qui constitue le plancher d'un pont*] impalcato.

tabloïd, tabloïde |tablɔid| *s.m.* **1** (*angl.*) (*pharm.*) → **comprimé** **2** (*amér.*) tabloid (*inv.*): *format tabloïd* formato tabloid.

tabou |tabu| *s.m.* **1** tabù *inv.* ◆ (*adj.*) *des armes taboues* armi tabù **2** (*fig.*) tabù: *les tabous sexuels* i tabù sessuali.

tabouiser |tabuize|, **tabouer** |tabue| *v.tr.* [*déclarer, rendre tabou* (*dans nos sociétés*), *ou encore conférer un caractère sacré à* (*qqch., qqn.*)] rendere (105), dichiarare tabù *inv.*, tabuizzare.

tabouret |tabuʀɛ| *s.m.* [*siège sans bras ni dossier, à pied*(*s*)] sgabello: *tabouret de cuisine* sgabello da cucina; *s'asseoir sur un tabouret* sedersi su uno sgabello.

tabulaire |tabylɛʀ| *adj.* (*sc.*) tabulare: *logarithmes tabulaires* logaritmi tabulari ◇ (*géogr.*) *massif tabulaire* massiccio tabulare.

tabularium |tabylaʀjɔm| *s.m.* (*antiq. rom.*) tabulario*.

tabulateur |tabylatœʀ| *s.m.* (*techn.*) tabulatore.

tabulation |tabylɑsjɔ̃| *s.f.* tabulazione.

tabulatrice |tabylatʀis| *s.f.* (*techn.*) tabulatrice.

tac |tak| *interj.* (*onomat.*) tac ◆ *s.m.* (*escrime*) [*bruit du fer frappant le fer*] colpo: *riposter du tac* ribattere il colpo ◇ (*fig.*) *répondre, riposter du tac au tac* [*répondre à un mot désagréable en rendant aussitôt la pareille*] rispondere per le rime.

tacca |taka| *s.m.* (*t.bot.*) tacca* *f.*

tacet |tasɛt| *s.m.* (*lat.*) (*mus.*) tacet *inv.*, silenzio*.

tache |taʃ| *s.f.* **I** [*petite étendue de couleur, d'aspect différent du reste*] macchia # *taches de rousseur, de son* efelidi, lentiggini; *tache de vin* voglia di vino ◇ (*méd.*) *taches auditives* macchie acustiche ◇ (*anat.*) *tache jaune de l'œil* macchia gialla dell'occhio ◇ (*astron.*) *taches solaires* macchie solari ◇ (*peint.*) macchia **II** **1** [*surface salie par une substance étrangère; cette substance*] macchia: *tache d'huile, d'encre, de rouille* macchia d'olio, d'inchiostro, di ruggine; *écriture avec des ratures et des taches* scrittura con cancellature e macchie; *enlever, ôter les taches* levare, togliere le macchie ◇ *loc.* FAIRE TACHE stonare, non armonizzare: *ce vase fait tache dans le salon* questo vaso stona nel salotto ~ *faire tache d'huile* estendersi a macchia d'olio **2** (*fig.*) [*souillure morale*] macchia: *c'est une tache à sa réputation* è una macchia per la sua reputazione # *la tache originelle* il peccato originale.

tâche |tɑʃ| *s.f.* **1** [*travail déterminé qu'on doit exécuter*] compito *m.*, incarico* (*m.*): *assigner à chacun sa tâche* assegnare a ognuno il proprio compito, incarico; *s'acquitter d'une tâche* assolvere un compito # *accomplir sa petite tâche quotidienne* compiere il proprio dovere quotidiano ◇ *loc.* À LA TÂCHE a cottimo: *travailler à la tâche* lavorare a cottimo; (*fig., fam.*) *je ne suis pas à la tâche* non lavoro a cottimo, lasciatemi fare con calma ~ *prendre à tâche de...* assumersi l'incarico, prendersi l'impegno di... **2** [*ce qu'il faut faire; conduite commandée par une nécessité ou dont on se fait une obligation*] compito: *former les jeunes à une tâche difficile* formare i giovani per un difficile compito.

taché, ée |taʃe| *adj.* [*sali d'une tache, de plusieurs taches*] macchiato: *des bancs tachés d'encre* banchi macchiati d'inchiostro ◇ [*qui porte naturellement une tache*] chiazzato: *marbres tachés de gris* marmi chiazzati di grigio 🄲 **immaculé, propre** 2.

tachéo- |takeɔ|, **tachy-** |taki| *préf.* (*signifiant 'rapido', correspondent généralt. à*) tacheo; tachi: *tachéographe* tacheografo ‖ *tachygenèse* tachigenesi.

tachéographe |takeɔgʀaf| *s.m.* (*techn.*) tacheografo.

tachéomètre |takeɔmɛtʀ(ə)| *s.m.* (*techn.*) tacheometro.

tachéométrie |takeɔmetʀi| *s.f.* (*techn.*) tacheometria.

tachéométrique |takeɔmetʀik| *adj.* (*techn.*) tacheometrico*.

tacher |taʃe| **A** *v.tr.* **1** [*salir en faisant une tache, des taches*] macchiare ◇ (*sujet de personne*) *tacher ses vêtements, un meuble* macchiarsi i vestiti, macchiare un mobile ◆ *absolt.* (*sujet de chose*) *le vin rouge tache* il vino rosso macchia **2** (*vx.*) [*souiller au moral*] macchiare **B** *v.pron.* SE TACHER **1** *réfl.* [*faire des taches sur soi, sur ses vêtements*] macchiarsi **2** *intr.* (*en parlant d'une chose*) [*se salir*] macchiarsi: *une nappe blanche se tache vite* una tovaglia bianca si macchia in fretta **3** *intr.* [*se couvrir de taches*] macchiarsi: *les bananes se tachent de points noirs en mûrissant* le banane si macchiano di punti neri maturando 🄲 A 1 **détacher** 2.

tâcher |tɑʃe| **A** *v.intr.* **1** TÂCHER DE (+ *inf.*) [*faire des efforts, faire ce qu'il faut pour*] cercare di (+ *inf.*): *tâche de venir!* cerca di venire!; *et tâche de ne pas recommencer!* e cerca, vedi di non ricominciare! ◇ (*loc. pop.*) *tâcher moyen* provare (*cour.*) **2** (*péj.*) → **travailler** **B** *v.tr.* TÂCHER QUE [*faire en sorte que*] fare (103) *intr.* in modo che: *tâchez que ça ne se reproduise pas* fate in modo che ciò non si ripeta, che non accada più 🄲 **éviter.**

tâcheron |tɑʃʀɔ̃| *s.m.* **1** [*sous-entrepreneur du bâtiment à qui l'entrepreneur cède sa tâche moyennant un prix forfaitaire*] cottimista *s.* ◇ [*ouvrier agricole à la tâche*] (bracciante) cottimista **2** [*personne qui travaille avec assiduité et application*] buon lavoratore* *s.* ◇ (*péj.*) [*personne qui effectue sans initiative des travaux ingrats*] lavoratore senza iniziativa.

tacheté, ée |taʃte| *adj.* [*qui présente de nombreuses petites taches*] chiazzato, picchiettato: *bananes tachetées de noir* banane chiazzate, picchiettate di nero ◇ [*orné de petites taches de couleur*] punteggiato: *papier, tissu tacheté de points multicolores* carta punteggiata, tessuto punteggiato di punti multicolori.

tacheter |taʃte| (5) *v.tr.* [*marquer, couvrir de nombreuses petites taches*] macchiare; punteggiare, chiazzare.

tacheture |taʃtyʀ| *s.f.* [*marques de ce qui est tacheté; aspect tacheté*] chiazzatura, picchiettatura.

tachine |takin| *s.m. ou f.* (*t.zool.*) tachina *f.*

tachisme |taʃism(ə)| *s.m.* **1** (*peint.*) 'tachisme' *inv.* **2** (*vx.*) → **pointillisme.**

tachiste |taʃist(ə)| **1** *adj.* del 'tachisme' *loc. inv.* **2** *s.* [*peintre qui fait du tachisme*] 'tachiste' *inv.*

tachistoscope |takistɔskɔp| *s.m.* (*techn.*) tachistoscopio*.

tachy- |taki| *préf.* → **tachéo-.**

tachyarythmie |takiaʀitmi| *s.f.* (*méd.*) tachiaritmia.

tachycardie |takikaʀdi| *s.f.* (*méd.*) tachicardia.

tachycardique |takikaʀdik| *adj. et s.* (*méd.*) tachicardico*.

tachygenèse |takiʒənɛz| *s.f.* (*biol.*) tachigenesi *inv.*

tachygraphe |takigʀaf| *s.m.* (*techn.*) tachigrafo.
tachygraphie |takigʀafi| *s.f.* tachigrafia.
tachymètre |takimɛtʀ(ə)| *s.m.* (*mécan., phys.*) tachimetro → **compte-tours.**
tachymétrie |takimetʀi| *s.f.* tachimetria.
tachymétrique |takimetʀik| *adj.* tachimetrico*.
tachyon |takjɔ̃| *s.m.* (*phys.*) tachione.
tachyphagie |takifaʒi| *s.f.* (*méd.*) tachifagia*.
tachyphémie |takifemi| *s.f.* (*méd.*) tachifemia.
tachyphylaxie |takifilaksi| *s.f.* (*méd.*) tachifilassia.
tachypnée |takipne| *s.f.* (*méd.*) tachipnea.
tacite |tasit| *adj.* tacito: *approbation tacite, consentement tacite* tacita approvazione, tacito consenso ◇ (*dr.*) *tacite reconduction* riconduzione tacita Ⓒ **manifeste** 1.
tacitement |tasitmɑ̃| *adv.* [→ TACITE] tacitamente.
taciturne |tasityʀn(ə)| *adj.* taciturno: *il est bien taciturne aujourd'hui* è proprio taciturno oggi.
taciturnité |tasityʀnite| *s.f.* (*littér.*) taciturnità *inv.*
tacon, taquon |takɔ̃| *s.m.* salmone giovane.
tacot |tako| *s.m.* (*fam.*) [*vieille voiture automobile qui n'avance pas*] macinino, vecchia auto *f.* (*cour.*).
tact |takt| *s.m.* **1** (*vx.*) tatto (*cour.*) → 2 **toucher** ◇ (*physiol.*) tatto **2** [*appréciation intuitive de ce qu'il convient de dire, de faire ou d'éviter dans les relations humaines*] tatto: *avoir du tact* avere tatto.
tacticien, ienne |taktisjɛ̃, jɛn| *s.* [*personne qui a l'art de la tactique* (I)] tattico*.
tactile |taktil| *adj.* (*biol., physiol.*) tattile: *corps tactile* corpo tattile; *perceptions tactiles* percezioni tattili ◇ (*zool.*) *poils tactiles* peli tattili.
tactique |taktik| **I** *s.f.* **1** tattica*: *tactique aérienne, navale* tattica aerea, navale ◇ (*par anal., sport*) *tactique d'une équipe de football, d'un boxeur* tattica di una squadra di calcio, di un pugile **2** (*fig.*) [*ensemble des moyens coordonnés que l'on emploie pour parvenir à un résultat*] tattica: *tactique parlementaire* tattica parlamentare → **stratégie II** *adj.* tattico*: *arme atomique tactique* arma atomica tattica.
tactiquement |taktikmɑ̃| *adv.* [→ TACTIQUE II] tatticamente.
tactisme |taktism(ə)| *s.m.* (*biol.*) tattismo.
tadorne |tadɔʀn(ə)| *s.m.* (*t.zool.*) volpoca* *f.*, tadorna *f.*
tædium vitæ |tedjɔmvite| *s.m.* (*lat.*) (*pathol.*) tædium vitæ *inv.*, tedio* della vita.
tænia |tenja| *s.m.* → **ténia.**
taffetas |tafta| *s.m.* **1** taffet(t)à (*inv.*): *ruban de taffetas* nastro di taffetà **2** *taffetas anglais, taffetas gommé* taffetà adesivo, cerotto.
tafia |tafja| *s.m.* (*vx.*) → **ratafia.**
tagal |tagal| *s.m.* **1** (*ling.*) tagal *inv.*, tagalog *inv.* **2** [*fibre végétale tirée de certains palmiers*] tagal: *chapeaux de femme en tagal* cappelli da donna in tagal.
tagète, tagette |taʒɛt| *s.m.* (*t. bot.*) tagete *f.*
tagliatelles |taljatɛl| *s.f. pl.* (*cuis.*) tagliatelle.
tahitien, ienne |taisjɛ̃, jɛn| *adj.* tahitiano.
taie |tɛ| *s.f.* **1** [*enveloppe de tissu destinée à recouvrir un oreiller*] federa: *taie d'oreiller* federa (di cuscino); *taies brodées assorties aux draps* federe ricamate coordinate alle lenzuola **2** (*méd.*) macchia opaca* della cornea, albugine ◇ (*loc. fig., littér.*) *avoir une taie sur l'œil* essere accecato (dai pregiudizi).
taïga |tajga| *s.f.* (*géogr.*) taiga*.
taillable |tɑ(a)jabl(ə)| *adj.* (*hist.*) soggetto a taglia: *les serfs étaient taillables* i servi erano soggetti a taglia ◇ (*loc. fig.*) *être taillable et corvéable* essere destinato a essere sfruttato.
taillade |tɑ(a)jad| *s.f.* **1** [*coupure faite dans les chairs avec un instrument tranchant*] taglio* *m.* ◇ (*par ext.*) *taillade dans un tronc d'arbre* incisione in un tronco d'albero **2** (*ancienn.*) [*ouverture allongée faite dans l'étoffe d'un vêtement*] spacco* (*m.*): *manches à taillades* maniche con lo spacco.
taillader |tɑ(a)jade| *v.tr.* [*faire des taillades* (1) *dans les chairs, sur la peau*] tagliare, tagliuzzare: *il s'est tailladé le menton en se rasant* si è tagliato il mento radendosi ◇ (*par ext.*) *taillader sa table avec un canif* tagliuzzare il tavolo con un temperino ◇ (*par métaph.*) [*couper*] tagliare.
taillage |tɑ(a)jaʒ| *s.m.* (*techn.*) sminuzzamento d'argilla per mattoni ◇ (*mécan.*) taglio*.
taillanderie |tɑ(a)jɑ̃dʀi| *s.f.* **1** [*comm., métier de taillandier; fabrication des outils et fers tranchants*] coltelleria **2** utensili *m. pl.*, arnesi *m. pl.* da taglio.
taillandier |tɑ(a)jɑ̃dje| *s.m.* fabbricante di arnesi da taglio, fabbro ferraio*.
taille |tɑj| *s.f.* **I** **1** [*opération qui consiste à tailler* (A 3) *qqch.; forme qu'on donne à une chose en la taillant*] taglio* (*m.*): *pierre de taille* pietra da taglio; *taille d'un diamant* taglio di un diamante # *taille des arbres* potatura degli alberi **2** [*opération qui consiste à faire des incisions dans une matière; son résultat*] intaglio* *m.*, incisione ◇ (*techn.*) taglio: *lime à taille simple, croisée, douce, ronde, bâtarde* lima a taglio semplice, a croce, dolce, rotondo, bastardo **3** (*chir.*) taglio, incisione **4** [*galerie où l'on extrait, où l'on taille la houille ou un minerai*] fronte *m.* di taglio **5** [*tranchant de l'épée, du sabre, qui sert à tailler*] taglio, filo (*m.*): *recevoir un coup de taille* ricevere un colpo di taglio **6** (*hist.*) taglia, tributo (*m.*): *taille seigneuriale* tributo dei servi della gleba **7** (*mus., vx.*) baritono *m.* (*cour.*); tenore *m.* (*cour.*) **II** **1** [*hauteur du corps humain, debout et droit*] statura, altezza: *taille moyenne* media statura; *une taille de 1,75 m* un'altezza, una statura di 1,75 m; *se redresser de toute sa taille* rizzarsi in tutta la propria altezza ◇ *loc.* À LA TAILLE DE, DE LA TAILLE DE all'altezza di, adatto *adj.* a: *un sujet à sa taille, à la taille de son génie* un soggetto alla sua altezza, all'altezza del suo genio; adatto a lui, al suo genio ~ ÊTRE DE TAILLE À (+ *inf.*) essere in grado di (+ *inf.*): *il est de taille à se défendre* è in grado di difendersi **2** [*grandeur, grosseur et conformation du corps, par rapport aux vêtements*] taglia, misura: *cette veste n'est pas à ma taille* questa giacca non è della mia taglia, misura; *il faudrait la taille au-dessus* occorrerebbe una taglia, una misura più grande **3** [*grosseur, ou grandeur*] grandezza, dimensione: *photo de la taille d'une carte de visite* foto della grandezza, della dimensione di un biglietto da visita ◇ *loc. fam.* DE TAILLE enorme (*cour.*): *c'est une erreur de taille* è un errore enorme, madornale **4** [*partie plus ou moins resserrée du tronc entre les côtes et les hanches*] vita: *tour de taille* (giro di) vita; *robe à taille haute* abito a vita alta; *entrer dans l'eau jusqu'à la taille* entrare nell'acqua fino alla vita; *prendre qqn. par la taille* prendere qc. per la vita # *taille de guêpe* vitino di vespa **5** (*vx., dial.*) [*corsage d'une robe de femme*] corpetto *m.* (*cour.*), busto *m.* (*cour.*) ◇ (*loc.*) *en taille* senza soprabito.
taillé, ée |tɑje| *adj.* **1** (*du corps humain*) [*fait*] *visage taillé à coups de serpe* viso angoloso, dai lineamenti duri; *il est taillé en Hercule, en athlète* ha una corporatura erculea, da atleta ◇ (*loc. fig.*) *être taillé pour* essere tagliato per, fatto per **2** [*coupé, rendu moins long*] tagliato: *ongles bien taillés* unghie ben tagliate # *arbres taillés* alberi potati ◇ *loc.* TAILLÉ EN tagliato a: *cheveux taillés en brosse* capelli tagliati a spazzola.
taille-crayon(s) |tɑjkʀɛjɔ̃| *s.m. inv.* [*petit instrument avec lequel on taille les crayons*] temperamatite, temperalapis.
taille-douce |tɑjdus| *s.f.* incisione al bulino: *des tailles-douces* incisioni al bulino # *graveur en taille-douce* bulinista, incisore a taglio dolce.
tailler |tɑje| **A** *v.tr.* **1** (*loc.*) *tailler une armée en pièces* fare (103) a pezzi un esercito, sconfiggere (110) un esercito **2** (*vx.*) [*trancher, couper net*] tagliare (*cour.*) ◇ (*loc. fig.*) *tailler des croupières à qqn.* creare imbarazzi, difficoltà a qc. **3** [*couper, travailler* (*une matière, un objet*) *avec un instrument tranchant, de manière à lui donner une forme déterminée*] tagliare, incidere (130): *tailler en pointe, en biseau* tagliare a punta, a ugnatura; *tailler la pierre* tagliare, squadrare la pietra # *tailler un crayon* temperare una matita; *tailler un arbre, un arbuste* potare un albero, un arbusto **4** [*confectionner, obtenir* (*une chose*) *en découpant*] (ri)tagliare, confezionare: *tailler un vêtement* tagliare, confezionare un abito; *tailler des torchons dans un drap usagé* ritagliare, confezionare degli strofinacci con un vecchio lenzuolo ◇ (*loc. fig.*) *tailler une bavette* fare una chiacchierata **B** *v.intr.* [*faire une incision, une entaille* (*dans les chairs*)] tagliare, incidere: *tailler dans la chair vive* incidere nella carne viva **C** *v.pron. intr.* SE TAILLER (*pop.*) [*partir, s'enfuir*] svignarsela, tagliare *tr.* la corda: *taillons-nous!* svignamocela!, tagliamo la corda! ◇ (*loc. fig.*) *se tailler la part du lion* fare la parte del leone ~ *se tailler un franc succès* conseguire, ottenere un gran successo.
taille-racines |tɑjʀasin| *s.m. inv.* coltello *var.* da verdura.

taillerie |tajʀi| *s.f.* laboratorio* *m.* di pietre preziose; arte di tagliare le pietre preziose.

tailleur |tajœʀ| *s.m.* **1** [*artisan, ouvrier qui fait des vêtements sur mesure pour hommes*] sarto (per uomo): *se faire faire un costume chez un tailleur* farsi fare un abito da un sarto; *tailleur qui prend les mesures de son client* sarto che prende le misure del cliente **2** *loc.* EN TAILLEUR a gambe incrociate: *s'asseoir en tailleur* sedersi a gambe incrociate **3** *un (costume) tailleur* un abito a giacca, un 'tailleur' *inv.* **4** TAILLEUR DE [*ouvrier qui taille (qqch.)*] tagliatore di: *tailleur de pierre(s)* tagliatore di pietre; *tailleur de diamants, de pierres précieuses* tagliatore di diamanti, di pietre preziose ◇ [*ouvrier agricole qui taille les arbres, les plantes*] potatore.

tailleuse |tajøz| *s.f.* (*vx., région.*) → **couturière.**

taillis |taji| *s.m.* bosco* ceduo: *taillis et futaie* bosco ceduo e bosco d'alberi d'alto fusto ♦ (*adj.*) *bois taillis* bosco ceduo.

tailloir |tɑ(a)jwaʀ| *s.m.* **1** (*archéol., région.*) tagliere **2** (*archit.*) → **abaque.**

tain |tɛ̃| *s.m.* **1** foglia *f.* di stagno (per specchi) **2** (*techn.*) bagno di stagno.

taire |tɛʀ| **A** *v.tr.* [*ne pas dire; s'abstenir ou refuser d'exprimer*] tacere (149), non dire (132): *taire la vérité* tacere la verità; *taire ses raisons* non dire le proprie ragioni ◇ (*loc. pop.*) *taire sa langue, sa gueule* chiudere il becco **B** *v. pron. intr.* SE TAIRE **1** [*rester sans parler, s'abstenir de parler, de s'exprimer*] tacere (*tr. et intr.*): *savoir se taire* saper tacere; *se taire sur qqch.* tacere (su) q.c.; *je préfère me taire là-dessus* preferisco tacere sull'argomento # *il a manqué, perdu une belle occasion de se taire* ha perduto una bella occasione per stare zitto; *souffrir et se taire* soffrire in silenzio **2** [*cesser de parler (ou de crier, de pleurer)*] tacere: *brusquement, elle se tut* bruscamente lei tacque; *tais-toi!* taci!, stai zitto! ◇ (*avec ellipse de 'se'*) FAIRE TAIRE far tacere: *faites-les taire* fateli tacere ◇ (*par ext.*) *faire taire les récriminazioni* mettere a tacere le recriminazioni ◇ (*fig.*) [*ne plus se faire entendre*] tacere # *l'orchestre s'était tu* l'orchestra aveva smesso di suonare; *les bruits s'étaient tus* i rumori erano cessati 🄲 A **dire** 1; B **parler** 1.

taiseux, euse |tezø, øz| *s.* (*Belgique*) [*personne qui ne parle guère*] taciturno.

take(-)off |tekɔf| *s.m.* (*angl.*) (*écon.*) decollo.

tala |tala| *adj.* [*cathol. militant(e)*] bigotto.

talc |talk| *s.m.* talco*.

talé, ée |tale| *adj.* (*en parlant des fruits*) [*meurtri*] ammaccato: *pêches talées* pesche ammaccate.

talent |talɑ̃| *s.m.* **I** (*antiq.*) (*poids, monnaie*) talento **II** (*abstrait*) [*don, aptitude*] **1** [*aptitude particulière, dans une activité*] talento: *talent littéraire* talento letterario ◇ (*fam.*) *montrez-nous vos talents* ci faccia vedere quello che sa fare **2** (*vieilli*) [*toute disposition naturelle ou acquise pour réussir en quelque chose*] talento (*cour.*), attitudine *f.* (*cour.*) **3** *absolt.* LE TALENT talento, ingegno: *avoir du talent* avere talento, ingegno ◇ (*collectif*) *le talent* la gente *f.* di talento, le persone *f. pl.* d'ingegno.

talentueusement |talɑ̃tɥøzmɑ̃| *adv.* [*avec talent*] con (molto) talento *loc. inv.*

talentueux, euse |talɑ̃tɥø, øz| *adj.* pieno di talento.

taler |tale| *v.tr.* [*fouler, meurtrir (spécialt. les fruits)*] ammaccare ◇ (*fig., région.*) [*importuner*] seccare, scocciare (*fam.*).

taleth, talleth |talɛt| *s.m.* (*relig. hébr.*) tal(l)ed *inv.*

talion |taljɔ̃| *s.m.* (*dr. anc.*) taglione: *la loi du talion* la legge del taglione.

talisman |talismɑ̃| *s.m.* talismano ◇ (*par ext.*) [*objet ou image porte-bonheur*] portafortuna *inv.*

talismanique |talismanik| *adj.* talismanico*.

talitre |talitʀ(ə)| *s.m.* (*t.zool.*) pulce *f.*

talkie-walkie |tɔkiwɔki, tɑlkiwalki| *s.m.* walkie-talkie *inv.*, ricetrasmittente *f.* portatile: *des talkies-walkies* dei walkie-talkie, delle ricetrasmittenti portatili.

tallage |talaʒ| *s.m.* (*agric.*) **1** [*ensemble des talles*] accestimento **2** [*production des talles*] tallitura *f.*, germinazione *f.*

talle |tal| *s.f.* (*agric.*) tallo *m.*

taller |tale| *v.intr.* (*agric.*) [*émettre des tiges secondaires à la base de sa tige*] accestire (197), germogliare (*aux.* essere, avere).

tallipot |talipo| *s.m.* (*t.bot.*) corifa *f.*

tallöl |talɔl| *s.m.* (*chim.*) tallolio*.

talmouse |talmuz| *s.f.* **1** (*fam.*) [*coup au visage; gifle*] cazzotto *m.*; sberla **2** (*vx.*) pasticcino *m.* al formaggio (*cour.*).

talmud |talmyd| *s.m.* (*relig. hébr.*) talmud *inv.*

talmudique |talmydik| *adj.* (*relig.*) talmudico*.

talmudiste |talmydist(ə)| *s.m.* talmudista.

1 **taloche** |talɔʃ| *s.f.* (*fam.*) [*gifle (surtout à un enfant)*] sberla, scapaccione *m.*

2 **taloche** |talɔʃ| *s.f.* (*techn.*) frettazzo *m.*, frettazzino *m.*

talocher |talɔʃe| *v.tr.* (*fam.*) [*donner une (1) taloche à (qqn.)*] prendere (105) a sberle, a scapaccioni: *talocher un enfant* prendere a sberle, a scapaccioni un bambino.

talon |talɔ̃| *s.m.* **I** **1** (*anat.*) tallone, calcagno: *talon et pointe du pied* tallone e punta del piede; *pivoter sur ses talons* girare sui talloni, sui tacchi ◇ (*allusion mythol.*) *le talon d'Achille* il tallone di Achille; *c'est son talon d'Achille* è il suo tallone d'Achille ◇ *loc.* MARCHER, ÊTRE SUR LES TALONS DE QQN. stare alle calcagna, essere sulle tracce di qc.: *la police était sur ses talons* la polizia gli stava alle calcagna, era sulle sue tracce ~ *montrer, tourner les talons* alzare i tacchi ~ *avoir l'estomac dans les talons* avere una fame da lupi **2** (*hippol.*) tallone **3** [*partie d'un bas, d'une chaussette qui enveloppe le talon*] calcagno, tallone: *bas à talons renforcés* calze con calcagni, talloni rinforzati **4** [*pièce rigide et saillante qui exhausse le derrière d'une chaussure*] tacco*: *talons plats, hauts* tacchi bassi, alti; *talons aiguilles* tacchi a spillo; *faire remettre des semelles et des talons à ses chaussures* far rimettere tacchi e suole alle scarpe ◇ (*hist.*) *talon rouge* [*nom donné aux nobles élégants du XVIIe s.*] elegantone *s.* ♦ *adj.* (*littér., fig., vx.*) *il est très talon rouge* ha modi molto eleganti (*cour.*), signorili (*cour.*) **II** **1** [*extrémité inférieure et postérieure de certains objets*] tallone: *talon d'archet* tallone dell'archetto; *talon de lame* tallone, codolo ◇ (*mar.*) *talon de quille* tallone della chiglia **2** [*reste, bout d'un pain, d'un fromage où il y a beaucoup de croûte*] tozzo; pezzo **3** [*ce qui reste d'un jeu de cartes après la première distribution*] mazzo, monte: *piocher dans le talon* pescare nel mazzo, nel monte **4** [*partie d'une feuille de carnet, de registre qui demeure fixée à la souche après qu'on en a ôté la partie détachable ('volant')*] matrice *f.*, talloncino: *le talon d'un chèque* il talloncino di un assegno.

talonnage |talɔnaʒ| *s.m.* **1** (*mar.*) *talonnage d'un navire* urto di una nave sul fondo **2** (*rugby*) tallonaggio*.

talonnement |talɔnmɑ̃| *s.m.* [→ TALONNER A 2] lo spronare *inv.* ◇ (*fig.*) assillo → **harcèlement.**

talonner |talɔne| **A** *v.tr.* **1** [*suivre ou poursuivre de très près*] tallonare, incalzare: *ses poursuivants le talonnent* gli inseguitori lo tallonano, l'incalzano **2** [*presser (un cheval) du talon, de l'éperon pour le faire avancer*] spronare ◇ (*fig.*) [*presser vivement et sans relâche*] assillare: *ses créanciers le talonnent* i creditori lo assillano **3** (*sport*) [*frapper du talon*] tallonare, colpire (197) di tacco: *talonner le ballon* tallonare il pallone, colpire il pallone di tacco **B** *v.intr.* (*mar.*) [*toucher, heurter le fond par l'arrière*] tallonare.

talonnette |talɔnɛt| *s.f.* **1** (*vx.*) [*morceau de tricot qui renforce le talon d'un bas*] rinforzo *m.* (*cour.*) **2** [*lame de liège que l'on place sous le talon dans la chaussure*] soprattacco* *m.*, alzatacco* *m.* **3** [*ruban très résistant, cousu à l'extrémité inférieure des jambes d'un pantalon*] rinforzo.

talonneur |talɔnœʀ| *s.m.* [*joueur de rugby chargé de talonner*] tallonatore.

talonnière |talɔnjɛʀ| *s.f.* **1** (*mythol.*) calzari *m. pl.* alati, talari *m. pl.* **2** (*bx-arts, méd.*) chiavetta.

talpack |talpak| *s.m.* (*turc*) (*ancienn.*) copricapo *inv.* dei cacciatori a cavallo.

talquer |talke| *v.tr.* [*enduire, saupoudrer de talc*] cospargere (114) di talco.

talqueux, euse |talkø, øz| *adj.* (*minér.*) talcoso.

talure |talyʀ| *s.f.* [*meurtrissure d'un fruit*] ammaccatura.

1 **talus** |taly| *s.m.* **1** [*terrain à forte pente*] scarpata (*f.*): *le double talus d'un ravin* la doppia scarpata di un burrone ◇ (*géogr.*) scarpata, scarpa (*f.*): *talus continental* scarpata continentale **2** [*terrain en pente très inclinée, aménagé par des travaux de terrassement*] scarpata: *talus de déblai* scarpata di scavo; *les talus d'une voie de chemin de fer* le scarpate di un binario ferroviario ◇ (*fortif.*) *talus avancé* spalto avanzato **3** (*vx., techn.*) pendio*.

2 **talus** |talys| *adj. m.* (*pathol.*) talo: *pied talus* piede talo.

talweg |talvɛg| *s.m.* → **thalweg.**

tamandua |tamɑ̃dɥa| *s.m.* (*t.zool.*) talmandua.

tamanoir |tamanwaʀ| *s.m.* (*t.zool.*) formichiere gigante.

Tamaricacées |tamarikase| *s.f. pl.* (*t.bot.*) Tamaricacee.
tamarin |tamarɛ̃| *s.m.* **1** [*fruit du tamarinier*] tamarindo **2** → **tamaris.**
tamarinier |tamarinje| *s.m.* (*t.bot.*) tamarindo.
tamaris |tamaris|, **tamarix** |tamariks| *s.m.* (*t.bot.*) tamerice *f.*
tambouille |tɑ̃buj| *s.f.* **1** (*fam.*) [*plat grossier, grosse cuis. médiocre*] sbobba*, cucina mediocre **2** (*pop.*) → **cuisine.**
tambour |tɑ̃bur| *s.m.* **I 1** tamburo: *tambour militaire* tamburo militare; *roulement de tambour* rullo di tamburo; *clairons et tambours d'un régiment* trombe e tamburi di un reggimento ◇ (*loc.*) *tambour battant* a tamburo battente, immediatamente ~ *battre le tambour* battere la grancassa ~ *au son du tambour* [*bruyamment, indiscrètement*] a colpi di grancassa ~ *sans tambour ni trompette* senza (far) rumore, alla chetichella ~ (*fam.*) *raisonner comme un tambour* sragionare **2** [*celui qui bat le tambour*] tamburo, tamburino: *tambour major* tamburo maggiore # *tambour de ville* banditore pubblico **3** [*tout instrument à percussion à membrane tendue*] tamburo # *tambour de basque* tamburello basco ◇ (*mus.*) tamburo **II** (*par anal. de forme*) **1** (*archit.*) tamburo: *tambour d'église* tamburo di chiesa **2** [*métier circulaire pour broder à l'aiguille*] tombolo: *broderie au tambour* ricamo al tombolo **3** (*techn.*) tamburo: *câble enroulé sur le tambour* cavo avvolto sul tamburo; *tambour magnétique* tamburo magnetico; *tambour de frein* tamburo del freno **4** (*pêche*) tamburo.
tambourin |tɑ̃burɛ̃| *s.m.* **1** [*tambour de basque*] tamburello **2** (*mus.*) tamburello.
tambourinage |tɑ̃burinaʒ|, **tambourinement** |tɑ̃burinmɑ̃| *s.m.* **1** [→ TAMBOURINER] tambureggiamento **2** rullo di tamburo.
tambourinaire |tɑ̃burinɛr| *s.m.* **1** suonatore* *s.* di tamburello **2** banditore pubblico*.
tambouriner |tɑ̃burine| **A** *v.intr.* **1** [*faire un bruit de roulement, de batterie avec un objet dur, avec ses poings, ses doigts*] tamburellare: *tambouriner contre une vitre* tamburellare su un vetro **2** (*vx.*) [*jouer du tambour, du tambourin*] tambureggiare; tamburellare **B** *v.tr.* **1** [*jouer* (*un air*) *sur un tambour, un tambourin*] tamburellare: *tambouriner une marche* tamburellare una marcia **2** (*vieilli*) [*annoncer, publier au son du tambour*] annunziare a suon di tamburo ◇ (*loc. fig.*) *tambouriner une nouvelle* strombazzare una notizia.
tambourineur, euse |tɑ̃burinœr, øz| *s.* **1** (*rare*) [*personne qui joue du tambourin*] suonatore* di tamburello **2** [*joueur de tambour*] suonatore di tamburo.
tambour-major |tɑ̃burmaʒɔr| *s.m.* tamburo maggiore: *des tambours-majors* dei tamburi maggiori.
tamier |tamje| *s.m.* (*t.bot.*) tamaro.
tamil |tamil| *adj. et s.m.* → **tamoul.**
tamis |tami| *s.m.* [*instrument qui sert à maintenir la substance, à passer et à séparer les éléments d'un mélange*] setaccio*, staccio*, vaglio*: *tamis à farine* setaccio per la farina; *secouer un tamis* scuotere un setaccio → **crible** # *tamis de cuisinière* passino ◇ (*sc.*) *tamis moléculaire* setaccio molecolare ◇ (*loc. fig.*) *passer au tamis* passare al setaccio, vagliare.
tamisage |tamizaʒ| *s.m.* [*passage au tamis; opération par laquelle on tamise*] setacciatura *f.*, stacciatura *f.*, vagliatura (*f.*): *tamisage de la farine* setacciatura della farina.
tamiser |tamize| **A** *v.tr.* **1** [*trier au tamis, faire passer par le tamis*] setacciare, stacciare: *tamiser de la farine* setacciare la farina **2** [*laisser passer* (*la lumière*) *en partie*] smorzare, filtrare ✦ (*au p.p.*) *lumière tamisée* luce smorzata, tenue **B** *v.intr.* (*techn.*) [*passer par un tamis; être tamisé*] passare *tr.* attraverso il setaccio, essere (96) setacciato.
tamiserie |tamizri| *s.f.* (*techn.*) fabbrica* di setacci, di vagli; commercio* *m.* di setacci, di vagli.
tamiseur, euse |tamizœr, øz| *s.* **1** *s.* [*personne qui tamise certaines substances*] setacciatore*, stacciatore* **2** *s.m.* vaglio* (per le ceneri del camino) **3** *s.f.* (*techn.*) vagliatrice.
tamisier, ière |tamizje, jɛr| *s.* [*fabriquant, commerçant spécialisé en tamiserie*] stacciaio*.
tamoul |tamul| *adj.* (*ethnogr.*) tamilico*.
tampon |tɑ̃pɔ̃| *s.m.* **1** [*petite masse dure qui sert à boucher*] tappo, turacciolo: *tampon de liège, de bois* tappo, turacciolo di sughero, di legno ◇ [*cylindre servant à calibrer les trous*] tampone **2** [*cheville qu'on plante dans un mur, une cloison, pour y fixer un clou, une vis*] tassello **3** (*techn.*) chiusino, tombino **4** [*petite masse formée de tissu entortillé, servant à étendre un liquide*] tampone, stoppino: *vernir un meuble au tampon* verniciare un mobile a stoppino ◇ (*spécialt.*) *tampon encreur* cuscinetto, tampone per timbri; *tampon buvard* tampone assorbente **5** (*méd.*) tampone: *tampon imbibé d'éther* tampone imbevuto di etere **6** (*loc.*) *en tampon* [*froissé en boule*] appallottolato **7** [*plateau métallique vertical destiné à recevoir et à amortir les chocs*] respingente, tampone: *tampons d'un wagon* respingenti di un vagone ◇ (*fig.*) [*ce qui amortit les chocs, empêche les heurts*] cuscinetto: *servir de tampon entre deux personnes qui se disputent* fare da cuscinetto tra due persone che bisticciano ✦ (*en appos.*) *État tampon* Stato cuscinetto; *zone tampon* zona cuscinetto ◇ (*chim.*) *solution tampon* soluzione tampone ◇ (*informatique*) *mémoire tampon* memoria di transito **8** [*timbre qui sert à marquer, à oblitérer*] timbro: *apposer le tampon sur une lettre* apporre il timbro ad una lettera, timbrare una lettera; *le tampon de la poste sert à dater les lettres* il timbro postale serve a datare le lettere **9** (*vx., fam.*) [*casquette basse des ordonnances en civil*] berretto da attendente ◇ (*par ext.*) attendente (*cour.*): *le tampon du colonel* l'attendente del colonnello.
tamponnade |tɑ̃pɔnad| *s.f.* (*méd.*) tamponamento *m.*
tamponnage |tɑ̃pɔnaʒ| *s.m.* (*chim., méd.*) tamponatura *f.*
tamponnement |tɑ̃pɔnmɑ̃| *s.m.* **1** [→ TAMPONNER 1, 2] tamponamento, tamponatura *f.* ◇ (*méd.*) tamponamento: *tamponnement des fosses nasales* tamponamento delle fosse nasali **2** [*accident résultant du heurt de deux trains ou autres véhicules*] tamponamento, scontro.
tamponner |tɑ̃pɔne| *v.tr.* **1** (*vieilli*) [*boucher avec un tampon*] tamponare (*cour.*) ◇ (*techn.*) [*placer des tampons, des chevilles dans* (*un mur*)] tassellare, mettere (155) un tassello (dei tasselli) (in) **2** [*étendre* (*un liquide*) *à l'aide d'un tampon*] applicare con un tampone, uno stoppino ◇ [*essuyer, étancher, nettoyer avec un tampon*] asciugare, pulire (197) **3** (*en parlant de véhicules*) [*heurter violemment*] tamponare, investire ✦ (*pron. récipr.*) scontrarsi: *autos qui se tamponnent* auto che si tamponano, scontrano **4** [*timbrer*] timbrare: *faire tamponner une autorisation* far timbrare un'autorizzazione.
tamponneur, euse |tɑ̃pɔnœr, øz| **1** *adj.* [*véhicule qui en tamponne un autre*] investitore*, che tampona (*loc.*): *le train tramponneur* il treno investitore ◇ (*spécialt.*) *les autos tamponneuses* l'autoscontro *s.m.* **2** *s.* [*celui, celle qui tamponne* (*des papiers, etc.*)] chi timbra *loc.*
tamponnoir |tɑ̃pɔnwar|, **tamponnier** |tɑ̃pɔnje| *s.m.* (*techn.*) punzone, trapano.
tam-tam |tamtam| *s.m.* **1** tamtam *inv.* **2** (*loc. fig.*) *faire du tam-tam autour d'un événement* far molto rumore attorno ad un avvenimento.
tan |tɑ̃| *s.m.* [*écorce de chêne pulvérisée utilisée pour la préparation des cuirs*] tanno.
tanagra |tanagra| *s.m. ou f.* (*archéol.*) tanagra *f.* ◇ (*fig.*) *une vraie tanagra* una ragazzina veramente graziosa.
tanaisie |tanezi| *s.f.* (*t.bot.*) tanaceto *m.*
tancer |tɑ̃se| (2) *v.tr.* (*littér.*) [*réprimander*] rimbrottare, rimproverare (*cour.*).
tanche |tɑ̃ʃ| *s.f.* (*t.zool.*) tinca*.
tandem |tɑ̃dɛm| *s.m.* (*angl.*) **1** tandem *inv.* ◇ (*loc.*) *en tandem* in tandem **2** (*fig., fam.*) (*se dit de deux personnes associées, d'un couple*) tandem, duo *inv.* **3** (*vx.*) calessa *f.* a due cavalli attaccati uno dietro l'altro.
tandis que |tɑ̃dik(ə)| *loc. conj.* **1** [*pendant le temps que, dans le même moment que*] (*marquant la simultanéité*) mentre (*conj.*): *ils sont arrivés tandis que je m'apprêtais à sortir* sono arrivati mentre mi accingevo ad uscire → **alors (que), cependant (que), 2 pendant (que)** **2** (*marquant l'opposition*) mentre: *tandis que l'un travaille, l'autre se repose* mentre uno lavora, l'altro si riposa.
tangage |tɑ̃gaʒ| *s.m.* **1** [*mouvement alternatif d'un navire dont l'avant et l'arrière plongent successivement*] beccheggio*: *le tangage et le roulis* il beccheggio e il rollio ◇ (*par anal.*) *tangage d'un avion* beccheggio di un areo **2** [*déplacement angulaire d'un engin spatial*] beccheggio.
tangara |tɑ̃gara| *s.m.* (*t.zool.*) tangara *f.*
tangence |tɑ̃ʒɑ̃s| *s.f.* (*géom.*) tangenza: *point de tangence* punto di tangenza.
tangent, ente |tɑ̃ʒɑ̃, ɑ̃t| **I** *adj.* **1** (*géom.*) tangente: *plan tangent à une surface* piano tangente a una super-

ficie **2** [*qui se fait de justesse*] *il a été reçu à l'examen, mais c'était tangent* ha superato l'esame per il rotto della cuffia, di stretta misura ◇ (*par ext.*) *le candidat était tangent* il candidato era mediocre, scarso **II** *s.f.* **1** (*géom.*) tangente: *tangente à une courbe* tangente a una curva; *tangente (tg) d'un arc ou d'un angle* tangente di un arco o di un angolo **2** (*loc. fig.*) *prendre la tangente* filare per la tangente, svignarsela; *prendre la tangente, s'échapper par la tangente* cavarsela con una scappatoia **C** I 1 **sécant.**

tangentiel, ielle |tɑ̃ʒɑ̃sjɛl| *adj.* (*géom.*) tangenziale: *coordonnées tangentielles* coordinate tangenziali ◇ (*géol., mécan.*) *force tangentielle* forza tangenziale.

tangentiellement |tɑ̃ʒɑ̃sjɛlmɑ̃| *adv.* [→ TANGENTIEL] tangenzialmente.

tangentoïde |tɑ̃ʒɑ̃tɔid| *s.f.* (*géom.*) tangentoide.

tangibilité |tɑ̃ʒibilite| *s.f.* tangibilità *inv.*

tangible |tɑ̃ʒibl(ə)| *adj.* **1** tangibile: *la réalité tangible* la realtà tangibile **2** (*fig.*) [*dont la réalité est évidente*] tangibile: *nous avons des preuves tangibles* abbiamo prove tangibili.

tangiblement |tɑ̃ʒibləmɑ̃| *adv.* (*littér.*) [→ TANGIBLE] tangibilmente.

tango |tɑ̃go| **1** *s.m.* (*esp.*) (*danse*) tango*: *jouer un tango* suonare un tango **2** *s.m. et adj. inv.* (*couleur*) tango *s.m. inv.*, arancione intenso.

tangon |tɑ̃gɔ̃| *s.m.* (*mar.*) tangone, asta *f.* di posta.

tangue |tɑ̃g| *s.f.* sabbia usata come concime.

tanguer |tɑ̃ge| *v.intr.* [*se balancer par un mouvement de tangage*] beccheggiare: *navire qui tangue* nave che beccheggia ◇ (*par ext.*) [*remuer par un mouvement alternatif d'avant en arrière*] girare, ballare: *tout tanguait autour de lui* tutto gli girava, ballava attorno.

tanguière |tɑ̃gjɛʀ| *s.f.* [*sablière où l'on prend la tangue*] cava di 'tangue'.

tanière |tanjɛʀ| *s.f.* **1** [*retraite d'une bête sauvage*] tana ◇ (*par ext.*) [*habitation sordide*] tana **2** (*plais.*) [*logis dans lequel on s'isole*] covo *m.*, tana: *faire sortir un malfaiteur de sa tanière* fare uscire un malfattore dal suo covo, dalla sua tana.

tanin, tannin |tanɛ̃| *s.m.* (*chim.*) tannino: *tanin du vin* tannino del vino; *ajouter du tanin au moût* aggiungere tannino al mosto.

tanisage, tannisage |tanizaʒ| *s.m.* [→ TANISER 2] aggiunta *f.* di tannino ad un mosto.

taniser, tanniser |tanize| *v.tr.* **1** [*ajouter du tan à*] aggiungere (150) tanno (a) **2** [*ajouter du tanin à (un moût, un vin)*] aggiungere tannino (a).

tank |tɑ̃k| *s.m.* **1** (*mar.*) cisterna *f.* (di petroliera) **2** [*réservoir cylindrique, dans certaines industries*] serbatoio*, cisterna **3** [*petit réservoir utilisé par les campeurs*] tanca* *f.*, tanica* *f.* **4** (*milit.*) carro armato.

tanker |tɑ̃kɛʀ| *s.m.* (*angl.*) petroliera *f.*, nave *f.* cisterna.

tankiste |tɑ̃kist(ə)| *s.m.* [*soldat d'une unité de tanks, de blindés*] carrista.

tannage |tanaʒ| *s.m.* [→ TANNER 1] concia* *f.*, conciatura *f.*

tannant, ante |tanɑ̃, ɑ̃t| *adj.* **1** (*fig., fam.*) [*qui tanne (2), lasse*] scocciante, seccante (*cour.*) # *il est tannant avec ses questions!* quanto scoccia con le sue domande! **2** (*techn.*) da concia (*loc. inv.*): *substances tannantes* sostanze da concia.

tannate |tanat| *s.m.* (*chim.*) tannato.

tanne |tan| *s.f.* **1** (*techn.*) macchia* scura **2** (*méd.*) cisti *inv.*

tanné, ée |tane| *adj.* **1** (*personnes*) [*dont la peau a pris une couleur brune (par l'effet du soleil, des intempéries)*] abbronzato, arso dal sole: *un marin au visage tanné* un marinaio dal viso abbronzato, arso dal sole **2** [*qui a subi le tannage*] conciato: *peaux tannées* pelli conciate **3** (*vx.*) del colore del tanno *loc. inv.*

tannée |tane| *s.f.* **1** (*techn.*) tanno *m.* già sfruttato **2** (*pop.*) scarica* di botte ◇ (*fig.*) batosta.

tanner |tane| *v.tr.* **1** [*préparer (les peaux) avec du tan pour les rendre imputrescibles et en faire du cuir*] conciare ◇ (*loc. pop.*) *tanner le cuir à qqn.* [*le rosser*] menare qc. di santa ragione **2** (*fig., fam.*) [*agacer, importuner*] scocciare, seccare (*cour.*): *tu nous tannes!* ci scocci, ci secchi! **3** [*rendre tanné, hâlé, brun*] abbronzare.

tannerie |tanʀi| *s.f.* **1** [*établissement où l'on tanne les peaux*] conceria **2** [*opération par laquelle on tanne les peaux*] concia*, conciatura.

tanneur |tanœʀ| *s.m.* [*ouvrier, artisan qui tanne les peaux; celui qui possède une tannerie*] conciatore.

tannin |tanɛ̃| *s.m.* → **tanin.**

tannique |tanik| *adj.* (*techn.*) tannico* ◇ (*chim.*) *acide tannique* acido tannico.

tanrec |tɑ̃ʀɛk| *s.m.* (*t. zool.*) tanrec *inv.*, tenrec *inv.*

tan-sad |tɑ̃sad| *s.m.* (*angl.*) [*selle pour passager, derrière la selle d'une motocyclette*] sella *f.* posteriore, sellino posteriore: *des tan-sads* delle selle, dei sellini posteriori → 1 **selle** (*t. recomm.*).

tant |tɑ̃| *adv.* **I** (*de quantité, marquant 'l'intensité'*) **1** TANT QUE tanto, talmente che: *il souffre tant qu'il ne peut pas se lever* soffre tanto, talmente che non può alzarsi ◇ (*loc. prov.*) *tant va la cruche à l'eau qu'à la fin elle casse* tanto va la gatta al lardo che ci (vi) lascia lo zampino **2** TANT DE... QUE tanto... *adj.* che, da: *elle éprouvait tant de jalousie qu'elle en était malade* provava tanta gelosia da starne male ✦ *absolt.* [*tant de choses*] tanto: *il a fait tant pour vous!* ha fatto tanto per voi! **3** (*sans 'que'*) → **tellement** ◇ (*avec un v.*) tanto: *il l'aimait tant* l'amava tanto **4** TANT DE [*une si grande, une telle quantité de*] tanto (*adj.*): *celui-là et tant d'autres* quello e tanti altri; *tant de fois* tante volte; *ne faites pas tant de façons!* non faccia tanti complimenti!; *des gens comme il y en a tant* gente come ce n'è tanta ◇ (*loc. fam.*) *vous m'en direz tant!* [*je ne suis plus étonné après ce que vous m'avez dit*] ora capisco! (*cour.*), ora è tutto chiaro! (*cour.*) ◇ *loc.* TANT SOIT PEU: *s'il est tant soit peu délicat, il comprendra* se ha un minimo di delicatezza, capirà ~ *tant s'en faut* anzi, al contrario; ci mancherebbe!, (non) ci manca altro! ~ *tant il est vrai que...* tant'è vero che..., tanto che... **5** (*littér.*) (*introduisant 'la cause'*) tanto: *il n'ose plus rien entreprendre, tant il a été déçu* non osa intraprendere più nulla tanto è rimasto deluso **II** (*nominal, exprimant 'une quantité'*) (*en loc.*) *être payé à tant par mois, à tant la page* essere pagato un tanto al mese, a pagina ~ *tant pour cent* un tanto per cento ~ TANT DE tanto (*adj.*): *il pèse tant de grammes* pesa tanti grammi ✦ (*s.m.*) *le tant* il tal giorno (del mese) ~ TANT ET PLUS moltissimo, parecchio: *je l'aime tant et plus* l'amo moltissimo ◇ (*vx.*) *entre tant* → **entre-temps III** (*exprimant 'une comparaison'*) **1** TANT... TANT... (*marquant 'une égalité', le plus souvent avec 'valoir'*) tanto... tanto... **2** TANT... QUE (*marquant l'égalité dans des propos. négatives ou interrogatives*) tanto... quanto: *ce n'est pas tant l'isolement qui me fait peur que le silence* non è tanto l'isolamento che mi fa paura, quanto il silenzio ~ TANT QUE (*en phrase affirmative*) (tanto) quanto: *il frappe tant qu'il peut* colpisce (tanto) quanto può, a più non posso ~ *tant que ça* così tanto ~ SI TANT EST QUE (+ *subj.*) supposto, ammettendo (+ *subj.*): *il a l'air d'un honnête homme si tant est qu'il en existe encore* sembra un galantuomo, supposto, ammettendo che ne esistano ancora ~ TOUS TANT QUE (+ *v. 'être' au plur.*) tutti (quanti): *tous tant que nous sommes, nous commettons des erreurs* tutti (quanti) commettiamo errori **3** EN TANT QUE nella misura in cui, in quanto: *la justice est bonne en tant qu'elle garantit la liberté* la giustizia è valida nella misura in cui garantisce la libertà ◇ [*considéré comme*] in quanto, come: *le cinéma en tant qu'art* il cinema in quanto, come arte; *en tant que Français, je suis d'un tout autre avis* come Francese, sono di tutt'altro parere **4** TANT... QUE [*aussi bien que*] sia... che (sia), tanto... quanto: *ses activités tant sportives qu'artistiques* le sue attività sia sportive che (sia) artistiche, tanto sportive quanto artistiche ~ TANT BIEN QUE MAL alla meno peggio, alla bell'e meglio: *il a réussi à le faire tant bien que mal* è riuscito a farlo alla meno peggio, alla bell'e meglio **5** TANT QU'À (+ *inf.*) [*puisqu'il faut*]: *tant qu'à faire, faites-le bien* tanto vale che lo facciate bene; mentre ci siete, fatelo bene **6** (*loc.*) *tant mieux!* (tanto) meglio (così)! ~ *tant pis!* (tanto) peggio!; pazienza! ◇ (*fam.*) *le docteur Tant-Pis, Tant-Mieux* un fatalista (*cour.*), un facilone (*cour.*) **IV** TANT QUE... [*aussi longtemps que*] finché *conj.*; mentre (*conj.*): *tant qu'il y a de la vie, il y a de l'espoir* finché c'è vita, c'è speranza ‖ *tant que tu y es, que vous y êtes* mentre ci sei, ci siete.

tantalate |tɑ̃talat| *s.m.* (*chim.*) tantalato.

tantale |tɑ̃tal| *s.m.* **I** (*t.zool.*) tantalo **II** (*chim.*) tantalio*.

tantalique |tɑ̃talik| *adj.* (*chim.*) tantalico*.

tante |tɑ̃t| *s.f.* **1** [*sœur du père ou de la mère et, par ext., femme de l'oncle*] zia: *tante paternelle, maternelle* zia paterna, materna # *tante à la mode de Bretagne* zia cugina **2** (*fam.*) *ma tante* [*le mont-de-piété*] il Monte *m.* di pietà (*cour.*) **3** (*pop., vulg.*) [*homosexuel*] finocchio* m. (fam.), frocio* m. (cour.).

tantième |tɑ̃tjɛm| **1** adj. (vx.) [qui représente une fraction déterminée mais non précisée d'une grandeur] dato: la tantième partie d'un nombre la data parte di un numero **2** s.m. [pourcentage d'un tout] percentuale f. ◇ (spécialt., écon.) quota f. di utile.

tantine |tɑ̃tin| s.f. (dans le langage enfantin) zietta.

tantinet |tɑ̃tinɛ| **1** s.m. UN TANTINET DE un po' (poco), un tantino (fam.) di: donnez-moi un tantinet de pain datemi un po', un tantino di pane **2** loc. adv. [un petit peu, passablement] un po', un tantino: il est un tantinet ridicule è un po', un tantino ridicolo.

tant mieux |tɑ̃mjø| loc. → **tant** III 6.

tantôt |tɑ̃to| adv. **1** [cet après-midi] oggi pomeriggio (loc.): à tantôt a oggi pomeriggio; venez tantôt prendre le thé venite oggi pomeriggio a prendere il tè ✦ s.m. (fam., région.) pomeriggio* (cour.): lundi tantôt lunedì pomeriggio **2** TANTÔT... TANTÔT (souvent répété) [plusieurs fois] ora... ora..., talora... (talvolta) talora (talvolta...): tantôt bien, tantôt mal ora bene, ora male; talora bene, talora male **3** (vx.) → **bientôt** ◇ (vx.) [à peu près (dans le p.)] pressappoco (cour.) **4** (vx., région.) [dans peu de temps (fut.)] fra poco (cour.), fra breve (cour.); [peu de temps auparavant (p.)] poco fa (poc'anzi) (cour.), or ora (cour.).

tantouse, tantouze |tɑ̃tuz| s.f. (pop., vulg.) [homosexuel] finocchio* m. (fam.), frocio* m. (cour.).

tant pis |tɑ̃pi| loc. → **tant** III 6.

tantrisme |tɑ̃tʀism(ə)| s.m. (relig.) tantrismo.

taôisme |taoism(ə)|, **taoïsme** |taɔism(ə)| s.m. (relig.) taoismo.

taôiste |taoist(ə)|, **taoïste** |taɔist(ə)| s. taoista ✦ (adj.) prêtre taoïste sacerdote taoista.

taon |tɑ̃| s.m. (t.zool.) tafano.

tapage |tapaʒ| s.m. **1** [bruit violent produit par un groupe de personnes] chiasso, baccano, schiamazzo: un tapage infernal un baccano infernale ◇ (dr.) tapage injurieux ou nocturne schiamazzi notturni **2** (fig.) [éclat, scandale] chiasso, scalpore: on a fait beaucoup de tapage autour de ce divorce si è fatto molto chiasso su quel divorzio; quel divorzio ha destato molto scalpore ◇ (littér.) contrasto di colori (cour.) Ⓒ **1** **silence**.

tapager, |tapaʒe| (3) v.intr. (rare) [faire du tapage] schiamazzare (cour.), far (103) tr. chiasso, baccano (cour.).

tapageur, euse |tapaʒœʀ, øz| adj. **1** [qui fait du tapage] chiassoso, rumoroso: un enfant tapageur un bambino chiassoso, rumoroso ✦ (s.) un tapageur un chiassone, uno schiamazzatore* **2** [qui fait du tapage, du bruit, du scandale] chiassoso: publicité tapageuse pubblicità chiassosa ◇ [qui se fait remarquer par le contraste des couleurs] vistoso, sgargiante: toilette tapageuse abbigliamento vistoso Ⓒ **2** **discret** 1.

tapageusement |tapaʒøzmɑ̃| adv. [→ TAPAGEUR 1] chiassosamente.

tapant, ante |tapɑ̃, ɑ̃t| adj. [à l'instant même où sonne telle ou telle heure] preciso, in punto (loc. inv.): à midi tapant a mezzogiorno preciso, in punto; à neuf heures tapantes alle nove precise, in punto.

1 **tape** |tap| s.f. (mar.) tappo m. ◇ (milit.) tappo di volata.

2 **tape** |tap| s.f. **1** [coup donné avec le plat de la main] manata, pacca* (fam.): tape amicale manata, pacca amichevole **2** (fam., vieilli) [échec, insuccès] fiasco* m. (cour.): ramasser une tape far fiasco.

tapé, ée |tape| adj. **1** (vx.) seccato al forno ◇ [trop mûr, pourri par endroits] ammaccato: des poires tapées pere ammaccate **2** loc. fam. BIEN TAPÉ [réussi, bien fait] azzeccato, indovinato: une réponse bien tapée una risposta azzeccata, indovinata ◇ [bien servi] un demi bien tapé una mezza birra abbondante **3** (fam.) tocco*, suonato → **fou**.

tape-à-l'œil |tapalœj| adj. inv. [qui attire l'attention par des couleurs voyantes, un luxe tapageur] vistoso var., sgargiante (var.): une décoration un peu tape-à-l'œil una decorazione un po' vistosa ✦ (s.m. inv.) c'est du tape-à-l'œil è tutta polvere f. var. negli occhi; è roba f. var. dozzinale.

tapecul, tape-cul |tapky| s.m. **1** [bascule à contrepoids fermant l'entrée d'une barrière] contrappeso **2** [balançoire rudimentale formant bascule et qui tape le cul en touchant le sol] altalena f. **3** (mar.) mezzanella f. **4** carrozza f. mal molleggiata, trabiccolo **5** loc. (équit.) faire du tape-cul cavalcare senza sella **6** (arg. des ch. de fer) [autorail omnibus] littorina f., accelerato.

tapée |tape| s.f. (fam.) [grande quantité] caterva, carrettata: une tapée d'enfants una caterva, carrettata di bambini.

tapement |tapmɑ̃| s.m. [→ 2 TAPER] battito, il picchiare (inv.): un tapement sourd un battito sordo # des tapements de pieds un battere di piedi.

1 **taper** |tape| v.tr. (techn., mar.) [boucher] tappare, turare: taper les écubiers tappare le cubie.

2 **taper** |tape| **A** v.tr. **1** [frapper du plat de la main; frapper, claquer] picchiare, battere: taper un enfant picchiare, battere un bambino; taper des tapis battere dei tappeti ◇ (loc. fig., fam.) se taper les cuisses de contentement non stare più in sé dalla contentezza (cour.) ~ c'est à se taper la tête contre les murs c'è da battersi la testa nel muro ◇ (loc. pop.) il y a de quoi se taper le derrière par terre è proprio (una cosa) da stupidi (cour.) ~ se taper la cloche mangiare bene, a sazietà (cour.) **2** [produire (un bruit) en tapant] battere, picchiare: taper trois coups à la porte battere tre colpi alla porta ◇ (péj.) taper un air sur un piano strimpellare un'aria al piano **3** [écrire (un texte) au moyen de la machine à écrire] battere (a macchina), scrivere (182) a macchina: faire taper une lettre fare battere una lettera → **dactylographier** **4** (fam.) [emprunter de l'argent à] spillare denaro (a), prendere (105) denaro in prestito (da) (cour.): je l'ai tapé de cent francs gli ho spillato cento franchi **B** v.intr. **1** [donner un coup, des coups] picchiare intr. et tr., battere (intr. et tr.): taper des mains, des pieds picchiare, battere con le mani, con i piedi; taper sur qqn. picchiare qc. # taper comme un sourd dare botte da orbi; taper sur un piano strimpellare il pianoforte ◇ (loc. fig., fam.) taper sur qqn. sparlare di qc. (cour.) ~ taper sur le ventre de qqn. trattare qc. con troppa familiarità (cour.) ~ taper sur les nerfs dare ai nervi ~ taper dans l'œil de qqn. far colpo su qc. ~ taper dans le mille fare centro **2** (par ext.) [écrire au moyen d'une machine] battere (a macchina), scrivere a macchina: faute faite en tapant errore fatto battendo, scrivendo a macchina # une dactylo qui tape bien una brava dattilografa **3** (fig.) (se dit du vin qui monte à la tête) dare (102) alla testa: un vin qui tape un vino che dà alla testa ◇ (par ext., pop.) ça tape ici! [ça sent mauvais] c'è puzza qui dentro!; le soleil tape dur il sole picchia forte **4** loc. fam. TAPER DANS [prendre dans, se servir de] intaccare tr. (cour.): ils ont déjà tapé dans les provisions hanno già intaccato le provviste # taper dans le tas pescare nel mucchio **C** v.pron. SE TAPER **1** récipr. [se frapper l'un l'autre] picchiarsi **2** intr. (pop.) [se priver de (qqch.)] fare (103) intr. a meno (di) (cour.) ◇ (loc.) il peut toujours se taper! può aspettare! (cour.) **3** réfl. (pop.) [manger, boire] ingozzarsi di (cour.); scolare tr. (cour.): elle se tape son litre de rouge dans la journée si scola il suo litro di rosso al giorno **4** (fam.) [faire (une corvée)] se taper tout le travail accollarsi tr. (cour.) tutto il lavoro; il s'est tapé le trajet à pied ha dovuto farsi la strada a piedi.

tapette |tapɛt| s.f. **I** (techn.) turabottiglie m. inv. **II** **1** [sorte de raquette d'osier pour battre les tapis] battipanni m. inv. ◇ (pour tuer les mouches) ammazzamosche m. inv. **2** (jeu de billes) rimbalzino m. **3** (fam.) [langue (qui parle)] avoir une fière tapette avere una bella parlantina; il a une de ces tapettes! ha una lingua! **4** (pop., vulg.) [pédéraste passif] dama; finocchio* m. (pop.), frocio* m.

tapeur, euse |tapœʀ, øz| s. [personne qui emprunte souvent de l'argent] scroccone (fam.).

taphophilie |tafɔfili| s.f. (psychiatr., psychan.) tafofilia.

tapi, ie |tapi| adj. **1** [caché, dans une posture ramassée] acquattato: une alouette tapie dans les blés un'allodola acquattata, nascosta tra il grano **2** (abstraït) annidato → **embusqué**.

tapin |tapɛ̃| s.m. **1** (vx., fam.) [celui qui bat du tambour] tamburino (cour.) **2** (fig., arg.) [racolage de prostituée] adescamento (cour.) # faire le tapin adescare, battere (il marciapiede).

tapiner |tapine| v.intr. (arg.) [racoler; faire le tapin] adescare (cour.), battere tr. (il marciapiede) (fam.).

tapinois (en) |ɑ̃tapinwa| loc. adv. [en se cachant, à la dérobée] di soppiatto, furtivamente (adv.): il avançait en tapinois veniva avanti di soppiatto, furtivamente → **catimini** (en), **sournoisement**.

tapioca |tapjɔka| s.m. tapioca* (f.): un potage au tapioca, (ellipt.) un tapioca una minestra di tapioca.

1 **tapir** |tapiʀ| s.m. **1** (t.zool.) tapiro **2** (arg. école normale) [élève qui prend des leçons particulières] ⊠.

2 **tapir (se)** |tapiʀ| *v.pron. réfl.* [*se cacher, se dissimuler en se blottissant*] acquattarsi ◇ (*fig.*) [*se cacher*] nascondersi (159), annidarsi.

tapis |tapi| *s.m.* **1** tappeto: *tapis de haute laine* tappeto di pura lana; *tapis d'Orient, de Perse* tappeto orientale, persiano; *brosser, secouer les tapis* spazzolare, battere i tappeti # *tapis d'escalier* guida, passatoia (della scala) **2** (*par ext.*) [*revêtement souple de sol*] tappeto: *tapis de sparterie* tappeto, stuoia di sparto ◇ (*Belgique*) *tapis plain* [*moquette*] 'moquette' *f. inv.* ◇ (*spécialt.*) *tapis-brosse* [*paillasson*] zerbino ◇ (*boxe*) *aller au tapis* andare al tappeto; *envoyer son adversaire au tapis* mandare l'avversario al tappeto ◇ (*par ext.*) *tapis roulant* nastro trasportatore **3** (*fig.*) [*couche, surface qui évoque un tapis*] tappeto; coltre *f.*, manto: *tapis de gazon* tappeto erboso ‖ *tapis de neige* coltre, manto di neve **4** [*pièce de tissu recouvrant un meuble, une table*] tappeto: *tapis de billard, d'une table de jeu* tappeto del biliardo, di un tavolo da gioco ◇ (*loc. fig.*) *mettre une question, une affaire sur le tapis* mettere una questione sul tappeto, intavolare un affare ~ *être sur le tapis* essere al centro della conversazione ~ *amuser le tapis* divertire l'auditorio.

tapisser |tapise| *v.tr.* **1** [*couvrir de tapisseries, tentures, étoffes*] tappezzare: *tapisser une paroi, une chambre* tappezzare una parete, una camera ◇ (*par ext.*) *tapisser sa chambre de photos, d'affiches* tappezzare la propria camera di foto, di poster **2** (*sujet de chose*) [*recouvrir (un mur, une paroi)*] ricoprire (186): *lierre qui tapisse un mur* edera che ricopre un muro.

tapisserie |tapisʀi| *s.f.* **1** [*tenture d'ameublement; tissu dont elle est faite*] tappezzeria: *une petite porte, masquée par une tapisserie* una porticina mascherata dalla tappezzeria ◇ (*loc. fig.*) *l'envers de la tapisserie* il rovescio della medaglia ~ *être derrière la tapisserie* star dietro le quinte, conoscere il sottofondo di una faccenda ~ *faire tapisserie* fare tappezzeria **2** [*ouvrage d'art en tissu, effectué au métier*] arazzo (*m.*): *tapisserie de haute, de basse lice* arazzo di alto, basso liccio; *tapisseries des Gobelins* arazzi dei Gobelins **3** [*ouvrage de dame à l'aiguille*] ricamo *m.* a mezzo punto.

tapissier, ière |tapisje, jɛʀ| *s.* **1** *s.* [*personne qui exécute à la main des tapis sur métier, des tapisseries*] arazziere **2** *s.m.* [*celui qui tapisse une pièce, une maison; celui qui vend et qui pose les tissus*] tappezziere: *tapissier qui recouvre un siège* tappezziere che riveste una sedia.

tapissière |tapisjɛʀ| *s.f.* (*ancienn.*) [*voiture qui servait aux tapissiers pour le transport des meubles*] giardiniera.

tapon |tapɔ̃| *s.m.* (*vieilli*) → **tampon.**

tapotement |tapɔtmɑ̃| *s.m.* [→ TAPOTER] il tamburellare *inv.*, il picchiettare *inv.*

tapoter |tapɔte| **A** *v.tr.* [*frapper légèrement à petits coups répétés*] dare (102) colpetti (a): *tapoter une cigarette, pour faire tomber la cendre* dare colpetti a una sigaretta per far cadere la cenere ◇ [*jouer mal ou négligemment (du piano)*] strimpellare: *tapoter une sonate* strimpellare una sonata **B** *v. intr.* [*tambouriner*] tamburellare: *tapoter sur la table* tamburellare con le dita sul tavolo.

taquer |take| *v.tr.* (*imprim.*) [*mettre de niveau (les caractères) avec le taquoir*] pareggiare i caratteri.

taquet |takɛ| *s.m.* **1** [*pièce de bois qui soutient l'extrémité d'un tasseau; coin de bois pour caler un meuble*] zeppa *f.* **2** [*piquet qu'on enfonce en terre pour servir de repère*] piolo, paletto **3** [*morceau de bois qui tourne autour d'un axe et sert à maintenir une porte fermée*] nottola *f.* **4** (*mar.*) galloccia* *f.* **5** (*ch. de fer*) fermaconvoglio* **6** *taquet d'escalier* tacchetto **7** (*pop., vieilli*) [*coup donné dans la figure*] schiaffo (*cour.*).

taquin, ine |takɛ̃, in| *adj.* [*qui prend plaisir à contrarier autrui dans les petites choses et sans désir de nuire*] dispettoso, stuzzichino: *un enfant taquin* un bambino dispettoso; *caractère taquin* carattere dispettoso ♦ (*s.*) *un taquin* uno scocciatore*, uno stuzzichino.

taquiner |takine| **A** *v.tr.* **1** [*s'amuser à contrarier dans de petites choses, sans y mettre de méchanceté*] stuzzicare, punzecchiare **2** (*sujet de chose*) [*être la cause de petites contrariétés, d'une douleur légère*] infastidire (197), dare (102) fastidio (a): *j'ai une dent qui me taquine* ho un dente che mi infastidisce, mi dà fastidio **B** *v.pron. récipr.* SE TAQUINER [→ *tr.* 1] stuzzicarsi, punzecchiarsi.

taquinerie |takinʀi| *s.f.* **1** carattere *m.* dispettoso **2** [→ TAQUINER A 1] [*parole taquine*] dispetto (*m.*): *harceler de taquineries* importunare con dispetti.

taquoir |takwaʀ| *s.m.* (*imprim.*) battitoia *f.*

tarabiscot |taʀabisko| *s.m.* (*vx.*) [*petite cavité qui sépare une moulure d'une partie lisse ou d'une autre moulure*] scanalatura *f.* (*cour.*) ◇ (*par ext.*) [*outil servant à creuser cette cavité*] incorsatoio*.

tarabiscotage |taʀabiskɔtaʒ| *s.m.* [*caractère de ce qui est tarabiscoté*] ricercatezza *f.*, complicazione *f.* inutile.

tarabiscoté, ée |taʀabiskɔte| *adj.* **1** sovraccarico* di ornamenti **2** (*fig.*) [*affecté, contourné*] ricercato, arzigogolato: *style tarabiscoté* stile ricercato, arzigogolato.

tarabiscoter |taʀabiskɔte| *v.tr.* (*rare*) [*rendre tarabiscoté, charger d'ornements compliqués*] ornare eccessivamente, sovraccaricare di ornamenti.

tarabuster |taʀabyste| *v.tr.* [*importuner par des paroles, des interventions renouvelées*] disturbare continuamente ◇ (*sujet de chose*) [*causer de la contrariété, de l'inquiétude, de l'agitation à (qqn.)*] angustiare, contrariare: *une idée qui me tarabuste* un'idea che mi angustia.

tarage |taʀaʒ| *s.m.* (*comm.*) taratura *f.*, determinazione *f.* della tara.

tararage |taʀaʀaʒ| *s.m.* [*action de nettoyer les grains après le battage, à l'aide d'un tarare*] vagliatura *f.*

tarare |taʀaʀ| *s.m.* (*agric.*) tararà *f. inv.*

tarasconnais, aise |taʀaskɔnɛ, ɛz| *adj.* [*de Tarascon*] tarasconese.

tarasque |taʀask(ə)| *s.f.* **1** [*animal fabuleux, sorte de dragon des légendes provençales*] ⊠ **2** (*fig., littér.*) [*danger fabuleux*] spauracchio* *m.*, babau *m. inv.*

taratata! |taʀatata| *interj.* (*onomat.*) (*exprimant 'l'incrédulité, la défiance, le mépris'*) storie!, frottole!

taraud |taʀo| *s.m.* (*techn.*) maschio*.

taraudage |taʀodaʒ| *s.m.* **1** [→ TARAUDER 1] maschiatura *f.* **2** [*filetage intérieur d'un trou cylindrique*] filettatura *f.*

taraudant, ante |taʀodɑ̃, ɑ̃t| *adj.* (*littér.*) [*qui taraude* (3), *transperce*] tormentoso.

tarauder |taʀode| *v.tr.* **1** [*creuser, percer pour y pratiquer une filetage*] filettare, maschiare: *tarauder une plaque d'acier* filettare una piastra d'acciaio; *tarauder une vis* filettare, maschiare una vite **2** (*par anal.*) [*percer avec une tarière*] rodere (175): *insectes qui taraudent le bois* insetti che rodono il legno **3** (*fig., littér.*) [*percer, transpercer*] rodere, tormentare.

taraudeur, euse |taʀodœʀ, øz| **I** *s.* **1** *s.m.* [*ouvrier qui taille des filets en creux*] filettatore, maschiatore **2** *s.f.* (*techn.*) filettatrice, maschiatrice **II** *adj.* [*qui taraude, transperce*] roditore*: *insecte taraudeur* insetto roditore ◇ (*fig.*) tormentoso → **taraudant.**

taravelle |taʀavɛl| *s.f.* (*région.*) [*plantoir en forme d'étrier, employé par les viticulteurs du Bordelais et des Charentes, pour planter la vigne*] ⊠.

taraxacum |taʀaksakɔm| *s.m.* (*t. bot.*) tarassaco*.

tard |taʀ| **I** *adv.* **1** [*après le moment habituel*] tardi: *se lever tard* alzarsi tardi ◇ (*loc.*) *tôt ou tard* prima o poi ~ *un peu tard, bien tard* un po' tardi, molto tardi (tardissimo) ~ *trop tard* troppo tardi ~ *le plus tard possible* (il) più tardi possibile ~ *plus tard* più tardi, dopo ~ *ce sera pour plus tard* sarà per un'altra volta ~ *sans attendre plus tard* senza attendere oltre ~ *quelques minutes plus tard* alcuni minuti dopo ~ *pas plus tard qu'hier* non più tardi di ieri ◇ (*prov.*) *mieux vaut tard que jamais* meglio tardi che mai **2** [*à la fin d'une période, d'un temps*] tardi: *rentrer tard* rientrare tardi # *tard dans la matinée* nella tarda mattinata; *tard dans la nuit* a notte inoltrata ♦ (*adj. inv.*) *il est, il se fait tard* è tardi, si fa tardi **II** (*s.m. inv.*) *sur le tard* sul tardi **C** **tôt.**

tarder |taʀde| *v.intr.* **1** [*se faire attendre, être lent à venir*] tardare **2** [*mettre beaucoup de temps à faire qqch., rester longtemps avant de commencer à agir*] indugiare: *ne tardez pas, décidez-vous* non indugiate, decidetevi; *venez sans tarder* venga senza indugiare, senza indugio ◇ (*loc.*) *tarder à* (+ *inf.*) tardare a (+ *inf.*) **3** (*loc.*) *le temps me tarde d'arriver chez vous* non vedo l'ora di venire da voi ♦ *impers.* (+ *inf.*) non vedere (192) *tr.* l'ora di, essere (96) impaziente di (+ *inf.*): *il me tarde d'avoir les résultats* non vedo l'ora di, sono impaziente di avere i risultati.

tardif, ive |taʀdif, iv| *adj.* **1** tardivo: *maturité tardive* maturazione tardiva; *apparition tardive de la dent de sagesse* comparsa tardiva del dente del giudizio **2** [*qui a lieu tard dans la journée, la matinée ou la soirée*] tardo: *heure tardive* ora tarda ◇ [*qui vient,*

qui se fait trop tard, quand il n'est plus temps] tardivo: *remords tardifs* rimorsi tardivi **3** [*qui se forme, se développe plus lentement ou plus tard*] tardivo: *fruit tardif* frutto tardivo.
tardigrade |taRdigRad| **1** *s.m.* (*zool.*) tardigrado **2** *adj.* [*qui marche lentement*] tardigrado, lento.
Tardigrades |taRdigRad| *s.m. pl.* (*t.zool.*) Tardigradi.
tardillon, onne |taRdijɔ̃, ɔn| *s.* (*fam., région.*) ultimo nato (*cour.*).
tardivement |taRdivmɑ̃| *adv.* [→ TARDIF] tardivamente ◇ [*à une période ou à une heure tardive*] tardi: *rentrer tardivement* rientrare tardi → **tard.**
tardiveté |taRdivte| *s.f.* (*rare*) tardività *inv.*
tare |taR| *s.f.* **1** (*comm.*) tara **2** [*défaut qui diminue la valeur de l'objet, le mérite de qqn.*] tara ◇ (*biol.*) tara.
taré |taRe| *adj. m.* (*blas.*) *casque taré de trois quarts, de profil, de front* elmo posto di tre quarti, di profilo, di fronte.
taré, ée |taRe| *adj.* (*biol., comm.*) tarato ◇ (*fig.*) *régime taré* regime tarato.
tarente |taRɑ̃t| *s.f.* → **gecko.**
tarentelle |taRɑ̃tɛl| *s.f.* (*danse, mus.*) tarantella.
tarentin, ine |taRɑ̃tɛ̃, in| *adj.* [*de Tarente*] tarantino, tarentino.
tarentisme |taRɑ̃tism(ə)|, **tarentulisme** |taRɑ̃tylism(ə)| *s.m.* (*méd.*) tarantismo.
tarentule |taRɑ̃tyl| *s.f.* (*t.zool.*) tarantola ◇ (*fig.*) *être piqué, mordu de la tarentule* essere punto, morso dalla tarantola, tarantolato.
tarer |taRe| *v.tr.* (*comm.*) [*peser* (*un emballage ou un récipient*) *avant de le remplir afin de pouvoir déduire son poids du poids brut*] fare (103) la tara (di).
taret |taRɛ| *s.m.* (*t.zool.*) teredine *f.*
targe |taRʒ(ə)| *s.f.* [*petit bouclier en usage au moyen âge*] targa*.
targette |taRʒɛt| *s.f.* [*petit verrou*] chiavistello *m.*
targuer (se) |taRge| *v.pron. réfl.* (*littér.*) [*se prévaloir* (*de qqch.*) *avec ostentation, se vanter de*] gloriarsi, vantarsi (*cour.*).
targui, ie |taRgi| *s. et adj.* (*ar.*) (*forme m. sing. de 'touareg'*) tuareg *inv.*
tari, ie |taRi| *adj.* [*sans eau; épuisé*] asciutto, secco*: *rivière tarie* fiume asciutto, secco.
taricheute |taRikøt| *s.m.* (*antiq.*) [*embaumeur de l'anc. Égypte*] imbalsamatore* *s.*
tarière |taRjɛR| *s.f.* **1** (*techn.*) trivella, succhiello *m.* **2** (*anat. animale*) ovopositore *m.*
tarif |taRif| *s.m.* **1** tariffa (*f.*): *tarif douanier* tariffa doganale; *tarif des chemins de fer* tariffa ferroviaria; *tarif réduit* tariffa ridotta; *tarifs postaux* tariffe postali; *tarif syndical* tariffa sindacale **2** [*le prix tarifié ou usuel d'une marchandise déterminée, d'un travail*] tariffa: *il faut compter dans les cinq ou six mille francs, c'est le tarif* bisogna calcolare sui cinque o seimila franchi, è la tariffa ◇ (*fig., fam.*) *il aura deux mois de prison, c'est le tarif* si prenderà due mesi (di prigione), è normale.
tarifaire |taRifɛR| *adj.* tariffario*, tariffale: *dispositions tarifaires* disposizioni tariffarie, tariffali.
tarifer |taRife|, **tarifier** |taRifje| *v.tr.* **1** (*rare*) [*soumettre* (*qqn.*) *à un tarif*] tariffare **2** [*fixer à un montant, à un prix déterminé*] tariffare.
tarification |taRifikɑsjɔ̃| *s.f.* (*comm.*) [→ TARIFER] tariffazione.
1 **tarin** |taRɛ̃| *s.m.* (*t.zool.*) lucherino.
2 **tarin** |taRɛ̃| *s.m.* (*pop.*) → **nez.**
tarir |taRiR| **A** *v.intr.* **1** [*cesser de couler, s'épuiser*] inaridire (197) (*aux.* essere), esaurirsi (197) (*pron.*): *source qui tarit* sorgente che inaridisce, che si esaurisce **2** (*loc. fig.*) *la conversation tarit* la conversazione langue ~ *ne pas tarir* non smetterla di parlare # *il ne tarit pas sur ce sujet* è inesauribile su quell'argomento **B** *v.tr.* [*faire cesser de couler; mettre à sec*] prosciugare, inaridire: *tarir une source, un puits* prosciugare una sorgente, un pozzo ♦ (*pron.*) *la source s'est tarie* la sorgente si è prosciugata, si è inaridita ◇ (*littér.*) *tarir les larmes de qqn.* asciugare le lacrime di qc. ♦ (*pron. intr.*) *sa veine poétique s'est tarie* la sua vena poetica si è esaurita, inaridita → **épuiser (s').**
tarissable |taRisabl(ə)| *adj.* (*rare*) [→ TARIR B] prosciugabile, asciugabile Ⓒ **intarissable.**
tarissement |taRismɑ̃| *s.m.* [*fait de tarir; état d'une source, d'une rivière qui est tarie*] prosciugamento, inaridimento ◇ (*fig.*) esaurimento: *le tarissement des ressources* l'esaurimento delle risorse.
tarlatane |taRlatan| *s.f.* tarlatana.
tarmacadam |taRmakadam| *s.m.* (*vx.*) → **macadam.**
taro |taRo| *s.m.* (*t.bot.*) colocasia *f.*, taro.
tarot |taRo| *s.m. spécialt. au plur.* [*cartes à jouer*] tarocchi: *un jeu de tarots* un mazzo di tarocchi.
taroté, ée |taRɔte| *adj.* (*jeu*) *cartes tarotées* carte con il dorso quadrettato *loc. inv.*
tarpon |taRpɔ̃| *s.m.* (*angl.*) (*t.zool.*) tarpon *inv.*
tarragonais, aise |taRagɔnɛ, ɛz| *adj.* [*de Tarragone*] tarragonese.
tarsal, ale, aux |taRsal, ø| *adj.* (*anat.*) tarsale.
tarsalgie |taRsalʒi| *s.f.* (*méd.*) tarsalgia*.
tarse |taRs(ə)| *s.m.* (*anat., zool.*) tarso.
tarsectomie |taRsɛktɔmi| *s.f.* (*chir.*) tarsectomia.
tarsien, ienne |taRsjɛ̃, jɛn| *adj.* (*anat.*) tarsale.
Tarsiens |taRsjɛ̃| *s.m. pl.* (*t.zool.*) Tarsioidei.
tartan |taRtɑ̃| *s.m.* (*angl.*) [*étoffe, vêtement, tissu écossais*] tartan *inv.*
tartane |taRtan| *s.f.* tartana.
tartare |taRtaR| **1** *adj.* tartaro ◇ (*cuis.*) *sauce tartare* salsa tartara **2** *s.* (*hist.*) *les Tartares* i Tartari.
tartaréen, éenne |taRtaReɛ̃, eɛn| *adj.* tartareo (*littér.*).
tartarin |taRtaRɛ̃| *s.m.* (*fam.*) [*fanfaron, vantard*] spaccone *s.*, fanfarone *s.*
tarte |taRt(ə)| **I** *s.f.* **1** (*pâtiss.*) torta, crostata: *tarte aux pommes, à la crème* crostata, torta di mele, alla crema ◇ (*fig.*) *tarte à la crème* [*formule vide et prétentieuse par laquelle on prétend avoir réponse à tout*] formula vacua ◇ (*loc. fig., fam.*) *c'est, c'est pas de la tarte* (non) è una passeggiata; (non) è semplice, facile (*cour.*) **2** (*pop.*) [*coup, gifle*] cazzotto *m.*; ceffone *m.*, sberla **II** *adj.* (*fam.*) [*laid; sot et ridicule, peu dégourdi*] goffo (*cour.*), ridicolo (*cour.*): (*avec ou sans accord*) *ce qu'ils sont tarte!* quanto sono goffi, ridicoli! ◇ (*d'une chose*) *il est un peu tarte, son chapeau!* è un po' ridicolo il suo cappello!
tartelette |taRtəlɛt| *s.f.* [*petite tarte individuelle*] tortina, crostatina.
tartempion |taRtɑ̃pjɔ̃| *s.m.* (*péj.*) (*nom donné à un homme quelconque*) tizio* (*s.*): *c'est un tartempion quelconque* è un tizio qualunque.
tartine |taRtin| *s.f.* **1** tartina # *tartine de confiture* (fetta di) pane e marmellata **2** (*fam.*) [*développement interminable sur un sujet quelconque*] tiritera: *il a fait là-dessus toute une tartine* ci ha fatto sopra tutta una tiritera.
tartiner |taRtine| *v.tr.* [*étaler* (*du beurre, etc.*) *sur une tranche de pain*] spalmare: *fromage à tartiner* formaggio da spalmare.
tartir |taRtiR| *v.intr.* **1** (*arg.*) [*déféquer*] cacare (*vulg.*) **2** (*loc. fig., pop.*) *envoyer tartir qqn.* mandare a cacare (*vulg.*), al diavolo qc. (*cour.*) ~ *faire tartir qqn.* rompere qc., far venire la barba a qc. (*cour.*) ♦ *pron. intr.* (*pop.*) *se faire tartir* [*s'ennuyer*] rompersi (176), scocciarsi.
tarton |taRtɔ̃| *s.m.* (*techn.*) tartan *inv.*
tartrate |taRtRat| *s.m.* (*chim.*) tartrato.
tartre |taRtR(ə)| *s.m.* **1** [*dépôt qui se forme dans les récipients contenant du vin*] tartaro **2** [*dépôt de matières organiques sur les dents*] tartaro **3** [*croûte calcaire qui se forme sur les parois des chaudières*] tartaro, incrostazione *f.*
tartré, ée |taRtRe| *adj.* (*techn.*) con aggiunta di tartaro *loc. inv.*
tartreux, euse |taRtRø, øz| *adj.* [*relatif au tartre*] tartarico*: *croûte tartreuse* incrostazione tartarica.
tartrique |taRtRik| *adj.* (*chim.*) *acide tartrique* acido tartarico*.
tartuffard, arde |taRtyfaR, aRd(ə)| *adj.* (*rare*) → **hypocrite.**
tartuf(f)e |taRtyf| *s.m.* **1** [*personne hypocrite*] ipocrita *s.* → **hypocrite, imposteur** ♦ (*adj.*) *il est un peu tartuffe* è un po' ipocrita **2** (*vieilli*) [*faux dévot*] bigotto *s.*, tartufo.
tartuf(f)erie |taRtyfRi| *s.f.* [*conduite de tartufe*] ipocrisia: *sa tartufferie me révolte* la sua ipocrisia mi disgusta.
Tarzan |taRzɑ̃| *s.m.* (*fam., plais.*) [*bel athlète*] fusto: *elle n'aime que les Tarzans* le piacciono solo i fusti; *il joue les Tarzans sur la plage* fa il fusto sulla spiaggia.
tas |tɑ| *s.m.* **1** [*amas* (*de matériaux, de morceaux, d'objets*) *s'élevant sur une large base*] mucchio*, ammasso: *tas de pierres, de gravats* mucchio, ammasso di pietre, di macerie # *mettre en tas* ammucchiare **2** (*fig.*) [*grande quantité, grand nombre* (*de choses*)] mucchio, sacco*: *s'intéresser à des tas de choses* interessarsi a un mucchio di cose ◇ (*fam.*) *il y en a des tas et des tas* ce n'è un sacco, un mucchio **3** (*fam., péj.*) [*grand nombre* (*de gens*)] sacco, mucchio: *un tas d'hommes* un sacco di uomini; *un tas de gens* un sacco, un mucchio di gente; *tirer dans le tas* sparare nel mucchio, col-

pire alla cieca ◇ (*exclam.*) *tas de salauds!* branco di mascalzoni! **4** (*archit.*) fabbricato in costruzione; cantiere a piè d'opera # *tailler les pierres sur le tas* tagliare le pietre in cantiere, sul posto ◇ *loc.* (*par ext.*) *sur le tas* sul posto # *grève sur le tas* sciopero bianco ◇ (*fam.*) *formation sur le tas* formazione sul posto di lavoro.

tassage |tɑsaʒ| *s.m.* (*sport*) lo stringere *inv.*, il chiudere *inv.* un avversario.

tasse |tɑs| *s.f.* [*petit récipient servant à boire*] tazza, tazzina: *tasse de porcelaine* tazza, tazzina di porcellana; *tasses à thé, à café* tazze da tè, tazzine da caffè ◇ (*par ext.*) *prendre une tasse de thé* bere una tazza di tè ◇ (*fig.*, *fam.*) *boire une tasse, la tasse* [*avaler involontairement de l'eau en se baignant*] fare una bevuta.

tasseau |tɑso| *s.m.* [*petite pièce de bois ou de métal destinée à soutenir l'extrémité d'une tablette*] tassello: *une planche supportée par deux tasseaux* un'asse sostenuta da due tasselli.

tassement |tɑsmɑ̃| *s.m.* **1** [→ TASSER C] assestamento, cedimento: *tassement provoquant des ruptures dans un bâtiment* assestamento, cedimento che provoca crepe in una costruzione **2** (*fig.*) [*perte de vitesse dans un mouvement d'accélération économique*] assestamento, cedimento: *le tassement du rythme de progression* l'assestamento, il cedimento del ritmo di sviluppo.

tasser |tɑse| **A** *v.tr.* **1** [*comprimer le plus possible en tapant, poussant, serrant*] ammucchiare, stipare; pigiare: *tasser du foin* ammucchiare del fieno ‖ *tasser la terre dans un pot de fleurs* pigiare la terra in un vaso di fiori; *tasser le tabac dans la pipe* pigiare il tabacco nella pipa ◇ *loc. fam.* BIEN TASSÉ ben colmo: *un demi bien tassé* un mezzo di birra ben colmo # *un café bien tassé* un caffè forte ◆ *pron. intr.* (*pop.*) [*s'envoyer*] pappare *tr.* (*fam.*), ingozzarsi (di): *qu'est-ce qu'on s'est tassé comme petits fours!* quanto ci siamo ingozzati di pasticcini! **2** (*compl. de personne*) stipare, ammucchiare: *tasser des prisonniers dans un wagon* stipare, ammucchiare dei prigionieri in un vagone **3** (*sport*) [*serrer irrégulièrement* (*un adversaire*) *contre le bord de la piste ou contre d'autres coureurs*] stringere (131), chiudere (106) (irregolarmente) **B** *v.intr.* (*en parlant des végétaux*) [*croître en s'épaississant, pousser en touffe compacte*] infoltire (197) (*aux.* essere): *l'oseille commence à tasser* l'acetosa comincia a infoltire, a crescere alta **C** *v.pron. intr.* SE TASSER **1** [*s'affaisser sur soi-même*] assestarsi, cedere (*intr.*): *terrains qui se tassent* terreni che si assestano, cedono **2** (*en parlant de personnes*) rannicchiarsi: *elle s'était tassée* si era rannicchiata **3** (*avec un sujet impers. fig., fam.*) [*revenir, après quelque incident, à un état normal*] accomodarsi, sistemarsi: *il y a des difficultés: ça se tassera* ci sono difficoltà, ma tutto si accomoderà, si sistemerà.

tassette |tɑsɛt| *s.f.* (*archéol.*) cosciale *m.*

tassili |tasili| *s.m.* (*géogr.*) tas(s)ili *inv.*

taste-vin |tastəvɛ̃| *s.m. inv.* [*petite tasse d'argent, ou pipette servant aux dégustateurs de vin*] assaggia vino, pipetta *f. var.* di assaggio ◇ (*spécialt.*) *chevaliers du taste-vin* [*confrérie bourguignonne de connaisseurs en vins*] ⊠.

tat |tat|, **t.a.t.** |teate| *s.m.* (*psycho.*, *psychan.*, *psychiatr.*) test tematico* di appercezione.

tata |tata| *s.f.* (*langage enfantin, pop.*) [*tante*] zia (*cour.*): *tata Marie* la zia Mariuccia.

tatane |tatan| *s.f.* (*fam.*) [*chaussure*] scarpa (*cour.*).

tatar, are |tataʀ| *adj.* tataro ◆ (*s.m.*) *le tatare* [*langue turque parlée en U.R.S.S.*] il tataro.

ta, ta, ta...! |tatata| *interj.* (*exprime 'le dédain, la défiance ou le désir d'écarter un argument'*) storie!, frottole!

tâter |tɑte| **A** *v.tr.* **1** [*toucher attentivement avec la main, afin d'explorer, d'éprouver, de reconnaître*] tastare, palpare: *tâter les mains, le pouls d'un malade* tastare le mani, il polso di un ammalato ◇ (*fig.*) *tâter le terrain* tastare il terreno **2** (*fig.*) [*chercher à connaître les forces ou les dispositions de* (*qqn.*), *en le questionnant avec prudence*] saggiare, sondare: *tâter l'ennemi, l'adversaire* saggiare il nemico, l'avversario; *tâter l'opinion* sondare la opinione pubblica **B** *v.intr.* (*fig.*) [*faire l'expérience de*] provare *tr.*, sperimentare (*tr.*): *tâter de la prison* provare, sperimentare la prigione ◇ (*pop.*) *y tater* dedicarsi sporadicamente (*cour.*) (a q.c.) **C** *v.pron. réfl.* SE TÂTER (*fig.*) [*s'étudier avec attention; s'interroger longuement, hésiter*] riflettere (179) *intr.*, pensarci (*intr.*): *il n'a rien décidé, il se tâte* non ha deciso nulla, sta riflettendo, ci sta pensando.

tâteur |tɑtœʀ| *s.m.* (*techn.*) palpatore, tastatore.

tâte-vin |tɑtvɛ̃| *s.m. inv.* → **taste-vin.**

tatillon, onne |tatijɔ̃, ɔn| *adj.* [*exagérément minutieux, attaché aux détails des règlements*] pignolo: *un bureaucrate tatillon* un burocrate pignolo.

tâtonnant, ante |tɑtɔnɑ̃, ɑ̃t| *adj.* [*qui tâtonne*] esitante: *d'un geste tâtonnant* con gesto esitante.

tâtonnement |tɑtɔnmɑ̃| *s.m.* **1** [→ TÂTONNER 1] brancolamento **2** [*essai hésitant et renouvelé pour trouver qqch.*] tentativo: *des tâtonnements infructueux* tentativi infruttuosi.

tâtonner |tɑtɔne| *v.intr.* **1** [*tâter plusieurs fois le sol, les objets autour de soi, pour se diriger ou trouver qqch. dans l'obscurité*] brancolare: *il tâtonnait dans l'obscurité* brancolava nel buio **2** (*fig.*) [*hésiter, faute de compréhension suffisante; faire divers essais pour découvrir la solution*] esitare; procedere (125) per tentativi.

tâtons (à) |atɑtɔ̃| *loc. adv.* **1** [*en tâtonnant* (1)] a tentoni, a tastoni: *avancer à tâtons dans l'obscurité* procedere a tentoni, a tastoni nel buio **2** (*fig.*) [*au hasard, sans méthode*] a tentoni.

tatouage |tatwaʒ| *s.m.* [*action de tatouer; signe, dessin exécuté en tatouant la peau*] tatuaggio*.

tatouer |tatwe| *v.tr.* **1** [*marquer, orner* (*une partie du corps*) *d'inscriptions ou de dessins indélébiles*] tatuare **2** (*par ext.*) [*exécuter* (*un dessin*) *par tatouage*] tatuare.

tatoueur |tatwœʀ| *s.m.* chi fa tatuaggi *loc.*

tau |to| *s.m.* **1** [*nom d'une lettre gr. correspondant au 't'*] tau *inv.* **2** (*blas.*) tau, croce *f.* di Sant'Antonio.

taud |to| *s.m.*, **taude** |tod| *s.f.* (*mar.*) tenda *f.* di tela catramata.

tauder |tode| *v.tr.* [*couvrir avec un taud*] coprire (186) con una tenda di tela catramata.

taudis |todi| *s.m.* [*logement misérable*] tugurio*, catapecchia *f.*; topaia *f.*, stamberga* *f.* ◇ (*par ext.*) [*maison mal tenue*] topaia, stamberga: *c'est un vrai taudis* è proprio una topaia, una stamberga.

taulard, arde |tolaʀ, aʀd(ə)| *s.* (*arg.*) [*prisonnier*] carcerato (*cour.*) ◇ (*par ext.*) [*celui, celle qui a l'habitude de la taule* (2), *de la prison*] *un taulard impénitent* un galeotto impenitente.

taule |tol| *s.f.* **1** (*pop.*) [*chambre*] camera (*cour.*) ◇ (*par ext.*) camera d'albergo (*cour.*) **2** (*arg.*) [*prison*] galera (*pop.*): *aller en taule* andare in galera.

taulier, ière |tolje, jɛʀ| *s.* (*pop.*) proprietario* (*cour.*), gestore* (*cour.*) (di albergo).

taupe |top| *s.f.* **I** **1** (*t.zool.*) talpa ◇ (*loc.*) *myope comme une taupe* miope come una talpa ◇ (*fig.*) *vieille taupe* [*vieille femme désagréable*] vecchia megera **2** [*fourrure à poil court et soyeux de taupe*] talpa: *col, bonnet de taupe* collo, berretto di talpa **3** (*t.zool.*) pescecane *m.* **4** (*techn.*) escavatrice, talpa **II** (*arg. scol.*) [*dans les lycées, classe de math. spéciales préparant aux grandes écoles, à Polytechnique*] ⊠.

taupé, ée |tope| (*adj.*) *feutre taupé* feltro simile al pelo di talpa.

taupe-grillon |topgʀijɔ̃| *s.m.* → **courtilière.**

taupier |topje| *s.m.* cacciatore di talpe.

taupière |topjɛʀ| *s.f.* trappola per talpe.

taupin |topɛ̃| *s.m.* **1** (*t.zool.*) elateride **2** (*arg. scol.*) [*élève qui se prépare à Polytechnique* (*d'où sortent les officiers du Génie, qui font les galeries de mines*)] ⊠ ◇ (*par ext.*) → **taupe** II **3** (*vx.*) soldato minatore.

taupinière |topinjɛʀ|, (*vx.*) **taupinée** |topine| *s.f.* monticello *m.* di terra sollevato dalla talpa ◇ (*par ext.*) gallerie *pl.* scavate dalla talpa.

taure |tɔʀ| *s.f.* (*dial.*) [*génisse*] giovenca* (*cour.*).

taureau |tɔʀo| *s.m.* **1** [*mâle de la vache*] toro ◇ (*loc. fig.*) *un cou de taureau* un collo taurino ~ *fort comme un taureau* forte come un toro ~ *prendre le taureau par les cornes* prendere il toro per le corna ◇ (*spécialt.*) *taureau de combat* toro da combattimento; *course de taureaux* corrida **2** (*astron.*) *constellation du Taureau* costellazione del Toro.

taurides |tɔʀid| *s.f. pl.* (*astron.*) Tauridi.

taurillon |tɔʀijɔ̃| *s.m.* [*jeune taureau*] torello.

taurin, ine |tɔʀɛ̃, in| *adj.* taurino.

taurine |tɔʀin| *s.f.* (*chim., pharm.*) taurina.

tauromachie |tɔʀɔmaʃi| *s.f.* tauromachia.

tauromachique |tɔʀɔmaʃik| *adj.* della tauromachia *loc. inv.*

tauto- |tɔtɔ| *préf.* (*signifiant 'le même', correspond généralt. à*) tauto: *tautologie* tautologia.

tautochrone |totɔkʀɔn| *adj.* (*phys.*) tautocrono, isocrono.

tautogramme |totɔgʀam| *s.m.* tautogramma.

tautologie |totɔlɔʒi| *s.f.* tautologia*.

tautologique |totɔlɔʒik| *adj.* tautologico*.

tautologue |totɔlɔg| *s.* esperto in tautologia.

tautomère |totɔmɛʀ| *adj.* (*anat.*, *chim.*) tautomero.

tautomérie |totɔmeʀi| *s.f.* (*chim.*) tautomeria.

taux |to| *s.m.* **1** [*pourcentage appliqué à la base imposable pour déterminer le montant de l'impôt dû pour chaque contribuable*] aliquota (*f.*): *taux de l'impôt* aliquota d'imposta **2** [*montant d'un prix fixé par l'État*] tasso, saggio*: *taux de change* tasso, saggio di cambio; *le taux de la rente* il tasso di rendita # *taux de marque* percentuale di utile **3** [*montant de l'intérêt annuel produit par une somme de cent francs*] tasso: *un taux de 4%* un tasso del 4%; *taux d'un prêt* tasso di un prestito; *taux usuraire* tasso usurario **4** (*par ext.*) [*proportion dans laquelle intervient un élément variable*] tasso, saggio ◇ (*math.*) *taux d'accroissement d'une fonction* tasso, saggio d'incremento di una funzione ◇ (*spécialt.*) *taux de mortalité* tasso di mortalità; *taux de scolarisation d'un pays* tasso di scolarità di un paese.

tauzin |tozɛ̃| *s.m.* (*t.bot.*) quercia* *f.* nera.

tavaïolle |tavajɔl| *s.f.* (*liturg.*) tovaglietta (con pizzi).

tavelé, ée |tavle| *adj.* [*marqué de petites taches*] chiazzato, maculato: *un visage tavelé d'éphélides* un viso chiazzato di efelidi ◇ (*agric.*) *fruit tavelé* frutto ticchiolato.

taveler |tavle| (4) *v.tr.* [*rendre tavelé*] chiazzare, maculare ✦ (*pron. intr.*) *fruit qui se tavelle* frutto che si chiazza, è colpito da ticchiolatura.

tavelure |tavlyʀ| *s.f.* chiazza, macchia: *tavelures de la peau* chiazze, macchie della pelle ◇ (*agric.*) ticchiolatura.

taverne |tavɛʀn(ə)| *s.f.* **1** [*lieu publ. où l'on mangeait et l'on buvait en payant*] taverna **2** [*petit café, gargote ou restaurant pop. dans certains pays* (*Grèce, Turquie, etc.*)] taverna.

tavernier, ière |tavɛʀnje, jɛʀ| *s.* (*ancienn., plais.*) [*cafetier, restaurateur tenant une taverne*] oste* (*cour.*), trattore *m.* (*cour.*).

taxable |taksabl(ə)| *adj.* [→ TAXER I 2, 3] tassabile: *marchandises taxables* merci tassabili.

Taxacées |taksase| *s.f. pl.* (*t.bot.*) Tassacee.

taxateur |taksatœʀ| *s.m.* (*dr.*) tassatore ✦ *adj.* tassatore*: *le juge taxateur* il giudice tassatore.

taxatif, ive |taksatif, iv| *adj.* (*dr.*) tassabile.

taxation |taksɑsjɔ̃| *s.f.* **1** [→ TAXER I] tassazione **2** [*fixation des prix par l'autorité publ.*] calmieramento (*m.*): *taxation de la viande* calmieramento della carne **3** [*le fait de soumettre à une imposition, à une taxe*] tassazione: *taxation d'office* tassazione d'ufficio.

taxe |taks(ə)| *s.f.* **1** tassa, tributo *m.* **2** (*fin.*) imposta, tassa: *taxe de séjour* imposta di soggiorno; *taxe sur la valeur ajoutée* (*T.V.A.*) imposta sul valore aggiunto (I.V.A.) **3** [*prix fixé d'une manière autoritaire*] prezzo *m.* calmierato # *un boulanger qui vend plus cher que la taxe* un fornaio che vende a prezzo maggiorato.

taxer |takse| *v.tr.* **I 1** [*fixer à une somme déterminée*] calmierare ✦ (*au p.p.*) *prix taxés* prezzi calmierati **2** [*soumettre à une imposition, à une taxe*] tassare **3** [*frapper* (*un service, une transaction et, par ext., ce qui en fait l'objet*) *d'une taxe* (2)] tassare: *taxer les objets de luxe* tassare i generi voluttuari **II** (*fig.*) *taxer qqn. de...* [*accuser de*] tacciare, accusare qc. di: *taxer qqn. de méchanceté, de vanité* tacciare, accusare qc. di malvagità, di vanità.

taxi |taksi| *s.m.* **1** tassì *inv.*, taxi *inv.*, autopubblica* (*f.*): *taxi en maraude* taxi in cerca di clienti; *héler, prendre un taxi* fermare, prendere un tassì # *chauffeur de taxi* tassista, autista di piazza; tassinaro (*région.*) **2** (*fam.*) [*chauffeur de taxi*] tassista *s.* (*cour.*): *il, elle fait le taxi* fa il, la tassista.

taxidermie |taksidɛʀmi| *s.f.* tassidermia.

taxidermique |taksidɛʀmik| *adj.* tassidermico*.

taxidermiste |taksidɛʀmist(ə)| *s.* tassidermista.

taxie |taksi| *s.f.* (*biol.*) tassia.

taxi-girl |taksigœʀl| *s.f.* (*amér.*) taxi-girl (*inv.*): *des taxi-girls* delle taxi-girl.

taximètre |taksimɛtʀ(ə)| *s.m.* tassametro.

Taxinées |taksine| *s.f. pl.* → **Taxacées.**

taxinomie |taksinɔmi| *et dérivés* → **taxonomie** *et dérivés.*

taxiphone |taksifɔn| *s.m.* (*nom déposé*) telefono pubblico* a gettoni.

taxiway |taksiwɛ| *s.m.* (*aviat.*) pista *f.* di rullaggio.

Taxodiacées |taksɔdjase| *s.f. pl.* (*t.bot.*) Taxodiacee.

taxodium |taksɔdjɔm|, **taxodier, taxaudier** |taksɔdje| *s.m.* (*t.bot.*) tassodio*.

taxon |taksɔ̃|, **taxum** |taksɔm| *s.m.* (*sc.*) taxon *inv.*

taxonomie |taksɔnɔmi| *s.f.* tassosonomia: *taxonomie botanique, zoologique* tassonomia botanica, zoologica.

taxonomique |taksɔnɔmik| *adj.* tassonomico*.

taxonomiste |taksɔnɔmist(ə)| *s.* tassonomista.

taylorisation |tɛlɔʀizɑsjɔ̃| *s.f.* (*écon.*) organizzazione scientifica* del lavoro.

tayloriser |tɛlɔʀize| *v.tr.* (*écon.*) [*appliquer le taylorisme à*] organizzare scientificamente il lavoro (in).

taylorisme |tɛlɔʀism(ə)| *s.m.* (*écon.*) taylorismo.

tchadanthrope |tʃadɑ̃tʀɔp| *s.m.* (*paléont.*) ominide fossile (trovato nel Ciad).

tchao! |tʃao| *interj.* → **ciao!**

tchécoslovaque |tʃekɔslɔvak| *adj.* [*de la Tchécoslovaquie*] cecoslovacco*.

tchèque |tʃɛk| *adj.* [*de la Tchécoslovaquie*] ceco*, cecoslovacco*.

tchernoziom |tʃɛʀnozjɔm| *s.m.* (*russe*) (*géol., géogr.*) cernozëm *inv.*, terra *f.* nera.

tchin(-)tchin! |tʃintʃin| *interj.* (*fam.*) [*mot que prononcent les gens qui trinquent ensemble*] cincin!: *faire tchin tchin* fare cincin, brindare ✦ (*s.m.*) *un tchin(-)tchin* un cincin *inv.*

te |t(ə)| *pron. pers. de la 2ᵉ pers. du sing.* (*employé comme compl.*) *REM. s'élide devant une voyelle ou un 'h' muet* **1** (*objet direct ou attribut*) ti: *tu t'habilleras toi-même* ti vestirai da solo; *cela va te rendre malade* ti farà star male **2** (*compl. indirect*) *je te donnerai quinze cents francs* ti darò millecinquecento franchi ◇ (*par ext., fam.*) *elle te court après* ti corre dietro; *ils te tomberont dessus* ti si butteranno addosso ◇ (*compl. de l'attribut*) *cela peut t'être utile* può esserti utile; *elle t'est devenue étrangère* ti è diventata estranea **3** (*avec un v. pron.*) ti; te: *tu te perdras* ti perderai ‖ *tu t'en souviens* te ne ricordi **4** (*avec 'voici, voilà'*) *te voici!, te voilà!* eccoti (qua)!

1 **té** |te| *s.m.* (*techn.*) profilato a T ◇ (*spécialt.*) riga* *f.* a T ◇ (*maçonn.*) *fer en té, à double té* ferro a T, a doppio T; profilato a T, a doppio T.

2 **té!** |te| *interj.* (*exclam. méridionale marquant généralt. la 'surprise'*) te!, to!', toh! guarda!

tea-gown |tigawn| *s.f.* (*angl.*) abito *m.* da tè.

team |tim| *s.m.* (*angl.*) (*sport*) squadra *f.*, team *inv.*

tea-room |tiʀum| *s.m.* (*angl.*) sala *f.* da tè.

technème |tɛknɛm| *s.m.* tecnema.

technétium |tɛknesjɔm| *s.m.* (*chim.*) tecnezio*.

technétronique |tɛknetʀɔnik| *adj.* tecnoelettronico*.

technicien, ienne |tɛknisjɛ̃, jɛn| *s.* **1** [*personne qui possède, connaît une technique particulière*] tecnico* ✦ (*par appos.*) *ministres techniciens* ministri tecnici **2** [*personne qui connaît les applications pratiques des diverses sc.*] tecnico **3** [*agent spécialisé qui travaille sous les ordres directs de l'ingénieur, dans une industrie, une entreprise*] tecnico.

technicisation |tɛknisizɑsjɔ̃|, **technisation** |tɛknizɑsjɔ̃| *s.f.* [→ TECHNICISER] tecnicizzazione.

techniciser |tɛknisize|, **techniser** |tɛknize| *v.tr.* [*rendre technique*] tecnicizzare ✦ (*au p.p.*) *agriculture développée et technicisée* agricoltura sviluppata e tecnicizzata.

technicisme |tɛknisism(ə)| *s.m.* tecnicismo.

technicité |tɛknisite| *s.f.* tecnicità *inv.*

technico-commercial, ale, aux |tɛknikokɔmɛʀsjal, o| *adj.* tecnico-commerciale.

technicolor |tɛknikɔlɔʀ| *s.m.* (*marque déposée*) technicolor (*inv.*): *film en technicolor* film in technicolor ◇ (*par ext.*) *en technicolor* in technicolor, coloratissimo.

-technie, -technique |tɛkni, tɛknik| *suff.* (*signifiant 'art, métier', correspondent généralt. à*) tecnia; tecnico*: *zootechnie* zootecnia ‖ *polytechnique* politecnico.

technique |tɛknik| **I** *adj.* **1** (*opposé à 'commun, général, courant'*) tecnico*: *revues techniques* riviste tecniche; *mots techniques* termini tecnici **2** (*opposé à 'esthétique'*) tecnico: *habileté technique* abilità tecnica **3** (*écon.*)

tecnico: *enseignement technique* istruzione tecnica, professionale; *incident technique* incidente tecnico **II** *s.f.* **1** tecnica*: *la technique du théâtre, du cinéma* la tecnica del teatro, del cinema; *la technique de la fresque* la tecnica dell'affresco ◇ (*fam.*) [*manière de faire*] *n'avoir pas la (bonne) technique* non avere la tecnica (giusta) **2** (*écon.*) tecnica, tecnologia*.

techniquement |tɛknikmɑ̃| *adv.* [→ TECHNIQUE I] tecnicamente.

techno- |tɛknɔ| *préf.* (*signifiant 'métier, procédé', correspond généralt. à*) tecno: *technocratie* tecnocrazia.

techno-bureaucratie |tɛknɔbyʀokʀasi| *s.f.* tecnoburocrazia.

techno-bureaucratique |tɛknɔbyʀokʀatik| *adj.* tecnoburocratico*.

technocrate |tɛknɔkʀat| *s.m.* tecnocrate.

technocratie |tɛknɔkʀasi| *s.f.* tecnocrazia.

technocratique |tɛknɔkʀatik| *adj.* tecnocratico*.

technocratiser |tɛknɔkʀatize| *v.tr.* [*rendre technocratique; soumettre à l'autorité des technocrates*] tecnocratizzare.

technocratisme |tɛknɔkʀatism(ə)| *s.m.* (*polit.*) tecnocraticismo.

techno-économique |tɛknɔekɔnɔmik| *adj.* tecnico-economico*.

technologie |tɛknɔlɔʒi| *s.f.* tecnologia*.

technologique |tɛknɔlɔʒik| *adj.* tecnologico*: *vocabulaire technologique* vocabolario tecnologico.

technologiquement |tɛknɔlɔʒikmɑ̃| *adv.* [→ TECHNOLOGIQUE] tecnologicamente.

technologue |tɛknɔlɔg|, **technologiste** |tɛknɔlɔʒist(ə)| *s.* tecnologo*.

technophile |tɛknɔfil| *adj.* tecnofilo.

technophilie |tɛknɔfili| *s.f.* tecnofilia.

technostructure |tɛknɔstʀyktyʀ| *s.f.* (*écon.*) tecnostruttura.

te(c)k |tɛk| *s.m.* te(c)k *inv.*

teckel |tekɛl| *s.m.* (*all.*) (*t.zool.*) bassotto tedesco*.

tectonique |tɛktɔnik| **1** *s.f.* tettonica* **2** *adj.* tettonico*.

tectrice |tɛktʀis| *adj. f. et s.f.* (*zool.*) (*plumes*) *tectrices* (penne) tettrici.

teddy(-)bear |tedibɛʀ| *s.m.* (*amér.*) [*ours en peluche ou en tissu synthétique imitant la fourrure*] orsacchiotto: *des teddy-bears* degli orsacchiotti.

Te Deum |tedeɔm| *s.m. inv.* (*liturg.*) Te Deum, tedeum.

teenager, teen-ager |tinedʒœʀ| *s.* (*amér.*) teen-ager *inv.*, teenager *inv.*, adolescente: *des teen-agers* dei, delle teenager.

tee(-)shirt |tiʃœʀt| *s.m.* (*angl.*) tee-shirt (t-shirt) *inv.*, maglietta *f.*

téflon |teflɔ̃| *s.m.* (*nom déposé*) teflon *inv.*

téflonisé, ée |teflɔnize| *adj.* ricoperto di teflon.

tégénaire |teʒenɛʀ| *s.f.* (*t.zool.*) tegenaria.

tégument |tegymɑ̃| *s.m.* (*anat.*) tegumento ◇ (*bot.*) *tégument de l'ovule* tegumento dell'ovulo.

tégumentaire |tegymɑ̃tɛʀ| *adj.* (*sc.*) tegumentario*.

teigne |tɛɲ| *s.f.* **1** (*t.zool.*) tignola, tarma **2** (*méd.*) tigna: *avoir la teigne* avere la tigna ◇ (*loc. fig.*) *c'est une vraie teigne* è una vera peste.

teigneux, euse |tɛɲø, øz| *adj.* (*méd.*) [*qui a la teigne*] tignoso ♦ (*s.*) *un teigneux* un tignoso.

teillage |tɛjaʒ| *s.m.* (*techn.*) stigliatura *f.*

teille |tɛj| *s.f.* **1** (*techn.*) tiglio* *m.* **2** scorza della canapa.

teiller |teje| *v.tr.* (*techn.*) [*débarrasser (le chanvre, le lin) de la teille, séparer les parties ligneuses de la fibre*] stigliare.

teilleur, euse |tɛjœʀ, øz| *s.* [*ouvrier, ouvrière qui teille*] stigliatore* ♦ *s.f.* (*techn.*) stigliatrice.

teindre |tɛ̃dʀ(ə)| (66) *v.tr.* **1** [*imprégner d'une substance colorante par teinture*] tingere (119): *faire teindre un vêtement en noir* far tingere un abito di nero ♦ *pron. réfl.* SE TEINDRE [*teindre ses cheveux*] tingersi (i capelli) **2** (*littér.*) [*colorer*] tingere → **teinter.**

teint |tɛ̃| *s.m.* **1** [*manière de teindre, couleur obtenue par la teinture*] tinta *f.*, tintura *f.*, colore: *tissu bon teint, grand teint* tessuto di tinta solida, resistente; tessuto di colore solido, resistente ◇ *loc. fig., plais.* BON TEINT sincero *adj.*, autentico* (*adj*): *un catholique bon teint* un cattolico sincero, autentico **2** [*nuance ou aspect particulier de la couleur du visage*] carnagione *f.*, colorito: *teint clair* carnagione chiara; *teint terreux* colorito terreo # *fond de teint* fondo tinta, fondotinta.

teint, teinte |tɛ̃, tɛ̃t| *adj.* [*qu'on a teint*] tinto: *laine teinte* lana tinta; *cheveux teints* capelli tinti ◇ (*fam.*) *elle est teinte* è tinta, ha i capelli tinti *loc.* (*cour.*).

teintant, ante |tɛ̃tɑ̃, ɑ̃t| *adj.* [*qui sert à teinter*] che tinge (*loc.*): *crème teintante* crema che tinge.

teinte |tɛ̃t| *s.f.* **1** [*couleur complexe obtenue par mélange*] tinta, colore (*m.*): *les teintes de la palette* le tinte, i colori della tavolozza; *teinte plate* tinta uniforme; *la teinte rougeâtre des chênes* il colore rossastro delle querce **2** (*fig.*) [*apparence peu marquée; petite dose*] sfumatura, ombra: *sa réponse avait une légère teinte d'ironie* la sua risposta aveva una leggera sfumatura d'ironia.

teinté, ée |tɛ̃te| *adj.* [*légèrement coloré*] (leggermente) colorato: *lunettes à verres teintés* occhiali con lenti colorate.

teinter |tɛ̃te| **A** *v.tr.* [*couvrir uniformément d'une teinte légère, colorer légèrement*] colorare, tingere (119): *teinter un papier* colorare una carta ♦ (*au p.p.*) *blanc teinté de rose* bianco tinto di rosa **B** *v.pron. intr.* SE TEINTER **1** [→ *tr.*] tingersi: *le ciel se teintait de rouge* il cielo si tingeva di rosso **2** (*fig.*) [*avoir une légère apparence*] tingersi: *sa remarque se teinte d'un peu d'ironie* la sua osservazione si tinge d'ironia.

teinture |tɛ̃tyʀ| *s.f.* **1** [→ TEINTER A] tintura: *teinture du coton, de la laine* tintura del cotone, della lana; *teinture des cheveux* tintura dei capelli **2** (*fig.*) TEINTURE DE [*connaissance superficielle*] infarinatura di: *ils ont une petite teinture de philosophie* hanno una (piccola) infarinatura di filosofia **3** [*substance colorante, végétale ou synthétique, servant à cette opération*] tintura **4** (*pharm.*) tintura: *teinture d'iode* tintura di iodio.

teinturerie |tɛ̃tyʀʀi| *s.f.* **1** [*industrie de la teinture*] tintoria ◇ (*par ext.*) arte del tintore **2** [*boutique de teinturier, de teinturière*] tintoria, lavanderia: *donner un complet à la teinturerie* portare un completo in tintoria, in lavanderia.

teinturier, ière |tɛ̃tyʀje, jɛʀ| *s.* **1** *s.m.* [*celui qui assure les diverses opérations de la teinture*] tintore **2** *s.* [*personne dont le métier est d'entretenir les vêtements*] tintore # *boutique de teinturier* lavanderia, tintoria; *porter un costume chez le teinturier* portare un vestito in lavanderia, in tintoria.

tel, telle |tɛl| *adj.* **I** (*marquant 'la ressemblance, la similitude'*) **1** [*semblable, du même genre*] tale, simile: *je suis étonné qu'il tienne de tels propos* sono stupito che faccia simili, tali discorsi; *s'ils ne sont pas avares, ils passent pour tels* se non sono avari, passano per tali # *telle est ma décision* questa è la mia decisione ◇ *loc.* COMME TEL come tale: *c'est votre aîné, respectez-le comme tel* è più vecchio di voi, rispettatelo come tale ~ *en tant que tel* in quanto tale, come tale ◇ (*redoublé et représentant deux personnes ou deux choses différentes*) tale... tale...: *tel père, tel fils* tale il padre, tale il figlio; *tel maître, tel valet* tal padrone, tal servo **2** TEL QUE (*suivi d'un nom ou d'un pron.*) [*comme*] quale, come (*adv.*): *une femme telle que sa mère* una donna quale, come sua madre; *les arbres tels que les pins, les cèdres, etc.* gli alberi quali, come i pini, i cedri, ecc. **3** (*littér.*) [*comme*] quale: *elle avançait majestueusement, telle une reine* avanzava maestosamente, quale una regina **4** TEL QUEL [*sans arrangement; sans modification*] tale e quale: *laisser les choses telles quelles* lasciare le cose tali e quali, come stanno **II** (*exprimant 'l'intensité'*) **1** [*si grand, si fort, qui atteint un degré si élevé*] tale, simile: *je n'ai jamais eu une telle peur* non ho mai avuto una tale, una simile paura **2** (*loc.*) *à tel point* a tal punto ~ RIEN DE TEL [*rien de si efficace*] niente di meglio: *rien de tel que la marche pour se délasser l'esprit* non c'è niente di meglio del camminare per distendersi la mente **3** (*introduisant une conséquence*) tale: *j'ai eu une peur telle que je me suis enfui* ho avuto una paura tale, una tale paura che sono scappato via **4** (*avec le subj. à la négative*) tale da (+ *inf.*) # *je n'en ai pas un besoin tel que je ne puisse attendre* non ne ho talmente bisogno da non poter aspettare **III** *indéf.* [*un particulier*] **1** *adj.* (*sans art.*) il tale, un certo: *l'homme en général et non tel homme* l'uomo in generale e non il tale uomo, un certo uomo ◇ (*désignant une chose précise qu'on ne nomme pas*) un certo: *telle quantité de...* una certa quantità di... → **tant** **2** *pron.* (*littér.*) [*certain, quelqu'un*] chi *inv.*, uno *s.* (*cour.*) ◇ (*prov.*) *tel est pris qui croyait prendre* chi vuol gabbare, rimane spesso gabbato; andarono per suonare e furono suonati ◇ (*cour.*) *Un tel, Untel* Tal dei Tali: *Monsieur Un tel, Madame Une telle* il signor,

la signora Tal dei Tali; *la famille Untel* la famiglia Tal dei Tali.
télamon |telamɔ̃| *s.m.* (*archit.*) telamone, atlante.
télé- |tele|-*préf.* **1** (*signifiant 'au loin, à distance', correspond généralt. à*) tele: *télévision* televisione **2** (*signifiant 'télévision', correspond généralt. à*) tele: *télécinéma* telecinema.
télé |tele| *s.f.* (*abrév. fam. de 'télévision'*) tele *inv.*, TV *inv.*, tivù *inv.* (*plais.*): *une télé couleur* una TV a colori; *regarder la télé* guardare la tele, la TV, la tivvù.
télébenne |telebɛn|, **télécabine** |telekabin| *s.f.* [*téléférique à un seul câble et à plusieurs petites cabines; chacune de ces cabines*] cabinovia, ovovia.
télécinéma |telesinema| *s.m.* (*télév.*) telecinema.
télécommande |telekɔmɑ̃d| *s.f.* (*techn.*) telecomando *m.*
télécommander |telekɔmɑ̃de| *v. tr.* [*commander à distance* (*une opération*)] telecomandare ◆ (*fig.*) *la manœuvre a été télécommandée de l'étranger* la manovra è stata telecomandata dall'estero.
télécommunication |telekɔmynikɑsjɔ̃| *s.f.* telecomunicazione: *ministère des Postes et des Télécommunications* (*P. & T.*) ministero delle Poste e Telecomunicazioni.
télécontrôle |telekɔ̃tʀol| *s.m.* (*techn.*) telecontrollo.
télécopie |telekɔpi| *s.f.* (*techn.*) telecopia.
télécran |telekʀɑ̃| *s.m.* (*télév.*) teleschermo gigante.
télédétection |teledetɛksjɔ̃| *s.f.* (*techn.*) telerilevazione.
télédictage |teledikta3| *s.m.* (*techn.*) teledettatura *f.*
télédicté, ée |teledikte| *adj.* (*techn.*) teledettato: *bulletin télédicté* notiziario teledettato.
télédiffuser |teledifyze| *v.tr.* (*télév.*) [*diffuser par la télév.*] teletrasmettere (155) → **téléviser.**
télédiffusion |teledifyzjɔ̃| *s.f.* (*télév.*) teletrasmissione.
télédistribution |teledistʀibysjɔ̃| *s.f.* (*télév.*) televisione via cavo, TV *inv.* via cavo.
télédynamie |teledinami| *s.f.* (*techn.*) teledinamica*.
télédynamique |teledinamik| *adj.* (*techn.*) teledinamico*.
télé-enregistrement |teleɑ̃ʀəʒistʀəmɑ̃| *s.m.* teleregistrazione *f.*
téléenseignement, télé-enseignement |teleɑ̃sɛɲmɑ̃| *s.m.* [*mode d'enseignement utilisant le support de la télév.*] televisione *f.* scolastica*, telescuola *f.*
téléférique |telefeʀik| **I** *adj.* (*techn.*) teleferico* **II** *s.m.* **1** [*câble de transport par téléphérage*] teleferica* *f.* **2** [*dispositif de transport par cabine suspendue à un câble, en montagne surtout*] funivia *f.*, teleferica.
téléfilm |telefilm| *s.m.* telefilm *inv.*
téléga |telega|, **télègue** |telɛg| *s.f.* (*russe*) carro *m.* russo a quattro ruote.
télégénie |teleʒeni| *s.f.* (*télév.*) telegenia.
télégénique |teleʒenik| *adj.* (*télév.*) telegenico*.
télégestion |teleʒɛstjɔ̃| *s.f.* (*informatique*) telegestione, teleprocessing *m. inv.*
télégramme |telegʀam| *s.m.* telegramma: *écrire, envoyer un télégramme* scrivere, mandare un telegramma.
télégraphe |telegʀaf| *s.m.* telegrafo.
télégraphie |telegʀafi| *s.f.* **1** telegrafia **2** (*vx., admin.*) *télégraphie sans fil* (*T.S.F.*) telegrafia senza fili, radio *inv.*
télégraphier |telegʀafje| *v.tr.* **1** [*transmettre par télégraphe*] telegrafare: *télégraphier une dépêche, un message* telegrafare un dispaccio, un messaggio; *il faut lui télégraphier* bisogna telegrafargli **2** [*faire connaître par télégramme*] telegrafare: *télégraphier une nouvelle à un ami* telegrafare una notizia a un amico.
télégraphique |telegʀafik| *adj.* **1** telegrafico*: *fils, poteaux télégraphiques* fili, pali telegrafici, del telegrafo **2** [*expédié par télégraphe ou sous forme de télégramme*] telegrafico: *message, mandat télégraphique* messaggio, vaglia telegrafico; *réponse télégraphique* risposta telegrafica **3** (*fig.*) *style télégraphique* stile telegrafico.
télégraphiquement |telegʀafikmɑ̃| *adv.* [*par télégraphie; par télégramme*] telegraficamente.
télégraphiste |telegʀafist(ə)| *s.* **1** telegrafista **2** fattorino (del telegrafo).
téléguidage |telegidaʒ| *s.m.* (*techn.*) teleguida *f.*
téléguider |telegide| *v.tr.* (*techn.*) [*diriger par téléguidage*] teleguidare ◆ (*au p.p.*) *fusées téléguidées* razzi teleguidati.
téléimprimeur |teleɛ̃pʀimœʀ| *s.m.* (*techn.*) telescrivente *f.*
téléinformatique |teleɛ̃fɔʀmatik| *s.f.* teleinformatica* ◆ (*adj.*) teleinformatico*.
télékinésie |telekinezi| *s.f.* telecinesi *inv.*
télémaintenance |telemɛ̃tnɑ̃s| *s.f.* (*techn.*) telemanutenzione.
télémanipulateur |telemanipylatœʀ| *s.m.* (*techn.*) telemanipolatore.
télémanipulation |telemanipylɑsjɔ̃| *s.f.* (*techn.*) telemanipolazione.
télémark |telemaʀk| *s.m.* (*ski*) telemark *inv.*
télématique |telematik| **1** *s.f.* telematica* **2** *adj.* telematico*.
télémécanicien |telemekanisjɛ̃| *s.m.* specialista in telemeccanica.
télémécanique |telemekanik| *s.f.* telemeccanica*.
télémesure |teleməzyʀ| *s.f.* (*techn.*) telemetria, telemisura.
télémètre |telemɛtʀ(ə)| *s.m.* (*techn.*) telemetro ◇ (*photo.*) *télémètre couplé* telemetro incorporato.
télémétreur |telemetʀœʀ| *s.m.* telemetrista ◆ (*appos.*) *pointeur télémétreur* puntatore telemetrista.
télémétrie |telemetʀi| *s.f.* (*techn.*) telemetria.
télémétrique |telemetʀik| *adj.* (*techn.*) telemetrico*.
télencéphale |telɑ̃sefal| *s.m.* (*anat.*) teleencefalo.
téléo- |teleɔ|, **télo-** |telɔ| *préf.* (*signifiant 'fin, but', correspondent généralt. à*) teleo: *téléologie* teleologia.
téléobjectif |teleɔbʒɛktif| *s.m.* (*photo.*) teleobiettivo.
téléologie |teleɔlɔʒi| *s.f.* (*philo.*) teleologia*.
téléologique |teleɔlɔʒik| *adj.* (*philo.*) teleologico*.
téléonomie |teleɔnɔmi|, **télénomie** |telenɔmi| *s.f.* (*philo.*) → **téléologie.**
téléopérateur |teleɔpeʀatœʀ| *s.m.* (*techn.*) teleoperatore.
téléosaure |teleɔsɔʀ| *s.m.* (*paléont.*) teleosauro.
Téléostéens |teleɔsteɛ̃| *s.m. pl.* (*zool.*) Teleostei.
télépathe |telepat| *s.* soggetto telepatico* *adj.*
télépathie |telepati| *s.f.* telepatia.
télépathique |telepatik| *adj.* telepatico*.
téléphérage |telefeʀaʒ| *s.m.* (*techn.*) trasporto mediante teleferica: *téléphérage du charbon, de passagers dans des bennes* trasporto del carbone, di passeggeri mediante teleferica.
téléphérique |telefeʀik| *adj. et s.m.* → **téléférique.**
téléphonage |telefɔnaʒ| *s.m.* **1** (*rare*) [→ TÉLÉPHONER] telefonata *f.* → **appel (téléphonique)** **2** (*techn.*) servizio* telefonico* per dettatura telegrammi.
téléphone |telefɔn| *s.m.* **1** telefono: *numéro de téléphone* numero di telefono, telefonico; *les abonnés du téléphone* gli abbonati del telefono; *téléphone public* telefono pubblico; *jeton de téléphone* gettone del telefono, telefonico; *appeler qqn. au téléphone* chiamare qc. al telefono # *annuaire du téléphone* elenco telefonico; (*téléphone*) *automatique* (*intérurbain*) teleselezione ◇ (*fam.*) *coup de téléphone* colpo di telefono, telefonata (*cour.*) **2** *au plur.* [*organisation ou service qui assure les liaisons téléphoniques*] telefoni: *Postes, Télégraphes et Téléphones* (*P.T.T. remplacé par P.T.*) Poste, Telegrafi, Telefoni.
téléphoner |telefɔne| **A** *v.tr.* [*communiquer, transmettre par téléphone*] telefonare: *téléphoner une nouvelle à qqn.* telefonare una notizia a qc. ◆ (*au p.p.*) *message téléphoné* messaggio telefonico* *adj.* ◇ (*fig., sport*) [*faire connaître, faire prévoir par une préparation trop visible*] telefonare ◆ (*au p.p.*) *shoot téléphoné* tiro telefonato **B** *v.intr.* [*se mettre, être en communication par téléphone*] telefonare: *téléphoner à, chez qqn.* telefonare a qc., a casa di qc.; *téléphonez-moi demain* telefonatemi (mi telefoni) domani.
téléphonie |telefɔni| *s.f.* telefonia.
téléphonique |telefɔnik| *adj.* telefonico*: *ligne, réseau téléphonique* linea, rete telefonica; *liaison, communication téléphonique* collegamento telefonico, comunicazione telefonica; *répondeur téléphonique* segreteria telefonica; *appel téléphonique* chiamata telefonica, telefonata # *redevance téléphonique* canone di abbonamento al telefono.
téléphoniquement |telefɔnikmɑ̃| *adv.* (*rare*) [*par téléphone*] telefonicamente (*cour.*).
téléphoniste |telefɔnist(ə)| *s.* telefonista.
téléphotographie |telefɔtɔgʀafi| *s.f.* **1** (*techn.*) telefotografia, fototelegrafia **2** (*par ext.*) telefoto *inv.*
téléphotographique |telefɔtɔgʀafik| *adj.* (*techn.*) telefotografico*.

télépilotage |telepilɔtaʒ| *s.m.* (*techn.*) telepilotaggio*.

télépointage |telepwɛ̃taʒ| *s.m.* (*milit.*) dispositivo di punteria generale.

téléradar |teleʀadaʀ| *s.m.* (*techn.*) teleradar *inv.*

téléradiographie |teleʀadjɔgʀafi|, **téléradio** |teleʀadjo| *s.f.* (*méd.*) teleradiografia.

téléreportage |teleʀ(ə)pɔʀtaʒ| *s.m.* [*reportage télévisé*] telecronaca* *f.*

télérupteur |teleʀyptœʀ| *s.m.* (*électr.*) teleruttore.

téléscaphe |teleskaf| *s.m.* (*techn.*) teleferica* *f.* sottomarina.

télescopage |telɛskɔpaʒ| *s.m.* [→ TÉLESCOPER] investimento, scontro ◇ [*par l'arrière*] tamponamento.

télescope |telɛskɔp| *s.m.* telescopio*: *téléscope électronique* telescopio elettronico; *lentilles de téléscope* lenti del telescopio.

télescoper |telɛskɔpe| *v.tr.* [(*de deux véhicules*) *rentrer dans, enfoncer par un choc violent*] investire: *le train a télescopé la voiture au passage à niveau* il treno ha investito l'auto al passaggio a livello ◇ [*par l'arrière*] tamponare ✦ *pron. récipr.* scontrarsi ◇ [*par l'arrière*] *wagons qui se télescopent* vagoni che si tamponano ◇ (*fig.*) [*s'interpénétrer*] compenetrarsi.

télescopique |telɛskɔpik| *adj.* **1** telescopico*: *observations télescopiques* osservazioni telescopiche # *miroir télescopique* specchio del telescopio **2** [*dont les éléments s'emboîtent les uns dans les autres*] telescopico: *canne à pêche télescopique* canna da pesca telescopica.

téléscripteur |teleskʀiptœʀ| *s.m.* (*techn.*) telescrivente *f.*

télésiège |telesjɛʒ| *s.m.* [*téléférique constitué par une série de sièges suspendus à un câble unique*] seggiovia *f.*

télésignalisation |telesiɲalizɑsjɔ̃| *s.f.* (*techn.*) telesegnalazione, segnalazione a distanza.

téléski |teleski| *s.m.* [*remonte-pente pour les skieurs*] sciovia *f.*, skilift *inv.*

téléspectateur, trice |telespɛktatœʀ, tʀis| *s.* telespettatore*.

télesthésie |telɛstezi| *s.f.* telestesia.

télésurveillance |telesyʀvɛjɑ̃s| *s.f.* (*techn.*) sorveglianza a distanza.

téléthèque |teletɛk| *s.f.* (*télév.*) teleteca*.

télétoxique |teletɔksik| *adj.* (*biol.*, *méd.*) sistemico*.

télétraitement |teletʀɛtmɑ̃| *s.m.* (*informatique*) tele-elaborazione *f.*, teleprocessing *inv.*

télétype |teletip| *s.m.* (*angl.*) (*techn.*) telescrivente *f.*

télétypiste |teletipist(ə)| *s.* telescriventista.

télévisé, ée |televize| *adj.* [*transmis par la télév.*] televisivo: *spectacles télévisés* spettacoli televisivi ◇ (*spécialt.*) *journal télévisé* telegiornale (*s.m.*); *enseignement télévisé* televisione *s.f.* scolastica*, telescuola *s.f.*

téléviser |televize| *v.tr.* [*transmettre* (*des images, un spectacle, une émission*) *par télév.*] teletrasmettere (155), trasmettere (155) per televisione.

téléviseur |televizœʀ| *s.m.* televisore ✦ (*en appos.*) *téléviseur couleur* televisore a colori *loc.*

télévision |televizjɔ̃| *s.f.* **1** televisione: *télévision en noir et blanc, en couleurs* televisione in bianco e nero, a colori; *télévision en circuit fermé* televisione a circuito chiuso; *programmes de télévision* programmi della televisione, televisivi # *chaîne de télévision* canale televisivo; *émission de télévision retransmise par satellite* trasmissione televisiva irradiata via satellite **2** (*fam.*) [*poste récepteur de télév.*] televisione, televisore *m.* (*cour.*): *rester des heures devant la télévision* rimanere per ore davanti alla televisione, al televisore.

télévisuel, elle |televizɥɛl| *adj.* [*de la télév., en tant que moyen d'expression* (*artistique, surtout*)] televisivo.

télex |telɛks| *s.m.* (*télécom.*) telex *inv.*

télexer |telɛkse| *v.tr.* [*transmettre par télex*] trasmettere (155) per telex.

télexiste |telɛksist(ə)| *s.* addetto al (servizio) telex.

tell |tɛl| *s.m.* (*ar.*) (*archéol.*) tell *inv.*

tellement |tɛlmɑ̃| *adv.* **1** (*littér.*) [*d'une manière telle* (*que*); *de telle façon que*] talmente **2** (*exprimant 'l'intensité'*) [*à un degré si élevé*] talmente: *un être tellement au-dessus de moi* un essere talmente superiore a me ◇ *loc. fam.* PAS TELLEMENT non tanto, non molto: *'vous aimez ça?' 'pas tellement'* 'le piace (questo)?' 'non (proprio) tanto' ◇ *loc.* TELLEMENT... QUE (*suivi d'une propos. de conséquence*) tanto... che (+ *ind.*), tanto... da (+ *inf.*): *il allait tellement vite qu'il ne nous a pas vus* andava tanto in fretta che non ci ha visto, da non averci visto; (*avec le subj. à la négative*) *il n'est pas tellement vieux qu'il ne puisse travailler* non è (poi) tanto, così vecchio da non poter lavorare; (*absolt., devant un comparatif*) *ce serait tellement mieux* sarebbe tanto, talmente meglio **3** (*fam.*) TELLEMENT DE tanto *adj.* (*cour.*): *j'ai tellement de soucis* ho tante preoccupazioni **4** (*suivi d'une propos. de cause*) [*tant*] tanto: *je ne le reconnais plus, tellement il a changé* non lo riconosco più, tanto è cambiato **5** (*vx., littér.*) *tellement quellement* [*tant bien que mal*] alla meno peggio (*cour.*), alla bell'e meglio (*cour.*).

tellière |teljɛʀ| *s.m.* carta *f.* formato 34 × 44.

telline |telin| *s.f.* (*t.zool.*) tellina.

tellurate |te(ɛl)lyʀat| *s.m.* (*chim.*) tellurato.

tellure |te(ɛl)lyʀ| *s.m.* (*chim.*) tellurio*.

tellureux, euse |te(ɛl)lyʀø, øz| *adj.* (*chim.*) telluroso.

tellurhydrique |te(ɛl)lyʀidʀik| *adj.* (*chim.*) telluridrico*.

tellurique |te(ɛl)lyʀik| *adj.* (*chim.*) tellurico*.

tellurique |te(ɛl)lyʀik|, **tellurien, ienne** |te(ɛl)lyʀjɛ̃, jɛn| *adj.* (*électr.*, *géogr.*, *sc.*) tellurico*.

tellurisme |te(ɛl)lyʀism(ə)| *s.m.* tellurismo, influenza *f.* delle condizioni ambientali sugli abitanti.

tellurure |te(ɛl)lyʀyʀ| *s.m.* (*chim.*) tellururo.

télo- |telɔ| *préf.* → **téléo-**.

télolécithe |telɔlesit|, **télolécithique** |telɔlesitik| *adj.* (*biol.*) *œuf télolécithe, télolécithique* uovo telolecitico*.

télophase |telɔfɑz| *s.f.* (*biol.*) telofase.

telson |tɛlsɔ̃| *s.m.* (*gr.*) (*zool.*) telson *inv.*

téméraire |temeʀɛʀ| *adj.* **1** temerario*: *un enfant téméraire* un bambino temerario; *téméraire dans ses jugements* temerario nei propri giudizi ◇ (*hist.*) *Charles le Téméraire* Carlo il Temerario **2** (*choses*) [*qui dénote une hardiesse imprudente*] temerario: *entreprise téméraire* impresa temeraria; *jugement téméraire* giudizio temerario 🄲 1 **peureux**; 2 **sage, prudent.**

témérairement |temeʀɛʀmɑ̃| *adv.* (*littér.*) [*avec une hardiesse inconsidérée, imprudente*] temerariamente 🄲 **prudemment.**

témérité |temeʀite| *s.f.* temerarietà *inv.*, temerità *inv.* → **audace, hardiesse** 🄲 **circonspection, prudence.**

témoignage |temwaɲaʒ| *s.m.* **1** [*déclaration de ce qu'on a vu, entendu, perçu, servant à l'établissement de la vérité*] testimonianza (*f.*): *d'après, selon, sur le témoignage de qqn.* secondo la, in base alla testimonianza di qc.; *écouter, recevoir un témoignage* ascoltare, ricevere una testimonianza # *rendre témoignage à, pour qqn.* rendere omaggio, dar merito a qc.; testimoniare a favore di qc. ◇ (*par ext.*) *écrivain qui porte un témoignage sur son temps* scrittore che dà una testimonianza del suo tempo **2** [*déclaration d'un témoin*] testimonianza: *faux témoignage* falsa testimonianza **3** [*le fait de donner des marques extérieures; ces marques* (*paroles ou actes*)] testimonianza, prova (*f.*): *témoignage d'affection, de reconnaissance* testimonianza, prova d'affetto, di riconoscenza ◇ [*ce qui constitue la preuve, la marque* (*d'une chose, d'un être*)] testimonianza: *acceptez ce modeste témoignage de ma reconnaissance* accetti questa piccola testimonianza della mia riconoscenza.

témoigner |temwaɲe| **A** *v.tr.* **1** (*avec 'que' ou l'inf.*) [*certifier qu'on a vu ou entendu*] testimoniare: *il a témoigné qu'il l'a vu, l'avoir vu* ha testimoniato che lo ha visto, d'averlo visto; *témoigner en faveur de, contre qqn.* testimoniare a favore di, contro qc. **2** [*exprimer, faire connaître ou faire paraître*] testimoniare, manifestare: *témoigner ses sentiments par des paroles, des actes* testimoniare, manifestare i propri sentimenti con parole, atti **3** (*choses*) [*être l'indice, la preuve, le signe de*] testimoniare: *ce geste témoigne qu'il vous est attaché, combien il vous est attaché* quel gesto testimonia il suo attaccamento, quanto egli vi sia affezionato **B** *v.intr.* **1** TÉMOIGNER DE [*confirmer la vérité, la valeur de* (*qqch.*) *par des paroles, des actes*] testimoniare *tr.*, attestare (*tr.*): *il était d'accord, je peux en témoigner* era d'accordo, posso testimoniarlo **2** (*sujet de chose*) [*être le témoignage de*] testimoniare: *ses œuvres témoignent d'une grande imagination* le sue opere testimoniano una grande immaginazione.

témoin |temwɛ̃| *s.m.* **I** [*personne qui témoigne, fait un témoignage*] **1** testimone (*s.*): *témoin oculaire* testimone oculare; *témoin impartial* testimone imparziale ◇ *loc.* PRENDRE À TÉMOIN prendere a testimone: *je vous prends à témoin que je ne suis pas responsable* la prendo a testimone che non sono responsabile **2** (*dr.*) teste *s.*, testimone:

confrontation de témoins confronto dei testi, testimoni; *faux témoin* teste falso, falso testimone; *elle est témoin à charge, à décharge* è una teste a carico (d'accusa), a discarico (a discolpa) ◇ (*spécialt.*) *les témoins d'un mariage* i testimoni di un matrimonio; *les témoins de Jéhovah* i testimoni di Geova **3** [*personne qui assiste à un événement, un fait*] testimone: *j'ai été témoin de leur dispute* sono stato testimone della loro lite; *parler devant témoins* parlare davanti a testimoni; *faire qqch. sans témoins* fare q.c. senza testimoni **II** [*ce qui sert de preuve, atteste, manifeste*] **1** (*littér.*) [*ce qui, par sa présence, son existence, atteste, permet de constater, de vérifier*] testimonianza *f.* (*cour.*): *les derniers témoins d'une civilisation disparue* le ultime testimonianze d'una civiltà scomparsa; *ce monument est un témoin de ces temps* questo monumento è una testimonianza di quei tempi **2** (*sport*) testimone: *travailler le passage du témoin* allenarsi a passare il testimone ◇ [*chose servant de point de repère, de modèle*] campione: *appartement-témoin* appartamento campione ◇ [*dispositif de contrôle*] spia (*f.*): *lampe-témoin* spia luminosa.

1 **tempe** |tɑ̃p| *s.f.* [*région latérale de la tête*] tempia.

2 **tempe** |tɑ̃p| *s.f.* (*techn.*) stecca*.

tempera (a) |atɑ̃peʀa| *loc. adj.* (*peint.*) a tempera ♦ (*loc. adv.*) *peindre à (la) tempera* dipingere a tempera.

tempérament |tɑ̃peʀamɑ̃| *s.m.* **I** **1** temperamento: *tempérament nerveux, sanguin* temperamento nervoso, sanguigno **2** [*caractère d'une personne*] temperamento: *un tempérament actif, combatif* un temperamento attivo, combattivo ♦ (*absolt.*) *c'est un tempérament* è un uomo, una donna di carattere, ha temperamento **3** [*constitution, quant aux appétits sexuels*] sensualità *f. inv.* **II** **1** (*loc. comm.*) *vente, achat à tempérament* [*à crédit*] vendita, acquisto a rate **2** (*mus.*) temperamento **3** (*vieilli*) [*solution mesurée, moyen terme*] accomodamento (*cour.*).

tempéramental, ale, aux |tɑ̃peʀamɑ̃tal, o| *adj.* del temperamento (*loc. inv.*): *dominantes tempéramentales* dominanti del temperamento.

tempérance |tɑ̃peʀɑ̃s| *s.f.* **1** (*théol.*) temperanza: *la tempérance, vertu cardinale* la temperanza, virtù cardinale **2** [*modération dans le boire et le manger*] temperanza, sobrietà (*inv.*): *société de tempérance* lega della temperanza, associazione antialcolica Ⓒ 1 **intempérance.**

tempérant, ante |tɑ̃peʀɑ̃, ɑ̃t| *adj.* temperante, sobrio* → **continent, sobre.**

température |tɑ̃peʀatyʀ| *s.f.* **1** temperatura: *température en hausse, en baisse* temperatura in aumento, in diminuzione; *température ambiante* temperatura ambiente **2** [*degré de chaleur du corps*] temperatura: *prendre sa température avec un thermomètre* misurarsi la temperatura con un termometro # *courbe de température* curva termica ♦ *absolt.* [*température au-dessus de la normale*] temperatura, febbre: *avoir, faire de la température* avere qualche linea di temperatura, di febbre → **fièvre** ◇ (*fig.*) *prendre la température d'une assemblée, d'un groupe* tastare il polso *m.* a un'assemblea, un gruppo **3** (*phys.*) temperatura.

tempéré, ée |tɑ̃peʀe| *adj.* **1** (*géogr.*) temperato: *climat tempéré* clima temperato **2** (*mus.*) temperato: *un clavecin bien tempéré* un clavicembalo ben temperato.

tempérer |tɑ̃peʀe| (8) *v.tr.* **1** [*adoucir l'intensité* (*du froid, de la chaleur*)] temperare, mitigare: *les vents tempèrent la rigueur de l'hiver* i venti temperano, mitigano i rigori dell'inverno **2** (*fig., littér.*) [*adoucir, modérer*] temperare, moderare (*cour.*): *il faut tempérer son agressivité* bisogna moderare la propria agressività.

tempête |tɑ̃pɛt| *s.f.* **1** tempesta: *tempête de neige* tempesta, tormenta di neve; *tempête de sable* tempesta di sabbia **2** (*par métaph., fig.*) [*agitation*] tempesta, agitazione: *une tempête dans un verre d'eau* una tempesta in un bicchiere d'acqua, una grande agitazione per nulla # *cette loi va déchaîner la tempête, des tempêtes* questa legge scatenerà un putiferio ◇ (*prov.*) *qui sème le vent, récolte la tempête* chi semina vento, raccoglie tempesta **3** (*fig.*) [*bruit violent qui rappelle celui de la tempête*] scroscio* *m.*, fragore (*m.*): *une tempête d'applaudissements* uno scroscio, un fragore di applausi.

tempêter |tɑ̃pete| *v.intr.* [*manifester à grand bruit son mécontentement, sa colère*] infuriarsi *pron.*, sbraitare: *tempêter contre qqn., qqch.* infuriarsi con qc., per q.c.; sbraitare contro qc.

tempétueux, euse |tɑ̃petɥø, øz| *adj.* **1** (*vx., littér.*) [*où les tempêtes sont fréquentes*] tempestoso (*cour.*) **2** (*fig.*) [*plein d'agitation, de trouble*] tempestoso: *vie tempétueuse* vita tempestosa.

temple |tɑ̃pl(ə)| *s.m.* **1** [*tout édifice publ. consacré au culte d'une divinité*] tempio*: *consacrer, profaner un temple* consacrare, profanare un tempio **2** [*édifice publ. consacré à* (*un certain culte*)] tempio: *temple grec, romain* tempio greco, romano; *le temple de Jérusalem* il tempio di Gerusalemme **3** [*édifice où les protestants célèbrent leur culte*] tempio: *aller au temple* andare al tempio **4** (*hist.*) *l'ordre du Temple,* (*absolt.*) *le Temple* l'ordine dei Templari **5** (*vx., littér.*) [*lieu où l'on rend un culte*] tempio: *le temple de l'amour* il tempio dell'amore.

templier |tɑ̃plije| *s.m.* (*hist.*) templare.

tempo |tɛmpo, tẽpo| *s.m.* **1** (*mus.*) tempo: *tempo agitate* tempo agitato **2** [*allure, rythme qu'un auteur donne au déroulement d'une action*] ritmo: *tempo d'un film* ritmo di un film.

temporaire |tɑ̃pɔʀɛʀ| *adj.* [*qui ne dure ou ne doit durer qu'un temps limité*] temporaneo: *fonctions, pouvoirs temporaires* funzioni temporanee, poteri temporanei → **momentané,** 2 **passager** Ⓒ **durable.**

temporairement |tɑ̃pɔʀɛʀmɑ̃| *adv.* [*à titre temporaire, pour un temps*] temporaneamente.

temporal, ale, aux |tɑ̃pɔʀal, o| *adj.* (*anat.*) temporale: *os temporal* osso temporale.

temporalité |tɑ̃pɔʀalite| *s.f.* **1** (*gram.*) valore *m.* temporale **2** (*philo.*) temporalità *inv.*

temporel, elle |tɑ̃pɔʀɛl| *adj.* **1** (*relig.*) temporale: *biens temporels* beni temporali; *puissance temporelle de l'Église* potere temporale della Chiesa ♦ (*s.m.*) *le temporel* il temporale **2** (*gram.*) temporale: *subordonnées temporelles* subordinate temporali **3** (*philo.*) temporale Ⓒ 1 **éternel.**

temporellement |tɑ̃pɔʀɛlmɑ̃| *adv.* **1** (*relig.*) [*dans l'ordre temporel*] temporalmente **2** (*philo.*) temporalmente.

temporisateur, trice |tɑ̃pɔʀizatœʀ, tʀis| *s.* **1** *s.* [*personne qui temporise*] temporeggiatore* ♦ (*adj.*) *politique temporisatrice* politica temporeggiatrice **2** *s.m.* (*techn.*) temporizzatore.

temporisation |tɑ̃pɔʀizɑsjɔ̃| *s.f.* [→ TEMPORISER] temporeggiamento *m.*

temporiser |tɑ̃pɔʀize| *v.intr.* [*différer d'agir, par calcul, dans l'attente d'un moment plus favorable*] temporeggiare: *l'ennemi ne voulait que temporiser* il nemico voleva solo temporeggiare.

temps |tɑ̃| *s.m.* **I** **1** [*durée globale*] tempo: *peu de temps avant, après* poco tempo prima, dopo; *à peu de temps de là* di lì a poco tempo; *dans, sous peu de temps* fra poco (tempo), tra breve; *en peu de temps* in poco tempo; *mesure du temps* misura del tempo; *avoir encore du temps, du temps de reste, du temps libre* avere ancora tempo, tempo d'avanzo, tempo libero; *rattraper le temps perdu* recuperare il tempo perduto # *en un rien de temps* in un batter d'occhio, in un attimo **2** [*portion limitée de cette durée globale; espace de temps*] tempo, periodo: *durant, pendant ce temps, tout ce temps* durante questo (quel) periodo, per tutto questo (quel) tempo; *depuis quelque temps* da un po' di tempo, da qualche tempo; *quelque temps après* qualche tempo dopo, dopo qualche tempo; *tout le temps* per tutto il tempo, continuamente; *un temps long* un lungo periodo (di tempo); *trouver le temps long* trovare lungo il tempo; *le temps lui dure* per lui il tempo non passa; *travailler à plein temps* lavorare a tempo pieno; *il attendit un temps, un certain temps, quelque temps* attese per un certo tempo, per un po' (di tempo); *soldat qui a fini son temps* (*de service*) soldato che ha finito il periodo di leva # *c'est comme cela la plupart, la moitié du temps* è quasi sempre, per lo più così; *temps d'arrêt* pausa, battuta d'arresto; *travaux forcés à temps* lavori forzati temporanei ◇ *loc.* LE TEMPS DE (+ *inf.*) il tempo di, per (+ *inf.*): *avoir, n'avoir pas le temps de s'amuser* avere, non avere il tempo di, per divertirsi ◇ (*ellipt.*) *vous avez tout le temps* avete tutto il tempo (necessario) ~ LE TEMPS DE (+ *inf.*), LE TEMPS QUE (+ *subj.*) il tempo di (+ *inf.*), che (+ *ind.*): *le temps de mettre mon manteau et j'arrive* il tempo di mettermi il cappotto e vengo ~ MON, SON ... TEMPS: *perdre son temps* perdere il proprio tempo; *le plus clair de son temps* la maggior parte del proprio tempo; *avoir fait son temps* aver fatto il proprio tempo, essere sorpassato **3** (*mus.*) tempo, battuta (*f.*): *temps d'une danse* tempo di una danza; *une noire, une croche par temps* una semiminima, una croma per battuta **4** (*mécan.*) tempo: *moteur à deux, quatre temps* motore a due, quattro tempi **5** (*sport*) tempo: *réaliser le meilleur temps* realizzare il miglior tempo ◇ (*spécialt.*)

temps mort [*pendant lequel l'arbitre interrompt un match et qui s'ajoute à la durée totale prévue*] interruzione *f.*, sospensione *f.* **6** (*informatique*) *temps partagé* divisione di tempo, time-sharing (*inv.*); *temps réel* tempo reale **II** [*considéré dans une succession* (*chronologie*)] **1** [*point repérable dans une succession par référence à un 'avant' et un 'après'*] tempo, epoca* (*f.*): *en ce temps-là* in quel tempo, in quell'epoca, allora; *depuis ce temps-là* da quel tempo, da quell'epoca, da allora; *en temps utile, voulu* a tempo, tempestivamente; in tempo utile, a tempo debito; *en temps et lieu* a tempo e luogo ◇ (*loc.*) *chaque chose en son temps* ogni cosa a suo tempo ◇ (*gram.*) tempo: *adverbes, compléments de temps* avverbi, complementi di tempo # *subordonnées de temps* subordinate temporali ◇ (*astron.*) tempo, ora (*f.*): *temps solaire* tempo, ora solare; *temps légal* ora legale **2** (*hist.*) tempo, epoca: *notre temps* il nostro tempo, la nostra epoca; *le temps passé* il tempo passato, il tempo che fu; *de tous les temps* in ogni tempo, in ogni epoca; *du temps de Charlemagne* al tempo, all'epoca di Carlomagno; *en temps de paix, de guerre* in tempo di pace, di guerra; *en temps normal* in tempi normali; *être de son temps* appartenere al proprio tempo, essere figlio del proprio tempo ◇ (*spécialt.*) LES TEMPS (*avec une nuance d'indétermination*) i tempi: *les temps modernes* i tempi moderni; *se perdre dans la nuit des temps* perdersi nella notte dei tempi # *ô temps! ô mœurs!* o tempora o mores! ◇ (*employé comme adv.*) *je l'ai vu ces derniers temps, ces temps derniers* l'ho visto in questi ultimi tempi, ultimamente **3** [*époque de la vie*] età *f. inv.* → **âge** ◇ (*loc.*) *de mon temps* ai miei tempi **4** *bon temps* [*moments agréables, de plaisir*] buon tempo, divertimento # *se donner, se payer, prendre du bon temps* divertirsi, spassarsela **5** (*dans l'année*) [*saison*] tempo, epoca: *le temps des moissons, des vendanges* il tempo, l'epoca della mietitura, della vendemmia ◇ *au plur.* (*liturg.*) *les quatre temps* le quattro tempora *f.* **6** LE TEMPS DE (+ *inf.*) (il) tempo, (l')ora di (+ *inf.*): *le temps est venu de prendre des décisions* è tempo, è ora di prendere delle decisioni ~ IL EST TEMPS QUE (+ *subj.*) è tempo, è ora che (+ *subj.*): *il était temps que tu arrives* era ora che tu arrivassi ♦ (*absolt.*) *il était temps* era ora!, finalmente! **7** *loc. adv.* À TEMPS in tempo, a tempo: *nous sommes arrivés à temps* siamo arrivati in tempo ~ EN MÊME TEMPS [*simultanément*] nello stesso tempo (momento), contemporaneamente (*adv.*): *ils arrivèrent en même temps* arrivarono contemporaneamente, insieme; [*aussi bien*] al tempo stesso, ad un tempo: *cet outil sert en même temps à plusieurs usages* questo utensile serve a parecchi usi al tempo stesso, a un tempo ~ *entre temps* → **entre-temps** ~ *de temps en temps, de temps à autre* di tanto in tanto (di quando in quando), ogni tanto ~ *de tout temps* da sempre ~ *en tout temps* in ogni tempo, sempre *adv.* ~ *dans le temps* un tempo, una volta ◇ (*loc. conj.*) *du temps que* quando *adv.*, al tempo in cui ~ *dans le temps, au temps, du temps où...* quando, al tempo in cui... **8** (*gram.*) tempo: *temps et modes* tempi e modi; *temps simples, composés* tempi semplici, composti **III** (*abstrait*) **1** LE TEMPS il tempo: *l'écoulement du temps* lo scorrere del tempo: *tromper le temps, tuer le temps* ingannare il tempo, ammazzare il tempo **2** (*philo., sc.*) tempo: *hors du temps* fuori dal tempo **IV** (*météo.*) tempo: *mauvais temps* brutto tempo, maltempo; *un temps de chien* un tempo da cani, da lupi, un tempaccio; *prévisions du temps* previsioni del tempo; *il fait beau temps* è, fa bel tempo; *le temps se gâte* il tempo si guasta; *sortir par tous les temps* uscire con qualsiasi tempo ◇ (*loc.*) *parler de la pluie et du beau temps* parlare del più e del meno ~ *faire la pluie et le beau temps* dettare legge ◇ (*prov.*) *il faut prendre le temps comme il vient* bisogna prendere le cose come vengono ◇ (*mar.*) *gros temps* tempesta *f.*, burrasca* (*f.*); *temps calme* bonaccia* *f.*

tenable |t(ə)nabl(ə)| *adj.* (*en emploi négatif*) [→ TENIR B I 3] sostenibile, sopportabile.

tenace |tənas| *adj.* **1** (*vieilli*) tenace: *colle tenace* colla tenace → **adhérent** ◇ (*par anal.*) *odeur, parfum tenace* odore, profumo persistente **2** (*fig.*) [*difficile à détruire*] tenace: *une douleur tenace* un dolore tenace **3** (*personnes*) [*qui tient avec opiniâtreté à ses opinions, à ses décisions*] tenace: *un travailleur tenace* un tenace lavoratore ◇ (*par ext.*) *volonté tenace* tenace volontà.

tenacement |tənasmɑ̃| *adv.* [*avec ténacité, opiniâtreté*] tenacemente.

ténacité |tenasite| *s.f.* **1** tenacità (*inv.*): *la ténacité du gluten* la tenacità del glutine **2** [*solidité*] solidità (*inv.*): *ténacité d'un alliage* solidità di una lega **3** [*caractère persistant*] persistenza: *ténacité d'une odeur* persistenza di un odore **4** (*fig.*) [*caractère tenace* (2)] tenacia*: *ténacité d'un espoir, d'un préjugé* tenacia di una speranza, di un pregiudizio **5** [*caractère d'une personne ténace*] tenacia: *doué d'une ténacité à toute épreuve* dotato di una tenacia a tutta prova.

tenaillant, ante |tənajɑ̃, ɑ̃t| *adj.* [*qui tenaille* (1), *fait souffrir*] attanagliante, assillante: *une faim tenaillante* una fame attanagliante, assillante.

tenaille |t(ə)naj| *s.f.* **1** (*surtout au plur.*) tenaglie: *arracher un clou avec des tenailles* strappare un chiodo con le tenaglie **2** (*fortif.*) tanaglia.

tenaillement |tənajmɑ̃| *s.m.* **1** (*ancienn.*) supplizio* delle tenaglie **2** (*fig.*) [→ TENAILLER 1] tormento, morso: *le tenaillement du remords* il tormento del rimorso.

tenailler |tənaje| *v.tr.* **1** [*faire souffrir moralement ou physiquement*] attanagliare, tormentare: *la faim le tenaille* la fame lo attanaglia; *il est tenaillé par les remords* è tormentato, torturato dai rimorsi **2** (*ancienn.*) [*supplicier, torturer avec des tenailles rougies*] torturare con le tenaglie roventi.

tenancier, ière |tənɑ̃sje, jɛʀ| *s.* **1** (*féod.*) vassallo **2** [*personne qui tient une exploitation, une petite métairie*] fittavolo **3** [*personne qui dirige, qui gère un établissement soumis à une réglementation*] gestore*: *tenancier d'une maison de jeu* gestore di una casa da gioco # *tenancière d'une maison de prostitution* tenutaria di una casa di tolleranza.

tenant, ante |tənɑ̃, ɑ̃t| **I** *adj.* **1** [*qui se tient, ne s'interrompt pas*] *seulement dans la loc.* SÉANCE TENANTE seduta stante: *il accepta séance tenante* accettò seduta stante **2** *chemise à col tenant* camicia a collo unito **II** *s.* **1** *s.* (*sport*) *le tenant, la tenante du titre* il detentore, la detentrice del titolo **2** *s.* [*personne qui tient pour, qui soutient*] sostenitore*, seguace: *les tenants d'une doctrine* i sostenitori, i seguaci di una dottrina **3** *s.m.* (*blas.*) tenente **4** *s.m.* (*seulement dans les loc.*) *d'un tenant, d'un seul tenant* d'un sol pezzo ~ *tout d'un tenant* in un pezzo solo, senza soluzione di continuità ◇ (*dr.*) *les tenants* le terre *f.* adiacenti (a una proprietà): *les tenants et aboutissants d'une pièce de terre* le terre adiacenti a un appezzamento di terreno ◇ (*loc. fig.*) *connaître les tenants et les aboutissants de l'affaire* conoscere il diritto e il rovescio, gli annessi e connessi di una faccenda Ⓒ II 1 **adversaire.**

tendance |tɑ̃dɑ̃s| *s.f.* **1** tendenza: *les tendances égoïstes* le tendenze egoistiche ◇ *loc.* AVOIR TENDANCE À (+ *inf.*) aver tendenza, tendere a (+ *inf.*): *j'ai plutôt tendance à grossir qu'à maigrir* ho più tendenza a ingrassare che a dimagrire ◇ (*psychan.*) *tendances refoulées* tendenze represse **2** (*par ext.*) [*orientation commune à une catégorie de personnes*] tendenza: *à quelle tendance politique appartient-il?* a quale tendenza politica appartiene? **3** [*évolution* (*de qqch.*) *dans un même sens*] tendenza, andamento (*m.*): *tendances du cinéma* tendenze del cinema; *tendance à la hausse* tendenza al rialzo; *les prix ont tendance à monter* i prezzi hanno tendenza, tendono a salire ◇ (*loc.*) *faire à qqn. un procès de tendance* fare a qc. un processo alle intenzioni.

tendanciel, ielle |tɑ̃dɑ̃sjɛl| *adj.* tendenziale.

tendancieusement |tɑ̃dɑ̃sjøzmɑ̃| *adv.* [→ TENDANCIEUX] tendenziosamente.

tendancieux, ieuse |tɑ̃dɑ̃sjø, jøz| *adj.* (*péj.*) tendenzioso: *interprétation tendancieuse* interpretazione tendenziosa.

tendelle |tɑ̃dɛl| *s.f.* (*chasse*) laccio* *m.*

tender |tɑ̃dɛʀ| *s.m.* (*angl.*) tender *inv.*, carro (ferroviario* di) scorta.

tenderie |tɑ̃dʀi| *s.f.* (*chasse*) tesa, caccia* con le trappole; terreno *m.* con trappole.

tendeur, euse |tɑ̃dœʀ, øz| *s.* **1** *s.* chi tende q.c. *loc.* **2** *s.m.* (*techn.*) tenditore.

tendineux, euse |tɑ̃dinø, øz| *adj.* **1** (*anat.*) tendineo **2** [*qui contient beaucoup de tendons*] tiglioso, fibroso: *viande tendineuse* carne tigliosa, fibrosa.

tendinite |tɑ̃dinit| *s.f.* (*méd.*) tendinite.

tendoir |tɑ̃dwaʀ| *s.m.* [*dispositif pour étendre le linge*] stenditoio*, stendibiancheria *inv.*

tendon |tɑ̃dɔ̃| *s.m.* (*anat.*) tendine: *tendon d'Achille* tendine d'Achille.

1 **tendre** |tɑ̃dʀ(ə)| (53) **A** *v.tr.* **1** [*tirer sur* (*une chose souple ou élastique*) *en la rendant droite*] tendere (105): *tendre une chaîne, un filet* tendere una ca-

tena, una rete; *tendre ses muscles* tendere i muscoli # *araignée qui tend sa toile, ses fils* ragno che tesse la ragnatela; *tendre une tapisserie* tappezzare ◇ (*par ext.*) *tendre un piège, une embuscade* tendere un tranello, un'imboscata ◆ *pron. intr.* (*fig.*) SE TENDRE [*menacer de rompre, devenir tendu*] diventare *intr.* teso: *leurs rapports se tendirent* le loro relazioni divennero tese **2** (*rare*) [*décorer en tendant une tapisserie*] tappezzare (*cour.*): *tendre un mur, une salle* tappezzare un muro, una sala **3** [*allonger ou présenter en avançant* (*une partie du corps*)] tendere, stendere (105) # *chien qui tend l'oreille* cane che drizza le orecchie ◇ (*loc. fig.*) *tendre l'oreille* tendere l'orecchio ~ *tendre le bras* (s)tendere il braccio ~ *tendre la main* (s)tendere la mano, dare la mano ◇ (*par ext.*) [*présenter* (*qqch.*) *à qqn.*] porgere (167): *tendre un paquet de cigarettes, un stylo à qqn.* porgere un pacchetto di sigarette, una penna a qc. ◇ (*loc. fig.*) *tendre la perche à qqn.* dare una mano a qc., aiutare qc. **B** *v.intr.* **1** (*vieilli*) [*diriger*] volgere (196) *tr.*, dirigere (133) (*tr.*): *des gens qui couraient sans savoir où tendaient leurs pas* gente che correva senza sapere dove volgeva, dove dirigeva i propri passi **2** [*avoir tel but, telle fin et s'en rapprocher, d'une manière délibérée*] tendere, mirare: *tendre à, vers la perfection* tendere, mirare alla perfezione; *efforts qui tendent au même résultat* sforzi che tendono, mirano allo stesso risultato **3** (*choses*) TENDRE À (+ *inf.*) [*avoir tendance à, évoluer de façon à*] tendere a (+ *inf.*): *les corps pesants tendent à tomber* i corpi pesanti tendono a cadere Ⓒ A 1 **relâcher** 1.

2 **tendre** |tɑ̃dʀ(ə)| **I** *adj.* **1** [*qui se laisse facilement entamer, qui oppose une résistance relativement faible*] tenero, morbido: *chair, peau tendre* carne tenera, pelle morbida; *roche tendre* roccia tenera ◇ (*choses comestibles*) *des haricots verts très tendres* fagiolini molto teneri; *pain tendre* pane morbido # *tendre comme la rosée* soffice come la rugiada **2** (*vieilli*) [*qui peut être très éprouvé par les actions physiques*] tenero: *bourgeon tendre* tenero germoglio; *âge tendre* tenera età **3** (*personnes*) [*porté à la sensibilité, aux affections*] tenero: *un cœur, une âme tendre* un cuore tenero # *une tendre épouse* una moglie affettuosa, amorevole ◆ (*s.*) *c'est un tendre* ha un cuore tenero, è d'animo tenero ◇ (*par ext.*) *il a le vin tendre* il vino lo rende affettuoso ◇ (*fam.*) *n'être pas tendre pour qqn.* non essere tenero con qc. **4** [*qui présente un caractère de douceur et de délicatesse* (*d'un sentiment affectueux*)] tenero: *une tendre affection* un tenero affetto; *regard tendre* sguardo tenero, dolce **5** (*couleur*) [*doux, atténué*] delicato, tenue: *couleurs, coloris tendres* colori delicati, tenui; *bleu, rose, vert tendre* azzurro, rosa, verde delicato, tenue **II** *s.m.* (*vx.*) [*les sentiments, les émotions tendres*] *le royaume de Tendre* il regno dell'amore (*cour.*); *la carte de Tendre* la carta del paese dell'amore Ⓒ I 1 **dur.**

tendrement |tɑ̃dʀəmɑ̃| *adv.* [*avec tendresse*] teneramente: *aimer tendrement* amare teneramente.

tendresse |tɑ̃dʀɛs| *s.f.* **1** [*sentiment tendre pour qqn.*] tenerezza: *un regard chargé de tendresse* uno sguardo pieno di tenerezza; *avoir de la tendresse pour qqn.* provare tenerezza per qc. **2** *au plur.* [*expressions, témoignages de tendresse*] affettuosità (*inv.*): *mille tendresses* (tante) affettuosità **3** (*fam.*) [*préférence complaisante*] simpatia (*cour.*): *je n'ai aucune tendresse pour ce genre de procédé* non ho alcuna simpatia per questo modo di agire → **faible.**

tendreté |tɑ̃dʀəte| *s.f.* [*caractère de ce qui est* (2) *tendre* (I 1)] tenerezza, morbidezza: *tendreté de la viande* tenerezza della carne.

tendron |tɑ̃dʀɔ̃| *s.m.* **1** (*vx., bouch.*) *tendrons de veau, du tendron* tenerume di vitello **2** (*fam., vieilli*) [*très jeune fille en âge d'être aimée*] giovane virgulto.

tendu, ue |tɑ̃dy| *adj.* **1** [*rendu droit par traction*] teso: *corde tendue* corda tesa; *muscles tendus* muscoli tesi; *tir tendu* tiro teso, radente **2** [*tapissé*] tappezzato **3** (*fig.*) teso: *esprit tendu, volonté tendue* mente, volontà tesa; *visages silencieux et tendus* visi silenziosi e tesi **4** [*qui menace de se dégrader, de rompre*] teso: *des rapports tendus* rapporti tesi; *situation politique tendue* situazione politica tesa **5** [*que l'on tend, que l'on avance*] teso, puntato: *le doigt tendu vers moi* il dito puntato verso di me; *poings tendus* pugni tesi ◇ (*fig.*) *politique de la main tendue* politica della mano tesa.

ténèbres |tenɛbʀ(ə)| *s.f. pl.* **1** tenebre: *les ténèbres de la mort* le tenebre della morte **2** (*relig.*) tenebre: *l'empire des ténèbres* il regno delle tenebre; *le prince des ténèbres* il principe delle tenebre, il demonio **3** [*obscurité de ce qui est difficile à connaître, à comprendre*] tenebre, oscurità *sing.*

ténébreusement |tenebʀøzmɑ̃| *adv.* (*rare*) [*de façon ténébreuse, perfide*] tenebrosamente.

ténébreux, euse |tenebʀø, øz| **I** *adj.* **1** (*fig., littér.*) [*où il y a des ténèbres, où il fait noir*] tenebroso: *bois ténébreux* bosco tenebroso, selva oscura **2** [*qui fait le mal en se cachant*] tenebroso: *une ténébreuse intrigue* un intrigo tenebroso **3** [*obscur pour l'esprit*] tenebroso, misterioso **II** *s.* (*personnes*) *un ténébreux* una persona *f.* cupa ◇ (*plais.*) *un beau ténébreux* un bel tenebroso Ⓒ I 1 **clair, lumineux.**

ténébrion |tenebʀijɔ̃| *s.f.* (*t.zool.*) tenebrione.

tènement |tɛnmɑ̃| *s.m.* **1** (*féod.*) terra *f.* di un signore **2** [*réunion de propriétés contiguës*] tenuta *f.*, tenimento.

ténesme |tenɛsm(ə)| *s.m.* (*méd.*) tenesmo.

teneur |tənœʀ| *s.f.* **1** [*contenu exact, texte litt.* (*d'un écrit*)] tenore *m.*, contenuto (*m.*): *la teneur d'un article, d'une lettre* il tenore, il contenuto di un articolo, di una lettera **2** [*ce que* (*un corps*) *contient* (*d'une substance déterminée*)] tenore, percentuale: *teneur en or d'un minerai* tenore, percentuale di oro di un minerale; *teneur du sang en hémoglobine* percentuale di emoglobina nel sangue.

teneur, euse |tənœʀ, øz| *s.* [*personne qui tient les livres de compt.*] contabile.

teneurmètre |tənœʀmɛtʀ(ə)| *s.m.* (*techn.*) misuratore a radiazioni ionizzanti.

ténia |tenja| *s.m.* (*méd.*) tenia *f.*, verme solitario* (*cour.*).

ténifuge |tenifyʒ| *adj.* (*méd., pharm.*) tenifugo*, vermifugo* ◆ (*s.m.*) *un ténifuge* un tenifugo.

tenir |t(ə)niʀ| (27) **A** *v.tr.* **1** [*avoir* (*un objet*) *avec soi en le serrant afin qu'il ne tombe pas, ne s'échappe pas*] tenere (188): *tenir son chapeau à la main* tenere il cappello in mano; *tenir un enfant par la main* tenere per mano un bambino; *tenir qqn. dans ses bras* tenere in braccio qc. ◇ (*par ext.*) *ma main tenait la sienne* la mia mano teneva la sua; *tenir les rênes d'un cheval, la laisse d'un chien* tenere le redini di un cavallo, il guinzaglio di un cane **2** (*choses*) [*faire rester en place*] tenere: *la courroie qui tient mes livres* la cinghia che tiene i miei libri → **retenir** ◇ (*personnes*) *il sait tenir sa langue* sa tenere la lingua a posto; *je ne pouvais tenir mon sérieux* non riuscivo a stare serio **3** [*faire rester* (*en telle situation, tel état*) *pendant un certains temps*] tenere: *il lui a tenu la tête sous l'eau* gli ha tenuto la testa sott'acqua; *tenir qqn. en respect avec un revolver* tenere qc. a (debita) distanza con la pistola; *tenir qqn. en échec* tenere qc. in scacco; *il tenait les yeux baissés* teneva gli occhi bassi; *ces travaux me tiennent occupé jusqu'en juillet* questi lavori mi tengono occupato fino a luglio; *tenir une porte fermée* tenere chiusa una porta; *tenir un plat chaud* tenere un piatto (al) caldo; *tenir une note* tenere una nota → **maintenir** # *le médecin m'a tenu là pendant une demi-heure* il medico mi ha trattenuto, mi ha fatto star lì per una mezzo'ora **4** [*saisir* (*ce qui s'échappe*), *s'emparer de, tenir* (*qqn.*)] avere (97) (in mano, tra le mani): *nous tenons les voleurs* abbiamo in mano, abbiamo acchiappato i ladri; *si je le tenais!* se l'avessi tra le mani! **5** (*dans quelques expressions*) [*résister à*] *un navire qui tient bien la mer* una nave che regge bene il mare ~ (*arg. auto.*) *tenir la mer* tenere la strada ~ *tenir le vin* reggere (154) il vino ~ (*fam.*) *tenir bon, tenir le coup* resistere, tener duro ~ *tenir tête à* tener testa a **6** (*surtout abstrait*) [*avoir en sa possession*] avere in mano: *à mon avis, vous tenez un filon* a mio parere, avete in mano un filone d'oro → **posséder** # *ils tiennent la vérité* sono i depositari della verità, hanno la verità ◇ (*milit.*) *tenir un territoire, une position* avere in mano, occupare un territorio, una posizione ◇ (*prov.*) *mieux vaut tenir que courir*; *un tiens vaut mieux que deux tu l'auras* meglio l'uovo oggi che la gallina domani ◇ (*fam.*) *je tiens un de ces rhumes!* ho uno di quei raffreddori! ◇ (*loc. littér.*) *faire tenir qqch. à qqn.* far pervenire q.c. a qc. **7** *loc.* TIENS, TENEZ! tieni, tenete (tenga)!: *tenez, voilà votre argent!* tenga, ecco il suo denaro! ◇ (*pour présenter qqch.*) *tenez, je l'ai vu hier* to', l'ho visto proprio ieri ◇ (*pour marquer l'étonnement*) *tiens! je ne l'aurais pas pensé* guarda guarda (guarda un po'), non l'avrei mai pensato!; *tiens, tiens, c'est bien étrange!* beh, certo è molto strano! **8** TENIR EN [*avoir en*] tenere, avere in: *tenir qqn. en estime* avere in stima qc. **9** TENIR QQCH. DE QQN. [*l'avoir par lui*] avere, sapere q.c. da qc.: *de qui tenez-vous ce renseignement?* da chi avete avuto, saputo questa informazione? ◇ (*fig.*) [*avoir par hérédité*] prendere (105): *il tient cela de son père* in (per) questo ha preso dal padre **10** [*occuper* (*un certain espace*)] occupare: *le buffet tenait toute la pièce* la credenza occupava tutta la stanza ◇ (*par ext.*) *bouteille qui tient le litre* bottiglia che (con)tiene un litro; *la voiture est trop petite pour nous tenir tous* la macchina è troppo piccola per tenerci tutti, per poterci entrare, stare tutti **11** [*occuper* (*un lieu*), *sans s'en écarter*] *conducteur qui tient sa droite* conducente che tiene la destra; *tenir le large* stare (104) *intr.* al largo; *malade condamné à tenir la chambre* malato costretto a rimanere (174) *intr.* a letto ◇ (*fig.*) *tenir une place éminente dans la société* occupare un posto importante nella società; *tenir son rang* stare nel proprio rango **12** [*remplir* (*une activité*)] *tenir une charge, un emploi, un poste* occupare, esercitare una carica; occupare, avere un impiego, un posto; *tenir son rôle* fare (103) la propria parte; svolgere (196), assolvere (117) la propria funzione → **exercer** ◇ [*avoir sous sa direction, sous son autorité*] tenere: *tenir un hôtel, un café* tenere, gestire (197) un albergo, un caffè; *tenir la caisse, la comptabilité* tenere la cassa, la contabilità ◇ (*loc.*) *tenir compte de* tener conto di ◇ [*présider* (*une réunion*), *prendre part à*] tenere: *tenir une assemblée, une conférence* tenere un'assemblea, una conferenza; *tenir conseil* tenere consiglio **13** *tenir un langage, des discours, des propos* [*s'exprimer de telle façon*] tenere un linguaggio; tenere, fare dei discorsi; fare delle affermazioni, delle dichiarazioni **14** TENIR... POUR [*considérer, croire*] considerare (come), ritenere (188): *tenir un fait pour assuré, certain* considerare, ritenere sicuro, certo un fatto; *je le tiens pour mon propre frère* lo considero mio fratello ◇ (*loc.*) *tenez-vous-le pour dit* tenetevelo per detto, sappiatelo bene **15** [*observer fidèlement* (*ce qu'on a promis*)] *tenir parole, sa parole, ses promesses* mantenere (188) la parola (data), le promesse; *tenir un pari* accettare una scommessa; *tenir ses engagements* tener fede ai propri impegni, rispettare i propri impegni ✦ *absolt.* (*prov.*) *promettre et tenir sont deux* tra il dire e il fare c'è di mezzo il mare ◇ (*au jeu*) [*mettre un enjeu équivalent*] *je tiens!, pari tenu!* vedo!, accetto! **B** *v.intr.* **I** **1** [*être attaché, fixé, se maintenir dans la même position*] reggere: *mes lunettes ne tiennent pas bien* i miei occhiali non reggono bene; *je ne tiens plus debout* (*de fatigue*) non (mi) reggo, non sto più in piedi (per la fatica) ◇ (*fig.*) *votre histoire ne tient pas debout* la vostra è una storia che non regge, che non sta in piedi ◇ (*par ext.*) [*être contigu*] essere (96) (*aux.* essere) contiguo, attiguo (a): *le jardin tient à la maison* il giardino è contiguo, attiguo alla casa **2** (*choses*) [*être solide, ne pas céder, ne pas se rompre*] tenere: *faites un double nœud, cela tiendra mieux* faccia un nodo doppio, terrà meglio (sarà più resistente); *une coiffure qui ne tient pas* una pettinatura che non tiene ◇ (*loc.*) *tenir bon* [*bien résister*] tener, reggere bene ◇ (*fig.*) *il n'y a pas de raison qui tienne* non ci sono ragioni che tengano, non c'è ragione che tenga ◇ (*fam.*) *il n'y a pas de bal qui tienne* non c'è ballo che tenga, tu al ballo non ci vai ◇ [*résister à l'épreuve du temps*] resistere (116), durare (*aux.* essere, avere): *leur union tient toujours* la loro unione resiste, dura sempre ◇ (*fam.*) (*en parlant d'une invitation, d'un projet*) *cela tient toujours pour jeudi?* sempre d'accordo, vale sempre per giovedì? **3** (*personnes*) [*résister*] tener duro, resistere: *tenir ferme contre l'ennemi* tener duro contro il nemico, resistere al nemico; *il faut tenir bon* bisogna tener duro, resistere # *ne plus pouvoir tenir, ne pouvoir y tenir* non farcela più; *n'y tenant plus, il est parti en claquant la porte* non ce la faceva più e se ne è andato sbattendo la porta; *tenir pour une opinion* sostenere un'opinione, parteggiare per una idea **4** [*être compris, contenu dans un certain espace*] stare (104) (*aux.* essere), entrare (*aux.* essere): *tous mes livres tiennent dans cette armoire* tutti i miei libri stanno, entrano in questo armadio; *nous ne tiendrons pas tous dans la voiture* non ci staremo, non c'entreremo tutti nella macchina **II** **1** TENIR À QQN., À QQCH. [*y être attaché par un sentiment durable*] tenere, tenerci a qc., a q.c.: *il tient à cette femme* (ci) tiene a quella donna; *tenir à la vie, à la liberté* tenere alla vita, alla libertà ◇ (*avec une propos.*) *j'ai tenu à les inviter* (ci) ho tenuto a invitarli; *si vous y tenez* se ci tenete (tiene); *il ne tient pas à ce que je vienne* non ci tiene che io venga, a farmi venire **2** (*choses*) TENIR À QQCH. [*avoir un rapport de dépendance, d'effet à cause*] dipendere (105) (*aux.* essere) da q.c.: *leur dynamisme tient à leur jeunesse* il loro dinamismo dipende dalla, è dovuto alla loro giovinezza → **provenir, résulter** ✦ (*impers.*) *il ne tient qu'à moi qu'il obtienne satisfaction* dipende soltanto da me che egli abbia soddisfazione; *s'il ne tenait qu'à moi...* dipendesse solo da me..., se stesse solo in me...; *qu'à cela ne tienne!* poco importa!, non fateci (non ci faccia) caso! **3** TENIR DE QQN., DE QQCH. [*avoir des rapports de filiation, de parenté, d'analogie*] (as)somigliare (*aux.* essere, avere) a: *il tenait de sa mère* (as)somigliava a sua madre, teneva dalla madre; *il a de qui tenir* somiglia proprio ai genitori ◇ [*participer de la nature de* (*qqch.*)] avere (*tr.*): *cela tient du miracle, du prodige* (la cosa) ha del miracoloso, del prodigioso **C** *v. pron.* SE TENIR **I** *réfl.* **1** SE TENIR À QQCH. [*tenir qqch. afin de ne pas tomber, de ne pas changer de position*] tenersi, appoggiarsi: *le blessé se tenait au mur* il ferito si appoggiava al muro, stava contro il muro → **appuyer** (**s'**); *il se tenait à la corde* si teneva, si reggeva alla corda **2** [*être, demeurer* (*en telle position*)] stare (*intr.*): *se tenir debout* stare in piedi; *se tenir immobile* stare immobile; *tiens-toi droit!* stai (sta') dritto!; *savoir se tenir à cheval* saper stare, andare a cavallo; *se tenir les bras croisés, à genoux* stare con le braccia conserte, in ginocchio ✦ *absolt.* (*fig.*) *son histoire, son raisonnement se tient* la sua storia, il suo ragionamento sta, si regge in piedi **3** [*être* (*quelque part*)] stare: *il se tenait au milieu de la chambre* stava in mezzo alla camera; *se tenir près, auprès de qqn.* stare vicino a qc. ✦ (*passif*) *la salle où se tenait la réunion* la sala in cui si teneva, aveva luogo la riunione **4** [*être et rester* (*d'une certaine manière, dans un certain état*)] stare, restarsene: *se tenir caché* stare, restarsene nascosto; *se tenir tranquille* stare, starsene buono # *se tenir bien, mal* comportarsi bene, male ✦ (*absolt.*) *il sait se tenir en société* sa stare in società; *se tenir bien à table* saper stare bene a tavola **5** *loc.* NE POUVOIR SE TENIR DE non poter trattenersi dal, non poter fare *intr.* a meno di: *ils ne pouvaient se tenir de rire* non potevano trattenersi dal ridere, fare a meno di ridere **6** (*loc.*) *s'en tenir à qqch.* [*ne pas aller au delà, ne vouloir rien de plus*] limitarsi a → **borner** (**se**) ~ *s'en tenir là* non andare oltre, fermarsi lì ~ *tenez-vous-en là* basta così, si fermi (fermatevi) lì ~ *savoir à quoi s'en tenir* sapere come regolarsi **7** SE TENIR POUR [*se considérer comme*] considerarsi, ritenersi: *un mot de plus, et je me tiens pour insulté* ancora una parola e mi considero, ritengo offeso **II** *récipr.* **1** [*se tenir l'un l'autre*] tenersi: *se tenir par la main, le bras, la taille* tenersi per mano, per il braccio, alla vita **2** [*être dans une dépendance réciproque*] essere *intr.* collegato: *dans cette affaire tout se tient* in questa faccenda tutto è collegato.

tennis |tenis| *s.m.* (*angl.*) **I** **1** tennis (*inv.*): *chaussures, jupe de tennis* scarpe, gonnellino da tennis; *jouer au tennis* giocare a tennis **2** (*par ext.*) [*terrain de tennis*] campo da tennis **3** *au plur.* scarpe *f.* da tennis **II** *tennis de table* tennis da tavolo → **ping-pong.**

tennisman |tenisman| *s.m.* (*vx.*) [*joueur de tennis*] tennista (*cour.*): *des tennismen* dei tennisti.

tenon |tənɔ̃| *s.m.* (*techn.*) tenone, incastro: *tenon en queue d'aronde* incastro a coda di rondine ◇ (*chir. dentaire*) perno.

tenonner |tənɔne| *v.tr.* (*techn.*) [*pratiquer un tenon sur* (*une pièce de bois*)] fare (103) un incastro (in).

tenonneuse |tənɔnøz| *s.f.* (*techn.*) tenonatrice.

ténor |tenɔʀ| *s.m.* **1** tenore: *voix de ténor* voce di tenore, tenorile *adj.* **2** (*par ext.*) [*personnage très en vue dans l'activité qu'il exerce*] calibro: *les grands ténors de la politique, du sport* i grossi calibri della politica, dello sport.

ténorino |tenɔʀino| *s.m.* (*mus.*) tenorino.

ténorisant, ante |tenɔʀizɑ̃, ɑ̃t| *adj.* (*mus.*) tenoreggiante.

ténoriser |tenɔʀize| *v.intr.* (*mus.*) [*chanter comme un ténor, dans le registre du ténor*] tenoreggiare.

ténorite |tenɔʀit| *s.f.* (*minér.*) tenorite.

ténorraphie |tenɔʀafi| *s.f.* (*chir.*) tenorrafia.

ténotomie |tenɔtɔmi| *s.f.* (*chir.*) tenotomia.

tenrec |tɑ̃ʀɛk| *s.m.* → **tanrec.**

tenseur |tɑ̃sœʀ| **1** *adj. et s.m.* [*muscle qui tend, produit une tension*] (muscolo) tensore: (*muscle*) *tenseur du* *fascia lata* (muscolo) tensore della fascia lata **2** *s.m.* (*mécan.*) tenditore → **tendeur** ✦ (*par appos.*) *poids tenseur* peso tenditore **3** *s.m.* (*math.*) tensore.

tensif, ive |tɑ̃sif, iv| *adj.* (*méd.*) tensivo.

tensioactif, ive |tɑ̃sjɔaktif, iv| (*chim.*) **1** *adj.* tensioattivo: *produit tensioactif* prodotto tensioattivo **2** (*s.m.*) *les tensioactifs* i tensioattivi.

tensiomètre |tɑ̃sjɔmɛtʀ(ə)| *s.m.* **1** (*sc.*) tensiometro **2** (*méd.*) → **sphygmomanomètre.**

tension |tɑ̃sjɔ̃| *s.f.* **I** **1** (*physiol.*) tensione **2** [*état d'une substance souple ou élastique tendue*] tensione: *régler la tension d'une corde d'instrument* regolare la tensione di una corda di uno strumento **3** (*phys.*) tensione: *tension superficielle* tensione superficiale **4** (*phys.*) pressione: *tension de vapeur* pressione del vapore → **pression** ◇ (*cour.*) *tension artérielle, veineuse* pressione arteriosa, venosa; *prendre la tension de qqn.* misurare la pressione a qc. ✦ *absolt.* pressione alta: *avoir de la tension* avere la pressione alta → **hypertension** **5** (*électr.*) tensione: *haute, basse tension* (*H.T., B.T.*) alta, bassa tensione (A.T., B.T.) **II** (*abstrait*) **1** [*effort intellectuel; application soutenue*] tensione: *tension d'esprit* tensione mentale **2** [*état de ce qui menace de rompre*] tensione: *tension des relations, d'une situation* tensione delle relazioni, di una situazione **3** (*phys.*) tensione: *tension nerveuse* tensione nervosa.

tenson |tɑ̃sɔ̃| *s.f.* (*hist. litt.*) tenzone.

tensoriel, elle |tɑ̃sɔʀjɛl| *adj.* (*sc.*) tensoriale: *calcul tensoriel* calcolo tensoriale.

tentaculaire |tɑ̃takylɛʀ| *adj.* **1** (*zool.*) tentacolare: *appendice tentaculaire* appendice tentacolare **2** [*qui se développe dans toutes les directions*] tentacolare: *villes tentaculaires* città tentacolari.

tentacule |tɑ̃takyl| *s.m.* (*zool.*) tentacolo ◇ (*fig.*) *ville qui étend des tentacules* città che stende propaggini *f.* in tutte le direzioni.

tentant, ante |tɑ̃tɑ̃, ɑ̃t| *adj.* **1** [*qui tente, inspire ou excite le désir*] allettante **2** [*que l'on peut envier*] invidiabile: *une situation tentante* una situazione invidiabile.

tentateur, trice |tɑ̃tatœʀ, tʀis| *s.* **1** *s.m.* (*relig.*) tentatore → **démon** ✦ (*adj.*) *l'esprit tentateur* lo spirito tentatore **2** *s.* [*personne qui cherche à tenter, à séduire*] tentatore*.

tentation |tɑ̃tɑsjɔ̃| *s.f.* **1** (*relig.*) tentazione: *les tentations de la chair* le tentazioni della carne; *succomber à des tentations, résister à la tentation* soccombere alle tentazioni, resistere alla tentazione **2** [*ce qui incite à (une action) en éveillant le désir*] tentazione: *ne cède point à la tentation!* non cedere alla tentazione! → **désir, envie.**

tentative |tɑ̃tativ| *s.f.* tentativo (*m.*): *tentative d'évasion, de suicide* tentativo di evasione (tentata evasione), di suicidio (tentato suicidio); *faire une tentative auprès de qqn.* fare un tentativo presso qc.

tente |tɑ̃t| *s.f.* **1** tenda: *monter une tente, planter sa tente quelque part* montare una tenda, piantare la tenda da qualche parte ◇ (*loc. fig.*) *se retirer sous sa tente* abbandonare per dispetto una causa **2** (*mar.*) tenda **3** (*anat.*) tenda (del bulbo olfattorio).

tente-abri |tɑ̃tabʀi| *s.f.* tenda da campo: *des tentes-abris* delle tende da campo.

tenter |tɑ̃te| *v.tr.* **1** [*essayer d'entraîner au mal, au péché*] tentare: *le démon tenta Ève* il demonio tentò Eva **2** [*éveiller le désir, l'envie de* (*qqn.*)] tentare: *ça ne me tente guère* (la cosa) non mi tenta affatto; *se laisser tenter par...* lasciarsi tentare da... ✦ (*au p.p.*) *être tenté, très tenté* essere tentato, molto tentato **3** [*éprouver* (*les chances de réussite*); *commencer, en vue de réussir*] tentare: *tenter le tout pour le tout* tentare il tutto per tutto; *tenter sa chance* tentare la fortuna ◇ *loc.* TENTER DE (+ *inf.*) tentare di (+ *inf.*): *il a tenté de se suicider* ha tentato di uccidersi **4** (*vx.*) [*faire apparaître par une épreuve les qualités et les défauts, la valeur de* (*qqn.*)] tentare (*cour.*), mettere (155) alla prova (*cour.*): *Dieu tenta Abraham* Dio tentò, mise alla prova Abramo ◇ (*loc. moderne*) *vous tentez Dieu* lei corre un bel rischio, lei rischia troppo ~ *tenter le diable* tentare il diavolo.

tenthrède |tɑ̃tʀɛd| *s.f.* (*t.zool.*) tentredine.

tenture |tɑ̃tyʀ| *s.f.* **1** [*ensemble des éléments destinés à recouvrir et décorer les murs d'une pièce*] parato *m.* **2** [*pièce de tissu, de cuir, de papier, etc. servant d'élément de décoration murale*] tappezzeria: *tentures de velours* tappezzerie di velluto # *tentures pour les services funèbres* arredo funebre.

tenu, ue |t(ə)ny| **I** *adj.* **1** *loc.* ÊTRE TENU À (QQCH.) essere tenuto, vincolato a (q.c.): *le médecin est tenu au secret professionnel* il medico è tenuto, vincolato al segreto professionale ~ ÊTRE TENU DE, À (+ *inf.*) essere tenuto a (+ *inf.*): *il est tenu de faire, tous les ans, un inventaire* è tenuto a fare tutti gli anni un inventario ◇ (*dr.*) *être tenu de* essere responsabile di **2** *loc.* BIEN, MAL TENU ben tenuto (tenuto bene), tenuto male: *maison bien tenue, mal tenue* casa ben tenuta, tenuta male **3** (*Bourse*) sostenuto, resistente: *valeurs (bien) tenues* valori sostenuti, resistenti **4** (*mus.*) *note tenue* nota tenuta **II** *s.m.* (*sport*) fallo per palla trattenuta.

ténu, ue |teny| *adj.* [*très mince, très fin*] tenue, sottile: *fil ténu* filo sottile; *brume ténue* tenue, sottile foschia.

tenue |t(ə)ny| *s.f.* **1** [*le fait, la manière de tenir* (A 12), *de gérer* (*un établissement*)] direzione, gestione: *la tenue de la maison* la direzione, la conduzione della casa; *veiller à la bonne tenue d'un établissement* curare la buona gestione, il buon andamento di una azienda # *la tenue de la comptabilité* la tenuta della contabilità **2** [*action de se tenir; dignité de la conduite, correction des manières*] contegno (*m.*): *un peu de tenue!* un po' di contegno!; *manquer de tenue* mancare di contegno, di correttezza # *avoir de la tenue* avere modi corretti; *quotidien qui manque de tenue* quotidiano che manca di serietà **3** [*manière dont une personne est habillée; son aspect, sa présentation*] modo *m.* di vestire, tenuta: *tenue négligée* modo di vestire trascurato; *tenue de voyage* tenuta, abbigliamento da viaggio; *tenue de sport* tenuta sportiva # *tenue de soirée* abito da sera ◇ (*fam.*) *petite tenue, tenue légère* abbigliamento *m.*, abito *m.* succinto ◇ (*spécialt.*) *tenue militaire* uniforme, divisa militare; *tenue de service, de combat, de campagne* tenuta di servizio, da combattimento, di campagna; *tenue de vol d'un aviateur* tenuta di volo di un aviatore; *se mettre en grande tenue* mettersi in grande uniforme **4** (*auto.*) TENUE DE ROUTE tenuta di strada: *bonne, mauvaise tenue de route d'une automobile* buona, cattiva tenuta di strada di una automobile **5** (*Bourse*) tenuta, fermezza dei titoli ◇ (*turf*) *cheval de tenue* cavallo di (grande) tenuta **6** (*mus.*) tenuto *m.*, nota tenuta **7** (*vx.*) → **continuité, durée.**

Ténuirostres |tenɥiʀɔstʀ(ə)| *s.m. pl.* (*t.zool.*) Tenuirostri.

ténuité |tenɥite| *s.f.* (*littér.*) tenuità *inv.*

tenure |tənyʀ| *s.f.* (*féod., dr. anc.*) tenuta, dipendenza (di un feudo).

tenuto |tenuto| *adv.* (*mus.*) tenuto.

téocalli |teɔkali| *s.m.* (*archéol.*) teocalli *inv.*

téorbe |teɔʀb(ə)| *s.m.* → **théorbe.**

tépale |tepal| *s.m.* (*bot.*) tepalo.

tephillim, théphillim |tefi(l)lim| *s.m. pl.* (*relig. hébr.*) filatteri.

téphrosie |tefʀozi| *s.f.* (*t.bot.*) tephrosia.

tepidarium, tépidarium |tepidaʀjɔm| *s.m.* (*lat.*) (*antiq.*) tepidario*.

tequila |tekila| *s.f.* (*mexicain*) tequila *inv.*

ter |tɛʀ| **1** *adv.* (*lat.*) (*mus.*) ter, da eseguire tre volte *loc. inv.* **2** (*adj. inv.*) *le douze ter de la rue Émile Zola* il 12 ter di 'rue Émile Zola'.

téra- |teʀa| *préf.* (*indiquant 'la multiplication par un million de millions', correspond généralt. à*) tera.

téraspic |teʀaspik| *s.m.* (*t.bot.*) iberide *f.*

térato- |teʀatɔ| *préf.* (*signifiant 'monstre', correspond généralt. à*) terato: *tératogenèse* teratogenesi.

tératogène |teʀatɔʒɛn| *adj.* (*méd.*) teratogenetico*.

tératogenèse |teʀatɔʒənɛz| *s.f.* (*biol.*) teratogenesi *inv.*

tératologie |teʀatɔlɔʒi| *s.f.* teratologia*.

tératologique |teʀatɔlɔʒik| *adj.* teratologico*.

tératologiste |teʀatɔlɔʒist(ə)|, **tératologue** |teʀatɔlɔg| *s.m.* studioso *s.* di teratologia.

tératome |teʀatɔm| *s.m.* (*pathol.*) teratoma.

terbium |tɛʀbjɔm| *s.m.* (*chim.*) terbio*.

tercer, terser |tɛʀse| *v.tr.* → **tiercer.**

tercet |tɛʀsɛ| *s.m.* [*couplet, strophe de trois vers*] terzina *f.*

térébelle |teʀebɛl| *s.f.*, **terebellum, térébellum** |teʀebe(ɛl)lɔm| *s.m.* **1** *térébelle, terebellum* (*t. zool.*) [*mollusque gastéropode*] terebella *f.* **2** *térébelle* (*t.zool.*) [*ver marin annélide*] anellide *m.*, verme *m.* marino.

térébenthène |teʀebɑ̃tɛn| *s.m.* (*chim.*) terebentene.

térébenthine |teʀebɑ̃tin| *s.f.* [*résine qu'on recueille par l'incision de certains végétaux*] trementina: *essence de térébenthine* essenza di trementina, acquaragia.

Térébinthacées |teʀebɛ̃tase| *s.f. pl.* (*t.bot.*) Terebintacee.
térébinthe |teʀebɛ̃t| *s.m.* (*t.bot.*) terebinto.
térébique |teʀebik| *adj.* (*chim.*) *acide térébique* acido terebico*.
térébrant, ante |teʀebʀɑ̃, ɑ̃t| *adj.* **1** (*zool.*) terebrante: *insecte térébrant* insetto terebrante **2** (*méd.*) terebrante: *douleur térébrante* dolore terebrante ◇ (*fig.*, *littér.*) → **aigu.**
térébration |teʀebʀɑsjɔ̃| *s.f.* (*techn.*) terebrazione.
térébratule |teʀebʀatyl| *s.f.* (*t. zool.*) terebratula.
téréphtalate |teʀeftalat| *s.m.* (*chim.*) tereftalato.
téréphtalique |teʀeftalik| *adj.* (*chim.*) *acide téréphtalique* acido tereftalico*.
tergal |tɛʀgal| *s.m.* (*nom déposé*) tergal *inv.*, terital *inv.*
tergal, ale, aux |tɛʀgal, o| *adj.* (*zool.*) tergale, dorsale.
tergiversations |tɛʀʒivɛʀsɑsjɔ̃| *s.f. pl.* [→ TERGIVERSER] tergiversazioni: *assez de tergiversations!* basta con le tergiversazioni!, abbiamo tergiversato abbastanza! → **hésitation.**
tergiverser |tɛʀʒivɛʀse| *v.intr.* (*littér.*) [*user de détours, de faux-fuyants* (*pour éviter de donner une réponse nette*)] tergiversare: *sans tergiverser* senza tergiversare, senza tergiversazioni.
termaillage |tɛʀmɑjaʒ| *s.m.* (*fin.*) (*t. recomm.*) manovra *f.* (dei tempi) dei pagamenti internazionali.
terme |tɛʀm(ə)| *s.m.* **I** **1** [*limite fixée* (*dans le temps*)] termine: *passé ce terme, les billets seront périmés* oltre questo termine, i biglietti non avranno più validità; *mettre un terme à* porre termine a **2** (*dr.*) termine ◇ *loc.* À TERME a termine: *vente, achat à terme* vendita, acquisto a termine ~ (*fig.*) *à court, à moyen, à long terme* a breve, a medio, a lungo termine; a breve, a media, a lunga scadenza **3** [*époque fixée pour le paiement des baux* (*à loyer ou à ferme*)] scadenza *f.* ◇ (*par ext.*) [*période* (*généralt. de trois mois*) *qui s'achève au terme*] periodo (trimestrale); trimestre ◇ (*par ext.*) [*somme due au terme*] affitto, pigione (*f.*): *payer son terme* pagare l'affitto, la pigione **4** (*littér.*) [*dernier élément, dernier stade*] termine: *enfant né avant terme* bambino nato prima del termine; *mener une œuvre à terme* portare un'opera a termine, a compimento # *le terme de la vie* la fine della vita **5** [*disposition* (*bonne, mauvaise...*) *envers qqn.*] rapporto: *en quels termes étiez-vous avec lui?* in che rapporti eravate con lui? **II** **1** [*mot ou expression*] termine: *le sens d'un terme* il senso di un termine **2** *au plur.* [*ensemble de mots et d'expressions choisis pour faire savoir qqch.*; *manière de s'exprimer*] termini: *les termes d'un contrat* i termini di un contratto; *en d'autres termes* in altri termini; *termes respectueux* termini rispettosi **3** [*mot appartenant à un vocabulaire spécial*] termine: *terme technique, scientifique* termine tecnico, scientifico; *terme de palais* termine del linguaggio forense **4** (*gram.*, *log.*) termine: *les termes d'une proposition* i termini di una proposizione; *le second terme d'une comparaison* il secondo termine di un paragone ◇ (*fig.*) *moyen terme* mezzo termine, via *f.* di mezzo ◇ (*algèbre*) *les termes d'un polynôme, d'une équation* i termini di un polinomio, di una equazione ◇ (*math.*) *les deux termes d'une fraction* i due termini di una frazione **III** [*statue* (*comme celles du dieu Terminus qui servaient de bornes*)] termine.
terminaison |tɛʀminɛzɔ̃| *s.f.* **1** (*rare*) [*action de mettre fin à*] conclusione (*cour.*): *pour la terminaison de cette affaire* per la conclusione di questo affare **2** (*rare*) [*action de se terminer, de prendre fin*] termine *m.* (*cour.*), conclusione **3** (*anat.*) terminazione: *terminaisons nerveuses des organes des sens* terminazioni nervose degli organi sensoriali **4** [*fin d'un mot considéré sous un aspect quelconque* (*phonique, graphique, morphologique*)] finale ◇ (*par ext.*) [*dernier élément d'un mot qui s'ajoute au radical, à la racine*] desinenza: *terminaisons des formes conjuguées d'un verbe* desinenze delle forme coniugate di un verbo Ⓒ 1; 2 **commencement.**
terminal, ale, aux |tɛʀminal, o| *adj.* **1** terminale: *bourgeon terminal* gemma terminale # *anneau terminal d'une chaîne* ultimo anello di una catena **2** [*qui forme le dernier élément, la fin*] finale: *phase terminale d'une maladie* stadio finale di una malattia # *formule terminale d'une lettre* formula di commiato di una lettera ◇ (*spécialt.*) *classes terminales des lycées et collèges* ultime classi delle scuole medie superiori ✦ (*s.f.*) *les programmes de terminale* i programmi dell'ultimo anno *m.* Ⓒ **initial.**
terminal, aux |tɛʀminal, o| *s.m.* (*angl.*) **1** (*techn.*) terminale **2** (*informatique*) terminale: *terminal cathodique* terminale video.
terminer |tɛʀmine| **A** *v.tr.* **1** [*faire cesser* (*dans le temps*) *par une décision*] porre (168) termine (a), terminare: *terminer une séance, un débat* porre termine a, terminare una seduta, un dibattito **2** [*faire arriver à son terme, mener à terme*] terminare, finire (197): *terminer un travail* terminare, finire un lavoro; *en avoir terminé avec un travail* aver finito (finalmente) un lavoro **3** [*passer la dernière partie* (*d'un temps*)] concludere (106), finire: *nous terminerons la soirée au cinéma* concluderemo, finiremo la serata al cinema **4** [*constituer, former le dernier élément de* (*qqch.*)] terminare, completare: *l'élément qui termine la série* l'elemento che termina, completa la serie **B** *v.pron. intr.* SE TERMINER **1** [*prendre fin*] finire (*intr.*): *rue qui commence à la Seine et se termine au boulevard Saint-Germain* via che comincia nei pressi della Senna e finisce in 'boulevard Saint-Germain' **2** SE TERMINER PAR [*avoir pour dernier élément, pour dernier moment*] terminare *intr.*, finire con: *les mots qui se terminent par un 'x' ne prennent pas l''s' du pluriel* le parole che terminano, finiscono con una 'x', in 'x' non prendono la 's' del plurale **3** SE TERMINER EN [*avoir* (*telle forme*) *à son extrémité; prendre* (*tel aspect*) *à sa fin*] finire a, terminare in: *clocher qui se termine en pointe* campanile che finisce a punta; *les verbes qui se terminent en '-er'* i verbi che terminano in '-er' Ⓒ **commencer, continuer.**
terminologie |tɛʀminɔlɔʒi| *s.f.* **1** terminologia*: *terminologie grammaticale* terminologia grammaticale **2** (*ling.*) terminologia.
terminologique |tɛʀminɔlɔʒik| *adj.* terminologico*.
terminologue |tɛʀminɔlɔg| *s.* terminologo*, studioso di terminologia.
terminus |tɛʀminys| *s.m.* (*angl.*) [*dernière gare ou station d'une ligne de transport*] capolinea*, terminal (*inv.*): *aller jusqu'au terminus* andare fino al capolinea; *terminus! tout le monde descend* capolinea! si scende ✦ (*appos.*) *gare, station terminus* stazione terminale.
termite |tɛʀmit| *s.m.* (*t.zool.*) termite *f.* ◇ (*loc. fig.*) *travail de termite* lavoro di termiti, distruzione lenta e invisibile.
termitière |tɛʀmitjɛʀ| *s.f.* [*nid de termites*] termitaio* *m.* ◇ (*fig.*) formicaio* (*m.*): *dans cette termitière qu'est l'usine* in quel formicaio che è la fabbrica.
ternaire |tɛʀnɛʀ| *adj.* ternario*: *nombre ternaire* numero ternario ◇ (*chim.*) *composés ternaires* composti ternari ◇ (*versif.*) *mesure, rythme ternaire* misura ternaria, ritmo ternario.
1 **terne** |tɛʀn(ə)| *adj.* **1** [*qui manque de brillant; sans éclat*] spento, smorto: *couleurs ternes* colori spenti, smorti; *teint pâle et terne* colorito pallido e smorto **2** (*abstrait*) [*qui n'attire ni ne retient l'intérêt*] piatto, scialbo: *style terne* stile piatto; *vie terne et grise* vita scialba e grigia ◇ (*personnes*) insignificante: *gens ternes* persone insignificanti.
2 **terne** |tɛʀn(ə)| *s.m.* **1** (*jeu*) terno **2** (*au loto*) terno **3** (*électr.*) cavo triplo per corrente trifase.
ternir |tɛʀniʀ| *v.tr.* **1** [*rendre terne*] appannare, offuscare: *la vapeur ternissait les vitres* il vapore appannava i vetri ✦ (*pron. intr.*) *l'argenterie se ternit* l'argenteria si appanna ✦ (*au p.p.*) *miroir terni* specchio appannato **2** [*porter atteinte à la valeur* (*morale, intellectuelle*) *de*] offuscare, gettare un'ombra su: *ternir la mémoire, la réputation de qqn.* offuscare la memoria, la reputazione di qc.; gettare un'ombra sulla memoria, sulla reputazione di qc. Ⓒ **aviver.**
ternissement |tɛʀnismɑ̃| *s.m.* (*rare*) [→ TERNIR] appannamento (*cour.*).
ternissure |tɛʀnisyʀ| *s.f.* (*techn.*) appannatura.
terpène |tɛʀpɛn| *s.m.* (*chim.*) terpene.
terpénique |tɛʀpenik| *adj.* (*chim.*) terpenico*.
terpine |tɛʀpin| *s.f.* (*chim., pharm.*) terpina.
terpinol |tɛʀpinɔl|, **terpinéol** |tɛʀpineɔl| *s.m.* (*chim.*) terpineolo.
terrafungine |tɛ(ʀ)ʀafɔ̃ʒin| *s.f.* (*méd.*) terrafungina.
terrage |tɛʀaʒ| *s.m.* (*féod.*) decima *f.* sui raccolti.
terrain |tɛʀɛ̃| *s.m.* **I** **1** terreno: *terrain plat, accidenté* terreno piatto, accidentato; *terrain fertile, boisé* terreno fertile, boscoso → **sol** ◇ (*collectif*) *acheter deux hectares de terrain* acquistare due ettari di terreno → **terre** ◇ *loc. adj.* TOUT TERRAIN, TOUS TERRAINS (*dit d'un véhicule capable de rouler sur toutes sortes de terrains*) fuoristrada (*inv.*): *des*

voitures tout terrain, tous terrains delle auto fuoristrada, dei fuoristrada *s.m. inv.* ♦ (*s.m. inv.*) *faire du tout terrain* praticare il fuoristrada **2** (*géogr., géol.*) terreno: *terrains glaciaires, volcaniques* terreni glaciali, vulcanici **3** [*lieu où se déroulent des opérations milit.*] terreno: *reconnaître le terrain* perlustrare il terreno ◇ (*spécialt.*) *aller sur le terrain* scendere sul terreno, sul campo ◇ (*loc.*) *sur le terrain* sul campo, sul posto **4** (*loc. fig.*) *regagner le terrain perdu* riguadagnare il terreno perduto ~ *être sur son terrain* essere sul proprio terreno, essere nel proprio campo ~ *chercher, trouver un terrain d'entente* cercare, trovare un terreno d'incontro, d'intesa ~ *préparer, sonder, tâter le terrain* preparare, sondare, tastare il terreno **II 1** UN, DES TERRAIN(S) [*espace, étendue de terres de forme et de dimensions déterminées*] terreno: *terrains à bâtir* terreni, aree fabbricabili; *acheter, vendre un terrain* comprare, vendere un terreno # *terrain vague* area fabbricabile lasciata in abbandono **2** [*emplacement aménagé ou disposé pour une activité particulière*] campo, terreno: *terrain de jeu* campo da gioco; *terrain de sport* campo sportivo; *terrain d'aviation* campo d'aviazione # *terrain de chasse* riserva di caccia.

terramare |tɛRamaR| *s.f.* **1** (*agric.*) terra ammoniacale (usata come concime) **2** (*sc.*) terramara.

terramycine |tɛRamisin| *s.f.* (*pharm.*) (*nom déposé*) terramicina.

terraplane |tɛRaplan| *s.m.* (*techn.*) (*nom déposé*) terraplano.

terraqué, ée |tɛRake| *adj.* (*vx., littér.*) [*composé de terre et d'eau*] terracqueo: *le globe terraqué* il globo terracqueo.

terrarium |tɛ(e)RaRjɔm| *s.m.* (*techn.*) terrario*.

terrasse |tɛRas| *s.f.* **I 1** terrazza, terrazzo (*m.*): *balustrade, parapet d'une terrasse* balaustra, parapetto di una terrazza ◇ (*par anal.*) *cultures en terrasses* coltivazioni a terrazze; *terrasse fluviale* terrazzo fluviale **2** [*plate-forme en plein air d'un étage de maison*] terrazzo: *appartement au 5ᵉ étage avec terrasse* appartamento al 5° piano con terrazzo **3** esterno *m.* di un caffè, tavolini *m. pl.* all'aperto **II 1** (*blas.*) terrazzo **2** (*archit., sculpture*) (parte superiore del) piedestallo *m.*

terrassement |tɛRasmɑ̃| *s.m.* [*opération par laquelle on creuse, on déplace la terre*] sterro; movimenti *pl.* di terra: *travaux de terrassement* lavori di sterro; movimenti di terra ◇ (*par ext.*) [*terres, matériaux déplacés*] sterro.

terrasser |tɛRase| *v.tr.* **I 1** [*abattre, renverser* (*qqn.*); *jeter à terre dans une lutte*] atterrare: *terrasser son adversaire* atterrare l'avversario **2** (*sujet de chose*) [*abattre, rendre incapable de réagir, de résister*] stroncare: *être terrassé par la maladie* essere stroncato dalla malattia; *il a été terrassé par l'émotion* è stato stroncato, folgorato dall'emozione **II** (*vx., agric., techn.*) [*creuser, remuer la terre de*] sterrare.

terrassier |tɛRasje| *s.m.* [*ouvrier en manœuvre employé aux travaux de terrassement*] sterratore, scavatore.

terre |tɛR| *s.f.* **I** [*l'élément solide qui supporte les êtres vivants et leurs ouvrages, et où poussent les végétaux*] **1** terra: *jeter, lancer, mettre à terre, par terre* gettare, buttare, mettere a terra, per terra; *tomber à terre, par terre* cadere a terra, per terra; *mettre pied à terre* mettere piede a terra ◇ (*loc. fig.*) *courir ventre à terre* correre a gambe levate ~ *vouloir rentrer sous terre* voler sprofondare sotto terra ~ *avoir les pieds sur terre* avere i piedi per terra **2** [*matière qui forme la couche superficielle de la croûte terrestre*] terra: *mottes de terre* zolle di terra; *cacher dans la terre* nascondere in, sotto terra # *mettre un mort en terre* sotterrare, seppellire un morto **3** [*l'élément où poussent les végétaux; étendue de cet élément*] terra: *terre fertile* terra fertile; *terre noire* terra nera; *terre en jachère* terra a maggese; *cultiver, travailler la terre* coltivare, lavorare la terra; *laisser reposer la terre* lasciar riposare la terra; *défricher les terres vierges* dissodare le terre vergini ◇ (*loc.*) *en pleine terre* in piena terra ◇ (*par ext.*) LA TERRE [*symb. des activités de la campagne, de la vie paysanne*] la terra: *le retour à la terre* il ritorno alla terra; *aimer la terre* amare la terra; *avoir le goût, la passion de la terre* avere il gusto, la passione della terra **4** [*étendue limitée, bornée, de surfaces cultivables, considérée comme objet de possession*] terreno *m.*, podere (*m.*): *acheter, vendre une terre* comperare, vendere un terreno, un podere → 2 **bien, domaine, propriété** # *fonds de terre* proprietà ◇ (*au plur.*) *vivre de ses terres* vivere delle proprie terre; *propriétaire de terres* proprietario terriero *adj.* ◇ (*prov.*) *qui terre a guerre a* chi ha terra, ha guerra **5** [*vaste étendue de la surface solide du globe*] terra: *terres arctiques, australes, boréales* terre, zone artiche, australi, boreali; *la Terre promise* la Terra promessa; *Terre Sainte* Terra Santa (Terrasanta) **6** LA TERRE, LES TERRES (*opposée(s) à 'la mer, l'air'*) terra (*sing.*): *toucher terre* toccare terra; *aller à terre* scendere a terra, sbarcare; *se poser à terre, prendre terre* prender terra, atterrare # *la terre ferme* la terraferma **7** [*la croûte terrestre*] terra: *la terre tremble* la terra trema # *tremblement de terre* terremoto **8** (*électr.*) terra: *prise de terre* presa di terra; *mettre à la terre* mettere a terra **II 1** [*le milieu où vit l'humanité, notre monde*] terra, mondo (*m.*): *être seul sur la terre* essere solo sulla terra, al mondo; *quitter la terre* lasciare la terra, il mondo → **monde 2** (*relig.*) terra: *la terre et le ciel* la terra e il cielo; *le paradis sur la terre* il paradiso in terra ◇ (*loc.*) *remuer ciel et terre* smuovere cielo e terra **3** (*astron.*) Terra: *la Lune, satellite de la Terre* la Luna, satellite della Terra **III** (*philo., sc., techn.*) terra: *terres rares* terre rare; *terre à porcelaine* terra da porcellana; *terre anglaise* terra inglese; *terre de pipe* terra da pipe; *terre à foulon* terra da follone ◇ (*spécialt.*) TERRE (CUITE) terracotta*: *plat de terre vernie* piatto di terracotta verniciata; *une terre cuite* [*statuette, médaillon, modèle en terre cuite*] una terracotta ◇ [*nom de différents colorants*] *terre de Sienne, terre d'ombre* terra di Siena, terra d'ombra.

terre à terre, terre-à-terre |tɛRatɛR| *loc. adj.* [*matériel et peu poétique*] terra terra: *des préoccupations terre-à-terre* preoccupazioni terra terra.

terreau |tɛRo| *s.m.* [*engrais naturel*] terriccio* → **humus.**

terreautage |tɛRotaʒ| *s.m.* (*hortic.*) concimazione *f.* con terriccio.

terreauter |tɛRote| *v.tr.* (*hortic.*) [*couvrir de terreau; améliorer* (*un sol, une terre*) *avec du terreau*] (ri)coprire (186) di terriccio; concimare con terriccio.

terre-neuvas |tɛRnœvɑ|, **terre-neuvier** |tɛRnœvje| **I** *adj.* che partecipa, relativo alla pesca sui banchi di Terranova *loc.* **II** *s.m.* **1** (*mar.*) peschereccio* **2** pescatore di merluzzi (sui banchi di Terranova): *des terres-neuvas* dei pescatori di merluzzi.

terre-neuve |tɛRnœv| *s.m. inv.* (*t.zool.*) terranova: *des terre-neuve* dei terranova ◇ (*fig., plais.*) [*personne très dévouée, toujours prête à aider, à sauver les autres*] *c'est un vrai terre-neuve* è un vero san bernardo, un buon samaritano.

terre-neuvien, ienne |tɛRnœvjɛ̃, jɛn| *adj.* di Terranova *loc. inv.*

terre-plein |tɛRplɛ̃| *s.m.* (*fortif.*) terrapieno: *des terre-pleins* dei terrapieni ◇ (*routes*) *terre-plein central* spartitraffico *inv.*

terrer |tɛRe| **A** *v.tr.* (*hortic.*) [*mettre de la nouvelle terre, une terre d'engrais au pied de* (*une plante, un arbre*)] interrare, coprire (186) di terra: *terrer une vigne, un pied d'œillet* interrare, coprire di terra una vite, una pianta di garofano **B** *v.pron. intr.* SE TERRER (*en parlant d'un animal*) [*se cacher dans un terrier ou se blottir contre terre*] rintanarsi ◇ (*personnes*) [*se mettre à l'abri, se cacher dans un lieu couvert, souterrain*] *il se terre chez lui* sta rintanato a casa propria; *criminel qui se terre* criminale che se ne sta rintanato.

terrestre |tɛRɛstR(ə)| *adj.* **1** terrestre: *le paradis terrestre* il paradiso terrestre **2** [*de la planète Terre*] terrestre: *le globe, l'écorce, la surface terrestre* il globo, la crosta, la superficie terrestre **3** [*des terres*] *habitat terrestre* habitat terrestre; *animaux, oiseaux terrestres* animali, uccelli terrestri; *la flore terrestre* la flora terrestre ◇ [*qui est, qui se déplace sur le sol*] *locomotion, transport terrestre* locomozione, trasporto terrestre 🄲 3 **marin, aérien.**

terreur |tɛRœR| *s.f.* **1** terrore (*m.*): *être glacé, muet de terreur* essere raggelato, muto per il terrore; *inspirer de la terreur à qqn.* ispirare terrore a qc. # *terreur panique* timor panico ◇ (*méd., psycho.*) *terreurs nocturnes* terrori notturni **2** [*peur collective qu'on fait régner dans une population, dans un groupe pour briser sa résistence*] terrore: *gouverner par la terreur* governare col terrore ◇ (*hist. fr.*) Terrore **3** *absolt.* (*pop.*) [*individu dangereux qui fait régner la terreur autour de lui*] terrore # *jouer les terreurs* fare il duro → **dur.**

terreux, euse |tɛRø, øz| *adj.* **1** [*qui appartient à la terre, qui est de la nature de la terre*] terroso: *substance terreuse* sostanza terrosa; *odeur terreuse* odore terroso, di terra **2** [*mêlé, souillé de terre*] terroso: *sable terreux* sabbia terrosa; *mains, chaussures terreuses* mani, scarpe terrose, imbrattate di terra **3** [*d'une couleur* (*grisâtre, jaunâtre ou brunâtre*) *dépourvue d'éclat et*

de fraîcheur] terreo: *figures terreuses* visi terrei; *teint terreux* colorito terreo → **blafard.**
terri |tɛʀi| *s.m.* → **terril.**
terrible |tɛʀibl(ə)| *adj.* **1** (*choses*) terribile, tremendo: *arme terrible* arma terribile; *cauchemar terrible* incubo terribile; *une terrible catastrophe* una terribile, tremenda catastrofe → **effroyable, effrayant, terrifiant** ◇ (*personnes*) (*vx.*) → **dur** **2** [*très pénible, très grave, très fort*] terribile, tremendo: *vent, froid terrible* vento, freddo terribile, tremendo; *bruit terrible* rumore terribile, tremendo; *le terrible punch d'un boxeur* la terribile grinta di un pugile ◇ (*personnes*) [*agressif, turbulent, très désagréable*] *enfant terrible* bambino terribile ◇ (*loc. fig.*) *enfant terrible* 'enfant terrible' **3** [*extraordinaire, grand*] tremendo, terribile: *une envie, un appétit terrible* una tremenda, terribile voglia; un tremendo, terribile appetito → **formidable** ◇ (*fam.*) [*imbattable, remarquable, excellent*] *il a une collection de disques terrible* ha una collezione di dischi fantastica, favolosa; *c'est un type terrible* è un tipo fortissimo, ganzissimo ♦ *adv.* (*très fam.*) [*très bien*] *ça chauffe terrible* (*d'une musique de danse rythmée et excitante*) è una musica favolosa, ganzissima; *ça pousse terrible* (*d'une voiture dont les accélérations sont très fortes*) tira fortissimo, in modo fantastico.
terriblement |tɛʀibləmɑ̃| *adv.* [→ TERRIBLE] terribilmente: *c'est terriblement cher, ennuyeux* è terribilmente caro, noioso.
terricole |tɛ(ʀ)ʀikɔl| *adj. et s.m.* (*zool.*) terricolo.
terrien, ienne |tɛʀjɛ̃, jɛn| **I** *adj.* **1** [*qui possède des terres*] terriero: *propriétaire terrien* proprietario terriero **2** [*qui concerne la terre, la campagne, qui est propre aux paysans*] contadinesco*, rurale: *un atavisme terrien* un atavismo contadinesco, terriero **3** [*qui vit dans l'intérieur des terres et non sur les côtes*] terrestre ♦ (*s.*) *les terriens* [*tous ceux qui ne sont pas des gens de mer*] i terrestri **II** *s.* [*habitant de notre planète*] terrestre.
terrier |tɛʀje| *s.m.* [*trou, galerie que certains animaux creusent dans la terre et qui leur sert d'abri, de retraite*] tana *f.*, covo: *faire sortir un animal de son terrier* far uscire un animale dalla sua tana, dal suo covo → **tanière.**
terrier, ière |tɛʀje, jɛʀ| *s.* (*nom désignant plusieurs races de chiens*) terrier *inv.*
terrifiant, ante |tɛ(ʀ)ʀifjɑ̃, ɑ̃t| *adj.* terrificante, spaventoso; terrifico* (*littér.*): *cris terrifiants* grida terrificanti, spaventose → **effrayant, terrible** ◇ (*par ext.*) [*très intense, très grand, très remarquable*] terribile: *c'est terrifiant comme il a vieilli!* è terribile quant'è invecchiato!
terrifier |tɛ(ʀ)ʀifje| *v.tr.* [*frapper de terreur, d'une vive crainte*] terrorizzare, terrificare: *leurs cris terrifiaient l'enfant* le loro grida terrorizzavano, terrificavano il bambino → **effrayer, terroriser.**
terrigène |tɛ(ʀ)ʀiʒɛn| *adj.* (*géol.*) terrigeno.
terril |tɛʀi(l)| *s.m.* terreno di scarico.
terrine |tɛʀin| *s.f.* **1** terrina **2** [*récipient de terre, où l'on fait cuire et où l'on conserve certaines viandes; son contenu*] terrina: *terrine de pâté de foie* terrina di pasticcio di fegato; *la terrine du chef* la terrina dello 'chef' → **1 pâté** **3** (*pop.*) [*tête*] capoccia*, zucca*.
terrir |tɛʀiʀ| *v.intr.* **1** (*vx., mar.*) [*arriver à terre*] atterrare (*aux.* avere, essere) (*cour.*) **2** (*pêche*) *poissons qui terrissent* pesci che si avvicinano *pron.* a terra.
territoire |tɛʀitwaʀ| *s.m.* **1** territorio*: *le territoire national, français* il territorio nazionale, francese ◇ (*dr.*) *le territoire* il territorio ◇ (*écon.*) *aménagement du territoire* pianificazione, assetto territoriale *adj.* ◇ (*par ext.*) *territoire maritime d'un État* acque *f. pl.* territoriali di uno Stato **2** (*méd., zool.*) territorio.
territorial, ale, aux |tɛʀitɔʀjal, o| *adj.* **1** territoriale: *puissance territoriale et puissance maritime d'un État* potenza territoriale e potenza marittima di uno Stato **2** (*dr.*) territoriale: *compétence territoriale* competenza territoriale; *mer territoriale* mare territoriale; *eaux territoriales* acque territoriali; *armée territoriale* milizia territoriale ◇ (*par ext.*) [*de l'armée territoriale*] *soldats, volontaires territoriaux* soldati, volontari territoriali ♦ (*s.m.*) *les territoriaux* i territoriali.
territorialement |tɛʀitɔʀjalmɑ̃| *adv.* [*du point de vue du territoire*] territorialmente.
territorialité |tɛʀitɔʀjalite| *s.f.* (*dr.*) territorialità (*inv.*): *territorialité d'une loi* territorialità di una legge.
terroir |tɛʀwaʀ| *s.m.* **1** terra *f.*, terreno ◇ (*spécialt.*) [*sol apte à la culture d'un vin*] *vin qui a un goût de terroir* vino che ha il sapore della terra da cui proviene **2** (*fig.*) [*région rurale, provinciale, considérée comme influant sur ses habitants*] *accent du terroir* accento del paese d'origine; *poètes du terroir* poeti provinciali; *il sent son terroir* mostra la propria origine (provinciale); ha qualità e difetti del suo paese d'origine.
terroriser |tɛʀɔʀize| *v.tr.* [*frapper de terreur, faire vivre dans la crainte*] terrorizzare: *la mafia qui terrorisait la Sicile* la mafia che terrorizzava la Sicilia; *un jeune élève terrorisé par son professeur, son examinateur* un giovane allievo terrorizzato dal professore, dall'esaminatore → **effrayer.**
terrorisme |tɛʀɔʀism(ə)| *s.m.* terrorismo: *victimes du terrorisme* vittime del terrorismo.
terroriste |tɛʀɔʀist(ə)| **1** *s.m.* terrorista: *un commando de terroristes* un commando di terroristi, terroristico *adj.* **2** *adj.* terroristico*: *attentat terroriste* attentato terroristico.
terser |tɛʀse| *v.tr.* → **tiercer.**
tertiaire |tɛʀsjɛʀ| **I** *adj.* **1** (*géol.*) terziario*: *ère tertiaire* era terziaria; *terrains tertiaires* terreni terziari ♦ (*s.m.*) *le tertiaire* il terziario **2** (*méd.*) terziario # *accidents tertiaires de la syphilis* terziarismo **3** (*écon.*) *secteur tertiaire* settore terziario ♦ (*s.m.*) *le tertiaire* il settore terziario *adj.* **4** (*chim.*) terziario **II** *s.* (*relig. cathol.*) terziario.
tertiarisation |tɛʀsjaʀizasjɔ̃|, **tertiairisation** |tɛʀsjɛʀizasjɔ̃| *s.f.* (*écon.*) sviluppo *m.* del settore terziario.
tertio |tɛʀsjo| *adv.* (*lat.*) in terzo luogo *loc.*, terzo → **troisièmement.**
tertre |tɛʀtʀ(ə)| *s.m.* [*petite éminence isolée à sommet aplati*] poggio*, collinetta *f.* → **butte** ◇ (*par anal.*) *tertre* (*funéraire*) [*élévation de terre recouvrant une sépulture*] tumulo.
térylène |teʀilɛn| *s.m.* (*marque déposée*) (*chim.*) terilene.
terza rima |tɛʀts(dz)aʀima| *s.f.* (*hist. litt.*) terza rima.
terzetto |tɛʀtsɛtto, tɛʀdzeto| *s.m.* (*mus.*) terzetto.
tes |te| *adj. poss.* → **ton.**
tesla |tɛsla| *s.m.* (*phys.*) tesla.
tesselle |tesɛl| *s.f.* tessera: *les tesselles d'une mosaïque* le tessere di un mosaico.
tessère |tesɛʀ| *s.f.* (*antiq. rom.*) tessera: *tessère frumentaire* tessera frumentaria.
tessiture |tesityʀ| *s.f.* (*mus.*) tessitura.
tesson |tesɔ̃| *s.m.* [*débris d'un objet de verre ou d'une poterie*] coccio*: *tessons de bouteille* cocci di bottiglia.
1 **test** |tɛst| *s.m.* (*zool.*) guscio*, conchiglia (*f.*): *test globuleux de l'oursin* guscio globuloso dell'echino.
2 **test** |tɛst| *s.m.* (*angl.*) **1** (*psycho.*) test *inv.* (psicologico*), prova (*f.*): *test d'efficience* test di efficienza; *test pédagogique, scolaire* prova pedagogica, scolastica; *test d'orientation scolaire, professionnelle* test d'orientamento scolastico, professionale; *test d'aptitude* prova attitudinale; *faire passer un test, soumettre qqn. à un test* sottoporre (qc.) a un test, a una prova **2** (*méd.*) prova, esame **3** [*épreuve ou espérience décisive, permettant de juger, de confronter un fait avec une hypothèse, une idée a priori*] prova, saggio*: *c'est le test de sa bonne foi* è la prova della sua buona fede.
3 **test** |tɛst| *s.m.* → **têt.**
testabilité |tɛstabilite| *s.f.* (*psycho.*) carattere *m.* testimoniale (di un fatto).
testable |tɛstabl(ə)| *adj.* [→ 2 TESTER] misurabile, valutabile; controllabile.
testacé, ée |tɛstase| *adj.* (*zool.*) testaceo.
Testacés |tɛstase| *s.m. pl.* (*t.zool.*) Testacei.
testacelle |tɛstasɛl| *s.f.* (*t.zool.*) testacella.
testage |tɛstaʒ| *s.m.* (*zootechnie*) schedatura *f.*
testament |tɛstamɑ̃| *s.m.* **I** (*relig. chrét.*) testamento: *l'Ancien et le Nouveau Testament* l'Antico e il Nuovo Testamento **II** **1** (*dr., cour.*) testamento: *testament olographe, authentique* testamento olografo, autentico; *léguer par testament* legare per testamento ◇ (*loc. fam.*) *il peut faire son testament* [*il n'en a plus pour longtemps à vivre*] può fare testamento, ha un piede nella fossa **2** (*par anal.*) *testament politique* testamento politico.
testamentaire |tɛstamɑ̃tɛʀ| *adj.* testamentario*: *dispositions testamentaires* disposizioni testamentarie; *exécuteur testamentaire* esecutore testamentario.
testateur, trice |tɛstatœʀ, tʀis| *s.* (*dr.*) testatore*.
1 **tester** |tɛste| *v.intr.* [*disposer de ses biens par testament, faire un testament*] testare.
2 **tester** |tɛste| *v.tr.* **1** [*soumettre à*

un test, à des tests] sottoporre (168) a un test, a una prova: *tester des élèves* sottoporre degli alunni a un test, a una prova **2** [*contrôler, éprouver, essayer, expérimenter*] accertare, saggiare; sperimentare, provare.

testeur |tɛstœʀ| *s.m.* **1** esperto *s.* in test **2** (*techn.*) misuratore; apparecchio* di misura, per prove, tester *inv.*

testiculaire |tɛstikylɛʀ| *adj.* (*anat.*) testicolare.

testicule |tɛstikyl| *s.m.* (*anat.*) testicolo.

testimonial, ale, aux |tɛstimɔnjal, o| *adj.* (*dr.*) testimoniale.

testologie |tɛstɔlɔʒi| *s.f.* (*physiol.*, *psycho.*) studio* *m.* dei test (psicometrici, clinici).

teston |tɛstɔ̃| *s.m.* (*archéol.*) testone.

testostérone |tɛstɔsteʀɔn| *s.f.* (*biol.*) testosterone *m.*

têt |tɛ| *s.m.* (*chim.*) *têt à rôtir* crogiolo; *têt à gaz* bacinella *f.* per gasometria.

tétanie |tetani| *s.f.* (*méd.*) tetania.

tétanique |tetanik| *adj.* (*méd.*) tetanico*: *convulsions tétaniques* convulsioni tetaniche ◇ (*par ext.*) affetto da tetano ♦ (*s.*) *un tétanique* una persona *f.* affetta da tetano.

tétanisation |tetanizɑsjɔ̃| *s.f.* (*méd., physiol.*) il provocare *m. inv.* fenomeni tetanici.

tétaniser |tetanize| *v.tr.* (*méd., physiol.*) [*mettre en état de tétanos*] provocare fenomeni tetanici (in).

tétanos |tetanos| *s.m.* (*gr.*) (*méd., physiol.*) tetano.

têtard |tɛtaʀ| *s.m.* **1** (*zool.*) girino **2** (*arbor.*) capitozza *f.*

tête |tɛt| *s.f.* **I** **1** (*anat. animale*) testa: *tête de poisson, de sanglier, de cheval* testa di pesce, di cinghiale, di cavallo ◇ [*tête d'un animal préparée pour la consommation*] *tête de cochon, de veau* testina di maiale, di vitello **2** (*anat.*) testa, capo (*m.*): *des pieds à la tête, de la tête aux pieds* dalla testa ai piedi, da capo a piedi ◇ [*partie de la tête où poussent les cheveux; cuir chevelu*] *tête chauve* testa calva; *se gratter la tête* grattarsi la testa; *laver la tête à qqn.* dare una lavata di testa, di capo a qc.; *faire dresser les cheveux sur la tête* far drizzare i capelli in testa; *avoir mal de tête* avere mal di testa; *la tête lui tourne* gli gira la testa # *crier à tue-tête* gridare a squarciagola ◇ (*mus.*) *voix de tête* voce di testa ◇ (*loc.*) *port de tête* portamento di testa ~ *baisser, courber la tête*: (*pr., fig.*) abbassare il capo, la testa ~ *tourner, détourner la tête* voltare, girare la testa ~ *hocher la tête* scuotere la testa, il capo ~ *acquiescer de la tête* annuire (con un cenno del capo) ~ *tomber, se jeter la tête la première* cadere, buttarsi a testa in giù ~ *se taper la tête contre les murs* sbattere, picchiare la testa contro il muro ◇ (*fig.*) *en avoir par-dessus la tête* averne fin sopra i capelli ~ *jeter qqch. à la tête de qqn.* sbattere q.c. in faccia a qc. ~ *se jeter à la tête de qqn.* buttarsi tra le braccia di qc. ~ *donner un coup sur la tête* dare un colpo in testa a qc. ~ *casser la tête* stancare, fare la testa come un pallone ~ *faire tête* [*faire front, s'opposer efficacement à*] tener testa, far fronte; (*chasse*) combattere a testate, a cornate ~ TENIR TÊTE tener testa: *tenir tête à l'ennemi* tener testa al nemico **3** (*par ext., la tête étant considérée comme la partie vitale*) pelle: *l'accusé a sauvé sa tête* l'imputato ha salvato la pelle; *risquer sa tête* rischiare la pelle **4** [*le visage* (*quant aux traits et à l'expression*)] faccia*, aspetto (*m.*): *une tête sympathique* una faccia simpatica; *il a une sale tête* ha una faccia, un'aria poco raccomandabile; *avoir une bonne tête* avere un aspetto da persona onesta, un'aria da buono → **face, figure; gueule** (*pop.*) ◇ (*loc.*) *avoir une tête à gifles, à claques* avere una faccia da schiaffi ~ *se payer la tête de qqn.* prendere in giro qc., prendersi gioco di qc. ~ *faire une drôle de tête* fare una strana faccia ~ *faire une tête de six pieds de long* fare il muso lungo ♦ (*absolt.*) *faire la tête* tenere, fare il broncio → **bouder** **5** [*représentation de cette partie du corps de l'homme, des animaux supérieurs*] testa: *tête sculptée, peinte* testa scolpita, dipinta; *tête d'une médaille* testa di una medaglia; *côté tête* (lato) testa ◇ (*loc.*) *tête de pipe* mascherone ~ (*fig., fam.*) *par tête de pipe* a testa ~ *tête de turc* testa di turco ~ (*fig.*) *être la tête de turc* essere la testa di turco, lo zimbello di qc. **6** (*mesure*) [*hauteur d'une tête d'homme*] testa: *il a une tête de plus qu'elle* è più alto di lei di una testa ◇ [*longueur d'une tête de cheval* (*dans une course*)] *cheval qui gagne d'une tête, d'une courte tête* cavallo che vince per una testa, per una corta testa **7** [*partie d'une chose où l'on pose la tête*] *la tête d'un lit* la testata di un letto → **chevet** **8** (*vén.*) corna (*pl.*): *cerf qui fait sa tête* cervo che ha messo le corna **9** (*football*) [*coup de tête dans la balle*] colpo *m.* di testa: *joueur qui fait une tête* giocatore che fa un colpo di testa, che colpisce di testa **II** TÊTE DE MORT **1** (*fam.*) testa da morto **2** [*emblème de la mort*] teschio* (*m.*): *pavillon à tête de mort des pirates* bandiera dei pirati col teschio **III** *la tête* (*considérée chez l'homme comme siège de la pensée*) → **cerveau, cervelle** **1** [*le siège des idées, de la mémoire, du jugement*] testa, zucca* (*fam.*): *n'avoir rien dans la tête* non avere niente in testa, in zucca ◇ (*loc.*) *avoir une petite tête* avere un cervello da gallina, un cervellino ~ *avoir une tête sans cervelle, une tête d'oiseau, de linotte* essere senza cervello, avere un cervello da gallina ~ *avoir du plomb dans la tête* aver poco sale in zucca ~ (*pop.*) AVOIR LA (UNE) GROSSE TÊTE montarsi la testa (*cour.*), darsi delle arie (*cour.*): *depuis qu'il a réussi son coup, il a la grosse tête!* da quando ha fatto il colpo si è montato la testa! ~ *tête d'œuf* testa d'uovo ~ (*absolt.*) *avoir de la tête* avere cervello, la testa sulle spalle ~ *un homme, une femme de tête* un uomo, una donna con la testa sulle spalle ~ *avoir une idée en tête, dans la tête* avere un'idea in testa, in mente; *n'avoir qu'une idée, qu'un souci en tête* avere solo un'idea, un assillo in testa, in mente; *ce qu'il a dans la tête* cosa ha in testa, che idee ha in mente ~ *il a une idée derrière la tête* nasconde q.c. ~ *avoir la tête vide* avere la testa vuota ~ *mettre, fourrer qqch. dans la tête* mettere, cacciare q.c. in testa ~ *idée qui passe par la tête* idea che passa per la mente, la testa ~ SE METTRE DANS LA TÊTE, EN TÊTE DE..., QUE... mettersi in testa, in mente di..., che...: *il s'est mis dans la tête de vous attendre, qu'il vous attendrait* si è messo in testa, in mente di aspettarla, che l'avrebbe aspettata ~ *se casser, se creuser la tête* scervellarsi, spremersi le meningi **2** [*le siège des états psychologiques*] (*loc.*) *avoir la tête chaude, près du bonnet* essere una testa calda, accendersi come uno zolfanello ~ *avoir la tête froide* essere calmo, imperturbabile ~ *avoir la tête dure* avere la testa dura ~ *c'est une tête de cochon, de lard, de mule, de pioche* è una testa di legno ~ *une forte tête, une mauvaise tête* un indisciplinato, un ribelle ~ *se monter la tête* montarsi la testa ~ *se mettre martel en tête* preoccuparsi, affannarsi ~ *perdre la tête* perdere la testa ~ *examiner qqch. à tête reposée* esaminare q.c. a mente fresca ~ *avoir la tête à ce qu'on fait* fare q.c. con la testa, concentrarsi su quel che si fa ~ *avoir la tête ailleurs* aver la mente altrove ~ *un coup de tête* un colpo di testa ~ *avoir la tête fêlée, être tombé sur la tête* essere una testa matta ~ *perdre la tête* perdere la testa ~ *n'avoir plus sa tête à soi* perdere la ragione ~ *avoir toute sa tête* essere lucido **IV** (*la tête représentant une personne*) **1** *attirer la haine sur sa tête* attirare l'odio su di sé; *prendre une chose sur sa tête* assumersi la responsabilità di una cosa; *faute qui retombe sur la tête* colpa che ricade su sé stessi **2** *loc.* PAR TÊTE a testa: *nous paierons cinquante francs par tête* pagheremo cinquanta franchi a testa ~ *vote par tête*, (*fam.*) *par tête de pipe* voto individuale ~ (*statistique*) *revenu moyen par tête* reddito medio procapite **3** [*personne qui conçoit et dirige* (*comme le cerveau fait agir le corps*)] capo: *j'en suis la tête* ne sono io il capo **4** [*animal d'un troupeau*] capo: *cent têtes de bétail* cento capi di bestiame **V** **1** [*partie supérieure d'une chose, notamment lorsqu'elle est arrondie*] *la tête des arbres* la cima degli alberi; *couper la tête d'un arbre* tagliare la cima di un albero; *ce tableau est accroché la tête en bas* quel quadro è appeso a testa in giù ◇ (*billard*) *frapper, prendre la bille en tête* colpire, prendere la biglia in testa ◇ (*auto.*) *moteur à soupapes en tête* motore a valvole in testa **2** [*partie terminale, extrémité* (*d'une chose, grosse et arrondie*)] *tête du fémur* testa del femore; *tête d'ail* testa d'aglio; *tête d'épingle, de clou* capocchia di spillo, testa di chiodo; *tête de bielle* testa di biella; *tête de lecture d'un pick-up* testina di riproduzione, di lettura di un giradischi **VI** **1** [*partie antérieure* (*d'une chose qui se déplace*)] *tête d'un missile* testata di un missile; *tête nucléaire* testata nucleare ◇ (*loc.*) *virer tête à queue, tête sur queue* fare un testa-coda ~ (*fam.*) *faire tête sur queue, revenir tête sur queue* girare i tacchi, alzare i tacchi ◇ [*premier(s) élément(s)* (*d'un ensemble de véhicules, d'un groupe de personnes qui se déplacent*)] *la tête d'un train, d'un cortège* la testa di un treno, di un corteo ◇ (*spécialt.*) *la tête d'une classe* i migliori *m. pl.* della classe; *tête de ligne* capolinea (*m.*

inv.); *tête de pont* testa di ponte; *tête de chapitre* inizio* *m.* di capitolo; *tête de liste* capolista* *s.* ◇ (*loc.*) *sans queue ni tête* senza capo né coda **2** [*place de ce qui est à l'avant*] *wagon de tête* vagone di testa; *sortie du quai en tête ou en queue* uscita (in una stazione della metropolitana) in testa o in coda; *coureur en tête du peloton* corridore in testa al gruppo; *prendre la tête du cortège* prendere la testa del corteo; *musique en tête* banda in testa; *passer en tête* passare in testa; *être à la tête de sa classe* essere il primo *m.* della classe → 1 **avant** ◇ [*place de ce qui est en avant, devant, au début*] *article de tête d'un journal* articolo di testa di un giornale; *mot en tête de phrase* parola all'inizio della frase ◇ (*chim.*) *produits de tête et de queue* prodotti di testa e di coda ◇ (*fig.*) [*place de celui qui dirige, commande*] testa, capo: *il fut tué à la tête de ses troupes* fu ucciso mentre era alla testa delle truppe; *être à la tête d'une entreprise* essere a capo di una impresa.

tête à queue, tête-à-queue |tɛtakø| *s.m. inv.* [*mouvement du cheval qui pivote brusquement sur lui-même et se retourne complètement*] voltafaccia ◇ [*volte-face d'un véhicule*] testa-coda.

tête à tête, tête-à-tête |tɛtatɛt| **I** *adv.* **1** [*face à face (en parlant de gens qui se rencontrent)*] faccia a faccia *loc.* → **nez (à nez), vis-à-vis** **2** [*ensemble et seuls (en parlant de deux personnes); seul (avec qqn.)*] a quattr'occhi *loc.* **II** *s.m. inv.* **1** incontro *var.* (a quattr'occhi, a due), 'tête-à-tête': *un tête-à-tête amoureux* un incontro, un 'tête-à-tête' amoroso; *elle essaya de nous ménager un tête-à-tête* cercò di combinarci un incontro, un colloquio a due, a quattr'occhi ◇ *loc. adv.* EN TÊTE-À-TÊTE, EN TÊTE À TÊTE a quattr'occhi, a tu per tu, da solo a solo: *laissons-les en tête-à-tête* lasciamoli a tu per tu **2** [*petit canapé à deux places*] 'tête-à-tête' **3** [*service à thé, à café pour deux personnes*] 'tête-à-tête'.

têteau |tɛto| *s.m.* (*arbor.*) estremità *f. inv.* di un grosso ramo reciso.

tête-bêche |tɛtbɛʃ| *loc. adv.* [*dans la position de deux personnes dont l'une a la tête du côté où l'autre a les pieds; parallèlement et en sens inverse et opposé*] testa-piedi: *il couchait les enfants tête-bêche* coricava i bambini testa-piedi # *timbres tête-bêche* francobolli incollati uno all'insù, l'altro all'ingiù.

tète-chèvre, *pl.* **tète-chèvres** |tɛtʃɛvʀ(ə)| *s.m.* (*région.*) → **engoulevent.**

tête-de-clou |tɛtdəklu| *s.m.* (*archit.*) testa *f.* di chiodo: *des têtes-de-clou* delle teste di chiodo.

tête de liste |tɛtdəlist(ə)| *s.* capolista*: *des têtes de liste* dei capilista, delle capolista.

tête-de-loup, tête de loup |tɛtdəlu| *s.f.* spazzolone *m.*, scopettone *m.* (per soffitti): *des têtes-de-loup* degli spazzoloni, degli scopettoni.

tête de maure, tête-de-mort |tɛtdəmɔʀ| *s.f.* testa di moro, edam *m. inv.*

tête-de-moineau, tête de moineau |tɛtdəmwano| *s.m.* carbon fossile minuto, di pezzatura noce.

tête-de-nègre |tɛtdənɛgʀ(ə)| *adj. inv. et s.m. inv.* (color) testa di moro.

tétée |tete| *s.f.* **1** [→ TÉTER 1] poppata **2** [*repas du nourrisson; quantité de lait qu'il absorbe en un de ses repas*] poppata: *donner six tétées par jour* dare sei poppate al giorno.

téter |tete| (8) *v.tr.* **1** (*se dit de l'enfant, du jeune animal qui boit le lait par succion répétée sur le mamelon, sur une tétine*) poppare: *téter le lait* poppare il latte ◆ (*absolt.*) *donner à téter à son enfant* dare da poppare al proprio bambino → **allaiter** **2** (*par ext., fam.*) [*sucer*] succhiare (*cour.*): *enfant qui tète son pouce* bambino che si succhia il pollice; *téter sa pipe* succhiare la pipa.

téterelle |tetʀɛl| *s.f.* (*méd.*) tiralatte *m. inv.*

têtière |tɛtjɛʀ| *s.f.* **1** [*partie inférieure de la bride*] testiera **2** [*garniture ou petit coussin, qu'on fixe au dossier d'un fauteuil, d'un divan, à l'endroit où l'on appuie la tête*] testiera, capezziera **3** (*mar.*) antennale *m.*, testiera della vela.

tétin |tetɛ̃| *s.m.* → **tétine** 1.

tétine |tetin| *s.f.* **1** [*nom donné à la mamelle de certains mammifères, notamment de la vache et de la truie*] mammella ◇ (*péj., pop.*) tetta → **sein** **2** [*embouchure de caoutchouc d'un biberon, que tète le nourisson*] tettarella ◇ [*pièce de caoutchouc semblable, sans biberon, qu'on donne aux enfants pour les occuper*] succhiotto *m.*, ciucciotto *m.*

téton |tetɔ̃| *s.m.* **1** (*fam.*) [*sein (surtout de la femme)*] tetta *f.*, poppa *f.* **2** (*techn.*) nasello.

tétonnière |tetɔnjɛʀ| *s.f.* (*fam.*) [*femme qui a une grosse poitrine*] tettona.

tétra- |tetʀa| *préf.* (*signifiant 'quatre', correspond généralt. à*) tetra: *tétrachlorure* tetracloruro.

tétrachlorure |tetʀaklɔʀyʀ| *s.m.* (*chim.*) tetracloruro.

tétrachromie |tetʀakʀɔmi| *s.f.* tetracromia.

tétracorde |tetʀakɔʀd(ə)| *s.m.* **1** (*mus.*) tetracordo **2** [*lyre à quatre cordes*] tetracordo.

tétracycline |tetʀasiklin| *s.f.* (*méd., pharm.*) tetraciclina.

tétradactyle |tetʀadaktil| *adj.* (*zool.*) tetradattilo.

tétrade |tetʀad| *s.f.* (*biol., bot., méd.*) tetrade.

tétraèdre |tetʀaɛdʀ(ə)| *s.m. et adj.* (*géom.*) tetraedro.

tétraédrique |tetʀaedʀik| *adj.* (*géom.*) tetraedrico*.

tétraéthyle |tetʀaetil| *s.m. et adj.* (*chim.*) tetraetile.

tétragone |tetʀagɔn| *adj.* (*géom.*) tetragonale.

tétrahydronaphtaline |tetʀaidʀɔnaftalin|, **tétraline** |tetʀalin| *s.f.* (*chim.*) tetralina.

tétralogie |tetʀalɔʒi| *s.f.* (*antiq. gr.*) tetralogia* ◇ (*par ext., littér., mus.*) tetralogia ◇ (*méd.*) *tétralogie de Fallot* tetralogia di Fallot.

tétramère |tetʀamɛʀ| *adj. et s.* (*zool.*) tetramero.

tétramètre |tetʀamɛtʀ(ə)| *s.m.* (*versif.*) tetrametro.

tétraoxyde |tetʀaɔksid| *s.m.* (*chim.*) tetrossido.

tétraphonie |tetʀafɔni| *s.f.* (*techn.*) quadrifonia.

tétraphonique |tetʀafɔnik| *adj.* (*techn.*) quadrifonico*.

tétraplégie |tetʀapleʒi| *s.f.* (*méd.*) tetraplegia*.

tétraploïde |tetʀaplɔid| *adj.* (*biol.*) tetraploide.

tétraploïdie |tetʀaplɔidi| *s.f.* (*biol.*) tetraploidia.

tétrapode |tetʀapɔd| **1** *adj.* tetrapode **2** *s.m.* (*techn., tr. pub.*) tetrapode.

Tétrapodes |tetʀapɔd| *s.m. pl.* (*t. zool.*) Tetrapodi.

tétrapodie |tetʀapɔdi| *s.f.* (*versif.*) tetrapodia.

tétraptère |tetʀaptɛʀ| *adj. et s.* (*zool.*) tetraptero.

tétrarchat |tetʀaʀka| *s.m.* (*hist. anc.*) tetrarcato.

tétrarchie |tetʀaʀʃi| *s.f.* (*hist. anc.*) tetrarchia.

tétrarque |tetʀaʀk(ə)| *s.m.* (*hist. anc.*) tetrarca*.

tétras |tetʀɑ| *s.m.* (*gr.*) (*t.zool.*) tetraone # *le grand tétras* urogallo.

tetrastique |tetʀastik| *adj.* (*versif., archéol.*) tetrastico*.

tétrastyle |tetʀastil| *adj.* (*archit.*) tetrastilo.

tétrasyllabe |tetʀasi(l)lab|, **tétrasyllabique** |tetʀasi(l)labik| *adj.* quadrisillabico*, tetrasillabico* ◆ (*s.m.*) *le tétrasyllabe* il quadrisillabo, il tetrasillabo.

tétratomicité |tetʀatɔmisite| *s.f.* (*chim.*) tetratomicità *inv.*

tétratomique |tetʀatɔmik| *adj.* (*chim.*) tetratomico*.

tétravalent, ente |tetʀavalɑ̃, ɑ̃t| *adj.* (*chim.*) tetravalente.

tétrode |tetʀɔd| *s.f.* (*phys.*) tetrodo *m.*

tette |tɛt| *s.f.* (*zool.*) capezzolo *m.*, tetta.

têtu, ue |tety| *adj. et s.* [*entêté, obstiné*] testardo, cocciuto ◇ (*loc.*) *têtu comme une mule* testardo come un mulo.

teuf-teuf |tœftœf| *s.m.* [*bruit du moteur à explosion*] tufftuff *inv.*, ciufciuf *inv.* ◇ (*par ext.*) (*se dit fam. des premières auto.*) vecchia auto *f.*, macinino.

-teur, -trice |tœʀ, tʀis| *suff.* (*sert à former des adj. et subst. dérivés des v., correspond généralt. à*) tore, trice: *protecteur, protectrice* protettore, protettrice.

teuton, onne |tøtɔ̃, ɔn| **1** *adj.* [*relatif aux anc. Teutons ou aux anc. peuples de la Germanie*] teutone, teutonico* ◇ (*péj.*) teutonico → **allemand, germanique** **2** *s.* (*hist.*) *les Teutons* i Teutoni.

teutonique |tøtɔnik| *adj.* (*hist.*) teutonico*.

teutonisme |tøtɔnism(ə)| *s.m.* (*ling.*) → **germanisme.**

texan, ane |tɛksɑ̃, an| *adj.* [*du Texas*] texano.

texte |tɛkst(ə)| *s.m.* **1** testo: *texte manuscrit, imprimé, tapé, polycopié* testo manoscritto, stampato, battuto a macchina, ciclostilato; *variantes d'un texte* varianti di un testo; *se reporter au texte* far riferimento al testo ◇ (*par anal.*) *le texte d'une loi* il testo di una legge; *le texte d'une chanson, d'un opéra* il testo di una canzone, di un'opera (lirica) ◇ (*typogr.*) *illustration dans le texte* illustrazione in testo **2** UN, DES TEXTE(S) [*écrit considéré dans sa rédaction originale et authentique*] testo: *textes juridiques, législatifs* testi giuridici, legislativi (di legge) **3** [*passage de *l'Écriture sainte*] testo ◇ [*sujet*] tema: *le texte d'un devoir* il tema di un compito # *cahier de textes* diario scolastico **4** [*page, fragment d'une œuvre, caractéristique de la pensée ou de l'art de l'auteur*] brano, passo: *choix de textes, textes choisis* brani, passi scelti **5** [*tout document écrit prévoyant un ordre déterminé d'opérations (à la radio, à la télév., au ciné. et au théât.)*] testo.

textile |tɛkstil| *adj.* tessile: *matières textiles* materie tessili; *plantes, végétaux textiles* piante, vegetali tessili ✦ (*s.m.*) *textiles chimiques, artificiels* tessili chimici, artificiali ◇ [*qui concerne la fabrication des tissus*] *industries textiles* industrie tessili ✦ (*s.m.*) *il travaille dans le textile* lavora nel settore tessile *adj.*, nell'industria *f.* tessile.

textuel, elle |tɛkstɥɛl| *adj.* **1** testuale **2** [*conforme au texte*] testuale: *traduction textuelle* traduzione testuale, alla lettera; *voilà ce qu'il a dit, c'est textuel* sono le sue testuali parole ◇ (*loc. iron.*) *textuel!* testuale!, proprio così!

textuellement |tɛkstɥɛlmɑ̃| *adv.* [→ TEXTUEL 2] testualmente: *il m'a dit textuellement ceci* mi ha detto testualmente questo.

texture |tɛkstyʀ| *s.f.* **1** [*arrangement, disposition (des éléments d'une matière)*] tessitura, struttura: *texture des sols* tessitura dei terreni **2** (*fig.*) [*agencement des parties, des éléments (d'une œuvre, d'un tout)*] struttura, tessitura **3** (*vx.*) [*disposition des fils*] intreccio *m.* → **tissage.**

texturisation |tɛkstyʀizɑsjɔ̃|, **texturation** |tɛkstyʀɑsjɔ̃| *s.f.* [→ TEXTURISER] testurizzazione.

texturiser |tɛkstyʀize|, **texturer** |tɛkstyʀe| *v.tr.* (*techn.*) [*appliquer aux fils de matières synthétiques des procédés propres à différencier leurs caractéristiques et leurs usages*] testurizzare.

tézigue |tezig| *pron. pers. de la 2e pers. du sing.* (*pop.*) [*toi*] te, tu (*cour.*).

thaï |tai| **1** *adj.* (*se dit des langues parlées par les Thaïlandais, les Laotiens et les populations de la Birmanie et du Sud de la Chine*) thai *inv.* ◇ (*se dit des populations dont la langue est le thaï*) thai **2** (*s.m. inv.*) *le thaï* [*les langues du groupe thaï*] il thai, le lingue *f. pl.* thai.

thaïlandais, aise |tajilɑ̃dɛ, ɛz| *adj.* [*de Thaïlande*] tailandese.

thalamique |talamik| *adj.* (*anat., méd.*) talamico*.

thalamus |talamys| *s.m.* (*anat.*) talamo.

thalassémie |talasemi| *s.f.* (*méd.*) talassemia.

thalassicole |talasikɔl| *adj.* (*bot., zool.*) talassicolo.

thalassique |talasik| *adj.* (*bot.*) talassico*.

thalass(o)- |talas(ɔ)| *préf.* (*signifiant 'mer', correspond généralt. à*) talass(o): *thalassothérapie* talassoterapia.

thalassobiologie |talasɔbjɔlɔʒi| *s.f.* talassobiologia*.

thalassocratie |talasɔkʀasi| *s.f.* talassocrazia.

thalassographe |talasɔgʀaf| *s.* talassografo.

thalassographie |talasɔgʀafi| *s.f.* talassografia.

thalassographique |talasɔgʀafik| *adj.* talassografico*.

thalassophobie |talasɔfɔbi| *s.f.* (*méd.*) talassofobia.

thalassothérapie |talasɔteʀapi| *s.f.* (*méd.*) talassoterapia.

thalassothérapique |talasɔteʀapik| *adj.* (*méd.*) talassoterapico*.

thalassotoque |talasɔtɔk| *adj. et s.* (*zool.*) talassotoco*.

thaler |talɛʀ| *s.m.* (*all.*) [*anc. monnaie all. d'argent*] tallero.

Thaliacés |taliase| *s.m. pl.* (*t.zool.*) Taliacei.

thalidomide |talidɔmid| *s.f.* (*méd., pharm.*) talidomide.

thalle |tal| *s.m.* (*bot.*) tallo.

thallique |talik| *adj.* (*chim.*) tallico*.

thallium |taljɔm| *s.m.* (*chim.*) tallio*

Thallophytes |ta(l)lɔfit| *s.f. pl.* (*t.bot.*) Tallofite.

thalweg |talvɛg| *s.m.* (*all.*) (*géogr., milit.*) fondovalle.

thanato- |tanatɔ| *préf.* (*signifiant 'mort', correspond généralt. à*) tanato: *thanatologie* tanatologia.

thanatologie |tanatɔlɔʒi| *s.f.* tanatologia*.

thanatologique |tanatɔlɔʒik| *adj.* tanatologico*.

thanatophobie |tanatɔfɔbi| *s.f.* (*méd.*) tanatofobia.

thanatos |tanatɔs| *s.m.* (*psychan.*) (istinto di) thanatos *inv.*

thapsia |tapsja| *s.m.* (*t.bot.*) tapsia *f.*

thaumaturge |tomatyʀʒ(ə)| *adj.* taumaturgico* ✦ (*s.m.*) taumaturgo*.

thaumaturgie |tomatyʀʒi| *s.f.* taumaturgia*.

thé |te| *s.m.* **1** (*t.bot.*) tè *inv.* ◇ [*feuilles de thé*] tè **2** [*boisson préparée avec le thé du comm. infusé*] tè: *thé au lait, au citron* tè al latte, al limone; *thé à la menthe, au jasmin* tè alla menta, al gelsomino **3** [*collation où l'on boit du thé*] tè: *service à thé* servizio da tè; ◇ [*réunion où l'on sert du thé, des gâteaux*] *aller à un thé* andare a un tè ◇ (*par ext.*) *thé dansant* tè danzante.

théâtral, ale, aux |teɑtʀal, o| *adj.* **1** teatrale: *représentation théâtrale* rappresentazione teatrale ◇ (*par ext.*) *saison théâtrale* stagione teatrale **2** (*fig., péj.*) teatrale: *un effet théâtral* un effetto teatrale ◇ (*personnes*) *un personnage théâtral* un personaggio teatrale.

théâtralement |teɑ(a)tʀalmɑ̃| *adv.* **1** [*conformément aux lois, aux règles du théât.*] teatralmente **2** (*fig., péj.*) [→ THÉÂTRAL 2] in modo teatrale (*loc.*): *s'exprimer, gesticuler théâtralement* esprimersi, gesticolare in modo teatrale.

théâtralisation |teatʀalizɑsjɔ̃| *s.f.* [→ THÉÂTRALISER] adattamento *m.* (scenico*).

théâtraliser |teatʀalize| *v.tr. et intr.* [*donner le caractère de théâtralité à*] adattare (per il teatro, la scena): *théâtraliser un roman pour la scène* adattare un romanzo per la scena.

théâtralisme |teɑ(a)tʀalism(ə)| *s.m.* (*psychiatr.*) teatralità *f. inv.*

théâtralité |teɑtʀalite| *s.f.* teatralità *inv.*

théâtre |teɑtʀ(ə)| *s.m.* **I 1** teatro: *aller au théâtre* andare a teatro # *agence de théâtre* agenzia teatrale **2** [*entreprise de spectacles dramatiques*] teatro: *répertoire d'un théâtre* repertorio di un teatro; *un homme, une femme de théâtre* un uomo, una donna di teatro **3** *théâtre de marionnettes* teatrino dei burattini **4** *théâtre d'eau* teatro delle fontane; *théâtre de verdure* teatro verde **5** [*le cadre, le lieu où se passe un événement*] teatro: *théâtre de bataille* teatro della battaglia; *théâtre d'opérations* teatro delle operazioni # *théâtre du crime* luogo del delitto **II 1** LE THÉÂTRE il teatro # *personnages, rôles de théâtre* personaggi, ruoli teatrali; *pièce de théâtre* opera teatrale ◇ *loc.* (*pr., fig.*) *coup de théâtre* colpo di scena **2** [*activités de l'acteur; profession de comédien de théât.*] teatro: *faire du théâtre* fare del teatro.

théâtreuse |teɑtʀøz| *s.f.* [*jeune personne sans talent qui s'exhibe au théât.*] attricetta, teatrante.

théâtrothérapie, théâtro-thérapie |teɑtʀɔteʀapi| *s.f.* (*psycho.*) teatroterapia.

thébaïde |tebaid| *s.f.* (*littér.*) tebaide.

thébaïne |tebain| *s.f.* (*chim.*) tebaina.

thébaïque |tebaik| *adj.* (*pharm.*) tebaico*: *extrait thébaïque* estratto tebaico; *pilules thébaïques* pillole tebaiche.

thébaïsme |tebaism(ə)| *s.m.* (*méd.*) tebaismo.

-thée |te| *suff.* (*signifiant 'dieu', correspond généralt. à*) teo: *athée* ateo.

théier |teje| *s.m.* → **thé** 1.

théier, ière |teje, jɛʀ| *adj.* (*rare*) del tè (*loc. inv.*): *industrie théière* industria del tè.

théière |tejɛʀ| *s.f.* teiera.

théine |tein| *s.f.* teina.

-théisme |teism(ə)|, **-théiste** |teist(ə)| *suff.* (*signifiant 'dieu', correspondent généralt. à*) teismo; teista, teistico*: *monothéisme* monoteismo ‖ *polythéiste* politeista, politeistico.

1 **théisme** |teism(ə)| *s.m.* (*philo., théol.*) teismo.

2 **théisme** |teism(ə)| *s.m.* (*méd.*) teismo.

théiste |teist(ə)| *s.* (*philo., théol.*) teista ✦ *adj.* teistico*: *théorie théiste* teoria teistica C **athée.**

thématique |tematik| **I** *adj.* **1** (*ling., mus., philo.*) tematico* **2** (*littér.*) *critique thématique* critica tematica **II** *s.f.* tematica*: *la thématique d'une œuvre* la tematica di un'opera.

thématisme |tematism(ə)| *s.m.* (*philo.*) tematismo.

thème |tɛm| *s.m.* **1** [*sujet, idée, propos. qu'on développe*] tema: *thème d'un discours* tema di un discorso ◇ (*milit.*) *thème tactique* tema tattico **2** [*exercice scolaire qui consiste à traduire un texte de sa langue maternelle dans une langue étrangère; ce texte lui-même*] traduzione *f.*, versione *f.* (in lingua straniera) ◇ (*loc.*) *un fort en thème* uno sgobbone; una secchia, un secchione **3** (*mus.*) tema: *thème et variations* tema e variazioni **4** (*astrol.*) tema: *thème de nativité* tema della natività **5** (*ling.*) tema: *thèmes nominaux, verbaux* temi nominali, verbali; *mots latins à thème en -i, en -us* parole latine con tema in -i, in -us.

thénar |tenaʀ| *adj. et s.m.* (*anat.*) (*éminence*) *thénar* eminenza tenar *inv.*

théo- |teɔ| *préf.* (*signifiant 'dieu', correspond généralt. à*) teo: *théologie* teologia.
théobrome |teɔbʀɔm| *s.m.* (*t.bot.*) teobroma.
théobromine |teɔbʀɔmin| *s.f.* (*chim.*) teobromina.
théocratie |teɔkʀasi| *s.f.* teocrazia.
théocratique |teɔkʀatik| *adj.* teocratico*.
théocratiquement |teɔkʀatikmɑ̃| *adv.* [→ THÉOCRATIQUE] teocraticamente.
théodicée |teɔdise| *s.f.* teodicea.
théodolite |teɔdɔlit| *s.m.* (*sc.*) teodolite.
théogonie |teɔgɔni| *s.f.* teogonia.
théogonique |teɔgɔnik| *adj.* teogonico*.
théologal, ale, aux |teɔlɔgal, o| **1** *adj.* (*relig.*) teologale **2** *s.m.* [*chanoine du chapitre d'une cathédrale chargé d'enseigner la théol.*] teologo*.
théologie |teɔlɔʒi| *s.f.* **1** (*relig. chrét.*) teologia*: *théologie scolastique, spéculative* teologia scolastica, speculativa; *théologie dogmatique ou morale* teologia dogmatica o morale **2** [*traité de théol.*; *études de théol.*] teologia: *faire sa théologie* studiare teologia **3** (*par anal.*) (*d'une religion autre que le christianisme*) *la théologie juive* la teologia ebraica.
théologien |teɔlɔʒjɛ̃| *s.m.* teologo* *s.*
théologique |teɔlɔʒik| *adj.* teologico*.
théologiquement |teɔlɔʒikmɑ̃| *adv.* [*selon les principes de la théol.*; *du point de vue théologique*] teologicamente.
théologiser |teɔlɔʒize| *v.intr.* [*raisonner sur des matières théologiques*] teologizzare.
théophanie |teɔfani| *s.f.* (*relig.*) teofania.
théophilanthrope |teɔfilɑ̃tʀɔp| *s.m.* teofilantropo.
théophylline |teɔfilin| *s.f.* (*chim.*) teofillina.
théorbe |teɔʀb(ə)| *s.m.* (*mus. anc.*) tiorba *f.*
théorématique |teɔʀematik| *adj.* teorematico*.
théorème |teɔʀɛm| *s.m.* (*math., philo.*) teorema.
théorétique |teɔʀetik| **1** *adj.* (*hist. philo.*) teoretico* **2** *s.f.* teoretica*.
théoricien, ienne |teɔʀisjɛ̃, jɛn| *s.* **1** [*personne qui connaît la théorie, les principes d'un art, d'une science*] teorico* **2** [*personne qui élabore, professe, défend une théorie sur un sujet*] teorico.
théorie |teɔʀi| *s.f.* **I** **1** teoria ◆ (*absolt.*) *la théorie* (*opposée à 'la pratique'*) la teoria ◇ *loc.* EN THÉORIE in teoria: *c'est très beau en théorie* in teoria è molto bello **2** (*sc.*) teoria: *principes et lois d'une théorie* principi e leggi di una teoria; *théorie des ensembles, de la relativité* teoria degli insiemi, della relatività ◇ (*par. anal.*) *la théorie musicale* la teoria musicale ◇ (*milit.*) *cours de théorie* corso di teoria **II** (*littér.*) [*groupe de personnes qui s'avancent les unes derrière les autres*] teoria: *une théorie de femmes* una teoria di donne → **cortège, 2 défilé, procession** ◇ (*choses*) [*suite, file*] *une théorie de camions* una teoria di autocarri.
théorique |teɔʀik| *adj.* **1** teorico*: *jugement théorique et jugement pratique* giudizio teorico e giudizio pratico; *physique théorique et physique appliquée* fisica teorica e fisica applicata; *la raison théorique et la raison pratique* la ragione teorica e la ragione pratica **2** (*souvent péj.*) teorico: *une décision toute théorique* una decisione del tutto teorica ◇ (*sc.*) teorico: *rendement théorique d'une machine* resa teorica di una macchina © **pratique** 2.
théoriquement |teɔʀikmɑ̃| *adv.* **1** [*par la théorie, la spéculation abstraite*] teoricamente ◇ (*sc.*) teoricamente **2** [*d'après une conception, une décision abstraite*] teoricamente, in teoria (*loc. inv.*): *théoriquement vous avez raison* teoricamente, in teoria lei ha ragione.
théorisation |teɔʀizɑsjɔ̃| *s.f.* [→ THÉORISER] teorizzazione.
théoriser |teɔʀize| **A** *v.intr.* [*émettre, présenter une théorie*] teorizzare: *théoriser sur un problème* teorizzare su un problema **B** *v.tr.* [*mettre en théorie*] teorizzare: *théoriser une opinion* teorizzare un parere.
théosophe |teɔzɔf| *s.* (*hist. relig.*) teosofo.
théosophie |teɔzɔfi| *s.f.* (*hist. relig.*) teosofia.
théosophique |teɔsɔfik| *adj.* (*hist. relig.*) teosofico*.
-thèque |tɛk| *suff.* (*signifiant 'loge, réceptacle, armoire' correspond généralt. à*) teca: *cinémathèque* cineteca; *discothèque* discoteca.
thèque |tɛk| *s.f.* **1** (*bot.*) teca* **2** (*anat., zool.*) teca.
thérapeute |teʀapøt| *s.* terapista, terapeuta.
thérapeutique |teʀapøtik| **1** *adj.* terapeutico*: *procédés thérapeutiques* procedimenti terapeutici; *substances thérapeutiques* sostanze terapeutiche **2** *s.f.* terapia, terapeutica*.
-thérapie |teʀapi| *suff.* (*signifiant 'soin, cure', correspond généralt. à*) terapia: *héliothérapie* elioterapia.
thérapie |teʀapi| *s.f.* terapia ◇ (*psychiatr.*) *thérapie de comportement* terapia di comportamento.
thériaque |teʀjak| *s.f.* (*méd. anc.*) triaca*.
théridion |teʀidjɔ̃|, **théridium** |teʀidjɔm| *s.m.* (*t.zool.*) teridio*.
-thérium |teʀjɔm| *suff.* (*signifiant 'bête, animal sauvage', correspond généralt. à*) terio: *megathérium* megaterio.
thermal, ale, aux |tɛʀmal, o| *adj.* **1** termale: *eaux thermales* acque termali **2** (*par ext.*) [*où l'on utilise les eaux médicinales*] termale: *établissement thermal* stabilimento termale; *station thermale* stazione, località termàle; *cure thermale* cura termale.
thermalisme |tɛʀmalism(ə)| *s.m.* idrologia* *f.* mediça, termalismo.
thermalité |tɛʀmalite| *s.f.* natura, qualità delle acque termali.
thermes |tɛʀm(ə)| *s.m. pl.* **1** (*antiq.*) terme (*f.*): *thermes de Caracalla* terme di Caracalla **2** stabilimento *sing.* termale, terme.
thermicien, ienne |tɛʀmisjɛ̃, jɛn| *s.* studioso, esperto di energia termica.
thermicité |tɛʀmisite| *s.f.* (*phys.*) effetto *m.* termico*.
thermidor |tɛʀmidɔʀ| *s.m.* (*hist. fr.*) termidoro.
thermidorien, ienne |tɛʀmidɔʀjɛ̃, jɛn| *adj. et s.* (*hist. fr.*) termidoriano.
-thermie |tɛʀmi|, **-thermique** |tɛʀmik|, **-thermane** |tɛʀman| *suff.* (*signifiant 'chaud, chauffer', correspondent généralt. à*) termia; termico; termano: *diathermie* diatermia ‖ *endothermique* endotermico ‖ *athermane* atermano.
thermie |tɛʀmi| *s.f.* (*phys.*) megacaloria, termia (*vx.*).
thermion |tɛʀmjɔ̃| *s.m.* (*phys.*) termione.
thermique |tɛʀmik| *adj.* (*phys.*) termico*: *effet thermique* effetto termico; *sensibilité thermique* sensibilità termica; *énergie thermique* energia termica ◇ (*par ext.*) *moteurs thermiques* motori termici; *propulsion thermique* propulsione termica; *centrale thermique* centrale termica, termoelettrica.
thermiquement |tɛʀmikmɑ̃| *adv.* termicamente.
thermisation |tɛʀmizɑsjɔ̃| *s.f.* (*techn.*) trattamento *m.* termico* (del latte, nella produzione del formaggio).
thermistance |tɛʀmistɑ̃s| *s.f.* (*phys.*) resistenza termica*.
thermistor |tɛʀmistɔʀ|, **thermisteur** |tɛʀmistœʀ| *s.m.* (*phys.*) termistore.
thermite |tɛʀmit| *s.f.* (*techn.*) termite.
therm(o)- |tɛʀm(ɔ)| *préf.* (*signifiant 'chaud', correspond généralt. à*) term(o): *thermothérapie* termoterapia.
thermo-anesthésie |tɛʀmɔanestezi| *s.f.* (*méd.*) termoanestesia.
thermocautère |tɛʀmɔkɔ(o)tɛʀ| *s.m.* (*chir., méd.*) termocauterio*.
thermochimie |tɛʀmɔʃimi| *s.f.* termochimica*.
thermochimique |tɛʀmɔʃimik| *adj.* termochimico*.
thermocinétique |tɛʀmɔsinetik| *s.f.* termocinetica*.
thermoconvecteur |tɛʀmɔkɔ̃vɛktœʀ| *s.m.* (*techn.*) termoconvettore.
thermocouple |tɛʀmɔkupl(ə)| *s.m.* (*phys.*) termocoppia *f.*
thermodurcissable |tɛʀmɔdyʀsisabl(ə)| *adj. et s.m.* (*techn.*) termoindurente.
thermodynamicien, ienne |tɛʀmɔdinamisjɛ̃, jɛn| *s.* studioso, esperto di termodinamica.
thermodynamique |tɛʀmɔdinamik| *s.f.* termodinamica*.
thermoélectricité |tɛʀmɔelɛktʀisite| *s.f.* termoelettricità *inv.*
thermoélectrique |tɛʀmɔelɛktʀik| *adj.* termoelettrico*: *effet thermoélectrique* effetto termoelettrico; *pile thermoélectrique* pila termoelettrica.
thermoélectron |tɛʀmɔelɛktʀɔ̃| *s.m.* (*phys.*) termoelettrone.
thermoélectronique |tɛʀmɔelɛktʀɔnik| **1** *s.f.* (*phys.*) termoelettronica* **2** *adj.* termoelettronico*.
thermo-esthésie |tɛʀmɔestezi| *s.f.* termoestesia.
thermogène |tɛʀmɔʒɛn| *adj.* (*phys.*) termogeno.
thermogénèse |tɛʀmɔʒenɛz| *s.f.* (*biol.*) termogenesi *inv.*
thermogénétique |tɛʀmɔʒenetik| *adj.* (*biol.*) termogenetico*.
thermogénie |tɛʀmɔʒeni| *s.f.* (*phys.*) termogenia.

thermogénique |tɛʀmɔʒenik| *adj.* (*phys.*) termogenico*.

thermographe |tɛʀmɔgʀaf| *s.m.* (*techn.*) termografo.

thermogravimétrie |tɛʀmɔgʀavimetʀi| *s.f.* (*phys.*) termogravimetria.

thermoionique |tɛʀmɔjɔnik| *adj.* (*phys.*) termoionico*.

thermolabile |tɛʀmɔlabil| *adj.* (*sc.*) termolabile.

thermologie |tɛʀmɔlɔʒi| *s.f.* termologia*.

thermologique |tɛʀmɔlɔʒik| *adj.* termologico*.

thermoluminescence |tɛʀmɔlyminesɑ̃s| *s.f.* (*sc.*) termoluminescenza.

thermolyse |tɛʀmɔliz| *s.f.* (*chim., physiol.*) termolisi *inv.*

thermomagnétique |tɛʀmɔmaɲetik| *adj.* (*phys.*) termomagnetico*.

thermomagnétisme |tɛʀmɔmaɲetism(ə)| *s.m.* (*phys.*) termomagnetismo.

thermomètre |tɛʀmɔmɛtʀ(ə)| *s.m.* **1** termometro: *thermomètre à mercure, à alcool, à résistance* termometro a mercurio, ad alcool, a resistenza; *thermomètre à maxima et minima* termometro a massima e a minima ◇ (*par ext.*) *le thermomètre monte, descend* il termometro sale, scende **2** (*fig.*) [*indice qui permet de déterminer, d'évaluer qqch.*] termometro.

thermométrie |tɛʀmɔmetʀi| *s.f.* (*sc.*) termometria.

thermométrique |tɛʀmɔmetʀik| *adj.* (*sc.*) termometrico*.

thermonucléaire |tɛʀmɔnykleɛʀ| *adj.* (*phys.*) termonucleare.

thermophile |tɛʀmɔfil| *adj.* (*biol.*) termofilo.

thermophore |tɛʀmɔfɔʀ| *s.m.* termoforo.

thermoplastique |tɛʀmɔplastik| *adj. et s.m.* (*phys., techn.*) termoplastico*.

thermopompe |tɛʀmɔpɔ̃p| *s.f.* (*techn.*) termopompa, termocompressore *m.*

thermopropulsion |tɛʀmɔpʀɔpylsjɔ̃| *s.f.* (*sc.*) termopropulsione.

thermoréacteur |tɛʀmɔʀeaktœʀ| *s.m.* termoreattore.

thermorégulateur, trice |tɛʀmɔʀegylatœʀ, tʀis| *adj. et s.m.* (*biol., techn.*) termoregolatore *s.m.*

thermorégulation |tɛʀmɔʀegylɑsjɔ̃| *s.f.* (*biol.*) termoregolazione.

thermorésistant, ante |tɛʀmɔʀezistɑ̃, ɑ̃t| *adj.* (*biol., techn.*) termoresistente.

thermos |tɛʀmos| *s.m. ou f.* (*nom déposé*) thermos *inv.*, termos *inv.*

thermoscope |tɛʀmɔskɔp| *s.m.* (*phys.*) termoscopio*.

thermosensible |tɛʀmɔsɑ̃sibl(ə)| *adj.* (*techn.*) termosensibile.

thermosiphon |tɛʀmɔsifɔ̃| *s.m.* (*techn.*) termosifone.

thermosphère |tɛʀmɔsfɛʀ| *s.f.* (*sc.*) termosfera.

thermostable |tɛʀmɔstabl(ə)| *adj.* (*sc.*) termostabile.

thermostat |tɛʀmɔsta| *s.m.* termostato.

thermostater |tɛʀmɔstate| *v.tr.* [*rendre constante la température* (*d'un milieu*) *grâce à un thermostat*] regolare mediante termostato.

thermostatique |tɛʀmɔstatik| **1** *adj.* termostatico* **2** *s.f.* termostatica*.

thermothérapie |tɛʀmɔteʀapi| *s.f.* (*méd.*) termoterapia.

thermotropisme |tɛʀmɔtʀɔpism(ə)| *s.m.* (*bot.*) termotropismo.

thésard, arde |tezaʀ, aʀd(ə)| *s.* (*fam., arg. universitaire*) chi prepara una tesi (di dottorato) *loc.* (*cour.*).

thésaurisation |tezɔʀizɑsjɔ̃| *s.f.* [→ THÉSAURISER] tesaurizzazione ◇ (*écon.*) tesaurizzazione.

thésauriser |tezɔʀize| (*littér.*) **A** *v.intr.* [*amasser de l'argent pour le garder, sans le faire circuler ni l'investir*] tesaurizzare → **capitaliser, économiser, entasser B** *v.tr.* [*amasser* (*de l'argent*) *de manière à se constituer un trésor*] tesaurizzare → **épargner.**

thésauriseur, euse |tezɔʀizœʀ, øz| *s.* (*littér.*) [*personne qui thésaurise*] tesaurizzatore* (*rare*).

thésaurus |tesɔʀys| *s.m. inv.* (*lat.*) thesaurus.

thèse |tɛz| *s.f.* **1** tesi (*inv.*): *soutenir, défendre une thèse* sostenere, difendere una tesi ◇ (*litt.*) *roman à thèse* romanzo a tesi **2** (*par ext.*) tesi di dottorato ◇ discussione della tesi: *assister à la thèse d'un ami* assistere alla discussione della tesi di un amico **3** (*philo.*) tesi Ⓒ 3 **antithèse.**

thesmophories |tɛsmɔfɔʀi| *s.f. pl.* (*antiq. gr.*) tesmoforie.

thesmothète |tɛsmɔtɛt| *s.m.* (*antiq. gr.*) tesmoteta.

thessalien, ienne |tɛsaljɛ̃, jɛn| *adj.* [*de la Thessalie*] tessalo.

thessalonicien, ienne |tɛsalɔnisjɛ̃, jɛn| *adj.* [*de la Thessalonique*] tessalonicese.

thêta |tɛta| *s.m.* (*gr.*) [*lettre de l'alphabet gr.*] t(h)eta *m. ou f. inv.*

thétique |tetik| *adj.* (*philo.*) tetico*.

théurgie |teyʀʒi| *s.f.* (*hist. relig.*) teurgia*.

théurgique |teyʀʒik| *adj.* (*hist. relig.*) teurgico*.

théurgiste |teyʀʒist(ə)| *s.m.* teurgo* ♦ *adj.* (*hist. relig.*) teurgico*.

thiamine |tjamin| *s.f.* (*biol., chim.*) tiamina.

thibaude |tibod| *s.f.* mollettone *m.*, salvatappeti *m. inv.*

thio- |tjɔ| *préf.* (*signifiant 'soufre', correspond généralt. à*) tio: *thiosulfate* tiosolfato.

thioalcool |tjɔalkɔl|, **thiol** |tjɔl| *s.m.* (*chim.*) tioalcole.

thiofène |tjɔfɛn| *s.m.* (*chim.*) tiofene.

thionate |tjɔnat| *s.m.* (*chim.*) tionato.

thionine |tjɔnin| *s.f.* (*chim.*) tionina.

thionique |tjɔnik| *adj.* (*chim.*) tionico*.

thiosulfate |tjɔsylfat| *s.m.* (*chim.*) tiosolfato.

thiosulfurique |tjɔsylfyʀik| *adj.* (*chim.*) tiosolforico*.

thio-urée |tjɔyʀe| *s.f.* (*chim.*) tiourea.

thixotropie |tiksɔtʀɔpi| *s.f.* (*chim.*) tixotropia.

thixotropique |tiksɔtʀɔpik| *adj.* (*chim.*) tixotropico*.

thlaspi |tlaspi| *s.m.* (*gr.*) (*t.bot.*) thlaspi *inv.*

tholos |tɔlɔs| *s.f.* (*gr.*) (*archéol.*) tholos *inv.*

thomas |tɔma| *s.m.* (*vx., pop.*) vaso da notte (*cour.*).

thomisme |tɔmism(ə)| *s.m.* (*philo.*) tomismo.

thomiste |tɔmist(ə)| **1** *s.* tomista **2** *adj.* (*philo.*) tomista, tomistico*.

thon |tɔ̃| *s.m.* (*t.zool.*) tonno.

thonaire |tɔnɛʀ| *s.m.* (*pêche*) tonnara *f.*

thonier |tɔnje| *s.m.* battello per la pesca del tonno.

thonine |tɔnin| *s.f.* (*t.zool.*) tonnetto *m.*

thora |tɔʀa| *s.f.* (*relig. hébr.*) torà *m. inv.*

thoracentèse |tɔʀasɑ̃tɛz|, **thoracocentèse** |tɔʀakɔsɑ̃tɛz| *s.f.* (*chir.*) toracentesi *inv.*

thoracique |tɔʀasik| *adj.* (*anat.*) toracico*: *cage thoracique* gabbia toracica.

thoracoplastie |tɔʀakɔplasti| *s.f.* (*chir.*) toracoplastica*.

thoracoscopie |tɔʀakɔskɔpi| *s.f.* (*méd.*) toracoscopia.

thoracotomie |tɔʀakɔtɔmi| *s.f.* (*chir.*) toracotomia.

thorax |tɔʀaks| *s.m.* (*anat., cour.*) torace ◇ (*zool.*) torace.

thorite |tɔʀit| *s.f.* (*minér.*) torite.

thorium |tɔʀjɔm| *s.m.* (*chim.*) torio *inv.*

thoron |tɔʀɔ̃| *s.m.* (*chim.*) toron *inv.*

thrace |tʀas| *adj.* [*de Thrace*] tracio* ♦ *s.* (*hist.*) *les Thraces* i Traci.

thrène |tʀɛn| *s.m.* (*antiq.*) treno.

thréonine |tʀeɔnin| *s.f.* (*chim.*) treonina.

thridace |tʀidas| *s.f.* (*pharm.*) tridace *m. ou f.*

thriller |tʀilər| *s.m.* (*angl.*) thriller *inv.*

thrips |tʀips| *s.m.* (*t.zool.*) tripide.

thrombine |tʀɔ̃bin| *s.f.* (*biol., chim.*) trombina.

thromb(o)- |tʀɔ̃b(ɔ)| *préf.* (*signifiant 'caillot', correspond généralt. à*) tromb(o): *thrombophlébite* tromboflebite.

thrombocyte |tʀɔ̃bɔsit| *s.m.* (*méd.*) trombocito, trombocita, piastrina *f.*

thrombophlébite |tʀɔ̃bɔflebit| *s.f.* (*méd.*) tromboflebite.

thromboplastine |tʀɔ̃bɔplastin| *s.f.* (*chim.*) tromboplastina.

thrombose |tʀɔ̃boz| *s.f.* (*méd.*) trombosi *inv.*

thrombus |tʀɔ̃bys| *s.m.* (*méd.*) trombo.

thulium |tyljɔm| *s.m.* (*chim.*) tulio*.

thune |tyn| *s.f.* (*pop.*) [*pièce de cinq francs*] moneta da cinque franchi (*cour.*).

thuriféraire |tyʀifeʀɛʀ| *s.m.* **1** (*liturg.*) turiferario* **2** (*fig., littér.*) [*encenseur, flatteur, laudateur*] turiferario, incensatore.

thuringien, ienne |tyʀɛ̃ʒjɛ̃, jɛn| *adj.* [*de la Thuringe*] turingio*.

thuya |tyja| *s.m.* (*t.bot.*) tuia *f.*

thyade |tjad| *s.f.* (*mythol. gr.*) tiade.

thylacine |tilasin| *s.m.* (*t.zool.*) tilacino.

thym |tɛ̃| *s.m.* (*t.bot.*) timo.

Thyméléacées |timelease| *s.f. pl.* (*t.bot.*) Timeleacee.

-thymie |timi| *suff.* (*signifiant 'cœur, affectivité', correspond généralt. à*) timia: *cyclothymie* ciclotimia.

thymie |timi| *s.f.* (*psycho.*) timia.

thymine |timin| *s.f.* (*biol.*) timina.

1 **thymique** |timik| *adj.* (*psycho.*) timico*.

2 **thymique** |timik| *adj.* (*méd.*) ti-

mico*: *veines thymiques* vene timiche.

thymol |timɔl| *s.m.* (*chim.*) timolo.

thymus |timys| *s.m.* (*anat.*) timo.

thyratron |tiʀatʀɔ̃| *s.m.* (*marque déposée*) (*phys.*) thyratron *inv.*, tiratron *inv.*

thyréo- |tiʀeɔ|, **thyro-** |tiʀɔ| *préf.* (*signifiant 'thyroïde', correspondent généralt. à*) tireo, tiro; *thyrotrophine* tireotrofina, tirotrofina.

thyréotrope |tiʀeɔtʀɔp| *adj.* (*méd.*) tirotropo: *hormone thyréotrope* ormomone tirotropo.

thyristor |tiʀistɔʀ| *s.m.* (*phys.*) tiristore.

thyroglobuline |tiʀɔglɔbylin| *s.f.* (*biol.*) tireoglobulina.

thyroïde |tiʀɔid| (*anat.*) **1** (*adj.*) *cartilage thyroïde* cartilagine tiroide **2** *s.f.* tiroide.

thyroïdectomie |tiʀɔidɛktɔmi| *s.f.* (*chir.*) tiroidectomia.

thyroïdien, ienne |tiʀɔidjɛ̃, jɛn| *adj.* (*anat.*, *méd.*) tiroideo.

thyroïdine |tiʀɔidin| *s.f.* (*pharm.*) tiroidina.

thyroïdisme |tiʀɔidism(ə)| *s.m.* (*méd.*) tiroidismo.

thyroïdite |tiʀɔidit| *s.f.* (*méd.*) tiroidite, gozzo *m.* infiammatorio (*cour.*).

thyrotrophine |tiʀɔtʀɔfin| *s.f.* (*biol.*) tirotrofina, tireotrofina.

thyroxine |tiʀɔksin| *s.f.* (*biol.*) tirossina, tiroxina.

thyrse |tiʀs(ə)| *s.m.* **1** (*antiq.*) tirso **2** (*bot.*) tirso.

Thysanoptères |tizanɔptɛʀ| *s.m. pl.* (*t.zool.*) Tisanotteri.

Thysanoures |tizanuʀ| *s.m. pl.* (*t.zool.*) Tisanuri.

ti |ti| (*particule interrogative du langage pop., tirée du 't' de la 3e pers. verb. combiné avec le pronom 'il', du type 'vient-il'?*) *j'y va-ti, j'y va-ti pas?* ci vado, non ci vado?

tian |tijɑ̃| *s.m.* (*Provence*) [*récipient de terre cuite* (*écuelle, plat, etc.*)] ⊠ ◇ [*plat provençal* (*sorte de pâté de légumes*) *cuit dans un tian*] ⊠.

tiare |tjaʀ| *s.f.* tiara: *tiare pontificale* tiara papale; *ceindre, coiffer, porter la tiare* [*devenir, être pape*] cingere, portare la tiara.

tibétain, aine |tibetɛ̃, ɛn| **1** *adj.* [*du Tibet*] tibetano **2** (*s.m.*) *le tibétain* [*la langue*] il tibetano.

tibia |tibja| *s.m.* (*anat.*) tibia (*f.*): *tibia et péroné* tibia e perone ◇ [*partie antérieure de la jambe, où se trouve le tibia*] stinco* ◇ (*zool.*) tibia.

tibial, ale, aux |tibjal, o| *adj.* (*anat.*, *méd.*) tibiale: *nerfs tibiaux* nervi tibiali.

tibio-tarsien, ienne |tibjɔtaʀsjɛ̃, jɛn| *adj.* (*anat.*) tibiotarsico*.

tibouchina |tibutʃina| *s.m.* (*t.bot.*) pleroma.

tic |tik| *s.m.* **1** tic *inv.*, ticchio* ◇ (*par ext.*) [*geste, attitude habituels, que la répétition rend plus ou moins ridicules*] tic, ticchio **2** (*vétér.*) *tic* (*du cheval*) tic (equino) **3** (*fig.*) [*habitude, manie*] tic, mania *f.*

ticket |tikɛ|, (*pop.*) **tickson** |tiksɔ̃| *s.m.* **1** [*billet, rectangle de carton, de papier donnant droit à un service, à l'entrée dans un lieu*] biglietto, scontrino: *ticket de bagages* scontrino dei bagagli; *ticket de métro* biglietto della metropolitana ◇ (*loc.*) *sans ticket* a vendita libera **2** *ticket modérateur* ticket *inv.* **3** (*pop.*) [*billet de mille anc. francs*] sacco* **4** (*pop.*) [*invite galante*] *avoir un ticket, le ticket* piacere molto.

tic-tac, tic tac |tiktak| *interj. et s.m. inv.* tic tac, ticchete tacchete, ticche tacche: *le réveille-matin fait tic tac* la sveglia fa tic tac.

tictaquer |tiktake| *v.intr.* [*faire entendre un bruit régulier, un tic-tac*] fare (103) *tr.* tic tac, ticchete tacchete.

tiédasse |tjedas| *adj.* [*d'une tiédeur désagréable*] (sgradevolmente) tiepido.

tiède |tjɛd| *adj.* **1** [*légèrement chaud*] tiepido: *eau, café tiède* acqua tiepida, caffè tiepido ◇ (*fam.*) *il fait tiède* la temperatura è tiepida (*cour.*) ♦ (*adv.*) *boire tiède* bere tiepido **2** (*fig.*) tiepido: *communiste tiède* comunista tiepido; *sentiment tiède* sentimento tiepido ♦ (*s.*) *un tiède* un tiepido 🄲 2 **fanatique, fervent.**

tièdement |tjɛdmɑ̃| *adv.* [→ TIÈDE 2] tiepidamente.

tiédeur |tjedœʀ| *s.f.* **1** [*état, température de ce qui est tiède; chaleur modérée*] tiepidezza, tepore *m.* ◇ *au plur.* (*littér.*) *les premières tiédeurs du printemps* i primi tepori della primavera **2** (*fig.*) [*défaut d'ardeur, de passion, de zèle*] tiepidezza **3** (*fig.*) [*douceur agréable*] tenerezza: *la tiédeur de l'amour maternel* la tenerezza dell'amore materno.

tiédir |tjediʀ| **A** *v.intr.* **1** [*devenir tiède* (1)] intiepidire (197) (*aux.* essere), diventare (*aux.* essere) tiepido **2** (*rare, fig.*) [*devenir tiède* (2)] intiepidire **B** *v.tr.* [*rendre tiède* (1)] intiepidire.

tiédissement |tjedismɑ̃| *s.m.* [*le fait de tiédir*] intiepidimento, l'intiepidire *inv.*; l'intiepidirsi *inv.*

tien, tienne |tjɛ̃, tjɛn| **I** *adj. poss.* (*littér.*) [*de toi*] tuo (*cour.*): *un tien parent* un tuo parente; *je suis tien, elle est tienne* io sono tuo, lei è tua → **ton** **II** *pron. poss.* LE TIEN, LA TIENNE, LES TIENS, LES TIENNES il tuo, la tua, i tuoi, le tue: *voilà mon idée à moi, j'attends la tienne* ecco la mia opinione personale, aspetto la tua ◇ (*fam.*) *à la tienne!* [*à ta santé*] alla tua! ◇ (*attribut*) *ce n'est pas le tien, c'est le mien* non è il tuo, è (il) mio **III** *s.* **1** *s.m.* LE TIEN [*ce qui est à toi, ta propriété*] il tuo **2** *s.m.* DU TIEN del tuo: *il faut y mettre du tien* devi metterci del tuo **3** *s.f. pl.* DES TIENNES [*des folies, des fredaines*] delle tue: *tu as encore fait des tiennes!* ne hai fatto ancora una delle tue! **4** *s.m. pl.* LES TIENS [*tes parents, tes amis, tes partisans*] i tuoi: *les tiens sont partis?* i tuoi sono andati via?

tierce |tjɛʀs(ə)| *s.f.* **1** (*escrime, liturg. cathol.*) terza **2** (*cartes*) terza carta consecutiva dello stesso colore **3** (*imprim.*) terza bozza **4** (*métrol.*) sessantesima parte del secondo **5** (*mus.*) terza.

tiercé, ée |tjɛʀse| *adj.* **1** (*agric.*) *champ tiercé* campo interzato **2** (*blas.*) interzato ◇ (*versif.*) *rime tiercée* terza rima **3** (*turf*) *le pari tiercé,* (*s.m.*) *le tiercé* corsa *s.f.* tris, scommessa *s.f.* su tre cavalli ♦ *s.m.* (*par ext.*) *un beau tiercé* una bella vincita *f.* (alla tris).

tiercefeuille |tjɛʀsəfœj| *s.f.* (*blas.*) trifoglio* *m.*

tiercelet |tjɛʀsəlɛ| *s.m.* (*faucon.*) terzuolo.

tiercer |tjɛʀse| *v.tr.* (2) (*agric.*) [*donner un troisième labour, une troisième façon à* (*une terre*)] (r)interzare: *tiercer une vigne* interzare un vigneto.

tierceron |tjɛʀsəʀɔ̃| *s.m.* (*archit.*) costolone.

tiers, tierce |tjɛʀ, tjɛʀs(ə)| **I** *adj.* terzo: *une tierce personne* una terza persona ◇ (*dr.*) *tiers arbitre, tiers-arbitre* terzo arbitro, superarbitro (*s.m.*); *tierce opposition* opposizione di terzo (*s.m.*); *tiers porteur d'un effet de commerce* terzo portatore di un effetto ◇ (*spécialt., hist. fr.*) *Tiers État, le Tiers* il Terzo Stato; *tiers monde* terzo mondo ◇ (*imprim.*) *tierce épreuve* terza bozza → **tierce** 3 ◇ (*méd.*) *fièvre tierce* terzana *s.f.* **II** *s.m.* **1** [*troisième personne*] terzo: *le tiers et le quart* il terzo e il quarto ◇ (*loc. fam.*) *se moquer, se ficher du tiers comme du quart* infischiarsene di tutto e di tutti ◇ (*dr.*) terzo ◇ (*par ext.*) [*personne étrangère* (*à une affaire, à un groupe*)] terzo → **étranger, inconnu** **2** [*troisième terme, troisième élément*] terzo: *principe du tiers exclu* principio del terzo escluso **3** [*la troisième partie d'un tout*] terzo: *les deux tiers* i due terzi ◇ (*dr. fiscal*) *tiers provisionnel* acconto d'imposta (versato con l'autotassazione) ◇ (*législation sociale*) *tiers payant* assistenza *f.* (medico-ospedaliera) diretta **III** *s.f.* → **tierce.**

tiers-mondiste |tjɛʀmɔ̃dist(ə)| *adj.* terzomondista *adj. et s.*

tiers-point |tjɛʀpwɛ̃| *s.m.* **1** (*archit.*) terzo punto **2** (*techn.*) linea *f.* triangolare **3** (*mar.*) vela *f.* triangolare.

tif, tiffe |tif| *s.m. surtout au plur.* (*pop.*) [*cheveux*] capelli (*cour.*), capigliatura *f. sing.* (*cour.*).

tige |tiʒ| *s.f.* **I** (*bot.*) stelo *m.*, gambo (*m.*): *la tige d'une fleur* lo stelo, il gambo di un fiore; *la tige d'un champignon* il gambo di un fungo ◇ (*agric., sylvic.*) *arbre de haute tige, de basse tige* albero di alto fusto *m.*, di basso fusto **II** (*fig.*) **1** (*généalogie*) capostipite *m.*, ceppo (*m.*): *faire tige* diventare il capostipite (di una famiglia) **2** [*partie d'une chaussure, d'une botte qui est au-dessus du pied, couvre la jambe*] *bottines à tige* stivaletti a gambale *m.* **3** [*partie mince et allongée*] fusto: *tige d'une colonne* fusto di una colonna → 1 **fût** ◇ [*pièce allongée droite et mince*] asta, gambo: *tige de culbuteur* asta della punteria; *tige de sonde* asta di perforazione; *tige de piston* gambo del pistone → **barre, tringle** # *tige d'une pompe* tirante di una pompa; *tige de clef* canna della chiave **4** (*fig., fam.*) *les vieilles tiges* i pionieri *m.* dell'aviazione (*cour.*).

tigelle |tiʒɛl| *s.f.* (*bot.*) fusticino *m.*

tigette |tiʒɛt| *s.f.* (*archit.*) caulicolo *m.*

tiglon |tiglɔ̃| *s.m.* → **tigron.**

tignasse |tiɲas| *s.f.* [*chevelure touffue, rebelle, mal peignée*] zazzera ◇ (*fam.*) [*chevelure, cheveux*] capelli *m. pl.* (*cour.*), capigliatura (*cour.*).

tigre |tigʀ(ə)| *s.m.*, **tigresse** |tigʀɛs| *s.f.* **1** (*t.zool.*) tigre *f.*; tigre maschio*, tigre femmina **2** (*littér.*) [*personne cruelle, impitoyable*] tigre # *jaloux comme un tigre* gelosissimo.

tigré, ée |tigʀe| *adj.* **1** [*marqué de taches arrondies*] tigrato **2** [*rayé, zébré*] tigrato.

tigridie |tigʀidi| *s.f.* (*t.bot.*) tigridia.

tigron |tigRɔ̃| *s.m.* [*hybride stérile du tigre et de la lionne*] tigone ◇ [*du lion et de la tigresse*] ligre.
tigrure |tigRyR| *s.f.* tigratura.
tilbury |tilbyRi| *s.m.* (*angl.*) (*ancienn.*) tilbury *inv.*
tilde |tild(ə), tilde| *s.m.* (*esp.*) tilde *m. ou f.*
Tiliacées |tiljase| *s.f. pl.* (*t.bot.*) Tigliacee.
tillac |tijak| *s.m.* (*mar. anc.*) ponte superiore.
tillage |tijaʒ| *s.m.* → **teillage.**
tillandsie |tijɑ̃dsi| *s.f.* (*t.bot.*) tillandsia.
tille |tij| *et dérivés* → **teille** *et dérivés.*
tilleul |tijœl| *s.m.* **1** (*t.bot.*) tiglio* **2** [*la fleur et les stipules de l'arbre, séchées pour faire des infusions; cette infusion*] tiglio: *une tasse de tilleul* una tazza di tiglio ◇ [*le bois de l'arbre*] *table de tilleul* tavolo di tiglio.
tilt |tilt(ə)| *s.m.* (*angl.*) tilt (*inv.*): *faire tilt* fare tilt ◇ (*loc. fig.*) *faire tilt* [*échouer; déclencher un mécanisme, donner une inspiration subite*] fare tilt ◇ (*exclam.*) *tilt!* tilt!
timbale |tɛ̃bal| *s.f.* **1** (*mus.*) timballo *m.*, timpano *m.* **2** [*gobelet de métal de forme cylindrique sans pied*] bicchiere *m.* ◇ (*loc. fam.*) *décrocher la timbale* [*obtenir une chose disputée, un résultat important*] fare centro; vincere un terno al lotto **3** [*moule de forme circulaire*] timballo ◇ (*cuis.*) timballo.
timbalier |tɛ̃balje| *s.m.* sonatore* *s.* di timballo, timpanista *s.*
timbrage |tɛ̃bRaʒ| *s.m.* **1** [*opération qui consiste à timbrer un document; oblitération par le timbre de la poste*] timbratura *f.*, stampigliatura *f.* **2** (*techn.*) bollatura *f.*
1 **timbre** |tɛ̃bR(ə)| *s.m.* **1** [*sonnette*] campanello: *timbre d'appartement, de bicyclette* campanello d'appartamento, di bicicletta; *timbre d'une machine à écrire* campanello della macchina da scrivere; *timbre électrique* campanello elettrico → **sonnerie, sonnette** ◇ (*loc. fig., fam.*) *avoir le timbre brouillé, un peu fêlé* essere una testa matta, essere un po' tocco **2** [*qualité spécifique des sons produits par un instrument*] timbro, metallo: *le timbre de la flûte* il timbro del flauto ◇ (*par anal.*) *le timbre de la voix* il timbro della voce ◇ (*phonét.*) timbro.
2 **timbre** |tɛ̃bR(ə)| *s.m.* **1** timbro, bollo: *bureau du timbre* ufficio del bollo; *timbre fiscal* marca da bollo; *timbre humide, sec* timbro, bollo a umido, a secco **2** [*instrument qui sert à imprimer la marque appelée 'timbre'*] timbro: *timbre de cuivre, de caoutchouc* timbro di rame, di gomma; *timbre dateur* timbro a data, datario; *timbre horodateur* timbro a data, datario indicante l'ora → **cachet, tampon 3** [*cachet postal*] timbro, bollo postale **4** (*postes*) *timbre, timbre-poste* francobollo, bollo: *un timbre-poste d'un franc vingt* un francobollo da un franco e venti; *timbre oblitéré* francobollo annullato # *timbre-taxe* tassa a carico ◇ (*dr. fiscal*) (marca* *f.* da) bollo: *timbre de quittance, timbre-quittance* (marca da) bollo su quietanze; *des timbres-quittance* dei bolli su quietanze ◇ [*vignettes vendues au profit d'œuvres*] *timbres antituberculeux* francobolli, chiudilettera *inv.* della campagna antitubercolare **5** (*blas.*) timbro.
timbré, ée |tɛ̃bRe| *adj.* **1** (*fam.*) (*personnes*) [*un peu fou*] tòccato, tocco*, suonato → **piqué** ✦ (*s.*) *un timbré* un suonato, un toccato **2** [*qui a un beau timbre; qui a du timbre*] *une voix bien timbrée* una voce dal bel timbro *loc. inv.* **3** [*marqué d'un cachet, d'un timbre* (*fiscal*)] bollato: *papier timbré* carta bollata, da bollo **4** (*lettre*) [*qui porte un timbre*] affrancato: *joindre une enveloppe timbrée pour la réponse* unire una busta affrancata per la risposta.
timbre-poste |tɛ̃bR(ə)pɔst(ə)|, **timbre-quittance** |tɛ̃bR(ə)kitɑ̃s|, **timbre-taxe** |tɛ̃bR(ə)taks(ə)| *s.m.* → 2 **timbre** 4.
timbrer |tɛ̃bRe| *v.tr.* **1** *timbrer un document, un acte* [*mettre en haut de la feuille la date et le sommaire du contenu*] timbrare, bollare un documento, un atto **2** [*marquer* (*un acte, un document*) *du timbre fiscal*] bollare: *faire timbrer un effet de commerce* fare bollare un effetto **3** [*marquer* (*un document, un objet*) *d'un cachet, d'un timbre*] timbrare, bollare → **estampiller 4** *timbrer une lettre, un envoi postal* [*y coller un ou plusieurs timbres dont la valeur représente le prix du port*] affrancare → 2 **affranchir 5** (*blas.*) *timbrer un écu* [*mettre un timbre au-dessus de lui*] timbrare uno scudo.
timide |timid| *adj.* timido: *une timide protestation* una timida protesta; *un enfant timide* un bambino timido ✦ (*s.*) *un timide* un timido © **assuré, effronté.**
timidement |timidmɑ̃| *adv.* [→ TIMIDE] timidamente: *il exposa timidement sa requête* espose timidamente la sua richiesta.
timidité |timidite| *s.f.* timidezza, timidità *inv.* (*littér.*): *il n'a pas osé par timidité* non ha osato per timidezza; *surmonter sa timidité* superare la propria timidezza © **aplomb, culot** 2.
timocratie |timɔkRasi| *s.f.* timocrazia.
timon |timɔ̃| *s.m.* **1** timone: *le timon d'un carrosse* il timone di una carrozza **2** (*vx., mar.*) timone (*cour.*) → **gouvernail.**
timonerie |timɔnRi| *s.f.* **I** (*mar.*) **1** timoneria # *chef de timonerie* capo timoniere **2** [*ensemble des matelots affectés à ce service*] timoneria **II** (*auto.*) timoneria ◇ (*par ext.*) *la timonerie d'un piano* la timoneria di un pianoforte.
timonier |timɔnje| *s.m.* **1** (*mar.*) timoniere **2** cavallo da timone.
timoré, ée |timɔRe| *adj.* **1** [*scrupuleux à l'extrême*] timorato **2** [*qui est trop méfiant, qui craint le risque, les responsabilités*] timoroso ✦ (*s.*) *les timorés* i timorosi.
tin |tɛ̃| *s.m.* (*mar.*) taccata *f.*
tincal |tɛ̃kal| *s.m.* (*chim.*) tincalconite *f.*
tinctorial, ale, aux |tɛ̃ktɔRjal, o| *adj.* [*qui sert à teindre*] tintorio*: *plantes, matières tinctoriales* piante, sostanze tintorie; *opérations tinctoriales* operazioni tintorie.
Tinéidés |tineide| *s.m. pl.* (*t.zool.*) Tineidi.
tinette |tinɛt| *s.f.* **1** [*tonnelet dont le fond est plus large que le haut, pour le transport du beurre fondu*] tinozza **2** [*baquet servant au transport des matières fécales, qui supplée à l'absence de fosse d'aisances*] bugliolo *m.* ◇ (*fam.*) [*lieux d'aisances*] gabinetto *m.* (*cour.*).
tintamarre |tɛ̃tamaR| *s.m.* [*grand bruit discordant*] chiasso, frastuono: *le tintamarre des klaxons* il chiasso, il frastuono dei clacson.
tintement |tɛ̃tmɑ̃| *s.m.* [*bruit* (*de ce qui tinte*)] tintinnio*, il tintinnare *inv.* ◇ (*spécialt.*) *tintement de cloche* rintocco* di campana ◇ (*par ext.*) *tintement d'oreilles* ronzio* alle orecchie.
tinter |tɛ̃te| *v.intr.* **1** (*se dit d'une cloche*) [*produire des sons aigus qui se succèdent lentement*] rintoccare (*aux.* avere, essere) **2** [*produire des sons clairs, aux harmonies aiguës*] tintinnare (*aux.* essere, avere) ◇ (*par anal.*) ronzare, fischiare: *les oreilles me tintent* mi ronzano, mi fischiano le orecchie ◇ (*loc.*) *les oreilles ont dû vous tinter* le sono dovute fischiare le orecchie.
tintin |tɛ̃tɛ̃| *s.m.* (*loc. pop.*) *faire tintin* [*être privé de qqch.*] tirare la cinghia ◇ *ellipt.* niente affatto, neanche per sogno ◇ (*loc.*) *c'est, ça va être tintin* [*cela n'est pas, ne sera pas possible*] è, sarà impossibile (*cour.*).
tintinnabuler |tɛ̃tinabyle| *v.intr.* (*littér.*) (*se dit d'une clochette, d'un grelot qui sonne et, par ext., de ce qui tinte comme un grelot*) tintinnire (197) (*aux.* essere, avere), tintinnare (*aux.* essere, avere) (*cour.*).
tintouin |tɛ̃twɛ̃| *s.m.* **1** (*fam.*) [*bruit fatigant, vacarme*] chiasso (*cour.*), frastuono (*cour.*) **2** (*fig., fam.*) [*souci, tracas*] pensiero (*cour.*), preoccupazione *f.* (*cour.*): *avoir du tintouin* avere dei pensieri.
tipule |tipyl| *s.f.* (*t.zool.*) tipula, zanzarone *m.* degli orti (*cour.*).
tique |tik| *s.f.* (*t.zool.*) zecca*.
tiquer |tike| *v.intr.* **1** (*vétér.*) (*en parlant du cheval*) [*avoir le tic*] avere (97) *tr.* il tic (equino) **2** (*rare*) [*avoir un tic*] avere un tic, un ticchio **3** (*fig.*) [*manifester, par la physionomie ou par un mouvement involontaire, son mécontentement, sa désapprobation, son dépit*] storcere (189) *tr.* il naso: *ma proposition l'a fait tiquer* la mia proposta gli ha fatto storcere il naso.
tiqueté, ée |tikte| *adj.* [*marqué de petites taches*] macchiato, maculato, macchiettato.
tiqueture |tiktyR| *s.f.* [*état de ce qui est tiqueté*] macchiettatura, maculatura.
tiqueur, euse |tikœR, øz| **1** *adj.* (*vétér.*) che ha un tic (*loc.*): *cheval tiqueur* cavallo che ha un tic **2** *s.* (*psychiatr.*) persona *f.* che ha un tic, un ticchio.
tir |tiR| *s.m.* **I 1** tiro: *tir à l'arc, au fusil* tiro con l'arco, col fucile; *tir au vol* tiro a volo; *polygone de tir* poligono di tiro; *tir à blanc* tiro a salva, a salve; *ligne, angle de tir* linea, angolo di tiro ◇ [*lancement d'une fusée, d'un engin*] lancio*: *tir planétaire, lunaire* lancio planetario, lunare **2** [*direction selon laquelle une arme à feu lance ses projectiles; leur trajectoire*] tiro: *tir précis* tiro preciso; *tir courbe, d'écharpe, d'enfilade* tiro curvo, obliquo, d'infilata; *régler le tir* regolare il tiro **3** [*série de projectiles envoyés*

par une ou plusieurs armes (considérée dans ses effets)] tiro: *tir de mitrailleuse, d'artillerie* tiro, raffica di mitragliatrice, d'artiglieria; *tir de barrage* tiro di sbarramento; *puissance de tir d'une arme, d'une unité* potenza di tiro di un'arma, di un'unità; *offrir une cible au tir ennemi* offrire un bersaglio al tiro del nemico **4** [*manière dont une arme envoie ses projectiles*] tiro: *armes à tir automatique, semi-automatique* armi a tiro automatico, semiautomatico **5** [*le fait de tirer au jeu de boules*] tiro ◇ (*football*) [*shoot*] tiro: *tir au but* tiro a rete **II** [*emplacement aménagé pour s'y exercer au tir à la cible*] tiro: *tir au pigeon* tiro al piccione.

tirade |tiʀad| *s.f.* **1** [*développement continu et assez long* (*d'une même idée*)] tirata **2** [*longue suite de phrases, de vers, récitée sans interruption par un personnage de théât.*] tirata ◇ (*par anal., péj.*) [*longue phrase emphatique*] tirata, lungaggine.

tirage |tiʀaʒ| *s.m.* **I 1** [*allongement, étirage*] *tirage de la soie* trattura *f.* della seta ◇ (*métall.*) trafilatura *f.*; stiratura *f.* ◇ (*techn.*) *tirage des étoffes* tiratura *f.* delle stoffe **2** [*déplacement*] trazione *f.*, traino → **halage 3** (*fig., fam.*) *il y a du tirage* [*des difficultés, des frottements*] ci sono delle difficoltà (*cour.*) **4** (*techn.*) tiraggio*: *tirage d'une cheminée* tiraggio di un camino; *régler le tirage* regolare il tiraggio **II 1** [*le fait d'imprimer, de reproduire par impression*] tiratura, stampa (*f.*): *tirage à la main, à la rotative* tiratura, stampa a mano, con la rotativa **2** [*ce qui est ainsi imprimé*] tiratura: *un beau tirage sur papier glacé* una bella tiratura su carta patinata ◇ [*exemplaires tirés, sortis de presse en une fois*] *tirage limité* tiratura limitata; *journal à grand, gros, fort tirage* giornale a grande, grossa, forte tiratura; *premier tirage* prima tiratura # *tirages à part* estratti **3** (*photo.*) stampa: *tirage par contact* stampa per contatto; *tirage par inversion* stampa per inversione; *le tirage d'un film* la stampa di un film **III 1** [*désignation par le sort; fait de tirer au hasard un ou plusieurs numéros*] estrazione (*f.*): *tirage d'une loterie* estrazione di una lotteria; *demain le tirage!* l'estrazione è domani!; *tirage au sort* estrazione a sorte, sorteggio **2** [*le fait de tirer le vin*] spillatura *f.* **3** [*émission* (*d'une lettre de change, d'un chèque*)] emissione *f.*, tratta *f.*

tiraillement |tiʀɑjmɑ̃| *s.m.* **1** il tirare *inv.* a strappi, a strattoni **2** (*fig.*) [*le fait d'être tiraillé, tourmenté, ballotté* (*entre divers sentiments, désirs, etc.*)] tentennamento, indecisione (*f.*): *c'est l'époque des tiraillements* è l'epoca dei tentennamenti, dell'indecisione ◇ (*par ext.*) → **conflit, désaccord 3** (*méd.*) spasmo, crampo: *tiraillements d'estomac, d'intestin* spasmi, crampi allo stomaco, all'intestino.

tirailler |tiʀɑje| **A** *v.tr.* **1** [*tirer à plusieurs reprises, en diverses directions*] tirare (a strappi, a strattoni); stiracchiare: *tirailler qqn. par le bras, par la manche* tirare qc. per il braccio, per la manica **2** (*fig.*) [*agir d'une manière fréquente et importune sur* (*qqn.*), *en sollicitant contradictoirement*] tormentare, importunare → **harceler, importuner B** *v.intr.* [*tirer souvent, irrégulièrement, en divers sens*] sparacchiare: *des chasseurs tiraillaient dans les bois* dei cacciatori sparacchiavano nei boschi ◇ (*spécialt.*) [*faire un tir irrégulier, à volonté*] *tirailler sur l'ennemi pour le harceler* sparacchiare sul nemico per disturbarlo.

tiraillerie |tiʀɑjʀi| *s.f.* **1** (*rare*) [*tiraillements* (1) *répétés*] lo stiracchiare *m. inv.* **2** [*feu de tirailleur*] sparatoria.

tirailleur |tiʀɑjœʀ| *s.m.* [*soldat détaché pour tirer à volonté sur l'ennemi*] tiratore, tiragliatore ◇ (*loc.*) *en tirailleurs* in ordine sparso ◇ (*fig.*) franco* tiratore, isolato.

tirant |tiʀɑ̃| *s.m.* **1** [*ce qui sert à tirer*] tirante # *les tirants d'une bourse* i cordoni di una borsa → **cordon** ◇ (*par ext.*) *tirant d'une chaussure* tirante di una scarpa **2** (*archit., techn.*) tirante, traversa (*f.*): *tirants sous des arcades* tiranti sotto delle arcate **3** (*mar.*) *tirant d'eau* pescaggio*, immersione (*f.*); *tirant d'air* altezza *f.* massima (sul pelo dell'acqua) ◇ (*par ext.*) [*hauteur libre d'un pont*] altezza (massima) libera **4** (*bouch.*) tendine.

tirasse |tiʀas| *s.f.* **1** (*chasse*) strascino *m.* **2** (*dans un orgue*) pedale *m.* per l'accoppiamento.

tire- |tiʀ| *préf.* (*signifiant 'tirer', correspond généralt. à*) tira; cava: *tire-fond* tirafondo ‖ *tire-bouchon* cavatappi.

1 **tire** |tiʀ| *s.f.* (*blas.*) fila di vaio.

2 **tire** |tiʀ| *s.f.* **1** (*pop.*) *vol à la tire* [*en tirant qqch. de la poche, du sac de qqn.*] scippo *m.*, borseggio* (*m.*); *voleur à la tire* scippatore *m.*, borsaiolo *m.* **2** (*arg.*) → **voiture (automobile).**

3 **tire** |tiʀ| *s.f.* (*Canada*) [*sirop d'érable très épaissi, ayant la consistance du miel*] ⊠.

tiré, ée |tiʀe| *adj.* **1** [*qui a été tiré, tendu, ajusté*] tirato, teso: *ses cheveux étaient bien tirés en arrière* i suoi capelli erano ben tirati indietro ◇ (*loc. fig.*) *être tiré à quatre épingles* essere in ghingheri ◇ (*par ext.*) [*allongé, amaigri par la fatigue*] *les traits tirés* con i tratti tirati, tesi **2** [*qui a été tiré* (A I 2)] tirato ◇ (*loc. fig.*) *tiré par les cheveux* tirato per i capelli **3** [*qui a été tracé, imprimé*] tirato, stampato ◇ (*spécialt.*) *des exemplaires tirés à part, des tirés* (*s.m.*) *à part* degli estratti *s.m.* **4** [*qui a été tiré* (A IV)] *coups de mousquet tirés au hasard* colpi di fucile tirati a caso ✦ *s.m.* (*chasse*) *un tiré* caccia* *f.* col fucile **5** [*qui est tiré, que l'on a tiré d'un lieu, d'un ensemble,* (*fig.*) *d'une situation*] tolto, tratto: *sujet de roman tiré d'un fait divers* soggetto di un romanzo tolto, tratto da un fatto di cronaca ◇ (*personnes*) *tiré du danger, de l'indécision* tolto dal pericolo, dall'indecisione ◇ (*loc.*) *tiré d'affaire* tolto dagli impicci, tratto d'impiccio ~ *être à couteaux tirés* essere ai ferri corti **6** (*comm.*) *chèque tiré sur qqn.* assegno emesso, spiccato su qc. ✦. (*s.m.*) *le tiré* il trattario*.

tire(-)au(-)cul |tiʀoky| (*pop.*), **tire(-)au(-)flanc** |tiʀoflɑ̃| (*fam.*) *s.m. inv.* (*dans l'armée*) [*soldat qui cherche à se défiler, à échapper aux travaux, aux corvées, etc.*] scansafatiche *s.* (*cour.*) → **paresseux.**

tire-balle(s) |tiʀbal| *s.m.* (*chir.*) pinza *f.* cavapalle.

tire-bonde |tiʀbɔ̃d| *s.m.* (*techn.*) cocchiumatoio*: *des tire-bondes* dei cocchiumatoi.

tire-botte |tiʀbɔt| *s.m.* cavastivali *inv.*; tirastivali *inv.*

tire-bouchon |tiʀbuʃɔ̃| *s.m.* **1** cavatappi *inv.*, cavaturaccioli (*inv.*): *des tire-bouchons* dei cavatappi, dei cavaturaccioli **2** (*loc.*) *en tire-bouchon* a spirale, a tortiglione # *cheveux frisés en tire-bouchons* capelli a boccoli **3** [*mèche de cheveux frisés en hélice*] boccolo → **boucle, anglaise.**

tire-bouchonner, tirebouchonner |tiʀbuʃɔne| **A** *v.tr.* (*rare*) [*mettre en tire-bouchon, en spirale*] avvolgere (196) a spirale, a tortiglione ✦ (*au p.p.*) *pantalons tirebouchonnés* pantaloni a fisarmonica **B** *v.pron. intr.* SE TIRE-BOUCHONNER [→ *tr.*] avvolgersi a spirale.

tire-bouton |tiʀbutɔ̃| *s.m.* (*vieilli*) gancio* per abbottonare.

tire-braise |tiʀbʀɛz| *s.m. inv.* [*ringard de boulanger, servant à retirer la braise du four*] tirabrace.

tire-clou |tiʀklu| *s.m.* (*techn.*) cavachiodi *inv.*

tire-d'aile (à) |atiʀdɛl| *loc. adv.* ad ali spiegate, in un frullio d'ali: *oiseaux qui volent, partent à tire-d'aile* uccelli che volano, spiccano il volo ad ali spiegate ◇ (*fig.*) come un fulmine → **rapidement.**

tirée |tiʀe| *s.f.* (*fam.*) [*longue distance pénible à parcourir*] tirata ◇ (*fig.*) *il y en a toute une tirée* ce n'è una bella tirata.

tire-fesses |tiʀfɛs| *s.m.* (*très fam.*) [*téléski, remonte-pente*] sciovia *f.* (*cour.*), skilift *inv.* (*cour.*).

tire-filet |tiʀfilɛ| *s.m.* (*techn.*) traccialinee (*inv.*): *des tire-filets* dei traccialinee.

tire-fond |tiʀfɔ̃| *s.m. inv.* **1** [*longue vis dont la tête est un anneau*] gancio* *var.*, anello (*var.*): *tire-fond fixé dans un plafond pour y suspendre un lustre* gancio, anello fissato al soffitto per appendervi un lampadario **2** [*longue vis à bois, à tête carrée, servant à divers assemblages*] tirafondo *var.* ◇ (*ch. de fer*) caviglia *f. var.* a vite.

tire-jus |tiʀʒy| *s.m. inv.* (*pop.*) → **mouchoir.**

tire-laine |tiʀlɛn| *s.m. inv.* (*vx.*) → **2 tire (voleur à la).**

tire-lait |tiʀlɛ| *s.m. inv.* [*petit appareil permettant d'aspirer le lait du sein*] tiralatte.

tire-larigot (à) |atiʀlaʀigo| *loc. adv.* [*beaucoup, en quantité*] a più non posso: *boire et manger à tire-larigot* bere e mangiare a più non posso.

tire-ligne |tiʀliɲ| *s.m.* tiralinee (*inv.*): *des tire-lignes* dei tiralinee; *compas à tire-ligne* compasso a tiralinee.

tirelire |tiʀliʀ| *s.f.* **1** [*petit récipient percé d'une fente par où on introduit les pièces de monnaie*] salvadanaio* (*m.*): *mettre des sous, ses économies dans une tirelire* mettere delle monetine, i propri risparmi nel salvadanaio **2** (*fig., pop.*) [*estomac, ventre*] pancia* (*cour.*) # *qu'est-ce qu'il s'est collé dans la tirelire!* quanto mangia quello!, che abboffone quello! ◇ [*tête*] zucca*, testa (*cour.*): *il a reçu un coup sur la tirelire* ha preso una botta sulla zucca, in testa.

tire-pied |tiʀpje| *s.m.* [*courroie, la-*

nière de cuir dont se servent les cordonniers pour fixer l'ouvrage sur leurs genoux] pedale.

tirer |tiʀe| **A** *v.tr.* **I** **1** [*amener vers soi une extrémité, ou éloigner les extrémités de* (*qqch.*) *de manière à étendre, à tendre*] tirare: *tirer une corde* tirare, tendere una corda; *tirer sa jupe vers le bas* tirare giù la gonna; *tirer la sonnette d'alarme* tirare il segnale d'allarme; *tirer les fils des marionnettes* tirare i fili delle marionette ◇ (*loc.*) *tirer les cheveux, les oreilles de qqn.* tirare i capelli, le orecchie a qc. ~ (*fig.*) *se faire tirer l'oreille* farsi pregare ~ *tirer les cordes, les ficelles* tirare i fili, manovrare ~ (*fig.*) *tirer* (*qqch.*) *en longueur* tirare (una cosa) per le lunghe ◇ (*métall.*) [*étirer*] trafilare; stirare **2** [*amener, attirer* (*vers soi*)] tirare: *tirer un poids vers soi* tirare un peso verso di sé; *tirer une porte derrière soi, après soi* tirarsi dietro, chiudere la porta; *tirer les rideaux* tirare le tende ◇ (*loc. fig.*) *après celui-là il faut tirer l'échelle* nessuno saprà fare meglio di lui ~ *tirer la couverture à soi* portare acqua al proprio mulino ~ *tirer le diable par la queue* vivere stentatamente, di stenti **3** [*faire avancer, mouvoir; déplacer derrière soi*] tirare, trascinare: *tirer la jambe* trascinare una gamba **4** (*fig.*) [*attirer*] attirare, attrarre (190): *tirer l'attention, le regard* attirare, attrarre l'attenzione, lo sguardo **II** **1** (*mar.*) *tirer des bordées* bordeggiare; (*fig.*) bagordare; passare da un bar all'altro **2** (*fam.*) [*passer péniblement* (*une durée, un laps de temps*)] fare (103) una tirata di: *tirer six mois de prison* fare una tirata di sei mesi di prigione **III** **1** [*allonger sur le papier* (*une figure*) *en écrivant, en dessinant, en gravant*] tracciare, tirare: *tirer une ligne* tracciare, tirare una linea; *tirer une perpendiculaire* tracciare, tirare una perpendicolare ◇ (*techn.*) [*tracer sur le terrain, en creusant, etc.*] tracciare: *tirer des canaux* tracciare dei canali ◇ (*par ext.*) *tirer un plan*: (*pr., fig.*) tracciare un piano; *tirer l'horoscope* fare l'oroscopo **2** (*vx., plais.*) [*dessiner, peindre, puis photographier*] *se faire tirer le portrait* farsi fare una fotografia, farsi fotografare; *tirer des épreuves photographiques* tirare delle copie fotografiche, delle foto **3** [*imprimer*] tirare, stampare: *tirer un livre à tant d'exemplaires* tirare, stampare un libro in tot esemplari ♦ (*absolt.*) *bon à tirer* visto, si stampi; *les bons à tirer* le stampe ◇ (*par ext.*) *journal qui tire à trente mille* giornale che tira, stampa trentamila copie **IV** **1** [*envoyer au loin* (*une flèche, un projectile*) *au moyen d'une arme*] tirare, sparare: *tirer une flèche, une balle* tirare una freccia, una pallottola; *tirer un coup de revolver* tirare, sparare un colpo di pistola **2** [*faire partir* (*une arme à feu*), *faire exploser*] *tirer le canon* sparare col cannone, scaricare il cannone; *tirer des fusées* lanciare razzi; *tirer un feu d'artifice* fare i fuochi d'artificio **3** [*tirer un coup de feu, ou décocher un trait, de façon à atteindre, abattre* (*une personne, un animal*)] colpire (197), abbattere: *tirer un oiseau au vol* colpire, abbattere un uccello al volo **4** [*lancer* (*la boule*) *de manière à heurter le cochonnet ou une autre boule*] bocciare: *tirer la boule* bocciare ◇ (*football*) [*shooter*] tirare, sparare: *tirer au but* tirare, sparare a rete **V** **1** [*faire sortir* (*une chose*) *d'un contenant*] tirar fuori, estrarre (190): *tirer un mouchoir de sa poche, de son sac* tirar fuori un fazzoletto dalla tasca, dalla borsa; *tirer la langue* tirar fuori, mostrare la lingua; *tirer la langue de soif* tirar fuori la lingua per la sete # *tirer les marrons du feu*: (*pr.*) togliere le castagne dal fuoco; (*fig.*) cavar le castagne dal fuoco; *tirer qqn. du lit* tirar qc. giù dal letto ◇ (*fig.*) *tirer la langue* avere una sete da morire; *faire tirer la langue à qqn.* far sospirare qc., fare allungare il collo a qc.; *tirer le vin* tirare, spillare il vino; *tirer le jus d'un citron* spremere un limone; *tirer des larmes à qqn.* strappare le lacrime a qc. ◇ (*loc. prov.*) *quand le vin est tiré il faut le boire* quando si è in ballo bisogna ballare **2** (*spécialt.*) *tirer l'épée du fourreau* estrarre la spada dal fodero; *tirer le couteau* estrarre il coltello; *tirer des armes, les armes* tirare di scherma **3** [*choisir parmi d'autres, dans un jeu de hasard*] estrarre: *tirer une carte, un numéro de loterie* estrarre una carta, un numero della lotteria # *tirer les cartes* leggere le carte; *tirer à la courte paille* fare, tirare le buschette, tirare a sorte **4** [*enlever, ôter* (*un vêtement, un ornement*)] *tirer son chapeau* togliersi (123) il cappello **5** (*avec un compl. de personne*) [*faire cesser d'être* (*dans un lieu, une situation où l'on est retenu*)] tirar fuori, trarre (190) (*littér.*): *tirer qqn. de prison* tirar fuori, liberare qc. dalla prigione; *tirer du danger* tirar fuori da un pericolo; *tirer d'affaire, d'embarras* trarre, cavare d'impiccio ◇ (*fig.*) [*faire cesser d'être dans un état*] *tirer qqn. du sommeil* strappare qc. al sonno; *tirer qqn. du doute, de l'erreur* liberare qc. dal dubbio, trarre qc. dall'errore **VI** **1** [*obtenir* (*un produit*) *en utilisant une matière première, une source, une origine*] ricavare, estrarre: *tirer de l'huile des olives* estrarre l'olio dalle olive; *l'opium est tiré d'un pavot* l'oppio viene ricavato, estratto da un papevero # *tirer des sons d'un instrument* cavare suoni da uno strumento **2** [*obtenir* (*qqch.*) *d'une personne ou d'une chose*] *tirer avantage, profit de* trarre vantaggio, profitto da; *on ne peut rien en tirer* non si può cavarne niente; *il n'y a pas grand-chose à en tirer* non ci si può ricavare gran che **3** [*obtenir* (*de l'argent, un avantage matériel*)] *tirer de l'argent d'un capital, d'une terre* ricavare denaro da un capitale, da un terreno ◇ (*comm.*) *tirer une lettre de change, un chèque* emettere (155), spiccare una cambiale, un assegno ◇ (*ellipt.*) *tirer sur le compte de qqn., sur qqn.* spiccare tratta su qc. **4** (*abstrait*) [*faire venir* (*une chose*) *de*] trarre, tirare: *tirer des conclusions* trarre, tirare delle conclusioni **5** [*emprunter* (*son origine, sa raison d'être*) *de qqch.*] trarre: *tirer son origine, sa source de* trarre origine da ◇ (*choses*) *les langues romanes tirent la plupart de leurs mots du latin* le lingue romanze traggono la maggior parte dei vocaboli dal latino **6** [*élaborer, faire, en utilisant des éléments que l'on a extraits*] ricavare, trarre: *tirer une morale d'une doctrine* ricavare, trarre una morale da una dottrina **B** *v.intr.* **I** **1** TIRER SUR [*exercer une traction, faire effort sur* (*qqch.*), *pour tendre ou pour amener vers soi*] tirare (*tr.*): *tirer sur une ficelle* tirare (a sé) una corda; *tirer sur les rênes* tirare le redini; *tirer de toutes ses forces* tirare con tutte le proprie forze ◇ (*loc. fig.*) *tirer sur la ficelle* [*exagérer, aller trop loin*] tirare la corda **2** [→ *tr.* IV 1] *tirez!* fuoco!; *apprendre à tirer* imparare a sparare, a tirare; *tirer bien, mal* sparare bene, male; *se tirer dessus* spararsi; *tirer à vue* sparare a vista; *tirer sur une cible, à la cible* tirare al bersaglio ◇ (*loc. fam.*) *ne tirez pas sur le pianiste* non sparate al pianista ~ *tirer dans le dos, dans les jambes* sparare alle spalle, alle gambe ~ *tirer en l'air* sparare in aria ~ TIRER À: *tirer à l'arc, au fusil* tirare con l'arco, col fucile; *tirer à blanc* tirare a salva; *tirer à boulets rouges sur qqn.* sparare a zero su qc. **3** TIRER SUR [*exercer une forte aspiration sur*] tirare su → **aspirer** ♦ *absolt.* [*avoir une bonne circulation d'air*] tirare: *poêle qui tire bien* stufa che tira bene **II** [*subir une tension, éprouver une sensation de tension*] tirare: *la peau lui tire* gli tira la pelle **III** **1** (*loc. pop.*) *tirer au flanc* [*chercher à échapper à un travail, à une corvée*] fare *tr.* lo scansafatiche ◇ *loc.* TIRER À SA FIN (*personnes*) volgere alla fine; (*choses*) *le spectacle tire à sa fin* lo spettacolo volge al termine ~ *cela ne tire pas à conséquence* (la cosa) non avrà conseguenze, non è poi tanto grave **2** *loc.* TIRER VERS, SUR [*se rapprocher de* (*qqch.*), *avoir un rapport de ressemblance, d'évocation*] tirare a: *un bleu tirant sur le vert* un blu che tira al verde **C** *v.pron. intr.* SE TIRER **1** (*pop.*) [*s'en aller, s'enfuir*] tagliare *tr.* la corda: *je me suis tiré en douce* ho tagliato la corda alla chetichella, me la sono svignata **2** (*fam.*) (*en parlant d'une durée qui s'écoule lentement, d'une tâche fastidieuse qui tire à sa fin*) essere (96) *intr.* agli sgoccioli: *ça se tire* siamo agli sgoccioli **3** SE TIRER DE [*échapper, sortir de* (*un lieu où l'on est retenu, une situation fâcheuse*)] *se tirer d'un endroit par miracle* venir (202) *intr.* fuori da un luogo per miracolo; *se tirer des pattes de qqn.* sfuggire *intr.* a qc.; *se tirer d'affaire, d'un mauvais pas, d'une maladie, du pétrin* trarsi d'impiccio, tirarsi fuori da un brutto frangente, venir fuori da una malattia, tirarsi fuori dai guai; *se tirer avec habileté d'un sujet épineux* cavarsela abilmente con un argomento spinoso **4** S'EN TIRER [*en réchapper, en sortir indemne*; *réussir une chose délicate, difficile*] cavarsela: *il s'en est tiré à bon compte* se l'è cavata a poco prezzo, con poco; *il s'en est bien tiré* se l'è cavata bene.

tire-sou |tiʀsu| *s.m.* (*vx.*) → **avare.**

tiret |tiʀɛ| *s.m.* (*typogr.*) trattino, lineetta *f.*

tiretaine |tiʀtɛn| *s.f.* (*ancienn.*) stoffa rozza di lana.

tirette |tiʀɛt| *s.f.* **1** (*vx.*) [*cordon pour tirer*] cordoncino *m.* (*cour.*) **2** valvola di chiusura (di un camino) **3** [*planchette mobile adaptée à certains meubles*] ripiano *m.* estensibile, aggiunta scorrevole: *table, bureau à tirette* ta-

volo, scrittoio con ripiano estensibile.
tireur, euse |tiʀœʀ, øz| *s.* **1** *s.* [*étireur*] battiloro *m. inv.* **2** *s.* (operaio*) addetto alla tiratura: *tireur de copies* addetto alla tiratura delle copie **3** *s.* [*personne qui se sert d'une arme à feu*] tiratore*: *tireur d'élite* tiratore scelto ◇ (*milit.*) tiratore *m.* ◇ (*au jeu de boules*) bocciatore* **4** *s.* (*dans quelques express.*) [*personne qui extrait, sort qqch. de*] *tireuse de cartes* cartomante; *tireur de sable* renaiolo; *tireur d'épée* spadista **5** *s.m.* (*comm.*) traente.
tireuse |tiʀøz| *s.f.* (*techn.*) **1** [*appareil servant à remplir les bouteilles*] imbottigliatrice **2** [*appareil effectuant le tirage des films positifs*] stampatrice.
tire-veille(s) |tiʀvɛj| *s.m.* (*mar.*) guardamano.
tiroir |tiʀwaʀ| *s.m.* **1** cassetto: *tiroir* (*à*) *secret* cassetto (col) segreto; *fond de tiroir* fondo di cassetto ◇ (*par anal.*) *auteur qui publie ses fonds de tiroirs* autore che pubblica i propri fondi di cassetto ◇ (*loc. fam.*, *vulg.*) *avoir un polichinelle dans le tiroir* essere incinta (*cour.*) ◇ (*litt.*) *pièce, roman à tiroirs* commedia, romanzo a incastro, con più intrecci; (*fam.*) *nom à tiroirs* cognome formato da più casati (*cour.*) **2** (*mécan.*) cassetto di distribuzione.
tiroir-caisse |tiʀwaʀkɛs| *s.m.* registratore di cassa.
1 **tisane** |tizan| *s.f.* **1** tisana, infuso *m.* **2** *tisane de champagne* cattivo *adj.* 'champagne'.
2 **tisane** |tizan| *s.f.* (*pop.*) sacco* *m.* di botte: *il lui a passé une tisane* gli ha dato un sacco di botte.
tison |tizɔ̃| *s.m.* [*reste d'un morceau de bois, d'une bûche dont une partie a brûlé*] tizzone, tizzo ◇ (*prov.*) *Noël au balcon, Pâques au tison* Natale al sole, Pasqua al fuoco.
tisonné, ée |tizɔne| *adj.* (*hippol.*) *cheval tisonné* cavallo macchiettato di nero.
tisonner |tizɔne| *v.tr.* [*remuer les tisons, la braise de* (*un foyer, un feu*) *pour attiser, faire tomber la cendre*] attizzare.
tisonnier |tizɔnje| *s.m.* [*instrument pour attiser le feu*] attizzatoio*.
tissage |tisaʒ| *s.m.* [→ TISSER] tessitura *f.*
tisser |tise| *v.tr.* **1** (*p.p.* 'tissé') [*fabriquer* (*un tissu*) *par tissage*] tessere: *tisser une toile* tessere una tela; *tisser de la laine* tessere la lana # *métier à tisser* telaio **2** (*fig.*) (*p.p.* 'tissu' *et* 'tissé') [*former, élaborer, disposer les éléments de* (*qqch.*) *comme par tissage*] tessere: *tisser des intrigues* tessere intrighi → **ourdir, tramer.**
tisserand, ande |tisʀɑ̃, ɑ̃d| *s.* tessitore* a mano.
tisserin |tisʀɛ̃| *s.m.* (*t.zool.*) tessitore.
tisseur, euse |tisœʀ, øz| *s.* [*nom de divers ouvriers sur métier à tisser*] tessitore* → **tisserand.**
tissu |tisy| *s.m.* **1** tessuto: *tissu imprimé* tessuto stampato; *tissu élastique, imperméable* tessuto elastico, impermeabile; *tissu irrétrécissable, infroissable* tessuto irrestringibile, ingualcibile **2** (*fig.*) [*suite ininterrompue* (*de choses regrettables ou désagréables*)] tessuto: *un tissu d'horreurs, d'incohérences* un tessuto di orrori, di incoerenze **3** (*anat.*, *biol.*) tessuto: *tissus organiques* tessuti organici; *calcification, sclérose d'un tissu* calcificazione, sclerosi di un tessuto **4** (*sociol.*, *urbanisme*) tessuto: *tissu industriel, urbain* tessuto industriale, urbano.
tissu, ue |tisy| *p.p.* → **tisser** 2.
tissulaire |tisylɛʀ| *adj.* (*biol.*) tissulare, tessutale.
tissure |tisyʀ| *s.f.* (*vieilli*) → **tissage** ◇ (*fig.*, *littér.*) → **agencement, contexture.**
titan |titɑ̃| *s.m.* **1** (*mythol.*) titano **2** (*fig.*, *littér.*) [*géant*] titano, gigante: *une œuvre, un travail de titan* un'opera da titano (titanica), ciclopica.
titane |titan| *s.m.* (*chim.*) titanio*.
titanesque |titanɛsk(ə)|, **titanique** |titanik| (*vieilli*) *adj.* [*gigantesque, démesuré*] titanico*, gigantesco*.
titanique |titanik| *adj.* (*chim.*) titanico*: *acide titanique* acido titanico.
titanomachie |titanɔmaʃi| *s.f.* (*mythol.*) titanomachia.
titi |titi| *s.m.* [*gamin déluré et malicieux*] monello: *titi parisien* monello parigino.
titillation |titi(l)lɑsjɔ̃, (*cour.*) titijɑsjɔ̃| *s.f.* (*littér.*, *plais.*) [→ TITILLER] titillamento *m.*, titillazione (*rare*).
titiller |titi(l)le, (*cour.*) titije| *v.tr.* (*littér.*, *plais.*) [*chatouiller de manière à provoquer une démangeaison légère et agréable*] titillare ◇ (*fig.*) [*caresser, chatouiller*] titillare.
titrage |titʀaʒ| *s.m.* **1** (*chim.*) titolazione (*f.*): *titrage des alcools* titolazione degli spiriti **2** [*action de titrer* (3) *un film*] intitolazione *f.*
titre |titʀ(ə)| *s.m.* **I 1** [*désignation honorifique*] titolo: *titre de noblesse, titre nobiliaire* titolo di nobiltà, nobiliare; *porter, prendre un titre* portare, assumere un titolo **2** [*nom de charge, de fonction, de grade*] titolo: *le titre de directeur, de président, de docteur, de professeur* il titolo di direttore, di presidente, di dottore, di professore; *titres universitaires* titoli universitari ◇ *loc.* EN TITRE titolare (*adj.*): *professeur en titre* professore titolare ◇ (*par ext.*) *fournisseur en titre d'une maison* fornitore accreditato *adj.*, ufficiale *adj.* di una ditta **3** [*qualité de gagnant, de champion* (*dans une compétition*)] titolo: *disputer, remporter un titre dans un championnat* disputare, conseguire un titolo in un campionato; *tenir, détenir le titre* detenere il titolo; *match qui met un titre en jeu* incontro con un titolo in palio; *concourir pour le titre* concorrere per il titolo **4** *loc. prép.* À TITRE DE: (*personnes*) in qualità di; (*choses*) a titolo di: *il travaille à titre de comptable* lavora in qualità di contabile, come contabile ‖ *argent remis à titre d'indemnité* denaro dato a titolo di indennità; *à titre d'essai, d'exemple* a titolo di prova, di esempio ~ *à ce titre* a tale titolo ~ *au même titre* allo stesso modo ~ (*loc. conj.*) *au même titre que* allo stesso modo di, come ~ À TITRE (+ *adj.*) a titolo, in via (+ *adj.*): *à titre amical* a titolo, in via amichevole; *à titre exceptionnel, personnel* a titolo, in via eccezionale, personale # *à aucun titre* per nessun motivo, in nessun caso; *à plus d'un titre, à plusieurs titres* per parecchi motivi, per più ragioni **II 1** (*dr.*, *cour.*) titolo: *titres de propriété* titoli di proprietà; *titres de transport* titoli di trasporto; *titre de crédit, de créance* titolo di credito; *titre nominatif, à ordre* titolo nominativo, all'ordine; *titre au porteur* titolo al portatore **2** (*loc. fig.*) *à juste titre* a (con) ragione, a buon diritto **III 1** [*proportion d'or ou d'argent contenue dans un alliage*] titolo: *titre d'une monnaie* titolo di una moneta **2** (*chim.*) titolo **3** (*filature*) titolo **IV 1** [*désignation du sujet traité* (*dans un livre*); *nom donné* (*à une œuvre littér.*) *par son auteur*] titolo: *titre d'un ouvrage* titolo di un'opera; *titre courant* titolo corrente **2** [*nom d'un poème, d'une chanson, d'un film, d'une émission radiophonique, télévisée*] titolo **3** [*expression, phrase qui présente un article de journal*] titolo: *titre sur cinq colonnes à la une* titolo su cinque colonne in prima pagina **4** (*dr.*) titolo.
titrer |titʀe| *v.tr.* **1** [*conférer un titre de noblesse à* (*qqn.*)] titolare, conferire (197) un titolo (a) **2** [*déterminer le titre* (III), *la proportion de*] titolare: *titrer un alliage, une solution* titolare una lega, una soluzione **3** [*donner un titre à*] intitolare: *titrer un film* intitolare un film → **intituler.**
titreuse |titʀøz| *s.f.* (*techn.*) titolatrice.
titubant, ante |titybɑ̃, ɑ̃t| *adj.* [*qui titube*] barcollante, vacillante: *un ivrogne titubant* un ubriaco barcollante; *jambes titubantes* gambe vacillanti; *démarche titubante* andatura vacillante.
titubation |titybɑsjɔ̃| *s.f.* (*rare*) [→ TITUBER] barcollamento *m.*, vacillamento *m.*
tituber |titybe| *v.intr.* [*vaciller sur ses jambes, aller de droite et de gauche en marchant*] barcollare, vacillare: *un ivrogne, un malade qui titube* un ubriaco, un ammalato che barcolla, vacilla.
titulaire |titylɛʀ| *adj.* **1** titolare: *évêques titulaires* vescovi titolari; *professeur titulaire* professore titolare **2** [*qui possède juridiquement*] titolare: *être titulaire d'un droit* essere titolare di un diritto ♦ (*s.*) *un titulaire* un titolare 🄲 **auxiliaire.**
titularisation |titylaʀizɑsjɔ̃| *s.f.* [→ TITULARISER] nomina in (di) ruolo; passaggio* *m.* in (di) ruolo.
titulariser |titylaʀize| *v.tr.* [*rendre* (*une personne*) *titulaire d'une fonction, d'une charge qu'elle remplit*] nominare in (di) ruolo: *titulariser un fonctionnaire* nominare in ruolo un pubblico dipendente ♦ (*au passif*) *passer un examen pour être titularisé* sostenere un esame per passare *intr.* in (di) ruolo.
titularité |titylaʀite| *s.f.* titolarità *inv.*
tmèse |tmɛz| *s.f.* (*ling.*) tmesi *inv.*
toarcien, ienne |tɔaʀsjɛ̃, jɛn| *adj. et s.m.* (*géol.*) toarciano.
toast |tost| *s.m.* (*angl.*) **1** [*fait de boire à la santé de qqn., à l'accomplissement d'un vœu, etc.*] brindisi (*inv.*): *toast de bienvenue* brindisi di benvenuto; *porter un toast* fare un brindisi, brindare **2** [*tranche de pain de mie grillée*] tosto, toast *inv.*
toasteur |tostœʀ| *s.m.* (*rare*) [*ustensile de cuis. pour griller les toasts*] tostapane *inv.* (*cour.*).
toboggan |tɔbɔgɑ̃| *s.m.* **1** [*traîneau à longs patins métalliques*; (*au Canada*) *traîneau sans patins*] toboga *inv.* ◇ (*dans les foires*) toboga, scivolo **2** (*te-

chn.) guida *f.* → **glissière** 3 [*voie de circulation auto.* (*viaduc métallique démontable*) *qui enjambe un carrefour*] cavalcavia *inv.* (metallico*).

toc |tɔk| **I** *interj.* (*onomat. d'un bruit, d'un heurt*) toc: *'j'ai frappé à la porte, toc, toc', 'qui est là?'* 'ho bussato alla porta, toc, toc' 'chi è?' **II** *s.m.* [*objet faux; imitation d'une matière précieuse, d'un objet anc.*] paccottiglia *f.*, patacca* (*f.*): *c'est du toc!* è paccottiglia! ◆ *adj.* (*fam.*) [*sans valeur; faux et prétentieux*] falso, imitato: *un meuble toc* un mobile falso, imitato **III** *adj.* (*fam.*) *toc, toctoc, toc-toc* → **toqué.**

tocade |tɔkad| *s.f.* → **toquade.**

tocante |tɔkɑ̃t| *s.f.* (*fam.*) → 2 **montre.**

tocard, arde |tɔkaʀ, aʀd(ə)| **1** *adj.* (*fam.*) [*ridicule, laid*] di cattivo gusto *loc. inv.* (*cour.*), brutto (*cour.*) **2** *s.m.* [*mauvais cheval, aux performances irrégulières*] brocco* ◇ (*pop.*) [*personne incapable, sans valeur*] brocco.

toccata |tɔkata| *s.f.* (*mus.*) toccata: *toccatas et fugues de J.S. Bach* toccate e fughe di J.S. Bach.

toco- |tɔkɔ| *préf.* (*signifiant 'accouchement', correspond généralt. à*) toco: *tocophérol* tocoferolo.

tocophérol |tɔkɔfeʀɔl| *s.m.* (*biol.*) tocoferolo.

tocsin |tɔksɛ̃| *s.m.* campane *f. pl.* a martello, a stormo: *sonner le tocsin* sonare le campane a martello, a stormo.

toge |tɔʒ| *s.f.* (*antiq.*) toga* ◇ (*par ext.*) *toge de magistrat, d'avocat* toga di magistrato, di avvocato.

togolais, aise |tɔgɔlɛ, ɛz| *adj.* [*du Togo*] togolese.

tohu-bohu |tɔybɔy| *s.m.* **1** caos *inv.* primigenio* **2** [*désordre, confusion de choses mêlées*] caos, confusione *f.* ◇ [*bruit confus, tumulte bruyant*] baccano, trambusto.

toi |twa| *pron. pers. et nominal* (*forme tonique de la 2ᵉ pers. du sing.*) **I** *sans prép.* (*sujet ou compl.*) **1** (*compl. d'un v. pron. à l'impér.*) ti; te: *dépêche-toi* spicciati; *lève-toi* alzati → **te** ‖ *garde t'en bien* guardatene bene **2** (+ *inf.*) tu: *toi, nous quitter?* tu, lasciarci? ◇ (*sujet d'un p.*) *toi parti,...* partito tu,... ◇ (*sujet d'une propos. ellipt.*) *moi d'abord, toi après* prima io, poi tu **3** (*coordonné à un nom, un pron.*) (*sujet*) tu: *toi et moi* (*nous*) *irons* tu e io andremo; *toi ou lui* (*vous*) *irez* tu o lui andrete ◇ (*compl.*) te: *il invitera tes parents et toi* inviterà te e i tuoi genitori ◇ (*dans une phrase comparative*) te: *il est plus gentil que toi* è più gentile di te **4** (*renforçant le pron.*) tu, te: *et toi, tu restes?* e tu rimani?; *t'épouser, toi?* io, sposare te?, sposarti? **5** TOI QUI (+ *v. à la 2ᵉ pers. du sing.*) tu che: *toi qui me comprends* tu che mi capisci ~ TOI QUE tu che: *toi que j'estime* tu che stimo; *toi dont, à qui, pour qui...* te di cui, a cui, per cui... **6** (*en fonction de vocatif*) tu: *toi, viens avec moi* tu, vieni con me **7** TOI (*attribut*) tu, te (*fam.*): *c'est toi* sei tu, te; *c'est toi qui l'as voulu* l'hai voluto tu (*cour.*); *si j'étais toi* se fossi in te (*cour.*) **II** (*précédé d'une prép.*) te: *chez toi* da te, a casa tua; *prends garde à toi* sta' attento (a te); *après, avant toi* prima, dopo di te ◇ (*renforçant le poss. 'ton'*) *ce sont tes problèmes à toi* sono problemi tuoi, tuoi problemi personali **III** *loc.* TOI-MÊME te stesso: *connais-toi toi-même* conosci te stesso ~ *toi seul peux le faire* tu solo puoi farlo, lo puoi fare solo tu ~ *toi aussi* anche, pure tu ~ *toi non plus* neanche, neppure, nemmeno tu.

toile |twal| *s.f.* **I** **1** tela: *toile de coton, de chanvre* tela di cotone, di canapa; *toile écrue* tela grezza; *toile à matelas, à draps* tela per materassi, per lenzuola **2** *une, des toile(s)* [*pièce de toile*] tela: *toile cirée* (tela) incerata ◇ (*fam.*) *les toiles* [*les draps*] le lenzuola (*cour.*): *se mettre dans les toiles* mettersi sotto le lenzuola ◇ (*mythol.*) *la toile de Pénélope* la tela di Penelope **II** **1** (*peint.*) tela: *la toile d'un tableau* la tela di un quadro ◇ (*par ext.*) [*œuvre peinte sur toile*] tela → **tableau** ◇ (*théât.*) *toile de fond* fondale *m.*, sfondo *m.*; (*fig.*) sfondo **2** (*vieilli*) [*rideau* (*de théât.*)] sipario* *m.* (*cour.*) **3** (*mar.*) velatura, vele *pl.* **III** tela di ragno, ragnatela: *araignée qui file, tisse sa toile* ragno che fila, tesse la propria tela.

toilerie |twalʀi| *s.f.* [*fabrication, comm. des toiles de lin, de coton, chanvre*] teleria.

toilettage |twalɛtaʒ| *s.m.* [*soins de propreté donnés aux animaux d'appartement*] toeletta *f.*

toilette |twalɛt| *s.f.* **1** toeletta, toletta, 'toilette' (*inv.*): *table de toilette* tavolo da toeletta; *produits de toilette* prodotti di toeletta **2** [*le fait de s'habiller et de se parer*] toletta, 'toilette' # *avoir le goût de la toilette* vestirsi con gusto ◇ [*l'habillement, la manière dont une femme est vêtue et apprêtée*] *être en grande toilette, en toilette de bal* essere in abito *m.* da gran sera ◇ (*spécialt.*) *une toilette* [*les vêtements que porte une femme*] una toletta, una 'toilette': *une toilette élégante, tapageuse* una 'toilette' elegante, chiassosa **3** [*ensemble des soins de propreté du corps*] toletta, toeletta, 'toilette': *faire sa toilette avant de s'habiller* fare 'toilette' prima di vestirsi ◇ (*par anal., fam.*) *le chat fait sa toilette* il gatto fa 'toilette', si lecca; *faire un brin de toilette* fare un po' di 'toilette' **4** *cabinet de toilette* (stanzino *m.* di) toeletta ◇ *au plur.* [*cabinet* (*d'aisances*)] gabinetto *m. sing.*, 'toilette' *sing.*, (*euphémisme*) bagno *m. sing.*

toiletter |twalete| *v.tr.* [*faire la toilette de* (*un animal d'appartement*)] fare (103) la toietta (a).

toileuse |twaløz| *s.f.* cucitrice di tela.

toilier, ière |twalje, jɛʀ| **1** *s.* fabbricante di teleria; commerciante in teleria **2** *adj.* della tela (*loc. inv.*): *industrie toilière* industria della tela.

toise |twaz| *s.f.* **1** [*anc. mesure de longueur valant six pieds* (*soit près de deux mètres*)] tesa ◇ (*loc.*) *mesurer à sa toise* valutare, misurare alla propria stregua **2** [*tige verticale graduée, munie d'une coulisse horizontale, qui sert à mesurer la taille*] antropometro *m.* # *passer des soldats à la toise* misurare l'altezza dei soldati.

toisé |twaze| *s.m.* (*techn.*) tesatura *f.*

toiser |twaze| *v.tr.* **1** [*regarder avec défi, ou plus souvent, avec dédain, mépris*] squadrare (da capo a piedi), guardare in cagnesco **2** (*vieilli*) [*estimer à la vue* (*une quantité*)] stimare, valutare a occhio.

toison |twazɔ̃| *s.f.* **1** [*pelage laineux des ovidés*] vello (*m.*): *toison des brebis, des moutons* vello delle pecore, dei montoni ◇ (*mythol.*) *la toison d'or* il vello d'oro **2** [*chevelure très fournie ou d'apparence laineuse*] zazzera, folta capigliatura.

toit |twa| *s.m.* **1** (*maçonn.*) tetto: *toit de tuiles, d'ardoises* tetto di tegole, di ardesia; *toit de tôle* tetto di lamiera # *habiter, loger sous le toit, sous les toits* abitare, alloggiare all'ultimo piano, in una mansarda; *crier, publier qqch. sur les toits* strombazzare q.c. **2** (*par ext.*) [*maison, abri où l'on peut vivre*] tetto, casa (*f.*): *posséder un toit* avere un tetto, una casa **3** [*paroi supérieure, plafond d'une galerie de mine*] tetto ◇ (*géol., géogr.*) *toit d'une nappe aquifère* tetto di una falda acquifera ◇ (*spécialt.*) [*paroi supérieure d'un véhicule*] *toit d'un wagon, d'une automobile* tetto di un vagone, di un'automobile.

toiture |twatyʀ| *s.f.* (*maçonn.*) copertura.

tokai, tokay |tɔkɛ|, **tokaï** |tɔkaj| *s.m.* (*vin*) tocai *inv.*

tokharien, ienne |tɔkaʀjɛ̃, jɛn| *s.m. et adj.* (*ling.*) tocarico*.

tolbutamine |tɔlbytamin| *s.f.* (*méd.*) tolbutamina.

1 **tôle** |tol| *s.f.* (*métall.*) lamiera: *tôle étamée, galvanisée, émaillée* lamiera stagnata, zincata, smaltata; *tôle ondulée* lamiera ondulata.

2 **tôle** |tol| *s.f.* → **taule.**

tôlée |tole| (*adj. f.*) *neige tôlée* [*neige qui a regelé après un début de fusion*] neve gelata.

tolédan, ane |tɔledɑ̃, an| *adj.* [*de Tolède*] toledano.

tolérable |tɔleʀabl(ə)| *adj.* **1** [→ TOLÉRER 1] tollerabile → **admissible, excusable** **2** [*qu'on peut supporter*] tollerabile, sopportabile → **supportable.**

tolérablement |tɔleʀabləmɑ̃| *adv.* [→ TOLÉRABLE] tollerabilmente, in modo tollerabile *loc. inv.*

tolérance |tɔleʀɑ̃s| *s.f.* **1** tolleranza: *ce n'est pas un droit, c'est une tolérance* non è un diritto, è una tolleranza ◇ (*anciemn.*) *maison de tolérance* casa di tolleranza **2** [*attitude qui consiste à admettre chez autrui une manière de penser ou d'agir différente de celle qu'on adopte soi-même*] tolleranza: *faire preuve d'intelligence et de tolérance* dar prova di intelligenza e di tolleranza → **compréhension, indulgence** **3** (*relig.*) *tolérance théologique, religieuse* tolleranza teologica, religiosa **4** (*méd.*) tolleranza **5** (*techn.*) tolleranza: *marge de tolérance* margine di tolleranza.

tolérant, ante |tɔleʀɑ̃, ɑ̃t| *adj.* **1** tollerante: *ses parents sont très tolérants* i suoi genitori sono molto tolleranti, indulgenti → **indulgent, compréhensif** **2** [*qui fait preuve de tolérance en matière d'opinion*] tollerante: *doctrine, religion tolérante* dottrina, religione tollerante.

tolérantisme |tɔleʀɑ̃tism(ə)| *s.m.* (*hist. relig.*) (eccessiva) tolleranza *f.* religiosa.

tolérer |tɔleʀe| (8) *v.tr.* **1** [*laisser se produire ou subsister* (*une chose qu'on aurait le droit ou la possibilité d'empêcher*)] tollerare: *on tolère le stationnement sur ce trottoir* la sosta su questo marciapiede è tollerata → **au-**

toriser, permettre ◇ [*considérer avec indulgence* (*une chose qu'on n'approuve pas et qu'on pourrait blâmer*)] *j'ai toléré tes bêtises trop longtemps* ho tollerato le tue stupidaggini per troppo tempo → **excuser, pardonner** 2 [*supporter avec patience* (*ce qu'on trouve désagréable, injuste*)] tollerare, sopportare: *une douleur qu'on ne peut tolérer* un dolore che non si può tollerare, sopportare 3 *tolérer qqn.* [*admettre sa présence à contrecœur*] tollerare, sopportare qc. 4 (*en parlant de l'organisme*) [*supporter sans réaction fâcheuse*] tollerare: *tolérer un médicament* tollerare un farmaco © 1 **interdire.**

tôlerie |tolʀi| *s.f.* 1 fabbrica*, commercio* *m.* della latta, della lamiera 2 [*atelier où l'on travaille la tôle*] carrozzeria: *envoyer une voiture à la tôlerie* mandare la macchina in carrozzeria 3 oggetti *m. pl.*, parti *pl.* di latta, di lamiera.

tolet |tɔlɛ| *s.m.* (*mar.*) scalmo.

toletière |tɔltjɛʀ| *s.f.* (*mar.*) scalmiera, portascalmo *m.*

tôlier |tolje| *s.m.* [*celui qui fabrique, travaille ou vend la tôle*] lattoniere, lamierista: *tôlier de bâtiment* lattoniere edile; *tôlier en voitures* carrozziere-lamierista, battilamiere.

tôlier, ière |tolje, jɛʀ| *s.* → **taulier.**

tolite |tɔlit| *s.f.* (*techn.*) tritolo *m.*, trinitrotoluolo (TNT) *m.*

tollé |tɔ(l)le| *s.m.* [*clameur de protestation; mouvement collectif d'indignation*] levata *f.* di scudi, protesta *f.* generale → **clameur, huée.**

tolstoïen, ïenne |tɔlstɔjɛ̃, jɛn| *adj.* tolstoiano.

tolu (baume de) |bomdətɔly| *s.m.* (*pharm.*) tolù *inv.*

toluène |tɔlɥɛn| *s.m.* (*chim.*) toluene.

toluidine |tɔlɥidin| *s.f.* (*chim.*) toluidina.

toluol |tɔlɥɔl| *s.m.* (*chim.*) toluolo, toluene.

tomahawk |tɔmaok| *s.m.* (*angl.*) ascia* *f.* di guerra, tomahawk *inv.*

tomaison |tɔmɛzɔ̃| *s.f.* (*imprim.*) indicazione (del numero) del tomo.

tomate |tɔmat| *s.f.* 1 (*t.bot.*) pomodoro *m.* 2 [*le fruit*] pomodoro: *tomates en salade* pomodori in insalata; *sauce tomate, jus de tomate* salsa, succo di pomodoro ◇ (*par comparaison*) *être rouge comme une tomate* essere rosso come un peperone *m.* 3 (*fam.*) [*apéritif anisé à base de grenadine*] anice *m.* con granatina (*cour.*).

tombac |tɔ̃bak| *s.m.* (*techn.*) tombacco*.

tombal, ale, als |tɔ̃bal| *adj.* tombale: *pierre tombale* pietra tombale.

tombant, ante |tɔ̃bɑ̃, ɑ̃t| *adj.* 1 (*rare*) [*qui tombe*] cadente ◇ (*loc. cour.*) *à la nuit tombante* sul far della notte 2 [*qui s'étend de haut en bas, pend*] spiovente: *épaules tombantes* spalle spioventi; *moustaches tombantes à la gauloise* baffi spioventi.

tombe |tɔ̃b| *s.f.* 1 tomba: *s'il pouvait voir une chose pareille, il se retournerait dans sa tombe* se vedesse una cosa simile si rivolterebbe nella tomba ◇ (*par comparaison*) *silencieux, froid, triste comme une tombe* silenzioso, freddo, triste come una tomba 2 [*pierre tombale; monument funéraire*] tomba 3 (*par métaph., fig.*) *être au bord de la tombe, avoir déjà un pied dans la tombe* avere un piede nella fossa; *suivre qqn. dans la tombe* seguire qc. nella tomba.

tombé, ée |tɔ̃be| *adj.* 1 [*qui est tombé*] caduto ◇ (*spécialt.*) *fruits tombés* frutti caduti 2 [*déchu*] caduto, decaduto 3 (*rugby*) *coup de pied tombé* drop *s.m. inv.*

tombeau |tɔ̃bo| *s.m.* 1 [*monument funéraire servant de sépulture pour un ou plusieurs morts*] tomba *f.*, sepolcro, avello (*littér.*) # *mise au tombeau* deposizione (di Cristo) 2 (*fig., littér.*) [*lieu clos, sombre, d'aspect funèbre*] tomba: *cette maison, cette pièce est un vrai tombeau* questa casa, questa stanza è una vera tomba ◇ (*par métaph.*) *descendre au tombeau* [*mourir*] scendere nella tomba ◇ *loc.* À TOMBEAU OUVERT [*avec une telle vitesse qu'on risque un accident mortel*] a rotta di collo, a rompicollo: *rouler à tombeau ouvert* correre a rotta di collo, a rompicollo.

tombée |tɔ̃be| *s.f.* 1 *tombée de la neige, de la pluie* [*chute*] la caduta, il cadere *m. inv.* della neve, della pioggia 2 (*loc.*) *à la tombée de la nuit, du jour* sul far della notte, al cader della sera.

tombelle |tɔ̃bɛl| *s.f.* (*archéol.*) tumulo *m.*, tumolo *m.*

1 **tomber** |tɔ̃be| *v.intr.* (*aux.* '*être*') I 1 [*être entraîné à terre en perdant son équilibre ou son assiette*] cadere (121), cascare (*fam.*): *tomber par terre, à terre* cadere per terra, a terra; *tomber de tout son long, à la renverse, les quatre fers en l'air, la tête la première* cadere lungo disteso, all'indietro, a gambe all'aria, a testa in giù; *tomber mort, raide mort* cadere morto, stecchito ◇ (*par exagér.*) *tomber de fatigue, de sommeil* cascare dalla stanchezza, dal sonno ◇ (*sans aller à terre*) [*se laisser aller, choir*] *tomber sur un divan, un fauteuil* lasciarsi *pron.* cadere, buttarsi *pron.* su un divano, su una poltrona; *tomber dans les bras de qqn.* gettarsi *pron.* nelle braccia di qc. ◇ (*choses*) [*crouler*] *les murs tombèrent* i muri caddero ◇ (*loc.*) *tomber en ruine, en poussière* cadere in rovina, ridursi in polvere 2 (*personnes*) [*cesser de régner, être déchu, renversé*] cadere: *le gouvernement, le régime est tombé* è caduto il governo, il regime 3 (*choses*) [*être détruit ou disparaître*] cadere: *l'obstacle, la difficulté tombe* l'ostacolo, la difficoltà cade, viene a cadere ◇ [*échouer*] *la pièce est tombée, est tombée à plat* la commedia ha fatto (completamente) fiasco 4 [*perdre sa force, ne pas se soutenir*] *le jour tombe* il giorno tramonta, cade la sera; *son exaltation, sa colère étaient tombées* la sua esaltazione, la sua ira si erano calmate, erano sbollite II 1 [*être entraîné vers le sol, d'un lieu élevé à un lieu bas et profond*] cadere (giù), cascare giù: *tomber dans un abîme, un gouffre* cadere in un abisso, in un baratro ◇ (*loc.*) *tomber sur ses pieds*: (*pr., fig.*) cadere in piedi ◇ (*fig.*) *tomber des nues, de la lune* cadere, cascare dalle nuvole ◇ (*choses*) *corps qui tombe en chute libre* corpo che cade in caduta libera; *la foudre est tombée* è caduto il fulmine; *l'avion tombe en flammes* l'aereo cade in fiamme; *eau, ruisseau qui tombe en cascade* acqua, ruscello che cade a cascata, che forma una cascata ◇ (*météo.*) *la pluie, la neige, la grêle tombe* cade la pioggia, la neve, la grandine ♦ (*impers.*) *il tombait de la neige* cadeva la neve, nevicava ◇ [*se détacher, cesser d'être tenu*] *feuilles, fruits qui tombent des arbres* foglie, frutti che cadono dagli alberi; *ses cheveux tombent* le cadono i capelli ◇ (*loc.*) *le journal tombe à cinq heures* il giornale esce alle cinque ◇ *loc.* LAISSER TOMBER lasciar cadere: *laisser tomber un paquet* lasciar cadere un pacchetto ~ (*fig., fam.*) *laisser tomber qqn., qqch.* lasciar perdere qc., q.c. ♦ *absolt.* (*pop.*) *laisse, laissez tomber* lascia, lasciate perdere, lascia stare 2 (*lumière, son, paroles, etc.*) [*arriver, parvenir du haut*] cadere: *la nuit, le soir tombe* cade, viene la sera, la notte; *mots, paroles qui tombent de la bouche, des lèvres de qqn.* parole che cadono, escono dalla bocca, dalle labbra di qc. ◇ (*loc. fig.*) *ce n'est pas tombé dans l'oreille d'un sourd* la cosa non è finita negli orecchi di un sordo 3 [*baisser*] cadere, scendere (105): *les prix tombent* i prezzi cadono, scendono; *sa température est tombée de cinq dixièmes* la febbre gli è scesa, diminuita di cinque linee → 1 **descendre** ◇ (*loc.*) *tomber à rien, à zéro* finire in, nel nulla 4 (*fig.*) [*être en décadence*] cadere, decadere (121): *il est tombé bien bas* è proprio caduto in basso 5 (*choses*) [*s'abaisser en certaines parties, tout en restant suspendu ou soutenu*] cadere: *manteau qui tombe jusqu'aux talons* soprabito che cade, arriva fino al calcagno; *robe, veste qui tombe bien* vestito, giacca che cade bene → **pendre** ◇ [*s'affaisser*] *épaules qui tombent* spalle cadenti; *les bras lui tombent de fatigue* gli cadono, cascano le braccia dalla fatica ◇ (*fig.*) *les bras m'en tombent* mi cascano le braccia 6 [*s'incliner fortement*] cascare, scendere → 1 **descendre** III 1 TOMBER SUR [*s'élancer de toute sa force et par surprise sur, contre* (*qqn.*)] gettarsi *pron.*, piombare su, sopra: *tomber sur qqn. à bras raccourcis* gettarsi, piombare su qc. a tutta forza; *l'ennemi tomba sur nous* il nemico ci piombò sopra ◇ (*loc. fam.*) *ils vont nous tomber sur le dos, le poil* stanno per arrivarci fra i piedi; stanno per saltarci addosso ~ (*fig.*) *tomber sur qqn.* [*l'accuser ou le critiquer sans ménagement, l'accabler*] piombare addosso a qc., assillare qc. ◇ (*choses*) *les malheurs tombent sur moi* le disgrazie si abbattono su di me, sono sommerso dalle disgrazie 2 TOMBER EN, DANS (*un état*) [*se trouver entraîné dans*] cadere, piombare in: *tomber dans l'abattement, le désespoir* cadere, piombare nell'abbattimento (abbattersi), piombare nella disperazione (disperarsi); *tomber dans un piège, une embuscade* cadere in una trappola, in un'imboscata; *tomber entre, dans les mains* (*aux mains*), *au pouvoir de qqn.* cadere, finire nelle mani, in potere di qc.; *tomber dans une erreur, un excès* cadere, incorrere in un errore, in un eccesso (eccedere) # *tomber en syncope* essere colpito da una sincope; *tomber en panne* restare in panne, avere un guasto; *tomber d'un excès dans un autre* passare da un eccesso all'altro ◇ (*choses*) *notre projet est tombé dans le lac, à l'eau* il nostro progetto è andato a monte, a gambe all'aria; *un acte qui tombe sous le coup*

de la loi un atto punibile *adj.* a norma di legge **3** (*personnes*) TOMBER (+ *adj.*): [*être, devenir* (*après une évolution rapide*)] *tomber malade* ammalarsi; *tomber amoureux* innamorarsi ◇ (*pop.*) *il est tombé fou* è uscito pazzo ◇ (*loc.*) *il est tombé d'accord pour...* si è trovato d'accordo per..., è d'accordo di... **IV** **1** [*arriver ou se présenter inopinément*] arrivare, capitare: *tomber en pleine réunion* arrivare, capitare in piena riunione → **survenir** ◇ *loc.* TOMBER SUR (*qqn., qqch.*) [*rencontrer ou toucher par hasard*] imbattersi in, incontrare (qc., q.c.): *je suis tombé sur un ancien camarade* mi sono imbattuto in, ho incontrato un vecchio compagno ~ TOMBER SOUS capitare sotto, tra: *il attrape tout ce qui lui tombe sous la main* afferra tutto quel che gli capita sottomano, tra le mani ◇ (*fig.*) *tomber sous le sens* essere chiaro come il sole ◇ (*choses, personnes*) *tomber bien, mal* capitare a proposito, a sproposito; *tomber à point, à propos, à pic, pile* capitare (giusto) a proposito **2** [*arriver par une coïncidence remarquable*] cadere: *fêtes tombant le même jour* feste che cadono lo stesso giorno ◇ (*loc.*) *tomber juste* azzeccare, cogliere nel segno.

2 **tomber** |tɔ̃be| *v.tr.* **1** (*lutte*) [*vaincre* (*l'adversaire*) *en le faisant tomber et en lui faisant toucher simultanément les deux épaules pendant quelques secondes*] atterrare ◇ (*pop.*) *tomber une femme* [*la séduire*] sedurre (108) (*cour.*) una donna **2** (*fam.*) *tomber la veste* [*l'enlever*] togliere (123), togliersi (*cour.*) la giacca.

3 **tomber** |tɔ̃be| *s.m.* (*rare*) → **tombée** ◇ (*sport*) [→ 2 TOMBER 1] atterramento.

tombereau |tɔ̃bʀo| *s.m.* [*voiture de charge susceptible d'être déchargée en basculant à l'arrière*] tombarello ◇ [*contenu de cette voiture*] carrettata (*f.*): *un tombereau de sable* una carrettata di sabbia.

tombeur |tɔ̃bœʀ| *s.m.* [*lutteur qui* (2) *tombe* (1) *son adversaire*] lottatore* *s.* (che atterra l'avversario) ◇ (*fig., fam.*) *tombeur de femmes* [*Don Juan, séducteur*] donnaiolo, dongiovanni *inv.*

tombola |tɔ̃bɔla| *s.f.* tombola.

tombolo |tɔ̃bɔlo| *s.m.* (*géogr.*) tombolo.

-tome, -tomie |tom, tɔmi| *suff.* (*signifiant 'couper, découper', correspondent généralt. à*) tomo; tomia: *atome* atomo ‖ *anatomie* anatomia.

tome |tɔm| *s.m.* tomo → 3 **volume.**

tomenteux, euse |tɔmɑ̃tø, øz| *adj.* (*bot.*) tomentoso.

tomer |tɔme| *v.tr.* (*imprim.*) [*diviser en tomes; marquer de l'indication du tome*] dividere (130) in tomi, in volumi; indicare il tomo, il volume (su).

tomme |tɔm| *s.f.* [*fromage de Savoie, fermenté, à pâte pressée et persillée*] ⊠.

tom(m)ette |tɔmɛt| *s.f.* (*en Dauphiné, en Provence*) mattonella in cotto.

tomographie |tɔmɔgʀafi| *s.f.* (*méd.*) tomografia, stratigrafia.

tom-pouce |tɔmpus| *s.m.* **1** (*fam.*) [*homme de très petite taille, nain*] nanetto, omuncolo **2** [*petit parapluie à manche court*] ombrellino.

ton |tɔ̃| *s.m.* **I** **1** [*hauteur de la voix*] tono: *ton aigu, élevé, bas, grave* tono acuto, alto, basso, grave → **voix**; *ton uniforme, montant, descendant* tono uniforme, ascendente, discendente **2** [*qualité de la voix humaine*] tono: *ton de voix familier* tono di voce familiare; *ton détaché, froid, dédaigneux* tono distaccato, freddo, sdegnoso; *avoir, garder un certain ton* avere, tenere un certo tono ◇ (*loc.*) *ne le prenez pas sur ce ton* non la prenda su questo tono ~ *hausser le ton* alzare il tono ~ *faire baisser le ton à qqn.* far abbassare il tono, la cresta a qc. ~ *changer de ton* cambiare tono ~ *dire, répéter sur tous les tons* dire, ripetere su tutti i toni, cantare in tutti i toni **3** [*manière de s'exprimer dans un écrit*] tono: *le ton d'une lettre* il tono di una lettera; *le style et le ton d'un auteur* lo stile e il tono di un autore **4** *loc.* DE BON TON [*qui a des manières considérées comme bonnes, raffinées*] signorile *adj.*, distinto (*adj.*): *une élégance de bon ton* un'eleganza signorile, di buon gusto ~ *le bon ton* le buone maniere ~ *être dans le ton* [*au diapason*] essere intonato ~ *ne pas être dans le ton* essere stonato ~ *donner le ton* dare il tono, il la **II** **1** (*phonét.*) tono ◇ (*ling.*) *langues à ton* lingue toniche (*adj.*); *ton haut, bas, montant, descendant* tono alto, basso, ascendente, discendente **2** (*mus.*) [*intervalle fondamental*] tono: *ton majeur* tono maggiore; *ton mineur* tono minore; *tons et demi-tons* toni e semitoni → **note** **3** (*mus.*) [*échelle musicale d'une hauteur déterminée* (*désignée par le nom de sa tonique*)] tonalità (*f. inv.*): *le ton de si bémol majeur, mineur* la tonalità in si bemolle maggiore, minore **4** [*hauteur des sons émis par la voix dans le chant ou par un instrument, définie par un repère*] tono: *donner le ton* dare il tono; *sortir du ton* uscire dal tono, stonare # *se mettre dans le ton* intonarsi **III** (*méd.*) tono: *le ton d'un muscle* il tono di un muscolo **IV** [*intensité, degré d'une couleur*] tono, tonalità: *tons purs* toni puri; *tons chauds, froids* toni caldi, freddi; *tons criards, ternes* toni chiassosi, sbiaditi → **teinte, nuance.**

ton |tɔ̃|, *f.* **ta** |ta|, *pl.* **tes** |te| *adj. poss.* **I** (*sens subjectif*) **1** [*qui est à toi, t'appartient*] il tuo *m.*, la tua *f.*, i tuoi *m. pl.*, le tue (*f. pl.*): *ton bonheur* la tua felicità; *c'est ta veste, ton veston* è la tua giacca, la giacca tua ◇ (*devant un nom f. commençant par voyelle ou 'h' muet*) *ton erreur* il tuo errore ◇ (*arg.*) *ta pomme* [*toi*] tu (*cour.*) **2** (*devant un nom de personne marquant des rapports de parenté, d'amitié*) (il) tuo, ecc.: *ton père et le mien* tuo padre e il mio; *ta mère* tua madre; *ton épouse* tua moglie; *tes amis, tes amies* i tuoi amici, le tue amiche **II** (*sens objectif*) *ton juge* [*celui qui te juge*] il tuo giudice; *à ta vue* alla tua vista; *tes lecteurs* i tuoi lettori.

tonal, ale, als |tɔnal| *adj.* **1** (*mus.*) tonale: *hauteur tonale des sons musicaux* altezza tonale dei suoni musicali **2** [*qui concerne la tonalité* (I 1)] tonale: *système tonal* sistema tonale; *musique tonale* musica tonale.

tonalité |tɔnalite| *s.f.* **I** (*mus.*) **1** [*organisation de l'ensemble des sons musicaux selon une échelle type*] tonalità *inv.* **2** [→ TON II 3] tonalità **3** [*ensemble des caractères* (*hauteur, timbre*) *d'un ensemble de sons, d'une voix*] tono (*m.*): *la tonalité d'un récepteur de radio* il tono di una radioricevente **II** [*valeur moyenne, impression génér. produite par un ensemble de tons* (IV), *de nuances*] tonalità: *la tonalité d'un tableau* la tonalità di un quadro **III** [*son émis par un téléphone avant la composition du numéro d'appel*] segnale *m.* (di linea libera).

tondage |tɔ̃daʒ| *s.m.* **1** (*techn.*) cimatura *f.* **2** [*le fait de tondre le poil de certains animaux*] tosatura (*f.*): *tondage du cheval* tosatura del cavallo.

tondailles |tɔ̃dɑj| *s.f. pl.* epoca* *sing.* della tosatura; feste che accompagnano la tosatura.

tondaison |tɔ̃dɛzɔ̃| *s.f.* (*vx.*) → **tonte.**

tondeur, euse |tɔ̃dœʀ, øz| *s.* [*personne dont le métier est de tondre les animaux*] tosatore*: *tondeur de moutons* tosatore di pecore ◇ [*qui tond les draps*] cimatore *m.*

tondeuse |tɔ̃døz| *s.f.* **1** (*tissage*) cimatrice **2** [*instrument destiné à tondre le poil des animaux*] tosatrice ◇ (*par anal.*) macchinetta (per tagliare i capelli) **3** *tondeuse à gazon* falciatrice per prati, tosaerba; *tondeuse à main* falciatrice a mano.

tondre |tɔ̃dʀ(ə)| (53) *v.tr.* **1** [*couper à ras* (*les poils, la laine*)] tosare: *tondre la toison d'un mouton, le poil d'un chien* tosare il vello di una pecora, il pelo di un cane ◇ (*par anal.*) *tondre les cheveux* [*les couper très courts*] tagliare, tosare (*plais.*) i capelli ◇ (*loc. fig.*) *tondre la laine sur le dos de qqn.* [*le dépouiller, le voler*] spennare qc., levare la camicia di dosso a qc. **2** [*dépouiller* (*un animal*) *de ses poils*] tosare: *tondre un caniche* tosare un barboncino ◇ (*par anal., fam.*) *se faire tondre* farsi rapare, farsi tosare ◇ (*fig.*) *tondre qqn.* [*le dépouiller*] pelare, spennare qc.; *tondre les contribuables* spremere, torchiare i contribuenti ◇ (*loc.*) *il tondrait un œuf* caverebbe sangue anche da una rapa **3** [*couper à ras; égaliser en coupant*] cimare: *tondre le drap, le feutre* cimare un tessuto, il feltro ◇ (*par anal.*) *tondre le gazon* tosare, tagliare l'erba.

tondu, ue |tɔ̃dy| *adj.* [*coupé à ras*] rasato: *pré tondu* prato rasato, tagliato; *poils, cheveux tondus* peli, capelli rasati ♦ (*s.*) *un tondu* un pelato ◇ (*loc. fig.*) *quatre pelés et un tondu* quattro gatti.

tonétique |tɔnetik| *s.f.* tonetica*.

tonicardiaque |tɔnikardjak| *adj. et s.m.* (*méd., pharm.*) → **cardiotonique.**

tonicité |tɔnisite| *s.f.* **1** (*physiol.*) tono *m.* muscolare, tonicità (*inv.*): *absence, insuffisance, excès de tonicité* mancanza, insufficienza, eccesso di tono muscolare, di tonicità **2** [*caractère de ce qui est tonique, stimulant*] tonicità.

-tonie |tɔni| *suff.* (*signifiant 'tension', correspond généralt. à*) tonia: *vagotonie* vagotonia.

tonie |tɔni| *s.f.* (*physiol.*) tonia.

tonifiant, ante |tɔnifjɑ̃, ɑ̃t| *adj.* tonificante ♦ *s.m.* (*pharm.*) tonico*.

tonifier |tɔnifje| *v.tr.* **1** [*rendre plus élastique, plus* (1) *tonique* (I 1)] tonificare **2** (*par ext.*) [*avoir un effet* (1) *tonique* (I 2) *sur*] tonificare: *tonifier l'organisme* tonificare l'organismo → **fortifier.**

1 **tonique** |tɔnik| *adj.* **I** (*méd.*) **1** (*physiol.*) tonico* ◇ (*par ext.*) *convulsion tonique* convulsione tonica; *spasme tonique* spasmo tonico **2** [*qui fortifie, stimule les forces de l'organisme*] tonico ✦ (*s.m.*) *un tonique* un tonico, un cordiale **3** [*qui stimule, augmente la force vitale*] stimolante: *un froid tonique* un freddo stimolante; *une idée tonique* un'idea stimolante, stuzzicante **II** (*phonét.*) tonico: *voyelle tonique* vocale tonica ◇ (*par ext.*) *formes toniques et formes atones des pronoms* forme toniche e forme atone dei pronomi ◇ [*qui marque le ton*] *accent tonique* accento tonico Ⓒ I 2 **débilitant.**
2 **tonique** |tɔnik| *s.f.* (*mus.*) tonica*.
tonitruant, ante |tɔnitʀyɑ̃, ɑ̃t| *adj.* (*fam.*) tonante (*cour.*), tonitruante (*littér.*): *voix tonitruante* voce tonante.
tonitruer |tɔnitʀye| *v.intr.* [*faire un bruit de tonnerre; parler, crier d'une voix tonitruante*] t(u)onare.
tonka, tonca |tɔ̃ka| *s.m.* tonca *f. inv.* ✦ (*appos.*) *fève tonka* fava tonca.
tonkinois, oise |tɔ̃kinwa, waz| *adj.* [*de Tonkin*] tonchinese.
tonlieu |tɔ̃ljø| *s.m.* (*féod.*) teloneo.
tonnage |tɔnaʒ| *s.m.* **1** (*mar.*) tonnellaggio* **2** [*capacité de transport d'un navire de comm.*] tonnellaggio: *tonnage brut, net* tonnellaggio lordo, netto; *bâtiment d'un gros, d'un fort tonnage* nave di grosso tonnellaggio ◇ (*statistique*) tonnellaggio.
tonnant, ante |tɔnɑ̃, ɑ̃t| *adj.* **1** (*mythol.*) *Jupiter tonnant* Giove tonante **2** [*qui fait un bruit de tonnerre*] tonante: *voix tonnante* voce tonante → **tonitruant** **3** (*chim.*) *gaz tonnant, mélange tonnant* gas, miscela detonante.
1 **tonne** |tɔn| *s.f.* **1** grossa botte **2** (*mar.*) gavitello *m.*
2 **tonne** |tɔn| *s.f.* tonnellata: *un paquebot de 16.000 tonnes* un piroscafo da 16.000 tonnellate; *un camion de 7 tonnes* un autocarro da 7 tonnellate.
1 **tonneau** |tɔno| *s.m.* [*grand récipient cylindrique, en bois, renflé au milieu*] botte *f.*, barile: *tonneau de bière* botte di birra; *tonneau de poudre* barile di polvere; *fond de tonneau* fondo di botte # *mettre en tonneau* imbottare ◇ (*spécialt.*) [*tonneau de vin*] botte: *vin au tonneau* vino in botte; *mettre un tonneau en perce* spillare il vino da una botte ◇ (*loc. fig.*) *c'est le tonneau des Danaïdes* è una cosa che non finisce più ◇ (*par ext.*) *tonneau d'arrosage* [*pour arroser les voies publ.*] autoinnaffiatrice *f.*
2 **tonneau** |tɔno| *s.m.* **1** (*aviat.*) mulinello, 'tonneau' *inv.* **2** [*accident par lequel une auto. fait un tour complet sur le côté*] ribaltamento # *la voiture a fait plusieurs tonneaux* l'auto si è ribaltata più volte.
3 **tonneau** |tɔno| *s.m.* (*mar.*) tonnellata *f.* di stazza.
tonnelage |tɔnlaʒ| *s.m.* (*comm.*) *marchandises de tonnelage* merci in botte *f.*
tonnelet |tɔnlɛ| *s.m.* [*petit tonneau, petit fût*] barilotto, botticella (*f.*): *un tonnelet d'eau-de-vie* un barilotto, una botticella di acquavite.
tonnelier |tɔnəlje| *s.m.* [*artisan, ouvrier qui fabrique et répare les tonneaux et récipients en bois*] bottaio*.
tonnelle |tɔnɛl| *s.f.* **1** pergolato *m.* **2** (*chasse*) bucine *m.* **3** [*partie de l'armure du cheval qui recouvrait la croupe*] groppiera.
tonnellerie |tɔnɛlʀi| *s.f.* mestiere *m.*, arte del bottaio; bottega* del bottaio; articoli *m. pl.* del bottaio.
tonner |tɔne| *v.intr.* **1** *impers.* (*du tonnerre*) [*éclater*] t(u)onare (*aux.* essere, avere) **2** [*faire un bruit de tonnerre*] tonare (*aux.* avere): *les canons tonnaient* i cannoni t(u)onavano **3** [*exprimer violemment sa colère en parlant très fort*] tuonare: *tonner contre qqn.* tuonare, inveire contro qc. → **crier, fulminer.**
tonnerre |tɔnɛʀ| *s.m.* **1** [*bruit de la foudre, accompagnant l'éclair*] tuono: *coup, roulement de tonnerre* rombo del tuono **2** (*fig.*) *coup de tonnerre* fulmine a ciel sereno **3** [*bruit très fort*] uragano, scroscio*: *un tonnerre d'applaudissements* un uragano, uno scroscio di applausi ◇ *loc. fam.* DU TONNERRE [*exprimant l'admiration*] formidabile *adj.*, fantastico* (*adj.*): *une fille du tonnerre* una ragazza formidabile, fantastica; *une ambiance du tonnerre* (*de Dieu*) un'atmosfera formidabile → **formidable, terrible** ◇ (*en interj.*) *tonnerre* (*de Dieu*) *!* tuoni e fulmini!; *tonnerre !, mille tonnerres !* corpo di mille bombe!
tonomètre |tɔnɔmɛtʀ(ə)| *s.m.* (*sc.*) tonometro.
tonométrie |tɔnɔmetʀi| *s.f.* (*sc.*) tonometria.
tonoplaste |tɔnɔplast(ə)| *s.m.* (*bot.*) tonoplasto.
tonsillaire |tɔ̃silɛʀ| *adj.* (*anat.*) tonsillare.
tonsillectomie |tɔ̃silɛktɔmi| *s.f.* (*chir.*) tonsillectomia.
tonsillotome |tɔ̃silɔtɔm| *s.m.* (*chir.*) tonsillotomo.
tonsillotomie |tɔ̃silɔtɔmi| *s.f.* (*chir.*) tonsillotomia.
tonsure |tɔ̃syʀ| *s.f.* (*ecclés.*) tonsura: *porter la tonsure* portare la tonsura.
tonsuré, ée |tɔ̃syʀe| *adj.* tonsurato: *clerc tonsuré* chierico tonsurato.
tonsurer |tɔ̃syʀe| *v.tr.* [*conférer la tonsure à* (*un clerc*)] tonsurare.
tonte |tɔ̃t| *s.f.* **1** [→ TONDRE 1, 2] tosatura, tosa (*rare*): *tonte des moutons* tosatura delle pecore # *tonte des gazons* taglio, falciatura dell'erba **2** [*laine obtenue en tondant les moutons*] tosatura **3** stagione della tosatura.
tontine |tɔ̃tin| *s.f.* **1** (*dr.*, *écon.*) tontina **2** (*hortic.*) rivestimento *m.* di paglia (per le radici di una pianta).
tontiner |tɔ̃tine| *v.tr.* (*hortic.*) [*garnir d'une tontine*] rivestire (le radici di una pianta) di paglia.
tontisse |tɔ̃tis| *adj.* (*techn.*) di cimatura (*loc. inv.*): *bourre tontisse* borra di cimatura # *toile, papier tontisse* tela, carta da parati imitante il velluto.
tonton |tɔ̃tɔ̃| *s.m.* (*langage enfantin*) [*oncle*] zietto, zio*: *mon tonton* il mio zietto ◇ (*pop.*) *le tonton et la tata* lo zietto e la zietta.
tonture |tɔ̃tyʀ| *s.f.* **1** (*techn.*) cimatura **2** (*mar.*) [*courbure des ponts des navires, légèrement relevés aux extrémités*] insellatura.
tonus |tɔnys| *s.m.* **1** (*physiol.*) *tonus musculaire* tono muscolare; *tonus nerveux* tono nervoso **2** [*énergie, dynamisme*] energia* *f.*, dinamismo: *manquer de tonus* mancare di energia, di dinamismo.
top |tɔp| *s.m.* **1** [*signal sonore qu'on donne pour déterminer un moment avec précision*] tocco* ◇ (*radio*) *top* (*naturel*) segnale orario*: *au quatrième top il sera exactement 8 heures 12 minutes* al segnale orario saranno esattamente le ore 8 e 12 minuti **2** *top artificiel* segnale (orario) visivo **3** (*audio-visuel*) *top* (*départ*) via *inv.*
topaze |tɔpɑz| *s.f.* topazio* *m.*
-tope |tɔp| *suff.* (*signifiant 'lieu', correspond généralt. à*) topo: *isotope* isotopo.
tope! |tɔp| *interj.* (*marquant qu'on accepte un défi, qu'on est d'accord avec une proposition*) d'accordo!, ci sto!; qua la mano!
toper |tɔpe| *v.intr.* [*accepter un défi, un enjeu; taper dans la main, heurter le verre...* (*du partenaire*) *pour signifier qu'on accepte, qu'on conclut le marché*] accettare, essere (96) (*aux.* essere) d'accordo # *topez là !, affaire conclue* qua la mano, affare fatto!
topette |tɔpɛt| *s.f.* [*petite bouteille longue et étroite*] bottiglietta, boccettina.
tophus |tɔfys| *s.m. inv.* (*méd.*) tofo.
topinambour |tɔpinɑ̃buʀ| *s.m.* **1** (*t.bot.*) topinambur *inv.* → **hélianthe** (**tubéreux**) **2** [*les tubercules de la plante*] topinambur.
topique |tɔpik| **I** *adj.* **1** (*hist. philo.*) topico* ✦ (*s.m.*) *un topique* un luogo* comune ✦ (*s.f.*) *la topique* la topica* **2** (*vx.*) [*relatif à un lieu donné*] topico: *divinité topique* divinità topica **3** [*qui se rapporte exactement au sujet dont on parle*] topico: *argument topique* argomentazione topica **II** *s.m. et adj.* (*méd.*, *pharm.*) *un* (*médicament*) *topique* un (farmaco) topico.
topo- |tɔpɔ| *préf.* (*signifiant 'lieu', correspond généralt. à*) topo: *topographie* topografia.
topo |tɔpo| *s.m.* (*fam.*) **1** [*discours; exposé*] discorso (*cour.*), esposto (*cour.*): *faire un petit topo sur une question* fare un discorsetto, un piccolo esposto su una questione # *c'est toujours le même topo* è sempre la stessa storia, la stessa solfa **2** (*vx.*) [*croquis, plan*] schizzo (*cour.*), pianta *f.* (*cour.*).
topographe |tɔpɔgʀaf| *s.m.* topografo.
topographie |tɔpɔgʀafi| *s.f.* topografia.
topographique |tɔpɔgʀafik| *adj.* **1** topografico*: *levés topographiques* rilevamenti, rilievi topografici; *carte topographique* carta topografica **2** (*sc.*) *anatomie topographique* anatomia topografica.
topographiquement |tɔpɔgʀafikmɑ̃| *adv.* [*du point de vue de la topographie*] topograficamente.
topologie |tɔpɔlɔʒi| *s.f.* (*math.*) topologia*: *topologie générale* topologia generale.
topologique |tɔpɔlɔʒik| *adj.* (*math.*) topologico*: *espace topologique* spazio topologico.
topologiquement |tɔpɔlɔʒikmɑ̃| *adv.* [→ TOPOLOGIQUE] topologicamente.
topométrie |tɔpɔmetʀi| *s.f.* topometria.
toponyme |tɔpɔnim| *s.m.* (*ling.*) toponimo.
toponymie |tɔpɔnimi| *s.f.* (*ling.*) toponomastica*, toponimia.

toponymique |tɔpɔnimik| *adj.* (*ling.*) toponomastico*, toponimico*.
toponymiste |tɔpɔnimist(ə)| *s.m.* toponimista.
toquade |tɔkad| *s.f.* (*fam.*) [*goût très vif, généralt. passager, bizarre et déraisonnable pour qqn., qqch.*] capriccio* *m.* (*cour.*), cotta: *c'est sa nouvelle toquade* è il suo nuovo capriccio.
toquante |tɔkɑ̃t| *s.f.* (*fam.*) → **montre.**
toquard |tɔkaʀ| *adj. et s.m.* → **tocard.**
toque |tɔk| *s.f.* tocco* (*m.*): *toque de juge* tocco del giudice; *toque de fourrure* tocco di pelliccia.
toqué, ée |tɔke| *adj. et s.* (*fam.*) [*un peu fou, bizarre*] tocco* (*cour.*), sonato (*cour.*) ◇ *loc.* TOQUÉ DE [*amoureux fou de*] pazzo di (*cour.*): *il est toqué d'elle* è pazzo di lei, va pazzo per lei.
1 **toquer** |tɔke| *v.intr.* (*dial., fam.*) [*frapper légèrement, discrètement*] bussare (*cour.*).
2 **toquer (se)** |tɔke| *v.pron. intr.* (*fam.*) *se toquer de* [*avoir une toquade pour* (*qqn.*)] prendere (105) *tr.* una cotta per, incapricciarsi di (*cour.*).
toquet |tɔkɛ| *s.m.* (*vieilli*) piccolo tocco* → **bonnet.**
torah |tɔʀa| *s.f.* → **thora.**
torche |tɔʀʃ(ə)| *s.f.* **1** stuoia di paglia, sovvaggio* *m.* ◇ [*rouleau de fil* (*de fer, de cuivre*)] rotolo *m.* ◇ (*aviat.*) *mise en torche* apertura incompleta (del paracadute) **2** [*flambeau grossier*] torcia*: *torche à vent* torcia a vento ◇ (*par ext.*) *torche électrique* torcia elettrica ◇ (*par métaph.*) *être transformé en torche vivante* essere trasformato in una torcia vivente.
torché, ée |tɔʀʃe| *adj.* (*fam.*) [*peint avec vigueur, bien enlevé*] ben fatto (*cour.*), ben riuscito (*cour.*): *ça c'est un morceau torché!* è un pezzo ben fatto, ben riuscito! ◇ [*bâclé; fait trop vite*] abborracciato.
torchée |tɔʀʃe| *s.f.* (*pop.*) [*volée de coups; correction*] fracco *m. sing.*, sacco* *m.* di botte.
torcher |tɔʀʃe| *v.tr.* **1** [*essuyer pour nettoyer*] pulire (197) ◇ (*loc. fam.*) *torcher un plat* pulire un piatto col pane, fare la scarpetta (*fam.*) ◇ (*pop.*) *torcher le derrière d'un enfant, torcher un enfant* pulire (*cour.*) il sedere di un bambino, pulire un bambino ◆ *pron. réfl.* (*vulg.*) *se torcher* (*le cul, le derrière*) pulirsi il culo ◇ (*fig.*) *je m'en torche* [*je m'en fiche*] me ne frego, me ne sbatto **2** [*bâcler, faire vite et mal*] abborracciare: *torcher un travail* abborracciare un lavoro **3** (*pop., vieilli*) → **battre.**
torchère |tɔʀʃɛʀ| *s.f.* torciera, torciere (*m.*): *torchère électrique* torciera elettrica.
torchis |tɔʀʃi| *s.m.* malta *f.*, impasto di argilla e paglia.
torchon |tɔʀʃɔ̃| *s.m.* **1** (*techn.*) → **torche** 1 **2** [*morceau de toile qui sert à essuyer la vaisselle, les meubles*] strofinaccio*, straccio*: *donner un coup de torchon sur la table* passare uno strofinaccio, uno straccio sul tavolo ◇ (*loc. fam.*) *il ne faut pas mélanger les torchons et les serviettes* non bisogna fare di ogni erba un fascio ~ *le torchon brûle* c'è aria di tempesta ~ *coup de torchon* [*coup dur, bagarre; vive altercation*] rissa, zuffa; violento alterco ~ *donner un coup de torchon* fare piazza pulita **3** (*fig., fam.*) [*écrit sans valeur; texte très mal présenté*] cartaccia* *f.*, carta *f.* straccia* **4** (*pop.*) → **souillon.**
torchonner |tɔʀʃɔne| *v.tr.* **1** (*rare*) [*essuyer, frotter avec un torchon*] asciugare (*cour.*), pulire (197) (*cour.*) con uno strofinaccio **2** (*fig., fam.*) [*exécuter* (*un travail*) *rapidement et sans soin*] abborracciare (*cour.*) → **bâcler** ◆ (*au p.p.*) *du travail torchonné* lavoro abborracciato.
torcol |tɔʀkɔl| *s.m.* (*t.zool.*) torcicollo.
tordage |tɔʀdaʒ| *s.m.* (*tissage*) torcitura (*f.*): *tordage de la soie* torcitura della seta.
tordant, ante |tɔʀdɑ̃, ɑ̃t| *adj.* (*fam.*) [*très drôle, très amusant*] spassosissimo (*cour.*), da torcersi dalle risa (*loc. inv.*): *c'est une histoire tordante* è una storia spassosissima → **marrant.**
tord-boyaux |tɔʀbwajo| *s.m.* (*fam.*) acquavite *f.* (*cour.*) fortissima e pessima, torcibudella.
tordeur, euse |tɔʀdœʀ, øz| *s.* **1** *s.* [*moulineur, retordeur; préposé au tordage*] torcitore* ◆ *s.f.* (*techn.*) torcitrice **2** *s.f.* (*t.zool.*) tortrice.
tord-nez |tɔʀne| *s.m.* (*vétér.*) torcinaso *inv.*
tordoir |tɔʀdwaʀ| *s.m.* [*bâton qui sert à tordre et à serrer une corde*] torcitoio* ◇ (*techn.*) [*machine à tordre les fils*] torcitrice *f.*, torcitoio.
tordre |tɔʀdʀ(ə)| (53) **A** *v.tr.* **1** [*déformer par torsion, enrouler en torsade*] torcere (189): *tordre un chiffon mouillé* torcere, strizzare uno straccio umido **2** [*soumettre* (*un membre, une partie du corps*) *à une torsion*] torcere: *tordre le bras, le poignet à qqn.* torcere il braccio, il polso a qc. # *tordre le cou à un poulet* tirare il collo a un pollo ◇ (*loc. fig.*) *l'angoisse lui tord l'estomac* l'angoscia gli stringe lo stomaco ~ (*fam.*) *tordre les boyaux* torcere le budella, dare una colica intestinale (*cour.*) **3** [*déformer par flexion, plier*] storcere (189): *tordre une barre de fer* storcere una sbarra di ferro # *le vent tordait les branches des arbres* il vento piegava i rami degli alberi **4** [*plier brutalement* (*une articulation*) *en la forçant*] storcere: *se tordre le pied, le poignet* storcersi il piede, il polso **5** (*fig., fam.*) *tordre le nez* [*prendre un air mécontent, dégoûté*] storcere il naso **B** *v.pron. réfl.* SE TORDRE [*se plier en deux* (*sous l'effet de la douleur, d'une émotion vive*)] torcersi, contorcersi (189): *se tordre de douleur* (con)torcersi dal dolore; *se tordre* (*de rire*) torcersi dalle risa, dalle risate.
tordu, ue |tɔʀdy| *adj.* **1** [*qui est dévié, tourné de travers; qui n'est pas droit*] storto: *règle tordue* riga storta; *jambes tordues* gambe storte ◇ (*pop.*) *il a la gueule tordue* [*il est très laid*] è un mostro **2** (*fig., fam.*) *avoir l'esprit tordu* [*bizarre, mal tourné*] essere svitato, sonato; *il est complètement tordu* è completamente sonato, matto ◆ (*s.*) *un tordu* uno svitato, un sonato.
tore |tɔʀ| *s.m.* (*archit., géom.*) toro.
toréador |tɔʀeadɔʀ| *s.m.* (*esp.*) (*vx.*) → **torero.**
toréer |tɔʀee| *v.intr.* [*combattre, 'travailler' le taureau, selon les règles de la tauromachie*] toreare.
torero |tɔʀeʀo| *s.m.* (*esp.*) torero.
toreutique |tɔʀøtik| *s.f.* toreutica*.
torgnole |tɔʀɲɔl| *s.f.* [*coup, gifle* (*qui fait tournoyer*)] sventola, ceffone *m.*
torii |tɔʀii| *s.m. inv.* (*jap.*) (*bx-arts*) torii.
toril |tɔʀil| *s.m.* recinto del toro.
torique |tɔʀik| *adj.* (*géom.*) torico*.
tormentille |tɔʀmɑ̃tij| *s.f.* (*t.bot.*) tormentilla.
tornade |tɔʀnad| *s.f.* tornado *m. inv.* ◇ (*par anal.*) *il est entré comme une tornade* è entrato come un uragano *m.*, come un fulmine *m.*
toron |tɔʀɔ̃| *s.m.* [*réunion de fils de caret tordus ensemble*] legnolo, trefolo.
toronneuse |tɔʀɔnøz| *s.f.* (*tissage*) macchina per torcere i trefoli, i legnoli.
Torpédinidés |tɔʀpedinide| *s.m. pl.* (*t.zool.*) Torpediniformi.
torpédo |tɔʀpedo| *s.f.* (*angl.*) (*vieilli*) torpedo *inv.*
torpeur |tɔʀpœʀ| *s.f.* torpore (*m.*): *faire sortir, tirer qqn. de sa torpeur* far uscire qc. dal suo torpore.
torpide |tɔʀpid| *adj.* **1** torpido **2** (*méd.*) torpido: *ulcère torpide* ulcera torpida.
torpillage |tɔʀpijaʒ| *s.m.* [→ TORPILLER] siluramento: *le torpillage du 'Lusitania'* il siluramento del 'Lusitania' ◇ (*fig.*) *le torpillage d'un plan de paix* il siluramento di un piano di pace.
torpille |tɔʀpij| *s.f.* **1** (*t.zool.*) torpedine **2** (*milit.*) siluro *m.*, torpedine ◇ (*par anal.*) *torpille aérienne* aerosiluro *m.*
torpiller |tɔʀpije| *v. tr.* **1** (*milit.*) [*attaquer, faire sauter au moyen de torpilles* (*automobiles*)] silurare: *sous-marin qui torpille un navire et le fait couler* sottomarino che silura una nave e la fa colare a picco **2** (*fig.*) [*attaquer sournoisement; faire échouer par des manœuvres occultes*] silurare: *torpiller les négociations* silurare i negoziati.
torpillerie |tɔʀpijʀi| *s.f.* (*mar.*) siluripedio* *m.*
torpilleur |tɔʀpijœʀ| *s.m.* **1** (*vx.*) [*marin, officier chargé de la manœuvre des torpilles*] silurista **2** (*mar. milit.*) (nave) silurante *f.*
torque |tɔʀk(ə)| *s.* **1** *s.m.* (*archéol.*) collare (di metallo) **2** *s.f.* (*techn.*) rotolo *m.* di fil di ferro.
torr |tɔʀ| *s.m.* (*phys.*) torr *inv.*
torréfacteur |tɔʀ(ʀ)efaktœʀ| *s.m.* (*techn.*) macchina *f.* per la torrefazione, tostatrice (*f.*): *torréfacteur à tabac, à café* macchina per la torrefazione del tabacco, del caffè.
torréfaction |tɔʀ(ʀ)efaksjɔ̃| *s.f.* torrefazione: *torréfaction du tabac, du cacao, du café* torrefazione del tabacco, del cacao, del caffè.
torréfier |tɔʀ(ʀ)efje| *v.tr.* [*soumettre à la torréfaction*] torrefare, tostare: *torréfier du café, du malt* torrefare, tostare il caffè, il malto.
torrent |tɔʀɑ̃| *s.m.* **1** torrente: *torrent impétueux, rapide* torrente impetuoso, rapido ◇ (*géogr.*) *cône de déjection d'un torrent* cono, conoide di deiezione di un torrente **2** (*loc.*) *il pleut à torrents* [*abondamment*] piove a dirotto, a catinelle **3** (*fig.*) [*grande abondance* (*de ce qui afflue violemment*)] torrente: *torrents de larmes* torrenti di lacrime; *torrent d'injures* torrente d'ingiurie.

torrentiel, elle |tɔRɑ̃sjɛl| *adj.* **1** (*géogr.*) torrentizio*: *régime torrentiel* regime torrentizio **2** [*qui coule à flots, comme un torrent*] torrenziale: *il tombait une pluie torrentielle* cadeva una pioggia torrenziale.

torrentiellement |tɔRɑ̃sjɛlmɑ̃| *adv.* [→ TORRENTIEL 2] torrenzialmente.

torrentueux, euse |tɔRɑ̃tɥø, øz| *adj.* (*littér.*) **1** [*qui forme, constitue un torrent*] impetuoso (come un torrente): *ruisseau torrentueux* ruscello impetuoso (come un torrente) **2** (*fig.*) [*impétueux, mouvementé*] movimentato, tempestoso: *existence torrentueuse* esistenza movimentata, tempestosa.

torride |tɔRid| *adj.* torrido: *climat torride* clima torrido ◇ (*par ext.*) *chaleur torride* caldo torrido.

tors |tɔR| *s.m.* (*tissage*) torsione *f.*, torcitura (*f.*): *tors droit, gauche* torsione a destra, a sinistra.

tors, torse |tɔR, tɔRs(ə)|, **torte** |tɔRt(ə)| (*rare*) *adj.* **1** [*qui est tordu* (*matière souple*)] torto: *fil tors* filo torto; *soie torse* seta torta ◇ (*archit.*) *colonne torse* colonna tortile, a tortiglione *loc. inv.* **2** [*qui est tordu, présente des courbes anormales* (*parties du corps*)] storto: *jambes arquées et torses* gambe arcuate e storte ◇ (*littér.*) → **tortueux.**

torsade |tɔRsad| *s.f.* **1** [*rouleau de fils, cordons tordus en hélice, en spirale, pour servir d'ornement*] treccia*, cordone *m.* ◇ (*par anal.*) *torsade de cheveux* treccia, torciglione di capelli ◇ *au plur.* [*variété de pâtes*] fusilli *m.* **2** (*archit.*) tortiglione (*m.*): *colonne à torsades* colonna a tortiglione, tortile.

torsader |tɔRsade| *v.tr.* [*rouler de manière à faire une torsade*] avvolgere (196) a tortiglione, a spire: *torsader une frange, des cheveux* avvolgere a tortiglione una frangia, i capelli.

torse |tɔRs(ə)| *s.m.* **1** [*figure humaine tronquée sans tête, ni membres*] torso, tronco* ◇ (*par ext.*) [*buste d'une statue entière*] torso **2** [*buste, poitrine*] torso: *se mettre torse nu* mettersi a torso nudo ◇ (*fig.*) *bomber le torse* mettere il petto in fuori, darsi delle arie.

torseur |tɔRsœR| *s.m.* (*phys.*) coppia *f.* di torsione.

torsiomètre |tɔRsjɔmɛtR(ə)| *s.m.* (*mécan.*) torsiometro.

torsion |tɔRsjɔ̃| *s.f.* **1** torsione: *torsion des fils* torsione, torcitura dei fili ◇ (*mécan.*) *barre de torsion* sbarra di torsione ◇ (*phys.*) *couple de torsion* coppia di torsione ◇ (*physiol.*) *torsion des yeux* roteazione degli occhi **2** [*état, position de ce qui est tordu*] contrazione: *torsion de la bouche, des traits* contrazione della bocca, dei lineamenti ◇ (*catch*) *torsion du pied, de la cheville* torsione del piede, della caviglia.

tort |tɔR| *s.m.* **I** (*en loc., sans art.*) **1** AVOIR TORT avere torto: *il n'avait pas tort* non aveva torto ~ AVOIR TORT DE (+ *inf.*) far male a (+ *inf.*): *elle a tort de tant fumer* fa male a fumare tanto ~ DONNER TORT À dare torto a: *on lui a donné tort* gli hanno dato torto; *les faits vous ont donné tort* i fatti le hanno dato torto **2** *loc. adv.* À TORT a torto: *soupçonner, condamner à tort* sospettare, condannare a torto ~ *à tort ou à raison* a torto o a ragione ~ À TORT ET À TRAVERS [*sans raison ni justesse*] a vanvera, a casaccio, a sproposito: *dépenser à tort et à travers* spendere a vanvera, a casaccio; *parler à tort et à travers* parlare a vanvera, a sproposito **3** DANS SON TORT dalla parte del torto, in torto: *le piéton qui traverse hors des clous est, se met dans son tort* il pedone che attraversa fuori dalle strisce è dalla parte del torto; *se sentir dans son tort* sentirsi in torto ~ EN TORT in torto: *vous êtes en tort et passible d'amende* lei è in torto e passibile di ammenda **II** **1** UN, DES TORT(s) torto; errore: *il a des torts envers elle* ha dei torti nei suoi riguardi ‖ *vous faites comme ceci? c'est un tort* lei fa così? è un errore **2** [*dommage causé indûment*] torto: *demander réparation d'un tort* chiedere la riparazione di un torto ◇ *loc.* FAIRE DU TORT À fare, arrecare torto a: *il nous a fait du tort* ci ha fatto, arrecato torto; *ça ne fait du tort à personne* non fa torto a nessuno 🄲 I **raison** 1.

torte |tɔRt| *adj.* → **tors.**

torticolis |tɔRtikɔli| *s.m.* **1** (*méd., cour.*) torcicollo: *avoir, attraper un torticolis* avere, prendersi il torcicollo **2** → **torcol.**

tortil |tɔRtil| *s.m.* (*blas.*) corona *f.* baronale.

tortillage |tɔRtijaʒ| *s.m.* **1** (*vx.*) [*entortillage*] tortuosità *f. inv.* (*cour.*) **2** (*rare*) [→ TORTILLER A 1; C] attorcigliamento.

tortillard |tɔRtijaR| **1** *adj. m.* (*région.*) *orme tortillard* (*tortillart*) olmo campestre **2** *s.m.* [*train d'intérêt local*] trenino, ferrovia *f.* secondaria.

tortille |tɔRtij| *s.f.* (*vx.*) [*allée étroite et tortueuse dans un parc, un jardin*] vialetto *m.* (*cour.*).

tortillement |tɔRtijmɑ̃| *s.m.* [→ TORTILLER B 1; C] contorcimento # *elle marchait avec un léger tortillement des hanches* camminava con un leggero ancheggiamento.

tortiller |tɔRtije| **A** *v.tr.* **1** [*tordre à plusieurs tours* (*une chose souple*)] attorcigliare: *tortiller ses cheveux* attorcigliarsi i capelli ◇ (*spécialt.*) *tortiller ses doigts* [*les remuer en les tordant*] stropicciarsi le dita **2** (*fig., pop.*) [*manger complètement et rapidement*] sbafare, far (103) fuori: *le rôti a été vite tortillé* hanno sbafato in fretta tutto l'arrosto, hanno fatto fuori l'arrosto in un attimo ◇ [*vaincre rapidement*] far fuori: *il s'est fait tortiller en deux rounds* è stato fatto fuori in due riprese **B** *v.intr.* **1** [*se remuer en ondulant*] contorcersi (189) *pron.*; ancheggiare **2** (*fig.*) *il n'y a pas à tortiller* non c'è da perder tempo, da far storie **C** *v.pron. réfl.* SE TORTILLER [*se tourner de côté et d'autre sur soi-même*] torcersi (189), contorcersi: *se tortiller comme un ver* torcersi, contorcersi come un verme.

tortillon |tɔRtijɔ̃| *s.m.* [*chose tortillée* (*tissu, papier...*)] tortiglione ◇ (*spécialt.*) [*linge tortillé en bourrelet qu'on met sur la tête comme coiffure ou pour porter un fardeau*] cercine ◇ [*petit fuseau de papier enroulé en spirale, qui sert à estomper*] sfumino.

tortionnaire |tɔRsjɔnɛR| **1** *adj.* (*vx.*) [*inique et violent*] tirannico* (*cour.*) **2** *s.m.* [*celui qui fait subir des tortures à qqn.*] torturatore* *s.*, carnefice: *les tortionnaires des résistants* i torturatori dei partigiani.

tortis |tɔRti| *s.m.* (*techn.*) fili *pl.* ritorti: *tortis de chanvre* fili ritorti di canapa.

tortorer |tɔRtɔRe| *v.tr.* (*pop.*) [*manger*] pappare, sbafare.

Tortricidés |tɔRtRiside| *s.m. pl.* (*t. zool.*) Tortricidi.

tortu, ue |tɔRty| *adj.* (*littér.*) → **tordu, tortueux** ◇ (*fig.*) → **retors, tortueux.**

tortue |tɔRty| *s.f.* **1** (*t.zool.*) testuggine, tartaruga*: *tortues terrestres, d'eau douce, marines* testuggini terrestri, d'acqua dolce, marina ◇ (*loc.*) *marcher d'un pas de tortue, avancer comme une tortue* camminare, andare avanti a passi di tartaruga, come una tartaruga ◇ (*fig.*) *quelle tortue!* che tartaruga!; *c'est une vraie tortue!* è proprio una tartaruga! **2** (*hist. milit.*) testuggine.

tortueusement |tɔRtɥøzmɑ̃| *adv.* [→ TORTUEUX 1] tortuosamente.

tortueux, euse |tɔRtɥø, øz| *adj.* **1** tortuoso → **sinueux** **2** (*fig.*) [*plein de détours, qui ne se manifeste pas franchement*] tortuoso: *des manœuvres tortueuses* delle manovre tortuose 🄲 1 **droit** 1; 2 **franc.**

torturant, ante |tɔRtyRɑ̃, ɑ̃t| *adj.* [*qui fait subir une torture morale*] straziante: *un remords torturant* un rimorso straziante.

torture |tɔRtyR| *s.f.* **1** tortura: *parler sous la torture* parlare sotto la tortura; *instruments de torture* strumenti di tortura **2** (*loc. fig.*) *mettre qqn. à la torture* [*l'embarrasser ou le laisser dans l'incertitude*] mettere in croce qc. ~ *se mettre l'esprit à la torture* torturarsi il cervello, scervellarsi **3** [*souffrance physique ou morale intolérable*] tortura, tormento (*m.*): *la torture de la soif* la tortura, il tormento della sete.

torturer |tɔRtyRe| *v.tr.* **1** [*infliger la torture* (1) *à qqn.*] torturare: *torturer un prisonnier* torturare un prigioniero **2** (*fig.*) [*faire beaucoup souffrir*] torturare, tormentare: *se torturer le cerveau, l'esprit* tormentarsi il cervello, la mente ◇ (*sujet de chose*) *la jalousie, le doute le torturait* la gelosia, il dubbio lo tormentava → **tourmenter** **3** [*transformer par force*] forzare: *torturer son style* forzare il proprio stile; *torturer un texte* forzare un testo.

torve |tɔRv(ə)| *adj.* torvo, bieco*: *œil, regard torve* occhio, sguardo torvo.

tory |tɔRi| *s.m.* (*angl.*) conservatore: *les tories* i conservatori ◆ (*adj.*) *le party tory* il partito conservatore.

torysme |tɔRism(ə)| *s.m.* (*polit.*) conservatorismo (britannico*).

toscan, ane |tɔskɑ̃, an| **1** *adj.* [*de la Toscane*] toscano ◇ (*archit.*) (*ordre*) *toscan* ordine toscano **2** (*s.m.*) *le toscan* [*le dialecte*] il toscano.

tôt |to| *adv.* **1** [*au bout de peu de temps et sensiblement avant le moment habituel ou normal*] presto: *très tôt* molto presto, prestissimo; *trop tôt* troppo presto; *tôt ou tard* presto o tardi ◇ *loc.* PLUS TÔT prima: *beaucoup plus tôt* molto prima; *un jour plus tôt* un giorno prima; *il est arrivé plus tôt que moi* è arrivato prima di me → **auparavant,** 1 **avant** ~ *nous n'étions pas plus tôt rentrés qu'il fallut repartir* eravamo appena rientrati che dovemmo ripartire (immediatamente) ~ *le plus* *tôt que vous pourrez, le plus tôt possible* quanto prima lei potrà, il più presto possibile, al più presto; *revenez au plus tôt* tornate il più presto possibile (al più presto), quanto prima ~ *mon travail sera terminé dans quinze jours au plus tôt* il mio lavoro sarà terminato non prima di 15 giorni ~ (*loc. adj. impers.*) *il est trop tôt, un peu tôt pour manger* è troppo presto, un po' presto per pranzare ~ *pas si tôt* non così presto, non tanto presto ✦ (*s.m.*) *le plus tôt sera le mieux* prima *adv.* è, meglio è **2** [*au commencement d'une portion déterminée de temps*] presto: *se lever tôt* [*de bonne heure*] alzarsi presto **3** (*loc.*) *avoir tôt fait de...* far presto a... 🄲 1; 2 **tard.**

total, ale, aux |tɔtal, o| **1** *adj.* totale: *destruction totale* distruzione totale, completa distruzione; *éclipse totale* eclissi totale; *guerre totale* guerra totale; *une confiance totale* una totale, completa fiducia → 1 **entier, complet,** 1 **général** ◇ [*pris dans son entier, dans la somme de toutes ses parties*] totale, complessivo: *le nombre total* il numero totale, complessivo; *la somme totale* la somma totale, complessiva; *la hauteur, la longueur totale* l'altezza, la lunghezza totale, complessiva **2** *s.m.* totale: *le total de la population* il totale della popolazione, la popolazione complessiva; *faire le total* fare il totale → **montant,** 1 **somme** ◇ *loc.* AU TOTAL in totale: *au total: cent mille francs* in totale: centomila franchi ◇ (*fig.*) [*tout compte fait, tout bien considéré, somme toute*] in complesso, tutto sommato: *au total il vaut mieux attendre* in complesso, tutto sommato è meglio aspettare ◇ (*pop.*) (*en tête de phrase*) *total, on s'est encore fait voler* risultato, ci siamo fatti fregare di nuovo 🄲 1 **partiel.**

totalement |tɔtalmɑ̃| *adv.* [→ TOTAL 1] totalmente, completamente: *une espèce totalement disparue* una specie totalmente, completamente scomparsa; *il est totalement guéri* è completamente, del tutto guarito.

totalisant, ante |tɔtalizɑ̃, ɑ̃t| *adj.* (*philo.*) sintetizzante: *proposition totalisante* proposizione sintetizzante.

totalisateur, trice |tɔtalizatœʀ, tʀis| *s.m.* totalizzatore ✦ (*adj.*) *appareil totalisateur, machine totalisatrice* totalizzatore *s.m.*

totalisation |tɔtalizɑsjɔ̃| *s.f.* [→ TOTALISER] totalizzazione.

totaliser |tɔtalize| *v.tr.* **1** [*réunir, assembler en un total*] totalizzare, sommare → **additionner** **2** [*compter au total*] totalizzare: *l'équipe qui totalise le plus grand nombre de points* la squadra che totalizza il maggior numero di punti.

totalitaire |tɔtalitɛʀ| *adj.* **1** totalitario*: *philosophie, religion totalitaire* filosofia, religione totalitaria **2** (*polit.*) totalitario: *régime totalitaire* regime totalitario; *États totalitaires* Stati totalitari 🄲 **libéral** 1.

totalitarisme |tɔtalitaʀism(ə)| *s.m.* totalitarismo.

totalité |tɔtalite| *s.f.* **1** totalità (*inv.*): *la totalité de ses élèves* la totalità dei suoi alunni, tutti i suoi alunni ◇ (*loc.*) *en totalité* totalmente *adv.*, nella totalità, in blocco ~ *dans sa totalité* nella totalità **2** (*philo.*) totalità: *principe de totalité* principio di totalità.

totem |tɔtɛm| *s.m.* totem (*inv.*): *totem personnel* totem personale.

totémique |tɔtemik| *adj.* (*ethnogr.*) totemico*.

totémisme |tɔtemism(ə)| *s.m.* (*ethnogr.*) totemismo.

tôt-fait |tofɛ| *s.m.* pasticcino subito pronto: *des tôt-faits* pasticcini subito pronti.

toto |tɔto| *s.m.* (*arg.*) → **pou.**

toton |tɔtɔ̃| *s.m.* (*lat.*) [*dé traversé par une cheville pour qu'on puisse le faire tourner sur lui-même*] biribissi *inv.* ◇ (*par ext.*) [*petite toupie*] trottola (*f.*): *tourner comme un toton* girare come una trottola.

touage |twaʒ| *s.m.* (*mar.*) tonneggio*.

touaille |twaj| *s.f.* (*vx.*) [*essuie-main suspendu à un rouleau de bois*] bandinella (*cour.*).

touareg |twaʀɛg| *adj. inv. et s. inv.*, **touareg, ègue, egs** |twaʀɛg| *adj. et s.* tuareg *inv.* ✦ (*s.m.*) *le touareg* [*la langue*] il tuareg.

toubib |tubib| *s.m.* (*fam.*) [*médecin*] dottore, medico* (*cour.*) ✦ (*adj.*) *il, elle est toubib* fa il medico *s.m.*

toucan |tukɑ̃| *s.m.* (*t.zool.*) tucano.

touchable |tuʃabl(ə)| *adj.* [→ 1 TOUCHER] toccabile.

touchant |tuʃɑ̃| *prép.* (*vx., littér.*) → **concernant, sur.**

touchant, ante |tuʃɑ̃, ɑ̃t| *adj.* (*littér.*) [*qui touche, qui fait naître de la pitié, de la compassion*] commovente, toccante: *un récit touchant* un racconto commovente, toccante → **attendrissant, émouvant** ✦ (*s.m.*) *le touchant* il patetico*, la cosa *f.* commovente ◇ (*personnes*) (*iron.*) [*attendrissant*] *il est touchant de maladresse* è commovente per quanto è maldestro.

touchau |tuʃo| *s.m.* (*techn.*) stella *f.* di paragone (per i metalli preziosi).

touche |tuʃ| *s.f.* **I** **1** (*escrime*) [*fait de toucher l'adversaire*] stoccata: *remporter l'assaut par cinq touches à quatre* vincere l'assalto per cinque stoccate a quattro **2** [*action du poisson qui touche, qui mord à l'ameçon*] l'abboccare *m. inv.* # *pas la moindre touche aujourd'hui, je n'ai rien pris* oggi non ha abboccato niente, non ho preso niente **3** (*loc. fam.*) *faire une touche* [*rencontrer qqn. qui répond à une invite galante plus ou moins nette*] fare una conquista ~ *avoir la touche, une touche* [*plaire manifestement à qqn.*] conquistare qc., piacere a qc. **II** **1** [*action, manière de poser la couleur, les tons sur la toile*] tocco* (*m.*): *quelle touche!* che tocco! ◇ [*couleur posée d'un coup de pinceau*] pennellata: *peindre à larges touches* dipingere a grandi pennellate ◇ (*fig.*) *mettre une touche de gaieté, une touche exotique* mettere un tocco di allegria, una nota esotica **2** (*fam.*) [*aspect d'ensemble*] aspetto *m.* (*cour.*): *une drôle de touche* uno strano aspetto → **allure, tournure** **3** (*pop.*) *la sainte touche* [*le fait de toucher sa paye*] la paga*, il ventisette *m. inv.* **III** **1** (*rugby, football*) (*ligne de*) *touche* linea laterale; fallo *m.* laterale; *sortie du ballon en touche* uscita del pallone in fallo laterale; *rentrée en touche* rimessa laterale; *il y a touche* c'è una rimessa laterale; *touche longue, courte* rimessa in gioco lunga, corta; *juge de touche* guardalinee *m. inv.*, segnalinee *m. inv.*, giudice *m.* di linea **2** (*loc. fig.*) *rester, être mis sur la touche* rimanere in margine; essere messo in disparte **IV** [*chacun des petits leviers qui constituent un clavier*] tasto *m.* ◇ (*dans les instruments à cordes pincées ou frottées*) tastiera: *touches d'une guitare* tastiera della chitarra.

touche-à-tout |tuʃatu| *s.m. inv.* [*personne (et particulièrement enfant) qui touche à tout*] toccatutto *s.* ◇ (*fig.*) [*personne qui se disperse en activités multiples*] inconcludente *s. var.*, arruffone *s. var.*

1 **toucher** |tuʃe| **A** *v.tr.* **I** (*avec mouvement*) **1** [*entrer en contact avec (qqn., qqch.) en éprouvant les sensation du (2) toucher*] toccare: *toucher un objet* toccare un oggetto; *toucher une personne, un animal* toccare una persona, un animale; *je n'ai jamais touché une carte* [*jamais joué*] non ho mai toccato una carta; *toucher du bois* [*pour conjurer le sort*] toccare ferro; *toucher du doigt* toccare con mano; *toucher du bout des doigts* toccare con la punta delle dita → **effleurer**; *lutteur qui touche le sol des deux épaules* lottatore che tocca il suolo con le due spalle; *toucher le fond* toccare il fondo (coi piedi) # *toucher la main* [*pour dire bonjour*] dare la mano **2** (*sans contact direct*) toccare: *toucher qqn., qqch. avec un bâton* toccare qc., q.c. con un bastone; *je ne voudrais pas le toucher avec des pincettes* non lo toccherei nemmeno con le pinze; *toucher (avec le fleuret, le sabre) l'adversaire* toccare (con il fioretto, la sciabola) l'avversario; *toucher la balle de sa raquette* toccare la palla con la racchetta; *il n'a pas touché une balle* (*se dit d'un joueur de tennis qui a très mal joué*) non ha toccato palla # *il tira et toucha son adversaire à l'épaule* tirò e colpì l'avversario alla spalla → **blesser** **3** (*fig.*) [*joindre, arriver à rencontrer (qqn.) par un intermédiaire (lettre, téléphone)*] raggiungere (150), trovare: *où peut-on vous toucher?* dove è possibile raggiungerla, trovarla? → **atteindre** **4** (*choses*) [*entrer en contact avec (qqn., qqch.) au terme d'un mouvement*] raggiungere, toccare: *être touché par une balle* [*blessé*] essere raggiunto da una pallottola → **atteindre** **5** [*entrer en possession de, prendre livraison de (une somme d'argent)*] incassare, riscuotere (162): *toucher de l'argent* incassare, riscuotere del denaro; *toucher un traitement, des mensualités* riscuotere uno stipendio, delle mensilità; *toucher une prime* riscuotere un premio; *toucher un chèque* incassare, riscuotere un assegno → **encaisser, recevoir** ◇ [*percevoir (autre chose que de l'argent)*] prendere (105), ricevere: *ils ont touché leurs cigarettes* hanno preso le sigarette **6** (*fig.*) [*procurer une émotion à (qqn.), faire réagir en suscitant l'intérêt affectif*] toccare, colpire (197): *la musique le touche particulièrement* la musica lo tocca, lo colpisce in modo particolare → **émouvoir, intéresser**; *ce reproche l'a touché* quel rimprovero l'ha toccato, l'ha colpito ◇ (*spécialt.*) [*émouvoir en excitant la compassion, la sympathie et une certaine tendresse*] commuovere (157), toccare: *nous sommes très touchés de*

votre sympathie siamo commossi per la vostra simpatia; *ses larmes l'ont touchée* le sue lacrime l'hanno commossa → **attendrir** **7** *loc.* TOUCHER UN MOT DE... [*dire un mot de...*] accennare q.c., fare (103) cenno (a qc.) di q.c.: *avant de décider, il faut lui en toucher un mot* prima di decidere bisogna accennargliene, fargliene un cenno ◇ (*par anal.*) *j'ai déjà touché ce sujet* ho già toccato l'argomento **II** (*sans mouvement*) **1** [*se trouver en contact avec, être tout proche de*] essere (96) *intr.* attiguo, contiguo (a), toccare: *sa maison touche l'église* la sua casa è attigua alla, tocca la chiesa **2** (*fig.*) *toucher de près qqn.* [*avoir des rapports de parenté avec*] avere (97) stretti rapporti di parentela con qc., essere parente stretto di qc. **3** [*concerner; avoir un rapport avec*] toccare, riguardare: *une chose qui les touche de près* una cosa che li tocca, riguarda da vicino; *la chose ne me touche pas* la cosa non mi tocca, non mi riguarda → **regarder** ◆ *pron. récipr.* [*être en rapport étroit*] *les extrêmes se touchent* gli estremi si toccano **B** *v.intr.* TOUCHER À **1** (*êtres vivants*) [*porter la main sur, pour prendre, utiliser*] toccare (*tr.*): *cet enfant touche à tout* questo bambino tocca tutto; *ne touche pas à ce vase!, n'y touche pas!,* (*fam.*) *pas touche!* non toccare quel vaso!, non toccare!, giù le zampe, le mani!; *toucher à un plat, à la nourriture* toccare un piatto, (il) cibo; *il n'a jamais touché à une arme, à un volant* non ha mai toccato un'arma, il volante **2** (*abstrait*) [*se mêler, s'occuper de (qqch.)*] toccare, affrontare (*tr.*): *il vaut mieux ne pas toucher à ce sujet* è meglio non toccare, affrontare questo argomento → **aborder** ◇ [*s'en prendre à (qqch.) pour modifier, corriger*] *personne n'ose toucher à ces traditions* nessuno osa toccare queste tradizioni ◇ (*loc.*) *il a un air de ne pas y toucher* [*faussement ingénu*] fa l'ingenuo, il santerellino **3** (*littér.*) [*atteindre, arriver à (un point qu'on touche ou dont on approche)*] *toucher au port* arrivare (*aux.* essere) (*cour.*) in porto; *toucher à son terme, à sa fin* volgere (196) al termine, alla fine; *toucher au but* essere (*aux.* essere) vicino alla meta **4** [*être en contact avec*] essere attiguo, contiguo (a), toccare: *un immeuble qui touche à la mairie* uno stabile che è attiguo al, tocca il municipio **5** [*avoir presque le caractère de*] sfiorare *tr.*, confinare (con): *son goût pour le ménage touche à la névrose* la sua mania per le faccende di casa sfiora la nevrosi, confina con la nevrosi → **confiner.**

2 **toucher** |tuʃe| *s.m.* **1** [*un des cinq sens traditionnels*] tatto **2** [*action ou manière de toucher*] tatto: *doux, rude au toucher* morbido, ruvido al tatto → **attouchement, contact** **3** (*mus.*) [*manière de jouer, d'appuyer sur les touches, qui fait la qualité de la sonorité*] tocco*: *ce pianiste a un toucher velouté* quel pianista ha un tocco vellutato ◇ (*chir., méd.*) esplorazione *f.* **4** [*qualité que présente un corps pour la main qui le touche*] sensazione (*f.*): *cela avait le toucher de la soie* al tatto, dava la sensazione della seta.

touche-touche (à) |atuʃtuʃ| *loc. adv.* (*fam.*) (*de véhicules; de personnes réunies*) [*en se touchant presque; en se suivant de près*] uno dietro l'altro, uno attaccato all'altro: *les voitures se succédaient à touche-touche* le macchine si susseguivano una dietro l'altra, una attaccata all'altra.

touchette |tuʃɛt| *s.f.* (*mus.*) (*d'une guitare, d'une mandoline*) tasto *m.*

toucheur |tuʃœʀ| (*s.m.*) *toucheur de bestiaux, de bœufs* [*chargé de conduire les bêtes en les touchant de l'aiguillon*] mandriano.

toue |tu| *s.f.* (*mar.*) **1** → **touage** **2** [*bateau plat, à une voile et servant de bac*] traghetto *m.* (a vela) ◇ [*barque à fond plat qui fait la navette entre la terre et un navire au mouillage*] chiatta.

touée |twe| *s.f.* (*mar.*) **1** [*câble, chaîne servant à touer*] tonneggio* *m.* ◇ (*par ext.*) lunghezza del tonneggio **2** (*par ext.*) lunghezza della gomena.

touer |twe| *v.tr.* [*faire avancer* (*un navire, une embarcation*) *en tirant à bord sur une amarre*] tonneggiare: *touer à bras, au cabestan* tonneggiare a mano, al cabestano ◆ (*pron. intr.*) *navire qui se toue* nave che si tonneggia.

toueur |twœʀ| *s.m.* (*mar.*) rimorchiatore.

touffe |tuf| *s.f.* [*assemblage naturel de plantes, de poils, de brins..., rapprochés par la base*] ciuffo (*m.*): *touffe d'herbe* ciuffo d'erba; *une touffe de poils, de cheveux* un ciuffo di peli, di capelli → **épi, 2 mèche, 1 bouquet.**

touffeur |tufœʀ| *s.f.* (*vx., littér.*) [*atmosphère étouffante et chaude*] afa (*cour.*).

touffu, ue |tufy| *adj.* **1** [*qui est en touffes, qui est épais et dense*] folto, fitto: *un bois touffu* un bosco fitto, folto; *une barbe touffue* una barba folta # *un arbre touffu* un albero frondoso, fronzuto **2** (*fig.*) [*qui présente en trop d'espace des éléments abondants et complexes*] ridondante, sovraccarico*: *un livre touffu* un libro ridondante, sovraccarico; *un style touffu* uno stile ridondante → **chargé, compliqué, dense** 🄲 **2 concis, simple.**

touillage |tujaʒ| *s.m.* (*fam.*) [→ TOUILLER] il girare *inv.*, il (ri)mescolare *inv.* (*cour.*).

touille |tuj| *s.m.* → **lamie.**

touiller |tuje| *v.tr.* **1** (*fam.*) [*remuer, agiter* (*une pâte, un liquide*)] girare, (ri)mescolare (*cour.*): *touiller la lessive* girare, mescolare il bucato **2** (*par ext.*) *touiller les cartes* [*les battre, les mêler*] mescolare le carte; *touiller la salade* mescolare, girare l'insalata.

toujours |tuʒuʀ| *adv.* **1** [*à chaque instant considéré, sans exception*] sempre: *il l'a toujours pensé* lo ha sempre pensato; *ça ne durera pas toujours* non durerà sempre, in eterno; *il arrive toujours à l'heure* arriva sempre puntuale → **constamment, continuellement** ◇ (*loc.*) *les absents ont toujours tort* gli assenti hanno sempre torto **2** *loc.* TOUJOURS PLUS, TOUJOURS MOINS (+ *adj.*) sempre più, sempre meno: *ils sont toujours plus, moins nombreux* sono sempre più, meno numerosi ~ COMME TOUJOURS come sempre: *je pense à elle comme toujours* penso a lei come sempre ~ *presque toujours* quasi sempre ~ NE PAS... TOUJOURS non... (per) sempre: *on ne vivra pas toujours* non si vivrà (per) sempre ~ DE TOUJOURS di sempre: *le public de toujours* il pubblico di sempre ~ DEPUIS TOUJOURS da sempre: *il le fait depuis toujours* lo fa da sempre ~ POUR TOUJOURS per sempre: *il est parti pour toujours* è andato via per sempre **3** [*encore maintenant, encore au moment considéré*] sempre, ancora: *je l'aimais toujours* l'amavo sempre, ancora; *il court toujours* sta ancora correndo; *il n'est toujours pas parti, toujours pas là* non è ancora andato via, non è ancora arrivato **4** (*loc. fam.*) *il peut toujours courir* può stare fresco ~ *il peut toujours se fouiller* ha un bel frugarsi in tasca ~ *c'est toujours pas toi qui l'auras* in ogni caso, comunque non sarai tu ad averlo ~ *cause toujours!* parla, parla!; puoi parlare quanto vuoi! ~ TOUJOURS EST-IL (QUE)... (*sert à introduire un fait ou un jugement en opposition avec d'autres qui viennent d'être presentés*) fatto sta (che)...: *personne ne voulait y croire, toujours est-il qu'il est arrivé* nessuno voleva crederci, fatto sta che è arrivato ◆ *interj.* (*à la fin d'une phrase négative*) di certo (*loc. inv.*): *qui a dit ça? ce n'est pas moi, toujours* chi ha detto una cosa simile? non io, di certo 🄲 1; 2 **jamais.**

toulonnais, aise |tulɔnɛ, ɛz| *adj.* [*de Toulon*] tolonese.

touloupe |tulup| *s.f.* (casacca* di) pelle d'agnello, di montone.

toulousain, aine |tuluzɛ̃, ɛn| *adj.* [*de Toulouse*] tolosano.

toundra |tundʀa| *s.f.* (*géogr.*) tundra: *la toundra sibérienne* la tundra siberiana.

toupet |tupɛ| *s.m.* **1** [*touffe* (*de cheveux*)] ciuffo: *toupet de cheveux* ciuffo di capelli **2** (*fig., fam.*) [*hardiesse, assurance effrontée*] faccia* *f.* tosta: *vous avez un certain toupet!* lei ha una bella faccia tosta!; *il ne manque pas de toupet!* certo che ha una bella faccia tosta! → **audace,** 2 **culot** (*fam.*).

toupie |tupi| *s.f.* **1** (*jouet d'enfant*) trottola: *lancer, fouetter une toupie* lanciare, far girare una trottola; *toupie à musique* trottola a 'carillon'; *tourner comme une toupie* girare come una trottola ◇ (*fig.*) *il tourne comme une toupie* è una banderuola **2** (*fig., t. d'injure à l'adresse d'une femme sotte et affectée, ridicule et désagréable*) befana: *quelle vieille toupie!* che vecchia befana! **3** (*techn.*) fresatrice.

toupiller |tupije| **A** *v.intr.* (*vx., fam.*) [*tourner comme une toupie*] girare (*aux.* avere) come una trottola (*cour.*) **B** *v.tr.* (*techn.*) [*travailler, évider avec la toupie* (3)] fresare: *toupiller le bois* fresare il legno.

toupilleur |tupijœʀ| *s.m.* [*ouvrier du bois travaillant à la toupie* (3)] fresatore.

toupilleuse |tupijøz| *s.f.* (*techn.*) fresatrice.

toupillon |tupijɔ̃| *s.m.* [*petite touffe, bouquet de branches; touffe de poils de la queue des bovidés*] ciuffetto.

toupiner |tupine| *v.intr.* (*région.*) [*tourner comme une toupie*] girare (*aux.* avere, essere) come una trottola (*cour.*) ◇ (*se dit d'une bête attachée qui s'enroule*) impastoiarsi *pron.* (*cour.*).

touque |tuk| *s.f.* [*récipient métallique pour la conservation et le transport* *des poudres, pâtes, liquides, etc.*] fusto *m.* (metallico*).

1 **tour** |tuʀ| *s.f.* **1** [*bâtiment construit en hauteur, dominant un édifice ou un ensemble architectural*] torre: *tour ronde, quadrangulaire* torre rotonda, quadrangolare; *tour d'un château* torre di un castello; *tour d'église* torre campanaria, campanile (*m.*); *tour de beffroi* torre campanaria; *tour d'une mosquée* torre di una moschea → **minaret**; *la tour penchée de Pise* la torre pendente di Pisa ◇ (*fig.*) *une tour de Babel* una torre di Babele ◇ [*bâtiment indépendant de grande hauteur, à usage d'habitation ou de bureaux*] grattacielo (*m.*): *la tour Montparnasse* il grattacielo 'Montparnasse'; *les tours de la Défense* i grattacieli della 'Défense' **2** [*construction en hauteur*] torre: *la tour Eiffel* la torre Eiffel ◇ (*aviat.*) *tour de contrôle* torre di controllo; *tour de lancement* torre di lancio ◇ (*techn.*) *tour d'un derrick, de forage* torre di trivellazione, di sondaggio **3** (*archéol.*) torre **4** (*échecs*) torre **5** *loc. fig.* TOUR D'IVOIRE torre d'avorio: *se retirer dans sa tour d'ivoire* chiudersi nella propria torre d'avorio.

2 **tour** |tuʀ| *s.m.* **1** (*techn.*) tornio*: *tour de potier* tornio da vasaio; *tour à aléser* tornio per alesare (alesatore); *tour à décolleter, à fileter* tornio per troncare, per filettare; *travailler au tour* lavorare al tornio, tornire **2** [*armoire cylindrique tournant sur pivot*] ruota *f.* ◇ (*par anal.*) *tour pour passer les plats de la cuisine à la salle à manger* passavivande *inv.*

3 **tour** |tuʀ| *s.m.* **I** **1** [*limite circulaire*] giro: *elle a soixante centimètres de tour de taille* ha sessanta centimetri di (giro di) vita; *prendre son tour de poitrine* misurare il giro (di) petto → **circonférence** # *le tour des yeux* il contorno degli occhi; *le tour du visage* l'ovale del viso ◇ (*loc.*) *tour de ville* giro della città **2** [*chose qui en recouvre une autre en l'entourant* (*vêtements, garnitures*)] *tour de cou* girocollo; *tour de lit* giroletto **3** *loc.* FAIRE LE TOUR DE (*qqch.*) fare il giro di (q.c.): *faire le tour du pâté de maisons* fare il giro dell'isolato; *faire le tour d'honneur* fare il giro d'onore; *faire le tour du monde* fare il giro del mondo ◇ (*fig.*) *faire le tour de la situation* fare un esame completo della situazione ~ *faire le tour des différentes questions* passare in rassegna le varie questioni ◇ (*choses*) *l'aiguille fait le tour du cadran* la lancetta fa il giro del quadrante ◇ (*fig.*) [*cadran*] quadrante **4** (*loc.*) *faire un, des tour*(*s*) [*une petite sortie*] fare un giro, un giretto **5** [*parcours, voyage où l'on revient au point de départ*] giro: *le Tour de France* il Giro di Francia, il 'Tour de France' → **circuit, tournée** ◇ [*circuit bouclé par un athlète, un coureur, sur une longueur de piste*] giro, circuito: *il parcourt le tour en trente-cinq secondes* percorre il giro in trentacinque secondi **6** [*ligne sinueuse*] giro, sinuosità (*f. inv.*): *la route, la rivière fait des tours et des détours* la strada, il fiume descrive dei giri, delle sinuosità e dei meandri → **détour** **II** **1** [*mouvement giratoire*] giro: *tours de roue* giri di ruota; *tour de manivelle* giro di manovella; *prendre des tours* [*monter à son régime maximum* (*moteur*)] andare su di giri; *donner un tour de vis, de clef* dare un giro di vite, di chiave # *compteur de tours* contagiri; *fermer la porte à double tour* chiudere la porta a doppia mandata ◇ (*par anal.*) *tour d'une personne sur elle-même* giro di una persona su sé stessa, giravolta *f.* ◇ (*danse*) *tour de valse* giro di valzer ◇ (*spécialt., disques*) *un quarante-cinq tours, un trente-trois tours* un quarantacinque giri, un trentatré giri **2** *loc.* À TOUR DE BRAS [*de toute la force du bras*] a tutta forza: *frapper à tour de bras sur l'enclume* battere a tutta forza sull'incudine ~ *tour de main* (*d'un artisan*) abilità *f. inv.*, perizia *f.* (di un artigiano) → 2 **adresse, habileté, métier** ~ *en un tour de main* [*très vite*] in un istante, in un attimo, in quattro e quattr'otto **3** (*loc.*) *tour de rein* [*torsion, faux mouvement dans la région des lombes; douleur qui en résulte*] lombaggine *f.* **III** **1** [*mouvement, exercice difficile à exécuter*] gioco*: *tours d'un acrobate, d'un prestidigitateur* giochi, evoluzioni di un acrobata; giochi, numeri di un prestigiatore; *tours d'adresse, d'agilité* giochi di destrezza, di agilità; *tours de cartes* giochi di prestigio con le carte ◇ *loc.* TOUR DE FORCE impresa *f.* (disperata, faticosa), 'tour de force' (*inv.*): *c'est un vrai tour de force* è un'impresa, è un vero 'tour de force' → **exploit** **2** [*action ou moyen d'action qui suppose de l'adresse, de l'habileté, de la ruse*] tiro, scherzo: *faire, jouer* (*un, des*) *tour*(*s*) fare, giocare un tiro, degli scherzi a qc.; *méfiez-vous, cela vous jouera des tours* stia attento, le giocherà dei brutti scherzi; *on lui a fait, joué un tour pendable* gli hanno fatto, giocato un brutto tiro, un tiro mancino, uno scherzo feroce # *avoir plus d'un tour dans son sac* averne sempre una in serbo **IV** **1** [*aspect que présente une chose selon la façon dont elle est faite, la manière dont elle évolue*] andamento, piega* (*f.*): *observer le tour des événements* osservare l'andamento, l'evoluzione degli eventi; *l'affaire prend un mauvais tour* la faccenda prende una brutta piega → **tournure** **2** *tour de phrase* [*manière de présenter la pensée*] giro di frase: *ce tour de phrase appartient à la langue juridique* questo giro di frase è proprio del linguaggio giuridico ✦ *absolt.* → **tournure** **3** *tour d'esprit* [*manière d'être, caractéristique d'un certain esprit*] mentalità *f. inv.*, forma mentis *f. inv.* → **tournure** **V** **1** *loc.* [*moment auquel* (*ou durant lequel*) *une personne se présente, accomplit qqch. dans un ordre, une succession d'actions du même genre*] turno, volta (*f.*): *chacun parlera à son tour* ciascuno parlerà a turno, a sua volta ~ *attendre, passer son tour* aspettare, passare il proprio turno ~ *prendre son tour de semaine* iniziare la settimana di turno ~ *chacun son tour* uno alla volta ~ *tour de faveur* precedenza ~ *tour de scrutin* turno di scrutinio, di votazione **2** *loc.* TOUR À TOUR [*l'un puis l'autre, l'un après l'autre*] a turno, di volta in volta: *nous lisions tour à tour* leggevamo a turno; *émouvoir et faire rire tour à tour* commuovere e far ridere di volta in volta, alternativamente ~ *à tour de rôle* uno dopo l'altro, a turno **3** *tour de chant* [*série de morceaux interprétés par un chanteur, une chanteuse*] recital *inv.*

touraille |tuʀɑj| *s.f.* (*techn.*) essiccatoio* *m.* per l'orzo ◇ (*par ext.*) orzo *m.* essiccato.

touranien, ienne |tuʀanjɛ̃, jɛn| *adj. et s.m.* (*ling.*) turanico*.

1 **tourbe** |tuʀb(ə)| *s.f.* (*vieilli, péj.*) → **peuple, populace.**

2 **tourbe** |tuʀb(ə)| *s.f.* [*matière combustible spongieuse et légère*] torba.

tourber |tuʀbe| *v.intr.* (*techn.*) [*extraire la tourbe*] estrarre (190) *tr.* torba.

tourbeux, euse |tuʀbø, øz| *adj.* [*qui est de la nature de la tourbe*] torboso: *terrains, sols tourbeux* terreni torbosi.

tourbier, ière |tuʀbje, jɛʀ| **1** *s.* operaio* di una torbiera; proprietario* di una torbiera **2** *adj.* [*qui contient suffisamment de tourbe pour qu'on l'exploite*] torboso: *terrain tourbier* terreno torboso.

tourbière |tuʀbjɛʀ| *s.f.* (*géogr.*) torbiera.

tourbillon |tuʀbijɔ̃| *s.m.* **1** [*masse d'air qui tournoie rapidement*] turbine, vortice **2** [*mouvement tournant et rapide* (*en hélice*) *d'un fluide, ou de particules entraînées par l'air*] turbine, vortice: *tourbillon de poussière* turbine, vortice di polvere ◇ [*masse d'eau animée d'un mouvement hélicoïdal rapide et formant un creux*] vortice, gorgo*: *tourbillons d'une rivière* vortici, gorghi di un fiume **3** [*tournoiement rapide*] vortice: *le tourbillon de la danse* il vortice della danza **4** [*ce qui emporte, entraîne dans un mouvement rapide, irrésistible*] vortice: *le tourbillon du monde* il vortice del mondo; *le tourbillon des plaisirs, des passions* il vortice del piacere, delle passioni.

tourbillonnaire |tuʀbijɔnɛʀ| *adj.* [*qui forme, constitue un, des tourbillons*] turbinoso, vorticoso: *mouvement tourbillonnaire de l'air, de l'eau* movimento turbinoso, vorticoso dell'aria, dell'acqua.

tourbillonnant, ante |tuʀbijɔnɑ̃, ɑ̃t| *adj.* [*qui forme un, des tourbillons*] turbinoso, vorticoso ◇ [*tournoyant*] roteante: *jupes tourbillonnantes d'une danseuse* gonne roteanti di una ballerina.

tourbillonnement |tuʀbijɔnmɑ̃| *s.m.* [→ TOURBILLONNER] turbinio*: *un tourbillonnement rapide* un rapido turbinio.

tourbillonner |tuʀbijɔne| *v.intr.* **1** [*former un tourbillon; être emporté en un tournoiement rapide*] turbinare, formare *tr.* vortici → **tourner, tournoyer** **2** (*fig.*) [*être agité par un mouvement rapide, irrésistible*] turbinare: *ses pensées tourbillonnaient comme des feuilles* i suoi pensieri turbinavano come foglie.

tourd |tuʀ| *s.m.* **1** (*vx.*) (*t.zool.*) tordo comune (*cour.*) **2** (*t.zool.*) → **labre.**

tourdille |tuʀdij| *adj. m.* (*hippol.*) *gris tourdille* [*couleur gris-jaune de la robe d'un cheval*] bigiognolo.

tourelle |tuʀɛl| *s.f.* **1** [*petite tour*] torretta: *tourelle ronde, à plusieurs pans* torretta rotonda, a più ali **2** (*milit.*) torretta: *tourelle d'une ligne fortifiée, d'un blockhaus* torretta di una linea fortificata, di un fortino → **casemate**; *tourelle mobile d'un char d'assaut* torretta mobile di un carro armato; *tourelle d'un navire* torretta di una nave **3** (*ciné.*) *caméra à tourelle* cinepresa a torretta.

touret |turɛ| *s.m.* (*techn.*) [*petit* (2) *tour de graveur en pierres fines*] piccolo tornio* ◇ [*petite machine-outil agissant par la rotation de meules ou de disques de feutre*] rotella (*f.*): *touret à meuler, à polir* rotella per molare, per lucidare.

tourie |turi| *s.f.* [*grande bouteille, bonbonne entourée de paille, d'osier*] damigiana: *tourie de verre, de grès* damigiana di vetro, di gres.

tourier, ière |turje, jɛr| *adj. et s.* (*frère*) *tourier* frate addetto alla ruota; frate portinaio*; (*sœur*) *tourière* suora addetta alla ruota, suora portinaia.

tourillon |turijɔ̃| *s.m.* (*techn.*) [*pièce cylndrique servant d'axe*; *partie d'un axe qui tourne dans un support*] perno ◇ [*gros pivot*] cardine: *tourillons de porte cochère* cardini della porta carraia ◇ [*axe ou pivot d'une arme lourde* (*canon, etc.*)] orecchione.

tourillonneuse |turijɔnøz| *s.f.* (*techn.*) tornio* *m.* frontale.

tourisme |turism(ə)| *s.m.* turismo: *avion de tourisme* aereo da turismo; *tourisme à bicyclette* turismo in bicicletta → **cyclotourisme** # *voiture de tourisme* autovettura; *office du tourisme* ufficio turistico; *agence de tourisme* agenzia turistica, di viaggi.

touriste |turist(ə)| *s.* turista ✦ *adj.* turistico*: *classe touriste* classe turistica → **touristique.**

touristique |turistik| *adj.* **1** turistico*: *guide touristique* guida turistica; *renseignements touristiques* informazioni turistiche ◇ (*spécialt.*) *menu touristique, prix touristique* menu turistico, prezzo turistico **2** [*qui attire les touristes, les visiteurs*] turistico: *ville touristique* città turistica.

tourlourou |turluru| *s.m.* (*vx., plais.*) soldato → **bidasse.**

tourmaline |turmalin| *s.f.* (*minér.*) tormalina.

tourment |turmɑ̃| *s.m.* (*littér.*) tormento (*cour.*) ◇ [*personne qui cause de grands soucis, de graves ennuis*] *il est devenu mon tourment* è diventato il mio tormento 🄲 **consolation.**

tourmentant, ante |turmɑ̃tɑ̃, ɑ̃t| *adj.* (*vx.*) [*qui cause du tourment*] tormentoso (*cour.*).

tourmente |turmɑ̃t| *s.f.* **1** (*littér.*) tormenta (*cour.*), bufera (*cour.*): *une tourmente de neige* una tormenta, una bufera di neve → **bourrasque, orage, ouragan** **2** (*fig.*) [*troubles politiques ou sociaux violents et profonds*] bufera: *la tourmente révolutionnaire* la bufera rivoluzionaria.

tourmenté, ée |turmɑ̃te| *adj.* **1** tormentato, travagliato: *un être tourmenté* un essere tormentato, travagliato; *un visage tourmenté* un viso tormentato → **anxieux, inquiet** **2** *mer tourmentée* [*mer très grosse*] mare agitato **3** (*littér.*) [*qui s'accomplit dans l'agitation, le tumulte*] tormentato (*cour.*), travagliato (*cour.*): *vie tourmentée* vita tormentata, travagliata **4** [*de forme très irrégulière*] tormentato, accidentato: *sol tourmenté* terreno tormentato, accidentato; *côtes tourmentées* coste tormentate, accidentate 🄲 1; 2 **calme** 2.

tourmenter |turmɑ̃te| **A** *v.tr.* **1** [*affliger de souffrances physiques ou morales*; *faire vivre dans l'angoisse*] tormentare; assillare: *il tourmente toute la famille* tormenta tutta la famiglia ‖ *il le tourmente de reproches, de questions* lo assilla di rimproveri, di domande **2** (*sujet de chose*) [*faire souffrir*] tormentare, torturare: *être tourmenté par la jalousie, les remords* essere tormentato, torturato dalla gelosia, dai rimorsi **3** (*littér.*) (*en parlant d'un besoin, d'un désir*) [*exciter vivement*] tormentare: *l'envie d'écrire le tourmentait* lo tormentava la voglia di scrivere **B** *v. pron. réfl.* SE TOURMENTER [*se faire des soucis*; *éprouver de l'inquiétude, de l'angoisse*] tormentarsi: *ne vous tourmentez pas pour si peu* non si tormenti per così poco.

tourmenteur, euse |turmɑ̃tœr, øz| *s.* **1** (*vx.*) → **bourreau** **2** (*littér.*) tormentatore*.

tourmentin |turmɑ̃tɛ̃| *s.m.* **1** (*mar.*) trinchettina *f.* **2** → **pétrel.**

tournage |turnaʒ| *s.m.* **1** (*techn.*) tornitura (*f.*): *tournage sur bois, sur métaux* tornitura su legno, su metalli **2** (*mar.*) caviglia *f.* **3** [→ TOURNER A I 8] riprese *f. pl.*, realizzazione *f.* (di un film): *le tournage de ce film a duré près d'un an* le riprese di questo film sono durate circa un anno → **réalisation.**

tournailler |turnɑje| *v.intr.* → **tourniquer.**

tournant |turnɑ̃| *s.m.* **1** [*endroit où une voie tourne*; *portion plus ou moins courbe d'une rue, d'une route*] curva *f.*, svolta (*f.*): *les tournants d'une route en zigzag* le curve di una strada a zig-zag; *tournant relevé* curva sopraelevata; *tournant dangereux* curva pericolosa # *les tournants d'une route en lacet* i tornanti di una strada ◇ (*fig., fam.*) *avoir, rattraper qqn. au tournant* [*se venger*] aspettare qc. al varco ◇ (*loc. fig.*) *il est à un tournant de sa carrière* è a una svolta della sua carriera ~ *marquer un tournant* segnare una svolta **2** (*techn.*) ruota *f.* motrice (di un mulino).

tournant, ante |turnɑ̃, ɑ̃t| *adj.* **1** [*qui tourne, pivote sur soi-même*] girevole: *plaque tournante* piattaforma girevole; *feu tournant* faro girevole; *pont tournant* ponte girevole; *scène tournante* palcoscenico girevole ◇ (*fig.*) centro nevralgico*, punto nodale ◇ (*spécialt.*) *tables tournantes* tavole giranti **2** (*loc. milit.*) *mouvement tournant* movimento aggirante, di aggiramento ~ *grève tournante* sciopero a scacchiera **3** [*qui fait des détours, présente des courbes*] tortuoso; a chiocciola (*loc. inv.*): *chemin tournant* strada tortuosa → **sinueux** ‖ *escalier tournant* [*en colimaçon*] scala a chiocciola.

1 **tourne** |turn(ə)| *s.f.* [*suite d'un article dans le même numéro d'un journal*] girata, seguito (*m.*): *la tourne en page 6* la girata, il seguito a pag. 6.

2 **tourne** |turn(ə)| *s.f.* (*techn.*) inacidimento (*m.*): *tourne du lait* inacidimento del latte; *tourne du vin* inacidimento del vino.

tourné, ée |turne| *adj.* **1** [*fait* (*de telle manière*)] fatto, tornito: *bien, mal tourné* ben fatto, malfatto; *des jambes bien tournées* delle gambe tornite ◇ (*fig.*) tornito: *vers bien, mal tournés* versi ben, mal torniti ◇ (*loc. fig.*) *avoir l'esprit mal tourné* vedere (il) male dappertutto **2** [*aigri*] inacidito, girato: *lait, vin tourné* latte, vino inacidito, girato.

tourne-à-gauche |turnagoʃ| *s.m.* (*techn.*) giramaschio *inv.*

tournebouler |turnəbule| *v.tr.* (*fam.*) [*mettre l'esprit à l'envers, bouleverser*] scombussolare: *cette nouvelle l'a tourneboulé* quella notizia lo ha scombussolato ✦ (*au p.p.*) *elle était toute tourneboulée* era tutta scombussolata.

tournebride |turnəbrid| *s.m.* (*vx.*) locanda *f.* di campagna.

tournebroche |turnəbrɔʃ| *s.m.* **1** [*mécanisme servant à faire tourner une broche*] girarrosto → **rôtissoire** **2** (*vx.*) sguattero addetto al girarrosto.

tourne-disque |turnədisk(ə)| *s.m.* giradischi (*inv.*): *des tourne-disques* dei giradischi.

tournedos |turnədo| *s.m.* (*cuis.*) 'tournedos' *inv.*

tournée |turne| *s.f.* **1** giro (*m.*): *tournée électorale d'un député* giro elettorale di un deputato # *tournée théâtrale* 'tournée' teatrale ◇ [*tour dans lequel on visite des endroits de même sorte*] giro: *faire la tournée des cafés* fare il giro dei caffè → 3 **tour** **2** (*fam.*) [*ensemble des consommations offertes par qqn., au café*] bicchierata, bevuta # *c'est ma tournée* (ora) tocca a me **3** (*pop.*) [*volée de coups, raclée*] fracco* *m.*, sacco* *m.* di botte: *recevoir une tournée* ricevere un fracco, un sacco di botte.

tourne-feuille |turnəfœj| *s.m.* [*petit instrument pour tourner aisément les pages d'un cahier de mus.*] voltapagine (*inv.*): *des tourne-feuilles* dei voltapagine.

tournemain (en un) |ɑ̃nœturnəmɛ̃| *loc. adv.* in un batter d'occhio, in un attimo.

tourne-pierre |turnəpjɛr| *s.m.* (*t.zool.*) voltapietre *inv.*

tourner |turne| **A** *v.tr.* **I** **1** [*faire mouvoir autour d'un axe, d'un centre*; *imprimer un mouvement de rotation à* (*qqch.*)] girare: *tourner une manivelle* girare una manovella; *tourner la clé, la poignée* girare la chiave, la maniglia ◇ (*loc. fig.*) *se tourner les pouces* starsene con le mani in mano, grattarsi la pancia (*fam.*) **2** [*agiter, remuer* (*pour délayer, mélanger, etc.*)] (ri)girare, (ri)mescolare: *tourner une pâte* rimescolare, girare una pasta; *tourner une sauce* mescolare una salsa **3** (*par anal.*) *ce vin lui tourne la tête* questo vino gli fa girare la testa ◇ (*fig.*) *cette fille lui a tourné la tête* quella ragazza gli ha fatto girare, perdere la testa ◇ (*fam.*) *tourner le sang, les sangs* far rimescolare il sangue **4** *tourner les feuillets, les pages d'un livre* [*retourner*] girare le pagine di un libro **5** [*mettre, présenter* (*qqch.*) *en sens inverse*] girare, voltare: *tourner le dos à qqn., à qqch.* girare, voltare la schiena a qc., a q.c.; *tourner les talons* girare i tacchi # *tourner bride* tornare sui propri passi; *tourner casaque* voltare gabbana **6** [*diriger, par un mouvement courbe*] girare, volgere (196): *tourner les yeux, son regard vers, sur qqn.* girare, volgere gli occhi, lo sguardo verso, su qc. ◇ (*abstrait*) *tourner toutes ses pensées vers...* rivolgere tutti i propri pensieri a... → **appliquer**; *il faut tourner tous nos efforts vers...* dobbiamo rivolgere tutti i nostri sforzi a... **7** [*suivre, longer en changeant de direction*] girare, (s)voltare: *tourner le coin de l'avenue* girare, svoltare l'angolo del viale ◇ (*milit.*) *tourner les positions de l'ennemi, l'en-*

nemi aggirare le posizioni del nemico, prendere (105) il nemico alle spalle ◇ (*fig.*) *tourner l'obstacle, la difficulté, la loi* aggirare l'ostacolo, la difficoltà, la legge **8** *tourner un film* [*faire un film*] girare un film; *tourner une scène* girare una scena → **filmer** ✦ (*absolt.*) *silence, on tourne!* silenzio, si gira! **II 1** [*façonner* (*un objet*) *au* (2) *tour*] tornire (197) ◇ (*par anal.*) *tourner une phrase* tornire una frase; *tourner un compliment* fare (103) un complimento con molto garbo **2** (*loc.*) *tourner une personne, une chose en ridicule, en dérision* volgere, mettere una persona, una cosa in ridicolo, in derisione ~ *tourner une chose en plaisanterie* volgere una cosa in scherzo **B** *v.intr.* **1** [*se mouvoir circulairement* (*exécuter un mouvement de rotation*)] girare (*aux.* essere, avere): *la Terre tourne autour du Soleil* la Terra gira attorno al Sole; *voir tout tourner* [*avoir le vertige*] vedere tutto che gira attorno ◇ (*personnes*) *il tourne autour de la maison* gira intorno alla casa; *il tourne en rond* gira a vuoto **2** *loc.* TOURNER AUTOUR girare attorno: *tourner autour d'une femme* girare, ronzare attorno a una donna ~ (*fam.*) *tourner autour du pot* menare il can per l'aia ~ (*choses*) [*avoir pour centre d'intérêt*] *la conversation tourne autour de...* la conversazione verte su... **3** [*avoir un mouvement circulatoire*] girare, ruotare: *tourner autour d'un axe, d'un pivot* girare, ruotare intorno a un asse, a un perno; *tourner sur soi-même comme une toupie* girare su sé stesso come una trottola; *faire tourner un disque* far girare un disco **4** (*en parlant de mécanismes dont une ou plusieurs pièces ont un mouvement de rotation*) [*fonctionner*] girare, funzionare: *le moulin tourne* il mulino gira, funziona; *le moteur tourne rond, à vide* il motore funziona bene, gira a vuoto ◇ (*par ext.*) *faire tourner une usine, une entreprise* mandar avanti una fabbrica, un'impresa **5** (*loc.*) *la tête lui tourne* gli gira la testa ~ *ça me fait tourner la tête* mi fa girare la testa ~ *tourner de l'œil* [*s'évanouir*] svenire **6** [*changer de direction*] girare, (s)voltare: *tournez à gauche* girate, voltate a sinistra; *angle où l'avenue tourne* angolo dove il viale gira, svolta; *la chance a tourné* la fortuna ha girato, è cambiata # *la voiture a tourné court* la macchina ha fatto dietro front **7** TOURNER À, EN [*changer d'aspect, d'état, pour aboutir à* (*tel résultat*)] volgere: *le temps tourne au froid* il tempo volge al freddo; *la discussion tournait à l'aigre* la discussione volgeva al peggio → **transformer** (**se**) ◇ (*personnes*) TOURNER MAL prendere una cattiva strada, finir (197) (*aux.* essere) male: *elle a mal tourné* ha preso una cattiva strada, è finita male **8** [*devenir aigre*] inacidire (197) (*aux.* essere): *le lait a tourné* il latte è inacidito **C** *v.pron.* SE TOURNER **1** *réfl.* [*aller, se mettre en sens inverse ou dans une certaine direction*] voltarsi, girarsi: *se tourner vers qqn.* voltarsi, volgersi verso qc.; *tournez-vous un peu* si giri, si volti un po'; *se tourner d'un autre côté* voltarsi, girarsi da un'altra parte # *se tourner contre qqn.* rivoltarsi contro qc. **2** *réfl.* [*se diriger*] indirizzarsi: *elle s'était tournée vers les études* si era indirizzata allo studio → **orienter** (**s'**) **3** *intr.* (*littér.*) [*se changer* (*en*)] tramutarsi, trasformarsi (*cour.*): *l'amour se tourna en haine* l'amore si tramutò, si trasformò in odio.

tournesol |turnəsɔl| *s.m.* **1** (*chim.*) tornasole **2** (*t.bot.*) girasole.

tournette |turnɛt| *s.f.* (*techn.*) **1** [*dévidoir tournant sur un pivot vertical*] arcolaio* *m.* **2** [*instrument des vitriers fait d'un manche et d'une petite roue très coupante*] diamante *m.*, girella.

tourneur |turnœr| *s.m.* [*artisan, ouvrier qui travaille au* (2) *tour*] tornitore: *tourneur sur bois, sur métaux, sur ivoire* tornitore in legno, in metalli, in avorio.

tournevis |turnəvis| *s.m.* (*techn., cour.*) cacciavite *inv.*

tournicoter |turnikɔte| *v.intr.* (*fam.*) → **tourniquer.**

tourniole |turnjɔl| *s.f.* (*fam.*) [*panaris siégeant au pourtour de l'ongle*] patereccio* *m.*, giradito *m.*

tourniquer |turnike| *v.intr.* [*tourner, aller et venir sur place, sans but*] gironzolare, girellare.

tourniquet |turnikɛ| *s.m.* **1** 'tourniquet' *inv.*, bussola *f.* (girevole) **2** (*techn.*) serpentina *f.* ◇ (*mar.*) tornichetto ◇ (*par anal.*) [*présentoir*] espositore girevole **3** (*chir.*) laccio* emostatico* **4** *tourniquet hydraulique* arganello idraulico; *tourniquet de jardinier* mulinello idraulico **5** → **gyrin** **6** (*arg.*) tribunale militare (*cour.*): *passer au tourniquet* comparire davanti al tribunale militare.

tournis |turni| *s.m.* (*vétér.*) capostorno, capogatto, cenurosi *f. inv.* ◇ (*fig., fam.*) capogiro.

tournisse |turnis| *s.f.* (*techn.*) montante *m.* intermedio*.

tournoi |turnwa| *s.m.* **1** [*combat courtois entre plusieurs chevaliers par couples en champ clos*] torneo: *tournois et joutes* tornei e giostre **2** (*fig., littér.*) [*lutte d'émulation*] contesa *f.*, gara *f.* (*cour.*): *un tournoi d'éloquence* una contesa, una gara di eloquenza → **assaut, concours** **3** [*concours, compétition à plusieurs séries d'épreuves ou de manches*] torneo: *tournoi de bridge, d'échecs, de tennis* torneo di bridge, di scacchi, di tennis.

tournoiement |turnwamɑ̃| *s.m.* [→ TOURNOYER 2] turbinio*, vortice.

tournois |turnwa| *adj. inv.* (*ancienn.*) [*monnaie frappée à Tours*] tornese (*var.*): *livre tournois* lira tornese.

tournoyant, ante |turnwajɑ̃, ɑ̃t| *adj.* [*qui tournoie, tourbillonne*] volteggiante, vorticoso → **tournoyer.**

tournoyer |turnwaje| (10) *v.intr.* **1** [*décrire des courbes, des cercles inégaux sans s'éloigner*] volteggiare, roteare: *les hirondelles sans cesse tournoyaient autour de la maison* le rondini volteggiavano senza posa intorno alla casa **2** [*tourner sur soi ou tourner en spirale, en hélice*] volteggiare, turbinare: *le vent fait tournoyer les feuilles* il vento fa volteggiare, turbinare le foglie → **tourbillonner** **3** (*ancienn.*) [*combattre en tournoi*] torneare.

1 **tournure** |turnyr| *s.f.* **1** [*forme donnée à l'expression, quant à la construction et la syntaxe*] costrutto *m.*, costruzione: *tournure d'une phrase* costrutto, costruzione di una frase; *tournure impersonnelle* costrutto, costruzione impersonale ◇ [*expression, groupe de mots d'une construction déterminée*] *une tournure française* un giro *m.* di frase, un'espressione francese **2** [*air, apparence d'une chose*] aspetto (*m.*): *repeinte, la façade a une belle tournure* ridipinta, la facciata ha un bell'aspetto ◇ (*fig.*) [*aspect génér. que prend une évolution*] piega*, andamento (*m.*): *la tournure des événements* la piega degli avvenimenti; *les affaires prennent une bonne, une mauvaise tournure* gli affari prendono una buona, una cattiva piega # *le projet commence à prendre tournure* il progetto comincia a prendere forma, a delinearsi **3** (*loc.*) *tournure d'esprit* [*manière d'envisager, de juger les choses*] forma mentis **4** (*ancienn.*) [*rembourrage porté sous la robe, au bas du dos*] sellino *m.*

2 **tournure** |turnyr| *s.f.* (*techn.*) trucioli *m. pl.* (della tornitura): *tournure de fer, de cuivre* trucioli di ferro, di rame.

touron |turɔ̃| *s.m.* [*confiserie aux amandes, aux noisettes; sorte de nougat très tendre*] torroncino.

tourte |turt(ə)| **I** *s.f.* **1** (*dial.*) pane *m.* rotondo **2** [*pâtisserie de forme ronde* (*à la viande, au poisson...*)] timballo *m.*, pasticcio* *m.* **II** *adj.* (*pop.*) [*peu intelligent*] scemo (*cour.*), cretino (*cour.*).

1 **tourteau** |turto| *s.m.* **1** (*agric.*) panello: *tourteaux de colza, de lin, d'olives* panelli di colza, di lino, di olive **2** (*blas.*) torto.

2 **tourteau** |turto| *s.m.* (*t.zool.*) granciporro.

tourtereau |turtəro| *s.m.* **1** (*rare*) [*jeune tourterelle*] tortorella *f.* **2** (*fig.*) *des tourtereaux* [*de jeunes amoureux*] piccioncini, colombi.

tourterelle |turtərɛl| *s.f.* (*t.zool.*) tortora ✦ (*appos. inv.*) *gris tourterelle* grigio tortora.

tourtière |turtjɛr| *s.f.* **1** [*ustensile de cuis. pour faire des tourtes; moule à tarte*] tortiera **2** (*Canada*) timballo *m.*, pasticcio* *m.* di maiale.

touselle |tuzɛl| *s.f.* [*variété de blé sans barbes, précoce, cultivée dans le Midi*] ⊠.

toussailler |tusaje| *v.intr.* [*tousser un peu et souvent*] tossicchiare.

Toussaint |tusɛ̃| *s.f.* (*relig. cathol.*) (la festa di) Ognissanti *m. inv.*

tousser |tuse| *v.intr.* **1** [*avoir un accès de toux*] tossire (197) ◇ (*par anal.*) *moteur qui tousse* motore che tossisce, che perde *tr.* colpi **2** [*se racler la gorge volontairement* (*pour éclaircir sa voix avant de parler ou faire signe à qqn., l'avertir*)] tossire.

tousserie |tusri| *s.f.* (*vieilli*) tosse ostinata (*cour.*), stizzosa (*cour.*).

tousseur, euse |tusœr, øz| *s.* [*personne qui tousse*] chi tossisce spesso *loc.*, tossicoloso.

toussotement |tusɔtmɑ̃| *s.m.* [→ TOUSSOTER] il tossicchiare *inv.*, tossetta *f.*

toussoter |tusɔte| *v.intr.* [*tousser d'une petite toux peu bruyante*] tossicchiare.

tout |tu|, *f.* **toute** |tut|, *pl. m.* **tous** |tu| *adj.* ou |tus| *pron.*, *pl. f.* **toutes** |tut| **I** *adj. qualificatif* TOUT, TOUTE **1** (*devant un nom précédé de l'art., d'un poss., dém.*) tutto: *tout le jour, toute la nuit* tutto il giorno, tutta la notte; *tout le temps* tutto il tempo; *tout* *le monde* tutti (*pron.*); *tout le reste* tutto il resto; *toute sa petite famille* tutta la (sua) famigliola; *de tout mon cœur* con tutto il cuore; *tout ceci, cela* tutto questo, ciò; *il a passé tout un hiver à travailler à la montagne* ha passato tutto un inverno a lavorare in montagna; *lire tout* (*inv.*) *la 'Chartreuse de Parme'* leggere tutta la 'Certosa di Parma'; *j'ai tout mon temps* ho tutto il tempo # *c'est tout un roman, toute une affaire, toute une histoire* è tutto un romanzo, è un affare serio, è una storia lunga ◇ *loc.* TOUT CE QU'IL Y A DE... (*suivi d'un nom plur. avec accord facultatif du v.*): *tout ce qu'il y avait de professeurs était venu* (*étaient venus*) erano venuti tutti quanti i professori ◇ (*fam.*) *tout ce qu'il y a de plus sérieux* estremamente (*cour.*), quanto mai (*cour.*) serio; *des gens tout ce qu'il y a de plus cultivé* (*cultivés*) delle persone estremamente colte **2** *loc.* (*devant un nom sans art.*) *avoir toute liberté* avere piena libertà ~ *donner toute satisfaction* dare piena soddisfazione ~ *vous avez tout intérêt à...* avete tutto l'interesse di..., vi conviene... ~ *tout compte fait* tirate le somme, a conti fatti ~ *à toute force* a tutta forza ~ *à toute allure, à toute vitesse* a tutta andatura, a tutta velocità ~ *de toute beauté* bellissimo ~ *de tout cœur* con tutto il cuore, di tutto cuore ~ *en toute franchise* in tutta franchezza ~ *en toute hâte, en toute simplicité* in tutta fretta, in tutta semplicità ~ *selon toute apparence* secondo ogni apparenza ~ POUR TOUT (+ *subst. sans art.*) come (unico*): *pour tout potage* come minestra ~ *lire tout Racine* leggere tutto Racine ~ (*le*) *Tout-Paris* la Parigi bene: *Tout-Paris était dans les rues* la Parigi bene era per le strade **3** (*employé en appos.*) [*entièrement; tout entier*] tutto: *une vie toute de soucis et de malheurs* una vita tutta preoccupazioni e sventure; *une robe toute en soie* un vestito tutto di seta; *habillée toute en noir* tutta vestita di nero; *elle était toute à son travail* era tutta, completamente assorbita dal lavoro **II** *adj. indéf.* **1** *toujours plur.* TOUS, TOUTES tutti, tutte, ogni (*sing. inv.*): *tous les hommes* tutti gli uomini, ogni uomo; *tous les autres* tutti gli altri; *tous les moyens sont bons* tutti i mezzi sono buoni, ogni mezzo è buono; *toutes les fois que...* tutte le volte che..., ogni volta che...; *tous nos amis* tutti i nostri amici ◇ (*devant un nom sans art.*) *toutes sortes de choses* ogni sorta di cose; *avoir tous pouvoirs sur qqn.* avere ogni potere su qc. ◇ (*devant un nom de nombre*) *tous deux, tous trois...* tutti e due, tutti e tre... ◇ *loc.* TOUS, TOUTES (*suivi d'un nom, d'un p., d'un adj.*) *la voiture roulait tous feux éteints* l'auto procedeva a fari spenti ~ *toutes proportions gardées* fatte le debite proporzioni ~ *à tous les coins de rue* ad ogni angolo di strada ~ *à tous égards* sotto tutti gli aspetti, da ogni punto di vista ~ *à toutes jambes* a gambe levate ~ *de tous côtés, les côtés* da ogni parte, da tutte le parti ~ *dans tous les cas* in ogni caso, in tutti i casi, comunque ~ *dans tous les sens* in ogni senso, in tutti i sensi ~ *en toutes lettres* in tutte lettere **2** (*marquant la périodicité*) ogni, tutto: *tous les jours, tous les ans* ogni giorno, tutti i giorni; ogni anno, tutti gli anni; *tous les matins* ogni mattina, tutte le mattine; *tous les trente-six du mois* [*jamais*] ogni trenta di febbraio; *tous les combien? toutes les cinq, les dix minutes* ogni quanto? ogni cinque, dieci minuti → **chaque** **3** TOUT, TOUTE (*suivi d'un nom sans art.*) [*un quelconque, n'importe quel; un individu pris au hasard*] ogni: *toute personne* ogni persona; *toute sorte de...* ogni sorta di... ◇ (*avec une prép.*) *à tout âge, à toute heure* a ogni età, a ogni ora; *à tout hasard* per ogni evenienza; *à toute épreuve* a tutta prova; *contre toute attente* contro ogni aspettativa, ogni attesa; *de toute façon* in (a) ogni modo, comunque; *en tout cas, en tout état de cause* in ogni caso, comunque; *avant toute chose, sur toute chose* prima di ogni altra cosa, prima di tutto, soprattutto; *c'est tout un* è tutt'uno, è la stessa cosa ◇ (*loc.*) *tout un chacun* [*chaque homme, tout le monde*] ciascuno, ognuno, tutti ~ TOUT AUTRE ogni altro: *tout autre considération* ogni altra considerazione # *tout autre que mon père, que moi* chiunque altro tranne mio padre, tranne me **III** *pron.* **1** TOUS, TOUTES tutti, tutte: *une fois pour toutes* una volta per tutte; *tous ensemble* tutti insieme; *regardez tous!* guardate tutti!; *nous tous* noi tutti **2** TOUS, TOUTES (*en emploi nominal*) [*tous les hommes, tout le monde*] tutti, tutte: *ils furent tous tués* furono uccisi tutti; *il les déteste toutes* le detesta tutte **3** *tout* (*pron. ou nominal*) [*l'ensemble des choses dont il est question*] tutto: *tout va bien* va tutto bene ◇ (*loc.*) *tout est bien qui finit bien* tutto è bene quel che finisce bene ~ *tout est là* [*là réside tout le problème*] tutto sta lì, il problema è tutto lì ~ *pour tout dire* insomma, in una parola ~ À TOUT FAIRE tuttofare: *une bonne à tout faire* una (donna) tuttofare ~ *à tout prendre* tutto sommato, tutto considerato ~ *on s'habitue à tout* ci si abitua a tutto ~ *c'est tout* è tutto, non c'è altro; basta ~ *ce sera tout pour aujourd'hui* per oggi è tutto, per oggi basta ~ *ce n'est pas tout* e non è tutto, e non basta ~ (*fam.*) *c'est pas tout de s'amuser...* non basta divertirsi... ~ *voilà tout* ecco tutto ~ *c'est tout un* è tutto uno, è la stessa cosa ~ *après, avant tout* dopo tutto, prima di tutto (innanzitutto) ~ *malgré tout* malgrado tutto ~ EN TOUT [*de tout point, à tous égards*] del tutto, in tutto: *une histoire conforme en tout à la réalité* una storia del tutto, in tutto conforme alla realtà; [*au total*] in tutto, in totale: *il y avait en tout et pour tout trois personnes* c'erano in tutto e per tutto tre persone ◇ (*souvent péj.*) [*n'importe quoi*] *capable de tout* capace di tutto ◇ (*attribut*) *être tout pour* (*qqn.*) essere tutto per (qc.) **4** *loc.* TOUT DE tutto di: *il ignore tout de cette affaire, de vous* ignora tutto di questa faccenda, di voi ~ AVOIR TOUT DE avere tutto di: *elle avait tout d'une mère* aveva tutto di una madre **IV** *adv.* (*de quantité*) [*entièrement, complètement; d'une manière absolue, intégrale*] **1** (*devant quelques adj. courants, des p. prés. et p.*) molto, tutto *adj.* (*REM. 1*: *'tout' est inv. au m. et devant les adj. f. commençant par une voyelle ou un 'h' muet*): *tout jeune* molto giovane, giovane giovane; *tout ému* tutto emozionato; *tout entière* tutta intera; *ils sont tout étonnés* sono molto sorpresi; *c'est tout naturel* è del tutto naturale # *tout enfant* (sin) da bambino (*REM. 2*: *'tout' est var. en genre et en nombre devant les adj. f. commençant par une consonne ou un 'h' aspiré*): *toute belle* molto bella, bellissima; *elles sont toutes contentes* sono tutte contente, molto contente (contentissime); *elle est toute honteuse* è tutta vergognosa ◇ *loc.* TOUT AUTRE tutto un altro, tutto diverso: *c'est une tout autre affaire* è tutta un'altra faccenda, è una faccenda del tutto diversa ~ *le tout premier, la toute première* il primissimo, la primissima ~ *être tout en larmes* essere tutto in lacrime **2** TOUT (*inv., devant un adv. ou une prép.*) molto, del tutto (*loc. inv.*): *tout autrement* molto, del tutto diversamente; *tout simplement* molto (assai) semplicemente, semplicissimamente; *tout doucement* molto lentamente, piano piano ◇ (*loc.*) *tout à coup, tout d'un coup* tutt'a un tratto ~ *tout à l'heure* poco fa, poc'anzi; fra poco, fra breve ~ *tout au moins* almeno, perlomeno ~ *tout au plus* tutt'al più, al massimo ~ *tout d'abord* innanzitutto ~ *tout le premier* il primissimo ~ TOUT À FAIT proprio, del tutto: *ce n'est pas tout à fait pareil* non è proprio la stessa cosa **3** *loc.* TOUT EN (*suivi d'un p. prés. gérondif, marque 'la simultanéité'*) *il chante tout en travaillant* canta mentre lavora, lavorando; *tout en le souhaitant, il en avait peur* pur desiderandolo, ne aveva paura ◇ (*région.*) *elle arriva tout courant* arrivò correndo **4** TOUT... (+ *subst. ou adj., attribut*) QUE... (*exprime 'la concession'*) per quanto *loc.*, sebbene (*conj.*): *tout riches qu'ils sont* per quanto ricchi (siano), sebbene siano ricchi, pur essendo ricchi; *toutes gentilles qu'elles sont* per quanto gentili (siano), sebbene siano gentili ◇ (*avec le subj.*) *toute intelligente qu'elle soit, elle s'est trompée* pur essendo intelligente, si è sbagliata **5** (*fam.*) (*modifiant un v.*) *je me suis tout brûlé la main* mi sono bruciata tutta *adj.* la mano **6** (*inv., renforçant un nom épithète ou attribut*) tutto *adj.* (di) # *un tissu tout laine* un tessuto di pura lana ◇ (*loc.*) *tout yeux, tout oreilles* tutt'occhi, tutto orecchie Ⓒ III 3 **rien.**

tout, touts |tu| **I** *s.m.* **1** LE TOUT [*l'ensemble dont les éléments viennent d'être désignés*] il tutto: *vendez le tout* vendete il tutto; *risquer le tout pour le tout* rischiare il tutto per tutto → **totalité** **2** UN, LE TOUT [*l'ensemble des choses dont on parle; l'unité qu'elles forment*] un tutto, il tutto: *le tout et la partie* il tutto e la parte; *former un tout* formare un tutto (unico) **3** LE TOUT [*ce qu'il y a de plus important*] l'essenziale: *le tout est de réussir à...* l'essenziale è di riuscire a... ◇ (*fam.*) *c'est pas le tout de rigoler!* basta scherzare! **II** *loc. adv.* DU TOUT **1** DU TOUT AU TOUT [*complètement*] completamente (*adv.*): *changer du tout au tout* cambiare completamente # *différence du tout au tout* differenza totale **2** PAS DU TOUT (*renforce la négation*) affatto *adv.*, assolutamente (*adv.*): *il ne fait pas froid du tout* non fa affatto, assolutamente freddo; *plus du tout* assolutamente più, più per

niente; *rien du tout* niente affatto ◊ (*ellipt.*) '*vous y croyez, vous?*' '*du tout*' 'lei ci crede?' 'assolutamente no, per niente'.
tout-à-l'égout |tutalegu| *s.m.* allacciamento diretto alla fognatura.
toute-bonne |tutbɔn| *s.f.* (*t.bot.*) sclarea ◊ [*variété de poire*] ⊠.
toute-épice |tutepis| *s.f.* → **nigelle, myrte (piment).**
toutefois |tutfwa| *adv.* [*en considérant toutes les raisons, toutes les circonstances (qui pourraient s'y opposer), et malgré elles*] tuttavia → **cépendant, néanmoins, pourtant.**
toute-puissance |tutpɥisɑ̃s| *s.f.* [*puissance, autorité absolue*] onnipotenza.
tout-fait |tufɛ| → **fait.**
tout-fou |tufu| *adj. m. et s.m.* (*fam.*) [*très excité, un peu fou*] pazzoide, matto: *ils sont tout-fous* sono dei pazzoidi, dei matti → **écervelé.**
toutim(e) |tutim| *s.m.* (*arg.*) [*le tout, tout le reste*] tutto (il resto) (*cour.*).
toutou |tutu| *s.m.* [*chien, bon chien, chien fidèle*] cagnolino ◊ (*par comparaison*) *suivre qqn. comme un toutou* seguire qc. come un cagnolino.
tout-petit |tup(ə)ti| *s.m.* [*très jeune enfant; bébé*] piccolino, bebè (*inv.*): *des tout-petits* dei piccolini.
tout-puissant, toute-puissante |tupɥisɑ̃, tutpɥisɑ̃t| *adj.* [*qui peut tout, dont la puissance est absolue, illimitée*] onnipotente: *tout-puissants* onnipotenti ♦ (*s.m.*) *le Tout-Puissant* [*Dieu*] l'Onnipotente.
tout-venant |tuvnɑ̃| *s.m.* **1** (*techn.*) 'tout-venant', carbone alla rinfusa, a pezzatura mista **2** [*tout ce qui se présente (sans triage, sans classement préalable)*] cose *f. pl.*, roba *f.* alla rinfusa.
toux |tu| *s.f.* (*méd., cour.*) tosse.
toxémie |tɔksemi| *s.f.* (*méd.*) tossiemia.
toxicité |tɔksisite| *s.f.* tossicità *inv.*
toxico- |tɔksikɔ| *préf.* (*signifiant 'poison', correspond généralt. à*) tossico: *toxicomanie* tossicomania.
toxico-dépendant, ante |tɔksikɔdepɑ̃dɑ̃, ɑ̃t| *s.* tossicodipendente.
toxicodermie |tɔksikɔdɛrmi|, **toxidermie** |tɔksidɛrmi| *s.f.* (*méd.*) tossicodermia, tossidermia.
toxicologie |tɔksikɔlɔʒi| *s.f.* tossicologia*.
toxicologique |tɔksikɔlɔʒik| *adj.* (*méd.*) tossicologico*: *expérimentation toxicologique* esperimentazione tossicologica.
toxicologue |tɔksikɔlɔg| *s.* tossicologo*.
toxicomane |tɔksikɔman| *adj. et s.* tossicomane.
toxicomanie |tɔksikɔmani| *s.f.* (*méd.*) tossicomania.
toxicose |tɔksikoz| *s.f.* (*méd.*) tossicosi *inv.*
toxi-infection |tɔksiɛ̃fɛksjɔ̃| *s.f.* (*méd.*) tossinfezione.
toxine |tɔksin| *s.f.* (*méd.*) tossina.
toxinique |tɔksinik| *adj.* (*méd.*) tossinico*.
toxique |tɔksik| **1** *s.m.* (*biol., chim.*) tossico*, sostanza *f.* tossica* **2** *adj.* tossico: *gaz toxique* gas tossico.
toxoplasme |tɔksɔplasm(ə)| *s.m.* (*microbiologie*) toxoplasma.
toxoplasmose |tɔksɔplasmoz| *s.f.* (*méd.*) toxoplasmosi *inv.*
trabe |tʀab| *s.f.* (*blas.*) asta di bandiera.
trabée |tʀabe| *s.f.* (*antiq. rom.*) trabea.
trac (tout à) |tutatʀak| *loc. adv.* (*vieilli*) [*en s'exprimant d'une façon brusque; en disant les choses sans préparation*] a bruciapelo, tutto a un tratto.
trac |tʀak| *s.m.* (*fam.*) [*peur, frousse*] fifa *f.*, tremarella *f.*
traçage |tʀasaʒ| *s.m.* (*techn.*) tracciamento, tracciatura *f.*
traçant, ante |tʀsɑ̃, ɑ̃t| *adj.* **1** (*bot.*) strisciante: *racine traçante* radice strisciante **2** (*se dit d'un projectile qui laisse derrière lui un sillage lumineux*) tracciante: *balle traçante, traceuse* pallottola tracciante.
tracas |tʀaka| *s.m.* [*souci ou dérangement causé par des préoccupations d'ordre matériel, harcelantes sinon graves*] seccatura *f.*, fastidio* → **difficulté, ennui.**
tracasser |tʀakase| *v.tr.* (*sujet de chose*) [*tourmenter avec insistance, physiquement ou moralement, de façon agaçante*] inquietare, seccare → **obséder** ♦ (*pron. intr.*) *ne vous tracassez pas* non s'inquieti, non stia a preoccuparsi.
tracasserie |tʀakasʀi| *s.f.* [*difficulté, ennui qu'on suscite à qqn.*] seccatura, fastidio* *m.*
tracassier, ière |tʀakasje, jɛʀ| *adj.* [*qui se plaît à tracasser les gens, à leur faire mille tracasseries*] fastidioso, seccante ♦ (*s.*) *un tracassier* un seccatore*, uno scocciatore* (*fam.*).
tracassin |tʀakasɛ̃| *s.m.* (*fam.*) [*humeur inquiète, chagrine; souci*] agitazione *f.* (*cour.*), inquietudine *f.* (*cour.*).
trace |tʀas| *s.f.* **1** traccia*: *perdre, retrouver la trace d'un fugitif* perdere, ritrovare le tracce di un fuggitivo → **piste** # *suivre un gibier à la trace* braccare la selvaggina **2** (*loc. fig.*) *suivre les traces, marcher sur les traces de qqn.* seguire le orme di qc. **3** [*marque*] traccia: *traces de freinage, de sang, d'encre* tracce di frenata, di sangue, di inchiostro; *un visage qui porte les traces d'une longue fatigue* un viso che porta le tracce di una lunga fatica ◊ (*par anal.*) *les traces d'une civilisation* le tracce, le orme di una civiltà **4** [*très petite quantité perceptible*] traccia: *l'autopsie a révélé des traces de poison* l'autopsia ha rivelato (delle) tracce di veleno.
tracé |tʀase| *s.m.* [*ensemble des lignes constituant le plan d'un ouvrage à exécuter*] tracciato → **graphique.**
tracement |tʀasmɑ̃| *s.m.* (*rare*) [→ TRACER A] tracciamento.
tracer |tʀase| (2) **A** *v.tr.* **1** [*mener (une ligne) dans une certaine direction; former, en faisant plusieurs traits*] tracciare: *tracer une ligne* tracciare, tirare una linea; *tracer un plan* tracciare un disegno ◊ [*former par les traits de l'écriture*] *tracer des lettres* tracciare delle lettere → **écrire** **2** [*indiquer et ouvrir plus ou moins (un chemin) en faisant une trace*] tracciare → 1 **frayer** ◊ (*fig.*) *tracer le chemin, la voie* tracciare la strada **B** *v.intr.* **1** (*dial., pop.*) [*aller vite, courir*] correre (127) (*cour.*): *ils ont dû drôlement tracer pour arriver avant nous* devono aver corso un bel po' per arrivare prima di noi **2** (*bot.*) [*être traçant*] strisciare: *racine qui trace* radice che striscia.
traceret |tʀasʀɛ| *s.m.* (*techn.*) tracciatoio*.
traceur, euse |tʀasœʀ, øz| *s.* **1** (*nom de divers spécialistes exécutant des tracés*) tracciatore* ◊ (*ski*) apripista *inv.* **2** (*sc.*) tracciante ♦ (*adj.*) *balle traceuse, traçante* pallottola tracciante → **traçant** 2 **3** (*mécan.*) *traceur de courbes* tracciatore
trachéal, ale, aux |tʀakeal, o| *adj.* (*anat.*) tracheale: *muscle trachéal* muscolo tracheale.
trachée |tʀaʃe| *s.f.* **1** (*anat.*) trachea **2** (*bot., zool.*) trachea.
trachée-artère |tʀaʃeaʀtɛʀ| *s.f.* (*vx.*) → **trachée.**
trachéen, éenne |tʀakeɛ̃, eɛn| *adj.* (*zool.*) tracheale: *respiration trachéenne des insectes* respirazione tracheale degli insetti.
trachéide |tʀakeid| *s.f.* (*bot.*) tracheide.
trachéite |tʀakeit| *s.f.* (*méd.*) tracheite.
trachéo-bronchite |tʀakeobʀɔ̃ʃit| *s.f.* (*méd.*) tracheobronchite.
trachéostomie |tʀakeɔstɔmi| *s.f.* (*chir.*) tracheotomia.
trachéotomie |tʀakeɔtɔmi| *s.f.* (*méd.*) tracheotomia.
trachomateux, euse |tʀakɔmatø, øz| *adj. et s.* (*méd.*) tracomatoso.
trachome |tʀakom| *s.m.* (*méd.*) tracoma.
trachyte |tʀakit| *s.m.* (*minér.*) trachite.
traçoir |tʀaswaʀ| *s.m.* (*techn.*) tracciatoio*.
tract |tʀakt| *s.m.* [*petite feuille ou brochure gratuite de propagande religieuse, politique, etc.*] volantino: *distribuer, lancer, afficher des tracts* distribuire, lanciare, affiggere dei volantini.
tractable |tʀaktabl(ə)| *adj.* [→ TRACTER] trainabile.
tractation |tʀaktɑsjɔ̃| *s.f. surtout au plur.* (*péj.*) [*négociation de caractère officieux et occulte, où interviennent des manœuvres et des marchandages*] maneggi *m.*
tracté, ée |tʀakte| *adj.* (*milit.*) trainato: *artillerie tractée* artiglieria trainata.
tracter |tʀakte| *v.tr.* [*tirer au moyen d'un véhicule (tracteur, auto, camion) ou d'un procédé mécanique (remonte-pente)*] trainare: *tracter une voiture en panne* trainare una macchina guasta; *tracter un skieur en haut d'une piste* trainare uno sciatore in cima a una pista.
tracteur |tʀaktœʀ| *s.m.* (*techn.*) trattore, trattrice (*f.*): *tracteur à roues, à chenilles* trattore gommato, cingolato ◊ (*agric.*) *tracteur-navette* trattore navetta.
tracteur, trice |tʀaktœʀ, tʀis| *adj.* [*capable de tracter*] trainante: *voiture tractrice d'une caravane* macchina trainante una 'roulotte' ◊ (*hydrographie*) *force tractrice d'un cours d'eau* forza trascinante, di trascinamento di un corso d'acqua.
tractif, ive |tʀaktif, iv| *adj.* [*qui exerce une traction*] traente: *forces tractives* forze traenti, di trazione.
traction |tʀaksjɔ̃| *s.f.* **1** (*techn.*) trazione: *résistance des matériaux à la*

traction resistenza dei materiali alla trazione; *force de traction* forza di trazione, traente **2** [*action de tirer en amenant vers soi sans se déplacer*] trazione: *traction de la langue* trazione della lingua; *faire des tractions pour développer les biceps* fare delle trazioni per sviluppare i bicipiti **3** [*action de traîner, d'entraîner*] trazione: *traction animale, mécanique, électrique* trazione animale, meccanica, elettrica → **remorquage** ◇ (*auto.*) *traction avant* trazione anteriore ◇ (*ellipt.*) *une traction avant*, (*fam.*) *une traction* un'auto a trazione anteriore.

tractionnaire |tʀaksjɔnɛʀ| *s.m.* (*ch. de fer*) dipendente del servizio trazione.

tractoriste |tʀaktɔʀist(ə)| *s.* trattorista.

tractus |tʀaktys| *s.m.* (*anat.*) tratto.

tradescantia |tʀadɛskɑ̃sja| *s.m.* (*t.bot.*) tradescanzia *f.*

trade-union |tʀɛdynjɔ̃, tʀɛdjunjɔn| *s.f.* (*angl.*) (*en Grande-Bretagne*) [*syndicat ouvrier*] trade-union *inv.*, sindacato *m.*

traditeur |tʀaditœʀ| *s.m.* (*hist. relig.*) traditore* *s.*

tradition |tʀadisjɔ̃| *s.f.* **I** **1** tradizione: *la tradition populaire, orale* la tradizione popolare, orale **2** (*philo., théol.*) tradizione: *la tradition islamique, juive* la tradizione islamica, giudaica **3** [*manière de penser, de faire ou d'agir, qui est un héritage du passé*] tradizione: *il est attaché aux traditions de sa famille* è attaccato alle tradizioni della sua famiglia → **coutume, habitude** **II** (*dr.*) tradizione.

traditionalisme |tʀadisjɔnalism(ə)| *s.m.* **1** (*philo., théol.*) tradizionalismo **2** [*attachement aux notions et aux techn. traditionnelles*] tradizionalismo → **conformisme, conservatisme.**

traditionaliste |tʀadisjɔnalist(ə)| *s.* tradizionalista ✦ *adj.* tradizionalistico*.

traditionnaire |tʀadisjɔnɛʀ| *adj. et s.* (*relig. juive*) (ebreo) che interpreta la Bibbia secondo la tradizione talmudica *loc.*

traditionnel, elle |tʀadisjɔnɛl| *adj.* tradizionale.

traditionnellement |tʀadisjɔnɛlmɑ̃| *adv.* [→ TRADITIONNEL] tradizionalmente.

traducianisme |tʀadysjanism(ə)| *s.m.* (*hist. relig.*) traducianesimo.

traducteur, trice |tʀadyktœʀ, tʀis| *s.* **1** *s.* traduttore*: *traducteur-interprète* traduttore-interprete ◇ (*dr.*) *traducteur expert* perito traduttore **2** *s.m.* (*techn.*) trasduttore.

traduction |tʀadyksjɔ̃| *s.f.* **1** [→ TRADUIRE 1] traduzione: *traduction littérale, libre* traduzione letterale, libera; *traduction automatique* traduzione automatica **2** (*fig.*) [*transposition*] traduzione.

traduire |tʀadɥiʀ| *v.tr.* **1** (*sujet de personne*) [*faire que ce qui était énoncé dans une langue le soit dans une autre*] tradurre (108): *traduire un texte en français* tradurre un testo in francese # *machine à traduire* macchina traduttrice **2** [*exprimer de façon plus ou moins directe, en utilisant les moyens du langage ou d'un art*] tradurre: *traduire sa pensée* tradurre, esprimere il proprio pensiero; *il ne sait pas traduire ses émotions en paroles* non sa tradurre le proprie emozioni in parole **3** (*sujet de chose*) [*manifester aux yeux d'un observateur* (*un enchaînement, un rapport*)] riflettere (179): *les troubles politiques traduisent une crise économique* i disordini politici riflettono una crisi economica.

traduisible |tʀadɥizibl(ə)| *adj.* [→ TRADUIRE] traducibile © **intraduisible.**

trafic |tʀafik| *s.m.* **1** (*péj.*) [*commerce plus ou moins clandestin, honteux et illicite*] traffico*, mercimonio*: *trafic des stupéfiants* traffico degli stupefacenti ◇ (*plais.*) *faire trafic de ses charmes* far mercato delle proprie attrattive, mercanteggiare le proprie attrattive ◇ (*dr.*) *trafic d'influence* traffico d'influenza **2** (*vieilli*) → **commerce** **3** (*ch. de fer*) movimento; traffico: *direction du trafic* direzione movimento ‖ *un trafic intense* un intenso traffico ◇ (*par anal.*) *trafic maritime, routier, aérien* traffico marittimo, stradale, aereo **4** [*circulation des véhicules*] traffico (stradale).

traficoter |tʀafikɔte| *v.intr.* (*fam., péj.*) → **trafiquer.**

trafiquant, ante |tʀafikɑ̃, ɑ̃t|, **trafiqueur, euse** |tʀafikœʀ, øz| *s.* (*péj.*) trafficante, traffichino.

trafiquer |tʀafike| *v.tr.* **1** [*faire trafic de..., acheter et vendre* (*en réalisant des profits illicites*)] trafficare *intr.* (in, con), mercanteggiare: *trafiquer* (*de*) *ses charmes* mercanteggiare le proprie attrattive **2** (*pop.*) [*se livrer à diverses manipulations sur* (*un objet, un produit*) *en vue de tromper sur la marchandise*] sofisticare, adulterare; truccare, manomettere (155): *trafiquer un vin* sofisticare, adulterare un vino → **frelater** ‖ *voiture d'occasion dont le moteur a été trafiqué* auto usata il cui motore è stato truccato, manomesso.

tragédie |tʀaʒedi| *s.f.* **1** tragedia: *tragédies grecques, latines* tragedie greche, latine; *tragédies de Corneille, de Racine* tragedie di Corneille, di Racine **2** (*fig.*) [*événement ou ensemble d'événements tragiques*] tragedia: *sa vie est une tragédie* la sua vita è una tragedia © **comédie.**

tragédien, ienne |tʀaʒedjɛ̃, jɛn| *s.* attore* tragico*, tragediante (*littér.*).

tragi-comédie |tʀaʒikɔmedi| *s.f.* (*hist. litt., fig.*) tragicommedia.

tragi-comique |tʀaʒikɔmik| *adj.* (*hist. litt., fig.*) tragicomico*.

tragique |tʀaʒik| *adj.* **1** tragico*: *auteur, poète tragique* autore, poeta tragico ✦ (*s.m.*) *les tragiques* [*les poètes tragiques*] i tragici; [*le genre tragique*] *le tragique et le comique* il tragico e il comico **2** (*fig.*) tragico: *il a eu une fin tragique* ha avuto una tragica fine → **dramatique** ✦ (*s.m.*) *prendre une chose au tragique* prendere una cosa sul tragico.

tragiquement |tʀaʒikmɑ̃| *adv.* [→ TRAGIQUE 2] tragicamente.

tragus |tʀagys| *s.m.* (*anat.*) trago*.

trahir |tʀaiʀ| **A** *v.tr.* **1** [*livrer ou abandonner* (*celui à qui, ce à quoi l'on doit fidélité*)] tradire (197): *trahir un ami* tradire un amico; *trahir sa patrie* tradire la patria ✦ (*absolt.*) *il a trahi* ha tradito ◇ (*sujet de chose*) [*desservir par son caractère révélateur*] *sa voix l'a trahi* lo ha tradito la voce **2** (*sujet de chose*) [*lâcher, cesser de seconder*] tradire, abbandonare: *ses forces le trahissent* le forze lo tradiscono, lo abbandonano ◇ [*exprimer infidèlement*] *les mots trahissent notre pensée* le parole tradiscono, esprimono male il nostro pensiero **3** [*livrer* (*un secret*)] tradire: *trahir un secret* tradire un segreto → **divulguer, révéler** ◇ (*sujet de chose*) [*être le signe, l'indice...* (*d'une chose peu évidente ou dissimulée*)] *l'expression de son visage trahissait sa jalousie* l'espressione del suo viso tradiva, lasciava trasparire la sua gelosia → **révéler** **B** *v. pron.* SE TRAHIR **1** *réfl.* [*laisser apparaître, laisser échapper ce qu'on voulait cacher*] tradirsi: *il s'est trahi par cette question* si è tradito con quella domanda **2** *intr.* (*sujet de chose*) [*se manifester, se révéler*] tradirsi: *sa faiblesse s'est trahie en cette occasion* in quell'occasione si è tradita, si è manifestata la sua debolezza.

trahison |tʀaizɔ̃| *s.f.* **1** [*crime d'une personne qui trahit, passe à l'ennemi*] tradimento (*m.*): *haute trahison* alto tradimento → **défection, désertion** ◇ (*loc.*) *par trahison* a tradimento **2** [→ TRAHIR A 1] tradimento **3** [*grave infidélité en amour*] tradimento © **fidélité.**

traille |tʀɑj| *s.f.* cavo *m.* di guida, fune portante (di un traghetto).

1 **train** |tʀɛ̃| *s.m.* **I** [*la locomotive et l'ensemble des wagons qu'elle traîne*] treno: *le train de Paris* il treno di Parigi; *le train de 6 h 50* il treno delle 6,50; *train omnibus, direct, express, rapide* treno locale accelerato (*vieilli*), diretto, espresso (direttissimo *vieilli*), rapido; *train de marchandises, de voyageurs* treno merci, viaggiatori; *train de neige* treno della neve, per sciatori; *train postal* treno postale; *voyager par le train* viaggiare in treno; *manquer son train* perdere il treno → **convoi,** 3 **rame** # *chef de train* capotreno ◇ [*jouet d'enfant représentant un train en miniature avec sa voie ferrée*] trenino ◇ (*loc.*) *comme une vache regarde passer un train* [*avec un air passif, abruti*] con aria inebetita, con aria da ebete ~ (*fig.*) *prendre* (*monter dans*) *le train en marche* continuare l'opera di altri **II** **1** (*vieilli*) [*file de bêtes de somme qui suivent qqn.*] fila *f.* (*cour.*): *train de mulets* fila di muli ◇ (*cour.*) [*file de choses traînées ou entraînées*] *train de péniches* convoglio* di chiatte; *train de bois de flottage* treno di legname galleggiante; *train spatial* treno spaziale ◇ (*phys.*) *train d'ondes* treno d'onde ◇ (*techn.*) *train de pneus* treno di gomme; *train de laminoir* treno di laminatoio; *train de forage, de sonde* impianto di trivellazione **2** (*milit.*) *train* (*d'artilleries, des équipages*) treno (di pezzi di artiglieria, di carriaggi) **3** (*vieilli*) → **tapage** ◇ (*loc. fam.*) *être dans le train* essere aggiornato, 'in' **4** [*série d'actes de caractère administratif, social, politique*] serie (*f. inv.*): *train de mesures, de réformes* serie di provvedimenti, di riforme.

2 **train** |tʀɛ̃| *s.m.* **1** [*partie qui porte le corps d'une voiture et à laquelle sont attachées les roues*] treno: *train avant, arrière d'une automobile* treno anteriore, posteriore di un'automobile ◇ (*par anal., aviat.*) *train d'atterissage* carrello (di atterraggio) **2** [*partie de devant, de derrière des animaux de trait, des quadrupèdes*] treno: *train de devant, de derrière du cheval* treno anteriore, po-

steriore del cavallo **3** (*pop.*) [*derrière*] culo, sedere (*cour.*) ◇ (*loc.*) *se manier le train* muoversi, sbrigarsi **4** (*imprim.*) *mise en train* avviamento dei 'cliché'.

3 **train** |tʀɛ̃| *s.m.* **1** [*manière d'aller, d'évoluer, marche* (*des choses*)] andamento, corso: *du train où vont les choses* stando all'andamento delle cose, da come vanno le cose; *aller son train* seguire il proprio corso **2** (*loc.*) *train de vie* tenore di vita, treno di vita **3** [*allure du cheval, d'une monture, d'un véhicule, d'un coureur, d'un marcheur*] andatura (*f.*): *train rapide, soutenu* andatura veloce, sostenuta; *aller à fond de train, à un train d'enfer* andare a un'andatura, a una velocità folle, a rompicollo → **vitesse**; *accélérer le train* accelerare l'andatura # *mener le train* essere in testa, condurre la corsa; *faux train* andatura di conserva **4** *loc. adv.* (*personnes*) ÊTRE EN TRAIN [*en mouvement, en action, ou en humeur d'agir*] essere in vena: *je ne suis pas en train* non sono in vena ◇ (*choses*) *mettre un travail en train* [*commencer à l'exécuter*] avviare un lavoro; *mise en train* [*début d'exécution, travaux préparatoires*] avvio*, avviamento **5** *loc. prép.* EN TRAIN DE (*en tour négatif*) [*disposé à*] in vena di: *elle n'est pas en train de s'amuser* non è in vena di divertirsi **6** *loc. prép.* ÊTRE EN TRAIN DE (+ *inf.*) [*marque l'action en cours*] stare (104) (+ *gérondif*): *il est en train de travailler* sta lavorando.

traînage |tʀɛnaʒ| *s.m.* trasporto su slitta ◇ (*dans les mines, les carrières*) trasporto (dei) materiali.

traînailler |tʀɛnɑje| *v.intr.* → **traîner.**

traînant, ante |tʀɛnɑ̃, ɑ̃t| *adj.* **1** [*qui traîne par terre, qui pend*] strascicato **2** (*se dit de la voix, des intonations qui traînent*) strascicato.

traînard, arde |tʀɛnaʀ, aʀd(ə)| *s.* chi rimane indietro, a rimorchio *loc. inv.* ◇ [*personne trop lente dans son travail*] lumaca* *f.*

traînasser |tʀɛnase| **A** *v.tr.* (*vx.*) → **traîner B** *v.intr.* [*traîner, être trop long* (*à faire qqch.*)] tirare per le lunghe ◇ [*errer inoccupé*] bighellonare, oziare: *traînasser dans les cafés* bighellonare, oziare nei caffè.

traîne |tʀɛn| *s.f.* **1** *loc. adv.* (*mar.*) À LA TRAÎNE alla traina; [*en arrière d'un groupe de personnes qui avance*] a rimorchio, indietro *adv.*; [*en désordre, comme qqch. qui traîne à l'abandon*] in disordine: *des objets à la traîne* oggetti in disordine **2** [*filet*] sciabica*, sagena **3** [*bas d'un vêtement qui traîne à terre, derrière une personne qui marche*] strascico* (*m.*): *robe de mariée à traîne* abito da sposa con strascico → **queue 4** (*dial.*) [*haie ou buisson bordant un chemin*] siepe (*cour.*) ◇ (*par ext.*) viottolo *m.* incassato.

traîneau |tʀɛno| *s.m.* **1** [*véhicule à patins servant au transport du bois, du charbon dans les mines, etc.*] slitta *f.* ◇ [*voiture à patins que l'on traîne* (*ou pousse*) *sur la neige*] slitta → **luge 2** [*grand filet de pêche ou de chasse que l'on traîne*] strascino, giacchio*.

traîne-bûches |tʀɛnbyʃ| *s.m. inv.* larva *f. var.* della friganea.

traîne-buisson |tʀɛnbɥisɔ̃| *s.m. inv.* (*région.*) → **fauvette.**

1 **traînée** |tʀene| *s.f.* **1** [*longue trace laissée sur le sol ou toute autre surface par une substance répandue*] traccia*: *traînées de sang* tracce di sangue; *traînée de poudre* traccia di polvere **2** [*ce qui suit un corps en mouvement et semble émaner de lui*] scia*: *traînée lumineuse d'une comète* scia luminosa di una cometa ◇ (*par anal.*) striscia*: *des traînées rouges dans le ciel* strisce rosse nel cielo ◇ (*loc. fig.*) *nouvelle qui se répand comme une traînée de poudre* [*très rapidement*] notizia che si sparge in un baleno **3** (*techn.*) *coefficient de traînée* coefficiente di resistenza aerodinamica*.

2 **traînée** |tʀene| *s.f.* (*pop.*) [*prostituée*] battona.

traînement |tʀɛnmɑ̃| *s.m.* [*action de traîner* (*les pieds, la jambe*)] strascicamento.

traîne-misère |tʀɛnmizɛʀ| *s.m. inv.* [*personne qui traîne partout sa misère*] poveraccio* *var.* → **gueux, miséreux.**

traîner |tʀene| **A** *v.tr.* **1** [*tirer après soi; déplacer en tirant derrière soi sans soulever*] trascinare, tirare: *traîner une chaise, une voiture* trascinare una sedia, tirare una carrozza ◇ (*par ext.*) *traîner la jambe, la patte* trascinare la gamba; *traîner les pieds* strascicare i piedi ◇ (*loc. fig.*) *traîner ses bottes, ses guêtres quelque part* gironzolare, vagabondare senza meta ~ *traîner qqn. dans la boue* trascinare qc. nel fango **2** [*forcer à aller* (*quelque part*)] trascinare, portarsi *pron.* dietro (appresso): *il la traîne à des réunions fastidieuses* la trascina, se la porta dietro a delle riunioni noiose **3** [*amener, avoir partout avec soi par nécessité* (*les gens ou les choses dont on voudrait pouvoir se libérer*)] tirarsi *pron.* dietro, portarsi dietro (appresso): *elle est obligée de traîner partout ses enfants* è obbligata a tirarsi, portarsi dietro dappertutto i bambini ◇ [*supporter* (*une chose pénible qui se prolonge*)] trascinarsi (*pron.*): *elle traîne cette maladie depuis des années* si trascina questa malattia da anni **4** [*faire durer, faire se prolonger*] trascinare, tirare: *traîner les choses en longueur* trascinare, tirare le cose per le lunghe **B** *v.intr.* **1** (*sujet de chose*) [*prendre à terre en balayant le sol*] strisciare, trascinarsi (*pron.*): *vos lacets traînent par terre* i suoi lacci strisciano, si trascinano per terra **2** (*fig.*) [*subsister*] trascinarsi, persistere (116): *les vieilles notions qui traînent dans les livres scolaires* le vecchie nozioni che persistono, resistono nei testi scolastici **3** [*durer trop longtemps, ne pas finir*] durare (*aux.* essere, avere): *ça n'a pas traîné!* non è durato molto (a lungo) # *traîner en longueur* andare per le lunghe; *faire traîner qqch.* far andare, tirare per le lunghe q.c. **4** (*voix*) [*émettre des sons anormalement lents et bas*] strascicarsi *pron.* **5** [*être posé ou laissé sans être rangé*] essere (96) (*aux.* essere) sparso (qua e là): *des savates traînaient sur le tapis* delle ciabatte erano sparse qua e là sul tappeto ◇ (*fig.*) *ça traîne partout* è una cosa trita e ritrita **6** [*aller trop lentement, s'attarder*] attardarsi (*pron.*): *ne traîne pas en rentrant de l'école* non attardarti, non fare tardi tornando da scuola ◇ [*agir trop lentement*] *le travail presse, il ne s'agit plus de traîner* il lavoro è urgente, non c'è più tempo da perdere **7** (*péj.*) [*aller sans but ou rester longtemps* (*en un lieu peu recommandable ou peu intéressant*)] gironzolare, vagabondare ◇ (*fam.*) *traîner les rues* gironzolare, vagabondare per le strade → **errer, vagabonder C** *v.pron.* SE TRAÎNER **1** *réfl.* [*avancer, marcher avec peine* (*par infirmité, maladie, fatigue*)] trascinarsi: *il ne peut plus se traîner* non si trascina più; *il se traîne de son lit au fauteuil* si trascina dal letto alla poltrona **2** *réfl.* [*avancer à plat ventre ou à genoux*] strisciare (*intr.*): *l'enfant se traîne par terre* il bambino striscia per terra ◇ (*fig.*) *se traîner aux pieds de qqn.* strisciare ai piedi di qc. **3** *intr.* [*s'étirer en longueur, dans le temps*] trascinarsi: *une conversation qui se traîne* una conversazione che si trascina # *la journée se traîne* il giorno langue 🄲 A 1 **pousser** 1.

traîne-semelles |tʀɛnsəmɛl|, **traîne-savates** |tʀɛnsavat| *s.m. inv.* (*fam.*) [*personne vivant dans l'oisiveté et l'indigence*] straccione *s. var.*, vagabondo *s. var.*

traîneur, euse |tʀɛnœʀ, øz| *s.* **1** [*personne qui traîne qqch.*] trascinatore* (*rare*) # *traîneur de chariot* chi tira la carretta ◇ (*fig.*) *traîneur de sabre* soldato fanfarone **2** (*fig.*) *traîneur de cafés, de rues* [*personne qui a l'habitude de traîner dans les cafés, dans les rues*] girellone, bighellone.

trainglot |tʀɛ̃glo| *s.m.* → **tringlot.**

training |tʀɛniŋ| *s.m.* (*angl.*) allenamento ◇ (*psycho.*) *training* (*autogène*) training *inv.* (autogeno).

train-train |tʀɛ̃tʀɛ̃| *s.m.* [*marche régulière, sans imprévu*] tran tran *inv.*, andazzo → **routine.**

traire |tʀɛʀ| (62) *v.tr.* **1** [*tirer le lait de* (*la femelle de certains animaux domestiques*) *en pressant le pis ou mécaniquement*] mungere (150): *traire une vache* mungere una mucca **2** [*tirer*] trarre (190) (*cour.*).

1 **trait** |tʀɛ| *s.m.* **I 1** [*action de dessiner une ligne ou un ensemble de lignes*] tratto, linea (*f.*): *dessin au trait* disegno al tratto; *esquisser à grands traits* fare uno schizzo (abbozzare) a grandi linee ◇ (*par ext.*) *décrire, raconter à grands traits* descrivere, raccontare a (nelle) grandi linee **2** [*ligne droite ou courbe*] linea: *faire, tirer, tracer un trait* fare, tirare, tracciare una linea; *barrer d'un trait* sbarrare con una linea # *copier, reproduire trait pour trait* copiare, riprodurre tratto per tratto, punto per punto; *rayer d'un trait de plume* cancellare con un tratto di penna; *trait de scie* taglio, tracciato di sega **3** *au plur.* [*les lignes caractéristiques de la face humaine; l'aspect génér. du visage*] lineamenti, tratti: *traits réguliers* lineamenti, tratti regolari; *les traits tirés par la fatigue* i lineamenti tirati per la stanchezza → **physionomie II** (*fig.*) **1** [*acte, fait qui constitue une marque, un signe* (*d'une qualité, d'une capacité*)] *trait de bravoure* atto di coraggio; *trait d'esprit* tratto di spirito, arguzia (*f.*); *trait de génie* colpo di genio **2** *loc.* AVOIR TRAIT À [*être relatif à*] riferirsi a: *tout ce qui a trait à cette période de notre histoire* tutto quanto si riferisce a quel periodo della nostra storia **3** [*élément caractéristique qui permet d'identifier, de reconnaître*]

tratto, caratteristica* (*f.*): *trait dominant, essentiel, saillant, caractéristique* tratto dominante, essenziale, saliente, caratteristico → **caractère, caractéristique** ◇ (*ling.*) *trait pertinent* riferimento pertinente **4** (*liturg., mus.*) tratto.

2 **trait** |tʀɛ| *s.m.* **I** (*loc.*) *boire d'un seul trait* bere tutto d'un fiato ~ *il a dormi jusqu'à midi d'un seul trait* ha dormito fino a mezzogiorno in una sola tirata; *boire à longs traits* bere a lunghi sorsi **II** **1** [*projectile lancé à la main* (*javelot, lance*) *ou à l'aide d'une arme* (*flèche*)] freccia* *f.*, strale; giavellotto, lancia* (*f.*): *décocher un trait* scoccare, lanciare una freccia, uno strale ‖ *lancer un trait* scagliare un giavellotto, una lancia ◇ (*loc.*) *filer, partir comme un trait* filare, partire come una freccia, un razzo ◇ [*action d'envoyer un projectile*] lancio*: *armes de trait* armi da lancio, armi missili ◇ (*par anal.*) *trait de lumière* sprazzo di luce; *avoir le trait* avere la prima mossa, giocare per primo **2** (*littér.*) [*acte ou parole qui manifeste un esprit médisant ou piquant*] strale, frecciata *f.* (*cour.*): *les traits de la satire, de la calomnie* gli strali della satira, della calunnia; *décocher un trait à qqn.* lanciare uno strale, una frecciata a qc.

3 **trait** |tʀɛ| *s.m.* **1** (*loc.*) *cheval, bête de trait* [*destinés à tirer des voitures*] cavallo, animale da tiro ~ *pêche au trait* pesca a strascico* **2** corda *f.*, fune *f.* per il traino.

trait, traite |tʀɛ, tʀɛt| *p.p.* → **traire.**

traitable |tʀɛtabl(ə)| *adj.* (*littér.*) [*qu'on peut influencer, apprivoiser*] accomodante, trattabile (*cour.*): *j'espère que mon créancier sera plus traitable* spero che il mio creditore sia più accomodante, trattabile → **accommodant, maniable** Ⓒ **inflexible, intraitable.**

traitant |tʀɛtɑ̃| **1** *s.m.* (*hist. fr.*) esattore **2** (*adj.*) *médecin traitant* [*qui traite les malades d'une manière suivie*] medico curante ◇ (*choses*) *crème de beauté traitante* crema di bellezza curativa.

trait d'union |tʀɛdynjɔ̃| *s.m.* trattino, lineetta *f.* ◇ (*fig.*) 'trait d'union' *inv.*, intermediario*: *servir de trait d'union entre deux personnes* fare da 'trait d'union', da intermediario fra due persone.

1 **traite** |tʀɛt| (*s.f.*) *traite des nègres, des noirs* tratta dei negri; *traite des blanches* tratte delle bianche.

2 **traite** |tʀɛt| *s.f.* (*comm.*) cambiale, tratta: *traite en l'air* cambiale, tratta allo scoperto; *traite à vue* cambiale, tratta a vista; *traite documentaire* tratta documentata; *tirer, escompter une traite* emettere (spiccare), scontare una cambiale, tratta.

3 **traite** |tʀɛt| *s.f.* [*trajet effectué sans s'arrêter*] tratta → **chemin, parcours** ◇ (*fig.*) *d'une* (*seule*) *traite* facendo tutta una tirata.

4 **traite** |tʀɛt| *s.f.* [*opération par laquelle on trait les vaches, les femelles d'animaux domestiques*] mungitura: *traite mécanique* mungitura meccanica.

traité |tʀete| *s.m.* **1** [*ouvrage didactique*] trattato → 2 **cours, manuel** **2** (*dr. internat.*) trattato: *traité d'alliance, de paix* trattato d'alleanza, di pace; *négocier, conclure, parapher, signer, ratifier un traité* negoziare, concludere, siglare, firmare, ratificare un trattato → **pacte** **3** (*vieilli*) → **contrat.**

traitement |tʀɛtmɑ̃| *s.m.* **I** **1** [*comportement à l'égard de qqn.*; *actes traduisant ce comportement*] trattamento: *le traitement indigne qu'ils réservent aux prisonniers* il trattamento indegno che riservano ai prigionieri ◇ (*spécialt.*) *mauvais traitements* maltrattamenti **2** (*méd.*) cura *f.*, terapia *f.*, trattamento: *suivre un traitement* seguire una cura, una terapia → **soin(s)** **II** [*rémunération d'un fonctionnaire*; *gain attaché à un emploi régulier d'une certaine importance sociale*] stipendio*: *traitement de base* stipendio base **III** [*manière de traiter* (*une substance*); *opération, procédé permettant de modifier* (*une matière*)] trattamento: *traitement du minerai* trattamento del minerale (greggio); *traitement thermique d'un métal* trattamento termico di un metallo; *traitement des déchets radioactifs* trattamento delle scorie radioattive ◇ (*par anal.*) *traitement de l'information* elaborazione *f.* (dei) dati; *traitement de données en temps réel* elaborazione dati in tempo reale.

traiter |tʀete| **A** *v.tr.* **I** (*compl. de personne*) **1** [*agir, se conduire envers* (*qqn.*) *de telle ou telle manière*] trattare: *traiter qqn. très mal, comme un chien* trattare qc. molto male, come un cane; *traiter qqn. de haut en bas* trattare qc. dall'alto in basso; *traiter qqn. d'égal à égal* trattare qc. da pari a pari **2** (*littér.*) [*convier ou recevoir à sa table*] convitare **3** [*soumettre à un traitement médical*] curare → **soigner** **4** [*qualifier, appeler* (*de tel ou tel nom*)] dare (102) (del... a qc.): *traiter qqn. d'âne* dare dell'asino a qc. ✦ (*pron. récipr.*) *ils se sont traités d'idiots* si sono dati (l'un l'altro) del cretino **II** (*compl. de chose*) **1** [*régler* (*une affaire*) *en discutant, en négociant*] trattare: *traiter une affaire* trattare un affare **2** [*soumettre* (*une substance*) *à l'action d'agents physiques ou chimiques de manière à la modifier*] trattare: *traiter un minerai* trattare un minerale **3** [*soumettre* (*un objet*) *à la pensée en vue d'étudier, d'exposer*] trattare: *traiter une question, un problème* trattare una questione, un problema; *l'élève n'a pas traité le sujet* l'allievo non ha trattato il tema → **aborder, examiner** **B** *v.intr.* **1** (*sujet de chose*) [*disserter, exposer ses vues sur* (*une science, un sujet*)] trattare (*tr. et intr.*): *un livre qui traite de...* un libro che tratta (di)... → 1 **parler** **2** (*sujet de personne*) [*entrer en pourparlers, pour régler une affaire, conclure un marché*] trattare: *je ne peux pas traiter avec vous sur cette base-là* non posso trattare con lei su queste basi → **negocier, parlementer**; *les nations qui traitent entre elles* le nazioni che trattano tra di loro.

traiteur |tʀɛtœʀ| *s.m.* **1** [*celui qui prépare des repas, des plats à emporter et à consommer chez soi*] rosticciere ✦ (*appos.*) *charcutier(-)traiteur* rosticciere; *service traiteur d'un restaurant* servizio a domicilio *loc. inv.* di un ristorante **2** (*vx.*) [*restaurateur*] trattore (*cour.*).

traître, traîtresse |tʀɛtʀ(ə), tʀɛtʀɛs| **I** *s.* **1** [*personne qui trahit, se rend coupable d'une trahison*] traditore* **2** *loc.* EN TRAÎTRE a tradimento; da traditore: *prendre qqn. en traître* prendere qc. a tradimento ‖ *il a agi en traître* ha agito da traditore **3** (*plais.*) [*perfide*] traditore: *tu m'as menti, traîtresse!* traditrice, mi hai mentito! **II** *adj.* **1** [*qui trahit ou est capable de trahir*] traditore: *on l'accusa d'être traître à sa patrie* lo si accusò di essere (un) traditore della patria, di aver tradito la patria **2** [*qui est dangereux sans le paraître, sans qu'on s'en doute*] traditore: *le vin rosé est traître* il vino rosato è traditore **3** (*loc. fam.*) *il n'a rien dit, pas un traître mot* non ha detto niente, nemmeno una parola Ⓒ I **fidel, loyal.**

traîtreusement |tʀɛtʀøzmɑ̃| *adv.* [*avec traîtrise, en prenant en traître*] a tradimento *loc. inv.*, proditoriamente (*littér.*): *ils ont été traîtreusement attaquées pendant la trêve* sono stati attaccati a tradimento durante la tregua.

traîtrise |tʀetʀiz| *s.f.* **1** [*caractère, comportement de traître*] tradimento *m.* **2** [*danger que présente ce qui est traître*] tranello *m.*, trabocchetto *m.*

trajectographie |tʀaʒɛktɔgʀafi| *s.f.* (*astronautique*) studio* *m.*, calcolo *m.* della traiettoria.

trajectoire |tʀaʒɛktwaʀ| *s.f.* **1** (*mécan.*) traiettoria ◇ (*astron.*) *trajectoire d'une planète* traiettoria di un pianeta **2** (*géom.*) traiettoria: *trajectoire isogonale* traiettoria isogonale.

trajet |tʀaʒɛ| *s.m.* **1** (*vx.*) [*espace à traverser*] tragitto **2** [*le fait de parcourir un certain espace, pour aller d'un lieu à un autre*; *le chemin ainsi parcouru*] tragitto, percorso: *durant le trajet de l'hôpital à la maison* durante il tragitto, il percorso dall'ospedale a casa → **parcours, voyage** **3** (*anat.*) tragitto: *le trajet d'une artère* il tragitto di un'arteria.

tralala |tʀalala| *s.m.* (*dans quelques express.*) (*fam.*) [*luxe recherché et voyant*] sfarzo (*cour.*), pompa magna *f.* (*plais.*): *recevoir à dîner en grand tralala* ricevere a cena con grande sfarzo, in pompa magna.

tram |tʀam| *s.m.* tram *inv.* → **tramway.**

tramail |tʀamaj| *s.m.* (*pêche*) tramaglio*.

trame |tʀam| *s.f.* **I** **1** trama: *tapis qui montre la trame, usé jusqu'à la trame* tappeto che lascia vedere la trama, logoro fino alla trama **2** (*sc.*) [*structure d'un réseau*] trama: *trame broncho-vasculaire du poumon* trama broncovascolare del polmone ◇ (*télév.*) trama **II** (*fig.*) **1** [*ce qui constitue le fond et la liaison d'une chose organisée*] trama, intreccio* *m.* **2** (*vx.*) → **intrigue, complot.**

tramer |tʀame| *v.tr.* **1** [*former* (*un tissu*) *en croisant les fils de trame avec les fils tendus de la chaîne*; *former avec le fil de trame* (*des dessins, des rayures*)] tramare ✦ *au p.p.* (*clichés*) *tramés* 'cliché' tramati **2** (*fig.*) [*élaborer par des manœuvres cachées*] tramare: *ils trament un complot* tramano un complotto → **combiner, machiner, ourdir.**

trameur, euse |tʀamœʀ, øz| *s.* **1** *s.* operaio* addetto a preparare, disporre i fili della trama **2** *s.f.* (*techn.*) tramatrice.

traminot |tʀamino| *s.* [*employé de tramway*] tranviere.

tramontane |tʀamɔ̃tan| *s.f.* tramontana ◇ (*loc. fig.*) *perdre la tramontane* perdere la tramontana.

tramp |tʀɑ̃p| *s.m.* (*angl.*) (*mar.*) carretta *f.*, tramp *inv.*

tramway |tʀamwɛ| *s.m.* (*angl.*) (*techn.*) tranvia *f.* # *ligne de tramway* linea tranviaria; *réseau d'autobus, de trolleybus et de tramways* rete autofilotranviaria ◇ (*par ext.*) [*voiture qui circule sur ce type de rails*] tram *inv.*, tranvai *inv.* (*vieilli*); tranvetto (*plais.*).

tranchage |tʀɑ̃ʃaʒ| *s.m.* (*techn.*) [*opération par laquelle on débite le bois destiné aux placages*] taglio*, tranciatura *f.* ◇ [*découpage des métaux au tranchet*] tranciatura.

tranchant, ante |tʀɑ̃ʃɑ̃, ɑ̃t| **I** *adj.* **1** [*qui est dur et effilé, peut diviser, couper*] tagliente: *instrument tranchant* strumento tagliente → **coupant** **2** (*fig.*) [*qui tranche, décide d'une manière péremptoire*] deciso, risoluto: *j'aime les gens tranchants* mi piacciono le persone decise, risolute **II** *s.m.* **1** [*côté mince, destiné à couper, d'un instrument tranchant*] taglio*, tagliente, filo (di lama): *pointe et tranchant d'un sabre* punta e taglio di una sciabola; *couteau, hache à deux tranchants, à double tranchant* coltello, scure a doppio taglio ◇ (*loc. fig.*) *c'est une arme à double tranchant* è un'arma a doppio taglio **2** *tranchant d'apiculteur* coltello per disopercolare **3** (*fig.*) [*caractère tranchant, incisif*] decisione *f.*, risolutezza *f.*

tranche |tʀɑ̃ʃ| *s.f.* **I** (*concret*) **1** [*morceau coupé assez mince sur toute la largeur d'une chose comestible*] fetta: *une tranche de gâteau* una fetta di torta; *des tranches de pain* fette di pane; *une tranche de bœuf* una fetta di manzo # *une tranche de poisson* una trancia di pesce; *tranche napolitaine* cassata **2** (*bouch.*) parte mediana della coscia di manzo; *tranche grasse* taglio* *m.* (di manzo) comprendente rosa e piccione **3** [*partie des feuillets d'un livre qui est tranchée, pour présenter une surface unie*] taglio: *livre doré sur tranches* libro con taglio in oro **4** [*tour d'une pièce de monnaie*] orlo (*m.*): *faire rouler une pièce sur sa tranche* far rotolare una moneta sull'orlo **5** [*bord mince, de faible épaisseur*] bordino *m.* ◇ (*artill.*) *tranche de la bouche d'un canon* vivo *m.* della bocca di un cannone **6** [*représentation graphique, dessin de la partie d'un objet comprise entre deux plans parallèles rapprochés*] sezione **II** (*abstrait*) **1** [*séries de chiffres*] gruppo (*m.*): *on divise habituellement les nombres en tranches de trois chiffres* di solito si dividono i numeri in gruppi di tre cifre **2** [*partie séparée arbitrairement* (*dans le temps*) *d'une opération de longue haleine*] *tranches d'émission d'une loterie* serie *inv.* di emissione di una lotteria; *paiement en deux tranches* pagamento in due rate; *émission d'un emprunt par tranches* emissione di un prestito a 'tranche' (*inv.*); *tranche de temps* periodo *m.*, spazio* *m.* di tempo; *une tranche de vie* un quadro *m.* di vita vissuta ◇ (*loc. fam.*) *s'en payer une tranche* (*de bon temps*) [*s'amuser beaucoup*] spassarsela **3** [*partie séparée arbitrairement* (*d'un objet, d'un concept*)] *tranches de livraison d'une fourniture* lotti *m.*, 'tranche' di consegna di una fornitura; *tranches d'imposition du revenu* fasce di imposizione dei redditi.

tranché, ée |tʀɑ̃ʃe| *adj.* **1** [*coupé, sectionné*] tagliato, troncato ◇ (*blas.*) *écu tranché* scudo trinciato ♦ (*s.m.*) *un tranché* un trinciato **2** (*fig.*) [*nettement séparé des choses semblables ou comparables; qui se distingue par des caractères très apparents*] netto, marcato: *couleurs tranchées* colori netti, contrastati # *des espèces tranchées* specie ben distinte ◇ (*spécialt.*) [*qui est bien net, qui est affirmé avec franchise, catégoriquement*] deciso, risoluto: *opinion tranchée* opinione decisa, risoluta.

tranchée |tʀɑ̃ʃe| *s.f.* **I** **1** [*excavation pratiquée en longueur dans le sol*] trincea: *creuser, faire, ouvrir une tranchée* scavare, fare, aprire una trincea **2** [*fouille en longueur, pour donner passage à une voie de communication* (*route, canal, voie ferrée*)] trincea **3** (*milit.*) trincea: *guerre de tranchées* guerra di trincea ◇ (*loc.*) *nettoyer la tranchée, une tranchée* occupare, prendere una trincea **4** (*maçonn.*) scanalatura longitudinale (in un muro) per fissarvi una trave **II** (*au plur.*) *tranchées utérines* morsi *m.* uterini.

tranchée-abri |tʀɑ̃ʃeabʀi| *s.f.* [*tranchée aménagée, couverte pour servir d'abri*] trincea-ricovero: *des tranchées-abris* delle trincee-ricovero.

tranchefile |tʀɑ̃ʃfil| *s.f.* (*techn.*) **1** (*reliure*) capitello *m.* **2** cucitura interna (di una scarpa).

tranchefiler |tʀɑ̃ʃfile| *v.tr.* (*reliure*) [*garnir* (*un livre*) *d'une tranchefile*] guarnire (197) di capitelli.

tranche-montagne |tʀɑ̃ʃmɔ̃taɲ| *s.m.* (*littér.*) [*fanfaron qui se vante d'exploits fabuleux*] spaccamontagna *inv.*, spaccamonti (*inv.*): *des tranche-montagnes* degli spaccamontagna.

trancher |tʀɑ̃ʃe| **A** *v.tr.* **1** [*diviser, séparer* (*une chose en parties, deux choses unies*) *d'une manière nette au moyen d'un instrument* (*tranchant*)] tagliare: *trancher une corde* tagliare una corda → 1 **couper** ◇ (*spécialt.*) *trancher la tête de qqn.* troncare, mozzare la testa a qc.; *trancher la gorge* sgozzare **2** (*loc. métaph.*) [*couper, diviser net*] tagliare: *la mort, la Parque tranche le fil des jours* la morte, la Parca taglia il filo della vita; *trancher le nœud gordien* tagliare il nodo gordiano **3** (*fig.*) [*mettre brutalement fin à* (*qqch.*); *abréger, couper court à*] troncare: *trancher son discours* troncare il discorso ♦ (*absolt.*) *tranchons là* piantiamola, finiamola, smettiamola **4** [*terminer par une décision, un choix; résoudre en terminant* (*une affaire, une question*)] risolvere (117), chiarire (197): *trancher une difficulté* risolvere una difficoltà; *trancher une question* chiarire una faccenda # *trancher un différend* dirimere una controversia ♦ (*au p.p.*) *une question tranchée* una faccenda risolta, chiarita; *une opinion tranchée* un'opinione chiara ◇ (*littér.*) *il vaut mieux trancher le mot* è meglio parlare chiaro (*cour.*), chiamare le cose con il loro nome (*cour.*) **B** *v.intr.* **1** (*loc.*) *trancher dans le vif*: (*pr.*) tagliare nel vivo; (*fig.*) agire senza tanti riguardi **2** [*décider d'une manière franche, catégorique*] decidere (130), tagliar corto: *il faut trancher sans plus hésiter* bisogna decidere, tagliar corto senza ulteriori esitazioni **3** (*littér.*) TRANCHER DU..., DE LA... [*prendre d'une manière absolue, prétentieuse, les manières, le personnage de*] darsi (102) *pron.* arie da (*cour.*), fare (103) (+ *subst.*): *trancher du seigneur, de l'important* darsi arie da gran signore, fare l'importante **4** [*se distinguer avec netteté; former un contraste*] spiccare: *couleur qui tranche sur un fond* colore che spicca sul fondo ♦ (*au p.p.*) *des couleurs tranchées* colori netti, contrastati ◇ (*par anal.*) *trancher avec, sur* contrastare con: *son silence tranchait avec, sur l'agitation générale* il suo silenzio contrastava, era in contrasto con l'agitazione generale.

tranchet |tʀɑ̃ʃɛ| *s.m.* (*techn.*) [*outil qui sert à couper le cuir*] trincetto ◇ [*outil de plombier, de serrurier pour couper le plomb, le métal chauffé*] tagliolo.

trancheur, euse |tʀɑ̃ʃœʀ, øz| *s.* **1** *s.m.* [*mineur qui travaille en galerie et détache le minerai*] cavatore **2** *s.m.* pescatore che sventra i merluzzi **3** *s.* [*ouvrier chargé d'opérations de tranchage*] tranciatore *m.* **4** *s.f.* (*techn.*) [*engin de terrassement, machine pour l'extraction de la pierre*] escavatore *m.* ◇ [*machine à trancher le bois*] tranciatrice.

tranchoir |tʀɑ̃ʃwaʀ| *s.m.* **1** [*plateau de bois sur lequel on place la viande à découper*] tagliere → **tailloir** ◇ [*planchette, natte sur laquelle on coupe les fromages*] tagliere **2** (*techn.*) paletta *f.* **3** [*instrument tranchant, sorte de couteau, de hachoir*] trinciante.

tranquille |tʀɑ̃kil| *adj.* **1** tranquillo, calmo: *mer tranquille* mare calmo → **immobile**; *un endroit, un coin tranquille* un posto, un angolo tranquillo; *une rue tranquille* una via tranquilla, calma → **silencieux** ◇ (*êtres vivants*) tranquillo, calmo: *une vieille femme tranquille* una vecchia (donna) tranquilla; *voisins tranquilles* vicini tranquilli # *les enfants, restez tranquilles!* bambini, state buoni! **2** (*moral*) [*qui éprouve un sentiment de sécurité, de paix*] tranquillo: *avoir la conscience tranquille* aver la coscienza tranquilla; *soyez tranquille* stia tranquillo, non si preoccupi → **paisible** # *tranquille comme Baptiste* contento come una pasqua; *laisser qqn. tranquille* lasciare qc. in pace; *laissez-moi tranquille avec cette affaire* lasciatemi in pace con questa storia **3** (*fam.*) [*qui ne se pose pas de problème*] tranquillo, sicuro (*cour.*): *vous pouvez être tranquille qu'il n'est pas chez lui à cette heure-ci* può star tranquillo, certo che a quest'ora non è in casa; *il ne reviendra pas, je suis tranquille* non ritornerà, ne sono sicuro, certo → **sûr** Ⓒ 1 **agité, bruyant**; 2 **anxieux, inquiet.**

tranquillement |tʀɑ̃kilmɑ̃| *adv.* **1** [→ TRANQUILLE 2] tranquillamente: *il dormait tranquillement* dormiva tranquillamente **2** [*sans émotion, sans inquiétude*] tranquillamente: *il vit tranquillement* vive tranquillamente.

tranquillisant, ante |tʀɑ̃kilizɑ̃, ɑ̃t| **1** *adj.* [*qui tranquillise*] tranquillizzante: *des nouvelles tranquillisantes* notizie tranquillizzanti → **rassurant** **2** *s.m.* (*méd.*) tranquillante ♦ (*adj.*) *médicament tranquillisant* tranquillante *s.m.*

tranquilliser |tʀɑ̃kilize| *v.tr.* [*rendre tranquille; délivrer de l'inquiétude*] tranquillizzare, tranquillare (*rare*): *cette idée me tranquillise* questa idea mi tranquillizza → **calmer, rassurer** ♦ (*pron. intr.*) *tranquillisez-vous* tranquillizzatevi (si tranquillizzi) ♦ (*au p.p.*) *je* *suis tranquillisé* sono tranquillizzato, tranquillo [C] **inquiéter.**

tranquillité |tʀɑ̃kilite| *s.f.* **1** tranquillità *inv.*, quiete: *rien ne troublait la tranquillité de son sommeil* niente disturbava la tranquillità del suo sonno; *troubler la tranquillité publique* disturbare la quiete pubblica **2** [*stabilité morale; état tranquille*] tranquillità: *tranquillité matérielle* tranquillità materiale; *tranquillité d'esprit* tranquillità di spirito; *défendre sa tranquillité* difendere la propria tranquillità, la propria pace.

trans- |tʀɑ̃z(s)| *préf.* (*signifiant 'au delà de', correspond généralt. à*) tras; trans: *transformation* trasformazione || *transalpin* transalpino.

transaction |tʀɑ̃zaksjɔ̃| *s.f.* **1** (*dr., fin.*) transazione; operazione **2** (*écon.*) transazione: *taxe sur les transactions* imposta sulle transazioni **3** (*informatique*) transazione.

transactionnel, elle |tʀɑ̃zaksjɔnɛl| *adj.* [*qui concerne une transaction, a le caractère d'une transaction*] transattivo: *règlement transactionnel* composizione, soluzione transattiva; *formule transactionnelle* formula transattiva.

transafricain, aine |tʀɑ̃zafʀikɛ̃, ɛn| *adj.* transafricano: *chemin de fer transafricain* ferrovia transafricana.

transalpin, ine |tʀɑ̃zalpɛ̃, in| *adj.* transalpino: *Gaule cisalpine et Gaule transalpine* Gallia cisalpina e Gallia transalpina.

transandin, ine |tʀɑ̃sɑ̃dɛ̃, in| *adj.* transandino: *chemin de fer transandin* ferrovia transandina.

transat |tʀɑ̃zat| *s.m.* → **transatlantique** 2.

transatlantique |tʀɑ̃zatlɑ̃tik| **1** (*adj.*) *un paquebot transatlantique*, (*s.m.*) *un transatlantique* un transatlantico* *s.m.* ◇ (*par ext.*) *lignes transatlantiques* linee transatlantiche **2** (*s.m.*) *un transatlantique*, (*fam.*) *un transat* [*chaise longue*] una sdraia *f.*, una sedia *f.* a sdraio.

transbahuter |tʀɑ̃sbayte| *v.tr.* (*fam.*) [*transporter, déménager*] trasportare (*cour.*), spostare (*cour.*): *transbahuter une armoire* trasportare, spostare un armadio.

transbordement |tʀɑ̃sbɔʀdəmɑ̃| *s.m.* [→ TRANSBORDER] trasbordo: *transbordement de marchandises, de passagers* trasbordo di merci, di passeggeri.

transborder |tʀɑ̃sbɔʀde| *v.tr.* [*faire passer d'un bord, c'est-à-dire d'un navire, à un autre; d'un train, d'un wagon à un autre*] trasbordare.

transbordeur |tʀɑ̃sbɔʀdœʀ| *s.m.* (*vx.*) → **ferry-boat** ◇ (*techn.*) (*pont*) *transbordeur* trasbordatore.

transcanadien, ienne |tʀɑ̃skanadjɛ̃, jɛn| *adj.* transcanadese: *la route transcanadienne*, (*s.f.*) *la transcanadienne* la strada transcanadese.

transcaspien, ienne |tʀɑ̃skaspjɛ̃, jɛn| *adj.* transcaspiano: *chemin de fer transcaspien* ferrovia transcaspiana.

transcaucasien, ienne |tʀɑ̃sko(ɔ)kazjɛ̃, jɛn| *adj.* transcaucasico*.

transcendance |tʀɑ̃sɑ̃dɑ̃s| *s.f.* **1** (*philo.*) trascendenza: *transcendance de Dieu* trascendenza di Dio **2** [→ TRANSCENDER] trascendenza **3** (*vieilli*) → **excellence.**

transcendant, ante |tʀɑ̃sɑ̃dɑ̃, ɑ̃t| *adj.* **1** (*philo., cour.*) trascendente ◇ (*fam.*) *il n'est pas transcendant* non è un'aquila ✦ (*s.m.*) *le transcendant* il trascendente **2** (*math.*) trascendente: *nombre transcendant* numero trascendente.

transcendantal, ale, aux |tʀɑ̃sɑ̃dɑ̃tal, o| *adj.* **1** (*vx., philo., math.*) trascendente (*cour.*) **2** (*philo.*) trascendentale: *le moi transcendantal* (*chez Kant*) l'io trascendentale.

transcendantalisme |tʀɑ̃sɑ̃dɑ̃talism(ə)| *s.m.* (*philo.*) trascendentalismo.

transcender |tʀɑ̃sɑ̃de| *v.tr.* [*dépasser en étant supérieur, ou d'un autre ordre; se situer au délà de*] trascendere (105) ✦ *pron. intr.* SE TRANSCENDER [*se dépasser, aller au delà des possibilités apparentes de sa propre nature*] superare *tr.* sé stesso, trasumanare *intr.* (*littér.*).

transcodage |tʀɑ̃skɔdaʒ| *s.m.* (*informatique, télév.*) transcodifica* *f.*

transcoder |tʀɑ̃skɔde| *v.tr.* (*techn.*) [*effectuer un transcodage*] transcodificare.

transcodeur |tʀɑ̃skɔdœʀ| *s.m.* (*techn.*) transcodificatore.

transcontinental, ale, aux |tʀɑ̃skɔ̃tinɑ̃tal, o| *adj.* transcontinentale: *chemin de fer transcontinental* ferrovia transcontinentale.

transcripteur |tʀɑ̃skʀiptœʀ| *s.m.* trascrittore* *s.*

transcription |tʀɑ̃skʀipsjɔ̃| *s.f.* **1** [→ TRANSCRIRE 1] trascrizione **2** (*ling., phonét.*) trascrizione **3** (*mus.*) trascrizione **4** *transcription génétique* trascrizione genetica.

transcrire |tʀɑ̃skʀiʀ| (51) *v.tr.* **1** [*copier très exactement en reportant*] trascrivere (182): *transcrire un acte, des contrats* trascrivere un atto, dei contratti ◇ [*effectuer la transcription de*] *transcrire un texte grec en caractères latins* trascrivere un testo greco in caratteri latini **2** [*opérer la transcription de* (*une œuvre musicale*)] trascrivere.

transdanubien, ienne |tʀɑ̃sdanybjɛ̃, jɛn| *adj.* transdanubiano.

transducteur |tʀɑ̃sdyktœʀ| *s.m.* (*techn.*) trasduttore.

transduction |tʀɑ̃sdyksjɔ̃| *s.f.* (*biol.*) trasduzione.

transe |tʀɑ̃s| *s.f.* **1** *au plur.* [*inquiétude ou appréhension extrêmement vive*] ansia *sing.*, angoscia (*sing.*): *être dans les transes, dans des transes mortelles* essere in ansia, in angoscia, in un'angoscia mortale ◇ (*loc.*) *être dans les transes de* (+ *inf.*), *dans les transes que* (+ *subj.*) temere di (+ *inf.*), che (+ *subj.*) ◇ (*spiritisme*) sonno *m.* ipnotico*, trance *inv.* **2** *loc.* EN TRANSE in trance: *médium qui entre en transe* medium che va in trance ◇ (*par ext.*) *être, entrer en transe* essere, andare in trance.

transept |tʀɑ̃sɛpt| *s.m.* (*archit.*) transetto.

transférabilité |tʀɑ̃sfeʀabilite| *s.f.* (*dr.*) trasferibilità *inv.*

transférable |tʀɑ̃sfeʀabl(ə)| *adj.* (*dr., cour.*) trasferibile: *valeur transférable* valore trasferibile.

transfèrement |tʀɑ̃sfɛʀmɑ̃| *s.m.* [*action de transférer* (*un prisonnier ou une personne assimilée*)] traduzione *f.*, trasferimento: *transfèrement cellulaire* traduzione, trasferimento di un detenuto (in un altro istituto di pena, mediante il cellulare).

transférentiel, ielle |tʀɑ̃sfeʀɑ̃sjɛl| *adj.* (*psychan.*) trasferenziale.

transférer |tʀɑ̃sfeʀe| (8) *v.tr.* **1** [*transporter en observant les formalités prescrites*] trasferire (197): *transférer un prisonnier* trasferire, tradurre un detenuto; *transférer le corps, les cendres d'un mort* trasferire il corpo, le ceneri di un morto; *transférer le siège d'une organisation* trasferire la sede di un'organizzazione ◇ (*dr.*) [*transmettre la propriété de* (*un bien, un droit*) *d'une personne à une autre*] *transférer une obligation, des titres de propriété* trasferire un'obbligazione, dei titoli di proprietà **2** (*psycho., psychan.*) [*étendre* (*un sentiment*) *à un autre objet, par un transfert*] trasferire.

transfert |tʀɑ̃sfɛʀ| *s.m.* **1** [*déplacement d'une personne à une autre*] trasferimento ◇ (*dr.*) trasferimento, trapasso: *transfert de propriété* trasferimento, trapasso di proprietà ◇ (*dr. fiscal*) *transfert de l'impôt* traslazione *f.* dell'imposta **2** [*déplacement d'un lieu à un autre*] trasferimento: *transfert de capitaux d'un pays à un autre* trasferimento di capitali da un paese a un altro → **translation, 1 transport** # *le transfert des cendres de Napoléon* la traslazione delle ceneri di Napoleone; *transfert de populations* migrazione di popolazioni ◇ (*mécan.*) *machine à transfert, machine-transfert* transfer *inv.*, macchina a transferta ◇ (*informatique*) trasferimento **3** (*psycho., psychan.*) transfert: *transfert des sentiments* transfert dei sentimenti **4** (*fig.*) [*passage d'un ordre de choses à un autre*] trasferimento, trasposizione *f.*

transfigurateur, trice |tʀɑ̃sfigyʀatœʀ, tʀis| *adj.* (*littér.*) [*qui transfigure, est capable de transfigurer*] trasfigurante, che trasfigura *loc.*

transfiguration |tʀɑ̃sfigyʀasjɔ̃| *s.f.* **1** (*relig. chrét.*) trasfigurazione **2** [→ TRANSFIGURER 2] trasfigurazione.

transfigurer |tʀɑ̃sfigyʀe| *v.tr.* **1** [*transformer en revêtant d'un aspect éclatant et glorieux*] trasfigurare: *Jésus fut transfiguré sur le mont Thabor* Gesù fu trasfigurato sul monte Tabor **2** [*transformer en donnant une beauté et un éclat inhabituels*] trasfigurare: *le soleil transfigure tout* il sole trasfigura tutto → **embellir** ◇ (*abstrait*) [*transformer en améliorant*] *le bonheur l'a transfigurée* la felicità l'ha trasfigurata.

transfilage |tʀɑ̃sfilaʒ| *s.m.* (*mar.*) strafilatura *f.*

transfiler |tʀɑ̃sfile| *v.tr.* (*mar.*) [*joindre* (*deux toiles*) *bord à bord en passant un bout de ligne dans les œillets de l'une et de l'autre alternativement*] strafilare ◇ [*filer, laisser glisser* (*une amarre*) *sur le treuil*] filare.

transfini, ie |tʀɑ̃sfini| *adj.* (*math.*) transfinito: *nombre transfini* numero transfinito.

transfixion |tʀɑ̃sfiksjɔ̃| *s.f.* (*chir.*) trasfissione.

transfo |tʀɑ̃sfo| *s.m.* (*abrév. fam., électr.*) → **transformateur.**

transformable |tʀɑ̃sfɔʀmabl(ə)| *adj.* [→ TRANSFORMER] trasformabile.

transformateur |tʀɑ̃sfɔʀmatœʀ| *s.m.* (*abrév. fam. 'transfo'*) (*électr.*) trasformatore.

transformateur, trice |tʀɑ̃sfɔʀmatœʀ, tʀis| *adj.* trasformatore*.

transformation |tʀɑ̃sfɔʀmɑsjɔ̃| *s.f.* **1** [→ TRANSFORMER A 1] trasformazione: *la transformation des matières premières* la trasformazione, lavorazione delle materie prime; *transformation algébrique* trasformazione algebrica; *faire des transformations dans une maison* fare delle trasformazioni in una casa ◇ [→ TRANSFORMER A 2; B 2] *machine qui effectue la transformation de la chaleur en travail* macchina che effettua la trasformazione del calore in lavoro ◇ (*rugby*) trasformazione **2** [*le fait de se transformer; modification qui en résulte*] trasformazione: *transformation d'un organisme* trasformazione di un organismo; *transformation de l'énergie* trasformazione dell'energia ◇ (*chim.*) *transformation chimique, physique* trasformazione chimica, fisica ◇ (*ling.*) trasformazione.

transformationnel, elle |tʀɑ̃sfɔʀmasjɔnɛl| *adj.* (*ling.*) trasformazionale: *grammaire transformationnelle* grammatica trasformazionale.

transformer |tʀɑ̃sfɔʀme| **A** *v.tr.* **1** [*faire passer d'une forme à une autre; donner un autre aspect, une autre forme à*] trasformare: *transformer une matière première* trasformare una materia prima ◇ (*rugby*) *transformer un essai* [*envoyer le ballon, qu'on a posé au sol, entre les poteaux du but adverse*] trasformare una mèta **2** TRANSFORMER EN [*faire prendre la forme, l'aspect, la nature de*] trasformare, tramutare in: *transformer le plomb en or* trasformare il piombo in oro; *transformer un château en hôpital* trasformare un castello in ospedale **B** *v.pron. intr.* SE TRANSFORMER **1** [*prendre une autre forme, un autre aspect*] trasformarsi: *animaux à métamorphoses qui se transforment au cours de leur vie* animali a metamorfosi che si trasformano nel corso della loro vita **2** SE TRANSFORMER EN... [→ *tr.* 2] trasformarsi in: *leur amitié s'est transformée en amour* la loro amicizia si è trasformata, tramutata in amore.

transformisme |tʀɑ̃sfɔʀmism(ə)| *s.m.* (*sc.*) trasformismo © **fixisme.**

transformiste |tʀɑ̃sfɔʀmist(ə)| *s.* trasformista ✦ *adj.* (*sc.*) trasformistico*: *théories transformistes* teorie trasformistiche.

transfuge |tʀɑ̃sfyʒ| *s.* **1** *s.m.* transfuga* *s.* (*littér.*), disertore* *s.* **2** *s.* [*personne qui abandonne son parti pour en rallier un autre*] transfuga: *les transfuges du parti socialiste* i transfughi del partito socialista.

transfuser |tʀɑ̃sfyze| *v.tr.* **1** [*faire passer (du sang d'un individu) dans le corps d'un autre*] trasfondere (146), eseguire (197) una trasfusione (di) ✦ (*au p.p.*) *sang transfusé* sangue trasfuso ✦ (*s.*) *le transfusé* il ricevente **2** [*faire passer (un liquide) d'un récipient dans un autre*] travasare → **transvaser** ◇ (*fig.*) [*faire passer (à, dans)*] trasfondere: *il lui transfusa son courage* gli trasfuse il proprio coraggio.

transfuseur |tʀɑ̃sfyzœʀ| *s.m.* (*techn.*) apparecchio* di trasfusione.

transfusion |tʀɑ̃sfyzjɔ̃| *s.f.* **1** (*méd.*) trasfusione: *transfusion sanguine* trasfusione di sangue **2** (*vx.*) → **transvasement.**

transfusionnel, elle |tʀɑ̃sfyzjɔnɛl| *adj.* trasfusionale.

transgresser |tʀɑ̃sgʀese| *v.tr.* [*passer par-dessus (un ordre, une obligation, une loi)*] trasgredire (197): *transgresser des ordres* trasgredire degli ordini.

transgresseur |tʀɑ̃sgʀesœʀ| *s.m.* (*littér.*) trasgressore* (*s.*): *transgresseur de la loi* trasgressore della legge.

transgressif, ive |tʀɑ̃sgʀesif, iv| *adj.* **1** che trasgredisce *loc.* **2** (*géol.*) trasgressivo ◇ (*par ext.*) *eaux transgressives* acque trasgressive.

transgression |tʀɑ̃sgʀesjɔ̃| *s.f.* **1** [→ TRANSGRESSER] trasgressione: *transgression de la loi, d'une interdiction* trasgressione della legge, di un divieto **2** (*géol.*) *transgression marine* trasgressione marina.

transhumance |tʀɑ̃zymɑ̃s| *s.f.* transumanza.

transhumant, ante |tʀɑ̃zymɑ̃, ɑ̃t| *adj.* transumante.

transhumer |tʀɑ̃zyme| **A** *v.tr.* [*mener (les troupeaux) paître en montagne pendant l'été*] fare (103) *intr.* transumare **B** *v.intr.* (*se dit des troupeaux transhumants*) transumare.

transi |tʀɑ̃zi, *vx.* tʀɑ̃si| *s.m.* (*archéol.*) statua *f.* raffigurante un cadavere roso dai vermi.

transi, ie |tʀɑ̃zi, *vx.* tʀɑ̃si| *adj.* [*pénétré, engourdi de froid*] intirizzito: *je suis transi* sono intirizzito.

transiger |tʀɑ̃ziʒe| (3) *v.intr.* **1** [*faire des concessions réciproques, de manière à régler, à terminer un différend*] transigere (141) ◇ (*dr.*) [*faire une transaction avec l'autre partie*] *il faudra transiger* bisognerà transigere, concludere (106) *tr.* una transazione **2** (*fig.*) [*ne pas se montrer ferme, céder ou faire des concessions par faiblesse*] transigere: *transiger sur l'honneur* transigere sull'onore; *transiger avec sa conscience* transigere con la propria coscienza.

transir |tʀɑ̃ziʀ, *vx.* tʀɑ̃siʀ| (*littér.*) **A** *v.tr.* (*en parlant du froid, d'une sensation*) [*pénétrer en engourdissant, transpercer*] intirizzire (197), raggelare: *le froid nous transit* il freddo ci intirizzisce, ci raggela → 1 **glacer** **B** *v.intr.* [*être pénétré d'une sensation, d'un sentiment qui glace, engourdit*] raggelarsi *pron.*, paralizzarsi (*pron.*): *tout mon corps transit* tutto il mio corpo si raggelò, si paralizzò.

transistor |tʀɑ̃zistɔʀ| *s.m.* (*angl.*) **1** (*électron.*) transistore, transistor *inv.* **2** [*poste récepteur portatif de radio*] transistor, radiolina *f.* (portatile).

transistorisation |tʀɑ̃zistɔʀizɑsjɔ̃| *s.f.* (*électron.*) transistorizzazione.

transistoriser |tʀɑ̃zistɔʀize| *v.tr.* (*électron.*) [*équiper de transistors*] transistorizzare.

transit |tʀɑ̃zit| *s.m.* **1** (*comm.*) transito: *marchandises en transit* merci in transito; *documents de transit* documenti di transito; *port de transit* porto di transito; *les salles de transit d'Orly* le sale di transito di Orly; *passagers en transit* passeggeri in transito **2** (*physiol.*) transito ◇ (*méd.*) *transit baryté* transito baritato **3** (*phys.*) transito: *temps de transit* tempo di transito.

transitaire |tʀɑ̃zitɛʀ| **1** *adj.* di transito (*loc. inv.*): *pays transitaire* paese di transito; *commerce transitaire* commercio di transito **2** *s.* agente *m.* in dogana.

transiter |tʀɑ̃zite| **A** *v.tr.* [*faire passer (des marchandises, etc.) en transit*] fare (103) *intr.* transitare **B** *v.intr.* [*passer, voyager en transit*] transitare (*aux.* essere).

transitif, ive |tʀɑ̃zitif, iv| *adj.* **1** (*gram.*) transitivo **2** (*log., philo.*) transitivo: *relations réflexives transitives* relazioni riflessive transitive.

transition |tʀɑ̃zisjɔ̃| *s.f.* **1** transizione ◇ *loc.* DE TRANSITION di transizione, transitorio (*adj.*): *régime, période de transition* regime, periodo di transizione, transitorio **2** [*manière de passer de l'expression d'une idée à une autre; de lier les parties d'un discours*] transizione, passaggio* *m.* **3** (*astrol.*) passaggio ◇ (*ciné.*) passaggio ◇ (*mus.*) transizione ◇ (*phys.*) *chaleur, énergie de transition* calore, energia di transizione **4** [*ce qui constitue un état intermédiaire, ce qui conduit d'un état à un autre*] transizione.

transitionnel, elle |tʀɑ̃zisjɔnɛl| *adj.* di transizione (*loc. inv.*): *phénomènes transitionnels* fenomeni di transizione.

transitivement |tʀɑ̃zitivmɑ̃| *adv.* [→ TRANSITIF 1] transitivamente: *employer transitivement un verbe intransitif* usare transitivamente un verbo intransitivo.

transitivité |tʀɑ̃zitivite| *s.f.* (*gram., log., philo.*) transitività (*inv.*): *transitivité d'un verbe, d'une relation logique* transitività di un verbo, di una relazione logica.

transitoire |tʀɑ̃zitwaʀ| **1** *adj. et s.m.* transitorio* → **fugitif,** 2 **passager** **2** *adj.* [*qui constitue une transition, qui remplit l'espace de temps entre deux états*] transitorio: *régime transitoire* regime transitorio; *dispositions transitoires* disposizioni transitorie → **provisoire**; *charge transitoire* carica transitoria → **intérimaire.**

transitoirement |tʀɑ̃zitwaʀmɑ̃| *adv.* (*rare*) [→ TRANSITOIRE 2] transitoriamente.

translateur |tʀɑ̃slatœʀ| *s.m.* (*techn.*) traslatore.

translatif, ive |tʀɑ̃slatif, iv| *adj.* (*dr.*) traslativo: *acte, contrat translatif de propriété* atto, contratto traslativo di proprietà, di passaggio di proprietà.

translation |tʀɑ̃slɑsjɔ̃| *s.f.* **1** (*littér.*) traslazione: *la translation des restes de Napoléon* la traslazione dei resti di Napoleone **2** (*dr.*) [*le fait de transférer d'une personne à une autre*] trasferimento *m.* **3** (*dr.*) [*le fait de transporter d'un lieu à un autre (un dignitaire, une juridiction)*] trasferimento: *translation d'un tribunal, d'un évêque* trasferimento di un tribunale, di un vescovo ◇ [*transport d'un prisonnier*] traduzione → **transfèrement** **4** (*liturg.*) spostamento *m.* (di una festa) **5** (*sc.*) traslazione: *mouvement de translation* movimento di traslazione.

translit(t)ération |tʀɑ̃sliteʀɑsjɔ̃| *s.f.* (*ling.*) traslitterazione: *translittération du russe, de l'hébreu en caractères latins* traslitterazione del russo, dell'ebraico in caratteri latini.

translit(t)érer |tʀɑ̃sliteʀe| (8) *v. tr.* (*ling.*) [*faire correspondre à un signe d'une écriture un signe d'une autre écriture*] traslitterare.

translocation |tʀɑ̃slɔkasjɔ̃| *s.f.* (*biol., chir.*) traslocazione.
translucide |tʀɑ̃slysid| *adj.* traslucido.
translucidité |tʀɑ̃slysidite| *s.f.* traslucidità *inv.*
transmetteur |tʀɑ̃smɛtœʀ| *s.m. et adj.* **1** (*vx., littér.*) [*celui qui transmet*] trasmettitore* *s.* **2** (*télécom.*) trasmettitore ◇ (*mar.*) *transmetteur d'ordres* trasmettitore di ordini.
transmettre |tʀɑ̃smɛtʀ(ə)| (71) *v. tr.* **1** (*dr.*) [*faire passer d'une personne à une autre par une voie légale*] trasmettere (155): *transmettre un héritage* trasmettere un'eredità ✦ (*pron. intr.*) *la propriété se transmet par succession* la proprietà si trasmette per successione ◇ (*par anal.*) passare: *joueur qui transmet le ballon à un autre* giocatore che passa il pallone a un altro; *transmettre un flambeau* passare una fiaccola **2** [*faire passer à la postérité* (*un bien matériel ou moral*)] trasmettere, tramandare: *transmettre un nom, des traditions* trasmettere, tramandare un nome, delle tradizioni **3** [*faire passer d'une personne à une autre* (*un écrit, des paroles, etc.*); *faire changer de lieu, en vue d'une utilisation*] trasmettere: *transmettre un message à qqn.* trasmettere un messaggio a qc.; *transmettre une information, une nouvelle* trasmettere un'informazione, una notizia # *transmettez mes amitiés à M. X* porti, porga i miei saluti al sig. X **4** [*faire parvenir* (*un phénomène physique*) *d'un lieu à un autre*] trasmettere: *transmettre le son, l'électricité* trasmettere il suono, l'elettricità → **conduire**; *transmettre un mouvement* trasmettere un movimento; *dispositif qui transmet des informations, des signaux sous forme d'impulsions électriques* dispositivo che trasmette dati, segnali sotto forma d'impulsi elettrici **5** [*faire passer* (*un germe pathogène*) *d'un organisme à un autre*] trasmettere: *il a transmis la rougeole à son frère* ha trasmesso, attaccato (*fam.*) il morbillo a suo fratello.
transmigration |tʀɑ̃smigʀasjɔ̃| *s.f.* **1** (*rare*) trasmigrazione **2** (*relig.*) *transmigration des âmes* trasmigrazione delle anime → **métempsycose.**
transmigrer |tʀɑ̃smigʀe| *v.intr.* (*relig.*) (*de l'âme*) [*passer d'un corps dans un autre*] trasmigrare (*aux.* avere, essere).
transmissibilité |tʀɑ̃smisibilite| *s.f.* trasmissibilità *inv.*
transmissible |tʀɑ̃smisibl(ə)| *adj.* **1** [→ TRANSMETTRE 1] trasmissibile: *patrimoine, droit transmissible* patrimonio, diritto trasmissibile ◇ (*méd.*) *maladie transmissible* malattia trasmissibile **2** (*abstrait*) trasmissibile; tramandabile: *une idée transmissible* un'idea trasmissibile ⓒ **intransmissible.**
transmission |tʀɑ̃smisjɔ̃| *s.f.* **1** [→ TRANSMETTRE 1] trasmissione, passaggio* (*m.*): *transmission d'un bien, d'un droit à une autre personne* trasmissione, passaggio di un bene, di un diritto a un'altra persona **2** [*le fait de laisser à ses descendants, à la postérité*] trasmissione, il tramandare *m. inv.* ◇ (*biol.*) *transmission des caractères* trasmissione dei caratteri ◇ (*méd.*) *transmission d'une maladie* trasmissione di una malattia **3** [*action de faire connaître*] trasmissione: *transmission d'un message, d'un ordre* trasmissione di un messaggio, di un ordine; *erreur de transmission* errore di trasmissione; *transmission des idées* trasmissione delle idee **4** (*sc.*) trasmissione: *transmission de la lumière, du son* trasmissione della luce, del suono; *transmission d'ondes sonores* trasmissione delle onde sonore; *transmission d'informations* trasmissione dei dati **5** (*mécan.*) *transmission du mouvement dans une machine* trasmissione del movimento in una macchina; *organes, arbre, chaîne, courroie de transmission* organi, albero, catena, cinghia di trasmissione ✦ *absolt.* (*auto.*) *la transmission* la trasmissione: *transmission flexible, mécanique, automatique* tramissione flessibile, meccanica, automatica **6** *au plur.* LES TRANSMISSIONS [*ensemble des moyens destinés à transmettre les informations* (*renseignements, troupes*)] trasmissioni: *services des transmissions* servizio trasmissioni ◇ *servir dans les transmissions* appartenere al corpo *m. sing.* delle trasmissioni.
transmodulation |tʀɑ̃smɔdylɑsjɔ̃| *s.f.* (*radio*) transmodulazione, modulazione incrociata.
transmuable |tʀɑ̃smɥabl(ə)| *adj.* (*rare*) [→ TRANSMUER 1] trasmutabile, tramutabile (*cour.*).
transmuer |tʀɑ̃smɥe| *v.tr.* (*littér.*) **1** [*transformer* (*une substance*) *en altérant profondément sa nature*] trasmutare, tramutare (*cour.*) → **changer, convertir 2** (*abstrait*) [*changer en une autre chose*] trasmutare, tramutare.
transmutabilité |tʀɑ̃smytabilite| *s.f.* (*rare*) trasmutabilità *inv.*, tramutabilità *inv.*
transmutable |tʀɑ̃smytabl(ə)| *adj.* → **transmuable.**
transmutant, ante |tʀɑ̃smytɑ̃, ɑ̃t| *adj.* (*phys.*) trasmutante.
transmutation |tʀɑ̃smytasjɔ̃| *s.f.* **1** trasmutazione: *la transmutation des métaux* la trasmutazione dei metalli ◇ (*phys.*) *la transmutation des atomes* la trasmutazione degli atomi **2** (*littér.*) [*changement de nature, transformation totale*] trasmutazione: *le poète opère une véritable transmutation du langage* il poeta opera una vera trasmutazione del linguaggio.
transmuter |tʀɑ̃smyte| *v.tr.* → **transmuer.**
transnational, ale, aux |tʀɑ̃snasjɔnal, o| *adj.* [*qui dépasse le cadre national, concerne plusieurs nations*] sovranazionale, soprannazionale: *organisme transnational* organismo sovranazionale.
transocéanien, ienne |tʀɑ̃zɔseanjɛ̃, jɛn|, **transocéanique** |tʀɑ̃zɔseanik| *adj.* transoceanico*: *région transocéanienne* regione transoceanica; *navigation, télégraphie transocéanique* navigazione, telegrafia transoceanica.
transpadan, ane |tʀɑ̃spadɑ̃, an| *adj.* transpadano.
transparaître |tʀɑ̃spaʀɛtʀ(ə)| (72) *v.intr.* **1** [*se montrer au travers de qqch.*] trasparire (142) (*aux.* essere): *la forme du corps transparaît au travers d'un voile* la forma del corpo traspare attraverso un velo **2** (*fig.*) [*apparaître, se montrer*] trasparire: *l'angoisse transparaît sur son visage* l'angoscia traspare dal suo viso.
transparence |tʀɑ̃spaʀɑ̃s| *s.f.* **1** trasparenza: *la transparence du cristal, de l'eau* la trasparenza del cristallo, dell'acqua ◇ *loc.* PAR TRANSPARENCE in trasparenza: *un écran éclairé par transparence* uno schermo illuminato in trasparenza ◇ (*ciné.*) trasparenza **2** [*translucidité*] trasparenza: *la transparence du teint* la trasparenza del colorito **3** (*littér.*) [*qualité de ce qui laisse paraître la réalité tout entière*] trasparenza → **limpidité.**
transparent, ente |tʀɑ̃spaʀɑ̃, ɑ̃t| **I** *adj.* **1** trasparente: *tissus, papiers transparents* tessuti, carte trasparenti ◇ (*sc.*) *milieu transparent* mezzo trasparente **2** (*par ext.*) [*translucide, diaphane*] trasparente: *teint transparent* colorito trasparente **3** [*qui laisse voir clairement la réalité psychologique*] trasparente: *son âme était transparente* la sua anima era trasparente **4** [*qui laisse voir le sens*] trasparente: *allégorie, allusion transparente* allegoria, allusione trasparente → **clair, évident II** *s.m.* **1** (*ciné.*) trasparente **2** [*feuille de papier réglée que l'on met sous une autre feuille pour écrire droit par transparence*] falsariga* *f.*
transpercement |tʀɑ̃spɛʀsəmɑ̃| *s.m.* (*rare*) [→ TRANSPERCER 1] trafiggimento.
transpercer |tʀɑ̃spɛʀse| (2) *v.tr.* **1** [*percer de part en part*] trafiggere (110), trapassare ◇ (*fig.*) [*atteindre profondément, en faisant souffrir*] trafiggere: *la douleur transperce le cœur* il dolore trafigge il cuore **2** [*pénétrer; passer au travers*] passare *intr.* attraverso: *la pluie a transpercé mes vêtements* la pioggia mi è passata attraverso i vestiti.
transphrastique |tʀɑ̃sfʀastik| *adj.* (*ling.*) transfrastico*.
transpirant, ante |tʀɑ̃spiʀɑ̃, ɑ̃t| *adj.* traspirante, sudato → **suant, sueur** (**en**).
transpiration |tʀɑ̃spiʀasjɔ̃| *s.f.* **1** (*physiol.*) traspirazione; sudore *m.* # *il était en transpiration* era tutto sudato → **sueur 2** (*bot.*) *transpiration végétale* traspirazione vegetale.
transpirer |tʀɑ̃spiʀe| **A** *v.intr.* **1** [*éliminer la sueur par les pores de la peau*] traspirare, sudare: *transpirer des pieds* traspirare, sudare dai piedi → **suer** ✦ *absolt.* (*fam.*) [*travailler dur*] sudare, sgobbare: *il a transpiré sur ses devoirs* ha sudato, sgobbato sui compiti **2** (*littér.*) [*paraître au jour, finir par être connu*] trapelare (*aux.* essere) (*cour.*): *la nouvelle a transpiré* la notizia è trapelata **B** *v.tr.* [*exhaler* (*un liquide*) *par transpiration*] traspirare.
transplant |tʀɑ̃splɑ̃| *s.m.* (*chir.*) trapianto, organo trapiantato.
transplantable |tʀɑ̃splɑ̃tabl(ə)| *adj.* [→ TRANSPLANTER] trapiantabile.
transplantation |tʀɑ̃splɑ̃tasjɔ̃| *s.f.* **1** [→ TRANSPLANTER] trapianto *m.*, trapiantazione, trapiantamento *m.* ◇ (*chir.*) trapianto: *transplantation cardiaque, rénale* trapianto cardiaco, renale **2** (*fig.*) [*déplacement* (*de personnes, d'animaux*) *de leur lieu d'origine dans un autre lieu*] trapianto, trasferimento *m.*
transplantement |tʀɑ̃splɑ̃tmɑ̃| *s.m.* (*vx.*) → **transplantation.**
transplanter |tʀɑ̃splɑ̃te| *v.tr.* **1** [*sortir de la terre pour replanter ailleurs*] trapiantare: *transplanter un jeune arbre, des fleurs* trapiantare un alberello, dei fiori → **repiquer** ◇ (*chir.*)

[*opérer la transplantation de* (*un organe*)] trapiantare **2** (*fig.*) [*transporter d'un pays dans un autre, d'un milieu dans un autre*] trapiantare ♦ (*pron. intr.*) *cette famille s'est transplantée en Argentine* quella famiglia si è trapiantata in Argentina.

transplanteur |tʀɑ̃splɑ̃tœʀ| *s.m. et adj.* chi, che trapianta *loc.*

transplanteuse |tʀɑ̃splɑ̃tøz| *s.f.* (*agric.*) trapiantatrice.

transplantoir |tʀɑ̃splɑ̃twaʀ| *s.m.* (*agric.*) trapiantatoio*.

transpolaire |tʀɑ̃spɔlɛʀ| *adj.* transpolare: *ligne aérienne transpolaire* linea aerea transpolare.

1 **transport** |tʀɑ̃spɔʀ| *s.m.* **1** trasporto: *transport d'un colis, d'une marchandise* trasporto di un collo, di una merce; *transport à la main, à dos d'homme* trasporto a mano, a spalla; *transport d'un blessé en ambulance* trasporto di un ferito in ambulanza ◇ (*par anal.*) *transport du courant électrique* trasporto della corrente elettrica ◇ (*comm.*) *transport de marchandises de l'expéditeur au destinataire* trasporto di merci dallo speditore al destinatario; *transport des voyageurs* trasporto (di) viaggiatori; *transport par* (*voie de*) *terre, par* (*chemin de*) *fer, par route* trasporto terrestre, per ferrovia (ferroviario), su strada (stradale); *transport par voie d'eau* trasporto fluviale; *navire, avion de transport* nave, aereo da trasporto; *entreprise, entrepreneur de transports* impresa di trasporti, trasportatore (vettore); *transports urbains, métropolitains, en commun* trasporti urbani, metropolitani, collettivi ◇ (*spécialt.*) LES TRANSPORTS [*ensemble des moyens employés pour transporter les marchandises et les personnes*] i trasporti: *développement des transports* sviluppo dei trasporti → **communication(s)** ◇ [*ce qui sert à transporter des marchandises, des voyageurs* (*navire, voitures*)] *un transport de troupes* un trasporto di truppe **2** (*géol.*) *terrains de transport* terreni alluvionali *adj.* **3** (*dr.*) *transport de justice* accesso giudiziario; *transport sur les lieux* sopralluogo* giudiziario (in materia penale).

2 **transport** |tʀɑ̃spɔʀ| *s.m.* **1** (*littér.*) [*vive émotion, sentiment passionné* (*qui émeut, entraîne*); *état de celui qui l'éprouve*] trasporto, impeto: *transports de colère, de joie* trasporti, impeti d'ira, di gioia; *transports amoureux* trasporti amorosi **2** (*méd.*) *transport au cerveau* congestione *f.* cerebrale.

transportable |tʀɑ̃spɔʀtabl(ə)| *adj.* [→ 1 TRANSPORTER A I 1] trasportabile: *marchandise transportable par avion, par train* merce trasportabile per via aerea, per ferrovia ◇ (*spécialt.*) *malade transportable* ammalato trasportabile 🄲 **intransportable.**

transportation |tʀɑ̃spɔʀtɑsjɔ̃| *s.f.* (*dr.*) deportazione.

transporté, ée |tʀɑ̃spɔʀte| *adj.* [*qu'un sentiment violent transporte*] acceso, trasportato: *transporté d'admiration, de joie* acceso di ammirazione, di gioia → **ivre.**

1 **transporter** |tʀɑ̃spɔʀte| **A** *v.tr.* **I** (*compl. concret*) **1** [*déplacer d'un lieu à un autre en portant*] trasportare: *transporter un colis chez qqn.* trasportare un pacco da qc.; *transporter un blessé* trasportare un ferito; *transporter des marchandises, des voyageurs* trasportare merci, viaggiatori ◇ (*par ext.*) *transporter en camion, en voiture* trasportare in autocarro, in macchina **2** (*dr.*) [*faire subir la peine de la transportation; condamner au bannissement*] deportare → 1 **déporter** **3** [*faire passer d'un point à un autre*] trasportare: *les ondes transportent l'énergie à distance* le onde trasportano l'energia a distanza **II** (*compl. abstrait*) **1** (*dr.*) [*céder* (*un droit*)] trasferire (197) **2** [*faire passer à un autre endroit, dans un autre contexte*] trasferire, trasportare: *transporter l'intrigue d'un roman, un fait divers sur la scène* trasferire la trama di un romanzo, un fatto di cronaca sulla scena **B** *v.pron. intr.* SE TRANSPORTER [*se déplacer, aller*] trasportarsi, trasferirsi ◇ (*spécialt.*) *le procureur s'est transporté sur les lieux* il procuratore ha fatto *tr.* un sopralluogo.

2 **transporter** |tʀɑ̃spɔʀte| *v.tr.* (*sujet de chose*) [*agiter* (*qqn.*) *par un sentiment violent, mettre hors de soi*] entusiasmare, trasportare: *ce spectacle l'a transportée* quello spettacolo l'ha entusiasmata → **enivrer, exalter.**

transporteur |tʀɑ̃spɔʀtœʀ| *s.m.* **1** trasportatore, vettore **2** (*techn.*) trasportatore: *transporteur automatique* trasportatore automatico **3** (*sc.*) trasportatore: *transporteurs d'hydrogène* trasportatori di idrogeno ◇ (*biol.*) *transporteur mécanique* portatore.

transposable |tʀɑ̃spozabl(ə)| *adj.* **1** [→ TRANSPOSER 1] che si può trasporre (*loc.*): *propositions transposables dans une phrase* proposizioni che si possono trasporre in una frase **2** [*qui peut être transposé en autre chose*] trasferibile: *les résultats transposables d'un domaine à un autre* i risultati trasferibili da un campo all'altro **3** (*mus.*) trasportabile.

transposer |tʀɑ̃spoze| *v.tr.* **1** (*avec un compl. plur. ou collectif*) [*placer en intervertissant l'ordre*] trasporre (168): *transposer les mots d'une phrase* trasporre le parole di una frase → **intervertir** **2** [*faire changer de forme ou de contenu en faisant passer dans un autre domaine*] trasferire (197), trasportare: *transposer un fait divers sur la scène* trasferire, trasportare un fatto di cronaca sulla scena **3** (*mus.*) [*faire passer* (*une structure musicale*) *dans un autre ton sans l'altérer*] trasportare, trasporre.

transpositeur, trice |tʀɑ̃spozitœʀ, tʀis| *s.* **1** *s.* (*rare*) traspositore* **2** *s.m.* (*mus.*) traspositore ♦ (*adj.*) *piano, harmonium transpositeur* pianoforte, armonium traspositore.

transposition |tʀɑ̃spozisjɔ̃| *s.f.* **1** trasposizione ◇ (*pathol.*) *transposition vasculaire* trasposizione vascolare **2** [*déplacement ou interversion dans l'ordre des éléments de la langue*] trasposizione: *transposition de phonèmes, de lettres, de syllabes* trasposizione di fonemi, di lettere, di sillabe ◇ (*log., math.*) trasposizione **3** [*le fait de transposer, de faire passer dans un autre domaine*] trasposizione: *transposition de la réalité* trasposizione della realtà **4** (*mus.*) trasposizione, trasporto (*m.*): *transposition pour baryton d'un lied pour ténor* trasposizione per baritono di un lied per tenore.

transpyrénéen, éenne |tʀɑ̃spiʀeneɛ̃, eɛn| *adj.* transpirenaico*.

transsaharien, ienne |tʀɑ̃s(s)aaʀjɛ̃, jɛn| *adj.* transahariano ♦ *s.m.* ferrovia *f.* transahariana.

transsexualisme |tʀɑ̃ssɛksɥalism(ə)| *s.m.* (*psychiatr.*) transessualismo.

transsexuel, elle |tʀɑ̃ssɛksɥɛl| *adj.* (*psychiatr.*) transessuale.

transsibérien, ienne |tʀɑ̃s(s)ibeʀjɛ̃, jɛn| *adj.* transiberiano ◇ [*qui traverse la Sibérie*] *chemin de fer transsibérien* ferrovia transiberiana ♦ (*s.m.*) *le Transsibérien* la Transiberiana *f.*

transsonique |tʀɑ̃ssɔnik| *adj.* (*phys.*) transonico*.

transsubstantiation |tʀɑ̃ssypstɑ̃sjɑsjɔ̃| *s.f.* (*relig. chrét.*) transustanziazione.

transsudat |tʀɑ̃ssyda| *s.m.* (*méd.*) trasudato.

transsudation |tʀɑ̃ssydɑsjɔ̃| *s.f.* (*littér.*) [→ TRANSSUDER A] trasudazione ◇ (*méd.*) trasudazione.

transsuder |tʀɑ̃ssyde| **A** *v.intr.* [*passer au travers des pores, sortir des pores d'un corps en fines gouttelettes* (*comme fait la sueur*)] trasudare (*aux.* essere, avere) ◇ (*méd.*) [*passer par transsudation*] trasudare **B** *v.tr.* [*émettre en laissant passer par les pores*] trasudare.

transtévérin, ine |tʀɑ̃steveʀɛ̃, in|, **transtibérin, ine** |tʀɑ̃stibeʀɛ̃, in| *adj.* [*du quartier du Transtévère, à Rome*] trasteverino.

transuranien, ienne |tʀɑ̃zyʀanjɛ̃, jɛn| *adj. et s.m.* (*chim.*) transuranico*.

transvasement |tʀɑ̃svazmɑ̃| *s.m.* [→ TRANSVASER] travaso, travasamento.

transvaser |tʀɑ̃svaze| *v.tr.* [*verser, faire couler d'un récipient dans un autre*] travasare: *transvaser du vin* travasare vino → **soutirer.**

transversal, ale, aux |tʀɑ̃svɛʀsal, o| *adj.* trasversale: *coupe transversale et coupe longitudinale* sezione trasversale e sezione longitudinale ◇ (*anat.*) *artère, veine transversale de la face* arteria, vena trasversale della faccia ◇ [*qui traverse, est en travers*] *les rues transversales* le vie trasversali, le traverse *s.f.* ◇ (*sport*) *passe transversale* traversone *s.m.*

transversalement |tʀɑ̃svɛʀsalmɑ̃| *adv.* [*dans une position transversale, horizontalement*] trasversalmente.

transverse |tʀɑ̃svɛʀs(ə)| *adj.* (*anat.*) trasverso: *côlon transverse* colon trasverso.

transvestisme |tʀɑ̃svɛstism(ə)| *s.m.* → **travestisme.**

transvider |tʀɑ̃svide| *v.tr.* [*faire passer* (*un contenu*) *dans un autre récipient*] travasare, versare: *transvider le sucre d'un paquet dans le sucrier* travasare, versare lo zucchero da un pacco nella zuccheriera; *transvider un liquide* travasare un liquido.

transylvanien, ienne |tʀɑ̃silvanjɛ̃, jɛn| *adj.* [*de la Transylvanie*] transilvano.

trantran, tran-tran |tʀɑ̃tʀɑ̃| *s.m.* (*littér.*) → **train-train.**

trapèze |tʀapɛz| *s.m.* **1** (*géom.*) trapezio* ◇ (*loc.*) *en forme de trapèze, en trapèze* a (forma di) trapezio ♦ *appos.* (*mode*) *ligne trapèze* linea trapezio ◇ (*anat.*) (*muscle*) *trapèze* (muscolo) trapezio **2** (*appareil*) trapezio: *faire des exercices au trapèze* fare degli esercizi

al trapezio; *trapèze volant* trapezio volante.
trapéziste |tʀapezist(ə)| *s.* trapezista.
trapézoèdre |tʀapezɔɛdʀ(ə)| *s.m.* (*géom., minér.*) trapezoedro.
trapézoïdal, ale, aux |tʀapezɔidal, o| *adj.* trapezoidale: *prisme à bases trapézoïdales* prisma a base trapezoidale.
trapézoïde |tʀapezɔid| *adj.* trapezoide, trapezoidale ◇ (*anat.*) *os trapézoïde* (osso) trapezoide *s.m.*
1 **trappe** |tʀap| *s.f.* **1** (*chasse*) trappola: *trappe à loups* trappola per lupi **2** [*ouverture à abattant pratiquée dans un plancher ou dans un plafond pour donner accès à une cave, etc.*] botola: *trappe de départ d'un avion* botola di lancio di un aereo **3** [*tablier de cheminée*] caminiera, parafuoco* *m.*
2 **trappe** |tʀap| *s.f.* [*ordre religieux des trappistes*] trappa ◇ (*par ext.*) [*maison de trappistes*] trappa, convento *m.* di trappisti.
trappeur |tʀapœʀ| *s.m.* (*aux États-Unis et au Canada*) cacciatore di pellicce.
trap(p)illon |tʀapijɔ̃| *s.m.* (*théât.*) botola *f.*
trappiste |tʀapist(ə)| *s.m.* trappista.
trappistine |tʀapistin| *s.f.* **1** trappistina **2** [*liqueur fabriquée par les trappistes*] ⊠.
trapu, ue |tʀapy| *adj.* **1** [*qui est court et large, ramassé sur soi-même*] tarchiato, tozzo, tracagnotto ◇ (*choses*) [*ramassé, massif*] massiccio*, tozzo: *un château trapu* un castello massiccio **2** (*arg. scol.*) [*fort*] forte (*cour.*), bravo (*cour.*): *un élève, un candidat trapu* un alunno, un candidato forte, bravo ◇ [*difficile*] difficile (*cour.*): *problème trapu* problema difficile.
traque |tʀak| *s.f.* (*chasse*) battuta.
traquenard |tʀaknaʀ| *s.m.* [*piège pour prendre les animaux nuisibles; sorte de trébuchet*] trappola *f.* ◇ (*fig.*) [*piège*] trappola, trabocchetto.
traquer |tʀake| *v.tr.* **1** [*poursuivre* (*le gibier d'un bois*) *en resserrant toujours le cercle qu'on fait autour de lui*] battere, braccare ✦ (*au p.p.*) *un air de bête traquée* un aspetto di bestia braccata **2** [*poursuivre* (*qqn.*), *le forcer dans sa retraite*] braccare: *il est traqué par la police* è braccato dalla polizia.
1 **traquet** |tʀakɛ| *s.m.* (*chasse*) trappola *f.*
2 **traquet** |tʀakɛ| *s.m.* **1** (*techn.*) tentennella *f.* (di mulino) **2** (*t.zool.*) monachella *f.*
traqueur |tʀakœʀ| *s.m.* [*chasseur qu'on emploie pour traquer le gibier*] battitore.
trattoria |tʀatɔʀja| *s.f.* trattoria.
trauma |tʀoma| *s.m.* (*psycho.*) trauma.
traumatique |tʀomatik| *adj.* traumatico*: *choc traumatique* shock traumatico.
traumatisant, ante |tʀomatizɑ̃, ɑ̃t| *adj.* (*méd., psychan.*) traumatizzante.
traumatisé, ée |tʀomatize| *adj.* (*méd., psychan.*) traumatizzato ✦ (*s.*) *un traumatisé crânien* un cranioleso.
traumatiser |tʀomatize| *v.tr.* (*méd., psychan.*) [*provoquer un traumatisme*] traumatizzare: *cet accident l'a traumatisé* quell'incidente lo ha traumatizzato; *être traumatisé par une horrible découverte* essere traumatizzato da un'orribile scoperta.
traumatisme |tʀomatism(ə)| *s.m.* **1** (*méd.*) trauma (fisico*), traumatismo **2** (*psycho.*) *traumatisme psychique* trauma psichico.
traumatologie |tʀomatɔlɔʒi| *s.f.* (*méd.*) traumatologia*.
traumatologique |tʀomatɔlɔʒik| *adj.* traumatologico*.
traumatologiste |tʀomatɔlɔʒist(ə)|, **traumatologue** |tʀomatɔlɔg| *s.* traumatologo*.
travail, aux |tʀavaj, o| *s.m.* **I** **1** LE TRAVAIL [*ensemble des activités humaines coordonnées en vue de produire ce qui est utile*] lavoro: *le travail et le repos* il lavoro e il riposo; *travail manuel, intellectuel* lavoro manuale, intellettuale; *méthode, plan de travail* metodo, programma di lavoro; *séance, groupe de travail* seduta, gruppo di lavoro; *se mettre au travail* mettersi al lavoro; *être au travail* essere al lavoro; *être surchargé de travail* essere sovraccarico, stracarico di lavoro # *travail scolaire* compito, studio **2** LE TRAVAIL DE (QQCH.) [*action ou façon de travailler une matière; de manier un instrument*] lavorazione (*f.*): *le travail du marbre, du bois* la lavorazione del marmo, del legno; *travail à la main, à la machine* lavorazione a mano (manuale), a macchina (meccanica) **3** UN TRAVAIL; LE TRAVAIL DE QQN. [*ensemble des activités manuelles ou intellectuelles exercées pour parvenir à un résultat utile déterminé* (*œuvre, ouvrage, façon, production*)] lavoro, opera (*f.*): *mettre un travail en chantier* mettere un lavoro, un'opera in cantiere ◇ (*loc.*) *un travail de Romain* [*long et dur*] un lavoro da negri, un'impresa ciclopica ~ *travail de longue haleine* opera di ampio respiro ~ *travail de bénédictin* lavoro da certosino **4** [*manière dont un ouvrage, une chose créée par l'homme ont été exécutés*] lavoro: *un beau travail* un bel lavoro; *c'est du travail d'amateur* è un lavoro da dilettante ◇ (*iron.*) *c'est du beau travail!* bel lavoro!, bella roba! **II** *au plur.* **1** [*suite d'entreprises, d'opérations exigeant l'activité physique* (*d'une personne*)] lavori, opere: *les travaux des champs* il lavoro, i lavori dei campi; *travaux domestiques, ménagers* lavori domestici; *travaux de dames, d'aiguille* lavori di cucito; *travaux d'urbanisme* opere urbanistiche; *travaux d'entretien, de réfection des routes* lavori, opere di manutenzione, di sistemazione stradale; *attention! ralentir, travaux!* attenzione! rallentare, lavori in corso! ◇ (*spécialt.*) *grands travaux* grandi opere; *surveiller des travaux* sorvegliare dei lavori # *conducteur de travaux* capocantiere **2** TRAVAUX PUBLICS lavori pubblici, opere pubbliche: *chantier de travaux publics* cantiere di lavori pubblici; *les Travaux publics* [*l'administration, le ministère*] i Lavori Pubblici (LL. PP.) ◇ (*milit.*) *travaux de défense, de siège* lavori di difesa, di assedio **3** TRAVAUX FORCÉS lavori forzati: *travaux forcés à perpétuité* lavori forzati a vita, ergastolo **4** [*délibérations, discussions suivies* (*d'une assemblée, d'une réunion*)] lavori: *l'assemblée poursuit ses travaux* l'assemblea continua i lavori **5** [*suite de recherches dans un domaine intellectuel, sc.*] ricerche (*f.*): *les travaux scientifiques* le ricerche scientifiche **III** **1** [*activité laborieuse professionnelle et rétribuée*] lavoro: *un travail régulier, un bon travail* un lavoro regolare, un buon lavoro; *travail à mi-temps, à plein temps* lavoro a metà tempo (a mezza giornata, part time *inv.*), a tempo pieno; *arrêt de travail* sospensione del lavoro; *le droit au travail* il diritto al lavoro; *travail payé à l'heure, aux pièces* lavoro retribuito a ore, a cottimo; *travail à domicile, à la chaîne* lavoro a domicilio, alla catena di montaggio; *travail posté* lavoro a turni; *vêtement de travail* abito da lavoro; *inspecteur du travail* ispettore del lavoro; *travail au noir, travail noir* lavoro nero; *contrat de travail* contratto di lavoro; *il est sans travail* è senza lavoro, è disoccupato ◇ (*écon.*) *le travail, facteur de production* il lavoro, fattore della produzione; *organisation scientifique du travail* organizzazione scientifica del lavoro **2** [*l'ensemble des travailleurs*] lavoro: *le monde du travail* il mondo del lavoro; *Confédération Générale du Travail* (*C.G.T.*) Confederazione Generale del Lavoro; *Ministère du Travail* Ministero del Lavoro **IV** (*sc.*) **1** [*action continue, progressive; son effet*] lavoro, opera: *le travail des eaux* il lavoro, l'opera delle acque; *le travail du temps* l'opera del tempo; *le travail de l'inconscient* il lavoro, l'attività dell'inconscio **2** [*le fait de produire un effet utile, par son activité*] lavoro: *travail d'une machine, d'un mécanisme* lavoro di una macchina, di un meccanismo; *travail musculaire* lavoro muscolare **3** (*phys.*) lavoro: *unités de travail* unità di lavoro; *quantité de travail que peut fournir une machine par unité de temps* quantità di lavoro che una macchina può fornire nell'unità di tempo **V** **1** [*période de l'accouchement pendant laquelle se produisent les contractions utérines aboutissant à l'expulsion du fœtus*] travaglio* (di parto), doglie (*f. pl.*): *femme en travail* donna in travaglio → **accouchement** ◇ (*méd.*) *salle de travail* sala travaglio **2** (*vx.*) → **fatigue** 🄲 I 1 **inaction, oisiveté, repos**; III 1 **loisir, vacances, chômage.**
travail, ails |tʀavaj| *s.m.* [*dispositif servant à immobiliser les grands animaux* (*chevaux, bœufs*) *pour pratiquer sur eux certaines opérations*] travaglio*.
travaillé, ée |tʀavaje| *adj.* [*ouvragé*] lavorato ◇ [*exécuté, élaboré avec le plus grand soin*] elaborato: *un vers travaillé* un verso elaborato.
travailler |tʀavaje| **A** *v.tr.* [*modifier par le travail* (I)] **1** [*soumettre à une action suivie, pour donner forme* (*ou changer de forme*), *rendre plus utile ou utilisable*] lavorare: *travailler une matière première* lavorare una materia prima → **élaborer**; *travailler la terre* lavorare la terra → 1 **cultiver**; *travailler la pâte* lavorare la pasta **2** [*soumettre à un travail intellectuel, pour améliorer*] *travailler son style* affinare, raffinare il proprio stile ✦ (*au p.p.*) *un style travaillé* uno stile raffinato, elaborato **3** [*chercher à acquérir ou perfectionner*] *travailler la philosophie, les sciences*

studiare, approfondire (197) la filosofia, le scienze; *travailler un morceau de piano* studiare un pezzo al pianoforte, esercitarsi *pron.* su un pezzo al pianoforte ◇ (*sport*) *travailler le passage du témoin* allenarsi *pron.*, esercitarsi a passare il testimone **4** [*soumettre à un exercice, à un entraînement*] lavorare: *travailler un cheval* lavorare, addestrare un cavallo ◇ (*taurom.*) *travailler le taureau* lavorare, lavorarsi il toro **5** [*soumettre à des influences concertées, de manière à faire agir de telle ou telle façon*] *travailler l'opinion* lavorarsi la opinione pubblica; *travailler les esprits* eccitare gli animi → **exciter** **6** (*tennis*) *travailler une balle* [*la couper, la lifter, etc., pour que le rebond surprenne l'adversaire*] lavorare una palla **7** (*sujet de chose*) [*faire souffrir, tourmenter, torturer*] tormentare, far (103) *intr.* soffrire: *ses rhumatismes le travaillent* i reumatismi lo tormentano, lo fanno soffrire ◇ [*inquiéter en obsédant*] *cette histoire le travaille* questa storia lo tormenta, lo fa soffrire **8** (*pop.*) [*battre, malmener*] pestare (*fam.*) ◇ (*boxe*) lavorare: *boxeur qui travaille son adversaire au corps* pugile che lavora l'avversario al corpo **B** *v.intr.* **I** **1** [*agir d'une manière suivie, avec plus ou moins d'effort, pour obtenir un résultat utile*] lavorare: *travailler dur, d'arrache-pied* lavorare sodo, senza sosta; *travailler comme un esclave, un forçat, un nègre, un bœuf, une bête de somme* lavorare come uno schiavo, un dannato, un negro, un bue, una bestia da soma; *travailler mollement, sans se presser* lavorare stancamente, senza fretta # *élève qui ne travaille pas* alunno che non studia ◇ (*loc. fam.*) *faire travailler sa matière grise* far lavorare la (propria) materia grigia **2** [*exercer une activité professionnelle, un métier*] lavorare: *il travaille depuis l'âge de seize ans* lavora da quando aveva sedici anni; *travailler pour un patron, pour son propre compte* lavorare per un datore di lavoro, per proprio conto (in proprio); *travailler en usine, aux champs, dans un bureau* lavorare in fabbrica, nei campi, in ufficio; *travailler aux pièces* lavorare a cottimo ♦ *absolt.* [*pratiquer la prostitution*] battere **3** [*s'exercer; effectuer un exercice*] lavorare: *acrobates qui travaillent sans filet* acrobati che lavorano senza rete **4** [*agir*] lavorare: *le temps travaille pour, contre nous* il tempo lavora per, contro di noi ◇ (*loc. prov.*) *travailler pour le roi de Prusse* lavorare per la gloria, per il Duomo di Milano **5** [*produire un revenu*] *faire travailler l'argent* far fruttare il denaro → **produire, rendre** **6** [*fonctionner pour la production*] lavorare: *industrie qui travaille pour une clientèle* industria che lavora per una clientela; *travailler à perte, en dessous du prix* lavorare in perdita, sottocosto **II** TRAVAILLER À (+ *compl. ou inf.*) [*faire tous ses efforts pour obtenir un résultat, en vue de*] lavorare a: *travailler à un roman* lavorare a un romanzo # *travailler à la perte de qqn.* macchinare la rovina di qc. ◇ [*consacrer son activité, apporter ses soins à un ouvrage*] *travailler à l'œuvre commune* collaborare, partecipare all'opera comune **III** (*choses*) [*subir une force, une action*] **1** [*subir une ou plusieurs forces* (*pression, traction, poussée*) *et se déformer*] cedere, deformarsi (*pron.*): *poutre qui travaille* trave che cede, si deforma; *maçonnerie qui travaille* muratura che cede, si deforma # *panneau de bois qui travaille* pannello di legno che si incurva ◇ [*fermenter, subir une action interne*] *le vin travaille* il vino fermenta; *la pâte travaille* la pasta lievita **2** (*fig.*) [*être agité*] lavorare: *son imagination, son esprit travaille* la sua immaginazione, la sua mente lavora ◇ *loc. fam.* (*personnes*) *travailler du chapeau* [*être fou*] dare i numeri, essere pazzo (*cour.*) Ⓒ B I 1 **amuser (s'), chômer, reposer (se)** 1.

travailleur, euse |tRavajœR, øz| **I** *s.* [*personne qui travaille*] lavoratore*: *c'est un* (*grand*) *travailleur* è un (gran) lavoratore ◇ (*spécialt.*) *travailleur manuel* lavoratore manuale → **ouvrier**; *travailleurs indépendants* lavoratori autonomi ♦ (*absolt.*) *les travailleurs* [*les salariés, les ouvriers de l'industrie*] i lavoratori **II** *adj.* **1** [*qui aime le travail*] lavoratore → **laborieux** # *élève travailleur* alunno che studia molto **2** [*des travailleurs*] lavoratore: *les masses travailleuses* le masse lavoratrici Ⓒ II 1 **fainéant, paresseux.**

travailleuse |tRavajøz| *s.f.* tavolino *m.* da lavoro.

travaillisme |tRavajism(ə)| *s.m.* (*polit.*) laburismo.

travailliste |tRavajist(ə)| *s. et adj.* (*en Grande-Bretagne*) [*membre du Labour Party*] laburista.

travailloter |tRavajɔte| *v.intr.* [*travailler peu, sans se fatiguer*] lavoricchiare.

travée |tRave| *s.f.* **1** (*techn.*) [*portée d'une poutre* (*de plafond, de plancher*)] luce ◇ [*portion de voûte, de comble, de pont... comprise entre deux points d'appui* (*colonnes, piles, piliers, etc.*)] campata: *nef à cinq travées* navata a cinque campate **2** (*vx.*) → **tribune** **3** fila (di tavoli, di banchi): *les travées d'un amphithéâtre* le file di un'aula ad anfiteatro ◇ [*ensemble des rayons d'une bibliothèque compris entre deux montants*] scaffalatura.

travelage |tRavlaʒ| *s.m.* (*ch. de fer*) (numero delle) traversine *f. pl.*

travel(l)ing |tRavliŋ| *s.m.* (*angl.*) (*ciné., télév.*) carrellata (*f.*): *travelling avant, arrière, latéral* carrellata in avanti, indietro, laterale ◇ [*dispositif permettant le mouvement de la caméra sur des rails*] carrello.

traveller's check, traveller's chèque |tRavlœR(s)ʃɛk| *s.m.* (*angl.*) traveller's check *inv.*

travelo |tRavlo| *s.m.* (*fam.*) travestito (*cour.*) → **travesti** 2.

1 **travers** |tRavɛR| *s.m.* (*dans des loc. adv., adj. et prép.*) **1** EN TRAVERS [*dans une position transversale*] di, per traverso, trasversalmente (*adv.*): *il dort en travers du lit* dorme di, per traverso sul letto → **transversalement** ◇ (*fig., littér.*) SE METTRE, SE JETER EN TRAVERS DE [*s'opposer, faire obstacle à*] ostacolare, opporsi a: *il s'est mis en travers de ma route, de mon entreprise* ha ostacolato il mio cammino, la mia impresa **2** À TRAVERS attraverso (*adv.*): *voir, distinguer à travers un verre* vedere, distinguere attraverso un vetro # *passer à travers champs, à travers la foule* attraversare i campi (passare per i campi), la folla → **entre, parmi, par, milieu (au)** ~ (*fig.*) *à travers les âges* attraverso le età, i tempi; *à travers diverses péripéties* attraverso parecchie peripezie **3** AU TRAVERS [*en passant d'un bout à l'autre; de part en part*] attraverso: *la maison est vieille, le vent passe au travers* la casa è vecchia, il vento ci passa attraverso ~ (*fig.*) PASSER AU TRAVERS [*échapper à un danger, à une punition*] cavarsela (bene): *il a eu peu d'ennuis, il est passé au travers* ha avuto poche seccature, se l'è cavata bene ~ AU TRAVERS DE... attraverso: *elle regardait au travers d'épais rideaux* guardava attraverso spessi tendaggi **4** (*mar.*) EN, PAR LE TRAVERS: *apercevoir un phare par le travers bâbord* scorgere un faro sul lato sinistro; *s'échouer en travers* arenarsi sul fianco **5** DE TRAVERS di traverso: *mettre sa casquette de travers* mettere il berretto di traverso, sulle ventitrè; *j'ai avalé de travers* mi è andato (giù) di traverso; *les ivrognes marchent de travers* gli ubriachi camminano di traverso, a zigzag # *avoir le nez de travers* avere il naso storto ~ (*fig.*) *regarder qqn. de travers* guardare qc. di traverso, in cagnesco; *comprendre, entendre de travers, tout de travers* fraintendere, capire male; *raisonner de travers, tout de travers* ragionare male, sragionare **6** À TORT ET À TRAVERS [*n'importe comment*] a casaccio, a vanvera.

2 **travers** |tRavɛR| *s.m.* **1** [*défaut qui fait qu'on ne réagit pas correctement, qu'on s'écarte du bon sens*] bizzarria *f.*, stranezza (*f.*): *elle avait de grandes qualités malgré ses travers* possedeva grandi qualità malgrado le sue bizzarrie, stranezze **2** (*mar.*) *vent de travers* vento al traverso.

traversable |tRavɛRsabl(ə)| *adj.* [→ TRAVERSER II 1] attraversabile, traversabile: *rivière traversable à gué* fiume attraversabile a guado, guadabile.

traverse |tRavɛRs(ə)| *s.f.* **1** (*techn.*) traversa: *traverses d'une fenêtre* traverse di una finestra ◇ (*ch. de fer*) traversina, traversa ◇ (*mar.*) *traverses de baux* traversini *m.*, traverse **2** (*fig., littér.*) [*difficulté ou obstacle qu'on trouve en travers de sa route, de ses projets*] traversia **3** *loc. adj.* DE TRAVERSE di traverso ◇ (*spécialt.*) (*chemin de*) *traverse* scorciatoia, traversa → **raccourci.**

traversée |tRavɛRse| *s.f.* **1** [*action de traverser la mer* (*ou une grande étendue d'eau*)] traversata, attraversamento (*m.*): *la traversée de Calais à Douvres* la traversata da Calais a Dover **2** (*par ext.*) [→ TRAVERSER II 1] attraversamento, traversata: *la traversée du Sahara* la traversata, l'attraversamento del Sahara; *la traversée d'une ville en voiture* l'attraversamento di una città in macchina ◇ (*fig.*) *la traversée du désert* la traversata del deserto.

traverser |tRavɛRse| *v.tr.* **I** **1** [*passer, pénétrer de part en part, à travers* (*un corps, un milieu interposé*)] passare *intr.* attraverso, trapassare: *radiation qui traverse un milieu* radiazione che passa attraverso un mezzo; *l'eau traverse la toile* l'acqua passa, filtra attraverso la tela; *traverser un mur à coups de pioche* trapassare, forare un muro a colpi di piccone → **percer, transpercer** **2** [*se frayer un pas-*

sage à travers (*des personnes rassemblées*)] passare attraverso: *traverser la foule* passare attraverso la folla **II** **1** [*parcourir* (*un espace*) *d'une extrémité, d'un bord à l'autre*] attraversare: *traverser un gué, une ville* attraversare un guado, una città; *traverser la rue, la route, un pont* attraversare la strada, un ponte; *le train traverse une plaine* il treno attraversa una pianura; *le bateau traverse l'estuaire* la nave attraversa l'estuario; *une rivière traverse le parc* un fiume attraversa il parco ✦ (*absolt.*) *les piétons qui traversent* i pedoni che attraversano **2** (*choses*) [*être, s'étendre, s'allonger au travers de*] attraversare: *route qui traverse une montagne* strada che attraversa una montagna; *la route traverse la voie ferrée* la strada attraversa la ferrovia → 1 **croiser** **3** [*aller d'un bout à l'autre de* (*un espace de temps*), *dépasser* (*un état durable*)] attraversare: *traverser une période, une époque* attraversare un periodo, un'epoca **4** (*dans l'ordre psychologique*) [*passer par*] attraversare, passare per: *une idée me traversa l'esprit* un'idea attraversò la mia mente, mi passò per la mente → **présenter (se)** **III** **1** (*équit.*) [*mettre de travers*] intraversare: *traverser le cheval* intraversare il cavallo **2** (*vx.*) → **empêcher, opposer (s')**.

1 **traversier, ière** |tʀavɛʀsje, jɛʀ| **I** *adj.* (*en loc.*) [*dirigé, disposé en travers*] trasversale: *rue traversière* strada trasversale, traversa ◇ (*mus.*) *flûte traversière* flauto traverso **II** *s.* **1** *s.m.* (*mar.*) [*traversin* (2) *d'une embarcation*] traversiere ◇ (*techn.*) traversa *f.* **2** *s.f.* (*mar.*) *traversière* [*fort cordage dont l'un des bouts se fixe autour du collet d'une ancre de bossoir*] traversino *m.*

2 **traversier, ière** |tʀavɛʀsje, jɛʀ| **1** *adj.* (*mar.*) *barque traversière* traghetto *s.m.* **2** *s.m.* (*Canada*) traghetto → 1 **bac, ferry-boat.**

traversin |tʀavɛʀsɛ̃| *s.m.* **1** [*long coussin de chevet qui tient toute la largeur du lit*] capezzale, traversino **2** (*vx.*) **traverse** 1 ◇ traversa *f.* di rinforzo (di una botte) **3** [*fléau de balance*] bilanciere.

traversine |tʀavɛʀsin| *s.f.* (*ch. de fer*) traversa; traversina.

travertin |tʀavɛʀtɛ̃| *s.m.* (*minér.*) travertino.

travesti |tʀavɛsti| *s.m.* [*déguisement pour une mascarade, un bal masqué*] travestimento.

travesti, ie |tʀavɛsti| **1** *adj.* travestito: *un acteur travesti* un attore travestito ✦ (*s.*) *un travesti* un travestito ◇ (*par ext.*) *rôle travesti* parte con travestimento *loc. inv.* **2** *s.m.* [*homosexuel*] travestito.

travestir |tʀavɛstiʀ| *v.tr.* **1** [*déguiser pour une fête ou un rôle de théât.*] travestire ✦ (*pron. réfl.*) *se travestir pour un bal costumé* travestirsi per un ballo in maschera ◇ (*spécialt.*) [*se déguiser pour prendre l'apparence de l'autre sexe*] travestirsi **2** [*transformer en revêtant d'un aspect mensonger qui défigure, dénature*] travisare: *travestir la pensée de qqn.* travisare il pensiero di qc. → **déformer, fausser.**

travestisme |tʀavɛstism(ə)| *s.m.* (*psychiatr.*) travestitismo.

travestissement |tʀavɛstismɑ̃| *s.m.* **1** [→ TRAVESTIR 1] travestimento: *pièce, rôle à travestissement* dramma, parte con travestimento → **déguisement** ◇ (*psychiatr.*) travestimento **2** (*abstrait*) [*déformation, parodie*] travisamento: *c'est un travestissement de la vérité* è un travisamento della verità.

traviole (de) |d(ə)tʀavjɔl| *loc. adv.* (*pop.*) [*de travers*] per storto, di traverso (*cour.*).

trayeur, euse |tʀɛjœʀ, øz| *s.* **1** *s.* [*personne chargée de traire*] mungitore* **2** *s.f.* (*techn.*) mungitrice.

trayon |tʀɛjɔ̃| *s.m.* [*chacune des tétines placées à la partie inférieure du pis*] capezzolo.

trébuchant, ante |tʀebyʃɑ̃, ɑ̃t| *adj.* [*qui trébuche, chancelant*] barcollante, vacillante: *ivrogne trébuchant* ubriaco barcollante; *démarche trébuchante* andatura barcollante, vacillante ◇ (*fig.*) esitante, incerto: *les notes trébuchantes d'un piano* le note esitanti, incerte di un pianoforte ◇ (*loc. plais.*) *espèces sonnantes et trébuchantes* [*argent liquide*] moneta sonante e ballante.

trébuchement |tʀebyʃmɑ̃| *s.m.* (*rare*) [*le fait de trébucher*] barcollamento ◇ (*fig.*) incertezza *f.*, esitazione *f.*

trébucher |tʀebyʃe| **A** *v.intr.* [*perdre soudain l'équilibre, faire un faux pas*] barcollare; inciampare (*aux.* avere, essere), incespicare: *il trébuchait en marchant* barcollava camminando ‖ *trébucher contre, sur qqch.* incespicare contro, su q.c. → **broncher, buter** ◇ (*fig.*) [*être arrêté par une difficulté, faire une erreur*] esitare **B** *v.tr.* (*techn.*) [*peser au trébuchet*] pesare con la bilancina: *trébucher des pièces d'or* pesare delle monete d'oro con la bilancina.

trébuchet |tʀebyʃɛ| *s.m.* **1** [*piège à prendre les petits oiseaux; cage dont le haut est muni d'une bascule sur laquelle on met des grains*] trappola *f.* **2** [*petite balance à plateaux pour peser les monnaies d'or, d'argent*] bilancia* *f.*, trabocco* (*vx.*) ◇ [*petite balance de laboratoire pour les pesées délicates*] bilancina *f.*

trécheur |tʀeʃœʀ| *s.m.* → **trescheur.**

tréfilage |tʀefilaʒ| *s.m.* (*métall.*) trafilatura *f.*

tréfilé |tʀefile| *s.m.* (*tissage*) trafilato.

tréfiler |tʀefile| *v.tr.* (*métall.*) [*étirer* (*un métal*) *en le faisant passer au travers des trous d'une filière pour obtenir des fils de la grosseur requise*] trafilare: *tréfiler du fer, du laiton* trafilare il ferro, l'ottone → **fileter.**

tréfilerie |tʀefilʀi| *s.f.* [*atelier, usine où se fait le tréfilage des métaux*] trafileria.

tréfileur |tʀefilœʀ| *s.m.* [*ouvrier employé au tréfilage*] trafilatore.

tréfileuse |tʀefiløz| *s.f.* (*techn.*) trafilatrice → **étireuse.**

trèfle |tʀɛfl(ə)| *s.m.* **1** (*t.bot.*) trifoglio*: *trèfle des prés, trèfle rouge* trifoglio incarnato **2** [*feuille à trois folioles du trèfle*] trifoglio ◇ (*loc.*) *trèfle à quatre feuilles* quadrifoglio* ~ *chercher des trèfles à quatre feuilles* cercare quadrifogli **3** (*archit.*) trifoglio, trilobo **4** (*cartes*) fiori (*pl.*): *roi, valet de trèfle* re, fante di fiori; *jouer trèfle* giocare fiori ◇ (*par anal.*) *as de trèfle, croisement en trèfle, un trèfle* [*croisement de grandes routes à niveaux séparés*] (svincolo a) quadrifoglio **5** (*vx., pop.*) → 2 **argent** **6** [*tabac*] tabacco*.

tréflé, ée |tʀefle| *adj.* [*en forme de trèfle*] trifogliato, trilobato: *église à plan tréflé* chiesa a pianta trifogliata, trilobata ◇ (*blas.*) *croix tréflée* croce trifogliata ◇ (*numism.*) *pièce, médaille tréflée* moneta, medaglia trifogliata.

tréflière |tʀeflijɛʀ| *s.f.* [*champ semé de trèfle*] trifogliaio* *m.*

tréfonds |tʀefɔ̃| *s.m.* **1** (*vieilli, dr.*) sottosuolo (*cour.*) **2** (*littér.*) [*ce qu'il y a de plus profond, de plus secret*] intimo: *il se sentait atteint jusqu'au tréfonds* si sentiva colpito nel proprio intimo.

tréhalose |tʀealoz| *s.m.* [*sucre de certains champignons, notamment des Basidiomycètes*] trealosio*.

treillage |tʀɛjaʒ| *s.m.* [*assemblage de lattes, d'échalas posés parallèlement ou croisés dans un plan vertical*] graticolato, ingraticciata (*f.*): *treillage d'un espalier* graticolato di una spalliera.

treillager |tʀɛjaʒe| (3) *v.tr.* [*garnir ou protéger d'un treillage*] ingraticciare, ingraticolare: *treillager un mur, une fenêtre* ingraticciare, ingraticolare un muro, una finestra.

treillageur |tʀɛjaʒœʀ|, **treillagiste** |tʀɛjaʒist(ə)| *s.m.* [*ouvrier qui fait des treillages*] fabbricante, montatore di graticolati.

treille |tʀɛj| *s.f.* **1** [*berceau de ceps de vigne soutenus par un treillage; tonnelle où grimpe la vigne*] pergola, pergolato *m.* **2** vite a pergolato; vite a spalliera ◇ (*fam.*) *le jus de la treille* [*le vin*] il vino *m.* (*cour.*) **3** (*techn.*) rete di maglie poligonali.

1 **treillis** |tʀeji| *s.m.* [*toile de chanvre très résistante*] traliccio*: *pantalon de treillis* pantaloni di traliccio ◇ (*par ext.*) tuta *f.* da combattimento, tuta mimetica*.

2 **treillis** |tʀeji| *s.m.* [*entrecroisement de lattes, de fils métalliques formant claire-voie*] graticcio*, traliccio* ◇ [*armature d'un vitrail, d'une verrière faite de croisillons de fer*] reticolo ◇ (*archit.*) traliccio: *pont en treillis* ponte in traliccio.

treillisser |tʀejise| *v.tr.* [*garnir d'un treillis*] graticolare, ingraticciare: *treillisser une fenêtre* graticolare, ingraticciare una finestra.

treize |tʀɛz| **I** *adj. numér. inv.* **1** *cardinal* tredici: *garçon de treize à quatorze ans* ragazzo tra i trecidi e i quattordici anni; *être treize à table* essere in tredici a tavola # *treize cents* [*mille trois cents*] milletrecento **2** *ordinal* [*treizième*] tredici; tredicesimo: *page treize* pagina tredici ‖ *Louis treize* (*XIII*) Luigi tredicesimo (XIII); *tome treize* volume tredicesimo **II** *s.m. inv.* [*le numéro 13*] tredici.

treizième |tʀɛzjɛm| *adj. numér. ordinal* **1** tredicesimo: *le treizième siècle* il tredicesimo (XIII) secolo, il Duecento; *être le treizième* essere (il) tredicesimo **2** (*se dit d'une fraction d'un tout également partagé en treize*) tredicesimo: *la treizième partie* la tredicesima parte ✦ (*s.m.*) *un treizième* un tredicesimo.

treizièmement |tʀɛzjɛmmɑ̃| *adv.* in tredicesimo luogo *loc.*, tredicesimo.

treiziste |tʀɛzist(ə)| *s.m.* [*joueur de rugby à treize*] rugbista.

trélingage |tRelɛ̃gaʒ| *s.m.* (*mar.*) trilingaggio*.
tréma |tRema| *s.m.* (*gram.*) dieresi *f. inv.*
trémail |tRemaj| *s.m.* → **tramail.**
trématage |tRemataʒ| *s.m.* (*mar.*) diritto di sorpasso.
trémater |tRemate| *v.tr.* (*mar.*) [*dépasser* (*un bateau*) *sur une voie fluviale*] sorpassare.
Trématodes |tRematɔd| *s.m. pl.* (*t.zool.*) Trematodi.
tremblaie |tRɑ̃blɛ| *s.f.* (*région.*) → **peupleraie.**
tremblant, ante |tRɑ̃blɑ̃, ɑ̃t| *adj.* **1** [*qui tremble*] tremante; tremolante: *il était tout tremblant de froid* era tutto tremante per il freddo ‖ *voix tremblante et cassée* voce tremolante e fioca → **chevrotant 2** (*abstrait*) → **chancelant, fragile 3** tremante di paura, spaventato → **craintif** C 1 **ferme** 1, **immobile.**
tremble |tRɑ̃bl(ə)| *s.m.* (*t.bot.*) tremolo.
tremblé, ée |tRɑ̃ble| *adj.* **1** [*tracé par une main tremblante*] incerto: *dessin tremblé* disegno incerto; *écriture tremblée* scrittura incerta **2** [*qui tremble*] tremolante: *voix tremblée* voce tremolante.
tremblement |tRɑ̃bləmɑ̃| *s.m.* **1** [*secousses répétées qui agitent une chose*] il tremare *inv.*, tremore: *tremblement des vitres* il tremare dei vetri ◇ (*spécialt.*) *tremblement de terre* terremoto → **séisme 2** [*mouvement, oscillations de ce qui tremble*] tremolio*: *le tremblement des feuilles* il tremolio delle foglie; *le tremblement d'une lumière, des reflets* il tremolio di una luce, dei riflessi; *le tremblement d'un son, d'une note, de la voix* il tremolio, il vibrare di un suono, di una nota, della voce **3** [*agitation du corps ou d'une partie du corps par petites oscillations rapides, involontaires*] tremito, tremore; brivido; fremito: *tremblement convulsif, violent* tremito, tremore convulso, violento ‖ *tremblement de fièvre, de froid* brivido di febbre, di freddo ‖ *tremblement de peur, de colère* fremito di paura, d'ira **4** (*loc. fam.*) *et tout le tremblement* e tutta la compagnia, e tutta la cricca; e tutto il resto (*cour.*).
trembler |tRɑ̃ble| *v.intr.* **1** [*être agité par une suite de petites contractions involontaires des muscles*] tremare: *il tremblait de froid, de fatigue et de fièvre* tremava di freddo, per la fatica e la febbre → **frémir, frissonner** ◇ (*loc.*) *trembler comme une feuille* tremare come una foglia, tremare verga a verga **2** [*produire une image vacillante; varier rapidement d'intensité*] tremolare: *lumière, reflet qui tremble* luce, riflesso che tremola ◇ [*ne pas conserver la même hauteur et la même intensité*] *son, voix qui tremble* suono, voce che tremola **3** [*faire une suite d'oscillations*] tremare: *la terre tremble* la terra trema; *les vitres tremblaient* i vetri tremavano **4** (*fig.*) [*éprouver une violente émotion, un trouble intense sous l'effet de la peur*] trepidare, tremare: *trembler pour qqn., qqch.* trepidare, temere per qc., q.c. → 2 **appréhender, craindre**; *je tremble qu'il ne l'apprenne* tremo dalla paura che venga a saperlo.
trembleur, euse |tRɑ̃blœR, øz| **I** *s.* **1** *s.* (*rare*) [*personne extrêmement peureuse ou timide*] timido, pauroso **2** *s.m.* (*techn.*) interruttore automatico* **II** *adj.* (*rare*) → **tremblant.**
trembleuse |tRɑ̃bløz| *s.f.* tazza la cui base entra nell'incavo del piattino ◇ (*pêche*) *pêche à la trembleuse* pesca in superficie con l'esca.
tremblotant, ante |tRɑ̃blɔtɑ̃, ɑ̃t| *adj.* [*qui tremblote*] tremolante: *voix, lumière tremblotante* voce, luce tremolante.
tremblote |tRɑ̃blɔt| *s.f.* (*fam.*) [*tremblement de froid, de fièvre, de peur...*] tremarella: *avoir la tremblote* avere la tremarella.
tremblotement |tRɑ̃blɔtmɑ̃| *s.m.* [*léger tremblement*] tremolio*.
trembloter |tRɑ̃blɔte| *v.intr.* [*trembler légèrement*] tremolare, tremare: *voix qui tremblote* voce tremolante, tremante.
trémelle |tRemɛl| *s.f.* (*t.bot.*) tremella.
trémie |tRemi| *s.f.* **1** (*techn.*) tramoggia*: *trémie de moulin* tramoggia di mulino; *trémie de concasseur* tramoggia di frantoio **2** [*mangeoire pour les oiseaux, la volaille*] mangiatoia, beccatoio* *m.* ◇ (*techn.*) *la trémie d'un haut fourneau, d'un four* la tramoggia di un altoforno, di un forno ◇ [*espace réservé dans un plancher, pour recevoir l'âtre d'une cheminée*] spiazzo *m.* **3** (*sc.*) concrezione salina.
trémière |tRemjɛR| *adj. f.* (*t.bot.*) *rose trémière* malvone *s.m.*
tremolo, trémolo |tRemɔlo| *s.m.* **1** (*mus.*) tremolo: *trémolo constant de l'orgue électronique* tremolo continuo dell'organo elettronico **2** [*tremblement d'émotion* (*souvent affecté et outré*) *dans la voix*] tremolio*: *déclamer avec des trémolos dans la voix* declamare con un tremolio nella voce, con voce tremolante.
trémoussement |tRemusmɑ̃| *s.m.* [*agitation, mouvement d'une personne qui se trémousse*] agitazione *f.*, dimenio*.
trémousser (se) |tRemuse| *v. pron. réfl.* [*s'agiter avec de petits mouvements vifs, rapides et irréguliers*] agitarsi, dimenarsi: *enfant qui se trémousse sur sa chaise* bambino che si agita, si dimena sulla sedia; *avancer, marcher en se trémoussant* avanzare, camminare dimenandosi, dondolandosi → **dandiner (se), tortiller (se).**
trempage |tRɑ̃paʒ| *s.m.* (*techn.*) *trempage du papier* macerazione *f.*, inumidimento della carta; *trempage des semences* concia* *f.* umida delle sementi; *trempage du linge* messa *f.* a bagno della biancheria.
trempe |tRɑ̃p| *s.f.* **1** (*techn.*) tempra, tempera: *trempe de l'acier* tempra dell'acciaio; *une arme de bonne trempe* un'arma di buona tempra **2** *loc. fig.* DE... TREMPE: *ils ne sont pas de la même trempe* non sono della stessa tempra → **caractère, énergie 3** [*trempage* (*des papiers, des peaux*)] macerazione **4** (*pop.*) [*volée de coups*] fracco* *m.*, sacco* *m.* di botte.
trempé, ée |tRɑ̃pe| *adj.* **1** [*durci par la trempe* (1)] temprato, temperato: *acier, verre trempé* acciaio, vetro temperato ◇ (*fig., littér.*) *caractère bien trempé* carattere ben temprato **2** [*imbibé; très mouillé*] *visage trempé de larmes* viso inondato di lacrime; *trempé jusqu'aux os* inzuppato, fradicio fino alle ossa, al midollo; *trempé de sueur* madido di sudore.
trempée |tRɑ̃pe| *s.f.* **1** (*techn.*) immersione **2** (*vieilli*) → **trempe** 4.
tremper |tRɑ̃pe| **A** *v.tr.* **1** *tremper son vin* [*le mélanger avec de l'eau*] annacquare, allungare il vino → 1 **couper 2** (*techn.*) [*imbiber d'un liquide*] inumidire (197): *tremper des couleurs* inumidire i colori ◇ (*en parlant d'un liquide*) [*imbiber, mouiller*] inzuppare: *sueur qui trempe la chemise* sudore che inzuppa la camicia **3** [*faire entrer* (*un solide*) *dans un liquide pour imbiber, enduire*] *tremper une compresse dans l'eau* immergere (114) una compressa nell'acqua; *tremper dans l'eau bouillante* immergere nell'acqua bollente; *tremper sa plume dans l'encre, dans l'encrier* intingere (119) la penna nell'inchiostro, nel calamaio ◇ [*baigner, immerger*] *tremper sa tête dans l'eau* immergere la testa nell'acqua; *tremper ses lèvres dans une boisson* inumidire le labbra con una bevanda ✦ *pron. réfl.* SE TREMPER [*prendre un bain rapide*] immergersi, fare (103) *tr.* un bagnetto (*fam.*) **4** (*techn.*) [*plonger* (*l'acier porté à une haute température*) *dans un bain froid*] temprare, temperare **B** *v.intr.* **1** [*rester plongé dans un liquide*] *fleurs qui trempent dans l'eau d'un vase* fiori immersi nell'acqua di un vaso; *faire tremper du linge, mettre du linge à tremper* mettere (155) *tr.* a mollo la biancheria; *faire tremper des aliments* mettere a bagno cibi (secchi) → 2 **macérer, mariner 2** (*fig.*) *tremper dans* [*participer, être complice*] partecipare, essere coinvolto.
trempette |tRɑ̃pɛt| *s.f.* **1** *loc.* *faire trempette* [*tremper du pain dans un aliment liquide, du sucre dans une boisson, etc.*] inzuppare (q.c.) **2** *loc.* FAIRE TREMPETTE [*prendre un bain* (*de mer, rivière*) *hâtif sans entrer complètement dans l'eau*] fare un bagnetto: *nous avons fait une bonne trempette* abbiamo fatto un bel bagnetto.
trempeur |tRɑ̃pœR| *s.m.* [*ouvrier qui trempe l'acier*] rtempratore ◇ [*qui trempe le papier*] maceratore* *s.*
tremplin |tRɑ̃plɛ̃| *s.m.* [*planche élastique sur laquelle on prend élan pour sauter*] pedana *f.*; trampolino: *tremplin d'un gymnase* pedana di una palestra ‖ *tremplin d'une piscine* trampolino di una piscina.
trémulation |tRemylɑsjɔ̃| *s.f.* (*méd.*) tremore *m.*
trémuler |tRemyle| (*rare*) **A** *v.intr.* → **trembler B** *v.tr.* [*agiter d'un mouvement semblable au tremblement*] far (103) *intr.* tremolare: *trémuler les doigts* far tremolare le dita.
trenail, ails |tRənaj| *s.m.* (*techn.*) caviglia *f.*, chiave *f.* (per fissare le traverse dei binari).
trench-coat |tRɛnʃkot| *s.m.* (*angl.*) [*imperméable à ceinture*] impermeabile, trench-coat *inv.*
trentain |tRɑ̃tɛ̃| *s.m.* (*relig.*) messe *f. pl.* gregoriane (per i defunti).
trentaine |tRɑ̃tɛn| *s.f.* [*nombre de trente, d'environ trente*] trentina: *une trentaine d'années* una trentina d'anni ✦ (*absolt.*) *un homme sur la trentaine* un uomo sulla trentina.
trente |tRɑ̃t| **I** *adj. numér. inv.* **1** *cardinal* trenta ◇ *loc.* TRENTE-SIX [*nombre utilisé fam. pour désigner un grand nom-*

bre indéterminé] cento, mille: *il n'y a pas trente-six façons de...* non ci sono cento, mille modi per... → **beaucoup,** 1 **cent** ~ (*fig.*) *en voir trente-six chandelles* vedere le stelle **2** *ordinal* [*trentième*] trenta: *numéro, page trente* numero, pagina trenta ◇ (*loc. fam.*) *être au trente-sixième dessous* essere in cattive acque ~ *tous les trente-six du mois* [*à peu près jamais*] tutti i 30 febbraio ◇ (*spécialt.*) *disque trente-trois tours* disco a trentatrè giri ♦ (*s.m.*) *des trente-trois tours* dei trentatrè giri **II** *s.m. inv.* **1** [*le nombre, le numéro 30*] trenta **2** (*loc.*) *se mettre, être sur son trente et un, sur son trente-six* [*mettre ses plus beaux habits*] mettersi in ghingheri.

trente-et-quarante |tʀɑ̃tekaʀɑ̃t| *s.m. inv.* (*jeu de cartes*) 'trente et quarante'.

trente et un |tʀɑ̃teœ̃| *s.m. inv.* **1** (*jeu de cartes*) trentuno **2** (*loc.*) *se mettre sur son trente et un* → **trente** II 2.

trentenaire |tʀɑ̃tnɛʀ| *adj.* (*rare*) [*qui dure trente ans*] trentennale (*cour.*) ◇ (*dr.*) *prescription trentenaire* prescrizione trentennale.

trente-six |tʀɑ̃tsis| → **trente** I 1.

trentième |tʀɑ̃tjɛm| *adj. numér. ordinal* **1** trentesimo: *le trentième jour du mois* il trentesimo giorno, il trenta del mese ♦ *s.m. inv.* trenta: *nous sommes le trentième* ne abbiamo trenta, oggi è il trenta **2** (*se dit de chacune des parties d'un tout également divisé en trente*) trentesimo ♦ (*s.m.*) *un trentième de ses revenus* un trentesimo del proprio reddito.

trentin, ine |tʀɑ̃tɛ̃, in| *adj.* [*de la ville de Trente et de la région du Trentin*] trentino.

trépan |tʀepɑ̃| *s.m.* **1** (*chir.*) trapano **2** [*vilebrequin pour forer*] trapano (relativo): *trépan à queue de carpe* trapano a coda di pesce; *trépan à doigts multiples* trapano a lame multiple # *trépan de sonde* perforatrice.

trépanation |tʀepanɑsjɔ̃| *s.f.* (*chir.*) trapanazione ◇ (*spécialt.*) trapanazione cranica*.

trépaner |tʀepane| *v.tr.* [*effectuer une trépanation sur* (*un patient*)] trapanare: *trépaner un malade atteint d'une tumeur au cerveau* trapanare il cranio di un malato affetto da tumore al cervello ♦ (*au p.p.*) *malade trépané* paziente che ha subìto una trapanazione cranica *loc.* ♦ (*s.*) *un trépané* chi ha subìto una trapanazione cranica *loc.*

trépang |tʀepɑ̃| *s.m.* → **tripang.**

trépas |tʀepɑ| *s.m.* (*vx., littér.*) trapasso → **décès, mort** ◇ (*loc.*) *passer de vie à trépas* andare all'altro mondo, passare a miglior vita.

trépasser |tʀepɑse| *v.intr.* (*vx., littér.*) [*mourir, décéder*] trapassare (*aux.* essere) ♦ *au p.p.* trapassato → **mort** ♦ (*s.*) *un trépassé* un trapassato, un defunto.

tréphocyte |tʀefɔsit| *s.m.* (*méd.*) trefocito.

tréphone |tʀefɔn| *s.f.* (*biol.*) trefone *m.*

trépidant, ante |tʀepidɑ̃, ɑ̃t| *adj.* **1** [*qui trépide*] che vibra *loc.*, vibrante **2** [*agité*] frenetico*, agitato: *danse trépidante* danza frenetica; *la vie trépidante des grandes villes* la vita frenetica, agitata delle grandi città.

trépidation |tʀepidɑsjɔ̃| *s.f.* **1** [*agitation de ce qui subit de petites oscillations ou secousses très rapides*] vibrazione: *trépidation d'un navire, d'une automobile au ralenti* vibrazione di una nave, di un'auto al minimo ◇ (*méd.*) tremore *m.*, tremito *m.* ◇ (*fig.*) [*agitation*] frenesia, agitazione **2** (*vx.*) → **tremblement.**

trépider |tʀepide| *v.intr.* [*être agité de petites secousses ou oscillations rapides*] vibrare.

trépied |tʀepje| *s.m.* **1** treppiede, cavalletto: *trépied d'une lampe* treppiede di una lampada; *trépied télescopique d'un appareil photographique* treppiede, cavalletto telescopico di una macchina fotografica **2** [*meuble à trois pieds* (*guéridon, tabouret, sellette*)] tripode ◇ (*spécialt.*) *le trépied de Delphes* il tripode di Delfo; *un trépied style Directoire* un tripode stile Direttorio.

trépignement |tʀepiɲmɑ̃| *s.m.* il pestare *inv.* i piedi, trepestio* ◇ (*des chevaux*) lo scalpitare *inv.*

trépigner |tʀepiɲe| *v.intr.* [*frapper des pieds contre terre à plusieurs reprises d'un mouvement rapide, en restant sur place*] battere *tr.* i piedi; pestare *tr.* i piedi; scalpitare: *danseur espagnol qui trépigne* ballerino spagnolo che batte i piedi ‖ *il trépignait d'impatience* pestava i piedi per l'impazienza ‖ *le cheval trépigne* il cavallo scalpita.

trépigneuse |tʀepiɲøz| *s.f.* (*agric.*) maneggio* *m.* a piano inclinato.

trépointe |tʀepwɛ̃t| *s.f.* (*techn.*) *la trépointe d'une chaussure* il rinforzo *m.*, la fortezza di una scarpa.

tréponématose |tʀepɔnematoz| *s.f.* (*méd.*) treponemosi *inv.*

tréponème |tʀepɔnɛm| *s.m.* (*biol.*) treponema.

très |tʀɛ| *adv.* (*s'emploie pour marquer le superlatif absolu*) → 1 **bien,** 1 **fort 1** (*devant un adj.*) molto, assai; (*adj. au superlatif en* -issimo): *très gentil* molto, assai gentile, gentilissimo; *il n'est pas très spirituel* non è molto spiritoso; *c'est très clair* è chiarissimo; *le Très Haut* l'Altissimo; *c'est très drôle* è molto divertente, divertentissimo; *très supérieur* (di) molto superiore ◇ (*devant une express. employée adj.*) *un monsieur très comme il faut* un signore molto perbene; *très au courant* molto al corrente ◇ (*devant un subst. employé adj.*) *elle est très femme* è molto femminile ◇ (*devant un p.p. à valeur d'adj.*) *air très connu* aria molto nota, notissima; *opinion très répandue* opinione molto diffusa, diffusissima **2** (*devant un adv.*) molto, assai: *très mal* molto male, malissimo; *très souvent* molto, assai spesso, spessissimo ◇ (*devant une loc. adv. ou prép.*) *arriver très en avance* arrivare molto in anticipo **3** (*dans des loc. verb. d'état*) molto *adj.*, assai: *avoir très froid* avere molto freddo, freddissimo ◇ (*devant d'autres subst.*; *emploi critiqué mais cour.*) molto: *avoir très faim* avere molta fame; *faire très attention* fare molta attenzione **4** *absolt.* (*fam.*) *'êtes-vous satisfait?' 'très'* 'è soddisfatto?' 'molto' **C** **peu.**

trésaille |tʀezɑj| *s.f.* asse *m.*, traversa che regge le sponde di un carro, di una carretta.

trescheur |tʀeʃœʀ| *s.m.* (*blas.*) cinta *f.*

trésor |tʀezɔʀ| *s.m.* **I** **1** tesoro: *l'île au trésor* l'isola del tesoro **2** *souvent au plur.* [*grandes richesses concrètes; masse monétaire importante*] tesoro: *trésors artistiques* tesori artistici → **fortune** **3** (*hist.*) tesoro: *le trésor particulier du roi* il tesoro privato del re **4** (*écon.*) tesoro: *le déficit du Trésor, du trésor* il deficit del tesoro, dell'erario; *bons du Trésor* buoni del Tesoro **5** [*endroit, lieu où les trésors sont gardés*] tesoro ◇ [*musée attenant à une église et contenant des objets précieux*] *le trésor de Notre-Dame* il tesoro di Notre-Dame **II** (*fig.*) **1** UN, DES TRÉSORS DE [*accumulation de* (*choses utiles, belles ou précieuses*)] tesoro # *il faut des trésors de patience pour le supporter* ci vuole una bella pazienza per sopportarlo **2** [*bien précieux qui ne doit pas être dilapidé*] tesoro: *le travail, la santé est un trésor* il lavoro, la salute è un tesoro **3** (*t. d'affection*) *mon trésor* tesoro; il mio tesoro.

trésorerie |tʀezɔʀʀi| *s.f.* tesoreria: *trésorerie publique, de l'État* tesoreria pubblica, dello Stato; *trésorerie d'une société* tesoreria di una società.

trésorier, ière |tʀezɔʀje, jɛʀ| *s.* **1** *s.* tesoriere: *le trésorier d'une association, d'un parti* il tesoriere di un'associazione, di un partito **2** *s.m.* (*relig.*) tesoriere.

tressage |tʀesaʒ| *s.m.* [→ TRESSER] intrecciatura (*f.*): *tressage de la paille, d'une corbeille* intrecciatura della paglia, di un cestino.

tressaillement |tʀesajmɑ̃| *s.m.* [*secousse brusque du corps sous l'effet d'une émotion vive ou d'une sensation inattendue*] sussulto, fremito ◇ [*brusque frémissement, sursaut machinal*] fremito, brivido.

tressaillir |tʀesajiʀ| (19) *v.intr.* **1** [*éprouver des secousses musculaires, un tressaillement* (*sous l'effet d'une émotion vive, agréable ou désagréable*)] trasalire (197) (*aux.* essere, avere): *tressaillir de joie* trasalire di gioia **2** [*être agité de brusques secousses, remuer de façon désordonnée*] sussultare, sobbalzare: *il tressaillait au moindre bruit* sussultava, sobbalzava al minimo rumore.

tressautement |tʀesotmɑ̃| *s.m.* (*littér.*) [→ TRESSAUTER] sussulto (*cour.*), sobbalzo (*cour.*).

tressauter |tʀesote| *v.intr.* [*tressaillir, sursauter* (*en particulier sous l'effet de la surprise*)] sobbalzare, sussultare: *ce cri l'a fait tressauter* quel grido l'ha fatto sobbalzare ◇ (*par ext.*) **tressaillir** 2.

tresse |tʀɛs| *s.f.* **1** treccia* **2** [*cordon plat fait de fils entrelacés; galon tissé plat ou fait de plusieurs cordons*] spighetta, gallone (*m.*): *tresse d'une fourragère* spighetta di una cordellina ◇ (*archit.*) treccia.

tresser |tʀese| *v.tr.* **1** [*assembler, arranger en tresses*] intrecciare: *tresser du fil, de la soie* intrecciare filo, seta; *tresser de la paille* intrecciare paglia → **natter** **2** [*faire* (*un objet*) *en entrelaçant des fils, des brins*] intrecciare: *tresser des corbeilles* intrecciare cestini; *tresser un câble* intrecciare un cavo ◇ (*fig.*) *tresser des couronnes à qqn.* (in)tessere lodi a qc.

tresseur, euse |tʀesœʀ, øz| *s.* [*ouvrier, ouvrière exécutant des travaux de tressage*] intrecciatore*, trecciaiolo: *tresseur de corbeilles* intrecciatore di cestini; *tresseur de cordons, de câbles*

électriques intrecciatore di cordoni, di cavi elettrici.
tréteau |tReto| *s.m.* **1** [*pièce de bois servant de support* (*à une estrade, une table, un étalage*)] cavalletto, trespolo **2** *au plur.* (*vieilli*) *les tréteaux* il palco* *sing.* del teatro, dei saltimbanchi ◇ (*loc.*) *monter sur les tréteaux* calcare le scene, recitare in pubblico.
treuil |tRœj| *s.m.* **1** (*techn.*) argano, verricello: *treuil à main* argano a mano; *treuil à engrenages, à vis sans fin* argano a ingranaggi, a vite senza fine **2** (*vx.*) → **pressoir.**
treuillage |tRøjaʒ| *s.m.* sollevamento, lancio* con l'argano.
trêve |tRɛv| *s.f.* **1** [*cessation provisoire des combats, pendant une guerre, par convention des belligérants; interruption des hostilités*] tregua: *demander, accepter une trêve* chiedere, accettare una tregua → **cessez-le-feu** ◇ (*féod.*) *trêve de Dieu* tregua di Dio ◇ (*par ext.*) [*interruption dans une lutte quelconque*] *trêve politique* tregua politica ◇ (*spécialt.*) *trêve des confiseurs* sospensione dell'attività politica durante le feste natalizie **2** (*fig.*) [*arrêt de ce qui est pénible, dangereux*] tregua: *s'accorder une trêve* concedersi una tregua, una pausa; *n'avoir ni paix ni trêve* non avere un istante di tregua, di requie ◇ (*loc. adv.*) *sans trêve* senza tregua ◇ *loc. prép.* TRÊVE DE... [*assez de*] basta (con), bando (a): *trêve de plaisanterie!* basta con gli scherzi!, bando agli scherzi! (scherzi a parte!); *trêve de cérémonies!* bando alle cerimonie!, non facciamo complimenti!
trévire |tReviR| *s.f.* (*mar.*) lentia.
trévirer |tReviRe| *v.tr.* (*mar.*) [*affaler ou hisser le long d'un plan incliné* (*un corps cylindrique*)] sollevare, filare con la lentia.
trévisan, ane |tRevisɑ̃, an| *adj.* [*de Trévise*] trevigiano, trevisano.
tri- |tRi| *préf.* (*chim.*) (*signifiant 'trois atomes, molécules, éléments', correspond généralt. à*) tri: *triacide* triacido; *trinitrobenzène* trinitrobenzene.
tri |tRi| *s.m.* [→ TRIER 1] cernita (*f.*): *faire le tri du grain* fare la cernita delle sementi → **triage** ◇ (*spécialt.*) [*répartition*] *le tri des lettres* lo smistamento delle lettere; *le tri des fiches mécanographiques* la selezione *f.* delle schede meccanografiche; *le tri des informations* la cernita, la scelta *f.* delle informazioni.
triacide |tRiasid| *s.m.* (*chim.*) triacido.
triade |tRijad| *s.f.* triade.
triadique |tRijadik| *adj.* triadico*.
triage |tRijaʒ| *s.m.* **1** [*le fait de trier, de choisir dans un ensemble ou de répartir; son résultat*] cernita (*f.*): *triage de la houille, des grains* cernita del carbon fossile, delle sementi → **tri, choix** ◇ [*séparation et groupement des wagons pour former des convois*] smistamento: *gare de triage* stazione di smistamento **2** (*géol.*) separazione *f.* ◇ (*par ext.*) *dépôt de sédiments accompagné de triage* deposito di sedimenti accompagnato da separazione.
triaire |tRijɛR| *s.m.* (*antiq. rom.*) triario*.
trialcool |tRialkɔl|, **triol** |tRijɔl| *s.m.* (*chim.*) trialcol *inv.*, triolo.
triandrie |tRi(j)ɑ̃dRi| *s.f.* (*sc.*) triandria.
triangle |tRijɑ̃gl(ə)| *s.m.* **1** (*géom.*) triangolo: *triangle scalène, isoscèle, équilatéral* triangolo scaleno, isoscele, equilatero ◇ (*loc.*) *en triangle* a (forma di) triangolo ◇ (*par anal.*) *le triangle occipital* il triangolo occipitale **2** (*mus.*) triangolo.
triangulaire |tRijɑ̃gylɛR| *adj.* **1** triangolare: *faces triangulaires d'une pyramide* facce triangolari di una piramide; *voile triangulaire* vela triangolare **2** [*dont la base ou la section est triangulaire*] triangolare: *prisme triangulaire* prisma triangolare **3** (*fig.*) [*qui met en jeu trois éléments*] triangolare: *élection triangulaire* elezione triangolare.
triangulairement |tRijɑ̃gylɛRmɑ̃| *adv.* (*rare*) [*en triangle*] triangolarmente, a (forma di) triangolo *loc.*
triangulation |tRijɑ̃gylɑsjɔ̃| *s.f.* (*géod.*) triangolazione.
trianguler |tRijɑ̃gyle| *v.tr.* [*faire la triangulation de*] triangolare: *trianguler une région* triangolare una regione.
trias |tRijɑs| *s.m.* (*géol.*) (periodo) triassico*, trias *inv.*
triasique |tRijɑzik| *adj.* (*géol.*) triassico*.
triathlon |tRi(j)atlɔ̃| *s.m.* (*sport*) triathlon *inv.*
triatomique |tRiatɔmik| *adj.* **1** triatomico*: *molécule triatomique* molecola triatomica **2** (*vx.*) → **trivalent.**
tribade |tRibad| *s.f.* (*vx., littér.*) → **lesbienne.**
tribadisme |tRibadism(ə)| *s.m.* → **lesbianisme.**
tribal, ale, aux |tRibal, o| *adj.* (*sociol.*) tribale: *l'organisation tribale* l'organizzazione tribale.
tribalisme |tRibalism(ə)| *s.m.* (*sociol.*) tribalismo.
triballe |tRibal| *s.f.* (*techn.*) verga* di ferro (per ammorbidire le pelli).
triballer |tRibale| *v.tr.* (*techn.*) [*assouplir* (*les peaux*) *en les battant avec la triballe*] ammorbidire (197) (le pelli) con una verga di ferro.
tribart |tRibaR| *s.f.* [*bâtons qu'on attache au cou de certains animaux pour les empêcher de passer au travers des haies*] collare *m.* di bastoni.
tribasique |tRibɑzik| *adj.* (*chim.*) tribasico*.
tribo- |tRibɔ| *préf.* (*signifiant 'frotter', correspond généralt. à*) tribo: *triboluminescence* triboluminescenza.
tribo-électricité |tRibɔelɛktRisite| *s.f.* (*sc.*) triboelettricità *inv.*
tribo-électrique |tRibɔelɛktRik| *adj.* (*sc.*) triboelettrico*.
tribologie |tRibɔlɔʒi| *s.f.* tribologia*.
triboluminescence |tRibɔlyminesɑ̃s| *s.f.* (*sc.*) triboluminescenza.
tribomètre |tRibɔmɛtR(ə)| *s.m.* (*sc.*) tribometro.
tribométrie |tRibɔmetRi| *s.f.* (*sc.*) tribometria.
tribord |tRibɔR| *s.m.* (*mar.*) dritta *f.*, tribordo (*rare*): *bordée de tribord* guardia di dritta Ⓒ **bâbord.**
tribordais |tRibɔRdɛ| *s.m.* marinaio*, guardia *f.* di dritta.
triboulet |tRibulɛ| *s.m.* (*orfèvrerie*) fuso.
tribu |tRiby| *s.f.* **1** tribù (*inv.*): *tribus nomades* tribù nomadi ◇ (*péj., littér.*) *la tribu* [*la société*] la tribù **2** (*fig., péj., iron.*) [*groupe nombreux; grande et nombreuse famille*] tribù: *il est arrivé avec toute sa tribu* è arrivato con tutta la tribù **3** (*biol.*) tribù: *tribus d'animaux, de bactéries* tribù di animali, di batteri.
tribulation |tRibylɑsjɔ̃| *s.f.* **1** (*relig.*) tribolazione **2** *au plur.* [*adversité, épreuve physique ou morale*] tribolazioni, traversie ◇ (*fam.*) [*aventures plus ou moins désagréables*] scocciature, seccature (*cour.*): *il n'est pas au bout de ses tribulations* non ha ancora finito di avere scocciature, le sue scocciature non sono ancora finite.
tribun |tRibœ̃| *s.m.* **1** (*hist. rom.*) tribuno: *tribun militaire* tribuno militare; *tribun de la plèbe* tribuno della plebe **2** [*défenseur éloquent* (*d'une cause, d'une idée*); *orateur qui s'érige en défenseur du peuple*] tribuno **3** (*vx., péj.*) → **démagogue.**
tribunal, aux |tRibynal, o| *s.m.* **1** tribunale: *tribunaux administratifs et tribunaux judiciaires* tribunali amministrativi e tribunali giudiziari; *tribunal des conflits* tribunale dei conflitti; *tribunaux maritimes, militaires* tribunali marittimi, militari; *tribunaux pour enfants* tribunale dei minorenni; *session d'un tribunal* sessione di un tribunale; *porter une affaire devant les tribunaux* portare una faccenda in tribunale # *tribunal de grande instance* pretura **2** [*justice de Dieu*] tribunale: *le tribunal de Dieu* il tribunale di Dio, la giustizia divina; *le tribunal suprême* il tribunale supremo; *le tribunal de la pénitence* il tribunale della penitenza, la confessione *f.* ◇ (*littér.*) [*jugement moral*] *le tribunal de l'histoire* il giudizio* della storia.
tribunat |tRibyna| *s.m.* **1** (*hist. rom.*) tribunato: *le tribunat de la plèbe* il tribunato della plebe **2** (*hist. fr.*) tribunato.
tribune |tRibyn| *s.f.* **1** tribuna: *tribune d'une chapelle, d'une église* tribuna di una cappella, di una chiesa; *tribune d'orgue* tribuna dell'organo ◇ (*archit.*) tribuna ◇ (*dans un édifice profane*) *les tribunes du public, de la presse* le tribune del pubblico, della stampa ◇ [*place dans les tribunes*] *louer une tribune* prenotare una tribuna **2** [*emplacement élevé ou surélevé, estrade d'où l'orateur s'adresse à une assemblée*] tribuna, podio* (*m.*): *orateur qui monte à la tribune* oratore che sale sulla tribuna, sul podio ◇ (*par ext.*) [*l'éloquence parlementaire, politique; l'art des débats publ.*] tribuna, eloquenza politica **3** [*article de journal par lequel on s'adresse au public*] tribuna: *tribune libre d'un journal* tribuna libera di un giornale ◇ (*par ext.*) dibattito (*m.*): *organiser une tribune sur un sujet d'actualité* organizzare un dibattito su un argomento di attualità.
tribunitien, ienne |tRibynisjɛ̃, jɛn| *adj.* (*antiq.*) tribunizio*.
tribut |tRiby| *s.m.* **1** tributo: *payer tribut à l'envahisseur* pagare il tributo all'invasore; *lever un tribut sur la population* imporre un tributo alla popolazione **2** (*féod.*) tributo **3** (*fig., littér.*) [*ce qu'on est obligé d'accorder, de supporter* (*pour des raisons morales*)] tributo → **hommage** ◇ (*loc.*) *payer tribut à la nature* [*mourir*] morire.
tributaire |tRibytɛR| *adj.* **1** tributario*: *fiefs tributaires d'un souverain* feudi tributari di un sovrano ♦ (*s.*) *un*

tributaire [*sujet*] un suddito **2** [*qui dépend* (*d'un autre pays*)] tributario: *l'Europe est tributaire des pays tropicaux pour un certain nombre de denrées* l'Europa è tributaria dei paesi tropicali per certe derrate **3** (*géogr.*) tributario → **affluent.**

tribute |tRibyt| *adj.* (*antiq.*) tributo.

tric |tRik| *s.m.* → **trick.**

tricennal, ale, aux |tRise(ɛn)nal, o| *adj.* [*qui couvre trente ans, porte sur trente ans*] trentennale.

tricentenaire |tRisɑ̃tnɛR| **1** *s.m.* terzo centenario*, tricentenario* **2** *adj.* (*rare*) di trecento anni (*loc. inv.*): *bâtiment tricentenaire* edificio di trecento anni.

tricéphale |tRisefal| *adj.* tricefalo: *monstre tricéphale* mostro tricefalo.

triceps |tRisɛps| *adj. et s.m.* (*anat.*) (*muscle*) *triceps brachial, crural* (muscolo) tricipite brachiale, crurale.

tricératops |tRiseRatɔps| *s.m.* (*paléont.*) triceratopo.

trich- |tRik|, **tricho-** |tRikɔ| *préf.* (*signifiant 'poil, cheveu', correspondent généralt. à*) trich, trico: *trichiasis* trichiasi; *trichophyton* tricofito.

triche |tRiʃ| *s.f.* (*fam.*) [→ TRICHER] truffa (*cour.*), imbroglio* *m.* (*cour.*); il barare *m. inv.* (*cour.*): *c'est de la triche* è una truffa, tu imbrogli (lui imbroglia, ecc.).

tricher |tRiʃe| *v.intr.* **1** [*enfreindre les règles d'un jeu en vue de gagner*] barare: *tricher au jeu, aux cartes* barare al gioco, alle carte ◇ (*vx.*) → **tromper** **2** [*enfreindre une règle, un usage en affectant de les respecter*] imbrogliare, barare: *tricher aux examens* barare agli esami; *tricher sur le prix, la qualité, le poids* imbrogliare, barare sul prezzo, la qualità, il peso **3** [*dissimuler un manque, un défaut dans la confection d'un ouvrage matériel*] imbrogliare, barare.

tricherie |tRiʃRi| *s.f.* **1** [*tromperie au jeu*] il barare *m. inv.* **2** [*tromperie ou mauvaise foi de celui qui triche* (2, 3)] truffa, imbroglio* *m.* **3** [*le fait de dissimuler un défaut ou de produire une illusion*] imbroglio **4** (*vx.*) → **mensonge.**

tricheur, euse |tRiʃœR, øz| *s.* **1** [*personne qui triche au jeu*] baro ◇ (*vx.*) → **trompeur** **2** [*personne qui triche* (2,3)] truffatore*, imbroglione.

trichiasis |tRikjazis| *s.m.* (*méd.*) trichiasi *f. inv.*

trichinal, ale, aux |tRikinal, o| *adj.* → **trichineux.**

trichine |tRikin| *s.f.* (*t.zool.*) trichina.

trichiné, ée |tRikine| *adj.* (*méd.*) trichinato: *muscle trichiné* muscolo trichinato.

trichineux, euse |tRikinø, øz|, *adj.* di, della trichina *loc.*

trichinose |tRikinoz| *s.f.* (*méd.*) trichinosi *inv.*

trichite |tRikit| *s.f.* (*minér.*) trichiti *pl.*

trichloracétique |tRiklɔRasetik| *adj.* (*chim.*) tricloroacetico*.

trichloréthylène |tRiklɔRetilɛn| *s.m.* (*chim.*) tricloroetilene, trielina *f.*

tricho- |tRikɔ| *préf.* → **trich-.**

trichocéphale |tRikɔsefal| *s.m.* (*t.zool.*) tricocefalo.

tricholome |tRikɔlɔm| *s.m.* (*t.bot.*) tricoloma.

trichoma |tRikɔma|, **trichome** |tRikom| *s.m.* (*méd.*) tricoma.

trichomonas |tRikɔmɔnɑs| *s.m.* (*t.zool.*) trichomonas *inv.*

trichophyton |tRikɔfitɔ̃| *s.m.* (*t. bot.*) tricofito.

Trichoptères |tRikɔptɛR| *s.m. pl.* (*t.zool.*) Tricotteri.

trichoptilose |tRikɔptiloz| *s.f.* (*méd.*) tricoptilosi *inv.*

trichose |tRikoz| *s.f.* (*méd.*) tricosi *inv.*

trichrome |tRikRom| *adj.* (*techn.*) della tricromia *loc. inv.*, in tricromia *loc. inv.*

trichromie |tRikRɔmi| *s.f.* (*techn.*) tricromia.

trick |tRik| *s.m.* (*angl.*) (*jeu*) trick *inv.*

triclinique |triklinik| *adj.* (*sc.*) triclino.

triclinium |tRiklinjɔm| *s.m.* (*lat.*) (*antiq. rom.*) triclinio*.

tricoises |tRikwaz| *s.f. pl.* (*techn.*) tronchese *sing.*

tricolore |tRikɔlɔR| *adj.* **1** tricolore: *drapeau* (*français*) *tricolore* bandiera (francese) tricolore ♦ (*s.m.*) *le tricolore* il tricolore **2** (*en style journalistique*) [*français*] *l'équipe tricolore* la squadra tricolore ♦ (*s.m.*) *victoire des tricolores* vittoria dei tricolori.

tricorne |tRikɔRn(ə)| *adj. et s.m.* tricorno.

tricot |tRiko| *s.m.* **1** [*tissu formé d'une matière textile et confectionné avec des aiguilles*] maglia (*f.*): *vêtements en tricot* indumenti di maglia; *un maillot en tricot de soie* un costume (da bagno) in maglia di seta **2** lavoro a maglia: *points de tricot* punti di lavoro a maglia; *faire du tricot* fare un lavoro a maglia, lavorare a maglia **3** [*objet, vêtement tricoté*] capo, indumento di maglia, golf *inv.* # *un tricot de peau, de corps* una canottiera ◇ (*collectif*) *le tricot, l'industrie du tricot* la maglia, la maglieria *f.*

tricotage |tRikɔtaʒ| *s.m.* [*action, manière de tricoter*] il lavorare *inv.* a maglia, lo sferruzzare *inv.* ◇ (*spécialt.*) *le tricotage des bas* il fare *inv.* la calza; *le tricotage de la laine à la machine* il lavorare la lana a macchina.

tricoté, ée |tRikɔte| *adj.* lavorato, fatto a maglia: *laine tricotée* lana lavorata a maglia.

tricoter |tRikɔte| **A** *v.tr.* [*exécuter au tricot*] fare (103), lavorare a maglia: *tricoter un vêtement* fare, lavorare a maglia un vestito # *tricoter des bas* fare la calza; *tricoter une maille* fare la maglia ♦ *intr.* [*exécuter à la main, avec des aiguilles, un tissu à mailles*] sferruzzare, fare *tr.* la maglia, lavorare a maglia ◇ (*loc.*) *tricoter serré, lâche* lavorare stretto, largo ~ *aiguille à tricoter* ferro (da calza) ~ *machine, métier à tricoter* macchina, telaio per maglieria **B** *v.intr.* (*pop.*) *tricoter* (*des jambes*) [*s'enfuir*] darsela (102) *pron.* a gambe, svignarsela *pron.*

tricoteur, euse |tRikɔtœR, øz| *s.* **1** *s.* [*personne qui tricote*] magliaia *f.* ♦ *s.f.* (*pendant la Révolution fr.*)[*femmes qui assistaient en tricotant aux délibérations de la Convention*] ⊠ **2** *s.f.* (*techn.*) *tricoteuse* macchina per maglieria.

tricouni |tRikuni| *s.m.* chiodo per scarponi.

tricourant |tRikuRɑ̃| *adj. inv.* (*techn.*) tricorrente: *locomotive tricourant* locomotiva tricorrente.

trictrac |tRiktRak| *s.m.* (*jeu de dés*) tric trac *inv.*, tavola *f.* reale.

tricuspide |tRikyspid| *adj.* (*anat.*) *valvule tricuspide* valvola tricuspide.

tricuspidé, ée |tRikyspide| *adj.* (*archit.*) tricuspidale.

tricycle |tRisikl(ə)| *s.m.* triciclo ♦ (*adj.*) *train d'atterrissage tricycle* carrello di atterraggio triciclo.

tridacne |tRidakn(ə)| *s.m.* (*t.zool.*) tridacna *f.*

tridactyle |tRidaktil| *adj.* tridattilo.

trident |tRidɑ̃| *s.m.* **1** tridente **2** [*engin de pêche, harpon à trois pointes*] fiocina *f.* **3** [*instrument agricole*] tridente.

tridenté, ée |tRidɑte| *adj.* (*sc. nat.*) tridentato: *feuille tridentée* foglia tridentata.

tridi |tRidi| *s.m.* (*hist. fr.*) 'tridi' *inv.*

tridimensionnalité |tRidimɑ̃sjɔnalite| *s.f.* tridimensionalità *inv.*

tridimensionnel, elle |tRidimɑ̃sjɔnɛl| *adj.* tridimensionale.

trièdre |tRi(j)ɛdR(ə)| *adj* (*géom.*) triedrico*: *prisme trièdre* prisma triedrico ♦ (*s.m.*) *un trièdre* un triedro.

triennal, ale, aux |tRi(j)ɛ(n)nal, o| *adj.* triennale: *charge, nomination triennale* carica, nomina triennale ◇ (*agric.*) *assolement triennal* rotazione triennale.

triennat |tRi(j)ɛ(n)na| *s.m.* triennio*.

trier |tRije| *v.tr.* **1** [*choisir parmi d'autres; extraire d'un plus grand nombre, après examen*] fare (103) la cernita (di), selezionare: *trier des semences* fare la cernita delle sementi, selezionare le sementi ◇ (*loc.*) *trier sur le volet* scegliere con cura, uno per uno **2** [*traiter de manière à ôter ce qui est mauvais*] mondare, pulire (197): *trier des lentilles* mondare le lenticchie ◇ (*par anal.*) *secrétaire chargé de trier les visiteurs* segretario incaricato di filtrare i visitatori **3** [*répartir* (*un ensemble de choses*) *en plusieurs groupes sans rien éliminer*] smistare: *trier les wagons, les lettres* smistare i vagoni, le lettere # *trier les fruits selon leur grosseur* calibrare la frutta.

triérarque |tRi(j)eRaRk(ə)| *s.m.* (*antiq.*) trierarca*.

trière |tRi(j)ɛR| *s.f.* (*antiq.*) triere, trireme (*cour.*).

triestin, ine |tRiɛstɛ̃, in| *adj.* [*de Trieste*] triestino.

trieur, trieuse |tRijœR, tRijøz| *s.* **1** *s.* [*personne qui trie*] cernitore*, sceglitore*: *trieur de légumes* cernitore, sceglitore di ortaggi # *trieur de minerai* selezionatore del minerale **2** *s.m.* (*techn.*) separatore, selezionatore: *trieur de graines* selezionatore delle sementi; *trieur magnétique* separatore magnetico # *trieur électronique* selezionatrice elettronica.

trieuse |tRijøz| *s.f.* **1** (*techn.*) macchina selezionatrice della lana **2** (*métall.*) macchina cernitrice **3** (*informatique, mécanographie*) selezionatrice.

trifide |tRifid| *adj.* (*sc. nat.*) trifido: *organe trifide* organo trifido.

trifoliolé, ée |tRifɔljɔle| *adj.* (*bot.*) trifogliato.

triforium |tRifɔRjɔm| *s.m.* (*angl.*) (*archit.*) triforio*.

trifouiller |tʀifuje| **A** *v.tr.* (*fam.*) [*mettre en désordre, en remuant*; *remuer d'une manière incohérente*] rovistare (*cour.*), frugare *intr.* (*cour.*): *trifouiller des papiers* rovistare (tra) le carte, frugare tra le carte **B** *v.intr.* [*farfouiller*] frugare.
trigame |tʀigam| *adj. et s.m.* trigamo.
trigémellaire |tʀiʒeme(ɛl)lɛʀ| *adj.* (*méd.*) trigemino: *grossesse trigémellaire* gravidanza trigemina.
trigéminé, ée |tʀiʒemine| *adj.* (*méd.*) trigemino: *pouls trigéminé* polso trigemino.
trigle |tʀigl(ə)| *s.m.* → **grondin, rouget.**
triglyphe |tʀiglif| *s.m.* (*archit.*) triglifo.
trigonal, ale, aux |tʀigɔnal, o| *adj.* trigonale.
trigone |tʀigɔn| **1** *adj.* (*rare*) → **triangulaire** **2** *s.m.* (*anat.*) trigono: *trigone cérébral* trigono cerebrale.
trigonelle |tʀigɔnɛl| *s.f.* (*t.bot.*) trigonella.
trigonocéphale |tʀigɔnɔsefal| *s.m.* (*t.zool.*) trigonocefalo.
trigonométrie |tʀigɔnɔmetʀi| *s.f.* trigonometria: *trigonométrie rectiligne, sphérique* trigonometria piana, sferica.
trigonométrique |tʀigɔnɔmetʀik| *adj.* trigonometrico*.
trigonométriquement |tʀigɔnɔmetʀikmɑ̃| *adv.* [→ TRIGONOMÉTRIQUE] trigonometricamente.
trijumeau |tʀiʒymo| *adj. et s.m.* (*anat.*) (*nerf*) *trijumeau* (nervo) trigemino.
trilatéral, ale, aux |tʀilateʀal, o| *adj.* (*vx.*) trilaterale, trilatero.
trilatère |tʀilatɛʀ| *s.m.* (*math.*) trilatero.
trilingue |tʀilɛ̃g| *adj.* **1** trilingue: *inscription trilingue* iscrizione trilingue **2** [*qui sait trois langues*] trilingue: *de nombreux Suisses sont trilingues* molti Svizzeri sono trilingui.
trilit(t)ère |tʀilitɛʀ| *adj.* (*ling.*) trilittero, trilitterale: *mot trilitère* parola trilittera, triletterale ◇ (*par ext.*) *langue trilitère* lingua trilittera.
trille |tʀij| *s.m.* (*mus.*) trillo.
triller |tʀije| (*littér.*) **A** *v.tr.* [*orner de trilles*] ornare di trilli **B** *v.intr.* [*faire un trille*] trillare.
trillion |tʀiljɔ̃| *s.m.* trilione.
trilobé, ée |tʀilɔbe| *adj.* (*sc. nat.*) trilobato, trifogliato: *feuille trilobée* foglia trilobata, trifogliata ◇ (*archit.*) (*fenêtre*) *trilobée* trifora *s.f.*
Trilobites |tʀilɔbit| *s.m. pl.* (*t.zool.*) Trilobiti *f.*
triloculaire |tʀilɔkylɛʀ| *adj.* triloculare: *ovaire triloculaire* ovario triloculare.
trilogie |tʀilɔʒi| *s.f.* trilogia*.
trimaran |tʀimaʀɑ̃| *s.m.* (*mar.*) trimarano.
trimard |tʀimaʀ| *s.m.* (*arg.*, *pop.*) → **route, chemin.**
trimarder |tʀimaʀde| (*pop.*) **A** *v. intr.* [*cheminer, vagabonder sur les routes*] vagabondare (*cour.*) **B** *v.tr.* [*transporter, trimballer*] portarsi *pron.* dietro (*fam.*), trasportare (*cour.*).
trimardeur |tʀimaʀdœʀ| *s.m.* (*pop.*) → **nomade, vagabond.**
trimba(l)lage |tʀɛ̃balaʒ|, **trimbal(l)ement** |tʀɛ̃balmɑ̃| *s.m.* (*fam.*) [→ TRIMBAL(L)ER] il portarsi *inv.* dietro, il trascinarsi *inv.* dietro, scarrozzata *f.*
trimbal(l)er |tʀɛ̃bale| *v.tr.* (*fam.*) [*mener, porter partout avec soi* (*souvent avec l'idée de peine, de difficulté*)] tirarsi *pron.* dietro, trascinarsi *pron.*; scarrozzare (qc.) dietro: *il a fallu trimballer la cage toute la journée* ci siamo dovuti tirar dietro la gabbia tutto il giorno → **traîner, 1 transporter** ‖ *trimballer des amis* scarrozzarsi dietro degli amici ◆ (*intr.*) *se faire trimballer en voiture* farsi scarrozzare in macchina ◇ (*pop.*) *qu'est-ce qu'il trimballe!* [*comme il est bête!*] quant'è stupido!
trimer |tʀime| *v.intr.* [*travailler avec effort, à une besogne pénible*] sfacchinare, sgobbare (*fam.*) → **peiner, besogner.**
trimère |tʀimɛʀ| **1** *adj.* (*biol.*, *bot.*) trimero **2** *s.m.* (*chim.*) trimero.
trimestre |tʀimɛstʀ(ə)| *s.m.* **1** trimestre ◇ (*spécialt.*) [*division de l'année scol.*] *le premier trimestre est terminé* il primo trimestre è finito **2** (*par ext.*) [*somme payée ou allouée tous les trois mois*] trimestre: *toucher son trimestre* riscuotere il trimestre.
trimestriel, ielle |tʀimɛstʀijɛl| *adj.* **1** trimestrale: *charge trimestrielle* carica trimestrale **2** [*qui a lieu, qui paraît tous les trois mois*] trimestrale: *revue, publication trimestrielle* rivista, pubblicazione trimestrale.
trimestriellement |tʀimɛstʀijɛlmɑ̃| *adv.* [*une fois par trimestre*; *tous les trois mois*] trimestralmente.
trimètre |tʀimɛtʀ(ə)| *s.m.* (*versif. anc.*) trimetro: *trimètre iambique* trimetro giambico.
trimmer |tʀimɛʀ, tʀimœʀ| *s.m.* (*angl.*) (*pêche*) trimmer *inv.*
trimoteur |tʀimɔtœʀ| *s.m.* trimotore *adj. et s.m.*
trimurti |tʀimyʀti| *s.f.* (*relig. hindoue*) trimurti *inv.*
trin, trine |tʀɛ̃, tʀin| *adj.* **1** (*relig.*) trino **2** (*astrol.*) *trin, trine aspect* aspetto trino.
trinervé, ée |tʀinɛʀve| *adj.* (*bot.*) trinervio*: *feuilles trinervées* foglie trinervie.
tringle |tʀɛ̃gl(ə)| *s.f.* **1** [*tige métallique servant de support, d'élément d'un mécanisme* (*poussoir, tirette*) *ou d'outil*] asta, bacchetta: *tringle à rideaux* asta, bacchetta per tende; *tringle de tapis* asta fermaguida (di una passatoia); *suspendre des cintres à une tringle* appendere delle grucce (per abiti) a una bacchetta # *tringle de commande* tirante di comando **2** (*archit.*) listello *m.* **3** (*fam.*) *se mettre la tringle* [*se priver*] tirare la cinghia.
tringler |tʀɛ̃gle| *v.tr.* **1** (*techn.*) [*tracer une ligne droite à l'aide d'une ficelle* (*où d'un cordeau*) *enduite de craie*] segnare con la traccia **2** (*vulg.*) [*posséder sexuellement*] fottere: *se faire tringler* farsi fottere.
tringlot |tʀɛ̃glo| *s.m.* [*soldat du train des équipages*] (soldato) addetto alle salmerie.
trinitaire |tʀinitɛʀ| *adj. et s.* (*théol.*) trinitario*.
Trinité |tʀinite| *s.f.* (*théol.*) Trinità (*inv.*): *la Sainte Trinité* la Santissima Trinità ◇ (*loc. fam.*) *à Pâques ou à la Trinité* [*jamais*] mai *adv.* (*cour.*), alle calende greche.
trinitrine |tʀinitʀin| *s.f.* (*chim.*) trinitrina.
trinitrobenzène |tʀinitʀobɛ̃zɛn| *s.m.* (*chim.*) trinitrobenzene.
trinitrotoluène |tʀinitʀɔtɔlɥɛn| *s.m.* (*techn.*) trinitrotoluene (T.N.T.), tritolo.
trinôme |tʀinom| *s.m.* (*algèbre*) trinomio*.
trinquart |tʀɛ̃kaʀ| *s.m.* peschereccio* per la pesca delle aringhe.
trinqueballe |tʀɛ̃kbal| *s.m.* → **triqueballe.**
trinquer |tʀɛ̃ke| *v.intr.* **1** (*pop.*) [*boire* (*avec excès*)] trincare **2** [*boire en même temps que qqn., après avoir choqué les verres*] brindare: *trinquer à* (*qqch.*) brindare a (q.c.) **3** (*pop.*) [*éprouver, subir des désagréments, des pertes*] beccarsi (*tr.*): *il a trinqué quinze jours de prison* si è beccato quindici giorni di galera.
trinquet |tʀɛ̃kɛ| *s.m.* (*mar.*) trinchetto.
trinquette |tʀɛ̃kɛt| *s.f.* (*mar.*) trinchetta.
trinqueur |tʀɛ̃kœʀ| *s.m.* (*vieilli*) [*grand buveur*] trincatore* *s.*, trincone *s.* (*pop.*), beone *s.* (*cour.*).
trio |tʀijo| *s.m.* **1** (*mus.*) trio*: *trio pour piano, violon et violoncelle* trio per pianoforte, violino e violoncello; *trio vocal* trio vocale ◇ (*par ext.*) [*formation de trois musiciens*] trio **2** [*seconde partie du menuet dans le troisième mouvement de la forme sonate*] trio **3** [*groupe de trois personnes* (*généralt. plais., ou en mauvaise part*)] terzetto, trio: *ils font un joli trio!* fanno un bel terzetto, trio!
triode |tʀi(j)ɔd| *s.f.* (*phys.*) triodo *m.*
triol |tʀijɔl| *s.m.* → **trialcool.**
triolet |tʀijɔlɛ| *s.m.* **1** (*hist. litt.*) 'triolet' *inv.* **2** (*mus.*) terzina *f.*
triomphal, ale, aux |tʀijɔ̃fal, o| *adj.* **1** trionfale: *couronne triomphale* corona trionfale; *marche triomphale* marcia trionfale ◇ [*qui a les caractères d'un triomphe, qui est accompagné d'honneurs, d'acclamations*] *un accueil triomphal* un'accoglienza trionfale **2** [*qui constitue un triomphe, une grande victoire*] trionfale: *succès triomphal d'un artiste* successo trionfale di un artista.
triomphalement |tʀijɔ̃falmɑ̃| *adv.* **1** [→ TRIOMPHAL **1**] trionfalmente **2** [*d'un air de triomphe, d'une manière triomphante*] trionfalmente: *il nous annonce triomphalement qu'il a été élu* ci annuncia trionfalmente di essere stato eletto.
triomphalisme |tʀijɔ̃falism(ə)| *s.m.* trionfalismo.
triomphaliste |tʀijɔ̃falist(ə)| *adj.* trionfalistico*: *comportement triomphaliste* comportamento trionfalistico ◆ (*s.*) *un triomphaliste* un trionfalista.
triomphant, ante |tʀijɔ̃fɑ̃, ɑ̃t| *adj.* **1** trionfante: *l'Église triomphante* la Chiesa trionfante → **victorieux** **2** [*qui exprime le triomphe, est plein d'une joie éclatante, assurée*] trionfante: *un air triomphant* un'aria trionfante → **heureux, radieux.**
triomphateur, trice |tʀijɔ̃fatœʀ, tʀis| *s.* **1** trionfatore*: *les triomphateurs de la journée* i trionfatori del giorno **2** (*antiq. rom.*) trionfatore: *le quadrige du triomphateur* la quadriga del trionfatore.
1 **triomphe** |tʀijɔ̃f| *s.m.* **1** trionfo ◇

(*choses*) *le triomphe d'une cause* il trionfo di una causa **2** (*antiq. rom.*) trionfo: *les honneurs du triomphe* gli onori del trionfo; *arc du triomphe* arco di trionfo, trionfale **3** *loc.* EN TRIOMPHE in trionfo: *porter qqn. en triomphe* portare qc. in trionfo **4** [*réussite éclatante*] trionfo → **réussite, succès** **5** [*approbation enthousiaste du public*] trionfo: *il a eu, il a remporté un vrai triomphe* ha avuto, ha riportato un vero trionfo ◇ (*par ext.*) *ce spectacle est un triomphe* questo spettacolo è un trionfo.

2 **triomphe** |tRijɔ̃f| *s.f.* [*anc. jeu de cartes* (*voisin de la belote*)] trionfo *m.*, tarocco* *m.*

triompher |tRijɔ̃fe| *v.intr.* **I** TRIOMPHER DE [*vaincre* (*qqn.*) *avec éclat à l'issue d'une lutte, d'un jeu, d'un match*] trionfare (su): *triompher de son adversaire* trionfare sul proprio avversario → **battre** ◇ (*par ext.*) [*venir à bout de* (*qqch.*)] superare *tr.*, vincere (193) (*tr.*): *triompher d'une difficulté* superare una difficoltà; *triompher de la résistance de qqn.* vincere la resistenza di qc. **II** **1** (*antiq. rom.*) [*avoir un triomphe*] trionfare **2** [*remporter une éclatante victoire*] trionfare: *le parti qui triomphe aux élections* il partito che trionfa alle elezioni ◇ (*choses*) [*s'imposer, s'établir de façon éclatante*] *leurs thèses ont triomphé* le loro tesi hanno trionfato **3** [*éprouver un sentiment de triomphe; chanter, crier victoire*] cantare *tr.* vittoria, trionfare: *vous avez tort de triompher* lei fa male a cantare vittoria **4** [*réussir brillamment*] trionfare → **exceller** ◇ [*être l'objet des acclamations, de l'enthousiasme du public*] *acteur qui triomphe dans un rôle* attore che riscuote grande successo in una parte.

trionix |tRi(j)ɔniks| *s.m.* (*t.zool.*) trionice *f.*

trip |tRip| *s.m.* (*pop.*) [*absorption de substances hallucinogènes* (*notamment de L.S.D.*); *l'état particulier qui en résulte chez le sujet*] viaggio*.

tripaille |tRipɑj| *s.f.* (*fam.*) [*amas de tripes, d'entrailles*] budellame *m.*, trippa.

tripale |tRipal| *adj.* (*mécan.*) *hélice tripale* (elica) tripala.

tripang |tRipɑ̃| *s.m.* (*t.zool.*) trepang *inv.*

triparti, ie |tRipaRti|, **tripartite** |tRipaRtit| *adj.* **1** tripartito: *feuille tripartite* foglia tripartita ◇ (*hist.*) *Chambre tripartite* Camera tripartita **2** [*qui réunit trois éléments, trois parties ou partis*] tripartito; tripartitico*: *accord tripartite* accordo tripartito ‖ *gouvernement tripartite* governo tripartitico.

tripartisme |tRipaRtism(ə)| *s.m.* (*polit.*) tripartitismo.

tripartition |tRipaRtisjɔ̃| *s.f.* tripartizione.

tripatouillage |tRipatujaʒ| *s.m.* (*fam.*) [*action de tripatouiller* (*un texte, des écritures, des chiffres*)] cattivo rimaneggiamento, manomissione *f.* (*cour.*) ◇ [*modification malhonnête*] maneggio*, manipolazione *f.* (*cour.*) # *tripatouillages électoraux* brogli elettorali.

tripatouiller |tRipatuje| *v.tr.* (*fam.*) [*remanier sans scrupule* (*un texte original*) *en ajoutant, retranchant*] rimaneggiare alla meno peggio, manomettere (155) (*cour.*) ◇ [*altérer, truquer* (*des écritures, des comptes*)] manipolare, manomettere.

tripatouilleur, euse |tRipatujœR, øz| *s.* (*fam.*) [*personne qui tripatouille, aime à tripatouiller*] maneggione.

tripe |tRip| *s.f.* **1** *au plur.* [*boyaux d'un animal*] trippa *sing.* **2** *au sing.* (*par anal.*) [*intérieur d'un cigare*] anima **3** *au plur.* (*pop.*) [*intestin de l'homme; ventre*] budella ◇ (*loc.*) *rendre tripes et boyaux* vomitare l'anima ~ *mettre les tripes à l'air à qqn.* sbudellare, sventrare qc. ◇ (*prov.*) *et tout pour la tripe* tutto per la pancia ◇ (*fig.*) *avoir la tripe républicaine* essere repubblicano fino al midollo.

triper |tRipe| *v.intr.* (*pop.*) [*absorber un hallucinogène*] fare (103) *tr.* un viaggio.

triperie |tRipRi| *s.f.* tripperia.

tripette |tRipɛt| *s.f.* (*dans la loc.*) *ça ne vaut pas tripette* non vale un fico *m.* secco.

triphasé, ée |tRifɑze| *adj.* (*électr.*) trifase: *courant, alternateur triphasé* corrente, alternatore trifase.

triphénylméthane |tRifenilmetan| *s.m.* (*chim.*) trifenilmetano.

triphtongue |tRiftɔ̃g| *s.f.* (*phonét.*) trittongo* *m.*

tripier, ière |tRipje, jɛR| *s.* [*commerçant, boucher qui vend des abats* (*tripes*)] trippaio*.

triplace |tRiplas| *adj.* [*à trois places*] triposto (*inv.*): *avion de tourisme triplace* aereo da turismo triposto.

triplan |tRiplɑ̃| *s.m.* (*aviat.*) triplano.

triple |tRipl(ə)| *adj.* **1** triplo, triplice: *triple rang* tripla, triplice fila; *triple menton* triplo mento ◇ (*mus.*) *triple croche* biscroma *s.f.* ◇ (*hist.*) *la Triple Entente* la Triplice Alleanza, la Triplice *s.f.* ◇ (*loc.*) *au triple galop* al gran galoppo, di gran carriera **2** [*trois fois plus grand*] triplo: *prendre triple dose* prendere una dose tripla ♦ (*s.m.*) *le triple* il triplo: *neuf est le triple de trois* nove è il triplo di tre; *augmenter du triple* aumentare del triplo.

triplé |tRiple| *s.m.* (*turf*) (corsa *f.*) tris *f. inv.*

1 **triplement** |tRipləmɑ̃| *adv.* [*trois fois, de trois façons*] (per) tre volte *loc. inv.*, triplicemente (*rare*) # *il a triplement raison* ha tutte le ragioni del mondo.

2 **triplement** |tRipləmɑ̃| *s.m.* triplicazione *f.*

tripler |tRiple| **A** *v.tr.* [*rendre triple, multiplier par trois*] triplicare: *tripler sa fortune* triplicare il proprio patrimonio **B** *v.intr.* [*devenir triple, être multiplié par trois*] triplicarsi (*pron.*): *le prix de cet article a presque triplé en deux ans* il prezzo di questo articolo si è quasi triplicato in due anni; *les terrains ont triplé de valeur* i terreni si sono triplicati di valore, hanno triplicato il loro valore.

triplés, ées |tRiple| *s. pl.* gemelli *m.*, gemelle *f.* di un parto trigemino.

triplet |tRiplɛ| *s.m.* **1** *au plur.* → **triplés** **2** (*opt.*) tripletto, triplet *inv.*

triplette |tRiplɛt| *s.f.* **1** (*anciennt.*) bicicletta a tre posti **2** (*aux boules, à la pétanque*) [*équipe de trois joueurs*] tripletta ◇ (*football*) *triplette centrale* trio* *m.* centrale.

triplex |tRiplɛks| *s.m.* (*marque déposée*) [*verre de sécurité*] triplex *inv.*

triplicata |tRiplikata| *s.m.* (*admin.*) terza copia (*f.*): *délivrer un triplicata* rilasciare una terza copia.

triploïde |tRiplɔid| *adj.* (*biol.*) triploide.

triploïdie |tRiplɔidi| *s.f.* (*biol.*) triploidia.

triplure |tRiplyR| *s.f.* (*cout.*) teletta.

tripode |tRipɔd| *adj.* (*mar.*) (albero *s.m.* a) tripode *s.m.*

tripodie |tRipɔdi| *s.f.* (*versif.*) tripodia.

tripoli |tRipɔli| *s.m.* (*minér.*) tripoli *inv.*

tripolitain, aine |tRipɔlitɛ̃, ɛn| *adj.* **1** [*de la ville de Tripoli*] tripolino **2** [*de la région Tripolitaine*] tripolitano.

triporteur, tri-porteur |tRipɔRtœR|, (*abrév. pop.*) **tri** |tRi| *s.m.* triciclo.

tripot |tRipo| *s.m.* (*péj.*) [*maison de jeu*] bisca* (*f.*): *tenir tripot* tenere una bisca.

tripotage |tRipɔtaʒ| *s.m.* [*arrangement, combinaison louche*] maneggio*, (im)broglio* ◇ (*spécialt.*) *tripotages électoraux* brogli elettorali.

tripotée |tRipɔte| *s.f.* (*fam.*) [*raclée, volée*] fracco* *m.*, scarica* di botte ◇ [*grand nombre*] caterva, carrettata: *avoir une tripotée d'enfants* avere una caterva di figli; *il y en a des tripotées* ce n'è a caterve, a carrettate.

tripoter |tRipɔte| **A** *v.tr.* **1** [*manier* (*des fonds, de l'argent*) *à son profit, faire valoir par diverses combinaisons*] manipolare **2** [*manier, tâter avec insistance et sans délicatesse*] palpeggiare, palpare: *ne tripotez pas ces fruits* non palpeggiate quella frutta ◇ (*vulg.*) *tripoter une femme* palpare una donna; pomiciare *intr.* con una donna ◇ [*manier machinalement*] *tripoter sa barbe* palpeggiarsi la barba **B** *v.intr.* **1** [*s'occuper à remuer et manier diverses choses*] frugare, rovistare: *ne tripotez pas dans mon tiroir, mes affaires* non frugate, non rovistate nel mio cassetto, nelle mie cose **2** (*fig.*) [*se livrer à des opérations et combinaisons peu avouables, malhonnêtes*] intrigare; speculare.

tripoteur, euse |tRipɔtœR, øz| *s.* **1** [*personne qui se livre à des tripotages*] maneggione, intrigante **2** [*frôleur, peloteur*] palpatore*, pomicione ♦ (*adj.*) *des mains tripoteuses* mani palpatrici.

tripous, tripoux |tRipu| *s.m. pl.* [*tripes accompagnées de pieds de mouton et de fraise de veau, cuisinés à la mode auvergnate*] ⊠.

triptyque |tRiptik| *s.m.* (*bx-arts*) trittico*: *retable en forme de triptyque* ancona a forma di trittico.

trique |tRik| *s.f.* [*gros bâton; bâton utilisé comme arme pour frapper*] randello *m.*, manganello (*m.*): *mener les hommes à coups de trique* guidare gli uomini a colpi di randello, di manganello ◇ (*loc.*) *maigre, sec comme un coup de trique* magro come uno stecco, come un chiodo.

triqueballe |tRikbal| *s.m.* carro (per il trasporto di tronchi d'albero, ecc.).

trique-madame |tRikmadam| *s.f. inv.* → **orpin (blanc).**

triquer |tRike| *v.tr.* (*pop.*) [*battre à coups de trique*] bastonare (*cour.*), randellare (*cour.*): *triquer un âne* bastonare un asino.

triquet |tRikɛ| *s.m.* (*techn.*) impal-

catura *f.* del copritetto ◇ (*par ext.*) scala *f.* doppia.
trirectangle |tʀiʀɛktɑ̃gl(ə)| *adj.* (*géom.*) trirettangolo: *trièdre trirectangle* triedro trirettangolo.
trirègne |tʀiʀɛɲ| *s.m.* triregno.
trirème |tʀiʀɛm| *s.f.* (*antiq.*) trireme.
trisaïeul, eule |tʀizajœl| *s.* [*père, mère du bisaïeul ou de la bisaïeule*] trisavolo: *des trisaïeuls, trisaïeux* dei trisavoli.
trisagion |tʀizaʒjɔ̃| *s.m.* (*ecclés.*) trisagio*.
trisannuel, elle |tʀizanɥɛl| *adj.* **1** triennale: *fête trisannuelle* festa triennale **2** (*bot.*) triennale: *plante trisannuelle* pianta triennale.
trisecteur, trice |tʀisɛktœʀ, tʀis| *adj.* (*géom.*) trisettore*: *courbe trisectrice* trisettrice *s.f.*
trisection |tʀisɛksjɔ̃| *s.f.* (*géom.*) trisezione: *la trisection de l'angle* la trisezione dell'angolo.
trismégiste |tʀismeʒist(ə)| *adj. m.* (*mythol.*) *Hermès Trismégiste* Hermes Trismegisto.
trismus |tʀismys|, **trisme** |tʀism(ə)| *s.m.* (*méd.*) trisma, trismo.
trisoc |tʀisɔk| *s.m. et adj.* (*agric.*) (*charrue*) *trisoc* (aratro) trivomere.
trisomie |tʀizɔmi| *s.f.* (*biol., méd.*) trisomia.
trisomique |tʀizɔmik| *adj. et s.* (*biol., méd.*) trisomico*.
1 **trisser** |tʀise| *v.intr.* (*en parlant de l'hirondelle*) [*crier*] stridere*.
2 **trisser** |tʀise| *v.tr.* (*rare*) [*répéter ou faire répéter trois fois de suite* (*un morceau*) *au concert, au théât.*] concedere (125), chiedere (122) due bis (di) ◇ (*par ext.*) *trisser un acteur, un chanteur* chiamare due volte alla ribalta un attore, un cantante.
3 **trisser** |tʀise| *v.intr.* (*pop.*) [*partir*] filare (*aux.* essere), svignarsela *pron.* ♦ (*pron. intr.*) *se trisser* [*se sauver, s'en aller*] svignarsela.
tris(s)yllabe |tʀisi(l)lab| *adj.* trisillabo, trisillabico*: *un mot trissyllabe* una parola trisillaba, trisillabica ♦ (*s.m.*) *un trisyllabe* un trisillabo.
tris(s)yllabique |tʀisi(l)labik| *adj.* trisillabico*: *un pied, un vers trisyllabique* un piede, un verso trisillabico → **tris(s)yllabe.**
triste |tʀist(ə)| *adj.* **I** **1** triste: *des gens tristes* persone tristi; *être triste, tout triste* essere triste, tutto triste ◇ (*loc.*) *triste comme une porte de prison, comme un bonnet de nuit* triste come un giorno senza sole **2** [*qui exprime 'la tristesse', est triste*] triste: *un visage triste* un viso triste; *regard, sourire triste* sguardo, sorriso triste; *le chevalier à la triste figure* [*Don Quichotte*] il cavaliere dalla triste figura; *rouler de tristes pensées* rimuginare tristi pensieri; *faire triste mine* fare una faccia triste, da funerale ◇ (*loc. fam.*) *avoir le vin triste, l'ivresse triste* avere il vino triste, la sbornia triste ◇ [*qui répand la tristesse*] *robe, couleur triste* vestito, colore triste → **lugubre,** 1 **sinistre** **II** (*choses*) **1** [*qui fait souffrir, fait de la peine*] triste: *triste sort, triste destinée* triste sorte, triste destino → **douloureux, pénible** ◇ [*où l'on souffre*] *une vie triste* una vita triste; *les jours tristes que nous avons passés* i giorni tristi che abbiamo passato ◇ [*qui raconte ou montre des choses pénibles*] *ce film est trop triste* è un film troppo triste **2** (*généralt. avant le nom*) [*qui suscite des jugements pénibles*] cattivo, spiacevole: *malade dans un triste état* ammalato in cattivo stato, in uno stato pietoso; *c'est bien triste* è proprio spiacevole → **déplorable** **3** (*péj.*) (*toujours devant le nom*) [*dont le caractère médiocre ou odieux afflige*] brutto, tristo: *une triste affaire!* che brutta, trista faccenda!; *quelle triste époque!* che brutti tempi!; *un bien triste sire* un tristo figuro ⓒ I **gai, joyeux;** II 1 **heureux.**
tristement |tʀistəmɑ̃| *adv.* **1** [*en étant triste, d'un air triste*] tristemente: *baisser la tête tristement* chinare tristemente il capo **2** [*d'une manière pénible, affligeante*] tristemente, tristamente: *c'est tristement vrai* è tristemente, tristamente vero.
tristesse |tʀistɛs| *s.f.* tristezza: *être enclin à la tristesse* essere incline alla tristezza; *sourire avec tristesse* sorridere con tristezza ⓒ **gaieté, joie.**
tritagoniste |tʀitagɔnist(ə)| *s.m.* tritagonista.
trithéisme |tʀiteism(ə)| *s.m.* (*théol.*) triteismo.
trithéiste |tʀiteist(ə)| *s. et adj.* (*théol.*) triteista.
tritium |tʀitjɔm| *s.m.* (*chim.*) tritio*.
1 **triton** |tʀitɔ̃| *s.m.* **1** (*mythol.*) tritone **2** (*t.zool.*) [*mollusque gastéropode*] tritone ◇ [*batracien urodèle aquatique*] tritone.
2 **triton** |tʀitɔ̃| *s.m.* (*mus.*) tritono.
3 **triton** |tʀitɔ̃| *s.m.* (*chim.*) tritone.
triturable |tʀityʀabl(ə)| *adj.* [→ TRITURER 1] triturabile.
triturateur |tʀityʀatœʀ| *s.m.* (*sc., techn.*) trituratore.
trituration |tʀityʀɑsjɔ̃| *s.f.* triturazione: *trituration du minérai* triturazione dei minerali ◇ (*physiol.*) *trituration des aliments par les dents* triturazione del cibo con i denti.
triturer |tʀityʀe| *v.tr.* **1** [*réduire en poudre ou en pâte en écrasant par pression et frottement*] triturare: *triturer les aliments* triturare il cibo; *triturer du sel* triturare, pestare il sale **2** [*manier à fond*] → **pétrir** ◇ (*loc. fam.*) *se triturer les méninges, la cervelle* spremersi le meningi, il cervello.
triumvir |tʀijɔmviʀ| *s.m.* (*lat.*) (*hist. rom.*) triunviro.
triumviral, ale, aux |tʀijɔmviʀal, o| *adj.* (*hist. rom.*) triunvirale.
triumvirat |tʀijɔmviʀa| *s.m.* **1** (*hist. rom.*) triunvirato **2** (*littér.*) [*association de trois personnes qui exercent un pouvoir, une influence*] triunvirato.
trivalence |tʀivalɑ̃s| *s.f.* (*chim.*) trivalenza.
trivalent, ente |tʀivalɑ̃, ɑ̃t| *adj.* (*chim.*) trivalente.
trivalve |tʀivalv(ə)| *adj.* (*sc. nat.*) trivalve: *coquille trivalve* conchiglia trivalve.
trivial, ale, aux |tʀivjal, o| *adj.* **1** triviale: *des plaisanteries triviales* scherzi triviali; *langage trivial* linguaggio triviale, da trivio → **grossier, obscène** **2** (*littér.*) [*qui est devenu ordinaire, plat et commun*] banale ◇ (*math., sc.*) → **banal, évident.**
trivialement |tʀivjalmɑ̃| *adv.* **1** [*d'une manière grossière, vulgaire*] in modo triviale *loc. inv.*; con modi da trivio *loc. inv.* **2** (*vieilli, littér.*) [*d'une manière banale, commune*] in modo banale *loc. inv.*
trivialité |tʀivjalite| *s.f.* **1** trivialità *inv.* ◇ (*par ext.*) [*parole, plais. vulg. et grossière*] trivialità → **obscénité** **2** (*vieilli, littér.*) [*caractère de ce qui est banal, plat*] banalità *inv.* (*cour.*).
troc |tʀɔk| *s.m.* [*échange direct d'un bien contre un autre*] baratto, permuta (*f.*): *faire un troc avec qqn.* fare un baratto, una permuta con qc. # *faire le troc d'une chose avec une autre, de deux choses* barattare una cosa con un'altra, due cose ◇ [*système économique primitif, excluant l'emploi de monnaie*] baratto, scambio* in natura.
trocart |tʀɔkaʀ| *s.m.* (*chir.*) trequarti *inv.*
trochaïque |tʀɔkaik| *adj.* (*versif. anc.*) trocaico*: *vers trochaïque* verso trocaico.
trochanter |tʀɔkɑ̃tɛʀ| *s.m.* **1** (*anat.*) trocantere: *grand, petit trochanter* grande, piccolo trocantere **2** (*zool.*) trocantere.
trochantérien, ienne |tʀɔkɑ̃teʀjɛ̃, jɛn| *adj.* (*anat., zool.*) trocanterico*
troche |tʀɔʃ| *s.f.* (*nom donné à des coquillages univalves en forme de toupie*) troco* *m.*
1 **trochée** |tʀɔʃe| *s.m.* (*versif. anc.*) trocheo.
2 **trochée** |tʀɔʃe| *s.f.* (*arbor.*) pollone *m.*
troches |tʀɔʃ| *s.f. pl.* (*vén.*) escrementi *m.*
trochet |tʀɔʃɛ| *s.m.* (*bot.*) ciocca* (*f.*): *mode d'inflorescence en trochets* infiorescenza a ciocca.
trochile |tʀɔkil| *s.m.* → **colibri.**
Trochilidés |tʀɔkilide| *s.m. pl.* (*t. zool.*) Trochilidi.
trochin |tʀɔʃɛ̃| *s.m.* (*anat.*) trochine.
trochisque |tʀɔʃisk(ə)| *s.m.* (*pharm.*) trocisco*.
trochiter |tʀɔkitɛʀ| *s.m.* (*anat.*) trochite.
trochléaire |tʀɔkleɛʀ| *adj.* (*anat.*) trocleare.
trochlée |tʀɔkle| *s.f.* (*anat.*) troclea.
trochléen, éenne |tʀɔkleɛ̃, eɛn| *adj.* (*anat.*) trocleare: *articulations trochléennes* articolazioni trocleari.
troène |tʀɔɛn| *s.m.* (*t.bot.*) ligustro.
troglobie |tʀɔglɔbi| *adj. et s.m.* (*biol.*) troglobio*.
troglodyte |tʀɔglɔdit| *s.m.* **1** troglodita **2** (*t.zool.*) scricciolo.
troglodytique |tʀɔglɔditik| *adj.* trogloditico*: *habitations troglodytiques* abitazioni trogloditiche.
troglodytisme |tʀɔglɔditism(ə)| *s.m.* trogloditismo.
trogne |tʀɔɲ| *s.f.* (*fam.*) [*visage grotesque ou plais.*] faccia* comica* (*cour.*) ◇ (*par ext.*) faccia rubiconda, faccione *m.* rubicondo.
trognon |tʀɔɲɔ̃| *s.m.* **1** [*ce qui reste d'un fruit, d'un légume quand on a enlevé la partie comestible*] torsolo: *trognon de pomme, de chou* torsolo di mela, di cavolo ◇ (*loc. fig., pop.*) JUSQU'AU TROGNON fino in fondo (*cour.*): *on nous a eus jusqu'au trognon* ci hanno fregato fino in fondo **2** (*pop., t. d'affection désignant un enfant, une jeune fille*) *quel joli petit trognon!* che bam-

bino carino! (*cour.*) ◆ *adj.* [*mignon*] carino: *ce qu'il est trognon!* quant'è carino!

troïka |tRɔika| *s.f.* (*russe*) **1** troica* **2** [*groupe de trois dirigeants politiques, de trois entreprises*] troica.

trois |tRwɑ| **I** *adj. numér. inv.* **1** *cardinal* tre: *un enfant de trois ans* un bambino di tre anni; *les trois dimensions* le tre dimensioni; *les trois quarts* i tre quarti ◇ (*ellipt.*) *et de trois!* [*cela en fait déjà trois!*] e tre!; *règle de trois* regola del tre **2** *ordinal* [*troisième*] terzo; tre: *Henri trois* (*III*) Enrico terzo (III); *chapitre trois* capitolo terzo ‖ *page trois* pagina tre **II** *s.m. inv.* tre: *trois et un, quatre* tre più uno quattro; *trois pour cent* (*3%*) tre per cento; *multiplier par trois* moltiplicare per tre; *un, deux, trois, partez!* un, due, tre, via! ◇ (*prov.*) *jamais deux sans trois* non c'è due senza tre ◇ [*le chiffre, le numéro 3*] *écrire un trois en chiffres arabes* scrivere un tre in cifre arabe ◇ [*carte marquée de trois signes*] *le trois de carreau* il tre di quadri ◇ (*sens de l'ordinal*) [*troisième jour du mois*] *il est arrivé le trois* è arrivato il tre; *nous sommes le trois* è il tre; *il habite au 3, rue du Bac* abita al 3 di 'rue du Bac'.

trois-deux |tRwadø| *s.m. inv.* (*mus.*) tempo *var.* in tre metà.

trois étoiles |tRwazetwal| *loc. nominale et adj.* **1** (*s'emploie pour désigner une personne dont on veut respecter l'anonymat*) N.N., X: *Monsieur trois étoiles* il signor N.N., X **2** [*hôtel ou restaurant réputé*] (albergo* *m.*, ristorante *m.*) con tre stelle (*loc. inv.*): *il ne descendait que dans les* (*hôtels*) *trois étoiles* alloggiava solo in alberghi con tre stelle.

1 **trois-huit** |tRwɥit| *s.m. inv.* (*mus.*) tempo *var.* in tre ottavi.

2 **trois-huit** |tRwɥit| *s.m. pl.* **1** turno *sing.* di otto ore: *faire les trois-huit dans une imprimerie* fare un turno di otto ore in una tipografia **2** periodo *sing.* di otto ore (di lavoro, di sonno, ecc.).

troisième |tRwazjɛm| **I** *adj. numér. ordinal* **1** terzo: *la troisième fois* la terza volta; *à la troisième personne* alla terza persona; *le troisième* (*étage*) il terzo (piano); *passer en troisième* (*vitesse*) passare in terza **2** (*rare*) [*qui est contenu trois fois dans un tout*] terzo: *la troisième partie d'un tout* la terza parte, un terzo di un tutto **II** *s.* (*dans un classement*) terzo: *le troisième* il terzo # *le vingt-troisième* il ventitreesimo.

troisièmement |tRwazjɛmmɑ̃| *adv.* [*en troisième lieu*] terzo, in terzo luogo *loc. inv.*

trois-mâts |tRwɑmɑ| *s.m. inv.* (*mar.*) trealberi.

trois-points |tRwɑpwɛ̃| *loc. adj. inv.* (*fam.*) *les frères trois-points* [*les francs-maçons*] i massoni *s.m. pl.* (*cour.*).

trois-ponts |tRwɑpɔ̃| *s.m. inv.* (*mar. anc.*) trepponti.

trois-quarts |tRwɑkaR| *s.m. inv.* **1** (*mus.*) piccolo violino *var.* (per bambini) **2** [*manteau, vêtement trois-quarts*] trequarti **3** (*rugby*) trequarti.

trois-quatre |tRwɑkatR(ə)| *s.m. inv.* (*mus.*) (tempo *var.* di) tre quarti.

trois-six |tRwɑsis| *s.m.* (*vx., région.*) alcool a 90° (*cour.*).

troll |tRɔl| *s.m.* [*esprit, lutin des légendes scandinaves*] folletto, gnomo.

trolle |tRɔl| *s.f.* (*chasse*) caccia* (al capriolo) con i cani.

trolley |tRɔlɛ| *s.m.* (*angl.*) (*techn.*) trolley *inv.*, presa *f.* (di corrente) ad asta: *tramway à trolley* tram a trolley ◇ (*fam.*) → **trolleybus.**

trolleybus |tRɔlɛbys| *s.m.* [*autobus à trolley*] filobus *inv.*, filovia *f.*

trombe |tRɔ̃b| *s.f.* **1** (*météo.*) tromba **2** (*par ext.*) *trombe d'eau* tromba marina ◇ (*par comparaison*) (*pour désigner un mouvement rapide et violent*) *il est arrivé comme une trombe, en trombe* è arrivato come un bolide, in tromba.

trombidion |tRɔ̃bidjɔ̃| *s.m.* (*t.zool.*) thrombidium *inv.*, thrombicula *inv.*

trombine |tRɔ̃bin| *s.f.* (*pop.*) [*tête, visage*] muso *m.*, faccia* (*cour.*).

tromblon |tRɔ̃blɔ̃| *s.m.* **1** (*ancienn.*) trombone ◇ (*par ext.*) tromboncino lanciabombe **2** (*par anal.*) (*chapeau*) *tromblon* (cappello a) cilindro.

trombone |tRɔ̃bɔn| *s.m.* **1** trombone: *trombone à coulisse, à pistons* trombone a tiro, a pistoni ◇ (*par métonymie*) (suonatore* *s.* di) trombone **2** (*par anal.*) [*petite agrafe* (*de fil de fer*), *servant à retenir plusieurs feuillets*] fermaglio*.

trommel |tRɔmɛl| *s.m.* (*all.*) (*techn.*) trommel *inv.*, tamburo sfangatore.

trompe |tRɔ̃p| *s.f.* **1** tromba: *sonner de la trompe* suonare la tromba ◇ (*loc. fig.*) *proclamer à son de trompe* dire, gridare ai quattro venti, strombazzare ◇ (*par anal.*) *trompe* (*de chasse*) corno (*m.*): *berger qui sonne de la trompe* pastore che suona il corno ◇ (*mar.*) *trompe de brume* corno da nebbia **2** (*par anal.*) proboscide: *la trompe de l'éléphant* la proboscide, tromba dell'elefante; *la trompe du tapir* la proboscide del tapiro ◇ (*par exagér., pop.*) [*nez proéminent*] proboscide ◇ [*organe buccal de certains insectes, mollusques*] proboscide **3** (*anat.*) *trompe de Fallope, utérine* tromba uterina, salpinge, tuba di Falloppio; *trompe d'Eustache* tromba di Eustachio **4** (*archit.*) (pennacchio* *m.* a) tromba: *coupole sur trompes* cupola poggiante su trombe **5** (*techn.*) pompa: *trompe à eau* pompa ad acqua.

trompe-la-mort |tRɔ̃plamɔR| *s. inv.* [*personne qui échappe à la mort, que la mort semble ne pouvoir atteindre*] pelle *f. var.* dura, pellaccia* *f. var.*

trompe-l'œil |tRɔ̃plœj| *s.m. inv.* **1** (*peint.*) 'trompe-l'œil' **2** (*fig.*) [*apparence trompeuse, chose qui fait illusion*] (falsa) apparenza *f. var.*, esteriorità (*f.*): *ce n'est que du trompe-l'œil* è solo apparenza, esteriorità → **façade.**

tromper |tRɔ̃pe| **A** *v.tr.* **1** [*induire* (*qqn.*) *en erreur en usant de mensonge, de dissimulation, de ruse*] imbrogliare, ingannare: *ce marchand a essayé de nous tromper* quel negoziante ha cercato di imbrogliarci **2** (*dans la vie amoureuse et conjugale*) [*être infidèle à* (*qqn.*)] tradire (197) ◆ (*au p.p.*) *mari trompé* marito tradito → **cocu** **3** [*échapper à* (*une poursuite, une surveillance...*)] eludere (106), sfuggire *intr.* (a): *tromper la vigilance de la police* eludere la vigilanza della polizia **4** (*choses*) [*faire tomber dans l'erreur, l'illusion, du fait des choses ou sans intervention d'autrui*] ingannare, indurre (108) in errore: *cela ne trompe personne* non inganna nessuno, non ci casca nessuno (*pop.*); *la ressemblance vous trompe* la somiglianza vi inganna, vi induce in errore # *c'est ce qui vous trompe* è qui che lei si sbaglia **5** [*être inférieur à* (*ce qu'on attend, ce qu'on souhaite*)] deludere (106): *l'événement a trompé notre attente* l'avvenimento ha deluso la nostra aspettativa; *tromper les espérances de qqn.* deludere, frustrare le speranze di qc. → **décevoir** **6** [*donner une satisfaction illusoire ou momentanée à* (*un besoin, un désir*)] ingannare: *tromper la faim, la tristesse* ingannare la fame, la tristezza **B** *v. pron.* SE TROMPER **1** *intr.* [*commettre une erreur*] sbagliare *intr.*, sbagliarsi, ingannarsi: *tout le monde peut se tromper* tutti possono sbagliare, sbagliarsi; *je me suis trompé sur ses intentions* mi sono sbagliato, ingannato sulle sue intenzioni; *se tromper de cent francs dans un compte* sbagliarsi di cento franchi in un conto; *ne t'y trompe pas* non lasciarti ingannare # *il lui ressemble à s'y tromper* gli assomiglia che si rischia di confonderli ◇ *loc.* SE TROMPER DE (+ *subst. sans art.*) [*faire une confusion de*] sbagliare (*tr.*): *se tromper de route, d'adresse* sbagliare strada, indirizzo; *se tromper de date* sbagliare data ◇ (*loc.*) *si je ne me trompe* se non (mi) sbaglio, se non erro, se non vado errato ~ *à moins que je ne me trompe* a meno che non mi sbagli ~ *je me trompe fort, ou...* mi sbaglio di grosso, o... **2** *réfl.* [*se mentir*] ingannare (*tr.*): *l'amour-propre engage à se tromper soi-même* l'amor proprio spinge a ingannare sé stessi **3** *récipr.* [→ *tr.* 2] tradirsi: *ils se trompent mutuellement* si tradiscono a vicenda.

tromperie |tRɔ̃pRi| *s.f.* **1** [→ TROMPER A 1, 4] imbroglio* *m.*, inganno (*m.*): *tromperie en affaires, dans le commerce* imbroglio, frode in affari, in commercio **2** (*vieilli*) [*leurre, semblant*] inganno.

trompeter |tRɔ̃p(ə)te| (5) **A** *v.intr.* (*vx.*) [*jouer de la trompette*] s(u)onare *tr.* la tromba (*cour.*) **B** *v.tr.* (*vx.*) [*annoncer* (*une nouvelle*), *appeler* (*qqn.*) *à son de trompe*] annunziare con la tromba ◇ (*cour., fig.*) strombazzare; dire (132), gridare ai quattro venti.

trompette |tRɔ̃pɛt| *s.* **I** *s.f.* **1** tromba, trombetta: *trompette d'harmonie* tromba a pistoni; *trompette bouchée* tromba con sordina; *sonnerie de trompette* squillo di tromba; *jouer de la trompette* suonare la tromba ◇ (*loc. fig.*) *entonner, emboucher la trompette* usare uno stile epico ~ *partir, déloger sans tambour ni trompette* andar via, sloggiare alla chetichella ~ EN TROMPETTE all'insù: *nez en trompette* naso all'insù; *la queue en trompette* la coda all'insù **2** (*ancienn.*) *trompette marine* portavoce *m.* **3** (*nom courant de certains coquillages*: *buccins, tritons etc.*) trombetta ◇ (*t.bot.*) *trompette de la mort, des morts* trombetta dei morti **II** *s.m.* [*joueur de trompette*] (suonatore di) tromba (*f.*): *le trompette d'un orchestre de jazz* la tromba di un complesso jazzistico # *un des trompettes de l'escadron* un trombettiere dello squadrone.

trompettiste |tRɔ̃petist(ə)| *s.* trombettista.

trompeur, euse |tʀɔ̃pœʀ, øz| *adj.* **1** (*personnes*) [*qui trompe, est capable de tromper par mensonge, dissimulation*] ingannatore* ◇ (*prov.*) *à trompeur, trompeur et demi* a furbo, furbo e mezzo **2** (*choses*) ingannevole, ingannatore: *promesses trompeuses* promesse ingannevoli, ingannatrici → **fallacieux, mensonger** # *les apparences sont trompeuses* le apparenze ingannano Ⓒ 1 **sincère.**

trompeusement |tʀɔ̃pøzmɑ̃| *adv.* [*d'une manière qui induit en erreur*] ingannevolmente, con inganno *loc. inv.*

trompillon |tʀɔ̃pijɔ̃| *s.m.* (*archit.*) mensolina (*f.*): *trompillon de voûte* mensolina di volta.

tronc |tʀɔ̃| *s.m.* **1** tronco*: *tronc d'arbre* tronco d'albero ◇ (*par anal.*) *tronc de colonne* tronco, fusto di colonna ◇ (*fig.*) *tronc commun* [*unification partielle de l'enseignement court et de l'enseignement long pour les premières années*] ⊠ **2** cassetta *f.* delle elemosine ◇ (*fig., pop.*) [*tête*] capoccia* *f.*, zucca* *f.* **3** (*anat.*) tronco: *tronc artériel, veineux* tronco di arteria, di vena; *tronc cérébral* tronco cerebrale **4** [*partie du corps* (*humain*) *où sont fixés la tête et les membres* (*thorax, abdomen*)] tronco: *partie supérieure, inférieure du tronc* parte superiore, inferiore del tronco **5** (*géom.*) tronco: *tronc de cône, de pyramide, de prisme* tronco di cono, di piramide, di prisma.

troncature |tʀɔ̃katyʀ| *s.f.* (*minér.*) troncatura: *la troncature d'un cristal* la troncatura di un cristallo.

tronche |tʀɔ̃ʃ| *s.f.* **1** [*arbre de futaie dont on coupe les branches périodiquement*] troncone *m.* ◇ [*bille de bois*] tondello *m.* (di legno) **2** (*pop.*) [*tête*] capoccia*; zucca* # *il a une drôle de tronche* ha una strana faccia (*cour.*).

tronchet |tʀɔ̃ʃɛ| *s.m.* [*gros billot de bois à trois pieds dont se servent les tonneliers*] ceppo.

tronçon |tʀɔ̃sɔ̃| *s.m.* **1** pezzo, troncone: *couper qqch. en plusieurs tronçons* tagliare q.c. in più pezzi # *tronçon de colonne* rocchio di colonna ◇ [*morceau coupé* (*de certains animaux cylindriques*)] trancio*, trancia* (*f.*): *tronçons d'anguille* tranci, trance d'anguilla **2** [*partie* (*d'une voie, d'une distance déterminée*)] tronco*, tratta (*f.*): *un tronçon de chemin de fer, de route* un tronco ferroviario, stradale **3** (*fig.*) [*partie, fragment* (*d'une phrase, d'un texte*)] brano.

tronconique |tʀɔ̃kɔnik| *adj.* (*géom.*) troncoconico*, a tronco di cono *loc. inv.* ◇ [*en forme de tronc de cône*] *abat-jour tronconique* paralume troncoconico.

tronçonnage |tʀɔ̃sɔnaʒ| *s.m.* [→ TRONÇONNER] il tagliare *inv.* a pezzi, tranciatura *f.*

tronçonnement |tʀɔ̃sɔnmɑ̃| *s.m.* (*rare*) → **tronçonnage.**

tronçonner |tʀɔ̃sɔne| *v.tr.* [*couper, diviser en tronçons*] tagliare a pezzi, dividere (130) in tronconi: *scie à tronçonner* sega per tagliare a pezzi, in tronconi ◇ (*fig.*) *phrases tronçonnées* frasi spezzettate.

tronçonneur |tʀɔ̃sɔnœʀ| *s.m.* (operaio*) addetto alla trancia.

tronçonneuse |tʀɔ̃sɔnøz| *s.f.* [*machine-outil servant à découper en tronçons circulaires du bois*] trancia* ◇ [*du métal*] cesoiatrice.

tronculaire |tʀɔ̃kylɛʀ| *adj.* (*anat., méd.*) tronculare: *anastomose tronculaire* anastomosi tronculare ◇ (*chir. dentaire*) *anesthésie tronculaire* anestesia tronculare.

trône |tʀon| *s.m.* **1** trono: *le trône d'un roi, pontifical* il trono del re, pontificio; *la salle du trône* la sala del trono ◇ (*par métaph.*) *placer qqn. sur un trône* mettere qc. sul piedestallo ◇ (*fam., iron.*) [*siège des cabinets d'aisances*] vaso del gabinetto; pitale **2** [*symb. de la puissance d'un souverain*] trono: *l'héritier du trône, les prétendants au trône* l'erede al trono, i pretendenti al trono; *placer qqn. sur le trône* mettere qc. sul trono; *monter au, sur le trône* ascendere al trono # *chasser qqn. de son trône* detronizzare qc. ◇ (*par métonymie*) *le Trône et l'Autel* il Trono e l'Altare **3** *au plur.* (*théol.*) *les Trônes* i Troni.

trôner |tʀone| *v.intr.* **1** [*être comme sur un trône, occuper la place d'honneur*] troneggiare ◇ (*par ext.*) *un service à thé trônait sur le buffet* un servizio da tè troneggiava sulla credenza **2** [*siéger sur un trône*] sedere in trono ◇ (*vx.*) → **régner** **3** (*péj.*) [*faire l'important; s'étaler avec orgueil*] troneggiare: *elle trônait dans la salle* lei troneggiava nella sala.

tronqué, ée |tʀɔ̃ke| *adj.* [*dont on a retranché quelque partie*] tronco*; troncato: *colonne tronquée* colonna tronca; *cône tronqué* cono tronco ‖ *branche tronquée* ramo troncato.

tronquer |tʀɔ̃ke| *v.tr.* **1** [*couper en retranchant une partie importante*] troncare; mutilare: *tronquer un arbre* troncare un albero ‖ *tronquer une statue* mutilare una statua **2** (*fig., péj.*) [*retrancher qqch. de* (*un ouvrage, une chose abstraite*)] mutilare: *tronquer un texte, une citation* mutilare un testo, una citazione.

trop |tʀo| *adv.* **I** **1** [*d'une manière excessive, abusive; plus qu'il ne faudrait*] troppo: *trop cher* troppo caro; *trop près, trop loin* troppo vicino, troppo lontano; *il est trop bon* è troppo buono; *je suis trop en colère* sono troppo in collera; *il a trop bu* ha bevuto troppo ◇ *loc.* TROP... POUR troppo... per: *c'est trop beau pour être vrai* è troppo bello per essere vero; *il a trop menti pour qu'on le croie* ha già detto troppe bugie perché gli si possa credere ◇ (*modifié par un adv.*) *un peu trop* un po' troppo; *bien trop jolie* fin troppo carina; *beaucoup trop* veramente troppo; *une goutte d'alcool, mais pas trop* una goccia d'alcool, ma non troppo ◇ (*pop.*) (*avec la négation*) *de trop* troppo (*cour.*) **2** (*en loc. et formules de politesse*) [*très suffisamment*] troppo: *vous êtes trop aimable, trop bon* lei è troppo gentile, troppo buono; *cela n'a que trop duré* questa storia è durata già troppo, già abbastanza ◇ (*avec une négation*) *sans trop comprendre* senza capirci troppo; *les choses ne vont pas trop bien* le cose non vanno troppo bene # *je ne sais pas trop* non so bene **II** (*nominal*) **1** [*une quantité excessive*] troppo: *c'est trop!* (*en réponse à un compliment, en remerciement pour un cadeau*) è troppo!; non doveva disturbarsi! ◇ *loc.* DE TROP, EN TROP di troppo, in più (del dovuto): *je l'ai payé dix francs de trop* l'ho pagato dieci franchi di troppo, in più del dovuto; *boire un coup de trop, un verre de trop* bere un bicchiere di troppo # *avoir des bagages en trop* avere bagagli in eccedenza **2** (*en attribut*) DE TROP troppo (*adj.*): *huit jours de travail ne seront pas de trop pour terminer cet ouvrage* otto giorni di lavoro non saranno troppi per finire questo lavoro ◇ *loc.* ÊTRE DE TROP, EN TROP essere di troppo, importuno: *restez, vous ne serez pas de trop* resti pure, non è di troppo, non ci disturba **3** TROP DE (+*subst.*) troppo (*adj.*): *trop de bruit!* troppo rumore!; *sans trop de peine* senza troppa fatica ◇ (*attribut*) *c'en est trop!* il troppo è troppo!, adesso basta!; *c'est trop de deux, madame!* due sono già troppi, signora! **4** [*excès*] troppo (*adj.*): *le trop de lumière est gênant* (la) troppa luce disturba.

-trope, -tropie, -tropisme |tʀɔp, tʀɔpi, tʀɔpism(ə)| *suff.* (*signifiant 'tour, direction', correspondent généralt. à*) tropo; tropia; tropismo: *isotrope* isotropo ‖ *allotropie* allotropia ‖ *héliotropisme* eliotropismo.

trope |tʀɔp| *s.m.* (*hist. litt., rhétorique*) tropo, traslato.

trophée |tʀofe| *s.m.* **1** (*antiq.*) trofeo: *ériger, élever un trophée* erigere, innalzare un trofeo **2** [*objet attestant une victoire, un succès quelconque*] trofeo: *trophée de chasse* trofeo di caccia; *trophée d'un sportif* trofeo di uno sportivo.

-trophie |tʀɔfi| *suff.* (*signifiant 'nourriture', correspond généralt. à*) trofia: *hypertrophie* ipertrofia.

trophie |tʀɔfi| *s.f.*, **trophisme** |tʀɔfism(ə)| *s.m.* (*biol., méd.*) trofismo *m.*

trophique |tʀɔfik| *adj.* (*biol.*) trofico*: *centres, nerfs trophiques* centri, nervi trofici.

tropho- |tʀɔfɔ| *préf.* (*signifiant 'nourriture', correspond généralt. à*) trofo: *trophonévrose* trofonevrosi.

trophoblaste |tʀɔfɔblast| *s.m.* (*embryol.*) trofoblasto.

tropho-microbien, ienne |tʀɔfɔmikʀɔbjɛ̃, jɛn| *adj.* (*biol.*) trofomicrobico*.

trophonévrose |tʀɔfɔnevʀoz| *s.f.* (*méd.*) trofonevrosi *inv.*, trofoneurosi *inv.*

tropical, ale, aux |tʀɔpikal, o| *adj.* **1** (*géogr.*) tropicale: *région tropicale* regione tropicale; *climat tropical* clima tropicale; *pluies tropicales* piogge tropicali **2** (*se dit d'une chaleur très forte, d'une température très élevée*) tropicale **3** (*par ext.*) [*destiné aux tropiques, au climat tropical*] tropicale: *costume tropical* vestito tropicale.

tropicalisation |tʀɔpikalizasjɔ̃| *s.f.* [→ TROPICALISER] tropicalizzazione.

tropicaliser |tʀɔpikalize| *v.tr.* (*techn.*) [*rendre* (*un matériau, un matériel*) *peu sensible à l'action du climat tropical, chaud et humide*] tropicalizzare.

tropique |tʀɔpik| **I** *s.m.* **1** tropico*: *tropique du Cancer, du Capricorne* tropico del Cancro, del Capricorno; *franchir, passer le tropique* raggiungere, superare il tropico **2** (*au plur.*) *les tropiques* [*la région intertropicale*] i tropici: *le soleil des tropiques* il sole dei tropici **II** (*adj.*) *année tropique* anno tropico.

tropisme |tʀɔpism(ə)| *s.m.* (*biol.*) tropismo.
tropo- |tʀɔpɔ| *préf.* (*signifiant 'tour', correspond généralt. à*) tropo: *troposphère* troposfera.
tropologie |tʀɔpɔlɔʒi| *s.f.* tropologia*.
tropologique |tʀɔpɔlɔʒik| *adj.* tropologico*.
tropopause |tʀɔpɔpoz| *s.f.* (*sc.*) tropopausa.
troposphère |tʀɔpɔsfɛʀ| *s.f.* (*sc.*) troposfera.
troposphérique |tʀɔpɔsfeʀik| *adj.* troposferico*.
trop-perçu |tʀɔpɛʀsy| *s.m.* somma *f.* ricevuta, riscossa in più del dovuto ◇ (*dr. fiscal*) eccedenza *f.* di esazione.
trop-plein |tʀɔplɛ̃| *s.m.* **1** (*abstrait*) [*ce qui est en trop, ce qui excède la capacité, les possibilités*] esuberanza (*f.*): *un trop-plein de vie* un'esuberanza di vita; *épancher le trop-plein de son cœur, de son âme* dare libero sfogo all'esuberanza del proprio cuore, della propria anima **2** (*concret*) [*ce qui excède la capacité d'un récipient, d'un contenant; ce qui déborde*] eccedente, (liquido in) eccedenza (*f.*): *vider le trop-plein d'un vase* versare l'eccedente, l'eccedenza di un vaso **3** (*techn.*) sfioratore: *le trop-plein d'un barrage* lo sfioratore di una diga; *des trop-pleins* degli sfioratori.
troque |tʀɔk| *s.f.* → **troche.**
troquer |tʀɔke| *v.tr.* **1** [*donner en troc*] barattare: *troquer une chose contre une autre* barattare una cosa con un'altra → **échanger** **2** [*changer, faire succéder à*] cambiare: *il avait troqué ses culottes courtes contre des pantalons* aveva cambiato i pantaloncini con un paio di pantaloni.
troquet |tʀɔkɛ| *s.m.* **1** [*café*] bar *inv.*, caffè (*inv.*): *aller prendre un pot au troquet du coin* andare a bere qualcosa al bar all'angolo **2** (*vx.*) → **mastroquet.**
troqueur, euse |tʀɔkœʀ, øz| *s.* (*rare*) [*personne qui fait ou aime à faire des trocs, des échanges*] barattatore*.
trot |tʀo| *s.m.* **1** trotto: *petit, grand trot* piccolo, gran trotto; *trot assis, enlevé* trotto seduto, rialzato; *prendre le trot* prendere il trotto ◇ (*turf*) *courses de trot* corse al trotto **2** (*fam.*) *aller au trot à tel endroit* andare nel tal posto di gran carriera, in (gran) fretta; *allez-y, et au trot!* andateci, e di corsa!
trotskisme, trotskysme |tʀɔtskism(ə)| *s.m.* (*polit.*) trotzkismo.
trotskiste, trotskyste |tʀɔtskist(ə)| *s.* trotzkista ✦ (*adj.*) *groupe trotskiste* gruppo trotzkista.
trottable |tʀɔtabl(ə)| *adj.* [→ TROTTER] trottabile (*rare*).
trotte |tʀɔt| *s.f.* (*fam.*) [*chemin assez long à parcourir à pied*] (pezzo *m.* di) strada: *d'ici à la gare il y a une belle trotte* da qui alla stazione c'è un bel pezzo di strada # *ça fait une trotte...!* è una bella scarpinata, una bella trottata!
trotte-menu |tʀɔtməny| *adj. inv.* (*vx., plais.*) *la gent trotte-menu* [*les souris*] i sorci *s.m. pl.* (*cour.*).
trotter |tʀɔte| **A** *v.intr.* **1** [*aller au trot*] trottare: *cheval qui trotte* cavallo che trotta, che va al trotto # *cavalier qui trotte* cavaliere al trotto **2** (*de l'homme et de quelques animaux*) [*marcher rapidement à petits pas*] scor(r)azzare: *souris qui trotte* sorcio che scorrazza qua e là ◇ [*faire de nombreuses allées et venues*] andare (101) (*aux.* essere) avanti e indietro: *elle trottait dans la maison* andava avanti e indietro per la casa **3** (*fig.*) [*courir, passer rapidement*] ronzare, galoppare: *une idée, un air qui trotte par la tête* un'idea, un motivo che ronza per la testa **B** *v.pron. intr.* (*pop.*) SE TROTTER [*se sauver, partir*] svignarsela.
trotteur, euse |tʀɔtœʀ, øz| *s.* **1** *s.* [*cheval dressé à trotter*] trottatore*: *un bon trotteur* un buon trottatore **2** *s.m. pl.* scarpe *f.* da passeggio ✦ (*adj.*) *un talon trotteur* un tacco basso.
trotteuse |tʀɔtøz| *s.f.* lancetta dei secondi.
trottin |tʀɔtɛ̃| *s.m.* (*vieilli*) [*jeune employée* (*d'une couturière*) *chargée de faire les courses en ville*] galoppino, piccinina *f.* (di sartoria).
trottinement |tʀɔtinmɑ̃| *s.m.* [→ TROTTINER] il trotterellare *inv.*
trottiner |tʀɔtine| *v.intr.* **1** [*aller avec un trot très court*] trotterellare: *ânes qui trottinent* asini che trotterellano **2** [*marcher à petits pas courts et pressés*] trotterellare (*aux.* essere, avere): *il trottinait auprès de moi* trotterellava accanto a me.
trottinette |tʀɔtinɛt| *s.f.* (*jouet d'enfant*) monopattino *m.* ◇ (*fam.*) [*petite auto.*] baracchino *m.*
trottoir |tʀɔtwaʀ| *s.m.* **1** [*chemin surélevé réservé à la circulation des piétons* (*sur les côtés d'une rue*)] marciapiede: *se promener sur les trottoirs* passeggiare sul marciapiede ◇ (*spécialt.*) *faire le trottoir* (*se dit d'une prostituée*) battere il marciapiede **2** *trottoir roulant* nastro trasportatore (per pedoni); *trottoir cyclable* pista *f.* ciclabile.
trou |tʀu| *s.m.* **I** **1** buco*; buca* (*f.*): *tomber dans un trou* cadere in un buco, in una buca ‖ *trous d'un terrain de golf* buche di un campo da golf; *creuser un trou dans la terre* scavare una buca nel terreno ◇ (*par anal.*) *trou d'air* vuoto d'aria **2** [*abri naturel ou creusé*] buca, tana (*f.*): *soldats qui se creusent un trou* soldati che si scavano una buca; *animal se réfugiant dans son trou* animale che si rifugia nella sua tana ◇ (*par anal.*) *trou du souffleur* buca del suggeritore **3** (*loc. fig.*) *boucher un trou* [*régler une dette parmi d'autres*] tappare un buco ~ *il y a un trou dans sa comptabilité* c'è un buco, un vuoto nella sua contabilità ~ *avoir un trou* (*de mémoire*) avere un vuoto di memoria ~ *il y a un trou dans son emploi du temps* c'è un buco nel suo orario (scolastico) ~ *œuvre où il y a des trous* opera in cui ci sono delle lacune ~ *c'est le trou noir* è il colmo della disperazione ~ *faire le trou normand* bere un bicchierino tra una portata e l'altra ◇ (*sport*) *faire le trou* [*creuser une distance entre soi et les poursuivants*] fare il vuoto; ~ *dans le trou* negli spazi vuoti, nei corridoi **4** (*fam.*) [*petit village perdu, retiré*] buco: *un petit trou pas cher* un buco, un posticino non troppo caro; *il n'est jamais sorti de son trou* non è mai uscito dal suo buco → **2 coin** **5** (*pop.*) *être au trou* [*en prison*] essere al fresco, al buio **II** **1** [*ouverture pratiquée de part en part dans une surface ou un corps solide*] foro, buco: *trou d'aération* foro d'aereazione ◇ (*par métaph.*) *le trou de la serrure* il buco della serratura; *regarder par le trou de la serrure* guardare dal, attraverso il buco della serratura; *boire comme un trou* bere come una spugna *f.*, un lavandino ◇ (*spécialt.*) *trou du chat* buco del gatto; *trou d'homme* passo d'uomo **2** (*par anal.*) buco: *trous d'un vêtement* buchi di un vestito **3** (*fam., se dit de certains orifices ou cavités*) buco: *trous de nez* buchi del naso ◇ (*vulg.*) *trou du cul, de balle* buco del culo ◇ (*anat.*) foro: *trous olfactifs, vertébraux* fori olfattivi, vertebrali; *trou occipital* foro occipitale.
troubade |tʀubad| *s.m.* (*vieilli, pop.*) → **troufion, soldat.**
troubadour |tʀubaduʀ| *s.m.* **1** (*litt.*) trovatore **2** (*appos.*) trobadorico* *adj.*, trovadorico* (*adj.*): *genre, style troubadour* genere, stile trobadorico.
troublant, ante |tʀublɑ̃, ɑ̃t| *adj.* **1** [*qui rend perplexe, embarrasse en inquiétant quelque peu*] sconcertante, inquietante: *question troublante* domanda sconcertante; *ressemblance troublante* rassomiglianza sconcertante, inquietante **2** [*qui excite le désir, l'amour*] conturbante: *un déshabillé troublant* un 'deshabillé' conturbante **3** (*vieilli*) [*qui crée des troubles*] perturbante **C** 1 **rassurant**; 2; 3 **calmant.**
1 **trouble** |tʀubl(ə)| *adj.* **1** (*se dit d'un liquide qui n'est pas limpide, qui contient des particules en suspension*) torbido: *eau trouble* acqua torbida; *vin trouble* vino torbido ◇ (*loc.*) *pêcher en eau trouble* pescare nel torbido ◇ (*par ext.*) [*qui n'est pas net, qui ne se voit pas nettement*] confuso: *images troubles* immagini confuse ◇ (*par métonymie*) *avoir la vue trouble* non vedere chiaro **2** (*fig.*) [*qui contient des éléments obscurs, équivoques*] torbido: *désirs troubles* desideri torbidi **C** 1 **clair.**
2 **trouble** |tʀubl(ə)| *s.m.* **1** (*littér.*) [*état de ce qui cesse d'être en ordre; agitation confuse qui en résulte*] disordine, confusione (*f.*): *jeter, semer le trouble dans une famille* provocare, seminare il disordine, la discordia in una famiglia ◇ *au plur.* disordini, torbidi; *troubles sanglants* disordini sanguinosi; *troubles politiques, sociaux* disordini politici, sociali; *fauteur de troubles* fomentatore di disordini, sobillatore **2** (*dr.*) turbativa (*f.*): *trouble de la possession* turbativa del possesso; *trouble de fait* turbativa di fatto **3** [*état affectif pénible, fait d'angoisse et d'une activité mentale incontrôlée*] turbamento: *le trouble de la honte* il turbamento della vergogna; *le trouble d'un candidat timide* il turbamento di un candidato timido; *son trouble l'a trahi* il suo turbamento l'ha tradito → **agitation, émotion** **4** [*émotion tendre; désir amoureux*] turbamento **5** (*méd.*) turba *f.*; disturbo: *troubles fonctionnels* turbe funzionali; *troubles psychiques, névrotiques* turbe psichiche, nevrotiche; *troubles de la personnalité* turbe della personalità ‖ *troubles de la vision, de la vue* disturbi visivi, della vista **C** 3 **apaisement, calme.**
3 **trouble** |tʀubl(ə)| *s.f.* (*pêche*) → **truble.**

troublé, ée |tʀuble| *adj.* **1** [*rendu trouble*] intorbidato: *eau troublée* acqua intorbidata **2** [*agité de troubles*] turbato, agitato: *une des périodes les plus troublées de notre histoire* uno dei periodi più turbati, agitati della nostra storia **3** [*qui n'a plus sa lucidité normale*] sconvolto: *esprit troublé* mente sconvolta **4** (*personnes*) [*qui est dans un état affectif de trouble*] emozionato: *le candidat est troublé* il candidato è emozionato.

troubleau |tʀublo| *s.m.* → **truble.**

trouble-fête |tʀubləfɛt| *s.* [*personne qui trouble des réjouissances; qui empêche qqn. de se réjouir*] guastafeste (*inv.*): *je ne voudrais pas jouer les trouble-fête* non vorrei fare il guastafeste.

troubler |tʀuble| *v.tr.* **I 1** [*modifier en altérant la clarté, la transparence*] intorbidare; offuscare: *troubler l'eau* intorbidare l'acqua ‖ *un ciel bleu que rien ne troublait* un cielo azzurro che niente offuscava **2** (*littér.*) [*modifier en touchant à l'ordre, à l'équilibre; rendre agité, confus*] turbare: *troubler la paix des ménages* turbare la pace della famiglia; *troubler l'ordre public* turbare l'ordine pubblico **3** [*empêcher* (*un état calme, paisible*) *de se continuer*] turbare, disturbare: *troubler le silence* turbare il silenzio; *troubler le sommeil de qqn.* turbare, disturbare il sonno di qc.; *troubler le repos, la tranquillité* turbare il riposo, la tranquillità **4** [*interrompre ou gêner le cours normal de*] turbare, disturbare: *la représentation a été troublée par des manifestants* la rappresentazione è stata disturbata da alcuni manifestanti; *troubler la digestion* (dis)turbare la digestione # *troubler les plans, les projets de qqn.* sconvolgere i piani, i progetti di qc. ♦ (*au p.p.*) *une période troublée de notre histoire* un periodo turbato, agitato della nostra storia **II** (*sens moral*) **1** [*priver de lucidité*] offuscare: *avoir l'esprit troublé par qqch.* avere la mente offuscata da q.c. → **égarer** **2** TROUBLER QQN. [*déconcerter en créant une impression d'insécurité*] impressionare, turbare qc.: *examinateur sévère qui trouble les candidats* esaminatore severo che impressiona, turba i candidati; *l'hostilité de ses voisins ne le troublait pas* l'ostilità dei vicini non lo turbava → **embarrasser, gêner**; *il y a un détail qui me trouble* c'è un dettaglio che mi turba, mi dà fastidio **3** [*mettre dans le trouble en suscitant une émotion amoureuse*] turbare: *le charme de cette femme le troublait* il fascino di quella donna lo turbava ♦ (*pron. intr.*) *ne vous troublez pas, gardez votre sang-froid!* non si turbi, conservi il sangue freddo!

troué, ée |tʀue| *adj.* [*qui est percé d'un trou, de trous*] bucato, pieno di buchi: *bas troué* calza bucata, piena di buchi; *guenilles trouées* stracci pieni di buchi.

trouée |tʀue| *s.f.* **1** [*large ouverture qui permet le passage*] passaggio* *m.*, varco* (*m.*): *trouée dans une haie* passaggio, varco in una siepe ◇ [*espace entre des nuages découvrant le bleu du ciel*] squarcio* *m.* **2** [*ouverture faite dans les rangs de l'armée ennemie*] breccia*, varco → **percée** **3** (*géogr.*) valico* *m.* # *la trouée de Belfort* la porta di Belfort.

trouer |tʀue| *v.tr.* **1** [*faire un trou, des trous dans*] bucare, forare: *trouer un vêtement* bucare un vestito ◇ (*loc. fam.*) *se faire trouer la peau* farsi bucherellare di pallottole **2** [*faire une trouée dans*] squarciare: *des rayons de soleil trouaient les nuages* raggi di sole squarciavano le nubi.

troufignon |tʀufiɲɔ̃| *s.m.* (*vulg.*) [*anus; derrière*] (buco* del) culo.

troufion |tʀufjɔ̃| *s.m.* (*pop.*) marmittone (*cour.*), soldato semplice (*cour.*).

trouillard, arde |tʀujaʀ, aʀd(ə)| *adj. et s.* (*pop.*) [*peureux, poltron*] fifone (*fam.*): *un gosse trouillard* un ragazzo fifone; *quelle trouillarde!* che fifona!

trouille |tʀuj| *s.f.* (*pop.*) [*peur*] fifa (*fam.*).

trouillomètre |tʀujɔmɛtʀ(ə)| *s.m.* (*dans la loc. pop.*) *avoir le trouillomètre à zéro* [*avoir très peur*] avere una fifa *f.* boia (*fam.*).

trou-madame |tʀumadam| *s.m.* [*anc. jeu d'adresse, consistant à faire rouler treize petites boules sous des arcades numérotées*] ⊠.

troupe |tʀup| *s.f.* **1** truppa, drappello (*m.*): *troupe de partisans* truppa, drappello di partigiani ◇ (*au plur.*) *les troupes, la troupe* le truppe, la truppa: *le gros des troupes* il grosso delle truppe; *masser, mobiliser des troupes* ammassare, mobilitare le truppe ◇ (*collectif*) *la troupe dut intervenir* dovettero intervenire le truppe # *enfant de troupe* figlio del reggimento ◇ (*par appos.*) *gauloises troupe* 'gauloises' per la truppa **2** [*réunion de gens qui vont ensemble*] gruppo *m.*, frotta: *une troupe de femmes et d'enfants* un gruppo, una frotta di donne e bambini ◇ (*loc.*) *en troupe* in gruppo ◇ [*groupe d'animaux de même espèce vivant naturellement ensemble*] branco* *m.*; stormo *m.*; sciame (*m.*): *une troupe de singes* un branco di scimmie ‖ *une troupe d'oiseaux* uno stormo di uccelli ‖ *une troupe de moustiques* uno sciame di zanzare **3** [*groupe de comédiens, d'artistes qui jouent ensemble*] compagnia, 'troupe' (*inv.*): *troupe de théâtre* compagnia teatrale; *troupe de chanteurs, de danseurs* compagnia di cantanti, di ballerini.

troupeau |tʀupo| *s.m.* **1** [*réunion d'animaux domestiques qu'on élève, nourrit ensemble*] *un troupeau de taureaux, de chevaux* un branco*, una mandria *f.* di tori, di cavalli; *un troupeau d'oies* un branco di oche; *un troupeau de moutons, de chèvres* un gregge, un armento, un branco di pecore, di capre **2** [*troupe de bêtes sauvages*] branco: *troupeau de buffles, d'éléphants* branco di bufali, di elefanti **3** [*troupe nombreuse et passive de personnes*] branco: *un long troupeau de touristes* un branco di turisti **4** (*relig.*) *le troupeau du Seigneur* [*les fidèles, l'Église*] il gregge del Signore.

troupiale |tʀupjal| *s.m.* (*t.zool.*) ittero.

troupier |tʀupje| *s.m.* → **troufion** ◇ (*loc.*) *fumer, jurer comme un troupier* fumare, bestemmiare come un turco ♦ (*adj.*) *comique troupier* commedia da caserma *loc. inv.*

troussage |tʀusaʒ| *s.m.* preparazione *f.* per la cottura (del pollame).

1 **trousse** |tʀus| *s.f.* (*ancienn.*) [*haut-de-chausses court et relevé*] brache *pl.* ◇ *loc.* AUX TROUSSES (DE) alle calcagna (di): *avoir qqn. à ses trousses* avere qc. alle calcagna; *avoir la police à ses trousses* avere la polizia alle calcagna.

2 **trousse** |tʀus| *s.f.* [*poche, étui à compartiments pour ranger un ensemble d'objets*] borsa, astuccio* (*m.*): *trousse à outils* borsa degli attrezzi; *trousse de médecin, de chirurgien* borsa, busta del medico, del chirurgo; *trousse d'écolier* astuccio di scolaro # *trousse à ongles* completo per unghie; *trousse de toilette, de voyage* borsetta, 'trousse' per toeletta, da viaggio.

trousseau |tʀuso| *s.m.* **1** *trousseau de clefs* mazzo di chiavi **2** [*habits, linge, parures qu'emporte une jeune fille qui se marie* (*ou qui entre en relig.*)] corredo ◇ [*vêtements et linge que l'on donne à un enfant qui entre en pension*] corredo **3** (*vx.*) → **paquet.**

trousse-galant |tʀusgalɑ̃| *s.m.* (*fam., vx.*) malattia *f.* fulminante (*cour.*) ◇ [*choléra*] colera *inv.*

trousse-pet |tʀuspɛ| *s.* **1** *s.* (*vx., fam.*) [*petit garçon, petite fille*] moccioso **2** *s.m.* (*fam.*) [*petite veste très courte*] giacchetta *f.*, giacchettino: *des trousse-pets* delle giacchette.

trousse-pied |tʀuspje| *s.m.* [*lien qui maintient replié le pied d'un animal domestique qu'on soigne, qu'on ferre*] fasciapiede: *des trousse-pieds* dei fasciapiedi.

trousse-queue |tʀuskø| *s.m.* [*morceau de cuir dans lequel on passe la queue d'un cheval pour la relever*] sottocoda (*inv.*): *des trousse-queues* dei sottocoda.

1 **troussequin** |tʀuskɛ̃| *s.m.* arcione posteriore (della sella).

2 **troussequin** |tʀuskɛ̃| *s.m.* → **trusquin.**

trousser |tʀuse| *v.tr.* **1** (*cuis.*) *trousser une volaille* [*replier ses membres et les lier au corps avant de la faire cuire*] preparare un pollo per la cottura **2** [*faire, expédier rapidement et habilement*] improvvisare: *un compliment bien, joliment troussé* un complimento felicemente improvvisato **3** (*vx.*) [*mettre en faisceau, en botte*] ammucchiare (*cour.*), mettere (155) in fasci: *trousser du foin* ammucchiare, mettere in fasci il fieno **4** (*vieilli*) → **retrousser** ◇ (*loc. fam.*) *trousser les jupes d'une femme* tirar su, alzare le gonne a una donna ~ *trousser les filles* fare il donnaiolo.

trousseur |tʀusœʀ| *s.m.* (*fam.*) *trousseur de jupons* [*un coureur, un débauché*] donnaiolo.

trou-trou |tʀutʀu| *s.m.* (*cout.*) passanastro: *jupon à trou-trou, à trou-trous* gonnellino con passanastro.

trouvable |tʀuvabl(ə)| *adj.* [→ TROUVER A I, II, III] trovabile, reperibile Ⓒ **introuvable.**

trouvaille |tʀuvɑj| *s.f.* **1** [*fait de trouver avec bonheur; chose ainsi trouvée*] occasione, scoperta: *j'ai fait une trouvaille chez le brocanteur* ho trovato un'occasione dal rigattiere **2** [→ TROUVER A III] trovata, idea brillante: *les trouvailles d'un metteur en scène* le trovate, le idee brillanti di un regista.

trouvé, ée |tʀuve| *adj.* (*loc.*) *enfant trouvé* trovatello *s.m.* ~ *objets trouvés* oggetti smarriti ~ *formule bien trouvée* formula indovinatissima.

trouver |tʀuve| **A** *v.tr.* **I 1** [*aper-

cevoir, rencontrer (*ce que l'on cherchait ou ce que l'on souhaitait avoir*)] trovare: *chercher qqch. jusqu'à ce qu'on le trouve* cercare q.c. fino a trovarla, fino a che la si è trovata; *trouver son chemin* trovare la strada → **découvrir**; *mot que l'on trouve dans un dictionnaire* parola che si trova in un dizionario **2** [*se procurer; parvenir à avoir, à obtenir*] trovare: *trouver un appartement* trovare un appartamento; *trouver des capitaux* trovare, reperire dei capitali; *trouver une situation, du travail* trovare un posto, un lavoro; *trouver asile, refuge auprès de qqn.* trovare asilo, rifugio presso qc. # *ne pouvoir trouver le sommeil* non riuscire a prendere sonno **3** [*parvenir à rencontrer, à être avec* (*qqn.*)] trovare: *où peut-on vous trouver?* dove posso trovarla?; *aller trouver qqn.* andare a trovare qc. ◇ [*obtenir* (*qqn.*) *pour son service*] *trouver une bonne, un secrétaire* trovare una domestica, un segretario; *il va falloir lui trouver une femme* bisognerà trovargli (una) moglie **II** [*découvrir, rencontrer* (*qqn., qqch.*), *sans avoir cherché*] trovare: *trouver une difficulté sur son chemin* trovare, incontrare delle difficoltà sulla propria strada; *trouver la mort* trovare la morte; *un mot qu'on trouve dans Corneille* una parola che si trova in Corneille ◇ (*loc.*) *il a trouvé son maître, à qui parler* ha trovato chi gli tiene testa, pane per i propri denti **III 1** [*découvrir par un effort de l'esprit, de l'imagination*] trovare: *il faut trouver un moyen, un prétexte* bisogna trovare un modo, un pretesto; *ne pas trouver ses mots* non trovare le parole; *trouver le moyen de...* trovare il modo di...; *trouver la clef d'une énigme, la solution d'un problème* trovare la chiave di un enigma, la soluzione di un problema; *j'ai trouvé!* ho trovato!, eureka! → **inventer** ◇ (*loc. fam.*) *où avez-vous trouvé cela?* che cosa glielo fa credere? (*cour.*) **2** [*pouvoir disposer de* (*temps, occasion*)] trovare: *trouver l'occasion, la possibilité de faire qqch.* trovare l'occasione, la possibilità di fare q.c. ◇ *loc.* TROUVER À (+ *inf.*) trovare il modo di (+ *inf.*): *je trouverai bien à vous tirer de là* troverò bene il modo di toglіervi dagli impicci ~ TROUVER À (+ *v. exprimant 'la critique'*) trovare da: *trouver à redire* trovare da ridire **3** TROUVER (*tel sentiment, tel état d'âme*) DANS, À [*éprouver*] trovare, provare... in, a: *trouver le calme dans l'isolement* trovare la calma nell'isolamento; *trouver du plaisir à parler avec qqn.* provare piacere a parlare con qc. **IV 1** (*avec un compl. et un attribut du compl.*) [*voir* (*qqn., qqch.*), *se présenter d'une certaine manière*] trovare: *trouver la porte fermée* trovare la porta chiusa; *trouver qqn. au lit* trovare qc. a letto **2** TROUVER (*un caractère, une qualité*) À (*qqn.; qqch.*) [*lui attribuer, lui reconnaître un caractère, une qualité*] trovare (in): *je lui trouve mauvaise mine* trovo che ha una brutta cera **3** TROUVER (*qqn., qqch.*) (+ *attribut*) [*estimer, juger que* (*qqn., qqch.*) *est...*] trovare: *je le trouve gentil* lo trovo carino; *il a trouvé ce film excellent* ha trovato quel film eccellente → **juger** ◇ (*loc.*) *trouver le temps long* annoiarsi ~ (*fam.*) *la trouver mauvaise* prendersela a male ~ *trouver bon, mauvais que* ritenere, trovare opportuno, inopportuno che; pensare (che) sia bene, male che **4** TROUVER QUE [*juger, penser que*] trovare, credere che: *elle trouve que son mari ne s'occupe pas d'elle* trova, pensa che il marito non si occupa di lei; *vous trouvez?* lei trova, crede?; *tu trouves?* trovi, credi? **B** *v.pron. intr.* SE TROUVER **1** [*être* (*en un endroit, en une circonstance, en présence de tel ou tel*)] trovarsi: *il se trouvait alors en Italie* allora si trovava in Italia; *le dossier se trouvait dans un tiroir* la pratica si trovava in un cassetto # *son nom ne se trouve pas sur la liste* il suo nome non è, non figura nell'elenco ◇ (*loc.*) *se trouver tête à tête, nez à nez avec qqn.* trovarsi a faccia a faccia con qc. **2** [*être* (*dans un état, une situation*)] trovarsi, essere (96) (*intr.*): *les circonstances où nous nous trouvons* le circostanze in cui ci troviamo; *se trouver dans une situation difficile* trovarsi, essere in una situazione difficile; *je me trouve dans l'impossibilité de vous aider* mi trovo, sono nell'impossibilità di aiutarvi **3** *loc.* SE TROUVER ÊTRE, AVOIR... [*être, avoir par hasard*] essere, avere (97) *tr....* per caso: *je me trouve les avoir déjà rencontrés* li ho già visti per caso ~ *il se trouvait habiter tout près de moi* si dava il caso che abitasse, per puro caso abitava vicinissimo a casa mia (a me) **4** *impers.* IL SE TROUVE [*il existe, il y a*] c'è, ci sono: *il se trouve toujours des gens qui...* c'è sempre gente, ci sono sempre persone che... ~ IL SE TROUVE QUE [*il arrive que, il se fait que*] si dà il caso, succede che: *il se trouve que c'est moi qui ai raison* si dà il caso che ho ragione io ◇ (*pop.*) *si ça se trouve* magari (*cour.*), forse (*cour.*) **5** (*avec un attribut*) [*se sentir* (*en tel ou tel état*)] sentirsi: *se trouver dépaysé, embarrassé* sentirsi spaesato, imbarazzato; *comment vous trouvez-vous ce matin?* come si sente stamani? ◇ (*loc.*) *se trouver bien, mal* (*de qqch.*) [*en tirer un avantage, en éprouver du désagrément*] essere soddisfatto, scontento (di q.c.) ~ *se trouver mal* [*s'évanouir*] svenire ◇ [*se croire, se juger*] credersi: *si tu te trouves malin!* se ti credi furbo!

trouvère |tʀuvɛʀ| *s.m.* (*hist. litt.*) troviero.

trouveur, euse |tʀuvœʀ, øz| *s.* (*rare*) [*personne qui trouve, invente*] trovatore* (*vx.*), inventore*.

troyen, yenne |tʀwajɛ̃, jɛn| *adj.* [*de Troie*] troiano ♦ *s.* (*hist.*) *les Troyens* i Troiani.

truand, ande |tʀyɑ̃, ɑ̃d| *s.* **1** *s.m.* [*homme du 'milieu'*] malvivente ◇ [*souteneur ou voleur*] ladro, sfruttatore (di donne) **2** *s.* (*vieilli*) [*vagabond, mendiant*] vagabondo (*cour.*), accattone (*cour.*).

truander |tʀyɑ̃de| **A** *v.intr.* (*vx.*) [*vivre en truand* (2)] vagabondare (*cour.*); fare (103) *tr.* l'accattone (*cour.*) **B** *v.tr.* [*voler, escroquer*] derubare, truffare: *se faire truander* farsi derubare, truffare.

truanderie |tʀyɑ̃dʀi| *s.f.* [*état de truand* (2)] vagabondaggio* *m.*, accattonaggio* *m.* ◇ [*ensemble de truands* (2)] vagabondi *m. pl.*, accattoni *m. pl.*

truble |tʀybl(ə)| *s.f.* (*pêche*) retino *m.*

trublion |tʀyblijɔ̃| *s.m.* [*fauteur de troubles, agitateur*] agitatore* *s.*, sobillatore* *s.* ◇ [*homme brouillon et importun*] seccatore* *s.*, scocciatore* *s.* (*fam.*).

truc |tʀyk| *s.m.* **1** (*fam.*) [*façon d'agir qui requiert de l'habileté, de l'adresse*] trucco*: *les trucs d'un prestidigitateur* i trucchi di un prestigiatore; *trouver le truc* trovare il trucco **2** [*moyen concret, machine ou dispositif scénique destiné à créer une illusion*] trucco: *trucs du cinéma* trucchi del cinema **3** (*fam.*) [*chose quelconque*] coso, affare: *qu'est-ce que c'est que ce truc là-bas?* cos'è quel coso, quell'affare laggiù? → **machin.**

trucage |tʀykaʒ| *s.m.* → **truquage.**

truchement |tʀyʃmɑ̃| *s.m.* **1** (*littér.*) [*personne qui parle à la place d'une autre, exprime sa pensée*] tramite, intermediario* *s.* (*cour.*) **2** (*fig., littér.*) [*ce qui exprime, fait comprendre* (*les pensées, les sentiments*)] tramite ◇ (*loc.*) *par le truchement de qqn.* per il tramite di qc., tramite qc.

trucider |tʀyside| *v.tr.* (*fam.*) [*tuer*] trucidare (*cour.*).

truc(k) |tʀyk| *s.m.* (*ch. de fer*) carro a piattaforma.

trucmuche |tʀykmyʃ| *s.m.* (*pop.*) [*truc, machin*] coso, affare.

truculence |tʀykylɑ̃s| *s.f.* **1** carattere *m.* truculento **2** (*vx.*) aspetto *m.*, apparenza terribile (*cour.*).

truculent, ente |tʀykylɑ̃, ɑ̃t| *adj.* truculento: *un personnage truculent* un personaggio truculento.

trudgeon |tʀœdʒɔn| *s.m.* (*angl.*) (*vieilli, sport*) trudgen *inv.*

truelle |tʀyɛl| *s.f.* **1** (*maçonn.*) cazzuola: *étendre le mortier avec une truelle* stendere la malta con la cazzuola ◇ (*par anal.*) *travailler à la truelle* (*se dit d'un peintre qui procède par empâtements, au couteau*) lavorare con la spatola **2** [*spatule coupante servant à découper et à servir le poisson*] spatola.

truellée |tʀyele| *s.f.* [*quantité* (*de plâtre, de mortier*) *prise en une fois sur la truelle*] cazzuolata: *étaler une truellée de plâtre* stendere una cazzuolata di intonaco.

truffe |tʀyf| *s.f.* **1** (*t.bot.*) tartufo *m.* ◇ (*cour.*) *dinde, foie gras aux truffes* tacchina, fegato d'oca ai tartufi ◇ (*par anal.*) *truffes* (*en chocolat*) tartufi di cioccolato **2** (*arg.*) [*nez gros et rond*] nasone *m.* (*fam.*), proboscide (*fam.*) ◇ [*extrémité du museau, chez le chien*] tartufo **3** (*fam.*) *quelle truffe!* [*quel idiot!*] che fesso! *s.*, che cretino! *s.* (*cour.*).

truffé, ée |tʀyfe| *adj.* [*garni de truffes*] tartufato: *dinde truffée* tacchina tartufata ◇ (*fig.*) [*rempli*] infarcito: *précieux exemplaire truffé d'autographes* prezioso esemplare infarcito di autografi.

truffer |tʀyfe| *v.tr.* **1** [*garnir de truffes*] tartufare, guarnire (197) di tartufi **2** (*fig.*) [*remplir* (*de choses disséminées en abondance*)] infarcire (197): *truffer un discours de citations* infarcire un discorso di citazioni.

trufficulteur, trice |tʀyfikyltœʀ, tʀis| *s.* [*personne qui s'occupe de la culture de la truffe*] tartuficoltore*.

trufficulture |tʀyfikyltyʀ| *s.f.* (*agric.*) tartuficoltura.

truffier, ière |tʀyfje, jɛʀ| *adj.* [*où poussent les truffes*] *terrains truffiers* terreni tartufigeni; *chêne truffier*

quercia tartufifera ◇ [*dressé à la recherche des truffes*] *chien truffier* cane da tartufi *loc. inv.*
truffière |tʀyfjɛʀ| *s.f.* [*terrain où poussent des truffes*] tartufaia.
truie |tʀɥi| *s.f.* **1** [*femelle du porc, du verrat*] scrofa, troia **2** *truie de mer* → **scorpène.**
truisme |tʀyism(ə)| *s.m.* truismo.
truite |tʀɥit| *s.f.* (*t.zool.*) trota ~ *truite saumonée* trota salmonata ◇ (*cour.*) *pêche à la truite* pesca alla trota.
truité, ée |tʀɥite| *adj.* **1** [*au pelage marqué de petites taches rougeâtres, brunes ou noires*] macchiettato, picchiettato di rosso: *cheval, chien truité* cavallo, cane macchiettato di rosso **2** (*techn.*) *porcelaine, poterie truitée* porcellana, ceramica screpolata; *fonte truitée* ghisa macchiettata.
truiticulture |tʀɥitikyltyʀ|, **trutticulture** |tʀytikyltyʀ| *s.f.* troticoltura.
trullo |tʀul(l)o| *s.m.* trullo: *des trulli* dei trulli.
trumeau |tʀymo| *s.m.* **1** (*bouch.*) garretto di bue **2** parete *f.*, muro tra due finestre ◇ (*par ext.*) specchio* tra due finestre, sopra un caminetto, 'trumeau' *inv.* ◇ (*archéol.*) pilastro di architrave.
truquage |tʀykaʒ| *s.m.* **1** (*au spectacle*) trucco* ◇ (*specialt., ciné., télév.*) *truquages optiques* trucchi ottici **2** (*vieilli*) [→ TRUQUER B] falsificazione *f.*
truquer |tʀyke| **A** *v.intr.* [*user de trucs, de coups malhonnêtes*] usare *tr.* trucchi, espedienti → **tricher** **B** *v.tr.* [*changer pour tromper, donner une fausse apparence à*] falsificare; truccare: *truquer un tableau, un meuble* falsificare un quadro, un mobile ‖ *truquer les dés, les cartes* truccare i dadi, le carte ♦ (*au p.p.*) *élections truquées* elezioni truccate; *combat de boxe truqué* incontro di pugilato truccato; *scène truquée* scena truccata.
truqueur, euse |tʀykœʀ, øz| *s.* **1** *s.* [*personne qui truque, fait des contrefaçons, triche*] falsificatore*; imbroglione **2** *s.* (*ciné., télév.*) → **truquiste** **3** *s.m.* (*arg.*) pederasta ricattatore (*cour.*).
truquiste |tʀykist(ə)| *s.m.* [*spécialiste du truquage* (1)] esperto *s.* di trucchi (cinematografici, televisivi).
trusquin |tʀyskɛ̃| *s.* (*techn.*) truschino, graffietto.
trusquiner |tʀyskine| *v.tr.* (*techn.*) [*tracer au trusquin*] tracciare col truschino, con il graffietto.
trust |tʀœst| *s.m.* (*anglo-amér.*) (*écon.*) trust *inv.*, consorzio*.
truster |tʀœste| *v.tr.* [*accaparer, monopoliser, comme le font les trusts*] accaparrare, monopolizzare: *truster un produit pour en faire monter les prix* accaparrare, monopolizzare un prodotto per farne salire i prezzi ◇ (*fig., fam.*) [*accaparer*] accaparrare.
trusteur |tʀœstœʀ| *s.m.* (*fig., fam.*) [*celui qui truste, accapare qqch.*] accaparratore* *s.*, mattatore* *s.*
trypanosome |tʀipanozɔm| *s.m.* (*méd.*) tripanosoma.
trypanosomiase |tʀipanozɔmjaz| *s.f.* (*méd.*) tripanosomiasi *inv.*
trypsine |tʀipsin| *s.f.* (*biol.*) tripsina.
trypsinogène |tʀipsinɔʒɛn| *s.m.* (*biol.*) tripsinogeno.
tryptophane |tʀiptɔfan| *s.m.* (*biol.*) triptofano.
tsar |tsaʀ, (*cour.*) dzaʀ| *s.m.* (*hist. russe*) zar *inv.*
tsarévitch |tsaʀevitʃ, dzaʀevitʃ| *s.m.* (*hist. russe*) zarevic *inv.*
tsarine |tsaʀin, dzaʀin| *s.f.* (*hist. russe*) zarina.
tsarisme |tsaʀism(ə), dzaʀism(ə)| *s.m.* (*hist. russe*) zarismo.
tsariste |tsaʀist(ə), dzaʀist(ə)| *adj.* (*hist. russe*) zarista: *bureaucratie tsariste* burocrazia zarista.
tsé-tsé |tsetse| *s.f.* (*t.zool.*) (*mouche*) *tsé-tsé* mosca* tse-tse *inv.*
tsigane |tsigan| **1** (*s.*) *les Tziganes* gli Zigani, gli Zingari ♦ (*adj.*) *la langue tsigane* la lingua zigana, zingara, zingaresca* **2** (*adj.*) *musique tsigane* musica zigana.
tsoin-tsoin!, tsouin-tsouin! |tswɛ̃tswɛ̃| *interj.* (*pop.*) (*interj. comique à la fin d'un couplet, imitant un bruit d'instrument*) bum-bum! ♦ *adj.* [*soigné, réussi*] al bacio *loc. inv.*, coi fiocchi *loc. inv.*
tss-tss |tsts| (*onomat.*) (*exprimant 'le scepticisme, la perplexité, la désapprobation'*) mah, bah!
tsunami |tsynami| *s.m.* (*jap.*) (*géogr.*) tsunami *inv.*
tu |ty| *pron. pers.* (*sujet de la 2e pers. du sing.*) *REM. 'tu' est étroitement conjoint au v. devant ou derrière lequel il se place, sauf en phrase négative* **1** (*devant le v.*) tu (*REM. en it. 'tu' est souvent sous-entendu*): *tu as tort* (tu) hai torto, ti sbagli ◇ (*pop.*) (*élidé en 't', devant voyelle et 'h' muet*) *t'as tort* hai torto, ti sbagli ◇ (*après le v., en inversion, dans une interrogation ou une exclam.*) *as-tu dormi?* hai dormito? **2** (*nominal*) tu: *dire tu à qqn.* dare del tu a qc.; *être à tu et à toi avec qqn.* dare del tu a qc., avere familiarità con qc.
tuable |tɥabl(ə)| *adj.* [→ TUER A 1, 2] da ammazzare *loc. inv.*
tuage |tɥaʒ| *s.m.* (*rare*) [*abattage des bestiaux; prix de cet abattage*] abbattimento (*cour.*).
tuant, ante |tɥɑ̃, ɑ̃t| *adj.* [*épuisant, fatigant*] massacrante: *travail tuant* lavoro massacrante ◇ [*énervant, importun*] insopportabile: *ce gosse est tuant* è un bambino insopportabile.
tub |tœb| *s.m.* (*angl.*) [*large cuvette où l'on peut prendre un bain sommaire*] tinozza *f.* ◇ (*par ext.*) *prendre un tub* fare un bagno.
1 **tuba** |tyba| *s.m.* (*mus.*) tuba *f.*
2 **tuba** |tyba| *s.m.* [*tube respiratoire pour nager avec la tête sous l'eau*] respiratore.
tubage |tybaʒ| *s.m.* **1** (*méd.*) intubazione *f.*, sondaggio*: *tubage gastrique* intubazione gastrica **2** (*techn.*) posa *f.*, messa *f.* in opera di tubi, di tubazioni.
tubaire |tybɛʀ| *adj.* (*anat.*) tubarico*.
tubard, arde |tybaʀ, aʀd(ə)| *adj. et s.* (*pop.*) → **tuberculeux** 2.
tube |tyb| *s.m.* **1** tubo: *tubes de verre* tubi di vetro; *tube capillaire d'un baromètre* tubo capillare di un barometro; *tubes d'une machine, d'une chaudière* tubi di una macchina, di una caldaia; *tubes lance-torpilles, lance-fusées* tubi lanciasiluri, lanciarazzi; *tubes électroniques* tubi elettronici; *tube luminescent, fluorescent* tubo, lampada luminescente, fluorescente; *tube au néon, à décharge* tubo, lampada al neon, a scarica; *tube cathodique* tubo catodico # *tube d'un canon* bocca di un cannone; *tube à essai* provetta di saggio ◇ (*loc. fig.*) *à pleins tubes* a tutto gas, a tutto vapore ◇ (*pop.*) [*téléphone*] *coup de tube* colpo di telefono (*cour.*), telefonata *f.* (*cour.*) **2** [*organe creux et allongé*] tubo ◇ (*anat.*) *tube digestif* tubo digerente; *tubes urinifères* tubi uriniferi ◇ (*bot.*) *tube pollinique* tubo pollinico **3** [*emballage formé d'un tube* (1) *fermé par un bouchon*] tubetto: *tube d'aspirine* tubetto di aspirina; *tube de vanille* tubetto di vaniglia; *tube de rouge à lèvres* tubetto di rossetto ◇ (*par anal.*) *tube de dentifrice* tubetto di dentifricio **4** (*ancienn.*) [*chapeau d'homme dont la calotte est en forme de tube*] tuba *f.*
tuber |tybe| *v.tr.* (*techn.*) [*garnir de tubes* (*un trou de sonde*)] munire (197), rivestire di tubi ◇ (*dans le forage d'un puits de pétrole*) [*poser des tubes d'acier vissés les uns à la suite des autres au moyen de filetages coniques*] tubare: *tuber un puits* tubare un pozzo.
tubéracé, ée |tybeʀase| *adj.* (*bot.*) tuberaceo.
Tubéracées |tybeʀase| *s.f. pl.* (*t. bot.*) Tuberacee.
tubercule |tybɛʀkyl| *s.m.* **1** (*anat., pathol.*) tubercolo **2** (*bot.*) tubercolo, tubero.
tuberculé, ée |tybɛʀkyle| *adj.* (*bot.*) tubercoluto.
tuberculeux, euse |tybɛʀkylø, øz| *adj.* **1** [*qui s'accompagne de tubercules pathologiques, ou qui en présente*] tubercolare: *bacille tuberculeux* bacillo tubercolare; *méningite tuberculeuse* meningite tubercolare **2** (*par ext.*) tubercoloso, tubercolotico*: *malade tuberculeux* ammalato tubercoloso ♦ (*s.*) *un tuberculeux* un tubercoloso, un tubercolotico **3** (*bot.*) tubercolato, tubercolare: *racine, plante tuberculeuse* radice, pianta tubercolata, tubercolosa.
tuberculide |tybɛʀkylid| *s.f.* (*méd.*) tuberculide.
tuberculination |tybɛʀkylinɑsjɔ̃|, **tuberculinisation** |tybɛʀkylinizɑsjɔ̃| *s.f.* (*méd., vétér.*) tubercolinizzazione.
tuberculine |tybɛʀkylin| *s.f.* (*méd.*) tubercolina.
tuberculinique |tybɛʀkylinik| *adj.* (*méd.*) tubercolare: *hypersensibilité tuberculinique* ipersensibilità tubercolare.
tuberculisation |tybɛʀkylizɑsjɔ̃| *s.f.* (*méd.*) formazione del tubercolo.
tuberculiser (se) |tybɛʀkylize| *v.pron. intr.* (*méd.*) [*subir une tuberculisation*] tubercolizzarsi.
tuberculose |tybɛʀkyloz| *s.f.* (*méd., cour.*) tubercolosi (*inv.*): *tuberculose pulmonaire, miliaire, osseuse* tubercolosi polmonare, miliare, ossea ◇ (*vétér.*) *tuberculose bovine* tubercolosi bovina.
tubéreuse |tybeʀøz| *s.f.* (*t.bot.*) tuberosa.
tubéreux, euse |tybeʀø, øz| *adj.* (*bot.*) tuberoso: *racine tubéreuse* radice tuberosa.
tubériforme |tybeʀifɔʀm(ə)| *adj.* (*bot.*) tuberiforme.
tubérisation |tybeʀizɑsjɔ̃| *s.f.* (*bot.*) tuberizzazione.
tubérisé, ée |tybeʀize| *adj.* (*bot.*)

tuberizzato: *tige tubérisée* fusto tuberizzato.
tubérosité |tybeRozite| *s.f.* **1** (*anat.*) tuberosità (*inv.*): *tubérosité d'un os* tuberosità di un osso **2** (*bot.*) tuberosità.
tubi- |tybi| *préf.* (*signifiant 'tube', correspond généralt. à*) tubi: *tubipore* tubipora.
tubicole |tybikɔl| *adj.* (*zool.*) tubicolo: *Annélides tubicoles* Anellidi tubicoli, Criptocefali *s.m. pl.*
tubifex |tybifɛks| *s.m.* (*t.zool.*) tubifex *inv.*
Tubiflores |tybiflɔR| *s.f. pl.* (*t.bot.*) Tubiflore.
tubipore |tybipɔR| *s.m.* (*t.zool.*) tubipora *f.*
tubiste |tybist(ə)| *s.m.* tubista.
Tubitèles |tybitɛl| *s.m. pl.* (*t.zool.*) Tubiteli.
tubul- |tybyl| *préf.* (*signifiant 'petit tube', correspond généralt. à*) tubul: *Tubuliflores* Tubuliflore.
tubulaire |tybylɛR| *adj.* **1** [*qui a la forme d'un tube*] tubolare: *lampe, conduit tubulaire* lampada, condotto tubolare → **cylindrique** **2** [*qui est fait de tubes métalliques*] tubolare, tubolato: *échafaudage tubulaire* impalcatura tubolare; *meubles tubulaires* mobili tubolari.
Tubulaires |tybylɛR| *s.m. pl.* (*t. zool.*) Tubularidi.
tubulé, ée |tybyle| *adj.* (*sc. nat.*) tubolato: *fleur tubulée* fiore tubolato ◇ [*qui présente une ou plusieurs tubulures* (1)] tubolare: *flacon tubulé* flacone tubolare.
tubuleux, euse |tybylø, øz| *adj.* (*sc. nat.*) tuboloso: *corolle tubuleuse* corolla tubolosa.
Tubulidentés |tybylidɑ̃te| *s.m. pl.* (*t.zool.*) Tubulidentati.
tubuliflore |tybyliflɔR| *adj.* (*bot.*) a fiori tubolosi *loc. inv.*
Tubuliflores |tybyliflɔR| *s.f. pl.* (*t. bot.*) Tubuliflore.
tubulure |tybylyR| *s.f.* **1** (*techn.*) tubazione, tubatura **2** [*tube métallique d'un ensemble tubulaire* (*conduits, pièces de constr.*)] tubatura: *tubulure d'admission des gaz* tubatura, tubature del gas.
tudesque |tydɛsk(ə)| *adj.* (*vx., péj.*) → **allemand, germanique.**
tudieu! |tydjø| *interj.* [*anc. juron fam.*] perdiana!, perdinci!
tue-chien |tyʃjɛ̃| *s.m. inv.* (*région.*) → **colchique.**
tue-diable |tydjɑbl(ə)| *s.m. inv.* (*pêche*) cucchiaino *var.*
tue-loup |tylu| *s.m. inv.* → **aconit.**
tue-mouche |tymuʃ| **1** *s.m. inv.* (*t.bot.*) ovolo malefico*, ovolaccio* **2** (*adj.*) *papier tue-mouche(s)* carta moschicida.
tuer |tɥe| **A** *v.tr.* **1** [*faire mourir* (*qqn.*) *de mort violente*] uccidere (130), ammazzare: *tuer qqn. avec un poignard, à coups de pierre, par le poison* uccidere, ammazzare qc. col pugnale, a pietrate, col veleno; *tuer un adversaire en duel* uccidere un avversario in duello; *ils mériteraient qu'on les tue* meriterebbero di essere ammazzati → **assassiner** ◇ (*fam.*) *il est à tuer* è da ammazzare ◇ (*au passif*) *dix soldats ont été tués au combat* dieci soldati sono rimasti uccisi nel combattimento ✦ (*s.*) *les blessés et les tués* i feriti e i morti (i caduti) ◇ [*donner involontairement la mort à* (*qqn.*)] *tuer qqn., au cours d'une partie de chasse, en nettoyant une arme* uccidere qc. durante una partita di caccia, pulendo un'arma; *piéton tué par un automobiliste* pedone ucciso da un automobilista **2** [*faire mourir volontairement* (*un animal*)] uccidere, ammazzare: *tuer un animal à la chasse* uccidere un animale a caccia ◇ (*loc.*) *un coup, une gifle à tuer un bœuf* una sberla da far girare la testa ◇ (*fam.*) *tuer le ver* bere un bicchierino (di acquavite) a digiuno (*cour.*) **3** (*choses*) [*causer la mort de*] uccidere: *une bombe, une maladie qui a tué des centaines de personnes* una bomba, una malattia che ha ucciso centinaia di persone ✦ (*absolt.*) *poison, dose qui tue* veleno, dose che uccide ◇ (*par anal.*) *substance qui tue les insectes, les parasites* sostanza che uccide, ammazza gli insetti, i parassiti **4** (*fig.*) [*causer la disparition de..., faire cesser plus ou moins brutalement*] uccidere: *la bureaucratie tue l'initiative* la burocrazia uccide l'iniziativa → **ruiner** ◇ (*loc.*) *tuer dans l'œuf* stroncare sul nascere, in embrione ~ *tuer le temps* ammazzare il tempo ◇ (*sujet de chose*) [*détruire l'effet, la qualité de...*] soffocare: *cette couleur tue les autres* questo colore soffoca gli altri, fa a pugni con gli altri **5** (*sujet de chose; pron. pers. compl.*) [*lasser, épuiser en brisant la résistance*] ammazzare: *ce bruit, ces escaliers me tuent* questo rumore, queste scale mi ammazzano ◇ [*plonger dans un désarroi ou une détresse extrême*] *tous ses mensonges me tuent* tutte queste sue bugie mi ammazzano **B** *v. pron.* SE TUER **1** *réfl.* [*mourir par suicide*] uccidersi, ammazzarsi: *il s'est tué en se tirant une balle dans la tête* si è ucciso, ammazzato sparandosi una pallottola alla testa → **suicider** (**se**) **2** *intr.* [*être victime d'un accident mortel*] uccidersi: *se tuer au volant de sa voiture* uccidersi al volante della macchina; *elle s'est tuée dans un accident de voiture* è rimasta uccisa in un incidente stradale **3** *réfl.* (*fig.*) [*user ses forces, compromettre sa santé*] ammazzarsi: *se tuer de travail* ammazzarsi di lavoro **4** *réfl.* (*fig.*) [*se fatiguer, se donner beaucoup de mal*] ammazzarsi: *je me tue à vous le répéter* mi ammazzo a (forza di) ripetervelo **5** (*récipr.*) *se tuer les uns les autres* uccidersi, ammazzarsi a vicenda.
tuerie |tyRi| *s.f.* **1** (*techn.*) macello *m.* **2** [*action de tuer en masse, sauvagement*] carneficina, massacro (*m.*): *les affreuses tueries des guerres modernes* le grandi carneficine, i grandi massacri delle guerre moderne.
tue-tête (à) |atytɛt| *loc. adv.* [*d'une voix si forte qu'on casse la tête, qu'on étourdit*] a squarciagola: *crier, chanter à tue-tête* gridare, cantare a squarciagola.
tueur, euse |tɥœR, øz| *s.* **1** [*personne qui tue*] uccisore* # *il a une tête de tueur* ha una faccia da assassino ◇ (*spécialt.*) *tueur* (*à gages*) sicario* *m.* **2** [*professionnel qui tue, abat les bêtes dans un abattoir*] macellatore*.
tuf |tyf| *s.m.* **1** (*minér.*) tufo **2** (*fig., littér.*) [*l'élément originel que l'on découvre en profondeur*] fondo: *toucher le tuf* toccare il fondo.
tu(f)feau |tyfo| *s.m.* (*minér.*) tufo calcareo.
tufier, ière |tyfje, jɛR| *adj.* (*rare*) [*qui est de la nature du tuf*] tufaceo (*cour.*): *terrain tufier* terreno tufaceo.
tuile |tɥil| *s.f.* **1** (*maçonn.*) tegola: *tuiles plates, rondes* tegole piane, convesse; *tuile romaine, faîtière* tegola romana, di colmo **2** (*par anal.*) tegola: *tuiles de marbre, d'ardoise* tegole di marmo, di ardesia **3** [*pâtisserie, petit four sec moulé en forme de tuile sur un rouleau à pâtisserie*] ⊠ **4** (*fig., fam.*) [*désagrément inattendu*] tegola: *quelle tuile!* che tegola!, che guaio! → **accident, malchance.**
tuileau |tɥilo| *s.m.* (*techn.*) coccio* di tegola.
tuilerie |tɥilRi| *s.f.* **1** fabbrica* di tegole ◇ [*four où les tuiles sont cuites*] fornace **2** (*à Paris*) *les Tuileries* le 'Tuileries'.
tuilette |tɥilɛt| *s.f.* [*petite tuile*] tegoletta.
tuilier, ière |tɥilje, jɛR| *s.* chi fabbrica, vende tegole *loc.* ✦ (*adj.*) *l'industrie tuilière* l'industria della tegola *loc. inv.*
tularémie |tylaRemi| *s.f.* (*méd.*) tularemia.
tulipe |tylip| *s.f.* **1** (*t.bot.*) tulipano *m.* **2** [*objet dont la forme rappelle celle d'une tulipe*] tulipano: *tulipe de verre* tulipano, campana di lampada elettrica **3** *la tulipe* [*surnom donné, sous l'Ancien Régime, aux soldats gais et pleins d'entrain*] ⊠.
tulipier |tylipje| *s.m.* (*t.bot.*) tulipifero.
tulle |tyl| *s.m.* 'tulle' (*inv.*): *robe de tulle* vestito di 'tulle'; *rideaux de tulle* tende di 'tulle'.
tullerie |tylRi| *s.f.* industria, commercio* *m.* del 'tulle'; fabbrica* di 'tulle'.
tullier, ière |tylje, jɛR| (*adj.*) *industrie tullière* [*du tulle*] industria del 'tulle' *loc. inv.*
tulliste |tylist(ə)| *s.* **1** chi fabbrica, vende 'tulle' **2** operaio* che lavora il 'tulle'.
tuméfaction |tymefaksjɔ̃| *s.f.* **1** (*méd.*) tumefazione: *tuméfaction des chairs* tumefazione delle carni **2** [*partie tuméfiée*] tumefazione.
tuméfié, ée |tymefje| *adj.* **1** [*qui présente une tuméfaction*] tumefatto **2** [*bouffi, boursouflé*] gonfio*, tumefatto.
tuméfier |tymefje| **A** *v.tr.* [*causer une tuméfaction sur* (*une partie du corps*)] tumefare (103), gonfiare **B** *v.pron. intr.* SE TUMÉFIER [*s'enfler, grossir anormalement*] tumefarsi, gonfiarsi © B **dégonfler** (**se**).
tumescence |tymesɑ̃s| *s.f.* (*anat., méd.*) tumefazione, tumescenza.
tumescent, ente |tymesɑ̃, ɑ̃t| *adj.* tumefatto, tumescente (*rare*).
tumeur |tymœR| *s.f.* (*méd.*) tumore (*m.*): *tumeur bénigne, maligne* tumore benigno, maligno.
tumoral, ale, aux |tymɔRal, o| *adj.* (*méd.*) tumorale.
tumulaire |tymylɛR| *adj.* tumulare: *pierre tumulaire* pietra tumulare → **tombal.**
tumulte |tymylt(ə)| *s.m.* **1** tumulto, confusione (*f.*): *l'orateur ne pouvait se faire entendre dans le tumulte* l'oratore non poteva farsi sentire nel tumulto, nella confusione → **brouhaha,**

vacarme ◇ [*agitation bruyante et incessante*] *le tumulte de la rue* il tumulto della strada **2** (*littér.*) [*agitation, désordre* (*dans la vie psychique*)] tumulto: *le tumulte des passions* il tumulto delle passioni.

tumultueusement |tymyltɥøzmɑ̃| *adv.* (*littér.*) [*en tumulte*] tumultuosamente.

tumultueux, euse |tymyltɥø, øz| *adj.* **1** (*littér.*) tumultuoso, turbolento: *la séance fut tumultueuse* la seduta fu tumultuosa, turbolenta → **orageux** ◇ [*où règne le tumulte*] *foule tumultueuse* folla tumultuosa, tumultuante **2** [*agité et violent*] tumultuoso: *flot tumultueux* onda tumultuosa **3** (*fig.*) [*plein d'agitation, de trouble*] turbolento: *jeunesse tumultueuse* gioventù turbolenta, tumultuosa.

tumulus |tymylys| *s.m.* (*lat.*) (*archéol.*) tumulo.

tune |tyn| *s.f.* → **thune.**

tuner |tynɛʀ| *s.m.* (*angl.*) sintonizzatore, tuner *inv.*

tungar |tœ̃gaʀ| *s.m.* (*électr.*) tungar *inv.*

tungstate |tœ̃kstat| *s.m.* (*chim.*) tungstato.

tungstène |tœ̃kstɛn| *s.m.* (*chim., techn.*) tungsteno.

tungstique |tœ̃kstik| *adj.* (*chim.*) tungstico*.

tunicelle |tynisɛl| *s.f.* → **tunique** I 1.

Tuniciers |tynisje| *s.m. pl.* (*t.zool.*) Tunicati.

tunique |tynik| *s.f.* **I 1** (*antiq.*) tunica*: *tunique grecque, romaine, orientale* tunica greca, romana, orientale ◇ (*mythol.*) *la tunique de Nessus* la camicia* di Nesso ◇ (*liturg. cathol.*) tunicella, dalmatica* **2** *tunique d'armes* [*anc. veste d'armure, en mailles d'acier*] giubba, cotta d'armi ◇ (*spécialt.*) [*veste des collégiens et lycéens*] giubba **3** [*vêtement féminin, sorte de long corsage*] tunica **II** (*sc. nat.*) tunica.

tuniqué, ée |tynike| *adj.* (*sc. nat.*) tunicato.

tunisien, ienne |tynizjɛ̃, jɛn| *adj.* [*de Tunisie*] tunisino.

tunnel |tynɛl| *s.m.* **1** galleria *f.*, tunnel *inv.*; traforo: *tunnel routier* galleria, tunnel stradale ◇ (*spécialt.*) *percer un tunnel* scavare, aprire una galleria, un tunnel; *le tunnel sous le Mont Blanc* il traforo del Monte Bianco ◇ (*loc. plais.*) *un combat de nègres dans un tunnel* una scena molto cupa in cui non si distingue nulla **2** (*techn.*) *tunnel aérodynamique* galleria aerodinamica; *effet tunnel* effetto tunnel **3** (*fig.*) tunnel: *arriver au bout du tunnel* uscire dal tunnel.

tupaïa, tupaja |typaja| *s.m.* (*t. zool.*) tupaia.

tupi |typi| *adj. inv.* [*d'un groupe ethnique du Brésil et du Paraguay*] tupi ✦ (*s.m. inv.*) *le tupi* [*la langue*] il tupi.

tuque |tyk| *s.f.* (*Canada*) berretto *m.* di lana.

turban |tyʀbɑ̃| *s.m.* **1** turbante **2** (*bot.*) turbante.

turbe |tyʀb(ə)| *s.f.* (*dr. anc.*) 'turbe' *inv.*

turbé |tyʀbe|, **turbeh** |tyʀbɛ| *s.m.* (*ar.*) (*bx-arts*) turbe.

Turbellariés |tyʀbe(ɛl)laʀje| *s.m. pl.* (*t.zool.*) Turbellari.

turbide |tyʀbid| *adj.* (*littér.*) [*troublé, agité*] torbido (*cour.*).

turbidimétrie |tyʀbidimetʀi|, **turbimétrie** |tyʀbimetʀi| *s.f.* (*techn.*) turbidimetria.

turbidité |tyʀbidite| *s.f.* (*sc.*) torbidità *inv.*, torbidezza.

turbin |tyʀbɛ̃| *s.m.* (*pop.*) [*travail, métier*] lavoro (*cour.*): *après le turbin, on ira au cinéma* dopo il lavoro, andremo al cinema.

turbinage |tyʀbinaʒ| *s.m.* (*techn.*) purificazione *f.* (dello zucchero) per mezzo della turbina.

turbine |tyʀbin| *s.f.* (*techn.*) turbina: *turbines hydrauliques* turbine idrauliche.

turbiné, ée |tyʀbine| *adj.* (*sc. nat.*) turbinato.

turbinelle |tyʀbinɛl| *s.f.* (*t.zool.*) turbinella.

1 **turbiner** |tyʀbine| *v.intr.* (*pop.*) [*travailler dur, trimer*] sgobbare (*fam.*), sfacchinare (*cour.*).

2 **turbiner** |tyʀbine| *v.tr.* (*techn.*) **1** [*faire passer dans une turbine pour purifier*] purificare per mezzo della turbina **2** [*utiliser l'eau pour actionner une turbine*] convogliare in una turbina.

turbith |tyʀbit| *s.m.* **1** (*t.bot.*) turbitto **2** (*pharm.*) gialappa *f.* dell'India.

turbo- |tyʀbɔ| *préf.* (*signifiant 'turbine', correspond généralt. à*) turbo: *turbomoteur* turbomotore.

turbo |tyʀbɔ| *s.m. inv.* (*t.zool.*) turbo.

turbo-alternateur |tyʀbɔaltɛʀnatœʀ| *s.m.* (*techn.*) turboalternatore.

turbocompresseur |tyʀbɔkɔ̃pʀesœʀ| *s.m.* (*techn.*) turbocompressore.

turbodynamo |tyʀbɔdinamo| *s.m.* (*techn.*) turbodinamo *f. inv.*

turbofiltre |tyʀbɔfiltʀ(ə)| *s.m.* (*techn.*) turbofiltro.

turbomachine |tyʀbɔmaʃin| *s.f.* (*mécan.*) turbomacchina.

turbomoteur |tyʀbɔmɔtœʀ| *s.m.* (*mécan.*) turbomotore.

turbomotrice |tyʀbɔmɔtʀis| *s.f.* (*mécan.*) turbomotrice.

turbopompe |tyʀbɔpɔ̃p| *s.f.* (*techn.*) turbopompa.

turbopropulseur |tyʀbɔpʀɔpylsœʀ| *s.m.* (*techn.*) turbopropulsore.

turboréacteur |tyʀbɔʀeaktœʀ| *s.m.* (*techn.*) turboreattore.

turbosoufflante |tyʀbɔsuflɑ̃t| *s.f.* (*techn.*) turbosoffiante.

turbot |tyʀbo| *s.m.* (*t.zool.*) rombo.

turbotière |tyʀbɔtjɛʀ| *s.f.* [*récipient en losange destiné à la cuisson des poissons plats*] pesciera.

turbotin |tyʀbɔtɛ̃| *s.m.* piccolo rombo.

turbotrain, turbo-train |tyʀbɔtʀɛ̃| *s.m.* turbotreno.

turbulence |tyʀbylɑ̃s| *s.f.* **1** turbolenza **2** (*phys.*) turbolenza.

turbulent, ente |tyʀbylɑ̃, ɑ̃t| *adj.* **I** (*personnes*) **1** turbolento: *un enfant turbulent* un bambino turbolento → **agité, bruyant** **2** (*littér.*) turbolento: *une population turbulente* una popolazione turbolenta **II** (*phys.*) turbolento.

turc |tyʀk| *s.m.* [*larve de hanneton*] tormentone.

turc, turque |tyʀk(ə)| **1** *adj.* [*de la Turquie* (*ottomane ou moderne*)] turco*: *empire turc* impero turco; *café turc* caffè turco; *bain turc* bagno turco ✦ (*s.*) *le Grand Turc* il Gran Turco ◇ (*loc.*) *fort comme un turc* forte come un leone ◇ *loc.* À LA TURQUE alla turca: *cabinets à la turque* gabinetti alla turca; *être assis à la turque* essere seduto alla turca ◇ (*mus.*) *à la turque* alla turca **2** (*s.m.*) *le turc* [*la langue*] il turco.

turcique |tyʀsik| *adj.* (*anat.*) turcico*: *selle turcique* sella turcica.

turco |tyʀko| *s.m.* (*vieilli*) cecchino, tiragliatore algerino.

Turdidés |tyʀdide| *s.m. pl.* (*t.zool.*) Turdidi.

turf |tyʀf| *s.m.* turf *inv.*

turfiste |tyʀfist(ə)| *s.* frequentatore* assiduo degli ippodromi; appassionato di ippica.

turgescence |tyʀʒesɑ̃s| *s.f.* (*physiol.*) turgescenza, turgore *m.*

turgescent, ente |tyʀʒesɑ̃, ɑ̃t| *adj.* (*physiol.*) turgescente, turgido.

turgide |tyʀʒid| *adj.* turgido.

turinois, oise |tyʀinwa, waz| *adj.* [*de Turin*] torinese.

turion |tyʀjɔ̃| *s.m.* (*agric.*) turione.

turkmène |tyʀkmɛn| *adj.* [*du Turkménistan*] turcomanno ✦ (*s.m.*) *le turkmène* [*la langue*] il turcomanno.

turlupiner |tyʀlypine| *v.tr.* **1** (*vx.*) [*faire des farces*] fare (103) il buffone (con) **2** [*tourmenter*] tormentare, molestare.

turlurette |tyʀlyʀɛt| *s.f.* **1** (*vx.*) → 1 **flageolet, cornemuse** **2** (*vx.*) → **refrain.**

turlutaine |tyʀlytɛn| *s.f.* [*propos sans cesse répété*] tiritera, ritornello *m.*

turlutte |tyʀlyt| *s.f.* (*techn.*) piombino *m.* con ami.

turlututu! |tyʀlytyty| (*onomat.*) (*exclam. moqueuse*) marameo!

turne |tyʀn(ə)| *s.f.* (*pop.*) [*chambre ou maison sale et sans confort*] tana, stamberga*; camera sudicia* (*cour.*) ◇ (*arg. scol.*) [*chambre, petite salle de travail*] camera (*cour.*).

turnep(s) |tyʀnɛp(s)| *s.m.* (*agric.*) cavolo navone.

turonien, ienne |tyʀɔnjɛ̃, jɛn| *adj. et s.m.* (*géol.*) turoniano.

turpide |tyʀpid| *adj.* (*littér.*) [*d'une certaine laideur morale*] turpe (*cour.*), vergognoso (*cour.*).

turpidement |tyʀpidmɑ̃| *adv.* (*littér.*) [*d'une façon turpide*] turpemente (*cour.*), vergognosamente (*cour.*).

turpitude |tyʀpityd| *s.f.* (*littér.*) **1** turpitudine → **ignominie, infamie** **2** *une, des turpitude(s)* azione turpe, vergognosa.

turquerie |tyʀk(ə)ʀi| *s.f.* opera, composizione turca*, orientale.

turquette |tyʀkɛt| *s.f.* (*région.*) → **herniaire.**

turquin |tyʀkɛ̃| *adj. m.* [*d'un bleu foncé*] turchino.

turquoise |tyʀkwaz| **1** *s.f.* [*pierre fine d'un bleu tirant sur le vert; bijou fait avec cette pierre*] turchese **2** *adj. inv.* (color) turchese ✦ (*s.m.*) *cette année le turquoise est à la mode* quest'anno il turchese è di moda.

turriculé, ée |ty(ʀ)ʀikyle| *adj.* (*zool.*) turricolato, a spirale *loc. inv.*

turritelle |ty(ʀ)ʀitɛl| *s.f.* (*t.zool.*) turritella.

tussah |tysa| *s.m.* tussah *f. inv.* ✦ (*adj.*) *soie tussah* seta tussah.

tussilage |tysilaʒ| *s.m.* (*t.bot.*) tossilaggine *f.*

tussor, (*vieilli*) **tussore** |tysɔʀ| *s.m.* tussor *inv.*

tutélaire |tytelɛʀ| *adj.* **1** (*littér.*) tutelare (*cour.*): *divinités tutélaires* numi tutelari → **protecteur** ◇ (*vieilli*) *ange tutélaire* angelo tutelare, custode **2** (*dr.*) tutelare.

tutelle |tytɛl| *s.f.* **1** (*dr.*) tutela: *tutelle légale des père et mère* tutela legale del padre e della madre; *conseil de tutelle* consiglio di tutela; *tutelle administrative* tutela amministrativa ◇ (*dr. internat.*) *régime de tutelle* regime di amministrazione fiduciaria **2** [*état de dépendance d'une personne soumise à une surveillance gênante*] (stato *m.* di) dipendenza, costrizione: *une tutelle pesante, pénible* una dipendenza pesante, penosa ◇ [*protection vigilante*] *être sous la tutelle des lois* essere sotto la tutela, la protezione delle leggi.

tuteur, trice |tytœʀ, tʀis| *s.* **I** *s.* (*dr., cour.*) tutore*: *tuteur légal* tutore legale; *tuteur testamentaire* tutore testamentario; *tuteur ad hoc* sostituto tutore **II** *s.m.* (*hortic.*) tutore.

tuteurer |tytœʀe| *v.tr.* (*hortic.*) [*munir d'un tuteur* (II)] munire (197) di un tutore.

tuthie, tutie |tyti| *s.f.* (*chim., alchimie*) tuzia.

tutiorisme |tysjɔʀism(ə)| *s.m.* (*théol.*) tuziorismo.

tutoiement |tytwamɑ̃| *s.m.* [→ TUTOYER] il dare *inv.*, il darsi *inv.* del tu.

tutoyer |tytwaje| (10) **A** *v.tr.* [*s'adresser à qqn. en employant la 2ᵉ personne du sing.; dire 'tu' à qqn.*] dare (102) del tu (a) ◇ (*par métaph.*) [*être familier avec*] avere (97) familiarità (con) **B** *v.pron. intr.* [*se tutoyer*] darsi *tr.* del tu: *ils se tutoient depuis le collège* si danno del tu fin dal tempo del collegio.

tutoyeur, euse |tytwajœʀ, øz| *s.* (*rare*) chi ha l'abitudine di dare del tu *loc.* ✦ *adj.* confidenziale: *il est un peu trop tutoyeur* è un po' troppo confidenziale.

tutrice |tytʀis| *s.f.* → **tuteur** I.

tutti |tu(t)ti| *s.m. inv.* (*mus.*) tutti.

tutti frutti |tuttifʀutti| *loc. adj. inv.* tutti frutti.

tutti quanti |tu(t)tikwɑ̃ti| *loc. nominale* (*iron.*) (*après plusieurs noms de personnes*) [*et tout les gens de cette espèce*] e compagnia bella, eccetera.

tutu |tyty| *s.m.* tutù (*inv.*): *des tutus* dei tutù.

tuyau |tɥijo| *s.m.* **1** [*conduit à section circulaire destiné à faire passer un liquide, un gaz*] tubo: *tuyau de plomb, de fer, de fonte* tubo di piombo, di ferro, di ghisa; *tuyau d'échappement d'une automobile* tubo di scappamento di un'automobile; *tuyau de poêle* tubo di stufa; *tuyau d'arrosage* tubo d'annaffiamento; *aboucher des tuyaux* far combaciare dei tubi → **canalisation,** 2 **conduite** # *tuyau de pipe* cannuccia di pipa; *tuyau d'orgue* canna d'organo; *tuyau de cheminée* canna del camino ◇ (*fam.*) (*chapeau en*) *tuyau de poêle,* cappello a cilindro **2** [*conduit; cylindre creux*] cannello: *tuyau de plume* cannello di penna ◇ (*techn.*) *tuyau acoustique* cannello acustico ◇ (*fam.*) *le tuyau de l'oreille* il buco* dell'orecchio # *dire qqch. dans le tuyau de l'oreille* dire q.c. in un orecchio **3** [*pli ornemental en forme de tube*] cannoncino **4** (*fam.*) [*indication confidentielle pour le succès d'une opération*] soffiata (*f.*): *obtenir un bon tuyau aux courses* avere una (buona) soffiata alle corse.

tuyautage |tɥijotaʒ| *s.m.* **1** [→ TUYAUTER A 1] stiratura *f.* a cannoncini **2** (*fam.*) informazioni *f. pl.* confidenziali (*cour.*).

tuyauter |tɥijote| **A** *v.tr.* **1** [*orner* (*du linge*) *de tuyaux* (3) *en le repassant avec un fer cylindrique*] stirare e pieghettare a cannoncini **2** (*fam.*) [*donner un tuyau* (4), *des tuyaux à* (*qqn.*)] fare (103) una soffiata (a) **B** *v.intr.* (*en parlant des céréales*) [*se former en tuyau, pousser sa tige*] mettere (155) *tr.* lo stelo.

tuyauterie |tɥijotʀi| *s.f.* **1** [*ensemble des tuyaux* (1) (*de conduites d'eau, de gaz, etc.*)] tubazione, tubatura *f.* **2** canne *pl.* (dell'organo) **3** (*vx.*) [*fabrique de tuyaux* (1) *métalliques*] tubificio* *m.* (*cour.*).

tuyauteur, euse |tɥijotœʀ, øz| *s.* (*fam.*) [*personne qui vend des tuyaux* (4), *qui donne des tuyaux à qqn.*] informatore* (*cour.*).

tuyère |ty(ɥi)jɛʀ| *s.f.* (*techn.*) ugello *m.*

tweed |twid| *s.m.* (*angl.*) (*tissu*) tweed *inv.*

twin-set |twinsɛt| *s.m.* (*angl.*) twinset *inv.*, completo di lana (maglietta e golf).

twist |twist| *s.m.* (*danse*) twist *inv.*

tylenchus |tilɛ̃kys| *s.m.* (*t.zool.*) tylenchus *inv.*

tylose |tiloz|, **tylosis** |tilɔsis| *s.m.* (*méd.*) tilosi *f. inv.*

tympan |tɛ̃pɑ̃| *s.m.* **1** (*archit., anat., imprim.*) timpano **2** (*mécan.*) pignone.

tympanal, aux |tɛ̃panal, o| *adj. et s.m.* (*anat.*) timpanico*: (*os*) *tympanal* osso timpanico.

tympanique |tɛ̃panik| *adj.* (*anat., méd.*) timpanico*.

tympaniser |tɛ̃panize| *v.tr.* (*vx.*) [*critiquer, ridiculiser publiquement* (*qqn.*)] screditare (*cour.*), ridicolizzare (*cour.*).

tympanisme |tɛ̃panism(ə)| *s.m.* (*méd.*) timpanismo.

tympanite |tɛ̃panit| *s.f.* (*méd.*) timpanite.

tympanon |tɛ̃panɔ̃| *s.m.* (*mus.*) timpano.

tyndallisation |tɛ̃dalizɑsjɔ̃| *s.f.* (*chim., techn.*) tindalizzazione.

-type |tip|, **-typie** |tipi| *suff.* (*signifiant 'empreinte, modèle', correspondent généralt. à*) tipo; tipia: *archétype* archetipo ‖ *linotypie* linotipia.

type |tip| *s.m.* **I** **1** tipo: *un type de beau* un tipo di bello; *l'auteur a créé un type* l'autore ha creato un tipo ◇ (*par ext.*) *distinguer des types dans un ensemble* distinguere dei, diversi tipi in un insieme; *elle a le type nordique, latin* è un tipo nordico, latino ◇ (*fam.*) *ce n'est pas mon type* non è il mio tipo ◇ (*biol., sc.*) tipo **2** [*ensemble des caractères d'une série d'objets*] tipo: *conforme au type réglementaire* conforme al tipo regolamentare → **modèle,** 1 **standard** **3** *un type, le type de* un tipo, il tipo di → **représentant** ✦ (*en appos.*) tipico* (*adj.*): *c'est l'intellectuel type* è il tipico, il classico intellettuale → **typique**; *cas type* caso tipico, tipo; *des objets type* oggetti tipici **4** (*fam.*) [*individu quelconque*] tipo: *un type à moustache* un tipo coi baffi; *un brave type* un bravo tipo; *c'est vraiment un type* è veramente un tipo (*pop.*) → **amant** **II** (*numism., techn., typogr.*) tipo.

typé, ée |tipe| *adj.* [*qui présente nettement les caractères d'un type*] caratterizzato, dai caratteri marcati (*loc. inv.*): *un personnage bien typé* un personaggio caratterizzato, dai caratteri molto marcati.

typer |tipe| *v.tr.* **1** (*techn.*) [*marquer d'un type, d'une marque, d'une empreinte*] marcare **2** [*donner à* (*une création*) *les caractères apparents d'un type*] caratterizzare, delineare: *ce dramaturge a fortement typé son personnage* quel drammaturgo ha molto caratterizzato il suo personaggio.

typesse |tipɛs| *s.f.* (*pop., péj.*) [*femme, fille*] tipa, tizia.

typha |tifa| *s.m.* (*t.bot.*) tifa *f.*

Typhacées |tifase| *s.f. pl.* (*t.bot.*) Tifacee.

typhique |tifik| *adj.* (*méd.*) tifico* ✦ (*s.*) *un typhique* un ammalato di tifo.

typhlite |tiflit| *s.f.* (*méd.*) tiflite.

typhl(o)- |tifl(ɔ)| *préf.* (*signifiant 'aveugle, intestin aveugle', correspond généralt. à*) tiflo: *typhlocolite* tiflocolite.

typhlocolite |tiflɔkɔlit| *s.f.* (*pathol.*) tiflocolite.

typhlographe |tiflɔgʀaf| *s.m.* tiflografo.

typhlographie |tiflɔgʀafi| *s.f.* tiflografia.

typhlologie |tiflɔlɔʒi| *s.f.* tiflologia*.

typho-bacillose |tifɔbasi(l)loz| *s.f.* (*méd.*) tifobacillosi *inv.*

typhoïde |tifɔid| *adj.* (*méd.*) *fièvre typhoïde* febbre tifoide, tifoidea ✦ *s.f.* tifoide.

typhoïdique |tifɔidik| *adj.* (*méd.*) tifoideo, tifoide.

typhomycine |tifɔmisin| *s.f.* (*méd.*) tifomicina.

typhon |tifɔ̃| *s.m.* tifone.

typhose |tifoz| *s.f.* (*vétér.*) tifosi *inv.*

typhus |tifys| *s.m.* (*méd.*) tifo.

-typie |tipi| *suff.* → **-type.**

typique |tipik| *adj.* **1** tipico*: *un cas typique* un caso tipico → **caractéristique, remarquable** ◇ (*loc.*) *typique de...* tipico di... **2** (*sc.*) tipico: *caractères typiques* caratteri tipici → **spécifique** **3** *musique typique* musica (tipica) sudamericana.

typiquement |tipikmɑ̃| *adv.* [→ TYPIQUE 1] tipicamente: *un comportement typiquement anglais* un comportamento tipicamente inglese.

typo- |tipɔ| *préf.* (*signifiant 'marque, caractère', correspond généralt. à*) tipo: *typographe* tipografo.

typo |tipo| *s.m.* (*fam.*) → **typographe.**

typochromie |tipɔkʀɔmi| *s.f.* (*techn.*) tipocromia.

typographe |tipɔgʀaf| *s.* (*abrév. fam. 'typo'*) tipografo.

typographie |tipɔgʀafi| *s.f.* tipografia.

typographique |tipɔgʀafik| *adj.* tipografico*: *caractères typographiques* caratteri tipografici; *fautes typographiques* errori tipografici.

typographiquement |tipɔgʀafikmɑ̃| *adv.* [*par la typographie*] tipograficamente.

typolithographie |tipɔlitɔgʀafi| *s.f.* (*techn.*) tipolitografia.

typolithographique |tipɔlitɔgʀafik| *adj.* (*techn.*) tipolitografico*.

typologie |tipɔlɔʒi| *s.f.* tipologia*.
typologique |tipɔlɔʒik| *adj.* tipologico*.
typomètre |tipɔmɛtʀ(ə)| *s.m.* (*imprim.*) tipometro.
typto- |tiptɔ| *préf.* (*signifiant 'frapper', correspond généralt. à*) tipto: *typtologie* tiptologia.
typtologie |tiptɔlɔʒi| *s.f.* tiptologia*.
1 **tyran** |tiʀɑ̃| *s.m.* **1** (*hist.*) tiranno: *Pisistrate, tyran d'Athènes* Pisistrato, tiranno d'Atene **2** [*autocrate*] tiranno **3** (*fig., littér., plais.*) tiranno: *c'est un vrai tyran* è un vero tiranno.
2 **tyran** |tiʀɑ̃| *s.m.* (*t.zool.*) tiranno.
tyranneau |tiʀano| *s.m.* (*littér.*) [*petit tyran*] tirannello.
tyrannicide |tiʀanisid| *s.* **1** *s.* [*personne qui tue un tyran*] tirannicida **2** *s.m.* [*meurtre d'un tyran*] tirannicidio*.
tyrannie |tiʀani| *s.f.* **1** (*hist.*) tirannia, tirannide: *tyrannie grecque* tirannia greca **2** (*cour.*) tirannide, tirannia → **despotisme, dictature** **3** (*littér.*) [*abus de pouvoir*] tirannia: *se libérer de la tyrannie d'un père* liberarsi dalla tirannia di un padre; *exercer sa tyrannie sur qqn.* esercitare su qc. la propria tirannia, il proprio dispotismo *m.* ◇ (*choses*) *la tyrannie des passions* la tirannia, la schiavitù *inv.* delle passioni.
tyrannique |tiʀanik| *adj.* **1** tirannico*: *régime tyrannique* regime tirannico **2** [*autoritaire, injuste et violent*] tirannico **3** (*littér.*) tirannico: *la mode est tyrannique* la moda è tirannica.
tyranniquement |tiʀanikmɑ̃| *adv.* (*littér.*) [→ TYRANNIQUE] tirannicamente.
tyranniser |tiʀanize| *v.tr.* **1** [*traiter* (*qqn.*) *avec tyrannie; abuser de son pouvoir ou de son autorité*] tiranneggiare → **opprimer, persécuter** **2** (*choses*) [*exercer une contrainte qui asservit*] tiranneggiare: *se laisser tyranniser par de fausses obligations* lasciarsi tiranneggiare da falsi obblighi.
tyrannosaure |tiʀanozɔʀ| *s.m.* (*paléont.*) tirannosauro.
tyrolien, ienne |tiʀɔljɛ̃, jɛn| *adj.* [*du Tyrol*] tirolese.
tyrolienne |tiʀɔljɛn| *s.f.* canto *m.* tirolese.
tyrosinase |tiʀozinɑz| *s.f.* (*biol., chim.*) tirosinasi *inv.*
tyrosine |tiʀozin| *s.f.* (*biol., chim.*) tirosina.
tyrothricine |tiʀɔtʀisin| *s.f.* (*méd.*) tirotricina.
tyrrhénien, ienne |tiʀenjɛ̃, jɛn| *adj.* [*de la mer Tyrrhénienne*] tirreno, tirrenico*.
tzar |tsaʀ, (*cour.*) dzaʀ| *s.m.* → **tsar.**
tzigane |dzigan| *s. et adj.* → **tsigane.**

U

u |y| *s.m.* [*vingt et unième lettre de l'alphabet*] u (*f. ou m.*): *U majuscule* U maiuscola; *u minuscule* u minuscolo ◇ (*télécom.*) *U comme Ursule* U come Udine ◇ (*loc.*) *en U* a U: *tube en U* tubo a U ◇ (*chim., symb. de l'uranium*) U.
ubac |ybak| *s.m.* (*géogr.*) ubac *inv.* © **adret.**
ubiquiste |ybikɥist(ə)| *adj. et s.* [*qui est présent partout à la fois*] ubiquitario*, onnipresente.
ubiquité |ybikɥite| *s.f.* ubiquità (*inv.*): *avoir le don de l'ubiquité* avere il dono dell'ubiquità.
ubuesque |ybyɛsk(ə)| *adj.* → **grotesque, absurde.**
ufologue |yfɔlɔg| (*angl.*) *s.m.* ufologo* → **ovnilogue.**
uhlan |ylɑ̃| *s.m.* (*hist. milit.*) ulano.
ukase |ykɑz|, **oukase** |ukɑz| *s.m.* **1** ukase *inv.*, ucase *inv.* **2** (*fig.*) ukase, decisione *f.* inappellabile.
ukrainien, ienne |ykʀɛnjɛ̃, jɛn| **1** *adj.* [*de l'Ukraine*] ucraino: *république ukrainienne* repubblica ucraina **2** (*s.m.*) *l'ukrainien* [*la langue*] l'ucraino.
ulcératif, ive |ylseʀatif, iv| *adj.* (*méd.*) ulcerativo.
ulcération |ylseʀɑsjɔ̃| *s.f.* (*méd.*) ulcerazione.
ulcère |ylsɛʀ| *s.m.* **1** (*méd.*) ulcera (*f.*): *ulcère d'estomac* ulcera gastrica **2** (*arbor.*) ferita *f.*
ulcéré, ée |ylseʀe| *adj.* [*qui éprouve un violent ressentiment*] esulcerato, esacerbato.
ulcérer |ylseʀe| (8) *v.tr.* **1** [*produire un ulcère sur*] ulcerare **2** (*fig.*) [*blesser* (*qqn.*) *profondément*] esacerbare: *ce manque de confiance l'a ulcéré* questa mancanza di fiducia l'ha esacerbato, profondamente amareggiato → **vexer.**
ulcéreux, euse |ylseʀø, øz| *adj.* (*méd.*) ulceroso.
ulcéroïde |ylseʀɔid| *adj.* (*méd.*) ulceroso: *plaie ulcéroïde* piaga ulcerosa.
uléma |ylema| *s.m.* ulema *inv.*, ulama *inv.*
uliginaire |yliʒinɛʀ|, **uligineux, euse** |yliʒinø, øz| *adj.* [*humide*] uliginoso.
ulluque |y(l)lyk| *s.m.* (*t.bot.*) ullucus *inv.*
Ulmacées |ylmase| *s.f. pl.* (*t.bot.*) Ulmacee.
ulmaire |ylmɛʀ| *s.f.* (*t.bot.*) ulmaria.
ulnaire |ylnɛʀ| *adj.* (*anat.*) ulnare.
ulotrique |ylɔtʀik| *adj.* (*ethnogr.*) ulotrico*.
ulster |ylstɛʀ| *s.m.* (*vx.*) ulster *inv.*
ultérieur, eure |ylteʀjœʀ| *adj.* **1** (*géogr.*) ulteriore **2** ulteriore; successivo → **futur, postérieur** © **2 antérieur.**
ultérieurement |ylteʀjœʀmɑ̃| *adv.* [*plus tard*] successivamente, in seguito (*loc. inv.*): *nous reparlerons de cette question ultérieurement* riparleremo della questione successivamente, in seguito → **après, ensuite.**
ultimatum |yltimatɔm| *s.m.* ultimatum (*inv.*): *adresser, envoyer un ultimatum* mandare un ultimatum.
ultime |yltim| *adj.* ultimo, estremo: *faire une ultime tentative* fare un ultimo, un estremo tentativo.
ultimo |yltimo| *adv.* [*en dernier lieu*] da ultimo *loc. inv.*
ultra- |yltʀa| *préf.* (*signifiant 'au delà', correspond généralt. à*) ultra: *ultramoderne* ultramoderno.
ultra |yltʀa| *s. et adj.* [*réactionnaire extrémiste*] estremista, 'ultra' (*inv.*): *des ultras* degli estremisti, degli 'ultra'.
ultracentrifugation |yltʀasɑ̃tʀifygɑsjɔ̃| *s.f.* (*sc.*) ultracentrifugazione.
ultracentrifugeuse |yltʀasɑ̃tʀifyʒøz| *s.f.* (*sc.*) ultracentrifuga*.
ultra-chic |yltʀaʃik| *adj.* (*plais.*) [*très élégant*] ultraelegante, ultrachic *inv.*
ultra-court,-courte |yltʀakuʀ, kuʀt(ə)| *adj.* ultracorto.
ultrafiltration |yltʀafiltʀɑsjɔ̃| *s.f.* (*sc.*) ultrafiltrazione.
ultraléger, ère |yltʀaleʒe, ɛʀ| *adj.* ultraleggero: *alliages ultralégers* leghe ultraleggere.
ultra-marin, ultramarin, ine |yltʀamaʀɛ̃, in| *adj.* (*rare, littér.*) ultramarino, oltremarino (*cour.*).
ultramicroscope |yltʀamikʀɔskɔp| *s.m.* (*sc.*) ultramicroscopio*.
ultramicroscopie |yltʀamikʀɔskɔpi| *s.f.* (*sc.*) ultramicroscopia.
ultramicroscopique |yltʀamikʀɔskɔpik| *adj.* (*sc.*) ultramicroscopico*.
ultramoderne |yltʀamɔdɛʀn(ə)| *adj.* ultramoderno.
ultramontain, aine |yltʀamɔ̃tɛ̃, ɛn| *adj.* **1** (*vx.*) oltramontano **2** (*relig.*) ultramontano.
ultramontanisme |yltʀamɔ̃tanism(ə)| *s.m.* (*relig.*) ultramontanismo.
ultraonde |yltʀaɔ̃d| *s.f.* (*sc.*) ultraonda.
ultra-petita |yltʀapetita| *adv. et s.m.* (*lat.*) (*dr.*) ultra petita.
ultra-pression |yltʀapʀɛsjɔ̃| *s.f.* (*phys.*) ultrapressione.
ultra-royaliste, ultraroyaliste |yltʀaʀwajalist(ə)| *adj. et s.* ultrarealista.
ultra-sensible |yltʀasɑ̃sibl(ə)| *adj.* ultrasensibile.
ultra-son, ultrason |yltʀasɔ̃| *s.m.* (*sc.*) ultrasuono.
ultra-sonique, ultrasonique |yltʀasɔnik| *adj.* (*sc.*) ultrasonico*.
ultra-violet, ultraviolet, ette |yltʀavjɔlɛ, ɛt| *adj.* ultravioletto: *rayons ultra-violets* raggi ultravioletti ◆ (*s.m.*) *l'ultra-violet* l'ultravioletto.
ultravirus |yltʀaviʀys| *s.m.* (*biol., méd.*) ultravirus *inv.*
ululement |ylylmɑ̃| *s.m.* → **hululement.**
ululer |ylyle| *v.intr.* → **hululer.**
ulve |ylv(ə)| *s.f.* (*t.bot.*) ulva.
un |œ̃|, **une** |yn| **I** *adj. numér.* **1** *cardinal* un *m.*, uno *m.*, una *f.* (*REM. 1: 'une' ne s'elide jamais REM. 2: pour l'emploi it.* → **1 uno**): *en un instant* in un istante; *voilà un écureuil* ecco uno scoiattolo; *une ou deux fois* una o due volte; *les Mille et Une Nuits* le Mille e Una Notte; *un seul homme* un solo uomo; *un à un* (a) uno a uno; *un par un* uno per uno ◇ *loc.* PAS UN [*aucun, nul*] nessuno: *pas un n'accepta* nessuno accettò; *pas un ami ne viendra l'aider* nessun amico verrà ad aiutarlo **2** *nominal* [*une unité; le chiffre notant l'unité*] uno, una: *je pose neuf et je retiens un* scrivo (il) nove e riporto (l')uno ◇ (*fam.*) *et d'un, et d'une!* e uno, e una! **3** *loc.* NE FAIRE QU'UN (AVEC) fare tutt'uno (con): *lui et son frère ne font qu'un* lui e suo fratello fanno tutt'uno ~ *c'est tout un* è tutt'uno, è la stessa cosa **4** *ordinal* [*premier*] uno, una; primo *m.*, prima (*f.*): *livre un* tomo uno, tomo primo; *à la page un* a pagina uno, in prima pagina; *il est une heure* è l'una ◇ (*loc.*) *demain la nouvelle sera à la une* domani la notizia sarà in prima pagina ~ (*fam.*) *ne faire ni une ni deux* senza dire né ahi né bai ◇ (*pour marquer le premier temps d'un mouvement*) *une!... deux!* un (uno)!... due! **5** *adj. qualificatif* (*après le nom ou l'attribut*) [*qui n'a pas de parties et ne peut être divisé*] uno, una: *la République est une et indivisible* la Repubblica è una e indivisibile **II** *indéf.* **1** *art.* (*REM. 'un, une' sont absents dans des loc. figées, des phrases négatives, devant un attribut énonçant une condition sociale, ou devant une appos.*) un, uno, una: *un jour* un giorno; *un peu* un po'; *une autre* un'altra # *être un médecin* fare il medico ◇ (*avec 'en', désignant un homme en génér.*) *en voilà un qui exagère* è (proprio) uno che esagera, quello (lì) esagera ◇ (*devant un nom propre*) *je ne fréquente jamais un Dupont!* non frequento mai un Dupont!; *c'est un Machiavel* è un Machiavelli ◇ [*une personne de* (*telle famille*)] *c'est une Saint-Simon* è una Saint-Simon **2** (*en fonction de pron.*) un, uno, una: *un de ces jours* uno di questi giorni; *une des choses, des personnes qui...* una delle cose, delle persone che...; *plus d'un...* più d'uno... ◇ (*avec un v. au plur., accordé avec le compl. de 'un'*) *un des*

livres qui lui plaisent le plus uno dei libri che gli piacciono di più ◇ (*avec un v. au sing., accordé avec l'indéf.*) *une des plus belles villes que j'aie vue* una delle più belle città che io abbia visto ◇ *loc.* L'UN, L'UNE uno, una: *l'un des amis les plus fidèles* uno degli amici più fedeli ~ *l'un(e) et l'autre* l'uno e l'altro, l'una e l'altra ~ *aimez-vous les uns les autres* amatevi l'un l'altro, gli uni gli altri ~ *ni l'un ni l'autre* né l'uno né l'altro → **autre** **3** *nominal* [*un homme, une femme*] uno, una: *une qui était contente, c'était la petite* una che era contenta, era la piccola.

unanime |ynanim| *adj.* **1** *au plur.* unanimi, concordi: *être unanimes à penser que*... essere unanimi, concordi nel pensare che... **2** [*commun, général*] unanime: *consentement unanime* consenso unanime.

unanimement |ynanimmɑ̃| *adv.* [*par tous; d'un commun accord*] unanimemente: *déclarer unanimement* dichiarare unanimemente, all'unanimità.

unanimisme |ynanimism(ə)| *s.m.* (*litt.*) unanimismo.

unanimiste |ynanimist(ə)| *adj. et s.* unanimista.

unanimité |ynanimite| *s.f.* unanimità (*inv.*): *il y a unanimité dans cette assemblée* c'è l'unanimità in questa assemblea; *être élu à l'unanimité* essere eletto all'unanimità → 1 **accord, consentement.**

unau |yno| *s.m.* (*t.zool.*) colepo.

unciforme |ɔ̃sifɔʀm(ə)| *adj.* (*anat.*) uncinato.

unciné, ée |ɔ̃sine| *adj.* (*bot.*) uncinato.

underground |œndɔʀgʀawnd, œ̃dɛʀgʀawnd| *adj. inv. et s.m. inv.* (*amér.*) underground.

une |yn| *s.f.* prima pagina (di un giornale): *cinq colonnes à la une* cinque colonne in prima pagina ◇ (*fig.*) *il est à la une* ha successo, è alla ribalta.

unguéal, ale, aux |ɔ̃gɥeal, o| *adj.* (*rare*) ungueale.

unguifère |ɔ̃gɥifɛʀ| *adj.* [*qui porte un ongle*] unghiato.

uni- |yni| *préf.* (*signifiant 'un', correspond généralt. à*) uni, mono: *unicellulaire* unicellulare; *unilobé* unilobato, monolobato; *unilingue* monolingue.

uni, unie |yni| *adj.* **I** **1** [*qui est avec* (*uni à, avec*) *ou qui sont ensemble* (*unis*) *de manière à former un tout ou à être en union*] unito: *unis par le mariage* uniti dal matrimonio ◇ (*spécialt.*) *les États-Unis d'Amérique* gli Stati Uniti d'America **2** [*joint, réuni*] unito: *il se tenait les talons unis* stava con i talloni uniti **3** [*qui est formé d'éléments liés; qui constitue une unité*] unito: *le Royaume-Uni* il Regno Unito **4** [*en bonne entente; qui est dans la concorde*] unito: *une famille unie* una famiglia unita **II** [*dont les éléments sont semblables; qui ne présente pas d'inégalité, de variation apparente*] **1** (*d'une surface*) [*sans aspérités*] piano, liscio* → **égal** ◇ [*de couleur, d'aspect uniforme*] *couleur unie* tinta unita; *étoffe unie* stoffa in tinta unita ♦ (*s.m.*) *de l'imprimé et de l'uni* tessuto stampato e tessuto in tinta unita **2** (*littér.*) [*qui s'écoule sans changement notable*] monocorde, monotono (*cour.*): *une vie unie* une vita monotona → 2 **calme** [C] II 1 **accidenté, inégal.**

uniate |ynjat| *s. et adj.* (*relig.*) uniate.

uniaxe |yniaks(ə)| *adj.* (*sc.*) uniassico*.

unicaméral, ale, aux |ynikameʀal, o| *adj.* (*dr. constitutionnel*) monocamerale.

unicaule |ynikol| *adj.* (*bot.*) unicaule.

unicellulaire |ynuse(ɛl)lylɛʀ| *adj.* (*biol.*) unicellulare.

unicité |ynisite| *s.f.* unicità *inv.*

unicolore |ynikɔlɔʀ| *adj.* monocolore, unicolore.

unicorne |ynikɔʀn(ə)| *s.m.* (*mythol.*) unicorno.

unidimensionnel, elle |ynidimɑ̃sjɔnɛl| *adj.* unidimensionale.

unidirectionnel, elle |ynidiʀɛksjɔnɛl| *adj.* (*sc.*) unidirezionale.

unième |ynjɛm| *adj. numér. ordinal* (*après un numér.*) unesimo (*suff.*): *vingt, trente,... et unième* ventunesimo, trentunesimo,...

unièmement |ynjɛmmɑ̃| *adv.* (*correspond à 'unième' et s'emploie dans les mêmes conditions*) *vingt et unièmement* in ventunesimo luogo *loc. inv.*

unificateur, trice |ynifikatœʀ, tʀis| *adj.* unificatore*.

unification |ynifikɑsjɔ̃| *s.f.* unificazione.

unifier |ynifje| **A** *v.tr.* **1** [*faire de* (*plusieurs éléments*) *une seule et même chose; rendre unique, faire l'unité de*] unificare: *unifier des régions* unificare delle regioni → **unir** **2** [*rendre semblables* (*divers éléments que l'on rassemble*)] uniformare, unificare; *unifier l'orthographe d'un texte ancien* uniformare l'ortografia di un antico testo → **uniformiser** **3** [*rendre homogène; faire l'unité morale de*] unificare: *unifier un parti* unificare un partito **B** *v.pron. réfl.* S'UNIFIER [*se fondre en un tout de plusieurs éléments*] unificarsi [C] A 1 **désunir, séparer,** 2 **diversifier.**

unifilaire |ynifilɛʀ| *adj.* (*techn.*) monofilare.

uniflore |ynifl ɔʀ| *adj.* (*bot.*) unifloro.

unifolié, ée |ynifɔlje| *adj.* (*bot.*) unifogliolato.

1 **uniforme** |ynifɔʀm(ə)| *adj.* **1** uniforme: *mouvement uniforme* moto uniforme → **régulier** **2** [*qui ne varie pas ou peu*] uniforme: *un ciel uniforme et gris* un cielo uniforme e grigio **3** [*qui ressemble beaucoup aux autres*] uniforme: *caractères uniformes* caratteri uniformi → **même, pareil** **4** (*math.*) *fonction uniforme* funzione uniforme [C] 1 **inégal, irrégulier**; 2 **changeant, divers.**

2 **uniforme** |ynifɔʀm(ə)| *s.m.* uniforme *f.*, divisa (*f.*): *uniforme d'officier* uniforme, divisa da ufficiale; *uniforme d'huissier* uniforme da usciere.

uniformément |ynifɔʀmemɑ̃| *adv.* **1** [*par un mouvement régulier*] uniformemente: *orbites décrites uniformément* orbite descritte uniformemente ◇ [*proportionnellement au temps*] *mouvement uniformément accéléré* moto uniformemente accelerato **2** [*de la même façon dans toute sa durée ou son étendue*] uniformemente, in modo uniforme (*loc. inv.*): *sa vie s'écoule uniformément* la sua vita scorre uniformemente, in modo uniforme **3** [*comme tous les autres*] uniformemente, in modo uniforme.

uniformisation |ynifɔʀmizɑsjɔ̃| *s.f.* [→ UNIFORMISER] uniformazione.

uniformiser |ynifɔʀmize| *v.tr.* **1** [*rendre uniforme*] uniformare: *uniformiser une teinte* uniformare una tinta **2** [*rendre semblables ou moins différents*] uniformare: *uniformiser les programmes* uniformare i programmi.

uniformité |ynifɔʀmite| *s.f.* **1** uniformità (*inv.*): *uniformité d'un mouvement* uniformità di un moto **2** [*égalité*] uniformità: *uniformité du ciel* uniformità del cielo.

unijambiste |yniʒɑ̃bist(ə)| *adj.* privo di una gamba ♦ *s.* persona *f.* priva di una gamba.

unilatéral, ale, aux |ynilateʀal, o| *adj.* **1** (*bot.*) unilaterale **2** [*qui ne se fait que d'un côté*] unilaterale # *stationnement unilatéral* sosta su un solo lato (della strada) **3** (*dr.*) unilaterale: *contrat unilatéral* contratto unilaterale **4** (*par ext.*) *décision unilatérale* decisione unilaterale.

unilatéralement |ynilateʀalmɑ̃| *adv.* [→ UNILATÉRAL] unilateralmente.

unilinéaire |ynilineɛʀ| *adj.* unilineare.

unilingue |ynilɛ̃g| *adj.* monolingue.

unilobé, ée |ynilɔbe| *adj.* (*sc. nat.*) unilobato, monolobato.

uniloculaire |ynilɔkylɛʀ| *adj.* (*sc. nat.*) uniloculare.

uniment |ynimɑ̃| *adv.* **1** (*littér.*) [*semblablement; avec régularité*] uniformemente (*cour.*), regolarmente (*cour.*): *avancer uniment* avanzare uniformemente, regolarmente **2** (*loc.*) *tout uniment* [*avec simplicité*] con semplicità, semplicemente → **franchement.**

uninominal, ale, aux |yninɔminal, o| *adj.* uninominale.

1 **union** |ynjɔ̃| *s.f.* **I** **1** unione: *union étroite, solide* stretta unione, unione salda; *union des couleurs, des sons musicaux* unione di colori, di suoni musicali → **assemblage, association, réunion** ◇ (*philo., relig.*) *union mystique* unione mistica **2** [*relation récipr. entre deux personnes, deux choses*] unione: *union des cœurs, des âmes* unione, comunione dei cuori, degli animi → **amitié, attachement, fraternité** ◇ (*par ext.*) *union conjugale* unione coniugale; *union libre* libera unione **3** [*état de personnes, de groupes liés par un accord*] unione: *union douanière, monétaire* unione doganale, monetaria; *union des créanciers* unione dei creditori **4** [*entente entre plusieurs personnes, plusieurs groupes*] unione: *resserrer l'union entre des partis* rafforzare l'unione tra i partiti; *l'union qui doit régner entre les hommes* l'unione che deve regnare tra gli uomini ◇ (*prov.*) *l'union fait la force* l'unione fa la forza **II** [*ensemble de ceux qui sont unis*] unione: *union ouvrière* unione operaia; *union de syndicats* unione sindacale → **confédération, fédération**; *union d'États* unione fra Stati; *Union Postale Universelle* Unione Postale Universale → **association, ligue, entente** **III** **1** → **réunion** **2** (*loc.*) *trait d'union* → **trait d'union.**

2 **union** |ynjɔ̃| *s.f.* [*grosse perle*] perlone *m.*

unionisme |ynjɔnism(ə)| *s.m.* unionismo.

unioniste |ynjɔnist(ə)| *s. et adj.* unionista.

uniovulé, ée |yniɔvyle| *adj.* uniovulare.

unipare |ynipaʀ| *adj.* (*biol.*) uniparo.

unipersonnel, elle |ynipɛʀsɔnɛl| *adj. et s.m.* (*ling.*) impersonale.

unipolaire |ynipɔlɛʀ| *adj.* (*électr.*) unipolare.

uniprix |ynipʀi| *s.m.* (*nom de magasins*) ⊠.

unique |ynik| *adj.* **I** *quantitatif* **1** (*avant ou après le nom*) [*qui est un seul, n'est pas accompagné par d'autres du même genre*] unico* (*REM. 'unique' a plus de force placé après le nom*): *c'est son unique fils, son fils unique* è il suo unico figlio; *il est fils unique* è figlio unico; (*rue à*) *sens unique* (strada a) senso unico; *un cas unique* un caso unico → **isolé**; *c'est son unique souci* è la sua unica preoccupazione **2** (*généralt. après le nom*) [*qui est un seul, qui répond seul à sa désignation et forme une unité*] unico: *deux aspects d'un unique univers* due aspetti di un unico universo ◇ [*qui est le même pour plusieurs choses, plusieurs cas*] unico: *prix unique* prezzo unico **II** *qualitatif* (*REM. dans ce cas, le comparatif et le superlatif sont possibles*) *c'est le plus unique en son genre* è assolutamente unico nel suo genere **1** (*généralt. après le nom*) [*qui est le seul de son espèce; qui dans son espèce présente des caractères qu'aucun autre ne possède*] unico: *il faut essayer d'employer le mot juste, le mot unique* bisogna cercare di usare la parola giusta, l'unica possibile **2** (*après le nom*) [*qui est ou qui paraît foncièrement différent des autres*] unico: *une œuvre unique* un'opera unica; *c'est un artiste unique* è un artista unico; *unique en son genre* unico nel suo genere ◇ (*fam.*) *il est vraiment unique!* è proprio unico! → **curieux, extravagant** 🄲 I 1 **multiple, plusieurs**; II 2 **commun, courant** 1.

uniquement |ynikmɑ̃| *adv.* **1** [*à l'exclusion des autres*] unicamente, esclusivamente: *le résultat compte uniquement pour lui* per lui conta unicamente, esclusivamente il risultato **2** [*seulement*] unicamente, soltanto: *il désire uniquement réussir* desidera unicamente, soltanto riuscire.

unir |yniʀ| **A** *v.tr.* **1** [*mettre ensemble* (*les éléments d'un tout*) *ou rapprocher* (*des éléments*)] unire (197): *unir une province à un pays* unire, annettere una provincia a un paese; *unir des mots pour former une phrase* unire delle parole per formare una frase → **assembler, réunir** **2** [*faire exister, vivre ensemble* (*des personnes*)] unire: *c'est le prêtre qui les a unis* è il prete che li ha uniti (in matrimonio) → **marier** **3** [*associer par un lien politique, économique*] unire: *unir deux États* unire due Stati → **allier** **4** [*relier par un moyen de communication*] unire, collegare: *ligne aérienne qui unit deux continents, deux villes* linea aerea che unisce, collega due continenti, due città **5** UNIR (*qqch.*) À [*avoir, posséder à la fois*] unire (q.c.) a: *il unit la force à la douceur* unisce la forza alla dolcezza → **allier, associer, joindre** **B** *v. pron.* S'UNIR **1** *réfl.* [*contracter une union, s'associer* (*avec qqn.*)] unirsi: *s'unir à, avec des amis pour former une association* unirsi a, con degli amici per formare un'associazione **2** *récipr.* (*choses*) [*ne plus former qu'un tout*] unirsi, congiungersi (150): *rivières qui s'unissent en mêlant leurs eaux* fiumi che si uniscono, si congiungono mescolando le loro acque → **joindre (se), mêler (se)** ◇ (*personnes, groupes*) [*faire cause commune*] *s'unir contre l'envahisseur* unirsi contro l'invasore; *États, nations qui s'unissent politiquement* Stati, nazioni che si uniscono politicamente → **associer(s'), solidariser (se)** **3** *récipr.* [*se trouver ensemble, de manière à former un tout*] unirsi, fondersi (146): *couleurs qui s'unissent harmonieusement* colori che si uniscono, si fondono armoniosamente → **associer(s'), joindre(se)** # *leurs idées s'unissent sans peine* le loro idee si accordano facilmente.

unisexe |ynisɛks| *adj.* unisex (*inv.*): *mode unisexe* moda unisex.

unisexualité |ynisɛksɥalite| *s.f.* (*biol., bot.*) unisessualità *inv.*

unisexué, ée |ynisɛksɥe| *adj.* (*biol., bot.*) unisessuato.

unisson |ynisɔ̃| *s.m.* **1** (*mus.*) unisono: *chanter à l'unisson* cantare all'unisono **2** (*fig.*) *l'unisson de leurs pensées* l'unisono dei loro pensieri; *nos cœurs sont à l'unisson* i nostri cuori battono all'unisono.

unitaire |ynitɛʀ| **I** *s. et adj.* (*relig. chrét.*) unitario* **II** *adj.* **1** (*polit., sc.*) unitario **2** [*relatif à l'unité, à un seul objet*] unitario: *prix unitaire* prezzo unitario 🄲 II 2 **total.**

unitarien, ienne |ynitaʀjɛ̃, jɛn| *adj. et s.* (*relig. chrét.*) unitariano.

unitarisme |ynitaʀism(ə)| *s.m.* (*polit., ling.*) unitarismo, unitarianismo.

unité |ynite| *s.f.* **I** **1** unità (*inv.*): *unité et pluralité* unità e pluralità ◇ *loc.* UNITÉ DE... unità di...: *unité de vues* unità, comunanza di vedute; *unité d'action* unità d'azione → **conformité, identité** **2** [*caractère de ce qui n'a pas de parties, ne peut être divisé*] unità: *l'unité d'une espèce* l'unità di una specie ◇ (*dr.*) *l'unité indivisible de la France* l'unità indivisibile della Francia ◇ [*état de ce qui forme un tout organique*] *unité nationale* unità nazionale; *maintenir, briser, rompre l'unité* mantenere, spezzare, rompere l'unità **3** [*cohérence interne*] unità: *l'unité d'une œuvre* l'unità di un'opera → **cohésion, homogénéité** **II** **1** [*élément simple* (*d'un ensemble homogène*)] unità: *le département est une unité administrative* il dipartimento è un'unità amministrativa ◇ [*objet fabriqué* (*en série*)] *une commande de tant d'unités* un ordine di tante unità # *prix à l'unité* prezzo unitario **2** (*milit.*) unità: *grande unité d'infanterie* grande unità di fanteria; *rejoindre son unité* raggiungere la propria unità **3** (*math.*) unità: *le chiffre des unités* la cifra delle unità **4** [*grandeur finie servant de base à la mesure des autres grandeurs de même espèce*] unità: *unités de mesure* unità di misura; *unité monétaire* unità monetaria.

unitif, ive |ynitif, iv| *adj.* **1** (*relig.*) unitivo **2** (*anat.*) sinciziale.

univalent, ente |ynivalɑ̃, ɑ̃t| *adj.* (*chim., math.*) monovalente.

univalve |ynivalv(ə)| *adj.* (*sc. nat.*) univalve.

univers |ynivɛʀ| *s.m.* **I** **1** universo: *l'univers entier craint la guerre nucléaire* l'universo intero teme la guerra nucleare **2** [*l'ensemble de tout ce qui existe*] universo: *les lois de l'univers* le leggi dell'universo **3** (*astron., sc.*) universo → **monde, nature** **II** (*fig.*) universo: *l'univers poétique* l'universo poetico.

universalisation |ynivɛʀsalizɑsjɔ̃| *s.f.* [→ UNIVERSALISER] universalizzazione.

universaliser |ynivɛʀsalize| **A** *v. tr.* [*rendre commun à tous les hommes; répandre largement*] universalizzare → **diffuser, généraliser** **B** *v.pron. intr.* S'UNIVERSALISER [→ *tr.*] universalizzarsi: *cette coutume tend à s'universaliser* questa usanza tende a universalizzarsi.

universalisme |ynivɛʀsalism(ə)| *s.m.* (*philo., relig.*) universalismo.

universaliste |ynivɛʀsalist(ə)| *adj.* (*philo., relig.*) universalistico* ♦ *s.* universalista.

universalité |ynivɛʀsalite| *s.f.* (*dr., philo., cour.*) universalità *inv.*

universaux |ynivɛʀso| *s.m. pl.* (*hist. philo.*) universali.

universel, elle |ynivɛʀsɛl| **I** *adj.* **1** universale: *jugement universel* giudizio universale ◇ (*techn.*) *clé universelle* chiave inglese **2** (*personnes*) universale: *un esprit universel* una mente universale → 1 **complet, omniscient** **3** (*dr.*) universale: *héritier universel* erede universale ◇ (*dr. constitutionnel*) *suffrage universel* suffragio universale **4** [*mondial*] universale; mondiale: *histoire universelle* storia universale ‖ *guerre universelle* guerra mondiale **5** [*qui concerne l'univers tout entier*] universale: *gravitation universelle* gravitazione universale **II** (*s.m.*) *l'universel* l'universale.

universellement |ynivɛʀsɛlmɑ̃| *adv.* [*par tous les hommes*] universalmente: *une chose universellement connue* una cosa universalmente conosciuta → **mondialement.**

universiade |ynivɛʀsjad| *s.f.* universiade.

universitaire |ynivɛʀsitɛʀ| *adj.* universitario*: *études universitaires* studi universitari ♦ (*s.*) *un universitaire* un professore, un docente universitario *adj.*

université |ynivɛʀsite| *s.f.* università (*inv.*): *entrer à l'université* entrare all'università # *ville d'université* città universitaria.

univitellin, ine |ynivitɛ(l)lɛ̃, in| *adj.* (*biol.*) monovitellino, monozigote.

univocité |ynivɔsite| *s.f.* univocità *inv.*

univoque |ynivɔk| *adj.* univoco*.

upas |ypɑs| *s.m.* (*bot.*) upas *inv.*

upérisation |ypeʀizasjɔ̃| *s.f.* uperizzazione.

uppercut |ypɛʀkyt| *s.m.* (*angl.*) (*boxe*) montante, uppercut *inv.*

upsilon |ypsilɔn| *s.m.* [*vingtième lettre de l'alphabet gr.*] ipsilon *m. ou f. inv.*

uracile |yʀasil(ə)| *s.m.* (*chim.*) uracile.

uranate |yʀanat| *s.m.* (*chim.*) uranato.

urane |yʀan| *s.m.* (*chim.*) ossido di uranio.

uranie |yʀani| *s.f.* (*t.zool.*) urania.

uranifère |yʀanifɛʀ| *adj.* (*minér.*) uranifero.

uraninite |yʀaninit| *s.f.* (*minér.*) uraninite → **pechblende.**
uranique |yʀanik| *adj.* (*chim.*) uranico*.
uranisme |yʀanism(ə)| *s.m.* (*méd.*) uranismo.
uranium |yʀanjɔm| *s.m.* (*chim.*) uranio*.
urano- |yʀanɔ| *préf.* (*signifiant 'ciel' et en anat. 'voûte du palais', correspond généralt. à*) urano: *uranoscope* uranoscopo; *uranoplastie* uranoplastica.
uranographe |yʀanɔgʀaf| *s.m.* uranografo.
uranographie |yʀanɔgʀafi| *s.f.* (*astron.*) uranografia.
uranographique |yʀanɔgʀafik| *adj.* (*astron.*) uranografico*.
uranométrie |yʀanɔmetʀi| *s.f.* (*astron.*) uranometria.
uranoplastie |yʀanɔplasti| *s.f.* (*chir.*) uranoplastica*.
uranoscope |yʀanɔskɔp| *s.m.* (*t. zool.*) uranoscopo.
uranyle |yʀanil| *s.m.* (*chim.*) uranile.
urate |yʀat| *s.m.* (*chim.*) urato.
urbain, aine |yʀbɛ̃, ɛn| *adj.* **1** (*antiq. rom.*) urbano **2** [*qui est de la ville, des villes*] urbano: *transports urbains* trasporti urbani; *voirie urbaine* rete stradale urbana **3** (*littér.*) (*personnes*) urbano, civile [C] 2 **rural.**
urbanisation |yʀbanizɑsjɔ̃| *s.f.* [→ URBANISER] urbanizzazione; inurbamento *m.*, urbanesimo *m.*
urbaniser |yʀbanize| *v.tr.* [*donner le caractère urbain, citadin à*] urbanizzare.
urbanisme |yʀbanism(ə)| *s.m.* urbanistica* *f.* # *plan d'urbanisme* piano urbanistico, regolatore.
urbaniste |yʀbanist(ə)| *s.* urbanista ✦ *adj.* urbanistico*.
urbanistique |yʀbanistik| *adj.* urbanistico*.
urbanité |yʀbanite| *s.f.* urbanità *inv.*
urbi et orbi |yʀbiɛtɔʀbi| *loc. adv.* (*lat.*) (*liturg. cathol.*) urbi et orbi.
urbinate |yʀbinat(ə)| *adj.* [*d'Urbino*] urbinate ✦ *s.m.* (*par antonomase*) *l'Urbinate* [*Raphaël*] l'Urbinate.
urcéolé, ée |yʀseɔle| *adj.* (*bot.*) urceolato.
-ure |yʀ| *suff.* (*indiquant 'un sel d'hydracide', correspond généralt. à*) uro: *chlorure* cloruro.
ure |yʀ| (*vx.*) *s.m.* → **urus.**
ur(é)- |yʀ(e)| *préf.* (*signifiant 'urine, uriner', correspond généralt. à*) ur(e): *urémie* uremia.
Urédinées |yʀedine|, **Urédinales** |yʀedinal| *s.f. pl.* (*t.bot.*) Uredinee, Uredinali.
urédospore |yʀedɔspɔʀ| *s.f.* (*bot.*) uredospora.
urée |yʀe| *s.f.* (*biol., chim.*) urea.
uréide |yʀeid| *s.m.* (*chim.*) ureide *f.*
urémie |yʀemi| *s.f.* (*méd.*) uremia.
urémique |yʀemik| *adj.* (*méd.*) uremico*.
-urèse |yʀɛz| *suff.* (*signifiant 'action d'uriner', correspond généralt. à*) uresi: *diurèse* diuresi.
urétéral, ale, aux |yʀeteʀal, o| *adj.* (*anat., méd.*) ureterale.
uretère |yʀtɛʀ| *s.m.* (*anat.*) uretere.
urétérite |yʀeteʀit| *s.f.* (*méd.*) ureterite.
urétral, ale, aux |yʀetʀal, o| *adj.* (*anat.*) uretrale.
urètre |yʀɛtʀ(ə)| *s.m.* (*anat.*) uretra *f.*
urétrite |yʀetʀit| *s.f.* (*méd.*) uretrite.
-urge |yʀʒ(ə)| *suff.* (*signifiant 'je fais', correspond généralt. à*) urgo: *démiurge* demiurgo.
urgence |yʀʒɑ̃s| *s.f.* **1** urgenza: *urgence d'un travail* urgenza di un lavoro **2** [*nécessité d'agir vite*] urgenza, emergenza: *il y a urgence* c'è urgenza, una emergenza; *en cas d'urgence* in caso d'urgenza, di emergenza ◇ (*spécialt.*) *une urgence* un'urgenza, un caso *m.* urgente; *service des urgences dans un hôpital* servizio di pronto soccorso *m. sing.* in un ospedale **3** *loc. adv.* D'URGENCE d'urgenza: *venez d'urgence, de toute urgence* venga d'urgenza, con la massima urgenza.
urgent, ente |yʀʒɑ̃, ɑ̃t| *adj.* urgente: *des travaux urgents* dei lavori urgenti; *c'est urgent* è urgente → **pressé** ✦ (*s.m.*) *l'urgent était de savoir l'heure du train* la cosa *f.* urgente *adj.* era di sapere l'ora del treno.
urger |yʀʒe| (3) *v.intr.* (*fam.*) [*être urgent*] urgere* (*rare*), essere (96) (*aux.* essere) urgente: *ça urge!* è urgente!
-urgie |yʀʒi| *suff.* (*signifiant 'œuvre, art', correspond généralt. à*) urgia: *chirurgie* chirurgia.
urgonien, ienne |yʀgɔnjɛ̃, jɛn| *adj.* (*géol.*) urgoniano.
uricémie |yʀisemi| *s.f.* (*méd.*) uricemia.
-urie |yʀi| *suff.* → **-urèse.**
urinaire |yʀinɛʀ| *adj.* urinario*: *appareil urinaire* apparato urinario.
urinal, aux |yʀinal, o| *s.m.* [*vase à col incliné dans lequel un malade peut uriner allongé*] pappagallo.
urine |yʀin| *s.f.* (*physiol.*) urina, orina → 1 **pipi** (*fam.*), **pisse** (*vulg.*).
uriner |yʀine| *v.intr.* [*évacuer l'urine*] urinare, orinare.
urineux, euse |yʀinø, øz| *adj.* (*méd.*) urinoso, orinoso.
urinifère |yʀinifɛʀ| *adj.* (*anat.*) urinifero.
urinoir |yʀinwaʀ| *s.m.* [*petit édifice où les hommes vont uriner*] orinatoio* → **vespasienne.**
urique |yʀik| *adj.* (*biol., chim.*) urico*: *acide urique* acido urico.
urne |yʀn(ə)| *s.f.* **1** urna: *urne funéraire, cinéraire* urna funeraria, cineraria **2** [*vase antique à flancs arrondis*] urna **3** [*boîte dans laquelle les électeurs déposent leur bulletin de vote*] urna: *aller aux urnes* recarsi alle urne **4** (*bot.*) urna.
uro- |yʀɔ| *préf.* **1** (*signifiant 'urine', correspond généralt. à*) uro: *urologie* urologia **2** (*signifiant 'queue', correspond généralt. à*) uro: *uropode* uropodio.
urobiline |yʀɔbilin| *s.f.* (*méd.*) urobilina.
urobilinogène |yʀɔbilinɔʒɛn| *s.m.* (*biol., chim.*) urobilinogeno.
urobilinurie |yʀɔbilinyʀi| *s.f.* (*méd.*) urobilinuria.
urochrome |yʀɔkʀɔm| *s.m.* (*biol., chim.*) urocromo.
Urodèles |yʀɔdɛl| *s.m. pl.* (*t.zool.*) Urodeli.
urogénital, ale, aux |yʀɔʒenital, o| *adj.* (*anat.*) urogenitale.
urographie |yʀɔgʀafi| *s.f.* (*méd.*) urografia.
urolagnie |yʀɔlagni| *s.f.* (*psycho., pathol.*) urolagnia.
urolithe |yʀɔlit| *adj.* (*méd.*) urolito.
urologie |yʀɔlɔʒi| *s.f.* (*méd.*) urologia*.
urologique |yʀɔlɔʒik| *adj.* (*méd.*) urologico*: *division urologique* reparto urologico.
urologue |yʀɔlɔg| *s.* urologo*.
uromètre |yʀɔmɛtʀ(ə)|, **uréomètre** |yʀeɔmɛtʀ(ə)| *s.m.* (*sc.*) urometro.
uropode |yʀɔpɔd| *s.m.* (*zool.*) uropodio*.
uropygial, iale, iaux |yʀɔpiʒjal, jo| *adj.* (*zool.*) dell'uropigio *loc. inv.*
uropygien, ienne |yʀɔpiʒjɛ̃, jɛn| *adj.* (*zool.*) *glande uropygienne* glandola uropigea, uropigio* *s.m.*
uroscopie |yʀɔskɔpi| *s.f.* (*méd.*) uroscopia.
urothérapie |yʀɔteʀapi| *s.f.* (*méd.*) uroterapia.
urotropine |yʀɔtʀɔpin| *s.f.* (*pharm.*) urotropina.
Ursidés |yʀside| *s.m. pl.* (*t.zool.*) Ursidi.
ursuline |yʀsylin| *s.f.* (*relig.*) orsolina.
Urticacées |yʀtikase| *s.f. pl.* (*t. zool.*) Urticacee.
urticaire |yʀtikɛʀ| *s.f.* (*méd.*) orticaria.
urticant, ante |yʀtikɑ̃, ɑ̃t| *adj.* urticante, orticante.
urtication |yʀtikɑsjɔ̃| *s.f.* (*méd.*) urticazione.
urubu |yʀyby| *s.m.* (*t.zool.*) urubù *inv.*
uruguayen, yenne |yʀygɛjɛ̃, jɛn| *adj.* [*de l'Uruguay*] uruguaiano.
urus |yʀys| *s.m.* (*t. zool.*) uro.
us |ys| *s.m. pl.* (*loc.*) *les us et coutumes* gli usi e (i) costumi.
usage |yzaʒ| *s.m.* **I 1** uso: *l'usage d'un outil, d'un instrument* l'uso di un utensile, di uno strumento; *le bon, le mauvais usage de l'argent* il buono, il cattivo uso del denaro; *l'usage de la force* l'uso della forza **2** [*exercice, fonctionnement*] uso: *l'usage de la raison, des sens* l'uso della ragione, dei sensi; *il a perdu l'usage de la parole* ha perduto l'uso della parola **3** *loc.* FAIRE USAGE DE far uso di, usare: *faire usage de faux noms* far uso di, usare nomi falsi ~ *cela s'abîme à l'usage* coll'uso, usandolo si rovina → **utiliser, employer** ~ *à l'usage* con l'uso ~ EN USAGE in uso: *ces coutumes sont encore en usage* queste consuetudini sono ancora in uso ~ (*fam.*) FAIRE DE L'USAGE durare (molto) (*cour.*): *ce manteau m'a fait beaucoup d'usage* questo soprabito mi è durato molto, mi ha fatto un buon servizio → **durer** **4** [*le fait de pouvoir produire un effet particulier et voulu*] uso: *un couteau à plusieurs usages* un coltello per parecchi usi, pluriuso → **fonction** ◇ *loc.* HORS D'USAGE fuori uso, inservibile (*adj.*): *une vieille voiture hors d'usage* una vecchia macchina fuori uso, inservibile ~ À USAGE (DE): *médicament à usage externe* farmaco per uso esterno; *appartement à usage de bureau* appartamento usato come ufficio **5** *loc.* À L'USAGE (DE) ad uso, per uso (di): *livres à l'usage des écoles* testi ad uso delle scuole, testi scolastici; *cela est réservé à son usage personnel* è riservato a suo uso personale ~ *avoir l'usage de* (*qqch.*) avere l'uso, disporre di (q.c.) **6** [*le fait d'employer les*

éléments du langage dans le discours, la parole] uso: *mot en usage* parola in uso; *l'usage écrit, oral, populaire* l'uso scritto, orale, popolare; *un mot qui appartient au bon usage de la langue* una parola che appartiene all'uso corretto della lingua; *orthographe d'usage* ortografia d'uso, corrente → **emploi** ♦ (*absolt.*) *l'usage* [*l'utilisation de la langue* (*correcte, normale*) *à une époque donnée*] l'uso **II** **1** [*coutume, habitude, mœurs*] uso, usanza (*f.*): *un ancien usage qui se perd* un antico uso, un'antica usanza che si va perdendo ♦ *absolt.* LES USAGES [*les comportements considérés comme meilleurs dans une société*] gli usi: *conforme aux usages* conforme agli usi; *contraire aux usages* contrario agli usi ◇ (*par ext.*) *comme c'est d'usage* come è d'uso; *il est d'usage de donner une fête avant les vacances* è d'uso dare una festa prima delle vacanze **2** L'USAGE [*l'ensemble des pratiques sociales*] l'uso: *c'est l'usage* è l'uso, è d'uso; *consacré par l'usage* consacrato dall'uso; *la formule d'usage* la formula d'uso → **coutume, habitude** **3** (*vx.*) → 1 **pratique** **4** (*littér.*) [*les bonnes manières*] costumatezza *f.*, educazione *f.* (*cour.*): *manquer d'usage* mancare di costumatezza, di educazione → **civilité, politesse** **III** (*dr.*) uso: *l'usage d'un bien* l'uso di un bene ◇ *loc.* D'USAGE d'uso: *clause, formule d'usage* clausola, formula d'uso.

usagé, ée |yzaʒe| *adj.* [*qui a beaucoup servi* (*sans être forcément détérioré, à la différence de 'usé'*)] usato: *vêtements usagés* vestiti usati ◇ (*fig.*) *une expression usagée* un'espressione usata.

usager |yzaʒe| *s.m.* **1** (*dr.*) usuario* *s.* **2** [*personne qui utilise* (*un service public, le domaine public*)] utente: *les usagers de la route* gli utenti della strada ◇ [*utilisateur* (*de la langue*)] chi fa uso *loc.*, chi utilizza (*loc.*): *les usagers du français* coloro che fanno uso del francese.

usant, ante |yzɑ̃, ɑ̃t| *adj.* (*fam.*) [*qui use la santé, les forces*] logorante, sfibrante: *un travail usant* un lavoro logorante, sfibrante.

usé, ée |yze| *adj.* **1** [*altéré par un usage prolongé, par des actions physiques* (*frottements, etc.*)] consumato, logoro: *vêtements usés jusqu'à la corde* vestiti logori, lisi, fino alla corda → **vieux**; *chaussures, semelles usées* scarpe, suole consumate **2** (*littér.*) [*diminué, affaibli par une action progressive*] logoro, consumato: *passion usée* passione logora, consumata # *théories usées* teorie superate **3** (*personnes*) [*dont la santé, les forces sont diminuées*] sfinito, sfibrato: *elle est épuisée, usée* è esaurita, sfinita **4** [*qui a perdu son pouvoir d'expression, d'évocation par l'usage courant, la répétition*] trito: *termes vagues et usés* termini vaghi e triti.

user |yze| **A** *v.intr.* USER DE **1** (*avec un compl. désignant une chose abstraite*) [*avoir recours à, mettre en œuvre*] usare *tr.*, far (103) *tr.* uso di: *user d'un droit* far uso di, avvalersi di un diritto; *user d'un stratagème* usare, far uso di uno stratagemma; *user de termes ambigus* usare termini ambigui; *il en a usé et abusé* ne ha usato e abusato, ne ha fatto uso e abuso; *il faut user de patience avec lui* bisogna usare, avere pazienza con lui → **servir(se), utiliser** **2** (*littér.*) EN USER... *avec qqn.* [*se conduire d'une certaine manière*] condursi (108) *pron.*, comportarsi *pron.* (*cour.*) (bene, male) con qc.: *il en use avec elle d'une manière désinvolte* si comporta molto disinvoltamente con lei → **comporter (se)** **B** *v.tr.* **1** [*détruire par la consommation*; *utiliser* (*qqch.*) *jusqu'à l'épuiser*] consumare: *ce poêle use beaucoup de charbon* questa stufa consuma molto carbone → 1 **consommer, dépenser** **2** [*détériorer, abîmer* (*qqch.*) *par l'emploi que l'on en fait*] consumare, logorare: *user ses vêtements jusqu'à la corde* consumare, logorare i propri vestiti fino alla corda → **élimer, abîmer** ◇ (*loc. fig.*) *user ses fonds de culottes sur les bancs de l'école* consumare il fondo dei pantaloni sui banchi di scuola ◇ [*entamer, altérer* (*qqch.*)] erodere (175): *terrain usé par l'inondation* terreno eroso dall'alluvione; *courant rapide qui use la roche* corrente rapida che erode la roccia **3** [*diminuer, affaiblir* (*une sensation, la force de qqn.*) *par une action lente, progressive*] logorare, consumare: *user sa santé, ses forces* logorare, consumare la propria salute, le proprie forze; *la lecture a usé ses yeux, sa vue* la lettura gli ha logorato, consumato gli occhi, la vista → **abîmer, miner** **4** [*diminuer ou supprimer les forces* (*de qqn.*)] sfibrare, logorare: *le travail l'a usé* il lavoro lo ha sfibrato, logorato → **épuiser** **C** *v. pron.* S'USER **1** *intr.* [*se détériorer à l'usage*; *perdre son utilité*] consumarsi, logorarsi: *tissu, instrument, machine qui s'use vite* tessuto, strumento, macchina che si consuma, che si logora in fretta **2** *intr.* (*abstrait*) [*s'affaiblir, être diminué avec le temps*] esaurirsi (197); finire (197) (*intr.*): *les sentiments finissent par s'user* i sentimenti finiscono per esaurirsi ‖ *tout s'use* tutto finisce **3** *réfl.* (*personnes*) [*perdre sa force, sa santé*] logorarsi, sfibrarsi: *elle s'est usée au travail* si è logorata, sfibrata col lavoro → **fatiguer(se), épuiser(s')** ◇ [*perdre son ascendant, sa puissance, son influence*] logorarsi: *régime où les ministères s'usent vite* regime in cui i governi si logorano in fretta.

usinabilité |yzinabilite| *s.f.* (*techn.*) lavorabilità *inv.*

usinage |yzinaʒ| *s.m.* [→ USINER A 1] lavorazione *f.*

usine |yzin| *s.f.* **1** fabbrica*, stabilimento (*m.*): *usine d'automobiles* fabbrica di automobili; *usine à ciment* fabbrica di cemento, cementificio* (*m.*); *usine de produits chimiques, alimentaires* fabbrica, stabilimento di prodotti chimici, alimentari → **fabrique,** 1 **industrie, manufacture** # *usines textiles* manifatture tessili; *usine à gaz* officina del gaz; *usine de laminage* laminatoio; *usine de métallurgie* industria metallurgica ◇ (*spécialt.*) *aller à l'usine* andare in fabbrica; *travailler dans une usine, en usine* lavorare in una fabbrica, in fabbrica **2** L'USINE [*la grande industrie*] l'industria: *des ouvriers d'usine* operai dell'industria **3** (*fam.*) [*local qui évoque une usine*] officina: *ce restaurant est une vraie usine* questo ristorante è una vera e propria officina.

usiner |yzine| **A** *v.tr.* **1** [*façonner* (*une pièce*) *avec une machine-outil*] lavorare **2** [*fabriquer dans une usine*] fabbricare: *usiner des produits finis* fabbricare prodotti finiti **B** *v.intr.* (*fam.*) [*travailler dur*] sgobbare, lavorare sodo (*cour*): *ça usine, ici!* qui si sgobba, si lavora sodo!

usinier, ière |yzinje, jɛʀ| *adj.* [*qui a rapport à l'usine*] industriale: *industrie usinière* azienda industriale ◇ [*où il y a des usines*] *un quartier usinier* un quartiere industriale.

usité, ée |yzite| *adj.* [*qui est employé, en usage*] usato, in uso (*loc. inv.*): *un mot usité* una parola usata, in uso; *peu usité* poco usato → 1 **courant, usuel.**

usnée |yzne| *s.f.* (*t.bot.*) usnea.

ustensile |ystɑ̃sil| *s.m.* utensile: *ustensiles de cuisine* utensili di cucina.

Ustilaginées |ystilaʒine| *s.f. pl.* (*t.bot.*) Ustilaginali.

usucapion |yzykapjɔ̃| *s.f.* (*dr.*) usucapione.

usuel, elle |yzɥɛl| *adj.* usuale: *un objet usuel* un oggetto usuale; *la langue usuelle* la lingua usuale → **familier**; *procédés usuels* procedimenti usuali → **commun, ordinaire.**

usuellement |yzɥɛlmɑ̃| *adv.* [*communément*] usualmente → **ordinaire(d').**

usufructuaire |yzyfʀyktɥɛʀ| *adj.* (*dr.*) usufruttuario*.

usufruit |yzyfʀɥi| *s.m.* (*dr.*) usufrutto: *avoir une maison en usufruit* avere una casa in usufrutto, usufruire di una casa.

usufruitier, ière |yzyfʀɥitje, jɛʀ| *adj. et s.* usufruttuario*.

usuraire |yzyʀɛʀ| *adj.* usurario*, di usura (*loc. inv.*): *intérêt, taux usuraire* interesse, tasso usurario, di usura.

usurairement |yzyʀɛʀmɑ̃| *adv.* (*rare*) [→ USURAIRE] con usura *loc. inv.*, da usuraio* *loc.*

1 **usure** |yzyʀ| *s.f.* **1** [*dégradation*] usura: *résister à l'usure* resistere all'usura ◇ [*action de ce qui use, dégrade*] *l'usure du temps* l'usura del tempo **2** [*diminution ou altération* (*d'une qualité, de la santé*)] logorio* (*m.*): *usure des forces, de l'énergie* logorio delle forze, dell'energia → **fatigue** ◇ (*loc.*) *avoir qqn. à l'usure* [*prendre l'avantage sur lui en le fatigant peu à peu*] avere la meglio su qc. per logoramento, per stanchezza **3** [*état de ce qui est détérioré par l'usage*] usura, logoramento (*m.*): *usure d'une monnaie* usura, logoramento di una moneta.

2 **usure** |yzyʀ| *s.f.* [*intérêt de taux excessif*; *le fait de prendre un tel intérêt*] usura: *prêter à usure* prestare a usura ◇ *loc. fig.* AVEC USURE a usura, con gli interessi: *je lui rendrai sa méchanceté avec usure* gli restituirò la sua cattiveria a usura, con gli interessi.

usurier, ière |yzyʀje, jɛʀ| *s.* [*personne qui prête à* (2) *usure*] usuraio*, strozzino.

usurpateur, trice |yzyʀpatœʀ, tʀis| *s.* usurpatore*.

usurpation |yzyʀpɑsjɔ̃| *s.f.* **1** (*dr.*) usurpazione: *usurpation de pouvoir* usurpazione di potere **2** (*loc. littér.*) *usurpation sur...* [*empiètement*] sconfinamento *m.* in, invasione in (di).

usurpatoire |yzyʀpatwaʀ| *adj.* (*dr.*) usurpatorio*.

usurper |yzyʀpe| **A** *v.tr.* [*s'approprier sans droit, par la violence ou la fraude* (*un pouvoir, une dignité, un bien*)] usurpare: *usurper un pouvoir, un titre* usurpare un potere, un titolo ◇ [*ob-*

tenir de façon illégitime] *une réputation usurpée* una reputazione usurpata → **emparer(s')** **B** *v.intr.* (*littér.*) *usurper sur...* sconfinare in (*cour.*), invadere (153) *tr.* (*cour.*).

ut |yt| *s.m.* (*mus.*) ut *inv.*, do (*inv.*): *clef d'ut* chiave di ut, di do.

utérin, ine |yteʀɛ̃, in| *adj.* (*anat.*, *dr.*) uterino.

utérus |yteʀys| *s.m.* (*anat.*) utero: *col de l'utérus* collo dell'utero, cervice uterina.

utile |ytil| *adj.* **1** utile: *dépenses utiles ou inutiles* spese utili o inutili ◇ *loc.* UTILE À... utile a: *achetez ce livre, il vous sera utile* compri questo libro, le sarà utile ~ *il serait plus utile de travailler que de discuter* sarebbe più utile lavorare che discutere ~ IL EST UTILE QUE (+ *subj.*) è opportuno che (+ *subj.*): *il est utile que vous appreniez l'anglais* è opportuno che lei impari l'inglese ~ UTILE À (+ *inf.*) utile da (+ *inf.*): *ouvrages utiles à consulter* opere utili da consultare ♦ (*s.m.*) *l'utile* l'utile: *joindre l'utile à l'agréable* unire l'utile al dilettevole **2** (*personnes*) utile: *un collaborateur très utile* un collaboratore molto utile → 1 **précieux**; *chercher à se rendre utile* cercare di rendersi utile **3** (*dr.*) *jours utiles* giorni utili; *en temps utile* in tempo utile, tempestivamente **C** 1; 2 **inutile**.

utilement |ytilmɑ̃| *adv.* [→ UTILE 1] utilmente; opportunamente.

utilisable |ytilizabl(ə)| *adj.* [→ UTILISER] utilizzabile, impiegabile: *les moyens utilisables* i mezzi utilizzabili.

utilisateur, trice |ytilizatœʀ, tʀis| *s.* utilizzatore*, utente.

utilisation |ytilizɑsjɔ̃| *s.f.* [→ UTILISER] uso *m.*, utilizzazione → **emploi**.

utiliser |ytilize| *v.tr.* **1** [*rendre utile, faire servir à une fin précise* (*ce qui n'y était pas nécessairement ou spécialt. destiné*)] utilizzare: *la manière d'utiliser les restes* il modo di utilizzare i resti → **exploiter** **2** [*employer*] usare, utilizzare: *utiliser un procédé, un instrument* usare, utilizzare un procedimento, uno strumento → **pratiquer**, **servir(se)**.

utilitaire |ytilitɛʀ| *adj. et s.* **1** (*philo.*) utilitaristico*: *morale utilitaire* morale utilitaristica **2** [*qui vise essentiellement à l'utile*] pratico*: *arts utilitaires* arti pratiche → 2 **pratique** ◇ (*spécialt.*) *véhicules utilitaires* veicoli commerciali **3** [*préoccupé des intérêts matériels*] utilitaristico: *préoccupations utilitaires* preoccupazioni utilitaristiche.

utilitarisme |ytilitaʀism(ə)| *s.m.* (*philo.*) utilitarismo.

utilitariste |ytilitaʀist(ə)| *adj.* (*philo.*) utilitarista, utilitaristico* ♦ (*s.*) *un utilitariste* un utilitarista.

utilité |ytilite| *s.f.* **1** utilità (*inv.*): *utilité d'un instrument* utilità di uno strumento; *ce procédé n'est d'aucune utilité dans nos recherches* questo procedimento non è di alcuna utilità nelle nostre ricerche ◇ (*personnes*) *elle m'a été d'une grande utilité* mi è stata di grande utilità, aiuto **2** [*convenance*] utilità, vantaggio* (*m.*): *pour mon utilité personnelle* a mio vantaggio personale ◇ (*dr.*) *utilité publique* pubblica utilità **3** (*d'un acteur*) parte di generico, parte secondaria: *jouer les utilités* fare parti di generico.

utopie |ytɔpi| *s.f.* utopia.

utopique |ytɔpik| *adj.* utopistico* → **imaginaire**.

utopiste |ytɔpist(ə)| *s.* utopista.

utriculaire |ytʀikylɛʀ| **1** *s.f.* (*t. bot.*) utricularia, otricolaria **2** *adj.* (*sc. nat.*) otricolare.

utricule |ytʀikyl| *s.m.* (*anat.*, *bot.*) otricolo.

utriculeux, euse |ytʀikylø, øz| *adj.* → **urcéolé**.

uval, ale, aux |yval, o| *adj.* [*qui a rapport au raisin*] uvaceo, dell'uva *loc. inv.*

uva-ursi |yvayʀsi| *s.m.* → **busserole**.

uvée |yve| *s.f.* (*anat.*) uvea.

uvéite |yveit| *s.f.* (*méd.*) uveite.

uvulaire |yvylɛʀ| *adj.* (*anat.*, *phonét.*) uvulare.

uvule |yvyl|, **uvula** |yvyla| *s.f.* (*anat.*) ugola, uvula.

uxoricide |yksɔʀisid| *s.m.* **1** [*meurtre de sa femme par le mari*] uxoricidio* **2** [*meurtrier de sa femme*] uxoricida *s.*

uxorilocal, ale, aux |yksɔʀilɔkal, o| *adj.* (*ethnogr.*) uxorilocale.

V

v |ve| *s.m.* **1** [*vingt-deuxième lettre de l'alphabet*] v (*m. ou f.*): *v minuscule* v minuscolo; *V majuscule* V maiuscola ◇ (*télécom.*) *V comme Victor* V come Venezia ◇ *loc.* EN V a (forma di) V: *décolleté en V* scollatura a V; *moteur en V* motore a V; *double v* → **W**; *le V de la Victoire* la V della Vittoria **2** (*emplois conventionnels*): *V* (*abrév. de 'voir, voyez'*) v; (*abrév. de 'votre'*) vs ◇ (*math.*) *v* (*abrév. de 'volume'*) v ◇ (*électr.*) *V* (*abrév. de 'volt'*) V; *V-A* (*volt-ampère*) V-A ◇ (*chiffre romain*) [*cinq*] V.

va |va| **1** → 1 **aller** **2** *interj.* (*s'emploie pour encourager ou menacer*) va'!, dai!: *tu peux rester, va!* puoi restare, va'!, dai! ◇ (*pop.*) *va donc!* (*s'emploie devant une injure*) ma vattene!: *va donc, idiot!* ma vattene, cretino! **3** *loc.* À LA VA-VITE [*rapidement et sans soin*] alla carlona: *il a fait son boulot à la va-vite* ha sbrigato il lavoro alla carlona.

vacance |vakɑ̃s| *s.f.* **I** *au sing.* [*état d'une charge, d'un poste vacant*] vacanza: *vacance d'une chaire* vacanza di una cattedra ◇ (*dr.*) *vacance de succession* vacanza di successione **II** *au plur.* **1** vacanze: *les grandes vacances* le vacanze estive; *les vacances de Pâques, de Noël* le vacanze di Pasqua, di Natale; *devoirs de vacances* compiti delle vacanze **2** [*repos, cessation des occupations, du travail ordinaires*] vacanze, vacanza (*sing.*): *vous êtes fatigué, vous avez besoin de vacances* lei è stanco, ha bisogno di vacanze, di una vacanza ◇ (*par ext.*) [*temps de repos accordé aux employés*] ferie: *vacances payées* ferie pagate; *prendre ses vacances en juillet* prendere le ferie in luglio; *passer ses vacances à la mer, à la montagne* passare le ferie al mare, in montagna → **congé**.

vacancier |vakɑ̃sje| *s.m.* [*personne en vacances*] villeggiante *s.*; turista *s.* → **estivant**.

vacant, ante |vakɑ̃, ɑ̃t| *adj.* **1** vacante: *poste vacant* posto vacante; *chaire vacante* cattedra vacante **2** (*dr.*) vacante: *biens vacants* beni vacanti **3** [*qui n'est pas rempli, qui est libre*] vacante: *siège vacant* sede vacante → **libre** © 1; 3 **occupé** 1.

vacarme |vakaʀm(ə)| *s.m.* **1** [*grand bruit de gens qui crient, se querellent, s'amusent*] baccano, chiasso: *un vacarme d'enfer* un baccano, un chiasso d'inferno; *faire du vacarme* far baccano, chiasso → **chahut, tapage** **2** [*bruit assourdissant*] rumore assordante, frastuono: *le vacarme d'un chantier* il rumore assordante, il frastuono di un cantiere; *un vacarme de camions* un rumore assordante di camion.

vacataire |vakatɛʀ| *s. et adj.* [*personne affectée à une fonction précise pendant un temps déterminé*] avventizio*.

vacation |vakɑsjɔ̃| *s.f.* (*dr.*) **1** *au sing.* vacazione **2** *au plur.* ferie giudiziarie.

vaccaire |vakɛʀ| *s.f.* (*t.bot.*) vaccaria.

vaccin |vaksɛ̃| *s.m.* vaccino: *vaccin antivariolique* vaccino antivaioloso # *rappel de vaccin* vaccinazione di richiamo ◇ (*fig.*) *il n'y a pas de vaccin contre l'imbécillité* non ci si può vaccinare contro l'imbecillità.

vaccinable |vaksinabl(ə)| *adj.* [→ VACCINER 1] vaccinabile.

vaccinal, ale, aux |vaksinal, o| *adj.* (*méd.*) vaccinico*: *bouton vaccinal* pustola vaccinica.

vaccinateur, trice |vaksinatœʀ, tʀis| *s.m. et adj.* vaccinatore*.

vaccination |vaksinɑsjɔ̃| *s.f.* (*méd.*) vaccinazione.

vaccine |vaksin| *s.f.* (*vétér.*) vaccino *m.*

vaccinelle |vaksinɛl| *s.f.* (*méd.*) vacciniola.

vacciner |vaksine| *v.tr.* **1** [*immuniser par un vaccin*] vaccinare: *vacciner qqn. contre la fièvre typhoïde* vaccinare qc. contro il tifo ◆ (*s.*) *les vaccinés* i vaccinati **2** (*fam.*) *être vacciné contre qqch.* essere vaccinato, immunizzato contro q.c.

vaccinide |vaksinid| *s.f.* (*méd.*) → **vaccinelle**.

vaccinier |vaksinje| *s.m.* (*t.bot.*) vaccinieto.

vaccinifère |vaksinifɛʀ| *adj.* (*méd.*) vaccinifero.

vaccino- |vaksinɔ| *préf.* (*signifiant 'vaccin', correspond généralt. à*) vaccino: *vaccinogène* vaccinogeno.

vaccinogène |vaksinɔʒɛn| *adj.* vaccinogeno.

vaccinoïde |vaksinɔid| *s.f.* → **vaccinelle**.

vaccinostyle |vaksinɔstil| *s.m.* (*méd.*) vaccinostilo.

vaccinothérapie |vaksinɔteʀapi| *s.f.* (*méd.*) vaccinoterapia.

vachard, arde |vaʃaʀ, aʀd(ə)| *adj.* (*pop.*) [*méchant*] maligno (*cour.*), perfido (*cour.*): *une réflexion vacharde* una osservazione maligna, perfida.

1 **vache** |vaʃ| *s.f.* **1** [*femelle du taureau*] vacca*, mucca* (*fam.*): *vache laitière* vacca da latte, mucca; *traire les vaches* mungere le vacche, le mucche ◇ (*fig.*) *les vaches grasses, les vaches maigres* le vacche grasse, le vacche magre ◇ (*loc.*) *le plancher des vaches* [*la terre ferme*] la terraferma ~ *montagne à vaches* montagna di facile ascensione ~ *vache à lait* persona da sfruttare ~ *il pleut comme une vache qui pisse* [*très fort*] piove a catinelle ~ *manger de la vache enragée* vivere di stenti, stentatamente ~ *coup de pied en vache* colpo a tradimento ~ *parler français comme une vache espagnole* parlare francese come una vacca spagnola ◇ (*prov.*) *chacun son métier, les vaches seront bien gardées* ognuno faccia quel che deve fare e tutto andrà meglio **2** [*peau de la vache apprêtée en fourrure*] vacchetta: *sac en vache* borsa di vacchetta.

2 **vache** |vaʃ| **I** *s.f.* (*fam.*) [*personne méchante qui se venge ou punit sans pitié*] canaglia, carogna: *c'est une belle vache* è una bella carogna, una gran canaglia; *ne fais pas la vache!* non fare la carogna! ◇ (*en parlant d'une personne dont on a à se plaindre*) *ah! les vaches, ils m'ont oublié!* mi hanno dimenticato, quelle carogne! **II** *adj.* (*fam.*) **1** [*méchant ou sévère, injuste*] duro, severo: *il a été vache avec moi* è stato duro, severo con me; *une réponse assez vache* una risposta piuttosto dura **2** (*avant le nom*) [*remarquable, beau*] forte, ganzo: *c'est une vache moto!* ganza, forte quella moto!

vachement |vaʃmɑ̃| *adv.* (*fam.*) (*intensif, admiratif*) [*beaucoup, très*] maledettamente, terribilmente (*cour.*): *elle est vachement bien* è maledettamente, terribilmente bella.

vacher, ère |vaʃe, ɛʀ| *s.* [*personne qui mène paître les vaches et les soigne*] vaccaro *m.*, vaccaio* *m.* ◇ (*péj.*) *des manières de vacher* modi da vaccaro, da bovaro.

vacherie |vaʃʀi| *s.f.* **I** [*étable à vaches*] stalla, vaccheria **II** (*fam.*) [*parole, action méchante*] carognata, cattiveria (*cour.*): *dire des vacheries* dire delle cattiverie; *faire des vacheries* fare delle carognate, del male → **méchanceté** ◇ (*par anal.*) [*caractère vache*] *elle est d'une vacherie inouïe!* è di una perfidia, cattiveria inaudita!

vacherin |vaʃʀɛ̃| *s.m.* **1** [*fromage de Franche-Comté, voisin du gruyère*] ⊠ **2** [*meringue à la crème fraîche*] ⊠.

vachette |vaʃɛt| *s.f.* **1** [*jeune vache*] vacchetta **2** [*cuir de génisse*] vacchetta.

vacillant, ante |vasijɑ̃, ɑ̃t| *adj.* vacillante: *démarche vacillante* passo vacillante; *flamme vacillante* fiamma vacillante → **chancelant, tremblant** ◇ (*fig.*) *esprit vacillant* mente vacillante.

vacillation |vasijɑsjɔ̃| *s.f.* vacillazione ◇ (*fig.*) *les vacillations de l'opinion* i tentennamenti *m.*, le perplessità dell'opinione pubblica.

vacillement |vasijmɑ̃| *s.m.* [→ VACILLER] vacillamento, tentennamento ◇ (*fig.*) *vacillement des esprits* vacillamento, tentennamento delle menti.

vaciller |vasije| *v.intr.* **1** [*être animé de mouvements répétés, alternatifs; être en équilibre instable et risquer de tomber*] vacillare: *vaciller sur ses jam-*

bes vacillare, essere malfermo sulle gambe → **chanceler** **2** [*trembler, être sur le point de s'éteindre*; *scintiller faiblement*] vacillare: *flamme, lumière qui vacille* fiamma, luce che vacilla → **trembloter** **3** [*devenir faible, incertain*; *manquer de solidité*] vacillare: *ma mémoire vacille* la mia memoria vacilla.

vacive |vasiv| *s.f.* pecora di due anni.

vacuité |vakɥite| *s.f.* **1** vacuità *inv.* **2** [*vide moral, intellectuel*] vacuità: *la vacuité de ses propos* la vacuità dei suoi discorsi [C] 2 **plénitude.**

vacuolaire |vakɥɔlɛʀ| *adj.* (*biol.*) vacuolare.

vacuole |vakɥɔl| *s.f.* (*biol.*) vacuolo *m.*

vacuolisation |vakɥɔlizɑsjɔ̃| *s.f.* (*biol.*) vacuolizzazione.

vacuoliser |vakɥɔlize| *v.tr.* (*biol.*) [*transformer en vacuoles*; *produire des vacuoles dans*] vacuolizzare *intr.*

vacuome |vakɥɔm| *s.m.* (*biol.*) vacuoma.

vacuum |vakɥɔm| *s.m.* (*lat.*) (*sc.*) vuoto → **vide.**

vade-mecum |vademekɔm| *s.m. inv.* (*lat.*) (*littér.*) vademecum.

vade retro (Satana) |vadeʀetʀosatana| *interj.* (*lat.*) vade retro Satana!

1 **vadrouille** |vadʀuj| *s.f.* (*mar.*) redazza.

2 **vadrouille** |vadʀuj| *s.f.* (*fam.*) [→ VADROUILLER] passeggiata (*cour.*) ◇ (*loc.*) *en vadrouille* a spasso.

vadrouiller |vadʀuje| *v.intr.* (*fam.*) [*se promener sans but précis, sans raison*] bighellonare (*cour.*).

vadrouilleur, euse |vadʀujœʀ, øz| *adj. et s.* (*fam.*) [*qui traînasse, vadrouille*] bighellone (*cour.*).

va-et-vient |vaevjɛ̃| *s.m. inv.* **1** (*mar.*) va e vieni *loc. subst. m.* **2** [*mouvement alternatif*] (movimento *var.* di) va e vieni: *va-et-vient d'une balançoire* va e vieni di un'altalena **3** [*allées et venues de personnes*] andirivieni, viavai: *le va-et-vient perpétuel d'un café-tabac* il continuo andirivieni, viavai di un bar-tabacchi.

vagabond, onde |vagabɔ̃, ɔ̃d| *adj.* **1** (*littér.*) vagabondo: *peuples vagabonds* popoli vagabondi, errabondi ♦ *s.* (*cour.*) vagabondo → **clochard, rôdeur** ◇ (*par ext.*) *vie vagabonde* vita vagabonda **2** (*fig.*) *imagination vagabonde* immaginazione vagabonda.

vagabondage |vagabɔ̃daʒ| *s.m.* [→ VAGABONDER] vagabondaggio* ◇ (*dr.*) *vagabondage spécial* sfruttamento di prostituta ◇ (*fig.*) *vagabondage de l'esprit* vagabondaggio della mente.

vagabonder |vagabɔ̃de| *v.intr.* **1** [*circuler, marcher sans but, se déplacer sans cesse*] vagabondare, errare: *vagabonder sur les routes* vagabondare, errare per le strade **2** (*fig.*) [*errer*] vagabondare, errare: *son imagination vagabondait* la sua fantasia vagabondava, errava.

vagin |vaʒɛ̃| *s.m.* (*anat.*) vagina *f.*

vaginal, ale, aux |vaʒinal, o| *adj.* vaginale: *artère vaginale* arteria vaginale.

vaginisme |vaʒinism(ə)| *s.m.* (*méd.*) vaginismo.

vaginite |vaʒinit| *s.f.* (*méd.*) vaginite.

vagir |vaʒiʀ| *v.intr.* [*pousser des vagissements, et, par ext., de faibles cris comparables*] vagire (197).

vagissant, ante |vaʒisɑ̃, ɑ̃t| *adj.* che vagisce *loc.*

vagissement |vaʒismɑ̃| *s.m.* [*cri de l'enfant nouveau-né*] vagito.

vagolytique |vagɔlitik| *adj.* (*physiol.*) vagolitico*.

vagotonie |vagɔtɔni| *s.f.* (*méd.*) vagotonia.

vagotonique |vagɔtɔnik| *adj.* (*physiol.*) vagotonico*.

1 **vague** |vag| *s.f.* **1** [*rides à la surface d'une masse d'eau*] onda, flutto (*m.*): *le bruit des vagues* il rumore delle onde → **houle, 2 lame** **2** (*fig.*) ondata: *la vague d'enthousiasme pour cet auteur est passée* l'ondata d'entusiasmo per quell'autore è passata ◇ (*par anal.*) *par vagues successives* a ondate successive ◇ (*météo.*) *vague de chaleur, de froid* ondata di caldo, di freddo ◇ (*par ext.*) *la nouvelle vague* [*la dernière génération ou tendance*] la 'nouvelle vague' *inv.* **3** [*surface ondulée*] onda: *les vagues de sa chevelure* le onde dei suoi capelli.

2 **vague** |vag| (*adj.*) *terrain vague* [*vide de cultures et de constructions, dans une ville*] terreno incolto.

3 **vague** |vag| **I** *adj.* **1** vago*: *il m'a donné des indications vagues* mi ha dato delle indicazioni vaghe; *il est resté vague et prudent* è stato vago e prudente, è rimasto nel vago e prudente → **imprécis, incertain** ◇ (*avant le nom*) [*insuffisant, faible*] *elle n'a qu'une vague idée de ce qui se passe* ha solo una vaga idea di quello che succede; *elle a de vagues souvenirs de la guerre* ha dei vaghi ricordi della guerra **2** *regard vague* sguardo perso nel vuoto → **distrait** **3** (*réalité sensible*) [*qui est perçu d'une manière imparfaite*] vago: *on apercevait dans l'obscurité une silhouette vague* nell'oscurità si scorgeva una figura vaga → **indéfinissable, obscur** **4** [*qui n'est pas ajusté, serré*] ampio*: *manteau vague* cappotto ampio **5** (*avant le nom*) [*dont l'identité précise importe peu*; *quelconque, insignifiant*] *il travaille dans un vague bureau* lavora in un certo ufficio; *un vague cousin* un lontano cugino **6** (*anat.*) *nerf vague* nervo vago **II** *s.m.* **1** [*ce qui n'est pas défini, fixé* (*espace, domaine intellectuel, affectif*)] vago: *rester dans le vague* rimanere nel vago # *regarder dans le vague* guardare nel vuoto **2** (*loc.*) *avoir du vague à l'âme* avere un momento di malinconia, essere malinconico [C] I 1 **précis.**

vaguelette |vaglɛt| *s.f.* [*petite vague*] ondina.

vaguement |vagmɑ̃| *adv.* **1** [→ 3 VAGUE I 1] vagamente: *il m'a dit vaguement de quoi il s'agit* mi ha detto vagamente di che si tratta **2** [*d'une manière incertaine ou douteuse*] vagamente: *un geste vaguement désapprobateur* un gesto vagamente disapprovatore.

vaguemestre |vagmɛstʀ(ə)| *s.m.* **1** (*milit.*) sottufficiale portalettere **2** (*mar.*) quartiermastro.

vaguer |vage| *v.intr.* (*littér.*) [*aller au hasard, sans but précis*] vagare → **errer** ◇ (*pensées, regards*) [*errer, ne pas se fixer*] vagare, errare: *laisser vaguer son imagination* lasciar vagare, errare la fantasia → **vagabonder.**

vahiné |vaine| *s.f.* 'vahiné' *inv.*, donna di Tahiti.

vaigrage |vɛgʀaʒ| *s.m.* (*mar.*) serrettame, pagliuolo.

vaigre |vɛgʀ(ə)| *s.f.* (*mar.*) serretta.

vaillamment |vajamɑ̃| *adv.* [*avec vaillance*] valorosamente, strenuamente → **bravement, courageusement.**

vaillance |vajɑ̃s| *s.f.* **1** (*littér.*) [*valeur guerrière, bravoure*] ardimento *m.*, valore *m.* (*cour.*): *un soldat dont la vaillance est connue* un soldato il cui ardimento è ben noto **2** [*courage d'une personne que la souffrance, les difficultés, le travail n'effraient pas*] coraggio* *m.* [C] 1 **lâcheté**; 2 **faiblesse.**

vaillant, ante |vajɑ̃, ɑ̃t| *adj.* **1** (*littér.*) [*plein de courage pour se battre, pour le travail, etc.*] ardimentoso, valoroso (*cour.*) → **brave, courageux** **2** [*vigoureux*] in gamba *loc. inv.*, in salute (*loc. inv.*): *il est guéri, mais pas encore bien vaillant* è guarito, ma non è ancora in gamba, in salute **3** (*loc.*) *n'avoir pas un sou vaillant* non avere il becco di un quattrino [C] 2 **faible.**

vaillantie |vajɑ̃ti| *s.f.* (*t.bot.*) erba croce.

vain, vaine |vɛ̃, vɛn| *adj.* **1** (*littér.*) [*dépourvu de valeur, de sens*] vano: *ce ne sont que de vains mots* sono solo vane parole → **insignifiant** ◇ (*par ext.*) [*qui n'a pas de base sérieuse*] *un vain espoir* una vana speranza → **chimérique, illusoire** **2** [*qui est dépourvu d'efficacité*] vano: *faire de vains efforts* fare sforzi vani, inutili → **inefficace, inutile** ♦ (*impers.*) *il est vain de songer à cela* è inutile pensarci **3** (*personnes*) (*littér.*) vano, vanesio*: *il est superficiel et vain* è superficiale e vano.

vain (en) |ɑ̃vɛ̃| *loc. adv.* in vano (*rare*), invano (*adv.*): *j'ai protesté en vain* ho protestato invano.

vaincre |vɛ̃kʀ(ə)| (54) *v.tr.* **1** [*l'emporter par les armes sur* (*un ennemi*)] vincere (193): *nous vaincrons* (*l'ennemi*) vinceremo (il nemico); *il faudra vaincre ou mourir* bisognerà vincere o morire → **battre** ◇ (*par anal.*) [*dominer et réduire à sa merci, au terme d'une lutte*] battere, vincere: *elle l'a vaincu par son acharnement* l'ha battuto, vinto grazie alla sua perseveranza; l'ha conquistato con l'accanimento **2** [*l'emporter sur* (*un adversaire, un concurrent*) *dans une compétition*] battere: *le champion a vaincu tous ses challengeurs* il campione ha battuto tutti gli sfidanti **3** [*être plus fort que* (*une force naturelle*), *faire reculer ou disparaître*] vincere: *vaincre la maladie* vincere la malattia; *vaincre ses mauvais penchants* vincere le cattive inclinazioni → **dominer, surmonter.**

vaincu, ue |vɛ̃ky| *adj.* [*qui a subi une défaite*] vinto, battuto: *s'avouer vaincu* riconoscersi vinto; *il était vaincu d'avance* era battuto in partenza ♦ (*s.*) *malheur aux vaincus!* guai ai vinti!

vainement |vɛnmɑ̃| *adv.* [*en vain, inutilement*] vanamente.

vainqueur |vɛ̃kœʀ| *s.m.* **1** [*celui qui a gagné la bataille, la guerre*] vincitore* *s.* ♦ (*adj.*) *un air vainqueur* una aria da trionfo *loc. inv.* → **triomphant** **2** [*gagnant*] vincitore: *le vainqueur d'une épreuve sportive* il vincitore di una gara sportiva → **champion** **3** [*celui qui a triomphé* (*d'une force, d'une difficulté naturelle*)] conquistatore* *s.*; dominato-

re* (*s.*): *le vainqueur de l'Everest* il conquistatore dell'Everest.
vair |vɛʀ| *s.m.* **1** [*fourrure de petit-gris*] vaio* **2** (*blas.*) vaio.
vairé, ée |veʀe| *adj.* (*blas.*) vaiato.
1 **vairon** |vɛʀɔ̃| *s.m.* (*t.zool.*) vairone.
2 **vairon** |vɛʀɔ̃| *adj. m.* (*se dit des yeux à l'iris cerclé d'une teinte blanchâtre, ou qui ont des couleurs différentes*) vaiato.
1 **vaisseau** |vɛso| *s.m.* **1** (*anat.*) vaso: *vaisseaux sanguins, lymphatiques* vasi sanguigni, linfatici **2** (*bot.*) canale, vaso.
2 **vaisseau** |vɛso| *s.m.* **I** **1** [*bateau d'une certaine importance*] vascello, nave (*f.*): *capitaine de vaisseau* capitano di vascello ◇ (*fig.*) *brûler ses vaisseaux* tagliare i ponti **2** *vaisseau spatial* veicolo, navicella *f.* spaziale; astronave *f.* **II** (*archit.*) navata *f.* centrale, nave.
vaisselier |vɛsəlje| *s.m.* [*meuble rustique où la vaisselle est exposée à la vue*] (alzata *f.* di) credenza *f.* → **dressoir.**
vaisselle |vɛsɛl| *s.f.* **1** [*ensemble des récipients qui servent à manger, à présenter la nourriture*] stoviglie *pl.*, vasellame (*m.*): *de la vaisselle de porcelaine* stoviglie, vasellame di porcellana; *pile de vaisselle* pila di stoviglie **2** [*ensemble des plats, assiettes, ustensiles de table à laver*] piatti *m. pl.*, stoviglie: *faire la vaisselle* lavare i piatti, le stoviglie; rigovernare.
val, vaux, vals |val, vo| *s.m.* **1** (*dans des noms de lieux*) [*vallée*] valle (*f.*): *le Val de Loire* la valle della Loira **2** (*loc.*) *à val* a valle ~ *par monts et par vaux* per monti e valli.
valable |valabl(ə)| *adj.* **1** [*qui remplit les conditions requises* (*pour être reçu en justice, accepté par une autorité, etc.*)] valido, valevole: *acte, contrat valable* atto, contratto valido; *ma carte d'identité n'est plus valable* la mia carta d'identità non è più valida, valevole → **règle (en)** **2** [*qui a une valeur, un fondement reconnu*] valido: *il n'a donné aucun motif valable* non ha addotto alcun valido motivo → **acceptable, sérieux** **3** (*emploi critiqué*) [*qui a des qualités estimables*] valido: *une solution valable* una valida soluzione; *interlocuteur valable* valido interlocutore.
valablement |valabləmɑ̃| *adv.* **1** [*de manière à être reçu, à produire ses effets juridiques*] validamente: *valablement autorisé* validamente autorizzato **2** [*à bon droit*] a buon diritto (*loc. inv.*): *alléguer valablement* affermare a buon diritto.
valdinguer |valdɛ̃ge| *v.intr.* (*pop.*) → **dinguer.**
valdotain, aine |valdɔtɛ̃, ɛn| *adj.* [*de la Val d'Aoste*] valdostano.
valençay |valɑ̃sɛ| *s.m.* [*fromage de chèvre de forme pyramidale*] ⊠.
1 **valence** |valɑ̃s| *s.f.* (*chim.*) valenza.
2 **valence** |valɑ̃s| *s.f.* arancia* (spagnola).
valence-gramme |valɑ̃sgʀam| *s.f.* (*chim.*) grammovalenza.
valenciennes |valɑ̃sjɛn| *s.f. inv.* 'valenciennes', merletto *m. var.* di Valenciennes.
valentinite |valɑ̃tinit| *s.f.* (*minér.*) valentinite.
Valérianacées |valeʀjanase| *s.f. pl.* (*t.bot.*) Valerianacee.
valériane |valeʀjan| *s.f.* (*t.bot.*) valeriana.
valérianelle |valeʀjanɛl| *s.f.* (*t. bot.*) valerianella.
valérianique |valeʀjanik|, **valérique** |valeʀik| *adj.* (*chim.*) valerianico*.
valet |valɛ| *s.m.* **I** (*ancienn.*) [*domestique*] valletto, domestico*: *valet de pied* domestico # *valet de chambre* cameriere; *valet de ferme* garzone di fattoria; *valet d'écurie* stalliere → **laquais, serviteur** ◇ (*spécialt.*) *valet de nuit* [*cintre pour chemise, veston, pantalon*] stiracalzoni *inv.* **II** (*cartes*) fante: *valet de pique* fante di picche.
valetaille |valtaj| *s.f.* (*péj.*) [*ensemble des valets*] servitorame *m.*
valétudinaire |valetydinɛʀ| *adj. et s.* (*vieilli, littér.*) valetudinario*.
valeur |valœʀ| *s.f.* **I** **1** valore (*m.*): *valeur d'un bien* valore di un bene; *objet de valeur, sans valeur* oggetto di valore, senza valore → **prix** ◇ (*loc.*) *mettre un bien, un capital en valeur* valorizzare un bene, un capitale ◇ (*fig.*) *mettre en valeur* valorizzare, mettere in valore: *mettre en valeur une marchandise, sa beauté* valorizzare, mettere in valore una merce, la propria bellezza **2** (*écon., fin.*) valore: *valeur intrinsèque, extrinsèque de la monnaie* valore intrinseco, estrinseco della moneta **3** (*comm.*) *valeurs mobilières* valori mobiliari **II** **1** [*caractère de ce qui répond aux normes idéales de son type, qui a de la qualité*] valore: *la valeur de cet ouvrage vient de la sincérité de l'auteur* il valore di quest'opera deriva dalla sincerità dell'autore **2** [*ce en quoi une personne est digne d'estime*] valore: *c'est un homme de grande valeur* è un uomo di grande valore → **mérite** **3** [*qualité de ce qui produit l'effet souhaité*] valore: *la valeur d'une méthode* il valore di un metodo → **efficacité,** 3 **portée** **4** UNE VALEUR valore: *les valeurs morales, sociales* i valori morali, sociali; *échelle des valeurs* scala di valori **III** **1** [*mesure* (*d'une grandeur ou d'une quantité variable*)] valore: *valeur de 'x'* valore di 'x' ◇ [*quantité approximative*] *ajoutez la valeur d'un litre d'eau* aggiungete il corrispondente *m.* di un litro d'acqua **2** (*mus.*) valore **3** (*ling.*) valore, senso *m.*
valeureusement |valœʀøzmɑ̃| *adv.* (*rare*) [→ VALEUREUX] valorosamente (*cour.*) → **bravement.**
valeureux, euse |valœʀø, øz| *adj.* (*littér.*) [*brave, courageux*] valoroso (*cour.*).
valgus |valgys| *adj.* (*méd.*) valgo* ✦ (*s.m. inv.*) *valgus* valgismo *var.*
validation |validɑsjɔ̃| *s.f.* [*fait de valider, son résultat*] convalida: *validation d'une élection* convalida di una elezione.
valide |valid| *adj.* **1** valido: *un homme valide* un uomo valido → **robuste, portant (bien)** **2** [*valable*] valido: *passeport valide* passaporto valido **C** 1 **invalide, malade**; 2 **nul** 2, **périmé.**
validement |validmɑ̃| *adv.* (*dr.*) [*valablement*] validamente.
valider |valide| *v.tr.* [*rendre ou déclarer valide*] convalidare → **homologuer, ratifier** **C** **annuler, invalider.**
validité |validite| *s.f.* validità (*inv.*): *durée de validité d'un billet de chemin de fer* (durata di) validità di un biglietto ferroviario.
valine |valin| *s.f.* (*biol.*) valina.
valise |valiz| *s.f.* **1** valigia*: *faire sa valise, ses valises* fare la valigia, le valigie **2** *valise diplomatique* valigia diplomatica.
valkyrie |valkiʀi| *s.f.* → **walkyrie.**
vallée |vale| *s.f.* valle, vallata: *le village est au fond de la vallée* il villaggio è in fondo alla valle; *la vallée de la Loire* la valle della Loira ◇ (*géogr.*) *vallée morte* valle morta; *vallées glaciaires* valli glaciali; *fond de vallée* fondovalle* *m.*
valleuse |valøz| *s.f.* valletta generalmente arida.
vallisnérie |valisneʀi| *s.f.* (*t.bot.*) vallisneria.
vallon |valɔ̃| *s.m.* vallone.
vallonné, ée |valɔne| *adj.* [*parcouru de vallons*] ondulato, a valloncelli *loc. inv.*
vallonnement |valɔnmɑ̃| *s.m.* [*relief d'un terrain où il y a des vallons et des collines*] ondulazione *f.*
valoche |valɔʃ| *s.f.* (*pop.*) → **valise.**
valoir |valwaʀ| (35) **A** *v.intr.* **1** (*sujet de chose*) [*être estimé un certain prix*] valere (191) (*aux.* essere): *valoir peu, beaucoup* valere poco, molto; *votre maison vaut six cent mille francs* la vostra casa vale seicentomila franchi → **coûter, faire** ◇ (*loc.*) *cela ne vaut pas grand-chose* non vale gran che, vale poco ~ *c'est tout ce que cela vaut* non vale di più ~ *cela vaut de l'argent* è una cosa che vale ~ *cela vaut de l'or, son pesant d'or* vale oro, tant'oro quanto pesa ◇ (*fam.*) [*coûter*] *combien ça vaut?* quanto costa? (*cour.*) ✦ (*au p.p. inv.*) *il ne vaut plus les mille francs qu'il a valu* non vale più i mille franchi che valeva (un tempo) **2** (*abstrait*) valere: *il a conscience de ce qu'il vaut* sa quanto vale; *prendre une chose pour ce qu'elle vaut* prendere una cosa per quel che vale **3** *absolt.* [*avoir de la valeur, de l'intérêt, de l'utilité*] valere: *cette loi vaut pour tout le monde* questa legge vale per tutti ◇ (*loc.*) *cela ne me dit rien qui vaille* (è una faccenda che) non mi dice niente di buono ~ *vaille que vaille* sia quel che sia ~ À VALOIR: *verser un acompte à valoir sur telle somme* versare un acconto a valere su una certa somma ~ FAIRE VALOIR far valere: *faire valoir ses droits* far valere i propri diritti; *faire valoir son domaine, ses capitaux* far valere, far fruttare la proprietà terriera, i capitali; *il a des titres à faire valoir* ha dei titoli da far valere; *se faire valoir* farsi valere **4** [*être égal en valeur, en utilité, équivalent à* (*autre chose*)] equivalere (191) (*aux.* essere, avere): *une façon de faire qui en vaut bien une autre* un modo di fare che equivale a, che vale quanto un altro ◇ [*être sans valeur, de valeur médiocre*] valere: *ne rien valoir* non valere niente; *elles ne valent rien, ces poires* non valgono niente, non sanno di niente, queste pere ◇ (*loc.*) *tant, autant vaut...* tanto vale... ~ (*fam.*) *tout ça ne vaut pas un clou, un pet de lapin* (tutto ciò) non vale un fico secco (ficosecco) ◇ (*prov.*) *un homme averti en vaut deux* uomo avvisato, mezzo salvato ✦ *pron. récipr.* SE VALOIR equivalersi: *tous les métiers se valent* tutti i mestieri si equivalgono, sono uguali; *les deux voitures se valent* le due macchine si equivalgono ◇ (*loc.*) *ça se vaut*

una cosa vale l'altra, è (fa) lo stesso **5** *loc.* VALOIR MIEUX QUE (+ *subst.*) [*avoir plus de valeur, être plus utile, plus estimable*] valere più di, essere (96) (*aux.* essere) preferibile a: *le travail vaut mieux que l'ennui* il lavoro vale più della noia, è preferibile alla noia ♦ *impers.* (+ *inf.*) *il vaut mieux, mieux vaut se taire* è meglio tacere; *il vaut mieux ne pas accepter* è meglio non accettare; *il vaut mieux perdre de l'argent que la santé* è meglio, è preferibile perdere il denaro che la salute ◇ (*loc. fam.*) *ça vaut mieux* è meglio, è preferibile ~ *ça vaut mieux que de se casser une jambe* è sempre meglio che rompersi una gamba ◇ (*prov.*) *il vaut mieux tenir que courir* meglio l'uovo oggi che la gallina domani **6** [*être comparable en intérêt à* (*autre chose*); *mériter* (*tel effort, tel sacrifice*)] valere, meritare: *cela vaut le dérangement* val bene il disturbo (che dà); *cela vaut le voyage* vale il viaggio, merita un viaggio ◇ (*loc.*) *ça vaut bien le coup* ne vale proprio la pena ~ VALOIR LA PEINE valere la pena: *ça ne vaut pas la peine d'en parler, qu'on en parle* non vale la pena di parlarne **B** *v.tr.* [*faire obtenir, avoir pour conséquence*] valere, procurare: *qu'est-ce qui nous vaut cet honneur?* cosa ci vale, ci procura questo onore?; a che dobbiamo l'onore? → **procurer** ♦ (*au p.p. accordé*) *les ennuis que lui a valus cette aventure* le seccature che questa avventura gli è valsa, gli ha procurato.

valorisation |valɔʀizɑsjɔ̃| *s.f.* **1** (*écon.*) valorizzazione, avvaloramento *m.* **2** (*philo., psycho.*) valorizzazione.

valoriser |valɔʀize| *v.tr.* **1** (*écon.*) [*faire prendre de la valeur à*] valorizzare, avvalorare **2** (*philo., psycho.*) [*donner de la valeur à* (*qqn., qqch.*)] valorizzare.

valse |vals(ə)| *s.f.* (*danse*) valzer (*m. inv.*): *valse viennoise* valzer viennese ◇ (*fig., fam.*) *la valse des ministres* il giro di valzer dei ministri ◇ *loc. fig.* VALSE-HÉSITATION [*suite de décisions, d'actes contradictoires*] altalena: *la valse-hésitation entre deux choix politiques* l'altalena tra due scelte politiche.

valser |valse| *v.intr.* **1** [*danser la valse, une valse*] ballare *tr.* il valzer **2** (*fam.*) [*être projeté*] essere (96) sbattuto (*passif*): *il est allé valser sur le trottoir* è stato sbattuto sul marciapiede ◇ (*loc.*) *faire valser l'argent* far ballare i quattrini ~ *faire valser des employés* trasferire degli impiegati.

valseur, euse |valsœʀ, øz| *s.* danzatore* di valzer.

valtelin, ine |valtəlɛ̃, in| *adj.* [*de la Valteline*] valtellinese.

valvaire |valvɛʀ| *adj.* (*bot.*) valvare.

valve |valv(ə)| *s.f.* **1** (*bot., zool.*) valva **2** (*techn.*) valvola.

valvé, ée |valve| *adj.* (*bot.*) valvato.

valvulaire |valvylɛʀ| *adj.* (*anat.*) valvolare.

valvule |valvyl| *s.f.* **1** (*anat.*) valvola **2** (*bot.*) valva **3** (*techn.*) valvola a saracinesca.

valvulectomie |valvylɛktɔmi| *s.f.* (*chir.*) valvulectomia, valvolectomia.

valvuloplastie |valvylɔplasti| *s.f.* (*chir.*) valvuloplastica*.

valvulotomie |valvylɔtɔmi| *s.f.* (*chir.*) valvulotomia, valvolotomia.

vamp |vɑ̃p| *s.f.* (*angl.*) vamp *inv.*, fatalona.

vamper |vɑ̃pe| *v.tr.* (*fam.*) [*séduire par des allures de vamp*] sedurre (108) (*cour.*) (atteggiandosi a vamp): *elle va essayer de le vamper* tenterà di sedurlo facendo la fatalona.

vampire |vɑ̃piʀ| *s.m.* **1** vampiro ◇ (*fig.*) *il lui soutire son argent comme un vampire* gli succhia i soldi come un vampiro **2** (*t.zool.*) vampiro.

vampirique |vɑ̃piʀik| *adj.* (*littér.*) vampiresco*, da vampiro *loc.* (*cour.*).

vampiriser |vɑ̃piʀize| *v.tr.* [*enlever à qqn. sa personnalité et le mettre sous sa totale dépendance*] plagiare.

vampirisme |vɑ̃piʀism(ə)| *s.m.* (*psychiatr.*) vampirismo.

1 **van** |vɑ̃| *s.m.* [*sorte de panier qui sert à vanner*] vassoio*.

2 **van** |vɑ̃| *s.m.* furgone per il trasporto di cavalli da corsa, van *inv.*

vanadinite |vanadinit| *s.f.* (*minér.*) vanadinite.

vanadique |vanadik| *adj.* (*chim.*) vanadico*.

vanadium |vanadjɔm| *s.m.* (*chim.*) vanadio*.

vanda |vɑ̃da| *s.f.* (*t.bot.*) vanda.

vandale |vɑ̃dal| *s.* **1** (*hist.*) *les Vandales* i Vandali **2** (*fig.*) vandalo.

vandalisme |vɑ̃dalism(ə)| *s.m.* vandalismo: *actes de vandalisme* atti di vandalismo, vandalici.

vandéen, éenne |vɑ̃deɛ̃, eɛn| *adj.* [*de la Vandée*] vandeano.

vandoise |vɑ̃dwaz| *s.f.* (*t.zool.*) lasca*, leucisco* *m.*

vanesse |vanɛs| *s.f.* (*t.zool.*) vanessa.

vanille |vanij| *s.f.* **1** [*fruit du vanillier*] vaniglia **2** [*substance aromatique*] vaniglia: *glace à la vanille* gelato alla vaniglia.

vanillé, ée |vanije| *adj.* [*aromatisé avec de la vanille naturelle*] vanigliato: *sucre vanillé* zucchero vanigliato.

vanillier |vanije| *s.m.* (*t.bot.*) vaniglia *f.*

vanilline |vanilin| *s.f.* (*chim.*) vaniglina, vanillina.

vanillisme |vani(l)lism(ə)| *s.m.* (*méd.*) vanillismo.

vanillon |vanijɔ̃| *s.m.* vaniglione.

vanité |vanite| *s.f.* vanità (*inv.*): *flatter, ménager la vanité de qqn.* lusingare, non urtare la vanità di qc. → **fatuité, prétention** ◇ (*ellipt.*) *sans vanité* [*sans vouloir me vanter*] senza vanto ◇ (*par ext.*) *les vanités de la vie mondaine* le vanità, le futilità *inv.* della vita mondana 🄲 **modestie, simplicité.**

vaniteusement |vanitøzmɑ̃| *adv.* [*avec vanité*] vanitosamente.

vaniteux, euse |vanitø, øz| *adj.* vanitoso, vanesio*: *un air vaniteux* un atteggiamento vanitoso → **prétentieux, suffisant** ♦ (*s.*) *un vaniteux* un vanitoso, un vanesio → **fat** 🄲 **modeste.**

vanity-case |vanitikɛz| *s.m.* (*amér.*) beauty-case *inv.*

1 **vannage** |vanaʒ| *s.m.* [→ 1 VANNER 1] ventilatura *f.*, spulatura *f.*

2 **vannage** |vanaʒ| *s.m.* [→ 2 VANNER] sistema di paratoie, di cateratte.

1 **vanne** |van| *s.f.* [*panneau vertical mobile disposé dans une canalisation pour en régler le débit*] paratoia, cateratta.

2 **vanne** |van| *s.m. ou f.* (*pop.*) [*remarque ou allusion désobligeante à l'adresse de qqn.*] frecciata (*f.*): *lancer des vannes* lanciare delle frecciate.

vanné, ée |vane| *adj.* → 1 **vanner 2.**

vanneau |vano| *s.m.* (*t.zool.*) vanello, pavoncella *f.*

vannelle |vanɛl| *s.f.* (*techn.*) **1** piccola paratoia, cateratta **2** piccola valvola.

1 **vanner** |vane| *v.tr.* **1** [*secouer dans un van* (*les grains*) *de façon à les nettoyer des déchets*] ventilare, spulare **2** (*fig.*) [*accabler de fatigue*] sfinire (197), spossare ♦ (*au p.p.*) *je suis vanné* sono sfinito.

2 **vanner** |vane| *v.tr.* (*techn.*) [*garnir de vannes*] munire (197) di paratoie, di cateratte.

vannerie |vanʀi| *s.f.* **1** arte del panieraio **2** oggetti *m. pl.*, articoli *m. pl.* di vimini.

vannet |vanɛ| *s.m.* rete *f.* da greto.

vannette |vanɛt| *s.f.* vassoio* *m.* (per spulare l'avena).

vanneur, euse |vanœʀ, øz| *s.* [*personne qui vanne les grains*] vagliatore* ♦ *s.f.* (*techn.*) vagliatrice.

vannier |vanje| *s.m.* [*ouvrier qui travaille, tresse l'osier, le rotin pour en faire des objets de vannerie*] panieraio*.

vannure |vanyʀ| *s.f.* [*matières séparées du grain par le vannage*] pula.

vantail, aux |vɑ̃taj, o| *s.m.* [*panneau mobile*] anta *f.*, imposta (*f.*): *les vantaux d'une fenêtre* le ante, le imposte di una finestra.

vantard, arde |vɑ̃taʀ, aʀd(ə)| *adj.* [*qui a l'habitude de se vanter*] sbruffone, spaccone ♦ (*s.*) *quel vantard!* che spaccone!, che fanfarone!

vantardise |vɑ̃taʀdiz| *s.f.* [*caractère ou propos de vantard*] vanteria, millanteria; spacconata → **bluff.**

vanter |vɑ̃te| **A** *v.tr.* [*parler très favorablement de* (*qqn. ou qqch.*) *en louant publiquement et avec excès*] vantare: *il vante les mérites de sa femme* vanta i meriti di sua moglie → **célébrer, exalter** **B** *v.pron. réfl.* SE VANTER **1** [*exagérer ses mérites ou déformer la vérité par vanité*] esagerare *tr.* i propri meriti: *c'est faux, elle se vante* è falso, esagera (i propri meriti) ◇ (*ellipt.*) *sans me vanter* non per vantarmi **2** SE VANTER DE vantarsi di: *se vanter d'un succès, d'avoir réussi* vantarsi di un successo, di aver avuto successo ◇ (*fam.*) *il ne s'en est pas vanté* non se ne è vantato; *il n'y a pas de quoi se vanter* non c'è (proprio) di che vantarsi; *et je m'en vante!* e me ne vanto! ◇ [*se déclarer par vanité capable de* (*faire qqch.*)] *il se vante de réussir facilement* si vanta, sostiene di avere successo facilmente.

vanterie |vɑ̃tʀi| *s.f.* (*vieilli*) [*vantardise*] vanteria (*cour.*).

va-nu-pieds |vanypje| *s. inv.* [*misérable qui vit en vagabond*] straccione *var.*, pezzente (*var.*): *avoir l'air d'un va-nu-pieds* sembrare uno straccione, un pezzente → **gueux.**

vape |vap| *s.f.* (*pop.*) [*hébétude due à un choc, un malaise, une drogue, etc.*] *être dans la vape, dans les vapes* essere in oca, nel pallone *m.*

1 **vapeur** |vapœʀ| *s.f.* **1** vapore *m.* → 1 **brouillard, brume** **2** (*spécialt.*) *vapeur* (*d'eau*) vapore (acqueo); *machine à vapeur* macchina a vapore; *locomotive, bateau à vapeur* locomotiva a vapore, (nave a) vapore ◇ (*loc.*) *renverser la*

vapeur [*la faire agir sur l'autre face du piston*] invertire la marcia; (*pr.*, *fig.*) fare marcia indietro ~ *à toute vapeur* a tutto vapore ~ (*fam.*) *faire qqch. à la vapeur* fare q.c. a tutto vapore ~ *pommes de terre cuites à la vapeur*, *pommes vapeur* patate cotte al vapore ~ *repassage à la vapeur* stiratura a vapore ~ *bain de vapeur* bagno a vapore → **étuve** 3 (*chim.*, *phys.*) vapore: *condensation de la vapeur* condensazione del vapore **4** *au plur.* [*troubles, malaises attribués à des exhalaisons*] vapori, fumi (*m.*): *les vapeurs de l'ivresse* i vapori, i fumi dell'alcool.

2 **vapeur** |vapœʀ| *s.m.* [*bateau à vapeur*] vapore; vaporetto.

vapocraquage |vapɔkʀakaʒ| *s.m.* (*techn.*) scissione *f.*, cracking *inv.* a vapore.

vaporeusement |vapɔʀøzmɑ̃| *adv.* (*rare*) [*avec qqch. de vaporeux*] vaporosamente.

vaporeux, euse |vapɔʀø, øz| *adj.* **1** (*littér.*) vaporoso → **nébuleux** ◇ (*peint.*) sfumato: *des lointains vaporeux* degli sfondi sfumati **2** [*léger, fin et transparent*] vaporoso: *une robe de tulle vaporeux* un vestito di tulle vaporoso.

vaporisage |vapɔʀizaʒ| *s.m.* (*techn.*) vaporizzazione *f.*

vaporisateur |vapɔʀizatœʀ| *s.m.* vaporizzatore.

vaporisation |vapɔʀizɑsjɔ̃| *s.f.* (*phys.*) vaporizzazione.

vaporiser |vapɔʀize| *v.tr.* **1** (*phys.*) [*faire passer (un liquide) à l'état gazeux*] vaporizzare ♦ (*pron.*) *liquide qui se vaporise à telle température* liquido che vaporizza *intr.* a una certa temperatura **2** [*disperser et projeter en fines gouttelettes*] vaporizzare → **pulvériser.**

vaquer |vake| *v.intr.* **1** [*être vacant, sans titulaire*] essere (96) (*aux.* essere) vacante, vacare (*rare*) (*aux.* essere) ◇ (*admin.*) [*être en vacances*] essere in vacanza, avere (97) *tr.* vacanza: *les classes vaqueront de telle à telle date* le scuole saranno in vacanza, avranno vacanza da... a... **2** VAQUER À [*s'occuper de, s'appliquer à*] attendere (105) a, occuparsi *pron.* di: *vaquer à ses occupations* attendere alle proprie faccende.

var |vaʀ| *s.m.* (*électr.*) var *inv.*

varaigne |vaʀɛɲ| *s.f.* (*région.*) apertura di alimentazione delle saline.

varan |vaʀɑ̃| *s.m.* (*t.zool.*) varano.

varangue |vaʀɑ̃g| *s.f.* (*mar.*) madiere *m.*

varappe |vaʀap| *s.f.* ascensione, scalata (su una parete rocciosa); roccia*.

varapper |vaʀape| *v.intr.* [*faire de la varappe*] fare (103) *tr.* roccia; scalare *tr.* (una parete).

varappeur |vaʀapœʀ| *s.m.* [*alpiniste qui fait de la varappe*] rocciatore* *s.*

varech |vaʀɛk| *s.m.* varek *inv.*, 'varech' *inv.*

varésan, ane |vaʀesɑ̃, an| *adj.* [*de Varèse*] varesino, varesotto.

vareuse |vaʀøz| *s.f.* [*blouse courte en grosse toile*] giubbotto (*m.*): *vareuse de marin* giubbotto da marinaio.

varheure |vaʀœʀ| *s.m.* (*électr.*) varora *inv.*

varheuremètre |vaʀœʀmɛtʀ(ə)| *s.m.* (*sc.*, *techn.*) varorametro.

varia |vaʀja| *s.m. pl.* (*lat.*) [*recueil d'œuvres variées*] miscellanea *f. sing.*

variabilité |vaʀjabilite| *s.f.* **1** variabilità (*inv.*): *variabilité du temps* variabilità del tempo **2** (*biol.*) variabilità.

variable |vaʀjabl(ə)| *adj.* variabile: *temps variable* tempo variabile → **changeant, incertain** ◇ (*sc.*) *grandeur, quantité variable* grandezza, quantità variabile ◇ (*gram.*) *mot variable* parola variabile ♦ *s.m.* (*météo.*) *le variable* tempo variabile *adj.* ♦ *s.f.* (*math.*) *une variable* una variabile.

variablement |vaʀjabləmɑ̃| *adv.* (*rare*) [→ VARIABLE] variabilmente.

variance |vaʀjɑ̃s| *s.f.* (*sc.*) varianza.

variante |vaʀjɑ̃t| *s.f.* **1** variante: *édition critique d'un texte accompagné des variantes* edizione critica di un testo con varianti **2** [*forme ou solution légèrement différente*] variante: *cette formule publicitaire est une variante des précédentes* questa formula pubblicitaria è una variante delle precedenti.

variateur |vaʀjatœʀ| *s.m.* (*mécan.*) variatore: *variateur de vitesse* variatore di velocità.

variation |vaʀjɑsjɔ̃| *s.f.* **1** variazione, mutamento (*m.*): *les variations de son caractère* le variazioni, i mutamenti del suo carattere **2** (*sc.*) variazione: *variations de la température* variazioni della temperatura; *variations d'intensité* variazioni d'intensità ◇ (*mar.*) *variation de l'aiguille aimantée* variazione dell'ago magnetico **3** (*mus.*) *variations pour piano* variazioni per piano.

varice |vaʀis| *s.f.* (*méd.*, *cour.*) varice.

varicelle |vaʀisɛl| *s.f.* (*méd.*, *cour.*) varicella.

varicocèle |vaʀikɔsɛl| *s.f.* (*méd.*) varicocele *m.*

varié, ée |vaʀje| *adj.* **1** [*qui présente des aspects ou des éléments distincts*] vario*, variato: *un répertoire varié* un repertorio vario, variato; *un programme de musique variée* un programma di musica varia; *terrain varié* terreno variato, vario → **divers** **2** *au plur.* [*qui sont nettement distincts, donnent une impression de diversité*] vari: *des arguments variés* argomenti vari, svariati # *hors-d'œuvre variés* antipasti misti, antipasto misto.

varier |vaʀje| **A** *v.tr.* **1** [*donner à (une seule chose) plusieurs aspects distincts*] variare: *elle cherche à varier le menu* cerca di variare il menù **2** [*rendre (plusieurs choses) nettement distinctes, diverses*] variare: *varions un peu nos distractions* variamo un po' le nostre distrazioni ◇ (*iron.*) *pour varier les plaisirs* tanto per variare, per cambiare **B** *v.intr.* **1** [*présenter au cours d'une durée plusieurs modifications; changer souvent*] variare (*aux.* essere), cambiare (*aux.* essere): *il n'a jamais varié sur ce point* non è mai cambiato su questo punto **2** [*se réaliser sous des formes différentes*] variare, cambiare: *les coutumes varient selon les lieux* i costumi variano, cambiano secondo i luoghi.

variétal, ale, aux |vaʀjetal, o| *adj.* (*sc.*) varietale: *caractères variétaux* caratteri varietali.

variété |vaʀjete| *s.f.* **1** varietà (*inv.*): *une grande variété de papillons* una grande varietà di farfalle; *il y a dans cette œuvre une grande variété de thèmes* in quest'opera c'è una grande varietà di temi → **diversité** **2** [*type*] varietà: *toutes les variétés de poires et de pommes* tutte le varietà di pere e di mele **3** *au plur.* varietà (*m. sing.*): *spectacle de variétés* spettacolo di varietà.

variocoupleur |vaʀjɔkuplœʀ| *s.m.* (*électr.*) accoppiatore variabile.

variole |vaʀjɔl| *s.f.* (*méd.*) vaiolo *m.*

variolé, ée |vaʀjɔle| *adj.* [*marqué de la variole*] butterato.

varioleux, euse |vaʀjɔlø, øz| *adj. et s.* (*méd.*) vaioloso.

variolique |vaʀjɔlik| *adj.* [*de la variole*] vaioloso.

variolisation |vaʀjɔlizɑsjɔ̃| *s.f.* (*hist. méd.*) vaiolizzazione, variolizzazione.

varioloïde |vaʀjɔlɔid| *s.f.* (*méd.*) vaioloide.

variomètre |vaʀjɔmɛtʀ(ə)| *s.m.* (*aviat.*, *électr.*) variometro.

variorum |vaʀjɔʀɔm| (*adj. inv.*) *édition variorum* edizione con note e commenti *loc.*, annotata.

variqueux, euse |vaʀikø, øz| *adj.* (*méd.*) varicoso.

varlet |vaʀlɛ| *s.m.* (*vx.*) → **valet.**

varlope |vaʀlɔp| *s.f.* (*menuis.*) piallone *m.*

varloper |vaʀlɔpe| *v.tr.* (*menuis.*) [*travailler à la varlope*] piallare col piallone.

var(r)on |vaʀɔ̃| *s.m.* (*vétér.*) estro del bue.

varsovienne |vaʀsɔvjɛn| *s.f.* (*ancienn*) 'varsovienne' *inv.*

varus |vaʀys|, *f.* **vara** |vaʀa| *adj.* (*méd.*) varo ♦ (*s.m.*) *un varus* un piede varo *adj.*

varve |vaʀv(ə)| *s.f.* (*géol.*) varva.

vasard, arde |vɑzaʀ, aʀd(ə)| *adj.* [*formé de sable mêlé de vase*] melmoso ♦ (*s.m.*) *un vasard* un fondo melmoso *adj.*

vasculaire |vaskylɛʀ| *adj.* (*anat.*, *bot.*, *physiol.*) vascolare.

vascularisation |vaskylaʀizɑsjɔ̃| *s.f.* (*anat.*, *physiol.*) vascolarizzazione.

vascularisé, ée |vaskylaʀize| *adj.* (*anat.*, *physiol.*) vascolarizzato.

1 **vase** |vɑz| *s.m.* **1** vaso: *vases grecs* vasi greci; *un grand vase en cristal* un grande vaso di cristallo; *vases sacrés* vasi sacri; *vase de nuit* vaso da notte **2** (*phys.*) vaso: *principe des vases communicants* principio dei vasi comunicanti **3** (*archit.*) vaso **4** *loc.* EN VASE CLOS [*sans communication avec l'extérieur*] nell'isolamento; (*fig.*) *sa théorie s'est développée en vase clos* la sua teoria si è sviluppata nell'isolamento, in un circolo ristretto ◇ (*prov.*) *la goutte d'eau qui fait déborder le vase* la goccia che fa traboccare il vaso.

2 **vase** |vɑz| *s.f.* [*dépôt de terre et de particules organiques en décomposition (au fond des eaux stagnantes)*] melma, limo *m.* → **boue, 1 limon.**

vasectomie |vazɛktɔmi| *s.f.* (*chir.*) vasectomia.

vasectomiser |vazɛktɔmize| *v.tr.* (*chir.*) [*faire subir à (qqn.) une opération de vasectomie, de vasotomie*] vasectomizzare.

vaseline |vazlin| *s.f.* vasel(l)ina.

vaseliner |vazline| *v.tr.* [*enduire de vaseline*] spalmare di vase(l)lina.

1 **vaseux, euse** |vɑzø, øz| *adj.* [*qui contient de la vase, est formé de vase*] melmoso, limaccioso: *fond vaseux* fondo fangoso, melmoso.

2 **vaseux, euse** |vɑzø, øz| *adj.* **1** (*personnes*) [*qui se trouve dans un*

état de faiblesse, de malaise] fiacco*: *je me sens vaseux ce matin* mi sento fiacco questa mattina → **fatigué** **2** [*embarrassé, obscur*] contorto, fumoso: *un raisonnement vaseux* un ragionamento contorto, fumoso.
vasière |vɑzjɛʀ| *s.f.* **1** fondo *m.* melmoso **2** bacino *m.* di salina.
vasistas |vazistɑs| *s.m.*'vasistas'*inv.*, sportello a studio.
vaso- |vazɔ| *préf.* (*signifiant 'récipient', correspond généralt. à*) vaso: *vaso-dilatateur* vasodilatatore.
vaso-constricteur, vasoconstricteur |vazɔkɔ̃stʀiktœʀ| *adj. m.* (*physiol.*) vasocostrittore* *m. ou f.* ♦ *s.m.* (*méd., pharm.*) vasocostrittore.
vaso-dilatateur, vasodilatateur |vazɔdilatatœʀ| *adj. m.* (*physiol.*) vasodilatatore* *m. ou f.* ♦ *s.m.* (*méd., pharm.*) vasodilatatore.
vaso-moteur, vasomoteur, trice |vazɔmɔtœʀ, tʀis| *adj.* (*physiol.*) vasomotorio*, vasomotore*.
vaso-presseur |vazɔpʀɛsœʀ| *s.m.* (*méd., pharm.*) vasopressorio*.
vaso-pressine |vazɔpʀɛsin| *s.f.* (*méd.*) vasopressina.
vasotomie |vazɔtɔmi| *s.f.* (*chir.*) vasectomia.
vasouillard, arde |vazujaʀ, aʀd(ə)| *adj.* (*fam.*) [*qui vasouille, est plutôt vaseux*] tentennante (*cour.*), esitante (*cour.*).
vasouiller |vazuje| *v.intr.* (*fam.*) [*être hésitant, peu sûr de soi, maladroit*] tentennare (*cour.*), essere (96) (*aux.* essere) tentennante (*cour.*): *il vasouille à tous ses oraux* a tutti gli orali tentenna, è tentennante.
vasque |vask(ə)| *s.f.* vasca* (di fontana).
vassal, ale, aux |vasal, o| *s.* (*féod.*) vassallo.
vassaliser |vasalize| *v.tr.* (*rare*) [*asservir, assujettir*] vassallizzare.
vassalité |vasalite| *s.f.* (*féod.*) vassallaggio* *m.*
vasselage |vaslaʒ| *s.m.* (*vx.*) → **vassalité.**
vassiveau |vasivo| *s.m.* agnello di meno di due anni.
vaste |vast(ə)| **I** *adj.* **1** (*surface*) vasto: *une vaste forêt* una vasta foresta **2** (*constr.*) [*très grand*] vasto, spazioso: *c'est une église très vaste* è una chiesa molto vasta, spaziosa ◇ (*littér.*) [*spacieux*] ampio*: *il portait un vaste manteau* portava un ampio cappotto **3** [*important en quantité, en nombre*] folto, nutrito: *un vaste groupe d'étudiants* un folto, nutrito gruppo di studenti **4** [*étendu dans sa portée ou son action*] vasto: *il possède une vaste culture* possiede una vasta cultura ◇ (*fam.*) *c'est une vaste blague, une vaste plaisanterie!* è una grossa fandonia, frottola! **II** *s.m.* (*anat.*) vasto ⓒ I 2 **exigu, petit.**
vastement |vastəmɑ̃| *adv.* (*rare*) [*largement, amplement*] vastamente.
vastitude |vastityd| *s.f.* vastità *inv.*, vastezza.
vatican, ane |vatikɑ̃, an| *adj.* vaticano: *la* (*bibliothèque*) *vaticane* la (biblioteca) vaticana.
vaticinateur, trice |vatisinatœʀ, tʀis| *s.* (*littér.*) vaticinatore*, vate *m.*
vaticination |vatisinɑsjɔ̃| *s.f.* (*littér.*) vaticinio* *m.* → **oracle, prophétie.**
vaticiner |vatisine| *v.intr.* (*littér.*) [*prédire l'avenir* (*en parlant comme un oracle*), *prophétiser*] vaticinare.
va-tout |vatu| *s.m. inv.* (*cartes*) [*coup où l'on risque tout son argent*] rilancio* *var.* # *faire va-tout* rilanciare ◇ (*fig.*) *jouer son va-tout* giocare l'ultima carta, rischiare il tutto per tutto.
vau, vaux |vo| *s.m.* (*constr.*) elemento della centina, traversa *f.* d'appoggio.
vauchérie |voʃeʀi| *s.f.* (*t.bot.*) vaucheria.
vauclusien, ienne |voklyzjɛ̃, jɛn| *adj.* (*géol.*) *sources vauclusiennes* sorgenti valchiusane.
vaudeville |vodvil| *s.m.* 'vaudeville' *inv.* ◇ (*fig.*) *cette histoire est un vrai vaudeville* questa storia è una vera farsa *f.*
vaudevillesque |vodvilɛsk(ə)| *adj.* [*qui a le caractère léger et burlesque du vaudeville*] farsesco*, comico*.
vaudevilliste |vodvilist(ə)| *s.m.* autore di 'vaudeville'.
vaudois |vodwa| *s. et adj.* (*hist. relig.*) valdese.
vaudois, oise |vodwa, waz| *adj.* [*du pays de Vaud, en Suisse*] valdese.
vaudou |vodu| *s.m.* (*relig.*) vudu *inv.*
vau-l'eau |volo| *loc. adv.* → **à vau-l'eau.**
vaurien, ienne |voʀjɛ̃, jɛn| *s.*[*mauvais sujet, petit voyou*] furfantello, mascalzoncello → **chenapan, galapiat.**
vautour |votuʀ| *s.m.* (*t.zool.*) avvoltoio* ◇ (*fig.*) *son associé est un vautour* il suo socio è un avvoltoio.
vautrait |votʀɛ| *s.m.* (*chasse*) muta *f.* di veltri per la caccia al cinghiale.
vautrer (se) |votʀe| *v.pron. réfl.* **1** [*se coucher, s'étendre en se roulant, en prenant une position abandonnée*] stravaccarsi, sprofondarsi: *il reste des heures vautré sur son lit, dans un fauteuil* resta per ore stravaccato sul letto, sprofondato in una poltrona **2** [*se complaire*] abbandonarsi: *ils se vautraient dans la débauche* si abbandonavano al vizio.
vau-vent (à) |avovɑ̃| *loc. adv.* (*vén.*) col vento alle spalle.
vavasseur |vavasœʀ| *s.m.* (*féod.*) valvassore.
va-vite (à la) |alavavit| *loc. adv.* → **va.**
vé! |ve| *interj.* (*exclam. méridionale pour attirer l'attention*) ve' (veh)!, ehi!
veau |vo| *s.m.* **I** **1** [*petit de la vache*] vitello ◇ (*loc.*) *tuer le veau gras* uccidere il vitello grasso ~ *pleurer comme un veau* piangere come un vitello ~ *adorer le veau d'or* adorare il vitello d'oro **2** [*viande de cet animal*] vitello, vitella (*f.*): *rôti de veau* arrosto di vitello **3** [*peau de cet animal* (*ou de génisse*), *tannée et apprêtée*] vitello: *chaussures en veau* scarpe di vitello **II** **1** (*fig., fam.*) [*nigaud, paresseux*] vitellone **2** [*mauvais cheval de course*] brocco* **3** [*automobile peu nerveuse*] lumaca* *f.*
vécés |vese| *s.m. pl.* (*fam.*) → **water-closet, cabinets.**
vecteur |vɛktœʀ| **I** *adj.* (*astron., géom.*) vettore* **II** *s.m.* **1** (*math.*) vettore: *vecteur libre* vettore libero **2** (*méd.*) vettore **3** (*milit.*) *vecteur nucléaire* vettore nucleare.
vectoriel, elle |vɛktɔʀjɛl| *adj.* (*math.*) vettoriale: *grandeur vectorielle* grandezza vettoriale.
vécu, ue |veky| *adj.* [*qui appartient à l'expérience de la vie*] vissuto: *histoire vécue* storia vissuta → **vrai**; *expérience vécue* esperienza vissuta → **réel** ♦ (*s.m.*) *le vécu* l'esperienza *f.* vissuta *adj.*
véda |veda| *s.m.* veda *inv.*
vedettariat |vədɛtaʀja| *s.m.* **1** rango* di divo, di diva **2** [*attitude de vedette*] divismo.
1 **vedette** |vədɛt| *s.f.* **1** vedetta, sentinella **2** [*petit navire de guerre chargé d'observations*] vedetta ◇ [*canot rapide*] motovedetta, motoscafo (*m.*): *les vedettes de la douane* le motovedette della dogana.
2 **vedette** |vədɛt| *s.f.* **1** *loc.* METTRE EN VEDETTE [*mettre en valeur*] mettere in evidenza, in vista: *son intelligence le mettait toujours en vedette* la sua intelligenza lo metteva sempre in evidenza, in vista **2** (*théât.*) *avoir la vedette*: (*pr.*) occupare il primo posto in cartellone; (*fig.*) essere al centro dell'attenzione; *le congrès du parti a, tient la vedette* il congresso del partito è al centro dell'attenzione **3** [*personne qui jouit d'une grande renommée, dans le monde du spectacle*] divo *s.*, stella: *les vedettes du cinéma* i divi, le stelle del cinema → 2 **étoile, star** ◇ (*par ext.*) *c'est une des vedettes de l'actualité* è uno dei personaggi *m.* più in vista del momento.
védique |vedik| *adj.* (*relig.*) vedico*: *langue védique* lingua vedica.
védisme |vedism(ə)| *s.m.* (*relig.*) vedismo.
végétal, ale, aux |veʒetal, o| **1** *s.m.* vegetale: *étude des végétaux* studio dei vegetali **2** *adj.* vegetale: *règne végétal* regno vegetale ◇ (*par ext.*) *huiles végétales* oli vegetali.
végétalisme |veʒetalism(ə)| *s.m.* (*rare*) vegetarianismo (*cour.*), vegetarismo.
végétarien, ienne |veʒetaʀjɛ̃, jɛn| *adj. et s.* vegetariano.
végétarisme |veʒetaʀism(ə)| *s.m.* vegetarianismo, vegetarismo.
végétatif, ive |veʒetatif, iv| *adj.* **1** (*physiol.*) vegetativo: *vie végétative* vita vegetativa; *système végétatif* sistema vegetativo → 2 **sympathique** **2** (*fig.*) [*qui évoque la vie des végétaux, par son inaction*] vegetativo → **inactif** # *mener une vie végétative* vegetare.
végétation |veʒetɑsjɔ̃| *s.f.* **1** vegetazione: *zones de végétation* zone di vegetazione **2** *surtout au plur.* (*méd.*) vegetazioni: *végétations adénoïdes* vegetazioni adenoidee ◇ (*fam.*) *opérer un enfant des végétations* operare un bambino di adenoidi.
végéter |veʒete| (8) *v.intr.* [*avoir une activité réduite*; *vivre dans une morne inaction ou rester dans une situation médiocre*] vegetare → **vivoter.**
véhémence |veemɑ̃s| *s.f.* (*littér.*) veemenza: *il protesta avec véhémence* protestò con veemenza → **ardeur** ⓒ **calme, froideur.**
véhément, ente |veemɑ̃, ɑ̃t| *adj.* (*littér.*) veemente: *un discours véhément* un discorso veemente → **entraînant.**
véhémentement |veemɑ̃tmɑ̃| *adv.* (*littér.*) [*avec véhémence*] veementemente, con veemenza *loc. inv.*
véhiculaire |veikylɛʀ| *adj.* veicolare.

véhicule |veikyl| *s.m.* **1** veicolo → **voiture** ◇ (*spécialt.*) *véhicule automobile* autoveicolo; *véhicule articulé* autoarticolato; autosnodato **2** (*fig.*) veicolo: *le langage, véhicule de la pensée* il linguaggio, veicolo del pensiero **3** (*opt., peint.*) veicolo ◇ (*pharm.*) veicolo, eccipiente.

véhiculer |veikyle| *v.tr.* **1** [*transporter* (*qqn.*) *avec un véhicule*] trasportare (con un veicolo) → **voiturer** **2** (*méd.*) [*constituer un véhicule pour* (*qqch.*)] veicolare, costituire (197) un veicolo (per): *le sérum sanguin véhicule divers pigments* il siero sanguigno veicola diversi pigmenti.

1 **veille** |vɛj| *s.f.* **I** **1** [→ VEILLER] veglia: *les longues veilles passées à travailler* le lunghe veglie passate a lavorare **2** [*garde de nuit*] (turno *m.* di) guardia: *elle a pris la veille cette nuit-là* quella notte è stata di guardia ◇ (*mar.*) *homme de veille* uomo di guardia **II** [*état d'une personne qui ne dort pas*] veglia.

2 **veille** |vɛj| *s.f.* [*jour qui en précède un autre, qui précède celui dont il est question*] vigilia: *la veille au soir* la sera della vigilia ◇ (*loc. fam.*) *ce n'est pas demain la veille* non è ancora giunto il momento, non è ancora giunta l'ora ◇ *loc.* À LA VEILLE DE alla vigilia di: *à la veille de la Révolution française* alla vigilia della Rivoluzione francese.

veillée |veje| *s.f.* **1** [*temps qui s'écoule entre le moment du repas du soir et celui du coucher*] veglia, serata **2** (*loc.*) *veillée d'armes* veglia d'armi **3** [*action de veiller un malade, un mort*] veglia.

veiller |veje| **A** *v.intr.* **1** [*rester volontairement éveillé pendant le temps habituellement consacré au sommeil*] vegliare: *veiller au chevet d'un malade* vegliare al capezzale di un ammalato; *veiller jusqu'à tard dans la nuit, jusqu'à une heure du matin* vegliare fino a tarda notte, fino all'una di notte **2** [*être de garde*] vegliare ◇ [*être en éveil, vigilant*] vigilare, essere (96) (*aux.* essere) vigilante **3** [*faire la veillée*] vegliare, fare (103) *tr.* la veglia, una veglia **4** VEILLER (À QQCH.) [*y faire grande attention et s'en occuper activement*] badare (a q.c.): *veillez à ce que tout soit en ordre à mon retour* badate, fate in modo che tutto sia in ordine quando ritornerò; *veiller à sa santé* badare alla, aver (97) *tr.* cura della propria salute ◇ (*loc. fig.*) *veiller au grain* [*veiller à toute éventualité*] stare (104) (*aux.* essere) all'erta **5** VEILLER SUR QQN. [*prêter grande attention à* (*ce qu'il fait*)] vegliare su qc., badare a qc.: *veillez sur cet enfant* vegliate su, badate a, abbiate cura di questo bambino **B** *v.tr.* **1** [*rester la nuit auprès de* (*un malade, un mort*)] vegliare: *elle l'a veillé toute la nuit* lo ha vegliato (per) tutta la notte **2** (*vx.*) [*surveiller qqn.*] sorvegliare (*cour.*) qc.

veilleur |vɛjœʀ| *s.m.* **1** [*soldat de garde*] sentinella *f.*, vedetta *f.* **2** (*loc.*) *veilleur de nuit* guardia *f.* notturna ◇ (*dans un hôtel*) portiere di notte.

veilleuse |vɛjøz| *s.f.* **1** 'veilleuse' *inv.*, lumino *m.* da notte ◇ (*loc.*) *mettre une lampe en veilleuse* abbassare la luce di una lampada ◇ (*fig.*) *ils se sont mis en veilleuse* hanno ridotto la loro attività **2** [*petit bec d'un chauffe-eau à gaz*] spia.

veinard, arde |vɛnaʀ, aʀd(ə)| *adj.* (*fam.*) [*qui a de la veine*] fortunato (*cour.*) ✦ (*s.*) *quel veinard!* che fortunato!

1 **veine** |vɛn| *s.f.* (*anat.*) vena: *veines coronaires* vene coronarie; *s'ouvrir les veines* tagliarsi le vene ◇ *loc. fig.* SE SAIGNER AUX QUATRE VEINES [*donner, dépenser tout ce qu'on peut*] svenarsi: *il s'est saigné aux quatre veines pour aider ses enfants* si è svenato per aiutare i figli ~ *avoir du sang dans les veines* avere sangue nelle vene.

2 **veine** |vɛn| *s.f.* **1** [*filon mince* (*d'un minéral*)] vena: *veine de quartz* vena di quarzo **2** [*dessin coloré mince et sinueux* (*dans les bois, les pierres dures*)] vena, venatura.

3 **veine** |vɛn| *s.f.* **1** [*inspiration de l'artiste*] vena, estro (*m.*): *la veine poétique* la vena poetica, l'estro poetico; *être en veine* essere in vena **2** *loc.* EN VEINE DE in vena di: *il est en veine de travail* è in vena di lavorare.

4 **veine** |vɛn| *s.f.* [*chance*] fortuna (*cour.*): *il a eu de la veine* ha avuto fortuna.

veiné, ée |vene| *adj.* **1** [*qui présente des* (1) *veines bleues apparentes sous la peau*] venato **2** [*qui présente des* (2) *veines, des filons*] venato: *marbre veiné* marmo venato.

veiner |vene| *v.tr.* [*orner de dessins sinueux imitant les veines du bois, du marbre*] venare.

veinette |vɛnɛt| *s.f.* (*techn.*) pennellessa per venare, per marezzare.

veineux, euse |vɛnø, øz| *adj.* **1** [*qui a rapport aux veines*] venoso: *système veineux* sistema venoso **2** [*qui présente de nombreuses veines*] venato: *bois veineux* legno venato.

veinule |venyl| *s.f.* **1** (*anat.*) venetta **2** (*bot.*) piccola nervatura.

veinure |venyʀ| *s.f.* [*aspect veiné*] venatura.

vêlage |vɛlaʒ|, **vêlement** |vɛlmɑ̃| *s.m.* [→ VÊLER] figliatura *f.* (della vacca).

vélaire |veləʀ| *adj. et s.f.* (*phonét.*) velare.

vélani |velani| *s.m.* (*t.bot.*) vallonea *f.*

vélar |velaʀ| *s.m.* → **sisymbre.**

vélarisation |velaʀizasjɔ̃| *s.f.* (*phonét.*) velarizzazione.

velarium, vélarium |velaʀjɔm| *s.m.* (*lat.*) (*antiq.*) velario*.

velche, welche |vɛlʃ(ə)| *s.m.* [*étranger pour les Allemands* (*surtout*: *Français, Italien*)] straniero.

veld, veldt |vɛlt| *s.m.* (*holl.*) (*géogr.*) veld *inv.*

vêler |vele| *v.intr.* (*en parlant de la vache*) [*mettre bas*] figliare.

vélie |veli| *s.f.* (*t.zool.*) velia.

vélin |velɛ̃| *s.m.* **1** [*peau de veau mort-né, plus fine que le parchemin ordinaire*] velino **2** *par appos.* (*papier*) *vélin* (carta) velina (*f.*); *exemplaire sur vélin* esemplare su velina.

vélique |velik| *adj.* (*mar.*) *point vélique* centro velico*.

vélite |velit| *s.m.* (*hist. rom.*) velite.

vélivole |velivɔl| *adj.* [*relatif au vol à voile*] volovelistico* ✦ (*s.*) *un vélivole* un volovelista.

velléitaire |ve(ɛl)leitɛʀ| *adj. et s.* velleitario*.

velléité |ve(ɛl)leite| *s.f.* velleità *inv.*; velleitarismo *m.*

vélo |velo| *s.m.* [*bicyclette*] bicicletta (*f.*): *à vélo, en vélo, sur son vélo* in bicicletta; *faire du vélo* andare in bicicletta.

véloce |velɔs| *adj.* (*littér.*) [*agile, rapide*] agile (*cour.*): *doigts véloces d'un pianiste* agili dita di un pianista.

vélocement |velɔsmɑ̃| *adv.* (*littér.*) [*avec vélocité*] velocemente (*cour.*); agilmente (*cour.*).

vélocifère |velɔsifɛʀ| *s.m.* velocifero.

vélocipède |velɔsipɛd| *s.m.* (*ancienn.*) velocipede.

vélocipédique |velɔsipedik| *adj.* (*vieilli*) velocipedistico*.

vélocité |velɔsite| *s.f.* (*rare*) velocità *inv.* (*cour.*) → **vitesse** ◇ [*agilité, vitesse dans le jeu d'un instrument de mus.*] agilità *inv.*, abilità (*inv.*): *exercice de vélocité au piano* esercizio di abilità al piano.

vélodrome |velɔdʀɔm| *s.m.* velodromo.

vélomoteur |velɔmɔtœʀ| *s.m.* [*motocycle de moyenne cylindrée* (*de 50 à 125 cm³*)] motoretta *f.*, motocicletta *f.*

vélomotoriste |velɔmɔtɔʀist(ə)| *s.* [*personne qui circule sur un vélomoteur*] motociclista.

vélo-pousse |velɔpus| *s.m.* [*voiture tirée par une bicyclette*] ciclofurgone.

véloski |velɔski| *s.m.* → **ski-bob.**

velot |vəlo| *s.m.* (*techn.*) (pelle *f.* di) vitellino nato morto.

velours |v(ə)luʀ| *s.m.* **1** velluto: *velours de coton, de soie* velluto di cotone, di seta; *velours côtelé* velluto a coste; *veste de velours* giacca di velluto ◇ (*loc. fig.*) *une main de fer sous* (*dans*) *un gant de velours* pugno di ferro in guanto di velluto ~ *jouer sur le velours* giocare sul velluto ~ *faire patte de velours* [*dissimuler un dessein de nuire sous une douceur affectée*] nascondere, ritirare gli artigli **2** *veau velours* → **daim** ◇ (*plais.*) *faire des yeux de velours* fare gli occhi dolci.

velouté, ée |vəlute| **I** *adj.* **1** [*doux au toucher comme du velours*] vellutato: *pêche veloutée* pesca vellutata → **duveté** **2** [*doux et onctueux* (*au goût*)] *potage velouté* minestra vellutata; *vin velouté* vino morbido, vellutato **II** *s.m.* **1** [*potage très onctueux*] passato: *un velouté d'asperges* un passato di asparagi **2** [*douceur de ce qui est velouté au toucher*] morbidezza *f.*

veloutement |vəlutmɑ̃| *s.m.* (*rare*) aspetto vellutato.

velouter |vəlute| *v.tr.* **1** [*donner à* (*une surface*) *l'apparence du velours*] vellutare **2** [*rendre plus doux, plus onctueux* (*au goût*), *plus agréable, plus suave* (*à l'ouïe*)] rendere (105) vellutato: *velouter sa voix* rendere vellutata, addolcire la propria voce.

velouteux, euse |vəlutø, øz| *adj.* vellutato → **velouté.**

veloutier |vəlutje| *s.m.* (*vx.*) velluttiere.

veloutine |vəlutin| *s.f.* **1** [*poudre de toilette qui veloute la peau*] cipria **2** [*tissu*] vellutino *m.*

velte |vɛlt(ə)| *s.f.* **1** [*anc. mesure de capacité, variable selon les régions* (*de 7 à 8 litres*)] ⊠ **2** [*instrument, règle graduée servant à jauger les tonneaux*] ⊠.

velu, ue |vəly| *adj.* **1** [*qui a les poils très abondants*] villoso: *mains velues* mani villose → **poilu** **2** (*bot.*) villoso.

velum, vélum |velɔm| *s.m.* (*lat.*) [*grande pièce d'étoffe servant à tamiser la lumière ou à couvrir un espace sans toiture*] velario*, tendale.
velvet |vɛlvɛt| *s.m.* (*angl.*) velluto di cotone, velvet *inv.*
velvote |vɛlvɔt| *s.f.* (*t.bot.*) linaiola, linaria.
venaison |vənɛzɔ̃| *s.f.* **1** [*chair de grand gibier*] selvaggina, cacciagione **2** (*vén.*) grasso *m.* di selvaggina.
vénal, ale, aux |venal, o| *adj.* venale: *un homme vénal* un uomo venale ◇ (*écon.*) *valeur vénale* valore venale.
vénalement |venalmɑ̃| *adv.* [→ VÉNAL] venalmente.
vénalité |venalite| *s.f.* venalità *inv.*
venant, ante |v(ə)nɑ̃, ɑ̃t| *s. et adj.* (*surtout dans la loc.*) À TOUT (TOUS) VENANT(S) [*à chacun, à tout le monde*] a chiunque (*pron.*), al primo che capita: *il parle à tout venant* parla a chiunque, al primo che capita.
vendable |vɑ̃dabl(ə)| *adj.* [→ VENDRE A 1] vendibile: *ces vieux livres sont encore vendables* questi vecchi libri sono ancora vendibili © **invendable.**
vendange |vɑ̃dɑ̃ʒ| *s.f.* **1** [*le fait de recueillir les raisins mûrs pour la fabrication du vin*] vendemmia: *faire la vendange, les vendanges* fare la vendemmia, vendemmiare ◇ (*par ext.*) *les vendanges* la vendemmia *sing.*, l'epoca *sing.* della vendemmia **2** [*raisin récolté pour faire le vin*] vendemmia; uva vendemmiata.
vendangeoir |vɑ̃dɑ̃ʒwaʀ|, **vendangerot** |vɑ̃dɑ̃ʒʀo| *s.m.* (*techn., région.*) paniere per vendemmiare.
vendanger |vɑ̃dɑ̃ʒe| (3) **A** *v.tr.* [*récolter (les raisins) pour faire le vin*] vendemmiare **B** *v.intr.* [*faire la vendange; cueillir les raisins et les transporter*] vendemmiare.
vendangette |vɑ̃dɑ̃ʒɛt| *s.f.* (*région.*) → **grive.**
vendangeur, euse |vɑ̃dɑ̃ʒœʀ, øz| *s.* **1** *s.* [*personne qui récolte les raisins, fait la vendange*] vendemmiatore* **2** *s.f.* (*t.bot.*) astro *m.* della Cina.
vendéen, éenne |vɑ̃deɛ̃, eɛn| *adj.* [*de la Vendée*] vandeano.
vendémiaire |vɑ̃demjɛʀ| *s.m.* (*hist. fr.*) vendemmiaio*.
vendetta |vɑ̃de(ɛt)ta| *s.f.* (*en Corse*) vendetta.
vendeur, euse |vɑ̃dœʀ, øz| *s.* **1** [*personne qui vend ou a vendu qqch.*] venditore*: *le vendeur et l'acquéreur* il venditore e l'acquirente **2** [*personne dont la profession est de vendre*] venditore: *vendeur ambulant* venditore ambulante; *vendeur à la sauvette* venditore ambulante non autorizzato → **marchand** **3** [*employé chargé d'assurer la vente dans un établissement commercial*] commesso: *vendeuse de grand magasin* commessa di grande magazzino **4** [*personne qui connaît et applique les procédés de vente*] venditore: *ce directeur commercial est un excellent vendeur* questo direttore commerciale è un ottimo venditore © 1 **acheteur, client.**
vendre |vɑ̃dʀ(ə)| (53) **A** *v.tr.* **1** [*céder à qqn. en échange d'une somme d'argent*] vendere: *vendre ses livres, sa maison* vendere i propri libri, la propria casa; *vendre qqch. à tel prix* vendere q.c. a un certo prezzo; *il l'a vendu à mille francs* l'ha venduto a, per mille franchi ◇ (*loc.*) *vendre cher* vendere caro, a caro prezzo ~ *vendre à perte* vendere sottocosto, in perdita ~ À VENDRE in vendita, da vendere: *l'appartement est à vendre* l'appartamento è in vendita, da vendere ◇ [*faire commerce de (ce qu'on a fabriqué ou acheté)*] *vendre qqch. au détail, en gros, au comptant, à crédit* vendere q.c. al dettaglio (al minuto), all'ingrosso, per (a) contanti, a rate; *vendre en réclame* vendere per propaganda, a scopo pubblicitario # *vendre en solde* liquidare le rimanenze → **brader, liquider,** 2 **solder** **2** (*souvent péj.*) [*accorder ou céder (un avantage, un service) en faisant payer, ou contre un avantage matériel*] vendere: *vendre sa femme* vendere la propria moglie; *vendre ses charmes* vendere le proprie grazie **3** [*exiger qqch. en échange de*] vendere: *vendre chèrement sa vie* vendere la vita a caro prezzo, vender cara la pelle **4** [*trahir, dénoncer par intérêt d'argent*] vendere: *Judas vendit Jésus pour trente deniers* Giuda vendette Gesù per trenta denari → **trahir** **B** *v.pron.* SE VENDRE **1** *passif* [→ *tr.* 1] vendersi: *c'est un article qui se vend bien* è un articolo che si vende bene **2** *réfl.* [→ *tr.* 4] vendersi: *se vendre à un parti, à l'ennemi* vendersi a un partito, al nemico © A 1 **acheter, acquérir.**
vendredi |vɑ̃dʀədi| *s.m.* [*sixième jour de la semaine*] venerdì (*inv.*): *Vendredi saint* Venerdì santo.
vendu, ue |vɑ̃dy| *adj.* **1** (*choses*) [*cédé pour de l'argent*] venduto: *adjugé, vendu!* aggiudicato, venduto! → **acquis** **2** (*personnes*) venduto: *juge vendu* giudice venduto → **corrompu, vénal** ♦ (*s.*) *un vendu* un venduto → **traître.**
venelle |vənɛl| *s.f.* [*petite rue étroite*] viuzza, stradina → **ruelle.**
vénéneux, euse |venenø, øz| *adj.* [*qui contient un poison, qui peut empoisonner*] velenoso, venefico* (*littér.*): *champignons vénéneux* funghi velenosi.
vénérable |veneʀabl(ə)| *adj.* venerabile, venerando: *une vénérable dame* una venerabile signora; *d'un âge vénérable* di età veneranda; *cette vénérable institution* questa veneranda, venerabile istituzione → **respectable** ♦ *s.* (*relig.*) *vénérable, bienheureux et saint* venerabile, beato e santo.
vénérablement |veneʀabləmɑ̃| *adv.* (*rare*) [*avec vénération*] venerabilmente.
vénération |veneʀɑsjɔ̃| *s.f.* **1** (*relig.*) venerazione **2** [*grand respect fait d'admiration et d'affection*] venerazione: *il a pour son père une véritable vénération* ha per suo padre una autentica venerazione → **adoration, dévotion.**
vénéréologie |veneʀeɔlɔʒi|, **vénérologie** |veneʀɔlɔʒi| *s.f.* (*méd.*) venereologia*.
vénérer |veneʀe| (8) *v.tr.* **1** [*considérer avec le respect dû aux choses sacrées*] venerare: *vénérer un saint* venerare un santo → **adorer, révérer** **2** (*littér.*) [*avoir un grand respect empreint d'affection pour (qqn., qqch.)*] venerare → **adorer.**
vénéricarde |veneʀikaʀd(ə)| *s.f.* (*t.zool.*) venericardia.
vénerie |vɛnʀi| *s.f.* **1** caccia* alla corsa, con i cani **2** amministrazione degli ufficiali della caccia.
vénérien, ienne |veneʀjɛ̃, jɛn| *adj.* venereo: *maladies vénériennes* malattie veneree ♦ *s.* (*méd.*) *hôpital où sont traités les vénériens* ospedale in cui vengono curati gli affetti da malattie veneree.
venet |vənɛ| *s.m.* (*pêche*) serraglia *f.*
vénète |venɛt| *adj.* [*de la Vénétie*] veneto.
venette |vənɛt| *s.f.* (*vieilli, région.*) [*peur*] fifa (*fam.*).
veneur |vənœʀ| *s.m.* [*celui qui organise les chasses à courre*] cacciatore ◇ (*spécialt.*) soprintendente delle cacce reali.
vénézuélien, ienne |venezɥeljɛ̃, jɛn| *adj.* [*du Venezuela*] venezuelano, venezolano.
vengeance |vɑ̃ʒɑ̃s| *s.f.* [→ VENGER] vendetta: *une terrible vengeance* una terribile vendetta; *soif, désir de vengeance* sete, desiderio di vendetta; *tirer vengeance d'un affront* trarre vendetta da un affronto.
venger |vɑ̃ʒe| (3) **A** *v.tr.* **1** [*dédommager moralement (qqn.) en punissant son offenseur*] vendicare: *venger qqn. d'un affront* vendicare qc. di un affronto; *venger la mémoire d'un ami* vendicare la memoria di un amico **2** [*réparer (une offense) en punissant l'offenseur*] vendicare: *venger un affront dans le sang* vendicare un affronto nel sangue **B** *v.pron. réfl.* SE VENGER [→ *tr.*] vendicarsi: *se venger de qqn.* vendicarsi di qc.; *je me vengerai* mi vendicherò; *se venger d'une insulte, d'une injure* vendicarsi di un insulto, di una ingiuria.
vengeur, geresse |vɑ̃ʒœʀ, ʒʀɛs| *s.* [*personne qui venge*] vendicatore* ♦ (*adj.*) *un bras vengeur* un braccio vendicatore.
veniat |venjat| *s.m. inv.* (*lat.*) (*dr.*) veniat.
véniel, elle |venjɛl| *adj.* veniale: *péché véniel* peccato veniale.
véniellement |venjɛlmɑ̃| *adv.* [→ VÉNIEL] venialmente.
venimeux, euse |vənimø, øz| *adj.* **1** (*animaux*) [*qui a du venin*] velenoso: *serpents venimeux* serpenti velenosi **2** (*fig.*) [*qui a de la haine, de la méchanceté*] velenoso: *des allusions venimeuses* delle allusioni velenose → **haineux, perfide.**
venimosité |vənimozite| *s.f.* (*rare*) [*caractère de ce qui est venimeux*] velenosità *inv.* (*cour.*).
venin |vənɛ̃| *s.m.* **1** [*substance toxique sécrétée par certains animaux*] veleno: *sérum contre les venins* siero contro i veleni **2** (*fig.*) veleno: *paroles pleines de venin* parole piene di veleno; *cracher son venin* sputar veleno.
venir |v(ə)niʀ| (27) *v.intr.* (*aux.* 'être') **I** (*sens spatial*) [*se déplacer de manière à aboutir dans un lieu*] **1** (*sans compl. de lieu*) venire (202): *venez avec moi* venga con me; *aller et venir* andare e venire ◇ (*fam.*) *je ne fais qu'aller et venir* [*je reviens tout de suite*] vado e torno, vado e vengo ◇ (*loc. fig.*) *faire venir qqn.* [*le convoquer*] fare venire qc. ~ VOIR VENIR: *je te vois venir* so dove vuoi arrivare, dove vuoi andare a parare; *voir venir les événements* attendere gli eventi **2** (*avec un compl. marquant le terme du mouvement*) *en loc.* VENIR À venire a: *viendras-tu au cinéma?* verrai al cinema? ~ VENIR CHEZ venire da, a

casa di: *nous viendrons chez toi ce soir* verremo da te, a casa tua questa sera ~ VENIR DANS venire in: *il est venu dans mon appartement* è venuto nel mio appartamento ~ *venez ici* venga qui ~ (*fam.*) (*expression de menace*) *viens-y!* vieni qui! ~ *il vient vers nous, jusqu'à nous* viene verso di noi, fino a noi ~ VENIR À (QQN.) [*aller vers lui, aller le trouver*] venire da (qc.): *laissez venir à moi les petits enfants* lasciate che i pargoli vengano a me ◇ (*choses*) *mot qui vient aux lèvres, sous la plume* parola che è sulla punta della lingua, nella penna **3** *loc.* [*parvenir à* (*un but, une étape d'un développement*)] *venir au bout de qqch.* venire a capo di q.c. ~ *il faudra bien qu'il y vienne* bisognerà bene che ci arrivi, che si decida ~ *venir à* (*un sujet, une question*) venire, giungere a (un argomento, una questione) → **aborder** ~ EN VENIR À venire a: *en venir aux mains* venire alle mani # *ils en sont venus aux coups* hanno fatto a botte, si sono menati (*région.*); *où veut-il en venir?* dove vuole arrivare, andare a parare? **4** *loc.* VENIR DE... (*avec un compl. marquant le terme du mouvement*) *je viens de Paris* vengo da Parigi; *d'où venaient-ils* da dove venivano?; *les nuages viennent de l'ouest* le nubi vengono da ovest ◇ [*provenir*] *son bracelet vient des Indes* il suo braccialetto viene dall'India; *des biens qui lui venaient de son grand-père* [*par héritage*] beni che gli venivano da (parte di) suo nonno **5** VENIR DE [*provenir, sortir de*] venire da: *la plupart des mots français viennent du latin* la maggior parte delle parole francesi vengono dal latino → 2 **dériver** **6** VENIR DE [*être l'effet de*] essere (96) dovuto a, derivare da: *son malheur vient de son imprévoyance* la sua disgrazia è dovuta alla, deriva dalla sua imprevidenza; *cela vient de ce que* (+ *ind.*) ciò è dovuto al fatto, deriva dal fatto che (+ *ind.*) → **découler** ✦ (*impers.*) *de là vient que...* ne deriva, ne consegue che...; *d'où vient que...* da ciò deriva, risulta che...; ecco perché... **II** (*semi-aux.*, + *inf.*) **1** [*se déplacer* (*pour faire*)] venire: *j'irai la voir et ensuite je viendrai te chercher* andrò a trovarla e poi verrò a prenderti; *viens m'aider!* vieni ad aiutarmi!; *venez voir par ici* venga a vedere da questa parte **2** *loc.* VENIR À (*surtout à la 3ᵉ pers.*) [*se trouver en train de* (*faire, subir qqch.*)] venire a: *s'il venait à me prendre* se venisse a prendermi, se mi prendesse ✦ (*impers.*) *s'il venait à passer qqn. par là...* se venisse a passare, se passasse di qui qc. **3** *loc.* VENIR DE (+ *inf.*) [*avoir* (*fait*) *très récemment, avoir juste fini de*] essere appena..., avere (97) (*aux.* avere) appena... (+ *p.p.*): *elle venait de sortir* era appena uscita; *il venait d'être malade* era appena stato ammalato; *je venais de le constater personnellement* lo avevo appena constatato personalmente; *il venait de commettre une infraction* aveva appena commesso un'infrazione **III** [*arriver, se produire, survenir*] **1** (*personnes*) [*arriver* (*dans la vie*)] venire: *venir au monde* venire al mondo, alla luce → **naître**; *ceux qui viendront après nous* quelli che verranno dopo di noi → **succéder** ◇ (*événements*) [*se produire*] *prendre les choses comme elles viennent* prendere le cose come vengono → **survenir** ◇ (*temps*) *l'heure est venue de réfléchir* è arrivata l'ora, è giunto il momento di riflettere; *le jour viendra où nous pourrons gagner* verrà il giorno in cui potremo vincere; *la nuit venue...* scesa, calata la notte... ◇ *loc. adv.* À VENIR a venire, futuro *adj.*, prossimo (*adj.*): *les générations à venir* le generazioni a venire, future; *dans les mois à venir* nei mesi a venire, nei prossimi mesi → **futur** **2** (*végétaux, tissus vivants*) [*naître et se développer*] venire: *un sol où le blé vient bien* un terreno dove il grano viene, cresce bene → 2 **pousser** **3** (*idées, créations*) venire: *les idées ne me viennent pas* non mi vengono le idee; *alors, ça vient?* [*allez-vous répondre?*] allora, viene (arriva)?; allora, ci sbrighiamo?; *l'idée lui est venue subitement* gli è venuta l'idea all'improvviso.

vénitien, ienne |venisjɛ̃, jɛn| *adj.* **1** [*de la ville de Venise; de l'anc. république de Venise*] veneziano, veneto: *la peinture vénitienne* la pittura veneta; *le dialecte vénitien* il dialetto veneziano ✦ *s.* (*hist.*) *les Vénitiens* i Veneziani **2** [*des Vénéties*] veneto.

vent |vɑ̃| *s.m.* **I** **1** [*déplacements naturels de l'atmosphère*] vento: *vent modéré, violent, glacial* vento moderato, violento, glaciale; *coup, rafale de vent* colpo di vento (ventata), raffica di vento; *le vent du Nord* il vento del Nord, la tramontana; *le vent souffle, se lève* il vento soffia, si alza; *il y a, il fait du vent* c'è vento, tira vento; ◇ (*loc.*) *marcher contre vent, au vent, sous le vent* camminare controvento, sopravvento, sottovento ~ *venir au vent* → **lofer** ~ À VENT a vento: *moulin à vent* mulino a vento ~ *les quatre vents* i punti cardinali ~ *aux quatre vents, à tous les vents* ai quattro venti ◇ (*prov.*) *qui sème le vent récolte la tempête* chi semina vento raccoglie tempesta **2** [*l'atmosphère, l'air*] vento: *voler au vent* volare al vento, svolazzare; *flotter au vent* svolazzare al vento, sventolare ◇ (*loc.*) *en plein vent* all'aria aperta ~ *le nez au vent* con il naso in aria ~ *arbre de plein vent* albero in pieno vento **3** *loc. fig.* ('*le vent*', *symb. des impulsions, des influences*) *aller contre vents et marées* tirare dritto superando ogni ostacolo ~ *avoir du vent dans les voiles*: (*pr.*, *fig.*) andare a gonfie vele ~ *avoir le vent en poupe, avoir le vent dans le dos*: (*pr.*, *fig.*) avere il vento in poppa ~ *être dans le vent* essere di (alla) moda; essere sulla cresta dell'onda ~ *quel bon vent vous amène?* qual buon vento vi porta? ~ *le vent tourne* il vento cambia direzione ~ *le vent était à l'optimisme* c'era aria di ottimismo ◇ (*symb. de la* '*vitesse*') *aller comme le vent* andare, filare come il vento ~ *aller plus vite que le vent* correre più veloce, più forte del vento **4** (*loc.*) *du vent* [*des choses vaines, vides*] parole *f. pl.* al vento, chiacchiere (*f. pl.*): *ce n'est que du vent, c'est du vent* sono (solo) parole al vento, chiacchiere **5** *loc.* AVOIR VENT DE [*avoir connaissance de*] avere sentore di, venire a conoscenza di: *j'ai eu vent de ses projets* ho avuto sentore, sono venuto a conoscenza dei suoi progetti **II** **1** [*déplacement d'air, de gaz*] *le ventilateur fait du vent* il ventilatore fa aria ◇ (*loc.*) *personne qui fait du vent* [*fait l'importante*] persona che si dà delle arie **2** *instrument* (*de musique*) *à vent* strumento a fiato **3** *au plur.* [*gaz intestinaux*] arie *f.*, venti (*pop.*) → **pet.**

ventage |vɑ̃taʒ| *s.m.* (*techn.*) ventolatura *f.*

ventail, aux |vɑ̃taj, o| *s.m.* (*archéol.*) ventaglia *f.*

vente |vɑ̃t| *s.f.* **I** **1** [→ VENDRE] vendita: *en vente* in vendita; *vente en gros, au détail* vendita all'ingrosso, al dettaglio (al minuto); *vente au comptant, à crédit, à tempérament* vendita a (per) contanti, a rate; *prix de vente* prezzo di vendita; *mettre en vente* mettere in vendita **2** (*dr.*) compravendita, vendita: *ratification d'une vente* ratifica di una compravendita; *vente à terme* vendita a termine **3** (*spécialt.*) *vente aux enchères* vendita all'asta, asta; *vente publique* asta pubblica; *salle des ventes* sala delle aste; *vente de charité* fiera di beneficenza **II** **1** (*Eaux et For.*) taglio* *m.* **2** (*hist. it.*) vendita.

venté, ée |vɑ̃te| *adj.* (*rare*) [*où il y a du vent*] ventoso (*cour.*): *une plaine ventée* una pianura ventosa, battuta dal vento → **éventé.**

venteau |vɑ̃to| *s.m.* (*techn.*) bocca* *f.* d'aspirazione.

venter |vɑ̃te| *v. impers.* (*en parlant du vent*) [*souffler*] tirar vento: *il vente* tira vento ◇ (*loc.*) *qu'il pleuve ou qu'il vente* che piova o tiri vento, qualunque cosa succeda.

venteux, euse |vɑ̃tø, øz| *adj.* (*rare*) [*où il y a beaucoup de vent*] ventoso (*cour.*) → **éventé.**

ventilateur |vɑ̃tilatœʀ| *s.m.* ventilatore: *ventilateur à hélice* ventilatore a elica.

1 **ventilation** |vɑ̃tilɑsjɔ̃| *s.f.* **1** (*techn.*) ventilazione **2** (*physiol.*) ventilazione: *ventilation pulmonaire* ventilazione polmonare.

2 **ventilation** |vɑ̃tilɑsjɔ̃| *s.f.* (*compt.*) ripartizione, suddivisione: *ventilation des frais généraux* ripartizione delle spese generali.

1 **ventiler** |vɑ̃tile| *v.tr.* [*produire un courant d'air dans, sur*] ventilare.

2 **ventiler** |vɑ̃tile| *v.tr.* (*dr.*) [*évaluer* (*une ou plusieurs portions*) *relativement au tout, dans une vente*] valutare separatamente ◇ (*compt.*) [*répartir* (*une somme totale*) *entre plusieurs comptes*] ripartire (197), suddividere (130).

ventileuse |vɑ̃tiløz| *s.f.* (*zool.*) ape ventilatrice.

ventis |vɑ̃ti| *s.m. pl.* (*Eaux et For.*) alberi abbattuti dal vento.

ventôse |vɑ̃toz| *s.m.* (*hist. fr.*) ventoso.

ventosité |vɑ̃tozite| *s.f.* (*vx.*, *méd.*) ventosità *inv.* → **flatulence.**

1 **ventouse** |vɑ̃tuz| *s.f.* **1** (*méd.*) ventosa, coppetta: *poser des ventouses à un malade* mettere delle ventose a un malato **2** (*zool.*) ventosa **3** [*dispositif qui se fixe par vide partiel sur une surface plane*] ventosa.

2 **ventouse** |vɑ̃tuz| *s.f.* (*techn.*) spiraglio* *m.*, sfiatatoio* *m.*

ventral, ale, aux |vɑ̃tʀal, o| *adj.* ventrale: *nageoires ventrales* pinne ventrali ◇ (*sport*) *rouleau ventral* rullata *s.f.*

ventre |vɑ̃tʀ(ə)| *s.m.* **I** **1** (*chez l'homme*) ventre → **abdomen** ◇ (*loc.*)

à plat ventre [*allongé sur le ventre*] bocconi *adv.* ~ *se mettre à plat ventre devant qqn.* strisciare davanti a qc. ~ *marcher, passer sur le ventre de qqn.* passare sopra il corpo, il cadavere di qc. ~ *la danse du ventre* la danza del ventre ~ *bas-ventre* basso ventre **2** (*animaux*) ventre ◇ (*loc.*) *courir ventre à terre* correre ventre a terra **3** [*proéminence que forme la paroi antérieure de l'abdomen, de la taille au bas-ventre*] pancia* *f.* (*fam.*): *rentrer le ventre* tirare in dentro la pancia; *avoir, prendre du ventre* avere la pancia, mettere su pancia **4** [*les viscères qui reçoivent les aliments* (*estomac et intestins*)] pancia, ventre: *se remplir le ventre* riempirsi la pancia, il ventre; *avoir le ventre plein, creux* avere la pancia piena, vuota; *avoir mal au ventre* avere mal di pancia, di ventre ◇ (*loc.*) *ventre affamé n'a pas d'oreilles* ventre digiuno non ode nessuno ~ *avoir les yeux plus grands que le ventre* avere gli occhi più grandi dello stomaco, della pancia **5** [*partie où s'accomplit la gestation* (*chez la femme, les femelles de mammifères*)] ventre (*littér.*), utero → **sein, utérus** **6** (*loc.*) *avoir du cœur au ventre* [*du courage, de l'énergie*] avere coraggio ~ *mettre du cœur au ventre* dare, infondere coraggio ~ *il n'a rien dans le ventre* [*il est lâche*] è un incapace, un vigliacco ~ *chercher à savoir ce que qqn. a dans le ventre* cercare di sapere cosa uno ha in mente → **sonder** **II** (*partie creuse, lorsqu'elle présente à l'extérieur un renflement*) ventre, pancia: *le ventre d'une cruche* il ventre, la pancia di una brocca ◇ (*par anal.*) *le ventre d'un navire, d'une voile* il ventre di una nave, di una vela ◇ (*maçonn.*) *bâtiment qui fait ventre* costruzione che fa pancia ◇ (*phys.*) ventre.

ventrebleu! |vɑ̃tʀəblø| *interj.* (*vx.*) (*juron*) corpo di Bacco!

ventrée |vɑ̃tʀe| *s.f.* [*nourriture qui remplit bien le ventre*] scorpacciata, spanciata.

ventre-saint-gris! |vɑ̃tʀəsɛ̃gʀi| *interj.* (*vx.*) (*juron*) poffarbacco!

ventriculaire |vɑ̃tʀikylɛʀ| *adj.* (*anat.*) ventricolare.

ventricule |vɑ̃tʀikyl| *s.m.* (*anat., zool.*) ventricolo.

ventrière |vɑ̃tʀijɛʀ| *s.f.* **1** [*sangle du harnais du cheval qui passe sous le ventre*] sottopancia *m. inv.* **2** (*techn.*) supporto *m.*, sostegno *m.* ◇ (*mar.*) ventriera.

ventriloque |vɑ̃tʀilɔk| *s. et adj.* ventriloquo.

ventriloquie |vɑ̃tʀilɔki| *s.f.* ventriloquio* *m.*

ventripotent, ente |vɑ̃tʀipɔtɑ̃, ɑ̃t| *adj.* [*qui a un gros ventre*] panciuto → **gros, ventru.**

ventru, ue |vɑ̃tʀy| *adj.* **1** [*qui a un gros ventre*] panciuto → **gros, pansu** ✦ (*s.*) *un gros ventru* un grosso pancione **2** (*choses*) [*renflé, bombé*] panciuto: *commode ventrue* cassettone panciuto.

venturi |vɛ̃tyʀi| *s.m.* (*techn.*) tubo di Venturi *inv.* ◇ (*par ext.*) venturimetro.

venu, ue |v(ə)ny| **I** *adj.* **1** (*loc. littér.*) *être bien, mal venu* essere bene, male accolto ~ ÊTRE MAL VENU DE (+ *inf.*) [*n'être pas fondé à*] avere torto a (+ *inf.*): *vous seriez mal venu d'insister* avrebbe torto a insistere ✦ (*impers.*) *il serait mal venu d'insister* sarebbe inopportuno insistere **2** *bien, mal venu* [*qui s'est développé* (*bien, mal*)] ben riuscito, mal riuscito **II** (*s.*) *le premier venu* il primo venuto; *les nouveaux, les derniers venus* i nuovi, gli ultimi venuti.

venue |v(ə)ny| *s.f.* **1** [→ VENIR] venuta → **arrivée** **2** (*littér.*) [*action, fait de venir, de se produire*] arrivo *m.* (*cour.*): *la venue du beau temps* l'arrivo del bel tempo **3** (*loc.*) *d'une seule venue, tout d'une venue* [*d'un seul jet*] di getto: *écrire dix pages d'une seule venue* scrivere dieci pagine di getto.

vénus |venys| *s.f.* **1** [*femme d'une grande beauté*] venere: *ce n'est pas une vénus* non è certo una venere **2** (*t. zool.*) venere.

vénusien, ienne |venyzjɛ̃, jɛn| *adj.* [*de la planète Vénus*] venusiano ✦ (*s.*) *les Vénusiens* i Venusiani.

venusté |venyste| *s.f.* (*littér.*) venustà *inv.*

vêpres |vɛpʀ(ə)| *s.f. pl.* (*relig.*) vespro *m. sing.*, vespri (*m.*): *sonner les vêpres* suonare il vespro; *aller aux vêpres* andare ai vespri ◇ (*hist.*) *Vêpres siciliennes* Vespri siciliani.

ver |vɛʀ| *s.m.* **1** (*t.zool.*) verme ~ *ver solitaire* verme solitario, tenia *f.* ~ *ver blanc* tormentone, larva *f.* del maggiolino ~ *ver luisant* lampiride, lucciola *f.* ~ *ver à soie* baco* da seta, filugello **2** (*loc. fig.*) *se tortiller comme un ver* contorcersi come un verme ~ *être nu comme un ver* essere nudo come un verme ~ *tirer les vers du nez de qqn.* far cantare, far parlare qc.

véracité |veʀasite| *s.f.* veracità *inv.* (*littér.*), veridicità (*inv.*): *raconter avec véracité* raccontare con veracità; *la véracité de son témoignage* la veracità, veridicità della sua testimonianza → **sincérité, exactitude.**

véraison |veʀɛzɔ̃| *s.f.* (*agric.*) invaiatura.

véranda |veʀɑ̃da| *s.f.* veranda.

vératre |veʀatʀ(ə)| *s.m.* (*t.bot.*) veratro.

vératrine |veʀatʀin| *s.f.* (*chim.*) veratrina.

verbal, ale, aux |vɛʀbal, o| *adj.* **I** (*gram.*) verbale: *désinences verbales* desinenze verbali; *adjectif verbal* aggettivo verbale **II** [*qui se fait de vive voix*] verbale: *promesse verbale* promessa verbale; *note verbale* nota verbale; *expression verbale* espressione verbale → **oral.**

verbalement |vɛʀbalmɑ̃| *adv.* [*de vive voix et non par écrit*] verbalmente → **oralement.**

verbalisation |vɛʀbalizɑsjɔ̃| *s.f.* [→ VERBALISER] verbalizzazione.

verbaliser |vɛʀbalize| *v.intr.* [*dresser un procès-verbal*] verbalizzare, redigere (171) *tr.* un verbale: *agent de police qui verbalise* agente di polizia che verbalizza.

verbalisme |vɛʀbalism(ə)| *s.m.* (*péj.*) verbalismo.

verbe |vɛʀb(ə)| *s.m.* **I** (*gram.*) verbo: *verbe transitif, intransitif* verbo transitivo, intransitivo; *conjuguer un verbe* coniugare un verbo **II** **1** (*théol. chrét.*) Verbo: *le Verbe de Dieu* il Verbo di Dio; *le Verbe s'est fait chair* il Verbo si è fatto carne **2** (*littér.*) [*expression verbale de la pensée*] verbo **3** (*loc.*) *avoir le verbe haut* parlare ad alta voce; parlare con arroganza.

Verbénacées |vɛʀbenase| *s.f. pl.* (*t.bot.*) Verbenacee.

verbeusement |vɛʀbøzmɑ̃| *adv.* [→ VERBEUX] verbosamente.

verbeux, euse |vɛʀbø, øz| *adj.* verboso: *un orateur verbeux* un oratore verboso → **bavard, prolixe** Ⓒ **bref, concis.**

verbiage |vɛʀbjaʒ| *s.m.* [*abondance de paroles, de mots vides de sens*] sproloquio*, tiritera *f.* → **bavardage.**

verbigération |vɛʀbiʒeʀɑsjɔ̃| *s.f.* (*pathol.*) verbigerazione.

verbomanie |vɛʀbɔmani| *s.f.* (*psycho.*) logorrea, logomania.

verboquet |vɛʀbɔkɛ| *s.m.* (*techn.*) corda *f.*, tirante di fissaggio.

verbosité |vɛʀbozite| *s.f.* verbosità *inv.*

ver-coquin |vɛʀkɔkɛ̃| *s.m.* **1** (*agric.*) tignola *f.* della vite **2** (*vétér.*) vermocane.

verdage |vɛʀdaʒ| *s.m.* (*agric.*) sovescio*.

verdâtre |vɛʀdɑtʀ(ə)| *adj.* verdastro *adj. et s.m.*

verdelet, ette |vɛʀdəlɛ, ɛt| *adj.* (*vx., région.*) *vin verdelet* [*un peu vert, légèrement acide*] vino asprigno, agretto.

verdet |vɛʀdɛ| *s.m.* (*techn.*) verderame.

verdeur |vɛʀdœʀ| *s.f.* **1** [*vigueur de la jeunesse* (*chez qqn. qui n'est plus jeune*)] vigoria (fisica) **2** [*acidité d'un fruit vert, d'un vin trop vert*] asprezza.

verdict |vɛʀdik(t)| *s.m.* **1** (*dr.*) verdetto: *verdict de culpabilité, d'acquittement* verdetto di colpevolezza, d'assoluzione **2** [*jugement rendu par une autorité*] verdetto, giudizio* → **décision.**

1 **verdier** |vɛʀdje| *s.m.* (*vx.*) ufficiale forestale.

2 **verdier** |vɛʀdje| *s.m.* (*t.zool.*) verdone.

verdir |vɛʀdiʀ| **A** *v.intr.* [*devenir vert*] inverdire (197) (*aux.* essere), diventare (*aux.* essere) verde ◇ (*spécialt. des végétaux*) [*pousser, se couvrir de feuilles*] inverdire, rinverdire (197) (*aux.* essere) ◇ [*devenir vert de peur*] diventare verde (per la paura): *il a verdi en le voyant* appena l'ha visto, è diventato verde (per la paura) **B** *v.tr.* [*rendre vert, donner une couleur verte à*] colorare di verde.

verdissage |vɛʀdisaʒ| *s.m.* il colorare *inv.*, il tingere *inv.* di verde.

verdissant, ante |vɛʀdisɑ̃, ɑ̃t| *adj.* [*qui verdit, est en train de verdir*] verdeggiante.

verdissement |vɛʀdismɑ̃| *s.m.* [→ VERDIR A] inverdimento.

verdoiement |vɛʀdwamɑ̃| *s.m.* [→ VERDOYER] il verdeggiare *inv.*, verdeggiamento (*rare*).

verdoyant, ante |vɛʀdwajɑ̃, ɑ̃t| *adj.* [*qui verdoie*] verdeggiante.

verdoyer |vɛʀdwaje| (10) *v.intr.* (*se dit des végétaux, des prés, de la campagne, etc., qui donnent une sensation dominante de vert*) verdeggiare.

verdunisation |vɛʀdynizɑsjɔ̃| *s.f.* (*techn.*) verdunizzazione.

verduniser |vɛʀdynize| *v.tr.* (*techn.*) [*purifier par le procédé de la verdunisation*] verdunizzare.

verdure |vɛʀdyʀ| *s.f.* **1** [*couleur verte de la végétation*] verde *m.*, verdura (*rare*) **2** [*arbres, plantes, herbes, feuilles*] verde, vegetazione, verzura (*littér.*): *se reposer dans la verdure* ri-

posarsi in mezzo al verde, sull'erba # *tapis de verdure* tappeto erboso, verde.
vérétille |veʀetij| *s.m. ou f.* (*t.zool.*) veretillo *m.*
véreux, euse |veʀø, øz| *adj.* **1** [*qui contient un ver, est gâté par des vers*] bacato: *fruits véreux* frutti bacati **2** (*personnes*) [*foncièrement malhonnête*] disonesto: *agent véreux* agente disonesto ◇ (*choses*) [*qui n'est pas sain*] losco*, sospetto: *une affaire véreuse* una faccenda losca, sospetta.
1 **verge** |vɛʀʒ(ə)| *s.f.* (*anat.*) verga* → **pénis.**
2 **verge** |vɛʀʒ(ə)| *s.f.* **1** (*littér.*) [*baguette* (*pour frapper, battre*)] verga,* bacchetta **2** (*techn.*) verga, asta.
vergé, ée |vɛʀʒe| *adj.* (*se dit du papier marqué de vergeures*) vergato.
vergence |vɛʀʒɑ̃s| *s.f.* (*phys.*) vergenza.
vergeoise |vɛʀʒwaz| *s.f.* zucchero *m.* recuperato dalla melassa.
verger |vɛʀʒe| *s.m.* [*terrain planté d'arbres fruitiers*] frutteto.
vergerette |vɛʀʒəʀɛt| *s.f.* → **érigéron.**
vergeté, ée |vɛʀʒəte| *adj.* **1** [*marqué de petites raies*] smagliato → **rayé** **2** (*blas.*) verghettato.
vergetier |vɛʀʒətje| *s.m.* [*ouvrier préparant des tiges de fer sur le banc à étirer*] ferraiolo.
vergette |vɛʀʒɛt| *s.f.* **1** [*petite verge*] verghetta **2** (*blas.*) verghetta.
vergeture |vɛʀʒətyʀ| *s.f.* [*petites marques qui sillonnent la peau aux endroits qui ont été distendus*] smagliatura (della pelle).
vergeure |vɛʀʒyʀ| *s.f.* (*papeterie*) [*fil de cuivre*] vergella ◇ (*par ext.*) [*marque que laissent ces fils*] vergatura.
verglacé, ée |vɛʀglase| *adj.* coperto (di uno strato, di una lastra) di ghiaccio, ghiacciato.
verglas |vɛʀgla| *s.m.* [*couche de glace naturelle très mince qui se forme sur le sol*] (strato di) ghiaccio*, fondo ghiacciato: *accident de voiture dû au verglas* incidente automobilistico dovuto al ghiaccio, al fondo ghiacciato.
vergne |vɛʀɲ(ə)| *s.m.* (*région.*) → **aulne.**
vergogne |vɛʀgɔɲ| *s.f.* **1** (*vx.*) → **honte** **2** *loc.* SANS VERGOGNE spudoratamente *adv.*, senza pudore: *il nous a menti sans vergogne* ci ha mentito spudoratamente, senza pudore.
vergue |vɛʀg(ə)| *s.f.* (*mar.*) pennone (*m.*): *grand-vergue* pennone di maestra.
véridicité |veʀidisite| *s.f.* veridicità *inv.* → **véracité.**
véridique |veʀidik| *adj.* veridico*, veritiero: *témoin véridique* testimone veridico, veritiero; *récit véridique* racconto veridico → **exact** Ⓒ **faux, trompeur.**
véridiquement |veʀidikmɑ̃| *adv.* [→ VÉRIDIQUE] veridicamente.
vérifiabilité |veʀifjabilite| *s.f.* verificabilità *inv.*
vérifiable |veʀifjabl(ə)| *adj.* [→ VÉRIFIER A 1] verificabile.
vérificateur, trice |veʀifikatœʀ, tʀis| *s.* verificatore* ✦ *s.f.* (*informatique*) verificatrice.
vérificatif, ive |veʀifikatif, iv| *adj.* che serve a verificare *loc.*
vérification |veʀifikɑsjɔ̃| *s.f.* **1** [→ VÉRIFIER A] verifica*, verificazione, accertamento (*m.*): *faire des vérifications* fare delle verifiche, degli accertamenti; *vérification d'un compte* verifica di un conto; *vérification sur inventaire* verifica, accertamento sull'inventario; *vérification d'écritures* verificazione di scritture **2** [*constatation qu'une chose est vraie*] riprova, verifica: *son attitude n'est que la vérification de ses affirmations* il suo comportamento non è altro che la riprova delle sue affermazioni.
vérificatrice |veʀifikatʀis| *s.f.* (*informatique*) verificatrice.
vérifier |veʀifje| **A** *v.tr.* **1** [*examiner la valeur de* (*qqch.*) *par une confrontation avec les faits ou par un contrôle de la cohérence interne*] verificare, accertare: *vérifier une nouvelle* verificare una notizia; *vérifier un compte* verificare un conto; *vérifier l'exactitude, l'authenticité d'une assertion* verificare, accertare l'esattezza, l'autenticità di un'asserzione → **examiner, contrôler** ◇ *loc.* VÉRIFIER SI verificare, accertare se, che: *il vérifie si le train part toujours à la même heure* sta verificando, si sta accertando se il treno parte, che il treno parta sempre alla stessa ora → **assurer (s')** **2** [*examiner* (*une chose*) *de manière à pouvoir établir si elle est conforme à ce qu'elle doit être, si elle fonctionne correctement*] verificare, controllare: *vérifier un poids* verificare un peso; *vérifier ses freins* verificare, controllare i freni **3** [*reconnaître ou faire reconnaître* (*une chose*) *pour vraie*] dimostrare, provare: *vérifier une hypothèse* dimostrare, provare un'ipotesi ◇ (*sujet de chose*) [*constituer le signe non récusable de la vérité de* (*qqch.*)] confermare: *les faits ont vérifié nos soupçons* i fatti hanno confermato i nostri sospetti **B** *v.pron. intr.* SE VÉRIFIER [*s'avérer exact, juste*] verificarsi.
vérifieur, euse |veʀifjœʀ, øz| *s.* [*spécialiste chargé d'une vérification, de faire fonctionner une vérificatrice*] (*abrév. fam.* '*vérif*') *perfo-vérif* [*perforeuse-vérifieuse*] perforatrice-verificatrice.
vérin |veʀɛ̃| *s.m.* (*techn.*) binda *f.* (a vite); martinetto.
vérine |veʀin| *s.f.* (*mar.*) verina.
vérisme |veʀism(ə)| *s.m.* verismo.
vériste |veʀist(ə)| *adj.* verista, veristico* ✦ (*s.*) *un vériste* un verista.
véritable |veʀitabl(ə)| *adj.* **1** [*qui a lieu, qui existe réellement, en dépit de l'apparence*] vero: *toute cette histoire est véritable* tutta questa storia è vera → **réel** **2** (*choses concrètes*) [*qui est conforme à l'apparence, qui n'est pas imité*] vero: *or véritable* vero oro; *un collier en perles véritables* una collana di perle vere **3** (*choses abstraites; personnes*) (*généralt. avant le nom*) [*qui est conforme à l'idée qu'on s'en fait, qui mérite son nom et sa réputation*] vero: *un véritable ami* un vero amico; *le véritable amour* il vero amore **4** (*devant le nom*) [*qui est exactement nommé; qui mérite son nom*] vero (e proprio*), autentico*: *une véritable canaille* una vera (e propria), un'autentica canaglia ◇ (*par ext.*) *cette maison est une véritable caserne* questa casa è una vera (e propria) caserma.
véritablement |veʀitabləmɑ̃| *adv.* **1** [*d'une manière réelle, effective*] realmente ◇ (*en tête de phrase*) [*à la vérité*] a dire il vero, effettivamente → **assurément** **2** [*conformément à l'apparence, au mot qui désigne*] veramente: *c'est véritablement génial* è veramente geniale.
vérité |veʀite| *s.f.* **1** verità (*inv.*): *chercher la vérité* cercare la verità; *prétendre posséder la vérité* pretendere di possedere la verità ◇ (*théol.*) verità **2** [*connaissance conforme au réel; son expression*] verità: *connaître, dire la vérité sur qqch.* conoscere, dire la verità su q.c.; *c'est la pure vérité* è la pura verità; *dire la vérité, toute la vérité* dire la verità, tutta la verità; *cacher, taire la vérité* nascondere, tacere la verità ◇ (*fam.*) *c'est la vérité vraie* è la verità sacrosanta ◇ (*loc. prov.*) *la vérité n'est pas toujours bonne à dire* non si può sempre dire la verità ~ *la vérité sort de la bouche des enfants* i fanciulli sono la bocca della verità ◇ *loc. adv.* EN VÉRITÉ in verità: *en vérité je vous le dis* in verità vi dico → **certainement, vraiment** ~ À LA VÉRITÉ a dir la verità, a dire il vero (*m.*): *je suis, à la vérité, fort loin de penser à cela* a dir la verità, a dire il vero, sono (ben) lungi dal pensare a una cosa simile **3** [*caractère de ce qui s'accorde avec notre sentiment de la réalité*] rassomiglianza; naturalezza: *la vérité d'un portrait* la rassomiglianza di un ritratto ‖ *la vérité d'un personnage* la naturalezza di un personaggio **4** UNE, DES VÉRITÉ(S) verità: *vérités éternelles* verità eterne; *vérité d'évangile* verità evangelica; *dire, énoncer des vérités* dire, enunciare delle verità → **conviction, évidence** ◇ (*loc.*) *dire ses vérités, ses quatre vérités à qqn.* dire a qc. il fatto suo, quel che si merita **5** [*le réel*] realtà (*inv.*): *tout ce que l'on peut dire des camps d'extermination est au-dessous de la vérité* tutto ciò che si può dire dei campi di sterminio è inferiore alla realtà **6** [*sincérité*] sincerità (*inv.*): *un accent, un air de vérité* un accento, un'aria di sincerità.
verjus |vɛʀʒy| *s.m.* [*suc acide extrait de certaines espèces de raisin, ou de raisin cueilli vert*] agresto.
verjuter |vɛʀʒyte| *v.tr.* (*rare*) [*préparer, assaisonner avec du verjus*] condire (197) con agresto.
vermée |vɛʀme| *s.f.* (*pêche*) mazzacchera.
vermeil |vɛʀmɛj| *s.m.* 'vermeil' *inv.*
vermeil, eille |vɛʀmɛj| *adj.* [*d'un rouge vif et léger*] vermiglio*.
vermet |vɛʀmɛ| *s.m.* (*t.zool.*) vermeto.
verm(i)- |vɛʀm(i)| *préf.* (*signifiant* '*ver*', *correspond généralt. à*) verm(i): *vermiculaire* vermicolare.
vermicelle |vɛʀmisɛl| *s.m.* (*cuis.*) vermicelli *pl.*
vermiculaire |vɛʀmikylɛʀ| *adj.* (*anat., méd.*) vermicolare.
vermiculé, ée |vɛʀmikyle| *adj.* (*bx-arts*) scanalato con solchi vermicolari, vermicolato.
vermiculure |vɛʀmikylyʀ| *s.f.* (*bx-arts*) striatura, solco* *m.* vermicolare.
Vermidiens |vɛʀmidjɛ̃| *s.m. pl.* (*t. zool.*) Vermidi.
vermiforme |vɛʀmifɔʀm(ə)| *adj.* (*anat.*) vermiforme.
vermifuge |vɛʀmifyʒ| *adj. et s.m.* vermifugo*
vermiller |vɛʀmije| *v.intr.* (*dit du cochon, du sanglier*) [*fouiller la terre du groin*] grufolare.
vermillon |vɛʀmijɔ̃| *s.m.* [*substance*

colorante] vermiglione ◇ [*couleur rouge vif*] vermiglio* ♦ (*adj. inv.*) *des robes vermillon* dei vestiti (color) vermiglio.
1 **vermillonner** |vɛʀmijɔne| *v.intr.* (*vén.*) (*se dit du blaireau qui fouille la terre*) raspare.
2 **vermillonner** |vɛʀmijɔne| *v.tr.* [*teindre de vermillon*] colorare, tingere (119) di vermiglio.
vermine |vɛʀmin| *s.f.* **1** (*zool.*) insetti *m. pl.* parassiti **2** (*littér.*) [*ensemble nombreux d'individus méprisables, nuisibles à la société*] canaglia (*cour.*), canagliume *m.* → **racaille.**
1 **vermineux, euse** |vɛʀminø, øz| *adj.* (*rare*) [*couvert de vermine*] verminoso.
2 **vermineux, euse** |vɛʀminø, øz| *adj.* (*méd., vieilli*) verminoso.
vermis |vɛʀmis| *s.m.* (*anat.*) regione *f.* mediana del cervelletto.
vermisseau |vɛʀmiso| *s.m.* [*petit ver, petite larve*] vermiciattolo.
vermivore |vɛʀmivɔʀ| *adj.* (*zool.*) vermivoro.
vermouler (se) |vɛʀmule| *v.pron. intr.* (*rare*) [*devenir vermoulu*] tarlarsi (*cour.*).
vermoulu, ue |vɛʀmuly| *adj.* (*se dit du bois ou d'un objet de bois rongé, mangé par les vers*) tarlato, roso dai tarli.
vermoulure |vɛʀmulyʀ| *s.f.* [*fait de devenir vermoulu; trace de vers* (*dans le bois*)] tarlatura.
vermout(h) |vɛʀmut| *s.m.* vermut *inv.*
vernaculaire |vɛʀnakylɛʀ| *adj.* [*du pays, propre au pays*] vernacolo: *langue vernaculaire* lingua vernacola; dialetto *s.m.*, vernacolo *s.m.*
vernal, ale, aux |vɛʀnal, o| *adj.* vernale, primaverile ◇ (*astron.*) *point vernal* punto vernale.
vernalisation |vɛʀnalizɑsjɔ̃| *s.f.* (*agric.*) vernalizzazione.
vernation |vɛʀnɑsjɔ̃| *s.f.* (*bot.*) vernazione.
verni, ie |vɛʀni| *adj.* **1** [*enduit de vernis*] verniciato: *bois verni* legno verniciato # *chaussures vernies* scarpe di vernice **2** (*fig., fam.*) [*qui a de la chance*] fortunato: *vous êtes verni!* è fortunato lei! → **veinard.**
vernier |vɛʀnje| *s.m.* verniero.
vernir |vɛʀniʀ| *v.tr.* [*enduire de vernis*] verniciare: *vernir un tableau* verniciare un quadro.
vernis |vɛʀni| *s.m.* **1** vernice (*f.*): *vernis d'un tableau* vernice di un quadro → **enduit, laque** # *vernis à ongles* smalto per (le) unghie **2** (*fig.*) vernice, infarinatura (*f.*): *il a un vernis de culture* ha una vernice, un'infarinatura di cultura → **teinture.**
vernissage |vɛʀnisaʒ| *s.m.* **1** [→ VERNIR, VERNISSER] verniciatura *f.* **2** [*ouverture d'une exposition de peint.*] 'vernissage' *inv.*, vernice *f.*
vernissé, ée |vɛʀnise| *adj.* **1** [*enduit de vernis*] verniciato **2** [*luisant comme du vernis*] lucido, brillante.
vernisser |vɛʀnise| *v.tr.* [*enduire de vernis* (*une poterie, une faïence, etc.*)] verniciare.
vernisseur, euse |vɛʀnisœʀ, øz| *s.* [*ouvrier, ouvrière spécialiste des travaux de vernissage*] verniciatore*.
vérole |veʀɔl| *s.f.* **1** (*méd.*) *petite vérole* [*variole*] vaiolo *m.* **2** (*pop.*) [*syphilis*] sifilide (*cour.*).
vérolé, ée |veʀɔle| *adj.* (*pop.*) [*syphilitique*] sifilitico* (*cour.*).
veronais, aise |veʀɔnɛ, ɛz| *adj.* [*de Vérone*] veronese.
véronal |veʀɔnal| *s.m.* (*méd.*) (*marque déposée*) veronal *inv.*
1 **véronique** |veʀɔnik| *s.f.* (*t.bot.*) veronica*.
2 **véronique** |veʀɔnik| *s.f.* (*taurom.*) veronica*.
verrat |vɛʀa| *s.m.* [*porc mâle employé comme reproducteur*] verro.
verre |vɛʀ| *s.m.* **1** vetro: *verre trempé, dépoli* vetro temprato, smerigliato; *verre à bouteilles* vetro da bottiglie; *verre incassable* vetro infrangibile; *verre armé* vetro armato, retinato; *pot en verre* vaso di vetro # *verre pyrex* pirex ◇ (*loc.*) *se casser, se briser comme* (*du*) *verre* rompersi, frantumarsi come il vetro ~ *laine de verre* lana di vetro ~ *papier de verre* carta di vetro, carta vetrata **2** UN, DES VERRE(S) vetro: *verre de montre* vetro dell'orologio; *verres optiques* vetri d'ottica # *verres déformants* specchi deformanti; *verre grossissant* lente d'ingrandimento ♦ *absolt.* DES VERRES [*des verres optiques que l'on porte pour mieux voir*] occhiali, lenti (*f.*): *porter des verres* portare gli occhiali, le lenti ◇ (*spécialt.*) *verres de contact, cornéens* lenti a contatto, lenti corneali **3** [*récipient à boire* (*en verre, cristal, matière plastique*)] bicchiere: *verre à pied* (bicchiere a) calice; *verre à liqueur* bicchiere da liquore; *service de verres* servizio di bicchieri; *emplir son verre* riempire il bicchiere # *verre ballon* 'ballon'; *lever son verre* alzare il calice, brindare ◇ (*loc. prov.*) *qui casse les verres les paie* chi rompe paga **4** [*contenu d'un verre*] bicchiere: *boire un verre d'eau* bere un bicchiere d'acqua ◇ (*spécialt.*) *un* (*petit*) *verre* un bicchierino; *boire un verre* bere un bicchierino; *offrir un verre* offrire un bicchierino, da bere ◇ (*loc. fig.*) *se noyer dans un verre d'eau* affogare in un bicchier d'acqua.
verré, ée |vɛʀe| *adj.* (*techn.*) vetrato: *papier verré* carta vetrata.
verrerie |vɛʀʀi| *s.f.* **1** [*fabrique, usine où l'on fait et où l'on travaille le verre*] vetreria ◇ (*par ext.*) [*fabrication du verre*] arte vetraria **2** [*commerce du verre, des objets en verre*] cristalleria ◇ [*ces objets*] vetrerie (*pl.*): *rayon de verrerie d'un grand magasin* reparto vetrerie di un grande magazzino.
1 **verrier** |vɛʀje| *s.m.* **1** [*celui qui fabrique le verre, des objets en verre*] vetraio* **2** pittore su vetro.
2 **verrier** |vɛʀje| *s.m.* (*rare*) [*panier à verres*] portabicchieri *inv.*
verrière |vɛʀjɛʀ| *s.f.* **1** [*grande ouverture ornée de vitraux*] vetrata **2** [*grand vitrage; toit vitré* (*d'une véranda, etc.*)] tetto *m.* a vetri: *la verrière d'une gare* il tetto a vetri di una stazione **3** (*aéronautique*) tettuccio* *m.*
1 **verrine** |vɛʀin| *s.f.* (*mar.*) vetrina ◇ (*techn.*) globo *m.* di vetro (per lampadina).
2 **verrine** |vɛʀin| *s.f.* → **vérine.**
verroterie |vɛʀɔtʀi| *s.f.* [*verre coloré et travaillé dont on fait des bijoux et des ornements*] conterie *pl.*; paccottiglia.
verrou |vɛʀu| *s.m.* **1** [*système de fermeture*] catenaccio*, chiavistello: *pousser, tirer le verrou* chiudere, tirare il chiavistello → **targette** ◇ (*loc.*) *mettre qqn. sous les verrous* [*l'emprisonner*] mettere, tenere qc. sotto chiave **2** (*géol.*) *verrou glaciaire* soglia *f.* glaciale.
verrouillage |vɛʀujaʒ| *s.m.* **1** chiusura *f.* con un catenaccio*, con un chiavistello **2** (*milit.*) accerchiamento a tenaglia.
verrouiller |vɛʀuje| **A** *v.tr.* **1** [*fermer à l'aide d'un verrou*] chiudere (106) con un chiavistello, con un catenaccio: *verrouiller une porte, une fenêtre* chiudere col chiavistello, col catenaccio una porta, una finestra ◇ (*milit.*) *verrouiller une brèche* accerchiare a tenaglia una breccia **2** [*enfermer, mettre sous les verrous*] chiudere in prigione, rinchiudere (106) **B** *v.pron. réfl.* SE VERROUILLER [*s'enfermer*] chiudersi a chiave.
verrucaire |vɛʀykɛʀ| *s.f.* (*t.bot.*) verrucaria.
verrucosité |vɛʀykozite| *s.f.* (*méd.*) nodo *m.* di verruche.
verrue |vɛʀy| *s.f.* **1** (*méd.*) verruca* **2** (*littér.*) [*ce qui défigure, enlaidit*] bruttura *f.*, sconcezza (*f.*): *ce quartier misérable est une verrue au milieu de la ville* questo misero quartiere è una bruttura, una sconcezza in mezzo alla città.
verruqueux, euse |vɛʀykø, øz| *adj.* (*méd.*) verrucoso.
1 **vers** |vɛʀ| *prép.* **1** [*en direction de*] verso, verso di (+ *pron. pers.*), a: *courir vers la sortie* correre verso l'uscita, all'uscita; *il venait vers moi* veniva verso di me; *tourner la tête vers qqn.* girare la testa verso qc. # *marcher vers l'ennemi* marciare contro il nemico → **à, sur** **2** (*abstrait*) (*pour marquer le terme d'une évolution ou d'une tendance*) verso: *c'est un pas vers la découverte de la vérité* è un passo verso la scoperta della verità **3** [*du côté de* (*sans mouvement*)] verso: *vers le nord, il y a un village* verso nord, c'è un villaggio ◇ [*aux environs de*] *nous nous sommes arrêtés vers Lyon* ci siamo fermati verso Lione **4** [*à peu près* (*à telle époque*)] verso: *vers les cinq heures* verso le cinque; *vers le milieu de sa vie* verso la metà della sua vita; *vers trente-trois ans* verso i trentatré anni → **environ, sur.**
2 **vers** |vɛʀ| *s.m.* **1** UN VERS verso: *vers libres* versi liberi; *vers grecs, latins* versi greci, latini **2** LES VERS [*l'écriture en vers*] versi: *composer, écrire, faire des vers* comporre, scrivere, fare dei versi; *réciter des vers* recitare dei versi.
versaillais, aise |vɛʀsajɛ, ɛz| *adj. et s.* (*hist.*) di Versailles *loc. inv.*
versant |vɛʀsɑ̃| *s.m.* **1** (*géogr.*) versante ♦ (*adj.*) *bassin versant* bacino imbrifero **2** [*pente* (*d'un toit*)] spiovente.
versatile |vɛʀsatil| *adj.* [*qui change facilement de parti, d'opinion*] volubile, incostante: *une opinion publique versatile* un'opinione pubblica volubile, incostante → **changeant** Ⓒ **entêté, persévérant.**
versatilité |vɛʀsatilite| *s.f.* [*caractère versatile*] volubilità *inv.*, incostanza: *versatilité des foules* volubilità, incostanza delle folle.
verse |vɛʀs(ə)| *s.f.* **1** *loc. adv.* À VERSE (*se dit de la pluie qui tombe en abondance*) a dirotto, a catinelle: *il pleuvait à verse* pioveva a dirotto, a catinelle **2** (*agric.*) allettamento *m.*
versé, ée |vɛʀse| *adj.* (*dans la loc.*

littér.) *versé dans* versato in: *il est très versé dans la littérature chinoise* è molto versato in letteratura cinese.
1 **verseau** |vɛRso| *s.m.* [*onzième signe du zodiaque*] Acquario*.
2 **verseau** |vɛRso| *s.m.* (*archit.*) pendenza *f.*
versement |vɛRsəmɑ̃| *s.m.* (*comm.*) versamento.
verser |vɛRse| **A** *v.tr.* **1** [*faire tomber, faire couler* (*un liquide*) *d'un récipient qu'on incline*] versare: *verser du vin dans un verre* versare vino in un bicchiere; *verser le thé, le café* versare il tè, il caffè → **servir** □ *se verser du champagne* versarsi dello 'champagne' ◇ (*par ext.*) [*répandre*] *verser des larmes, des pleurs* versare, spargere lacrime; *verser son sang* versare il proprio sangue **2** [*déverser, répandre*] rovesciare, versare: *on a versé des camions entiers de fruits aux ordures* hanno rovesciato nella spazzatura camion interi di frutta ◇ (*par ext.*) *verser l'or à pleines mains* [*donner en répandant*] spendere e spandere **3** [*apporter de l'argent à titre de paiement, de dépôt, de mise de fonds*] versare: *les sommes à verser* le somme da versare; *verser des intérêts* versare, corrispondere degli interessi → **payer** **4** [*affecter* (*qqn.*) *à une arme, à un corps*] assegnare: *on l'a versé dans l'infanterie* l'hanno assegnato alla fanteria → **incorporer** **B** *v.intr.* **1** [*basculer et tomber sur le côté*] rovesciarsi (*pron.*): *sa voiture a versé dans le fossé* la sua macchina si è rovesciata nel fossato → **culbuter** **2** (*fig.*) VERSER DANS... [*tomber*] cadere (*aux.* essere) in...: *dans ce roman l'auteur a versé dans l'exagération* in questo romanzo l'autore è caduto nell'esagerazione.
verset |vɛRsɛ| *s.m.* **1** [*paragraphe* (*d'un texte sacré*)] versetto: *versets de la Bible* versetti della Bibbia **2** (*liturg.*) → **graduel.**
verseur |vɛRsœR| **I** *s.m.* **1** [*ouvrier chargé de verser*] mescitore* *s.*, versatore (*rare*) **2** recipiente per versare **II** *adj. m.* (che serve) per versare (*loc.*): *bouchon verseur* tappo per versare.
verseuse |vɛRsøz| *s.f.* bricco* *m.*, cuccuma (con manico orizzontale).
versicolore |vɛRsikɔlɔR| *adj.* versicolore.
versiculet |vɛRsikylɛ| *s.m.* (*vx.*) [*petit vers* (*de poésie légère*)] versicolo.
versificateur |vɛRsifikatœR| *s.m.* versificatore* *s.*, verseggiatore* *s.*
versification |vɛRsifikɑsjɔ̃| *s.f.* [→ VERSIFIER] versificazione.
versifier |vɛRsifje| **A** *v.intr.* [*faire des vers*] versificare, verseggiare **B** *v.tr.* [*mettre en vers*] versificare, mettere (155) in versi.
1 **version** |vɛRsjɔ̃| *s.f.* **1** versione: *version latine, allemande* versione, traduzione dal latino, dal tedesco **2** [*chacun des états d'un texte qui a subi des modifications*] versione: *les différentes versions de la 'Chanson de Roland'* le differenti versioni della 'Chanson de Roland'; *film en version originale* (*v.o.*) film in versione originale; *film américain en version française* film americano in versione francese **3** [*interprétation*] versione: *selon la version des témoins* secondo la versione dei testimoni.
2 **version** |vɛRsjɔ̃| *s.f.* (*méd.*) rivolgimento *m.*
vers-librisme |vɛRlibRism(ə)| *s.m.* (*hist. litt.*) movimento versiliberista, versiliberismo.
vers-libriste |vɛRlibRist(ə)| *s.* (*hist. litt.*) versiliberista.
verso |vɛRso| *s.m.* (*lat.*) [*envers d'un feuillet*] verso, retro ◇ (*loc.*) *au verso* sul retro, a tergo → **dos.**
versoir |vɛRswaR| *s.m.* (*techn.*) versoio*, orecchio*.
verste |vɛRst(ə)| *s.f.* [*anc. mesure de longueur en Russie*] versta.
versus |vɛRsys| (*abrév.* '*VS*') *prép.* [*opposé à, par opposition à*] opposto a (*abrév.* opp. a) (*loc.*): '*vieux*' *versus* (*VS*) '*neuf*' 'vecchio' opposto a (opp. a) 'nuovo'.
vert, verte |vɛR, vɛRt(ə)| **I** *adj.* **1** (*couleur*) verde: *olives vertes* olive verdi; *les arbres deviennent verts au printemps* gli alberi diventano verdi in primavera # *lézard vert* ramarro ◇ (*spécialt.*) *feu vert* semaforo verde ◇ (*loc. fig.*) *donner le feu vert à qqn.* dar via libera, dar il via a qqn. ◇ (*par exagér.*) *teint vert d'un malade* colorito verde di un malato; *vert de peur* verde di paura → **blême, bleu** ◇ [*qui contient du vert*] *gris vert* grigio verde, grigioverde **2** (*des céréales, des fruits*) [*qui n'est pas mûr*] verde: *blé vert* frumento verde; *bois vert* legno verde; *le foin vert* il fieno verde, fresco # *haricots verts* fagiolini ◇ (*loc. prov.*) *ils sont trop verts* (*les raisins*) (*se dit d'une chose qu'on affecte de dédaigner parce qu'on ne peut l'obtenir*) l'uva è troppo verde ~ *en voir, en dire des vertes et des pas mûres* vederne, dirne di tutti i colori, di cotte e di crude **3** (*personnes*) [*qui a de la vigueur, de la verdeur*] arzillo: *un vieillard encore vert* un vecchio ancora arzillo **II** *s.m.* **1** [*couleur verte*] verde: *vert foncé, vif* verde scuro, vivo; *vert pomme* verde mela; *vert d'eau* verde acqua; *vert bouteille* verde bottiglia; *vert émeraude* verde smeraldo **2** (*dans des express.*) (*se dit de feuilles vertes, de verdure*) *le vert de l'oignon* il verde della cipolla ~ *mettre un cheval au vert* nutrire un cavallo con fieno verde ~ (*fig., fam.*) *se mettre au vert* andare (a riposarsi) in campagna ⒸI 2 **blet, sec.**
vert-de-gris |vɛRdəgRi| **1** *s.m.* (*chim.*) verderame *inv.* **2** *adj. inv.* grigioverde (*var.*): *des uniformes vert-de-gris* delle uniformi grigioverdi.
vert-de-grisé, ée |vɛRdəgRize| *adj.* coperto di verderame.
vertébral, ale, aux |vɛRtebRal, o| *adj.* (*anat.*) vertebrale: *colonne vertébrale* colonna vertebrale.
vertèbre |vɛRtɛbR(ə)| *s.f.* (*anat.*) vertebra.
vertébré, ée |vɛRtebRe| *adj.* (*zool.*) vertebrato: *animaux vertébrés et invertébrés* animali vertebrati e invertebrati ♦ *s.m. pl.* (*t.zool.*) *les Vertébrés* i Vertebrati.
vertement |vɛRtəmɑ̃| *adv.* [*avec vivacité, rudesse*] vivacemente, aspramente: *reprendre vertement qqn.* rimprovevare vivacemente, aspramente qc.
vertex |vɛRtɛks| *s.m.* (*anat., anthrop.*) vertex *inv.*
vertical, ale, aux |vɛRtikal, o| **I** *adj.* verticale: *ligne verticale* linea verticale ◇ (*écon.*) *concentration verticale* concentrazione verticale **II** *s.* **1** *s.f.* [*position, ligne verticale*] verticale **2** *s.m.* (*astron.*) verticale Ⓒ I **horizontal, oblique.**
verticalement |vɛRtikalmɑ̃| *adv.* [*en suivant une ligne verticale*] verticalmente → **plomb (à).**
verticalité |vɛRtikalite| *s.f.* verticalità *inv.* → **aplomb.**
verticille |vɛRtisil| *s.m.* (*bot.*) verticillo.
verticillé, ée |vɛRtisi(l)le| *adj.* (*bot.*) verticillato.
vertige |vɛRtiʒ| *s.m.* **1** (*méd., cour.*) capogiro, vertigine (*f.*): *avoir un vertige, des vertiges* avere un capogiro, dei capogiri, una vertigine, delle vertigini → **éblouissement, étourdissement** **2** [*peur pathologique de tomber dans le vide*] vertigini (*pl.*): *je ne peux monter par cette échelle, j'ai le vertige* non posso salire su questa scala, ho le vertigini ◇ (*fig.*) *profond à donner le vertige* profondo da far venire le vertigini **3** (*fig.*) vertigine: *le vertige du succès* la vertigine del successo → **égarement, 2 trouble.**
vertigineusement |vɛRtiʒinøzmɑ̃| *adv.* [→ VERTIGINEUX 2] vertiginosamente: *les prix ont monté vertigineusement* i prezzi sono saliti vertiginosamente.
vertigineux, euse |vɛRtiʒinø, øz| *adj.* **1** (*méd.*) vertiginoso **2** [*qui donne le vertige*] vertiginoso: *des hauteurs vertigineuses* delle altezze vertiginose ◇ (*fig.*) *hausses vertigineuses* aumenti vertiginosi.
vertigo |vɛRtigo| *s.m.* (*vétér.*) vertigine *f.*
vertiport |vɛRtipɔR| *s.m.* → **héliport.**
vertu |vɛRty| *s.f.* **I** **1** virtù *inv.* ◇ (*loc. fam.*) *il a de la vertu* ha delle buone qualità **2** (*littér.*) virtù: *une vertu rigide* una virtù rigida **3** (*spécialt., femmes*) virtù: *vertu irréprochable* virtù irreprensibile ◇ (*loc.*) *femme de petite vertu* donna di facili costumi **4** UNE, LES VERTU(s) virtù: *parer qqn. de toutes les vertus* attribuire a qc. tutte le virtù ◇ (*relig.*) *les quatre vertus cardinales* le quattro virtù cardinali; *les trois vertus théologales* le tre virtù teologali ◇ (*loc.*) *faire de nécessité vertu* far di necessità virtù **II** **1** (*littér.*) virtù: *vertu magique, occulte* virtù magica, occulta → **2 pouvoir, propriété** **2** *loc.* EN VERTU DE... in virtù di...: *ce qu'on nous impose en vertu des principes moraux* ciò che ci viene imposto in virtù dei principi morali; *en vertu de quoi accepterait-il?* in virtù di che cosa dovrebbe accettare?
vertubleu! |vɛRtyblø|, **vertuchou!** |vɛRtyʃu| *interj.* (*jurons en usage aux XVII*ᵉ *et XVIII*ᵉ *s.*) (*vx.*) poffarbacco!
vertueusement |vɛRtɥøzmɑ̃| *adv.* [→ VERTUEUX] virtuosamente.
vertueux, euse |vɛRtɥø, øz| *adj.* **1** (*personnes*) virtuoso → **moral, sage** **2** (*spécialt., femmes*) virtuoso → **honnête, pur** **3** (*choses*) (*littér.*) virtuoso: *action, conduite vertueuse* azione virtuosa, comportamento virtuoso.
vertugadin |vɛRtygadɛ̃| *s.m.* **1** [*bourrelet, armature autrefois portée par les femmes pour faire bouffer la jupe autour des hanches*] guardinfante, verdugale **2** prato in declivio (ad anfiteatro).

verve |vɛʀv(ə)| *s.f.* brio* *m.*, 'verve' (*inv.*): *verve d'un orateur* brio, 'verve' di un oratore → **brio** # *être en verve* essere in vena.
verveine |vɛʀvɛn| *s.f.* (*t.bot.*) *verveine odorante* verbena odorosa, cedrina ◇ (*cour.*) *infusion de verveine* infuso di verbena.
vervelle |vɛʀvɛl| *s.f.* (*faucon.*) doppio* anello *m.*
verveux |vɛʀvø| *s.m.* (*pêche*) bertuello.
verveux, euse |vɛʀvø, øz| *adj.* (*littér.*) [*qui a de la verve*] brioso (*cour.*), pieno di 'verve' (*cour.*).
vésanie |vezani| *s.f.* (*vx., méd.*) vesania → **folie, psychose.**
vesce |vɛs| *s.f.* (*t.bot.*) veccia*.
vésical, ale, aux |vezikal, o| *adj.* (*anat.*) vescicale.
vésicant, ante |vezikɑ̃, ɑ̃t| *adj.* (*méd.*) vescicante ♦ (*s.m.*) *un vésicant* un vescicante.
vésication |vezikɑsjɔ̃| *s.f.* (*méd.*) vescicazione.
vésicatoire |vezikatwaʀ| *adj. et s.m.* (*méd.*) vescicatorio*.
vésiculaire |vezikylɛʀ| *adj.* vescicolare.
vésicule |vezikyl| *s.f.* (*anat., bot., méd.*) vescicola, vescichetta ◇ (*spécialt., anat.*) *vésicule biliaire* cistifellea, colecisti *inv.*
vésiculeux, euse |vezikylø, øz| *adj.* vescicoso.
vesou |vəzu| *s.m.* (*techn.*) succo* estratto dalla canna da zucchero.
vespa |vɛspa| *s.f.* (*nom déposé*) [*scooter d'une marque commune*] vespa: *des vespas* delle vespe.
vespasienne |vɛspazjɛn| *s.f.* vespasiano *m.*
vespéral, ale, aux |vɛspeʀal, o| **1** *s.m.* (*liturg. cathol.*) vesperale **2** *adj.* [*du soir, du couchant*] vespertino, vesperale (*rare*).
vespertilion |vɛspɛʀtiljɔ̃| *s.m.* (*t. zool.*) vespertilione.
vespétro |vɛspetʀo| *s.m.* (*vx.*) [*liqueur carminative*] vespetrò *inv.*
Vespidés |vɛspide| *s.m. pl.* (*t.zool.*) Vespidi.
vesse |vɛs| *s.f.* [*gaz intestinal qui sort sans bruit et répand une mauvaise odeur*] vescia*, loffa → **pet.**
vesse-de-loup |vɛsdəlu| *s.f.* (*t. bot.*) vescia*.
vesser |vese| *v.intr.* (*rare, vulg.*) [*lâcher une vesse*] fare (103) *tr.* loffe.
vessie |vesi| *s.f.* **1** (*anat.*) vescica* **2** [*vessie desséchée d'un animal formant sac*] vescica: *gonfler une vessie d'air* gonfiare (d'aria) una vescica ◇ (*loc. fig.*) *prendre des vessies pour des lanternes* prendere lucciole per lanterne **3** (*zool.*) *vessie natatoire* vescica natatoria.
vessigon |vesigɔ̃| *s.m.* (*vétér.*) vescicone.
vestale |vɛstal| *s.f.* **1** (*antiq. rom.*) vestale **2** (*fig., littér.*) vestale.
vestalies |vɛstali| *s.f. pl.* (*antiq. rom.*) vestalie.
veste |vɛst(ə)| *s.f.* **1** [*vêtement court avec manches, ouvert devant, et qui se porte sur la chemise, le gilet*] giacca*: *veste droite, croisée* giacca a un petto, a doppio petto; *porter une veste* portare una giacca; *enlever sa veste* togliersi la giacca → **veston** ◇ (*par anal.*) *veste de pyjama* giacca di pigiama; *veste d'intérieur, d'appartement* giacca da camera ◇ (*loc. fam.*) *tomber la veste* togliersi la giacca **2** (*loc. fam.*) *ramasser, prendre une veste* [*subir un échec*] far (103) fiasco ~ *retourner sa veste* [*changer brusquement d'opinion, de parti*] voltare casacca, gabbana.
vestiaire |vɛstjɛʀ| *s.m.* **1** [*lieu où l'on dépose momentanément les vêtements d'extérieur dans certains établissements publics*] guardaroba *inv.*; spogliatoio*: *vestiaire d'un restaurant* guardaroba di un ristorante ◇ (*par ext.*) [*endroit d'un logement aménagé pour déposer les vêtements*] guardaroba **2** [*ensemble de vêtements d'une garde-robe*] guardaroba, vestiario*: *renouveler son vestiaire* rinnovare il guardaroba, il vestiario.
vestibulaire |vɛstibylɛʀ| *adj.* (*anat.*) vestibolare.
vestibule |vɛstibyl| *s.m.* **1** vestibolo → **antichambre, 2 entrée** **2** (*anat.*) vestibolo.
vestige |vɛstiʒ| *s.m.* *surtout au plur.* **1** vestigio* (*sing.*): *les vestiges d'un temple* le vestigia *f.*, i vestigi di un tempio **2** (*fig.*) vestigio: *vestiges de grandeur* vestigia di grandezza → **marque, trace.**
vestimentaire |vɛstimɑ̃tɛʀ| *adj.* dell'abbigliamento *loc. inv.*, del vestiario *loc. inv.*
veston |vɛstɔ̃| *s.m.* [*veste d'un complet d'homme*] giacca* (*f.*): *être en veston* essere in giacca # *des complets-veston* dei completi.
vêtement |vɛtmɑ̃| *s.m.* **1** [*objets fabriqués pour couvrir le corps humain*] abbigliamento ◇ (*spécialt.*) LE VÊTEMENT l'abbigliamento: *industrie du vêtement* industria dell'abbigliamento **2** LES VÊTEMENTS vestiti, abiti: *vêtements neufs, usés, en loques* vestiti, indumenti nuovi, usati, a brandelli; *vêtements de travail, de tous les jours, du dimanche* vestiti da lavoro, di tutti i giorni, della domenica; *vêtements habillés* vestiti eleganti; *vêtements démodés* vestiti, capi (d'abbigliamento) fuori moda **3** UN VÊTEMENT vestito, abito: *je vais chercher un vêtement et je sors avec vous* vado a infilarmi un vestito ed esco con lei.
vétéran |veteʀɑ̃| *s.m.* **1** (*antiq. rom.*) veterano **2** [*anc. combattant*] reduce, ex combattente: *les vétérans de la guerre de 14* i reduci, gli ex combattenti della guerra del '14-'18 **3** [*personne pleine d'expérience* (*dans un domaine*)] veterano: *un vétéran de l'enseignement* un veterano dell'insegnamento Ⓒ 3 **commençant, nouveau.**
vétérinaire |veteʀinɛʀ| *adj.* veterinario*: *médecin vétérinaire* medico veterinario ♦ (*s.*) *un vétérinaire* un veterinario.
vétillard, arde |vetijaʀ, aʀd(ə)| *s. et adj.* [*personne qui vétille* (2)] attaccabrighe *inv.*
vétille |vetij| *s.f.* [*chose insignifiante*] inezia, bazzecola: *ergoter sur des vétilles* cavillare su delle inezie → **bagatelle.**
vétiller |vetije| *v.intr.* (*vx.*) **1** [*s'occuper à des choses insignifiantes*] perdersi (163) *pron.* in inezie, in quisquilie (*cour.*) **2** [*chercher querelle sur des riens*] cavillare, attaccar *tr.* briga → **chicaner.**
vétilleur, euse |vetijœʀ, øz| *s. et adj.* (*vx.*) → **vétillard.**
vétilleux, euse |vetijø, øz| *adj.* (*littér.*) [*qui s'attache à des détails, à des vétilles*] cavilloso, pignolo (*cour.*).
vêtir |vetiʀ| (25) **A** *v.tr.* [*couvrir* (*qqn.*) *de vêtements*; *mettre un vêtement à* (*qqn.*)] vestire: *vêtir un enfant* vestire un bambino → **habiller** **B** *v. pron. réfl.* SE VÊTIR [*s'habiller*] vestirsi.
vétiver |vetivɛʀ| *s.m.* (*t.bot.*) vetiver *inv.*
veto |veto| *s.m.* (*lat.*) **1** (*hist. rom.*) veto **2** [*opposition à une décision*] veto: *droit de veto* diritto di veto; *mettre son veto à une décision* porre il veto, apporre il proprio veto a una decisione.
vêtu, ue |vety| *adj.* [*qui porte un vêtement*] vestito: *être bien, mal vêtu* essere ben, mal vestito; *vêtu de haillons* vestito di stracci Ⓒ **nu.**
vêture |vetyʀ| *s.f.* (*ecclés.*) vestizione.
vétuste |vetyst(ə)| *adj.* vetusto; antiquato.
vétusté |vetyste| *s.f.* (*littér.*) vetustà *inv.* → **délabrement.**
veuf, veuve |vœf, vœv| **I** *adj.* [*dont le conjoint est mort*] vedovo: *il est veuf de deux femmes* è vedovo di due mogli ◇ (*fam.*) *ce soir, je suis veuf* questa sera sono vedovo, sono solo **II** *s.* **1** *s.* [*personne veuve*] vedovo: *épouser un veuf, une veuve* sposare un vedovo, una vedova ◇ (*loc.*) *défenseur de la veuve et de l'orphelin* difensore dei deboli e degli oppressi **2** *s.f.* (*arg. anc.*) vedova, ghigliottina **3** *s.f.* (*t. zool.*) vedova.
veule |vøl| *adj.* **1** [*qui n'a aucune énergie, aucune volonté*] debole, fiacco* → **2 lâche, mou** ◇ (*par ext.*) *un air veule* un'aria fiacca **2** (*choses*) [*sans vigueur*] debole: *tige veule* gambo debole.
veulerie |vølʀi| *s.f.* [*caractère, état d'une personne veule*] debolezza, fiacchezza → **lâcheté.**
veuvage |vœvaʒ| *s.m.* [*situation, état d'une personne veuve et non remariée*] vedovanza (*f.*): *se remarier après une année de veuvage* risposarsi dopo un anno di vedovanza.
vexant, ante |vɛksɑ̃, ɑ̃t| *adj.* **1** [*qui contrarie, peine*] seccante, irritante: *nous avons raté le train, c'est vexant!* abbiamo perso il treno, è seccante, è una seccatura! → **contrariant** **2** [*qui blesse l'amour-propre*] offensivo: *une remarque vexante* un'osservazione offensiva.
vexateur, trice |vɛksatœʀ, tʀis| *adj. et s.* vessatore*.
vexation |vɛksɑsjɔ̃| *s.f.* **1** (*littér.*) vessazione, angheria → **brimade, persécution** **2** [*blessure, froissement d'amour-propre*] offesa, umiliazione: *essuyer des vexations* subire, sopportare delle offese, delle umiliazioni → **mortification.**
vexatoire |vɛksatwaʀ| *adj.* vessatorio*: *mesure vexatoire* misura vessatoria.
vexer |vɛkse| **A** *v.tr.* **1** (*vx.*) → **tourmenter** **2** [*blesser* (*qqn.*) *dans son amour-propre*] offendere (105), ferire (197): *je ne voulais pas vous vexer* non volevo offenderla, ferirla → **froisser, humilier** **B** *v.pron. intr.* SE VEXER [*se piquer*] seccarsi, offendersi: *il se vexe d'un rien* si secca, si offende per un nonnulla → **fâcher (se), froisser (se).**
vexillaire |vɛksi(l)lɛʀ| *s.m.* (*antiq. rom.*) vessillario*, vessillifero ♦ *adj.* (*mar.*) *signaux vexillaires* (codice delle) segnalazioni con bandiere *loc. inv.*

vexille |vɛksil| *s.m.* **1** (*antiq. rom.*) vessillo **2** (*zool.*) vessillo.
via |vja| *prép.* [*par la voie de, en passant par*] via: *aller de Paris à Alger via Marseille* andare da Parigi ad Algeri via Marsiglia → **par.**
viabiliser |vjabilize| *v.tr.* [*rendre* (*un terrain*) *habitable, ou apte à la construction*] urbanizzare: *viabiliser un lotissement* urbanizzare una lottizzazione ♦ (*au p.p.*) *terrain entièrement viabilisé* terreno completamente urbanizzato.
1 **viabilité** |vjabilite| *s.f.* viabilità *inv.*, praticabilità *inv.* ◇ (*urbanisme*) opere *pl.* di urbanizzazione, allacciamenti *m. pl.*
2 **viabilité** |vjabilite| *s.f.* [*état d'un organisme* (*et spécialt. d'un embryon*) *viable*] vitalità *inv.*
viable |vjabl(ə)| *adj.* **1** [*apte à vivre; qui peut avoir une certaine durée de vie*] vitale **2** [*qui présente les conditions nécessaires pour durer, se développer*] ben avviato; duraturo: *entreprise viable* azienda ben avviata, economicamente valida.
viaduc |vjadyk| *s.m.* [*pont de grande longueur, servant au passage d'une voie ferrée, d'une route*] viadotto.
viager, ère |vjaʒe, ɛʀ| *adj.* (*dr.*) vitalizio*: *rente viagère* rendita vitalizia ♦ (*s.m.*) *un viager* un vitalizio.
viande |vjɑ̃d| *s.f.* **1** [*chair des mammifères et des oiseaux que l'homme emploie pour sa nourriture*] carne: *viande blanche, rouge* carne bianca, rossa; *viande fumée, congelée* carne affumicata, congelata; *bouillon de viande* brodo di carne; *assiette de viandes froides* piatto di carni fredde; *viande tendre, dure, filandreuse* carne tenera, dura, filacciosa **2** (*vx.*) [*aliment dont se nourrit l'homme*] vivanda (*cour.*), cibo *m.* (*cour.*), alimento *m.* (*cour.*): *viande creuse* cibo, alimento poco nutriente ◇ (*loc. fig.*) *se repaître de viande creuse* pascersi di chimere **3** (*pop., vulg.*) [*chair de l'homme, corps*] *amène ta viande!* [*viens!*] vieni qua! (*cour.*); *montre ta viande!* fatti vedere!
viander |vjɑ̃de| **A** *v.intr.* (*vén.*) (*en parlant du cerf, du daim, du chevreuil*) [*pâturer*] pascolare **B** *v.pron. intr.* (*pop.*) SE VIANDER [*être gravement accidenté*] ferirsi (197) gravemente (*cour.*).
viatique |vjatik| *s.m.* **1** (*relig.*) viatico*: *recevoir le viatique* ricevere il viatico **2** (*fig., littér.*) viatico: *ce chant fut un viatique* questo canto è stato un viatico.
vibices |vibis| *s.f. pl.* (*méd.*) vibici.
vibord |vibɔʀ| *s.m.* (*mar.*) discollato.
vibrage |vibʀaʒ| *s.m.* (*techn.*) vibrazione *f.*
vibrant, ante |vibʀɑ̃, ɑ̃t| *adj.* **1** vibrante: *membranes vibrantes* membrane vibranti ◇ (*par ext.*) *une voix forte et vibrante* una voce forte e vibrante ◇ (*phonét.*) *consonne vibrante* consonante vibrante ♦ (*s.f.*) *une vibrante* una vibrante **2** (*fig.*) vibrante: *discours vibrant* discorso vibrante.
vibraphone |vibʀafɔn| *s.m.* (*mus.*) vibrafono.
vibraphoniste |vibʀafɔnist(ə)| *s.* vibrafonista.
vibrateur |vibʀatœʀ| *s.m.* (*techn.*) vibratore.
vibratile |vibʀatil| *adj.* (*biol.*) vibratile.
vibration |vibʀɑsjɔ̃| *s.f.* **1** vibrazione: *vibration de moteur* vibrazione di motore **2** (*phys.*) vibrazione: *vibrations sonores* vibrazioni sonore **3** [*tremblement*] vibrazione: *la vibration d'une voix* la vibrazione di una voce; *vibration de la lumière* vibrazione della luce.
vibrato |vibʀato| *s.m.* (*mus.*) vibrato.
vibratoire |vibʀatwaʀ| *adj.* vibratorio*: *phénomène vibratoire* fenomeno vibratorio ◇ (*par ext.*) *message vibratoire* messaggio vibratorio.
vibrer |vibʀe| **A** *v.intr.* **1** [*se mouvoir périodiquement autour de sa position d'équilibre avec une très faible amplitude et une très grande rapidité*] vibrare: *corde qui vibre* corda che vibra **2** (*en parlant de la voix*) [*avoir une sonorité tremblée qui dénote une émotion intense*] vibrare: *sa voix vibrait d'émotion* la sua voce vibrava di emozione **3** [*être vivement ému, exalté*] vibrare: *faire vibrer son auditoire* far vibrare l'uditorio **B** *v.tr.* [*modifier dans ses propriétés physiques par une suite de vibrations*] vibrare.
vibreur |vibʀœʀ| *s.m.* (*techn.*) vibratore.
vibrion |vibʀijɔ̃| *s.m.* **1** (*biol.*) vibrione **2** (*fig., fam.*) [*personne agitée*] esagitato, smanioso.
vibrionner |vibʀijɔne| *v.intr.* (*fam.*) [*s'agiter sans cesse*] agitarsi *pron.* in continuazione, smaniare.
vibrisse |vibʀis| *s.f.* (*sc.*) vibrissa.
vibro- |vibʀɔ| *préf.* (*signifiant 'vibration', correspond généralt. à*) vibro: *vibromasseur* vibromassaggiatore.
vibromasseur |vibʀɔmasœʀ| *s.m.* (*électr.*) vibromassaggiatore.
vibroscope |vibʀɔskɔp| *s.m.* (*techn.*) vibroscopio*.
vicaire |vikɛʀ| *s.m.* (*ecclés.*) vicario*: *vicaire de Dieu* vicario di Dio; *vicaire apostolique* vicario apostolico.
vicarial, ale, aux |vikaʀjal, o| *adj.* (*ecclés.*) vicariale.
vicariant, ante |vikaʀjɑ̃, ɑ̃t| *adj.* (*méd., physiol.*) vicariante.
vicariat |vikaʀja| *s.m.* (*ecclés.*) vicariato.
vice- |vis| *préf.* (*signifiant 'à la place de, pour', correspond généralt. à*) vice: *vice-président* vicepresidente.
vice |vis| *s.m.* **I 1** LE VICE vizio*: *vivre dans le vice et la débauche* vivere nel vizio e nella dissolutezza ◇ (*fam.*) [*dépravation du goût*] *il n'aime que les laiderons: c'est du vice!* gli piacciono soltanto le racchie: è un vizio! **2** UN VICE vizio: *il a tous les vices!* ha proprio tutti i vizi!; *être pourri de vices* essere pieno di vizi ◇ (*prov.*) *l'oisiveté* (*la paresse*) *est mère de tous les vices* l'ozio è il padre dei vizi ~ *pauvreté n'est pas vice* povertà non è vizio ◇ [*perversion sexuelle*] *un vice contre nature* un vizio contro natura **3** [*mauvaise habitude qu'on ne peut réprimer*] vizio: *le bavardage est notre vice familial* il pettegolezzo è un vizio di famiglia → **faible, faiblesse II** [*imperfection grave qui rend une chose plus ou moins impropre à sa destination*] vizio, difetto: *vice de construction d'un bâtiment* vizio, difetto di costruzione di un edificio; *vice caché* vizio occulto ◇ (*dr.*) *vice de forme* vizio di forma.
vice-amiral, aux |visamiʀal, o| *s.m.* viceammiraglio*.
vice-chancelier |visʃɑ̃səlje| *s.m.* vicecancelliere: *des vice-chanceliers* dei vice-cancellieri.
vice-consul |viskɔ̃syl| *s.m.* viceconsole.
vice-consulat |viskɔ̃syla| *s.m.* viceconsolato.
vice-légat |vislega| *s.m.* (*ecclés.*) vicelegato: *des vice-légats* dei vicelegati.
vice-légation |vislegɑsjɔ̃| *s.f.* (*ecclés.*) vicelegazione.
vicennal, ale, aux |vise(ɛn)nal, o| *adj.* ventennale, vicennale (*rare*).
vicentin, ine |visɑ̃tɛ̃, in| *adj.* [*de Vicence*] vicentino.
vice-présidence |vispʀezidɑ̃s| *s.f.* vicepresidenza.
vice-président, ente |vispʀezidɑ̃, ɑ̃t| *s.* vicepresidente.
vice-recteur |visʀɛktœʀ| *s.m.* vicerettore.
vice-reine |visʀɛn| *s.f.* viceregina.
vice-roi |visʀwa| *s.m.* viceré (*inv.*): *des vice-rois* dei viceré.
vice-royauté |visʀwajote| *s.f.* **1** dignità *inv.* di viceré **2** [*pays gouverné par un vice-roi*] vicereame *m.*
vicésimal, aux |visezimal, o| *adj.* (*math.*) vigesimale.
vice versa, vice-versa |viseveʀsa, visvɛʀsa| *loc. adv.* viceversa *adv.*
vichy |viʃi| *s.m.* **1** [*toile de coton à carreaux ou rayée*] rigatino; vergatino **2** bicchiere d'acqua di Vichy.
vichyssois, oise |viʃiswa, waz| *adj.* **1** di Vichy *loc. inv.* **2** [*du gouvernement, du régime de Pétain, installé à Vichy*] di Vichy.
viciable |visjabl(ə)| *adj.* [→ VICIER 2] viziabile.
viciateur, trice |visjatœʀ, tʀis| *adj.* che vizia *loc.*, viziatore* (*vx.*).
viciation |visjɑsjɔ̃| *s.f.* (*littér.*) [→ VICIER 2] viziatura.
vicié, ée |visje| *adj.* **1** (*dr.*) viziato: *acte vicié* atto viziato **2** [*impur, pollué*] viziato: *air vicié* aria viziata.
viciées |visje| *s.f. pl.* → **vesce.**
vicier |visje| *v.tr.* **1** (*dr.*) [*rendre défectueux*] viziare, infirmare **2** [*corrompre*] viziare: *vicier l'air* viziare l'aria → **polluer** Ⓒ **2 purifier.**
vicieusement |visjøzmɑ̃| *adv.* (*rare*) [→ VICIEUX] viziosamente.
vicieux, euse |visjø, øz| *adj.* **I 1** (*littér.*) [*qui a des vices, de mauvais penchants*] vizioso → **corrompu, dépravé** ◇ (*se dit d'une bête ombrageuse et rétive*) ombroso: *cheval vicieux* cavallo ombroso ◇ (*sport*) *balle vicieuse* palla tagliata **2** [*qui a des mœurs sexuelles que la société réprouve*] vizioso: *il a l'air vicieux* sembra vizioso → **pervers** ♦ (*s.*) *un vieux vicieux* un vecchio vizioso → **libertin 3** (*fam.*) [*qui a des goûts dépravés, bizarres*] depravato, vizioso: *il faut être vicieux pour aimer ça* bisogna essere depravati, viziosi per trovar bella una cosa simile **II** (*choses*) [*défectueux, mauvais, entaché de vices*] vizioso: *expression vicieuse* espressione viziosa → **fautif.**
vicinal, ale, aux |visinal, o| *adj.* (*admin.*) *chemin vicinal* strada vicinale.
vicinalité |visinalite| *s.f.* (*admin., dr.*) **1** [*état d'un chemin vicinal*] vicinalia **2** [*ensemble des chemins vicinaux*] strade *pl.* vicinali.
vicissitude |visisityd| *s.f.* **1** *au plur.* (*littér.*) vicissitudini, traversie; vicende (*cour.*): *les vicissitudes de l'exis-*

tence le vicissitudini dell'esistenza → **tribulation** 2 (*vx.*) → **instabilité.**

vicomtal, ale, aux |vikɔ̃tal, o| *adj.* [*qui appartient au vicomte; du vicomte*] vicecomitale.

vicomte, esse |vikɔ̃t, ɛs| *s.* visconte, viscontessa.

vicomté |vikɔ̃te| *s.f.* viscontado *m.* ◇ [*territoire du vicomte*] viscontea.

victimaire |viktimɛʀ| *s.m.* (*antiq.*) vittimario* → **sacrificateur.**

victime |viktim| *s.f.* **1** vittima: *immoler, égorger une victime* immolare, sgozzare una vittima → **hostie** **2** (*fig.*) vittima: *les victimes d'un tyran* le vittime di un tiranno; *victime du devoir* vittima del dovere; *se prendre pour une victime* ritenersi una vittima **3** [*personne tuée ou blessée*] vittima: *le corps de la victime* il corpo della vittima; *la catastrophe a fait plus de cent victimes* la catastrofe ha fatto più di cento vittime.

victoire |viktwaʀ| *s.f.* **1** [*succès obtenu dans un combat, une bataille, une guerre*] vittoria: *une victoire éclatante* una vittoria strepitosa; *victoire navale, aérienne* vittoria navale, aerea ◇ (*loc. fig.*) *victoire à la Pyrrhus* vittoria di Pirro **2** [*triomphe*] vittoria: *une victoire facile* una facile vittoria; *victoire d'une équipe sportive* vittoria di una squadra sportiva; *crier, chanter victoire* gridare, cantare vittoria ▣ 1 **défaite, déroute**; 2 **échec** 1.

victoria |viktɔʀja| *s.f.* **1** (*t.bot.*) victoria *inv.* regia **2** [*anc. voiture à cheval découverte à quatre roues*] victoria.

victorien, ienne |viktɔʀjɛ̃, jɛn| *adj.* [*relatif à la reine Victoria, à son règne*] vittoriano.

victorieusement |viktɔʀjøzmɑ̃| *adv.* [→ VICTORIEUX] vittoriosamente.

victorieux, euse |viktɔʀjø, øz| *adj.* **1** [*qui a remporté une victoire*] vittorioso: *armée victorieuse* esercito vittorioso; *général victorieux* generale vittorioso → **vainqueur** **2** [*qui l'a emporté sur qqn.*] vittorioso, vincitore*: *sortir victorieux d'une dispute* uscire vittorioso, vincitore da una disputa ◇ (*sport*) *l'équipe victorieuse* la squadra vincitrice ◇ (*par ext.*) *un air victorieux* un'aria trionfante, di vittoria *loc. inv.*

victuailles |viktɥɑj| *s.f. pl.* [*provisions de bouche*] viveri *m.*, vettovaglie: *nous avons partagé nos victuailles* abbiamo diviso i nostri viveri.

vidage |vidaʒ| *s.m.* **1** (*rare*) [→ VIDER A I 1] svuotamento, vuotatura *f.* **2** (*fam.*) [→ VIDER A II 2] espulsione *f.* (*cour.*), estromissione *f.* (*cour.*).

vidame |vidam| *s.m.* (*féod.*) visdomino, vicedomino.

vidamé |vidame| *s.m.*, **vidamie** |vidami| *s.f.* (*féod.*) [*dignité, titre de vidame*] visdominato *m.*

vidange |vidɑ̃ʒ| *s.f.* **1** [*action de vider, surtout en parlant d'opérations techniques ou sales*] svuotamento *m.*, vuotatura ◇ (*spécialt.*) *la vidange d'un fossé, d'une fosse d'aisances* lo spurgo* *m.* di un fossato, di una latrina; *la vidange du réservoir d'huile d'une automobile*, (*absolt.*) *la vidange* il cambio* *m.* dell'olio (di una macchina) **2** [*ce qui est enlevé, vidé*] spurgo **3** [*mécanisme qui sert à vider, à évacuer l'eau*] scarico* *m.*

vidanger |vidɑ̃ʒe| (3) *v.tr.* **1** [*faire la vidange de* (*une fosse, un réservoir*)] spurgare, (s)vuotare **2** [*évacuer par une vidange*] *vidanger l'huile* (*d'un moteur*) cambiare l'olio (di un motore).

vidangeur |vidɑ̃ʒœʀ| *s.m.* [*celui qui fait la vidange des fosses d'aisances*] bottinaio*, vuotacessi *inv.*

vide |vid| **I** *adj.* **1** [*dans lequel il n'y a ni solide, ni liquide*] vuoto: *espace vide entre deux choses* spazio vuoto tra due cose ◇ (*philo., sc.*) vuoto **2** [*dépourvu de son contenu normal*] vuoto: *bouteille vide* bottiglia vuota; *réservoir vide* serbatoio vuoto; *louer un appartement vide* affittare un appartamento vuoto ◇ (*loc.*) *avoir l'estomac, le ventre vide* avere lo stomaco vuoto, la pancia vuota → **creux**; *rentrer les mains vides* tornare (a casa) a mani vuote **3** (*local, lieu*) [*inoccupé*] vuoto: *la maison est vide* la casa è vuota ◇ (*par exagér.*) *Paris est à moitié vide au mois d'août* Parigi in agosto è mezza vuota → **désert** **4** (*fig.*) [*qui n'est pas employé, occupé comme il pourrait l'être; sans occupation*] vuoto: *des journées vides, ennuyeuses* delle giornate vuote, noiose **5** (*loc.*) *avoir la tête vide* avere la testa vuota **6** [*qui manque d'intérêt, substance*] vuoto: *des propos vides* dei discorsi vuoti; *une vie, une existence vide* una vita, un'esistenza vuota → **insignifiant, creux** **7** VIDE DE vuoto di: *rues vides* (*de voitures*) strade vuote (di macchine); *mots vides de sens* parole vuote di senso → **sans** **II** *s.m.* **1** vuoto: *le vide absolu* il vuoto assoluto; *faire le vide en aspirant l'air* fare il vuoto aspirando l'aria **2** [*espace non occupé par des choses ou des personnes*] vuoto: *faire le vide autour de qqn.* fare il vuoto intorno a qc.; *il regardait dans le vide* guardava nel vuoto ◇ (*fig.*) *parler dans le vide* parlare al muro **3** UN VIDE vuoto: *remplir les vides* riempire i vuoti; *laisser un vide entre deux objets contigus* lasciare un vuoto, uno spazio tra due oggetti contigui ◇ (*fig.*) *son départ a fait un grand vide* la sua partenza ha lasciato un gran vuoto **4** [*caractère de ce qui manque d'intérêt, de réalité*] vuoto, vacuità (*f. inv.*): *le vide de l'existence* il vuoto, la vacuità dell'esistenza **5** *loc.* À VIDE a vuoto: *rouage qui tourne à vide* ingranaggio che gira a vuoto; *l'autobus est parti à vide* l'autobus è partito a vuoto ◇ (*fig.*) *il parle à vide* parla a vuoto ▣ I 2 **plein, rempli**; II 4 **plénitude.**

vidé, ée |vide| *adj.* **1** [*qu'on a vidé de ses entrailles*] svuotato, ripulito delle interiora **2** [*épuisé de fatigue*] sfinito, esausto → **fourbu, crevé** (*fam.*).

vide-bouteille |vidbutɛj| *s.m.* [*instrument permettant de vider une bouteille sans la déboucher*] sifone.

vide-cave |vidkav| *s.m. inv.* pompa *f. var.* idrovora per cantine.

vide-gousset |vidgusɛ| *s.m.* (*vx.*) [*voleur*] tagliaborse *inv.* (*cour.*).

videlle |vidɛl| *s.f.* **1** [*instrument de pâtissier pour couper la pâte en bandes minces*] tagliapasta *m. inv.* **2** [*instrument de confiseur pour vider certains fruits à confire*] snocciolatore *m.*

vidéo- |video| *préf.* (*signifiant 'voir', correspond généralt. à*) video: *vidéocassette* videocassetta.

vidéo |video| (*électronique*) **1** *adj. inv.* video: *des signaux vidéo* segnali video **2** *s.f.* (*abrév. de 'vidéo-fréquence'*) videofrequenza.

vidéocassette |videokasɛt| *s.f.* (*télév.*) videocassetta.

vidéomagnétique |videomaɲetik| *adj.* videomagnetico*.

vidéophone |videofɔn| *s.m.* (*télécom.*) videofono.

vide-ordures |vidɔʀdyʀ| *s.m. inv.* scarico* *var.* (per le immondizie).

vide-poches |vidpɔʃ| *s.m. inv.* [*petit meuble et, par ext., coupe, corbeille où l'on peut déposer de petits objets*] mobiletto *var.*, cestino *var.* portaoggetti ◇ (*dans une auto.*) mensola *f. var.* portaoggetti.

vide-pomme |vidpɔm| *s.m.* [*instrument ménager servant à ôter le cœur, les pépins d'une pomme, sans la couper*] vuotamele *inv.*

vider |vide| **A** *v.tr.* **I** **1** [*rendre vide* (*un contenant*) *en ôtant ce qui était dedans*] vuotare, svuotare: *vider un seau, une boîte* vuotare un secchio, una scatola; *vider ses poches* vuotarsi le tasche ◇ (*fig.*) *vider son sac* vuotare il sacco; *vider son cœur* aprire il (proprio) cuore a qc. ◇ (*en buvant*) *vider une bouteille* vuotare una bottiglia ◇ (*en emportant, volant, dépensant*) *ils ont vidé les tiroirs* hanno vuotato, ripulito (*fam.*) i cassetti **2** *loc.* VIDER... DANS, SUR (s)vuotare in, su: *vider une bouteille de vin dans une carafe* vuotare una bottiglia di vino in una caraffa; *vide le tiroir sur le lit!* (s)vuota il cassetto sul letto! → **verser** ~ VIDER... DE vuotare... di: *vider une maison de ses meubles* vuotare una casa dei mobili ~ *vider les lieux* [*partir*] sloggiare, togliersi dai piedi **3** [*ôter les entrailles de* (*un poisson, une volaille*)] vuotare, sventrare **4** (*fam.*) [*épuiser les forces de* (*qqn.*)] distruggere (136), sfinire (197) (*cour.*): *ce voyage, ce travail l'a vidé* questo viaggio, questo lavoro l'ha distrutto, sfinito **5** (*fig.*) [*faire en sorte qu'une question soit épuisée, réglée*] sistemare, risolvere (117): *vider une affaire* sistemare, risolvere una faccenda **II** [*enlever d'un lieu*] **1** [*ôter* (*le contenu d'un contenant*)] (s)vuotare: *aller vider les ordures* andare a vuotare la spazzatura **2** (*fam.*) [*faire sortir brutalement* (*qqn.*) *d'un lieu, d'un emploi, d'une situation*] buttar fuori, estromettere (155) (*cour.*): *il s'est fait vider* si è fatto buttar fuori, cacciar via → **renvoyer** **B** *v.pron. intr.* SE VIDER **1** [*devenir vide de, perdre*] vuotarsi: *Paris se vide en été* d'estate Parigi si vuota, si spopola **2** [*s'écouler*] scaricarsi: *les eaux sales se vident dans l'égout* le acque luride si scaricano nella fognatura.

videur, euse |vidœʀ, øz| *s.* [*personne qui vide, est chargé de vider*] vuotatore* ◇ *au m.* (*spécialt.*) [*celui qui est chargé de vider les indésirables, les ivrognes* (*d'un cabaret*)] buttafuori *inv.*

vide-vite |vidvit| *s.m. inv.* (*techn.*) valvola *f. var.* di scarico rapido.

vidimer |vidime| *v.tr.* (*admin.*) [*certifier conforme à l'original, après avoir collationné*] vidimare.

vidimus |vidimys| *s.m.* (*admin.*) (*lat.*) vidimazione *f.*

vidoir |vidwaʀ| *s.m.* sportello (per lo scarico delle immondizie).

viduité |vidɥite| *s.f.* **1** (*dr.*) vedovanza → **veuvage** # *délai de viduité* lutto vedovile ◇ (*fig.*) [*abandon, solitude*] isolamento *m.* **2** (*abusiv.*) [*état de ce qui est vide*] vuoto *m.*

vidure |vidyʀ| *s.f.* [*ce qu'on enlève en vidant une volaille, un poisson*] interiora *pl.* ◇ *au plur.* [*ordures*] rifiuti *m.*, immondizia *sing.*

vie |vi| *s.f.* **I** **1** vita: *sans vie* senza vita; *être en vie* essere in vita; *revenir à la vie* tornare alla vita; *être entre la vie et la mort* essere tra la vita e la morte; *donner la vie à un enfant* dare la vita a un bambino; *donner, risquer sa vie pour son idéal* dare, rischiare la vita per il proprio ideale; *c'est une question de vie ou de mort* è (una) questione di vita o di morte; *j'ai contracté une assurance sur la vie, une assurance-vie* ho stipulato un'assicurazione sulla vita → **existence** ◇ [*animation que l'artiste donne à son œuvre*] *une œuvre pleine de vie* un'opera piena di vita **2** (*biol.*) LA VIE vita: *vie animale, végétale* vita animale, vegetale **3** [*espace de temps compris entre la naissance et la mort d'un individu*] vita: *au commencement, à la fin de la vie* all'inizio, alla fine della vita ◇ (*loc.*) *jamais de la vie* mai e poi mai, neanche per idea (per sogno) ~ *de ma vie, je n'ai vu chose pareille* in vita mia, non ho mai visto una cosa simile → **jamais** ◇ (*relig.*) *la vie terrestre, future, éternelle* la vita terrena, futura, eterna ◇ (*par ext.*) [*temps qui reste à vivre à un individu*] *amis pour la vie* amici per la vita ◇ (*loc.*) *nous sommes amis à la vie et à la mort* siamo amici per la vita e per la morte ~ À VIE a vita: *être élu sénateur à vie* essere eletto senatore a vita **4** [*ensemble des activités et des événements qui remplissent pour chaque être cet espace de temps*] vita: *il raconte sa vie à tout le monde* racconta a tutti la propria vita → **destin, destinée** ◇ [*manière de vivre (d'un individu, d'un groupe)*] *la vie rude des mineurs* la vita rude dei minatori; *mode, style, train de vie* genere, stile, treno di vita; *elle mène une vie agitée* conduce, fa una vita agitata; *il nous fait, nous mène la vie dure*; (*fam.*) *il nous fait la vie* ci rende la vita difficile, ci rende dura la vita; *ce n'est pas une vie !* questa non è vita!; *faire la belle, la bonne vie* fare la bella vita, spassarsela; *mener joyeuse vie* condurre, fare una vita spensierata; *vivre sa vie* vivere la propria vita → **mœurs** # *femme de mauvaise vie* donna di malaffare → **prostituée** **5** (+ *épithète*, + *compl.*) [*partie de l'activité humaine, type d'activité*] vita: *vie privée, conjugale, professionnelle* vita privata, coniugale, professionale; *vie civile, militaire, politique* vita civile, militare, politica; *vie de famille, de garçon* vita di famiglia, da scapolo ◇ (*par ext.*) *la vie intérieure, spirituelle* la vita interiore, spirituale; *la vie affective, mentale, intellectuelle* la vita affettiva, mentale, intellettuale **6** [*moyens matériels (nourriture, argent) d'assurer la subsistance d'un être vivant*] vita: *niveau de vie* livello, tenore di vita; *la vie est chère* la vita è cara; *gagner sa vie* guadagnarsi la vita # (*indemnité de*) *cherté de vie* (indennità di) carovita **7** *absolt.* [*le monde humain, le cours des choses humaines*] vita: *expérience de la vie* esperienza di vita; *que voulez-vous, c'est la vie* che (cosa) vuole, è la vita; *regarder la vie en face* guardare la vita, affrontare la realtà in faccia **II** [*existence dont le caractère temporel et dynamique évoque la vie*] **1** (*dans le monde humain*) vita: *la vie des peuples* la vita dei popoli **2** (*dans le monde matériel, inorganique*) vita: *la vie des étoiles* la vita delle stelle **III** *loc.* AVOIR LA VIE DURE essere duro a morire, avere la pelle dura: *il a encore réchappé de cette maladie, il a la vie dure !* è ancora scampato a quella malattia, è duro a morire!, ha la pelle dura!; *une idée, une erreur qui a la vie dure* un'idea dura a morire, un errore duro a morire.

vieil |vjɛj| *adj. m. et s.m.* → **vieux.**

vieillard |vjɛjaʀ| *s.m.* **1** [*homme d'un grand âge*] vecchio* *s.*, vegliardo (*s.*): *vieillard respectable, vénérable* vecchio, vegliardo rispettabile, venerando; *vieillard cassé* vecchio incurvato dagli anni; *un vieillard impotent* un vecchio invalido **2** [*personne (homme ou femme) d'un grand âge*] vecchio, persona *f.* anziana: *hospice de vieillards* ospizio dei vecchi, per persone anziane.

1 **vieille** |vjɛj| *adj. et s.f.* → **vieux.**

2 **vieille** |vjɛj| *s.f.* → **labre** 1.

vieillerie |vjɛjʀi| *s.f.* **1** [*objet vieux, démodé, usé*] vecchiume *m.*, anticaglia: *un tas de vieilleries* un mucchio di vecchiumi, di anticaglie **2** [*idée, conception rebattue, usée*] vecchiume.

vieillesse |vjɛjɛs| *s.f.* **1** [*dernière période de la vie humaine*] vecchiaia: *avoir une vieillesse heureuse, triste* avere una vecchiaia felice, triste ◇ (*fig.*) *être le bâton de la vieillesse de qqn.* essere il bastone della vecchiaia di qc. **2** [*le fait, pour un être humain, d'être vieux*] vecchiaia, vecchiezza: *mourir de vieillesse* morire di vecchiaia, di vecchiezza **3** [*les personnes âgées, les vieillards*] persone *pl.* anziane, vecchiaia: *il faut respecter la vieillesse* bisogna rispettare le persone anziane, la vecchiaia ◇ (*prov.*) *si jeunesse savait, si vieillesse pouvait* se i giovani sapessero, se i vecchi potessero.

vieilli, ie |vjeji| *adj.* **1** [*marqué par l'âge*] invecchiato **2** [*suranné, usé*] antiquato, desueto: *formules vieillies* formule antiquate, desuete ◇ (*spécialt.*) *mots vieillis* [*qui tombent en désuétude*] parole antiquate.

vieillir |vjejiʀ| **A** *v.intr.* **1** [*s'approcher de la vieillesse; continuer à vivre alors qu'on est vieux*] invecchiare (*aux.* essere): *vieillir dans son pays* invecchiare nel proprio paese ◇ (*loc.*) *savoir vieillir* saper invecchiare **2** [*acquérir les caractères de la vieillesse; changer par l'effet du vieillissement*] invecchiare: *il a beaucoup vieilli depuis sa maladie* è molto invecchiato dopo la sua malattia ✦ (*au p.p.*) *je l'ai trouvé vieilli* l'ho trovato invecchiato ◇ (*par anal.*) [*perdre de sa force, de son intérêt avec le temps*] *livre qui ne vieillit pas* libro che non invecchia ◇ (*spécialt.*) [*être en voie de disparition*] invecchiare, cadere (121) (*aux.* essere) in disuso: *mot, expression qui vieillit* parola, espressione che invecchia, che cade in disuso **3** (*produits*) [*acquérir certaines qualités par le temps*] invecchiare: *faire vieillir du vin* fare invecchiare del vino **B** *v.tr.* **1** [*faire paraître plus vieux; donner les caractères (physiques, moraux) de la vieillesse à*] invecchiare: *ce vêtement la vieillit* quest'abito la invecchia **2** [*attribuer à (qqn.) un âge supérieur à son âge réel*] invecchiare: *vous me vieillissez d'un an* lei mi invecchia di un anno Ⓒ A 1, 2; B **rajeunir.**

vieillissant, ante |vjejisɑ̃, ɑ̃t| *adj.* che invecchia *loc.*, che sta invecchiando *loc.*

vieillissement |vjejismɑ̃| *s.m.* **1** [*l'effet de devenir vieux, ou de s'affaiblir par l'effet de l'âge*] invecchiamento **2** [*fait de se démoder*] invecchiamento: *le vieillissement d'un mot* l'invecchiamento di una parola **3** [*processus par lequel les vins se modifient, acquièrent leur bouquet*] invecchiamento Ⓒ 2 **actualité.**

vieillot, otte |vjɛjo, ɔt| *adj.* [*qui a un caractère vieilli et un peu ridicule*] vecchiotto, antiquato: *une installation vieillotte* una attrezzatura vecchiotta, antiquata → **désuet.**

vielle |vjɛl| *s.f.* (*mus.*) ghironda.

vieller |vjele| *v.intr.* [*jouer de la vielle*] suonare *tr.* la ghironda.

vielleur |vjɛlœʀ| *s.m.*, **vielleux, euse** |vjɛlø, øz| *s.* suonatore* *s.* di ghironda.

viennois, oise |vjenwa, waz| *adj.* [*de Vienne*] viennese.

vierge |vjɛʀʒ(ə)| **I** *s.f.* **1** [*fille qui n'a jamais eu de relations sexuelles*] vergine → **pucelle** **2** (*relig.*) Vergine: *la Vierge, la Sainte Vierge* la Vergine, la Santa Vergine, la Madonna ◇ (*loc.*) *fil de la Vierge* [*fil d'araignée des champs*] filo della Vergine, refe della Madonna ◇ (*par ext.*) [*représentation de la Sainte Vierge*] *une Vierge romane, gothique* una Madonna, una Vergine romanica, gotica **3** (*astrol.*) Vergine **II** *adj.* **1** [*qui n'a jamais eu de relations sexuelles*] vergine: *fille vierge* ragazza vergine **2** [*qui n'a jamais été touché, sali ou utilisé*] vergine: *cahier, feuille vierge* quaderno, foglio vergine → **blanc, net, pur** ◇ (*techn.*) *cire, huile vierge* cera, olio vergine ◇ [*inculte*] *forêt vierge* foresta vergine.

vietnamien, ienne |vjɛtnamjɛ̃, jɛn| **1** *adj.* [*du Viêt-Nam*] vietnamita **2** (*s.m.*) *le vietnamien* [*la langue*] il vietnamita.

vieux |vjø|, **vieil** |vjɛj|, *m. pl.* **vieux,** *f.* **vieille** |vjɛj|, *f. pl.* **vieilles** *adj. REM. au m. sing. on emploie 'vieil' devant un nom commençant par une voyelle ou un 'h' muet: 'un vieil homme, un vieil arbre' (mais 'un homme vieux')* *adj.* **I** (*êtres vivants*) **1** [*qui a vécu longtemps; qui est dans la vieillesse*] vecchio*, anziano: *un vieil homme* un (uomo) vecchio, un uomo anziano; *être, devenir vieux, vieille* essere, diventare vecchio, vecchia; *se faire vieux* diventare, farsi vecchio → **âgé** ◇ (*loc., avec des termes péj. ou des injures*) *c'est un vieux schnock, une vieille bique* è un vecchio imbecille, una vecchia strega; *une vieille noix* un vecchio scemo; (*pop.*) *une vieille peau* una baldracca **2** [*qui a les caractères physiques ou moraux d'une personne âgée, d'un vieillard*] vecchio: *vieux avant l'âge* vecchio prima del tempo (anzitempo); *il est vieux de goûts* è vecchio di gusti # *je me sens très vieux* mi sento vecchissimo **3** (*loc.*) *sur ses vieux* *jours* [*dans sa vieillesse*] in vecchiaia, durante la vecchiaia ~ (*ne pas*) *faire de vieux os* (non) vivere a lungo ✦ (*adv.*) *elle s'habille vieux* veste in modo sorpassato *loc.* **4** [*qui est depuis longtemps dans l'état indiqué*] vecchio: *c'est un vieil ami, un vieux copain* è un vecchio amico, un amico di vecchia data; *un vieux loup de mer* un vecchio lupo di mare # *un vieux garçon, un vieux célibataire* uno scapolo, uno scapolo incallito; *une vieille fille* una zitella, una zitellona **II** (*choses*) **1** [*qui existe depuis longtemps, remonte à une date éloignée*] vecchio: *une vieille demeure* una vecchia dimora; *de vieux meubles* dei vecchi mobili; *un vieux mur croulant* un vecchio muro cadente; *une vieille voiture* una vecchia macchina; *vin vieux* vino vecchio → **ancien** ◇ (*par ext.*) antico*: *vieil or* oro antico; *vieux rose* rosa antico **2** [*dont l'origine, le début est anc.*] vecchio: *une vieille habitude* una vecchia abitudine; *c'est vieux comme le monde* è una cosa vecchia come il mondo → **invétéré** ◇ (*loc.*) *le Vieux Monde* [*l'Europe*] il Vecchio Mondo ◇ (*péj.*) [*qui a perdu son intérêt, ses qualités, avec la nouveauté*] *de vieilles sornettes* vecchie fandonie ✦ (*adj. inv.*) *vieux jeu* [*démodé*] superato *var.*, antiquato *var.*; all'antica (*loc. inv.*): *des idées vieux jeu* idee superate, antiquate || *il est gentil, mais un peu vieux jeu* è simpatico, ma un po' all'antica **3** [*qui a existé autrefois, il y a longtemps*] vecchio: *la vieille France* la vecchia Francia # *une politesse très vieille France* [*raffinée*] un'educazione all'antica → **lointain, révolu, éloigné** [C] I **jeune**; II **neuf, nouveau, récent.**

vieux, vieille |vjø, vjɛj| *s.* **1** (*s.*) *un vieux, une vieille* un vecchio*, una vecchia → **vieillard** ◇ (*fam.*) *un petit vieux* un vecchietto, un vecchino ◇ (*loc.*) *un vieux de la vieille* (*garde*): (*pr., fig.*) uno della vecchia guardia **2** *s.* [*les gens plus âgés ou trop âgés*] vecchio: *les vieux disent que...* i vecchi dicono che... **3** *s.* (*pop.*) (*le plus souvent avec le poss.*) [*père, mère; parents*] vecchio: *ses vieux sont morts* i suoi vecchi sono morti **4** *s.* (*fam.*) (*terme d'amitié, même entre personnes jeunes*) *mon* (*petit*) *vieux, ma vieille* vecchio mio, vecchia mia **5** *s.m.* (*fam.*) *coup de vieux* [*vieillissement subit*] invecchiamento improvviso (*cour.*).

vif |vif| *s.m.* **1** (*dr.*) *le vif* il vivo, il vivente **2** *loc.* SUR LE VIF [*d'après nature*] al vivo, dal vero: *peindre qqch. sur le vif* dipingere q.c. al vivo, dal vero **3** (*loc.*) *tailler, couper* DANS LE VIF [*la chair vivante*] tagliare nel vivo ◇ (*par ext.*) *entrer dans le vif du sujet, du débat* entrare nel vivo dell'argomento, del dibattito → **cœur** **4** (*loc.*) *être atteint, touché, blessé, piqué* AU VIF [*au point le plus sensible*] essere colpito, toccato, ferito, punto sul vivo, nel vivo ~ À VIF [*avec la chair vive à nu*] vivo (*adj.*): *plaie, moignon à vif* piaga viva, moncone vivo; (*fig.*) *avoir les nerfs, la sensibilité à vif* avere i nervi, la sensibilità a fior di pelle.

vif, vive |vif, viv| *adj.* **I** **1** [*dont la vitalité se manifeste par la rapidité, la vivacité des mouvements et des réactions*] vivace, vivo: *un garçon vif et intelligent* un ragazzo vivace e intelligente → 2 **alerte, éveillé** ◇ (*par ext.*) *œil, regard vif* occhio, sguardo vivo, vivace; *mouvements, gestes vifs* movimenti, gesti rapidi → **rapide** **2** [*qui est d'une ardeur excessive, qui s'emporte facilement*] vivace: *il a été un peu vif dans la discussion* è stato un po' (troppo) vivace nella discussione; *échanger des propos très vifs* scambiarsi parole molto vivaci → **brusque, emporté, violent** **3** [*prompt dans ses opérations*] vivace, sveglio*: *vive imagination* fantasia vivace; *esprit vif* ingegno sveglio, pronto; *intelligence vive* intelligenza sveglia, acuta **II** (*en loc.*: *où 'vif' veut dire 'vivant'*) vivo: *être plus mort que vif* essere più morto che vivo ~ *Jeanne d'Arc fut brûlée vive* Giovanna d'Arco fu arsa viva **III** (*choses*) **1** [*mis à nu*] vivo: *pierre coupée à vive arête* pietra tagliata a spigolo vivo; *angles vifs* angoli vivi **2** *eau vive* acqua viva; *source vive* sorgente viva; *air vif* aria viva, frizzante **3** [*très intense*] vivo: *lumière vive* luce viva; *couleurs vives* colori vivi, vivaci; *jaune vif* giallo vivo # *il faisait un froid très vif* faceva un freddo pungente, intenso ◇ (*sensations, émotions*) *une vive douleur* un vivo dolore; *à mon vif regret* con mio vivo dispiacere; *éprouver une vive satisfaction* provare una viva soddisfazione → **fort, aigu** [C] I 1 **apathique, mou**; III 3 **faible, pâle.**

vif-argent |vifaʀʒɑ̃| *s.m.* [*anc. nom du mercure*] argento vivo ◇ (*fig.*) *c'est du vif-argent* ha l'argento vivo addosso.

vigie |viʒi| *s.f.* **1** (*mar.*) basso fondale *m.*; scoglio* *m.* affiorante ◇ (*par ext.*) segnale *m.* **2** [*matelot placé en observation dans la mâture ou à la proue d'un navire*] vedetta, marinaio* *m.* di vedetta ◇ (*par ext.*) posto *m.* di vedetta **3** [*poste d'observation des conducteurs de trains*] cabina.

vigilamment |viʒilamɑ̃| *adv.* [*avec vigilance*] con vigile attenzione *loc. inv.*

vigilance |viʒilɑ̃s| *s.f.* vigilanza: *tromper la vigilance de qqn.* eludere la vigilanza di qc.; *redoubler de vigilance* raddoppiare di vigilanza ◇ (*physiol.*) veglia.

vigilant, ante |viʒilɑ̃, ɑ̃t| **1** *adj.* vigile, vigilante: *un observateur vigilant* un vigile osservatore, un osservatore vigilante; *une attention vigilante* una vigile attenzione # *soins vigilants* cure sollecite, assidue **2** *s.m.* [*veilleur de nuit*] guardiano notturno, guardia *f.* notturna.

1 **vigile** |viʒil| *s.f.* (*liturg. cathol.*) vigilia: *la vigile de Noël* la vigilia di Natale.

2 **vigile** |viʒil| *s.m.* **1** (*antiq. rom.*) vigile **2** [*veilleur de nuit*] guardiano notturno, guardia *f.* notturna.

3 **vigile** |viʒil| *adj.* (*physiol.*) in stato di veglia *loc. inv.*

vigne |viɲ| *s.f.* **1** (*t.bot.*) vite ~ *vigne blanche* vitalba ~ *vigne vierge* vite del Canadà, ampelopsis ◇ (*cour.*) *pied de vigne* ceppo di vite; *cultiver la vigne* coltivare la vite ◇ (*bx-arts*) *feuille de vigne* foglia di fico *m.* ◇ (*loc.*) *être dans les vignes du Seigneur* [*être ivre*] essere brillo **2** [*plantation de vignes*] vigna: *les vignes de Bourgogne* le vigne della Borgogna → **vignoble** ◇ (*loc. fig.*) *travailler à la vigne du Seigneur* essere operaio della vigna del Signore.

vigneau |viɲo| *s.m.* → **littorine.**

vigneron, onne |viɲʀɔ̃, ɔn| *s.* [*personne qui cultive la vigne, fait le vin*] vignaiolo *m.*, viticoltore* ✦ (*adj.*) *charrue vigneronne* aratro da vigna *loc. inv.*

vignette |viɲɛt| *s.f.* **1** vignetta **2** [*petit dessin, motif d'une marque de fabrique*] contrassegno *m.* ◇ (*par ext.*) [*petit carré de papier portant un dessin, une inscription et ayant valeur légale*] marca*: *vignette de la Sécurité sociale* marca assicurativa, marchetta (*fam.*) della previdenza sociale ◇ (*spécialt.*) *vignette* (*de l'impôt sur les automobiles*) bollo *m.* di circolazione ✦ (*absolt.*) *payer la vignette* pagare il bollo.

vignettiste |viɲetist(ə)| *s.* (*ancienn.*) vignettista.

vigneture |viɲtyʀ| *s.f.* ornamento *m.* a foglie di vite.

vignoble |viɲɔbl(ə)| *s.m.* [*plantation de vignes*] vigneto, vigna *f.* ✦ *adj.* (*rare*) → **viticole.**

vignot |viɲo| *s.m.* → **vigneau.**

vigogne |vigɔɲ| *s.f.* (*t.zool.*) vigogna ◇ [*laine de vigogne*] vigogna: *un manteau de vigogne* un cappotto di vigogna.

vigoureusement |viguʀøzmɑ̃| *adv.* **1** [*avec vigueur*] vigorosamente: *ces arbres poussent vigoureusement* questi alberi crescono vigorosamente, vigorosi **2** [*avec puissance, force*] vigorosamente: *frotter, taper vigoureusement* strofinare, battere vigorosamente **3** [*avec de la vigueur dans l'expression*] con vigore (*loc. inv.*): *écrire, peindre vigoureusement* scrivere, dipingere con vigore.

vigoureux, euse |viguʀø, øz| *adj.* **1** [*qui a de la vigueur*] vigoroso: *un homme, un cheval vigoureux* un uomo, un cavallo vigoroso → **fort, robuste, solide** # *il est encore vigoureux pour son âge* è ancora in gamba per la sua età ◇ (*par ext.*) *des bras vigoureux* braccia vigorose; *végétation vigoureuse* vegetazione vigorosa **2** [*qui s'exprime, agit sans contrainte, avec efficacité*] vigoroso: *style vigoureux* stile vigoroso ◇ (*par ext.*) *haine vigoureuse* odio accanito, implacabile.

viguerie |vigʀi| *s.f.* (*hist.*) [*fonction de viguier; territoire de sa juridiction*] vicariato *m.*

vigueur |vigœʀ| *s.f.* **1** vigore (*m.*): *sans vigueur* senza vigore; *appuyer, serrer avec vigueur* premere, stringere con vigore; *perdre sa vigueur* perdere il proprio vigore → **énergie, puissance** **2** vigore: *vigueur de l'esprit, du style* vigore della mente, dello stile **3** [*fermeté*] vigore: *vigueur de la touche* vigore del tocco **4** *loc. adj.* EN VIGUEUR in vigore, vigente (*adj.*): *loi en vigueur* legge in vigore, vigente ◇ (*loc. adv.*) *entrer en vigueur* entrare in vigore [C] 1 **faiblesse**; 3 **mollesse**; 4 **abandon, désuétude.**

viguier |vigje| *s.m.* (*ancienn.*) [*magistrat assimilable au prévôt*] vicario*.

viking |viking| *adj.* [*relatif à un anc. peuple scandinave*] vichingo*.

vil, vile |vil| *adj.* **1** (*littér.*) vile, spregevole: *vil flatteur* vile, spregevole adulatore; *action vile* azione vile → **indigne, méprisable** **2** (*loc.*) *à vil prix* [*à très bas prix*] a vil prezzo, a prezzo bassissimo [C] 1 **estimable.**

vilain |vilɛ̃| *s.m.* (*au moyen âge*) [*paysan libre* (*qui n'était pas serf*)] villano → **manant.**

vilain, aine |vilɛ̃, ɛn| *adj.* **1** (*dans le vocabulaire affectif, surtout en parlant aux enfants*) [*qui ne se conduit pas bien, qui n'est pas gentil*] cattivo: *qu'il est vilain!* quant'è cattivo! → **méchant** ♦ (*s.*) *le vilain, la petite vilaine* il cattivo, la cattivella ◇ (*pour donner à un mot un sens péj., correspondant au 'dispregiativo' it.*) *un vilain mot* [*mot grossier*] una parolaccia; *un vilain garçon* un ragazzaccio **2** [*désagréable à voir*] brutto: *elle n'est pas vilaine* non è brutta; *vilaines dents* brutti denti → **laid** # *vilain papier* cartaccia **3** [*mauvais, laid* (*du temps*); *déplaisant et dangereux*] brutto: *une vilaine blessure* una brutta ferita; (*fam.*) *il fait vilain aujourd'hui* oggi fa brutto ◇ (*au moral*) *une vilaine affaire* una brutta faccenda → **sale**; *il lui a joué un vilain tour* gli ha giocato un brutto tiro → **méchant** ♦ (*s.m.*) *il va y avoir du vilain* [*une dispute*] si sta mettendo male, le cose si mettono male.

vilainement |vilɛnmɑ̃| *adv.* [→ VILAIN] malamente, scorrettamente.

vilebrequin |vilbʀəkɛ̃| *s.m.* **1** (*techn.*) girabecchino, trapano a manovella **2** (*mécan.*) albero a gomiti.

vilement |vilmɑ̃| *adv.* (*vieilli*) [→ VIL 1] vilmente.

vilenie |vilni| *s.f.* **1** (*littér.*) [*action vile et basse*] bassezza, abiezione → **infamie, saleté** **2** [*caractère vil*] viltà *inv.*

vilipender |vilipɑ̃de| *v.tr.* (*littér.*) [*dénoncer comme vil, méprisable*] vilipendere (105).

villa |villa| *s.f.* **1** villa: *petite villa de banlieue* piccola villa, villetta di periferia; *une belle villa* una bella villa **2** (*hist. médiév.*) villa.

village |vilaʒ| *s.m.* **1** villaggio*, paese: *un petit village isolé, perdu* un piccolo villaggio, un paesino isolato, sperduto; *villages de huttes* villaggi di capanne; *villages lacustres* villaggi lacustri; *l'idiot, l'innocent du village* lo scemo del paese # *revenir, retourner au village* ritornare al paesello ◇ (*par anal.*) *village de toile* campeggio*, tendopoli *f. inv.* **2** [*les habitants d'un village*] villaggio, paese: *tout le village était rassemblé sur la place* tutto il villaggio, il paese era riunito sulla piazza.

villageois, oise |vilaʒwa, waz| **1** *adj.* [*d'un village, de ses habitants*] campagnolo, paesano: *fêtes villageoises* feste campagnole, paesane → **rural** **2** *s.* abitante di un (del) villaggio, paesano.

villanelle |vilanɛl| *s.f.* (*ancienn., litt., mus.*) villanella.

ville |vil| *s.f.* **1** città (*inv.*): *la ville éternelle* la città eterna; *ville industrielle, universitaire* città industriale, universitaria; *ville d'eau(x)* città termale; *ville fortifiée* città fortificata; *centre, cœur d'une ville* centro, cuore di una città; *banlieue d'une grande ville* periferia di una grande città; *dans la ville* in città; *hors de la ville* fuori città; *ville satellite* città satellite # *ville champignon* fungaia urbana; *hôtel de ville* municipio, comune; *sergent de ville* vigile urbano ◇ *loc.* EN VILLE, À LA VILLE in centro, in città: *aller en ville* andare in centro, in città ~ *lettre en ville* (*E.V.*) lettera per la città ('città'); brevi manu (B.M.) ◇ (*spécialt.*) EN VILLE [*hors de chez soi, en étant invité*] fuori (casa): *elle dîne très souvent en ville* pranza molto spesso fuori (casa) **2** [*l'administration, la personne morale de la ville*] comune (*m.*): *travaux financés par la ville* lavori finanziati dal comune → **municipalité** **3** [*la vie, les habitudes sociales dans une grande ville*] città: *les amusements, les bruits de la ville* i divertimenti, i rumori della città **4** [*les habitants de la ville*] città: *toute la ville en parle* tutta la città ne parla.

villégiateur |vi(l)leʒjatœʀ| *s.m.* (*vieilli*) villeggiante *s.* (*cour.*) → **estivant, vacancier.**

villégiature |vi(l)leʒjatyʀ| *s.f.* villeggiatura.

villégiaturer |vi(l)leʒjatyʀe| *v. intr.* (*vieilli*) [*aller en villégiature*] villeggiare (*cour.*).

villeux, euse |vi(l)lø, øz| *adj.* (*sc.*) villoso.

villosité |vi(l)lozite| *s.f.* **1** (*sc.*) villosità *inv.* **2** (*anat.*) villo (*m.*): *villosités intestinales* villi intestinali.

vin |vɛ̃| *s.m.* **1** vino: *vin nouveau* vino nuovo; *vin blanc, rouge, rosé* vino bianco, rosso, rosato ('rosé'); *vin mousseux* vino spumante; *fabrication, production du vin* produzione del vino; *tirer le vin* spillare il vino; *mise en bouteilles du vin* imbottigliamento del vino; *vin mauvais* vino cattivo, vinaccio; *vin coupé* vino tagliato; *bouteille, litre, verre de vin* bottiglia, litro, bicchiere di vino; *sauce au vin* salsa al vino; *coq au vin* pollo al vino, 'coq au vin'; *vins doux, vins de liqueur* vini dolci, vini liquorosi → **vinasse** **2** (*le vin symb. de l'ivresse*) *un sac à vin* [*un ivrogne*] un ubriacone; *cuver son vin* smaltire la sbornia (*f.*); *ce vin est traître, il monte à la tête, tourne la tête* questo vino è traditore, dà alla testa, fa girare la testa; *être entre deux vins* essere un po' brillo; *avoir le vin gai, triste* avere la sbornia allegra, triste ◇ (*prov.*) *quand le vin est tiré, il faut le boire* quando si è in ballo, bisogna ballare; *le bon vin réjouit le cœur de l'homme* buon vino fa buon sangue **3** (*loc.*) *vin d'honneur* ricevimento, rinfresco*; bicchierata *f.* (*pop.*) **4** (*liturg. chrét.*) *consacrer le pain et le vin* consacrare il pane e il vino → **eucharistie** **5** (*par anal.*) vino: *vin de palme* vino di palma, toddy *inv.*

vinage |vinaʒ| *s.m.* alcolizzazione *f.* del vino.

vinaigre |vinɛgʀ(ə)| *s.m.* **1** [*liquide provenant du vin ou d'une solution alcoolisée, modifié(e) par la fermentation acétique*] aceto: *vinaigre de vin* aceto di vino; *mère du vinaigre* madre dell'aceto; *cornichons, petits oignons confits au vinaigre* cetriolini, cipolline sott'aceto ◇ (*loc. fig.*) *tourner au vinaigre* [*mal tourner, empirer*] mettersi male ~ *on ne prend pas les mouches avec du vinaigre* si pigliano più mosche con una goccia di miele che con un barile di aceto **2** (*pop.*) *faire vinaigre* [*se dépêcher*] spicciarsi.

vinaigrer |vinegʀe| *v.tr.* [*assaisonner avec du vinaigre*] condire (197) con aceto.

vinaigrerie |vinɛgʀəʀi| *s.f.* **1** fabbrica* di aceto **2** fabbricazione, industria dell'aceto.

vinaigrette |vinɛgʀɛt| *s.f.* [*sauce faite d'huile, de vinaigre et de sel*] salsa all'agro.

vinaigrier |vinɛgʀije| *s.m.* **1** ampolla *f.* per l'aceto **2** fabbricante *s.*, commerciante *s.* di aceto.

vinaire |vinɛʀ| *adj.* (*rare*) vinario* → **vinicole.**

vinasse |vinas| *s.f.* **1** (*techn.*) vinaccia* **2** [*mauvais vin*] vinaccio* *m.*

vincien, ienne |vɛ̃sjɛ̃, jɛn| *adj.* [*de Léonard de Vinci*] vinciano.

vindas |vɛ̃dɑ(s)| *s.m.* (*techn.*) arganetto, mulinello.

vindicatif, ive |vɛ̃dikatif, iv| *adj.* vendicativo: *un rival vindicatif* un rivale vendicativo → **rancunier.**

vindicativement |vɛ̃dikativmɑ̃| *adv.* [→ VINDICATIF] vendicativamente.

vindicte |vɛ̃dikt(ə)| *s.f.* (*dr.*) *vindicte publique* azione penale pubblica ◇ (*par ext., littér.*) *désigner qqn. à la vindicte publique* indicare qc. alla pubblica esecrazione.

vinea |vinea| *s.f.* (*hist. rom.*) vinea.

vinée |vine| *s.f.* **1** (*viticulture*) vendemmia **2** tralcio* *m.* con uva.

viner |vine| *v.tr.* (*techn.*) [*additionner d'alcool* (*les moûts ou les vins*)] alco(o)lizzare (il vino).

vineux, euse |vinø, øz| *adj.* **1** [*qui a la couleur du vin rouge*] vinato ◇ [*qui a l'odeur du vin*] vinoso **2** (*techn.*) alco(o)lico*.

vingt |vɛ̃| **I** *adj. numér. inv. REM. 'vingt' se prononce* |vɛ̃| *isolé ou devant consonne* (*exemple*: '*vingt jours*' |vɛ̃ʒuʀ|), *sauf dans les nombres de 22 à 29* |vɛ̃tdø...|; |vɛ̃t| *en liaison* (*exemple*: '*vingt ans*' |vɛ̃tɑ̃|, '*vingt et un*' |vɛ̃teœ̃| **1** *cardinal* venti: *vingt francs* venti franchi; *il est cinq heures moins vingt* (*minutes*) sono le cinque meno venti; *pendant vingt-quatre heures* per ventiquattr'ore; *je vous l'ai répété vingt fois* gliel'ho ripetuto venti volte **2** *ordinal* [*vingtième*] venti: *page, chapitre vingt* pagina, capitolo venti; *les années vingt* ('20) gli anni venti ('20) **II** *s.m.* [*le nombre, le numéro 20*] venti: *il a gagné vingt pour cent* ha guadagnato il venti per cento; *miser sur le vingt* puntare sul venti; *il arrive le vingt de chaque mois* arriva il venti di ogni mese ◇ (*loc. pop.*) *vingt-deux!* [*attention!*] occhio!; *vingt-deux* (*voilà*) *les flics!* occhio, il vigile!

vingtaine |vɛ̃tɛn| *s.f.* ventina: *fille d'une vingtaine d'années* ragazza di una ventina d'anni.

vingtième |vɛ̃tjɛm| *adj.* **1** (*ordinal de vingt*) ventesimo: *le vingtième siècle* il ventesimo secolo, il Novecento **2** [*contenu vingt fois dans le tout*] ventesimo: *la vingtième partie* la ventesima parte ♦ (*s.m.*) *le vingtième* il ventesimo.

vingtièmement |vɛ̃tjɛmmɑ̃| *adv.* in ventesimo luogo *loc.*

vini- |vini| *préf.* (*signifiant 'vin', correspond généralt. à*) vini: *vinicole* vinicolo.

vinicole |vinikɔl| *adj.* vinicolo: *industrie vinicole* industria vinicola.

vinifère |vinifɛʀ| *adj.* (*agric.*) vinifero.

vinification |vinifikɑsjɔ̃| *s.f.* (*techn.*) vinificazione.

vinifier |vinifje| *v.tr.* (*techn.*) [*traiter* (*les moûts*) *pour en faire du vin*] vinificare.

vinique |vinik| (*adj.*) *alcool vinique* alcool di vino *loc. inv.*

vinosité |vinozite| *s.f.* (*techn.*) vinosità *inv.*

vinyle |vinil| *s.m.* (*chim.*) vinile.

vinylique |vinilik| *adj.* (*chim.*) vinilico*.
vinylite |vinilit| *s.f.* (*nom déposé*) vinilite.
vioc, vioque |vjɔk| *adj.* (*pop.*) [*vieux*] vecchiotto (*fam.*): *elles sont un peu vioques* sono un po' vecchiotte.
viol |vjɔl| *s.m.* **1** violenza *f.* carnale, stupro **2** [→ VIOLER I 2] violazione *f.*
violable |vjɔlabl(ə)| *adj.* [→ VIOLER I 1] violabile.
violacé, ée |vjɔlase| *adj.* [*qui tire sur le violet*] violaceo: *teint violacé* colore violaceo.
Violacées |vjɔlase| *s.f. pl.* (*t.bot.*) Violacee.
violacer |vjɔlase| (2) *v.tr.* [*rendre violet ou violacé*] rendere (105) violaceo.
violat |vjɔla| *adj. m.* (*pharm.*) violato, alla violetta *loc. inv.*
violateur, trice |vjɔlatœR, tRis| *s.* **1** *s.* violatore* → **profanateur 2** *s.m.* (*littér.*) [*personne qui a commis un viol*] stupratore.
violation |vjɔlɑsjɔ̃| *s.f.* [→ VIOLER I] violazione: *violation de la loi* violazione della legge; *violation d'une église* violazione di una chiesa → **outrage.**
violâtre |vjɔlɑtR(ə)| *adj.* (*rare*) [*violacé*] violaceo (*cour.*): *reflets violâtres* riflessi violacei.
viole |vjɔl| *s.f.* (*mus.*) viola: *viole d'amour* viola d'amore; *viole de gambe* viola da gamba.
violemment |vjɔlamɑ̃| *adv.* [*avec violence*] violentemente: *heurter violemment un obstacle* urtare violentemente un ostacolo → **brutalement** ◇ [*vivement*] *réagir violemment contre une injustice* reagire violentemente contro un'ingiustizia.
violence |vjɔlɑ̃s| *s.f.* **1** (*loc.*) *faire violence à qqn.* fare violenza a qc. ~ *se faire violence* farsi violenza → **contraindre (se)** ◇ (*spécialt.*) LA VIOLENCE violenza: *acte, mouvement de violence* atto, gesto di violenza; *prendre par la violence* prendere con la violenza; *répondre à la violence par la violence* rispondere alla violenza con la violenza **2** UNE VIOLENCE violenza: *des violences physiques, morales* violenze fisiche, morali ◇ (*loc.*) *se faire une douce violence* farsi una dolce violenza **3** [*brutalité, colère*] violenza: *parler avec violence* parlare con violenza **4** [*force brutale* (*d'une chose, d'un phénomène*)] violenza: *la violence de la tempête, du vent* la violenza della tempesta, del vento → **fureur** ◇ (*par ext.*) *la violence d'un sentiment, d'une passion* la violenza di un sentimento, di una passione → **intensité** 🄲 1 **non-violence;** 3 **calme, douceur.**
violent, ente |vjɔlɑ̃, ɑ̃t| *adj.* **1** [*brusque, coléreux*] violento: *une femme violente* una donna violenta; *un caractère violent* un carattere violento ♦ (*s.*) *c'est un violent* è un violento ◇ (*par ext.*) *colère violente* collera violenta **2** [*qui a un intense pouvoir d'action ou d'expression*] violento: *un orage violent* un violento temporale; *le choc a été violent* l'urto è stato violento ◇ (*par ext.*) *impression violente* impressione violenta; *bruit violent* rumore violento **3** [*qui exige de la force, de l'énergie*] violento: *faire de violents efforts* fare violenti sforzi ◇ (*par ext.*) *mort violente* morte violenta **4** (*fam.*) [*excessif*] forte: *c'est un peu violent!* è un po' forte!
violenter |vjɔlɑ̃te| *v.tr.* **1** *violenter une femme* [*la violer*] violentare una donna **2** [*dénaturer, altérer*] snaturare: *violenter un texte* snaturare un testo → **torturer.**
violer |vjɔle| *v.tr.* **I** (*compl. de chose*) **1** [*agir contre, porter atteinte à* (*ce qu'on doit respecter*), *faire violence à*] violare: *violer les lois, la constitution* violare le leggi, la costituzione; *violer un traité* violare un trattato → **enfreindre 2** [*ouvrir, pénétrer dans* (*un lieu sacré ou protégé par la loi*)] violare: *violer une sépulture* violare una sepoltura → **profaner** ◇ (*par ext.*) *violer le domicile de qqn.* violare il domicilio di qc. # *violer les consciences* violentare le coscienze **II** *violer une femme* [*la posséder contre sa volonté*] violentare una donna.
violet, ette |vjɔlɛ, ɛt| **1** *adj.* violetto, viola (*inv.*): *iris violet* iris violetto, viola; *devenir violet de colère* diventare viola per la rabbia **2** *s.m.* violetto, viola: *violet foncé* viola scuro.
violette |vjɔlɛt| *s.f.* (*t.bot.*) viola, violetta.
violeur |vjɔlœR| *s.m.* [*celui qui a commis un viol*] violatore; stupratore.
violier |vjɔlje| *s.m.* (*t.bot.*) violacciocca* *f.*
violine |vjɔlin| *s.f.* [*colorant violet d'aniline*] violetto *m.* ♦ *adj.* [*de couleur violet pourpre*] viola *m. inv.* acceso: *robe en ottoman violine* abito in millerighe viola acceso.
violiste |vjɔlist(ə)| *s.m.* violista *s.*
1 **violon** |vjɔlɔ̃| *s.m.* **1** (*mus.*) violino: *jouer du violon* suonare il violino ◇ (*loc. fig.*) *accordez vos violons!* mettetevi d'accordo! ~ VIOLON D'INGRES [*activité artistique exercée en dehors d'une profession*] hobby *inv.*, passatempo preferito: *l'aquarelle est son violon d'Ingres* l'acquerello è il suo hobby, il suo passatempo preferito **2** [*musicien, musicienne qui joue du violon*] violino: *le premier violon d'un orchestre* il primo violino di un'orchestra ◇ (*loc. fig.*) *aller plus vite que les violons* [*aller trop vite*] essere troppo precipitoso.
2 **violon** |vjɔlɔ̃| *s.m.* **1** (*fam.*) [*prison d'un poste de police*] guardina (*f.*): *passer la nuit au violon* passare la notte in guardina, al fresco **2** (*mar.*) violino.
violoncelle |vjɔlɔ̃sɛl| *s.m.* **1** [*instrument de musique*] violoncello **2** (*rare*) [*violoncelliste*] violoncello.
violoncelliste |vjɔlɔ̃selist(ə)| *s.* violoncellista.
violoné, ée |vjɔlɔne| *adj.* (*arts décoratifs*) a violino *loc. inv.*
violoner |vjɔlɔne| *v.intr.* (*fam.*) [*jouer du violon*] strimpellare *tr.* il violino.
violoneux |vjɔlɔnø| *s.m.* violinista *s.* (di campagna) ◇ (*fam.*) violinista da strapazzo.
violoniste |vjɔlɔnist(ə)| *s.* violinista.
vioque |vjɔk| *adj.* → **vioc.**
viorne |vjɔRn(ə)| *s.f.* (*t.bot.*) **1** viburno *m.* ~ *viorne tinus* alloro *m.* tino, lauro *m.* tino **2** → **clématite.**
vipère |vipɛR| *s.f.* **1** (*t.zool.*) vipera **2** (*fig.*) vipera: *une langue de vipère* una lingua di vipera.
vipereau |vipRo| *s.m.* [*petit de la vipère*] viperino.
Vipéridés |vipeRide| *s.m. pl.* (*t. zool.*) Viperidi.
vipérin, ine |vipeRɛ̃, in| *adj.* (*zool.*) viperino.
vipérine |vipeRin| *s.f.* (*t.bot.*) viperina.
vir- |viR| *préf.* (*signifiant 'homme', correspond généralt. à*) vir: *virago* virago.
-vir |viR| *suff.* (*signifiant 'homme', correspond généralt. à*) viro: *triumvir* triumviro.
1 **virage** |viRaʒ| *s.m.* **1** (*mar.*) viraggio*, viramento ◇ (*navigation*) virata *f.* **2** [*mouvement d'un véhicule qui tourne, change de direction*] curva (*f.*): *amorcer un virage* iniziare una curva; *il a fait le virage sur les chapeaux de roues* ha fatto la curva su due ruote ◇ (*aviat.*) *virages d'un avion, virage sur l'aile* virate di un aereo, virata sull'ala **3** [*courbure du tracé d'une route, d'une piste*] curva, svolta (*f.*): *virage dangereux* curva, svolta pericolosa; *véhicule qui aborde un virage* veicolo che affronta una curva → **coude, tournant.**
2 **virage** |viRaʒ| *s.m.* (*chim., méd., photo.*) viraggio*.
virago |viRago| *s.f.* (*lat.*) virago*.
viral, ale, aux |viRal, o| *adj.* (*méd.*) virale.
vire |viR| *s.f.* (*alpinisme, géogr.*) cengia*.
virée |viRe| *s.f.* (*fam.*) [*promenade, voyage rapide*] giro *m.*, girata: *faire une virée en voiture* fare un giro in macchina.
virelai |viRlɛ| *s.m.* (*hist. litt.*) 'virelai' *inv.*
virement |viRmɑ̃| *s.m.* **1** (*mar.*) virata *f.* **2** (*comm.*) bonifico*, trasferimento; giroconto, bancogiro.
1 **virer** |viRe| **A** *v.tr.* **1** (*mar.*) [*faire tourner*] virare: *virer le cabestan* virare l'argano **2** [*transporter* (*une somme*) *d'un compte à un autre; effectuer le virement de*] girare, trasferire (197); bonificare, stornare: *virez la somme à mon compte* girate, trasferite la somma sul mio conto **3** (*fam., méd.*) *virer sa cuti* avere una cutireazione positiva **4** (*fam.*) *virer qqn.* [*le renvoyer*] cacciar via, buttar fuori qc.: *il s'est fait virer* si è fatto cacciar via, buttar fuori → **vider B** *v.intr.* **1** (*photo.*) [*changer de couleur*] virare **2** (*chim.*) [*changer de couleur par le* (2) *virage*] virare **3** *loc.* VIRER À [*devenir*] tendere (105) a: *virer à l'aigre, au rouge* tendere all'acido, al rosso.
2 **virer** |viRe| *v.intr.* **1** [*tourner sur soi, tourner en rond*] girare (*aux.* avere, essere) su sé stesso: *il la faisait tourner et virer* la faceva girare su sé stessa **2** (*mar.*) [*changer de direction*] virare: *virer de bord* virare di bordo.
virescence |viResɑ̃s| *s.f.* (*bot.*) virescenza.
virescent, ente |viResɑ̃, ɑ̃t| *adj.* (*bot.*) virescente.
vireton |viRtɔ̃| *s.m.* (*archéol.*) verrettone.
vireur |viRœR| *s.m.* (*techn.*) viradore.
vireux, euse |viRø, øz| *adj.* [*vénéneux*] velenoso: *plante vireuse* pianta velenosa ◇ (*par ext.*) *odeur vireuse* odore nauseabondo.
virevoltant, ante |viRvɔltɑ̃, ɑ̃t| *adj.* che fa giravolte *loc.*, che gira su sé stesso *loc.*
virevolte |viRvɔlt(ə)| *s.f.* **1** [*mouvement de ce qui fait un demi-tour*]

giravolta, piroetta: *les virevoltes d'une danseuse* le giravolte, le piroette di una ballerina **2** (*fig.*) giravolta, voltafaccia *m. inv.*
virevolter |viRvɔlte| *v.intr.* [*tourner rapidement sur soi*] far (103) *tr.* giravolte ◇ (*par ext.*) [*aller en tous sens sans nécessité*] sfarfallare → **papillonner.**
virgilien, ienne |viRʒiljɛ̃, jɛn| *adj.* [*de Virgile*] virgiliano.
virginal |viRʒinal| *s.m.* (*hist. mus.*) virginale.
virginal, ale, aux |viRʒinal, o| *adj.* verginale: *pudeur virginale* pudore verginale.
virginie |viRʒini| *s.m.* [*tabac provenant de la Virginie*] virginia *inv.*
virginité |viRʒinite| *s.f.* verginità (*inv.*): *perdre sa virginité* perdere la verginità.
virgule |viRgyl| *s.f.* (*gram.*) virgola: *point virgule* punto e virgola; *sans y changer une virgule* senza cambiare una virgola ◇ (*biol.*) *bacille virgule* bacillo virgola.
virguler |viRgyle| *v.tr.* (*rare*) [*ponctuer en marquant les virgules*] virgolare.
viril, ile |viRil| *adj.* **1** virile: *force virile* forza virile → **mâle, masculin 2** [*qui a l'appétit sexuel d'un homme normal*] virile: *il n'est pas très viril* non è molto virile **3** (*dr.*) *part virile* quota individuale (di un bene indiviso).
virilement |viRilmɑ̃| *adv.* [→ VIRIL 1, 2] virilmente.
virilisation |viRilizɑsjɔ̃| *s.f.* (*biol.*) virilizzazione.
viriliser |viRilize| *v.tr.* [*revêtir d'un caractère, d'un aspect viril*] virilizzare.
virilisme |viRilism(ə)| *s.m.* (*méd.*) virilismo.
virilité |viRilite| *s.f.* virilità *inv.*
virilocal, ale, aux |viRilɔkal, o| *adj.* (*ethnogr.*) virilocale.
virion |viRjɔ̃| *s.m.* (*biol.*) virione.
virocide |viRɔsid|, **virucide** |viRysid| *adj. et s.m.* virocida.
virogénèse |viRɔʒenɛz| *s.f.* virogenesi *inv.*
virolage |viRɔlaʒ| *s.m.* **1** il munire *inv.* di ghiera **2** introduzione *f.* nel conio.
virole |viRɔl| *s.f.* **1** [*petite bague de métal dont on garnit l'extrémité d'un manche pour assujettir ce qui y est fixé*] ghiera **2** (*techn.*) conio* *m.*
viroler |viRɔle| *v.tr.* **1** [*munir d'une virole*] munire (197) di ghiera **2** [*introduire (les flans) dans la virole* (2)] introdurre (108) nel conio.
virolier |viRɔlje| *s.m.* [*ouvrier fabriquant les viroles* (2)] coniatore* *s.*
virologie |viRɔlɔʒi| *s.f.* virologia*.
virologique |viRɔlɔʒik| *adj.* virologico*: *recherches virologiques* ricerche virologiche.
virologiste |viRɔlɔʒist(ə)| *s.* virologo*.
virose |viRoz| *s.f.* (*méd.*) virosi *inv.*
virostatique |viRɔstatik| *adj. et s.m.* virostatico*.
virtualité |viRtɥalite| *s.f.* (*philo.*) virtualità *inv.*
virtuel, elle |viRtɥɛl| *adj.* **1** (*littér.*) virtuale: *réussite virtuelle* riuscita virtuale → **possible, potentiel 2** (*mécan., sc.*) virtuale Ⓒ **1 effectif, réel.**
virtuellement |viRtɥɛlmɑ̃| *adv.* [→ VIRTUEL 1] virtualmente.
virtuose |viRtɥoz| *s.* virtuoso: *un virtuose du piano, du pinceau* un virtuoso del pianoforte, del pennello.
virtuosité |viRtɥozite| *s.f.* virtuosismo *m.*, virtuosità (*inv.*): *c'est de la virtuosité pure* è puro virtuosismo.
virulence |viRylɑ̃s| *s.f.* **1** (*biol.*) virulenza **2** (*fig.*) virulenza: *virulence d'une critique* virulenza di una critica.
virulent, ente |viRylɑ̃, ɑ̃t| *adj.* **1** (*biol.*) virulento: *microbe virulent* microbo virulento **2** (*fig.*) virulento: *satire virulente* satira virulenta → **venimeux** ◇ (*personnes*) *il est très virulent contre le gouvernement* è pieno di veleno nei confronti del governo, è molto aspro contro il governo.
virure |viRyR| *s.f.* (*mar.*) corrente *m.*
virus |viRys| *s.m.* (*lat.*) virus (*inv.*): *virus vaccin* virus vaccino; *virus filtrant* virus filtrabile; *maladie à virus* malattia da virus, virale.
vis |vis| *s.f.* **1** (*techn.*) vite: *tête d'une vis* testa di una vite; *pas de vis* passo di vite; *vis à bois, à métaux* vite da legno, per metalli; *vis à droite, à gauche* vite destrorsa, sinistrorsa; *vis à œil* vite a occhiello; *vis à oreilles* vite a galletto; *vis à tête à six pans* vite a testa esagonale; *vis de blocage* vite di arresto; *serrer, desserrer une vis* stringere, allentare una vite; *donner un tour de vis* dare un giro di vite → **visser** ◇ (*loc. fig.*) *serrer la vis à qqn.* dare un giro di vite a qc. **2** (*archit.*) *escalier à vis* scala a chiocciola **3** [*machine simple permettant de transformer un mouvement circulaire en mouvement rectiligne*] vite: *vis d'Archimède* vite di Archimede; *vis sans fin* vite senza fine; *tire-bouchon à vis* cavatappi a vite.
visa |viza| *s.m.* [*formule ou sceau accompagné d'une signature, qu'on appose sur un acte pour le rendre régulier ou valable*] visto, vidimazione (*f.*): *donner, refuser un visa* dare, rifiutare un visto.
visage |vizaʒ| *s.m.* **1** [*partie antérieure de la tête de l'homme*] faccia* *f.*, viso, volto: *visage allongé, en lame de couteau* viso allungato, affilato; faccia allungata, affilata; *visage rond, plein* viso, volto tondo, pieno; *visage joufflu* viso paffuto; *visage maigre, émacié* viso magro, emaciato; *visage pâle, blafard* viso pallido, smorto; *visage ridé* viso rugoso; *un beau visage aux traits réguliers* un bel viso, volto dai tratti regolari; *visage expressif* viso espressivo, faccia espressiva; *visage triste, maussade* viso triste, imbronciato; faccia triste, imbronciata; *la peur se lisait sur son visage* gli si leggeva in viso, in volto la paura; *soins du visage* cure del viso; *maquillage du visage* trucco del viso → **figure, tête** ◇ (*loc. fig.*) *à visage découvert* [*sans se cacher*] a viso aperto **2** (*par ext.*) [*expression du visage*] viso: *faire bon visage* (*à qqn.*) fare buon viso (a qc.) **3** [*la personne (considérée dans son visage)*] faccia, viso, volto: *un visage connu* una faccia nota, un viso noto; *visage inconnu* viso sconosciuto; *visage ami* volto amico ◇ (*par ext.*) *les Visages pâles* i Visi pallidi ◇ (*loc.*) *sans visage* senza volto **4** (*fig.*) [*aspect particulier et reconnaissable (de qqch.)*] faccia: *un homme à deux visages* un uomo a due facce, bifronte ◇ (*par ext.*) *le vrai visage des États-Unis* il vero volto degli Stati Uniti.
visagisme |vizaʒism(ə)| *s.m.* visagismo.
visagiste |vizaʒist(ə)| *s.* visagista.
vis-à-vis |vizavi| **I** *adv.* [*en face, face à face*] di fronte *loc.*, dirimpetto: *nos maisons sont situées vis-à-vis* le nostre case sono situate di fronte, dirimpetto (l'una all'altra) **II** *loc. prép.* **1** [*en face de*] di fronte a, dirimpetto a: *vis-à-vis l'un de l'autre* l'uno di fronte all'altro; *il s'est assis vis-à-vis de moi* si è seduto di fronte a, dirimpetto a me **2** (*fig.*) [*en face de, en présence de, devant (de manière à confronter)*] davanti a: *je rougis vis-à-vis de vous* arrossisco davanti a lei ◇ [*en regard, en comparaison de*] in confronto a, di (a confronto di), rispetto a: *ma fortune est modeste vis-à-vis de la sienne* il mio patrimonio è modesto in confronto al suo, rispetto al suo **3** [*envers (qqn.)*] con *prép.*, nei confronti di: *il s'est engagé vis-à-vis d'elle* si è impegnato con lei, nei suoi confronti → **avec** ◇ [*à l'égard de (qqch.)*] di fronte a: *il est lâche vis-à-vis de ses responsabilités, de la mort* è un vigliacco di fronte alle proprie responsabilità, alla morte **III** *s.m.* **1** [*position de deux personnes, deux choses qui se font face*] faccia a faccia (*loc. inv.*): *un long et pénible vis-à-vis* un lungo e penoso faccia a faccia → **tête-à-tête 2** [*personne placée en face d'une autre (à table, en voiture; à la danse)*] dirimpettaio* (*s.*): *mon vis-à-vis était charmant* il mio dirimpettaio era gentilissimo ◇ (*se dit des choses situées en face d'une personne, d'une propriété*) davanti *adv.*, di fronte (*loc. inv.*): *nous avons le bois pour vis-à-vis* abbiamo davanti, di fronte un bosco **3** [*petit canapé en S*] amorino.
viscache |viskaʃ| *s.f.* (*t.zool.*) viscaccia*.
viscéral, ale, aux |viseRal, o| *adj.* **1** (*anat.*) viscerale: *cavités viscérales* cavità viscerali **2** (*fig.*) viscerale: *une haine viscérale* un odio viscerale.
viscère |visɛR| *s.m.* (*rare au sing.*) (*anat.*) viscere* *f. pl.*, visceri *m. pl.*
viscose |viskoz| *s.f.* (*techn.*) viscosa.
viscosimètre |viskozimɛtR(ə)| *s.m.* (*sc., techn.*) viscosimetro.
viscosité |viskozite| *s.f.* (*phys.*) viscosità *inv.*
visé |vize| *s.m.* (*dans les loc.*) *tir au visé* mira *f.* ~ *tirer au visé* mirare.
visée |vize| *s.f.* **1** [*action de diriger la vue, le regard (ou une arme, un instrument d'optique) vers un but, un objectif*] mira: *ligne de visée* linea di mira **2** (*fig.*) mira: *avoir des visées ambitieuses* avere mire ambiziose → **ambition, intention.**
1 **viser** |vize| **A** *v.intr.* **I 1** [*diriger attentivement son regard (un objet, une arme) vers le but, la cible à atteindre*] mirare: *visez bien, avant de tirer* mirate bene, prima di tirare; *viser trop haut, trop bas* mirare troppo alto, troppo basso **2** (*fig.*) *visez moins haut, plus haut* [*ayez des ambitions plus modestes, plus grandes*] mirate meno in alto, più in alto **II 1** [*diriger un objet, une arme sur (qqch.)*] mirare (a): *il a visé à la tête, au cœur* ha mirato alla testa, al cuore **2** [*avoir en vue (une certaine fin)*] mirare (a), tendere (105) (a): *c'est le but auquel cet examen vise* è il fine

a cui mira, tende questo esame **B** *v.tr.* **1** [*regarder attentivement* (*un but, une cible*) *afin de l'atteindre d'un coup, d'un projectile*] mirare: *viser l'objectif en clignant de l'œil* mirare l'obiettivo chiudendo un occhio **2** (*fig.*) [*avoir en vue, s'efforcer d'atteindre* (*un résultat*)] mirare *intr.* (a), aspirare *intr.* (a): *il visait ce poste depuis longtemps* mirava, aspirava a quel posto da lungo tempo **3** (*sujet de chose*) [*s'appliquer à*] riguardare: *cette remarque vise tout le monde* questa osservazione riguarda tutti → **concerner** **4** (*pop.*) [*regarder*] guardare (*cour.*): *vise un peu cette figure* guarda un po' quella faccia.

2 **viser** |vize| *v.tr.* [*voir, examiner* (*un acte*) *et le revêtir d'un visa ou d'une mention qui le rend valable*] vistare, vidimare: *faire viser son passeport* far vistare, vidimare il passaporto.

viseur |vizœʀ| *s.m.* **1** (*rare*) [*celui qui vise*] miratore* *s.* **2** [*instrument, dispositif optique servant à effectuer une visée*] mirino: *viseur d'une arme à feu* mirino di un'arma da fuoco ◇ (*ciné., photo.*) mirino, visore: *le viseur de la caméra* il mirino della macchina da presa.

visibilité |vizibilite| *s.f.* (*sc., cour.*) visibilità *inv.*

visible |vizibl(ə)| *adj.* **1** visibile: *la face visible de la Lune* la faccia visibile della Luna; *visible à l'œil nu, au microscope* visibile a occhio nudo, al microscopio **2** [*apparent, manifeste*] visibile: *le monde visible* il mondo visibile ✦ (*s.m.*) *le visible et l'invisible* il visibile e l'invisibile **3** [*qui se manifeste, peut être constaté par les sens*] visibile, evidente: *avec un embarras, un plaisir visible* con un visibile imbarazzo, un evidente piacere → 1 **manifeste** ✦ (*impers.*) *il est visible que...* è chiaro, evidente che... **4** [*en état de recevoir une visite*] *il n'est pas visible à cette heure-ci* a quest'ora non riceve.

visiblement |viziblǝmɑ̃| *adv.* **1** [*de manière à être vu*] visibilmente **2** [*d'une manière évidente, claire*] visibilmente, chiaramente: *il était visiblement préoccupé* era visibilmente, chiaramente preoccupato → **manifestement.**

visière |vizjɛʀ| *s.f.* **1** (*anciennt.*) visiera ◇ (*loc. littér.*) *rompre en visière à, avec qqn.* [*l'attaquer violemment; rompre avec lui*] attaccare violentemente qc.; rompere con qc. **2** *visière d'un képi, d'une casquette* visiera di un chepì, di un berretto.

vision |vizjɔ̃| *s.f.* **I** **1** (*physiol.*) visione, vista: *vision nette, indistincte* visione, vista chiara, indistinta; *troubles, anomalies de la vision* disturbi, anomalie della vista **2** (*fig.*) visione: *une vision réaliste, poétique de la réalité* una visione realistica, poetica della realtà; *avoir une vision confuse de l'avenir* avere una visione confusa dell'avvenire → **représentation** **II** **1** [*apparition, révélation*] visione: *les visions des prophètes* le visioni dei profeti **2** [*représentation imaginaire*] visione → **hallucination, rêve** # *visions hallucinatoires* allucinazioni **3** (*fam.*) *avoir des visions* [*déraisonner*] vaneggiare (*cour.*), sragionare (*cour.*): *tu as des visions!* tu vaneggi!

visionnaire |vizjɔnɛʀ| **1** *s.* visionario*: *traiter qqn. de visionnaire* trattare qc. da visionario **2** (*adj.*) *fou visionnaire* pazzo visionario.

visionner |vizjɔne| *v.tr.* [*examiner* (*un film*) *d'un point de vue technique*] visionare.

visionneuse |vizjɔnøz| *s.f.* [*appareil qui permet d'examiner un film*] moviola ◇ [*appareil qui permet d'examiner des diapositives*] visore *m.*

visitandine |vizitɑ̃din| *s.f.* (*ecclés.*) visitandina.

visitation |vizitɑsjɔ̃| *s.f.* (*bx-arts, relig.*) visitazione.

visitatrice |vizitatʀis| *s.f.* visitatrice.

visite |vizit| *s.f.* **I** (*d'une personne*) **1** visita: *carte de visite* biglietto da visita; *une petite, une longue visite* una piccola visita (una visitina), una lunga visita; *l'heure des visites* l'ora delle visite; *quel est le but, l'objet de cette visite?* qual è lo scopo, l'oggetto di questa visita?; *faire, rendre une visite à qqn.* far visita a qc.; *je suis allé lui rendre visite* sono andato a fargli visita; *être en visite chez qqn.* essere in visita da qc. → **entrevue,** 1 **rencontre** **2** (*spécialt.*) (*pour un médecin*) [*le fait de se rendre auprès d'un malade*] visita: *visites à domicile* visite a domicilio ◇ (*par ext.*) [*action de visiter* (*un client*)] *visites d'un voyageur de commerce* visite di un rappresentante **II** (*d'un lieu ou de ses occupants*) **1** visita: *visite touristique d'une ville* visita turistica di una città; *visite d'un musée* visita di un museo **2** [*le fait de se rendre dans un lieu, pour procéder à un examen, une inspection*] visita, sopralluogo* (*m.*): *visite d'expert* visita, sopralluogo di un perito ◇ (*dr.*) *visite domiciliaire* visita, perquisizione domiciliare ◇ (*par ext.*) *visite de douane* visita, ispezione doganale **3** [*examen de patients, de malades par un médecin à l'hôpital, en clinique, etc.*] visita: *passer à la visite médicale* sottoporsi alla visita medica.

visiter |vizite| *v.tr.* **I** [*aller voir* (*qqn.*)] **1** (*rare*) [*faire une visite à* (*qqn.*)] visitare, trovare (*cour.*): *il est allé visiter des amis* è andato a visitare, a trovare degli amici **2** [*se rendre auprès de* (*qqn.*) *pour l'assister, le soigner*] visitare: *visiter les indigents, les prisonniers, un malade* visitare gli indigenti, i carcerati, un malato **3** (*relig.*) [*agir sur, se manifester auprès de* (*l'homme*)] visitare **II** [*aller voir* (*qqch.*), *parcourir* (*un lieu*) *en l'examinant*] visitare: *j'ai visité la Hollande l'été dernier* ho visitato l'Olanda l'estate scorsa → **voir.**

visiteur, euse |vizitœʀ, øz| *s.* **I** **1** [*personne qui va voir qqn. chez lui, lui fait une visite*] visitatore*: *accompagner un visiteur* accompagnare un visitatore; *faire attendre les visiteurs* fare aspettare i visitatori **2** [*personne qui visite* (*un malade, un prisonnier, un pensionnaire*)] visitatore: *les visiteurs sont admis au parloir* i visitatori sono ammessi in parlatorio **II** **1** [*personne qui visite, inspecte, examine*] ispettore*: *visiteur, visiteuse de douane* ispettore, ispettrice doganale **2** [*personne qui visite un lieu*] visitatore → **touriste, voyageur.**

vison |vizɔ̃| *s.m.* (*t.zool.*) visone ◇ [*la fourrure*] *étole de vison* stola di visone ◇ (*fam.*) *elle s'est fait offrir un vison* si è fatta regalare un visone.

visonnière |vizɔnjɛʀ| *s.f.* allevamento *m.* di visoni.

visqueux, euse |viskø, øz| *adj.* **1** (*liquides*) [*qui est épais et s'écoule avec difficulté*] vischioso, viscoso: *goudron visqueux* catrame vischioso, viscoso → **collant, poisseux** **2** (*péj.*) [*dont la surface est couverte d'un liquide visqueux, d'une couche gluante*] viscido: *la peau visqueuse d'un crapaud* la pelle viscida di un rospo **3** (*fig.*) viscido: *des manières visqueuses* modi viscidi **C** 1 **fluide 1.**

vissage |visaʒ| *s.m.* **1** [→ VISSER A 1, 2] avvitamento **2** (*méd.*) avvitamento.

visser |vise| **A** *v.tr.* **1** [*fixer, faire tenir avec une vis, des vis*] avvitare, invitare: *visser un interrupteur* avvitare un interruttore ◇ (*loc.*) *il reste des heures vissé sur sa chaise* resta per ore inchiodato sulla sedia **2** [*serrer en tournant sur un pas de vis*] avvitare: *visser un couvercle* avvitare un coperchio **3** (*loc. fam.*) *visser qqn.* [*le traiter sévèrement*] dare (102) un giro di vite a qc. **B** *v.pron. intr.* SE VISSER [→ *tr.* 2] avvitarsi: *ce bouchon se visse* questo tappo si avvita.

visserie |visʀi| *s.f.* **1** (*techn.*) vitame *m.*, viteria **2** fabbrica* di viti.

visseuse |visøz| *s.f.* (*techn.*) avvitatrice.

visu (de) |devizy| *loc. adv.* (*lat.*) → **de visu.**

visualisation |vizɥalizɑsjɔ̃| *s.f.* visualizzazione.

visualiser |vizɥalize| *v.tr.* **1** [*rendre visible* (*un phénomène qui ne l'est pas*)] visualizzare **2** (*ciné.*) [*mettre* (*une idée, un sujet*) *en images*] visualizzare **3** (*informatique*) [*afficher sur un visuel*] visualizzare.

visuel, elle |vizɥɛl| **I** *adj.* **1** [*relatif à la vue*] visivo: *champ, angle visuel* campo, angolo visivo; *mémoire visuelle* memoria visiva **2** [*qui fait appel au sens de la vue*] visivo: *méthodes visuelles* metodi visivi → **audio-visuel** **II** *s.m.* (*informatique*) schermo di visualizzazione, display *inv.*

visuellement |vizɥɛlmɑ̃| *adv.* [*par le sens de la vue*] de visu (*loc. inv.*): *constater visuellement* constatare de visu, con i propri occhi.

vital, ale, aux |vital, o| *adj.* **1** vitale: *fonctions vitales* funzioni vitali ◇ (*philo.*) *principe vital* principio vitale **2** [*indispensable*] vitale: *espace vital* spazio vitale ◇ (*par ext.*) *c'est un problème vital, une question vitale pour nous* per noi è un problema, una questione vitale.

vitalisme |vitalism(ə)| *s.m.* (*biol., philo.*) vitalismo.

vitaliste |vitalist(ə)| *s.* (*philo.*) vitalista ✦ *adj.* vitalistico*.

vitalité |vitalite| *s.f.* **1** (*biol.*) vitalità *inv.* **2** [*dynamisme, énergie*] vitalità: *plein de vitalité* pieno di vitalità.

vitamine |vitamin| *s.f.* vitamina.

vitaminé, ée |vitamine| *adj.* [*où l'on incorpore une ou plusieurs vitamines*] vitaminizzato: *biscuits vitaminés* biscotti vitaminizzati.

vitaminique |vitaminik| *adj.* (*sc.*) vitaminico*.

vite |vit| **I** *adj.* (*littér., sport*) [*rapide*] veloce: *le coureur le plus vite* il corridore più veloce **II** *adv.* **1** [*en parcourant un grand espace en peu de temps*] in fretta *loc. inv.*, velocemente: *marcher, courir, passer très vite* camminare, correre, passare molto in fretta, velocemente; *aller vite* andare velocemente, a forte velocità *loc. inv.*, forte ◇ [*à un rythme rapide*] *je sentis mon cœur battre plus vite* sentii il cuore battere più in fretta **2** [*en peu de temps*] in fretta, rapidamente: *fais vite* fa' in fretta, presto; *vous parlez trop vite* lei parla troppo in fretta, rapidamente → **promptement, rapidement** ◇ (*loc.*) *plus vite que le vent* più veloce *adj.* del vento ◇ (*avec un impér.*) [*sans plus attendre, immédiatement*] presto: *allons vite, dépêchez-vous!* su presto, sbrigatevi! **3** [*au bout d'une courte durée*] in fretta, presto: *on sera plus vite arrivé* arriveremo più in fretta, arriveremo prima; *au plus vite* al più presto, quanto prima; *il a eu vite fait, il aura vite fait de finir* ha finito, finirà presto, subito → **bientôt.**

vitellin, ine |vite(ɛl)lɛ̃, in| *adj.* (*biol.*) vitellino: *membrane vitelline* membrana vitellina.

vitellus |vite(ɛl)lys| *s.m.* (*biol.*) vitello.

vitelotte |vitlɔt| *s.f.* (*t.bot.*) patata precoce.

viterbien, ienne |vitɛʀbjɛ̃, jɛn| *adj.* [*de Viterbe*] viterbese.

vitesse |vitɛs| *s.f.* **1** (*sens absolu*) [*le fait ou le pouvoir de parcourir un grand espace en peu de temps*] velocità (*inv.*): *course de vitesse* corsa di velocità; *l'avion prend de la vitesse* l'aereo prende velocità → **vélocité** # *coureur de vitesse* velocista ◇ (*fig.*) rapidità *inv.* → **2 diligence, promptitude** ◇ (*loc. fig.*) *prendre qqn. de vitesse* [*faire qqch. plus vite que lui*] battere qc. in velocità ~ (*fam.*) EN VITESSE [*au plus vite*] alla svelta: *filez, et en vitesse* filate via, e alla svelta **2** [*le fait d'aller plus ou moins vite, de parcourir une distance plus ou moins grande par unité de temps*] velocità: *vitesse modérée de la marche* velocità di marcia moderata; *vitesse d'une automobile* velocità di una macchina → **allure** # *compteur, indicateur de vitesse* tachimetro ◇ (*loc.*) *il est parti à toute vitesse* è partito a tutta velocità ~ *à petite vitesse, à vitesse réduite* a piccola velocità, a velocità ridotta **3** (*aviat.*) PERTE DE VITESSE perdita di velocità; (*fig.*) *mouvement politique en perte de vitesse* movimento politico in una situazione di stallo, che perde quota **4** (*auto., mécan.*) *changement de vitesse* cambio (di velocità): *boîte de vitesses* scatola del cambio; *changer de vitesse* cambiare marcia; *en première, quatrième vitesse* in prima, in quarta; *passer en seconde vitesse* passare in seconda ◇ (*loc. fam.*) *en quatrième vitesse* [*très vite*] in quarta.

viti- |viti| *préf.* (*signifiant* 'vigne', *correspond généralt. à*) viti: *viticole* viticolo.

viticole |vitikɔl| *adj.* viticolo.

viticulteur |vitikyltœʀ| *s.m.* viticoltore* *s.*

viticulture |vitikyltyʀ| *s.f.* viticoltura.

vitiligo |vitiligo| *s.m.* (*méd.*) vitiligine *f.*

viti-vinicole |vitivinikɔl| *adj.* vitivinicolo.

vitrage |vitʀaʒ| *s.m.* **1** [*ensemble des vitres* (*d'une baie, d'une fenêtre, d'une marquise*)] vetri *pl.* **2** [*châssis garni de vitres, servant de cloison, de toit, de paroi*] vetrata *f.* → **verrière 3** posa *f.* di vetri.

vitrail, aux |vitʀaj, o| *s.m.* [*panneau constitué de morceaux de verre, généralt. colorés, assemblés pour former une décoration*] vetrata *f.* (artistica*) ◇ (*par ext.*) *le vitrail* l'arte *f.* della vetrata (artistica).

vitrauphanie |vitʀofani| *s.f.* vetrofania.

vitre |vitʀ(ə)| *s.f.* **1** vetro (*m.*): *vitres d'une fenêtre* vetri di una finestra; *vitres sales* vetri sporchi; *nettoyer, laver, faire les vitres* pulire, lavare, fare i vetri; *regarder par la vitre* guardare attraverso i vetri → **carreau** ◇ (*fig.*) *casser les vitres* [*s'emporter, faire du scandale*] fare una scenata, uno scandalo ◇ (*loc. fam.*) *ça ne casse pas les vitres* non ha niente di speciale, di straordinario **2** [*glace*] vetro: *les vitres d'une voiture* i vetri di una macchina; *baisser la vitre* (*de la portière*) abbassare il vetro (della portiera).

vitré, ée |vitʀe| *adj.* **1** (*anat.*) vitreo: *corps vitré* corpo vitreo **2** [*garni de vitres*] vetrato, a vetri (*loc. inv.*): *porte vitrée* porta vetrata, a vetri.

vitrer |vitʀe| *v.tr.* [*garnir de vitres*] mettere (155) i vetri a: *vitrer une porte* mettere i vetri (un vetro) a una porta.

vitrerie |vitʀəʀi| *s.f.* **1** [*industrie des vitres*] vetreria **2** [*marchandises du vitrier*] vetrame *m.*

vitreux, euse |vitʀø, øz| *adj.* **1** [*qui ressemble au verre fondu, à la pâte de verre*] vitreo: *humeur vitreuse* umore vitreo **2** [*de l'aspect, de la nature du verre*] vetroso: *structure, roche vitreuse* struttura, roccia vetrosa **3** [*dont l'éclat est terni*] vitreo: *œil, regard vitreux* occhio, sguardo vitreo.

vitrier |vitʀije| *s.m.* [*celui qui vend, coupe et pose les vitres, les pièces de verre*] vetraio*.

vitrière |vitʀijɛʀ| *s.f.* (*techn.*) verga* quadrata.

vitrifiable |vitʀifjabl(ə)| *adj.* [→ VITRIFIER 1] vetrificabile.

vitrification |vitʀifikɑsjɔ̃| *s.f.* [→ VITRIFIER 1] vetrificazione.

vitrifier |vitʀifje| *v.tr.* **1** [*transformer en verre par fusion; donner la consistance du verre à*] vetrificare **2** [*recouvrir* (*un parquet*) *d'une matière plastique transparente pour le protéger*] plastificare.

vitrine |vitʀin| *s.f.* **1** vetrina: *article exposé en vitrine* articolo esposto in vetrina; *vitrine de pâtissier* vetrina del pasticciere; *lécher les vitrines* sostare a lungo davanti alle vetrine → **étalage** ◇ (*par ext.*) [*l'aménagement, le contenu d'une vitrine*] *l'étalagiste fait les vitrines* il vetrinista allestisce le vetrine **2** [*petite armoire vitrée où l'on expose des objets de collection*] vetrina, bacheca*.

vitriol |vitʀijɔl| *s.m.* (*chim.*) vetriolo.

vitriolage |vitʀijɔlaʒ| *s.m.* [→ VITRIOLER 2] il vetrioleggiare *inv.*

vitrioler |vitʀijɔle| *v.tr.* **1** (*techn.*) [*faire passer* (*des toiles*) *dans un bain d'acide sulfurique étendu*] immergere (114) nell'acido solforico **2** [*lancer du vitriol sur* (*qqn.*) *pour le défigurer*] vetrioleggiare.

vitrioleur, euse |vitʀi(j)ɔlœʀ, øz| *s.* chi sfigura (qc.) con il vetriolo *loc.*, chi vetrioleggia *loc.*

vitriolique |vitʀijɔlik| *adj.* vetriolico*.

vitulaire |vitylɛʀ| *adj.* (*vétér.*) *fièvre vitulaire* febbre puerperale.

vitupérateur, trice |vitypeʀatœʀ, tʀis| *s.* (*littér.*) vituperatore*.

vitupération |vitypeʀɑsjɔ̃| *s.f.* (*littér.*) vituperazione.

vitupérer |vitypeʀe| (8) **A** *v.tr.* (*littér.*) [*blâmer vivement*] vituperare **B** (*v.intr.*) *vitupérer contre* (*qqn., qqch.*) [*élever de violentes protestations contre* (*qqn., qqch.*)] inveire (197), imprecare contro (qc., q.c.): *elle vitupère toujours contre son mari* non fa altro che inveire, imprecare contro il marito → **pester.**

vivable |vivabl(ə)| *adj.* (*fam.*) [*que l'on peut supporter dans la vie, où l'on peut vivre*] sopportabile (*cour.*), tollerabile (*cour.*): *cet homme est vivable* quest'uomo è sopportabile, tollerabile.

1 **vivace** |vivas| *adj.* **1** (*plantes, petits animaux*) [*résistant, robuste*] vitale **2** *plante vivace* [*qui vit plus de deux années*] pianta vivace, perenne **3** (*fig.*) [*durable*] tenace, persistente: *il garde une haine vivace contre ses anciens ennemis* serba un odio tenace contro i suoi vecchi nemici.

2 **vivace** |vivas| *adj.* (*mus.*) vivace.

vivacité |vivasite| *s.f.* **1** vivacità (*inv.*): *vivacité d'un geste* vivacità di un gesto; *vivacité d'esprit* vivacità, prontezza di spirito **2** [*caractère de ce qui est vif, a de l'intensité*] vivacità, vivezza: *vivacité du coloris* vivacità, vivezza del colore **3** [*caractère vif, emporté ou agressif*] asprezza, vivacità: *il m'a répondu avec vivacité* mi ha risposto con asprezza, vivacità.

vivandier, ière |vivɑ̃dje, jɛʀ| *s.* vivandiere.

vivant |vivɑ̃| *s.m.* (*dans les loc.*) *du vivant de X* quando X era ancora vivo ~ *cela ne serait pas arrivé du vivant du directeur* (se fosse stato) vivo il direttore, ciò non sarebbe successo ~ *de son vivant* in vita sua.

vivant, ante |vivɑ̃, ɑ̃t| *adj.* **1** [*qui vie, est en vie*] vivo: *il est encore vivant* è ancora vivo ◇ (*loc.*) *c'est un cadavre vivant* è un cadavere ambulante ✦ (*s.*) *les vivants et les morts* i vivi e i morti; *rayer qqn. du nombre des vivants* cancellare qc. dal novero dei vivi ◇ (*relig.*) *le Dieu vivant* il Dio vivente **2** [*plein de vie*] vivace, vivo: *un enfant très vivant* un bambino molto vivace; *œil, regard vivant* occhio, sguardo vivo, vivace → **vif** ◇ (*fig.*) *les personnages de Molière sont vivants* i personaggi di Molière sono vivi **3** [*doué de vie*] vivo, vivente: *matière vivante* materia vivente; *les êtres vivants* gli esseri viventi → **animé 4** [*constitué par un ou plusieurs êtres vivants*] vivente: *c'est le vivant portrait de sa mère* è il ritratto vivente di sua madre ◇ (*par ext.*) pieno di vita: *des rues vivantes* delle strade piene di vita **5** (*choses*) [*animé d'une sorte de vie; actif, actuel*] vivo: *langues vivantes* lingue vive; *son souvenir est toujours vivant* il suo ricordo è sempre vivo → **durable** Ⓒ **1 mort** 1.

vivarium |vivaʀjɔm| *s.m.* (*lat.*) vivario*.

vivat |viva| **1** *interj.* (*vx.*) [*bravo!*] viva (*cour.*), evviva (*cour.*) **2** *s.m.* [*acclamation*] viva *inv.*, evviva (*inv.*): *il y a eu des vivats en son honneur* ci sono stati dei viva, degli evviva in suo onore.

vive |viv| *s.f.* (*t.zool.*) pesce ragno *m.*

vive!, vivent! |viv| *exclam.* viva! *inv.*, evviva! (*inv.*): *vive la France!* viva la Francia!; *vive les vacances!* viva, evviva le vacanze! Ⓒ **bas (à).**
vivement |vivmɑ̃| *adv.* **1** [*d'une manière vive; avec vivacité, ardeur*] alla svelta *loc. inv.*, velocemente: *mener vivement une affaire* sbrigare una faccenda alla svelta → **promptement, rapidement** **2** (*devant un souhait*) *vivement que cela finisse!* non vedo l'ora che finisca!, spero che finisca presto!; *vivement la fuite!* ben venga la fuga! **3** [*d'un ton vif, avec un peu de colère*] vivacemente, aspramente: *il répliqua vivement* replicò vivacemente, aspramente **4** [*avec force, intensité*] vivamente: *j'ai été vivement affecté par sa mort* sono stato vivamente colpito dalla sua morte; *regretter vivement* rimpiangere vivamente → **beaucoup, intensément, profondément.**
Viverridés |viveʀide| *s.m. pl.* (*t. zool.*) Viverridi.
viveur |vivœʀ| *s.m.* 'viveur' *inv.*, vitaiolo → **fêtard, noceur.**
vivi- |vivi| *préf.* (*signifiant 'vivant', correspond généralt. à*) vivi: *vivificateur* vivificatore.
vivier |vivje| *s.m.* [*étang, bassin d'eau aménagé pour la conservation et l'élevage du poisson, des crustacés*] vivaio*.
vivifiant, ante |vivifjɑ̃, ɑ̃t| *adj.* [*qui vivifie*] vivificante: *air vivifiant* aria vivificante → **stimulant** ◇ (*fig.*) *force vivifiante* forza vivificante ◇ (*théol.*) *grâce vivifiante* grazia vivificante.
vivificateur, trice |vivifikatœʀ, tʀis| *adj. et s.* (*rare, littér.*) vivificatore*.
vivification |vivifikɑsjɔ̃| *s.f.* (*rare*) [→ VIVIFIER] vivificazione.
vivifier |vivifje| *v.tr.* **1** (*littér.*) [*être le principe de vie de*] vivificare → **animer** **2** [*donner de la vitalité à*] vivificare: *ce climat me vivifie* questo clima mi vivifica.
vivipare |vivipaʀ| *adj. et s.* (*zool.*) viviparo.
viviparité |vivipaʀite| *s.f.* viviparità *inv.*
vivisecteur |vivisɛktœʀ| *s.m.* vivisettore.
vivisection |vivisɛksjɔ̃| *s.f.* vivisezione → **dissection.**
vivoir |vivwaʀ| *s.m.* (*région.*, *Canada*) [*salle de séjour*] soggiorno.
vivoter |vivɔte| *v.intr.* [*vivre au ralenti, avec de petits moyens*] vivacchiare ◇ (*choses*) [*subsister; avoir une activité faible, médiocre*] *son affaire vivote tant bien que mal* la sua azienda vivacchia alla meno peggio.
1 **vivre** |vivʀ(ə)| (58) **A** *v.intr.* **1** [*être en vie; exister*] vivere (194) (*aux.* essere, *rare* avere): *la joie, le plaisir de vivre* la gioia, il piacere di vivere; *il ne vit que pour...* vive solo per...; *se laisser vivre* lasciarsi vivere, godersi la vita **2** (*avec un compl. de durée*) [*avoir une vie d'une certaine durée*] vivere: *nous vivons dans un temps, à une époque difficile* viviamo in tempi difficili, in un'epoca difficile; *vivre longtemps* vivere a lungo ◇ (*sans accord du p.p.*) *les années qu'il a vécu* gli anni che ha vissuto ◇ [*passer sa vie, une partie de sa vie en résidant habituellement* (*dans un lieu*)] *vivre à Paris, à la campagne* vivere a Parigi, in campagna; *il vit à l'hôtel* vive in albergo; *il vit dans un monde de rêve* vive in un mondo di sogni → **habiter** **3** [*mener une certaine vie*] vivere: *vivre indépendant* vivere indipendente, in modo indipendente; *vivre avec qqn.* vivere con qc. → **cohabiter**; *est-ce qu'ils vivent ensemble?* vivono insieme?; *vivre en communauté* vivere in comunità; *vivre en paix, dans l'anxiété* vivere in pace, in ansia; *vivre dangereusement* vivere pericolosamente; *personne facile à vivre* persona con cui è facile vivere # *être facile, difficile à vivre* avere un carattere accomodante, difficile **4** [*disposer des moyens matériels qui permettent de subsister*] vivere: *travailler pour vivre* lavorare per vivere; *il vit pauvrement, chichement, largement* vive poveramente, da spilorcio, agiatamente ◇ (*avec un compl. de moyen*) *vivre de lait, de fruits* vivere di latte, di frutta → **nourrir (se)**; *vivre de son travail, de ses rentes* vivere del proprio lavoro, delle proprie rendite; *avoir de quoi vivre* avere di che vivere, da vivere; disporre del necessario per vivere; *vivre aux dépens de qqn.* vivere a spese, alle spalle di qc. **5** *loc.* SAVOIR VIVRE saper vivere: *voilà des gens qui savent vivre* ecco della gente che sa vivere ◇ (*menace*) *je vais lui apprendre à vivre!* gli insegno io (a vivere)! **6** [*réaliser toutes les possibilités de la vie; jouir de la vie*] vivere: *un homme qui a* (*beaucoup*) *vécu* un uomo che ha (molto) vissuto **7** (*choses*) [*exister parmi les hommes*] vivere: *cette croyance vit encore dans les campagnes* è una credenza che vive ancora nelle campagne **B** *v.tr.* **1** [*avoir, mener* (*une telle vie*)] vivere: *ils ont vécu une existence difficile* hanno vissuto un'esistenza difficile; *vivre sa vie* vivere la propria vita; *vivre au jour le jour* vivere alla giornata, tirare a campare ◇ [*passer, traverser* (*un espace de temps*)] *nous avons vécu des jours heureux* abbiamo vissuto, trascorso dei giorni felici ◇ (*avec accord du p.p.*) *les jours difficiles qu'il a vécus* i giorni difficili che ha vissuto, da lui vissuti ◇ (*sans accord du p.p.*) *les jours qu'il a vécu* i giorni che ha vissuto **2** [*éprouver intimement, réellement par l'expérience même de la vie*] vivere: *vivre un sentiment* vivere un sentimento ◇ [*traduire en actes réels*] *vivre sa foi, son art* vivere la propria fede, la propria arte.
2 **vivre** |vivʀ(ə)| *s.m.* **1** (*dans la loc.*) *le vivre et le couvert* (il) vitto e (l')alloggio **2** *au plur.* [*ce qui sert à l'alimentation de l'homme*] viveri: *les vivres et les munitions d'une armée* i viveri e le munizioni di un esercito; *fournir des vivres* rifornire di viveri → **aliment, nourriture** ◇ (*loc.*) *couper les vivres à qqn.* tagliare i viveri a qc.
vivré, ée |vivʀe| *adj.* (*blas.*) increspato.
vivrier, ière |vivʀije, ijɛʀ| *adj.* (per uso) alimentare: *cultures vivrières* colture alimentari, per uso alimentare.
vizir |viziʀ| *s.m.* (*turc*) (*hist.*) visir *inv.*
vizirat |viziʀa| *s.m.* (*hist.*) visirato.
v'là |vla| *prép.* (*fam.*) → **voilà.**
vlan!, v'lan! |vlɑ̃| *interj.* (*onomat. imitant un bruit fort et sec*) paf!, paffete!
vocable |vɔkabl(ə)| *s.m.* **1** (*ling.*) vocabolo, termine **2** (*ecclés.*) [*patronage*] patronato: *cette église est sous le vocable de saint Jean* questa chiesa è sotto il patronato di San Giovanni, è dedicata a San Giovanni.
vocabulaire |vɔkabylɛʀ| *s.m.* **1** [*dictionnaire succinct ou spécialisé*] vocabolario*: *vocabulaire français-italien* vocabolario francese-italiano **2** [*ensemble de mots dont dispose une personne*] vocabolario: *enrichir son vocabulaire* arricchire il proprio vocabolario ◇ (*péj.*) *quel vocabulaire!* che vocabolario! **3** [*termes spécialisés* (*d'une science, d'un art ou qui caractérisent une forme d'esprit*)] vocabolario: *vocabulaire juridique, technique* vocabolario giuridico, tecnico.
vocal, ale, aux |vɔkal, o| *adj.* **1** (*anat.*) vocale: *organes vocaux* organi vocali, fonatori; *cordes vocales* corde vocali **2** [*de la voix*] vocale: *technique vocale* tecnica vocale ◇ (*par ext.*) *musique vocale* musica vocale **3** (*relig.*) vocale.
vocalement |vɔkalmɑ̃| *adv.* [*en utilisant la voix, la parole*] oralmente, a voce *loc. inv.* → **oralement.**
vocalique |vɔkalik| *adj.* (*ling.*) vocalico*.
vocalisateur, trice |vɔkalizatœʀ, tʀis| *s.* (*vx.*) chi vocalizza *loc.*, chi fa vocalizzi *loc.*
vocalisation |vɔkalizɑsjɔ̃| *s.f.* (*mus., phonét.*) vocalizzazione.
vocalise |vɔkaliz| *s.f.* (*mus.*) vocalizzo *m.*
vocaliser |vɔkalize| **A** *v.tr.* (*phonét.*) [*changer en voyelle*] vocalizzare **B** *v.intr.* (*mus.*) [*chanter, en parcourant une échelle de sons et sur une seule syllabe*] vocalizzare **C** *v.pron. intr.* SE VOCALISER (*phonét.*) [→ *tr.*] vocalizzarsi.
vocalisme |vɔkalism(ə)| *s.m.* (*ling., phonét.*) vocalismo.
vocatif |vɔkatif| *s.m.* (*ling.*) vocativo.
vocation |vɔkɑsjɔ̃| *s.f.* **1** (*relig.*) vocazione: *avoir, ne pas avoir la vocation* avere, non avere la vocazione **2** [*inclination*] vocazione: *suivre sa vocation* seguire la propria vocazione; *vocation artistique* vocazione artistica → **attirance, disposition, goût** **3** [*destination* (*d'une personne, d'un peuple, d'un pays*)] vocazione: *la vocation artistique de la France* la vocazione artistica della Francia.
voceratrice |vɔtʃeʀatʀitʃe|, **vocératrice** |vɔseʀatʀis| *s.f.* (*région.*, *Corse*) voceratrice.
vocero |vɔtʃeʀo|, **vocéro** |vɔseʀo| *s.m.* (*région.*, *Corse*) vocero: *des voceri* dei voceri.
vociférateur, trice |vɔsifeʀatœʀ, tʀis| *s. et adj.* (*littér.*) vociferatore*
vocifération |vɔsifeʀɑsjɔ̃| *s.f.* vociferazione.
vociférer |vɔsifeʀe| (8) **A** *v.intr.* [*parler en criant et avec colère*] vociferare (*rare*), sbraitare → **hurler** **B** *v. tr.* [*hurler*] urlare, vociferare (*rare*): *vociférer des injures* urlare ingiurie.
vodka |vɔdka| *s.f.* (*russe*) vodka *inv.*
vœu |vø| *s.m.* **1** (*relig.*) voto: *faire vœu de pauvreté* fare voto di povertà; *accomplir un vœu* adempiere un voto **2** [*engagement pris envers soi-même*] voto: *faire le vœu de ne plus revoir qqn.* fare (il) voto di non rivedere più qc. → 1 **résolution** **3** [*souhait que s'accomplisse qqch.*] augurio*, voto (*littér.*):

faire, former des vœux pour la santé de qqn. fare, formulare auguri, voti per la salute di qc. **4** *au plur.* [*souhaits adressés à qqn.*] auguri: *tous mes vœux* tutti i miei auguri; *vœux de bonne année* auguri di buon anno; *envoyer ses vœux* mandare gli auguri **5** [*demande, requête faite par qui n'a pas autorité ou pouvoir pour la satisfaire*] auspicio*: *les assemblées consultatives n'émettent que des vœux* le assemblee consultive possono soltanto esprimere auspici → 1 **résolution.**

vogoul(e) |vɔgul| *s.m. et adj.* (*ling.*) vogulo.

vogue |vɔg| *s.f.* **1** voga*: *la vogue des jupes courtes* la voga, moda delle gonne corte → 1 **mode** # *sa vogue augmente, baisse* la sua popolarità aumenta, diminuisce ◇ *loc.* EN VOGUE in voga: *littérateurs en vogue* letterati in voga **2** (*région.*) sagra, festa.

voguer |vɔge| *v.intr.* (*vx., littér.*) [*avancer à force de rames*] vogare (*cour.*) → 1 **ramer** ◇ (*par ext.*) [*avancer sur l'eau*] navigare ◇ (*loc. fig.*) *vogue la galère!* [*advienne que pourra*] caschi il mondo!

voici |vwasi| *prép.* **1** (*désigne une chose ou une personne relativement proche; opposé, en principe, à 'voilà'*) ecco (*adv.*): *voici mon père* ecco mio padre; *le voici qui arrive* eccolo che arriva ◇ (*littér.* + *inf.*) *voici venir...* ecco venire, arrivare...: *voici venir toute la famille* ecco venire, arrivare tutta la famiglia **2** (*désigne ce qui arrive, approche, commence à se produire*) ecco: *voici la pluie* ecco la pioggia; *voici les Pâques* ecco Pasqua **3** (*désigne les choses dont il va être question dans le discours: opposé à 'voilà'*) ecco: *voici ce dont je veux te parler* ecco ciò di cui voglio parlarti; *et maintenant, voici la question* e ora, ecco la domanda **4** (*présentant un nom, un pron. qualifié par un adj.*) ecco: *le voici tranquille* eccolo tranquillo; *voici nos amis enfin arrivés* ecco finalmente arrivati i nostri amici → **voilà** ◇ (*littér.*) (*suivi d'une complétive*) *voici que la nuit tombe* ecco che cala, ecco calare la notte; *voici cinq ans* or sono cinque anni, cinque anni orsono.

voie |vwa| *s.f.* **I** (*concret*) **1** [*espace à parcourir pour aller quelque part*] strada, via: *trouver, suivre, perdre, quitter une voie, la bonne voie* trovare, seguire, perdere, lasciare una strada, la strada giusta; *mettre qqn. sur la voie* mettere qc. sulla strada (giusta), sulla via → **chemin 2** [*cet espace, lorsqu'il est tracé et aménagé*] via, strada: *les grandes voies de communication d'un pays* le grandi vie di comunicazione di un paese; *la voie publique* la pubblica via; *voie étroite, prioritaire, à sens unique* strada, via stretta, a precedenza, a senso unico → **chemin, route,** 1 **rue** ◇ [*partie d'une route, de la largeur d'un véhicule*] corsia: *route à trois, quatre voies* strada a tre, a quattro corsie; *voie d'accès à une autoroute* corsia di accelerazione di un'autostrada **3** [*grande route pavée de l'antiquité*] strada, via: *les voies romaines* le strade, vie romane; *la voie Appienne* la via Appia; *la voie sacrée* la via sacra **4** (*ch. de fer*) *voie ferrée* ferrovia, strada ferrata; *chemin de fer à voie normale, à voie étroite* ferrovia a scartamento *m.* normale, a scartamento ridotto; *ligne à voie unique, double* linea a binario* *m.* unico, doppio; *voie de garage* binario morto; *le train part à la voie 7* il treno parte dal binario 7 **5** (*spécialt.*) *voie navigable* via navigabile; *voie maritime* via marittima; *voie aérienne* via aerea **6** (*mar.*) VOIE D'EAU falla: *boucher, calfater une voie d'eau* tappare, calafatare una falla **7** [*traces parallèles laissées par les roues d'un véhicule*] carreggiata, rotaie *pl.* ◇ (*par ext.*) [*écartement des roues*] carreggiata **8** [*largeur d'un trait de scie; écartement latéral des dents d'une scie*] strada: *donner de la voie à une scie* fare la strada a una sega, allicciare una sega **9** (*anat.*) via: *les voies digestives, respiratoires, urinaires, circulatoires* le vie digestive, respiratorie, urinarie, circolatorie → **canal** ◇ (*loc.*) *par voie buccale, orale* per via orale **II** (*abstrait*) **1** [*conduite, suite d'actes orientés vers une fin, considérée comme un chemin que l'on peut suivre*] strada: *préparer la voie à qqn.* preparare la strada a qc.; *frayer, ouvrir la voie, les voies* tracciare, aprire la strada; *être dans la bonne voie* essere sulla buona strada; *il a trouvé sa voie* ha trovato la sua strada; *la bonne, la mauvaise voie pour obtenir qqch.* la strada giusta, sbagliata per ottenere q.c.; il modo giusto, sbagliato per ottenere q.c. → **chemin, ligne, route** ◇ [*les desseins, les commandements (de Dieu)*] via: *les voies du Seigneur, de la Providence* le vie del Signore, della Provvidenza **2** [*conduite suivie ou à suivre; façon de procéder*] via: *opérer par la voie la plus simple, par une voie détournée* agire per la via più semplice, per vie traverse → **moyen 3** [*intermédiaire*] via: *réclamer par la voie hiérarchique* presentare un reclamo per via gerarchica **4** *loc.* EN VOIE DE... in via di...: *plaie en voie de cicatrisation* piaga in via di cicatrizzazione; (*fig.*) *projet en voie de réalisation* progetto in via di realizzazione.

voilà |vwala| *prép.* **1** (*désigne une personne ou une chose, plus particulièrement quand elle est relativement éloignée; mais 'voilà', plus courant que 'voici', s'emploie dans tous les cas*) ecco (*adv.*): *voilà un homme courageux* ecco un uomo coraggioso; *voilà de l'argent* ecco del denaro; *le voilà, c'est lui* eccolo, è lui; *voilà notre ami qui vient, qui arrive* ecco che viene, che arriva il nostro amico ◇ *loc.* EN VOILÀ [*voilà de ceci*] eccone: *vous en voulez? en voilà* ne vuole (ne volete)? eccone; *en voilà quatre* eccone quattro ~ (*loc. adv.*) *de l'argent en veux-tu en voilà* [*beaucoup*] denaro quanto (ne) vuoi ◇ (*interj. qui répond à un appel, à une demande*) eccomi: *voilà, voilà... j'arrive!* eccomi, eccomi... arrivo! ◇ (*exclam. pour mettre en relief*) *en voilà un imbécile!* ecco un bell'imbecille!, quello sì che è un imbecille! **2** (*désignant les choses dont il vient d'être question dans le discours; opposé à 'voici'*) ecco: *voilà ce que c'est de ne pas obéir* ecco cosa vuol dire, ecco cosa significa non ubbidire ◇ (*loc.*) *voilà tout* ecco tutto, (questo) è tutto; *en voilà assez* ne ho abbastanza!, basta! ◇ (*avec 'qui', en valeur neutre*) *voilà qui est bien* ecco una buona cosa; *voilà qui est bien fait* ecco una cosa ben fatta; *voilà qui est parler net!* questo sì che è parlare chiaro! ◇ (*avec une valeur exclam.*) [*c'est vraiment*] *voilà bien les hommes!* gli uomini son fatti così!; *ah! voilà!* ah! ecco! **3** (*s'emploie pour présenter un subst., un pron. caractérisé par un adj., un p.*) ecco: *vous voilà contente!* eccola accontentata!; *vous voilà arrivée!* eccola arrivata!; *la voilà partie* eccola partita # *nous voilà bien!, nous voilà frais!* siamo a posto!, stiamo freschi! ◇ (*avec un compl. de lieu*) *nous voilà à la maison* eccoci a casa; *nous y voilà* eccoci (arrivati) ◇ (*loc.*) *nous y voilà* [*nous abordons la question*] eccoci qui, eccoci al dunque **4** (*pour présenter une circonstance nouvelle, suivi d'une complétive*) ecco: *soudain, voilà que l'orage éclate* all'improvviso, ecco scoppiare, ecco che scoppia il temporale; *voilà comme, comment, pourquoi* ecco come, perché **5** (*employé pour présenter ou souligner un argument, une objection*) ecco: *c'était simple, seulement voilà, personne n'y avait pensé* era semplice, solo che, ecco, non ci aveva pensato nessuno **6** [*il y a (telle durée)*] *voilà quinze jours qu'elle est partie* sono quindici giorni che è partita; *voilà trois ans que je travaille ici* sono tre anni che lavoro qui; lavoro qui da tre anni.

voilage |vwalaʒ| *s.m.* **1** [*garniture d'étoffe transparente, de voile, sur un vêtement*] velo **2** [*grand rideau de voile*] tendaggio*.

1 **voile** |vwal| *s.m.* **I** **1** [*étoffe qui cache une ouverture, ou dont on couvre un monument, une plaque*] velo: *le voile du temple de Jérusalem* il velo del tempio di Gerusalemme **2** [*morceau d'étoffe destiné à cacher le visage*] velo: *voile des musulmanes* velo delle musulmane; *porter le voile* portare il velo **3** [*coiffure féminine de tissu fin, flottante, qui recouvre la tête*] velo: *voile de religieuse* velo da monaca; *voile blanc de mariée, de communiante* velo bianco da sposa, da comunicanda ◇ (*loc.*) *prendre le voile* [*se faire religieuse*] prendere il velo **4** (*littér.*) [*vêtement léger et transparent qui couvre le corps féminin*] velo: *la danse des sept voiles de Salomé* la danza dei sette veli di Salomé **5** [*tissu léger*] *voile de coton, de soie* velo di cotone, di seta **II** (*abstrait*) **1** [*ce qui cache qqch.*] velo: *étendre, jeter un voile sur qqch.* stendere un velo su q.c. ◇ (*par ext.*) *le voile du mystère* il velo del mistero; *lever le voile* togliere il velo → **dévoiler 2** [*ce qui rend moins net, ou obscurcit*] velo: *un léger voile de brume* un leggero velo di nebbia ◇ (*photo.*) velo ◇ (*méd.*) *voile au poumon* velo al polmone **III** (*anat.*) *voile du palais* velo pendulo, palatino ◇ (*bot.*) velo.

2 **voile** |vwal| *s.f.* **1** [*morceau de forte toile destiné à recevoir l'action du vent pour faire avancer un bateau*] vela: *bateau à voiles* barca a vela; *naviguer à la voile* navigare, andare a vela; *hisser, larguer, amener les voiles* issare, mollare, ammainare le vele → **voilier** ◇ (*loc.*) *mettre les voiles* (*au vent*): (*pr.*) spiegare le vele; (*fig., fam.*) tagliare la corda, battersela ~ (*fig.*) *avoir le vent dans les voiles* andare a gonfie vele ~ (*fam.*) *avoir du vent dans les voiles* [*être ivre*] essere ubriaco fradicio, camminare come un ubriaco

(*cour.*) **2** *la voile* [*la navigation à voile*; *sport nautique sur voilier*] la vela: *il fait de la voile* pratica la vela **3** (*aviat.*) *vol à voile* volo a vela.

1 **voilé, ée** |vwale| *adj.* **1** [*recouvert d'un voile*] velato: *statue voilée* statua velata, coperta di un velo **2** (*fig.*) [*rendu obscur, incompréhensible*] velato: *sens voilé* senso velato; *s'exprimer en termes voilés* esprimersi in termini velati **3** [*qui a peu d'éclat, de netteté*] velato, offuscato: *ciel voilé* cielo velato, offuscato; *regard voilé* sguardo velato, offuscato; *film voilé* pellicola velata **4** (*se dit d'une voix qui n'émet pas de sons clairs*) velato → **enroué** Ⓒ 4 **sonore.**

2 **voilé, ée** |vwale| *adj.* → 2 **voiler.**

voilement |vwalmɑ̃| *s.m.* (*techn.*) deformazione *f.*, incurvatura *f.*

1 **voiler** |vwale| **A** *v.tr.* **1** [*couvrir, cacher d'un voile*; *étendre un voile sur*] velare: *voiler une statue* velare una statua □ *se voiler le visage* velarsi il viso ◇ (*loc.*) *se voiler la face* [*refuser de voir ce qui est indigne*] coprirsi gli occhi **2** (*littér.*) [*dissimuler*] velare, celare (*cour.*): *il tente de voiler la vérité* tenta di velare, celare la verità → **estomper, masquer** **3** (*par ext.*) [*rendre moins visible, moins net*] velare: *yeux voilés de larmes* occhi velati di lacrime → **obscurcir** **B** *v.pron.* SE VOILER **1** *réfl.* [*porter le voile*] velarsi: *beaucoup de musulmanes ne se voilent plus* molte musulmane non si velano più **2** *intr.* [*perdre son éclat, se ternir*] velarsi, offuscarsi: *son regard se voile* il suo sguardo si vela, si offusca; *le ciel se voile* il cielo si vela **3** *intr.* (*en parlant de la voix*) [*perdre sa netteté, sa sonorité*] velarsi.

2 **voiler** |vwale| **A** *v.tr.* (*mar.*) [*garnir de voiles* (*un bateau*)] velare **B** *v. pron. intr.* SE VOILER (*se dit d'une roue qui se tord légèrement*) deformarsi, incurvarsi ♦ (*au p.p.*) *sa bicyclette a une roue voilée* la sua bicicletta ha una ruota deformata, fuori uso (*pop.*).

voilerie |vwalʀi| *s.f.* [*atelier pour la confection et la réparation des voiles de bateau*] veleria.

voilette |vwalɛt| *s.f.* (*modes*) veletta.

voilier |vwalje| *s.m.* **I** **1** [*navire à voiles*] veliero: *les grands voiliers d'autrefois* i grandi velieri di un tempo ◇ [*bateau de sport ou de plaisance, qui avance à la voile*] *faire du voilier* andare in barca* *f.* a vela, praticare la vela (*f.*); *voilier à moteur* motoveliero; *voilier habitable* cabinato **2** (*zool.*) *grands voiliers* grandi volatori **II** (*mar.*) velaio*.

1 **voilure** |vwalyʀ| *s.f.* **1** (*mar.*) velatura **2** (*aviat.*) [*ensemble des surfaces portantes d'un avion*] velatura ◇ [*toile d'un parachute*] calotta.

2 **voilure** |vwalyʀ| *s.f.* (*techn.*) deformazione, incurvatura.

voir |vwaʀ| (37) **A** *v.intr.* **1** [*percevoir les images des objets par le sens de la vue*] vedere (192): *les aveugles ne voient pas* i ciechi non vedono; *voir trouble, confusément* vedere confuso, confusamente; *je ne vois pas clair* non (ci) vedo chiaro; *les rapaces voient loin* i rapaci vedono lontano ◇ (*fig.*) *voir loin* [*prévoir*] vedere lontano **2** (*littér.*) VOIR À (+ *inf.*) [*songer, veiller à*] vedere di (+ *inf.*): *nous verrons à vous récompenser* vedremo di ricompensarvi ◇ (*fam.*) *il faudrait voir à ne pas raconter des histoires* bisognerebbe cercare di non raccontar storie **B** *v.tr.* **1** [*percevoir*] vedere: *voir qqch. de ses* (*propres*) *yeux* vedere q.c. con i propri occhi; *il a tout vu, tout observé sans être vu* ha visto tutto, ha osservato tutto senza essere visto; *je l'ai à peine vu* l'ho visto appena; *une femme agréable à voir* una donna piacevole da vedere, a vedersi; *je l'ai vu dans le journal* l'ho visto sul giornale → 1 **lire, apercevoir, entrevoir** ◇ *loc.* FAIRE VOIR far vedere: *faites-moi voir le chemin* mi faccia vedere, mi indichi la strada ~ LAISSER VOIR lasciar vedere: *ne pas laisser voir son émotion* non lasciar vedere, non lasciar trasparire la propria commozione ~ VOIR QUE, COMME, SI vedere che, come (quanto), se: *j'ai vu qu'il allait tomber* ho visto che stava per cadere; *vous voyez comme c'est beau* vede, guardi come, quanto è bello; *allons voir si elle est prête* andiamo a vedere se è pronta **2** [*avoir l'image de* (*dans l'esprit*)] vedere: *ma future maison je la vois en Bretagne* la mia futura casa la vedo in Bretagna → **représenter** (**se**) ◇ (*fam.*) *tu vois ça d'ici!* [*imagine cela*] t'immagini!, figurati! **3** (*avec un compl. suivi d'un inf., d'un attribut*) VOIR (+ *inf.*) vedere (+ *inf.*): *je vois tout tourner* vedo tutto girare, che gira ◇ (*avec accord du p.p.*) *les voitures que j'ai vues rouler* (*ce sont les voitures qui roulent*) le automobili che ho visto andare ◇ (*sans accord du p.p.*) *les voitures que j'ai vu conduire* (*le compl. de 'voir' n'est pas le sujet du v. à l'inf.*) le automobili che ho visto guidare ◇ (*loc.*) *on le voit venir* si capisce bene, è chiaro a cosa mira, dove vuole arrivare ~ *il faut voir venir* bisogna aspettare ~ *le pays qui l'a vue naître* il paese che l'ha vista nascere ◇ (+ *attribut*): *quand je l'ai vue si malade, j'ai appelé le médecin* quando l'ho vista così ammalata, ho chiamato il medico; *je voudrais la voir heureuse* vorrei vederla felice; (*fam.*) *je voudrais vous y voir* (*dans cette situation, cet état*) vorrei vedervi (vederla) al mio posto; avrei voluto vedere voi (lei), vedervici (vedercela) **4** [*être spectateur, témoin de* (*qqch.*)] vedere: *voir une pièce de théâtre* vedere una commedia; *voir une ville, un pays* vedere una città, un paese # *voir du pays* viaggiare, andare in giro ◇ (*loc.*) *voir Naples et mourir* vedi Napoli e poi muori ~ *on aura tout vu!* (questa poi) è il colmo! ~ *j'en ai vu bien d'autres!* ne ho viste di peggio! ~ *il en a vu, dans sa vie!* (*des malheurs*) ne ha viste, ne ha passate in vita sua! ~ *il lui en a fait voir!* (*des tourments*) gliene ha fatte vedere, passare! ~ *il m'en fait voir de toutes les couleurs* me ne fa vedere di tutti i colori **5** [*être, se trouver en présence de* (*qqn.*)] vedere: *je l'ai déjà vu* l'ho già visto; *il ne veut voir personne* non vuole vedere nessuno → **fréquenter, rencontrer, recevoir** ◇ (*loc. fam.*) *je l'ai assez vu* l'ho visto abbastanza; *je ne peux pas le voir* non lo posso vedere, soffrire ◇ [*visiter*] vedere, trovare: *venez me voir demain* venga a vedermi, a trovarmi domani; *médecin qui va voir ses malades* medico che va a vedere, a visitare i suoi ammalati **6** [*regarder attentivement, avec intérêt*] vedere: *il faut voir cela de plus près* bisogna vederlo più da vicino; (*fig.*) bisogna approfondire la questione, la faccenda; *voyez ci-dessous* vedere (vedasi) oltre → **examiner** ♦ (*absolt.*) *il ne sait pas voir* [*il est mauvais observateur*] è uno che non sa guardare (le cose); è (un) cattivo osservatore **7** (*fig.*) [*se faire une opinion sur* (*qqch.*)] vedere: *voyons un peu cette affaire* vediamo un po' questa faccenda; *on verra bien!* si vedrà (vedremo)! # *c'est tout vu* è già deciso tutto ♦ (*absolt.*) *nous allons voir* [*réfléchissons un peu*] vediamo un po' ◇ (*prov.*) *qui vivra verra* chi vivrà vedrà ◇ *loc.* POUR VOIR (*en menace*) [*pour se faire une opinion*] (tanto) per vedere, per provare # *essaie un peu, pour voir!* provaci un po'! ~ VOIR QUE, COMME, COMBIEN vedere che, come, quanto: *voyez comme le hasard fait bien les choses* vede, guardi come il caso combina bene le cose → **constater** ~ VOIR SI vedere se: *voyez si elle accepte* veda (un po') se accetta ~ *tu vois, vois-tu, voyez-vous* vedi, vede, vedete: *ce qu'il faut, vois-tu, c'est...* quel che occorre, vedi, è... ~ *regardez voir, dites voir*; (*fam.*) *voyons voir!* veda, senta un po'!; vediamo un po'!; di', senti un po'! ~ VOYONS! (*s'emploie pour rappeler à la raison, à l'ordre*) su, via, andiamo: *un peu de bon sens, voyons!* su, via, andiamo, un po' di buon senso! **8** [*se représenter par la pensée*] vedere: *voir la réalité telle qu'elle est* vedere la realtà com'è (veramente); *ah, si, je vois* ah sì, vedo!; *si vous n'y voyez pas d'inconvénient* se non ci vede, non ci trova nessun inconveniente; *il voit grand* [*il a de grands projets*] vede grande; *elle voyait en lui un ami* lei vedeva in lui un amico → 1 **concevoir, imaginer** **9** AVOIR QQCH. À VOIR (*dans, avec*) [*avoir une relation, un rapport avec*] (*seulement avec 'pas, rien, peu'*) avere q.c. a che vedere (in, con): *je n'ai rien à voir dans cette affaire, là-dedans* io non ho niente (a) che vedere in questa faccenda, io non c'entro (per) niente; *nous n'avons rien à voir avec lui* noi non abbiamo niente a che vedere, a che fare con lui; *cela n'a rien à voir!* non ha niente (a) che vedere!, non c'entra (per) niente! **C** *v.pron.* SE VOIR **1** *réfl.* [*voir sa propre image*] vedersi: *se voir dans une glace* vedersi in uno specchio ◇ (*avec un attribut d'objet, un compl.*) *elle s'est vue contrainte à refuser* si è vista costretta a rifiutare; *ils se voyaient déjà morts, quand...* si vedevano già morti, quando... ◇ (*loc.*) *se faire voir* [*se montrer*] farsi vedere ~ (*pop.*) *s'il n'est pas content, qu'il aille se faire voir* se non gli va bene, che vada al diavolo, che vada a farsi benedire **2** *récipr.* [*se rencontrer, se trouver ensemble*] vedersi: *des amoureux qui se voient en cachette* innamorati che si vedono di nascosto; *ils ne peuvent pas se voir* non si possono vedere, soffrire → **sentir** (**se**) **3** *passif* [*être, pouvoir être vu*; *être remarqué, visible*] *la retouche ne se voit pas* il ritocco non si vede ◇ [*se rencontrer, se trouver*] *cela se voit tous les jours* è una cosa che si vede tutti i giorni, è una cosa di ogni giorno; *cela ne s'est jamais vu* (è) una cosa mai vista, mai visto nulla di simile.

voire |vwaʀ| *adv.* (*employé pour renforcer une assertion, une idée*) [*et même*] e anche (e pure), e persino; anzi, o addirittura: *ce remède est inutile, voire dangereux* questa medicina è inutile, e anche, e persino pericolosa ‖ *de longs mois, voire des années* lunghi mesi, anzi, o addirittura anni.

voirie |vwaʀi| *s.f.* **1** [*ensemble des voies aménagées et entretenues par l'administration publique*] rete stradale; viabilità *inv.* **2** (*admin.*) *voirie urbaine, rurale* viabilità urbana, rurale; *permission de voirie* licenza di occupazione del suolo pubblico **3** (*spécialt.*) *service de voirie* (servizio della) nettezza urbana **4** [*lieu où sont déposées ordures et immondices*] immondezzaio* *m.*, mondezzaio* *m.* → **dépotoir.**

voisin, ine |vwazɛ̃, in| **I** *adj.* **1** [*qui est à une distance relativement petite*] vicino: *États voisins* Stati vicini; *maisons voisines* case vicine → 1 **proche, rapproché** ◇ *loc.* VOISIN DE vicino a: *les régions voisines de l'équateur* le regioni vicine all'equatore ◇ [*proche dans le temps*] *les années voisines de 1789* gli anni vicini al 1789 **2** [*qui présente un trait de ressemblance, une analogie*] vicino, simile: *espèces voisines* razze vicine, simili; *des idées voisines* idee simili ◇ *loc.* VOISIN DE simile a: *un véhicule voisin de la bicyclette* un veicolo simile alla bicicletta → **semblable (à)** **II** *s.* **1** [*personne qui vit, qui habite le plus près*] vicino: *mes voisins de palier* i miei vicini di pianerottolo; *entre voisins, on peut se rendre quelques services* fra vicini, ci si può scambiare qualche favore ◇ [*personne qui occupe la place la plus proche*] *voisin de table* vicino di tavola ◇ [*habitant d'un pays contigu ou peu éloigné*] *nos voisins allemands* i nostri vicini tedeschi **2** [*autrui*] vicino: *jalouser le sort du voisin* invidiare la sorte del vicino **C** I 1 **distant, éloigné,** 2 **différent.**

voisinage |vwazinaʒ| *s.m.* **1** [*ensemble des voisins*] vicinato: *tout le voisinage a été averti* tutto il vicinato è stato avvertito → **entourage** **2** [*relations entre voisins*] vicinato: *être, vivre en bon voisinage avec qqn.* essere, vivere in rapporti di buon vicinato con qc. **3** [*proximité*] vicinanza (*f.*): *le voisinage de la mer* la vicinanza del mare **4** [*espace qui se trouve à proximité, à faible distance*] vicinanze (*pl.*): *les maisons qui sont dans le voisinage* le case che si trovano nelle vicinanze.

voisiner |vwazine| *v.intr.* **1** (*littér.*) [*visiter, fréquenter ses voisins*] vicinare, frequentare *tr.* i vicini (*cour.*) **2** *voisiner avec* [*être placé près de* (*qqn., qqch.*)] trovarsi *pron.* in vicinanza di, essere (96) (*aux.* essere) vicino a.

voiturage |vwatyʀaʒ| *s.m.* [*transport par voiture attelée*] carreggio*.

voiture |vwatyʀ| *s.f.* **1** [*véhicule monté sur roues, tiré ou poussé par un animal, un homme*] vettura, carrozza: *voiture à deux, à quatre roues* vettura, carrozza a due, quattro ruote; *voiture à cheval* carrozza a cavallo # *voiture à bras* carretto a mano, carrettino; *voiture d'enfant* carrozzella, carrozzina (per bambini) → **landau, poussette;** *voiture d'infirme* carrozzella per invalidi ◇ (*loc.*) *quand je serai dans une petite voiture* quando sarò in carrozzella **2** [*véhicule automobile*] auto *inv.*, autovettura, macchina: *voiture décapotable, à toit ouvrant* auto decappottabile, con tettino apribile; *voiture de course, de sport, de tourisme* macchina, auto da corsa, sportiva, da turismo; *encombrement de voitures* ingorgo di macchine; *voitures en stationnement* macchine, auto in sosta; *conduire, garer sa voiture* guidare, posteggiare la macchina → **automobile** **3** (*ch. de fer*) carrozza: *voiture de queue, de tête* carrozza di coda, di testa; *voiture de première, de seconde* carrozza di prima, di seconda ◇ (*loc.*) *en voiture!* in carrozza!

voiturée |vwatyʀe| *s.f.* [*contenu de une voiture*] carrata, carrettata: *trois voiturées de bois* tre carrate di legna ◇ [*les personnes qui sont ensemble dans une voiture*] viaggiatori *m. pl.*

voiturer |vwatyʀe| *v.tr.* [*transporter dans une voiture*] trasportare in, con un veicolo → **véhiculer** ◇ (*fam.*) [*transporter, mener en voiture, en automobile*] scarrozzare; portare in macchina (*cour.*).

voiturette |vwatyʀɛt| *s.f.* **1** [*petite voiture*] carrettino *m.* **2** *voiturette automobile* vetturetta, utilitaria.

voiturier |vwatyʀje| *s.m.* (*vx., dr.*) vettore ◇ (*comm.*) vetturale.

voiturin |vwatyʀɛ̃| *s.m.* **1** (*vx.*) [*voiturier qui loue et conduit une voiture attelée, pour voyageurs*] vetturino, vetturale **2** (*rare*) [*cette voiture*] carrozza *f.* (*cour.*).

voïvodat |vɔjvɔda| *s.m.* (*hist.*) voivodato.

voïvode |vɔjvɔd| *s.m.* (*hist.*) voivoda.

voïvodie |vɔjvɔdi| *s.f.* (*hist.*) voivodato *m.*

voix |vwa(ɑ)| *s.f.* **I** **1** (*dans l'espèce humaine*) voce: *voix forte, puissante, bien timbrée* voce forte, potente, con un bel timbro; *voix faible, cassée, chevrotante* voce debole, fioca, belante; *voix aiguë, perçante* voce acuta, stridente; *voix de crécelle, de fausset* voce chioccia, di falsetto; *tremblement de la voix* tremolio della voce; *éclats de voix* scoppi di voce # *une grosse voix* un vocione ◇ (*loc.*) *avoir de la voix, une belle voix* avere voce, una bella voce ~ *être sans voix* essere senza voce → **muet** ~ *de vive voix* a (viva) voce ~ *parler à voix basse, à mi-voix, à voix haute* parlare a voce bassa (a bassa voce), a mezza voce, a voce alta (ad alta voce); *parler à haute et intelligible voix* parlare con voce alta e chiara ~ *élever la voix* alzare la voce ~ *baisser la voix* abbassare la voce ~ *il l'exhortait de la voix et du geste* lo esortava con la voce e con il gesto **2** [*la personne qui parle et qu'on ne voit pas* (*avec 'dire, crier, faire'*)] voce: *une voix lui cria d'entrer* una voce gli disse d'entrare ◇ (*ciné., télév.*) *voix off* voce fuori campo **3** (*littér.*) [*cri* (*d'animal*); *bruit, son* (*d'instruments de musique, de phénomènes de la nature, de certains objets*)] voce (*cour.*): *la voix des oiseaux* la voce degli uccelli; *on entend la voix du vent* si sente la voce del vento # *les chiens donnent de la voix* i cani abbaiano **II** (*abstrait*) [*ce que l'être humain ressent en lui-même, qui l'avertit, l'inspire*] voce: *la voix de la raison* la voce della ragione; *la voix de la conscience* la voce della coscienza; *la voix du peuple* la voce del popolo ◇ [*droit de donner son opinion dans une assemblée*] voto *m.*, suffragio* (*m.*): *majorité, unanimité des voix* maggioranza, unanimità dei voti, dei suffragi; *avoir voix consultative* avere voto consultivo; *donner sa voix à un candidat* dare il proprio voto, suffragio a un candidato; *gagner des voix* guadagnarsi voti → **vote** **III** (*gram.*) *voix active, passive* voce, forma attiva; passiva.

1 **vol** |vɔl| *s.m.* **1** volo: *il a pris son vol* ha preso il volo ◇ (*loc. fig.*) *prendre son vol* [*améliorer sa position, sa situation*] prendere, spiccare il volo ~ AU VOL al volo: *attraper une balle au vol* afferrare una palla al volo; *cueillir une impression au vol* cogliere un'impressione al volo ~ *dix kilomètres à vol d'oiseau* dieci chilometri in linea d'aria ~ DE HAUT VOL [*de grande envergure*] di alto bordo: *un filou de haut vol* un furfante di alto bordo **2** [*le fait pour un engin de se soutenir et de se déplacer dans l'air*] volo: *altitude, vitesse de vol d'un avion* altezza, velocità di volo di un aereo; *vol plané* volo planato, librato ◇ (*loc.*) *en* (*plein*) *vol* in (pieno) volo ~ *vol à voile* volo a vela ◇ (*par ext.*) *un vol* [*déplacement en vol*] un volo: *faire plusieurs vols en une journée* fare più voli nello stesso giorno **3** [*distance parcourue en volant* (*par un oiseau, un insecte*); *le fait de voler d'un lieu à un autre*] volo: *les grands vols migrateurs des oies sauvages* i grandi voli migratori delle oche selvatiche **4** [*la quantité* (*d'oiseau, d'insectes*) *qui se déplacent ensemble dans l'air*] volo, stormo; nugolo: *un vol d'oiseau migrateurs* un volo, uno stormo di uccelli migratori → **volée** ‖ *un vol de sauterelles* un nugolo di cavallette → **nuage, nuée.**

2 **vol** |vɔl| *s.m.* **1** [*le fait de s'emparer du bien d'autrui, par la force ou à son insu; action qui consiste à prendre frauduleusement le bien d'autrui*] furto: *vol simple* furto semplice; *vol avec effraction* furto con scasso; *commettre un vol* commettere un furto # *vol à main armée* rapina; *vol public* peculato → **attaque, hold-up** **2** [*le fait de faire payer à autrui plus qu'il ne doit, ou de ne pas donner ce que l'on doit*] furto, ladreria (*f.*): *deux cents francs, ce repas? c'est un vol!* duecento franchi questo pranzo? è un furto, una ladreria!

volable |vɔlabl(ə)| *adj.* (*rare*) [*que l'on peut voler*] che si può rubare *loc.* ◇ [*à qui l'on peut dérober*] che si può derubare *loc.*

volage |vɔlaʒ| *adj.* **1** (*littér.*) [*qui change souvent et facilement de sentiments; qui se détache facilement*] volubile (*cour.*), incostante (*cour.*): *des jeunes gens volages* dei giovani volubili, incostanti; *être d'humeur volage* essere di umore volubile, incostante → **frivole, léger** **2** (*mar.*) *navire volage* imbarcazione leggera, instabile.

volaille |vɔlaj| *s.f.* **1** [*ensemble des oiseaux qu'on élève pour leurs œufs ou leur chair*] pollame (*m.*): *élevage de la volaille* allevamento del pollame, pollicoltura; *marché à la volaille* mercato del pollame ◇ [*viande de volaille*] *manger de la volaille* mangiare del pollame **2** *une volaille* [*oiseau de basse-cour*] pollo (*m.*): *volaille rôtie, bouillie* pollo arrosto, lesso **3** (*fig., pop.*) [*groupe de femmes, de jeunes filles*] pollastrelle *pl.*

volailler |vɔlaje| *s.m.* [*marchand de volailles*] pollivendolo *s.*, pollaiolo *s.*
volailleur, euse |vɔlajœʀ, øz| *s.* allevatore* di polli, pollicoltore*.
volant |vɔlɑ̃| *s.m.* **1** [*petit morceau de liège, de bois léger, muni de plumes en couronne, destiné à être lancé et renvoyé à l'aide d'une raquette*] volano ◇ (*par ext.*, *jeu*) (gioco* del) volano **2** (*cout.*) 'volant' *inv.*, volante (*raro*): *volant plissé* 'volant' pieghettato; *jupe à volants* gonna a 'volant' **3** (*auto.*) volante: *tenir le volant* tenere il volante; *être, se mettre au volant* essere, mettersi al volante ◇ (*par ext.*) *les as du volant* gli assi del volante **4** (*techn.*) volano, volante ◇ (*fig.*) *volant de sécurité* margine di sicurezza **5** (*chasse*) panione **6** [*partie détachable d'un carnet à souches*] figlia *f.*
volant, ante |vɔlɑ̃, ɑ̃t| *adj.* **1** volante: *tapis volant* tappeto volante ◇ (*zool.*) *poisson volant* pesce volante ◇ (*aviat.*) *machines volantes* macchine volanti; *personnel volant* personale navigante → **navigant** **2** *camp volant* [*qui peut être levé facilement*] accampamento (provvisorio*); *vivre dans un camp volant* vivere in un accampamento; *escalier volant* scala portatile; *pont volant* ponte mobile; *feuille volante* foglio volante → **mobile.**
volapük |vɔlapyk| *s.m.* (*ling.*) volapük *inv.*
volatil, ile |vɔlatil| *adj.* volatile: *alcali volatil* alcali volatile.
1 **volatile** |vɔlatil| *adj.* (*vx.*) [*qui peut voler*] volatile (*cour.*).
2 **volatile** |vɔlatil| *s.m.* (*cour.*) animale da cortile.
volatilisable |vɔlatilizabl(ə)| *adj.* [*qui peut se volatiliser*] volatilizzabile.
volatilisation |vɔlatilizɑsjɔ̃| *s.f.* [→ VOLATILISER] volatilizzazione.
volatiliser |vɔlatilize| **A** *v.tr.* [*faire passer à l'état gazeux*] volatilizzare → **vaporiser** **B** *v.pron. intr.* SE VOLATILISER **1** [*passer à l'état de vapeur*] volatilizzarsi → **vaporiser (se)** **2** [*se dissiper, disparaître*] volatilizzarsi: *tout à coup Jean s'est volatilisé* improvvisamente Giovanni si è volatilizzato; *où est mon stylo? il ne s'est pourtant pas volatilisé!* dov'è la mia penna? non si è certo volatilizzata! → **evaporer (s'), eclipser (s').**
volatilité |vɔlatilite| *s.f.* (*chim.*) volatilità *inv.*
vol-au-vent |vɔlovɑ̃| *s.m.* (*cuis.*) 'vol-au-vent' *inv.*
volcan |vɔlkɑ̃| *s.m.* **1** vulcano: *l'éruption d'un volcan* l'eruzione di un vulcano; *cheminée, cratères d'un volcan* camino, crateri di un vulcano; *volcan en activité* vulcano in attività; *volcan éteint* vulcano spento **2** (*fig.*) *nous sommes sur un volcan* stiamo sopra un vulcano ◇ [*personne au caractère violent, emporté, impétueux*] *cet homme est un vrai volcan* quell'uomo è un vero vulcano.
volcanique |vɔlkanik| *adj.* **1** vulcanico*: *activité, éruption volcanique* attività, eruzione vulcanica **2** (*fig.*) vulcanico: *tempérament volcanique* temperamento vulcanico.
volcaniser |vɔlkanize| *v.tr.* [*amener à l'état volcanique*] vulcanizzare.
volcanisme |vɔlkanism(ə)| *s.m.* (*géol.*) vulcanismo.
volcanologie |vɔlkanɔlɔʒi| *s.f.* vulcanologia*.
volcanologique |vɔlkanɔlɔʒik| *adj.* vulcanologico*.
volcanologue |vɔlkanɔlɔg| *s.* vulcanologo*.
vole |vɔl| *s.f.* (*cartes*) cappotto *m.*
volé, ée |vɔle| *adj.* **1** [*pris par un vol*] rubato # *les objets volés* la refurtiva **2** [*dépouillé par un vol*] derubato ✦ (*s.*) *le voleur et le volé* il ladro e il derubato.
volée |vɔle| *s.f.* **I** **1** (*littér.*) [*le fait de* (1) *voler; distance parcourue par un oiseau en un seul vol; envol, essor*] volo *m.* (*cour.*): *prendre sa volée* prendere, spiccare il volo **2** [*groupe d'oiseaux qui volent ou s'envolent ensemble*] volata, volo, stormo (*m.*): *une volée de moineaux* una volata, un volo, uno stormo di passeri → 1 **vol** **II** **1** [*mouvement rapide ou violent* (*de ce qui est jeté, lancé ou balancé*)] scarica*: *volée de flèches, de plombs* una scarica di frecce, di pallini ◇ *loc.* À LA VOLÉE con tutta forza, violentemente (*adv.*): *lancer une pierre à toute volée* lanciare una pietra con tutta forza; *refermer une porte à la volée* chiudere violentemente una porta # *attraper le ballon à la volée* [*en l'air, au vol*] bloccare il pallone al volo ~ À TOUTE VOLÉE a distesa: *cloches à toute volée* campane a distesa, a stormo; *les cloches sonnaient à toute voleé* le campane suonavano a distesa, a festa **2** (*tennis*) 'volée' (*inv.*): *volée haute* 'volée' alta; *volée de revers* 'volée' di rovescio **3** scarica di botte: *volée de coups de bâton* scarica di legnate ◇ (*loc. fam.*) *on lui a flanqué une bonne volée* gli hanno dato un sacco, un fracco di botte → **raclée.**
1 **voler** |vɔle| *v.intr.* **1** [*se soutenir et se déplacer dans l'air au moyen d'ailes*] volare (*aux.* avere, essere): *un jeune oiseau qui commence à voler* un uccellino che comincia a volare ◇ (*loc.*) *on entendrait voler une mouche* si sentirebbe volare una mosca ~ (*fig.*) *vouloir voler avant d'avoir des ailes* voler fare il passo più lungo della gamba, voler volare senz'ali ~ (*fam.*) *se voler dans les plumes* scagliarsi contro (qc.), attaccare (qc.) ◇ (*par anal.*) (*avions*) *voler à haute altitude* volare ad alta quota ◇ (*par ext.*) *ce pilote a cessé de voler à cause de sa vue* quel pilota ha smesso di volare a causa della vista **2** [*être projeté dans l'air*] volare: *flèche qui vole vers son but* freccia che vola verso il bersaglio ◇ [*flotter*] *son voile volait au vent* il suo velo svolazzava (al vento) **3** (*loc.*) *voler en éclats* [*se briser de manière que les éclats volent au loin*] andare in frantumi, volare in pezzi **4** (*personnes*) [*aller très vite; s'élancer*] volare: *voler vers qqn., dans ses bras* volare verso qc., nelle sue braccia **5** (*littér.*) (*en parlant du temps*) [*passer rapidement, s'écouler*] involarsi *pron.*, volare (*cour.*): *le temps vole* il tempo s'invola, vola → **fuir.**
2 **voler** |vɔle| *v.tr.* **I** VOLER QQCH. **1** [*prendre* (*ce qui appartient à qqn.*), *contre la volonté ou à l'insu de qqn.*] rubare: *voler de l'argent, des bijoux, mille francs* rubare dei soldi, dei gioielli, mille franchi ◇ (*prov.*) *qui vole un œuf vole un bœuf* chi ruba un uovo oggi, ruba una gallina domani ✦ (*absolt.*) *voler à main armée* rubare a mano armata, rapinare **2** [*s'approprier* (*ce à quoi on n'a pas droit*)] rubare; usurpare: *voler un titre* rubare un titolo || *voler une réputation* usurpare una reputazione ◇ (*loc. fam.*) *il ne l'a pas volé* se l'è proprio meritato **3** [*donner comme sien* (*ce qui est emprunté*)] rubare: *voler une idée* rubare un'idea → **attribuer (s')** **II** VOLER QQN. **1** [*dépouiller* (*qqn.*) *de son bien, de sa propriété, par force ou par ruse*] derubare: *il s'est fait voler par des cambrioleurs* si è fatto derubare dai ladri **2** [*ne pas donner ce que l'on doit ou prendre plus qu'il n'est dû à* (*qqn.*)] rubare, derubare: *voler le client* derubare il cliente; *il nous a volés comme dans un bois* ci ha bellamente derubati → **rouler** ✦ (*absolt.*) *voler sur le poids des bonbons* rubare sul peso delle caramelle.
1 **volerie** |vɔlʀi| *s.f.* (*ancienn.*) caccia* col falcone → **fauconnerie.**
2 **volerie** |vɔlʀi| *s.f.* (*vieilli, région.*) [*vol ou suite de vols, de larcins*] ruberia (*cour.*), ladroneccio* *m.* (*cour.*).
volet |vɔlɛ| *s.m.* **1** imposta *f.*, persiana (*f.*): *ouvrir, fermer les volets* aprire, chiudere le imposte, le persiane → **contrevent,** 2 **jalousie** ◇ (*mar.*) *volet d'un hublot* controportello di oblò ◇ [*vantail, aile* (*d'un retable*)] sportello, anta (*f.*): *volets d'un triptyque* sportelli, ante di un trittico **2** (*techn.*) [*ailette* (*d'une roue à aubes*)] pala *f.*, paletta *f.* ◇ [*panneau articulé*] pannello ◇ (*mécan.*) *volet de carburateur* farfalla *f.*, valvola *f.* di carburatore ◇ (*aviat.*) *volets de freinage* aerofreni **3** (*loc.*) *trier sur le volet* [*choisir avec le plus grand soin*] scegliere con molta cura.
voletant, ante |vɔltɑ̃, ɑ̃t| *adj.* [*qui vole çà et là*] svolazzante.
voleter |vɔlte| (5) *v.intr.* **1** [*voler à petits coups d'ailes, en se posant souvent, en changeant fréquemment de direction*] svolazzare: *des papillons voletaient autour de la lampe* delle farfalle svolazzavano attorno alla lampada **2** (*fig., littér.*) [*flotter au vent*] sventolare, ondeggiare.
volettement |vɔlɛtmɑ̃| *s.m.* (*rare*) [*vol hésitant, à petits coups d'ailes*] svolazzamento.
voleur, euse |vɔlœʀ, øz| **I** *s.* **1** [*personne qui vole ou a volé le bien d'autrui; personne qui tire ses ressources de délits de vol*] ladro: *on a arrêté le voleur* hanno arrestato il ladro → **cambrioleur, pickpocket** ◇ (*loc.*) *voleurs de grand chemin* ladri di strada; *jouer au gendarme et au voleur* giocare a guardie e ladri; *crier au voleur!* gridare al ladro!; *au voleur!* al ladro! → **brigand**; *un voleur d'enfants* un rapitore di bambini → **kidnappeur** **2** [*personne qui détourne à son profit l'argent d'autrui, ou ne donne pas ce qu'elle doit*] ladro: *ce commerçant est un voleur* quel commerciante è un ladro **II** *adj.* [*qui a l'habitude de voler, une tendance à voler*] ladro: *il est voleur comme une pie* è ladro come una gazza.
volière |vɔljɛʀ| *s.f.* voliera, uccelliera.
volige |vɔliʒ| *s.f.* (*constr.*) assicella, tavola.
voligeage |vɔliʒaʒ| *s.m.* (*constr.*) rivestimento di assicelle.
voliger |vɔliʒe| (3) *v.tr.* (*constr.*) [*garnir* (*une toiture*) *de voliges*] rivestire di assicelle.
volis |vɔli| *s.m.* (*arbor.*) cima *f.* d'albero abbattuta dal vento.

volitif, ive |vɔlitif, iv| *adj.* (*psycho.*) volitivo.
volition |vɔlisjɔ̃| *s.f.* (*psycho.*) volizione.
volley-ball |vɔlɛbol| *s.m. inv.* (*angl.*) (*sport*) pallavolo *f.*
volleyeur, euse |vɔlɛjœʀ, øz| *s.* (*sport*) pallavolista, giocatore* di pallavolo ◇ (*tennis*) tennista abile nelle 'volée'.
volontaire |vɔlɔ̃tɛʀ| **I** *adj.* **1** volontario*: *acte volontaire* atto volontario; *activité volontaire* attività volontaria; *mort volontaire* morte volontaria ◇ [*qui n'est pas forcé, obligatoire*] *contribution volontaire* contributo volontario **2** [*décidé, opiniâtre*] volitivo: *un enfant têtu et volontaire* un bambino caparbio e volitivo; *un visage volontaire* un viso volitivo **3** (*milit.*) *engagé volontaire* arruolato volontario **II** *s.* **1** *s.m.* (*milit.*) [*engagé volontaire*] volontario: *les volontaires et les appelés* i volontari e i coscritti **2** (*s.*) *on demande un, une volontaire* si cerca un volontario, una volontaria.
volontairement |vɔlɔ̃tɛʀmɑ̃| *adv.* [*par un acte volontaire, délibéré*] volontariamente → **délibérément,** 2 **exprès.**
volontariat |vɔlɔ̃taʀja| *s.m.* volontariato.
volontarisme |vɔlɔ̃taʀism(ə)| *s.m.* (*philo.*) volontarismo.
volontariste |vɔlɔ̃taʀist(ə)| *adj.* (*philo., cour.*) volontaristico*.
volonté |vɔlɔ̃te| *s.f.* **I** [*disposition mentale ou acte de celui qui veut*] **1** volontà (*inv.*): *imposer sa volonté à qqn.* imporre a qc. la propria volontà; *accomplir, faire la volonté de qqn.* compiere, fare la volontà di qc. ◇ (*par ext.*) *les dernières volontés de qqn.* le ultime volontà di qc. ◇ (*fam.*) *faire ses quatre* (*cents*) *volontés* fare ciò che pare e piace ◇ *loc.* À VOLONTÉ a volontà: *avoir qqch. à volonté* avere q.c. a volontà; *vin à volonté* vino a volontà → **discrétion (à)** ◇ (*suivi d'un compl. désignant ce qui est voulu*) volontà: *il nous a dit sa volonté de se marier* ci ha espresso la sua volontà, intenzione di sposarsi **2** *loc.* BONNE VOLONTÉ buona volontà: *avec la meilleure volonté du monde, je ne pourrais pas* con tutta la buona volontà (del mondo), non potrei ~ MAUVAISE VOLONTÉ cattiva volontà: *vous y mettez de la mauvaise volonté* lei ci mette della cattiva volontà **II** [*faculté*] LA VOLONTÉ volontà: *il a une volonté de fer* ha una volontà di ferro Ⓒ II **faiblesse.**
volontiers |vɔlɔ̃tje| *adv.* **1** [*par inclination et avec plaisir, ou du moins sans répugnance*] volentieri: *j'irai volontiers la voir* andrò volentieri a trovarla → **2 grâce (de bonne), gré (de bon)** ◇ (*en réponse*) '*voulez-vous aller au cinéma?*' '*très volontiers*' 'vuole andare al cinema?' 'molto volentieri' → **oui 2** [*par une tendance naturelle ou ordinaire*] volentieri: *il reste volontiers des heures sans parler* resta volentieri per ore senza parlare → **habituellement.**
volt |vɔlt| *s.m.* (*électr.*) volt *inv.*
voltage |vɔltaʒ| *s.m.* (*électr.*) voltaggio*.
voltaïque |vɔltaik| *adj.* (*électr.*) voltaico*: *arc voltaïque* arco voltaico.
voltaire |vɔltɛʀ| *s.m.* poltrona *f.* bassa.
voltairianisme |vɔltɛʀjanism(ə)| *s.m.* volterrianesimo.
voltairien, ienne |vɔltɛʀjɛ̃, jɛn| *adj. et s.* [*de Voltaire*] volterriano.
voltaïsation |vɔltaizɑsjɔ̃| *s.f.* (*sc.*) elettroterapia, galvanoterapia.
voltamètre |vɔltamɛtʀ(ə)| *s.m.* (*techn.*) voltametro.
voltampère |vɔltɑ̃pɛʀ| *s.m.* (*sc.*) voltampère *inv.*
volte |vɔlt(ə)| *s.f.* (*équit., folklore, mar.*) volta.
volte-face |vɔltəfas| *s.f. inv.* voltafaccia (*m.*): *faire volte-face* fare voltafaccia ◇ (*fig.*) *les volte-face de l'opposition ont déconcerté le gouvernement* i voltafaccia dell'opposizione hanno sconcertato il governo.
volter |vɔlte| *v.intr.* (*équit.*) [*tourner en exécutant une volte*] volteggiare.
voltige |vɔltiʒ| *s.f.* **1** [*exercice d'acrobatie sur la corde, au trapèze volant*] volteggio* *m.*, acrobazia **2** (*aéronautique, équit.*) volteggio.
voltigement |vɔltiʒmɑ̃| *s.m.* [*mouvement de ce qui voltige*] volteggiamento.
voltiger |vɔltiʒe| (3) *v.intr.* **1** (*insectes, petits oiseaux*) [*voleter*] svolazzare, volteggiare **2** (*choses légères*) [*voler, flotter çà et là*] svolazzare.
voltigeur |vɔltiʒœʀ| *s.m.* **1** [*acrobate qui fait de la voltige*] acrobata, trapezista *s.* **2** (*hist. milit.*) volteggiatore.
voltmètre |vɔltmɛtʀ(ə)| *s.m.* (*phys.*) voltmetro.
volubile |vɔlybil| *adj.* **1** (*bot.*) volubile **2** [*bavard, loquace*] loquace.
volubilement |vɔlybilmɑ̃| *adv.* [*avec volubilité*] loquacemente.
volubilis |vɔlybilis| *s.m. inv.* (*t.bot.*) vilucchio* *var.*
volubilité |vɔlybilite| *s.f.* [*abondance, rapidité et facilité de parole*] loquacità *inv.*, chiacchiera.
volucelle |vɔlysɛl| *s.f.* (*t.zool.*) volucella.
volucompteur |vɔlykɔ̃tœʀ| *s.m.* [*compteur d'un distributeur d'essence, indiquant la quantité débitée*] flussometro.
1 **volume** |vɔlym| *s.m.* **1** volume: *le volume d'un corps, d'un solide* il volume di un corpo, di un solido; *volume d'un récipient* volume di un recipiente → **capacité** ◇ (*chim.*) *volume moléculaire* volume molecolare ◇ (*bx.-arts*) volume **2** [*encombrement d'un corps*] volume: *cela fera beaucoup de volume* farà molto volume **3** (*géom.*) volume → **solide.**
2 **volume** |vɔlym| *s.m.* [*intensité* (*de la voix*)] volume: *sa voix manque de volume* la sua voce manca di volume; *volume sonore* volume sonoro →**ampleur.**
3 **volume** |vɔlym| *s.m.* **1** volume: *les volumes reliés de la bibliothèque* i volumi rilegati della biblioteca → **1 livre 2** [*tome*] volume: *dictionnaire en sept volumes* dizionario in sette volumi.
volumétrique |vɔlymetʀik| *adj.* (*phys.*) volumetrico*.
volumineux, euse |vɔlyminø, øz| *adj.* voluminoso: *des paquets volumineux* pacchi voluminosi; *un volumineux dossier* una pratica voluminosa → **embarrassant, encombrant, gros.**
volumique |vɔlymik| *adj.* (*sc.*) volumico*.
volupté |vɔlypte| *s.f.* voluttà *inv.*
voluptuaire |vɔlyptɥɛʀ| *adj.* (*dr.*) voluttuario*.
voluptueusement |vɔlyptɥøzmɑ̃| *adv.* [*avec volupté*] voluttuosamente.
voluptueux, euse |vɔlyptɥø, øz| *adj.* voluttuoso → **sensuel** ◇ (*par ext.*) *attitude, danse voluptueuse* atteggiamento voluttuoso, danza voluttuosa ♦ (*s.*) *c'est un voluptueux* è un voluttuoso.
volute |vɔlyt| *s.f.* **1** (*archit.*) voluta ◇ (*loc.*) *en volute* a voluta **2** [*forme enroulée en spirale, en hélice*] voluta: *des volutes de fumée* delle volute di fumo → **enroulement 3** (*t.zool.*) voluta.
volvaire |vɔlvɛʀ| *s.f.* (*t.bot.*) volvaria.
volve |vɔlv(ə)| *s.f.* (*bot.*) volva.
volvoce |vɔlvɔs|, **volvox** |vɔlvɔks| *s.m.* (*t.bot.*) volvoce.
volvulus |vɔlvylys| *s.m.* (*méd.*) volvolo.
vomer |vɔmɛʀ| *s.m.* (*anat.*) vomere.
vomérien, ienne |vɔmeʀjɛ̃, jɛn| *adj.* (*anat.*) vomerino.
vomi |vɔmi| *s.m. sing.* (*fam.*) [*vomissure*] vomito *var.* (*cour.*).
1 **vomique** |vɔmik| (*adj. f.*) *noix vomique* noce vomica*.
2 **vomique** |vɔmik| *s.f.* (*méd.*) vomica*.
vomiquier |vɔmikje| *s.m.* (*t.bot.*) noce *f.* vomica*.
vomir |vɔmiʀ| *v.tr.* **1** [*rejeter spasmodiquement par la bouche* (*ce qui est contenu dans l'estomac*)] vomitare: *il a vomi tout son repas* ha vomitato tutto il pasto → **régurgiter, rendre** ♦ (*absolt.*) *avoir envie de vomir* aver voglia di vomitare ◇ (*loc.*) *c'est à vomir* fa vomitare, viene da vomitare **2** (*fig.*) [*rejeter avec violence et répugnance*] *il vomit les bourgeois* gli fanno schifo i borghesi **3** (*littér.*) [*laisser sortir, projeter au déhors*] vomitare: *laves vomies par un volcan* lave vomitate da un vulcano ◇ [*proférer avec violence* (*des injures, des blasphèmes*)] *vomir des injures* vomitare ingiurie.
vomissement |vɔmismɑ̃| *s.m.* **1** [*fait de vomir*] vomito: *vomissement de sang* vomito di sangue **2** [*matière vomie*] vomito.
vomissure |vɔmisyʀ| *s.f.* [*matière vomie*] vomito *m.*
vomitif, ive |vɔmitif, iv| *adj.* **1** (*méd.*) vomitivo, vomitorio*, emetico* **2** (*fam., fig.*) vomitevole, che dà il voltastomaco *loc.*
vomitoire |vɔmitwaʀ| *s.m.* (*antiq. rom.*) vomitorio*.
vomito negro |vɔmitonegʀo| *s.m.* (*méd.*) vomito nero, febbre *f.* gialla.
vorace |vɔʀas| *adj.* **1** vorace: *ce chien est vorace* questo cane è vorace ◇ (*par ext.*) *un appétit vorace* un appetito vorace **2** (*fig.*) vorace.
voracement |vɔʀasmɑ̃| *adv.* [*avec voracité*] voracemente.
voracité |vɔʀasite| *s.f.* voracità *inv.*
-vore |vɔʀ| *suff.* (*signifiant 'avaler, manger', correspond généralt. à*) voro: *carnivore* carnivoro.
vortex |vɔʀtɛks| *s.m.* vortice.
vorticelle |vɔʀtisɛl| *s.f.* (*zool.*) vorticella.
vos |vo| *adj. poss. pl.* → **votre.**
votant, ante |vɔtɑ̃, ɑ̃t| *s.* votante.
votation |vɔtasjɔ̃| *s.f.* (*Suisse*) [*vote*] votazione (*cour.*).
vote |vɔt| *s.m.* **1** voto: *compter les votes favorables* contare i voti favorevoli → **suffrage, voix** ◇ (*par ext.*)

droit de vote diritto di voto **2** [*opération par laquelle les membres d'un corps politique donnent leur avis sur une décision à prendre*] votazione *f.*, voto: *procéder au vote* procedere alla votazione, al voto → **consultation, élection** # *bulletin, bureau, urne de vote* scheda, seggio, urna elettorale ◇ [*décision positive ainsi obtenue*] *vote d'une loi* approvazione *f.* di una legge → **adoption.**

voter |vɔte| **A** *v.intr.* [*exprimer son opinion par son vote, son suffrage*] votare **B** *v.tr.* [*contribuer à faire adopter par son vote; décider par un vote majoritaire*] votare: *voter une loi* votare, approvare una legge.

votif, ive |vɔtif, iv| *adj.* votivo: *offrande votive* offerta votiva # *fête votive* festa del patrono, sagra ◇ (*liturg.*) *messe votive* messa votiva.

votre |vɔtʀ(ə)|, *pl.* **vos** |vo| *adj. poss.* (*de la 2e pers. du plur. et des deux genres*) **I** [*qui vous appartient, a rapport à vous*] **1** (*représentant un groupe dont le locuteur est exclu*) (il) vostro: *votre ami est sorti* il vostro amico è uscito; *votre cousine est au cinéma* vostra cugina è al cinema; *vos élèves sont en classe* i vostri alunni sono in aula **2** (*représentant une seule personne à laquelle on s'adresse au plur. de politesse*) suo: *donnez-moi votre adresse, Monsieur* mi dia il suo indirizzo, signore ◇ (*dans les titres*) *Votre Excellence* Vostra, Sua Eccellenza; *Votre Majesté* Vostra Maestà **3** (*emploi stylistique*) vostro; suo: *votre Monsieur X est un escroc* [*celui dont vous parlez, qui vous intéresse*] il vostro (il suo) signor X è un imbroglione **II** (*sens objectif*) [*de vous, de votre personne*] vostro; suo: *c'est pour votre bien* è per il vostro bene, per il suo bene.

vôtre, *pl.* **vôtres** |votʀ(ə)| **I** *adj. poss.* (*attribut*) (*littér.*) [*à vous*] vostro (*cour.*); suo* (*cour.*): *cette maison est vôtre* questa casa è vostra (è sua) || *cette signature est vôtre* questa firma è sua **II** *pron. poss.* (*avec l'art.*) il vostro: *mon livre et le vôtre* il mio libro e il vostro; *regardez ma fille et la vôtre* guardate mia figlia e la vostra ◇ (*désigne une personne à laquelle on s'adresse au plur. de politesse*) il suo: *prenez aussi la vôtre* prenda anche la sua ◇ (*fam.*) *à la bonne vôtre* [*à votre santé*] alla vostra; alla sua **III** *s.* **1** *s.* (*loc.*) *il faut que vous y mettiez du vôtre* occorre che ci mettiate del vostro, che lei ci metta del suo; *vous avez encore fait des vôtres* ne avete fatta ancora una delle vostre; lei ne ha fatta ancora una delle sue **2** *s.m. pl.* LES VÔTRES [*vos parents, vos partisans*] i vostri; i suoi: *je ne pourrai être des vôtres* non potrò essere dei vostri.

vouer |vwe| *v.tr.* **1** [*consacrer (qqn. à Dieu, à un saint) par un vœu*] votare **2** [*promettre, engager d'une manière solennelle*] giurare: *elle lui a voué une amitié éternelle* gli ha giurato eterna amicizia **3** [*employer avec un zèle soutenu*] dedicare, consacrare: *elle a voué son temps à soigner les malades* ha dedicato, consacrato il suo tempo a curare i malati **4** [*destiner irrévocablement (à un état, une activité)*] destinare: *un vieux quartier voué à la démolition* un vecchio quartiere destinato alla demolizione → **condamner.**

vouge |vuʒ| *s.m. ou f.* (*archéol.*) roncone *m.*

1 **vouloir** |vulwaʀ| (40) *v.tr.* **I** **1** [*avoir la volonté, le désir de*] volere (195) (+ *inf.*): *il voulait le voir* voleva vederlo; *j'aurais voulu tout lui dire* avrei voluto dirgli tutto; *je voudrais vous voir seul* vorrei vederla da solo → **tenir (à)** **2** (*loc.*) *vouloir dire* voler dire → **signifier** **3** *loc.* VOULOIR QUE (+ *complétive au subj.*) volere che (+ *subj.*): *il veut que je lui rende ce service* vuole che gli faccia questo favore; *je veux que tu lui en fasses la lecture* voglio che tu glielo legga; (*fam.*) *qu'est-ce que vous voulez que j'y fasse?* cosa vuole che ci faccia?, e io che ci posso fare? **4** (*avec un pron. compl. neutre représentant un inf., une complétive*) *vous l'avez voulu!* l'ha voluto lei (l'avete voluto voi)!; *que tu le veuilles ou non* che (tu) lo voglia o no; *sans le vouloir* senza volerlo ◇ (*avec ellipse du compl.*) *tant que vous voudrez* quanto vuole (volete); *si tu veux, si vous voulez, si on veut* se vuoi, se vuole (se volete), se vogliamo **5** (*avec un nom compl.*) [*prétendre obtenir, ou souhaiter que se produise*] volere: *qu'est-ce que vous me voulez?* cosa vuole da me?; *elle veut sa tranquillité à tout prix* vuole ad ogni costo essere lasciata tranquilla; *vouloir qqch. de qqn.* volere q.c. da qc.; *elle les a voulus, ces malheurs* le ha volute lei, queste disgrazie; *voulez-vous des légumes?* vuole della verdura?; *je n'en veux plus* non ne voglio più → **attendre; demander, désirer** ◇ (*sans accord du p.p.*) *il m'a donné tous les renseignements que j'ai voulu (avoir)* mi ha dato tutte le informazioni che ho voluto ◇ (*loc.*) *j'en veux pour mon argent* pretendo per quel che ho pagato **6** VOULOIR QQCH. À QQN. [*souhaiter que qqch. arrive à qqn.*] volere, augurare q.c. a qc.: *je ne lui veux pas de mal* non gli voglio (del) male, non gli auguro del male **7** *loc.* EN VOULOIR À QQN. volerne a qc., avercela (97) con qc.: *il m'en veut* me ne vuole, ce l'ha con me; *je lui en veux d'avoir menti* ce l'ho con lui, gli serbo rancore perché (mi) ha mentito ~ *il s'en veut de...* si pente di..., si rimprovera di...; *je m'en veux d'avoir accepté* mi pento, mi rimprovero di aver accettato ~ *en vouloir à la vie de qqn.* attentare alla vita di qc. **8** (*avec un attribut du compl.*) [*souhaiter avoir (une chose qui présente certain caractère)*] volere: *je veux une robe bon marché* voglio un vestito poco caro; *'comment voulez-vous votre viande?' 'je la veux saignante'* 'come vuole, desidera la carne?' 'la voglio al sangue'; *je les ai voulus aussi complets que possible* li ho voluti (quanto) più completi possibile **9** *loc.* VOULOIR DE (QQCH., QQN.) [*être disposé à s'intéresser ou à se satisfaire de, à accepter*] volere q.c.; voler(ne) sapere di qc.: *je ne veux pas de cela* non lo voglio || *personne ne veut d'elle* nessuno vuol saperne di lei **10** *absolt.* [*faire preuve de volonté*] volere: *pour réussir, il faut vouloir* per riuscire, bisogna volere **II** **1** (*avec un sujet de chose*) volere: *le hasard voulut qu'ils se rencontrent* il caso volle che si incontrassero **2** [*affirmer*] volere: *cette thèse veut nous dire ceci* questa tesi vuole dirci, significa questo → **prétendre** **III** [*consentir, accepter*] volere: *si vous voulez m'accompagner* se vuole accompagnarmi ◇ (*pour exprimer une prière polie*) *voulez-vous avoir l'obligeance de signer ici?* vuole usarmi, avere la cortesia di firmare qui? ◇ (*pour marquer un ordre*) *veux-tu te taire?* vuoi far silenzio, vuoi tacere? ◇ *loc.* VOULOIR BIEN volere, essere d'accordo: *à demain, si vous le voulez bien* a domani, se volete, se siete d'accordo ◇ (*iron.*) *ils trouvent ça beau, moi je veux bien* loro lo trovano bello; per me...

2 **vouloir** |vulwaʀ| *s.m.* **1** (*littér.*) [*faculté de vouloir*] volere → **volonté** **2** *bon, mauvais vouloir* [*bonne, mauvaise volonté*] buona, cattiva volontà *f. inv.*

voulu, ue |vuly| *adj.* **1** [*exigé, requis par les circonstances*] necessario*, richiesto: *c'est la quantité voulue* è la quantità necessaria, richiesta **2** [*délibéré, volontaire*] voluto ◇ (*loc. fam.*) *c'est voulu* non è un caso, non è per caso.

vous |vu| *pron. pers.* (*de la 2e du plur. réel ou de politesse*) **1** *au plur.* (*sujet*) voi (*souvent sous-entendu*): *vous pouvez attendre* potete aspettare; *pourquoi êtes-vous partis ensemble?* perché siete partiti insieme?; *si j'étais vous...* (se) fossi in voi... ◇ (*compl. d'objet direct*) vi: *je vous ai vus au théâtre* vi ho visti a teatro ◇ (*compl. d'objet indirect*) vi; ve: *je vous téléphonerai demain* vi telefonerò domani || *je vous le dirai tout de suite* ve lo dirò subito ◇ (*dans la conjugaison des v. pron.*) vi; ve: *approchez-vous* avvicinatevi || *vous vous en repentirez* ve ne pentirete **2** *sing.* (*remplaçant 'tu, toi', dans le vouvoiement*) lei, ella (*souvent sous-entendus*): *que voulez-vous, Monsieur?* (cosa) desidera, signore?; *si j'étais vous...* (se) fossi in lei... **3** (*renforcé*) lei; voi: *vous devriez lui en parler vous-même* dovrebbe parlargliene lei stesso|| *vous autres* voi altri; *vous devriez lui en parler vous-mêmes* dovreste parlargliene voi stessi; *à vous deux, vous y arriverez bien* voi due ci riuscirete certamente (da soli) **4** (*nominal*) lei: *il me dit vous depuis toujours* mi dà del lei da sempre → **vouvoyer** **5** (*indéfini*) (*remplace 'on', en fonction de compl.*) voi, lei, si: *quand vous pensez que...* quando (voi) pensate, (lei) pensa, si pensa che...

vousseau |vuso|, **voussoir** |vuswaʀ| *s.m.* (*archit.*) concio*.

voussoyer |vuswaje| *et dérivés* → **vouvoyer** *et dérivés.*

voussure |vusyʀ| *s.f.* **1** (*pathol.*) bozza **2** (*archit.*) curvatura.

voûte |vut| *s.f.* **1** (*archit.*) volta: *voûte en plein cintre* volta a tutto sesto; *voûte en ogive* volta ogivale; *voûte en berceau* volta a botte; *voûte d'arête* volta a crociera; *en voûte* a volta **2** [*paroi, région supérieure présentant une courbure en voûte*] volta: *la voûte d'une caverne* la volta di una caverna ◇ (*poét.*) *la voûte céleste* la volta celeste ◇ (*anat.*) *la voûte crânienne, palatine* la volta cranica, palatina ◇ (*techn.*) *voûte d'un four* volta di un forno.

voûté, ée |vute| *adj.* **1** (con soffitto) a volta *loc.* ◇ (*littér.*) arcuato: *sourcils voûtés* sopracciglia arcuate → **arqué, courbé** **2** [*dont le dos est courbé (notamment du fait de l'âge), ne peut plus se redresser*] curvo: *un vieux mon-*

sieur voûté un vecchio signore curvo, ingobbito → **cassé.**

voûter |vute| *v.tr.* **1** [*fermer* (*le haut d'une construction*) *par une voûte*] coprire (186) con volta **2** [*rendre voûté* (*qqn.*)] incurvare: *l'âge l'a voûté* l'età l'ha incurvato.

vouvoiement |vuvwamɑ̃|, **vousoiement** |vuzwamɑ̃|, **voussoiement** |vuswamɑ̃| *s.m.* il dare *inv.* del voi.

vouvoyer |vuvwaje|, **vousoyer** |vuzwaje|, **voussoyer** |vuswaje| (10) *v.tr.* [*s'adresser à* (*qqn.*) *en employant la 2e pers. du plur.*] dare (102) del voi (a).

vox populi |vɔkspɔpyli| *s.f.* (*lat.*) (*littér.*) vox populi *inv.*

voyage |vwajaʒ| *s.m.* **1** [*déplacement d'une personne qui se rend en un lieu assez éloigné*] viaggio*: *voyage à pied, en voiture, en chemin de fer, en avion* viaggio a piedi, in macchina, in treno, in aereo; *voyage par mer* viaggio per mare; *voyage d'agrément, touristique* viaggio di piacere, turistico; *voyage d'affaires, professionnel* viaggio d'affari, professionale; *voyage d'études* viaggio di studio; *voyage de noces* viaggio di nozze; *voyage organisé* viaggio organizzato; *pendant le voyage* durante il viaggio; *sac de voyage* borsa da viaggio; *partir en voyage* andare in viaggio, partire per un viaggio; *souhaiter bon voyage à qqn.* augurare buon viaggio a qc.; *être en voyage* essere in viaggio → **route, trajet** ◇ (*loc.*) *le grand voyage* [*la mort*] l'ultimo, l'estremo viaggio **2** [*course que fait un chauffeur, un porteur pour transporter qqn. ou qqch.*] viaggio: *je ferai deux ou trois voyages pour transporter vos bagages* farò due o tre viaggi per trasportare i vostri bagagli.

voyager |vwajaʒe| (3) *v.intr.* **1** [*faire un voyage*] viaggiare ◇ (*représentants, voyageurs de comm.*) [*faire des tournées*] viaggiare: *voyager pour une maison d'édition* viaggiare per una casa editrice **2** [*être transporté*] viaggiare: *marchandise qui s'abîme en voyageant* merce che si rovina viaggiando.

voyageur, euse |vwajaʒœʀ, øz| **I** *s.* **1** [*personne qui est en voyage*] viaggiatore* ◇ [*personne qui use d'un véhicule de transport public*] *les voyageurs pour Paris, en voiture!* i viaggiatori per Parigi, in carrozza! → 1 **passager** **2** [*personne qui voyage pour voir de nouveaux pays* (*dans un but de découverte, d'étude*)] viaggiatore → **explorateur** **3** *voyageur* (*de commerce*) viaggiatore (di commercio) **II** *adj.* viaggiatore ◇ (*loc.*) *pigeon voyageur* piccione viaggiatore.

voyance |vwajɑ̃s| *s.f.* (*occultisme*) veggenza.

voyant |vwajɑ̃| *s.m.* [*signal lumineux destiné à attirer l'attention de l'utilisateur*] spia (*f.*): *voyant d'essence, d'huile* spia della benzina, dell'olio.

1 **voyant, ante** |vwajɑ̃, ɑ̃t| *s.* **1** [*personne douée de seconde vue*] veggente ✦ (*s.f.*) *une voyante* una veggente **2** [*personne qui voit*] vedente: *les voyants et les aveugles* i vedenti e i non vedenti.

2 **voyant, ante** |vwajɑ̃, ɑ̃t| *adj.* [*qui attire la vue, qui se voit de loin*] vistoso: *des couleurs voyantes* colori vistosi; *une toilette voyante* un abito vistoso.

voyelle |vwajɛl| *s.f.* (*ling.*) vocale.

voyer |vwaje| (*adj. m.*) *agent voyer* tecnico della viabilità (comunale) *loc.*

voyeur, euse |vwajœʀ, øz| *s.* [*personne qui assiste pour sa satisfaction et sans être vue à une scène érotique*] guardone, 'voyeur' *m. inv.*

voyou |vwaju| **I** *s.m.* **1** [*garçon mal élevé qui traîne dans les rues*] monello *s.* → **chenapan, vaurien** **2** [*mauvais sujet, aux moyens d'existence peu recommandables*] mascalzone, canaglia *f.* → **crapule** **II** *adj.* (*rare au f.* '*voyoute*') [*propre aux voyous* (I 2)] sfrontato, impudente: *un air voyou* aspetto sfrontato, impudente.

vrac (en) |ɑ̃vʀak| *loc. adv.* **1** [*pêle-mêle, sans être attaché et sans emballage*] alla rinfusa: *marchandises expédiées en vrac* merci spedite alla rinfusa **2** [*en désordre*] alla rinfusa: *poser ses affaires en vrac sur une chaise* mettere i propri vestiti alla rinfusa su una sedia **3** [*au poids* (*opposé à 'en paquet'*)] sfuso (*adj.*): *acheter des lentilles en vrac* comperare lenticchie sfuse.

vrai, vraie |vʀɛ| **I** *adj.* **1** [*qui présente un caractère de vérité; à quoi on peut ou on doit donner son assentiment*] vero: *une histoire vraie* una storia vera ◇ (*fam.*) *c'est la vérité vraie* è la sacrosanta verità ◇ (*avec un pron. neutre*) *il est vrai que...* è vero che...; *cela est si vrai, que...* è talmente vero che...; *il n'en est pas moins vrai que...* rimane il fatto che...; *c'est pourtant vrai* eppure è vero; *c'est vrai, est-ce vrai?* davvero, è vero?; (*n'est-il*) *pas vrai?* non è vero, nevvero?; (*pop.*) *c'est pas vrai!* non è possibile!, ma no!; *il est vrai que...* è vero che...; *il est vrai, c'est vrai* è vero → **doute (sans)** **2** [*qui existe indépendamment de l'esprit qui le pense*] vero → **réel** **3** (*placé avant le nom*) [*qui correspond bien au nom employé; ainsi nommé à juste titre*] vero: *des perles vraies* delle perle vere → **authentique** # *un vrai Renoir* un autentico Renoir ◇ [*véritable*] *il mange comme un vrai cochon* mangia come un vero maiale ◇ (*loc. pop.*) *vrai de vrai* [*absolument vrai*] verissimo (*cour.*), proprio vero (*cour.*) **4** [*qui, dans l'art, s'accorde avec notre sentiment de la réalité* (*en génér. par le naturel et la sincérité*)] vero: *ce livre est vrai* questo libro è vero, autentico → **naturel, senti, vécu** **5** [*qui vaut ou agit dans un cas précis*] giusto: *c'est le vrai moyen* è il mezzo giusto **II** *s.m.* LE VRAI **1** [*la vérité*] il vero: *il sait reconnaître le vrai du faux* sa riconoscere il vero dal falso **2** [*la réalité*] il vero: *vous êtes dans le vrai* lei è nel vero **3** (*loc.*) *à dire le vrai, à dire vrai, à vrai dire* a dire il vero, a dir la verità ◇ (*fam., langage enfantin*) *pour de vrai* [*vraiment*] per davvero **III** *adv.* [*conformément à la vérité, à notre sentiment de la réalité*] vero (*adj.*): *faire vrai* sembrare vero ◇ (*fam., détaché en tête ou en incise*) [*vraiment*] davvero: *eh bien vrai, je n'y pensais pas* beh, davvero non ci pensavo **C** I 3 **artificiel.**

vraiment |vʀɛmɑ̃| *adv.* **1** [*d'une façon indiscutable et que la réalité ne dément pas*] veramente: *il a vraiment réussi* è veramente riuscito → **effectivement, véritablement** **2** (*s'emploie pour souligner une affirmation*) veramente, davvero: *vraiment? vous êtes sûr?* veramente, davvero? è sicuro? → **franchement.**

vraisemblable |vʀɛsɑ̃blabl(ə)| *adj.* [*qui peut être considéré comme vrai; qui semble vrai*] verosimile: *je n'ai pas vérifié, mais c'est très vraisemblable* non ho verificato, ma è molto verosimile → **croyable, plausible** ✦ (*s.m.*) *le vraisemblable* il verosimile.

vraisemblablement |vʀɛsɑ̃blabləmɑ̃| *adv.* [*selon la vraisemblance, les probabilités*] verosimilmente, probabilmente → **probablement.**

vraisemblance |vʀɛsɑ̃blɑ̃s| *s.f.* [*caractère vraisemblable; apparence de vérité*] verosimiglianza: *la vraisemblance de son excuse* la verosimiglianza della sua scusa → **crédibilité.**

vraquier |vʀakje| *s.m.* [*navire transportant des produits en vrac*] cargo* (per carichi alla rinfusa); nave *f.* da carico.

vrillage |vʀijaʒ| *s.m.* (*tissage*) eccesso di torsione.

vrille |vʀij| *s.f.* **1** (*bot.*) viticcio* *m.*, cirro *m.* **2** (*techn.*) succhiello *m.* **3** [*hélice, spirale*] vite, avvitamento *m.* ◇ (*spécialt.*) *avion qui descend en vrille* aereo che scende a vite.

vrillé, ée |vʀije| *adj.* **1** (*bot.*) cirroso **2** [*tordu plusieurs fois sur soi-même*] attorcigliato.

vrillée |vʀije| *s.f.* (*t.bot.*) convolvolo *m.*, vilucchio* *m.*

vriller |vʀije| **A** *v.intr.* [*monter, descendre en tournant sur soi-même*] salire (199) (*aux.* essere), cadere (121) (*aux.* essere) a spirale ◇ [*se tordre, s'enrouler sur soi-même*] attorcigliarsi *pron.* **B** *v.tr.* [*percer avec une vrille, comme avec une vrille*] succhiellare.

vrillette |vʀijɛt| *s.f.* (*t.zool.*) tarlo *m.*

vrombir |vʀɔ̃biʀ| *v.intr.* [*produire un son vibré, par un mouvement périodique rapide*] rombare; ronzare: *moteur qui vrombit* motore che romba → **ronfler** ‖ *le frelon vrombit* il calabrone ronza.

vrombissant, ante |vʀɔ̃bisɑ̃, ɑ̃t| *adj.* [*qui vrombit*] rombante; ronzante.

vrombissement |vʀɔ̃bismɑ̃| *s.m.* [*bruit de ce qui vrombit*] rombo; ronzio*: *le vrombissement d'un moteur* il rombo di un motore → **ronflement** ‖ *un petit vrombissement de mouches* un lieve ronzio di mosche.

vu |vy| *prép.* [*en considérant, eu égard à*] visto *adj.*, dato (*adj.*): *vu les circonstances, il vaut mieux attendre* viste, date le circostanze, è meglio aspettare.

vu, vue |vy| *adj.* **1** [*perçu par le regard*] visto ◇ (*loc.*) *ni vu ni connu* mai visto né conosciuto; alla chetichella, di nascosto ✦ *s.m.* (*dans des loc.*) *au vu et au su de tout le monde* alla luce del sole, notoriamente; *c'est du déjà vu* non è una novità → **ouvertement** **2** [*compris*] capito: *c'est bien vu?* ha capito bene?, è chiaro?; (*fam.*) *vu?* capito?, chiaro? ◇ (*loc. fam.*) *c'est tout vu!* basta, è così! **3** (*personnes*) *bien, mal vu* ben visto, mal visto; *il est bien vu par le patron* è ben visto dal padrone.

vue |vy| *s.f.* **I** [→ VOIR] **1** (*le sens*) vista: *perdre la vue* perdere la vista, diventare cieco **2** [*formation des sensations et des perceptions propres à ce* *sens*] vista: *troubles de la vue* disturbi della vista ◇ [*fonctionnement de ce sens chez un individu*] *vue basse, courte d'un myope* vista corta di un miope; *sa vue baisse* gli si indebolisce la vista; *avoir une bonne vue, une vue perçante* avere una buona vista, una vista acuta **3** [*fait ou manière de regarder*] vista, sguardo (*m.*): *les choses qui se présentent à la vue* le cose che si presentano alla vista, allo sguardo; *jeter, porter la vue sur...* gettare lo sguardo su... ◇ (*loc.*) *à la vue de tous* alla vista di tutti ~ À PREMIÈRE VUE a prima vista: *charmer qqn. à première vue* affascinare qc. a prima vista ~ DE VUE di vista: *je le connais de vue* lo conosco di vista ~ À VUE a vista: *tirer à vue* sparare a vista; (*théât.*) *changement à vue* cambiamento (di scenario) a vista ~ À VUE D'ŒIL a vista d'occhio: *la société française se transforme à vue d'œil* la società francese si trasforma a vista d'occhio ~ (*fam.*) *à vue de nez* a lume di naso, a occhio e croce **4** [*les yeux, les organes qui permettent de voir*] vista: *une lumière qui fatigue la vue* una luce che affatica la vista ◇ (*loc. fam.*) *en mettre plein la vue à qqn.* [*l'éblouir*] far colpo su qc. **II** (*ce qui est vu*) **1** [*étendue de ce qu'on peut voir d'un lieu*] vista, veduta (*littér.*): *d'ici on a une très belle vue* da qui si ha, si gode una bellissima vista; *on a de la vue* c'è una bella vista → **panorama** **2** [*aspect sous lequel se présente* (*un objet*)] vista: *vue de face, de côté* vista di fronte, di lato ◇ *loc.* EN VUE in vista: *un objet bien en vue dans une vitrine* un oggetto bene in vista in una vetrina; *un personnage en vue* un personaggio in vista → **évidence** ◇ (*par ext.*) *un succès éclatant est en vue* è in vista un successo strepitoso **3** LA VUE DE... la vista di..: *la vue du sang le rend malade* la vista del sangue lo fa star male → **image, spectacle** **4** [*ce qui représente* (*un lieu, une étendue de pays*); *image, photo*] veduta (*cour.*): *une vue en couleur, en noir et blanc de Paris* una veduta a colori, in bianco e nero di Parigi ◇ (*ciné., télév.*) *prise de vues* ripresa **5** [*orientation permettant de voir*] vista: *les fenêtres de sa chambre ont vue sur le jardin* le finestre della camera hanno vista sul giardino, danno sul giardino **III** (*abstrait*) **1** [*faculté de former des images mentales, de se représenter; exercice de cette faculté*] vista: *seconde vue, double vue* seconda vista, doppia vista **2** [*image, idée; façon de se représenter* (*qqch.*)] vedute (*pl.*): *la profondeur de ses vues m'a étonné* la profondità delle sue vedute, delle sue idee mi ha sorpreso; *exposer, présenter ses vues* esporre, presentare le proprie vedute, le proprie idee ◇ (*loc.*) *échange de vues* scambio di vedute ~ *c'est une vue de l'esprit* è una pura congettura **3** *loc.* EN VUE [*en considérant* (*un but, une fin*)] in vista: *avoir un résultat en vue* avere in vista un risultato → **intention**; *je n'ai personne en vue pour ce poste* non ho nessuno in vista per questo posto ~ EN VUE DE (+ *inf.*) al fine, allo scopo di (+ *inf.*), per (+ *inf.*): *il a travaillé en vue de gagner beaucoup* ha lavorato allo scopo di, per guadagnare molto **4** *au plur.* [*desseins, projets*] mire: *si cela est toujours dans vos vues...* se questo è sempre nelle sue mire...; *il a des vues sur elle* ha delle mire su di lei → **projet** # *j'ai des vues sur lui* ho dei progetti per lui.

vulcain |vylkɛ̃| *s.m.* (*t.zool.*) atalanta *f.*

vulcanales |vylkanal| *s.f. pl.* (*antiq. rom.*) vulcanalie.

vulcanien, ienne |vylkanjɛ̃, jɛn| *adj.* (*géol.*) vulcaniano.

vulcanisation |vylkanizɑsjɔ̃| *s.f.* [→ VULCANISER] vulcanizzazione.

vulcaniser |vylkanize| *v.tr.* [*traiter* (*le caoutchouc*) *en y incorporant du soufre, pour améliorer sa résistance*] vulcanizzare.

vulcanologie |vylkanɔlɔʒi| *et dérivés* → **volcanologie** *et dérivés*.

vulgaire |vylgɛʀ| **I** *adj.* **1** [*qui manque d'élévation ou de distinction*] volgare: *il est riche et vulgaire* è ricco e volgare; *ses manières sont affreusement vulgaires* i suoi modi sono terribilmente volgari → **bas, commun, trivial** **2** (*ling.*) (*opposé à 'littéraire'*) volgare: *langues vulgaires* lingue volgari → **populaire** ◇ (*opposé à 'scientifique, technique'*) *nom vulgaire d'une plante* nome volgare di una pianta **3** (*littér.*) [*qui ne se distingue en rien; ordinaire*] corrente (*cour.*), comune (*cour.*): *les opinions vulgaires sur ce sujet* le opinioni correnti su questo argomento → 1 **courant** **4** (*avant le nom, péj.*) [*quelconque*] volgare: *c'est un vulgaire menteur* è un volgare bugiardo **II** (*s.m.*) *le vulgaire* [*le commun des hommes; la foule*] il volgo*, la plebe *f.*

vulgairement |vylgɛʀmɑ̃| *adv.* **1** [*avec vulgarité*] volgarmente, in maniera volgare (*loc. inv.*): *il s'exprime vulgairement* si esprime volgarmente, in maniera volgare **2** [*d'une manière commune, courante*] volgarmente, comunemente: *appelé vulgairement...* volgarmente, comunemente detto...

vulgarisateur, trice |vylgaʀizatœʀ, tʀis| *s.* **1** (*vieilli, littér.*) volgarizzatore* (*cour.*) # **diffuseur, propagateur** **2** [*spécialiste de la vulgarisation scientifique*] divulgatore*, volgarizzatore.

vulgarisation |vylgaʀizɑsjɔ̃| *s.f.* **1** (*vieilli, littér.*) volgarizzazione (*cour.*) → **diffusion, propagation** **2** *vulgarisation scientifique* divulgazione, volgarizzazione scientifica.

vulgariser |vylgaʀize| *v.tr.* **1** [*répandre* (*des connaissances*) *en mettant à la portée du grand public*] divulgare, volgarizzare **2** [*rendre ou faire paraître vulgaire*] rendere (105), far (103) *intr.* sembrare volgare: *ce chapeau ridicule la vulgarise* quel ridicolo cappello la rende, la fa sembrare volgare.

vulgarisme |vylgaʀism(ə)| *s.m.* (*ling.*) volgarismo.

vulgarité |vylgaʀite| *s.f.* volgarità (*inv.*): *la vulgarité de ses manières* la volgarità dei suoi modi → **bassesse, trivialité.**

vulgate |vylgat| *s.f.* (*relig.*) vulgata.

vulgo |vylgo| *adv.* [*dans la langue commune*] volgarmente, comunemente (detto).

vulgum pecus |vylgɔmpekys| *s.m. sing.* (*fam.*) [*le commun des mortels, les ignorants*] volgo: *c'est trop difficile pour le vulgum pecus* è troppo difficile per il volgo.

vulnérabilité |vylneʀabilite| *s.f.* vulnerabilità *inv.*

vulnérable |vylneʀabl(ə)| *adj.* **1** vulnerabile **2** (*fig.*) vulnerabile: *son inexpérience le rend vulnérable* la sua inesperienza lo rende vulnerabile **3** (*bridge*) vulnerabile.

vulnéraire |vylneʀɛʀ| *s.* **1** *s.m.* (*pharm.*) vulnerario* **2** *s.f.* (*t.bot.*) vulneraria.

vulnérant, ante |vylneʀɑ̃, ɑ̃t| *adj.* (*sc. nat.*) vulnerante.

vulpin |vylpɛ̃| *s.m.* (*t.bot.*) coda *f.* di volpe.

vultueux, euse |vyltɥø, øz| *adj.* [*congestionné et gonflé*] tumefatto.

vultuosité |vyltɥozite| *s.f.* [*état du visage vultueux*] tumefazione.

1 **vulvaire** |vylvɛʀ| *s.f.* (*t.bot.*) vulvaria.

2 **vulvaire** |vylvɛʀ| *adj.* (*anat.*) vulvare.

vulve |vylv(ə)| *s.f.* (*anat.*) vulva.

vulvite |vylvit| *s.f.* (*méd.*) vulvite.

vumètre |vymɛtʀ(ə)| *s.m.* (*techn.*) vu-meter *inv.*

W

w |dublǝve| *s.m.* [*vingt-troisième lettre de l'alphabet*] w (*m. ou f.*): *w minuscule* w minuscolo; *W majuscule* W maiuscola ◇ (*télécom.*): (*en France*) *W comme William*; (*en Belgique*) *W comme Waterloo* W come Washington ◇ (*emplois conventionnels*) (*symb. du tungstène*) w ◇ (*symb. du watt*) w.

wagage |wagaʒ| *s.m.* (*région.*) limo usato come fertilizzante.

wagnérien, ienne |vagneʀjɛ̃, jɛn| *adj. et s.* wagneriano.

wagon |vagɔ̃| *s.m.* **1** vagone: *wagon de marchandises* vagone merci # *wagon à bagages* bagagliaio; *wagon à bestiaux* carro bestiame; *wagon frigorifique* carro frigorifero → 2 **fourgon, plateau** **2** [*voiture*] carrozza (*f.*): *wagon* (*de voyageurs*) carrozza (viaggiatori); *wagon de première, de seconde* (*classe*) carrozza di prima, di seconda (classe); *compartiments d'un wagon* scompartimenti di una carrozza; *monter en wagon* salire in carrozza **3** [*contenu d'un wagon*] vagone: *un plein wagon de légumes* un intero vagone di ortaggi ◇ (*fam.*) [*grande quantité*] *il y en a un wagon!* ce n'è un sacco!

wagon-bar |vagɔ̃baʀ| *s.m.* carrozza *f.* bar (*inv.*): *des wagons-bars* delle carrozze bar.

wagon-citerne |vagɔ̃sitɛʀn(ǝ)| *s.m.* carro cisterna: *des wagons-citernes* dei carri cisterna.

wagon-foudre |vagɔ̃fudʀ(ǝ)| *s.m.* carro botte: *des wagons-foudres* dei carri botte.

wagon-lit |vagɔ̃li| *s.m.* carrozza *f.* (con) letti, vagone letto: *des wagons--lits* delle carrozze letti, dei vagoni letto.

wagonnée |vagɔne| *s.f.* vagonata.

wagonnet |vagɔnɛ| *s.m.* [*petit chariot sur rails*] vagoncino.

wagonnier |vagɔnje| *s.m.* manovratore di vagoni.

wagon-poste |vagɔ̃pɔst(ǝ)| *s.m.* vagone, vettura *f.* postale: *des wagons-poste* dei vagoni, delle vetture postali.

wagon-réservoir |vagɔ̃ʀezɛʀvwaʀ| *s.m.* → **wagon-citerne.**

wagon-restaurant |vagɔ̃ʀɛstɔ(o)ʀɑ̃| *s.m.* carrozza *f.* ristorante, vagone ristorante: *des wagons-restaurants* delle carrozze, dei vagoni ristorante.

wagon-salon |vagɔ̃salɔ̃| *s.m.* carrozza *f.* salone (*inv.*): *des wagons-salons* delle carrozze salone.

wagon-tombereau |vagɔ̃tɔ̃bʀo| *s.m.* carro scoperto (a sponde alte): *des wagons-tombereaux* dei carri scoperti (a sponde alte).

wagon-trémie |vagɔ̃tʀemi| *s.m.* (*techn.*) carro tramoggia: *des wagons--trémies* dei carri tramoggia.

walkie-talkie |wɔkitɔki| *s.m.* (*angl.*) walkie-talkie *inv.*, ricetrasmittente *f.* portatile: *des walkies-talkies* dei walkie-talkie, delle ricetrasmittenti portatili.

walkman |wɔkman| *s.m.* (*angl.*) (*marque déposée*) walkman *inv.*

walk-over |walkɔvœʀ| *s.m.* (*angl.*) (*sport*) walk-over (*inv.*): *des walk-overs* dei walk-over.

walkyrie |valkiʀi| *s.f.* (*mythol. scandinave*) valchiria ◇ (*plais.*) valchiria; donna prosperosa, giunonica*.

wallon, onne |walɔ̃, ɔn| **1** *adj.* [*de la Belgique du sud, de langue romane*] vallone: *le pays wallon* la regione vallone **2** (*s.m.*) *le wallon* [*le dialecte*] il vallone.

wallonisme |walɔnism(ǝ)| *s.m.* → **belgicisme.**

warrant |w(v)aʀɑ̃(t)| *s.m.* (*angl.*) (*comm.*) warrant *inv.*, fede *f.* di deposito: *des warrants* dei warrant, delle fedi di deposito.

warrantage |vaʀɑ̃taʒ| *s.m.* (*comm.*) garanzia *f.* con warrant.

warranter |vaʀɑ̃te| *v.tr.* (*comm.*) [*garantir* (*une marchandise déposée*) *par un warrant*] garantire (197) con warrant.

water-ballast |watɛʀbalast| *s.m.* (*angl.*) (*techn.*) **1** [*compartiment d'un navire servant au transport de l'eau, du mazout, etc. et qui peut servir de lest*] (acqua *f.* di) zavorra *f.* **2** [*réservoir de plongée d'un sous-marin que l'on peut remplir ou vider à volonté*] cassa *f.* zavorra: *des water-ballasts* delle casse zavorra.

water-closet(s) |watɛʀklozɛt| (*vieilli*), **waters** |watɛʀ, (*pop.*) vatɛʀ| *s.m.pl.* (*angl.*) w.c. *inv.*, gabinetto (*sing.*): *des water-closets* dei water-closet, dei gabinetti → **cabinet(s), toilette(s).**

watergang |watɛʀgɑ̃(g)| *s.m.* canale navigabile lungo un polder.

water-polo |watɛʀpɔlo| *s.m. inv.* (*angl.*) pallanuoto *f.*

waterproof |watɛʀpʀuf| *adj. inv.* (*angl.*) impermeabile *var.*, impermeabilizzato *var.*

watt |wat| *s.m.* (*phys.*) watt *inv.*

watt-heure |watœʀ| *s.m.* (*électr.*) wattora (*inv.*): *des watts-heures* dei wattora.

wattmètre |watmɛtʀ(ǝ)| *s.m.* (*électr.*) wattmetro, wattometro.

weber |vebɛʀ| *s.m.* (*électr.*) weber *inv.*

week-end |wikɛnd| *s.m.* (*angl.*) fine settimana *inv.*, week-end (*inv.*): *des week-ends* dei fine settimana, dei week--end; *passer son week-end à la campagne* passare il fine settimana in campagna; *partir en week-end* partire per il week--end.

welche |vɛlʃ(ǝ)| *s.m.* → **velche.**

welter |vɛltɛʀ| *s.m. et adj.* (*angl.*) (*boxe*) welter *inv.*

western |wɛstɛʀn| *s.m.* (*angl.*) (*ciné.*) western (*inv.*): *des westerns* dei western ◇ (*plais.*) *le western-spaghetti* il western all'italiana.

whisky |wiski| *s.m.* (*angl.*) whisky (*inv.*): *des whiskies* dei whisky.

whist |wist| *s.m.* (*angl.*) (*ancienn.*) (*jeu de cartes*) whist *inv.*

wisigoth, othe |vizigo, ɔt| *adj. et s.* (*hist.*) visigoto: *art wisigoth* arte visigota.

wisigothique |vizigɔtik| *adj.* (*hist.*) visigotico*: *écriture wisigothique* scrittura visigotica.

wolfram |vɔlfʀam| *s.m.* (*chim.*) wolframio*, tungsteno.

wolframite |vɔlfʀamit| *s.f.* (*minér.*) wolframite.

wormien |vɔʀmjɛ̃| *adj. m.* (*anat.*) wormiano.

X

x |iks| *s.m.* **1** [*vingt-quatrième lettre de l'alphabet*] x (*m. ou f.*): *x minuscule* x minuscolo; *X majuscule* X maiuscola; *monsieur X* il signor X; *rayons X* raggi X ◇ (*télécom.*) *X comme Xavier* X come Xeres **2** *l'X* [*l'École polytechnique*] il Politecnico; *un X* uno studente del Politecnico.
xanthie |gzɑ̃ti| *s.f.* (*t.zool.*) xantia.
xanthine |gzɑ̃tin| *s.f.* (*chim.*) xantina.
xanthome |gzɑ̃tɔ(o)m| *s.m.* (*pathol.*) xantoma.
xanthophylle |gzɑ̃tɔfil| *s.f.* (*bot.*) xantofilla.
Xénarthres |ksenaʀtʀ(ə)| *s.m. pl.* (*t.zool.*) Xenartri.
xén(o)- |ksen(ɔ)| *préf.* (*signifiant 'étranger', correspond généralt. à*) xen(o): *xénophile* xenofilo.
xénon |ksenɔ̃| *s.m.* (*chim.*) xeno.
xénophile |ksenɔfil| *adj. et s.* (*rare*) xenofilo.
xénophilie |ksenɔfili| *s.f.* (*rare*) xenofilia.
xénophobe |ksenɔfɔb| *adj. et s.* xenofobo.
xénophobie |ksenɔfɔbi| *s.f.* xenofobia → **chauvinisme.**
xéranthème |kseʀɑ̃tɛm| *s.m.* (*t. bot.*) xerantemo.
xérès |xeʀɛs, (*cour.*) gzeʀɛs| *s.m.inv.* xeres, sherry.
xér(o)- |kseʀ(ɔ)| *préf.* (*signifiant 'sec', correspond généralt. à*) xero: *xérodermie* xerodermia.
xérodermie |kseʀɔdɛʀmi| *s.f.* (*méd.*) xerodermia.
xérographie |kseʀɔgʀafi| *s.f.* xerografia.
xérophile |kseʀɔfil| *adj.* (*bot.*) xerofilo.
xérophtalmie |kseʀɔftalmi| *s.f.* (*méd.*) xeroftalmia.
Xérophytes |kseʀɔfit| *s.f.pl.* (*t. bot.*) Xerofite.
xérus |kseʀys| *s.m.* (*t.zool.*) xero.
xi |ksi| *s.m.* [*lettre de l'alphabet gr.*] csi *m. ou f. inv.*
xiphoïde |ksifɔid| *adj.* (*anat.*) xifoide: *appendice xiphoïde* appendice xifoide.
xiphoïdien, ienne |ksifɔidjɛ̃, jɛn| *adj.* (*anat.*) xifoideo.
xylène |ksilɛn| *s.m.* (*chim.*) xilene, xilolo.
xylidine |ksilidin| *s.f.* (*chim.*) xilidina.
xyl(o)- |ksil(ɔ)| *préf.* (*signifiant 'bois', correspond généralt. à*) xilo: *xylophage* xilofago.
xylocope |ksilɔkɔp| *s.m.* (*t.zool.*) xilocopa *f.*
xylographe |ksilɔgʀaf| *s.m.* (*techn.*) xilografo.
xylographie |ksilɔgʀafi| *s.f.* (*techn.*) xilografia.
xylographique |ksilɔgʀafik| *adj.* (*techn.*) xilografico*.
xylologie |ksilɔlɔʒi| *s.f.* silologia*.
xylophage |ksilɔfaʒ| *adj.* (*zool.*) xilofago*.
xylophone |ksilɔfɔn| *s.m.* (*mus.*) xilofono.
xyste |ksist(ə)| *s.m.* (*archéol.*) sisto.

Y

1 **y** |igʀɛk| *s.m.* [*vingt-cinquième lettre de l'alphabet*] y (*m. ou f.*): *y minuscule* y minuscolo; *Y majuscule* Y maiuscola ◇ (*télécom.*) *Y comme Yvonne* Y come Yacht.

2 **y** |i| *pron. et adv.* (*représente une chose, un énoncé, quelquefois une personne*) **1** (*pour rappeler le lieu où l'on est, où l'on va*) [*dans ce lieu, dans cela*] ci, vi (*littér.*): *nous y avons passé plusieurs années* ci, vi abbiamo passato parecchi anni; *'vous allez chez vous?' 'j'y vais'* 'andate a casa vostra?' 'ci vado'; *ah! j'y suis* ah! ci sono, ora capisco; *je n'y suis pour rien* non c'entro affatto **2** (*représentant un compl. précédé de 'à'*) [*à ce..., à cette..., à ces..., à cela*] ci, vi: *j'y renonce* ci rinuncio ◇ (*représentant un compl. précédé d'une autre prép.*) *n'y comptez pas* non contateci, non ci contare **3** (*dans divers gallicismes*) ci: *il y a* c'è, v'è; *y aller* andarci; *ça y est* ci siamo → 1 avoir (y).

3 **y** |i| (*pop.*) (*s'emploie pour transcrire 'il' dans la prononciation négligée*) *y en a pas* [*il n'y en a pas*] non ce n'è.

yacht |jɔt| *s.m.* (*angl.*) yacht *inv.*, panfilo: *yachts de croisière* yacht, panfili da crociera.

yacht-club |jɔtklœb| *s.m.* (*angl.*) yacht-club *inv.*

yachting |jɔtiŋ| *s.m.* (*angl.*) yachting *inv.*, navigazione *f.* da diporto.

yacht(s)man |jɔtman| *s.m.* (*angl.*) diportista, yachtsman: *des yachtmen* dei diportisti, degli yachtsmen.

ya(c)k |jak| *s.m.* (*angl.*) (*t.zool.*) yak *inv.*

yankee |jɑ̃ki| *s. et adj.* (*angl.*) yankee *inv.*

yaourt |jauʀ(t)| *s.m.* → **yog(h)ourt.**

yard |jaʀd| *s.m.* (*angl.*) iarda *f.*

yddisch |(j)idiʃ| *s.m.* → **yiddish.**

yearling |jœʀliŋ| *s.m.* (*angl.*) (*turf*) yearling *inv.*

yéménite |jemenit|, **yéminite** |jeminit| *adj.* [*du Yémen*] yemenita.

yen |jɛn| *s.m. inv.* (*jap.*) yen.

yeti |jeti| *s.m.* yeti *inv.*

yeuse |jøz| *s.f.* → **chêne (vert).**

yeux |jø| *s.m. pl.* → **œil.**

yé-yé |jeje| *s. et adj.* yè-yè (*inv.*): *des yé-yés* degli yè-yè.

yiddish |(j)idiʃ| *s.m. et adj. inv.* yiddish.

yod |jɔd| *s.m.* (*ling., phonét.*) iod *inv.*

yoga |jɔga| *s.m.* yoga (*inv.*): *exercices de yoga* esercizi di yoga.

yog(h)ourt |jɔguʀ(t)| *s.m.* iogurt *inv.*

yogi |jɔgi| *s.m.* yogin *inv.*

yole |jɔl| *s.f.* iole *inv.*, yole *inv.*

yougoslave |jugɔslav| **1** *adj.* [*de la Yougoslavie*] iugoslavo **2** (*s.m.*) *le yougoslave* [*la langue*] lo jugoslavo, il serbocroato.

youpin, ine |jupɛ̃, in| *s.* (*péj.*) → **juif.**

youyou |juju| *s.m.* [*petit canot court et large utilisé pour la navette entre les bateaux au mouillage et les quais*] lancia* *f.*

yo-yo |jojo| *s.m. inv.* yo-yo.

ypérite |ipeʀit| *s.f.* iprite.

ysopet, isopet |izɔpɛ| *s.m.* (*litt.*) 'ysopet' *inv.*, raccolta *f.* medievale di favole.

ytterbine |itɛʀbin| *s.f.* (*chim.*) itterbia.

ytterbium |itɛʀbjɔm| *s.m.* (*chim.*) itterbio*.

yttria |itʀija| *s.m.* (*chim.*) ittria *f.*

yttrium |itʀijɔm| *s.m.* (*chim.*) ittrio*.

yucca |juka| *s.m.* (*t.bot.*) yucca* *f.*

Z

z |zɛd| *s.m.* [*vingt-sixième lettre de l'alphabet*] z (*m. ou f.*): *z minuscule* z minuscolo; *Z majuscule* Z maiuscola ◇ (*télécom.*): (*en France*) *Z comme Zoé*; (*en Belgique*) *Z comme Zéro* Z come Zara ◇ (*loc.*) *de 'a' à 'z'* dall''a' alla 'z'.
zabre |zɑbʀ(ə)| *s.m.* (*t.zool.*) zabro.
zagaie |sagɛ| *s.f.* → **sagaie.**
zain |zɛ̃| *adj. m.* (*hippol.*) *cheval zain* cavallo zaino ◇ (*par anal.*) *chien zain* cane zaino.
zamier |zamje| *s.m.* (*t.bot.*) zamia *f.*
zancle |zɑ̃kl(ə)| *s.m.* (*t.zool.*) zanclo.
zanzibar |zɑ̃zibaʀ|, (*abrév.*) **zanzi** |zɑ̃zi| *s.m.* (*jeu*) zara *f.*
zanzibarite |zɑ̃zibaʀit| *adj.* [*du Zanzibar*] zanzibarino.
zaouïa |zauja| *s.f.* (*ar.*) zavia.
zapatéado |sapateado| *s.m.* (*esp.*) (*danse*) zapateado *inv.*
zazou |zazu| *s.* [*nom donné, pendant la seconde guerre mondiale, à des jeunes gens qui se signalaient par leur passion pour le jazz amér. et leur élégance tapageuse*] ⊠.
zèbre |zɛbʀ(ə)| *s.m.* **1** (*t.zool.*) zebra *f.* **2** (*loc. fig., fam.*) *courir, filer comme un zèbre* correre come una lepre **3** (*fam.*) [*individu bizarre*] tipo, tizio* (*s.*): *un drôle de zèbre* uno strano tipo.
zébrer |zebʀe| (8) *v.tr.* [*marquer de raies qui rappellent celles de la robe du zèbre*] striare, rigare → **rayer.**
zébrure |zebʀyʀ| *s.f.* [*rayure sur le pelage d'un animal*] zebratura.
zébu |zeby| *s.m.* (*t.zool.*) zebù *inv.*
zée |ze| *s.m.* (*t.zool.*) pesce San Pietro, sampietro.
zélandais, aise |zelɑ̃dɛ, ɛz| *adj.* [*de la Zélande*] zelandese.
zélateur, trice |zelatœʀ, tʀis| *s.* (*littér.*) zelatore* (*rare*), sostenitore* (*cour.*).
zèle |zɛl| *s.m.* zelo: *zèle patriotique* zelo patriottico; *travailler avec zèle* lavorare con zelo → **dévouement, empressement** # *faire du zèle* fare lo zelante ◇ (*spécialt.*) *grève du zèle* [*application méticuleuse de toutes les consignes du travail en vue de bloquer toute activité*] sciopero bianco 🄲 **négligence.**
zélé, ée |zele| *adj.* [*qui est plein de zèle*] zelante: *un secrétaire zélé* un segretario zelante → **dévoué.**
zélote |zelɔt| *s.* (*hist.*) zelota.
zen |zɛn| *s.m. et adj.* (*relig.*) zen *inv.*
zénith |zenit| *s.m.* (*astron.*) zenit *inv.* ◇ (*fig.*) [*point culminant*] apogeo, culmine: *le zénith de la réussite* il culmine del successo; *être à son zénith* essere all'apogeo, al culmine → **apogée, sommet.**
zénithal, ale, aux |zenital, o| *adj.* (*astron.*) zenitale: *distance zénithale* distanza zenitale.
zéolit(h)e |zeɔlit| *s.f.* (*minér.*) zeolite: *zéolithes artificielles* zeoliti artificiali.
zéphyr |zefiʀ| *s.m.* **1** (*poét.*) [*vent doux et agréable, brise légère*] zefiro **2** [*toile de coton fine et souple*] zefir, zéphir *inv.*
zéphyrien, ienne |zefiʀjɛ̃, jɛn| *adj.* (*rare*) dolce, leggero come lo zefiro.
zeppelin |zɛplɛ̃| *s.m.* (*aviat.*) zeppelin *inv.*, dirigibile.
zéro |zeʀo| *s.m.* **1** [*signe numérique indiquant l'absence de valeur*] zero **2** (*fam.*) [*néant, rien*] zero: *réduire à zéro* ridurre a zero; *partir de zéro* partire da zero; *c'est un zéro* è uno zero; *pour moi, c'est zéro* per me, è zero, non conta niente → **nullité 3** (*en fonction d'adj. numér. cardinal*) [*aucun*] *il a fait zéro faute à sa dictée* non ha fatto nessun errore nel dettato ◇ (*fam.*) *ça m'a coûté zéro franc, zéro centime* non mi è costato una lira, un soldo ◇ (*ellipt.*) *gagner par trois buts à zéro* vincere per tre a zero **4** [*point de départ des graduations du thermomètre et de diverses échelles de grandeurs*] zero: *zéro degré* zero gradi; *dix degrés au-dessus, au-dessous de zéro* dieci gradi sopra, sotto zero **5** (*dans une notation*) [*la plus basse note*] zero: *zéro de conduite* zero in condotta; *avoir zéro en orthographe* avere zero in ortografia.
zérotage |zeʀɔtaʒ| *s.m.* (*sc.*) azzeramento.
zérovalent, ente |zeʀovalɑ̃, ɑ̃t| *adj.* (*sc.*) zerovalente.
zest(e) |zɛst| *s.m.* (*loc. fam.*) *entre le zist et le zest* (*se dit d'une personne indécise*) tra il sì e il no.
zeste |zɛst(ə)| *s.m.* **1** [*cloison partageant en quatre cavités l'intérieur de la noix*] setto, segmento **2** [*partie externe, sapide et odorante du péricarpe des agrumes*] scorza *f.*, buccia* (*f.*): *mettre un zeste de citron dans un verre d'apéritif* mettere una scorza, una scorzetta di limone nell'aperitivo.
zester |zɛste| *v.tr.* (*rare*) [*peler en séparant le zeste* (2) *de la partie interne*] sbucciare (arance, limoni).
zêta |dzeta| *s.m.* [*sixième lettre de l'alphabet gr.*] zeta *m. ou f.*
zeugma |zøgma|, **zeugme** |zøgm(ə)| *s.m.* (*gram.*) zeugma.
zeuzère |zøzɛʀ| *s.f.* (*t.zool.*) perdilegno *m.*
zézaiement |zezemɑ̃| *s.m.* [*défaut de prononciation de qqn. qui zézaie*] blesità *f. inv.*, pronuncia* *f.* blesa.
zézayer |zezeje| (9) *v.intr.* [*prononcer comme s'il y avait un 'z' à la place d'un 'j' ou d'un 's'*] parlare in modo bleso.
zibeline |ziblin| *s.f.* (*t.zool.*) zibellino *m.* ◇ (*cour.*) *manteau de zibeline* pelliccia di zibellino.
zieuter, zyeuter |zjøte| *v.tr.* (*pop.*) [*regarder*] sbirciare.
zig, zigue |zig| *s.m.* (*pop.*) [*individu, type*] tizio* *s.*, tipo: *un drôle de zigue* uno strano tipo.
ziggourat |ziguʀat| *s.f.* (*archéol.*) ziggurat *m. ou f. inv.*
zigoteau, zigoto |zigɔto| *s.m.* → **zig.**
zigouiller |ziguje| *v.tr.* (*pop.*) [*tuer*] accoppare.
zigzag |zigzag| *s.m.* zigzag (*inv.*): *route en zigzag* strada a zigzag.
zigzaguer |zigzage| *v. intr.* [*faire des zigzags*] zigzagare.
zinc |zɛ̃g| *s.m.* **1** (*minér.*) zinco*: *alliages de zinc* leghe di zinco; *tuyaux en zinc* tubi di zinco; *comptoir de zinc* banco di zinco **2** (*fam.*) [*comptoir d'un débit de boissons*] banco*: *boire un verre sur le zinc* bere un bicchiere al banco **3** (*fam.*) → **avion.**
zincage |zɛ̃kaʒ| *s.m.* (*vx.*) → **zingage.**
zincifère |zɛ̃sifɛʀ| *adj.* (*sc.*) zincifero.
zincographie |zɛ̃kɔgʀafi| *s.f.* (*techn.*) zincografia.
zincotypie |zɛ̃kɔtipi| *s.f.* (*techn.*) zincotipia.
zingage |zɛ̃gaʒ| *s.m.* [→ ZINGUER] zincatura *f.*
zingaro |dzingaʀo|, *pl.* **zingari** |dzingaʀi| *s.m.* (*vx.*) zingaro → **bohémien, tzigane.**
Zingibéracées |zɛ̃ʒibeʀase| *s.f. pl.* (*t.bot.*) Zingiberacee.
zinguer |zɛ̃ge| *v.tr.* [*revêtir de zinc*] zincare.
zingueur |zɛ̃gœʀ| *s.m.* [*ouvrier spécialisé dans les opérations de zingage*] zincatore.
zinnia |zinja| *s.m.* (*t.bot.*) zinnia *f.*
zinzin |zɛ̃zɛ̃| **I** *s.m.* **1** (*pop., vieilli*) → **obus,** 1 **canon 2** → **machin, truc II** (*adj.*) *il est un peu zinzin* [*toqué*] è un po' toccato, picchiatello.
zinzinuler |zɛ̃zinyle| *v.intr.* (*se dit de la mésange, de la fauvette qui pousse son cri*) garrire (197).
zinzolin |zɛ̃zɔlɛ̃| *s.m.* [*couleur d'un violet rougeâtre que l'on obtient du sésame*] color violaceo, rossastro.
zip |zip| *s.m.* (*angl.*) zip *inv.*
zippé, ée |zipe| *adj.* munito di cerniera lampo.
zipper |zipe| *v.tr.* [*munir d'un zip*] munire (197) di chiusura lampo.
zircon |ziʀkɔ̃| *s.m.* (*minér.*) zircone.
zircone |ziʀkɔn| *s.f.* (*chim.*) zirconia.
zirconite |ziʀkɔnit| *s.f.* (*minér.*) zirconite.
zirconium |ziʀkɔnjɔm| *s.m.* (*chim.*) zirconio*.
zist |zist| *s.m.* → **zest(e).**
zizanie |zizani| *s.f.* **1** (*t.bot.*) zizzania → **ivraie 2** (*fig., littér.*) [*discorde*] zizzania.
1 **zizi** |zizi| *s.m.* (*t.zool.*) zigolo nero.

2 **zizi** |zizi| *s.m.* (*fam.*) [*membre viril* (*surtout de l'enfant*)] pisello, pisellino.
zloty |zlɔti| *s.m.* [*unité monétaire polonaise*] zloty *inv.*
-zoaire |zɔɛʀ| *suff.* (*signifiant 'animal', correspond généralt. à*) zoo: *protozoaire* protozoo.
zoanthropie |zɔɑ̃tʀɔpi| *s.f.* (*psycho.*) zoantropia.
zodiacal, ale, aux |zɔdjakal, o| *adj.* zodiacale: *signes zodiacaux* segni zodiacali; *constellations zodiacales* costellazioni zodiacali ◇ (*astron.*) *lumière zodiacale* luce zodiacale.
zodiaque |zɔdjak| *s.m.* zodiaco*: *signes du zodiaque* segni dello zodiaco, zodiacali ◇ (*bx-arts*) raffigurazione *f.* zodiacale.
zoé |zɔe| *s.f.* (*zool.*) zoea.
zoécie |zɔesi|, **zoïde** |zɔid| *s.f.* (*zool.*) zoecio* *m.*
zoïle |zɔil| *s.m.* (*littér.*) [*critique injuste et envieux*] zoilo → **détracteur.**
-zoïque |zɔik| *suff.* (*signifiant 'relatif aux animaux', correspond généralt. à*) zoico: *mésozoïque* mesozoico.
zona |zona| *s.m.* (*méd.*) herpes *inv.* zoster, zona *f.*
zonage |zonaʒ| *s.m.* (*urbanisme*) zonizzazione *f.*
zonal, ale, aux |zonal, o| *adj.* **1** (*sc. nat.*) zonato **2** (*géogr.*) zonale: *climat zonal* clima zonale.
zone |zon| *s.f.* **1** (*géogr.*) zona: *zones polaires, glaciales* zone polari, glaciali; *zones tempérées* zone temperate; *zone équatoriale* zona equatoriale **2** [(*partie d'une*) *surface quelconque*] zona, area: *zone littorale* zona, area costiera; *zone d'un séisme* zona, area di un sisma → **région** ◇ [*région, portion de territoire*] *zone de frontière* zona di frontiera; *zone militaire* zona militare; *zone démilitarisée* zona smilitarizzata; *zone franche* zona franca, punto franco; *zone libre, occupée* zona libera, occupata ◇ (*écon.*) *zone monétaire* area monetaria; *la zone franc, dollar, sterling* l'area del franco, del dollaro, della sterlina; *zone de salaire* zona salariale ◇ (*urbanisme*) *zone bleue* [*à stationnement limité*] zona disco; *zone d'aménagement concerté* (*Z.A.C.*) zona di pianificazione concertata; *zone à aménagement différé* (*Z.A.D.*) zona di pianificazione differita; *zone à urbaniser en priorité* (*Z.U.P.*) zona di urbanizzazione prioritaria **3** *loc.* DE SECONDE ZONE [*de second ordre, en valeur*] di second'ordine, di serie B: *c'est un romancier de seconde zone* è un romanziere di second'ordine, di serie B **4** [*les faubourgs misérables qui se constituent autour d'une grande ville*] sobborghi *m. pl.* poveri, borgate (*pl.*): *les baraques de la zone* le baracche dei sobborghi poveri, delle borgate.
zoné, ée |zone| *adj.* (*minér.*) zonato.
zone-test |zontɛst| *s.f.* zona campione: *des zones-test* delle zone campione.
zonier |zonje| *s.m.* abitante della periferia parigina; abitante in zona di frontiera.
zonure |zɔnyʀ| *s.m.* (*t.zool.*) zonuro.
zoo- |zoo| *préf.* (*signifiant 'être vivant, animal' correspond généralt. à*) zoo: *zoologique* zoologico.
zoo |zɔɔ| *s.m.* zoo *inv.*
zoochimie |zɔɔʃimi| *s.f.* zoochimica*.
zoogamète |zɔɔgamɛt| *s.m.* (*bot.*) zoogamete.
zoogéographie |zɔɔʒeɔgʀafi| *s.f.* zoogeografia.
zooglée |zɔɔgle| *s.f.* (*zool.*) zooglea.
zoolâtre |zɔɔlɑtʀ(ə)| *s.* zoolatra.
zoolâtrie |zɔɔlɑtʀi| *s.f.* (*hist.*) zoolatria.
zoologie |zɔɔlɔʒi| *s.f.* zoologia*.
zoologique |zɔɔlɔʒik| *adj.* zoologico*: *jardin, parc zoologique* giardino zoologico.
zoologiquement |zɔɔlɔʒikmɑ̃| *adv.* [→ ZOOLOGIQUE] zoologicamente.
zoologiste |zɔɔlɔʒist(ə)| *s.* zoologo* → 2 **naturaliste.**
zoom |zum| *s.m.* (*angl.*) (*ciné., photo., télév.*) zoom *inv.*
zoomer |zume| *v.tr.* (*ciné., photo., télév.*) [*effectuer un zoom*] zumare.
zoomorphe |zɔɔmɔʀf(ə)| *adj.* zoomorfo.
zoomorphisme |zɔɔmɔʀfism(ə)| *s.m.* zoomorfismo.
zoonose |zɔɔnoz| *s.f.* (*méd.*) zoonosi *inv.*
zoopathie |zɔɔpati| *s.f.* → **zoanthropie.**
zoophile |zɔɔfil| *adj.* zoofilo.
zoophilie |zɔɔfili| *s.f.* zoofilia.
zoophobe |zɔɔfɔb| *adj. et s.* zoofobo.
zoophobie |zɔɔfɔbi| *s.f.* zoofobia.
zoophore |zɔɔfɔʀ| *s.m.* (*archit.*) zooforo.
zoophyte |zɔɔfit| *s.m.* zoofito.
zooplancton |zɔɔplɑ̃ktɔ̃| *s.m.* (*sc., biol.*) zooplancton *inv.*
zoosémiotique |zɔɔsemjɔtik| *s.f.* zoosemiotica*.
zoosporange |zɔɔspɔʀɑ̃ʒ| *s.m.* (*bot.*) zoosporangio*.
zoospore |zɔɔspɔʀ| *s.f.* (*bot.*) zoospora.
zootaxie |zɔɔtaksi| *s.f.* classificazione degli animali, tassonomia animale.
zootechnicien, ienne |zɔɔtɛknisjɛ̃, jɛn| *s.* zootecnico*.
zootechnie |zɔɔtɛkni| *s.f.* zootecnia.
zootechnique |zɔɔtɛknik| *adj.* zootecnico*.
zorille |zɔʀil| *s.f.* (*t.zool.*) zorilla.
zoroastrien, ienne |zɔʀɔastʀijɛ̃, ijɛn| *adj. et s.* (*hist. relig.*) zoroastriano.
zoroastrisme |zɔʀɔastʀism(ə)| *s.m.* (*hist. relig.*) zoroastrismo.
zorrino |zɔrino| *s.m.* (*rare*) pelliccia* *f.* di zorilla.
zostère |zɔstɛʀ| *s.f.* (*t.bot.*) zostera.
zostérien, ienne |zɔsteʀjɛ̃, jɛn| *adj.* (*méd.*) relativo all'erpete zoster.
zou |zu| *interj.* (*région.*) [*allons! vivement!*] andiamo!, dai!
zouave |zwav| *s.m.* **1** (*milit.*) zuavo **2** (*loc. fam.*) *faire le zouave* [*faire le malin, crâner*] fare lo spavaldo ◇ (*par ext.*) [*faire le pitre, le guignol*] *ne fais pas le zouave!* non fare il pagliaccio!
zozo |zozo| *s.m.* (*pop.*) [*naïf, niais*] citrullo.
zozoter |zɔzɔte| *v.intr.* → **zézayer.**
zuc(c)hette |zykɛt| *s.f.* (*vx.*) zucchetta, zucchina (*cour.*), zucchino *m.* (*cour.*).
zurichois, oise |zyʀikwa, waz| *adj.* [*de Zurich*] zurighese.
zut! |zyt| *interj. fam.* (*exclam. exprimant 'le dépit, la colère'*) accidenti!
zutique |zytik| *adj.* (*hist. litt.*) [*du groupe des zutistes*] ⊠.
zutiste |zytist(ə)| *s.* (*hist. litt.*) [*membre d'un cercle de poètes* (*qui disaient 'zut!' à tout*] ⊠.
zwinglianisme |zvɛ̃glijanism(ə)| *s.m.* (*relig.*) zwinglismo, zwinglianesimo.
zwinglien, ienne |zvɛ̃glijɛ̃, jɛn| *adj.* (*relig.*) zwingliano.
zygène |ziʒɛn| *s.f.* (*t.bot.*) zigena.
zygo- |zigɔ| *préf.* (*signifiant 'joug', et fig., 'couple', correspond généralt. à*) zigo: *zygomorphe* zigomorfo.
zygoma |zigɔma| *s.m.* (*anat.*) zigomo.
zygomatique |zigɔmatik| *adj.* (*anat.*) zigomatico*.
zygomorphe |zigɔmɔʀf(ə)| *adj.* (*bot.*) zigomorfo.
Zygomycètes |zigɔmisɛt| *s.m. pl.* (*t.bot.*) Zigomiceti.
zygopétale |zigɔpetal| *s.m.* (*bot.*) zigopetalo.
zygote |zigɔt| *s.m.* (*biol.*) zigote.
zymase |zimɑz| *s.f.* (*biol., chim.*) zimasi *inv.*
zym(o)- |zimɔ| *préf.* (*signifiant 'levain, ferment', correspond généralt. à*) zim(o): *zymotechnie* zimotecnia.
zymotechnie |zimɔtɛkni| *s.f.* (*sc., rare*) zimotecnia.
zymotique |zimɔtik| *adj.* (*sc.*) zimotico*.

TABLEAUX DES CONJUGAISONS DES VERBES FRANÇAIS

11 arriver

Indicatif présent
j'arrive
tu arrives
il arrive
nous arrivons
vous arrivez
ils arrivent

Indicatif imparfait
j'arrivais
tu arrivais
il arrivait
nous arrivions
vous arriviez
ils arrivaient

Indicatif passé simple
j'arrivai
tu arrivas
il arriva
nous arrivâmes
vous arrivâtes
ils arrivèrent

Indicatif futur simple
j'arriverai
tu arriveras
il arrivera
nous arriverons
vous arriverez
ils arriveront

Indicatif passé composé
je suis arrivé
tu es arrivé
il est arrivé
nous sommes arrivés
vous êtes arrivés
ils sont arrivés

Indicatif plus-que-parfait
j'étais arrivé
tu étais arrivé
il était arrivé
nous étions arrivés
vous étiez arrivés
ils étaient arrivés

Indicatif passé antérieur
je fus arrivé
tu fus arrivé
il fut arrivé
nous fûmes arrivés
vous fûtes arrivés
ils furent arrivés

Indicatif futur antérieur
je serai arrivé
tu seras arrivé
il sera arrivé
nous serons arrivés
vous serez arrivés
ils seront arrivés

Conditionnel présent
j'arriverais
tu arriverais
il arriverait
nous arriverions
vous arriveriez
ils arriveraient

Conditionnel passé 1re forme
je serais arrivé
tu serais arrivé
il serait arrivé
nous serions arrivés
vous seriez arrivés
ils seraient arrivés

Conditionnel passé 2e forme
je fusse arrivé
tu fusses arrivé
il fût arrivé
nous fussions arrivés
vous fussiez arrivés
ils fussent arrivés

Impératif présent
arrive
arrivons
arrivez

Impératif passé
sois arrivé
soyons arrivés
soyez arrivés

Subjonctif présent
que j'arrive
que tu arrives
qu'il arrive
que nous arrivions
que vous arriviez
qu'ils arrivent

Subjonctif imparfait
que j'arrivasse
que tu arrivasses
qu'il arrivât
que nous arrivassions
que vous arrivassiez
qu'ils arrivassent

Subjonctif passé
que je sois arrivé
que tu sois arrivé
qu'il soit arrivé
que nous soyons arrivés
que vous soyez arrivés
qu'ils soient arrivés

Subjonctif plus-que-parfait
que je fusse arrivé
que tu fusses arrivé
qu'il fût arrivé
que nous fussions arrivés
que vous fussiez arrivés
qu'ils fussent arrivés

Infinitif présent
arriver

Infinitif passé
être arrivé

Participe présent
arrivant

Participe passé
arrivé
étant arrivé

12 se reposer

Indicatif présent
je me repose
tu te reposes
il se repose
nous nous reposons
vous vous reposez
ils se reposent

Indicatif imparfait
je me reposais
tu te reposais
il se reposait
nous nous reposions
vous vous reposiez
ils se reposaient

Indicatif passé simple
je me reposai
tu te reposas
il se reposa
nous nous reposâmes
vous vous reposâtes
ils se reposèrent

Indicatif futur simple
je me reposerai
tu te reposeras
il se reposera
nous nous reposerons
vous vous reposerez
ils se reposeront

Indicatif passé composé
je me suis reposé
tu t'es reposé
il s'est reposé
nous nous sommes reposés
vous vous êtes reposés
ils se sont reposés

Indicatif plus-que-parfait
je m'étais reposé
tu t'étais reposé
il s'était reposé
nous nous étions reposés
vous vous étiez reposés
ils s'étaient reposés

Indicatif passé antérieur
je me fus reposé
tu te fus reposé
il se fut reposé
nous nous fûmes reposés
vous vous fûtes reposés
ils se furent reposés

Indicatif futur antérieur
je me serai reposé
tu te seras reposé
il se sera reposé
nous nous serons reposés
vous vous serez reposés
ils se seront reposés

Conditionnel présent
je me reposerais
tu te reposerais
il se reposerait
nous nous reposerions
vous vous reposeriez
ils se reposeraient

Conditionnel passé 1re forme
je me serais reposé
tu te serais reposé
il se serait reposé
nous nous serions reposés
vous vous seriez reposés
ils se seraient reposés

Conditionnel passé 2e forme
je me fusse reposé
tu te fusses reposé
il se fût reposé
nous nous fussions reposés
vous vous fussiez reposés
ils se fussent reposés

Impératif présent
repose-toi
reposons-nous
reposez-vous

Subjonctif présent
que je me repose
que tu te reposes
qu'il se repose
que nous nous reposions
que vous vous reposiez
qu'ils se reposent

Subjonctif imparfait
que je me reposasse
que tu te reposasses
qu'il se reposât
que nous nous reposassions
que vous vous reposassiez
qu'ils se reposassent

Subjonctif passé
que je me sois reposé
que tu te sois reposé
qu'il se soit reposé
que nous nous soyons reposés
que vous vous soyez reposés
qu'ils se soient reposés

Subjonctif plus-que-parfait
que je me fusse reposé
que tu te fusses reposé
qu'il se fût reposé
que nous nous fussions reposés
que vous vous fussiez reposés
qu'ils se fussent reposés

Infinitif présent
se reposer

Infinitif passé
s'être reposé

Participe présent
se reposant

Participe passé
s'étant reposé

13 aller

Indicatif présent
je vais
tu vas
il va
nous allons
vous allez
ils vont

Indicatif imparfait
j'allais
tu allais
il allait
nous allions
vous alliez
ils allaient

Indicatif passé simple
j'allai
tu allas
il alla
nous allâmes
vous allâtes
ils allèrent

Indicatif futur simple
j'irai
tu iras
il ira
nous irons
vous irez
ils iront

Infinitif présent
aller

Indicatif passé composé
je suis allé
tu es allé
il est allé
nous sommes allés
vous êtes allés
ils sont allés

Indicatif plus-que-parfait
j'étais allé
tu étais allé
il était allé
nous étions allés
vous étiez allés
ils étaient allés

Indicatif passé antérieur
je fus allé
tu fus allé
il fut allé
nous fûmes allés
vous fûtes allés
ils furent allés

Indicatif futur antérieur
je serai allé
tu seras allé
il sera allé
nous serons allés
vous serez allés
ils seront allés

Infinitif passé
être allé

Conditionnel présent
j'irais
tu irais
il irait
nous irions
vous iriez
ils iraient

Conditionnel passé 1re forme
je serais allé
tu serais allé
il serait allé
nous serions allés
vous seriez allés
ils seraient allés

Conditionnel passé 2e forme
je fusse allé
tu fusses allé
il fût allé
nous fussions allés
vous fussiez allés
ils fussent allés

Impératif présent
va
allons
allez

Impératif passé
sois allé
soyons allés
soyez allés

Participe présent
allant

Subjonctif présent
que j'aille
que tu ailles
qu'il aille
que nous allions
que vous alliez
qu'ils aillent

Subjonctif imparfait
que j'allasse
que tu allasses
qu'il allât
que nous allassions
que vous allassiez
qu'ils allassent

Subjonctif passé
que je sois allé
que tu sois allé
qu'il soit allé
que nous soyons allés
que vous soyez allés
qu'ils soient allés

Subjonctif plus-que-parfait
que je fusse allé
que tu fusses allé
qu'il fût allé
que nous fussions allés
que vous fussiez allés
qu'ils fussent allés

Participe passé
allé, ée
étant allé

15 finir

Indicatif présent
je finis
tu finis
il finit
nous finissons
vous finissez
ils finissent

Indicatif imparfait
je finissais
tu finissais
il finissait
nous finissions
vous finissiez
ils finissaient

Indicatif passé simple
je finis
tu finis
il finit
nous finîmes
vous finîtes
ils finirent

Indicatif futur simple
je finirai
tu finiras
il finira
nous finirons
vous finirez
ils finiront

Infinitif présent
finir

Indicatif passé composé
j'ai fini
tu as fini
il a fini
nous avons fini
vous avez fini
ils ont fini

Indicatif plus-que-parfait
j'avais fini
tu avais fini
il avait fini
nous avions fini
vous aviez fini
ils avaient fini

Indicatif passé antérieur
j'eus fini
tu eus fini
il eut fini
nous eûmes fini
vous eûtes fini
ils eurent fini

Indicatif futur antérieur
j'aurai fini
tu auras fini
il aura fini
nous aurons fini
vous aurez fini
ils auront fini

Infinitif passé
avoir fini

Conditionnel présent
je finirais
tu finirais
il finirait
nous finirions
vous finiriez
ils finiraient

Conditionnel passé 1re forme
j'aurais fini
tu aurais fini
il aurait fini
nous aurions fini
vous auriez fini
ils auraient fini

Conditionnel passé 2e forme
j'eusse fini
tu eusses fini
il eût fini
nous eussions fini
vous eussiez fini
ils eussent fini

Impératif présent
finis
finissons
finissez

Impératif passé
aie fini
ayons fini
ayez fini

Participe présent
finissant

Subjonctif présent
que je finisse
que tu finisses
qu'il finisse
que nous finissions
que vous finissiez
qu'ils finissent

Subjonctif imparfait
que je finisse
que tu finisses
qu'il finît
que nous finissions
que vous finissiez
qu'ils finissent

Subjonctif passé
que j'aie fini
que tu aies fini
qu'il ait fini
que nous ayons fini
que vous ayez fini
qu'ils aient fini

Subjonctif plus-que-parfait
que j'eusse fini
que tu eusses fini
qu'il eût fini
que nous eussions fini
que vous eussiez fini
qu'ils eussent fini

Participe passé
fini
ayant fini

28 avoir

Indicatif présent	*Indicatif passé composé*	*Conditionnel présent*	*Subjonctif présent*
j'ai	j'ai eu	j'aurais	que j'aie
tu as	tu as eu	tu aurais	que tu aies
il a	il a eu	il aurait	qu'il ait
nous avons	nous avons eu	nous aurions	que nous ayons
vous avez	vous avez eu	vous auriez	que vous ayez
ils ont	ils ont eu	ils auraient	qu'ils aient

Indicatif imparfait	*Indicatif plus-que-parfait*	*Conditionnel passé 1re forme*	*Subjonctif imparfait*
j'avais	j'avais eu	j'aurais eu	que j'eusse
tu avais	tu avais eu	tu aurais eu	que tu eusses
il avait	il avait eu	il aurait eu	qu'il eût
nous avions	nous avions eu	nous aurions eu	que nous eussions
vous aviez	vous aviez eu	vous auriez eu	que vous eussiez
ils avaient	ils avaient eu	ils auraient eu	qu'ils eussent

Indicatif passé simple	*Indicatif passé antérieur*	*Conditionnel passé 2e forme*	*Subjonctif passé*
j'eus	j'eus eu	j'eusse eu	que j'aie eu
tu eus	tu eus eu	tu eusses eu	que tu aies eu
il eut	il eut eu	il eût eu	qu'il ait eu
nous eûmes	nous eûmes eu	nous eussions eu	que nous ayons eu
vous eûtes	vous eûtes eu	vous eussiez eu	que vous ayez eu
ils eurent	ils eurent eu	ils eussent eu	qu'ils aient eu

Indicatif futur simple	*Indicatif futur antérieur*	*Impératif présent*	*Subjonctif plus-que-parfait*
j'aurai	j'aurai eu	aie	que j'eusse eu
tu auras	tu auras eu	ayons	que tu eusses eu
il aura	il aura eu	ayez	qu'il eût eu
nous aurons	nous aurons eu		que nous eussions eu
vous aurez	vous aurez eu		que vous eussiez eu
ils auront	ils auront eu		qu'ils eussent eu

Infinitif présent	*Infinitif passé*	*Participe présent*	*Participe passé*
avoir	avoir eu	ayant	eu
			ayant eu

43 être

Indicatif présent	*Indicatif passé composé*	*Conditionnel présent*	*Subjonctif présent*
je suis	j'ai été	je serais	que je sois
tu es	tu as été	tu serais	que tu sois
il est	il a été	il serait	qu'il soit
nous sommes	nous avons été	nous serions	que nous soyons
vous êtes	vous avez été	vous seriez	que vous soyez
ils sont	ils ont été	ils seraient	qu'ils soient

Indicatif imparfait	*Indicatif plus-que-parfait*	*Conditionnel passé 1re forme*	*Subjonctif imparfait*
j'étais	j'avais été	j'aurais été	que je fusse
tu étais	tu avais été	tu aurais été	que tu fusses
il était	il avait été	il aurait été	qu'il fût
nous étions	nous avions été	nous aurions été	que nous fussions
vous étiez	vous aviez été	vous auriez été	que vous fussiez
ils étaient	ils avaient été	ils auraient été	qu'ils fussent

Indicatif passé simple	*Indicatif passé antérieur*	*Conditionnel passé 2e forme*	*Subjonctif passé*
je fus	j'eus été	j'eusse été	que j'aie été
tu fus	tu eus été	tu eusses été	que tu aies été
il fut	il eut été	il eût été	qu'il ait été
nous fûmes	nous eûmes été	nous eussions été	que nous ayons été
vous fûtes	vous eûtes été	vous eussiez été	que vous ayez été
ils furent	ils eurent été	ils eussent été	qu'ils aient été

Indicatif futur simple	*Indicatif futur antérieur*	*Impératif présent*	*Subjonctif plus-que-parfait*
je serai	j'aurai été	sois	que j'eusse été
tu seras	tu auras été	soyons	que tu eusses été
il sera	il aura été	soyez	qu'il eût été
nous serons	nous aurons été		que nous eussions été
vous serez	vous aurez été		que vous eussiez été
ils seront	ils auront été		qu'ils eussent été

Infinitif présent	*Infinitif passé*	*Participe présent*	*Participe passé*
être	avoir été	étant	été
			ayant été

45 faire

Indicatif présent	*Indicatif passé composé*	*Conditionnel présent*	*Subjonctif présent*
je fais	j'ai fait	je ferais	que je fasse
tu fais	tu as fait	tu ferais	que tu fasses
il fait	il a fait	il ferait	qu'il fasse
nous faisons	nous avons fait	nous ferions	que nous fassions
vous faites	vous avez fait	vous feriez	que vous fassiez
ils font	ils ont fait	ils feraient	qu'ils fassent
Indicatif imparfait	*Indicatif plus-que-parfait*	*Conditionnel passé 1re forme*	*Subjonctif imparfait*
je faisais	j'avais fait	j'aurais fait	que je fisse
tu faisais	tu avais fait	tu aurais fait	que tu fisses
il faisait	il avait fait	il aurait fait	qu'il fît
nous faisions	nous avions fait	nous aurions fait	que nous fissions
vous faisiez	vous aviez fait	vous auriez fait	que vous fissiez
ils faisaient	ils avaient fait	ils auraient fait	qu'ils fissent
Indicatif passé simple	*Indicatif passé antérieur*	*Conditionnel passé 2e forme*	*Subjonctif passé*
je fis	j'eus fait	j'eusse fait	que j'aie fait
tu fis	tu eus fait	tu eusses fait	que tu aies fait
il fit	il eut fait	il eût fait	qu'il ait fait
nous fîmes	nous eûmes fait	nous eussions fait	que nous ayons fait
vous fîtes	vous eûtes fait	vous eussiez fait	que vous ayez fait
ils firent	ils eurent fait	ils eussent fait	qu'ils aient fait
Indicatif futur simple	*Indicatif futur antérieur*	*Impératif présent*	*Subjonctif plus-que-parfait*
je ferai	j'aurai fait	fais	que j'eusse fait
tu feras	tu auras fait	faisons	que tu eusses fait
il fera	il aura fait	faites	qu'il eût fait
nous ferons	nous aurons fait		que nous eussions fait
vous ferez	vous aurez fait	*Impératif passé*	que vous eussiez fait
ils feront	ils auront fait	aie fait	qu'ils eussent fait
		ayons fait	
		ayez fait	
Infinitif présent	*Infinitif passé*	*Participe présent*	*Participe passé*
faire	avoir fait	faisant	fait ayant fait

	Présent	Imparfait	Futur	Passé simple	Participe passé	Subjonctif
1 arriver → TABLEAU						
2 placer	je place nous plaçons	je plaçais	je placerai	je plaçai	placé, ée	que je place
	~ REM. Les verbes en *-ecer* (ex.: *dépecer*) se conjuguent comme *placer* et *geler*. Les verbes en *-écer* (ex.: *rapiécer*) se conjuguent comme *céder* et *placer*.					
3 bouger	je bouge nous bougeons	je bougeais	je bougerai	je bougeai	bougé, ée	que je bouge
	~ REM. Les verbes en *-éger* (ex.: *protéger*) se conjuguent comme *bouger* et *céder*.					
4 appeler	j'appelle nous appelons	j'appelais	j'appellerai	j'appelai	appelé, ée	que j'appelle
5 jeter	je jette nous jetons	je jetais	je jetterai	je jetai	jeté, ée	que je jette
6 lever	je lève nous levons	je levais	je lèverai	je levai	levé, ée	que je lève
7 acheter	j'achète nous achetons	j'achetais	j'achèterai	j'achetai	acheté, ée	que j'achète
	et les verbes en *-emer* (ex.: *semer*), *-ener* (ex.: *mener*), *-eser* (ex.: *peser*), *-ever* (ex.: *lever*), etc. ~ REM. Les verbes en *-ecer* (ex.: *dépecer*) se conjuguent comme *geler* et *placer*.					
8 céder	je cède nous cédons	je cédais	je céderai	je cédai	cédé, ée	que je cède
	et les verbes en *-é* + *consonne(s)* + *-er* (ex.: *célébrer*, *lécher*, *déléguer*, *préférer*, etc.). ~ REM. Les verbes en *-éger* (ex.: *protéger*) se conjuguent comme *céder* et *bouger*. Les verbes en *-écer* (ex.: *rapiécer*) se conjuguent comme *céder* et *placer*.					
9 payer	je paie ou je paye nous payons et tous les verbes en *-ayer*.	je payais	je paierai ou je payerai	je payai	payé, ée	que je paie ou que je paye
10 noyer	je noie nous noyons	je noyais	je noierai	je noyai	noyé, ée	que je noie
11 appuyer	j'appuie nous appuyons	j'appuyais	j'appuierai	j'appuyai	appuyé, ée	que j'appuie

	Présent	Imparfait	Futur	Passé simple	Participe passé	Subjonctif
12 se reposer → TABLEAU						
13 aller → TABLEAU						
14 envoyer	régulier sauf: j'enverrai					
15 finir → TABLEAU						
16 haïr	je hais [ʒəɛ] il hait nous haïssons ils haïssent	je haïssais [ʒəaisɛ]	je haïrai	je haïs [ʒəai]	haï, e	que je haïsse
17 courir	je cours il court nous courons ils courent	je courais	je courrai	je courus	couru, e	que je coure
18 cueillir	je cueille il cueille nous cueillons ils cueillent	je cueillais	je cueillerai	je cueillis	cueilli, e	que je cueille
19 assaillir	j'assaille il assaille nous assaillons ils assaillent	j'assaillais	j'assaillirai	j'assaillis	assailli, e	que j'assaille
20 bouillir	je bous il bout nous bouillons ils bouillent	je bouillais	je bouillirai	je bouillis	bouilli, e	que je bouille
21 partir	je pars il part nous partons ils partent	je partais	je partirai	je partis	parti, e	que je parte
22 fuir	je fuis il fuit nous fuyons ils fuient	je fuyais	je fuirai	je fuis	fui (sans fém.)	que je fuie
23 couvrir	je couvre il couvre nous couvrons ils couvrent	je couvrais	je couvrirai	je couvris	couvert, e	que je couvre
24 mourir	je meurs il meurt nous mourons ils meurent	je mourais	je mourrai	je mourus	mort, e	que je meure
25 vêtir	je vêts il vêt nous vêtons ils vêtent	je vêtais	je vêtirai	je vêtis	vêtu, e	que je vête
26 acquérir	j'acquiers il acquiert nous acquérons ils acquièrent	j'acquérais	j'acquerrai	j'acquis	acquis, e	que j'acquière
27 venir	je viens il vient nous venons ils viennent	je venais	je viendrai	je vins	venu, e	que je vienne
28 avoir → TABLEAU						
29 pleuvoir (impers.)	il pleut	il pleuvait	il pleuvra	il plut	plu (sans fém.)	qu'il pleuve
30 asseoir	j'assois il assoit nous assoyons ils assoient ou j'assieds il assied nous asseyons ils asseyent	j'assoyais ou j'asseyais	j'assoirai ou j'assiérai ou j'asseyerai	j'assis	assis, e	que j'assoie ou que j'asseye
31 mouvoir	je meus il meut nous mouvons ils meuvent	je mouvais nous mouvions	je mouvrai	je mus	mû, ue	que je meuve que nous mouvions
32 émouvoir (voir aussi nº 31)	j'émeus nous émouvons et le verbe « promouvoir ».	j'émouvais	j'émouvrai	j'émus	ému, ue	que j'émeuve

	Présent	Imparfait	Futur	Passé simple	Participe passé	Subjonctif
33 recevoir	je reçois il reçoit nous recevons ils reçoivent	je recevais nous recevions	je recevrai	je reçus	reçu, ue	que je reçoive que nous recevions
34 devoir (voir aussi n. 33)	je dois nous devons	je devais	je devrai	je dus	dû, ue, us	que je doive
35 valoir	je vaux il vaut nous valons ils valent	je valais nous valions	je vaudrai	je valus	valu, e ◇ équivalu (sans fém.)	que je vaille que nous valions
36 prévaloir (voir aussi n. 35)					prévalu (sans fém.)	que je prévale
37 voir	je vois il voit nous voyons ils voient	je voyais nous voyions	je verrai	je vis	vu, e	que je voie que nous voyions
38 prévoir (voir aussi n. 37)			je prévoirai			
39 pourvoir (voir aussi n. 37)			je pourvoirai	je pourvus		(subjonctif imp.): que je pourvusse
40 vouloir	je veux il veut nous voulons ils veulent	je voulais nous voulions	je voudrai	je voulus	voulu, e	que je veuille que nous voulions
41 savoir	je sais il sait nous savons ils savent	je savais nous savions	je saurai	je sus	su, e	que je sache que nous sachions
42 pouvoir	je peux (ou je puis) il peut nous pouvons ils peuvent	je pouvais nous pouvions	je pourrai	je pus	pu (sans fém.)	que je puisse que nous puissions
43 être → TABLEAU						
44 rompre (voir aussi n. 53)	il rompt					
45 faire → TABLEAU						
46 conclure	je conclus il conclut nous concluons ils concluent	je concluais	je conclurai	je conclus	conclu, e	que je conclue

~ REM. **Exclure** se conjugue comme *conclure*: p.p. *exclu, e*. **Inclure** se conjugue comme *conclure* sauf au p.p.: *inclus, e*.

	Présent	Imparfait	Futur	Passé simple	Participe passé	Subjonctif
47 rire	je ris il rit nous rions ils rient	je riais	je rirai	je ris	ri (sans fém.)	que je rie
48 dire	je dis il dit nous disons vous dites ils disent	je disais	je dirai	je dis	dit, e	que je dise

1 REM. **Médire, contredire, dédire, interdire, prédire** se conjuguent comme *dire* sauf *médisez*, *contredisez*, *dédisez*, *interdisez*, *prédisez*.
2 REM. **Confire** fait au p.p. *confit, e*.
3 REM. **Suffire** se conjugue comme *dire* sauf au p.p. *suffi* (sans fém.).

	Présent	Imparfait	Futur	Passé simple	Participe passé	Subjonctif
49 maudire (voir aussi n. 48)	je maudis nous maudissons	je maudissais				que je maudisse
50 nuire	je nuis nous nuisons	je nuisais	je nuirai	je nuisis	nui (sans fém.)	que je nuise
51 écrire	j'écris il écrit nous écrivons ils écrivent	j'écrivais	j'écrirai	j'écrivis	écrit, e	que j'écrive
52 suivre	je suis il suit nous suivons ils suivent	je suivais	je suivrai	je suivis	suivi, e	que je suive

	Présent	Imparfait	Futur	Passé simple	Participe passé	Subjonctif
53 rendre	je rends il rend nous rendons ils rendent	je rendais	je rendrai	je rendis	rendu, e	que je rende
	et les verbes en *-andre* (ex.: *répandre*), *-erdre* (ex.: *perdre*), *-ondre* (ex.: *répondre*), *-ordre* (ex.: *mordre*).					
54 vaincre	je vaincs il vainc nous vainquons ils vainquent	je vainquais	je vaincrai	je vainquis	vaincu, e	que je vainque
55 lire	je lis il lit nous lisons ils lisent	je lisais	je lirai	je lus	lu, e	que je lise
56 croire	je crois il croit nous croyons ils croient	je croyais	je croirai	je crus	cru, e	que je croie
57 clore	je clos il clôt ou clot ils closent (rare)	je closais (contesté)	je clorai (rare)		clos, e	que je close
58 vivre	je vis il vit nous vivons ils vivent	je vivais	je vivrai	je vécus	vécu, e	que je vive
59 moudre	je mouds il moud nous moulons ils moulent	je moulais	je moudrai	je moulus	moulu, e	que je moule
60 coudre	je couds il coud nous cousons ils cousent	je cousais	je coudrai	je cousis	cousu, e	que je couse
61 joindre	je joins il joint nous joignons ils joignent	je joignais	je joindrai	je joignis	joint, e	que je joigne
62 traire	je trais il trait nous trayons ils traient	je trayais	je trairai		trait, e	que je traie
63 absoudre	j'absous il absout nous absolvons ils absolvent	j'absolvais	j'absoudrai	j'absolus (rare)	absous, oute	que j'absolve
	~ REM. **Dissoudre** se conjugue comme *absoudre*.					
64 résoudre (voir aussi n. 63)				je résolus	résolu, e résous, oute (rare)	
65 craindre	je crains il craint nous craignons ils craignent	je craignais	je craindrai	je craignis	craint, e	que je craigne
66 peindre	je peins il peint nous peignons ils peignent	je peignais	je peindrai	je peignis	peint, e	que je peigne
67 boire	je bois il boit nous buvons ils boivent	je buvais	je boirai	je bus	bu, e	que je boive que nous buvions
68 plaire	je plais il plaît nous plaisons ils plaisent	je plaisais	je plairai	je plus	plu (sans fém.)	que je plaise
	~ REM. Le participe passé de **plaire, complaire, déplaire** est en principe invariable.					
69 taire (se) (voir aussi n. 68)	il (se) tait				tu, e	
70 croître	je croîs il croît nous croissons ils croissent	je croissais	je croîtrai	je crûs	crû, ue	que je croisse
	~ REM. **Accroître, décroître** font *accru, e* et *décru, e* au p.p.					

	Présent	Imparfait	Futur	Passé simple	Participe passé	Subjonctif
71 mettre	**je mets** **il met** **nous mettons** **ils mettent**	**je mettais**	**je mettrai**	**je mis**	**mis, e**	**que je mette**
72 connaître	**je connais** **il connaît** **nous connaissons** **ils connaissent**	**je connaissais**	**je connaîtrai**	**je connus**	**connu, e**	**que je connaisse**
73 prendre	**je prends** **il prend** **nous prenons** **ils prennent**	**je prenais**	**je prendrai**	**je pris**	**pris, e**	**que je prenne** **que nous prenions**
74 naître	**je nais** **il naît** **nous naissons** **ils naissent**	**je naissais**	**je naîtrai**	**je naquis**	**né, ée**	**que je naisse**
	~ REM. Renaître n'a pas de participe passé.					
75 conduire	**je conduis** **nous conduisons**	**je conduisais**	**je conduirai**	**je conduisis**	**conduit, e**	**que je conduise**
76 battre	**je bats** **il bat** **nous battons** **ils battent**	**je battais**	**je battrai**	**je battis**	**battu, e**	**que je batte**

[77-95]

TABLEAU DES NOMS DE NOMBRES

REM. Les composés sont entre parenthèses. Les chiffres entre crochets doivent être remplacés par leurs noms, donnés plus haut dans la liste.

1	Un	Premier (1er)
2	Deux	Second, Deuxième (2e)
3	Trois	Troisième (3e)
4	Quatre	+ ième
5	Cinq	»
6	Six	»
7	Sept	»
8	Huit	»
9	Neuf	»
10	Dix	»
11	Onze	»
12	Douze	»
13	Treize	»
14	Quatorze	»
15	Quinze	»
16	Seize	»
17	(Dix-sept)	»
18	(Dix-huit)	»
19	(Dix-neuf)	»
20	Vingt	»
21	(Vingt et un)	Vingt et unième
22	(Vingt-deux)	Vingt-deuxième
23	(Vingt-trois... [4-9])	+ ième*
30	Trente	
31	(Trente et un)	
32	(Trente-deux... [3-9])	
40	Quarante	
41	(Quarante et un)	
42	(Quarante-deux... [3-9])	
50	Cinquante	
51	(Cinquante et un)	
52	(Cinquante-deux... [3-9])	
60	Soixante	
61	(Soixante et un)	
62	(Soixante-deux... [3-9])	
70	(Soixante-dix) ou *Région.* Septante	

71	(Soixante et onze)
72	(Soixante-douze... [13-19])
80	(Quatre-vingts) ou *Région., vx.* Octante, Huitante
81	(Quatre-vingt-un)
82	(Quatre-vingt-deux... [3-9])
90	(Quatre-vingt-dix) ou *Région.* Nonante
91	(Quatre-vingt-onze... [12-19])
100	Cent
101	(Cent un)
102	(Cent deux... [3-99])
200	(Deux cents)
201	(Deux cent un)
202	(Deux cent deux... [3-99])
300	(Trois cents)
301	(Trois cent un)
302	(Trois cent deux... [3-99])
400, 500	(Quatre cents, cinq cents... [6-9] cent [1-99])
999	(Neuf cent quatre-vingt-dix-neuf)
1.000	Mille
1.001	(Mille un)
1.002	(Mille deux... [3-99])
1.100	(Mille cent) ou (Onze cents) [+ 1-99]
1.200	(Mille deux cents...) ou (Douze [13-19] cents)
2.000	(Deux mille) [3-9] mille [1-999]
9.999	(Neuf mille neuf cent quatre-vingt-dix-neuf)
10.000	(Dix mille) [10-99] mille [1-999]
99.999	(Quatre-vingt-dix-neuf mille neuf cent quatre-vingt-dix-neuf)
100.000	(Cent mille)
100.001	(Cent mille [et] un)
100.002	(Cent mille + [2-99])
101.000	(Cent un mille; [2-9] cent [1-99] mille [1-999])
1.000.000	Un million

V. *aussi* Milliard; billion; trillion; quatrillion; quintillion.

* Tous les nombres ordinaux qui suivent sont formés avec le suffixe *-ième*.

NOMS PROPRES DE PERSONNES (RÉELLES, HISTORIQUES, MYTHOLOGIQUES)

Les noms sans traduction italienne ne sont pas signalés

Aaron *m.* Aronne
Abel *m.* Abele
Abélard, Abailard *m.* Abelardo
Abraham *m.* Abramo
Absalon *m.* Assalonne
Achille *m.* Achille
Ada *f.* Ada
Adalbert *m.* Adalberto
Adalgise *f.* Adalgisa
Adam *m.* Adamo
Adélaïde *f.* Adelaide
Adèle *f.* Adele
Adolphe *m.* Adolfo
Adonis *m.* Adone
Adrien *m.* Adriano
Adrienne *f.* Adriana
Agamennon *m.* Agamennone
Agathe *f.* Agata
Agésilas *m.* Agesilao
Agilulphe, Agilofe *m.* Agilulfo
Agnès *f.* Agnese
Agramant *m.* Agramante
Agrippa *m.* Agrippa
Agrippine *f.* Agrippina
Aïda *f.* Aida
Aimé *m.* Amato
Aimée *f.* Amata
Ajax *m.* Aiace
Aladin *m.* Aladino
Alain *m.* Alano
Alaric *m.* Alarico
Alban *m.* Albano
Albane(l') *m.* Albani
Albéric *m.* Alberico
Albert *m.* Alberto
Alberte *f.* Alberta
Albertine *f.* Albertina
Alboïn *m.* Alboino
Alcée *m.* Alceo
Alceste *m.* Alceste
Alcibiade *m.* Alcibiade
Alcide *m.* Alcide
Alcinoos *m.* Alcinoo
Alcuin *m.* Alcuino
Alcyone *f.* Alcione
Alde *m.* Aldo
Alex *m. dim.* Alexis, Alexandre
Alexandre *m.* Alessandro
Alexandra *f.* Alessandra
Alexis *m.* Alessio
Alfred *m.* Alfredo
Alice *f.* Alice
Aline *f.* Alina
Allah *m.* Allah
Alphonse *m.* Alfonso
Alphonsine *f.* Alfonsina
Amadis *m.* Amadigi
Amaryllis *f.* Amarilli, Amarillide
Amazones *f.pl.* Amazzoni
Ambroise *m.* Ambrogio
Amédée *m.* Amedeo
Amélie *f.* Amelia, Amalia
Améric *m.* Amerigo
Amilcar → *Hamilcar*
Aminte, Aminta *m.* Aminta
Amon *m.* Ammone
Amos *m.* Amos
Amphiaraos *m.* Amfiarao
Amphitrite *f.* Anfitrite
Amphitryon *m.* Anfitrione
Amulius *m.* Amulio
Anaclet *m.* Anacleto
Anacréon *m.* Anacreonte
Ananias *m.* Anania
Anastase *m.* Anastasio
Anastasie *f.* Anastasia
Anatole *m.* Anatolio
Anaxagore *m.* Anassagora
Anchise *m.* Anchise
André *m.* Andrea
Andrée *f.* Andreina
Androclès *m.* Androclo
Andromaque *f.* Andromaca
Andromède *f.* Andromeda
Andronic(us) *m.* Andronico
Ange *m.* Angelo
Angèle *f.* Angela
Angélique *f.* Angelica
Anita *f.* Anita
Annabelle *f.* Annabella
Anne *f.* Anna
Anne-Marie *f.* Annamaria
Annette *f. dim.* → *Anne*
Annibal → *Hannibal*
Annick *f.* → *Anne*
Annie *f. dim.* → *Anne, Marianne*
Anselme *m.* Anselmo
Antarès *f.* Antares
Antée *m.* Anteo
Antigone *f.* Antigone
Antinoüs *m.* Antinoo
Antiochos *m.* Antioco
Antisthène *m.* Antistene
Antoine *m.* Antonio
Antoinette *f.* Antonia, Antonietta
Apelle *m.* Apelle
Aphrodite *f.* Afrodite
Apis *m.* Api
Apollinaire *m.* Apollinare
Apollodore *m.* Apollodoro
Apollon *m.* Apollo
Appius *m.* Appio
Apulée *m.* Apuleio
Arabelle *f.* Arabella
Arachné *f.* Aracne
Arcadius *m.* Arcadio
Archibald *m.* Arcibaldo
Archiloque *m.* Archiloco
Archimède *m.* Archimede
Ardouin *m.* Arduino
Aréthuse *f.* Aretusa
Argan(t) *m.* Argante
Argonautes *m.pl.* Argonauti
Argus *m.* Argo
Ariane *f.* Arianna
Ariel *m.* Ariele
Arioste (l') *m.* Ariosto
Arioviste *m.* Ariovisto
Aristarque *m.* Aristarco
Aristide *m.* Aristide
Aristodème *m.* Aristodemo
Aristophane *m.* Aristofane
Aristote *m.* Aristotele
Arius *m.* Ario
Arlequin *m.* Arlecchino
Armand *m.* Armando
Armide *f.* Armida
Arnauld *m.* Arnaldo
Arnolphe *m.* Arnolfo
Arn(o)ul, *m.* Arnulfo
Arsène *m.* Arsenio
Artaxerxès *m.* Artaserse
Artémis *f.* Artemide
Arthur *m.* Arturo, Artù
Artus *m.* Artù
Ascagne *m.* Ascanio
Asdrubal → *Hasdrubal*
Asmodée *m.* Asmodeo
Aspasie *f.* Aspasia
Assuérus *m.* Assuero
Astolphe, Astolfe *m.* Astolfo
Astrée *f.* Astrea
Astyanax *m.* Astianatte
Ataulphe *m.* Ataulfo
Athalaric *m.* Atalarico
Athalie *f.* Atalia
Athanase *m.* Atanasio
Athéna *f.* Atena
Athénée *m.* Ateneo
Atlas *m.* Atlante
Atrée *m.* Atreo
Atrides *m.pl.* Atridi
Atropos *f.* Atropo
Attalos, Attale *m.* Attalo
Attila *m.* Attila
Attilius *m.* Attilio
Aude *f.* Alda
Auguste *m.* Augusto
Augustin *m.* Agostino
Augustine *f.* Augusta, Agostina
Aurèle *m.* Aurelio
Aurélie *f.* Aurelia
Aurélien *m.* Aureliano
Aurore *f.* Aurora
Ausone *m.* Ausonio
Automédon *m.* Automedonte
Averroès *m.* Averroè

Baal, Bel *m.* Baal
Babylas *m.* Babila
Bacchus *m.* Bacco
Bacon *m.* Bacone
Balthazar *m.* Baldassarre
Baptiste *m.* Battista
Barabbas, Barrabas *m.* Barabba
Barbe, Barbara *f.* Barbara
Barbe-Bleue *m.* Barbablù
Barberousse *m.* Barbarossa
Barnabé, Bernabé *m.* Barnaba, Bernabò, Barnabò
Barrabas → *Barabbas*
Barthélemy, Bartholomé *m.* Bartolomeo
Basile *m.* Basilio
Baucis *f.* Bauci
Baudouin *m.* Baldovino
Bayard *m.* Baiardo
Béatrice *f.* Beatrice
Bébert *m. dim.* → *Adalbert, Albert, Gilbert, Hubert, Humbert, Lambert, Norbert, Philibert, Robert*
Bel → *Baal*
Bélisaire *m.* Belisario
Belle *f.* Bella
Bellérophon *m.* Bellerofonte
Belphégor *m.* Belfagor, Beelfegor
Belzébuth, Belzébul *m.* Belzebù
Bénigne *m.* Benigno
Benjamin *m.* Beniamino
Benoit *m.* Benedetto
Benoite *f.* Benedetta
Bérenger *m.* Berengario
Bérénice *f.* Berenice
Bernabé → *Barnabé*
Bernadette *f.* Bernardina
Bernard *m.* Bernardo
Bernardin *m.* Bernardino
Bertha *f.* Berta
Bert(h)e *f.* Berta
Berthold *m.* Bertoldo
Bertrand *m.* Bertrando
Bethsabée *f.* Betsabea
Betty *f. dim.* → *Elisabeth*
Bibulus *m.* Bibulo
Blaise *m.* Biagio
Blanche *f.* Bianca
Blanche-Neige *f.* Biancaneve
Bob *m. dim.* → *Robert*
Boccace *m.* Boccaccio
Boèce *m.* Boezio
Boleyn *f.* Bolena
Bonaventure *m.* Bonaventura
Boniface *m.* Bonifacio
Bonne *f.* Bona
Borée *m.* Boreo
Borromée *m.* Borromeo
Bouddha *m.* Budda
Bouillon *m.* Buglione
Bourbon *m.* Borbone
Brahma *m.* Brahma
Brandan *m.* Brandano
Brennus *m.* Brenno
Brigide *f.* Brigida
Brigitte *f.* Brigitta
Briséis *f.* Briseide
Britannicus *m.* Britannico
Brunehaut, Brunhilde *f.* Brunilde
Bruno *m.* Bruno
Brutus *m.* Bruto
Bucéphale *m.* Bucefalo
Buridan *m.* Buridano

Cabot *m.* Caboto
Cacus *m.* Caco
Cadmos *m.* Cadmo
Caïn *m.* Caino
Caïphe *m.* Caifa
Caïus *m.* Caio
Calchas *m.* Calcante
Caligula *m.* Caligola
Callicratès *m.* Callicrate
Callimaque *m.* Callimaco
Calliope *f.* Calliope
Calliste → *Callixte*
Callixte, Calliste *m.* Callisto
Calvin *m.* Calvino
Calypso *f.* Calipso
Cambyse *m.* Cambise
Camille *m. et f.* Camillo, Camilla
Candide *m. et f.* Candido, Candida
Capet *m.* Capeto
Capulets *m.pl.* Capuleti, Cappelletti
Caracalla *m.* Caracalla
Caravage (le) *m.* Caravaggio
Carmen *f.* Carmen
Carnéade *m.* Carneade
Caro *f. dim.* → *Caroline*
Carole *f.* Carola
Caroline *f.* Carolina
Casimir *m.* Casimiro
Cassandre *f.* Cassandra
Cassiodore *m.* Cassiodoro
Cassiopée *f.* Cassiopea
Cassius *m.* Cassio
Castor *m.* Castore
Catherine *f.* Caterina
Cathie *f. dim.* → *Catherine*
Caton *m.* Catone
Catulle *m.* Catullo
Cécile *f.* Cecilia
Céleste *f.* Celeste
Célestin *m.* Celestino
Célestine *f.* Celestina
Célimène *f.* Celimene
Céline *f.* Celina
Celse *m.* Celso
Cendrillon *f.* Cenerentola
Céphale *m.* Cefalo
Cerbère *m.* Cerbero
Cérès *f.* Cerere
César *m.* Cesare
Césaire *m.* Cesario
Césarine *f.* Cesarina
Cham *m.* Cam
Charlemagne *m.* Carlomagno
Charles *m.* Carlo
Charlot *m. dim.* → *Charles*
Charlotte *f.* Carlotta
Charon *m.* Caronte

Chéops *m.* Cheope
Chimère *f.* Chimera
Chloé *f.* Cloe
Chloris *f.* Clori
Chris *m. dim.* → *Christian*
Christian *m.* Cristiano
Christiane *f.* Cristiana
Christine *f.* Cristina
Christophe *m.* Cristoforo
Chryséis *f.* Criseide
Cicéron *m.* Cicerone
Cid *m.* Cid
Cimabue, Cimabué *m.* Cimabue
Cincinnatus *m.* Cincinnato
Cinna *m.* Cinna
Circé *f.* Circe
Claire *f.* Clara, Chiara
Clairette *f. dim.* → *Claire*
Clarisse *f.* Clarissa
Claude, Claudius *m.* Claudio
Claudette *f. dim.* → *Claud(i)e*
Claud(i)e *f.* Claudia
Claudine *f. dim.* → *Claud(i)e*
Clélie *f.* Clelia
Clémence *f.* Clemenza
Clément *m.* Clemente
Clémentine *f.* Clementina
Cléopâtre *f.* Cleopatra
Clio *f.* Clio
Clodius *m.* Clodio
Clorinde *f.* Clorinda
Clotaire *m.* Clotario
Clotho *f.* Cloto
Clotilde *f.* Clotilde
Clovis *m.* Clodoveo
Clymène *f.* Climene
Clytemnestre *f.* Clitennestra
Colas *m. dim.* → *Nicolas*
Colette *f. dim.* → *Nicole*
Colin *m. dim.* → *Nicolas*
Colomb *m.* Colombo
Colombine *f.* Colombina
Côme *m.* Cosma
Commode *m.* Commodo
Confucius *m.* Confucio
Conrad *m.* Corrado
Constance *m. et f.* Costanzo, Costanza
Constant *m.* Costanzo, Costante
Constantin *m.* Costantino
Copernic *m.* Copernico
Corinne *f.* Corinna
Coriolan *m.* Coriolano
Cornélie *f.* Cornelia
Cornélius *m.* Cornelio
Corrège (le) *m.* il Correggio
Cosme *m.* Cosimo
Crassus *m.* Crasso
Créon *m.* Creonte
Crépin *m.* Crispino
Crésus *m.* Creso
Créüse *f.* Creusa
Cricri *f. dim.* → *Christiane*
Crispin *m.* Crispino
Criton *m.* Critone
Cronos, Kronos *m.* Crono
Cupidon *m.* Cupido
Curiaces *m.pl.* Curiazi
Cybèle *f.* Cibele
Cyclope *m.* Ciclope
Cyprien *m.* Cipriano
Cyrille *m.* Cirillo
Cyrus *m.* Ciro
Cythérée *f.* Citerea

Dagobert *m.* Dagoberto
Dalila *f.* Dalila
Damase *m.* Damaso
Damien *m.* Damiano
Damoclès *m.* Damocle
Damon *m.* Damone
Danaé *f.* Danae
Danaïdes *f.pl.* Danaidi
Daniel *m.* Daniele
Danièle *f.* Daniela
Daphné *f.* Dafne
Daphnis *m.* Dafni
Dardanos *m.* Dardano
Darios, Darius *m.* Dario
Déborah *f.* Debora
Decius *m.* Decio
Dédale *m.* Dedalo
Dédé *m. dim.* → *André*
Dédée *f. dim.* → *Andrée*
Dédette *f. dim.* → *Odette, Bernadette*
Déjanire *f.* Deianira
Délie *f.* Delia
Delphin *m.* Delfino
Delphine *f.* Delfina
Déméter *f.* Demetra
Démétrios *m.* Demetrio
Démocrite *m.* Democrito
Démosthène *m.* Demostene
Denis *m.* Dionigi
Denise *f.* Dionisia
Descartes *m.* Cartesio
Desdémone *f.* Desdemona
Désiré *m.* Desiderato
Désirée *f.* Desiderata
Deucalion *m.* Deucalione
Diane *f.* Diana
Didi *f. dim.* → *Edith, Odile*
Didier *m.* Desiderio
Didine *f. dim.* → *Léopoldine*
Didon *f.* Didone
Didyme *m.* Didimo
Diègue *m.* Diego
Dieudonné *m.* Donato
Dimitri, Dmitri *m.* Dimitri
Dioclétien *m.* Diocleziano
Diogène *m.* Diogene
Diomède *m.* Diomede
Dionysos *m.* Dioniso
Dioscures *m.pl.* Dioscuri
Dis, Dite *m.* Dite
Dmitri → *Dimitri*
Dolores *f.* Dolores
Dominique *m. et f.* Domenico, Domenica
Dominiquin (le) *m.* il Domenichino
Domino *f. dim.* → *Dominique*
Domitien *m.* Domiziano
Don Juan *m.* Don Giovanni
Don Quichotte *m.* Don Chisciotte
Dorine *f.* Dorina
Dorothée *f.* Dorotea
Dracon *m.* Dracone
Drusus *m.* Druso
Duilius *m.* Duilio
Dulcinée *f.* Dulcinea

Éaque *m.* Eaco
Edgar *m.* Edgardo
Édith *f.* Editta
Edmond *m.* Edmondo
Édouard *m.* Edoardo
Edwige *f.* Edvige
Égée *m.* Egeo
Égérie *f.* Egeria
Égisthe *m.* Egisto
Églé *f.* Egle
Éléazar *m.* Eleazaro
Électre *f.* Elettra
Éléonore *f.* Eleonora
Éliane *f.* Eliana
Élie *m.* Elia
Élisabeth *f.* Elisabetta
Élise *f.* Elisa
Élisée *m.* Eliseo
Elme *m.* Elmo
Éloi *m.* Eligio
Elvire *f.* Elvira
Élysée *m.* Elisio, Eliso
Émile *m.* Emilio
Émilie *f.* Emilia
Émilien *m.* Emiliano
Emma *f.* Emma
Emmanuel *m.* Emanuele
Emmanuelle *f.* Emanuela
Endymion *m.* Endimione
Énée *m.* Enea
Ennius *m.* Ennio
Éole *m.* Eolo
Épaminondas *m.* Epaminonda
Éphraïm *m.* Efraim
Épicure *m.* Epicuro
Épiphane *m.* Epifanio
Érasme *m.* Erasmo
Érato *f.* Erato
Ératosthène *m.* Eratostene
Érechtée *m.* Eretteo
Éric *m.* Erico
Éri(n)nyes *f. pl.* Erinni
Ermengarde, Hermengarde *f.* Ermengarda.
Ernest *m.* Ernesto
Ernestine *f.* Ernesta, Ernestina
Éros *m.* Eros
Érostrate *m.* Erostrato
Ésaïe → *Isaïe*
Ésaü *m.* Esaù
Eschine *m.* Eschine
Eschyle *m.* Eschilo
Esculape *m.* Esculapio
Ésope *m.* Esopo
Esther *f.* Ester
Étéocle *m.* Eteocle
Étienne *m.* Stefano
Étiennette *f.* Stefania
Euclide *m.* Euclide
Eugène *m.* Eugenio
Eugénie *f.* Eugenia
Eulalie *f.* Eulalia
Euménides *f.pl.* Eumenidi
Euphémie *f.* Eufemia
Euphorion *m.* Euforione
Euphrosyne *f.* Eufrosine
Euripide *m.* Euripide
Euryale *m.* Eurialo
Eurydice *f.* Euridice
Eurysthée *m.* Euristeo
Eusèbe *m.* Eusebio
Eusébie *f.* Eusebia
Eustache *m.* Eustachio
Eutrope *m.* Eutropio
Évandre *m.* Evandro
Évariste *m.* Evaristo
Ève *f.* Eva
Éveline *ou* **Évelyne** *f.* Evelina
Ézéchias *m.* Ezechia
Ézéchiel *m.* Ezechiele

Fabien *m.* Fabiano
Fabius *m.* Fabio
Fabrice, Fabricius *m.* Fabrizio
Fanchon *f. dim.* → *Françoise*
Fannette *f. dim.* → *Stéphanie*
Fanny *f. dim.* → *Stéphanie*
Fanon *f. dim.* → *Stéphanie*
Faune *m.* Fauno
Faust *m.* Fausto
Faustin *m.* Faustino
Faustine *f.* Faustina
Félicie *f.* Felicia
Félicien *m.* Feliciano
Félicienne *f.* Feliciana
Félicité *f.* Felicita
Félix *m.* Felice
Ferdinand *m.* Ferdinando
Ferdinande *f.* Ferdinanda
Fernand *m.* Fernando
Fidèle *m.* Fedele
Fiesque *m.* Fieschi
Fifi *f.dim.* → *Sophie, Joséphine*
Fine *f.dim.* → *Joséphine*
Firmin *m.* Firmino
Flaccus *m.* Flacco
Flaminius *m.* Flaminio
Flavie *f.* Flavia
Flavien *m.* Flaviano
Flavius *m.* Flavio
Flo *f. dim.* → *Florence*
Flore *f.* Flora
Florence *f.* Fiorenza
Florent *m.* Fiorenzo
Florian *m.* Floriano
Fortune *f.* Fortuna
Fortuné *m.* Fortunato
Foulques *m.* Folco
Fracasse *m.* Fracassa
Francette *f. dim.* → *Françoise*
France *f.* Franca
Francine *f.* Franca
Francis *m.* Franco
François *m.* Francesco
Françoise *f.* Francesca
Fred *m. dim.* → *Alfred, Frédéric*
Freddy *m. dim.* → *Alfred, Frédéric*
Freddy *f. dim.* → *Frédérique*
Frédéric *m.* Federico
Frédérique *f.* Federica
Fulgence *m.* Fulgenzio
Fulvie *f.* Fulvia
Fulvius *m.* Fulvio
Furies *f. pl.* Furie

Gaby *f. dim.* → *Gabrielle*
Gabriel *m.* Gabriele
Gabrielle *f.* Gabriella
Gaétan *m.* Gaetano
Gaia, Gé, Gê *f.* Gea
Gaïus *m.* Gaio
Galatée *f.* Galatea
Galien *m.* Galeno
Galilée *m.* Galileo
Gallien *m.* Gallieno
Ganymède *m.* Ganimede
Gaspard *m.* Gaspare
Gaston *m.* Gastone
Gaudence *m.* Gaudenzio
Gauthier *m.* Gualtiero
Gé → *Gaia*
Gê → *Gaia*
Gédéon *m.* Gedeone
Gégé *m. dim.* → *Gérard*
Geiséric, Genséric *m.* Genserico
Gélon *m.* Gelone
Genès *ou* **Genest** *m.* Genesio
Geneviève *f.* Genoveffa
Genséric → *Geiséric*
Geoffroy *m.* Goffredo
Georges *m.* Giorgio
Georgette *f.* Giorgina
Gérard *m.* Gerardo
Germain *m.* Germano
Germaine *f.* Germana
Germanicus *m.* Germanico
Géronte *m.* Geronte
Gertrude *f.* Geltrude
Gervais *m.* Gervasio, Gervaso
Gervaise *f.* Gervasia
Géryon *m.* Gerione
Gil *m. dim.* → *Gilbert*
Gilbert *m.* Gilberto
Gilberte *f.* Gilberta
Gille(s) *m.* Egidio
Ginette *f. dim.* → *Geneviève*
Gisèle *f.* Gisella
Godefroy *m.* Goffredo
Goliath *m.* Golia
Gordios *m.* Gordio
Gorgones *f.pl.* Gorgoni
Gracchus *m.* Gracco
Grâce *f.* Grazia
Gratien *m.* Graziano
Grégoire *m.* Gregorio
Guenièvre *f.* Ginevra
Guerchin (le) *m.* il Guercino
Gugus *m. dim.* → *Auguste*
Guichardin *m.* Guicciardini
Guillaume *m.* Guglielmo
Gus *m. dim.* → *Gustave*
Gustave *m.* Gustavo
Guy *m.* Guido, Vito

Habsbourg *m.* Asburgo
Hamilcar, Amilcar *m.* Amilcare
Hamlet *m.* Amleto
Hannibal, Annibal *m.* Annibale
Harold *m.* Aroldo
Harpagon *m.* Arpagone
Hasdrubal, Asdrubal *m.* Asdrubale
Hébé *f.* Ebe
Hector *m.* Ettore
Hécube *f.* Ecuba
Hélène *f.* Elena
Héliodore *m.* Eliodoro
Hélios *m.* Elio
Hellène *ou* **Hellen** *m.* Elleno
Héloïse *f.* Eloisa
Henri *m.* Enrico, Arrigo
Henriette *f.* Enrica, Enrichetta
Héra *f.* Era
Héraclès *m.* Eracle
Héraclite *m.* Eraclito
Hercule *m.* Ercole
Herman *m.* Ermanno
Hermaphrodite *m.* Ermafrodito
Hermengarde → *Ermengarde*
Hermès *m.* Ermes, Ermete
Herminie *f.* Erminia
Hermione *f.* Ermione
Hernani *m.* Ernani
Héro *f.* Ero
Hérode *m.* Erode
Hérodiade *ou* **Hérodias** *f.* Erodiade
Hérodote *m.* Erodoto
Hersilie *f.* Ersilia
Hésiode *m.* Esiodo
Hespérides *f.pl.* Esperidi
Hiéron *m.* Gerone

Hilaire *m.* Ilario
Hildebrand *m.* Ildebrando
Hildegarde *f.* Ildegarda
Hildegonde *f.* Ildegonda
Hipparque *m.* Ipparco
Hippocrate *m.* Ippocrate
Hippolyte *m. et f.* Ippolito, Ippolita
Hipponax *m.* Ipponatte
Holopherne *m.* Oloferne
Homère *m.* Omero
Honoré *m.* Onorato
Honorine *f.* Onorina
Honorius *m.* Onorio
Horace *m.* Orazio
Hortense *f.* Ortensia
Hubert *m.* Uberto
Hugues *m.* Ugo
Humbert *m.* Umberto
Hyacinthe *m.* Giacinto
Hydre *f.* Idra
Hygie *f.* Igea
Hyménée *m.* Imeneo
Hypéride *m.* Iperide

Iago *m.* Iago
Ibycos *m.* Ibico
Icare *m.* Icaro
Ida *f.* Ida
Idoménée *m.* Idomeneo
Ignace *m.* Ignazio
Ildefonse *m.* Ildefonso
Ilus, Ilos *m.* Ilo
Inès *f.* Ines
Innocent *m.* Innocenzo, Innocente
Iphicrate *m.* Ificrate
Iphigénie *f.* Ifigenia
Irène *f.* Irene
Irénée *m.* Ireneo
Iris *f.* Iris
Irma *f.* Irma
Isa *f. dim.* → *Isabelle*
Isabeau *f. dim.* → *Isabelle*
Isaac *m.* Isacco
Isabelle *f.* Isabella
Isaïe, Esaïe *m.* Isaia
Iseut *f.* Isotta
Isidore *m.* Isidoro
Isis *f.* Iside
Ismaël *m.* Ismaele
Isocrate *m.* Isocrate
Iule *m.* Iulo
Ixion *m.* Issione

Jacob *m.* Giacobbe
Jacotte *f. dim.* → *Jacqueline*
Jacqueline *f.* Giacomina
Jacques *m.* Giacomo, Jacopo
Jacquot *m.* 1 *dim.* → *Jacques* 2 Loreto (*perroquet*)
Jahvé, Jéhovah *m.* Iehova, Geova
Jansénius *m.* Giansenio
Janus *m.* Giano
Japet *m.* Giapeto
Japhet *m.* Iafet
Jasmine *f.* Gelsomina
Jason *m.* Giasone
Jean *m.* Giovanni
Jean-Baptiste *m.* Giambattista
Jean-Jacques *m.* Giangiacomo
Jean-Marie *m.* Gian Maria
Jeanne *f.* Giovanna
Jeanneton *f. dim.* → *Jeanne*
Jeannette *f. dim.* → *Jeanne*
Jeannot *m. dim.* → *Jean*
Jéhovah → *Jahvé*
Jérémie *m.* Geremia
Jérôme *m.* Gerolamo
Jésus *m.* Gesù: *Jésus-Christ* Gesù Cristo
Jo *f. dim.* → *Joséphine*
Jézabel *f.* Iezabel
Joachim *m.* Gioacchino
Job *m.* Giobbe
Jocaste *f.* Giocasta
Joconde *f.* Gioconda
Joël *m.* Gioele
Jojo *m. dim.* → *Georges, Joseph*
Jonas *m.* Giona
Jonathas, Jonathan *m.* Gionata
Jorda(i)n *m.* Giordano
Josaphat *m.* Giosafat
José *f. dim.* → *Joséphine*
Joseph *m.* Giuseppe
Joséphine *f.* Giuseppina
Josué m. Giosuè
Juba *m.* Giuba
Juda(s) *m.* Giuda
Judith *f.* Giuditta
Jugurtha *m.* Giugurta
Juju *m. et f. dim.* → *Jules, Juliette*
Jules *m.* Giulio
Julie *ou* **Julia** *f.* Giulia
Julien *m.* Giuliano
Julienne *f.* Giuliana
Juliette *f.* Giulietta
Julot *m. dim.* → *Jules*
Junon *f.* Giunone
Jupin *m.* (*plais.*) → *Jupiter*
Jupiter *m.* Giove
Justin *m.* Giustino
Justine *f.* Giustina
Justinien *m.* Giustiniano
Juvénal *m.* Giovenale

Képler *m.* Keplero
Knud, Knut *m.* Canuto
Kronos → *Cronos*

Lactance *m.* Lattanzio
Ladislas *m.* Ladislao
Laërte *m.* Laerte
Laïus *m.* Laio
Lambert *m.* Lamberto
Lancelot *m.* Lancillotto
Lanfranc *m.* Lanfranco
Laocoon *m.* Laocoonte
Laomédon *m.* Laomedonte
Latinus *m.* Latino
Latone *f.* Latona
Laure *f.* Laura
Laurence *f.* Lorenza
Laurent *m.* Lorenzo
Laurette *f. dim.* → *Laure*
Lavinie *f.* Lavinia
Lazare *m.* Lazzaro
Léa *f.* Lea
Léandre *m.* Leandro
Léda *f.* Leda
Lénine *m.* Lenin
Léon *m.* Leone
Léonard *m.* Leonardo
Léonce *m.* Leonzio
Léonidas *m.* Leonida
Léopold *m.* Leopoldo
Léopoldine *f.* Leopoldina
Lépide, Lepidus *m.* Lepido
Lesbie *f.* Lesbia
Leucippe *m.* Leucippo
Lévi *m.* Levi
Léviathan *m.* Leviatano
Lia *f.* Lia
Libère *m.* Libero
Liboire *m.* Liborio
Licinius *m.* Licinio
Liliane *f.* Liliana
Lin *m.* Lino
Linné *m.* Linneo
Lisette *f. dim.* → *Elise*
Liutprand *m.* Liutprando
Lionel *m.* Lionello
Livie *f.* Livia
Livius *m.* Livio
Longin *m.* Longino
Lot(h) *m.* Lot
Lothaire *m.* Lotario
Louis *m.* Luigi, Lodovico
Louise *f.* Luisa
Louisette *f. dim.* → *Louise*
Loulou *m. dim.* → *Louis*
Luc *m.* Luca
Lucain *m.* Lucano
Luc(i)e *f.* Lucia
Lucien *m.* Luciano
Lucienne *f.* Luciana
Lucifer *m.* Lucifero
Lucile *f.* Lucilla
Lucilius *m.* Lucilio
Lucine *f.* Lucina
Lucius *m.* Lucio
Lucrèce *m. et f.* Lucrezio, Lucrezia
Lucullus *m.* Lucullo
Ludovic *m.* Lodovico, Ludovico, Luigi
Luther *m.* Lutero
Lycaon *m.* Licaone
Lycée *m.* Liceo
Lycurgue *m.* Licurgo
Lydie *f.* Lidia
Lyncée *m.* Linceo
Lysandre *m.* Lisandro
Lysias *m.* Lisia
Lysicrate *m.* Lisicrate
Lysimaque *m.* Lisimaco
Lysippe *m.* Lisippo

Macaire *m.* Macario
Macchabées *m. pl.* Maccabei
Machiavel *m.* Machiavelli
Macrobe *m.* Macrobio
Madeleine *f.* Maddalena
Madelon *f. dim.* → *Madeleine*
Madone *f.* Madonna
Magellan *m.* Magellano
Magon *m.* Magone
Mahaut *f.* Mafalda
Mahomet *m.* Maometto
Maïa *f.* Maia
Malachie *m.* Malachia
Mammon *m.* Mammóna *m. ou f.*
Manes *m. pl.* Mani
Manfred *m.* Manfredi
Manitou *m.* Manitù
Marc *m.* Marco
Marc Aurèle *m.* Marc'Aurelio
Marcel *m.* Marcello
Marceline *f.* Marcellina
Marcelle *f.* Marcella
Marcellin *m.* Marcellino
Margot *f. dim.* → *Marguerite*
Marguerite *f.* Margherita
Marianne *f.* Marianna
Marie *f.* Maria
Marielle *f.* Mariella
Marie-Madeleine *f.* Maria Maddalena
Marin *m.* Marino
Marine *f.* Marina
Marius *m.* Mario
Mars *m.* Marte
Marsile *m.* Marsilio
Marsyas *m.* Marsia
Marthe *f.* Marta
Martial *m.* Marziale
Martin *m.* Martino
Martine *f.* Martina
Maryse *f.* Marisa
Mat(t)hias *m.* Mattia
Mathieu *m.* Matteo
Mathilde *f.* Matilde
Mathusalem *m.* Matusalemme
Maufait, Maufé *m.* il Maligno
Maurice *m.* Maurizio
Maxence *m.* Massenzio
Maxime *m.* Massimo
Maximilien *m.* Massimiliano
Maximin *m.* Massimino
Mazarin *m.* Mazarino
Mécène *m.* Mecenate
Médard *m.* Medardo
Médée *f.* Medea
Médicis *m.* Medici
Méduse *f.* Medusa
Mégère *f.* Megera
Mélanie *f.* Melania
Melchior *m.* Melchiorre
Melchisédech *m.* Melchisedec
Mélibée *m.* Melibeo
Melpomène *f.* Melpomene
Mélusine *f.* Melusina
Memnon *m.* Memnone
Ménandre *m.* Menandro
Ménippe *m.* Menippo
Mentor *m.* Mentore
Méphistophélès *m.* Mefistofele
Mercure *m.* Mercurio
Merlin *m.* Merlino
Mérope *f.* Merope
Mérovée *m.* Meroveo
Messaline *f.* Messalina
Messie *m.* Messia
Métastase *m.* Metastasio
Métellus *m.* Metello
Michel *m.* Michele
Michel-Ange *m.* Michelangelo
Michèle *f.* Michela
Micheline *f. dim.* → *Michèle*
Midas *m.* Mida
Milon *m.* Milone
Miltiade *m.* Milziade
Minerve *f.* Minerva
Minos *m.* Minosse
Minotaure *m.* Minotauro
Mireille *f.* Mirella
Misène *m.* Miseno
Mithridate *m.* Mitridate
Mnémosyne *f.* Mnemosine
Moctézuma, Moteczuma, Montézuma *m.* Montezuma
Modeste *m.* Modesto
Moires *f. pl.* Moire
Moïse *m.* Mosè
Moloch *m.* Moloch, Moloc
Monique *f.* Monica
Montaigus *m.pl.* Montecchi
Montézuma → *Moctézuma*
Morgane *f.* Morgana
Morgant *m.* Morgante
Morphée *m.* Morfeo
Motéczuma → *Moctézuma*
Musée *m.* Museo
Mustafa, Mustapha *m.* Mustafà
Mylène *f.* Milena
Myron *m.* Mirone
Myrrha *f.* Mirra

Nabuchodonosor *m.* Nabucodonosor
Nadia *f.* Nadia
Nævius *m.* Nevio
Napoléon *m.* Napoleone
Narcisse *m.* Narciso
Narsès *m.* Narsete
Nathalie *f.* Natalia
Nausicaa *f.* Nausicaa
Nazaire *m.* Nazario
Némésis *f.* Nemesi
Nepos *m.* Nepote
Neptune *m.* Nettuno
Nérée *m.* Nereo
Néréides *f.pl.* Nereidi
Néron *m.* Nerone
Nerva *m.* Nerva
Nessos, Nessus *m.* Nesso
Nestor *m.* Nestore
Nestorius *m.* Nestorio
Nicias *m.* Nicia
Nicodème *m.* Nicodemo
Nicolas *m.* Nicola, Niccolò
Nicole *f.* Nicoletta
Nicolette *f.* Nicoletta
Nicomède *m.* Nicomede
Niobé *f.* Niobe
Nisus *m.* Niso
Noël *m.* Natale
Noëlle *f.* Natalina
Norbert *m.* Norberto
Norma *f.* Norma
Numitor *m.* Numitore

Octavie *f.* Ottavia
Octavien *m.* Ottaviano
Odette *f.* Odetta
Odile *f.* Odilia
Od(d)in *m.* Odino
Odoacre *m.* Odoacre
Odon *m.* Oddone
Œdipe *m.* Edipo
Olga *f.* Olga
Olivia *f.* Olivia
Olivier *m.* Oliviero
Ophélie *f.* Ofelia
Orcus *m.* Orco
Oreste *m.* Oreste
Origène *m.* Origene
Orion *m.* Orione
Orphée *m.* Orfeo
Oscar *m.* Oscar
Osiris *m.* Osiride
Oswald *m.* Osvaldo
Othello *m.* Otello
Othon, Otton *m.* Ottone
Ovide *m.* Ovidio

Palamède *m.* Palamede
Palémon *m.* Palemone
Palinure *m.* Palinuro
Pallas *f.* Pallade
Pallas *m.* Pallante
Pamphile *m.* Panfilo
Pan *m.* Pan
Pancrace *m.* Pancrazio
Pandion *m.* Pandione
Pandore *f.* Pandora

Pantagruel *m.* Pantagruele
Pantalon *m.* Pantalone
Panurge *m.* Panurgo
Paracelse *m.* Paracelso
Pâris *m.* Paride
Parménide *m.* Parmenide
Parménion *m.* Parmenione
Parmesan (le) *m.* il Parmigianino
Parques *f. pl.* Parche
Parrhasios *m.* Parrasio
Pascal *m.* Pasquale
Pascale *f.* Pasqualina
Pasiphaé *f.* Pasifae
Pasquin *m.* Pasquino
Patrice, Patrick *m.* Patrizio
Patricia *f.* Patrizia
Patrick → *Patrice*
Patrocle *m.* Patroclo
Paul *m.* Paolo
Paule *f.* Paola
Paulette *f. dim.* → *Paule*
Pauline *f.* Paolina
Pausanias *m.* Pausania
Pégase *m.* Pegaso
Pélage *m.* Pelagio
Pélée *m.* Peleo
Pélopidas *m.* Pelopida
Pélops *m.* Pelope
Pénélope *f.* Penelope
Pépin *m.* Pipino
Perceval *m.* Parsifal
Pergolèse *m.* Pergolesi
Périandre *m.* Periandro
Périclès *m.* Pericle
Perpétue *f.* Perpetua
Perse *m.* Persio
Perséphone *f.* Persefone
Perseus *m.* Perseo
Pétrarque *m.* Petrarca
Pétrone *m.* Petronio
Pétronille, Pétronie *f.* Petronilla
Phaéton *m.* Fetonte
Phébus *m.* Febo
Phédon *m.* Fedone
Phèdre *m. et f.* Fedro, Fedra
Phidias *m.* Fidia
Philémon *m.* Filemone
Philibert *m.* Filiberto
Philinte *m.* Filinto
Philippe *m.* Filippo
Philoctète *m.* Filottete
Philomène *f.* Filomena
Philon *m.* Filone
Philostrate *m.* Filostrato
Phocas *m.* Foca
Phocion *m.* Focione
Photin *m.* Fotino
Phyllis *f.* Filli, Fillide
Pie *m.* Pio
Piérides *f. pl.* Pieridi
Pierre *m.* Pietro, Piero
Pierrette *f.* Piera
Pierrot *m. dim.* → *Pierre*
Pilate *m.* Pilato
Pindare *m.* Pindaro
Pisistrate *m.* Pisistrato
Pison *m.* Pisone
Pittacos *m.* Pittaco
Pizarre *m.* Pizarro
Placide *m.* Placido
Placidie *f.* Placidia
Plantagenêt *m.* Plantageneto
Platon *m.* Platone
Plaute *m.* Plauto
Pléiades *f. pl.* Pleiadi
Pline *m.* Plinio
Plotin *m.* Plotino
Ploutos, Plutus *m.* Pluto
Plutarque *m.* Plutarco
Pluton *m.* Plutone
Plutus → *Ploutos*
Polichinelle *m.* Pulcinella
Politien *m.* Poliziano
Pollion *m.* Pollione
Pollux *m.* Polluce
Polybe *m.* Polibio
Polyclète *m.* Policleto
Polycrate *m.* Policrate
Polydore *m.* Polidoro
Polyeucte *m.* Poliuto
Polymnie *f.* Polimnia
Polynice *m.* Polinice
Polyphème *m.* Polifemo
Polyxène *f.* Polissena
Pompée *m.* Pompeo
Ponce *m.* Ponzio
Poppée *f.* Poppea
Porcia *f.* Porzia
Porsenna *m.* Porsenna
Poséidon *m.* Poseidone
Posidippe *m.* Posidippo
Posidonios *m.* Posidonio
Poucet (le Petit) *m.* Pollicino Puccettino
Praxitèle *m.* Prassitele
Prétextat *m.* Pretestato
Priam *m.* Priamo
Priape *m.* Priapo
Primatice (le) *m.* il Primaticcio
Priscien *m.* Prisciano
Probus *m.* Probo
Procope *m.* Procopio
Proc(r)uste *m.* Procuste, Procruste
Procyon *m.* Procione
Prométhée *m.* Prometeo
Properce *m.* Properzio
Proserpine *f.* Proserpina
Prosper *m.* Prospero
Protagoras *m.* Protagora
Protais *m.* Protasio
Protée *m.* Proteo
Prudence *m.* Prudenzio
Psyché *f.* Psiche
Ptolémée *m.* Tolomeo
Putiphar *m.* Putifarre
Pygmalion *m.* Pigmalione
Pylade *m.* Pilade
Pyrame *m.* Piramo
Pyrrha *f.* Pirra
Pyrrhon *m.* Pirrone
Pyrrhus *m.* Pirro
Pythagore *m.* Pitagora
Pythie *f.* Pizia
Python *m.* Pitone

Quentin *m.* Quintino
Quintilien *m.* Quintiliano
Quirin(us) *m.* Quirino

Rachel *f.* Rachele
Radegonde *f.* Radegonda
Rainier *m.* Ranieri
Ramsès *m.* Ramsete
Raoul *m.* Raul
Raphaël *m.* Raffaello, Raffaele
Raphaëlle *f.* Raffaella, Raffaela
Raspoutine *m.* Rasputin
Raymond *m.* Raimondo
Raymonde *f.* Raimonda
Rébecca *f.* Rebecca
Régine, Reine *f.* Regina
Regulus *m.* Regolo
Remi, Remy *m.* Remigio
Remus *m.* Remo
Remy → *Remi*
Renaud *m.* Rinaldo
René *m.* Renato
Renée *f.* Renata
Rhadamant(h)e *m.* Radamanto
Richard *m.* Riccardo
Robert *m.* Roberto
Roberte *f.* Roberta
Roboam *m.* Roboamo
Roch *m.* Rocco
Rodolphe *m.* Rodolfo
Rodomont *m.* Rodomonte
Rodrigue *m.* Rodrigo
Roger *m.* Ruggero
Roland *m.* Rolando, Orlando
Romain *m.* Romano
Roméo *m.* Romeo
Romuald *m.* Romualdo
Romulus *m.* Romolo
Rosalie *f.* Rosalia
Rosalinde *f.* Rosalinda
Rose *f.* Rosa
Rosemonde *f.* Rosmunda
Rosette *f. dim.* → *Rose*
Rosie *f. dim.* → *Rose*
Rosine *f.* Rosina
Rothari(s) *m.* Rotari
Rufin *m.* Rufino
Ruth *f.* Rut

Sabellius *m.* Sabellio
Sabine *f.* Sabina
Saladin *m.* Saladino
Salluste *m.* Sallustio
Salomé *f.* Salomè
Salomon *m.* Salomone
Samson *m.* Sansone
Samuel *m.* Samuele
Sanche *m.* Sancio
Sapor *m.* Sapore
Sa(p)pho *f.* Saffo
Sara(h) *f.* Sara
Sardanapale *m.* Sardanapalo
Sarpédon *m.* Sarpedonte
Satan *m.* Satana
Saturne *m.* Saturno
Saturninus *m.* Saturnino
Saül *m.* Saul
Sauveur *m.* Salvatore
Savonarole *m.* Savonarola
Scævola *m.* Scevola
Scaliger *m.* Scaligero
Scapin *m.* Scapino
Scaramouche *m.* Scaramuccia
Scipion *m.* Scipione
Scopas *m.* Scopa
Sébastien *m.* Sebastiano
Séjan *m.* Seiano
Séléné *f.* Selene
Sem *m.* Sem
Sémélé *f.* Semele
Sémiramis *f.* Semiramide
Sempronie *f.* Sempronia
Sempronius *m.* Sempronio
Sénèque *m.* Seneca
Séraphin *m.* Serafino
Séraphine *f.* Serafina
Serge *m.* Sergio
Sertorius *m.* Sertorio
Séverin *m.* Severino
Séverine *f.* Severina
Sganarelle *m.* Sganarello
Sichée *m.* Sicheo
Siegfried *m.* Sigfrido
Sigebert *m.* Sigiberto
Sigismond *m.* Sigismondo
Silvère *m.* Silverio
Siméon *m.* Simeone
Simon *m.* Simone
Simone *f.* Simona
Simonide *m.* Simonide
Simplice *m.* Simplicio
Sinon *m.* Sinone
Sirius *m.* Sirio *f.*
Sisyphe *m.* Sisifo
Sixte *m.* Sisto
Socrate *m.* Socrate
Soliman *m.* Solimano
Solon *m.* Solone
Sonia *f.* Sonia
Sophie *f.* Sofia
Sophocle *m.* Sofocle
Sophonisbe *f.* Sofonisba
Sordel *m.* Sordello
Spartacus *m.* Spartaco
Spartien *m.* Sparziano
Stace *m.* Stazio
Staline *m.* Stalin
Stanislas *m.* Stanislao
Stéphane *m.* Stefano
Stéphanie *f.* Stefania
Stilicon *m.* Stilicone
Suétone *m.* Svetonio
Sulpice *m.* Sulpicio
Suzanne *f.* Susanna
Sylla *m.* Silla
Sylvain *m.* Silvano
Sylvaine *f.* Silvana
Sylvestre *m.* Silvestro
Sylvie *f.* Silvia
Sylvius *m.* Silvio
Symmaque *m.* Simmaco
Syphax *m.* Siface

Tacite *m.* Tacito
Tamerlan *m.* Tamerlano
Tancrède *m.* Tancredi
Tantale *m.* Tantalo
Tarquin *m.* Tarquinio
Tartarin *m.* Tartarino
Tartu(f)fe *m.* Tartufo
Tasse *m.* Tasso
Tatien *m.* Taziano
Tatius *m.* Tazio
Tchekhov *m.* Cecov
Técla *f.* Tecla
Télégone *m.* Telegono
Télémaque *m.* Telemaco
Térée *m.* Tereo
Térence *m.* Terenzio
Terme *m.* Termine
Terpsichore *f.* Tersicore
Tertullien *m.* Tertulliano
Teucros *m.* Teucro
Thaïs *f.* Taide
Thalès *m.* Talete
Thalie *f.* Talia
Thémis *f.* Temi
Thémistocle *m.* Temistocle
Théocrite *m.* Teocrito
Théoda(ha)t *m.* Teodato
Théodebald *m.* Teodebaldo
Théodelinde *f.* Teodolinda
Théodebert, Thibert *m.* Teodoberto
Théodora *f.* Teodora
Théodore *m.* Teodoro
Théodoric *m.* Teodorico
Théodose *m.* Teodosio
Théophile *m.* Teofilo
Théophraste *m.* Teofrasto
Thérèse *f.* Teresa
Théroulde *m.* Turoldo
Thersite *m.* Tersite
Thésée *m.* Teseo
Thespis *m.* Tespi
Thétis *f.* Teti, Tetide
Thibaud *m.* Teobaldo
Thibert → *Théodebert*
Thisbé *f.* Tisbe
Thomas *m.* Tommaso
Thucydide *m.* Tucidide
Thyeste *m.* Tieste
Tibère *m.* Tiberio
Tibulle *m.* Tibullo
Timon *m.* Timone
Timothée *m.* Timoteo
Tintoret (le) *m.* il Tintoretto
Tirésias *m.* Tiresia
Tisiphone *f.* Tisifone
Titan *m.* Titano
Tite, Titus *m.* Tito
Titien *m.* Tiziano
Titus → *Tite*
Tityre *m.* Titiro
Tobie *m.* Tobia
Toutankhamon *ou* **Tout Ankh Amon** *m.* Tutankhamon
Trajan *m.* Traiano
Tribonien *m.* Triboniano
Trimalcion *m.* Trimalcione
Trissin (le) *m.* il Trissino
Tristan *m.* Tristano
Triton *m.* Tritone
Trivulce *m.* Trivulzio
Truffaldin *m.* Truffaldino
Tullie, Tullia *f.* Tullia
Tyndare *m.* Tindaro

Ugolin *m.* Ugolino
Ulrich *m.* Ulrico
Ulrique *f.* Ulrica
Ulysse *m.* Ulisse
Uranie *f.* Urania
Uranus *m.* Urano
Urbain *m.* Urbano
Ursule *f.* Orsola

Valens *m.* Valente
Valentin *m.* Valentino
Valentine *f.* Valentina
Valentinien *m.* Valentiniano
Valère, Valéry, Valérius *m.* Valerio
Valérie *f.* Valeria
Valérien *m.* Valeriano
Valérius → *Valère*
Valéry → *Valère*
Varron *m.* Varrone
Varus *m.* Varo
Venantius *m.* Venanzio
Venceslas *m.* Venceslao
Vénus *f.* Venere
Véra *f.* Vera
Vercingétorix *m.* Vercingetorige
Véronèse *m.* Veronese
Véronique *f.* Veronica
Verrès *m.* Verre
Vérus *m.* Vero
Vespasien *m.* Vespasiano

Vesta *f.* Vesta
Véturie *f.* Veturia
Vichnou → *Vishnu*
Victoire *f.* Vittoria
Victor *m.* Vittore, Vittorio
Victorien *m.* Vittoriano
Victorin *m.* Vittorino
Victorine *f.* Vittorina
Vincent *m.* Vincenzo
Violette *f.* Violetta
Virgile *m.* Virgilio
Virginie *f.* Virginia
Virginius *m.* Virginio

Vishnu, Vichnou *m.* Visnù
Vital *m.* Vitale
Vitellius *m.* Vitellio
Vitigès *m.* Vitige
Vitruve *m.* Vitruvio
Viviane *f.* Viviana
Vladimir *m.* Vladimiro
Vladislas *m.* Vladislao
Volumnie *f.* Volumnia
Vulcain *m.* Vulcano

Walter *m.* Walter
Wanda *f.* Wanda, Vanda

Wilhelmine *f.* Guglielmina

Xanthippe *f.* Santippe
Xavier *m.* Saverio
Xénocrate *m.* Senocrate
Xénophane *m.* Senofane
Xénophon *m.* Senofonte
Xerxès *m.* Serse

Yolande *f.* Iolanda
Yves *m.* Ivo
Yvonne *f.* Ivonne

Zacharie *m.* Zaccaria

Zachée *m.* Zaccheo
Zaïre *f.* Zaira
Zarathoustra *m.* Zaratustra
Zénobie *f.* Zenobia
Zénon *m.* Zenone
Zéphirin, Zéphyrin *m.* Zefirino
Zéphyr, Zéphire *m.* Zeffiro
Zéthos *m.* Zeto
Zeus *m.* Zeus
Zeuxis *m.* Zeusi
Zoé *f.* Zoe
Zoïle *m.* Zoilo
Zoroastre *m.* Zoroastro

NOMS PROPRES DE LIEUX ET HABITANTS CORRESPONDANTS

REM. En italien les noms des villes sont toujours du féminin.

Abbeville		Abbevillois
Abruzzes	Abruzzi	Abruzzain
Açores	Azzorre	Açorien
Adoua	Adua	
Adriatique, mer	Adriatico, mare *m.*	
Afghanistan	Afghanistan	Afghan
Afrique	Africa	Africain
Afrique australe	Africa australe	
Afrique du Nord	Nordafrica	Nord-Africain
Agen		Agenais
Agrigente	Agrigento	Agrigentin
Aix-en-Provence		Aixois
Aix-la-Chapelle	Aquisgrana	
Aix-les-Bains		Aixois
Ajaccio	Aiaccio	Ajacéen, Ajaccien
Alaska	Alasca, Alaska *f.*	
Albains, monts	Albani, colli	
Albanie	Albania	Albanais
Albi		Albigeois
Alençon		Alençonnais
Aléoutiennes, îles	Aleutine, isole	
Alexandrie	(Égypte) Alessandria	Alexandrin
Alexandrie, Alessandria	(Italie) Alessandria	
Alger	Algeri	Algérois
Algérie	Algeria	Algérien
Alleghanys, monts	Alleghani; Allegheny, monti	
Allemagne:	Germania:	Allemand:
Rép. féd. allemande	Rep. fed. tedesca	Ouest-Allemand
Rép. dém. allemande	Rep. dem. tedesca	Est-Allemand
Alpes:	Alpi:	
Maritimes, Cottiennes, Grées, Pennines, Lépontiennes, Rhétiques, Carniques, Juliennes	Marittime, Cozie, Graie, Pennine, Lepontine, Retiche, Carniche, Giulie	
Alpes Apuanes	Alpi Apuane	
Alsace	Alsazia	Alsacien
Amalfi	Amalfi	Amalfitain
Amazone	Amazzoni, Rio delle *m.*	
Amazzonie	Amazzonia	
Amérique	America	Américain
Amérique Centrale	America Centrale	
Amérique du Nord	America Settentrionale, Nordamerica	Nord-Américain, Américain du Nord
Amérique du Sud	America Meridionale, Sudamerica	Sud-Américain, Américain du Sud
Amiens		Amiénois
Amsterdam		Amstellodamien
Anatolie	Anatolia	
Ancône	Ancona	Anconitain
Andalousie	Andalusia	Andalou
Andes	Ande	Andin
Andorre	Andorra	Andorran
Andorre-la-Vieille	Andorra la Vella	
Angers		Angevin
Angleterre	Inghilterra	Anglais
Angola	Angola	Angolan, Angolais
Angoulême		Angoumois, Angoumoisin
Anjou	Angiò	Angevin
Annam	Annam	Annamite
Annecy		Annecien
Antarctide, Antarctique	Antartide	
Antarctique, Océan Glacial	Antartico, mar *m.* glaciale	
Antibes		Antibois
Antilles	Antille	Antillais
Antium, Anzio	Anzio	
Anvers	Anversa	Anversois
Aoste	Aosta	Valdotain
Apennin, Apennins	Appennino, Appennini	
Appalaches	Appalachi, Appalaci	

Aquilée	Aquileia	
Aquitaine	Aquitania	Aquitain
Arabie	Arabia	Arabe
Arabie Saoudite	Arabia Saudita	Arabe
Aragon	Aragona *f.*	Aragonais
Arctique	Artide	
Arctique, océan glacial	Artico, mar *m.* glaciale	
Ardèche		Ardéchois
Ardenne		Ardennais
Ardennes	Ardenne	Ardennais
Arezzo	Arezzo	Arétin
Argentan		Argentanais
Argenteuil		Argenteuillais
Argentine	Argentina	Argentin
Argolide	Argolide	Argien
Argonne	Argonne	Argonnais
Argos	Argo	Argien
Ariège		Ariégeois
Arles		Arlésien
Arménie	Armenia	Arménien
Armorique	Armorica	Armoricain
Arras		Arrageois
Ascension, île de l'	Ascensione, isola dell'	
Asie	Asia	Asiatique
Assise	Assisi	
Assouan	Assuan	
Asturies	Asturie	Asturien
Athènes	Atene	Athénien
Atlantique, océan	Atlantico, oceano	
Atlas	Atlante	
Attique	Attica	
Aube		Aubois
Auch		Auscitain, Auchois
Aude		Audois
Aurillac		Aurillacois
Australie	Australia	Australien
Autriche	Austria	Autrichien
Auvergne	Alvernia	Auvergnat
Auxerre		Auxerrois
Avallon		Avallonnais
Aventin	Aventino	
Aveyron		Aveyronnais
Avignon	Avignone	Avignonnais
Azerbaïdjan	Azerbajdžan	
Bahamas	Bahama	
Bâle	Basilea	Bâlois
Baléares, îles	Baleari, isole	Baléare
Balkans	Balcani	
Baltimore	Baltimora	
Baltique, mer	Baltico, mar *m.*	
Baluchistân, Bélouchistan	Belucistan	
Barbade	Barbados *pl.*	Barbadien
Barcelone	Barcellona	Barcelonais
Barcelonnette		Barcelonnettain
Bardonnèche	Bardonecchia	
Bar-le-Duc		Barrois, Barrisien
Basilicate	Basilicata *f.*	
Basque, Pays; Basques, Provinces	Baschi, Paesi; Basche, Provincie	Basque
Basses Terres	Lowlands	
Bastia		Bastiais
Bavière	Baviera	Bavarois
Bayonne	Baiona	Bayonnais
Beauce		Beauceron
Beaune		Beaunois
Beauvais		Beauvaisien
Belfort		Belfortain
Belgique	Belgio *m.*	Belge
Belgrade	Belgrado	
Bénarès	Benares	
Bénévent	Benevento	Bénéventin
Bengale	Bengala	
Benghazi	Bengasi	
Béotie	Beozia	Béotien
Bérézina	Beresina	

Bergame	Bergamo	Bergamasque
Béring, détroit de	Bering, stretto di	
Berlin	Berlino	Berlinois
Bermudes	Bermude	Bermudien
Berne	Berna	Bernois
Berry		Berrichon
Besançon		Bisontin
Bessarabie	Bessarabia	Bessarabien
Bethléem	Betlemme	
Beyrouth	Beirut	
Béziers		Biterrois
Biarritz		Biarrot
Biélorussie	Bielorussia, Russia bianca	Biélorusse
Birmanie	Birmania	Birman
Biscaye	Biscaglia	Biscaïen
Blois		Blaisois, Blésois
Bobigny		Balbynien
Bogota	Bogotà	
Bohème	Boemia	Bohémien
Bolivie	Bolivia	Bolivien
Bologne	Bologna	Bolonais
Bonne-Espérance, cap de	Buona Speranza, capo di	
Bordeaux		Bordelais
Borinage		Borin
Bornéo	Borneo	
Borromées, îles	Borromee, isole	
Bosnie	Bosnia	Bosniaque, Bosnien
Bosphore	Bosforo	
Boston	Boston	Bostonien
Botnie	Botnia	
Boulogne-Billancourt		Boulonnais
Boulogne-sur-Mer		Boulonnais
Bourg-en-Bresse		Bourgeois, Bressan
Bourges		Berruyer
Bourgogne	Borgogna	Bourguignon
Brabant	Brabante	Brabançon
Bragance	Braganza	
Brahmapoutre	Brahmaputra	
Brandebourg	Brandeburgo	Brandebourgeois
Brême	Brema	Brémois
Brenner	Brennero	
Brésil	Brasile	Brésilien
Bresse		Bressan
Brest		Brestois
Bretagne	Bretagna	Breton
Briançon		Briançonnais
Brie		Briard
Brigue, La	Briga	
Bruges		Brugeois
Bruxelles	Bruxelles	Bruxellois
Bulgarie	Bulgaria	Bulgare
Cachemire	Kashmir	Cachemirien
Cælius	Celio	
Cadix	Cadice	Gaditan
Caen		Caennais
Cahors		Cadurcien, Cahorsain
Caire, Le	Cairo, Il	Cairote
Calabre	Calabria	Calabrais
Calais		Calaisien
Californie	California	Californien
Calvados		Calvadosien
Calvaire	Calvario	
Calvi		Calvais
Camargue		Camarguais
Cambodge	Cambogia *f.*	Cambodgien
Cambrai		Cambrésien
Cameroun	Camerun	Camerounais
Campanie	Campania	Campanien
Canada	Canada	Canadien
Canaries	Canarie	Canarien
Candie	Candia	Candiote
Cannes		Cannais, Cannois
Cantabriques, monts	Cantabrici, monti	
Cantal		Cantalien
Cantorbéry	Canterbury	
Cap, Le	Capo, Città del	
Capitole, Capitolin	Campidoglio	
Capoue	Capua	Capouan
Cappadoce	Cappadocia	Cappadocien
Cap-Vert, îles du	Capo Verde, Isole del	
Capraja, île de	Capraia, Isola di	
Capri	Capri	Capriote
Caraïbes	Caraibi	
Carcassonne	Carcassona	Carcassonnais
Carinthie	Carinzia	Carinthien
Carnac		Carnacois
Caroline du Nord, du Sud	Carolina del Nord, del Sud	
Carolines, îles	Caroline, isole	

Carpates	Carpazi	
Carpentras		Carpentrassien
Carrare	Carrara	
Cartagène	Cartagena	
Carthage	Cartagine	Carthaginois
Caserte	Caserta	
Caspienne, mer	Caspio mar *m.*	
Castille	Castiglia	Castillan
Catalogne	Catalogna	Catalan
Catane	Catania	Catanais
Caucase	Caucaso	Caucasien
Caux		Cauchois
Cayenne	Caienna	
Centrafricaine, Rép.	Centrafricana, Rep.	
Céphalonie	Cefalonia	
Cervin	Cervino	
Cévennes	Cevenne	Cévenol
Ceylan (Lanka)	Ceylon	Céylanais, Cingalais
Chalon-sur-Saône		Chalonnais
Châlons-sur-Marne		Châlonnais
Chambéry		Chambérien
Chamonix-Mont-Blanc		Chamoniard
Champagne-Ardennes		Champenois, Ardennais
Chang-hai, Shanghai	Sciangai, Shangai	
Chantilly		Cantilien
Charente		Charentais
Charleroi		Carolorégien
Chartres		Chartrain
Charybde	Cariddi	
Châteaudun		Châteaudunois
Châteauroux		Castelroussin
Château-Thierry		Castrothéodoricien
Châtellerault		Châtelleraudais
Chaumont		Chaumontais
Cherbourg		Cherbourgeois
Chili	Cile	Chilien
Chine, Rép. pop. chinoise	Cina, Rep. popolare di	Chinois
Chio		Chiote
Chypre	Cipro	Chypriote, Cypriote
Cisjordanie	Cisgiordania	
Clermont-Ferrand		Clermontois
Cluny		Clunysois
Coblence	Coblenza	
Cobourg	Coburgo	
Cochinchine	Cocincina	Cochinchinois
Coïmbre	Coimbra	
Coire	Coira	
Colmar		Colmarien
Cologne	Colonia	
Colombie	Colombia	Colombien
Côme	Como	Cômasque, Cômien
Congo, Rép. pop. du	Congo, Rep. pop. del	Congolais
Coni	Cuneo	
Constance	Costanza	
Constantine	Costantina	Constantinois
Copenhague	Copenaghen	
Cordoue	Cordova	Cordouan
Corée:	Corea:	Coréen:
Corée du Nord	Corea del Nord	Nord-Coréen
Corée du Sud	Corea del Sud	Sud-Coréen
Corfou	Corfù	Corfiote
Corinthe	Corinto	Corinthien
Cornouaille	(France) Cornovaglia	Cornouaillais
Cornouailles	(Angleterre) Cornovaglia *sing.*	
Corogne, La	Coruña, La	
Corrèze		Corrézien
Corse	Corsica	Corse
Costa Rica	Costa Rica	Costaricain
Côte d'Azur	Costa Azzurra	
Côte-d'Ivoire	Costa d'Avorio	Ivoirien
Côte d'Or	Costa d'Oro	
Cracovie	Cracovia	Cracovien
Crémone	Cremona	
Crète	Creta	Crétois
Créteil		Cristolien
Creuse		Creusois
Crimée	Crimea	Criméen
Croatie	Croazia	Croate
Cuba	Cuba	Cubain
Cyclades	Cicladi	
Dahomey		Dahoméen
Dalmatie	Dalmazia	Dalmate
Damas	Damasco	Damascène
Danemark	Danimarca *f.*	Danois
Dantzig	Danzica	
Danube	Danubio	
Dardanelles	Dardanelli	
Dauphiné	Delfinato	Dauphinois

Délos	Delo	
Delphes	Delfi, Delfo	Delphien
Digne		Dignois, Dinien
Dijon	Digione	Dijonnais
Djakarta	Giacarta	
Djerba	Gerba	Djerbien
Djibouti	Gibuti	
Djouba	Giuba	
Dodécanèse	Dodecaneso	
Doire:	Dora:	
Doire Baltée, Ripaire	Dora Baltea, Riparia	
Dole		Dolois
Dolomites	Dolomiti	
Dominicaine, Rép.	Dominicana, Rep.	Dominicain
Dordogne	Dordogna	
Doubs		Doubiste
Douvres	Dover	
Draguignan		Dracénois, Draguignanais
Drave	Drava	
Dresde	Dresda	
Dreux		Drouais, Durocasse
Drôme		Drômois
Dublin	Dublino	
Dunkerque		Dunkerquois
Écosse	Scozia	Écossais
Èbre	Ebro	
Édimbourg	Edimburgo	Édimbourgeois
Égades, îles	Egadi, isole	
Égée, mer	Egeo, mare *m.*	
Égine	Egina	Éginète
Égypte	Egitto *m.*	Égyptien
Elbe	Elba	
Elbe, île d'	Elba, isola d'	
Émilie	Emilia	Émilien
Émirats Arabes Unis	Emirati Arabi Uniti	
Engadine	Engadina	
Éoliennes, îles	Eolie, isole	
Épinal		Spinalien
Épire	Epiro	Épirote
Équateur	Ecuador	Équatorien
Érythrée	Eritrea	Érythréen
Espagne	Spagna	Espagnol
Esquilin	Esquilino	
Estonie	Estonia	Estonien
Estrémadure	Estremadura	
États-Unis	Stati Uniti	Étatsunien, Américain
Éthiopie	Etiopia	Éthiopien
Étolie	Etolia	Étolien
Eubée	Eubea	Eubéen
Euganéens, monts	Euganei, colli	
Euphrate	Eufrate	
Eurasie	Eurasia	Eurasien
Europe	Europa	Européen
Évreux		Ébroïcien
Évry		Évryen
Extrême-Orient	Estremo Oriente	
Famagouste	Famagosta	
Féroé, îles	Faeroer, isole	Féringien, Féroïen
Ferrare	Ferrara	Ferrarais
Fidji,; Fiji, îles	Figi, isole	Fidjien
Finistère		Finistérien
Finlande	Finlandia	Finlandais, Finnois
Flandre, Flandres	Fiandra, Fiandre	Flamand
Fleuve Bleu	Fiume Azzurro	
Fleuve Jaune	Fiume Giallo	
Florence	Firenze	Florentin
Floride	Florida	
Foix		Fuxéen
Fontainebleau		Bellifontain
Forêt Noire	Foresta Nera	
Forli	Forlì	
Formose	Formosa	Formosan
Fornoue	Fornovo	
France	Francia	Français
Francfort (-sur-le-Main)	Francoforte (sul Meno)	Francfortais
Franche-Comté (la)	Franca Contea	Comtois, Franc-Comtois
Fribourg	Friburgo	Fribourgeois
Frioul	Friuli	Frioulan
Frise	Frisia	Frison
Frisonnes, îles	Frisone, isole	
Fuji-Yama	Fujiyama	
Gaberones	Gaberone	
Gabon	Gabon	Gabonais
Gaète	Gaeta	
Galice	(Espagne) Galizia	Galicien
Galicie	(Pologne) Galizia	Galicien

Galilée	Galilea	Galiléen
Galles, Pays de	Galles	Gallois
Gambie	Gambia	
Gand		Gantois
Gap		Gapençais
Gard		Gardois
Garde, lac de	Garda, lago di	
Garonne	Garonna	
Gascogne	Guascogna	Gascon
Gênes	Genova	Génois
Genève	Ginevra	Genevois
Géorgie	Georgia	Géorgien
Gérone	Gerona	
Gévaudan		Gabalitain
Ghana	Ghana	Ghanéen
Gibraltar	Gibilterra	
Gironde	Gironda	
Gironde		Girondin
Grampians, monts	Grampiani, monti	
Grande-Bretagne	Gran Bretagna	Britannique
Grand Paradis	Gran Paradiso	
Grand-Saint-Bernard	Gran San Bernardo, Colle del	
Grèce	Grecia	Grec
Grenade	Granada	Grenadin
Grenoble		Grenoblois
Groenland	Groenlandia *f.*	Groenlandais
Guadeloupe	Guadalupa	Guadeloupéen
Guatémala	Guatemala	Guatémalien, Guatémaltèque
Guéret		Guérétois
Guinée	Guinea	Guinéen
Guinée équatoriale	Guinea equatoriale	
Guinée portugaise, Guinée-Bissau	Guinea-Bissau	
Guyana	Guiana	Gayanais
Guyane française	Guiana francese	Guyanais
Haïfa, Haiffa	Haifa, Haifà	
Haïti	Haiti *f.*	Haïtien
Hambourg	Amburgo	Hambourgeois
Hanovre	Hannover	Hanovrien
Haut-Adige	Alto Adige	
Hautes Terres	Highlands	Highlander
Haute-Volta	Alto Volta *m.*	
Havane, La	L'Avana	Havanais
Havre, Le		Havrais
Hawaï	Hawaii	Hawaïen
Haye, La	L'Aia	
Hébrides, îles	Ebridi, isole	
Hérault		Héraultais
Herculanum	Ercolano	
Herzégovine	Erzegovina	
Hesse	Assia	
Hollande	Olanda	Hollandais, Néerlandais
Honduras	Honduras	Hondurien
Hongrie	Ungheria	Hongrois, Magyar
Ibérique, cordillère	Iberici, monti *m.*	
Ienisseï	Jenissei	
Inde	India	Indien
Indien, océan	Indiano, oceano	
Indochine	Indocina	Indochinois
Indonésie	Indonesia	Indonésien
Indus	Indo	
Ionienne, mer	Ionio, mare *m.*	
Iran	Iran	Iranien
Iraq	Irak	Irakien, Iraquien
Irlande:	Irlanda:	Irlandais
Irlande du Nord, Eire	Irlanda del Nord, Eire	
Isère		Iseran, Isérois
Islande	Islanda	Islandais
Israël	Israele	Israélien
Istanbul		Istanbuliote
Istrie	Istria	Istrien
Italie	Italia	Italien
Ithaque	Itaca	
Ivrée	Ivrea	
Jaffa	Giaffa	
Jamaïque	Giamaica	Jamaïquain
Janicule	Gianicolo	
Japon	Giappone	Japonais
Java	Giava	Javanais
Jéricho	Gerico	
Jersey, île de		Jersiais
Jérusalem	Gerusalemme	Hiérosolymitain, Hiérosolymite
Jordanie	Giordania	Jordanien
Jourdain	Giordano	
Jura	Giura	Jurassien
Jutland	Jütland	Jutlandais

Kaboul	Kabul	
Kamchatka, Kamtchatka	Camciatca	
Karakoram, Qaraqoram	Karakorum	
Karpates	Carpazi	
Karst	Carso	
Katmandou	Katmandù	
Kazakhstan	Kazahstan	
Kenya	Kenia	Keniote
Khartoum	Kartum	
Kirghizie, Kirghizistan	Kirgizistan	
Kuweit, Kuwait	Kuwait	Kuweitien
Laconie	Laconia	Laconien
Landes	Lande	Landais
Langres		Langrois
Languedoc-Roussillon	Linguadoca-Rossiglione	Languedocien, Roussillonnais
Laon		Laonnais
Laos	Laos	Laotien
Laponie	Lapponia	Lapon
Latium	Lazio	Latin
Latran	Laterano	
Lausanne	Losanna	Lausannois
Laval		Lavallois
Leipzig	Lipsia	Leipzigois
Léman, lac	Lemano, lago di Ginevra	
Leningrad	Leningrado	
Lépante	Lepanto	
Lesbos	Lesbo	Lesbien
Lettonie	Lettonia	Latvien, Letton
Liban	Libano	Libanais
Libéria	Liberia *f.*	Libérien
Libourne		Libournais
Libye	Libia	Libyen
Liège	Liegi	Liégeois
Ligurie	Liguria	Ligurien
Ligurienne, mer	Ligure, mar *m.*	
Lille	Lilla	Lillois
Limoges		Limougeaud
Limousin	Limosino	Limousin
Lion, golfe du	Leone, golfo del	
Lisbonne	Lisbona	Lisbonnin
Lisieux		Lexovien
Lituanie	Lituania	Lituanien
Livourne	Livorno	Livournien
Locres	Locri	Locrien
Loire	Loira	
Lombardie	Lombardia	Lombard
Londres	Londra	Londonien
Lons-le-Saunier		Lédonien
Lorette	Loreto	
Lorient		Lorientais
Lorraine	Lorena	Lorrain
Louisiane	Luisiana	Louisianais
Lourdes		Lourdais
Louvain	Lovanio	
Louxor, Louksor Louqsor	Luxor	
Lozère		Lozérien
Lubeck	Lubecca	Lubeckois
Lublin	Lublino	
Lucanie	Lucania	Lucanien
Lucerne	Lucerna	Lucernois
Lucques	Lucca	Lucquois
Lunéville		Lunévillois
Luxembourg	Lussemburgo	Luxembourgeois
Luxembourg	Lussemburgo	
Lyon	Lione	Lyonnais
Lyonnais	Lionese	Lyonnais
Macédoine	Macedonia	Macédonien
Mâcon		Mâconnais
Madagascar	Madagascar	Malgache
Madère	Madera	Madérien
Madrid	Madrid	Madrilène
Magdebourg	Magdeburgo	
Magellan, détroit de	Magellano, stretto di	
Main	Meno	
Maisons-Laffitte		Maisonnais, Mansonnien
Majeur, lac	Maggiore, lago	
Majorque	Maiorca	Majorquin
Malaisie	Malesia	Malais
Malaysia		Malaysien
Malaka	Malacca	
Maldives, îles	Maldive, isole	
Mali	Mali	Malien
Malines		Malinois
Malte	Malta	Maltais
Mamers		Mamertin

Manche	(Espagne) Mancia	
Manche, La	Manica, La	
Mandchourie	Manciuria	Mandchou
Manille	Manila	
Mans, Le		Manceau
Mantoue	Mantova	Mantouan
Marathon	Maratona	Marathonien
Marches	Marche	
Maremme	Maremma	
Mariannes, îles	Marianne, isole	
Marne	Marna	
Maroc	Marocco	Marocain
Marseille	Marsiglia	Marseillais
Martinique	Martinica	Martiniquais
Mascareignes, îles	Mascarene, isole	
Massaoua	Massaua	
Massif Central	Massiccio Centrale	
Mauriac		Mauriacois
Maurice, île	Maurizio; Mauritius, isola	
Mauritanie	Mauritania	Mauritanien
Mayence	Magonza	
Mayenne		Mayennais
Mecque, La	La Mecca	
Médine	Medina	
Méditerranée, mer	Mediterraneo, mare *m.*	
Médoc		Médocain, Médoquin
Mélanésie	Melanesia	Mélanésien
Melun		Meldien, Meldois
Mende		Mendois
Menton	Mentone	Mentonnais
Mésopotamie	Mesopotamia	Mésopotamien
Messénie	Messenia	Messénien
Messine	Messina	
Métallifères, monts	Metalliferi, monti	
Métaponte	Metaponto	
Métaure	Metauro	
Metz		Messin
Meuse	Mosa	Meusien
Mexico	Città del Messico	
Mexique	Messico	Mexicain
Mézières		Méziérois
Micronésie	Micronesia	Micronésien
Milan	Milano	Milanais
Minorque	Minorca	Minorquin
Misène, cap	Miseno, capo	
Modène	Modena	Modénais
Mogadishu	Mogadiscio	
Moldavie	Moldavia	Moldave
Molise	Molise *m.*	
Moluques	Molucche	
Monaco, Principauté de	Monaco, Principato *m.* di	Monégasque
Mongolie	Mongolia	Mongol
Montauban		Montalbanais
Mont Blanc	Monte Bianco	
Mont Cassin	Montecassino	
Mont-Cenis	Moncenisio	
Monte-Carlo	Montecarlo *f.*	
Monténégro	Montenegro	Monténégrin
Montferrat	Monferrato	
Mont-Genèvre	Monginevro	
Montmartre		Montmartrois
Montmorency		Montmorencéen, Montmorencien
Montpellier		Montpelliérain
Montreuil		Montreuillois
Mont Rose	Monte Rosa	
Mont-Saint-Michel, Le		Montois
Moravie	Moravia	Morave
Morte, mer	Morto, mar *m.*	
Morvan		Morvandeau
Moscou	Mosca	Moscovite
Moselle	Mosella	Mosellan
Moskova	Moscova	
Moyen-Orient	Medio Oriente	
Moulin		Moulinois
Mozambique	Mozambico	
Mulhouse		Mulhousien
Munich	Monaco (di Baviera)	Munichois
Murcie	Murcia	
Namibie, Sud-Ouest Africain	Namibia, Africa del Sud Ovest	Namibien
Nancy		Nancéien
Nankin, Nan-King	Nanchino	
Nanterre		Nanterrois
Nantes		Nantais
Nantua		Nantuatien
Naples	Napoli	Napolitain
Navarin	Navarino	
Navarre	Navarra	Navarrais
Népal	Nepal	Népalais

Neuilly		Neuilléen
Nevers		Nivernais
New Delhi	Nuova Delhi	
New York	New York, Nuova York	New Yorkais
Nicaragua	Nicaragua	Nicaraguayen
Nice	Nizza	Niçois
Nicosie	Nicosia	
Niger	Niger	Nigérien
Nigeria	Nigeria *f.*	Nigérian
Nil	Nilo	
Nimègue	Nimega	
Nîmes		Nîmois
Niort		Niortais
Nivernais	Nivernese	Nivernais
Noire, mer	Nero, mare *m.*	
Nord, mer du	Nord, mare *m.* del	
Normandie	Normandia	Normand
Norvège	Norvegia	Norvégien
Nouvelle-Calédonie	Nuova Caledonia	Néo-Calédonien
Nouveau-Mexique	Nuovo Messico, New Mexico	
Nouvelle-Guinée	Papua, Nuova Guinea	
Nouvelle-Irlande	Nuova Irlanda	
Nouvelle-Orléans, La	New Orleans	
Nouvelles-Hébrides	Nuove Ebridi	Néo-Hébridais
Nouvelle-Zélande	Nuova Zelanda	Néo-Zélandais
Nouvelle-Zemble	Nuova Zembla, Nuova Terra	
Novare	Novara	Novarois
Nuremberg	Norimberga	Nurembergeois
Nyassa	Niassa	
Océanie	Oceania	Océanien
Olympe	Olimpo	
Olympie	Olimpia	
Oman	Oman	
Ombrie	Umbria	Ombrien
Oran	Orano	Oranais
Orange		Orangeois
Orcades, îles	Orcadi, isole	
Orénoque	Orinoco	
Orléanais	Orleanese	Orléanais
Orléans		Orléanais
Orne		Ornais
Ostende	Ostenda	Ostendais
Ostie	Ostia	
Otrante	Otranto	
Ouganda	Uganda	Ougandais
Oulanbator	Ulan-Bator	
Oural, monts	Urali, monti	Ouralien
Ouzbekistân	Uzbechistan	Ouzbek, Ouzbeg
Pacifique, océan	Pacifico, oceano	
Padoue	Padova	Padouan
Pain de Sucre	Pan di Zucchero	
Pâkistân	Pakistan	Pakistanais
Palatin	Palatino	
Palerme	Palermo	Palermitain
Palestine	Palestina	Palestinien
Palinure, cap	Palinuro, capo	
Pampelune	Pamplona	
Panama	Panama	Panamien
Papouasie	Papuasia	Papou
Pâques, île de	Pasqua, isola di	
Paraguay	Paraguay	Paraguayen
Paris	Parigi	Parisien
Parisienne, Région	Parigina, Regione	
Parme	Parma	Parmesan
Parnasse	Parnaso	
Patagonie	Patagonia	Patagon
Patras	Patrasso	
Pau		Palois
Pausilippe	Posillipo	
Pavie	Pavia	Pavesan
Pays-Bas	Paesi Bassi	Néerlandais
Pékin	Pechino	Pékinois
Pélages, îles	Pelagie, isole	
Péloponnèse	Peloponneso	Péloponnésien
Pennsylvanie	Pennsylvania	Pennsylvanien
Périgord		Périgourdin
Périgueux		Périgourdin
Pernambouc	Pèrnambuco	
Péronne		Péronnais
Pérou	Perù	Péruvien
Pérouse	Perugia	Pérousin, Pérugin
Perpignan	Perpignano	Perpignanais
Persique, golfe	Persico, golfo	
Petit-Saint-Bernard	Piccolo San Bernardo, Colle del	
Pharsale	Farsalo	
Philadelphie	Filadelfia	Philadelphien

Philippines	Filippine	Philippin
Picardie	Piccardia	Picard
Picenum	Piceno	
Piémont	Piemonte	Piémontais
Pignerol	Pinerolo	
Pinde	Pindo	
Pirée, Le	Pireo, Il	
Pise	Pisa	Pisan
Plane du Pô	Pianura Padana	
Plaisance	Piacenza	Placentin
Pô	Po	
Poitiers		Poitevin
Poitou-charentes		Poitevin, Charentais
Polésine	Polesine	
Pologne	Polonia	Polonais
Polynésie	Polinesia	Polynésien
Poméranie	Pomerania	Poméranien
Pompéi	Pompei	Pompéien
Pont	Ponto	
Pontarlier		Pontissalien
Pontines, îles	Pontine, isole	
Pontoise		Pontoisien
Populonie	Populonia	
Porto Rico	Portorico	Portoricain
Port-Saïd	Porto Said	
Portugal	Portogallo	Portugais
Pouilles, Pouille	Puglia *sing.*	
Pouzzoles	Pozzuoli	
Prague	Praga	
Préalpes	Prealpi	
Prétoria	Pretoria	
Privas		Privadois
Proche-Orient	Vicino Oriente	
Provence-Côte d'Azur	Provenza-Costa Azzurra	Provençal
Provins		Provinois
Prusse	Prussia	Prussien
Pula	Pola	
Puy, Le		Ponot, Podot, Podien
Pyrénées	Pirenei *m.*	Pyrénéen
Qatar, Katar	Qatar	
Quatre-Cantons, lac des	Quattro Cantoni, lago dei	
Quimper		Quimpérois
Quirinal	Quirinale	
Raguse	Ragusa	Ragusain
Rambouillet		Rambolitain
Ratisbonne	Ratisbona	
Ravenne	Ravenna	Ravennate
Reggio de Calabre	Reggio Calabria	Reggien
Reggio d'Émilie	Reggio Emilia	Reggien
Reims		Rémois
Rennes		Rennais
Rétie	Rezia	
Réunion, île de la	Riunione, isola della	Réunionnais
Rhénanie	Renania	Rhénan
Rhin	Reno	Rhénan
Rhodes	Rodi	Rhodien
Rhodésie	Rodesia, Rhodesia	
Rhône	Rodano	
Roanne		Roannais
Rochechouart		Rochechouartais
Rochefort		Rochefortais
Rochelle, La		Rochelais, Rochelois
Roche-sur-Yon, La		Yonnais
Rocheuses, Montagnes	Rocciose, Montagne	
Rodez		Ruthénois
Romagne	Romagna	Romagnol
Rome	Roma	Romain
Roncevaux	Roncisvalle	
Rouanda, Ruanda, Rwanda	Ruanda	
Roubaix		Roubaisien
Rouen		Rouennais
Rouge, mer	Rosso, mar *m.*	
Roumanie	Romania	Roumain
Roussillon	Rossiglione	Roussillonnais
Royaume-Uni	Regno Unito	Britannique
Rubicon	Rubicone	
Russie	Russia	Russe
Sabins, monts	Sabini, monti	
Sagonte	Sagunto	Sagontin
Saint-Brieuc		Briochin
Saint-Cloud		Clodoaldien
Saint-Denis		Dionysien
Saint-Domingue	Santo Domingo	
Sainte-Hélène	Sant'Elena	
Saint-Étienne		Stéphanois
Saintes		Saintais, Santon

Saint-Gall	San Gallo	
Saint-Gothard	San Gottardo	
Saint-Jacques-de-Compostelle	Santiago di Compostella	
Saint-Lô		Saint-Lois, Laudien
Saint-Malo		Malouin
Saint-Marin	San Marino *f.*	
Saint-Nazaire		Nazairien
Saint-Omer		Audemarois
Saint-Quentin	San Quintino	Saint-Quentinois
Saint-Raphaël		Raphaëlois
Saint-Sébastien	San Sebastiano	
Saint-Tropez		Tropézien
Salamanque	Salamanca	
Salerne	Salerno	Salernitain
Salonique	Salonicco	Salonicien
Saluces	Saluzzo	
Salzbourg	Salisburgo	Salzbourgeois
Samarkand	Samarcanda	
Samos	Samo	Samien
Samothrace	Samotracia	
Saône	Saona	
Saragosse	Saragozza	Saragossain
Sardaigne	Sardegna	Sarde
Sargasses, mer des	Sargassi, mar *m.* dei	
Sarre	Saar	Sarrois
Sarhe		Sarthois
Saumur		Saumurois
Save	Sava	
Savoie	Savoia	Savoisien, Savoyard
Savone	Savona	
Saxe	Sassonia	Saxon
Scandinavie	Scandinavia	Scandinave
Schaffhouse	Sciaffusa	Schaffhousois
Scylla	Scilla	
Sébastopol	Sebastopoli	
Sedan		Sedanais
Ségovie	Segovia	Ségovain, Ségovien
Seine	Senna	
Sénégal	Senegal	Sénégalais
Séoul	Seul	
Serbie	Serbia	Serbe
Sestrières	Sestriere	
Séville	Siviglia	Sévillan
Sèvres (Deux-)		Sévrien
Seychelles, îles	Seicelle; Seychelles, isole	
Sibérie	Siberia	Sibérien
Sicile	Sicilia	Sicilien
Sienne	Siena	Siennois
Silésie	Slesia	Silésien
Simplon	Sempione	
Sinaï	Sinai	
Singapour	Singapore	
Slavonie	Slavonia	Slavon
Slovaquie	Slovacchia	Slovaque
Slovénie	Slovenia	Slovène
Smyrne	Smirne	Smyrnéen, Smyrnyote
Soisson		Soissonnais
Sologne		Solognot
Somalie	Somalia	Somali
Sonde, îles de la	Sonda, isole della	
Sorrente	Sorrento	
Soudan	Sudan	Soudanais, Soudanien
Spire	Spira	
Splügen	Spluga	
Spolète	Spoleto	
Sporades	Sporadi	
Stettin	Stettino	
Stockholm	Stoccolma	
Strasbourg	Strasburgo	Strasbourgeois
Stuttgart	Stoccarda	
Sudètes, monts	Sudeti, monti	
Sud-Africaine, Rép. (Afrique du Sud)	Repubblica Sudafricana	Sud-Africain
Suède	Svezia	Suédois
Suez	Suez	
Suisse	Svizzera	Suisse
Surinam	Suriname	
Suse	Susa	
Syracuse	Siracusa	Syracusain
Syrie	Siria	Syrien
Tadjikistan	Tadžikistan	
Tage	Tago	
Tahiti	Tahiti	Tahitien
Taiwan	Taiwan	Formosan
Tamise	Tamigi *m.*	
Tanganyka, lac	Tanganica, lago	
Tanger	Tangeri	Tangitan
Tanzanie	Tanzania	
Tarascon	Tarascona	Tarasconnais

Tarbes		Tarbais
Tarentaise	Tarentasia	
Tarente	Taranto	Tarentin
Tarn		Tarnais
Tarquinies	Tarquinia	
Tarragone	Tarragona	Tarragonais
Tarvis	Tarvisio	
Taurus	Tauro	
Tchad	Ciad	Tchadien
Tchécoslovaquie	Cecoslovacchia	Tchécoslovaque
Tchernaïa	Cernaia	
Téhéran	Teheran	
Tende, col de	Tenda, colle di	
Terracine	Terracina	
Terre de Feu	Terra del Fuoco	Fuégien
Terre-Neuve	Terranova	Terre-Neuvien
Tessin	Ticino	
Texas	Texas	Texan
Thabor, mont	Tabor, monte	
Thaïlande	Thailandia	Thaïlandais
Thessalie	Tessaglia	Thessalien
Thessalonique	Tessalonica	Thessalonicien
Thionville		Thionvillois
Thonon-les-Bains		Thononais
Thuringe	Turingia	Thuringien
Tibériade	Tiberiade	
Tibet	Tibet	Tibétain
Tibre	Tevere	
Tigre	Tigri	
Tobrouk	Tobruk	
Togo	Togo	Togolais
Tôkyô	Tokio	
Tolède	Toledo	Tolédan
Tombouctou	Timbuctù	
Tonkin	Tonchino	Tonkinois
Toscane	Toscana	Toscan
Toulon	Tolone	Toulonnais
Toulouse	Tolosa	Toulousain
Touraine	Turenna	Tourangeau
Tours		Tourangeau
Transcaucasie	Transcaucasia	
Transjordanie	Transgiordania	
Transtévère	Trastevere	
Transylvanie	Transilvania	Transylvanien
Trasymène, lac	Trasimeno, lago	
Trébie	Trebbia *m.*	
Trentin	Trentino	Trentin
Trente	Trento	Trentin
Trèves	Treviri	
Trévise	Treviso	Trévisan
Trieste	Trieste	Triestin
Trinité	Trinidad	
Tripoli	Tripoli	Tripolitain
Tripolitaine	Tripolitania	Tripolitain
Troie	Troia	Troyen
Tubingue	Tubinga	
Tulle		Tulliste, Tullois
Tunis	Tunisi	Tunisien
Tunisie	Tunisia	Tunisien
Turin	Torino	Turinois
Türkménie, Turkménistan, Türkmenistân	Turkmenia, Turkmenistan	Turkmène
Turquie	Turchia	Turc
Tyrol	Tirolo	Tyrolien
Tyrrhénienne, mer	Tirreno, mar *m.*	
Ukraine	Ucraina	Ukrainien
Upsal	Uppsala	
Urbin	Urbino	Urbinate
U.R.S.S.	U.R.S.S.	Soviétique
Uruguay	Uruguay	Uruguayen
Ussel		Ussellois
Utique	Utica	
Valachie	Valacchia	
Valence	(France)	Valentinois
Valence	(Espagne) Valenza, Valencia	Valencien, Valentien
Valencienne		Valenciennois
Valette, La	Valletta, La	
Valteline	Valtellina	Valtelin
Vannes		Vannetais
Var		Varois
Varèse	Varese	Varésan
Varsovie	Varsavia	Varsovien
Vatican (la Cité du)	Vaticano (Città del)	
Vaucluse		Vauclusien
Vence		Vençois
Vendée	Vandea	Vendéen
Vendôme		Vendômois
Vénétie	Veneto *m.*	Vénète
Vénétie Julienne	Venezia Giulia	Julien
Venezuela	Venezuela	Vénézuélien

Venise	Venezia	Vénitien
Verceil	Vercelli	
Verdun		Verdunois
Vérone	Verona	Véronais
Versailles		Versaillais
Vesoul		Vésulien
Vésuve	Vesuvio	
Vicence	Vicenza	Vicentin
Vichy		Vichyssois
Victoria, lac	Vittoria, lago	
Vienne		Viennois
Vienne	Vienna	Viennois
Vierges, îles	Vergini, isole	
Viêt-Nam, Vietnam	Vietnam	Vietnamien
Villefranche	Villafranca	
Viminal	Viminale	
Vincennes		Vincennois
Vintimille	Ventimiglia	
Virginie, Virginie Occidentale	Virginia, West Virginia	Virginien
Vistule	Vistola	
Viterbe	Viterbo	Viterbien
Vittel		Vittellois

Volga	Volga *m.*	
Vosges	Vosgi	Vosgien
Westphalie	Vestfalia	Westphalien
Xanthi	Xanto	
Yémen	Yemen	Yéménite
Yémen du Sud, Sud-Yémen	Yemen, Rep. democr. pop.	Yéménite
Yonne		Yonnais
Yougoslavie	Iugoslavia	Yougoslave
Zante	Zacinto, Zante	
Zagreb	Zagabria	Zagrebois
Zaïre	Zaire	Zaïrois
Zambèse	Zambesi	
Zambie	Zambia	
Zanzibar	Zanzibar	Zanzibarite
Zélande	Zelanda	Zélandais
Zurich	Zurigo	Zurichois

NOMS D'HABITANTS ET LIEUX CORRESPONDANTS

Abbevillois		Abbeville
Abruzzain	Abruzzese	Abruzzes
Açorien		Açores
Afghan	Afgano, Afghano	Afghanistan
Africain	Africano	Afrique
Agenais		Agen
Agrigentin	Agrigentino	Agrigente
Aixois		1 Aix-en-Provence 2 Aix-les-Bains
Ajacéen, Ajaccien		Ajaccio
Albanais	Albanese	Albanie
Albigeois	Albigese	Albi
Alençonnais		Alençon
Alexandrin	Alessandrino	(Égypte) Alexandrie
Algérien	Algerino	Algérie
Algérois	Algerese	Alger
Allemand	Tedesco	Allemagne
Alsacien	Alsaziano	Alsace
Amalfitain	Amalfitano	Amalfi
Américain	Americano	Amérique
Amiénois		Amiens
Amstellodamien		Amsterdam
Anconitain	Anconitano	Ancône
Andalou	Andaluso	Andalousie
Andin	Andino	Andes
Andorran	Andorrano	Andorre
Angevin		1 (ville) Angers 2 (région) Anjou
Anglais	Inglese	Angleterre
Angolan, Angolais	Angolano, Angolese	Angola
Angoumois, Angoumoisin		Angoulême
Annamite	Annamita	Annam
Annecien		Annecy
Antibois		Antibes
Antillais	Antillano	Antilles
Anversois		Anvers
Aquitain	Aquitano	Aquitaine
Arabe	1 Arabo 2 Saudita	1 Arabie 2 Arabie Saudite
Aragonais	Aragonese	Aragon
Ardennais		1 Ardenne 2 Ardennes
Ardéchois		Ardèche
Arétin	Aretino	Arezzo
Argentanais		Argentan
Argenteuillais		Argenteuil
Argentin	Argentino	Argentine
Argien	Argivo	1 (ville) Argos 2 (région) Argolide
Argonnais		Argonne
Ariégeois		Ariège
Arlésien		Arles
Arménien	Armeno	Arménie
Armoricain	Armoricano	Armorique
Arrageois		Arras
Asiatique	Asiatico	Asie
Asturien	Asturiano	Asturies
Athénien	Ateniese	Athènes
Aubois		Aube
Audois		Aude
Audemarois		Saint-Omer
Auscitain, Auchois		Auch
Australien	Australiano	Australie
Autrichien	Austriaco	Autriche
Auvergnat	Alverniate	Auvergne
Auxerrois		Auxerre
Avallonnais		Avallon
Aveyronnais		Aveyron
Avignonnais	Avignonese	Avignon
Balbynien		Bobigny
Baléare		Baléares, Îles
Bâlois		Bâle
Barbadien		Barbade
Barcelonais	Barcellonese	Barcelone
Barcelonnettain		Barcelonnette

Barrois, Barrisien		Bar-le-Duc
Basque	Basco	Basque, Pays; Basques, Provinces
Bastiais		Bastia
Bavarois	Bavarese	Bavière
Bayonnais		Bayonne
Beauceron		Beauce
Beaunois		Beaune
Beauvaisien		Beauvais
Belfortain		Belfort
Belge	Belga	Belgique
Bellifontain		Fontainebleau
Bénéventin	Beneventano	Bénévent
Béotien	Beota	Béotie
Bergamasque	Bergamasco	Bergame
Berlinois	Berlinese	Berlin
Bermudien		Bermudes, Îles
Bernois	Bernese	Berne
Berrichon		Berry
Berruyer		Bourges
Bessarabien		Bessarabie
Biarrot		Biarritz
Biélorusse	Bielorusso, Russo bianco	Biélorussie
Birman	Birmano	Birmanie
Biscaïen	Biscaglino	Biscaye
Bisontin		Besançon
Biterrois		Béziers
Blaisois, Blésois		Blois
Bohémien	Boemo	Bohème
Bolivien	Boliviano	Bolivie
Bolonais	Bolognese	Bologne
Bordelais		Bordeaux
Borin		Borinage
Bosniaque, Bosnien	Bosniaco	Bosnie
Bostonien	Bostoniano	Boston
Boulonnais		1 Boulogne-Billancourt 2 Boulogne-sur-Mer
Bourgeois		Bourg-en-Bresse
Bourguignon	Borgognone	Bourgogne
Brabançon	Brabantino	Brabant
Brandebourgeois	Brandeburghese	Brandebourg
Brémois		Brême
Brésilien	Brasiliano	Brésil
Bressan		1 Bourg-en-Bresse 2 Bresse
Brestois		Brest
Breton	Bretone	Bretagne
Briançonnais		Briançon
Briard		Brie
Briochin		Saint-Brieuc
Britannique	Britannico	Grande-Bretagne
Brugeois		Bruges
Bruxellois		Bruxelles
Bulgare	Bulgaro	Bulgarie
Cachemirien		Cachemire
Cadurcien, Cahorsain		Cahors
Caennais		Caen
Cairote	Cairota	Caire, Le
Calabrais	Calabrese	Calabre
Calaisien		Calais
Californien	Californiano	Californie
Calvadosien		Calvados
Calvais		Calvi
Camarguais		Camargue
Cambodgien	Cambogiano	Cambodge
Cambrésien		Cambrai
Camerounais		Cameroun
Campanien	Campano	Campanie
Canadien	Canadese	Canada
Canarien		Canaries, Îles
Candiote	Candioto, Candiotto	Candie
Cannais, Cannois		Cannes
Cantalien		Cantal
Cantilien		Chantilly
Capouan	Capuano	Capoue

Cappadocien		Cappadoce
Capriote	Caprese	Capri
Carcassonnais		Carcassonne
Carinthien	Carinziano	Carinthie
Carnacois		Carnac
Carolorégien		Charleroi
Carpentrassien		Carpentras
Carthaginois	Cartaginese	Carthage
Castelroussin		Châteauroux
Castillan	Castigliano	Castille
Castrothéodoricien		Château-Thierry
Catalan	Catalano	Catalogne
Catanais	Catanese	Catane
Caucasien	Caucasico	Caucase
Cauchois		Caux
Cévenol		Cevennes
Ceylanais, Cingalais	Singalese	Ceylan
Chalonnais		Chalon-sur-Saône
Châlonnais		Châlons-sur-Marne
Chambérien		Chambéry
Chamoniard		Chamonix-Mont-Blanc
Champenois		Champagne
Charentais		Charente
Chartrain		Chartres
Châteaudunois		Châteaudun
Châtelleraudais		Châtellerault
Chaumontais		Chaumont
Cherbougeois		Cherbourg
Chilien	Cileno	Chili
Chinois	Cinese	Chine
Chiote		Chio
Chypriote, Cypriote	Cipriota	Chypre
Clermontois		Clermont-Ferrand
Clodoaldien		Saint-Cloud
Clunysois		Cluny
Cochinchinois		Cochinchine
Colmarien		Colmar
Colombien	Colombiano	Colombie
Cômasque, Cômien	Comasco, Comense	Côme
Comtois, Franc-Comtois		Franche-Comté
Congolais	Congolese	Congo, Rép. pop. du
Constantinois		Constantine
Cordouan	Cordovano	Cordoue
Coréen	Coreano	Corée
Corfiote	Corfioto	Corfou
Corinthien	Corinzio	Corinthe
Cornouaillais	Cornovagliese	Cornouaille
Corrézien		Corrèze
Corse	Corso	Corse
Costaricien	Costaricano	Costa Rica
Cracovien		Cracovia
Crétois	Cretese	Crète
Creusois		Creuse
Criméen		Crimée
Cristolien		Créteil
Croate	Croato	Croatie
Cubain	Cubano	Cuba
Dahoméen		Dahomey
Dalmate	Dalmata	Dalmatie
Damascène	Damasceno	Damas
Danois	Danese	Danemark
Dauphinois		Dauphiné
Delphien		Delphes
Dignois, Dinien		Digne
Dijonnais		Dijon
Dionysien		Saint-Denis
Djerbien		Djerba
Dolois		Dole
Dominicain	Dominicano	Dominicaine, Rép.
Doubiste		Doubs
Dracénois, Draguignanais		Draguignan
Drômois		Drôme
Drouais, Durocasse		Dreux
Dunkerquois		Dunkerque
Écossais	Scozzese	Écosse
Édimbourgeois		Édimbourg
Éginète	Egineta	Égine
Égyptien	Egiziano	Égypte
Émilien	Emiliano	Émilie
Épirote	Epirota	Épire
Équatorien	Ecuadoriano	Équateur
Érythréen	Eritreo	Érythrée
Espagnol	Spagnolo	Espagne
Est-Allemand	Tedesco orientale	Allemagne; Rép. démocratique
Estonien	Estone	Estonie
Étatsunien	Statunitense	États-Unis
Éthiopien	Etiope, Etiopico	Éthiopie

Étolien	Etolo	Étolie
Eubéen	Eubeo	Eubée
Eurasien	Eurasiatico, Eurasiano	Eurasie
Européen	Europeo	Europe
Ébroïcien		Évreux
Évryen		Evry
Féringien, Féroïen		Færöer, Îles
Ferrarais	Ferrarese	Ferrare
Fidjien		Fidji, Fiji, Îles
Finistérien		Finistère
Finlandais, Finnois	Finlandese, Finnico	Finlande
Flamand	Fiammingo	Flandre, Flandres
Florentin	Fiorentino	Florence
Formosan		Taiwan
Français	Francese	France
Francfortais		Francfort (sur-le-Main)
Fribourgeois		Fribourg
Frioulan	Friulano	Frioul
Frison	Frisone	Frise
Fuégien	Fuegino	Terre de Feu
Fuxéen		Foix
Gabalitain		Gévaudan
Gabonais	Gabonese	Gabon
Gaditan	Gaditano	Cadix
Galicien		1 Galice (Espagne)
		2 Galicie (Pologne)
Galiléen	Galileo	Galilée
Gallois	Gallese	Galles, Pays de
Gantois		Gand
Gapençais		Gap
Gardois		Gard
Gascon	Guascone	Gascogne
Genevois	Ginevrino	Genève
Génois	Genovese	Gênes
Géorgien	Georgiano	Géorgie
Ghanéen		Ghana
Girondin		Gironde
Grec	Greco	Grèce
Grenadin		Grenade
Grenoblois		Grenoble
Groenlandais	Groenlandese	Groenland
Guadeloupéen		Guadeloupe
Guatémalien, Guatémaltèque	Guatemalteco	Guatemala
Guérétois		Guéret
Guinéen		Guinée
Guyanais		1 Guyane
		2 Guyane française
Haïtien	Haitiano	Haïti
Hambourgeois	Amburghese	Hambourg
Hanovrien		Hanovre
Havanais		La Havane
Havrais		Le Havre
Hawaïen	Hawaiano	Hawaï
Héraultais		Hérault
Hiérosolymitain	Gerosolimitano	Jérusalem
Highlander		Hautes Terres
Hollandais	Olandese	Hollande, Pays-Bas
Hondurien	Onduregno	Honduras
Hongrois	Ungherese	Hongrie
Indien	Indiano	Inde
Indochinois	Indocinese	Indochine
Indonésien	Indonesiano	Indonésie
Irakien, Iraquien	Iracheno	Irak
Iranien	Iraniano	Iran
Irlandais	Irlandese	Irlande
Iseran, Isérois		Isère
Islandais	Islandese	Islande
Israélien	Israeliano	Israël
Istanbuliote		Istanbul
Istrien	Istriano	Istrie
Italien	Italiano	Italie
Ivoirien	Ivoriano	Côte-d'Ivoire
Jamaïquain	Giamaicano	Jamaïque
Japonais	Giapponese	Japon
Javanais	Giavanese	Java
Jersiais		Jersey, Île de
Jordanien	Giordano	Jordanie
Julien	Giuliano	Vénétie Julienne
Jurassien		Jura
Jutlandais		Jutland
Keniote	Keniota	Kenya
Kuweitien		Kuweit, Kuwait
Laconien		Laconie

Landais		Landes
Langrois		Langres
Languedocien		Languedoc
Laonnois		Laon
Laotien	Laotiano	Laos
Lapon	Lappone	Laponie
Latin	Laziale	Latium
Latvien, Letton	Lettone	Lettonie
Laudien		Saint-Lô
Lausannois		Lausanne
Lavallois		Laval
Lédonien		Lons-le-Saunier
Leipzigois		Leipzig
Lesbien	Lesbico	Lesbos
Lexovien		Lisieux
Libanais	Libanese	Liban
Libérien	Liberiano	Libéria
Libournais		Libourne
Libyen	Libico	Libye
Liégeois		Liège
Ligurien	Ligure	Ligurie
Lillois		Lille
Limougeaud		Limoges
Limousin	Limosino	Limousin
Lisbonnin		Lisbonne
Lituanien	Lituano	Lituanie
Livournien	Livornese	Livourne
Locrien		Locres
Lombard	Lombardo	Lombardie
Londonien	Londinese	Londres
Lorientais		Lorient
Lorrain	Lorenese	Lorraine
Louisianais		Louisiane
Lourdais		Lourdes
Lozérien		Lozère
Lubeckois		Lubeck
Lucanien	Lucano	Lucanie
Lucernois		Lucerne
Lucquois	Lucchese	Lucques
Lunévillois		Lunéville
Luxembourgeois	Lussemburghese	Luxembourg
Lyonnais	Lionese	1 (ville) Lyon 2 (région) Lyonnais
Macédonien	Macedone	Macédoine
Mâconnais		Mâcon
Madérien		Madère
Madrilène	Madrileno	Madrid
Magyar	Magiaro	Hongrie
Maisonnais, Mansonnien		Maisons-Laffitte
Majorquin		Majorque
Malais	Malese	Malaisie
Malaysien		Malaysia
Malgache	Malgascio	Madagascar
Malien		Mali
Malinois		Malines
Malouin		Saint-Malo
Maltais	Maltese	Malte
Mamertin		Mamers
Manceau		1 (ville) Le Mans 2 (région) Maine
Mandchou	Manciù, Mancese	Mandchourie
Mantouan	Mantovano	Mantoue
Marathonien		Marathon
Marignanais		Marignan
Marocain	Marocchino	Maroc
Marseillais	Marsigliese	Marseille
Martiniquais	Martinicano	Martinique
Mauriacois		Mauriac
Mauritanien		Mauritanie
Mayennais		Mayenne
Médocain, Médoquin		Médoc
Mélanésien	Melanesiano	Mélanésie
Meldien, Meldois		Melun
Mendois		Mende
Mentonnais	Mentonese	Menton
Mésopotamien		Mésopotamie
Messénien		Messénie
Messin		Metz
Meusien		Meuse
Méziérois		Mézières
Mexicain	Messicano	Mexique
Micronésien	Micronesiano	Micronésie
Milanais	Milanese	Milan
Minorquin		Minorque
Modénais	Modenese	Modène
Moldave	Moldavo	Moldavie
Monégasque	Monegasco	Monaco, Principauté de
Mongol	Mongolo	Mongolie
Montalbanais		Mantauban
Monténégrin	Montenegrino	Monténégro
Montmartrois		Montmartre
Montmorencéen, Montmorencien		Montmorency
Montois		Mont-Saint-Michel
Montpelliérain		Montpellier
Montreuillois		Montreuil
Morave	Moravo	Moravie
Morvandeau		Morvan
Moscovite	Moscovita	Moscou
Mosellan		Moselle
Moulinois		Moulin
Mulhousien		Mulhouse
Munichois	Monachese	Munich
Namibien		Namibie, Sud-Ouest Africain
Nancéien		Nancy
Nantais		Nantes
Nanterrois		Nanterre
Nantuatien		Nantua
Napolitain	Napoletano	Naples
Navarrais	Navarrese	Navarre
Nazairien		Saint-Nazaire
Néerlandais	Olandese	Hollande, Pays-Bas
Néo-Calédonien	Neocaledone	Nouvelle-Calédonie
Néo-Hébridais		Nouvelles-Hébrides
Néo-Zélandais	Neozelandese	Nouvelle-Zélande
Népalais	Nepalese	Népal
Neuilléen		Neuilly
New-Yorkais	Nuovaiorchese	New York
Nicaraguayen	Nicaraguese	Nicaragua
Niçois	Nizzardo	Nice
Nigérian	Nigeriano	Nigeria
Nigérien	Nigeriano	Niger
Nîmois		Nîmes
Niortais		Niort
Nivernais	Nivernese	1 (ville) Nevers 2 (région) Nivernais
Nord-Africain	Nordafricano	Afrique du Nord
Nord-Américain, Américain du Nord	Nordamericano	Amérique du Nord
Nord-Coréen	Nordcoreano	Corée du Nord
Nord-Vietnamien	Nordavietnamita	Viêt-nam du Nord
Normand	Normanno	Normandie
Norvégien	Norvegese	Norvège
Novarois	Novarese	Novare
Nurembergeois	Norimberghese	Nuremberg
Océanien	Oceaniano	Océanie
Ombrien	Umbro	Ombrie
Oranais		Oran
Orangeois		Orange
Orléanais	Orleanese	1 (ville) Orléans 2 (région) Orléanais
Ornais		Orne
Ostendais		Ostenda
Ouest-Allemand	Tedesco occidentale	Allemagne; Rép. fédérale
Ougandais	Ugandese	Ouganda
Ouralien	Uralico	Oural, monts
Ouzbek, Ouzbeg	Usbeco	Ouzbekistân
Padouan	Padovano	Padoue
Pakistanais	Pachistano	Pâkistân
Palermitain	Palermitano	Palerme
Palestinien	Palestinese	Palestine
Palois		Pau
Panamien	Panamense	Panama
Papou	Papuano	Papouasie
Paraguayen	Paraguaiano	Paraguay
Parisien	Parigino	Paris
Parmesan	Parmense, Parmigiano	Parme
Patagon	Patagone	Patagonie
Pavesan	Pavese	Pavie
Pékinois	Pechinese	Pékin
Péloponnésien	Peloponnesiaco	Péloponnèse
Pennsylvanien		Pennsylvanie
Périgourdin		1 (ville) Périgueux 2 (région) Périgord
Péronnais		Péronne
Pérousin, Pérugin	Perugino	Pérouse
Perpignanais		Perpignan
Péruvien	Peruviano	Pérou
Philadelphien		Philadelphie
Philippin	Filippino	Philippines
Phrygien	Frigio	Phrygie
Picard	Piccardo	Picardie
Piémontais	Piemontese	Piémont
Pisan	Pisano	Pise
Placentin	Piacentino	Plaisance
Poitevin		1 (ville) Poitiers 2 (région) Poitou
Polonais	Polacco	Pologne
Polynésien	Polinesiano	Polynésie

Poméranien	Pomerano	Poméranie
Pompéien	Pompeiano	Pompéi
Ponot, Podot, Podien		Puy, Le
Pontissalien		Pontarlier
Pontoisien		Pontoise
Portoricain	Portoricano	Porto Rico
Portugais	Portoghese	Portugal
Privadois		Privas
Provençal	Provenzale	Provence
Provinois		Provins
Prussien	Prussiano	Prusse
Pyrénéen	Pirenaico	Pyrénées
Quimpérois		Quimper
Ragusain	Ragusano	Raguse
Rambolitain		Rambouillet
Raphaëlois		Saint-Raphaël
Ravennate	Ravennate	Ravenne
Reggien	1 Reggiano 2 Reggino	Reggio d'Émilie Reggio de Calabre
Rémois		Reims
Rennais		Rennes
Réunionnais		Réunion, Île de la
Rhénan	Renano	1 (fleuve) Rhin 2 (région) Rhénanie
Rhodien	Rodiese, Rodiota	Rhodes
Roannais		Roanne
Rochechouartais		Rochechouart
Rochefortais		Rochefort
Rochelais		La Rochelle
Romagnol	Romagnolo	Romagne
Romain	Romano	Rome
Roubaisien		Roubaix
Rouennais		Rouen
Roumain	Romeno, Rumeno	Roumanie
Roussillonnais		Roussillon
Russe	Russo	Russie
Ruthénois		Rodez
Sagontin		Sagonte
Saintais, Santon		Saintes
Saint-Lois		Saint-Lô
Saint-Quentinois		Saint-Quentin
Salernitain	Salernitano	Salerne
Salonicien		Salonique
Salzbourgeois		Salzbourg
Samien		Samos
Saragossain		Saragosse
Sarde	Sardo	Sardaigne
Sarrois		Sarre
Sarthois		Sarthe
Saumurois		Saumur
Savoisien, Savoyard		Savoie
Saxon	Sassone	Saxe
Scandinave	Scandinavo	Scandinavie
Schaffhousois		Schaffhouse
Sedanais		Sedan
Ségovain, Ségovien		Ségovie
Sénégalais	Senegalese	Sénégal
Serbe	Serbo	Serbie
Sévillan	Sivigliano	Séville
Sévrien		Sèvres (Deux-)
Sibérien	Siberiano	Sibérie
Sicilien	Siciliano	Sicile
Siennois	Senese	Sienne
Silésien	Slesiano	Silésie
Slavon	Slavone	Slavonie
Slovaque	Slovacco	Slovaquie
Slovène	Sloveno	Slovénie
Smyrnéen, Smyrniote	Smirniota	Smyrne
Soissonnais		Soissonnais
Solognot		Sologne
Somali	Somalo	Somalie
Soudanais, Soudanien	Sudanese	Soudan
Soviétique	Sovietico	U.R.S.S.
Spinalien		Épinal
Stéphanois		Saint-Étienne
Strasbourgeois		Strasbourg
Sud-Africain	Sudafricano	Sud-Africaine, Rép. (Afrique du Sud)
Sud-Américain, Américain du Sud	Sudamericano	Amérique du Sud
Suédois	Svedese	Suède
Sud-Coréen	Sudcoreano	Corée du Sud
Suisse	Svizzero	Suisse
Syracusain	Siracusano	Syracuse
Syrien	Siriano	Syrie
Tahitien	Tahitiano	Tahiti
Tangitan		Tanger
Tarasconnais	Tarasconese	Tarascon
Tarbais		Tarbes
Tarentin	Tarantino, Tarentino	Tarente

Tarnais		Tarn
Tarragonais	Tarragonese	Tarragone
Tchadien		Tchad
Tchécoslovaque	Cecoslovacco	Tchécoslovaquie
Terre-Neuvien		Terre-Neuve
Texan	Texano	Texas
Thaïlandais	Tailandese	Thaïlande
Thessalien	Tessalo	Thessalie
Thessalonicien	Tessalonicese	Thessalonique
Thionvillois		Thionville
Thononais		Thonon-les-Bains
Thuringien	Turingio	Thuringe
Tibétain	Tibetano	Tibet
Togolais	Togolese	Togo
Tolédan	Toledano	Tolède
Tonkinois	Tonchinese	Tonkin
Toscan	Toscano	Toscane
Toulonnais	Tolonese	Toulon
Toulousain	Tolosano	Toulouse
Tourangeau		1 (ville) Tours 2 (région) Touraine
Transylvanien	Transilvano	Transylvanie
Trentin	Trentino	1 (ville) Trente 2 (région) Trentin
Trévisan	Trevigiano, Trevisano	Trévise
Triestin	Triestino	Trieste
Tripolitain	1 Tripolino 2 Tripolitano	1 (ville) Tripoli 2 (région) Tripolitaine
Tropézien		Saint-Tropez
Troyen	Troiano	Troia
Tulliste, Tullois		Tulle
Tunisien	Tunisino	1 (ville) Tunis 2 (pays) Tunisie
Turc	Turco	Turquie
Turinois	Torinese	Turin
Turkmène	Turkmeno	Turkménistan,Türkmenistân, Türkménie
Tyrolien	Tirolese	Tyrol
Ukrainien	Ucraino	Ukraine
Urbinate	Urbinate	Urbin
Uruguayen	Uruguaiano	Uruguay
Ussellois		Ussel
Valdotain	1 Aostano 2 Valdostano	1 (ville) Aoste 2 (région) Aoste, Val d'
Valencien, Valentien		(Espagne) Valence
Valenciennois		Valenciennes
Valentinois		(France) Valence
Valtelin	Valtellinese	Valteline
Vannetais		Vannes
Varois		Var
Varésan	Varesino, Varesotto	Varèse
Varsovien		Varsovie
Vauclusien		Vaucluse
Vençois		Vence
Vendéen	Vandeano	Vendée
Vendômois		Vendôme
Vénète	Veneto	Vénétie
Vénézuélien	Venezuelano, Venezolano	Venezuela
Vénitien	Veneziano	Venise
Verdunois		Verdun
Véronais	Veronese	Vérone
Versaillais		Versailles
Vésulien		Vesoul
Vicentin	Vicentino	Vicence
Vichyssois		Vichy
Viennois	Viennese	1 (Autriche) Vienne 2 (France) Vienne
Vietnamien	Vietnamita	Viêt-nam, Vietnam
Vincennois		Vincennes
Viterbien	Viterbese	Viterbe
Vittellois		Vittel
Vosgien		Vosges
Westphalien		Westphalie
Yéménite	Yemenita	1 Yémen 2 Roche-sur-Yon Yougoslavie
Yonnais		1 Yonne 2 Roche-sur-Yon
Yougoslave	Iugoslavo	Yougoslavie
Zagrebois		Zagreb
Zaïrois		Zaïre
Zanzibarite	Zanzibarino	Zanzibar
Zélandais	Zelandese	Zélande
Zurichois	Zurighese	Zurich

LISTE DES SIGLES FRANÇAIS

A.C., Action Catholique
A.C.C., 1 Arrêt de la Cour de Cassation 2 Aviation Civile et Commerciale
A.C.E., Assemblée Consultative Européenne
A.C.F., 1 Aéro-Club de France 2 Automobile-Club de France
A.C.I., Aviation Civile Internationale
A.C.J.F., Association Catholique de la Jeunesse Française
A.D.A.C., Avion à Décollage et à Atterrissage Courts
A.D.A.V., Avion à Décollage et à Atterrissage Verticaux
A.E.E.N., Agence Européenne pour l'Énergie Nucléaire
A.F., 1 Académie Française 2 Air France 3 Allocations Familiales
A.F.D.I., Annuaire Français de Droit International
AFNOR, Association Française de Normalisation
A.F.P., Agence France-Presse
A.F.P.A., Association pour la Formation Professionnelle des Adultes
A.I., Altesse Impériale
A.I.A., Académie Internationale d'Astronautique
A.I.B.L., Académie des Inscriptions et Belles Lettres
A.I.S.E.S., Académie Internationale des Sciences Économiques et Sociales
A.I.T.A., Association Internationale des Transports Aériens
A.L., Artillerie Lourde
A.L.A.T., Avion Léger de l'Armée de Terre
A.L.G.P., Artillerie Lourde à Grande Portée
A.L.M., Assurance Longue Maladie
A.L.O., Annonces Légales Obligatoires
A.L.O.A., Aviation Légère d'Observation d'Artillerie
A.L.V.F., Artillerie Lourde sur Voie Ferrée
A.M., 1 Arrêté Ministériel 2 Arrêté Municipal 3 Assurance Maladie
A.&M., Arts et Métiers
A.M.G., Assistance Médicale Gratuite
A.M.O., Appareils de Mesure de l'Observation
A.O.A.T., Annuaire Officiel des Abonnés du Téléphone
A.O.C., Appellation d'Origine Contrôlée
A.P., Assistance Publique
AR, Aller et Retour
A.R., 1 Accusé de Réception 2 Altesse Royale
A.R.A., Assistance Routière des Assurances
A.S., Association Sportive
A.S.D.A., Assistante Sociale Diplômée d'État
A.S.F.A., Action Sociale des Forces Armées
A.S.H., Assistante Sociale Hospitalière
A.S.I., Assistante Sociale Industrielle
A.S.S., 1 Action Sanitaire et Sociale 2 Assistante Sociale Spécialisée
A.T.I., Assistant Technique de l'Industrie
A.V., Avis de Virement
A.V.A., Allocation de Vieillesse Agricole
AV.UR.NAV., Avis Urgent aux Navigateurs

B.A.A., Brevet d'Apprentissage Agricole
B.A.G., Brigade Anti-Gang
B.A.N., Base Aéronautique Navale
B.A.T.A., Brevet d'Agent Technique Agricole
B.A.V., Brigade contre Agressions et Violence
B.C.A., Bataillon de Chasseurs Alpins
B.C.G., Vaccin bilié de Calmette et Guérin
B.C.R.C., Bureau Central de Recherches Criminelles
B.C.S.F., Bureau Central Séismologique Français
B.D.F., Banque de France
B.E.C., Brevet d'Enseignement Commercial
B.E.H., Brevet d'Enseignement Hôtelier
B.E.I., Brevet d'Enseignement Industriel
B.E.M., Brevet d'État Major
B.E.M.S., Brevet d'Enseignement Militaire Supérieur
B.E.P.A., Brevet d'Enseignement Professionnel Agricole
B.E.P.C., Brevet d'études du premier cycle
B.E.S.A., Brevet d'Enseignement des Sports Aériens
B.F., Basse Fréquence
B.I.A., Bataillon d'Infanterie Alpine
B.I.C., Bénéfices Industriels et Commerciaux
B.I.H., Bureau International de l'Heure
B.I.M., Bataillon d'Infanterie de Marine
B.I.N., Bureau International de Normalisation
B.I.P.M., Bureau International des Poids et Mesures
B.I.S.T., Bulletin d'Information Scientifique et Technique
B.I.T., Bureau International du Travail
B.K., Bacille de Koch
B.L.M., Brigade Légère Motorisée
B.M., Bulletin Météorologique
B.M.N., Bulletin Météorologique National
B.M.T., Bureau Militaire d'Information
B.N., Bibliothèque Nationale
B.O., Bulletin Officiel
B.O.A., Base d'Opérations Aéroportées
B.O.P., Bulletin Officiel des Prix
B.P., 1 Boîte Postale 2 Brevet Professionnel
B.P.A., Brevet Professionnel Agricole
B.P.F., Bon pour Francs...
B.P.H., Brevet Professionnel Horticole
B.P.M., Bureau Postal Militaire
B.P.P., 1 Billet Payable au Porteur 2 Bon pour Pouvoir
B.R., Brigade Routière
B.R.M., Brigade routière Motorisée
B.S.C., 1 Boisson et Service Compris 2 Brevet Supérieur Commercial
B.S.G.D.G., Breveté Sans Garantie du Gouvernement
B.S.M., Base Sous-Marine
B.S.N., Brevet Sportif National
B.T.A., Brevet de Technicien Agricole

C., Code
C.A.A.E., Certificat d'Aptitude à l'Administration des Entreprises
C.A.C., Centre Anti Cancéreux
C.-à-d., c'est à dire
C.A.E.A., Certificat d'Aptitude à l'Enseignement Agricole
C.A.E.M., Certificat d'Aptitude à l'Enseignement Musical
C.A.F., 1 Caisse d'Allocations Familiales 2 Club Alpin Français 3 Coût, assurance, fret
C.A.F.B., Certificat d'Aptitude aux Fonctions de Bibliothécaire
C.A.P., 1 Certificat d'Aptitude Professionnelle 2 Commission Administrative Paritaire
C.A.P.A., Certificat d'Aptitude Professionnelle Agricole
C.A.P.C.E.G., Certificat d'Aptitude Pédagogique aux Collèges d'Enseignement Général
C.A.P.E.P.S., Certificat d'Aptitude à l'Éducation Physique et Sportive
C.A.P.E.S., Certificat d'Aptitude Pédagogique à l'Enseignement Secondaire
C.A.P.E.T., Certificat d'Aptitude Pédagogique à l'Enseignement Technique
C.A.P.E.T.A., Certificat d'Aptitude au Professorat de l'Enseignement Technique Agricole
C.A.R., Comité d'Action Régional
C.A.S.I., Commission Aéronautique Sportive Internationale
C.A.TAC., Corps Aériens Tactiques
C.A.V., Caisse d'Assurance Vieillesse
C.B.B., Chèque Bancaire Barré
C.B.C., Certificat de Bonne Conduite
C.C., 1 Corps Consulaire 2 Code Civil 3 Cour de Cassation 4 Conventions Collectives
C.C.A., Caisse de Crédit Agricole
C.C.A.F., Caisse Centrale d'Allocations Familiales
C.C.C., Cahier des Charges Courantes
C.C.E., 1 Comité Central d'Entreprise 2 Conseil des Communes d'Europe
C.C.F., Camping Club de France
C.C.G.P., Certificat de Culture Générale et Professionnelle.
C.C.I., 1 Chambre de Commerce et d'Industrie 2 Contrôleur des Contributions Indirectes
C.C.M., Commission Centrale des Marchés
C.C.N.H.S.U., Comité Consultatif National d'Hygiène Scolaire et Universitaire
C.C.P., 1 Compte Chèques Postaux 2 Comité Central des Prix
C.C.P.C.F., Comité Central du Parti Communiste Français
C.C.R.E., Centre Commun de Recherches de l'Euratom
C.C.S., Cahier des Charges Sociales
C.C.U., Comité Consultatif des Universités
C.D., 1 Corps Diplomatique 2 Comité Directeur
C.D.C., Comité Départemental de Coordination
C.D.D.P., Centre Départemental de Documentation Pédagogique
C.D.L.D., Comité pour la Défense de la Liberté et du Droit
C.D.N., Comité de la Défense Nationale
C.D.O.P., Centre Départemental d'Orientation Professionnelle
C.D.S.S., Caisse Départementale de Sécurité Sociale
C.D.U., Classification Décimale Universelle
C.E., 1 Comité d'Entreprise 2 Cours Élémentaire
C.E.A., Commissariat à l'Énergie Atomique
C.E.B., Comité Européen du Béton
C.E.C., Centre d'Enseignement par Correspondance
C.E.C.A., Communauté Européenne du Charbon et de l'Acier
C.E.C.A.M., Centre Européen de Calculs Atomiques et Moléculaires
C.E.D., Communauté Européenne de Défense
CEDEX, Courrier d'Entreprise à Distribution Exceptionnelle
C.E.D.H., Convention Européenne des Droits de l'Homme
C.E.E., Communauté Économique Européenne, M.E.C.
C.E.E.A., Communauté Européenne pour l'Énergie Atomique
C.E.G., Collège d'Enseignement Général
C.E.P., Certificat d'Études Primaires

II
ITALIANO-FRANCESE

a sentirti parlare, sembra che tu abbia ragione en t'écoutant, à t'écouter parler, on dirait que tu as raison **3** (*finale*) à (*non si traduce se retta da v. di movimento*): *mi hanno invitato a giocare* on m'a invité à jouer; *lo hanno costretto a partire* on l'a obligé à partir; *vado a prenderlo all'albergo* je vais le chercher à l'hôtel; *è andata a telefonare* elle est allée téléphoner **4** (*condizionale*) à: *a dire il vero, ho paura* à vrai dire, j'ai peur # *a voler vedere, la colpa è un po' tua* si l'on veut, c'est un peu ta faute! **5** (*limitativa: dopo un agg.*) à: *è facile a dirsi* c'est facile à dire; *è bello a vedere* c'est beau à voir **6** (*relativa, con valore consecutivo*) à: *sono stato il primo a vederlo* j'ai été le premier à le voir; *è lui l'unico a saperlo* c'est le seul à le savoir **IV** (*forma varie loc. avv. e prep. per la cui fraseologia si rimanda alla rispettiva parola principale*) **1** (*loc. avv.*) *a stento* → 2 **stento**; *a caso* → **caso**, *ecc.* **2** (*loc. prep.*) *fino a* → 1 **fino**; *vicino a* → 2 **vicino**, *ecc.*

a- |a| *pref.* **1** (*indica 'rafforzamento, avvicinamento, direzione', corrisponde gener. a*) a (*con eventuale raddoppiamento della cons. che segue*): *addolcire* adoucir; *accorrere* accourir ◇ (*con valore privativo, corrisponde gener. a*) a: *apolitico* apolitique **2** (*indica 'la direzione, il fine', corrisponde gener. a*) a: *abbassare* abaisser; *accorrere* accourir.

àbaco, chi |'abako, ki| *s.m.* **1** → **pallottoliere 2** (*arch.*) abaque.

abàculo |a'bakulo| *s.m.* abacule.

abasìa |aba'zia| *s.f.* (*med.*) abasie.

abàte |a'bate| *s.m.* [*superiore di un ordine monastico, di un monastero*] abbé.

abatìno |aba'tino| *s.m.* petit abbé de cour.

abbacàre |abba'kare| *v.intr.* (*aus. 'avere'*) → **fantasticare.**

abbacchiaménto |abbakkja'mento| *s.m.* (*fig.*) [→ ABBACCHIARE 2] abattement.

abbacchiàre |abbak'kjare| *v.tr.* **1** [*far cadere i frutti battendo col bacchio*] gauler: *abbacchiare le noci* gauler les noix **2** (*fig.*) [*avvilire*] déprimer, décourager (3).

abbacchiàto |abbak'kjato| *agg.* [*avvilito, demoralizzato*] abattu, découragé **C** **vispo, baldanzoso.**

abbacchiatùra |abbakkja'tura| *s.f.* [→ ABBACCHIARE 1] gaulage (*m.*): *l'abbacchiatura delle noci* le gaulage des noix.

abbàcchio, i |ab'bakkjo, i| *s.m.* [*agnello da latte macellato*] agneau de lait.

abbacinaménto |abbatʃina'mento| *s.m.* [→ ABBACINARE 2] éblouissement.

abbacinàre |abbatʃi'nare| *v.tr.* **1** [*far diventare ciechi*] priver (qqn.) de la vue → **accecare** **2** (*per est.*) [*abbagliare*] éblouir ◇ (*fig.*) [*illudere, ingannare*] leurrer: *ti sei lasciata abbacinare dalle sue belle promesse* tu t'es laissé *inv.* leurrer par ses belles promesses.

abbacinàto |abbatʃi'nato| *agg.* **1** [*abbagliato*] ébloui, aveuglé **2** [*accecato*] aveuglé.

àbbaco, chi |'abbako, ki| *s.m.* → **abaco.**

abbagliaménto |abbaʎʎa'mento| *s.m.* [→ ABBAGLIARE A 1] éblouissement.

abbagliànte |abbaʎ'ʎante| *agg.* **1** [*che abbaglia* (A 2)] éblouissant: *una bellezza abbagliante* une beauté éblouissante **2** (*auto.*) *fari abbaglianti* phares de route *loc.* ✦ *s.m. spec. al plur.* (*auto.*) *gli abbaglianti* les phares de route.

abbagliàre |abbaʎ'ʎare| **A** *v.tr.* **1** [*offuscare la vista con troppa luce*] éblouir: *sole che abbaglia* soleil qui éblouit **2** (*fig.*) [*affascinare, illudere*] éblouir: *è stato abbagliato dalla sua bellezza* il a été ébloui par sa beauté # *lo hanno abbagliato col miraggio di facili guadagni* on a fait miroiter à ses yeux des gains faciles **B** *v.intr.* (*aus. 'essere'*) (*raro*) [*risplendere*] briller (*aus.* avoir) (*corr.*) **C** *v.pron. intr.* ABBAGLIARSI **1** [→ *tr.* 1] être (43) *intr.* ébloui **2** (*fig.*) [→ *tr.* 2] rester *intr.* stupéfait: *si è abbagliata davanti a quello spettacolo* elle est restée stupéfaite devant ce spectacle ◇ [*ingannarsi*] se tromper.

abbàglio, i |ab'baʎʎo, i| *s.m.* [*grosso errore; equivoco*] méprise *f.*, bévue (*f.*): *prendere un abbaglio* commettre une bévue.

abbaglìo, ii |abbaʎ'ʎio, ii| *s.m.* éblouissement persistant.

abbaiaménto |abbaja'mento| *s.m.* [→ ABBAIARE 1] aboiement prolongé, incessant.

abbaiàre |abba'jare| *v.intr.* (*aus. 'avere'*) **1** (*detto del cane*) [*emettere il proprio verso*] aboyer (10) ◇ (*di cucciolo*) japper **2** (*fig.*) [*gridare contro qc.*] crier (contre qqn.): *smettete d'abbaiare* cessez de crier ◇ (*loc.*) *abbaiare alla luna* aboyer à la lune.

abbaiàta |abba'jata| *s.f.* **1** [*un abbaiare prolungato di uno o più cani*] aboiements *m.pl.* (d'un chien, de plusieurs chiens) **2** (*fig.*) [*schiamazzo, scenata*] *huée # *fare un'abbaiata a qc.* huer qqn.

abbaiatóre, trice |abbaja'tore, tritʃe| *s.* (*raro*) [*persona maldicente*] aboyeur*.

abbaìno |abba'ino| *s.m.* **1** [*finestra sopra il tetto*] lucarne *f.* **2** [*soffitta abitabile*] soupente *f.*, chambre *f.* sous les combles: *affittare un abbaino* louer une soupente.

abbàio, i |ab'bajo, i| *s.m.* [*verso del cane*] aboiement.

abbaìo, ii |abba'io, ii| *s.m.* [*abbaiamento insistente*] aboiements *pl.*

abballàre |abbal'lare| *v.tr.* → 1 **imballare.**

abballottàre |abballot'tare| **A** *v. tr.* → **sballottare** **B** *v.pron. intr.* ABBALLOTTARSI → 1 **aggrumar(si).**

abballottatùra |abballotta'tura| *s.f.* → **sballottamento.**

abbambinàre |abbambi'nare| *v.tr.* [*trasportare oggetti pesanti o voluminosi volgendoli alternativamente sugli spigoli*] faire (45) *intr.* pivoter (qqch.) sur les angles.

abbandonàre |abbando'nare| **A** *v.tr.* **1** [*lasciare definitivamente*] abandonner: *abbandonare il domicilio domestico* abandonner, quitter le domicile conjugal; *abbandonare il paese ai nemici* abandonner le pays aux ennemis; *abbandonare i propri cari* abandonner les siens; *abbandonare qc. al suo triste destino* abandonner qqn. à son triste sort ◇ (*loc. fig.*) *abbandonare il mondo* [*ritirarsi a vivere in solitudine*] quitter le monde ~ *abbandonare qc. a sé stesso* abandonner qqn. à lui-même **2** [*rinunciare*] abandonner, renoncer: *abbandonare un progetto* abandonner, renoncer à un projet # *abbandonare la fede religiosa* abjurer ✦ *ass.* (*sport*) *il corridore, l'atleta ha abbandonato* le coureur, l'athlète a abandonné **3** [*trascurare*] abandonner ✦ (*al p.p.*) *giardino abbandonato* jardin abandonné **4** [*allentare*] lâcher: *abbandonare le briglie* lâcher la bride **5** [*lasciar cadere*] *abbandonare la testa sulle spalle di qc.* laisser aller la tête sur l'épaule de qqn. **B** *v.pron. rifl.* ABBANDONARSI **1** [*affidarsi, rimettersi*] s'abandonner: *abbandonarsi alla fortuna, al destino* s'abandonner à la fortune, à son sort # *abbandonarsi al vincitore* se livrer au vainqueur **2** [→ *tr.* 5] se laisser tomber: *abbandonarsi su un divano* se laisser tomber sur un divan ◇ (*fig.*) *abbandonarsi alla disperazione* s'abandonner au désespoir.

abbandonàto |abbando'nato| *agg.* **1** abandonné: *teorie, progetti abbandonati* théories abandonnées, projets abandonnés ◇ (*persone*) [*lasciati, trascurati dai propri cari*] *l'infanzia abbandonata* les enfants abandonnés # *figli, vecchi abbandonati* enfants, vieux délaissés **2** (*cose*) [*non più abitato, frequentato*] abandonné: *casa abbandonata* maison abandonnée; *quartiere, villaggio abbandonato* quartier, village abandonné # *terreni abbandonati* [*incolti*] terrains laissés à l'abandon **3** (*del corpo*) [*rilassato*] en position d'abandon (*loc.*): *stare in posizione abbandonata* être dans une position d'abandon ◇ [*sfinito, inerte*] *avere la testa, le braccia abbandonate* laisser aller la tête, les bras; *giaceva abbandonato sul letto* il était couché sur le lit en position d'abandon, il s'était abandonné sur le lit.

abbandóno |abban'dono| *s.m.* **1** [→ ABBANDONARE A 1, 2] abandon: *abbandono di un progetto* abandon d'un projet; *abbandono di un fondo improduttivo* abandon d'un fonds de terre improductif; *abbandono di servizio* abandon de service; *abbandono di nave* abandon de navire ◇ (*dr.*) *abbandono di una accusa* abandon d'une accusation; *abbandono del tetto coniugale* abandon du domicile conjugal; *abbandono di famiglia* abandon de famille **2** [*condizione, aspetto di chi, di ciò che è abbandonato*] abandon: *un'aria di miseria e di abbandono* un air de misère et d'abandon → **trascuratezza** ◇ *loc.* IN ABBANDONO à l'abandon: *lasciare, essere in abbandono* laisser, être à l'abandon **3** [*rilassamento*] relâchement: *abbandono delle membra, del corpo* relâchement des membres, du corps ◇ [*cedimento, debolezza*] *ha avuto un attimo di abbandono* elle a eu un instant de faiblesse ◇ *loc.* CON ABBANDONO avec abandon: *parlare con abbandono* parler avec abandon **4** (*sport*) abandon: *vincere per abbandono* (*dell'avversario*) remporter la victoire par abandon (de l'adversaire).

abbarbagliaménto |abbarbaʎʎa'mento| *s.m.* [→ ABBARBAGLIARE] éblouissement.

abbarbagliàre |abbarbaʎ'ʎare| *v.tr.* [*abbagliare fortemente*] éblouir.

abbarbicaménto |abbarbika'mento| *s.m.* [→ ABBARBICARE A] enracinement **C** **sradicamento.**

A

1 **a** |a| *s.m. o f.* [*prima lettera dell'alfabeto*] a (*m.*): *A maiuscolo* A majuscule; *a minuscola* a minuscule; *dalla 'a' alla zeta* depuis 'a' jusqu'à 'z' ◇ (*tel.*) *A come Ancona*: (*in Francia*) A comme Anatole; (*in Belgio*) A comme Arthur.

2 **a** |a| *prep.* (*forme contratte possibili*):

m.sing.	(1) [~~*a + il*~~]	→ *al*	**au**	→ (1) *prep.* **à**	(*fr.*)	[*davanti a cons., eccetto 'gn, ps, s + cons., z'*]
	(2) [~~*a + lo*~~]	→ *allo*	**au**	→ (2)	' ' '	[*davanti a 'gn, ps, s + cons., z'*]
	(3) [~~*a + l'*~~]	→ *all'*	**à l'**	→ (3)	' ' '	[*davanti a voc.*]
m.pl.	(4) [~~*a + i*~~]	→ *ai*	**aux**	→ (4)	' ' '	[*nei casi di* (1)] *N.B. La 'i' di 'ai' non si elide mai, eccetto in poesia*
	(5) [~~*a + gli*~~]	→ *agli*	**aux**	→ (5)	' ' '	[*nei casi di* (2)] *N.B. La 'i' di 'agli' si elide, raramente, davanti a vocaboli comincianti per 'i' o 'e'. Mai davanti a 'a, o, u'*
f.sing.	(6) [~~*a + la*~~]	→ *alla*	**à la**	→ (6)	' ' '	[*davanti a cons.*]
	(7) [~~*a + l'*~~]	→ *all'*	**à l'**	→ (7)	' ' '	[*davanti a voc.*]
f.pl.	(8) [~~*a + le*~~]	→ *alle*	**aux**	→ (8)	' ' '	[*davanti a cons. o voc.*] *N.B. Davanti a voc. la 'e' di 'alle' si elide molto raramente*

N.B. davanti a parola che inizia per voc., 'a' può assumere la forma eufonica 'ad', spec. nella lingua scritta

I (*introduce i compl. di*) **1** (*termine*) à: *date a Cesare quel che è di Cesare* rendez à César ce qui est à César; *ho scritto una lettera al mio amico* j'ai écrit une lettre à mon ami; *ha parlato al medico* il a parlé au médecin; *ha scritto ai genitori di Paolo* il a écrit aux parents de Paul; *è fedele alla sua parola* il est fidèle à sa parole; *ho chiesto un'informazione al vigile* j'ai demandé un renseignement à l'agent; *hanno telefonato all'amica di Maria* ils ont téléphoné à l'amie de Marie; *credere alle promesse di qc.* croire aux promesses de qqn. **2** (*stato in luogo*) à: *vive a Parigi* il vit à Paris; *è alla vostra sinistra* c'est à votre gauche; *abita in via Mac Mahon al 15* il habite au 15 (de la) rue Mac Mahon, il habite 15, rue Mac Mahon; *portava un anello al dito* elle portait une bague au doigt; *lavorano all'ospedale* elles travaillent à l'hôpital; *ci aspettano alla stazione* ils nous attendent à la gare # *è rimasto a casa sua* il est resté chez lui **3** (*moto a luogo*) à: *è andata a Roma* elle est allée à Rome; *andate al cinema* allez au cinéma; *da nord a sud* du nord au sud ◇ (*fig.*) *non è sceso a compromessi* il n'a pas consenti à un compromis; *siamo giunti a questa conclusione* nous sommes parvenus à cette conclusion ◇ (*con ellissi del v.*) *al ladro!* au voleur!; *al fuoco!* au feu! **4** (*modo, maniera*) à: *comprare a credito* acheter à crédit; *spaghetti al pomodoro* des spaghetti à la sauce tomate # *a memoria* par cœur ◇ (*loc.*) *al minuto, all'ingrosso* → **ingrosso**, 1 **minuto** **5** (*mezzo, strumento*) à: *battello a vapore* bateau à vapeur; *barca a vela* bateau à voile; *stufa a legna* poêle à bois; *andare a piedi, a cavallo* aller à pied, à cheval; *cucire a macchina* coudre à la machine; *è un lavoro fatto a mano* c'est un travail fait à la main **6** (*causa*) à: *a quel rumore mi svegliai* à ce bruit, je me réveillai; *a quella battuta risero tutti* à cette plaisanterie, tout le monde se mit à rire; *a queste parole si è arrabbiato* à ces mots, il s'est fâché **7** (*fine, scopo*) à: *è destinato a una brillante carriera* il est destiné à une carrière brillante; *l'hanno detto a propria discolpa* ils l'ont porté à sa décharge # *siamo andati a passeggio* nous sommes allés nous promener **8** (*tempo*) à: *a mezzogiorno* à midi; *alle cinque* à cinq heures; *all'alba* à l'aube, à la pointe du jour; *a notte fatta* à la nuit tombée, une fois la nuit tombée; *al tramonto* au coucher du soleil; *giudice a vita* juge à vie # *al sabato* le samedi; *al mattino* le matin; *a notte fonda* en pleine nuit; *oggi* (*a*) *otto* dans huit jours, (d')aujourd'hui en huit; *di qui a un mese* d'ici un mois **9** (*età*) à: *a vent'anni* à vingt ans; *all'età di 52 anni* à cinquante-deux ans, à l'âge de cinquante-deux ans **10** (*limitazione e relazione*) à: *a mio, a nostro giudizio* à mon, à notre avis; *è un campione a tennis* au tennis, il est champion # *a giudizio di tutti* de l'avis de tous ◇ (*loc.*) *quanto a* quant à...; *relativamente a* relativement à; *conformemente a* conformément à **11** (*qualità*) à: *tessuto a righe* tissu à rayures; *una gonna a pieghe* une jupe à plis; *una casa a un piano, a due piani* une maison à un, à deux étages **12** (*prezzo, misura*) à: *lo vendono a mille lire il chilo* on le vend à mille lires le kilo; *andava a cento* (*chilometri*) *all'ora* il roulait à cent (kilomètres) à l'heure # *l'ha venduto a caro prezzo* il l'a vendu cher **13** (*paragone*) à: *essere simile, somigliare a qc.* être semblable, ressembler à qqn. ◇ (*loc.*) *in confronto a, rispetto a lui, tu sei un gigante* par rapport à lui, tu es un géant **14** (*pena*) à: *è stato condannato a cinque anni di prigione* il a été condamné à cinq ans de prison; *lo hanno condannato a pagare una multa* on l'a condamné à payer une amende **15** (*predicativo*) à: *essere a capo di un'impresa* être à la tête d'une entreprise # *prendere qc. a modello* prendre qqn. pour modèle **II** (*stabilisce varie relazioni sintattiche*) **1** (*di effetto*) à: *è stato ferito a morte* il a été blessé à mort; *questa azione torna a tua lode* cette action est toute à ton honneur **2** (*di distribuzione*) à; par: *a due a due* deux à deux; *a goccia a goccia* goutte à goutte ‖ *a grado a grado* par degrés; *due volte al giorno* deux fois par jour; *una volta all'anno* une fois par an, une fois tous les ans **3** (*di progressione*) à: *dal primo all'ultimo* du premier au dernier; *il medico riceve dalle quattro alle sei* le médecin reçoit de quatre à six (heures) **4** (*di approssimazione*) à: *per gruppi da quattro a dieci uomini* par groupes de quatre à dix hommes; *il ragazzo aveva dai dodici ai tredici anni* le garçon avait de douze à treize ans **5** (*mat.*) à: *'a' elevato all'ennesima potenza* 'a' élevé à la nième puissance; *nove alla quarta* (*potenza*) neuf (à la) puissance quatre **III** (*davanti all'inf. di un v., introduce varie propos. implicite*) **1** (*causale*) de: *ti sei sbagliato a far questo* tu as eu tort de faire cela; *avete fatto bene a dirmelo* vous avez bien fait de me le dire **2** (*temporale*) en (+ *ger.*), à (+ *inf.*): *al vederlo, fui preso da una gioia irresistibile* en le voyant, à le voir, j'éprouvai une joie extrême;

mogenito il abdiqua en faveur de son fils aîné **2** (*fig.*) [*rinunciare a un diritto*] renoncer (2): *abdicare a un'eredità* renoncer à un héritage ◇ [*venir meno a un dovere*] manquer: *abdicare al proprio dovere* manquer à son devoir.
abdicatàrio, i |abdika'tarjo, i| *agg. e s.* abdicataire.
abdicazióne |abdikat'tsjone| *s.f.* [→ ABDICARE] abdication.
abducènte |abdu'tʃɛnte| *agg.* (*anat.*) abducteur.
abduttóre |abdut'tore| *agg.* (*anat.*) abducteur: *muscolo abduttore* muscle abducteur.
abduzióne |abdut'tsjone| *s.f.* (*fisiol.*) abduction.
abeliàno |abeli'ano| *agg.* (*mat.*) abélien*: *funzioni abeliane* fonctions abéliennes; *integrale abeliana* intégrale abélienne; *gruppo abeliano* groupe abélien.
aberrànte |aber'rante| *agg.* **1** aberrant: *idee aberranti* idées aberrantes ◇ (*gram.*) → **irregolare** **2** (*bot., zool.*) aberrant: *specie aberrante* espèce aberrante.
aberrànza |aber'rantsa| *s.f.* aberrance.
aberràre |aber'rare| *v.intr.* (*aus.* '*avere*') [*allontanarsi dalla via, dalla forma normale*] aberrer ◇ (*fig.*) se tromper *pron.*, se fourvoyer (10) *pron.* → **sbagliare** [C] **normalizzare.**
aberrazióne |aberrat'tsjone| *s.f.* **1** aberration: *queste sono aberrazioni del pensiero* ce sont là des aberrations de la pensée, de l'esprit; *è una vera aberrazione!* c'est une véritable aberration! **2** (*astron.*) *aberrazione diurna, annua* aberration diurne, annuelle **3** (*ott.*) *aberrazione astigmatica, cromatica, sferica* aberration astigmatique, chromatique, sphérique **4** (*med.*) *aberrazione mentale* aberration mentale.
abetàia |abe'taja| *s.f.* [*bosco, foresta di abeti*] sapinière.
abéte |a'bete| *s.m.* (*t.bot.*) sapin ~ *abete bianco* sapin blanc ~ *abete rosso* sapin rouge ◇ [*il legno*] sapin: *un'asse di abete* une planche de sapin.
abetèlla |abe'tɛlla| *s.f.* [*fusto di abete, usato per impalcature*] sapine.
abetina |abe'tina| *s.f.* → **abetaia.**
abiàtico, ci |a'bjatiko, tʃi| *s.m.* → **nipote.**
abiettaménte |abjetta'mente| *avv.* [→ ABIETTO] d'une manière abjecte *loc. inv.*, ignoblement.
abiettézza |abjet'tettsa| *s.f.* → **abiezione.**
abiètto |a'bjɛtto| *agg.* abject: *individuo abietto* individu abject; *comportamento abietto* comportement abject → **ignobile, miserevole** [C] **nobile, degno, eletto.**
abiezióne |abjet'tsjone| *s.f.* abjection: *cadere nell'abiezione* tomber dans l'abjection [C] **nobiltà, dignità.**
abigeàto |abidʒe'ato| *s.m.* (*dir.*) vol de bestiaux.
-àbile |'abile| *suff.* (*esprime 'abilità, attitudine, possibilità', corrisponde gener. a*) able: *utilizzabile* utilisable.
àbile |'abile| *agg.* **1** [*esperto, capace*] habile, adroit: *operaio abile nel proprio lavoro* ouvrier habile, adroit dans son travail; *una donna molto abile con le mani* une femme très adroite de ses mains ◇ [*accorto, astuto*] *è un affarista molto abile* c'est un affairiste très habile; *non sei stato abile in questa faccenda* tu as manqué d'habileté dans cette affaire **2** [*idoneo*] apte: *abile al servizio militare* apte au service militaire, bon pour le service; *abile all'esercitazione di una professione* apte à exercer une profession [C] **inabile, incapace, inesperto, inetto, maldestro.**
abilità |abili'ta| *s.f. inv.* **1** [*capacità, bravura, destrezza*] habileté *var.*, adresse (*var.*): *lavoro eseguito con abilità* travail exécuté avec habileté, avec adresse; *è un esercizio che richiede molta abilità* c'est un exercice qui exige beaucoup d'habileté # *questo bambino mostra una grande abilità nel disegno* cet enfant est très doué pour le dessin **2** [*accortezza, astuzia*] habileté: *ci voleva la sua abilità per convincerlo* il fallait toute son habileté pour le convaincre [C] **incapacità, inesperienza, insufficienza.**
abilitàre |abili'tare| **A** *v.tr.* **1** [*rendere abile, atto*] rendre (53) capable: *abilitare giovani a tradurre* rendre des jeunes capables de traduire **2** (*bur.*) [*concedere l'idoneità per svolgere determinate attività pubbliche*] *abilitare all'insegnamento* décerner à qqn. son certificat d'aptitude à l'enseignement; *abilitare qc. a esercitare una professione* décerner à qqn. un diplôme d'aptitude à l'exercice d'une profession **B** *v.pron. rifl.* ABILITARSI [*conseguire l'abilitazione a una professione*] être (43) *intr.* habilité (à exercer la profession) # *non si è ancora abilitato all'insegnamento* il n'est pas encore certifié, il n'a pas encore son certificat d'aptitude à l'enseignement, sa maîtrise.
abilitàto |abili'tato| *s.* [*chi ha conseguito l'abilitazione all'insegnamento*] certifié: *albo degli abilitati* tableau des certifiés ◆ (*agg.*) *professore abilitato* professeur possédant son certificat d'aptitude à l'enseignement, sa maîtrise.
abilitazióne |abilitat'tsjone| *s.f.* **1** [→ ABILITARE] aptitude: *certificato di abilitazione professionale, tecnica* certificat d'aptitude professionnelle, (C.A.P.), technique; *diploma di abilitazione all'insegnamento* certificat d'aptitude à l'enseignement, maîtrise **2** (*dir.*) habilitation: *abilitazione di un minore emancipato* habilitation d'un mineur émancipé.
abilménte |abil'mente| *avv.* [→ ABILE 1] habilement: *condurre abilmente un affare* conduire habilement une négociation; *cavarsela abilmente* se tirer habilement d'affaire.
ab intestato |abintes'tato| *loc. avv. e agg.* (*lat.*) (*dir.*) ab intestat: *ereditare ab intestato* hériter ab intestat.
abiòtico, ci, ca, che |a'bjɔtiko, tʃi, ka, ke| *agg.* (*biol.*) abiotique.
abissàle |abis'sale| *agg.* (*geogr.*) abyssal*: *fauna abissale* faune abyssale ◇ (*fig.*) *ignoranza abissale* [*illimitata, enorme*] abîme *s.m.* d'ignorance.
abissino |abis'sino| **1** *agg.* [*dell'Abissinia*] abyssinien*, abyssin ◆ *s.m.* (*st.*) *gli Abissini* les Abyssins, les Abyssiniens **2** (*s.m.*) *l'abissino* [*la lingua*] la langue des abyssins, des abyssiniens.
abisso |a'bisso| *s.m.* **1** [*enorme profondità; precipizio, baratro*] (*pr., fig.*) abîme: *cadere, precipitare nell'abisso* tomber, précipiter dans l'abîme; *essere sull'orlo dell'abisso* être au bord de l'abîme; *sei un abisso d'ignoranza* tu es un abîme d'ignorance → **rovina** ◇ (*lett.*) [*l'inferno*] l'abîme infernal **2** [*profondità marina*] abysses (*pl.*): *la fauna degli abissi* la faune des abysses **3** (*fig.*) [*grande, incolmabile differenza*] abîme: *c'è un abisso tra te e me* entre toi et moi, il y a un abîme **4** (*arald.*) abîme.
abitàbile |abi'tabile| *agg.* [→ ABITARE A] habitable: *casa abitabile* maison habitable [C] **inabitabile.**
abitabilità |abitabili'ta| *s.f. inv.* habitabilité (*var.*): *ci sono tutti i requisiti richiesti per l'abitabilità della casa* il y a toutes les conditions requises pour l'habitabilité de la maison.
abitàcolo |abi'takolo| *s.m.* **1** habitacle: *l'abitacolo dell'auto, del pilota* l'habitacle de la voiture, du pilote **2** (*mar.*) habitacle.
abitànte |abi'tante| *s.* habitant: *gli abitanti della zona* les habitants de la région.
abitàre |abi'tare| **A** *v.tr.* [*occupare una casa, un appartamento in maniera stabile*] habiter: *abitare una casa, un tugurio* habiter une maison, un taudis; *abitare una camera d'albergo* habiter une chambre d'hôtel ◇ (*pop.*) *abitare una regione* habiter (dans) une région (*corr.*); *son sempre di meno quelli che abitano la campagna* il y a toujours moins de gens qui habitent (à) la campagne (*corr.*) **B** *v.intr.* (*aus.* '*avere*') [*risiedere, dimorare*] habiter (*tr. e intr.*): *abitare in città, in campagna, in periferia* habiter en ville (la ville), (à) la campagne, en banlieue (la banlieue); *abitare a Parigi* habiter (à) Paris; *abitare in Francia, all'estero* habiter en France, la France, (à) l'étranger; *abita in via Verdi, al numero 4* il habite (au numéro) 4, rue Verdi; *abitare da, presso qc.* habiter chez qqn.; *abitare al piano terra, al secondo piano* habiter au rez-de-chaussée, au deuxième étage; *abita in capo al mondo* il habite au bout du monde; *abitare in famiglia* habiter chez ses parents.
abitàto |abi'tato| **1** *agg.* habité: *pianeta abitato* planète habitée; *una casa abitata da dieci anni* une maison habitée depuis dix ans **2** *s.m.* [*concentrazione di abitazioni, agglomerato urbano*] agglomération (*f.*): *abitato urbano* agglomération urbaine; *fuori dell'abitato* en dehors de l'agglomération; *rallentare nell'attraversamento di un abitato* ralentir pour traverser une agglomération.
abitatóre, trice |abita'tore, tritʃe| *s.* (*lett.*) → **abitante.**
abitazióne |abitat'tsjone| *s.f.* **1** habitation, maison: *locali a uso abitazione* locaux à usage d'habitation **2** [*casa, appartamento*] appartement *m.*, habitation: *abitazione a pian terreno, al terzo piano* appartement au rez-de-chaussée, au troisième étage; *cambiare abitazione* changer d'appartement, d'habitation ◇ (*dir.*) *diritto d'abitazione* droit d'habitation.
abitino |abi'tino| *s.m.* **1** (*da donna*) petite robe *f.* ◇ (*da bambino*) petit costume **2** (*relig. catt.*) scapulaire.
àbito |'abito| *s.m.* **1** (*da uomo*) vêtement, costume: *abito invernale, civile* costume d'hiver, civil; *abito da mezza stagione* vêtement de demi-saison; *abito a doppio petto, a un petto* costume croisé, droit; *abito da lutto* costume de deuil; *abito della festa* cos-

tume du dimanche; *abito a coda* habit à queue-de-pie, à queue-de-morue **2** (*da donna*) robe *f.*, toilette (*f.*): *abito estivo, da sera, da mezza sera, da ballo, da sposa* robe d'été, de soirée (du soir), de cocktail, de bal, de mariée; *abito della prima comunione* robe de première communion; *abito pre-maman* robe de grossesse; *abito da lutto* robe de deuil; *abito della festa* robe du dimanche; *abito a sacco* robe sac; *ha sempre abiti molto belli* elle a toujours de très belles toilettes # *abito a giacca* tailleur **3** [*tenuta, abbigl. per particolari circostanze o attività*] tenue (*f.*): *abito da viaggio, sportivo, da città, da sera, da cerimonia* tenue de voyage, de sport, de ville, de soirée, de cérémonie; *abito militare* tenue militaire; *abito di servizio, di combattimento* tenue de service, de combat; *è obbligatorio indossare l'abito da sera* la tenue de soirée est de rigueur **4** *al plur.* habits, vêtements: *abiti da cerimonia, da lutto, da lavoro, della domenica* habits, vêtements de cérémonie, de deuil, de travail, du dimanche; *abiti nuovi, usati, leggeri, di tutti i giorni* habits, vêtements neufs, usés, légers, de tous les jours; *abiti sportivi, alla moda, fuori moda* habits, vêtements de sport, à la mode, démodés; *abiti maschili, femminili* vêtements d'homme, de femme; *abiti su misura, confezionati* vêtements sur mesure, de confection **5** (*per ecclesiastici*) soutane *f.*, habit (de prêtre): *abito talare* soutane ◇ (*loc.*) *prendere, vestire l'abito* [*farsi prete, religioso*] prendre l'habit ~ (*fig.*) *gettare l'abito alle ortiche* jeter le froc aux orties; se défroquer ◇ (*prov.*) *l'abito non fa il monaco* l'habit ne fait pas le moine **6** (*fig.*) [*disposizione, attitudine*] tournure *f.* d'esprit: *abito mentale* tournure d'esprit; *ha l'abito del commerciante* il a la tournure d'esprit du commerçant ◇ [*abitudine*] habitude (*f.*): *ha fatto l'abito al vizio* il a pris l'habitude de vivre dans le vice ◇ (*lett.*) [*portamento*] genre: *ha l'abito malinconico, sprezzante* il a un genre mélancolique, méprisant **7** (*biol.*) habitus ◇ (*bot.*) *abito arbustivo* habitus d'un arbuste ◇ (*med.*) *abito epilettico* habitus épileptique **8** (*teol.*) → **abitudine.**

abituàle |abitu'ale| *agg.* **1** (*cose*) habituel*, coutumier*: *questo comportamento gli è abituale* ce comportement lui est habituel; *occupazioni abituali* occupations habituelles **2** (*persone*) habitué (*s.*): *è un cliente abituale di questo ristorante* c'est un habitué de ce restaurant # *delinquente abituale* repris de justice, cheval de retour (*fam.*) **3** (*relig.*) *grazia abituale* grâce habituelle, sanctifiante Ⓒ 1; 2 **insolito, inconsueto.**

abitualità |abituali'ta| *s.f. inv.* caractère *m.var.* habituel: *l'abitualità di un fatto* le caractère habituel d'un fait.

abitualménte |abitual'mente| *avv.* [→ ABITUALE 1, 2] habituellement, d'habitude *loc. inv.*, d'ordinaire *loc. inv.*

abituàre |abitu'are| **A** *v.tr.* [*far prendere un'abitudine; assuefare, allenare*] habituer: *abituare un bambino alla fatica* habituer un enfant à la fatigue; *non è stata abituata a lavorare* on ne l'a pas habituée à travailler; *abituare l'organismo ai cambiamenti del clima* habituer l'organisme aux changements de climat **B** *v.pron. rifl.* ABITUARSI [*contrarre un'abitudine*] s'habituer (à): *abituarsi a non bere fuori dai pasti* s'habituer à ne pas boire entre les repas; *mi sono abituato ai lunghi viaggi* je me suis habitué aux longs voyages ◇ [*disporsi, riuscire ad accettare*] s'habituer (à), se faire (45) (à): *abituarsi all'idea della morte* s'habituer, se faire à l'idée de la mort; *non posso abituarmici* je ne peux pas m'y habituer, m'y faire ◇ [*prendere familiarità*] se faire (à): *non mi sono ancora abituato al suo modo di fare* je ne me suis pas encore fait à sa façon de faire.

abitudinàrio, i |abitudi'narjo, i| *agg. e s.* [*che, chi agisce o fa q.c. per abitudine*] routinier* Ⓒ **saltuario.**

abitùdine |abi'tudine| *s.f.* **1** habitude: *la forza dell'abitudine* la force de l'habitude; *prendere una buona, cattiva abitudine* prendre une bonne, une mauvaise habitude; *avere brutte abitudini* avoir des, de mauvaises habitudes; *è schiavo delle proprie abitudini* il est esclave de ses habitudes ◇ (*loc.*) *per abitudine* par habitude ~ *fare q.c. per abitudine* faire qqch. par habitude ~ *secondo abitudine* suivant, selon son habitude ~ *avere l'abitudine di* (+ *inf.*) avoir l'habitude de (+ *inf.*): *non ho l'abitudine di fare ciò* je n'ai pas l'habitude de faire cela ~ *fare l'abitudine a qc.* prendre l'habitude de qqch. ~ D'ABITUDINE d'habitude: *d'abitudine mi alzo tardi* d'habitude, je me lève tard **2** [*usanza; costume*] habitude, usage (*m.*): *avere abitudini borghesi* avoir des habitudes de bourgeois **3** [*pratica; familiarità*] habitude: *è una questione di abitudine* c'est une question d'habitude.

abitùro |abi'turo| *s.m.* [*abitazione umile e povera*] galetas, taudis.

abiùra |a'bjura| *s.f.* [→ ABIURARE] abjuration: *abiura politica* abjuration politique.

abiuràre |abju'rare| *v.tr.* [*ripudiare solennemente una fede, una dottrina*] abjurer: *abiurare la propria religione* abjurer sa religion Ⓒ **convertire, abbracciare.**

ablativo |abla'tivo| *s.m.* (*gram.*) ablatif: *ablativo assoluto* ablatif absolu.

ablazióne |ablat'tsjone| *s.f.* (*chir., geol.*) ablation.

ablegàto |able'gato| *s.m.* ablégat.

abluzióne |ablut'tsjone| *s.f.* (*relig.*) ablution: *le abluzioni degli Indù* les ablutions des Hindous ◇ (*fam.*) *fare le abluzioni* [*lavarsi*] faire ses ablutions.

abnegàre |abne'gare| *v.tr.* (*raro*) [*rinunziare a q.c. per motivi ideali o religiosi*] faire (45) abnégation de.

abnegazióne |abnegat'tsjone| *s.f.* [→ ABNEGARE] abnégation: *agire con abnegazione* agir avec abnégation → **disinteresse, generosità** Ⓒ **egoismo.**

abnòrme |ab'nɔrme| *agg.* [*fuori dalla norma*] anormal*: *una situazione abnorme* une situation anormale Ⓒ **normale.**

aboliménto |aboli'mento| *s.m.* → **abolizione.**

abolìre |abo'lire| (197) *v.tr.* [*sopprimere, annullare*] abolir, supprimer: *abolire un uso* abolir un usage; *abolire una legge, una pena* abolir une loi, une peine Ⓒ **istituire.**

abolitìvo |aboli'tivo| *agg.* (*raro*) [*abrogativo*] abrogatif*: *legge abolitiva* loi abrogative.

abolizióne |abolit'tsjone| *s.f.* [→ ABOLIRE] abolition: *l'abolizione della schiavitù* l'abolition de l'esclavage; *l'abolizione di una pena* l'abolition d'une peine → **soppressione, annullamento** Ⓒ **istituzione.**

abolizionismo |abolittsjo'nizmo| *s.m.* abolitionnisme.

abolizionista |abolittsjo'nista| *s.* abolitionniste ♦ (*agg.*) *misure abolizioniste* mesures abolitionnistes.

abolizionistico, ci, ca, che |abolittsjo'nistiko, tʃi, ka, ke| *agg.* [*relativo all'abolizionismo*] abolitionniste.

abomàso |abo'mazo| *s.m.* (*anat., zool.*) (*ruminanti*) abomasus, abomasum.

abominàbile |abomi'nabile| *agg.* → **abominevole.**

abominàre |abomi'nare| *v.tr.* [*aborrire, detestare*] abominer: *abominare la violenza* abominer la violence Ⓒ **desiderare.**

abominazióne |abominat'tsjone| *s.f.* [→ ABOMINARE] abomination: *avere q.c. in abominazione* avoir qqch. en abomination, en horreur Ⓒ **desiderio.**

abominévole |abomi'nevole| *agg.* [*che merita profondo disprezzo*] abominable, exécrable: *un comportamento abominevole* une conduite abonimable; *l'abominevole uomo delle nevi* l'abominable homme des neiges → **detestabile** Ⓒ **amabile, adorabile.**

abominevolménte |abominevol'mente| *avv.* [→ ABOMINEVOLE] abominablement.

abominio, i |abo'minjo, i| *s.m.* [*disprezzo, odio*] abomination (*f.*): *ho in abominio la menzogna* j'ai le mensonge en abomination ◇ [*infamia, obbrobrio*] *la guerra è un abominio* la guerre est une abomination.

aborigeno |abo'ridʒeno| *agg.* aborigène: *piante aborigene* plantes aborigènes ♦ (*s.*) *un aborigeno* un aborigène.

aborrévole |abor'revole| *agg.* (*lett.*) → **abominevole.**

aborriménto |aborri'mento| *s.m.* [→ ABORRIRE] horreur (*f.*): *avere q.c. in aborrimento* avoir qqch. en horreur; *manifestare aborrimento per qc., q.c.* montrer de l'horreur pour qqn., qqch.

aborrìre |abor'rire| (197) **A** *v.tr.* [*avere in orrore, detestare*] abhorrer, avoir (28) en horreur: *aborrisco il suo dispotismo* j'ai son despotisme en horreur → **detestare B** *v.intr.* (*aus.* '*avere*') [*rifuggire con ripugnanza*] avoir (28) *tr.* horreur de: *aborrire dal sangue* avoir horreur du sang Ⓒ **adorare, amare.**

abortìre |abor'tire| (197) *v.intr.* **1** (*aus.* '*avere*') (*med., corr.*) [*partorire prima del termine*] avorter, faire (45) *tr.* une fausse couche: *abortire al terzo mese* avorter au troisième mois **2** (*aus.* '*avere*') (*per est., agr.*) [*non svilupparsi; non giungere a maturazione*] avorter: *le pesche hanno abortito per il gelo* les pêches ont avorté à cause du gel **3** (*fig.*) (*aus.* '*essere*') [*fallire*] avorter (*aus.* avoir), échouer (*aus.* avoir): *l'iniziativa è abortita sul nascere* l'initiative a avorté.

abortivo |abor'tivo| *agg. e s.m.* abortif*.

abòrto |a'bɔrto| *s.m.* **1** (*med., corr.*) avortement: *aborto spontaneo, provocato* avortement spontané, provoqué; *aborto terapeutico* avortement thérapeutique ◇ (*zool.*) *aborto epizootico* avortement épizootique → **brucellosi** ◇ [*feto morto,* *nato prematuro*] avorton **2** (*per est.*, *agr.*) avortement, coulure (*f.*): *aborto di un frutto* avortement d'un fruit **3** (*fig.*, *spreg.*) [*persona, cosa mal riuscita, deforme*] avorton: *è un aborto di natura* c'est un avorton **4** (*fig.*) [*fallimento*] avortement: *aborto di un progetto* avortement d'un projet.

abracadàbra |abraka'dabra| *s.m. inv.* abracadabra *var.*

abràdere |a'bradere| *v.tr.* (*usato solo nei tempi comp.*: *p.p.* '*abraso*') (*lett.*) [*togliere via raschiando*] gratter (*corr.*)`◆ (*al p.p.*) *l'iscrizione è stata abrasa di recente* l'inscription a été recemment grattée.

abrasióne |abra'zjone| *s.f.* **1** [→ ABRADERE] abrasion **2** (*geol.*) abrasion: *abrasione marina* abrasion marine **3** (*tecnol.*) abrasion: *abrasione delle monete* abrasion, usure des monnaies.

abrasivo |abra'zivo| *agg.* abrasif*: *polveri, pietre abrasive* poudres, pierres abrasives ◆ (*s.m.*) *un abrasivo* un abrasif: *abrasivi di acciaio* abrasifs en acier.

abreazióne |abreat'tsjone| *s.f.* (*psican.*) abréaction.

abrogàbile |abro'gabile| *agg.* [→ ABROGARE] abrogeable

abrogàre |abro'gare| *v.tr.* (*dir.*) [*dichiarare nullo*; *revocare*] abroger (3): *abrogare una legge, un regolamento* abroger une loi, un règlement 🄲 **promulgare, istituire.**

abrogativo |abroga'tivo| *agg.* → **abrogatorio.**

abrogatòrio, i |abroga'tɔrjo, i| *agg.* (*dir.*) abrogatif*, abrogatoire.

abrogazióne |abrogat'tsjone| *s.f.* (*dir.*) abrogation 🄲 **istituzione, promulgazione.**

abruzzése |abrut'tseze| *agg.* [*dell'Abruzzo*] abruzzain.

absidàle |absi'dale| *agg.* absid(i)al*.

àbside |'abside| *s.* **1** *s.f.* (*arch.*) abside **2** *s.m.* (*astron.*) apside (*f.*): *linea degli absidi* ligne des apsides.

absidiola |absi'diola| *s.f.* absidiole.

abulìa |abu'lia| *s.f.* (*med.*) aboulie ◇ (*corr.*) [*pigrizia, indolenza*] aboulie, apathie: *reagire alla propria abulia* réagir contre son apathie.

abùlico, ci, ca, che |a'buliko, tʃi, ka, ke| *agg.* aboulique: *carattere abulico* caractère aboulique ◆ (*s.*) *un abulico* un aboulique 🄲 **dinamico.**

abusàre |abu'zare| *v.intr.* (*aus.* '*avere*') **1** [*fare uso cattivo o eccessivo di q.c.*] abuser: *abusare della propria autorità, del proprio potere* abuser de son autorité, de son pouvoir; *abusare dell'alcool, del fumo* abuser de l'alcool, des cigarettes ◇ (*per est.*) *abusare di una donna* [*violentarla*] abuser d'une femme **2** [*approfittare*] *abusare della bontà di qc.* abuser de la bonté de qqn.

abusivaménte |abuziva'mente| *avv.* [→ ABUSIVO] abusivement: *esercitare abusivamente una professione* exercer abusivement une profession 🄲 **legalmente.**

abusivo |abu'zivo| *agg.* abusif*: *pascolo abusivo* pâturage abusif; *affittacamere abusivo* logeur abusif → **illegale** # *detenzione abusiva di armi* détention non autorisée d'armes ◆ (*s.*) *un abusivo* une personne *f.* qui exerce illégalement une profession 🄲 **legale, regolare.**

abùso |a'buzo| *s.m.* abus: *abuso dell'alcool* abus de l'alcool; *abuso della forza* abus de la force ◇ (*dir.*) *abuso d'autorità, di potere* abus d'autorité, de pouvoir; *abuso di diritto* abus de droit; *abuso di fiducia* abus de confiance; *abuso di foglio in bianco* abus de blanc-seing ◇ [*illegalità*] *combattere gli abusi* lutter contre les abus.

acàcia, cie |a'katʃa, tʃe| *s.f.* **1** (*t. bot.*) acacia *m.* **2** (*pop.*) → **robinia.**

acadiàno |aka'djano| *agg.* [*dell'Acadia*] acadien* ◇ (*geol.*) acadien.

acagiù |aka'dʒu| *s.m. inv.* **1** (*t.bot.*) acajou *var.* ◇ [*il legno*] acajou ◆ (*agg. inv.*) *color acagiù* (couleur) acajou; *capelli color acagiù* cheveux (couleur) acajou **2** (*t.bot.*) acajou (à pommes): *noce d'acagiù* noix d'acajou.

Acantàcee |akan'tatʃee| *s.f. pl.* (*t.bot.*) Acanthacées.

acànto |a'kanto| *s.m.* **1** (*t.bot.*) acanthe *f.* **2** (*arch.*) *foglie d'acanto* feuilles d'acanthe.

acantocèfalo |akanto'tʃɛfalo| *s.m.* (*t.zool.*) acanthocéphale.

a cappèlla |akap'pɛlla| *loc. agg.*, *avv.* (*mus.*) a cappella.

Àcari |'akari| *s.m.pl.* (*t.zool.*) Acariens.

acariasi |aka'riazi| *s.f. inv.* acariose *var.*

àcaro |'akaro| *s.m.* (*t.zool.*) acarus.

acàrpo |a'karpo| *agg.* (*bot.*) acarpe.

acàule |a'kaule| *agg.* (*bot.*) acaule.

àcca, che |'akka, ke| *s.f. o m. inv.* **1** [*nome della lettera 'h'*] → **h** **2** (*fig.*) *un'acca* [*niente, nulla*] *non capisce un'acca* il ne comprend rien à rien; *non vale un'acca* il ne vaut absolument rien.

accadèmia |akka'dɛmja| *s.f.* **1** académie: *accademia della Crusca* académie de la Crusca; *l'accademia di Francia* l'Académie (française) **2** [*istituto di istruzione specialistica di grado superiore*] académie, école: *accademia di musica* académie de musique; *accademia di Belle Arti* académie des Beaux-Arts; *accademia di equitazione* académie d'équitation; *accademia militare* École militaire; *accademia d'arte drammatica* école d'art dramatique ◇ (*pitt.*, *scultura*) [*studio del nudo dal vero*] académie **3** (*loc. fig.*) *fare dell'accademia* [*fare del virtuosismo, ostentare abilità inconcludente*] tenir des discours académiques **4** (*st.*, *filos.*) académie.

accadèmico, ci, ca, che |akka'dɛmiko, tʃi, ka, ke| *agg.* **1** académique: *seggio accademico* fauteuil académique ◆ (*s.*) *un accademico* un académicien* **2** [*universitario*] académique; universitaire: *consiglio accademico* conseil académique ‖ *corpo, anno accademico* corps, année universitaire # *quarto d'ora accademico* quart d'heure de grâce avant les leçons, les cinq minutes de politesse **3** (*fig.*) [*retorico, vuoto*] académique: *fare discorsi accademici* tenir des discours académiques **4** (*per est.*) [*ricercato, raffinato*] académique: *stile accademico* style académique **5** (*st.*, *filos.*) académique ◆ (*s.*) *un accademico* un académicien.

accademismo |akkade'mizmo| *s.m.* académisme → **pedanteria.**

accademista |akkade'mista, i| *s.* [*allievo di un'accademia mil.*] cadet* → **cadetto.**

accadére |akka'dere| (121) *v.intr. e impers.* (*aus.* '*essere*') [*avvenire, succedere per caso*] arriver, se passer (*pron.*): *mi è accaduta una disgrazia* il m'est arrivé un malheur; *cosa è accaduto?* qu'est-il arrivé?, que s'est-il passé?; *qualunque cosa accada* quoi qu'il arrive # *accada quel che accada* advienne que pourra.

accadùto |akka'duto| *s.m.* [*ciò che è accaduto*] fait, événement: *l'accaduto è grave* le fait est grave # *lo chiamò per raccontargli l'accaduto* il l'appela pour lui raconter ce qui s'était passé; *è difficile giudicare l'accaduto* il est difficile de juger ce qui est arrivé.

accagliatùra |akkaʎʎa'tura| *s.f.* → **cagliatura.**

accalappiacàni |akkalappja'kani| *s.m. inv.* [*persona addetta alla cattura di cani randagi*] employé *var.* de la fourrière ◇ (*fig.*, *iron.*) [*chi è abile nel raggirare il prossimo*] filou *m. var.*

accalappiaménto |akkalappja'mento| *s.m.* **1** [→ ACCALAPPIARE 1] capture *f.* **2** (*fig.*) [→ ACCALAPPIARE 2] attrape *f.*, duperie *f.*

accalappiàre |akkalap'pjare| *v. tr.* **1** [*catturare col laccio*] attraper **2** (*fig.*) [*raggirare, circuire*] attraper, duper: *si è fatto accalappiare con delle lusinghe* il s'est fait attraper, duper par des flatteries ◇ (*scherz.*) *accalappiare un marito* capturer un mari.

accalappiatóre, trice |akkalappja'tore, tritʃe| *s.* → **accalappiacani.**

accalappiatùra |akkalappja'tura| *s.f.* → **accalappiamento.**

accalcàre |akkal'kare| **A** *v.tr.* (*persone, cose*) [*stipare, affollare*] entasser, tasser: *accalcare una sala* entasser les spectateurs dans une salle, bourrer une salle **B** *v.pron.* ACCALCARSI [→ *tr.*] s'entasser, se presser: *una folla numerosa si accalcava all'entrata del cinema* une foule nombreuse se pressait à l'entrée du cinéma.

accaldàrsi |akkal'darsi| *v.pron. intr.* **1** [*prendere molto caldo*] s'échauffer: *si è accaldata nella corsa* elle s'est échauffé pendant la course **2** (*fig.*) [*animarsi*] s'échauffer: *accaldarsi in una discussione* s'échauffer au cours d'une discussion → **animar(si).**

accaldàto |akkal'dato| *agg.* [*riscaldato e trafelato*] échauffé # *è arrivata tutta accaldata* elle est arrivée très excitée.

accaloraménto |akkalora'mento| *s.m.* [→ ACCALORARE] (*pr.*, *fig.*) échauffement.

accaloràre |akkalo'rare| **A** *v.tr.* [*infervorare, eccitare*] échauffer **B** *v. pron. rifl.* ACCALORARSI [→ *tr.*] s'échauffer: *accalorarsi nel parlare* s'échauffer en parlant → **animar(si)** 🄲 A **calmare.**

accaloràto |akkalo'rato| *agg.* [*infervorato*] animé: *discorsi accalorati* discussions animées.

accalorire |akkalo'rire| (197) *v.tr.* → **accalorare.**

accampaménto |akkampa'mento| *s.m.* **1** [→ ACCAMPARE A 1] campement: *prolungare la durata dell'accampamento* prolonger la durée du campement **2** (*mil.*) camp: *accampamento trincerato* camp retranché; *levare l'accampamento* lever le camp **3** [*sistemazione di alloggio provvisorio, mobile o sim.*] campement: *un accampamento di zingari* un campement de tsiganes; *accampamento per sfollati* campement de réfugiés.

accampàre |akkam'pare| **A** *v.tr.*

1 (*mil., corr.*) [*alloggiare all'aperto sotto tende o ricovero di fortuna*] camper, cantonner: *accampare l'esercito* camper, cantonner l'armée; *accampare i profughi* cantonner des réfugiés **2** [*mettere avanti* (*un diritto*), *spec. pretestuosamente*] alléguer (8): *accampare diritti* alléguer des droits; *accampare scuse* alléguer des excuses **B** *v.pron. rifl.* ACCAMPARSI [*sistemarsi in un accampamento*] camper (*intr.*): *le truppe si accamparono in una radura* les troupes campèrent dans une clairière.

accampionaménto |akkampjona'mento| *s.m.* → 1 **accatastamento.**

accampionàre |akkampjo'nare| *v.tr.* → 1 **accatastare.**

accaniménto |akkani'mento| *s.m.* **1** [→ ACCANIRSI 1] acharnement: *l'accanimento della folla* l'acharnement de la foule **2** [*furia, astio*] acharnement: *perseguitare qc. con accanimento* persécuter qqn. avec acharnement **3** [*ostinazione, foga*] acharnement: *accanimento nel lavoro* acharnement au travail # *l'accanimento nel gioco* la passion du jeu.

accanìrsi |akka'nirsi| (197) *v.pron. intr.* **1** [*infierire contro* (*qc.*)] s'acharner: *accanirsi contro qc.* s'acharner sur, contre qqn. **2** [*ostinarsi con tenacia o con rabbia in q.c.*] s'acharner: *accanirsi in una discussione* s'acharner dans une discussion.

accanitaménte |akkanita'mente| *avv.* [→ ACCANITO] avec acharnement *loc. inv.*

accanìto |akka'nito| *agg.* **1** [*furioso, violento*] acharné: *è un avversario accanito* c'est un adversaire acharné ◇ [*acceso, rovente*] *discussione accanita* discussion acharnée; *lotta accanita* lutte acharnée **2** [*tenace, ostinato*] acharné: *lavoratore accanito* travailleur acharné.

accannellaménto |akkannella'mento| *s.m.* **1** (*tess.*) bobinage **2** → **scanalatura.**

accannellàre |akkannel'lare| *v.tr.* (*tess.*) [*avvolgere il filo su cannelli*] bobiner.

accànto |ak'kanto| **1** *avv.* [*a lato, vicino*] à côté *loc. inv.*, voisin (*agg.*): *la casa accanto* la maison (d') à côté # *il bar è qui accanto* le bar est tout près **2** *loc. prep.* ACCANTO A [*vicino a, a lato di*] à côté de, près de: *il salone è accanto alla sala da pranzo* le salon est à côté de la salle à manger; *ha la villa accanto alla mia* sa villa est à côté de la mienne; *porsi accanto a qc.* se placer à côté de qqn.; *sedersi accanto a qc.* s'asseoir à côté de, près de qqn. **C** **lontano, distante.**

accantonaménto |akkantona'mento| *s.m.* **1** [→ ACCANTONARE 1, 2] mise *f.* de côté; stockage: *accantonamento di una somma di denaro* mise de côté d'une somme d'argent ‖ *accantonamento di merci* stockage de marchandises # *accantonamento di denaro* réserve d'argent **2** (*comm.*) réserve (*f.*): *fondi di accantonamento* fonds de réserve **3** (*mil.*) cantonnement: *scelta di un accantonamento* choix d'un cantonnement.

accantonàre |akkanto'nare| *v.tr.* **1** [*mettere da parte*] mettre (71) de côté; stocker: *accantonare del denaro* mettre de l'argent de côté ‖ *accantonare merci in magazzino* stocker des marchandises en magasin **2** (*fig.*) [*lasciare in disparte, scartare*] laisser de côté; négliger (3): *accantonare un progetto, una pratica* laisser de côté un projet, un dossier ‖ *ha accantonato persino i suoi interessi per aiutarvi* pour vous aider, il a même négligé ses propres intérêts **3** (*mil.*) [*alloggiare, sistemare le truppe*] cantonner: *accantonare le truppe* cantonner les troupes.

accantonàto |akkanto'nato| *agg.* **1** [*messo da parte*] mis de côté; stocké: *somma accantonata* somme (d'argent) mise de coté ‖ *merci accantonate* marchandises stockées **2** (*arald., mil.*) cantonné.

accaparraménto |akkaparra'mento| *s.m.* [→ ACCAPARRARE] accaparement.

accaparràre |akkapar'rare| *v.tr.* **1** (*comm.*) [*fissare, impegnare mediante caparra*] déposer, laisser des arrhes **2** (*per est.*) [*acquistare merci oltre il necessario*] accaparer, stocker: *accaparrare grosse quantità di q.c.* accaparer de grosses quantités de qqch.; *accaparrare il grano* stocker le blé **3** (*fig.*) [*assicurarsi*] accaparer, s'emparer *pron.* de □ *accaparrarsi il favore del popolo* accaparer la faveur du peuple; *accaparrarsi il posto migliore* s'adjuger la, s'emparer de la meilleure place.

accaparratóre, trice |akkaparra'tore, tritʃe| *s.* [*chi accaparra o s'accaparra q.c.*] accapareur*: *uno spregiudicato accaparratore di voti elettorali* un accapareur sans scrupules de voix électorales ♦ (*agg.*) *una persona accaparratrice* une personne accapareuse.

accapezzàre |akkapet'tsare| *v.tr.* [*sbozzare le pietre per lastrichi*] épincer (2), épinceter (5).

accapigliaménto |akkapiʎʎa'mento| *s.m.* [→ ACCAPIGLIARSI] dispute *f.*, chamaillerie *f.* (*fam.*).

accapigliàrsi |akkapiʎ'ʎarsi| *v. pron. recipr.* **1** (*di donne*) [*prendersi per i capelli*] se crêper *tr.* le chignon **2** (*fig.*) [*litigare, azzuffarsi*] se disputer, se chamailler (*fam.*).

accapigliatùra |akkapiʎʎa'tura| *s.f.* → **accapigliamento.**

accàpo |ak'kapo| **1** *avv.* [*all'inizio di una riga*] à la ligne (*loc. inv.*): *punto e accapo* point, à la ligne ◇ *loc.* D'ACCAPO [*al punto di partenza*] *siamo d'accapo!* nous sommes revenus au point de départ! **2** *s.m. inv.* [*capoverso*] alinéa *var.*

accappatóio, i |akkappa'tojo, i| *s.m.* **1** [*indumento di spugna che si indossa dopo il bagno*] peignoir (de bain), sortie *f.* de bain **2** [*mantellina usata quando ci si pettina*] peignoir.

accappiàre |akkap'pjare| *v.tr.* [*legare con un cappio*] lier avec un nœud coulant **C** **sciogliere, snodare.**

1 **accapponàre** |akkappo'nare| **A** *v.tr.* [*castrare un gallo*] chaponner **B** *v.pron. intr.* ACCAPPONARSI (*detto della pelle umana*) [*diventare ruvida, grinzosa per freddo, paura, ecc.*] donner *tr.* la chair de poule: *mi si accapponava la pelle dal freddo* le froid me donnait la chair de poule; *questo film mi fa accapponare la pelle* ce film me donne la chair de poule.

2 **accapponàre** |akkappo'nare| *v.tr.* → 2 **capponare.**

accapponatùra |akkappona'tura| *s.f.* [→ 1 ACCAPPONARE A] chaponnage *m.*

accarezzàre |akkaret'tsare| *v.tr.* **1** [*toccare, sfiorare leggermente con la mano* (*in segno di affetto*)] caresser: *accarezzare con la mano* caresser de la main; *accarezzare un bambino, un animale* caresser un enfant, un animal □ *accarezzarsi i capelli* [*lisciarseli*] se lisser les cheveux; *accarezzarsi la barba* se caresser la barbe **2** (*fig.*) *accarezzare con gli occhi, con lo sguardo* [*guardare con tenerezza o con desiderio*] caresser des yeux, du regard ◇ (*iron.*) *accarezzare il groppone a qc.* [*bastonarlo*] caresser l'échine à qqn.; *accarezzare qc. col piede* [*prenderlo a calci*] donner des coups de pied à qqn. **3** [*trattare con tenerezza spesso eccessiva*] cajoler: *accarezzi troppo quel bambino* tu cajoles trop cet enfant → **vezzeggiare** **4** (*per est.*) [*sfiorare, lambire*] caresser: *una leggera brezza accarezzava la superficie del lago* une légère brise caressait la surface du lac **5** (*fig.*) [*desiderare, vagheggiare*] caresser: *accarezzare una idea, un progetto* caresser une idée, un projet **6** (*fig.*) [*lusingare*] flatter: *accarezzare l'amor proprio di qc.* flatter l'amour-propre de qqn.

accarezzévole |akkaret'tsevole| *agg.* → **carezzevole.**

accartocciaménto |akkartottʃa'mento| *s.m.* **1** [→ ACCARTOCCIARE A; B 1] recroquevillement **2** (*bot.*) (*del pesco*) cloque *f.*; (*della patata*) frisolée *f.* **3** (*arch.*) cartouche.

accartocciàre |akkartot'tʃare| **A** *v.tr.* [*piegare, avvolgere a forma di cartoccio*] rouler en cornet # *accartocciare un foglio di carta* faire un cornet de papier **B** *v.pron. intr.* ACCARTOCCIARSI **1** [→ *tr.*] se recroqueviller: *foglia, carta che si accartoccia col calore* feuille d'arbre, papier qui se recroqueville à la chaleur **2** (*fig.*) [*piegarsi su sé stessa*] → **raggomitolar(si)** **C** **svolgere, distendere.**

accartocciàto |akkartot'tʃato| *agg.* **1** [*piegato a forma di cartoccio*] recroquevillé: *foglie morte accartocciate* feuilles mortes recroquevillées; *cuoio accartocciato* cuir recroquevillé **2** (*arald.*) *scudo accartocciato* cartouche *s.m.*

accartocciatùra |akkartottʃa'tura| *s.f.* → **accartocciamento.**

accasàre |akka'sare| **A** *v.tr.* [*sistemare col matrimonio*] établir: *gli resta da accasare l'ultima figlia* il lui reste à établir sa dernière fille **B** *v.pron. rifl.* ACCASARSI **1** [*mettere su casa*] s'établir, monter *tr.* son ménage: *si sono accasati in periferia* ils se sont établis, ils ont monté leur ménage en banlieue **2** [*sposarsi*] se marier, se mettre (71) en ménage: *non ha voluto accasarsi* il n'a pas voulu se marier; *si sono accasati nel giro di un mese* ils ont monté leur ménage en un mois.

accasàto |akka'sato| *agg.* **1** [*sposato*] marié **2** (*ciclismo*) *corridore accasato* coureur d'une marque.

accasciaménto |akkaʃʃa'mento| *s.m.* [→ ACCASCIARE A] accablement, prostration *f.*

accasciàre |akkaʃ'ʃare| **A** *v.tr.* [*rendere fiacco, scoraggiare*] abattre (76); accabler: *la febbre lo ha accasciato* la fièvre l'a abattu ‖ *il caldo mi accascia* cette chaleur m'accable; *i dispiacieri lo hanno accasciato* les chagrins l'ont accablé **B** *v.pron. intr.* ACCASCIARSI **1** [*abbattersi*] s'écrouler: *si accasciò su* *una poltrona* il s'écroula dans un fauteuil **2** (*fig.*) [*avvilirsi, scoraggiarsi*] s'effondrer: *accasciarsi sotto il dolore* s'effondrer de douleur, s'abîmer dans le chagrin.

accasciàto |akkaʃ'ʃato| *agg.* [*abbattuto, demoralizzato*] abattu: *l'ho trovato molto accasciato* je l'ai trouvé très abattu.

accasermaménto |akkaserma'mento| *s.m.* (*mil.*) casernement ◇ [*le caserme*] casernement.

accasermàre |akkaser'mare| *v.tr.* [*alloggiare truppe in caserma*] caserner.

accastellaménto |akkastella'mento| *s.m.* **1** [→ ACCASTELLARE] amoncellement, entassement: *l'accastellamento delle cassette* l'amoncellement des caisses **2** (*mar.*) accastillage.

accastellàre |akkastel'lare| *v.tr.* [*sistemare più oggetti uno sull'altro; disporre a castello*] empiler, entasser: *accastellare contenitori* empiler, entasser des récipients.

1 **accatastaménto** |akkatasta'mento| *s.m.* **1** [→ 1 ACCATASTARE] empilement, entassement **2** (*tecnol.*) gerbage.

2 **accatastaménto** |akkatasta'mento| *s.m.* [→ 2 ACCATASTARE] cadastrage.

1 **accatastàre** |akkatas'tare| *v.tr.* **1** [*disporre a forma di catasta*] empiler, entasser: *accatastare della legna* empiler du bois **2** (*per est.*) [*ammucchiare disordinatamente*] entasser, amonceler (4): *accatastare dei libri* entasser des livres; *accatastare argomenti su argomenti* entasser arguments sur arguments **C** **sparpagliare, spargere.**

2 **accatastàre** |akkatas'tare| *v.tr.* [*registrare al catasto*] cadastrer: *accatastare un edificio* cadastrer un bâtiment.

accattabrighe |akkatta'brige| *s. inv.* [*chi va in cerca di litigi*] bagarreur* *var.*, chamailleur* *var.* → **attaccabrighe** **C** **bonaccione.**

accattapàne |akkatta'pane| *s.inv.* → **accattone.**

accattàre |akkat'tare| *v.tr.* **1** [*chiedere in elemosina*] mendier, quêter: *accattare il pane* mendier son pain; *accattare di porta in porta* quêter de porte en porte → **mendicare** ◇ (*fig.*) *accattare complimenti, voti* mendier, quêter des compliments, des voix **2** [*ottenere, spec. con richieste insistenti, un prestito o un dono*] emprunter: *accattare un libro a un amico* emprunter un livre à un ami; *accattare denaro* emprunter de l'argent ◇ (*spec. spreg.*) [*andar in cerca di, procurarsi*] emprunter à: *accattare idee da altri* emprunter des idées à d'autres ◇ [*cercare*] chercher: *accattare scuse, pretesti* chercher des excuses, des prétextes.

accattatóre, trice |akkatta'tore, tritʃe| *s.* → **accattone.**

accattatòzzi |akkatta'tɔttsi| *s.inv.* → **accattone.**

accattivàre |akkatti'vare| *v.tr.* → **cattivare.**

accàtto |ak'katto| *s.m.* [→ ACCATTARE 1] mendicité *f.*, aumône (*f.*): *la miseria l'ha ridotto a vivere d'accatto* la misère la réduit à vivre d'aumône, de mendicité ◇ *loc.* D'ACCATTO (*pr.*, *fig.*) [*di seconda mano*] d'emprunt: *scienza, erudizione d'accatto* science, érudition d'emprunt.

accattonàggio, i |akkatto'nadʒo, i| *s.m.* [*mestiere dell'accattone*] mendicité *f.*

accattóne |akkat'tone| *s.* [*mendicante*] mendiant.

accavalcàre |akkaval'kare| *v.tr.* **1** [*far passare una cosa su un'altra*] faire (45) se chevaucher: *accavalcare due fili* faire se chevaucher deux fils # *accavalcare una maglia* rabattre un point **2** (*per est.*) → **scavalcare.**

accavalciàre |akkaval'tʃare| *v. tr.* (*raro*) [*mettersi a cavalcioni*] se mettre (71) à califourchon.

accavalcióne |akkaval'tʃone| *avv.* → **cavalcioni.**

accavallaménto |akkavalla'mento| *s.m.* [→ ACCAVALLARE A] enchevêtrement.

accavallàre |akkaval'lare| **A** *v.tr.* [*mettere una cosa sopra un'altra*] faire (45) se chevaucher: *accavallare delle corde* faire se chevaucher des cordes # *accavallare le gambe* croiser les jambes; *accavallare le maglie* rabattre les mailles **B** *v.pron. intr.* ACCAVALLARSI [*ammassarsi, sovrapporsi*] s'amonceler (4); se chevaucher: *le nuvole si accavallano all'orizzonte* les nuages s'amoncellent à l'horizon ‖ *le onde si accavallano* les ondes se chevauchent ◇ (*fig.*) s'enchevêtrer # *mille idee si accavallavano nella sua mente* mille idées se mélangeaient dans sa cervelle.

accavigliàre |akkaviʎ'ʎare| *v.tr.* **1** (*tess.*) [*avvolgere il filo sulle caviglie dell'orditoio*] dévider: *accavigliare il filo* dévider du fil **2** (*mar.*) [*fissare i cavi alle caviglie d'ammaraggio*] amarrer.

accecaménto |attʃeka'mento| *s.m.* **1** [→ ACCECARE A 1] cécité *f.*, aveuglement ◇ (*fig.*) aveuglement: *l'accecamento della ragione* l'aveuglement de la raison **2** [→ ACCECARE A 3] aveuglement.

accecànte |attʃe'kante| *agg.* [→ ACCECARE A 1, 2] aveuglant: *luce accecante* lumière aveuglante.

accecàre |attʃe'kare| **A** *v.tr.* **1** [*privare della vista*] aveugler: *lo accecarono* on l'aveugla ◇ (*fig.*) *è accecato dalla passione* il est aveuglé par la passion **2** (*per est.*) [*offuscare, abbagliare*] aveugler: *quel bagliore mi accecava* cet éblouissement m'aveuglait **3** (*per est.*) [*ostruire, intasare*] aveugler: *accecare una tubatura* aveugler une conduite (d'eau); *accecare una finestra* [*murarla*] aveugler une fenêtre **4** (*tecnol.*) *accecare un chiodo* [*farlo penetrare in modo che non ne sporga la testa*] noyer (10) un clou **5** (*agr.*) [*togliere le gemme*] éborgner, ébourgeonner: *accecare una vite* éborgner, ébourgeonner une vigne **6** (*mar.*) [*ristoppare*] aveugler: *accecare una falla* aveugler une voie d'eau **B** *v. intr.* (*aus. 'essere'*) [*diventare cieco*] devenir (27) aveugle **C** *v.pron.* ACCECARSI **1** *intr.* [*perdere la vista*] perdre (53) la vue: *nell'indicente si è accecato* il a perdu la vue dans l'accident **2** (*raro*) *rifl.* [*togliersi la vista*] se crever (6) les yeux: *si è accecata per la disperazione* elle s'est crevé les yeux de désespoir.

accecatóio, i |attʃeka'tojo, i| *s.m.* (*tecnol.*) fraise *f.*

accecatùra |attʃeka'tura| *s.f.* **1** → **accecamento** **2** (*tecnol.*) noyure **3** (*tip.*) pâté *m.*

accèdere |at'tʃɛdere| *v.intr.* **1** (*aus. 'essere'*) [*avvicinarsi, portarsi in un luogo*] se rendre (53) *pron.*, s'approcher (*pron.*): *accedere in una piazza* se rendre sur une place ◇ [*entrare*] accéder (8): *si accede al castello per un ponte levatoio* on accède au château par un pont-levis **2** (*aus. 'avere'*) (*fig.*) [*raggiungere, pervenire a*] accéder: *accedere alla magistratura* accéder à la magistrature **3** (*aus. 'avere'*) (*fig.*) accéder: *accedere ai desideri* accéder aux désirs **C** 1 **allontanar(si), uscire.**

acceleraménto |attʃelera'mento| *s.m.* [→ ACCELERARE] accélération *f.* **C** **rallentamento.**

acceleràndo |attʃele'rando| *s.m. inv.* (*mus.*) accelerando *avv.*

accelerànte |attʃele'rante| *s.m.* (*chim.*) accélérateur.

acceleràre |attʃele'rare| **A** *v.tr.* [*rendere più rapido*] accélérer (8), presser ◇ (*persone*) *accelerare il passo, l'andatura* accélérer, presser le pas, l'allure ◇ (*animali*) accélérer le train ♦ (*ass.*) *accelerare bruscamente* accélérer brusquement **B** *v.intr.* (*aus. 'avere'*) [*prendere velocità*] accélérer: *accelerò appena fu uscito dal paese* il accéléra dès la sortie du village; *i battiti del cuore acceleravano* les battements du cœur s'accéléraient *pron.* **C** **rallentare.**

acceleràta |attʃele'rata| *s.f.* coup *m.* d'accélérateur.

accelerativo |attʃelera'tivo| *agg.* [*che fa accelerare*] accélérateur*.

acceleràto |attʃele'rato| *agg.* **1** [*affrettato, veloce*] accéléré: *polso accelerato* pouls accéléré # *passo accelerato* pas redoublé ◇ (*fis.*) *moto accelerato* mouvement accéléré **2** (*ferr.*) *treno accelerato* [*che effettua parecchie fermate*] train omnibus ♦ (*s.m.*) *un accelerato* un omnibus.

acceleratóre, trice |attʃelera'tore, tritʃe| **I** *s.m.* **1** (*mecc., corr.*) accélérateur: *premere sull'acceleratore* appuyer sur l'accélérateur **2** (*fis. nucl., foto.*) accélérateur **II** *agg.* [*che accelera*] accélérateur*.

accelerazióne |attʃelerat'tsjone| *s.f.* **1** [→ ACCELERARE] accélération: *l'accelerazione di un movimento* l'accélération d'un mouvement; *l'accelerazione di un veicolo* l'accélération d'un véhicule ◇ (*med.*) *accelerazione del polso* accélération du pouls **2** (*mecc.*) accélération: *accelerazione angolare, di gravità* accélération angulaire, de la pesanteur; *accelerazione di trascinamento* accélération d'entraînement ◇ (*econ.*) *principio di accelerazione* principe d'accélération ◇ (*cine.*) accéléré *m.*

acceleròngrafo |attʃele'rɔgrafo| *s.m.* accélérographe.

acceleròmetro |attʃele'rɔmetro| *s.m.* (*tecnol.*) accéléromètre.

accèndere |at'tʃɛndere| (105) **A** *v.tr.* **1** [*dare fuoco a; infiammare*] allumer: *accendere un fiammifero, una sigaretta* allumer une allumette, une cigarette ♦ (*ass.*) *fammi accendere, per favore* donne-moi du feu, s'il te plaît ◇ (*per est.*) *accendere il lampadario* allumer le lustre; *accendere la radio* allumer la radio □ *adesso mi accendo una sigaretta, la pipa* je vais allumer une cigarette, ma pipe **2** (*fig.*) [*suscitare, eccitare*] allumer: *accendere la speranza* allumer l'espoir; *accendere il desiderio, la passione* allumer le désir, la passion **3** (*comm., dir.*) ouvrir (23): *accendere un conto* [*aprirlo, intestarlo*] ouvrir un compte # *accendere un cre-*

dito, un prestito, un debito [*contrarlo*] contracter un crédit, un emprunt, une dette; *accendere un'ipoteca* [*costituirla*] constituer une hypothèque **B** *v.pron. intr.* ACCENDERSI **1** [*prender fuoco*] s'allumer: *la legna secca si accende facilmente* le bois sec s'allume facilement ◇ (*fig.*) [*divampare*] éclater: *si accese una disputa vivace* une vive dispute éclata **2** *rifl.* → *tr.* 1 □ **3** (*fig.*) [*infiammarsi*] s'enflammer: *si accese di collera* il s'enflamma de colère **4** [*diventare luminoso*] s'allumer: *i suoi occhi si accesero di felicità* ses yeux s'allumèrent de bonheur; *le stelle si accendono in cielo* les étoiles s'allument dans le ciel Ⓒ A 1 **spegnere,** 2 **smorzare, calmare, estinguere**; B 1 **spegnersi,** 3 **calmar(si).**

accendibile |attʃen'dibile| *agg.* [→ ACCENDERE A 1, 2; B 1, 2] qu'on peut allumer *loc.*

accendigàs |attʃendi'gas| *s.m.inv.* [*utensile per accendere i fornelli a gas*] allume-gaz.

accendiménto |attʃendi'mento| *s.m.* → **accensione.**

accendino |attʃen'dino| *s.m.* → **accendisigaro.**

accendisigaro |attʃendi'sigaro| *s.m.* [*macchinetta per accendere sigari o sigarette*] briquet: *accendisigaro a benzina, a gas* briquet à essence, à gaz; *pietrina di un accendisigaro* pierre à briquet ◇ [*la stessa macchinetta montata come accessorio di un'auto*] allume-cigare(s).

accenditóio, i |attʃendi'tojo, i| *s.m.* [*asta per accendere candele o lumi*] allumoir.

accenditóre |attʃendi'tore| *s.m.* **1** [*chi accende*] allumeur **2** [*dispositivo per accendere*] allumoir Ⓒ **estintore.**

accennàre |attʃen'nare| **A** *v.tr.* **1** [*indicare, additare*] indiquer, montrer: *accennare un oggetto* indiquer un objet; *accennare la strada* montrer le chemin; *ti accennerò il posto sulla carta* je te montrerai l'endroit sur la carte → **mostrare** **2** [*fare un cenno* (*di avviso*)] faire (45) signe: *mi accennò di seguirlo* il me fit signe de le suivre; *ti accennerò il momento giusto* je te ferai signe le moment venu, au bon moment ◇ (*per est.*) *accennare la carta* [*dichiararla con cenni al compagno di gioco*] tricher en se désignant la carte □ *si accennavano le carte* ils trichaient en se désignant les cartes; *si accennavano la risposta* ils trichaient en s'indiquant la réponse ◇ (*prov.*) *accennar coppe e dar danari* [*promettere una cosa per un'altra*] promettre une chose et en faire une autre **3** [*far l'atto di voler fare q.c.*] esquisser, ébaucher: *accennare un sorriso, un saluto* esquisser, ébaucher un sourire, un salut; *accennai un gesto d'assenso* j'esquissai un geste de consentement → 1 **abbozzare** # *accennare di sì, di no* faire signe que oui, que non **4** (*fig.*) [*dar indizio, far presagire*] annoncer (2): *il cielo accenna bel tempo* le ciel annonce du beau temps **5** (*per est.*) [*nominare qc. o q.c. di sfuggita; trattare brevemente*] effleurer; toucher un mot (deux mots): *ha solo accennato l'eventualità della sua partenza* il n'a fait qu'effleurer l'éventualité de son départ; *questi argomenti li ho appena accennati* je n'ai fait qu'effleurer ces sujets ‖ *gli ho accennato i tuoi desideri* je lui ai touché un mot (deux mots) de tes désirs **6** [*dar appena inizio a q.c., abbozzare*] esquisser, ébaucher: *accennare un quadro, un paesaggio* esquisser, ébaucher un tableau, un paysage; *accennare un discorso e lasciarlo cadere* ébaucher un discours et le laisser tomber **7** (*mus.*) [*dare il motivo di una melodia*] donner, entonner les premières notes: *accennare una canzone* donner, entonner les premières notes d'une chanson **B** *v.intr.* (*aus.* '*avere*') **1** [*far riferimento a qc. o q.c.*] faire (45) *tr.* allusion à: *accennare ai responsabili* faire allusion aux responsables; *ha accennato alle sue precarie condizioni di salute* il a fait allusion à ses conditions précaires de santé ◇ [*alludere*] *accennava alle possibili conseguenze* il faisait allusion aux conséquences possibles; *intendevo accennare agli ultimi episodi di violenza* je voulais faire allusion aux derniers épisodes de violence ◇ [*insinuare*] *a che cosa intendi accennare?* à quoi veux-tu faire allusion? **2** [*parlare, trattare brevemente o di sfuggita qc. o q.c.*] mentionner *tr.*; évoquer (*tr.*): *ha solo accennato a voi* il n'a fait que vous mentionner ‖ *ho accennato a queste cose perché ci riflettiate* j'ai évoqué ces choses pour que vous y réfléchissiez; *vorrei solo accennare alla questione* je voudrais seulement évoquer le problème **3** [*indicare qc. o q.c. con un gesto*] montrer *tr.* du doigt: *accennava alla casa di fronte* il montrait du doigt la maison d'en face **4** [*dar segno, indizio di q.c.*] sembler, avoir (28) l'air (de): *il tempo accenna a schiarirsi* le temps semble s'éclaircir, a l'air de s'éclaircir ◇ [*mostrare di voler fare q.c.*] chercher à (+ *inf.*), essayer (9) de (+ *inf.*): *accennai ad aiutarlo ma lui rifiutò* je cherchai à, j'essayai de l'aider, mais il le refusa **5** (*teat.*) [*scandire battute*] ânonner.

accénno |at'tʃenno| *s.m.* **1** [*avviso*] avertissement: *questo è un accenno poco promettente* ceci est un avertissement peu prometteur **2** [*abbozzo*] signe, esquisse (*f.*): *il primo accenno di un'influenza* le premier signe d'une grippe; *l'accenno di un sorriso* l'esquisse d'un sourire ◇ [*un poco*] soupçon: *mettersi un accenno di belletto* se mettre un soupçon de fard; *un accenno di febbre* un soupçon de fièvre **3** [*riferimento, allusione*] allusion (*f.*): *ha fatto solo un breve accenno alla questione* il n'a fait qu'une brève allusion au problème ◇ [*leggero indizio*] indice: *sono solo degli accenni, ma preziosi* ce ne sont que des indices, mais ils sont précieux.

accensióne |attʃen'sjone| *s.f.* **1** [→ ACCENDERE A 1; B 1] allumage (*m.*): *accensione del fuoco* allumage du feu ◇ (*tecnol.*) *accensione a batteria* allumage par batterie; *accensione a scintilla* allumage par étincelle; *anticipo, ritardo dell'accensione* avance, retard à l'allumage; *chiave d'accensione* clef de contact **2** (*dir.*) constitution Ⓒ 1 **estinzione, smorzamento.**

accentàre |attʃen'tare| *v.tr.* **1** (*ling.*) [*segnare con l'accento una parola*] accentuer: *accentare una 'e', una parola* accentuer un 'e', un mot ◇ [*pronunziare, elevando la voce su un suono*] *accenti troppo le parole* tu accentues trop les mots **2** (*mus.*) [*segnare le annotazioni musicali su un brano di musica scritta*] accentuer ◇ [*eseguire rafforzando l'espressione dei suoni*] accentuer.

accentàto |attʃen'tato| *agg.* (*ling.*) accentué: *sillaba accentata* syllabe accentuée.

accentatùra |attʃenta'tura| *s.f.* → **accentazione.**

accentazióne |attʃentat'tsjone| *s.f.* (*ling.*) accentuation.

accènto |at'tʃento| *s.m.* **1** (*ling., corr.*) accent: *accento tonico, ritmico* accent tonique, rhythmique ◇ (*segno grafico*) *accento acuto, grave, circonflesso* accent aigu, grave, circonflexe; *mettere, segnare l'accento* mettre l'accent ◇ (*loc. fig.*) *porre, mettere l'accento su q.c.* [*dar particolare rilievo, importanza a q.c.*] mettre l'accent sur qqch. **2** (*per est.*) [*modo di pronunziare, cadenza*] accent: *accento regionale, dialettale* accent régional, dialectal; *avere un accento straniero* avoir un accent étranger; *lo riconosco dall'accento* je le reconnais à son accent → **parlata** **3** (*per est.*) [*inflessione di voce che esprime un sentimento*] accent: *un accento triste* un accent de tristesse; *parlare con accenti d'ira* parler avec des accents de colère → **espressione** **4** (*mus.*) accent.

accentraménto |attʃentra'mento| *s.m.* **1** [→ ACCENTRARE A 1] concentration (*f.*): *l'accentramento delle truppe in un punto del territorio* la concentration des troupes en un point du territoire; *accentramento dei raggi luminosi al fuoco di una lente* la concentration des rayons lumineux au foyer d'une lentille → **convergenza**; *i grandi accentramenti urbani* les grandes concentrations urbaines **2** [→ ACCENTRARE A 2] centralisation (*f.*): *accentramento politico, economico* centralisation politique, économique Ⓒ 2 **decentramento.**

accentràre |attʃen'trare| **A** *v.tr.* **1** [*concentrare in un punto*] concentrer: *accentrare le forze d'artiglieria* concentrer des forces d'artillerie; *accentrare i raggi luminosi di una lente nel fuoco* concentrer les rayons lumineux d'une lentille dans le foyer → **convogliare** **2** [*riunire in uno stesso centro*] centraliser: *accentrare i poteri, i servizi pubblici* centraliser les pouvoirs, les services publics → **centralizzare** **3** [*attirare, attrarre*] attirer (sur): *accentra su di sé l'odio, le simpatie del popolo* il attire sur lui la haine, la sympathie du peuple **B** *v.pron. intr.* ACCENTRARSI **1** [*essere concentrato in un luogo*] se concentrer: *il grosso della popolazione si accentra nelle città* le gros de la population se concentre dans les villes **2** [*concentrarsi, accumularsi*] se concentrer: *le cariche si accentrano sempre nelle mani delle solite persone* les charges se concentrent toujours dans les mains des mêmes personnes Ⓒ A 2 **decentrare,** 3 **allontanare.**

accentratóre, trice |attʃentra'tore, tritʃe| *s.* [*chi accentra*] centralisateur* ♦ (*agg.*) *un tipo accentratore* un type centralisateur.

accentuàle |attʃentu'ale| *agg.* (*ling.*) accentuel*.

accentuàre |attʃentu'are| **A** *v.tr.* **1** [*dare rilievo nella pronuncia*] appuyer (11) *intr.* sur: *accentuare una parola, una frase* appuyer sur un mot, une phrase **2** (*raro*) [*accentare*] accentuer (*corr.*) **3** (*fig.*) [*mettere in rilievo, rendere più evidente*] accentuer, faire (45) *intr.* ressortir: *accentuare gli aspetti di un problema* accentuer les aspects d'un problème; *accentuare le linee di un disegno* faire ressortir les traits d'un dessin **B** *v. pron. intr.* ACCENTUARSI [→ *tr.* 3] s'accentuer: *il caldo si accentua* la chaleur s'accentue.

accentuatamènte |attʃentuata'mente| *avv.* [→ ACCENTUATO] d'une manière accentuée, marquée *loc. inv.*

accentuativo |attʃentua'tivo| *agg.* (*ling.*) qui se base sur l'accent *loc.*

accentuàto |attʃentu'ato| *agg.* accentué: *ha i tratti del viso molto accentuati* il a les traits du visage très accentués.

accentuazióne |attʃentuat'tsjone| *s.f.* [→ ACCENTUARE A 1, 3; B] accentuation.

accerchiaménto |attʃerkja'mento| *s.m.* [→ ACCERCHIARE] encerclement ◇ (*mil.*) bouclage.

accerchiàre |attʃer'kjare| *v.tr.* [*chiudere in un cerchio, circondare*] encercler: *accerchiare una città nemica* encercler une ville ennemie # *accerchiare un incendio* circonscrire un incendie.

accercinàre |attʃertʃi'nare| *v.tr.* [*avvolgere a forma di cercine*] (en)rouler en torsade: *accercinare i capelli* enrouler les cheveux en torsade.

accertàbile |attʃer'tabile| *agg.* [→ ACCERTARE A 1] évaluable, vérifiable.

accertaménto |attʃerta'mento| *s.m.* **1** [→ ACCERTARE A 1; B] vérification (*f.*): *accertamento delle notizie* vérification des nouvelles → **verifica** ◇ (*med.*) *accertamenti sanitari* contrôles sanitaires ◇ (*miner.*) *accertamenti minerari* reconnaissances de minerais **2** [*valutazione, stima*] évaluation *f.*, estimation (*f.*): *accertamento di un terreno* évaluation, estimation d'un terrain; *occorrono nuovi accertamenti* il faut de nouvelles estimations **3** (*dir., corr.*) constatation *f.*; reconnaissance (*f.*): *accertamento dell'identità* constatation d'identité; *accertamenti di legge* constatations d'usage ‖ *accertamento giudiziale* reconnaissance judiciaire ◇ (*comm.*) évaluation, vérification: *accertamento fiscale* évaluation d'impôts; *accertamento dell'imponibile* évaluation (de l'assiette) de l'impôt; *accertamento dei crediti* vérification des crédits # *accertamento dei costi e dei ricavi* contrôle des dépenses et des recettes → **appuramento.**

accertàre |attʃer'tare| **A** *v.tr.* **1** [*verificare, appurare*] vérifier: *accertare un fatto, una notizia* vérifier un fait, une nouvelle; *ho accertato la fondatezza delle sue affermazioni* j'ai vérifié le bien-fondé de ses affirmations; *accertare l'innocenza di una persona* vérifier l'innocence d'une personne ◇ [*valutare un fatto, una situazione*] évaluer, estimer: *accertare i danni di un incendio* évaluer, estimer les dommages provoqués par un incendie; *accertare il bilancio di un'azienda* évaluer le bilan d'une entreprise; *accertare i redditi, le spese* évaluer les revenus, les dépenses **2** [*assicurare, dare per certo*] assurer: *vi accerto che la situazione è grave* je vous assure que la situation est grave **B** *v.pron. rifl.* ACCERTARSI [*assicurarsi, rendersi conto*] s'assurer: *accertatevi che tutto sia in ordine* assurez-vous que tout est en ordre; *mi accerterò meglio* je m'en assurerai mieux.

accéso |at'tʃeso| *agg.* **1** [*che arde, brucia*] allumé: *un fuoco acceso* un feu allumé; *una pipa accesa* une pipe allumée ◇ (*di dispositivi elettrici e d'illuminazione*) *lampadine sempre accese* ampoules toujours allumées # *motore acceso* [*in funzione*] moteur en marche **2** (*fig.*) en feu *loc. inv.*, enflammé: *essere acceso in volto* avoir le visage en feu; *acceso di passione* enflammé de passion # *una lotta accesa* une lutte ardente.

accessìbile |attʃes'sibile| *agg.* **1** [→ ACCEDERE 1, 3] accessible: *parco accessibile a tutti, ai visitatori* parc accessible à tous, aux visiteurs; *luoghi accessibili* endroits accessibles ◇ (*fig.*) [*comprensibile*] *libri accessibili a tutti* livres accessibles à tous ◇ (*fig.*) [*alla portata di tutti*] accessible, abordable: *prezzi accessibili* prix accessibles, abordables; *traguardi accessibili* buts accessibles **2** (*fig.*) (*persone*) accessible: *persona poco accessibile* personne peu accessible [C] 1 **inaccessibile, difficile, esagerato**; 2 **inavvicinabile.**

accessibilità |attʃessibili'ta| *s.f. inv.* accessibilité *var.*

accessióne |attʃes'sjone| *s.f.* **1** (*dir.*) accession: *diritto di accessione* droit d'accession **2** (*dir. internazionale*) accession: *l'accessione di uno Stato a un trattato* l'accession d'un État à un traité → **adesione.**

accessit |at'tʃɛssit| *s.m. inv.* (*lat.*) accessit *var.*

accèsso |at'tʃɛsso| *s.m.* **1** [*possibilità di accedere*] entrée *f.*; accès: *divieto di accesso* entrée interdite ‖ *porto di facile accesso* port d'accès facile; *dare accesso* donner accès; *avere libero accesso a* avoir libre accès à; *vietare l'accesso a una sala* interdire l'accès d'une salle ◇ [*entrata*] *scala, corridoio d'accesso* escalier, couloir d'entrée; *strada d'accesso* voie d'accès ◇ (*fig.*) *accesso a una carriera* accès à une carrière ◇ (*persone*) *è un uomo di facile accesso* [*facile da avvicinare*] c'est un homme d'un accès, d'un abord facile **2** (*med.*) accès, poussée (*f.*): *accesso febbrile* accès, poussée de fièvre *accesso di tosse* accès de toux, quinte *f.* (de toux) ◇ (*fig.*) [*impulso improvviso*] accès: *un accesso di furore, di tristezza* un accès de fureur, de tristesse.

accessoriaménte |attʃessorja'mente| *avv.* [→ ACCESSORIO 1] accessoirement [C] **principalmente, sostanzialmente.**

accessoriàto |attʃesso'rjato| *agg.* avec accessoires *loc. inv.* # *auto accessoriata* voiture équipée.

accessòrio, i |attʃes'sɔrjo, i| **1** *agg.* accessoire: *questione accessoria* question accessoire # *elementi accessori* éléments secondaires, complémentaires → **secondario** ◇ (*dir.*) *beni accessori* biens accessoires ◇ (*anat.*) *muscolo accessorio* muscle accessoire **2** *s.m.* accessoire: *accessori di lusso, di 'toilette'* accessoires de luxe, de toilette ◇ (*per est.*) *accessori per automobili* accessoires d'automobile [C] 1 **essenziale, principale.**

accessorìsta |attʃesso'rista| *s.* accessoiriste.

accestiménto |attʃesti'mento| *s.m.* (*bot.*) tallage.

accestìre |attʃes'tire| *v.intr.* (*aus.* '*avere*') (*bot.*) [*mettere rami e foglie*] taller.

accétta |at'tʃetta| *s.f.* [*arnese tagliente per spaccare legna e sim.*] *hache: *spaccare legna con un'accetta* fendre du bois à la hache ◇ (*loc. fig.*) *fatto con l'accetta* [*grossolanamente*] fait à coups de hache ~ *darsi l'accetta sui piedi* [*essere causa del proprio danno*] prendre, recevoir sur les doigts.

accettàbile |attʃet'tabile| *agg.* [→ ACCETTARE 1, 4, 5] acceptable: *offerte accettabili* offres acceptables.

accettabilità |attʃettabili'ta| *s.f. inv.* possibilité *var.* d'être accepté # *la accettabilità di questo provvedimento è legata ai risultati che esso darà* le fait que cette mesure soit acceptée ou non dépend des résultats que celle-ci donnera.

accettànte |attʃet'tante| **I** *agg.* acceptant **II** *s.* **1** (*dir.*) acceptant **2** (*comm.*) tiré.

accettàre |attʃet'tare| *v.tr.* **1** [*ricevere volentieri q.c.*] accepter: *accettare un regalo, un consiglio* accepter un cadeau, un conseil; *non ho accettato il suo invito* je n'ai pas accepté son invitation ◇ [*prendere*] *non si accetta merce di ritorno* on n'accepte pas les marchandises en retour, retournées; *non si accettano assegni* on n'accepte pas les chèques ◇ [*essere disposto a*] *accettare la lotta, la discussione* accepter la lutte, la discussion ✦ (*ass.*) *accetto volentieri* j'accepte volontiers; *ti ho fatto una proposta, accetti?* je t'ai fait une proposition, est-ce que tu l'acceptes? **2** (*ogg. di persona*) [*accogliere in qualità di*] accepter: *accettare qc. come amico* accepter qqn. pour ami; *accettare per moglie* prendre, accepter pour femme **3** [*approvare, aderire a*] accepter: *accettare una teoria* accepter une théorie **4** [*sopportare con serenità o rassegnazione*] accepter: *accettare il rischio, la morte* accepter le risque, la mort; *accettare un insuccesso* accepter un échec **5** (*dir.*) [*acconsentire a*] accepter: *accettare una transazione* accepter une transation ◇ (*comm.*) *accettare una tratta, una cambiale* [*ammetterla allo sconto*] accepter une traite, une lettre de change.

accettàta |attʃet'tata| *s.f.* coup *m.* de *hache.

accettazióne |attʃettat'tsjone| *s.f.* **1** [→ ACCETTARE 1] acceptation: *l'accettazione di una proposta vantaggiosa* l'acceptation d'une offre avantageuse ◇ (*comm.*) *accettazione allo scoperto* acceptation à découvert; *accettazione di comodo* acceptation de complaisance; *accettazione incondizionata* acceptation pure et simple; *accettazione per intervento* acceptation par intervention **2** [*ufficio di accettazione*] réception # *l'accettazione di un ospedale* le bureau des entrées d'un hôpital [C] 1 **rifiuto, diniego.**

accettévole |attʃet'tevole| *agg.* → **accettabile.**

accètto |at'tʃɛtto| *agg.* [*che è accolto volentieri, gradito*] bien vu; bienvenu: *una persona accetta a tutti* une personne bien vue de tous ‖ *la vostra offerta è bene accetta* votre offre est la bienvenue, est agréée avec faveur [C] **sgradito.**

accettóre |attʃet'tore| *s.m.* (*chim.*) accepteur.

accezióne |attʃet'tsjone| *s.f.* acception.

acchetàre |akke'tare| *v.tr. e pron.* → **acquietare.**

acchiappacàni |akkjappa'kani| *s.m. inv.* → **accalappiacani.**
acchiappamósche |akkjappa'moske| *s.m. inv.* **1** [*rotolino di carta vischiosa per catturare le mosche*] (papier) tue-mouche(s) ◇ [*palettina per lo stesso uso*] chasse-mouches **2** (*fig., fam.*) [*perdigiorno*] gobe-mouche *var.*, badaud *s. var.* (*corr.*).
acchiappanùvoli |akkjappa'nuvoli| *s. inv.* [*persona frivola*] songe-creux *m.*
acchiappàre |akkjap'pare| *v.tr.* **1** [*afferrare, spec. con prontezza*] attraper: *acchiappare un gatto per la coda* attraper un chat par la queue; *l'ho acchiappato al volo* je l'ai attrapé au vol; *l'hanno acchiappato mentre saltava il muro* ils l'ont attrapé au moment où il sautait le mur → **acciuffare, agguantare** ◇ (*per est.*) [*raggiungere in corsa*] *ho corso un chilometro per acchiapparlo* j'ai couru un kilomètre pour l'attraper ◇ (*per est.*) [*sorprendere*] surprendre (73): *l'ha acchiappato che stava rubando* il l'a surpris en train de voler # *mi hanno acchiappato sul fatto* ils m'ont pris sur le fait **2** (*fig.*) [*prendere, buscarsi*] attraper: *acchiappare un'influenza* attraper une grippe; *mi sono acchiappato un bel raffreddore!* j'ai attrapé un de ces rhumes! **3** [*colpire*] atteindre (66): *non lanciare sassi, potresti acchiappare qc.* ne lance pas de pierres, tu pourrais atteindre qqn.
-acchiàre |ak'kjare| *suff.* (*ha valore frequentativo, attenuativo o peggiorativo*) -iller: *gridacchiare* criailler.
acchiocciolaménto |akkjottʃola'mento| *s.m.* [→ ACCHIOCCIOLARE] enroulement en spirale.
acchiocciolàre |akkjottʃo'lare| **A** *v.tr.* [*avvolgere a spirale*] enrouler (en spirale) **B** *v.pron. rifl.* (*raro, fig.*) ACCHIOCCIOLARSI [*rannicchiarsi*] se blottir, se pelotonner.
acchìto |ak'kito| *s.m.* (*biliardo*) acquit ◇ *loc. fig.* D'ACCHITO, DI PRIMO ACCHITO [*subito, all'istante*] du premier coup: *rispose alla domanda d'acchito* il répondit à la question du premier coup.
acchiùdere |ak'kjudere| (106) *v.tr.* → **accludere.**
àccia, ce |'attʃa, tʃe| *s.f.* [*matassa di filo greggio*] fil *m.* écru en écheveaux.
acciabattaménto |attʃabatta'mento| *s.m.* **1** (*fig.*) [→ ACCIABATTARE A] bâclage **2** [→ ACCIABATTARE B] traînement de savates.
acciabattàre |attʃabat'tare| **A** *v. tr.* (*fig.*) [*lavorare male, frettolosamente*] bâcler → **abborracciare B** *v.intr.* (*aus.* '*avere*') [*camminare trascinando le ciabatte*] traîner *tr.* ses savates.
acciabattatùra |attʃabatta'tura| *s.f.* → **acciabattamento.**
acciabattóne |attʃabat'tone| *s.* [*persona trasandata*] bâcleur*.
acciaccaménto |attʃakka'mento| *s.m.* (*raro*) [→ ACCIACCARE 2] écrasement: *acciaccamento di un insetto* écrasement d'un insecte → **schiacciamento.**
acciaccàre |attʃak'kare| *v.tr.* **1** [*produrre un'ammaccatura, deformare*] cabosser, bosseler (4): *il parafango della mia macchina è tutto acciaccato* l'aile de ma voiture est toute cabossée → **ammaccare** ◇ (*di abiti*) [*sgualcire*] chiffonner, froisser □ *acciaccarsi l'abito* chiffonner, froisser son vêtement **2** [*schiacciare*] écraser: *mi ha acciaccato il piede* il m'a écrasé le pied; *acciaccare una noce* casser, écraser une noix ◇ (*raro*) [*pestare nel mortaio*] piler (*corr.*) **3** (*fig., fam.*) [*rendere fiacco, debole*] abattre (76) (*corr.*): *gli anni e le disgrazie l'hanno acciaccato* l'âge et les malheurs l'ont abattu → **infiacchire, indebolire.**
acciaccàto |attʃak'kato| *agg.* **1** [*ammaccato*] cabossé **2** (*fig.*) [*depresso*] abattu.
acciàcco, chi |at'tʃakko, ki| *s.m.* [*malattia leggera e fastidiosa; disturbo*] infirmité *f.*; petit ennui de santé: *gli acciacchi della vecchiaia* les infirmités de la vieillesse ‖ *sono sempre pieno di acciacchi* j'ai toujours des petits ennuis de santé.
acciaccatùra |attʃakka'tura| *s.f.* [→ ACCIACCARE 1] bosselure ◇ (*fig.*) *son pieno di acciaccature* je suis plein de bosses, de bleus.
acciaccóso |attʃak'koso| *agg.* [*chi è pieno di acciacchi*] maladif*, souffreteux*.
acciaiàre |attʃa'jare| *v.tr.* [*ricoprire elettroliticamente metalli di ferro*] aciérer (8).
acciaiatùra |attʃaja'tura| *s.f.* (*tecnol.*) [→ ACCIAIARE] aciérage *m.*
acciaierìa |attʃaje'ria| *s.f.* (*metall., corr.*) aciérie.
acciàio, i |at'tʃajo, i| *s.m.* **1** (*metall., corr.*) acier: *acciaio duro, dolce* acier dur, doux; *acciaio inossidabile* acier inoxydable; *acciaio temperato* acier trempé ♦ (*agg. inv.*) *grigio acciaio* gris acier **2** (*fig.*) *avere occhi, muscoli d'acciaio* avoir des yeux gris acier, des muscles d'acier.
acciaiòlo |attʃa'jɔlo| *s.m.* **1** (*tecnol.*) affiloir **2** [*acciarino*] fusil: *acciaiolo a pietra* fusil à pierre.
acciambellàre |attʃambel'lare| **A** *v.tr.* [*avvolgere a ciambella*] lover: *acciambellare una corda* lover une corde **B** *v.pron. rifl.* ACCIAMBELLARSI [→ *tr.*] se pelotonner, se ramasser en boule Ⓒ **svolgere.**
acciarìno |attʃa'rino| *s.m.* **1** [*piccolo strumento di acciaio per far scoccare scintille dalla pietra focaia*] briquet, fusil **2** (*armi*) briquet, fusil **3** (*mecc.*) esse *f.* d'essieu, esse de moyeu.
acciàro |at'tʃaro| *s.m.* **1** (*poet.*) → **acciaio 2** (*poet.*) → **arma.**
acciarpaménto |attʃarpa'mento| *s.m.* [*lavoro mal fatto*] bâclage.
acciarpàre |attʃar'pare| *v.tr.* [*lavorare male, confusamente*] bâcler → **abborracciare.**
accidèmpoli |attʃid'ɛmpoli| *inter.* (*esprime* '*stupore, impazienza*') bigre, bougre: *accidempoli, quanto è caro!* bigre, bougre, que c'est cher!
accidentàle |attʃiden'tale| *agg.* **1** accidentel*: *morte accidentale* mort accidentelle **2** (*filos.*) accidentel **3** (*mus.*) accidentel: *segni accidentali* signes accidentels.
accidentalità |attʃidentali'ta| *s.f. inv.* caractère *m. var.* accidentel: *accidentalità di una disgrazia* caractère accidentel d'un malheur → **casualità.**
accidentalménte |attʃidental'mente| *avv.* [→ ACCIDENTALE 1] accidentellement Ⓒ **regolarmente.**
accidentàto |attʃiden'tato| *agg.* **1** accidenté: *regione accidentata* région accidentée **2** (*raro*) [*paralizzato*] paralysé: *gamba accidentata* jambe paralysée Ⓒ 1 **regolare, piano.**
accidènte |attʃi'dɛnte| **I** *s.m.* **1** [*fatto, evento fortuito*] accident: *gli accidenti della vita* les accidents de la vie; *è stato un accidente imprevisto* cela a été un accident imprévu ◇ (*raro*) [*disgrazia*] malheur ◇ (*loc.*) *per accidente* [*per caso*] par accident **2** (*filos.*) accident **3** [*colpo apoplettico*] attaque (*f.*): *gli è venuto, gli ha preso un accidente* il a eu une attaque ◇ (*loc.*) *che gli venga, gli prenda un accidente!* qu'il aille au diable, que le diable l'emporte! ~ *mandare un accidente a qc.* maudire qqn. de bon cœur **4** (*persone*) [*fastidioso*] diable: *quell'accidente di ragazza!* ce diable de fille! ◇ (*loc.*) *correva, gridava come un accidente* il courait, il criait comme un fou **5** (*cose*) *quest'accidente di macchina non va più* cette satanée voiture ne marche plus **6** (*spreg.*) [*niente*] *non capisce un accidente* il ne comprend pas un traître mot; *non vale un accidente* il ne vaut rien; *non vedo proprio un accidente* je n'y vois goutte ♦ *inter.* [*diamine*] bon sang (*loc. inv.*): *che accidente vuoi?* bon sang, qu'est-ce que tu veux?; *che accidente ti prende?* bon sang, qu'est-ce qui te prend? **7** [*irregolarità, asperità del terreno*] accident **8** (*ling., mus.*) accident **II** (*inter.*) *accidenti!* (*indica sorpresa, stupore, disappunto*) zut!, sapristi!
accidèrba |attʃi'dɛrba| *inter.* [*accidenti*] flûte, zut: *acciderba, ho perso la mia stilo!* flûte, zut, j'ai perdu mon stylo!
accìdia |at'tʃidja| *s.f.* [*indolenza, svogliatezza*] paresse: *accidia per indifferenza* paresse par indifférence → **pigrizia, torpore** ◇ (*teol. catt.*) *l'accidia è uno dei sette vizi capitali* la paresse est l'un des sept péchés capitaux Ⓒ **operosità, solerzia.**
accidiosaménte |attʃidjosa'mente| *avv.* [→ ACCIDIOSO] paresseusement; mollement.
accidióso |attʃi'djoso| *agg.* [*indolente, svogliato*] paresseux*: *una vita accidiosa* une vie paresseuse; *individuo accidioso* personne paresseuse → **pigro** Ⓒ **attivo.**
accigliaménto |attʃiʎʎa'mento| *s.m.* [→ ACCIGLIARSI] froncement (de sourcils).
accigliàrsi |attʃiʎ'ʎarsi| *v.pron. intr.* [*aggrottare le sopracciglia per sdegno, riflessione, ecc.*] froncer (2) *tr.* les sourcils.
accigliataménte |attʃiʎʎata'mente| *avv.* [→ ACCIGLIATO] d'un air renfrogné *loc. inv.*
accigliàto |attʃiʎ'ʎato| *agg.* [*corrugato per malcontento*] renfrogné ◇ (*fig.*) [*incupito*] *aria accigliata* air renfrogné.
accìngere |at'tʃindʒere| (119) **A** *v.tr.* (*lett.*) → **cingere B** *v.pron. rifl.* ACCINGERSI [*essere sul punto di fare una cosa*] s'apprêter (à), se préparer (à): *mi accingo a farvi visita* je m'apprête à vous rendre visite → **preparar(si), apprestar(si).**
-àccio |'attʃo| *suff.* (*denota, aggiunge un valore peggiorativo o spregiativo, corrisponde gener. a*) asse: *vinaccio* vinasse.
acciò |at'tʃɔ| *cong.* → **acciocché.**

acciocché |attʃok'ke| *cong.* (*introduce una prop. finale col v. al congv.*) (*lett.*) [*affinché, perché*] afin que, pour que (+ *congv.*): *ve lo dico acciocché provvediate* je vous le dis afin que, pour que vous vous en occupiez.

acciocchìre |attʃok'kire| (197) **A** *v.tr.* (*raro*) [*rendere fermo come un ciocco*] ne pas plus bouger (3) qu'une souche → **stordire B** *v.intr.* (*aus.* '*essere*') [*diventare torbido, assopirsi*] s'engourdir *pron.*; s'assoupir (*pron.*): *acciocchivamo dal freddo* nous nous engourdissions de froid ‖ *le pecore acciocchivano sotto l'ombra delle querce* les moutons s'assoupissaient à l'ombre des chênes.

acciocchito |attʃok'kito| *agg.* [*immobile, assopito*] assoupi.

acciottolàre |attʃotto'lare| *v.tr.* **1** [*selciare con ciottoli*] caillouter, empierrer: *acciottolare un sentiero* caillouter, empierrer un sentier **2** [*far sbattere le stoviglie le une contro le altre*] entrechoquer Ⓒ 1 **disselciare.**

acciottolàto |attʃotto'lato| *s.m.* [*selciato di ciottoli*] pavage de cailloux; cailloutage.

acciottolatùra |attʃottola'tura| *s.f.* [→ ACCIOTTOLARE 1] cailloutage

acciottolìo, ii |attʃotto'lio, ii| *s.m.* [*rumore di stoviglie battute insieme*] cliquetis: *un acciottolio di stoviglie* un cliquetis de vaisselle.

accipicchia |attʃi'pikkja| *inter.* (*esprime 'sorpresa, stupore, rincrescimento' e sim.*) diable!; sapristi!: *accipicchia che naso!* diable, quel nez! → **accidenti** ‖ *dovevi dirmelo prima, accipicchia!* tu devais me le dire avant, sapristi!

accipigliàrsi |attʃipiʎ'ʎarsi| *v. pron. intr.* (*raro*) [*mostrare il cipiglio*] se renfrogner.

accisa |at'tʃiza| *s.f.* (*dir.*) accise.

acciucchìre |attʃuk'kire| (197) **A** *v.tr.* (*raro*) [*far restare imbambolato, stordito*] hébéter (8) **B** *v.intr.* (*aus.* '*essere*') (*raro*) [*rimanere allibito; istupidire*] demeurer hébété: *di fronte a tale orrore c'è da acciucchire* devant pareille horreur on demeure hébété.

acciuffàre |attʃuf'fare| **A** *v.tr.* **1** [*prendere per i capelli*] attraper qqn. par les cheveux **2** (*per est.*) [*afferrare con forza, spec. chi cerca di fuggire*] attraper: *il ladro si è fatto acciuffare* le voleur s'est fait attraper; *la polizia ha finito per acciuffarlo* la police a fini par l'attraper **B** *v.pron. recipr.* (*spec. fig.*) ACCIUFFARSI [→ *tr.* 1] se prendre (73) aux cheveux: *un altro po' e si acciuffavano* encore un peu et ils se prenaient aux cheveux.

acciùga, ghe |at'tʃuga, ge| *s.f.* **1** (*t.zool.*) anchois *m.* ◇ (*corr.*) *filetti di acciuga sott'olio* filets d'anchois à l'huile **2** (*persone*) (*fig.*) *è un'acciuga* [*molto magro*] c'est un vrai manche à balai ◇ (*loc.*) *magra come un'acciuga* sèche, maigre comme un hareng saur, maigre comme un clou ~ *essere pigiati come acciughe* être serrés comme des sardines.

acciugàta |attʃu'gata| *s.f.* sauce aux anchois.

accivettàre |attʃivet'tare| *v.tr.* (*caccia*) [*attirare gli uccelli con la civetta*] piper ◇ (*raro, fig.*) leurrer, attirer: *lasciarsi accivettare* se laisser leurrer; *accivettare qc. con belle promesse* attirer qqn. par de belles promesses.

acclamàre |akkla'mare| **A** *v.tr.* **1** [*applaudire, inneggiare*] acclamer: *fu acclamato lungamente dalla folla* il fut acclamé longuement par la foule **2** (*per est.*) [*proclamare per acclamazione*] acclamer: *fu acclamato re* il fut acclamé roi ◇ [*approvare con entusiasmo*] applaudir: *la proposta fu acclamata da tutti* la proposition fut applaudie par tous ◇ [*tributare piena lode e riconoscimento*] saluer: *la critica lo acclama come miglior regista dell'anno* la critique le salue comme le meilleur metteur en scène de l'année **B** *v.intr.* (*aus.* '*avere*') [*applaudire, gridare in segno di approvazione*] applaudir: *tutti hanno acclamato ai suoi discorsi* tous ont applaudi à ses propos.

acclamazióne |akklamat'tsjone| *s.f.* [→ ACCLAMARE A 1] acclamation: *fu accolto da un'acclamazione generale* il fut accueilli par une acclamation générale → **ovazione, applauso** ◇ *loc.* PER ACCLAMAZIONE par acclamation: *eleggere per acclamazione* élire par acclamation; *approvare per acclamazione* approuver par acclamations.

acclimatàre |akklima'tare| **A** *v.tr.* [*ambientare in un clima diverso*] acclimater: *acclimatare una pianta* acclimater une plante **B** *v.pron.* ACCLIMATARSI **1** *intr.* [→ *tr.*] s'acclimater: *queste piante si acclimatano facilmente* ces plantes s'acclimatent facilement **2** *rifl.* (*fig.*) (*persone*) [*ambientarsi, adattarsi*] s'acclimater: *devo ancora acclimatarmi nel paese* je dois encore m'acclimater au pays.

acclimatazióne |akklimatat'tsjone| *s.f.* [→ ACCLIMATARE] acclimatation: *giardino di acclimatazione* jardin d'acclimatation.

acclìne |ak'kline| *agg.* (*lett.*) → **incline; disposto.**

acclìve |ak'klive| *agg.* (*lett.*) [*ripido*] escarpé: *cammino acclive* chemin escarpé.

acclùdere |ak'kludere| (106) *v.tr.* **1** [*mettere q.c. in*] inclure (46): *accludere un assegno in una lettera* inclure un chèque dans une lettre → **includere** **2** [*allegare, unire*] joindre (61): *accludere un documento alla pratica* joindre une pièce au dossier.

acclùso |ak'kluzo| *agg.* [*allegato, inserito*] inclus, joint, ci-inclus, ci-joint: *troverete accluso copia del documento* vous trouverez ci-joint copie du document ◇ [*contenuto, compreso*] *lettera acclusa a un pacco* lettre jointe à un paquet.

accoccàre |akkok'kare| *v.tr.* **1** [*applicare la cocca della freccia all'arco*] encocher **2** (*fig.*) [*assestare, vibrare un colpo*] appliquer: *accoccare uno schiaffo* appliquer, flanquer une gifle **3** [*fissare il filo alla cocca del fuso*] fixer le fil au fuseau **4** [*riunire i quattro capi di un fazzoletto e sim.*] nouer les quatre coins d'un mouchoir.

accoccolàrsi |akkokko'larsi| *v. pron. rifl.* [*abbassarsi sulle ginocchia sedendo sui calcagni*] s'accroupir: *la vecchia si accoccolò vicino al fuoco* la vieille s'accroupit au coin du feu.

accodaménto |akkoda'mento| *s.m.* [→ ACCODARE A] alignement.

accodàre |akko'dare| **A** *v.tr.* **1** [*legare, disporre le bestie da soma l'una alla coda dell'altra*] accouer **2** (*persone*) mettre (71) en file, l'un derrière l'autre, en file indienne **B** *v.pron. rifl.* ACCODARSI **1** [*disporsi in fila*] se mettre derrière, à la queue (de): *si sono accodati a una fila di macchine* ils se sont mis derrière une file de voitures, à la queue d'une file de voitures **2** [*mettersi in coda, per ultimo*] se mettre à la queue: *ho dovuto accodarmi a tutta la fila* j'ai dû me mettre à la queue de toute la file.

accogliènte |akkoʎ'ʎɛnte| *agg.* (*persone*) accueillant: *persona accogliente* personne accueillante ◇ (*cose*) *albergo accogliente* hôtel accueillant.

accogliènza |akkoʎ'ʎɛntsa| *s.f.* **1** [*modo di ricevere qc. o di accettare q.c.*] accueil (*m.*): *accoglienza fredda, calorosa* accueil froid, chaleureux; *fare buona, cattiva accoglienza a qc.* faire bon, mauvais accueil à qqn.; *questo film ha avuto un'accoglienza favorevole* ce film a reçu un accueil favorable ✦ (*ass.*) *far accoglienza* [*accogliere cortesemente*] faire bon accueil **2** [→ ACCOGLIERE A 3] contenance → **accettazione.**

accògliere |ak'kɔʎʎere| (123) **A** *v.tr.* **1** [*ricevere qc. o q.c. con un determinato stato d'animo*] accueillir (18): *accogliere qc. calorosamente, freddamente, gentilmente* accueillir qqn. chaleureusement, froidement, aimablement; *accogliere freddamente una notizia* accueillir froidement une nouvelle; *questo progetto è stato accolto favorevolmente* ce projet a été accueilli favorablement; *accogliere favorevolmente una domanda* accueillir favorablement une demande ◇ (*persone*) [*ospitare, accettare nel proprio ambiente*] *accogliere un ospite* accueillir un hôte; *accogliere dei profughi* accueillir des réfugiés; *accogliere un malato* accueillir un malade ◇ (*cose*) recevoir (33): *accogliere una brutta notizia* recevoir une mauvaise nouvelle **2** [*accettare*] accepter: *accogliere una richiesta* accepter une requête; *accogliere le scuse, una giustificazione* accepter des excuses, une justification ◇ [*approvare*] approuver: *accogliere una proposta all'unanimità* approuver une proposition à l'unanimité **3** [*contenere*] contenir (27): *quel cinematografo può accogliere duemila spettatori* ce cinéma peut contenir deux mille spectateurs **B** *v.pron. rifl.* ACCOGLIERSI [*riunirsi, raccogliersi*] se rassembler Ⓒ A 1 **respingere,** 2 **rifiutare.**

accogliménto |akkoʎʎi'mento| *s.m.* [→ ACCOGLIERE A 2] accueil, acceptation *f.* → **accettazione.**

accogliticcio, i |akkoʎʎi'tittʃo, i| *s.m.* → **raccogliticcio.**

accolitàto |akkoli'tato| *s.m.* (*relig. catt.*) acolytat.

accòlito |ak'kɔlito| *s.m.* **1** (*fig.*) [*seguace*] acolyte: *è sempre accompagnato dai suoi accoliti* il est toujours flanqué de ses acolytes **2** (*relig. catt.*) acolyte.

accollacciàto |akkollat'tʃato| *agg.* [*accollato*] montant: *vestito accollacciato* robe montante # *persona accollacciata* personne habillée jusqu'au cou.

accollaménto |akkolla'mento| *s.m.* [→ ACCOLLARE A 1; C] charge *f.*

accollàre |akkol'lare| **A** *v.tr.* **1** (*fig.*) [*addossare, far assumere, spec. un incarico, un onere*] faire (45) *intr.* endosser: *accollare le responsabilità a qc.* faire endosser les responsabilités à qqn.

□ *si è accollata tutte le colpe* elle a endossé toutes les fautes ◇ (*lett.*) [*mettere al collo*] mettre (71) sur le cou (*corr.*) # *accollare i buoi* [*abituarli al giogo*] accoutumer les bœufs au joug **2** (*per est.*) [*caricare eccessivamente la parte anteriore di un carro e sim.*] surcharger (3) (un chariot) sur l'avant **3** (*mar.*) [*orientare una vela in modo che il vento la colpisca sulla faccia prodiera*] masquer **B** *v.intr.* (*aus.* '*avere*') [*aderire bene al collo*] monter (*aus.* être, avoir): *vestito che accolla* robe montante **C** *v. pron. rifl.* ACCOLLARSI [→ *tr.* 1] se charger de; endosser: *accollarsi le spese* se charger des dépenses ‖ *devi accollarti tutte le responsabilità* tu dois endosser toutes les responsabilités ✦ → *tr.* 1 □ 🄲 A 1 **esonerare, esentare.**

accollàta |akkol'lata| *s.f.* (*st. medíev.*) accolade.

accollàto |akkol'lato| *agg.* [*di vestito che aderisce al collo, che copre sino al collo*] montant: *corpetto accollato* corsage montant; *vestito* (*da donna*) *accollato* robe montante.

accollatùra |akkolla'tura| *s.f.* [*parte dell'abito che sta attorno al collo*] encolure.

accòllo |ak'kɔllo| *s.m.* **1** [*parte del carico che pesa sul collo di un animale da tiro*] charge *f.* **2** (*dir.*) délégation *f.* **3** (*edil.*) saillie *f.* **4** (*mar.*) bord au vent.

accòlta |ak'kɔlta| *s.f.* (*lett.*) → **affollamento; folla.**

accoltellàre |akkoltel'lare| **A** *v.tr.* [*colpire con un coltello*] poignarder: *è morto accoltellato* il est mort poignardé **B** *v.pron. recipr.* ACCOLTELLARSI [→ *tr.*] se battre (76) à coups de couteau.

accoltellàto |akkoltel'lato| *s.m.* (*arch.*) rangée *f.* de briques posées de chant.

accoltellatóre, trice |akkoltella'tore, tritʃe| *s.* [*chi accoltella*] poignardeur*.

accomandànte |akkoman'dante| *s.* (*dir.*) commanditaire ✦ (*agg.*) *socio accomandante* associé commanditaire.

accomandatàrio, i |akkomanda'tarjo, i| *s.* (*dir.*) commandité, gérant ✦ (*agg.*) *socio accomandatario* associé gérant *s.*

accomàndita |akko'mandita| *s.f.* (*dir.*) commandite: *società in accomandita semplice, per azioni* société en commandite simple, par actions.

accomiatàre |akkomja'tare| **A** *v.tr.* [*congedare, licenziare*] congédier: *lo accomiatò con un sorriso amichevole* il le congédia d'un sourire amical **B** *v.pron. rifl.* ACCOMIATARSI [→ *tr.*] prendre (73) *tr.* congé (de).

accomodàbile |akkomo'dabile| *agg.* [→ ACCOMODARE A 1, 4] réparable, arrangeable.

accomodaménto |akkomoda'mento| *s.m.* **1** [→ ACCOMODARE A 1, 2, 4; C] arrangement, accommodement: *giungere a un accomodamento* en venir à un arrangement, à un accommodement; *accomodamento amichevole* arrangement à l'amiable → **accordo** **2** (*ling., med.*) accommodation *f.*

accomodànte |akkomo'dante| *agg.* accommodant: *mostrarsi accomodante* se montrer accommodant # *essere accomodante* être de bonne composition.

accomodàre |akkomo'dare| **A** *v. tr.* **1** [*rimettere in sesto, aggiustare*] arranger (3); réparer: *accomodare una poltrona rotta* arranger un fauteuil cassé; *accomodare un abito* arranger un vêtement → 1 **riparare** 3 ‖ *accomodare una bicicletta* réparer une bicyclette **2** [*sistemare, disporre con criterio opportuno*] arranger: *accomodare i fiori in un vaso* (ar)ranger des fleurs dans un vase; *accomodare i libri sullo scaffale* (ar)ranger les livres sur l'étagère; *accomodare la biancheria nell'armadio* (ar)ranger le linge dans l'armoire ◇ [*riordinare*] *ho appena finito d'accomodare la camera* je viens de finir d'arranger la chambre □ *accomodarsi i capelli, la cravatta* arranger ses cheveux, sa cravate **3** (*fig., iron.*) (*con tono di minaccia spesso scherzosa*) *ora t'accomodo io!* je vais t'arranger! **4** (*fig.*) [*comporre, conciliare*] arranger: *accomodare una disputa* arranger un différend; *le cose col tempo si accomodano da sole* avec le temps les choses s'arrangent toutes seules **B** *v.intr.* (*aus.* '*avere*') [*essere gradito, tornar utile*] arranger: *fate come vi accomoda* faites comme cela vous arrange; *se ti accomoda, usa pure la mia macchina* si cela t'arrange, tu peux prendre ma voiture; *scegli l'ora che ti accomoda di più* choisis l'heure qui t'arrange le mieux **C** *v.pron.* ACCOMODARSI **1** *rifl.* [*mettersi a proprio agio, spec. in casa altrui*] s'installer: *accomodiamoci in sala d'aspetto* installons-nous dans la salle d'attente; *accomodatevi, vengo subito* installez-vous, je viens tout de suite # *accomodarsi in casa di qc.* entrer dans la maison de qqn. ◇ (*in frasi di cortesia*) *prego, s'accomodi!* veuillez entrer, veuillez vous asseoir!; *si vuole accomodare?* si vous voulez entrer, si vous voulez vous asseoir; *s'accomodi in poltrona* veuillez vous asseoir dans le fauteuil; *da questa parte, s'accomodi!* par ici, je vous en prie!; *se vogliono accomodarsi il pranzo è pronto* si vous voulez bien vous asseoir le repas est prêt **2** *rifl.* [*sistemarsi*] s'installer: *si è accomodato in un bell'appartamento* il s'est installé dans un bel appartement # *basta aver pazienza, tutto s'accomoda* il suffit d'avoir un peu de patience, tout s'arrange; il suffit de patienter, tout se tasse (*fam.*) ◇ [*adattarsi*] s'adapter; se contenter de: *bisogna accomodarsi* il faut s'adapter ‖ *dovetti accomodarmi in una piccola stanza* je dus me contenter d'une petite chambre **3** *rifl.* [*sistemarsi l'acconciatura*] s'arranger: *mi accomodo un momento e scendo* je m'arrange un instant et je descends ✦ → *tr.* 2 □ **4** *recipr.* [*accordarsi*] s'accorder, se mettre (71) d'accord: *sul prezzo ci accomoderemo* nous nous accorderons, nous nous mettrons d'accord sur le prix; *ce n'è voluto perché s'accomodassero* il en a fallu du temps pour qu'ils s'accordent, pour qu'ils se mettent d'accord.

accomodatìccio, i |akkomoda'tittʃo, i| *agg.* (*cose*) [*riparato grossolanamente*] rafistolé ✦ (*s.m.*) *un accomodaticcio* un rafistolage.

accomodatùra |akkomoda'tura| *s.f.* [→ ACCOMODARE A 1] réparation.

accomodazióne |akkomodat'tsjone| *s.f.* (*med.*) accomodation.

accompagnàbile |akkompaɲ'ɲabile| *agg.* [→ ACCOMPAGARE A 3; B 2] qu'on peut assortir *loc.*

accompagnaménto |akkompaɲɲa'mento| *s.m.* **1** [→ ACCOMPAGNARE] accompagnement: *lettera di accompagnamento* lettre d'accompagnement # *accompagnamento funebre* convoi → **corteo** **2** (*dir.*) *mandato di accompagnamento* mandat d'amener **3** (*mil., mus.*) accompagnement.

accompagnàre |akkompaɲ'ɲare| **A** *v.tr.* **1** [*andare con qc.*] accompagner: *accompagnare un amico* accompagner un ami; *ti accompagno al treno, al cinema* je t'accompagne au train, au cinéma; *accompagnare un bambino dal medico* accompagner un enfant chez le médecin; *farsi accompagnare* se faire accompagner # *accompagnare qc. al cimitero* suivre le convoi funèbre de qqn., suivre l'enterrement jusqu'au cimetière ◇ (*prov.*) *meglio soli che mal accompagnati* mieux vaut être seul qu'en mauvaise compagnie **2** (*fig.*) [*seguire*] suivre (52); accompagner: *accompagnare con l'occhio* suivre des yeux, du regard ‖ *accompagnare con il pensiero* accompagner par la pensée; *questi ricordi mi accompagneranno per tutta la vita* ces souvenirs m'accompagneront toute ma vie # *accompagnare la porta, il cancello* [*controllarne il movimento con la mano*] fermer doucement la porte, la grille ◇ (*pugilato*) *accompagnare un colpo* accompagner le coup **3** (*per est.*) [*unire, mettere insieme*] accompagner; assortir (21): *accompagnare un regalo con una lettera* accompagner un cadeau d'une lettre ‖ *accompagnare due oggetti* assortir deux objets ◇ [*accoppiare*] assortir: *accompagnare due strani individui* assortir deux étranges individus ◇ (*prov.*) *Dio li fa, poi li accompagna* qui se ressemble s'assemble **4** [*armonizzare*] assortir: *accompagnare due colori, due suoni* assortir deux couleurs, deux sons; *accompagnare la maglia con i pantaloni* assortir le tricot au pantalon ✦ (*ass.*) *queste tinte non accompagnano* ces teintes ne sont pas assorties **5** (*mus.*) [*seguire con il canto o con il suono il suono o il canto altrui*] accompagner: *accompagnare un cantante con la chitarra* accompagner un chanteur à la guitare **B** *v.pron. rifl.* ACCOMPAGNARSI **1** [*unirsi in compagnia*] se joindre (61) à: *accompagnarsi con qc., a qc.* se joindre à qqn. ◇ (*raro*) [*unirsi a qc.*] s'associer à: *mi sono accompagnato con una persona poco raccomandabile* je me suis associé à une personne peu recommandable **2** (*per est.*) (*persone*) [*stare bene insieme; armonizzarsi*] être (43) *intr.* assorti: *quei due si accompagnano perfettamente* ces deux-là sont parfaitement assortis ◇ (*cose*) s'harmoniser: *queste decorazioni si accompagnano perfettamente* ces décorations s'harmonisent parfaitement **3** (*mus.*) [*sostenersi nel canto con il suono di uno strumento musicale*] s'accompagner: *accompagnarsi con la chitarra* s'accompagner à la guitare.

accompagnàto |akkompaɲ'ɲato| *agg.* [*che è in compagnia*] accompagné: *vieni pure accompagnato* tu peux venir accompagné ◇ (*prov.*) *meglio soli che male accompagnati* mieux vaut être seul qu'en mauvaise compagnie.

accompagnatóre, trice |akkompaɲɲa'tore, tritʃe| *s.* **1** accompagnateur*: *accompagnatore di turisti* guide *m.*, accompagnateur # *accompagnatore di collegiali* surveillant → **sorvegliante**; *è diventato il suo accompagnatore fisso* il est devenu son compagnon inséparable ◇ (*spec.*) [*persona anziana che accompagna una ragazza*] chaperon *m.* ◇ (*sport*) suiveur (*m.*): *accompagnatore di una squadra di rugby, di calcio* suiveur d'une équipe de rugby, de football **2** (*mus.*) accompagnateur.

accompagnatòria |akkompaɲɲa'tɔrja| *s.f.* lettre d'accompagnement.

accomunaménto |akkomuna'mento| *s.m.* [→ ACCOMUNARE] mise *f.* en commun.

accomunàre |akkomu'nare| **A** *v. tr.* **1** [*mettere insieme, in comune*] mettre (71) en commun: *accomunare i beni* mettre les biens en commun **2** [*unire*] unir: *accomunare gli sforzi* unir les efforts **3** [*avvicinare, rendere comune*] unir # *niente li accomuna* ils n'ont rien en commun → **accomunato** **4** [*riunire*] réunir: *accomuna in sé la ricchezza e la bellezza* elle réunit en elle (la) richesse et (la) beauté **B** *v.pron. recipr.* ACCOMUNARSI [→ *tr.* 3] s'unir ◇ [*assomigliarsi*] *si accomunano nel carattere* ils ont des caractères communs.

accomunàto |akkomu'nato| *agg.* [*unito*] uni: *sono accomunati nella tristezza* ils sont unis dans la tristesse.

acconciàbile |akkon'tʃabile| *agg.* [→ ACCONCIARE A 1; B 1] arrangeable.

acconciaménto |akkontʃa'mento| *s.m.* [→ ACCONCIARE] arrangement.

acconciàre |akkon'tʃare| **A** *v.tr.* **1** [*preparare, adattare*] préparer, disposer: *acconciare l'animo a q.c.* se préparer, se disposer à qqch. **2** [*ordinare, disporre in modo conveniente*] arranger (3): *acconciare la camera da letto* arranger la chambre à coucher; *acconciare gli abiti* arranger ses habits **3** (*della persona o dell'abbigl.*) [*curare, adornare*] parer; arranger: *acconciare una sposa* parer une mariée ‖ *acconciare i capelli* arranger ses cheveux, se coiffer ◇ (*fig., iron.*) (*in tono di minaccia spesso scherzosa*) *ora t'acconcio io!* je vais t'arranger! ◇ (*loc.*) *acconciare per le feste* rouer qqn. de coups **B** *v.pron. rifl.* ACCONCIARSI **1** [→ *tr.* 1] s'adapter: *acconciarsi a una vita difficile* s'adapter à une vie difficile **2** [→ *tr.* 3] se parer: *acconciarsi per la cerimonia* se parer pour la cérémonie ◇ [*pettinarsi*] se coiffer.

acconciatóre, trice |akkontʃa'tore, tritʃe| *s.* [*chi acconcia spec. i capelli*] coiffeur*.

acconciatùra |akkontʃa'tura| *s.f.* **1** [*pettinatura femminile*] coiffure: *acconciatura da sposa* coiffure de mariée **2** [*abbigliamento*] habillement *m.*, mise.

1 **accóncio, ci, cia, ce** |ak'kontʃo, tʃi, tʃa, tʃe| *agg.* **1** [*appropriato, adatto*] approprié: *trova sempre parole acconce* il trouve toujours des mots appropriés **2** [*acconciato, abbigliato*] paré **C** 1 **inadatto**; 2 **disadorno.**

2 **accóncio** |ak'kontʃo| *s.m. solo nella loc.* IN ACCONCIO à propos: *cadere, tornare in acconcio* [*venire a proposito, tornare opportuno*] tomber, arriver à propos.

accondiscéndere |akkondiʃ'ʃendere| (105) *v.intr.* (*aus.* '*avere*') [*acconsentire*] consentir (21): *accondiscendere a partecipare a un dibattito* consentir à participer à un débat.

acconsentiménto |akkonsenti'mento| *s.m.* (*raro*) → **approvazione.**

acconsentire |akkonsen'tire| *v. intr.* (*aus.* '*avere*') **1** [*accettare che una cosa si faccia, concedere, permettere*] consentir (21): *i genitori hanno acconsentito alle nozze* les parents ont consenti au mariage **2** [*accettare, dire di sì*] accepter: *acconsentì con un cenno del capo* il accepta d'un signe de tête # *acconsentire a una richiesta* accéder à une requête ◇ (*prov.*) *chi tace acconsente* qui ne dit mot consent **3** (*cose*) [*essere elastico, cedere quando necessario*] céder (8) (sous): *acconsentire alla pressione* céder sous la pression.

acconsenziènte |akkonsen'tsjɛnte| *agg.* [*che acconsente*] consentant → **consenziente.**

accontentàre |akkonten'tare| **A** *v.tr.* [*soddisfare, rendere contento*] contenter, satisfaire (45): *un niente lo accontenta* un rien suffit à le contenter; *la tua risposta non mi accontenta* ta réponse ne me satisfait pas **B** *v.pron. intr.* ACCONTENTARSI [→ *tr.*] se contenter: *accontentarsi di ciò che si ha* se contenter de ce qu'on a; *accontentarsi di poco* se contenter de peu (de choses) → **contentare** ◇ (*prov.*) *chi si accontenta gode* contentement passe richesse.

accónto |ak'konto| *s.m.* (*comm.*) acompte: *acconto mensile* acompte mensuel; *pagare in acconto* payer par acompte; *versare, chiedere un acconto* verser, demander un acompte → **anticipo.**

accoppàre |akkop'pare| **A** *v.tr.* **1** [*uccidere con un colpo sulla nuca*] assommer: *ha accoppato la sua vittima con una mazzata* il a assommé sa victime d'un coup de massue **2** (*per est.*) [*massacrare, uccidere in modo brutale*] assommer: *l'ha accoppato di botte* il l'a assommé de coups ◇ (*iperb., scherz.*) *accoppare qc. di legnate, di botte* rouer qqn. de coups; *se ti prendo, t'accoppo* si je t'attrape, je t'assomme **B** *v.pron. intr.* ACCOPPARSI [*ammazzarsi*] se tuer, mourir (24) (*intr.*): *si sono accoppati in quell'incidente* ils se sont tués, ils sont morts dans cet accident.

accoppiàbile |akkop'pjabile| *agg.* [→ ACCOPPIARE A] qu'on peut accoupler *loc.*

accoppiaménto |akkoppja'mento| *s.m.* **1** [→ ACCOPPIARE] accouplement **2** (*tecnol.*) accouplement; couplage: *accoppiamento a frizione* accouplement à débrayage ‖ *accoppiamento elettronico* couplage électronique ◇ (*elettr.*) montage: *accoppiamento in cascata* montage en cascade.

accoppiàre |akkop'pjare| **A** *v.tr.* **1** [*disporre a coppie, abbinare*] accoupler: *accoppiare i buoi* accoupler les bœufs ◇ (*cose*) [*unire*] *accoppiare il verde con il rosso* associer le vert et le rouge ◇ (*prov.*) *Dio li fa poi li accoppia* qui se ressemble s'assemble **2** (*animali*) [*far fecondare*] accoupler: *accoppiare due animali* accoupler deux animaux **B** *v. pron.* ACCOPPIARSI **1** *recipr.* [→ *tr.* 1] se mettre (71) deux à deux, deux par deux: *accoppiarsi per un corteo* se mettre deux à deux, deux par deux dans un cortège **2** *recipr.* [*star bene insieme, armonizzarsi*] s'harmoniser; être (43) *intr.* assorti: *colori che non si accoppiano* couleurs qui ne s'harmonisent pas, qui jurent ‖ *due persone che si accoppiano perfettamente* deux personnes qui sont parfaitement assorties **3** *rifl.* [*unirsi sessualmente*] s'accoupler: *alcuni animali si accoppiano a primavera* certains animaux s'accouplent au printemps # *è una donna che si accoppia con tutti* c'est une femme qui va avec tout le monde.

accoppiàta |akkop'pjata| *s.f.* [*scommessa su due cavalli*] pari *m.* couplé.

accoppiàto |akkop'pjato| *agg.* [*che fa coppia, appaiato*] accouplé: *versi accoppiati* vers accouplés # *rime accopiate* rimes plates → **baciato** ◇ [*assortito*] assorti: *non sono ben accoppiati* ils ne sont pas bien assortis ◇ (*tecnol.*) *ruote accoppiate* roues accouplées; *colonne accoppiate* colonnes accouplées.

accoraménto |akkora'mento| *s.m.* [→ ACCORARE A 1; B] affliction *f.*

accoràre |akko'rare| **A** *v.tr.* **1** [*addolorare, affliggere*] affliger (3), peiner: *tuo padre è molto accorato* ton père est très affligé **2** (*spec. di suini*) [*uccidere trafiggendo il cuore*] tuer (un cochon) (en lui transperçant le cœur) **B** *v.pron. intr.* ACCORARSI [→ *tr.* 1] s'affliger (de).

accorataménte |akkorata'mente| *avv.* [→ ACCORATO] avec affliction *loc. inv.*

accoràto |akko'rato| *agg.* **1** [*afflitto, sconfortato*] affligé: *uno sguardo accorato* un regard affligé **2** [*espresso con accoratezza*] plein de tristesse: *lettera accorata* lettre pleine de tristesse; *mi rivolse parole accorate* il m'adressa des mots pleins de tristesse **C** **contento, lieto.**

accoratóio, i |akkora'tojo, i| *s.m.* [*coltello per uccidere suini*] stylet.

accorciàbile |akkor'tʃabile| *agg.* [→ ACCORCIARE A] qu'on peut raccourcir *loc.*

accorciaménto |akkortʃa'mento| *s.m.* [→ ACCORCIARE] raccourcissement: *l'accorciamento delle gonne* le raccourcissement des jupes **C** **allungamento.**

accorciàre |akkor'tʃare| **A** *v.tr.* **1** [*diminuire di lunghezza*] raccourcir: *accorciare un vestito* raccourcir une robe □ *si è accorciata la gonna* elle a raccourci sa jupe **2** [*abbreviare*] abréger (8) (3): *accorciare la strada* abréger la route; *accorciare un discorso* abréger un discours; *accorciare una parola* abréger un mot **B** *v.pron. intr.* ACCORCIARSI **1** [→ *tr.* 1, 2] raccourcir (*intr.*): *i giorni cominciano ad accorciarsi* les jours commencent à raccourcir ✦ → *tr.* 1 □ **2** *ass.* [→ *tr.* 2] être (43) *intr.* plus court: *passando per di qua il cammino si accorcia* en passant par ici le chemin est plus court **C** **allungare.**

accorciataménte |akkortʃata'mente| *avv.* en raccourci *loc. inv.*, en abrégé *loc. inv.*

accorciatìvo |akkortʃa'tivo| **1** *agg.* [*che accorcia*] abréviatif* **2** *s.m.* (*di parole*) [*forma accorciata*] diminutif.

accorciatóia |akkortʃa'toja| *s.f.* → **scorciatoia.**

accorciatùra |akkortʃa'tura| *s.f.* [→ ACCORCIARE] raccourcissement *m.*

accordàre |akkor'dare| **A** *v.tr.* **1** [*mettere d'accordo*] mettre (71) d'accord: *accordare due litiganti* mettre d'accord deux adversaires; *accordare due partiti opposti* mettre d'accord deux partis contraires ◇ [*conciliare*] concilier: *accordare la fede con la ragione* concilier la foi avec la raison; *accordare la ricchezza dello stile con la semplicità* concilier la richesse du style avec la simplicité ◇ (*per est.*) [*uniformare, armonizzare*] conformer: *accordare le proprie idee con quelle degli altri* conformer ses idées à celles des autres **2** [*concedere*] accorder: *accordare un favore* accorder une faveur; *accordare una dilazione* accorder un délai # *accordare una somma di denaro, un'indennità* allouer une somme d'argent, une indemnité **3** (*mus.*) [*dare il giusto tono a uno strumento*] accorder: *accordare un violino* accorder un violon **4** (*gram.*) accorder (avec): *accordare l'aggettivo con il sostantivo* accorder l'adjectif avec le substantif; *accordare il predicato col soggetto* accorder l'attribut avec le sujet **5** [*rendere sim., uniforme*] harmoniser, assortir ◇ (*fig.*) [*intonare, armonizzare*] harmoniser, assortir: *accordare due colori* harmoniser, assortir deux couleurs ◇ (*per est., rad.*) [*sintonizzare*] accorder **B** *v.pron.* ACCORDARSI **1** *recipr.* [→ *tr.* 1] s'accorder, se mettre d'accord: *accordarsi per decidere q.c.* s'accorder, se mettre d'accord pour décider qqch.; *accordarsi sul prezzo* s'accorder, se mettre d'accord sur le prix ◇ *intr.* (*fig.*) [*armonizzarsi*] *questi colori non si accordano* ces couleurs ne s'harmonisent pas, ne sont pas assorties **2** *intr.* [*conformarsi*] s'accorder: *il tuo atteggiamento non si accorda con l'attuale circostanza* ton attitude ne s'accorde pas, s'accorde mal avec les circonstances actuelles **C** A 2 **negare**; B 2 **contrastare.**

accordàta |akkor'data| *s.f.* (*solo nella loc. mus.*) *dare una accordata a una chitarra* accorder une guitare.

accordatóre, trice |akkorda'tore, tritʃe| *s.* (*mus.*) accordeur *m.*

accordatùra |akkorda'tura| *s.f.* (*mus.*) accordage *m.*, accordement *m.*

accordellàre |akkordel'lare| *v.tr.* [*torcere in forma di corda*] cordeler (4) # *accordellare i capelli* natter les cheveux.

accòrdo |ak'kɔrdo| *s.m.* **1** accord: *di comune accordo* d'un commun accord; *l'accordo è generale* l'accord est général; *vivere in accordo, in buon accordo* vivre en accord, en bon accord; *essere d'accordo* être d'accord; *non sono d'accordo* je ne suis pas d'accord; *mettersi d'accordo* se mettre d'accord; *trovarsi d'accordo* tomber d'accord # *andare d'accordo con qc.* s'entendre avec qqn. ◇ (*loc.*) *d'accordo!* (*con valore aff. e concl.*) d'accord!, entendu! ~ *andare d'amore e d'accordo* vivre en parfait accord ~ *andare d'accordo come cani e gatti* s'entendre comme chien et chat **2** (*dir., corr.*) accord: *accordo delle parti* accord entre les parties; *firmare, sottoscrivere un accordo* signer un accord; *stipulare, ratificare un accordo* passer, ratifier un accord → **patto, convenzione**; *accordo culturale, commerciale* accord culturel, commercial; *accordo italo-francese* accord italo-français, franco-italien; *rompere gli accordi* rompre les accords ◇ (*per est.*) [*intesa, proposta d'intesa*] arrangement; transaction (*f.*): *accordo amichevole* arrangement à l'amiable; *le parti sono venute a un accordo* les parties sont parvenues à un arrangement || *i sindacati hanno accettato, rifiutato l'accordo* les syndicats ont accepté, refusé la transaction **3** (*gram.*) accord: *accordo del verbo e del suo soggetto* accord du verbe et du sujet, avec le sujet → **concordanza** **4** (*mus.*) accord: *accordi rovesciati* accords renversés, renversement des accors **C** 1 **disaccordo, contrasto.**

accòrgersi |ak'kɔrdʒersi| (107) *v. pron. intr.* [*rendersi conto*] s'apercevoir (33), se rendre (53) compte: *non me ne sono accorto* je ne m'en suis pas aperçu, rendu compte; *ve ne siete accorti?* vous en êtes-vous aperçus?, vous -vous en êtes rendus compte?; *si accorse troppo tardi dei loro intrighi* il s'aperçut trop tard de leur manège; *ci ho messo parecchio tempo ad accorgermene* j'ai mis longtemps pour m'en rendre compte → **capire, avvedersi.**

accorgiménto |akkordʒi'mento| *s.m.* **1** [*capacità di accorgersi di q.c.; intuito*] perspicacité (*f.*): *ha molto accorgimento* il a beaucoup de perspicacité **2** [*accortezza*] réflexe: *per fortuna ha avuto l'accorgimento di nascondersi* heureusement, il a eu le réflexe de se cacher ◇ [*espediente*] moyen: *ha provato tutti gli accorgimenti* il a essayé tous les moyens ◇ [*precauzione, cautela*] précaution (*f.*): *bisogna usare molti accorgimenti per avvicinarlo* il faut prendre beaucoup de précautions pour l'approcher.

accórrere |ak'korrere| (127) *v.intr.* (*aus.* '*essere*') [*andar di corsa in un luogo o presso qc.*] accourir (17) (*aus.* avoir, être): *accorrere verso il luogo dell'incendio* accourir sur le lieu de l'incendie; *accorremmo ad annunciargli la bella notizia* nous accourûmes pour lui annoncer l'heureuse nouvelle.

accortaménte |akkorta'mente| *avv.* [→ ACCORTO 1] adroitement.

accortézza |akkor'tettsa| *s.f.* [*avvedutezza*] adresse: *manchi di accortezza* tu manques d'adresse ◇ [*cautela, precauzione*] précautions (*pl.*): *ci vuole molta accortezza* il faut beaucoup de précautions.

accòrto |ak'kɔrto| *agg.* **1** [*cauto, prudente*] avisé, prudent # *fare accorto qc.* avertir, aviser qqn.; *essere accorto* prendre garde; *male accorto* imprudent, inconsidéré **2** [*astuto, abile*] habile: *un diplomatico molto accorto* un diplomate très habile **C** 1 **sventato**; 2 **ingenuo.**

accosciàrsi |akkoʃ'ʃarsi| *v.pron. rifl.* [*piegarsi sulle ginocchia, appoggiando le cosce sui polpacci*] s'accroupir.

accostàbile |akkost'tabile| *agg.* **1** [→ ACCOSTARE A 1; B; C 3] accostable, accessible: *una riva facilmente accostabile* un rivage facilement accostable, accessible **2** (*fig.*) [→ ACCOSTARE A 2] accessible: *è una persona poco accostabile* c'est une personne peu accessible **C** 1 **irraggiungibile**; 2 **scostante.**

accostaménto |akkosta'mento| *s.m.* **1** (*mar.*) accostage **2** [→ ACCOSTARE A 1; C 3] assemblage.

accostàre |akkos'tare| **A** *v.tr.* **1** [*mettere; porre vicino*] approcher: *accostare il libro agli occhi* approcher le livre des yeux; *accostare un mobile al muro* approcher un meuble du mur ◇ [*avvicinare fra loro*] rapprocher: *accostare i banchi* rapprocher les bancs ◇ (*di porte o imposte*) [*socchiudere*] pousser: *accostare la porta, la finestra* pousser la porte, la fenêtre ◇ (*per est.*) [*mettere insieme, in composizione*] juxtaposer: *accostare due colori in un quadro, in un tessuto* juxtaposer deux couleurs dans un tableau, dans un tissu **2** (*ogg. di persona*) [*abbordare, avvicinare*] accoster, aborder: *accostare un uomo d'affari* accoster, aborder un homme d'affaires; *cerca d'accostarlo appena puoi* essaie de l'accoster, de l'aborder dès que tu le peux **B** *v.intr.* (*aus.* '*avere*') **1** (*aer., mar.*) [*mutare direzione*] abattre (76): *accostare a dritta, a babordo* abattre à tribord, à babord **2** (*mar.*) [*accostare il fianco della nave ad altra nave o alla banchina*] accoster, aborder → **attraccare** **C** *v.pron. rifl.* ACCOSTARSI **1** [*portarsi vicino a qc. o a q.c.*] s'approcher (de): *accostarsi allo sportello* s'approcher du guichet; *ci accostammo al fuoco* nous nous approchâmes du feu; *accostati, mica ti mangio!* approche-toi, je ne te mangerai pas! **2** (*fig.*) [*aderire*] adhérer (8) *intr.* (à), se rapprocher (de): *accostarsi a un partito, a una corrente di pensiero* adhérer à un parti, à un courant de pensée; se rapprocher d'un parti, d'un courant de pensée ◇ [*cominciare a interessarsi*] aborder (*tr.*): *accostarsi a un autore, a un periodo letterario* aborder un auteur, une période littéraire ◇ (*per anal.*) *accostarsi ai sacramenti* [*frequentarli*] s'approcher des sacrements # *si accosta spesso alla confessione* il se confesse souvent **3** [*somigliare, armonizzarsi*] s'harmoniser: *questo mobile s'accosta con lo stile del salotto* ce meuble s'harmonise avec le style du salon; *questi due colori si accostano bene* ces deux couleurs s'harmonisent bien **C** A 1 **scostare, allontanare, rimuovere.**

accostàto |akkos'tato| *agg.* **1** [*che è accanto, di fianco*] voisin: *due edifici accostati* deux édifices voisins → 2 **vicino** # *mettetevi più accostati* rapprochez-vous les uns des autres **2** (*di porte e sim.*) [*socchiuso*] entrebâillé: *lasciar la porta accostata* laisser la porte entrebâillée.

accòsto |ak'kɔsto| **I** *avv.* [*vicino, accanto*] *essere, stare accosto* être, rester tout près **II** *loc. prep.* ACCOSTO A [*vicino a*] à côté de, près de: *camminava accosto al muro* il marchait près du, le long du mur; *stare l'uno accosto all'altro* être l'un près de l'autre, l'un à côté de l'autre **III** *s.m.* **1** (*mar.*) accostage # *gancio d'accosto* gaffe **2** (*gioco delle bocce*) *fare un accosto* [*andare a punto*] pointer.

accostolàre |akkosto'lare| *v.tr.* [*tessere il filo a costole*] tisser le fil en côtes.

accostolatùra |akkostola'tura| *s.f.* (*tess.*) [→ ACCOSTOLARE] (faux) pli *m.*

accostumàrsi |akkostu'marsi| *v. pron. rifl.* → **abituar(si).**

accostumàto |akkostu'mato| *agg.* (*lett.*) [*bene educato*] poli (*corr.*), bien élevé (*corr.*).

accotonàre |akkoto'nare| *v.tr.* (*tess.*) [*arricciare il pelo di un tessuto*] friser ◇ (*per anal.*) *accotonare i capelli* crêper.

accotonatrice |akkotona'tritʃe| *s.f.* (*tecnol.*) ratineuse.

accotonatùra |akkotona'tura| *s.f.* (*tess.*) [→ ACCOTONARE] frisage *m.* ◇ (*per anal.*) *accotonatura dei capelli* crêpage *m.*

accovacciàrsi |akkovat'tʃarsi| *v.*

pron. rifl. [*rannicchiarsi, accucciarsi*] se blottir: *accovacciarsi nel letto* se blottir dans son lit.

accovonàre |akkovo'nare| *v.tr.* [*raccogliere in covoni*] engerber.

accovonatóre, trice |akkovona'tore, tritʃe| *s.* [*chi accovona*] gerbeur*.

accovonatùra |akkovona'tura| *s.f.* [→ ACCOVONARE] engerbage *m.*

accozzàglia |akkot'tsaʎʎa| *s.f.* [*insieme disordinato di cose, ecc.*] fatras *m.*, mélange (*m.*): *un'accozzaglia di idee* un fatras d'idées; *un'accozzaglia di stili* un mélange de styles → **miscuglio** # *un'accozzaglia di colori* un bariolage de couleurs ◇ (*persone*) ramassis: *un'accozzaglia di gente* un ramassis de personnes.

accozzàre |akkot'tsare| **A** *v.tr.* [*mettere insieme alla rinfusa*] mélanger (3) (*fam.*) **B** *v.pron. recipr.* ACCOZZARSI (*raro, lett.*) [*riunirsi, adunarsi*] se réunir.

accòzzo |ak'kɔttso| *s.m.* → **accozzaglia.**

accreditàbile |akkredi'tabile| *agg.* [→ ACCREDITARE] qu'on peut accréditer *loc.*

accreditaménto |akkredita'mento| *s.m.* **1** (*comm.*) crédit, accréditif: *accreditamento in conto* crédit en compte **2** [→ ACCREDITARE A 2] accréditation *f.*

accreditànte |akkredi'tante| *s.m.* [*colui che accredita*] accréditeur.

accreditàre |akkredi'tare| **A** *v.tr.* **1** [*avvalorare, rendere credibile*] accréditer: *accreditare una leggenda* accréditer une légende **2** (*di agente diplomatico*) [*munire di credenziali*] accréditer **3** (*comm.*) [*mettere in credito*] créditer: *accreditare un conto* créditer un compte **B** *v.pron. rifl.* ACCREDITARSI [*acquistar credito*] être (43) *intr.* accrédité, s'accréditer # *va sempre più accreditandosi la sua fama di buon avvocato* sa réputation de bon avocat s'affirme chaque jour davantage **C** A 1 **screditare,** 3 **addebitare.**

accreditatìvo |akkredita'tivo| *s.m.* (*comm.*) accréditif.

accreditàto |akkredi'tato| **1** *agg.* accrédité: *i diplomatici accreditati presso il Quirinale, l'Eliseo* les diplomates accrédités près le Quirinal, l'Elysée; *ambasciatore accreditato presso la S. Sede* ambassadeur accrédité près le Saint-Siège **2** *s.m.* (*comm.*) accrédité, crédité.

accrédito |ak'kredito| *s.m.* (*comm.*) → **accreditamento.**

accréscere |ak'kreʃʃere| (128) **A** *v.tr.* [*aumentare, rendere maggiore*] accroître (70), augmenter: *accrescere la propria fortuna* accroître sa fortune **B** *v. pron. intr.* ACCRESCERSI [*aumentare, crescere spec. di numero*] s'accroître: *la sua famiglia si è accresciuta* sa famille s'est accrue **C** **diminuire, ridurre.**

accresciménto |akkreʃʃi'mento| *s.m.* **1** [→ ACCRESCERE] augmentation *f.*, accroissement: *l'accrescimento del capitale di un'azienda* l'augmentation, l'accroissement du capital d'une entreprise; *l'accrescimento della popolazione* l'accroissement, l'augmentation de la population # *l'accrescimento di un gregge* croît ◇ (*biol., corr.*) croissance (*f.*): *l'accrescimento delle ossa* la croissance des os → **crescita, sviluppo** **2** (*dir.*) accroissement: *tasso d'accrescimento* taux d'accroissement; *diritto d'accrescimento* droit d'accroissement **3** (*ling.*) → **amplificazione** **4** (*miner.*) croissance.

accrescitìvo |akkreʃʃi'tivo| *agg.* (*ling.*) augmentatif* ✦ (*s.m.*) *un accrescitivo* préfixe, suffixe augmentatif *agg.*

accrespàre |akkres'pare| *v.tr.* → **increspare.**

accrespatùra |akkrespa'tura| *s.f.* → **increspatura.**

accucciàrsi |akkut'tʃarsi| *v.pron. rifl.* **1** (*detto di cani*) [*mettersi nella cuccia*] se coucher: *il cane si è accucciato nella sua cuccia* le chien s'est couché dans sa niche **2** (*persone*) [*accovacciarsi, rannicchiarsi*] se blottir: *accucciarsi in un angolo* se blottir dans un coin; *accucciarsi sul divano* se blottir sur le canapé.

accucciolàrsi |akkuttʃo'larsi| *v. pron. rifl.* → **accucciarsi.**

accudìre |akku'dire| (197) **A** *v.intr.* (*aus. 'avere'*) **1** [*occuparsi di*] vaquer à: *accudire alle faccende domestiche* vaquer aux soins du ménage **2** [*prendersi cura di*] panser (*tr.*): *accudire a un cavallo* panser un cheval **B** *v.tr.* [*assistere qc.*] soigner, assister: *accudire un invalido* assister un invalide.

acculàre |akku'lare| **A** *v.tr.* **1** (*di quadrupede*) [*far indietreggiare*] faire (45) *intr.* reculer: *acculare un cavallo* faire reculer un cheval ◇ (*per est.*) [*disporlo con la parte posteriore contro q.c.*] acculer: *acculare i buoi al carro* acculer les bœufs à la charrette **2** (*di veicolo*) [*inclinarlo con la parte posteriore a terra*] faire *intr.* basculer: *acculare un carro, un barroccio* faire basculer une charrette, un chariot les brancards en l'air **B** *v.pron. rifl.* ACCULARSI (*di quadrupedi*) [*sedersi sugli arti posteriori*] s'asseoir (30).

acculturàrsi |akkultu'rarsi| *v. pron. intr.* [*assimilare elementi culturali di un'unità etnica diversa*] assimiler *tr.* la culture de; être (43) *intr.* soumis à l'acculturation.

acculturazióne |akkulturat'tsjone| *s.f.* (*etnol., sociol.*) [→ ACCULTURARSI] acculturation.

accumulàbile |akkumu'labile| *agg.* [→ ACCUMULARE] qu'on peut accumuler *loc.*, qui peut être accumulé *loc.*

accumulaménto |akkumula'mento| *s.m.* [→ ACCUMULARE] accumulation *f.*

accumulàre |akkumu'lare| *v.tr.* **1** [*far cumulo*] accumuler: *accumulare ricchezze* accumuler des richesses → **ammassare** ◇ (*fig.*) *accumulare errori su errori* faire (45) faute sur faute ✦ *ass.* [*far soldi, risparmiare*] entasser de l'argent: *sono anni che accumula* cela fait des années qu'il entasse de l'argent **2** [*mettere una cosa sull'altra*] entasser: *accumulare merci in una cassa* entasser des marchandises dans une caisse; *accumulare libri in una stanza* entasser des livres dans une chambre **C** 1 **dilapidare, sciupare;** 2 **sparpagliare.**

accumulatóre, trice |akkumula'tore, tritʃe| *s.m.* (*tecnol.*) accumulateur: *accumulatore al piombo* accumulateur au plomb; *accumulatore termico* accumulateur thermique; *accumulatore idraulico* accumulateur hydraulique.

accumulazióne |akkumulat'tsjone| *s.f.* [→ ACCUMULARE] accumulation.

accùmulo |ak'kumulo| *s.m.* [→ ACCUMULARE 1] accumulation (*f.*): *accumulo di ricchezze* accumulation de richesses.

accumunàre |akkumu'nare| *v.tr.* → **accomunare.**

accurataménte |akkurata'mente| *avv.* [→ ACCURATO 1] soigneusement, bien: *un lavoro accuratamente rifinito* un travail soigneusement, bien fini.

accuratézza |akkura'tettsa| *s.f.* [*precisione, esattezza*] soin *m.*, sérieux (*m.*): *ha levato le macchie con accuratezza* elle a enlevé les taches avec soin; *l'accuratezza di un progetto* le sérieux d'un projet ◇ [*attenzione, diligenza*] soin: *è un oggetto delicato, trattalo con accuratezza* c'est un objet délicat, traite-le avec soin **C** **trascuratezza, sciatteria.**

accuràto |akku'rato| *agg.* **1** [*eseguito con cura*] soigné; soigneux*: *un lavoro accurato* un travail soigné ‖ *una ricerca accurata* une recherche soigneuse → **diligente** **2** [*che dimostra diligenza*] scrupuleux*, soigneux: *è un servitore accurato e fedele* c'est un domestique scrupuleux et fidèle **C** 1 **trascurato;** 2 **negligente, trasandato.**

accùsa |ak'kuza| *s.f.* **1** [*attribuzione di una colpa a qc.*] accusation: *falsa accusa* fausse accusation; *controbattere un'accusa* repousser une accusation; *reagire alle accuse* réagir aux accusations **2** (*dir.*) accusation: *i principali capi d'accusa* les principaux chefs d'accusation; *atto d'accusa* acte d'accusation; *mettere qc. in stato d'accusa* mettre qqn. en état d'accusation → **imputazione** **C** **discolpa, scusa, scarico** **2.**

accusàbile |akku'zabile| *agg.* [→ ACCUSARE] accusable.

accusabilità |akkuzabili'ta| *s.f. inv.* (*dir., corr.*) imputabilité *var.*

accusàre |akku'zare| **A** *v.tr.* **1** (*dir., corr.*) [*incolpare, ritenere colpevole*] accuser: *accusare qc. di omicidio volontario* accuser qqn. d'homicide volontaire; *accusare qc. di vigliaccheria* accuser qqn. de lâcheté ◇ (*fig.*) *accusare gli eventi* accuser les événements **2** [*avvertire, dar segno di*] accuser: *accusare un dolore* accuser une douleur; *accusare stanchezza* accuser de la fatigue ◇ (*bur.*) [*notificare, dichiarare*] *accusare ricevuta* accuser réception; *accusare un ritardo* [*essere in ritardo*] accuser un retard ◇ (*loc.*) *accusare il colpo* (*pr., fig.*) [*risentire in modo evidente per un colpo ricevuto*] accuser le coup **3** (*gioco delle carte*) [*dichiarare una combinazione*] accuser **B** *v.pron. rifl. e recipr.* ACCUSARSI [→ *tr.* 1] s'accuser.

accusatìvo |akkuza'tivo| *s.m.* (*ling.*) accusatif ✦ (*agg.*) *caso accusativo* cas accusatif.

accusàto |akku'zato| *s.m.* (*dir., corr.*) accusé: *il banco degli accusati* le banc des accusés.

accusatóre, trice |akkuza'tore, tritʃe| (*dir., corr.*) accusateur*: *pubblico accusatore* accusateur public **C** **difensore.**

accusatòrio, i |akkuza'tɔrjo, i| *agg.* (*dir.*) accusatoire.

acèfalo |a'tʃɛfalo| *agg.* **1** acéphale: *animale acefalo* animal acéphale; *statua acefala* statue acéphale ✦ *s.m.pl.* (*t.zool.*) *gli Acefali* les Acéphales **2** (*fig.*) *manoscritto, libro acefalo* [*privo dell'intestazione*] manuscrit, livre incomplet; *ente, ufficio acefalo* [*privo di un responsabile*] organisme, bureau sans chef

◇ (*metr. gr.*, *lat.*) *verso acefalo* vers acéphale.

aceràia |atʃe'raja| *s.f.* [*bosco di aceri*] érablière.

acerbaménte |atʃerba'mente| *avv.* **1** [*innanzi tempo, prematuramente*] prématurément **2** [→ ACERBO 2] âprement, durement.

acèrbo |a'tʃɛrbo| *agg.* **1** (*spec. di frutto*) [*non ancora maturo*] vert, pas mûr: *mele acerbe* pommes vertes, pas mûres ◇ (*fig.*) *un ragazzo acerbo* un garçon pas mûri, puéril; *un ingegno ancora acerbo* un esprit pas encore mûri, puéril → **immaturo 2** (*per est.*) [*aspro, acre, sgradevole*] âpre: *un sapore acerbo* un goût âpre ◇ (*fig.*) *parole acerbe* des paroles acerbes; *critica acerba* critique acerbe; *rispondere in modo acerbo* répondre d'une manière acerbe → **duro, severo 3** (*fig.*) [*doloroso, crudele*] poignant: *un dolore acerbo* une douleur poignante; *una delusione acerba* une déception poignante Ⓒ 1 **maturo**.

aceréta |atʃe'reta| *s.f.* → **aceraia**.

àcero |'atʃero| *s.m.* **1** (*t.bot.*) érable ~ *acero campestre* érable champêtre ~ *acero platano* érable platane **2** [*il legno*] bois d'érable: *travi d'acero* poutres en bois d'érable.

acèrrimo |a'tʃɛrrimo| *agg.* [*irriducibile, implacabile*] implacable, acharné: *odio acerrimo* haine implacable; *nemico acerrimo* ennemi acharné.

acescènte |atʃeʃ'ʃɛnte| *agg.* acescent.

acescènza |atʃeʃ'ʃɛntsa| *s.f.* acescence.

acetàre |atʃe'tare| *v.tr.* (*raro*) [*condire con aceto*] vinaigrer, assaisonner avec du vinaigre: *acetare l'insalata* vinaigrer la salade.

acetàto |atʃe'tato| *s.m.* **1** (*chim.*) acétate: *acetato di alluminio* acétate d'aluminium **2** (*tess.*) acétate.

acètico, ci, ca, che |a'tʃɛtiko, tʃi, ka, ke| *agg.* (*chim.*) acétique: *aldeide acetica* aldéhyde acétique; *fermentazione acetica* fermentation acétique.

acetificàre |atʃetifi'kare| *v.tr.* [*trasformare un liquido alcoolico in aceto*] acétifier.

acetificazióne |atʃetifikat'tsjone| *s.f.* [→ ACETIFICARE] acétification.

acetifìcio, i |atʃeti'fitʃo, i| *s.m.* [*fabbrica di aceto*] vinaigrerie *f.*

acetìle |atʃe'tile| *s.m. inv.* (*chim.*) acétyle *var.*

acetilène |atʃeti'lɛne| *s.m.* (*chim.*) acétylène.

acetilènico, ci, ca, che |atʃeti'lɛniko, tʃi, ka, ke| *agg.* acétylénique.

acetìmetro |atʃe'timetro| *s.m.* (*tecnol.*) acétimètre, acétomètre.

acetìre |atʃe'tire| (197) *v.intr.* (*aus.* '*essere*') [*diventare aceto*] tourner (*aus.* avoir) au vinaigre → **inacetire**.

acéto |a'tʃeto| *s.m.* **1** vinaigre: *aceto di vino* vinaigre de vin; *capperi e cetriolini conservati sott'aceto* câpres et cornichons confits au vinaigre, macéré dans du vinaigre **2** (*fig.*, *lett.*) [*mordacità*] mordacité *f.*

acetobattèrio, i |atʃetobat'tɛrjo, i| *s.m.* (*chim.*) acétobacter.

acetóne |atʃe'tone| *s.m.* (*chim.*) acétone *f.*

acetonemìa |atʃetone'mia| *s.f.* (*med.*) acétonémie.

acetonurìa |atʃetonu'ria| *s.f.* (*med.*) acétonurie.

acetósa |atʃe'tosa| *s.f.* (*t.bot.*) oseille.

acetosèlla |atʃeto'sɛlla| *s.f.* **1** (*t. bot.*) petite oseille **2** (*chim.*) *sale di acetosella* sel d'oseille.

achènio, i |a'kɛnjo, i| *s.m.* (*bot.*) akène.

achèo |a'kɛo| **1** *agg.* achéen*: *soldati achei* soldats achéens **2** *s.m.* (*st. gr.*) *gli Achei* [*i Greci*] les Achéens.

achillèa |akil'lɛa| *s.f.* (*t.bot.*) achillée.

acìclico, ci, ca, che |a'tʃikliko, tʃi, ka, ke| *agg.* (*bot.*, *chim.*, *geol.*) acyclique.

aciculàre |atʃiku'lare| *agg.* (*bot.*, *miner.*) aciculaire.

acidézza |atʃi'dettsa| *s.f.* → **acidità**.

acidificàre |atʃidifi'kare| **A** *v.tr.* [*rendere acido*] acidifier **B** *v.pron. intr.* ACIDIFICARSI [*diventare acido*] s'acidifier.

acidificazióne |atʃidifikat'tsjone| *s.f.* (*scient.*) [→ ACIDIFICARE] acidification.

acidimetrìa |atʃidime'tria| *s.f.* acidimétrie.

aciditÃ ** |atʃidi'ta| *s.f. inv.* **1 [*sapore acido*] acidité *var.*, aigreur (*var.*): *soffrire di acidità di stomaco* avoir des aigreurs (d'estomac) **2** (*chim.*) acidité Ⓒ 2 **alcalinità**.

àcido |'atʃido| **I** *agg.* **1** [*agro, aspro al gusto*] acide; aigre: *il limone è acido* le citron est acide ‖ *latte acido* lait aigre, tourné (*fam.*); *un vino divenuto acido* un vin devenu aigre, tourné à l'aigre **2** (*fig.*) acide, aigre: *in tono acido* d'un ton acide; *fare delle osservazioni acide* faire des remarques acides ◇ (*persone*) piquant: *è una donna acida* c'est une femme piquante **3** (*chim.*) acide: *fermentazione acida* fermentation acide; *reazioni acide* réactions acides **II** *s.m.* **1** (*chim.*) acide: *acido cloridrico, nitrico* acide chlorhydrique, nitrique ◇ (*biol.*) *acido nucleico* acide nucléique **2** (*per est.*) [*gusto, sapore acido*] aigre: *sapere di acido* sentir l'aigre.

acidòfilo |atʃi'dɔfilo| *agg.* (*biol.*) acidophile.

acidòsi |atʃi'dɔzi| *s.f. inv.* (*med.*) acidose *var.*

acidulàre |atʃidu'lare| *v.tr.* [*rendere leggermente acido*] aciduler: *acidulare una bevanda col limone* aciduler une boisson avec du citron.

acìdulo |a'tʃidulo| *agg.* acidulé: *caramelle acidule* bonbons acidulés.

acidùme |atʃi'dume| *s.m.* **1** [*sapore acido*] goût acide → **acidità 2** [*materia acida*] substance *f.* acide.

acinellatùra |atʃinella'tura| *s.f.* (*bot.*) millerandage *m.*

acinesìa |atʃine'zia| *s.f.* (*patol.*) akinésie.

àcino |'atʃino| *s.m.* **1** [*chicco, bacca dell'uva*] grain: *acino d'uva, di ribes* grain de raisin, de groseille → **granello** ◇ (*per est.*) [*ogni seme di forma tondeggiante*] *un acino di grano, di caffè* un grain de blé, de café → **chicco 2** (*per est.*) *acino d'ambra* grain d'ambre ◇ (*lett.*) *gli acini del rosario* les grains (*corr.*) du rosaire.

acinóso |atʃi'noso| *agg.* (*anat.*) *ghiandola acinosa* glande acineuse.

àcme |'akme| *s.f.* **1** (*fig.*) [*punto culminante, apice*] acmé, apogée: *acme del successo* acmé, apogée du succès **2** (*med.*) acmé.

àcne |'akne| *s.f.* (*med.*) acné: *acne giovanile* acné juvénile.

acnèico, ci, ca, che |ak'nɛiko, tʃi, ka, ke| *agg.* acnéique: *pelle acneica* peau acnéique.

acolìa |ako'lia| *s.f.* (*med.*) acholie.

aconfessionàle |akonfessjo'nale| *agg.* [*indipendente da ogni fede religiosa*] laïque.

aconitìna |akoni'tina| *s.f.* aconitine.

àcoro |'akoro| *s.m.* **1** (*t.bot.*) acore **2** (*t.bot.*) *acoro falso* iris des marais.

acotilèdone |akoti'lɛdone| *agg.* (*bot.*) acotylédone ♦ (*s.f.*) *una acotiledone* une acotylédone.

àcqua |'akkwa| *s.f.* **1** (*liquido naturale*) eau: *acqua potabile* eau potable; *acqua minerale, gasata* eau minérale, gazeuse; *acqua corrente, stagnante* eau courante, stagnante; *acqua di sorgente* eau de source; *acqua piovana* eau de pluie; *una pozza d'acqua* une flaque d'eau; *tubature, serbatoio dell'acqua* conduites, réservoir d'eau; *bere, attingere acqua* boire, puiser de l'eau; *bicchiere da acqua* verre à eau; *mulino ad acqua* moulin à eau; *impianto con acqua calda* installation de l'eau chaude; *giochi d'acqua* jeux d'eau; *portami un bicchiere d'acqua* apporte-moi un verre d'eau; *dammi dell'acqua fresca* donne-moi de l'eau fraîche; *lavarsi con acqua fredda, calda* se laver à l'eau froide, chaude; *risciacquare nell'acqua calda* rincer à l'eau chaude; *cuocere in acqua salata* cuire dans de l'eau salée; *cadere, gettarsi in acqua* tomber, se jeter dans l'eau ◇ (*loc.*) *acque nere, luride* [*rifiuti liquidi*] eaux-vannes ~ *acqua santa* → **acquasanta** ~ *acqua benedetta* eau bénite ~ *acqua battesimale* eau baptismale **2** (*loc.*) *somigliarsi come due gocce d'acqua* se ressembler comme deux gouttes d'eau ~ *è facile come bere un bicchier d'acqua* c'est aussi facile que boire un verre d'eau ~ *è chiaro come l'acqua* c'est clair comme de l'eau de roche ~ *far acqua*: (*pr.*) (*di contenitori o sim.*) [*essere bucato, avere una falla*] faire eau; (*fig.*) *la situazione fa acqua da tutte le parti* la situation est branlante ~ *gli affari fanno acqua* les affaires sont branlantes ~ *gettare acqua sul fuoco*: (*pr.*, *fig.*) jeter de l'eau sur le feu ~ *vivere di pane e acqua*: (*pr.*) vivre de pain et d'eau; (*fig.*) [*essere in miseria*] être au pain sec ◇ (*fig.*) *mettere a pane e acqua* mettre au pain et à l'eau ~ *affogare in un bicchier d'acqua* se noyer dans un verre d'eau ~ *avere l'acqua alla gola, essere con l'acqua alla gola* avoir le couteau sous, sur la gorge ~ *trovarsi, mettere qc. in cattive acque* être, mettre qqn. dans de beaux draps ~ *un pesce fuor d'acqua* un poisson hors de l'eau ~ *stare, essere fra due acque* ne pas savoir sur quel pied danser ~ *tirare l'acqua al proprio mulino* apporter, faire venir de l'eau à son moulin; tirer la couverture à soi ~ *portar l'acqua al mare* porter de l'eau à la rivière ~ *l'acqua va al mare* l'eau va à la rivière ~ *pestare l'acqua nel mortaio* battre l'eau avec un bâton, donner des coups d'épée dans l'eau ~ *lavorare sott'acqua* agir en cachette, sous cape ~ *muovere le acque* secouer une situation ~ *intorbidare le acque* troubler les eaux, brouiller les cartes ~ *è ac-*

qua passata c'est de l'histoire ancienne ~ *acqua in bocca!* motus et bouche cousue! ~ *una ragazza acqua e sapone* une fille au naturel ~ *a quella vista il sangue mi è andato in acqua* à cette vue mon sang s'est glacé dans mes veines ◇ (*loc. inter.*) *fuoco, fuoco, acqua, acqua!* tu brûles; tu gèles! ◇ (*prov.*) *acqua passata non macina più* on ne peut rattraper le temps perdu ~ *l'acqua cheta rovina i ponti* il n'est pire eau que l'eau qui dort **3** [*superficie, distesa d'acqua*] eau: *le acque del mare, di un lago* les eaux de la mer, d'un lac; *l'acqua è tranquilla* l'eau est calme; *acque basse, alte* hautes eaux, basses eaux; *specchio d'acqua* pièce d'eau # *acqua alta, bassa* marée haute, marée basse ◇ (*mar.*) *acqua stanca* eau étale ◇ (*dir. internazionale*) *acque territoriali* eaux territoriales ◇ (*loc.*) *a fior d'acqua, sul filo dell'acqua* [*in superficie*] à fleur d'eau **4** [*pioggia*] *un rovescio d'acqua* une averse; *piove acqua a catinelle* il pleut à verse; il pleut, il tombe des cordes, des hallebardes (*fam.*); *prendere l'acqua* se mouiller; *ho preso l'acqua* je me suis fait mouiller; *che acqua!* quelle pluie! **5** *spec. al plur.* [*acqua termale*] eaux: *fare la cura delle acque* aller aux eaux, prendre les eaux **6** (*per est.*) [*infuso*] infusion: *acqua di malva, di tiglio* infusion de mauve, de tilleul ◇ (*farm.*) *acqua celeste* eau céleste ◇ (*cosmesi*) *acqua dentifricia* eau dentifrice; *acqua di toeletta* eau de toilette; *acqua di colonia* eau de cologne; *acqua di rose* eau de rose; *acqua tonica* eau tonique ◇ (*loc. fig.*) *all'acqua di rose* à l'eau de rose **7** (*chim.*) *acqua di calce* eau de chaux; *acqua forte* → **acquaforte**; *acqua ossigenata* eau oxigénée; *acqua pesante* eau lourde; *acqua ragia* → **acquaragia**; *acqua regia, vegetominerale* eau seconde, eau blanche; *acqua distillata* eau distillée; *acqua borica* eau borique **8** (*fisiol.*) *fare acqua* uriner → **orinare** ◇ (*med.*) *perdere le acque* perdre les eaux; *rottura delle acque* rupture de la poche des eaux **9** (*fig.*) [*trasparenza, limpidezza* (*di pietre preziose*)] eau: *l'acqua di un diamante, di una perla* un diamant de la plus belle eau, l'orient *m.* d'une perle; *un brillante d'acqua purissima* un brillant de la plus belle eau.

àcqua-àcqua |'akkwa'akkwa| *loc. agg. inv.* mer-mer: *missili acqua-acqua* engins mer-mer.

àcqua-ària |'akkwa'arja| *loc. agg. inv.* mer-air: *missili acqua-aria* engins mer-air.

acquàccia, ce |ak'kwattʃa, tʃe| *s.f.* (*spreg.*) eau sale.

acquacedràta |akkwatʃe'drata| *s.f.* boisson à base de sirop de cédrat.

acquafòrte |akkwa'fɔrte| *s.f.* (*arts.*) eau-forte: *delle acqueforti* des eaux-fortes.

acquafortista |akkwafor'tista| *s.m.* aquafortiste.

acquàio, i |ak'kwajo, i| *s.m.* [*lavello da cucina*] évier.

acquaiòlo |akkwa'jɔlo| **1** *agg.* [*che cresce, vive nell'acqua*] aquatique: *pianta acquaiola* plante aquatique # *serpente acquaiolo* serpent d'eau **2** *s.* [*chi porta o vende acqua fresca o bibite*] porteur*, vendeur* d'eau.

acquamanìle |akkwma'nile| *s.m.* aquamanile.

acquamarìna |akkwama'rina| *s.f.* (*miner.*) aigue-marine: *delle acquemarine* des aigues-marines.

acquanàuta |akkwa'nauta| *s.m.* [*esperto dell'esplorazione sottomarina*] océanaute.

acquaplàno |akkwa'plano| *s.m.* aquaplane.

acquaràgia |akkwa'radʒa| *s.f.* (*chim., corr.*) térébenthine.

acquarèllo |akkwa'rɛllo| *s.m.* → 1 **acquerello.**

acquàrio, i |ak'kwarjo, i| *s.m.* **1** aquarium **2** (*astron.*) Verseau, Aquarius.

acquartieraménto |akkwartjera'mento| *s.m.* (*mil.*) cantonnement, campement.

acquartieràre |akkwartje'rare| **A** *v.tr.* (*mil.*) [*alloggiare in quartieri appositi*] cantonner, prendre (73) cantonnement, camper **B** *v.pron. rifl.* ACQUARTIERARSI [→ *tr.*] cantonner *tr.*, s'établir: *le truppe si sono acquartierate nel villaggio* les troupes sont cantonnées, ont pris cantonnement dans le village.

acquasànta |akkwa'santa| *s.f.* (*liturg. catt.*) eau bénite ◇ (*loc.*) *essere come il diavolo e l'acquasanta* [*essere incompatibili*] être comme chien et chat.

acquasantièra |akkwasan'tjɛra| *s.f.* (*liturg. catt.*) bénitier *m.*

acquàta |ak'kwata| *s.f.* **1** [*pioggia improvvisa e abbondante*] averse → **acquazzone** **2** (*mar.*) provision d'eau douce.

àcqua-tèrra |'akkwa'tɛrra| *loc. agg. inv.* mer-sol: *missili acqua-terra* engins mer-sol.

acquàtico, ci, ca, che |ak'kwatiko, tʃi, ka, ke| *agg.* aquatique: *uccelli acquatici* oiseaux aquatiques [C] **terrestre, aereo.**

acquatinta |akkwa'tinta| *s.f.* (*arts.*) aquatinte.

acquattàre |akkwat'tare| **A** *v.tr.* (*raro*) [*nascondere*] cacher (*corr.*) **B** *v.pron. rifl.* ACQUATTARSI (*persone*) [*rannicchiarsi, sottrarsi alla vista di qc.*] se tapir, se blottir ◇ (*animali*) se coucher.

acquavìte |akkwa'vite| *s.f.* eau-de-vie.

acquazzóne |akkwat'tsone| *s.m.* [*rovescio improvviso e abbondante di pioggia*] averse *f.*

acquedótto |akkwe'dotto| *s.m.* **1** [*conduttura d'acqua*] aqueduc: *l'acquedotto romano* l'aqueduc romain **2** (*anat.*) aqueduc: *l'acquedotto di Falloppio* l'aqueduc de Fallope.

àcqueo |'akkweo| *agg.* [*di acqua, che contiene acqua*] aqueux*: *umore acqueo dell'occhio* humeur aqueuse de l'œil # *vapore acqueo* vapeur d'eau.

acquerellàre |akkwerel'lare| *v.tr.* (*raro*) [*dipingere all'acquerello*] peindre (66) à l'aquarelle.

acquerellista |akkwerel'lista| *s.* aquarelliste.

1 **acquerèllo** |akkwe'rɛllo| *s.m.* (*pitt.*) aquarelle *f.* ◇ (*per est.*) [*dipinto eseguito con tale tecnica*] *un acquerello di Dufy* une aquarelle de Dufy.

2 **acquerèllo** |akkwe'rɛllo| *s.m.* → **vinello.**

acquerùgiola |akkwe'rudʒola| *s.f.* [*pioggia sottile e insistente*] crachin *m.*, bruine.

acquétta |ak'kwetta| *s.f.* **1** [*pioggerella*] crachin *m.*, bruine **2** [*vino, bevanda insipida*] piquette.

acquicoltùra |akkwikol'tura| *s.f.* aquiculture.

acquidóccio, i |akkwi'dottʃo, i| *s.m.* (*agr.*) rigole *f.* (d'irrigation).

acquiescènte |akkwjeʃ'ʃente| *agg.* → **accondiscendente.**

acquiescènza |akkwjeʃ'ʃentsa| *s.f.* **1** [*condiscendenza, arrendevolezza*] acquiescement *m.* → **assenso, remissività** **2** (*dir.*) acquiescement: *acquiescenza pura e semplice* acquiescement pur et simple [C] **opposizione, dissenso.**

acquièscere |ak'kwjɛʃʃere| *v.intr.* (*dif., usato solo all'inf.*) (*dir.*) [*acconsentire in modo tacito ed esplicito*] acquiescer [C] **oppor(si), rifiutar(si).**

acquietàbile |akkwje'tabile| *agg.* [→ ACQUIETARE] qu'on peut apaiser *loc.*

acquietaménto |akkwjeta'mento| *s.m.* [→ ACQUIETARE] apaisement.

acquietàre |akkwje'tare| **A** *v.tr.* [*rendere meno agitato, calmare*] apaiser, calmer: *acquietare un pazzo* apaiser un fou; *acquietare una discordia* apaiser une discorde; *acquietare la sete* apaiser la soif; désaltérer → **placare** **B** *v.pron. intr.* ACQUIETARSI **1** [→ *tr.*] s'apaiser: *il bambino si è acquietato* l'enfant s'est apaisé **2** [*rassegnarsi*] se résigner [C] A; B 1 **innervosire, agitare.**

acquìfero |ak'kwifero| *agg.* aquifère: *strato acquifero* couche aquifère, phréatique ◇ (*bot.*) *tessuto acquifero* tissu aquifère.

acquirènte |akkwi'rɛnte| *s.* [*chi fa acquisti*] acheteur*, acquéreur* → **compratore** ✦ (*agg.*) *la parte acquirente* l'acheteur *s.*, l'acquéreur *s.* [C] **venditore.**

acquisìre |akkwi'zire| (197) *v.tr.* **1** [*diventare proprietario di un bene, titolare di un diritto*] acquérir (26): *acquisire un terreno* acquérir un terrain; *acquisire la cittadinanza* acquérir la nationalité → **ottenere** **2** (*per est.*) [*venire in possesso di; apprendere*] acquérir: *acquisire abilità* acquérir de l'habileté # *ha acquisito molte informazioni importanti* il a obtenu beaucoup d'informations importantes [C] 1 **perdere.**

acquisìto |akkwi'zito| *agg.* **1** [*ottenuto, riconosciuto di diritto*] acquis: *una fortuna acquisita* une fortune acquise ◇ (*dir.*) *diritto acquisito* droit acquis **2** (*med.*) *caratteri acquisiti* caractères acquis.

acquisitóre, trice |akkwizi'tore, tritʃe| *s.* (*dir.*) acquéreur*.

acquisizióne |akkwizit'tsjone| *s.f.* **1** [→ ACQUISIRE] acquisition: *acquisizione di conoscenze* acquisition de connaissances; *acquisizione di un diritto* acquisition d'un droit **2** (*psicol.*) acquisition.

acquistàbile |akkwis'tabile| *agg.* [→ ACQUISTARE A] achetable.

acquistàre |akkwis'tare| **A** *v.tr.* **1** [*divenire proprietario di q.c.*] acheter (7): *acquistare in contanti, all'ingrosso, d'occasione* acheter au comptant, en gros, d'occasion; *acquistare una casa* acheter une maison ◇ (*sport*) *acquistare un giocatore* engager un joueur **2** (*fig.*) [*procurarsi*] acquérir (26): *acquistare un merito* acquérir du mérite; *acquistare esperienza* acquérir de l'expérience ◇ [*guadagnare*] gagner: *acquistare tempo* gagner du temps ◇ (*loc. fig.*) *acquistare terreno* gagner du terrain **B** *v.intr.* (*aus.* 'avere') [*migliorare*] gagner: *acquistare in bellezza* gagner, croître en beauté.

acquìsto |ak'kwisto| *s.m.* **1** [→ AC-

ACQUISTARE] acquisition (*f.*): *l'acquisto di una casa* l'acquisition d'une maison ◇ (*dir.*) *acquisto a titolo oneroso* acquisition à titre onéreux **2** (*per est., sport*) acquisition: *l'acquisto dei calciatori* l'acquisition des footballeurs, des joueurs (de football) **3** [*compera*] achat, courses (*pl.*): *acquisti in contanti, a credito* achat au comptant, à crédit; *fare acquisti per qc.* faire les courses de qqn.; *fare acquisti al mercato* faire des courses au marché ◇ [*il bene acquistato*] acquisition, achat: *è il mio ultimo acquisto* c'est ma dernière acquisition ◇ (*comm.*) *potere d'acquisto* pouvoir d'achat **4** [*affare*] affaire (*f.*): *avete fatto un buon acquisto* vous avez fait une bonne affaire ◇ (*iron.*) *ha fatto un bell'affare!* en voilà une bonne affaire! **5** *loc.* D'ACQUISTO (*detto di parentela non di sangue*) par alliance: *nipote d'acquisto* neveu par alliance Ⓒ 1; 2; 3 **vendita, cessione, perdita.**

acquitrìno |akkwi'trino| *s.m.* [*luogo dove ristagnano le acque*] marais.

acquitrinóso |akkwitri'noso| *agg.* [*coperto di acquitrini, paludoso*] marécageux*: *bassofondo acquitrinoso* bas-fond marécageux Ⓒ **asciutto, secco.**

acquolina |akkwo'lina| *s.f.* **1** [*pioggerella*] pluie fine, crachin *m.* **2** [*salivazione stimolata dalla vista di q.c. di appetitoso*] eau à la bouche: *avere l'acquolina in bocca* avoir l'eau à la bouche ◇ (*loc.*) *far venire l'acquolina in bocca*: (*pr., fig.*) faire venir l'eau à la bouche.

acquosità |akkwosi'ta| *s.f. inv.* aquosité *var.*

acquóso |ak'kwoso| *agg.* aqueux*: *nuvola acquosa* nue aqueuse; *verdura acquosa* légume aqueux ◇ (*astron.*) *meteora acquosa* météore aqueux ◇ (*chim.*) *soluzione acquosa* solution aqueuse.

àcre |'akre| *agg.* **1** [*aspro, piccante*] aigre, âcre: *un odore acre* une odeur aigre, âcre **2** (*fig.*) [*mordace; aspro*] aigre: *un'acre discussione* une aigre discussion; *voce acre* [*stridula*] voix aigre Ⓒ **dolce, gradevole, delicato.**

acrèdine |a'krɛdine| *s.f.* **1** [*asprezza*] âcreté **2** (*fig.*) acrimonie → **astio.**

acreménte |akre'mente| *avv.* [→ ACRE 2] aigrement: *gli ha risposto acremente* il lui a répondu aigrement Ⓒ **dolcemente.**

Acridi |'akridi| *s.m. pl.* (*t.zool.*) Acridiens.

acrilico, ci, ca, che |a'kriliko, tʃi, ka, ke| (*agg.*) *acido acrilico* acide acrylique.

acrimònia |akri'mɔnja| *s.f.* acrimonie: *c'è dell'acrimonia nelle sue parole* il y a de l'acrimonie dans ses paroles → **astio, ostilità** Ⓒ **dolcezza.**

acrimonióso |akrimo'njoso| *agg.* (*lett.*) acrimonieux*.

acritico, ci, ca, che |a'kritiko, tʃi, ka, ke| *agg.* acritique: *un'opinione acritica* une opinion acritique.

àcro |'akro| *s.m.* [*misura agraria anglosassone*] acre.

acròbata |a'krɔbata| *s.m.* acrobate.

acròbate |a'krɔbate| *s.m.* (*t.zool.*) acrobate.

acrobaticaménte |akrobatika'mente| *avv.* [→ ACROBATICO] de façon acrobatique *loc. inv.*

acrobàtico, ci, ca, che |akro'batiko, tʃi, ka, ke| *agg.* acrobatique: *esercizio acrobatico* exercice acrobatique; *il portiere ha fatto una parata acrobatica* le gardien de but a fait un arrêt acrobatique ◇ (*per est.*) *pattuglia aerea acrobatica* patrouille aérienne acrobatique.

acrobatismo |akroba'tizmo| *s.m.* acrobatie *f.*

acrobazia |akrobat'tsia| *s.f.* **1** acrobatie: *esercizi d'acrobazia* exercices d'acrobatie ◇ (*per est.*) *acrobazia aerea* acrobatie aérienne **2** (*fig.*) [*abilità, ingegnosità nel superare momenti difficili*] acrobatie: *fare acrobazie per vivere* faire des acrobaties pour vivre ◇ (*spreg.*) [*espediente ingegnoso e meschino*] *le acrobazie dei politicanti* les acrobaties des politicards.

acrocefalia |akrotʃefa'lia| *s.f.* (*med.*) acrocéphalie.

acrocèfalo |akro'tʃɛfalo| *agg.* (*med.*) acrocéphale.

acrocianòsi |akrotʃa'nɔsi| *s.f. inv.* (*med.*) acrocyanose *var.*

acrocòro |akro'kɔro, a'krɔkoro| *s.m.* [*altopiano circondato da rocce*] *haut plateau.

acromàtico, ci, ca, che |akro'matiko, tʃi, ka, ke| *agg.* (*ott.*) achromatique: *obbiettivo acromatico* objectif achromatique.

acromatismo |akroma'tizmo| *s.m.* (*ott.*) achromatisme.

acromatopsia |akromatop'sia| *s.f.* achromatopsie.

acromegalia |akromega'lia| *s.f.* (*med.*) acromégalie.

acromia |akro'mia| *s.f.* (*med.*) achromie.

acrònimo |a'krɔnimo| *s.m.* [*nome formato con le iniziali di più parole*] acronyme → **sigla** 1.

acròpoli |a'krɔpoli| *s.f. inv.* acropole (*var.*): *l'acropoli di Atene* l'Acropole.

acròstico, ci, ca, che |a'krɔstiko, tʃi, ka, ke| *s.m.* acrostiche.

actinologia, gie |aktinolo'dʒia, dʒie|, **attinologia, gie** |attinolo'dʒia, dʒie| *s.f.* actinologie.

actinometria |aktinome'tria|, **attinometria** |attinome'tria| *s.f.* (*fis.*) actinométrie.

actinòmetro |akti'nɔmetro|, **attinòmetro** |atti'nɔmetro| *s.m.* (*fis.*) actinomètre.

actinomicèto |aktinomi'tʃɛto|, **attinomicèto** |attinomi'tʃɛto| *s.m.* (*biol.*) actinomycète.

actinoterapia |aktinotera'pia|, **attinoterapia** |attinotera'pia| *s.f.* (*med.*) actinothérapie.

actinòto |akti'nɔto| *s.m.*, **actinolite** |aktino'lite| *s.f.* actinote.

acuire |aku'ire| (197) *v.tr.* [*render più vivo, più intenso*] aiguiser: *acuire l'appetito* aiguiser l'appétit ◇ [*affinare, aguzzare*] *acuire l'ingegno* aiguiser l'esprit.

acuità |akui'ta| *s.f. inv.* **1** acuité (*var.*): *acuità visiva* acuité visuelle **2** (*fig.*) → **perspicacia.**

Aculeàti |akule'ati| *s.m. pl.* (*t.zool.*) Aculéates.

aculeàto |akule'ato| *agg.* (*zool.*) muni d'aiguillon(s) ◇ [*aguzzo*] pointu, aigu*.

aculeifórme |akulei'forme| *agg.* aculéiforme.

acùleo |a'kuleo| *s.m.* (*bot., zool.*) aiguillon, piquant.

acùme |a'kume| *s.m.* **1** [*acutezza, sottigliezza d'ingegno*] finesse (*f.*): *parole piene di acume* propos pleins de finesse **2** [*grado di sensibilità di un senso*] acuité: *misura dell'acume visivo* mesure de l'acuité visuelle.

acùmetro |a'kumetro| *s.m.* acoumètre.

acuminàre |akumi'nare| *v.tr.* [*rendere appuntito, aguzzare*] rendre (53) pointu, tailler en pointe, (*tecnol.*) appointer: *accuminare un bastone* tailler un bâton en pointe.

acuminàto |akumi'nato| *agg.* (*raro*) [*appuntito, aguzzo*] pointu ◇ (*bot.*) acuminé.

acùstica, che |a'kustika, ke| *s.f.* **1** (*fis., corr.*) acoustique **2** [*caratteristiche sonore di un locale*] acoustique: *questo teatro ha una buona acustica* ce théâtre a une bonne acoustique.

acùstico, ci, ca, che |a'kustiko, tʃi, ka, ke| *agg.* **1** acoustique: *i fenomeni acustici* les phénomènes acoustiques # *effetto acustico* effet sonore ◇ [*che riguarda l'ascolto*] *cornetto acustico* cornet acoustique; *cassa acustica* enceinte acoustique # *impianto acustico* (installation de) sonorisation **2** (*anat.*) *nervo acustico* nerf acoustique.

acutaménte |akuta'mente| *avv.* **1** [→ ACUTO I 4] avec finesse *loc. inv.*, avec perspicacité (*loc. inv.*): *lo ha controbattuto molto acutamente* il lui a répondu avec beaucoup de finesse, de perspicacité → **sottilmente** **2** [→ ACUTO I 3] intensément, avec intensité (*loc. inv.*): *il male si è manifestato acutamente* le mal s'est manifesté avec intensité.

acutàngolo |aku'tangolo| *agg.* (*geom.*) acutangle.

acutézza |aku'tettsa| *s.f.* **1** [*intensità*] acuité: *l'acutezza del suono* l'acuité du son; *l'acutezza del dolore* l'acuité de la douleur **2** (*fig.*) [*acume, sottigliezza*] finesse: *acutezza d'intelletto* finesse d'esprit.

acutizzàre |akutid'dzare| **A** *v.tr.* [*rendere più acuto, più intenso*] aiguiser: *acutizzare un dolore* aiguiser une douleur **B** *v.pron. intr.* ACUTIZZARSI [*accentuarsi, aggravarsi*] s'aggraver: *lo stato del malato si è acutizzato durante la notte* l'état du malade s'est aggravé durant la nuit; *i contrasti politici vanno acutizzandosi sempre più* les contrastes politiques s'aggravent de plus en plus.

acùto |a'kuto| **I** *agg.* **1** [*appuntito*] aigu*, pointu: *un campanile acuto* un clocher pointu ◇ (*arch.*) *arco a sesto acuto* arc en ogive, ogival → **ogivale** ◇ (*geom.*) *angolo acuto* angle aigu ◇ (*ling.*) *accento acuto* accent aigu **2** (*detto di suoni d'alta frequenza*) aigu, perçant: *voce acuta* voix aiguë, perçante **3** (*fig.*) [*vivo, pungente, intenso*] aigu: *un acuto dolore* une douleur aiguë **4** (*fig.*) [*profondo, penetrante*] aigu, fin: *avere un acuto senso della realtà* avoir un sens aigu des réalités; *intelligenza acuta* intelligence aiguë, fine # *spirito acuto* esprit perçant **5** (*fig.*) [*che è nella fase più esasperata, più accentuata*] aigu: *le fasi acute di una malattia* les phases aiguës d'une maladie **II** *s.m.* **1** (*mus.*) aigu: *fare un acuto* pousser un aigu **2** (*fig.*) [*prestazione difficile, impegnativa*] exploit: *acuto sportivo* exploit sportif Ⓒ I 1 **arrotondato, smussato,** 2 **sordo, grave,** 3 **cronico.**

ad |ad| *prep.* → **2 a.**

adacquàre |adak'kware| *v.tr.* → **irrigare; innaffiare.**

adacquatóre |adakkwa'tore| *s.m.* (*agr.*) rigole *f.* d'irrigation.
adagiaménto |adadʒa'mento| *s.m.* [→ ADAGIARE] laisser-aller, abandon.
adagiàre |ada'dʒare| **A** *v.tr.* [*deporre, posare con delicatezza, con precauzione*] étendre (53), coucher: *adagiare un ferito sul letto* étendre un blessé sur le lit **B** *v.pron. rifl.* ADAGIARSI **1** [*sdraiarsi*] s'étendre, se coucher: *adagiarsi sul divano* s'étendre sur le canapé → **distender(si)** **2** (*fig.*) [*abbandonarsi*] s'abandonner (à), se livrer (à): *adagiarsi nella disperazione* s'abandonner, se livrer au désespoir.
adagino |ada'dʒino| *avv.* [→ 1 ADAGIO I 1] doucement: *cammina adagino* marche doucement ◇ [→ 1 ADAGIO I 2] doucement, avec délicatesse (*loc. inv.*): *avvicinalo adagino, adagino* approche-le doucement.
1 **adàgio** |a'dadʒo| **I** *avv.* **1** [*in modo lento, piano*] lentement, doucement: *avanzare adagio* avancer lentement, doucement; *parlare adagio* parler lentement; *bollire adagio, adagio* bouillir lentement, à feux doux, à petit feu; *camminare adagio per non fare rumore* marcher doucement pour ne pas faire de bruit **2** [*delicatamente, con cautela*] doucement, avec délicatesse (*loc. inv.*): *posare, sollevare adagio* poser, lever doucement ◇ [*con prudenza*] prudemment: *bisogna andare adagio con queste persone* il faut agir prudemment avec ces gens-là **II** (*in funzione di inter.*) *adagio !* [*calma*] doucement, du calme!; *adagio, con queste pretese !* allez-y doucement avec toutes ces prétentions! ◇ (*loc. fam.*) *adagio Biagio !* vas-y doucement! Ⓒ I 1 **veloce, rapido.**
2 **adàgio, i** |a'dadʒo, i| *s.m.* [*proverbio, antica sentenza*] adage.
3 **adàgio, i** |a'dadʒo, i| *s.m.* (*mus.*) adagio: *l'adagio in si minore di Mozart* l'adagio en si mineur de Mozart.
adamantino |adaman'tino| *agg.* adamantin ◇ (*per est.*) [*puro, limpido*] éclatant: *luce adamantina* lumière éclatante ◇ (*fig.*) [*saldo, inalterabile*] droit: *coscienza adamantina* conscience droite.
adamitico, ci, ca, che |ada'mitiko, tʃi, ka, ke| *agg.* **1** [*relativo ad Adamo*] adamique ◇ (*loc. scherz.*) *in costume adamitico* [*nudo*] en costume d'Adam **2** [*relativo agli Adamiti*] des Adamites *loc. inv.*
adattàbile |adat'tabile| *agg.* [→ ADATTARE] adaptable ◇ (*fig.*) *persona adattabile* personne qui s'adapte facilement.
adattabilità |adattabili'ta| *s.f. inv.* faculté *var.* d'adaptation, de s'adapter.
adattaménto |adatta'mento| *s.m.* **1** [→ ADATTARE] adaptation (*f.*): *uno sforzo di adattamento* un effort d'adaptation; *spirito di adattamento* esprit d'adaptation; *adattamento all'ambiente* adaptation au milieu ◇ *adattamento radiofonico, televisivo* adaptation radiophonique, télévisée; *adattamento teatrale* adaptation théâtrale **2** (*biol., psicol.*) adaptation Ⓒ **disadattamento.**
adattàre |adat'tare| **A** *v.tr.* **1** [*rendere adatto a determinati scopi o funzioni*] adapter: *adattare un'opera per la televisione* adapter une œuvre pour la télévision; *adattare le parole alle circostanze* adapter ses paroles aux circonstances # *adattare un locale a studio fotografico* transformer un local en studio de photographe **2** [*applicare, sistemare in modo opportuno*] appliquer: *adattare uno scaffale alla parete* appliquer une étagère au mur; *adattare la fasciatura alla ferita* appliquer un bandage à la blessure **B** *v.pron.* ADATTARSI **1** *rifl.* [*conformarsi, adeguarsi*] s'adapter: *adattarsi alle circostanze, ai tempi* s'adapter aux circonstances, à son temps ◇ [*abituarsi a*] s'habituer: *adattarsi a un clima freddo* s'habituer à un climat froid ◆ (*ass.*) [*accontentarsi*] se contenter: *bisogna adattarsi !* il faut savoir se contenter! **2** *intr.* [*essere adatto a, intonarsi*] convenir (27) (*intr.*): *questa vita gli si adatta male* cette vie ne lui convient pas # *questo vestito ti si adatta alla perfezione* cette robe te va à merveille.
adattatóre, trice |adatta'tore, tritʃe| *s.* adaptateur*.
adàtto |a'datto| *agg.* **1** [*appropriato, conveniente, opportuno*] convenable, adéquat: *è la risposta adatta* c'est la réponse convenable, adéquate; *abbiamo trovato il luogo adatto* nous avons trouvé l'endroit convenable, adéquat; *scegliere il momento adatto per presentare una richiesta* choisir le moment convenable pour présenter une requête; *non trovo le parole adatte* je ne trouve pas les mots convenables # *un libro adatto per bambini* un livre convenant aux enfants **2** [*idoneo, indicato*] fait (pour); indiqué: *ecco un uomo adatto per voi* voilà un homme fait pour vous ‖ *è la persona più adatta per questo lavoro* c'est la personne la plus indiquée, qualifiée pour ce travail # *abbiamo trovato la persona adatta* nous avons trouvé la personne qu'il nous fallait.
addebitàbile |addebi'tabile| *agg.* [→ ADDEBITARE] attribuable, imputable: *il fatto non è addebitabile a lui* le fait ne lui est pas attribuable, n'est pas imputable à lui ◇ (*fin.*) *somma addebitabile su un credito* somme imputable sur tel crédit.
addebitaménto |addebita'mento| *s.m.* [→ ADDEBITARE] débit: *nota di addebitamento* bordereau de débit Ⓒ **accreditamento.**
addebitàre |addebi'tare| *v.tr.* **1** [*segnare a debito*] débiter: *addebitare una somma a qc.* débiter qqn. d'une somme ◇ (*comm.*) *addebitare un conto a qc.* débiter un compte à qqn. **2** (*fig.*) [*addossare, attribuire*] attribuer: *non addebitate agli altri i vostri difetti* n'attribuez pas aux autres vos propres défauts; *mi hanno addebitato colpe inesistenti* on m'a attribué des fautes inexistantes → **imputare** Ⓒ **accreditare.**
addébito |ad'debito| *s.m.* **1** [*somma dovuta da una persona a un'altra*] débit: *mettere una spesa in addebito a qc.* mettre une dépense au débit de qqn., débiter qqn. d'une dépense **2** (*fig.*) [*imputazione di colpa*] accusation, imputation # *muovere un addebito a qc.* accuser qqn. Ⓒ **accredito.**
addènda |ad'dɛnda| *s.m. pl. inv.* addenda.
addèndo |ad'dɛndo| *s.m.* (*mat.*) terme d'une addition.
addensaménto |addensa'mento| *s.m.* **1** [→ ADDENSARE B 2] rassemblement: *l'addensamento della folla* le rassemblement de la foule **2** [→ ADDENSARE B 3] *addensamento della nebbia* épaississement du brouillard.
addensànte |adden'sante| *agg.* [*che rende denso*] épaississant ◆ *s.m.* (*chim.*) *un addensante* un épaississant.
addensàre |adden'sare| **A** *v.tr.* **1** [*rendere più denso, più consistente*] épaissir: *addensare una salsa per evaporazione* épaissir une sauce par évaporation **2** (*per est.*) [*mettere insieme, condensare*] amonceler (4): *hai addensato molti fatti evidenti* tu as amoncelé beaucoup d'évidences **B** *v.pron.* ADDENSARSI **1** *intr.* [*diventar più denso, infittirsi*] s'épaissir: *l'ombra si addensa* l'ombre s'épaissit; *il sangue dei vecchi si addensa* le sang des vieillards s'épaissit **2** *rifl.* (*persone*) [*ammassarsi*] se presser: *la folla s'addensava all'ingresso* la foule se pressait à l'entrée **3** *intr.* (*detto delle nubi*) [*riunirsi in cumuli, ammassarsi*] s'amonceler: *le nuvole s'addensano a ponente* les nuages s'amoncellent au couchant.
addentàre |adden'tare| **A** *v.tr.* [*afferrare con i denti*] mordre (53): *addentare una pera* mordre une poire ◇ (*detto di arnesi*) [*agganciare*] *addentare il legno* mordre le bois **B** *v. pron. recipr.* ADDENTARSI **1** (*detto di meccanismi*) [*ingranarsi*] s'engrener (6) **2** (*persone, animali*) [*mordersi, azzannarsi*] se mordre: *due cani che si addentano* deux chiens qui se mordent ◇ (*fig.*) (*persone*) s'accrocher: *si sono addentati in una polemica furiosa* ils se sont accrochés dans une violente polémique.
addentatùra |addenta'tura| *s.f.* **1** [→ ADDENTARE A] morsure: *l'addentatura d'un cane* la morsure d'un chien ◇ [*impronta fatta mordendo*] *l'addentatura era profonda* la morsure était profonde → **morso** **2** (*tecnol.*) endentement *m.*
addentellàre |addentel'lare| *v.tr.* **1** (*raro*) → **dentellare** **2** (*arch.*) [*fare l'addentellato*] faire (45) la *harpe.
addentellàto |addentel'lato| **I** *agg.* (*raro*) → **dentellato** **II** *s.m.* **1** (*arch.*) *harpe *f.* **2** (*fig.*) [*appiglio, legame, connessione*] rapport; prétexte: *il tuo discorso non ha alcun addentellato con i fatti* ton discours n'a aucun rapport avec les faits ‖ *cercare, trovare un addentellato* chercher, trouver un prétexte.
addentellatùra |addentella'tura| *s.f.* (*arch.*) dentelure.
addentràre |adden'trare| **A** *v.tr.* [*far penetrare dentro, introdurre*] enfoncer (2): *addentrare le mani nella sabbia* enfoncer les mains dans le sable **B** *v.pron. intr.* ADDENTRARSI [*inoltrarsi*] s'enfoncer, pénétrer (8) (*intr.*): *addentrarsi in un bosco* s'enfoncer, pénétrer dans un bois ◇ (*fig.*) *addentrarsi nei dettagli* pénétrer, entrer dans les détails.
addéntro |ad'dentro| **1** *avv.* [*in maniera profonda*] profondément, en profondeur (*loc. inv.*): *penetrare addentro* pénétrer profondément, en profondeur; *vede le cose molto addentro* il voit les choses bien en profondeur **2** *loc. prep.* ADDENTRO IN, A [*all'interno, nel profondo*] bien avant; loin: (*pr.*) *si erano spinti molto addentro nel bosco* ils s'étaient enfoncés bien avant dans le bois ‖ (*fig.*) *vedere addentro nelle cose* voir (très) loin dans les choses ◇ (*fig.*) ESSERE ADDENTRO IN, A [*essere informato,*

esperto] être bien au courant de (qqch.): *essere molto addentro negli affari di qc.* être bien au courant des affaires de qqn.; bien connaître les affaires de qqn. # *essere addentro nella politica* être très expert en politique.

addestràbile |addes'trabile| *agg.* qu'on peut dresser *loc.*

addestraménto |addestra'mento| *s.m.* **1** [→ ADDESTRARE A 1] instruction (*f.*): *addestramento delle reclute* instruction des recrues # *addestramento professionale* formation professionnelle; *addestramento sportivo* entraînement **2** [→ ADDESTRARE A 2] dressage: *addestramento degli animali da circo* dressage des animaux de cirque.

addestràre |addes'trare| **A** *v.tr.* **1** (*persone*) [*rendere abile, esperto*] exercer (2): *addestrare un giovane soldato all'uso delle armi* exercer une recrue au maniement des armes; *addestrare un operaio all'uso di una macchina* exercer un ouvrier au maniement d'une machine **2** (*animali*) [*ammaestrare*] dresser: *animali ben addestrati* animaux bien dressés; *addestrare cavalli da corsa* dresser, exercer des chevaux de course **B** *v.pron. rifl.* ADDESTRARSI [*esercitarsi per acquisire pratica*] s'exercer, s'entraîner: *addestrarsi alla discussione* s'entraîner à la discussion # *il buon pianista si addestra tutti i giorni* le bon pianiste fait tous les jours des exercices.

addestratóre, trice |addestra'tore, tritʃe| *s.* **1** [*chi istruisce le reclute*] instructeur (*m.*): *addestratore delle reclute* instructeur (des recrues) **2** [*chi addestra gli animali*] dresseur*: *addestratore di belve* dresseur de fauves **3** [*chi insegna una disciplina*] moniteur*: *addestratore di sci* moniteur de ski.

addétto |ad'detto| **I** *agg.* **1** (*persone*) [*assegnato a un lavoro, a un compito*] chargé, préposé: *addetto a una missione* chargé d'une mission; *operaio addetto alla manutenzione di* ouvrier chargé de l'entretien de **2** (*cose*) [*destinato, riservato a un particolare scopo*] *corsia addetta ai ciclisti* passage réservé aux cyclistes; *automezzo addetto al trasporto bestiame* véhicule affecté au transport du bétail **II** *s.m.* [*persona che compie un atto o una funzione determinata*] préposé; attaché: *gli addetti alle dogane* les préposés des douanes || *addetto stampa* attaché de presse; *addetto militare* attaché militaire; *addetto commerciale* attaché commercial # *è vietato l'ingresso ai non addetti ai lavori* entrée interdite (défense d'entrer) aux personnes étrangères aux travaux.

addì |ad'di| *avv.* (*bur.*) [*nel giorno, il giorno*] le *art.*, ce (*pron. dim.*): *addì 10 marzo* le, ce 10 mars.

1 **addiacciàre** |addjat'tʃare| *v.tr., intr. e pron.* → **agghiacciare.**

2 **addiacciàre** |addjat'tʃare| *v.tr.* *addiacciare il gregge, la mandria* [*far trascorrere la notte all'aperto*] parquer le troupeau.

addiàccio, i |ad'djattʃo, i| *s.m.* **1** [*recinto all'aperto per rinchiudere il bestiame di notte*] parc **2** [*stazionamento, sosta all'aria aperta di truppe, alpinisti*] bivouac: *dormire all'addiaccio* coucher au bivouac → **bivacco.**

addiètro |ad'djɛtro| **I** *avv.* **1** (*di luogo*) derrière, en arrière *loc. inv.* ◇ (*loc. fig.*) *rimanere* (*restare*), *essere addietro* [*rimanere, essere arretrata rispetto al progresso comune*] rester, être en arrière → **indietro** **2** (*di tempo*) [*prima, antecedentemente*] auparavant, avant: *un mese, un anno addietro* un mois, un an auparavant, avant; *giorni, settimane addietro* des jours, des semaines auparavant; *otto, quindici giorni addietro* huit, quinze jours auparavant; *come già detto addietro* comme dit auparavant **II** (*agg. inv.*) *gli anni addietro* les années passées (*var.*): *era venuto il giorno addietro* il était venu la veille; *tempo addietro* il y a quelque temps, autrefois, jadis **III** (*loc. avv.*) *per l'addietro* [*nel passato*] autrefois *avv.*, auparavant *avv.*

addìo, ii |ad'dio, ii| **I** *inter.* **1** adieu: *addio per sempre* adieu à jamais, pour toujours; *dire addio a un amico* dire adieu à un ami; *dire addio alla vita, all'amore* dire adieu à la vie, à l'amour ◇ (*loc. fig.*) *senza neanche dire addio* [*in modo brusco*] sans même un adieu **2** (*per esprimere rammarico*) adieu: *addio vacanze!* adieu (les) vacances! **II** *s.m.* adieu: *gli ultimi addii* les derniers adieux; *lettere d'addio* lettres d'adieu; *serata d'addio* soirée d'adieu; *fare gli addii* faire ses adieux; *dare l'addio alla giovinezza* dire adieu à la jeunesse; *dare l'ultimo addio a una persona morta* dire un dernier adieu à un mort (à une morte); *dare l'addio alle scene* faire ses adieux à la scène.

addìre |ad'dire| *v.tr.* (*raro*) → **dedicare; assegnare.**

addirittùra |addirit'tura| *avv.* **1** [*direttamente*] directement: *è meglio che ci si trovi addirittura al cinema* il vaut mieux se donner rendez-vous directement au cinéma # *digli addirittura come stanno le cose* dis-lui carrément où en sont les choses **2** [*assolutamente*] absolument: *è addirittura insopportabile* il est absolument insupportable **3** [*perfino*] encore; même: *è addirittura più stupido di quanto credessi* il est encore plus bête que je ne pensais || *è riservato e addirittura timido* il est réservé et même timide # *ha frugato dappertutto; ha guardato addirittura sotto il letto* il a fouillé partout; il a regardé jusque sous le lit ◇ (*enf.*) [*nientemeno*] même: *pretenderebbe addirittura che lo ringraziassi dopo quello che mi ha fatto!* il voudrait même que je lui dise merci, après tout ce qu'il m'a fait! # *è andato addirittura dal ministro* il est allé jusque chez le ministre ✦ *ass.* (*inter., spec. iron.*) à ce point, vraiment!: '*è in fin di vita*' '*addirittura!*' 'il est proche de sa fin' 'à ce point, vraiment!' # '*vorrei dello 'champagne*'' '*addirittura!*' 'j'aimerais avoir du champagne' 'tout simplement!'

addirizzàre |addirit'tsare| **A** *v.tr.* → **raddrizzare** **B** *v.pron. rifl.* (*lett.*) ADDIRIZZARSI → **diriger(si), incamminar(si).**

addìrsi |ad'dirsi| *v.pron. intr.* [*essere conveniente, adatto, intonato*] convenir (27) (*intr.*): *i vestiti che si addicono alla circostanza* les vêtements qui conviennent à la circonstance; *ciò mi si addice perfettamente* cela me convient parfaitement; *questi compiti non si addicono alla tua carica* ces tâches ne conviennent pas à ta charge → **convenire.**

additàre |addi'tare| *v.tr.* **1** [*indicare, spec. col dito*] montrer du doigt, indiquer: *additare una persona* montrer une personne du doigt; *additare il cammino* montrer, indiquer le chemin ◇ (*fig.*) *additare qc. alla pubblica esecrazione* vouer qqn. à l'exécration publique; *additare qc. a esempio* donner qqn. en exemple **2** (*per est.*) [*esporre*] exposer, montrer: *additare le ragioni di un fatto* exposer, montrer les raisons d'un fait; *additare i valori della vita* exposer, montrer les valeurs de la vie.

additìvo |addi'tivo| **1** *agg.* (*mat.*) additif*: *termine additivo* terme additif **2** *s.m.* (*chim.*) additif.

addivenìre |addive'nire| (202) *v. intr.* (*aus. 'essere'*) [*pervenire, arrivare; raggiungere q.c.*] en venir (27) à: *addivenire a un accordo* en venir à un arrangement; *ecco dove voglio addivenire* voilà où je veux en venir; *finalmente sono addivenuti a una decisione* ils sont enfin parvenus à une décision.

addizionàle |addittsjo'nale| **I** *agg.* [*che si aggiunge o deve essere aggiunto*] additionnel*: *un articolo addizionale* un article additionnel # *apparecchio addizionale* appareil supplémentaire **II** *s.* **1** *s.f.* (*fin.*) centime *m.* additionnel: *addizionale sul reddito* centime additionnel sur les revenus **2** *s.m.* (*tel.*) appareil supplémentaire.

addizionàre |addittsjo'nare| *v.tr.* **1** [*fare l'addizione di più numeri*] additionner: *addizionare due numeri* additionner deux nombres → **sommare** **2** [*aggiungere, unire*] additionner, ajouter: *addizionare zucchero al succo di frutta* additionner, ajouter du sucre au jus de fruit **C** **sottrarre.**

addizionatrìce |addittsjona'tritʃe| *s.f.* (*tecnol.*) additionneuse.

addizióne |addit'tsjone| *s.f.* **1** (*mat., corr.*) addition: *fare un'addizione* faire une addition → **somma** ◇ [*aggiunta*] *bevande con addizione di coloranti chimici* boissons avec addition de colorants (chimiques) **2** (*chim.*) addition: *reazione di addizione* réaction d'addition.

addobbaménto |addobba'mento| *s.m.* → **addobbo.**

addobbàre |addob'bare| **A** *v.tr.* **1** [*adornare, decorare a festa*] parer, orner: *addobbare una chiesa* parer, orner une église **2** (*cuc.*) → **decorare** **B** *v.pron. rifl.* (*scherz.*) ADDOBBARSI [*vestirsi a festa*] se parer: *le donne si sono addobbate per la cerimonia* les femmes se sont parées, se sont faites belles (*fam.*) pour la cérémonie.

addobbàto |addob'bato| *agg.* [*ornato, parato a festa*] paré, orné.

addobbatóre, trice |addobba'tore, tritʃe| *s.* [*chi addobba*] décorateur*, ensemblier (*m.*): *addobbatore d'appartamenti* décorateur d'appartements; *addobbatore di teatro* décorateur de théâtre.

addòbbo |ad'dɔbbo| *s.m.* **1** [→ ADDOBBARE A] décoration (*f.*): *l'addobbo di una sala* la décoration d'un salon # *sto preparando l'addobbo dell'albero di Natale* je suis en train de décorer l'arbre de Noël **2** [*ciò che serve a decorare*] décoration (*f.*): *l'addobbo di una chiesa* la décoration d'une église # *addobbi per i servizi funebri* tentures pour les services funèbres.

addocilìre |addotʃi'lire| (197) *v.tr.* **1** (*raro*) [*rendere docile*] rendre (53) docile **2** → **ammorbidire.**

addogàre |addo'gare| *v.tr.* [*dividere a strisce verticali*] rayer (9).

addogàto |addo'gato| *agg.* (*arald.*) palé.
addolciménto |addoltʃi'mento| *s.m.* **1** [→ ADDOLCIRE A 4] adoucissement: *addolcimento dell'acqua* adoucissement de l'eau **2** (*fig.*) [→ ADDOLCIRE A 2] *l'addolcimento delle pene* l'adoucissement des peines ◇ (*per est.*) *addolcimento della temperatura* adoucissement de la température.
addolcìre |addol'tʃire| (197) **A** *v.tr.* **1** [*rendere dolce*] sucrer: *addolcire il latte, il caffè* sucrer le lait, le café; *addolcire col miele* sucrer avec du miel **2** (*fig.*) atténuer: *addolcire un rimprovero col sorriso* atténuer un reproche avec un sourire; *addolcire un dolore* atténuer une douleur → **mitigare** # *ha addolcito il suo carattere* son caractère s'est beaucoup adouci ◇ [*ingentilire*] adoucir: *addolcire i costumi* adoucir les mœurs ◇ (*per est.*) [*ammorbidire, rendere più sfumato*] adoucir: *addolcire i colori d'un quadro* adoucir les coloris d'un tableau **3** (*metall.*) [*temperare*] détremper, adoucir: *addolcire l'acciaio* détremper l'acier; *addolcire i metalli* adoucir les métaux **4** (*chim.*) *addolcire l'acqua* [*eliminare i sali minerali*] adoucir l'eau **B** *v.pron. intr.* ADDOLCIRSI [→ *tr.* 2] s'adoucir: *la temperatura si è addolcita* la température s'est adoucie; *i suoi difetti si sono addolciti* ses défauts se sont amendés Ⓒ A 2 **inasprire, esacerbare.**
addolcitóre |addoltʃi'tore| *s.m.* (*chim.*) adoucisseur.
addoloràre |addolo'rare| **A** *v.tr.* [*affliggere, causare dolore*] chagriner, affliger (3): *la sua partenza ci addolora* son départ nous chagrine; *quella notizia l'ha molto addolorato* cette nouvelle l'a beaucoup affligé **B** *v.pron. intr.* ADDOLORARSI avoir (28) *tr.* de la peine; s'affliger (de): *addolorarsi per la morte di qc.* s'affliger de la mort de qqn. Ⓒ **allietare, rallegrare.**
addoloràto |addolo'rato| *agg.* [*profondamente afflitto*] affligé.
addòme |ad'dɔme| *s.m.* (*anat.*, *corr.*) abdomen.
addomesticàbile |addomesti'kabile| *agg.* [→ ADDOMESTICARE] qu'on peut dresser *loc.* Ⓒ **indomabile.**
addomesticaménto |addomestika'mento| *s.m.* [→ ADDOMESTICARE] apprivoisement, domestication *f.* ◇ (*raro*) [*l'essere addomesticato*] domesticité *f.*
addomesticàre |addomesti'kare| **A** *v.tr.* **1** [*rendere meno selvatico, rendere domestico*] apprivoiser, domestiquer: *addomesticare un animale selvatico* apprivoiser, domestiquer un animal farouche # *addomesticare una pianta* acclimater une plante ◇ [*domare, ammaestrare*] dompter, dresser: *addomesticare un leone* dompter un lion **2** (*fig.*) [*rendere più docile*] apprivoiser: *addomesticare un ragazzo impertinente* apprivoiser un garçon impertinent **3** (*fig.*) [*abituare, avvezzare*] habituer, accoutumer: *finalmente l'ho addomesticato alla disciplina* je l'ai enfin habitué à la discipline **4** (*fig.*) [*manipolare, alterare*] maquiller: *addomesticare cifre, risultati elettorali* maquiller les chiffres, le résultat des élections # *addomesticare il vino* falsifier le vin ✦ (*col 'si' pleon.*) *il nuovo capufficio me lo addomestico io* le nouveau chef de bureau, je le manœuvrerai à mon gré **B** *v.pron.* ADDOMESTICARSI **1** *intr.* (*animali*) [*divenire domestico*]; (*persone*) [*divenire più docile*] s'apprivoiser **2** *rifl.* [*familiarizzarsi*] s'apprivoiser, se familiariser: *addomesticarsi a q.c.* s'apprivoiser à qqch., se familiariser avec qqch. Ⓒ A 1, 2; B 1 **inselvatichire.**
addomesticàto |addomesti'kato| *agg.* **1** [*diventato domestico, docile*] apprivoisé, domestique: *un animale addomesticato* un animal apprivoisé; *un ragazzo addomesticato* un garçon apprivoisé **2** (*fig.*) [*non genuino, falsato*] maquillé, faussé: *cifre addomesticate* chiffres maquillés; *elezioni addomesticate* élections faussées.
addomesticatóre, trice |addomestika'tore, tritʃe| *s.* [*chi addomestica*] dompteur*.
addomestichévole |addomesti'kevole| *agg.* [*che è facile da addomesticare*] apprivoisable.
addomestichevolézza |addomestikevo'lettsa| *s.f.* → **docilità.**
addominàle |addomi'nale| *agg.* abdominal* ✦ (*s.*) *gli addominali* les abdominaux.
addoppiàre |addop'pjare| *v.tr.* **1** [*mettere in doppio, accoppiare*] doubler: *addoppiare fili* doubler des fils **2** (*lett.*) → **raddoppiare.**
addoppiatóio, i |addoppja'tojo, i| *s.m.* (*tecnol.*) doubleuse *f.*
addormentàre |addormen'tare| **A** *v.tr.* **1** [*far dormire*] endormir (21): *addormentare un bambino* endormir un enfant; *addormentare un malato con un anestetico* endormir un malade avec un anesthésique → **anestetizzare** ◇ (*fig.*, *iron.*) endormir, assommer: *discorsi che addormentano* des discours endormants, assommants → **annoiare** **2** (*fig.*) [*mettere in uno stato di torpore, di indolenza*] engourdir: *l'ozio addormenta la mente* l'oisiveté engourdit l'esprit **3** [*calmare*] calmer: *addormentare un dolore, un male* calmer une douleur, un mal ◇ (*fig.*) *addormentare l'opinione pubblica con facili promesse* endormir l'opinion publique par des promesses trompeuses **B** *v. pron. intr.* ADDORMENTARSI [*cominciare a dormire, prendere sonno*] s'endormir: *addormentarsi nel cuore della notte* s'endormir au milieu de la nuit # *addormentarsi in piedi* dormir debout ◇ (*loc.*) *addormentarsi sugli allori* s'endormir sur ses lauriers ~ *addormentarsi nel Signore* [*morire*] s'endormir dans le Seigneur Ⓒ **risvegliare, svegliare.**
addormentàto |addormen'tato| *agg.* **1** [*che dorme*] endormi: *bambino addormentato* enfant endormi; *città addormentata* ville endormie **2** (*fig.*) [*inattivo, indolente*] endormi: *è un uomo addormentato* c'est un homme endormi ✦ (*s.*) *un addormentato* un endormi: *che addormentato!* quel endormi! Ⓒ 1 **sveglio**; 2 **attivo.**
addossaménto |addossa'mento| *s.m.* [→ ADDOSSARE] adossement.
addossàre |addos'sare| **A** *v.tr.* **1** [*mettere addosso; appoggiare dalla parte del dorso*] adosser (à), appuyer (11) (à, contre): *addossare q.c. al muro* adosser qqch. au mur; appuyer qqch. au, contre le mur **2** (*fig.*) [*accollare, attribuire*] faire (45) *intr.* endosser: *addossare a qc. una responsabilità, una colpa* faire endosser à qqn. une responsabilité, une faute # *addossare a qc. le spese* laisser à qqn. les frais □ *si è addossato tutte le spese* il a pris tous les frais sur lui, il a tout pris à sa charge; *addossarsi la responsabilità di q.c.* prendre sur soi la responsabilité de qqch. **B** *v.pron. rifl.* ADDOSSARSI **1** [→ *tr.* 2] endosser *tr.*, prendre *tr.* sur soi, à sa charge ✦ → *tr.* 2 □ **2** [*appoggiarsi*] s'adosser (à, contre): *addossarsi al muro* s'adosser au, contre le mur ◇ [*ammucchiarsi*] se presser: *si addossarono tutti all'ingresso* ils se pressèrent tous vers l'entrée Ⓒ A 1; B 2 **scostare, allontanare**; A 2; B 1 **togliere, scaricare, rifiutare.**
addossàto |addos'sato| *agg.* **1** [*appoggiato col dorso*] adossé: *il mobile è troppo addossato alla parete* le meuble est adossé de trop près à la paroi **2** [*accalcato, pigiato*] entassé: *famiglie addossate in poche stanze* des familles entassées dans peu de pièces.
addòsso |ad'dɔsso| **I** *avv.* **1** [*su di sé*] sur *prep.* (+ *pron. pers. compl.*): *cos'hai addosso?* qu'est-ce que tu as sur toi?; *portate del denaro addosso?* avez-vous de l'argent sur vous?; *lévati d'addosso quella porcheria* enlève cette saleté que tu as sur toi; *questa gonna le sta bene addosso* la jupe qu'elle a (sur elle) lui va bien # *mettersi addosso un vestito pesante* se mettre sur le dos un vêtement chaud ◇ (*fig.*) *ha ancora pochi anni addosso* il est encore tout jeune ~ *levarsi qc. d'addosso* [*liberarsene*] se débarrasser de qqn. ~ *tirarsi addosso le disgrazie* attirer les malheurs ~ *avere la maledizione, la sfortuna addosso* être poursuivi par la malédiction, par la malchance ~ *aver tutti addosso* [*contro*] avoir tout le monde contre soi ~ *ho addosso una famiglia numerosa* [*a carico*] j'ai une famille nombreuse à ma charge ~ *vivere addosso a qc.* vivre sur le dos de qqn. ~ *quel tale ce l'ho sempre addosso* [*sempre intorno*] ce type-là, je l'ai toujours sur le dos ~ *tagliare i panni addosso a qc.* [*sparlarne*] casser du sucre sur le dos de qqn. **2** (*fig.*) [*in sé, nell'animo, nel corpo*] *ho tanta paura addosso* j'ai tellement peur; *mi sento i brividi addosso* j'ai des frissons; *certe situazioni mettono addosso malinconia* certaines situations rendent tristes; *hai addosso un bel raffreddore* tu as un bon rhume ◇ (*loc.*) *ha l'argento vivo addosso* [*è irrequieto*] il a du vif-argent dans les veines ~ *avere il diavolo addosso* [*essere furibondo*] avoir le diable au corps **II** *loc. prep.* ADDOSSO A **1** [*sopra, contro qc. o q.c.*] sur, contre: *mi sono piombati addosso tutti e due* tous les deux se sont rués sur moi ; *son finito addosso al muro colla bicicletta* j'ai fini contre le mur avec ma bicyclette; *cosa gli ha lanciato addosso?* qu'est-ce qu'il a lancé contre lui? → **contro** # *tutto a un tratto mi salta addosso e mi picchia violentemente* tout à coup il me saute dessus et me frappe violemment ◇ (*fig.*) *gettare la colpa, la responsabilità addosso a qc.* rejeter la faute, la responsabilité sur qqn.; *tirarsi addosso i rimproveri, l'odio di qc.* s'attirer les reproches, la haine de qqn.; *tirarsi addosso dei guai* s'attirer des ennuis ◇ *loc.* METTERE LE MANI ADDOSSO A QC. [*picchiarlo*] frapper qqn.: *è vergognoso mettere le mani addosso a un bambino* il est honteux de frapper un enfant; [*prenderlo, acciuffarlo*] attraper qqn.: *se gli metto le mani addosso lo sistemo* si je l'attrape je lui

règle son compte ~ *saltare, dare addosso a qc.*: (*pr.*) [*percuoterlo*] sauter sur qqn.; (*fig.*) [*inveire, essergli contrario*] *appena dici qualcosa che non va, tutti ti saltano addosso* dès que tu dis quelque chose qui ne va pas, tout le monde te saute dessus ◇ (*loc. fig.*) *stare con gli occhi addosso a* [*fissare con insistenza*] ne pas quitter des yeux ~ *mettere gli occhi addosso a qc., q.c.* [*desiderare*] loucher sur qqn., qqch. **2** [*accanto, vicino*] sur: *stavano proprio uno addosso all'altro* ils étaient vraiment les uns sur les autres; *le case sono una addosso all'altra* les maisons sont les unes sur les autres ◇ *loc. fig.* STARE ADDOSSO A QC. [*opprimerlo*] ne pas lâcher qqn. d'une semelle: *mi sta sempre addosso* il ne me lâche pas d'une semelle, il ne me quitte pas un instant; [*controllarlo*] *bisogna stargli addosso per farlo lavorare* il faut être derrière lui pour le faire travailler **III** *inter.* **1** (*incitamento ad afferrare*) attrapez-le!, attrape-le!: *addosso, al ladro* au voleur, attrapez-le! **2** (*incitamento a picchiare*) tapez-dessus!, tape-dessus!

addótto |ad'dotto| *agg.* [*allegato, portato a prova*] allégué: *i motivi addotti* les raisons alléguées → **addurre.**

addottoraménto |addottora'mento| *s.m.* (*raro*) [→ ADDOTTORARE] doctorat (*corr.*): *addottoramento in medicina* doctorat en médecine.

addottoràre |addotto'rare| **A** *v.tr.* [*conferire il titolo di dottore*] conférer (8) le diplôme de licence, le titre de licencié → **laureare B** *v.pron.* ADDOTTORARSI [*prendere il titolo di dottore; laurearsi*] se licencier.

addottrinaménto |addottrina'mento| *s.m.* [→ ADDOTTRINARE A; B 1] endoctrinement: *la televisione è un mezzo d'addottrinamento* la télévision est un moyen d'endoctrinement.

addottrinàre |addottri'nare| **A** *v. tr.* [*istruire in una determinata disciplina*] instruire (75): *addottrinare i giovani* instruire les jeunes, la jeunesse **B** *v.pron. rifl.* ADDOTTRINARSI **1** (*raro*) [*arricchire le proprie conoscenze*] s'instruire: *addottrinarsi in una scienza* s'instruire dans une science **2** (*scherz.*) [*scaltrirsi*] dessaler: *si è ben addottrinato in questo campo!* il s'est bien dessalé là-dessus!

addottrinàto |addottri'nato| *agg.* [*istruito, esperto*] instruit, calé (*fam.*) Ⓒ **ignorante.**

addrizzàre |addrit'tsare| *v.tr.* → **addirizzare.**

adducìbile |addu'tʃibile| *agg.* [→ ADDURRE 1] qu'on peut alléguer *loc.*

addùrre |ad'durre| (108) *v.tr.* **1** (*dir.*) [*citare a giustificazione*] alléguer (8): *addurre un testo di legge* alléguer un texte de loi; *addurre prove a discarico* alléguer des preuves à décharge ◇ [*portare avanti, fornire*] alléguer; produire (75), fournir: *addurre scuse* alléguer des excuses ‖ *addurre testimoni* produire des témoins; *addurre argomenti validi* fournir des argumentations valables **2** (*lett.*) [*causare, provocare*] provoquer.

adduttóre |addut'tore| *agg.* (*anat.*) adducteur: *gli adduttori della gamba* les adducteurs de la jambe; *canale adduttore* canal adducteur ♦ (*s.m.*) *un adduttore* un adducteur Ⓒ **abduttore.**

adduzióne |addut'tsjone| *s.f.* **1** (*raro*) [→ ADDURRE 1] allégation (*corr.*) **2** (*fis., med.*) adduction.

adeguaménto |adegwa'mento| *s.m.* [→ ADEGUARE A 1; B] adéquation *f.* # *adeguamento dei prezzi* rajustement des prix Ⓒ **disadattamento.**

adeguàre |ade'gware| **A** *v.tr.* **1** [*rendere proporzionale*] proportionner: *adeguare il lavoro ai risultati desiderati* proportionner le travail aux résultats cherchés; *adeguare le ricompense ai servizi* proportionner les récompenses aux services # *adeguare le parole alla gravità dei fatti* conformer ses paroles à la gravité des événements; *adeguare gli stipendi al costo della vita* rajuster les salaires au coût de la vie → **adattare, conformare 2** (*loc.*) *adeguare al suolo un edificio* [*abbatterlo*] raser un édifice, démolir un bâtiment **B** *v.pron. rifl.* ADEGUARSI [*confermarsi, mettersi in armonia*] se conformer (à), s'adapter (à): *adeguarsi alle circostanze* se conformer aux circonstances; *adeguarsi al modo di vivere di qc.* se conformer à la façon de vivre de qqn.

adeguataménte |adegwata'mente| *avv.* [→ ADEGUATO] adéquatement.

adeguàto |ade'gwato| *agg.* **1** [*proporzionato*] proportionné # *imposta adeguata al reddito* impôt proportionnel (sur le revenu) **2** [*appropriato, conveniente*] adéquat, convenable: *è la risposta adeguata* c'est la réponse adéquate; *non trovare le parole adeguate per...* ne pas trouver les paroles convenables pour...; *è il posto adeguato* c'est l'endroit adéquat, convenable # *è il prezzo adeguato* c'est le juste prix → **giusto.**

adeguazióne |adegwat'tsjone| *s.f.* [→ ADEGUARE A 1; B] adéquation.

adémpiere |a'dempjere| (140) **A** *v.tr.* **1** [*eseguire, portare a termine*] accomplir, s'acquitter *pron.* de: *adempiere un comando* accomplir, exécuter un ordre; *adempiere il proprio compito* accomplir, s'acquitter de sa tâche **2** [*esaudire, soddisfare*] exaucer (2), satisfaire (45): *adempiere una preghiera* exaucer une prière ◇ [*mantenere*] accomplir, s'acquitter de: *adempiere un voto* accomplir, s'acquitter d'un vœu # *adempiere una promessa* tenir une promesse **3** (*dir.*) *adempiere un'obbligazione* satisfaire une, à une obligation **B** *v.intr.* (*raro*) (*aus. 'avere'*) [*eseguire, attendere a*] remplir *tr.*, accomplir (*tr.*): *adempiere al proprio dovere* remplir, accomplir son devoir **C** *v.pron. intr.* ADEMPIERSI [*avverarsi, verificarsi*] s'accomplir, se réaliser: *tutto s'adempì com'era nei suoi desideri* tout s'accomplit selon ses vœux.

adempiménto |adempi'mento| *s.m.* [→ ADEMPIERE] accomplissement: *adempimento di un dovere* accomplissement d'un devoir → **compimento, esecuzione.**

adempìre |adem'pire| (204) *v.tr., intr.* (*aus. 'avere'*), *pron.* → **adempiere.**

adenìna |ade'nina| *s.f.* (*biol., chim.*) adénine.

adenìte |ade'nite| *s.f.* (*med.*) adénite.

adenocarcinòma |adenokartʃi'nɔma| *s.m.* (*med.*) adénocarcinome.

adenòide |ade'nɔide| *agg.* (*med.*) adénoïde ♦ (*s.f. pl.*) *le adenoidi* les végétations adénoïdes.

adenoidèo |adenoi'dɛo| *agg.* (*med.*) adénoïdien*.

adenòma |ade'nɔma| *s.m.* (*med.*) adénome.

adenopatìa |adenopa'tia| *s.f.* (*med.*) adénopathie.

adenosìna |adeno'zina| *s.f.* (*biol., chim.*) adénosine.

adèpto |a'dɛpto| *s.m.* adepte: *gli adepti alla massoneria* les (adeptes) franc-maçons.

aderènte |ade'rɛnte| **I** *agg.* (*cose*) **1** adhérent, collant: *vestito aderente* vêtement collant, adhérent # *vetro aderente* [*lenti a contatto*] verres de contact **2** [*conforme all'originale*] fidèle: *traduzione aderente al testo* traduction fidèle au texte **II** *s.* (*persone*) adhérent: *gli aderenti a una associazione, a un partito* les adhérents à une association, à un parti.

aderènza |ade'rɛntsa| *s.f.* **1** adhérence: *l'aderenza dei pneumatici al terreno* l'adhérence des pneus au sol ◇ (*mecc.*) *coefficiente di aderenza* coefficient d'adhérence ◇ (*med.*) *aderenza pleurica* adhérence pleurale ◇ (*fig.*) [*fedeltà*] fidélité: *tradurre con molta aderenza un testo* traduire un texte avec une grande fidélité **2** (*fig.*) *al plur.* [*conoscenze, appoggi*] relations, accointances: *avere aderenze fra gli uomini di potere* avoir des relations, des accointances parmi les hommes au pouvoir.

aderìre |ade'rire| (197) *v.intr.* (*aus. 'avere'*) **1** [*essere strettamente a contatto di q.c., combaciare*] adhérer (8) (à), coller: *la corteccia aderisce al legno* l'écorce adhère, colle au bois; *aderire come il vischio* adhérer, coller comme glu; *questi due pezzi aderiscono perfettamente* ces deux pièces adhèrent parfaitement ◇ (*fig.*) *ciò che dici non aderisce alla realtà dei fatti* ce que tu dis ne correspond pas à la réalité des faits → **corrispondere 2** (*fig.*) [*accettare con fervore, seguire*] adhérer: *aderire a una dottrina, a un'idea* adhérer à une doctrine, à une opinion ◇ [*entrare a far parte di*] *aderire a un partito* adhérer à un parti **3** [*accondiscendere, accettare*] accepter *tr.*; accéder (8) (à): *aderire a una proposta* accepter une proposition ‖ *aderire a una richiesta* accéder à une requête ◇ (*dir.*) adhérer Ⓒ 1 **distaccare**; 2; 3 **oppor(si).**

adescaménto |adeska'mento| *s.m.* **1** [→ ADESCARE 1] allèchement ◇ (*dir., corr.*) racolage **2** (*idraul.*) *adescamento di una pompa* amorçage d'une pompe.

adescàre |ades'kare| *v.tr.* **1** [*attirare con l'esca*] appâter, amorcer (2): *adescare gli uccelli* appâter les oiseaux ◇ (*fig.*) appâter, séduire (75): *adescare i giovani* appâter, séduire les jeunes; *adescare i passanti* appâter les passants **2** (*idraul.*) [*riempire di liquido un congegno idraulico*] amorcer: *adescare una pompa* amorcer une pompe Ⓒ 1 **allontanare, respingere.**

adescatóre, trice |adeska'tore, tritʃe| *s.* **1** *s.m.* [*chi adesca*] seducteur* **2** *s.f.* [*prostituta che adesca i clienti*] racoleuse ♦ (*agg.*) *persona adescatrice* personne qui fait du racolage.

adesióne |ade'zjone| *s.f.* **1** adhérence: *l'adesione della corteccia al legno* l'adhérence de l'écorce au bois; *l'adesione di due corpi* l'adhérence de deux corps **2** (*fig.*) [*assenso, consenso*] adhésion: *ho dato la mia completa ade-*

sione a questo progetto j'ai donné ma complète adhésion à ce projet ◇ (*dir.*) *contratto d'adesione* contrat d'adhésion [C] 2 **opposizione, rifiuto.**

adesivo |ade'zivo| *agg.* adhésif*: *nastro adesivo* ruban adhésif ✦ (*s.m.*) *un adesivo* un adhésif.

adèspoto |a'dɛspoto| *agg.* (*detto di opera, lett. o artistica, di autore sconosciuto*) anonyme: *testo adespoto* texte anonyme → **anonimo.**

adèsso |a'dɛsso| **I** *avv.* **1** [*in questo momento, ora*] maintenant: *adesso sto mangiando* maintenant je suis en train de manger; *adesso lo vedo meglio* maintenant je le vois mieux; *solo adesso l'hai capito!* c'est seulement maintenant que tu l'as compris!; *dovevi dirmelo proprio adesso!* il fallait que tu me dises ça maintenant!; *adesso non me lo aspettavo davvero* je ne m'y attendais vraiment pas maintenant ◇ [*ormai*] *adesso è troppo tardi* maintenant c'est trop tard ◇ (*enf.*) *adesso sì che te le suono!* maintenant je te flanque une raclée!; *adesso mi hai proprio stufato!* maintenant tu m'as vraiment cassé les pieds!; *e adesso smettila!* et maintenant arrête! ◇ (*loc.*) *fino* (*a*) *adesso* jusqu'à maintenant, jusqu'à présent ~ *per adesso* pour l'instant, pour le moment ~ DA ADESSO, DA ADESSO IN POI dorénavant, désormais: *da adesso non l'ascolterò più* dorénavant, désormais je ne l'écouterai plus ~ *fin d'adesso* dès maintenant, dès à présent ~ D'ADESSO [*di oggi*] de maintenant, à partir d'aujourd'hui: *i giovani d'adesso* les jeunes de maintenant, d'aujourd'hui ✦ *inter.* (*seguita o no da altra domanda*) *e adesso?* et maintenant?: *e adesso non so a quale santo rivolgermi* et maintenant je ne sais vraiment plus à quel saint me vouer; *abbiamo finito la benzina, e adesso?* nous n'avons plus d'essence, et maintenant? **2** [*poco, un momento, un attimo fa*] *l'ho visto adesso adesso, non può essere molto lontano* je viens de le voir, il ne peut être bien loin; *è uscita adesso* elle vient de sortir **3** [*fra poco, subito*] tout de suite: *adesso vengo!* je viens tout de suite! # *adesso ti racconterò le ultime notizie* je vais te raconter les dernières nouvelles **II** *loc. cong.* ADESSO CHE maintenant que: *adesso che il tempo si è rimesso al bello, potremo uscire* maintenant que le temps s'est remis au beau, nous allons pouvoir sortir **III** *inter.* un instant!; *adesso, vengo subito* un instant, je viens tout de suite! [C] **allora.**

ad hoc |a'dɔk| *loc. agg. e avv.* (*lat.*) ad hoc: *discorso ad hoc* discours ad hoc; *sembra fatto ad hoc* il semble fait ad hoc → **apposito, appropriato; appositamente.**

adiabàtico, ci, ca, che |adja'batiko, tʃi, ka, ke| *agg.* (*meteor., fis.*) adiabatique.

adiabatismo |adjaba'tizmo| *s.m.* adiabatisme.

adiacènte |adja'tʃɛnte| *agg.* **1** adjacent: *strade adiacenti* rues adjacentes **2** (*geom.*) *angoli adiacenti* angles adjacents.

adiacènza |adja'tʃɛntsa| *s.f. spec. al plur.* [*vicinanza, prossimità*] environs (*m.*): *le adiacenze della città* les environs de la ville # *abitare nelle immediate adiacenze del parco* habiter à proximité du parc.

adiànto |adi'anto| *s.m.* → **capelvenere.**

adibire |adi'bire| (197) *v.tr.* [*assegnare a un determinato ufficio o impiego*] affecter, destiner: *adibire una stanza a un certo uso* affecter, destiner une pièce à un usage; *lo hanno adibito al ministero dell'Interno* ils l'ont affecté au Ministère de l'Intérieur → **destinare.**

adinamia |adina'mia| *s.f.* (*med.*) adynamie.

àdipe |'adipe| *s.m.* [*grasso del corpo*] graisse (*f.*): *eccesso di adipe* excès de graisse → **pinguedine** [C] **magrezza.**

adìpico, ci, ca, che |a'dipiko, tʃi, ka, ke| *agg.* (*chim.*) adipique.

adipolìsi |adipo'lizi| *s.f.inv.* (*fisiol.*) adipolyse *var.*

adipòsi |adi'pɔzi| *s.f. inv.* (*patol.*) adipose *var.*

adiposità |adiposi'ta| *s.f. inv.* adiposité *var.*

adipóso |adi'poso| *agg.* [*grasso*] adipeux*: *tessuto adiposo* tissu adipeux.

adipsia |adip'sia| *s.f.* (*med.*) adipsie.

adiraménto |adira'mento| *s.m.* (*raro*) → **collera.**

adiràrsi |adi'rarsi| *v.pron. intr.* [*andare in collera, sdegnarsi*] se mettre (71) en colère: *adirarsi contro qc.* se mettre en colère contre qqn.; *adirarsi con sé stessi* se mettre en colère contre soi-même → **irritar(si), arrabbiar(si).**

adirataménte |adirata'mente| *avv.* [→ ADIRATO] avec colère *loc. inv.*

adiràto |adi'rato| *agg.* [*che manifesta collera, irritazione*] en colère *loc. inv.*, hors de soi (*loc. inv.*): *è constantemente adirato* il est constamment en colère → **arrabbiato, irritato.**

adire |a'dire| (197) *v.tr.* (*dir.*) [*ricorrere all'autorità giudiziaria*] assigner, engager (3): *adire il tribunale* assigner en justice; *adire le vie legali* avoir recours aux voies de droit; *adire un'eredità* [*accettarla nei termini di legge*] entrer en possession d'un héritage.

àdito |'adito| *s.m.* **1** [*accesso, passaggio a un luogo*] accès: *una scala a chiocciola dà adito al piano superiore* un escalier en colimaçon donne accès à l'étage supérieur; *questa porta dà adito al giardino* cette porte donne accès au jardin ◇ (*fig.*) *dar adito a sospetti* donner lieu à des soupçons **2** [*possibilità di accedere presso qc. o q.c.*] accès: *ha libero adito presso il ministro* il a libre accès auprès du ministre; *titoli che danno adito all'università* titres qui donnent accès à l'université # *è una persona che dà poco adito alle confidenze* c'est une personne qui se laisse peu aller aux confidences.

adiuvànte |adju'vante| *agg.* (*farm.*) adjuvant → **additivo.**

ad libitum |ad'libitum| *loc. avv.* (*lat.*) (*mus.*) ad libitum.

adocchiaménto |adokkja'mento| *s.m.* **1** [→ ADOCCHIARE 1] considération *f.* **2** [→ ADOCCHIARE 2] regard avide, yeux *pl.* avides.

adocchiàre |adok'kjare| *v.tr.* **1** [*guardare, notare*] remarquer: *adocchiai un bellissimo quadro* je remarquai un très beau tableau ◇ [*scorgere*] apercevoir (33): *l'ho adocchiato mentre passava* je l'ai aperçu tandis qu'il passait; *appena mi ha adocchiato è scappato* à peine m'eut-il aperçu qu'il s'enfuit **2** [*guardare con interesse, curiosità*] lorgner, reluquer: *adocchiare la preda* lorgner sa proie; *adocchiò una bella ragazza* il reluqua une belle fille ◇ [*guardare con desiderio*] guigner: *adocchia le donne che passano* il guigne les femmes qui passent.

adolescènte |adoleʃ'ʃɛnte| *agg. e s.* adolescent [C] **maturo; virile; senescente.**

adolescènza |adoleʃ'ʃɛntsa| *s.f.* adolescence: *nel periodo dell'adolescenza* durant l'adolescence; *problemi dell'adolescenza* problèmes de l'adolescence [C] **senescenza; maturità; virilità.**

adombràbile |adom'brabile| *agg.* [→ ADOMBRARE A 2; B] ombrageux*.

adombraménto |adombra'mento| *s.m.* **1** [→ ADOMBRARE A 2; B] effarouchement, frayeur *f.* **2** [*parvenza*] semblant, signe: *è appena un adombramento della realtà* ce n'est qu'un semblant de réalité.

adombràre |adom'brare| **A** *v.tr.* **1** [*coprire d'ombra*] ombrager (3): *i tigli adombrano il viale* les tilleuls ombragent l'avenue → **ombreggiare 2** (*fig.*) [*velare, nascondere*] voiler, dissimuler: *adombrare la verità* voiler, dissimuler la vérité **B** *v.pron. intr.* ADOMBRARSI (*animali*) [*spaventarsi*] s'effaroucher ◇ (*persone*) [*impermalirsi, insospettirsi*] *si adombra a ogni minima osservazione* la moindre observation l'effarouche.

adóne |a'done| *s.m.* adonis: *si crede un adone* il se prend pour un Adonis.

adontàre |adon'tare| **A** *v.tr.* (*lett.*) → **offendere B** *v.pron. intr.* ADONTARSI [*sentirsi offeso, irritarsi*] s'offenser, s'indigner: *adontarsi di q.c.* s'offenser de qqch.

adoperàbile |adope'rabile| *agg.* [→ ADOPERARE A] utilisable: *mezzo adoperabile* moyen utilisable [C] **inutilizzabile.**

adoperàre |adope'rare| **A** *v.tr.* [*impiegare; servirsi di*] employer (10), se servir (21) *pron.* de: *adoperare tutti i mezzi* employer, se servir de tous les moyens; *adoperare uno strumento* employer un instrument → **usare;** *adoperare la forchetta, il coltello* se servir de la, de sa fourchette, du, de son couteau ◇ (*fig.*) *ho adoperato bene il mio tempo* j'ai bien employé mon temps ◇ (*fam.*) *adoperare i pugni* se servir de ses poings **B** *v.pron. rifl.* ADOPERARSI [*darsi da fare, impiegarsi*] se prodiguer; mettre (71) *tr.* tout en œuvre: *si è adoperata molto per noi* elle s'est prodiguée pour nous; *adoperarsi per evitare la guerra* mettre tout en œuvre pour éviter la guerre.

adopràre |ado'prare| *v.tr. e pron.* → **adoperare.**

adoràbile |ado'rabile| *agg.* **1** [→ ADORARE] adorable **2** (*per est.*) [*caro, gradito*] adorable: *un bambino adorabile* un enfant adorable; *una donna adorabile* une femme adorable [C] **2 detestabile, odioso.**

adorabilménte |adorabil'mente| *avv.* [→ ADORABILE 2] adorablement.

adoràre |ado'rare| *v.tr.* **1** [*onorare con atti di culto la divinità*] adorer: *adorare Dio* adorer Dieu → **venerare 2** (*fig.*) [*amare con trasporto*] adorer, idolâtrer: *adora i suoi bambini* elle adore ses enfants ◇ [*essere appassionato, entusiasta di*] adorer: *adorare la musica* adorer la musique; *adoro la montagna* j'adore la montagne [C] **2 odiare, disprezzare.**

adoratóre, trice |adora'tore, tri-

tʃe| *s.* **1** [*chi adora*] adorateur* **2** (*scherz.*) [*corteggiatore*] adorateur.
adorazióne |adorat'tsjone| *s.f.* **1** (*relig.*) [→ ADORARE 1] adoration: *essere in adorazione* être en adoration; *l'adorazione del SS. Sacramento* l'adoration du Saint-Sacrement **2** [*amore fervente*] adoration: *ha per lui una vera adorazione* elle lui voue une véritable adoration ◇ [*ammirazione*] admiration: *essere, stare in adorazione di fronte a qc., q.c.* rester en admiration devant qqn., qqch. 🄲 2 **odio, disprezzo.**
adornàre |ador'nare| **A** *v.tr.* [*rendere più attraente*] orner, parer: *adornare l'occhiello con un fiore* orner sa boutonnière d'une fleur; *adornare la propria casa per una festa* parer sa maison pour une fête **B** *v.pron. rifl.* ADORNARSI [*abbellirsi, abbigliarsi con cura*] se parer: *adornarsi per un giorno di festa* se parer pour un jour de fête.
adórno |a'dorno| **1** *agg.* [*ornato, decorato*] orné, décoré: *un salotto adorno di quadri* un salon décoré de tableaux; *un cappello adorno di nastri di velluto* un chapeau orné de bandes de velours; *un abito adorno di ricami* un habit orné de broderies **2** *s.m.* (*lett.*) → **ornamento** 🄲 **disadorno.**
adottàbile |adot'tabile| *agg.* [→ ADOTTARE] qu'on peut adopter *loc.*
adottànte |adot'tante| *agg. e s.* (*dir.*) adoptant.
adottàre |adot'tare| *v.tr.* **1** (*dir.*) [*prendere legalmente come figlio*] adopter: *adottare un bambino* adopter un enfant **2** (*fig.*) [*scegliere, seguire*] adopter, embrasser: *adottare un'opinione* adopter, embrasser une opinion; *adottare una linea di condotta* adopter une ligne, une règle de conduite ◇ [*prendere; mettere in atto*] *adottare provvedimenti disciplinari, preventivi* prendre (73) des mesures disciplinaires, préventives 🄲 **abbandonare, rifiutare.**
adottàto |adot'tato| *agg. e s.m.* (*dir.*) adopté.
adottatóre, trice |adotta'tore, tritʃe| *s.* (*raro*) → **adottante.**
adottivo |adot'tivo| *agg.* adoptif*: *padre, figlio adottivo* père, fils adoptif; *filiazione adottiva* filiation adoptive ◇ (*per est.*) *patria adottiva* patrie d'adoption, adoptive.
adozióne |adot'tsjone| *s.f.* **1** (*dir., corr.*) adoption: *figlio di adozione* enfant d'adoption **2** (*per est.*) [*scelta*] adoption; choix (*m.*): *adozione di un progetto di legge* adoption d'un projet de loi; *pronunciarsi per l'adozione di q.c.* se prononcer pour l'adoption de qqch.; *patria di adozione* patrie d'adoption ‖ *l'adozione dei libri di testo* le choix des manuels scolaires ◇ [*messa in atto*] *adozione di misure preventive* adoption de mesures préventives.
adragànte |adra'gante| *s.f.* adragante ✦ (*loc. agg.*) *gomma adragante* gomme adragante.
adrenalina |adrena'lina| *s.f.* adrénaline.
adriàtico, ci, ca, che |adri'atiko, tʃi, ka, ke| *agg.* [*del mar Adriatico*] de l'Adriatique (*loc. inv.*): *coste adriatiche* côtes de l'Adriatique.
adsorbènte |adsor'bɛnte| *s.m.* (*farm.*) adsorbant ✦ (*agg.*) *sostanza adsorbente* un adsorbant *s.m.*
adsorbiménto |adsorbi'mento| *s.m.* (*scient.*) adsorption *f.*
adsorbire |adsor'bire| (197) *v.tr.* (*chim., fis.*) [*fissare in superficie le molecole di un fluido*] adsorber.
adstràto |ad'strato| *s.m.* (*ling.*) adstrat.
aduggiàre |adud'dʒare| **A** *v.tr.* (*lett.*) [*danneggiare con troppa ombra*] étioler ✦ *ass.* (*lett.*) [*far ombra*] ombrager (3) **B** *v.pron. intr.* ADUGGIARSI (*lett.*) [*diventare arido*] se tarir (*corr.*).
adulàre |adu'lare| **A** *v.tr.* [*lodare in modo eccessivo o falso, per servilismo o per interesse*] flatter: *adulare bassamente, servilmente qc.* flatter qqn. bassement, servilement **B** *v.pron. rifl.* ADULARSI [*stimarsi esageratamente*] se flatter (de), se targuer 🄲 A **disprezzare;** B **sottovalutare.**
adulatóre, trice |adula'tore, tritʃe| *s.* adulateur* ✦ (*agg.*) *persona adulatrice* personne adulatrice 🄲 **denigratore, diffamatore.**
adulatòrio, i |adula'tɔrjo, i| *agg.* [*che serve ad adulare*] adulateur*; flatteur*: *discorsi adulatori* discours adulateurs, flatteurs.
adulazióne |adulat'tsjone| *s.f.* [→ ADULARE] adulation: *adulazioni esagerate* adulations exagérés; *lettera piena di adulazione* lettre pleine d'adulation 🄲 **disprezzo, biasimo, diffamazione.**
adulteràbile |adulte'rabile| *agg.* [→ ADULTERARE] altérable, qu'on peut falsifier *loc.*
adulteraménto |adultera'mento| *s.m.* → **adulterazione.**
adulteràre |adulte'rare| *v.tr.* **1** [*sofisticare, alterare la qualità di un prodotto*] altérer (8), falsifier: *adulterare una merce con l'aggiunta di elementi estranei* altérer, falsifier une marchandise par addition d'éléments étrangers; *adulterare il latte, il vino* falsifier du lait, du vin, frelater le vin, le lait **2** (*fig.*) [*rovinare corrompere*] altérer, corrompre (44): *l'uso adultera alcune parole* l'usage corrompt certains mots; *adulterare un testo* [*corromperlo*] altérer un texte 🄲 **purificare.**
adulteràto |adulte'rato| *agg.* altéré, falsifié: *vino adulterato* vin falsifié 🄲 **puro, intatto.**
adulteratóre, trice |adultera'tore, tritʃe| *s.* [*chi adultera*] falsificateur*.
adulterazióne |adulterat'tsjone| *s.f.* [→ ADULTERARE] falsification, altération 🄲 **genuinità, purezza.**
adulterino |adulte'rino| *agg.* (*dir.*) adultérin: *figlio adulterino* enfant adultérin 🄲 **legittimo.**
adultèrio, i |adul'tɛrjo, i| *s.m.* adultère: *commettere un adulterio* commettre un adultère.
adùltero |a'dultero| *agg.* adultère: *una donna adultera* une femme adultère ✦ (*s.*) *un adultero* un adultère.
adultismo |adul'tizmo| *s.m.* (*psicol.*) adultisme.
adùlto |a'dulto| *agg.* adulte: *animale adulto* animal adulte; *pianta adulta* plante adulte ◇ (*per est.*) [*maturo*] *uno stile adulto* un style mûr ✦ (*s.m.*) *un adulto* un adulte 🄲 **giovane, ragazzo.**
adunànza |adu'nantsa| *s.f.* **1** [*riunione di più persone*] assemblée; séance: *adunanza ordinaria, plenaria* assemblée ordinaire, plénière ‖ *essere in adunanza* être en séance; *aprire, chiudere, sciogliere un'adunanza* ouvrir, clore, lever une séance **2** (*raro*) [*insieme di cose*] ensemble *m.*
adunàre |adu'nare| **A** *v.tr.* [*riunire, mettere insieme*] rassembler, réunir: *adunare le truppe* rassembler les troupes; *adunare amici* réunir des amis ◇ [*cumulare, racchiudere*] réunir: *adunare materiale per un'opera* rassembler des matériaux pour une œuvre; *Goethe aduna in sé sorprendenti contrasti* Goethe réunit en lui d'étonnants contrastes **B** *v.pron. intr.* ADUNARSI [→ *tr.*] se grouper, se réunir: *adunarsi fra amici* se réunir entre amis; *adunarsi intorno a un capo* se grouper, se réunir autour d'un chef; *la folla compatta si adunava intorno a lui* la foule compacte se groupait autour de lui 🄲 **separare, disperdere.**
adunàta |adu'nata| *s.f.* **1** (*mil.*) rassemblement *m.*, ralliement (*m.*): *punto di adunata* point de ralliement; *suonare l'adunata* faire sonner le rassemblement; *adunata!* rassemblement! **2** (*per est.*) [*radunata, raduno di più persone*] rassemblement, attroupement (*m.*): *l'adunata delle persone convocate* le rassemblement des personnes convoquées; *una folta adunata* un nombreux rassemblement; *adunata sediziosa* attroupement séditieux; *disperdere un'adunata* disperser un rassemblement, un attroupement 🄲 **dispersione.**
adunatóre, trice |aduna'tore, tritʃe| *s.* (*fig.*) [*chi raduna, unisce*] rassembleur*.
adùnco, chi, ca, che |a'dunko, ki, ka, ke| *agg.* [*con la punta a uncino*] crochu: *naso adunco* nez crochu; *mani, dita adunche* mains crochues, doigts crochus → **uncinato** 🄲 **diritto** 1.
adunghiàre |adun'gjare| *v.tr.* [*ghermire, afferrare con le unghie*] saisir (avec les griffes), agripper: *il gatto adunghiò il canarino* le chat saisit le canari avec, dans ses griffes ◇ (*per est.*) [*prendere, tenere con forza*] agripper, s'agripper *pron.* (à): *adunghiava lo steccato per non cadere* il agrippait, il s'agrippait à la barrière pour ne pas tomber.
adùnque |a'dunkwe| *cong.* → **dunque.**
adusàre |adu'zare| **A** *v.tr.* (*lett.*) [*assuefare, abituare*] accoutumer, habituer **B** *v.pron. rifl.* (*raro, lett.*) ADUSARSI [→ *tr.*] s'accoutumer, s'habituer.
adusàto |adu'zato| *agg.* [*consueto, abituale*] habituel*: *parole, frasi adusate* mots habituels, phrases habituelles ◇ (*raro*) [*abituato*] accoutumé (*corr.*), habitué (*corr.*).
adùsto |a'dusto| *agg.* **1** [*riarso, rinsecchito*] desséché: *un albero adusto* un arbre desséché; *un fiore adusto* une fleur desséchée **2** (*persone*) [*magro, secco*] sec*, maigre: *mani aduste* des mains sèches.
ad usum delphini |ad'uzum del'fini| *loc. agg.* (*lat.*) ad usum delphini.
ad valorem |adva'lɔrem| *loc. agg.* (*lat.*) ad valorem: *dazio ad valorem* droit ad valorem.
aèdo |a'ɛdo| *s.m.* (*lett.*) aède.
aeràre |ae'rare| *v.tr.* [*fare entrare aria, cambiare aria*] aérer (8): *aerare una camera* aérer une chambre → **ventilare.**
aeràto |ae'rato| *agg.* aéré 🄲 **soffocato, chiuso.**
aeratóre |aera'tore| *s.m.* aérateur → **ventilatore.**
àere |'aere| *s.m.* (*lett.*) → **1 aria.**
aereàre |aere'are| *v.tr.* → **aerare.**

aer(e)azióne |aer(e)at'tsjone| *s.f.* 1 [→ AERARE] aération 2 (*tecnol.*) aération, aérage (*m.*): *impianto di aerazione* conduit d'aération.
1 **aèreo** |a'ɛreo| *agg.* 1 [*di aria, formato d'aria*] aérien*: *corpo aereo* corps aérien; *sostanze aeree* substances aériennes ◇ (*fig.*) [*lieve, leggero*] *movimenti aerei* mouvements aériens; *danza aerea* danse aérienne ◇ (*fig.*) [*labile, inconsistente*] en l'air (*loc. inv.*): *discorsi, promesse aerei* paroles, promesses en l'air 2 [*che sta, avviene in aria*] aérien: *linea aerea* ligne aérienne; *flotta, navigazione, posta aerea* flotte, navigation, poste aérienne; *unità aerea* unité aérienne; *bombardamento, attacco aereo* bombardement aérien, attaque aérienne ◇ (*fig.*) *ponte aereo* pont aérien; *cime aeree* cimes aériennes 3 [*che si libra nell'aria*] aérien: *animale aereo* animal aérien 4 (*piante*) [*che si sviluppa nell'aria*] aérien: *radici aeree* racines aériennes # *pianta aerea* plante épigée.
2 **aèreo** |a'ɛreo| *s.m.* [*aeromobile*] avion: *aereo civile, da turismo, militare* avion civil, de tourisme, militaire; *aereo a reazione* avion à réaction, jet; *aereo di linea* avion de ligne; *aereo postale* avion postal → **aeroplano.**
aerìcolo |ae'rikolo| *agg.* (*bot.*) aéricole.
aerìfero |ae'rifero| *agg.* (*fisiol.*) aérifère.
àero- |'aero| *pref.* 1 (*significa 'aria', corrisponde gener. a*) aéro: *aerodinamico* aérodynamique 2 (*indica riferimento con 'attività aviatorie', corrisponde gener. a*) aéro: *aeroporto* aéroport.
aeròbio, i |ae'rɔbjo, i| *s.m.* (*biol.*) microrganisme aérobie *agg.* Ⓒ **anaerobio.**
aerobiòsi |aerobi'ɔzi| *s.f. inv.* (*biol.*) aérobiose *var.*
àerobus |'aerobus| *s.m. inv.* aérobus, airbus.
aerocistèrna |aerotʃis'tɛrna| *s.f.* (*aer.*) [*aereo usato per trasportare combustibile*] avion-citerne (*m.*): *delle aerocisterne* des avions-citernes.
aeroclùb |aero'klub| *s.m. inv.* aéro-club (*var.*): *degli aeroclub* des aéro-clubs.
aerodìna |aero'dina| *s.f.* aérodyne *m.*
aerodinàmica, che |aerodi'namika, ke| *s.f.* aérodynamique.
aerodinàmico, ci, ca, che |aerodi'namiko, tʃi, ka, ke| *agg.* 1 (*tecnol.*) aérodynamique: *freno aerodinamico* frein aérodynamique, aérofrein *s.m.* 2 (*per est.*) [*di forma slanciata*] aérodynamique: *linea aerodinamica* ligne aérodynamique.
aeròdromo |ae'rɔdromo| *s.m.* aérodrome.
aeroelettrònica, che |aeroelet'trɔnika, ke| *s.f.* [*elettronica applicata all'aviazione*] avionique.
aerofagìa, gie |aerofa'dʒia, dʒie| *s.f.* (*med.*) aérophagie.
aerofàro |aero'faro| *s.m.* (*aer.*) phare aérien.
aerofobìa |aerofo'bia| *s.f.* (*patol.*) aérophobie.
aerofotografìa |aerofotogra'fia| *s.f.* (*foto.*) photographie aérienne.
aerofotogràmma |aerofoto'gramma| *s.m.* (*foto.*) photogramme aérien.
aerofréno |aero'freno| *s.m.* (*aer.*) aérofrein, frein aérodynamique.
aerogastrìa |aerogas'tria| *s.f.* (*med.*) aérogastrie.
aerogètto |aero'dʒɛtto| *s.m.* (*aer.*) aéroréacteur.
aerògrafo |ae'rɔgrafo| *s.m.* aérographe.
aerogràmma |aero'gramma| *s.m.* aérogramme.
aerolìnea |aero'linea| *s.f.* ligne aérienne: *aerolinea intercontinentale* ligne (aérienne) intercontinentale.
aeròlito |ae'rɔlito| *s.m.* aérolit(h)e.
aerologìa, gie |aerolo'dʒia, dʒie| *s.f.* aérologie.
aeròlogo, gi |ae'rɔlogo, dʒi| *s.m.* aérologue.
aeromòbile |aero'mɔbile| *s.m.* → 2 **aereo.**
aeromodellìsmo |aeromodel'lizmo| *s.m.* aéromodélisme.
aeromodellìsta |aeromodel'lista| *s.* aéromodéliste.
aeromodèllo |aeromo'dɛllo| *s.m.* aéromodèle, maquette *f.* d'avion.
aeromotóre |aeromo'tore| *s.m.* aéromoteur.
aeronàuta |aero'nauta| *s.m.* aéronaute.
aeronàutica, che |aero'nautika, ke| *s.f.* aéronautique.
aeronàutico, ci, ca, che |aero'nautiko, tʃi, ka, ke| *agg.* aéronautique: *industria aeronautica* industrie aéronautique # *accademia aeronautica* école nationale supérieure de l'Aéronautique.
aeronavàle |aerona'vale| *agg.* aéronaval*.
aeronàve |aero'nave| *s.f.* → **dirigibile, astronave.**
aeronavigazióne |aeronavigat'tsjone| *s.f.* navigation aérienne.
aeronomìa |aerono'mia| *s.f.* (*fis., scient.*) aéronomie.
aeroplàno |aero'plano| *s.m.* avion: *aeroplano monomotore, bimotore, quadrimotore* avion monomoteur, bimoteur, quadrimoteur; *aeroplano a motore, a elica* avions à moteur, à hélices; *aeroplano postale* avion postal; *aeroplano di linea, da trasporto* avion de ligne, de transport; *aeroplano da trasporto merci* avion-cargo; *aeroplano da bombardamento* avion de bombardement, bombardier → **bombardiere;** *aeroplano da caccia* avion de chasse, chasseur → **caccia;** *aeroplano da ricognizione* avion de reconnaissance.
aeropòrto |aero'pɔrto| *s.m.* aéroport: *aeroporto militare* aéroport militaire.
aeroportuàle |aeroportu'ale| *agg.* aéroportuaire ✦ (*s.*) *gli aeroportuali* le personnel de l'aéroport.
aeropostàle |aeropos'tale| *s.m.* avion postal*.
aeroradùno |aerora'duno| *s.m.* meeting d'aviation, d'aviateurs.
aeroràzzo |aero'raddzo| *s.m.* (*aer.*) → **reattore.**
aerosbàrco, chi |aeroz'barko, ki| *s.m.* (*mil.*) débarquement aérien.
aeroscàlo |aeros'kalo| *s.m.* (*aer.*) aérodrome, aéroport.
aeroscòpio, i |aeros'kɔpjo, i| *s.m.* (*fis.*) aéroscope.
aerosilurànte |aerosilu'rante| *s.m.* (*mil.*) lance-torpilles *inv.*
aerosilùro |aerosi'luro| *s.m.* (*mil.*) torpille *f.* (aérienne).
aerosòl |aero'sɔl| *s.m.* aérosol.
aerosondàggio, i |aerosondad'dʒo, i| *s.m.* aérosondage.
aerospaziàle |aerospat'tsjale| *agg.* aérospatial*.
aerostàtica, che |aeros'tatika, ke| *s.f.* (*fis., tecnol.*) aérostatique.
aerostàtico, ci, ca, che |aeros'tatiko, tʃi, ka, ke| *agg.* aérostatique: *pallone aerostatico* ballon aérostatique.
aeròstato |ae'rɔstato| *s.m.* aérostat.
aerostazióne |aerostat'tsjone| *s.f.* aérogare.
aerostière |aeros'tjɛre| *s.m.* aérostier.
aerotassì |aerotas'si|, **aerotàxi** |aero'taksi| *s.m.* [*aereo usato come tassì*] avion-taxi: *degli aerotassi* des avions-taxi.
aerotècnica, che |aero'tɛknika, ke| *s.f.* aérotechnique.
aerotècnico, ci, ca, che |aero'tɛkniko, tʃi, ka, ke| *agg.* aérotechnique.
aeroterapìa |aerotera'pia| *s.f.* (*med.*) aérothérapie.
aerotèrmico |aero'tɛrmiko| *agg.* aérothermique.
aeroterrèstre |aeroter'rɛstre| *agg.* aéroterrestre.
aerotrainàre |aerotrai'nare| *v.tr.* (*aer.*) [*trainare in aria con mezzi aerei*] remorquer (un planeur).
aerotrasportàre |aerotraspor'tare| *v.tr.* [*trasportare per via aerea, con mezzi aerei*] transporter par avion.
aerotrasportàto |aerotraspor'tato| *agg.* (*mil.*) aéroporté.
aerotraspòrto |aerotras'pɔrto| *s.m.* transport par avion.
aerotrèno |aero'trɛno| *s.m.* aérotrain.
aerovìa |aero'via| *s.f.* [*corridoio aereo*] couloir *m.* aérien.
æschna |'ɛskna| *s.f.* (*t.zool.*) æschne.
àfa |'afa| *s.f.* chaleur accablante, étouffante # *c'è afa* il fait lourd; *che afa!* qu'il fait lourd!
afasìa |afa'zia| *s.f.* (*med.*) aphasie.
afàsico, ci, ca, che |a'faziko, tʃi, ka, ke| *agg.* (*med.*) aphasique: *una vecchia afasica* une vieille aphasique ✦ (*s.m.*) *un afasico* un aphasique.
afàto |a'fato| *agg.* (*raro, bot.*) rabougri, chétif*: *pianta afata* plante rabougrie, chétive.
afèlio, i |a'fɛlio, i| *s.m.* (*astron.*) aphélie ✦ (*agg.*) *punto afelio* aphélie *s.m.*
afèresi |a'fɛresi| *s.f. inv.* 1 (*fon.*) aphérèse *var.* ◇ (*enigmistica*) aphérèse 2 (*med.*) aphérèse.
affàbile |af'fabile| *agg.* affable, aimable ◇ (*persone*) *è stato affabile con noi* il a été affable, aimable avec nous ◇ (*cose*) *usare modi affabili, espressioni affabili* employer des manières affables, des paroles aimables Ⓒ **burbero, sgarbato, scortese.**
affabilità |affabili'ta| *s.f. inv.* affabilité *var.*, amabilité (*var.*): *l'affabilità dei suoi modi* l'amabilité de ses manières; *ci ha accolti con affabilità* il nous a accuellis avec affabilité → **affabilmente** Ⓒ **scortesia.**
affabilménte |affabil'mente| *avv.* [→ AFFABILE] affablement, aimablement.
affabulazióne |affabulat'tsjone| *s.f.* (*letter.*) affabulation.
affaccendaménto |affattʃenda'mento| *s.m.* [→ AFFACCENDARE B] affairement.

affaccendàre |affattʃen'dare| **A** *v.tr.* (*raro*) [*occupare, impegnare con molto lavoro*] occuper: *questa riparazione mi ha molto affaccendato* cette réparation m'a beaucoup occupé **B** *v.pron. rifl.* AFFACCENDARSI [*darsi molto da fare, occuparsi con premura di q.c.*] s'affairer à: *affaccendarsi a preparare la cena* s'affairer à préparer le dîner; *affaccendarsi intorno a q.c.* s'affairer autour de qqch.; *affaccendarsi intorno ai fornelli* s'affairer autour des fourneaux ◇ [*ostentare attivismo, affannarsi*] faire (45), être (43) la mouche du coche: *si affaccenda solo quando c'è il padrone* il fait la mouche du coche, il s'affaire quand le patron paraît.

affaccendàto |affattʃen'dato| *agg.* [*preso, occupato da molto lavoro*] affairé, pris: *è sempre affaccendato* il est toujours affairé; *è troppo affaccendato per ascoltarti* il est trop pris pour t'écouter ◇ (*compl.*) occupé (à): *sono affaccendato a concludere questo lavoro* je suis occupé à terminer ce travail ◇ (*loc.*) *essere affaccendato in ben altre* (*tutt'altre*) *faccende* avoir d'autres chats à fouetter.

affaccettàre |affattʃet'tare| *v.tr.* → **sfaccettare.**

affacciàre |affat'tʃare| **A** *v.tr.* **1** [*far vedere, mostrare da una finestra o sim.*] montrer: *ha affacciato appena la testa* il a à peine montré la tête # *ha affacciato il bambino dalla finestra* il a fait apparaître le petit garçon à la fenêtre **2** (*fig.*) [*prospettare, avanzare*] avancer (2): *affacciare dubbi* avancer des doutes # *affacciare difficoltà* faire des difficultés **B** *v.pron. rifl.* AFFACCIARSI **1** [→ *tr.* 1] se montrer, se mettre (71): *affacciarsi alla finestra* se montrer, se mettre à la fenêtre; *s'affacciarono tutti sul balcone* ils se montrèrent, se mirent tous au balcon # *affacciarsi alla porta* mettre son nez à la porte ✦ (*ass.*) *non ha avuto il coraggio di affacciarsi* il n'a pas eu le courage de se montrer **2** (*per est.*) [*essere rivolto, guardare verso*] donner (sur): *la porta si affaccia sul giardino* la porte donne sur le jardin; *la villa si affaccia sul lago* la villa donne sur le lac **3** (*fig.*) [*varcare le soglie di, entrare per la prima volta*] entrer (dans): *affacciarsi alla vita, al mondo* entrer dans la vie, dans le monde **4** (*fig.*) [*presentarsi alla mente*] se présenter, traverser (*tr.*): *fu il solo dubbio che le si affacciò* ce fut le seul doute qui se présenta à elle, qui lui traversa l'esprit; *mi si affacciò un'idea* une idée me traversa l'esprit.

affacciàto |affat'tʃato| *agg.* **1** (*persone*) [*messo, esposto in vista*] appuyé, accoudé: *affacciato alla finestra* appuyé, accoudé à la fenêtre; *era affacciato al balcone* il était au balcon **2** (*cose*) [*esposto, rivolto verso q.c.*] situé l'un(e) en face de l'autre: *le due porte sono affacciate* les deux portes sont (situées) l'une en face de l'autre # *due finestre affacciate sul cortile, sulla strada* deux fenêtres qui donnent sur la cour, sur la rue.

affagottàre |affagot'tare| **A** *v.tr.* **1** [*avvolgere in fagotto*] faire (45) un ballot (de): *affagottare la biancheria* faire un ballot de son linge **2** (*fig.*) [*render goffo, infagottare*] fagoter: *questo abito ti affagotta* cette robe te fagote **B** *v.pron. rifl.* AFFAGOTTARSI [*infagottarsi, vestire con cattivo gusto*] s'accoutrer: *si affagotta terribilmente* elle s'accoutre affreusement.

affagottàto |affagot'tato| *agg.* [*infagottato*] fagoté, accoutré.

affaldellàre |affaldel'lare| *v.tr.* (*raro*) [*ridurre in faldelle*] effilocher.

affamàre |affa'mare| *v.tr.* [*ridurre alla fame*] affamer: *affamare il nemico* affamer l'ennemi.

affamàto |affa'mato| *agg.* **1** affamé: *un cane affamato* un chien affamé; *popolazioni affamate* populations affamées ✦ (*s.*) *nutrire gli affamati* nourrir les affamés; *mangia come un affamato* il mange comme un affamé **2** (*fig.*) [*avido, ingordo*] avide, affamé: *è affamato di gloria, di successo* il est avide, affamé de gloire, de succès ✦ (*s.*) *un affamato di onorificenze* un homme avide, affamé d'honneurs.

affamatóre, trice |affama'tore, tritʃe| *s.* affameur* ◇ (*per est.*) [*chi è esoso, spregiudicato nei rapporti economici*] *quell'impresario, quel negoziante è un affamatore* cet imprésario, ce commerçant est un affameur.

affannàre |affan'nare| **A** *v.tr.* **1** [*procurare affanno*] essouffler: *affannati dalla lunga salita* essoufflés par la longue montée **2** (*fig.*) [*causare inquietudine, dolore*] tourmenter, oppresser: *i rimorsi mi affannano* les remords me tourmentent **B** *v.intr.* (*aus.* '*essere*') (*raro*) [*ansimare*] *haleter (7) (*aus.* avoir): *all'inizio della salita già affannava* il haletait, il soufflait (*fam.*) déjà lorsqu'il attaqua la montée **C** *v.pron. rifl.* AFFANNARSI [*darsi da fare, preoccuparsi, sforzarsi di*] se fatiguer; se donner du mal, de la peine: *non affannarti!* ne te fatigue pas!; *affannarsi a spiegare q.c.* se fatiguer à expliquer qqch. ‖ *affannarsi per* (*fare*) *q.c.* se donner du mal, de la peine pour faire qqch.

affannataménte |affannata'mente| *avv.* [→ AFFANNATO] fébrilement, fiévreusement → **affannosamente** Ⓒ **tranquillamente, serenamente.**

affannàto |affan'nato| *agg.* **1** [*ansante*] *haletant, essoufflé: *respiro affannato* respiration haletante; *essere affannato* être essoufflé, haletant ◇ (*per est.*) [*concitato, convulso*] haletant: *lavoro affannato* travail haletant; *corsa affannata* course haletante **2** [*oppresso da affanni, travagliato*] tourmenté: *ha l'animo affannato per i dispiaceri* il a l'esprit tourmenté par les chagrins Ⓒ **calmo, tranquillo, sereno.**

affànno |af'fanno| *s.m.* **1** [*respiro frequente e difficoltoso*] essoufflement: *non ne posso più dall'affanno* je n'en peux plus d'essoufflement # *avere l'affanno* être essoufflé; *mi viene facilmente l'affanno* je m'essouffle facilement **2** (*fig.*) [*pena, ansia*] anxiété *f.*; souci: *vivere in affanno* vivre dans l'anxiété ‖ *procurare affanno a qc.* donner du souci à qqn. **3** (*fig.*) [*disgrazia*] malheur: *gli affanni della vita* les malheurs de la vie Ⓒ 2 **calma, pace, tranquillità, serenità.**

affannóne |affan'none| *s.* [*chi si dà molto da fare; faccendone*] mouche *f.* du coche (*fam.*).

affannosaménte |affannosa'mente| *avv.* [→ AFFANNOSO 1, 3] fiévreusement, fébrilement: *prepararsi affannosamente alla partenza* se préparer fiévreusement au départ; *chiedeva affannosamente notizie del figlio* il demandait fébrilement des nouvelles de son enfant # *respirare affannosamente* haleter, souffler (*fam.*).

affannóso |affan'noso| *agg.* **1** (*detto del respiro*) [*difficile, faticoso*] *haletant: *respiro affannoso* respiration haletante ◇ [*che procura affanno, concitato*] essoufflant: *corsa affannosa* course essoufflante **2** (*fig.*) [*doloroso, penoso*] tourmenté: *un'esistenza affannosa* une existence tourmentée **3** [*febbrile*] fébrile, fiévreux*: *attività affannosa* activité fébrile, fiévreuse; *attesa affannosa* attente fiévreuse Ⓒ 3 **calmo, tranquillo.**

affaràccio, i |affa'rattʃo, i| *s.m.* **1** mauvaise affaire (*f.*): *quell'acquisto è stato un affaraccio* cet achat a été une mauvaise affaire ◇ (*fam.*) *fatti gli, pensa agli affaracci tuoi!* occupe-toi de tes affaires, de tes oignons (*fam.*) **2** [*fatto spiacevole, brutta situazione*] sale (vilaine) affaire, histoire: *quest'affaraccio non ci voleva* on n'avait pas besoin de cette sale affaire; *che affaraccio!* quelle vilaine, sale histoire!

affardellaménto |affardella'mento| *s.m.* [→ AFFARDELLARE 2] paquetage.

affardellàre |affardel'lare| *v.tr.* **1** [*fare un fardello*] mettre (71) en ballot ◇ [*riunire più cose alla rinfusa*] entasser **2** (*mil.*) *affardellare lo zaino* [*sistemarvi gli effetti personali in modo regolamentare*] faire (45) son paquetage.

affàre |af'fare| *s.m.* **1** [*questione, problema*] affaire (*f.*): *un affare delicato* une affaire délicate; *un brutto affare* une sale affaire, une vilaine histoire; *che affare!* quelle affaire!; *è affar mio* c'est mon affaire; *immischiarsi negli affari altrui* se mêler des affaires d'autrui; *è un affare di grande interesse* c'est une affaire d'un grand intérêt; *è un altro affare* c'est une autre affaire ◇ (*iron.*) [*situazione*] *bell'affare!, che bell'affare!* la belle affaire! ◇ [*cosa, oggetto non specificato*] truc, machin: *cos'è quell'affare?* qu'est-ce que c'est que ce truc-là, ce machin-là? **2** [*incombenza, cura, impegno*] affaire: *affari pubblici, privati* affaires de l'État (d'État), affaires privées; *affare urgente, importante* affaire urgente, importante; *è un affare di poca importanza* c'est une affaire de peu d'importance ◇ [*faccenda d'interesse privata*] *rimandare un affare* renvoyer une affaire; *devo sbrigare alcuni affari* je dois expédier quelques affaires ◇ [*d'interesse pubblico*] *affari politici* affaires politiques; *affari esteri, interni* affaires extérieures, intérieures; *ministero degli Affari esteri* ministère des Affaires étrangères; *affari di Stato* les affaires d'État; *affari ecclesiastici* les affaires ecclésiastiques; *incaricato d'affari* chargé d'affaires ◇ (*iron.*) *è un affare di stato* c'est une affaire d'État, toute une affaire **3** (*dir.*) *gli affari contenziosi* les affaires contentieuses ◇ [*processo di una certa risonanza*] affaire: *l'affare Dreyfus* l'affaire Dreyfus **4** (*comm.*) affaire: *giro d'affari* chiffre d'affaires; *lettera d'affari* lettre d'affaires; *agente d'affari* agent d'affaires; *viaggio d'affari* voyage d'affaires; *essere negli affari* être dans les affaires; *è un uomo d'affari* c'est un homme d'affaires; *fare un buon affare, un affare d'oro* faire une bonne affaire, une affaire d'or; *trattare, concludere un affare* traiter, conclure une affaire; *far* *molti affari* faire beaucoup d'affaires; *trattare affari con qc.* faire affaire avec qqn. ◇ (*loc.*) *gli affari sono affari* les affaires sont les affaires ~ *affare fatto!* affaire conclue, faite! ~ (*fam.*) *farsi gli affari propri* s'occuper de ses oignons, de ses affaires (*corr.*) **5** [*condizione sociale*] *gente di mal affare* (*malaffare*) canaille *f.*, pègre (*f.*); *persona di alto affare* personne d'importance ◇ (*loc.*) *casa di mal affare* maison de passe, de tolérance ~ *donna di mal affare* femme de mauvaise vie.

affarìo, ii |affa'rio, ii| *s.m.* [*grande o confuso affaccendamento*] affairement # *in cucina c'è un grande affario* on s'affaire pour de bon à la cuisine.

affarìsmo |affa'rizmo| *s.m.* affairisme.

affarìsta |affa'rista| *s.* affairiste.

affarìstico, ci, ca, che |affa'ristiko, tʃi, ka, ke| *agg.* relatif* aux affaires, aux affairistes # *ha uno spirito affaristico* il a la mentalité d'un affairiste.

affaróne |affa'rone| *s.m.* [*affare molto vantaggioso*] bonne affaire *f.*, affaire d'or: *è un affarone!* c'est une affaire d'or!

affascinànte |affaʃʃi'nante| *agg.* [*attraente, seducente*] charmant, fascinant: *una ragazza affascinante* une jeune fille charmante, séduisante; *è una donna affascinante* elle a du charme, elle est charmante; *sguardo affascinante* regard fascinant ◇ (*fig.*) *uno spirito, un essere affascinante* un esprit, un être fascinant; *le sue idee sono affascinanti* ses idées sont séduisantes → **seducente.**

1 **affascinàre** |affaʃʃi'nare| *v.tr.* **1** [*esercitare fascino, incantare*] fasciner **2** (*fig.*) [*sedurre, suscitare ammirazione*] charmer, fasciner: *affascinare il pubblico* charmer le public; *la città affascina i contadini* la ville fascine les paysans # *ha una bellezza che affascina* elle est d'une beauté charmante ◇ [*illudere*] *lasciarsi affascinare da promesse, dal denaro* se laisser fasciner par des promesses, par l'argent Ⓒ **disincantare, disilludere.**

2 **affascinàre** |affaʃʃi'nare| *v.tr.* [*legare in fascine*] mettre (71) en fagots: *affascinare legname* mettre du bois en fagots.

affascinatóre, trice |affaʃʃina'tore, tritʃe| *s.* [*chi esercita fascino*] charmeur*, séducteur*.

affastellaménto |affastella'mento| *s.m.* **1** [→ AFFASTELLARE 1] fagotage, bottelage **2** [→ AFFASTELLARE 2] entassement: *un affastellamento di merci* un entassement de marchandises ◇ (*fig.*) *affastellamento di idee* entassement d'idées.

affastellàre |affastel'lare| *v.tr.* **1** [*mettere insieme, legare in fastelli*] mettre (71) en fagots; botteler (4): *affastellare legna* mettre du bois en fagots ‖ *affastellare paglia* botteler de la paille **2** [*ammucchiare in modo disordinato*] entasser: *affastellare la biancheria da stirare* entasser le linge à repasser ◇ (*fig.*) *affastellare citazioni* entasser des citations.

affastellàto |affastel'lato| *agg.* **1** [*riunito in fastelli*] mis en fagot; bottelé: *rami affastellati* branches mises en fagot ‖ *paglia affastellata* paille bottelée **2** [*messo insieme confusamente*] entassé: *carte affastellate* papiers entassés **3** (*bot.*) fasciculé → **fascicolato.**

affaticabilità |affatikabili'ta| *s.f. inv.* (*lett.*, *scient.*) fatigabilité *var.*

affaticaménto |affatika'mento| *s.m.* [→ AFFATICARE A; B 1] fatigue *f.*

affaticàre |affati'kare| **A** *v.tr.* [*causare fatica, stancare*] fatiguer: *affaticare il cuore* fatiguer le cœur; *gli studi lo affaticano* les études le fatiguent; *affaticare un cavallo* fatiguer un cheval # *lavoro che affatica* travail fatigant ◇ (*agr.*) *affaticare un campo* retourner un champ **B** *v.pron. rifl.* AFFATICARSI **1** [→ *tr.*] se fatiguer: *non vi affaticate troppo* ne vous fatiguez pas trop **2** [*darsi da fare*] se donner de la peine; trimer (*intr.*): *mi sono affaticato per farglielo capire* je me suis donné de la peine pour le lui faire comprendre ‖ *mi affatico da mattina a sera per tirare avanti* je trime du matin au soir pour joindre les deux bouts Ⓒ B 1 **riposare** 1.

affaticàto |affati'kato| *agg.* [*stanco, provato*] fatigué: *andatura affaticata* allure fatiguée ◇ (*fig.*) *aver l'animo affaticato* avoir l'esprit las Ⓒ **riposato, disteso.**

affàtto |af'fatto| *avv.* **1** [*interamente, del tutto, in tutto*] complètement, tout à fait (*loc. inv.*): *è affatto privo di buon senso* il est complètement dépourvu de bon sens; *punti di vista affatto diversi* points de vue tout à fait différents # *lo trovo cambiato affatto* je le trouve très, tout changé **2** (*per rafforzare una neg.*) [*per nulla, per niente*] du tout: *non ho affatto fame* je n'ai pas faim du tout ✦ (*ass.*) [*no, per nulla, per niente*] pas du tout: '*hai sete?*' '*affatto*' 'tu as soif?' 'pas du tout'.

affatturaménto |affattura'mento| *s.m.* **1** (*raro*) [→ AFFATTURARE 1] ensorcellement, envoûtement: *formule di affatturamento* formules d'envoûtement **2** [→ AFFATTURARE 2] altération, falsification *f.*

affatturàre |affattu'rare| *v.tr.* **1** [*stregare, far le fatture*] ensorceler (4): *affatturare qc.* ensorceler qqn., jeter (5) un sort à qqn. **2** [*sofisticare, alterare generi alimentari*] falsifier, altérer (8): *affatturare il vino* falsifier le vin → **adulterare.**

affatturatóre, trice |affattura'tore, tritʃe| *s.* [*chi fa stregonerie*] ensorceleur* → **stregone.**

affatturazióne |affatturat'tsjone| *s.f.* **1** [→ AFFATTURARE 1] ensorcellement → **stregoneria** **2** [→ AFFATTURARE 2] falsification, altération: *affatturazione del vino* falsification du vin.

afferènte |affe'rɛnte| *agg.* **1** (*anat.*) afférent: *vasi afferenti* vaisseaux afférents → **conduttore** **2** (*dir.*) afférent: *questioni afferenti* questions afférentes → **concernente.**

affermàbile |affer'mabile| *agg.* [→ AFFERMARE] que l'on peut affirmer *loc.*

affermàre |affer'mare| **A** *v.tr.* **1** [*asserire, dare per certo*] affirmer: *affermo di averlo incontrato quel giorno* j'affirme l'avoir rencontré ce jour-là; *tutti affermano che...* tous affirment que...; *affermare sull'onore* affirmer sur l'honneur; *sono sicuro di ciò che affermo* je suis certain de ce que j'affirme → 1 **dire, dichiarare, sostenere, giurare** **2** (*lett.*) [*difendere, propugnare*] affirmer: *affermare i propri diritti* affirmer ses droits ◇ [*far valere*] *affermare la propria personalità* affirmer sa personnalité **3** *ass.* [*approvare, assentire*] dire (48) oui: *si limitò ad affermare col capo* il se borna à faire oui de la tête **B** *v.pron. rifl.* AFFERMARSI **1** [*diffondersi acquistando credito*] s'imposer: *la sua idea si è affermata* son idée s'est imposée **2** [*farsi un nome; avere, riscuotere successo*] s'imposer, s'affirmer: *affermarsi nella vita* s'imposer dans la vie; *si è affermato fra i migliori avvocati* il s'est affirmé parmi les meilleurs avocats; *questo prodotto tende ad affermarsi* ce produit tend à s'imposer; *affermarsi in una gara* s'imposer dans une compétition Ⓒ A 1, 3 **negare.**

affermatìva |afferma'tiva| *s.f.* **1** → **affermazione** **2** → **affermativo** Ⓒ 1 **negativa;** 2 **negativo.**

affermativaménte |affermativa'mente| *avv.* [→ AFFERMATIVO 1] affirmativement: *rispondere affermativamente* répondre affirmativement Ⓒ **negativamente.**

affermatìvo |afferma'tivo| *agg.* **1** affirmatif*: *un gesto affermativo* un geste affirmatif **2** (*ling.*) *proposizione affermativa* proposition affirmative Ⓒ **negativo.**

affermazióne |affermat'tsjone| *s.f.* **1** [→ AFFERMARE A] affirmation: *fare un'affermazione* faire une affirmation; *è una affermazione senza senso* c'est là une affirmation insensée **2** [→ AFFERMARE B] succès (*m.*): *l'affermazione di una ditta* le succès d'une entreprise; *ottenere una brillante affermazione* obtenir, remporter un éclatant succès Ⓒ 1 **negazione;** 2 **insuccesso.**

afferràbile |affer'rabile| *agg.* [→ AFFERRARE A] saisissable: *un senso immediatamente afferrabile* un sens immédiatement saisissable Ⓒ **inafferrabile.**

afferràre |affer'rare| **A** *v.tr.* **1** [*prendere e tenere con forza*] saisir: *afferrare (qc.) per i capelli, per il collo, per le spalle* saisir (qqn.) par les cheveux, au collet, aux épaules; *afferrare un coltello* saisir un couteau **2** (*fig.*) [*cogliere l'occasione*] saisir: *afferrare l'occasione, l'opportunità* saisir une occasion, une opportunité (une chance); sauter sur l'occasion (*fam.*); *afferrare l'occasione, il mezzo di fare q.c.* saisir l'occasion, le moyen de faire qqch. ◇ (*loc.*) *afferrare la palla al balzo* saisir la balle au bond ~ *afferrare la palla al volo* saisir, attraper la balle au vol **3** (*fig.*) [*capire, comprendere a fondo il significato di q.c.*] saisir, comprendre (73): *avete afferrato?* avez-vous saisi, compris?; *afferrate?* vous saisissez, vous comprenez?; *afferrare solo una parte della conversazione* ne saisir qu'une partie de la conversation ◇ (*loc.*) *afferrare al volo* [*cogliere immediatamente il senso di q.c.*] saisir au vol **B** *v.pron. rifl.* AFFERRARSI [*aggrapparsi con forza*] s'accrocher (à qqch.): *aggrapparsi alla ringhiera* s'accrocher à la rampe ◇ (*fig.*) *afferrarsi al passato* s'accrocher à son passé.

1 **affettàre** |affet'tare| *v.tr.* **1** [*tagliare a fette*] couper en tranches, découper: *affettare il pane col coltello* couper du pain avec un couteau ◇ (*loc. fig.*) *una nebbia da affettare col coltello* [*molto densa*] un brouillard à couper au couteau **2** (*iperb.*) [*uccidere facendo a pezzi*] assassiner, trucider (*arc., scherz.*).

2 **affettàre** |affet'tare| *v.tr.* [*ostentare con insistenza*] affecter: *affettare signorilità* affecter la distinction; *affettare una presunta competenza, cultura* affecter une prétendue compétence, une culture; *affettava un atteggiamento noncurante* il affectait une attitude insouciante ◇ [*fingere*] *affettava di guardare* il affectait de regarder.

affettasalàme |affettasa'lame| *s.m. inv.* coupe-jambon.

affettataménte |affettata'mente| *avv.* [→ 2 AFFETTATO] avec affectation *loc. inv.*, avec ostentation *loc. inv.*

1 **affettàto** |affet'tato| **1** *s.m.* [*salume tagliato a fette*] charcuterie *f.* (coupée) en tranches: *due etti di affettato* deux cent grammes de charcuterie (coupée) en tranches; *servire dell'affettato* servir de la charcuterie en tranches **2** *agg.* en tranches (*loc. inv.*): *il pane affettato è finito* le pain en tranches est terminé.

2 **affettàto** |affet'tato| *agg.* [*ricercato, non naturale*] affecté: *maniere affettate* manières affectées; *un linguaggio affettato* un langage affecté ⓒ **naturale, semplice.**

affettatrìce |affetta'tritʃe| *s.f.* (*tecnol., corr.*) trancheuse, coupe-jambon *m.inv.*

affettatùra |affetta'tura| *s.f.* [→ 1 AFFETTARE 1] découpage *m.* en tranches.

affettazióne |affettat'tsjone| *s.f.* [*ricercatezza, artificiosità*] affectation, apprêt (*m.*): *affettazione di modi* affectation dans ses manières; *senza affettazione* sans affectation, sans apprêt; *parlare con affettazione* parler avec affectation ⓒ **naturalezza, spontaneità.**

affettività |affettivi'ta| *s.f. inv.* affectivité *var.*

affettìvo |affet'tivo| *agg.* **1** (*psicol., corr.*) affectif*: *stati affettivi* états affectifs; *la vita affettiva* la vie affective; *valore affettivo di un ricordo* valeur affective d'un souvenir **2** [*affettuoso*] affectueux*: *un carattere affettivo* un tempérament affectueux **3** (*ling.*) *verbi affettivi* verbes de sentiment.

1 **affètto** |af'fɛtto| *s.m.* **1** affection (*f.*): *un affetto profondo* une affection profonde; *nutrire, avere affetto per qc.* avoir de l'affection pour qqn. ◇ (*loc.*) *con affetto* affectueusement *avv.* **2** [*la persona o la cosa cara*] amour, affection: *il suo unico affetto* son unique amour, sa seule affection **3** [*movimento suscitato nell'animo da persone o cose*] affection: *gli affetti umani* les affections de l'homme **4** (*raro, mus.*) → **tremolo** ⓒ **1 avversione, odio, repulsione.**

2 **affètto** |af'fɛtto| *agg.* [*preso, colpito*] épris, pris: *affetto da paura* pris de peur; *affetto da passione morbosa* épris de passion morbide ◇ (*med.*) atteint: *affetto da una malattia* atteint d'une maladie; *affetto da meningite* atteint de méningite ◇ (*dir.*) *proprietà affetta da ipoteche* propriété grevée d'hypothèques.

affettuosaménte |affettuosa'mente| *avv.* [→ AFFETTUOSO] affectueusement, tendrement.

affettuosità |affettuosi'ta| *s.f. inv.* **1** [*l'essere, il mostrarsi affettuoso, amorevolezza*] affectuosité (*var.*): *parlare, trattare con affettuosità* parler, traiter avec affectuosité **2** [*prova, espressione di affetto*] tendresses (*pl.*): *mi circondava di affettuosità* il m'entourait de tendresses ◇ (*in chiusura di lettera*) *affettuosità, mille affettuosità* mille tendresses ⓒ **freddezza, indifferenza.**

affettuóso |affettu'oso| *agg.* affectueux*: *un bambino affettuoso* un enfant affectueux; *parole affettuose* paroles affectueuses; *una lettera affettuosa* une lettre affectueuse ⓒ **freddo, indifferente.**

affezionàre |affettsjo'nare| **A** *v.tr.* [*far amare, rendere affezionato verso qc. o q.c.*] faire (45) *intr.* aimer: *far affezionare un ragazzo alla lettura* faire aimer à un garçon la lecture; *le disgrazie spesso affezionano alla vita* les peines font souvent aimer la vie **B** *v.pron. intr.* AFFEZIONARSI **1** [*legarsi d'affetto a qc., provare interesse per qc. o q.c.*] s'affectionner, s'attacher: *affezionarsi a qc.* s'affectionner, s'attacher à qqn. **2** [*sentirsi attratto verso qc. o q.c.*] s'attacher: *affezionarsi al proprio paese* s'attacher à son propre pays; *il cane si affeziona al proprio padrone* le chien s'attache à son maître # *mi affeziono sempre più al mio lavoro* je m'intéresse toujours davantage à mon travail, je trouve mon travail de plus en plus attachant ⓒ **distaccare, avversare.**

affezionataménte |affettsjonata'mente| *avv.* [→ AFFEZIONATO] affectueusement, tendrement.

affezionàto |affettsjo'nato| *agg.* **1** [*legato d'affetto, attaccato*] attaché: *è molto affezionato ai suoi amici* il est très attaché à ses amis **2** [*appassionato*] *essere affezionato alla campagna, all'agricoltura* aimer la campagne, l'agriculture ◇ [*pieno di dedizione*] attaché # *è molto affezionato al suo lavoro* il aime beaucoup son travail.

affezióne |affet'tsjone| *s.f.* **1** affection: *nutrire affezione per qc.* nourrir de l'affection pour qqn. ◇ (*lett.*) [*sentimento*] *le affezioni dell'animo* les affections de l'âme **2** (*filos.*) affection **3** (*med.*) affection: *affezione cronica* affection chronique ⓒ **1 avversione, ostilità.**

affiancàre |affjan'kare| **A** *v.tr.* **1** [*fiancheggiare, stare a lato di*] flanquer: *i padiglioni che affiancano l'edificio centrale* les pavillons qui flanquent le bâtiment central **2** (*mil.*) [*disporre fianco a fianco*] flanquer: *affiancare le colonne* flanquer les colonnes **3** [*mettere al fianco*] adjoindre (61): *bisogna affiancargli un collaboratore* il faut lui adjoindre un collaborateur **4** (*fig.*) [*aiutare, sostenere*] appuyer (11), soutenir (27): *i due partiti hanno deciso di affiancare quel candidato* les deux partis ont décidé d'appuyer, de soutenir ce candidat **B** *v.pron. rifl.* AFFIANCARSI **1** [*mettersi a lato di qc., di q.c.*] se placer (2) à côté (de): *affiancarsi a una colonna di auto* se placer à côté d'une colonne de voitures **2** *recipr.* (*raro*) [*aiutarsi*] s'entraider.

affiancàto |affjan'kato| *agg. spec. al plur.* [*l'uno vicino all'altro*] côte à côte: *camminavano affiancati* ils marchaient côte à côte; *stavano affiancati* ils étaient côte à côte, l'un à côté de l'autre.

affiataménto |affjata'mento| *s.m.* [→ AFFIATARE] entente (*f.*): *fra loro c'è molto affiatamento* il règne entre eux une entente parfaite → **intesa, armonia** ⓒ **disaccordo.**

affiatàre |affja'tare| **A** *v.tr.* [*mettere d'accordo, far agire in armonia, in intesa*] mettre (71) d'accord: *far affiatare i giocatori di una squadra* mettre d'accord, faire s'entendre les joueurs d'une équipe # *è difficile fare affiatare quei due attori* il est difficile de faire s'entendre ces deux acteurs **B** *v.pron. recipr.* AFFIATARSI [*raggiungere l'accordo, l'intesa*] s'accorder, s'entendre (53): *non riescono ad affiatarsi* ils n'arrivent pas à s'accorder, à s'entendre; *si vedono spesso, ma non si sono affiatati* ils se rencontrent souvent, mais ils ne s'entendent pas ⓒ **disunire, separare.**

affiatàto |affja'tato| *agg.* [*che ha raggiunto un'intesa perfetta; omogeneo, unito*] uni, homogène: *una coppia affiatata, un gruppo affiatato* un couple, un groupe uni; *una squadra affiatata* une équipe homogène # *sono perfettamente affiatati fra loro* il règne entre eux une entente parfaite.

affibbiàre |affib'bjare| *v.tr.* **1** [*unire con fibbia o sim.*] boucler: *affibbiarsi la cintura* boucler sa ceinture **2** (*fig.*) [*dare, appioppare*] flanquer: *affibbiare due schiaffi a qc.* flanquer une paire de gifles à qqn. # *affibbiare un soprannome a qc.* affubler qqn. d'un sobriquet ◇ [*attribuire*] faire (45) *intr.* endosser: *affibbiare una colpa a qc.* faire endosser une faute à qqn. ◇ [*rifilare, dare spec. cose scadenti o poco gradite*] refiler (*fam.*): *gli hanno affibbiato i rimasugli* on lui a refilé les rossignols (*fam.*); *mi hanno affibbiato il lavoro più noioso* on m'a refilé le travail le plus ennuyeux; *affibbiare moneta falsa* refiler de la fausse monnaie.

affidàbile |affi'dabile| *agg.* (*tecnol.*) fiable: *materiale affidabile* matériel fiable.

affidabilità |affidabili'ta| *s.f. inv.* (*tecnol., corr.*) fiabilité *var.*

affidaménto |affida'mento| *s.m.* **1** [*fiducia, sicurezza*] confiance (*f.*): *dare affidamento* inspirer confiance # *fare affidamento su qc., su q.c.* compter sur qqn., sur qqch.; s'appuyer sur qqn., sur qqch. **2** (*comm.*) crédit **3** (*dir.*) assurance *f.*, garantie *f.* ⓒ **1 sfiducia.**

affidàre |affi'dare| **A** *v.tr.* **1** [*consegnare, rimettere alle cure di una persona fidata*] confier: *affidare la casa a un amico* confier sa maison à un ami; *affidare una missione a qc.* confier une mission à qqn.; *affidare una questione a un esperto* confier un problème à un expert **2** (*comm.*) [*concedere il fido*] accorder un crédit **B** *v.pron. rifl.* AFFIDARSI [*rimettersi con fiducia alla benevolenza di qc.*] se confier, s'en remettre (71) (à): *affidarsi alla discrezione di qc.* s'en remettre à la discrétion de qqn. # *affidati a me* compte sur moi ◇ [*abbandonarsi alla sorte*] se confier: *affidarsi al caso* se confier au hasard.

affidavit |affi'davit| *s.m. inv.* (*lat.*) **1** (*dir. ingl.*) affidavit **2** (*comm.*) affidavit.

affienàre |affje'nare| **A** *v.tr.* **1** [*dare il fieno a*] donner (le foin, le fourrage): *affienare i cavalli* donner du fourrage aux chevaux **2** (*agr.*) [*mettere a fieno*] mettre (71) en fourrage, en herbe, en artificiel: *affienare un terreno* mettre une terre en fourrage **3** (*agr.*) [*ridurre a fieno*] fouer: *affienare il trifoglio* fouer le trèfle **B** *v.intr.* (*aus.* 'essere') [*diventar fieno*] devenir (27) foin # *l'erba sta affienando* l'herbe est bonne à faucher → **affienire.**

affienàta |affje'nata| *s.f.* ration de fourrage.
affienatùra |affjena'tura| *s.f.* [*periodo in cui si fa il fieno*] fenaison.
affienire |affje'nire| (197) *v.intr.* (*aus.* '*essere*') (*di cereali*) [*seccarsi prima di granire*] se dessécher (8) *pron.* # *grano che affienisce* blé qui achève de mûrir.
affievoliménto |affjevoli'mento| *s.m.* [→ AFFIEVOLIRE] affaiblissement → **indebolimento** Ⓒ **rafforzamento.**
affievolire |affjevo'lire| (197) **A** *v.tr.* [*rendere debole*] affaiblir # *quella disgrazia ha affievolito le sue energie* ce malheur lui a enlevé une partie de ses forces, de son énergie → **indebolire** **B** *v.intr.* (*aus.* '*essere*') [*diventare debole, fievole*] s'affaiblir *pron.* **C** *v. pron. intr.* AFFIEVOLIRSI [→ *intr.*] s'affaiblir: *le speranze si affievoliscono di ora in ora* l'espoir s'affaiblit d'heure en heure; *la sua voce si affievolisce* sa voix s'affaiblit Ⓒ A **rinforzare, rinvigorire.**
affiggere |af'fiddʒere| (109) **A** *v.tr.* **1** [*appendere, attaccare*] afficher, accrocher: *affiggere cartelloni pubblicitari* afficher des placards publicitaires; *affiggere un quadro alla parete* accrocher un tableau au mur ◇ [*esporre al pubblico*] afficher: *affiggere le pubblicazioni di matrimonio* afficher les bans de mariage; *affiggere i risultati del totocalcio* afficher les résultats du 'totocalcio' **2** (*fig.*) [*fissare, puntare*] fixer: *affiggere lo sguardo, la mente* fixer le regard, l'esprit (sur) **B** *v.pron. intr.* (*lett.*) AFFIGGERSI [→ *tr.* 2] se fixer (*corr.*).
affigliàre |affiʎ'ʎare| *v.tr.* → **affiliare.**
affilaménto |affila'mento| *s.m.* [→ AFFILARE A 1, 2] aiguisage, affilage.
affilàre |affi'lare| **A** *v.tr.* **1** [*rendere tagliente*] aiguiser, repasser, affiler: *affilare un coltello, un rasoio, il filo di una spada* aiguiser un couteau, repasser un rasoir, affiler le tranchant d'une épée ◇ (*fig.*) *affilare le armi* [*prepararsi alla lotta*] fourbir ses armes **2** [*ridare il filo*] repasser (le fil): *affilare una spada* affiler (le fil d')une épée → **arrotare** ◇ (*per est., detto di uccelli*) aiguiser: *l'uccello affila il becco su un osso di seppia* l'oiseau aiguise son bec sur un os de seiche **3** (*fig.*) [*rendere magro, smunto*] amaigrir: *gli stenti e la fatica lo hanno affilato* les privations et la fatigue l'ont amaigri **B** *v.pron. intr.* AFFILARSI [→ *tr.* 3] maigrir (*intr.*): *si è affilato durante la malattia* il a maigri pendant sa maladie.
affilàrsi |affi'larsi| *v.pron. rifl.* [*mettersi in fila*] s'aligner: *affilarsi in corteo* s'aligner en un cortège.
affilàta |affi'lata| *s.f.* (*solo nella loc.*) *dare un'affilata a* [*leggera affilatura*] repasser: *dare un'affilata alla lama del rasoio* repasser la lame de son rasoir.
affilàto |affi'lato| *agg.* **1** [*tagliente*] tranchant, affilé: *coltello affilato* couteau tranchant, affilé ◇ (*fig.*) *lingua affilata* langue (bien) affilée **2** (*fig.*) [*sottile, smunto*] effilé: *naso, viso affilato* nez, visage effilé.
affilatóio, i |affila'tojo, i| *s.m.* [*strumento per affilare*] aiguisoir.
affilatrìce |affila'tritʃe| *s.f.* (*tecnol.*) affûteuse.
affilatùra |affila'tura| *s.f.* [→ AFFILARE A 1, 2] affilage *m.*, aiguisage *m.*
affilettàre |affilet'tare| *v.tr.* (*edil.*) [*rendere visibili le commettiture dei mattoni*] jointoyer (10).
affiliàre |affi'ljare| **A** *v.tr.* **1** (*dir.*) [*prendere come figlio*] adopter: *affiliare un bambino abbandonato* adopter un enfant abandonné **2** (*per est.*) [*associare a una setta, a una associazione, spec. segreta*] affilier **B** *v.pron. rifl.* AFFILIARSI [→ *tr.* 2] s'affilier: *si è affiliato alla massoneria* il s'est affilié à la franc-maçonnerie.
affiliàto |affi'ljato| *agg.* affilié (*p.p.*): *azienda affiliata* entreprise affiliée ✦ (*s.*) *un affiliato* un affilié.
affiliazióne |affiljat'tsjone| *s.f.* [→ AFFILIARE] affiliation.
affinàggio, i |affi'naddʒo, i| *s.m.* (*tecnol.*) affinage.
affinaménto |affina'mento| *s.m.* [→ AFFINARE A 2; B 2] affinement: *l'affinamento del gusto* l'affinement du goût.
affinàre |affi'nare| **A** *v.tr.* **1** (*tecnol.*) [*purificare un metallo*] affiner **2** (*fig.*) [*raffinare, perfezionare*] affiner: *la lettura ha affinato il suo ingegno* la lecture a affiné son esprit **3** [*rendere più sottile*] aiguiser: *affinare un coltello* aiguiser un couteau **B** *v.pron. intr.* AFFINARSI **1** [→ *tr.* 3] s'affiner → **assottigliar(si)** **2** (*fig.*) [→ *tr.* 2] s'affiner: *il gusto si affina nella sofferenza* le goût s'affine dans la souffrance; *si è affinato con gli anni* il s'est affiné avec l'âge.
affinatóio, i |affina'tojo, i| *s.m.* (*tecnol.*) creuset.
affinatóre, trice |affina'tore, tritʃe| *s.* [*chi affina*] affineur*.
affinatùra |affina'tura| *s.f.* [→ AFFINARE] affinage *m.*
affinazióne |affinat'tsjone| *s.f.* (*tecnol.*) affinage *m.*; raffinage (*m.*): *affinazione dei metalli* affinage des métaux ‖ *affinazione dello zucchero* affinage, raffinage du sucre.
affinché |affin'ke| *cong.* (*introduce una prop. finale*) [*al fine, allo scopo di, in modo che*] afin que, pour que (+ *congv.*): *affinché sappiate...* afin que vous sachiez...; *fa tutto quello che può affinché siano tutti contenti* il fait tout ce qu'il peut pour que tout le monde soit content → **perché.**
affine |af'fine| **I** *agg.* [*che ha caratteristiche comuni; simile, analogo*] similaire: *temperamenti affini* tempéraments similaires; *negozio di tendaggi e affini* magasin de tentures et produits similaires; *avere idee affini* avoir des idées similaires ◇ (*biol.*) *forme affini* formes affines ◇ (*ling.*) *lingue affini* langues affines ◇ (*mat.*) *proprietà affini* propriétés affines **II** *s.* **1** [*parente per affinità*] allié: *i parenti e gli affini* les parents et alliés **2** *al plur.* (*mat.*) semblables Ⓒ I **dissimile, diverso.**
affinità |affini'ta| *s.f. inv.* **1** affinité (*var.*): *affinità elettiva* affinité élective **2** [*legame di parentela acquisita*] parenté *var.*; affinité: *legami di affinità* liens de parenté **3** [*somiglianza, analogia*] affinité: *affinità di cultura, di tradizioni* affinité de cultures, de traditions **4** (*biol., chim., dir., ling. mat.*) affinité.
affiocàre |affjo'kare| *v.tr. e intr.* → **affiochire.**
affiochiménto |affjoki'mento| *s.m.* [→ AFFIOCHIRE] affaiblissement → **affievolimento, indebolimento** Ⓒ **rafforzamento.**
affiochire |affjo'kire| (197) **A** *v.tr.* [*render fioco, affievolire*] fatiguer: *questa bronchite mi ha affiochito la voce* cette bronchite m'a fatigué la voix **B** *v.intr.* (*aus.* '*essere*') [*diventare fioco, affievolirsi*] faiblir (*aus.* avoir): *la sua voce affiochiva lentamente* sa voix faiblissait lentement **C** *v.pron. intr.* AFFIOCHIRSI [→ *intr.*] s'affaiblir: *finalmente il baccano si affiochì fino a cessare del tutto* enfin le vacarme s'affaiblit jusqu'à cesser complètement → **indebolir(si), affievolir(si).**
affiochito |affjo'kito| *agg.* [*fioco, debole*] faible Ⓒ **rafforzato.**
affioraménto |affjora'mento| *s.m.* [→ 1 AFFIORARE] affleurement: *affioramento di uno strato geologico* affleurement d'une couche géologique ◇ (*mar.*) *un sottomarino in affioramento* un sous-marin qui fait surface.
1 **affioràre** |affjo'rare| *v.intr.* (*aus.* '*essere*') **1** [*emergere a fior d'acqua, a fior di terra*] affleurer (*aus.* avoir), émerger (3) (*aus.* avoir): *l'isolotto affiora con la bassa marea* l'îlot affleure, émerge à marée basse **2** (*mar.*) (*di sottomarino*) [*emergere*] faire (45) *tr.* surface: *il sottomarino affiora* le sous-marin fait surface **3** (*fig.*) [*apparire, manifestarsi*] affleurer: *una sensualità malcelata affiora nella sua poesia* une sensualité mal cachée affleure dans sa poésie # *continuano ad affiorare elementi sempre più compromettenti* des éléments toujours plus compromettants continuent à faire surface.
2 **affioràre** |affjo'rare| *v.tr.* **1** (*raro*) *affiorare la farina* [*separarne il fiore*] tamiser la farine **2** (*lett.*) [*ricamare a fiori*] broder de fleurs: *affiorare una tovaglia* broder de fleurs une nappe.
affissàre |affis'sare| **A** *v.tr.* (*lett.*) [*fissare, appuntare lo sguardo*] regarder fixement # *affissare lo sguardo su q.c.* arrêter ses regards sur qqch. **B** *v.pron. rifl.* AFFISSARSI **1** (*lett.*) [→ *tr.*] regarder (*corr.*) *tr.* fixement **2** (*lett.*) [*fissarsi con la mente su q.c.*] s'arrêter (*corr.*) sur: *affissarsi in, su un pensiero* s'arrêter sur une pensée.
affissióne |affis'sjone| *s.f.* [→ AFFIGGERE A 1] affichage (*m.*): *cartelli per l'affissione* panneaux d'affichage; *ordinare l'affissione di un regolamento* ordonner l'affichage d'un règlement # *vietata l'affissione* défense d'afficher.
affisso |af'fisso| **I** *s.m.* **1** [*avviso, cartellone murale*] affiche *f.*, placard: *affisso pubblicitario* affiche publicitaire, placard de publicité **2** (*edil.*) fermeture *f.* **3** (*ling.*) affixe, élément affixal* **II** *agg.* [*attaccato, appeso*] affiché *p.p.*, placardé (*p.p.*): *avviso d'affisso al muro* avis affiché, placardé au mur.
affittàbile |affit'tabile| *agg.* [→ AFFITTARE] louable: *appartamento difficilmente affittabile* appartement difficilement louable.
affittacàmere |affitta'kamere| *s. inv.* [*chi affitta camere ammobiliate*] logeur* *var.*
affittànza |affit'tantsa| *s.f.* [*affitto, locazione*] bail* *m.*
affittàre |affit'tare| *v.tr.* **1** [*dare in affitto un immobile*] louer, donner en location: *affittare una camera, un appartamento* louer une chambre, un appartement ◇ (*agr.*) (*di fondi rustici*) affermer, louer: *affittare un podere* affermer un domaine, un fonds **2** [*pren-

dere in affitto] louer, prendre (73) en location: *affittare un appartamento, una villa* louer un appartement, une villa; prendre un appartement, une villa en location.

affittire |affit'tire| (197) **A** *v.tr.* [*rendere fitto, più fitto*] épaissir # *affittire gli alberi di un giardino* rendre plus touffus les arbres d'un jardin ◇ (*raro*) [*intensificare*] intensifier (*corr.*): *affittire le visite* intensifier les visites **B** *v.intr.* (*aus.* '*essere*') [*divenire fitto, più fitto*] s'épaissir *pron.*, se multiplier (*pron.*): *in periferia gli edifici affittiscono velocemente* en banlieue les maisons se multiplient rapidement ◇ [*aumentare*] augmenter (*aus.* avoir): *la folla affittiva strada facendo* la foule augmentait chemin faisant **C** *v.pron. intr.* AFFITTIRSI [→ *intr.*] s'épaissir; se multiplier: *la nebbia si affittisce* le brouillard s'épaissit || *gli alberi si affittiscono* les arbres se multiplient [C] **diradare, diminuire.**

affitto |af'fitto| *s.m.* **1** (*dir., corr.*) location *f.*, bail*: *contratto d'affitto* contrat de location; *scadenza di un contratto d'affitto* expiration d'un contrat de location; *affitto a breve, a lunga scadenza* location, bail, à courte, à longue échéance; *affitto di una casa, di un appartamento* location d'une maison, d'un appartement; *affitto di un fondo di commercio* location d'un fonds de commerce; *affitto di un fondo rustico* bail à ferme; *dare, prendere in affitto* donner, prendre en location, à bail; *stare in affitto* être en location ◇ [*noleggiare*] *affitto di una macchina, di un motoscafo* location d'une voiture, d'un canot à moteur **2** [*pigione, canone d'affitto*] loyer: *un affitto elevato* un loyer élévé, un gros loyer; *affitto basso, moderato* petit loyer, loyer modéré; *riscuotere, pagare l'affitto* percevoir, payer le loyer.

affittuàrio, i |affittu'arjo, i|, **affittuàle** |affittu'ale| *s.* [*chi ha preso q.c. in affitto*] locataire → **locatario** [C] **locatore.**

afflàto |af'flato| *s.m.* **1** (*lett.*) → **soffio** **2** (*lett.*) → **ispirazione.**

affliggènte |afflid'dʒɛnte| *agg.* affligeant.

affliggere |af'fliddʒere| (110) **A** *v.tr.* [*causare dolore, spec. morale*] affliger (3): *essere afflitto da una malattia* être affligé d'une maladie; *i tuoi sospetti mi affliggono* tes soupçons m'affligent → **rattristare, addolorare** ◇ [*tormentare*] accabler: *mi affligge con i suoi consigli* il m'accable de ses conseils **B** *v.pron. intr.* AFFLIGGERSI [*rattristarsi, tormentarsi*] s'affliger # *si affligge per la morte del padre* la mort de son père l'a plongée dans l'affliction [C] **rallegrare, allietare, alleviare.**

afflittivo |afflit'tivo| *agg.* (*dir.*) afflictif*: *pena afflittiva* peine afflictive.

afflitto |af'flitto| *agg.* [*addolorato, triste*] affligé, triste ✦ (*s.*) *gli afflitti* les affligés: *consolare gli afflitti* consoler les affligés [C] **lieto, felice, allegro.**

afflizióne |afflit'tsjone| *s.f.* [*tristezza, abbattimento*] chagrin (*m.*): *è un motivo di afflizione* c'est une source de chagrin(s) ◇ [*dolore, sventura*] malheur (*m.*): *le afflizioni della vita* les malheurs de la vie [C] **allegria, gioia 1, fortuna.**

afflosciàre |afflo∫'∫are| **A** *v.tr.* [*rendere molle, floscio*] détremper; faner: *la pioggia ha afflosciato il mio cappello* la pluie a détrempé mon chapeau || *il vento caldo ha afflosciato le ultime rose* le vent chaud a fané les dernières roses ◇ (*fig.*) [*snervare, accasciare*] affaiblir # *questo caldo mi affloscia* cette chaleur m'accable, me coupe les jambes (*fam.*) **B** *v.intr.* (*aus.* '*essere*') [*diventare molle, sgonfiarsi*] s'avachir (*pron.*): *afflosciare a terra, sul divano* s'avachir par terre, sur le divan # *vela che affloscia* voile qui ralingue **C** *v.pron. intr.* AFFLOSCIARSI **1** [→ *tr. e intr.*] se faner; se dégonfler: *i fiori si afflosciano col caldo* les fleurs se fanent à la chaleur || *un pneumatico dell'automobile si è afflosciato* un pneu de la voiture s'est dégonflé **2** (*fig.*) [*lasciarsi andare*] s'affaisser ◇ [*svenire*] s'évanouir [C] A **rinvigorire.**

affluènte |afflu'ɛnte| **1** *agg.* affluent: *fiume affluente* rivière affluente **2** *s.m.* affluent: *gli affluenti del Reno* les affluents du Rhin.

affluènza |afflu'ɛntsa| *s.f.* **1** [→ AFFLUIRE 1, 3] affluence # *l'affluenza delle acque fece straripare il fiume* la crue (des eaux) fit déborder la rivière; *frenare l'affluenza delle merci d'importazione* freiner le flux des importations **2** [*riunione, concorso di folla*] affluence: *ci fu una grande affluenza alle sue esequie* il y eut grande affluence à ses obsèques il y eut un monde fou (*fam.*) à ses obsèques.

affluire |afflu'ire| (197) *v.intr.* (*aus.* '*essere*') **1** (*di fiumi o liquidi*) [*fluire verso*] couler (*aus.* avoir), affluer (*aus.* avoir): *i fiumi affluiscono al mare* les fleuves coulent, affluent vers la mer; *il sangue affluisce al cuore* le sang afflue vers le cœur **2** (*persone, animali*) [*dirigersi, portarsi*] affluer: *la gente affluiva a Roma da tutte le parti del mondo* on affluait à Rome de toutes les parties du monde **3** (*cose*) [*arrivare in notevole quantità*] affluer: *la merce affluisce in continuazione* la marchandise afflue sans arrêt; *gli aiuti affluivano da ogni parte* les secours affluaient de toute part [C] **defluire.**

afflùsso |af'flusso| *s.m.* [→ AFFLUIRE] afflux: *l'afflusso del sangue alla testa* l'afflux du sang à la tête; *l'afflusso di visitatori è costante* l'afflux des visiteurs est constant; *l'afflusso di capitali* l'afflux de capitaux [C] **deflusso.**

affocàre |affo'kare| **A** *v.tr.* **1** (*raro*) [*arroventare; surriscaldare*] embraser: *la canicola affoca i campi* la canicule embrase les champs ◇ (*fig.*) → **infocare** **2** (*lett.*) [*dar fuoco, incendiare*] incendier (*corr.*) **B** *v.pron. intr.* AFFOCARSI (*raro*) [→ *tr.* 2] prendre (73) *tr.* feu (*corr.*) ◇ (*fig.*) [*arrossire violentemente*] s'empourprer, devenir (27) *intr.* tout rouge: *si era affocato in viso* son visage s'était empourpré [C] A 1 **raffreddare**; A 2; B **spegnere.**

affocàto |affo'kato| *agg.* (*lett.*) [*infuocato, arroventato*] embrasé: *sabbia affocata* sable embrasé ◇ (*raro, fig.*) [*arrossito*] *volto affocato* visage en feu *loc. inv.* ◇ (*raro, fig.*) [*ardente, intenso*] ardent (*corr.*): *passione affocata* passion ardente.

affogaménto |affoga'mento| *s.m.* [→ AFFOGARE] noyade (*f.*): *salvare qc. dall'affogamento* sauver qqn. de la noyade → **annegamento.**

affogàre |affo'gare| **A** *v.tr.* **1** [*uccidere sommergendo nell'acqua*] noyer (10): *affogare un gatto* noyer un chat → **annegare** ◇ (*loc. fig.*) *affogare i dispiaceri nell'alcool* noyer ses chagrins dans l'alcool ~ *affogare il fuoco* [*spegnerlo con l'acqua*] étouffer le feu **2** (*raro, fig.*) [*opprimere, soffocare*] étouffer: *l'eccessivo formalismo affoga la naturalezza* le formalisme excessif étouffe le naturel **B** *v.intr.* (*aus.* '*essere*') **1** [*morire per annegamento*] se noyer (*pron.*): *bagnante che affoga* baigneur qui se noie ◇ (*loc. fig.*) *affogare in un bicchier d'acqua* se noyer dans un verre d'eau ~ *o bere o affogare* il faut passer par là ou par la porte **2** (*fig.*) [*essere sommerso, soccombere*] être (43) (*aus.* avoir) criblé, perdu de: *affogare nei debiti* être criblé, perdu de dettes # *affogare nell'abbondanza* [*essere spropositatamente ricco*] nager dans l'abondance **C** *v.pron.* AFFOGARSI **1** *intr.* [→ *intr.*] se noyer **2** *rifl.* [→ *tr.* 1] se noyer.

affogàto |affo'gato| *agg.* [*annegato*] noyé ◇ (*cuc.*) *uova affogate* œufs pochés ◇ (*fig.*) *stanza affogata* pièce étouffée ✦ (*s.*) *un affogato* un noyé: *ripescare un affogato* repêcher un noyé.

affollaménto |affolla'mento| *s.m.* **1** [→ AFFOLLARE A 1, 2] foule (*f.*): *a quello spettacolo c'era un grande affollamento* il y avait une grande foule à ce spectacle → **calca, ressa** **2** [→ AFFOLLARE B] affluence: *nelle ore di affollamento* aux heures d'affluence [C] **sfollamento.**

affollàre |affol'lare| **A** *v.tr.* **1** (*persone*) [*riempire, gremire*] se presser *pron.* (dans, sur): *la gente affolla le strade* les gens se pressent dans les rues; *affollare un teatro* se presser dans un théâtre **2** (*lett.*) [*formare ressa intorno a qc.*] se presser (autour de) **3** (*fig.*) [*colmare, sovraccaricare*] accabler: *affollare la mente di pensieri* accabler l'esprit de pensées **B** *v.pron. rifl.* AFFOLLARSI [*riunirsi in massa, accalcarsi*] se presser: *affollarsi all'ingresso di uno spettacolo* se presser à l'entrée d'un spectacle; *affollarsi intorno a qc.* se presser autour de qqn. ◇ (*fig.*) *paure e preoccupazioni si affollavano dentro di lui* il était assailli de craintes et de soucis [C] **sfollare, vuotare.**

affollàto |affol'lato| *agg.* [*pieno di gente*] bondé: *i treni sono affollati* les trains sont bondés; *la sala è sempre affollata* la salle est toujours bondée.

affoltàre |affol'tare| *v.tr. e pron.* → **infittire.**

affondaménto |affonda'mento| *s.m.* **1** [→ AFFONDARE A 1] destruction *f.* # *l'affondamento di una nave* le naufrage, la perte d'un navire; *l'affondamento delle ancore, delle mine* le mouillage des ancres, des mines **2** [→ AFFONDARE B 1; C] naufrage: *l'affondamento del Titanic* le naufrage du Titanic ◇ (*fig.*) *l'affondamento di una società* le naufrage d'une société → **naufragio.**

affondamine |affonda'mine| *s.m. inv.* (*mar., mil.*) mouilleur *var.* de mines.

affondàre |affon'dare| **A** *v.tr.* **1** [*far andare a fondo*] couler: *affondare una nave* couler un navire # *affondare l'ancora* mouiller l'ancre **2** [*immergere, mandare dentro*] plonger (3), enfoncer (2): *affondare un pugnale nel cuore di qc.* plonger un poignard dans le cœur de qqn.; *affondare le radici nel terreno* plonger les racines dans le sol; *affondare i denti in una mela* enfoncer ses dents dans une pomme **3** (*raro*) [*rendere più profondo*] foncer (2), creuser: *affondare un pozzo* creuser un puits → **scavare, approfondire** **4** (*sport, boxe*) *gli affondò un pugno* il lui décocha un coup de poing ◇ (*pallanuoto*) *affondare la palla* immerger (3) la balle **B** *v.intr.* (*aus.* 'essere') **1** [*andare a fondo, colare a picco*] sombrer (*aus.* avoir), couler (*aus.* avoir) (à pic): *la nave è affondata* le navire a coulé à pic, a sombré **2** [*sprofondare, immergersi*] enfoncer, s'enfoncer (*pron.*): *affondare nel fango, nella sabbia* (s')enfoncer dans la vase, dans le sable ◇ (*fig.*) *affondare in un sonno profondo* s'enfoncer, plonger dans un sommeil profond **C** *v.pron. intr.* AFFONDARSI [→ *intr.*] enfoncer *intr.*, s'enfoncer: *la nave si affondò lentamente* le navire (s')enfonça lentement; *le gambe si affondavano nella neve* les jambes (s')enfonçaient dans la neige **C** **affiorare, emergere.**

affondàta |affon'data| *s.f.* (*aer.*) (vol *m.* en) piqué *m.*

affondatóio, i |affonda'tojo, i| *s.m.* (*mar.*) mouilleur.

affondatóre |affonda'tore| *s.m.* [*chi fa affondare*] naufrageur.

affondatùra |affonda'tura| *s.f.* (*raro*) [→ AFFONDARE A 3] creusage *m.*, creusement *m.*

affóndo |af'fondo|, **a fóndo** |a'fondo| **1** *avv.* [*approfonditamente*] à fond: *trattare q.c. a fondo* traiter qqch. à fond ◇ (*loc.*) *andare a fondo in q.c.* [*valutare, trattare q.c. in modo completo, esauriente*] aller au fond de qqch. **2** *s.m.* (*scherma*) fente *f.*

afforcàre |affor'kare| *v.tr.* (*mar.*) [*ormeggiare una nave in afforco*] affourcher.

affossaménto |affossa'mento| *s.m.* [→ AFFOSSARE A 2; B] affaissement: *affossamento del terreno* affaissement du terrain → **avvallamento.**

affossàre |affos'sare| **A** *v.tr.* **1** (*raro*) [*munire di fossi*] creuser des fossés: *affossare un campo* creuser des fossés dans un champ **2** [*scavare, rendere cavo*] creuser: *affossare un solco* creuser un sillon → **incavare** **3** (*fig.*) [*insabbiare, accantonare*] enterrer: *affossare un progetto* enterrer un projet **B** *v.pron. intr.* AFFOSSARSI [→ *tr.* 2] se creuser, s'enfoncer (2): *le sue guance si sono affossate* ses joues se sont creusées **C** A 2; B **spianare.**

affossàto |affos'sato| *agg.* [*scavato, incavato*] creux*, enfoncé: *occhi affossati* yeux creux, enfoncés; *guance affossate* joues creuses # *affossare un progetto di legge* abandonner, enterrer un projet de loi.

affossatóre |affossa'tore| *s.m.* **1** [*chi scava fosse*] terrassier **2** [*becchino*] fossoyeur ◇ (*fig.*) *l'affossatore di una dottrina* le fossoyeur d'une doctrine **3** (*tecnol.*) pelle *f.* mécanique.

affossatùra |affossa'tura| *s.f.* [→ AFFOSSARE A 1, 2] creusage *m.*, creusement *m.*, le fait de creuser ◇ (*fig.*) *l'affossatura del viso* le creux *m.* de la figure.

affrancàbile |affran'kabile| *agg.* [→ AFFRANCARE] affranchissable.

affrancaménto |affranka'mento| *s.m.* [→ AFFRANCARE A 1, 2; B 1] affranchissement ◇ (*agr.*) affranchissement.

affrancàre |affran'kare| **A** *v.tr.* **1** [*liberare*] affranchir: *affrancare uno schiavo* affranchir un esclave; *affrancare un popolo dalla miseria, dall'ignoranza* affranchir un peuple de la misère, de l'ignorance **2** [*apporre il francobollo; pagare la tassa di spedizione*] affranchir: *affrancare un pacco postale* affranchir un colis postal **3** [*rendere libero un fondo da servitù e sim.*] libérer (8): *affrancare una proprietà* libérer une propriété (d'engagements et hypothèques) **B** *v.pron. rifl.* AFFRANCARSI **1** [→ *tr.* 1] s'affranchir: *affrancarsi dalla miseria, dal timore* s'affranchir de la misère, de la crainte **2** [*rendersi libero da obbligazioni, servitù e sim.*] s'affranchir **3** (*fig.*) [*farsi franco, acquistare coraggio e disinvoltura*] prendre (73) *tr.* de l'assurance **C** A 1, 3; B 1, 2 **asservire, assoggettare.**

affrancàto |affran'kato| *agg.* **1** [*reso libero*] affranchi: *schiavo affrancato* esclave affranchi ♦ (*s.*) *un affrancato* un affranchi **2** [*fornito di francobollo*] affranchi: *lettera affrancata* lettre affranchie.

affrancatrice |affranka'tritʃe| *s.f.* (*tecnol.*) machine à affranchir.

affrancatùra |affranka'tura| *s.f.* [→ AFFRANCARE A 2] affranchissement *m.* # *lettera senza affrancatura* lettre non affranchie.

affrancazióne |affrankat'tsjone| *s.f.* **1** [→ AFFRANCARE A 3; B 2] affranchissement *m.* **2** [→ AFFRANCARE A 2] affranchissement **C** 1 **asservimento.**

affrànto |af'franto| *agg.* **1** [*abbattuto, prostrato*] accablé, brisé: *essere affranto dal dolore* être accablé, brisé de douleur; *sembrava affranto* il paraissait brisé, effondré → **vinto** **2** [*spossato, sfinito*] *harassé, accablé: *affranto dalla stanchezza* harassé, accablé de fatigue; *essere affranto* être harassé.

affratellaménto |affratella'mento| *s.m.* [→ AFFRATELLARE] fraternisation *f.*

affratellàre |affratel'lare| **A** *v.tr.* [*rendere come fratelli*] unir: *sentimento che affratella due esseri* sentiment qui unit deux êtres **B** *v.pron. recipr.* AFFRATELLARSI [→ *tr.*] fraterniser (*intr.*): *questi bambini cominciano ad affratellarsi* ces enfants commencent à fraterniser, à bien s'entendre.

affrescàre |affres'kare| *v.tr.* (*pitt.*) [*dipingere a fresco*] peindre (66) à fresque: *affrescare l'abside di una chiesa* peindre à fresque l'abside d'une église.

affreschista |affres'kista| *s.* [*pittore di affreschi*] fresquiste.

affrésco, chi |af'fresko, ki| *s.m.* (*pitt.*) fresque (*f.*): *gli affreschi romani di Pompei* les fresques romaines de Pompéi; *dipingere ad affresco* peindre à fresque.

affrettàre |affret'tare| **A** *v.tr.* **1** [*rendere più rapido, accelerare*] presser, *hâter: *affrettare il passo* presser, hâter le pas; *affrettare la partenza* hâter son départ; *affrettare il movimento* hâter le mouvement ◇ [*sveltire*] *affrettare una procedura* accélérer une procédure **2** [*anticipare, sollecitare*] avancer (2), anticiper: *affrettare l'ora del pranzo* avancer, anticiper l'heure du dîner **B** *v. pron.* AFFRETTARSI **1** *intr.* [*andare, fare in fretta*] se hâter: *affrettarsi verso l'uscita* se hâter vers la sortie ◇ (*in frasi aff.*) se dépêcher: *occorre affrettarsi* il faut se dépêcher; *affrettati, affrettatevi* dépêche-toi, dépêchez-vous ◇ (*in frasi neg.*) se presser: *non affrettarti* ne te presse pas ◇ *loc.* AFFRETTARSI A se hâter (de), s'empresser (de): *affrettarsi a uscire, a finire un lavoro* se hâter, s'empresser de sortir, de terminer un travail **2** *rifl.* [*cercare di essere sollecito*] s'empresser: *si affrettò a smentire* il s'empressa de démentir **C** A 1 **rallentare,** 2 **ritardare;** B 1 **attardar(si),** 2 **indugiare.**

affrettataménte |affrettata'mente| *avv.* **1** [→ AFFRETTATO 1] rapidement, en *hâte (*loc. inv.*): *ha letto il libro affrettatamente* il a lu le livre rapidement, à la hâte **2** [→ AFFRETTATO 2] à la *hâte (*loc. inv.*): *un lavoro fatto affrettatamente* un travail fait à la hâte, bâclé (*fam.*).

affrettàto |affret'tato| *agg.* **1** [*accelerato, veloce*] pressé, *hâté # *camminare con passo affrettato* marcher d'un bon pas; *fare un pasto affrettato* manger à la hâte **2** [*fatto in modo frettoloso, con poca cura*] hâtif*; précipité: *un atto affrettato* une action hâtive; *esprimere un giudizio affrettato* exprimer, porter un jugement hâtif || *partenza affrettata* départ précipité; *passo affrettato* démarche précipitée **C** **lento.**

africàno |afri'kano| *agg.* → **africano.**

africàta |afri'kata| *agg. f.* (*fon.*) affriquée ♦ (*s.f.*) *un'affricata* une affriquée.

affrittellàre |affrittel'lare| *v.tr.* [*cuocere a forma di frittella*] frire*, faire (45) *intr.* frire.

affrontàbile |affron'tabile| *agg.* [→ AFFRONTARE A 1, 2] affrontable.

affrontaménto |affronta'mento| *s.m.* [→ AFFRONTARE A 1, 2; B 2] affrontement: *l'affrontamento di due grandi potenze* l'affrontement de deux grandes puissances → **scontro.**

affrontàre |affron'tare| **A** *v.tr.* **1** [*andare incontro con coraggio, con intenzioni ostili*] affronter: *affrontare un pericolo* affronter un danger; *affrontare la morte con serenità* affronter la mort avec sérénité; *affrontare il nemico* affronter l'ennemi ◇ (*ogg. di persona*) [*abbordare con decisione*] *l'affronterò alla prima occasione e gli dirò quel che penso di lui* je l'aborderai carrément à la première occasion et je lui dirai son fait **2** (*fig.*) [*discutere, esaminare*] aborder: *affrontare una questione* aborder une question **3** (*mecc.*) [*far combaciare di testa*] affronter: *affrontare due pannelli* affronter deux panneaux **B** *v.pron. recipr.* AFFRONTARSI **1** [*venire alle mani, azzuffarsi*] s'affronter: *si affrontarono sulla pubblica piazza* ils s'affrontèrent sur la place publique **2** [*scontrarsi, darsi battaglia*] s'affronter: *gli eserciti si sono affrontati in una battaglia estenuante* les armées se sont affrontées dans une bataille qui épuisa leurs forces.

affrontatùra |affronta'tura| *s.f.* (*tecnol.*) jonction bord à bord.

affrónto |af'fronto| *s.m.* affront: *fare, ricevere un affronto* faire, recevoir un affront; *inghiottire un affronto* avaler un affront; *sopportare un affronto* essuyer un affront.

affumicaménto |affumika'mento| *s.m.* [→ AFFUMICARE 3] fumage, boucanage.

affumicàre |affumi'kare| *v.tr.* **1** [*riempire di fumo*] enfumer: *la stufa* *tira male e affumica la stanza* le poêle tire mal et enfume la chambre ◇ (*ogg. di animale*) [*snidare col fumo*] enfumer: *affumicare un alveare, le api* enfumer une ruche, les abeilles **2** [*rendere nero di fumo*] enfumer ✦ (*al p.p.*) *la tua cucina è affumicata* ta cuisine est enfumée **3** (*cuc.*) [*sottoporre all'azione del fumo*] fumer: *affumicare carne, prosciutto, pesce* fumer, boucaner la viande, le jambon, le poisson.

affumicàto |affumi'kato| *agg.* **1** [*annerito dal fumo*] enfumé: *una stanza tutta affumicata* une chambre tout enfumée ◇ (*per est.*) *lenti affumicate* verres fumés **2** (*cuc.*) fumé: *prosciutto, salmone affumicato* jambon, saumon fumé; *aringhe affumicate* harengs fumés, saurs.

affumicatóio, i |affumika'tojo, i| *s.m.* (*tecnol.*) fumoir.

affumicatóre, trice |affumika'tore, tritʃe| *s.* **1** *s.* [*chi è addetto all'affumicatura*] boucanier *m.* **2** *s.m.* (*tecnol.*) enfumoir.

affumicatùra |affumika'tura| *s.f.* **1** [→ AFFUMICARE 3] fumage *m.* **2** [→ AFFUMICARE 1] enfumage (*m.*): *l'affumicatura delle api* l'enfumage des abeilles.

affusióne |affu'zjone| *s.f.* affusion.

affusolàre |affuso'lare| *v.tr.* [*dare la forma di un fuso*] fuseler (4) ◇ [*assottigliare*] *affusolare una colonna* fuseler une colonne.

affusolàto |affuso'lato| *agg.* [*sottile, a forma di fuso*] fuselé: *dita affusolate* doigts fuselés; *gambe affusolate* jambes fuselées; *colonna affusolata* colonne fuselée Ⓒ **tozzo 1, grosso.**

affùsto |af'fusto| *s.m.* affût.

afgàno |af'gano| *agg.* [*dell'Afganistan*] afghan.

aficionado |afiʃtjo'nado| *s.m.* (*sp.*) af(f)icionado.

Àfidi |'afidi| *s.m.pl.* (*t.zool.*) Aphidiens, Aphidés.

afillo |a'fillo| *agg.* (*bot.*) aphylle.

àfnio, i |'afnjo, i| *s.m.* (*chim.*) hafnium.

afocàle |afo'kale| *agg.* (*fis.*) afocal*.

afonìa |afo'nia| *s.f.* (*med.*) aphonie.

àfono |'afono| *agg.* **1** (*med.*) aphone **2** (*ling.*) muet*.

aforìsma |afo'rizma| *s.m.* aphorisme: *parlare per aforismi* s'exprimer par aphorismes.

a fortiori |afor'tjɔri| **1** *loc. avv. inv.* (*lat.*) a fortiori **2** *loc. agg. inv.* (*filos.*) *ragionamento a fortiori* raisonnement a fortiori.

afosità |afosi'ta| *s.f. inv.* [*l'essere afoso*] chaleur *var.* lourde.

afóso |a'foso| *agg.* [*che dà afa; soffocante*] étouffant, lourd: *aria afosa* air étouffant; *un caldo afoso* une chaleur étouffante; *il tempo è afoso* le temps est lourd → **opprimente, pesante.**

africander, afrikander |æfri'kændə| *agg. e s. inv.* (*ingl.*) afrikan(d)er *var.*

africanìsta |afrika'nista| *s.* africaniste.

africanizzàre |afrikanid'dzare| *v. tr.* [*rendere africano; inserire nel contesto africano*] africaniser.

africanizzazióne |afrikaniddzat'tsjone| *s.f.* [→ AFRICANIZZARE] africanisation.

africàno |afri'kano| *agg.* [*dell'Africa*] africain: *i fiumi africani* les fleuves africains # *i popoli africani* les peuples d'Afrique.

àfrico, ci, ca, che |'afriko, tʃi, ka, ke| **1** *agg.* [*relativo all'Africa*] africain → **africano 2** *s.m.* [*vento di sud-ovest*] suroît → **libeccio.**

afrika(a)ns |afri'ka(a):ns| *agg. e s.m. inv.* (*ol.*) afrika(a)ns *var.*

àfro- |'afro| *pref.* (*significa 'africano', corrisponde gener. a*) afro-: *afroasiatico* afro-asiatique.

àfro |'afro| *agg.* (*lett.*) → **africano.**

afroamericàno |afroameri'kano| *agg.* afro-américain.

afroasiàtico, ci, ca, che |afroa'zjatiko, tʃi, ka, ke| *agg.* afro-asiatique.

afrocubàno |afroku'bano| *agg.* [*relativo ai Cubani di origine africana*] afro-cubain.

afrodisiaco, ci, ca, che |afrodi'ziako, tʃi, ka, ke| *agg.* aphrodisiaque: *è un prodotto afrodisiaco* c'est un produit aphrodisiaque ✦ (*s.m.*) *un afrodisiaco* un aphrodisiaque.

afróre |a'frore| *s.m.* [*odore forte, aspro, spec. di uva in fermentazione*] effluve, exhalaison (*f.*): *gli afrori inebrianti del torchio* les effluves capiteux du pressoir.

àfta |'afta| *s.f.* (*med.*) aphte *m.* ◇ (*veter.*) *afta epizootica* fièvre aphteuse.

after shave |'ɑ:ftəʃeiv| *s.m. inv.* (*ingl.*) after shave *var.* → **dopobarba.**

aftóso |af'toso| *agg.* aphteux*: *febbre aftosa* fièvre aphteuse.

agalassìa |agalas'sia|, **agalattìa** |agalat'tia| *s.f.* (*med.*) agalactie.

agamète |aga'mɛte| *s.m.* (*biol.*) agamète *f.*

agamìa |aga'mia| *s.f.* (*biol.*) multiplication asexuée, agamie.

agàmico, ci, ca, che |a'gamiko, tʃi, ka, ke|, **àgamo** |'agamo| *agg.* (*biol.*) asexué.

àgape |'agape| *s.f.* (*relig. crist.*) agape ◇ (*per est., lett.*) [*banchetto intimo*] agapes *pl.*

àgar-àgar |'aga'ragar| *s.m.inv.* **1** (*t. bot.*) gélose *f. var.*, agar-agar *var.* (*corr.*) **2** (*chim.*) agar-agar, gélose.

Agaricàcee |agari'katʃee| *s.f.pl.* (*t.bot.*) Agaricacées.

agàrico, ci |a'gariko, tʃi| *s.m.* (*t. bot.*) agaric.

àgata |'agata| *s.f.* (*miner.*) agate.

àgave |'agave| *s.f.* (*t.bot.*) agavé *m.*, agave *m.*

agèmina |a'dʒɛmina| *s.f.* (*oref.*) damasquinage *m.* → **damaschinatura, intarsio.**

ageminàre |adʒemi'nare| *v.tr.* (*oref.*) [*intarsiare ad agemina*] damasquiner → **damaschinare.**

ageminatóre, trice |adʒemina'tore, tritʃe| *s.* [*chi esegue lavori di agemina*] damasquineur *m.*

ageminatùra |adʒemina'tura| *s.f.* [→ AGEMINARE] damasquinage *m.*

agènda |a'dʒɛnda| *s.f.* **1** agenda (*m.*): *agenda tascabile* agenda de poche **2** [*lista di argomenti*] ordre *m.* du jour.

agenesìa |adʒene'zia| *s.f.* agénésie.

agènte |a'dʒɛnte| *s.m.* **1** agent ◇ (*gram.*) *complemento d'agente* complément d'agent ✦ *agg.* (*filos.*) *causa agente* agent *s.m.* **2** (*cose*) agent: *la luce e il calore sono agenti della natura* la lumière et la chaleur sont des agents de la nature; *agenti fisici, chimici* agents physiques, chimiques; *agenti atmosferici* agents atmosphériques; *agenti patogeni* agents pathogènes **3** (*persone*) agent: *agente di assicurazioni, di affari* agent d'assurances, d'affaires; *agenti di pubblicità* agents de publicité; *agente marittimo* agent maritime; *agente di polizia, di pubblica sicurezza* agent de police, de la sûreté; *agente di informazioni* agent de renseignement; *agente segreto* agent secret, barbouze (*fam.*).

agenzìa |adʒen'tsia| *s.f.* **1** agence: *agenzia immobiliare, teatrale* agence immobilière, théâtrale ◇ (*comm.*) *contratto d'agenzia* contrat d'agence **2** [*impresa che offre determinati servizi*] agence: *agenzia di informazioni* agence d'information(s); agence de presse; *agenzia di collocamento* agence de placement; *agenzia investigativa* agence d'investigation; *agenzia di viaggi* agence de voyages; *agenzia pubblicitaria* agence publicitaire; *agenzia matrimoniale* agence matrimoniale **3** [*succursale*] agence: *agenzia di banca* agence, comptoir *m.* d'une banque; *agenzia di assicurazione* agence d'assurances.

agèrato |a'dʒɛrato| *s.m.* (*t.bot.*) agérate, agératum.

ageusìa |adʒeu'zia| *s.f.* (*med.*) agueusie.

agevolaménto |adʒevola'mento| *s.m.* [→ AGEVOLARE] facilité *f.* → **agevolazione.**

agevolàre |adʒevo'lare| *v.tr.* **1** (*ogg. di cosa*) [*rendere facile, agevole*] faciliter: *agevolare il compito a qc.* faciliter la tâche à qqn.; *il suo atteggiamento non agevola le cose* son attitude ne facilite pas les choses → **facilitare** # *queste misure potranno agevolare il risanamento dell'economia* ces mesures pourront aider au rétablissement de l'économie **2** (*ogg. di persona*) [*venire incontro a qc. con aiuti, facilitazioni*] aider: *sono stato molto agevolato* on m'a beaucoup aidé → **aiutare** # *agevolare i piccoli contribuenti* alléger les petits contribuables ◇ (*comm.*) accorder des facilités: *sono stato agevolato nei pagamenti* on m'a accordé des facilités de payement **3** [*alleviare*] alléger (3): *agevolare la vita dei carcerati* alléger lą vie des détenus Ⓒ **1 complicare; 2 ostacolare.**

agevolazióne |adʒevolat'tsjone| *s.f.* [→ AGEVOLARE] facilités (*pl.*): *agevolazioni di pagamento* facilités de paiement; *fornire a qc. ogni agevolazione per...* fournir à qqn. toutes facilités pour... Ⓒ **complicazione, difficoltà.**

agévole |a'dʒevole| *agg.* [*che non è faticoso; facile*] facile: *un lavoro agevole* un travail facile; *un percorso agevole* un chemin facile Ⓒ **difficile, disagevole.**

agevolézza |adʒevo'lettsa| *s.f.* **1** [*facilitazione*] facilités (*pl.*): *ottenere agevolezza per il pagamento* obtenir des facilités de payement **2** (*lett.*) [*scioltezza*] aisance: *agevolezza di movimenti* aisance dans les mouvements Ⓒ **1 difficoltà; 2 sforzo.**

agevolménte |adʒevol'mente| *avv.* [→ AGEVOLE] aisément, facilement Ⓒ **difficilmente.**

agganciaménto |agganʃa'mento| *s.m.* **1** [→ AGGANCIARE] accrochage, attelage: *l'agganciamento di due vagoni* l'accrochage, l'attelage de deux wagons **2** (*mil.*) accrochage: *manovra d'agganciamento* manœuvre d'accrochage, d'attelage Ⓒ **1 sganciamento.**

agganciàre |aggan'tʃare| **A** *v.tr.* **1** [*attaccare con un gancio*] accrocher: *agganciare due vagoni* accrocher deux wagons ◇ [*fermare, chiudere con ganci*] agrafer: *non riesco ad agganciare il vestito* je n'arrive pas à agrafer ma robe **2** (*fig., fam.*) (*ogg. di persona*) [*abbordare*] aborder: *mi ha agganciato per la strada* il m'a abordé dans la rue **3** (*calcio*) [*fermare con il piede*] attraper: *agganciare il pallone* attraper le ballon ◇ [*fare lo sgambetto*] faire (45) un croche-pied, un croc-en-jambe; accrocher **B** *v.pron. rifl.* AGGANCIARSI **1** [*attaccarsi l'un l'altro, come con un gancio*] s'accrocher: *le due auto si sono agganciate* les deux voitures se sont accrochées; *i due giocatori si sono agganciati* les deux joueurs se sont accrochés **2** (*detto di astronavi*) *le due navicelle si sono agganciate* les deux aéronefs ont réalisé l'amarrage ◻C A 1 **sganciare, staccare.**

aggàncio, i |ag'gantʃo, i| *s.m.* **1** (*raro*) [→ AGGANCIARE A 1] accrochage (*corr.*), attelage (*corr.*) → **agganciamento** **2** (*tecnol.*) attelage: *operazione di aggancio* opération d'attelage; *aggancio semplice, automatico* attelage simple, automatique **3** (*calcio*) accrochage **4** *aggancio spaziale* amarrage.

aggéggio, i |ad'dʒeddʒo, i| *s.m.* [*cosa da poco*] truc, machin ◇ [*oggetto di cui si ignora il nome*] *cos'è quell'aggeggio?* qu'est-ce que c'est que ce truc, ce machin-là? ~ *che strano aggeggio* quel drôle d'engin.

aggettàre |addʒet'tare| *v.intr.* (*aus. 'essere'*) (*arch.*) [*sporgere in fuori*] forjeter (5) (*aus.* avoir), former *tr.* saillie: *un muro che aggetta* un mur qui forjette, qui est en saillie; *balcone aggettante* balcon formant saillie.

aggettivàle |addʒetti'vale| *agg.* (*gram.*) adjectif*, adjectival*: *locuzione aggettivale* locution adjective; *desinenza aggettivale* désinence adjectivale.

aggettivaménte |addʒettiva'mente| *avv.* [*a modo di aggettivo*] adjectivement.

aggettivàre |addʒetti'vare| *v.tr. ass.* [*usare aggettivi*] utiliser des adjectifs: *uno scrittore che aggettiva molto* un écrivain qui utilise beaucoup d'adjectifs, l'adjectif.

aggettivàto |addʒetti'vato| *agg.* (*gram.*) adjectivé.

aggettivazióne |addʒettivat'tsjone| *s.f.* **1** adjectivation **2** emploi *m.* des adjectifs.

aggettivo |addʒet'tivo| *s.m.* **1** (*gram., corr.*) adjectif: *aggettivo qualificativo* adjectif qualificatif; *aggettivi dimostrativi, indefiniti, numerali* adjectifs démonstratifs, indéfinis, numéraux; *aggettivo sostantivato* adjectif substantivé **2** [*epiteto, attributo*] épithète (*f.*): *ho trovato l'aggettivo giusto* j'ai trouvé l'épithète appropriée; *non ci sono aggettivi per descriverlo a sufficienza* il n'y a pas assez d'épithètes pour le décrire.

aggètto |ad'dʒɛtto| *s.m.* **1** (*arch.*) avancée *f.*, encorbellement: *l'aggetto di un tetto* l'avancée d'un toit; *un balcone in aggetto* un balcon en encorbellement → **sporgenza** ◇ (*loc.*) *fare aggetto* avancer, s'avancer, saillir → **sporgere** **2** (*alpinismo*) ressaut, replat: *l'alpinista utilizzava parecchi aggetti* l'alpiniste utilisait plusieurs ressauts, replats ◻C **rientranza, cavità**

agghiacciaménto |aggjattʃa'mento| *s.m.* congélation *f.*

agghiacciànte |aggjat'tʃante| *agg.* [*spaventoso, terrificante*] terrifiant, effrayant: *grida agghiaccianti* cris terrifiants.

agghiacciàre |aggjat'tʃare| **A** *v. tr.* **1** [*gelare, ridurre in ghiaccio*] geler (6) → **ghiacciare, gelare** **2** (*fig.*) glacer (2): *un urlo nella notte li agghiacciò d'orrore* un hurlement dans la nuit les glaça d'horreur; *atteggiamento che agghiaccia* (*la gente*) attitude qui glace # *agghiacciare il sangue* figer le sang **B** *v.intr.* (*aus. 'essere'*) **1** [*trasformarsi in ghiaccio, gelare*] geler (*aus.* avoir): *il mare agghiaccia raramente nei fiordi* la mer gèle rarement dans les fiords **2** (*persone*) [*avere molto freddo*] → **ghiacciare, gelare** **C** *v.pron. intr.* AGGHIACCIARSI **1** [→ *intr.* 1] geler (*intr.*): *l'acqua si è agghiacciata* l'eau a gelé; *fiumi che si agghiacciano* fleuves qui gèlent **2** → **gelar(si), ghiacciar(si)** **3** [→ *tr.* 2] se glacer: *mi si è agghiacciato il cuore* mon cœur se glaça, mon sang se figea ◻C A 1; B 1; C 1 **disgelare, riscaldare.**

agghiàccio, i |ag'gjattʃo, i| *s.m.* (*mar.*) barre *f.* franche.

agghiaiàre |aggja'jare| *v.tr.* [*coprire di ghiaia*] couvrir (23) de gravier: *agghiaiare un cortile, una strada* couvrir une cour, une route de gravier → **inghiaiare.**

agghindaménto |agginda'mento| *s.m.* [→ AGGHINDARE] bichonnage, parure *f.*

agghindàre |aggin'dare| **A** *v.tr.* **1** [*abbigliare in modo ricercato*] bichonner, parer: *agghindare un bambino* bichonner un enfant; *agghindare una sposa* parer une mariée **2** (*fig.*) [*rendere bello, ricercato*] orner: *agghindare un discorso* orner un discours → **ornare** **B** *v. pron. rifl.* AGGHINDARSI [→ *tr.* 1] se parer, se pomponner: *passa molto tempo ad agghindarsi* elle passe un temps fou à se pomponner.

agghindàto |aggin'dato| *agg.* [*vestito con cura, ricercatezza*] pomponné, paré: *una ragazzina tutta agghindata per il primo ballo* une petite jeune fille bien pomponnée pour son premier bal ◇ (*fig.*) *stile agghindato* style orné ◻C **disadorno.**

àggio, i |'addʒo, i| *s.m.* **1** (*comm.*) agio: *aggio sul cambio* agio sur le change **2** (*fin.*) agio.

aggiogaménto |addʒoga'mento| *s.m.* [→ AGGIOGARE] attelage.

aggiogàre |addʒo'gare| *v.tr.* **1** [*mettere sotto il giogo*] atteler (4): *aggiogare i buoi* atteler les bœufs **2** (*fig.*) [*soggiogare, assoggettare*] soumettre (71), subjuguer.

aggiornàbile |addʒor'nabile| *agg.* [→ AGGIORNARE A; C] ajournable.

aggiornaménto |addʒorna'mento| *s.m.* **1** [→ AGGIORNARE A 1, 2; C] mise *f.* à jour: *l'aggiornamento dei libri contabili* la mise à jour des livres de commerce; *l'aggiornamento di un'enciclopedia* la mise à jour, l'actualisation d'une encyclopédie; *aggiornamento di un archivio* mise à jour des archives # *corso d'aggiornamento* stage **2** [→ AGGIORNARE A 3] ajournement: *aggiornamento di un dibattito, di una seduta* ajournement d'un débat, d'une séance **3** [*ammodernamento*] modernisation (*f.*): *l'aggiornamento di un procedimento* la modernisation d'un procédé.

aggiornàre |addʒor'nare| **A** *v.tr.* **1** [*mettere, tenere al corrente*] mettre (71) au courant: *mi hanno aggiornato sugli ultimi fatti* on m'a mis au courant des derniers faits **2** [*completare, rielaborare con dati più recenti*] mettre à jour: *aggiornare un'enciclopedia, un libro di geografia* mettre à jour une encyclopédie, un livre de géographie; *il catalogo è stato aggiornato al luglio 1978* le catalogue a été mis à jour en juillet 1978 ◇ [*rinnovare, rimodernare*] renouveler (4): *aggiornare il proprio guardaroba* renouveler sa garde-robe **3** [*rinviare*] ajourner: *aggiornare un processo, una seduta* ajourner un procès, une séance **B** *v.impers.* [*rischiararsi, far giorno*] faire (45) jour: *aggiorna* il fait jour **C** *v.pron. rifl.* AGGIORNARSI [→ *tr.* 1] se mettre au courant de qqch.: *aggiornarsi su un problema* se mettre au courant d'un problème.

aggiornàto |addʒor'nato| *agg.* **1** (*persone*) [*al corrente, informato*] au courant (de) *loc.*, à la page (*loc. inv.*): *essere aggiornato su un argomento* être au courant d'un sujet; *mantenersi aggiornato* se tenir au courant, à la page **2** [*di libri, opere, che contengono dati e notizie recenti*] mis à jour: *edizione aggiornata* édition mise à jour, actualisée ◻C **arretrato.**

aggiotàggio, i |addʒo'taddʒo, i| *s.m.* (*econ.*) agiotage.

aggiotatóre |addʒota'tore| *s.m.* (*st.*) agioteur.

aggiraménto |addʒira'mento| *s.m.* [→ AGGIRARE A 1] contournement.

aggirànte |addʒi'rante| *agg.* (*mil.*) *manovre aggiranti* mouvements tournants.

aggiràre |addʒi'rare| **A** *v.tr.* **1** [*andare intorno a,* (*fig.*) *evitare*] contourner: *aggirare la legge* contourner la loi; *aggirare un ostacolo* contourner un obstacle **2** (*mil.*) [*circondare*] encercler, déborder: *aggirare le posizioni del nemico* encercler, déborder les positions de l'ennemi; *aggirare il fronte nemico* déborder le front ennemi **3** (*fig.*) [*imbrogliare, raggirare*] circonvenir (27): *aggirare un debitore* circonvenir un débiteur **B** *v. pron. intr.* AGGIRARSI **1** [*andare in giro, gironzolare*] rôder *intr.*, errer (*intr.*): *aggirarsi per la strada* rôder, errer dans une rue **2** (*detto di quantità numerica*) [*ammontare approssimativamente a*] s'élever (6): *le spese si aggirano sui due milioni* les frais s'élèvent à deux millions environ # *il percorso si aggira sui 30 km* le parcours est de 30 km environ.

aggiratóre, trice |addʒira'tore, tritʃe| *s.* (*raro*) [*imbroglione*] escroc *m.*, estampeur *m.* (*fam.*).

aggiudicàbile |addʒudi'kabile| *agg.* [→ AGGIUDICARE] qu'on peut adjuger *loc.*

aggiudicànte |addʒudi'kante| *s.* (*dir.*) adjudicateur*.

aggiudicàre |addʒudi'kare| *v.tr.* **1** (*dir.*) [*assegnare q.c. a qc.*] adjuger (3): *aggiudicare una concessione* adjuger une concession; *aggiudicare dei mobili* adjuger des meubles ◇ (*nelle aste*) *aggiudicato!* adjugé! **2** [*attribuire, conferire*] décerner, adjuger: *aggiudicare un premio, una ricompensa* décerner, adjuger un prix, une récompense **3** [*ottenere, vincere, accaparrarsi*] s'adjuger *pron.*, remporter: *si è aggiudicata la parte migliore* elle s'est adjugé la meilleure part; *aggiudicarsi un premio* remporter un prix; *aggiudicarsi una coppa* remporter une coupe © 1 **revocare**; 2 **togliere**.

aggiudicatàrio, i |addʒudika'tarjo, i| *s.* (*dir.*) adjudicataire.

aggiudicativo |addʒudika'tivo| *agg.* (*dir.*) adjudicatif*: *decreto aggiudicativo* décret adjudicatif.

aggiudicazióne |addʒudikat'tsjone| *s.f.* [→ AGGIUDICARE] adjudication: *aggiudicazione al miglior offerente* adjudication au plus offrant; *aggiudicazione* (*dell'appalto*) *di lavori pubblici* adjudication des travaux publics.

aggiùngere |ad'dʒundʒere| (150) **A** *v.tr.* **1** [*mettere in più*] ajouter: *ha aggiunto un capitolo al testo originale* il a ajouté un chapitre au texte original; *aggiungere acqua nella pentola* ajouter de l'eau dans la casserole; *senza aggiungere né togliere nulla* sans rien ajouter ni retrancher ◇ [*unire*] joindre (61): *aggiungere la forza alla bellezza* joindre la force à la beauté **2** [*soggiungere*] ajouter: *ebbene, aggiunse, partirò domani* eh bien!, ajouta-t-il, je partirai demain **B** *v.pron.* AGGIUNGERSI **1** *intr.* [*mettersi insieme, unirsi*] s'ajouter: *a ciò si aggiungono molte difficoltà* à cela s'ajoutent, viennent s'ajouter bien des difficultés **2** *rifl.* (*persone*) s'ajouter: *presto si aggiungeranno altri soci* bientôt s'ajouteront d'autres membres (à ce qui...); bientôt (l'association) comptera d'autres membres © A 1 **togliere**.

aggiungiménto |addʒundʒi'mento| *s.m.* (*arc.*) [→ AGGIUNGERE A 1; B] adjonction *f.*

aggiùnta |ad'dʒunta| *s.f.* **1** [*ciò che viene aggiunto*] adjonction: *fare una aggiunta* faire une adjonction **2** [*proseguimento di un'opera, spec. da parte di altri*] adjonction: *l'aggiunta di un capitolo* l'adjonction d'un chapitre © **sottrazione**.

aggiuntàre |addʒun'tare| *v.tr.* [*unire insieme*] attacher: *aggiuntare uno spago* attacher, nouer une ficelle © **staccare**.

aggiuntatóre, trice |addʒunta'tore, tritʃe| *s.* [*che esegue aggiuntature*] assembleur*.

aggiuntatùra |addʒunta'tura| *s.f.* [→ AGGIUNTARE] attache; insertion ◇ [*punto di giunzione*] point *m.* d'attache, jointure.

aggiuntivo |addʒun'tivo| *agg.* **1** [*che aggiunge*] additionnel*: *un articolo aggiuntivo* un article additionnel **2** [*che è aggiunto*] *atto aggiuntivo* acte additionnel.

aggiùnto |ad'dʒunto| *agg.* (*persone*) [*che è aggiunto per coadiuvare, sostituire qc.*] adjoint: *segretario, funzionario aggiunto* secrétaire, fonctionnaire adjoint ✦ (*s.m.*) *aggiunto del sindaco* adjoint au maire; *aggiunto giudiziario* adjoint judiciaire.

aggiunzióne |addʒun'tsjone| *s.f.* → **aggiunta**.

aggiustàbile |addʒus'tabile| *agg.* [→ AGGIUSTARE A] arrangeable.

aggiustàggio, i |addʒus'taddʒo, i| *s.m.* (*tecnol.*) ajustage © **rottura**.

aggiustaménto |addʒusta'mento| *s.m.* **1** [→ AGGIUSTARE A 1] réparation (*f.*): *aggiustamento di un paio di scarpe* réparation d'une paire de souliers ◇ [*rammendo*] raccommodage **2** (*mil.*) *aggiustamento del tiro* réglage du tir **3** [→ AGGIUSTARE A 3; B 1] arrangement: *un aggiustamento ha posto termine alla loro lite* un arrangement a mis fin à leur différend © 1; 3 **rottura**.

aggiustàre |addʒus'tare| **A** *v.tr.* **1** [*riparare, rimettere in funzione*] réparer, arranger (3): *aggiustare un orologio, un'automobile* réparer une montre, une voiture; *dare ad aggiustare le proprie scarpe* donner ses chaussures à réparer ◇ [*mettere in ordine*] réparer: *aggiustare un orologio, un mobile* réparer une montre, un meuble **2** [*regolare, sistemare*] régler (8), ajuster: *aggiustare i conti* régler les comptes; *aggiustare le redini* ajuster les rênes; *aggiustare il tiro* ajuster le tir ◇ (*fig.*) *aggiustare il colpo* ajuster son coup □ *aggiustarsi la cravatta, i capelli* ajuster sa cravate, arranger ses cheveux **3** (*fig.*) [*sistemare, accomodare*] arranger, régler: *aggiustare una lite* arranger, régler un différend ◇ (*iron.*) [*appioppare*] *aggiustare uno schiaffo a qc.* flanquer, donner une gifle à qqn. ◇ (*iron.*) [*conciare*] *aggiustare qc. per le feste* arranger qqn. de belle manière; *ti sei fatto aggiustare bene!* tu t'es fait drôlement arranger! ◇ (*fam.*) *aggiustare lo stomaco* remettre (71) l'estomac d'aplomb **B** *v.pron.* AGGIUSTARSI **1** *recipr.* [*mettersi d'accordo*] s'arranger: *aggiustarsi amichevolmente* s'arranger à l'amiable **2** *rifl.* (*fig.*) [*sistemarsi, accomodarsi*] s'arranger: *le cose si sono aggiustate* le choses se sont arrangées; *ci aggiusteremo alla meglio* nous nous arrangerons tant bien que mal **3** *rifl.* (*fig., fam.*) [*mettersi in ordine*] s'arranger: *è andata ad aggiustarsi* elle est allée s'arranger ✦ → *tr.* 2 □ **4** *rifl.* [*arrangiarsi*] s'arranger: *che s'aggiusti!* qu'elle s'arrange!

aggiustàto |addʒus'tato| *agg.* [*riparato*] ajusté ◇ [*regolato*] *tiro aggiustato* tir ajusté, réglé.

aggiustatóre, trice |addʒusta'tore, tritʃe| *s.* [*chi aggiusta*] ajusteur (*m.*): *aggiustatore di precisione* ajusteur de précision; *aggiustatore attrezzista* ajusteur outilleur.

aggiustatùra |addʒusta'tura| *s.f.* **1** [→ AGGIUSTARE A 1] réparation ◇ [*punto in cui si è aggiustato*] raccord (*m.*): *mascherare l'aggiustatura* camoufler le raccord **2** (*mecc.*) ajustage *m.* ◇ (*mar.*) radoub *m.*

agglomeraménto |agglomera'mento| *s.m.* [→ AGGLOMERARE] agglomération *f.*

agglomeràre |agglome'rare| **A** *v.tr.* [*mettere insieme, unire, mescolare*] agglomérer (8): *agglomerare sostanze in un impasto* agglomérer des substances en un mélange **B** *v.pron. rifl.* AGGLOMERARSI [→ *tr.*] s'agglomérer ◇ [*ammassarsi, ammucchiarsi*] *molte persone si agglomerano intorno alle città* beaucoup de gens s'agglomèrent autour des villes.

agglomeràto |agglome'rato| **I** *agg.* aggloméré: *popolazioni agglomerate* populations agglomérées **II** *s.m.* **1** (*miner.*) agglomérat: *gli agglomerati vulcanici* les agglomérats volcaniques **2** (*tecnol.*) aggloméré: *agglomerato di sughero* aggloméré de liège **3** [*insieme, massa*] agglomération (*f.*): *un agglomerato urbano* une agglomération urbaine.

agglomerazióne |agglomerat'tsjone| *s.f.* [→ AGGLOMERARE] agglomération: *agglomerazione per compressione* agglomération sous pression.

agglutinànte |aggluti'nante| *agg.* **1** (*chim.*) agglutinant: *sostanze agglutinanti* substances agglutinantes, agglutinants *s.m. pl.* **2** (*ling.*) agglutinant: *lingua agglutinante* langue agglutinante.

agglutinàre |aggluti'nare| *v.tr.* [*unire con glutine; incollare*] agglutiner.

agglutinazióne |agglutinat'tsjone| *s.f.* (*biol., ling.*) agglutination.

agglutinìna |aggluti'nina| *s.f.* agglutinine.

agglutinògeno |aggluti'nɔdʒeno| *s.m.* agglutinogène.

aggobbire |aggob'bire| (197) **A** *v.tr.* [*rendere gobbo*] voûter: *l'età lo ha aggobbito* l'âge l'a voûté **B** *v.pron. intr.* AGGOBBIRSI [*diventare gobbo*] se voûter: *aggobbire sotto un peso* se voûter sous un poids.

aggomitolàre |aggomito'lare| **A** *v.tr.* [*avvolgere in gomitoli*] pelotonner: *aggomitolare del filo* pelotonner du fil **B** *v.pron. rifl.* AGGOMITOLARSI [*ripiegarsi su sé stesso, rannicchiarsi*] se pelotonner: *aggomitolarsi nel letto* se pelotonner dans le lit ◇ (*calcio*) *aggomitolarsi sulla palla* se ramasser sur la balle © A **sgomitolare**.

aggomitolàto |aggomito'lato| *agg.* [*avvolto in gomitolo*] pelotonné: *filo aggomitolato* fil pelotonné ◇ (*fig.*) *aggomitolato sul letto* [*rannicchiato*] pelotonné sur le lit.

aggomitolatùra |aggomitola'tura| *s.f.* [→ AGGOMITOLARE A] pelotage *m.*

aggottàre |aggot'tare| *v.tr.* **1** (*mar.*) [*togliere l'acqua da un'imbarcazione con la sessola*] écoper **2** [*prosciugare il fondo di uno scavo*] assécher (8), drainer.

aggottatóio, i |aggotta'tojo, i| *s.m.* (*tecnol.*) écope *f.*

aggradàre |aggra'dare| *v.intr.* (*raro*) (*usato solo alla 3ª pers. sing.*) [*essere gradito, piacere*] plaire (68): *come vi aggrada* comme cela vous plaît, comme il vous plaira; *se vi aggrada* si cela vous plaît.

aggradire |aggra'dire| (197) *v.tr. e intr.* (*aus.* 'essere') → **gradire**.

aggraffàre |aggraf'fare| *v.tr.* **1** [*attaccare per mezzo di graffe*] agrafer **2** [*afferrare con le graffe*] accrocher **3** (*nella lavorazione delle sigarette*) [*zigrinare*] agrafer.

aggraffatóre, trice |aggraffa'tore, tritʃe| *s.* [*persona addetta all'aggraffatura*] sertisseur*.

aggraffatrice |aggraffa'tritʃe| *s.f.* (*tecnol.*) agrafeuse.

aggraffatùra |aggraffa'tura| *s.f.* (*tecnol.*) [→ AGGRAFFARE 1, 3] agrafage *m.*

aggraffiàre |aggraf'fjare| *v.tr.* **1** (*raro*) [*prendere con uncini, con artigli*] accrocher **2** (*fig.*) [*arraffare, rubare*] rafler (*fam.*).

aggranchiàre |aggran'kjare| **A** *v. intr.* (*aus.* 'essere') [*diventare rigido per il freddo*] geler (6) (*aus.* avoir) **B** *v. pron. intr.* AGGRANCHIARSI [→ *intr.*] geler *intr.*

aggranchiàto |aggran'kjato| *agg.* [*intirizzito per il freddo*] gelé, morfondu (*lett.*).

aggranchire |aggran'kire| (197) **A** *v.tr.* [*intirizzire*] transir, engourdir: *quest'aria fredda ci aggranchisce* cet air froid nous transit, nous engourdit **B** *v. intr.* (*aus.* '*essere*') [*diventare intirizzito*] geler (6) (*aus.* avoir).

aggranchito |aggran'kito| *agg.* [*intirizzito*] gelé, transi: *mani aggranchite* mains gelées, transies; *ho i piedi aggranchiti* j'ai les pieds gelés.

aggrandire |aggran'dire| (197) *v. tr., intr.* (*aus.* '*essere*') *e pron.* → **ingrandire.**

aggranfiàre |aggran'fjare| *v.tr.* [*afferrare con le unghie, gli artigli*] agripper → **ghermire** ◇ (*fig., fam.*) [*rubare*] piquer (*pop.*), chiper (*fam.*): *gli hanno aggranfiato il portafoglio* on lui a piqué, chipé son portefeuille.

aggrappàre |aggrap'pare| **A** *v.tr.* **1** (*raro*) [*prendere con forza*] saisir → **afferrare** **2** *ass.* (*mar., detto dell'ancora*) [*mordere il fondo*] chasser, labourer **B** *v.pron. rifl.* AGGRAPPARSI [*attaccarsi con forza a q.c., a qc.*] s'accrocher, s'agripper: *aggrapparsi alla ringhiera* s'accrocher à la rampe; *aggrapparsi al braccio di qc.* s'accrocher au bras de qqn.; *si è aggrappato alle erbe della scarpata* il s'est agrippé aux herbes du talus → **appigliarsi** ◇ (*fig.*) *aggrapparsi a un'idea, a una speranza* se cramponner à une idée, à un espoir; *aggrapparsi al proprio passato, alle proprie illusioni* s'accrocher, se cramponner à son passé, à ses illusions.

aggraticciàre |aggratit'tʃare| *v. tr.* [*intrecciare a forma di graticcio*] tresser: *una stuoia di giunchi aggraticciati* une natte de joncs tressés.

aggravaménto |aggrava'mento| *s.m.* [→ AGGRAVARE] aggravation (*f.*): *l'aggravamento delle condizioni del malato* l'aggravation de l'état du malade; *l'aggravamento della situazione finanziaria* l'aggravation de la situation financière Ⓒ **miglioramento, attenuazione.**

aggravànte |aggra'vante| **1** *agg.* aggravant: *circostanza aggravante* circonstance aggravante **2** *s.f.* [*elemento, circostanza aggravante*] circonstance aggravante *agg.* Ⓒ **attenuante.**

aggravàre |aggra'vare| **A** *v.tr.* **1** [*rendere più grave, peggiorare*] aggraver: *aggravare il proprio caso* aggraver son cas; *aggravare il male* aggraver le mal; *aggravare un dissidio* aggraver une dissension; *aggravare la pena* [*aumentarla*] aggraver la peine # *aggravare la coscienza* [*turbarla*] charger sa conscience **2** [*rendere più pesante, appesantire*] augmenter: *aggravare il carico di una nave* augmenter la cargaison d'un navire ◇ (*fig.*) *aggravare lo stomaco* se charger l'estomac; *il sonno mi aggrava la testa* le sommeil me rend la tête lourde **B** *v.pron. intr.* AGGRAVARSI [*divenire più grave, peggiorare*] s'aggraver: *il malato si è aggravato durante la notte* l'état du malade s'est aggravé dans la nuit; *la situazione si è aggravata* la situation s'est aggravée Ⓒ A 1; B **migliorare**; A 2 **alleggerire.**

aggravàto |aggra'vato| *agg.* aggravé (*p.p.*): *situazione, malattia aggravata* situation, maladie qui s'est aggravée.

aggràvio, i |ag'gravjo, i| *s.m.* **1** [*inasprimento, aggravamento*] majoration *f.*, *hausse (*f.*): *aggravio fiscale* majoration, hausse des charges fiscales; *aggravio di mora* majoration de retard **2** (*lett.*) [*fastidio, incomodo*] charge *f.* (*corr.*): *essere di aggravio a qc.* être à la charge de qqn. **3** (*lett.*) [*ingiustizia*] injustice *f.*, tort (*corr.*): *l'aggravio commesso nei suoi confronti* le tort qu'on lui a fait.

aggraziàre |aggrat'tsjare| *v.tr.* **1** [*rendere più bello, grazioso*] embellir: *quella pettinatura ti aggrazia* cette coiffure t'embellit → **abbellire** **2** *aggraziarsi qc.* [*farselo amico*] gagner l'amitié de qqn. → **cattivare** Ⓒ 1 **imbruttire.**

aggraziataménte |aggrattsjata'mente| *avv.* [→ AGGRAZIATO 1] gracieusement Ⓒ **sgraziatamente.**

aggraziàto |aggrat'tsjato| *agg.* **1** [*garbato, pieno di grazia*] gracieux*: *un corpo agile e aggraziato* un corps svelte et gracieux; *un gesto aggraziato* un geste gracieux → **grazioso** # *parole aggraziate* des mots aimables **2** [*reso grazioso*] agrémenté: *un vestito aggraziato da ricami* une robe agrémentée de broderies Ⓒ 1 **sgraziato.**

aggredire |aggre'dire| (197) *v.tr.* **1** [*commettere un'aggressione ai danni di qc.*] agresser, assaillir (19): *lo hanno aggredito la notte scorsa* on l'a agressé, assailli la nuit dernière → **assalire** **2** (*fig.*) [*investire con insulti, minacce*] accabler (de), abreuver (de): *l'ha aggredito con ingiurie* il l'a abreuvé, accablé d'injures ◇ [*affrontare con decisione*] apostropher: *aggredire qc. per la strada per dirgli il fatto suo* apostropher qqn. dans la rue pour lui dire son fait ◇ (*per est.*) *aggredire un problema* attaquer un problème.

aggregaménto |aggrega'mento| *s.m.* → **aggregazione.**

aggregàre |aggre'gare| **A** *v.tr.* **1** [*annettere, aggiungere*] réunir: *aggregare una provincia a uno Stato* réunir une province à un État **2** [*ricevere in una compagnia, associare*] agréger (8) (3), associer: *aggregare qc. a una società* agréger, associer qqn. à une société **B** *v.pron. rifl.* AGGREGARSI [→ *tr.* 2] se joindre (61), s'associer: *si sono aggregati alla nostra compagnia* ils se sont joints à notre groupe Ⓒ A 1 **disgregare, dividere, separare.**

aggregativo |aggrega'tivo| *agg.* agrégatif*.

aggregàto |aggre'gato| **I** *agg.* **1** [*unito, associato*] associé **2** (*riferito a impiegato*) [*sostituto*] rattaché **II** *s.m.* **1** [*complesso, raggruppamento*] agrégat: *un aggregato di case* un agrégat de maisons, un grand ensemble **2** (*mat.*) ensemble fini **3** (*miner.*) agrégation *f.*

aggregazióne |aggregat'tsjone| *s.f.* (*fis.*) agrégation: *la forza di aggregazione* la force d'agrégation Ⓒ **disgregazione.**

aggressióne |aggres'sjone| *s.f.* **1** (*mil., corr.*) agression: *patto di non aggressione* pacte de non-agression **2** [→ AGGREDIRE] agression: *un passante vittima di una aggressione* un passant victime d'une agression.

aggressività |aggressivi'ta| *s.f. inv.* **1** [*carattere aggressivo*] agressivité (*var.*): *la sua aggressività non facilita i nostri rapporti* son agressivité ne facilite pas nos relations → **violenza** **2** [*impetuosità, foga*] fougue (*var.*): *l'aggressività di un oratore* la fougue d'un orateur ◇ (*sport*) mordant *m.var.* **3** (*psicol.*) agressivité: *aggressività del bambino* agressivité de l'enfant Ⓒ **mitezza, indolenza.**

aggressivo |aggres'sivo| **1** *agg.* agressif*: *un tono aggressivo* un ton agressif; *temperamento aggressivo* tempérament agressif; *pugile aggressivo* boxeur agressif **2** *s.m.* (*mil.*) *aggressivo chimico* gaz de combat Ⓒ 1 **pacato.**

aggressóre |aggres'sore| *s.m.* agresseur: *ha riconosciuto il suo aggressore* il a reconnu son agresseur.

aggricciàre |aggrit'tʃare| **A** *v.tr.* [*increspare*] froncer (2): *aggricciare una tenda* froncer un rideau **B** *v.pron. intr.* AGGRICCIARSI [*irrigidirsi per il freddo, lo spavento*] transir (*tr.*): *si è aggricciato per lo spavento* la peur l'a transi.

aggrinzàre |aggrin'tsare| *v.tr., intr.* (*aus.* '*essere*') *e pron.* → **raggrinzare.**

aggrinzire |aggrin'tsire| (197) *v. intr.* (*aus.* '*essere*') *e pron.* → **raggrinzire.**

aggrommàre |aggrom'mare| **A** *v.intr.* (*aus.* '*essere*') [*coprirsi di gromma*] s'incruster *pron.*, s'entartrer *pron.* → **grommare** **B** *v.pron. intr.* AGGROMMARSI [→ *intr.*] s'incruster, s'entartrer: *il radiatore si è aggrommato* le radiateur s'est incrusté de tartre.

aggrondàre |aggron'dare| *v.tr.* [*aggrottare, corrugare*] froncer (2): *aggrondare le sopracciglia* froncer les sourcils Ⓒ **distendere.**

aggrondàto |aggron'dato| *agg.* [*accigliato, crucciato*] renfrogné, maussade Ⓒ **disteso.**

aggroppaménto |aggroppa'mento| *s.m.* → **avviluppamento.**

aggroppàre |aggrop'pare| *v.tr.* (*lett.*) [*aggrovigliare*] enchevêtrer Ⓒ **sciogliere, separare.**

aggrottàre |aggrot'tare| *v.tr.* [*contrarre le sopracciglia in segno di sdegno, inquietudine, ecc.*] froncer (2): *aggrottare le sopracciglia* froncer les sourcils # *aggrottare la fronte* plisser le front → **accigliarsi, corrugare** Ⓒ **distendere.**

aggrottàto |aggrot'tato| *agg.* [*corrugato, accigliato*] froncé; renfrogné: *sopracciglia aggrottate* sourcils froncés ‖ *viso aggrottato* visage renfrogné Ⓒ **disteso, sereno.**

aggrovigliaménto |aggroviʎʎa'mento| *s.m.* [→ AGGROVIGLIARE] embrouillement, enchevêtrement.

aggrovigliàre |aggroviʎ'ʎare| **A** *v.tr.* [*formare un groviglio, avviluppare*] embrouiller, emmêler: *aggrovigliare i fili di una matassa* emmêler les fils d'un écheveau → **imbrogliare, intricare** **B** *v. pron. intr.* AGGROVIGLIARSI [→ *tr.*] s'embrouiller, s'emmêler Ⓒ **sbrogliare, districare.**

aggrovigliàto |aggroviʎ'ʎato| *agg.* **1** [*intricato, imbrogliato*] embrouillé: *matassa aggrovigliata* écheveau embrouillé **2** (*fig.*) embrouillé: *è una questione molto aggrovigliata* c'est une affaire très embrouillée Ⓒ 1 **sciolto**; 2 **chiaro.**

1 **aggrumàre** |aggru'mare| **A** *v.tr.* [*rapprendere in grumi, coagulare*] coaguler, figer (3): *aggrumare del sangue* coaguler du sang → **raggrumare, rapprendere** **B** *v.pron. intr.* AGGRUMARSI [*rapprendersi*] se grumeler (4), se cailler: *il sangue si aggruma* le sang se caille → **coagular(si), raggrumar(si)** ◇ (*detto di metalli*) former des grumelures Ⓒ **sciogliere.**

2 **aggrumàre** |aggru'mare| **A** *v. intr.* (*aus.* '*essere*') [*coprirsi di gruma*] s'incruster *pron.*, s'entartrer *pron.* → **grommare** **B** *v.pron.* AGGRUMARSI [→ *intr.*] s'incruster, s'entartrer.

aggruppaménto |aggruppa'mento| *s.m.* [→ AGGRUPPARE] groupement; association (*f.*): *un aggruppamento di giovani rivoluzionari* un groupement de jeunes révolutionnaires → **raggruppamento** ◇ [*riunione*] réunion *f.*, rassemblement → **raduno.**

aggruppàre |aggrup'pare| **A** *v.tr.* [*unire in gruppo*] grouper, regrouper: *aggruppare oggetti di origine diversa* grouper, regrouper des objets de provenances diverses → **raggruppare, unire, riunire B** *v.pron. rifl.* AGGRUPPARSI [→ *tr.*] se grouper: *aggrupparsi intorno a un capo* se grouper autour d'un chef → **raggruppar(si)** ⓒ A **dividere, separare.**

agguagliaménto |aggwaʎʎa'mento| *s.m.* [→ AGGUAGLIARE A 3] égalisation *f.*; nivellement.

agguagliàre |aggwaʎ'ʎare| **A** *v.tr.* **1** [*uguagliare, parificare*] égaliser: *la morte agguaglia tutto* la mort égalise tout **2** (*fig.*) [*confrontare, mettere sullo stesso piano*] comparer (à, avec), égaler → **paragonare 3** [*pareggiare, livellare*] égaliser, niveler (4): *agguagliare la terra* égaliser la terre **B** *v.pron. rifl.* AGGUAGLIARSI [→ *tr.* 2] se comparer (à) ⓒ A 1 **diversificare, differenziare.**

agguàglio, i |ag'gwaʎʎo, i| *s.m.* (*lett.*) → **paragone, confronto.**

agguantàre |aggwan'tare| **A** *v.tr.* **1** [*afferrare saldamente*] saisir; attraper: *agguantare qc. per il bavero* saisir qqn. au collet; *agguantare per le spalle* saisir aux épaules ‖ *guai a te se ti agguanto!* gare à toi si je t'attrape! **2** (*mar.*) *agguantare un cavo* [*trattenerlo con forza mentre scorre*] border un câble, une bosse # *agguantare al vento* venir au vent, au lof, lofer **B** *v.pron.* AGGUANTARSI **1** *intr.* [*tenersi, afferrarsi con forza a q.c.*] se cramponner, s'accrocher → **aggrappar(si) 2** *recipr.* [*afferrarsi*] s'empoigner, s'attraper ⓒ A **mollare, lasciare, abbandonare.**

agguàto |ag'gwato| *s.m.* [*insidia tesa a qc. per coglierlo alla sprovvista*] embuscade *f.*, guet-apens: *tendere un agguato* tendre une embuscade; *cadere in un agguato* tomber dans une embuscade, dans un guet-apens; *attirare qc. in un agguato* attirer qqn. dans un guet--apens → **imboscata** # *essere, stare in agguato* être aux aguets.

agguerrìre |aggwer'rire| (197) **A** *v.tr.* [*preparare alla guerra*] aguerrir: *agguerrire un'armata con frequenti spedizioni* aguerrir une armée par de fréquentes expéditions ◇ (*fig.*) *le difficoltà agguerriscono il carattere* les difficultés aguerrissent le caractère **B** *v.pron. rifl.* AGGUERRIRSI [→ *tr.*] s'aguerrir: *cercate di agguerrirvi contro i piaceri* tâchez de vous aguerrir contre les voluptés.

agguerrìto |aggwer'rito| *agg.* **1** [*preparato, addestrato alla guerra*] aguerri: *truppe agguerrite* troupes aguerries **2** (*fig.*) [*temprato*] aguerri: *carattere agguerrito* caractère aguerri ◇ [*preparato, esperto*] compétent, formé: *studioso agguerrito* savant compétent, formé.

aghétto |a'getto| *s.m.* **1** petite aiguille *f.* **2** [*laccio, cordoncino*] aiguillette *f.* ◇ (*mil.*) aiguillette → **cordellina 3** (*dial.*) → **uncinetto.**

aghifórme |agi'forme| *agg.* aciculaire.

agiataménte |adʒata'mente| *avv.* [→ AGIATO] aisément, avec aisance *loc. inv.* # *vive agiatamente senza essere veramente ricco* il vit dans l'aisance sans être vraiment riche.

agiatézza |adʒa'tettsa| *s.f.* [*condizione di chi è agiato*] aisance, aises (*pl.*): *vivere nell'agiatezza* vivre dans l'aisance, les aises; *questo affare gli ha dato l'agiatezza* cette affaire lui a procuré des aises → **benessere** ⓒ **disagio, miseria, ristrettezza.**

agiàto |a'dʒato| *agg.* **1** [*che vive agiatamente, benestante*] aisé: *una famiglia agiata* une famille aisée **2** [*pieno di comodità*] aisé: *vita agiata* vie aisée.

agìbile |a'dʒibile| *agg.* **1** (*lett.*) [*che può essere fatto*] faisable (*corr.*), réalisable (*corr.*): *cose agibili* choses faisables **2** [*praticabile, usabile*] praticable (pour), qui peut être utilisé (*loc.*): *stadio agibile* stade praticable; *teatro agibile* théâtre qui peut être utilisé; *questa strada sarà agibile in auto?* cette route sera--t-elle praticable pour une voiture?

agibilità |adʒibili'ta| *s.f. inv.* jouissance de qqch., possibilité *var.* de jouir de qqch.: *l'agibilità di un teatro, di uno stadio* la jouissance d'un théâtre, d'un stade.

àgile |'adʒile| *agg.* agile: *un passo agile* un pas agile # *essere agile di mano* avoir la main légère ◇ (*fig.*) *è agile di mente* il a un esprit agile → **vivace** ⓒ **impacciato, pesante, massiccio.**

agilità |adʒili'ta| *s.f. inv.* **1** agilité (*var.*): *l'agilità del corpo* l'agilité du corps ◇ (*fig.*) *l'agilità della mente* l'agilité de l'esprit → **prontezza 2** (*mus.*) agilité ⓒ 1 **pesantezza, lentezza.**

agilménte |adʒil'mente| *avv.* [→ AGILE] agilement ⓒ **pesantemente, lentamente.**

àgio, i |'adʒo, i| *s.m.* **1** [*condizione di benessere, di comodità*] aise (*f.*): *mettere qc. a proprio agio* mettre qqn. à l'aise, à son aise; *mettetevi a vostro agio* mettez-vous à l'aise, à votre aise; *essere a proprio agio* être à l'aise, à son aise **2** [*spazio, tempo, condizioni sufficienti*] loisir: *dare, lasciare a qc. agio di fare q.c.* donner, laisser à qqn. (le) loisir de faire qqch.; *i miei impegni non mi lasciano l'agio di scrivervi* mes occupations ne me laissent pas le loisir de vous écrire; *avere bisogno di un po' di agio* avoir besoin d'un peu de loisir ◇ (*loc.*) *a tuo agio, a tuo bell'agio* [*con tuo comodo*] à loisir; tout à loisir **3** (*tecnol., corr.*) jeu: *dare agio a una finestra, a un cassetto* donner du jeu à une fenêtre, à un tiroir → **gioco 4** *al plur.* [*comodità, ricchezza*] aises, aisance (*f. sing.*): *amare i propri agi* aimer ses aises; *vivere negli agi* vivre dans l'aisance.

agiografìa |adʒogra'fia| *s.f.* hagiographie.

agiogràfico, ci, ca, che |adʒo'grafiko, tʃi, ka, ke| *agg.* hagiographique.

agiògrafo |a'dʒɔgrafo| *s.m.* hagiographe.

agiologìa, gie |adʒolo'dʒia, dʒie| *s.f.* hagiologie.

agiològico, ci, ca, che |adʒo'lɔdʒiko, tʃi, ka, ke| *agg.* hagiologique, de l'hagiologie *loc. inv.*

agìre |a'dʒire| (197) *v.intr.* (*aus.* '*avere*') **1** [*operare, fare q.c.*] agir: *è venuto il momento di agire* le moment d'agir est venu; *agisci immediatamente* agis immédiatement **2** [*assumere un determinato comportamento*] agir, se conduire (75) (*pron.*): *modo d'agire* manière d'agir, de se conduire; *agire alla leggera* agir à la légère; *ha agito bene, male con loro* il a bien, mal agi envers eux; *agire in, di conseguenza* agir en conséquence; *agire da galantuomo* agir en honnête homme; *agire di nascosto* agir en cachette; *agire di comune accordo* agir d'un commun accord; *agire da imbecille* agir en imbécile **3** [*produrre un effetto sensibile, esercitare un'azione, un'influenza*] agir: *la medicina agisce* le remède agit # *la ruggine agisce sul ferro* la rouille attaque le fer ◇ (*mecc.*) [*funzionare*] agir, fonctionner: *i freni non agiscono più* les freins n'agissent plus, ne fonctionnent plus **4** (*dir.*) [*esercitare un'azione legale*] agir: *agire in giudizio* actionner en justice; *essere legittimato ad agire* avoir qualité pour agir; *capacità d'agire* capacité d'agir **5** (*teat.*) [*rappresentare un lavoro*] donner *tr.* des représentations ◇ [*recitare*] *quella compagnia non agisce più* cette troupe ne donne plus de représentations.

agitàbile |adʒi'tabile| *agg.* [→ AGITARE A 1, 3] remuable, qu'on peut agiter (*loc.*): *questione agitabile* question qu'on peut agiter ◇ [→ AGITARE A 2] impressionnable, émotif*: *è un ragazzo agitabile* c'est un garçon impressionnable, émotif → **impressionabile, emotivo.**

agitàre |adʒi'tare| **A** *v.tr.* **1** [*muovere in diversi sensi, scuotere*] agiter: *agitare prima dell'uso* agiter, secouer (*fam.*) avant l'emploi; *agitare le mani* agiter les mains ◇ (*fig.*) *agitare le acque* brouiller les cartes **2** (*fig.*) [*mettere in stato di agitazione, turbare*] agiter, troubler: *agitare la mente di qc.* agiter, troubler l'esprit de qqn.; *agitare il popolo, la folla* agiter le peuple, la foule **3** (*fig.*) [*esaminare, trattare, dibattere*] agiter: *agitare un problema* agiter une question **B** *v.pron. rifl.* AGITARSI **1** [→ *tr.* 1] s'agiter: *agitarsi durante la notte* s'agiter pendant la nuit; *il mare si agita* la mer s'agite **2** (*fig.*) [→ *tr.* 2] s'agiter, se troubler **3** (*fig.*) [*manifestare esteriormente il proprio dissenso, eccitarsi*] s'agiter: *agitarsi per un nonnulla* s'agiter pour un rien ⓒ A 2 **calmare, quietare.**

agitàto |adʒi'tato| **I** *agg.* [*in preda all'agitazione, all'eccitazione*] agité: *sonno agitato* sommeil agité, cauchemardeux; *un bambino continuamente agitato* un enfant continuellement agité; *gli spiriti erano agitati* les esprits étaient agités **II** *s.m.* **1** [→ *agg.*] agité: *il reparto agitati* le pavillon des agités **2** (*mus.*) agitato ⓒ I **calmo, quieto.**

agitatóre, trice |adʒita'tore, tritʃe| *s.* **1** *s.* agitateur* **2** *s.m.* (*tecnol.*) agitateur.

agitazióne |adʒitat'tsjone| *s.f.* **1** [→ AGITARE A 1] agitation: *l'agitazione del mare* l'agitation de la mer; *la folla è in agitazione* la foule est en agitation **2** [*ansietà, turbamento*] agitation: *mettere qc. in agitazione* agiter qqn. **3** [*manifestazione di protesta*] agitation: *le agitazioni operaie* les agitations ouvrières ⓒ 1; 2 **calma.**

agit-pròp |adʒit'prɔp| *loc. sost. m.* (*polit.*) agitateur-propagandiste *s.m.*, activiste *s.*

àgli |'aʎʎi| *prep. art. m.pl.* → 2 **a.**

-àglia |'aʎʎa| *suff.* (*usato per attribuire valore spregiativo, corrisponde gener. a*) aille: *anticaglia* antiquaille.

agliàceo |aʎ'ʎatʃeo| *agg.* [*di odore, sapore sim. all'aglio*] alliacé.

agliàio, i |aʎ'ʎajo, i| *s.m.* (*agr.*) champ planté d'ail(s).

agliàta |aʎ'ʎata| *s.f.* [*salsa a base di aglio*] ⊠.

àglifo |'aglifo| *agg. e s.m.* (*zool.*) aglyphe.

àglio, i |'aʎʎo, i| *s.m.* (*t.bot.*) ail* ◇ (*corr.*) *spicchio d'aglio* gousse d'ail; *testa di aglio* tête d'ail.

agnàto |aɲ'ɲato| *s.m.* (*dir. rom.*) agnat.

agnèlla |aɲ'ɲɛlla| *s.f.* agnelle.

agnellàio, i |aɲɲel'lajo, i| *s.m.* boucher (d'agneaux).

agnellatùra |aɲɲella'tura| *s.f.* [*periodo in cui le pecore figliano*] agnelage *m.*

agnellétto |aɲɲel'letto| *s.m.* agnelet.

agnellino |aɲɲel'lino| *s.m.* **1** [*piccolo agnello*] agnelet # *agnellino di Persia* astrakan **2** (*fig.*) [*persona dolce di carattere*] agneau: *è un agnellino* c'est un agneau.

agnèllo |aɲ'ɲɛllo| *s.m.* **1** [*il piccolo della pecora*] agneau: *pelliccia d'agnello* fourrure d'agneau ◇ (*st. ebr.*) *agnello pasquale* agneau pascal ◇ (*relig. crist.*) *l'agnello di Dio* l'agneau de Dieu **2** [*carne di agnello*] agneau: *arrosto di agnello* rôti d'agneau **3** (*fig.*) [*persona docile*] *è un agnello* c'est un agneau.

agnellóne |aɲɲel'lone| *s.m.* **1** gros agneau **2** viande *f.* d'agneau de lait.

agnocàsto |aɲɲo'kasto| *s.m.* (*t. bot.*) agnus-castus.

agnosticismo |aɲɲosti'tʃismo| *s.m.* (*filos.*) agnosticisme.

agnòstico, ci, ca, che |aɲ'ɲɔstiko, tʃi, ka, ke| *agg.* (*filos.*) agnostique ♦ (*s.*) *un agnostico* un agnostique.

agnus dei |'aɲɲus'dɛi| *loc. sost. m.inv.* (*lat.*) (*liturg. catt.*) agnus-dei.

àgo, ghi |'ago, gi| *s.m.* **1** [*sottile asta di acciaio usata per cucire*] aiguille (*f.*): *ago da rammendo* aiguille à repriser; *pizzo, punto ad ago* dentelle, point à l'aiguille; *ago da macchina* aiguille de machine à coudre; *ago da calza* aiguille à tricoter; *ago per agopuntura* aiguille d'acupuncteur # *ago torto* [*uncinetto*] crochet ◇ (*tecnol.*) *l'ago di uno strumento di misurazione* l'aiguille d'un appareil de mesure; *ago calamitato* aiguille aimantée; *ago della bussola* aiguille de la boussole; *ago della siringa* aiguille de la seringue; *ago della bilancia* aiguille de la balance ◇ (*ferr.*) *ago di scambio, del deviatoio* aiguille, aiguillage de chemin de fer ◇ (*prov.*) *cercare un ago in un pagliaio* chercher une aiguille dans une botte de foin **2** (*bot.*) aiguille: *aghi di pino* aiguilles de pin **3** [*pungiglione*] aiguillon ◇ (*loc. agg.*) *pesce ago* aiguille *s.f.*

agognàre |agoɲ'ɲare| **A** *v.tr.* [*desiderare ardentemente*] désirer ardemment, convoiter: *agognare q.c.* désirer ardemment qqch., convoiter qqch.; *agognare la ricchezza* convoiter la richesse # *agognare gli onori* ambitionner les honneurs **B** *v.intr.* (*aus. 'avere'*) [*anelare, aspirare*] aspirer: *agognare a q.c.* aspirer à qqch.; *agognare a un titolo, al possesso di un bene* aspirer à un titre, à la possession d'un bien.

agognàto |agoɲ'ɲato| *agg.* (*lett.*) [*desiderato ardentemente*] convoité (*corr.*) ◇ [*sognato, sospirato*] rêvé (*corr.*), souhaité (*corr.*).

1 **agóne** |a'gone| *s.m.* **1** [*area di competizione*] arène *f.*, lice (*f.*): *i campioni si misuravano nell'agone* les champions se mesuraient dans l'arène, la lice **2** (*lett.*) [*gara, competizione*] compétition *f.* (*corr.*): *agone sportivo* compétition sportive → **gara** # *agone letterario* arène littéraire ◇ (*loc.*) *gettarsi nell'agone* entrer en lice, descendre dans l'arène **3** (*lett.*) [*terreno di battaglia*] champ.

2 **agóne** |a'gone| *s.m.* (*t.zool.*) alose *f.* f(e)inte.

agonia |ago'nia| *s.f.* **1** (*med., corr.*) agonie: *entrare, essere in agonia* entrer en agonie, être à l'agonie ◇ (*fig.*) *l'agonia di un governo* l'agonie d'un gouvernement # *la fabbrica è in agonia* l'usine agonise **2** (*fig.*) [*angoscia, tormento*] torture: *quest'attesa è un'agonia* cette attente est une torture.

agònico, ci, ca, che |a'gɔniko, tʃi, ka, ke| *agg.* de l'agonie (*loc. inv.*): *sudore agonico* sueur de l'agonie.

agonismo |ago'nizmo| *s.m.* esprit de compétition.

agonista |ago'nista| **1** *s.* [*chi lotta nell'agone, atleta*] athlète **2** *agg.* (*anat.*) *muscolo agonista* muscle abducteur, adducteur.

agonistica, che |ago'nistika, ke| *s.f.* (*lett., atletica*) agonistique.

agonistico, ci, ca, che |ago'nistiko, tʃi, ka, ke| *agg.* **1** agonistique; qui concerne la lutte *loc.*, athlétique: *attività agonistica* activité agonistique, sportive **2** (*fig.*) [*combattivo, battagliero*] batailleur*, combatif*: *spirito agonistico* esprit batailleur, de lutte, de lutteur; *istinto agonistico* instinct combatif.

agonizzànte |agonid'dzante| *agg. e s.* agonisant → **moribondo.**

agonizzàre |agonid'dzare| *v.intr.* (*aus. 'avere'*) **1** [*essere in agonia*] agoniser: *il malato agonizza* le malade agonise **2** (*fig.*) [*languire, essere in decadenza*] agoniser: *l'impero agonizzava* l'empire agonisait.

agopuntùra |agopun'tura| *s.f.* (*med.*) acupuncture, acuponcture.

àgora |'agora| *s.f.* (*st. gr.*) agora.

agorafobia |agorafo'bia| *s.f.* (*psicol.*) agoraphobie.

agoràio, i |ago'rajo, i| *s.m.* [*astuccio per gli aghi*] aiguillier.

agostàno |agos'tano| (*agg.*) *arsura agostana* [*propria del mese di agosto*] chaleur torride d'août; canicule ◇ [*che matura in agosto*] aoûté # *uva agostana* raisin précoce, raisin d'août; *fieno agostano* foin d'août.

agostiniàno |agosti'njano| **1** *agg.* [*di, relativo a S. Agostino*] augustinien*: *filosofia agostiniana* philosophie augustinienne **2** *s.m.* [*religioso che segue la regola di S. Agostino*] augustinien.

agostino |agos'tino| *agg.* → **agostano.**

agósto |a'gosto| *s.m.* [*ottavo mese dell'anno*] août: *all'inizio di agosto* au commencement d'août.

agrafia |agra'fia| *s.f.* agraphie.

agrammaticàle |agrammati'kale| *agg.* (*ling.*) agrammatical*.

agrammatismo |agramma'tizmo| *s.m.* agrammatisme.

agranulocitòsi |agranulotʃi'tɔzi| *s.f. inv.* (*patol.*) agranulocytose *var.*

agrària |a'grarja| *s.f.* [*scienza e arte dell'agricoltura*] agronomie # *dottore in agraria* ingénieur agronome.

agràrio, i |a'grarjo, i| **1** *agg.* [*relativo all'agricoltura*] agricole: *consorzio, sindacato agrario* coopérative, syndicat agricole; *risorse agrarie* ressources agricoles; *credito agrario* crédit agricole; *insegnamento agrario* enseignement agricole; *perito agrario* ingénieur agricole; *contratto agrario* bail agricole # *terreno agrario* domaine rural, exploitation rurale **2** *s.* [*proprietario terriero*] un propriétaire foncier*; un exploitant agricole.

agrèsta |a'grɛsta| *s.f.* → **agrestino.**

agrèste |a'grɛste| *agg.* **1** → **campestre 2** (*lett.*) [*rozzo, selvatico*] rustique, campagnard.

agrestino |agres'tino| *s.m.* [*grappolo d'uva non maturata che resta sulla vite dopo la vendemmia*] verjus.

agrèsto |a'gresto| **1** *s.m.* [*tipo di uva acidula che non matura mai*] verjus, conscrit ◇ [*il succo da essa ricavato*] verjus **2** *agg.* [*di sapore agro*] aigre.

agrétto |a'gretto| **1** *s.m.* goût aigrelet **2** *agg.* [*leggermente agro*] aigrelet*.

agrézza |a'grettsa| *s.f.* **1** [*sapore agro*] aigreur: *l'agrezza del latte cagliato* l'aigreur du lait (qui a) tourné **2** (*fig., lett.*) [*cattivo umore*] aigreur: *rispondere non senza agrezza, con agrezza* répliquer non sans aigreur, avec aigreur Ⓒ 1 **dolcezza**; 2 **soavità.**

agricolo |a'grikolo| *agg.* agricole: *cooperativa agricola* coopérative agricole; *gli attrezzi agricoli* l'outillage, le matériel agricole; *industria agricola* industrie agricole; *azienda agricola* exploitation agricole → **agrario.**

agricoltóre |agrikol'tore| *s.m.* agriculteur → **contadino, rurale.**

agricoltùra |agrikol'tura| *s.f.* agriculture.

agrifòglio, i |agri'fɔʎʎo, i| *s.m.* (*t.bot.*) *houx.

agrigentino |agridʒen'tino| *agg.* [*di Agrigento*] agrigentin.

agrigno |a'griɲɲo| *agg.* [*alquanto agro*] assez aigre.

agrimensóre |agrimen'sore| *s.m.* [*chi esercita l'agrimensura*] arpenteur.

agrimensùra |agrimen'sura| *s.f.* [*misurazione dei terreni agricoli*] arpentage *m.*

agrimònia |agri'mɔnja| *s.f.* (*t. bot.*) aigremoine.

agriòte |agri'ɔte| *s.m.* (*t.zool.*) agriote.

agriòtta |agri'ɔtta| *s.f.* [*frutto dell'agriotto*] griotte, aigriotte.

agriòtto |agri'ɔtto| *s.m.* (*t.bot.*) griottier → **visciolo.**

agrippina |agrip'pina| *s.f.* [*tipo di divano*] duchesse.

agriturismo |agritu'rizmo| *s.m.* agrotourisme.

àgro- |'agro| *pref.* (*significa 'campo, campagna', corrisponde gener. a*) agro: *agronomo* agronome.

1 **àgro** |'agro| **I** *agg.* **1** [*aspro, acido al gusto*] aigre: *ciliege agre* cerises aigres **2** (*fig.*) aigre: *tono agro* ton aigre → **amaro** # *vita agra* vie dure **II** *s.m.* **1** [*sapore acido*] aigre: *tendere all'agro* tourner à l'aigre **2** [*succo di limone*] jus de citron **3** (*fig.*) [*amarezza, tri-*

stezza] amertume *f.*, aigreur *f.* [C] I; II 1 **dolce.**

2 **àgro** |'agro| *s.m.* [*campagna*] campagne (*f.*): *l'Agro Romano* la campagne romaine.

agrochìmica, che |agro'kimika, ke| *s.f.* agrochimie.

agrodólce |agro'doltʃe| *agg.* aigre-doux*: *un frutto agrodolce* un fruit aigre-doux ◇ (*fig.*) *modi agrodolci* manières aigres-douces.

agronomìa |agrono'mia| *s.f.* agronomie.

agronòmico, ci, ca, che |agro'nɔmiko, tʃi, ka, ke| *agg.* agronomique.

agrònomo |a'grɔnomo| *s.* agronome.

agropastoràle |agropasto'rale| *agg.* agro-pastoral*.

agròstide |a'grɔstide| *s.f.* (*t.bot.*) agrostide, agrostis.

agròtide |a'grɔtide| *s.f.* (*t.zool.*) agrotis *m.*

agrumàrio, i |agru'marjo, i| *agg.* des agrumes (*loc. inv.*): *mercato agrumario* marché des agrumes; *coltura agrumaria* culture des agrumes.

agrùme |a'grume| *s.m.* **1** (*t.bot.*) agrume ◇ *spec. al plur.* [*i frutti di tali piante*] agrumes **2** (*raro*) [*acidità*] acidité *f.*

agruméto |agru'meto| *s.m.* plantation *f.* d'agrumes, orangeraie *f.*

agrumicoltùra |agrumikol'tura| *s.f.* agrumiculture.

agucchiàre |aguk'kjare| **A** *v.tr.* [*cucire alla buona o per passatempo*] tirer l'aiguille **B** *v.intr.* (*aus.* '*avere*') [→ *tr.*] tricoter.

agùglia |a'guʎʎa| *s.f.* (*t.zool.*) orphie, aiguille de mer, belone.

agugliòtto |aguʎ'ʎɔtto| *s.m.* (*mar.*) aiguillot.

aguzzaménto |aguttsa'mento| *s.m.* [→ AGUZZARE A 1; B] aiguisage, aiguisement.

aguzzàre |agut'tsare| **A** *v.tr.* **1** [*rendere aguzzo*] aiguiser **2** (*fig.*) [*affinare*] aiguiser: *aguzzare la mente, l'ingegno* aiguiser l'esprit ◇ (*per est.*) *aguzzare le orecchie* [*ascoltare attentamente*] tendre l'oreille; *aguzzare gli occhi* [*sforzarsi di vedere bene*] ouvrir grands les yeux ◇ [*stimolare*] *aguzzare l'appetito* aiguiser l'appétit **B** *v.pron. intr.* AGUZZARSI (*fig.*) [*ingegnarsi*] s'évertuer.

aguzzatùra |aguttsa'tura| *s.f.* [→ AGUZZARE A 1] aiguisage *m.* ◇ [*punta*] pointe.

aguzzìno |agud'dzino| *s.* **1** *s.* (*fig.*) [*persona eccessivamente severa e crudele*] bourreau *m.* **2** *s.m.* [*custode dei galeotti*] argousin.

agùzzo |a'guttso| *agg.* **1** [*appuntito, acuto*] aigu*, pointu: *naso aguzzo* nez pointu; *una freccia aguzza* une flèche aiguë; *uccello dal becco aguzzo* oiseau au bec aigu **2** (*raro, fig.*) [*acuto, penetrante*] perçant, aigu, subtil: *sguardo aguzzo* regard perçant.

ah |a| *inter.* **1** (*esprime 'gioia, dolore, sorpresa', ecc.*) ah!: *ah! eccolo che arriva* ah! le voici qui arrive; *ah! che delusione* ah! quelle déception **2** (*ripetuta, esprime 'sarcasmo, ironia' anche benevola*) ah! ah!: *ah! ah! ci sei cascato!* ah! ah! on t'a eu!; *ah! ah! che eleganza!* ah! ah! quelle élégance!

àhi |'ai| **1** *inter.* (*esprime 'dolore, disappunto'*) aïe!: *ahi che male!* aïe comme ça fait mal, quelle douleur!; *ahi che brutto guaio!* aïe quel (gros) ennui! **2** *s.m.* (*in frasi neg. significa 'parola, lamento'*) *non ha detto neanche ahi* il n'a même pas dit aïe; *non ho sentito un ahi* je n'ai pas entendu un cri, un mot, un son ◇ (*loc.*) *senza dire né ahi né bai* [*senza una parola, una protesta*] sans souffler mot.

ahimè |ai'mɛ| *inter.* (*esprime 'dispiacere, dolore, rimpianto, compassione', ecc.*) *hélas: *'stai meglio?', 'ahimè no!'* 'vas-tu mieux?' 'hélas! non'; *ahimè che brutta fine!* hélas (mon Dieu) quelle mauvaise fin! # *ahimè com'era pallido!* mon Dieu, qu'il était pâle!

1 **ài** |'ai| *prep. art. m. pl.* → 2 **a.**

2 **ài** |'ai| → **ahi.**

àia |'aja| *s.f.* [*spiazzo attiguo alle case agricole*] aire ◇ (*loc. fam.*) *menare il can per l'aia* [*tirare per le lunghe una faccenda, un affare*] tourner autour du pot.

àio, i |'ajo, i| *s.* [*precettore, istitutore*] précepteur*, éducateur*.

aiòla |a'jɔla| *s.f.* → **aiuola.**

aire |a'ire| *s.m.* → **slancio, spinta.**

airóne |ai'rone| *s.m.* (*t.zool.*) *héron ~ *airone cenerino* héron cendré ~ *airone rosso* héron pourpré.

air-terminal |'ɛətə:minl| *s.m. inv.* (*ingl.*) aérogare *f. var.*

aita |a'ita| *s.f. e inter.* → **aiuto.**

aitànte |ai'tante| *agg.* [*vigoroso, robusto*] gaillard: *un uomo aitante* un (homme) gaillard; *un vecchio ancora aitante* un veillard encore très gaillard, encore ingambe [C] **debole, mingherlino.**

àiuga, ghe |'ajuga, ge| *s.f.* (*t.bot.*) bugle.

aiuòla |a'jwɔla| *s.f.* [*piccolo spazio di terreno per coltivazioni ornamentali*] parterre *m.* ◇ (*rotonda o ovale*) corbeille ◇ (*rettangolare*) plate-bande: *vietato calpestare le aiuole* défense de marcher sur les plates-bandes # *aiuola spartitraffico* terre-plein central.

aiutànte |aju'tante| *s.* **1** [*persona che aiuta, collabora*] aide, auxiliaire: *aiutante di laboratorio* aide de laboratoire; *servirsi di aiutanti per preparare un lavoro* se servir d'auxiliaires pour la préparation d'un travail → **assistente, collaboratore** **2** (*mil.*) aide, adjudant: *aiutante di campo* aide de camp; *aiutante maggiore* adjudant-major **3** (*mar.*) adjudant: *aiutante di bandiera* adjudant de pavillon.

aiutàre |aju'tare| **A** *v.tr.* **1** [*offrire aiuto a qc., soccorrere*] aider: *aiutare i propri amici* aider ses amis; *è stato aiutato dai suoi collaboratori* il a été aidé de ses collaborateurs; *Dio vi aiuti!* que Dieu vous aide! ◇ (*prov.*) *la fortuna aiuta gli audaci* la fortune sourit aux audacieux **2** [*favorire, facilitare*] aider (à); faciliter: *queste misure aiuteranno il riassestamento delle finanze* ces mesures aideront au rétablissement des finances ‖ *ho bevuto una tazza di camomilla per aiutare la digestione* j'ai bu une tasse de camomille pour faciliter la digestion **B** *v.pron. rifl.* AIUTARSI (CON) **1** [*servirsi di q.c.*] s'aider (de), se servir (21) (de): *aiutarsi con il vocabolario* s'aider du dictionnaire **2** (*fig.*) [*ingegnarsi*] s'aider: *aiutarsi con le mani e coi piedi* s'aider des pieds et des mains ◇ (*prov.*) *aiutati che il ciel t'aiuta* aide-toi, le Ciel t'aidera **3** *recipr.* [→*tr.* 1] s'aider, s'entraider [C] A **danneggiare, nuocere.**

aiutatóre, trice |ajuta'tore, tritʃe| *s.* (*raro*) → **aiutante.**

aiùto |a'juto| **I** *s.m.* **1** [*intervento per chi ne ha bisogno*] aide *f.*, secours: *ha bisogno del mio aiuto* il a besoin de mon aide; *cercare, chiedere l'aiuto di qc.* chercher, demander l'aide de qqn.; *con l'aiuto di Dio* avec l'aide de Dieu # *mi è stato, mi è servito di aiuto* cela m'a aidé ◇ [*soccorso, assistenza*] secours: *gridare, chiamare aiuto* crier, appeler au secours; *cercare aiuto* chercher du secours; *andare, correre in aiuto di qc.* aller, courir au secours de qqn.; *dare, portare aiuto* porter secours ◇ [*appoggio, sostegno*] appui, soutien: *non sperare nel mio aiuto* n'espère pas mon appui, mon soutien **2** [*persona che collabora*] aide-, assistant: *aiuto contabile* aide-comptable; *aiuto regista* assistant (du) metteur en scène; *l'aiuto chirurgo* l'assistant du chirurgien → **aiutante** **3** *al plur.* [*mezzi, materiali di soccorso*] secours: *raccogliere aiuti per i sinistrati* recueillir des secours pour les sinistrés **4** [*incentivo, elemento che favorisce la riuscita di q.c.*] *il concime è un aiuto per le piante* l'engrais aide les plantes à pousser ◇ *spec. al plur.* (*ippica*) aides: *aiuti superiori, inferiori, accessori* aides supérieures, inférieures, accessoires **II** *inter.* **1** (*usato per invocare soccorso*) au secours!: *aiuto! annego!* au secours! je me noie! **2** (*scherz.*) mon Dieu!: *aiuto! che gambe storte!* mon Dieu! quelles jambes torses [C] I 1 **danno.**

aizzàre |ait'tsare| **A** *v.tr.* [*istigare, spingere alla violenza*] exciter: *aizzare qc. contro qc.* exciter qqn. contre qqn.; *aizzare alla rivolta* exciter à la révolte; *aizzare i cani* exciter les chiens **B** *v.pron. intr.* (*raro*) AIZZARSI [*stizzirsi*] s'emporter: *aizzarsi contro qc.* s'emporter contre qqn.

aizzatóre, trice |aittsa'tore, tritʃe| *s.* [*chi aizza, istiga*] instigateur*: *aizzatore di un complotto, di una rivolta* instigateur d'un complot, d'une révolte.

'à jour' |aʒuʀ| *loc. agg. e s. inv.* → **giorno (a).**

al |al| *prep. art. m. sing.* → 2 **a.**

àla |'ala| *s.f.* **1** aile: *un battito d'ali* un battement d'aile # *apertura d'ali* envergure d'un oiseau; *battere le ali*: (*pr.*) battre des ailes; (*fig.*) s'envoler à tire-d'aile ◇ (*loc. fig.*) *in un batter d'ali* en moins de rien, en un clin d'œil ~ *avere le ali ai piedi* avoir des ailes ~ *la paura mette le ali ai piedi* la peur donne des ailes ~ *tarpare le ali a qc.* rogner les ailes à qqn. **2** (*poet.*) ailes (*pl.*): *le ali del tempo* les ailes du temps; *le ali della pace* les ailes de la paix; *le ali della fantasia* les ailes de l'imagination **3** (*fig.*) [*protezione*] aile: *essere sotto le ali, l'ala di qc.* être sous l'aile de qqn. **4** *le ali di un mulino a vento* les ailes d'un moulin à vent; *l'ala del cappello* les ailes, les bords *m.* d'un chapeau **5** [*parte laterale di una costruzione*] aile: *ali di un ponte* les murs en aile d'un pont; *l'ala sinistra di un palazzo* l'aile gauche d'un immeuble **6** (*aer.*) aile: *ala a delta* aile en delta **7** (*mil.*) aile; flanc (*m.*): *ala destra, sinistra* aile droite, gauche ‖ *le ali di una colonna* les flancs d'une colonne; *attaccare sulle ali* attaquer les flancs ◇ (*per est.*) *l'ala destra, sinistra di un partito* l'aile droite, gauche d'un parti **8** (*calcio*) ailier (*m.*): *ala destra, sinistra* ailier droit, gauche ◇ [*settore del campo dove giocano le ali*] aile: *giocare all'ala* jouer à l'aile.

alabàmio, i |ala'bamjo, i| *s.m.* → **astato.**

alabàrda |ala'barda| *s.f.* *hallebarde.

alabardière |alabar'djɛre| *s.m.* *hallebardier.

alabastrìte |alabas'trite| *s.f.* alabastrite.

alabàstro |ala'bastro| *s.m.* (*miner.*) albâtre: *alabastro gessoso, calcareo* albâtre gypseux, calcaire ◇ *al plur.* (*per est.*) [*oggetti di alabastro*] les albâtres.

àlacre |'alakre| *agg.* **1** [*sollecito, pronto*] actif*, prompt: *un segretario alacre e devoto* un secrétaire actif et dévoué; *un servitore alacre e pieno di zelo* un serviteur prompt et zélé **2** (*fig.*) [*vivace*] vif*: *intelligenza alacre* intelligence vive [C] **passivo, pigro.**

alacreménte |alakre'mente| *avv.* [→ ALACRE 1] activement, avec entrain (*loc. inv.*): *lavorare alacremente* travailler activement, avec entrain.

alacrità |alakri'ta| *s.f. inv.* **1** [*solerzia, operosità*] entrain (*m. var.*): *essere pieno di alacrità* être plein d'entrain, avoir de l'entrain **2** (*fig.*) [*vivacità, prontezza*] vivacité (*var.*): *alacrità di ingegno, di parola* vivacité d'esprit, de parole [C] 1 **apatia, inerzia.**

alàggio, i |a'laddʒo, i| *s.m.* (*mar.*) *halage: *strada di alaggio* (chemin de) halage.

alalà |ala'la| **1** *inter.* (*lett.*) (*grido di guerra*) *hourra ◇ *loc.* (*grido fascista*) *eia! eia! eia! alalà* ⊠ **2** *s.m. inv.* hourra (*var.*): *lanciare un alalà* lancer un hourra, un cri de guerre.

alamànno |ala'manno| *agg. e s.* → **alemanno.**

alamàro |ala'maro| *s.m.* [*allacciatura a forma di cappio*] brandebourg.

alambìcco, chi |alam'bikko, ki| *s.m.* alambic.

alàno |a'lano| *s.m.* (*t.zool.*) danois.

1 **alàre** |a'lare| *v.tr.* (*mar.*) [*tirare con un cavo tenendolo per un capo*] *haler: *alare una chiatta* haler une péniche; *alare un idrovolante* haler un hydravion.

2 **alàre** |a'lare| *s.m.* [*arnese per sostenere la legna nel focolare*] chenet ◇ [*appoggio per lo spiedo*] *hâtier, landier.

3 **alàre** |a'lare| *agg.* alaire.

alastrim |alas'trim| *s.m. inv.* (*patol.*) alastrim *var.*

alatèrno |ala'tɛrno| *s.m.* (*t.bot.*) alaterne.

alàto |a'lato| *agg.* **1** [*fornito di ali*] ailé: *formiche alate* fourmis ailées ◇ (*bot.*) ailé **2** (*fig., lett.*) [*sublime, alto*] ailé: *sogno alato* rêve ailé; *parole alate* paroles ailées.

àlba |'alba| *s.f.* **1** aube, (point *m.* du) jour (*m.*): *fin dall'alba* dès l'aube; *all'alba, sul far dell'alba* à l'aube, au point du jour; *l'alba spunta* le jour point **2** (*fig.*) [*gli albori, gli inizi di un'era*] aube: *l'alba della vita* l'aube de la vie; *all'alba della Rivoluzione* à l'aube de la Révolution → **principio, inizio** **3** (*letter. mediev.*) aubade [C] 1 **crepuscolo, tramonto.**

albagìa, gie |alba'dʒia, dʒie| *s.f.* (*lett.*) [*orgoglio, presunzione*] arrogance (*corr.*), orgueil *m.* (*corr.*): *è pieno di albagie* il est plein d'arrogance → **superbia.**

albagióso |alba'dʒoso| *agg.* → **vanitoso, presuntuoso.**

albanèlla |alba'nɛlla| *s.f.* (*t.zool.*) busard *m.*

albanése |alba'nese| **1** *agg.* [*dell'Albania*] albanais **2** (*s.m.*) *l'albanese* [*la lingua*] l'albanais.

albarèllo |alba'rɛllo| *s.m.* → **alberello.**

albaspìna |albas'pina| *s.f.* (*lett.*) → **biancospino.**

albastrèllo |albas'trɛllo| *s.m.* (*t. zool.*) chevalier.

albàta |al'bata| *s.f.* (*letter. mediev.*) aubade.

àlbatra |'albatra| *s.f.* (*lett.*) → **corbezzola.**

àlbatro |'albatro| *s.m.* (*t.zool.*) albatros.

albèdine |al'bɛdine| *s.f.* **1** (*lett.*) → **bianchezza** **2** [*parte interna della scorza degli agrumi*] blanc *m.* du zeste **3** (*astron., fis.*) albédo *m.*

albeggiaménto |albeddʒa'mento| *s.m.* [→ ALBEGGIARE] point du jour, lueurs *f.pl.* de l'aube.

albeggiàre |albed'dʒare| **A** *v.intr. impers.* (*aus. 'essere'*) (*detto dell'alba*) [*spuntare*] faire (45) (*aus.* avoir) jour: *albeggia* il fait jour **B** *v.intr.* (*aus. 'essere'*) **1** [→ *intr. impers.*] poindre (61) (*aus.* avoir): *il giorno albeggia* le jour point ◇ (*fig.*) [*spuntare, essere agli inizi*] apparaître (72) (*aus.* avoir): *la chimica cominciava ad albeggiare* la chimie commençait à apparaître **2** (*lett.*) → **risplendere.**

alberàre |albe'rare| *v.tr.* **1** [*piantare alberi in un terreno*] planter, border d'arbres: *alberare un giardino* planter un jardin d'arbres; *alberare un viale* border une allée d'arbres **2** (*mar.*) [*provvedere di alberi*] mâter: *alberare una nave* mâter un navire.

alberàta |albe'rata| *s.f.* **1** rangée d'arbres **2** (*mar.*) mâture: *grandi velieri dalle alberate leggere* de grands voiliers aux mâtures légères **3** (*agr.*) vigne plantée en hautins.

alberàto |albe'rato| *agg.* **1** bordé, planté d'arbres: *un viale alberato* une allée bordée d'arbres; *un giardinetto alberato* un jardin planté d'arbres **2** (*mar.*) mâté; pourvu de mâts.

alberatùra |albera'tura| *s.f.* **1** [→ ALBERARE 1] plantation d'arbres **2** (*mar.*) mâture.

alberèllo |albe'rɛllo| *s.m.* **1** petit arbre ◇ (*loc.*) *ad alberello* en forme de petit arbre **2** (*t.bot.*) (*fungo*) bolet raboteux **3** (*t.bot.*) (*pioppo*) peuplier blanc, tremble.

alberéta |albe'reta| *s.f.* → **albereto.**

alberéto |albe'reto| *s.m.* plantation *f.* d'arbres; terrain planté d'arbres.

alberétto |albe'retto| *s.m.* **1** petit arbre **2** (*mar.*) *alberetto di maestra* grand mât de perroquet; *alberetto di trinchetto* petit mât de cacatois.

albergàre |alber'gare| **A** *v.tr.* **1** [*offrire ospitalità, alloggiare*] héberger (3): *sono stato albergato da un amico per una settimana* j'ai été hébergé pendant une semaine par un ami; *albergare qc. a casa propria* héberger qqn. **2** (*fig.*) [*avere, accogliere nel proprio animo*] nourrir: *albergare un desiderio, rancori, l'illusione* nourrir un désir, des rancunes, l'illusion **B** *v.intr.* (*aus. 'avere'*) [*abitare, avere dimora*] habiter: *alberga nei quartieri nuovi* il habite (dans) les quartiers neufs ◇ (*fig.*) *un forte rancore alberga in te* ton cœur est plein de rancœur, d'amertume [C] A 1 **sloggiare.**

albergatóre, trice |alberga'tore, tritʃe| *s.* [*padrone, gestore di un albergo*] hôtelier*.

albergherìa |alberge'ria| *s.f.* **1** → **albergo** **2** (*dir. mediev.*) droit *m.* de gîte.

alberghièro |alber'gjɛro| *agg.* [*relativo ad albergo*] hôtelier*: *industria alberghiera* industrie hôtelière, hôtellerie (*s.f.*); *scuola alberghiera* école hôtelière; *credito alberghiero* crédit hôtelier ✦ (*s.m. pl.*) *gli alberghieri* [*i dipendenti di un albergo*] le personnel *sing.* hôtelier: *sciopero degli alberghieri* grève du personnel hôtelier; *il rinnovo del contratto degli alberghieri* le renouvellement du contrat du personnel hôtelier.

albèrgo, ghi |al'bɛrgo, gi| *s.m.* **1** hôtel: *albergo di prima categoria* hôtel de première classe; *albergo di lusso* hôtel luxueux; *camera d'albergo* chambre d'hôtel; *topo d'albergo* rat d'hôtel; *pernottare in albergo* coucher à l'hôtel; *sostare in un albergo* descendre à l'hôtel # *albergo per la gioventù* auberge de la jeunesse (A.J.) → **ostello**; *scambiare la casa di qc. per un albergo* prendre la maison de qqn. pour une auberge ✦ (*agg.*) *casa albergo* résidence *s.f.* **2** (*lett.*) [*rifugio, riparo*] hospitalité (*f.*): *chiedere albergo* demander l'hospitalité; *dare albergo a qc.* donner l'hospitalité à qqn., héberger qqn. # *trovare albergo da qualche parte, presso qc.* trouver à se loger, à être hébergé quelque part, chez qqn. ◇ (*fig., lett.*) *non bisogna dare albergo a queste illusioni* il ne faut pas nourrir de pareilles illusions **3** (*lett.*) [*casa*] logis.

àlbero |'albero| *s.m.* **1** arbre: *albero di alto fusto, di basso fusto* arbre de haute futaie, de basse tige; *alberi da frutta* arbres fruitiers; *albero sempreverde* arbre vert à feuilles persistantes; *albero di Natale* arbre de Noël ◇ (*st.*) *albero della libertà* arbre de la liberté ◇ (*Bibbia*) *albero della scienza del bene e del male* arbre (de la science) du bien et du mal ◇ (*relig. crist.*) *albero della Croce* arbre de la Croix ◇ (*prov.*) *dal frutto si conosce l'albero* c'est au fruit qu'on reconnaît l'arbre **2** (*t.bot.*) *albero di Giuda* arbre de Judée, de Judas **3** *albero genealogico* arbre généalogique **4** (*mar.*) mât: *albero di maestra* grand mât; *albero di bompresso* mât de beaupré **5** (*mecc.*) arbre: *albero a camme* arbre à cames; *albero motore* arbre moteur; *albero a manovella* arbre à manivelle; *albero di trasmissione* arbre de transmission **6** (*anat., chim., mat.*) arbre.

albicòcca, che |albi'kɔkka, ke| *s.f.* [*frutto dell'albicocca*] abricot (*m.*): *un kg di albicocche* un kg d'abricots ✦ (*agg. inv.*) abricot: *tessuto color albicocca* tissu abricot.

albicòcco, chi |albi'kokko, ki| *s.m.* (*t.bot.*) abricotier.

albigése |albid'dʒeze| *agg.* [*di Albi*] albigeois ✦ *s.* (*st.*) *gli Albigesi* les Albigeois.

albinàggio, i |albi'naddʒo, i| *s.m.* (*dir.*) aubaine *f.*

albinìsmo |albi'nizmo| *s.m.* albinisme.

albino |al'bino| *agg.* (*med.*) albinos *inv.* ♦ (*s.*) *un albino* un albinos.
albis |'albis| → **in albis.**
albite |al'bite| *s.f.* (*miner.*) albite.
1 **àlbo** |'albo| *s.m.* **1** [*pannello destinato all'affissione di notizie, avvisi, atti ufficiali*] tableau (d'affichage): *albo pretorio* tableau d'affichage de la mairie; *affisso, pubblicato all'albo* affiché, publié au tableau (d'affichage) **2** (*bur.*) [*registro dove sono iscritti gli abilitati a una professione*] tableau, ordre: *essere radiato dall'albo degli architetti* être rayé du tableau, de l'ordre des architectes; *iscrizione all'albo* inscription au tableau # *essere iscritto all'albo dell'ordine degli avvocati* être inscrit au barreau ◇ (*fig.*) [*elenco di persone con particolari meriti*] tableau, palmarès: *albo d'onore* tableau d'honneur; *il suo nome figura nell'albo dei premiati* son nom figure au palmarès; *albo dei vincitori di un concorso, di una gara sportiva* palmarès d'un concours, d'une compétition sportive # *albo d'oro* livre d'or **3** [*raccoglitore in forma di libro per fotografia, francobolli e sim.*] album: *albo di famiglia* album de famille ◇ (*per est.*) *albo da disegno* cahier de dessin **4** [*fascicolo a fumetti*] illustré, magazine à bandes dessinées.
2 **àlbo** |'albo| *agg.* (*lett.*) → **bianco.**
albóre |al'bore| *s.m.* **1** [*alba*] premières lueurs *f.pl.* du jour, de l'aube ◇ [*chiarore*] blancheur *f.*, clarté *f.* → **bianchezza** **2** *spec. al plur.* (*fig.*) [*primi accenni di un fenomeno culturale, storico e sim.*] aube (*f.*): *gli albori della Rivoluzione* l'aube de la Révolution; *gli albori della storia* l'aube de l'histoire → **inizio.**
alborèlla |albo'rɛlla| *s.f.* (*t.zool.*) ablette.
albùgine |al'budʒine| *s.f.* [*macchia bianca della cornea*] albugo *m.*
albugìnea |albu'dʒinea| *s.f.* (*anat.*) albuginée.
àlbum |'album| *s.m.* → 1 **albo 3.**
albùme |al'bume| *s.m.* **1** [*bianco dell'uovo*] albumen **2** (*biol.*, *bot.*) albumen.
albumina |albu'mina| *s.f.* albumine.
albuminòide |albumi'nɔide| *agg.* (*chim.*) albuminoïde ♦ (*s.m.*) *un albuminoide* un albuminoïde.
albuminóso |albumi'noso| *agg.* albumineux* ◇ (*bot.*) albuminé.
albuminùria |albimi'nurja| *s.f.* (*med.*) albuminurie.
albumósa |albu'moza| *s.f.* albumose.
albùrno |al'burno| *s.m.* **1** (*bot.*) aubier **2** (*t.zool.*) ablette *f.*
alcàico, ci, ca, che |al'kaiko, tʃi, ka, ke| *agg.* (*metr.*) alcaïque: *verso alcaico* vers alcaïque.
alcalescènte |alkaleʃ'ʃɛnte| *agg.* alcalescent.
alcalescènza |alkaleʃ'ʃɛntsa| *s.f.* alcalescence.
àlcali |'alkali| *s.m. inv.* (*chim.*) alcali (*var.*): *alcali caustici* alcalis caustiques → **base.**
alcalimetro |alka'limetro| *s.m.* alcalimètre.
alcalinità |alkalini'ta| *s.f. inv.* alcalinité *var.*
alcalinizzànte |alkalinid'dzante| *agg.* (*chim.*) alcalifiant.
alcalinizzàre |alkalinid'dzare| *v. tr.* [*rendere alcalino*] alcaliniser.
alcalino |alka'lino| *agg.* (*chim.*) alcalin: *metalli alcalini* métaux alcalins; *rocce alcaline* roches alcalines.
alcalòide |alka'lɔide| *s.m.* (*chim.*) alcaloïde.
alcalòsi |alka'lɔzi| *s.f. inv.* (*med.*) alcalose *var.*
alcàni |al'kani| *s.m.pl.* (*chim.*) alcane *sing.*
àlce |'altʃe| *s.m.* (*t.zool.*) élan ~ *alce canadese* orignal*, orignac.
alchemilla |alke'milla| *s.f.* → **alchimilla.**
alchène |al'kɛne| *s.m.* (*chim.*) alcène.
alchèrmes |al'kɛrmes| *s.m. inv.* alkermès.
alchimia |al'kimja, alki'mia| *s.f.* alchimie ◇ (*fig.*) [*artifizio, maneggio*] intrigue, manigance: *alchimie politiche* intrigues, manigances politiques.
alchimilla |alki'milla| *s.f.* (*t.bot.*) alchimilla, alchémille.
alchimista |alki'mista| *s.m.* alchimiste.
alchimistico, ci, ca, che |alki'mistiko, tʃi, ka, ke| *agg.* [*relativo all'alchimia o agli alchimisti*] alchimique ◇ (*fig.*) [*artificioso*] captieux*: *soluzione alchimistica* solution captieuse.
alchimizzàre |alkimid'dzare| **A** *v.tr.* [*alterare per mezzo dell'alchimia*] transmuer, transmuter **B** *v.intr.* (*aus.* '*avere*') [*fare dell'alchimia*] pratiquer *tr.* l'alchimie.
alcióne |al'tʃone| *s.m.* (*mitol.*) alcyon.
alciònio, i |al'tʃɔnjo, i| *s.m.* (*t.zool.*) alcyon.
alcolàto |alko'lato| *s.m.* alcoolat.
àlcole |'alkole| *s.m.* → **alcool.**
alcolemia |alkole'mia|, **alcoolemia** |alkoole'mia| *s.f.* (*med.*) alcoolémie.
alcolificazióne |alkolifikat'tsjone| *s.f.* alcoolification.
alcolimetro |alko'limetro|, **alcoolimetro** |alkoo'limetro| *s.m.* (*tecnol.*) alcoomètre.
alcolismo |alko'lizmo|, **alcoolismo** |alkoo'lizmo| *s.m.* (*med.*) alcoolisme: *alcolismo cronico* alcoolisme chronique.
alcolista |alko'lista|, **alcoolista** |alkoo'lista| *s.* alcoolique.
alcolizzàre |alkolid'dzare|, **alcoolizzàre** |alkoolid'dzare| *v.tr.* **1** (*ogg. di cosa*) [*rendere alcolico*] alcooliser **2** (*ogg. di persona*) [*rendere alcolizzato*] rendre (53) alcoolique.
alcolizzàto |alkolid'dzato|, **alcoolizzàto** |alkoolid'dzato| **1** *agg.* alcoolisé **2** *s.* [*chi è affetto da alcolismo cronico*] alcoolique.
alcolizzazióne |alkoliddzat'tsjone| *s.f.* [→ ALCOLIZZARE] alcoolisation.
àlcool |'alkool| *s.m.* **1** alcool: *alcool etilico* alcool éthylique; *alcool a 90 gradi* alcool à 90 degrés; *alcool denaturato* alcool dénaturé; *fornello ad alcool* réchaud à alcool **2** (*per est.*) [*bevanda alcoolica*] boisson *f.* (alcoolique): *darsi all'alcool* s'adonner à la boisson.
alcoòlico, ci, ca, che |alko'ɔliko, tʃi, ka, ke| **1** *agg.* alcoolique: *fermentazione alcoolica* fermentation alcoolique **2** *s.m.* [*bevanda contenente alcool*] boisson *f.* alcoolique: *è vietata la vendita di alcoolici* la vente des boissons alcooliques est interdite.
alcoolimetria |alkoolime'tria| *s.f.* (*chim.*) alcoométrie.
alcòva |al'kɔva| *s.f.* alcôve: *i segreti dell'alcova* les secrets de l'alcôve, d'alcôve.
alcùn |al'kun| *agg.* → **alcuno.**
alcunché |alkun'ke| *pron. indef.* **1** (*in frasi neg.*) [*nulla, niente*] rien: *non c'è alcunché che possa farmi cambiare idea* il n'y a rien qui puisse (rien ne saurait) me faire changer d'avis; *non esiste alcunché di meglio* il n'y a rien de mieux; *non credo ad alcunché di quel che dici* je ne crois rien de ce que tu dis **2** (*lett.*) (*in frasi aff.*) [*qualcosa, un non so che*] quelque chose (*corr.*): *c'è alcunché di falso in lui* il y a quelque chose de faux en lui; *non ci vedo alcunché di strano* je n'y vois rien d'étrange.
alcùno |al'kuno| **I** *agg. indef.* **1** (*al sing. in frasi neg.*) aucun *m.*, aucune *f.*, nul *m.* (*lett.*), nulle *f.* (*lett.*): *non ho alcun bisogno di parlargli* je n'ai aucun (nul) besoin de lui parler; *non hai alcuna ragione di rifiutare* tu n'as aucune raison de refuser; *senza alcun dubbio* sans aucun doute, sans nul doute → **nessuno** ◇ (*raro*) (*al sing. in frasi aff.*) → **qualche** **2** *al plur.* quelques: *alcuni amici l'hanno aiutata* quelques amis l'ont aidée; *mancano alcuni giorni al mio compleanno* il manque quelques jours à mon anniversaire; *non ho letto alcune righe di quel testo* je n'ai pas lu quelques lignes de ce texte ◇ (*correlato con agg. poss.*) quelques-uns *m.*, quelques-unes *f.* de (+ *agg. poss. plur.*): *alcuni tuoi parenti l'hanno rimproverato* quelques-uns de tes parents l'ont réprimandé; *alcune mie amiche sono venute a cena* quelques-unes de mes amies sont venues dîner chez moi **II** *pron. indef.* **1** (*raro*) *al sing.* (*in frasi aff.*) quelqu'un *m.*, quelqu'une (*f.*): *se alcuno mi cercasse...* si quelqu'un me cherchait... **2** (*in frasi neg.*, *con valore ass.*) personne (*inv.*): *non vi fu alcuno che gli desse un consiglio* il n'y eut personne pour lui donner un conseil → **nessuno** ◇ (*col partitivo*) aucun *m.*, aucune (*f.*): *non lo disse ad alcuno, ad alcuna di noi* il n'en parla à aucun, à aucune de nous **3** *al plur.* (*in frasi aff. o neg.*) quelques-uns *m.*, quelques-unes *f.*, d'aucuns (*lett.*, *riferito solo a persona*): *ne ho visti alcuni che correvano* j'en ai vu quelques-uns qui couraient; *ce ne sono alcune molto belle* il y en a quelques-unes de très belles → **certuni** ◇ (*correlato con* '*altri, altre*') quelques-uns (quelques-unes)... d'autres: *alcuni erano rossi, altri verdi* quelques-uns étaient rouges, d'autres verts; *alcune sono arrivate ieri, altre stamani* quelques-unes sont arrivées hier, d'autres ce matin ◇ (*correlato con pron. pers.*) quelques-uns, quelques-unes de (parmi, d'entre) (+ *pron. pers.*): *alcuni, alcune di noi vogliono restare* quelques-uns, quelques-unes de, d'entre (parmi) nous veulent rester → **certuni** **C** **nessuno.**
aldèide |al'dɛide| *s.f.* (*chim.*) aldéhyde (*m.*): *aldeide formica* aldéhyde formique.
aldèidico, ci, ca, che |al'dɛidiko, tʃi, ka, ke| *agg.* (*chim.*) aldéhydique.
aldilà |aldi'la| *s.m. inv.*, **al di là** |aldi'la| *loc. sost. m. inv.* au-delà (*s.m.*

var.): *degli aldilà* des au-delàs; *nell'aldilà* dans l'au-delà; *credere nell'aldilà* croire en l'au-delà.

aldino |al'dino| *agg.* (*tip.*) aldin: *le edizioni aldine* les éditions aldines.

àldio, i |'aldjo, i| *s.m.* (*st. germ.*) aldion.

aldióne |al'djone| *s.m.* → **aldio.**

aldosteróne |aldoste'rone| *s.m.* (*biol., chim.*) aldostérone.

àlea |'alea| *s.f.* (*lett.*) [*rischio*] aléa *m.* ◇ (*dir.*) aléa.

aleatòrio, i |alea'tɔrjo, i| *agg.* **1** aléatoire: *tutto ciò è molto aleatorio* tout cela est fort aléatoire **2** (*dir.*) aléatoire: *contratto aleatorio* contrat aléatoire ◇ (*loc. mat.*) *grandezza aleatoria* grandeur aléatoire.

àlef |'alef| *s.m. inv.* (*ebr.*) (*ling., mat.*) aleph *var.*

aleggiàre |aled'dʒare| *v.intr.* (*aus.* '*avere*') **1** [*muovere leggermente le ali*] voltiger (3), voleter (5) **2** (*per est.*) [*spirare lievemente, alitare*] flotter: *nella stanza aleggiava un gradevole profumo* un parfum agréable flottait dans la pièce ◇ (*fig., lett.*) *tutt'intorno si sentiva aleggiare il ricordo delle grandi imprese del passato* tout autour on sentait flotter le souvenir des grandes entreprises du passé **3** (*di aliante*) [*volare, veleggiare*] planer.

alemànno |ale'manno| *agg.* alémanique: *popolazioni alemanne* populations alémaniques; *letteratura alemanna* littérature alémanique → **germanico, tedesco** ✦ (*s.m.*) *l'alemanno* [*la lingua*] l'alémanique.

aleróne |ale'rone| *s.m.* → **alettone.**

alesàggio, i |ale'zaddʒo, i| *s.m.* **1** (*mecc.*) alésage **2** [→ ALESARE] alésage.

alesàre |ale'zare| *v.tr.* (*mecc.*) [*calibrare un foro metallico con l'alesatore*] aléser (8).

alesatóio, i |aleza'tojo, i| *s.m.* → **alesatore.**

alesatóre |aleza'tore| *s.m.* aléseur ◇ (*mecc.*) alésoir.

alesatrice |aleza'tritʃe| *s.f.* (*mecc.*) aléseuse.

alesatùra |aleza'tura| *s.f.* (*mecc.*) alésage *m.*

alessandrino |alessan'drino| *agg.* **1** [*di Alessandro*] alexandrin: *poeta alessandrino* poète alexandrin **2** (*metr.*) *verso alessandrino* (vers) alexandrin ✦ (*s.m.*) *l'alessandrino* l'alexandrin **3** [*di Alessandria d'Egitto*] alexandrin.

alessìa |ales'sia| *s.f.* (*med.*) alexie.

alétta |a'letta| *s.f.* **1** petite aile **2** (*tecnol.*) ailette: *bomba a alette* bombe à ailettes; *radiatore a alette* radiateur à ailettes ◇ (*aer.*) *aletta di compensazione* volet de compensation ◇ (*mar.*) *aletta di rollio* aileron *m.* anti-roulis **3** [*gruppo di penne dietro l'ala degli uccelli*] aileron *m.* **4** [*pinna dei pesci*] nageoire ◇ [*pinna del pescecane*] aileron (de requin) **5** (*arch.*) [*striscia esterna di un piedritto*] ailette ◇ [*piccolo montante a lato di una porta o balaustra*] aileron.

alettatùra |aletta'tura| *s.f.* **1** ailetage *m.* **2** (*tecnol.*) aletage *m.*

alettóne |alet'tone| *s.m.* (*aer., auto.*) aileron ◇ (*mar.*) aileton.

aleurite |aleu'rite| *s.f.* (*t.bot.*) aleurite.

aleuròde |aleu'rɔde| *s.m.* (*t.zool.*) aleurode.

aleuróne |aleu'rone| *s.m.* (*bot.*) aleurone *f.*

alexander |'ælig'za:ndə| *s.m. inv.* (*ingl.*) (cocktail *var.*) alexandra.

1 **àlfa** |'alfa| **I** *s.m. o f. inv.* **1** [*prima lettera dell'alfabeto greco*] alpha (*m. var.*): *alfa privativo* alpha privatif **2** (*astron.*) alpha **II** *agg. inv.* (*fis.*) alpha: *raggi alfa* rayonnements alpha.

2 **àlfa** |'alfa| *s.f.* (*t.bot.*) alfa *m.* ◇ [*la fibra tessile che se ne ricava*] alfa.

alfabeticaménte |alfabetika'mente| *avv.* [→ ALFABETICO] alphabétiquement.

alfabètico, ci, ca, che |alfa'bɛtiko, tʃi, ka, ke| *agg.* alphabétique: *scrittura alfabetica* écriture alphabétique; *indice alfabetico* index alphabétique; *elencare in ordine alfabetico* énumérer par, dans l'ordre alphabétique.

alfabetizzàre |alfabetid'dzare| *v. tr.* [*insegnare a leggere e a scrivere a* (*un gruppo sociale analfabeta*)] alphabétiser.

alfabetizzazióne |alfabetiddzat'tsjone| *s.f.* [→ ALFABETIZZARE] alphabétisation.

alfabèto |alfa'bɛto| *s.m.* **1** alphabet: *alfabeto greco, fenicio* alphabet grec, phénicien; *alfabeto telegrafico* alphabet télégraphique; *alfabeto Morse* alphabet Morse **2** (*fig.*) base *f.*, a b c: *non conosce l'alfabeto del diritto* il ne connaît pas les bases, l'a b c, les rudiments du droit.

alfàna |al'fana| *s.f.* cheval* *m.* arabe.

alfanumèrico, ci, ca, che |alfanu'mɛriko, tʃi, ka, ke| *agg.* alphanumérique.

1 **alfière** |al'fjɛre| *s.m.* **1** (*mil.*): (*marina*) enseigne de vaisseau; (*fanteria*) porte-drapeau; (*cavalleria*) porte-étendard **2** [*portabandiera*] porte-drapeau: *degli alfieri* des porte-drapeau(x) ◇ (*fig.*) *era l'alfiere della protesta femminile* elle était comme le porte-drapeau de l'insurrection féminine.

2 **alfière** |al'fjɛre| *s.m.* (*scacchi*) fou.

alfine |al'fine| *avv.* enfin, à la fin (*loc. inv.*): *arrivarono alfine tutti insieme* ils arrivèrent enfin tous ensemble; *alfine vedremo chi ha ragione* à la fin nous verrons qui a raison.

àlga, ghe |'alga, ge| *s.f.* (*t.bot.*) algue: *alghe pluricellulari* algues pluricellulaires ~ *alghe rosse* algues rouges ~ *alga marina* algue marine.

algazèlla |alga'dzɛlla| *s.f.* (*t.zool.*) algazelle.

àlgebra |'aldʒebra| *s.f.* **1** algèbre **2** (*fig.*) [*cosa difficile, complicata*] algèbre: *è algebra per me* c'est de l'algèbre, du chinois pour moi.

algebricaménte |aldʒebrika'mente| *avv.* [→ ALGEBRICO] algébriquement.

algèbrico, ci, ca, che |al'dʒebriko, tʃi, ka, ke| *agg.* (*mat.*) algébrique: *funzione algebrica* fonction algébrique; *calcolo algebrico* calcul algébrique; *equazione algebrica* équation algébrique.

algebrista |aldʒe'brista| *s.* algébriste.

algerése |aldʒe'reze| *agg.* [*di Algeri*] algérois.

algerino |aldʒe'rino| **1** *agg.* [*dell'Algeria*] algérien*: *popolazioni algerine* populations algériennes **2** (*s.m.*) *l'algerino* [*la lingua*] l'algérien.

-algìa |al'dʒia| *suff.* (*significa 'dolore', corrisponde gener. a*) algie: *nevralgia* névralgie.

algìa, gie |al'dʒia, dʒie| *s.f.* (*med.*) algie.

àlgico, ci, ca, che |'aldʒiko, tʃi, ka, ke| *agg.* algique.

algidismo |aldʒi'dizmo| *s.m.* algidité *f.*

àlgido |'aldʒido| *agg.* (*lett.*) → **freddo.**

algina |al'dʒina| *s.f.* (*chim., st. naturale*) algine.

àlgol |'algol| *s.m. inv.* (*informatica*) algol *var.*

algorìtmico, ci, ca, che |algo'ritmiko, tʃi, ka, ke| *agg.* (*mat.*) algorithmique.

algoritmo |algo'ritmo| *s.m.* algorithme.

algóso |al'goso| *agg.* plein d'algues.

aliànte |a'ljante| *s.m.* [*velivolo senza motore che si regge nell'aria sfruttando le correnti*] planeur.

alias |'aljas| *avv.* (*lat.*) alias: *Luigi XIV alias il re Sole* Louis XIV alias le roi Soleil.

àlibi |'alibi| *s.m. inv.* (*dir.*) alibi (*var.*): *fornire un alibi accettabile* fournir un alibi acceptable ◇ (*fig.*) [*giustificazione, scusa*] *ha trovato un alibi per non aiutarti* il a trouvé un alibi, un prétexte pour ne pas t'aider.

alice |a'litʃe| *s.f.* [*acciuga*] anchois (*m.*): *filetti di alici sott'olio* filets d'anchois à l'huile.

alicòrno |ali'kɔrno| *s.m.* → **liocorno.**

alidàda |ali'dada| *s.f.* alidade.

alidire |ali'dire| (197) *v.tr.* (*raro*) → **inaridire.**

alidóre |ali'dore| *s.m.* (*raro*) → **aridità.**

alienàbile |alje'nabile| *agg.* [→ ALIENARE A 1] aliénable.

alienabilità |aljenabili'ta| *s.f. inv.* aliénabilité *var.*

alienaménto |aljena'mento| *s.m.* → **alienazione.**

alienànte |alje'nante| *agg.* **1** (*dir.*) aliénateur *s.* ✦ (*s.*) *l'alienante* l'aliénateur **2** (*psicol.*) *un lavoro alienante* un travail aliénant.

alienàre |alje'nare| **A** *v.tr.* **1** (*dir.*) [*trasmettere, cedere ad altri un bene, un diritto*] aliéner (8): *alienare un diritto* aliéner un droit **2** [*allontanare, rendere ostile*] aliéner: *il suo comportamento gli ha alienato le simpatie di tutti* son attitude lui a aliéné les sympathies de tout le monde □ *alienarsi* (*la simpatia di*) *qc.* s'aliéner (la sympathie de) qqn. **3** (*psicol.*) [*estraniare da sé stesso*] aliéner: *questo ritmo di vita ti aliena* ce rythme de vie t'aliène **B** *v.pron.* ALIENARSI **1** *rifl.* [*allontanarsi, estraniarsi*] s'aliéner ✦ → *tr.* 2 □ **2** *intr.* (*raro*) [*uscire di senno*] aliéner *tr.* (*arc.*).

alienàto |alje'nato| *agg.* **1** (*dir.*) aliéné → **venduto** **2** (*psicol.*) aliéné → **pazzo** ✦ (*s.*) *un alienato* un aliéné.

alienazióne |aljenat'tsjone| *s.f.* **1** (*dir.*) aliénation: *alienazione di territorio* aliénation de territoire **2** (*med., corr.*) aliénation: *alienazione mentale* aliénation mentale; *l'alienazione dell'uomo* l'aliénation de l'homme.

alienista |alje'nista| *s.* aliéniste.

alièno |a'ljɛno| *agg.* **1** [*contrario, non propenso a*] contraire (à): *il suo atteggiamento è alieno dalla morale* son

attitude est contraire à la morale; *essere alieno dai compromessi* être contraire aux compromis # *non sono alieno dal credere* je n'ai aucune difficulté à croire **2** (*lett.*) [*che è di altri*] des autres (*corr.*) → **altrui** ◇ [*estraneo, diverso*] étranger*: *un discorso alieno dall'argomento* un propos étranger au sujet.
alièutica, che |a'ljɛutika, ke| *s.f.* halieutique → **pésca.**
alifàtico, ci, ca, che |ali'fatiko, tʃi, ka, ke| *agg.* (*chim.*) aliphatique.
alifórme |ali'forme| *agg.* (*zool.*) aliforme.
aligero |a'lidʒero| *agg.* (*lett.*) [*provvisto di ali*] ailé ◇ [*veloce*] rapide.
alighièro |ali'gjɛro| *s.m.* (*mar.*) gaffe *f.* ◇ [*marinaio che lo manovra*] brigadier.
1 **alimentàre** |alimen'tare| **A** *v.tr.* **1** [*nutritre, dare alimento*] alimenter ◇ (*fig.*) *alimentare la passione* alimenter la passion **2** [*rifornire, dare energia per il funzionamento*] alimenter: *alimentare un motore* alimenter un moteur **B** *v.pron. rifl.* ALIMENTARSI [→ *tr.* 1] s'alimenter: *per vivere bisogna alimentarsi* pour vivre il faut s'alimenter.
2 **alimentàre** |alimen'tare| **1** *agg.* alimentaire: *generi alimentari* denrées alimentaires ◇ (*dir.*) *obbligazione alimentare* obligation alimentaire; *sussidio alimentare* pension alimentaire **2** *s.m.pl.* [*generi commestibili*] produits alimentaires.
alimentàrio, i |alimen'tarjo, i| *agg.* alimentaire.
alimentarista |alimenta'rista| *s.* **1** marchand de comestibles **2** [*specialista di dietetica*] diététicien*.
alimentatóre, trice |alimenta'tore, tritʃe| *s.* **1** *s.* celui *m.*, celle *f.* qui alimente ◇ (*fig.*) *alimentatore di conversazione* celui qui alimente la conversation **2** *s.m.* [*operaio addetto all'alimentazione di forni, caldaie e sim.*] alimentateur: *alimentatore termico* alimentateur thermique.
alimentazióne |alimentat'tsjone| *s.f.* **1** [→ 1 ALIMENTARE A 1; B] alimentation, nourriture: *un'alimentazione vegetale, carnea, lattea* une alimentation végétale, carnée, lactée; *un'alimentazione ricca, povera* une nourriture riche, pauvre **2** [→ 1 ALIMENTARE A 2] alimentation: *alimentazione a gravità* alimentation par gravité; *alimentazione a vuoto* alimentation par le vide; *alimentazione di una caldaia, di un motore, di un circuito* alimentation d'une chaudière, d'un moteur, d'un circuit; *alimentazione idraulica* alimentation en eau ◇ (*armi*) alimentation, approvisionnement: *meccanismo di alimentazione di un'arma a ripetizione* mécanisme d'alimentation d'une arme à répétition.
aliménto |ali'mento| *s.m.* **1** aliment, nourriture (*f.*): *alimento completo* aliment complet; *il pane è un alimento essenziale* le pain est une nourriture essentielle # *conservazione degli alimenti deperibili* conservation des denrées périssables ◇ (*fig.*) *dare alimento alla maldicenza* fournir un aliment à la médisance **2** *al plur.* [*mezzi necessari per vivere, per mantenersi*] pension alimentaire: *provvedere agli alimenti, pagare, passare gli alimenti* verser, servir une pension alimentaire ◇ (*dir.*) *obbligo degli alimenti* obligation (de servir une pension) alimentaire.
alìnea |a'linea| *s.m. inv.* alinéa *var.*
aliòtide |ali'ɔtide| *s.m.* (*t.zool.*) haliotide.
alìpede |a'lipede| **1** *agg.* (*lett.*) qui a des ailes aux pieds *loc.* (*corr.*) ◇ [*veloce*] rapide **2** *s.m.* (*lett.*) [*cavallo veloce*] coursier.
alìquota |a'likwota| *s.f.* **1** [*parte di un intero, quota*] quote-part: *devi pagare un'aliquota delle spese* tu dois verser une quote-part des frais **2** (*mat.*) partie aliquote *agg. f.* **3** (*fin.*) taux (*m.*): *aliquota dell'imposta* taux de l'impôt; *l'aliquota aumenta in proporzione all'aumento dell'imponibile* le taux augmente en même temps qu'augmente la quantité de matière imposable → 3 **tasso** # *aliquota progressiva* impôt progressif; *aliquota costante* impôt fixe.
aliscàfo |alis'kafo| *s.m.* (*mar.*) hydrofoil.
alisèo |ali'zɛo| *s.m.* alizé: *gli alisei* les alizés ✦ (*agg.*) *vento aliseo* vent alizé.
alitàre |ali'tare| *v.intr.* (*aus.* '*avere*') **1** [*emettere fiato, respirare*] respirer: *nessuno alitava dalla paura* la peur les empêchait tous de respirer **2** (*detto del vento*) [*spirare, soffiare leggermente*] souffler: *cominciava ad alitare una leggera brezza* une légère brise commençait à souffler ◇ (*fig.*) *nella cantina alitava un odore di mosto* une odeur de moût flottait dans la cave.
àlito |'alito| *s.m.* **1** [*fiato, respiro*] haleine (*f.*): *avere l'alito cattivo, fresco* avoir une mauvaise haleine (avoir l'haleine forte), avoir l'haleine fraîche; *il suo alito sente di alcool* son haleine sent l'alcool **2** [*lieve soffio*] souffle: *nemmeno un alito di vento* pas un souffle de vent ◇ (*fig.*) *resisterò finché avrò un alito di vita, di speranza* je résisterai tant que j'aurai un souffle de vie, d'espérance → 1 **filo.**
alizarina |aliddza'rina| *s.f.* alizarine.
àlla |'alla| *prep. art. f. sing.* → 2 **a.**
allacciaménto |allattʃa'mento| *s.m.* **1** [→ ALLACCIARE 1] laçage: *l'allacciamento delle scarpe* le laçage des souliers → **allacciatura** 1 ◇ [→ ALLACCIARE 3] branchement, raccordement: *allacciamento ferroviario* branchement, raccordement de voie → **collegamento, raccordo** # *allacciamento telefonico* liaison téléphonique **2** [→ ALLACCIARE 4] captage: *l'allacciamento delle acque, delle sorgenti* le captage des eaux, des sources.
allacciàre |allat'tʃare| *v.tr.* **1** [*stringere con lacci*] lacer (2): *allacciare le scarpe* lacer ses souliers; *corsetto allacciato sul davanti* corset lacé devant → 1 **legare** ◇ [*legare insieme*] lier ◇ (*chir.*) *allacciare un'arteria* ligaturer une artère ◇ [*unire con fibbie*] boucler: *allacciare la cintura* boucler sa ceinture # *i signori viaggiatori sono pregati di allacciare le cinture* Mesdames et Messieurs, veuillez attacher vos ceintures; prière d'attacher les ceintures **2** (*fig.*) [*stringere relazioni*] nouer: *allacciare amicizie, un'alleanza* nouer des amitiés, une alliance; *allacciare relazioni con qc.* nouer des relations avec qqn. **3** [*realizzare un allacciamento; collegare*] relier, raccorder: *strada che allaccia due città* route qui relie deux villes; *un tratto che allaccia due binari* un troncon qui raccorde deux voies # *allacciare la corrente, il telefono* brancher le courant, le téléphone **4** [*raccogliere le acque*] capter: *allacciare una sorgente* capter une source **5** (*agr.*) [*unire la vite ai sostegni*] accoler: *allacciare la vite* accoler la vigne Ⓒ 1 **slacciare.**
allacciatùra |allatʃa'tura| *s.f.* **1** [→ ALLACCIARE 1] laçage *m.*; (*con alamari*) boutonnage *m.*; (*con ganci*) agrafage *m.* **2** [*modo in cui un capo di abbigl. si abbottona*] boutonnage: *allacciatura da destra a sinistra, da sinistra a destra*; *davanti*; *sul dorso* boutonnage de droite à gauche, de gauche à droite; devant; dans le dos **3** [*chiusura di un abito o sim.*] fermeture: *allacciatura di un cappotto, di una gonna* fermeture d'un manteau, d'une jupe **4** [*cinto erniario*] bandage *m.* herniaire **5** [→ ALLACCIARE 5] accolage *m.* **6** (*chir.*) ligature.
allagaménto |allaga'mento| *s.m.* [→ ALLAGARE A 1] inondation (*f.*): *l'allagamento causato dalle piogge, dalla piena di un torrente* l'inondation causée par les pluies, par la crue d'un torrent → **inondazione** Ⓒ **prosciugamento.**
allagàre |alla'gare| **A** *v.tr.* **1** [*coprire di liquido, spec. di acqua*; *inondare*] inonder: *la pioggia torrenziale ha allagato la campagna* la pluie torrentielle a inondé la campagne **2** (*fig.*) [*invadere, affollare*] envahir: *la piazza è allagata di turisti* la place est envahie par les touristes, est pleine de touristes **B** *v.pron. intr.* ALLAGARSI [→ *tr.* 1] être (43) *intr.* inondé: *la casa si è allagata* la maison est inondée Ⓒ A 1; B **prosciugare.**
allalì |alla'li| *s.m. inv.* → **hallali.**
allampanàto |allampa'nato| *agg.* [*magro, emaciato*] *hâve: *viso allampanato* visage hâve ◇ (*persone*) efflanqué: *un tipo allampanato* un type efflanqué.
allantòide |allan'tɔide| *s.f.* allantoïde.
allappàre |allap'pare| *v.tr.* (*raro*) [*dare una sensazione di aspro*; *allegare*] agacer (2): *allappare il palato, la lingua* agacer le palais, la langue.
allargaguànti |allarga'gwanti| *s.m. inv.* (*tecnol.*) ouvre-gant(s).
allargaménto |allarga'mento| *s.m.* **1** [→ ALLARGARE A 1; B; C 3] élargissement: *l'allargamento della strada* l'élargissement de la route **2** [→ ALLARGARE A 2] extension *f.*, développement, expansion (*f.*): *l'allargamento delle ricerche* l'élargissement, l'extension des recherches Ⓒ **restringimento, diminuzione.**
allargàre |allar'gare| **A** *v.tr.* **1** [*rendere più largo*] élargir: *allargare una strada* élargir une rue; *fare allargare una gonna* faire élargir une jupe ◇ (*fig.*) [*aprire*] ouvrir (23), écarter: *allargare le braccia* ouvrir, écarter les bras # *allargare il cuore* dilater le cœur; *speranza, gioia che allarga il cuore* espérance, joie qui dilate le cœur **2** (*fig.*) [*ampliare, dilatare q.c.*] élargir, étendre (53): *allargare la cerchia degli ammiratori, degli ascoltatori* élargir le cercle des admirateurs, des auditeurs; *allargare il proprio orizzonte* élargir son horizon; *bisogna allargare il dibattito* il faut élargir le débat; *allargare la propria influenza, i propri affari, il campo delle proprie esperienze, la sfera delle proprie attività* étendre son influence,

ses| affaires, le champ de ses expériences, la sphère de son activité; *allargare le proprie relazioni* étendre ses relations → **estendere** # *allargare il gioco* aérer le jeu ♦ (*al p.p.*) *maggioranza allargata* majorité élargie **3** [*moderare, mitigare*] mitiger (3), adoucir: *allargare una legge* mitiger, adoucir une loi → **allentare** # *allargare le redini* lâcher les brides **4** (*mus.*) [*rallentare*] ralentir **B** *v.intr.* (*aus. 'avere'*) (*spec. nel linguaggio sportivo*) [*portarsi all'esterno*] *allargare in curva* prendre (73) large un virage; *allargare sulle ali, sulla destra* appuyer (11) sur les ailiers, sur la droite **C** *v.pron.* ALLARGARSI **1** *rifl.* [→ *tr.* 2] agrandir (*tr.*): *allargarsi nelle proprie attività* agrandir ses activités # *allargarsi con qc.* [*confidarsi*] s'ouvrir à qqn. **2** *rifl.* (*fig.*) [*andare ad abitare in una casa più grande*] s'agrandir (*fam.*): *vorremmo allargarci* nous voudrions nous agrandir; *il proprietario vuole allargarsi* le propriétaire veut s'agrandir **3** *intr.* [→ *tr.* 1] s'élargir: *il sentiero si allarga* le sentier s'élargit; *dopo questa curva la strada si allarga* après ce virage la route s'élargit **4** *intr.* (*fig.*) [*diventare chiaro*] s'éclaircir → **schiarir(si), rasserenar(si)** **5** *intr.* (*mar.*) [*prendere il largo*] prendre la mer Ⓒ A 1 **restringere**, 2 **ridurre, limitare** 2.

allargàta |allar'gata| *s.f.* **1** [*l'allargare alla svelta*] élargissement *m.* # *dare un'allargata al vestito* élargir un vêtement **2** (*nuoto*) ouverture: *una allargata di braccia, di gambe* une ouverture de bras, de jambes.

allarmànte |allar'mante| *agg.* alarmant: *stato allarmante* état alarmant Ⓒ **rassicurante.**

allarmàre |allar'mare| **A** *v.tr.* [*mettere in ansia, in agitazione*] alarmer # *correvano voci che allarmarono la città* les bruits qui couraient jetaient l'alarme dans la ville **B** *v.pron. intr.* ALLARMARSI [→ *tr.*] s'alarmer: *ci siamo allarmati senza motivo* nous nous sommes alarmés sans raison Ⓒ **rassicurare, tranquillizzare.**

allarmàto |allar'mato| *agg.* [*preoccupato, in ansia*] inquiet*: *è allarmata per il tuo silenzio* elle est inquiète de ton silence; *sono allarmato per la sua sorte* je suis inquiet sur son sort; *sono allarmato in proposito* je suis inquiet à ce sujet; *avere l'animo allarmato* avoir l'esprit inquiet Ⓒ **rassicurato, tranquillo.**

allàrme |al'larme| *s.m.* **1** (*mil., corr.*) alarme *f.*, alerte (*f.*): *suonare l'allarme* sonner l'alarme; *allarme aereo* alerte aérienne; *falso allarme* fausse alerte; *sistema d'allarme* système d'alerte; *dare l'allarme* donner l'alerte, l'alarme; *le truppe erano in stato di allarme* les troupes étaient en état d'alerte **2** (*fig.*) [*ansia, apprensione*] alarme: *non creare falsi allarmi* ne crée pas de fausse alerte, ne jette pas l'alarme inutilement # *mettere in allarme* alarmer.

allarmìsmo |allar'mizmo| *s.m.* **1** [*tendenza all'inquietudine, alla preoccupazione*] esprit alarmiste: *il suo allarmismo mi esaspera* son esprit alarmiste m'exaspère **2** [*stato di inquietudine*] grande inquiétude (*f.*): *provocare allarmismo nel pubblico* provoquer une grande inquiétude dans le public.

allarmìsta |allar'mista| *s.* alarmiste.

allarmìstico, ci, ca, che |allar'mistiko, tʃi, ka, ke| *agg.* alarmiste: *una voce allarmistica* un bruit alarmiste.

allascàre |allas'kare| *v.tr.* (*mar.*) [*allentare una corda tesa*] larguer, lâcher: *allascare gli ormeggi* larguer les amarres.

allàto |al'lato| *avv.* → **accanto.**

allattaménto |allatta'mento| *s.m.* [→ ALLATTARE] allaitement: *allattamento materno, artificiale, misto* allaitement maternel, artificiel (au biberon), mixte.

allattàre |allat'tare| *v.tr.* [*nutrire con il latte*] allaiter: *allattare artificialmente* allaiter au biberon.

àlle |'alle| *prep. art. f. pl.* → 2 **a.**

alleànza |alle'antsa| *s.f.* alliance: *stringere, rompere un'alleanza* conclure, rompre une alliance → **accordo** ◇ (*st.*) *la Santa Alleanza* la Sainte-Alliance; *la Triplice Alleanza* la Triple-Alliance; la Triplice; *alleanza atlantica* Pacte *m.* atlantique.

alleàre |alle'are| **A** *v.tr.* [*unire con un'alleanza*] allier: *alleare due nazioni* allier deux nations **B** *v.pron.* ALLEARSI **1** *rifl.* [→ *tr.*] s'allier: *Napoleone III rifiutò di allearsi all'Austria* Napoléon III refusa de s'allier à l'Autriche **2** *recipr.* [→ *tr.*] s'unir: *si sono alleati contro di me* ils se sont unis contre moi.

alleàto |alle'ato| *agg.* [*unito da un trattato di alleanza*] allié, ami: *i paesi alleati* les pays alliés, amis; alliés *s.* et amis *s.* ♦ (*s.*) *gli alleati* les alliés Ⓒ **nemico, avversario.**

allegaménto |allega'mento| *s.m.* **1** (*raro*) [→ 1 ALLEGARE A 3] agacement: *allegamento dei denti* agacement des dents **2** (*bot.*) nouaison *f.*, nouure *f.*

1 **allegàre** |alle'gare| **A** *v.tr.* **1** [*unire assieme, accludere*] joindre (61): *allegare una lettera* joindre une lettre; *i documenti sono allegati alla domanda* les documents sont joints à la demande **2** (*raro, metall.*) [*unire in lega*] allier (*corr.*): *allegare l'oro e l'argento, l'oro con l'argento* allier l'or et l'argent, l'or avec l'argent **3** [*dare la sensazione di avere i denti legati*] agacer (2): *il limone allega i denti* le citron agace les dents → **allappare** **B** *v.intr.* (*aus. 'avere'*) **1** (*bot.*) [*passare allo stato di frutto dopo la fioritura*] nouer **2** (*metall.*) [*formare una lega*] s'unir *pron.*

2 **allegàre** |alle'gare| *v.tr.* [*apportare, addurre*] alléguer (8): *allegare dei pretesti* alléguer des prétextes → **produrre.**

allegàto |alle'gato| **1** *agg.* [*unito, accluso*] ci-joint, ci-inclus: *qui allegato* ci-joint, ci-inclus; *troverete (qui) allegato...* vous trouverez ci-inclus, ci--joint...; *vogliate restituirci le fatture qui allegate* veuillez nous retourner les factures ci-incluses **2** *s.m.* [*documento annesso a un altro*] pièce *f.* annexe; annexe *f.*; pièce jointe: *gli allegati di una pratica* les (pièces) annexes d'un dossier ◇ (*bur.*) *allegato n. 1, n. 2* annexe nº 1, nº 2 ◇ *loc.* IN ALLEGATO ci-joint *agg.*, ci-inclus (*agg.*): *in allegato copia della nostra lettera precedente* vous trouverez ci-inclus copie de notre précédente lettre.

allegazióne |allegat'tsjone| *s.f.* **1** [→ 2 ALLEGARE] allégation **2** → **allegamento** 2.

alleggeriménto |alleddʒeri'mento| *s.m.* [→ ALLEGGERIRE A; B 2] allégement: *l'alleggerimento dei programmi scolastici* l'allégement des programmes scolaires # *alleggerimento fiscale* dégrèvement fiscal → **sgravio** Ⓒ **aggravamento, aggravio.**

alleggerìre |alleddʒe'rire| (197) **A** *v.tr.* **1** [*sgravare di un peso, rendere più leggero*] alléger (8) (3), délester: *alleggerire un carico* alléger un fardeau ◇ (*scherz.*) *alleggerire qc. del portafogli* soulager (3), délester qqn. de son portefeuille → **derubare** **2** (*fig.*) [*rendere più sopportabile, alleviare*] soulager, alléger: *alleggerire la pena, il dolore* alléger la peine, la douleur → **attenuare** **B** *v.pron. rifl.* ALLEGGERIRSI **1** [*mettersi vestiti più leggeri*] s'habiller plus légèrement, se découvrir ◇ (*prov.*) *d'aprile non t'alleggerire* en avril ne te découvre pas d'un fil **2** [→ *tr.* 1] se décharger (3), se délivrer Ⓒ A 1 **aggravare**, 2 **accrescere, aumentare.**

alléggio, i |al'leddʒo, i| *s.m.* (*mar.*) **1** [*scarico di una parte o di tutto il carico di una nave*] allégement ◇ [*pontone, barca usata per tale operazione*] allège *f.* **2** [*foro nella stiva per scaricare l'acqua*] nable.

allegorìa |allego'ria| *s.f.* allégorie.

allegoricaménte |allegorika'mente| *avv.* [→ ALLEGORICO] allégoriquement: *parlare allegoricamente* parler allégoriquement.

allegòrico, ci, ca, che |alle'gɔriko, tʃi, ka, ke| *agg.* allégorique: *romanzo allegorico* roman allégorique; *significato allegorico* sens allégorique; *quadro allegorico* tableau allégorique.

allegorizzàre |allegorid'dzare| **A** *v.tr.* **1** [*rappresentare allegoricamente*] exprimer de manière allégorique: *allegorizzare un concetto* exprimer de manière allégorique un concept **2** [*interpretare allegoricamente*] interpréter (8) de manière allégorique: *allegorizzare un testo* interpréter un texte de manière allégorique **B** *v.intr.* (*aus. 'avere'*) [*esprimersi per allegoria*] s'exprimer *pron.* de manière allégorique.

allegraménte |allegra'mente| *avv.* [→ ALLEGRO I 1, 2] gaiement (gaîment), joyeusement: *cantare allegramente* chanter gaiement; *ha ripreso allegramente le sue cattive abitudini* il a repris gaiement ses mauvaises habitudes.

allegràre |alle'grare| *v.tr.* → **rallegrare.**

allegrétto |alle'gretto| *s.m.* (*mus.*) allegretto, allégretto.

allegrézza |alle'grettsa| *s.f.* joie, allégresse: *provare una viva allegrezza* éprouver une vive joie Ⓒ **tristezza, mestizia, malinconia.**

allegrìa |alle'gria| *s.f.* **1** [*manifestazione, stato di gioia, di soddisfazione*] gaieté (gaîté), allégresse: *mettere allegria* mettre en gaîté; *in mezzo all'allegria generale* au milieu de l'allégresse générale ◇ (*escl.*) *allegria! allegria!* allons, de la gaieté! ◇ (*loc.*) *vivere in allegria* [*con spensieratezza*] mener joyeuse vie **2** (*per est.*) [*vivacità di colori, di suoni*] éclat *m.* Ⓒ **1 malinconia, noia**; 2 **monotonia.**

allégro |al'legro| **I** *agg.* **1** [*che mostra, dà allegria*] gai, joyeux*: *un carattere allegro* un caractère gai; *un viso allegro* un visage joyeux → **lieto, contento** ◇ [*felice, contento*] *stiamo un po' allegri questa sera!* soyons un peu gais ce soir!; *su allegri!* allons, de la gaieté!; *c'è poco da star allegri* il n'y a pas de quoi se réjouir ◇ [*pieno di allegria*] joyeux: *una serata allegra* une joyeuse soirée; *un'allegra combriccola* une bande joyeuse; *essere in allegra compagnia* être en joyeuse compagnie ◇ (*fam.*) *essere un po' allegro* [*leggermente brillo, ubriaco*] être un peu gai, éméché **2** [*spensierato, disinvolto*] joyeux: *finanze allegre* joyeuses dépenses; *la vedova allegra* la veuve joyeuse; *far vita allegra* mener joyeuse vie ◇ (*cose*) gai: *discorsi un po' allegri* propos un peu gais # *donna, donnina allegra* [*di facili costumi*] femme légère **3** [*che dà allegria, vivace*] gai, riant: *un giardino, un paesaggio allegro* un jardin, un paysage riant; *musica allegra, suoni allegri* musique gaie, sons gais; *mi piacciono questi colori allegri* j'aime ces couleurs gaies → **gaio** ◇ [*vivace, sciolto*] *con passo allegro* d'un pas joyeux ◇ [*vivo, intenso*] vif*: *un fuoco allegro* un feu vif **4** (*arald.*) *cavallo allegro* cheval gai **II** *s.m.* (*mus.*) allegro Ⓒ I 1 **accigliato, malinconico, mesto, serio, triste.**

allegróne |alle'grone| *s.* [*persona abitualmente allegra, piena di brio*] joyeux* luron*, boute-en-train (*m. inv.*): *degli allegroni* des joyeux lurons, des boute-en-train; *è un'allegrona* c'est un boute-en-train.

allèlo |al'lɛlo| *s.m.* allèle.

allelomòrfo |allelo'mɔrfo| *agg.* (*biol.*) allélomorphe.

1 **allelùia** |alle'luja| *s.m. inv.* **1** (*liturg. catt.*) alléluia *var.* **2** (*fig.*) *cantare alleluia* chanter joyeusement, chanter un alléluia (*poet.*); *vecchio come l'alleluia* vieux comme Mathusalem.

2 **allelùia** |alle'luja| *s.f.* (*t.bot.*) [*acetosella*] alléluia *m.*, oxalide.

allemànda |alle'manda| *s.f.* (*mus.*) allemande.

allenaménto |allena'mento| *s.m.* [→ 1 ALLENARE] entraînement: *manca di allenamento* il manque d'entraînement; *ci riuscirete con un po' d'allenamento* vous y parviendrez avec un peu d'entraînement → **esercizio, preparazione** ◇ (*sport*) *allenamento di un atleta* entraînement d'un athlète; *partita d'allenamento* match d'entraînement.

1 **allenàre** |alle'nare| **A** *v.tr.* **1** [*addestrare, preparare*] entraîner, exercer (2): *allenare alla fatica* entraîner à la fatigue; *allenare la propria memoria* exercer sa mémoire **2** (*sport*) [*preparare* (*un atleta*) *a una gara*] entraîner: *allenare una squadra di calcio* entraîner une équipe de football; *nuotatore ben allenato* nageur bien entraîné **B** *v. pron. rifl.* ALLENARSI **1** [→ *tr.* 1] s'exercer, s'entraîner **2** (*sport*) [→ *tr.* 2] s'entraîner: *si allenano per i campionati di tennis* ils s'entraînent pour le championnat de tennis.

2 **allenàre** |alle'nare| *v.intr.* (*aus.* '*essere*') *e pron.* (*lett.*) → **indebolire.**

allenàto |alle'nato| *agg.* **1** [*preparato, addestrato*] entraîné *p.p.*; exercé: *atleta ben allenato* athlète bien entraîné ‖ *menti allenate* des esprits exercés **2** [*abituato, assuefatto*] habitué: *ormai sono allenato ai suoi voltafaccia* désormais je suis habitué, je me suis fait à ses volte-face.

allenatóre, trice |allena'tore, tritʃe| **I** *s.* **1** *s.* [*chi allena un atleta, una squadra*] entraîneur (*m.*): *l'allenatore di un pugile, di una squadra di calcio* l'entraîneur d'un boxeur, d'une équipe de football; *è allenatrice della nostra campionessa* elle est l'entraîneur de notre championne **2** *s.m.* [*strumento per tenere in esercizio il corpo*] appareil, instrument de gymnastique **II** *agg.* [*che serve per allenare*] d'entraînement (*loc. inv.*): *squadra allenatrice* équipe d'entraînement.

allène |al'lɛne| *s.m.* (*chim.*) allène.

allentaménto |allenta'mento| *s.m.* **1** [→ ALLENTARE A 1, 2; B] relâchement; desserrage: *allentamento di una fune* relâchement d'une corde; *allentamento della sorveglianza* relâchement de la surveillance ‖ *allentamento di una vite* desserrage d'une vis **2** (*mecc.*) ralentissement.

allentàre |allen'tare| **A** *v.tr.* **1** [*rendere più lento, meno stretto*] desserrer, relâcher: *allentare una vite* desserrer une vis; *allentare la stretta* relâcher, desserrer son étreinte; *allentare la cintura* desserrer sa ceinture ◇ (*fig.*) *allentare la borsa, i cordoni della borsa* ouvrir sa bourse, desserrer les cordons de sa bourse **2** [*rendere meno teso*] détendre (53), relâcher: *allentare una fune* détendre une corde; *allentare le redini* relâcher les rênes, la bride ◇ (*fig.*) [*mitigare*] relâcher: *allentare la disciplina* relâcher la discipline # *allentare i freni* lâcher la bride ◇ (*fig.*) *allentare il passo* ralentir le pas → **rallentare** **3** (*pop.*) *allentare un ceffone* [*appioparlo, darlo*] allonger (3), flanquer une gifle → **mollare** **B** *v.pron. intr.* ALLENTARSI **1** [→ *tr.* 1, 2] se détendre; se desserrer: *fune che si allenta* corde qui se détend ‖ *morsa che si allenta* étau qui se desserre **2** (*fig.*) [*diminuire di intensità, di forza*] s'atténuer, se relâcher: *la sua ira si è allentata* sa colère s'est atténuée; *la disciplina si è allentata* la discipline s'est relâchée Ⓒ A 1, 2; B 1 **stringere, restringere, serrare.**

allentatùra |allenta'tura| *s.f.* (*raro*) → **ernia.**

allergène |aller'dʒɛne| *s.m.* allergène.

allergìa, gie |aller'dʒia, dʒie| *s.f.* (*med., corr.*) allergie ◇ (*per est.*) [*insofferenza*] aversion: *avere allergia per qc.* avoir de l'aversion pour, contre qqn.; *ho allergia per il jazz* j'ai de l'aversion pour le jazz, je suis allergique (*fam.*) au jazz.

allèrgico, ci, ca, che |al'lɛrdʒiko, tʃi, ka, ke| *agg.* **1** allergique: *infiammazione, malattia allergica* inflammation, maladie allergique ◇ (*persone*) *sono allergico al fieno, alla penicillina* je suis allergique au foin, à la péniciline **2** (*fig., scherz.*) allergique (*fam.*): *individuo allergico al lavoro* individu allergique au travail.

allergologia, gie |allergolo'dʒia, dʒie| *s.f.* allergologie.

allergòlogo, gi, (*pop.*) **ghi** |aller'gɔlogo, dʒi, gi| *s.* allergologiste, allergologue.

all'èrta |al'lerta| (*loc. avv.*) *stare all'erta* [*vigilare; stare attento*] être, se mettre, se tenir sur ses gardes; être aux aguets ◆ (*inter.*) *all'erta! all'erta!* alerte!

allésso |al'lesso| **1** *avv.* [*mediante cottura in acqua bollente*] *cuocere allesso* faire bouillir, cuire à l'eau ◇ (*prov.*) *chi la vuole allesso e chi arrosto* autant de têtes, autant d'avis **2** *agg.* [*lessato*] bouilli, cuit à l'eau: *carne allessa* viande bouillie; *patate allesse* pommes de terre bouillies à l'eau, à la vapeur (pommes vapeur) # *patate allesse con la buccia* pommes de terre en robe des champs, de chambre; *verdura allessa* légumes cuits à l'eau **3** *s.m.* [*carne cotta in acqua bollente*] pot-au feu *inv.*, bouilli: *preferisco l'allesso all'arrosto* je préfère le pot-au-feu, le bouilli au rôti → **bollito.**

allestaménto |allesta'mento| *s.m.* (*mil.*) prise *f.* de position.

allestiménto |allesti'mento| *s.m.* **1** [→ ALLESTIRE A 1] préparation *f.*, organisation (*f.*): *l'allestimento di una festa* la préparation, l'organisation d'une fête; *l'allestimento di una mostra* la préparation d'une exposition # *curare l'allestimento di uno stand* préparer un stand; *curare l'allestimento di uno spettacolo teatrale* assurer la mise en scène d'une pièce de théâtre **2** [→ ALLESTIRE A 2] *l'allestimento di una nave* l'armement, l'équipement d'un navire.

allestìre |alles'tire| (197) **A** *v.tr.* **1** [*preparare, approntare, apprestare*] préparer: *allestire una mostra* préparer une exposition; *allestire il pranzo* préparer le repas # *allestire un'opera teatrale* monter une pièce de théâtre **2** (*mar.*) *allestire una nave* [*armarla, equipaggiarla*] équiper, armer un navire: *allestire una flotta* équiper une flotte ◇ (*mil.*) *allestire un'armata* équiper une armée **B** *v.pron. rifl.* ALLESTIRSI [→ *tr.* 1] se préparer: *allestirsi per la partenza* se préparer à partir Ⓒ A 1 **disfare,** 2 **disarmare.**

allestitóre, trice |allesti'tore, tritʃe| *s.* [*chi allestisce spettacoli, mostre*] impresario* *m.*

1 **allettaménto** |alletta'mento| *s.m.* [→ 1 ALLETTARE] appât, attrait: *l'allettamento del guadagno* l'appât du gain; *gli allettamenti del successo* les attraits du succès.

2 **allettaménto** |alletta'mento| *s.m.* [→ 2 ALLETTARE A 2] verse *f.*

allettànte |allet'tante| *agg.* [*invitante, attraente*] alléchant, séduisant: *una proposta allettante* une proposition alléchante, séduisante; *è un'idea allettante* c'est une idée séduisante.

1 **allettàre** |allet'tare| *v.tr.* [*invitare, invogliare, attrarre con lusinghe*] allécher (8), appâter: *allettare qc. con belle promesse* appâter, attirer qqn. par de belles promesses; *allettare qc. col denaro* appâter qqn. avec de l'argent; *allettare la folla* séduire la foule → **adescare, blandire** # *quest'idea non mi alletta affatto* cette idée ne me séduit pas du tout Ⓒ **disgustare.**

2 **allettàre** |allet'tare| **A** *v.tr.* **1** [*costringere a letto*] aliter **2** (*agr.*) [*ripiegare verso terra le piante erbacee*] verser *tr. e intr.* **B** *v.pron. rifl.* ALLETTARSI [*mettersi a letto*] s'aliter.

allettatóre, trice |alletta'tore, tritʃe| **1** *s.* [*chi alletta*] charmeur* **2** *agg.* → **allettante.**

allettévole |allet'tevole| *agg.* → **allettante.**

allevaménto |alleva'mento| *s.m.* **1** [→ ALLEVARE 3] élevage: *l'allevamento delle api, dei bachi da seta* l'élevage des abeilles, des vers à soie **2** [→ ALLEVARE 2] éducation *f.* **3** [*luogo dove si allevano gli animali*] élevage: *impiantare un allevamento* installer un élevage ◇ [*insieme degli animali che si allevano*] *un'epidemia ha decimato un allevamento di conigli* une épidémie a décimé un élevage de lapins.

allevàre |alle'vare| *v.tr.* **1** [*prestare a un bambino tutte le cure necessarie al suo sviluppo*] élever (6): *hanno avuto molte difficoltà ad allevare questo bambino* ils ont eu beaucoup de mal à élever cet enfant; *allevare artificialmente, al seno* élever au biberon, au sein **2** [*educare*] élever: *è stato allevato cristianamente* on l'a élevé chrétiennement **3** (*animali e piante*) [*curare la crescita*] élever; faire (45) *intr.* pousser: *allevare conigli, cavalli* élever des lapins, des chevaux ‖ *allevare fiori* faire pousser des fleurs.

allevatóre, trice |alleva'tore, tritʃe| *s.* [*chi alleva*] éleveur*: *allevatore di bestiame* éleveur de bétail.

alleviaménto |allevja'mento| *s.m.* [→ ALLEVIARE] soulagement.

alleviàre |alle'vjare| *v.tr.* [*rendere più lieve; mitigare*] soulager (3), alléger (8) (3): *alleviare i mali, le pene* soulager, alléger les maux, les peines → **attenuare, alleggerire** Ⓒ **aggravare, appesantire.**

allibìre |alli'bire| (197) *v.intr.* (*aus. 'essere'*) [*rimanere sbigottito, sorpreso*] demeurer saisi, rester interdit: *davanti a questo spettacolo allibì* à la vue de ce spectacle il demeura saisi ◇ [*impallidire per paura*] blêmir (*aus.* avoir).

allibraménto |allibra'mento| *s.m.* [→ ALLIBRARE] allivrement (*raro*): *certificato di allibramento* certificat d'allivrement.

allibràre |alli'brare| *v.tr.* (*dir.*) [*registrare*] allivrer (*raro*).

allibratóre |allibra'tore| *s.m.* (*ippica*) bookmaker.

alliccìàre |allit'tʃare| *v.tr.* **1** (*tess.*) [*far passare l'ordito attraverso i licci*] remettre (71), rentrer (la chaîne) **2** [*piegare alternativamente i denti di una sega per diminuirne l'attrito*] donner de la voie (à une scie), affûter une scie.

alliccìatùra |allittʃa'tura| *s.f.* (*tess.*) lissage *m.*

allietàre |allje'tare| **A** *v.tr.* [*rendere lieto, rallegrare*] réjouir, égayer (9): *questa casa è stata allietata dalla nascita di un figlio* cette maison a été égayée par la naissance d'un enfant **B** *v.pron. intr.* ALLIETARSI [→ *tr.*] se réjouir Ⓒ **rattristare, contristare.**

1 **allièvo** |al'ljɛvo| *s.* **1** [*chi è allevato, istruito*] élève: *un'allieva eccellente* une excellente élève; *un cattivo allievo* un mauvais élève → **alunno** ◇ (*mil.*) *allievo ufficiale* élève officier; *allievo caporale* élève caporal; *allievo marconista* élève radiotélégraphiste **2** (*sport*) poulain **3** → **virgulto.**

2 **allièvo** |al'ljɛvo| *s.m.* (*mar.*) nable → **alleggio.**

alligatóre |alliga'tore| *s.m.* (*t.zool.*) alligator.

allignaménto |alliɲɲa'mento| *s.m.* [→ ALLIGNARE 1] pousse *f.*

allignàre |alliɲ'ɲare| *v.intr.* (*aus. 'avere', raro 'essere'*) **1** [*metter radici*] prendre (73) (*aus.* avoir): *talea che alligna bene* bouture qui prend → **attecchire** **2** (*fig.*) prendre: *moda che alligna facilmente* mode qui prend facilement.

allìle |al'lile| *s.m.* (*chim.*) allyle.

allineaménto |allinea'mento| *s.m.* **1** [→ ALLINEARE] alignement: *allineamento monetario* alignement monétaire # *allineamento dei salari* rajustement, réajustement des salaires **2** (*tip.*) ligne-bloc *f.* **3** (*mar.*) alignement.

allineàre |alline'are| **A** *v.tr.* **1** [*disporre su una linea retta*] aligner: *allineare cifre sulla lavagna* aligner des chiffres sur le tableau noir ◇ [*schierare*] *allineare le truppe* aligner les troupes **2** (*tip.*) [*disporre su una stessa linea*] composer en lignes-blocs **B** *v.pron. rifl.* ALLINEARSI **1** [→ *tr.* 1] s'aligner: *allineatevi!* alignez-vous! **2** (*fig.*) [*adeguarsi alle idee altrui*] s'aligner: *si sono allineati sulle nostre posizioni* ils se sont alignés sur nos positions.

allineàto |alline'ato| *agg.* (*polit.*) aligné.

allisciatóio, i |alliʃʃa'tojo, i| *s.m.* (*tecnol.*) lissoir.

allitterazióne |allitterat'tsjone| *s.f.* (*ling., mus.*) allitération.

allividìre |allivi'dire| (197) *v.intr.* (*aus. 'essere'*) (*raro*) → **illividire.**

àllo- |'allo| *pref.* (*significa 'diverso', corrisponde gener. a*) allo: *allogeno* allogène.

àllo |'allo| *prep. art. m. sing.* → 2 **a.**

allocazióne |allokat'tsjone| *s.f.* (*ippica*) prix *m.*

allocàggine |allok'kaddʒine| *s.f.* (*raro*) [*stupidità*] niaiserie (*corr.*).

alloccherìa |allokke'ria| *s.f.* (*raro*) [*smanceria, leziosaggine*] minauderie.

allòcco, chi, ca, che |al'lɔkko, ki, ka, ke| *s.* **1** *s.m.* (*t.zool.*) chat-huant: *degli allocchi* des chats-huants **2** *s.* (*fig.*) [*persona tonta, goffa*] nigaud, ahuri.

allocutìvo |alloku'tivo| *agg.* (*ling.*) allocutif*.

allocutóre, trice |alloku'tore, tritʃe| *s.* (*lett.*) [*chi pronuncia un'allocuzione*] orateur* → **oratore.**

allocuzióne |allokut'tsjone| *s.f.* allocution: *allocuzione pontificia* allocution pontificale.

allodiàle |allo'djale| *agg.* allodial*.

allòdola |al'lɔdola| *s.f.* (*t.zool.*) alouette (*corr.*): *caccia alle allodole* chasse aux alouettes ◇ (*fig.*) *specchio per allodole* miroir à alouettes.

allogaménto |alloga'mento| *s.m.* → **allogazione.**

allogamìa |alloga'mia| *s.f.* (*biol.*) allogamie.

allogàre |allo'gare| **A** *v.tr.* **1** [*procurare un impiego a qc.; sistemare*] placer (2): *è stato allogato da un macellaio* il a été placé chez un boucher **2** [*mettere q.c. al posto giusto*] ranger (3): *allogare gli attrezzi al loro posto* ranger les outils à leur place → **riporre, ordinare** **3** [*dare in affitto*] louer: *allogare una camera ammobiliata* louer une chambre meublée → **affittare** **B** *v. pron. rifl.* ALLOGARSI **1** [→ *tr.* 1] se placer → **impiegar(si)** **2** [*trovare dimora, abitazione*] loger (3), se loger → **alloggiar(si).**

allogazióne |allogat'tsjone| *s.f.* → **collocamento, sistemazione.**

allògeno |al'lɔdʒeno| *agg.* allogène ✦ (*s.m.*) *un allogeno* une personne *f.* allogène *agg.*

alloggiaménto |alloddʒa'mento| *s.m.* **1** [→ ALLOGGIARE A 1; B 1] logement **2** (*mil.*) logement, cantonnement: *l'alloggiamento delle truppe* le longement, le cantonnement des troupes **3** (*mecc.*) logement.

alloggiàre |allod'dʒare| **A** *v.tr.* **1** [*procurare, offrire alloggio*] loger (3), héberger (3): *chiedigli se ci può alloggiare per questa notte* demande-lui s'il peut nous héberger pour cette nuit; *alloggiare le truppe* loger les troupes **2** [*concedere ospitalità*] accueillir (18), donner l'hospitalité: *li ho alloggiati a casa mia* je les ai accueillis chez moi, je leur ai donné l'hospitalité → **ospitare** **3** (*fig.*) [*coltivare un sentimento*] nourrir → **albergare** **B** *v.intr.* (*aus. 'avere'*) **1** [*avere alloggio, dimora*] loger, habiter: *i nostri tecnici alloggiano in albergo* nos techniciens logent à l'hôtel ◇ (*prov.*) *chi tardi arriva male alloggia* le dernier arrivé est le plus mal servi **2** (*mil.*) [*essere accampato*] cantonner, camper: *le truppe alloggiavano nei dintorni della capitale* les troupes cantonnaient aux alentours de la ville **C** *v.pron. rifl.* ALLOGGIARSI **1** [*trovare alloggio, sistemarsi*] loger (*intr.*): *si è alloggiato dagli zii* il loge chez ses oncles; *mi sono alloggiato in periferia* je loge en banlieue **2** (*mil.*) [→ *intr.* 2] cantonner *intr.* Ⓒ A 1; B 1 **sloggiare.**

alloggiatóre, trice |alloddʒa'tore, tritʃe| *s.m.* (*raro*) → **albergatore.**

allòggio, i |al'lɔddʒo, i| *s.m.* **1** [*posto o luogo dove si dimora provvisoriamente o stabilmente*] logement, demeure (*f.*): *la crisi degli alloggi* la crise du logement; *un alloggio signorile* une demeure seigneuriale; *vitto e alloggio gratis* logement et nourriture gratuits # *ci hanno offerto vitto e alloggio* on nous a offert le vivre et le couvert, le coucher et la nourriture; *trovare alloggio* (*da dormire*) trouver à se loger ◇ [*ospitalità*] hospitalité (*f.*): *dare, offrire alloggio a qc.* donner, offrir l'hospitalité à qqn. **2** (*per est.*) [*casa, appartamento*] appartement, logement: *un alloggio di due piani* un appartement de deux étages; *alloggi popolari* logements bon marché; *cercare, trovare un alloggio* chercher, trouver un logement → **casa** # *prendere alloggio* se loger, loger, habiter; *ho preso alloggio all'albergo* je suis descendu à l'hôtel **3** (*mil.*) logement: *i soldati sono in cerca degli alloggi* les soldats sont à la recherche des logements → **alloggiamento** # *maresciallo d'alloggio* maréchal des logis **4** (*mar.*) cabine *f.*

alloglòtto |allo'glɔtto| *agg.* (*ling.*) allophone ✦ *s.* (*persone*) *un alloglotto* un allophone.

allontanaménto |allontana'mento| *s.m.* **1** [→ ALLONTANARE] éloignement: *l'allontanamento degli apolidi dal Giappone* l'éloignement des apatrides du Japon ◇ [*separazione*] écartement **2** (*fig.*) [*espulsione*] renvoi, expulsion (*f.*): *l'allontanamento di un alunno indisciplinato* le renvoi d'un élève indiscipliné; *l'allontanamento dei soci indegni* l'expulsion des associés indignes.

allontanàre |allonta'nare| **A** *v.tr.* **1** [*mandare via da un luogo*] renvoyer (14), expulser: *questi alunni sono stati allontanati dalla scuola* ces élèves ont été renvoyés de l'école → **espellere, cacciare** ◇ [*allontanare* (*da un lavoro*)] renvoyer: *allontanare degli impiegati, degli operai* renvoyer des employés, des ouvriers; *allontanare una domestica* renvoyer une bonne **2** [*mettere lontano*] éloigner, écarter: *allontanate i bambini dal fuoco* éloignez, écartez les enfants du feu; *allontanare dal pericolo* éloigner du danger → **scostare, staccare** **3** (*fig.*) [*stornare, distogliere*] *ha allontanato tutti da sé* il a fait le vide autour de lui; *allontanare dei sospetti* détourner des soupçons **B** *v.pron. intr.* ALLONTANARSI **1** [*andar via*] s'éloigner: *devi allontanarti quanto prima* il faut que tu t'éloignes aussitôt que possible ◇ [*partire*] partir (21) (*intr.*): *si è allontanato un'ora fa* il est parti il y a une heure **2** [→ *tr.* 2] s'éloigner, s'écarter: *non allontanatevi da qui* ne vous éloignez pas d'ici ◇ (*fig.*) [*distaccarsi, discostarsi*] s'écarter; sortir (21) *intr.* de: *allontanatevi dal fuoco* écartez-vous du feu; *allontanarsi dalla natura* s'écarter de la nature ‖ *ha deciso di allontanarsi dal partito* il a décidé de sortir du parti ◇ (*fig.*) [*deviare, fuorviare*] s'écarter: *allontanarsi da un modello* s'écarter d'un modèle; *allontanarsi dalla retta via* s'écarter du droit chemin ▣ A 2 **avvicinare**; B 2 **avvicinar(si)**.

allopatìa |allopa'tia| *s.f.* (*med.*) allopathie.

allopàtico, ci, ca, che |allo'patiko, tʃi, ka, ke| *agg.* (*med.*) allopathique.

alloppiàre |allop'pjare| **A** *v.tr.* **1** [*miscelare con oppio*] opiacer (2) → **oppiare** **2** [*addormentare qc. con bevande oppiate*] endormir (21) avec de l'opium ◇ (*per est., fig.*) [*acquetare, calmare*] assoupir → **assopire** **B** *v.pron. intr.* ALLOPPIARSI (*fig.*) [*addormentarsi pesantemente*] s'endormir.

allòppio, i |al'lɔppjo, i| *s.m.* → **oppio**.

allóra |al'lora| **I** *avv.* **1** [*in quel tempo, in quell'epoca*] alors, à cette époque (-là) (*loc. inv.*): *allora sì che erano bei tempi!* alors oui, c'était le bon temps!; *allora la vita era più bella* à cette époque-là la vie était plus belle ◇ (*loc. avv.*) *per allora* pour cette époque ~ *fino allora* jusque-là, jusqu'alors ~ *fin da allora* dès cette époque ~ *da allora in poi* depuis cette époque, depuis lors **2** [*in quell'istante, in quel momento*] alors, à ce moment-là (*loc. inv.*): *mi resi conto allora che avevo torto* alors, à ce moment-là je me rendis compte que j'avais tort ◇ (*loc. avv.*) *fino allora, a quel momento* jusqu'alors, jusqu'à ce moment-là ~ *fin da allora, da quel momento* dès ce moment, dès lors ~ *da allora, da quel momento in poi* depuis ce moment-là, depuis lors ~ *allora come allora* à ce moment-là, à cette époque-là ~ *per allora* pour lors ~ *prima di allora* d'ici là ~ *soltanto, solo allora* alors seulement ~ *avevo finito allora di gridare* je venais juste de crier **3** [*in tal caso, in questo caso*] alors, dans ce cas (*loc. inv.*): *allora, non parliamone più* alors, dans ce cas, n'en parlons plus **4** (*nelle interrog., con valore di inter.*) (et) alors?: *e allora, quando mi restituisci il denaro* (et) alors? quand est-ce que tu me rends mon argent? **II** *cong.* [*dunque, quindi*] alors, bon: *allora ci siamo!* bon, çà y est! # *parla allora!* parle donc! **III** *s.m.* [*quell'epoca, quel tempo*] ce temps-là, cette époque-là (*f.*): *la moda di allora* la mode de ce temps-là; *la gente di allora* les gens de cette époque-là **IV** *agg. inv.* [*di quel tempo*] d'alors (*loc. inv.*): *l'allora sindaco* le maire d'alors.

allorché |allor'ke| *cong.* [*nell'attimo in cui, nel momento in cui*] lorsque: *allorché entrarono fece finta di non vederli* lorsqu'ils entrèrent, il fit mine de ne pas les voir → **quando**.

allòro |al'lɔro| *s.m.* **1** (*t.bot.*) laurier → **lauro** ◇ (*corr.*) *le foglie dell'alloro* les feuilles du laurier; *una corona di alloro* une couronne de laurier **2** (*fig.*) [*successo, trionfo*] lauriers (*pl.*): *l'alloro della vittoria* les lauriers de la victoire; *gli allori del vincitore* les lauriers du vainqueur # *riportare l'alloro* remporter la palme ◇ (*loc. fig.*) *riposare sugli allori* se reposer sur ses lauriers; *dormire sugli allori* s'endormir sur ses lauriers; *conquistare, mietere allori* moissonner des lauriers.

allorquàndo |allor'kwando| *cong.* → **allorché**.

allotropìa |allotro'pia| *s.f.* allotropie.

allotròpico, ci, ca, che |allo'trɔpiko, tʃi, ka, ke| *agg.* allotropique.

allòtropo |al'lɔtropo| *s.m.* (*ling.*) doublet.

allottàre |allot'tare| *v.tr.* → **lottizzare**.

all right |'ɔ:l'rait| *loc. avv.* (*ingl.*) bien, bon, d'accord.

àlluce |'allutʃe| *s.m.* (*anat.*) pouce du pied, gros orteil.

allucinànte |allutʃi'nante| *agg.* **1** (*fig.*) [*impressionante, sconvolgente*] hallucinant: *una rassomiglianza allucinante* une ressemblance hallucinante; *discorsi allucinanti* propos hallucinants **2** [*che abbaglia*] éblouissant: *luci allucinanti* lumières éblouissantes.

allucinàre |allutʃi'nare| **A** *v.tr.* **1** [*abbagliare*] éblouir, aveugler **2** (*fig.*) [*far travedere, ingannare*] éblouir, halluciner (*raro*) **B** *v.pron. intr.* ALLUCINARSI [→ *tr.* 2] se tromper.

allucinàto |allutʃi'nato| *agg.* [*soggetto ad allucinazioni*] halluciné ✦ (*s.*) *un allucinato* un halluciné → **esaltato, visionario**.

allucinatòrio, i |allutʃina'tɔrjo, i| *agg.* hallucinatoire.

allucinazióne |allutʃinat'tsjone| *s.f.* **1** hallucination: *mi è parso di vederlo qui, devo avere delle allucinazioni* j'ai cru le voir ici, je dois avoir des hallucinations **2** (*med.*) hallucination: *allucinazioni visive, acustiche, olfattive* hallucinations visuelles, auditives, olfactives.

allucinògeno |allutʃi'nɔdʒeno| *s.m.* (*farm.*) hallucinogène *agg.* ✦ (*agg.*) *sostanze allucinogene* substances hallucinogènes.

allùda |al'luda| *s.f.* **1** [*pelle conciata con allume*] peau mégissée **2** (*tecnol.*) alunage *m.*

allùdere |al'ludere| (106) *v.intr.* (*aus.* '*avere*') [*riferirsi direttamente a q.c., a qc.*] faire (45) *tr.* allusion: *a cosa alludi?* à quoi fais-tu allusion?; *alludevi forse a me?* c'est à moi peut-être que tu faisais allusion?

allumacàre |alluma'kare| *v.tr.* **1** [*coprire di bava*] couvrir (23) de bave ◇ (*per est.*) [*insudiciare*] souiller → **sbavare** **2** [*stirare un tessuto lasciandovi strisce di lucido*] lustrer.

allumacatùra |allumaka'tura| *s.f.* **1** [*traccia di bava*] traînée, trace de bave **2** [*striscia lucida su un tessuto*] trace blanche, brillante.

allumàre |allu'mare| *v.tr. e pron.* → **illuminare, accendere**.

allùme |al'lume| *s.m.* (*chim.*) alun.

allumìna |allu'mina| *s.f.* (*chim.*) alumine: *allumina idrata* alumine hydratée.

alluminàre |allumi'nare| *v.tr.* [*ricoprire d'alluminio*] aluminer.

alluminatùra |allumina'tura| *s.f.* (*tecnol.*) [→ ALLUMINARE] aluminiage *m.*

allumìnio, i |allu'minjo, i| *s.m.* **1** (*chim., metall.*) aluminium: *lega in alluminio* alliage d'aluminium **2** (*per est., fam.*) batterie *f.* de cuisine.

allunàggio, i |allu'naddʒo, i| *s.m.* [*arrivo (di un'astronave) sul suolo lunare*] atterrissage (*t.racc.*), alunissage: *allunaggio morbido* alunissage en douceur.

allunaménto |alluna'mento| *s.m.* **1** [*curvatura del lato inferiore delle vele*] creux (d'une voile) **2** (*mar.*) bouge.

allunàre |allu'nare| *v.intr.* (*aus.* '*essere*') [*scendere, approdare sulla luna*] alunir (*aus.* avoir).

allùnga, ghe |al'lunga, ge| *s.f.* **1** (*comm.*) allonge: *l'allunga di una tratta* l'allonge d'une lettre de change → **coda** **2** (*chim.*) allonge.

allungàbile |allun'gabile| *agg.* [→ ALLUNGARE A 1, 6; C 1] allongeable.

allungaménto |allunga'mento| *s.m.* [→ ALLUNGARE A 1, 2, 3; C] allongement ▣ **accorciamento**.

allungàre |allun'gare| **A** *v.tr.* **1** [*aumentare la lunghezza di q.c.*] allonger (3): *allungare un abito* allonger une robe, un vêtement; *allungare una gonna di qualche centimetro* allonger une jupe de quelques centimètres; *allungare la strada* allonger le chemin ◇ (*loc.*) *allungare il passo* allonger le pas **2** [*aumentare la durata di q.c., prolungare*] prolonger (3): *allungare una seduta, un dibattito* prolonger une séance, un débat; *allungare un viaggio* prolonger un voyage; *allungare la vita* prolonger la vie ◇ (*ling.*) *allungare una sillaba* allonger une syllabe **3** [*tendere, distendere*] allonger, tendre (53): *allungare le gambe* allonger les jambes; *allungare le braccia* tendre les bras ◇ (*loc. fig.*) *allungare il collo* [*tendere, mirare a q.c. con forte desiderio*] tendre le cou ~ *allungare l'orecchio* [*ascoltare attentamente*] tendre l'oreille ~ *allungare il braccio, la mano* tendre le bras ~ *allungare le mani* [*rubare*] chiper (*fam.*), voler ~ *allungare le mani su q.c.* mettre la main sur qqch. **4** (*fam.*) [*porgere, dare*] passer (*corr.*): *allungami il portacenere* passe-moi le cendrier; *allungare un assegno sottobanco* passer un chèque sous le manteau (en douce *fam.*) ◇ (*calcio*) *allungare la palla* [*passarla spec. da lontano*] passer (la balle) en profondeur **5** (*fig., fam.*) [*affibbiare, appioppare*] allonger, flanquer: *ti allungo uno schiaffo!* je vais t'allonger, te flanquer une gifle! # *allungare una pedata* décocher, flanquer (*fam.*) un coup de pied **6** (*per est.*) [*diluire, annacquare*] *allungare una salsa* allonger une sauce; *allungare il vino* couper le vin **B** *v. intr.* (*aus.* '*avere*'). (*nelle gare di velocità*) [*effettuare un attacco a sorpresa*] attaquer (*tr.*): *quel corridore ha allungato troppo presto* ce coureur a attaqué trop tôt **C** *v.pron.* ALLUNGARSI **1** *intr.* [*diventare più lungo nel tempo*] allonger (*intr.*): *le giornate cominciano* *ad allungarsi* les jours commencent à allonger **2** *intr.* [*crescere in altezza*] grandir *intr.*, pousser *intr.* (*fam.*): *si è allungato troppo in fretta* il a grandi, poussé trop vite **3** *rifl.* [*mettersi per lungo, stendersi*] s'allonger: *vado ad allungarmi un po' sul letto* je vais m'allonger un peu sur le lit; *allungarsi al sole* s'allonger au soleil.

allungatùra |allunga'tura| *s.f.* **1** [→ ALLUNGARE A 1] allongement *m.* **2** [*il pezzo aggiunto per allungare q.c.*] allonge → **aggiunta**.

allùngo, ghi |al'lungo, gi| *s.m.* (*scherma*) fente *f.* ◇ (*gare di velocità*) accélération *f.* ◇ (*calcio*) passe *f.* en profondeur ◇ (*pugilato*) allonge *f.*, direct.

allusióne |allu'zjone| *s.f.* allusion: *un discorso pieno di allusioni* un discours plein d'allusions; *una chiara allusione* une allusion claire.

allusìvo |allu'zivo| *agg.* allusif* # *un discorso allusivo* un discours contenant une allusion, des allusions.

alluviàle |allu'vjale| *agg.* (*geol.*) alluvial*: *periodo alluviale* période alluviale → **alluvionale.**

alluvionàle |alluvjo'nale| *agg.* (*geol.*) alluvial*, alluvionnaire: *pianura alluvionale* plaine alluviale.

alluvionaménto |alluvjona'mento| *s.m.* alluvionnement.

alluvionàto |alluvjo'nato| *agg.* [*colpito da un'alluvione*] inondé: *paese alluvionato* pays inondé # *le popolazioni alluvionate* les populations victimes des crues des eaux ♦ (*s.*) *gli alluvionati* les sinistrés des inondations.

alluvióne |allu'vjone| *s.f.* **1** → **inondazione** **2** (*fig.*, *spreg.*) [*enorme quantità*] invasion: *un'alluvione di film gialli* une invasion de films policiers **3** (*dir.*) alluvion **4** (*geol.*) alluvions (*pl.*): *alluvioni recenti* alluvions récentes.

àlma |'alma| *s.f.* (*poet.*) → **anima.**

alma mater |alma'matɛr| *loc. sost. f.* (*lat.*) alma mater.

almanaccàre |almanak'kare| **A** *v.intr.* (*aus.* '*avere*') **1** [*lambiccarsi il cervello alla ricerca di una soluzione*] se creuser la tête, la cervelle: *almanaccare per risolvere un problema* se creuser la tête pour résoudre un problème **2** [*fantasticare, far congetture*] rêvasser **B** *v.tr.* [→ *intr.* 2] rêvasser: *cosa stai almanaccando?* à quoi rêvasses-tu?

almanàcco, chi |alma'nakko, ki| *s.m.* **1** [*calendario, lunario*] almanach **2** (*per est.*) [*annuario*] almanach: *l'almanacco di Gotha* l'almanach de Gotha; *almanacco letterario* almanach littéraire.

almànco |al'manko| *avv.* → **almeno.**

alméno |al'meno| *avv.* **1** [*per lo meno, come minimo*] au moins (*loc. inv.*): *costa almeno diecimila lire* cela coûte au moins dix mille lires; *poteva almeno chiamarlo* il aurait pu au moins l'appeler; *almeno dagli questo* donne-lui au moins cela **2** (*con valore ottativo*) [*se almeno, se non altro, magari*] si au moins, si seulement (+ *imperf. indic.*): *almeno pagasse i debiti* si au moins il payait ses dettes; *almeno mi dicesse dove va la sera* si seulement il me disait où il va le soir.

àlmo |'almo| *agg.* **1** (*lett.*) [*che dà vita, che alimenta*] alme, nourricier* ◇ [*benefico*] bienfaisant **2** (*lett.*) [*nobile, augusto*] noble, sublime: *un almo consesso* une noble assemblée.

àlno |'alno| *s.m.* → **ontano.**

àloe |'aloe| *s.m.* o *f. inv.* **1** (*t.bot.*) aloès **2** (*farm.*) aloès.

alòfita |a'lɔfita| *s.f.* (*bot.*) *halophile *agg.*, *halophyte *agg.* ♦ (*agg. f.*) *pianta alofita* plante halophile.

alògeno |a'lɔdʒeno| *s.m.* (*chim.*) *halogène.

alogìa, gìe |alo'dʒia, dʒie| *s.f.* (*psichiatria*) alogie.

alògico, ci, ca, che |a'lɔdʒiko, tʃi, ka, ke| *agg.* (*filos.*) alogique.

alòide |a'lɔide| *s.m.* (*chim.*) *haloïde.

alóne |a'lone| *s.m.* **1** [*cerchio luminoso che si forma intorno a un astro, a una fonte luminosa*] *halo, auréole *f.* ◇ [*ombreggiatura rimasta attorno a una smacchiatura*] auréole: *prodotto che smacchia senza lasciare alone* produit qui détache sans former d'auréole ◇ (*foto.*) halo **2** (*fig.*) [*aureola*] auréole, halo: *un alone di gloria* une auréole, un halo de gloire.

alopecìa, cìe |alope'tʃia, tʃie| *s.f.* (*med.*) alopécie.

alòsa |a'lɔza| *s.f.* (*t.zool.*) alose.

àlpaca |'alpaka|, **àlpaga** |'alpaga| *s.m. inv.* **1** (*t.zool.*) alpaga **2** [*tessuto di lana di alpaca*] alpaga.

alpàcca |al'pakka| *s.f.* (*metall.*) argentan *m.*, argenton *m.*

àlpax |'alpaks| *s.m. inv.* (*tecnol.*) alpax.

àlpe |'alpe| *s.f.* **1** [*montagna alta*] *haute montagne ◇ (*lett.*, *per anton.*) les Alpes *pl.* **2** [*pascolo di alta montagna*] alpe.

alpeggiàre |alped'dʒare| **A** *v.tr.* [*portare le mandrie all'alpeggio*] transhumer: *alpeggiare la mandria* transhumer le troupeau **B** *v.intr.* (*aus.* '*avere*') (*animali*) [*stare all'alpeggio*] transhumer: *una mandria che alpeggia* un troupeau qui transhume.

alpéggio, i |al'peddʒo, i| *s.m.* [*pascolo estivo in alta montagna*] alpage, alpe *f.*

alpenstock |'alpənʃtɔk| *s.m. inv.* (*ted.*) alpenstock *var.*

alpèstre |al'pɛstre| **I** *agg.* **1** alpestre: *paesaggio alpestre* paysage alpestre **2** (*per est.*) [*scosceso*] escarpé **II** *s.m.* liqueur *f.* des Alpes.

alpinìsmo |alpi'nizmo| *s.m.* alpinisme.

alpinista |alpi'nista| *s.* alpiniste.

alpinìstico, ci, ca, che |alpi'nistiko, tʃi, ka, ke| *agg.* qui concerne l'alpinisme *loc.*; d'alpinisme *loc. inv.*

alpino |al'pino| **I** *agg.* **1** alpin: *la catena alpina* la chaîne alpine; *razza alpina* race alpine ◇ (*mil.*) *truppe alpine* troupes alpines ◇ (*t.bot.*) *stella alpina* edelweiss, immortelle des neiges (*corr.*) **2** (*per est.*) [*d'alta montagna*] alpin: *clima alpino* climat alpin; *pascoli alpini* pâturages alpins **3** (*bot.*) alpin: *vegetazione alpina* végétation alpine **II** *s.m.* (*mil.*) (chasseur) alpin (*agg.*): *III battaglione alpino* troisième bataillon de chasseurs alpins.

alquànto |al'kwanto| **I** *agg. indef.* **1** *al sing.* (*indica una quantità imprecisata*) une certaine quantité de; un certain *var.* (+ *sost.*): *si è venduta alquanta merce* on a vendu une certaine quantité de marchandise ‖ *si notava alquanta inquietudine in quella riunione* on remarquait une certaine inquiétude à cette réunion → 2 **certo** **2** *al plur.* (*cose*) une certaine quantité *sing.* de: *c'erano alquanti pacchi nel deposito bagagli* il y avait une certaine quantité de colis à la consigne ◇ (*esseri animati*) quelques, un certain nombre *sing.* de: *hanno licenziato alquanti operai* on a licencié quelques ouvriers, un certain nombre d'ouvriers **II** *pron. indef.* **1** (*cose*) [*una certa quantità*] une certaine quantité, un peu: *ne ha venduti alquanti* il en a vendu une certaine quantité; *ne ho mangiata alquanta* j'en ai mangé un peu **2** *solo al plur.* (*persone*) [*un certo numero*] quelques-un(e)s, un certain nombre (*sing.*): *ne ho viste alquante* j'en ai vu(es) quelques-unes, un certain nombre **III** *avv.* **1** [*parecchio*] plutôt, sensiblement: *questa frutta è alquanto avariata* ces fruits sont plutôt abîmés; *è alquanto invecchiato* il a sensiblement vieilli **2** [*un po', piuttosto*] un peu *loc. inv.*, quelque peu (*loc. inv.*): *era alquanto triste* elle était un peu triste; *siamo alquanto storditi* nous sommes quelque peu abasourdis.

alsaziàno |alsat'tsjano| *agg.* [*dell'Alsazia*] alsacien*: *birreria alsaziana* brasserie alsacienne.

alt |alt| **I** *inter.* (*comando di arresto*) *halte!: *plotone, alt!* section, halte! **II** *s.m.* **1** (*loc.*) *dare, intimare l'alt* dire (48) halte **2** [*sospensione, sosta*] halte (*f.*): *fare alt* faire halte.

altàico, ci, ca, che |al'taiko, tʃi, ka, ke| *agg.* [*dei monti Altai*] altaïque: *lingue altaiche* langues altaïques.

altaléna |alta'lena| *s.f.* **1** (*giuoco per bambini*) balançoire, escarpolette: *altalena sospesa* balançoire, escarpolette # *altalena a bilico* bascule; *andare sull'altalena, fare l'altalena* se balancer, jouer à se balancer **2** (*fig.*) [*l'alternarsi di avvenimenti*] alternances (*pl.*): *un'altalena di depressioni e di esaltazioni* des alternances d'abattement et d'exaltation → **alternanza** ◇ [*il variare di cose*] oscillation, variation: *l'altalena degli indici della temperatura* les variations des index de la température; *è impossibile orientarsi in quest'altalena di informazioni* il est impossible de s'y reconnaître dans cette alternance d'informations contradictoires.

altalenàre |altale'nare| *v. intr.* **1** [*giocare con l'altalena*] se balancer (2) *pron.*, jouer à se balancer **2** (*fig.*) [*oscillare tra pensieri, situazioni contrastanti*] balancer: *altalenare fra il pro e il contro* balancer entre le pour et le contre.

altaménte |alta'mente| *avv.* **1** [*grandemente, fortemente*] *hautement, grandement: *parola altamente offensiva* mot hautement offensant; *ha altamente contribuito al successo* il a grandement contribué au succès ◇ (*iron.*) *me ne infischio altamente* je m'en fiche (*fam.*), je m'en moque éperdument **2** [*nobilmente*] grandement, avec noblesse (*loc. inv.*): *comportarsi altamente* se comporter avec noblesse, avec grandeur **3** (*raro*) [*a voce alta*] fort (*corr.*): *parlare altamente* parler fort.

altàna |al'tana| *s.f.* [*loggia aperta al disopra del tetto*] belvédère *m.*, mirador *m.*

altàno |al'tano| *s.m.* [*brezza che proviene da levante*] autan.

altàre |al'tare| *s.m.* **1** [*ara per celebrare sacrifici alla divinità*] autel: *l'altare della patria* l'autel de la patrie; *innalzare un altare* dresser un autel ◇ (*loc. fig.*) *mettere qc. sugli altari* [*onorarlo esageratamente*] dresser, élever des autels à qqn. **2** (*relig. catt.*) autel: *altare maggiore* maître-autel; *altare portatile* autel portatif; *tovaglia d'altare* nappe d'autel; *altare privilegiato* autel privilégié; *il sacrificio dell'altare* le sacrifice de l'autel, la messe (*f.*); *condurre una persona all'altare* conduire une personne à l'autel **3** (*fig.*) [*la Chiesa*] autel: *il trono e l'altare* le trône et l'autel.

alteràbile |alte'rabile| *agg.* **1** [→ ALTERARE A 1, 2, 3; B 1] altérable **2** (*fig.*) [→ ALTERARE A 4; B 2] irritable, irascible [C] **inalterabile.**

alterabilità |alterabili'ta| *s.f. inv.* altérabilité *var.*

alteràgeno |alte'radʒeno| *agg.* altéragène.

alteraménte |altera'mente| *avv.* [→ ALTERO] altièrement, avec hauteur *loc. inv.*

alterànte |alte'rante| *agg.* (*med.*) altérant.

alteràre |alte'rare| **A** *v.tr.* **1** [*modificare, cambiare*] altérer (8), changer (3): *hanno alterato il senso delle mie parole* on a altéré le sens de mes paroles; *alterando il senso, ha alterato il testo* il a altéré, changé le texte en changeant, en altérant le sens → **modificare** **2** (*per est.*) [*guastare, peggiorare*] altérer: *la luce e il calore alterano i colori* la lumière et la chaleur altèrent les couleurs # *l'umidità ha alterato le tinte* l'humidité a détérioré les teintes → **deteriorare;** *l'acqua altera il sapore del vino* l'eau modifie la saveur du vin **3** (*per est.*) [*falsificare, contraffare*] altérer, fausser: *le testimonianze non dovrebbero alterare la verità* les témoignages ne devraient pas altérer la vérité; *ha alterato il suo pensiero riassumendo l'opera* en résumant l'œuvre, il a faussé sa pensée **4** (*fig.*) [*turbare, rendere nervoso*] irriter: *basta un niente per alterarlo* il suffit d'un rien pour l'irriter ◇ (*fam.*) *il vino gli altera il cervello* le vin lui dérange le cerveau **B** *v. pron. intr.* ALTERARSI **1** [→ *tr.* 2] se détériorer: *il colore della mia macchina si è alterato* la couleur de ma voiture s'est détériorée **2** (*fig.*) [→ *tr.* 4] s'irriter, s'altérer: *si altera per un nonnulla* il s'irrite pour un rien; *la sua fisionomia si alterò* sa physionomie s'altéra.

alterativo |altera'tivo| *agg.* (*gram.*) altérant: *suffisso alterativo* suffixe altérant.

alteràto |alte'rato| *agg.* **1** altéré (*p.p.*): *voce alterata* voix altérée; *i suoi lineamenti sono alterati* ses traits sont altérés ◇ (*gram.*) *i nomi alterati* les diminutifs, les augmentatifs et les péjoratifs **2** (*per est.*) [*guastato, deteriorato*] altéré: *derrate alterate* denrées altérées **3** (*per est.*) [*falsificato, contraffatto*] altéré, falsifié (*p.p.*): *verità alterata* vérité altérée; *hanno esibito documenti alterati* ils ont exhibé des documents altérés, falsifiés ◇ (*fig.*) [*falsato*] altéré: *testo alterato* texte altéré **4** [*febbrile; eccitato*] fébrile, fiévreux*: *un polso alterato* un pouls fébrile, fiévreux; *movimenti alterati* des mouvements fébriles **5** (*fig.*) [*turbato, nervoso*] troublé, irrité: *ha la mente così alterata che non sente nulla* son esprit est tellement troublé, irrité qu'il n'entend rien.

alterazióne |alterat'tsjone| *s.f.* **1** [→ ALTERARE A 2; B 1] altération: *alterazione di liquidi, di merci* altération de liquides, de marchandises **2** (*dir.*) *alterazione di un documento* altération d'un document; *alterazione dei fatti* altération de faits; *alterazione di stato civile* altération d'actes d'état civil → **falsificazione** **3** (*geol., mus.*) altération.

altercàre |alter'kare| *v.intr.* (*aus.* 'avere') [*litigare, discutere in modo violento*] se quereller *pron.*, se disputer *pron.*

altercazióne |alterkat'tsjone| *s.f.* → **disputa, contesa.**

altèrco, chi |al'tɛrko, ki| *s.m.* dispute *f.*, querelle *f.*

alter ego |alte'rɛgo| *loc. sost. m. inv.* (*lat.*) alter ego.

alterézza |alte'rettsa| *s.f.* **1** [*alto sentimento di sé, sostenutezza*] *hauteur, fierté: *era freddo e pieno di alterezza* il était froid et plein de hauteur, de fierté → **disdegno** # *mostra una certa alterezza nei riguardi dei suoi colleghi* il se montre hautain vis-à-vis de ses collègues **2** (*raro, lett.*) [*fierezza, nobiltà d'animo*] hauteur (*corr.*), noblesse (*corr.*) [C] **1 umiltà, modestia.**

alterìgia, ge |alte'ridʒa, dʒe| *s.f.* [*presunzione ostentata con orgoglio*] morgue: *è un uomo pieno di alterigia* c'est un homme plein de morgue → **superbia** [C] **umiltà, modestia.**

alterità |alteri'ta| *s.f. inv.* (*filos.*) altérité *var.*

alternànte |alter'nante| *agg.* alternant: *colture alternanti* cultures alternantes.

alternànza |alter'nantsa| *s.f.* **1** alternance: *alternanza di banchi di sabbia e di argilla* alternance de bancs de sable et d'argile ◇ (*biol.*) *alternanza di generazione* alternance de génération **2** (*agr.*) alternance.

alternàre |alter'nare| **A** *v.tr.* **1** [*far susseguire una cosa a un'altra, avvicendare*] faire (45) *intr.* alterner, entremêler: *alternare il bianco e il nero* faire alterner le blanc et le noir # *alternare stupidaggini a sprazzi di genio* mêler des banalités et des traits d'esprit; *alternavo momenti di tristezza ad altri di gioia* je passais de la tristesse à la joie **2** (*agr.*) *alternare le colture* alterner les cultures **B** *v.pron.* ALTERNARSI **1** *intr.* [→ *tr.* 1] alterner *intr.* avec: *momenti tristi si alternavano con ore felici* des moments de tristesse alternaient avec des heures de joie ✦ (*ass.*) *le stagioni si alternano* les saisons alternent **2** *recipr.* [*darsi il cambio*] se relayer (9): *i due corridori si alternavano al comando della corsa* les deux coureurs se relayaient en tête du peloton; *i gendarmi si alternavano alla guardia del prigioniero* les gendarmes se relayaient pour garder le prisonnier; *gli amici si alternano al capezzale del malato* les amis se relayent au chevet du malade; *i due banditi si alternavano alla guida* les deux gangsters se relayaient au volant ✦ (*in funzione di s.m. inv.*) [*avvicendamento, alternanza*] alternance (*f. var.*): *l'alternarsi delle piogge e delle schiarite* l'alternance des pluies et des éclaircies.

alternativa |alterna'tiva| *s.f.* **1** alternatives *pl.*, succession: *un'alternativa di esaltazione e di prostrazione* des alternatives, une succession d'exaltation et d'abattement **2** [*scelta tra due soluzioni*] alternative: *il governo si trovava davanti a una pericolosa alternativa* le gouvernement était placé devant une alternative dangereuse; *non c'è alternativa: bisogna continuare* il n'y a pas d'alternative: il faut continuer ◇ (*loc.*) *essere, trovarsi nell'alternativa di...* se trouver dans l'alternative de... **3** (*per est.*) [*soluzione alternativa, ricambio*] alternative: *alternativa politica* alternative politique; *l'alternativa socialista* l'alternative socialiste **4** (*filos.*) alternative.

alternativaménte |alternativa'mente| *avv.* [→ ALTERNATIVO 1] alternativement.

alternatività |alternativi'ta| *s.f. inv.* alternance *var.*

alternativo |alterna'tivo| *agg.* **1** alternatif*: *moto alternativo* mouvement alternatif **2** (*dir.*) alternatif: *obbligazione alternativa* obligation alternative.

alternàto |alter'nato| *agg.* **1** (*elettr.*) alternatif*: *corrente alternata* courant alternatif **2** (*metr.*) alterné: *rima alternata* rime alternée.

alternatóre |alterna'tore| *s.m.* (*elettr.*) alternateur.

alternazióne |alternat'tsjone| *s.f.* [→ ALTERNARE] alternance, roulement *m.*

altèrno |al'tɛrno| *agg.* **1** [*che si ripete a intervalli uguali*] alternatif*: *moto alterno* mouvement alternatif # *a giorni alterni* tous les deux jours, un jour sur deux **2** (*bot.*) alterne: *struttura alterna* structure alterne **3** (*geom.*) alterne: *angoli alterni, interni* angles alternes, internes.

altèro |al'tɛro| *agg.* **1** [*fiero, maestoso*] fier*, altier*: *un vecchio altero* un vieillard fier; *portamento altero* port fier, altier **2** [*altezzoso, sdegnoso*] *hautain: *un uomo altero* un homme hautain; *avere modi alteri* avoir des manières hautaines [C] **1 modesto; 2 umile.**

altézza |al'tettsa| *s.f.* **1** [*distanza fra il punto più basso e quello più alto*] *hauteur: *l'altezza di un muro, di un palazzo* la hauteur d'un mur, d'un immeuble; *un albero di notevole altezza* un arbre d'une hauteur considérable; *controllare l'altezza, la larghezza di un mobile* vérifier la hauteur, la largeur d'un meuble ◇ [*distanza dal piano terra, dal suolo*] *a che altezza lo vuoi il gancio?* à quelle hauteur veux-tu que je mette le crochet?; *è a una altezza accessibile* c'est à une hauteur accessible # *volare ad altezza variabile* voler à une altitude variable; *stare a media altezza* se trouver à une altitude moyenne → **quota** ◇ [*statura di una persona*] taille: *essere di media altezza* être de taille moyenne ◇ (*mat.*) hauteur: *l'altezza di un triangolo, di un prisma* la hauteur d'un triangle, d'un prisme ◇ (*astron.*) hauteur ◇ (*tip.*) *l'altezza di un carattere* le corps *m.* d'un caractère; *l'altezza di una pagina* la hauteur d'une page **2** (*unito a un compl. di misura*) [*larghezza, profondità, spessore, distanza in verticale*] *l'altezza di un tessuto* la largeur, la laize d'un tissu; *stoffa di 80 cm di altezza* étoffe de 80 cm de large; *stoffa di altezza semplice, doppia* étoffe en petite, en grande largeur; *qui l'acqua ha 3 m di altezza* ici l'eau a 3 m de profondeur; *l'altezza dell'imbottitura è insufficiente* l'épaisseur du rembourrage est insuffisante **3** [*latitudine*] hauteur: *la nave va alla deriva all'altezza della Corsica* le navire va à la dérive à la hauteur de la Corse; *ero all'altezza della sua casa* j'étais à la hauteur de sa maison ◇ [*prossimità*] proximité: *l'incidente è avvenuto all'altezza del 5º km dell'autostrada* l'accident est arrivé à proximité du 5ᵉ km de l'autoroute **4** (*di suoni*) [*acutezza, sonorità*] hauteur: *l'altezza di una nota* la hauteur d'une note **5** (*fig.*) [*elevatezza*] hauteur: *altezza d'animo, di sentimento* hauteur d'âme, de sentiment **6** *loc. fig.* ALL'ALTEZZA à la hauteur: *essere, non essere all'altezza* être, ne pas être à la hauteur; *non sei all'altezza della situazione* tu n'es pas à la hauteur de la situation # *bisogna mantenersi all'altezza dei tempi* il faut marcher avec son temps **7** (*titolo onorifico*) Altesse: *Sua Altezza Imperiale* Son Altesse Impériale; *Sua Altezza il re* Son Altesse Royale.

altezzosaménte |altettsosa'mente| *avv.* [→ ALTEZZOSO] avec *hauteur *loc. inv.*, avec arrogance (*loc. inv.*): *guardare altezzosamente* regarder avec hauteur; *rispondere altezzosamente* répondre avec arrogance [C] **umilmente, modestamente.**

altezzosità |altettsosi'ta| *s.f. inv.* [*l'essere altezzoso*] arrogance *var.*, *hauteur (*var.*): *parlare con altezzosità* parler avec arrogance; *esprimersi con altezzosità* s'exprimer avec hauteur [C] **umiltà, modestia.**

altezzóso |altet'tsoso| *agg.* [*pieno di presunzione e ostentazione*] *hautain, arrogant: *sembra un tipo altezzoso* il a l'air hautain, arrogant [C] **umile, modesto.**

alticcio, i |al'tittʃo, i| *agg.* (*fam.*) [*brillo*] gris, éméché: *sono alticcio* je suis gris; *è tornato a casa un po' alticcio* il est rentré un peu éméché.

altièro |al'tjɛro| *agg.* → **altero.**

altimetrìa |altime'tria| *s.f.* altimétrie.

altimètrico, ci, ca, che |alti'mɛtriko, tʃi, ka, ke| *agg.* altimétrique: *curva, linea altimetrica* courbe, ligne altimétrique.

altìmetro |al'timetro| *s.m.* (*tecnol.*) altimètre.

altipiàno |alti'pjano| *s.m.* → **altopiano.**

altipòrto |alti'pɔrto| *s.m.* altiport.

altisonànte |altiso'nante| *agg.* [*risonante, sonoro*] retentissant, tonitruant: *una voce altisonante* une voix retentissante, tonitruante ◇ (*fig., iron.*) retentissant, grandiloquent: *parole altisonanti e vuote* des mots retentissants et vides; *un discorso altisonante* un discours grandiloquent # *un nome altisonante* un nom illustre [C] **fievole, fioco.**

altìssimo |al'tissimo| **1** *agg.* [*molto alto*] (*cose*) très *haut: *una montagna altissima* une montagne très haute ◇ (*persone, animali*) très grand: *un uomo altissimo* un homme très grand; *abbiamo visto delle giraffe altissime* nous avons vu de très grandes girafes **2** *s.m.* (*relig.*) *l'Altissimo* [*Dio*] le Très-Haut.

altitonànte |altito'nante| *agg.* (*lett.*) [*che tuona dal cielo*] tonnant, tonitruant ◇ (*fig.*) *una voce altitonante* une voix tonnante, tonitruante ♦ *s.m.* (*per anton.*) *l'altitonante* [*Giove*] Jupiter tonnant *agg.*

altitùdine |alti'tudine| *s.f.* (*geogr., corr.*) altitude: *altitudine relativa* altitude relative; *misura dell'altitudine* mesure de l'altitude ◇ (*med.*) *male delle altitudini* mal d'altitude, des montagnes.

àlto |'alto| **I** *agg.* **1** [*di notevole altezza, spec. superiore alla norma*] (*cose*) *haut: *una montagna alta* une montagne haute; *edificio alto* immeuble haut; *scarpe con tacchi alti* chaussures à talons hauts; *alta marea* marée haute; *essere d'alta statura* être de haute taille # *in questo punto l'acqua è alta* à cet endroit l'eau est profonde ◇ (*persone*) grand: *è molto alto* il est très grand; *essere alto rispetto all'età* être grand pour son âge ◇ (*fig.*) [*elevato*] haut, élevé: *prezzi alti* prix élevés; *avere un salario alto* avoir un haut salaire **2** [*che è in posizione elevata*] haut: *il punto più alto della traiettoria* le point le plus haut de la trajectoire; *soggiornare in alta montagna* séjourner en haute montagne; *il sole era alto sull'orizzonte* le soleil était haut sur l'horizon ◇ (*fig.*) *avere il morale alto* avoir bon moral; *alta stagione* [*periodo culminante*] la pleine saison **3** (*unito a un compl. di misura*) [*che ha l'altezza, la profondità, la larghezza, lo spessore di*] *essere alto 1,70* mesurer 1 m 70; *quanto sei alto?* combien mesures-tu?; *un palazzo alto 3 piani* un immeuble de 3 étages; *qui il lago è alto 6 m* ici le lac a une profondeur de 6 m; *pezza alta 70 cm* une pièce de 70 cm de largeur; *lamiera alta 3 mm* une tôle de 3 mm d'épaisseur ◇ (*loc.*) *in alto mare*: (*pr.*) [*lontano dalla costa*] en haute mer; (*fig.*) [*distante dalla mèta*] loin de la solution ◇ (*dir.*) *alto mare* haute mer → **libero** ◇ (*fig.*) [*profondo*] profond: *alto silenzio* profond silence # *a notte alta* en pleine nuit **4** (*in senso geogr.*) [*a nord, sett.*] haut: *l'Alta Savoia* la Haute Savoie; *alte latitudini* hautes latitudes # *in alta Italia* en Italie du nord ◇ (*di fiumi*) [*vicino alla sorgente*] haut: *l'alto Tevere* le haut-Tibre **5** [*in senso cronologico, più antico*] haut: *l'alto medioevo* le haut moyen-age # *la Pasqua è alta quest'anno* [*ritardata rispetto al normale*] Pâques tombe tard cette année; *giorno alto* [*mattino inoltrato*] plein jour **6** [*di notevole intensità, potenza*] haut: *avere la pressione alta* avoir une tension élevée # *velocità alta* grande vitesse ◇ (*elettr.*) *alta tensione* haute tension ◇ (*rad.*) *alta frequenza* haute fréquence ◇ (*di suoni*) *ad alta voce* à haute voix; *tono alto* ton haut; *note alte* notes hautes **7** (*fig.*) [*elevato socialmente o gerarchicamente*] haut: *alte cariche* des hautes charges; *alto funzionario* haut fonctionnaire; *l'alta società* la haute société # *alti gradi* des grades élevés ◇ [*raffinato, scelto*] *alta moda* la haute couture ◇ [*ambizioso*] grand: *alte mire* de grandes visées # *avere un alto concetto di sé* avoir une haute idée de soi-même ◇ *loc.* AD ALTO, DI ALTO LIVELLO d'un haut niveau: *discorsi ad alto livello* discours d'un haut niveau; *persona di alto livello* (*sociale*) personne d'un haut niveau social; *persona di alto livello culturale* personne d'un haut niveau culturel # *progetti ad alto livello* projets de haute importance **8** (*fig.*) [*nobile, elevato*] élevé, haut: *pensieri, sentimenti alti* pensées, sentiments élevés; *alto patrocinio* haut patronage # *alto ingegno* grande intelligence **II** *s.m.* **1** [*posizione elevata*] haut: *salire in alto* monter en haut; *cadere dall'alto* tomber de haut ◇ (*loc. fig.*) *guardare dall'alto in basso* regarder de haut en bas ~ *fa cadere ogni cosa dall'alto* il exagère l'importance de tout ce qu'il fait ~ *vedere le cose dall'alto* voir les choses de haut ~ *fare alto e basso* faire la pluie et le beau temps ~ *gli alti e i bassi della vita* les hauts et les bas de la vie **2** (*tip.*) *gli alti* les majuscules **III** *loc. avv.* IN ALTO en haut: *arrivare in alto*: (*pr.*) arriver en haut; (*fig.*) arriver ~ *guardare in alto* regarder en haut; (*fig.*) viser haut ~ *mani in alto* haut les mains! ~ *mirare in alto*: (*pr., fig.*) viser haut ◇ (*sport*) *salto in alto* saut en hauteur **IV** *avv.* **1** [*in un luogo, in un punto elevato*] haut: *volare alto* voler haut **2** [*con tono, con voce acuta, forte*] haut: *parlare alto* parler haut; *gridare alto e forte* crier haut et fort [C] I 1, 2 **basso,** 3 **profondo.**

altocùmulo |alto'kumulo| *s.m.* altocumulus.

altofórno |alto'forno| *s.m.* (*tecnol.*) *haut fourneau: *degli altiforni* des hauts fourneaux.

altolà |alto'la| **1** *inter.* *halte-là! **2** *s.m. inv.* ordre *var.* de s'arrêter: *intimare l'altolà* donner l'ordre de s'arrêter, crier 'halte-là'.

altolocàto |altolo'kato| *agg.* (*fig.*) [*di elevato grado sociale*] *haut placé: *personaggi altolocati* des personnes haut placées [C] **modesto.**

altomàre |alto'mare| *s.m.* (*geogr.*) *haute mer *f.*, pleine mer: *navigare in altomare* naviguer en pleine mer ◇ (*loc. fig.*) *essere, trovarsi in altomare* [*essere lontano dalla mèta*] être loin de la solution; renvoyér aux calendes grecques.

altoparlànte |altopar'lante| *s.m.* (*tecnol.*) *haut-parleur: *degli altoparlanti* des haut-parleurs.

altopiàno |alto'pjano| *s.m.* [*zona pianeggiante elevata*] (*haut) plateau: *degli altipiani* des (hauts) plateaux [C] **bassopiano.**

altorilièvo |altori'ljɛvo| *s.m.* (*scultura*) *haut-relief.

altostràto |altos'trato| *s.m.* altostratus.

altresì |altre'si| *avv.* (*lett.*) [*inoltre, anche*] de même *loc. inv.*, aussi: *la prego altresì di...* je vous prie aussi de... # *lo amava e lo temeva altresì* elle le craignait tout autant qu'elle l'aimait.

altrettàle |altret'tale| *agg.* → **uguale, simile.**

altrettànto |altret'tanto| **I** *agg. indef.* [*uguale numero, stessa quantità*] autant de: *ho due quaderni e altrettante matite* j'ai deux cahiers et autant de crayons; *non mostra altrettanta intelligenza che suo padre* il ne montre pas autant d'intelligence que son père ◇ (*loc.*) *tante teste, altrettanti pareri* autant d'hommes, autant d'avis **II** *pron. indef.* [*la stessa cosa, la stessa quantità o misura*] autant: *ho pagato tre mila lire per dormire e altrettanto per mangiare* j'ai payé trois mille lires pour dormir et autant pour manger (pour me nourrir); *cercate di fare altrettanto* tâchez d'en faire autant; *tu dici questo, io* *non posso dire altrettanto* toi, tu dis cela; moi, je ne peux en dire autant; '*buon appetito, Signora!*' '*grazie altrettanto*' 'bon appétit, Madame!' 'merci, vous aussi' **III** *avv.* **1** (*per lo più davanti ad agg. o avv.*) [*ugualmente, nello stesso modo*] aussi: *non ho mai visto nulla di altrettanto bello* je n'ai jamais rien vu d'aussi beau; *è stato altrettanto diligente quanto il suo amico* il a été aussi diligent que son ami; *ha fatto altrettanto bene* il a fait aussi bien # *so che lei è altrettanto disposta a parlarmene* je vous sais également disposée à m'en parler; *la salute è buona e l'appetito altrettanto* la santé est bonne et l'appétit également; *queste misure di blocco sono spettacolari, ma non altrettanto realiste* ces mesures de blocage bien que spectaculaires ne sont pas pour autant réalistes **2** (*dopo il v.*) [*allo stesso modo*] autant: *se te ne vai, io faccio altrettanto* si tu t'en vas, j'en fais autant ◇ (*loc.*) *altrettanto quanto* autant que: *parla altrettanto quanto lui* elle parle autant que lui ⓒ III 2 **diversamente.**

àltri |'altri| *pron. indef. inv. solo sing.* **1** (*sogg. o compl. diretto*) [*un altro*] un autre: *altri potrebbe pensare che è pazzo* un autre pourrait penser qu'il est fou ◇ (*compl. indiretto*) autre, autrui (*lett.*): *puoi dirlo ad altri* tu peux le dire à d'autres **2** (*in frasi neg.*) personne (d'autre): *non parlerò ad altri* je ne parlerai à personne (d'autre) ◇ *loc.* ALTRI CHE [*nessuno altro che*] nul autre: *non c'è altri che lui che ci possa aiutare* nul autre que lui ne peut, ne saurait nous aider **3** [*qualcun altro*] on: *non vorrei che altri facesse come me* je ne voudrais pas qu'on fasse comme moi **4** (*nelle correlative preceduto da 'uno, taluno, alcuno'*) *uno... altri* (*taluno... altri..., alcuno... altri...*) les uns... d'autres, les uns... les autres: *uno vuole mangiare, altri vuole giocare* les uns veulent manger, les autres veulent jouer.

altrièri |al'trjɛri| *avv. e s.m.* → **altro ieri.**

altriménti |altri'menti| *avv.* **1** [*diversamente*] autrement: *bisogna agire altrimenti* il faut agir autrement; *non ho potuto fare altrimenti* je n'ai pas pu faire autrement **2** [*in caso contrario*] autrement, sinon, sans quoi: *andatevene, altrimenti mi arrabbio* allez vous-en, autrement, sinon je me fâche ⓒ 1 **similmente, ugualmente.**

àltro |'altro| **I** *agg. indef.* **1** [*diverso, differente*] autre: *abbiamo un'altra casa* nous avons une autre maison; *dov'è l'altro cacciavite?* où est l'autre tournevis?; *prestami un altro romanzo* prête-moi un autre roman; *qui, è tutt'altra cosa!* ici, c'est (tout) autre chose!; *illuminata, è tutta un'altra città* (quand elle est) illuminée, c'est une autre ville; *ho altri progetti in testa* j'ai d'autres projets dans la, en tête # *sarà per una altra volta* ce sera pour la prochaine fois ◇ (*loc. fig.*) *è un altro paio di maniche* c'est une autre paire de manches ~ *erano altri tempi* c'était une autre époque ~ *sono cose dell'altro mondo* ce sont des histoires incroyables ~ *è andato all'altro mondo* il est passé dans l'autre monde ◇ (*con valore partitivo*) d'autre (*solo sing. neg.*); d'autres: *non vedo altra soluzione* je ne vois pas d'autre solution; *non ha altra giustificazione* il n'a pas d'autre justification; *non abbiamo altre alternative* nous n'avons pas d'autre choix || *abbiamo preso altri indirizzi* nous avons relevé d'autres adresses; *hanno organizzato altre riunioni* ils ont organisé d'autres réunions; *non vogliamo altre storie* nous ne voulons pas d'autres histoires **2** [*in più; nuovo*] autre; encore: *non vuole la moto, vuole un'altra macchina* il ne veut pas une moto, il veut une autre voiture; *c'è un'altro dettaglio che vi sfugge* il y a encore un autre détail qui vous échappe; *ve lo ripeto un'altra volta* je vous le répète encore une fois, une autre fois; *vi abbiamo spedito le altre venti casse di birra* nous vous avons envoyé les vingt autres caisses de bière || *ci sono altre novità?* y a-t-il encore du nouveau?; *volete un altro caffè?* voulez--vous encore du café?; *datemene un altro po'!* donnez m'en encore un peu! ◇ [*un secondo, un sosia*] autre: *crede di essere un altro Mussolini, un altro John Ford* il se croit un autre Mussolini, un autre John Ford; *un altro me stesso* un autre moi-même **3** [*restante, rimanente*] (*sempre con l'art. det.*) autre: *gli altri amici sono andati al mare* les autres amis sont allés à la mer; *le altre chiavi sono sul tavolo* les autres clés sont sur la table; *metti in tavola l'altro vino!* mets l'autre vin sur la table! **4** (*in loc. temporali*) autre; prochain: *l'altro giorno, l'altro sabato, l'altro anno, l'altra settimana* l'autre jour, l'autre samedi, l'autre année, l'autre semaine; *l'altra volta* l'autre fois || *quest'altra settimana* la semaine prochaine; *quest'altra volta* la prochaine fois # *domani l'altro* après-demain; *l'altro ieri* → **altro ieri 5** (*unito ai pron. pers. 'noi, voi'*) autre; même: *noi altri* (*noialtri*) *partiremo in seguito* nous autres, nous partirons après; *voi altri* (*voialtri*) *non capite niente* vous autres, vous ne comprenez rien; *noialtri studenti non accettiamo* nous autres étudiants, nous n'acceptons pas; *voialtri stranieri siete all'avanguardia in questo* vous autres étrangers, vous êtes à l'avant-garde pour cela || *ci arriveremo da noialtri* nous y arriverons par nous-mêmes; *non ve la caverete da voialtri* vous ne vous en sortirez pas par vous-mêmes, tout seuls **6** (*unito a un altro agg. o pron. indef.*) *chi altro?* qui d'autre?; *cos'altro?, che altro?* quoi d'autre?; *che altro c'è?* qu'y a-t-il encore?; *qualcos'altro* encore quelque chose; *nient'altro* rien d'autre; *chiunque altro* tout autre; *chiunque altro l'avrebbe ammesso* tout autre l'aurait admis; *meglio di chiunque altro* mieux que personne; *quest'altro* cet autre; *ha telefonato qualcun altro* quelqu'un d'autre a téléphoné; *nessun altro libro* aucun autre livre; *non voglio vedere nessun altro* je ne veux voir personne d'autre; *nessun altro all'infuori di noi* personne d'autre, nul autre que nous; *nessun altro di voi* (*di loro, dei loro amici*) *ha accettato l'invito* aucun autre d'entre vous (d'entre eux, de leurs amis) n'a accepté l'invitation; *qualunque altro libro non m'interessa* tout autre livre ne m'intéresse pas; *ogni altra proposta è inutile* tout autre proposition est inutile ~ QUALCHE ALTRO (*con valore sing.*) un autre: *verrò qualche altro giorno* je viendrai un autre jour; *l'avrai messa in qualche altro posto* tu dois l'avoir mise dans un autre endroit ◇ (*con valore plur.*) d'autres: *dovresti consultare qualche altro manuale di storia* tu devrais consulter d'autres manuels d'histoire; *in qualche altro caso* dans d'autres cas; *molti altri* (*altre*) bien, beaucoup d'autres; *pochi altri, poche altre* quelques autres; *solo poche altre persone lo sanno* il n'y a que quelques autres personnes qui le savent # *io e pochi altri amici* moi et quelques amis **7** (*in correlazione con 'uno'*) autre: *l'uno e l'altro libro* l'un et l'autre livre; *l'una o l'altra soluzione, per me fa lo stesso* l'une ou l'autre solution, ça m'est égal; *né l'uno, né l'altro comunicato è stato letto alla radio* ni l'un, ni l'autre communiqué n'a été lu à la radio **II** *pron. indef.* **1** [*cosa, persona diversa da quella in questione*] autre: *al tuo posto un altro non l'avrebbe detto* un autre, à ta place, ne l'aurait pas dit; *non t'immischiare nelle faccende degli altri* ne te mêle pas des affaires des autres; *ne vogliamo un altro* nous en voulons un autre; *abbiamo scelto l'altro* nous avons choisi l'autre → **altrui** ◇ (*con valore partitivo*) *se non lo volete lo proporremo ad altri* si vous ne le voulez pas nous le proposerons à d'autres; *se siamo in pochi, ne inviteremo* (*degli*) *altri* si nous sommes trop peu nombreux, nous inviterons d'autres personnes; *se non vi piace ne sceglieremo* (*degli*) *altri* si ça ne vous plaît pas, nous en choisirons d'autres; *questi testi sono antiquati, ne vogliamo* (*degli*) *altri* ces textes sont vieillots, nous en voulons d'autres **2** (*in correlazione con 'uno'*) autre: *l'uno o l'altro* l'un ou l'autre; *in un modo e nell'altro* d'une façon ou d'une autre; *per una ragione o per l'altra* pour une raison ou pour une autre; *da una parte o dall'altra* d'un côté ou de l'autre; *da una parte e dall'altra* de part et d'autre; *l'uno e l'altro hanno finito di lavorare* l'un et l'autre ont fini de travailler; *uno è partito, l'altro è ancora qui* l'un est parti, l'autre est encore ici; *gli uni sono furbi, gli altri sono ingenui* les uns sont rusés, les autres sont naïfs; *delle due soluzioni bisogna scegliere o l'una o l'altra* des deux solutions il faut choisir ou l'une ou l'autre; *né l'uno né l'altro sono venuti* ni les uns ni les autres ne sont venus; *sono arrivati uno dopo l'altro* ils sont arrivés l'un après l'autre; *alcuni sono d'accordo, altri non vogliono accettare* les uns sont d'accord, les autres ne veulent pas accepter # *fumare una sigaretta dopo l'altra* fumer cigarette sur cigarette, fumer en chaîne **3** (*recipr.*) *si sono aiutati l'un l'altro* ils se sont aidés les uns les autres, ils se sont entraidés; *si sono insultate le une le altre* elles se sont insultées les unes les autres, réciproquement, à qui mieux mieux **III** *s.m.* **1** (*con valore partitivo*) [*altra cosa*] autre chose: *c'è dell'altro* il y a autre chose, il y a plus; *parliamo d'altro* parlons d'autre chose; *non si parla d'altro in paese* on ne parle pas d'autre chose dans le village; *abbiamo* (*ben*) *altro da fare* nous avons autre chose à faire; *pensavo a* (*tutt'*)*altro* je pensais à tout autre chose # *ho visto ben altro!* j'en ai vu bien d'autres!; *se non ti serve altro* si tu n'as besoin de rien d'autre; *altro è dirlo, altro è farlo* c'est plus facile à dire qu'à faire; *vuole altro Signora?* et avec ceci, Madame? **2** (*con valore neg.*) [*nessun'altra cosa*] rien d'autre: *non ho* (*nient'*)*altro da aggiungere* je n'ai rien d'autre à ajouter; *non vogliamo sapere* (*nient'*)*altro* nous ne voulons rien savoir d'autre, nous ne voulons pas en savoir davantage ◇ (*raff.*) *imbecille che non sei altro!* tu n'es qu'un imbécile!; *altro che favorirci, ci hanno danneggiato!* au lieu de nous rendre service, ils ne nous ont causé que des ennuis!; *non ci mancherebbe altro!* il ne manquerait plus que ça! ◇ *loc.* PER ALTRO → **peraltro** ~ SE NON ALTRO [*in mancanza di meglio*] (tout) au moins: *se non altro, non ci abbiamo rimesso* nous n'avons (tout) au moins rien perdu ~ SENZ'ALTRO sans faute; sans aucun doute: *verremo senz'altro* nous viendrons sans faute || *è senz'altro un ottimo pittore* c'est sans aucun doute un excellent peintre ~ PIÙ CHE ALTRO [*soprattutto*] surtout: *è più che altro un ignorante* il est surtout ignorant; *più che altro eravamo stanchi* nous étions surtout fatigués ~ TRA L'ALTRO [*tra le altre cose*] entre autres (choses): *tra l'altro abbiamo dimenticato le chiavi di casa* entre autres (choses) nous avons oublié les clés de la maison ~ TUTT'ALTRO *è tutt'altro che sciocco* il est loin d'être bête; *non è una cosa inutile, tutt'altro!* ce n'est pas une chose inutile, au contraire! ~ ALTRO CHE [*sicuramente, certamente*] '*verrete anche voi?*' '*altro che!*' 'viendrez-vous, vous aussi?' 'bien sûr!'; '*ne vuoi ancora?*' '*altro che!*' 'en veux-tu encore?' 'et comment!'; *altro che storie!* il n'y a pas de quoi plaisanter!, de quoi rire! → **altroché** ◇ *loc. cong.* NON... (ALTRO) CHE ne... que: *non ha fatto altro che parlare tutta la sera* il n'a fait que parler toute la soirée; *non beve* (*altro*) *che vino* il ne boit que du vin; *non devi far altro che telefonare* tu n'as qu'à téléphoner; *non vogliono sentire altro che barzellette* ils ne veulent écouter que des histoires → **soltanto, solamente.**

altroché |altro'ke| *inter.* [*certamente, senza dubbio*] et comment!, bien sûr!: '*avete vinto?*' '*altroché!*' 'avez-vous gagné?' 'et comment!, bien sûr!'; '*ne volete ancora?*' '*altroché!*' 'en voulez-vous encore?' 'bien sûr!'.

àltro ièri |'altro'jɛri|, **altrièri** |al'trjɛri| **1** *avv.* avant-hier: *è arrivato l'altro ieri* il est arrivé avant-hier ◇ (*per est.*) [*qualche giorno fa*] il y a quelques jours **2** *s.m.* avant-hier (*avv.*): *l'altro ieri è stata una brutta giornata* avant-hier le temps a été mauvais.

altrónde |al'tronde| *avv.* **1** (*lett.*) [*da altro luogo*] d'ailleurs **2** (*raro*) [*in altro luogo*] ailleurs **3** *loc. avv.* D'ALTRONDE [*d'altra parte, del resto*] d'ailleurs, d'autre part: *è in ritardo, d'altronde me l'aspettavo* il est en retard, d'ailleurs je m'y attendais; *è triste, ma d'altronde devo partire* c'est triste, mais d'autre part je dois partir.

altróve |al'trove| *avv.* [*in altro luogo*] ailleurs: *essere, andare, cercare altrove* être, aller, chercher ailleurs ◇ (*fig.*) *avere la testa altrove, essere altrove con il pensiero* être ailleurs.

altrùi |al'trui| **1** *agg. poss.* [*di altri, degli altri*] des autres, d'autrui (*lett.*): *il denaro altrui* l'argent des autres; *non ti immischiare nelle faccende altrui* ne te mêle pas des affaires des autres, d'autrui; *non invidio l'altrui felicità* je ne jalouse pas le bonheur d'autrui **2** *pron. indef. inv.* (*lett.*) [*altri, agli altri*] à autrui (*lett.*): *come altrui piacque* comme il plut à autrui **3** *s.m.* les autres, autrui (*lett.*): *conserva il tuo* (*bene*) *e non prendere l'altrui* garde ton bien et ne prends pas celui des autres, d'autrui.

altruìsmo |altru'izmo| *s.m.* altruisme **C** **egoismo.**

altruìsta |altru'ista| *s. e agg.* altruiste **C** **egoista.**

altruisticaménte |altruistika'mente| *avv.* [→ ALTRUISTICO] avec altruisme *loc. inv.* **C** **egoisticamente.**

altruìstico, ci, ca, che |altru'istiko, tʃi, ka, ke| *agg.* altruiste: *comportamento altruistico* conduite altruiste **C** **egoistico.**

altùra |al'tura| *s.f.* **1** [*sopraelevazione, luogo elevato*] éminence, *hauteur: *ho comprato una casa posta su di un'altura* j'ai acheté une maison (établie) sur une éminence **2** [*alto mare*] haute mer, pleine mer: *la pesca d'altura* la pêche en haute mer, hauturière.

alturière |altu'rjɛre| *s.m.* (*mar.*) pilote *hauturier.

alturièro |altu'rjɛro| **1** *agg.* [*d'alto mare*] *hauturier*: *navigazione alturiera* navigation hauturière **2** *s.m.* (*mar.*) → **alturiere.**

alùnno |a'lunno| *s.* **1** [*scolaro, allievo*] élève: *un ottimo alunno* un élève excellent ◇ [*chi frequenta scuole*] élève, écolier*: *la vita degli alunni* la vie des élèves, des écoliers **2** (*lett., fig.*) nourrisson (*m.*): *gli alunni delle Muse, del Parnaso* les nourrissons des Muses, du Parnasse.

alveàre |alve'are| *s.m.* **1** [*dimora delle api*] ruche (*f.*): *la regina dell'alveare* la reine de la ruche → **arnia** **2** (*fig.*) [*abitazione affollata*] caserne *f.* (*fam.*): *è un vero e proprio alveare* c'est une véritable caserne ◇ [*fitti caseggiati*] *gli alveari delle odierne città* les ruches, les dortoirs (*pegg.*) des villes modernes.

àlveo |'alveo| *s.m.* **1** [*letto di un corso d'acqua*] lit: *le acque di questo ruscello escono spesso dal loro alveo* les eaux de ce ruisseau sortent souvent de leur lit ◇ (*per est., raro*) [*canale*] canal* (*corr.*): *il fiume si divide in due alvei* le rivière se divise en deux canaux **2** (*raro, lett.*) [*cavità*] alvéole (*corr.*): *abbiamo osservato degli alvei nelle rocce* nous avons observé des alvéoles dans les rochers.

alveolàre |alveo'lare| *agg.* (*anat.*) alvéolaire: *arcata alveolare* arcade alvéolaire ◇ (*ling.*) *consonanti alveolari* consonnes alvéolaires.

alveolàto |alveo'lato| *agg.* (*bot.*) alvéolé.

alveolite |alveo'lite| *s.f.* (*med.*) alvéolite.

alvèolo |al'vɛolo| *s.m.* **1** [*piccola cavità*] alvéole **2** (*anat., corr.*) alvéole: *alveoli dentari* alvéoles dentaires; *alveoli polmonari* alvéoles pulmonaires **3** (*bot.*) alvéole **4** (*lett.*) [*piccola cella dei favi delle api*] alvéole (*corr.*).

alverniàte |alver'njate| *agg.* [*dell'Alvernia*] auvergnat.

àlvo |'alvo| *s.m.* **1** (*anat.*) viscère abdominal*, intestin → **2** **intestino** **2** (*raro, fig., lett.*) [*cavità interna*] cavité *f.*, creux.

alzabandièra |altsaban'djɛra| *s.m. inv.* lever *var.* des couleurs # *abbiamo assistito all'alzabandiera* nous avons assisté à l'envoi des couleurs, à la cérémonie des couleurs ◇ (*loc.*) *fare l'alzabandiera* hisser, envoyer les couleurs **C** **ammainabandiera.**

alzàbile |al'tsabile| *agg.* [→ ALZARE] que l'on peut élever *loc.*

alzacristàllo |altsakris'tallo| *s.m. inv.* (*auto.*) monte-glace.

alzàia |al'tsaja| *s.f.* **1** [*fune per trainare battelli*] câble *m.* de *halage **2** [*strada fiancheggiante un fiume usata per il traino di imbarcazioni*] (chemin *m.* de) halage *m.*

alzaménto |altsa'mento| *s.m.* (*raro*) [→ ALZARE B 3] élévation *f.*, augmentation *f.* → **innalzamento** **C** **abbassamento.**

alzàna |al'tsana| *s.f.* [*cavo, alzanella*] câble *m.* de *halage.

alzàre |al'tsare| **A** *v.tr.* **1** [*sollevare, levare in alto*] lever (6), *hisser: *alzare la mano* lever la main; *alzare gli occhi, il capo* lever les yeux, la tête; *alzare le braccia al cielo* lever les bras au ciel; *alzare la mano per giurare* lever la main pour prêter serment ◇ (*mar.*) *alzare l'albero* hisser un mât; *alzare le vele* hisser les voiles; *alzare l'ancora* lever l'ancre ◇ (*per est.*) *alzare la bandiera* hisser le drapeau, le pavillon (*mar.*); envoyer les couleurs ◇ (*fig.*) [*rivolgere, indirizzare*] lever; élever (6): *alzare gli occhi al cielo* lever les yeux au ciel || *alzare il pensiero a Dio* élever sa pensée vers Dieu ◇ (*loc.*) *alzare le mani su qc.* [*picchiarlo*] lever la main sur qqn. ~ *alzare il bicchiere* [*brindare*] lever son verre ~ *alzare le spalle* [*mostrare disinteresse*] hausser les épaules ~ *alzare le carte* [*dividere il mazzo*] couper les cartes ~ *alzare le mani*: (*pr., fig.*) [*arrendersi*] lever les mains ◇ (*loc. fig.*) *alzare il gomito* [*bere eccessivamente*] lever le coude ~ *non alzare un dito* [*non far niente*] ne pas lever le petit doigt ~ *non alzare gli occhi dal piatto* [*mangiare avidamente*] ne pas lever les yeux de son assiette **2** [*elevare, portare a un livello più alto*] élever, *hausser: *alzare la casa di un piano* élever, surélever la maison d'un étage → **innalzare** ◇ (*per est.*) [*costruire*] *alzare un muro, uno steccato* construire (75) un mur, une barrière ◇ (*per est.*) [*tracciare dal basso in alto*] *alzare una perpendicolare* élever une perpendiculaire ◇ (*loc. fig.*) *alzare la voce* [*gridare*] élever, hausser la voix ~ *alzare i prezzi* [*aumentarli*] hausser, élever les prix ~ *alzare qc. alle stelle* [*lodarlo eccessivamente*] porter, mettre qqn. aux nues ~ *alzare i tacchi* [*fuggire*] déguerpir **3** (*caccia*) [*far alzare, levare*] lever: *il cane alzò un fagiano* le chien leva, fit lever un faisan **B** *v.pron.* ALZARSI **1** *rifl.* [*levarsi dal letto, da sedere e sim.*] se lever: *alzarzi alle 8* se lever à huit heures; *alzatevi, per favore* levez-vous, s'il vous plaît; *alzarsi da tavola* se lever de table; *il sipario si alza* le rideau se lève; *il sole, il vento si alza* le soleil, le vent se lève # *l'aereo si è appena alzato* l'avion vient de décoller ◇ (*loc.*) *alzarsi in punta di piedi* se dresser sur la pointe des pieds **2** *intr.* [*diventare più alto di* *statura*] grandir *intr.*, pousser *intr.* (*fam.*): *si è alzato molto, tuo figlio* il a bien grandi, ton fils **3** *intr.* [*innalzarsi, salire*] monter (*intr.*): *il livello del fiume si alza ancora* le niveau du fleuve monte davantage ◇ (*fig.*) s'élever: *una voce si alzò nella piazza* une voix s'éleva sur la place # *la strada si alza* [*diventa più ripida*] la route monte ◇ (*fig.*) [*aumentare*] monter: *ogni giorno i prezzi si alzano* chaque jour les prix montent; *il termometro si alza* le thermomètre monte; *il tono si alza* le ton monte; *le sue azioni si alzano* ses actions montent **4** *rifl.* [*levarsi in volo*] prendre (73) *tr.* son vol; s'envoler ⓒ A 1, 2; B 3 **abbassare.**

alzàta |al'tsata| *s.f.* **1** [→ ALZARE A] *haussement (*m.*): *alzata di spalle* haussement d'épaules # *alzata di scudi* levée de boucliers; *alzata di testa* coup de tête ◇ (*iron.*) *alzata d'ingegno* trait *m.* de génie **2** [→ ALZARE B] lever (*m.*): *l'alzata del sole* le lever du soleil; *votare per alzata e seduta* voter par assis et levé **3** (*sport, pallavolo*) passe; (*pallacanestro*) mise en jeu **4** (*detto di uccelli che prendono il volo*) volée: *sparare all'alzata* tirer au vol **5** [*ripiano di vassoio*] plateau *m.* (à étages) **6** [*piano superiore di una credenza, di un mobile*] vaisselier *m.* **7** [*parte verticale di uno scalino*] contremarche.

alzàto |al'tsato| **I** *s.m.* (*arch.*) projection *f.* verticale **II** *agg.* **1** [*sollevato, in piedi*] debout (*avv.*): *rimanere alzato* rester debout **2** [*aperto*] ouvert: *la tapparella alzata* le store ouvert ⓒ II 1 **seduto,** 2 **chiuso.**

alzàvola |al'tsavola| *s.f.* (*t.zool.*) sarcelle.

alzìsta |al'tsista| *s.* (*Borsa*) *haussier *m.*

àlzo |'altso| *s.m.* (*armi*) *hausse (*f.*): *alzo zero* hausse zéro; *angolo di alzo* angle de hausse; *aumentare, diminuire l'angolo di alzo* augmenter, diminuer l'angle de hausse, la hausse.

amàbile |a'mabile| *agg.* **1** [→ AMARE A 1] aimable: *una fanciulla amabile* une jeune fille charmante, aimable (*raro*) **2** *vino amabile* [*dolce, gradevole*] vin mœlleux ⓒ 1 **odioso, insopportabile**; 2 **sgradevole.**

amabilità |amabili'ta| *s.f. inv.* amabilité *var.*, gentillesse (*var.*): *abbiate la amabilità di avvertirlo* veuillez avoir l'amabilité de le prévenir.

amabilménte |amabil'mente| *avv.* [→ AMABILE 1] aimablement.

amàca, che |a'maka, ke| *s.f.* *hamac *m.*

1 **amadrìade** |ama'driade| *s.f.* (*mitol.*) hamadryade.

2 **amadrìade** |ama'driade| *s.f.* (*t. zool.*) hamadryas.

amàide |a'maide| *s.f.* (*arald.*) hamaïde.

amalfitàno |amalfi'tano| *agg.* [*di Amalfi*] amalfitain.

amàlgama |a'malgama| *s.m.* **1** (*fig.*) [*mescolanza, fusione di cose diverse*] amalgame **2** (*metall.*) amalgame.

amalgamàre |amalga'mare| **A** *v. tr.* **1** (*metall.*) [*fare una lega di mercurio con altri metalli*] amalgamer ◇ [*ricoprire di amalgama*] amalgamer **2** (*per est.*) [*impastare, mescolare*] *amalgamare i colori* amalgamer les couleurs; *amalgamare bene gli ingredienti di una ricetta* bien mélanger les ingrédients d'une recette **3** (*fig.*) [*mescolare, mettere insieme cose diverse*] amalgamer ◇ [*armonizzare*] *è riuscito ad amalgamare il gruppo* il a réussi à amalgamer le groupe **B** *v.pron. recipr.* AMALGAMARSI (*pr., fig.*) [*unirsi, fondersi*] s'amalgamer.

amalgamazióne |amalgamat'tsjone| *s.f.* (*metall.*) amalgamation.

amamèlide |ama'mɛlide| *s.f.* (*t. bot.*) hamamélis *m.*

amandìna |aman'dina| *s.f.* amandine.

amanìta |ama'nita| *s.f.* (*t.bot.*) amanite.

1 **amànte** |a'mante| **1** *agg.* [*che ama o predilige q.c.*] amateur (*s.m.*): *una persona amante dell'arte* un amateur d'art → **amatore, appassionato**; *sono amante di novità* je suis amateur de nouveautés # *è amante della caccia* il aime la chasse **2** *s.* [*persona amata illecitamente*] (*uomo*) amant; (*donna*) maîtresse: *sua moglie ha un amante* sa femme a un amant; *vive con la sua amante* il vit avec sa maîtresse ◇ (*lett.*) [*chi ama q.c.*] *gli amanti della solitudine* les amants, les amoureux de la solitude ◇ *spec. al plur.* (*raro*) [*innamorato*] *coppiette di amanti* couples d'amants, d'amoureux.

2 **amànte** |a'mante| *s.m.* (*mar.*) itague.

amantìglio, i |aman'tiʎʎo, i| *s.m.* (*mar.*) balancine *f.*

amanuènse |amanu'ɛnse| *s.* **1** *s.m.* [*chi copiava atti pubblici*] scribe: *gli amanuensi egizi* les scribes égyptiens ◇ [*chi copiava libri o manoscritti*] copiste: *errori di amanuense* fautes de copiste **2** *s.* [*impiegato che scrive sotto dettatura*] clerc (*m.*): *l'amanuense di un notaio* le clerc d'un notaire.

amàraco, ci |a'marako, tʃi| *s.m.* → **maggiorana.**

amaraménte |amara'mente| *avv.* [→ AMARO I 2] amèrement.

Amarantàcee |amaran'tatʃee| *s.f. pl.* (*t.bot.*) Amarantacées.

amarànto |ama'ranto| **1** *s.m.* (*t. bot.*) amarante *f.* **2** *agg. inv.* amarante.

amaràsca, che |ama'raska, ke| *s.f.* → **marasca.**

amaràsco, chi |ama'rasko, ki| *s.m.* → **marasco.**

amàre |a'mare| **A** *v.tr.* **1** [*provare affetto per qc. o q.c.*] aimer: *amare il prossimo* aimer son prochain; *amare i propri figli* aimer ses enfants; *quel ragazzo è amato da tutti* ce garçon est aimé de tout le monde; *amare alla follia, con tutto il cuore* aimer à la folie, de tout son cœur; *chi mi ama mi segua* qui m'aime me suive **2** [*dimostrare, avere interesse, cura di* (*per*) *q.c.*] aimer: *amare le piante* aimer les plantes; *amare il proprio lavoro* aimer son travail; *tu ami più i divertimenti che lo studio* tu aimes davantage les distractions que l'étude; *amo la musica sinfonica* j'aime la musique symphonique ◇ [*desiderare*] *amare la sicurezza, la tranquillità* aimer la sécurité, la tranquillité **3** (*fig.*) [*trovare congeniale, confacente*] aimer: *queste piante amano i climi caldo-umidi* ces plantes aiment les climats chauds et humides **B** *v.pron. recipr.* AMARSI (*persone*) [→ *tr.* 1] s'aimer: *si amano perdutamente* ils s'aiment éperdument.

amareggiaménto |amaredʤa'mento| *s.m.* → **cruccio, scoraggiamento.**

amareggiàre |amared'ʤare| **A** *v.tr.* **1** (*fig.*) [*rattristare, addolorare*] assombrir, attrister: *molte disgrazie l'hanno amareggiato* bien des malheurs l'ont assombri, attristé → **affliggere** **2** (*pr.*) [*render amaro*] rendre (53) amer **B** *v.intr.* (*aus. 'essere'*) (*raro*) [*essere amaro*] devenir (27) amer* **C** *v. pron. rifl.* AMAREGGIARSI [→ *tr.* 1] se tracasser, s'inquiéter (8): *non amareggiatevi!* ne vous tracassez pas! → **affligger(si), crucciar(si).**

amarèna |ama'rɛna| *s.f.* **1** [*varietà di ciliegia di sapore amarognolo*] griotte **2** sirop *m.* de griotte.

amarèno |ama'rɛno| *s.m.* [*varietà del visciolo*] griottier (*raro*).

amarétto |ama'retto| *s.m.* (*pasticceria*) macaron ◇ [*liquore alla mandorla*] ⊠.

amarézza |ama'rettsa| *s.f.* **1** (*fig.*) [*tristezza unita a rancore*] amertume # *a questo ricordo ebbe parole di amarezza* à ce souvenir il eut des paroles amères **2** *al plur.* [*delusione, patimento*] chagrins (*m.*): *la sua vita gli ha procurato solamente amarezze* la vie ne lui a causé que des chagrins **3** (*raro*) [*sapore amaro*] amertume ⓒ 2 **gioia 1, piacere** 2; 3 **dolcezza.**

amarìlli |ama'rilli| *s.f. inv.* (*t.bot.*) amaryllis.

Amarillidàcee |amarilli'datʃee| *s.f.pl.* (*t.bot.*) Amaryllidacées.

amarìllide |ama'rillide| *s.f.* → **amarilli.**

amàro |a'maro| **I** *agg.* [*che ha sapore sgradevole, non dolce*] amer*: *frutto amaro* fruit amer; *è amaro come il fiele* c'est amer comme chicotin; *avere la bocca amara* avoir la bouche amère # *sale amaro* sulfate de magnésium ◇ (*fig.*) *ricordi amari* des souvenirs amers; *amari rimproveri* d'amers reproches; *amara ironia* ironie amère; *parole amare* paroles amères; *riso amaro* rire amer; *piangere lacrime amare* verser des larmes amères ◇ (*loc.*) *ingoiare un boccone amaro* avaler des couleuvres ~ *lasciare la bocca amara* remplir (le cœur) d'amertume, laisser un goût amer; *è un'esperienza che lascia la bocca amara* c'est une expérience qui remplit le cœur d'amertume, laisse un goût amer **II** *s.m.* **1** [*sapore amaro*] amer: *sapere di amaro* avoir un goût amer **2** [*aperitivo o digestivo, bitter*] amer, bitter: *bere, servire un amaro* boire, servir un amer, un bitter **3** (*fig.*) [*amarezza, delusione*] fiel: *avere l'amaro in corpo contro qc.* être plein de fiel envers qqn. # *inghiottire, masticare amaro* essuyer un tort, une injustice; *inghiottire amaro e sputare dolce* faire à mauvaise fortune bon cœur ⓒ I **dolce, mite, amabile**; II 3 **dolcezza, simpatia, amore.**

amaròngolo |ama'rɔɲɲolo| *agg.* [*di gusto gradevolmente amaro*] légèrement amer*.

amaróre |ama'rore| *s.m.* (*raro*) [*sapore amaro*] amertume *f.* ⓒ **dolcezza.**

amàrra |a'marra| *s.f.* (*mar.*) amarre.

amarràre |amar'rare| *e deriv.* → **ammarrare** *e deriv.*

amarùme |ama'rume| *s.m.* (*raro*) [*cose amare*] amertume *f.* ◇ (*fig.*) [*amarezza*] amertume.

amàto |a'mato| *agg.* (*persone*) [*che è oggetto di amore, affetto*] bien-aimé: *un figlio amato* un fils bien-aimé ♦ (*s.*) *la mia amata* ma bien-aimée.

amatóre, trice |ama'tore, tritʃe| *s.* **1** [*chi ama*] amant **2** [*appassionato*] amateur (*s.m.*): *un amatore di pittura, di musica, d'arte* un amateur de peinture, de musique, d'art ◇ (*per est.*) *prezzo da amatore* prix d'amateur **3** [*dilettante*] amateur.

amatòrio, i |ama'tɔrjo, i| *agg.* (*lett.*) d'amour *loc. inv.* (*corr.*): *poesia amatoria* poésie d'amour; *filtro amatorio* philtre d'amour.

amauròsi |amau'rɔzi| *s.f. inv.* (*med.*) amaurose *var.*

amàzzone |a'maddzone| **I** *s.f.* **1** amazone: *cavalcare all'amazzone* monter en amazone **2** [*donna virile*] amazone **3** [*gonna per cavalcare*] amazone **II** *agg.* (*t.zool.*) *formìca amazzone* fourmi amazone.

àmba |'amba| *s.f.* (*geogr.*) amba.

ambàge |am'badʒe| *s.f.* **1** (*lett.*) [*cammino tortuoso*] chemin tortueux **2** *al plur.*(*fig.*) [*discorsi ambigui*] ambages: *parlare senza ambagi* parler sans ambages, sans détours.

ambasceria |ambaʃʃe'ria| *s.f.* [*gruppo di persone inviato con un incarico diplomatico*] ambassade, délégation ◇ [*l'incarico stesso*] ambassade → **ambasciata.**

ambàscia, sce |am'baʃʃa, ʃe| *s.f.* **1** [*affanno, difficoltà di respiro*] angoisse **2** (*fig., lett.*) → **angoscia.**

ambasciàre |ambaʃ'ʃare| *v.tr.* (*raro*) [*procurare ambascia*] angoisser → **affannare, angosciare.**

ambasciàta |ambaʃ'ʃata| *s.f.* **1** (*dir. internazionale, corr.*) ambassade: *segretario d'ambasciata* secrétaire d'ambassade ◇ [*ufficio, sede della stessa*] *recarsi all'ambasciata* aller à l'ambassade **2** [*ciò che si manda a dire, messaggio*] message (*m.*): *ricevere un'ambasciata* recevoir un message.

ambasciatóre, trice |ambaʃʃa'tore, tritʃe| *s.* **1** ambassadeur* **2** (*per est.*) [*persona che porta un messaggio*] ambassadeur → **messagg(i)ero** ◇ (*prov.*) *ambasciator non porta pena* héraut ni messager ne doivent être en danger; ambassadeur ne porte douleur.

ambedùe |ambe'due| **1** *agg. inv.* (*seguito da art. det.*) [*tutti e due, l'uno e l'altro*] les deux: *l'ha preso con ambedue le mani* il l'a pris avec les deux mains → **entrambi** # *d'ambedue, d'ambo le parti* des deux côtés **2** *pron. inv.* les deux; tous (les) deux *m.*, toutes (les) deux *f.*, l'un et l'autre *m.*; l'une et l'autre (*f.*): *ambedue mi parlarono di te* tous (les) deux me parlèrent de toi; *ho viaggiato con ambedue* j'ai voyagé avec l'un et l'autre, avec tous (les) deux → **entrambi.**

àmbi- |'ambi| *pref.* (*significa 'due, di due', corrisponde gener. a*) ambi: *ambidestro* ambidextre.

ambidèstro |ambi'dɛstro| *agg.* **1** ambidextre: *tennista ambidestro* joueur de tennis ambidextre ◆ (*s.m.*) *un ambidestro* un ambidextre **2** (*fig., lett.*) [*scaltro*] rusé.

ambientàle |ambjen'tale| *agg.* **1** du milieu ambiant (*loc. inv.*): *caratteristiche ambientali* caractéristiques du milieu ambiant **2** [*che è tipico di un particolare ambiente*] de l'ambiance *loc. inv.*, du milieu *loc. inv.*

ambientaménto |ambjenta'mento| *s.m.* [→ AMBIENTARE] acclimatation *f.*, adaptation *f.*

ambientàre |ambjen'tare| **A** *v.tr.* [*mettere nell'ambiente adatto; collocare in modo adatto a un ambiente*] adapter: *ambientare una costruzione nel paesaggio* adapter une construction au paysage ◆ (*al p.p.*) *un quadro bene ambientato* un tableau bien adapté au décor (de la pièce) ◇ [*collocare in una data epoca*] situer: *la vicenda e i personaggi sono ambientati nel '500* l'histoire et les personnages sont situés au XVIe siècle **B** *v.pron. rifl.* AMBIENTARSI [*abituarsi, adattarsi soddisfacentemente a un ambiente*] s'adapter, s'acclimater: *si è ambientata in poco tempo* elle s'est adaptée, acclimatée en peu de temps; *non si sono ancora ambientati nel nuovo alloggio* ils ne se sont pas encore adaptés à leur nouveau logement.

ambientatóre, trice |ambjenta'tore, tritʃe| *s.* (*raro*) [*arredatore*] ensemblier *m.* (*corr.*), aménageur* (*corr.*).

ambientazióne |ambjentat'tsjone| *s.f.* **1** → **ambientamento** **2** (*cine., teat.*) reconstitution.

ambiènte |am'bjɛnte| **I** *s.m.* **1** [*insieme delle condizioni naturali in cui vivono animali e piante*] milieu: *ambiente naturale, terrestre* milieu naturel, terrestre **2** (*fig.*) [*insieme delle condizioni esterne sociali, culturali e sim.*] ambiance *f.*, milieu: *ambiente familiare, cordiale* ambiance familiale, cordiale; *essere, sentirsi nel proprio ambiente* être, se sentir dans son ambience, son élément; *crescere, vivere in un ambiente corrotto* grandir, vivre dans un milieu corrompu; *adattarsi a un nuovo ambiente, cambiare ambiente* s'adapter à un nouveau milieu, changer de milieu ◇ [*insieme delle persone con stessi interessi o caratteristiche comuni*] milieu, société (*f.*): *ambiente conformista* milieu, société conformiste **3** [*spazio delimitato da pareti*] pièce *f.*, salle (*f.*): *ambiente malsano* pièce malsaine; *casa di quattro ambienti* maison de quatre pièces; *ambiente di lavoro* salle de travail **4** *al plur.* (*fig.*) [*circoli*] les milieux: *gli ambienti politici* les milieux politiques **II** (*loc. agg.*) *temperatura ambiente* température ambiante # *servire un vino a temperatura ambiente* servir un vin chambré ◇ (*cine., tv*) *luce ambiente* lumière d'ambiance.

ambigènere |ambi'dʒɛnere| *agg.* (*gram.*) de deux genres (*loc. inv.*): *sostantivo ambigenere* substantif de deux genres.

ambiguaménte |ambigua'mente| *avv.* [→ AMBIGUO] ambigument (*raro*), de façon ambiguë *loc. inv.*

ambiguità |ambigui'ta| *s.f. inv.* ambiguïté *var.* → **equivocità.**

ambìguo |am'biguo| *agg.* **1** [*interpretabile in più modi*] ambigu*: *il termine è ambiguo* le terme est ambigu **2** [*equivoco*] ambigu, équivoque: *una persona ambigua* une personne ambiguë; *un discorso ambiguo* un discours équivoque **C** **chiaro, preciso.**

àmbio, i |'ambjo, i| *s.m.* (*ippica*) amble.

ambìre |am'bire| (197) **A** *v.tr.* [*bramare, desiderare fortemente*] ambitionner, aspirer *intr.* à: *ambire un titolo* ambitionner un titre, aspirer à un titre; *ambire una carica* aspirer à une charge ◇ *loc.* AMBIRE (+ *inf.*) avoir l'ambition de (+ *inf.*): *ambiva a essere nominato capoufficio* il avait l'ambition d'être nommé chef de bureau **B** *v.intr.* (*aus.* '*avere*') [*desiderare fortemente, aspirare a*] aspirer à, ambitionner (*tr.*): *ambire al possesso di q.c.* aspirer à la possession de qqch.; *ambire a una carica* ambitionner, aspirer à une charge **C** A **disdegnare, sdegnare.**

àmbito |'ambito| *s.m.* **1** [*spazio compreso e limitato entro certi limiti*] limites (*f.pl.*): *nell'ambito di questa città* dans les limites de cette ville # *in un ambito di due chilometri* sur une distance de deux kilomètres **2** (*fig.*) [*sfera di influenza, di pertinenza*] cercle, cadre: *allargare l'ambito della conoscenza umana* agrandir le cercle, étendre la sphère de la connaissance humaine; *non è nell'ambito delle mie ricerche* ce n'est pas dans le cadre de mes recherches # *non è nell'ambito delle mie funzioni* cela ne fait pas partie de mes fonctions ◇ [*campo*] domaine: *nell'ambito della scienza* dans le domaine des sciences # *nell'ambito della filosofia* dans l'étendue de la philosophie.

ambìto |am'bito| *agg.* [*desiderato intensamente*] ambitionné *p.p.*, convoité (*p.p.*): *una carica ambita* une charge ambitionnée; *un'eredità ambita* un héritage convoité; *quello è un posto ambito!* c'est là un poste ambitionné, convoité!

ambivalènte |ambiva'lɛnte| *agg.* ambivalent.

ambivalènza |ambiva'lɛntsa| *s.f.* ambivalence: *l'ambivalenza di un problema* l'ambivalence d'un problème ◇ (*psicol.*) ambivalence.

ambizióne |ambit'tsjone| *s.f.* ambition **C** **modestia.**

ambiziosàggine |ambittsjo'saddʒine| *s.f.* (*raro*) ambition ridicule, exagérée.

ambiziosaménte |ambittsjosa'mente| *avv.* [→ AMBIZIOSO] ambitieusement.

ambizióso |ambit'tsjoso| *agg.* ambitieux*: *una politica ambiziosa* une politique ambitieuse ◆ (*s.*) *un ambizioso* un ambitieux.

ambliopìa |amblio'pia| *s.f.* amblyopie.

amblìstoma |am'blistoma| *s.m.* (*t.zool.*) amblystome.

1 **àmbo** |'ambo| *agg.* (*lett.*) [*entrambi, entrambe*] deux: *da ambo, ambi i lati* des deux côtés; *ho ricevuto un regalo da ambo, ambe le ragazze* j'ai reçu un cadeau des deux filles; *con ambo, ambe le mani*: (*compl. di mezzo*) avec les deux mains; (*compl. di modo*) des deux mains → **ambedue.**

2 **àmbo** |'ambo| *s.m.* (*lotteria, tombola*) ambe: *ho fatto un ambo al lotto* j'ai gagné un ambe à la loterie.

ambóne |am'bone| *s.m.* (*arch.*) ambon.

àmbra |'ambra| *s.f.* ambre (*m.*): *ambra grigia, gialla* ambre gris, jaune; *bocchino d'ambra* fume-cigarette d'ambre; *color d'ambra* couleur d'ambre.

ambràto |am'brato| *agg.* ambré.

ambrétta |am'bretta| *s.f.* ambrette.

ambrogétta |ambro'dʒetta| *s.f.* (*edil.*) carreau *m.*

ambròsia |am'brɔzja| *s.f.* (*mitol.*) ambroisie ◇ (*fig., lett.*) *questo vino è un'ambrosia* ce vin est du nectar.

ambrosiàno |ambro'zjano| *agg.* **1** (*liturg.*) ambrosien*, milanais: *calendario, rito ambrosiano* calendrier, rite ambrosien; *inno ambrosiano* [*Te Deum*] hymne ambrosienne; *carnevale ambrosiano* carnaval milanais **2** [*di Milano*] milanais → **milanese.**

ambròsio, i |am'brɔzjo, i| *agg.* (*lett.*) [*che ha profumo o sapore d'ambrosia*] ambrosiaque ◇ (*fig.*) [*delizioso, squisito*] exquis, délicieux*.

ambulàcro |ambu'lakro| *s.m.* (*arch.*) promenoir.

ambulànte |ambu'lante| **1** *agg.* ambulant: *un venditore ambulante* un marchand ambulant, un (marchand) colporteur; *biblioteca ambulante* bibliothèque ambulante ◇ (*fig., fam.*) *è un cadavere ambulante!* c'est un cadavre ambulant!; *è una biblioteca ambulante* c'est une bibliothèque ambulante, vivante **2** *s.m.* [*venditore ambulante*] un (marchand) colporteur, un marchand ambulant *agg.* 🄲 1 **fisso, stabile.**

ambulànza |ambu'lantsa| *s.f.* ambulance.

ambulatoriàle |ambulato'rjale| *agg.* → 2 **ambulatorio** 1.

ambulatoriaménte |ambulatorja'mente| *avv.* du point de vue médical *loc. inv.* # *essere assistito ambulatoriamente* avoir l'assistance médicale.

1 **ambulatòrio, i** |ambula'tɔrjo, i| *s.m.* [*ambiente adibito a visite mediche*] cabinet de consultation # *andare in ambulatorio* aller à la consultation.

2 **ambulatòrio, i** |ambula'tɔrjo, i| *agg.* **1** [*che si effettua in ambulatorio*] de dispensaire (*loc. inv.*): *cure ambulatorie* soins de dispensaire **2** (*anat.*) ambulatoire: *apparato ambulatorio* système ambulatoire **3** (*dir.*) *obbligazione ambulatoria* obligation ambulatoire.

amburghése |ambur'gese| *agg.* hambourgeois.

amèba |a'mɛba| *s.f.* amibe.

amebìasi |ame'biazi| *s.f. inv.* (*med.*) amibiase *var.*

amèbico, ci, ca, che |a'mɛbiko, tʃi, ka, ke| *agg.* (*med.*) amibien*: *dissenteria amebica* dysenterie amibienne.

Amebìni |ame'bini| *s.m.pl.* (*t.zool.*) Amibiens.

ameboìde |ame'bɔide| *agg.* amiboïde.

àmen |'amen| **1** *inter.* (*eccl., corr.*) amen, ainsi soit-il ◇ (*fam.*) [*chiuso!, finito!*] amen! # *non ne voglio più sapere, amen!* je ne veux plus en entendre parler, un point c'est tout **2** (*s.m. inv.*) *in un amen* en un clin d'œil; *in meno di un amen* en moins d'un clin d'œil.

amenaménte |amena'mente| *avv.* → **piacevolmente.**

amenità |ameni'ta| *s.f. inv.* **1** [*piacevolezza*] charme (*m. var.*): *amenità di un fiume* le charme d'un fleuve **2** [*facezia*] facétie (*var.*): *ci ha divertito con le sue amenità* il nous a amusés avec ses facéties ◇ (*iron.*) [*sciocchezza*] sottise (*var.*): *non crederai di convincermi con queste amenità!* tu ne crois pas me convaincre par tes sottises, hein?

amèno |a'mɛno| *agg.* **1** [*piacevole, sereno*] agréable, riant: *dei luoghi ameni* des lieux agréables, riants **2** [*divertente, allegro*] amusant: *uno spettacolo ameno* un spectacle amusant; *letture amene* lectures amusantes; *stare in amena compagnia* être avec des amis amusants ◇ (*iron.*) *è un tipo ameno* c'est un drôle de type 🄲 1 **sgradevole**; 2 **noioso.**

amenorrèa |amenor'rɛa| *s.f.* (*med.*) aménorrhée.

amentifero |amen'tifero| *agg. e s* amentifère.

amènto |a'mɛnto| *s.m.* (*bot.*) chaton.

amènza |a'mɛntsa| *s.f.* (*med.*) démence.

americàna |ameri'kana| *s.f.* (*ciclismo*) (course à l')américaine.

americanàta |amerika'nata| *s.f.* **1** [*fatto grandioso, spettacolare*] à l'américaine (*loc. inv.*): *quella rappresentazione è una vera e propria americanata* c'est bel et bien une représentation à l'américaine **2** (*iron.*) [*spacconata, esagerazione*] extravagance: *un racconto ricco di americanate* un récit plein d'extravagances; *ho letto un libro pieno di americanate* j'ai lu un livre plein d'extravagances; *è un'americanata!* c'est une extravagance!

americanismo |amerika'nizmo| *s.m.* américanisme.

americanista |amerika'nista| *s.m.* **1** américaniste **2** (*ciclismo*) coureur d' (de course à l') américaine.

americanizzàre |amerikanid'dzare| **A** *v.tr.* [*adattare alla mentalità e ai costumi americani, spec. statunitensi*] américaniser **B** *v.pron. intr.* AMERICANIZZARSI [→ *tr.*] s'américaniser: *si sono americanizzati in poco tempo* ils se sont américanisés en peu de temps.

americàno |ameri'kano| **1** *agg.* américain: *le lingue americane* les langues américaines ◇ (*spec.*) [*degli Stati Uniti d'America*] *la politica americana* la politique américaine ◇ (*loc.*) *all'americana* à l'américaine: *truffa all'americana* vol à l'américaine **2** (*s.m.*) *l'americano* [*la lingua*] l'américain.

amerìcio, i |ame'ritʃo, i| *s.m.* (*chim.*) américium.

ametista |ame'tista| *s.f.* (*miner.*) améthyste.

ametropìa |ametro'pia| *s.f.* (*med.*) amétropie 🄲 **emmetropia.**

amiànto |a'mjanto| *s.m.* amiante.

amica, che |a'mika, ke| *s.f.* **1** amie: *un'amica d'infanzia* une amie d'enfance; *un'amica di casa* une amie de la maison; *è la mia migliore amica* c'est ma meilleure amie ◇ [*compagna di lavoro, di scuola e sim.*] copine: *a scuola ho conosciuto nuove amiche* à l'école j'ai connu de nouvelles copines; *ho fatto il viaggio con due amiche* j'ai voyagé avec deux copines **2** [*amante*] bonne amie: *è la sua amica* c'est sa bonne amie **3** [*fidanzata*] (petite) amie: *ha un'amica* il a une (petite) amie 🄲 1 **nemico.**

amicàre |ami'kare| **A** *v.tr.* (*lett.*) [*far diventare, rendere amico*] gagner l'amitié de □ *amicarsi qc.* gagner l'amitié de qqn. → **cattivare, ingraziarsi** **B** *v.pron. rifl. recipr.* AMICARSI [→ *tr.*] se lier d'amitié: *è riuscito ad amicarsi con il principale* il a réussi à se lier d'amitié avec le directeur; *si sono amicati in poco tempo* ils se sont liés d'amitié en peu de temps 🄲 **inimicar(si).**

amichétta |ami'ketta| *s.f.* petite amie ◇ [*fidanzata*] *è la mia amichetta* c'est ma petite amie.

amichétto |ami'ketto| *s.m.* petit ami: *mio figlio è con i suoi amichetti* mon enfant est avec ses petits amis ◇ (*scherz.*) [*fidanzato*] *ha già l'amichetto* elle a déjà un (petit) ami.

amichévole |ami'kevole| *agg.* **1** [*da amico*] amical*: *rapporti amichevoli* relations amicales, rapports amicaux ◇ (*loc.*) *in via amichevole* [*da amico*] en ami: *te lo dico in via amichevole* je te le dis en ami, en toute amitié, amicalement **2** [*cordiale, affabile*] amical, cordial*: *con un fare, con un tono amichevole* d'un air amical, d'un ton amical; *un'accoglienza amichevole* un accueil cordial; *mi rivolse uno sguardo amichevole* il m'adressa un regard amical # *un accordo amichevole* un accord amiable ◇ (*loc.*) *in via* (*del tutto*) *amichevole* [*come fra amici, senza puntiglio*] à l'amiable: *una soluzione in via amichevole* un arrangement à l'amiable **3** (*sport*) amical: *una partita, un incontro amichevole* un match amical 🄲 2 **ostile, sgarbato.**

amichevolézza |amikevo'lettsa| *s.f.* [*cordialità, affabilità*] amitié, affabilité 🄲 **ostilità, inimicizia.**

amichevolménte |amikevol'mente| *avv.* [→ AMICHEVOLE 1, 2] amicalement 🄲 **ostilmente.**

amicìzia |ami'tʃittsja| *s.f.* **1** amitié: *un'amicizia interessata* une amitié intéressée; *allacciare, stringere amicizia con qc.* se lier d'amitié avec qqn.; *rompere un'amicizia* rompre une amitié ◇ (*loc.*) *in* (*tutta*) *amicizia* en toute amitié ~ PER AMICIZIA par amitié: *l'ho fatto solo per amicizia* je ne l'ai fait que par amitié ◇ (*prov.*) *patti chiari, amicizia lunga* les bons comptes font les bons amis **2** [*buone relazioni*] amitié: *amicizia fra Stati* amitié entre États; *patto, trattato di amicizia* pacte, traité d'amitié **3** *spec. al plur.* [*amici*] amis (*m.*): *ha poche, molte amicizie* elle a peu, beaucoup d'amis; *amicizie altolocate* amis haut placés ◇ [*appoggio*] relations: *avere un'amicizia al posto giusto* avoir des relations bien placées; *posso contare su una buona amicizia* je peux compter sur de bonnes relations ◇ (*loc.*) *amicizie particolari* [*relazioni omosessuali*] amitiés particulières 🄲 **avversione, discordia, inimicizia.**

amìco, ci |a'miko, tʃi| **I** *s.m.* **1** ami: *un amico d'infanzia* un ami d'enfance; *un amico di casa, di famiglia* un ami de la maison, de la famille; *un amico fraterno, inseparabile* un ami fraternel, inséparable; *un consiglio da amico* un conseil d'ami; *l'amico del cuore* l'ami de cœur; *l'amico dell'uomo* [*il cane*] l'ami de l'homme; *essere amici per la pelle* être des amis inséparables; *trovare, perdere un amico* trouver, perdre un ami → **amica** # *fingersi amico di qc.* feindre de l'amitié pour qqn. ◇ (*usato in tono di cortesia*) *miei cari amici* mes chers amis; *amici cari, carissimi* chers amis, très chers amis ◇ (*iron.*) *bell'amico* tu parles d'un ami!; *e l'amico cosa ti ha risposto?* et notre ami que t'a-t-il répondu?; *l'amico si pentirà presto* notre ami se repentira vite, aura tôt fait de se repentir ◇ (*scherz.*) *sentiamo cosa dice l'amico Fritz* voyons ce que dit l'ami Fritz ◇ (*fam.*) *dove va l'amico?* où est-ce qu'il va, ce gars-là?; *l'amico ci ha fatto fessi* le type nous a eus ◇ (*per richiamare l'attenzione di persona sconosciuta*) *ehi' l'amico!* eh l'ami!; *senti amico!* écoute l'ami! ◇ (*fig.*) *l'amico* *del giaguaro* un malavisé ◇ (*prov.*) *chi trova un amico, trova un tesoro* un vrai ami est un trésor ~ *dagli amici mi guardi Iddio che dai nemici mi guardo io* Dieu me garde de mes amis, je me chargerai de mes ennemis; Dieu me garde de mes amis; quant à mes ennemis, je m'en charge ~ *gli amici si conoscono nel momento del bisogno* à l'épreuve on connaît l'ami **2** [*compagno, conoscente*] ami: *ho ritrovato un amico di pensione* j'ai retrouvé un ami de pension **3** [*sostenitore, simpatizzante*] ami: *gli amici dell'on. X* les amis du député X; *ha molti amici influenti* il a beaucoup d'amis influents **4** [*chi nutre particolare passione o interesse per q.c.*] ami: *un amico della giustizia* un ami de la justice; *gli amici del libro* les amis du livre **5** (*euf.*) [*amante*] ami **II** *agg.* **1** [*benevolo, amichevole*] ami: *un viso amico* un visage ami **2** (*mat.*) amiable: *numeri amici* nombres amiables Ⓒ I 1, 3, 4 **nemico**; II 1 **ostile.**

amicóne |ami'kone| *s.* [*grande amico, compagnone*] compagnon *m.* # *l'amicone del cuore* le vrai copain; *è un amicone* c'est un (bon) pote! (*pop.*).

amidatóre, trice |amida'tore, tritʃe| *s.* [*operaio tessile addetto all'amidatura*] amidonnier *m.*

amidatùra |amida'tura| *s.f.* (*tess.*) amidonnage *m.*

àmido |'amido| *s.m.* (*chim., corr.*) amidon: *dare l'amido al collo della camicia* empeser un col de chemise à l'amidon → **inamidare.**

amigdala |a'migdala| *s.f.* **1** (*anat.*) amygdale → **tonsilla** **2** (*paleont.*) coup-de-poing *m.*

amigdalectomìa |amigdalekto'mia| *s.f.* (*chir.*) amygdalectomie.

amigdalite |amigda'lite| *s.f.* (*med.*) amygdalite → **tonsillite.**

amilàceo |ami'latʃeo| *agg.* amylacé.

amilàsi |ami'lazi| *s.f. inv.* (*biol., chim.*) amylase *var.*

amile |a'mile| *s.m.* (*chim.*) amyle.

amilène |ami'lɛne| *s.m.* (*chim.*) amylène.

amilico, ci, ca, che |a'miliko, tʃi, ka, ke| *agg.* (*chim.*) amylique.

amilobattèrio, i |amilobat'tɛrjo, i| *s.m.* amylobacter.

aminico, ci, ca, che |a'miniko, tʃi, ka, ke| *agg.* (*chim.*) aminé.

aminoàcido |amino'atʃido| *s.m.* → **amminoacido.**

aminopirina |aminopi'rina| *s.f.* → **piramidone.**

amistà |amis'ta| *s.f. inv.* (*lett.*) → **amicizia.**

amitòsi |ami'tɔzi| *s.f. inv.* (*biol.*) amitose *var.*

amitto |a'mitto| *s.m.* (*liturg. catt.*) amict.

amlètico, ci, ca, che |am'lɛtiko, tʃi, ka, ke| *agg.* **1** [*indeciso, titubante*] irrésolu, indécis: *un carattere amletico* un caractère irrésolu, indécis; *uno spirito amletico* un esprit indécis, irrésolu; *è un tipo amletico* c'est un irrésolu *s.*, un indécis *s.* ◇ (*fig.*) [*tormentoso*] atroce: *un dubbio amletico* un doute atroce **2** [*equivoco, ambiguo*] énigmatique: *un personaggio amletico* un personnage énigmatique Ⓒ 1 **deciso, risoluto.**

ammaccàbile |ammak'kabile| *agg.* [→ AMMACCARE A] qui se bosselle facilement (*loc.*): *è una lamiera ammaccabile* c'est une tôle qui se bosselle facilement Ⓒ **resistente, duro.**

ammaccaménto |ammakka'mento| *s.m.* → **ammaccatura.**

ammaccàre |ammak'kare| **A** *v.tr.* **1** [*rovinare sformando, deformare*] bosseler (4), cabosser: *hai ammaccato il paraurti della mia macchina* tu as bosselé, cabossé le pare-choc de ma voiture; *ammaccare un cappello* cabosser un chapeau ◇ (*detto della frutta*) abîmer **2** [*percuotere, schiacciare*] meurtrir, écraser: *mi ammaccò il naso* il me meurtrit, m'écrasa le nez **B** *v.pron. intr.* AMMACCARSI [→ *tr.* 1] se cabosser, se bosseler: *in quell'incidente la carrozzeria si è ammaccata* dans cet accident la carrosserie s'est cabossée; *cadendo il bidone si è ammaccato* le bidon s'est bosselé en tombant ◇ (*detto della frutta*) se gâter: *queste pere si ammaccano facilmente* ces poires se gâtent facilement.

ammaccàto |ammak'kato| *agg.* **1** [*sformato, schiacciato*] bosselé, cabossé: *paraurti ammaccato* pare-choc bosselé, cabossé; *la caffettiera è ammaccata* la cafetière est bosselée; *parafango ammaccato* garde-boue cabossé; *il suo cappello è ammaccato* son chapeau est cabossé # *è arrivato con gli occhi ammaccati* il est arrivé les yeux meurtris **2** [*pestato*] écrasé **3** (*detto della frutta*) talé, meurtri: *ho scartato le mele ammaccate* j'ai jeté les pommes talées.

ammaccatùra |ammakka'tura| *s.f.* **1** [*deformazione*] bosse # *una carrozzeria che presenta parecchie ammaccature* une carrosserie cabossée en plusieurs endroits; *essere pieno di ammaccature* être tout cabossé, bosselé ◇ [*una serie di ammaccature*] bosselure **2** [*segno di contusione sulla pelle*] contusion, bleu (*m.*): *è pieno di ammaccature* il est couvert de contusions, de bleus ◇ (*sulla frutta, sui vegetali*) meurtrissure.

ammaestràbile |ammaes'trabile| *agg.* [→ AMMAESTRARE 1] qu'on peut dresser (*loc.*): *la foca è un animale ammaestrabile* le phoque est un animal qu'on peut dresser.

ammaestraménto |ammaestra'mento| *s.m.* **1** (*animali*) [→ AMMAESTRARE 1] dressage: *l'ammaestramento degli animali da circo* le dressage des animaux de cirque → **addestramento** **2** (*persone*) [→ AMMAESTRARE 2] instruction (*f.*): *l'ammaestramento dei giovani* l'instruction de la jeunesse ◇ [*insegnamento*] leçon (*f.*): *che questa avventura ti serva d'ammaestramento!* que cette aventure te serve de leçon!

ammaestràre |ammaes'trare| *v. tr.* **1** (*animali*) [*addestrare*] dresser, dompter: *ammaestrare animali, bestie feroci* dresser des bêtes féroces **2** (*persone*) [*istruire*] former, instruire (75): *ammaestrare i soldati* former des soldats; *bisogna ammaestrare la gioventù* il faut éduquer, former la jeunesse ◇ (*iron.*) dresser: *l'hanno ammaestrato a dovere* on l'a bien dressé → **addottrinare.**

ammaestràto |ammaes'trato| *agg.* **1** (*animali*) [*addestrato*] dressé: *belve ammaestrate* fauves dressées # *un cane ammaestrato* un chien savant **2** (*persone*) [*istruito*] formé, instruit: *soldati ammaestrati* soldats formés ◇ (*iron.*) dressé: *un uomo bene ammaestrato* un homme bien dressé.

ammaestratóre, trice |ammaestra'tore, tritʃe| *s.* [*chi ammaestra*] dresseur*: *ammaestratore di cani* dresseur de chiens → **domatore.**

1 **ammagliàre** |ammaʎ'ʎare| *v.tr.* **1** [*legare casse o altro con corde intrecciate*] lier avec des cordes entrecroisées **2** [*congiungere le estremità di due maglie*] remailler **3** [*fare il bordo di un materasso*] border.

2 **ammagliàre** |ammaʎ'ʎare| *v.tr.* [*battere con il maglio*] marteler (6), battre (76) au maillet.

ammainabandièra |ammainaban'djɛra| *s.m. inv.* [*l'ammainare la bandiera*] salut *var.* aux couleurs, au drapeau: *fare l'ammainabandiera* amener, rentrer les couleurs Ⓒ **alzabandiera.**

ammainàre |ammai'nare| *v.tr.* [*far scendere, abbassare, calare*] amener (6): *ammainare la bandiera* amener les couleurs, le pavillon; rentrer les couleurs; *ammainare le vele* amener les voiles ◇ (*loc. fig.*) *ammainare la vela* [*cedere davanti a una difficoltà*] baisser pavillon (devant qqn., qqch.) Ⓒ **alzare, issare.**

ammalàre |amma'lare| **A** *v.tr.* **1** (*raro*) [*provocare malattia*] rendre (53) malade, faire (45) *intr.* tomber malade: *l'acqua stagnante ammala coloro che la bevono* l'eau stagnante rend, fait tomber malade celui qui la boit **2** (*fig.*) [*far marcire, guastare*] abîmer, gâter **B** *v. intr.* (*aus. 'essere'*) [*divenire malato, cadere in malattia*] tomber malade: *la bambina ammalò all'improvviso* la petite est subitement tombée malade **C** *v. pron. intr.* AMMALARSI [→ *intr.*] devenir (27) *intr.*, tomber *intr.* malade: *si è ammalato dopo la partenza del figlio* après le départ de son fils, il est tombé malade; *spesso ci si ammala quando si continua a credersi ammalati* souvent, à force de se croire malade, on le devient Ⓒ A 1; B **guarire**; C **ristabilir(si).**

ammalàto |amma'lato| *agg.* [*colpito da malattia*] malade: *è gravemente ammalato* il est gravement malade # *è ammalato di leucemia* il est atteint de leucémie; *è ammalato di reumatismi, di stomaco* il souffre de rhumatismes, de l'estomac → 1 **malato** ◇ (*loc. fig.*) *essere ammalato nel corpo e nello spirito* avoir le corps et l'esprit malades ♦ (*s.*) *un ammalato* un malade: *un'ammalata immaginaria* une malade imaginaire → **infermo** Ⓒ **guarito, sano.**

ammaliàre |amma'ljare| *v.tr.* **1** [*sottoporre a fattura, malia*] ensorceler (4), envoûter → **stregare, affatturare** **2** [*affascinare, incantare*] fasciner, charmer: *ero ammaliato dalla sua intelligenza* j'étais fasciné par son intelligence; *le sue parole e i suoi gesti mi ammaliavano* ses paroles, ses gestes me charmaient → **sedurre.**

ammaliatóre, trice |ammalja'tore, tritʃe| *agg.* [*che seduce, affascina*] fascinant: *aveva uno sguardo, un sorriso ammaliatore* elle avait un regard, un sourire charmant → 1 **affascinante, seducente** ♦ (*s.*) ensorceleur*, charmeur* (*iron.*): *è un grande ammaliatore* c'est un grand charmeur, séducteur → **incantatore, seduttore.**

ammaliziàre |ammalit'tsjare| *v.tr.* [*scaltrire, sveltire*] dégourdir: *questo viaggio lo ha un po' ammaliziato* ce voyage l'a un peu dégourdi.

ammaliziàto |ammalit'tsjato| *agg.* → **smaliziato.**

ammànco, chi |am'manko, ki| *s.m.* [*somma che manca*] découvert: *l'ammanco di una cassa, di un conto* le découvert d'une caisse, d'un compte.

ammandorlàto |ammandor'lato| **I** *agg.* **1** [*a forma di mandorla*] en (forme d') amande *loc. inv.* **2** [*col sapore di mandorla*] qui a la saveur d'amande *loc.*, à la saveur d'amande *loc. inv.* **II** *s.m.* (*tecnol.*) treillis.

ammanettàre |ammanet'tare| *v. tr.* [*stringere i polsi con le manette*] passer les menottes (à qqn.): *il poliziotto lo ha ammanettato* le policier lui a passé les menottes ◇ (*per est.*) [*arrestare*] arrêter: *son sicuro che lo ammanetteranno* je suis certain qu'on va l'arrêter.

ammanieràre |ammanje'rare| *v. tr.* [*abbellire con artifici*] guinder: *ammanierare l'andatura* guinder son allure → **agghindare.**

ammanieràto |ammanje'rato| *agg.* [*non naturale, artificioso*] guindé: *stile ammanierato* style guindé Ⓒ **naturale.**

ammanigliàre |ammaniʎ'ʎare| *v.tr.* (*mar.*) [*agganciare una catena ad un'altra con una maniglia*] maniller ◇ [*agganciare alla maniglia dell'ancora*] maniller.

ammannàre |amman'nare| *v.tr.* [*raccogliere cereali in manne*] (en)javeler (4).

ammannire |amman'nire| (197) *v.tr.* [*allestire, preparare*] apprêter: *ammannire la cena* apprêter le dîner → **apparecchiare** Ⓒ **sparecchiare.**

ammansàre |amman'sare| *v.tr. e pron.* → **ammansire.**

ammansire |amman'sire| (197) **A** *v.tr.* **1** (*animali*) [*rendere docile, mansueto*] apprivoiser: *ammansire un animale feroce* apprivoiser un animal féroce → **addomesticare** **2** (*persone*) [*rendere calmo, quietare*] apaiser: *lo ha ammansito con qualche moina* elle l'a apaisé avec des cajoleries → **calmare, rabbonire** **B** *v.intr.* (*aus. 'essere'*) [*divenire calmo*] s'apaiser *pron.* **C** *v.pron. intr.* AMMANSIRSI **1** (*animali*) [→ *tr.* 1] s'apprivoiser **2** (*persone*) [→ *tr.* 2] s'apaiser Ⓒ A 1 **inferocire,** 2 **irritare.**

ammantàre |amman'tare| **A** *v.tr.* **1** [*coprire con un manto*] couvrir (23) d'un manteau # *ammantare una statua* draper une statue ◇ [*coprire con una veste*] habiller → 1 **vestire** **2** (*per est.*) [*coprire con uno strato di q.c.*] recouvrir (23): *le colline sono ammantate di neve* les collines sont (re)couvertes de neige → **ricoprire** **3** (*fig.*) [*coprire, mascherare*] cacher, voiler: *ammantare la verità* cacher, voiler la vérité **B** *v.pron.* AMMANTARSI **1** *intr.* [→ *tr.* 1] se recouvrir **2** *rifl.* [*vestirsi*] s'habiller: *si ammanta sempre così* il s'habille toujours comme ça **3** *intr.* (*per est.*) [→ *tr.* 2] se couvrir: *il cielo si ammanta di nuvole* le ciel se couvre de nuages **4** *rifl.* (*fig.*) [→ *tr.* 3] se parer: *ammantarsi dei meriti altrui* se parer des mérites d'autrui, des plumes du paon Ⓒ **scoprire.**

ammànto |am'manto| *s.m.* **1** (*lett.*) [*vestimento di personaggio illustre, spec. religioso*] robe *f.* (*corr.*): *cardinali in ammanto rosso* cardinaux en robe rouge ◇ (*per est.*) [*carica, dignità*] dignité (*f.*): *l'ammanto papale* la dignité papale **2** [*vestimento in genere*] vêtement.

ammaràggio, i |amma'raddʒo, i| *s.m.* [→ AMMARARE] amerrissage.

ammaràre |amma'rare| *v.intr.* (*aus. 'avere', raro 'essere'*) [*discendere in mare*] amerrir (*aus.* avoir).

ammarezzàre |ammared'dzare| *v.tr.* → **marezzare.**

ammarezzatùra |ammareddza'tura| *s.f.* → **marezzatura.**

ammarinàre |ammari'nare| *v.tr.* (*mar.*) [*impossessarsi di un bastimento nemico*] prendre (73) et amener (un navire ennemi).

ammarràre |ammar'rare| *v.tr.* → **ormeggiare.**

ammassaménto |ammassa'mento| *s.m.* **1** [→ AMMASSARE A 1; B 2] amas, entassement: *un ammassamento di oggetti ingombrava la sala* un amas d'objets encombrait la salle → **mucchio** **2** [→ AMMASSARE B 1] rassemblement, attroupement: *un ammassamento di persone* un rassemblement, un attroupement de personnes → **assembramento** Ⓒ 2 **dispersione, sparpagliamento.**

ammassàre |ammas'sare| **A** *v.tr.* **1** (*cose*) [*accumulare, ammucchiare*] amasser: *ammassare merci, viveri* amasser des marchandises, des vivres ◇ (*persone*) [*radunare*] *ammassare truppe* amasser des troupes **2** (*per est.*) [*mettere da parte, accumulare*] amasser, entasser: *a che vale ammassare tante ricchezze!* à quoi bon amasser, entasser (tant de richesses)! → **risparmiare** **3** *ass.* (*di generi agricoli*) [*consegnare in depositi statali, volontariamente o per disposizione di legge*] emmagasiner (dans les entrepôts de l'État) **B** *v.pron. intr.* AMMASSARSI **1** [*fare ressa, affollarsi*] s'amasser: *molti soldati si erano ammassati vicino al ponte* beaucoup de soldats s'étaient amassés près du pont **2** [→ *tr.* 1] s'amasser: *la neve si è ammassata sul terrazzo* la neige s'est amassée sur la terrasse → **accumular(si), ammonticchiar(si)** Ⓒ A 1 **sparpagliare.**

ammassàto |ammas'sato| *agg.* **1** (*cose*) [*che fa mucchio*] amassé *p.p.*, entassé (*p.p.*): *una grande quantità di merci ammassate* une grande quantité de marchandises amassées **2** (*persone*) [*che fa calca*] entassé: *prigionieri ammassati in una piccola stanza* prisonniers entassés dans une petite pièce **3** (*di prodotti agricoli*) [*consegnato in depositi*] stocké *p.p.*, emmagasiné (*p.p.*): *la quantità del grano ammassato quest'anno è insufficiente* la quantité de blé stockée, emmagasinée cette année est insuffisante Ⓒ 1, 2 **sparpagliato.**

ammassicciàre |ammassit'tʃare| **A** *v.tr.* **1** [*raccogliere in massa compatta*] rendre (53) compact, solidifier **2** [*massicciare*] macadamiser, empierrer: *ammassicciare una strada* macadamiser, empierrer une route **B** *v.pron. intr.* AMMASSICCIARSI [*divenire compatto, assodarsi*] se solidifier, devenir (27) *intr.* compact: *cemento che si ammassiccia* ciment qui se solidifie, qui prend.

ammàsso |am'masso| *s.m.* **1** tas, amas: *un ammasso di immondizie* un tas d'ordures → **mucchio** ◇ (*astron.*) *ammasso aperto* amas ouvert **2** [*consegna allo Stato di generi agricoli, volontaria o per disposizione di legge*] réserve *f.* (nationale) ◇ (*per est.*) *portare il grano all'ammasso* apporter le blé à la réserve (nationale) **3** (*loc. fig.*) *portare il cervello all'ammasso* [*aderire passivamente alle proposte altrui*] être un mouton **4** (*geol.*) amas.

ammatassàre |ammatas'sare| *v. tr.* [*mettere in matassa*] mettre (71) en écheveaux: *ammatassare la lana* mettre (de) la laine en écheveaux.

ammattiménto |ammatti'mento| *s.m.* **1** [*ciò che fa diventare matto*] casse-tête (*inv.*): *è un vero ammattimento questo lavoro!* ce travail est un casse-tête! → **rompicapo; fastidio** **2** [→ AMMATTIRE 1, 2] folie (*f.*): *è stato un ammattimento generale* ce fut une folie générale.

ammattire |ammat'tire| (197) *v. intr.* (*aus. 'essere'*) **1** [*perdere la ragione, impazzire*] devenir (27) fou: *è ammattito e l'han dovuto ricoverare* il est devenu fou et on a dû l'interner; *sta ammattendo* il devient fou; *sei ammattito?* tu deviens fou? # *fare ammattire qc.* rendre fou qqn.; *c'è di che ammattire* il y a de quoi devenir fou **2** (*per est.*) [*perdere la tranquillità, la calma*] faire (45) (*aus.* avoir) perdre patience: *c'è da ammattire con questi ragazzi* ces garçons me font perdre patience # *tutte queste domande mi fanno ammattire* toutes ces questions m'impatientent → **irritar(si), spazientir(si)** **3** (*fig.*) [*scervellarsi*] se creuser la tête, la cervelle (*fam.*): *hai un bell'ammattire con questi problemi* tu as beau te creuser la cervelle face à, pour ces problèmes Ⓒ 1 **rinsavire;** 2 **tranquillizzar(si).**

ammattonàre |ammatto'nare| *v.tr.* carreler (4) en briques.

ammattonàto |ammatto'nato| *agg.* [*pavimentato con mattoni*] carrelé, pavé de briques ♦ (*s.m.*) *un ammattonato* un pavage, un carrelage de briques.

ammattonatùra |ammattona'tura| *s.f.* [→ AMMATTONARE] carrelage *m.* en briques.

ammazzaménto |ammattsa'mento| *s.m.* **1** [*uccisione, strage*] tuerie *f.* **2** (*fig.*) [*fatica estenuante*] travail* tuant.

ammazzàre |ammat'tsare| **A** *v.tr.* **1** [*far morire, uccidere*] tuer: *l'ha ammazzato in duello* il l'a tué en duel; *fu ammazzato con una pugnalata* il fut tué d'un coup de poignard; *è l'inquinamento che ci ammazza* c'est la pollution qui nous tue # *li ammazzano come cani* on les abat comme des chiens → **massacrare;** *ammazzare di botte* rouer de coups **2** (*fig.*) [*provocare noia, depressione*] tuer: *le sue conferenze ci ammazzano* ses conférences nous tuent; *questi rumori mi ammazzano* ces bruits me tuent → **estenuare, abbattere** # *questo lungo lavoro l'ammazza* ce long travail l'exténue ◇ (*loc. fig.*) *ammazzare il tempo, la noia* tuer le temps, l'ennui **B** *v.pron.* AMMAZZARSI **1** *rifl.* [*provocare la morte a sé stessi*] se tuer, se suicider: *col rischio di ammazzarsi* au risque de se tuer → **uccider(si), suicidarsi** ◇ *recipr.* s'entre-tuer: *si ammazzano in questa guerra civile* ils s'entre-tuent dans cette guerre civile **2** *rifl.* (*fig.*) [*affaticarsi gravemente*] se tuer, s'exténuer: *ammazzarsi a lavorare* se tuer de travail; *si ammazza a studiare per l'esame* il s'exténue à travailler →

stremar(si), finir(si) 3 *intr.* [*trovare accidentalmente la morte*] se tuer: *si è ammazzato in un incidente stradale* il s'est tué dans un accident de la route.

ammazzasètte |ammattsa'sɛtte| *s.m. inv.* [*spaccone, smargiasso*] bravache *var.*, matamore (*var.*): *fare l'ammazzasette* faire le bravache, le matamore → **fanfarone.**

ammazzàta |ammat'tsata| *s.f.* (*fig.*) [*fatica sfibrante*] fatigue extrême: *è stata un'ammazzata per tutti noi* ç'a été une fatigue extrême pour nous tous.

ammazzatóio, i |ammattsa'tojo, i| *s.m.* → **mattatoio, macello.**

ammazzatóre, trice |ammattsa'tore, tritʃe| *s.* (*raro*) [*chi uccide, spec. gli animali*] tueur *m.* → **macellaio.**

ammènda |am'mɛnda| *s.f.* (*dir., corr.*) amende: *essere passibile di ammenda* être passible d'amende ◇ (*fig.*) *fare ammenda dei propri errori, dei propri peccati* [*riconoscerli e ripararli*] faire amende honorable.

ammendaménto |ammenda'mento| *s.m.* 1 → **emendamento** 2 (*agr.*) amendement.

ammendàre |ammen'dare| **A** *v.tr.* 1 (*lett.*) → **emendare** 2 (*agr.*) [*migliorare la composizione di un terreno*] amender **B** *v.pron. intr.* AMMENDARSI (*lett.*) → **emendar(si).**

ammennìcolo |ammen'nikolo| *s.m.* 1 [*elemento accessorio*] babiole (*f.*): *tutto l'insieme compresi i vari ammennicoli, comporta una notevole spesa* tout l'ensemble, y compris les babioles variées, représente une somme considérable 2 [*oggetto di poco conto, cianfrusaglia*] babiole, bricole (*f.*): *ha una casa piena di ammennicoli inutili* il a une maison pleine de babioles, de bricoles inutiles ◇ [*ninnolo*] colifichet: *ha sempre addosso un sacco di ammennicoli* elle a toujours sur elle un tas de colifichets ◇ [*piccolezza, particolare*] vétille (*f.*): *vai al sodo, non perderti in tanti ammennicoli* viens-en au fait, ne te perds pas dans tant de vétilles 3 [*pretesto, cavillo*] prétexte: *ha sempre pronto qualche ammennicolo per tirare le cose in lungo* il a toujours un prétexte tout prêt pour faire traîner les choses en longueur.

ammésso |am'messo| *agg.* admis *p.p.*, accueilli (*p.p.*): *i candidati ammessi sono 40* les candidats admis sont 40 ◇ *loc. conc.* AMMESSO CHE (+ *congv.*) en admettant (que), pourvu (que) (+ *congv.*): *ammesso che ciò sia vero...* en admettant que cela soit vrai...; *ti aspetterò, ammesso che io resista fino a domani* je t'attendrai, pourvu que je tienne jusqu'à demain ✦ *s.* admis # *elenco degli ammessi all'esame* liste des reçus à l'examen Ⓒ **escluso, respinto.**

ammettènza |ammet'tɛntsa| *s.f.* (*elettr.*) admittance.

amméttere |am'mettere| (155) *v. tr.* 1 [*lasciare entrare, accogliere*] admettre (71): *ammettere qc. alla presenza di* admettre qqn. auprès de; *non sono ammessi i minorenni* les mineurs ne sont pas admis ◇ [*accettare*] *è stato ammesso in collegio* il a été admis au collège; *non sei stato ammesso all'esame* tu n'as pas été admis à l'examen 2 [*consentire, accettare, permettere*] admettre: *questa proposta si può ammettere* on peut admettre cette proposition; *non è ammessa alcuna dilazione* on n'admet aucun délai ◇ [*tollerare, concedere*] *non ammetteva repliche* il n'admettait aucune réplique; *non ammetto queste insinuazioni* je n'admets pas ces insinuations 3 [*ipotizzare, concedere*] admettre ◇ (*loc.*) *ammettiamo pure che...* admettons que... ~ *ammesso e non concesso che...* même en admettant que... 4 [*riconoscere, accettare per vero, per reale*] admettre: *ammetto la tua buona fede, ma hai sbagliato* j'admets ta bonne foi, mais tu t'es trompé; *ammettere l'esistenza dell'anima* admettre l'existence de l'âme ◇ [*riconoscere, confessare*] reconnaître (72), admettre: *ammetto di aver esagerato* je reconnais, j'admets que j'ai exagéré; *ha ammesso i suoi torti* il a reconnu ses torts Ⓒ **escludere, rifiutare, negare.**

ammezzaménto |ammeddza'mento| *s.m.* [→ AMMEZZARE 1] partage en deux: *l'ammezzamento di una mela* le partage en deux d'une pomme ◇ [*riempimento a metà*] remplissage à moitié ◇ [*svuotamento a metà*] vidange *f.* à moitié.

ammezzàre |ammed'dzare| *v.tr.* 1 [*dividere a metà*] partager (3) en deux → **smezzare** ◇ [*riempire a metà*] remplir à moitié: *ammezzare un fiasco* remplir une fiasque à moitié ◇ [*svuotare a metà*] vider à moitié: *ammezzare un secchio* vider un seau à moitié 2 [*compiere una cosa a metà*] faire (45) à moitié: *non gli piace ammezzare un lavoro* il n'aime pas faire un travail à moitié.

ammezzàto |ammed'dzato| *agg.* 1 [*diviso in due*] partagé en deux (moitiés), par moitié 2 [*compiuto a metà*] fait à moitié ◇ [*riempito a metà*] rempli à moitié ◇ [*svuotato a metà*] vidé à moitié 3 (*piano*) *ammezzato* [*che sta fra il pianterreno e il primo piano*] entresol, mezzanine (*f.*): *abita in un ammezzato* il habite (dans) un entresol.

ammezzìre |ammed'dzire| (197) *v.intr.* (*aus.* '*essere*') (*detto della frutta*) [*diventar quasi fradicio, mezzo*] blettir (*aus.* avoir): *le ciliegie ammezziscono* les cerises blettissent.

ammiccaménto |ammikka'mento| *s.m.* 1 [→ AMMICCARE B 2] clignement d'œil, d'yeux 2 → **ammicco.**

ammiccàre |ammik'kare| **A** *v.tr.* (*raro*) [*indicare con gli occhi*] désigner d'un regard, d'un clignement d'yeux, d'œil: *ammiccare una ragazza* désigner une fille d'un regard, d'un clignement d'yeux, d'œil **B** *v.intr.* (*aus.* '*avere*') 1 [*fare un cenno di intesa, di assenso con gli occhi*] lancer (2) *tr.*, jeter (5) *tr.* une œillade: *ammiccare a un amico* lancer, jeter une œillade à un ami 2 [*strizzare l'occhio*] cligner de l'œil: *ammiccò compiaciuto* il cligna de l'œil, satisfait.

ammìcco, chi |am'mikko, ki| *s.m.* [*cenno di intesa*] œillade *f.*, coup d'œil: *con un ammicco discreto mi ha fatto capire di tacere* d'une œillade discrète il m'a fait comprendre de me taire.

ammìde |am'mide| *s.f.* (*chim.*) amide.

ammìna |am'mina| *s.f.* (*chim.*) amine.

ammìnico, ci, ca, che |am'miniko, tʃi, ka, ke| *agg.* → **amminico.**

ammìnicolo |ammi'nikolo| *s.m.* → **ammennicolo.**

amministràre |amminis'trare| *v. tr.* 1 [*curare gli affari pubblici e privati*] administrer: *amministrare i beni della comunità* administrer les biens de la communauté; *amministrare i beni di un minore* administrer les biens d'un mineur ◇ (*per est.*) *amministrare lo Stato* administrer l'État; *amministrare la giustizia* administrer la justice ◇ (*loc.*) *sapersi amministrare* [*sapere come comportarsi, regolarsi*] savoir (41) se conduire: *è un tipo che non si sa amministrare* c'est un type qui ne sait pas se conduire 2 (*raro*) [*somministrare*] administrer (*corr.*): *amministrare i sacramenti* administrer les sacrements.

amministrativaménte |amministrativa'mente| *avv.* [→ AMMINISTRATIVO] administrativement.

amministratìvo |amministra'tivo| *agg.* administratif*: *diritto amministrativo* droit administratif; *atto amministrativo* acte administratif; *direttore amministrativo* directeur administratif; *decentramento amministrativo* décentralisation administrative # *potere amministrativo* pouvoir exécutif.

amministràto |amminis'trato| *s.* administré.

amministratóre, trice |amministra'tore, tritʃe| *s.* administrateur*: *amministratore delegato* administrateur délégué; *amministratore giudiziario* administrateur judiciaire ◇ (*eccl.*) *amministratore apostolico* administrateur apostolique.

amministrazióne |amministrat'tsjone| *s.f.* 1 [→ AMMINISTRARE 1] administration ◇ (*loc.*) *cose, problemi di ordinaria amministrazione* affaires courantes, routine 2 (*enti pubblici*) administration: *l'amministrazione dello Stato* l'administration de l'État; *amministrazione comunale* administration communale; *l'amministrazione delle poste* l'administration des postes; *l'amministrazione del Registro* l'administration de l'Enregistrement ◇ [*il personale amministrativo*] administration, cadres administratifs: *rinnovare l'amministrazione* renouveler l'administration, les cadres administratifs 3 (*enti privati*) administration: *amministrazione centrale* administration centrale; *consiglio di amministrazione* conseil d'administration; *atti di ordinaria, straordinaria amministrazione* administration légale ordinaire, extraordinaire ◇ (*dir.*) *amministrazione controllata* administration (légale) sous contrôle 4 [*sede, ufficio di amministrazione*] bureaux *m.pl.* de l'administration: *andare in amministrazione* aller aux bureaux de l'administration.

amminoàcido |ammino'atʃido| *s.m.* (*chim.*) aminoacide.

amminoplàsto |ammino'plasto| *s.m.* aminoplaste.

ammiràbile |ammi'rabile| *agg.* 1 (*raro*) [→ AMMIRARE A] admirable: *una foto ammirabile* une photo admirable → **magnifico, meraviglioso** 2 [*che suscita ammirazione*] admirable: *un comportamento ammirabile* un comportement admirable → 2 **straordinario, stupendo**; *è ammirabile* c'est admirable Ⓒ 1 **orribile, orrendo**; 2 **spregevole.**

ammirabilménte |ammirabil'mente| *avv.* [→ AMMIRABILE 2] admirablement.

ammiràglia |ammi'raʎʎa| *s.f.* 1 (*mar.*) vaisseau *m.* amiral* 2 (*ciclismo*) voiture du directeur technique.

ammiragliàto |ammiraʎ'ʎato| *s.m.* **1** dignité *f.* d'amiral **2** (*mar. mil.*) amirauté (*f.*): *andare all'ammiragliato* aller à l'amirauté.
ammiràglio, i |ammi'raʎʎo, i| *s.m.* (*mar. mil.*) amiral*: *ammiraglio di squadra* amiral d'escadre # *la moglie dell'ammiraglio* l'amirale (*fam.*) ♦ (*agg.*) *nave ammiraglia* vaisseau amiral.
ammiràre |ammi'rare| **A** *v.tr.* **1** [*guardare con ammirazione*] admirer: *abbiamo ammirato i tuoi quadri* nous avons admiré tes tableaux → **contemplare** **2** [*provare stima, rispetto*] estimer, apprécier: *è un artista che ammiro moltissimo* c'est un artiste que j'estime, j'apprécie beaucoup; *tutti hanno ammirato il suo gesto* tous ont apprécié son geste **B** *v.intr.* (*aus.* 'essere') (*raro*) [*provare stupore*] s'étonner *pron.* de (*corr.*), être (43) (*aus.* avoir) étonné de (*corr.*): *rimango ammirato per questi risultati* je m'étonne, je suis étonné de ces résultats → **stupir(si)** Ⓒ A **disprezzare, biasimare.**
ammirativaménte |ammirativa'mente| *avv.* [*con ammirazione*] admirativement.
ammirativo |ammira'tivo| *agg.* admiratif*: *tono, sguardo ammirativo* ton, regard admiratif # *punto ammirativo* [*esclamativo*] point d'exclamation Ⓒ **dispregiativo.**
ammiràto |ammi'rato| *agg.* **1** [*entusiasta, stupefatto*] ébloui: *i critici, ammirati, non smettevano di applaudire* les critiques, éblouis, ne cessaient d'applaudir **2** [*che è oggetto di ammirazione*] admiré (*p.p.*): *un padre amato e ammirato* un père aimé et admiré **3** [*stimato, apprezzato*] apprécié: *è un artista ammirato* c'est un artiste apprécié.
ammiratóre, trice |ammira'tore, tritʃe| *s.* admirateur*: *questa ragazza ha molti ammiratori* cette fille a beaucoup d'admirateurs.
ammirazióne |ammirat'tsjone| *s.f.* **1** admiration: *essere in ammirazione di q.c.* être en admiration devant qqch. **2** [→ AMMIRARE A 2] admiration: *suscitare, destare l'ammirazione* exciter, soulever l'admiration; *sentire, provare ammirazione per qc.* éprouver de l'admiration pour qqn.; *la sua casa è l'ammirazione del paese* sa maison fait l'admiration du village Ⓒ 2 **disprezzo, disapprovazione.**
ammirévole |ammi'revole| *agg.* admirable: *una condotta ammirevole* une conduite admirable Ⓒ **biasimevole, riprovevole, criticabile.**
ammirevolménte |ammirevol'mente| *avv.* [→ AMMIREVOLE] admirablement Ⓒ **biasimevolmente.**
ammissìbile |ammis'sibile| *agg.* **1** [→ AMMETTERE] admissible: *una scusa ammissibile* une excuse admissible **2** (*dir.*) recevable: *azione ammissibile* action recevable Ⓒ 1 **inammissibile, intollerabile.**
ammissibilità |ammissibili'ta| *s.f. inv.* admissibilité *var.* Ⓒ **inammissibilità.**
ammissióne |ammis'sjone| *s.f.* **1** [→ AMMETTERE 1] admission: *ammissione agli esami* admission aux examens; *fare una domanda d'ammissione* formuler une demande d'admission → **accettazione** ◇ (*mecc.*) *valvola d'ammissione* soupape d'admission; *regolare l'ammissione del vapore* régler l'admission de la vapeur ◇ (*dir.*) *diritti, tassa d'ammissione* droits d'inscription ◇ (*econ.*) *ammissione alla quotazione* admission à la cote **2** [→ AMMETTERE 2] *per ammissione comune* d'un aveu commun → **consenso, approvazione** Ⓒ 1 **esclusione;** 2 **disapprovazione.**
ammobiliàre |ammobi'ljare| *v.tr.* [*provvedere di mobili*] meubler: *ha ammobiliato la stanza per affittarla* il a meublé la chambre pour la louer.
ammobiliàto |ammobi'ljato| *agg.* [*provvisto di mobili*] meublé: *una stanza ammobiliata* une chambre meublée.
ammodernaménto |ammoderna'mento| *s.m.* **1** [→ AMMODERNARE A 1; B] modernisation (*f.*): *l'ammodernamento delle imprese industriali* la modernisation des entreprises industrielles; *l'ammodernamento di un negozio* la modernisation d'un magasin **2** [→ AMMODERNARE A 2] amélioration: *ha proposto l'ammodernamento delle istituzioni* il a proposé l'amélioration des institutions Ⓒ **invecchiamento.**
ammodernàre |ammoder'nare| **A** *v.tr.* **1** [*rendere moderno, aggiornato*] moderniser: *bisogna ammodernare le tecniche di lavorazione* il faut moderniser les techniques de travail ◇ [*rinnovare, ristrutturare*] rénover: *ammodernare un appartamento* rénover un appartement **2** [*riformare, migliorare*] refaire (45): *molte leggi devono essere ammodernate* beaucoup de lois doivent être refaites **B** *v.pron. rifl.* AMMODERNARSI [→ *tr.* 1] se moderniser: *è necessario ammodernarsi continuamente* il faut sans cesse se moderniser.
ammodernatùra |ammoderna'tura| *s.f.* → **ammodernamento.**
ammodino |ammo'dino| *avv. e agg.* → **ammodo.**
ammòdo |am'mɔdo| **1** *agg. inv.* (*persone*) [*educato, garbato, saggio*] comme il faut (*loc. inv.*): *una persona ammodo* une personne comme il faut # *un medico ammodo* un bon médecin **2** *avv.* [*per bene, con garbo, nel modo conveniente*] comme il faut (*loc. inv.*): *comportarsi ammodo* se conduire comme il faut.
ammòfilo |am'mɔfilo| *agg.* (*zool.*) ammophile.
ammogliàre |ammoʎ'ʎare| **A** *v.tr.* [*dar moglie*] marier: *vuole ammogliare sua figlia con l'avvocato* il veut marier sa fille avec, à l'avocat **B** *v.pron. rifl.* AMMOGLIARSI [*prender moglie*] se marier.
ammogliàto |ammoʎ'ʎato| *agg.* [*che ha moglie*] marié: *è ammogliato* il est marié → **sposato** ♦ (*s.m.*) *un ammogliato* un homme marié Ⓒ **celibe.**
ammollaménto |ammolla'mento| *s.m.* (*raro*) [→ 1 AMMOLLARE] trempage.
1 **ammollàre** |ammol'lare| **A** *v.tr.* [*rendere molle, ammorbidire, inzuppare*] tremper: *ammollare il pane nell'acqua* tremper son pain dans l'eau ◇ [*mettere a mollo*] faire (45) *intr.* tremper: *ammollare la biancheria* faire tremper le linge **B** *v.pron. intr.* AMMOLLARSI → **bagnar(si), inzuppar(si)** Ⓒ **indurire, seccare, asciugare.**
2 **ammollàre** |ammol'lare| *v.tr.* **1** [*allentare*] (re)lâcher, mollir: *ammollare un cavo* lâcher, mollir un câble → **mollare** **2** → **appioppare, affibbiare.**
ammolliménto |ammolli'mento| *s.m.* **1** [→ AMMOLLIRE A 1] amollissement **2** [→ AMMOLLIRE A 2; B] affaiblissement Ⓒ **indurimento, invigorimento.**
ammollire |ammol'lire| (197) **A** *v.tr.* **1** [*rendere molle*] amollir: *il calore ammollisce la cera* la chaleur amollit la cire → **ammorbidire** **2** (*fig.*) → **rammollire** **B** *v.pron. intr.* AMMOLLIRSI → **rammollir(si)** Ⓒ A **indurire, rassodare.**
ammoniaca, che |ammo'niaka, ke| *s.f.* (*chim.*) ammoniaque, gaz *m.* ammoniac *agg.*
ammoniacàle |ammonia'kale| *agg.* ammoniacal*: *sali ammoniacali* sels ammoniacaux.
ammoniacàto |ammonia'kato| (*chim.*) **1** *agg.* ammoniacé **2** *s.m.* ammoniacate.
ammoniaco, ci, ca, che |ammo'niako, tʃi, ka, ke| *agg.* (*chim.*) ammoniac*: *sale ammoniaco* sel ammoniac, chlorure d'ammonium.
ammoniménto |ammoni'mento| *s.m.* **1** [→ AMMONIRE 1] admonestation *f.*, admonition (*f.*): *un ammonimento del giudice* une admonestation, une admonition du juge; *l'ammonimento del preside è stato preciso* l'admonestation du proviseur a été précise ◇ [*atto di consigliare*] conseil: *seguirò i vostri ammonimenti* je suivrai vos conseils → 1 **avviso, ammonizione** **2** [→ AMMONIRE 2] réprimande (*f.*): *ha pronunziato un ammonimento severo contro di noi* il a prononcé une réprimande sévère à notre endroit → **rimprovero** **3** [*avvertimento*] avertissement: *ascoltare, seguire, trascurare gli ammonimenti di qc.* écouter, suivre, négliger les avertissements de qqn. → **insegnamento, avvertimento** **4** [*esortazione*] exhortation *f.*, appel: *l'ammonimento alla pace* l'exhortation, l'appel à la paix → **invito, esortazione.**
ammònio, i |am'mɔnjo, i| *s.m.* (*chim.*) ammonium.
ammonire |ammo'nire| (197) *v.tr.* **1** [*richiamare l'attenzione su q.c. d'importante o di pericoloso*] avertir; réprimander: *ti ho ammonito, ora sta a te regolarti* je t'ai averti, maintenant c'est à toi à savoir comment agir; *eppure mi avevano ammonito* pourtant ils m'avaient averti; *tutti sono stati ammoniti sui rischi dell'impresa* ils ont tous été avertis des risques de l'entreprise → **avvertire, avvisare** ‖ *i suoi genitori non si stancano mai di ammonirlo* ses parents ne se lassent jamais de le réprimander ◇ [*ammaestrare, insegnare*] apprendre (73): *questo ti ammonisce a non fidarti ciecamente degli amici* cela t'apprend à ne pas te fier aveuglément à tes amis ◇ [*esortare, invitare*] inviter, exhorter: *ti ammonisco a essere più prudente* je t'invite à être plus prudent **2** [*rivolgere rimproveri*] reprendre (73): *il professore mi ha ammonito severamente* le professeur m'a repris sévèrement # *è stato ammonito per i suoi ritardi* il a été réprimandé pour ses retards ◇ (*dir.*) [*rivolgere un rimprovero, un richiamo ufficiale*] admonester: *il giudice ha ammonito il teste* le juge a admonesté le témoin ◇ (*sport*) *il giocatore è stato ammonito per la seconda volta* le joueur a été réprimandé pour la deuxième fois, a reçu un second avertissement.

ammonitóre, trice |ammoni'tore, tritʃe| *agg.* **1** [*che mette sull'avviso, richiama l'attenzione*] prémonitoire: *un segno, un pensiero ammonitore* un signe, un songe prémonitoire **2** (*per est.*) [*che disapprova*] réprobateur*: *uno sguardo ammonitore* un regard réprobateur.
ammonizióne |ammonit'tsjone| *s.f.* **1** [*avvertimento, monito*] avertissement (*m.*): *nessuno ha preso sul serio le sue ammonizioni* personne n'a pris au sérieux ses avertissements; *mi sono state utili le tue ammonizioni* tes avertissements m'ont été utiles **2** [*richiamo, rimprovero*] réprimande, reproche (*m.*): *le ammonizioni più severe lo lasciano indifferente* les réprimandes, les reproches les plus sévères le laissent indifférent ◇ (*dir.*) admonition: *il giudice ha rivolto un'ammonizione ai testi reticenti* le juge a adressé une admonition aux témoins réticents ◇ (*dir. amministrativo*) [*sanzione*] blâme (*m.*): *ammonizione scritta* blâme écrit; *infliggere una ammonizione* infliger un blâme ◇ (*sport*) avertissement: *prima, seconda ammonizione* premier, second avertissement **3** [*consiglio, ammonimento, esortazione*] conseil *m.*, avertissement: *vi prego di non dimenticare l'ammonizione di quel vecchio* je vous prie de ne pas oublier le conseil, l'avertissement de ce vieil homme.
1 **ammontàre** |ammon'tare| **A** *v.tr.* (*raro*) [*fare un mucchio, ammassare*] entasser, amonceler (4): *ammontare casse* entasser, amonceler des caisses → **ammonticchiare, ammucchiare** **B** *v.intr.* (*aus.* '*essere*') [*raggiungere una certa somma*] se monter *pron.*, s'élever (*pron.*): *i suoi debiti ammontano a 2 milioni* ses dettes se montent, s'élèvent à deux millions; *la fattura ammonta a 50 mila lire* la facture s'élève à 50 mille lires → 1 **assommare.**
2 **ammontàre** |ammon'tare| *s.m.* [*somma totale, importo*] montant: *l'ammontare esatto delle spese* le montant exact des frais.
ammonticchiàre |ammontik'kjare| *v.tr.* [*mettere una cosa sull'altra. ammucchiare*] entasser, amonceler (4): *ammonticchiare sassi* entasser des pierres → 1 **accatastare** Ⓒ **sparpagliare.**
ammorbaménto |ammorba'mento| *s.m.* **1** [→ AMMORBARE 1] infection *f.*, contamination *f.* → **infezione, inquinamento** **2** [→ AMMORBARE 2] empuantissement (*raro*): *l'ammorbamento di tutto l'ambiente* l'empuantissement de toute la pièce Ⓒ 1 **risanamento, disinfezione.**
ammorbàre |ammor'bare| *v.tr.* **1** [*far diventare malsano, infettare*] infecter, contaminer: *il gas di quella fabbrica ammorba tutta la zona* le gaz de cette usine infecte tout le voisinage; *sono prodotti che ammorbano l'acqua e l'atmosfera* ce sont des produits qui contaminent l'eau et l'atmosphère **2** [*propagare cattivo odore*] empester, empuantir: *un odore orribile ammorbava tutta la sala* une odeur désagréable empestait, empuantissait toute la salle → **appestare** Ⓒ 1 **disinfettare.**
ammorbidiménto |ammorbidi'mento| *s.m.* **1** [→ AMMORBIDIRE A 1; B 1] amollissement: *l'ammorbidimento del pane duro nell'acqua* l'amollissement du pain dur dans l'eau ◇ [*il rendere soffice*] assouplissement: *l'ammorbidimento del cuoio, di una stoffa* l'assouplissement du cuir, d'une étoffe **2** (*fig.*) [→ AMMORBIDIRE A 2; B 2] assouplissement: *l'ammorbidimento di un carattere* l'assouplissement d'un caractère Ⓒ **indurimento**; 2 **inasprimento.**
ammorbidìre |ammorbi'dire| (197) **A** *v.tr.* **1** [*rendere morbido*] assouplir; amollir: *cuoio ammorbidito* cuir assoupli ‖ *ammorbidire la cera* amollir la cire **2** (*fig.*) [*addolcire, mitigare*] adoucir, assouplir: *ammorbidire il carattere di una persona* adoucir, assouplir le caractère d'une personne; *ammorbidire le linee* adoucir les lignes **B** *v.pron. intr.* AMMORBIDIRSI **1** [→ *tr.* 1] s'assouplir; s'amollir: *il cuoio con l'uso si ammorbidisce* le cuir s'assouplit à l'usage ‖ *quella stoffa si è ammorbidita col vapore* cette étoffe s'est amollie à la vapeur **2** (*fig.*) s'adoucir, s'assouplir.
ammorsàre |ammor'sare| *v.tr.* [*stringere in una morsa*] serrer, prendre (73) dans un étau: *ammorsare un pezzo di acciaio* serrer, prendre un morceau d'acier dans l'étau.
ammorsatùra |ammorsa'tura| *s.f.* (*edil.*) *harpe.
ammortaménto ammorta'mento| *s.m.* (*econ.*) amortissement: *cassa, fondo d'ammortamento* caisse, fonds d'amortissement; *piano d'ammortamento* plan d'amortissement; *ammortamento di un debito* amortissement d'une dette # *ammortamento di un assegno* procédé d'annulation.
ammortàre |ammor'tare| *v.tr.* (*econ.*) [*estinguere gradualmente un debito, una passività*] amortir: *ammortare un debito* amortir une dette → **ammortizzare.**
ammortìre |ammor'tire| (197) *v.tr.* **1** [*smorzare scosse, urti, rumori*] amortir: *la lamiera ha ammortito il colpo* la tôle a amorti le coup; *ammortire i rumori* amortir les bruits → **attutire** **2** [*provocare intorpidimento*] engourdir: *ammortire i sensi, i riflessi* engourdir les sens, les réflexes → **intorpidire.**
ammortizzàbile |ammortid'dzabile| *agg.* (*econ.*) amortissable: *un prestito ammortizzabile* un emprunt amortissable.
ammortizzaménto |ammortiddza'mento| *s.m.* **1** → **ammortamento** **2** (*mecc.*) amortissement: *congegni di ammortizzamento* dispositifs d'amortissement.
ammortizzàre |ammortid'dzare| *v.tr.* **1** (*econ.*) → **ammortare** **2** (*mecc.*) [*attutire urti, vibrazioni*] amortir: *questa parete ammortizza i rumori della strada* cette paroi amortit les bruits de la rue → **attutire, attenuare.**
ammortizzatóre |ammortiddza'tore| *s.m.* (*mecc.*) amortisseur: *gli ammortizzatori di un'auto* les amortisseurs de suspension d'une voiture; *ammortizzatore idraulico* amortisseur hydraulique.
ammortizzazióne |ammortiddzat'tsjone| *s.f.* → **ammortizzamento** 1.
ammorzàre |ammor'tsare| *v.tr. e pron.* → **smorzare.**
ammosciàre |ammoʃ'ʃare| *v.tr.*, *intr.* (*aus.* '*essere*') *e pron.* → **ammoscire.**
ammoscìre |ammoʃ'ʃire| (197), **ammosciàre** |ammoʃ'ʃare| **A** *v. tr.* [*rendere appassito, moscio*] flétrir: *il sole ha ammosciato i fiori* le soleil a flétri les fleurs → **afflosciare** **B** *v. pron. intr.* AMMOSCIARSI [→ *intr.*] s'avachir: *il cappello si è ammosciato* le chapeau s'est avachi ◇ (*di frutta*) [*diventar moscio*] blettir *intr.*, devenir (27) *intr.* blet* ◇ (*di fiori*) [*appassire*] se flétrir.
ammostàre |ammos'tare| **A** *v.tr.* [*pigiare, pestare per farne mosto*] fouler le raisin **B** *v.intr.* (*aus.* '*avere*') [*diventar mosto*] se transformer *pron.* en moût, donner *tr.* du moût: *l'uva ha ammostato* le raisin s'est transformé en moût; *quest'uva non ammosta* ce raisin ne donne pas de moût.
ammostatóio, i |ammosta'tojo, i| *s.m.* (*tecnol.*) fouloir à raisin.
ammostatóre, trice |ammosta'tore, tritʃe| *s.* [*chi ammosta*] fouleur* ♦ (*agg.*) *operaio ammostatore* fouleur *s.*
ammostatùra |ammosta'tura| *s.f.* [→ AMMOSTARE A] foulage *m.* du raisin ◇ [*pigiatura col torchio*] pressurage *m.*
ammucchiaménto |ammukkja'mento| *s.m.* [→ AMMUCCHIARE A] amoncellement, entassement.
ammucchiàre |ammuk'kjare| **A** *v.tr.* **1** [*mettere in mucchio, accatastare*] entasser, amonceler (4): *le provviste sono state ammucchiate vicino al camion* les provisions ont été entassées, amoncelées près du camion → **ammonticchiare** **2** [*fare una pila di cose*] empiler: *ha ammucchiato tutti i suoi libri in un angolino* il a empilé tous ses livres dans un petit coin; *ammucchiare della legna* empiler du bois **3** (*fig.*) [*accumulare*] accumuler: *non ho l'abitudine di accumulare le ricchezze* je n'ai pas l'habitude d'accumuler les richesses **B** *v. pron. rifl.* AMMUCCHIARSI [*accalcarsi, ammassarsi*] s'entasser; se presser: *i documenti si ammucchiavano sulla scrivania* les documents s'entassaient sur le bureau ‖ *la gente si ammucchiava all'entrata del cinema* les gens se pressaient à l'entrée du cinéma Ⓒ **spargere, sparpagliare.**
ammuffìre |ammuf'fire| (197) *v. intr.* (*aus.* '*essere*') **1** [*prendere la muffa*] moisir (*aus.* avoir): *il pane è ammuffito* le pain a moisi; *con l'umidità i tuoi mobili ammuffiranno* l'humidité va faire moisir tes meubles; *la marmellata è ammuffita* la confiture a moisi **2** (*fig.*) [*stare isolati, inattivi*] moisir: *non vorrai ammuffire qui, tu!* tu ne vas pas moisir ici!; *perché vuoi ammuffire in casa? esci!* pourquoi veux-tu moisir à la maison? sors donc! → **languire** ◇ [*restare fissi in una situazione, in una attività*] *ammuffire nell'ignoranza* pourrir, croupir dans l'ignorance; *ammuffire nella pigrizia* croupir dans la paresse; *ammuffire nell'inattività* languir dans l'inaction; *non puoi ammuffire sui libri* tu ne peux pas moisir sur les livres ◇ (*loc.*) *lasciar ammuffire il proprio denaro* laisser moisir son argent, ne pas investir son argent.
ammuffìto |ammuf'fito| *agg.* **1** [*che ha preso la muffa*] moisi: *ha mangiato dei pasticcini ammuffiti* il a mangé des gâteaux moisis **2** (*fig.*) [*vecchio, stantio*] rétrograde, dépassé: *idee ammuffite* idées rétrogrades, dépassées.
ammusàre |ammu'zare| **A** *v.tr.* (*raro*) [*sfiorare, toccare col muso*] toucher du museau: *il cagnolino ammusava la carne* le petit chien touchait la viande

du museau **B** *v.intr.* (*aus.* 'essere') (*animali*) [*stare vicino col muso*] se tenir (27) *pron.* museau contre museau: *gli animali ammusavano* les animaux se tenaient museau contre museau **C** *v.pron. recipr.* AMMUSARSI [*toccarsi col muso*] se toucher du museau, du nez: *i gatti si ammusano* les châts se touchent du nez.

ammusonito |ammuzo'nito| *agg.* → **immusonito.**

ammutinaménto |ammutina'mento| *s.m.* (*mil., corr.*) [→ AMMUTINARE] mutinerie *f.*, rébellion (*f.*): *l'ammutinamento delle truppe* la mutinerie, la rébellion des troupes.

ammutinàre |ammuti'nare| **A** *v. tr.* (*raro*) [*provocare un ammutinamento*] ameuter (*corr.*): *la folla si lascia spesso ammutinare dalle canaglie* souvent la foule se laisse ameuter par la canaille **B** *v.pron. intr.* AMMUTINARSI [*partecipare a un ammutinamento*] se mutiner, se rebeller: *i carcerati si sono tutti ammutinati contro il loro guardiano* les prisonniers se sont tous mutinés, rebellés contre leur gardien → **ribellar(si).**

ammutinàto |ammuti'nato| *agg. e s.* (*mil., corr.*) mutiné.

ammutire |ammu'tire| (197) **A** *v.tr.* (*raro*) [*mettere a tacere, zittire*] faire (45) *intr.* taire: *ha ammutito i suoi avversari* il a fait taire ses adversaires **B** *v.intr.* → **ammutolire.**

ammutolìre |ammuto'lire| (197) *v. intr.* (*aus.* 'essere') [*tacere improvvisamente* (*per vergogna, paura*)] devenir (27) muet, se taire (69) (*pron.*): *è ammutolita* elle s'est tue.

amnesìa |amne'zia| *s.f.* (*med., corr.*) amnésie: *amnesia di conservazione* amnésie de conservation, rétrograde; *soffrire di amnesia* souffrir d'amnésie(s) # *non mi viene più in mente, ho un'amnesia* cela ne me vient plus à l'esprit, j'ai un trou de mémoire.

àmnio, i |'amnjo, i| *s.m.*, **àmnios** |'amnjos| *s.m. inv.* amnios.

amniòtico, ci, ca, che |am'njɔtiko, tʃi, ka, ke| *agg.* (*biol.*) amniotique: *liquido amniotico* liquide amniotique.

amnistìa |amnis'tia| *s.f.* (*dir., corr.*) amnistie: *concedere l'amnistia* accorder une amnistie.

amnistiàre |amnis'tjare| *v.tr.* (*dr.*) [*concedere l'amnistia*] amnistier.

amnistiàto |amnis'tjato| *agg. e s.* (*dir.*) amnistié.

àmo |'amo| *s.m.* (*pesca*) hameçon ◇ *loc.* (*pr., fig.*) *abboccare all'amo* mordre à l'hameçon ◇ (*loc. fig.*) *tendere l'amo a qc.* [*predisporre un tranello, un inganno*] tendre l'hameçon à qqn. ~ *prendere qc. all'amo* prendre qqn. dans ses filets.

amoèrro |amo'ɛrro|, **amoèrre** |amo'ɛrre| *s.m.* (*tess.*) moire *f.*

amoràle |amo'rale| *agg.* amoral*.

amoralismo |amora'lizmo| *s.m.* amoralisme.

amoràzzo |amo'rattso| *s.m.* **1** [*avventura amorosa superficiale*] flirt: *è solo un amorazzo* ce n'est qu'un flirt → **amoreggiamento 2** [*tresca*] intrigue (*f.*): *iniziare un amorazzo* ébaucher, nouer une intrigue.

amóre |a'more| *s.m.* **1** amour (*al. plur. è spesso f., spec. in poesia*): *amore filiale, materno, fraterno, coniugale* amour filial, maternel, fraternel, conjugal → **1 affetto**; *l'amore verso Dio* l'amour de Dieu; *nutrire amore per qc.* éprouver de l'amour pour qqn.; *meritarsi, guadagnare l'amore di qc.* gagner l'amour de qqn.; *non c'è più amore fra loro* il n'y a plus d'amour entre eux; *mi ha assistito con amore* il m'a assisté avec amour → **dedizione, premura**; *è tutto amore per gli altri* il est tout amour pour les autres; *sono legati da un amore reciproco* ils sont liés d'un amour réciproque; *ti ho sempre trattato con amore* je t'ai toujours traité avec amour → **benevolenza**; *una vita, un'esistenza senza amore* une vie, une existence sans amour # *aver amore per i poveri, per gli infelici* aimer les pauvres, les malheureux → **solidarietà** ◇ *loc.* D'AMORE E D'ACCORDO à merveille: *sono sempre andati d'amore e d'accordo* ils se sont toujours entendus à merveille ~ (*escl.*) *per l'amor di Dio, del cielo!* pour l'amour de Dieu, du ciel! ~ *per l'amore di qc.* pour l'amour de qqn.: *è per amor tuo che mi sacrifico* c'est pour l'amour de toi que je me sacrifie; *ti supplico, fallo per amor mio* je t'en supplie, fais-le pour l'amour de moi ~ *amore di sé* amour de soi ~ *amor proprio* amour-propre: *è pieno di amor proprio* il est plein d'amour-propre; *non ha un briciolo di amor proprio* il n'a pas un brin d'amour-propre ~ *amor patrio* amour de la patrie **2** [*attrazione affettiva e fisica verso qc.*] amour: *amore appassionato, morboso* amour passionné, morbide; *amore* (*non*) *corrisposto, felice, disperato* amour (non) partagé, heureux, désespéré; *amore puro, platonico, romantico, sensuale* amour pur, platonique, romantique, sensuel; *gioie, delusioni, sofferenze d'amore* joies, déceptions, souffrances de l'amour; *matrimonio d'amore* mariage d'amour; *pegno, prova d'amore* gage, preuve d'amour; *ardere, bruciare d'amore* brûler d'amour; *esser pazzo d'amore* être fou d'amour; *patire, soffrire il mal d'amore* souffrir du mal d'amour; *cedere, resistere all'amore* céder, résister à l'amour; *giurare amore eterno* jurer un amour éternel; *sposarsi per amore* se marier par amour; *tutto va bene finché c'è amore* tout va bien tant qu'il y a l'amour ◇ [*relazione sentimentale*; *avventura amorosa*] *il primo amore* le premier amour; *amore fedele, infedele* amour fidèle, infidèle; *amori infantili* amours enfantines; *è finito il loro grande amore* leur grand amour est fini; *è stato un amore passeggero* ce fut un amour passager ◇ (*loc.*) *fare all'amore* [*essere fidanzato con qc.*] fréquenter qqn.: *non fai più all'amore con quella ragazza?* tu ne fréquentes plus cette fille?; *ci ho fatto all'amore per tre anni* je l'ai fréquentée pendant trois ans; *filare il perfetto amore* filer le parfait amour ◇ [*relazione sessuale*] *amori leciti, illeciti, peccaminosi* amours légitimes, illégitimes, coupables; *amore libero* amour libre; *figlio dell'amore* [*figlio naturale*] enfant de l'amour, naturel; *amori ancillari* amours ancillaires; *amori perversi* amours perverses; *far all'amore* faire l'amour ◇ (*prov.*) *l'amore è cieco* l'amour est aveugle ~ *non si vive d'amore* on ne vit pas d'amour ~ *vivere d'aria e d'amore* vivre d'amour et d'eau fraîche ~ *fortunato al gioco, sfortunato in amore* heureux au jeu, malheureux en amour ~ *con l'amore non si scherza* on ne badine pas avec l'amour ~ *il primo amore non si scorda mai* on n'oublie jamais son premier amour, ses premières amours **3** [*la persona amata*] amour: *dov'è il tuo amore?* où est ton amour?; *amore mio!* mon amour!; *sei il mio unico amore* tu es mon seul amour ◇ (*per anton.*) *il sommo amore* [*Dio*] le suprême amour ◇ (*fig., scherz.*) *la musica, la chitarra è il suo unico amore* la musique, la guitare est son seul amour **4** (*per est.*) [*persona amabile, deliziosa*] amour: *un amore di bambino!* un amour d'enfant!; *ha una bambina che è un amore* il a une petite fille qui est un amour; *sei un amore!* tu es un amour! ◇ (*cose*) *un amore di cappellino* un amour de petit chapeau; *questa villetta è un amore* cette petite villa est un amour **5** (*animali*) [*fase e manifestazioni legate all'accoppiamento*] amour: *epoca, stagione degli amori* saison des amours # *essere in amore* être en chaleur, en rut **6** [*forte desiderio, brama*] passion (*f.*): *amore del lusso, del denaro, delle ricchezze* passion pour le luxe, l'argent, les richesses; *amore di gloria, di potere* passion pour la gloire, le pouvoir # *far tutto per amore di guadagno* faire tout par amour du gain ◇ [*attaccamento, attrazione, aspirazione*] passion; amour: *amore per la vita, per i divertimenti* passion pour la vie, les distractions; *amore per il gioco, per la caccia* passion pour le jeu, pour la chasse; *ho un grande amore per la montagna* j'ai une grande passion pour la montagne ‖ *amore di tranquillità* amour de la tranquillité; *amore della povertà, della giustizia* amour de la pauvreté, de la justice; *amore per la scienza, per l'arte* amour de la science, de l'art; *non c'è più amore per la natura* il n'y a plus d'amour de la nature; *lo faccio per amore di pace, di serenità* je le fais pour l'amour de la paix, de la tranquillité; *lottare per amore della libertà* lutter pour l'amour de la liberté ◇ (*loc.*) *per amore o per forza* de gré ou de force **7** [*zelo, passione, entusiasmo*] amour; enthousiasme: *fare q.c. con amore* faire qqch. avec amour ‖ *studiare con amore* étudier avec enthousiasme; *mettere amore nel lavoro* apporter de l'enthousiasme à son travail **8** (*gioco dei tarocchi*) amour **9** (*mitol.*) amour **C** 1 **odio, indifferenza**; 6 **disprezzo, noncuranza, rifiuto**; 7 **malavoglia, svogliatezza, negligenza.**

amoreggiaménto |amoreddʒa'mento| *s.m.* [→ AMOREGGIARE] flirt, amourette *f.*

amoreggiàre |amored'dʒare| *v. intr.* (*aus.* 'avere') [*intrattenere rapporti amorosi, spec. frivoli e superficiali*] flirter.

amorétto |amo'retto| *s.m.* **1** [*amore passeggero*] amourette *f.* → **amoreggiamento 2** (*mitol.*) → **amorino.**

amorévole |amo'revole| *agg.* **1** [*che mostra affetto*] tendre, affectueux*: *una madre amorevole* une mère tendre, affectueuse; *un atteggiamento amorevole* une attitude affectueuse → **affettuoso 2** (*per est.*) [*affabile, premuroso*] affable, aimable: *è stata tanto amorevole con noi* elle a été si affable, aimable avec nous **C** 1 **indifferente**; 2 **sgarbato.**

amorevolézza |amorevo'lettsa| *s.f.* **1** [*tenerezza, affetto*] tendresse, douceur **2** [*benevolenza, affabilità*] amabilité, affabilité **C** 2 **malevolenza, sgarbatezza.**

amorevolménte |amorevol'mente| *avv.* **1** [→ AMOREVOLE 1] tendrement, affectueusement → **affettuosamente** **2** [→ AMOREVOLE 2] affablement, aimablement → **amabilmente.**
amòrfo |a'mɔrfo| *agg.* **1** amorphe: *materia amorfa* matière amorphe → **informe** **2** (*fig.*) *individuo amorfo* individu amorphe → **scialbo, insignificante** **3** (*chim., fis.*) *sostanza allo stato amorfo* substance à l'état amorphe.
amorino |amo'rino| *s.m.* **1** → **amoretto** 1 **2** (*arts.*) (petit) amour: *ha dipinto tanti amorini* il a peint tant de petits amours → **puttino** ◇ (*fig.*) [*bambino carino e delicato*] enfant joli comme un amour **3** → **reseda** **4** [*divano a 'S' dell'800*] vis-à-vis.
amorósa |amo'rosa| *s.f.* → **amoroso.**
amorosaménte |amorosa'mente| *avv.* [→ AMOROSO I 2] amoureusement, avec amour *loc. inv.*
amoróso |amo'roso| **I** *agg.* **1** amoureux*, d'amour (*loc. inv.*): *desiderio amoroso* désir amoureux; *sguardi amorosi* regards amoureux; *filtro amoroso* philtre amoureux; *passione amorosa* passion d'amour; *canzone amorosa* chanson d'amour **2** [*benevolo, affettuoso*] affectueux*: *padre, figlio amoroso* père, fils affectueux **3** (*mus.*) amoroso *avv.* **II** *s.* **1** [*innamorato, fidanzato*] amoureux **2** (*teat.*) amoureux; jeune premier*.
amovibile |amo'vibile| *agg.* (*dir.*) amovible 🄲 **inamovibile.**
amovibilità |amovibili'ta| *s.f. inv.* amovibilité *var.* 🄲 **inamovibilità.**
amozióne |amot'tsjone| *s.f.* [*allontanamento, destituzione*] destitution: *la amozione di un ufficiale* la destitution d'un officier.
Ampelidàcee |ampeli'datʃee| *s.f. pl.* (*t.bot.*) Ampélidacées.
ampelografìa |ampelogra'fia| *s.f.* ampélographie.
ampelòpsis |ape'lɔpsis| *s.f. inv.* (*t.bot.*) ampélopsis *m.*
amperàggio, i |ampe'raddʒo, i| *s.m.* (*elettr.*) ampérage.
'ampère' |ɑ̃pɛʀ| *s.m. inv.* (*elettr.*) ampère *var.*
amperòmetro |ampe'rɔmetro| *s.m.* (*elettr.*) ampèremètre.
amperóra |ampe'rora| *s.m. inv.* (*elettr.*) ampère-heure (*var.*): *degli amperora* des ampères-heure.
ampiaménte |ampja'mente| *avv.* **1** [*completamente*] tout à fait *loc. inv.*, entièrement: *sono ampiamente d'accordo* je suis tout à fait d'accord **2** [*diffusamente*] amplement: *questo problema sarà ampiamente trattato* cette question sera amplement traitée.
ampiézza |am'pjettsa| *s.f.* **1** [*estensione, grandezza*] étendue: *l'ampiezza della spiaggia, dei campi* l'étendue de la plage, des champs → **superficie** # *misurare l'ampiezza di una stanza* prendre les dimensions d'une pièce; *in tutta la sua ampiezza* dans toute son ampleur ◇ [*larghezza*] largeur; ampleur: *l'ampiezza di un tessuto* la largeur d'un tissu ‖ *l'ampiezza di una gonna* l'ampleur d'une jupe ◇ [*vastità*] immensité: *l'ampiezza del mare* l'immensité de la mer; *gli occhi si perdono nell'ampiezza dell'orizzonte* le regard se perd dans l'immensité de l'horizon ◇ (*di suono*) [*intensità*] ampleur, intensité: *l'ampiezza della voce* l'ampleur, l'intensité de la voix ◇ (*fis.*) *l'ampiezza di un'onda* l'amplitude d'une onde ◇ (*geom.*) *l'ampiezza di un angolo* l'ouverture d'un angle **2** (*fig.*) l'étendue: *ampiezza di poteri* l'étendue du pouvoir; *l'ampiezza del male, di un'epidemia* l'étendue du mal, d'une épidémie; *l'ampiezza di un fenomeno* l'étendue, l'ampleur d'un phénomène ◇ [*grande apertura*] largeur: *ampiezza di vedute, di idee* largeur de vues, d'idées # *ampiezza di stile* l'ampleur du style **3** (*di tempo*) → **durata.**
àmpio, i |'ampjo, i| *agg.* **1** [*vasto, spazioso*] grand, vaste: *un appartamento molto ampio* un très grand appartement; *un locale ampio* un vaste local ◇ (*fig.*) ample: *stile ampio* style ample **2** [*largo, comodo*] ample, large: *portava un cappotto molto ampio* elle portait un manteau très ample **3** (*fig.*) [*abbondante*] grand: *un ampio margine di sicurezza* une grande marge de sécurité; *mi ha dato ampie assicurazioni* il m'a donné de grandes garanties ◇ [*esteso*] large: *nel senso più ampio del termine* au sens le plus large du terme 🄲 1 **stretto, angusto**; 3 **insufficiente.**
amplèsso |am'plɛsso| *s.m.* **1** (*lett.*) [*abbraccio*] étreinte *f.*, embrassement **2** [*accoppiamento sessuale*] copulation *f.*
ampliàbile |ampli'abile| *agg.* **1** [→ AMPLIARE A 1] qu'on peut agrandir *loc.* **2** (*fig.*) [→ AMPLIARE A 2] qu'on peut étendre *loc.*
ampliaménto |amplia'mento| *s.m.* [→ AMPLIARE] agrandissement: *l'ampliamento di una casa* l'agrandissement d'une maison; *lavori di ampliamento* travaux d'agrandissement ◇ (*fig.*) élargissement: *l'ampiamento delle proprie conoscenze* l'élargissement de ses connaissances 🄲 **riduzione, restringimento.**
ampliàre |ampli'are| **A** *v.tr.* **1** [*rendere più ampio, più spazioso*] agrandir: *ampliare una casa* agrandir une maison **2** (*fig.*) [*estendere, aumentare*] étendre (53), agrandir: *ampliare il campo delle proprie esperienze* étendre, agrandir le champ de ses expériences **B** *v.pron. intr.* AMPLIARSI [→ *tr.* 1] s'agrandir: *la città si è ampliata* la ville s'est agrandie 🄲 **restringere, limitare** 2.
ampliatìvo |amplia'tivo| *agg.* [*che serve ad ampliare*] extensif* ◇ (*dir.*) ampliatif*.
amplificaménto |amplifika'mento| *s.m.* → **amplificazione.**
amplificàre |amplifi'kare| *v.tr.* **1** [*rendere più ampio*] amplifier: *amplificare un suono* amplifier un son **2** (*fig.*) [*aumentare, spec. esageratamente*] exagérer (8) # *amplificare un concetto* [*spiegarlo, svolgerlo*] développer un concept.
amplificatóre, trice |amplifika'tore, tritʃe| **1** *agg.* amplificateur* # *impianto amplificatore* dispositif d'amplification **2** *s.m.* (*elettr.*) amplificateur: *amplificatori a corrente continua* amplificateurs à courant continu; *amplificatore magnetico* amplificateur magnétique.
amplificazióne |amplifikat'tsjone| *s.f.* **1** [→ AMPLIFICARE 1] amplification **2** [→ AMPLIFICARE 2] amplification → **esagerazione.**
amplitùdine |ampli'tudine| *s.f.* **1** (*lett.*) [*ampiezza, vastità*] étendue **2** (*astron., fis.*) amplitude: *amplitudine ortiva, occasa* amplitude ortive, occase.
ampólla |am'polla| *s.f.* **1** [*piccolo recipiente con manico ad ansa e beccuccio*] burette: *le ampolle dell'olio, dell'aceto* les burettes à l'huile, au vinaigre ◇ (*letter. catt.*) ampoule: *la santa ampolla* la sainte ampoule **2** (*anat.*) ampoule: *ampolla rettale* ampoule rectale.
ampollièra |ampol'ljɛra| *s.f.* [*sostegno per ampolle*] huilier *m.*
ampollina |ampol'lina| *s.f.* [*piccola ampolla*] burette: *le ampolline (dell'olio, dell'aceto)* les burettes à (de) l'huile, à (du) vinaigre ◇ (*liturg. catt.*) burette: *ampollina dell'acqua, del vino* burette à eau, à vin.
ampollosaménte |ampollosa'mente| *avv.* [→ AMPOLLOSO] d'une manière ampoulée *loc. inv.*
ampollosità |ampollosi'ta| *s.f. inv.* [*gonfiezza, retorica*] boursouflure *var.*, bouffissure (*var.*): *ampollosità dello stile* boursouflures du style → **ridondanza** # *discorso colmo di ampollosità* discours ampoulé.
ampollóso |ampol'loso| *agg.* [*gonfio, retorico*] ampoulé: *un discorso ampolloso* un discours ampoulé 🄲 **semplice, scarno.**
amputàbile |ampu'tabile| *agg.* [→ AMPUTARE] qu'on peut amputer *loc.*
amputàre |ampu'tare| *v.tr.* [*tagliare, asportare*] amputer: *amputare una gamba a qc.* amputer qqn. d'une jambe; *gli hanno amputato una gamba* on l'a amputé d'une jambe ◇ (*fig.*) *questo testo è stato amputato della sua parte essenziale* ce texte a été amputé de sa partie essentielle.
amputazióne |amputat'tsjone| *s.f.* **1** amputation → **asportazione, taglio** ◇ (*chir.*) *amputazione della gamba* amputation de la jambe **2** (*fig.*) mutilation → **mutilazione, eliminazione.**
amulèto |amu'lɛto| *s.m.* amulette *f.*
àna- |'ana| *pref.* (*significa 'all'insù, sopra; indietro, contro, al contrario', corrisponde gener. a*) ana: *analogia* analogie; *anabiosi* anabiose; *anagramma* anagramme.
anabattismo |anabat'tizmo| *s.m.* anabaptisme.
anabattista |anabat'tista| *s.* anabaptiste.
anabbagliànte |anabbaʎ'ʎante| *agg.* [*che non abbaglia*] code (*s.m. inv.*): *fari anabbaglianti* phares code; *illuminazione a luce anabbagliante* éclairage code ♦ *s.m.* (*auto.*) *gli anabbaglianti* les phares code; *usare gli anabbaglianti* se mettre en code.
anabòlico, ci, ca, che |ana'bɔliko, tʃi, ka, ke| *agg.* (*fisiol.*) anabolique.
anabolismo |anabo'lizmo| *s.m.* (*fisiol.*) anabolisme 🄲 **catabolismo.**
anabolizzànte |anabolid'dzante| *s.m.* (*med.*) anabolisant.
anacàrdio, i |ana'kardjo, i| *s.m.* (*t.bot.*) anacardier.
ànace |'anatʃe| *s.m.* → **anice.**
anacino |ana'tʃino| *s.m.* → **anicino.**
ànacio, i |'anatʃo, i| *s.m.* → **anice.**
anacolùto |anako'luto| *s.m.* (*ling.*) anacoluthe *f.*
anacònda |ana'kɔnda| *s.m. inv.* (*t.zool.*) anaconda *var.*
anacorèta |anako'rɛta| *s.m.* anachorète → **eremita.**

anacorètico, ci, ca, che |anako'rɛtiko, tʃi, ka, ke| *agg.* anachorétique.

anacoretismo |anakore'tizmo| *s.m.* anachorétisme.

anacreòntica, che |anakre'ɔntika, ke| *s.f.* (*letter.*) ode anacréontique *agg.*

anacreòntico, ci, ca, che |anakre'ɔntiko, tʃi, ka, ke| *agg.* (*letter.*) anacréontique: *stile anacreontico* style anacréontique.

anacronismo |anakro'nizmo| *s.m.* anachronisme.

anacronìstico, ci, ca, che |anakro'nistiko, tʃi, ka, ke| *agg.* [*fuori del proprio tempo*] anachronique: *idee anacronistiche* idées anachroniques.

anacrùsi |ana'kruzi| *s.f. inv.* (*metr. ant.*) anacrouse *var.*

anaeròbico, ci, ca, che |anae'rɔbiko, tʃi, ka, ke| *agg.* (*biol.*) anaérobie.

anaeròbio, i |anae'rɔbjo, i| *s.m.* (*biol.*) anaérobie ✦ (*agg.*) *insetti anaerobi* insectes anaérobies.

anaerobiòsi |anaerobi'ɔzi| *s.f. inv.* anaérobiose *var.*

anafàse |ana'faze| *s.f.* anaphase.

anafilàssi |anafi'lassi| *s.f. inv.* (*med.*) anaphylaxie *var.* [C] **immunità.**

anafilàttico, ci, ca, che |anafi'lattiko, tʃi, ka, ke| *agg.* (*med.*) anaphylactique.

anàfora |a'nafora| *s.f.* anaphore.

anaforèsi |anafo'rɛzi| *s.f. inv.* (*fis.*) anaphorèse *var.*

anafrodisìa |anafrodi'zia| *s.f.* anaphrodisie.

anafrodisìaco, ci, ca, che |anafrodi'ziako, tʃi, ka, ke| *agg.* anaphrodisiaque.

anàglifo |a'naglifo| *s.m.* anaglyphe.

anaglìttica, che |ana'glittika, ke| *s.f.* gravure en relief (sur les pierres et les métaux).

anàgrafe |a'nagrafe| *s.f.* registre *m.* de l'état civil ◇ (*per est.*) *ufficio anagrafe* bureau de l'état civil.

anagràfico, ci, ca, che |ana'grafiko, tʃi, ka, ke| *agg.* de l'état civil (*loc. inv.*): *atti anagrafici* actes de l'état civil # *dati anagrafici* état civil; *dare i propri dati anagrafici* décliner son état civil.

anagràmma |ana'gramma| *s.m.* anagramme (*f.*): *fare un anagramma* faire une anagramme.

anagrammàre |anagram'mare| *v.tr.* [*mutare la disposizione delle lettere di una parola per formarne un'altra*] faire (45) l'anagramme de.

anagrammàtico, ci, ca, che |anagram'matiko, tʃi, ka, ke| *agg.* anagrammatique.

analcòlico, ci, ca, che |anal'kɔliko, tʃi, ka, ke|, **analcoòlico, ci, ca, che** |analko'ɔliko, tʃi, ka, ke| *agg.* sans alcool *loc. inv.* ✦ (*s.m.*) *un analcolico* une boisson *f.* sans alcool.

anàle |a'nale| *agg.* (*anat.*) anal*.

analècta |ana'lɛkta| *s.m. pl.* analecta.

analèssi |ana'lɛssi| *s.f. inv.* (*ling.*) répétition *var.*

analèttico, ci, ca, che |ana'lɛttiko, tʃi, ka, ke| *agg.* (*med.*) analeptique.

analfabèta |analfa'bɛta| *agg. e s.* analphabète.

analfabetismo |analfabe'tizmo| *s.m.* analphabétisme.

analgesìa |analdʒe'zia| *s.f.* (*med.*) analgésie.

analgèsico, ci, ca, che |anal'dʒɛziko, tʃi, ka, ke| *agg.* (*farm.*, *med.*) analgésique ✦ *s.m.* (*farm.*) *un analgesico* un analgésique.

anàlisi |a'nalizi| *s.f. inv.* **1** analyse (*var.*): *fare l'analisi di un problema* faire l'analyse d'un problème; *l'analisi della situazione ci ha portati a queste conclusioni* l'analyse de la situation nous a conduits à ces conclusions → **esame** ◇ (*gram.*) *analisi grammaticale, logica del periodo* analyse grammaticale, logique de la période ◇ (*loc.*) *in ultima analisi* en dernière analyse **2** (*scient.*, *corr.*) analyse ◇ (*chim.*, *fis.*) *analisi chimica* analyse chimique; *analisi qualitativa, quantitativa* analyse qualitative, quantitative; *analisi spettrale* analyse spectrale ◇ (*econ.*, *stat.*) *analisi del lavoro* analyse du travail; *analisi di mercato* analyse de marché; *analisi fattoriale* analyse factorielle ◇ (*mat.*) *analisi infinitesimale* analyse infinitésimale; *analisi matematica* analyse mathématique; *analisi combinatoria* analyse combinatoire ◇ (*med.*) *analisi del sangue, delle urine* analyse du sang, des urines ◇ (*elettron.*) analyse **3** (*psicol.*) → **psicoanalisi.**

analista |ana'lista| *s.* **1** analyste: *analista puro* analyste pur **2** (*per est.*) [*scrittore analitico*] analyste: *ha fatto un ritratto psicologico da grande analista* il a fait en grand analyste un portrait psychologique **3** (*psicol.*) → **psicanalista.**

analìtica, che |ana'litika, ke| *s.f.* (*filos.*) analytique.

analiticaménte |analitika'mente| *avv.* [→ ANALITICO 1] analytiquement [C] **globalmente, sinteticamente.**

analiticità |analititʃi'ta| *s.f. inv.* (*log.*) analyticité *var.*

analìtico, ci, ca, che |ana'litiko, tʃi, ka, ke| *agg.* **1** analytique: *metodo analitico* méthode analytique; *critica analitica* critique analytique; *chimica analitica* chimie analytique; *spirito analitico* esprit analytique; *indice analitico* table analytique; *scheda analitica* fiche analytique ◇ (*ling.*) *lingue analitiche* langues analytiques **2** (*mat.*) analytique: *funzione analitica* fonction analytique [C] **1 globale, sintetico.**

analizzàbile |analid'dzabile| *agg.* [→ ANALIZZARE A] analysable.

analizzàre |analid'dzare| **A** *v.tr.* [*fare l'analisi di*] analyser: *analizzare una sostanza* analyser une substance; *analizzare il carattere* analyser le caractère ◇ (*per est.*) [*esaminare dettagliatamente*] *analizzare un comunicato* analyser un communiqué **B** *v.pron. rifl.* ANALIZZARSI [*indagare nel proprio intimo*] s'analyser → **esaminar(si).**

analizzatóre |analiddza'tore| *s.m.* analyseur.

anallèrgico, ci, ca, che |anal'lɛrdʒiko, tʃi, ka, ke| *agg.* anallergique: *crema di bellezza anallergica* crème de beauté anallergique.

analogaménte |analoga'mente| *avv.* [→ ANALOGO 1] d'une manière analogue *loc. inv.*, semblablement.

analogìa, gie |analo'dʒia, dʒie| *s.f.* analogie: *fra questi due libri c'è una certa analogia* entre ces deux livres il y a une certaine analogie → **corrispondenza, somiglianza** ◇ (*filos.*, *ling.*) *ragionamento per analogia* raisonnement par analogie; *analogia di forme sintattiche* analogie des formes syntaxiques [C] **diversità, contrapposizione.**

analogicaménte |analodʒika'mente| *avv.* [→ ANALOGICO] analogiquement.

analògico, ci, ca, che |ana'lɔdʒiko, tʃi, ka, ke| *agg.* analogique: *metodo, procedimento analogico* méthode, procédé analogique ◇ (*ling.*) *lingue analogiche* langues analogiques ◇ (*log.*) *ragionamento analogico* raisonnement analogique ◇ (*scient.*) *calcolatore analogico* calculateur analogique.

analogismo |analo'dʒizmo| *s.m.* analogisme.

anàlogo, ghi, ga, ghe |a'nalogo, gi, ga, ge| *agg.* **1** analogue: *sono due procedimenti analoghi* ce sont deux procédés analogues # *ho sostituito questa parola con un'altra di senso analogo* j'ai remplacé ce mot par un autre de même sens ◇ (*per est.*) [*simile*] *sono fatti analoghi* ce sont des faits analogues; *pensavo a q.c. di analogo* je pensais à qqch. d'analogue ◇ (*per est.*, *lett.*) [*adatto, adeguato*] adéquat: *risposta analoga* réponse adéquate; *giudizio analogo* jugement adéquat **2** (*biol.*) *gli organi analoghi* les analogues *s.*, les organes convergents **3** (*elettr.*) *polo analogo* pôle analogue [C] **1 contrastante, difforme.**

anamnèsi |anam'nɛzi| *s.f. inv.* (*psicol.*) anamnèse *var.* ◇ (*liturg. catt.*) anamnèse.

anamnèstico, ci, ca, che |anam'nɛstiko, tʃi, ka, ke| *agg.* anamnestique.

anamorfòsi |anamor'fɔzi| *s.f. inv.* anamorphose *var.*

ànanas |'ananas| *s.m. inv.* (*t.bot.*) ananas ◇ [*il frutto*] ananas.

ananàsso |ana'nasso| *s.m.* → **ananas.**

anapèsto |ana'pɛsto| *s.m.* (*metr. ant.*) anapeste.

anarchìa |anar'kia| *s.f.* anarchie: *qui regna l'anarchia!* l'anarchie règne ici!; *far cessare l'anarchia* faire cesser l'anarchie.

anarchicaménte |anarkika'mente| *avv.* [→ ANARCHICO] anarchiquement.

anàrchico, ci, ca, che |a'narkiko, tʃi, ka, ke| *agg.* **1** anarchique; anarchiste: *idee anarchiche* des idées anarchiques ‖ *partito anarchico* parti anarchiste ✦ (*s.*) *un anarchico* un anarchiste **2** (*per est.*) [*disordinato*] anarchique: *la situazione anarchica di un paese* la situation anarchique d'un pays → **caotico.**

anarchismo |anar'kizmo| *s.m.* anarchisme.

anarcòide |anar'kɔide| *agg.* [*che tende all'anarchismo*] anarchisant ✦ (*s.*) *un anarcoide* un anarchisant.

anarmònico, ci, ca, che |anar'mɔniko, tʃi, ka, ke| *agg.* anharmonique.

anartrìa |anar'tria| *s.f.* (*patol.*) anarthrie.

anasàrca, chi |ana'sarka, ki| *s.m.* anasarque *f.*

anastigmàtico, ci, ca, che |anastig'matiko, tʃi, ka, ke| *agg.* (*ott.*) anastigmat *m.*, anastigmate *m.*

anastomizzàre |anastomid'dzare| *v.tr.* [*unire in anastomosi*] anastomoser.

anastomòsi |anasto'mɔzi| *s.f. inv.* (*anat.*, *chir.*) anastomose *var.*
anàstrofe |a'nastrofe| *s.f.* anastrophe.
anatèma |ana'tɛma| *s.m.* **1** (*relig. crist.*) anathème: *scagliare l'anatema* prononcer un anathème → **scomunica** ✦ (*relig. gr.*, *rom.*) anathème **2** (*fig.*) anathème: *scagliare l'anatema contro qc.* lancer l'anathème contre qqn. → **maledizione.**
anatemizzàre |anatemid'dzare| *v.tr.* [*colpire con anatema*] anathématiser.
Anàtidi |a'natidi| *s.m. pl.* (*t.zool.*) Anatidés.
anatocìsmo |anato'tʃizmo| *s.m.* anatocisme.
anatomìa |anato'mia| *s.f.* **1** anatomie: *anatomia animale*, *vegetale* anatomie animale, végétale; *anatomia patologica* anatomie pathologique ◇ (*per est.*) *una bella anatomia* [*aspetto fisico*] une belle anatomie (*fam.*) **2** (*fig.*, *scherz.*) [*corpo magro, smilzo*] squelette (*m.*): *sembra un'anatomia* on dirait un squelette **3** [*dissezione*] anatomie: *anfiteatro di anatomia* amphithéâtre d'anatomie **4** (*fig.*) [*analisi pignola, minuziosa*] disséquer: *non fare l'anatomia su quel che dico!* ne dissèque pas tout ce que je dis!
anatomicaménte |anatomika'mente| *avv.* [→ ANATOMICO I 2] anatomiquement.
anatòmico, ci, ca, che |ana'tɔmiko, tʃi, ka, ke| **I** *agg.* **1** anatomique: *caratteri anatomici degli insetti* caractères anatomiques des insectes; *tavolo anatomico* planche anatomique; *pezzo anatomico* pièce anatomique # *sala anatomica* salle d'anatomie **2** (*per est.*) *sedili anatomici* sièges anatomiques **II** *s.m.* anatomiste.
anatomista |anato'mista| *s.* anatomiste.
anatossina |anatos'sina| *s.f.* (*farm.*) anatoxine.
ànatra |'anatra| *s.f.* **1** (*t.zool.*) canard *m.*, cane ~ *anatra selvatica* canard sauvage ~ *anatra muta* canard musqué ◇ (*cuc.*) *anatra arrosto*, *all'arancia* canard rôti, à l'orange **2** (*loc. fam.*) *camminare come un'anatra* marcher comme un canard.
anatrèlla |ana'trɛlla| *s.f.* **1** petit canard *m.*, canette **2** (*arald.*) canette.
anatròccolo |ana'trɔkkolo| *s.m.* [*piccolo dell'anatra*] caneton # *anatroccolo selvatico* *halbran.
anatròtto |ana'trɔtto| *s.m.* → **anatroccolo.**
ànca, che |'anka, ke| *s.f.* **1** (*anat.*, *corr.*) *hanche: *giro delle anche* tour de hanches **2** (*per est.*) [*fianco*] hanche: *muovere le anche* rouler, balancer les hanches; se dandiner → **ancheggiare** **3** (*mar.*) hanche.
ancàta |an'kata| *s.f.* **1** coup *m.* de *hanche **2** (*lotta*, *lancio del disco*) coup de hanche.
ancèlla |an'tʃɛlla| *s.f.* (*lett.*) [*domestica*] servante (*corr.*) ◇ (*spec.*) *l'ancella del Signore* la servante du Seigneur.
ancestràle |antʃes'trale| *agg.* ancestral*: *paure ancestrali* peurs ancestrales → **atavico.**
ànche |'anke| *cong.* **1** (*con valore coordinante*) (*in frasi aff.*) aussi: *vengo anch'io da Milano* j'arrive moi aussi de Milan; *anche i suoi genitori sono partiti* ses parents aussi sont partis; *anche loro andranno in America* ils iront eux aussi en Amérique; *sono stati eliminati anche loro* eux aussi ont été éliminés; *e anche loro sono scomparsi* ils ont disparu eux aussi; *ho letto il romanzo ed anche la critica* j'ai lu le roman aussi bien que la critique ◇ (*in frasi neg.*) → **neanche** **2** (*con valore raff.*) [*persino, financo*] même; aussi: *potevi anche dirglielo* tu aurais même pu le lui dire; *avreste anche potuto avvertirci* vous auriez même pu nous prévenir ‖ *c'è da tener conto anche di questo* il faut aussi tenir compte de ceci ◇ (*nelle risposte, con valore ass.*) aussi: '*hai ricevuto il pacco?*' '*sì*' '*e la lettera?*' '*anche*' 'as-tu reçu mon paquet?' 'bien sûr' 'et la lettre?' 'aussi' ◇ (*spesso seguito da* '*troppo*') même: *ti ho aspettato anche troppo* je t'ai même trop longtemps attendu; '*hai fatto bene a non credergli*' '*anche troppo*' 'tu as bien fait de ne pas le croire' 'même trop' **3** (*unito a* '*se*', *con valore conc.*) même si (+ *indic.*): *se anche, anche se lo sapevi, non me l'hai detto* même si tu le savais, tu ne me l'as pas dit; (*se*) *anche* (*se*) *tu mi invitassi, non verrei a casa tua* même si tu m'invitais, je n'irais pas chez toi **4** (*con le forme implicite del v.*: *a* + *inf. o ger. semplice, in alternativa con* '*anche se*' → 3) même si (+ *indic.*): *anche a pagarlo* (*pagandolo*; *se lo si pagasse*) *rifiuterebbe* même si on le payait il refuserait; *anche volendolo* (*a volerlo, se lo si volesse*) *assumere non ci aiuterebbe molto* même si on voulait l'engager, il ne nous aiderait pas beaucoup (il ne nous apporterait aucune aide) ◇ (*unito a* '*solo*') *anche solo guardandolo* (*a guardarlo*; *se lo guardi*) *capisci che è un idiota* rien qu'à le voir on comprend tout de suite à qui on a affaire, qu'il est un idiot; *anche solo a risparmiare* (*risparmiando*; *anche solo se si risparmiasse*) *questa cifra, sarebbe già un bel risparmio* même si on réalisait seulement cette économie, ce serait déjà beaucoup.
ancheggiàre |anked'dʒare| *v.intr.* (*aus.* '*avere*') [*camminare facendo ondeggiare i fianchi*] se déhancher *pron.*, se dandiner.
anchilosàre |ankilo'zare| *v.tr.* [*irrigidire, paralizzare*] ankyloser: *il reumatismo mi ha anchilosato un braccio* le rhumatisme m'a ankylosé un bras.
anchilosàto |ankilo'zato| *agg.* ankylosé: *arto anchilosato* membre ankylosé.
anchilòsi |anki'lɔzi| *s.f. inv.* (*med.*) ankylose *var.*
anchilòstoma |anki'lɔstoma| *s.m.* ankilostome.
anchina |an'kina| *s.f.* [*tela di cotone di colore giallastro*] nankin *m.*
ància, ce |'antʃa, tʃe| *s.f.* [*linguetta mobile di vari strumenti a fiato*] anche.
ancillàre |antʃil'lare| *agg.* ancillaire ◇ (*scherz.*) *amori ancillari* amours ancillaires.
ancipite |an'tʃipite| *agg.* **1** (*lett.*) [*a doppio taglio*] double: *coltello ancipite* couteau à double tranchant **2** (*lett.*, *fig.*) [*ambiguo, ambivalente*] ambigu* **3** (*metr.*) *sillaba ancipite* syllabe de durée, de quantité variable.
ànco |'anko| *cong.* → **anche.**
ancóna |an'kona| *s.f.* (*arts.*) tableau *m.* d'autel, retable *m.*
anconitàno |ankoni'tano| *agg.* [*di Ancona*] anconitain.
àncora |'ankora| *s.f.* **1** (*mar.*, *corr.*) ancre: (*pr.*, *fig.*) *gettare l'ancora* jeter l'ancre; *ancora di posta*, *di tonneggio* ancre de bossoir, de touée; *ancora galleggiante* ancre flottante ◇ (*loc. fig.*) *ancora di salvezza* ancre de salut ~ *gettar l'ancora* [*fermarsi*] jeter l'ancre ~ *gettare l'ancora in un posto* [*stabilirvisi*] s'ancrer, ancrer le navire ~ *levare l'ancora* [*partire*] lever l'ancre **2** (*elettr.*) armature **3** (*tecnol.*, *orologeria*) ancre.
ancóra |an'kora| **I** *avv.* **1** (*per indicare continuità nel tempo*) encore: *è ancora in vita* il est encore en vie; *ne abbiamo ancora per molto* nous en avons encore pour longtemps; *ci pensi ancora?* y penses-tu encore?; *siete ancora qui?* êtes-vous encore là?; *se ne parlerà ancora tra dieci anni* on en parlera encore dans dix ans; *mi troverai ancora qui* tu me trouveras encore là; *sei ancora un bambino* tu n'es encore qu'un enfant ✦ *ass.* (*nelle risposte*) '*sto attendendo la nomina*' '*ancora?*' 'j'attends ma nomination' 'encore?' **2** (*per indicare ripetizione nel tempo*) [*di nuovo, un'altra volta*] encore: *chiamalo ancora* appelle-le encore; *spero di rivederti ancora* j'espère te revoir encore; *non illuderti, sarà ancora la solita storia* ne te fais pas d'illusions, ce sera encore la même histoire; *succederà ancora* cela arrivera encore ✦ (*ass.*) *ancora!* encore!: '*ancora! ancora!*', *ripetevamo in coro* 'encore! encore!', répétions nous en chœur; '*ancora!*' *esclamò appena lo vide entrare* 'encore!' cria-t-il lorsqu'il le vit entrer ◇ *loc.* ANCORA CHE (+ *congv.*) [*se per caso un'altra volta, se mai di nuovo*] si jamais, si encore (+ *indic.*): *ancora che tu mi faccia una cosa simile, ti caccio a pedate* si jamais, si encore tu me fais une chose pareille, je te mets dehors à coup de pieds dans le derrière (*fam.*) **3** (*per indicare aggiunta*) encore: *riposati ancora* repose-toi encore; *ne ho comperate ancora cinque* j'en ai acheté encore cinq; *ancora un po' e me ne vado* (j'attends) encore un peu, et je m'en vais; *perdonalo ancora una volta* pardonne-lui encore une fois; *dammene ancora un po'* donne-m'en encore un peu; *ti aspetto ancora 5 minuti* je t'attends encore cinq minutes; *puoi aspettare ancora?* peux-tu attendre encore?; *se vuoi, ce n'è ancora* si tu veux, il y en a encore; *mancano ancora pochi giorni* il manque encore peu de jours **4** [*fino ad ora, fino a questo momento*] encore: *non l'ho ancora visto* je ne l'ai pas encore vu; *non sono ancora arrivati* ils ne sont pas encore arrivés; *ancora non ti sei accorta?* ne t'es-tu pas encore aperçue? ◇ [*fino ad allora, fino a quel momento*] *non avevo ancora provato niente di simile* je n'avais encore rien éprouvé de semblable; *non li avevano ancora avvertiti* ils ne les avaient pas encore prévenus **5** [*in questo momento, per il momento*] encore: *ancora è prematuro parlarne* il est encore prématuré, tôt d'en parler; *ancora preferisco non pronunciarmi* je préfère ne pas encore me prononcer, attendre encore un peu pour me prononcer ◇ [*in, a quel momento*; *allora*] *ero ancora inesperto* j'étais encore inexpérimenté; *tu eri ancora un marmocchio* tu étais encore un mioche

(*fam.*) ◇ (*col v. al fut.*) [*anche allora*] *se saremo ancora in vita* si nous sommes encore en vie; *vedremo se sarai ancora della stessa idea* nous verrons si tu as encore, toujours la même idée; *spero di trovarti ancora in buona salute* j'espère te trouver encore en bonne santé **II** *cong.* **1** (*come raff. di un comparativo*) [*anche, persino*] encore: *ancor più* encore plus; *così è ancora meglio* comme ça, c'est encore mieux; *te lo spiegherò ancora più chiaramente* je te l'expliquerai encore plus clairement; *ripetilo ancora più forte* répète-le encore plus fort **2** (*arc. con valore conc.*) → **ancorché.**

ancoràggio, i |anko'raddʒo, i| *s.m.* **1** (*mar.*) mouillage, ancrage: *diritto d'ancoraggio* droit de mouillage; *tassa d'ancoraggio* ancrage ◇ (*econ.*) *ancoraggio internazionale* indexation *f.* internationale **2** [*dispositivo per fissare strutture fra loro o al suolo*] ancrage.

ancoraménto |ankora'mento| *s.m.* **1** (*edil., mar.*) ancrage **2** (*fig.*) [→ ANCORARE A 2] indexation (*f.*): *l'ancoramento della lira al dollaro* indexation de la lire sur le cours du dollar, sur le dollar.

ancoràre |anko'rare| **A** *v.tr.* **1** (*mar.*) [*ormeggiare una nave gettando l'ancora*] jeter (5) l'ancre **2** (*per est.*) [*fissare saldamente*] ancrer, fixer ◇ (*econ.*) indexer: *ancorare un prestito al corso dell'oro* indexer un emprunt sur le cours de l'or; *ancorare la lira al dollaro* indexer la lire sur le dollar **B** *v. pron. rifl.* ANCORARSI **1** (*mar.*) [*gettare l'ancora*] mouiller *tr.*, jeter *tr.* l'ancre: *ancorarsi al largo* mouiller, jeter l'ancre au large **2** (*fig.*) s'accrocher: *ancorarsi al passato* s'accrocher au passé **3** (*fig.*) [*fissarsi definitivamente in un posto*] s'établir, s'installer.

ancoràto |anko'rato| *agg.* (*mar., fig.*) ancré *p.p.*

ancorché |ankor'ke| *cong.* → **benché; sebbene, quantunque.**

ancoròtto |anko'rɔtto| *s.m.* (*mar.*) grappin.

andalùso |anda'luzo| *agg.* [*dell'Andalusia*] andalou*: *paese andaluso* pays andalou.

andaménto |anda'mento| *s.m.* **1** [*modo di condursi, di svolgersi; svolgimento*] marche *f.*; cours: *il buon andamento di un'impresa* la bonne marche d'une entreprise; *l'andamento di un'officina* la marche d'une usine ‖ *l'andamento del mercato, della Borsa* le cours du marché, de la Bourse # *occuparsi dell'andamento della casa* s'occuper du ménage, vaquer aux soins du ménage ◇ [*sviluppo graduale, evoluzione*] marche, développement: *l'andamento di una malattia* la marche, le développement d'une maladie; *l'andamento di un affare* la marche, le développement d'une affaire; *l'andamento di una situazione* le développement d'une situation **2** (*mus.*) mouvement: *gli andamenti di una sinfonia* les mouvements d'une symphonie ◇ (*per est.*) *l'andamento della frase* le mouvement de la phrase.

andàna |an'dana| *s.f.* **1** [*sentiero fra due file di alberi*] allée **2** (*agr.*) [*striscia d'erba appena falciata*] andain *m.* **3** (*mar.*) rangée.

andànte |an'dante| **I** *agg.* **1** [*ordinario, mediocre, scadente*] ordinaire, de second choix (*loc. inv.*): *un prodotto andante* un produit ordinaire; *merce andante* marchandise de second choix **2** [*facilmente smerciabile*] ordinaire: *prodotti andanti* produits ordinaires ◇ (*detto di stile*) [*scorrevole*] simple, commun: *uno stile andante* un style simple **3** [*corrente*] courant: *anno andante* année courante; *mese andante* mois courant **II** *s.m.* (*mus.*) andante *s.m. e avv.* Ⓒ I 1, 2 **scelto.**

andanteménte |andante'mente| *avv.* → **comunemente, ordinariamente.**

andantìno |andan'tino| *s.m.* (*mus.*) andantino *s.m. e avv.*

1 **andàre** |an'dare| (101) *v.intr.* (*aus. 'essere'*) **I** (*sogg. di persona*) **1** [*muoversi, spostarsi*] aller (13): *andare a scuola, a Roma, al mare* aller à l'école, à Rome, à la mer; *andare in banca* aller à la banque; *andare all'estero* aller à l'étranger; *andare in montagna, in campagna* aller à la montagne, à la campagne; *andare verso sud* aller vers le sud ◇ (*con compl. di scopo*) *andare a legna, a funghi, a fragole* aller chercher du bois, des champignons, des fraises; *andare a caccia, a pesca* aller à la chasse, à la pêche; *andare a passeggio, a spasso* aller se promener; *andare in esplorazione* aller en exploration; *andare dal medico, dal prete* aller chez le médecin, chez le curé ◇ (*pop.*) *andare a donne* courir les filles, le jupon; *andare a zonzo* flâner ◇ *loc.* ANDARE A (+ *inf.*) aller (+ *inf.*): *andare a far spese* aller faire des courses; *andare a fare quattro passi* aller faire un petit tour; *andare a chiamare qc.* aller appeler qqn.; *va a vedere chi ha bussato!* va voir qui a frappé! ◇ (*animali*) *il gatto è andato in giardino* le chat est allé au jardin; *va' a cuccia!* va coucher!, couchez! ◇ (*fig.*) [*essere diretto, rivolto a*] *il nostro pensiero va ai caduti di guerra* notre pensée va à ceux qui sont morts à la guerre # *a chi va l'allusione?* à qui s'adresse l'allusion?; *la mente andava ai ricordi più belli del passato* les plus beaux souvenirs du passé revenaient en mémoire ✦ *loc.* (*in funzione di s.m. inv.*) VA E VIENI [*andirivieni*] va-et-vient: *in quell'ufficio c'era un continuo va e vieni* dans ce bureau il y avait un va-et-vient continuel **2** (*indicando il modo o il mezzo con cui ci si sposta*) aller: *andare a piedi, a cavallo* aller à pied, à cheval; *andare a due a due* aller deux par deux; *andare di corsa* aller à toute vitesse; *andare in fila indiana* aller en file indienne; *andare in treno, in automobile, in tram, in aereo, in bicicletta* aller en train, en voiture, en tram, en avion, à bicyclette ◇ (*con agg. in funzione predicativa*) *andare scalzo* aller nu-pieds; *andare svelto* aller vite; *andar dritto* aller tout droit **3** [*allontanarsi; congedarsi*] partir (21): *s'è fatto tardi, è ora di andare* il s'est fait tard, il est temps de partir; *Luigi non c'è è appena andato* Louis n'est pas là, il vient de partir ◇ (*loc. fam.*) *vado e vengo* je ne fais qu'aller et venir **4** (*loc. particolari*) ANDARE A FONDO DI Q.C., IN Q.C. aller au fond de qqch.: *voglio andarci a fondo, (fino) in fondo* je veux aller au fond ~ *andare, andarci con i piedi di piombo* y aller doucement ~ *va sui sette, dieci anni* il va sur ses sept, sur ses dix ans ~ *chi va là?* qui va là? ~ *va' con Dio!* Dieu t'accompagne! ~ *va, andate al diavolo, a quel (tal) paese* va, allez au diable! ~ *andare per i fatti propri* aller son petit bonhomme de chemin; *andare a nozze*: (*pr.*) se marier; (*fig.*) jubiler ◇ (*prov.*) *dimmi con chi vai e ti dirò chi sei* dis-mois qui tu hantes et je te dirai qui tu es ~ *chi va piano va sano e lontano* qui veut voyager loin ménage sa monture **II** (*sogg. di cosa*) **1** (*riferito a strade, veicoli*) aller, mener (6) (*aus.* avoir): *questa strada va in centro, alla periferia* cette rue va, mène au centre, à la périphérie; *va a Firenze, questo treno?* il va à Florence, ce train? → **portare 2** [*avere un certo andamento; procedere*] aller; marcher (*aus.* avoir): *va tutto bene?* tout va bien? ‖ *anche questa volta gli è andata male* cette fois encore cela n'a pas marché pour lui; '*come vanno gli affari?*' '(*vanno*) *bene, male, così così*' 'comment vont, marchent les affaires?' '(elles vont) bien, mal, comme ci comme ça' # *la salute va bene* la santé est bonne ◇ [*procedere bene; essere ben avviati*] marcher: *è un prodotto che va* (*sul mercato*) c'est un produit qui marche; *gli affari vanno* les affaires marchent; *tutto è andato liscio* tout a bien marché **3** [*essere in uso, di moda*] être (43) (*aus.* avoir) à la mode: *quest'estate vanno* (*di moda*) *le gonne lunghe* cet été les jupes longues sont à la mode; *adesso va il giallo, l'azzurro* (*negli abiti*) maintenant le jaune, le bleu est à la mode (pour les vêtements) # *è un genere di spettacolo che oggi non va più* c'est un genre de spectacle qui ne se donne plus à présent ◇ (*di monete*) [*essere in circolazione*] avoir (28) (*aus.* avoir) cours: *queste monete non vanno più* ces pièces n'ont plus cours **4** [*essere adatto*] aller: *come mi va questa giacca?* comment me va cette veste?; *quell'abito non gli va bene* cette robe ne lui va pas bien ◇ [*essere destinato*] '*dove va questo mobile?*' '*va in salotto*' 'où va ce meuble?' 'il va au salon'; *la chiave non va bene per questa porta* la clef ne va pas bien pour cette porte ◇ [*piacere, essere gradito*] plaire (68) (*aus.* avoir): *il suo comportamento non mi va* son comportement ne me plaît pas; *non mi va che la gente spettegoli sul mio conto* cela ne me plaît pas que les gens racontent des histoires sur mon compte # *oggi non mi va (proprio) di lavorare* aujourd'hui cela ne me dit (vraiment) rien de travailler **5** (*di macchine, congegni*) [*funzionare*] marcher: *l'orologio non va (più)* la montre ne marche pas (plus); *questa macchina va a gas, a benzina, a metano* cette voiture marche au gaz, à l'essence, au méthane # *provi a far andare il motore* essayez de mettre le moteur en marche **6** (*di merce*) [*costare*] être (43) (*aus.* avoir): *a quanto vanno le patate oggi?* à combien sont les pommes de terre aujourd'hui? ◇ [*essere speso*] partir: *i risparmi sono andati tutti nelle spese correnti* les économies sont toutes parties dans les dépenses courantes # *quanto ti è andato per la villeggiatura?* combien as-tu dépensé pour les vacances? ◇ [*occorrere, bisognare*] falloir* (*aus* avoir): *per quella parete vanno due chili di venice* pour ce mur il faut deux kilos de peinture → **andar(ci) 7** (*loc.*

particolari) *andare di male in peggio* aller de mal en pis ~ *andare all'aria, a monte* tomber à l'eau ~ *i prezzi sono andati alle stelle* les prix ont monté de façon vertigineuse ~ *il giornale va in macchina a mezzanotte* le journal est mis, va sous presse à minuit ~ *questo programma radiofonico, televisivo andrà in onda tutte le domeniche* ce programme radiophonique, télévisé passera tous les dimanches ~ *se la va, la va* si ça va, bon, autrement tant pis ~ *finché la va!* tant que ça dure! ~ (*sì*,) *va bene!* (oui) d'accord! **III** (*con funzione copulativa*) **1** (*seguito da agg.*) être: *andare fiero, orgoglioso* (*di qc., di q.c.*) être fier, orgueilleux (de qqn., de qqch.); *andar matto per le moto, per il cinema, per la montagna* être fou de motos, de cinéma, de la montagne; *il raccolto è andato perduto* le recueil a été perdu; *temo che tutti i miei sforzi vadano sprecati* je crains que tous mes efforts ne soient perdus, vains → 1 **essere** **2** (*con valore fraseologico*) aller: *è andato a ficcarsi nei guai* il est allé se fourrer dans le pétrin; *dove è andata a cacciarsi la gomma?* où la gomme est-elle allée se fourrer? # *vai a fidarti del prossimo!* fiez-vous donc à autrui! ◇ (*loc.*) *se non vado errato* si je ne me trompe, si je ne m'abuse; *va a farti benedire, a farti friggere!* va te faire fiche! (*fam.*), va te faire cuire un œuf! (*fam.*) ~ *sono curioso di sapere come va a finire il film, il romanzo, la faccenda* je suis curieux de savoir comment finit, comment se termine le film, le roman, l'affaire ~ VA A FINIRE *che mi arrabbio* je finirai par me fâcher; *adesso va a finire che la colpa è mia* maintenant on dira que c'est ma faute; *per poco non andava a finire che si prendessero a botte* il s'en fallut de peu qu'ils ne finissent par se battre **3** (*seguito da sost.*) *andare sposo, sposa a qc.* se marier avec qqn.; *andar soldato* être appelé sous les drapeaux **IV** (*seguito da un p.p., in funzione di v. servile*) [*dover essere*] devoir (34) (*aus.* avoir) être: *questo lavoro va finito entro domani* ce travail doit être fait d'ici à demain; *certe cose vanno dette più chiaramente* certaines choses doivent être dites plus clairement; *la multa va pagata entro 48 ore* l'amende doit être payée dans les 48 heures **V** (*seguito da ger., esprime la continuità di un'azione*) aller (+ *ger.*): *andava ripensando all'accaduto* il allait repensant à ce qui s'était passé # *la malattia è andata via via migliorando* la santé du malade n'a pas cessé de s'améliorer; *andava dicendo a tutti che...* il racontait à tout le monde que... **VI** (*con valore determinato dal compl., per il quale si rimanda al sost. stesso*) *andare a tastoni, alla cieca* aller à tâtons, à l'aveuglette; *andare in rovina, in malora* tomber en ruine, se ruiner; *andare in cerca di qc., di q.c.* aller à la recherche de qqn., de qqch.; *andare in pensione* prendre sa retraite; *andare d'accordo con qc.* s'entendre bien avec qqn.; *andare sul sicuro* n'avoir rien à craindre; *andare a genio* plaire; *il vino, il prosciutto è andato a male* le vin, le jambon s'est gâté; *il latte è andato a male* le lait a tourné ◇ (*sport*) *andare a rete, a canestro* monter au filet, faire un panier; *il corridore è andato in fuga* le coureur a fait une échappée **VII** (*unito ad avv. o prep. di luogo*) **1** ANDARE ADDOSSO *heurter (*aus.* avoir), bousculer (*aus.* avoir): *andare addosso a qc.* heurter, bousculer qqn.; *è andato addosso al palo* il a heurté le poteau **2** ANDARE ATTORNO tourner autour: *va sempre attorno alle ragazze* il ne cesse de tourner autour des filles # *vanno attorno certi tipi!* il circule de ces types! **3** ANDARE AVANTI avancer (2) (*aus.* avoir); continuer (*aus.* avoir): *il mio orologio va avanti* (*di due minuti al giorno*) ma montre avance (de deux minutes par jour); *va un po' più avanti!* avance encore un peu! → **procedere** || *vai avanti* (*nella lettura, nel racconto*) continue (la lecture, le recit); *così non si può più andare avanti* on ne peut plus continuer comme ça → **proseguire, continuare** # *vado avanti io che conosco la strada* je passe le premier, puisque je connais le chemin; comme je connais le chemin, je passe le premier → **precedere** **4** ANDARE DENTRO entrer, rentrer: *comincia a far freddo è meglio andare dentro* il commence à faire froid il vaut mieux entrer, rentrer → 1 **entrare** ◇ (*fam.*) *è andato dentro* [*in prigione*] on l'a bouclé (*fam.*), coffré (*fam.*) **5** ANDARE DIETRO (*a qc., a q.c.*) suivre (52) (*aus.* avoir) qqn., qqch.: *andar dietro alle ragazze* suivre les filles **6** ANDAR FUORI sortir (21): *vado fuori un momento all'aperto* je sors un instant au grand air → **uscire** **7** ANDAR GIÙ descendre (53): *vado giù in cantina, in garage* je descends à la cave, au garage → **scendere** # *i prezzi non accennano ad andar giù* les prix n'ont pas l'air de baisser ◇ (*loc. fig.*) *questa carne non mi va giù* cette viande ne me plaît pas → 1 **piacere** ~ *quella faccenda non mi va giù* cette affaire me reste sur l'estomac, je n'ai pas digéré cette affaire ~ *non gli andava giù che anche gli amici lo avessero abbandonato* il ne digérait pas le fait que même ses amis l'avaient abandonné **8** ANDARE INDIETRO reculer: *va indietro due metri con la macchina!* recule de deux mètres avec ta voiture → **retrocedere** # *il tuo orologio va indietro* ta montre retarde; *quell'alunno invece di andare avanti, va indietro* cet élève, au lieu de faire des progès, régresse → **regredire** ◇ (*loc.*) *andare avanti e indietro per la stanza* marcher de long en large, faire les cent pas dans la pièce **9** ANDARE OLTRE aller plus loin: *non fermiamoci, andiamo oltre!* ne nous arrêtons pas, allons plus loin! # *è andata oltre ogni aspettativa* cela a marché au-delà de toute espérance **10** ANDAR SU monter (*aus.* avoir): *vado su dalla nonna* je monte chez grand-mère; *va sulla sedia!* monte sur la chaise!; *i prezzi sono andati su* les prix ont monté → **salire** ◇ *loc.* ANDAR SU E GIÙ: (*pr.*) *andar su e giù per le scale* monter et descendre l'escalier; (*fig.*) *i prezzi vanno su e giù* les prix montent et baissent **11** ANDAR VIA s'en aller, partir: *è andato via senza salutare* il s'en est allé, il est parti sans dire au revoir → **andar(sene)** # *tutti i risparmi sono andati via* toutes mes économies ont filé **VIII** ANDARSENE [*andar via*] s'en aller, partir: *è meglio andarsene subito* il vaut mieux s'en aller tout de suite; *ce ne andremo domattina* nous nous en irons demain matin; *se ne andarono mogi mogi* ils s'en allèrent tout penauds; *vattene!* va-t-en! ◇ (*loc.*) *andarsene al Creatore, all'altro mondo* [*morire*] s'en aller à Dieu, dans l'autre monde; *sono sempre i migliori che se ne vanno* ce sont toujours les meilleurs qui s'en vont ~ *come se ne vanno gli anni!* [*passano*] comme les années passent! ~ *il suo patrimonio se ne andò in poco tempo* [*si dileguò, fu dissipato*] son patrimoine fut dissipé en peu de temps **IX** (*loc. particolari*) ANDARCI [*occorrere, bisognare*] falloir: '*quanta vernice ci va per tinteggiare questa stanza?*' '*ci vanno dai dieci ai quindici chili*' 'combien de peinture faut-il pour peindre cette pièce?' 'il faut de dix à quinze kilos' ~ LASCIAR ANDARE laisser partir; laisser tomber: *non ti trattengo più, ti lascio andare* je ne te retiens plus, je te laisser partir || *lasciamo andare certe insinuazioni!* [*abbandonare, smettere*] laissons tomber certaines insinuations!; *quanto alle tue responsabilità, beh! lasciamo andare!* quant à tes responsabilités, bon!, laissons tomber! # *lasciamolo andare per la sua strada!* laissons-le faire son chemin!; *gli lasciò andare un ceffone* il lui flanqua une gifle → **appioppare, mollare** ~ LASCIARSI ANDARE se laisser aller: *lasciati andare: non c'è pericolo!* laisse-toi aller: il n'y a pas de danger → **rilassar(si)**; *bisogna reagire, non lasciarsi andare* il faut réagir, ne pas se laisser aller → **avvilir(si)** ◇ (*loc. escl.*) *andiamo su, fatti coraggio!* allons, courage!; *andiamo, smettetela!* allons, arrêtez! ~ *hai vinto tu: ma va là?* c'est toi qui as gagné: allons donc!; *ma va là che ti sai difendere tu!* eh bien! tu sais te défendre, toi! ◇ (*loc. in forma impers.*) ANDARNE [*correre rischio, pericolo*] y aller: *ne va della mia vita, del mio onore* il y va de ma vie, de mon honneur ~ VA DA SÉ CHE (+ *indic.*) [*è ovvio, naturale che*] il va de soi que (+ *indic.*), il va sans dire que (+ *indic.*): (*io ti faccio il favore, ma*) *va da sé che tu mi rimborsi le spese* je te rends ce service, mais il va de soi, il va sans dire que tu me rembourses les frais ~ *vada pure per il prezzo, ma voglio essere sicuro della qualità* va pour le prix, mais je veux être sûr de la qualité ~ *per questa volta vada, ma che non si ripeta più* passe pour cette fois, mais que cela ne se reproduise plus ~ *come va va* ça ira comme ça pourra ~ *o la va o la spacca* advienne que pourra.

2 **andàre** |an'dare| *s.m. inv.* **1** [*il fatto di andare*] chemin (*var.*): *riprendere il proprio andare* reprendre son chemin → **cammino** ◇ *loc.* ANDARE E VENIRE va-et-vient: *in quel posto c'è un continuo andare e venire di gente* dans cet endroit il y a un continuel va-et--vient; dans ce lieu, il y a des gens qui vont et viennent constamment → **andirivieni** ◇ (*fig.*) *con l'andar del tempo* avec le temps ~ *correre a tutto andare* courir à toute allure; *spendere a tutto andare* dépenser sans compter ~ *a lungo andare finirai con lo stancarmi* à la longue tu finiras par me fatiguer **2** [*modo di camminare*] démarche *f. var.*, allure (*f. var.*): *riconoscere qc. dal suo andare svelto, sicuro* reconnaître qqn. à sa démarche, à son allure rapide, assurée → **andatura**.

andàta |an'data| *s.f.* [*il cammino, il viaggio verso una mèta*] aller (*m.*): *ci vogliono tre ore per l'andata e due per il ritorno* il faut trois heures pour l'aller et deux pour le retour; *un* (*bi-*

glietto di) *andata e ritorno* un (billet) aller et retour; *nell'andata ho fatto tappa a Firenze* à l'aller j'ai fait une étape à Florence ◇ (*sport*) *girone di andata* premier tour [C] **ritorno.**

andàto |an'dato| *agg.* **1** [*trascorso, passato*] passé: *il tempo andato* le temps passé # *nei tempi andati* au temps jadis **2** (*fam.*) [*andato a male, avariato*] gâté; fichu: *mele andate* pommes gâtées ‖ *scarpe andate* chaussures fichues [C] 1 **presente** 1, **attuale.**

andatùra |anda'tura| *s.f.* **1** [*modo di andare, di camminare*] allure, démarche: *andatura disinvolta, maestosa* démarche aisée, majestueuse; *accelerare l'andatura* accélérer l'allure; *procedere a tutta andatura* avancer à toute allure → **velocità** ◇ (*per est.*) [*portamento*] port (*m.*): *andatura solenne, maestosa* port solennel, majestueux ◇ (*med.*) démarche ◇ (*sport*) *fare l'andatura* donner l'allure ◇ (*equitazione*) *l'andatura naturale, difettosa, artificiale di un cavallo* l'allure naturelle, défectueuse, acquise d'un cheval; *rompere l'andatura* changer d'allure **2** (*mar.*) allure: *andatura in poppa* allure du vent arrière.

andàzzo |an'dattso| *s.m.* **1** [*abitudine, comportamento poco raccomandabile*] habitudes (*f.pl.*): *questo ragazzo ha preso un brutto andazzo* ce garçon a pris de mauvaises habitudes ◇ [*comportamento passivo*] mode *f.*, vogue (*f.*): *seguire l'andazzo del momento* suivre la mode, la vogue (du moment) **2** [*sviluppo, andamento non buono*] tour, allure (*f.*): *le cose hanno preso un brutto andazzo* les choses ont pris un mauvais tour, une mauvaise allure.

andesìte |ande'zite| *s.f.* andésite.

andicappàre |andikap'pare| *v.tr.* **1** (*sport*) [*far partire un concorrente in posizione di inferiorità*] *handicaper: *cavallo andicappato* cheval handicapé **2** (*fig.*) [*essere di ostacolo; svantaggiare*] handicaper, défavoriser ✦ (*al p.p.*) *andicappato* [*colpito da una minorazione fisiopsichica*] handicapé ✦ (*s.*) *gli andicappati* les handicapés.

andìno |an'dino| *agg.* [*delle Ande*] andin: *le popolazioni andine* les populations andines.

andirivièni |andiri'vjɛni| *s.m.* **1** [*continuo andare e venire di gente*] va-et-vient, allée et venue (*f.*): *un andirivieni continuo* une allée et venue continuelle **2** (*per est.*) [*intrico*] dédale: *un andirivieni di vicoli, di incroci* un dédale de ruelles, de carrefours **3** (*fig.*) [*giro tortuoso di parole*] circonlocution (*f.*): *dopo lunghi andirivieni* après de longues circonlocutions.

àndito |'andito| *s.m.* **1** [*corridoio di disimpegno*] dégagement **2** [*ingresso, entrata*] entrée *f.*, vestibule ◇ (*per est.*) [*bugigattolo*] cagibi.

andorràno |andor'rano| *agg.* andorran.

àndro- |'andro| *pref.* (*significa 'uomo', corrisponde gener. a*) andro: *androgeno* androgène.

androcèfalo |andro'tʃɛfalo| *agg.* androcéphale.

androcèo |andro'tʃɛo| *s.m.* **1** (*bot.*) androcée **2** (*st. gr.*) andron.

androfobìa |androfo'bia| *s.f.* (*psicol.*) androphobie.

androgènesi |andro'dʒɛnezi| *s.f. inv.* (*biol., chim.*) androgenèse *var.*

andrògeno |an'drɔdʒeno| *agg. e s.m.* (*fisiol.*) androgène.

androginico, ci, ca, che |andro'dʒiniko, tʃi, ka, ke| *agg.* (*fisiol.*) androgyne.

andrògino |an'drɔdʒino| *agg. e s.m.* (*fisiol.*) androgyne.

andròide |an'drɔide| *s.m.* androïde.

andróne |an'drone| *s.m.* **1** [*andito fra la porta d'ingresso e l'interno*] porche, passage **2** (*arch. gr.*) andron.

andropàusa |andro'pauza| *s.f.* andropause.

androsteróne |androste'rone| *s.m.* (*biol., chim.*) androstérone *f.*

anecumène |aneku'mɛne| *s.f.* (*geogr.*) étendue de terres emergées, inhabitables par l'homme.

aneddòtica, che |aned'dɔtika, ke| *s.f.* [*gli aneddoti relativi a q.c. o a qc.*] anecdotes (*pl.*): *intorno a questo personaggio è fiorita una ricca aneddotica* ce personnage a fait naître une floraison d'anecdotes.

aneddòtico, ci, ca, che |aned'dɔtiko, tʃi, ka, ke| *agg.* anecdotique: *un particolare aneddotico* un détail anecdotique.

aneddotìsta |aneddo'tista| *s.* [*chi racconta o raccoglie aneddoti*] anecdotier*.

anèddoto |a'nɛddoto| *s.m.* anecdote (*f.*): *raccolta di aneddoti* recueil d'anecdotes.

anelànte |ane'lante| *agg.* **1** (*lett.*) [*che respira affannosamente*] *haletant (*corr.*), essoufflé (*corr.*) **2** (*fig.*) [*bramoso*] avide: *spiriti anelanti alla libertà* esprits avides de liberté.

anelàre |ane'lare| **A** *v.intr.* (*aus. 'avere'*) **1** (*raro*) [*respirare affannosamente*] *haleter (7): *anelare per la fatica* haleter de fatigue **2** (*fig.*) [*desiderare ardentemente*] aspirer ardemment à qqch.; soupirer après qqch.: *anelare alla libertà* aspirer ardemment à la liberté → **bramare, agognare B** *v.tr.* (*fig.*) [→ *intr.* 2] aspirer *intr.* à qqch., soupirer *intr.* après qqch.

anelàstico, ci, ca, che |ane'lastiko, tʃi, ka, ke| *agg.* [*non elastico*] inélastique.

anèlito |a'nɛlito| *s.m.* **1** [*respiro affannoso*] *halètement ◇ (*spec.*) *l'estremo, l'ultimo anelito* [*l'ultimo respiro*] le dernier soupir, le dernier souffle: *raccogliere l'ultimo anelito di un agonizzante* recueillir le dernier soupir, le dernier souffle d'un agonisant **2** (*fig.*) [*desiderio ardente*] désir ardent: *i giovani sono animati da un forte anelito di giustizia* les jeunes sont animés d'un désir ardent de justice → **brama, aspirazione.**

anellàto |anel'lato| *agg.* annelé → **inanellato** ◇ (*bot.*) annelé.

Anèllidi |a'nɛllidi| *s.m.pl.* (*t.zool.*) Annélides.

anèllo |a'nɛllo| *s.m.* **1** anneau, bague (*f.*): *anello nuziale* anneau nuptial, de mariage; *anello pastorale, episcopale* anneau pastoral, épiscopal; *anello sigillo* anneau sigillaire, chevalière (*f.*); *anello di fidanzamento* bague de fiançailles; *anello con stemma* bague à large chaton, chevalière, bague à chaton allongé, marquise (*f.*); *porta un anello al dito* elle porte une bague au doigt ◇ (*spec.*) *mettere, dare l'anello* épouser; *prendere l'anello* se marier ◇ (*relig. crist.*) *anello piscatorio, del Pescatore* anneau du Pêcheur; *anello vescovile* anneau épiscopal **2** (*per est.*) [*ciò che ha forma di anello*] anneau, bague: *anello di portachiavi* anneau d'un porte-clefs; *l'ultimo anello della catena* le dernier anneau de la chaîne; *gli anelli di una tenda* les anneaux d'un rideau; *anello di velocità* anneau de vitesse # *anello di raccordo* voie de raccordement, bretelle ◇ (*loc.*) *ad anello, a forma di anello* en anneau, annulaire (*agg.*): *protuberanza a forma di anello* protubérance annulaire ~ *anelli di capelli* boucles de cheveux → **ricciolo** ~ *essere l'anello di congiunzione:* (*pr., fig.*) servir de trait d'union ~ *formare anelli di fumo* faire des ronds de fumée ~ *fare anelli concentrici nell'acqua* faire des ronds dans l'eau ◇ (*mar.*) *anello d'ormeggio* boucle *f.* de quai ◇ (*ginnastica*) *gli anelli* les anneaux **3** (*astron.*) *gli anelli di Saturno* les anneaux de Saturne ◇ (*t.bot.*) *l'anello di un fungo* l'anneau d'un champignon # *l'anello di crescita* cerne ◇ (*elettr.*) *anello collettore* bague collectrice ◇ (*fis., ott.*) *anello oculare* anneau oculaire ◇ (*mat.*) *anello sferico* anneau sphérique ◇ (*mecc.*) *anello di chiusura* anneau de fermeture; *anello di sicurezza* bague d'arrêt; *anello di tenuta* bague d'étanchéité; *anelli elastici* segments; *anello distanziatore* anneau d'écartement ◇ (*metall.*) *anello di laminazione* bague de laminage **4** (*chim.*) cycle: *l'anello del carbonio, dell'azoto* le cycle du carbone, de l'azote.

anèlo |a'nɛlo| *agg.* **1** (*lett.*) [*ansante*] *haletant (*corr.*) **2** (*lett., fig.*) [*tormentato, ansioso*] tourmenté, anxieux*.

anemìa |ane'mia| *s.f.* **1** (*med., corr.*) anémie: *l'anemia dei minatori* l'anémie des mineurs; *anemia perniciosa* anémie pernicieuse **2** (*fig.*) anémie → **debolezza** [C] 2 **robustezza.**

anèmico, ci, ca, che |a'nɛmiko, tʃi, ka, ke| *agg.* **1** (*med., corr.*) anémique ✦ (*s.*) *un anemico* une personne *f.* anémique *agg.* **2** (*fig.*) anémique: *è un po' anemico, non si decide mai* il est un peu anémique, il ne sait pas se décider.

anemizzàre |anemid'dzare| *v.tr.* (*med.*) [*rendere anemico*] anémier.

ànemo- |'anemo| *pref.* (*significa 'vento o aria', corrisponde gener. a*) anémo: *anemografo* anémographe.

anemòfilo |ane'mɔfilo| *agg.* (*bot.*) anémophile.

anemògrafo |ane'mɔgrafo| *s.m.* anémographe.

anemòmetro |ane'mɔmetro| *s.m.* anémomètre: *anemometro a rotazione* anémomètre à rotation.

anèmone |a'nɛmone| *s.m.* **1** (*t.bot.*) anémone (*f.*): *anemone dei fiorai* anémone des fleuristes **2** *anemone di mare* → **attinia.**

anencefalìa |anentʃefa'lia| *s.f.* anencéphalie.

anencèfalo |anen'tʃɛfalo| *agg. e s.m.* anencéphale.

anergìa, gie |aner'dʒia, dʒie| *s.f.* (*med.*) anergie.

anergizzànte |anerdʒid'dzante| *agg.* (*med.*) anergisant.

aneròbio, i |ane'rɔbjo, i| *s.m.* → **anaerobio.**

aneròide |ane'rɔide| *agg.* anéroïde *m.* ✦ (*s.m.*) *un aneroide* un anéroïde.

anestesìa |aneste'zia| *s.f.* (*med., corr.*) anesthésie: *anestesia generale, locale* anesthésie générale, locale.

anestesiologìa, gie |anestezjolo'dʒia, dʒie| *s.f.* anesthésiologie.
anestesiòlogo, gi, (*pop.*) **ghi** |aneste'zjɔlogo, dʒi, gi| *s.* anesthésiologiste.
anestesìsta |aneste'zista| *s.* anesthésiste.
anestètico, ci, ca, che |anes'tɛtiko, tʃi, ka, ke| *agg.* **1** (*med.*) anesthésique **2** (*farm.*) anesthésique ✦ (*s.m.*) *un anestetico* un anesthésique.
anestetizzàre |anestetid'dzare| *v. tr.* (*med.*) [*sottoporre ad anestesia*] anesthésier.
anèto |a'nɛto| *s.m.* (*t.bot.*) aneth.
aneurìsma |aneu'rizma| *s.m.* (*med.*) anévrisme, anévrysme.
aneurismàtico, ci, ca, che |aneuriz'matiko, tʃi, ka, ke| *agg.* anévrismal*.
anfanàre |anfa'nare| *v.intr.* (*aus.* '*avere*') **1** [*parlare a sproposito*] parler à tort et à travers **2** [*affannarsi inutilmente*] s'affairer *pron.*
anfetamìna |anfeta'mina| *s.f.* (*farm.*) amphétamine.
ànfi- |'anfi| *pref.* (*significa 'intorno, attorno, da due parti, doppio', corrisponde gener. a*) amph(i): *anfiteatro* amphithéâtre; *anfibio* amphibie.
anfiartròsi |anfiar'trɔzi| *s.f. inv.* amphiarthrose *var.*
anfìbio, i |an'fibjo, i| *agg.* **1** amphibie: *veicolo anfibio* véhicule amphibie; *animale anfibio* animal amphibie ✦ (*s.m.*) *un anfibio* un amphibie **2** (*fig.*) [*ambiguo*] amphibie: *un individuo, un discorso anfibio* un individu, un discours amphibie **3** (*mil.*) amphibie: *operazioni anfibie* opérations amphibies.
Anfìbi |an'fibi| *s.m. pl.* (*t.zool.*) Amphibiens.
anfibòlico, ci, ca, che |anfi'bɔliko, tʃi, ka, ke| *agg.* (*miner.*) amphibolique.
anfìbolo |an'fibolo| **1** *agg.* → **ambiguo; incerto 2** *s.m.* (*miner.*) amphibole *f.*
anfibologìa, gie |anfibolo'dʒia, dʒie| *s.f.* (*filos.*) amphibologie.
anfibològico, ci, ca, che |anfibo'lɔdʒiko, tʃi, ka, ke| *agg.* (*filos.*) amphibologique.
anfimìssi |anfi'missi| *s.f. inv.* (*biol.*) amphimixie *var.*
Anfinèuri |anfi'nɛuri| *s.m. pl.* (*t. zool.*) Amphineures.
anfiòsso |anfi'ɔsso| *s.m.* (*t.zool.*) amphioxus.
Anfìpodi |an'fipodi| *s.m.pl.* (*t.zool.*) Amphipodes.
anfiteàtro |anfite'atro| *s.m.* **1** [*edificio, aula a gradinate*] amphithéâtre **2** (*st. rom.*) amphithéâtre ◇ (*geol.*) *anfiteatro morenico* amphithéâtre morainique **3** (*teat.*) amphithéâtre.
anfitrióne |anfitri'one| *s.m.* amphitryon.
anfizióne |anfit'tsjone| *s.m.* (*st. gr.*) amphictyon.
anfizionìa |anfittsjo'nia| *s.f.* (*st. gr.*) amphictyonie.
ànfora |'anfora| *s.f.* amphore.
anfràtto |an'fratto| *s.m.* [*luogo stretto e tortuoso*] anfractuosité *f.* ◇ (*per est.*) [*luogo nascosto, nascondiglio*] *perlustrare gli anfratti del bosco* explorer les anfractuosités du bois.
anfrattuosità |anfrattuosi'ta| *s.f. inv.* anfractuosité *var.*
anfrattuóso |anfrattu'oso| *agg.* (*raro*) anfractueux*.
angarìa |anga'ria| *s.f.* (*dir. mediev.*) angarie.
angariàre |anga'rjare| *v.tr.* [*tiranneggiare, trattare duramente*] maltraiter: *sono stanco di farmi angariare* je suis fatigué de me faire maltraiter.
angariatóre, trice |angarja'tore, tritʃe| *s.* [*chi maltratta con angherie, con soprusi*] persecuteur*, vexateur* (*lett.*) ✦ (*agg.*) *persona angariatrice* personne persécutrice, vexatrice.
angèlica, che |an'dʒɛlika, ke| *s.f.* (*t.bot.*) angélique.
angelicàle |andʒeli'kale| *agg.* → **angelico.**
angelicaménte |andʒelika'mente| *avv.* [→ ANGELICO] angéliquement.
angelicità |andʒelitʃi'ta| *s.f. inv.* aspect *m.var.*, caractère *m.var.* angélique.
angèlico, ci, ca, che |an'dʒɛliko, tʃi, ka, ke| *agg.* angélique: *cori angelici* chœurs angéliques ◇ (*fig.*) *sorriso angelico* sourire angélique Ⓒ **diabolico.**
àngelo |'andʒelo| *s.m.* **1** (*teol., corr.*) ange: *angelo custode* ange gardien; *angeli caduti* anges déchus; *cantare come un angelo* chanter comme un ange; *lavorare come un angelo* travailler comme un ange; *è bello come un angelo* il est beau comme un ange # *essere buono come un angelo* être sage comme une image; *lunedì dell'Angelo* lundi de Pâques ◇ (*liturg. catt.*) *il pane degli angeli* [*l'Eucarestia*] le pain des anges ◇ (*loc.*) *discutere sul sesso degli angeli* discuter sur le sexe des anges ◇ (*fig.*) *essere l'angelo custode di qc.* [*proteggerlo*], (*scherz.*) [*stargli sempre al fianco*] être l'ange gardien de qqn. ~ (*iron.*) *essere fra due angeli custodi* [*tra due poliziotti*] être entre deux anges gardiens ✦ (*inter.*) *angeli del cielo!* ciel! **2** (*fig.*) ange: *angelo mio* mon ange; *un angelo di ragazza* un amour de fille; *questa ragazza è un angelo* cette jeune fille est un ange; *sei un angelo!* tu es un ange! **3** (*pattinaggio*) *fare l'angelo* faire l'ange ◇ (*nuoto*) *volo dell'angelo* saut de l'ange **4** (*mil.*) boulet **5** *angelo di mare* → **1 squadro.**
angelus |'andʒelus| *s.m. inv.* (*liturg.*) (*lat.*) angelus.
angherìa |ange'ria| *s.f.* [*sopruso, violenza*] vexation, misère: *subire delle angherie* essuyer des vexations; *mi fa ogni sorta di angherie* il me fait toutes sortes de misères.
angìna |an'dʒina| *s.f.* (*med.*) angine: *angina pectoris* angine de poitrine.
anginóso |andʒi'noso| *agg.* (*med.*) angineux* ✦ (*s.*) *un anginoso* un angineux.
àngio- |'andʒo| *pref.* (*significa 'vaso sanguigno', corrisponde gener.a*) angi(o): *angiologia* angiologie.
angiocolìte |andʒoko'lite| *s.f.* (*med.*) angiocholite.
angiografìa |andʒogra'fia| *s.f.* (*med.*) angiographie.
angioìno |andʒo'ino| **1** *agg.* [*degli Angiò*] angevin ✦ (*s.*) *un Angioino* un Angevin **2** (*s.m.pl.*) *gli Angioini* les ducs d'Anjou, la Maison *f.sing.* d'Anjou ✦ (*agg.*) *la dominazione angioina* la domination de la Maison d'Anjou *loc. inv.*, de la dynastie angevine *loc. inv.*
angiolétto |andʒo'letto| *s.m.* petit ange, angelot: *dorme come un angioletto* il dort comme un petit ange # *un bambino buono come un angioletto* un enfant sage comme une image.
àngiolo |'andʒolo| *s.m.* → **angelo.**
angiologìa, gie |andʒolo'dʒia, dʒie| *s.f.* angiologie.
angiòma |an'dʒɔma| *s.m.* (*med.*) angiome.
Angiospèrme |andʒos'perme| *s.f. pl.* (*t. bot.*) Angiospermes.
angipòrto |andʒi'pɔrto| *s.m.* [*vicolo oscuro e senza uscita*] impasse *f.*, cul-de-sac ◇ [*piccola strada stretta*] ruelle *f.*, venelle *f.*
anglicanésimo |anglika'nezimo| *s.m.* (*relig.*) anglicanisme.
anglicàno |angli'kano| *agg.* (*relig.*) anglican: *clero anglicano* clergé anglican ✦ (*s.*) *un anglicano* un anglican.
anglicìsmo |angli'tʃizmo| *s.m.* (*ling.*) anglicisme.
anglicizzàre |anglitʃid'dzare| *v.tr.* [*adattare ai costumi inglesi*] angliciser.
anglìsmo |an'glizmo| *s.m.* → **anglicismo.**
anglìsta |an'glista| *s.* angliciste.
ànglo- |'anglo| *pref.* (*significa 'inglese', corrisponde gener. a*) anglo: *anglofilia* anglophilie.
anglo-americàno |angloameri'kano| *agg. e s.* anglo-américain.
anglofilìa |anglofi'lia| *s.f.* anglophilie Ⓒ **anglofobia.**
anglòfilo |an'glɔfilo| *agg. e s.* anglophile Ⓒ **anglofobo.**
anglofobìa |anglofo'bia| *s.f.* anglophobie Ⓒ **anglofilia.**
anglòfobo |an'glɔfobo| *agg. e s.* anglophobe Ⓒ **anglofilo.**
anglòfono |an'glɔfono| *agg. e s.* anglophone.
anglòmane |an'glɔmane| *s.* anglomane.
anglomanìa |angloma'nia| *s.f.* anglomanie.
anglo-normànno |anglonor'manno| *agg.* anglo-normand: *il dialetto anglo-normanno* le dialecte anglo-normand.
anglosàssone |anglo'sassone| **1** *agg.* anglo-saxon* ✦ *s.* (*st.*) *gli Anglosassoni* les Anglo-Saxon **2** *agg. e s.* [*relativo ai popoli di lingua ingl.*] anglo-saxon.
1 **angolàre** |ango'lare| **I** *agg.* **1** angulaire: *figura angolare* figure angulaire **2** (*scient.*) *distanza angolare* distance angulaire; *velocità angolare* vitesse angulaire ◇ (*arch.*) *pietra angolare* pierre angulaire ◇ (*fig.*) *la pietra angolare della Chiesa* [*il fondamento*] la pierre angulaire de l'Église ◇ (*anat.*) *vena, arteria angolare* veine, artère angulaire (de l'angle de l'œil) **II** *s.m.* [*cantonale*] cornière *f.*
2 **angolàre** |ango'lare| *v.tr.* [*disporre ad angolo*] disposer en forme d'angle ◇ (*calcio*) *angolare un tiro* [*eseguirlo diagonalmente*] tirer de biais ◇ (*spec.*) *angolare una scena*: (*cine.*) tourner; (*foto.*) prendre une scène sous un angle déterminé.
angolàto |ango'lato| *agg.* **1** (*raro*) [*angolare*] anguleux* ◇ (*calcio*) *un tiro angolato* un tir de biais # *ha effettuato un tiro angolato* [*trasversale, diagonale*] il a tiré de biais **2** (*arald.*) cantonné → **accantonato.**
angolazióne |angolat'tsjone| *s.f.* **1** (*cine., foto., tv*) [→ 2 ANGOLARE] angle *m.* de prise de vue ◇ (*fig.*) [*prospettiva, visuale*] *il problema va esami-*

nato sotto una diversa angolazione le problème doit être envisagé d'un autre point de vue **2** (*calcio*) *una perfetta angolazione del tiro* un angle de tir parfait.

angolése |ango'leze|, **angolàno** |ango'lano| *agg.* [*dell'Angola*] angolais, angolan.

àngolo |'angolo| *s.m.* **1** (*geom., corr., mat.*) angle: *angolo retto, ottuso, acuto, piatto, giro, diedro* (*o solido*), *convesso, concavo* angle droit, obtus, aigu, plat, plein, dièdre, saillant, concave; *angolo interno, esterno* angle extérieur, intérieur; *angolo inscritto a un cerchio* angle inscrit dans un cercle; *angoli adiacenti, alterni, complementari, supplementari, corrispondenti, opposti al vertice* angles adjacents, alternes, complémentaires, supplémentaires, correspondants, opposés par le sommet ◇ (*fis., ott.*) *angolo di riflessione, di rifrazione, di incidenza, di inclinazione, di deviazione, di curvatura* angle de réflexion, de refraction, d'incidence, d'inclination, de déviation, de courbure; *angolo visivo* angle visuel ◇ (*balistica*) *angolo di sito, di alzo* angle de site, de hausse; *angolo di mira, di tiro, di caduta* angle de mire, de tir, de chute; *angolo morto* angle mort **2** (*per est.*) [*cantone, cantonata*] coin: *i quattro angoli di una stanza* les quatre coins d'une pièce; *il bar all'angolo* le bar du coin; *all'angolo della strada* au coin de la rue; *l'angolo della bocca, delle labbra* le coin de la bouche, des lèvres; *il gioco dei quattro angoli* le jeu des quatre coins # *fare angolo con* former angle avec; *la sua casa si trova in via Donizetti angolo via Mascagni* sa maison se trouve à l'angle de la rue Donizetti et de la rue Mascagni ◇ *loc.* FAR ANGOLO: *aspettami dove la strada fa angolo con il parco* attends-moi à l'endroit où la rue forme un angle avec le parc ◇ *loc. agg.* D'ANGOLO de coin: *ha prenotato un posto d'angolo* il a retenu une place de coin **3** (*per est.*) [*spigolo*] coin, angle: *urtare contro l'angolo di un mobile* se cogner contre le coin d'un meuble; *mangiavo all'angolo del tavolo* je mangeais sur le coin de la table; *smussare gli angoli di un tavolo* arrondir les angles d'une table ◇ (*fig.*) [*spigolosità, rudezza*] *smussare gli angoli del proprio carattere* arrondir les angles de son caractère **4** (*fig.*) [*posto appartato*] coin: *cacciarsi, nascondersi, starsene in un angolo* se fourrer, se cacher, rester dans un coin; *cercare qc. o q.c. in ogni angolo* chercher qqn. ou qqch. dans tous les coins; *cercare un angolo tranquillo* chercher un coin tranquille → **cantuccio, cantone** **5** (*fig.*) [*porzione limitata di spazio*] coin: *non c'è un angolo di verde* il n'y a pas un coin de verdure; *possedere, coltivare un angolo di terra* posséder, cultiver un coin de terre; *scorgere un angolo di cielo* apercevoir un coin de ciel **6** (*calcio*) corner: *tirare un* (*calcio d'*)*angolo* tirer un corner ◇ (*pugilato*) *tornare all'angolo* revenir vers le coin.

angolosità |angolosi'ta| *s.f. inv.* **1** [*l'essere angoloso*] traits *m.pl.* anguleux: *fui colpito dall'angolosità di quel viso* les traits anguleux de ce visage m'ont frappé **2** (*fig.*) [*scontrosità, durezza di carattere*] âpreté (*var.*): *angolosità di carattere* âpreté du caractère.

angolóso |ango'loso| *agg.* anguleux*: *viso angoloso* visage anguleux ◇ (*fig.*) difficile: *un tipo angoloso* une personne difficile → **scontroso, scorbutico** [C] **lineare 1, rotondo, liscio.**

àngora |'angora| *s.f.* (*solo nella loc.*) D'ANGORA (en) angora: *un gatto, un coniglio d'angora* un chat, un lapin angora; *lana d'angora* laine angora; *pullover d'angora* pullover en angora.

angòscia, sce |an'gɔʃʃa, ʃe| *s.f.* angoisse: *attesa piena d'angoscia* attente pleine d'angoisse; *passare ore d'angoscia* passer des heures d'angoisse [C] **serenità, tranquillità.**

angosciàre |angoʃ'ʃare| **A** *v.tr.* [*causare angoscia*] angoisser: *questa attesa mi angoscia* cette attente m'angoisse **B** *v.pron. intr.* ANGOSCIARSI [*tormentarsi, provare angoscia*] se tourmenter [C] **tranquillizzare, allietare.**

angosciàto |angoʃ'ʃato| *agg.* angoissé: *grido angosciato* cri angoissé; *aver l'animo angosciato* avoir l'âme angoissée [C] **tranquillo, sereno.**

angosciosaménte |angoʃʃosa'mente| *avv.* [→ ANGOSCIOSO 2] avec angoisse *loc. inv.*, d'une façon angoissante *loc. inv.*

angoscióso |angoʃ'ʃoso| *agg.* **1** [*che provoca angoscia*] angoissant: *situazione angosciosa* situation angoissante **2** [*pieno d'angoscia*] angoissé, (plein) d'angoisse; *grida angosciose* cris pleins d'angoisse [C] **tranquillo, sereno.**

angostùra |angos'tura| *s.f.* angusture, angustura.

angström |'ɔŋstrøm| *s.m. inv.* (*sved.*) angström *var.*

àngue |'angwe| *s.m.* (*lett.*) → **serpente.**

anguichiomàto |angwikjo'mato|, **anguicrinìto** |angwikri'nito| *agg.* (*lett.*) [*che ha serpenti al posto dei capelli*] à la chevelure de serpents *loc. inv.*

anguifórme |angwi'forme| *agg.* anguiforme.

anguìlla |an'gwilla| *s.f.* **1** (*t.zool.*) anguille ◇ (*cuc.*) *anguilla marinata* matelote d'anguille ◇ (*loc. fig.*) *guizzare, sfuggire come un'anguilla* glisser, échapper comme une anguille **2** (*mar.*) anguille.

Anguìllidi |an'gwillidi| *s.m. pl.* (*t.zool.*) Anguillidés.

anguìllula |an'gwillula| *s.f.* (*t.zool.*) anguillule.

angùria |an'gurja| *s.f.* [*cocomero*] pastèque, melon (*m.*): *una fetta d'anguria* une tranche de pastèque.

angùstia |an'gustja| *s.f.* **1** (*lett.*) [*mancanza di tempo o di spazio*] étroitesse: *l'angustia di un appartamento* l'étroitesse d'un logement → **strettezza, ristrettezza** # *angustia di denaro* manque d'argent ◇ (*loc.*) *trovarsi in angustie* [*in ristrettezze economiche*] être dans la gêne → **miseria, povertà** ◇ (*fig.*) [*grettezza, ristrettezza mentale*] *angustia di cuore, di spirito* étroitesse de cœur, d'esprit **2** [*angoscia, preoccupazione*] souci (*m.*): *essere in un mare di angustie* être accablé de soucis; *stare in angustie* se faire du souci → **affanno, angoscia** [C] **1 larghezza, abbondanza; 2 tranquillità.**

angustiàre |angus'tjare| **A** *v.tr.* [*procurare angustie, afflizione*] tourmenter, inquiéter (8): *questo pensiero lo angustia* cette pensée le tourmente → **affliggere, tormentare** **B** *v.pron. intr.* ANGUSTIARSI [*angosciarsi, tormentarsi*] s'inquiéter, se faire (45) *tr.* du souci: *non angustiatevi!* ne vous inquiétez pas!; *si angustia per niente* il se fait du souci pour rien [C] A **tranquillizzare, rassicurare.**

angustiàto |angus'tjato| *agg.* [*preoccupato, afflitto*] inquiet* (de): *è angustiato per il vostro silenzio* il est inquiet de votre silence.

angustióso |angus'tjoso| *agg.* (*lett.*) [*pieno d'angustie*] angoissant (*corr.*) ◇ [*pieno di preoccupazioni*] tourmenté (*corr.*) → **angustiato.**

angùsto |an'gusto| *agg.* [*stretto, scomodo*] étroit, exigu*: *un'angusta prigione* une étroite prison; *finestre troppo anguste* des fenêtres trop étroites ◇ (*fig.*) [*limitato*] étroit, borné: *spirito angusto* esprit borné, étroit → **gretto, meschino** [C] **largo; comodo 1.**

angustùra |angus'tura| *s.f.* → **angostura.**

ànice |'anitʃe| *s.m.* (*t.bot.*) anis ◇ (*corr.*) *anice stellato* anis étoilé; *liquore all'anice* liqueur d'anis.

anicino |ani'tʃino| *s.m.* [*biscotto con semi d'anice*] pain, petit gâteau aux grains d'anis.

anidrìde |ani'dride| *s.f.* (*chim.*) anhydride (*m.*): *anidride carbonica* anhydride carbonique.

anidrìte |ani'drite| *s.f.* (*chim.*) anhydrite.

ànidro |'anidro| *agg.* (*chim.*) anhydre.

anidròsi |ani'drɔzi| *s.f. inv.* (*med.*) an(h)idrose *var.*

anìle |a'nile| *s.m.* (*t.bot.*) indigotier.

anilìna |ani'lina| *s.f.* (*chim.*) aniline.

anilìsmo |ani'lizmo| *s.m.* anilisme.

ànima |'anima| *s.f.* **1** âme: *l'immortalità dell'anima* l'immortalité de l'âme; *le anime dannate* les âmes damnées, les damnés; *le anime purganti, del purgatorio* les âmes du purgatoire; *la salvezza, la salute dell'anima* le salut de l'âme; *salvare, perdere la propria anima* sauver, perdre son âme # *soffrire come un'anima dannata* souffrir comme un damné; *le anime beate* les bienheureux; *agitarsi, dimenarsi come un'anima dannata* se démener comme un possédé ◇ (*eccl.*) *aver cura d'anime* avoir charge d'âme ◇ (*loc. fig.*) *essere senza anima, non aver anima* [*non aver scrupoli, pietà*] être sans cœur ~ *non avere l'anima di...* [*non avere il coraggio, la forza di*] ne pas avoir le cœur à... ~ *toccare l'anima* [*commuovere*] remuer l'âme, fendre le cœur ~ *amare con tutta l'anima* aimer de toute son âme ~ *volere un bene dell'anima* aimer de tout son cœur ~ *giurare sull'anima di...* [*giurare solennemente*] jurer par le sang de qqn. ~ *mettere l'anima per q.c.* [*impegnarsi senza risparmio*] prendre qqch. à cœur ~ *dar l'anima per qc. o q.c.* se faire tuer pour qqn. ou pour qqch. ~ *darsi, impegnarsi anima e corpo* [*impegnarsi al massimo*] se livrer à qqch. corps et âme ~ *perder l'anima in q.c., dietro a q.c.* ne plus avoir le cœur à faire qqch. ~ *vender l'anima al diavolo* vendre son âme au diable ~ (*euf.*) *rendere l'anima a Dio* rendre son âme à Dieu ~ (*pop.*) *tenere, reggere, tirare l'anima coi denti* [*essere malconcio in salute*] n'avoir qu'un souffle de vie ~ (*escl.*) *all'anima!* fichtre! ◇ (*escl. di invocazione o di* *sorpresa*) *anime* (*sante*) *del paradiso!* Dieu du ciel! **2** [*carattere di una persona*] âme, cœur (*m.*): *un'anima generosa, ingenua* une âme généreuse, ingénue; *anima debole, vile* une âme faible, vile; *aprire la propria anima* livrer son âme, ouvrir son cœur; *leggere in fondo all'anima* lire jusqu'au fond de l'âme → **animo, carattere** ◇ [*espressione*] *un volto senza anima* un visage sans âme ◇ (*loc. fig.*) *rodersi, mangiarsi l'anima* se ronger d'inquiétude, se ronger les sangs (*pop.*) ~ (*pop.*) *star sull'anima a qc., rompere l'anima a qc.* [*seccarlo, importunarlo*] casser les pieds à qqn. (*fam.*) ~ *non rompermi l'anima* ne me casse pas les pieds! **3** [*persona, individuo*] âme: *un paese che conta poche anime* un village qui compte quelques âmes; *non c'è anima viva* il n'y a pas âme qui vive; *un'anima in pena* une âme en peine; *che anima candida!* quelle âme naïve!; *che anima cara!* la chère âme! # *sei l'anima nera della compagnia* tu es le rabat-joie, le trouble--fête du groupe; *la buona anima di tua madre* ta pauvre mère, feu ta mère, ta défunte (*lett.*) mère ◇ (*loc.*) *essere l'anima gemella di...* être l'âme sœur de...; *essere una sola anima* former une seule âme ~ *essere l'anima di...* [*l'elemento principale, promotore*] être l'âme de... ~ *è l'anima della rivolta* il est l'âme de la révolte ~ *la pubblicità è l'anima del commercio* la publicité est l'âme du commerce **4** (*per est.*) [*nucleo, elemento centrale di q.c.*] âme: *l'anima di una conduttura elettrica* l'âme d'un conducteur électrique; *l'anima di un cannone* l'âme d'un canon # *l'anima di un frutto* le cœur d'un fruit; *l'anima dei denti* la pulpe des dents.

animadversióne |animadver'sjone| *s.f.* (*lett.*) animadversion.

animàle |ani'male| **I** *agg.* **1** animal*: *regno animale* règne animal; *carbone animale* charbon animal **2** [*relativo a esseri animati*] animal: *sostanze animali* substances animales; *istinti animali* instincts animaux **II** *s.m.* **1** animal: *animale domestico, selvatico* animal domestique, sauvage; *animali da cortile* animaux de basse-cour, basse-cour **2** (*fig., usato come insulto*) mufle: *pezzo di animale!* espèce de mufle!; *che animale!* quel mufle! 🄲 I 2 **spirituale.**

animalerìa |animale'ria| *s.f.* (*raro*) [*azione degna di un animale*] muflerie.

animalésco, chi, ca, che |anima'lesko, ki, ka, ke| *agg.* [*proprio, degno di un animale*] bestial*, animal*: *fisionomia animalesca* physionomie bestiale; *sguardo animalesco* regard animal → **brutale.**

animalìsta |anima'lista| *s.* [*pittore, scultore d'animali*] animalier *m.*

animalità |animali'ta| *s.f. inv.* animalité *var.*

animàre |ani'mare| **A** *v.tr.* **1** [*dar vita*] animer: *animare un corpo* animer un corps ◇ (*fig.*) [*dare espressione, vivacità*] *animare un viso* animer un visage ~ *animare la serata* animer la soirée ~ *animare una discussione* animer une conversation **2** (*fig.*) [*incitare, incoraggiare*] inciter, encourager (3): *animare a scrivere* inciter à écrire **3** (*fig.*) [*promuovere, intensificare*] animer, encourager: *animare i traffici, l'iniziativa industriale* encourager le commerce, l'initiative industrielle **B** *v.pron. intr.* ANIMARSI **1** [*acquistare vita, vivacità*] s'animer: *la città si era animata* la ville s'était animée **2** (*fig.*) [*accalorarsi, infervorarsi, diventar vivace*] s'animer: *il dibattito cominciava ad animarsi* le débat commençait à s'animer.

animataménte |animata'mente| *avv.* [→ ANIMATO 2] avec animation *loc. inv.*

animàto |ani'mato| *agg.* **1** animé: *esseri animati* êtres animés ◇ (*fig.*) *bastone animato* canne-épée; *cartoni animati* dessins animés **2** (*fig.*) [*vivace*] animé: *una conversazione animata* une conversation animée ✦ *s.m.* (*mus.*) animato *avv.* 🄲 1 **inanimato.**

animatóre, trice |anima'tore, tri'tʃe| **1** *agg.* animateur*: *elemento, motivo animatore* élément, motif animateur ✦ (*s.*) *un animatore* un animateur: *è stato l'animatore dell'incontro* il a été l'animateur de la rencontre **2** *s.* (*cine.*) animateur.

animazióne |animat'tsjone| *s.f.* **1** [→ ANIMARE A 1] animation **2** (*fig.*) animation: *discutere con animazione* discuter avec animation → **vivacità, fervore** # *parlare con animazione* parler d'un ton vif ◇ [*movimento*] *in questa strada c'è molta animazione* il y a beaucoup d'animation dans cette rue **3** (*cine.*) animation.

animèlla |ani'mɛlla| *s.f.* **1** (*cuc.*) [*timo o pancreas di quadrupedi macellati*] ris *m.* **2** (*tecnol.*) clapet *m.*

animìsmo |ani'mizmo| *s.m.* (*etn., filos.*) animisme.

animìsta |ani'mista| *s.* animiste.

animìstico, ci, ca, che |ani'mistiko, tʃi, ka, ke| *agg.* (*etn., filos.*) animiste: *religioni animistiche* religions animistes.

ànimo |'animo| **I** *s.m.* **1** [*facoltà della mente, del pensiero*] esprit: *l'animo umano* l'esprit humain; *prontezza, disposizione d'animo* vivacité, disposition d'esprit; *avere l'animo occupato da un pensiero* avoir l'esprit occupé par une pensée; *essere con l'animo, avere l'animo altrove* avoir l'esprit, la tête ailleurs → **mente, attenzione** # *avere un sospetto nell'animo* nourrir quelque soupçon; *hanno ancora vivi, presenti nell'animo quei brutti giorni* ces mauvais jours sont encore vivants, présents dans leur mémoire; *fermare l'animo a, su q.c.* arrêter son attention sur qqch.; *correre con l'animo dietro a q.c.* courir après (*fam.*), rechercher qqch. ◇ [*intenzione, volontà*] intention (*f.*): *porsi, mettersi, avere in animo di fare q.c.* avoir l'intention de faire qqch.; *ho in animo di partire* j'ai l'intention de partir; *cos'ha in animo di fare?* qu'a-t-il l'intention de faire?; *ti ho rimproverato con l'animo di aiutarti* je t'ai grondé avec l'intention de t'aider # *ha agito con animo malvagio, perfido* il a agi méchamment, avec perfidie; *ho in animo molti progetti* j'ai beaucoup de projets en tête; *a un animo* [*di comune accordo*] à l'unanimité ◇ [*disposizione interiore*] cœur: *discutere, parlare con animo aperto, leale* discuter, parler à cœur ouvert, loyalement; *agire di buon animo, di mal animo* agir de bon cœur (bon gré), à contrecœur; *non sono in animo di ascoltarti* je n'ai pas le cœur à t'écouter; *oggi non è nello stato d'animo di scherzare* aujourd'hui il n'a pas le cœur à rire → **umore** # *non ha buon animo verso di me* il est mal disposé à mon égard; *fare q.c. con animo sereno* faire qqch. avec impartialité, sereinement; *giudicare qc. con animo sereno* porter un jugement impartial sur qqn.; *guarda, pensa in che stato d'animo mi lasci, mi metti* regarde dans quel état tu me mets, tu me laisses **2** [*facoltà del sentimento, sede di affetti*] cœur, âme (*f.*): *nobiltà d'animo* noblesse de cœur; *generosità, bontà, grandezza d'animo* générosité, bonté, grandeur d'âme; *meschinità, malvagità d'animo* petitesse de cœur, méchanceté d'âme; *animo disposto alla pietà, al perdono* âme disposée à la pitié, au pardon; *ho l'animo angosciato, commosso* j'ai le cœur plein d'angoisse, tout ému; *commuovere l'animo di qc.* émouvoir (le cœur de) qqn.; *toccare l'animo, arrivare all'animo di qc.* toucher (le cœur de) qqn., aller (droit) au cœur; *conquistarsi, accattivarsi l'animo di qc.* gagner le cœur de, s'attacher qqn. → **fiducia, benevolenza**; *aprire l'animo a qc.* ouvrir, découvrir son cœur à qqn. # *è commosso fin nel profondo dell'animo* il est profondément ému; *mettersi l'animo in pace* en prendre son parti, se résigner; *stare con l'animo sospeso* être inquiet, anxieux; *avere qc., q.c. sempre nell'animo* avoir le cœur plein de qqn., n'avoir qu'une idée en tête; *levarsi q.c. dall'animo* se délivrer de qqch.; *manifestare, nascondere il proprio animo* manifester, cacher ses intentions; *scoprire l'animo di qc.* découvrir les intentions de qqn. ◇ [*carattere, indole*] *avere un animo buono, cattivo* avoir bon cœur (du cœur), mauvais caractère; *un animo semplice* un cœur simple; *un animo rozzo* un caractère fruste; *essere d'animo volubile, libero* avoir l'esprit changeant, libre; *ha un animo nobile, forte* il a une âme noble (bien née), forte; *avere un animo interessato* être intéressé ◇ (*per est.*) [*persona, individuo*] esprit: *calmare gli animi* calmer les esprits; *influenzare gli animi giovanili* influencer les jeunes esprits; *avere un animo aristocratico, battagliero* avoir un esprit aristocratique, belliqueux **3** [*forza di carattere, coraggio*] force *f.*, courage: *forza d'animo...* force d'âme; *aver l'animo di...* avoir le courage de...; *non ho l'animo di dirglielo* je n'ai pas le courage, la force de le lui dire; *mi manca l'animo solo a pensarci* rien que d'y penser, le cœur me manque; *farsi animo* prendre courage; *prendere, riprendere animo* prendre, reprendre courage; *perdersi d'animo* [*scoraggiarsi*] perdre courage; *far, ridar animo a qc.* donner, redonner du courage à qqn.; *fatti animo che tutto passerà* (prends) courage, tout ça passera # *non devi perderti d'animo* tu ne dois pas te décourager; *con che animo hai potuto ingannarmi?* avec quelle audace as-tu pu me tromper? ◇ [*forza, energia*] force; énergie (*f.*): *non ho più l'animo di lottare* je n'ai plus la force (morale) de lutter; *il suo animo ha ceduto alle minacce, al ricatto* sa force de volonté a cédé aux menaces, au chantage; *ci vuole più animo* il faut plus de force de caractère, d'âme ‖ *battersi con animo* se battre avec énergie **4** → **anima** **II** *inter.* [*forza!, coraggio!*] allons, al-

lez: *animo! fatevi coraggio* allons, courage! *animo! animo! guarirai presto!* allons, allons, tu seras bientôt guéri! ◇ (*per esprimere incitamento*) [*su, via*] allons, allez: *animo! smettetela una buona volta!* allons, voulez-vous en finir une bonne fois!
animosaménte |animosa'mente| *avv.* **1** [→ ANIMOSO 1] courageusement: *battersi animosamente* se battre courageusement → **coraggiosamente** **2** [→ ANIMOSO 2] avec animosité *loc. inv.*
animosità |animosi'ta| *s.f. inv.* animosité *var.* → **malanimo, ostilità** Ⓒ **cordialità.**
animóso |ani'moso| *agg.* **1** [*coraggioso, intraprendente*] courageux*; fougueux*: *cuore animoso* cœur courageux || *gioventù animosa* jeunesse fougueuse → **ardito** ◇ (*animali*) [*focoso*] fougueux: *cavallo animoso* cheval fougueux **2** [*ostile, aggressivo*] hostile: *intenzioni animose* intentions hostiles; *parole animose* propos hostiles Ⓒ 1 **timoroso;** 2 **cordiale.**
anióne |a'njone| *s.m.* (*chim.*) anion.
anisétta |ani'zetta| *s.f.* anisette.
anisotropìa |anizotro'pia| *s.f.* (*miner.*) anisotropie.
anisòtropo |ani'zɔtropo| *agg.* anisotrope.
ànitra |'anitra| *s.f.* → **anatra.**
annacquaménto |annakkwa'mento| *s.m.* [→ ANNACQUARE 1] mouillage: *l'annacquamento del vino* le mouillage du vin.
annacquàre |annak'kware| *v.tr.* **1** [*diluire con acqua*] mouiller, couper d'eau: *annacquare il vino* mouiller, couper le vin **2** (*fig.*) [*attenuare*] affaiblir; atténuer: *annacquare dei colori* affaiblir des couleurs || *annacquare un rimprovero* atténuer un reproche → **temperare, mitigare** Ⓒ 2 **accentuare; inasprire.**
annacquàta |annak'kwata| *s.f.* [*leggera innaffiatura*] *dare un'annacquata ai fiori* arroser légèrement les fleurs ◇ [*pioggerella*] petite ondée.
annacquàto |annak'kwato| *agg.* **1** [*diluito con acqua*] mouillé, coupé d'eau: *vino, latte annacquato* vin, lait mouillé, coupé d'eau **2** (*fig.*) [*attenuato*] délavé; atténué: *colori annacquati* couleurs délavées || *rimprovero annacquato* reproche atténué.
annaffiaménto |annaffja'mento| *s.m.* [→ ANNAFFIARE] arrosage → **annaffiatura.**
annaffiàre |annaf'fjare| *v.tr.* [*bagnare con acqua alla maniera della pioggia*] arroser: *annaffiare i fiori* arroser les fleurs; *annaffiare un campo* arroser un champ ◇ (*fig., fam.*) *annaffiare il vino* [*annacquarlo*] baptiser le vin ◇ (*fig., scherz.*) *annaffiare un pasto con dell'ottimo vino* arroser un repas d'un vin excellent.
annaffiàta |annaf'fjata| *s.f.* **1** [→ ANNAFFIARE] arrosage *m.* # *dare un'annaffiata alle piante* arroser légèrement les plantes **2** (*per est.*) [*breve pioggerella*] petite ondée.
annaffiatóio, i |annaffja'tojo, i| *s.m.* [*recipiente usato per annaffiare*] arrosoir.
annaffiatóre, trice |annaffja'tore, tritʃe| *s. e agg.* **1** (*persone*) [*chi, che annaffia*] arroseur* **2** (*cose*) [*che serve ad annaffiare*] arroseur: *una botte annaffiatrice* une arroseuse *s.f.* → **annaffiatrice.**
annaffiatrìce |annaffja'tritʃe| *s.f.* (*tecnol.*) arroseuse.
annaffiatùra |annaffja'tura| *s.f.* [→ ANNAFFIARE] arrosage (*m.*): *l'annaffiatura di un giardino, di un campo* l'arrosage d'un jardin, d'un champ.
annàli |an'nali| *s.m.pl.* annales *f.* ◇ (*per est.*) [*storia*] annales.
annalìsta |anna'lista| *s.m.* annaliste.
annalìstico, ci, ca, che |anna'listiko, tʃi, ka, ke| *agg.* [*proprio degli annalisti*] de l'annaliste (*loc.*): *metodo annalistico* méthode de l'annaliste ◇ [*proprio dell'annalistica*] des annales (*loc. inv.*): *storia annalistica* histoire des annales.
annamìta |anna'mita| *agg.* [*dell'Annam*] annamite.
annamìtico, ci, ca, che |anna'mitiko, tʃi, ka, ke| **1** *agg.* [*dell'Annam, degli Annamiti*] annamite **2** (*s.m.*) *l'annamitico* [*la lingua*] l'annamite.
annasàre |anna'sare| *v.tr.* → **annusare.**
annaspàre |annas'pare| **A** *v.intr.* (*aus. 'avere'*) **1** [*agitare le braccia e le gambe come cercando q.c.*] se débattre (76) *pron.*, se démener (6) (*pron.*): *nuotatore che annaspa prima di annegare* nageur qui se débat avant de se noyer ◇ [*andare a tentoni*] tâtonner, avancer (2) à tâtons: *annaspava lungo il muro per trovare il letto* il avançait à tâtons le long du mur pour retrouver son lit **2** (*fig.*) [*darsi da fare, agitarsi senza concludere nulla*] s'agiter comme un beau diable **3** (*fig.*) [*imbrogliarsi, confondersi*] s'embrouiller *pron.*, s'empêtrer (*pron.*): *annaspare nei calcoli* s'embrouiller dans les calculs; *annaspava nel dare spiegazioni* il s'empêtrait dans ses explications **B** *v.tr.* [*avvolgere sull'aspo*] dévider: *annaspare il filo* dévider du fil.
annaspicàre |annaspi'kare| *v.intr.* (*aus. 'avere'*) [*imbrogliarsi nel parlare*] s'embrouiller (*pron.*): *annaspica nel dare spiegazioni* il s'embrouille dans ses explications.
annaspìo, ii |annas'pio, ii| *s.m.* [*atto continuato dell'annaspare*] tâtonnement # *dopo un breve annaspio sprofondò nelle sabbie mobili* il se débattit un instant et s'enfonça dans les sables mouvants ◇ (*fig.*) *dopo molti inutili annaspii...* après bien des tâtonnements infructueux...
annàta |an'nata| *s.f.* **1** année: *annata piovosa, fredda* année pluvieuse, froide; *una buona, una cattiva annata* une bonne, une mauvaise année; *annata politica, letteraria* année politique, littéraire; *annata agraria* année agricole; *è una buona annata per il vino* c'est une bonne année pour le vin **2** [*l'importo dovuto per un anno*] année: *un'annata di affitto* une année de loyer **3** [*l'insieme dei numeri di un periodico pubblicati in un anno*] année.
annebbiaménto |annebbja'mento| *s.m.* **1** [→ ANNEBBIARE A 1; B; C 1] formation *f.* de brouillard **2** (*fig.*) [→ ANNEBBIARE A 2; C 2] obscurcissement: *annebbiamento della vista* obscurcissement de la vue; *annebbiamento della ragione, dell'intelletto* obscurcissement de la raison, de l'esprit.
annebbiàre |anneb'bjare| **A** *v.tr.* **1** [*coprire di nebbia*] embrumer **2** (*fig.*) [*offuscare, confondere*] embrumer, brouiller: *il vino gli ha annebbiato il cervello* le vin lui a brouillé le cerveau; *annebbiare le idee* brouiller les idées → **offuscare** **B** *v.intr., impers.* (*aus. 'essere'*) (*raro*) [*offuscarsi per nebbia*] brumer (*aus.* avoir): *questa mattina annebbia* il brume, ce matin **C** *v. pron. intr.* ANNEBBIARSI **1** [→ *tr.* 1] s'embrumer **2** (*fig.*) [→ *tr.* 2] se brouiller, s'embrumer: *mi si annebbia la vista* ma vue se brouille → 1 **velar(si), appannar(si).**
annebbiàto |anneb'bjato| *agg.* **1** [*coperto di nebbia*] brumeux*: *orizzonte, cielo annebbiato* horizon, ciel brumeux **2** (*fig.*) [*offuscato*] brouillé: *occhi annebbiati dalle lacrime* regard brouillé, vue brouillée par les larmes → **velato**; *mente annebbiata* esprit brouillé; *ha le idee annebbiate* ses idées sont brouillées → **confuso** Ⓒ **limpido, chiaro.**
annegaménto |annega'mento| *s.m.* [→ ANNEGARE] noyade (*f.*): *salvare qc. dall'annegamento* sauver qqn. de la noyade; *è morto per annegamento* il est mort noyé, par noyade.
annegàre |anne'gare| **A** *v.tr.* **1** [*uccidere immergendo e soffocando nell'acqua*] noyer (10): *annegare dei gattini* noyer des chatons **2** (*fig.*) *annegare il proprio dolore nel vino* [*ubriacarsi per dimenticare*] noyer son chagrin dans le vin **B** *v.intr.* (*aus. 'essere'*) **1** [*morire per annegamento*] se noyer (*pron.*): *bagnante che annega* baigneur qui se noie **2** (*fig.*) *annegare nell'oro* [*essere molto ricco*] être (*aus.* avoir) tout cousu d'or; *annegare nei debiti* [*avere molti debiti*] être criblé de dettes **C** *v.pron. rifl.* ANNEGARSI [→ *tr.* 1] se noyer: *si è annegata nel fiume* elle s'est noyée dans la rivière.
annegàto |anne'gato| *agg. e s.* [*morto per annegamento*] noyé.
anneràre |anne'rare| *v.tr., intr.* (*aus. 'essere'*) *e pron.* → **annerire.**
anneriménto |anneri'mento| *s.m.* [→ ANNERIRE] noircissement Ⓒ **imbiancamento.**
annerìre |anne'rire| (197) **A** *v.intr.* (*aus. 'essere'*) [*diventare scuro, nero*] noircir (*aus.* avoir) **B** *v.tr.* [*rendere scuro, nero*] noircir: *il fumo ha annerito i muri* la fumée a noirci les murs **C** *v.pron. intr.* ANNERIRSI **1** [→ *intr.*] se noircir: *i colori di questo quadro si sono anneriti* les couleurs de ce tableau se sont noircies, ont noirci **2** [*oscurarsi*] s'assombrir, s'obscurcir: *il cielo si era annerito improvvisamente* le ciel s'était assombri subitement Ⓒ **imbianchire, imbiancare.**
annerìto |anne'rito| *agg.* [*diventato nero*] noirci.
annessióne |annes'sjone| *s.f.* (*polit.*) annexion: *l'annessione di un territorio* l'annexion d'un territoire Ⓒ **separazione.**
annessionìsmo |annessjo'nizmo| *s.m.* annexionnisme.
annessionìsta |annessjo'nista| *agg.* d'annexion *loc. inv.*, annexionniste (*raro*): *politica annessionista* politique d'annexion ◆ (*s.*) *un annessionista* un annexionniste (*raro*).
annessionìstico, ci, ca, che |annessjo'nistiko, tʃi, ka, ke| *agg.* annexionniste: *politica annessionistica* politique d'annexion, annexionniste → **annessionista.**
annèsso |an'nɛsso| **I** *agg.* **1** annexe, attenant: *la scuola annessa* l'école annexe; *una casa con annesso un*

giardino une maison avec jardin attenant **2** [*allegato, accluso*] annexé: *documenti annessi* documents annexés, en annexe → **unito II** *s.m.* **1** *al plur.* annexes (*f.*): *gli annessi di un edificio, di una pratica* les annexes d'un bâtiment, d'un dossier # *annessi e connessi* les tenants et les aboutissants **2** (*anat.*) *annessi uterini* les annexes de l'utérus.

annestàre |annes'tare| *v.tr.* → **innestare.**

annèttere |an'nɛ(e)ttere| (112) *v.tr.* **1** [*unire insieme, congiungere*] annexer ◇ [*allegare*] *annettere un documento* annexer une pièce, un document **2** (*polit.*) annexer: *annettere un territorio* annexer un territoire **3** (*loc. fig.*) *annettere importanza* [*dare, attribuire importanza*] accorder, attacher de l'importance **C** 1 **separare, staccare**; 2 **cedere.**

annichilàre |anniki'lare| *v.tr.* → **annichilire.**

annichilazióne |annikilat'tsjone| *s.f.* **1** [→ ANNICHILIRE] anéantissement *m.* **2** (*fis.*) annihilation **3** (*filos.*) néantisation.

annichiliménto |annikili'mento| *s.m.* [→ ANNICHILIRE] anéantissement.

annichilire |anniki'lire| (197) *v.tr.* [*annientare, distruggere*] annihiler ◇ (*fig.*) anéantir, annihiler: *la notizia lo ha annichilito* la nouvelle l'a anéanti ♦ *ass.* [*restare esterrefatto*] être (43) *intr.* anéanti: *annichilisco a sentire queste cose* je suis anéanti d'entendre ces choses-là.

annidàre |anni'dare| **A** *v.tr.* **1** [*mettere nel nido*] nicher **2** (*fig.*) [*covare, albergare*] couver, ruminer: *nel suo cuore annida progetti di vendetta* dans son âme il couve, rumine des projets de vengeance **B** *v.pron. rifl.* ANNIDARSI **1** [*fare il nido*] (se) nicher (*intr. e pron.*): *i topi si sono annidati in cantina* les rats ont niché, se sont nichés dans la cave **2** (*per est.*) [*celarsi, nascondersi*] se nicher, se cacher: *dove si è annidato?* où s'est-il niché?; *i nemici si sono annidati nel bosco* les ennemis se sont cachés dans le bois **3** (*per est.*) [*stabilirsi*] s'installer (à demeure): *si è annidato in casa mia* il s'est installé à demeure chez moi ◇ (*fig.*) se nicher: *l'odio si annida nel suo cuore* la haine se niche dans son âme **C** A 1 **snidare.**

annientaménto |annjenta'mento| *s.m.* [→ ANNIENTARE] anéantissement.

annientàre |annjen'tare| **A** *v.tr.* **1** [*annullare, distruggere*] anéantir, annihiler: *annientare la resistenza dell'avversario* anéantir la résistance de l'adversaire ◇ (*fig.*) éliminer: *annientare un ostacolo* éliminer un obstacle **2** (*fig.*) [*prostrare*] anéantir: *la disgrazia lo ha annientato* le malheur l'a anéanti **B** *v. pron.* ANNIENTARSI **1** *recipr.* [*annullarsi*] s'annihiler: *le due forze si annientano* les deux forces s'annihilent **2** *rifl.* (*fig.*) [*umiliarsi*] s'anéantir: *annientarsi davanti a Dio* s'anéantir (devant Dieu).

anniversàrio, i |anniver'sarjo, i| **1** *agg.* anniversaire: *festa anniversaria* fête anniversaire; *il giorno anniversario del nostro matrimonio* le jour anniversaire de notre mariage **2** *s.m.* anniversaire: *il centesimo anniversario di un avvenimento* le centième anniversaire d'un événement; *celebrare un anniversario* célébrer un anniversaire.

ànno |'anno| *s.m.* **1** (*unità di tempo*) année (*f.*): *anno solare, civile* année solaire, civile; *anno lunare* année lunaire; *anno astronomico* année astronomique; *anno luce* année-lumière, année de lumière **2** [*periodo dal 1° gennaio al 31 dicembre*] année, an: *nell'anno 1940* en (l'an) 1940; *nell'anno di grazia 1945* en l'an de grâce 1945; *nell'anno 1000, 2000* en l'an 1000, 2000; *l'anno 250 a.C., d.C.* l'an 250 av. J.-C., ap. J.-C.; *l'anno nuovo* la nouvelle année; *l'anno corrente* l'année courante; *il prossimo anno, l'anno che viene* l'année prochaine, l'an prochain; *l'anno scorso, passato* l'année dernière, passée; l'an dernier, passé; *capo d'anno* le jour, le premier de l'an, le nouvel an → **capodanno**; *buon anno!* bonne année!; *il primo, l'ultimo dell'anno* le premier, le dernier jour de l'année, de l'an; *entro l'anno* dans (le cours de) l'année; *un altr'anno, quest'altr'anno* l'année prochaine; *in che anno?* en quelle année? **3** [*periodo di tempo corrispondente a 365 giorni*] an, année: *ci vuole un anno di tempo* il faut un an; *fra quelche anno* dans quelques années; *un anno fa* il y a un an, une année; *anni addietro, anni fa, anni or sono* il y a quelques années; *molti anni fa* il y a plusieurs années; *di qui a un anno, in capo a un anno* au bout d'un an, d'une année; *più volte, cinque volte all'anno* plusieurs fois, cinq fois par an; *per molti, pochi anni ancora* pendant plusieurs, quelques années encore; *affittare una casa per tutto l'anno* louer une maison pour toute l'année; *con il lavoro sono in arretrato di un anno* je suis en retard d'un an dans mon travail # *col passare degli anni* avec le temps, avec l'âge ◇ (*relig. catt.*) *anno liturgico* année liturgique ◇ (*per est.*) [*ciò che è dovuto per un anno*] année, an: *ho pagato un anno di affitto* j'ai payé une année, un an de loyer ◇ (*loc.*) *di anno in anno* d'année en année ~ *anno per anno* une année après l'autre ~ *un anno sì, un anno no* tous les deux ans ~ *da un anno all'altro* d'une année à l'autre ~ *anno più, anno meno* plus ou moins **4** [*periodo nell'ambito di 365 giorni in cui si svolgono certe attività*] année: *anno scolastico* année scolaire; *anno accademico* année académique; *anno giudiziario* année judiciaire ◇ [*corso di studi*] *iscriversi al 3° anno di medicina* s'inscrire à la troisième année de médecine ◇ (*relig. catt.*) *anno santo* l'année sainte **5** (*per indicare l'età*) âge, an: *quanti anni hai?* quel âge as-tu?; *ha sei anni* il a six ans; *non ha ancora 16 anni* il n'a pas encore 16 ans; *è morto che aveva 50 anni* il est mort à (l'âge de) 50 ans; *essere nel fiore degli anni* être dans la fleur de l'âge; *non dimostra gli anni che ha* il ne paraît, il ne porte pas son âge; *porta bene i suoi anni* on ne lui donnerait pas son âge; *gli si darebbe meno, più degli anni che ha* il fait plus jeune, plus vieux que son âge; *continua a nascondere i propri anni* il continue de (à) cacher son âge; *mio nonno non sente ancora il peso degli anni* mon grand-père ne sent pas encore le poids des ans # *tenta in tutti i modi di togliersi gli anni* elle essaie de se rajeunir par tous les moyens ◇ (*loc.*) *essere in là con gli anni* être avancé en âge ~ *ha molti anni addosso* il est chargé d'ans **6** *al plur.* (*per indicare un'epoca più o meno lunga*) année: *gli anni dell'infanzia, della giovinezza, della vecchiaia* les années d'enfance, de jeunesse, de (la, sa) vieillesse; *gli anni della guerra* les années de guerre; *letteratura degli anni '20* littérature des années vingt; *gli anni della carestia, dell'abbondanza* les années de disette.

annobilire |annobi'lire| *v.tr.* (*raro*) [*nobilitare*] ennoblir ◇ (*fig.*) [*abbellire*] embellir.

annoccàre |annok'kare| **A** *v.tr.* (*agr.*) [*piegare tralci o rami per propaggìnare una pianta*] marcotter **B** *v.pron. intr.* ANNOCCARSI (*detto degli alberi*) [*spaccarsi, screpolarsi*] se fendre (53).

annodàre |anno'dare| **A** *v.tr.* **1** [*legare con un nodo*] nouer: *annodare una cintura, un fazzoletto* nouer une ceinture, un mouchoir; *annodare la cravatta* nouer sa cravate # *annodare i lacci delle scarpe* lacer ses souliers **2** (*fig.*) [*stringere, allacciare*] nouer: *annodare una relazione* nouer une relation; *annodare delle amicizie* nouer des amitiés **B** *v.pron. intr.* (*raro, fig.*) ANNODARSI [*ingarbugliarsi*] s'embrouiller: *i fili si sono annodati* les fils se sont embrouillés **C** A 1 **snodare, slegare**; B **sciogliere.**

annodàto |anno'dato| *agg.* **1** [*legato, unito con uno o più nodi*] noué: *una corda annodata* une corde nouée **2** (*fig.*) [*imbrogliato, confuso*] embrouillé, emmêlé: *questione annodata* affaire embrouillée **3** (*arald.*) noué **C** 1 **slegato.**

annodatùra |annoda'tura| *s.f.* **1** [→ ANNODARE A 1] nouement *m.* ◇ (*tess.*) nouage *m.* **2** [*nodo*] nœud *m.* **C** 1 **snodatura.**

annoiàre |anno'jare| **A** *v.tr.* [*recare, dare noia*] ennuyer (11): *annoiare l'uditorio* ennuyer son auditoire; *ci annoi con queste storie* tu nous ennuies avec ces histoires # *non annoiarlo!* ne l'embête (*fam.*) pas! **B** *v.pron. intr.* ANNOIARSI [*provar noia*] s'ennuyer: *con voi non mi annoio mai* je ne m'ennuie jamais avec vous.

annoiàto |anno'jato| *agg.* [*che prova, dimostra noia*] ennuyé: *gli spettatori sembravano annoiati* les spectateurs avaient l'air de s'ennuyer; *hai l'aria annoiata, mi sembri annoiata* tu as l'air de t'ennuyer.

annòna |an'nɔna| *s.f.* **1** [*scorte di cereali; approvvigionamento*] approvisionnement *m.* ◇ [*il relativo apparato amministrativo*] *ufficio dell'annona* bureau d'approvisionnement **2** (*ant. rom.*) annone.

annonàrio, i |anno'narjo, i| *agg.* [*che appartiene all'annona*] d'alimentation *loc.*, de ravitaillement (*loc.*): *tessera, carta annonaria* carte d'alimentation, de ravitaillement; *leggi annonarie* lois sur le ravitaillement ◇ (*st. rom.*) *province annonarie* provinces annonaires ♦ (*s.f.*) *l'annonaria* → **annona** 1.

annóso |an'noso| *agg.* **1** (*raro*) (*persone*) [*vecchio, di molti anni*] vieux*, chargé d'ans (d'années) **2** [*che dura da molti anni*] vieux: *un'annosa questione* une vieille affaire **C** 1 **giovane**; 2 **recente.**

annotàre |anno'tare| *v.tr.* **1** [*prendere nota, appuntare*] noter, prendre (73) en note: *annotare un indirizzo* noter une adresse, prendre en note une adresse; *annotare le spese* noter ses dépenses **2** [*corredare di note*] annoter: *annotare un testo di latino* annoter un texte (de) latin.

annotatóre, trice |annota'tore, tritʃe| *s.* annotateur*.

annotazióne |annotat'tsjone| *s.f.* **1** [→ ANNOTARE 1] note: *prendere annotazioni* prendre des notes → 1 **appunto** ◇ (*loc. fig.*) *degno di annotazione* digne d'être noté **2** [→ ANNOTARE 2] annotation: *curare l'annotazione di un testo* soigner l'annotation d'un texte ◇ [*nota, postilla*] note, annotation: *leggere le annotazioni in fondo alla pagina* lire les notes en bas de la page ◇ (*dir.*) mention: *annotazione sul certificato penale* mention sur l'extrait du casier judiciaire.

annottàre |annot'tare| **A** *v.impers.* (*aus.* '*essere*') [*farsi notte*] faire (45) (*aus.* avoir) nuit: *d'inverno annotta presto* en hiver il fait nuit tôt ♦ (*ass.*) *annotta* la nuit tombe **B** *v.pron. intr.* (*lett.*) ANNOTTARSI [→ *impers.*] se faire nuit (*corr.*) Ⓒ **albeggiare.**

annoveràre |annove'rare| *v.tr.* **1** [*comprendere nel numero*] compter parmi, au nombre de: *lo annovero tra i miei nemici* je le compte parmi, au nombre de mes amis **2** [*enumerare, elencare*] énumérer (8): *annoverare i vantaggi di un'impresa* énumérer les avantages d'une entreprise → **raccontare** **3** (*lett.*) → **contare.**

annuàle |annu'ale| *agg.* [*che ricorre ogni anno*] annuel*: *festa annuale* fête annuelle; *scadenza annuale* échéance annuelle; *banchetto annuale* banquet annuel ◇ [*che ha la durata di un anno*] *contratto, abbonamento annuale* contrat, abonnement annuel; *licenza annuale* permis annuel ◇ [*relativo a un anno*] *stipendio annuale* salaire annuel.

annualità |annuali'ta| *s.f. inv.* **1** [*quota annua*] annuité (*var.*): *un'annualità di affitto* une annuité d'un loyer **2** [*che dura un anno*] annualité (*var.*): *l'annualità di una carica* l'annualité d'une charge.

annualménte |annual'mente| *avv.* [→ ANNUALE] annuellement.

annuàrio, i |annu'arjo, i| *s.m.* annuaire: *annuario di statistica* annuaire de statistique(s); *annuario pontificio* annuaire pontifical.

annuire |annu'ire| (197) *v.intr.* (*aus.* '*avere*') **1** [*fare cenno di assenso, approvare*] acquiescer (2) d'un signe de tête, faire (45) *tr.* signe que oui: *annuì subito* il acquiesça aussitôt d'un signe de tête, il fit aussitôt signe que oui **2** [*acconsentire*] acquiescer, consentir (21): *annuì alla nostra proposta* elle acquiesça, consentit à notre proposition Ⓒ 1 **negare**; 2 **dissentire.**

annullaménto |annulla'mento| *s.m.* (*dir.*) [→ ANNULLARE] annulation (*f.*): *annullamento di un contratto* annulation d'un contrat; *annullamento di matrimonio* annulation d'un mariage ◇ (*pt*) oblitération (*f.*): *annullamento di un francobollo* oblitération d'un timbre; *timbro di annullamento* cachet d'oblitération Ⓒ **convalida, ratifica.**

annullàre |annul'lare| **A** *v.tr.* **1** [*rendere privo di efficacia, invalidare*] annuler: *annullare un concorso* annuler un concours; *annullare un appuntamento* annuler un rendez-vous; *annullare un ordine* annuler, révoquer un ordre; *questo imprevisto annulla i nostri programmi* cet imprévu annule nos programmes ◇ (*dir.*) *annullare un matrimonio, una sentenza* annuler un mariage, une sentence **2** (*pt*) *annullare un francobollo* oblitérer (8) un timbre **3** [*annientare, distruggere*] annihiler: *annullare la resistenza del nemico* annihiler la résistence de l'ennemi ◇ (*fig.*) *tutti i nostri sforzi sono stati annullati* tous nos efforts ont été annihilés **B** *v. pron.* ANNULLARSI **1** *rifl.* [→ *tr.* 3] s'annihiler **2** *recipr.* [*neutralizzarsi*] s'annuler: *le due forze si annullano* les deux forces s'annulent Ⓒ A 1 **convalidare, confermare, ratificare.**

annullatóre, trice |annulla'tore, tritʃe| *agg.* → **obliteratore.**

annùllo |an'nullo| *s.m.* → **obliterazione.**

annunciàre |annun'tʃare| **A** *v.tr.* **1** [*far sapere, portare a conoscenza di*] annoncer (2): *annunciare una grande notizia a qc.* annoncer une grande nouvelle à qqn.; *annunciare la morte di qc.*; annoncer la mort de qqn. ◇ [*rendere pubblico, far sapere in modo solenne o ufficiale*] *annunciare un matrimonio, una nascita* annoncer un mariage, une naissance; *annunciare la vittoria* annoncer la victoire ◇ [*segnalare qc. che è appena arrivato*] *annunciare qc.* annoncer qqn.; *farsi annunciare* se faire annoncer; *chi devo annunciare?* qui dois-je annoncer? **2** (*lett.*) [*predicare, divulgare*] annoncer: *annunciare la parola di Dio* annoncer la parole de Dieu **3** [*predire, profetizzare*] annoncer: *annunciare la venuta del Messia* annoncer la venue du Messie **4** [*preannunciare, far prevedere*] annoncer: *le rondini annunciano la primavera* les hirondelles annoncent le printemps **B** *v.pron.* ANNUNCIARSI **1** *rifl.* [*presentarsi, segnalare la propria presenza*] se faire (45) annoncer: *mi sono già annunciato, attendo che mi riceva* je me suis déjà fait annoncer, j'attends qu'il me reçoive **2** *intr.* [*lasciar prevedere di essere*] s'annoncer: *l'inverno si annuncia freddo* l'hiver s'annonce froid; *la serata si annuncia movimentata* la soirée s'annonce mouvementée Ⓒ A 1 **nascondere, tacere** 1.

annunciatóre, trice |annuntʃa'tore, tritʃe| **I** *s.* **1** annonciateur*: # *sei un annunciatore di disgrazie* tu es un messager, un héraut de malheurs **2** (*radio, tv*) speaker *m.*, speakerine *f.*; animateur*, présentateur*: *annunciatrice televisiva* speakerine, animatrice, présentatrice de la télévision **II** *agg.* [*premonitore, rivelatore*] annonciateur, avant-coureur (*m.*): *segni annunciatori* signes annonciateurs, avant-coureurs # *l'angelo annunciatore* l'ange de l'Annonciation.

annunciazióne |annuntʃat'tsjone| *s.f.* → **annuncio** ◇ (*relig. crist.*) Annonciation: *festa dell'Annunciazione* fête dell'Annonciation.

annùncio, i |an'nuntʃo, i| *s.m.* **1** [→ ANNUNCIARE A 1] *un lieto, un triste annuncio* une joyeuse, une triste nouvelle *f.* → **notizia**; *annuncio di nascita, di morte, di matrimonio* annonce *f.*, faire-part *inv.* de naissance, de mort, de mariage → **comunicazione**; *dare, diffondere un annuncio* donner, répandre une nouvelle → **notizia, comunicazione, informazione**; *presentarsi senza annuncio* se présenter sans s'annoncer → **preavviso**; *inviare gli annunci di matrimonio* envoyer les faire-part de mariage; *hai ricevuto l'annuncio?* as-tu reçu l'invitation? *f.* → **partecipazione, invito** ◇ (*spec.*) *annunci economici* petites annonces; *annunci pubblicitari* annonces publicitaires; *ho letto l'annuncio sul giornale* j'ai lu l'annonce dans le journal → **inserzione, avviso**; *annuncio radiofonico* annonce radiophonique → **presentazione**; *annuncio murale* affiche (*f.*); *annuncio giudiziario* annonce judiciaire **2** (*fig.*) [*segno rivelatore, presagio*] annonce: *la viola è l'annuncio della primavera* les violettes sont l'annonce du printemps, annoncent le printemps # *il vento è l'annuncio della pioggia* le vent annonce la pluie.

annunziàre |annun'tsjare| *e deriv.* → **annunciare** *e deriv.*

ànnuo |'annuo| *agg.* [*che dura un anno, che si ripete ogni anno*] annuel*: *ciclo annuo* cycle annuel; *durata annua* durée annuelle; *pubblicazione annua* publication annuelle → **annuale** ◇ [*per un anno*] *stipendio annuo* salaire annuel; *reddito annuo* revenu annuel.

annusàre |annu'sare| **A** *v.tr.* **1** [*aspirare col naso per sentire un odore*] flairer; humer: *annusare il cibo* flairer sa nourriture; *il cane annusava il padrone* le chien flairait son maître ‖ *annusare una rosa* humer une rose; *annusare un piatto* humer un plat; *annusare un profumo* humer un parfum # *annusare tabacco* renifler du tabac, priser ♦ (*col 'si' pleon.*) se sentir: *annusarsi le mani* se sentir les mains **2** (*fig.*) [*intuire, subodorare*] flairer: *annusare il pericolo* flairer le danger; *annusare q.c. di losco* flairer qqch. de louche **B** *v.pron. rifl.* ANNUSARSI se flairer: *annusarsi come cani* se flairer comme des chiens.

annusàta |annu'sata| *s.f.* (*solo nella loc.*) *dare un'annusata a* (*q.c.*) [*annusare*] flairer (qqch.).

annuvolaménto |annuvola'mento| *s.m.* **1** [→ ANNUVOLARE B] amoncellement de nuages: *annuvolamento sull'arco alpino* amoncellement de nuages sur le massif alpin (sur les Alpes) **2** (*fig.*) [→ ANNUVOLARE A 2] assombrissement: *annuvolamento delle idee* assombrissement des idées → **annebbiamento** Ⓒ **schiarita.**

annuvolàre |annuvo'lare| **A** *v.tr.* **1** [*coprire con nuvole*] obscurcir, assombrir: *la foschia annuvola l'orizzonte* la brume obscurcit, assombrit l'horizon **2** (*fig.*) [*offuscare, annebbiare*] troubler, brouiller: *il vino gli annuvola la mente* le vin lui trouble, brouille la cervelle **B** *v.pron. intr.* ANNUVOLARSI **1** [→ *tr.* 1] s'assombrir, se couvrir (23) de nuages: *il cielo si era annuvolato* le ciel s'était assombri, s'était couvert de nuages **2** (*fig.*) [*turbarsi, incupirsi*] s'assombrir, se rembrunir: *il suo viso si annuvolò* son visage s'assombrit, se rembrunit Ⓒ A 1; B 1 **schiarire**; A 2; B 2 **illuminare.**

annuvolàto |annuvo'lato| *agg.* **1** [*coperto di nuvole*] nuageux*, couvert (de nuages): *cielo annuvolato* ciel nuageux, couvert **2** (*fig.*) [*turbato, cupo*] assombri, rembruni: *viso annuvolato* visage assombri, rembruni Ⓒ 1 **limpido**; 2 **disteso, tranquillo.**

àno |'ano| *s.m.* (*anat.*) anus: *lo sfin-*

tere dell'ano le sphincter de l'anus ◇ (*chir.*) *ano artificiale* anus artificiel.

anòbio, i |a'nɔbjo, i| *s.m.* (*t.zool.*) anobie, anobium.

anòdico, ci, ca, che |a'nɔdiko, tʃi, ka, ke| *agg.* (*fis.*) anodique.

anòdino |a'nɔdino| *agg.* **1** (*med.*) anodin (*arc.*) → **calmante** **2** (*fig.*) [*di scarso effetto*] anodin: *rimedi anodini* remèdes anodins; *un uomo anodino* un homme anodin; *fare discorsi anodini* tenir des propos anodins → **insignificante** Ⓒ 2 **valido.**

anodizzàre |anodid'dzare| *v.tr.* (*tecnol.*) [*sottoporre a ossidazione anodica un metallo*] anodiser.

anodizzazióne |anodiddzat'tsjone| *s.f.* (*tecnol.*) anodisation.

ànodo |'anodo| *s.m.* (*fis.*) anode *f.*

anòfele |a'nɔfele| *s.m.* (*t.zool.*) anophèle.

anòmala |a'nɔmala| *s.f.* (*t.zool.*) anomala *m.*, anomale *m.*

anomalìa |anoma'lia| *s.f.* anomalie: *anomalie di funzionamento, di comportamento* anomalies de fonctionnement, de comportement; *riscontrare delle anomalie* relever des anomalies → **anormalità** ◇ (*astron.*) anomalie ◇ (*fis.*) *anomalia magnetica* anomalie magnétique ◇ (*geogr.*) *anomalia termica* anomalie thermique ◇ (*ling.*) *anomalia sintattica* anomalie syntaxique ◇ (*med.*) *anomalia funzionale* anomalie d'une fonction Ⓒ **regolarità, normalità.**

anòmalo |a'nɔmalo| *agg.* anomal*: *forma anomala* forme anomale → **anormale** ◇ (*bot.*) *fiore anomalo* fleur irrégulière ◇ (*gram.*) *verbo anomalo* verbe anomal Ⓒ **regolare** 1, **normale.**

anòna |a'nɔna| *s.f.* (*t.bot.*) anone.

anonimaménte |anonima'mente| *avv.* [→ ANONIMO I] anonymement.

anonimàto |anoni'mato| *s.m.* anonymat: *coperto dall'anonimato* sous le couvert de l'anonymat; *conservare l'anonimato* garder l'anonymat ◇ (*dir.*) *diritto all'anonimato* droit à l'anonymat.

anonimìa |anoni'mia| *s.f.* anonymie.

anònimo |a'nɔnimo| **I** *agg.* anonyme: *un libellista anonimo* un pamphlétaire anonyme; *minacce, lettere anonime* menaces, lettres anonymes ◇ (*dir.*) *società anonima* société anonyme ◇ (*fig.*) *abiti anonimi* [*senza peso, insignificanti*] vêtements anonymes **II** *s.m.* **1** anonyme: *libro di un anonimo dell'800* livre d'un anonyme du XIXe siècle; *scritte ingiuriose di anonimi* inscriptions injurieuses d'anonymes ◇ (*loc.*) *conservare l'anonimo* garder l'anonymat → **anonimato** **2** (*per est.*) [*scritto di autore ignoto*] *scoprire un anonimo* découvrir une œuvre *f.* anonyme *agg.*

anoplotèrio, i |anoplo'tɛrjo, i| *s.m.* (*t.zool.*) anoplothérium.

anoressìa |anores'sia| *s.f.* (*med.*) anorexie.

anorgànico, ci, ca, che |anor'ganiko, tʃi, ka, ke| *agg.* anorganique.

anormàle |anor'male| *agg.* **1** (*cose*) anormal*: *cosa anormale* chose anormale; *notare, scoprire q.c. di anormale* remarquer, découvrir qqch. d'anormal; *condurre una vita anormale* mener une vie anormale → **irregolare** **2** (*persone*) anormal: *un uomo anormale* un homme anormal → **squilibrato** ♦ (*s.*) *un anormale* un homme anormal *agg.*, un anormal (*fam.*) Ⓒ 1 **normale, regolare** 1; 2 **equilibrato.**

anormalità |anormali'ta| *s.f. inv.* **1** anomalie *var.*, anormalité (*var.*): *l'anormalità di una situazione* l'anomalie d'une situation → **irregolarità** **2** (*med.*) anomalie: *anormalità di un organo* anomalie d'un organe **3** [*fatto anormale*] anomalie: *riscontrare anormalità amministrative* relever des anomalies administratives Ⓒ **regolarità.**

anosmìa |anoz'mia| *s.f.* (*med.*) anosmie.

anossiemìa |anossie'mia| *s.f.* (*med.*) anoxémie.

anovulatòrio, i |anovula'tɔrjo, i| *agg.* (*med.*) anovulatoire.

ànsa |'ansa| *s.f.* **1** anse: *ansa di una brocca* anse d'une cruche → **manico, maniglia** ◇ (*fig.*) *dare ansa alle maldicenze* donner prise aux médisances **2** [*insenatura, rientranza*] anse, sinuosité ◇ (*di un fiume*) coude *m.* **3** (*anat.*) *ansa arteriosa* anse artérielle **4** (*arch.*) *arco d'ansa* anse (de panier).

ansànte |an'sante| *agg.* → **ansimante.**

ansàre |an'sare| *v.intr.* (*aus. 'avere'*) → **ansimare.**

anseàtico, ci, ca, che |anse'atiko, tʃi, ka, ke| *agg.* (*st. germ.*) *hanséatique: *lega anseatica* ligue hanséatique.

Anserifórmi |anseri'formi| *s.m. pl.* (*t.zool.*) Ansériformes.

ànsia |'ansja| *s.f.* **1** [*stato di preoccupazione; affanno*] anxiété: *se ritarda sto in ansia* quand il tarde, je suis dans l'anxiété → **inquietudine** ◇ [*forte desiderio, impazienza*] envie # *ho ansia di vederla* je suis anxieux de la voir **2** (*psicol.*) anxiété, angoisse → **ansietà** Ⓒ **tranquillità.**

ansietà |ansje'ta| *s.f. inv.* → **ansia.**

ansimànte |ansi'mante| *agg.* [*che respira con difficoltà*] *haletant: *arrivò tutto ansimante* il arriva tout haletant.

ansimàre |ansi'mare| *v.intr.* (*aus. 'avere'*) **1** [*respirare con difficoltà*] souffler, *haleter (7): *ansimavamo su per la salita* nous soufflions en montant, nous étions tout haletants par la montée **2** (*fig.*) (*di locomotrice, di macchina*) souffler → **sbuffare.**

ansiògeno |an'sjɔdʒeno| *agg.* anxiogène.

ansiolìtico, ci, ca, che |ansjo'litiko, tʃi, ka, ke| *s.m. e agg.* (*farm.*) anxiolytique, calmant.

ansiosaménte |ansjosa'mente| *avv.* [→ ANSIOSO] anxieusement: *attendere ansiosamente qc.* attendre anxieusement qqn. # *vivere ansiosamente* vivre dans l'anxiété Ⓒ **serenamente, tranquillamente.**

ansióso |an'sjoso| *agg.* **1** anxieux*: *stato ansioso* état anxieux; *carattere ansioso* caractère anxieux ♦ (*s.*) *un ansioso* un anxieux **2** [*desideroso, impaziente*] anxieux de, impatient de: *sono ansioso di avere tue notizie* je suis anxieux, impatient d'avoir de tes nouvelles Ⓒ **calmo, sereno, tranquillo.**

ànsito |'ansito| *s.m.* (*lett.*) [*respiro affannoso*] *halètement (*corr.*), essoufflement (*corr.*).

ànsola |'ansola| *s.f.* [*anello della campana a cui si attacca il battacchio*] bélière.

1 **ànta** |'anta| *s.f.* **1** [*sportello, imposta*] volet *m.*; porte: *le ante delle finestre* les volets des fenêtres || *l'anta dell'armadio* la porte de l'armoire; *armadio a sei ante* armoire à six portes **2** [*tavola di un dittico o laterale di un trittico*] volet **3** (*arch.*) ante.

2 **ànta** |'anta| *s.m.pl. inv.* (*scherz.*) [*gli anni dai 40 ai 90*] *entrare, essere negli anta* atteindre, avoir dépassé la quarantaine *f. sing.*

antagonismo |antago'nizmo| *s.m.* antagonisme: *antagonismo delle idee* antagonisme d'idées ◇ (*med.*) antagonisme.

antagonista |antago'nista| *agg.* **1** antagoniste, rival*: *in questa faccenda siamo antagonisti* dans cette affaire nous sommes antagonistes, opposés → **rivale** ♦ (*s.*) *un antagonista* un rival, un antagoniste: *ha battuto il suo più diretto antagonista* il a battu son rival le plus direct **2** (*anat.*) *muscoli antagonisti* muscles antagonistes ♦ (*s.m.*) *l'antagonista* l'antagoniste **3** (*mecc.*) *molla antagonista* ressort de rappel **4** (*teat.*) *personaggio antagonista* personnage antagoniste ♦ (*s.*) *l'antagonista* l'antagoniste Ⓒ 1 **alleato**; 4 **protagonista.**

antagonìstico, ci, ca, che |antago'nistiko, tʃi, ka, ke| *agg.* **1** antagoniste, opposé: *posizioni antagonistiche* positions antagonistes, opposées → **rivale** **2** (*anat.*) antagoniste: *muscoli antagonistici* muscles antagonistes ◇ (*biol.*) opposé: *caratteri antagonistici* caractères opposés.

antàlgico, ci, ca, che |an'taldʒiko, tʃi, ka, ke| *s.m.* (*farm.*) calmant → **antinevralgico** ♦ (*agg.*) *farmaco antalgico* médicament antalgique.

antàrtico, ci, ca, che |an'tartiko, tʃi, ka, ke| *agg.* antarctique: *il polo antartico* le pôle antarctique.

ànte- |'ante| *pref.* (*significa 'prima di', corrisponde gener. a*) anté: *antecedente* antécédent → **anti-** 2, **anzi.**

antecedènte |antetʃe'dɛnte| **1** *agg.* [*che viene prima, anteriore*] antérieur: *cause antecedenti* causes antérieures → **precedente** **2** *s.m.* antécédent: *gli antecedenti di quanto è accaduto* les antécédents de ce qui est arrivé; *esporre, chiarire gli antecedenti di un fatto* exposer, éclaircir les antécédents d'un fait; *gli antecedenti della guerra* les antécédents de la guerre → **antefatto** ◇ (*mat.*) *relazione da antecedente a conseguente* relation d'antécédent à conséquent Ⓒ 1 **posteriore, conseguente.**

antecedènza |antetʃe'dɛntsa| *s.f.* → **precedenza** ◇ *loc. avv.* IN ANTECEDENZA précédemment (*avv.*): *come abbiamo detto in antecedenza* comme nous l'avons dit précédemment → 1 **prima** # *questi problemi si pongono in antecedenza* ces problèmes se posent en priorité.

antecèdere |ante'tʃɛdere| (125) **A** *v.tr.* **1** (*tempo*) [*venire prima di, precedere*] précéder (8): *questi fatti antecedono la tua nomina* ces faits précèdent ta nomination ◇ (*raro, spazio*) [*star prima, innanzi*] précéder (*corr.*): *la piazza che antecede il municipio* la place qui précède la mairie; *mi antecedevano* ils me précédaient → **precedere** **2** (*fig.*) [*essere superiore a*] dépasser: *antecede tutti in esperienza* il dépasse tout le monde en expérience → **superare** **B** *v.intr.* (*aus.*

'*avere*') [→ *tr.* 2] dépasser (*tr.*): *antecede su tutti per intelligenza* il dépasse tout le monde en intelligence.
antecèsso |ante'tʃɛsso| *s.m.* → **antefatto.**
antecessóre |antetʃes'sore| *s.m.* (*raro*) → **predecessore.**
antefàtto |ante'fatto| *s.m.* [*situazione, vicende precedenti*] faits *pl.*, événements *pl.* qui précèdent: *gli antefatti della guerra* les événements, les faits qui précèdent la guerre; *esporre gli antefatti* exposer les faits, les événements qui précèdent ◇ (*letter.*) *l'antefatto di una commedia, di un romanzo* les faits, les événements qui précèdent dans une comédie, un roman.
anteguèrra |ante'gwɛrra| *s.m. inv.* avant-guerre (*m. o f. var.*): *nel periodo dell'anteguerra* dans la période d'avant-guerre ✦ (*agg. inv.*) *situazione anteguerra* situation d'avant-guerre *s.m. o f. var.* © **dopoguerra.**
antelucàno |antelu'kano| *agg.* (*lett.*) qui précède le lever du jour (*loc.*): *ore antelucane* heures qui précèdent le lever du jour.
antemuràle |antemu'rale| *s.m.* **1** (*mar.*) brise-lames *inv.* **2** (*mil., st. rom., mediev.*) braie *f.*
antenàto |ante'nato| *s.m.* **1** [*ascendente di famiglia; progenitore*] ancêtre: *i suoi antenati erano di origine tedesca* ses ancêtres étaient d'origine allemande **2** *al plur.* [*le generazioni precedenti*] ancêtres: *i nostri antenati hanno sofferto la fame* nos ancêtres ont souffert (de) la faim.
anténna |an'tenna| *s.f.* **1** (*mar.*) antenne ◇ (*per est.*) [*palo, asta*] *hampe: *l'asta della bandiera* la hampe du drapeau **2** (*poet.*) [*spada*] hast *m.* **3** (*anat., zool.*) antenne: *le antenne delle farfalle* les antennes des papillons ◇ (*loc. fig., scherz.*) *drizzare le antenne* [*mettersi attentamente in ascolto*] dresser l'oreille ~ *avere le antenne* avoir des antennes **4** (*edil.*) baliveau *m.* **5** (*radio.*) antenne: *antenna direzionale* antenne directionnelle; *antenna televisiva* antenne de télévision; *piazzare un'antenna* placer une antenne.
antennàle |anten'nale| *s.m.* (*mar.*) têtière *f.*
antepenùltimo |antepe'nultimo| *agg.* → **antipenultimo.**
antepórre |ante'porre| (168) **A** *v.tr.* **1** [*attribuire una maggior importanza, preferire*] faire (45) *intr.* passer avant; préférer (8): *anteporre il dovere al piacere* faire passer le devoir avant le plaisir; préférer le devoir au plaisir **2** (*ling.*) [*porre avanti, collocare anteriormente*] placer (2) avant, antéposer: *anteporre l'aggettivo al sostantivo* placer l'adjectif avant le substantif, antéposer l'adjectif au substantif **B** *v.pron.* ANTEPORSI **1** *intr.* [*essere più importante, prioritario*] passer *intr.* avant: *questi problemi si antepongono a tutto il resto* ces problèmes passent avant tout le reste **2** *rifl.* [→ *tr.* 2] se placer avant: *il soggetto si antepone al verbo* le sujet se place avant le verbe.
anteprima |ante'prima| *s.f.* (*spettacoli*) avant-première ◇ *loc. avv.* IN ANTEPRIMA en avant-première: *dare un film in anteprima* donner un film en avant-première.
antèra |an'tɛra| *s.f.* (*bot.*) anthère.
anterìdio, i |ante'ridjo, i| *s.m.* (*bot.*) anthéridie *f.*
anterióre |ante'rjore| *agg.* **1** antérieur: *le zampe anteriori* les pattes antérieures, de devant; *la parte anteriore del palazzo* la partie antérieure de l'immeuble # *le zampe anteriori del cavallo* les jambes de devant du cheval ◇ (*spazio*) *sulla parte anteriore* sur le devant ◇ (*tempo*) *i fatti anteriori al disastro* les faits antérieurs au désastre; *uno scrittore anteriore a Gide* un écrivain antérieur à Gide **2** (*gram.*) *futuro anteriore* futur antérieur **3** (*ling.*) antérieur: *articolazione anteriore* articulation antérieure; *vocale anteriore* voyelle antérieure © 1 **posteriore.**
anteriorità |anterjori'ta| *s.f. inv.* antériorité (*var.*): *l'anteriorità di un fatto* l'antériorité d'un fait ◇ (*gram.*) antériorité © **posteriorità.**
anteriorménte |anterjor'mente| *avv.* **1** [→ ANTERIORE 1] antérieurement → 1 **prima, precedentemente** **2** → **davanti** © 1 **posteriormente, dopo**; 2 **dietro.**
anterògrado |ante'rɔgrado| *agg.* (*med.*) antérograde: *amnesia anterograda* amnésie antérograde.
anterozòo |anterod'dzɔo| *s.m.* (*bot.*) anthérozoïde.
antèsi |an'tɛzi| *s.f. inv.* (*bot.*) anthèse *var.*
antesignàno |antesiɲ'ɲano| *s.m.* [*propugnatore di una nuova dottrina, precursore*] précurseur: *gli antesignani di un movimento letterario* les précurseurs d'un mouvement littéraire.
ànti- |'anti| *pref.* **1** (*significa 'contro, contrario a', corrisponde gener. a*) anti: *antidemocratico* antidémocratique; *antiaereo* antiaérien **2** (*significa 'prima', corrisponde gener. a*) anti: *antidata* antidate.
antiabbagliànte |antiabbaʎ'ʎante| *agg. e s.m.* → **anabbagliante.**
antiàcido |anti'atʃido| *s.m.* antiacide ✦ (*agg.*) *sostanza antiacida* substance antiacide © **acido.**
antiaèrea |antia'ɛrea| *s.f.* (*mil.*) défense antiaérienne *agg.*, D.C.A. (défense contre avions).
antiaèreo |antia'ɛreo| *agg.* antiaérien*: *difesa antiaerea* défense antiaérienne; *rifugio antiaereo* réfuge antiaérien.
antialcoòlico, ci, ca, che |antialko'ɔliko, tʃi, ka, ke| *agg.* antialcoolique: *campagna antialcoolica* campagne antialcoolique.
antiartritico, ci, ca, che |antiar'tritiko, tʃi, ka, ke| *agg.* (*farm.*) *farmaco antiartritico* remède contre l'arthrite *loc. inv.* ✦ (*s.m.*) *un antiartritico* un remède contre l'arthrite.
antiatòmico, ci, ca, che |antia'tɔmiko, tʃi, ka, ke| *agg.* antiatomique: *difesa antiatomica* défense antiatomique.
antibattèrico, ci, ca, che |antibat'tɛriko, tʃi, ka, ke| *agg.* (*farm.*) bactéricide: *prodotto antibatterico* produit bactéricide ✦ (*s.m.*) *un antibatterico* un bactéricide © **batterico.**
antibiòtico, ci, ca, che |antibi'ɔtiko, tʃi, ka, ke| *agg.* (*farm.*) antibiotique: *farmaco antibiotico* médicament antibiotique ✦ (*s.m.*) *un antibiotico* un antibiotique.
antiborghése |antibor'gese| *agg.* antibourgeois.
anticàglia |anti'kaʎʎa| *s.f.* antiquaille, vieillerie.
anticaménte |antika'mente| *avv.* [→ ANTICO I 1] anciennement © **recentemente, attualmente.**
anticàmera |anti'kamera| *s.f.* antichambre: *aspettare nell'anticamera* attendre dans l'antichambre; *fare anticamera* faire antichambre ◇ (*loc. fig., fam.*) *non mi è passato neppure per l'anticamera del cervello* ça ne m'a pas même effleuré l'esprit.
anticanceróso |antikantʃe'roso| *agg.* anticancéreux*: *centro anticanceroso* centre anticancéreux.
anticapitalista |antikapita'lista| *agg.* anticapitaliste.
anticàrro |anti'karro| *agg. inv.* (*mil.*) antichar (*var.*): *cannoni anticarro* canons antichars.
antichità |antiki'ta| *s.f. inv.* **1** ancienneté (*var.*): *l'antichità di una legge, di un titolo* l'ancienneté d'une loi, d'un titre; *l'antichità di una casa* l'ancienneté d'une maison **2** [*tempi antichi*] antiquité (*var.*): *questo risale all'antichità* cela remonte à l'antiquité ◇ (*spec.*) L'ANTICHITÀ [*le antiche civiltà*] l'antiquité: *l'antichità greco-romana* l'antiquité gréco-romaine **3** *al plur.* [*i monumenti antichi*] antiquités: *antichità orientali* antiquités orientales ◇ [*oggetti, mobili antichi*] *negozio d'antichità* magasin d'antiquités; *ha fatto una raccolta di antichità* il a fait une collection d'antiquités **4** (*scherz.*) [*oggetto disusato, senza valore*] pièce *var.* de musée: *questo attrezzo è una vera antichità* cet outil est une pièce de musée → **anticaglia** © 1 **modernità, attualità**; 2 **moderno**; 4 **novità.**
anticiclóne |antitʃi'klone| *s.m.* (*meteor.*) anticyclone.
anticiclònico, ci, ca, che |antitʃi'klɔniko, tʃi, ka, ke| *agg.* (*meteor.*) anticyclonal*: *area anticiclonica* aire anticyclonale © **ciclonico.**
anticipàre |antitʃi'pare| *v.tr.* **1** [*fare una cosa prima del tempo fissato*] anticiper: *anticipare l'esecuzione di un lavoro* anticiper l'exécution d'un travail; *anticipare la partenza* anticiper son départ ◇ [*dire, trarre, fornire in anticipo*] anticiper, donner à l'avance; *anticipare delle conclusioni* anticiper, donner à l'avance des conclusions; *ti anticipo alcuni passi del mio discorso* je te donne à l'avance quelques passages de mon discours ◇ [*prevedere*] prévoir (38): *anticipare l'avvenire, il futuro* prévoir l'avenir **2** *ass.* [*essere in anticipo*] être (43) *intr.* en avance; arriver *intr.* en avance: *quest'anno la primavera anticipa* cette année le printemps est en avance; *il treno ha anticipato di qualche minuto* le train est arrivé en avance de quelques minutes **3** [*pagare prima del tempo*] payer (9) d'avance: *anticipare lo stipendio* faire une avance sur traitement; payer les appointements d'avance **4** (*sport*) *anticipare un avversario* anticiper un adversaire © 1 **posticipare**; 2 **ritardare.**
anticipataménte |antitʃipata'mente| *avv.* [*con anticipo*] par anticipation *loc. inv.*, d'avance (*loc. inv.*): *pagare l'affitto anticipatamente* payer le loyer d'avance; *ringraziare anticipatamente* remercier d'avance; *pagare la merce anticipatamente* payer d'avance la marchandise © **posticipatamente, dopo.**
anticipàto |antitʃi'pato| *agg.* anticipé: *con i ringraziamenti anticipati*

avec mes remerciements anticipés; *pagamento anticipato* paiement anticipé; *ritorno anticipato* retour anticipé # *pagare due mesi anticipati* payer deux mois d'avance [C] **posticipato.**

anticipazióne |antitʃipat'tsjone| *s.f.* **1** [→ ANTICIPARE] anticipation: *anticipazione di una scadenza* anticipation d'une échéance; *anticipazioni sui risultati elettorali* anticipations sur les résultats électoraux ◇ (*econ.*) *anticipazione bancaria* avance bancaire ◇ [*previsione*] prévision: *sono anticipazioni aleatorie* ce sont des prévisions aléatoires ◇ (*mus.*) anticipation ◇ (*ling.*) anticipation → **prolessi 2** [*fenomeno che avviene prima di un altro*] prévision: *questi studiosi si basano su anticipazioni* ces savants se fondent sur des prévisions [C] **posticipazione.**

antìcipo |an'titʃipo| *s.m.* **1** [→ ANTICIPARE 1] anticipation (*f.*): *l'anticipo della partenza, di una scadenza* l'anticipation du départ, d'une échéance → **anticipazione** # *decidere l'anticipo di un versamento* demander qu'un versement soit anticipé **2** [*il tempo che si anticipa*] avance (*f.*): *ho concluso il lavoro con notevole anticipo* j'ai terminé mon travail avec une avance considérable; *oggi si chiude con un anticipo di mezz'ora* aujourd'hui on ferme avec une demi-heure d'avance ◇ *loc. avv.* IN ANTICIPO [*prima del tempo stabilito, previsto*] en avance: *partire, arrivare in anticipo* partir, arriver en avance; *essere in anticipo* être en avance; *il treno è in anticipo* le train est en avance # *i lavori sono in anticipo sul previsto* les travaux sont plus avancés que prévu; *pagare in anticipo* payer à l'avance **3** [*somma data anticipatamente*] avance: *chiedere, ottenere, ricevere un anticipo* demander, obtenir, recevoir une avance; *dare, concedere un anticipo* donner, accorder une avance; *ottenere un anticipo sullo stipendio* obtenir une avance sur son traitement **4** (*calcio*) *giocare sull'anticipo* anticiper l'adversaire ◇ (*tennis*) *giocare d'anticipo* anticiper l'action (de l'adversaire) **5** (*motori a scoppio*) *regolare l'anticipo* régler l'avance à l'allumage [C] 1; 2 **ritardo.**

anticlericàle |antikleri'kale| *agg.* anticlérical*: *discorso anticlericale* discours anticlérical; *libro anticlericale* livre anticlérical ✦ (*s.*) *un anticlericale* un anticlérical.

anticlericalismo |antiklerika'lizmo| *s.m.* anticléricalisme.

anticlinàle |antikli'nale| *agg.* (*geol.*) anticlinal* ✦ *s.f.* anticlinal *m.*

antìco, chi, ca, che |an'tiko, ki, ka, ke| **I** *agg.* **1** [*che risale a una epoca remota, del passato*] vieux*, ancien*: *un antico castello* un vieux château; *questo mobile è antico* ce meuble est ancien; *i costumi delle antiche famiglie romane* les usages des anciennes familles romaines # *esisteva un'antica usanza* il existait un usage antique; *una moneta antica* une monnaie antique ◇ [*che ha avuto origine nel passato, vecchio*] ancien: *un'antica tradizione* une tradition ancienne # *appartiene a un'antica famiglia* il est d'une vieille famille ◇ (*per est.*) *stile, mobile antico* style, meuble ancien; *arredamento antico* ameublement ancien ◇ [*caratteristico delle età, degli uomini del passato*] *l'antico senso dell'onore* le sens de l'honneur comme on le concevait autrefois; *persona di stampo antico* personne comme on n'en trouve plus ◇ *loc.* ALL'ANTICA [*secondo i modi, i costumi del passato*] vieux jeu: *avere una mentalità all'antica* avoir une mentalité vieux jeu; *mio padre è un po' all'antica* mon père est un peu vieux jeu # *vestirsi all'antica* s'habiller à l'antique **2** [*che riguarda l'antichità*] ancien, antique: *la storia antica* l'histoire ancienne; *l'Antico Testamento* l'Ancien Testament; *l'antica Grecia* l'ancienne Grèce, la Grèce antique; *i tempi antichi* les temps antiques; *l'arte antica* l'art antique; *i popoli antichi* les peuples antiques # *l'evo antico* l'antiquité **3** [*che dura da tempo*] vieux: *ha ripreso l'antica abitudine* il a repris la vieille habitude; *un'antica amicizia* une vieille amitié # *il suo è un vizio antico* le sien est un vice de toujours; *ha un'antica familiarità con loro* il est familier avec eux depuis longtemps **II** *s.m.* [*stile, carattere dell'antichità*] ancien: *l'antico e il moderno* l'ancien et le moderne; *questo ambiente ricorda l'antico* ce décor rappelle l'ancien ◇ *loc. avv.* IN ANTICO [*anticamente*] anciennement *avv.*

anticolonialismo |antikolonja'lizmo| *s.m.* anticolonialisme.

anticolonialìstico, ci, ca, che |antikolonja'listiko, tʃi, ka, ke| *agg.* anticolonialiste.

anticomunismo |antikomu'nizmo| *s.m.* anticommunisme.

anticomunista |antikomu'nista| *s.* anticommuniste *agg.* ✦ (*agg.*) *legge anticomunista* loi anticommuniste [C] **filocomunista.**

anticoncettivo |antikontʃet'tivo| *agg. e s.m.* → **antifecondativo.**

anticoncezionàle |antikontʃettsjo'nale| *agg. e s.m.* → **antifecondativo.**

anticonfessionàle |antikonfessjo'nale| *agg.* anticonfessionnel*.

anticonformista |antikonfor'mista| *agg.* anticonformiste, non conformiste: *modi anticonformisti* manières anticonformistes, non conformistes; *si veste in modo anticonformista* il s'habille d'une façon anticonformiste ✦ (*s.*) *un anticonformista* un anticonformiste.

anticonformìstico, ci, ca, che |antikonfor'mistiko, tʃi, ka, ke| *agg.* anticonformiste: *atteggiamento anticonformistico* attitude anticonformiste.

anticongelànte |antikondʒe'lante| *s.m.* → **antigelo.**

anticongiuntùra |antikondʒun'tura| *s.f. inv. e agg. inv.* anti-conjoncture.

anticongiunturàle |antikondʒuntu'rale| *agg.* (*econ.*) anticonjoncturel*: *misure, provvedimenti anticongiunturali* mesures, dispositions anticonjoncturelles.

anticòrpo |anti'kɔrpo| *s.m.* (*biol.*) anticorps.

anticorrosivo |antikorro'zivo| *agg. e s.m.* anticorrosif*.

anticostituzionàle |antikostituttsjo'nale| *agg.* anticonstitutionnel*: *legge anticostituzionale* loi anticonstitutionnelle.

anticrimine |anti'krimine| *s.m. inv. e agg. inv.* antigang # *lotta anticrimine* lutte contre la criminalité.

anticrìsi |anti'krizi| *agg. inv. e s.f. inv.* anticrise *var.*

anticristo |anti'kristo| *s.m.* **1** (*fig.*) [*individuo malvagio e diabolico*] démon: *sei un anticristo* tu es un démon → **malvagio, diabolico, 1 spergiuro 2** (*relig.*) antéchrist.

anticrittogàmico, ci, ca, che |antikritto'gamiko, tʃi, ka, ke| *agg.* (*chim.*) anticryptogamique: *trattamento anticrittogamico* traitement anticryptogamique ✦ (*s.m.*) *un anticrittogamico* un anticryptogamique.

anticultùra |antikul'tura| *s.f.* anticulture.

antidatàre |antida'tare| *v.tr.* [*apporre una data anteriore a quella vera*] antidater: *antidatare un decreto, un assegno* antidater un décret, un chèque → **retrodatare** [C] **postdatare.**

antidemocràtico, ci, ca, che |antidemo'kratiko, tʃi, ka, ke| *agg.* antidémocratique: *legge antidemocratica* loi antidémocratique ✦ (*s.*) *un antidemocratico* une personne *f.* antidémocratique *agg.*

antidepressivo |antidepres'sivo| *agg. e s.m.* (*med.*) antidépresseur *m.*, antidépressif *m.*

'antidérapant' |ɑ̃tideʀapɑ̃| *agg. e s.m. inv.* antidérapant *var.*

antidetonànte |antideto'nante| *s.m.* antidétonant ✦ (*agg.*) *composto antidetonante* composé antidétonant.

antidiarròico, ci, ca, che |antidiar'rɔiko, tʃi, ka, ke| *agg.* (*med.*) antidiarrhée *inv.*

antidiftèrico, ci, ca, che |antidif'tɛriko, tʃi, ka, ke| *agg.* (*med.*) antidiphtérique: *vaccinazione antidifterica* vaccination antidiphtérique.

antidiluviàno |antidilu'vjano| *agg.* antédiluvien*: *mostro, fossile antidiluviano* monstre, fossile antédiluvien ◇ (*fig.*) *idee antidiluviane* idées antédiluviennes → **sorpassato, antiquato.**

antidiurètico, ci, ca, che |antidiu'rɛtiko, tʃi, ka, ke| *agg. e s.m.* (*med.*) antidiurétique.

antidivorzista |antidivor'tsista| *s.* adversaire du divorce: *è un antidivorzista* c'est un adversaire du divorce ✦ (*agg.*) *teoria antidivorzista* théorie contre le divorce *loc. inv.*

antidogmatismo |antidogma'tizmo| *s.m.* antidogmatisme.

anti-doping |anti'doupiŋ| *agg. inv. e s.m. inv.* antidopage *agg. var.*, antidoping (*agg. var.*): *sottoporsi all'antidoping* se soumettre au contrôle antidopage, antidoping.

antìdoto |an'tidoto| *s.m.* antidote: *curare un intossicato con antidoti* soigner un intoxiqué avec des antidotes → **contravveleno** ◇ (*fig.*) *l'amore gli serve da antidoto* l'amour lui sert d'antidote → **rimedio.**

antidròga |anti'drɔga| *agg. inv.* anti-drogue.

antieconomicità |antiekonomitʃi'ta| *s.f. inv.* caractère *m.var.* antiéconomique: *l'antieconomicità di un prodotto* le caractère antiéconomique d'un produit.

antieconòmico, ci, ca, che |antieko'nɔmiko, tʃi, ka, ke| *agg.* antiéconomique.

antiemorràgico, ci, ca, che |antiemor'radʒiko, tʃi, ka, ke| *s.m. e agg.* (*med.*) anti-hémorragique.

antieròe |antie'rɔe| *s.m.* anti-héros.

antiesteticità |antiestetitʃi'ta| *s.f. inv.* [*mancanza di estetica, di senso estetico*] laideur *var.*

antiestètico, ci, ca, che |anties'tɛtiko, tʃi, ka, ke| *agg.* [*privo di estetica*] inesthétique → **brutto, sgraziato.**
antieuropeìsta |antieurope'ista| *s.* antieuropéen*.
antieuropèo |antieuro'pɛo|, **antieuropeìstico, ci, ca, che** |antieurope'istiko, tʃi, ka, ke| *agg.* anti-européen*.
antifascìsmo |antifaʃ'ʃizmo| *s.m.* antifascisme.
antifascìsta |antifaʃ'ʃista| *s.* antifasciste: *l'opposizione degli antifascisti* l'opposition des antifascistes ✦ (*agg.*) *associazione antifascista* association antifasciste; *esuli antifascisti* exilés antifascistes Ⓒ **filofascista.**
antifecondatìvo |antifekonda'tivo| *agg.* anticonceptionnel*: *metodi anfecondativi* méthodes anticonceptionnelles ✦ *s.m.* (*farm.*) *un antifecondativo* un anticonceptionnel.
antiflogìstico, ci, ca, che |antiflo'dʒistiko, tʃi, ka, ke| *agg.* (*med.*) antiphlogistique ✦ *s.m.* (*farm.*) *un antiflogistico* un antiphlogistique.
antìfona |an'tifona| *s.f.* **1** (*liturg., mus.*) antienne **2** (*fig.*) [*discorso allusivo*] allusion: *gli ho ripetuto l'antifona* je lui ai répété l'allusion ◇ (*loc.*) *capire l'antifona* saisir l'allusion ~ *ripetere sempre la stessa antifona* répéter toujours la même antienne.
antifonàle |antifo'nale| **1** *agg.* (*mus., eccl.*) de l'antienne *loc. inv.* **2** *s.m.* (*liturg. catt.*) → **antifonario.**
antifonàrio, i |antifo'narjo, i| *s.m.* (*liturg.*) antiphonaire.
antifórfora |anti'forfora| *agg. inv.* (*med., corr.*) antipelliculaire (*var.*): *sciampo antiforfora* shampo(o)ing antipelliculaire.
antìfrasi |an'tifrazi| *s.f. inv.* antiphrase *var.*
antifràstico, ci, ca, che |anti'frastiko, tʃi, ka, ke| *agg.* d'antiphrase *loc. inv.*
antifùrto |anti'furto| *s.m. inv.* [*dispositivo di sicurezza contro i furti*] antivol (*var.*): *far scattare l'antifurto* déclencher l'antivol ✦ (*agg.*) *sistema antifurto* système d'antivol *s.m.*
antigàs |anti'gas| *agg. inv.* à gaz (*loc.*): *maschera antigas* masque à gaz.
antigèlo |anti'dʒɛlo| *s.m. e agg.* antigel *s.m.*
antigene |an'tidʒene| *s.m. spec. al plur.* (*biol.*) antigène.
antigiènico, ci, ca, che |anti'dʒɛniko, tʃi, ka, ke| *agg.* antihygiénique.
antigovernatìvo |antigoverna'tivo| *agg.* antigouvernemental*: *iniziative antigovernative* initiatives antigouvernementales.
antigràndine |anti'grandine| *agg. inv.* [*che serve a evitare la grandine*] paragrêle (*agg. inv. e s.m. var.*): *cannone antigrandine* canon paragrêle.
antigravità |antigravi'ta| *s.f. inv.* (*astronautica, fis.*) apesanteur *var.*
antigravitazióne |antigravitat'tsjone| *s.f.* antigravitation.
antiinfiammatòrio, i |antiinfjamma'tɔrjo, i| *agg. e s.m.* (*med.*) anti-inflammatoire.
antillàno |antil'lano| *agg.* [*delle Antille*] antillais.
antilogìa, gie |antilo'dʒia, dʒie| *s.f.* → **antinomia, contraddizione.**
antìlope |an'tilope| *s.f.* **1** (*t.zool.*) antilope **2** [*pelle dell'antilope*] daim (*m.*): *giacca d'antilope* veste de daim.
antiluètico, ci, ca, che |antilu'ɛtiko, tʃi, ka, ke| *agg.* (*med.*) antisyphilitique ✦ *s.m.* (*farm.*) *un antiluetico* un antisyphilitique.
antimalàrico, ci, ca, che |antima'lariko, tʃi, ka, ke| *agg. e s.m.* (*med.*) antipaludique.
antimatèria |antima'tɛrja| *s.f.* antimatière.
antimilitarìsta |antimilita'rista| *s.* antimilitariste: *un accanito antimilitarista* un antimilitariste acharné ✦ (*agg.*) *tesi antimilitarista* thèse antimilitariste.
antimilitarìstico, ci, ca, che |antimilita'ristiko, tʃi, ka, ke| *agg.* antimilitariste: *politica antimilitaristica* politique antimilitariste.
antimìssile |anti'missile| *agg.* antimissile: *missile antimissile* missile antimissile.
antimònio, i |anti'mɔnjo, i| *s.m.* (*chim.*) antimoine.
antimperialìsmo |antimperja'lizmo| *s.m.* anti-impérialisme.
antimùro |anti'muro| *s.m.* **1** [*muro di sostegno, di difesa costruito davanti a un altro*] rempart, avant-mur: *degli antimuro* des avant-murs **2** (*anat.*) avant-mur.
antinazionàle |antinattsjo'nale| *agg.* antinational*: *scritto antinazionale* écrit antinational.
antinazìsta |antinat'tsista| *agg. e s.* antinazi.
antincèndio |antin'tʃɛndjo| *agg. inv.* contre les incendies *loc. inv.*
antinébbia |anti'nebbja| *s.m. inv.* [*che illumina in caso di nebbia*] antibrouillard (*var.*): *gli antinebbia* les antibrouillards → **fendinebbia** ✦ (*agg. inv.*) *fari antinebbia* phares antibrouillards *var.*
antineuròtico, ci, ca, che |antineu'rɔtiko, tʃi, ka, ke| *agg.* (*med.*) sédatif*, calmant: *prodotto antineurotico* produit sédatif, calmant ✦ *s.m.* (*farm.*) *un antineurotico* un sédatif, un calmant.
antineutróne |antineu'trone| *s.m.* (*fis.*) antineutron.
antinéve |anti'neve| *agg. inv.* anti-neige: *catene antineve* chaînes anti-neige ✦ *s.m. inv.* (*spec. al plur.*) *gli antineve* les pneus-neige.
antinevràlgico, ci, ca, che |antine'vraldʒiko, tʃi, ka, ke| *agg.* (*med.*) antinévralgique: *cura, terapia antinevralgica* traitement, thérapie antinévralgique → **antalgico** ✦ *s.m.* (*farm.*) *un antinevralgico* un antinévralgique.
antinfettìvo |antinfet'tivo| *agg.* (*med.*) anti-infectieux*.
antinflazióne |antinflat'tsjone| *agg. inv. e s.f. inv.* anti-inflation.
antinfluenzàle |antinfluen'tsale| *agg.* (*med.*) antigrippe *inv.*
antinfortunìstico, ci, ca, che |antinfortu'nistiko, tʃi, ka, ke| *agg.* contre les accidents (*loc. inv.*): *assicurazione antinfortunistica* assurance contre les accidents # *misure antinfortunistiche* mesures pour la prévention des accidents.
antinomìa |antino'mia| *s.f.* (*filos.*) antinomie: *posizioni in antinomia* positions en antinomie; *sono tesi in antinomia* ce sont des thèses en antinomie → **contraddizione, contrasto.**
antinòmico, ci, ca, che |anti'nɔmiko, tʃi, ka, ke| *agg.* antinomique → **contraddittorio, contrastante.**
antinquinaménto |antinkwina'mento| *agg. inv.* [*che combatte l'inquinamento*] antipollution.
antìopa |an'tiopa| *s.f.* (*t.zool.*) morio *m.*
antioràrio, i |antio'rarjo, i| (*agg.*) *movimento, moto antiorario* mouvement contraire à celui des aiguilles d'une montre.
antipàpa |anti'papa| *s.m.* (*st. catt.*) antipape.
antiparassitàrio, i |antiparas-si'tarjo, i| *agg.* **1** antiparasitaire: *prodotto, trattamento antiparassitario* produit, traitement antiparasitaire ✦ *s.m.* (*chim.*) *un antiparassitario* un antiparasitaire **2** (*radio.*) antiparasite: *circuito antiparassitario* circuit antiparasite.
antiparlamentàre |antiparlamen'tare| *agg.* antiparlementaire: *politica antiparlamentare* politique antiparlementaire; *leggi antiparlamentari* lois antiparlementaires ✦ (*s.*) *un antiparlamentare* un antiparlementaire.
antiparlamentarìsmo |antiparlamenta'rizmo| *s.m.* antiparlementarisme.
antiparticèlla |antiparti'tʃɛlla| *s.f.* (*fis.*) antiparticule.
antipastièra |antipas'tjɛra| *s.f.* plat *m.* à hors-d'œuvre: *antipastiera a forma di conchiglia* plat, coquille à hors-d'œuvre.
antipàsto |anti'pasto| *s.m.* *hors-d'œuvre (*inv.*): *antipasti misti* hors-d'œuvre variés.
antipatìa |antipa'tia| *s.f.* antipathie: *provare, avere, sentire antipatia verso qc.* éprouver de l'antipathie pour qqn.; *ispirare antipatia* inspirer de l'antipathie; *avere in antipatia* avoir en antipathie → **avversione, ripulsione** Ⓒ **simpatia.**
antipàtico, ci, ca, che |anti'patiko, tʃi, ka, ke| *agg.* **1** (*persone*) antipathique: *è una persona antipatica* c'est une personne antipathique; *essere antipatico a qc.* être antipathique à qqn. # *ha dei modi antipatici* il a des manières désagréables ✦ (*s.*) *un antipatico* une personne *f.* antipathique *agg.* **2** (*cose*) [*sgradevole, fastidioso*] désagréable: *è un lavoro antipatico* c'est un travail désagréable; *è antipatico uscire con la pioggia* il est désagréable de sortir sous la pluie Ⓒ **1 simpatico** 1; 2 **piacevole.**
antipatriòttico, ci, ca, che |antipatri'ɔttiko, tʃi, ka, ke| *agg.* antipatriotique.
antipatriottìsmo |antipatriot'tizmo| *s.m.* antipatriotisme.
antipenùltimo |antipe'nultimo| *agg. e s.* (*raro*) → **terzultimo.**
antiperistàltico, ci, ca, che |antiperis'taltiko, tʃi, ka, ke| *agg.* (*med.*) antipéristaltique: *movimenti antiperistaltici* mouvements antipéristaltiques.
antipièga |anti'pjɛga| *agg. inv.* (*tess.*) infroissable (*var.*): *tessuto antipiega* tissu infroissable # *trattamento antipiega* traitement anti-froiss.
antipirètico, ci, ca, che |antipi'rɛtiko, tʃi, ka, ke| *agg.* (*med.*) antipyrétique ✦ *s.m.* (*farm.*) *un antipiretico* un antipyrétique.
antipirìna |antipi'rina| *s.f.* (*chim., farm.*) antipyrine.
antìpode |an'tipode| *s.m. spec. al*

plur. antipodes: *le popolazioni degli antipodi* les populations des antipodes; *questi due paesi sono agli antipodi* ces deux pays sont aux antipodes ◇ (*loc. fig.*) *essere agli antipodi* être aux antipodes; *le loro opinioni sono agli antipodi* leurs opinions sont aux antipodes; *tu e lui siete agli antipodi* toi et lui vous êtes aux antipodes; *purtroppo abitiamo agli antipodi della città* malheureusement nous habitons aux antipodes de la ville.

antipoètico, ci, ca, che |antipo'ɛtiko, tʃi, ka, ke| *agg.* antipoétique: *soggetto antipoetico* sujet antipoétique.

antipòlio |anti'pɔljo| *agg. inv.* (*med.*) antipolio(myélitique): *vaccino antipolio* vaccin antipolio, antipoliomyélitique ◆ *s.f. inv.* (*med.*) *l'antipolio* la vaccination *var.* antipolio *agg.*, antipoliomyélitique *agg.*

antipoliomielitico, ci, ca, che |antipoljomje'litiko, tʃi, ka, ke| *agg.* (*med.*) antipolio(myélitique): *vaccinazione antipoliomielitica* vaccination antipolio.

antipolitico, ci, ca, che |antipo'litiko, tʃi, ka, ke| *agg.* antipolitique.

antipòrto |anti'pɔrto| *s.m.* (*raro*) → **avamporto.**

antiproièttile |antipro'jɛttile| *agg. inv.* antiprojectile.

antiprotezionista |antiprotettsjo'nista| *agg.* → **antiprotezionistico.**

antiprotezionistico, ci, ca, che |antiprotettsjo'nistiko, tʃi, ka, ke| *agg.* antiprotectionniste.

antiprotóne |antipro'tone| *s.m.* (*fis.*) antiproton.

antiquària |anti'kwarja| *s.f.* **1** [*scienza delle antichità*] archéologie **2** commerce *m.* d'antiquités: *negozio d'antiquaria* magasin d'antiquités.

antiquariàto |antikwa'rjato| *s.m.* [*commercio di opere d'arte e oggetti antichi*] (commerce d') antiquités (*f. pl.*): *commerciante d'antiquariato* marchand d'antiquités; *mostra dell'antiquariato* exposition d'antiquités # *un oggetto di antiquariato* une pièce d'antiquaire; *negozio d'antiquariato* magasin d'antiquaire ◇ [*oggetti, articoli antichi*] ancien: *la mania dell'antiquariato* la manie de l'ancien; *gli piace l'antiquariato* il aime l'ancien.

antiquàrio, i |anti'kwarjo, i| *s.* antiquaire: *far valutare un oggetto dall'antiquario* faire évaluer un objet par l'antiquaire ◆ (*agg.*) *libreria antiquaria* librairie ancienne.

antiquàto |anti'kwato| *agg.* **1** [*vecchio, proprio dell'uso antico*] désuet*, vieilli: *espressione antiquata* expression désuète; *parole, termini antiquati* mots, termes vieillis ◇ [*fuori moda*] démodé: *vestito antiquato* vêtement démodé ◇ [*arretrato, sorpassato*] arriéré: *un uomo dalle idee antiquate* un homme aux idées arriérées **2** (*arc.*) [*che dura da molto tempo*] ancien*: *consuetudine antiquata* tradition ancienne **C** **moderno, aggiornato.**

antiràbbico, ci, ca, che |anti'rabbiko, tʃi, ka, ke| *agg.* (*med.*) antirabique: *vaccinazione antirabbica* vaccination antirabique.

antirachitico, ci, ca, che |antira'kitiko, tʃi, ka, ke| *agg.* (*med.*) antirachitique.

antiradiazióne |antiradjat'tsjone| *agg. inv.* antiradiation.

antiràdar |anti'radar| *agg. e s.m. inv.* antiradar.

antirazzismo |antirat'tsizmo| *s.m.* antiracisme.

antirazzista |antirat'tsista| *agg.* antiraciste: *lotta antirazzista* lutte antiraciste ◆ (*s.*) *un antirazzista* une personne *f.* antiraciste *agg.*

antirazzìstico, ci, ca, che |antirat'tsistiko, tʃi, ka, ke| *agg.* antiraciste: *politica antirazzistica* politique antiraciste.

antirecessióne |antiretʃes'sjone| *s.f.* antirécession.

antireligióso |antireli'dʒoso| *agg.* antireligieux*: *spirito antireligioso* esprit antireligieux.

antireumàtico, ci, ca, che |antireu'matiko, tʃi, ka, ke| *agg.* (*med.*) *farmaco antireumatico* remède antirhumatismal* ◆ (*s.m.*) *un antireumatico* un remède antirhumatismal *agg.*

antiriflèsso |antiri'flɛsso| *agg. inv.* antireflet: *occhiali antiriflesso* lunettes antireflet.

antirómbo |anti'rombo| *agg. inv.* (*tecnol.*) insonorisant (*var.*): *vernice antirombo* vernis insonorisant.

antirùggine |anti'ruddʒine| *agg. inv.* [*che impedisce l'ossidazione*] antirouille: *preparato, trattamento antiruggine* produit, traitement antirouille ◆ (*s.m. inv.*) *l'antiruggine* l'antirouille: *bisogna applicare l'antiruggine prima di verniciare* il faut passer une couche d'antirouille avant de peindre.

antirùghe |anti'ruge| *agg. inv.* [*prodotto che previene o cura la formazione di rughe*] antirides: *crema antirughe* crème antirides.

antirumóre |antiru'more| *agg. inv.* [*destinato a proteggere dal rumore*] antibruit.

antisàla |anti'sala| *s.f.* → **anticamera.**

antiscàlo |antis'kalo| *s.m.* (*mar.*) avant-cale (*f.*): *degli antiscali* des avant-cales.

antiscàsso |antis'kasso| *agg. inv.* antieffraction.

antischiavista |antiskja'vista| *s.* antiesclavagiste *agg.* ◆ (*agg.*) *propaganda antischiavista* propagande antiesclavagiste.

antiscientìfico, ci, ca, che |antiʃʃen'tifiko, tʃi, ka, ke| *agg.* antiscientifique.

antiscìopero |antiʃ'ʃɔpero| *agg. inv.* antigrève *var.*

antiscìvolo |antiʃ'ʃivolo| *agg. inv.* (*tecnol.*) antiglisse.

antiscorbùtico, ci, ca, che |antiskor'butiko, tʃi, ka, ke| *agg.* (*med.*) antiscorbutique: *vitamina antiscorbutica* vitamine antiscorbutique ◆ *s.m.* (*farm.*) *un antiscorbutico* un antiscorbutique.

antisdrucciolévole |antizdruttʃo'levole| *agg.* [*che impedisce di scivolare*] antidérapant: *pneumatici antisdrucciolevoli* pneus antidérapants.

antisegregazionista |antisegregattsjo'nista| *agg.* antiségrégationniste: *politica antisegregazionista* politique antiségrégationniste ◆ (*s.*) *un antisegregazionista* un antiségrégationniste **C** **segregazionista.**

antisegregazionìstico, ci, ca, che |antisegregattsjo'nistiko, tʃi, ka, ke| *agg.* antiségrégationniste: *movimento antisegregazionistico* mouvement antiségrégationniste.

antisemita |antise'mita|, **antisemitico, ci, ca, che** |antise'mitiko, tʃi, ka, ke| *agg.* antisémite, antisémitique: *propaganda antisemita* propagande antisémite ◆ (*s.*) *un antisemita* un antisémite.

antisemitismo |antisemi'tizmo| *s.m.* antisémitisme.

antisèpsi |anti'sɛpsi| *s.f. inv.* (*med.*) antisepsie *var.*

antisèttico, ci, ca, che |anti'sɛttiko, tʃi, ka, ke| *agg.* (*med.*) antiseptique: *trattamento antisettico* traitement antiseptique; *cerotto antisettico* pansement antiseptique ◆ *s.m.* (*farm.*) *un antisettico* un antiseptique **C** **settico, infettivo.**

antisiluránte |antisilu'rante| *agg.* (*mar. mil.*) *nave antisilurante* contre-torpilleur *s.m.*, destroyer *s.m.* ◆ (*s.m.*) *un antisilurante* un contre-torpilleur, un destroyer.

antisimmètrico, ci, ca, che |antisim'mɛtriko, tʃi, ka, ke| *agg.* (*log., mat.*) antisymétrique.

antisindacàle |antisinda'kale| *agg.* antisyndical*.

antisionismo |antisio'nizmo| *s.m.* antisionisme.

antisionista |antisio'nista| *agg. e s.* antisioniste.

antisociàle |antiso'tʃale| *agg.* antisocial*: *sistema antisociale* système antisocial ◆ (*s.*) *un antisociale* une personne *f.* antisociale *agg.* **C** **sociale.**

antisolàre |antiso'lare| (*agg.*) *crema antisolare* crème solaire.

antisóle |anti'sole| *agg. inv.* antisolaire *var.* # *occhiali antisole* lunettes de soleil.

antisommergibile |antisommer'dʒibile| *s.m.* (*mil.*) *degli antisommergibili* des engins anti-sous-marins *agg.* ◆ *agg.* anti-sous-marin: *bombe antisommergibili* grenades anti-sous-marines; *elicottero antisommergibile* hélicoptère anti-sous-marin.

antispasmòdico, ci, ca, che |antispaz'mɔdiko, tʃi, ka, ke| *agg. e s.m.* → **antispastico.**

antispàstico, ci, ca, che |antis'pastiko, tʃi, ka, ke| *s.m.* (*med.*) antispasmodique: *gli antispastici* les antispasmodiques ◆ (*agg.*) *farmaco antispastico* remède antispasmodique.

antisportivo |antispor'tivo| *agg.* antisportif*.

antistaminico, ci, ca, che |antista'miniko, tʃi, ka, ke| *agg.* (*farm.*) antihistaminique.

antistànte |antis'tante| *agg.* en face de *loc. prep.*, devant (*prep.*): *la piazza antistante al municipio* la place en face de la, devant la mairie # *la chiesa antistante* l'église d'en face.

antistite |an'tistite| *s.m.* **1** [*prelato pontificio*] évêque **2** [*prelato, priore di santuari*] supérieur, recteur.

antistòrico, ci, ca, che |antis'tɔriko, tʃi, ka, ke| *agg.* contraire à (au sens de) l'histoire: *atteggiamento antistorico* attitude contraire à (au sens de) l'histoire ◇ [*privo di senso storico*] *misure, provvedimenti antistorici* mesures, dispositions contraires à (au sens de) l'histoire.

antistrofe |an'tistrofe| *s.f.* (*metr.*) antistrophe.

antitàrmico, ci, ca, che |anti'tarmiko, tʃi, ka, ke| *agg. e s.m.* [*che protegge contro le tarme*] antimite.
antitèrmico, ci, ca, che |anti'tɛrmiko, tʃi, ka, ke| *agg.* (*med.*) antithermique ✦ *s.m.* (*farm.*) *un antitermico* un antithermique.
antiterrorìsmo |antiterro'rizmo| *s.m.* antiterrorisme.
antiterrorìstico, ci, ca, che |antiterro'ristiko, tʃi, ka, ke| *agg.* antiterroriste.
antìtesi |an'titezi| *s.f. inv.* (*filos., corr.*) antithèse (*var.*): *ragionare per antitesi* raisonner par antithèse # *la tua opinione è in antitesi con la mia* ton opinion est l'opposé de la mienne.
antitetànico, ci, ca, che |antite'taniko, tʃi, ka, ke| *agg.* (*med., corr.*) antitétanique: *vaccino antitetanico* vaccin antitétanique.
antiteticaménte |antitetika'mente| *avv.* [→ ANTITETICO] par antithèse *loc. inv.*
antitètico, ci, ca, che |anti'tɛtiko, tʃi, ka, ke| *agg.* antithétique: *stile antitetico* style antithétique; *metodo antitetico* méthode antithétique.
antitòssico, ci, ca, che |anti'tɔssiko, tʃi, ka, ke| *agg.* (*med.*) antitoxique ✦ *s.m.* (*farm.*) *un antitossico* un produit antitoxique *agg.*
antitossina |antitos'sina| *s.f.* (*biol.*) antitoxine.
anti-trust |antitrʌst| *agg. inv.* (*econ.*) antitrust.
antitubercolàre |antituberko'lare| *agg.* antituberculeux*.
antiuòmo |anti'wɔmo| *agg. inv.* (*mil.*) antipersonnel: *mine antiuomo* mines antipersonnel.
antiùrto |anti'urto| *agg. inv.* antichoc.
antivaiolóso |antivajo'loso| *agg.* (*med.*) antivariolique.
antivedére |antive'dere| **1** *v.tr.* (*lett.*) → **prevedere** **2** *s.m. inv.* (*lett.*) → **presagio.**
antiveggènte |antived'dʒɛnte| *agg. e s.* (*lett.*) [*che ha la capacità di leggere nel futuro*] voyant *s.* (*corr.*).
antiveggènza |antived'dʒɛntsa| *s.f.* (*lett.*) [*facoltà di leggere nel futuro*] voyance (*corr.*), prescience (*corr.*).
antiveléno |antive'leno| *s.m.* (*farm.*) contrepoison: *somministrare un antiveleno* administrer un contrepoison.
antivenèreo |antive'nɛreo| *agg.* (*med.*) antivénérien*.
antivenire |antive'nire| (202) **A** *v.tr.* (*raro*) [*prevenire, provvedere in anticipo a q.c.*] prévenir (27): *antivenire un disastro* prévenir un désastre **B** *v.intr.* (*aus.* '*essere*') [*giungere in precedenza, precedere*] devancer (2) (*tr.*): *antivenire ai desideri di un amico* devancer les désirs d'un ami.
antiversióne |antever'sjone| *s.f.* (*anat.*) *antiversione dell'utero* antéversion de l'utérus.
antivigilia |antivi'dʒilja| *s.f.* [*giorno che precede la vigilia*] avant-veille: *l'antivigilia di Natale* l'avant-veille de Noël.
ànto- |'anto| *pref.* (*significa* '*fiore*', *corrisponde gener. a*) anth(o): *antozoi* anthozoaires.
antologia, gie |antolo'dʒia, dʒie| *s.f.* anthologie: *brano di antologia* morceau d'anthologie; *antologia manzoniana* anthologie de Manzoni; *antologia per le scuole medie* anthologie pour les écoles secondaires.
antològico, ci, ca, che |anto'lɔdʒiko, tʃi, ka, ke| *agg.* d'anthologie (*loc. inv.*): *brano antologico* morceau d'anthologie; *raccolta antologica* recueil d'anthologie.
antóne |an'tone| *s.m.* (*edil.*) banche *f.*
antonimia |antoni'mia| *s.f.* antonymie **C** **sinonimia.**
antonimico, ci, ca, che |anto'nimiko, tʃi, ka, ke| *agg.* antonyme (*s.m.*): *termini antonimici* antonymes.
antònimo |an'tɔnimo| *s.m.* antonyme ✦ (*agg.*) *termine antonimo* antonyme *s.m.* **C** **sinonimo.**
antonomàsia |antono'mazja| *s.f.* antonomase ✦ (*loc. avv.*) *per antonomasia* par antonomase.
antonomàstico, ci, ca, che |antono'mastiko, tʃi, ka, ke| *agg.* [*relativo ad antonomasia*] *uso antonomastico* emploi par antonomase *loc. inv.*
antràce |an'tratʃe| *s.m.* (*med.*) anthrax → **favo, vespaio.**
antracène |antra'tʃɛne| *s.m.* (*chim.*) anthracène.
antracite |antra'tʃite| *s.f.* (*miner.*) anthracite ✦ *agg. inv.* (*per est.*) *delle giacche antracite* des vestes anthracite.
antracnòsi |antrak'nɔzi| *s.f. inv.* (*bot.*) anthracnose *var.*
antracòsi |antra'kɔzi| *s.f. inv.* (*med.*) anthracose *var.*
antrèno |an'trɛno| *s.m.* (*t.zool.*) anthrène.
àntro |'antro| *s.m.* **1** antre → **caverna, spelonca** **2** (*fig.*) taudis: *viveva in un antro* il vivait dans un taudis → **tugurio** **3** (*anat.*) antre.
-antropìa |antro'pia| *suff.* (*significa* '*uomo*', *corrisponde gener. a*) anthropie: *filantropia* philantropie.
-antròpico |an'trɔpico| *suff.* (*significa* '*uomo*', *corrisponde gener. a*) anthropique: *filantropico* philanthropique.
antròpico, ci, ca, che |an'trɔpiko, tʃi, ka, ke| *agg.* [*relativo all'uomo*] humain.
àntropo- |'antropo| *pref.* (*significa* '*uomo*', *corrisponde gener. a*) anthropo: *antropofago* anthropophage; *antropologia* anthropologie.
-àntropo |'antropo| *suff.* (*significa* '*uomo*', *corrisponde gener. a*) anthrope: *sinantropo* sinanthrope; *misantropo* misanthrope.
antropocèntrico, ci, ca, che |antropo'tʃɛntriko, tʃi, ka, ke| *agg.* (*filos.*) anthropocentrique: *teoria antropocentrica* théorie anthropocentrique.
antropocentrismo |antropotʃen'trizmo| *s.m.* (*filos.*) anthropocentrisme.
antropofagia, gie |antropofa'dʒia, dʒie| *s.f.* anthropophagie → **cannibalismo.**
antropòfago, gi, ga, ghe |antro'pɔfago, dʒi, ga, ge| *agg.* anthropophage: *popolazioni antropofaghe* populations anthropophages → **cannibale** ✦ (*s.m.*) *gli antropofagi* les anthropophages.
antropòfilo |antro'pɔfilo| *agg.* anthropophile.
antropòide |antro'pɔide| *agg.* anthropoïde ✦ (*s.m.*) *gli antropoidi* les anthropoïdes.
antropologia, gie |antropolo'dʒia, dʒie| *s.f.* anthropologie: *antropologia culturale* anthropologie culturelle.
antropològico, ci, ca, che |antropo'lɔdʒiko, tʃi, ka, ke| *agg.* anthropologique: *ricerche antropologiche* recherches anthropologiques.
antropòlogo, gi, (*pop.*) **ghi** |antro'pɔlogo, dʒi, gi| *s.* anthropologiste, anthropologue.
antropometria |antropome'tria| *s.f.* anthropométrie.
antropomètrico, ci, ca, che |antropo'mɛtriko, tʃi, ka, ke| *agg.* anthropométrique: *connotati antropometrici* signalements anthropométriques.
antropomòrfico, ci, ca, che |antropo'mɔrfiko, tʃi, ka, ke| *agg.* anthropomorphique: *caratteri antropomorfici* caractères anthropomorphiques; *divinità antropomorfica* divinité anthropomorphique.
antropomorfismo |antropomor'fizmo| *s.m.* anthropomorphisme.
antropomòrfo |antropo'mɔrfo| *agg.* anthropomorphe: *scimmie antropomorfe* singes anthropomorphes ✦ (*s.m.*) *un antropomorfo* un anthropoïde.
antroponimia |antroponi'mia| *s.f.* anthroponymie.
antropopitèco, chi |antropopi'tɛko, ki| *s.m.* (*t.zool.*) anthropopithèque.
antropozòico, ci, ca, che |antropod'dzɔiko, tʃi, ka, ke| *agg.* (*geol.*) anthropozoïque → **quaternario** ✦ (*s.m.*) *l'antropozoico* l'ère *f.* anthropozoïque (*agg.*); *resti fossili dell'antropozoico* fossiles de l'ère anthropozoïque.
anulàre |anu'lare| *agg.* **1** annulaire: *forma anulare* forme annulaire # *raccordo anulare* ceinture, boulevard périphérique ◇ (*arch.*) *volta anulare* voûte en anneaux ◇ (*astron.*) *eclisse anulare* éclipse annulaire **2** (*anat., corr.*) *probuteranza anulare* protubérance annulaire; *dito anulare* (doigt) annulaire ✦ (*s.m.*) *l'anulare* l'annulaire: *ha messo il brillante all'anulare* elle a mis le diamant à l'annulaire.
anurèsi |anu'rɛzi| *s.f. inv.* → **anuria.**
Anùri |a'nuri| *s.m.pl.* (*t.zool.*) Anoures.
anùria |a'nurja, anu'ria| *s.f.* (*med.*) anurie.
ànzi |'antsi| **I** *cong.* **1** [*al contrario, all'opposto*] au contraire (*loc. inv.*): *non è affatto sciocco, anzi è molto intelligente* il n'est pas du tout sot, il est au contraire fort intelligent # *non si calma, anzi si irrita* bien loin de se calmer, il se fâche ◇ (*ell.*) '*la disturbo?*' '*anzi!*' 'je vous dérange?' 'non, au contraire!' **2** [*o meglio, o piuttosto*] ou mieux, ou plutôt: *ti scriverò, anzi ti telefonerò* je t'écrirai, ou mieux, ou plutôt je te téléphonerai **3** *raff.* [*o meglio, addirittura*] même: *hai fatto bene, anzi benissimo* tu as bien fait, tu as même très bien fait; *si è comportato male, anzi malissimo* il s'est mal conduit, je dirais même très mal conduit; *va male, anzi malissimo* ça va mal, ça va même très mal; *fa bello, anzi molto bello* il fait beau, il fait même très beau **4** *loc. cong.* ANZI CHE (*con valore avvers.*) [*piuttosto che, invece di*] (plutôt) que, de: *preferisce leggere, anzi che studiare* il préfère lire, qu'étudier; plutôt que lire, il préfère étudier; il préfère la lecture à l'étude; *è meglio tacere anzi che parlare* il vaut mieux

se taire que parler → **anziché, invece (di)** ◇ (*con valore temporale*) (*lett.*) [*prima di, prima che*] avant que (ne): *non gli parlate, anzi che non abbia finito* ne lui parlez pas avant qu'il (n')ait fini **5** *loc. avv.* ANZI CHE NO [*piuttosto, alquanto*] plutôt: *è stupido anzi che no* il est plutôt stupide; *era interessante anzi che no* c'était plutôt intéressant → **anzichenò** **6** *loc. avv.* POC'ANZI [*poco prima, poco fa*] tout à l'heure, il y a un moment: *gli ho parlato po-c'anzi* je lui ai parlé tout à l'heure, il y a un moment **II** *prep.* (*lett.*) [*prima di*] avant: *anzi il tramonto* avant le coucher du soleil; *anzi tempo* avant le temps → **anzitempo**; *anzi tutto* avant tout → **anzitutto** # *anzi detto* susdit → **anzidetto.**

anzianità |antsjani'ta| *s.f. inv.* **1** ancienneté (*var.*): *promozione per anzianità* avancement à l'ancienneté; *anzianità di servizio* ancienneté de service; *diritto d'anzianità* droit d'ancienneté; *per ordine di anzianità* par ordre d'ancienneté; *in base all'anzianità* sur la base de l'ancienneté **2** [*età avanzata*] grand âge (*m.var.*): *bisogna rispettarlo per la sua anzianità* il faut le respecter en raison de son grand âge ▣ 2 **giovinezza.**

anziàno |an'tsjano| **I** *agg.* **1** [*che ha età avanzata*] âgé: *un uomo anziano* un homme âgé; *è più anziano di me* il est plus âgé que moi; *il più anziano dei presenti* le plus âgé des présents; *è il più anziano dei due* c'est le plus âgé des deux **2** [*che svolge da tempo un'attività*] ancien*: *il più anziano degli ufficiali* le plus ancien des officiers; *il consigliere anziano* le conseiller le plus ancien **II** *s.* **1** [*chi ha un'età avanzata*] personne *f.* âgée: *gli anziani* les personnes âgées; *rispettate gli anziani* respectez les personnes âgées ◇ (*st.*) *il consiglio degli anziani* le conseil des anciens **2** [*chi svolge da tempo un'attività*] vieux*: *un anziano del lavoro* un vieux travailleur **3** [*studente iscritto all'università da più di due anni*] ancien: *gli anziani del Politecnico* les anciens de Polytechnique ▣ I 1; II 1 **giovane**; II 3 **matricola.**

anzianòtto |antsja'nɔtto| *agg.* assez âgé; d'un certain âge (*loc. inv.*): *suo fratello è anzianotto* son frère est assez âgé ‖ *un uomo anzianotto* un homme d'un certain âge.

anziché |antsi'ke| *cong.* **1** [*piuttosto che*] plutôt que: *berrò acqua anziché vino* je boirai de l'eau plutôt que du vin; *è meglio che tu finisca oggi anziché domani* il vaut mieux que tu finisses aujourd'hui que demain; *preferisco che accetti anziché rifiuti* je préfère le voir accepter que refuser → **invece** **2** [*invece di, al posto di*] au lieu de: *usare una parola anziché un'altra* employer un mot au lieu d'un autre; *prenderemo il treno anziché l'aereo* au lieu de prendre l'avion nous prendrons le train # *anziché disprezzarlo farebbero meglio a tacere* plutôt que de le mépriser, ils feraient mieux de se taire **3** (*arc.*) (*con valore temporale* + *congv.*) [*prima di, anzi che*] avant que (+ ne + *congv.*): *anziché la città fosse distrutta* avant que la ville ne fût détruite.

anzichenò |antsike'nɔ| *avv.* [*piuttosto, alquanto*] plutôt: *è ridicolo anzichenò* il est plutôt ridicule.

anzidètto |antsi'detto| *agg.* [*nominato prima, predetto*] mentionné ci-dessus; susdit, susmentionné: *l'ordinazione anzidetta* la commande mentionnée ci-dessus ‖ *nella situazione anzidetta* dans la situation qui vient d'être dite, susdite (*amministrativo*).

anzitèmpo |antsi'tɛmpo| *avv.* **1** [*prematuramente, precocemente*] prématurément: *invecchiare, morire anzitempo* vieillir, mourir prématurément **2** [*prima del tempo*] avant la date fixée: *cominciare anzitempo* commencer avant la date fixée ◇ [*in anticipo*] (trop) à l'avance: *tutto è stato preparato anzitempo* tout a été préparé à l'avance; *è arrivato anzitempo* il est arrivé trop en avance → **anticipo (in).**

anzitùtto |antsi'tutto| *avv.* **1** [*per prima cosa*] (tout) d'abord: *anzitutto, come stai?* d'abord, comment vas-tu?; *anzitutto il potere dipendeva da lui* d'abord, le pouvoir dépendait de lui; *chiediamogli anzitutto il suo parere, poi decideremo* demandons-lui d'abord son avis, nous déciderons ensuite # *per lui anzitutto vengono i soldi* pour lui l'argent tient la première place **2** [*prima, più di ogni altra cosa*] avant tout: *anzitutto bisogna evitare la guerra* avant tout, il faut éviter la guerre; *tu sei anzitutto un fanciullone* avant tout, tu es un grand enfant → **soprattutto.**

aoristo |ao'risto| *s.m.* (*gram. gr.*) aoriste.

aòrta |a'ɔrta| *s.f.* (*anat.*) aorte.

aòrtico, ci, ca, che |a'ɔrtiko, tʃi, ka, ke| *agg.* (*med.*) aortique: *sistema aortico* système aortique.

aortite |aor'tite| *s.f.* (*med.*) aortite.

aostàno |aos'tano| *agg.* [*di Aosta*] valdotain.

'apache' |apaʃ| *s.m. inv.* **1** apache *var.* **2** [*teppista, vagabondo di Parigi*] apache (*arc.*).

apagòge |apa'gɔdʒe| *s.f.* apagogie.

apartheid |a'partheit| *s.m. inv.* (*ol.*) (*polit.*) apartheid *var.*

apartiticità |apartititʃi'ta| *s.f. inv.* caractère *m.var.* non partisan: *l'apartiticità di un movimento* le caractère non partisan d'un mouvement.

apartìtico, ci, ca, che |apar'titiko, tʃi, ka, ke| *agg.* [*non influenzato dai partiti politici*] autonome: *associazioni apartitiche* associations autonomes.

apatìa |apa'tia| *s.f.* apathie: *bisogna scuoterlo dalla sua apatia* il faut secouer son apathie → **indolenza, pigrizia, insensibilità, imperturbabilità** ◇ (*filos.*) apathie ▣ **attivismo, entusiasmo.**

apaticaménte |apatika'mente| *avv.* [→ APATICO] apathiquement.

apàtico, ci, ca, che |a'patiko, tʃi, ka, ke| *agg.* apathique: *persona apatica* personne apathique; *temperamento apatico* tempérament apathique → **indolente, pigro** ♦ (*s.*) *un apatico* un apathique ▣ **energico, attivo, entusiasta.**

apatìte |apa'tite| *s.f.* (*miner.*) apatite.

àpe |'ape| *s.f.* **1** (*t.zool.*) abeille ~ *ape operaia* abeille ouvrière ~ *ape regina* reine (des abeilles) ~ *ape domestica* abeille (d'élevage) ◇ (*corr.*) *puntura d'ape* piqûre d'abeille **2** (*fig.*) *essere, far l'ape regina* [*atteggiarsi a prima donna*] agir en grande dame ◇ *loc.* A NIDO D'APE en nid d'abeilles: *asciugamano a nido d'ape* essuie-mains en nid d'abeilles; *radiatore a nido d'ape* radiateur en nid d'abeilles.

apepsìa |apep'sia| *s.f.* (*med.*) apepsie.

aperiòdico, ci, ca, che |aperi'ɔdiko, tʃi, ka, ke| *agg.* (*fis.*) apériodique: *grandezza aperiodica* grandeur apériodique ◇ (*mat.*) *numero aperiodico* nombre irrationnel → **irrazionale** ▣ **periodico.**

aperitivo |aperi'tivo| *s.m.* apéritif, apéro (*pop.*): *aperitivo analcolico* apéritif sans alcool; *prendere un aperitivo* prendre l'apéritif ♦ *agg.* apéritif*: *bibita aperitiva* boisson apéritive.

apertaménte |aperta'mente| *avv.* **1** [→ APERTO I 4] ouvertement: *parlare, agire apertamente* parler, agir ouvertement; *dire apertamente la verità* dire ouvertement la vérité → **francamente, schiettamente** **2** [→ APERTO I 5] manifestement: *atteggiamento apertamente reazionario* attitude manifestement réactionnaire → **chiaramente**; *il suo discorso era apertamente minaccioso* son discours était manifestement menaçant ▣ 1 **subdolamente.**

apèrto |a'pɛrto| **I** *agg.* **1** ouvert: *porta, finestra aperta* porte, fenêtre ouverte; *un libro aperto* un livre ouvert; *mano aperta* main ouverte; *fiore aperto* fleur ouverte, éclose; *rubinetto aperto* robinet ouvert; *valvola aperta* soupape ouverte; *il gas è aperto* le gaz est ouvert; *avere gli occhi aperti* avoir les yeux ouverts; *stare con la bocca aperta* rester bouche bée → **spalancato, dischiuso** # *ad ali aperte* les ailes déployées ◇ [*non sigillato, dissigillato*] *busta aperta* enveloppe ouverte; *un pacco aperto* un colis ouvert ◇ (*fig.*) *lettera aperta* [*articolo di giornale in forma di lettera*] lettre ouverte ◇ [*in funzione, a disposizione del pubblico o degli utenti*] *negozio aperto* magasin ouvert; *canale aperto alla navigazione* canal ouvert à la navigation; *gli uffici sono aperti dalle 8 alle 12* les bureaux sont ouverts de 8 h à 12 h; *la mostra resta aperta per tutto il mese* l'exposition restera ouverte pendant tout le mois ◇ [*iniziato, autorizzato*] *la sottoscrizione è aperta* la souscription est ouverte; *la caccia è aperta* la chasse est ouverte ◇ [*non deciso, suscettibile di sviluppo, di variazione*] *il dibattito resta aperto* le débat reste ouvert # *la partita è ancora aperta* le résultat du match n'est pas définitif **2** (*comm., corr.*) ouvert: *conto aperto* compte ouvert; *avere un conto aperto in banca, con un fornitore* avoir un compte (ouvert) en banque, chez un fournisseur ◇ (*fig.*) *avere un conto aperto con qc., con la giustizia* avoir un compte à régler avec qqn., avec la justice ◇ (*fig.*) [*disponibile*] *un uomo aperto ai problemi sociali* un homme ouvert aux questions sociales; *mente aperta* esprit ouvert; *essere aperto alle novità* être ouvert aux nouveautés ◇ (*loc. fig.*) *stare con, avere gli occhi aperti* [*stare, essere vigilante*] garder, avoir les yeux bien ouverts ~ *sognare a occhi aperti* rêver les yeux ouverts ~ *rimanere a bocca aperta* rester bouche bée ~ *ricevere, accogliere a braccia aperte* recevoir, accueillir qqn. à bras ouverts **3** [*ampio, spazioso*] large: *una valle aperta* une large vallée ◇ (*loc.*) *in mare aperto* en pleine mer ~ *all'aria aperta* en plein air, au grand air ~ *in* *aperta campagna* en pleine campagne **4** (*fig.*) [*franco, schietto, sincero*] ouvert: *un viso aperto* un visage ouvert # *fare un discorso aperto* faire un discours franc ◇ *loc. avv.* A VISO APERTO [*con franchezza*] à visage découvert: *l'ho affrontata a viso aperto* je l'ai affrontée à visage découvert ~ A CUORE APERTO [*con schiettezza, sinceramente*] à cœur ouvert: *ti parlo a cuore aperto* je te parle à cœur ouvert ✦ (*avv.*) *parlare aperto* [*schiettamente*] parler carrément **5** (*fig.*) [*manifesto, evidente*] évident, manifeste: *un'aperta indifferenza verso gli uomini* une indifférence évidente, manifeste à l'égard des hommes; *un'aperta dimostrazione di simpatia* un évident témoignage de sympathie; *il tuo è un aperto rifiuto* ton refus est (un refus) manifeste # *essere aperto nemico di qc.* être l'ennemi déclaré de qqn. **6** (*arald.*) ouvert **7** (*fon.*) ouvert: *suoni aperti* sons ouverts; *una 'e' aperta* un 'e' ouvert **8** (*fis.*) *circuito aperto* circuit ouvert **9** (*mat.*) *insieme aperto* ensemble ouvert **II** *s.m. solo nella loc.* ALL'APERTO en plein air, au grand air: *uscire all'aperto* sortir en plein air, au grand air # *dormire all'aperto* dormir à la belle étoile 🄲 I 1, 2, 7, 8 **chiuso**; 3 **angusto**; 4 **subdolo**; 5 **mascherato**; II **chiuso**.

apertóre |aper'tore| *s.m.* (*gioco delle carte*) ouvreur.

apertùra |aper'tura| *s.f.* **1** [→ APRIRE A 1] ouverture: *l'apertura di una finestra, di una porta* l'ouverture d'une fenêtre, d'une porte; *apertura di una lettera, di un telegramma* ouverture d'une lettre, d'un télégramme; *apertura di un pacco* ouverture d'un paquet; *apertura di una voragine* ouverture d'un gouffre; *apertura di un compasso* ouverture d'un compas # *leggere, tradurre ad apertura di libro* lire, traduire à livre ouvert ◇ (*bur.*) *orario d'apertura* horaire d'ouverture; *apertura degli sportelli al pubblico* ouverture des guichets au public ◇ (*fon.*) aperture: *grado di apertura* degré d'aperture ◇ (*ott.*) *apertura angolare* ouverture d'un objectif ◇ (*rugby*) *mediano d'apertura* demi d'ouverture **2** [*fenditura, foro*] ouverture: *un'apertura nella roccia ci aveva permesso di uscire* une ouverture dans la roche nous avait permis de sortir; *fare un'apertura sul, nel muro* faire une ouverture dans le mur ◇ (*per est.*) [*passaggio, porta, finestra*] *stanza senza aperture* pièce sans ouvertures; *c'è un'apertura sul muro di cinta* il y a une ouverture dans la clôture, une brèche dans le mur d'enceinte; *ci sono troppe aperture in questa casa* il y a trop d'ouvertures dans cette maison **3** [*dimensione lineare, ampiezza*] *apertura alare* envergure; *apertura visiva* étendue du champ visuel ◇ (*fig.*) ouverture: *apertura di mente* ouverture d'esprit; *apertura di cuore* ouverture de cœur → **bontà, generosità** **4** [*il dare inizio; inaugurazione*] ouverture: *l'apertura della caccia* l'ouverture de la chasse; *il giorno dell'apertura* le jour d'ouverture; *discorso di apertura* discours d'ouverture # *l'apertura di una mostra* le vernissage ◇ (*Borsa*) *quotazioni d'apertura* cours d'ouverture; *in apertura di Borsa* en ouverture du cours ◇ (*comm.*) *apertura di un credito* ouverture d'un crédit **5** (*giorn.*) *articolo d'apertura* article d'actualités politiques **6** (*polit.*) ouverture: *apertura a destra, a sinistra* ouverture à droite, à gauche 🄲 1; 4; 5; 6 **chiusura**.

apètalo |a'pɛtalo| *agg.* (*bot.*) apétale.

apiàrio, i |a'pjarjo, i| *s.m.* [*luogo dove sono gli alveari; il complesso di questi*] rucher.

apicàle |api'kale| *agg.* **1** (*scient.*) apical*: *parte apicale di un organo* partie apicale d'un organe ◇ (*bot.*) *accrescimento apicale* croissance apicale; *gemma apicale* → **terminale**; *ramificazione apicale* → **dicotomia** ◇ (*med.*) *catarro apicale* catarrhe apical **2** (*ling.*) *consonante apicale* consonne apicale.

àpice |'apitʃe| *s.m.* **1** [*punto più alto, cima*] sommet: *apice della montagna* sommet de la montagne; *apice di un albero* sommet d'un arbre → **vertice, culmine** ◇ (*fig.*) *essere all'apice della carriera* être au sommet de sa carrière **2** (*anat.*) *apice polmonare sinistro, destro* sommet du poumon gauche, droit ◇ (*bot.*) *apice vegetativo* apex végétatif **3** (*astron.*) *apice solare* apex solaire **4** (*ling.*) *apice sillabico* apex syllabique 🄲 1 **base, inizio**.

apicoltóre, trice |apikol'tore, tri'tʃe| *s.* apiculteur *m.*

apicoltùra |apikol'tura| *s.f.* apiculture.

Àpidi |'apidi| *s.m. pl.* (*t.zool.*) Apidés.

àpio, i |'apjo, i| *s.m.* → **appio**.

apiressìa |apires'sia| *s.f.* (*med.*) apyrexie.

apirètico, ci, ca, che |api'rɛtiko, tʃi, ka, ke| *agg.* (*med.*) apyrétique.

apìstico, ci, ca, che |a'pistiko, tʃi, ka, ke| *agg.* apicole # *allevamento apistico* apiculture.

aplasìa |apla'zia| *s.f.* (*patol.*) aplasie.

aplòide |a'plɔide| *agg.* (*biol.*) haploïde.

apnèa |ap'nɛa| *s.f.* apnée ◇ (*nuoto*) *immergersi in apnea* plonger en apnée; *immersione in apnea* plongée en apnée.

apoàstro |apo'astro| *s.m.* (*astron.*) apoastre.

apocalìsse |apoka'lisse| *s.f.* **1** (*Bibbia*) apocalypse: *il libro dell'Apocalisse* le livre de l'Apocalypse **2** (*fig.*) [*disastro totale*] apocalypse: *dopo il bombardamento la città offriva una visione d'apocalisse* après le bombardement, la ville offrait une vision d'apocalypse → **catastrofe**.

apocalìttico, ci, ca, che |apoka'littiko, tʃi, ka, ke| *agg.* **1** apocalyptique: *letteratura apocalittica* littérature apocalyptique ◇ (*iron.*) *cavallo apocalittico* cheval de l'apocalypse → **magro, stecchito** **2** (*fig.*) [*terribile, funesto*] apocalyptique: *visione apocalittica del futuro* vision apocalyptique de l'avenir; *fatti apocalittici* événements apocalyptiques → **catastrofico, disastroso**.

Apocinàcee |apotʃi'natʃee| *s.f. pl.* (*t.bot.*) Apocynacées.

apòcope |a'pɔkope| *s.f.* (*ling.*) apocope.

apòcrifo |a'pɔkrifo| *agg.* **1** (*relig.*) apocryphe: *atti apocrifi degli apostoli* les actes apocryphes des apôtres ✦ (*s.m.*) *un apocrifo* un apocryphe **2** (*letter.*) apocryphe: *opere apocrife del '200* œuvres apocryphes du XIIIe siècle → **spurio** ✦ (*s.m.*) *un apocrifo del Petrarca* un apocryphe de Pétrarque 🄲 1 **canonico**; 2 **autentico**.

Àpodi |'apodi| *s.m.pl.* (*t. zool.*) Apodes.

apodìttico, ci, ca, che |apo'dittiko, tʃi, ka, ke| *agg.* apodictique.

àpodo |'apodo| *agg.* (*zool.*) apode # *animale apodo* un apode *s.m.*

apòfisi |a'pɔfizi| *s.f. inv.* (*anat.*) apophyse *var.*

apofonìa |apofo'nia| *s.f.* (*ling.*) apophonie.

apoftègma |apof'tɛgma| *s.m.* apophtegme.

apogèo |apo'dʒɛo| *s.m.* (*astron., mat.*) apogée ✦ (*agg.*) *la distanza apogea di un astro* l'apogée *s.m.* d'un astre ◇ (*fig.*) [*apice, culmine*] *è all'apogeo della sua gloria* il est à l'apogée de sa gloire 🄲 **perigeo**.

apòlide |a'pɔlide| *s.* [*che non ha cittadinanza, patria*] apatride ✦ (*agg.*) *è apolide* c'est un apatride *s.*

apoliticità |apolititʃi'ta| *s.f. inv.* apolitisme *m. var.*

apolìtico, ci, ca, che |apo'litiko, tʃi, ka, ke| *agg.* apolitique: *decisione apolitica* décision apolitique; *associazione apolitica* association apolitique.

apòllo |a'pɔllo| *s.m.* **1** (*t.zool.*) apollon **2** [*uomo di gran bellezza*] Adonis: *si crede un Apollo* il se croit un Adonis ◇ (*mitol.*) Apollon.

apologètica, che |apolo'dʒɛtika, ke| *s.f.* apologétique.

apologètico, ci, ca, che |apolo'dʒɛtiko, tʃi, ka, ke| *agg.* **1** apologétique: *libro, discorso apologetico* livre, discours apologétique **2** [*elogiativo, che esalta*] apologétique: *parole apologetiche* des paroles apologétiques; *un tono eccessivamente apologetico* un ton excessivement apologétique.

apologìa, gìe |apolo'dʒia, dʒie| *s.f.* **1** apologie **2** (*per est.*) [*elogio, esaltazione*] apologie: *apologia di regime* apologie de régime; *non voglio far l'apologia delle tue virtù* je ne veux pas faire l'apologie de tes vertus ◇ (*dir.*) *apologia di reato* apologie d'un crime 🄲 2 **denigrazione**.

apologìsta |apolo'dʒista| *s.* apologiste: *gli apologisti della controriforma* les apologistes de la contre-réforme ◇ [*esaltatore, sostenitore*] *più che un biografo è un apologista* c'est plus un apologiste qu'un biographe 🄲 **polemista, denigratore**.

apologizzàre |apolodʒid'dzare| **A** *v.tr.* [*fare l'apologia di, esaltare*] faire (45) l'apologie de: *apologizzare il fascismo* faire l'apologie du fascisme **B** *v.intr.* (*aus. 'avere'*) [*fare discorsi esaltatori*] faire *tr.* l'apologie (de): *è di cattivo gusto apologizzare su simili atti* c'est de mauvais goût (que) de faire l'apologie de tels actes.

apòlogo, ghi |a'pɔlogo, gi| *s.m.* apologue → **allegoria, favola**.

apomorfìna |apomor'fina| *s.f.* (*chim., farm.*) apomorphine.

aponeuròsi |aponeu'rɔzi| *s.f. inv.* (*anat.*) aponévrose (*var.*): *aponeurosi muscolari* aponévroses musculaires.

aponeuròtico, ci, ca, che |aponeu'rɔtiko, tʃi, ka, ke| *agg.* (*anat.*) aponévrotique.

apoplessìa |apoples'sia| *s.f.* (*med.*) apoplexie: *apoplessia cerebrale* apoplexie cérébrale.

apoplèttico, ci, ca, che |apo'plɛttiko, tʃi, ka, ke| *agg.* (*med., corr.*) apoplectique # *colpo apoplettico* at-

taque d'apoplexie ◆ (*s.*) *un apoplettico* un apoplectique.
a pòsta |a'pɔsta| *loc. avv.* → **apposta.**
apostasìa |aposta'zia| *s.f.* (*relig.*) apostasie: *l'apostasia di un prete* l'apostasie d'un prêtre → **ripudio** ◇ (*fig.*) *l'apostasia di un politico* l'apostasie d'un politicien → **tradimento.**
apòstata |a'pɔstata| *s.* apostat *m.*
apostatàre |aposta'tare| *v.intr.* (*aus.* '*avere*') [*rinnegare la propria fede*] apostasier: *nessuno ha apostatato* personne n'a apostasié ◇ [*ripudiare le proprie idee, il proprio partito e sim.*] *molti apostatarono dopo la rivoluzione* beaucoup apostasièrent après la révolution.
a posteriori |aposte'rjɔri| *loc. agg. inv.* (*lat.*) (*filos.*) a posteriori: *dimostrazione a posteriori* démonstration a posteriori ◇ (*loc. avv.*) *decidere, giudicare a posteriori* décider, juger a posteriori ◇ *loc. sost. inv.* a posteriori (*agg. inv.*): *nozione a posteriori* notion a posteriori ⓒ **a priori.**
apostolàto |aposto'lato| *s.m.* (*relig.*) apostolat: *l'apostolato di Pietro* l'apostolat de Pierre; *l'apostolato laico* l'apostolat laïc → **missione** ◇ (*per est.*) *far opera di apostolato politico* faire œuvre d'apostolat politique.
apostòlico, ci, ca, che |apos'tɔliko, tʃi, ka, ke| *agg.* **1** apostolique: *dottrina apostolica* doctrine apostolique; *sede apostolica* siège apostolique; *lettera apostolica* lettre apostolique # *il credo apostolico* le credo, le symbole des apôtres **2** [*della Santa Sede*] apostolique: *decisione apostolica* décision apostolique; *nunzio apostolico* nonce apostolique.
apòstolo |a'pɔstolo| *s.m.* apôtre: *l'apostolo delle genti* l'apôtre des gentils ◇ (*fig.*) *un apostolo della pace* un apôtre de la paix.
1 **apostrofàre** |apostro'fare| **A** *v. tr.* [*rivolgersi a qc. animatamente, con sdegno*] apostropher: *apostrofò duramente i ritardatari* il apostropha durement les retardataires **B** *v.intr.* (*aus.* '*avere*') (*raro, lett.*) [*rivolgere un'apostrofe*] s'adresser *pron.* (à): *apostrofare ai propri avversari* s'adresser à ses adversaires.
2 **apostrofàre** |apostro'fare| *v.tr.* [*mettere l'apostrofo*] élider: *apostrofare una parola, un articolo* élider un mot, un article.
apòstrofe |a'pɔstrofe| *s.f.* apostrophe: *rivolgere un'apostrofe a qc.* lancer une apostrophe à qqn.
apòstrofo |a'pɔstrofo| *s.m.* (*gram.*) apostrophe (*f.*): *scritto con, senza l'apostrofo* écrit avec, sans apostrophe; *mettere, togliere l'apostrofo* mettre, ôter l'apostrophe.
apotèma |apo'tɛma| *s.m.* (*geom.*) apothème.
apoteòsi |apote'ɔzi| *s.f. inv.* **1** (*fig.*) apothéose (*var.*): *fare l'apoteosi di qc.* faire l'apothéose de qqn. → **esaltazione, glorificazione** **2** (*relig. gr., rom.*) apothéose: *l'apoteosi di Ercole* l'apothéose d'Hercule; *l'apoteosi degli imperatori romani* l'apothéose des empereurs romains → **divinizzazione** ◇ (*teat.*) *l'apoteosi di una coreografia* l'apothéose d'une chorégraphie.
appaciàre |appa'tʃare|, **appacificàre** |appatʃifi'kare| *v.tr. e pron.* → **rappacificare.**

appagàbile |appa'gabile| *agg.* [→ APPAGARE A 1; B] qu'on peut satisfaire (*loc.*): *desiderio facilmente appagabile* désir qu'on peut satisfaire facilement.
appagaménto |appaga'mento| *s.m.* [→ APPAGARE A 1; B] satisfaction (*f.*): *l'appagamento delle proprie aspirazioni* la satisfaction de ses aspirations → **soddisfazione** ⓒ **insoddisfazione.**
appagàre |appa'gare| **A** *v.tr.* **1** [*soddisfare, accontentare*] satisfaire (45): *appagare un desiderio, la curiosità* satisfaire un désir, la curiosité # *appagare la propria ambizione, il proprio odio* assouvir son ambition, sa haine; *appagare la fame* assouvir sa faim; *appagare la sete* étancher sa soif → **saziare** **2** [*rendere tranquillo, acquietare*] calmer: *appagare la coscienza* calmer sa conscience → **placare, calmare** **B** *v. pron.* APPAGARSI **1** *rifl.* [→ *tr.* 1] se contenter: *appagarsi di poco* se contenter de peu; *appagarsi di belle promesse* se contenter de belles promesses **2** *intr.* [*calmarsi*] s'assouvir: *passione che si appaga* passion qui s'assouvit.
appaiaménto |appaja'mento| *s.m.* → **accoppiamento.**
appaiàre |appa'jare| **A** *v.tr.* [*fare un paio*] appareiller, apparier (*lett.*): *appaiare due guanti* appareiller deux gants ◇ (*animali*) [*accoppiare*] appareiller: *appaiare due buoi* appareiller deux bœufs **B** *v.pron. recipr.* APPAIARSI [*accoppiarsi, unirsi*] s'appareiller, s'apparier # *questi quadri si appaiano alla perfezione* ces tableaux vont parfaitement ensemble.
appaiàto |appa'jato| *agg.* [*unito per fare un paio*] apparié (*p.p.*): *cavalli appaiati* chevaux appariés; *calze appaiate* des bas appariés ◇ (*animali*) [*accoppiato*] appareillé *p.p.* # *camminare appaiati* marcher deux à deux, l'un à côté de l'autre.
appalesàre |appale'zare| *v.tr.* (*raro*) → **palesare.**
appallottolàre |appallotto'lare| **A** *v.tr.* [*dare la forma di pallottola*] faire (45) une boulette (de), des boulettes (de): *appallottolare carta, pane* faire des boulettes de papier, de pain **B** *v.pron.* APPALLOTTOLARSI **1** *rifl.* [*aggomitolarsi*] se rouler en boule, se pelotonner: *il gatto si appallottola* le chat se roule en boule, se pelotonne **2** *intr.* [→ *tr.*] faire *tr.* des grumeaux, se grumeler (4): *la crema, la farina si è appallottolata* la crème, la farine a fait des grumeaux, s'est grumelée.
appaltàre |appal'tare| *v.tr.* **1** [*dare in appalto*] adjuger (3): *appaltare la costruzione di una strada* adjuger la construction d'une route **2** (*raro*) [*prendere in appalto*] prendre (73) en adjudication: *ditta che appalta lavori pubblici* maison qui prend des travaux publics en adjudication.
appaltatóre, trice |appalta'tore, tritʃe| *s.* [*chi prende in appalto*] adjudicataire.
appàlto |ap'palto| *s.m.* (*dir., corr.*) adjudication (*f.*): *contratto di appalto* contrat d'adjudication; *lavori in appalto* travaux en adjudication; *appalto di forniture, di lavori pubblici* adjudication, concession de fournitures, de travaux publics; *dare in appalto* donner en adjudication, adjuger; *prendere in appalto* prendre en adjudication; *mettere in appalto* mettre en adjudication # *offerta d'appalto (in busta chiusa)* soumission; *concorrere a un appalto* soumissionner.
appannàggio, i |appan'naddʒo, i| *s.m.* **1** apanage: *l'appannaggio dei re di Francia* l'apanage des rois de France → **dotazione** ◇ [*dote*] *l'appannaggio di una sposa* la dot d'une jeune mariée ◇ (*fig.*) [*conquista ambita*] *la vittoria è stata appannaggio della squadra meglio allenata* la victoire est revenue naturellement à, la victoire a été la juste récompense de l'équipe la mieux entraînée **2** (*per est.*) [*stipendio, compenso fisso*] apanage: *fissare l'appannaggio del presidente* fixer l'apanage du président **3** (*fig.*) [*prerogativa, conseguenza*] apanage: *le infermità sono il triste appannaggio della vecchiaia* les infirmités sont le triste apanage de la vieillesse; *l'arte non è più l'appannaggio di pochi privilegiati* l'art n'est plus l'apanage d'une élite.
appannaménto |appanna'mento| *s.m.* **1** [→ APPANNARE A 1; B 1] troubles (*pl.*): *l'appannamento della vista* les troubles de la vue **2** [*stato di ciò che è appannato*] ternissure *f.* (*raro*); le fait d'être terni: *l'appannamento di un vetro, di uno specchio* la ternissure d'une vitre, d'une glace **3** (*fig.*) [→ APPANNARE A 2; B 2] confusion (*f.*): *appannamento della mente* confusion mentale; *l'appannamento delle idee* la confusion des idées.
appannàre |appan'nare| **A** *v.tr.* **1** [*rendere opaco, annebbiare*] embuer, ternir: *il vapore appanna i vetri* la vapeur embue, ternit les vitres; *le lacrime gli appannavano gli occhi* les larmes leur embuaient les yeux → **offuscare** **2** (*fig.*) [*offuscare, confondere*] brouiller, troubler: *la fatica appanna le idee* la fatigue brouille, trouble les idées ◇ [*indebolire*] détraquer: *la stanchezza appanna i riflessi* la fatigue détraque les réflexes **B** *v.pron. intr.* APPANNARSI **1** [→ *tr.*] se couvrir (23) de buée: *i vetri si appannano* les vitres se couvrent de buée # *l'argenteria si è appannata* l'argenterie s'est ternie **2** [→ *tr.* 2] se brouiller, se troubler: *gli si appanna la vista* sa vue se brouille, se trouble ◇ [*indebolirsi*] *gli si appannano i riflessi* ses réflexes diminuent ◇ [*affievolirsi*] *la voce gli si appanna* sa voix se voile.
appannàto |appan'nato| *agg.* **1** [*opaco, offuscato*] embué: *vetri appannati* vitres embuées; *parabrezza appannato* pare-brise embué; *occhi appannati dal pianto* yeux embués de larmes # *occhi appannati, sguardo appannato* yeux ternes, regard terne ◇ (*fig.*) [*affievolito, indebolito*] affaibli: *riflessi appannati* réflexes affaiblis # *voce appannata* voix voilée **2** (*fig.*) [*annebbiato, confuso*] troublé: *mente appannata* tête troublée ⓒ 1 **terso, limpido**; 2 **lucido.**
apparatchik |appa'rattʃik| *s.m. inv.* (*russo*) (*polit.*) apparatchik *var.*
apparàto |appa'rato| *s.m.* **1** apparat: *apparato solenne* apparat solennel; *un grande apparato di luci, di colori e di suoni* un grand apparat de lumières, de couleurs et de sons # *predisporre un gigantesco apparato di forze* préparer un gigantesque déploiement de forces → **spiegamento** ◇ [*sfarzo, sfoggio*] *una cerimonia semplice, senza apparato* une cérémonie simple, sans apparat ◇ (*teat.*) *apparato scenico* décors et accessoires de la scène **2** [*congegni,*

apparecchiature per una determinata funzione] appareil: *apparato motore* appareil moteur; *apparato elettrico* appareil électrique **3** (*per est.*) [*complesso di nozioni, di dati e sim.*] bagage: *apparato culturale, scientifico* bagage culturel, scientifique ◇ (*letter.*) apparat: *apparato critico* apparat critique; *edizione di un testo con, senza apparato critico* édition d'un texte avec, sans apparat critique **4** (*anat.*) système, appareil: *apparato nervoso* système nerveux; *apparato digerente, respiratorio* appareil digestif, respiratoire → **sistema** **5** [*personale dirigente, organico dei funzionari di un partito, di un ministero e sim.*] appareil: *l'apparato poliziesco* l'appareil policier; *l'apparato del partito* l'appareil du parti.

apparatóre, trice |appara'tore, tritʃe| *s.* **1** (*cine., teat.*) décorateur*: *apparatore di cinema, di teatro* décorateur de cinéma, de théâtre **2** [*tappezziere*] tapissier-décorateur *s.m.*

apparecchiaménto |apparekkja'mento| *s.m.* (*arc.*) **1** → **allestimento, preparativo** **2** → **arredo, addobbo.**

apparecchiàre |apparek'kjare| **A** *v.tr.* **1** [*preparare, allestire*] dresser: *apparecchiare la tavola* dresser la table; *apparecchiare per due* dresser le couvert pour deux personnes, mettre deux couverts ◇ (*per est.*) [*preparare, cucinare*] preparer: *apparecchiare il pranzo* préparer le repas **2** (*tess.*) [*sottoporre all'apparecchiatura*] apprêter: *apparecchiare una tela* apprêter une toile **B** *v. pron. rifl.* APPARECCHIARSI [*prepararsi, apprestarsi*] s'apprêter: *apparecchiarsi a partire* s'apprêter à partir Ⓒ A 1 **sparecchiare.**

apparecchiàto |apparek'kjato| *agg.* **1** [*imbandito, preparato*] mis, dressé: *tavola apparecchiata* table mise, dressée **2** (*lett.*) → **pronto.**

apparecchiatùra |apparekkja'tura| *s.f.* **1** [*attrezzatura, corredo di strumenti, meccanismi per un determinato uso o scopo*] outillage *m.*; appareillage (*m.*): *apparecchiatura da falegname, da idraulico* outillage de menuisier, de plombier ‖ *apparecchiatura elettrica* appareillage électrique **2** (*lett.*) → **preparazione** **3** (*arch.*) appareil *m.* **4** (*pitt.*) apprêt *m.* **5** (*tess.*) apprêt, apprêtage *m.*

apparécchio, i |appa'rekkjo, i| *s.m.* **1** (*tecnol., corr.*) appareil: *un apparecchio telefonico* un appareil téléphonique, un téléphone; *un apparecchio fotografico* un appareil(-)photo # *apparecchio radiofonico* (poste de) radio; *resti all'apparecchio* [*in linea*] ne quittez pas! ◇ (*med.*) *apparecchi ortopedici* appareils orthopédiques; *apparecchi di protesi* appareils de prothèse; *apparecchi di estensione, di contenzione* appareils d'extension, de contention; *apparecchio per la disinfezione* appareil désinfecteur, à désinfecter **2** [*aereo, aeroplano e sim.*] appareil, avion: *apparecchio da caccia* avion de chasse; *abbattere un apparecchio* abattre un appareil, un avion # *apparecchio da bombardamento* bombardier **3** [*apparato, sistema*] système: *mettere a punto l'apparecchio di difesa* mettre au point le système de défense; *apparecchio muscolare* système musculaire **4** (*tess.*) apprêt, apprêtage → **apparecchiatura.**

apparentaménto |apparenta'mento| *s.m.* [→ APPARENTARE] apparentement.

apparentàre |apparen'tare| **A** *v. tr.* **1** [*far diventare parente, imparentare*] apparenter: *apparentare due famiglie* apparenter deux familles **2** (*polit.*) [*collegare insieme*] apparenter, allier: *apparentare un partito con un altro* apparenter, allier un parti à un autre **B** *v.pron. recipr.* APPARENTARSI [→ *tr.*] s'apparenter: *apparentarsi con qc.* s'apparenter à qqn.; *le nostre famiglie si sono apparentate* nos familles se sont apparentées; *i due gruppi politici si sono apparentati* les deux groupes politiques se sont apparentés, se sont alliés.

apparentàto |apparen'tato| *agg.* → **imparentato.**

apparènte |appa'rɛnte| *agg.* **1** apparent: *movimento apparente del sole* mouvement apparent du soleil; *contraddizioni apparenti* contradictions apparentes; *una ragione apparente* une raison apparente; *serenità solo apparente* sérénité seulement apparente → **illusorio, falso** ◇ (*mat.*) *frazione apparente* expression fractionnaire **2** [*visibile, manifesto*] apparent: *un sintomo apparente* un symptome apparent; *non ci sono dati apparenti* il n'y a pas de données apparentes; *portare q.c. in modo apparente* porter qqch. d'une manière apparente ◇ [*appariscente, vistoso*] voyant, apparent: *un lusso molto apparente* un luxe très voyant Ⓒ 1 **effettivo, reale** 1.

apparenteménte |apparente'mente| *avv.* **1** [→ APPARENTE 1] apparemment: *la tua risposta è apparentemente esatta* ta réponse est apparemment exacte **2** [*esteriormente, al di fuori*] apparemment: *apparentemente tutto sembrava tranquillo* apparemment tout avait l'air tranquille Ⓒ **effettivamente, veramente.**

apparènza |appa'rɛntsa| *s.f.* **1** apparence: *cambiare l'apparenza di una casa* changer l'apparence d'une maison; *presentarsi sotto false apparenze* se présenter sous de fausses apparences; *una divinità dall'apparenza umana* une divinité d'apparence humaine → **aspetto** # *una donna di bella apparenza* une femme belle **2** [*aspetto esteriore, quel che appare di qc. o di q.c.*] apparence: *darsi un'apparenza di serietà* se donner une apparence de sérieux; *ti sei fatto ingannare dall'apparenza* tu t'es fait avoir (*fam.*) par les apparences; *guardare solo all'apparenza* ne regarder qu'à l'apparence; *giudicare dall'apparenza* juger selon, sur les apparences; *non fidarsi delle apparenze* ne pas se fier aux apparences; *le apparenze sono contro di me* les apparences sont contre moi → **indizio** ◇ *al plur.* [*convenzioni, formalità*] apparences: *salvare, sacrificare le apparenze* sauver, sacrifier les apparences; *badare alle apparenze* accorder trop d'attention aux apparences ◇ (*loc. avv.*) *in apparenza* en apparence ~ *all'apparenza* à l'apparence ~ *l'apparenza inganna* les apparences sont trompeuses.

apparigliàre |appariʎ'ʎare| *v.tr.* **1** [*mettere a due, in coppia* (*gli animali da tiro*)] apparier, accoupler: *apparigliare due cavalli, due buoi* accoupler deux chevaux, deux bœufs **2** (*gioco delle carte*) *apparigliare il sette* avoir une paire de 7 Ⓒ 1 **spaiare**; 2 **sparigliare.**

apparìre |appa'rire| (142) *v.intr.* (*aus.* 'essere') **1** [*presentarsi alla vista, comparire*] apparaître (72) (*aus.* avoir, être): *apparire all'improvviso* apparaître tout à coup; *è apparso un fantasma* un fantôme est apparu # *apparire sulla scena* paraître en scène ◇ [*diventare di dominio pubblico, essere pubblicato*] paraître (72) (*aus.* avoir, être): *il suo libro è apparso ieri* son livre a paru hier; *è un articolo apparso sul giornale X* c'est un article paru dans le journal X **2** [*risultare evidente, mostrarsi chiaramente*] apparaître: *prima o poi la verità appare* tôt ou tard la vérité apparaît; *appare chiaro, dopo aver letto i documenti, che la legge vi dà ragione* il apparaît, à la lecture des documents, que la loi est pour vous; *le difficoltà di questa impresa appaiono fin dall'inizio* les difficultés de cette entreprise apparaissent dès le début # *appare chiaro dalle nostre indagini che egli è colpevole* il ressort de nos investigations qu'il est coupable **3** [*sporgere, spuntare*] paraître: *il sole appare* le soleil paraît **4** [*parere, sembrare*] paraître: *appare sofferente* il paraît souffrant; *quello che appare non è la verità* l'apparence n'est pas la vérité; *il progetto appare impossibile* le projet paraît impossible; *appariva felice e contento* il paraissait heureux et content **5** (*raro*) [*essere appariscente, far figura*] se détacher *pron.* (*corr.*): *fra tanti mediocri appariva notevolmente* parmi tant de médiocres il se détachait nettement Ⓒ 1 **sparire**; 5 **scomparire.**

appariscènte |appariʃ'ʃɛnte| *agg.* [*che dà nell'occhio, vistoso*] voyant: *colore appariscente* couleur voyante # *una donna appariscente* une femme splendide; *bellezza appariscente* beauté éclatante ◇ [*evidente, lampante*] évident: *sono dati appariscenti* ce sont des données évidentes Ⓒ **sbiadito, sfuggente.**

appariscènza |appariʃ'ʃɛntsa| *s.f.* caractère *m.* voyant: *l'appariscenza di un abbigliamento* le caractère voyant d'un vêtement, d'une toilette → **vistosità.**

apparitóre |appari'tore| *s.m.* (*st. rom., mediev.*) appariteur.

apparizióne |apparit'tsjone| *s.f.* **1** [→ APPARIRE 1] apparition: *apparizione di un fenomeno* apparition d'un phénomène; *la sua prima apparizione in teatro* sa première apparition au théâtre; *apparizione di una cometa* apparition d'une comète; *un'apparizione notturna* une apparition nocturne; *apparizione degli spiriti* apparition des esprits; *fare una breve apparizione* faire une courte apparition → **comparsa** **2** [*spettro, fantasma*] apparition: *una terribile apparizione* une terrible apparition Ⓒ 1 **scomparsa.**

appartamentìno |appartamen'tino| *s.m.* **1** petit appartement **2** [*monolocale con servizi*] studio; garçonnière *f.*

appartaménto |apparta'mento| *s.m.* appartement: *appartamento da affittare* appartement à louer; *appartamento in vendita* appartement à vendre; *affittasi, vendesi appartamento* appartement à louer, à vendre; *appartamento ammobiliato* appartement meublé; *un appartamento di 3, 4 stanze* un appartement de 3, 4 pièces; *appartamento con doppi servizi* appartement avec deux salles de bain; *proprietario di appartamenti* propriétaire d'appartements; *pian-*

te da appartamento plantes d'appartement → **alloggio, abitazione.**
appartàre |appar'tare| **A** *v.tr.* (*cose*) [*mettere in disparte*] écarter: *appartare un oggetto* écarter un objet ◇ (*persone*) [*segregare*] *appartare una persona noiosa* écarter une personne ennuyeuse **B** *v.pron. rifl.* APPARTARSI (*persone*) [→ *tr.*] s'écarter: *appartarsi dalla vita politica* s'écarter de la vie politique; *si sono appartati da tutti* ils se sont écartés de tous → **isolar(si)** # *appartarsi nella propria camera* se retirer dans sa chambre.
appartàto |appar'tato| *agg.* (*cose*) [*isolato, solitario*] écarté: *luogo appartato* endroit écarté ◇ (*persone*) à l'écart (de) (*loc.*): *vivere, starsene appartato* vivre, rester à l'écart.
appartenènte |apparte'nɛnte| *s.* membre *m.*, adhérent.
appartenènza |apparte'nɛntsa| *s.f.* **1** [→ APPARTENERE 2] appartenance: *l'appartenenza a un gruppo politico* l'appartenance à un groupe politique; *l'appartenenza alla razza bianca* l'appartenance à la race blanche **2** *al plur.* [*dipendenze, accessori*] appartenances, dépendances: *vendere una villa con tutte le appartenenze* vendre une villa avec toutes ses dépendances **3** *al plur.* [*proprietà, spettanze*] biens *m.*, appartenances # *queste sono le mie appartenenze* tout cela m'appartient.
appartenére |apparte'nere| (188) *v.intr.* (*aus.* '*avere, essere*') **1** [*essere proprietà di*] appartenir (27) (*aus.* avoir): *ciò non vi appartiene* cela ne vous appartient pas; *questo libro mi appartiene* ce livre m'appartient; *il giardino appartiene all'inquilino del piano terra* le jardin appartient au locataire du rez de chaussée **2** [*fare parte di*] appartenir à: *appartiene alla più povera famiglia del paese* il appartient à la famille la plus pauvre du pays; *appartengono al partito di opposizione* ils appartiennent à l'opposition **3** [*spettare, toccare*] appartenir: *appartenere di diritto, di fatto* appartenir de droit, de fait # *non appartiene a te criticare* ce n'est pas à toi de critiquer ◇ [*essere compito, dovere di*] *l'educazione dei figli appartiene ai genitori* il appartient aux parents d'élever leurs enfants → **riguardare.**
appassiménto |appassi'mento| *s.m.* **1** [→ APPASSIRE 1] flétrissure (*f.*): *l'appassimento di una rosa* la flétrissure d'une rose **2** (*fig.*) [→ APPASSIRE 2] flétrissure: *l'appassimento della bellezza* la flétrissure de la beauté.
appassionàre |appassjo'nare| **A** *v.tr.* **1** [*suscitare passione, avvincere*] passionner: *appassionare l'uditorio* passionner l'auditoire; *quel romanzo mi ha appassionata* ce roman m'a passionnée **2** [*suscitare commozione, addolorare*] affliger (3): *quella disgrazia mi appassiona profondamente* ce malheur m'afflige profondément **B** *v.pron. intr.* APPASSIONARSI **1** [*interessarsi con passione, entusiasmarsi*] se passionner (pour): *appassionarsi a una scienza a una ricerca* se passionner pour une science, une recherche; *si è appassionato al proprio lavoro* il s'est passionné pour son travail **2** [*provar commozione, addolorarsi*] s'affliger (*pron.*): *il suo caso ci appassiona* son cas nous afflige.
appassionataménte |appassjonata'mente| *avv.* [→ APPASSIONATO] avec passion *loc. inv.*, passionnément: *suonare appassionatamente la chitarra* jouer de la guitare avec passion; *amare appassionatamente qc. o q.c.* aimer passionnément qqn. ou qqch.
appassionàto |appassjo'nato| *agg.* **1** [*pieno di passione, di trasporto*] passionné: *amanti appassionati* des amants passionnés; *un carattere appassionato* un caractère passionné ◇ (*mus.*) appassionato ♦ (*s.*) *un appassionato* un passionné; *è un appassionato di musica classica* c'est un passionné de musique classique **2** [*accorato, commosso*] plein de tristesse: *mi ha scritto una lettera appassionata* il m'a écrit une lettre pleine de tristesse; *pianto appassionato* pleurs pleins de tristesse # *parole appassionate* des mots empreints de tristesse **C** 1 **distaccato, freddo, indifferente.**
appassìre |appas'sire| (197) **A** *v. intr.* (*aus.* '*essere*') **1** [*avvizzire, ammosciarsi*] se faner (*pron.*): *i fiori sono appassiti* les fleurs se sont fanées **2** (*fig.*) [*sfiorire, svanire*] se faner; s'évanouir (*pron.*): *la sua giovinezza è appassita* sa jeunesse s'est fanée ‖ *le nostre speranze appassiscono* nos espoirs s'évanouissent **B** *v.tr.* (*raro*) [*rendere passo*] faire (45) *intr.* sécher: *appassire l'uva* faire sécher le raisin.
appassìto |appas'sito| *agg.* [*avvizzito, ammosciato*] fané, flétri: *piante appassite* plantes fanées, flétries # *uva appassita* raisin sec; *mele appassite* pommes flétries, ridées ◇ (*fig.*) fané: *viso appassito* visage fané → **sfiorito** **C** **fresco** 1, **fiorente, florido.**
appastellàrsi |appastel'larsi| *v. pron. intr.* [*formare grumi, agglomerarsi*] se grumeler (4): *la vernice si è appastellata* le vernis s'est grumelé.
appéggi |ap'peddʒi| *s.m.pl.* (*pop.*) → **ginepro.**
appellàbile |appel'labile| *agg.* susceptible d'appel: *sentenza appellabile* sentence susceptible d'appel.
appellabilità |appellabili'ta| *s.f. inv.* (*dir.*) possibilité *var.* d'appel.
appellànte |appel'lante| *agg.* (*dir.*) appelant: *la parte appellante* la partie appelante ♦ (*s.*) *l'appellante* l'appelant.
appellàre |appel'lare| **A** *v.tr.* **1** (*dir.*) [*chiedere la revisione di*] appeler (4) de: *appellare una sentenza, un'ordinanza* (en) appeler d'un jugement, d'un arrêt **2** (*lett.*) → **chiamare** **B** *v.intr.* (*aus.* '*avere*') (*dir.*) [*ricorrere a un giudice di grado superiore*] appeler (de) # *tutti gli imputati hanno appellato contro la sentenza* tous les accusés ont fait appel après la sentence **C** *v.pron. intr.* APPELLARSI **1** (*dir.*) [*ricorrere in appello*] appeler *intr.* de, faire (45) *tr.* appel (de): *appellarsi contro la sentenza di primo grado* appeler, faire appel d'un jugement de première instance; *il pubblico ministero si è appellato* le ministère public a fait appel **2** [*far appello, rivolgersi a*] en appeler (à), faire appel (à): *mi appello al tuo buon senso* j'en appelle, je fais appel à ton bon sens; *ci siamo appellati all'autorità superiore* nous en avons appelé, nous avons fait appel à l'autorité supérieure **3** (*lett.*) → **chiamar(si).**
appellativo |appella'tivo| **I** *agg.* **1** (*dir.*) d'appel (*loc. inv.*): *atto appellativo* acte d'appel **2** (*gram.*) appellatif*: *nome appellativo* nom appellatif **II** *s.m.* [*epiteto, soprannome*] surnom: *Luigi XIV aveva l'appellativo di Re Sole* Louis XIV avait le surnom de Roi Soleil.
appellazióne |appellat'tsjone| *s.f.* (*raro, lett.*) appellation, dénomination.
appèllo |ap'pɛllo| *s.m.* **1** appel: *appello nominale* appel nominal; *fare l'appello* faire l'appel; *essere presente, rispondere all'appello* être présent, répondre à l'appel; *essere assente, mancare all'appello* être absent, manquer à l'appel ◇ (*mil.*) *appello e contrappello* appel et contre-appel; *suonare l'appello* sonner l'appel **2** [*richiamo, implorazione*] appel: *appello di aiuto* appel à l'aide. au secours; *fare appello alla generosità di qc.* faire appel à la génerosité de qqn.; *fare appello alla propria dignità* faire appel à sa dignité **3** [*turno di sessione di esami nelle università italiane*] session *f.* d'examens **4** (*dir.*) appel: *corte d'appello* cour d'appel; *appello infondato, temerario* fol appel; *presentare appello contro una sentenza di primo grado* faire appel d'un jugement de première instance; *interporre appello a una sentenza* interjecter appel d'un jugement; *appello al Pubblico Ministero per diminuzione, per aumento della pena* appel à maxima, à minima; *giudicare senza appello* juger sans appel ◇ (*fig.*) *senza appello* sans appel.
appéna |ap'pena| **I** *avv.* **1** [*con difficoltà*] à peine (*loc. inv.*): *con questa luce ci si vede appena* avec cette lumière on y voit à peine **2** [*soltanto*] seulement, à peine: *sono appena le due* il est seulement, à peine deux heures; *me ne occorrono appena due* il m'en faut seulement deux, il ne m'en faut que deux ◇ [*poco fa*] à peine: *sono appena arrivato* je suis à peine arrivé, je viens d'arriver # *è un film* (*che è*) *appena uscito* c'est un film qui vient de sortir ◇ (*correl. di* '*che, quando*') juste: *si era appena alzato che, quando suonarono alla porta* il venait juste de se lever quand on sonna à la porte **II** *cong.* [*subito dopo che*] aussitôt: *appena arrivato si mise a mangiare* aussitôt arrivé, il se mit à manger ◇ (*spesso preceduto da un* '*non*' *pleon.*) aussitôt que, dès que: (*non*) *appena apriva bocca, tutti lo contraddicevano* aussitôt qu'il ouvrait la bouche, tout le monde le contredisait; (*non*) *appena saprò q.c. ti telefonerò* dès que je saurai qqch., je te téléphonerai.
appèndere |ap'pɛndere| (105) *v.tr.* **1** [*attaccare una cosa in modo che rimanga sospesa*] accrocher, suspendre (53): *appendere un cappotto* accrocher, suspendre un manteau **2** (*lett.*) → **impiccare** **C** 1 **staccare, togliere.**
appendiàbiti |appendi'abiti| *s.m. inv.* portemanteau *var.*
appendice |appen'ditʃe| *s.f.* **1** (*anat., corr.*) appendice *m.* **2** (*fig.*) appendice: *la bibliografia si trova nell'appendice* la bibliographie se trouve en appendice # *romanzo d'appendice* roman-feuilleton.
appendicectomia |appenditʃekto'mia| *s.f.* (*chir.*) appendicectomie.
appendicista |appendi'tʃista| *s.* [*scrittore di appendici nei giornali*] feuilletoniste.
appendicite |appendi'tʃite| *s.f.* (*med., corr.*) appendicite: *attacco di appendicite* crise d'appendicite.

appendicolàre |appendiko'lare| *agg.* appendiculaire.

Appendiculària |appendiku'larja| *s.f. inv.* (*t.zool.*) Appendiculaires *m. pl.*

appenninico, ci, ca, che |appen'niniko, tʃi, ka, ke| *agg.* des Apennins (*loc. inv.*): *vegetazione appenninica* végétation des Apennins.

appercettivo |appertʃet'tivo| *agg.* aperceptif*.

appercezióne |appertʃet'tsjone| *s.f.* (*filos.*) aperception.

appesantiménto |appesanti'mento| *s.m.* [→ APPESANTIRE A 1; B] alourdissement, appesantissement.

appesantire |appesan'tire| (197) **A** *v.tr.* **1** [*rendere più pesante*] alourdir, appesantir: *queste bottiglie appesantiscono la borsa* ces bouteilles alourdissent le sac ◇ (*fig.*) *appesantire la pagina di un giornale* surcharger (3) la page d'un journal **2** [*rendere torpido*] alourdir: *aveva la testa appesantita dal sonno* sa tête était alourdie par le sommeil # *questi cibi appesantiscono lo stomaco* ces aliments sont lourds à digérer **B** *v. pron. intr.* APPESANTIRSI [*diventare più pesante*] s'empâter, grossir (*intr.*): *si è molto appesantito in questi ultimi tempi* il s'est énormément empâté, il a énormément grossi ces derniers temps.

appestàre |appes'tare| *v.tr.* **1** [*ammorbare con emanazioni fetide*] empester: *appestare l'aria* empester l'air ◇ (*scherz.*) *appestava la casa con quel terribile odore di pipa* il empestait la maison avec cette terrible odeur de pipe **2** (*fig.*) [*corrompere*] contaminer, infecter (*lett.*): *l'amore del guadagno appesta la società* l'amour du gain contamine la société; *il vizio appesta la società* le vice contamine la société **3** [*contagiare di pestilenza*] empester: *appestare un'intera regione* empester une région entière.

appestàto |appes'tato| *agg.* **1** [*che ha la peste*] pestiféré ♦ (*s.*) *gli appestati* les pestiférés **2** [*pieno di puzza*] empesté; pestilentiel* ◇ (*fig.*) [*corrotto*] empesté, contaminé.

appetènza |appe'tentsa| *s.f.* appétence Ⓒ **inappetenza.**

appetìbile |appe'tibile| *agg.* (*lett.*) → **desiderabile.**

appetire |appe'tire| (197) **A** *v.tr.* (*lett.*) → **bramare, desiderare B** *v.intr.* [*stuzzicare l'appetito*] exciter l'appétit.

appetìto |appe'tito| *s.m.* **1** appétit, faim (*f.*): *buon appetito!* bon appétit!; *mangiare con appetito, di buon appetito* manger avec appétit, de bon appétit; *stuzzicare l'appetito* exciter l'appétit, mettre en appétit, ouvrir l'appétit; *avere poco, molto appetito* avoir peu, beaucoup d'appétit; *questa discussione mi ha fatto passare l'appetito* cette discussion m'a coupé l'appétit ◇ (*prov.*) *l'appetito vien mangiando* l'appétit vient en mangeant **2** *spec. al plur.* [*desideri, istinti*] appétits, instincts: *appetiti naturali* appétits naturels; *frenare i propri appetiti* modérer ses instincts.

appetitóso |appeti'toso| *agg.* [*che desta appetito*] appétissant: *cibo appetitoso* mets appétissant ◇ (*per est.*) [*che piace*] *una ragazza appetitosa* une fille appétissante → **attraente.**

appettàre |appet'tare| *v.intr.* (*detto di bestia da tiro*) [*far forza col petto per trainare un carico in salita*] tirer avec le poitrail.

appètto |ap'pɛtto| **1** *nella loc. prep.* (*lett.*) APPETTO A → **confronto a (in); paragone (al) 2** *avv.* (*lett.*) → **dirimpetto; 1 fronte (di).**

appezzaménto |appettsa'mento| *s.m.* [*porzione di terreno, campo*] pièce *f.* de terre, champ: *appezzamento da coltivare a grano* pièce de terre à blé.

appezzàre |appet'tsare| *v.tr.* [*congiungere alla meglio pezzi simili*] unir, joindre (61): *appezzare una fune* unir une corde.

appezzatùra |appettsa'tura| *s.f.* [→ APPEZZARE] réunion, jonction.

1 **àppia** |'appja| *s.f.* → **appiola.**

2 **àppia** |'appja| (*agg.*) *la via Appia* la voie appienne, la voie Appia.

appianàbile |appja'nabile| *agg.* [→ APPIANARE] qu'on peut aplanir (*loc.*): *difficoltà appianabili* difficultés qu'on peut aplanir.

appianaménto |appjana'mento| *s.m.* **1** [→ APPIANARE A 1] aplanissement: *appianamento di un terreno* aplanissement d'un terrain **2** (*fig.*) [→ APPIANARE A 2] *l'appianamento di un affare* le règlement d'une affaire; *l'appianamento del dissidio non fu facile* il n'a pas été facile d'aplanir, de régler la querelle.

appianàre |appja'nare| **A** *v.tr.* **1** [*rendere piano*] aplanir: *appianare una strada* aplanir une route **2** (*fig.*) [*liberare dagli ostacoli esistenti*] aplanir: *appianare la strada alla dittatura* aplanir les voies à la dictature **B** *v.pron. intr.* APPIANARSI [→ *tr.* 2] s'aplanir: *tutte le difficoltà si sono appianate* toutes les difficultés se sont aplanies Ⓒ A 2 **complicare, ostacolare.**

appianatóia |appjana'toja| *s.f.* (*edil.*) taloche.

appianatóio, i |appjana'tojo, i| *s.m.* (*agr.*) rouleau, niveleur.

appiastràre |appjas'trare| *v.tr.* (*raro*) [*spalmare*] enduire (75): *appiastrare una pomata* enduire une pommade → **impiastrare.**

appiastricciàre |appjastrit'tʃare| *v.tr.* (*raro*) → **impiastricciare.**

appiattàre |appjat'tare| **A** *v.tr.* (*raro*) → **nascondere, occultare B** *v. pron. rifl.* APPIATTARSI [*nascondersi, rimpiattarsi*] se cacher: *appiattarsi dietro un albero* se cacher derrière un arbre; *appiattarsi in un angolo* se cacher dans un coin.

appiattiménto |appjatti'mento| *s.m.* **1** [→ APPIATTIRE] aplatissement, nivellement **2** (*astron.*) aplatissement.

appiattire |appjat'tire| (197) **A** *v.tr.* [*rendere piatto*] aplatir: *appiattire a colpi di martello* aplatir à coups de marteau **B** *v.pron.* APPIATTIRSI **1** *rifl.* [*schiacciarsi*] s'aplatir: *appiattirsi a terra* s'aplatir par, à terre **2** *intr.* [*divenire piatto*] s'aplatir.

appiccàgnolo |appik'kaɲɲolo| *s.m.* **1** (*fam.*) [*appiglio, pretesto*] prétexte: *cercare, trovare un appiccagnolo* chercher, trouver un prétexte ◇ [*cavillo*] chicane *f.* **2** (*raro*) [*uncino*] crochet, croc.

appiccàre |appik'kare| **A** *v.tr.* **1** [*appendere, legare*] accrocher: *appiccare una corda al soffitto* accrocher une corde au plafond ◇ [*impiccare*] pendre (53): *appiccare qc. a un albero* pendre qqn. à un arbre **2** [*affiggere, attaccare*] placarder, afficher: *appiccare un manifesto* placarder une affiche; *appiccare un avviso* placarder, afficher un avis **3** *appiccare il fuoco* [*comunicarlo*] mettre (71) le feu: *appiccare il fuoco a una materia esplosiva* mettre le feu à une matière explosive **4** [*trasmettere* (*un male contagioso*)] communiquer, transmettre (71): *appiccare una malattia* communiquer, transmettre une maladie **B** *v. pron.* APPICCARSI **1** *rifl.* [*aggrapparsi, attaccarsi*] se pendre (53), s'accrocher: *appiccarsi con le mani a un ramo* se pendre par les mains, s'accrocher à une branche; *appiccarsi alla ringhiera* s'accrocher à la rampe ◇ [*impiccarsi*] se pendre: *appiccarsi a un albero* se pendre à un arbre **2** *intr.* (*detto del fuoco*) [*diffondersi*] prendre (73) *intr.* à: *il fuoco si è appiccato alla casa* le feu a pris à la maison **3** *intr.* [→ *tr.* 4] se communiquer.

appiccàto |appik'kato| *s.m.* [*carta dei tarocchi*] pendu.

appicciàre |appit'tʃare| *v.tr.* (*dial.*) → **accendere.**

appiccicàre |appittʃi'kare| **A** *v.tr.* **1** [*attaccare con sostanza adesiva*] coller: *appiccicare un francobollo, un manifesto* coller un timbre, une affiche → 1 **incollare** # *essere appiccicato con lo sputo* ne tenir qu'à un fil ♦ (*ass.*) *questo nastro adesivo non appiccica più* ce ruban adhésif ne colle plus **2** *ass.* [*essere vischioso*] poisser: *il miele appiccica* le miel poisse **3** (*fig.*) [*assestare*] coller, flanquer: *appiccicare uno schiaffo a qc.* coller (*pop.*), flanquer (*fam.*) une gifle à qqn. ◇ (*fig.*) [*appioppare, rifilare*] affubler; coller: *gli hanno appiccicato un soprannome* on l'a affublé d'un sobriquet ‖ *appiccicare della merce a qc.* coller, refiler (*pop.*) de la marchandise à qqn. **B** *v.pron. rifl.* APPICCICARSI **1** [*aderire a*] coller (*intr.*): *la carta si appiccicava alla parete* le papier collait au mur; *i capelli le si appiccicavano sulla fronte* ses cheveux collaient à son front **2** (*fig.*) (*persone*) [*stare sempre dappresso a qc., in modo importuno*] se coller à, contre: *ogni volta che mi vede mi si appiccica alle costole* chaque fois qu'il me voit il se colle à moi.

appiccicatìccio, i |appittʃika'tittʃo, i| *agg.* **1** [*attaccaticcio, viscoso*] collant, gluant: *sostanza appiccicaticcia* matière gluante, collante, poisseuse; *liquido appiccicaticcio* liquide gluant → **colloso** ◇ [*appiccicoso*] poisseux*: *carte di caramelle appiccicaticce* des papiers de bonbons poisseux **2** (*fig.*) [*importuno*] collant, crampon (*inv.*): *esistono persone così appiccicaticce!* il y en a qui sont collants!; *è appiccicaticcio* il est collant, crampon; *com'è appiccicaticcio!* quel crampon!, quel pot *s.m.* de colle!

appiccicatùra |appittʃika'tura| *s.f.* **1** [*incollatura poco tenace*] mauvais collage *m.* **2** [*appendice poco valida di un'opera*] rajout *m.*, ajout *m.*

appiccicóso |appittʃi'koso| *agg.* **1** [*che appiccica*] poisseux*, gluant: *capelli appiccicosi* cheveux poisseux; *liquido appiccicoso* liquide gluant → **colloso 2** (*fig.*) (*persone*) [*importuno, molesto*] collant, crampon (*inv.*): *com'è appiccicoso!* qu'il est collant!, qu'il est crampon!; *che donna appiccicosa!* quel crampon *s.m.*, cette femme!

appìcco, chi |ap'pikko, ki| *s.m.* paroi *f.* à pic.

appiè |ap'pjɛ| *solo nella loc. prep.* APPIÈ DI [*ai piedi, sotto*] au pied de: *appiè della montagna* au pied de la montagne # *appiè di pagina* au bas de la page; *nota appiè di pagina* note au bas de la page.
appiedàre |appje'dare| *v.tr.* **1** [*ridurre a piedi*] mettre (71) pied à terre: *un guasto al motore appiedò il motociclista* une panne de moteur obligea le motocycliste à mettre pied à terre # *il cavallo ha appiedato il cavaliere* le cheval a démonté, désarçonné le cavalier **2** (*ippica*) [*squalificare*] disqualifier: *è stato appiedato* il a été disqualifié **3** (*mil.*) [*usare come fanteria soldati di altre armi*] démonter.
appiedàto |appje'dato| *agg.* **1** [*ridotto a piedi*] démonté # *il conducente è rimasto appiedato* le chauffeur a dû descendre **2** (*ippica*) [*squalificato*] *fantino appiedato* jockey disqualifié **3** (*mil.*) démonté: *cavalleria appiedata* cavalerie démontée.
appièno |ap'pjɛno| *avv.* (*lett.*) [*interamente, pienamente*] entièrement, pleinement.
appigionàre |appidʒo'nare| *v.tr.* [*dare in affitto*] louer: *appigionare un appartamento, una camera ammobiliata* louer un appartement, une chambre meublée; *si appigiona, appigionasi appartamento, villa* appartement, villa à louer → **affittare** ♦ (*s.m. inv.*) *appigionasi* avis de location: *esporre un appigionasi* afficher un avis de location.
appigliàrsi |appiʎ'ʎarsi| *v.pron.* **1** *rifl.* [*afferrarsi, attaccarsi*] s'accrocher, s'agripper: *appigliarsi con una mano alla portiera dell'automobile* s'agripper d'une main à la portière de la voiture; *appigliarsi alla ringhiera* s'accrocher à la rampe → **aggrappar(si)** ◇ (*fig.*) saisir (*tr.*): *appigliarsi a un pretesto* saisir un prétexte **2** *intr.* [*appiccicarsi, estendersi*] prendre (73) (*intr.*): *l'incendio si è appigliato al caseggiato* l'incendie a pris au pâté de maisons ◇ [*abbarbicarsi*] grimper (*intr.*): *l'edera si appiglia al muro* le lierre grimpe au mur → **abbarbicar(si)** **3** *intr.* [*attecchire*] prendre.
appiglio, i |ap'piʎʎo, i| *s.m.* **1** point d'appui: *afferrare un appiglio* prendre un point d'appui **2** [*spuntone di roccia*] prise (*f.*): *un buon appiglio* une bonne prise; *cercare un appiglio* chercher une prise **3** (*fig.*) [*occasione, pretesto*] prétexte; prise: *cercare un appiglio* chercher un prétexte ‖ *dare appiglio alla malignità degli uomini* donner prise à la méchanceté des hommes → **scusa** **4** (*mil.*) point d'appui.
àppio |'appjo| *s.m.* → **sedano.**
appiòla |ap'pjɔla| *s.f.* [*varietà di mele*] pomme d'api.
appiòlo |ap'pjɔlo| (*agg.*) *mela appiola* → **appiola.**
appiómbo |ap'pjombo| **I** *s.m.* **1** aplomb: *appiombo di un abito* aplomb d'un vêtement; *il muro ha mantenuto l'appiombo* le mur a gardé son aplomb **2** [*direzione delle gambe di un animale rispetto al suolo*] aplombs (*pl.*): *gli appiombi del cavallo* les aplombs du cheval **II** *avv.* [*perpendicolarmente*] d'aplomb *loc. inv.* → **piombo (a).**
appioppàre |appjop'pare| *v.tr.* **1** (*fam.*) [*dare, affibbiare*] flanquer, coller: *appioppare un ceffone* flanquer, coller une gifle; *appioppare una multa* flanquer, coller une amende # *appioppare a qc. un lavoro, un incarico* atteler qqn. à un travail, une tâche; *appioppare a qc. un soprannome* affubler qqn. d'un sobriquet **2** [*rifilare con la frode*] refiler (*fam.*), fourguer (*fam.*): *appioppare prodotti scadentissimi* refiler des rossignols (*fam.*); *appioppare denaro falso* refiler de la fausse monnaie **3** [*legare le viti ai pioppi*] accoler: *appioppare la vite* accoler la vigne **4** [*piantare a pioppi*] planter des peupliers.
appisolàrsi |appizo'larsi| *v.pron. intr.* → **assopir(si).**
applaudire |applau'dire| (203) **A** *v.tr.* **1** [*approvare calorosamente con applausi*] applaudir: *applaudire un cantante* applaudir un chanteur **2** (*per est.*) [*sostenere, appoggiare*] applaudir à (*lett.*): *applaudire un progetto di riforma* applaudir à un projet de réforme **B** *v.intr.* (*aus. 'avere'*) [*dimostrare con applausi il proprio compiacimento*] applaudir: *tutta la gente applaudiva* tout le monde applaudissait.
applauditóre, trice |applaudi'tore, tritʃe| *s.* [*chi applaude*] applaudisseur *m.*
applàuso |ap'plauzo| *s.m.* **1** applaudissement: *un uragano di applausi* une tempête d'applaudissements; *applausi a fine d'atto* applaudissements à la tombée du rideau; *gli applausi scrosciavano* les applaudissements crépitaient **2** (*fig.*) approbation, applaudissement (*lett.*): *la sua iniziativa riscosse un applauso unanime* son initiative reçut l'approbation générale Ⓒ 2 **disapprovazione.**
applausòmetro |applau'zɔmetro| *s.m.* applaudimètre.
applicàbile |appli'kabile| *agg.* [→ APPLICARE] applicable Ⓒ **inapplicabile.**
applicabilità |applikabili'ta| *s.f. inv.* applicabilité *var.*
applicàre |appli'kare| **A** *v.tr.* **1** [*sovrapporre una cosa all'altra così da ricoprirla*] appliquer: *applicare un cerotto, delle ventose* appliquer un sparadrap, des ventouses; *applicare una guarnizione di pizzo* appliquer un ornement de dentelle **2** (*fig.*) [*utilizzare per un determinato scopo*] appliquer: *applicare un rimedio a un male* appliquer un traitement à une maladie, un remède à un mal; *applicare un metodo, un procedimento* appliquer une méthode, un procédé; *applicare l'algebra alla geometria* appliquer l'algèbre à la géométrie ◇ [*dare, attribuire*] *applicare un soprannome a qc.* appliquer un surnom à qqn. **3** [*mettere in pratica*] appliquer: *applicare la legge, il regolamento* appliquer la loi, le règlement; *applicare una pena* appliquer une peine **4** [*destinare*] affecter: *applicare una persona a un ufficio* affecter une personne à une charge ◇ [*dedicare*] appliquer: *applicare la mente allo studio* appliquer son esprit à l'étude; *applicare la propria attenzione a q.c.* appliquer son attention à qqch. **B** *v.pron. rifl.* APPLICARSI [*dedicarsi attivamente*] s'appliquer: *applicarsi con zelo allo studio* s'appliquer avec zèle à l'étude ♦ (*ass.*) *è uno scolaro che non si applica molto* c'est un écolier qui ne s'applique pas beaucoup Ⓒ A 1 **staccare**; B **disinteressar(si).**
applicativo |applika'tivo| *agg.* (*spec. bur.*) [*che mira ad applicare*] ayant trait à l'application (*loc. inv.*): *la circolare applicativa di un decreto ministeriale* la circulaire ayant trait à l'application d'un décret ministériel.
applicàto |appli'kato| **1** *agg.* appliqué: *matematica applicata* mathématiques appliquées; *diploma di arte applicata all'industria* diplôme d'art appliqué à l'industrie **2** *s.* [*impiegato di grado esecutivo*] employé, commis (*m.*): *applicato di segreteria* employé, commis de bureau; *applicato bancario* employé de banque.
applicatóre, trice |applika'tore, tritʃe| *s.m. e agg.* applicateur *m.*
applicazióne |applikat'tsjone| *s.f.* **1** [→ APPLICARE A 1] application: *applicazione di una ventosa* application d'une ventouse; *l'applicazione di una fasciatura* l'application d'un bandage ◇ [*ornamento applicato*] *applicazioni in velluto* applications de velours ◇ (*tess.*) *colori di applicazione* couleurs par application **2** [→ APPLICARE A 2] application: *applicazione dell'algebra alla geometria* application de l'algèbre à la géométrie; *applicazione di un procedimento, di un metodo* application d'un procédé, d'une méthode **3** [→ APPLICARE A 3] application: *applicazione della legge* application de la loi; *applicazione della pena* application de la peine ◇ (*mil.*) *scuola d'applicazione* école d'application **4** (*fis., mat.*) application: *punto di applicazione di una forza* point d'application d'une force ◇ (*tecnol.*) applicage *m.* **5** [*concentrazione della mente*] application: *applicazione allo studio, al lavoro* application à l'étude, au travail ◇ [*diligenza*] *studiare con applicazione* étudier avec application Ⓒ 5 **distrazione, disattenzione, negligenza, disinteresse.**
àppo |'appo| *prep.* (*arc., lett.*) **1** → **presso** **2** → **(in) confronto (di)** **3** → **dopo.**
appoderaménto |appodera'mento| *s.m.* [→ APPODERARE] lotissement (d'un terrain).
appoderàre |appode'rare| *v.tr.* [*dividere un terreno in poderi*] lotir (un terrain).
appoggiacàpo |appoddʒa'kapo| *s.m. inv.* → **appoggiatesta.**
appoggiafèrro |appoddʒa'fɛrro| *s.m. inv.* [*piastra per appoggiare il ferro da stiro*] pose-fer.
appoggiamàno |appoddʒa'mano| *s.m. inv.* appui-main *var.*, appuie-main: *degli appoggiamano* des appuis-main, des appuie-main.
appoggiapièdi |appoddʒa'pjɛdi| *s.m. inv.* appuie-pieds.
appoggiàre |appod'dʒare| **A** *v.tr.* **1** [*avvicinare q.c. a un'altra, perché la sostenga*] appuyer (11): *appoggiare la scala al muro, contro il muro* appuyer l'échelle au mur, contre le mur **2** [*posare con attenzione, con cura*] poser, mettre un objet sur la table **3** (*fig.*) [*rafforzare*] appuyer (sur): *appoggiare le proprie affermazioni con delle ragioni* appuyer ses affirmations sur des raisons, des motifs; *appoggiare la voce su una parola* appuyer sur un mot en parlant **4** (*fig.*) [*aiutare*] appuyer: *appoggiare la richiesta, la proposta di qc.* appuyer la demande, la proposition de qqn. ◇ [*sostenere*] *appoggiare un partito* appuyer un parti **5** *ass.* (*calcio*) passer *tr.* la balle **6** (*raro*) [*affidare*]

confier **B** *v.intr.* (*aus.* '*avere*') [*poggiare* (*su*); *sostenersi* (*su*)] s'appuyer *pron.*, reposer sur: *una casa che appoggia su un terreno solido* une maison qui repose sur un terrain solide; *una teoria che non appoggia su prove sperimentali* une théorie qui ne s'appuie pas sur des preuves expérimentales **C** *v.pron. rifl.* APPOGGIARSI **1** [*servirsi di qc.*, *q.c. come appoggio*] s'appuyer: *appoggiarsi sul, al braccio di qc.* s'appuyer sur le, au bras de qqn.; *appoggiarsi al bastone* s'appuyer sur une canne # *appoggiarsi al davanzale della finestra* s'accouder à la fenêtre **2** (*fig.*) [*basarsi*] reposer *intr.* (sur), se fonder (sur).

appoggiatèsta |appoddʒa'testa| *s.m. inv.* appui-tête *var.*, appuie-tête: *degli appoggiatesta* des appuis-tête, des appuie-tête.

appoggiatóio, i |appoddʒa'tojo, i| *s.m.* [*ciò che serve di appoggio*] appui ◇ [*parapetto*] parapet, garde-fou ◇ [*ringhiera*] main-courante *f.*

appoggiatùra |appoddʒa'tura| *s.f.* (*mus.*) appoggiature.

appòggio, i |ap'pɔddʒo, i| *s.m.* **1** [*sostegno*] appui, soutien: *muro di appoggio* mur d'appui; *altezza d'appoggio* hauteur d'appui; *appoggio della voce su un suono* appui de la voix sur un son; *vocale di appoggio* voyelle d'appui **2** (*dir.*) appui: *diritto di appoggio* droit d'appui **3** (*edil.*) appui: *gli appoggi di un muro* les appuis d'un mur ◇ (*mecc.*) *punto di appoggio di una leva* point d'appui d'un levier; *punto di appoggio di un'architrave* point d'appui d'un linteau → **fulcro** **4** (*mil.*) appui: *appoggio aereo* appui aérien ♦ (*agg. inv.*) *nave appoggio* navire-atelier **5** (*fig.*) [*aiuto morale, materiale*] appui: *chiedere l'appoggio di qc.* demander l'appui de qqn.; *avere, trovare un appoggio* avoir, trouver un appui; *concedere il proprio appoggio* accorder son appui; *quell'amico non mi è di nessun appoggio* cet ami ne me donne aucun appui, n'est en rien un point d'appui ◇ [*persona che dispensa favori*] *contare molti appoggi al ministero* compter sur beaucoup d'appuis au ministère **6** [*attrezzo ginnico*] appui.

appollaiàrsi |appolla'jarsi| *v.pron. rifl.* (*detto spec. di uccelli*) [*collocarsi su rami, pioli*] se percher: *gli uccelli si sono appollaiati sui fili elettrici* les oiseaux se sont perchés sur les fils électriques ◇ (*per est.*) (*persone*) se jucher: *appollaiarsi su di una scala a pioli, su uno sgabello* se jucher sur une échelle, sur un escabeau; *appollaiarsi sulle spalle di qc.* se jucher sur les épaules de qqn.

appollaiàto |appolla'jato| *agg.* **1** [*accovacciato*; *accoccolato spec. in luogo alto*] perché, juché **2** (*cose*) [*posto su un'altura*] perché, juché: *casa appollaiata sulla collina* maison juchée sur la colline.

appontàggio, i |appon'taddʒo, i| *s.m.* (*aer.*) appontage.

appontàre |appon'tare| *v.intr.* (*aus.* '*essere*') [*compiere la manovra di appontaggio*] apponter (*aus.* avoir).

appoppàrsi |appop'parsi| *v.pron. intr.* (*mar.*) (*detto di nave*) [*abbassare la poppa*] être (43) *intr.* sur l'arrière ♦ (*al p.p.*) *nave appoppata* navire sur l'arrière (sur cul) *loc.*

appórre |ap'porre| (168) *v.tr.* **1** [*porre sopra o presso*] apposer: *apporre una firma* apposer une signature; *apporre la data* apposer la date **2** (*fig.*) [*attribuire*] attribuer, imputer: *apporre una colpa a qc.* attribuer, imputer une faute à qqn.; *apporre q.c. a lode* louer qqch.

apportàre |appor'tare| *v.tr.* **1** [*causare, produrre*] apporter, causer: *la guerra apporta dolori* la guerre apporte, cause des douleurs **2** (*raro*) [*portare a qc.*] apporter (*corr.*): *apportare una buona notizia* apporter une bonne nouvelle **3** (*raro*) [*citare*] donner: *apportare un esempio* donner un exemple → **addurre** **4** (*dir.*) [*produrre documenti, prove e sim.*] apporter: *apportare prove a sostegno di q.c.* apporter des preuves à l'appui de qqch. → **addurre.**

apportatóre, trice |apporta'tore, tritʃe| *s. e agg.* [*chi, che apporta*] porteur*, apporteur *m.* → **portatore.**

appòrto |ap'pɔrto| *s.m.* **1** [→ APPORTARE] apport: *apporto di capitali in una società* apport de capitaux dans une société, en société ◇ (*tecnol.*) *metallo, materiale d'apporto* métal, matériel d'apport ◇ (*dir.*) *apporto in natura* apport en nature → **conferimento** **2** (*fig.*) [*contributo*] apport: *il suo apporto è stato determinante* son apport a été déterminant.

appositaménte |appozita'mente| *avv.* **1** [*a bella posta*] exprès: *sono venute appositamente per vedervi* elles sont venues exprès pour vous voir; *una sciarpa fatta appositamente per lui* une écharpe fabriquée exprès pour lui **2** [*opportunamente, a proposito*] à dessein (*loc. inv.*): *un abito scelto appositamente* une robe choisie à dessein.

appositivo |appozi'tivo| *agg.* (*gram.*) appositif*: *proposizione appositiva* proposition appositive.

appòsito |ap'pɔzito| *agg.* [*fatto apposta, adatto*] fait exprès, spécial*: *per questa stanza ci vuole un mobile apposito* pour cette pièce il faut un meuble fait exprès, sur mesure; *commissione apposita* commission spéciale; *con apposito avviso* par un avis spécial; *usare l'apposito modulo* employer l'imprimé spécial → **appropriato.**

apposizióne |appozit'tsjone| *s.f.* **1** [→ APPORRE 1] apposition: *apposizione di un visto, dei sigilli* apposition d'un visa, des scellés **2** (*gram.*) apposition.

appòsta |ap'pɔsta| **I** *avv.* **1** [*deliberatamente, di proposito*] exprès: *è venuto apposta* il est venu exprès; *scusi, non l'ho detto apposta* pardon, je ne l'ai pas dit à dessein, exprès; *fa apposta a contraddirvi* il fait exprès de vous contredire; *sembra fatto apposta* cela paraît fait exprès → **intenzionalmente** **2** [*appositamente*] exprès: *una sciarpa fatta apposta per lui* une écharpe faite exprès pour lui; *vengo apposta da Parigi* je viens exprès de Paris; *neanche a farlo apposta!* on dirait un fait exprès (*agg.*)!; *avevamo premura e, neanche a farlo apposta, il treno era in ritardo* nous étions pressés et, comme un fait exprès, le train avait du retard → **espressamente** **II** *agg. inv.* [*fatto apposta*] spécial*: *ci vuole una chiave apposta* il faut une clé spéciale # *una stanza apposta per gli ospiti* une chambre d'ami.

appostaménto |apposta'mento| *s.m.* **1** [*agguato, insidia*] guet: *dopo un appostamento di sei ore, hanno catturato il malfattore* après avoir fait le guet pendant six heures, ils ont fini par capturer le malfaiteur ◇ (*fig.*) *mettersi in appostamento* se mettre à l'affût, être aux aguets **2** [*luogo scelto per appostarsi*] embuscade (*f.*): *scegliere l'appostamento adatto* choisir une embuscade adéquate ◇ [*luogo per attendere la selvaggina*] affût **3** (*mil.*) poste d'observation, observatoire: *appostamento di artiglieria* observatoire d'artillerie.

appostàre |appos'tare| **A** *v.tr.* [*spiare allo scopo di sorprendere, aggredire*] guetter, être (43) *intr.* à l'affût: *appostare il nemico* guetter l'ennemi; *il gatto apposta il topo* le chat guette le souris; *appostare la selvaggina* être à l'affût du gibier ◇ (*mil.*) [*disporre, collocare*] poster: *appostare delle sentinelle* poster des sentinelles **B** *v.pron. rifl.* APPOSTARSI se poster: *appostarsi nel vano della finestra* se poster dans l'embrasure de la fenêtre ◇ (*mil.*) *appostarsi all'entrata della valle* se poster à l'entrée de la vallée.

appozzàre |appot'tsare| *v.tr.* [*scavare praticando buche*] creuser la terre.

appratiménto |apprati'mento| *s.m.* [→ APPRATIRE] transformation *f.* (d'un terrain) en prairie.

appratire |appra'tire| (197) **A** *v.tr.* [*ridurre a prato*] transformer (un terrain) en prairie **B** *v.intr.* [*ridursi a prato*] se transformer *pron.* en prairie.

apprèndere |ap'prɛndere| (105) **A** *v.tr.* **1** [*capire, comprendere*] apprendre (73), comprendre (73): *apprendere con facilità* apprendre facilement ◇ [*imparare*] apprendre: *apprendere la lezione* apprendre sa leçon; *apprendere un testo a memoria* apprendre un texte par cœur; *apprendere una lingua, un mestiere* apprendre une langue, un métier **2** [*essere informato di q.c.*] apprendre: *apprendere una notizia dalla radio* apprendre une nouvelle par la radio; *l'ho appreso da mio padre* je l'ai appris par mon père, je le tiens de mon père **B** *v.pron.* APPRENDERSI **1** *intr.* (*detto del fuoco*) [*appiccarsi*] prendre (73) (*intr.*): *il fuoco si è appreso alla fattoria* le feu a pris à la ferme **2** *rifl.* [*aggrapparsi*] s'accrocher à.

apprendìbile |appren'dibile| *agg.* [→ APPRENDERE A] qu'on peut apprendre *loc.*

apprendiménto |apprendi'mento| *s.m.* **1** [→ APPRENDERE A] étude *f.*, acquisition (*f.*): *l'apprendimento delle lingue straniere* l'étude des langues étrangères; *apprendimento di conoscenze* acquisition de connaissances # *l'apprendimento della notizia ci ha rallegrato* quand nous avons appris la nouvelle nous nous sommes réjouis **2** (*psicol.*) apprentissage: *curve di apprendimento* courbes d'apprentissage.

apprendista |appren'dista| *s.* [*persona che impara un mestiere*] apprenti: *l'apprendista di un macellaio* l'apprenti d'un boucher ♦ (*appos.*) *un apprendista meccanico* un apprenti mécanicien.

apprendistàto |apprendis'tato| *s.m.* [*tirocinio per imparare un mestiere*] apprentissage: *fare l'apprendistato presso qc.* faire son apprentissage chez qqn.; *far fare l'apprendistato presso, da qc.* mettre en apprentissage chez qqn.

apprensióne |appren'sjone| *s.f.* [*timore, inquietudine*] appréhension, peur: *essere in apprensione per q.c.* avoir de l'appréhension pour qqch.; *mettere in apprensione, dare delle apprensioni* donner des appréhensions; *essere, vivere in apprensione* être, vivre dans l'appréhension.

apprensivo |appren'sivo| *agg.* **1** [*facile all'apprensione*] craintif*: *un carattere apprensivo* un caractère craintif → **ansioso, emotivo** **2** (*raro*) [*capace di apprendere*] apte à apprendre # *facoltà apprensiva* faculté d'apprendre [C] 1 **sereno.**

apprèsso |ap'prɛsso| **I** *avv.* **1** [*vicino, accanto*] à côté (*loc. inv.*): *era successo appresso* c'était arrivé à côté **2** [*dietro*] après: *venire, seguire appresso* venir après, suivre **3** [*più tardi, in seguito*] ensuite: *ve lo diremo appresso* nous vous le dirons ensuite ◇ (*comm.*) *qui appresso* ci-après: *abbiamo indicato i prezzi qui appresso* nous avons indiqué les prix ci-après **4** [*vicino, accanto*] *portare q.c. appresso* emmener qqch.; *bagagli appresso* bagages accompagnés **II** *prep.* **1** [*dietro*] derrière: *marciavano uno appresso all'altro* ils marchaient l'un derrière l'autre; *vienimi appresso* viens derrière moi, suis-moi # *vagli appresso!* suis-le! **2** [*vicino, accanto*] près de: *stammi appresso* reste près de moi # *se lo porta sempre appresso* elle l'emmène toujours (avec elle) **III** *agg. inv.* [*che viene dopo*] suivant (*var.*): *il giorno appresso* le jour suivant; *l'anno appresso* l'année suivante; *la settimana appresso* la semaine suivante → **seguente.**

apprestaménto |appresta'mento| *s.m.* [→ APPRESTARE A 1; B] préparatifs *pl.*, apprêts (*pl.*): *l'apprestamento di una festa* les préparatifs d'une fête → **approntamento** ◇ (*mil.*) *apprestamento difensivo* travaux *pl.* de défense.

apprestàre |appres'tare| **A** *v.tr.* **1** [*rendere pronto, approntare*] apprêter, préparer: *apprestare le armi, i bagagli* apprêter, préparer ses armes, ses bagages → **preparare, predisporre** **2** [*porgere, offrire*] apporter: *apprestare le prime cure* apporter les premiers soins **B** *v.pron. rifl.* APPRESTARSI [*prepararsi*] s'apprêter, se préparer: *apprestarsi alla partenza* s'apprêter, se préparer au départ; *apprestarsi a fare q.c.* s'apprêter à faire qqch.

apprettàre |appret'tare| *v.tr.* (*tecnol.*) [*dare l'appretto a*] apprêter.

apprettatóre |appretta'tore| *s.m.* apprêteur.

apprettatùra |appretta'tura| *s. f.* (*tess.*) apprêtage *m.*

apprètto |ap'prɛtto| *s.m.* **1** (*chim., corr.*) apprêt **2** → **apprettatura.**

apprezzàbile |appret'tsabile| *agg.* **1** [→ APPREZZARE 1] appréciable: *qualità apprezzabile* qualité appréciable; *compiere sforzi apprezzabili* faire des efforts appréciables **2** [*valutabile*] appréciable: *una differenza non apprezzabile a occhio nudo* une différence non appréciable à l'œil nu [C] 1 **disprezzabile.**

apprezzaménto |apprettsa'mento| *s.m.* **1** [→ APPREZZARE] appréciation *f.* **2** [*giudizio*] appréciation; jugement: *apprezzamenti benevoli* appréciations bienveillantes || *fare un apprezzamento poco lusinghiero per qc.* porter un jugement peu flatteur sur qqn. [C] 1 **disprezzo.**

apprezzàre |appret'tsare| *v.tr.* **1** [*valutare positivamente, stimare*] apprécier: *apprezzare qc.* apprécier qqn.; *apprezzare la musica classica* apprécier la musique classique ◆ (*al p.p.*) *il suo talento è particolarmente apprezzato* son talent est particulièrement apprécié **2** [*gradire*] apprécier: *ho apprezzato molto il suo regalo* j'ai bien apprécié son cadeau **3** (*raro*) [*determinare il valore, il prezzo di q.c.*] apprécier [C] 1 **disprezzare**; 2 **sdegnare.**

apprezzativo |apprettsa'tivo| *agg.* appréciatif* [C] **dispregiativo.**

apprezzàto |appret'tsato| *agg.* [*ricercato; stimato*] apprécié: *una qualità molto apprezzata* une qualité fort appréciée.

apprezzatóre, trice |apprettsa'tore, tritʃe| *s.* appréciateur*.

appròccio, i |ap'prɔttʃo, i| *s.m.* **1** *fare approcci con qc.* faire des avances *f.* à qqn. ◇ (*cose*) approche (*f.*): *una opera di difficile approccio* une œuvre d'approche difficile # *sono i primi approcci con questa scienza* ce sont les premiers contacts avec cette science **2** (*arc., mil.*) approche: *gli approcci di una piazza* les approches d'une place.

approdàre |appro'dare| *v.intr.* (*aus.* '*essere, avere*') **1** [*avvicinarsi alla riva, toccare la costa*] aborder (*aus.* avoir) (dans, à); atterrir (*aus.* avoir) (sur): *approdare in un'isola, nel porto* aborder dans une île, au port || *approdare sulla luna* atterrir sur la lune **2** [*avere finalmente un risultato, riuscire a*] aboutir (*aus.* avoir): *i suoi tentativi hanno approdato a q.c.* ses démarches ont abouti à qqch.; *non ha approdato a nulla* il n'a abouti à rien.

appròdo |ap'prɔdo| *s.m.* [→ APPRODARE 1] accostage: *l'approdo di una nave* l'accostage d'un navire ◇ [*località litoranea dove è facile approdare*] lieu d'abord facile: *è un facile approdo* c'est un lieu d'abord facile ◇ (*fig.*) *giungere all'approdo* [*alla mèta*] arriver au but [C] **partenza.**

approfittàre |approfit'tare| **A** *v. intr.* (*aus.* '*avere*') [*trarre vantaggio*] profiter (de): *approfittare di un'occasione* profiter d'une occasion; *bisogna saper approfittare della lettura* il faut savoir profiter d'une lecture; *ne ha approfittato per svignarsela* il en a profité pour se sauver; *studiare e approfittare* étudier et profiter → **profitto (trar), avvantaggiar(si)** **B** *v.pron. intr.* APPROFITTARSI [*abusare*] abuser *intr.* (de); exploiter (*tr.*): *approfittarsi del proprio potere* abuser de son pouvoir; *approfittarsi di una donna* abuser d'une femme → **abusare** || *approfittarsi della credulità del pubblico* exploiter la crédulité du public.

approfittatóre, trice |approfitta'tore, tritʃe| *s.* → **profittatore.**

approfondàre |approfon'dare| *v. tr.* (*lett.*) → **approfondire.**

approfondiménto |approfondi'mento| *s.m.* [→ APPROFONDIRE A 1] approfondissement: *approfondimento di un pozzo* approfondissement d'un puits ◇ (*fig.*) *approfondimento di un argomento* approfondissement d'un sujet; *l'approfondimento del pensiero di un autore* l'approfondissement d'une pensée d'un auteur # *questa questione richiede maggiore approfondimento* ce problème demande à être approfondi.

approfondire |approfon'dire| (197) **A** *v.tr.* **1** [*scavare, rendere più profondo*] approfondir: *approfondire un fossato* approfondir un fossé ◇ (*fig.*) [*rendere più intenso*] *approfondire un sentimento* approfondir un sentiment **2** [*penetrare più a fondo nella conoscenza; studiare a fondo*] approfondir: *approfondire una questione* approfondir une question; *approfondire un mistero* approfondir un mystère # *approfondire un'idea* creuser une idée **B** *v.pron. intr.* APPROFONDIRSI [→ *tr.* 1] s'approfondir: *il letto del fiume si è approfondito* le lit du fleuve s'est approfondi ◇ (*fig.*) croître (70) (*intr.*): *il loro amore non ha mai cessato di approfondirsi* leur amour n'a jamais cessé de croître.

approntaménto |appronta'mento| *s.m.* [→ APPRONTARE] préparation *f.* ◇ (*mil.*) *approntamento di un attacco* préparation d'une attaque; *approntamento d'artiglieria* préparation d'artillerie.

approntàre |appron'tare| *v.tr.* [*apprestare, preparare*] préparer: *approntare la tavola, la cena* préparer la table, le dîner; *approntare le armi* préparer les armes # *approntare le valigie* faire les valises.

appropiàre |appro'pjare| *v.tr.* → **appropriare.**

appropinquàre |appropin'kware| *v.tr. e pron.* (*arc., scherz.*) → **avvicinare.**

appropriàbile |appro'prjabile| *agg.* [→ APPROPRIARE] appropriable.

appropriàre |appro'prjare| **A** *v.tr.* **1** (*solo nella forma*) APPROPRIARSI [*impadronirsi; attribuirsi la proprietà di q.c.*] s'approprier: *appropriarsi una terra* s'approprier une terre; *appropriarsi un diritto, un privilegio* s'approprier un droit, un privilège **2** [*adeguare, adattare*] approprier: *appropriare il proprio stile all'argomento* approprier, adapter son style au sujet **B** *v.pron. intr.* APPROPRIARSI [*adattarsi*] s'adapter: *appropriarsi allo stato d'animo altrui* s'adapter à, se mettre en harmonie avec l'état d'âme d'autrui [C] A 1 **espropriare.**

appropriataménte |approprjata'mente| *avv.* [→ APPROPRIATO] convenablement.

appropriàto |appro'prjato| *agg.* approprié: *il mezzo più appropriato* le moyen le plus approprié; *dare una risposta appropriata* donner une réponse appropriée [C] **improprio, inadeguato.**

appropriazióne |approprjat'tsjone| *s.f.* [→ APPROPRIARE A 1] appropriation ◇ (*dir.*) *appropriazione per occupazione* appropriation par occupation; *appropriazione indebita* abus *m.* de confiance.

approssimàre |approssi'mare| **A** *v.tr.* (*raro*) [*avvicinare, accostare*] approcher de: *approssimare una scala al muro* approcher une échelle du mur **B** *v.pron. intr.* APPROSSIMARSI [*avvicinarsi*] s'approcher de (+ *compl.*); approcher *intr.* (*usato ass.*): *la barca si approssima alla riva* la barque s'approche du rivage || *la notte si approssima* la nuit approche ◇ (*fig.*) *approssimarsi alla verità, alla perfezione* se rapprocher de la vérité, de la perfection [C] **allontanare.**

approssimativaménte |approssimativa'mente| *avv.* [→ APPROSSIMATIVO 2] approximativement: *conoscere q.c. approssimativamente* connaître qqch. approximativement.

approssimativo |approssima'tivo| *agg.* **1** [*che si avvicina al vero*] approximatif*, approché: *calcolo approssimativo* calcul approximatif, approché **2** [*impreciso, vago*] approximatif: *avere conoscenze approssimative* avoir des connaissances approximatives ◇ (*persone*) indécis: *è un tipo approssimativo* c'est un type indécis, un caractère flou © **esatto.**

approssimàto |approssi'mato| *agg.* [*non del tutto esatto*] approché, approximatif*: *risultato approssimato* résultat approché, approximatif; *approssimato per eccesso, per difetto* approché, approximatif par excès, par défaut.

approssimazióne |approssimat'tsjone| *s.f.* **1** [→ APPROSSIMARE B] approximation: *per approssimazione* par approximation # *fate i vostri calcoli su delle approssimazioni* vous faites vos calculs sur des à peu près **2** (*mat.*) approximation: *approssimazione della radice di un'equazione* approximation des racines d'une équation; *metodo di approssimazioni successive* méthode des approximations successives; *approssimazione per difetto, per eccesso* approximation par défaut, par excès **3** (*agr.*) *innesto per approssimazione* greffe par approche © 2 **esattezza, precisione.**

approvàre |appro'vare| *v.tr.* **1** [*giudicare favorevolmente*] approuver: *approvare le idee, il comportamento di qc.* approuver les idées, la conduite de qqn. ◇ [*deliberare in senso favorevole*] *approvare una legge* approuver une loi; *la proposta fu approvata all'unanimità* la proposition fut approuvée à l'unanimité ◇ (*bur.*) *letto e approvato* lu et approuvé **2** (*dir.*) [*autorizzare*] autoriser; approuver: *approvare l'apertura di un pubblico esercizio* autoriser l'ouverture d'un établissement public || *approvare un contratto* approuver un contrat **3** [*considerare idoneo per mezzo di un esame*] recevoir (33): *è stato approvato agli esami di settembre* il a été reçu aux examens de septembre.

approvatóre, trice |approva'tore, tritʃe| *agg.* approbateur*.

approvazióne |approvat'tsjone| *s.f.* **1** [*giudizio favorevole, consenso*] approbation: *la sua condotta è degna di approvazione* sa conduite mérite l'approbation; *deve concedere la propria approvazione* il doit donner son approbation **2** (*dir.*) approbation: *approvazione di un atto* approbation d'un acte; *approvazione dei conti* approbation des comptes; *sottoporre q.c. all'approvazione di qc.* soumettre qqch. à l'approbation de qqn. © **disapprovazione.**

approvvigionaménto |approvvidʒona'mento| *s.m.* [→ APPROVVIGIONARE] approvisionnement: *approvvigionamento di munizioni* approvisionnement en munitions; *provvedere all'approvvigionamento di viveri di un paese* s'occuper de l'approvisionnement en vivres d'un pays ◇ [*l'insieme delle provviste*] *il magazzino era pieno di approvvigionamenti di ogni genere* le magazin regorgeait d'approvisionnements de toute sorte.

approvvigionàre |approvvidʒo'nare| **A** *v.tr.* [*fornire di provviste*] approvisionner: *approvvigionare una città, un mercato* approvisionner une ville, un marché; *approvvigionare una nave, un esercito* approvisionner un navire, un armée **B** *v.pron. rifl.* APPROVVIGIONARSI [→ *tr.*] s'approvisionner (de): *approvvigionarsi di legna per l'inverno* s'approvisionner de bois pour l'hiver; *approvvigionarsi dal droghiere* s'approvisionner chez l'épicier → **fornir(si).**

appruàrsi |appru'arsi| *v.pron. intr.* (*della prua di aereo o nave*) [*abbassarsi bruscamente*] piquer du nez; piquer de l'avant: *l'aereo si è appruato improvvisamente* l'avion a subitement piqué du nez || *la nave appruava* le navire piquait de l'avant.

appuntalàpis |appunta'lapis| *s.m. inv.* taille-crayon(s) *var.* → **temperalapis.**

1 **appuntaménto** |appunta'mento| *s.m.* [→ 1 APPUNTARE A 1] appointage.

2 **appuntaménto** |appunta'mento| *s.m.* [*incontro convenuto fra due o più persone*] rendez-vous (*inv.*): *appuntamento d'affari* rendez-vous d'affaires; *appuntamento mancato* rendez-vous manqué; *appuntamento amoroso, galante* rendez-vous amoureux, galant; *casa di appuntamento* maison de rendez-vous; *avere un appuntamento con qc.* avoir un rendez-vous avec qqn.; *dare un appuntamento a qc.* donner rendez-vous à qqn.; *darsi appuntamento* se donner rendez-vous; *fissare un appuntamento* prendre un rendez-vous; *medico che riceve per appuntamento* médecin qui reçoit sur rendez-vous.

1 **appuntàre** |appun'tare| **A** *v.tr.* **1** [*fare la punta a q.c.*] appointer: *appuntare una matita, un bastone* appointer un crayon, un bâton → **appuntire** **2** [*fermare, fissare q.c.*] retenir (27): *i suoi capelli sono appuntati con un nastro* ses cheveux sont retenus par un ruban ◇ [*fissare con spillo*] épingler: *gli appuntò la decorazione sul petto* il épingla la décoration sur sa poitrine ◇ [*fissare con una graffa*] agrafer ◇ [*fissare con chiodi*] fixer avec des clous → **inchiodare** ◇ [*fissare con cuciture*] faufiler: *appuntare una manica di camicia* faufiler une manche de chemise → **imbastire** **3** [*dirigere un'arma verso un punto*] pointer → 1 **puntare** **4** (*fig.*) [*volgere verso una determinata direzione*] fixer; dresser: *appuntare gli occhi, lo sguardo* fixer les yeux, le regard → **fissare** || *appuntare le orecchie* dresser les oreilles **B** *v.pron. intr.* APPUNTARSI [*rivolgersi, indirizzarsi*] se fixer: *su di lui si appuntarono gli sguardi di tutti* tous les regards se fixèrent sur lui © A 1 **spuntare** 1, 2 **rimuovere, staccare.**

2 **appuntàre** |appun'tare| *v.tr.* **1** [*annotare, segnare*] noter: *appuntare q.c. su un foglio* noter qqch. sur une feuille **2** (*fig., lett.*) [*esprimere giudizi negativi su qc.*] blâmer (*corr.*) → **biasimare.**

1 **appuntàto** |appun'tato| *agg.* **1** [*appuntito, aguzzo*] pointu: *palo appuntato* poteau pointu **2** [*artificioso, affettato*] affecté, artificiel*: *stile appuntato* style affecté, artificiel.

2 **appuntàto** |appun'tato| *s.m.* [*colui che ha il grado superiore al caporale*] caporal-chef: *un appuntato dei carabinieri* un caporal-chef de carabiniers.

appuntellàre |appuntel'lare| *v.tr.* → **puntellare.**

appuntino |appun'tino| *avv.* [*meticolosamente, con grande precisione*] bien comme il faut: *eseguire un lavoro appuntino* faire un travail tout à fait comme il faut.

appuntire |appun'tire| (197) *v.tr.* (*tecnol.*) [*tagliare a punta*] appointer: *appuntire un bastone* appointer un bâton.

appuntito |appun'tito| *agg.* [*che termina a punta*] pointu, aigu*: *mento appuntito* menton pointu.

1 **appùnto** |ap'punto| *s.m.* **1** [*annotazione, promemoria*] note (*f.*): *ecco alcuni appunti sull'argomento* voici quelques notes sur la question; *quaderno di appunti* cahier de notes; *prendere appunti durante un discorso, una lezione* prendre des notes pendant un discours, une leçon **2** [*rimprovero*] remarque *f.*, observation (*f.*): *fare, muovere un appunto a qc.* faire une remarque, une observation à qqn. **3** (*comm.*) [*effetto*] effet.

2 **appùnto** |ap'punto| *avv.* **1** [*precisamente, esattamente*] justement, précisément: *ha scelto appunto questo momento* il a choisi justement ce moment; *appunto, eccolo* justement, le voici; *parlavamo appunto di lui quando è entrato* nous parlions justement de lui quand il est entré **2** (*raff. delle risposte aff.*) précisément: '*è lui che ve ne ha parlato?*' '(*per l'*)*appunto*' 'est-ce lui qui vous en a parlé?' 'précisément'.

appuraménto |appura'mento| *s.m.* [→ APPURARE] vérification *f.* ◇ (*comm.*) *appuramento di un conto* apurement d'un compte.

appuràre |appu'rare| *v.tr.* **1** [*verificare, controllare se corrisponde al vero*] vérifier: *appurare una dichiarazione* vérifier une déclaration; *appurare un assioma* vérifier un axiome; *è stata appurata la sua innocenza* son innocence a été vérifiée ◇ (*comm.*) apurer: *appurare un calcolo, un conto* apurer un calcul, un compte **2** [*esaminare per controllo; assicurare*] s'assurer (*pron.*): *appurate se la porta è ben chiusa* assurez-vous que la porte soit bien fermée → **accertare.**

appuzzàre |apput'tsare| *v.tr.* [*riempire di un odore fetido*] empuantir, empester ◇ [*impregnare di emanazioni malsane*] infecter: *la fabbrica di prodotti chimici appuzzava l'atmosfera* la fabrique de produits chimiques infectait l'atmosphère.

aprassìa |apras'sia| *s.f.* (*med.*) apraxie.

apribile |a'pribile| *agg.* [→ APRIRE A 1] qu'on peut ouvrir *loc.*

apribottiglie |apribot'tiʎʎe| *s.m. inv.* ouvre-bouteille(s) *var.*; tire-bouchon *var.*

aprìco, chi, ca, che |a'priko, ki, ka, ke| *agg.* [*esposto al sole*] ensoleillé → **solleggiato.**

apriguànti |apri'gwanti| *s.m. inv.* → **allargaguanti.**

aprìle |a'prile| *s.m.* [*quarto mese dell'anno*] avril: *il primo (d') aprile* le premier avril; *in aprile* en avril; *nel mese d'aprile* au mois d'avril; *pesce d'aprile* poisson d'avril ◇ (*prov.*) *in aprile non ti scoprire* en avril ne te découvre pas d'un fil.

a priori |apri'ɔri| (*lat.*) **1** *loc. avv.* (*filos., corr.*) a priori: *ragionare, provare a priori* raisonner, prouver a priori **2** *loc. agg. inv.* a priori: *dimostrazione a priori* démonstration a priori **3** *loc. sost. m. inv.* a priori: *degli a priori* des a priori © **a posteriori.**

apriorìsmo |aprio'rizmo| *s.m.* (*filos.*) apriorisme.

aprioristico, ci, ca, che

|aprio'ristiko, tʃi, ka, ke| *agg.* aprioriste.

apripista |apri'pista| *s.m. inv.* **1** ouvre-piste (*var.*): *degli apripista* des ouvre-pistes **2** [*chi apre la serie delle discese in una gara di sci*] ouvreur *var.* **3** [*bulldozer*] bouldozeur *var.* # *apripista angolabile* bouteur biais, angledozer.

aprire |a'prire| (186) **A** *v.tr.* **1** [*schiudere, spalancare*] ouvrir (23): *aprire le persiane, le finestre* ouvrir les persiennes, les fenêtres; *aprire un libro* ouvrir un livre; *aprire un baule, una cassaforte* ouvrir une malle, un coffre-fort; *aprimi il cassetto* ouvre-moi ce tiroir; *ha aperto tutta la porta* il a ouvert la porte toute grande; *aprire una lettera, un pacco* ouvrir une lettre, un colis; *aprire una bottiglia* ouvrir une bouteille; *apri bene la bocca* ouvre bien la bouche → **spalancare** □ *aprirsi un varco tra la folla, nella boscaglia* s'ouvrir, se frayer un passage à travers la foule, dans le fourré ◇ (*fig.*) *aprire il cuore, l'animo a qc.* ouvrir son cœur, son âme à qqn. ◇ (*loc. fig.*) *aprir bocca* [*parlare*] parler, prononcer un mot ~ *finalmente hai aperto bocca!* enfin tu as parlé, tu as dit un mot! ~ *non ho aperto bocca per tutta la sera* je n'ai pas prononcé un mot de toute la soirée ~ *appena apre bocca dice sciocchezze* il n'ouvre la bouche que pour dire des bêtises ~ *aprir gli occhi* [*star bene attento*] ouvrir l'œil ~ *apri bene gli occhi, non farti ingannare* ouvre l'œil, ne te fais pas avoir ◇ [*disilludersi, accorgersi della realtà*] ouvrir, dessiller les yeux: *ti ringrazio di avermi aperto gli occhi su questa faccenda* je te remercie de m'avoir ouvert, dessillé les yeux sur cette affaire; *quando aprirai gli occhi sarà troppo tardi* quand tu ouvriras les yeux il sera trop tard ◇ *aprire gli orecchi* [*ascoltare con attenzione*] tendre l'oreille **2** [*permettere l'entrata, l'ingresso in un locale e sim.*] ouvrir: *aprimi* ouvre-moi (la porte); *aspetta che ti apro* attends, j'ouvre; *aprono mezz'ora prima dello spettacolo* c'est ouvert une demi-heure avant le spectacle; *apre solo a chi conosce* elle n'ouvre qu'aux gens qu'elle connaît ◇ (*fig.*) *ha aperto la casa a tutti* il a ouvert sa maison à tout le monde **3** [*allargare, rendere aperto*] ouvrir: *aprire le braccia* ouvrir les bras; *apri l'ombrello* ouvre ton parapluie; *aprire le tende di una finestra* ouvrir les rideaux d'une fenêtre # *aprire le ali* déployer ses ailes ◇ (*pugilato*) *aprire la guardia* ouvrir sa garde ◇ (*calcio*) *aprire il gioco* ouvrir le jeu; *aprire sulle ali* ouvrir sur les ailiers ◇ [*spiegare, stendere*] déplier: *aprire una tovaglia* déplier une nappe # *il comandante ordinò di aprire le vele* le commandant donna l'ordre de déployer les voiles ◇ (*fig.*) [*dare orizzonti, interessi più vasti*] ouvrir: *aprire la mente a qc.* ouvrir l'esprit à qqn.; *le sue parole mi hanno aperto la mente* ses mots m'ont ouvert l'esprit **4** [*creare un'apertura, un passaggio, scavare*] ouvrir: *aprire una breccia* ouvrir une brèche; *aprire una via* ouvrir une voie; *bisogna aprire un'altra finestra su quella parete* il faut ouvrir une autre fenêtre dans ce mur, sur ce côté ◇ (*chir.*) [*tagliare, incidere*] *aprire un ascesso* ouvrir un abcès **5** [*iniziare, incominciare*] ouvrir: *aprire i lavori* ouvrir les travaux; *aprire una seduta, un processo* ouvrir une séance, un procès; *aprire il ballo, il gioco* ouvrir le bal, le jeu; *aprire le ostilità* ouvrir les hostilités; *ha aperto il fuoco per primo* il a ouvert le feu le premier; *aprire una sottoscrizione* ouvrir une souscription; *aprire un corteo, una marcia* ouvrir un cortège, une marche ◇ (*comm., corr.*) *aprire un conto, un credito* ouvrir un compte, un crédit ◇ [*dare inizio ufficialmente a, inaugurare*] *aprire la stagione teatrale* ouvrir la saison théâtrale; *il canale è stato aperto da poco* le canal vien d'être ouvert; *la mostra sarà aperta fra pochi giorni* l'exposition sera ouverte dans quelques jours; *la caccia non è stata ancora aperta* la chasse n'est pas encore ouverte ◇ [*istituire, spec. un servizio pubblico*] *abbiamo intenzione di aprire un negozio, un ristorante* nous avons l'intention d'ouvrir un magasin, un restaurant; *bisogna aprire una nuova scuola in questo quartiere* il faut ouvrir une nouvelle école dans ce quartier **6** (*per est.*) [*mettere in funzione q.c. azionando un congegno adeguato*] ouvrir: *ho aperto il gas* j'ai ouvert le gaz; *non aprire il rubinetto* n'ouvre pas le robinet # *aprire la radio, la luce* allumer le poste (la radio), la lumière **B** *v.intr.* (*aus. 'avere'*) **1** [*incominciare ad accogliere il pubblico*] ouvrir: *l'ufficio apre alle 15* le bureau ouvre à 15 heures; *il teatro apre alle 20,30* le théâtre ouvre à 20 h. 30; *a che ora aprono i negozi?* à quelle heure ouvrent les magasins?; *l'ambulatorio apre di mattino* le cabinet (de consultation) est ouvert le matin; *la mostra apre anche di domenica* l'exposition est ouverte même le dimanche ◇ [*iniziare*] ouvrir, commencer (2): *la seduta apre alle 9* la séance ouvre, commence à 9 heures **2** (*fig., polit.*) [*cercare alleanze*] ouvrir: *aprire a destra, a sinistra* ouvrir vers la droite, vers la gauche **C** *v.pron.* APRIRSI **1** *intr.* [→ *tr.* 1] s'ouvrir: *la porta si apre in dentro* la porte s'ouvre vers l'intérieur ◇ (*fig.*) *gli si aprono tutte le porte* toutes les portes lui sont ouvertes; *con questo lavoro mi si sono aperte nuove prospettive* ce travail m'a ouvert de nouvelles perspectives ◇ (*loc. fig.*) *apriti Sesamo!* Sésame ouvre-toi! ~ *se si arrabbia, apriti cielo!* s'il se met en colère, ça va chauffer! **2** *intr.* [→ *tr.* 3] s'ouvrir; s'élargir: *la vista si apriva su tutta la vallata* la vue s'ouvrait sur toute la vallée || *dopo la curva la strada si apre* après le virage la route s'élargit ◇ [*spaccarsi*] se fendre (53): *la roccia si è aperta col gelo* sous l'effet du gel la roche s'est fendue, le gel a fendu la roche ◇ [*sbocciare*] s'ouvrir, s'épanouir: *le rose si sono aperte* les roses se sont ouvertes, se sont épanouies ◇ [*schiarirsi*] s'éclaircir: *speriamo che il tempo si apra un po'* espérons que le temps s'éclaircisse un peu **3** *intr.* [*aver inizio, incominciare*] ouvrir *intr.*, s'ouvrir: *la caccia si apre domani* la chasse ouvre demain; *il processo si è aperto ieri* le procès s'est ouvert hier **4** *rifl.* [*crearsi*] s'ouvrir, se frayer (9) → *tr.* 1 □ **5** *rifl.* [*confidarsi*] s'ouvrir: *si è aperta con la sua migliore amica* elle s'est ouverte à sa meilleure amie ◇ (*fig.*) *mi sono aperto la strada da solo* j'ai fait mon chemin tout seul.

apriscàtole |apris'katole| *s.m. inv.* ouvre-boîte(s) *var.*

àptero |'aptero| *agg.* → **attero.**

aquanàuta |akwa'nauta| *s.m.* aquanaute.

aquaplaning |akwaplaniŋ| *s.m. inv.* (*ingl.*) aquaplanage *var.* (*t. racc.*), aqua-plan(n)ing *var.*

àquila |'akwila| *s.f.* **1** (*t.zool.*) aigle *m.* ~ *aquila di mare* aigle de mer ~ *aquila reale, imperiale* aigle royal, impérial ◇ (*corr.*) *un'aquila femmina* une aigle *f.* **2** [*rappresentazione dell'aquila in vessilli*] aigle (*f.*): *l'aquila imperiale* l'aigle impériale ◇ (*arald.*) aigle: *aquila coronata* aigle couronnée **3** (*fig.*) aigle (*m.*): *sguardo dell'aquila* coup d'œil de l'aigle; *vista d'aquila* regard d'aigle **4** (*fig.*) [*persona d'intelligenza superiore*] aigle *m.* ◇ (*scherz.*) *non è certo un'aquila* ce n'est sûrement pas un aigle **5** (*formato di carta*) aigle *m.*

aquilàstro |akwi'lastro| *s.m.* (*t. zool.*) balbuzard pêcheur.

aquilègia, gie |akwi'lɛdʒa, dʒe| *s.f.* (*t.bot.*) ancolie.

aquilino |akwi'lino| *agg.* aquilin (*solo m.*): *naso aquilino* nez aquilin.

aquilonàre |akwilo'nare| *agg.* d'aquilon (*loc. inv.*): *vento aquilonare* vent d'aquilon (*lett.*), du nord (*corr.*).

aquilóne |akwi'lone| *s.m.* **1** [*vento di tramontana*] aquilon (*lett.*), vent du nord (*corr.*) **2** (*lett.*) [*settentrione*] aquilon **3** (*giocattolo*) cerf-volant.

aquilòtto |akwi'lɔtto| *s.m.* **1** [*piccolo dell'aquila*] aiglon ◇ (*arald.*) aiglette *f.*, alérion **2** (*fig.*) élève pilote.

aquitanìano |akwita'njano| *agg. m.* e *s.m.* (*geol.*) aquitanien.

aquitàno |akwi'tano| *agg.* [*della Aquitania*] aquitain.

1 **àra** |'ara| *s.f.* (*arc., lett.*) → **altare.**

2 **àra** |'ara| *s.f.* [*unità di misura di superficie*] are *m.*

3 **àra** |ara| *s.f.* (*t.zool.*) ara *m.*

arabescàre |arabes'kare| *v.tr.* **1** [*ornare con arabeschi*] décorer d'arabesques **2** [*coprire di ghirigori e sim.*] barbouiller, gribouiller.

arabescàto |arabes'kato| *agg.* [*ornato, decorato d'arabeschi*] decoré d'arabesques ◇ (*di stoffe*) à ramages (*loc. inv.*): *velluto arabescato* velours à ramages.

arabésco, chi |ara'besko, ki| **1** *agg.* (à la manière) arabe: *architettura arabesca* architecture arabe **2** *s.m.* arabesque *f.* ◇ (*per est.*) *il fumo della sigaretta descrive arabeschi* la fumée de la cigarette décrit des arabesques.

aràbico, ci, ca, che |a'rabiko, tʃi, ka, ke| *agg.* [*dell'Arabia*] arabique: *deserto arabico* désert arabique; *tribù arabiche* tribus arabiques; *gomma arabica* gomme arabique.

aràbile |a'rabile| *agg.* [→ ARARE 1] arable.

arabismo |ara'bizmo| *s.m.* arabisme.

arabista |ara'bista| *s.* [*esperto di lingua, di letter. ar.*] arabisant.

arabizzazióne |arabiddzat'tsjone| *s.f.* arabisation.

àrabo |'arabo| **1** *agg.* [*dell'Arabia*] arabe: *cavallo arabo* cheval arabe; *cifre arabe* chiffres arabes **2** (*s.m.*) *l'arabo* [*la lingua*] l'arabe ◇ (*loc. fam.*) *per me è arabo* pour moi c'est du chinois, de l'hébreu ✦ (*avv.*) *parlare arabo* parler chinois.

arabòfono |ara'bɔfono| *agg. e s.* arabophone.
aràchide |a'rakide| *s.f.* (*t.bot.*) arachide ◇ [*il frutto*] cacahouète, cacahuète.
aracnèo |arak'nɛo| *agg.* (*lett.*) [*del ragno, di ragno*] arachnéen*.
Aràcnidi |a'raknidi| *s.m. pl.* (*t. zool.*) Arachnides.
aracnòide |arak'nɔide| *s.f.* (*anat.*) arachnoïde.
aracnoidèo |araknoi'dɛo| *agg.* (*anat.*) arachnoïdien*.
aragonése |arago'nese| *agg.* [*di Aragona*] aragonais.
aragonìte |arago'nite| *s.f.* (*miner.*) aragonite.
aragósta |ara'go(ɔ)sta| *s.f.* (*t.zool.*) langouste ✦ (*agg. inv.*) *color aragosta* couleur langouste.
àrak |'arak| *s.m.* arack, arac.
aràldica, che |a'raldika, ke| *s.f.* héraldique.
aràldico, ci, ca, che |a'raldiko, tʃi, ka, ke| *agg.* héraldique.
araldista |aral'dista| *s.* héraldiste.
aràldo |a'raldo| *s.m.* **1** (*st. ant.*) *héraut **2** (*per est.*) [*banditore*] messager* *s.*, héraut.
aramàico, ci, ca, che |ara'maiko, tʃi, ka, ke| **1** *agg.* [*degli Aramei*] araméen* **2** (*s.m.*) *l'aramaico* [*la lingua*] l'araméen.
arancéto |aran'tʃeto| *s.m.* [*piantagione di aranci*] orangeraie *f.*
arància, ce |a'rantʃa, tʃe| *s.f.* [*frutto commestibile dell'arancio*] orange: *un succo d'arancia* un jus d'orange.
aranciàta |aran'tʃata| *s.f.* [*bevanda preparata con acqua e succo di arancia*] orangeade.
aranciàto |aran'tʃato| *agg.* → **arancione.**
arancièra |aran'tʃɛra| *s.f.* [*serra per piante di agrumi*] orangerie.
1 **arancìno** |aran'tʃino| *agg.* [*d'arancia*] (d')orange (*inv.*): *un sapore arancino* un goût d'orange ◇ (*lett.*) → **arancione.**
2 **arancìno** |aran'tʃino| *s.m.* **1** [*piccola arancia colta non ancora matura*] orangette *f.*, orange *f.* verte **2** croquette *f.* de riz et de poulet.
aràncio, i |a'rantʃo, i| *s.m.* **1** (*t. bot.*) oranger ~ *arancio amaro* oranger amer ◇ (*corr.*) *fiori d'arancio* fleurs d'oranger **2** [*arancione*] orange, orangé: *un arancio chiaro* un orange, un orangé clair *inv.* ✦ *agg.* [*del colore dell'arancia*] orange *s.m.inv.*, orangé (*agg.e s.m.*): *poltrone arancio* fauteuils orange, orangés.
arancióne |aran'tʃone| *agg. inv.* [*di un colore arancio molto acceso*] orangé *var.* très vif*, tango ✦ (*s.m.*) *preferisce l'arancione al rosso* elle préfère l'orangé au rouge.
Aranèidi |ara'nɛidi| *s.m.pl.* (*t.zool.*) Aranéides.
aràre |a'rare| *v.tr.* **1** [*aprire e rivoltare la terra con l'aratro*] labourer: *arare un campo* labourer un champ **2** (*lett.*) [*navigare*] fendre (53): *arare l'onda* fendre les flots → **solcare** ◇ (*fig.*) *arare il mare* [*fare una cosa inutile*] donner un coup d'épée dans l'eau **3** *ass.* (*mar., detto della nave*) [*trascinare le ancore per scarsa tenuta del fondo*] chasser: *arare* (*sulle ancore*) chasser sur ses ancres ◇ (*detto dell'ancora*) [*trascinarsi sul fondo*] labourer, chasser.
aratìvo |ara'tivo| *agg.* arable, labourable: *terre arative* terres arables.
aratóre, trice |ara'tore, tritʃe| *agg.* [*che ara*] *bue aratore* bœuf de labour *loc. inv.* ✦ (*s.*) *un aratore* un laboureur *m.*
aratòrio, i |ara'tɔrjo, i| *agg.* aratoire.
aratrice |ara'tritʃe| *s.f.* → **motoaratrice.**
aràtro |a'ratro| *s.m.* [*strumento che serve a dissodare la terra*] charrue (*f.*): *aratro monovomere* charrue monosoc; *aratro polivomere* charrue bisoc, polysoc; *aratro a dischi* charrue à disques; *aratro a vigneto* charrue vigneronne; *aratro talpa* charrue draineuse; *aratro bilanciere* charrue balance # *aratro semplice* araire; *aratro da scasso* défonceuse.
aratùra |ara'tura| *s.f.* [→ ARARE 1] charruage *m.* # *aratura a porche* billonnage ◇ (*per est.*) la saison des labours.
araucària |arau'karja| *s.f.* (*t.bot.*) araucaria *m.*
arazzeria |arattse'ria| *s.f.* **1** [*arte del tessere gli arazzi*] tapisserie **2** manufacture de tapisseries.
arazzière |arat'tsjɛre| *s.m.* [*persona che tesse o vende arazzi*] tapissier* *s.*
aràzzo |a'rattso| *s.m.* [*tessuto artistico eseguito a mano*] tapisserie *f.*
arbitràbile |arbi'trabile| *agg.* [→ ARBITRARE] arbitrable.
arbitràggio, i |arbi'traddʒo, i| *s.m.* **1** (*dir., corr.*) arbitrage: *ricorrere all'arbitraggio* recourir à l'arbitrage ◇ (*econ.*) arbitrage **2** (*sport*) arbitrage: *l'arbitraggio è stato imparziale* l'arbitrage a été équitable.
arbitràle |arbi'trale| *agg.* (*dir.*) arbitral*: *decisione arbitrale* décision arbitrale; *sentenze arbitrali* jugements arbitraux ◇ (*calcio*) *la terna arbitrale* l'arbitre et les deux juges de touche.
arbitràre |arbi'trare| **A** *v.tr.* **1** [*dirimere una controversia*] arbitrer: *arbitrare una vertenza* arbitrer un différend **2** (*sport*) arbitrer: *arbitrare una partita di calcio* arbitrer un match de football ✦ (*ass.*) *oggi arbitra il sig. X* aujourd'hui c'est M. X qui arbitre **B** *v. intr.* (*aus. 'avere'*) (*raro*) [*agire secondo il proprio arbitrio*] prendre (73) *tr.* la liberté (de) (*corr.*).
arbitrariaménte |arbitrarja'mente| *avv.* [→ ARBITRARIO] arbitrairement.
arbitrarietà |arbitrarje'ta| *s.f. inv.* caractère *m. var.* arbitraire: *l'arbitrarietà di una decisione* le caractère arbitraire d'une décision.
arbitràrio, i |arbi'trarjo, i| *agg.* arbitraire: *un'interpretazione arbitraria* une interprétation arbitraire; *atto arbitrario* acte arbitraire ◇ (*per est.*) [*abusivo*] *un arresto arbitrario* une arrestation arbitraire; *provvedimenti arbitrari* des mesures arbitraires.
arbitràto |arbi'trato| *s.m.* (*dir., corr.*) arbitrage.
arbìtrio, i |ar'bitrjo, i| *s.m.* **1** [*piena libertà, volontà libera*] volonté (*f.*): *imporre il proprio arbitrio* imposer sa volonté # *il libero arbitrio* le libre arbitre **2** [*capriccio, mercè*] bon plaisir: *dipendere dall'arbitrio degli altri* être soumis au bon plaisir d'autrui ◇ (*loc.*) *ad arbitrio* à plaisir, à volonté ~ *a vostro* (*tuo, suo*) *arbitrio* à votre (ton, son) gré; à votre (ta, sa) guise ~ *essere in arbitrio di qc.* [*in sua balia*] être à la merci de qqn. ~ *agire, comportarsi secondo il proprio arbitrio* agir à son gré, en faire à sa tête ~ *prendersi l'arbitrio di* prendre la liberté de, se permettre de **3** [*abuso di potere*] abus: *non si può più tollerare questo arbitrio* on ne peut plus tolérer cet abus ◇ (*loc.*) *d'arbitrio* arbitrairement *avv.*
àrbitro |'arbitro| *s.m.* **1** arbitre: *essere l'arbitro di sé stesso* être son propre maître; *arbitro della moda, dell'eleganza* arbitre de la mode, des élégances ◇ [*padrone assoluto*] arbitre, maître: *essere arbitro del destino di qc.* être l'arbitre, le maître du sort de qqn.; *essere arbitro delle proprie azioni* être son propre maître **2** (*sport*) arbitre **3** (*dir.*) arbitre: *prendere qc. come arbitro* prendre qqn. pour arbitre.
àrbore |'arbore| *s.m.* (*lett.*) → **albero.**
arbòreo |ar'bɔreo| *agg.* d'arbre (*loc.*): *vegetazione arborea* végétation (formée) d'arbres; *scorza arborea* écorce d'arbre ◇ (*poet.*) [*ramificato*] ramifié: *le corna arboree del cervo* les cors ramifiés du cerf.
arborescènte |arboreʃ'ʃɛnte| *agg.* arborescent.
arborescènza |arboreʃ'ʃɛntsa| *s.f.* arborescence.
arboréto |arbo'reto| *s.m.* (*bot.*) arboretum.
àrbor(i)- |'arbor(i)| *pref.* (*significa 'albero', corrisponde gener. a*) arbor(i): *arboricoltore* arboriculteur.
arboricolo |arbo'rikolo| *agg.* arboricole.
arboricoltóre |arborikol'tore| *s.m.* arboriculteur* *s.*
arboricoltùra |arborikol'tura| *s.f.* arboriculture.
arborizzàto |arborid'dzato| *agg.* (*miner.*) arborisé.
arborizzazióne |arboriddzat'tsjone| *s.f.* arborisation.
arboscèllo |arboʃ'ʃɛllo| *s.m.* [*piccola pianta, piccolo albero*] arbrisseau: *arboscello rampicante* arbrisseau grimpant.
arbustàceo |arbus'tatʃeo| *agg.* arbustif*.
arbùsto |ar'busto| *s.m.* arbuste.
-àrca |'arka| *suff.* (*significa 'capo, comandante', corrisponde gener. a*) arque: *monarca* monarque.
àrca, che |'arka, ke| *s.f.* **1** [*sarcofago monumentale*] sarcophage *m.* **2** (*arc.*) [*cassone usato per riporre preziosi, reliquie, ecc.*] arche: *arca della alleanza* arche d'alliance **3** *l'arca di Noé* l'arche (de Noé).
àrcade |'arkade| **1** *agg.* [*relativo all'Arcadia*] arcadien* **2** *s.m.* [*membro dell'accademia dell'Arcadia*] arcadien ◇ [*scrittore retorico, ricercato*] écrivain maniéré.
arcàdico, ci, ca, che |ar'kadiko, tʃi, ka, ke| **I** *agg.* **1** [*relativo all'Arcadia*] arcadien* **2** [*relativo all'accademia dell'Arcadia*] arcadien: *stile arcadico* style arcadien **II** *s.m.* [*dialetto dell'antica Grecia*] arcadien.
arcaicità |arkaitʃi'ta| *s.f. inv.* archaïsme *m. var.*
arcaicizzàre |arkaitʃid'dzare| *v. intr.* → **arcaizzare.**
arcàico, ci, ca, che |ar'kaiko, tʃi, ka, ke| *agg.* archaïque, primitif*: *scrittura arcaica* écriture archaïque.

arcaìsmo |arka'izmo| *s.m.* archaïsme.

arcaìsta |arka'ista| *s.m.* écrivain archaïsant.

arcaìstico, ci, ca, che |arka'istiko, tʃi, ka, ke| *agg.* → **arcaizzante.**

arcaizzànte |arkaid'dzante| *agg. e s.* archaïsant.

arcaizzàre |arkaid'dzare| *v.intr.* (*aus.* '*avere*') [*usare arcaismi*] archaïser.

arcàle |ar'kale| *s.m.* (*edil.*) **1** [*parte della centina a forma di arco*] arêtier **2** [*la centina stessa*] cintre.

arcanaménte |arkana'mente| *avv.* [→ ARCANO 1] mystérieusement.

arcàngelo |ar'kandʒelo| *s.m.* archange: *l'arcangelo Gabriele* l'archange Gabriel.

arcàno |ar'kano| **1** *agg.* [*segreto, misterioso*] mystérieux*, secret* **2** *s.m.* mystère, arcanes (*pl.*): *svelare l'arcano* dévoiler le mystère, les arcanes; *gli arcani della scienza* les arcanes de la science.

arcaréccio, i |arka'rettʃo, i| *s.m.* (*edil.*) panne *f.*

arcàta |ar'kata| *s.f.* **1** (*arch.*) arche, arcade: *le arcate dei ponti* les arches des ponts **2** (*anat.*) arcade: *arcata palmare* arcade palmaire; *arcata sopracciliare, dentaria* arcade sourcilière, dentaire **3** [*lo spazio che percorre una freccia lanciata*] portée **4** (*mus.*) coup *m.* d'archet.

arcatèlla |arka'tɛlla| *s.f.* (*arch.*) petite arcade, petit arc *m.* → **archetto 5.**

arcàto |ar'kato| *agg.* arqué.

arcàvolo |ar'kavolo| *s.* → **trisavolo.**

archeggiàre |arked'dʒare| *v. intr.* (*aus.* '*avere*') (*raro, mus.*) [*suonare uno strumento a corde con l'arco*] conduire (75) *tr.*, promener (6) *tr.* l'archet.

archeggiatùra |arkeddʒa'tura| *s.f.* (*arch.*) suite d'arcades, de petites arcades.

archéggio, i |ar'keddʒo, i| *s.m.* (*mus.*) coup d'archet.

archegònio, i |arke'gɔnjo, i| *s.m.* (*bot.*) archégone.

àrcheo- |'arkeo| *pref.* (*significa* '*antico, primitivo*', *corrisponde gener. a*) archéo: *archeologo* archéologue.

archeologìa, gie |arkeolo'dʒia, dʒie| *s.f.* archéologie.

archeològico, ci, ca, che |arkeo'lɔdʒiko, tʃi, ka, ke| *agg.* archéologique: *scavi archeologici* fouilles archéologiques.

archeòlogo, gi, (*pop.*) **ghi** |arke'ɔlogo, dʒi, gi| *s.* archéologue.

archètipo |ar'kɛtipo| *s.m.* (*filol., filos.*) archétype ♦ *agg.* (*raro*) *forme archetipe* formes archétypes [C] **copia 1.**

archétto |ar'ketto| *s.m.* **1** [*piccolo arco*] arceau **2** [*ordigno a scatto per catturare gli uccelli*] reginglette *f.* (*arc.*) **3** (*ferr.*) archet **4** (*mus.*) archet: *l'archetto del violino* l'archet du violon **5** (*arch.*) petite arcade *f.*, petit arc.

àrchi- |'arki| *pref.* (*in parole composte, significa* '*capo, primo*', *corrisponde gener. a*) archi: *archiatra* archiatre.

-archìa |ar'kia| *suff.* (*significa* '*governo*' *o* '*dominio*', *corrisponde gener. a*) archie: *anarchia* anarchie.

archiacùto |arkia'kuto| *agg.* (*arch.*) ogival*, en ogive (*loc. inv.*): *volta archiacuta* voûte ogivale.

archiàtra |ar'kjatra| *s.m.* archiatre, médecin personnel d'un souverain.

archibugièra |arkibu'dʒɛra| *s.f.* (*st.*) meurtrière.

archibugière |arkibu'dʒɛre| *s.m.* (*ant.*) arquebusier.

archibùgio, i |arki'budʒo, i| *s.m.* arquebuse *f.*

archidiòcesi |arkidi'ɔtʃezi| *s.f. inv.* archidiocèse *m. var.*

archiepiscopàle |arkiepisko'pale| *agg.* → **arcivescovile.**

archiepiscopàto |arkiepisko'pato| *s.m.* → **arcivescovado.**

archimandrìta |arkiman'drita| *s.m.* archimandrite.

archipèndolo |arki'pɛndolo| *s.m.* (*fis., corr.*) niveau de maçon.

architettàre |arkitet'tare| *v.tr.* **1** [*progettare nei dettagli architettonici*] faire (45) le projet (de qqch.) **2** (*fig.*) [*ideare*] concevoir (33); construire (75): *architettare un nuovo sistema* concevoir un nouveau système || *è un romanzo ben architettato* c'est un roman bien construit, bâti ◊ [*macchinare*] tramer, monter: *architettare un complotto* tramer, monter un complot → **tramare** [C] **2 sventare; distruggere.**

architétto |arki'te(ɛ)tto| *s.* architecte ◊ (*fig.*) [*ideatore, artefice*] *il divino architetto* l'architecte de l'univers.

architettonicaménte |arkitettonika'mente| *avv.* [→ ARCHITETTONICO] architectoniquement.

architettònico, ci, ca, che |arkitet'tɔniko, tʃi, ka, ke| *agg.* **1** [*relativo all'architettura*] architectural*: *forme architettoniche* formes architecturales **2** [*che soddisfa esigenze proprie dell'architettura*] architectonique: *procedimenti architettonici* procédés architectoniques.

architettùra |arkitet'tura| *s.f.* **1** architecture ◊ (*per est.*) [*realizzazione architettonica*] *studiare l'architettura rinascimentale di Firenze* étudier l'architecture de la Renaissance de Florence **2** (*fig.*) [*struttura, forma*] architecture: *l'architettura del viso* l'architecture du visage.

architravàto |arkitra'vato| *agg.* architravé.

architràve |arki'trave| *s.m.* architrave *f.* # *architrave di una finestra* linteau.

Architteri |ar'kitteri| *s.m.pl.* → **Pseudoneurotteri.**

archiviàre |arki'vjare| *v.tr.* **1** [*collocare in archivio*] archiver ◊ (*per est.*) [*accantonare definitivamente*] classer: *archiviare una pratica, una questione* classer un dossier, une question **2** (*dir.*) [*procedere all'archiviazione*] classer.

archiviazióne |arkivjat'tsjone| *s.f.* **1** [→ ARCHIVIARE 1] archivage *m.*, classement (*m.*): *archiviazione di una pratica* archivage, classement d'un dossier **2** (*dir.*) non-lieu (*m.*): *ordinanza di archiviazione* ordonnance de non-lieu.

archìvio, i |ar'kivjo, i| *s.m.* **1** [*raccolta di documenti*] archives (*f.pl.*): *materiale d'archivio* matériel des archives; *archivio di famiglia* archives familiales ◊ [*luogo in cui questi sono conservati*] *compiere ricerche in archivio* effectuer des recherches dans les archives; *archivio di Stato* archives nationales **2** (*titolo di riviste*) archive.

archivìsta |arki'vista| *s.* archiviste.

archivìstica, che |arki'vistika, ke| *s.f.* archivistique.

archivìstico, ci, cà, che |arki'vistiko, tʃi, ka, ke| *agg.* archivistique, d' (des) archives (*loc.*): *ricerche archivistiche* recherches archivistiques, d'archives; *materiale archivistico* matériel des archives.

archivòlto |arki'vɔlto| *s.m.* (*arch.*) archivolte *f.*

àrci- |'artʃi| *pref.* **1** → **archi- 2** (*serve a formare certi superlativi, corrisponde gener. a*) archi: *arcinoto* archiconnu.

arciconfratèrnita |artʃikonfra'tɛrnita| *s.f.* [*confraternita principale*] archiconfrérie.

arcicontènto |artʃikon'tɛnto| *agg.* [*molto contento*] fou* de joie: *alla fine ero proprio arcicontento* à la fin j'étais vraiment fou de joie.

arcidiaconàto |artʃidiako'nato| *s.m.* (*eccl.*) archidiaconat.

arcidiàcono |artʃidi'akono| *s.m.* archidiacre.

arcidiàvolo |artʃi'djavolo| *s.m.* **1** prince des démons **2** (*pop.*) → **bagolaro.**

arcidiòcesi |artʃidi'ɔtʃezi| *s.f. inv.* → **archidiocesi.**

arcidùca, chi |artʃi'duka, ki| *s.m.* archiduc.

arciduchéssa |artʃidu'kessa| *s.f.* archiduchesse.

arciepiscopàto |artʃiepisko'pato| *s.m.* → **arcivescovado.**

arcière |ar'tʃɛre| *s.* **1** [*tiratore d'arco*] archer **2** (*astron.*) Sagittaire.

arcifonèma |artʃifo'nɛma| *s.m.* (*ling.*) archiphonème.

arcigno |ar'tʃiɲɲo| *agg.* [*severo, accigliato*] *hargneux*, revêche: *carattere arcigno* caractère hargneux, revêche; *viso arcigno* visage revêche; *atteggiamento arcigno* attitude hargneuse → **imbronciato, irritato** [C] **sereno, disteso.**

arcimiliardàrio, i |artʃimiljar'darjo, i| *s. e agg.* multimilliardaire.

arcionàto |artʃo'nato| *agg.* muni d'arçons: *sella arcionata* selle munie d'arçons.

arcióne |ar'tʃone| *s.m.* [*rilievi arcuati della sella*] arçon: *star bene in arcione* être ferme dans, sur ses arçons # *montare in arcione* se mettre en selle; *smontare d'arcione* descendre de cheval.

arcipèlago, ghi |artʃi'pɛlago, gi| *s.m.* (*geogr., corr.*) archipel.

arciprète |artʃi'prɛte| *s.m.* (*eccl.*) archiprêtre.

arcispedàle |artʃispe'dale| *s.m.* (*raro*) [*ospedale principale*] Hôtel-Dieu → **ospedale (maggiore).**

arcivescovàdo |artʃivesko'vado|,

arcivescovàto |artʃivesko'vato| *s.m.* **1** [*dimora, giurisdizione dell'arcivescovo*] archevêché **2** [*ufficio e dignità di arcivescovo*] archiépiscopat.

arcivescovìle |artʃivesko'vile| *agg.* [*dell'arcivescovo*] archiépiscopal*: *sede arcivescovile* siège archiépiscopal.

arcivéscovo |artʃi'veskovo| *s.m.* (*eccl.*) archevêque.

àrco, chi |'arko, ki| *s.m.* **1** (*arch., corr.*) arc: *una fila di archi* une série d'arcs; *arco a sesto acuto* arc en ogive; *arco a tutto sesto* arc en plein cintre; *arco rampante* arc rampant ◊ (*per est.*) *l'arco di un ponte* l'arche *f.* d'un pont; *arco di trionfo* arc de triomphe; *ti aspetto sotto gli archi della stazione* je t'attends sous les arcades *f.* de la gare → **arcata, 2 volta 2** (*per est.*) [*struttura arcuata o a volta*] *l'arco del-*

l'orizzonte la ligne *f.* de l'horizon, d'horizon; *l'arco delle sopracciglia* l'arcade sourcilière; *l'arco del cielo* la voûte *f.* du ciel → 2 **volta** ◇ *loc.* AD ARCO en arc: *finestra ad arco* fenêtre en arc; *piegarsi ad arco* se plier en deux, en arc (*raro*) **3** (*geom., mat.*) arc: *arco del cerchio* arc de cercle; *un arco di 60°* un arc de 60°; *tracciare un arco* tracer un arc **4** (*fig.*) [*periodo delimitato di tempo*] cours: *l'arco della vita* le cours de la vie; *nell'arco degli ultimi vent'anni* au cours des vingt dernières années **5** (*armi, sport*) arc: *tiro all'arco* tir à l'arc; *essere armato con l'arco, di arco* être armé d'un arc; *tirare, tendere l'arco* bander, tendre l'arc ◇ (*loc. fig.*) *star con l'arco teso* [*stare attento, in guardia*] se tenir sur ses gardes ~ *avere molte frecce al proprio arco* avoir plusieurs cordes à son arc ◇ (*prov.*) *l'arco troppo teso si spezza* il ne faut pas trop tirer sur la corde **6** *spec. al plur.* (*mus.*) *gli strumenti ad arco, gli archi* les (instruments à) cordes (*f.*): *musica per archi* musique pour instruments à cordes ◇ [*bacchetta di legno per suonare strumenti ad arco*] archet **7** (*elettr.*) *arco voltaico* arc voltaïque; *saldatura ad arco* soudure à l'arc.

arcobaléno |arkoba'lɛno| *s.m.* arc-en-ciel: *degli arcobaleni* des arcs-en-ciel.

arcolàio, i |arko'lajo, i| *s.m.* (*tess.*) dévidoir, aspe (asple) → **bindolo** ◇ [*strumento a pedale per filare, spec. la lana*] rouet.

arcónte |ar'konte| *s.m.* (*st. gr.*) archonte.

arcuàre |arku'are| **A** *v.tr.* [*curvare ad arco*] arquer: *arcuare un ramo, un ferro* arquer une branche, une pièce de fer **B** *v.pron. intr.* ARCUARSI [→ *tr.*] s'arquer: *lo scaffale si era arcuato sotto quell'enorme peso* l'étagère s'était arquée sous l'énorme poids.

arcuàto |arku'ato| *agg.* [*piegato ad arco*] arqué, cagneux*: *gambe arcuate* jambes arquées, cagneuses # *ciglia arcuate* cils recourbés.

ardènte |ar'dɛnte| *agg.* **1** ardent: *tizzoni ardenti* tisons ardents; *ceppo ardente* bûcher ardent ◇ (*loc. fig.*) *essere sui carboni ardenti* être sur des charbons ardents **2** [*che è acceso*] ardent: *una fiaccola ardente* un flambeau ardent; *camera ardente* chapelle ardente → **mortuario** ◇ (*fig.*) [*che ha la luminosità del fuoco*] *capelli di un biondo ardente* cheveux d'un blond ardent; *occhi, sguardi ardenti* yeux, regards ardents **3** [*che emana un forte calore*] ardent: *sole ardente* soleil ardent ◇ (*per est.*) [*che provoca una sensazione di calore, di arsura*] *sete, febbre ardente* soif, fièvre ardente **4** (*fig.*) [*pronto a infiammarsi, focoso*] ardent: *cuore ardente* cœur ardent; *sensibilità ardente* sensibilité ardente **5** [*molto vivo*] ardent: *un ardente desiderio* un désir ardent; *una passione ardente* une passion ardente.

ardenteménte |ardente'mente| *avv.* [→ ARDENTE 4, 5] ardemment: *amare ardentemente qc.* aimer ardemment qqn.; *desiderare ardentemente q.c.* désirer ardemment qqch. Ⓒ **debolmente.**

àrdere |'ardere| (113) **A** *v.tr.* **1** [*sottoporre all'azione del fuoco*] brûler: *ardere la legna secca* brûler du bois sec; *Giovanna d'Arco fu arsa viva* Jeanne d'Arc fut brûlée vive → **bruciare** ◇ (*fig.*) [*struggere*] brûler, enflammer: *lo arde il desiderio di tornare* il est brûlé, enflammé du désir de retourner; *era arso dal fuoco della passione* le feu de la passion le brûlait **2** [*provocare inaridimento, disseccamento*] brûler, dessécher (8): *il sole arde le piante* le soleil brûle, dessèche les plantes; *il gelo ha arso i germogli* le gel a brûlé les bourgeons → **seccare, inaridire** **B** *v.intr.* (*aus. 'essere, avere'*) **1** [*bruciare, essere acceso*] brûler (*aus.* avoir), flamber (*aus.* avoir): *la legna arde nel camino* le bois brûle dans la cheminée; *la legna verde non arde* le bois vert ne flambe pas **2** [*emettere luce, splendore*] luire (50) (*aus.* avoir), s'embraser (*pron.*): *il sole arde all'orizzonte* le soleil luit à l'horizon; *il cielo ardeva al tramonto* le ciel s'embrasait au soleil couchant ◇ (*fig.*) briller: *i suoi occhi ardevano di felicità* ses yeux brillaient de bonheur **3** (*fig.*) [*struggersi per una forte passione*] brûler, flamber: *ardere d'impazienza, d'amore* brûler d'impatience, d'amour # *l'ira gli arde in petto* il suffoque de colère **4** (*per est.*) [*essere bruciante, emettere calore*] brûler, chauffer (*aus.* avoir): *arde dalla febbre* il brûle de fièvre; *a mezzogiorno il sole arde intensamente* à midi le soleil chauffe intensément **5** (*fig., lett.*) [*imperversare*] faire (45) (*aus.* avoir) rage: *la battaglia arde* la bataille fait rage → **infuriare, scatenar(si)** Ⓒ A 1 **spegnere, smorzare.**

ardèsia |ar'dɛzja| *s.f.* **1** (*miner., corr.*) ardoise **2** [*colore grigio, bluastro*] ardoisé *agg.*, ardoise (*inv.*): *cielo d'ardesia* ciel ardoisé, ardoise ♦ (*agg. inv.*) *vestito grigio ardesia* habit gris ardoise.

ardesìaco, ci, ca, che |arde'ziako, tʃi, ka, ke| *agg.* [*che ha il colore grigio bluastro dell'ardesia*] gris, bleu ardoise (*inv.*): *chiazze ardesiache* des taches d'un gris, d'un bleu ardoise.

ardiglióne |ardiʎ'ʎone| *s.m.* ardillon ◇ (*pesca*) ardillon → **aletta, barbetta.**

ardiménto |ardi'mento| *s.m.* **1** [*coraggio, eroismo*] *hardiesse (*f.*): *avere, mostrare ardimento* avoir, montrer de la hardiesse; *occorre un grande ardimento per fare una cosa simile* il faut une grande hardiesse pour faire (une) chose pareille → 2 **ardire** **2** (*lett.*) [*idea, espressione ardita*] hardiesse (*corr.*), liberté *f.* (*corr.*) → **arditezza** Ⓒ 1 **vigliaccheria.**

ardimentóso |ardimen'toso| *agg.* [*che dà prova di coraggio e di audacia*] *hardi: *soldato, guerriero ardimentoso* soldat, guerrier hardi; *un atto ardimentoso* une action hardie → **audace.**

1 **ardire** |ar'dire| (197) **A** *v.intr.* (*aus. 'avere'*) [*intraprendere, tentare q.c. con audacia*] oser: *non ardiva rispondere* il n'osait pas répondre; *non ardì confessare il suo errore* il n'osa (pas) avouer sa faute → **osare** **B** *v.tr.* (*raro, lett.*) [*osare, tentare*] risquer, oser ◇ (*prov.*) *chi nulla ardisce nulla fa* qui ne risque rien n'a rien Ⓒ A **temere, esitare** 1.

2 **ardire** |ar'dire| *s.m.* **1** [*coraggio, audacia*] *hardiesse *f.*, audace (*f.*): *avere l'ardire di tentare un'impresa pericolosa* avoir la hardiesse d'entreprendre une action dangereuse; *l'ardire della sua tesi ha fatto scandalo* la hardiesse de sa thèse a fait scandale; *ha avuto l'ardire di contraddirmi* il a eu l'audace de me contredire **2** [*imprudenza, presunzione*] impudence *f.*, hardiesse (*spreg.*): *ha l'ardire di sostenere una simile menzogna!* il a l'impudence, la hardiesse de soutenir un tel mensonge!

arditaménte |ardita'mente| *avv.* **1** [→ ARDITO 1] *hardiment: *esporsi arditamente al pericolo* s'exposer hardiment au danger → **valorosamente** ◇ [*risolutamente*] *gli piantò arditamente gli occhi addosso* elle fixa hardiment son regard sur lui; *parlare arditamente* parler hardiment; *decise arditamente di avanzare* il décida hardiment d'avancer → **temerariamente** **2** [→ ARDITO 2] hardiment: *un progetto concepito arditamente* un projet hardiment conçu; *un'opera arditamente concepita* une œuvre hardiment conçue → **originalmente.**

arditézza |ardi'tettsa| *s.f.* **1** [*ardimento, coraggio, audacia*] *hardiesse, bravoure: *non gli manca l'arditezza* il ne manque pas de hardiesse; *i soldati si sono battuti con estrema arditezza* les soldats se sont battus avec une extrême bravoure ◇ [*prontezza audace o temeraria*] hardiesse: *ha reagito con arditezza* il a réagi avec hardiesse ◇ (*pegg.*) [*impudenza, sfrontatezza*] audace: *ha avuto l'arditezza di smentire tutto* il a eu l'audace de tout démentir; *non avrai l'arditezza di sostenere questo!* tu n'auras pas l'audace de soutenir cela! **2** [*originalità, genialità*] hardiesse: *l'arditezza di un progetto, di una iniziativa* la hardiesse d'un projet, d'une initiative ◇ (*arts.*) *arditezza di stile* hardiesse de style **3** [*azione audace, intraprendente*] hardiesse: *compiere arditezze* se permettre des hardiesses.

ardìto |ar'dito| *agg.* **1** *hardi: *una decisione ardita* une décision hardie; *una persona ardita* une personne hardie; *aver l'animo ardito* avoir un esprit hardi → **coraggioso, audace** ◇ [*rischioso, impegnativo*] *un tentativo ardito* une tentative hardie; *un'iniziativa ardita* une initiative hardie ◇ [*temerario, spavaldo*] *un atteggiamento ardito* une attitude hardie ◇ [*impertinente, impudente*] *parole ardite* des mots hardis; *un complimento ardito* un compliment hardi ◇ [*esagerato, eccessivo*] *una proposta ardita* une proposition hardie # *una scollatura ardita* un décolleté audacieux ◇ (*loc.*) *farsi ardito* [*diventar franco, intraprendente*] s'enhardir **2** [*originale, insolito*] hardi: *l'ardita struttura di un ponte* la structure hardie d'un pont; *una soluzione ardita* une solution hardie.

-àrdo |'ardo| *suff.* (*serve a dare una sfumatura di valore per lo più spreg., corrisponde gener. a*) ard: *bastardo* bâtard.

ardóre |ar'dore| *s.m.* **1** ardeur (*f.*): *l'ardore del fuoco* l'ardeur du feu; *l'ardore delle fiamme* l'ardeur des flammes, les flammes ardentes ◇ [*arsura, bruciore*] feu, ardeur: *l'ardore della sete, della febbre* le feu, l'ardeur de la soif (la soif ardente), de la fièvre (la fièvre ardente); *l'ardore della canicola, dell'estate* l'ardeur de la canicule, de l'été **2** [*fervore, entusiasmo*] ardeur: *ardore giovanile* ardeur juvénile; *che ardore!* quelle ardeur!; *applicarsi con ardore a un lavoro* s'appliquer avec ardeur à un travail ◇ [*passione, veemenza*] *desiderare con ardore q.c.* désirer qqch.

ardemment; *l'ardore di una passione* l'ardeur, le feu d'une passion ⓒ 1 **freddezza, tiepidezza**; 2 **indifferenza, indolenza, apatia.**

arduità |ardui'ta| *s.f. inv.* (*raro*) → **difficoltà.**

àrduo |'arduo| *agg.* **1** ardu: *pendio arduo* pente ardue → **ripido, erto** # *salita ardua* montée rapide ◇ (*per est.*) [*elevato*] *haut: *cime ardue* de hautes cimes **2** (*fig.*) [*difficile, complicato*] ardu: *impresa ardua* entreprise ardue; *discorso arduo e pesante* discours ardu et pesant; *è un lavoro arduo* c'est un travail ardu ⓒ 1 **agevole**; 2 **semplice, facile.**

àrea |'area| *s.f.* **1** [*spazio circoscritto di terreno*] terrain (*m.*): *area edificabile* terrain à bâtir; *area pubblica, privata* terrain public, privé; *area boschiva, coltivata* terrain forestier, cultivé → **superficie** # *area da pascolo* pâturage ◇ (*geom.*) surface, aire: *l'area di un trapezio* la surface d'un trapèze; *area laterale, totale* surface latérale, totale; *calcolare l'area* calculer la surface, l'aire **2** [*zona, regione*] zone: *area vulcanica* zone volcanique; *area ciclonica* zone de cyclones; *area di libero scambio* zone de libre-échange # *area linguistica* aire linguistique; *area depressa* région sous-développée ◇ [*zona delimitata per scopi o attività specifiche*] *area di espansione* zone d'expansion; *area di campeggio* terrain de camping; *area di servizio* aire; *area di stazionamento* aire de stationnement **3** (*calcio*) *area di rigore* surface de réparation; *area di porta* zone de but; *entrare in area* envahir la surface de réparation; *essere atterrato in area* (*di rigore*) être renversé dans la surface de réparation ◇ (*anat.*) aire; zone, région: *area embrionale* aire embryonnaire ‖ *area corticale* zone, région corticale; *area monetaria* zone monétaire; *area del franco, del dollaro* zone franc, zone dollar **4** (*fig.*) [*ambito, campo*] cercle *m.*, champ *m.*; cadre: *allargare l'area delle proprie conoscenze* agrandir le cercle, le champ de ses connaissances ‖ *nell'area delle proprie competenze* dans le cadre de ses compétences → **sfera, 1 settore** **5** (*fig.*) [*settore, schieramento*] ensemble (*m.*): *area democratica* (ensemble des) partis démocratiques; *area di destra, di sinistra* (ensemble de) la droite, (de) la gauche.

areàle |are'ale| *agg.* **1** → **areolare** **2** (*stat.*) *diagramma areale* histogramme *s.m.*

arèca, che |a'rɛka, ke| *s.f.* (*t.bot.*) aréquier *m.*

areflessia |arefles'sia| *s.f.* (*med.*) aréflexie.

arèico, ci, ca, che |a'rɛiko, tʃi, ka, ke| *agg.* (*geogr.*) aréique.

areligióso |areli'dʒoso| *agg.* areligieux*: *spirito areligioso* esprit areligieux ⓒ **religioso.**

arèm |a'rɛm, 'arem| *s.m. inv.* → **harem.**

arèna |a'rɛna| *s.f.* **1** arène: *arena del circo* arène du cirque; *il toro entra nell'arena* le taureau entre dans l'arène ◇ (*fig.*) *l'arena politica* l'arène politique ◇ (*loc. fig.*) *scendere nell'arena* [*affrontare la lotta*] descendre dans l'arène **2** [*anfiteatro*] arènes (*pl.*): *l'arena di Verona, di Arles* les arènes de Vérone, d'Arles ◇ [*teatro, cinema all'aperto*] théâtre *m.*, cinéma *m.* en plein air.

aréna |a'rena| *s.f.* **1** [*terra arida, sabbia*] sable *m.*, arène (*arc.*, *poet.*) ◇ (*loc. fig.*) *seminare sull'arena* semer sur le sable ~ *costruire sull'arena* bâtir sur le sable **2** [*spiaggia, lido*] plage.

arenàceo |are'natʃeo| *agg.* arénacé.

arenaménto |arena'mento| *s.m.* **1** (*mar.*) échouement: *arenamento di una imbarcazione* échouement, échouage d'une embarcation → **insabbiamento** **2** (*fig.*) [→ ARENARE **B** 2] enlisement dans le(s) sable(s): *arenamento di pratiche negli uffici* enlisement, disparition des dossiers dans les sables des bureaux **3** [*ammasso, deposito di sabbia*] ensablement.

arenàre |are'nare| **A** *v.intr.* (*aus.* '*essere*') [*essere incagliato sul fondo, nella sabbia*] s'ensabler *pron.*, échouer (*aus.* avoir): *la nave è arenata su un banco di sabbia* le bateau s'est ensablé, a échoué sur un banc de sable, sur le sable **B** *v.pron. intr.* ARENARSI **1** (*mar.*) [→ *intr.*] s'ensabler, échouer (*intr.*): *il nostro battello si è arenato* notre bateau s'est ensablé, a échoué sur le sable ◇ (*per est.*) [*rimanere bloccato, inceppparsi*] s'ensabler, s'enliser: *l'auto si è arenata in un pantano* la voiture s'est ensablée, enlisée dans un marais # *il motore si è arenato* le moteur a (s'est) grippé **2** (*fig.*) [*arrestarsi, fallire*] s'enliser: *l'impresa si arenò per mancanza di fondi* l'entreprise s'enlisa par manque de fonds.

arenària |are'narja| *s.f.* **1** (*miner.*) grès *m.* # *cava di arenaria* grésière **2** (*t.bot.*) arenaria.

arenàrio, i |are'narjo, i| *agg.* (*miner.*) arénifère: *roccia arenaria* roche arénifère # *pietra arenaria* grès ◇ (*per est.*) *cimiteri arenari* catacombes *s.f. pl.*

arengàrio, i |aren'garjo, i| *s.m.* (*arch.*) tribune *f.*

aréngo, ghi |a're(ɛ)ngo, gi| *s.m.* (*st. mediev.*) assemblée *f.* du peuple ◇ [*il luogo di riunione*] assemblée: *incontrarsi nell'arengo* se rencontrer à l'assemblée.

arenìcola |are'nikola| *s.f.* (*t.zool.*) arénicole.

arenìcolo |are'nikolo| *agg.* (*biol.*) arénicole.

arenile |are'nile| *s.m.* [*spiaggia, riva coperta di sabbia*] plage *f.*

arenóso |are'noso| *agg.* **1** [*sabbioso*] sablonneux: *zona arenosa* région sablonneuse **2** (*fig.*, *lett.*) [*insicuro, malfermo*] incertain, hésitant.

arèola |a'rɛola| *s.f.* (*anat.*, *med.*) aréole.

areolàre |areo'lare| *agg.* (*anat.*, *mat.*) aréolaire.

areòmetro |are'ɔmetro| *s.m.* → **densimetro.**

areòpago, ghi |are'ɔpago, areo'pago, gi| *s.m.* (*st. gr.*) aréopage.

aretino |are'tino| *agg.* [*di Arezzo*] arétin.

àrgano |'argano| *s.m.* (*tecnol.*) treuil: *argano a mano* treuil à bras; *argano di perforazione* (*del petrolio*) treuil de sondage, de forage ◇ (*mar.*) treuil d'amarrage, cabestan: *argano elettrico* cabestan électrique # *argano orizzontale* guindeau ◇ (*min.*) bourriquet ◇ (*fig.*) *ci vogliono gli argani per farlo parlare* il faut un instrument pour lui extraire les paroles de la bouche.

argentàna |ardʒen'tana| *s.f.* argentan *m.*, argenton *m.*

argentàre |ardʒen'tare| *v.tr.* [*ricoprire q.c. con uno strato di argento*] argenter: *argentare delle posate* argenter des couverts.

argentàto |ardʒen'tato| *agg.* **1** argenté: *posate argentate* des couverts argentés **2** [*di color argento*] argenté: *foglie argentate* feuilles argentées; *chioma argentata* cheveux argentés.

argentatóre |ardʒenta'tore| *s.m.* [*operaio che argenta*] argenteur.

argentatùra |ardʒenta'tura| *s.f.* [→ ARGENTARE] argenture.

argènteo |ar'dʒɛnteo| *agg.* **1** d'argent *loc. inv.*, en argent *loc. inv.* ◇ (*fig.*, *letter. lat.*) *periodo argenteo* âge d'argent **2** [*che ha il colore dell'argento*] argenté: *capelli argentei* cheveux argentés.

argenterìa |ardʒente'ria| *s.f.* argenterie: *argenteria di famiglia* argenterie de famille; *pulire l'argenteria* astiquer l'argenterie.

argentière |ardʒen'tiɛre| *s.m.* **1** [*colui che lavora o vende oggetti d'argento*] orfèvre **2** (*st. fr.*) argentier.

argentìfero |ardʒen'tifero| *agg.* argentifère: *minerale argentifero* minerai argentifère.

argentìna |ardʒen'tina| *s.f.* (*abbigl.*) tricot *m.* sans col (à manches longues).

1 **argentìno** |ardʒen'tino| *agg.* **1** (*suono*) argentin: *voce argentina* voix argentine; *il suono argentino di una campanella* le son argentin d'une clochette → **squillante** **2** (*colore*) argentin: *acque chiare e argentine* des eaux claires et argentines → **lucente.**

2 **argentìno** |ardʒen'tino| *agg.* [*dell'Argentina*] argentin: *tango argentino* tango argentin.

argentìte |ardʒen'tite| *s.f.* (*miner.*) argyrose.

argènto |ar'dʒɛnto| *s.m.* **1** argent: *argento dorato* argent doré, vermeil; *argento vivo* vif-argent → **mercurio** ◇ *loc.* D'ARGENTO d'argent, en argent: *leghe d'argento* alliages d'argent; *un cucchiaio d'argento* une cuiller d'argent; *medaglia d'argento* médaille d'argent ◇ (*loc. fig.*) *ha l'argento vivo addosso* il a du vif-argent dans les veines, c'est du vif-argent ~ *nozze d'argento* noces d'argent ◇ (*prov.*) *la parola è d'argento, il silenzio è d'oro* la parole est d'argent et le silence est d'or **2** (*in funzione agg.*) *grigio argento* gris argenté → **argentato** ◇ *loc. fig.* D'ARGENTO d'argent, argenté (*agg.*): *capelli d'argento* cheveux argentés → **lucente** **3** [*oggetto d'argento*] objet en argent ◇ (*al plur.*) *gli argenti* l'argenterie *f. sing.* **4** (*lett.*) [*moneta d'argento*] argent.

argentóne |ardʒen'tone| *s.m.* → **alpacca.**

argìlla |ar'dʒilla| *s.f.* argile: *argilla magra* argile maigre; *argilla plastica* argile plastique # *cava d'argilla* argilière; *argilla per vasi* glaise ◇ (*loc. fig.*) *colosso dai piedi d'argilla* colosse aux pieds d'argile ~ *costruire sull'argilla* bâtir sur le sable.

argillàceo |ardʒil'latʃeo| *agg.* argilacé.

argillo- |ar'dʒillo| *pref.* (*significa* '*argilla*', *corrisponde gener. a*) argilo-: *argilloscisti* argilo-schistes.

argillóso |ardʒil'loso| *agg.* **1** argileux*: *terreno argilloso* terrain argileux **2** [*simile all'argilla*] argilacé: *terra argillosa* terre argilacée.

arginàle |ardʒi'nale| *agg.* [*lungo un argine*] *strade, sentiero arginale* route, sentier courant sur une levée.
arginaménto |ardʒina'mento| *s.m.* [→ ARGINARE 1] endiguement, endigage: *l'arginamento di un fiume* l'endiguement d'un fleuve ◇ (*fig.*) *l'arginamento di un dissesto finanziario* l'endiguement d'un krach financier.
arginàre |ardʒi'nare| *v.tr.* **1** [*munire di argini*] endiguer: *arginare un fiume* endiguer un fleuve ◇ (*per est.*) [*contenere, arrestare*] contenir (27): *gli agenti arginavano la folla dei manifestanti* le service d'ordre contenait la foule des manifestants; *arginare l'avanzata del nemico* enrayer l'avance de l'ennemi **2** (*fig.*) freiner: *arginare la marcia del progresso* freiner la marche du progrès; *arginare il dilagare della droga* freiner la propagation de la drogue.
àrgine |'ardʒine| *s.m.* **1** [*rialzo, sbarramento di terra che impedisce lo straripamento dei corsi d'acqua*] levée *f.*, chaussée (*f.*): *gli argini di un fiume* les levées d'un fleuve ◇ (*per est.*) [*terrapieno*] remblai: *gli argini della ferrovia* les remblais du chemin de fer **2** (*fig.*) [*freno, riparo, limite*] frein: *la ragione è l'argine delle passioni* la raison est le frein des passions; *porre argine al vizio* mettre un frein au vice # *rompere gli argini* passer les bornes **3** (*mil.*) levée de terre.
argirìasi |ardʒi'riazi| *s.f. inv.* (*med.*) argyrie *var.*
-argìrio |ar'dʒirjo| *suff.* (*significa 'argento', corrisponde gener. a*) arge: *litargirio* litharge.
argirismo |ardʒi'rizmo| *s.m.* (*med.*) argyrose *f.*, argyrisme.
àrgiro- |'ardʒiro| *pref.* (*significa 'argento', corrisponde gener. a*) argyr(o): *argironeta* argyronète.
argìvo |ar'dʒivo| *agg.* [*dell'Argolide; di Argos*] argien*.
1 **àrgo** |'argo| *s.m. solo sing.* (*chim.*) argon.
2 **àrgo, ghi** |'argo, gi| *s.m.* (*mitol.*) argus ◇ (*per est.*) [*persona cui non sfugge nulla*] argus (*letter.*).
3 **àrgo, ghi** |'argo, gi| *s.m.* (*t.zool.*) **1** (*fagiano*) argus **2** (*farfalla*) argus.
argomentàbile |argomen'tabile| *agg.* [→ 1 ARGOMENTARE] qu'on peut argumenter *loc.*
1 **argomentàre** |argomen'tare| **A** *v.tr.* (*raro*) → **arguire** **B** *v.intr.* (*aus. 'avere'*) [*addurre argomenti, dimostrare con argomenti*] argumenter: *argomentare contro qc.* argumenter contre qqn.; *argomentare con abilità* argumenter habilement.
2 **argomentàre** |argomen'tare| *s.m. inv.* [*ragionamento*] raisonnement *var.*, argumentation (*f. var.*): *il suo argomentare è molto sottile* son raisonnement est très subtil.
argomentatóre, trice |argomenta'tore, tritʃe| *s.* argumentateur (*m.*): *è un argomentatore indefesso* c'est un argumentateur infatigable.
argomentazióne |argomentat'tsjone| *s.f.* [→ 1 ARGOMENTARE B] argumentation: *le tue argomentazioni non mi convincono* ton argumentation ne me convainc pas → **ragionamento**; *produrre un'argomentazione valida* fournir une argumentation valable.
argoménto |argo'mento| *s.m.* **1** [*tema di discussione, di trattazione*] sujet, thème: *trattare un argomento particolarmente difficile* traiter un sujet, un thème particulièrement difficile; *l'argomento di un romanzo, di un film* le sujet d'un roman, d'un film; *cambiare argomento* changer de sujet → 2 **soggetto** # *un argomento cornuto* un dilemme; *l'argomento è chiuso* la discussion est close ◇ (*loc. fig.*) *entrare in* (*pieno*) *argomento* entrer dans le cœur, dans le vif du sujet ~ *uscire dall'argomento* sortir du sujet ~ *ritornare sull'argomento* revenir à son sujet, au point, à ses moutons (*fam.*) ~ *fuori argomento* hors du sujet **2** [*trama, contenuto*] sujet, trame (*f.*): *l'argomento di un racconto* le sujet, la trame d'un récit **3** [*prova, giustificazione*] argument, preuve (*f.*): *addurre, confutare argomenti* fournir, opposer des arguments; *invocare, allegare argomenti a sostegno della propria tesi* invoquer, alléguer des arguments à l'appui de sa thèse; *possiede argomenti persuasivi, inconfutabili* il possède des preuves convaincantes, irréfutables ◇ (*loc. fig.*) *essere a corto di argomenti* être à court d'arguments **4** [*occasione, motivo*] sujet, motif: *sarà un argomento di discussione* ce sera un sujet de discussion → **pretesto** ◇ (*loc. fig.*) *offrire, dare argomento di* prêter le flanc à, s'exposer à: *offre argomento di critica ai giornalisti* il prête le flanc, il s'expose à la critique des journaux, de la presse **5** [*mezzo, strumento*] moyen, expédient: *cercava con ogni argomento di confondere i nostri piani* il cherchait par tous les moyens de déjouer nos plans; *sono tutti argomenti per convincermi* ce ne sont que des expédients pour tenter de me convaincre **6** [*argomentazione, discorso*] argumentation (*f.*): *la forza dei suoi argomenti* la force de son argumentation.
àrgon |'argon| *s.m. inv.* → 1 **argo.**
argonàuta |argo'nauta| *s.m.* **1** (*st. gr.*) argonaute ◇ (*fig.*) [*navigatore avventuroso*] argonaute **2** (*t.zool.*) argonaute.
arguìre |argu'ire| (197) *v.tr.* [*dedurre per mezzo di indizi*] déduire (75), arguer: *ho arguito dal tuo sorriso che sei stato promosso* j'ai déduit de ton sourire que tu as été reçu, ton sourire m'a fait comprendre que tu étais reçu.
argutaménte |arguta'mente| *avv.* **1** [→ ARGUTO 1] finement, subtilement: *sa esprimere argutamente le sue idee* il sait exprimer finement, subtilement ses idées **2** [→ ARGUTO 2] spirituellement, malicieusement: *due occhietti mi guardavano argutamente* deux petits yeux me regardaient malicieusement.
argutézza |argu'tettsa| *s.f.* → **arguzia.**
argùto |ar'guto| *agg.* **1** [*che ha un ingegno vivace, acuto, sottile*] subtil, fin; plein de finesse: *intelligenza arguta* intelligence subtile, fine ‖ *un'osservazione arguta* une observation pleine de finesse; *risposta arguta* réponse pleine de finesse # *uno scrittore arguto* un écrivain subtil **2** [*vivace, espressivo*] fin, malin: *sguardo arguto* regard fin; *sorriso arguto* sourire fin; *ha un visetto arguto* un petit air malin.
argùzia |ar'guttsja| *s.f.* **1** [*prontezza, vivacità d'ingegno, d'espressione*] vivacité, malice: *sguardo pieno di arguzia* regard plein de vivacité; *l'arguzia di quell'oratore è sorprendente* la vivacité de cet orateur est surprenante # *aveva degli occhi pieni di arguzia* il avait des yeux malicieux; *sorridere con arguzia* sourire malicieusement **2** [*pensiero arguto, battuta sottile, spiritosa*] ruse, sarcasme (*m.*): *sapeva inventare una arguzia dopo l'altra* il savait inventer une ruse après l'autre; *annotare le arguzie di un articolo di giornale* annoter les sarcasmes d'un article de journal.
1 **ària** |'arja| *s.f.* **1** air (*m.*): *aria pura, fresca* air pur, frais; *aria viziata* air vicié; *cambiare l'aria di una stanza* changer l'air d'une pièce; *dar aria a un ambiente* donner de l'air à (aérer) une pièce; *prendere un po', una boccata d'aria* prendre un peu l'air, une bouffée d'air; *respirare aria malsana* respirer un air malsain; *dar aria a un vestito* faire prendre l'air à un vêtement; *mi manca l'aria, mi sento mancar l'aria* [*provo una sensazione di soffocamento*] je manque d'air, j'étouffe; *essere libero, leggero come l'aria* être libre, léger comme l'air # *l'aria è stagnante* il fait lourd ♦ *ass., escl.* (*per indicare bisogno di respirare meglio*) *aria!* de l'air! ◇ (*loc. fig.*) *campare di aria* vivre de l'air du temps ~ *parlare all'aria* parler en l'air ~ *vivere d'aria e d'amore* vivre d'amour et d'eau fraîche ~ *ha paura anche dell'aria* il a peur même de son ombre ◇ (*tecnol.*) *aria condizionata* air conditionné; *aria compressa* air comprimé; *aria liquida* air liquide; *camera d'aria* chambre à air ◇ (*auto.*) *tirare l'aria* ouvrir le starter; *chiudere l'aria* fermer le starter **2** *loc.* ALL'ARIA (APERTA) [*fuori da un ambiente chiuso*] en plein air: *stare, vivere all'aria* rester, vivre en plein air; *giocare all'aria aperta* jouer en plein air; *dormire all'aria aperta* coucher en plein air, à la belle étoile ~ *andare, mandar con le (a) gambe all'aria* [*fare, far fare un capitombolo*] tomber les quatre fers en l'air; *con uno sgambetto l'ho mandato a gambe all'aria* mon croc-en-jambe l'a fait tomber les quatre fers en l'air → **aperto** ~ (*fig.*) *stare a pancia all'aria* [*stare in ozio*] rester étendu sur le dos ~ *in certi affari si fa presto ad andare a gambe all'aria* [*in rovina*] on fait vite faillite dans certaines affaires ~ *ha mandato tutto all'aria* il a envoyé tout promener ~ *il progetto è andato all'aria* le projet est tombé à l'eau ~ *hai soldi da buttar all'aria* tu as de l'argent à jeter par les fenêtres ~ *son soldi buttati all'aria* c'est de l'argent jeté par les fenêtres ~ *è stata una fatica buttata all'aria* cela a été peine perdue, un coup d'épée dans l'eau; *non buttar all'aria tutto quello che hai fatto sinora* ne jette pas en l'air tout ce que tu as fait jusqu'à maintenant ~ *buttar all'aria* [*sconvolgere, far fallire*] mettre en l'air: *così buttò all'aria il mio programma* ainsi il a mis, fichu (*fam.*) en l'air tout mon programme; *ho buttato tutto all'aria* j'ai tout mis en l'air ~ *buttar all'aria* [*metter in disordine*] chambouler (*fam.*): *cerca con calma, non buttar tutto all'aria* cherche calmement, ne chamboule pas tout # *quei ragazzi mi buttano all'aria la casa* ces enfants me mettent la maison sens dessus dessous **3** *loc.* IN, PER ARIA en l'air: *guardare in aria* regarder en l'air; *camminare col naso in* (*per*) *aria* marcher le nez en l'air; *sparare un colpo in aria* tirer un coup en l'air ~ (*fig.*)

[*in disordine*] (en) désordre # *in questa casa c'è sempre tutto in (per) aria* dans cette maison tout est toujours en pagaille, tout est toujours sens dessus-dessous ~ [*fuori della realtà*] en l'air: *avere la testa in (per) aria* avoir la tête en l'air; *idee, discorsi (campati) in aria* idées, discours en l'air # *far castelli in aria* faire des châteaux en Espagne ~ [*incompiuto, indeciso*] *quel progetto è ancora in (per) aria* ce projet est encore en l'air # *la soluzione è ancora in aria* la solution est encore à trouver ~ (*fig.*) [*in via di maturazione*] dans l'air: *sento che c'è q.c. in (per) aria* je sens qu'il y a qqch. dans l'air **4** *loc.* A MEZZ'ARIA [*sospeso in alto, a media altezza*] en l'air: *restare con la mano, col dito a mezz'aria* rester la main, le doigt en l'air ~ (*fig.*) [*incompiuto*] inachevé (*agg.*): *la costruzione della strada è rimasta a mezz'aria* la construction de la route est restée inachevée; *una casa a mezz'aria* une maison inachevée **5** [*atmosfera*] air: *aria leggera, pesante* air léger, lourd; *aria calda, fredda* air chaud, froid; *vuoto d'aria* trou d'air; *spostamento, risucchio d'aria* déplacement, appel d'air; *sollevarsi in aria* se soulever en l'air; *star sospeso in, per aria* être suspendu en l'air; *solcare l'aria* silloner l'air; # *l'aereo finalmente si levò in aria* finalement l'avion décolla ◇ (*per est.*) *mal d'aria* mal de l'air; *la gente dell'aria* le personnel de la navigation aérienne → **aviazione, aeronautica** ◇ (*mil.*) *le forze dell'aria* les forces aériennes; *per via d'aria* par voie aérienne ◇ (*escl.*) *aria!*; *aria! aria!* [*largo!, via di qui!, alla lontana*] de l'air! de l'air!: *aria! fate spazio!* de l'air! faites place! # *avete giocato abbastanza, adesso aria!* vous avez assez joué, maintenant filez! **6** (*per est.*) [*vento, corrente*] air: *un filo d'aria* un filet d'air; *una corrente d'aria* un courant d'air; *sei sudato, non stare all'aria* tu es en sueur, ne te mets pas dans un courant d'air; *un colpo d'aria* un coup d'air # *oggi non c'è un filo d'aria* aujourd'hui il n'y a pas un souffle de vent; *c'è aria di tramontana, di scirocco* il y a de la tramontane, du sirocco; *soffiava un'aria gelida* il soufflait un vent glacial ◇ (*fig.*) [*situazione, andamento*] *che aria tira oggi?* comment ça va aujourd'hui? ~ *non tira buon'aria per te* ça sent mauvais pour toi ~ *c'è aria di tempesta, di bufera* il y a de l'orage dans l'air **7** (*per est.*) [*clima*] air: *l'aria di montagna, di mare* l'air de la montagne, de la mer; *l'aria nativa* l'air natal; *quest'aria non fa per te* cet air n'est pas bon pour toi, ne te vaut rien; *per guarire dovrò cambiar aria* je devrai changer d'air pour guérir; *sento aria di primavera* je sens l'air du printemps ◇ (*fig.*) *oggi non è proprio l'aria* [*la situazione adatta*] aujourd'hui ce n'est vraiment pas le moment; *se vuoi vivere tranquillo devi cambiar aria* [*ambiente*] si tu veux vivre tranquille, tu dois changer d'air; *qui c'è aria di festa* [*andamento*] il y a là un air de fête;| *da quando sei arrivato tu, c'è una aria diversa in ufficio* depuis que tu es arrivé, l'ambiance du bureau a changé; *questa non è l'aria adatta per simili richieste* [*il momento giusto*] cela n'est pas le moment de faire de telles demandes; *si sta bene qui, c'è aria di famiglia* on est bien ici, il y a une atmosphère de famille **8** (*mus.*) air: *canticchiare un'aria* chantonner un air; *cantare un testo sull'aria di una vecchia canzone* chanter un texte sur un vieil air ◇ (*mus. classica*) *un'aria di Vivaldi* un air de Vivaldi **9** (*equitazione*) air: *arie basse, rilevate* airs bas, relevés; *arie di maneggio* airs de cirque.

2 **ària** |'arja| *s.f.* **1** [*apparenza, aspetto*] air (*m.*): *un'aria stanca, triste, preoccupata, annoiata* un air fatigué, triste, préoccupé, ennuyé; *avere un'aria per bene, poco rassicurante* avoir l'air comme il faut, peu rassurant; *oggi hai un'aria strana* aujourd'hui tu as un drôle d'air; *ha l'aria intelligente, da galantuomo* il a l'air intelligent, d'un honnête homme; *non ha certo l'aria dell'arrivista* il n'a certainement pas l'air d'un arriviste; *hai l'aria da babbeo!* tu as l'air d'un idiot!; *ha tanto l'aria del malaticcio* il a tellement l'air maladif; *il cielo ha l'aria di piovere* le ciel a l'air d'être à la pluie ◇ [*atteggiamento*] *un'aria ironica* un air ironique; *un'aria da prepotente, da spavaldo* un air autoritaire, effronté; *non fare, non assumere quell'aria da padreterno* ne prends pas cet air pontifiant # *dovevi vederlo, aveva un'aria!* tu aurais dû voir la tête qu'il faisait!; *far l'aria dello sprovveduto* faire l'ignorant ◇ (*loc.*) *dar l'aria di* [*dare, far l'impressione, la sensazione di*] donner l'impression de: *mi dà tanto l'aria dello sbruffone* il me donne l'impression d'un crâneur **2** [*atteggiamento sostenuto, boria*] manière: *eh! quante arie!* eh! tu en fais des manières! # *mi ha appena salutato, avessi visto con che aria!* il m'a à peine dit bonjour et il fallait voir comment! ◇ *loc.* DARSI DELLE ARIE [*fare il sostenuto, darsi importanza*] se donner des airs: *non darti tante arie!* ne te donne pas tant d'airs!; *da un po' di tempo si dà un sacco di arie* depuis un certain temps il se donne de grands airs ~ [*ostentare capacità, doti non possedute*] *è inutile che ti dài (le) arie da intenditore* il est inutile de te donner l'air d'un connaisseur.

arianésimo |arja'nezimo| *s.m.* (*relig.*) arianisme.

1 **ariàno** |a'rjano| *agg.* (*relig.*) arien*: *eresia ariana* hérésie arienne ✦ (*s.*) *un ariano* un arien.

2 **ariàno** |a'rjano| **1** *agg.* aryen*: *razza ariana* race aryenne → **indoeuropeo** ✦ (*s.*) *un ariano* un aryen **2** (*s.m.*) *l'ariano* [*la lingua*] l'indo-aryen.

aridaménte |arida'mente| *avv.* [→ ARIDO 2] avec aridité *loc. inv.*, de façon aride (*loc. inv.*): *parlare aridamente* parler avec aridité.

aridità |aridi'ta| *s.f. inv.* aridité *var.*, sécheresse (*var.*): *aridità del terreno, del clima* aridité, sécheresse du terrain, du climat # *questa crema cura l'aridità della pelle* cette crème réhydrate les peaux sèches ◇ (*fig.*) *aridità di cuore* aridité du cœur → **insensibilità**; *aridità di stile* sécheresse du style → **povertà** # *l'aridità della sua vita è impressionante* la médiocrité de sa vie est impressionnante.

àrido |'arido| *agg.* **1** aride, sec*: *campagne, terre aride* campagnes, terres arides; *clima arido* climat aride → **secco, asciutto**; *è una terra rocciosa e arida* c'est un terrain rocheux et aride → **sterile, infecondo** **2** (*fig.*) aride, sec: *cuore arido* cœur aride → **insensibile**; *una mente arida* un esprit aride; *stile arido* style sec → **povero.**

aridocoltùra |aridokol'tura| *s.f.* (*agr*). culture sèche.

arieggiàre |arjed'dʒare| **A** *v.tr.* **1** [*fare entrare aria in un luogo chiuso*] aérer (8): *arieggiare le camere* aérer les chambres; *arieggiare una galleria di miniera* aérer une galerie de mine → **aerare** ◇ [*esporre all'aria*] *arieggiare il grano, una coperta* aérer le blé, une couverture **2** (*cose*) [*somigliare; richiamare l'immagine, le caratteristiche di q.c.*] s'inspirer de (*pron.*): *questa moda arieggia l'abbigliamento esotico* cette mode s'inspire des vêtements exotiques; *la sua poesia arieggia il D'Annunzio* sa poésie s'inspire de celle de D'Annunzio ◇ (*persone*) [*imitare*] *questo pittore arieggia un po' troppo il suo maestro* ce peintre s'inspire un peu trop de son maître **B** *v.intr.* (*aus.* '*avere*') [*atteggiarsi, darsi delle arie*] se donner *tr.* des airs: *arieggiare a gran signore* se donner des airs de grand seigneur.

arieggiàto |arjed'dʒato| *agg.* [*arioso, ventilato*] aéré: *una stanza molto arieggiata* une chambre très aérée.

arièté |a'rjɛ(ie)te| *s.m.* **1** [*maschio della pecora*] bélier → 1 **montone** ◇ (*astrol., astron.*) Bélier **2** (*mil.*) bélier **3** (*tecnol.*) *ariete idraulico* bélier hydraulique.

ariétta |a'rjetta| *s.f.* **1** légère brise: *sul terrazzo arrivava un'arietta deliziosa* sur la terrasse il y avait une brise légère et délicieuse **2** (*mus.*) pétit air (*m.*): *cantava un'arietta di moda* il chantait un petit air à la mode ◇ (*mus. classica*) ariette **3** (*letter.*) ariette.

arìle |a'rile| *s.m.* (*chim.*) aryle.

aringa, ghe |a'ringa, ge| *s.f.* (*t. zool.*) *hareng *m.* ◇ (*corr.*) *aringa affumicata* hareng saur; *aringa salata* hareng blanc.

aringàre |arin'gare| *e deriv.* → **arringare** *e deriv.*

àrio, i |'arjo, i| *agg. e s.* → **2 ariano.**

arióso |a'rjoso| *agg.* **1** [*pieno d'aria, di luce*] bien aéré: *una stanza grande e ariosa* une pièce grande et bien aérée **2** (*fig.*) [*che ha uno sviluppo armonico e ampio*] aisé: *uno stile arioso* un style aisé **3** (*mus.*) arioso Ⓒ 1 **chiuso, ristretto, angusto.**

ariostésco, chi, ca, che |arjos'tesko, ki, ka, ke| *agg.* **1** de l'Arioste (*loc. inv.*): *poesia ariostesca* poésie de l'Arioste **2** (*fig.*) [*fantasioso*] fantastique, invraisemblable: *un modo ariostesco di pensare, di scrivere* une façon de penser, d'écrire fantastique, invraisemblable; *trame ariostesche* des intrigues invraisemblables.

arìsta |a'rista| *s.f.* (*bot.*) arête → 1 **resta** ◇ (*per est., lett.*) → **spiga.**

àrista |'arista| *s.f.* (*cuc.*) carré *m.* de porc → **quadrello.**

aristàto |aris'tato| *agg.* (*bot.*) aristé: *grano aristato* blé aristé.

aristocraticaménte |aristokratika'mente| *avv.* [→ ARISTOCRATICO] aristocratiquement: *vestirsi, vivere aristocraticamente* s'habiller, vivre aristocratiquement.

aristocràtico, ci, ca, che |aristo'kratiko, tʃi, ka, ke| *agg.* aristocratique: *famiglia aristocratica* famille aristocratique → **nobile** ◇ (*polit.*) *regime aristocratico* régime aristocratique ◇ (*per est.*) *modi aristocratici* manières aristocratiques ✦ (*s.*) *un aristocratico* un aristocrate: *darsi arie da aristocratico* prendre des airs d'aristocrate Ⓒ **popolano, plebeo.**

aristocrazia |aristokrat'tsia| *s.f.* **1** aristocratie: *appartiene all'alta aristocrazia* il appartient à la haute aristocratie → **nobiltà** ◇ (*fig.*) *l'aristocrazia dell'ingegno* l'aristocratie du talent; *l'aristocrazia del denaro* l'aristocratie de l'argent; *l'aristocrazia del mondo sportivo* l'aristocratie du monde sportif **2** [*raffinatezza, eleganza*] élégance: *vestire con aristocrazia* s'habiller avec élégance.

aristolòchia |aristo'lɔkja| *s.f.* (*t. bot.*) aristoloche.

aristotèlico, ci, ca, che |aristo'tɛliko, tʃi, ka, ke| *agg.* (*filos.*) aristotélique, aristotélicien*: *teoria aristotelica* théorie aristotélicienne ✦ (*s.*) *un aristotelico* un aristotélicien.

aristotelismo |aristote'lizmo| *s.m.* (*filos.*) aristotélisme.

aritmètica, che |arit'mɛtika, ke| *s.f.* arithmétique: *studiare l'aritmetica* étudier l'arithmétique.

aritmètico, ci, ca, che |arit'mɛtiko, tʃi, ka, ke| *agg.* **1** arithmétique: *operazione aritmetica* opération arithmétique; *progressione aritmetica* progression arithmétique ✦ (*s.*) *un aritmetico* un arithméticien* (*raro*) **2** (*fig.*) [*preciso, scrupoloso*] mathématique, rigoureux*: *esattezza aritmetica* précision mathématique; *mentalità aritmetica* pensée mathématique, rigoureuse.

aritmìa |arit'mia| *s.f.* (*med.*) arythmie: *aritmia cardiaca* arythmie cardiaque.

aritmico, ci, ca, che |a'ritmiko, tʃi, ka, ke| *agg.* **1** arythmique: *musica aritmica* musique arythmique **2** (*med.*) *polso aritmico* pouls arythmique.

aritmògrafo |arit'mɔgrafo| *s.m.* arithmographe.

aritmologìa, gie |aritmolo'dʒia, dʒie| *s.f.* arithmologie.

aritmòmetro |arit'mɔmetro| *s.m.* arithmomètre.

arlecchinàta |arlekki'nata| *s.f.* (*fig.*) arlequinade: *è proprio un'arlecchinata!* c'est vraiment une arlequinade! → **buffonata, balordaggine.**

arlecchinésco, chi, ca, che |arlekki'nesko, ki, ka, ke| *agg.* d'arlequin (*loc. inv.*): *un vestito arlecchinesco* un habit d'arlequin ◇ [*buffonesco*] bouffon*, cocasse: *battute arlecchinesche* des boutades cocasses.

arlecchìno |arlek'kino| **1** *s.m.* arlequin: *travestirsi da arlecchino* se déguiser en arlequin ◇ (*fig.*) pitre, farceur* (*s.*): *che arlecchino!* quel pitre! → **buffone** ◇ (*loc. fig.*) *essere un arlecchino* être un homme sans parole **2** *agg. inv.* [*formato da colori diversi e vivaci*] bariolé *var.*, multicolore (*var.*): *una stoffa arlecchino* une étoffe bariolée → **variopinto.**

àrma |'arma| *s.f.* **1** arme: *armi leggere, pesanti* armes légères, lourdes; *armi portatili* armes portatives; *armi da punta, da taglio, a mano, da fuoco* armes tranchantes, de taille, de main, à feu; *armi automatiche* armes automatiques; *armi anticarro* armes antichars; *armi di difesa, di offesa* armes défensives, offensives; *arma bianca* arme blanche; *porto d'armi* port d'armes; *piazza d'armi.*place d'armes; *sala d'armi* salle d'armes; *maneggiare, portar armi* manier, porter les armes; *spianare, puntare una arma contro qc.* braquer, pointer une arme sur qqn.; *dare un'arma in mano a qc.*: (*pr.*, *fig.*) armer qqn.; *togliere, levare l'arma di mano a qc.*: (*pr.*, *fig.*) désarmer qqn. ◇ *loc.* D'ARMI d'armes: *fatto, atto d'armi* fait, acte d'armes; *maestro d'armi* maître d'armes; *uomo d'armi* homme d'armes; *la gente d'armi* les gens d'armes **2** (*loc. mil.*) *presentare le armi* présenter les armes ~ *concedere l'onore delle armi* accorder les honneurs de la guerre ~ *passare per le armi* passer par les armes, fusiller ~ *venire alle armi* en venir aux armes ~ *prendere le armi* prendre les armes ~ *essere in armi* être en armes ~ *deporre, abbassare, posare le armi*: (*pr.*, *fig.*) déposer, rendre les armes ~ *affilare le armi* (*fig.*) sortir ses griffes ~ *con le armi in pugno*: (*pr.*, *fig.*) les armes à la main ~ *essere alle prime armi*: (*pr.*, *fig.*) faire ses premières armes ~ (*fig.*) *prendere armi e bagagli* plier bagages ✦ (*inter.*) *alle armi*: (*pr.*, *fig.*) aux armes! **3** (*per est.*) [*mezzo generico di difesa o di offesa*] arme: *le corna sono le armi dei bovini* les cornes sont les armes naturelles des bovins ◇ (*fig.*) [*risorsa, possibilità, mezzo*] *ho un'arma nascosta per convincerlo* j'ai une arme secrète pour le convaincre; *la sua unica arma è il denaro* l'argent est sa seule arme; *non c'è arma migliore della persuasione* il n'y a meilleure arme que la persuasion; *avere le armi spuntate* être sans armes # *usare armi disoneste* utiliser des moyens malhonnêtes; *al momento opportuno tirerò fuori le mie armi* au moment voulu je dévoilerai mes batteries ◇ (*loc. fig.*) *un'arma a doppio taglio* une arme à double tranchant **4** [*reparto, settore dell'esercito*] *l'arma della fanteria, dell'artiglieria* l'infanterie, l'artillerie; *l'arma azzurra* l'armée de l'air → **aeronautica**; *l'arma dei carabinieri, l'arma benemerita* les carabiniers *m.* ◇ [*servizio mil.*] armes *pl.*, drapeaux (*m. pl.*): *chiamare alle armi, sotto le armi* appeler aux armes, sous les drapeaux; *essere sotto le armi* être sous les armes, sous les drapeaux; *compagno d'armi* compagnon d'armes → **commilitone 5** (*arald.*) armes *pl.*

armacòllo |arma'kɔllo| *s.m.* **1** *spec. nella loc. avv.* AD ARMACOLLO [*a tracolla*] en bandoulière: *portare un arma ad armacollo* porter une arme en bandoulière **2** → **gorgiera.**

armàdio, i |ar'madjo, i| *s.m.* armoire (*f.*): *armadio a specchio* armoire à glace; *armadio d'angolo* armoire de coin # *armadio a muro* placard; *armadio guardaroba* penderie; *baule armadio* malle-cabine ◇ (*per est.*) *armadio frigorifero* armoire frigorifique.

armaiòlo |arma'jɔlo| *s.m.* **1** [*chi fabbrica, commercia, ripara armi*] armurier **2** (*mil.*) armurier.

armamentàrio, i |armamen'tarjo, i| *s.m.* [*attrezzatura, corredo*] équipement, outillage: *l'armamentario del fantino* l'équipement du fantassin; *l'armamentario dell'idraulico, del meccanico* l'outillage du plombier, du mécanicien ◇ (*pop.*) *portare con sé tutto il proprio armamentario* emporter tout son bastringue ◇ (*fig.*) *armamentario filosofico, linguistico* bagage philosophique, linguistique.

armaménto |arma'mento| *s.m.* **1** [→ ARMARE A 1; B 1] armement: *l'armamento di una compagnia, della fanteria* l'armement d'une compagnie, de l'infanterie; *fornire un armamento completo, moderno* fournir un armement complet, moderne → **equipaggiamento 2** *al plur.* [*preparativi di guerra*] armements: *la corsa agli armamenti* la course aux armements; *limitazione degli armamenti* limitation des armements **3** (*per est.*) [*i congegni necessari per il funzionamento di un'apparecchiatura*] équipement: *armamento ferroviario* équipement d'une voie ferrée; *armamento elettrico* équipement d'une installation électrique **4** [→ ARMARE A 2] armement: *bacino d'armamento* bassin d'armement; *società d'armamento* société d'armement Ⓒ 1; 2; 4 **disarmo.**

armàre |ar'mare| **A** *v.tr.* **1** [*munire, equipaggiare di armi*] armer: *armare un migliaio di uomini* armer un millier d'hommes; *armare le truppe* armer les troupes; *armare una città, una piazzaforte* armer une ville, une place forte → **fortificare** ◇ [*caricare*] charger (3): *armare una pistola, un mitragliatore* charger un pistolet, un fusil mitrailleur ◇ (*st. mediev.*) *armare un cavaliere* armer un chevalier **2** (*mar.*) [*provvedere a tutto ciò che occorre per la navigazione*] armer: *armare un bastimento* armer un navire; *armare una petroliera* armer un pétrolier; *armare i remi* [*prepararli negli scalmi*] armer les avirons **3** (*edil.*) [*fornire di armatura, di strutture di sostegno*] armer: *armare un muro, il tetto* armer un mur, le toit; *armare un pavimento* armer un carrelage; *armare la volta, la galleria di una miniera* armer la voûte, la galerie d'une mine ◇ (*per est.*) *armare il calcestruzzo* armer le béton; *armare le fondamenta con ferro da 12 mm* armer les fondations avec des tiges de fer de 12 mm de diametre **4** (*mus.*) *armare la chiave* armer la clef **B** *v.pron. rifl.* ARMARSI **1** [→ *tr.* 1] s'armer: *armarsi di fucile, di un sasso* s'armer d'un fusil, d'une pierre; *si è armato di un bastone* il s'est armé d'un bâton; *si sono armati di tutto punto* ils se sont armés de pied en cap **2** (*per est.*) [*munirsi, fornirsi di strumenti utili a qualche scopo*] se munir: *ci siamo armati di ombrello* nous nous sommes munis d'un parapluie; *armarsi di macchina fotografica* se munir d'un appareil de photo ◇ (*fig.*) s'armer: *armarsi di pazienza* s'armer de patience; *si è armata di coraggio ed è passata all'attacco* elle s'est armée de courage, puis elle est passée à l'attaque Ⓒ A 1, 2, 3; B 1 **disarmare.**

armàta |ar'mata| *s.f.* **1** (*mil.*) armée: *generale del corpo d'armata* général de corps d'armée; *la V armata* la 5ᵉ armée **2** (*aer., mar.*) *armata navale* armée de mer; *armata aerea* armée de l'air **3** (*raro*) [*esercito*] armée.

armàto |ar'mato| *agg.* **1** [*munito di un'arma*] armé: *rapina a mano armata* vol à main armée; *armato fino ai denti* armé jusqu'aux dents; *armato di tutto punto* armé de pied en cap; *pace armata* paix armée; *le forze armate* les forces armées # *carro armato* char de combat, d'assaut ✦ *s.* (*spec. al plur.*) *gli armati* les soldats → **soldato 2** (*fig.*) [*fornito, dotato*] armé, équipé: *armato di corag-*

gio armé de courage; *armato di macchina fotografica* armé d'un appareil-photo **3** (*tecnol.*)*cemento armato* béton|,| ciment armé **4** (*zool.*) armé: *toro armato di lunghe corna* taureau armé de grandes cornes.

armatóre, trice |arma'tore, tri'tʃe| *s.m.* **1** (*mar.*) armateur ♦ (*agg.*) *società armatrice* société d'armement **2** (*miner.*) boiseur.

armatoriàle |armato'rjale| *agg.* (*mar.*) *impresa armatoriale* entreprise d'armement *loc. inv.*

armatùra |arma'tura| *s.f.* **1** (*st. mil.*) armure: *l'armatura dei soldati, dei cavalieri medievali* l'armure des soldats, des chevaliers médiévaux; *armatura di guerra* armure de guerre; *togliersi, mettersi l'armatura* enlever, mettre son armure; *mostra di armature del cinquecento* exposition d'armures du XVIe siècle ◇ (*per est.*) [*protezione naturale, artificiale*] *l'armatura della tartaruga* la carapace de la tortue; *l'armatura della lumaca* la coquille de l'escargot **2** (*edil.*) armature, charpente: *armatura di una volta* armature d'une voûte; *armatura del cemento armato* armature du béton; *togliere l'armatura al tetto* enlever la charpente du toit # *armatura in ferro* (*del cemento armato*) ferraillage ◇ (*miner.*) *l'armatura di una galleria* le boisage *m.* d'une galerie ◇ (*per est.*) [*rinforzo, sostegno*] *l'armatura di una scena* l'échafaudage d'un décor; *l'armatura di uno specchio* le support d'un miroir **3** (*elettr.*) armature: *l'armatura di un condensatore, di un magnete* l'armature d'un condensateur, d'un aimant **4** (*tess.*) *l'armatura del tessuto* la trame du tissu.

àrme |'arme| *s.f.* (*arald.*) armoiries *pl.*

armeggiaménto |armeddʒa'mento| *s.m.* **1** [→ ARMEGGIARE 1] remue-ménage (*inv.*): *era un armeggiamento continuo* c'était un remue-ménage continu **2** [→ ARMEGGIARE 2] manœuvre *f.*, menées (*f. pl.*): *i suoi armeggiamenti non mi hanno colto impreparato* ses manœuvres, ses menées ne m'ont pas pris au dépourvu.

armeggiàre |armed'dʒare| *v.intr.* (*aus.* '*avere*') **1** [*affaccendarsi senza metodo, senza profitto*] s'affairer *pron.*, se battre (76) *pron.* (autour, avec): *armeggia intorno alla sua macchina* il s'affaire autour de sa voiture; *è un po' che armeggio intorno a questa serratura* cela fait longtemps que je me bats avec cette serrure ◇ (*fig.*) *cosa stai ancora armeggiando?* qu'est-ce que tu fabriques encore? **2** [*tramare, macchinare*] manœuvrer: *armeggiava abilmente per rovesciare il governo* il manœuvrait habilement pour renverser le gouvernement.

armeggìo, ii |armed'dʒio, ii| *s.m.* **1** [→ ARMEGGIARE 1] remue-ménage (*inv.*): *ho notato un grand'armeggio intorno alla tua casa* j'ai remarqué un grand remue-ménage autour de ta maison **2** [*intrigo, macchinazione*] manœuvre *f.*, menées (*f. pl.*): *coi suoi loschi armeggii è riuscito nel suo proposito* par ses manœuvres louches, ses louches menées il a atteint son but.

armeggióne |armed'dʒone| *s.* [*arruffone, pasticcione*] brouillon*: *è un armeggione inconcludente* c'est un brouillon bon à rien ◇ [*trafficante, imbroglione*] intrigant: *è un gran armeggione* c'est un grand intrigant.

armellìno |armel'lino| *s.m.* → **ermellino.**

armèno |ar'mɛno| **1** *agg.* [*dell'Armenia*] arménien* **2** (*s.m.*) *l'armeno* [*la lingua*] l'arménien.

armentàrio, i |armen'tarjo, i| *agg.* (*lett.*) [*relativo all'armento*] qui concerne les troupeaux *loc.*; des troupeaux *loc. inv.* ♦ (*s.*) *un armentario* un gardien* de troupeaux.

arménto |ar'mento| *s.m.* [*branco di animali domestici*; *gregge*] troupeau: *mettere al sicuro l'armento* mettre son troupeau à l'abri.

armerìa |arme'ria| *s.f.* **1** (*mil.*) dépôt *m.* d'armes **2** collection d'armes ◇ (*per est.*) musée d'armes.

armerìsta |arme'rista| *s.m.* (*arald.*) armorial*.

armière |ar'mjɛre| *s.m.* **1** → **armaiolo** **2** (*mil.*) armurier ◇ [*aviere addetto alle armi di bordo*] mitrailleur (d'aviation).

armìgero |ar'midʒero| **I** *s.m.* homme d'armes ◇ (*fig.*, *scherz.*) garde du corps: *è sempre accompagnato dai suoi armigeri* il est toujours accompagné de ses gardes du corps **II** *agg.* **1** (*lett.*) → **armato** **2** (*fig.*, *lett.*) → **bellicoso.**

armìlla |ar'milla| *s.f.* **1** (*arch.*) armilles *pl.* **2** (*archeol.*) bracelet *m.* **3** (*astron.*) sphère armillaire.

armistiziàle |armistit'tsjale| *agg.* d'armistice (*loc. inv.*): *convenzione armistiziale* convention d'armistice.

armistìzio, i |armis'tittsjo, i| *s.m.* armistice: *firmare un armistizio* signer un armistice.

àrmo |'armo| *s.m.* (*mar.*) armement ◇ (*nautica*) équipe *f.* → **equipaggio.**

armonìa |armo'nia| *s.f.* **1** (*mus.*, *corr.*) harmonie: *armonia di suoni, di accordi* harmonie de sons, d'accords; *studiare armonia* étudier l'harmonie ◇ (*per est.*) [*gradevole modulazione*] *armonia dello stile, del verso* harmonie du style, des vers # *una voce piena d'armonia* une voix harmonieuse **2** (*fig.*) [*equilibrio, proporzione di forme, di colori e sim.*] harmonie: *l'armonia di un quadro, di una composizione* l'harmonie d'un tableau, d'une composition; *l'armonia dell'universo* l'harmonie de l'univers; *l'armonia delle parti di un insieme* l'harmonie des parties d'un ensemble; *quelle due cose sono in perfetta armonia* ces deux choses sont en parfaite harmonie **3** (*fig.*) [*concordia di sentimenti, di opinioni*] harmonie: *essere in armonia con qc.* être en harmonie avec qqn.; *l'armonia che regna in una famiglia* l'harmonie qui règne dans une famille; *vivere in perfetta armonia* vivre en parfaite harmonie; *distruggere, ristabilire l'armonia* détruire, rétablir l'harmonie ◇ [*conformità, accordo*] *in armonia con le leggi* en harmonie, en accord avec les lois.

armònica, che |ar'mɔnika, ke| *s.f.* **1** (*mus.*) harmonica (*m.*): *armonica a bocca* harmonica (chromatique) à bouche; *suonare l'armonica* jouer de l'harmonica **2** (*fis.*) harmonica.

armonicaménte |armonika'mente| *avv.* **1** [→ ARMONICO 1] harmoniquement: *eseguire armonicamente un pezzo* exécuter harmoniquement un morceau **2** (*fig.*) [→ ARMONICO 2] harmonieusement: *abitazione armonicamente disposta* habitation harmonieusement disposée.

armonicìsta |armoni'tʃista| *s.* **1** joueur* d'harmonica **2** [*operaio che costruisce strumenti musicali*] facteur *m.* (de piano, etc.).

armònico, ci, ca, che |ar'mɔniko, tʃi, ka, ke| *agg.* **1** (*mus.*) harmonique: *suoni armonici* sons harmoniques; *scala armonica* échelle harmonique # *cassa armonica* caisse de résonance **2** (*fig.*) [*ben proporzionato, armonioso*] harmonieux*: *corpo, viso armonico* corps, visage harmonieux **C** 1 **dissonante**; 2 **sproporzionato, sgraziato.**

armònio, i |ar'mɔnjo, i| *s.m.* → **armonium.**

armoniosaménte |armonjosa'mente| *avv.* **1** [→ ARMONIOSO 1] harmonieusement: *cantavano armoniosamente* ils chantaient harmonieusement **2** (*fig.*) [→ ARMONIOSO 2] harmonieusement: *camminava armoniosamente* elle marchait harmonieusement; *città costruita armoniosamente* ville harmonieusement bâtie; *spazi armoniosamente distribuiti* espaces harmonieusement distribués.

armonióso |armo'njoso| *agg.* **1** harmonieux*: *suoni, strumenti armoniosi* sons, instruments harmonieux; *linguaggio armonioso* langage harmonieux **2** (*fig.*) harmonieux: *corpo armonioso* corps harmonieux; *andatura armoniosa* allure harmonieuse; *forme, colori armoniosi* formes, couleurs harmonieuses; *spazi armoniosi* espaces harmonieux; *stile armonioso* style harmonieux.

armonìsta |armo'nista| *s.* (*mus.*) harmoniste *m.*

armònium |ar'mɔnjum| *s.m. inv.* (*mus.*) harmonium *var.*

armonizzaménto |armoniddza'mento| *s.m.* → **armonizzazione.**

armonizzàre |armonid'dzare| **A** *v.tr.* **1** (*mus.*) [*dare un contesto armonico a un tema musicale*] harmoniser: *armonizzare un'aria per coro e orchestra* harmoniser un air pour chœur et orchestre **2** (*fig.*) [*accordare, conciliare*] harmoniser, accorder: *armonizzare gli interessi di più persone* harmoniser, accorder les intérêts de plusieurs personnes **B** *v.intr.* (*aus.* '*avere*') [*essere, mettersi, in armonia, spec. esteticamente*] s'harmoniser (*pron.*): *colori che armonizzano* couleurs qui s'harmonisent; *palazzo moderno che armonizza con l'ambiente* immeuble moderne qui s'harmonise avec le milieu **C** *v.pron. intr.* ARMONIZZARSI [→ *intr.*] s'harmoniser: *queste tinte si armonizzano perfettamente* ces teintes s'harmonisent parfaitement.

armonizzazióne |armoniddzat'tsjone| *s.f.* **1** [→ ARMONIZZARE A 1] harmonisation **2** [→ ARMONIZZARE A 2] harmonisation → **conciliazione** # *è difficile l'armonizzazione di esigenze così diverse* il est difficile d'harmoniser des exigences aussi différentes **3** [→ ARMONIZZARE B] harmonisation: *una giusta armonizzazione delle tinte* une bonne harmonisation des couleurs → **fusione.**

armoricàno |armori'kano| *agg.* [*dell'Armorica*] armoricain.

arnése |ar'nese| *s.m.* **1** [*strumento, attrezzo*] outil: *gli arnesi da calzolaio, da muratore* les outils du cordonnier, du maçon **2** [*oggetto sconosciuto, che non si sa definire al momento*] truc (*fam.*), machin (*fam.*): *uno strano arnese* un drôle de truc; *cos'è quell'arnese?* qu'est-ce que c'est que ce truc-

-là?; *quest'arnese mi dà proprio fastidio* j'en ai vraiment assez de ce truc ◇ (*loc.*) *essere bene* (*male*) *in arnese*: [*vestito*] être bien (mal) habillé; [*in buona forma fisica*] être mal (bien) en point ~ *rimettersi in arnese* [*riassestarsi economicamente*] se remettre à flot **3** (*spreg.*) (*persone*) [*soggetto poco raccomandabile*] mauvais sujet, canaille (*f.*): *è un brutto arnese* c'est un mauvais sujet # *un arnese da galera* c'est un gibier de potence.

àrnia |'arnja| *s.f.* [*cassetta dove vengono allevate le api*] ruche.

àrnica, che |'arnika, ke| *s.f.* (*t.bot.*) arnica.

arnióne |ar'njone| *s.m.* → **rognone.**

àro |'aro| *s.m.* (*t.bot.*) arum.

aròma |a'rɔma| *s.m.* **1** arôme, parfum: *l'aroma dell'alcool* l'arôme de l'alcool; *l'aroma del tabacco* le parfum du tabac ◇ [*profumo del vino, della carne cotta*] fumet: *l'aroma dell'arrosto* le fumet du rôti # *l'aroma del barbera* le bouquet du 'barbera' **2** *spec. al plur.* [*spezie, sostanze odorose*] aromates **3** (*fig.*) fragrance (*f.*): *l'aroma della propria terra* la fragrance de sa terre.

aromatizzànte |aromatid'dzante| *s.m.* aromatisant.

aromatizzàre |aromatid'dzare| *v.tr.* [*far diventare odoroso, aromatico, spec. i cibi*] assaisonner: *aromatizzare l'arrosto* assaisonner le rôti # *bevanda aromatizzata al limone* boisson citronnée.

aromatizzazióne |aromatiddzat'tsjone| *s.f.* [→ AROMATIZZARE] assaisonnement (*m.*): *un'aromatizzazione eccessiva dei cibi* un assaisonnement excessif des mets.

àrpa |'arpa| *s.f.* (*mus.*) *harpe: *arpa semplice, doppia* harpe à simple, à double mouvement; *arpa eolia* harpe éolienne.

1 **arpagóne** |arpa'gone| *s.m.* harpagon: *un vecchio arpagone* un vieil harpagon.

2 **arpagóne** |arpa'gone| *s.m.* (*mar.*) grappin.

arpeggiaménto |arpeddʒa'mento| *s.m.* → **arpeggio.**

arpeggiàre |arped'dʒare| *v.intr.* (*aus. 'avere'*) **1** [*suonare l'arpa*] jouer de la *harpe **2** [*eseguire arpeggi*] arpéger (3).

arpéggio, i |ar'peddʒo, i| *s.m.* (*mus.*) arpège: *fare arpeggi* faire des arpèges, arpéger (*raro*).

arpènto |ar'pɛnto| *s.m.* arpent.

arpése |ar'pese| *s.m.* (*edil.*) *harpon, crampon.

arpìa |ar'pia| *s.f.* **1** (*mitol.*) harpie ◇ (*per est., fig.*) [*persona brutta e avida*] *una vecchia arpia* une vieille harpie **2** (*t.zool.*) (*uccello*) harpie; (*farfalla*) harpie.

arpionàre |arpjo'nare| *v.tr.* (*pesca*) [*agganciare, colpire con l'arpione*] *harponner: *arpionare una balena* harponner une baleine.

arpióne |ar'pjone| *s.m.* **1** [*gancio, uncino*] crochet ◇ (*alpinismo*) piton **2** (*pesca*) *harpon: *pesca all'arpione* pêche au harpon; *fucile a arpione* fusil à harpon **3** [*perno di porte e finestre*] gond, charnière *f.*

arpionismo |arpjo'nizmo| *s.m.* (*tecnol.*) encliquetage.

arpista |ar'pista| *s.* (*mus.*) *harpiste.

arpóne |ar'pone| *s.m.* → **arpione** 2.

àrra |'arra| *s.f.* **1** → **caparra** **2** (*fig.*) [*garanzia, promessa*] gage *m.*, promesse → **pegno.**

arrabattàrsi |arrabat'tarsi| *v.pron. intr.* [*darsi da fare, arrangiarsi con ogni mezzo*] trimer (*intr.*): *arrabattarsi per vivere* trimer pour vivre; *si è arrabattato per arrivare a fine mese* il a dû trimer pour joindre les deux bouts ♦ *v.tr. arrabattare un lavoro* [*farlo male, in fretta*] bâcler un travail.

arrabbiàre |arrab'bjare| **A** *v.intr.* (*aus. 'essere'*) [*avere la rabbia, divenire idrofobo, anche fig.*] devenir (27) enragé: *il cane arrabbiò* le chien devint enragé, le chien contracta la rage **B** *v. pron. intr.* ARRABBIARSI **1** [*essere preso dalla collera, irritarsi*] se mettre (71) en colère, se fâcher: *è un uomo che si arrabbia facilmente* c'est un homme qui se met facilement en colère, qui se fâche facilement; *si arrabbia per ogni cosa* il se met en colère à propos de tout; *s'è arrabbiato con sua sorella* il s'est fâché avec sa sœur; *su, non arrabbiatevi!* allons, ne vous fâchez pas!; *non farmi arrabbiare!* ne me mets pas en colère **2** (*fam.*) [*concentrarsi con tenacia e accanimento in un duro lavoro*] s'acharner: *s'è arrabbiato tutto l'anno a togliere quelle sterpaglie* il s'est acharné toute l'année à enlever ces broussailles.

arrabbiàta |arrab'bjata| *s.f.* → **arrabbiatura.**

arrabbiàto |arrab'bjato| *agg.* **1** (*persone*) [*preso dalla collera, fortemente adirato*] en colère (*loc. inv.*): *sei arrabbiato con me?* tu es en colère contre moi?; *è arrabbiato con tutti* il est en colère contre tout le monde ◇ (*animali*) [*preso dalla rabbia*] enragé: *cane, lupo arrabbiato* chien, loup enragé ◇ (*cose*) [*eccessivo, sfrenato*] enragé: *una musica arrabbiata* une musique enragée; *un baccano arrabbiato* un vacarme enragé # *salsa arrabbiata* sauce piquante → **piccante** ◇ *loc. avv.* ALL'ARRABBIATA [*con furia, in modo caotico*] à la diable: *fare q.c. all'arrabbiata* faire qqch. à la diable **2** [*fanatico, arrabbiato*] enragé: *un cacciatore, un giocatore arrabbiato* un chasseur, un joueur enragé; *sono polemisti arrabbiati* ce sont des polémistes enragés; *un giovane arrabbiato* [*ribelle*] un jeune enragé ♦ (*s.*) *un arrabbiato* un enragé **3** (*per est., cuc.*) [*a fuoco molto, troppo alto*] à feu vif (*loc. inv.*): *cottura arrabbiata* une cuisson à feu vif.

arrabbiatùra |arrabbja'tura| *s.f.* [→ ARRABBIARE B 1] colère: *prendersi una arrabbiatura* piquer une colère; *si è preso una di quelle arrabbiature!* il est entré dans une colère noire!; *evitate le arrabbiature* évitez les accès de colère.

arraffàre |arraf'fare| *v.tr.* **1** [*strappare, prendere con violenza*] arracher: *arraffare i soldi a un avaro* arracher de l'argent à un avare ◇ (*per est.*) [*rubare sveltamente*] rafler (*fam.*), chiper (*fam.*): *le hanno arraffato i gioielli* on lui a raflé, chipé ses bijoux; *mi ha arraffato tutto ciò che avevo* il m'a raflé tout ce que j'avais **2** [*afferrare, accaparrare*] attraper: *arraffa tutto quel che vede* il attrape tout ce qu'il voit.

arrampicàre |arrampi'kare| **A** *v. intr.* (*aus. 'essere'*) (*alpinismo, ciclismo*) [*salire su un'erta*] grimper (à, sur) (*aus.* avoir), escalader (*tr.*): *l'alpinista è arrampicato sulla prima vetta* l'alpiniste a grimpé à, sur (a escaladé) la première cime # *è un corridore che arrampica bene* c'est un bon grimpeur ◇ (*per est.*) *questa strada arrampica forte* [*è molto ripida*] cette route grimpe dur **B** *v.pron. intr.* ARRAMPICARSI [*salire su q.c. aiutandosi anche con le mani*] grimper (*intr.*): *si è arrampicato sull'albero* il a grimpé à, sur l'arbre; *la capra ama arrampicarsi su luoghi scoscesi* la chèvre adore grimper sur les lieux escarpés; *fiori che si arrampicano alle pareti di una grotta* des fleurs qui grimpent aux parois d'une grotte # *è un sentiero che si arrampica sulla montagna* c'est un sentier qui escalade la montagne ◇ (*loc.*) *arrampicarsi sugli specchi, sui vetri* [*tentare di far valere idee insostenibili, realizzare cose assurde*] s'évertuer à défendre des thèses impossibles.

arrampicàta |arrampi'kata| *s.f.* **1** [→ ARRAMPICARE] grimpée: *abbiamo ancora una buona arrampicata davanti a noi* nous avons encore une bonne grimpée devant nous **2** (*alpinismo*) varappe.

arrampicatóre, trice |arrampika'tore, tritʃe| *s.* [*che si arrampica*] grimpeur* → **scalatore** ◇ (*alpinismo*) grimpeur ◇ (*ciclismo*) [*chi eccelle nelle salite*] grimpeur ◇ (*fig.*) *arrampicatore sociale* → **arrivista.**

arrancàre |arran'kare| *v.intr.* (*aus. 'avere'*) **1** [*camminare facendo movimenti scoordinati come gli zoppi*] boiter: *una malformazione della gamba lo fa arrancare leggermente* une malformation de la jambe le fait boiter légèrement **2** [*avanzare con fatica*] avancer (2) péniblement, se traîner (*pron.*): *il cammello arrancava sulla salita* le chameau avançait péniblement sur la montée; *la povera vecchia arrancava sulle scale* la pauvre vieille montait l'escalier en se traînant # *il ciclista arrancava in salita* le cycliste gravissait péniblement la pente **3** (*mar.*) [*remare con foga*] souquer: *arrancare con forza sui remi* souquer dur (sur les avirons).

arrandellàre |arrandel'lare| *v.tr.* → **randellare.**

arrangiaménto |arrandʒa'mento| *s.m.* **1** [→ ARRANGIARE B 2] arrangement: *venire a un arrangiamento* en venir à un arrangement → **transazione, accordo** **2** (*mus.*) arrangement: *arrangiamento per violino* arrangement pour violon.

arrangiàre |arran'dʒare| **A** *v.tr.* **1** [*adattare alla meglio, improvvisare*] arranger (3): *arrangiare un vestito* arranger un habit, une robe # *cerca di arrangiare la cena* essaie d'improviser le dîner ◇ (*fam.*) [*malmenare, conciare*] *arrangiare qc. per le feste* arranger qqn. de la belle manière; *adesso ti arrangio io!* toi, je vais t'arranger! **2** [*armonizzare e strumentare un motivo musicale*] *arrangiare un pezzo per l'orchestra* arranger un morceau pour l'orchestre **B** *v.pron.* ARRANGIARSI **1** *intr.* [*cavarsi d'impiccio alla meglio*] se débrouiller: *arrangiati!* débrouille-toi!; *ha imparato ad arrangiarsi da solo* il a appris à se débrouiller tout seul **2** *recipr.* [*mettersi d'accordo*] s'arranger: *tra di noi ci arrangeremo sicuramente* nous nous arrangerons sûrement entre nous.

arrangiatóre |arrandʒa'tore| *s.m.* [*chi cura l'arrangiamento di un pezzo*

musicale] arrangeur: *è un bravo arrangiatore* c'est un bon arrangeur.
arrecàre |arre'kare| *v.tr.* **1** [*causare*] causer: *arrecare un dispiacere a qc.* causer du chagrin à qqn.; *il maltempo ha arrecato danni ai vigneti* le mauvais temps a causé des dégâts aux vignobles → **cagionare** # *se non arrechiamo disturbo* si nous ne dérangeons pas **2** (*lett.*) → **portare.**
arredaménto |arreda'mento| *s.m.* **1** [*sistemazione di mobili in un ambiente*] ameublement: *mi occupo io dell'arredamento della casa* c'est moi qui m'occupe de l'ameublement de la maison **2** [*l'arte di disporre i mobili*] ameublement et décoration (*f.*): *rivista di arredamento* revue d'ameublement et de décoration ◇ [*i mobili, gli arredi vari di un ambiente*] intérieur: *preferisce gli arredamenti antichi* il préfère les intérieurs anciens **3** (*teat., cine.*) décor.
arredàre |arre'dare| *v.tr.* [*scegliere mobili, tendaggi e sim. e disporli secondo un certo gusto*] meubler: *arredare la casa* meubler la maison; *ho arredato l'appartamento con mobili moderni* j'ai meublé l'appartement avec des meubles modernes ◇ (*per est.*) [*ammobiliare*] *ha la villa già arredata* sa villa est déjà meublée.
arredatóre, trice |arreda'tore, tritʃe| *s.* [*chi si occupa dell'arredamento di ambienti*] décorateur*, ensemblier (*m.*): *arredatore di appartamenti* décorateur d'appartements.
arrèdo |ar'rɛdo| *s.m.* [*ogni oggetto, gli oggetti utili per arredare*] décoration (*f. solo sing.*): *ha tolto tutti gli arredi dalla stanza* il a enlevé toute la décoration de la pièce # *arredi sacri* instruments du culte.
arrembàggio, i |arrem'baddʒo, i| *s.m.* (*mar.*) [→ 1 ARREMBARE 1] abordage: *l'arrembaggio non è riuscito bene* la tentative d'abordage n'a pas eu de succès ◇ (*fig., scherz.*) [*tentativo disperato, azione rivolta alla conquista di qc. o q.c.*] *si buttò all'arrembaggio della bionda* il s'élança à l'abordage de la blonde ◇ *loc.* ALL'ARREMBAGGIO! [*all'assalto*] à l'abordage, à l'assaut: *andare all'arrembaggio* [*gettarsi a capofitto in un'impresa*] aller, monter à l'assaut.
1 **arrembàre** |arrem'bare| *v.tr.* (*mar.*) **1** [*assalire una nave dopo averla agganciata*] aborder **2** → **attraccare.**
2 **arrembàre** |arrem'bare| *v.intr.* (*aus. 'avere, essere'*) (*detto spec. del cavallo*) [*camminare, trascinare a fatica*] être (43) (*aus.* avoir) fourbu: *il cavallo arremba visibilmente* le cheval est visiblement fourbu # *la vecchietta arrembava sulle scale* la petite vieille n'en pouvait plus en montant l'escalier.
arrembàta |arrem'bata| *s.f.* → **arrembaggio.**
arrembàto |arrem'bato| *agg.* (*veter.*) fourbu: *cavallo arrembato* cheval fourbu.
arrembatùra |arremba'tura| *s.f.* (*veter.*) fourbure.
arrenàre |arre'nare| **A** *v.tr.* [*pulire con la sabbia*] sablonner: *arrenare una pentola di rame* sablonner, récurer avec du sablon une casserole en cuivre **B** *v.intr.* (*aus. 'essere'*) → **arenare.**
arrèndersi |ar'rɛndersi| (105) *v. pron. intr.* **1** [*dichiararsi vinto smettendo di combattere*] se rendre (53): *furono costretti ad arrendersi per mancanza di viveri* le manque de vivres les obligea à se rendre; *il presidio si è arreso* la garnison s'est rendue; *arrendersi senza condizioni* se rendre sans conditions **2** (*fig.*) [*smettere di resistere, cedere*] se rendre: *si era arresa all'evidenza* elle s'était rendue à l'évidence; *arrendersi alle preghiere di qc.* se rendre aux prières de qqn. # *finalmente mio figlio si è arreso* mon fils a enfin cédé ◇ (*spec.*) [*scoraggiarsi*] capituler *intr.*, céder (8) (*intr.*): *in tutte queste disgrazie non si è arresa* au milieu de tous ces malheurs, elle n'a pas capitulé, cédé ◇ *arrendersi al destino* [*accettarlo*] accepter son destin **3** (*raro, lett.*) (*cose*) [*cedere, piegarsi*] céder (*corr.*): *i tetti delle capanne si sono arresi sotto il peso della neve* les toits des cabanes ont cédé sous le poids de la neige [C] **resistere**; 2 **persistere.**
arrendévole |arren'devole| *agg.* **1** (*persone*) [*che si sottomette con facilità; accomodante*] conciliant: *donna mite e arrendevole* femme douce et conciliante; *ha un carattere arrendevole* il est d'un caractère conciliant → **docile, conciliante** # *si è subito mostrato arrendevole ai suoi desideri* il s'est aussitôt plié à ses désirs **2** (*cose*) [*che si può manipolare e piegare facilmente*] souple: *cuoio arrendevole* cuir souple; *fusti arrendevoli di alcuni arbusti* tiges souples de certains arbustes → **pieghevole, flessibile** [C] **inflessibile, rigido.**
arrendevolézza |arrendevo'lettsa| *s.f.* **1** (*persone*) [*tendenza a cedere per compiacere gli altri*] complaisance: *mostrare arrendevolezza* montrer de la complaisance → **docilità, accondiscendenza** **2** (*cose*) [*flessibilità, duttilità*] souplesse, flexibilité: *arrendevolezza di una lama d'acciaio* souplesse, flexibilité d'une lame d'acier ◇ (*di tessuti*) [*morbidezza, pieghevolezza*] souplesse: *l'arrendevolezza della seta* la souplesse de la soie ◇ (*della cera e sim.*) ductilité [C] 1 **inflessibilità**; 2 **rigidezza.**
arrendevolménte |arrendevol'mente| *avv.* [→ ARRENDEVOLE] docilement, souplement.
arrestàre |arres'tare| **A** *v.tr.* **1** [*fermare, bloccare, anche fig.*] arrêter: *arrestare un'emorragia* arrêter une hémorragie; *arrestare il corso di una malattia* arrêter le cours d'une maladie; *arrestare il nemico* arrêter l'ennemi; *quel rimprovero arrestò la mia decisione* ce reproche arrêta ma décision ◇ (*sport*) *arrestare il gioco* arrêter le jeu **2** [*condurre in prigione*] arrêter: *lo hanno arrestato per furto* ils l'ont arrêté pour vol **B** *v.pron. intr.* ARRESTARSI [→ *tr.* 1] s'arrêter: *il treno si arrestò in aperta campagna* le train s'arrêta en pleine campagne; *le bestie si erano arrestate improvvisamente* les bêtes s'étaient arrêtées subitement; *il suo sguardo si arrestò su un oggetto sospetto* son regard s'arrêta sur un objet étrange ◇ [*interrompersi*] *l'emissione di francobolli s'è arrestata* on a arrêté l'émission des timbres [C] A 2 **rilasciare, scarcerare**; B **proseguire, ripartire** 2.
arrèsto |ar'rɛsto| *s.m.* **1** (*pr., fig.*) arrêt: *linea d'arresto* ligne d'arrêt; *senza arresto* sans arrêt; *la gita ha subito un arresto forzato* l'excursion a subi un arrêt forcé; *i negoziati hanno subito un arresto* les négociations ont subi un temps d'arrêt; *segnare una battuta d'arresto* marquer un temps d'arrêt → **fermata, sosta** **2** (*sport*) arrêt: *colpo d'arresto* coup d'arrêt; *arresto al volo* arrêt au vol ◇ (*pugilato*) *arresto del combattimento* arrêt du combat **3** (*dir., corr.*) arrêt, arrestation (*f.*): *arresto preventivo* arrêt préventif; *mandato d'arresto* mandat d'arrêt; *procedere a un arresto* procéder à une arrestation; *è stato messo in stato d'arresto* on l'a mis en état d'arrestation; *dichiarare in arresto* → **arrestare** **4** (*mecc.*) *arresto di sicurezza* arrêt de sûreté **5** *al plur.* (*mil.*) *arresti di rigore* arrêts de rigueur; *mettere qc. agli arresti* mettre qqn. aux arrêts; *essere agli arresti* être aux arrêts **6** (*med.*) *arresto cardiaco* arrêt cardiaque **7** (*mus.*) *battuta d'arresto* silence [C] 3 **rilascio, scarcerazione.**
arretraménto |arretra'mento| *s.m.* [→ ARRETRARE] recul: *l'arretramento della fanteria* le recul de l'infanterie; *essere in fase di arretramento* être en phase de recul; *ha fatto un arretramento notevole* il a fait un recul considérable ◇ *loc.* IN ARRETRAMENTO en retrait [*in posizione arretrata, indietro*] *combattere in arretramento* combattre en retrait; *giocare in arretramento* jouer en retrait.
arretràre |arre'trare| **A** *v.tr.* [*mandare q.c. o qc. indietro; far indietreggiare*] faire (45) *intr.* reculer: *cercava di arretrare un po' il suo banco* il essayait de faire reculer un peu son banc; *arretrare la cavalleria* faire reculer la cavalerie **B** *v.intr.* (*aus. 'essere'*) **1** [*spostarsi, portarsi indietro, anche fig.*] reculer (*aus.* avoir): *arretrare di tre metri* reculer de trois mètres; *arretrare di fronte a qc.* reculer devant qqn. → **indietreggiare, retrocedere**; **ripiegare** # *non arretrò di fronte alle difficoltà* les difficultés ne l'arrêtèrent pas **2** (*calcio*) [*portarsi verso la propria porta*] jouer en retrait: *le ali arretrano spesso* les ailes jouent souvent en retrait **C** *v.pron. intr.* ARRETRARSI [→ *intr.* 1] se retirer: *le acque si erano arretrate* les eaux s'étaient retirées [C] B 1 **avanzare, procedere.**
arretratézza |arretra'tettsa| *s.f.* [*il fatto di essere arretrato*] arriération (*raro*).
arretràto |arre'trato| **I** *agg.* **1** [*rimasto indietro*] retardé: *questioni arretrate* questions retardées; *lavoro arretrato* travail retardé ◇ *loc.* ESSERE IN ARRETRATO [*essere in ritardo*] être en retard: *essere in arretrato col lavoro* être en retard dans son travail, avoir du travail en retard **2** [*sorpassato, superato*] dépassé: *provvedimenti arretrati* mesures dépassées **3** [*che non ha avuto uno sviluppo normale*] arriéré # *bambino mentalmente arretrato* enfant mentalement retardé → **ritardato** **II** *s.m.* **1** [*debito scaduto, compenso dovuto oltre la normale scadenza*] arriéré, impayé # *pagare, riscuotere gli arretrati* payer, toucher le rappel **2** (*fig.*) [*conti in sospeso*] *avere degli arretrati con la giustizia* avoir des comptes à régler avec la justice.
àrri |'arri| *inter.* (*incitamento rivolto agli animali per farli procedere*) *hue!: *arri su!* allez, hue!
arricchiménto |arrikki'mento| *s.m.* **1** [→ ARRICCHIRE] enrichissement: *arricchimento illecito* enrichissement il-

licite; *il suo arricchimento fu rapido* son enrichissement fut rapide ◇ (*per est.*) *arricchimento di un terreno* enrichissement d'un terrain → **miglioramento** ◇ (*fig.*) *l'arricchimento della cultura, di una teoria* l'enrichissement de la culture, d'une théorie; *l'arricchimento del linguaggio scientifico* l'enrichissement du langage scientifique → **sviluppo** **2** (*chim.*) enrichissement: *arricchimento di minerali* enrichissement des minéraux **C** **impoverimento.**

arricchìre |arrik'kire| (197) **A** *v. tr.* **1** [*rendere, far diventare ricco*] enrichir: *ha arricchito tutta la famiglia col suo lavoro* il a enrichi toute la famille avec son travail; *il commercio l'ha arricchito* le commerce l'a enrichi ◇ [*incrementare, aumentare*] *arricchire il patrimonio* enrichir le patrimoine **2** (*per est.*) [*aumentare, migliorare le caratteristiche positive di q.c.*] enrichir: *arricchire un terreno* enrichir un terrain; *ho arricchito la dieta con sostanze vitaminiche* j'ai enrichi le régime avec des aliments riches en vitamines ◇ (*fig.*) [*aumentare, approfondire*] *arricchire la propria cultura, le proprie cognizioni* enrichir sa culture, ses connaissances **3** (*per est.*) [*rendere più completo, più vario*] enrichir: *ho arricchito il mio guardaroba* j'ai enrichi ma garde-robe; *arricchisci il tuo giardino con piante esotiche* enrichis ton jardin de plantes exotiques; *arricchire un pasto con dolci e frutta* enrichir un repas de gâteaux et de fruits; *continua ad arricchire la sua biblioteca* il continue à enrichir sa bibliothèque → **accrescere** ◇ (*fig.*) *la lettura arricchisce le idee, il pensiero* la lecture enrichit les idées, l'esprit; *le scoperte arricchiscono la scienza* les découvertes enrichissent la science; *arricchire un discorso* enrichir un discours; *arricchire una lingua* enrichir une langue ◇ (*fig.*) [*rendere più pregevole, abbellire*] *arricchire una città di monumenti* enrichir une ville de monuments; *arricchire una collezione con pezzi rari* enrichir une collection de pièces rares; *le virtù arricchiscono l'animo* les vertus enrichissent l'âme **B** *v. intr.* (*aus. 'essere'*) [*diventare ricco*] s'enrichir (*pron.*): *arricchire illecitamente* s'enrichir illégalement; *arrichire alle spalle, a danno di qc.* s'enrichir sur le dos, aux dépens de qqn.; *è arricchito in tempo di guerra* il s'est enrichi pendant la guerre **C** *v.pron.* ARRICCHIRSI **1** *rifl.* [→ *tr.* 1] s'enrichir: *arricchirsi col commercio* s'enrichir par le commerce; *si sono arricchiti col mercato nero* ils se sont enrichis avec le marché noir **2** *intr.* [*accrescersi, svilupparsi*] s'enrichir: *una lingua si arricchisce ogni giorno* une langue s'enrichit tous les jours; *la medicina si è arricchita di importanti scoperte* la médecine s'est enrichie d'importantes découvertes; *le idee si arricchiscono con lo studio* l'étude enrichit les idées ◇ [*migliorarsi*] *nelle rinunzie l'animo si arricchisce* par les renoncements, l'âme s'enrichit **C** **impoverire.**

arricchìto |arrik'kito| *agg.* **1** [*diventato ricco*] enrichi: *borghese arricchito* bourgeois enrichi ◇ [*guarnito, abbellito*] *anello arricchito di diamanti* bague enrichie de diamants # *stanza arricchita di quadri* pièce ornée de tableaux ◆ *s.* (*spec. spreg.*) *un arricchito* un nouveau riche: *i nuovi arricchiti* les nouveaux riches # *gli arricchiti dell'ultima ora* les parvenus de la dernière heure **2** (*chim.*) enrichi: *uranio arricchito* uranium enrichi **C** **impoverito.**

arricciabàffi |arrittʃa'baffi| *s.m. inv.* fer *var.* à friser la moustache.

arricciabùrro |arrittʃa'burro| *s.m. inv.* frise-beurre.

arricciacapélli |arrittʃaka'pelli| *s.m. inv.* fer *var.* à friser → **calamistro.**

arricciaménto |arrittʃa'mento| *s.m.* **1** [→ ARRICCIARE A 1; B] frisage: # *l'arricciamento dei capelli le dona parecchio* avoir les cheveux frisés lui va très bien **2** [→ ARRICCIARE A 2] froncis: *ha eseguito un arricciamento perfetto della gonna* elle a fait un froncis parfait à la jupe → **increspatura** **3** [→ ARRICCIARE A 3] *hérissement # *l'ululato gli ha provocato l'arricciamento dei peli* le hurlement lui a fait hérisser les poils **4** (*agr.*) frisolée *f.*

arricciàre |arrit'tʃare| **A** *v.tr.* **1** [*dare forma di ricciolo a capelli e sim.*] friser: *arricciare i capelli con i bigodini* friser les cheveux avec des bigoudis □ *arricciarsi i baffi, la barba* friser ses moustaches, sa barbe ◇ (*per est.*) [*piegare, dare una forma ondulata*] *arricciare le pagine di un libro* corner les pages d'un livre; *arricciare il burro* faire des coquilles de beurre; *arricciare un tovagliolo* plier une serviette (de table) **2** [*pieghettare, increspare*] plisser, froncer (2): *arricciare una stoffa* plisser, froncer une étoffe; *arricciare una tendina di tulle* plisser, froncer un rideau de tulle ◇ (*per est.*) [*corrugare*] froncer: *arricciare il naso, le sopracciglia* froncer le nez, les sourcils **3** (*detto di pelo*) [*drizzare, sollevare*] faire (45) *intr.* *hérisser: *la rabbia arriccia i peli del cane* la rage fait hérisser les poils du chien; *il freddo arriccia i peli* le froid hérisse les poils **4** (*edil.*) [*dare l'arricciato a un muro*] crépir: *arricciare un muro* crépir un mur **B** *v.pron. intr.* ARRICCIARSI [*diventare riccio*] se friser; (se) corner: *con l'umidità i capelli si arricciano* les cheveux se frisent à l'humidité ‖ *le pagine del quaderno si sono arricciate* les pages du cahier sont (toutes) cornées.

arricciàto |arrit'tʃato| *agg.* **1** [*a forma di ricciolo*] frisé: *capelli arricciati* des cheveux frisés ◇ (*per est.*) [*ondulato, piegato*] *foglia arricciata* feuille frisée **2** [*pieghettato, increspato*] froncé: *seta arricciata* soie froncée ◇ (*per est.*) [*corrugato*] *naso arricciato* nez froncé **3** (*edil.*) *muro arricciato* mur crépi *p.p.* ◆ (*s.m.*) *l'arricciato* le crépi.

arricciatùra |arrittʃa'tura| *s.f.* **1** [→ ARRICCIARE A 1; B] frisure **2** [→ ARRICCIARE A 2] froncis (*m. sing.*): *le arricciature della tenda* le froncis du rideau; *l'arricciatura della gonna* le froncis de la jupe **3** (*edil.*) crépissage *m.* → **arricciato** 3.

arriccio, i |ar'rittʃo, i| *s.m.* (*edil.*) crépi.

arricciolàre |arrittʃo'lare| **A** *v.tr.* [*arrotolare a forma di ricciolo*] frisotter: *arricciolare la frangia di una sciarpa* frisotter la frange d'une écharpe # *arricciolare il bordo di un foglio di carta* plier le bord d'une feuille de papier; *arricciolare il burro* faire des coquilles de beurre **B** *v.pron. intr.* ARRICCIOLARSI [→ *tr.*] friser *intr.*, frisotter (*intr.*): *barba, capelli che si arricciolano* barbe, cheveux qui frisottent.

arridàre |arri'dare| *v.tr.* (*mar.*) [*dare la tensione ai cavi che tengono a posto gli alberi*] rider: *arridare le sartie* rider les haubans.

arridatóio, i |arrida'tojo, i| *s.m.* (*mar.*) ridoir.

arridere |ar'ridere| (130) **A** *v.tr.* (*lett.*) → **rallegrare** **B** *v.intr.* (*aus. 'avere'*) [*essere favorevole*] sourire (47): *la fortuna mi arride* la chance me sourit ◇ (*lett.*) [*essere gradito; piacere*] *è una idea che non mi arride* c'est une idée qui ne me sourit guère.

arringa, ghe |ar'ringa, ge| *s.f.* **1** [*discorso solenne fatto in pubblico*] *harangue: *l'oratore ha concluso la sua arringa* l'orateur a terminé sa harangue **2** (*dir., corr.*) plaidoirie, plaidoyer (*m.*): *l'arringa del Pubblico Ministero* le plaidoyer du ministère public.

arringàre |arrin'gare| *v.tr.* [*pronunciare un discorso, un'arringa in pubblico*] *haranguer: *arringare il popolo* haranguer le peuple.

arringatóre, trice |arringa'tore, tritʃe| *s.* (*raro, lett.*) → **oratore.**

arrischiàre |arris'kjare| **A** *v.tr.* **1** [*esporre, mettere a rischio*] risquer: *arrischiare la vita* risquer sa vie; *arrischiare un capitale* risquer un capital → **rischiare** **2** [*azzardare, proporre senza molta convinzione*] risquer: *arrischiare un giudizio* risquer un jugement; *arrischiare uno sguardo* risquer un regard; *arrischiare una domanda* risquer une question ◆ (*ass.*) *sono disposto ad arrischiare* je suis prêt à risquer **B** *v.pron. rifl.* ARRISCHIARSI **1** [→ *tr.* 1] risquer *tr.*; se risquer: *si sono arrischiati in un'impresa impossibile* ils ont risqué, ils se sont risqués dans une entreprise impossible; *non mi arrischierò* je ne m'y risquerai pas **2** [→ *tr.* 2] risquer; se risquer (à): *non si è arrischiata a parlare* elle n'a pas risqué de, elle ne s'est pas risquée à parler.

arrischiàto |arris'kjato| *agg.* **1** [*che è spinto oltre i limiti di sicurezza*] risqué: *è un'impresa arrischiata* c'est une entreprise risquée **2** [*azzardato*] risqué: *ipotesi arrischiata* hypothèse risquée; *espressione arrischiata* expression risquée ◇ [*temerario*] *uomo arrischiato* homme téméraire ◇ (*cose*) [*fuori luogo*] hors de propos (*loc.*): *uno scherzo arrischiato* une plaisanterie hors de propos **C** 1 **sicuro**; 2 **cauto, prudente.**

arrivàre |arri'vare| **A** *v.intr.* (*aus. 'essere'*) **1** [*giungere a un determinato luogo*] arriver: *arrivare a casa, a destinazione* arriver chez soi, à destination; *arrivare in Francia* arriver en France; *arrivare in tempo, in ritardo, in anticipo* arriver à temps, en retard, en avance; *arrivare in un baleno, in un attimo* arriver en un éclair, en un instant; *arriverò con un'ora di ritardo* j'arriverai une heure en retard; *è arrivato senza preavviso* il est arrivé à l'improviste; *non vedevo l'ora di arrivare* je ne voyais pas l'heure d'arriver; *appena arrivi, telefonami* téléphone-moi quand tu arrives; *siamo arrivati di notte* nous sommes arrivés de nuit; *arrivare di corsa* arriver en courant; *sono arrivati stanchi morti* ils sont arrivés morts de fatigue; *è arrivato primo, da solo* il est arrivé le premier, tout seul; *i corridori sono arrivati in gruppo* les coureurs sont arrivés groupés; *l'aereo, il treno arriva a mezzogiorno* l'avion, le train arrive à midi; *è arrivato un pacco postale* un colis postal est arrivé, un paquet est arrivé par la poste; *le sue grida sono arrivate fino al 5° piano* ses cris sont arrivés jusqu'au 5eme étage; *guarda chi arriva!* regarde qui arrive! # *non ti è arrivato l'invito?* n'as-tu pas reçu l'invitation?; *mi è arrivata una brutta notizia* j'ai appris une mauvaise nouvelle; *arrivo or ora dall'ufficio* je viens de rentrer du bureau ◇ [*andar fino*] *devi arrivare in fondo al viale* tu dois aller, il faut aller jusqu'au bout de l'avenue; *quando arrivi all'altezza del ponte gira a destra* quand tu arrives à la hauteur du pont, tourne à droite; arrivé à la hauteur du pont il faut tourner à droite ◇ (*per est.*) [*andare, recarsi per un momento*] *arrivo in farmacia e torno* je fais un saut à la pharmacie, et je reviens; *se arrivi in ufficio ti spiego meglio la questione* si tu viens au bureau, je t'expliquerai mieux la question; viens au bureau et je t'expliquerai mieux la question ◇ [*giungere, capitare*] arriver: *arrivare a proposito* arriver à propos; *arrivare al momento sbagliato* arriver mal à propos ✦ (*al p.p.*) *ben arrivati!* bienvenus! → **arrivato** ✦ (*prov.*) *chi tardi arriva, male alloggia* les derniers arrivés sont les plus mal servis; les retardataires sont les plus mal lotis **2** (*fig.*) [*raggiungere lo scopo prefisso, il fine desiderato*] *arrivare alla laurea* atteindre (66) *tr.* la licence; *arrivare alla guarigione* obtenir (27) *tr.* la guérison; *non è ancora arrivato alla mèta* il n'a pas encore atteint le but; *finalmente sono arrivato in porto col mio lavoro* j'ai finalement terminé mon travail; *è arrivato in alto* [*ha fatto carriera*] il a réussi, il a fait carrière; *non sa dove vuole arrivare* il ne sait pas où il veut en venir ✦ *ass.* (*fig.*) [*affermarsi nella vita, nella società*] arriver: *ormai sono arrivato* désormais je suis arrivé; *tu non pensi che ad arrivare* tu ne penses qu'à arriver **3** [*riuscire a toccare, raggiungere*] arriver: *arrivare al soffitto* arriver au plafond; *non arrivo a quello scaffale* je n'arrive pas à cette étagère ◇ [*raggiungere una determinata altezza*] *l'acqua mi arriva al ginocchio* l'eau me monte jusqu'aux genoux; *la gonna le arrivava alle caviglie* la jupe lui descendait jusqu'à la cheville; *come cresce tuo figlio, ti arriva già alle spalle!* comme il grandit ton fils, il t'arrive déjà aux épaules ◇ (*fig.*) *arrivare a qc.* arriver à qqn.; *arrivano dappertutto* ils arrivent partout; *arrivare al cuore di qc.* aller au cœur de qqn. ◇ (*fig.*) [*andare a finire*] arriver: *dove siamo arrivati!* à quel point sommes-nous arrivés!; *arrivare a odiarsi* en arriver à se détester; *è* (*persino*) *arrivato a dire..., a insultarmi* il en est même arrivé à dire..., à m'insulter; *spero che non arrivino a questo* j'espère qu'ils n'en arriveront pas là # *non arriverai a tanto* tu n'oseras pas aller si loin → **osare,** 1 **ardire**; *di questo passo chissà dove arriveremo!* à cette allure-là qui sait où nous finirons!; *dove vuoi arrivare?* où veux-tu en venir?, quel est ton but?; *è qui che volevi arrivare!* c'est là que tu voulais en venir! **4** [*venir addosso*] recevoir (33) (*aus.* avoir): *mi è arrivata una tegola in testa* j'ai reçu une tuile sur la tête; *togliti, altrimenti ti arrivano gli spruzzi* écarte-toi, autrement tu vas recevoir des éclaboussures; *fra poco ti arriva una sberla* d'ici peu, tu vas recevoir une gifle; *se non smetti ti arriva una pedata* si tu n'arrêtes pas, tu vas recevoir un coup de pied **5** (*fig.*) [*capitare, succedere*] arriver: *arriva sempre qualche imprevisto* il arrive toujours quelque imprévu; *mi sono arrivati certi grattacapi!* il m'est arrivé certains ennuis! # *cos'altro vuoi che ti arrivi dalla vita?* qu'espères d'autre de la vie? **6** (*di abiti*) [*essere di misura giusta*] aller (13): *il cappotto non gli arriva più* le manteau ne lui va plus # *questa giacca mi arriva appena appena* cette veste m'est trop juste **7** (*di quantità, misura*) [*raggiungere, ammontare*] arriver, atteindre (*aus.* avoir): *al massimo arriverà a 100.000* au grand maximum il arrivera à, il atteindra 100.000 # *in tutti non arrivano a 10* ils sont 10 au grand maximum; *arriverà sì e no a 20 kg* cela pèsera dans les vingt kilos ◇ [*essere bastante, sufficiente*] suffire (50): *lo spago non arriva* la ficelle ne suffit pas; *temo che il pane non arrivi per tutti* je crains que le pain ne suffise pas pour tout le monde ✦ *ass.* (*pop.*) ARRIVARCI [*avere la somma, i mezzi sufficienti*] y arriver: *è una spesa alta, non so se ci arrivo* c'est très cher, je ne sais pas si j'y arrive; *se non ci arrivi, ti presto 10.000 lire* si tu n'y arrives pas, je te prête 10.000 lires **8** (*di tempo*) [*sopravvivere; vivere, resistere fino a*] arriver; tenir (27) (*aus.* avoir): *è arrivato agli 80 anni* il est arrivé à 80 ans ‖ *arriverà sì e no a domani* il tiendra peut-être jusqu'à demain # *il malato è grave, penso che non arrivi a sera* le malade est dans un état grave, je pense qu'il n'atteindra pas le soir ◇ [*bastare, durare fino a*] arriver: *con questi soldi non arriviamo alla fine del mese* avec cet argent nous n'arrivons pas à joindre les deux bouts **9** [*riuscire, farcela*] arriver: *se arrivo a prenderlo a tu per tu!* si j'arrive à lui parler en tête à tête!; *se arrivo a liberarmi di quest'imbroglio, non ci cascherò più* si j'arrive à me liberer de cet imbroglio, je ne me laisserai plus avoir ◇ [*essere capace, in grado*] *non arrivo ad afferrare il concetto* je ne parviens pas à saisir l'idée; *non puoi arrivare a fare tutto* tu ne peux pas arriver à tout faire **B** *v.tr.* **1** (*raro*) [*raggiungere*] rattraper: *l'ha arrivato in quattro salti* il l'a rattrapé en quelques pas ◇ (*fam.*) [*riuscire a prendere, toccare*] atteindre: *arrivare un libro sullo scaffale* atteindre un livre sur l'étagère **2** [*appioppare, mollare*] flanquer (*fam.*): *ti arriva uno sberlone, una pedata* je te flanque une gifle, un coup de pied **3** [*colpire, centrare*] frapper: *l'ha arrivato con un colpo alla nuca* il l'a frappé d'un coup à la nuque **C** *v.pron. recipr.* ARRIVARSI → **colpir(si).**

arrivàto |arri'vato| *agg.* **1** arrivé: *il nuovo arrivato* le nouveau, le nouvel arrivé ◇ (*loc.*) *essere il ben arrivato* être le bienvenu: *in questa casa sarai sempre il bene arrivato* dans cette maison tu seras toujours le bienvenu ~ *dare il ben arrivato* souhaiter la bienvenue ✦ (*escl.*) *ben arrivato!* sois, soyez le bienvenu! → **benvenuto** **2** [*che ha raggiunto una buona posizione sociale*] arrivé: *un uomo arrivato* un homme arrivé ✦ (*s.*) *un arrivato* un parvenu (*pegg.*).

arrivedérci |arrive'dertʃi|, **arrivedérla** |arrive'derla| *inter.* au revoir: *arrivederci signore, signora* au revoir, Monsieur, Madame; *arrivederci a lunedì, a domani* (au revoir) à lundi, à demain; *dire 'arrivederci'* dire 'au revoir' # *fare arrivederci con la mano* saluer de la main; *arrivederci* (*a*) *presto* à bientôt, à tout à l'heure ◇ (*fam., spec. per indicare sfiducia*) *sì, arrivederci!* tu ne m'auras pas!, vous ne m'aurez pas!; *di questo passo, arrivederci! domani sarai ancora qui* à ce train-là, tu y seras encore demain ✦ (*s.m. inv.*) *è soltanto un arrivederci, non un addio* ce n'est qu'un au revoir, non un adieu.

arrivìsmo |arri'vizmo| *s.m.* arrivisme.

arrivìsta |arri'vista| *s.* arriviste.

arrìvo |ar'rivo| *s.m.* **1** [→ ARRIVARE A 1] arrivée (*f.*): *l'arrivo del treno* l'arrivée du train; *l'arrivo della primavera* l'arrivée du printemps ◇ (*ferr.*) *il lato arrivi* le côté de l'arrivée, l'arrivée; *quadro degli arrivi e delle partenze* tableau des départs et des arrivées ◇ (*atletica, ciclismo*) *arrivo in gruppo, isolato, in volata* arrivée groupée, détachée, au sprint; *giudice d'arrivo* juge d'arrivée ◇ (*loc.*) *la merce è in arrivo* la marchandise est en cours d'arrivage, est attendue; *abbiamo questa merce in arrivo* [*ne siamo in attesa*] nous attendons l'arrivée de cette marchandise **2** [*luogo in cui si giunge*] arrivée: *stazione di arrivo* gare d'arrivée ◇ (*atletica, ciclismo*) *arrivo in salita* arrivée en montée; *linea d'arrivo* ligne d'arrivée → **traguardo** ◇ (*loc. fig.*) *punto d'arrivo* point d'arrivée; *siamo a un punto d'arrivo* nous sommes au point d'arrivée; *è ancora lontano il punto d'arrivo* le point d'arrivée est encore loin **3** *al plur.* [*la merce arrivata di recente*] arrivages: *quel negozio ha arrivi quotidiani di pesce fresco* ce magasin a des arrivages quotidiens de poisson frais; *esporre gli ultimi arrivi di primizie* exposer les derniers arrivages de primeurs **4** *al plur.* (*abbigl.*) nouveautés (*f.*): *gli ultimi arrivi da Parigi del 'prêt-à-porter'* les dernières nouveautés de Paris en matière de prêt-à-porter 🄲 1; 2 **partenza.**

arroccaménto |arrokka'mento| *s.m.* [→ 2 ARROCCARE] roque ◇ (*mil.*) *linea, via di arroccamento* ligne, voie de rocade *f.*

1 **arroccàre** |arrok'kare| *v.tr.* [*mettere sulla rocca il materiale da filare*] mettre (71) sur la quenouille: *arroccare la canapa* mettre le chanvre sur la quenouille.

2 **arroccàre** |arrok'kare| **A** *v.tr.* **1** (*scacchi*) [*coprire il re con la torre*] roquer *intr.* **2** (*fig.*) [*mettere al sicuro*] mettre (71) à l'abri: *arroccare le truppe* mettre les troupes à l'abri **B** *v.pron. rifl.* ARROCCARSI **1** (*scacchi*) [→ *tr.* 1] roquer (*intr.*): *non è riuscito ad arroccarsi* il n'est pas arrivé à roquer ◇ (*fig.*) (*calcio*) [*chiudersi in difesa*] se retrancher: *tutta la squadra si è arroccata nell'area di rigore* toute l'équipe s'est retranchée dans la surface de réparation **2** (*fig.*) [→ *tr.* 2] se retrancher: *arroccarsi su una posizione* se retrancher dans une position; *arroccarsi in un mutismo ostinato* se retrancher dans un mutisme farouche → **rifugiarsi, 2 attestar(si).**

arròcco, chi |ar'rɔkko, ki| *s.m.* (*scacchi*) roque → **arroccamento.**

arrochìre |arro'kire| (197) **A** *v.tr.* [*far diventare roco*] enrouer: *quell'umidità mi ha arrochito* cette humidité m'a enroué **B** *v.intr.* (*aus.* '*essere*') [*diventare roco*] s'enrouer *pron.*, s'érailler (*pron.*): *ho la voce che arrochisce sempre più* ma voix s'enroue, s'éraille de plus en plus **C** *v.pron. intr.* ARROCHIRSI [→ *intr.*] s'enrouer: *si è arrochita a forza di gridare* elle s'est enrouée à force de crier.

arrochìto |arro'kito| *agg.* [*roco, rauco*] rauque: *voce arrochita* voix rauque **C** **chiaro, squillante.**

arrogànte |arro'gante| *agg.* arrogant: *atteggiamento arrogante* attitude arrogante; *parole arroganti* paroles arrogantes; *che uomo arrogante!* quel homme arrogant! → **insolente, presuntuoso** ✦ (*s.*) *un arrogante* un arrogant **C** **moderato, rispettoso, mite.**

arrogantemènte |arrogante'mente| *avv.* [*con arroganza*] avec arrogance *loc. inv.*

arrogànza |arro'gantsa| *s.f.* arrogance: *trattare qc. con arroganza* traiter qqn. avec arrogance; *rispondere con arroganza* répondre avec arrogance; *è di una arroganza insopportabile* il est d'une arrogance insupportable → **insolenza, presunzione** **C** **mitezza, moderazione.**

arrogàre |arro'gare| **A** *v.tr.* [*pretendere q.c. senza diritto*] s'arroger (3): *arrogare a sé ogni diritto* s'arroger tous les droits □ *si sono arrogate il diritto d'autore* elles se sont arrogé les droits d'auteur; *arrogarsi un merito, un titolo* s'arroger un mérite, un titre **B** *v.pron.* [*appropriarsi, attribuirsi q.c. indebitamente*] s'arroger → *tr.* □.

arrolàre |arro'lare| *v.tr. e pron.* → **arruolare.**

arroncigliàre |arrontʃiʎ'ʎare| *v. tr.* **1** (*arc.*) [*prendere col ronciglio*] accrocher, crocher **2** → **attorcigliare.**

arrossamènto |arrossa'mento| *s.m.* [→ ARROSSARE] rougissement: *l'arrossamento della pelle* le rougissement de la peau # *ottenere l'arrossamento di un liquido* obtenir le virage au rouge d'un liquide.

arrossàre |arros'sare| **A** *v.tr.* [*rendere rosso, colorare di rosso*] empourprer; rougir: *la luce del tramonto arrossa l'orizzonte* la lumière du couchant empourpre l'horizon # *l'autunno ha arrossato le foglie degli alberi* l'automne a roussi les feuillages □ *si è arrossata le unghie* elle s'est laqué les ongles en rouge **B** *v.intr.* (*aus.* '*essere*') [*divenire rosso*] rougir (*aus.* avoir), s'empourprer (*pron.*): *il cielo è arrossato* le ciel a rougi, s'est empourpré **C** *v.pron.* ARROSSARSI **1** *intr.* [→ *intr.*] rougir (*intr.*): *si è arrossata e spellata dopo un colpo di sole* sa peau a rougi et pelé après un coup de soleil # *l'acqua si è arrossata* l'eau est devenue rouge **2** *rifl.* → *tr.* □.

arrossàto |arros'sato| *agg.* [*diventato rosso*] rougi, rouge: *occhi arrossati* yeux rougis; *cielo arrossato* ciel rouge, pourpre; *pelle arrossata* peau rougie, devenue rouge.

arrossimènto |arrossi'mento| *s.m.* (*raro*) [→ ARROSSIRE] rougissement: *arrossimento del volto* rougissement du visage.

arrossìre |arros'sire| (197) **A** *v.intr.* (*aus.* '*essere*') [*diventare rosso in viso per emozione, vergogna e sim.*] rougir (*aus.* avoir): *arrossire fino agli occhi, fino al bianco degli occhi, fino alle orecchie* rougir jusqu'au blanc des yeux, jusqu'aux oreilles; *è arrossito di vergogna* il a rougi de honte ◇ (*fig.*) [*provare vergogna*] *non devo arrossire di ciò* je n'ai pas à rougir de cela; *essere incapace di arrossire* ne rougir de rien; *non farmi arrossire* ne me fais pas rougir **B** *v.pron. intr.* ARROSSIRSI [→ *intr.*] rougir (*intr.*): *le si è arrossita la faccia* son visage a rougi.

arrostimènto |arrosti'mento| *s.m.* **1** [→ ARROSTIRE A 1, 2; B] cuisson *f.*, rôtissage (*raro*): *l'arrostimento di un pollo* la cuisson d'un poulet **2** (*metall.*) grillage.

arrostìre |arros'tire| (197) **A** *v.tr.* **1** [*cuocere a fuoco vivo*] rôtir: *arrostire un pollo* rôtir un poulet ◇ [*sulla graticola, sulla brace*] griller: *arrostire la carne sulla brace* griller la viande sur la braise **2** [*tostare, abbrustolire*] griller, rôtir; *arrostire il pane* griller le pain; *arrostire castagne* griller, rôtir des châtaignes **3** (*metall.*) [*riscaldare metalli a una temperatura inferiore al punto di fusione*] griller **B** *v.intr.* (*aus.* '*essere*') [*cuocere a fuoco vivo*] rôtir (*aus.* avoir): *mentre il pollo arrostisce, lei prepara l'antipasto* elle prépare les hors-d'œuvre tandis que le poulet rôtit **C** *v.pron. rifl.* ARROSTIRSI (*fam.*) [*abbronzarsi rapidamente ed eccessivamente*] se rôtir: *arrostirsi al sole* se rôtir au soleil # *ti sei arrostita proprio bene!* tu es rouge comme une écrevisse!

arrostìto |arros'tito| *agg.* [*cotto arrosto*] rôti: *carne arrostita* viande rôtie ◇ (*metall.*) grillé.

arrostitùra |arrosti'tura| *s.f.* → **arrostimento.**

arròsto |ar'rɔsto| *s.m.* [*pietanza, carne arrostita*] rôti: *un arrosto di manzo, di vitello* un rôti de bœuf, de veau ✦ (*agg. inv.*) *pollo arrosto* poulet rôti; *patate arrosto* pommes de terre rôties; *carne arrosto* viande rôtie ✦ (*avv.*) *cuocere arrosto* rôtir, faire un rôti (au four, à la broche) ◇ (*loc. fig.*) *è più fumo che arrosto* [*c'è più apparenza che sostanza*] c'est du bluff!; *non c'è fumo senza fuoco* il n'y a pas de fumée sans feu; *è tutto fumo e niente arrosto* [*è solo apparenza*] il (elle) fait plus de bruit que de besogne; c'est de la viande creuse; *hai fatto un bell'arrosto* [*combinato un guaio*] tu en as fait de belles!

arrotàre |arro'tare| **A** *v.tr.* **1** [*affilare il taglio di una lama*] aiguiser, affûter: *arrotare coltelli* aiguiser, affûter des couteaux; *arrotare una falce* affûter une faux ◇ (*per est.*) *arrotare la 'r'* rouler les 'r' ◇ (*loc. fig.*) *arrotare i denti* [*digrignarli*] grincer (2) les dents: *arrota i denti per la collera* la colère lui fait grincer les dents; *arrota la lingua* [*parla male di qc.*] c'est une mauvaise langue, une langue de vipère **2** [*levigare pavimenti con l'arrotatrice*] poncer (2): *arrotare il marmo del salotto* poncer le marbre du salon ◇ [*levigare al tornio*] polir: *arrotare un bicchiere* polir un verre ◇ (*region.*) (*di abiti*) [*rendere consunto, logorare*] user: *hai arrotato le maniche della giacca* tu as usé les manches de ta veste **3** [*toccare, urtare con le ruote*] renverser: *pedone arrotato da una macchina* piéton renversé par une voiture # *arrotare il marciapiede* frotter la roue contre le trottoir ◇ (*per est.*) *la sua macchina ha arrotato il mio paraurti* sa voiture a accroché mon pare-chocs **B** *v.pron. recipr.* ARROTARSI (*di veicoli*) [*urtarsi, strisciarsi*] s'accrocher: *si sono arrotati in curva* ils se sont accrochés dans le virage.

arrotatrìce |arrota'tritʃe| *s.f.* **1** (*tecnol.*) → **affilatrice** **2** (*edil.*) → **levigatrice.**

arrotatùra |arrota'tura| *s.f.* **1** [→ ARROTARE A 1] aiguisage (*m.*): *arrotatura di un coltello* aiguisage d'un couteau → **affilatura** **2** [→ ARROTARE A 2] polissage: *l'arrotatura di un parquet* le polissage d'un parquet → **levigatura.**

arrotìno |arro'tino| *s.m.* [*artigiano, spec. ambulante, che affila coltelli, forbici, ecc.*] rémouleur, repasseur.

arrotolamènto |arrotola'mento| *s.m.* [→ ARROTOLARE] bobinage: *arrotolamento del cotone* bobinage du coton; *arrotolamento di fili elettrici* enroulement, bobinage électrique.

arrotolàre |arroto'lare| *v.tr.* [*avvolgere formando un rotolo*] enrouler, rouler: *arrotolare del filo su un rocchetto* enrouler du fil sur une bobine; *arrotolare un tessuto, della carta* rouler un tissu, du papier; *arrotolare una sigaretta* rouler une cigarette → **avvolgere** **C** **srotolare, svolgere.**

arrotolàto |arroto'lato| *agg.* [*avvolto a forma di rotolo*] roulé: *una corda arrotolata* une corde roulée ✦ *s.m.* (*cuc.*) *un pezzo di arrotolato di pollo, di vitello* un morceau de poulet, de veau roulé *agg.*

arrotondamènto |arrotonda'mento| *s.m.* **1** [→ ARROTONDARE A 1] arrondissement, arrondissage: *arrotondamento di un pezzo meccanico* arrondissement, arrondissage d'une pièce mécanique **2** [→ ARROTONDARE A 2, 3] arrondissement: *arrotondamento di una cifra* arrondissement d'un chiffre.

arrotondàre |arroton'dare| **A** *v.tr.* **1** [*rendere rotondo*] arrondir: *l'obesità arrotonda il viso* l'obesité arrondit le visage; *arrotondare un pezzo al tornio* arrondir une pièce au tour; *arrotondare gli angoli* arrondir les angles → **smussare** **2** [*accrescere, integrare*] arrondir: *arrotondare lo stipendio* arrondir ses fins de mois, ses appointements **3** (*mat., corr.*) arrondir: *arrotondare una somma per eccesso, per difetto* arrondir une somme au chiffre supérieur, inférieur; *arrotondare a cento lire* arrondir (un chiffre) à cent lires; *arrotondare al terzo decimale* arrondir au troisième (numéro) décimal **B** *v.pron. intr.* ARROTONDARSI [*diventare rotondo*] s'arrondir: *gli spigoli si sono arrotondati con l'uso* les angles se sont arrondis à l'usage ◇ [*ingrassare leggermente*] *durante le vacanze si è arrotondata* pendant les vacances elle s'est arrondie.

arrotondàto |arroton'dato| *agg.* arrondi.

arrovellàrsi |arrovel'larsi| **A** *v.tr.* (*solo nella loc.*) *arrovellarsi il cervello* se creuser la tête, la cervelle **B** *v.pron. rifl.* **1** [*darsi da fare, agitarsi per q.c.*] s'évertuer: *arrovellarsi per spiegare q.c.* s'évertuer à expliquer qqch. → **affannar(si)** **2** [*stizzirsi irosamente*] s'emporter, se mettre (71) en colère: *non ar-*

rovellarti per così poco ne t'emporte pas, ne te mets pas en colère pour si peu → **adirarsi, arrabbiar(si).**

arroventaménto |arroventa'mento| *s.m.* [→ ARROVENTARE] rougissement.

arroventàre |arroven'tare| **A** *v.tr.* [*rendere rovente, infuocare*] rendre (53) brûlant: *il sole arroventa le strade* le soleil rend les routes brûlantes ◇ (*metall.*) *arroventare un metallo* chauffer un métal au rouge **B** *v.pron. intr.* ARROVENTARSI [*diventare rovente*] devenir (27) *intr.* brûlant: *la sabbia si è arroventata* le sable est devenu brûlant ◇ (*metalli*) *la piastra del fornello si è arroventata* la plaque du fourneau est devenue rouge.

arroventàto |arroven'tato| *agg.* [*reso rovente*] brûlant: *sabbia arroventata* sable brûlant ◇ (*fig.*) *un'estate arroventata* [*caldissima*] un été brûlant ◇ (*metall.*) chauffé au rouge: *barra di ferro arroventata* barre de fer chauffée au rouge.

arrovesciàre |arroveʃ'ʃare| **A** *v.tr.* **1** [*volgere a rovescio*] retourner: *arrovesciare un sacco, una manica* retourner un sac, une manche **2** [*inclinare, piegare indietro*] renverser: *arrovesciare la testa* renverser la tête (en arrière) ◇ [*versare*] *arrovesciare una scodella, un secchio* renverser une assiette creuse, un seau **B** *v.pron. rifl.* ARROVESCIARSI [*lasciarsi andare, buttarsi all'indietro*] se laisser tomber: *si è arrovesciata sul divano* elle s'est laissé(e) tomber sur le divan.

arruffamatàsse |arruffama'tasse| *s.inv.* [*pasticcione, arruffone*] brouillon* *var.*

arruffapòpoli |arruffa'pɔpoli|, **arruffapòpolo** |arruffa'pɔpolo| *s.inv.* [*chi agita il popolo con intrighi*] trublion *m. var.*, meneur* *var.* (de foules): *è stato più un arruffapopoli che un politico* il a été plus un trublion qu'un politique.

arruffàre |arruf'fare| **A** *v.tr.* **1** [*mettere in disordine, scompigliare*] emmêler: *arruffare i fili di una matassa* emmêler les fils d'un écheveau ◇ (*dei capelli*) emmêler, ébouriffer → **scarmigliare** ◆ (*al p.p.*) *capelli arruffati* cheveux ébouriffés ◇ (*del pelo degli animali*) *hérisser **2** (*fig.*) [*imbrogliare, confondere*] brouiller, embrouiller: *arruffare le idee* brouiller les idées → **complicare** ◇ (*loc.*) *arruffare la matassa* embrouiller une affaire **B** *v.pron. intr.* ARRUFFARSI [→ *tr.* 1] s'emmêler; s'ébouriffer (*lett.*); *mi si sono arruffati i capelli* mes cheveux se sont ébouriffés ◇ (*loc.*) *la matassa si è arruffata*: (*pr.*) l'écheveau s'est emmêlé; (*fig.*) l'affaire s'est embrouillée.

arruffàto |arruf'fato| *agg.* **1** (*di capelli*) [*scomposto, scarmigliato*] ébouriffé, emmêlé; hirsute: *una capigliatura arruffata* une chevelure ébouriffée, emmêlée || *testa, barba arruffata* tête, barbe hirsute ◇ (*del pelo degli animali*) *hérissé: *il gatto aveva la coda arruffata* le chat avait la queue hérissée, en tire--bouchon (*fam.*) **2** (*fig.*) [*confuso, imbrogliato*] embrouillé: *è una questione molto arruffata* c'est une affaire très embrouillée.

arruffianàre |arruffja'nare| **A** *v.tr.* **1** (*volg.*) [*spingere qc. a prostituirsi ad altri per interesse*] prostituer: *si è lasciata arruffianare* elle s'est laissée prostituer **2** (*fig.*) [*raffazzonare q.c. per nascondere i difetti*] retaper **3** (*pop.*) *arruffianarsi qc.* [*renderselo amico*] lécher (8) les bottes: *si è arruffianato il capoufficio* il lèche les bottes du chef de bureau **B** *v.pron. intr.* ARRUFFIANARSI (*pop.*) *arruffianarsi con qc.* [*far combutta, comunella con qc.*] s'acoquiner avec qqn.: *si sono arruffianati con i più loschi speculatori* ils se sont acoquinés avec les spéculateurs les plus louches.

arruffìo, ii |arruf'fio, ii| *s.m.* [*disordine*] fouillis *inv.* (*fam.*): *che arruffio di libri in questa stanza!* quel fouillis de livres dans cette pièce! ◇ (*fig.*) *che arruffio di problemi!* quel méli--mélo (*fam.*) de problèmes!, que de problèmes embrouillés!

arruffóne |arruf'fone| *s.* **1** [*disordinato, confusionario*] brouillon*: *sembra efficiente, ma è solo un arruffone* en dépit des apparences, il n'est qu'un brouillon **2** (*fig.*) [*chi imbroglia*] escroc *m.*, aigrefin *m.* # *ha fatto fortuna perché è un'arruffone* c'est par escroquerie qu'il a fait fortune.

arrugginìre |arruddʒi'nire| (197) **A** *v.intr.* (*aus.* '*essere*') **1** [*prendere la ruggine, coprirsi di ruggine*] rouiller (*aus.* avoir), se rouiller (*pron.*): *il ferro si è arrugginito* le fer a rouillé, s'est rouillé **2** (*fig.*) → **intorpidire** **B** *v.tr.* **1** [*far prendere la ruggine*] rouiller: *l'umidità ha arrugginito il cancello* l'humidité a rouillé la grille → **ossidare** **2** (*fig.*) [*rendere inetto, infiacchire*] rouiller: *l'ozio arrugginisce i muscoli* l'inaction rouille les muscles; *l'ozio arrugginisce il cervello* l'oisiveté rouille l'esprit → **intorpidire, rammollire** **C** *v.pron. intr.* ARRUGGINIRSI **1** [→ *intr.* 1] se rouiller, rouiller (*intr.*): *i chiodi si sono arrugginiti* les clous se sont rouillés, ont rouillé → **ossidar(si)** **2** (*per est.*) [*prendere il colore della ruggine*] rouiller ◆ (*al p.p.*) *spighe arrugginite* épis rouillés, atteints de la rouille **3** (*fig.*) [→ *intr.* 2] rouiller: *si è arrugginito per mancanza di allenamento* il s'est rouillé faute d'entraînement; *gli si sono arrugginiti i riflessi* il a les réflexes un peu rouillés → **intorpidir(si), indebolir(si).**

arrugginìto |arruddʒi'nito| *agg.* **1** [*coperto di ruggine*] rouillé: *una sbarra di ferro arrugginita* une barre de fer rouillée ◇ (*fig.*) *memoria arrugginita* mémoire rouillée **2** (*bot.*) rouillé: *grano arrugginito* blé rouillé, atteint de la rouille.

arruolaménto |arrwola'mento| *s.m.* [→ ARRUOLARE] enrôlement # *arruolamento in massa* levée en masse; *arruolamento volontario* engagement → **reclutamento** ◇ (*mar.*) *contratto di arruolamento* contrat d'enrôlement.

arruolàre |arrwo'lare|, **arrolàre** |arro'lare| **A** *v.tr.* (*mil.*) [*chiamare alle armi*] enrôler, lever (6): *arruolare i soldati* enrôler les soldats; *arruolare le truppe* lever des troupes → **reclutare** ◇ (*mar.*) [*iscrivere nei ruoli dell'equipaggio*] enrôler: *arruolare il personale di bordo* enrôler les hommes du bord **B** *v.pron. rifl.* ARRUOLARSI [*entrare volontariamente nell'esercito*] s'engager (3), s'enrôler: *arruolarsi nell'esercito, in marina* s'engager dans l'armée de terre, dans la marine Ⓒ A **congedare.**

arruvidìre |arruvi'dire| (197) **A** *v.tr.* (*raro*) [*rendere ruvido*] rendre (53) rêche: *il freddo arruvidisce la pelle* le froid rend la peau rêche → **irruvidire** **B** *v.intr.* (*aus.* '*essere*') (*raro*) [*diventare ruvido*] devenir (27) rêche: *tessuto che arruvidisce* tissu qui devient rêche **C** *v. pron.* ARRUVIDIRSI (*raro*) → **irruvidir(si).**

arsèlla |ar'sɛlla| *s.f.* → **vongola.**

arsenàle |arse'nale| *s.m.* **1** (*mar., mil.*) arsenal*: *arsenale della marina* arsenal de la marine ◇ [*depositi di armi*] arsenal → **armamentario** ◇ (*per est., scherz.*) [*laboratorio*] *mi ha mostrato il suo arsenale da modellista* il m'a montré son arsenal de modéliste **2** (*fig., scherz.*) [*enorme quantità*] cargaison *f.*, tas (*corr.*): *è partito con un arsenale di provviste* il est parti avec une cargaison de provisions; *ha un arsenale di vestiti* elle a un tas de vêtements ◇ [*luogo con molti oggetti, spec. in disordine*] capharnaüm (*fam.*): *questa stanza è un arsenale* cette pièce est un capharnaüm.

arsenalòtto |arsena'lɔtto| *s.m.* (*mar.*) ouvrier d'arsenal.

arseniàto |arse'njato| *s.m.* (*chim.*) arséniate: *arseniato di calcio* arséniate de calcium.

arsenicàle |arseni'kale| *agg.* (*chim.*) arsenical*.

arsenicàto |arseni'kato| *s.m.* (*chim.*) substance *f.* arséniée ◆ (*agg.*) arsénié: *pelli arsenicate* peaux arseniées.

arsènico |ar'sɛniko| *s.m. solo sing.* (*chim.*) arsenic *var.* ◆ (*agg.*) *anidride arsenica* arsenic blanc, anhydride arsénieux.

arsenióso |arse'njoso| *agg.* (*chim.*) *anidride arseniosa* anhydride arsénieux *m.*

arsicciàre |arsit'tʃare| *v.tr.* → **abbruciacchiare.**

arsìccio, i |ar'sittʃo, i| *agg.* **1** [*bruciacchiato, abbrustolito*] brûlé, roussi (*p.p.*): *sapere di arsiccio* avoir une odeur de roussi **2** [*riarso, secco*] sec*; aride, desséché (*p.p.*): *avere la gola arsiccia* avoir la gorge sèche || *terreni arsicci* des terrains arides, desséchés Ⓒ 2 **umido.**

arsióne |ar'sjone| *s.f.* (*lett.*) → **arsura.**

àrso |'arso| *agg.* **1** [*arido, secco*] desséché *p.p.*; sec*: *labbra arse per la febbre* lèvres desséchées par la fièvre || *avere la gola arsa* avoir la gorge sèche; *terreni arsi* terrains secs **2** [*bruciato*] brûlé: *legna arsa* bois brûlé.

arsùra |ar'sura| *s.f.* **1** [*caldo eccessivo*] chaleur brûlante, canicule: *l'arsura dell'estate* la chaleur brûlante de l'été ◇ [*bruciore, forte sensazione di sete*] feu *m.*; soif ardente: *l'arsura della febbre* le feu de la fièvre || *avere, sentire l'arsura* avoir, ressentir une soif ardente **2** [*aridità, secchezza*] aridité, sécheresse: *l'arsura del suolo* l'aridité, la sécheresse du sol → **siccità.**

àrte |'arte| *s.f.* **1** art (*m.*): *arti liberali* les arts libéraux; *le regole dell'arte* les règles de l'art; *l'arte militare* l'art militaire; *l'arte poetica, oratoria* l'art poétique, oratoire; *istruirsi, perfezionarsi in un'arte* s'instruire, se perfectionner dans un art ◇ [*capacità*] *l'arte di tacere* l'art de se taire; *l'arte di vivere* l'art de vivre; *l'arte di arrangiarsi* l'art de se débrouiller ◇ (*loc.*) *a regola d'arte* selon les règles de l'art **2** [*espressione dell'attività creatrice dell'uomo ispirata a un ideale estetico*] art: *oggetto, opera d'arte* objet, œuvre d'art; *arte classica, barocca* art classique, baroque; *l'arte per l'arte* l'art pour l'art; *arte figurativa, plastica* art figuratif, plastique; *arte popolare, profana, sacra* art populaire, profane, sacré; *avere sensibilità per l'arte* avoir de la sensibilité pour l'art; *un critico d'arte* un critique d'art; *amante dell'arte* passionné d'art; *libro d'arte* livre d'art **3** [*opere artistiche di un determinato periodo, paese*] art: *l'arte italiana del '500* l'art italien du XVIe; *mostra dell'arte barocca* exposition d'art baroque; *galleria d'arte* galerie d'art **4** (*fig.*) [*attitudine particolare, abilità, bravura*] art: *l'arte di far q.c.* l'art de faire qqch.; *un lavoro eseguito con arte* un travail fait avec art; *ha l'arte di piacere* il a l'art de plaire ◇ [*astuzia, scaltrezza*] *arti diaboliche* des arts diaboliques; *usare ogni arte per convincere qc.* utiliser tout son art pour convaincre qqn. # *ti ha ingannato con arte* il t'a trompé avec maestria ◇ *loc. avv.* AD ARTE [*di proposito, intenzionalmente*] volontairement *avv.*, intentionnellement (*avv.*): *diffondere ad arte notizie false* diffuser volontairement, intentionnellement de fausses nouvelles **5** [*mestiere, professione*] art: *l'arte del calzolaio, del fabbro* l'art du cordonnier, du forgeron # *esercitare un'arte* exercer un métier ◇ (*fig.*) *conosce l'arte dell'inganno* il est passé maître en fait de tromperie; *sei un maestro nell'arte di fingere* tu es un maître dans l'art de feindre ◇ (*prov.*) *l'arte di Michelaccio* l'art de ne rien faire ~ *non avere né arte né parte* être sans le sou et bon à rien ~ *impara l'arte e mettila da parte* ce que l'on sait bien (faire) tôt ou tard servira **6** (*teat.*) *nome d'arte* nom d'artiste → **pseudonimo**; *darsi all'arte* faire du théâtre; *ritirarsi dall'arte* se retirer de la scène ◇ (*per est.*) *nato in arte, figlio d'arte* [*figlio di attori*] enfant de la balle ◇ (*letter.*) *commedia dell'arte* comédie italienne, commedia dell'arte ◇ (*loc.*) *Antonio De Curtis, in arte Totò* Antonio de Curtis, pseudonyme de Toto **7** (*edil.*) *le opere d'arte* [*le opere in muratura*] la bâtisse, le bâtiment *m.* **8** (*spec. st. mediev.*) [*associazione artigiana, corporazione*] corporation: *iscriversi a un'arte* s'inscrire à une corporation # *arti maggiori, minori* arts majeurs, mineurs.

artefàre |arte'fare| (103) *v.tr.* [*alterare, adulterare*] frelater: *artefare il vino* frelater le vin.

artefàtto |arte'fatto| *agg.* **1** [*contraffatto, adulterato*] frelaté (*p.p.*): *è vino artefatto* c'est du vin frelaté **2** (*fig.*) [*privo di naturalezza*] affecté: *atteggiamento artefatto* attitude affectée ⓒ 1 **naturale, genuino**; 2 **semplice, naturale.**

artéfice |ar'tefitʃe| *s.* **1** [*autore, realizzatore*] auteur (*m.*): *l'artefice di un monumento* l'auteur d'un monument; *è lei l'artefice di questo quadro* c'est elle l'auteur de ce tableau ◇ [*chi ha dato il più alto contributo in q.c.*] artisan: *è stato l'artefice della vittoria* il a été l'artisan de la victoire # *è lui l'artefice della serata* c'est lui l'organisateur de la soirée **2** [*chi fa un lavoro che richiede spiccate capacità*] artisan.

artel |ar'tɛl| *s.m. inv.* (*russo*) artel *f. var.*

artemìsia |arte'mizja| *s.f.* (*t.bot.*) armoise.

artèria |ar'tɛrja| *s.f.* **1** (*anat., corr.*) artère: *le pulsazioni delle arterie* le battement des artères **2** (*per est.*) [*via di comunicazione di notevole importanza*] artère: *arteria stradale, ferroviaria, fluviale* artère routière, de chemin de fer, fluviale; *il traffico sull'arteria nord è bloccato* la circulation sur l'artère nord est bloquée.

arteriàle |arte'rjale| (*agg.*) artériel*.

arteriectomìa |arterjekto'mia| *s.f.* (*chir.*) artériectomie.

artèrio- |ar'terjo| *pref.* (*significa 'arteria' corrisponde gener. a*) artéri(o): *arteriosclerosi* artériosclérose.

arteriografìa |arterjogra'fia| *s.f.* artériographie.

arterìola |arte'riola| *s.f.* (*anat.*) artériole.

arterioscleròsi |arterjoskle'rɔsi| *s.f. inv.* (*patol., corr.*) artériosclérose *var.*

arterioscleròtico, ci, ca, che |arterjoskle'rɔtiko, tʃi, ka, ke| *agg. e s.* (*med.*) artérioscléreux*.

arterióso |arte'rjoso| *agg.* (*anat., med.*) artériel*: *pressione arteriosa* pression artérielle.

arteriotomìa |arterjoto'mia| *s.f.* (*chir.*) artériotomie.

arterìte |arte'rite| *s.f.* (*med.*) artérite.

artesiàno |arte'zjano| *agg.* artésien*: *pozzo artesiano* puits artésien; *falda artesiana* nappe, couche artésienne.

àrtico, ci, ca, che |'artiko, tʃi, ka, ke| *agg.* (*geogr.*) arctique: *fauna artica* faune arctique; *circolo polare artico* cercle polaire arctique ⓒ **antartico.**

1 **articolàre** |artiko'lare| **A** *v.tr.* **1** [*mettere in movimento le articolazioni del corpo*] remuer: *articolare un braccio, una mano* remuer un bras, une main → **muovere** **2** [*pronunciare distintamente suoni, parole*] articuler: *articolò lentamente una frase* il articula lentement une phrase ◇ [*dire, proferire*] *articolare a fatica una frase* articuler une phrase avec effort; *non riesce ad articolare parola* il n'arrive pas à articuler un mot **3** (*fig.*) [*suddividere, distribuire*] diviser: *articolare un problema in una serie di domande* diviser un problème en une série de questions ◇ [*sviluppare in modo organico*] articuler: *articolare il discorso* articuler son discours **B** *v.pron. intr.* ARTICOLARSI **1** (*anat.*) [*innestarsi, prendere articolazione*] s'articuler: *la mano si articola nel polso* la main s'articule sur le poignet **2** (*fig.*) [→ *tr.* 3] se diviser; s'articuler: *questo libro si articola in dieci capitoli* ce livre se divise en dix chapitres **3** (*fig.*) [*svilupparsi, prendere avvio*] s'articuler: *la relazione si è articolata su molti aspetti attuali* le rapport s'est articulé sur beaucoup d'aspects actuels.

2 **articolàre** |artiko'lare| *agg.* (*anat., med.*) articulaire: *sistema articolare* système articulaire; *reumatismo articolare* rhumatisme articulaire.

1 **articolàto** |artiko'lato| *agg.* **1** articulé: *movimento articolato* mouvement articulé ◇ (*mecc.*) articulé: *sistema articolato* système articulé → **snodato** **2** (*fon.*) *suono, linguaggio articolato* son, langage articulé **3** (*fig.*) [*distribuito, organizzato*] construit, organisé; articulé: *discorso bene, male articolato* discours bien, mal construit ◇ [*di ampio sviluppo, organico*] développé (*p.p.*): *relazione molto articolata* relation bien développée **4** (*fig.*) [*di conformazione varia*] découpé: *coste articolate* des côtes bien découpées → **frastagliato** ♦ (*s.m.pl.*) *gli Articolati* → **Anellidi, Artropodi** ♦ (*s.f.pl.*) *le Articolate* → **Pteridofite** ⓒ 1 **rigido**; 3 **disarticolato**; 4 **uniforme** 1.

2 **articolàto** |artiko'lato| *s.m.* [*mezzo di trasporto costituito da una motrice con sola cabina di guida e rimorchio che sopporta la maggior parte del peso*] diabolo.

3 **articolàto** |artiko'lato| *agg.* (*gram.*) *preposizione articolata* article contracté.

articolatòrio, i |artikola'tɔrjo, i| *agg.* (*ling.*) articulatoire.

articolazióne |artikolat'tsjone| *s.f.* **1** (*anat., corr.*) articulation: *l'articolazione del collo* l'articulation du cou; *movimento delle articolazioni* mouvement des articulations; *affezioni delle articolazioni* affections des articulations; *articolazioni fisse, mobili* articulations immobiles, mobiles ◇ (*bot.*) articulation **2** (*fon.*) articulation: *punto, base d'articolazione* point, base d'articulation **3** (*fig.*) [*distribuzione, suddivisione*] articulation: *articolazione di una teoria* articulation d'une théorie ◇ [*sviluppo organico, sistematico*] développement (*m.*): *l'ampia articolazione di una opera* l'ample développement d'une œuvre **4** (*fig.*) [*varietà, complessità di conformazione*] découpure: *le articolazioni costiere* les découpures de la côte.

articoléssa |artiko'lessa| *s.f.* (*spreg., giorn.*) article long et ennuyeux.

articolìsta |artiko'lista| *s.* → **redattore.**

artìcolo |ar'tikolo| *s.m.* **1** (*gram., corr.*) article: *articolo determinativo, indeterminativo* article défini, indéfini; *articolo partitivo* article partitif **2** (*giorn., corr.*) article: *articolo di fondo, di terza pagina* article de fond; *articolo di cronaca nera* article de faits divers ◇ (*per est.*) [*voce di dizionario, enciclopedia e sim.*] *dizionario con più di 100.000 articoli* dictionnaire de plus de 100.000 articles **3** (*dir., corr.*) article: *articoli di legge* articles de loi; *condanna in base all'articolo...* condamnation aux termes de l'article...; *articolo 3, comma 2° del codice civile* article 3, 2e alinée du Code civil; *regolamento in 10 articoli* règlement en 10 articles ◇ (*per est.*) [*punto essenziale di una dottrina*] *articolo di fede* article de foi; *prendere q.c. per articolo di fede* prendre qqch. pour article de foi ◇ (*comm., contabilità*) *articolo di bilancio* article, rubrique d'un bilan; *imputare una spesa sull'articolo 7* imputer une dépense sur l'article 7 **4** [*oggetto comm.*] article: *articoli di merceria* articles de mercerie; *articoli di lusso* articles de luxe; *negozio di articoli sportivi* magasin d'articles de sport; *questo articolo va molto* cet article se vend beaucoup ◇ (*per est.*) (*persone*) [*soggetto, individuo, tipo*] phénomène: *sei proprio un bell'articolo!* tu es un drôle de phénomène!; *ma guarda che articolo!* mais regarde-moi ce phénomène! **5** (*loc. arc.*) *in articolo di morte* [*in punto di morte*] à l'article de la mort.

artière |ar'tjɛre| *s.m.* **1** (*mil.*) soldat du génie, sapeur **2** (*lett.*) → **artista**; **artigiano.**

artificiàle |artifi'tʃale| *agg.* **1** artificiel*: *fiori artificiali* des fleurs artificielles; *lago artificiale* lac artificiel; *seta artificiale* soie artificielle; *bellezza* *artificiale* beauté artificielle; *pioggia artificiale* pluie artificielle; *luce artificiale* lumière artificielle ◇ (*med.*, *corr.*) *respirazione artificiale* respiration artificielle; *allattamento artificiale* allaitement artificiel; *fecondazione artificiale* fécondation artificielle; *rene artificiale* rein artificiel ◇ (*ling.*) *lingua artificiale* langue artificielle **2** (*raro*, *fig.*) [*non spontaneo, innaturale*] artificiel: *comportamento artificiale* comportement artificiel 🄲 **naturale**; 2 **spontaneo.**

artificialménte |artifitʃal'mente| *avv.* **1** [→ ARTIFICIALE 1] artificiellement: *prodotto ottenuto artificialmente* produit obtenu artificiellement **2** (*raro*, *fig.*) [→ ARTIFICIALE 2] artificieusement (*lett.*): *parlare artificialmente* parler artificieusement 🄲 **naturalmente**; 2 **spontaneamente.**

artificière |artifi'tʃɛre| *s.m.* **1** [*tecnico dei fuochi d'artificio*] artificier → **pirotecnico** **2** (*mil.*) artificier.

artifìcio, i |arti'fitʃo, i| *s.m.* **1** artifice: *gli artifici dello stile* les artifices du style; *gli artifici scenici* les artifices scéniques → **espediente, accorgimento** # *artifici d'illuminazione* jeux de lumières ◇ (*per est.*) [*astuzia, stratagemma*] artifice; astuce (*f.*): *usare ogni artificio per ottenere q.c.* user d'artifice pour obtenir qqch. ‖ *mise in campo tutti i suoi artifici per convincerlo* il a usé de toutes ses astuces pour le convaincre **2** (*raro*) [*bravura, abilità*] artifice # *suona con artificio* il joue de manière artificielle; son jeu est artificiel ◇ [*affettazione, ricercatezza*] affectation (*f.*): *parlare con artificio* parler avec affectation **3** [*dispositivo, congegno*] dispositif: *artifici bellici* dispositifs de guerre **4** *fuochi d'artificio* feux d'artifice ◇ (*loc. fig.*) *un fuoco d'artificio* [*fenomeno molto appariscente, ma di poca consistenza e durata*] un feu de paille: *il suo successo è stato un fuoco d'artificio* son succès n'a été qu'un feu de paille.

artificiosaménte |artifitʃosa'mente| *avv.* [→ ARTIFICIOSO] artificieusement.

artificiosità |artifitʃosi'ta| *s.f. inv.* affectation (*var.*): *parlare senza artificiosità* parler sans affectation; *artificiosità di stile* affectation du style 🄲 **naturalezza, spontaneità.**

artificióso |artifi'tʃoso| *agg.* [*pieno di artificio*] affecté, artificiel* (*raro*): *stile artificioso* style affecté; *maniere artificiose* des manières affectées → **ricercato** ◇ [*studiato, ingegnoso*] précieux*, sophistiqué: *una trovata artificiosa* une idée précieuse, sophistiquée ◇ [*astuto, specioso*] artificieux*, sophistiqué: *ragionamenti artificiosi* des raisonnements artificieux, sophistiqués 🄲 **naturale, spontaneo.**

artifìzio, i |arti'fittsjo, i| *s.m.* → **artificio.**

artigianàle |artidʒa'nale| *agg.* artisanal*: *lavoro artigianale* travail artisanal # *prodotto artigianale* produit de l'artisanat.

artigianalménte |artidʒanal'mente| *avv.* [→ ARTIGIANALE] artisanalement.

artigianàto |artidʒa'nato| *s.m.* artisanat: *prodotto d'artigianato* produit de l'artisanat; *fiera, mostra dell'artigianato* foire, exposition de l'artisanat; *l'artigianato del legno, del ferro battuto* l'artisanat du bois, du fer forgé; *l'artigianato è in agitazione* les artisans s'agitent.

artigiàno |arti'dʒano| **1** *s.* artisan: *un artigiano della ceramica* un artisan en céramique; *associazione di artigiani* association d'artisans **2** *agg.* artisanal*: *mestiere artigiano* métier artisanal; *industrie artigiane* des industries artisanales # *prodotto artigiano* produit de l'artisanat.

artigliàre |artiʎ'ʎare| *v.tr.* (*lett.*) [*afferrare con gli artigli*] saisir dans ses serres, dans ses griffes (*corr.*): *il falco artigliò il pulcino* le faucon saisit le poussin (dans ses serres).

artigliàto |artiʎ'ʎato| *agg.* **1** [*munito di artigli*] griffu, armé de griffes: *uccello artigliato* oiseau griffu, armé de griffes ◇ [*piegato ad artiglio*] *mani artigliate* mains griffues **2** (*raro*) [*graffiato da artigli*] griffé *p.p.* (*corr.*).

artiglière |artiʎ'ʎɛre| *s.m.* (*mil.*) artilleur.

artiglierìa |artiʎʎe'ria| *s.f.* (*mil.*) artillerie: *artiglieria da campagna* artillerie de campagne; *artiglieria pesante, leggera* artillerie lourde, légère; *pezzo d'artiglieria* pièce d'artillerie; *tiri d'artiglieria* tirs d'artillerie # *soldato d'artiglieria* artilleur ◇ (*per est.*) *scuola d'artiglieria* école d'application de l'artillerie.

artìglio, i |ar'tiʎʎo, i| *s.m.* **1** [*unghia uncinata di vari animali*] griffe (*f.*): *gli artigli del gatto* les griffes du chat ◇ *spec. al plur.* [*unghia di uccelli rapaci*] *gli artigli del falco* les serres du faucon ◇ (*loc. fig.*) *tirar fuori gli artigli* [*mostrarsi risoluto, aggressivo*; *incattivirsi*] montrer les griffes **2** (*fig.*) [*mano di persona avida, spietata*] griffe: *gli artigli dell'usuraio, dell'assassino* les griffes, les serres de l'usurier, de l'assassin ◇ (*loc.*) *cadere negli artigli di qc.* tomber sous la griffe, sous la patte de qqn.

artimóne |arti'mone| *s.m.* (*mar.*) artimon.

Artiodàttili |artjo'dattili| *s.m.pl.* (*t.zool.*) Artiodactyles.

artista |ar'tista| *s.* **1** artiste: *l'ispirazione dell'artista* l'inspiration de l'artiste; *gli artisti della lingua* les artistes de la langue ◇ (*arc.*) *gli artisti del '400* les artistes du XVᵉ siècle → **artigiano** ◇ [*persona sensibile, di gusti raffinati*] *ha un'anima d'artista* il a une âme d'artiste ◇ [*abile nella tecnica di un'arte, ma senza ispirazione*] *è un artista più che un poeta* plus que poète il est artiste **2** [*persona che eccelle nel proprio lavoro*] artiste: *questo parrucchiere è un vero artista* ce coiffeur est un véritable artiste **3** [*professionista dello spettacolo, attore*] artiste: *gli artisti del varietà* les artistes de variétés; *è un artista di cartello* c'est un artiste à succès **4** [*persona stravagante, bizzarra*] artiste: *sa fare un po' di tutto, è un artista* il sait faire un peu de tout, c'est un artiste.

artisticaménte |artistika'mente| *avv.* **1** [→ ARTISTICO] artistiquement **2** [*con gusto, con senso estetico*] artistement.

artìstico, ci, ca, che |ar'tistiko, tʃi, ka, ke| *agg.* artistique: *attività artistica* activité artistique ◇ [*di opere d'arte*] *patrimonio artistico* patrimoine artistique; *un lavoro artistico* un travail artistique # *paesaggio artistico* paysage pittoresque.

àrto |'arto| *s.m.* (*anat.*) membre: *arti superiori, inferiori* membres supérieurs, inférieurs.

artocàrpo |arto'karpo| *s.m.* (*t.bot.*) artocarpe.

artralgìa, gie |artral'dʒia, dʒie| *s.f.* (*med.*) arthralgie.

artrìte |ar'trite| *s.f.* (*med.*, *corr.*) arthrite: *artrite deformante* arthrite déformante, rhumatisme déformant.

artrìtico, ci, ca, che |ar'tritiko, tʃi, ka, ke| *agg.* (*med.*) arthritique, articulaire: *dolori artritici* douleurs arthritiques, articulaires; *forme, malformazioni artritiche* manifestations, malformations arthritiques ✦ (*s.*) *un artritico* un arthritique.

artritìsmo |artri'tizmo| *s.m.* (*med.*) arthritisme.

àrtro- |'artro| *pref.* (*significa 'arto, articolazione', corrisponde gener. a*) arthr(o): *artrosi* arthrose.

artropatìa |artropa'tia| *s.f.* (*med.*) arthropathie.

Artròpodi |ar'trɔpodi| *s.m.pl.* (*t. zool.*) Arthropodes.

artròsi |ar'trɔzi| *s.f. inv.* (*med.*, *corr.*) arthrose *var.*

arùspice |a'ruspitʃe| *s.m.* (*ant. rom.*) aruspice.

arvìcola |ar'vikola| *s.f.* (*t.zool.*) campagnol *m.*

arzàgola |ar'tsagola|, **arzàvola** |ar'tsavola| *s.f.* → **alzavola.**

arzènte |ar'dzɛnte| *s.m.* (*raro*) eau-de-vie *f.* (*corr.*) → **acquavite** ✦ *agg.* (*solo nella loc.*) *acqua arzente* eau-de-vie.

arzigogolaménto |ardzigogola'mento| *s.m.* [→ ARZIGOGOLARE 1] tarabiscotage.

arzigogolàre |ardzigogo'lare| *v. intr.* (*aus. 'avere'*) **1** [*sottilizzare con argomenti strani, complicati*] subtiliser # *arzigogolare su una teoria controversa* soutenir des arguties sur une théorie controversée ◇ [*fantasticare, almanaccare*] rêvasser: *hai smesso di arzigogolare* quand vas-tu finir de rêvasser? **2** [*cercar di capire*] *tr.* se creuser les méninges (*fam.*), la tête (*fam.*): *ho arzigogolato giorni e giorni su quel problema* je me suis creusé les méninges pendant des jours sur ce problème.

arzigogolàto |ardzigogo'lato| *agg.* **1** [*complicato all'eccesso*] alambiqué: *un periodo arzigogolato* une période alambiquée **2** [*artificioso, ricercato*] tarabiscoté: *decorazione arzigogolata* décoration tarabiscotée.

arzigògolo |ardzi'gɔgolo| *s.m.* **1** [*ipotesi contorta, complicata*] argutie *f.*, détour: *con tutti quei suoi arzigogoli non verrà a capo di nulla* avec toutes ces arguties, tous ces détours, il n'arrivera à rien ◇ [*cavillo*] chicane (*f.*): *credi di spuntarla con questi arzigogoli?* tu crois pouvoir t'en sortir avec ces arguties? **2** [*trovata bizzarra, ghiribizzo*] fantaisie (*f.*): *ha sempre qualche arzigogolo per la testa* il lui passe toujours quelque idée bizarre, quelque fantaisie par la tête.

arzìllo |ar'dzillo| *agg.* [*vivace, allegro*] guilleret*: *ha un'aria arzilla* il a un air guilleret; *è tutto arzillo* il est tout guilleret → **brioso** # *è un vecchio ancora molto arzillo* c'est un vieillard encore très gaillard → **agile**; *vino ar-*

zillo [*frizzante*] vin pétillant ◇ (*scherz.*) [*allegro per il troppo bere*] éméché: *ti vedo un po' arzillo* tu me sembles un peu éméché → 1 **brillo** Ⓒ **mogio.**

asbèsto |az'bɛsto| *s.m.* (*miner.*) asbeste.

asbestòsi |asbes'tɔzi| *s.f. inv.* (*med.*) asbestose *var.*

ascàride |as'karide| *s.m.* (*t.zool.*) ascaride, ascaris.

ascaridìasi |askari'diazi| *s.f. inv.* (*med.*) ascaridiose *var.*

àscaro |'askaro| *s.m.* (*mil.*) askari.

ascèlla |aʃ'ʃɛlla| *s.f.* **1** (*anat.*) aisselle ◇ (*loc.*) *star con le mani sotto le ascelle* [*star in ozio*] rester les bras croisés **2** (*t.bot.*) aisselle.

ascellàre |aʃʃel'lare| *agg.* (*anat.*, *bot.*) axillaire.

ascendentàle |aʃʃenden'tale| *agg.* **1** [*che sale verso l'alto, ascendente*] ascendant: *movimento ascendentale* mouvement ascendant **2** (*dir.*) ascendant: *linea ascendentale* ligne ascendante.

ascendènte |aʃʃen'dɛnte| **I** *agg.* [*che va verso l'alto*] ascendant, montant: *movimento ascendente* mouvement ascendant, montant → **ascensionale** ◇ (*trasporti*) *corsa ascendente* [*andata*] aller *s.m.* ◇ (*astrol.*, *astron.*) ascendant: *astro ascendente* astre ascendant; *nodo ascendente* nœud ascendant ◇ (*dir.*) *linea ascendente* ligne ascendante ◇ (*ling.*) *dittongo ascendente* diphtongue ascendante, croissante; fausse diphtongue ◇ (*metr.*) *ritmo ascendente* rythme ascendant, croissant ◇ (*mus.*) *scala ascendente* gamme ascendante; *intonazione ascendente* intonation ascendante **II** *s.* **1** *s.m.* (*fig.*) [*prestigio, influenza*] ascendant: *avere, esercitare un grande ascendente su qc.* avoir, exercer de l'ascendant sur qqn.; *subire l'ascendente di qc.* subir l'ascendant de qqn. → **autorità** **2** *s.m.* (*astrol.*) ascendant **3** *s.* (*dir.*) ascendant → **antenato** Ⓒ I **discendente.**

ascendènza |aʃʃen'dɛntsa| *s.f.* **1** (*raro*) ascendance: *l'ascendenza di un movimento* l'ascendance d'un mouvement **2** (*per est.*) [*origini fam.*; *antenati*] ascendance: *vanta un'illustre ascendenza* il se vante d'une ascendance illustre ◇ (*fig.*) → **origine** Ⓒ **discendenza.**

ascéndere |aʃ'ʃe(ɛ)ndere| (105) **A** *v.tr.* (*raro*) → **salire** **B** *v. intr.* (*aus.* '*essere*') **1** [*andare in alto, salire*] monter (*aus.* avoir, être) ◇ (*fig.*) *ascendere al trono* monter sur le trône; *Gesù Cristo ascese al cielo* Jésus Christ monta au ciel # *ascendere ai più alti onori* s'élever aux plus grands honneurs **2** [*ammontare, raggiungere*] se monter *pron.* à, s'élever *pron.* à: *le spese ascendono a un milione* les frais se montent, s'élèvent à un million Ⓒ A; B 1 **discendere, scendere.**

ascensionàle |aʃʃensjo'nale| *agg.* ascensionnel*: *moto ascensionale* mouvement ascensionnel.

ascensióne |aʃʃen'sjone| *s.f.* **1** [→ ASCENDERE A; B 1] ascension: *l'ascensione di un aerostato* l'ascension d'un aérostat; *fare delle ascensioni* faire des ascensions → **salita, ascesa** **2** (*relig. crist.*) ascension Ⓒ 1 **discesa.**

ascensionìsta |aʃʃensjo'nista| *s.* (*alpinismo*) ascensionniste: *cordata di ascensionisti* cordée d'ascensionnistes.

ascensóre |aʃʃen'sore| *s.m.* ascenseur: *chiamare l'ascensore* appeler l'ascenseur; *gabbia di ascensore* cage d'ascenseur.

ascensorìsta |aʃʃenso'rista| *s.* [*persona che manovra l'ascensore*] liftier *s.m.*

ascésa |aʃ'ʃesa| *s.f.* [→ ASCENDERE A; B 1] montée: *ascesa rapida, faticosa* montée rapide, fatigante; *due ore di ascesa* deux heures de montée → **ascensione, salita** ◇ (*fig.*) accession: *ascesa al trono* accession au trône Ⓒ **discesa.**

ascèsi |aʃ'ʃɛzi| *s.f. inv.* ascèse *var.*

ascèsso |aʃ'ʃɛsso| *s.m.* (*med.*, *corr.*) abcès: *incidere un ascesso* ouvrir, inciser un abcès.

ascessuàle |aʃʃessu'ale| *agg.* (*med.*) d'un abcès (*loc.*): *formazione ascessuale* formation d'un abcès.

ascèta |aʃ'ʃɛta| *s.* ascète: *gli asceti amano la solitudine* les ascètes aiment la solitude ◇ (*per est.*) *vita da asceta* vie d'ascète; *faccia da asceta* [*smagrita*] visage émacié.

ascètica, che |aʃ'ʃɛtika, ke| *s.f.* (*teol.*) ascétique.

asceticaménte |aʃʃetika'mente| *avv.* [→ ASCETICO] ascétiquement # *vivere asceticamente* vivre en ascète, mener une vie d'ascète.

ascètico, ci, ca, che |aʃ'ʃɛtiko, tʃi, ka, ke| *agg.* **1** (*teol.*) ascétique: *regole ascetiche* des règles ascétiques; *opere ascetiche* des œuvres ascétiques **2** (*per est.*) [*lontano dai piaceri, contemplativo*] ascétique: *comportamento ascetico* comportement ascétique # *far vita ascetica* mener une vie d'ascète ♦ (*s.*) *un ascetico* un ascète.

ascetìsmo |aʃʃe'tizmo| *s.m.* (*teol.*) ascétisme: *l'ascetismo medioevale* l'ascétisme du moyen âge ◇ (*per est.*) [*austerità di costumi*] *vita improntata all'ascetismo* vie réglée sur l'ascétisme.

àscia, sce |'aʃʃa, ʃe| *s.f.* **1** *hache: *a forma d'ascia* en hache; *ascia di guerra* hache de guerre; *ascia del boia* hache du bourreau; *abbattere un albero a colpi d'ascia* abattre un arbre à coups de hache; *spaccare legna con un'ascia* fendre du bois avec une hache; *ascia del boscaiolo, del carpentiere* hache de bûcheron, de charpentier; *ascia preistorica* hache préhistorique; *morire sotto i colpi dell'ascia* périr sous la hache ◇ (*mar.*) *maestro d'ascia* maître charpentier; *ascia d'abbordaggio* hache d'abordage ◇ (*loc. fig.*) *fatto, tagliato con l'ascia* fait, taillé à coups de hache → **rozzamente** ~ *disotterrare l'ascia* [*mostrare intenzioni bellicose*] montrer les griffes **2** (*t.zool.*) *ascia d'argento* hache d'argent.

asciàre |aʃ'ʃare| *v.tr.* [*sgrossare con l'ascia*] *hacher (*tecnol.*), dégrossir (à la *hache): *asciare un tronco* dégrossir un tronc (à la hache).

asciàta |aʃ'ʃata| *s.f.* (*raro*) coup *m.* de *hache.

asciàtico, ci, ca, che |aʃ'ʃatiko, tʃi, ka, ke| *agg.* → **scialitico.**

asciòlvere |aʃ'ʃɔlvere| *s.m.* (*lett.*) → **colazione.**

ascissa |aʃ'ʃissa| *s.f.* (*mat.*) abscisse.

ascitizio, i |aʃʃi'tittsjo, i| *agg.* (*lett.*) → **accessorio.**

asciugacapèlli |aʃʃugaka'pelli| *s.m. inv.* sèche-cheveux, séchoir *var.* à cheveux: *degli asciugacapelli* des sèche-cheveux, des séchoirs à cheveux.

asciugamàno, i |aʃʃuga'mano, i| *s.m.* serviette *f.* de toilette, essuie-main(s): *degli asciugamani* des serviettes (de toilettes), des essuie-mains → **salvietta.**

asciugànte |aʃʃu'gante| (*agg.*) *carta asciugante* [*assorbente*] papier buvard.

asciugàre |aʃʃu'gare| **A** *v.tr.* **1** [*liberare dall'umidità spec. con stracci, ecc.*] essuyer (11): *asciugare le mani con un asciugamano* essuyer ses mains à, avec une serviette; *asciugare i piatti* essuyer la vaisselle ◇ [*prosciugare, seccare*] assécher (8): *asciugare un terreno paludoso* assécher un terrain marécageux; *il caldo ha asciugato le campagne* la chaleur a asséché les champs ◇ [*tergere*] essuyer, sécher (8): *asciugare le lacrime di qc.* sécher les larmes de qqn. □ *asciugarsi la bocca* s'essuyer la bouche; *asciugarsi le lacrime* essuyer *tr.*, sécher *tr.* ses larmes **2** (*fig.*) [*vuotare del tutto*] sécher, vider: *asciugare un bicchiere* vider un verre, faire cul-sec (*pop.*); *asciugare il portafoglio* vider son porte-monnaie **B** *v.intr.* (*aus.* '*essere*') [*diventare asciutto*] sécher (*aus.* avoir): *far asciugare della biancheria* faire sécher du linge **C** *v.pron.* ASCIUGARSI **1** *intr.* [*diventare asciutto*] sécher (*intr.*): *questi panni stentano ad asciugarsi* ce linge a du mal à sécher **2** *rifl.* [*detergersi, togliersi l'umidità*] se sécher, s'essuyer: *asciugarsi davanti al fuoco* se sécher devant le feu; *asciugarsi uscendo dal bagno* s'essuyer en sortant du bain Ⓒ A 1; B; C **bagnare, inumidire.**

asciugatóio, i |aʃʃuga'tojo, i| *s.m.* **1** → **asciugamano** **2** (*tess.*) séchoir.

asciugatrice |aʃʃuga'tritʃe| *s.f.* (*tecnol.*, *corr.*) séchoir *m.*

asciugatùra |aʃʃuga'tura| *s.f.* [→ ASCIUGARE A 1; B; C] séchage *m.*; essuyage (*m.*): *l'asciugatura della biancheria* le séchage du linge ‖ *l'asciugatura dei piatti* l'essuyage des assiettes.

asciùtta |aʃ'ʃutta| *s.f.* **1** [*periodo in cui si toglie l'acqua dalle risaie*] (période de rizière) sèche **2** (*veter.*) tarissement *m.* **3** (*pop.*) [*siccità*] sécheresse (*corr.*): *un periodo di asciutta* une période de sécheresse.

asciuttaménte |aʃʃutta'mente| *avv.* [*duramente, seccamente*] sèchement: *parlare, replicare asciuttamente* parler, répliquer sèchement.

asciuttézza |aʃʃut'tettsa| *s.f.* [*l'essere asciutto*] sécheresse.

asciùtto |aʃ'ʃutto| **I** *agg.* **1** [*privo di acqua, senza umidità*] sec*: *terra asciutta* terre sèche; *clima asciutto* climat sec; *vento asciutto* vent sec; *a piedi asciutti* à pied sec; *pasta asciutta* → **pastasciutta** ◇ (*loc.*) *balia asciutta* nourrice (sèche) (*arc.*) ◇ [*senza lacrime*] *occhi asciutti* yeux secs; *guardare a ciglio asciutto* regarder d'un œil sec ◇ [*inaridito, riarso*] *avere la gola, la bocca asciutta* avoir la gorge, la bouche sèche ◇ (*loc. fig.*) *restare a bocca asciutta* rester les mains vides **2** (*persone*) [*magro, sottile*] desséché, sec: *un vecchietto asciutto* un petit vieux tout desséché; *un uomo asciutto* un homme sec → **scarno** **3** (*persone*) [*privo di gentilezza, di cordialità*] sec: *è un uomo duro e asciutto* c'est un homme dur et sec ◇ (*cose*) [*breve, secco*] *una lettera asciutta* une lettre sèche; *rispondere in tono asciutto* répondre d'un ton sec **4** (*fam.*) [*privo di denaro*] à sec *loc. inv.*, fauché (*fam.*): *avere le tasche asciutte, essere asciutto* être à sec, fauché; *sono completamente asciutto* je suis fauché comme les blés **5** (*detto di vino*) [*secco*] sec **II** *s.m.* [*luogo asciutto*] sec: *mettere, conservare una cosa all'asciutto* mettre, tenir une chose au sec ◇ (*fig.*) *essere all'asciutto* être au sec [C] I 1 **bagnato, umido, 2 grasso, corpulento.**

Asclepiadàcee |asklepja'datʃee| *s.f.pl.* (*t.bot.*) Asclépiadacées.

asclepìade |askle'piade| *s.f.* (*t. bot.*) asclépiade.

asclepiadèo |asklepja'dɛo| *agg. e s.m.* (*metr. ant.*) asclépiade.

ascoltàre |askol'tare| *v.tr.* **1** [*stare a sentire con attenzione, prestare orecchio a*] écouter: *non avete ascoltato ciò che dicevo* vous n'avez pas écouté ce que je disais; *ascoltare distrattamente* écouter distraitement, n'écouter que d'une oreille; *ascoltate!* écoutez! # *ascoltare la messa* entendre la, assister à la messe; *ascoltare una conferenza* assister à une conférence **2** [*seguire, dare retta*] écouter: *ascoltare i consigli di qc.* écouter les conseils de qqn.; *ascoltare il proprio cuore* écouter son cœur ◇ [*esaudire*] *Dio ha ascoltato le nostre preghiere* Dieu a écouté, a entendu nos prières ◇ [*ubbidire a*] *ascoltare i propri genitori* écouter ses parents **3** (*med.*) → **auscultare.**

ascoltatóre, trice |askolta'tore, tritʃe| *s.* auditeur*: *cari ascoltatori, care ascoltatrici* chers auditeurs, chères auditrices.

ascoltazióne |askoltat'tsjone| *s.f.* → **auscultazione.**

ascólto |as'kolto| *s.m.* [→ ASCOLTARE 1, 2] écoute (*f.*): *stare in ascolto* rester à l'écoute; *mettersi in ascolto* prendre l'écoute; *posto di ascolto* poste d'écoute; *l'ascolto di una trasmissione radiofonica* l'écoute d'une émission radiophonique ◇ (*loc.*) *dare, porgere ascolto* écouter, prêter attention.

Ascomicèti |askomi'tʃɛti| *s.m. pl.* (*t.bot.*) Ascomycètes.

ascóndere |as'kondere| (159) *v.tr. e pron.* → **nascondere.**

ascòrbico, ci, ca, che |as'kɔrbiko, tʃi, ka, ke| *agg.* (*farm.*) *acido ascorbico* acide ascorbique.

ascritto |as'kritto| **I** *agg.* **1** [*annoverato in un elenco*] rangé, compté # *è ascritto fra i primi* on le range, on le compte parmi les premiers ◇ [*attribuito*] attribué: *gesto ascritto a merito di qc.* geste attribué au mérite de qqn. **2** (*ling.*) *iota ascritto* iota adscrit **3** (*geom.*) *cerchio ascritto* cercle inscrit **II** *s.m.* (*raro*) → 1 **iscritto.**

ascrìvere |as'krivere| (182) *v.tr.* **1** [*attribuire, imputare*] *ascrivere q.c. a biasimo di qc.* blâmer qqn. pour (de) qqch.; *ascrivere q.c. a lode di qc.* louer qqn. pour (de) qqch. **2** (*raro*) [*annoverare, iscrivere*] élire (55), recevoir (33): *è stato ascritto fra i soci dell'Accademia* il a été élu, reçu à l'Académie.

asemàntico, ci, ca, che |ase'mantiko, tʃi, ka, ke| *agg.* (*ling.*) asémantique.

asèpsi |a'sɛpsi| *s.f. inv.* (*med.*) asepsie *var.*

asessuàle |asessu'ale| *agg.* (*biol.*) asexuel* [C] **sessuale.**

asessualità |asessuali'ta| *s.f. inv.* (*biol.*) asexualité *var.*

asessuàto |asessu'ato| *agg.* (*biol.*) asexué.

asèttico, ci, ca, che |a'sɛttiko, tʃi, ka, ke| *agg.* (*med.*) aseptique ◇ (*fig.*) [*freddo, sterile*] aride: *uno stile, un temperamento asettico* un style, un tempérament aride [C] **settico.**

asfaltàre |asfal'tare| *v.tr.* [*pavimentare, ricoprire con asfalto*] asphalter: *asfaltare una strada* asphalter une route.

asfaltatóre |asfalta'tore| *s.m.* [*chi asfalta*] goudronneur.

asfaltatùra |asfalta'tura| *s.f.* [→ ASFALTARE] asphaltage *m.*

asfaltìsta |asfal'tista| *s.m.* → **asfaltatore.**

asfàlto |as'falto| *s.m.* (*miner., corr.*) asphalte ◇ (*tecnol.*) goudron.

asfissìa |asfis'sia| *s.f.* (*med., corr.*) asphyxie ◇ (*econ.*) *asfissia dell'economia* asphyxie de l'économie.

asfissiànte |asfis'sjante| *agg.* asphyxiant: *gas asfissiante* gas asphyxiant ◇ (*fig.*) assommant: *è un tipo asfissiante con tutte le sue richieste* c'est un vrai crampon, avec toutes ses requêtes!

asfissiàre |asfis'sjare| **A** *v.tr.* **1** [*causare asfissia*] asphyxier: *asfissiare con il gas* asphyxier par le gaz **2** (*per est.*) [*causare senso di soffocamento*] suffoquer, étouffer: *è un odore che asfissia* c'est une odeur qui suffoque, suffocante **3** (*fig.*) [*importunare, molestare*] assommer: *continuava ad asfissiarmi con le sue chiacchiere* il n'en finissait pas de m'assommer avec ses histoires **B** *v. intr.* (*aus.* 'essere') **1** [*essere colpito da asfissia*] être (43) (*aus.* avoir) asphyxié **2** (*per est.*) [*provare senso di soffocamento*] suffoquer (*aus.* avoir), être axphyxié: *c'era un fetore che quasi asfissiavo* la puanteur était telle que j'en fus presque asphyxié **C** *v.pron. rifl.* ASFISSIARSI [*uccidersi per asfissia*] s'asphyxier: *si è asfissiato col gas* il s'est asphyxié au gaz.

asfissiàto |asfis'sjato| *agg.* asphyxié: *è morto asfissiato nell'incendio* il est mort asphyxié dans l'incendie ♦ (*s.*) *un asfissiato* un asphyxié.

asfìttico, ci, ca, che |as'fittiko, tʃi, ka, ke| *agg.* **1** d'asphyxie (*loc. inv.*): *stato asfittico* état d'asphyxie **2** (*persone*) [*in stato di asfissia*] en état d'asphyxie (*loc. inv.*): *neonato asfittico* nouveau-né en état d'asphyxie ♦ *s.* (*raro*) *un asfittico* un asphyxié.

asfodèlo |asfo'dɛlo| *s.m.* (*t.bot.*) asphodèle.

asialìa |azia'lia| *s.f.* asialie.

asiàno |a'zjano| *agg.* → **asiatico.**

asiàtico, ci, ca, che |a'zjatiko, tʃi, ka, ke| *agg.* [*dell'Asia*] asiatique: *paese, costume asiatico* pays, coutume asiatique; *febbre, influenza asiatica* grippe asiatique.

asillàbico, ci, ca, che |asil'labiko, tʃi, ka, ke| *agg.* (*gram.*) asyllabique.

asìlo |a'zilo| *s.m.* **1** asile: *cercare asilo* chercher asile; *dare asilo a qc.* donner asile à qqn.; *diritto d'asilo* droit d'asile; *asilo politico, diplomatico* asile politique, diplomatique **2** [*luogo di assistenza pubblica o privata*] asile: *asilo di mendicità* asile (de vieillards); *asilo notturno* asile de nuit # *asilo infantile* jardin d'enfants; école maternelle; *asilo nido* crèche ◇ (*iron.*) *non comportarti come un bambino dell'asilo!* ne fais pas l'enfant.

asimbolìa |asimbo'lia| *s.f.* (*med.*) asymbolie.

asimmetrìa |asimme'tria| *s.f.* asymétrie [C] **simmetria.**

asimmètrico, ci, ca, che |asim'mɛtriko, tʃi, ka, ke| *agg.* asymétrique [C] **simmetrico.**

àsina |'asina| *s.f.* [*femmina dell'asino*] ânesse, bourrique: *latte d'asina* lait d'ânesse → **asino.**

asinàggine |asi'naddʒine| *s.f.* [*ignoranza grossolana*] ânerie.

asinàio, i |asi'najo, i| *s.m.* [*chi guida l'asino*] ânier* *s.*

asinàta |asi'nata| *s.f.* [*azione, discorso da ignorante*] ânerie, bêtise: *dire delle asinate* dire des âneries.

asincrono |a'sinkrono| *agg.* asynchrone.

asindètico, ci, ca, che |asin'dɛtiko, tʃi, ka, ke| *agg.* (*gram.*) coordonné par asyndète.

asìndeto |a'sindeto| *s.m.* (*gram.*) asyndète *f.*

asinèllo |asi'nɛllo| *s.m.* [*piccolo asino*] ânon, bourricot, bourriquot.

asinergìa, gie |asiner'dʒia, dʒie| *s.f.* (*med.*) asynergie.

asinerìa |asine'ria| *s.f.* [*atto, discorso, comportamento da ignorante*] ânerie.

asinésco, chi, ca, che |asi'nesko, ki, ka, ke| *agg.* [*da asino, proprio dell'asino*] bête, sot*: *comportamento asinesco* une attitude bête, sotte # *è di un'ignoranza asinesca* il est d'une ignorance crasse.

asinìno |asi'nino| (*agg.*) *orecchie asinine* oreilles d'âne *loc.* ◇ (*pop.*) *tosse asinina* [*pertosse*] coqueluche *s.f.*

asinità |asini'ta| *s.f. inv.* [*ignoranza*] ânerie *var.*, bêtise *var.* → **asineria** ◇ [*sproposito*] ânerie: *non fai altro che dire asinità!* tu ne fais que dire des âneries → **bestialità.**

àsino |'asino| *s.m.* **1** (*t.zool.*) âne ◇ (*corr.*) *asino selvatico* âne sauvage, onagre (*s.m.*); *asino da monta* baudet *s.m.* ◇ (*loc.*) *strada a dorso d'asino* route en dos d'âne ~ *trasporto a schiena d'asino* transport à dos d'âne ◇ (*loc. fig.*) *testardo come un asino* têtu comme un âne; *il calcio dell'asino* le coup de pied de l'âne ~ *essere come l'asino di Buridano* être comme l'âne de Buridan ~ *è come lavar la testa all'asino* à laver la tête d'un maure on perd sa lessive ◇ (*prov.*) *meglio un asino vivo che un dottore morto* mieux vaut un chien vivant qu'un lion mort ~ *bisogna legare l'asino dove vuole il padrone* où la chèvre est attachée, il faut qu'elle broute ~ *raglio d'asino non giunge in cielo* prière de fou n'est point écoutée **2** (*fig.*) [*persona ignorante*] âne: *un asino calzato e vestito* un âne bâté # *pezzo d'asino!* espèce d'imbécile!; *che asino* quel idiot, quel imbécile!; *è un asino in matematica* il est nul en mathématiques.

asintòtico, ci, ca, che |asin'tɔtiko, tʃi, ka, ke| *agg.* (*mat.*) asymptote, asymptotique.

asìntoto |a'sintoto| *s.m.* (*mat.*) asymptote *f.*

asìsmico, ci, ca, che |a'sizmiko, tʃi, ka, ke| *agg.* aséismique.

àsma |'azma| *s.f.* (*raro m.*) (*med., corr.*) asthme *m.*

asmàtico, ci, ca, che |az'matiko, tʃi, ka, ke| *agg.* (*med.*) asthmatique: *tosse asmatica* toux asthmatique ♦ (*s.*) *un asmatico* un asthmatique.

asociàle |aso'tʃale| *agg.* **1** asocial*: *comportamento asociale* comportement asocial **2** (*persone*) [*chiuso*] renfermé: *è un tipo asociale* c'est une personne renfermée ♦ (*s.*) *un asociale* une personne *f.* asociale *agg.* Ⓒ 1 **sociale**; 2 **cordiale.**

asocialità |asotʃali'ta| *s.f. inv.* [*incapacità di vivere in società*] asociabilité *var.*

àsola |'azola| *s.f.* **1** [*occhiello negli abiti*] boutonnière **2** (*distributori automatici*) [*fessura in cui si introduce la moneta*] fente.

a sólo |a'solo| *loc. sost. inv.* → **assolo.**

asparagina |aspara'dʒina| *s.f.* (*chim.*) asparagine.

aspàrago, gi |as'parago, dʒi| *s.m.* (*t.bot.*) **1** (*pianta erbacea*) asperge **2** (*pianta ornamentale*) asparagus.

aspatóio, i |aspa'tojo, i| *s.m.* (*tecnol.*) dévidoir.

aspatóre, trice |aspa'tore, tritʃe| *s.* [*persona addetta all'aspo*] dévideur*.

aspatùra |aspa'tura| *s.f.* (*tecnol.*) dévidage *m.*

àspe |'aspe| *s.m.* (*lett.*) → **aspide.**

aspecìfico, ci, ca, che |aspe'tʃifiko, tʃi, ka, ke| *agg.* (*med.*) non spécifique.

aspèrgere |as'pɛrdʒere| (114) *v.tr.* (*lett., relig.*) [*bagnare, spruzzare*] asperger (3): *aspergere acqua sui fiori* asperger, arroser les fleurs.

asperges |as'pɛrdʒes| *s.m. inv.* (*lat.*) (*liturg, catt.*) aspergès.

aspergillo |asper'dʒillo| *s.m.* (*biol.*) aspergille *f.*

aspergillòsi |asperdʒil'lɔzi| *s.f. inv.* (*med.*) aspergillose *var.*

asperità |asperi'ta| *s.f. inv.* **1** [*asprezza, scabrosità*] aspérité (*var.*): *le asperità del terreno* les aspérités du sol **2** (*fig.*) [*difficoltà, avversità*] difficulté (*var.*): *le asperità della vita* les difficultés de la vie **3** (*fig.*) (*persone*) [*angolosità*] rudesse (*var.*): *l'asperità di carattere di qc.* la rudesse du caractère de qqn.

aspermatìsmo |asperma'tizmo| *s.m.* (*med.*) aspermatisme, aspermie *f.*

aspermìa |asper'mia| *s.f.* → **aspermatismo.**

aspersióne |asper'sjone| *s.f.* (*lett., relig.*) [→ ASPERGERE] aspersion.

aspersòrio, i |asper'sɔrjo, i| *s.m.* (*eccl.*) goupillon.

aspettàre |aspet'tare| *v.tr.* **1** [*attendere q.c., qc.*] attendre (53): *aspettare una telefonata* attendre un coup de téléphone, un coup de fil (*fam.*); *l'aspetto da anni* je l'attends depuis des années; *il treno non (vi) aspetta* le train n'attend pas ◇ (*loc.*) *farsi aspettare* se faire attendre ~ *aspettare un bambino* attendre un enfant ◇ (*loc. fig.*) *aspettare la manna* attendre que les alouettes tombent toutes rôties ~ *aspettare qc. al varco* attendre qqn. au tournant ~ *aspettare la palla al balzo* attendre l'occasion favorable ~ *aspettare il Messia* attendre la venue du Messie ~ *sono stanco di aspettare* j'en ai assez d'attendre ~ *ma che cosa aspetti?* mais qu'est-ce que tu attends?, mais qu'attends-tu donc? ~ *aspettare a lungo* attendre longtemps; *aspetta un momento!* attends un moment! ◇ (*prov.*) *chi la fa se l'aspetti* il faut s'attendre (attends-toi) à la pareille ~ *chi ha tempo non aspetti tempo* il ne faut pas remettre au lendemain ce qu'on peut faire le jour même **2** [*essere riservato a qc.*] attendre: *una brutta notizia l'attendeva* une mauvaise nouvelle l'attendait; *non sapeva che cosa lo aspettava* il ne savait pas ce qui l'attendait → **attendere 3** ASPETTARSI Q.C. [*prevedere per sé*] s'attendre *intr.* à qqch.: *questo non me l'aspettavo da parte tua* je ne m'attendais pas à cela de ta part; *da quel tipo c'è da aspettarsi di tutto* il faut s'attendre à tout de ce type-là ◇ [*temere di ricevere*] *aspettare un rimprovero, una punizione* s'attendre à un reproche, à une punition.

aspettativa |aspetta'tiva| *s.f.* **1** [*attesa, speranza*] attente: *essere in aspettativa di q.c.* être dans l'attente de qqch.; *rispondere alle aspettative di qc.* répondre à l'attente de qqn.; *contro ogni aspettativa* contre tout attente **2** (*bur.*) disponibilité: *esser messo in aspettativa* être mis en disponibilité; *un anno di aspettativa* un an de mise en disponibilité.

aspettazióne |aspettat'tsjone| *s.f.* **1** → **aspettativa 1 2** (*lett.*) → **attesa.**

1 **aspètto** |as'pɛtto| *s.m.* **1** [*modo in cui qc. o q.c. si presenta*] aspect, mine (*f.*): *l'aspetto di una città* l'aspect d'une ville; *giudicare le persone dall'aspetto* juger les gens sur la mine, sur les apparences # *persona di bell'aspetto* personne de belle allure ◇ (*loc.*) *a primo aspetto* au premier aspect **2** [*punto di vista*] aspect: *bisogna considerare l'affare sotto tutti gli aspetti* il faut considérer l'affaire sous tous ses aspects; *sotto questo aspetto sembra un buon affare* sous cet aspect, vue sous cet angle, l'affaire semble bonne **3** (*astrol.*) aspect **4** (*gram.*) aspect: *aspetto durativo* aspect duratif.

2 **aspètto** |as'pɛtto| *s.m.* (*solo nelle frasi*) *sala d'aspetto* [*d'attesa*] salle d'attente ◇ (*mus.*) *battuta d'aspetto* pause *f.* ◇ (*caccia*) *caccia all'aspetto* chasse à l'affût.

'aspic' |as'pik| *s.f. inv.* (*cuc.*) aspic *m. var.*

àspide |'aspide| *s.m.* (*lett.*) [*serpente velenoso*] aspic ◇ (*t.zool.*) *aspide di Cleopatra* aspic de Cléopâtre, d'Égypte.

aspidistra |aspi'distra| *s.f.* (*t.bot.*) aspidistra *m.*

aspirànte |aspi'rante| **1** *agg.* (*tecnol., corr.*) aspirant: *pompa aspirante* pompe aspirante **2** *s.* aspirant: *gli aspiranti a un incarico* les aspirants, les candidats à une charge.

aspirapólvere |aspira'polvere| *s.m. inv.* (*tecnol., corr.*) aspirateur *var.*

aspiràre |aspi'rare| **A** *v.intr.* ASPIRARE A [*mirare a, tendere a*] aspirer à: *aspirare a una promozione* aspirer à une promotion → **pretendere (a), tendere (a) B** *v.tr.* **1** [*attrarre aria nei polmoni*] aspirer: *aspirare il fumo della sigaretta* aspirer, inhaler la fumée de la cigarette ♦ (*ass.*) *aspirare dal naso, dalla bocca* aspirer par le nez, par la bouche **2** [*attrarre i fluidi mediante aspiratori*] aspirer **3** (*fon.*) [*pronunciare con aspirazione*] aspirer: *aspirare la consonante 'h'* aspirer la consonne 'h'.

aspiràta |aspi'rata| *s.f.* (*fon.*) → **aspirato.**

aspiràto |aspi'rato| *agg.* (*fon.*) aspiré: *h aspirata* h aspiré ♦ (*s.f.*) *un'aspirata* una consonne aspirée *agg.*

aspiratóre |aspira'tore| *s.m.* **1** aspirateur: *passare l'aspiratore su un tappeto* passer l'aspirateur sur un tapis, un tapis à l'aspirateur **2** (*med.*) aspirateur.

aspirazióne |aspirat'tsjone| *s.f.* **1** (*med.*) aspiration, inspiration **2** (*ling.*) aspiration ◇ (*tecnol.*) aspiration, admission: *tubo d'aspirazione* tuyau d'aspiration; *il tubo d'aspirazione di un motore a scoppio* le tuyau d'admission d'un moteur à explosion **3** (*fig.*) [*fervente desiderio*] aspiration: *non è venuto meno alle aspirazioni dei suoi genitori* il n'a pas déçu les aspirations de ses parents Ⓒ 1 **espirazione.**

aspirìna |aspi'rina| *s.f.* aspirine.

àspo |'aspo| *s.m.* **1** (*agr.*) rabatteur; (*giardinaggio*) tambour **2** (*tess.*) asp(l)e, dévidoir # *aspo dei cordai* caret.

asportàbile |aspor'tabile| *agg.* [→ ASPORTARE 2] extirpable.

asportàre |aspor'tare| *v.tr.* **1** [*portare via da un posto*] emporter: *i ladri hanno asportato tutta l'argenteria* les voleurs ont emporté toute l'argenterie ◇ [*estirpare*] *asportare le erbacce* extirper les mauvaises herbes **2** (*chir.*) [*eliminare, amputare chirurgicamente*] extirper: *asportare un tumore* extirper une tumeur # *asportare un rene* pratiquer l'ablation d'un rein.

asportazióne |asportat'tsjone| *s.f.* **1** [→ ASPORTARE 1] retrait (*m.*): *l'asportazione di un dipinto da un museo* le retrait d'un tableau d'un musée **2** (*chir.*) ablation, extirpation: *l'asportazione di un polipo* l'ablation, l'extirpation d'un polype.

aspraménte |aspra'mente| *avv.* âprement: *combattere aspramente* combattre âprement; *rimproverare aspramente* reprocher âprement.

aspreggiàre |aspred'dʒare| *v.tr.* (*raro, lett.*) [*trattare aspramante*] rudoyer (10).

asprétto |as'pretto| *agg.* (*detto del vino*) [*che tende all'aspro*] aigrelet*: *un vino bianco aspretto* un vin blanc aigrelet ◇ (*per est.*) [*tendente all'acido*] suret: *un gusto aspretto* un goût suret ◇ (*fig.*) *tono aspretto* ton aigrelet.

asprézza |as'prettsa| *s.f.* **1** [*acidità sgradevole*] âpreté: *l'asprezza di un sapore* l'âpreté d'une saveur **2** [*ruvidezza, scabrosità*] rugosité: *l'asprezza di una superficie* la rugosité d'une superficie ◇ [*difficoltà*] âpreté: *l'asprezza di un sentiero* l'âpreté d'un sentier **3**.[*durezza, intrattabilità*] âpreté: *l'asprezza del carattere* l'âpreté du caractère **4** [*rigore, inclemenza*] rigueur; âpreté: *l'asprezza della notte* la rigueur de la nuit ‖ *l'asprezza dell'inverno* l'âpreté de l'hiver Ⓒ 1; 3 **dolcezza**; 2 **facilità**; 4 **mitezza.**

asprì |as'pri| *s.m. inv.* [*ornamento a forma di pennacchio*] aigrette *f. var.*

asprìgno |as'priɲɲo| *agg.* aigrelet*: *vino asprigno* vin aigrelet → **aspretto.**

àspro |'aspro| *agg.* **1** [*di sapore, di odore acre*] âpre: *un sapore aspro* une saveur âpre; *questo vino è aspro* ce vin est âpre # *un odore aspro* une odeur aigre **2** (*di suono*) [*stridulo, stridente*] âpre, aigre: *una voce aspra* une voix âpre, aigre **3** (*fig.*) [*arrogante, rigido*] rude, âpre: *un carattere aspro* un caractère rude, âpre; *modi aspri* des manières rudes → **duro 4** (*di clima*) [*ri-*

gido, inclemente] âpre, rude: *una stagione aspra* une saison âpre, rude; *un inverno molto aspro* un hiver très rude **5** [*scabro, non liscio*] rugueux*: *superficie aspra* surface rugueuse au toucher ◇ [*difficile, duro*] rude, difficile: *un aspro sentiero* un sentier rude, difficile ◇ [*brullo*] dur, rigoureux*: *un paesaggio aspro* un paysage dur, rigoureux **6** (*ling.*) sourd: *'s' aspra* 's' sourd Ⓒ 1; 2; 4 **dolce, gradevole.**

assaettàre |assaet'tare| (*pop., tosc.*) **A** *v.tr.* → **tormentare, molestare** **B** *v.intr.* (*aus. 'essere'*) → **crepare** 2 **C** *v.pron.* → **arrabbiar(si).**

assafètida |assa'fɛtida| *s.f.* (*t.bot.*) assa-fœtida, férule.

assaggiàre |assad'dʒare| *v.tr.* **1** [*gustare q.c. per sentirne il sapore*] goûter: *assaggiare una salsa* goûter une sauce; *assaggiare un vino* goûter un vin → **assaporare** ◇ [*mangiare in piccola quantità*] goûter (à), toucher (à): *assaggiare un piatto, il cibo* goûter à, toucher à un plat, à la nourriture **2** (*per est., fig.*) [*provare, saggiare*] essayer (9); tâter: *assaggiare la propria forza* essayer sa force ‖ *assaggiare il terreno* tâter le terrain; *assaggiare la prigione* tâter de la prison.

assaggiatóre, trice |assaddʒa'tore, tritʃe| *s.* [*chi, per professione, assaggia, spec. vini*] dégustateur *m.*

assaggiatùra |assaddʒa'tura| *s.f.* (*raro*) → **assaggio** 1.

assàggio, i |as'saddʒo, i| *s.m.* **1** [→ ASSAGGIARE 1] dégustation (*f.*): *vendita ad assaggio* vente à la dégustation # *prendere un assaggio di q.c.* goûter à qqch.; *dare q.c. in assaggio* donner qqch. à goûter **2** [*campione*] échantillon: *assaggio di vino, di caffè* échantillon de vin, de café → **mostra, prova** **3** [*prova, esperimento*] essai: *un giro d'assaggio* un tour d'essai → 3 **saggio** # *fare un assaggio del terreno* faire un sondage du terrain.

assài |as'sai| **I** *avv.* **1** [*molto*] bien, très (*seguito da agg. e avv.*); bien, beaucoup (*seguito da comparativo davanti a un v.*), beaucoup (*seguito da v.*): *assai bello, assai buono* très beau, très bon; *assai bene* très bien; *assai di mala voglia* de très mauvais gré, à contrecœur; *assai meno* bien moins, beaucoup moins; *assai più* bien, beaucoup plus; *assai migliore, assai peggiore* bien meilleur, bien pire; *assai meglio, assai peggio* bien mieux, bien pis; *assai prima, assai dopo* bien avant, bien après # *è assai cambiato* il a beaucoup changé; *bere, mangiare assai* boire, manger beaucoup; *lavora assai* il travaille beaucoup ◇ (*iron.*) *m'importa assai!* peu m'importe! **2** [*a sufficienza, abbastanza*] assez: *averne assai di q.c.* en avoir assez de qqch.; *ha lavorato assai* il a assez travaillé **II** *loc. avv.* (*raro*) D'ASSAI de beaucoup: *è d'assai il più vecchio* il est le plus vieux de beaucoup **III** *agg.* (*raro*) [*molto, parecchio*] beaucoup de, bien du, de la, des: *assai gente* beaucoup de monde, bien du monde, des gens # *grazie assai* merci beaucoup.

assàle |as'sale| *s.m.* [*asse delle ruote*] essieu: *assale anteriore, posteriore di un'automobile* essieu avant, arrière d'une automobile.

assalìre |assa'lire| (199) *v.tr.* **1** [*attaccare con violenza*] assaillir (19), attaquer: *assalire il nemico* assaillir, attaquer l'ennemi; *lo assalirono con domande* ils l'assaillirent de questions; *assalire un passante* attaquer un passant **2** (*fig.*) [*sorprendere, sopraffare*] assaillir: *essere assalito dal dubbio* être assailli de doutes; *è già assalito dalle difficoltà* les difficultés l'assaillent déjà.

assalitóre, trice |assali'tore, tritʃe| *s.* [*chi assale*] assaillant, attaquant: *si difese contro gli assalitori* il se défendit contre ses assaillants.

assaltàre |assal'tare| *v.tr.* [*prendere d'assalto*] attaquer, prendre (73) d'assaut: *assaltare all'improvviso* attaquer à l'improviste; *assaltare una trincea* prendre une tranchée d'assaut ◇ [*assalire*] assaillir (19): *assaltare una fortezza* assaillir une forteresse.

assaltatóre, trice |assalta'tore, tritʃe| *s.* [*chi assalta*] attaquant, assaillant: *respingere gli assaltatori* repousser les attaquants, les assaillants → **aggressore.**

assàlto |as'salto| *s.m.* **1** [*azione violenta atta a danneggiare*] assaut: *la città fu conquistata al primo assalto* la ville fut prise au premier assaut; *andare, muovere all'assalto* monter à l'assaut; *prendere d'assalto* prendre d'assaut; *dare l'assalto a una città* donner l'assaut à une ville ◇ (*loc. fig.*) *prendere d'assalto* [*affrontare q.c., qc. con decisione*] attaquer de front (qqch., qqn.) ◇ (*mil.*) *aviazione d'assalto* aviation d'assaut; *truppe d'assalto* troupes d'assaut ◇ (*sport*) assaut **2** (*fig.*) [*manifestazione brusca e improvvisa di malattie*] accès; crise (*f.*): *ha avuto un assalto di febbre* il a eu un accès de fièvre ‖ *un assalto di epilessia* une crise d'épilepsie ◇ (*di passione*) accès: *l'assalto della tristezza* un accès de tristesse.

assaporaménto |assapora'mento| *s.m.* [→ ASSAPORARE] dégustation *f.*

assaporàre |assapo'rare| *v.tr.* **1** [*assaggiare* (*lentamente e con gusto*) *cibi, bevande*] déguster, savourer: *assaporare un buon vino* déguster un bon vin; *assaporava il suo cognac* il savourait son cognac **2** (*fig.*) [*gustare a fondo*] savourer: *assaporare un piacere* savourer un plaisir.

assassinaménto |assassina'mento| *s.m.* (*raro*) → **assassinio.**

assassinàre |assassi'nare| *v.tr.* **1** [*uccidere per scopi criminali*] assassiner: *è stata assassinata* elle a été assassinée **2** (*fig.*) [*rovinare, danneggiare*] attaquer mortellement: *assassinare qc. nel suo onore* attaquer mortellement qqn. dans son honneur ◇ [*sciupare, guastare*] massacrer, bousiller (*fam.*): *assassinare un lavoro* massacrer, bousiller un travail ◇ (*scherz.*) [*eseguire in modo maldestro*] *assassinare una musica* massacrer un morceau.

assassìnio, i |assas'sinjo, i| *s.m.* assassinat, meurtre: *si è reso colpevole d'assassinio* il s'est rendu coupable d'un assassinat, d'un meurtre ◇ (*fig.*) crime: *rovinare quel paesaggio sarebbe un vero e proprio assassinio* abîmer ce paysage serait un véritable crime.

assassìno |assas'sino| **1** *s.* assassin: *è un vero assassino* c'est un véritable assassin → **omicida** **2** *agg.* meurtrier*: *tendenze assassine* tendances meurtrières ◇ (*fig.*) *occhiata assassina* [*seducente*] œillade assassine ◇ (*per est.*) *mosca assassina* [*neo posticcio usato dalle donne nel '700*] mouche assassine.

1 **àsse** |'asse| *s.f.* [*tavola di legno*] planche: *le assi di un armadio* les planches d'une armoire; *asse per lavare* planche à laver, battoir de blanchisseuse; *asse da stiro* planche à repasser # *asse d'equilibrio* poutre d'équilibre ◇ (*loc. fig.*) *essere inchiodato fra quattro assi* être cloué entre quatre planches.

2 **àsse** |'asse| *s.m.* **1** (*mecc.*) axe, essieu: *asse d'una ruota* axe, essieu d'une roue **2** (*mat.*) axe: *asse di rotazione* axe de rotation; *asse di un cilindro, di un cono* axe d'un cylindre, d'un cône; *asse di simmetria* axe de symétrie **3** [*retta immaginaria*] axe: *asse del corpo* axe du corps; *asse stradale* axe d'une rue # *asse attrezzato* (grande) artère ◇ (*anat.*) axis → **epistrofeo** ◇ (*astron.*) *asse terrestre* axe de la terre; *ruotare su, intorno a un asse* tourner sur, autour d'un axe ◇ (*miner.*) *assi cristallografici* axes cristallographiques ◇ (*ott.*) *asse ottico* axe optique **4** (*st., polit.*) axe: *l'asse Roma-Berlino* l'axe Rome-Berlin; *le potenze dell'Asse* les puissances de l'Axe.

3 **àsse** |'asse| *s.m.* **1** (*st. rom.*) as **2** (*dir.*) *asse ereditario* biens successoraux.

assecondàre |assekon'dare| *v.tr.* **1** [*favorire, appoggiare, aiutare*] seconder, favoriser: *assecondare un'iniziativa, un progetto* seconder, favoriser une initiative, un projet; *assecondare i piani, i progetti di qc.* seconder les plans, les projets de qqn. **2** [*esaudire, soddisfare, appagare*] contenter: *assecondare i desideri di qc.* contenter les désirs de qqn.; *essere assecondato in tutto* être contenté en tout, être comblé # *assecondare i capricci di un bambino* céder aux caprices d'un enfant Ⓒ 1 **contrariare, contrastare, avversare.**

assediànte |asse'djante| *agg. e s.* [*che, chi assedia*] assiégeant.

assediàre |asse'djare| *v.tr.* **1** [*circondare un luogo fortificato per impossessarsene con la forza*] assiéger (8): *assediare una fortezza, una città* assiéger une forteresse, une ville **2** (*per est.*) [*bloccare, isolare*] assiéger: *essere assediati dalla neve, dall'acqua* être assiégés par la neige, par l'eau ◇ (*fig.*) [*attorniare*] *la folla lo assediava da ogni parte* la foule l'assiégeait, le serrait de toutes parts; *era assediato dai suoi tifosi* il était presque étouffé, assiégé par ses supporteurs **3** (*fig.*) [*fare pressione su qc., infastidire*] assiéger: *da un po' di tempo è assediata da pensieri* depuis quelque temps les soucis l'assiègent; *assediare qc. con domande* assiéger qqn. de questions.

assediàto |asse'djato| *agg. e s.* assiégé Ⓒ **assediante.**

assediatóre, trice |assedja'tore, tritʃe| *s.* (*lett.*) → **assediante.**

assèdio, i |as'sedjo, i| *s.m.* **1** [→ ASSEDIARE 1] siège: *porre l'assedio davanti a una città* mettre le siège devant une ville; *togliere l'assedio* lever le siège; *rompere l'assedio* rompre, faire lever le siège # *cingere d'assedio una città* assiéger une ville ◇ (*loc.*) *stato d'assedio* état de siège ~ *assedio economico* siège économique **2** (*per est.*) [*blocco, ressa*] assaut: *l'assedio dei dimostranti* l'assaut des manifestants; *sottrarsi all'assedio dei giornalisti, dei fotografi* échapper à l'assaut des journalistes, des photographes ◇ (*fig.*) *l'assedio dei ricordi* l'assaut des souvenirs.

assegnaménto |asseɲɲa'mento| *s.m.* **1** [*speranza, fiducia*] confiance *f.* # *fare assegnamento su qc., su q.c.* compter sur qqn., sur qqch. → **affidamento 2** (*raro*) → **assegnazione 3** (*raro*) → **rendita, provento.**

assegnàbile |asseɲ'ɲabile| *agg.* [→ ASSEGNARE] attribuable; allouable: *quel posto è assegnabile ai vincitori del concorso* ce poste est attribuable aux vainqueurs du concours || *quella somma non è assegnabile ai dipendenti* cette somme n'est pas allouable aux employés.

assegnàre |asseɲ'ɲare| *v.tr.* **1** [*mettere a disposizione, concedere*] assigner: *assegnare una camera a qc.* assigner une chambre à qqn.; *assegnare il primo premio a qc.* assigner le premier prix à qqn. **2** (*dir., corr.*) [*dare in proprietà*] assigner: *assegnare ai contadini le terre espropriate* assigner aux paysans les terres expropriées; *assegnare una somma, una rendita* assigner une somme, une rente # *assegnare una parte in un lascito* attribuer une part dans un legs **3** [*affidare, conferire*] assigner, confier: *assegnare una carica a qc.* assigner, confier une charge à qqn.; *assegnare a qc. un compito molto delicato* assigner à qqn. une tâche très délicate ◇ [*destinare*] affecter, assigner qqn. à un bureau **4** [*fissare, stabilire*] assigner, fixer: *assegnare un termine perentorio* assigner, fixer un terme péremptoire.

assegnatàrio, i |asseɲɲa'tarjo, i| *s.m.* (*dir.*) attributaire.

assegnàto |asseɲ'ɲato| **1** *agg.* [*da pagare*] dû: *porto assegnato* port dû **2** *s.m.* (*st. fr.*) assignat.

assegnazióne |asseɲɲat'tsjone| *s.f.* [→ ASSEGNARE] assignation: *assegnazione di beni pignorati* assignation de biens saisis.

asségno |as'seɲɲo| *s.m.* **1** [*somma di denaro fissata in favore di qc.*] allocation (*f.*): *assegni familiari* allocations familiales; *assegni di disoccupazione* allocations de chômage # *assegno alimentare* pension alimentaire; *assegno vitalizio* pension viagère ◇ [*retribuzione data per un certo lavoro*] appointements (*pl.*): *ottenere un miglioramento del proprio assegno mensile* obtenir une augmentation de ses appointements → **stipendio** ◇ [*rendita*] rente (*f.*): *vivere con un modesto assegno annuale* vivre d'une modeste rente annuelle **2** (*comm., corr.*) chèque: *assegno bancario* chèque (bancaire); *libretto di assegni* carnet de chèques; *assegno sbarrato, circolare* chèque barré, circulaire; *assegno trasferibile* chèque ouvert; *assegno a vuoto* chèque sans provision; *assegno in bianco* chèque en blanc; *assegno al portatore, all'ordine* chèque au porteur, à ordre; *assegno turistico* chèque de voyage; *girare un assegno* endosser un chèque; *emettere un assegno* émettre, tirer un chèque; *pagare a mezzo assegno* payer par chèque; *riscuotere un assegno* toucher un chèque; *compilare un assegno* rédiger un chèque **3** *loc. comm.* CONTR'ASSEGNO, CONTRO ASSEGNO contre remboursement: *spedizione contr'assegno* envoi contre remboursement.

assemblàre |assem'blare| *v.tr.* (*tecnol.*) [*unire due o più parti*] assembler.

assemblatóre |assembla'tore| *s.m.* assembleur.

assemblèa |assem'blɛa| *s.f.* assemblée: *assemblea ordinaria, straordinaria* assemblée ordinaire, extraordinaire; *assemblea annuale, generale, plenaria* assemblée annuelle, générale, plénière; *assemblea nazionale, legislativa* assemblée nationale, législative; *convocare, sciogliere un'assemblea* convoquer, dissoudre une assemblée ◇ (*liturg. catt.*) *assemblea liturgica* assemblée liturgique ◇ (*mar.*) rappel *m.*

assembleàre |assemble'are| *agg.* de l'assemblée (*loc. inv.*): *decisione assembleare* décision de l'assemblée.

assembraménto |assembra'mento| *s.m.* [*adunata, riunione di persone*] rassemblement # *c'era un grande assembramento di spettatori* il y avait une foule de spectateurs.

assembràrsi |assem'brarsi| *v. pron. rifl.* [*riunirsi, affollarsi*] se rassembler: *i curiosi si erano assembrati per vedere l'incidente* les badauds s'étaient rassemblés pour voir l'accident [C] **disperder(si).**

assennataménte |assennata'mente| *avv.* [*con buon senso, con giudizio*] sagement: *parlare assennatamente* parler sagement [C] **dissennatamente.**

assennatézza |assenna'tettsa| *s.f.* → **buonsenso.**

assennàto |assen'nato| *agg.* [*dotato di buon senso*] sage, sensé → **giudizioso** [C] **dissennato, avventato, imprudente.**

assènso |as'sɛnso| *s.m.* **1** [*consenso, approvazione*] assentiment, approbation (*f.*): *dare il proprio assenso a q.c.* donner son assentiment, approbation à qqch.; *gli ha fatto un cenno di assenso* il lui a fait un signe d'assentiment, d'approbation; *un mormorio di assenso si levò dagli spettatori* un murmure d'approbation s'éleva parmi les spectateurs **2** (*dir.*) consentement: *assenso dei genitori al matrimonio della figlia* consentement des parents au mariage de leur fille [C] **dissenso, rifiuto.**

assentàrsi |assen'tarsi| *v.pron. intr.* [*allontanarsi, rimanere assente*] s'absenter: *si sono assentati dal posto di lavoro per alcuni minuti* ils se sont absentés quelques instants de leur poste, de leur bureau; *domandare il permesso di assentarsi* demander la permission de s'absenter [C] **restare, presenziare.**

assènte |as'sɛnte| **I** *agg.* **1** absent: *l'alunno X è assente* l'élève X est absent; *il soldato X era assente all'appello* le soldat X était absent à l'appel ◇ *loc.* ASSENTE DA absent de: *essere assente da casa, dal lavoro, da scuola* être absent de chez soi, de son travail, de l'école **2** (*fig.*) [*distratto*] absent: *avere uno sguardo, un'espressione assente* avoir un regard absent, une expression absente **II** *s.* **1** absent: *l'ultimo domicilio conosciuto dell'assente* le dernier domicile connu de la personne absente, de l'absent; *gli assenti hanno sempre torto* les absents ont toujours tort **2** (*fig.*) [*persona defunta*] disparu: *il caro assente* le cher disparu; *non bisogna dimenticare i cari assenti* il ne faut pas oublier les chers disparus [C] **presente 1.**

assenteìsmo |assente'izmo| *s.m.* absentéisme: *l'assenteismo scolastico* l'absentéisme scolaire; *l'assenteismo nelle fabbriche* l'absentéisme dans les usines.

assenteìsta |assente'ista| *s.* absentéiste.

assentiménto |assenti'mento| *s.m.* → **assenso.**

assentìre |assen'tire| *v.intr.* (*aus.* '*avere*') [*dare la propria approvazione*] acquiescer (2), consentir (21) (à): *assentì con un cenno del capo* il acquiesça, consentit d'un signe de tête; *tutti assentirono alla proposta* tous acquiescèrent à la, acceptèrent la proposition → **acconsentire, approvare, annuire** [C] **disapprovare, dissentire.**

assènza |as'sɛntsa| *s.f.* **1** (*persone*) absence: *assenza da scuola, dal lavoro* absence, de l'école du bureau; *fare delle lunghe assenze* faire de longues absences ◇ (*fam.*) *brillare per la propria assenza* briller par son absence ◇ *loc.* IN ASSENZA DI en l'absence de: *in assenza di mio padre, sarò io a dare le direttive* en l'absence de mon père, ce sera moi qui donnerai les directives ◇ (*dir.*) *dichiarazione di assenza* déclaration d'absence **2** (*cose*) manque (*m.*): *l'assenza d'aria* le manque d'air; *assenza di denaro* manque d'argent # *non è stato assunto per assenza dei requisiti richiesti* il n'a pas été engagé faute de présenter les qualités requises [C] **presenza.**

assenziènte |assen'tsjɛnte| *agg.* → **consenziente** [C] **dissenziente, contrario.**

assènzio, i |as'sɛntsjo, i| *s.m.* **1** (*t. bot.*) absinthe ◇ [*il liquore*] absinthe **2** (*fig.*) → **amarezza, fiele.**

asserìbile |asse'ribile| *agg.* [→ ASSERIRE] soutenable.

asserìre |asse'rire| (197) *v.tr.* [*affermare con forza*] soutenir (27), affirmer: *asserire la propria innocenza* soutenir son innocence; *asserisco che non è possibile* je soutiens que ce n'est pas possible; *asserisce di averti incontrato quel giorno* il affirme t'avoir rencontré ce jour-là [C] **negare.**

asserragliaménto |asserraʎʎa'mento| *s.m.* → **barricata.**

asserragliàre |asserraʎ'ʎare| **A** *v.tr.* → **barricare, sbarrare B** *v.pron. rifl.* ASSERRAGLIARSI [*rifugiarsi, barricarsi*] se barricader: *asserragliarsi in casa* se barricader dans sa maison.

assertìvo |asser'tivo| *agg.* (*gram.*) affirmatif*: *proposizione assertiva* proposition affirmative.

assèrto |as'sɛrto| *s.m.* → **asserzione.**

assertóre, trice |asser'tore, tritʃe| *s.* [*sostenitore, fautore*] champion*: *assertore di una causa* champion d'une cause; *è un'assertrice del femminismo* c'est une championne du féminisme.

asserviménto |asservi'mento| *s.m.* **1** [→ ASSERVIRE] assujettissement: *l'asservimento della cultura alla politica* l'assujettissement de la culture à la politique **2** (*scient.*) asservissement: *dispositivo di asservimento* dispositif d'asservissement [C] **1 liberazione.**

asservìre |asser'vire| **A** *v.tr.* [*rendere servo, assoggettare*] asservir (21); assujettir: *asservire un paese* asservir un pays ◇ (*fig.*) *asservire gli istinti* dominer ses instincts **B** *v.pron. rifl.* ASSERVIRSI [→ *tr.*] s'asservir: *asservirsi al nemico* s'asservir à l'ennemi [C] **liberare, affrancare, emancipare.**

asserzióne |asser'tsjone| *s.f.* [→ ASSERIRE] affirmation: *l'asserzione di un principio, di una tesi* l'affirmation d'un principe, d'une thèse ◇ [*la cosa asserita*] *verificare, controllare le asserzioni di qc.* vérifier, contrôler les affirmations de qqn.; *le tue asserzioni sono discutibili* tes affirmations sont discutables.

assessoràto |assesso'rato| *s.m.* assessorat.

assessóre |asses'sore| *s.m.* **1** [*membro della Giunta regionale, provinciale o comunale*] adjoint **2** (*dir.*) assesseur.

assestaménto |assesta'mento| *s.m.* **1** [→ ASSESTARE A 1] mise *f.* en ordre: *provvedere all'assestamento dei propri affari* pourvoir à la mise en ordre de ses affaires ◇ (*agr.*) *assestamento forestale* aménagement des forêts **2** (*edil., geol.*) tassement: *assestamento del terreno* tassement du sol.

assestàre |asses'tare| **A** *v.tr.* **1** [*mettere in ordine, a posto*] arranger (3): *assestare i volumi di un'enciclopedia* arranger les volumes d'une encyclopédie **2** (*per est.*) [*sistemare, regolare*] ajuster: *assestare la mira* ajuster sa visée ◇ [*affibbiare, centrare*] assener (6); appliquer: *assestare un colpo* assener un coup ‖ *assestare un ceffone* appliquer, flanquer une gifle **B** *v.pron.* ASSESTARSI **1** *rifl.* [→ *tr.* 2] s'installer: *s'assestò bene sulla poltrona* il s'installa confortablement dans le fauteuil; *si è assestato nel suo nuovo appartamento* il s'est installé dans son nouvel appartement # *assestarsi la camicia, la giacca* arranger sa chemise, sa veste **2** *intr.* (*riferito al terreno*) se tasser: *il terreno si è assestato* le terrain s'est tassé Ⓒ A 1 **scombussolare.**

assèsto |as'sɛsto| *s.m.* → **assestamento.**

assetàre |asse'tare| *v.tr.* [*far venir sete; ridurre alla sete*] altérer (8): *la lunga corsa mi ha assetata* cette longue course m'a altérée # *assetare una città* priver d'eau une ville.

assetàto |asse'tato| *agg.* **1** [*che ha sete*] assoiffé: *le mandrie assetate* les troupeaux assoiffés; *arrivò assetato* il arriva assoiffé ♦ (*s.*) *gli assetati* les assoiffés; *dar da bere agli assetati* donner à boire aux assoiffés ◇ (*fig.*) *assetato di vendetta* assoiffé de vengeance; *assetato di gloria* assoiffé de gloire **2** (*per est.*) [*arido*] aride: *campi assetati* champs arides.

assettaménto |assetta'mento| *s.m.* **1** → **riordinamento, sistemazione** **2** (*raro, edil.*) → **assestamento.**

assettàre |asset'tare| **A** *v.tr.* **1** [*mettere in ordine, al posto giusto*] arranger (3), mettre (71) en ordre: *assettare una camera* arranger, mettre en ordre une chambre □ *si è assettata i capelli* elle s'est coiffée, recoiffée ◇ (*per est.*) *assettare i libri nello scaffale* arranger, ranger les livres sur l'étagère; *assettare i vestiti* arranger, mettre en ordre ses habits **2** [*accomodare, aggiustare*] réparer: *assettare un cassetto, una sedia* réparer un tiroir, une chaise **B** *v.pron. rifl.* ASSETTARSI [*vestirsi, ornarsi*] s'arranger: *è andata ad assettarsi* elle est allée s'arranger ♦ → *tr.* 1 □.

assettàto |asset'tato| *agg.* [*ordinato, ben curato*] rangé, ordonné: *una casa, una camera ben assettata* une maison, une chambre bien rangée Ⓒ **disordinato, trasandato.**

assètto |as'sɛtto| *s.m.* **1** [*disposizione ordinata, sistemazione*] rangement # *dare assetto a q.c., mettere in assetto q.c.* ranger qqch.; *mettersi in assetto* s'apprêter, se préparer; *rimettersi in assetto* se mettre d'aplomb **2** [*equipaggiamento, tenuta*] *essere bene, male in assetto* être bien, mal mis; *essere in perfetto assetto* être parfaitement d'aplomb ◇ (*mil., fig.*) *essere in assetto di guerra* être sur le pied de guerre **3** (*aer., mar.*) assiette *f.* Ⓒ 1 **disordine, scompiglio, confusione.**

asseveràre |asseve'rare| *v.tr.* (*lett.*) → **affermare, asserire.**

asseverativo |assevera'tivo| *agg.* (*lett.*) → **affermativo.**

asseverazióne |asseverat'tsjone| *s.f.* (*lett.*) → **affermazione.**

assiàle |as'sjale| *agg.* axial*: *piano assiale* plan axial.

assibilazióne |assibilat'tsjone| *s.f.* (*fon.*) assibilation.

assicèlla |assi'tʃɛlla| *s.f.* [*piccola asse*] planchette, tablette.

assicuràbile |assiku'rabile| *agg.* [→ ASSICURARE] assurable.

assicuràre |assiku'rare| **A** *v.tr.* **1** [*dare per certo, garantire*] assurer, garantir: *assicurare il proprio appoggio* assurer, garantir son appui; *assicurare i servizi pubblici* assurer les services publics □ *assicurarsi un posto a teatro* s'assurer une place au théâtre; *assicurarsi i viveri per un mese intero* s'assurer des vivres pour un mois entier ◇ (*loc.*) *assicurare a qc. che* (+ *indic.*) assurer à qqn. que (+ *indic.*): *ti assicuro che mi interesserò del tuo caso* je t'assure que je m'intéresserai à ton cas **2** [*rendere immobile, fissare*] fixer: *assicurare una persiana* fixer un volet; *l'alpinista assicurò la corda alla staffa* l'apiniste fixa la corde à l'étrier ◇ (*per est.*) *assicurare un criminale alla giustizia* livrer un criminel à la police ◇ (*mar.*) *assicurare la bandiera* [*issarla, sparando contemporaneamente un colpo di cannone*] assurer son pavillon **3** [*rendere sicuro, sistemare in modo opportuno*] assurer: *assicurare l'avvenire della propria famiglia* assurer l'avenir de sa famille; *assicurare un vantaggio, una rendita a qc.* assurer un avantage, une rente à qqn. **4** [*garantire con un contratto di assicurazione*] assurer: *assicurare l'automobile contro il furto* assurer sa voiture contre le vol ◇ (*nella spedizione di valori*) *assicurare una lettera* envoyer (14) une lettre chargée **B** *v.pron. rifl.* ASSICURARSI **1** [*accertarsi, constatare*] s'assurer, vérifier (*tr.*): *assicuratevi che la porta sia ben chiusa* assurez-vous que (si) la porte est bien fermée ◇ [*tranquillizzarsi, rassicurarsi*] se rassurer: *a quelle parole tutti si assicurarono* à ces mots tout le monde se rassura **2** [→ *tr.* 4] s'assurer: *assicurarsi contro gli infortuni* s'assurer contre les accidents.

assicuràta |assiku'rata| *s.f.* [*lettera coperta da assicurazione*] lettre chargée: *spedire un'assicurata* envoyer une lettre chargée par la poste.

assicurativo |assikura'tivo| *agg.* **1** (*dir.*) d'assurance (*loc. inv.*): *polizza assicurativa* police d'assurance # *lavorare nel ramo assicurativo* travailler dans l'assurance **2** (*raro*) [*che serve ad assicurare*] rassurant: *ottennero una risposta assicurativa* ils eurent une réponse rassurante.

assicuràto |assiku'rato| *agg.* **1** assuré: *un guadagno, un successo assicurato* un gain, un succès assuré → 1 **certo, indubbio** **2** [*coperto da assicurazione*] assuré: *l'automobile è assicurata* la voiture est assurée, la voiture est couverte par une assurance ♦ (*s.*) *gli assicurati* les assurés **3** *lettera assicurata* lettre chargée; *pacco assicurato* colis chargé.

assicuratóre, trice |assikura'tore, tritʃe| *s.m.* [*chi stipula contratti di assicurazione*] assureur ♦ (*agg.*) *società assicuratrice* compagnie d'assurances *loc. inv.*

assicurazióne |assikurat'tsjone| *s.f.* **1** [→ ASSICURARE A 1; B 1] assurance, garantie: *le sue assicurazioni non mi hanno convinta* les garanties qu'il m'a données ne m'ont pas convaincue # *dare assicurazione della consegna di una merce* assurer la livraison d'une marchandise ◇ (*alpinismo*) assurance: *l'assicurazione a spalla* l'assurance par les épaules **2** (*dir., corr.*) assurance: *polizza, contratto di assicurazione* police, contrat d'assurance; *assicurazione contro gli infortuni, il furto, l'incendio* assurance contre les accidents, le vol, l'incendie; *assicurazione sulla vita* assurance sur la vie, assurance-vie; *assicurazione automobilistica* assurance-automobile; *assicurazione contro tutti i rischi* assurance tous-risques; *assicurazione contro terzi* assurance contre tiers; *assicurazione marittima* assurance maritime; *compagnia, agente di assicurazioni* compagnie, agent d'assurances; *assicurazioni sociali* assurances sociales; *assicurazione contro le malattie* assurance-maladie; *assicurazione contro l'invalidità e la vecchiaia* assurance invalidité-vieillesse; *assicurazione contro gli infortuni sul lavoro* assurance contre les accidents du travail.

assideraménto |assidera'mento| *s.m.* (*med., corr.*) [→ ASSIDERARE] gelure *f.* # *è morto per assideramento* il est mort (gelé) de froid.

assideràre |asside'rare| **A** *v.tr.* [*gelare, intirizzire*] geler (6), transir: *il freddo mi ha quasi assiderato* le froid m'a presque gelé, transi → **gelare** **B** *v.pron. intr.* ASSIDERARSI [→ *tr.*] geler (*intr.*): *con questo freddo c'è da assiderarsi* avec ce froid, il y a de quoi geler.

assideràto |asside'rato| *agg.* [*intirizzito per il freddo*] transi: *riscaldare le membra assiderate* réchauffer ses membres transis # *è morta assiderata* elle est morte (gelée) de froid.

assiderazióne |assiderat'tsjone| *s.f.* (*raro*) → **assideramento.**

assidersi |as'sidersi| (115) *v. pron. intr.* (*lett.*) → **seder(si).**

assiduaménte |assidua'mente| *avv.* [→ ASSIDUO] assidûment: *studiare assiduamente* étudier assidûment; *frequentare assiduamente un amico* fréquenter assidûment un ami Ⓒ **saltuariamente.**

assiduità |assidui'ta| *s.f. inv.* assiduité (*var.*): *l'assiduità di un impiegato nel suo lavoro* l'assiduité d'un employé à son travail; *frequentare qc. con assiduità* fréquenter qqn. avec assiduité Ⓒ **discontinuità, saltuarietà.**

assìduo |as'siduo| *agg.* **1** (*persone*) [*costante; diligente*] assidu: *essere assiduo nello studio* être assidu à l'étude; *è un assiduo lettore di gialli* c'est un lecteur assidu de romans policiers; *è* *un cliente assiduo* c'est un client assidu; *è assiduo alle lezioni* il est assidu aux cours **2** (*cose*) [*tenace, costante; premuroso*] assidu: *esercizio, lavoro assiduo* exercice, travail assidu; *cure assidue* soins assidus C **saltuario, incostante.**

assième |as'sjɛme| *avv. e s.m.* → 1 **insieme.**

assiepaménto |assjepa'mento| *s.m.* [→ ASSIEPARE A 1; B] attroupement # *un assiepamento di curiosi* une haie de curieux.

assiepàre |assje'pare| **A** *v.tr.* **1** [*affollare, stipare*] remplir: *il pubblico assiepava l'ingresso* le public remplissait l'entrée → **gremire 2** (*lett.*) [*cingere di siepi*] border de *haies: *assiepare un giardino* border un jardin de haies **B** *v.pron. intr.* ASSIEPARSI [→ *tr.* 1] se presser: *i curiosi si assiepavano intorno alle bancarelle* les curieux se pressaient autour des étalages → **affollar(si).**

assile |as'sile| *agg.* (*bot., scient.*) axile.

assillabazióne |assillabat'tsjone| *s.f.* (*ling.*) allitération.

assillànte |assil'lante| *agg.* [*ossessivo, molesto*] obsédant: *un pensiero assillante* une pensée obsédante; *un ricordo assillante* un souvenir obsédant ◇ [*insistente, incessante*] *harcelant: *creditori assillanti* créanciers harcelants; *esaudire le richieste assillanti di qc.* céder aux demandes harcelantes de qqn. → **pressante.**

assillàre |assil'lare| *v.tr.* [*ossessionare, tormentare*] obséder (8), *hanter: *era assillato da quell'idea fissa* il était obsédé, hanté par cette idée; c'était pour lui une idée fixe; *quel ricordo lo assillava* ce souvenir le hantait ◇ [*molestare con insistenza*] *harceler (6): *assillare qc. con continue proteste* harceler qqn. par des protestations continuelles; *era assillato dai creditori* il était harcelé par ses créanciers.

assìllo |as'sillo| *s.m.* **1** [*pensiero tormentoso, preoccupazione*] *hantise *f.*, obsession (*f.*): *l'assillo del peccato, della morte* la hantise du péché, de la mort; *era tormentata dall'assillo degli esami* elle était poursuivie par la hantise de l'examen **2** → **tafano.**

assimilàbile |assimi'labile| *agg.* [→ ASSIMILARE] assimilable: *cibo facilmente assimilabile* nourriture facilement assimilable.

assimilàre |assimi'lare| **A** *v.tr.* **1** [*convertire in sostanza organica*] assimiler: *assimilare i cibi* assimiler les aliments (la nourriture) ✦ (*ass.*) *il suo organismo non assimila più* son organisme n'assimile plus **2** (*fig.*) [*apprendere con profitto*] assimiler: *ha assimilato gli insegnamenti ricevuti* il a assimilé ce qu'il a appris **3** [*eguagliare, pareggiare*] assimiler: *assimilare una categoria di lavoratori a un'altra* assimiler une catégorie de travailleurs à une autre **4** (*fon.*) *assimilare due suoni* [*renderli simili*] faire (45) l'assimilation de deux sons **B** *v.pron.* ASSIMILARSI **1** *rifl.* [*rendersi, diventare simile*] s'assimiler: *questi emigrati si sono assimilati alla gente del paese* ces émigrés se sont assimilés aux gens du pays **2** *intr.* (*fon.*) [→ *tr.* 4] s'assimiler: *le due consonanti si sono assimilate* les deux consonnes se sont assimilées, ont subi l'assimilation.

assimilativo |assimila'tivo| *agg.* [*che ha facoltà di assimilare*] assimilateur*: *funzioni assimilative* fonctions assimilatrices # *avere grandi capacità assimilative* avoir de grandes capacités d'assimilation.

assimilatóre, trice |assimila'tore, tritʃe| *agg.* assimilateur*: *funzione assimilatrice* fonction assimilatrice; *organo assimilatore* organe assimilateur.

assimilazióne |assimilat'tsjone| *s.f.* **1** [→ ASSIMILARE] assimilation: *l'assimilazione dei cibi* l'assimilation de la nourriture; *assimilazione clorofilliana* assimilation chlorophylienne ◇ (*fig.*) *l'assimilazione delle idee, dei concetti* l'assimilation des idées **2** (*fon.*) *l'assimilazione di una consonante* l'assimilation d'une consonne.

assiòlo |assi'ɔlo|, **assiuòlo** |assi'wɔlo| *s.m.* (*t.zool.*) petit duc.

assiologìa, gie |assjolo'dʒia, dʒie|, **axiologìa, gie** |aksjolo'dʒia, dʒie| *s.f.* (*filos.*) axiologie.

assiòma |as'sjɔma| *s.m.* (*filos., corr.*) axiome.

assiomàtica, che |assjo'matika, ke| *s.f.* (*filos.*) axiomatique.

assiomaticità |assjomatitʃi'ta| *s.f. inv.* caractère *m. var.* axiomatique, évident: *l'assiomaticità di un problema* le caractère axiomatique, évident d'un problème.

assiomàtico, ci, ca, che |assjo'matiko, tʃi, ka, ke| *agg.* évident, axiomatique (*raro*): *una affermazione assiomatica* une affirmation évidente; *una verità assiomatica* une vérité d'évidence axiomatique.

assiomatizzàre |assjomatid'dzare| *v.tr.* [*trattare in base ad assiomi*] axiomatiser.

assiomatizzazióne |assjomatiddzat'tsjone| *s.f.* [→ ASSIOMATIZZARE] axiomatisation (*raro*).

assiriologìa, gie |assirjolo'dʒia, dʒie| *s.f.* assyriologie.

assiriòlogo, gi |assi'rjɔlogo, dʒi| *s.* assyriologue.

assiro |as'siro| **1** *agg.* [*dell'Assiria*] assyrien*: *iscrizioni assire* inscriptions assyriennes ✦ *s.* (*st.*) *gli Assiri* les Assyriens **2** (*s.m.*) *l'assiro* [*la lingua*] l'assyrien.

assisa |as'siza| *s.f.* **1** (*biol., geol.*) assise, strate: *assisa geologica* assise géologique **2** (*lett.*) → **livrea, 2 uniforme.**

assise |as'size| *s.f.pl.* **1** (*dir., corr.*) assises: *corte d'assise* cour d'assises; *difendere qc. in assise* défendre qqn. devant les assises **2** (*per est.*) [*seduta solenne, congresso*] assises: *prendere parte alle assise di un partito* prendre part aux assises d'un parti.

assisimètrico, ci, ca, che |assizi'mɛtriko, tʃi, ka, ke| *agg.* axisymétrique.

assiso |as'sizo| *agg.* (*lett.*) → **seduto.**

assistentàto |assisten'tato| *s.m.* assistanat.

assistènte |assis'tɛnte| *s.* **1** assistant: *assistente universitario* assistant # *fare da assistente a qc.* assister qqn.; *assistente di bordo* hôtesse (de l'air), steward ✦ (*agg.*) *medico assistente* médecin assistant **2** [*chi presta la propria opera a fini assistenziali*] assistant: *assistente sociale* assistante sociale **3** (*st. relig.*) *assistente al soglio pontificio* assistant au trône pontifical.

assistènza |assis'tɛntsa| *s.f.* **1** assistance: *prestare assistenza ai malati* prêter assistance aux malades; *chiedere l'assistenza di un medico* demander (l'assistance d') un médecin ◇ (*per est.*) *assistenza ospedaliera, sanitaria, medica* assistance hospitalière, sanitaire, médicale; *pubblica assistenza* assistance publique # *mutua assistenza* entraide ◇ (*dir.*) *assistenza legale* assistance devant les tribunaux **2** [→ ASSISTERE A] assistance: *è obbligatoria l'assistenza alle lezioni* l'assistance aux leçons est obligatoire # *il comizio si è svolto con l'assistenza di un pubblico numeroso* il y a eu une foule au comice.

assistenziàle |assisten'tsjale| *agg.* [*relativo all'assistenza sociale e pubblica*] d'assistance (*loc. inv.*): *ente assistenziale* organisme d'assistance.

assistenziàrio, i |assisten'tsjarjo, i| *s.m.* centre de réadaptation sociale.

assìstere |as'sistere| (116) **A** *v.intr.* (*aus.* 'avere') [*essere presente, partecipare come spettatore*] assister (à): *assistere alla messa* assister à la messe; *assistere a uno spettacolo, a un incidente* assister à un spectacle, à un accident **B** *v.tr.* **1** [*soccorrere, curare*] assister: *assistere un malato, i propri genitori* assister un malade, ses parents → **vegliare** ◇ [*aiutare, coadiuvare*] *assistere un chirurgo* assister un chirurgien **2** [*proteggere, favorire*] assister: *che Dio ti assista* que Dieu t'assiste; *se la fortuna mi assiste* si la chance me sourit, si la fortune m'est favorable.

assistito |assis'tito| *s.* assisté, bénéficiaire: *gli assistiti della mutua* les assistés, les bénéficiaires de la Sécurité sociale.

assito |as'sito| *s.m.* **1** [*parete divisoria fatta di assi*] cloison *f.* de planches → **tramezza 2** [*pavimento di assi*] plancher → **tavolato 3** [*steccato*] palissade *f.*

assiuòlo |assi'wɔlo| *s.m.* (*lett.*) → **assiolo.**

àsso |'asso| *s.m.* **1** (*carte*) as: *asso di fiori* as de pique; *tris d'assi* brelan d'as ◇ (*loc. fig.*) *avere l'asso nella manica* [*buone possibilità di successo*] avoir un atout maître ~ *lasciare, piantare in asso* [*lasciare sul più bello*] laisser qqn. en plan; *è decisa a piantare tutto in asso* elle est décidée à tout laisser en plan **2** (*fig.*) [*campione, persona molto abile*] as: *è un asso del volante* c'est un as du volant; *è un asso in matematica* c'est un as en mathématiques.

associàbile |asso'tʃabile| *agg.* [→ ASSOCIARE A 3] complémentaire: *sono due concetti associabili* ce sont deux idées complémentaires.

associabilità |assotʃabili'ta| *s.f. inv.* associabilité *var.* (*raro*).

associàre |asso'tʃare| **A** *v.tr.* **1** [*rendere partecipe a un'attività*] associer: *associare qc. a un'impresa* associer qqn. à une entreprise; *associare qc. negli affari* associer qqn. à ses affaires **2** [*mettere insieme, unire, spec. in vista di un fine*] associer: *associare dei collaboratori* associer des collaborateurs; *associare due colori contrastanti* associer deux couleurs qui contrastent # *essere associati dagli stessi gusti* avoir les mêmes goûts; *associare gli sforzi* unir ses efforts ◇ (*comm.*) *associare i capitali* [*costituire una società*] associer ses capitaux **3** (*fig.*) [*mettere in relazione, collegare, connettere*] associer: *associare un'idea a una* *immagine* associer une idée à une image; *associare due concetti* associer deux concepts **4** [*trasferire, assegnare*] affecter # *associare qc. alle carceri di Milano* écrouer qqn. dans la prison de Milan **B** *v.pron.* ASSOCIARSI **1** *rifl.* [*unirsi in società*] s'associer: *associarsi a qc. in un'impresa* s'associer à qqn. dans une entreprise; *associarsi con un'altra ditta* s'associer avec une autre entreprise ◇ [*iscriversi a un'associazione*] s'inscrire (51): *associarsi a un circolo letterario, a un club* s'inscrire à un cercle littéraire, à un club **2** *recipr.* (*comm.*) [*stringersi in società*] s'associer: *le due ditte si sono associate* les deux entreprises se sont associées ◇ (*fig.*) [*allearsi*] s'unir: *associarsi nella lotta contro i tumori* s'unir dans la lutte contre le cancer **3** *rifl.* (*fig.*) [*partecipare a, rendere propri i sentimenti altrui*] *associarsi al lutto di qc.* s'associer au deuil de qqn.; *mi associo al vostro dolore, alla vostra gioia* je prends part à votre douleur, à votre joie.

associatività |assotʃativi'ta| *s.f. inv.* (*logica, mat.*) associativité *var.*

associativo |assotʃa'tivo| *agg.* associatif*: *memoria associativa* mémoire associative ◇ (*mat.*) *proprietà associativa* propriété associative Ⓒ **dissociativo.**

associàto |asso'tʃato| *agg.* associé: *le due ditte associate* les deux entreprises associées ♦ (*s.*) *gli associati* les associés.

associazióne |assotʃat'tsjone| *s.f.* **1** [→ ASSOCIARE A 2] association: *associazione politica, culturale, religiosa, sportiva* association politique, culturelle, religieuse, sportive → **società**; *associazione riconosciuta di pubblica utilità* association reconnue d'utilité publique; *associazione a, per delinquere* association de malfaiteurs # *associazione di beneficenza* œuvre de bienfaisance **2** [→ ASSOCIARE B 1] association: *libertà, diritto di associazione* liberté, droit d'association # *la quota di associazione* la cotisation d'inscription **3** (*fig.*) [→ ASSOCIARE A 3] association: *per associazione di idee* par association d'idées **4** [→ ASSOCIARE A 4] transfert *m.*

associazionismo |assotʃattsjo'nizmo| *s.m.* associationnisme.

associazionìstico, ci, ca, che |assotʃattsjo'nistiko, tʃi, ka, ke| *agg.* associationniste.

assodaménto |assoda'mento| *s.m.* **1** [→ ASSODARE A 1] durcissement: *l'assodamento del terreno* le durcissement du terrain **2** [→ ASSODARE A 3] constatation *f.*, vérification (*f.*): *l'assodamento della fondatezza di un sospetto* la constatation, la vérification du bien-fondé d'un soupçon → **verifica, controllo.**

assodàre |asso'dare| **A** *v.tr.* **1** [*rendere sodo, duro*] affermir: *assodare la pasta* affermir la pâte # *assodare le uova* faire cuire des œufs durs ◇ (*per est.*) [*consolidare*] consolider: *assodare un argine, un muro* consolider une digue, un mur **2** (*fig.*) [*rinvigorire, rinforzare*] affermir: *assodare il proprio carattere, le proprie capacità* affermir son caractère, ses capacités **3** (*fig.*) [*accertare, verificare*] établir, vérifier: *assodare l'attendibilità di una notizia* établir, vérifier la crédibilité d'une nouvelle; *assodare un fatto* établir, vérifier un fait; *la sua innocenza è stata assodata* son innocence a été établie **B** *v. pron. intr.* ASSODARSI **1** [→ *tr.* 1] durcir (*intr.*): *il cemento si è assodato* le ciment a durci, a pris **2** [→ *tr.* 2] s'affermir: *le sue capacità si sono assodate* ses capacité se sont affermies.

assoggettàbile |assoddʒet'tabile| *agg.* [→ ASSOGGETTARE A 2] *quota di reddito non assoggettabile* partie de revenu non imposable.

assoggettaménto |assoddʒetta'mento| *s.m.* [→ ASSOGGETTARE] asservissement; assujettissement: *assoggettamento di un popolo a un altro* asservissement d'un peuple à un autre ‖ *assoggettamento alle leggi* assujettissement aux lois; *assoggettamento alle tasse* assujettissement à l'impôt Ⓒ **affrancamento, liberazione.**

assoggettàre |assoddʒet'tare| **A** *v.tr.* **1** [*sottomettere, asservire*] asservir (21): *assoggettare una nazione, un popolo* asservir un pays, un peuple ◇ (*per est.*) [*piegare, costringere*] *assoggettare qc. al proprio volere* asservir qqn. à sa (propre) volonté **2** [*rendere soggetto* (*a*), *sottoporre*] assujettir, soumettre (71): *assoggettare un prodotto a una tassa* assujettir, imposer, taxer un produit **B** *v.pron. rifl.* ASSOGGETTARSI [→ *tr.* 1] s'assujettir, se soumettre: *assoggettarsi a delle regole* s'assujettir à des règles ◇ [*adattarsi*] se livrer: *assoggettarsi ai lavori, alle mansioni più umili* se livrer aux travaux les plus humbles, accepter les tâches les plus humbles.

1 **assolàre** |asso'lare| *v.tr.* (*raro*) [*mettere a strati*] disposer par couches: *assolare i fichi, le arance in una cassetta* disposer les figues, les oranges dans une caisse.

2 **assolàre** |asso'lare| *v.tr.* (*raro*) [*esporre al sole*] exposer au soleil # *assolare il fieno* faire sécher du foin au soleil.

assolàto |asso'lato| *agg.* [*esposto al sole*] ensoleillé: *una radura assolata* une clairière ensoleillée → **soleggiato, solatio** Ⓒ **ombreggiato.**

assolcàre |assol'kare| *v.tr.* [*lavorare a solchi*] billonner: *assolcare un campo* billonner un champ, labourer un champ en billons.

assolcatóre |assolka'tore| *s.m.* (*agr.*) charrue *f.* à balance ♦ (*agg.*) *aratro assolcatore* buttoir *s.m.*

assoldaménto |assolda'mento| *s.m.* **1** (*raro*) [→ ASSOLDARE 1] engagement, enrôlement: *l'assoldamento di sicari* l'enrôlement des tueurs à gages **2** (*raro, mil.*) → **reclutamento.**

assoldàre |assol'dare| *v.tr.* **1** [*assumere al proprio servizio*] soudoyer (10): *assoldare una spia, un sicario* soudoyer un espion, un tueur à gages **2** (*mil.*) [*prendere a soldo*] enrôler: *assoldare truppe mercenarie* enrôler des troupes mercenaires.

assólo |as'solo|, **a sólo** |a'solo| *s.m. inv.* (*mus.*) solo: *un assolo di piano* un solo de piano ◇ (*per est., sport*) *l'assolo del terzino sinistro ha portato al gol del pareggio* l'action *f. var.* isolée de l'arrière gauche amena le but de l'égalisation.

assolutaménte |assoluta'mente| *avv.* **1** [*decisamente, in ogni modo*] absolument: *bisogna assolutamente avvisarlo* il faut absolument le prévenir; *devi assolutamente farcela* tu dois absolument réussir ◇ (*davanti ad agg.*) [*del tutto*] tout à fait (*loc. inv.*): *sono assolutamente sicuro che vi sbagliate* je suis tout à fait sûr que vous vous trompez; *ne sono assolutamente convinto* j'en suis tout à fait convaincu **2** [*con assolutismo*] de façon absolue (*loc. inv.*): *regnare, governare assolutamente* régner, gouverner de façon absolue **3** (*gram.*) *costruire assolutamente un verbo* employer un verbe absolument.

assolutézza |assolu'tettsa| *s.f.* (*filos.*) absoluité: *l'assolutezza di un principio* l'absoluité d'un principe ◇ (*per est.*) *un'assolutezza di carattere* un caractère absolu; *l'assolutezza delle sue affermazioni* le (caractère) tranchant de ses affirmations Ⓒ **relatività.**

assolutismo |assolu'tizmo| *s.m.* absolutisme Ⓒ **democrazia.**

assolutista |assolu'tista| *s.* **1** absolu (*agg.*): *sei proprio un assolutista!* tu es vraiment absolu! **2** [*seguace dell'assolutismo*] absolutiste.

assolutìstico, ci, ca, che |assolu'tistiko, tʃi, ka, ke| *agg.* absolutiste: *regime assolutistico* régime absolutiste.

assolùto |asso'luto| **I** *agg.* **1** [*libero da impedimenti, illimitato*] absolu: *una superiorità assoluta* une supériorité absolue → **indiscusso**; *godere di un'assoluta libertà* jouir d'une liberté absolue; *aveva un'assoluta fiducia nei suoi genitori* il avait une confiance absolue en ses parents **2** [*autoritario, perentorio*] absolu: *esprimere dei giudizi assoluti* exprimer des jugements absolus ◇ (*dir., corr.*) *potere assoluto* pouvoir absolu; *monarchia assoluta* monarchie absolue; *maggioranza assoluta* majorité absolue **3** [*pieno, totale*] absolu: *un'assoluta parità di diritti* une parité absolue de droits; *avere un'assoluta padronanza di una tecnica* avoir la maîtrise absolue d'une technique; *essere costretto a un riposo assoluto* être forcé à un repos absolu # *te lo dico con assoluta certezza* je te le dis en toute certitude ◇ [*pressante, urgente*] *avevo assoluto bisogno di parlarti* j'avais absolument besoin de te parler ◇ (*loc.*) *il primo assoluto* [*in una gara, un concorso e sim.*] bon premier: *si è classificato primo assoluto* il s'est classé bon premier **4** (*fis.*) absolu: *peso specifico assoluto* poids spécifique absolu; *temperatura assoluta* température absolue **5** (*gram.*) absolu: *superlativo assoluto* superlatif absolu; *ablativo assoluto* ablatif absolu; *uso assoluto di un verbo transitivo* emploi absolu d'un verbe transitif **6** (*mat.*) absolu: *valore assoluto di un numero reale* valeur absolue d'un nombre réel **7** *loc. avv.* IN ASSOLUTO dans l'absolu: *giudicare, parlare in assoluto* juger, parler dans l'absolu **II** *s.m.* (*filos.*) l'absolu Ⓒ I 1, 3 **limitato, parziale.**

assolutòrio, i |assolu'tɔrjo, i| *agg.* (*dir.*) absolutoire.

assoluzióne |assolut'tsjone| *s.f.* **1** (*dir., corr.*) acquittement (*m.*): *assoluzione perché il fatto non costituisce reato* acquittement; *assoluzione per mancanza di prove* acquittement par manque de preuves **2** (*relig. catt.*) absolution: *dare l'assoluzione a un peccatore* donner l'absolution à un pécheur Ⓒ 1 **condanna.**

assòlvere |as'sɔlvere| (117) *v.tr.* **1** (*dir.*) [*dichiarare innocente*] acquitter: *assolvere un imputato* acquitter un inculpé; *è stato assolto per non aver commesso il fatto* il a été acquitté; *è stato assolto per insufficienza di prove* il a été acquitté faute de preuves **2** (*relig. catt.*) [*liberare dai peccati*] absoudre (63): *assolvere un penitente* absoudre un pénitent; *assolvere qc. dai peccati* absoudre qqn. de ses péchés **3** [*condurre a termine, adempiere*] accomplir, s'acquitter *pron.* (de): *assolvere il proprio compito* accomplir, s'acquitter de son devoir; *assolvere scrupolosamente il proprio mandato parlamentare* s'acquitter scrupuleusement du mandat parlementaire ◇ (*per est.*) *ha assolto il suo debito* [*lo ha pagato*] il s'est acquitté (de sa dette) **4** (*raro*) [*liberare da un obbligo, da un impegno*] dégager (3), délier: *assolvere qc. da una promessa* dégager, delier qqn. d'une promesse Ⓒ 1 **condannare.**

assomigliànte |assomiʎ'ʎante| *agg.* (*raro*) → **somigliante.**

assomigliànza |assomiʎ'ʎantsa| *s.f.* (*raro*) → **somiglianza, rassomiglianza.**

assomigliàre |assomiʎ'ʎare| **A** *v.intr.* (*aus.* '*essere, avere*') [*essere somigliante*] ressembler (*aus.* avoir): *assomigliare alla propria madre* ressembler à sa mère; *ho un vestito che assomiglia al tuo* j'ai une robe qui ressemble à la tienne **B** *v.tr.* **1** [*rendere simile*] rendre (53) semblable (à): *l'ira assomiglia l'uomo alle bestie* la colère rend l'homme semblable aux bêtes **2** (*raro*) [*paragonare, confrontare*] comparer (*corr.*) (à, avec): *assomigliare la vita a un'avventura* comparer la vie à une aventure **C** *v.pron. recipr.* ASSOMIGLIARSI [→ *intr.*] se ressembler: *assomigliarsi come due gocce d'acqua* se ressembler comme deux gouttes d'eau; *i due cugini si assomigliano in modo impressionante* les deux cousins se ressemblent étonnamment.

1 **assommàre** |assom'mare| **A** *v. intr.* (*aus.* '*essere*') [*ammontare, ascendere a*] s'élever (6) *pron.* à, atteindre (66) (*tr.*): *le spese assommano a due milioni* les frais s'élèvent à deux millions; *i feriti assommano a un centinaio* le nombre des blessés atteint la centaine **B** *v.tr.* [*riunire, sommare, raccogliere*] réunir, rassembler: *assomma in sé tutte le migliori qualità* il réunit en lui toutes les qualités **C** *v.pron. intr.* ASSOMMARSI [→ *tr.*] se rassembler: *si assommavano in lui i vizi peggiori* les pires vices se rassemblaient en lui.

2 **assommàre** |assom'mare| **A** *v.tr.* (*mar.*) [*tirare a galla*] remonter; remettre (71) à flot: *i pescatori hanno assommato le reti* les pêcheurs ont remonté les filets ‖ *assommare una nave* remettre un navire à flot **B** *v.intr.* (*aus.* '*essere*') (*mar.*) **1** [*venire a galla*] émerger (3) (*aus.* avoir): *il palombaro è appena assommato* l'homme-grenouille vient d'émerger **2** [*salire in coperta*] monter (*aus.* avoir, être) sur le pont.

assonànte |asso'nante| *agg.* assonant.

assonànza |asso'nantsa| *s.f.* (*ling.*) assonance.

assonanzàto |assonan'tsato| *agg.* (*ling.*) assonancé.

assonàre |asso'nare| *v.intr.* (*aus.* '*essere, avere*') (*raro, ling.*) [*produrre un'assonanza*] assoner.

assonnàre |asson'nare| *v.tr. e intr.* (*aus.* '*essere*') (*lett.*) → **addormentare.**

assonnàto |asson'nato| *agg.* [*insonnolito, sonnolento*] ensommeillé, endormi: *occhi assonnati* des yeux ensommeillés; *è ancora tutta assonnata* elle est encore toute ensommeillée; *ha una aria assonnata* il a l'air endormi ◇ (*per est.*) [*pigro, indolente*] endormi: *è uno scolaro un po' assonnato* c'est un élève un peu endormi Ⓒ **sveglio, desto.**

assonometria |assonome'tria| *s.f.* (*geom.*) axonométrie.

assonomètrico, ci, ca, che |assono'metriko, tʃi, ka, ke| *agg.* (*geom.*) axonométrique.

assopiménto |assopi'mento| *s.m.* **1** [→ ASSOPIRE A 1; B 1] assoupissement: *essere in uno stato di assopimento* être dans un état d'assoupissement **2** (*fig.*) [→ ASSOPIRE A 2; B 2] assoupissement: *assopimento dei sensi* assoupissement des sens Ⓒ 1 **risveglio;** 2 **esaltazione.**

assopìre |asso'pire| (197) **A** *v.tr.* **1** [*indurre al torpore, addormentare*] assoupir: *il sedativo lo ha assopito* le sédatif l'a assoupi **2** (*fig.*) [*attenuare, calmare*] assoupir: *assopire il dolore* assoupir la douleur; *assopire le discordie* assoupir les discordes **B** *v.pron. intr.* ASSOPIRSI **1** [→ *tr.* 1] s'assoupir: *il bambino si è assopito* l'enfant s'est assoupi **2** [→ *tr.* 2] s'assoupir: *il dolore si è assopito* la douleur s'est assoupie; *le discordie si erano assopite* les discordes s'étaient assoupies.

assopìto |asso'pito| *agg.* [*lievemente addormentato, appisolato*] assoupi.

assorbènte |assor'bɛnte| **1** *agg.* absorbant: *i peli assorbenti delle radici* les poils absorbants des racines; *potere assorbente di una sostanza* pouvoir absorbant d'une substance # *carta assorbente* (papier) buvard **2** (*s.m.*) *assorbenti igienici* serviettes *f.* hygiéniques; *assorbenti acustici* matériaux insonorisants Ⓒ 1 **impermeabile.**

assorbiménto |assorbi'mento| *s.m.* **1** [→ ASSORBIRE 1] absorption (*f.*): *potere di assorbimento* pouvoir d'absorption; *capacità di assorbimento* capacité d'absorption, absorptivité *f.* (*raro*) ◇ *assorbimento di radiazioni* absorption des radiations ◇ (*fisiol.*) *assorbimento digestivo* absorption digestive ◇ (*tecnol.*) *assorbimento di gas tossici* absorption de gaz toxiques **2** (*fin.*) [→ ASSORBIRE 5] absorption: *hanno deciso l'assorbimento di quella ditta* ils ont décidé l'absorption de cette firme.

assorbìre |assor'bire| (204) *v.tr.* **1** [*incorporare, attrarre in sé, spec. liquidi*] absorber: *assorbire l'umidità* absorber l'humidité; *la spugna assorbe l'acqua* l'éponge absorbe l'eau; *il colore nero assorbe la luce* le noir absorbe la lumière ◇ (*loc. fig.*) (*pugilato*) *assorbire un colpo* [*incassarlo senza risentirne*] (savoir) encaisser un coup **2** (*fig.*) [*far proprio, assimilare*] assimiler: *assorbire la cultura del proprio tempo* assimiler la culture de son temps; *assorbire le idee, gli insegnamenti di qc.* assimiler les idées, les enseignements de qqn. **3** [*impegnare, occupare*] absorber: *quel lavoro lo assorbe interamente* ce travail l'absorbe complètement → **concentrare 4** [*consumare, esaurire*] absorber: *il mercato nazionale non assorbe tutta la produzione* le marché national n'absorbe pas toute la production; *gli interessi assorbono il capitale* les intérêts absorbent le capital **5** (*fin.*) [*incorporare, inglobare*] absorber: *assorbire un'altra azienda* absorber une autre entreprise.

assorbitività |assorbitivi'ta| *s.f. inv.* (*chim., fis.*) absorptivité *var.*

assordaménto |assorda'mento| *s.m.* [→ ASSORDARE] assourdissement.

assordànte |assor'dante| *agg.* assourdissant: *un rumore assordante* un bruit assourdissant; *fare un chiasso assordante* faire un vacarme assourdissant.

assordàre |assor'dare| **A** *v.tr.* **1** [*rendere temporaneamente sordo*] assourdir: *l'esplosione lo ha assordato* l'explosion l'a assourdi ♦ (*ass.*) *è un rumore che assorda* c'est un bruit assourdissant, qui assourdit **2** (*per est.*) [*frastornare, stordire*] assourdir: *i rumori del traffico lo assordavano* les bruits de la circulation l'assourdissaient; *con le sue urla mi ha assordata* ses cris m'ont assourdie ◇ (*fig.*) [*infastidire, molestare*] assommer, agacer (2): *assordare qc. con i propri piagnistei, con delle chiacchiere inutili* assommer, agacer qqn. avec ses pleurnicheries, avec des bavardages inutiles **3** (*riferito a suoni*) [*attutire, smorzare*] assourdir, amortir: *la neve assorda il rumore dei passi* la neige assourdit, amortit le bruit des pas **B** *v.intr.* (*aus.* '*essere*') (*raro*) [*diventare sordo*] devenir (27) sourd (*corr.*) # *è assordato per l'esplosione* l'explosion l'a rendu sourd **C** *v.pron. intr.* ASSORDARSI **1** [→ *tr.* 3] s'assourdir: *all'improvviso quel rumore si è assordato* tout à coup le bruit s'est assourdi **2** → **assordire** A 1; C.

assordàto |assor'dato| *agg.* [*stordito dal gran rumore*] abasourdi.

assordiménto |assordi'mento| *s.m.* **1** (*fon.*) assourdissement **2** (*raro*) → **assordamento.**

assordìre |assor'dire| (197) **A** *v. intr.* (*aus.* '*essere*') **1** (*fon.*) (*detto di cons.*) [*diventare sorda*] assourdir (*aus.* avoir) **2** (*raro*) → **assordare** B **B** *v.tr.* (*raro*) → **assordare** A 1, 2 **C** *v.pron. intr.* ASSORDIRSI [→ *intr.* 1] s'assourdir.

assorellàre |assorel'lare| *v.tr.* → **affratellare.**

assórgere |as'sordʒere| (*aus.* '*essere*') *v.intr.* (150) → **assurgere.**

assortiménto |assorti'mento| *s.m.* assortiment (de); choix: *un grande assortimento di articoli* un grand assortiment d'articles → **scelta** ‖ *non c'è un grande assortimento in questo negozio* il n'y a pas beaucoup de choix dans ce magasin ◇ [*serie di cose del medesimo genere ma con differenti particolari*] assortiment: *un assortimento di biancheria* un assortiment de linge; *un vasto assortimento di cravatte* un grand assortiment de cravates.

assortìre |assor'tire| (197) *v.tr.* **1** [*mettere insieme secondo un criterio di omogeneità*] assortir: *assortire la cravatta con l'abito* assortir la cravate au costume ♦ (*al p.p.*) *invitati ben assortiti* des invités bien assortis **2** (*raro*) [*rifornire*] assortir: *assortire un negozio* assortir un magasin.

assortìto |assor'tito| *agg.* assorti: *biscotti, dolci assortiti* des biscuits, des gâteaux assortis; *colori ben assortiti* des couleurs bien assorties; *la cravatta e* *il vestito sono ben assortiti* la cravate et le costume sont bien assortis.

assòrto |as'sɔrto| *agg.* [*impegnato, concentrato in q.c.*] absorbé: *sguardo assorto* regard absorbé; *avere un'aria assorta* avoir un air absorbé; *essere assorto in una meditazione, in una lettura* être absorbé dans une méditation, dans une lecture 🄲 **svagato, distratto.**

assottigliaménto |assottiʎʎa'mento| *s.m.* [→ ASSOTTIGLIARE B 2] diminution: *era preoccupato per l'assottigliamento delle sue entrate* il était préoccupé par la diminution de ses entrées 🄲 **aumento.**

assottigliàre |assottiʎ'ʎare| **A** *v.tr.* **1** [*rendere sottile, aguzzare*] tailler, amincir: *assottigliare la punta di un bastone* tailler la pointe d'un bâton; *assottigliare la punta di una matita* tailler (la pointe d') un crayon ◇ [*affilare*] *assottigliare una falce, un coltello* affûter une faux, aiguiser un couteau **2** (*fig.*) [*diminuire, ridurre*] réduire (75): *assottigliare le spese* réduire les dépenses; *assottigliare le scorte dei viveri* réduire la provision de vivres **3** (*fig.*) [*rendere più perspicace; aguzzare, affinare*] éclaircir: *assottigliare la mente* éclaircir l'esprit; *assottigliare i pensieri* éclaircir les pensées **B** *v.pron. intr.* ASSOTTIGLIARSI **1** (*persone*) [*diventare più esile, dimagrire*] maigrir (*intr.*): *si è assottigliata* elle a maigri, elle a réussi à maigrir **2** (*cose*) [*ridursi, diminuire*] diminuer (*intr.*): *le sue rendite si sono assottigliate* ses rentes ont diminué 🄲 B 1 **ingrassare.**

assuefàre |assue'fare| (103) **A** *v.tr.* [*abituare, avvezzare*] habituer: *assuefare gli occhi all'oscurità* habituer ses yeux à l'obscurité; *assuefare il palato a un nuovo sapore* habituer le palais à une nouvelle saveur **B** *v.pron. rifl.* ASSUEFARSI [→ *tr.*] se faire (45), s'habituer: *non riesco ancora ad assuefarmi a questa idea, a questa situazione* je ne me suis pas encore fait, habitué à cette idée, à cette situation 🄲 **disabituare.**

assuefàtto |assue'fatto| *agg.* [illegible] [*abituato, avvezzo*] habitué: *ess*[illegible] *assuefatto a* être habitué à **2** [illegible]) qui a une accoutumance à [illegible] # *assuefatto ai veleni* mithr[illegible]atisé.

assuefazióne |assuefat'tsjone| *s.f.* **1** (*med., corr.*) accoutumance, assuétude: *l'assuefazione agli stupefacenti* l'accoutumance aux stupéfiants; *questo farmaco non produce assuefazione* ce médicament n'entraîne pas d'accoutumance **2** [→ ASSUEFARE] accoutumance, assuétude: *assuefazione al clima* accoutumance au climat.

assuèto |assu'ɛto| *agg.* (*lett.*) → **assuefatto.**

assùmere |as'sumere| (118) *v.tr.* **1** [*prendere su di sé; accettare, incaricarsi di*] assumer: *assumere un impegno, un incarico* assumer un emploi, une charge; *assumere il comando di una nave, di un reparto* assumer le commandement d'un navire, d'un rayon; *assumere la difesa di un imputato* assumer la défense de l'accusé; *assumersi le spese di un'iniziativa* s'assumer les frais d'une initiative ◇ [*attribuirsi*] *assumersi il merito di q.c.* s'attribuer le mérite de qqch.; *assumersi tutte le colpe, tutta la responsabilità di q.c.* s'assumer toutes les fautes, toute la responsabilité de qqch. **2** (*detto di aspetto esteriore, espressione e sim.*) [*prendere*] prendre (73): *assumere un atteggiamento deciso* prendre une attitude décidée; *assumere un tono distaccato, confidenziale* prendre un ton détaché, confidentiel; *la cosa sta assumendo un aspetto del tutto diverso* l'affaire prend une allure complètement différente **3** [*prendere alle proprie dipendenze*] engager (3); embaucher: *assumere una dattilografa, una segretaria* engager une dactylo(graphe), une secrétaire ‖ *assumere nuovi operai* embaucher de nouveaux ouvriers **4** [*elevare, innalzare a una dignità*] *essere assunto al trono* être intronisé; *essere assunto al pontificato* être élevé au pontificat ◇ (*relig. catt.*) *la Vergine fu assunta al cielo* la Vierge monta au ciel **5** [*procurarsi, ricercare*] prendre: *assumere informazioni su qc.* prendre des renseignements sur qqn. ◇ (*dir.*) [*acquisire*] obtenir (27): *assumere testimonianze, nuove prove* obtenir des témoignages, de nouvelles preuves **6** [*ammettere come ipotesi*] faire (45) sien*; supposer: *assumere una tesi, una dottrina* faire sienne une thèse, une doctrine ‖ *si assume che...* on suppose que...

Assùnta (l') |as'sunta| *s.f.* (*relig. catt.*) l'Assomption.

assùnto |as'sunto| *s.m.* **1** [*ciò che è oggetto di una dimostrazione*] thèse (*f.*): *sostenere, difendere il proprio assunto* soutenir, défendre sa thèse → **tesi, asserzione 2** [*impegno, compito*] engagement, tâche (*f.*): *liberarsi di un assunto* s'acquitter d'un engagement, d'une tâche.

assuntóre, trice |assun'tore, tri'tʃe| *s.* (*raro*) [*appaltatore*] embaucheur *m.* # *assuntore di stazione* adjudicataire d'une gare ✦ (*agg.*) *la ditta assuntrice* l'entreprise qui embauche *loc.*

assuntorìa |assunto'ria| *s.f.* (*ferr.*) gare en adjudication.

assunzióne |assun'tsjone| *s.f.* **1** [→ ASSUMERE 3] engagement (*m.*): *assun*[illegible]*ne a termine* engagement pour [illegible] période déterminée; *assunzione a tempo indeterminato* engagement pour une période indéterminée; *assunzione in prova di un lavoratore* engagement à l'essai d'un travailleur # *l'ufficio (delle) assunzioni* le bureau d'embauche **2** [→ ASSUMERE 4] avènement (*m.*): *l'assunzione al trono, al pontificato* l'avènement, l'élévation au trône, au pontificat **3** [→ ASSUMERE 1] acceptation: *l'assunzione di un incarico, di un impegno* l'acceptation d'une charge, d'un engagement **4** [→ ASSUMERE 5] audition: *l'assunzione di nuove prove* l'audition de nouvelles preuves **5** (*relig. catt.*) Assomption 🄲 1 **licenziamento.**

assurdaménte |assurda'mente| *avv.* [→ ASSURDO] absurdement.

assurdità |assurdi'ta| *s.f. inv.* absurdité (*var.*): *l'assurdità di un ragionamento* l'absurdité d'un raisonnement; *dice delle assurdità* il dit des absurdités.

assùrdo |as'surdo| **1** *agg.* absurde: *è un pensiero assurdo* c'est une pensée absurde; *tutto sembrava così assurdo* tout semblait si absurde ◇ (*mat.*) *equazione assurda* équation par l'absurde **2** *s.m.* absurde: *ragionamento, dimostrazione per assurdo* raisonnement, démonstration par l'absurde → **assurdità** # *tutto questo è un assurdo!* tout ceci est d'une absurdité! 🄲 1 **fondato, ragionevole, sensato; logico.**

assùrgere |as'surdʒere| (150) *v. intr.* (*aus.* '*essere*') (*solo fig.*) [*innalzarsi, elevarsi*] être (43) (*aus.* avoir) élevé à: *assurgere al massimo potere* être élevé à la plus haute charge # *è assurto alle più alte cariche* il a atteint les plus hautes charges; *è assurto a simbolo della sua epoca* il est reconnu comme le symbole de son époque → **elevar(si).**

àsta |'asta| *s.f.* **1** [*bastone dritto, per usi diversi*] *l'asta della bandiera* la *hampe du drapeau; *l'asta della bilancia* le fléau *m.* de la balance; *l'asta del compasso, degli occhiali* la branche du compas, des lunettes; *l'asta dell'ombrello* le manche *m.* du parapluie; *l'asta della penna* le corps *m.* du stylo; *asta indicatrice del livello dell'olio* jauge d'huile ◇ *bandiera a mezz'asta* drapeau en berne **2** (*mar.*) *asta della vela* livarde de la voile; *asta di fiocco* bout-dehors *m.* de foc; *asta di posta* tangon *m.* **3** [*attrezzo ginnico*] perche: *salto con l'asta* saut à la perche **4** → 1 **lancia, giavellotto 5** [*tratto verticale di alcune lettere dell'alfabeto*] bâton (*m.*): *le due aste della lettera H* les deux bâtons de la lettre H **6** *al plur.* [*i primi esercizi di scrittura*] bâtons: *fare le aste* faire des bâtons **7** [*rivendita al miglior offerente*] vente: *vendita all'asta* vente aux enchères; *la casa delle aste* l'hôtel des ventes; *banditore d'asta* le commissaire-priseur; *l'asta è andata deserta* il n'y avait personne à la vente (aux enchères); *bandire un'asta* annoncer une vente aux enchères; *mettere, vendere all'asta* mettre, vendre aux enchères → 2 **incanto.**

àstaco, ci |'astako, tʃi| *s.m.* (*lett.*) → **gambero.**

astànte |as'tante| *s.* **1** *spec. al plur.* [*persona presente*] assistance (*f. sing.*): *gli astanti applaudirono* l'assistance a applaudi; *uno degli astanti* quelqu'un de l'assistance **2** (*arc.*) [*medico di guardia*] médecin *m.* de service, de garde (*corr.*) 🄲 1 **assente.**

astanterìa |astante'ria| *s.f.* poste *m.* de secours.

astàrio, i |as'tarjo, i| *s.m.* (*st. rom.*) *hastaire.

astasìa |asta'sia| *s.f.* (*med.*) astasie.

1 **astàto** |as'tato| *agg.* **1** armé d'une lance ✦ *s.m.* → **astario 2** (*bot.*) *hasté: *foglie astate* feuilles hastées.

2 **astàto** |as'tato| *s.m.* (*chim.*) astate.

astèmio, i |as'tɛmjo, i| *s.* qui ne boit pas de vin, d'alcool (*loc.*): *è un astemio* il ne boit pas d'alcool.

astenérsi |aste'nersi| (188) *v.pron. rifl.* [*tenersi lontano da; rinunciare a*] s'abstenir (27): *astenersi dal cibo, dal bere* s'abstenir de manger, de boire; *astenersi dal vino, dal fumo* s'abstenir de vin, de tabac; *si sono astenuti dal fare commenti* ils se sont abstenus de tout commentaire; *astenersi dal voto* s'abstenir dans un vote ✦ *ass.* (*dir., corr.*) [*non votare*] *molti elettori si sono astenuti* beaucoup d'électeurs se sont abstenus.

astenìa |aste'nia| *s.f.* (*med.*) asthénie.

astènico, ci, ca, che |as'tɛniko, tʃi, ka, ke| *agg.* (*med.*) asthénique: *sintomi astenici* symptômes asthéniques ✦ (*s.*) *un astenico* un asthénique.

astensióne |asten'sjone| *s.f.* [→ ASTENERSI] abstention: *astensione dal cibo, dalla carne* abstention de la nourriture, de la viande; *astensione dal voto* abstention # *astensione dal lavoro* arrêt de travail → **sciopero** ◇ (*dir., corr.*) *l'onorevole X ha preannunciato il voto di astensione del suo partito* le député X a annoncé à l'avance l'abstention de son parti.

astensionismo |astensjo'nizmo| *s.m.* abstentionnisme Ⓒ **partecipazione.**

astensionista |astensjo'nista| *s.* abstentionniste ✦ (*agg.*) *una tattica, una politica astensionista* une tactique, une politique abstentionniste.

àster |'aster| *s.m. inv.* **1** (*t.bot.*) aster *var.* **2** (*biol.*) aster.

astèrgere |as'tɛrdʒere| (114) **A** *v.tr.* **1** [*pulire con delicatezza, asciugare*] essuyer (11): *astergere, astergersi la fronte* essuyer son front; *astergere le lacrime dal viso* essuyer les larmes de, sur son visage → **tergere, detergere 2** (*lett.*) → **cancellare B** *v.pron. rifl.* ASTERGERSI [→ *tr.* 1] s'essuyer # *astergersi il sudore* essuyer sa sueur.

astèria |as'tɛrja| *s.f.* (*t.zool.*) astérie.

asterisco, chi |aste'risko, ki| *s.m.* **1** astérisque **2** [*breve articolo di giornale*] entrefilet.

asteròide |aste'rɔjde| *s.m.* (*astron.*) astéroïde.

astersióne |aster'sjone| *s.f.* **1** (*raro*) [→ ASTERGERE A 1] abstersion → **purificazione 2** (*tecnol.*) → **decapaggio.**

asticciòla |astit'tʃɔla| *s.f.* **1** [*piccola asta*] baguette **2** [*asta della freccia*] *hampe **3** [*penna per scrivere*] porte-plume *m.inv.* **4** [*manico di pennello*] ente, manche *m.*

àstice |'astitʃe| *s.m.* (*t.zool.*) *homard.

asticèlla |asti'tʃɛlla| *s.f.* [*piccola asta*] baguette ◇ (*sport*) barre: *l'asticella per il salto è stata posta all'altezza di 2 metri* la barre pour le saut a été placée à une hauteur de 2 mètres.

astigmàtico, ci, ca, che |astig'matiko, tʃi, ka, ke| *agg. e s.* astigmate.

astigmatismo |astigma'tizmo| *s.m.* (*med., ott.*) astigmatisme.

astile |as'tile| **1** *agg.* (*solo nella loc.*) *croce astile* [*usata per le processioni*] croix processionnelle **2** *s.m.* (*lett.*) → **asta, 1 lancia.**

àstilo |'astilo| *agg.* (*arch.*) sans colonnes (*loc. inv.*): *tempio astilo* temple sans colonnes.

astinènte |asti'nɛnte| *agg.* abstinent.

astinènza |asti'nɛntsa| *s.f.* abstinence: *l'astinenza dai piaceri* l'abstinence des plaisirs; *giorni d'astinenza* jours d'abstinence; *fare astinenza* faire abstinence.

àstio, i |'astjo, i| *s.m.* [*sordo rancore, avversione*] *hargne *f.*; rancœur *f.*, rancune (*f.*): *replicare, attaccare con astio* répliquer, attaquer avec hargne ‖ *avere, provare, nutrire astio per, contro qc.* avoir, éprouver, nourrir de la rancœur, de la rancune pour, contre qqn.

astiosaménte |astjosa'mente| *avv.* [→ ASTIOSO] *hargneusement; avec rancœur *loc. inv.*, avec rancune *loc. inv.*

astiosità |astjosi'ta| *s.f. inv.* [*risentimento, rancore*] acrimonie *var.*, *hargne (*var.*): *rispose senza astiosità ai suoi avversari* il répondit sans acrimonie à ses adversaires.

astióso |as'tjoso| *agg.* [*pieno di astio, di risentimento*] *hargneux*, rancunier*: *carattere astioso* caractère hargneux, rancunier; *replicare, rispondere con un tono astioso* répliquer, répondre d'un ton hargneux.

astista |as'tista| *s.* [*specialista del salto con l'asta*] perchiste, sauteur* à la perche.

astóre |as'tore| *s.m.* (*t.zool.*) autour.

astràgalo |as'tragalo| *s.m.* **1** (*anat., arch.*) astragale **2** (*t.bot.*) astragale **3** [*antico dado di osso*] osselet.

àstrakan |'astrakan, astra'kan| *s.m. inv.* astrakan (*var.*): *una pelliccia d'astrakan* un manteau d'astrakan.

astràle |as'trale| *agg.* astral*: *corpo astrale* corps astral; *influssi astrali* influences astrales.

astràrre |as'trarre| (190) **A** *v.intr.* (*aus.* 'avere') [*prescindere, non tener conto*] faire (45) *tr.* abstraction: *astrarre dai propri sentimenti personali* faire abstraction de ses sentiments; *non si può giudicare astraendo dai fatti* on ne peut juger en faisant abstraction des faits **B** *v.tr.* **1** (*filos.*) [*estrarre e separare concettualmente*] abstraire (62): *astrarre l'universale dal particolare* abstraire l'universel du particulier **2** [*distogliere, allontanare*] détourner: *astrarre la mente dal lavoro, dallo studio* détourner son esprit du travail, des études **C** *v.pron. rifl.* ASTRARSI [*straniarsi dall'ambiente per concentrarsi su q.c.*] s'isoler: *quando studia, quando ascolta la musica si astrae del tutto* quand il étudie, il écoute de la musique il s'isole complètement Ⓒ C **immedesimar(si), partecipare.**

astrattaménte |astratta'mente| *avv.* [→ ASTRATTO I 1] abstraitement: *ragionare, discutere astrattamente* raisonner, discuter abstraitement Ⓒ **concretamente.**

astrattézza |astrat'tettsa| *s.f.* [*indeterminatezza, infondatezza*] abstraction: *la sua idea è soltanto un'astrattezza* son idée n'est qu'une abstraction.

astrattismo |astrat'tizmo| *s.m.* (*arts.*) (art) abstrait.

astrattista |astrat'tista| *s.* [*seguace dell'astrattismo*] abstrait: *gli astrattisti e i surrealisti* les abstraits et les surréalistes ✦ (*agg.*) *pittura, scultura astrattista* peinture, sculpture abstraite; *un pittore astrattista* un peintre abstrait; *un quadro astrattista* un tableau abstrait.

astràtto |as'tratto| **I** *agg.* **1** [*ottenuto per astrazione*] abstrait: *idea astratta* idée abstraite; *pensiero astratto* pensée abstraite ◇ (*gram.*) *nome astratto* nom abstrait ◇ (*mat.*) *numero astratto* nombre abstrait **2** [*che non si basa sull'esperienza*] abstrait: *le scienze astratte* les sciences abstraites ◇ (*per est.*) [*privo di concretezza*] *un ragionamento astratto* un raisonnement abstrait **3** (*arts.*) *arte astratta* l'art abstrait; *pittore astratto* peintre abstrait **II** *s.m.* **1** abstrait: *l'astratto e il concreto* l'abstrait et le concret **2** *loc.* IN ASTRATTO [*teoricamente*] abstraitement (*avv.*): *parlare, ragionare in astratto* parler, raisonner abstraitement Ⓒ I 1 **concreto.**

astrazióne |astrat'tsjone| *s.f.* **1** (*filos., corr.*) abstraction: *capacità, facoltà di astrazione* capacité, faculté d'abstraction ◇ (*loc.*) *fare astrazione da* faire abstraction de; *facendo astrazione da* abstraction faite de... **2** [*idea, nozione astratta*] abstraction: *il colore, la forma sono delle astrazioni* la couleur et la forme sont des abstractions ◇ (*per est.*) *perdersi in astrazioni* se perdre dans des abstractions **3** (*raro*) → **concentrazione.**

astringènte |astrin'dʒɛnte| *agg.* (*med., corr.*) astringent: *farmaco astringente* remède astringent; *potere astringente di un farmaco* pouvoir astringent d'un remède ✦ (*s.m.*) *un astringente* un astringent.

astringere |as'trindʒere| (131) *v.tr.* **1** (*med.*) [*esercitare azione astringente*] resserrer: *astringere i pori* resserrer les pores **2** (*lett.*) → **costringere 3** (*lett.*) → **stringere** Ⓒ **1 dilatare.**

àstro- |'astro| *pref.* (*significa* 'astro, a forma di astro', *corrisponde gener. a*) astro: *astrofisica* astrophysique; *astronave* astronef.

-àstro |'astro| *suff.* (*esprime un'idea con valore pegg.*; *negli agg. di colore, indica* 'approssimazione', *corrisponde gener. a*) âtre: *biancastro* blanchâtre # *poetastro* mauvais poète.

1 **àstro** |'astro| *s.m.* **1** astre: *influenza degli astri sul destino dell'uomo* influence des astres sur le destin de l'homme **2** (*fig.*) [*persona che eccelle in q.c.*] vedette *f.*, étoile (*f.*): *è un astro del cinema* c'est une vedette, une étoile du cinéma.

2 **àstro** |'astro| *s.m.* (*solo nella loc.*) (*t.bot.*) *astro della Cina* aster.

astrofisica, che |astro'fizika, ke| *s.f.* astrophysique.

astrofisico, ci, ca, che |astro'fiziko, tʃi, ka, ke| *agg.* astrophysique: *fenomeni astrofisici* phénomènes astrophysiques ✦ (*s.*) *un astrofisico* un astrophysicien*.

astrofotografia |astrofotogra'fia| *s.f.* astrophotographie.

astrògrafo |as'trɔgrafo| *s.m.* lunette *f.* photographique.

astrolàbio, i |astro'labjo, i| *s.m.* astrolabe.

astrolatria |astrola'tria| *s.f.* astrolâtrie.

astrologàre |astrolo'gare| *v.intr.* (*aus.* 'avere') **1** [*dedicarsi all'astrologia*] s'adonner *pron.* à l'astrologie **2** (*fam.*) → **astrologare.**

astrologia, gie |astrolo'dʒia, dʒie| *s.f.* astrologie.

astrologicaménte |astrolodʒika'mente| *avv.* [→ ASTROLOGICO] astrologiquement; par l'astrologie *loc. inv.*

astrològico, ci, ca, che |astro'lɔdʒiko, tʃi, ka, ke| *agg.* astrologique.

astròlogo, gi, ghi |as'trɔlogo, dʒi, gi| *s.* astrologue ◇ (*solo nell'escl. scherz.*) *crepi l'astrologo!* (*riferita a chi predice sciagure*) au diable les oiseaux de mauvais augure!

astrometria |astrome'tria| *s.f.* astrométrie.

astronàuta |astro'nauta| *s.* astronaute.

astronàutica, che |astro'nautika, ke| *s.f.* astronautique.

astronàutico, ci, ca, che |astro'nautiko, tʃi, ka, ke| *agg.* d'astronautique (*loc. inv.*): *studi astronautici* des études d'astronautique # *volo astronautico* voyage interplanétaire.

astronàve |astro'nave| *s.f.* astronef *m.*, vaisseau *m.* (spatial).

astronomia |astrono'mia| *s.f.* astronomie.

astronomicaménte |astronomika'mente| *avv.* [→ ASTRONOMICO 2] astronomiquement.

lefona in continuazione] il est tout le temps perdu au téléphone ~ *attaccarsi al fiasco, alla bottiglia* [*bere in continuazione*] lever le coude ~ *attaccati al tram!* [*arrangiati!*] débrouille--toi! **4** *rifl.* (*fig.*) [*affezionarsi*] s'attacher: *si è attaccata molto allo zio* elle s'est beaucoup attachée à son oncle; *si è attaccato al suo compagno come a un fratello* il s'est attaché à son compagnon comme à son frère **5** *recipr.* [*scontrarsi, azzuffarsi*] s'attaquer, se battre (76): *i due avversari si sono attaccati con grande violenza* les deux adversaires se sont attaqués très violemment; *si sono attaccati per un'inezia* ils se sont battus pour un rien.

attaccatìccio, ci, cia, ce |attakka'tittʃo, tʃi, tʃa, tʃe| **I** *agg.* **1** [*che si attacca facilmente*] collant, poisseux*: *fango attaccaticcio* boue collante; *mani attaccaticce* mains poisseuses → **appiccicoso** **2** [*contagioso*] contagieux*: *male attaccaticcio* maladie contagieuse ◇ (*fig.*) contagieux: *riso attaccaticcio* rire contagieux; *sbadiglio attaccaticcio* bâillement contagieux **3** (*fam.*) (*persone*) [*fastidioso, molesto*] collant: *è una persona attaccaticcia* c'est une personne collante **II** *s.m.* (*solo nella loc.*) *sapere, avere sapore di attaccaticcio* (*detto di vivande che si sono attaccate durante la cottura*) avoir un (petit) goût de brûlé, un goût de cramé.

attaccàto |attak'kato| *agg.* **1** [*affezionato, devoto*] attaché: *è molto attaccata alla vita* elle est très attachée à la vie; *è molto attaccato alla nonna, agli zii* il est très attaché à sa grand--mère, à ses oncles # *sono molto attaccati al denaro* ils tiennent beaucoup à l'argent **2** [*ligio, rispettoso*] respectueux* de: *attaccato ai regolamenti* respectueux des règlements **3** (*loc.*) *stare sempre attaccati a qc.* [*non mollarlo mai*] s'attacher aux pas de qqn., ne pas quitter qqn. d'un pas.

attaccatùra |attakka'tura| *s.f.* [*punto di attacco di una cosa a un'altra*] *l'attaccatura di un muscolo* le point *m.* d'attache d'un muscle; *l'attaccatura della manica* l'emmanchure; *l'attaccatura dei capelli* la plantation des cheveux.

attacchìno |attak'kino| *s.* **1** [*chi, per mestiere, affigge manifesti*] afficheur *m.*, colleur* d'affiches **2** (*fam., tosc.*) → **attaccabrighe.**

attàcco, chi |at'takko, ki| *s.m.* **1** [*azione offensiva, assalto*] attaque (*f.*): *attacco aereo, di sorpresa* attaque aérienne, par surprise; *formazione di attacco* formation d'attaque; *passare all'attacco* passer à l'attaque; *lanciare, sferrare un attacco* lancer, déclencher une attaque ◇ (*loc.*) *tornare all'attacco*: (*pr., fig.*) revenir à l'assaut **2** (*sport*) attaque: *la squadra si lanciò all'attacco* l'équipe se lança à l'attaque; *quella squadra dispone di un buon attacco* c'est une équipe qui dispose d'une bonne attaque **3** (*fig.*) [*critica dura, severa*] attaque: *l'attacco della stampa alla politica del governo* l'attaque de la presse contre la politique du gouvernement; *essere oggetto di continui attacchi* être en butte à de constantes attaques **4** (*med., corr.*) attaque, crise (*f.*): *un attacco apoplettico* une attaque d'apoplexie; *un attacco cardiaco* une crise cardiaque; *l'ammalato non si è più ripreso dopo l'ultimo attacco* le malade ne s'est pas remis de sa dernière crise # *un attacco di tosse* une quinte de toux **5** [*punto di congiunzione; attaccatura*] *l'attacco delle spalle, del colletto* le point d'attache des épaules, du col; *l'attacco della manica* l'emmanchure ◇ [*l'insieme delle bestie da tiro*] attelage: *un attacco a quattro, a sei* (*cavalli*) un attelage à quatre, à six chevaux ◇ *spec. al plur.* (*sci*) fixations (*f.*): *stringere, sganciare gli attacchi* serrer, décrocher les fixations **6** (*elettr., corr.*) *attacco a baionetta* douille *f.* à baïonnette **7** [*appiglio, punto d'appoggio*] poignée (*f.*): *durante la marcia, tenersi stretti agli appositi attacchi* pendant la marche, se tenir aux poignées **8** [*inizio, esordio*] début, exorde: *l'attacco di una poesia* le début d'un poème; *il discorso ha avuto un attacco cauto e pacato* le discours a eu un exorde prudent et calme ◇ (*mus.*) attaque: *l'attacco dell'ultimo tempo di una sinfonia* l'attaque du dernier mouvement d'une symphonie; *l'attacco dei violini* l'attaque des violons ◇ (*alpinismo*) *iniziare l'attacco della parete* commencer l'ascension *f.* de la paroi.

attàgeno |at'tadʒeno| *s.m.* (*t.zool.*) attagène.

attagliàrsi |attaʎ'ʎarsi| *v.pron. intr.* [*adattarsi, essere appropriato*] seoir* *intr.*, aller (13) (*intr.*): *quel vestito ti si attaglia alla perfezione* cette robe te sied, te va à la perfection ◇ (*fig.*) *quel ruolo le si attaglia bene* c'est un rôle qui lui convient bien.

attanagliàre |attanaʎ'ʎare| *v.tr.* **1** [*stringere con le tenaglie*] saisir, serrer avec des tenailles; *attanagliare un pezzo di ferro bollente* saisir un morceau de fer brûlant avec des tenailles **2** (*per est.*) [*afferrare, stringere con forza*] enserrer, serrer: *il boxeur attanagliò l'avversario* le boxeur enserra son adversaire dans ses bras; *gli attanagliò le braccia* il lui serra les bras **3** (*fig.*) [*assillare, tormentare*] tenailler: *essere attanagliato dai rimorsi* être tenaillé par les remords.

attardàre |attar'dare| **A** *v.tr.* (*raro*) [*rallentare*] attarder: *la marcia fu attardata dalla neve* la marche fut retardée par la neige **B** *v.pron. intr.* ATTARDARSI [*trattenersi, fermarsi*] s'attarder: *attardarsi per la strada, in ufficio* s'attarder en chemin, au bureau; *attardarsi a casa di qc.* s'attarder chez qqn.; *attardarsi a parlare con qc.* s'attarder à parler avec qqn. **C** **accelerare, affrettare.**

attardàto |attar'dato| *agg.* [*che è in ritardo*] retardé; attardé: *rimase attardato per una foratura* il fut retardé par une crevaison → **ritardatario.**

attecchiménto |attekki'mento| *s.m.* [→ ATTECCHIRE] enracinement: *l'attecchimento di una pianta* l'enracinement d'une plante.

attecchìre |attek'kire| (197) *v.intr.* (*aus. 'avere'*) **1** [*mettere radici e crescere*] s'enraciner *pron.*, prendre (73): *una pianta marina che attecchisce sulle rocce* une plante marine qui s'enracine, qui prend sur les rochers → **allignare, radicar(si)** **2** (*fig.*) [*prender piede, diffondersi*] prendre; réussir: *è una moda che non attecchisce* c'est une mode qui ne prend pas (du tout).

atteggiaménto |atteddʒa'mento| *s.m.* **1** [→ ATTEGGIARE] attitude (*f.*): *un atteggiamento naturale, goffo* une attitude naturelle, gauche; *un atteggiamento umile, dimesso* une attitude humble, soumise → **espressione** **2** (*per est.*) [*comportamento, contegno*] attitude, air: *un atteggiamento ostile, fermo* une attitude hostile, ferme; *un atteggiamento di sfida, provocatorio* un air de défi, une attitude provocante; *un atteggiamento da superuomo* des airs de superman ◇ (*con valore pegg.*) *sono tutti atteggiamenti!* ce n'est qu'une attitude!, ce n'est que pose!; *ha di quegli atteggiamenti!* il prend de ces poses! **3** [*posizione concettuale; giudizio globale di fronte a un problema*] attitude: *l'atteggiamento dei giovani di fronte al problema della droga* l'attitude des jeunes à l'égard du problème de la drogue; *ha assunto un atteggiamento favorevole* il a pris, il a adopté une attitude favorable.

atteggiàre |atted'dʒare| **A** *v.tr.* [*porre in una particolare posizione o espressione*] prendre (73) un air: *atteggiare il viso a meraviglia, a tristezza* prendre un air étonné, chagrin; *atteggiare il viso a dubbio* prendre un air de doute # *atteggiare le mani a preghiera* tenir les mains jointes ◇ (*per est.*) *atteggiare le proprie parole a tenerezza* prendre un air tendre **B** *v.pron. rifl.* ATTEGGIARSI [→ *tr.*] se poser en, se donner des airs, prendre *tr.* des airs de: *atteggiarsi a gran signore* se poser en grand seigneur, se donner de grands airs; *si atteggia a superuomo* il prend, il se donne des airs de superman → **ostentare** # *atteggiarsi a vittima* jouer les victimes.

attempàto |attem'pato| *agg.* [*piuttosto anziano*] d'un certain âge (*loc. inv.*): *un signore attempato* un monsieur d'un certain âge → **vecchiotto, anzianotto.**

attendaménto |attenda'mento| *s.m.* **1** [*luogo dove ci si è attendati*] camp, campement: *l'acqua è a cento metri dall'attendamento* l'eau est à cent mètres du camp → **accampamento** **2** (*raro*) [→ ATTENDARSI] campement.

attendàrsi |atten'darsi| *v.pron. intr.* [*piantare le tende*] camper (*intr.*): *ci siamo attendati in mezzo al bosco* nous avons campé au cœur du bois → **accampar(si).**

attendènte |atten'dɛnte| *s.m.* (*mil.*) soldat-ordonnance *f.*

attèndere |at'tɛndere| (105) **A** *v.tr.* [*aspettare*] attendre (53): *attendere il treno* attendre le train; *attendere la fine del temporale* attendre la fin de l'orage; *attendere che qc. parli* attendre que qqn. parle; *verrò ad attenderti alla stazione* j'irai t'attendre à la gare → **aspettare** # *attendiamo una sollecita risposta* nous restons dans l'attente d'une prompte réponse de votre part ♦ (*ass.*) *attendere con speranza, con impazienza* attendre avec espoir, avec impatience; *non è più ora di attendere* ce n'est plus le moment d'attendre ◇ (*al telefono*) *attenda* (*un attimo*) attendez, patientez un instant **B** *v.intr.* (*aus. 'avere'*) [*dedicarsi, applicarsi a un'attività e sim.*] s'occuper de *pron.*, s'appliquer à (*pron.*): *attendere ai propri affari* s'occuper de ses affaires; *attendere alle bestie* s'occuper des bêtes; *attendere a un bambino* s'occuper, prendre soin d'un enfant; *attendere agli studi* s'appliquer à ses études → **applicar(si), badare** # *attendere alle faccende domestiche, alla casa* vaquer aux soins du ménage, s'occuper du ménage.

attendìbile |atten'dibile| *agg.* digne de foi: *una notizia attendibile* une nouvelle digne de foi # *l'abbiamo saputo da fonte attendibile* nous le tenons de bonne source [C] **inattendibile.**

attendibilità |attendibili'ta| *s.f. inv.* → **credibilità.**

attendìsmo |atten'dizmo| *s.m.* attentisme.

attendìsta |atten'dista| *agg. e s.* (*polit.*) attentiste.

attenére |atte'nere| (188) **A** *v.tr.* → **rispettare B** *v.intr.* (*aus. 'essere'*) [*concernere, riguardare*] concerner (*aus.* avoir): *ciò non attiene al problema* cela ne concerne pas l'affaire **C** *v.pron. rifl.* ATTENERSI **1** (*fig.*) [*seguire fedelmente, conformarsi*] se conformer; suivre (52) (*tr.*): *attenersi alle regole, agli ordini* se conformer aux règles, aux ordres ‖ *attenersi alle raccomandazioni, alle istruzioni di qc.* suivre les recommandations, les instructions de qqn. ◇ [*restare aderente, non scostarsi da*] s'en tenir (27): *mi sono attenuto ai fatti* je m'en suis tenu aux faits **2** (*arc.*) → **tener(si), attaccar(si)** [C] B **esulare.**

attentaménte |attenta'mente| *avv.* [→ ATTENTO I] attentivement [C] **distrattamente.**

attentàre |atten'tare| **A** *v.intr.* (*aus. 'avere'*) [*cercare, tentare di recar danno*] attenter: *attentare alla vita di qc.* attenter à la vie de qqn.; *attentare alla sicurezza dello Stato* attenter à la sûreté de l'État **B** *v.pron. intr.* ATTENTARSI (*raro*) [*osare, ardire*] se risquer (à): *non si era attentata ad entrare* elle ne s'était pas risquée à entrer.

attentàto |atten'tato| *s.m.* **1** attentat: *attentato al re* attentat contre le roi; *preparare un attentato contro qc.* préparer un attentat contre qqn.; *sfuggire a un attentato* échapper à un attentat ◇ (*spec.*) *attentato al plastico* attentat au plastic; *attentato alla vita, alla libertà* attentat à la vie, à la liberté **2** (*fig.*) [*sfida, oltraggio*] attentat, atteinte (*f.*): *attentato alla morale* attentat aux mœurs; *attentato al pudore* attentat à la pudeur; *attentato al buon senso* atteinte au bon sens.

attentatóre, trice |attenta'tore, tritʃe| *s.* auteur *m.* de l'attentat: *l'attentatore del re* l'auteur de l'attentat contre le roi.

attènti |at'tɛnti| **I** *inter.* (*mil.*) garde-à-vous! ◇ (*per est.*) [*in piedi!*] debout! **II** *s.m. inv.* **1** (*mil.*) garde-à-vous!: *mettersi, restare sull'attenti* se mettre, rester au garde-à-vous; *dare l'attenti* ordonner le garde-à-vous **2** (*loc. fig.*) *mettere qc. sull'attenti* [*farlo rigare diritto*] commander, mener qqn. à la baguette.

attènto |at'tɛnto| **I** *agg.* **1** [*che mette, dedica attenzione*] attentif*: *un ascoltatore attento* un auditeur attentif; *stare attento a q.c.* être attentif à qqch.; *devi stare più attento quando parlo* tu dois être plus attentif quand je parle ◇ [*vigile*] *seguiva con lo sguardo attento* elle suivait d'un regard attentif **2** (*persone*) [*diligente, scrupoloso*] appliqué, diligent: *uno scolaro attento* un écolier appliqué; *è un impiegato molto attento* c'est un employé très diligent ◇ (*cose*) [*fatto con cura; con precisione*] attentif, minutieux*: *una lettura attenta* une lecture attentive, minutieuse; *dopo attenta ricerca* après une recherche minutieuse → **accurato II** (*in funzione di inter., spec. al plur.*) [*attenzione!*] attention: *attento a quello che dici, fai!* attention à ce que tu dis, fais!; *attenti al cane!* attention au chien! ◇ (*con valore di minaccia*) gare à (*loc. inv.*): *attento, canaglia* gare à toi, canaille! [C] **I disattento, distratto, trascurato.**

attenuaménto |attenua'mento| *s.m.* → **attenuazione.**

attenuànte |attenu'ante| **1** *agg.* (*dir., corr.*) atténuant: *circostanze attenuanti* circonstances atténuantes **2** *s.f.* (*dir.*) *concedere le attenuanti* accorder les circonstances atténuantes ◇ (*per est.*) [*scusa, giustificazione*] excuse: *non cercare attenuanti!* ne cherche pas d'excuses! [C] **aggravante.**

attenuàre |attenu'are| **A** *v.tr.* **1** [*ridurre, alleggerire, diminuire*] atténuer, réduire (75): *attenuare una punizione* atténuer, réduire une punition; *attenuare il rigore di una pena* atténuer la rigueur d'une peine **2** [*rendere meno forte, meno violento*] atténuer: *attenuare un dolore* atténuer une douleur; *attenuare un'impressione* atténuer une impression **B** *v.pron. intr.* ATTENUARSI [→ *tr.* 2] s'atténuer: *i dolori si sono attenuati* les douleurs se sont atténuées ◇ [*affievolirsi, smorzarsi*] s'affaiblir: *i colori, i suoni si attenuano* les couleurs, les sons s'affaiblissent [C] **aumentare, inasprire.**

attenuàto |attenu'ato| *agg.* [*meno intenso, indebolito*] atténué (*p.p.*): *sensazione attenuata* sensation atténuée [C] **aggravato.**

attenuatóre |attenua'tore| *s.m.* (*tecnol.*) atténuateur.

attenuazióne |attenuat'tsjone| *s.f.* atténuation ◇ (*della voce*) abaissement *m.* [C] **aumento.**

attenzióne |attent'tsjone| **I** *s.f.* **1** attention: *prestare attenzione a qc.* prêter attention à qqn.; *attirare, suscitare l'attenzione di qc.* attirer, susciter l'attention de qqn.; *vi prego, un istante d'attenzione* s'il vous plaît, un instant d'attention; *fare attenzione* faire attention ◇ (*per est.*) [*cura, precisione, diligenza*] *studiare con attenzione* étudier avec attention; *osservare q.c. con attenzione* observer qqch. avec attention; *devi metterci maggiore attenzione* tu dois y apporter plus d'attention **2** *spec. al plur.* [*atto riguardoso, premura*] attentions: *essere pieno di attenzioni per qc.* être plein d'attentions pour qqn.; *usare mille attenzioni a qc.* avoir beaucoup d'attentions pour qqn. **II** (*in funzione di inter.*) *attenzione! si parte* attention! on part; *attenzione! passaggio incostudito* attention! passage à niveau non gardé.

attergàre |atter'gare| *v.tr.* (*bur.*) [*scrivere a tergo di un documento*] écrire (51) au verso, au dos: *attergare una nota* écrire au dos une annotation.

attergàto |atter'gato| *agg.* (*bur.*) écrit au dos, au verso ✦ (*s.m.*) *un attergato* une note *f.* au verso.

àttero |'attero| *agg.* (*zool.*) aptère: *insetto attero* insecte aptère [C] **alato.**

atterràggio, i |atter'raddʒo, i| *s.m.* **1** (*mar.*) atterrissage; atterrage **2** (*aviazione*) atterrissage: *atterraggio forzato* atterrissage forcé; *campo d'atterraggio* terrain d'atterrissage, aérodrome; *atterraggio strumentale* atterrissage au radar, aux instruments.

atterràre |atter'rare| **A** *v.tr.* **1** [*far cadere a terra, abbattere*] abattre (76): *atterrare un albero* abattre un arbre; *atterrare un aereo* abattre un avion ◇ [*demolire*] *atterrare una casa, un muro* abattre, démolir une maison, un mur **2** (*lotta, pugilato*) [*mandare al tappeto, effettuare un atterramento*] abattre, terrasser: *atterrare l'avversario* abattre, terrasser son adversaire **3** (*raro, fig.*) [*umiliare; distruggere*] abattre: *atterrare l'orgoglio, il coraggio* abattre l'orgueil, le courage; *lasciarsi atterrare* se laisser abattre **4** (*arc.*) → **abbassare B** *v.intr.* (*aus. 'avere', raro 'essere'*) (*aer.*) [*scendere sulla terra*] atterrir (*aus.* avoir): *l'aereo è atterrato* l'avion a atterri; *abbiamo atterrato con un'ora di ritardo* nous avons atterri avec une heure de retard ◇ (*mar.*) [*accostarsi a terra*] accoster: *la nave atterrava lentamente* le navire accostait lentement [C] B **decollare** 2.

atterrìre |atter'rire| (197) **A** *v.tr.* [*incutere terrore, impaurire fortemente*] terrifier: *quelle grida atterrivano il bambino* ces cris terrifiaient l'enfant → **terrorizzare** ✦ *ass.* [*suscitare sgomento, costernazione, prostrare*] frapper de terreur: *sono notizie che atterriscono* ce sont des nouvelles qui frappent de terreur, terrifiantes **B** *v.pron. intr.* ATTERRIRSI [*provare spavento*] être (43) frappé de terreur: *alla vista della pistola si è atterrita* à la vue du pistolet, elle fut frappée de terreur [C] **rassicurare.**

atterrìto |atter'rito| *agg.* [*fortemente spaventato*] terrifié: *volto, sguardo atterrito* visage, regard terrifié.

attésa |at'tesa| *s.f.* **1** [→ ATTENDERE A] attente: *l'attesa del tram* l'attente du tram; *l'attesa della morte* l'attente de la mort; *sala d'attesa* salle d'attente; *passare lunghe ore in attesa di qc., di q.c.* passer de longues heures dans l'attente de qqn., de qqch. # *essere in ansiosa, dolorosa attesa* attendre anxieusement, douloureusement; *durante l'attesa leggerò un libro* en attendant, je lirai un livre ◇ (*loc.*) *donna in attesa, che è in attesa* [*incinta*] femme enceinte; *in attesa di una vostra risposta* dans l'attente de votre réponse **2** [*aspettativa, speranza*] attente: *contro ogni nostra attesa* contre toute attente de notre part; *rispondere all'attesa* répondre à l'attente; *deludere l'attesa di qc.* décevoir l'attente de qqn.

attesìsmo |atte'sizmo| *s.m.* → **attendismo.**

attéso |at'teso| *agg.* **1** [*desiderato, sperato*] attendu: *un avvenimento molto atteso* un événement très attendu **2** (*lett.*) [*dato, stante*] étant donné (*inv.*): *attesa una simile situazione c'è poco da sperare* étant donné une telle situation, il y a peu d'espoir ◇ *loc. avv.* ATTESO CHE [*dato, posto che*] étant donné que..., attendu que...: *atteso che non posso venire da te, ti telefonerò* étant donné que je ne peux venir chez toi, je te téléphonerai [C] 1 **indesiderato**; 2 **escluso.**

1 **attestàre** |attes'tare| *v.tr.* **1** [*testimoniare, garantire per certo*] attester: *attestare la verità, la realtà di quel fatto* attester la vérité, la réalité de ce

fait; *attesto che quest'uomo è innocente* j'atteste que cet homme est innocent → **affermare, asserire** ◇ [*sostenere, proclamare*] témoigner *intr.* de: *sostenere la propria innocenza* témoigner de son innocence **2** [*provare, dimostrare*] attester: *il suo sguardo attesta il suo candore* son regard atteste sa candeur; *i risultati attestano la qualità del prodotto* les résultats attestent la qualité du produit [C] 1 **negare**; 2 **smentire.**

2 **attestàre** |attes'tare| **A** *v.tr.* **1** [*collocare testa a testa*] abouter: *attestare pietre, mattoni* abouter des pierres, des briques ◇ [*ancorare, fissare saldamente*] fixer: *attestare un ponte alle rive* fixer un pont aux deux rives **2** (*mil.*) [*schierare strategicamente le truppe*] disposer: *aveva attestato i suoi uomini lungo il fiume* il avait disposé ses soldats le long du fleuve **B** *v.pron. rifl.* ATTESTARSI (*mil.*) [→ *tr.* 2] se disposer; être (43) (*intr.*): *le truppe si sono attestate sulle alture* les troupes ont été disposées sur les hauteurs, ont occupé les hauteurs ‖ *l'incasso si è attestato sui 5 milioni* la recette a été de 5 millions.

attestàto |attes'tato| *s.m.* **1** [*testimonianza scritta*] attestation (*f.*): *un attestato di buona condotta* une attestation de bonne conduite ◇ (*scuola*) *attestato di lode* accessit, satisfecit ◇ (*bur.*) certificat, attestation: *attestato di nascita* certificat de naissance; *attestato degli studi fatti* certificat d'études; *attestato di collaudo* certificat d'essai; *rilasciare un attestato* délivrer un certificat, une attestation **2** [*prova, dimostrazione*] témoignage: *ho ricevuto molti attestati di solidarietà* j'ai reçu (eu) beaucoup de témoignages de solidarité ◇ *loc.* IN ATTESTATO DI [*in segno di*] en témoignage de: *in attestato di stima* en témoignage d'estime.

attestatùra |attesta'tura| *s.f.* (*agr.*) aboutement *m.*

attestazióne |attestat'tsjone| *s.f.* **1** [→ 1 ATTESTARE 1] attestation: *attestazione giurata* attestation sous serment → **testimonianza, dichiarazione** ◇ (*bur.*) *rilasciare un'attestazione* délivrer une attestation **2** [→ 1 ATTESTARE 2] témoignage (*m.*): *un'attestazione di affetto* un témoignage d'affection → **prova, dimostrazione** [C] 1 **smentita.**

atticciàto |attit'tʃato| *agg.* [*tarchiato, tozzo*] trapu: *un uomo, un bambino atticciato* un homme, un enfant trapu [C] **esile, mingherlino.**

atticismo |atti'tʃizmo| *s.m.* atticisme.

atticizzàre |attitʃid'dzare| *v.intr.* (*aus.* 'avere') [*parlare, scrivere con eleganza*] parler, écrire (51) avec élégance.

1 **àttico, ci, ca, che** |'attiko, tʃi, ka, ke| *agg.* **1** [*dell'Attica, di Atene*] attique: *popolazioni attiche* peuples attiques; *il dialetto attico* le dialecte attique **2** (*fig.*) [*raffinato, sottile*] *stile attico* style recherché, attique # *scrittore attico* écrivain raffiné ◇ (*loc.*) *sale attico* [*motto di spirito*] sel attique.

2 **àttico, ci** |'attiko, tʃi| *s.m.* **1** (*arch.*) attique ✦ (*agg.*) *ordine attico* ordre attique **2** (*per est.*) [*ultimo piano abitabile di un edificio*] attique: *abitare in un attico* habiter (dans) un attique.

attiguità |attigui'ta| *s.f. inv.* → **adiacenza, vicinanza.**

attiguo |at'tiguo| *agg.* [*contiguo, adiacente*] contigu*: *camere attigue* des chambres contiguës; *il salotto è attiguo alla sala da pranzo* le salon est contigu à la salle à manger; *la casa è attigua alla fattoria* la maison est contiguë à la ferme → 1 **vicino, annesso** [C] **lontano** 1, **distante, staccato.**

attillàre |attil'lare| **A** *v.tr.* **1** (*raro*) → **agghindare** **2** [*rendere aderente* (*un abito*)] ajuster: *attillare una camicia, una gonna* ajuster une chemise, une jupe **B** *v.pron. rifl.* ATTILLARSI [*abbigliarsi con cura, agghindarsi*] s'habiller avec recherche: *si è attillata con ricercatezza* elle s'est habillée avec recherche.

attillàto |attil'lato| *agg.* **1** (*di abito*) [*molto aderente al corpo*] collant, moulant: *un vestito attillato* une robe collante, moulante; *pantaloni attillati* un pantalon collant; *giacca attillata* veste moulante → **aderente** **2** (*persone*) [*vestito con cura, elegante*] tiré à quatre épingles (*loc.*): *è sempre tutto attillato* il est toujours tiré à quatre épingles [C] 1 **largo**; 2 **trasandato.**

àttimo |'attimo| *s.m.* [*brevissimo spazio di tempo*] instant: *aspettate un attimo* attendez un instant, une minute; *è questione di pochi attimi* c'est l'affaire de quelques instants, de quelques minutes; *senza perdere un attimo* sans perdre un instant; *senza un attimo di respiro* sans un instant de répit; *tutto sarà finito in pochi attimi* dans quelques instants tout sera fini; *cogliere l'attimo fuggente* jouir, profiter de l'instant qui passe → 1 **istante, momento** # *un attimo!* une minute!, un moment! ◇ (*loc.*) *di attimo in attimo* d'un moment à l'autre ~ *in un attimo* en un instant, en un clin d'œil ~ *tra un attimo* dans un instant [C] **eternità.**

attinènte |atti'nɛnte| **1** *agg.* [*riguardante, concernente*] relatif*, concernant: *affermazioni, discussioni attinenti a una questione* affirmations, discussions relatives à une question, concernant une question; *pratica attinente a un processo* dossier relatif à un procès ◇ (*loc.*) *essere attinente a* avoir (qqch.) à voir (avec, dans), avoir rapport à; *la risposta non è attinente all'argomento* la réponse n'a rien à voir, n'a aucun rapport avec le sujet; *non è attinente* cela n'a rien à voir → **pertinente** **2** *s.* (*arc.*) [*parente*; *amico*] parent (*corr.*), proche (*corr.*): *gli attinenti* les parents, les proches [C] **estraneo.**

attinènza |atti'nɛntsa| *s.f.* **1** [*connessione, relazione*] rapport (*m.*): *non avere attinenza con* ne pas avoir de rapport avec; *il problema ha scarsa attinenza con l'attuale situazione* le problème a très peu de rapport avec la situation actuelle → **rapporto** **2** [*legame di amicizia, di parentela*] relation: *ha notevoli attinenze nel mondo della politica, della finanza* il a des relations notoires dans le monde de la politique, de la finance **3** *al plur.* [*elementi accessori*] annexes (*m.*): *le attinenze di una azienda* les annexes d'une entreprise → **annesso.**

attìngere |at'tindʒere| (119) **A** *v.tr.* **1** [*prendere, tirar su acqua*] puiser: *attingere acqua dal pozzo* puiser de l'eau au puits # *attingere vino dalla botte* [*spillarlo*] tirer, soutirer du vin du tonneau **2** (*fig.*) [*ricavare, trarre*] puiser: *attingere immagini dai propri ricordi* puiser des images dans ses souvenirs; *attingere coraggio* puiser du courage; *attingere esempi da varie fonti* puiser des exemples à des sources différentes # *attingere una notizia da buona fonte* tenir une nouvelle de bonne source ✦ (*al p.p.*) *documentazione attinta dagli archivi* documentation puisée aux archives ◇ (*di danaro*) [*far ricorso a, prendere da*] avoir (28) recours à: *attingere al credito* avoir recours au crédit; *ho attinto al fondo di riserva* j'ai eu recours au fonds de réserve **3** (*arc.*) [*raggiungere, toccare*] atteindre (66) (*corr.*): *attingere la riva* atteindre la rive **4** (*fig., lett.*) [*conseguire, ottenere*] atteindre; atteindre *intr.* à: *attingere il successo, la fama, la gloria* atteindre le succès, la célébrité, la gloire ‖ *attingere la perfezione* atteindre à la perfection **B** *v.intr.* (*lett.*) (*aus.* 'avere') [→ *tr.* 4] atteindre à.

attingitóio, i |attindʒi'tojo, i| *s.m.* (*raro*) [*recipiente per attingere acqua*] épuisette *f.*

attìnia |at'tinja| *s.f.* (*t.zool.*) actinie.

attìnico, ci, ca, che |at'tiniko, tʃi, ka, ke| *agg.* actinique.

attìnio, i |at'tinjo, i| *s.m.* (*chim.*) actinium.

attiràbile |atti'rabile| *agg.* [→ ATTIRARE] attirable.

attiràre |atti'rare| *v.tr.* **1** [*richiamare, far convergere* (*l'interesse, l'attenzione di qc.*) *su di sé*] attirer: *attirare l'interesse di tutti* attirer l'intérêt de tout le monde; *attirare gli sguardi di qc.* attirer les regards de qqn.; *le bellezze della Sicilia attirano i turisti* les merveilles de la Sicile attirent les touristes □ *attirarsi le ire, l'odio di qc.* s'attirer les colères, la haine de qqn. ◇ [*far sorgere, provocare*] provoquer: *la ricchezza attira l'invidia* la richesse provoque l'envie **2** *spec. ass.* [*attrarre, conquistare*] fasciner: *ha un fascino, una bellezza che attira* elle a un charme, une beauté qui fascine ◇ [*solleticare, stuzzicare*] tenter: *è un'idea che mi attira* c'est une idée qui me tente; *è un piatto che mi attira* c'est un plat qui me tente **3** (*fis.*) [*esercitare una forza di attrazione*] attirer: *la calamita attira il ferro* l'aimant attire le fer ◇ (*per est.*) [*far sorgere, provocare*] provoquer: *l'umidità attira la ruggine* l'humidité provoque la rouille.

attitudinàle |attitudi'nale| *agg.* d'aptitude (*loc. inv.*): *esame attitudinale* test d'aptitude.

attitùdine |atti'tudine| *s.f.* **1** aptitude: *attitudine al lavoro* aptitude au travail → **idoneità, capacità** ◇ [*disposizione, propensione*] aptitude, dispositions (*pl.*): *avere attitudine per le arti* avoir de l'aptitude aux, pour les arts; être doué pour les arts; *non ha attitudine allo studio* il n'a pas de dispositions pour les études; *è una persona senza particolari, specifiche attitudini* c'est une personne sans aptitudes particulières, spéciales, sans dons spéciaux **2** [*atteggiamento, posizione*] attitude: *restava immobile in attitudine di profonda meditazione* il restait immobile dans une attitude de profonde méditation [C] 1 **incapacità**; **inettitudine.**

attivaménte |attiva'mente| *avv.* [→ ATTIVO I 1] activement [C] **passivamente**; **fiaccamente.**

attivàre |atti'vare| *v.tr.* **1** [*mettere in funzione*] mettre (71) en activité:

attivare una fabbrica mettre une usine en activité; *attivare una linea ferroviaria* mettre une ligne de chemin de fer en activité ◇ [*azionare, manovrare*] actionner: *attivare il dispositivo di partenza* actionner le dispositif de départ **2** [*riportare a un grado efficiente di funzionalità; accelerare, sollecitare*] activer: *attivare la circolazione del sangue* activer la circulation du sang; *attivare i lavori* activer les travaux **3** (*chim.*) [*stimolare alla reazione*] activer: *attivare le molecole di un corpo* activer les molécules d'un corps ✦ (*al p.p.*) *carbone attivato* charbon activé ⓒ 1 **disattivare.**

attivatóre |attiva'tore| *s.m.* (*chim.*) activateur* *s.m. e agg.*

attivazióne |attivat'tsjone| *s.f.* **1** [→ ATTIVARE 1] mise en activité # *attivazione di un tronco di autostrada* ouverture, inauguration d'un tronçon d'autoroute **2** (*chim.*) activation: *attivazione del carbone* activation du charbon; *energia di attivazione* énergie d'activation.

attivìsmo |atti'vizmo| *s.m.* (*filos., polit.*) activisme.

attivìsta |atti'vista| *s. e agg.* activiste.

attivìstico, ci, ca, che |atti'vistiko, tʃi, ka, ke| *agg.* **1** [*che riguarda l'attivismo*] activiste: *concezione attivistica della vita* conception activiste de la vie **2** → **attivo.**

attività |attivi'ta| *s.f. inv.* **1** activité (*var.*): *attività industriale, commerciale* activité industrielle, commerciale; *attività primaria* [*agricoltura*] activité primaire; *attività secondaria* [*industria*] activité secondaire; *attività terziaria* [*commercio*] activité tertiaire; *sospendere, riprendere l'attività* suspendre, reprendre l'activité; *essere in piena attività* être en pleine activité; *persona piena di attività* personne pleine d'activité; *persona che ha troppe attività* personne qui a trop d'activités ◇ [*lavoro, professione*] activité; occupation (*var.*): *attività dipendente* activité salariale; *svolgere una intensa attività* déployer une intense activité; *che attività svolgi?* quelle activité exerces-tu?; que fais-tu comme métier? ‖ *tornare alle proprie attività* retourner à ses occupations → **occupazione 2** (*geol.*) activité: *vulcani in attività* volcans en activité; *attività solare* activité solaire **3** (*comm.*) actif *m. var.* → **attivo** II 1 ⓒ 1; 2 **inattività.**

attivizzàre |attivid'dzare| *v.tr.* [*rendere attivo*] rendre (53) actif*, dynamique: *attivizzare un gruppo politico, economico* rendre actif, dynamique un groupe politique, économique.

attivo |at'tivo| **I** *agg.* **1** [*che agisce, svolge un'attività*] actif*, en activité (*loc. inv.*): *la popolazione attiva* la population active # *tutti i reparti dell'ospedale sono attivi* tous les services de l'hôpital fonctionnent ◇ [*operoso, dinamico*] *persona attiva* personne active; *vita attiva* vie active; *è una donna molto attiva* c'est une femme très active ◇ (*bur.*) *servizio attivo* service actif; *ufficiale in servizio attivo* officier d'active ◇ [*di primo piano, rilevante*] *aver parte attiva in q.c.* prendre (avoir) une part active dans qqch.; *svolgere un ruolo attivo* jouer (exercer) un rôle actif ◇ (*pedag.*) *scuola attiva* enseignement actif; *metodo attivo* méthode active ◇ (*chim., metall.*) actif; activé (*p.p.*): *elementi attivi* éléments actifs ‖ *carbone attivo* charbon activé **2** (*gram.*) actif: *verbi attivi* verbe (à l') actif; *forma, coniugazione attiva* forme, conjugaison active **3** (*comm.*) actif: *bilancia commerciale attiva* balance commerciale active; *saldo attivo* solde actif **II** *s.m.* **1** (*comm.*) actif: *attivo liquido, sociale* actif liquide, social; *passare in attivo* passer à l'actif ◇ (*fig.*) *avere al proprio attivo* avoir à son actif **2** (*gram.*) actif: *un attivo, un passivo* un actif, un passif # *coniugare dei verbi all'attivo* conjuguer des verbes à la forme active **3** (*polit.*) [*riunione, comitato dei membri dirigenti di un partito, sindacato e sim.*] *l'attivo sindacale* le comité d'action syndicale ⓒ I 1 **inattivo, apatico,** 2, 3 **passivo;** II 1, 2 **passivo.**

attizzaménto |attittsa'mento| *s.m.* [→ ATTIZZARE] attisement.

attizzàre |attit'tsare| *v.tr.* **1** [*ravvivare, rendere più vivo*] attiser: *attizzare il fuoco* attiser le feu ◇ (*per est.*) *attizzare un incendio* attiser un incendie **2** (*fig.*) [*stimolare, incitare*] attiser: *attizzare l'ardore, la brama, le passioni* attiser l'ardeur, la soif, les passions ◇ (*spec. di cani*) [*aizzare*] lâcher: *mi ha attizzato* (*contro*) *i cani* il a lâché les chiens contre moi.

attizzatóio, i |attittsa'tojo, i| *s.m.* [*strumento per attizzare il fuoco*] tisonnier.

attizzatóre, trice |attittsa'tore, tritʃe| *s.* **1**. *s.m.* (*raro*) [*chi attizza il fuoco*] chauffeur *m.* **2** *s.* (*fig.*) → **istigatore.**

1 **àtto** |'atto| *s.m.* **1** acte: *atto onesto, leale, scorretto, offensivo* acte honnête, loyal, incorrect, offensif; *atto sciocco, inutile* acte stupide, inutile; *atto inconsulto* acte inconsidéré; *un atto di collera, di coraggio* un acte de colère, de courage; *è un apprezzabile atto di giustizia* c'est un acte appréciable de justice; *fare un atto di carità* faire un acte de charité; *compiere atti eroici* accomplir des actes héroïques; *render conto, rispondere dei propri atti* rendre compte, répondre de ses actes; *non è più responsabile dei suoi atti* il n'est plus responsable de ses actes # *è stato un bell'atto* cela a été une belle action ◇ (*psicol.*) *atto mancato* acte manqué ◇ [*manifestazione, attestazione, dimostrazione*] acte, geste: *un atto di stima, di amicizia* un geste d'estime, d'amitié; *chiedere, dar atto di...* demander, donner acte de... # *il tuo è un atto di sfiducia* ton geste constitue un manque de confiance ◇ [*dichiarazione formale, professione*] acte: *atto di fede, di speranza* acte de foi, d'espérance; *atto di dolore, di contrizione* acte de contrition; *crederti è proprio un atto di fede* te croire constitue un véritable acte de foi ◇ [*atteggiamento, gesto, cenno*] geste: *reagì con un atto d'impazienza, d'insofferenza* il réagit avec un geste d'impatience, d'intolérance; *far l'atto di...* faire le geste de... # *in atto di affettuosa confidenza* dans un mouvement d'affectueuse familiarité; *raffigurare qc. in atto dimesso, di preghiera* représenter qqn. dans une attitude soumise, dans un geste de prière (en train de prier); *fece l'atto di andarsene* il fit mine de s'en aller ◇ *loc.* METTERE IN ATTO [*attuare*] mettre à exécution, réaliser: *ha messo in atto i suoi propositi* il a mis ses projets à exécution ~ ESSERE IN ATTO [*essere in efficienza, in funzione*] être en état de marche: *l'impianto è già in atto* l'installation est déjà en état de marche; [*essere in via di realizzazione*] être en cours: *la pratica è in atto* l'affaire est en cours; *sono in atto ricerche in tutta la zona* des recherches sont en cours dans toute la région ~ NELL'ATTO (DI), ALL'ATTO (DI) au moment (de): *in atto di morte* au moment de mourir → 1 **punto, momento**; *all'atto di concludere ebbe un ripensamento* au moment de conclure il se ravisa # *fu sorpreso nell'atto di rubare* on le surprit en train de voler; *pagare all'atto della consegna, dell'ordinazione* payer à la livraison, à la commande ~ ALL'ATTO PRATICO [*in pratica, al momento della prova*] à l'épreuve: *all'atto pratico questo metodo si rivelò un fallimento* à l'épreuve cette méthode se révéla un échec ~ FAR ATTO DI [*fare q.c. per pura formalità*] faire acte de: *far atto di presenza* faire acte de présence ~ FAR L'ATTO DI [*fare il cenno, il gesto di...*] faire le geste, faire mine de: *non ha fatto neanche l'atto di spostarsi* il n'a même pas fait le geste de se déplacer; *ha fatto l'atto di dargli uno schiaffo* il a fait mine de lui donner une gifle → **mossa 2** (*bur.*) acte: *atto di nascita, di morte* acte de naissance, de décès; *atti dello stato civile* actes de l'état civil; *un atto pubblico, privato* un acte public (sous seing), privé; *atto scritto, registrato* acte écrit, enregistré; *atto autentico, autenticato* acte authentique, authentifié; *atto notarile* acte notarié, passé devant notaire; *redigere, stendere, firmare un atto* établir, dresser, signer un acte # *falso in atto pubblico* faux en écriture publique; *presentare, sottoscrivere un atto falso* présenter, signer un faux → **documento, certificato** ◇ (*dir.*) *atto d'accusa* acte d'accusation → **capo** ◇ *loc.* PRENDER ATTO DI [*prendere, tenere in considerazione*] prendre acte, note de: *abbiamo preso atto delle sue dimissioni* nous avons pris acte de votre démission; *prendi atto di quel che ti dico* prends note de ce que je te dis # *questa è la realtà, devi prenderne atto* c'est là la réalité, tu dois t'en rendre compte **3** [*azione che implica effetto giuridico, amministrativo*] acte: *atto legislativo* acte législatif; *atto lecito, illecito* acte légal, illégal; *atto a titolo oneroso* acte à titre onéreux; *omissione d'atti d'ufficio* omission d'actes officiels # *atti osceni* gestes obscènes **4** *al plur.* [*raccolta di testimonianze, relazioni, dati e sim.*] décision *f.*; archives (*f.*): *consultare gli atti di un congresso* consulter les décisions, les pièces d'un congrès; *gli atti del Concilio di Trento* les décisions du Concile de Trente ‖ *mettere, porre, risultare agli atti* enregistrer, mettre, figurer aux archives; *ricavare dagli atti* extraire des archives # *gli atti di un processo* les pièces d'un procès ◇ (*st. crist.*) *gli Atti degli apostoli* les Actes des apôtres **5** (*teat.*) acte: *atto primo, secondo* premier, deuxième acte; *commedia in cinque atti* comédie en cinq actes; *scena seconda, atto terzo* scène II, acte III **6** (*filos.*) acte: *atto e effetto* acte et effet; *essere in atto, in potenza* être en acte, en puissance; *atto gratuito* acte gratuit.

2 **àtto** |'atto| *agg.* [*idoneo, adatto*] apte: *atto alle armi* apte au service mi-

litaire ◇ (*cose*) propre: *esercizi atti a sviluppare la memoria* exercices propres à développer la mémoire → **adatto, appropriato, idoneo** 🄲 **inadatto.**

attònito |at'tɔnito| *agg.* **1** [*sbalordito, sgomento*] stupéfait: *rimanere attonito* être stupéfait # *è rimasto attonito per lo stupore* il resta frappé de stupeur ◇ (*raro*) *il pugno lo lasciò attonito* [*stordito*] le coup de poing l'a étourdi **2** [*che esprime stupore, meraviglia*] stupéfait, *hagard: *aveva un'espressione attonita* il avait un air stupéfait, hagard; *occhi attoniti* des yeux hagards.

attòrcere |at'tɔrtʃere| (189) **A** *v.tr.* **1** (*raro*) [*avvolgere con forza q.c. su sé stesso o più cose fra loro*] tordre (53); retordre (53): *attorcere un panno bagnato* tordre un linge mouillé → **strizzare** ‖ *attorceva alcuni fili di lana* il retordait des fils de laine → **attorcigliare** **2** (*raro*) [*avvolgere con forza attorno a q.c.*] entortiller (*corr.*), enrouler (*corr.*): *attorcere un filo attorno a una bobina* enrouler du fil sur une bobine **B** *v.pron. rifl.* ATTORCERSI (*raro*) [*contorcersi*] se tortiller (*corr.*): *si attorceva come un verme* il se tortillait comme un ver.

attorcigliaménto |attortʃiʎʎa'mento| *s.m.* (*raro*) [→ ATTORCIGLIARE] entortillement 🄲 **svolgimento.**

attorcigliàre |attortʃiʎ'ʎare| **A** *v.tr.* **1** [*torcere più volte q.c. su sé stessa*] tortiller: *attorcigliare i baffi* tortiller sa moustache ✦ (*al p.p.*) *lana attorcigliata* laine à fibres spiralées □ *attorcigliarsi i capelli* tortiller ses cheveux **2** [*avvolgere strettamente attorno a q.c.*] entortiller, enrouler: *attorcigliare un fazzoletto al dito* entortiller un mouchoir autour de son doigt; *attorcigliò la treccia attorno al capo* elle enroula sa tresse autour de sa tête **B** *v.pron.* ATTORCIGLIARSI **1** *intr.* [*avvolgersi su sé stesso*] s'enrouler: *la corda si era attorcigliata* la corde s'était enroulée # *le si sono attorcigliati inestricabilmente i capelli* ses cheveux se sont emmêlés **2** *rifl.* [→ *tr.* 2] s'entortiller: *il serpente si attorciglia intorno al tronco* le serpent s'entortille autour du tronc ✦ → *tr.* 1 □ ◇ (*raro*) [*raggomitolarsi*] se tortiller: *attorcigliarsi come un'anguilla* se tortiller, se tordre comme une anguille **3** *recipr.* [*avvinghiarsi*] être (43) *intr.* enlacé, s'enlacer: *le due serpi si erano attorcigliate* les deux serpents étaient enlacés.

attorcigliatùra |attortʃiʎʎa'tura| *s.f.* → **attorcigliamento.**

attóre |at'tore| *s.m.* **1** acteur: *un attore tragico* un acteur dramatique, un tragédien; *un attore comico* un acteur comique; *gli attori del cinema* les acteurs de cinéma; *primo attore* acteur principal; *attore in auge* acteur en vogue → **attrice** # *attore giovane* jeune premier; *attore di prosa* comédien ◇ (*fig.*) [*chi sa fingere come un attore*] comédien: *non farti impressionare dalla sua sicurezza, è soltanto un attore* ne te laisse pas impressionner par son assurance, ce n'est qu'un comédien → **commediante** **2** (*fig.*) [*chi partecipa in modo attivo, diretto*] acteur: *bisogna essere attori e non spettatori* il faut être acteur et non spectateur; *è stato attore di molte imprese rischiose* il a été l'acteur de plusieurs entreprises osées → **protagonista** **3** (*dir.*) acteur 🄲 2 **spettatore**; 3 **convenuto.**

attorèllo |atto'rɛllo| *s.m.* → **attoruccio.**

attorniàre |attor'njare| **A** *v.tr.* **1** [*disporsi, far cerchio attorno a qc., a q.c.*] entourer, cerner: *era attorniato dai suoi ammiratori* il était entouré de ses admirateurs; *lo attorniavano minacciosi* ils l'entouraient menaçants; *la villa era attorniata dalla polizia* la villa était cernée par la police → **circondare** ◇ (*di mura, recinti e sim.*) [*chiudere all'intorno, circondare*] entourer: *la valle è attorniata da colline* la vallée est entourée de collines; *antiche mura attorniavano la città* de vieux remparts entouraient la ville ◇ [*assediare*] entourer, assiéger (8): *attorniare una postazione nemica* entourer, assiéger une position ennemie ◇ (*raro*) [*aggirare*] contourner: *attorniare un dirupo* contourner un escarpement **2** (*fig.*) → **raggirare, ingannare** **B** *v.pron. rifl.* ATTORNIARSI [*mettersi intorno; circondarsi*] s'entourer: *gli piace attorniarsi di amici* il aime à s'entourer d'amis; *si era attorniata di persone poco fidate* elle s'était entourée de personnes peu sûres.

attórno |at'torno| **1** *avv.* [*in giro, nello spazio circostante*] autour; autour de (*loc. prep.*): *lì attorno* (tout) autour → **intorno** ‖ *volgere lo sguardo, guardarsi attorno* promener son regard, regarder autour de soi; *tutt'attorno è tranquillo* tout est tranquille autour de nous # *non vedo nessuno attorno* je ne vois personne dans les parages; *per maggiore sicurezza ci ho messo attorno una palizzata* pour plus de sécurité, je l'ai entouré d'une palissade; *abita qui attorno* il habite dans les environs; *per alcuni chilometri attorno* sur des kilomètres à la ronde; *fa' un giretto qui attorno* fais un petit tour sans t'éloigner!; *andare attorno* [*gironzolare*] flâner ◇ (*iter.*) *attorno, attorno* [*tutt'intorno*] tout autour ◇ (*loc. fig.*) *mandare attorno* [*divulgare una voce*] faire circuler, faire courir (un bruit) ~ *guardarsi attorno* [*prendere precauzioni, agire con prudenza*] regarder autour de soi ~ *darsi d'attorno* [*darsi da fare*] se remuer, se démener ~ *avere qc. sempre attorno* avoir toujours qqn. à ses trousses, dans les jambes ~ *non voglio nessuno attorno* je ne veux personne autour de moi; *levati d'attorno!* ôte-toi de là!, ôte-toi de devant moi! **2** *loc. prep.* ATTORNO A autour de: *i pianeti gravitano attorno al sole* les planètes gravitent autour du soleil; *sedersi attorno al tavolo* s'asseoir autour de la table → **intorno** ◇ (*loc. fig.*) *girare attorno a un problema* [*non affrontarlo con decisione, sfuggirlo*] tourner autour du pot, du problème ~ *star attorno a qc.* [*assisterlo*] assister qqn.; [*importunarlo*] importuner qqn. ~ *star attorno a q.c.* [*curarla con attenzione*] s'occuper sérieusement de qqch.

attortigliàre |attortiʎ'ʎare| *v.tr. e pron.* → **attorcigliare.**

attorùccio, i |atto'ruttʃo, i| *s.m.* [*attore mediocre*] cabotin *s.* (*fam.*), mauvais acteur* *s.*

attorùcolo |atto'rukolo| *s.m.* → **attoruccio.**

attossicaménto |attossika'mento| *s.m.* (*raro*) **1** → **intossicazione, avvelenamento** **2** → **inquinamento.**

attossicànte |attossi'kante| *agg.* (*raro*) **1** → **intossicante, tossico** **2** → **infettivo.**

attossicàre |attossi'kare| *v.tr.* (*raro, lett.*) **1** → **avvelenare, intossicare** **2** → **inquinare, infettare** **3** (*fig.*) → **amareggiare, angustiare.**

attraccàre |attrak'kare| **A** *v.tr.* (*mar.*) [*avvicinare alla banchina, a una nave*] accoster: *attraccare un piroscafo* accoster un paquebot **B** *v.intr.* (*aus.* '*avere, essere*') (*mar.*) [*avvicinarsi alla banchina, a una nave*] accoster (*tr.*): *la nave ha attraccato alle 10* le navire a accosté *ass.* à dix heures # *il transatlantico attraccò al molo* le transatlantique se rangea au quai.

attràcco, chi |at'trakko, ki| *s.m.* (*mar.*) accostage: *una difficilissima manovra d'attracco* une manœuvre d'accostage très difficile → **approdo** ◇ [*molo o banchina*] quai: *la nave è già all'attracco* le navire est déjà à quai → **ormeggio.**

attraènte |attra'ɛnte| *agg.* **1** (*cose*) [*che attrae, avvincente*] attrayant: *paesaggio, lettura attraente* paysage attrayant, lecture attrayante **2** (*persone*) [*seducente, piacevole*] attirant: *donna attraente* femme attirante; *un uomo attraente* un homme attirant 🄲 1 **sgradevole**; 2 **ributtante, scostante.**

attrappìre |attrap'pire| (197) *v.tr. e pron.* → **rattrappire.**

attràrre |at'trarre| (190) *v.tr.* **1** [*trarre a sé, attirare*] attirer: *la calamita attrae il ferro* l'aimant attire le fer ◇ (*fig.*) [*richiamare su di sé, spec. l'attenzione, ecc.*] *attirare gli sguardi* attirer les regards; *attirare l'attenzione di qc.* attirer l'attention de qqn. **2** (*fig.*) [*sedurre, allettare*] attirer: *ha un fascino che attrae* elle a un charme qui attire; *questo libro non mi attrae molto* ce livre ne m'attire pas beaucoup; *attrarre la simpatia di qc.* attirer la sympathie de qqn. ✦ *ass.* attirer (l'attention), séduire (75): *è una lettura che attrae* c'est une lecture qui attire (l'attention), qui séduit; *attrae soprattutto per i suoi modi gentili* elle séduit, elle charme surtout par sa gentillesse → **avvincere, conquistare.**

attrattiva |attrat'tiva| *s.f.* **1** [*potere, proprietà di attrazione*] attrait *m.*; attraction: *l'attrattiva dell'avventura, della novità* l'attrait de l'aventure, de la nouveauté ‖ *esercitare un'attrattiva su qc.* exercer une attraction sur qqn.; *sentire l'attrattiva di qc.* être sensible à l'attraction de qqn. ◇ [*inclinazione, propensione*] attirance: *avere molta, poca attrattiva per qc.* avoir beaucoup, peu d'attirance pour qqn.; *sentire, provare attrattiva per qc., q.c.* éprouver une attirance pour qqn., qqch. **2** *al plur.* [*prerogative piacevoli, allettamenti*] agréments *m.*, plaisir (*m. sing.*): *le attrattive della vita* les agréments de la vie; *le attrattive della tavola* le plaisir de la table ◇ [*qualità seducenti, bellezze*] attraits (*lett.*), charmes (*m.*): *le attrattive di una donna* les charmes d'une femme; *ha sfruttato abilmente tutte le sue attrattive* elle a fait un habile usage de tous ses charmes 🄲 1 **repulsione, disgusto**; 2 **fastidio, inconveniente** 2.

attrattivo |attrat'tivo| *agg.* **1** attractif*; d'attraction (*loc. inv.*): *forza attrattiva* force attractive ‖ *potere attrattivo* pouvoir d'attraction **2** → **attraente.**

attraversàbile |attraver'sabile| *agg.* **1** [→ ATTRAVERSARE 1] traversable: *un fiume attraversabile* une rivière traversable **2** (*di montagna, valico*) franchissable: *una montagna attraversabile anche in inverno* une montagne franchissable même en hiver → **valicabile** Ⓒ 2 **invalicabile.**

attraversaménto |attraversa'mento| *s.m.* **1** [→ ATTRAVERSARE 1, 2] traversée (*f.*): *l'attraversamento a piedi di una città* la traversée d'une ville à pied ◇ (*di montagna, valico*) franchissement **2** [*zona, passaggio per attraversare*] passage: *attraversamento pedonale* passage clouté **3** [*incrocio stradale*] carrefour.

attraversàre |attraver'sare| *v.tr.* **1** [*passare attraverso un luogo, percorrere*] traverser, parcourir (17): *attraversare una città* traverser une ville; *la strada attraversa tutta la valle* la route traverse toute la vallée; *attraversare i boschi, la campagna* parcourir les bois, la campagne ◇ (*fig.*) *un'idea mi attraversò la mente* une idée me traversa l'esprit ◇ (*di corso d'acqua*) *la Senna attraversa Parigi* la Seine traverse Paris **2** [*passare al di là di, dalla parte opposta*] traverser: *attraversò i Pirenei* il traversa les Pyrénées; *ha attraversato il fiume, il ponte* il a traversé le fleuve, le pont → **valicare 3** [*mettere sbarramenti di traverso, ostruire*] barrer: *attraversare la strada con un tronco* barrer la route avec un tronc d'arbre ◇ (*loc. fig.*) *attraversare qc.* [*creargli difficoltà*] barrer qqn. **4** (*fig., di tempo*) [*trovarsi in; vivere*] traverser: *sto attraversando un momento critico* je traverse une période critique; *la ditta attraversa un periodo di difficoltà* la maison traverse une période de crise; *ho attraversato tempi peggiori* j'ai traversé, connu des temps plus difficiles.

attraversàta |attraver'sata| *s.f.* → **traversata.**

attravèrso |attra'vɛrso| *avv.* **1** (*raro*) [*per traverso, di traverso, obliquamente*] en travers (*loc. inv.*): *porsi, mettersi, stare attraverso* se placer, se mettre, être en travers ◇ (*fig.*) → **traverso (a)** ◇ (*fig.*) *siamo passati attraverso un difficile periodo* nous avons traversé une période difficile ◇ [*tra, fra*] entre, à travers (*loc. inv.*): *l'aria, la luce passava attraverso le fessure* l'air, la lumière passait entre, à travers les fentes ◇ [*per, entro*] *passare attraverso la siepe* passer à travers la haie; *guardare attraverso il buco della serratura* regarder par le trou de la serrure; *guardare attraverso la lente* regarder à la loupe **2** [*per mezzo di, tramite*] grâce à (*loc.*): *l'ho ottenuto attraverso il suo interessamento* je l'ai obtenu grâce à son appui; *le notizie avute attraverso l'ambasciata* les nouvelles obtenues grâce à, par l'ambassade; *siamo arrivati a questi risultati attraverso lunghe ricerche* nous sommes arrivés à ces résultats grâce à de longues recherches ◇ [*mediante, con*] par (*prep.*): *attraverso continui sacrifici* par des sacrifices continuels **3** (*di tempo*) [*lungo il corso di*] tout au long *loc.*, durant: *attraverso i secoli* tout au long des siècles; *non l'ho più visto attraverso tutti questi anni* je ne l'ai plus vu durant toutes ces années → **durante.**

attrazionàle |attrattsjo'nale| *agg.* (*scient.*) d'attraction (*loc. inv.*): *il campo attrazionale della terra* le champ d'attraction de la terre.

attrazióne |attrat'tsjone| *s.f.* **1** (*fis.*) [→ ATTRARRE 1] attraction: *attrazione magnetica* attraction magnétique; *attrazione molecolare* attraction moléculaire; *attrazione lunare* attraction lunaire ◇ (*ling.*) *attrazione modale* attraction modale **2** [→ ATTRARRE 2] attrait (*m.*): *provare attrazione per qc., per q.c.* éprouver, ressentir de l'attrait pour qqn., pour qqch.; *esercitare grande attrazione sui giovani* exercer un grand attrait sur les jeunes → **attrattiva, interesse 3** [*l'elemento di principale interesse*] attraction: *la torre Eiffel rimane una delle principali attrazioni di Parigi* la tour Eiffel demeure l'une des principales attractions de Paris ◇ (*di spettacolo*) *il prestigiatore è l'attrazione della rivista* le prestidigitateur est le clou *m.* de la revue.

attrezzàre |attret'tsare| **A** *v.tr.* **1** [*fornire dell'occorrente, dei materiali, degli strumenti necessari*] équiper: *attrezzare una scuola, un ospedale, una officina* équiper une école, un hôpital, un atelier; *attrezzare una spedizione* équiper une expédition ◇ (*per est.*) garnir, équiper: *ho attrezzato il guardaroba per l'inverno* j'ai garni ma garde-robe pour l'hiver ◇ [*dotare di attrezzatura specializzata*] équiper: *il laboratorio non è stato attrezzato per questi lavori* le laboratoire n'a pas été équipé pour ces travaux **2** (*mar.*) [*armare, equipaggiare*] gréer **B** *v.pron. rifl.* ATTREZZARSI [→ *tr.* 1] s'équiper: *attrezzatevi bene per la traversata* équipez-vous bien pour la traversée; *si sono attrezzate per la montagna* elles se sont bien équipées pour la montagne → **equipaggiar(si)** ◇ (*fig.*) [*prepararsi con cura*] se préparer à: *ci siamo attrezzati per il dibattito* nous nous sommes préparés au débat.

attrezzatùra |attrettsa'tura| *s.f.* **1** [→ ATTREZZARE] équipement (*m.*): *attrezzatura invernale* équipement hivernal; *attrezzatura di una nave* équipement d'un navire; *attrezzatura da sci* équipement de ski; *mi son fatto l'attrezzatura da caccia* je me suis acheté un équipement de chasse → **corredo, equipaggiamento**; *provvedere all'attrezzatura di un albergo* fournir l'équipement d'un hôtel **2** [*strumenti, mezzi, strutture per una particolare attività*] équipement: *attrezzature sportive, ricreative* équipements sportifs, récréatifs; *città carente di attrezzature turistiche* ville dépourvue d'équipements touristiques **3** (*tecnol.*) outillage *m.*; appareillage (*m.*): *attrezzatura industriale* outillage industriel; *attrezzatura fissa, mobile* outillage fixe, mobile → **apparecchiatura** ‖ *attrezzatura elettrica* appareillage électrique # *l'attrezzatura di un laboratorio* appareils, instruments de laboratoire ◇ (*mar.*) gréement *m.*

attrezzìsta |attret'tsista| *s.* **1** [*addetto alle attrezzature teat.*] accessoiriste: *attrezzista di scena* accessoiriste au théâtre → **trovarobe 2** [*addetto alla messa a punto degli attrezzi*] outilleur (*m.*): *mancava l'attrezzista* il manquait l'outilleur ◇ (*mecc.*) *attrezzista meccanico* ajusteur outilleur *m.* ♦ (*agg.*) *operaio attrezzista* outilleur *s.m.* **3** (*ginnastica*) gymnaste: *una squadra di attrezzisti* une équipe de gymnastes.

attrezzìstica, che |attret'tsistika, ke| *s.f.* exercices *m.pl.* aux agrès.

attrézzo |at'trettso| *s.m.* **1** [*strumento, utensile*] outil: *attrezzi da calzolaio, da muratore* outils du cordonnier, du maçon; *attrezzo da giardiniere* outil, ustensile de jardinage → **arnese** # *attrezzo da cucina* ustensile de cuisine ◇ (*al plur.*) *gli attrezzi* [*l'attrezzatura completa per un determinato lavoro*] l'outillage *sing.* ♦ *loc. agg. inv.* (*auto.*) *carro attrezzi* dépanneuse *s.f. var.* **2** (*ginnastica*) agrès (*pl.*): *esercizi a terra, con attrezzi* exercices au sol, aux agrès **3** (*mar.*) gréement: *una nave dagli attrezzi nuovissimi* un bateau au gréement tout neuf.

attribuìbile |attribu'ibile| *agg.* [→ ATTRIBUIRE A] dû*, imputable: *il fenomeno è attribuibile all'azione dell'acido nitrico* le phénomène est dû à l'action de l'acide nitrique → **imputabile** ◇ (*fig.*) *quell'incidente è attribuibile alla sua negligenza* cet incident est attribuable, imputable à sa négligence # *questo è attribuibile a tuo, a suo merito* tout le mérite t'en, lui en revient.

attribuìre |attribu'ire| (197) **A** *v.tr.* **1** [*assegnare, concedere*] attribuer, décerner: *attribuire un premio al vincitore* attribuer, décerner un prix au gagnant; *attribuire un titolo a qc.* attribuer, décerner un titre à qqn. ◇ (*fig.*) [*riconoscere, annettere*] attribuer, accorder: *attribuisci troppa importanza a questi particolari* tu attribues, tu accordes trop d'importance à ces détails **2** [*riconoscere come proprio di qc., spettante a qc.*] attribuer: *attribuire un lotto a un condividente* attribuer un lot à un partenaire □ *attribuirsi meriti particolari* s'attribuer des mérites particuliers; *attribuirsi quello a cui non si ha diritto* s'attribuer ce à quoi on n'a pas droit ◇ (*per est.*) [*riconoscere come autore di q.c.*] *attribuire una scoperta a qc.* attribuer une découverte à qqn. ◇ (*fig.*) *attribuire una responsabilità a qc.* attribuer une responsabilité à qqn.; *mi si attribuisce una saggezza che non ho* on m'attribue une sagesse que je n'ai pas; *attribuire a una parola un senso particolare* attribuer à un mot un sens particulier **3** [*considerare come responsabile, come causa di q.c.*] attribuer: *attribuire un errore a qc.* attribuer une erreur à qqn.; *attribuire un incidente all'imprudenza* attribuer un accident à l'imprudence → **imputare 4** [*ascrivere, considerare*] attribuer: *attribuire q.c. a merito a qc.* attribuer à qqn. le mérite de qqch. ♦ (*ass.*) *attribuire a lode, a biasimo* louer, blâmer **B** *v.pron. rifl.* ATTRIBUIRSI [*arrogarsi, accaparrarsi*] s'attribuer → *tr.* 2 □ Ⓒ A 1 **togliere**, 2 **negare.**

attributìvo |attribu'tivo| *agg. e s.m.* (*dir., ling.*) attributif*.

attribùto |attri'buto| *s.m.* **1** (*filos.*) attribut: *gli attributi della divinità* les attributs de la divinité; *sostanza e attributi* substance et attributs → **qualità, carattere** ◇ [*prerogative, attribuzioni*] *gli attributi del potere, della sovranità* les attributs du pouvoir, de la souveraineté **2** [*elemento peculiare, distintivo*] attribut: *gli attributi maschili, femminili* les attributs masculins, féminins; *l'imparzialità è il primo attributo della giustizia* l'impartialité est le premier attribut de la justice ◇ [*caratteristica*] *l'entusiasmo è un attributo della giovinezza* l'enthousiasme est un attribut de la jeunesse ◇ [*distintivo, simbolo*] *l'ulivo è l'attributo della pace* l'olivier est le symbole de la paix **3** (*gram.*) épithète: *attributo del soggetto* épithète du sujet; *concordanza dell'attributo* accord de l'adjectif (et du substantif) **4** (*arald.*) attribut.

attribuzióne |attribut'tsjone| *s.f.* **1** [→ ATTRIBUIRE] attribution: *attribuzione di un premio* attribution d'un prix; *l'attribuzione di una parte ad un attore* l'attribution d'un rôle à un acteur; *l'attribuzione di una responsabilità* l'attribution d'une responsabilité # *l'attribuzione di una colpa* l'imputation d'une faute → **imputazione, assegnazione** **2** *al plur.* [*funzioni, poteri, prerogative*] attributions: *limitare le attribuzioni di un funzionario* délimiter les attributions d'un fonctionnaire; *ciò è al di fuori delle sue attribuzioni* cela n'entre pas dans ses attributions.

attrìce |at'tritʃe| *s.f.* **1** actrice: *attrice di prosa* actrice de prose; *attrice cinematografica* actrice de cinéma → **attore** # *attrice di avanspettacolo, di rivista* vedette de variétés, de music-hall; *attrice interprete di tragedie* tragédienne ◇ (*fig.*) [*colei che sa fingere come una attrice*] comédienne: *non si capisce mai cosa pensi davvero quell'attrice* on ne saisit jamais la pensée de cette comédienne # *non fare l'attrice!* ne joue pas la comédie! **2** (*fig.*) [*colei che partecipa in modo attivo, diretto*] actrice: *anche in questo imbroglio figura come attrice principale* dans cet imbroglio aussi, elle a le rôle principal → **protagonista** **3** (*dir.*) demanderesse Ⓒ 2 **spettatore**; 3 **convenuto**.

attricétta |attri'tʃetta| *s.f.* jeune actrice sans talent; cabotine (*fam.*).

attristàre |attris'tare| *v.tr. e pron.* (*lett.*) → **rattristare, affliggere**.

attristìre |attris'tire| (197) **A** *v.intr.* (*aus.* '*essere*') **1** [*perdere le forze, svigorirsi*] dépérir (*aus.* avoir), s'étioler (*pron.*): *questo bambino attristisce a causa di un'insufficiente alimentazione* cet enfant dépérit, s'étiole à cause d'une alimentation insuffisante **2** (*piante*) [*perder vigore, avvizzire*] dépérir, s'étioler: *questa pianta attristisce per mancanza d'acqua* cette plante dépérit, s'étiole faute d'eau **B** *v.tr.* **1** → **rattristare** **2** → **isterilire, svigorire** **C** *v. pron.* ATTRISTIRSI → **rattristar(si)**.

attrito |at'trito| *s.m.* **1** (*fis., corr.*) frottement: *coefficiente di attrito* coefficient de frottement; *attrito radente, volvente* frottement de glissement, de roulement; *aumentare, diminuire l'attrito* augmenter, diminuer le frottement; *consumato per attrito* usé par frottement # *forze di attrito* forces de friction **2** (*fig.*) [*contrasto, disaccordo*] friction *f.*, désaccord: *non conosco la causa dell'attrito fra di loro* je ne connais pas la raison de la friction entre eux; *mettere, far sorgere attrito tra due persone* provoquer un désacord entre deux personnes → **dissidio**.

attrizióne |attrit'tsjone| *s.f.* (*chir., teol.*) attrition.

attruppaménto |attruppa'mento| *s.m.* → **assembramento**.

attruppàre |attrup'pare| **A** *v.tr.* [*riunire confusamente*] rassembler, attrouper: *attruppare una mandria* rassembler un troupeau **B** *v.pron. rifl.* ATTRUPPARSI [→ *tr.*] se réunir, s'attrouper: *si sono attruppati nella piazza* ils se sont réunis, attroupés sur la place ◇ (*per est.*) [*unirsi a un gruppo*] s'unir: *molti altri si sono attruppati strada facendo* beaucoup d'autres se sont unis à la troupe, au groupe chemin faisant.

attuàbile |attu'abile| *agg.* **1** [→ ATTUARE A] réalisable: *un piano attuabile* un plan réalisable; *questo progetto è attuabile* ce projet est réalisable → **realizzabile, fattibile** # *non sono disposizioni attuabili* ce ne sont pas des dispositions applicables → **applicabile** **2** [→ ATTUARE B] possible: *sono condizioni, ipotesi attuabili* ce sont des conditions, des hypothèses possibles → **verificabile, possibile**.

attuabilità |attuabili'ta| *s.f. inv.* possibilité *var.* de réalisation, d'exécution.

attuàle |attu'ale| *agg.* **1** présent, actuel*: *il momento, l'epoca attuale* le moment présent, l'époque actuelle; *i problemi attuali* les problèmes actuels; *nella situazione attuale* dans la situation actuelle ◇ [*che riveste importanza nel presente*] *questi sono problemi attuali* ce sont là des problèmes actuels; *è una questione molto attuale* c'est une question très actuelle ◇ [*che è valido ancora*] *sono teorie ancora attuali* ce sont des théories encore actuelles **2** (*teol.*) actuel: *peccato attuale* pêché actuel; *grazia, volontà attuale* grâce, volonté actuelle.

attualismo |attua'lizmo| *s.m.* (*filos., geol.*) actualisme.

attualità |attuali'ta| *s.f. inv.* **1** actualité (*var.*): *l'attualità di un problema* l'actualité d'un problème; *essere d'attualità* être d'actualité; *tornare d'attualità* être de nouveau d'actualité **2** [*la situazione attuale, presente*] actualité: *attualità politica, sportiva* actualité politique, sportive; *settimanale di attualità* hebdomadaire d'actualité; *notizia d'attualità* nouvelle d'actualité.

attualizzàre |attualid'dzare| *v.tr.* [*rendere attuale*] actualiser: *attualizzare un problema economico, politico* actualiser un problème économique, politique.

attualménte |attual'mente| *avv.* [*oggi, al* (*nel*) *presente*] actuellement Ⓒ **anticamente**.

attuàre |attu'are| **A** *v.tr.* [*mettere in atto*] réaliser, exécuter: *attuare un progetto* réaliser, exécuter un projet; *attuare una riforma* réaliser une réforme → **realizzare** **B** *v.pron. intr.* ATTUARSI [→ *tr.*] se réaliser: *i nostri desideri si sono attuati* nos désirs se sont réalisés.

attuariàle |attua'rjale| *agg.* (*mat.*) actuariel* # *matematica attuariale* science des actuaires.

attuàrio, i |attu'arjo, i| *s.m.* **1** (*mat.*) actuaire **2** (*dir. mediev.*) greffier **3** (*st. rom.*) actuaire.

attuazióne |attuat'tsjone| *s.f.* [→ ATTUARE] réalisation, exécution: *l'attuazione di un progetto* la réalisation, l'exécution d'un projet; *in fase di attuazione* en phase d'exécution → **realizzazione**; *mettere in attuazione q.c.* mettre qqch. à exécution ◇ [*applicazione, esecutività*] exécution: *l'attuazione di una sentenza* l'exécution d'une sentence # *sollecitare l'attuazione di una norma giuridica* demander l'exercice d'une norme juridique.

attuffàre |attuf'fare| *v.tr. e pron.* → **tuffare**.

attutìre |attu'tire| (197) **A** *v.tr.* **1** [*rendere meno forte, attenuare*] amortir: *attutire i rumori, i suoni* amortir les bruits, les sons **2** (*fig.*) [*mitigare, smorzare*] adoucir: *il tempo attutisce ogni dolore* le temps adoucit toute peine **B** *v.pron. intr.* ATTUTIRSI **1** [→ *tr.* 1] s'amortir: *adagio adagio gli schiamazzi si sono attutiti* petit à petit le tapage s'est amorti **2** (*fig.*) [→ *tr.* 2] se calmer: *il dolore si attutì lentamente* la douleur se calma lentement Ⓒ A 1; B 1 **accentuare**; A 2; B 2 **acuire**.

attutito |attu'tito| *agg.* [*attenuato, smorzato*] amorti, étouffé: *un colpo attutito* un coup amorti; *un rumore attutito* un bruit étouffé ◇ (*fig.*) apaisé: *un dolore attutito* une douleur apaisée.

aucùba |au'kuba| *s.f.* (*t.bot.*) aucuba *m.*

aucùpio, i |au'kupjo, i| *s.m.* [*caccia agli uccelli effettuata con ogni mezzo, escluso il fucile*] chasse *f.* aux engins.

audàce |au'datʃe| *agg.* **1** (*persone*) [*coraggioso, spericolato*] audacieux*: *un aviatore audace* un aviateur audacieux; *uno scalatore audace* un alpiniste audacieux → **coraggioso** ✦ (*s.*) *un audace* un audacieux **2** (*cose*) [*che richiede audacia*] audacieux, risqué: *una scalata audace* une escalade audacieuse, risquée; *un delitto audace* un crime audacieux **3** [*irriguardoso, insolente*] audacieux: *risposta audace* réponse audacieuse ◇ [*provocante, spregiudacato*] *sguardi, complimenti audaci* regards, compliments audacieux **4** (*per est.*) [*ardito, arrischiato*] audacieux: *progetti audaci* projets audacieux; *nutrire speranze audaci* nourrir des espérances audacieuses ◇ [*originale, innovatore*] *idee, ipotesi audaci* idées, hypothèses audacieuses; *usare una tecnica audace* utiliser une technique audacieuse Ⓒ 1 **pauroso**; 3 **rispettoso, timido**.

audaceménte |audatʃe'mente| *avv.* [→ AUDACE] audacieusement Ⓒ **timidamente**.

audàcia, cie |au'datʃa, tʃe| *s.f.* **1** *hardiesse, audace: *l'audacia di un navigatore* la hardiesse d'un navigateur; *la sua audacia è stata premiata* on a récompensé son audace; *agire con audacia* agir avec audace → **coraggio, ardimento** ◇ [*atto coraggioso*] *ha compiuto una vera audacia* il a accompli un véritable exploit *m.* **2** *al plur.* [*tentativi audaci, arditezze*] audaces: *le audacie di certi pittori* les audaces de certains peintres **3** [*impertinenza, insolenza*] audace, toupet *m.* (*fam.*): *ha avuto l'audacia di non riceverci* il a eu l'audace, le toupet de ne pas nous recevoir Ⓒ 1 **paura**; 3 **timidezza, rispetto**.

àudio- |'audjo| *pref.* (*indica relazione con 'l'udito, l'acustica', corrisponde gener. a*) audio(-): *audio-visivo* audio-visuel; *audiogramma* audiogramme.

àudio |'audjo| *s.m. inv.* (*radio, tv, corr.*) volume *var.*; son (*var.*): *alzare, diminuire l'audio* augmenter, diminuer le volume ‖ *tieni basso l'audio* baisse le son → **volume**.

audio-cassètta |audjokas'sɛtta| *s.f.* (musi)cassette.

audiofrequènza |audjofre'kwɛntsa| *s.f.* audiofréquence.

audiogràmma |audjo'gramma| *s.m.* audiogramme.

audiologia, gie |audjolo'dʒia, dʒie| *s.f.* audiologie.

audiometria |audjome'tria| *s.f.* (*med.*) audiométrie.

audiòmetro |au'djɔmetro| *s.m.* audiomètre.

audioprotesista |audjoprote'zista| *s.* audioprothésiste.

audiovisivo |audjovi'zivo| *agg.* audio-visuel*.
auditivo |audi'tivo| *agg.* auditif*: *condotto auditivo* conduit auditif → **uditivo.**
auditóre, trice |audi'tore, tritʃe| *agg. e s.* → **uditore.**
auditòrio, i |audi'tɔrjo, i| *s.m.* **1** [*sala di audizione*] auditorium **2** (*mus.*) auditoire.
audizióne |audit'tsjone| *s.f.* **1** (*mus., teat.*) audition: *audizione musicale* audition musicale; *audizione radiofonica* audition radiophonique; *l'audizione non era perfetta* l'audition n'était pas parfaite ◇ [*prova, saggio di qualità vocali o canore*] *ottenere una* (*prova di*) *audizione* obtenir une audition; *l'audizione è stata soddisfacente* l'audition a été satisfaisante **2** (*dir.*) *l'audizione dei testimoni* l'audition des témoins.
àuge |'audʒe| *s.f. solo sing.* **1** [*il vertice, il grado più alto* (*del prestigio, del successo*)] apogée (*m.*): *era all'auge della propria potenza* il était à l'apogée de sa puissance ◇ *loc.* ESSERE IN AUGE [*godere di prestigio, andare per la maggiore*] être en vogue: *quel cantante è in auge* ce chanteur est en vogue; *le gonne lunghe sono in auge* les jupes longues sont en vogue **2** (*astron.*) → **apogeo.**
augèllo |au'dʒɛllo| *s.m.* (*poet.*) → **uccello.**
auguràbile |augu'rabile| *agg.* [→ AUGURARE] souhaitable: *è una soluzione augurabile* c'est une solution souhaitable; *nell'augurabile ipotesi che...* dans l'hypothèse souhaitable où... → **auspicabile, desiderabile.**
auguràle |augu'rale| *agg.* **1** de souhaits *loc. inv.*, de vœux (*loc. inv.*): *parole augurali* paroles de souhaits; *un messaggio augurale* un message de vœux **2** (*st. rom.*) augural*.
auguràre |augu'rare| **A** *v.tr.* [*desiderare, auspicare*] souhaiter: *augurare buon viaggio, buona fortuna* souhaiter bon voyage, bonne chance; *augurare il buon giorno a qc.* souhaiter le, dire bonjour à qqn.; *augurare buon anno, buon Natale, buone feste* souhaiter la bonne année (*fam.*), une bonne année, un joyeux Noël; *ti auguro ogni bene* je te souhaite tout le bonheur possible; *augurare ogni male a qc.* souhaiter tout le mal possible à qqn.; *augurare la morte a qc.* souhaiter la mort de qqn.; *non lo augurerei neanche al mio peggior nemico* je ne le souhaiterais pas à mon pire ennemi □ *mi auguro che tu abbia ragione* je souhaite que tu aies raison; *mi auguro che il tuo esempio sia imitato* je souhaite que ton exemple soit imité **B** *v.pron. rifl.* AUGURARSI CHE (+ *congv.*) [→ *tr.*] souhaiter *tr.* que (+ *congv.*) → *tr.* □ ◇ (+ *di* + *inf.*) espérer (8) *intr.* (+ *inf.*): *mi auguro di essermi fatto capire* j'espère m'être fait comprendre.
àugure |'augure| *s.m.* (*st. rom.*) augure.
augùrio, i |au'gurjo, i| *s.m.* **1** [*auspicio, speranza di un avvenimento felice*] vœu, souhait: *formulare un augurio di prosperità, di pronta guarigione* formuler des vœux, des souhaits de prospérité, de prompte guérison; *il mio augurio è che ritorniate amici come prima* mon (seul) souhait est que vous redeveniez amis comme avant **2** *al plur.* (*formula di cortesia in particolari circostanze*) vœux, souhaits: *fare, porgere gli auguri di buon anno* présenter ses vœux, ses souhaits de bonne année; *auguri di buon Natale, di buone feste* meilleurs vœux de joyeux Noël!; *auguri di buon onomastico, di buon compleanno!* meilleurs vœux de bonne fête, de joyeux anniversaire!; *tanti auguri!* tous mes vœux! # *arrivederci e tanti auguri* au revoir et bonne chance!; *auguri per i tuoi esami!* bonne chance pour tes examens! ◇ (*per est.*) [*biglietto, cartolina di auguri*] vœu: *hai spedito gli auguri alla zia?* as-tu envoyé tes vœux à ta tante? **3** [*presagio di avvenimento futuro*] augure: *essere di buon, di cattivo augurio* être de bon, de mauvais augure ◇ (*loc. fam.*) *uccello, uccellaccio di cattivo augurio* oiseau de mauvais augure **4** (*st. rom.*) augure.
augustèo |augus'tɛo| *agg.* d'Auguste (*loc. inv.*): *l'età augustea* le siècle d'Auguste.
1 **augùsto** |au'gusto| **1** *agg.* auguste: *l'augusto personaggio* l'auguste personnage; *all'augusta presenza del sovrano* en l'auguste présence du souverain → **venerabile, maestoso** **2** *s.m.* (*st. rom.*) auguste.
2 **augùsto** |au'gusto| *s.m.* [*tipo di clown*] auguste.
àula |'aula| *s.f.* **1** salle de classe: *aula scolastica* salle de classe; *aula di disegno, di fisica* salle de dessin, de physique # *aula magna* amphithéâtre, amphi (*fam.*) **2** [*negli edifici pubblici, locale ove avvengono riunioni e assemblee*] salle: *l'aula di Montecitorio* la salle des séances de Montecitorio; *l'aula del tribunale* la salle du tribunal ◇ (*loc.*) *silenzio in aula* silence dans la salle.
aulènte |au'lɛnte| *agg.* → **odoroso.**
aulicaménte |aulika'mente| *avv.* [→ AULICO 1] avec un style élevé, noble *loc. inv.*
àulico, ci, ca, che |'auliko, tʃi, ka, ke| *agg.* **1** (*detto di linguaggio*) [*nobile, raffinato*] élevé, noble: *stile, linguaggio aulico* style, langage élevé, noble # *uno scrittore aulico* un écrivain érudit **2** (*arc.*) [*della corte*] de cour (*loc. inv.*): *consigliere aulico* conseiller aulique.
aulire |au'lire| (197) *v.intr.* (*dif.*: *usato solo nel pres. e imperf. indic. e nel p. pres.*) → **olezzare, odorare.**
aumentàbile |aumen'tabile| *agg.* [→ AUMENTARE] augmentable.
aumentàre |aumen'tare| **A** *v.tr.* [*rendere maggiore, accrescere*] augmenter; accroître (70): *aumentare i salari, le imposte* augmenter les salaires, les impôts; *aumentare i prezzi* augmenter les prix; *aumentare lo stipendio a un impiegato* augmenter un employé; augmenter le salaire d'un employé; *gli hanno aumentato lo stipendio di 50.000 lire* il a été augmenté de 50.000 lires || *aumentare il proprio potere, la propria influenza* accroître son pouvoir, son influence # *aumentare il tasso di interesse* élever le taux de l'intérêt; *la banca ha aumentato il tasso di sconto* la banque a élevé le taux d'escompte ◇ (*nei lavori a maglia*) *aumentare* (*i punti*) augmenter *ass.* **B** *v.intr.* (*aus.* '*essere*') [*crescere in quantità, estensione, ecc.*] augmenter (*aus.* avoir): *la popolazione aumenta ogni anno* la population augmente chaque année; *aumentare a vista d'occhio* augmenter à vue d'œil; *i prezzi sono aumentati* les prix ont augmenté; *la mia simpatia per lui aumenta col passar del tempo* ma sympathie pour lui augmente avec le temps; *aumentare di prezzo* augmenter de prix; *la carta è aumentata di prezzo* le papier a augmenté; *aumentare di numero* augmenter en nombre; *aumentare in quantità* augmenter en quantité → **crescere** [C] **diminuire, calare.**
auménto |au'mento| *s.m.* [→ AUMENTARE] augmentation (*f.*): *aumento di volume* augmentation de volume; *essere in continuo aumento* être en augmentation continuelle; *chiedere, ottenere un aumento* (*di stipendio*) demander, obtenir une augmentation ◇ (*riferito al prezzo*) *hausse (*f.*): *l'aumento della carne, dei beni di consumo* la hausse du prix de la viande, des biens de consommation ◇ (*gram. gr.*) augment [C] **diminuzione, riduzione; ribasso.**
àuna |'auna| *s.f.* [*antica unità di misura*] aune.
àura |'aura| *s.f.* **1** (*raro, lett.*) → **venticello** **2** (*fig., lett.*) [*atmosfera, ambiente*] aura: *un'aura di pace, di serenità* une aura de paix, de sérénité **3** (*loc. fig.*) *aura popolare* [*credito, favore*] faveur du public, populaire **4** (*med., occultismo*) aura.
auràto |au'rato| *agg.* (*lett.*) → **dorato.**
aurèlia |au'rɛlja| *s.f.* (*t.zool.*) aurélie.
àureo |'aureo| *agg.* **1** d'or *loc. inv.*, en or (*loc. inv.*): *una moneta aurea* une pièce d'or, en or; *un anello aureo* un anneau d'or, en or ◇ (*fin.*) *sistema aureo* étalon-or; *valuta aurea* devise (en) or; *riserva aurea* réserve (d')or; *parità aurea* parité-or; *copertura aurea* couverture-or **2** (*per est., lett.*) [*di colore, splendore sim. all'oro*] doré: *aurei capelli* cheveux dorés; *auree messi* moissons dorées **3** (*fig., st. letter.*) [*nobile, prezioso*] *l'età aurea della letteratura latina, del teatro inglese* l'âge d'or de la littérature latine, du théâtre anglais ◇ (*loc. fig.*) *l'aurea mediocrità* la médiocrité dorée; la bienheureuse médiocrité → **mediocrità** **4** (*mat.*) d'or: *sezione aurea* section d'or, dorée; *numero aureo* nombre d'or.
auréola |au'rɛola| *s.f.* **1** auréole ◇ (*fig.*) *un'aureola di bontà, di santità* une auréole de bonté, de sainteté; *era circondato da un'aureola di gloria* il était entouré d'une auréole de gloire **2** [*contorno luminoso, alone*] auréole: *l'aureola del sole* l'auréole du soleil ◇ (*per est.*) *un'aureola di riccioli* une auréole de boucles.
aureolàre |aureo'lare| *v.tr.* (*raro, lett.*) [*cingere di aureola*] auréoler (*corr.*).
aureolàto |aureo'lato| *agg.* ceint d'une auréole.
aureomicìna |aureomi'tʃina| *s.f.* auréomycine.
àurica, che |'aurika, ke| (*agg. f.*) *vela aurica* voile aurique ♦ (*s.f.*) *una aurica* une voile aurique *agg.*
àurico, ci, ca, che |'auriko, tʃi, ka, ke| *agg.* aurique: *cloruro aurico* chlorure aurique # *sale aurico* aurate.
auricola |au'rikola| *s.f.* (*anat.*) auricule.
auricolàre |auriko'lare| **I** *agg.* **1** (*anat., corr.*) auriculaire: *padiglione auricolare* pavillon auriculaire; *nervo auri-*

colare nerf auriculaire; *le cavità auricolari del cuore* les cavités auriculaires du cœur ◇ (*dir., corr.*) *testimone auricolare* témoin auriculaire ◇ (*relig. catt.*) *confessione auriculare* confession auriculaire **2** *dito auricolare* [*il mignolo*] (doigt) auriculaire **II** *s.m.* (*radio., tv, corr.*) écouteur.

aurìfero |au'rifero| *agg.* aurifère.

auriga, ghi |au'riga, gi| *s.m.* (*lett.*) → **cocchiere.**

auròra |au'rɔra| *s.f.* aurore: *all'aurora* à l'aurore; *aurora boreale, australe* aurore boréale, australe ◇ (*fig.*) [*inizio*] *l'aurora della civiltà* l'aurore de la civilisation; *l'aurora della vita* l'aurore de la vie.

auroràle |auro'rale| *agg.* auroral*.

auscultàre |auskul'tare| *v.tr.* (*med.*) [*effettuare l'ascoltazione degli organi interni*] ausculter: *auscultare i bronchi* ausculter les bronches.

auscultazióne |auskultat'tsjone| *s.f.* (*med.*) auscultation: *auscultazione mediata, immediata* auscultation médiate, immédiate (directe).

ausiliàre |auzi'ljare| *agg.* **1** (*gram.*) *verbo ausiliare* verbe auxiliaire ✦ (*s.m.*) *gli ausiliari* les auxiliaires **2** [*che aiuta*] auxiliaire: *i servizi ausiliari* les services auxiliaires; *le scienze ausiliari della geografia* les sciences auxiliaires de la géographie ✦ (*s.*) *gli ausiliari* les auxiliaires.

ausiliària |auzi'ljarja| *s.f.* femme des services auxiliaires de l'armée.

ausiliàrio, i |auzi'ljarjo, i| **I** *agg.* auxiliaire: *truppe ausiliarie* troupes auxiliaires; *servizio ausiliario* service auxiliaire ◇ [*sussidiario, di emergenza*] *motore ausiliario* moteur auxiliaire; *velatura ausiliaria* voilure auxiliaire ◇ (*elettr.*) *circuito ausiliario* circuit auxiliaire **II** *s.* **1** auxiliaire: *gli ausiliari di giustizia* les auxiliaires de la justice → **collaboratore 2** (*mil.*) auxiliaire: *le ausiliarie dell'esercito* les auxiliaires de l'armée.

ausiliatóre, trice |auzilja'tore, tritʃe| *s. e agg.* (*lett.*) auxiliateur* ◇ (*relig.*) *Maria Ausiliatrice* Marie Auxiliatrice.

ausìlio, i |au'ziljo, i| *s.m.* (*lett.*) → **aiuto.**

1 **ausònio, i** |au'zɔnjo, i| *agg.* **1** ausonien*, ausone ✦ *s.* (*st.*) *gli Ausoni* les Ausoniens **2** (*per est., lett.*) → **italico.**

2 **ausònio** |au'zɔnjo| *s.m.* (*raro, chim.*) → **nettunio.**

auspicàbile |auspi'kabile| *agg.* [→ AUSPICARE] souhaitable: *un risultato, un esito auspicabile* un résultat, une issue souhaitable; *sarebbe auspicabile che tutti si mettessero d'accordo* il serait souhaitable que tous se mettent d'accord → **desiderabile, augurabile** ⓒ **deprecabile.**

auspicàle |auspi'kale| *agg.* **1** (*raro, nella loc.*) *pietra auspicale* [*prima pietra di un edificio*] première pierre **2** (*st. rom.*) augural*.

auspicàre |auspi'kare| **A** *v.tr.* (*spec. nel linguaggio ufficiale*) [*augurare*] souhaiter: *auspicare l'intervento del governo* souhaiter l'intervention du gouvernement; *auspicare la pronta guarigione dell'illustre infermo* souhaiter la rapide guérison du célèbre malade **B** *v. intr.* (*aus. 'avere'*) (*st. ant.*) [*prendere gli auspici*] observer, consulter les auspices, les présages.

àuspice |'auspitʃe| *s.* **1** (*spec. nella loc.*) *auspice* (+ *s.*) sous les auspices de (qqn.): *auspice il ministro, il contratto è stato firmato* sous les auspices du ministre, le contrat a été signé **2** (*st. rom.*) augure *m.*

auspìcio, i |aus'pitʃo, i| *s.m.* **1** [*augurio, presagio*] augure; auspice: *essere di buon, cattivo auspicio* être de bon, mauvais augure ‖ *iniziare q.c. sotto buoni auspici* commencer qqch. sous d'heureux auspices **2** *spec. al plur.* [*protezione, favore*] auspices: *l'opera è posta sotto gli auspici del presidente della Repubblica* l'œuvre est placée sous les auspices du président de la République **3** (*st. rom.*) auspice.

austenite |auste'nite| *s.f.* (*metall.*) austénite.

austeraménte |austera'mente| *avv.* [→ AUSTERO 1] austèrement.

austerità |austeri'ta| *s.f. inv.* **1** austérité (*var.*): *l'austerità dell'asceta* l'austérité de l'ascète; *austerità dei costumi* austérité des mœurs ◇ (*per est.*) [*sobrietà, frugalità*] *l'austerità della vita* l'austérité de vie; *l'austerità della sua mensa* l'austérité de sa table ◇ (*per est.*) [*semplicità, nudità*] *l'austerità delle linee della facciata di un edificio* l'austérité des lignes de la façade d'un bâtiment **2** (*econ., corr.*) austérité: *politica di austerità* politique d'austérité; *siamo in un periodo di austerità* nous sommes dans une période d'austérité.

austerity |ɔs'teriti| *s.f. inv.* (*ingl.*) (*econ.*) austérité *var.*

austèro |aus'tɛro| *agg.* **1** austère: *carattere, temperamento austero* caractère, tempérament austère; *le linee austere del tempio* les lignes austères de ce temple; *fare vita austera e ritirata* mener une vie austère et retirée **2** *clima austero* [*rigido*] climat rude ◇ (*per est.*) *vino austero* [*leggermente aspro*] vin âpre.

austràle |aus'trale| *agg.* austral*: *emisfero australe* hémisphère austral ⓒ **boreale.**

australiàna |austra'ljana| *s.f.* (*ciclismo*) (course à l') australienne.

australiàno |austra'ljano| *agg.* [*dell'Australia*] australien*.

australopitèco, chi |australopi'tɛko, ki| *s.m.* australopithèque.

austriacànte |austria'kante| *agg. e s.* partisan de l'Autriche.

austriaco, ci, ca, che |aus'triako, tʃi, ka, ke| *agg.* [*dell'Austria*] autrichien*.

austroungàrico, ci, ca, che |austroun'gariko, tʃi, ka, ke| *agg.* austro-*hongrois ✦ *s.* (*st.*) *gli Austroungarici* les Austro-hongrois.

autarchia |autar'kia| *s.f.* (*econ., polit.*) autarcie.

autàrchico, ci, ca, che |au'tarkiko, tʃi, ka, ke| *agg.* autarcique: *politica autarchica* politique autarcique ◇ (*polit.*) *governo autarchico* gouvernement autonome.

aut aut |'aut'aut| *s.m. inv.* [*alternativa, dilemma*] alternative (*f. var.*): *imporre un aut aut a qc.* placer qqn. devant une alternative; *si trovò davanti a un angoscioso aut aut* il se trouva devant une alternative angoissante.

autèntica, che |au'tentika, ke| *s.f.* (*dir.*) → **autenticazione.**

autenticàbile |autenti'kabile| *agg.* [→ AUTENTICARE] que l'on peut authentifier *loc.*; qui peut être authentifié *loc.*

autenticaménte |autentika'mente| *avv.* [→ AUTENTICO 4] authentiquement ⓒ **ipocritamente, falsamente.**

autenticàre |autenti'kare| *v.tr.* **1** (*dir.*) [*dichiarare autentico*] authentifier: *autenticare un documento, una firma* authentifier un document, une signature ✦ (*al p.p.*) *una copia autenticata* une copie certifiée, conforme **2** (*per est.*) [*confermare, convalidare*] confirmer: *autenticare una dichiarazione* confirmer une déclaration; *autenticare un'opera d'arte* confirmer une œuvre d'art.

autenticàto |autenti'kato| *agg.* (*bur., dir.*) authentifié; certifié conforme: *firma autenticata* signature authentifiée; *documenti autenticati* documents authentifiés ‖ *copia autenticata* copie certifiée conforme.

autenticazióne |autentikat'tsjone| *s.f.* [→ AUTENTICARE] certification, authentification: *autenticazione della firma* certification de signature.

autenticità |autentitʃi'ta| *s.f. inv.* **1** (*dir., corr.*) authenticité (*var.*): *dubitare dell'autenticità di un documento* douter de l'authenticité d'un document **2** [*sicura attribuzione a un autore, a una epoca e sim.*] authenticité: *garantire l'autenticità di un quadro* garantir l'authenticité d'un tableau **3** [*veridicità, realtà*] authenticité: *l'autenticità di un fatto, di una notizia* l'authenticité d'un fait, d'une nouvelle ◇ (*fig.*) [*schiettezza, genuinità*] *non metto in dubbio l'autenticità dei suoi sentimenti* je ne met pas en doute l'authenticité de ses sentiments.

autèntico, ci, ca, che |au'tɛntiko, tʃi, ka, ke| *agg.* **1** (*dir., corr.*) authentique: *documento autentico* document authentique; *copia autentica* copie authentique; *interpretazione autentica* interprétation authentique **2** [*sicuramente attribuibile a un autore, a un'opera e sim.*] authentique: *un Tiziano, un Picasso autentico* un Titien, un Picasso authentique; *una lettera autentica del Manzoni* une lettre authentique de Manzoni; *un mobile autentico del '500* un meuble authentique du XVIe siècle **3** [*reale, vero*] authentique: *è un fatto autentico* c'est un fait authentique ◇ [*vero e proprio*] véritable: *è stato un autentico fiasco* cela a été un véritable fiasco; *è un autentico cretino!* c'est un véritable crétin! **4** (*fig.*) [*schietto, genuino*] authentique: *i sentimenti più autentici di qc.* les sentiments les plus authentiques de qqn.

autentificàre |autentifi'kare| *v. tr.* → **autenticare.**

autière |au'tjɛre| *s.m.* [*soldato addetto alla guida di automezzi*] chauffeur militaire.

autismo |au'tizmo| *s.m.* (*psichiatria*) autisme.

autista |au'tista| *s.m.* [*chi guida, per mestiere, autoveicoli*] chauffeur: *autista di piazza* chauffeur de taxi; *autista di camion* chauffeur de camion → **camionista** ◇ (*spreg.*) *gli autisti della domenica* les conducteurs du dimanche.

autistico, ci, ca, che |au'tistiko, tʃi, ka, ke| *agg.* (*psichiatria*) autiste, autistique.

àuto- |'auto| *pref.* (*significa 'di sé stesso, da sé', corrisponde gener. a*) auto(-): *autocritica* autocritique; *autoaccensione* auto-allumage ⓒ **etero-, allo-.**

1 **àuto** |'auto| *s.f. inv.* (*abbrev.*) → **automobile.**
2 **àuto** |'auto| *s.m.* (*letter.*) [*dramma sacro sp.*] auto.
autoaccensióne |autoattʃen'sjone| *s.f.* auto-allumage *m.*
autoaccessòrio, i |autoattʃes'sɔrjo, i| *s.m. spec. al plur.* accessoires d'automobile.
autoaccùsa |autoak'kusa| *s.f.* auto-accusation ◻ **autodifesa.**
autoadesìvo |autoade'zivo| *agg.* [*che aderisce senza essere inumidito*] autocollant ◆ (*s.m.*) *un autoadesivo* un autocollant.
autoaffondaménto |autoaffonda'mento| *s.m.* [*affondamento volontario di una nave*] sabordage.
autoambulànza |autoambu'lantsa| *s.f.* ambulance.
autoarticolàto |autoartiko'lato| *s.m.* camion à semi-remorque.
autobetonièra |autobeto'njɛra| *s.f.* (*tecnol. edil.*) (auto)bétonnière, (auto)bétonneuse.
autobiografìa |autobiogra'fia| *s.f.* autobiographie.
autobiogràfico, ci, ca, che |autobio'grafiko, tʃi, ka, ke| *agg.* autobiographique.
autobiografìsmo |autobiogra'fizmo| *s.m.* tendance *f.* à utiliser (dans une œuvre) des données autobiographiques.
autoblìnda |auto'blinda|, **autoblindàta** |autoblin'data| *s.f.* → **autoblindomitragliatrice.**
autoblindàto |autoblin'dato| *agg.* → **blindato.**
autoblìndo |auto'blindo| *s.f. inv.* → **autoblindomitragliatrice.**
autoblindomitragliatrìce |autoblindomitraʎʎa'tritʃe| *s.f.* automitrailleuse.
autobótte |auto'botte| *s.f.* [*autocarro per il trasporto di liquidi*] camion-citerne (*m.*): *delle autobotti* des camions-citernes.
autobrùco, chi |auto'bruko, ki| *s.m.* → **autocingolato.**
àutobus |'autobus| *s.m. inv.* autobus: *prendere, perdere l'autobus* prendre, manquer l'autobus.
autocamionàle |autokamjo'nale| *s.f.* route réservée aux poids lourds.
autocarràto |autokar'rato| *agg.* transporté par camion militaire.
autocàrro |auto'karro| *s.m.* camion, poids lourd: *autocarro con fiancata ribaltabile* camion à ridelles; *autocarro a cassone ribaltabile* camion à benne basculante.
autocastrazióne |autokastrat'tsjone| *s.f.* autocastration.
autocensùra |autotʃen'sura| *s.f.* autocensure.
autocèntro |auto'tʃɛntro| *s.m.* (*mil.*) groupement automobile, motorisé.
autocingolàto |autotʃingo'lato| *s.m.* autochenille *f.*
autocistèrna |autotʃis'tɛrna| *s.f.* [*camion per il trasporto di liquidi*] camion-citerne (*m.*): *delle autocisterne* des camions-citernes.
autoclàve |auto'klave| *s.f.* autoclave *m.*
autocolònna |autoko'lonna| *s.f.* colonne d'automobiles # *autocolonna militare* convoi de troupes.
autocombustióne |autokombus'tjone| *s.f.* combustion spontanée.
autocommiserazióne |autokommizerat'tsjone| *s.f.* pitié pour soi-même # *la sua non è che autocommiserazione* il ne pleure que sur lui-même; elle ne pleure que sur elle-même.
autocompiaciménto |autokompjatʃi'mento| (*s.m.*) *c'è molto autocompiacimento in lui* il est très content de sa personne.
autoconsùmo |autokon'sumo| *s.m.* (*econ.*) autoconsommation *f.*
autocontròllo |autokon'trɔllo| *s.m.* maîtrise *f.*, contrôle de soi-même: *perdere, mantenere l'autocontrollo* perdre, garder la maîtrise de soi # *manca di autocontrollo* il ne sait pas se maîtriser.
autoconvòglio, i |autokon'vɔʎʎo, i| *s.m.* convoi (de véhicules).
autocopiànte |autoko'pjante| *agg.* (*tecnol.*) *carta autocopiante* papier auto-copiant.
autocorrièra |autokor'rjɛra| *s.f.* [*autoveicolo pubblico per il trasporto di persone*] (auto)car *m.*
autòcrate |au'tɔkrate| *s.m.* autocrate.
autocràtico, ci, ca, che |auto'kratiko, tʃi, ka, ke| *agg.* autocratique ◻ **democratico, costituzionale.**
autocrazìa |autokrat'tsia| *s.f.* autocratie ◻ **democrazia.**
autocrìtica, che |auto'kritika, ke| *s.f.* autocritique: *fare la propria autocritica* faire son autocritique.
autocrìtico, ci, ca, che |auto'kritiko, tʃi, ka, ke| *agg.* d'autocritique *loc. inv.*
autòcromo |au'tɔkromo| *agg.* autochrome.
autòctono |au'tɔktono| *agg.* **1** autochtone: *popolo autoctono* peuple autochtone ◆ (*s.*) *gli autoctoni* les autochtones **2** (*geol.*) *terreno autoctono* terrain autochtone ◻ 1 **straniero 1.**
autodafé |autoda'fe| *s.m. inv.* autodafé *var.*
autodecisióne |autodetʃi'zjone| *s.f.* → **autodeterminazione.**
autodenùncia, ce, cie |autode'nuntʃa, tʃe| *s.f.* [*denuncia, confessione di sé stesso, delle proprie colpe*] aveu *m.* spontané: *fare l'autodenuncia dei propri errori* faire l'aveu spontané de ses fautes.
autodeterminazióne |autodeterminat'tsjone| *s.f.* (*polit.*) autodétermination.
autodidàtta |autodi'datta| *s.* autodidacte.
autodidàttico, ci, ca, che |autodi'dattiko, tʃi, ka, ke| *agg.* autodidacte.
autodidattìsmo |autodidat'tizmo| *s.m.* autodidactisme (*raro*).
autodifésa |autodi'fesa| *s.f.* autodéfense.
autodisciplìna |autodiʃʃi'plina| *s.f.* maîtrise de soi-même.
autodisciplinàrsi |autodiʃʃipli'narsi| *v.pron. rifl.* [*imporsi una disciplina*] s'autodiscipliner, se discipliner.
autodistruzióne |autodistrut'tsjone| *s.f.* autodestruction.
autòdromo |au'tɔdromo| *s.m.* autodrome.
autoeccitatrìce |autoettʃita'tritʃe| *s.f.* (*elettr.*) machine auto-excitatrice *agg.*
autoeccitazióne |autoettʃitat'tsjone| *s.f.* auto-excitation.
autoeducazióne |autoedukat'tsjone| *s.f.* autoéducation.
autoemotèca, che |autoemo'tɛka, ke| *s.f.* ambulance chargée des prises de sang.
autoeròtico, ci, ca, che |autoe'rɔtiko, tʃi, ka, ke| *agg.* (*psichiatria*) auto-érotique.
autoerotìsmo |autoero'tizmo| *s.m.* auto-érotisme.
autofecondazióne |autofekondat'tsjone| *s.f.* (*bot., zool.*) autofécondation.
autoferrotranviàrio, i |autoferrotran'vjarjo, i| *agg.* des transports en commun *loc. inv.*
autoferrotranvière |autoferrotran'vjɛre| *s.m.* employé *s.* des transports urbains.
autofficìna |autoffi'tʃina| *s.f.* **1** [*officina per auto*] garage *m.* **2** [*officina mobile, su autocarri*] camion *m.* atelier.
autofilettànte |autofilet'tante| *agg.* (*tecnol.*) autotaraudeur*.
autofilotranviàrio, i |autofilotran'vjarjo, i| *agg.* des transports urbains (*loc. inv.*): *rete autofilotranviaria* réseau des transports urbains.
autofinanziaménto |autofinantsja'mento| *s.m.* [→ AUTOFINANZIARSI] autofinancement.
autofinanziàrsi |autofinan'tsjarsi| *v.pron. rifl.* (*comm.*) [*reperire i fondi necessari utilizzando i propri profitti e capitali*] s'autofinancer (2): *per questi investimenti la società si è autofinanziata* pour ces investissements, la société s'est autofinancée.
autofurgóne |autofur'gone| *s.m.* fourgon automobile: *autofurgone funebre* fourgon funéraire, funèbre # *autofurgone cellulare* voiture cellulaire.
autogamìa |autoga'mia| *s.f.* (*bot.*) autogamie, autofécondation.
autogàmico, ci, ca, che |auto'gamiko, tʃi, ka, ke| *agg.* (*bot.*) autogame: *piante autogamiche* plantes autogames.
autògeno |au'tɔdʒeno| *agg.* **1** (*filos., fisiol.*) autogène **2** (*tecnol.*) *saldatura autogena* soudure autogène.
autogestióne |autodʒes'tjone| *s.f.* [→ AUTOGESTIRE] autogestion.
autogestìre |autodʒes'tire| (197) **A** *v.tr.* [*gestire, amministrare per proprio conto*] autogérer (8) **B** *v.pron. rifl.* AUTOGESTIRSI [→ *tr.*] s'autogérer.
autogestìto |autodʒes'tito| *agg.* [*gestito dal personale di un'azienda*] autogéré: *fabbrica autogestita* usine autogérée.
autogìro |auto'dʒiro| *s.m.* (*aer.*) autogire.
autogòl, autogoal |auto'gɔl| *s.m. inv.* but *var.* marqué contre son camp: *ha segnato un autogol* il a marqué un but contre son camp.
autogovèrno |autogo'vɛrno| *s.m.* [*facoltà riconosciuta a un gruppo di governarsi da solo*] self-governement; autonomie *f.* (d'un pays).
autografàre |autogra'fare| *v.tr.* [*riprodurre manoscritti disegni mediante l'autografia*] autographier.
autografìa |autogra'fia| *s.f.* autographie.
autogràfico, ci, ca, che |auto'grafiko, tʃi, ka, ke| *agg.* autographique: *procedimento autografico* procédé autographique.
autògrafo |au'tɔgrafo| *s.m.* **1** (*lett.*)

(manuscrit) autographe: *collezione d'autografi* collection d'autographes ♦ (*agg.*) *lettera, manoscritto autografo* lettre, manuscrit autographe **2** [*firma di personaggi famosi*] autographe.

autogrill |auto'gril| *s.m. inv.* [*posto di ristoro sulle autostrade*] restoroute *var.*

autogrù |auto'gru| *s.f. inv.* [*autoveicolo atto a rimorchiare veicoli in avaria*] dépanneuse *var.*

autoguida |auto'gwida| *s.f.* (*tecnol.*) autoguidage *m.*

autoguidàto |autogwi'dato| *agg.* autoguidé: *missile autoguidato* engin autoguidé.

autoimmunizzazióne |autoimmuniddzat'tsjone| *s.f.* auto-immunisation.

autoimpollinazióne |autoimpollinat'tsjone| *s.f.* (*bot.*) pollinisation directe.

autoinduzióne |autoindut'tsjone| *s.f.* (*elettr.*) auto-induction.

autoinfezióne |autoinfet'tsjone| *s.f.* (*med.*) auto-infection.

autoinnaffiatrice |autoinnaffja'tritʃe| *s.f.* [*autoveicolo attrezzato per innaffiare strade*] arroseuse automobile.

autoinnésco, chi |autoin'nesko, ki| *s.m.* (*tecnol.*) auto-amorçage.

autointossicazióne |autointossikat'tsjone| *s.f.* auto-intoxication: *delle autointossicazioni* des auto-intoxications.

autolàtra |auto'latra| *s.* (*raro*) autolâtre.

autolavàggio, i |autola'vaddʒo, i| *s.m.* lavage automatique (de voitures).

autolesionismo |autolezjo'nizmo| *s.m.* [*il produrre deliberatamente una minorazione al proprio corpo*] automutilation *f.* ◇ (*fig.*) masochisme.

autolesionista |autolezjo'nista| *s.* (*med.*) personne *f.* qui pratique l'automutilation ◇ (*fig.*) masochiste: *solo un autolesionista può accettare condizioni simili!* il n'y a qu'un masochiste pour accepter des conditions pareilles!

autolesionistico, ci, ca, che |autolezjo'nistiko, tʃi, ka, ke| *agg.* [*proprio dell'autolesionismo*] d'automutilation *loc. inv.* ◇ [*dell'autolesionista*] masochiste: *comportamento autolesionistico* comportement masochiste.

autolettiga, ghe |autolet'tiga, ge| *s.f.* → **autoambulanza.**

autolibro |auto'libro| *s.m.* → **bibliobus.**

autolinea |auto'linea| *s.f.* ligne d'autocars.

autòlisi |au'tɔlizi| *s.f. inv.* (*biol.*) autolyse *var.*

autòma |au'tɔma| *s.m.* **1** automate ◇ (*fig.*) *cammina come un automa* il marche comme un automate **2** *automa di un orologio* ja(c)quemart d'une horloge.

automaticaménte |automatika'mente| *avv.* [→ 2 AUTOMATICO 1] automatiquement 🄲 **volontariamente, deliberatamente.**

automaticità |automatitʃi'ta| *s.f. inv.* automaticité *var.*

automaticizzàre |automatitʃid'dzare| *v.tr.* → **automatizzare.**

1 **automàtico, ci** |auto'matiko, tʃi| *s.m.* [*bottone a pressione*] bouton-pression, (bouton à) pression (*m.* o *f.*): *degli automatici* des boutons-pression.

2 **automàtico, ci, ca, che** |auto'matico, tʃi, ka, ke| *agg.* **1** automatique: *movimento, gesto automatico* mouvement, geste automatique → **involontario** **2** [*che, una volta in movimento, funziona da solo*] automatique: *apparecchio automatico* appareil automatique; *distributore, telefono automatico* distributeur, téléphone automatique; *arma automatica* arme automatique **3** *bottone automatico* → 1 **automatico** 🄲 1 **intenzionale, volontario.**

automatismo |automa'tizmo| *s.m.* automatisme 🄲 **coscienza, libertà.**

automatizzàre |automatid'dzare| *v.tr.* [*rendere automatico*] automatiser: *automatizzare un impianto* automatiser une installation.

automatizzazióne |automatiddzat'tsjone| *s.f.* → **automazione.**

automazióne |automat'tsjone| *s.f.* [→ AUTOMATIZZARE] automation, automatisation.

automedónte |autome'donte| *s.m.* (*scherz.*) [*cocchiere*] automédon.

automèzzo |auto'mɛddzo| *s.m.* → **autoveicolo.**

automobilàstro |automobi'lastro| *s.m.* [*cattivo automobilista*] chauffard.

automòbile |auto'mɔbile|, (*abbrev.*) **àuto** |'auto| *s.f.* voiture, automobile, auto: *automobile da turismo, da corsa, sportiva* voiture de tourisme, de course, (de) sport; *automobile di serie, fuoriserie* automobile de série, hors série; *salone dell'automobile* salon de l'automobile; *automobile di piccola cilindrata* automobile de petite cylindrée; *Automobile Club d'Italia* Automobile Club d'Italie; *andare in automobile* aller en voiture, en auto; *guidare un'automobile* conduire une voiture, une auto # *autocivetta* auto-piège, voiture de police banalisée ♦ (*agg.*) *macchina automobile* voiture automobile.

automobilìsmo |automobi'lizmo| *s.m.* automobilisme.

automobilista |automobi'lista| *s.* automobiliste.

automobilìstico, ci, ca, che |automobi'listiko, tʃi, ka, ke| *agg.* [*dell'automobile*] automobile: *l'industria automobilistica* l'industrie automobile; *circolazione automobilistica* circulation automobile; *assicurazione automobilistica* assurance auto; *circuito automobilistico* circuit automobile # *incidente automobilistico* accident de voiture, d'automobile; *carta automobilistica* [*relativa alla viabilità per automobili*] carte routière; *patente automobilistica* permis de conduire.

automontàto |automon'tato| *agg.* [*montato su automezzi*] motorisé: *reparti automontati* détachements motorisés; *divisione automontata* division motorisée.

automorfismo |automor'fizmo| *s.m.* (*mat.*) automorphisme.

automotóre |automo'tore| *s.m.* **1** automoteur **2** (*ferr.*) [*rotabile automotore*] automotrice *f.*, autorail → **automotrice.**

automotrice |automo'tritʃe| *s.f* automotrice → **automotore** 2.

automutilazióne |automutilat'tsjone| *s.f.* automutilation.

autònimo |au'tɔnimo| *agg.* (*ling.*, *logica*) autonyme.

autonoleggiatóre |autonoleddʒa'tore| *s.m.* loueur* *s.* de voitures.

autonoléggio, i |autono'leddʒo, i| *s.m.* location *f.* de voitures.

autonomìa |autono'mia| *s.f.* autonomie: *autonomia amministrativa* autonomie administrative ◇ (*fig.*) *autonomia della volontà, di pensiero* autonomie de la volonté, de pensée; *conservare la propria autonomia* garder son autonomie ◇ (*filos.*) autonomie ◇ (*per est.*) *l'autonomia di un'automobile, di una batteria* l'autonomie d'une voiture, d'une batterie 🄲 **dipendenza** 1, **sottomissione, subordinazione.**

autonomìsta |autono'mista| *s.* autonomiste.

autonomìstico, ci, ca, che |autono'mistiko, tʃi, ka, ke| *agg.* d'autonomie (*loc. inv.*): *rivendicazione autonomistica* revendication d'autonomie.

autònomo |au'tɔnomo| *agg.* **1** autonome: *regione autonoma* région autonome; *governo autonomo* gouvernement autonome; *gestione autonoma* gestion autonome # *azienda autonoma del turismo* office du tourisme ◇ (*per est.*) [*amministrato da una collettività autonoma*] *cassa autonoma* caisse autonome **2** autonome: *volontà autonoma* volonté autonome; *persona autonoma* individu autonome → **libero, indipendente** 🄲 **dipendente, soggetto** 1.

autoparchéggio, i |autopar'keddʒo, i| *s.m.* [*parcheggio per automobili*] parc, parking: *autoparcheggio sotterraneo* parc, parking souterrain.

autopàrco, chi |auto'parko, ki| *s.m.* **1** → **autoparcheggio** **2** [*autoveicoli addetti a un servizio, a una impresa*] parc automobile: *l'autoparco della polizia* le parc automobile de la police → 2 **parco.**

autopattùglia |autopat'tuʎʎa| *s.f.* patrouille d'autos de la police.

autopiàno |auto'pjano| *s.m.* piano mécanique.

autopilòta |autopi'lɔta| *s.m.* pilote automatique.

autopista |auto'pista| *s.f.* **1** (*nelle regioni desertiche*) piste (pour véhicules) **2** (*nei parchi di divertimento*) piste d'autos tamponneuses.

autoplastia |autoplas'tia| *s.f.* (*med.*) autoplastie.

autoplàstica, che |auto'plastika, ke| *s.f.* → **autoplastia.**

autopómpa |auto'pompa| *s.f.* autopompe.

autoportànte |autopor'tante| *agg.* autoportant, autoporteur*.

autopropulsióne |autopropul'sjone| *s.f.* autopropulsion.

autopropùlso |autopro'pulso| *agg.* autopropulsé: *razzo autopropulso* engin autopropulsé.

autopsia |autop'sia| *s.f.* (*med.*, *corr.*) autopsie.

autòptico, ci, ca, che |au'tɔptiko, tʃi, ka, ke| *agg.* → **necroscopico.**

autopùbblica, che |auto'pubblika, ke| *s.f.* → **tassì.**

autopulènte |autopu'lɛnte| (*agg.*) *forno autopulente* four autonettoyant.

autopùllman |auto'pulman| *s.m. inv.* (auto)car *var.*

autopunizióne |autopunit'tsjone| *s.f.* (*psicol.*) autopunition.

autoràdio |auto'radjo| *s.f. inv.* **1** (poste) autoradio (*m. var.*): *delle auto-*

radio des autoradios, des postes autoradio **2** [*autoveicolo dotato di impianto radio*] voiture *var.* radio.
autoradiografìa |autoradjogra'fia| *s.f.* (*scient.*) autoradiographie.
autoradùno |autora'duno| *s.m.* [*raduno di automobili*] meeting automobile.
autóre, trice |au'tore, tritʃe| *s.* **1** auteur (*m.*): *l'autore di un progetto* l'auteur d'un projet; *l'autore di una scoperta* l'auteur d'une découverte; *il sommo autore* [*Dio*] le souverain auteur ◇ [*chi è causa, responsabile di q.c.*] cause *f.*, responsable: *è stato l'autore della nostra rovina* il a été la cause, le responsable de notre ruine; *chi è l'autore di questo disastro?* qui est le responsable de ce désastre? ◇ (*dir.*) auteur **2** (*arts.*, *letter.*) auteur: *quadro firmato dall'autore* tableau signé par l'auteur; *autore di una commedia, di un romanzo* auteur d'une comédie, d'un roman; *scritto d'autore ignoto* écrit d'un auteur inconnu ✦ (*ass.*) *gli autori classici, romantici* les auteurs classiques, romantiques → **scrittore** ◇ *loc.* D'AUTORE [*di valore, di artista noto*] de maître: *tela, quadro d'autore* toile, tableau de maître ◇ (*loc.*) *diritto d'autore* droit d'auteur.
autoreattóre |autoreat'tore| *s.m.* → **statoreattore.**
autoregolatóre, trice |autoregola'tore, tritʃe| *agg.* autorégulateur*: *meccanismi autoregolatori* mécanismes autorégulateurs.
autoregolazióne |autoregolat'tsjone| *s.f.* (*tecnol.*) autorégulation.
autorepàrto |autore'parto| *s.m.* (*mil.*) troupe *f.* motorisée.
autorespiratóre |autorespira'tore| *s.m.* [*respiratore usato dai subacquei*] scaphandre autonome.
autoréte |auto'rete| *s.f.* → **autogol.**
autorévole |auto'revole| *agg.* [*che ha ascendente, che gode di prestigio*] influent: *un personaggio autorevole* un personnage influent → **importante** ◇ [*che merita attenzione, stima*] autorisé: *una persona autorevole* une personne autorisée; *fonte autorevole* source autorisée; *un critico autorevole* un critique autorisé # *una proposta autorevole* une proposition digne d'intérêt; *testimonio autorevole* témoin digne de foi.
autorevolézza |autorevo'lettsa| *s.f.* [*prestigio, importanza*] autorité: *gode di notevole autorevolezza* il jouit d'une autorité considérable ◇ [*autorità*] *si comporta con autorevolezza* il se conduit avec autorité.
autorevolménte |autorevol'mente| *avv.* [→ AUTOREVOLE] avec autorité *loc. inv.*
autoriméssa |autori'messa| *s.f.* [*locale ove si custodiscono i veicoli*] garage *m.*
autorità |autori'ta| *s.f. inv.* **1** (*dir.*, *corr.*) autorité (*var.*): *l'autorità dello Stato, della legge* l'autorité de l'État, de la loi; *l'autorità paterna* l'autorité paternelle; *abuso d'autorità* abus d'autorité; *agire d'autorità* agir d'autorité; *non riconosce nessuna autorità* il ne reconnaît aucune autorité → **2 potere, sovranità** # *avere autorità di legge* avoir force de loi ◇ (*per est.*) [*permesso, autorizzazione*] autorisation (*var.*): *chi ti ha dato l'autorità di far questo?* qui t'a donné l'autorisation de faire cela? **2** [*organismo investito di un particolare potere*] autorité: *l'autorità giudiziaria, civica, militare* l'autorité judiciaire, civile, militaire; *l'autorità riconosciuta* l'autorité acceptée; *l'autorità costituita* l'autorité établie → 2 **potere** **3** (*per est.*) *spec. al plur.* [*persona investita di poteri pubblici*] autorités: *rivolgersi alle autorità* s'adresser aux autorités; *autorità civili, religiose, militari* autorités civiles, religieuses, militaires; *le autorità cittadine* les autorités de la ville; *consegnare qc. alle autorità di polizia* livrer qqn. aux autorités de police **4** (*fig.*) [*credito, prestigio*] autorité: *godere di molta, poca autorità* jouir de beaucoup, de peu d'autorité; *far valere l'autorità del proprio nome, della propria posizione* faire valoir l'autorité de son (propre) nom, de sa position; *abusare della propria autorità* abuser de son autorité ◇ [*autorevolezza*] *basarsi sull'autorità di uno scienziato* s'appuyer sur l'autorité d'un savant **5** (*fig.*) [*persona di indiscusso valore, spec. culturale e scientifico*] autorité: *nel campo della chimica è un'autorità* dans le domaine de la chimie c'est une autorité **6** (*fig.*) [*netta superiorità; per est., facilità*] *vincere d'autorità, con autorità, in una gara* gagner une épreuve haut la main.
autoritariaménte |autoritarja'mente| *avv.* [→ AUTORITARIO] d'une manière autoritaire *loc. inv.*
autoritàrio, i |autori'tarjo, i| *agg.* autoritaire: *un regime autoritario* un régime autoritaire; *aspetto, carattere autoritario* air, caractère autoritaire; *è un professore autoritario* c'est un professeur autoritaire.
autoritarismo |autorita'rizmo| *s.m.* autoritarisme Ⓒ **liberalismo.**
autoritràtto |autori'tratto| *s.m.* autoportrait: *si è fatto il suo autoritratto* il a fait son autoportrait, son propre portrait.
autorizzàre |autorid'dzare| *v.tr.* **1** [*concedere, permettere*] autoriser: *chi ti ha autorizzato a parlare?* qui t'a autorisé à parler?; *non siamo autorizzati a fornirvi queste informazioni* nous ne sommes pas autorisés à vous fournir ces renseignements; *autorizzare una riunione* autoriser une réunion **2** [*rendere legittimo, giustificare*] autoriser, justifier: *il suo modo di fare autorizza i miei sospetti* la façon dont il agit autorise, justifie mes soupçons.
autorizzàto |autorid'dzato| *agg.* autorisé: *associazione autorizzata* association autorisée; *persona autorizzata* personne autorisée Ⓒ **vietato, proibito.**
autorizzazióne |autoriddzat'tsjone| *s.f.* **1** [→ AUTORIZZARE] autorisation: *autorizzazione scritta* autorisation écrite; *autorizzazione maritale* autorisation maritale; *autorizzazione all'esercizio* autorisation d'exploiter **2** (*per est.*) [*documento, atto*] autorisation: *esibire un'autorizzazione* montrer, exhiber une autorisation Ⓒ 1 **proibizione, rifiuto.**
autosalóne |autosa'lone| *s.m.* salon automobile.
autoscàfo |autos'kafo| *s.m.* → **motoscafo.**
autoscàla |autos'kala| *s.f.* [*autoveicolo con scala usato dai vigili del fuoco*] échelle (pivotante) automobile.
autoscàtto |autos'katto| *s.m.* (*foto.*) déclencheur automatique.
autoscóntro |autos'kontro| *s.m.* (*nei parchi di divertimento*) auto *f.* tamponneuse.
autoscopìa |autosko'pia| *s.f.* (*psicol.*) autoscopie.
autoscuòla |autos'kwɔla| *s.f.* auto-école: *delle autoscuole* des auto-écoles.
1 **autoservìzio, i** |autoser'vittsjo, i| *s.m.* (*trasporti*) service d'autobus: *gli autoservizi* les services d'autobus → **autolinea.**
2 **autoservìzio, i** |autoser'vittsjo, i| *s.m.* [*servizio effettuato dal cliente stesso in un negozio, in un ristorante*] libre-service: *degli autoservizi* des libres-services → **self-service.**
autosilo |auto'silo| *s.m.* [*locale per parcheggio (sotterraneo) di autoveicoli*] parking (souterrain).
autosnodàto |autozno'dato| *s.m.* [*veicolo composto di più elementi snodati atti al carico*] semi-remorque (*f.*): *degli autosnodati* des semi-remorques.
autosoddisfazióne |autosoddisfat'tsjone| *s.f.* (*psicol.*) autosatisfaction.
autospazzatrice |autospattsa'tritʃe| *s.f.* [*veicolo destinato alla pulitura delle strade*] balayeuse (mécanique).
autostàrter |autos'tarter| *s.m. inv.* (*trotto*) [*automobile attrezzata per l'allineamento dei cavalli alla partenza*] starting-gate *var.* automobile: *degli autostarter* des starting-gates automobiles.
autostazióne |autostat'tsjone| *s.f.* **1** [*stazione di servizio per veicoli*] garage *m.*, station-service **2** gare routière.
autostèllo |autos'tɛllo| *s.m.* [*posto di ristoro, albergo per automobilisti*] motel.
autostòp |autos'tɔp| *s.m. inv.* auto-stop (*var.*): *fare l'autostop* faire du stop, de l'auto-stop.
autostoppista |autostop'pista| *s.* auto-stoppeur*: *degli autostoppisti* des auto-stoppeurs.
autostràda |autos'trada| *s.f.* autoroute: *autostrada a pedaggio* autoroute à péage.
autostradàle |autostra'dale| *agg.* autoroutier*: *rete autostradale* réseau autoroutier, d'autoroutes.
autosufficiènte |autosuffi'tʃɛnte| *agg.* autosuffisant → **indipendente.**
autosufficiènza |autosuffi'tʃɛntsa| *s.f.* autosuffisance → **indipendenza.**
autosuggestionàrsi |autosuddʒestjo'narsi| *v.pron. intr.* [*esercitare una suggestione su sé stesso*] s'autosuggestionner.
autosuggestióne |autosuddʒes'tjone| *s.f.* [→ AUTOSUGGESTIONARSI] autosuggestion.
autotassàrsi |autotas'sarsi| *v. pron. rifl.* [*pagare spontaneamente, direttamente le tasse*] s'autotaxer.
autotassazióne |autotassat'tsjone| *s.f.* [→ AUTOTASSARSI] autotaxation.
autotelàio, i |autote'lajo, i| *s.m.* châssis (d'automobile): *autotelaio a trave portante unica* chassis poutre → **telaio.**
autotipìa |autoti'pia| *s.f.* (*tip.*) similigravure, simili.
autotipista |autoti'pista| *s.m.* [*specialista di autotipia*] similiste.
autotomìa |autoto'mia| *s.f.* autotomie.

autotrainàto |autotrai'nato| *agg.* [*trainato da veicolo a motore*] tracté: *cannoni autotrainati* des canons tractés.

autotràino |auto'traino| *s.m.* → **traino.**

autotrasformatóre |autotrasforma'tore| *s.m.* (*elettr.*) *autotransformateur.

autotrasportàre |autotraspor'tare| *v.tr.* [*trasportare merci, persone per mezzo di autoveicoli*] camionner: *autotrasportare merci* camionner des marchandises.

autotrasportatóre |autotrasporta'tore| *s.m.* [*chi trasporta con veicoli*] camionneur → **trasportatore.**

autotraspòrto |autotras'pɔrto| *s.m.* (*merci*) [*trasporto per mezzo di autoveicoli*] camionnage; transport automobile: *impresa di autotrasporti* entreprise de camionnage || *gli autotrasporti* les transports automobiles ◇ (*persone*) transport automobile.

autotrattóre |autotrat'tore| *s.m.* → 1 **trattore,** 2 **trattrice.**

autotrenìsta |autotre'nista| *s.m.* [*conduttore di autotreno*] routier, camionneur → **camionista.**

autotrèno |auto'trɛno| *s.m.* **1** [*autocarro trainante un rimorchio*] camion à remorque, poids lourd: *degli autotreni* des poids lourds **2** (*ferr.*) [*automotrice che rimorchia veicoli uniti fra loro*] autorail.

autòtrofo |au'tɔtrofo| *agg.* (*biol.*) autotrophe.

autovaccìno |autovat'tʃino| *s.m.* (*med.*) autovaccin.

autoveìcolo |autove'ikolo| *s.m.* [*veicolo a motore per il trasporto di persone o cose*] véhicule automobile, voiture *f.* → **automobile, autovettura.**

autovettùra |autovet'tura| *s.f.* [*automobile che trasporta persone*] véhicule *m.* automobile, voiture → **autoveicolo, vettura.**

autrìce |au'tritʃe| *s.f.* → **autore.**

autunìte |autu'nite| *s.f.* (*miner.*) autunite.

autunnàle |autun'nale| *agg.* automnal*: *nebbie autunnali* brumes automnales.

autùnno |au'tunno| *s.m.* [*la terza stagione dell'anno*] automne: *in autunno* en automne; *nell'autunno del 1825* en automne 1825 ◇ (*fig.*) *l'autunno della vita* l'automne de la vie.

auxìna |auk'sina| *s.f.* (*biol.*) auxine.

avallànte |aval'lante| *agg. e s.m.* (*dir.*) avaliseur, avaliste.

avallàre |aval'lare| *v.tr.* **1** (*comm.*) [*dare garanzia di un pagamento*] avaliser: *avallare una tratta, una cambiale* avaliser un billet à ordre, une lettre de change (une traite) → **garantire** **2** [*aggiungere credibilità a, confermare*] confirmer: *avallare una notizia* confirmer une nouvelle; *avallare una testimonianza* confirmer un témoignage; *questo avalla il mio sospetto* ceci confirme mes soupçons ◇ [*sostenere, approvare*] approuver: *avallare il comportamento di qc.* approuver la conduite de qqn.; *non possiamo avallare questi crimini* nous ne pouvons pas approuver ces crimes 🄲 2 **smentire; disapprovare.**

avallàto |aval'lato| *agg.* **1** (*comm.*) avalisé: *un effetto avallato* un effet (de commerce) avalisé → **garantito** ◆ (*s.*) *un avallato* un bénéficiaire d'aval **2** (*fig.*) [*che ha ricevuto conferma, appoggio*] confirmé: *è un'ipotesi avallata dalle più recenti scoperte* c'est une hypothèse confirmée par les découvertes les plus récentes.

avàllo |a'vallo| *s.m.* (*dir.*) aval*: *prestare avallo* donner son aval; *firmare un documento a titolo di avallo* signer un document en aval.

avambràccio, i |avam'brattʃo, i| *s.m.* avant-bras *inv.*

avampòrto |avam'pɔrto| *s.m.* avant-port: *degli avamporti* des avant-ports.

avampósto |avam'posto| *s.m.* (*mil.*) avant-poste: *degli avamposti* des avant-postes.

avàna |a'vana| *s.m. inv.* [*tabacco, sigaro dell'Avana*] *havane *var.* ◆ *agg. inv.* [*colore marron del tabacco*] havane: *soprabito avana* pardessus havane.

avancàrica |avan'karika| *s.f.* (*solo nella loc.*) (*detto di arma da fuoco*) AD AVANCARICA [*che si carica dalla bocca*] par la bouche: *armi ad avancarica* armes qui se chargent par la bouche 🄲 **retrocarica.**

'avances' |avɑ̃s| *s.f. pl.* avances: *fare delle 'avances'* faire des avances → **approccio, proposta.**

avancòrpo |avan'kɔrpo| *s.m.* (*arch.*) avant-corps *inv.*

avanése |ava'nese| *s.m.* (*t.zool.*) *havanais.

avanguàrdia |avan'gwardja| *s.f.* **1** (*mil.*) avant-garde **2** (*per est.*) [*posizione avanzata, progressista*] avant-garde: *essere all'avanguardia* être à l'avant-garde **3** *loc.* D'AVANGUARDIA d'avant-garde: *scrittore, pittore, teatro d'avanguardia* écrivain, peintre, théâtre d'avant-garde ◇ [*chi si trova in detta posizione*] *l'avanguardia letteraria italiana* l'avant-garde de la littérature italienne; *l'avanguardia del partito preme sugli elementi più tradizionalisti* l'avant-garde du parti appuie sur les éléments les plus traditionalistes 🄲 1 **retroguardia.**

avanguardìsmo |avangwar'dizmo| *s.m.* avant-gardisme (*raro*).

avanguardìsta |avangwar'dista| *s.m.* **1** avant-gardiste: *degli avanguardisti* des avant-gardistes (*raro*) ◆ (*agg.*) *uno scrittore avanguardista* un écrivain d'avant-garde *loc. inv.* **2** [*giovane che apparteneva a organizzazioni fasciste*] ⊠ 🄲 1 **tradizionale, classico.**

avanìa |ava'nia| *s.f.* (*st. turca, fig.*) avanie.

avannòtto |avan'nɔtto| *s.m.* (*zool.*) alevin.

avanscàlo |avans'kalo| *s.m.* → **antiscalo.**

avanscopèrta |avansko'pɛrta| *s.f.* (*mil.*) reconnaissance: *inviare dei soldati in avanscoperta* envoyer des soldats en reconnaissance.

avanspettàcolo |avanspet'takolo| *s.m.* spectacle de variété, attractions *f.pl.*

avantàggio, i |avan'taddʒo, i| *s.m.* (*raro*) → **vantaggio.**

avànti |a'vanti| **I** *avv.* **1** (*stato in luogo; moto a luogo*) devant, avant: *gli altri sono avanti* les autres sont devant (nous devancent); *vai avanti, ti raggiungo fra poco* passe devant (pars avant), je te rejoindrai tout à l'heure → **davanti** ◇ [*oltre, più lontano*] plus loin: *la farmacia è più avanti* la pharmacie est plus loin **2** (*loc. verb.*) *guardare avanti* regarder en avant; *sporgersi in avanti* se pencher en avant; *fare un passo avanti* faire un pas en avant; *spingere qc., q.c. in avanti* pousser qqn., qqch. en avant; *portarsi avanti nel lavoro* avancer un travail; *mandare avanti qc.* envoyer qqn. devant ◇ (*fig.*) *mandare avanti la famiglia, un'azienda, la baracca* (*fam.*) faire vivre sa famille, faire marcher une entreprise, faire bouillir la marmite; *mettere avanti scuse* mettre des excuses en avant, avancer des excuses; *mettere avanti le mani* prendre ses précautions ~ FARSI AVANTI [*affermarsi*] *fatti avanti, se vuoi riuscire nella vita* mets-toi en avant, si tu veux réussir dans la vie; *farsi avanti a gomitate* aller, se porter en avant en jouant des coudes; *al momento del bisogno non c'è mai nessuno che si faccia avanti* [*che si offra di collaborare*] il n'y a jamais personne qui se présente quand il le faut; quand on a besoin de quelqu'un on ne trouve plus personne ~ ESSERE AVANTI: *essere avanti nel lavoro, negli studi* être en avance dans son travail, dans ses études; *è già avanti negli anni* il est déjà d'un âge avancé; *più si va avanti negli anni...* plus on se fait vieux... ~ ANDARE AVANTI: *andare avanti a* (+ *inf.*) continuer à (+ *inf.*); *andava avanti senza mèta* il avançait sans but précis; *andare avanti senza perdersi d'animo* aller de l'avant sans perdre courage; *andate avanti vi ascolto* poursuivez, je vous écoute; *il lavoro va avanti bene* le travail avance bien; *le cose vanno avanti così da troppo tempo* les choses vont ainsi depuis trop longtemps; *non possiamo andare avanti così* on ne peut pas continuer comme ça; *si va, si tira avanti* on vivote; *riusciamo appena ad andare, a tirare avanti* nous arrivons à peine à joindre les deux bouts; *non riesco ad andare avanti con il mio solo stipendio* je ne peux pas vivre avec mon seul traitement; *andare avanti e indietro* avancer et reculer, marcher en long et en large; faire les cent pas ~ TANTO AVANTI [*così lontano*] si loin: *non è mai arrivato tanto avanti* il n'est jamais parvenu si loin ◇ (*detto dell'orologio*) *l'orologio va* (*è*) *avanti* (*di dieci minuti*) la montre avance (de dix minutes); *mettere avanti un orologio* avancer une montre **3** (*tempo*) (*indica 'anteriorità'*) avant: *potevi pensarci avanti* tu pouvais y penser avant; *siamo molto avanti nella stagione, nella notte* nous sommes bien avant dans la saison, dans la nuit → 1 **prima** ◇ (*prov.*) *pensarci avanti e non pentirsi poi* la prudence est mère de sûreté ◇ (*indica posteriorità*): *da* (*di*) *qui in avanti, d'ora in avanti* dorénavant; *non ora, più avanti* pas maintenant, plus tard **II** *prep.* devant: *sarò avànti casa alle otto* je serai devant chez moi à huit heures ◇ [*prima*] avant: *avanti lo spuntar del sole* avant le lever du soleil; *avanti l'alba* avant l'aube; *avanti giorno* avant le jour; *nel 2000 avanti Cristo* (*a.C.*) en l'an 2000 avant Jésus-Christ (av. J.-C.) → **davanti, 1 prima** ◇ *loc. prep.* AVANTI A devant (*prep.*): *era avanti alla porta* il était devant la porte; *era seduta avanti a noi, a tutti* elle était assise devant nous, devant tout le monde; *guarda avanti a te!* regarde devant toi! → **davanti (a)** **III** (*loc. cong.*)

avanti di, avanti che → 1 **prima (di),** 1 **prima (che)** **IV** (*inter.*) *chi è? avanti!* qui c'est?, qui est-ce? entrez!; *avanti! si accomodi!* entrez! asseyez-vous!; *avanti! c'è posto* entrez! il y a de la place ◇ (*mil.*) *avanti! march!* en avant, marche! ◇ (*mar.*) *avanti (a) tutta (forza)!* en avant toute! ◇ (*fig.*) *avanti! coraggio!* allons! courage!; *avanti! non abbiate paura!* allons! n'ayez pas peur!; *avanti! smettila, smettetela!* allez, arrête, arrêtez!; allez, ça suffit!, allons, finis! **V** (*con valore di agg.*) avant, auparavant: *la settimana, il mese avanti* la semaine, le mois avant; *due anni avanti* deux ans auparavant; *alcuni giorni avanti* quelques jours avant → 1 **prima** **VI** *s.m. inv.* **1** (*calcio*) avant *var.* → **attaccante** **2** (*mar.*) avant, proue *f. var.*

avantièri |avan'tjɛri| *avv.* avant-hier → **altro ieri.**

avantrèno |avan'trɛno| *s.m.* avant-train.

avanvòmere |avan'vɔmere| *s.m.* (*agr.*) rasette *f.*

avanzaménto |avantsa'mento| *s.m.* **1** [→ 1 AVANZARE A 1] avancement: *stato di avanzamento di una diga* état d'avancement d'une digue ◇ (*fig.*) [*progresso*] avancement, progrès: *l'avanzamento dei lavori* l'avancement, le progrès des travaux; *l'avanzamento delle conoscenze tecniche* le progrès des connaissances techniques **2** [→ 1 AVANZARE B 4] avancement: *avanzamento per anzianità* avancement à l'ancienneté; *chiedere, ottenere un avanzamento (di grado, di carriera)* demander, obtenir de l'avancement.

1 **avanzàre** |avan'tsare| **A** *v.intr.* (*aus.* '*essere*') **1** [*andare avanti, procedere*] avancer (2) (*aus.* avoir): *avanzare di un passo, di pochi metri* avancer d'un pas, de quelques mètres; *avanzare a piccoli passi* avancer à petits pas; *avanzare timidamente* avancer timidement ◇ (*detto del tempo*) [*scorrere, avvicinarsi*] *la notte avanza* la nuit avance; *l'autunno avanza* l'automne avance ◇ (*loc. fig.*) *avanzare a tutta birra* [*molto velocemente*] avancer à toute allure ~ *avanzare alla cieca, a tentoni* [*con estrema insicurezza*] avancer à l'aveuglette, à tâtons ~ *avanzare negli anni* [*invecchiare*] avancer en âge ~ *avanzare negli studi* [*progredire*] avancer dans les études ~ *avanzare di grado* [*essere promosso a un grado superiore*] avancer, monter en grade **2** (*mil.*) (*aus.* '*avere*') [*fare un'avanzata contro il nemico*] avancer: *l'esercito avanzava tra mille difficoltà* l'armée avançait à travers mille difficultés; *le truppe hanno avanzato molto decisamente* les troupes ont avancé avec beaucoup de décision **3** [*sporgere in fuori*] surplomber: *il balcone avanza di due metri sul muro* le balcon surplombe le mur de deux mètres **B** *v.tr.* **1** [*spingere, spostare in avanti*] avancer: *avanzare un piede* avancer un pied; *avanzare un mobile* avancer un meuble ◇ (*mil.*) *avanzare le trincee* porter en avant la ligne des tranchés; *avanzare le truppe* faire (45) *intr.* avancer les troupes **2** (*fig.*) [*proporre, presentare*] avancer: *avanzare una ipotesi* avancer une hypothèse; *avanzare una proposta* avancer une proposition # *avanzare una richiesta* présenter une demande **3** (*fig.*) [*superare, vincere*] dépasser: *avanzare qc. in sapienza, in astuzia* dépasser qqn. en sagesse, en finesse **4** (*fig.*) [*promuovere, elevare*] élever (6): *avanzare qc. di grado* élever qqn. en grade **C** *v. pron. intr.* AVANZARSI [*farsi avanti*] s'avancer: *avanzarsi timidamente* s'avancer timidement; *si avanzò di pochi metri* il s'avança de quelques mètres ◇ (*fig.*) [*avvicinarsi*] *la notte s'avanza* la nuit s'avance.

2 **avanzàre** |avan'tsare| **A** *v.intr.* (*aus.* '*essere*') [*rimanere in avanzo*] rester (*impers.*): '*quanto denaro ti avanza?*' '*mi avanzano poche lire*' 'combien d'argent te reste-t-il?' 'il me reste quelques lires'; *è avanzato molto pane* il reste beaucoup de pain ◇ [*esserci in abbondanza*] y en avoir (28) (*aus.* avoir) trop: *di carne ce n'è, e ne avanza* de la viande il y en a, et il y en a même trop **B** *v.tr.* **1** [*essere creditore di q.c. da qc.*] devoir (34): *avanzo una certa somma da lui* il me doit une certaine somme d'argent ◇ (*fig.*) *mi avanzi delle scuse* tu me dois des excuses ◇ (*loc. fig.*) *avanzare delle pretese* [*ritenere di aver diritto a q.c.*] avancer des prétentions **2** (*raro*) [*mettere da parte, risparmiare*] mettre (71) de côté, épargner: *avanzarsi un capitale per la vecchiaia* mettre de côté un capital pour ses vieux jours.

avanzàta |avan'tsata| *s.f.* **1** [→ 1 AVANZARE A 2] avance, progression: *l'avanzata delle truppe vittoriose* l'avance, la progression des troupes victorieuses; *rallentare, contenere l'avanzata del nemico* ralentir, contenir l'avance, la progression de l'ennemi **2** (*raro*) [→ 1 AVANZARE A 1] avancement *m.* Ⓒ 1 **ritirata.**

1 **avanzàto** |avan'tsato| *agg.* **1** [*spostato in avanti*] avancé: *truppe avanzate* troupes avancées; *postazione avanzata* poste avancé ◇ (*riferito al tempo*) *essere in età avanzata, essere avanzato negli anni* être d'un âge avancé; *la stagione è ormai avanzata* la saison est maintenant très avancée; *era notte avanzata* il était une heure avancée de la nuit # *a stagione avanzata* vers la fin de la saison ◇ (*fig.*) [*progredito, evoluto*] *una tecnica molto avanzata* une technique très avancée, de pointe; *una civiltà avanzata* une civilisation avancée **2** (*fig.*) [*innovatore, progressista*] avancé: *avere idee molto avanzate* avoir des idées très avancées → **radicale.**

2 **avanzàto** |avan'tsato| *agg.* **1** [*che è rimasto in avanzo*] resté (*p.p.*) # *consumare i cibi avanzati dal giorno prima* utiliser les restes de la veille **2** [*disponibile, libero*] disponible, libre: *investire il denaro avanzato* investir l'argent disponible; *il tempo avanzato* le temps libre.

avànzo |a'vantso| *s.m.* **1** [*ciò che rimane; resto*] reste: *un avanzo di tessuto* un reste de tissu; *gli avanzi della cena* les restes du dîner; *buttare, gettare gli avanzi in pattumiera* jeter, mettre les restes à la poubelle ◇ *loc.* D'AVANZO [*a sufficienza, in abbondanza*] (largement) assez (*avv.*): *ce n'è d'avanzo* il y en a largement assez; *ne ho d'avanzo delle tue chiacchiere!* j'en ai assez de tes histoires! → **abbastanza** ◇ (*loc. fig.*) *avanzo di galera, di forca* [*individuo poco raccomandabile*] gibier de potence **2** *al plur.* (*per est.*) [*resti storici, rovine*] ruines *f.*; vestiges: *gli avanzi dell'antica Roma, di Pompei* les ruines de la Rome antique, de Pompei → **rudere** || *gli avanzi archeologici di una civiltà* les vestiges archéologiques d'une civilisation **3** (*mat., corr.*) rester (*v.tr.*): *undici diviso tre fa tre con l'avanzo di due* onze divisé par trois donne trois, il reste deux; *il quattro sta due volte nel dieci, con l'avanzo di due* quatre en dix il y va deux fois et il reste deux → **resto** **4** (*comm.*) boni, bénéfice: *un avanzo di cassa* un boni de caisse; *essere in avanzo* être en bénéfice ◇ (*per est.*) [*risparmio*] économie (*f.*): *mettere da parte qualche avanzo* faire quelques économies **5** (*mar.*) recul: *avanzo dell'elica* le recul de l'hélice Ⓒ 4 **disavanzo.**

avaràccio, i |ava'rattʃo, i| *s.* (*fam.*) [*spilorcio, tirchio*] rapiat, radin (*corr.*).

avaraménte |avara'mente| *avv.* [→ AVARO] chichement, avec avarice *loc. inv.* Ⓒ **generosamente.**

avarìa |ava'ria| *s.f.* **1** avarie: *l'avaria di merci* l'avarie de marchandises; *avaria comune, particolare* avarie commune, particulière; *danni avaria* avaries matérielles; *spese d'avaria* avaries-frais **2** (*tecnol., corr.*) avarie; panne: *la nave ha subito alcune avarie* le bateau a subi quelques avaries; *riparare le avarie subite da una aereo* réparer les avaries subies par un avion → 2 **guasto** || *un motore in avaria* un moteur en panne.

avariàre |ava'rjare| **A** *v.tr.* (*detto di merci*) [*guastare, deteriorare*] avarier: *la lunga sosta ha avariato le merci* l'arrêt prolongé a avarié les marchandises **B** (*v.intr.*) *fare avariare* avarier (*tr.*): *il caldo ha fatto avariare le derrate alimentari* la chaleur a avarié les denrées alimentaires **C** *v.pron. intr.* AVARIARSI [→ *tr.*] s'avarier: *le merci si sono avariate* les marchandises se sont avariées.

avariàto |ava'rjato| *agg.* avarié: *merce avariata* marchandise avariée; *scatolame avariato* boîtes de conserve avariées.

avarìzia |ava'rittsja| *s.f.* avarice: *peccare di avarizia* pécher par avarice ◇ (*loc. scherz.*) *crepi l'avarizia!* au diable l'avarice! Ⓒ **prodigalità, generosità.**

avàro |a'varo| *agg.* **1** (*persone*) avare: *è un vecchio terribilmente avaro* c'est un vieil homme terriblement avare; *avere un padre avaro* avoir un père avare ◆ (*s.*) *un avaro* un avare **2** (*persone*) [*scarso, limitato*] avare: *essere avaro di elogi, di complimenti* être avare d'éloges, de compliments ◇ (*cose*) *una terra avara* une terre avare; *la vita gli è stata avara di soddisfazioni, di gioie* la vie a été avare de satisfactions, de joie pour lui # *il destino è stato avaro con lui* le sort ne l'a pas gâté Ⓒ **prodigo, generoso.**

àve |'ave| **1** *inter.* avé **2** *s.m. o f. inv.* (*pop.*) avé (*m.*): *recitare un pater e cinque ave* réciter un Pater et cinq Avé → **ave Maria.**

avellàna |avel'lana| *s.f.* → **nocciola.**

avellàno |avel'lano| *s.m.* → **nocciolo.**

avèllere |a'vɛllere| (187) *v.tr.* (*p.p.*: *avulso*) → **svellere.**

avèllo |a'vɛllo| *s.m.* (*lett.*) → **tomba, sepolcro.**

àve Marìa, avemarìa |'ave ma'ria|, **avemmarìa** |avemma'ria| *s.f.* **1** avé Maria (*m. inv.*): *recitare l'avemaria, delle avemarie* réciter l'avé Maria, des avé Maria ◇ (*loc. fam.*) *sapere, conoscere q.c. come l'avemaria* [*benissimo, a memoria*] savoir, connaître qqch. sur le bout du doigt **2** [*il suono delle campane a certe ore del giorno*] angélus (*m.*): *svegliarsi, partire all'avemaria, al suono dell'avemaria* se réveiller, partir sur le coup de l'angélus, à matines; *si sente suonare l'avemaria* on entend matines tinter.

avéna |a'vena| *s.f.* **1** (*t.bot.*) avoine **2** (*lett.*) → **zampogna.**

avènte |a'vεnte| *s.m.* (*dir., corr.*) (*solo nelle loc.*) *avente diritto* ayant droit: *gli aventi diritto* les ayants droit ~ *gli aventi causa* les ayants cause.

1 **avére** |a'vere| (97) **A** *v.tr.* **I** (*indica un rapporto di possesso*) **1** [*essere in possesso di; avere la disponibilità di*] avoir (28): *avere due appartamenti, molte terre* avoir deux appartements, beaucoup de terres; *avere molti soldi* avoir beaucoup d'argent; *avere una moto, un'automobile* avoir une moto, une automobile; *non avere un letto per riposare* ne pas avoir de lit pour se reposer; *avere da mangiare, da bere* avoir de quoi manger, de quoi boire; *avere di che vestirsi, sfamarsi* avoir de quoi s'habiller, de quoi manger ◇ (*per est.*) (*riferito a beni non materiali*) *avere molte amicizie, molti amici* avoir de nombreuses amitiés, beaucoup d'amis; *avere ingegno, giudizio* avoir de l'esprit, du jugement; *avere un'ottima memoria* avoir une excellente mémoire; *avere esperienza di q.c.* avoir l'expérience de qqch. ◇ (*riferito a qualità fisiche*) *avere un bell'aspetto, una buona voce, una buona vista* avoir une belle allure, une bonne voix, une bonne vue; *avere dei lineamenti fini, degli occhi azzurri* avoir des traits fins, des yeux bleus ◇ (*riferito all'età*) *avere 40 anni* avoir 40 ans; *son cose che si fanno quando si hanno vent'anni* ce sont des choses qu'on fait quand on a vingt ans ◇ (*con compl. predicativo*) *avere le scarpe strette, i tacchi alti* avoir des chaussures étroites, des talons hauts; *avere la camicia sporca, ben stirata* avoir une chemise sale, bien repassée; *avere la macchina ferma in carrozzeria* avoir sa voiture chez le carrossier; *avere un buono stipendio* avoir un bon salaire; *avere la mamma malata, all'ospedale* avoir sa maman malade, à l'hôpital **2** [*tenere; portare con sé*] avoir: *avere spiccioli* avoir de la monnaie; *hai denaro per le spese?* as-tu de l'argent pour les courses?; *hai l'occorrente per scrivere?* as-tu ce qu'il faut pour écrire?; *che cos'hai in mano?* qu'est-ce que tu as dans la main?; *avere un elegante abito da sera* avoir une élégante robe du soir; *ha sempre il cappello in testa* il a toujours son chapeau sur la tête → **indossare** **3** [*ottenere; riuscire ad avere*] avoir: *avere una gratifica, una promozione* avoir une gratification, de l'avancement; *avere gli arretrati* avoir les arrérages; *ha avuto anche lui la sua parte* lui aussi a eu sa part ◇ [*ricevere*] *avere delle buone, delle brutte notizie* avoir de bonnes, de mauvaises nouvelles; *ho avuto delle garanzie, delle assicurazioni* j'ai eu des garanties, des assurances ◇ [*acquistare, comprare*] *ho avuto questa lavatrice con un forte sconto* j'ai eu cette machine à laver avec une importante réduction; *ho avuto quel quadro per niente* j'ai eu ce tableau pour rien ◇ (*per est.*) *temo che avrai delle noie* je crains que tu n'aies que des ennuis; *la cosa ebbe un seguito* la chose eut une suite; *l'iniziativa ha avuto un consenso generale* l'initiative a eu l'approbation générale **II** [*sentire, provare*] **1** (*riferito a sensazioni fisiche*) avoir: *aver fame, sete, sonno* avoir faim, soif, sommeil; *avere il raffreddore, la febbre* avoir un rhume, de la fièvre; *mia figlia ha il morbillo* ma fille a la rougeole **2** (*riferito a sentimento*) avoir: *avere dell'odio, del risentimento per qc.* avoir de la haine, du ressentiment pour qqn.; *aver compassione di qc.* avoir de la compassion pour qqn.; *oggi ho voglia di uscire* aujourd'hui j'ai envie de sortir; *hai proprio voglia di litigare?* tu as vraiment envie de te disputer? **III** (*talora acquista un significato più preciso dal sost. o dall'agg. che regge*) avoir: *aver valore* avoir de la valeur; *aver importanza* avoir de l'importance; *avere cura di qc.* avoir soin de qqn.; *avere qc. in grande stima* avoir qqn. en grande estime; *aver bisogno di* avoir besoin de; *avere intenzione, avere in animo* (*di fare q.c.*) avoir l'intention de faire qqch.; *avere a cuore qc., q.c.* avoir à cœur qqn., qqch.; *aver luogo* avoir lieu # *avere caro, a caro qc., q.c.* tenir beaucoup à qqn., à qqch.; *avere in odio qc.* haïr qqn. ◇ *loc.* AVERE PER (+ *compl. predicativo*) [*sistemare, ritenere*] tenir (27) pour: *avere per certo un fatto* tenir un fait pour certain; *l'ho sempre avuto per un galantuomo* je l'ai toujours tenu pour un honnête homme → **stimare** **IV** (*istituisce un determinato rapporto tra sogg. e compl. ogg.*) **1** (*con ogg. di persona*) avoir: *non avere famiglia* ne pas avoir de famille; *ho moglie e figli* j'ai une femme et des enfants; *non ha più la mamma* il n'a plus sa maman; *avere molte persone alle proprie dipendenze* avoir de nombreuses personnes sous ses ordres **2** (*con ogg. di cosa*) avoir: *ho avuto una giornata di lavoro intenso* j'ai eu une journée de travail intense; *abbiamo avuto bel, brutto tempo* nous avons eu du beau, du mauvais temps **V** (*seguito da avv. di luogo, esprime un rapporto di spazio*) avoir: *aveva accanto suo padre* il avait son père auprès de lui; *non avere nessuno davanti a sé* n'avoir personne devant soi; *non abbiamo nessuno sopra di noi* nous n'avons personne au-dessus de nous; *aveva intorno tante ammiratrici* il avait beaucoup d'admiratrices autour de lui; *abbiamo dietro una coda di automobili* nous avons derrière nous une file de voitures **VI** (*seguito da prep.* + *v. all'inf.*) **1** AVERE DA [*dovere*] avoir à: *ho da dirti una cosa molto importante* j'ai une chose très importante à te dire; *ho da fare molte cose* j'ai beaucoup de choses à faire; *ho* (*molto*) *da fare* j'ai (beaucoup) à faire; *ho altro da pensare, io!* j'ai autre chose à penser, moi!; *ha* (*ancora*) *da nascere uno che lo superi* il n'est pas encore né celui qui le dépassera **2** AVERE A (*con valore fraseologico, trasferisce il suo valore temporale sul v. seguente*) avoir à: *nessuno ebbe a ridire* personne n'eut à redire # *quanto ebbe a soffrire per colpa di suo figlio!* combien dut-elle souffrir à cause de son fils! ◇ (*loc.*) *non avere* (*a*) *che fare,* (*a*) *che vedere con qc., con q.c.* [*non avere rapporto, attinenza*] n'avoir rien à faire, à voir avec qqn., avec qqch.: *io non ho mai avuto* (*niente*) *a che fare con quel tizio* moi, je n'ai jamais (rien) eu à faire avec ce type; *la tua osservazione non ha niente a che vedere con questa intenzione* ton observation n'a rien à voir avec cette question; *sono due cose che non hanno niente a che fare* ce sont deux choses qui n'ont rien à voir ~ *avere* (*a*) *che dire con qc.* [*litigare con qc.*] se disputer avec qqn. **VII** (*loc. particolari*) *averne fin sopra i capelli,* (*pop.*) *fin qui* en avoir par-dessus la tête, jusque-là ~ *ne ho piena l'anima, le tasche* j'en ai plein le dos ~ *avere un diavolo per capello* avoir les nerfs en boule ~ *ho altro per la testa, io!* j'ai autre chose en tête, moi! ~ *avere q.c., un affare per le mani* avoir qqch., une affaire en main ~ *avere le mani in pasta* être dans le bain ~ *avere le mani bucate* être un panier percé ~ *avere qc., la fortuna, q.c. dalla propria parte* avoir qqn., la chance, qqch. de son côté, pour soi ~ *averla vinta* avoir gain de cause ~ *averle tutte vinte* avoir toujours le dernier mot ~ *hai un bel dire, tu!* tu as beau dire, toi!; *si ha un bel dire!* on a beau dire! ~ *quanti ne abbiamo* (*del mese*) *oggi?* quel jour (du mois) sommes-nous, aujourd'hui? (le combien sommes-nous?); *ne abbiamo 27* nous sommes le 27 ~ AVERE DEL tenir de: *ha molto del padre, dei nonni* il tient beaucoup de son père, de ses grands-parents # *ha un po' dell'incosciente, dell'artista* il est quelque peu inconscient, il tient un peu de l'artiste ~ *per quanto ne avrai ancora?* tu en auras encore pour combien de temps?; *ne avrò per un'ora, una settimana, per un* (*bel*) *pezzo* j'en aurai pour une heure, une semaine, pour un (bon) moment ~ *avercela* (*su*) *con qc.* en vouloir à qqn. ~ *non ho nulla contro di lui* je n'ai rien contre lui ~ *aversene, aversela a male* se vexer **B** *v.intr.* (*aus.* 'avere') (*raro, lett.*) [*esserci*] *non v'ha alcun dubbio che...* il ne fait aucun doute que...; *v'hanno alcuni che...* il y a quelqu'un qui... **C** *v. aus.* **1** (*nella formazione della forma att. di tutti i tempi comp. dei v. tr.*) avoir: *ho fatto tutto* j'ai tout fait; *abbiamo letto il libro* nous avons lu le livre; *te l'avevo detto* je te l'avais dit **2** (*nella formazione dei tempi comp. della maggior parte dei v. intr.*) avoir: *ho dormito per due ore* j'ai dormi pendant deux heures; *al tuo posto, io avrei insistito* à ta place, moi, j'aurais insisté # *abbiamo passeggiato a lungo* nous nous sommes longuement promenés.

2 **avére** |a'vere| *s.m.* **1** *spec. al plur.* [*ciò che si possiede*] avoir (*solo sing.*): *questo è tutto il mio avere* ceci est tout mon avoir; *spendere, sperperare tutti i propri averi* dépenser, gaspiller tout son avoir → **patrimonio, 2 bene, ricchezza** **2** (*comm.*) avoir: *il conto del dare e dell'avere* le compte du doit et de l'avoir; du débit et du crédit; *quant'è il mio avere?* à combien se monte mon avoir, mon crédit?; *segnare una somma sulla colonna dell'avere* marquer une somme dans la colonne de l'avoir, du crédit → **credito** [C] **2 dare 2.**

avèrla |a'vɛrla| *s.f.* (*t.zool.*) pie-grièche: *delle averle* des pies-grièches.
avernàle |aver'nale| *agg.* (*lett.*) → **infernale.**
averroismo |averro'izmo| *s.m.* averroïsme.
avverroista |averro'ista| *s.m.* (*filos.*) averroïste.
averroistico, ci, ca, che |averro'istiko, tʃi, ka, ke| *agg.* (*filos.*) averroïste.
aviàrio, i |a'vjarjo, i| **1** *agg.* aviaire: *la patologia aviaria* la pathologie aviaire **2** *s.m.* [*uccelliere, spec. nei giardini zoologici*] volière (*f.*): *l'aviario d'allevamento* la volière d'élevage.
aviatóre, trice |avja'tore, tritʃe| *s.* aviateur*.
aviatòrio, i |avja'tɔrjo, i| *agg.* d'aviation *loc. inv.*, d'avion (*loc. inv.*): *un incidente aviatorio* un accident d'avion → **aereo** # *brevetto aviatorio* brevet de pilote.
aviazióne |avjat'tsjone| *s.f.* **1** aviation: *aviazione civile, commerciale* aviation civile, commerciale; *campo d'aviazione* camp d'aviation ◇ (*per est.*) [*gli aviatori, gli aerei*] *è nell'aviazione* il est dans l'aviation **2** (*mil.*) *aviazione da caccia, da bombardamento* aviation de chasse (la chasse), de bombardement.
avicolo |a'vikolo| *agg.* avicole.
avicoltóre |avikol'tore| *s.m.* aviculteur* *s.*
avicoltùra |avikol'tura| *s.f.* aviculture.
avicultóre |avikul'tore| *s.m.* → **avicoltore.**
avicultùra |avikul'tura| *s.f.* → **avicoltura.**
avidaménte |avida'mente| *avv.* [→ AVIDO] avidement.
avidità |avidi'ta| *s.f. inv.* avidité (*var.*): *mangia con avidità* il mange avec avidité; *desiderare q.c. con avidità* désirer qqch. avec avidité.
àvido |'avido| *agg.* avide: *avido di sangue, di vendetta* avide de sang, de vengeance; *essere avido di guadagno* être avide de gain; *essere avido di conoscenza* être avide de connaître, d'apprendre → **bramoso** ◇ (*per est.*) (*cose*) *uno sguardo avido* un regard avide, d'envie; *guardare, contemplare con occhi avidi* regarder, contempler avec des yeux avides, des yeux d'envie.
avière |a'vjɛre| *s.m.* aviateur* *s.*
avifàuna |avi'fauna| *s.f.* avifaune.
avignonése |aviɲo'nese| *agg.* [*di Avignone*] avignonnais.
aviogètto |avjo'dʒɛtto| *s.m.* (*aer.*) avion à réaction, jet.
aviolanciàre |avjolan'tʃare| *v.tr.* [*lanciare cose, persone dall'aereo col paracadute*] parachuter: *aviolanciare rifornimenti* parachuter du ravitaillement → **paracadutare.**
aviolàncio, i |avjo'lantʃo, i| *s.m.* [*lancio paracadutato dall'aereo*] parachutage: *c'è stato un intenso aviolancio di truppe* il y a eu un intense parachutage de troupes.
aviolinea |avjo'linea| *s.f.* [*linea di navigazione aerea*] ligne aérienne ◇ (*per est.*) société de transports aériens.
avioradùno |avjora'duno| *s.m.* meeting d'aviation.
avioràzzo |avjo'rattso| *s.m.* (*aer.*) avion-fusée: *degli aviorazzi* des avions-fusées → **razzo.**
aviorimèssa |avjori'messa| *s.f.* [*luogo chiuso per ripararvi aerei*] *hangar *m.* pour avions.
aviosbàrco, chi |avjoz'barko, ki| *s.m.* débarquement (de troupes aéroportées, de parachutistes).
aviotrasportàre |avjotraspor'tare| *v.tr.* [*trasportare per via aerea*] transporter par avion: *aviotrasportare truppe* transporter des troupes par avion.
aviotrasportàto |avjotraspor'tato| *agg.* [*trasportato per via aerea*] aéroporté: *truppe aviotrasportate* des troupes aéroportées.
aviotraspòrto |avjotras'pɔrto| *s.m.* transport aérien (par avion): *l'aviotrasporto è ancora caro ai nostri giorni* de nos jours le transport aérien est encore coûteux.
avitaminòsi |avitami'nɔzi| *s.f. inv.* (*med.*) avitaminose *var.*
avito |a'vito| *agg.* → **ancestrale.**
àvo |'avo| *s.* **1** (*lett.*) → **nonno** **2** *al plur.* (*lett.*) [*gli antenati*] ancêtres *m.*, aïeux *m.* (*lett.*): *le virtù, le tradizioni degli avi* les vertus, les traditions des ancêtres, ancestrales *agg.*
avocàdo |avo'kado| **1** *s.m. inv.* (*t. bot.*) avocatier *var.* **2** (*agg. inv.*) *pera avocado* [*il frutto*] avocat *s.m. var.*
avocàre |avo'kare| *v.tr.* (*solo nella loc.*) (*dir.*) AVOCARE A SÉ [*assumere direttamente un compito normalmente affidato a un subordinato*] évoquer: *avocare a sé l'inchiesta, l'istruttoria* évoquer l'enquête, l'instruction ◇ (*per est., detto dello Stato*) [*attribuire a sé stesso*] se saisir *pron.*, confisquer: *lo Stato ha avocato a sé quell'eredità* l'État s'est saisi de, a confisqué cet héritage.
avocatòrio, i |avoka'tɔrjo, i| *agg.* (*dr.*) évocatoire.
avocazióne |avokat'tsjone| *s.f.* (*dir.*) [→ AVOCARE] évocation: *l'avocazione di una causa, di un'inchiesta* l'évocation d'une cause, d'une enquête ◇ [*confisca*] *l'avocazione di un'eredità* la confiscation d'un héritage.
avocétta |avo'tʃetta| *s.f.* (*t.zool.*) avocette.
àvolo |'avolo| *s.* (*raro, lett.*) **1** → **nonno** **2** *al plur.* → **antenato.**
avòrio, i |a'vɔrjo, i| *s.m.* **1** ivoire: *un pettine d'avorio* un peigne d'ivoire; *biglie d'avorio* billes d'ivoire; *avorio artificiale* ivoire artificiel; *avorio vegetale* ivoire végétal ◇ (*loc.*) *nero d'avorio* noir d'ivoire ~ (*fig.*) *essere, vivere in una torre d'avorio* être, vivre dans une tour d'ivoire **2** *al plur.* [*oggetti scolpiti in avorio*] ivoires: *una collezione di avori* une collection d'ivoires **3** [*particolare tono del colore bianco*] ivoire: *fronte, spalle, seno d'avorio* front, épaules, sein d'ivoire ◆ (*in funzione di agg. inv., posposto a un sost.*) *bianco avorio* blanc ivoire; *un abito, un pizzo* (*color*) *avorio* un vêtement, une dentelle (couleur) ivoire.
avulsióne |avul'sjone| *s.f.* **1** (*dir.*) avulsion **2** (*raro, med.*) → **asportazione, estrazione.**
avùlso |a'vulso| *agg.* (*cose*) [*staccato, separato*] étranger* à, distinct de: *una citazione avulsa dal suo contesto* une citation étrangère au contexte; *l'arte non è avulsa dalla vita* l'art n'est pas distinct de la vie ◇ (*persone*) *un individuo avulso dalla società, dalla comunità* un individu en marge *loc. inv.* de la société, de la communauté.
avvalérsi |avva'lersi| (191) *v.pron. intr.* [*valersi, servirsi di*] profiter *intr.*, tirer *tr.* profit: *avvalersi di un'occasione propizia, di una scusa* profiter d'une occasion propice, d'une excuse; *avvalersi dei consigli di qc.* tirer profit des conseils de qqn. # *avvalersi di un diritto* user d'un droit.
avvallaménto |avvalla'mento| *s.m.* **1** [*abbassamento del terreno*] affaissement: *gli avvallamenti di un terreno* les affaissements d'un terrain → **fossa, buca** **2** (*geogr.*) dépression *f.*
avvallànte |avval'lante| *agg.* avalant: *le chiatte avvallanti* les péniches avalantes ◆ (*s.m.*) *gli avvallanti* les avalants.
avvallàre |avval'lare| **A** *v.intr.* (*aus.* '*essere*') (*raro, detto di terreno*) [*abbassarsi, sprofondare*] s'affaisser (*pron.*): *il terreno è avvallato per un lungo tratto* une grande partie du sol s'est affaissée **B** *v.tr.* (*lett.*) → **affondare** **C** *v.pron. intr.* AVVALLARSI [→ *intr.*] s'affaisser: *è un suolo che si avvalla facilmente* c'est un sol qui s'affaisse facilement.
avvallàto |avval'lato| *agg.* **1** [*situato in fondo a una valle*] au fond de la vallée (*loc.*): *un paesino avvallato* un petit village au fond de la vallée **2** [*che presenta avvallamenti*] vallonné: *un terreno avvallato* un terrain vallonné.
avvaloraménto |avvalora'mento| *s.m.* **1** [→ AVVALORARE] confirmation (*f.*): *l'avvaloramento di un'ipotesi* la confirmation d'une hypothèse **2** (*raro*) [*aumento di valore, valorizzazione*] augmentation *f.* de valeur: *l'avvaloramento di un'area fabbricabile* l'augmentation de valeur d'un terrain à bâtir.
avvaloràre |avvalo'rare| **A** *v.tr.* [*convalidare, confermare*] confirmer: *avvalorare un'ipotesi, un dubbio, una tesi* confirmer une hypothèse, un doute, une thèse; *la sua condotta ambigua avvalorava ogni sospetto* sa conduite ambiguë confirmait les soupçons **B** *v.pron. intr.* AVVALORARSI [→ *tr.*] s'affirmer, se confirmer: *i miei sospetti si vanno avvalorando di giorno in giorno* mes soupçons s'affirment de jour en jour; *è una notizia che si sta avvalorando* c'est une nouvelle qui se confirme.
avvampàre |avvam'pare| **A** *v.intr.* (*aus.* '*essere*') **1** [*prendere velocemente fuoco, ardere*] s'enflammer *pron.*, prendre (73) *tr.* feu: *la legna avvampò tutto a un tratto* le bois s'enflamma, prit feu tout d'un coup ◇ (*per est.*) (*cose*) [*divenire rosso come fiamma*] s'enflammer, s'embraser (*pron.*): *il cielo avvampava al tramonto* le ciel s'enflammait au coucher du soleil ◇ (*per est.*) (*persone*) [*arrossire*] s'enflammer: *avvampò in viso per la vergogna* son visage s'enflamma de honte **2** (*fig.*) [*lasciarsi trasportare da un sentimento violento*] s'enflammer: *avvampare di sdegno, di collera* s'enflammer d'indignation, de colère **B** *v.tr.* (*raro, lett.*) → **accendere, bruciare.**
avvantaggiàre |avvantad'dʒare| **A** *v.tr.* [*mettere in condizione di vantaggio, favorire*] avantager (3), favoriser: *avvantaggiare alcune categorie rispetto ad altre* avantager, favoriser certaines catégories par rapport à d'autres ◇ (*per est.*) [*migliorare, far progredire*] favoriser: *avvantaggiare l'industria, l'agricoltura* favoriser l'industrie, l'agricul-

ture **B** *v.pron. rifl.* AVVANTAGGIARSI **1** [*prendere, procurarsi un vantaggio*] avancer (2) *intr.*; prendre (73) *tr.* l'avantage: *avvantaggiarsi nel lavoro, nello studio* avancer dans son travail, dans ses études || *avvantaggiarsi sui colleghi, sui concorrenti* prendre l'avantage sur ses collègues, ses concurrents ◇ (*sport*) *avvantaggiarsi sugli avversari, sulla squadra avversaria* prendre l'avantage, le dessus sur ses adversaires, sur l'équipe adverse **2** AVVANTAGGIARSI DI [*trarre profitto da q.c.*] profiter de *intr.*, s'enrichir de: *avvantaggiarsi di un'occasione propizia* profiter de l'occasion propice || *le sue ricerche si sono avvantaggiate delle più recenti scoperte* ses recherches se sont enrichies des découvertes les plus récentes.

avvantaggiàto |avvantad'dʒato| *agg.* [*favorito*] avantagé: *essere, partire avvantaggiato* être, partir avantagé.

avvedérsi |avve'dersi| *v.pron. intr.* [*rendersi conto, accorgersi*] s'apercevoir (33): *avvedersi di un errore, di una svista* s'apercevoir d'une erreur, d'une omission; *sbagliò senza avvedersene* il se trompa sans s'en apercevoir; *rimase molto male quando si avvide che tutti lo tradivano* il se vexa quand il s'aperçut que tout le monde le trompait.

avvedutaménte |avveduta'mente| *avv.* **1** [→ AVVEDUTO] prudemment, adroitement: *agire, parlare avvedutamente* agir, parler prudemment, adroitement **2** (*raro*) [*a bella posta, a ragion veduta*] exprès: *l'ho fatto avvedutamente* je l'ai fait exprès.

avvedutézza |avvedu'tettsa| *s.f.* [*scaltrezza, accortezza*] perspicacité, doigté (*m.*): *ha dato prova di avvedutezza* il a fait preuve de perspicacité; *questa attività richiede una certa avvedutezza* ce genre d'activité demande du doigté **C** **ingenuità.**

avvedùto |avve'duto| *agg.* [*scaltro, giudizioso*] avisé, fin: *un uomo molto avveduto* un homme très avisé; *una proposta avveduta* une proposition très fine → **accorto** ◇ [*prudente, cauto*] prudent, habile: *è troppo avveduto per commettere degli sbagli* il est trop prudent pour commettre des erreurs; *una risposta avveduta* une réponse habile → **perspicace** **C** **sprovveduto, ingenuo.**

avvegnaché |avveɲɲa'ke| *cong.* → **benché, poiché.**

avvelenaménto |avvelena'mento| *s.m.* [→ AVVELENARE A 1, 2] empoisonnement; intoxication (*f.*): *è un avvelenamento da funghi* c'est un empoisonnement par les champignons || *presenta sintomi di avvelenamento* il présente des symptômes d'intoxication.

avvelenàre |avvele'nare| **A** *v.tr.* **1** [*uccidere per mezzo di veleno*] empoisonner: *fu avvelenato dal suo nemico* il fut empoisonné par son ennemi ◇ [*intossicare*] *sostanze, cibi che avvelenano il sangue* substances, aliments qui empoisonnent le sang **2** [*rendere velenoso*] empoisonner: *avvelenare una freccia, l'acqua dei pozzi* empoisonner une flèche, l'eau des puits ◇ (*per est., detto dell'ambiente*) [*inquinare*] infecter, polluer: *esalazioni, scarichi industriali che avvelenano l'ambiente* exhalations, déchets industriels qui infectent, polluent l'atmosphère **3** (*fig.*) [*corrompere*] pervertir: *ci sono dei film, delle letture che avvelenano la gioventù* il y a des films, des lectures qui pervertissent les jeunes **4** (*fig.*) [*amareggiare, rattristare*] empoisonner: *quelle persone, quei dispiaceri gli hanno avvelenato l'esistenza* ces personnes, ces chagrins lui ont empoisonné l'existence **B** *v.pron.* AVVELENARSI **1** *rifl.* [→ *tr.* 1] s'empoisonner: *si avvelenò con del cianuro* il s'empoisonna avec du cyanure **2** *intr.* [→ *tr.* 4] s'empoisonner: *non avvelenarti l'esistenza per quelle sciocchezze!* ne t'empoisonne pas l'existence pour ces bêtises! **3** *intr.* [*inquinarsi, ammorbarsi*] être (43) *intr.* pollué: *quasi tutti i fiumi si stanno avvelenando* les rivières sont presque toutes polluées.

avvelenàto |avvele'nato| *agg.* **1** (*cose*) [*cosparso di veleno, velenoso*] empoisonné: *una freccia avvelenata* une flèche empoisonnée ◇ (*loc. fig.*) *avere il dente avvelenato con qc.* [*nutrire profondo rancore contro di lui*] avoir, garder une dent contre qqn. **2** (*persone*) [*che ha assunto veleno*] empoisonné: *morire avvelenato* mourir empoisonné ◇ (*per est.*) [*intossicato*] *avere il sangue avvelenato* avoir le sang empoisonné.

avvelenatóre, trice |avvelena'tore, tritʃe| *s.* [*chi avvelena*] empoisonneur*.

avvenènte |avve'nɛnte| *agg.* avenant: *una donna avvenente* une femme avenante → **seducente** **C** **brutto, sgraziato.**

avvenènza |avve'nɛntsa| *s.f.* [*bellezza, grazia*] charme (*m.*): *ha conquistato tutti con la sua avvenenza* elle a conquis tout le monde par son charme **C** **bruttezza.**

avveniménto |avveni'mento| *s.m.* événement: *i principali avvenimenti della storia* les principaux événements de l'histoire; *l'avvenimento del giorno* l'événement du jour; *un avvenimento che fa epoca* un événement qui fait date; *quando parte per un viaggio è un avvenimento* lorsqu'il part en voyage, c'est un événement.

1 **avvenìre** |avve'nire| (202) *v.intr.* (*aus.* 'essere') [*verificarsi, accadere*] se produire (75) *pron.*, arriver: *come è avvenuto l'incidente?* comment l'accident s'est-il produit, est-il arrivé?; *qualunque cosa avvenga, ti aspetterò* quoi qu'il arrive je t'attendrai ◇ *loc. impers.* AVVIENE CHE (+ *congv.*; *raro indic.*) il arrive que (+ *congv.*): *non avviene spesso che tu venga da me* il n'arrive pas souvent que tu viennes chez moi, il ne t'arrive pas souvent de venir chez moi; *non era mai avvenuto ch'egli fosse in ritardo* il ne lui était jamais arrivé d'être en retard ~ AVVIENE DI (+ *inf.*) il arrive de (+ *inf.*): *non ti è mai avvenuto di sbagliare?* cela ne t'est jamais arrivé de te tromper? ◇ (*in prop. incidentali*) *come spesso avviene* comme il arrive souvent; *come suole avvenire* comme il arrive d'habitude.

2 **avvenìre** |avve'nire| **I** *s.m. inv.* **1** avenir (*var.*): *non pensare all'avvenire!* ne pense pas à l'avenir!; *l'avvenire è nelle mani di Dio* l'avenir est à Dieu ◇ [*sorte, fortuna, destino*] *fantasticare sul proprio avvenire* rêver à son avenir; *predire l'avvenire* prédire l'avenir **2** [*carriera*] avenir: *un giovane medico di grande avvenire* un jeune médecin de grand avenir; *avere un brillante avvenire davanti a sé* avoir un brillant avenir devant soi ◇ [*benessere futuro*] *assicurare un avvenire ai propri figli* assurer un avenir à ses enfants **3** *loc. avv.* IN AVVENIRE, PER L'AVVENIRE, NELL'AVVENIRE [*in futuro, da oggi in avanti*] à l'avenir: *spero che in avvenire ti comporterai meglio* j'espère qu'à l'avenir tu te conduiras mieux; *questo fatto non si deve più ripetere per l'avvenire, in avvenire* cette histoire ne doit plus se répéter à l'avenir **4** *loc. agg.* DELL'AVVENIRE de l'avenir: *la lavatrice, il televisore dell'avvenire* le lave-vaisselle, le téléviseur de l'avenir **II** *agg. inv.* [*futuro*] futur (*var.*): *il tempo avvenire* le temps futur; *i secoli, le generazioni avvenire* les siècles futurs, les générations futures **C** **passato.**

avvenirìsmo |avveni'rizmo| *s.m.* esprit avant-coureur, précurseur: *è tutto qui il tuo avvenirismo?* c'est là ton esprit avant-coureur, précurseur?

avvenirìsta |avveni'rista| *s.* homme *m.*, femme *f.* qui anticipent l'avenir (*loc.*): *è un avvenirista* c'est un homme qui anticipe l'avenir.

avvenirìstico, ci, ca, che |avveni'ristiko, tʃi, ka, ke| *agg.* qui anticipe(nt) l'avenir (*loc.*): *una teoria avveniristica* une théorie qui anticipe l'avenir.

avventàre |avven'tare| **A** *v.tr.* **1** [*scagliare, gettare con forza*] jeter (5), envoyer (14): *avventare un sasso contro qc.* jeter une pierre contre qqn.; *avventare un colpo, una sventola a qc.* envoyer un coup, une gifle à qqn. → 1 **dare** **2** (*fig.*) [*esprimere senza riflettere, con sconsideratezza*] *hasarder, avancer (2): *avventare un giudizio, un parere* hasarder, avancer un jugement, un avis **B** *v.intr.* (*aus.* 'avere') (*raro, lett.*) → **risaltare** **C** *v.pron. rifl.* AVVENTARSI [→ *tr.* 1] se jeter, se précipiter: *avventarsi sul nemico* se jeter, se précipiter sur l'ennemi; *ci si è avventato addosso* il s'est jeté sur nous # *gli si è avventato al collo* il le prit au collet ◇ (*fig.*) *avventarsi nella mischia, nella zuffa* se lancer dans la mêlée, dans la bagarre; *avventarsi in una accesa polemica* se lancer dans une ardente polémique.

avventataménte |avventata'mente| *avv.* [→ AVVENTATO] étourdiment: *parlare, agire avventatamente* parler, agir étourdiment **C** **ponderatamente.**

avventatézza |avventa'tettsa| *s.f.* [*leggerezza, sconsideratezza*] étourderie: *la tua avventatezza è imperdonabile* ton étourderie est impardonnable → **imprudenza** ◇ [*parola, azione avventata*] parole en l'air: *non dire avventatezze!* ne dis pas de paroles en l'air! **C** **ponderazione, riflessione.**

avventàto |avven'tato| *agg.* (*persone*) [*che agisce senza riflettere*] étourdi, irréfléchi: *essere avventato nel parlare, nel decidere* être étourdi, irréfléchi dans ses propos, dans ses décisions ◇ (*cose*) [*sconsiderato, imprudente*] irréfléchi, *hasardé: *un gesto avventato* un geste irréfléchi; *una decisione avventata* une décision hasardée **C** **ponderato, riflessivo, prudente.**

avventìsta |avven'tista| *s.* (*st. relig.*) adventiste ♦ (*agg.*) *la Chiesa avventista* l'Église adventiste.

avventìzio, i |avven'tittsjo, i| *agg.* **1** [*provvisorio, temporaneo*] temporaire: *impiegato, personale avventizio* employé, personnel temporaire ♦ (*s.*) *un avven-*

tizio un employé, un ouvrier* temporaire *agg.* **2** (*bot.*) adventif*: *radici avventizie* racines adventives **3** (*geol.*) *cono avventizio* cône adventif **4** (*raro, lett.*) → **forestiero.**

avvènto |av'vɛnto| *s.m.* **1** [*arrivo, venuta*] avènement: *sperare nell'avvento di un mondo migliore* espérer en l'avènement d'un monde meilleur; *l'avvento del Messia* l'avènement du Messie **2** (*per est.*) *l'avvento al trono, al soglio pontificio* [*l'elevazione*] l'avènement au trône, au Saint-Siège **3** (*liturg. catt.*) avent: *la prima domenica d'avvento* le premier dimanche de l'avent.

avventóre |avven'tore| *s.m.* [*cliente di un negozio, di un locale pubblico*] client (*s.*): *il negozio era gremito di avventori* le magasin était bondé de clients.

avventùra |avven'tura| *s.f.* **1** aventure: *un'avventura di viaggio* une aventure de voyage; *un'avventura a lieto fine* une aventure qui finit bien; *un romanzo, un film d'avventura* un roman, un film d'aventures, *avere spirito d'avventura* avoir un esprit d'aventure; *andare in cerca di avventure* rechercher l'aventure ◇ (*loc. avv.*) *per avventura* [*per caso*] d'aventure; par aventure **2** [*relazione amorosa passeggera*] aventure: *da giovane ha avuto molte avventure* dans sa jeunesse, il a eu beaucoup d'aventures; *è soltanto un'avventura galante* ce n'est qu'une aventure galante **3** (*arch.*) → **fortuna.**

avventuràre |avventu'rare| **A** *v.tr.* [*esporre a un rischio*] aventurer; exposer (au péril): *avventurare il proprio denaro in un'impresa* aventurer son argent dans une affaire ‖ *avventurare i propri soldati in un'impresa molto difficile* exposer (au péril) ses soldats dans une entreprise très difficile **B** *v.pron. rifl.* AVVENTURARSI [→ *tr.*] s'aventurer: *avventurarsi in mare, al largo* s'aventurer en mer, au large; *avventurarsi in un'impresa assurda* s'aventurer dans une affaire absurde.

avventuràto |avventu'rato| *agg.* [*casuale, fortuito*] *hasardeux*: *una conclusione, un esito avventurato* une conclusion, une issue hasardeuse ◇ (*loc.*) *bene avventurato* [*fortunato*] heureux* (*agg.*); *male avventurato* [*sfortunato*] malheureux* *agg.*

avventurièro |avventu'rjɛro| *s.* **1** *s.* aventurier*: *è un avventuriero, un'avventuriera senza scrupoli* c'est un aventurier, une aventurière sans scrupules **2** *s.m.* (*raro*) [*soldato di ventura, mercenario*] aventurier.

avventurìna |avventu'rina| *s.f.* (*miner.*) aventurine.

avventurìsmo |avventu'rizmo| *s.m.* (*polit.*) aventurisme.

avventurosaménte |avventurosa'mente| *avv.* [→ AVVENTUROSO] aventureusement Ⓒ **prudentemente.**

avventuróso |avventu'roso| *agg.* (*persone*) aventureux*: *un carattere avventuroso* un esprit aventureux ◇ (*cose*) *un viaggio avventuroso* un voyage aventureux; *una vita avventurosa* une vie aventureuse Ⓒ **prudente.**

avveràbile |avve'rabile| *agg.* [→ AVVERARE] susceptible d'être réalisé, de se réaliser.

avverabilità |avverabili'ta| *s.f. inv.* possibilité *var.* d'être réalisé; possibilité qu'une chose se réalise.

avveràre |avve'rare| **A** *v.tr.* [*realizzare*] réaliser: *avverare un sogno, un desiderio* réaliser un rêve, un désir **B** *v.pron. intr.* AVVERARSI [→ *tr.*] s'avérer (8) juste, se confirmer: *i nostri pronostici si sono avverati* nos pronostics se sont avérés justes → **verificar(si).**

avverbiàle |avver'bjale| *agg.* (*gram.*) adverbial*: *uso avverbiale di un aggettivo* emploi adverbial d'un adjectif; *locuzione avverbiale* locution adverbiale.

avverbialménte |avverbjal'mente| *avv.* [*in modo di avv.*] adverbialement: *aggettivo usato avverbialmente* adjectif employé adverbialement, comme adverbe.

avvèrbio, i |av'vɛrbjo, i| *s.m.* (*gram.*) adverbe: *avverbi di quantità, di negazione* adverbes de quantité, de négation.

avversaménte |avversa'mente| *avv.* [*in modo ostile*] hostilement.

avversàre |avver'sare| *v.tr.* [*ostacolare, contrariare*] contrecarrer, contrarier: *avversare i piani di qc.* contrecarrer, contrarier les plans de qqn.; *la proposta è stata avversata dal partito X* la proposition a été contrecarrée, contrariée par le parti X; *avversare qc.* contrarier qqn. Ⓒ **favorire, aiutare.**

avversàrio, i |avver'sarjo, i| *agg.* **1** adverse: *la squadra avversaria* l'équipe adverse; *il partito avversario* le parti adverse → **nemico** ♦ (*s.*) *l'avversario* l'adversaire; *un accanito avversario* un adversaire acharné; *ferire, colpire l'avversario* blesser, frapper l'adversaire; *ridurre l'avversario al silenzio* réduire l'adversaire au silence **2** (*dir., corr.*) adverse: *la parte avversaria* la partie adverse; *l'avvocato avversario* l'avocat adverse, de la partie adverse ♦ (*s.*) *l'avversario* la parte *f.* adverse *agg.* Ⓒ **amico, alleato.**

avversativo |avversa'tivo| *agg.* (*ling.*) adversatif*: *congiunzione avversativa* conjonction adversative.

avversatóre, trice |avversa'tore, tritʃe| *agg. e s.* (*raro*) → **oppositore, nemico.**

avversióne |avver'sjone| *s.f.* aversion: *avere, provare, nutrire avversione per qc., q.c.* avoir, éprouver, nourrir de l'aversion pour qqn., qqch.; *è un tipo che ispira avversione* c'est un type qui inspire de l'aversion # *ha una vera avversione per la carne* il éprouve un véritable dégoût de la viande Ⓒ **simpatia, amore.**

avversità |avversi'ta| *s.f. inv.* **1** conditions *pl.* défavorables, mauvaises conditions (*pl.*): *l'avversità del clima, della stagione* les conditions défavorables, les mauvaises conditions du climat, de la saison # *l'avversità della sorte* le sort adverse **2** *spec. al plur.* [*disgrazia, calamità*] adversité *var.*, malheur (*m. var.*): *mostrare coraggio nelle avversità* montrer du courage dans l'adversité, le malheur; *le avversità della vita* l'adversité de la vie Ⓒ 2 **fortuna.**

1 **avvèrso** |av'vɛrso| *agg.* [*contrario, sfavorevole*] contraire: *il destino avverso* le destin contraire; *conciliare interessi avversi* concilier des intérêts contraires # *circostanze avverse* circonstances défavorables ◇ (*dir.*) *la parte avversa* la partie adverse → **avversario** Ⓒ **favorevole, propizio.**

2 **avvèrso** |av'vɛrso| **1** *prep.* (*dir.*) contre: *ricorrere avverso una sentenza, un provvedimento* introduire un recours contre un jugement, une mesure **2** *loc. avv.* (*raro*) *per avverso* [*al contrario*] au contraire (*corr.*).

avvertènza |avver'tɛntsa| *s.f.* **1** [*cautela, attenzione*] circonspection; soin (*m.*): *agire, procedere con molta avvertenza* agir, procéder avec beaucoup de circonspection → **prudenza, accortezza, scaltrezza** ‖ *hanno avuto l'avvertenza di avvisarlo* ils ont pris soin de l'avertir; *avere l'avvertenza di chiudere le persiane* avoir soin de fermer les volets # *fai avvertenza a dove metti i piedi* fais attention où tu mets les pieds **2** [*avviso, consiglio, disposizione*] avertissement *m.*, conseil (*m.*): *prima che incominciate devo darvi alcune avvertenze* avant que vous ne commenciez, je dois vous donner quelques indications, conseils; *partì dopo aver dato le ultime avvertenze* il partit après avoir donné les deniers avis, conseils **3** [*premessa a uno scritto*] avant-propos (*m.*): *nella ristampa di quel libro è stata inserita un'interessante avvertenza* un intéressant avant-propos a été ajouté lors de la réédition de cet ouvrage **4** *al plur.* [*istruzioni*] instructions: *attenersi alle avvertenze* se conformer aux instructions; *leggere prima le avvertenze* lire d'abord les instructions.

avvertìbile |avver'tibile| *agg.* [*che si può percepire*] perceptible: *avvertibile all'orecchio, a occhio* perceptible à l'oreille, à l'œil.

avvertiménto |avverti'mento| *s.m.* **1** [→ AVVERTIRE 1] avertissement: *dare, ricevere un avvertimento* donner, recevoir un avertissement ◇ [*consiglio, ammonimento*] conseil, avertissement: *un utile, un amichevole avvertimento* un conseil, un avertissement utile, un conseil d'ami; *non tenere conto degli avvertimenti di qc.* négliger les avertissements de qqn. ◇ [*segno premonitore, presagio*] annonce (*f.*): *quel malessere era un avvertimento della sua grave malattia* ce malaise constituait l'annonce de sa grave maladie **2** (*sport*) avertissement: *l'avvertimento dell'arbitro* l'avertissement de l'arbitre.

avvertìre |avver'tire| *v.tr.* **1** [*rendere informato, avvisare*] avertir, prévenir (27): *avvertire qc. di q.c.* avertir, prévenir qqn. de qqch.; *ti avvertirò del mio arrivo* je t'avertirai, te préviendrai de mon arrivée; *avvertimi appena puoi* avertis-moi, préviens-moi dès que tu le pourras; *vi avverto che non sono disposto a tollerare abusi* je vous avertis, préviens que je ne suis pas disposé à tolérer des abus; *la polizia è stata già avvertita* la police a déjà été avertie, prévenue; *è stato avvertito del pericolo che corre?* a-t-il été averti, prévenu du danger qu'il court? → **informare, ammonire** **2** [*percepire, notare*] percevoir (33); ressentir (21): *avvertire un piccolo rumore, uno strano odore* percevoir un petit bruit, une étrange odeur; *avvertire un pericolo imminente* percevoir un danger imminent → 1 **sentire** ‖ *avvertire un lieve malessere* ressentir un léger malaise # *avvertì che q.c. non andava* il sentit que qqch. n'allait pas ◇ (*fig.*) saisir: *avvertire la bellezza, l'originalità di una pittura* saisir la beauté, l'originalité d'un tableau; *avvertire la bellezza di un paesaggio* saisir la beauté d'un paysage.

avvertitaménte |avvertita'mente| *avv.* [*in modo intenzionale*] délibérément, volontairement.
avvertito |avver'tito| *agg.* **1** [*avveduto, accorto*] avisé, averti: *è una persona avvertita* c'est une personne avisée, avertie # *fare, rendere qc. avvertito* (*di q.c.*) mettre qqn. au courant (de qqch.), informer qqn. (de qqch.) **2** [*messo sull'avviso, all'erta*] averti: *considerati avvertito!* tiens-toi pour averti! # *essere, stare avvertito* être, se tenir sur ses gardes, être aux aguets **C** 1 **avventato, imprudente.**
avvezióne |avvet'tsjone| *s.f.* (*meteor.*) advection.
avvezzaménto |avvettsa'mento| *s.m.* → **assuefazione.**
avvezzàre |avvet'tsare| **A** *v.tr.* [*abituare, assuefare*] accoutumer, habituer: *avvezzare qc. a fare q.c.* accoutumer, habituer qqn. à faire qqch.; *avvezzare un soldato a maneggiare le armi* habituer un soldat au maniement des armes → **abituare** ◇ [*educare*] *avvezzare i bambini all'obbedienza* habituer les enfants à l'obéissance **B** *v.pron. rifl.* AVVEZZARSI [→ *tr.*] s'accoutumer, s'habituer: *si avvezza alla sua nuova vita* il s'accoutume, s'habitue à sa nouvelle vie; *avvezzarsi all'idea della morte* s'habituer à l'idée de la mort; *avvezzarsi al pericolo* s'accoutumer, s'habituer au danger # *non posso avvezzarmici* je ne peux pas m'y faire **C** **disavvezzare, disabituare.**
avvézzo |av'vettso| *agg.* [*abituato*] accoutumé, habitué: *sono avvezzo al dolore* je suis accoutumé, habitué à la douleur # *non sono avvezzo a far simili cose* je n'ai pas l'habitude de faire des choses pareilles ◇ (*loc.*) *male avvezzo* [*maleducato*] mal élevé.
avviaménto |avvia'mento| *s.m.* **1** [→ AVVIARE A 1] mise *f.* en train, en chantier: *l'avviamento di un affare, di un'impresa, di una trattativa* la mise en train, en chantier d'une affaire, d'une entreprise, d'une négociation → **avvio** ◇ (*tecnol., corr.*) *l'avviamento di una macchina* la mise en marche, le démarrage d'une voiture; *il motorino di avviamento* le démarreur; *il dispositivo d'avviamento* le mécanisme de démarrage ◇ (*econ.*) *un'impresa, un negozio con ottimo avviamento* une entreprise bien lancée, un magasin bien lancé **2** (*fig.*) [→ AVVIARE A 3] orientation (*f.*): *avviamento agli studi storici* orientation vers les études d'histoire; *avviamento a una determinata carriera* orientation vers une carrière déterminée.
avviàre |avvi'are| **A** *v.tr.* **1** [*dare avvio, iniziare, intraprendere*] entreprendre (73); engager (3): *avviare una costruzione* entreprendre une construction; *avviare un affare* entreprendre une affaire; *avviare un'indagine* entreprendre une enquête ‖ *avviare trattative, negoziati* engager des pourparlers, des négociations; *avviare una conversazione* engager une conversation # *avviare un'industria, uno studio professionale* mettre sur pied une industrie, un cabinet professionnel **2** *avviare un motore* [*metterlo in moto*] faire (45) *intr.* démarrer un moteur, mettre (71) un moteur en marche; *avviare il fuoco* [*accenderlo*] allumer le feu **3** (*persone*) [*mettere su un certo cammino, indirizzare*] mettre sur la voie ◇ (*cose*) acheminer vers, mettre en route vers: *avviare le vetture verso il deposito* acheminer les voitures vers le dépôt; *i soldati furono avviati al fronte* on mit les soldats en route vers le front ◇ (*fig.*) *avviare qc. a una certa professione* orienter qqn. vers une certaine profession; *avviare qc. al vizio* pousser qqn. au vice **B** *v.pron. intr.* AVVIARSI **1** [→ *tr.* 3] s'acheminer, se diriger (3): *avviarsi verso casa, verso l'uscita* s'acheminer, se diriger vers la maison, vers la sortie ✦ (*ass.*) *è ora di avviarci* c'est l'heure de partir; *allora, ci avviamo?* alors, on part? **2** AVVIARSI A [*essere prossimo a, essere in procinto di*] (*cose*) être (43) *intr.* sur le point de: *lo spettacolo si avviava alla fine* le spectacle était sur le point de finir; *le trattative si avviano a una rapida conclusione* les pourparlers sont sur le point de se conclure rapidement ◇ (*persone*) être en passe de: *si avviava a diventare un ottimo ingegnere* il était en passe de devenir un excellent ingénieur **3** [→ *tr.* 1] s'engager: *l'impresa si è avviata bene* l'entreprise est bien engagée; *la conversazione si stava avviando verso argomenti futili* la conversation s'engageait vers des sujets futiles **4** [→ *tr.* 2] démarrer *intr.*, partir (21) (*intr.*): *il motore stentava ad avviarsi* le moteur avait du mal à démarrer, partir; *il fuoco si è avviato bene* le feu est bien parti.
avviàto |avvi'ato| *agg.* **1** [*iniziato, intrapreso*] en train *loc. inv.*, en chantier (*loc. inv.*): *i lavori erano già avviati* les travaux étaient déjà en train, en chantier # *un'impresa bene avviata* une entreprise bien engagée ◇ (*fig.*) *è un ragazzo ben avviato* [*educato*] c'est un garçon bien élevé **2** [*che è in cammino, incamminato*] en marche (*loc. inv.*): *eravamo già avviati quando arrivò l'ordine di fermarsi* nous étions déjà en marche quand arriva l'ordre de s'arrêter ◇ (*fig.*) *era avviato a un'ottima carriera* il était orienté vers une excellente carrière.
avvicendaménto |avvitʃenda'mento| *s.m.* [→ AVVICENDARE] alternance *f.*; roulement: *l'avvicendamento delle stagioni* l'alternance des saisons ‖ *l'avvicendamento degli operai* le roulement des ouvriers # *avvicendamento delle truppe* relève des troupes ◇ (*agr.*) *l'avvicendamento delle colture* l'alternance, la rotation des cultures.
avvicendàre |avvitʃen'dare| **A** *v. tr.* **1** [*sostituire, alternare*] (*cose*) faire (45) *intr.* alterner (qqch.); (*persone*) faire se relayer: *avvicendare lo studio al gioco* faire alterner l'étude et le jeu ‖ *avvicendare i membri dell'equipaggio* faire se relayer les membres de l'équipage **2** (*agr.*) [*alternare le colture in un campo*] alterner **B** *v.pron. recipr.* AVVICENDARSI [→ *tr.*] se succéder (8), se relayer (9): *ci avvicenderemo al capezzale del malato* nous nous succéderons, relaierons au chevet du malade ✦ (*s.m. inv.*) *l'avvicendarsi delle stagioni* l'alternance *f. var.* des saisons.
avvicinàbile |avvitʃi'nabile| *agg.* [→ AVVICINARE A 2] abordable; approchable (*solo in frasi neg.*): *è un tipo poco avvicinabile* c'est un type peu abordable ‖ *oggi non è avvicinabile* aujourd'hui il n'est pas approchable **C** **inavvicinabile.**
avvicinaménto |avvitʃina'mento| *s.m.* **1** [→ AVVICINARE] approche (*f.*): *marcia di avvicinamento* marche d'approche ◇ (*bur.*) *l'impiegato statale ha chiesto l'avvicinamento per motivi di famiglia* le fonctionnaire a demandé de se rapprocher de son domicile pour raison de famille **2** (*ott., tip.*) approche.
avvicinàre |avvitʃi'nare| **A** *v.tr.* **1** [*collocare, spostare vicino, dappresso q.c.*] approcher (de): *avvicinare la sedia alla finestra* approcher la chaise de la fenêtre; *avvicina il libro alla luce* approche le livre de la lumière **2** [*entrare in rapporto con qc.*] accoster, aborder: *avvicinare una persona* accoster, aborder une personne; *non è facile avvicinarlo* ce n'est pas facile de l'accoster, l'aborder # *non ci tengo ad avvicinare certa gente* je ne tiens pas à fréquenter ce genre de personnes **B** *v.pron.* AVVICINARSI **1** *rifl.* (*persone*) [→ *tr.* 1] s'approcher de: *avvicinarsi alla stufa, alla porta* s'approcher du poêle, de la porte; *avvicinarsi a qc. per sentirlo meglio* s'approcher de qqn. pour mieux l'entendre ◇ (*fig.*) *avvicinarsi alla quarantina* approcher de la quarantaine # *in questi ultimi tempi si è avvicinato molto al padre* ces derniers temps il s'est beaucoup rapproché de son père ◇ (*loc.*) *avvicinarsi alla meta*: (*pr., fig.*) approcher du but **2** *rifl.* (*fig.*) (*persone*) [*essere sul punto di aderire*] se rapprocher de: *avvicinarsi alla religione* se rapprocher de la religion; *si è avvicinato alle idee del suo amico* il s'est rapproché des idées de son ami ◇ (*relig. catt.*) *avvicinarsi ai sacramenti* [*accostarvisi*] s'approcher des sacrements **3** *intr., ass.* (*cose*) [*approssimarsi, essere vicino*] approcher (*intr.*): *l'inverno si avvicina* l'hiver approche; *si avvicinavano gli esami* les examens approchaient **4** *intr.* (*cose*) [*essere simile*] être (43) *intr.* proche de, ressembler *intr.* à: *la copia si avvicina molto all'originale* la copie est très proche de l'original, ressemble beaucoup à l'original **C** **allontanare.**
avvilènte |avvi'lɛnte| *agg.* avilissant, *honteux*: *è uno spettacolo avvilente* c'est un spectacle avilissant; *era una situazione avvilente* c'était une situation avilissante, honteuse.
avviliménto |avvili'mento| *s.m.* **1** [→ AVVILIRE A 2, 3] abattement, découragement: *cadere in uno stato di profondo avvilimento* tomber dans un état de profond abattement, découragement **2** [→ AVVILIRE A 1] dégradation (*f.*): *l'avvilimento dei valori più nobili* la dégradation des valeurs les plus nobles.
avvilire |avvi'lire| (197) **A** *v.tr.* **1** [*rendere vile, spregevole*] dégrader, avilir: *i vizi avviliscono l'uomo* les vices dégradent, avilissent l'homme; *avvilire il proprio ingegno* avilir son esprit → **degradare** ✦ (*ass.*) *la schiavitù avvilisce* l'esclavage avilit **2** [*umiliare*] humilier: *quel rimprovero lo ha avvilito* ce reproche l'a humilié → **mortificare** **3** [*scoraggiare*] décourager (3): *non avvilirlo con un netto rifiuto!* ne le décourage pas avec un net refus! **B** *v.pron. intr.* AVVILIRSI **1** [→ *tr.* 2] s'abattre (76), se décourager: *avvilirsi per un insuccesso, per una delusione* s'abattre, se décourager à cause d'un échec, d'une déception **2** [→ *tr.* 1] s'avilir: *si è avvilito nei vizi* il s'est avili dans le vice **C** A 2, 3; B 1 **incoraggiare, confortare.**

avvilito |avvi'lito| *agg.* [*depresso, umiliato*] humilié: *è rimasto molto avvilito a causa di quel rimprovero* il fut très humilié de ce reproche → **scoraggiato.**
avviluppaménto |avviluppa'mento| *s.m.* [→ AVVILUPPARE A 3] enchevêtrement: *un avviluppamento di fili di ferro* un enchevêtrement de fils de fer → **groviglio, intrigo.**
avviluppàre |avvilup'pare| **A** *v.tr.* **1** [*avvolgere, circondare*] envelopper: *avvolgere un oggetto con della carta* envelopper un objet dans du papier; *la nebbia avviluppa la città* le brouillard enveloppe la ville **2** [*avvolgere in indumenti, spec. in modo provvisorio*] envelopper: *avviluppare il ferito in una coperta* envelopper le blessé dans une couverture; *il bambino era stato avviluppato in un mantello* l'enfant avait été enveloppé dans un manteau **3** [*avvolgere in modo confuso, ingarbugliare*] emmêler, embrouiller: *avviluppare cavi, fili* emmêler, enbrouiller des câbles, des fils; *avviluppare una matassa di lana* emmêler, embrouiller un écheveau de laine **4** (*fig.*) [*raggirare, imbrogliare*] embobiner (*fam.*): *avviluppare qc. con inganni* embobiner qqn. avec des tromperies **B** *v.pron.* AVVILUPPARSI **1** *rifl.* [→ *tr.* 1] s'envelopper: *avvilupparsi in un mantello, in uno scialle* s'envelopper dans un manteau ◇ (*fig.*) *avvilupparsi nelle proprie menzogne* s'embrouiller dans ses mensonges **2** *intr.* [→ *tr.* 3] s'emmêler: *il cavo si è avviluppato* le câble s'est emmêlé.
avviluppàto |avvilup'pato| *agg.* **1** [*aggrovigliato, intricato*] embrouillé, emmêlé: *una matassa avviluppata* un écheveau embrouillé, emmêlé ◇ (*fig.*) *una questione avviluppata* une question embrouillée **2** [*avvolto, circondato*] entouré (de), enveloppé (dans): *avere il collo avviluppato in una sciarpa* avoir le cou entouré d'une écharpe ◇ (*per est.*) *l'intera città è avviluppata nella nebbia* la ville entière est enveloppée par le brouillard.
avvinàre |avvi'nare| *v.tr.* [*lavorare con vino*] aviner: *avvinare una botte* aviner un tonneau.
avvinazzàre |avvinat'tsare| *v.tr. e pron.* → **ubriacare.**
avvinazzàto |avvinat'tsato| *agg.* [*ubriaco*] aviné, ivre: *è avvinazzato* il est aviné, ivre ✦ (*s.*) *un avvinazzato* un ivrogne.
avvincènte |avvin'tʃɛnte| *agg.* [*affascinante, interessante*] attachant; fascinant: *un romanzo avvincente* un roman attachant; *ha una personalità avvincente* il a une personnalité attachante ‖ *è di una bellezza avvincente* elle est d'une beauté fascinante.
avvìncere |av'vintʃere| (193) *v.tr.* **1** [*cingere strettamente*] serrer: *era ansioso di avvincermi fra le sue braccia* il avait hâte de me serrer dans ses bras ◇ (*lett.*) → **1 legare 2** (*fig.*) [*attrarre vivacemente, affascinare*] captiver, fasciner: *erano avvinti dalle sue parole* ils étaient captivés, fascinés par ses paroles; *era avvinto dalla lettura* il était captivé par sa lecture ✦ (*ass.*) *ha una personalità che avvince* il a une personnalité qui attache, séduit; *un romanzo che avvince* un roman qui captive ✦ (*al p.p.*) *l'oratore teneva avvinto l'uditorio* l'orateur tenait son auditoire sous le charme, captivait son public.
avvinghiàre |avvin'gjare| **A** *v.tr.* [*cingere, stringere con forza*] enserrer; étreindre (66): *il boa, la piovra avvinghiano la loro vittima* le boa, la pieuvre enserrent leur victime ‖ *il lottatore avvinghiò il suo avversario* le lutteur étreignit son adversaire **B** *v.pron.* AVVINGHIARSI **1** *rifl.* [→ *tr.*] s'accrocher, s'agripper: *il bambino non sapeva nuotare e s'avvinghiava al collo del padre* l'enfant ne savait pas nager et s'accrochait, s'agrippait au cou de son père; *avvinghiarsi a un ramo per non cadere in un burrone* s'accrocher, s'agripper à une branche pour ne pas tomber dans un ravin **2** *recipr.* [→ *tr.*] s'enlacer (2): *i due lottatori si avvinghiarono* les deux lutteurs s'enlacèrent.
avvio, ii |av'vio, ii| *s.m.* [*inizio, avviamento*] commencement: *l'avvio di un lavoro, di un'azione* le commencement d'un travail, d'une action # *questa faccenda ha preso un brutto avvio* cette affaire a pris un mauvais départ.
avvisàglia |avvi'zaʎʎa| *s.f.* **1** [*sintomo, indizio*] symptôme *m.*, signe (*m.*): *le prime avvisaglie di una malattia, di una crisi* les premiers symptômes, signes d'une maladie, d'une crise **2** (*mil.*) escarmouche.
avvisàre |avvi'zare| *v.tr.* **1** [*rendere informato*] avertir, prévenir (27): *ti avviserò della mia partenza* je t'avertirai, préviendrai de mon départ; *non sono stati avvisati in tempo* ils n'ont pas été avertis, prévenus à temps → **avvertire 2** [*ammonire, consigliare*] conseiller: *l'abbiamo avvisato di stare più attento* nous lui avons conseillé de faire davantage attention ◇ [*mettere in guardia*] avertir: *l'ho avvisato del pericolo* je l'ai averti du danger ◇ (*prov.*) *uomo avvisato, mezzo salvato* un homme averti en vaut deux.
avvisatóre, trice |avviza'tore, tritʃe| *s.* **1** *s.m.* (*tecnol., corr.*) avertisseur: *avvisatore d'incendio* avertisseur d'incendie; *avvisatore acustico* avertisseur d'automobile → **clacson 2** *s.* (*raro*) [*persona incaricata di avvisare*] avertisseur*.
1 **avvìso** |av'vizo| *s.m.* **1** avis: *dare avviso a qc. di q.c.* donner avis à qqn. de qqch.; *questo è l'ultimo avviso* c'est le dernier avis → **annuncio** ◇ [*foglio, manifesto*] *affiggere un avviso* afficher un avis; *hai letto l'avviso esposto nella bacheca?* as-tu lu l'avis qui est affiché dans la vitrine? ◇ [*inserzione pubblicitaria*] annonce (*f.*): *avvisi economici, commerciali* annonces économiques, commerciales; *mettere un avviso sul giornale* passer une annonce dans le journal **2** (*dir., corr.*) avis; rappel: *avviso al pubblico* avis au public; *avviso d'asta* avis de vente aux enchères; *avviso d'incasso, di pagamento* avis d'encaissement, de paiement; *avviso di spedizione* avis d'expédition; *notificare, ricevere un avviso di sfratto* notifier, recevoir un avis d'expulsion ‖ *avviso di scadenza di un premio* rappel d'échéance d'une prime # *avviso di ricevimento* accusé de réception ◇ (*loc.*) *senza previo avviso* sans avis, sans avertissement préalable ~ *salvo avviso contrario* sauf avis contraire **3** [*consiglio, ammonimento*] avertissement, conseil: *spero che questo avviso gli faccia cambiare idea* j'espère que cet avertissement, ce conseil le fera changer d'avis ◇ (*loc.*) *stare sull'avviso* être, se tenir sur ses gardes ~ *mettere sull'avviso* mettre en garde **4** (*lett.*) [*opinione, parere*] avis: *a mio (modesto) avviso* à mon (humble) avis; *secondo il mio avviso* à mon avis; *essere dello stesso avviso di qc.* être du même avis que qqn.; *siamo tutti dello stesso avviso* nous sommes tous du même avis; *sono di avviso contrario* je suis d'un avis contraire; *sarei dell'avviso di rimandare quell'appuntamento* je serais d'avis de renvoyer ce rendez-vous; *io sono dell'avviso che dovremmo aiutarlo* je suis d'avis que nous devrions l'aider.
2 **avvìso** |av'vizo| *s.m.* (*mar.*) aviso.
avvistaménto |avvista'mento| *s.m.* [→ AVVISTARE] repérage: *avvistamento e guida degli aerei con il radar* repérage et guidage des avions par radar.
avvistàre |avvis'tare| *v.tr.* [*riuscire a scorgere, a riconoscere da lontano*] repérer (8): *avvistare una batteria nemica* repérer une batterie ennemie; *avvistare la terra, l'aeroporto* repérer la terre, l'aéroport ◇ (*fig.*) *avvistare un pericolo* repérer un danger.
avvitaménto |avvita'mento| *s.m.* **1** (*aer.*) vrille *f.* **2** (*ginnastica*) tire-bouchon, vrille **3** [→ AVVITARE A] vissage.
avvitàre |avvi'tare| **A** *v.tr.* **1** [*fissare per mezzo di viti*] visser: *avvitare al muro un attaccapanni* visser un portemanteau au mur ◇ (*per est.*) *avvitare un bullone* visser un boulon **2** [*inserire un elemento in un altro a modo di vite*] visser: *avvitare una lampadina* visser une ampoule; *avvitare un coperchio* visser un couvercle **B** *v.pron. intr.* AVVITARSI **1** [→ *tr.* 2] se visser: *questo coperchio non si avvita bene* ce couvercle se visse mal **2** (*aer.*) [*cadere a vite*] descendre (53) *intr.* en vrille, vriller (*intr.*): *l'aereo si è avvitato* l'avion est descendu en vrille, a vrillé [C] A; B 1 **svitare.**
avvitatrice |avvita'tritʃe| *s.f.* (*tecnol.*) visseuse.
avviticchiaménto |avvitikkja'mento| *s.m.* (*raro, lett.*) → **avvolgimento.**
avviticchiàre |avvitik'kjare| **A** *v. tr.* (*raro, lett.*) → **avvolgere B** *v. pron.* AVVITICCHIARSI **1** *rifl.* [*aggrapparsi, avvinghiarsi*] s'accrocher: *avviticchiarsi al collo di qc.* s'accrocher au cou de qqn. **2** *intr.* (*raro, lett.*) → **avvolger(si).**
avvivaménto |avviva'mento| *s.m.* [→ AVVIVARE A 2; B] avivage: *l'avvivamento di un colore, della conversazione* l'avivage d'une couleur, de la conversation → **ravvivamento; vivacità.**
avvivàre |avvi'vare| **A** *v.tr.* **1** [*rendere più vivo*] aviver, animer: *avvivare il fuoco* aviver, animer le feu ◇ (*fig.*) [*rinvigorire*] *avvivare la memoria, le forze* aviver, animer le souvenir, les forces **2** (*fig.*) [*animare, rendere vivace, allegro*] animer; aviver: *avvivare una conversazione* animer une conversation ‖ *avvivare una tinta* aviver une teinte **3** (*lett.*) → **verificare; creare B** *v.pron. intr.* AVVIVARSI [→ *tr.* 2] s'animer: *dopo quell'intervento la conversazione si è avvivata* après cette intervention, la conversation s'est animée.
avvizziménto |avvittsi'mento| *s.m.* **1** [→ AVVIZZIRE] flétrissure *f.* **2** (*bot.*) flétrissement.
avvizzire |avvit'tsire| (197) **A** *v. intr.* (*aus. 'essere'*) [*diventare vizzo*] se flétrir: *bagnare i fiori perché non avviz-*

ziscano arroser les fleurs afin qu'elles ne se flétrissent pas ◇ (*per est.*) *la sua pelle si è avvizzita* sa peau s'est flétrie ◇ (*fig.*) *la sua bellezza si è avvizzita* sa beauté s'est flétrie **B** *v.tr.* [*rendere vizzo*] faner, flétrir: *il vento caldo ha avvizzito le ultime rose* le vent chaud a fané, flétri les dernières roses ◇ (*fig.*) *i dispiaceri hanno prematuramente avvizzito il suo viso* les chagrins ont prématurément flétri son visage.

avvizzìto |avvit'tsito| *agg.* [*appassito, sfiorito*] flétri, fané: *fiori avvizziti* fleurs flétries, fanées ◇ (*fig.*) *una bellezza avvizzita* une beauté flétrie, fanée.

avvocatésco, chi, ca, che |avvoka'tesko, ki, ka, ke| *agg.* (*fam., spreg.*) [*degno di un avvocato*] avocassier*: *eloquenza avvocatesca* éloquence avocassière; *un tono avvocatesco* un ton avocassier.

avvocatéssa |avvoka'tessa| *s.f.* **1** [*donna che esercita la professione d'avvocato*] avocate, femme-avocat **2** [*donna loquace e polemica*] pie, pie-grièche: *che avvocatessa!* c'est une vraie pie!, quelle pie-grièche!

avvocàto |avvo'kato| *s.m.* **1** avocat: *avvocato difensore* avocat défenseur; *avvocato d'ufficio* avocat d'office; *fare l'avvocato* être avocat; *essere iscritto all'albo degli avvocati* être inscrit à l'ordre des avocats ◇ (*come appellativo*) maître: *l'avvocato X* maître X; *buongiorno avvocato!* bonjour, maître! ◇ (*loc. fig.*) *parlare come un avvocato* parler comme un avocat ~ *saperne quanto un avvocato* en savoir autant qu'un avocat ~ *avvocato delle cause perse*: (*pr., fig.*) avocat des causes perdues ~ *avvocato del diavolo*: (*pr., fig.*) avocat du diable **2** (*per est.*) [*sostenitore, protettore*] avocat: *non ho bisogno di avvocati, io!* je me passe d'avocats, moi!

avvocatùcolo |avvoka'tukolo| *s.m.* (*spreg.*) [*avvocato da strapazzo*] avocaillon (*fam.*).

avvocatùra |avvoka'tura| *s.f.* **1** profession d'avocat; barreau (*m.*): *esercitare l'avvocatura* exercer la profession d'avocat, être avocat **2** [*complesso d'avvocati*] barreau: *l'avvocatura di Milano* le barreau de Milan # (*in Italia*) *l'avvocatura dello Stato, l'avvocatura erariale* Corps des Avocats agréés par l'État; Corps des Avocats préposés au Domaine (de l'État).

avvolgènte |avvol'dʒɛnte| *agg.* (*mil., fig.*) *manovra avvolgente* mouvement enveloppant.

avvòlgere |av'vɔldʒere| (196) **A** *v. tr.* **1** [*piegare una cosa intorno a una altra, su sé stessa*] rouler; enrouler: *avvolgere un tappeto* rouler un tapis; *avvolgere una ciocca di capelli su un bigodino* rouler une mèche de cheveux sur un bigoudi ‖ *avvolgere una bandiera attorno alla sua asta* enrouler un drapeau autour de sa hampe; *avvolgere una benda attorno a una ferita* enrouler une bande autour d'une blessure **2** [*involgere, avviluppare*] envelopper: *avvolgere una bottiglia, un regalo nella carta* envelopper une bouteille, un cadeau dans du papier; *avvolgere un bambino in una coperta* envelopper un enfant dans une couverture **3** (*per est.*) [*circondare da ogni parte*] envelopper: *ci avvolgeva una nebbia tremenda* un brouillard terrible nous enveloppait **B** *v.pron.* AVVOLGERSI **1** *intr.* [→ *tr.* 1] s'enrouler: *lo spago si avvolgeva a stento* la ficelle s'enroulait avec peine ◇ (*per est.*) [*aggrovigliarsi, avvilupparsi*] s'embrouiller: *i fili si avvolgevano da tutte le parti* les fils s'embrouillaient de tous côtés **2** *rifl.* [→ *tr.* 2] s'envelopper, s'enrouler: *la nonna si avvolse nello scialle* la grand-mère s'enveloppa dans le châle Ⓒ A 1, 2; B **svolgere.**

avvolgìbile |avvol'dʒibile| **1** *agg.* [*che può essere avvolto*] qu'on peut enrouler, envelopper *loc.* **2** *s.m.* [*persiana avvolgibile*] rideau à enroulement, store à tambour, store roulant → **tapparella.**

avvolgiménto |avvoldʒi'mento| *s.m.* [→ AVVOLGERE A 1, 2; B] enveloppement, enroulement ◇ (*elettr.*) enroulement, bobinage: *avvolgimento ad anello* enroulement à anneau ◇ (*mil.*) enveloppement: *manovra d'avvolgimento* manœuvre d'enveloppement.

avvolgitóre, trice |avvoldʒi'tore, tritʃe| **I** *agg.* [*che serve ad avvolgere*] enrouleur*: *cilindro avvolgitore* cylindre enrouleur **II** *s.* **1** *s.* [*operaio addetto alla bobinatura*] bobineur* **2** *s.m.* (*tecnol.*) cylindre bobineur, rouleau enrouleur.

avvolgitrìce |avvoldʒi'tritʃe| *s.f.* (*tecnol.*) bobineuse, bobinoir *m.*

avvolticchiàre |avvoltik'kjare| **A** *v.tr.* (*raro*) [*attorcigliare, avvolgere*] entortiller, enrouler **B** *v.pron. intr.* AVVOLTICCHIARSI (*raro*) [→ *tr.*] s'entortiller, s'enrouler.

avvòlto |av'vɔlto| *agg.* **1** [*avviluppato, vestito*] enveloppé: *bambino avvolto in una coperta* enfant enveloppé dans une couverture # *un mendicante tutto avvolto di stracci* un mendiant en guenilles, en haillons **2** [*circondato completamente*] enveloppé (de), entouré (de): *eravamo avvolti nella nebbia* nous étions enveloppés, entourés de brouillard ◇ (*fig.*) *delitto avvolto nel mistero* crime enveloppé de mystère; *un fatto avvolto nella leggenda* un fait entouré de légende.

avvoltóio, i |avvol'tojo, i| *s.m.* **1** (*t.zool.*) vautour, charognard (*corr.*) **2** (*fig.*) [*persona avida, rapace*] vautour, pirate.

avvoltolàre |avvolto'lare| **A** *v.tr.* [*avvolgere disordinatamente*] envelopper, enrouler: *avvoltolare un oggetto in un pezzo di carta* envelopper, enrouler un objet dans du papier **B** *v.pron. rifl.* AVVOLTOLARSI [→ *tr.*] se rouler, se vautrer: *avvoltolarsi nell'erba* se rouler, se vautrer dans l'herbe; *avvoltolarsi nel fango* se rouler, se vautrer dans la boue.

axiològico, ci, ca, che |aksjo'lɔdʒiko, tʃi, ka, ke| *agg.* (*filos.*) axiologique.

àye-àye |aie'aie| *s.m. inv.* (*t.zool.*) aye-aye (*var.*): *degli aye-aye* des ayes-ayes.

azalèa |addza'lɛa| *s.f.* (*t.bot.*) azalée.

azeotròpico, ci, ca, che |addzeo'trɔpiko, tʃi, ka, ke| *agg.* azéotrope, azéotropique: *miscela azeotropica* mélange azéotrope, azéotropique.

azièndа |ad'dzjɛnda| *s.f.* entreprise: *azienda agricola, industriale, commerciale, finanziaria* entreprise agricole, industrielle, commerciale, financière; *azienda privata* entreprise privée; *le piccole e medie aziende* les petites et moyennes entreprises; *amministrare un'azienda* être a la tête d'une entreprise; *mettere su un'azienda* créer une entreprise; *nazionalizzare un'azienda* nationaliser une entreprise # *cessione d'azienda* transfert, cession de fonds de commerce; *azienda elettrica* compagnie d'électricité; *azienda autonoma, statale* régie.

aziendàle |addzjen'dale| *agg.* d'entreprise (*loc. inv.*): *organizzazione aziendale* organisation d'entreprise; *mensa aziendale* cantine d'entreprise; *contratto collettivo aziendale* contrat collectif d'entreprise; *economia aziendale* économie d'entreprise.

azìgos |ad'dzigos| *agg. e s.f. inv.* (*anat.*) azygos.

àzimo |'addzimo| *agg. e s.m.* → **azzimo.**

àzimut |'addzimut| *s.m. inv.* (*astron.*) azimut (*var.*): *azimut magnetico* azimut magnétique.

azimutàle |addzimu'tale| *agg.* (*astron.*) azimutal*: *cerchi azimutali* cercles azimutaux.

azionaménto |attsjona'mento| *s.m.* actionnement, entraînement.

azionàre |attsjo'nare| *v.tr.* [*mettere in azione, far funzionare*] actionner: *azionare un congegno* actionner un dispositif; *azionare il dispositivo di sicurezza* actionner le dispositif de sûreté.

azionariàto |attsjona'rjato| *s.m.* actionnariat: *azionariato operaio* actionnariat ouvrier.

azionàrio, i |attsjo'narjo, i| *agg.* [*costituito da azioni*] d'actions (*loc. inv.*): *pacchetto azionario* paquet d'actions # *capitale azionario* capital-actions.

1 **azióne** |at'tsjone| *s.f.* **1** action: *fare una buona azione* faire une bonne action; *commettere un'azione cattiva* commettre une mauvaise action; *è un'azione indegna di te* c'est une action indigne de toi # *avere il coraggio delle proprie azioni* avoir le courage de ses actes → 1 **atto, gesto 2** [*operosità, attività*] action: *uomo d'azione* homme d'action; *gettarsi nell'azione* se jeter dans l'action; *passare all'azione* passer à l'action; *entrare in azione* entrer en action ◇ [*funzionamento; moto*] *mettere in azione una macchina, un motore* mettre en marche une voiture, un moteur; *il motore è in azione* le moteur est en marche ✦ (*con funzione di inter.*) (*cine.*) *azione!* on tourne! → **ciac 3** [*effetto, efficacia*] action; effet (*m.*): *l'azione dei raggi solari* l'action des rayons solaires; *l'azione di un farmaco* l'action d'un médicament ‖ *è ancora sotto l'azione dell'anestesia* il est encore sous l'effet de l'anesthésie; *studiare l'azione dei gas* étudier l'effet des gaz **4** [*soggetto, trama, vicenda*] action: *l'azione di un romanzo, di una commedia* l'action d'un roman, d'une comédie; *l'azione del film è collocata nel 2000, si svolge in Africa* l'action du film se passe en l'an 2000, se déroule en Afrique; *l'azione di quel dramma è molto lenta* l'action de ce drame est très lente ◇ (*letter.*) *unità d'azione* unité d'action **5** (*mil.*) action: *un'azione terrestre, aerea* une action terrestre, aérienne; *compiere un'azione di accerchiamento* accomplir une action d'encerclement ◇ (*per est.*) *azione sindacale* action syndicale; *azione parlamentare* action parlementaire ◇ (*loc. pr., fig.*) *raggio d'azione* (*di qc.*) rayon d'action (de qqn.) **6** (*sport*) action: *azione d'attacco, di difesa* action offensive, défensive; *azione*

lenta, decisa action lente, décidée → **manovra**; *l'azione travolgente della mezzala* l'action fulgurante du demi **7** (*dir.*) action: *azione civile, penale* action civile, pénale; *intraprendere una azione legale contro qc.* entreprendre une action légale contre qqn., actionner (en justice).

2 **azióne** |at'tsjone| *s.f.* action: (*econ.*) *azione nominativa, al portatore* action nominative, au porteur; *azione privilegiata* action privilégiée; *società per azioni* société par actions ◇ (*loc. pr., fig.*) *le sue azioni sono in ribasso, in rialzo* ses actions sont en baisse, en hausse.

azionista |attsjo'nista| *s.* actionnaire: *assemblea degli azionisti* assemblée des actionnaires.

azòico, ci, ca, che |ad'dzɔiko, tʃi, ka, ke| *agg.* **1** azoïque **2** (*chim.*) azoïque.

azoospermìa |addzoosper'mia| *s.f.* (*med.*) azoospermie.

azotàto |addzo'tato| *agg.* azoté: *alimenti azotati* aliments azotés.

azotatùra |addzota'tura| *s.f.* (*agr.*) épandage *m.* d'engrais azotés.

azotemìa |addzote'mia| *s.f.* (*med.*) azotémie.

azotèmico, ci, ca, che |addzo'tɛmiko, tʃi, ka, ke| *agg.* (*med.*) azotémique.

azòto |ad'dzɔto| *s.m.* azote: *ciclo dell'azoto* cycle de l'azote.

azotùria |addzo'turja| *s.f.* (*med.*) azoturie.

azotùro |addzo'turo| *s.m.* (*chim.*) azoture.

aztèco, chi, ca, che |as'tɛko, ats'tɛko, ki, ka, ke| *s.m. e agg.* aztèque: *la lingua azteca* la langue aztèque.

àzza |'attsa| *s.f.* (*st. mediev.*) *hache d'armes.

azzannàre |attsan'nare| **A** *v.tr.* [*afferrare con le zanne*] saisir entre ses crocs: *il cane azzannò il bambino alla gamba* le chien saisit le jambe de l'enfant entre ses crocs **B** *v.pron. recipr.* AZZANNARSI [→ *tr.*] s'entre-déchirer: *i due lupi si azzannarono con ferocia* les deux loups s'entre-déchirèrent férocement ◇ (*fig.*) se déchirer: *sono parenti, ma non fanno che azzannarsi* ils sont parents, mais ils ne cessent de se déchirer, de s'entre-déchirer.

azzannàta |attsan'nata| *s.f.* [→ AZZANNARE] coup *m.* de croc.

azzannatùra |attsanna'tura| *s.f.* [*lacerazione prodotta da una zannata*] morsure.

azzardàre |addzar'dare| **A** *v.tr.* **1** [*esporre a rischio, arrischiare*] risquer: *azzardare il proprio patrimonio al gioco* risquer son patrimoine au jeu; *azzardare la propria reputazione* risquer sa réputation ✦ (*ass.*) *azzardare molto, troppo* risquer gros, risquer trop; *ha azzardato troppo* il a trop risqué **2** [*proporre timidamente, fare un rischio*] *hasarder, risquer: *azzardare una domanda, un'ipotesi* hasarder, risquer une question, une hypothèse; *azzardammo i primi approcci* nous hasardâmes une démarche **B** *v.pron. intr.* AZZARDARSI **A** (+ *inf.*) [*avere l'ardire di, osare*] se hasarder, se risquer à (+ *inf.*): *nessuno si azzardò a contraddirlo* personne ne se hasarda, ne se risqua à le contredire; *se ti azzardi a muoverti, sarai punito* si tu te hasardes à bouger, tu seras puni.

azzardàto |addzar'dato| *agg.* [*rischioso, temerario*] *hasardé, risqué: *è un'impresa azzardata* c'est une entreprise hasardée, risquée ◇ [*avventato, senza fondamento*] hasardé, inconsidéré: *un giudizio azzardato* un jugement hasardé, inconsidéré; *un'ipotesi, una teoria azzardata* une hypothèse, une théorie hasardée 🄲 **sicuro**; **prudente, cauto.**

azzàrdo |ad'dzardo| *s.m.* **1** [*caso; rischio, pericolo*] risque, danger: *esporsi all'azzardo* s'exposer au risque, au danger; *sfidare l'azzardo* braver le danger ◇ (*loc.*) *giochi d'azzardo* jeux de *hasard **2** [*atto rischioso*] risque: *partire con questo tempo è un vero azzardo* ce serait prendre un risque certain (que) de partir par ce temps.

azzardóso |addzar'doso| *agg.* **1** (*persone*) [*che ama l'azzardo, temerario*] téméraire, *hardi: *è un tipo azzardoso* c'est un type téméraire, hardi **2** (*cose*) → **azzardato.**

azzeccagarbùgli |attsekkagar'buʎʎi| *s.m. inv.* [*avvocato intrigante, da strapazzo*] avvocaillon *var.*

azzeccàre |attsek'kare| *v.tr.* **1** [*colpire nel segno, nel punto giusto*] atteindre (66): *l'ho azzeccato con una sola fucilata* je l'ai atteint d'un seul coup de fusil **2** (*fig.*) [*indovinare, ottenere successo in q.c., spec. per caso*] trouver; tomber *intr.* (sur): *azzeccare la risposta esatta* trouver la réponse exacte ‖ *azzeccare il biglietto vincente* tomber sur le billet gagnant ◇ (*loc. fam.*) *non ne azzecca una* il n'a pas de chance, rien ne lui réussit ~ *non l'azzecca mai* rien lui réussit jamais **3** [*assestare, appioppare*] assener (6), flanquer (*fam.*): *azzeccare una bastonata, un ceffone* assener un coup de bâton, assener, flanquer une gifle 🄲 1; 2 **fallire, sbagliare.**

azzeccàto |attsek'kato| *agg.* [*ben riuscito, indovinato*] bien trouvé; bien assené: *una risposta azzeccata* une réponse bien trouvée ‖ *una propaganda azzeccata* une propagande bien assenée → **centrato, giusto** # *azzeccato!* c'est ça!; *un film azzeccato* un film réussi ◇ [*ben assestato, appioppato*] bien appliqué, bien donné: *un ceffone ben azzeccato* une gifle bien appliquée.

azzeraménto |addzera'mento| *s.m.* [→ AZZERARE] mise *f.* au zéro, retour à zéro.

azzeràre |addze'rare| *v.tr.* [*mettere a zero*] mettre (71) au zéro.

àzzima |'addzima| *s.f.* → **azzimo** 2.

azzimàre |addzi'mare| **A** *v.tr.* [*ornare con cura, abbellire*] bichonner, pomponner ◇ [*acconciare meticolosamente*] bichonner □ *azzimarsi i capelli* se bichonner les cheveux **B** *v.pron. rifl.* AZZIMARSI [→ *tr.*] se bichonner, se pomponner: *si è azzimata da capo a piedi* elle s'est bichonnée de la tête aux pieds ✦ → *tr.* □.

azzimàto |addzi'mato| *agg.* [*acconciato, agghindato*] bichonné # *è arrivata con i capelli azzimati* elle est arrivée impeccablement coiffée 🄲 **trasandato.**

àzzimo |'addzimo| **1** *agg.* azyme: *pane azzimo* pain azyme **2** (*s.m.*) *la festa degli azzimi* la fête des azymes.

azzittìre |attsit'tire| *v.tr. e pron.* → **zittire.**

azzoppaménto |attsoppa'mento|, **azzoppiménto** |attsoppi'mento| *s.m.* [→ AZZOPPARE] boiterie *f.*, claudication *f.* (*lett.*).

azzoppàre |attsop'pare| **A** *v.tr.* [*rendere zoppo*] estropier □ *si è azzoppato il piede destro* il s'est estropié le pied droit # *azzoppare un cavallo* rendre un cheval boiteux **B** *v.intr.* (*aus.* 'essere') [*diventare zoppo*] s'estropier (*pron.*): *è azzoppata cadendo da cavallo* elle s'est estropiée en tombant de cheval **C** *v.pron. intr.* AZZOPPARSI [→ *intr.*] se blesser: *due cavalli si sono azzoppati* deux chevaux se sont blessés, se sont couronnés ✦ → *tr.* □.

azzoppìre |attsop'pire| (197) *v.intr.* (*aus.* 'essere') *e pron.* → **azzoppare.**

azzuffaménto |attsuffa'mento| *s.m.* (*raro*) [→ AZZUFFARSI] bagarre *f.*, rixe *f.* → **zuffa, rissa.**

azzuffàrsi |attsuf'farsi| *v.pron. recipr.* [*venire a zuffa, litigare*] se battre (76): *i due cani si sono azzuffati* les deux chiens se sont battus ◇ (*detto delle donne*) se crêper le chignon: *quelle donne si sono azzuffate per strada* ces femmes se sont crêpé le chignon dans la rue.

azzurraménto |addzurra'mento| *s.m.* (*ott.*) [→ AZZURRARE] bleuissement.

azzurràre |addzur'rare| *v.tr.* [*tingere di azzurro*] azurer.

azzurràto |addzur'rato| *agg.* azuré, bleuté: *vetro azzurrato* vitre azurée.

azzurrìno |addzur'rino| *agg.* azuré, bleuté: *nebbia azzurrina* brouillard azuré ✦ *s.m.* la couleur *f.* azurée *agg.*

azzùrro |ad'dzurro| **I** *agg.* **1** bleu: *cielo azzurro, mare azzurro* ciel bleu, mer bleu; *una ragazza dagli occhi azzurri* une fille aux yeux bleus; *una camicetta grigio azzurra* une chemisette gris bleu; *diventare azzurro* devenir bleu ◇ (*geogr.*) *Costa Azzurra* Côte d'Azur ◇ (*loc. fig.*) *ha trovato il suo principe azzurro* elle a trouvé son prince charmant **2** (*sport*) italien*: *la squadra azzurra di calcio, di atletica* l'équipe italienne de football, d'athlétisme; *i successi azzurri alle Olimpiadi* les succès italiens aux jeux olympiques ✦ (*s.*) *gli azzurri, le azzurre* les Italiens, les Italiennes → **italiano, nazionale** **3** (*aer.*) *l'arma azzurra* [*l'aeronautica mil.*] l'armée de l'air *loc.* **II** *s.m.* **1** bleu: *l'azzurro del cielo, del mare* le bleu du ciel, de la mer; *tendere all'azzurro* tendre au bleu **2** (*chim.*) bleu: *azzurro di Berlino* bleu de Prusse; *azzurro di rame* bleu de cuivre; *azzurro oltremarino* bleu outremer **3** (*lett.*) → **cielo.**

azzurrógnolo |addzur'roɲɲolo| *agg.* [*di colore azzurro sbiadito*] bleuâtre: *il fumo azzurrognolo della sigaretta* la fumée bleuâtre de la cigarette.

B

b |bi| *s.m. o f.* **1** [*seconda lettera dell'alfabeto*] b (*m.*): *b minuscolo* b minuscule; *B maiuscola* B majuscule ◇ (*tel.*) *B come Bologna*: (*in Francia*) B comme Berthe; (*in Belgio*) B comme Bruxelles **2** (*usi convenzionali*) (*simbolo del boro*) B ◇ (*simbolo del grado Baumé*) B ◇ (*simbolo del Bel*) B ◇ (*simbolo dell'induzione magnetica*) B.

babà |ba'ba| *s.m. inv.* (*pasticceria*) baba (*var.*): *dei babà al rum* des babas au rhum.

babàu |ba'bau| *s.m.* [*spauracchio per bambini*] croque-mitaine: *se non stai buono chiamo il babau* si tu n'es pas sage, j'appelle le croque-mitaine ◇ (*per est.*) [*persona che ha fama di essere terribile*] *è il babau dell'ufficio, di quella scuola* c'est le croque-mitaine du bureau, de cette école.

babbèo |bab'bɛo| *s.* [*semplicione, sciocco, stupido*] nigaud, sot*: *sei proprio un gran babbeo!* tu n'es qu'un grand nigaud, qu'un grand sot!; *che, mi hai preso per (un) babbeo?* quoi, m'as-tu pris pour un nigaud? → **minchione** © **furbacchione.**

babbino |bab'bino| *s.m.* (*fam.*) [*appellativo infantile per 'babbo'*] (petit) papa.

bàbbo |'babbo| *s.m.* (*fam.*) [*papà*] papa: *ciao, babbo!* bonjour, papa!; *lo dico al (mio) babbo* je vais le dire à (mon) papa; *non farlo, babbo non vuole* ne fais pas ça, papa ne veut pas ◇ (*loc.*) *Babbo Natale* le père Noël ~ *pagherò a babbo morto* [*di debito che verrà saldato con l'eredità paterna*] je paierai quand j'aurai hérité de mon père.

babbuàsso |babbu'asso| *agg. e s.m.* (*raro*) → **babbeo, scimunito.**

babbùccia, ce |bab'buttʃa, tʃe| *s.f.* **1** babouche ◇ (*per neonato*) chausson *m.* **2** [*pantofola*] pantoufle.

babbuino |babbu'ino| *s.m.* **1** (*t. zool.*) babouin **2** (*fig.*) [*persona sciocca*] sot* *s.*, ballot (*fam.*): *sei proprio un babbuino!* tu n'es qu'un sot, qu'un ballot!; *comportarsi da babbuino* se conduire comme un sot.

babèle |ba'bɛle| *s.f.* **1** [*disordine, confusione*] fouillis *m.*, pagaïe (pagaille): *che babele in quella stanza, in quell'ufficio!* quel fouillis, quelle pagaïe dans cette pièce, dans ce bureau! ◇ [*luogo dove regna il disordine*] *questa casa è una vera babele!* c'est la pagaïe dans cette maison! **2** (*Bibbia*) *la torre di Babele* la tour de Babel.

babèlico, ci, ca, che |ba'beliko, tʃi, ka, ke| *agg.* **1** [*disordinato, caotico*] confus # *una confusione babelica* une confusion indescriptible **2** (*lett.*) [*di Babele*] de Babel *loc. inv.* (*corr.*).

babilonése |babilo'nese| *agg.* [*di Babilonia*] babylonien*: *la popolazione babilonese* la population babylonienne ✦ *s.* (*st.*) *i Babilonesi* les Babyloniens.

babilònia |babi'lɔnja| *s.f.* [*disordine, caos*] pagaïe (pagaille): *che babilonia!* quelle pagaïe, pagaille!; *fare (una) babilonia* créer la pagaille.

babilònico, ci, ca, che |babi'lɔniko, tʃi, ka, ke| *agg.* → **babelico.**

babórdo |ba'bordo| *s.m.* (*mar.*) bâbord © **tribordo.**

babuino |babu'ino| *s.m.* → **babbuino.**

baby |'beibi| *s.m. inv.* (*ingl.*) baby (*var.*): *dei baby* des babys, des babies ✦ (*agg. inv.*) *taglia baby* taille baby.

baby-sitter |'beibi'sitə| *s.inv.* (*ingl.*) baby-sitter (*var.*): *dei, delle baby-sitter* des baby-sitters.

bacàio, i |ba'kajo, i| *s.* (*raro*) → **bachicoltore.**

bacàre |ba'kare| **A** *v.tr.* (*detto di commestibile*) [*guastare*] gâter ◇ (*fig.*) [*corrompere*] corrompre (44): *le cattive letture gli hanno bacato la testa* les mauvaises lectures lui ont corrompu l'esprit, l'ont perverti **B** *v.intr.* (*aus.* '*essere*') (*raro*) [*guastarsi*] se gâter (*pron.*): *la frutta è bacata in fretta* les fruits se sont rapidement gâtés **C** *v.pron. intr.* BACARSI [→ *intr.*] se gâter: *le mele si sono bacate tutte* les pommes se sont toutes gâtées ◇ (*fig.*) se perdre (53): *si è bacato per colpa delle cattive compagnie* ce sont de mauvaises fréquentations qui l'ont perdu.

bacaròzzo |baka'rɔttso| *s.m.* → **bacherozzo.**

bacàto |ba'kato| *agg.* [*guasto*] véreux*: *queste mele sono bacate* ces pommes sont véreuses ◇ (*fig.*) [*corrotto; tarato*] pervers: *è un ragazzo bacato* c'est un garçon pervers; *ha la mente bacata, l'animo bacato* il a l'esprit pervers, l'âme perverse.

bacatùra |baka'tura| *s.f.* [→ BACARE B; C] pourriture, détérioration.

bàcca, che |'bakka, ke| *s.f.* (*bot.*) baie: *bacche di rosa canina* baies d'églantier.

baccalà |bakka'la| *s.m.inv.* **1** [*merluzzo salato ed essiccato*] morue *f.var.* sèche ◇ (*pop., region.*) [*stoccafisso*] *baccalà alla vicentina* morue à la mode de Vicence ◇ (*fig., fam.*) *secco, magro come un baccalà* sec, maigre comme un hareng saur **2** (*fig.*) [*persona goffa, stupida*] andouille (*f. var.*): *non star lì in piedi come un baccalà* ne reste pas là planté comme une andouille.

baccalàre |bakka'lare| *s.m.* **1** (*raro*) → **sapientone** **2** (*arc.*) → **baccelliere.**

baccalaureàto |bakkalaure'ato| *s.m.* baccalauréat.

baccanàle |bakka'nale| *s.m.* **1** bacchanale (*f.*): *la festa si trasformò in un baccanale* la fête tourna à la bacchanale **2** (*st. rom.*) bacchanales *pl.*

baccàno |bak'kano| *s.m.* **1** [*gran rumore, chiasso insopportabile*] vacarme, tapage: *fare un baccano d'inferno, assordante* faire un vacarme, un tapage de tous les diables, assourdissant; *far baccano* faire du tapage **2** (*fig.*) [*scalpore, strepito*] bruit: *questa faccenda ha fatto molto baccano* cette histoire a fait beaucoup de bruit.

baccànte |bak'kante| *s.f.* bacchante ◇ (*fig.*) bacchante, débauchée: *quella donna è esagitata come una baccante* cette femme se déchaîne comme une bacchante, une débauchée.

1 **baccarà** |bakka'ra| *s.m. inv.* **1** (*carte*) baccara: *giocare a baccarà* jouer au baccara **2** *baccarà all'italiana* → 2 **macao.**

2 **baccarà** |bakka'ra|, **'baccarat'** |bakaʀa| *s.m. inv.* baccarat *var* ✦ (*agg.*) *cristallo baccarà* cristal de baccarat.

baccellatùra |battʃella'tura| *s.f.* (*arch.*) godronnage *m.*

baccellieràto |battʃellje'rato| *s.m.* (*st. mediev.*) [*baccalaureato*] baccalauréat.

baccellière |battʃel'ljɛre| *s.m.* (*st. mediev.*) bachelier.

baccèllo |bat'tʃɛllo| *s.m.* **1** (*bot.*) gousse *f.*, cosse *f.* **2** (*arch.*) gousse (de chapiteau) **3** (*tosc., fig.*) [*persona semplice e sciocca*] niais, nigaud ◇ (*loc.*) *essere fiori e baccelli* [*avere un aspetto florido*] respirer la santé ◇ (*prov.*) *chi ha mangiato i baccelli spazzi i gusci* qui a fait la fête nettoie ses restes.

baccheggiàre |bakked'dʒare| *v. intr.* (*aus. 'avere'*) (*lett.*) [*comportarsi senza ritegno*] agir (*corr.*) en dévergondé(e).

bacchèo |bak'kɛo| *s.m. e agg.* (*metr. gr., rom.*) bacchius.

bacchétta |bak'ketta| *s.f.* baguette: *un colpo di bacchetta* un coup de baguette; *la bacchetta del direttore d'orchestra* la baguette du chef d'orchestre; *bacchetta del tamburo* baguette de tambour; *bacchetta magica* baguette magique, de fée; *bacchetta da rabdomante* baguette de sourcier ◇ (*loc. fig.*) *comandare a bacchetta qc.* commander, mener qqn. à la baguette.

bacchettàta |bakket'tata| *s.f.* coup *m.* de baguette.

bacchétto |bak'ketto| *s.m.* [*bastoncino leggermente più grosso della bacchetta*] baguette (*f.*): *un fascio di bacchetti* un faisceau de baguettes.

bacchettóne |bakket'tone| *s.* [*bigotto*] bigot ◇ [*persona ipocrita*] tartufe *m.*, cagot: *è un bacchettone* c'est un tartufe, un cagot.

bacchettoneria |bakkettone'ria| *s.f.* [*bigottismo, ipocrisia*] bigoterie, bondieuserie.

bacchiàre |bak'kjare| *v.tr.* [*percuotere (un albero) con una pertica per*

far cadere i frutti maturi] gauler: *bacchiare un noce* gauler un noyer ◇ (*per est.*) *bacchiare le noci, le castagne* gauler des noix, des châtaignes.
bacchiatóre, trice |bakkja'tore, tritʃe| *s.* personne *f.* qui gaule.
bacchiatùra |bakkja'tura| *s.f.* [→ BACCHIARE] gaulage (*m.*): *la bacchiatura delle noci* le gaulage des noix.
bàcchico, ci, ca, che |'bakkiko, tʃi, ka, ke| *agg.* bachique.
bàcchio, i |'bakkjo, i| *s.m.* [*pertica per bacchiare*] gaule *f.*
bacchìo, ii |bak'kio, ii| *s.m.* → **baccheo.**
bàcco |'bakko| *s.m. solo sing.* (*scherz., lett.*) [*vino, vizio del bere*] *devoto, dedito a bacco* disciple de Bacchus; *gli effetti di bacco* les effets de l'alcool ✦ (*fam.*) (*in funzione di inter.*) *per bacco* (*perbacco*)*!, corpo di bacco!* parbleu!, pardi!, sapristi!
bacètto |ba'tʃɛtto| *s.m.* [*piccolo, affettuoso bacio*] bise *f.* (*fam.*): *dai un bacetto alla mamma* fais une bise, la bise à maman.
bachèca, che |ba'kɛka, ke| *s.f.* **1** [*vetrinetta per esposizione di oggetti preziosi*] vitrine: *le bacheche del museo* les vitrines du musée **2** [*vetrinetta per esposizione di stampe, avvisi e sim.*] vitrine, tableau *m.* d'affichage: *l'avviso è esposto nella bacheca* l'avis est en vitrine, est affiché.
bachelite |bake'lite| *s.f.* (*chim.*) bakélite.
bacheròzzo |bake'rɔttso|, **bacheròzzolo** |bake'rɔttsolo| *s.m.* **1** [*nome comune di alcuni insetti che vivono nella farina*] ver de farine, ténébrion **2** (*per est.*) [*scarafaggio*] cafard, blatte *f.* ◇ (*fig.*) [*persona disgustosa*] vermine *f.*
bachicoltóre, trice |bakikol'tore, tritʃe| *s.* [*chi alleva bachi da seta*] magnanier*, sériciculteur*.
bachicoltùra |bakikol'tura| *s.f.* [*allevamento di bachi*] sériciculture, magnanerie ◇ [*locale dove questi si allevano*] magnanerie.
baciamàno |batʃa'mano| *s.m.* baisemain # *fare il baciamano* baiser la main.
baciaménto |batʃa'mento| *s.m.* (*raro*) [→ BACIARE] *allora ci fu un gran baciamento* alors tout le monde s'embrassa *v. pron.*
baciapìle |batʃa'pile| *s. inv.* [*persona bigotta*] grenouille *f.var.* de bénitier, punaise *f.var.* de sacristie → **bacchettone** ◇ [*persona ipocrita*] tartufe *m.var.*, cagot *var.*
baciàre |ba'tʃare| **A** *v.tr.* **1** [*posare le labbra su qc. o su q.c. in segno di amore o di rispetto*] embrasser; baiser: *baciare qc. sulle guance, sulla bocca* embrasser qqn. sur les (deux) joues, sur la bouche; *baciare la propria ragazza* embrasser sa petite amie ‖ *baciare la mano, l'anello del vescovo* baiser la main, l'anneau de l'évêque ◇ (*loc.*) *bacio, baciamo le mani!* (*espressione di ossequio e di saluto in Sicilia*) je suis votre humble serviteur! ~ (*fig.*) *la fortuna l'ha baciato in fronte* [*l'ha favorito moltissimo*] la chance lui a souri **2** (*fig.*) [*sfiorare, toccare, lambire*] baigner: *il colle era baciato dal sole* le coteau était baigné de soleil ◇ (*loc. fam.*) *baciare la bottiglia* caresser la bouteille **B** *v.pron. recipr.* BACIARSI [→ *tr.* 1] s'embrasser: *si baciarono con grande calore* ils s'embrassèrent avec chaleur.
baciàto |ba'tʃato| *agg.* (*metr.*) *rima baciata* rime plate.
bacìglia |ba'tʃiʎʎa| *s.f.* (*t.bot.*) crithme *m.*
bacìle |ba'tʃile| *s.m.* **1** [*bacinella, catino*] bassin, cuvette *f.* **2** (*arch.*) échine *f.*
bacillàre |batʃil'lare| *agg.* (*med.*) bacillaire.
bacìllo |ba'tʃillo| *s.m.* **1** (*biol.*) bacille: *bacillo del carbonio* bacille du charbon, bactéridie; *bacillo del tetano* bacille du tétanos; *bacillo di Koch, della tubercolosi* bacille de Koch, de la tuberculose **2** (*t. zool.*) *bacillo di Rossi* bacille, phasme d'Europe.
bacinèlla |batʃi'nɛlla| *s.f.* [*vaschetta, catino*] cuvette; cuve: *una bacinella di plastica* une cuvette en plastique; *lavarsi le mani nella bacinella* se laver les mains dans une cuvette ‖ *la bacinella del fotografo* la cuve à développement.
bacinétto |batʃi'netto| *s.m.* **1** (*raro*) → **bacinella, catino** **2** (*anat.*) *bacinetto renale* bassinet **3** (*st. mediev.*) bassinet.
1 **bacìno** |ba'tʃino| *s.m.* **1** bassin, bassine (*f.*): *bacino di metallo* bassin de métal **2** (*geogr.*) bassin: *bacino fluviale* bassin d'un fleuve; *bacino idrografico* bassin hydrographique; *bacino imbrifero* bassin versant **3** (*geol.*) bassin: *bacino carbonifero, petrolifero, minerario* bassin houiller, pétrolifère, minier **4** (*mar.*) bassin: *bacino artificiale* bassin artificiel; *bacino di carenaggio* bassin de redoub, de carénage # *bacino di ricovero* darse; *bacino galleggiante* cale flottante **5** (*tecnol.*) bassin: *bacino di decantazione* bassin de décantation; *bacino di alimentazione di una pompa* bassin de refoulement **6** (*anat.*) bassin: *le ossa del bacino* les os du bassin; *essere stretta, larga di bacino* être étroite, large de bassin.
2 **bacìno** |ba'tʃino| *s.m.* [*bacetto*] bise *f.* (*fam.*): *dai un bacino a papà, alla mamma* fais une bise, la bise à papa, à maman.
bàcio, i |'batʃo, i| *s.m.* **1** baiser: *un bacio d'addio* un baiser d'adieu; *dare, mandare un bacio a qc.* donner, envoyer un baiser à qqn.; *coprire, mangiare di baci qc.* couvrir, manger de baisers qqn. # *dare il bacio della buonanotte* embrasser qqn. avant d'aller se coucher ◇ (*relig.*) *il bacio della croce* le baisement de la croix ◇ (*loc.*) *bacio di Giuda* [*del traditore*] baiser de Judas ~ *bacio di pace* [*della riconciliazione*] baiser de paix **2** (*loc. fam.*) *al bacio* [*perfetto*] au poil: *era un film, una ragazza al bacio* c'était un film, une fille au poil.
bacìo, ii |ba'tʃio, ii| **1** *agg.* (*raro*) [*esposto a nord*] exposé au nord ◇ [*ombroso*] ombragé **2** *s.m. nella loc.* A BACIO au nord: *a bacio, c'è la neve* au nord il y a de la neige ⓒ **solatio.**
bacióne |ba'tʃone| *s.m.* bon (gros) baiser, grosse bise *f.* (*fam.*): *bacioni da Parigi* bons baisers de Paris!; *bacioni al bimbo!* gros baisers, grosses bises au petit!
baciucchiàre |batʃuk'kjare| *v.tr.* → **sbaciucchiare.**
background |'bækgraund| *s.m. inv.* (*ingl.*) background *var.*, back-ground *var.*
bàco, chi |'bako, ki| *s.m.* **1** [*nome comune di vari vermi*] ver: *questa farina ha i bachi* cette farine a des vers ‖ # *in questa mela c'è il baco* cette pomme est véreuse **2** (*t.zool.*) *baco da seta* ver à soie ◇ (*corr.*) *fare i bachi* [*allevarli*] élever des vers à soie **3** (*fig.*) [*pensiero fisso, rodimento interiore*] démon: *avere il baco della gelosia, del rimorso* avoir le démon de la jalousie, du remords # *avere il baco dell'invidia* être rongé par l'envie.
bàcolo |'bakolo| *s.m.* (*lett.*) → **bastone.**
bacologìa, gie |bakolo'dʒia, dʒie| *s.f.* [*studio dei bachi da seta*] sériciculture.
bacològico, ci, ca, che |bako'lɔdʒiko, tʃi, ka, ke| *agg.* [*relativo alla bacologia*] séricicole.
bacòlogo, gi |ba'kɔlogo, dʒi| *s.m.* [*esperto in bacologia*] sériciculteur.
baconiàno |baco'njano| *agg.* (*filos.*) baconien*.
bactèrio |bak'tɛrjo| *e deriv.* → **batterio** *e deriv.*
bacùcco, chi, ca, che |ba'kukko, ki, ka, ke| *agg.* [*persona rimbecillita*] gâteux*, gaga (*fam.*): *è un vecchio bacucco* c'est un vieux gâteux, un vieux gaga.
bàda |'bada| *s.f. solo nella loc.* TENERE A BADA QC. [*sorvegliarlo*] *tieni a bada il bambino!* surveille bien (ne quitte pas des yeux) le petit!; *tienilo a bada che non scappi!* prends garde qu'il ne se sauve!; veille à ce qu'il ne se sauve pas! ◇ [*trattenere, impedire di nuocere*] tenir à l'œil, en respect: *tenere a bada i creditori* tenir à l'œil ses créanciers; *tenere a bada l'avversario* tenir à l'œil, en respect l'adversaire.
badalóne |bada'lone| *s.m.* **1** [*uomo semplicione*] bêta* *s.*, benêt **2** [*bighellone, fannullone*] fainéant *s.*
badalùcco, chi |bada'lukko, ki| *s.m.* (*lett.*) → **passatempo.**
badàre |ba'dare| **A** *v.intr.* (*aus.* '*avere*') **1** [*sorvegliare, occuparsi* (*di qc. o di q.c.*)] s'occuper *pron.* de: *badare ai bambini, alla casa, agli ospiti* s'occuper des enfants, de la maison, des invités; *badare alle faccende domestiche* s'occuper du ménage # *badare al gregge* garder le troupeau; *baderò io ai vostri interessi, ai vostri affari* je prendrai soin de vos intérêts, de vos affaires **2** [*fare attenzione a q.c.*] faire (45) *tr.* attention à, veiller à ce que: *bada allo scalino!* (fais) attention à la marche!; *bada a ciò che fai!* fais attention à ce que tu fais!; *bada di non cadere!* fais attention à, de ne pas tomber!; *badate bene che nessuno se ne accorga* veillez à ce que personne ne s'en aperçoive # *bada che lo riferisco ai tuoi* (*genitori*)*!* prends garde que je le dise à tes parents! ✦ (*con funzione di inter.*) *bada, eh!, badate, veh!* hé, gare à toi!, à vous; hein!, fais gaffe! (*pop.*) **3** [*dedicarsi con molto impegno o in modo esclusivo a*] s'occuper: *badare ai fatti propri* s'occuper, se mêler de ses affaires; *non si può badare a tutto* on ne peut s'occuper de tout, on ne peut pas tout faire # *lui bada solo a divertirsi, a mangiare, a studiare* il ne pense qu'à s'amuser, qu'à manger, qu'à étudier; *impara a badare a te stesso* apprends à te débrouiller **4** [*prestare attenzione, attribuire importanza* (*a qc. o a q.c.*)] faire attention à, s'occuper de: *nessuno gli badò* personne ne fit

attention à lui, ne s'occupa de lui # *non badare a spese* ne pas regarder à la dépense **B** *v.tr.* [*custodire, sorvegliare*] garder: *badare i bambini* garder les enfants; *badare le pecore* garder les moutons.

badèrna |ba'dɛrna| *s.f.* (*mar.*) baderne.

badéssa |ba'dessa| *s.f.* [*superiora di un monastero*] abbesse, supérieure ♦ (*per appos.*) *la madre badessa* la mère supérieure ◇ (*loc. fig.*) *fare la badessa* se donner de grands airs, faire sa princesse ~ *vivere da badessa* [*riverita, tra gli agi*] vivre à l'aise ~ *avére l'aspetto, la cera di una badessa* [*di donna prosperosa*] avoir l'air d'une matrone.

badìa |ba'dia| *s.f.* [*abbazia*] abbaye ◇ (*prov.*) *casa mia, casa mia, per piccina che tu sia, tu mi sembri una badia* si petite qu'elle soit, ma bicoque me semble un palais.

badiàle |badi'ale| *agg.* **1** [*di proporzioni enormi*] gros*, grossier*: *errore badiale* grosse faute, faute grossière **2** [*prosperoso, gioviale*] jovial*: *un volto badiale* un visage jovial **3** (*lett.*) → **abbaziale.**

badiàna |ba'djana| *s.f.* (*t. bot.*) badiane.

badilànte |badi'lante| *s.m.* [*manovale che lavora col badile*] terrassier → **spalatore.**

badilàta |badi'lata| *s.f.* [*materiale raccolto in una volta col badile*] pelletée.

badìle |ba'dile| *s.m.* (*tecnol., corr.*) pelle *f.*, bêche *f.* → **pala.**

bàffo |'baffo| *s.m.* **1** *spec. al plur.* [*peli che si trovano sopra il labbro superiore*] moustache (*f.*): *baffi spioventi, a spazzola, a punta* moustaches à la gauloise, en brosse, en croc; *portare i baffi* porter la moustache, des moustaches; *lasciarsi crescere i baffi* se laisser pousser la moustache; *tagliarsi i baffi* se raser la moustache; *accorciarsi i baffi* tailler sa moustache; *tirarsi, arricciarsi i baffi* tirer sur, retrousser (tortiller) sa moustache ◇ (*loc. fig.*) *ridere sotto i baffi* [*tra sé, con malizia*] rire dans sa barbe, sous cape ~ *è roba da leccarsi i baffi* [*squisita, eccellente*] c'est à s'en lécher les babines ◇ (*pop.*) *mi fa un baffo, me ne faccio un baffo* [*me ne infischio*] je m'en bats l'œil, je m'en balance ◇ (*in funzione di loc.agg.*) COI BAFFI [*squisito, perfetto*] au poil: *un pranzo coi baffi* un repas au poil **2** [*macchia, sbaffo*] tache (*f.*): *aveva un baffo di fuliggine sulla faccia* il avait une tache de charbon sur le visage; *ho un baffo d'inchiostro* j'ai une tache, une traînée d'encre **3** (*fig.*) *i baffi di una nave, di un motoscafo* [*le scie che si formano ai due lati di prua*] les lames *f.* de proue, le sillage *sing.* d'un navire, d'un canot automobile.

baffóne |baf'fone| *s.m.* **1** (*iron.*) [*persona che ha i baffi lunghi e folti*] moustachu **2** *solo plur.* [*grossi baffi*] grosse moustache *f.sing.*

baffùto |baf'futo| *agg.* [*che ha baffi*] moustachu.

bagagliàio, i |bagaʎ'ʎajo, i| *s.m.* **1** [*vagone destinato al trasporto di bagagli*] fourgon (à bagages) ◇ [*scomparto riservato ai bagagli* (*sui treni, sugli aerei*)] soute *f.* à bagages ◇ (*nelle stazioni*) [*deposito bagagli*] consigne *f.* (des bagages) **2** (*auto.*) coffre (à bagages).

bagàglio, i |ba'gaʎʎo, i| *s.m.* **1** bagages (*pl.*): *bagaglio a mano* bagages à main; *bagaglio appresso* bagages accompagnés; *il deposito* (*dei*) *bagagli* la consigne (des bagages); *fare, disfare i bagagli* faire, défaire ses bagages; *spedire un bagaglio, i bagagli* expédier les bagages ◇ *loc. fig.* CON ARMI E BAGAGLI avec armes et bagages: *andare, partire con armi e bagagli* s'en aller, partir avec armes et bagages **2** (*fig.*) [*patrimonio culturale, personale*] bagage: *un bagaglio di nozioni, di cultura* un bagage de connaissances, de culture.

bagarinàggio, i |bagari'naddʒo, i| *s.m.* vente *f.* à la sauvette de billets de spectacles.

bagarìno |baga'rino| *s.m.* vendeur* *sing.* à la sauvette de billets de spectacles.

bagàscia, sce |ba'gaʃʃa, ʃe| *s.f.* [*donna di facili costumi*] putain → **puttana, sgualdrina.**

bagàssa |ba'gassa| *s.f.* bagasse.

bagatèlla |baga'tɛlla|, **bagattèlla** |bagat'tɛlla| *s.f.* **1** bagatelle: *in una sera ha speso la bagatella di 100.000 lire* il a dépensé en une soirée la bagatelle de 100.000 lires → **bazzecola** ◇ (*anche iron.*) *è una bagatella!* c'est une bagatelle! **2** (*mus.*) bagatelle.

baggèo |bad'dʒɛo| *s. e agg.* → **babbeo, baggiano.**

baggiàna |bad'dʒana| *s.f.* grosse fève, fève des marais: *sgranare baggiane* écosser des fèves.

baggianàta |baddʒa'nata| *s.f.* [*stupidaggine, sciocchezza*] bêtise, sottise: *non dire, non fare baggianate!* ne dis pas, ne fais pas de bêtises, de sottises!

baggiàno |bad'dʒano| *agg.* [*stupido, sciocco*] niais: *un'aria baggiana* un air niais → **babbeo** ♦ (*s.*) *un baggiano* un nigaud.

bagheròzzo |bage'rɔttso| *s.m.* → **bacherozzo.**

baghétta |ba'getta| *s.f.* baguette.

bagìgi |ba'dʒidʒi| *s.m.pl.* (*region.*) [*noccioline americane*] cacahuète *sing.* (cacahouète, cacahouette).

baglióre |baʎ'ʎore| *s.m.* [*luce abbagliante, splendore improvviso*] lueur *f.*; éclat: *il bagliore dell'incendio* la lueur de l'incendie ‖ *il bagliore del sole* l'éclat du soleil # *il bagliore dei fari* la lumière des phares ◇ (*fig.*) *un bagliore di speranza* une lueur d'espoir; *gli ultimi bagliori di una civiltà* les dernières lueurs d'une civilisation.

bàgna |'baɲɲa| *s.f.* **1** (*region.*) [*sugo, intingolo*] jus *m.*, sauce ◇ (*cuc.*) *la bagna cauda* [*intingolo preparato con olio, aglio e acciughe*] ⊠ **2** (*fig.*) *lasciare qc. nella bagna* [*nei pasticci*] laisser qqn. dans le pétrin.

bagnànte |baɲ'ɲante| *s.* [*chi fa il bagno in mare, ecc.*] baigneur*.

bagnàre |baɲ'ɲare| **A** *v.tr.* **1** [*cospargere di liquido*] mouiller: *la pioggia ci ha bagnati tutti* la pluie nous a tout mouillés, nous a trempés □ *mi sono bagnato il vestito* j'ai mouillé mon costume ◇ (*loc. fam.*) *bagnarsi la bocca, la gola* se rincer le gosier ~ *bagnarsi le labbra* se mouiller les lèvres ~ *il bambino bagna ancora il letto* l'enfant mouille encore son lit ◇ [*immergere, intingere*] tremper: *bagnare le mani nell'acqua* tremper ses mains dans l'eau; *bagnare un biscotto nel caffellatte* tremper un biscuit dans le café au lait **2** [*mettere a mollo, inzuppare*] faire (45) *intr.* tremper: *bagnare i panni, una stoffa* faire tremper le linge, une étoffe; *bagnare il fazzoletto nell'acqua* faire tremper son mouchoir dans l'eau **3** [*innaffiare, irrigare*] arroser: *bagnare i fiori, un campo* arroser les fleurs, un champ **4** (*detto di fiume*) [*attraversare; lambire*] arroser; baigner: *il Tevere bagna la città di Roma* le Tibre arrose (la ville de) Rome ‖ *i paesi che sono bagnati dal mar Mediterraneo* les pays qui sont baignés par la mer Méditerranée, les pays riverains de la Méditerranée **5** [*festeggiare con una bevuta*] arroser: *bagnare i galloni, la promozione* arroser ses galons, sa promotion **B** *v.pron.* BAGNARSI **1** *rifl.* [*entrare in acqua per fare il bagno*] se baigner: *bagnarsi in un fiume, nel lago* se baigner dans une rivière, dans le lac; *vietato bagnarsi* défense de se baigner **2** *rifl.* → *tr.* 1 □ **3** *rifl.* (*fam.*) mouiller (*tr.*): *il bambino si bagna ancora* le petit garçon mouille encore sa culotte **4** *intr.* [*diventare bagnato; inzupparsi*] se mouiller: *ci siamo bagnati come pulcini* nous nous sommes mouillés comme des canards; nous avons été trempés jusqu'aux os; *mi si sono bagnati tutti i vestiti* mes vêtements se sont tout mouillés 🄲 A 1, 2 **asciugare;** B 4 **asciugar(si).**

bagnaròla |baɲɲa'rɔla| *s.f.* **1** [*tinozza per il bagno*] baignoire **2** (*scherz.*) [*veicolo sgangherato*] guimbarde, tacot *m.*

bagnasciùga |baɲɲaʃ'ʃuga| *s.m. inv.* **1** (*mar.*) ligne *f.var.* de flottaison **2** (*pop.*) [*battigia*] bord *var.* de l'eau.

bagnàta |baɲ'ɲata| *s.f.* **1** [→ BAGNARE A 1; B 4] douche: *ci siamo presi una bagnata!* nous avons reçu une de ces douches! **2** [→ BAGNARE A 3] arrosage *m.* # *dare una bagnata ai fiori* arroser les fleurs.

bagnàto |baɲ'ɲato| **1** *agg.* [*cosparso di liquido, umido*] mouillé: *terreno bagnato* sol mouillé; *essere tutto bagnato* être tout mouillé, trempé; *avere le mani bagnate* avoir les mains mouillées; *avere gli occhi bagnati di lacrime* avoir les yeux mouillés de larmes; *la lamiera è ancora bagnata* la tôle est encore mouillée ◇ (*loc.*) *essere come un pulcino bagnato* être trempé comme un canard, comme une soupe ~ (*detto di cose che si equivalgono*) *se non è zuppa è pan bagnato* ce n'est pas de la soupe, c'est du rata **2** *s.m.* [*terreno, luogo bagnato*] sol mouillé (*agg.*): *scivolare sul bagnato* glisser sur le sol mouillé # *attenzione a non mettere i piedi sul bagnato* attention à ne pas marcher dans l'eau ◇ (*loc. fig.*) *piove sul bagnato* [*di sfortuna che si aggiunge ad altre*] un malheur ne vient jamais seul 🄲 **asciutto.**

bagnatùra |baɲɲa'tura| *s.f.* **1** *solo al plur.* [*bagno terapeutico*] bains (*m.*): *il dottore gli ha ordinato delle bagnature* le docteur lui a prescrit des bains **2** (*raro*) [→ BAGNARE A 1; B 4] rincée (*corr.*).

bagnétto |baɲ'ɲetto| *s.m.* **1** petite baignoire *f.* **2** (*nel linguaggio infantile*) [*bagno*] petit bain: *adesso facciamo il bagnetto* maintenant on prend un petit bain.

bagnìno |baɲ'ɲino| *s.* [*chi sorveglia i bagnanti sulle spiagge*] maître-nageur *m.*

bàgno |'baɲɲo| *s.m.* **1** bain: *bagno*

caldo, freddo bain chaud, froid; *bagno di mare* bain de mer; *sali da bagno* sels de bain; *lenzuolo da bagno* serviette de bain; *costume da bagno* maillot de bain, costume de bain # *fare un bagno in piscina, al lago, in un fiume* se baigner dans une piscine, dans un lac, dans une rivière; *la mamma fa il bagno al bambino* la maman baigne son enfant ◇ (*per est.*) *bagni di fango, di sabbia, di sole* bains de boue, de sable, de soleil; *bagno turco, di vapore* bain turc, de vapeur; *essere in un bagno di sudore* être en nage ◇ (*fig.*) *bagno di sangue* bain de sang ◇ (*loc. volg.*) *va a fare un bagno* [*a farti friggere*] va te faire cuire un œuf **2** *solo al plur.* [*stabilimento di cure termali*] bains: *i bagni di Montecatini, di Fiuggi, di Salsomaggiore* les bains de Montecatini, de Fiuggi, de Salsomaggiore **3** *loc.* A BAGNO [*a mollo*] *tenere a bagno la biancheria* faire tremper le linge; *mettere a bagno i legumi* faire tremper les légumes **4** [*vasca da bagno*] baignoire (*f.*): *riempire il bagno* remplir la baignoire **5** [*la stanza dove sono sistemati i servizi igienici*] salle *f.* de bains, cabinet de toilette: *chiudersi in bagno* s'enfermer dans la salle de bains, dans le cabinet de toilette; *andare in bagno* aller à la salle de bains; *è in bagno* il est à la salle de bains, au cabinet de toilette **6** (*chim.*) bain: *bagno galvanico, di cromatura* bain galvanique, de chromage ◇ (*foto.*) *bagno di sviluppo* bain de développement **7** (*arc.*) *bagno penale* [*luogo in cui si scontava la pena dei lavori forzati*] bagne.

bagnòlo |baɲ'ɲɔlo| *s.m.* **1** (*med.*) compresse *f.* **2** (*edil.*) auge *f.*

bagnomarìa |baɲɲoma'ria| *solo nella loc.avv.* A BAGNOMARIA au bain-marie: *cuocere q.c. a bagnomaria* cuire qqch. au bain-marie.

bagnoschiùma |baɲɲo'skjuma| *s.m.* bain moussant.

bàgola |'bagola| *s.f.* (*dial.*) **1** → **bacca** **2** [*fandonia*] blague, histoire.

bagolàro |bago'laro| *s.m.* (*t.bot.*) micocoulier.

bagordàre |bagor'dare| *v.intr.* (*aus.* '*avere*') [*darsi ai bagordi, gozzovigliare*] faire (45) *tr.* la noce (*fam.*), la foire (*fam.*).

bagórdo |ba'gordo| *s.m. spec. al plur.* [*stravizi, gozzoviglie*] noce *f. sing.* (*fam.*), foire *f. sing.* (*fam.*): *fare bagordi,* faire la noce, la foire.

bah |ba| *inter.* (*esprime 'incertezza, rassegnazione, disprezzo, stupore'*) bah!: *bah! staremo a vedere!* bah! on verra bien!

bài |'bai| *inter.* (*solo nella loc.fam.*) *non dire né ai né bai* [*non dir parola, non eccepire*] ne pas souffler mot.

1 **bàia** |'baja| *s.f.* **1** [*burla, canzonatura*] moquerie # *dare la baia a qc.* [*burlare*] se moquer de qqn. **2** [*inezia, bagatella*] bagatelle, blague.

2 **bàia** |'baja| *s.f.* (*geogr.*) baie.

3 **bàia** |'baja| *s.f.* (*mar.*) baille.

baiadèra |baja'dɛra| *s.f.* [*danzatrice indiana*] bayadère ✦ (*agg.inv.*) *tessuto baiadera* tissu bayadère.

baiàta |ba'jata| *s.f.* **1** [*chiasso, spec. fatto per burlare qc.*] chahut *m.*, tapage *m.* **2** [*schiocchezza, stupidaggine*] sottise, stupidité.

bailàmme |bai'lamme| *s.m.inv.* [*confusione, baraonda, chiasso*] cohue *f.var.*, tohu-bohu *var.*

bàio, bai |'bajo, 'bai| *agg.* [*cavallo dal mantello rossastro*] bai ✦ (*s.m.*) *un baio, dei bai* un cheval bai *agg.*, des chevaux bais.

baiòcco, chi |ba'jɔkko, ki| *s.m.* **1** baïoque *f.* **2** (*fam.*) [*denaro, soldi*] sou: *non ho un baiocco in tasca* je n'ai pas un sou, le sou ◇ (*fig.*) *non valere un baiocco* ne pas valoir un clou (*fam.*).

baionétta |bajo'netta| *s.f.* **1** (*mil.*) baïonnette: *assalto alla baionetta* assaut à la baïonnette; *baionetta in canna* baïonnette au canon; *andare all'assalto alla baionetta* aller à l'assaut à la baïonnette, au canon **2** (*mecc.*) *innesto a baionetta* joint, douille à baïonnette.

baionettàta |bajonet'tata| *s.f.* coup *m.* de baïonnette.

bàita |'baita| *s.f.* [*piccola costruzione alpina*] chalet *m.*

bakelìte |bake'lite| *s.f.* → **bachelite.**

balalàica, che |bala'laika, ke| *s.f.* balalaïka.

balanino |bala'nino| *s.m.* (*t. zool.*) balanin.

balàscio, i |ba'laʃʃo, i| *s.m.* (*miner.*) balais: *rubino balascio* rubis balais.

balaùstra |bala'ustra|, **balaustràta** |balaus'trata| *s.f.* balcon *m.*, balustrade: *la balaustra del terrazzo* le balcon, la balustrade de la terrasse; *appoggiarsi alla balaustra* s'accouder au balcon, à la balustrade # *la balaustra della scalinata* la rampe de l'escalier.

balaustràto |balaus'trato| *agg.* entouré d'une balustrade.

balaustrino |balaus'trino| *s.m.* compas à balustre.

balaùstro |bala'ustro| *s.m.* balustre.

balbettaménto |balbetta'mento| *s.m.* [→ BALBETTARE] bégaiement; balbutiement: *il suo balbettamento mi innervosisce* il m'énerve avec son bégaiement ‖ *il balbettamento dei bambini* le balbutiement des bébés.

balbettànte |balbet'tante| *agg.* balbutiant.

balbettàre |balbet'tare| **A** *v.intr.* (*aus.* '*avere*') [*essere affetto da balbuzie*] bégayer (9): *non poté rispondere subito perché balbettava* il ne put répondre tout de suite, parce qu'il bégayait → **tartagliare** ◇ (*per est.*) [*parlare, esprimersi faticosamente*] bredouiller: *quando è emozionato non fa che balbettare* quand il est ému il ne fait que bredouiller ◇ (*detto dei bambini*) [*articolare i primi suoni*] balbutier: *il mio bambino comincia a balbettare* mon bébé commence à balbutier **B** *v.tr.* [*pronunziare, dire in modo stentato e confuso*] balbutier, bredouiller: *balbettare delle scuse* balbutier, bredouiller des excuses # *balbetto un po' di francese, di inglese* [*parlarli male, conoscerli poco*] je baragouine un peu le français, l'anglais.

balbettìo, ii |balbet'tio, ii| *s.m.* [*balbettamento continuo e fastidioso*] bredouillement: *quel balbettio mi dava ai nervi* ce bredouillement me tapait sur les nerfs ◇ (*per est.*) *il balbettio di un bambino* [*i primi suoni articolati*] les premiers mots d'un enfant.

balbettóne |balbet'tone| *agg. e s.* (*raro*) → **balbuziente.**

balbutìre |balbu'tire| (197) *v.intr.* (*aus.* '*avere*') *e tr.* (*lett.*) → **balbettare.**

balbùzie |bal'buttsje| *s.f.* (*med., corr.*) bégaiement *m.*

balbuziènte |balbut'tsjɛnte| *agg.* [*che balbetta*] bègue, bégayant ✦ (*s.*) *un balbuziente* un bègue.

balcànico, ci, ca, che |bal'kaniko, tʃi, ka, ke| *agg.* [*dei Balcani*] balkanique: *penisola balcanica* péninsule balkanique.

balconàta |balko'nata| *s.f.* **1** balcons (*m.pl.*): *la balconata del lato sud dell'edificio* les balcons du côté sud de l'édifice **2** (*teat.*) balcon: *le balconate dell'Opera* les balcons de l'Opéra → **galleria** **3** (*mar.*) balcon.

balconcino |balkon'tʃino| *s.m.* **1** petit balcon **2** [*scomparto di frigorifero*] balconnet.

balcóne |bal'kone| *s.m.* balcon: *balcone fiorito* balcon fleuri; *mettersi al balcone* se mettre au balcon; *starsene tutto il giorno al balcone* rester toute la journée au balcon.

baldacchino |baldak'kino| *s.m.* **1** baldaquin, dais **2** *baldacchino del letto* ciel de lit.

baldànza |bal'dantsa| *s.f.* [*fiducia, anche eccessiva, in se stessi; spavalderia, arditezza*] assurance, *hardiesse: *baldanza giovanile* assurance, hardiesse juvénile; *affrontare i pericoli con baldanza* affronter les dangers avec assurance, hardiesse Ⓒ **timidezza.**

baldanzosaménte |baldantsosa'mente| *avv.* [→ BALDANZOSO] avec assurance *loc.inv.*, avec *hardiesse *loc. inv.* Ⓒ **timidamente.**

baldanzóso |baldan'tsoso| *agg.* [*sicuro, spavaldo*] assuré: *entrò con un passo baldanzoso* il entra d'un pas assuré Ⓒ **timido, pavido.**

baldézza |bal'dettsa| *s.f.* → **baldanza.**

bàldo |'baldo| *agg.* [*disinvolto, sicuro*] *hardi, assuré: *un baldo giovane* un jeune homme hardi, assuré.

baldòria |bal'dɔrja| *s.f.* [*riunione allegra e rumorosa*] fête, bringue (*fam.*): *fare baldoria* faire la fête, la bringue ◇ [*allegria spensierata e rumorosa*] *in casa mia c'è sempre una gran baldoria* chez moi, c'est toujours la fête.

baldràcca, che |bal'drakka, ke| *s.f.* [*prostituta*] putain.

baléna |ba'lena| *s.f.* (*t. zool.*) baleine ◇ (*corr.*) *pesca della balena* pêche à la baleine.

balenaménto |balena'mento| *s.m.* [→ BALENARE I 1] éclair → **lampeggiamento, lampo.**

balenàre |bale'nare| *v.intr.* (*aus.* '*essere*') **I** **1** [*lampeggiare da lontano*] y avoir (28) (*aus.* avoir) un éclair: *balenò un lampo* il y eut un éclair ✦ (*impers.*) *è balenato per quasi tutta la notte* il y a eu des éclairs pendant presque toute la nuit **2** (*per est.*) [*accendersi, brillare all'improvviso*] étinceler (4) (*aus.* avoir), briller (*aus.* avoir): *gli occhi gli balenarono* ses yeux étincelèrent, brillèrent; *le fiamme balenavano nell'oscurità* les flammes brillaient dans l'obscurité ◇ (*fig.*) *un'idea, un sospetto gli balenò nella mente* une idée, un soupçon lui traversa l'esprit **3** (*raro*) → **vacillare, barcollare** **II** (*raro, lett.*) [*far balenare*] émaner (*aus.* avoir), illuminer *tr.*

balèngo, ghi, ga, ghe |ba'lengo, gi, ga, ge| *agg.* (*dial.*) → **tocco, strambo.**

balenièra |bale'njɛra| *s.f.* baleinière, baleinier *m.*

balenièro |bale'njɛro| *agg.* baleinier*: *porto baleniero* port baleinier; *l'industria baleniera* l'industrie baleinière.

balenio, ii |bale'nio, ii| *s.m.* [*lampeggio continuo*] éclairs *pl.* continus, série *f.* d'éclairs: *il balenio del temporale lontano* les éclairs continus de l'orage lointain; *il cielo era tutto un balenio* le ciel n'était qu'une succession d'éclairs.

baléno |ba'leno| *s.m.* [*lampo, guizzo di luce improvvisa*] éclair ◇ (*loc.*) *in un baleno* [*in un attimo*] en un éclair, avec la rapidité de l'éclair ◇ (*prov.*) *dopo il baleno viene il tuono* après l'éclair le tonnerre.

balenòtto |bale'nɔtto| *s.m.* [*giovane balena*] baleineau → **balena.**

balèra |ba'lɛra| *s.f.* (*pop.*) [*locale per ballare, spec. all'aperto*] guinguette, bastringue *m.*

balèstra |ba'lɛstra| *s.f.* **1** arbalète: *frecce di balestra* flèches d'arbalète; *tirare di balestra* tirer à l'arbalète **2** (*tecnol., corr.*) *molle a balestra, balestre* ressorts *m.* à lames ◇ (*per est.*) suspension (*sing.*): *mi si sono rotte le balestre dell'automobile* les ressorts à lames de l'automobile se sont cassés; la suspension de la voiture s'est cassée **3** (*t.zool.*) *pesce balestra* baliste *m.* **4** (*tip.*) 'galée à coulisse'.

balestràre |bales'trare| *v.tr.* **1** [*scagliare, tirare con la balestra*] tirer à l'arbalète: *balestrare una freccia* tirer une flèche à l'arbalète ✦ (*ass.*) *saper balestrare bene* savoir bien tirer à l'arbalète **2** [*colpire con un tiro di balestra*] atteindre (66) d'un coup d'arbalète: *balestrare un bersaglio* atteindre une cible d'un coup d'arbalète **3** (*raro, fig.*) → **sbalestrare.**

balestràta |bales'trata| *s.f.* **1** tir *m.* d'arbalète **2** [*portata di una balestra*] arbaletée.

balestrière |bales'trjɛre| *s.m.* [*tiratore di balestra*] arbalétrier.

balèstro |ba'lɛstro| *s.m.* grosse arbalète *f.*

balestróne |bales'trone| *s.m.* (*mar.*) livarde *f.*

balestrùccio, i |bales'truttʃo, i| *s.m.* (*t.zool.*) hirondelle *f.* de fenêtre ◇ (*fig.*) *avere le gambe a balestruccio* avoir les jambes arquées.

balì |ba'li| *s.m.inv.* (*st. mediev.*) bailli *var.*

bàlia |'balja| *s.f.* [*donna che allatta bambini altrui*] nourrice: *prendere, dare a balia un bambino* prendre, placer un enfant en nourrice; *essere a balia* être en nourrice ◇ (*per est.*) *balia asciutta* [*bambinaia*] nourrice (sèche) ◇ (*loc. fig.*) *avere* (*ancora*) *bisogno della balia* ne pas savoir se débrouiller ~ *non siamo stati a balia insieme* nous n'avons pas gardé les cochons ensemble (*fam.*) ~ *tenere a balia q.c.* [*ritardarne continuamente l'esecuzione*] faire traîner qqch. en longueur.

balìa |ba'lia| *s.f.* **1** (*lett.*) → **dominio,** 2 **potere** **2** *loc.* IN BALIA [*in potere, alla mercè*] à la merci (de): *essere, sentirsi in balia della sorte, delle onde* être, se sentir à la merci du sort, des flots; *essere in balia di qc.* être à la merci de qqn. # *essere in balia di sé stesso* être livré à soi-même **3** (*st. mediev.*) bailliage (*m.*): *gli Otto di balia* les Huit du bailliage.

baliàtico, ci |ba'ljatiko, tʃi| *s.m.* **1** [*funzione della balia*] allaitement **2** salaire de la nourrice **3** [*bambino dato a balia*] nourrisson, enfant mis en nourrice.

baliàto |bali'ato| *s.m.* (*st. mediev.*) bailliage.

bàlio, i |'baljo, i| *s.m.* [*marito della balia*] père nourricier ◇ (*scherz.*) [*chi accudisce a bambini piccoli*] baby-sitter: *questa sera faccio il balio* (*asciutto*) *dei nipotini* ce soir je fais le baby-sitter de mes petits-enfants.

balipèdio, i |bali'pɛdjo, i| *s.m.* (*mil.*) champ de tir, polygone de tir.

balìsta |ba'lista| *s.f.* baliste.

balìstica, che |ba'listika, ke| *s.f.* balistique.

balìstico, ci, ca, che |ba'listiko, tʃi, ka, ke| *agg.* balistique: *missile balistico* engin balistique.

balìvo |ba'livo| *s.m.* (*st. mediev.*) bailli.

bàlla |'balla| *s.f.* **1** balle; botte; ballot (*m.*): *una balla di cotone* une balle de coton || *una balla di fieno, di paglia* une botte de foin, de paille || *una balla di stracci, di carta straccia* un ballot de chiffons, de vieux papiers **2** (*pop.*) [*frottola, bugia, fandonia*] bobard *m.*, histoire: *non contare, raccontare balle!* ne raconte pas de bobards, d'histoires! **3** (*dial.*) → **sbornia.**

ballàbile |bal'labile| *agg.* [→ BALLARE A 1] dansant ✦ (*s.m.*) *un ballabile* une musique *f.* dansante *agg.*; *un disco di ballabili* un disque de musique dansante.

ballàre |bal'lare| **A** *v.intr.* (*aus.* '*avere*') **1** [*danzare*] danser: (*saper*) *ballare bene* (savoir) bien danser; *ballare male, ballare come un orso* mal danser, danser lourdement; *ballare a tempo, fuori tempo* danser en mesure, à contretemps; *stasera usciamo a ballare* ce soir nous allons danser ◇ (*prov.*) *quando manca la gatta i topi ballano* quand le chat n'est pas là, les souris dansent ~ *quando si è in ballo bisogna ballare* quand le vin est tiré, il faut le boire **2** (*per est.*) (*persone*) [*saltare, salterellare*] piétiner: *ballare per l'impazienza, per il freddo* piétiner d'impatience, de froid ◇ [*agitarsi*] danser; piétiner: *ballare di gioia* danser de joie || *ballare di collera* piétiner de colère # *ballare dal nervoso* s'agiter **3** (*per est.*) (*cose*) [*oscillare, sobbalzare*] tanguer; osciller: *la nave ballava* (*sulle onde*) le bateau tanguait (sur les vagues) || *la scossa di terremoto ha fatto ballare gli edifici* la secousse tellurique a fait osciller les immeubles ◇ [*essere malfermo, traballare*] branler; pendre (73): *la seggiola, l'armadio balla* la chaise, l'armoire branle || *mi ballano i bottoni della giacca* les boutons de ma veste pendent **4** (*loc.*) *far ballare i quattrini* [*spenderli*] faire valser l'argent ~ (*fig.*) *far ballare qc.* [*costringerlo a un lavoro intenso*] faire trimer qqn. **5** (*detto di abito*) [*essere troppo largo*] nager (3): *quella giacca gli balla addosso* il nage dans sa veste **B** *v.tr.* [→ *intr.* 1] danser: *ballare il valzer, il tango* danser la valse, le tango.

ballàta |bal'lata| *s.f.* **1** (*letter.*) ballade **2** (*mus.*) ballade: *suonare al piano una ballata* jouer une ballade au piano.

1 **ballatóio, i** |balla'tojo, i| *s.m.* **1** [*lunga balconata che gira intorno a un edificio*] coursive *f.* → **pianerottolo, terrazzino** **2** (*alpinismo*) saillie *f.* **3** (*mar.*) coursive.

2 **ballatóio, i** |balla'tojo, i| *s.m. spec. al plur.* [*bacchettine trasversali pensili nelle gabbie degli uccelli*] perchoir *sing.*

ballerìna |balle'rina| *s.f.* **1** [*danzatrice*] danseuse; ballerine: *ballerina del varietà, di cabaret, di avanspettacolo* danseuse de music-hall, de cabaret, de spectacle de variétés || *ballerina dell'Opera* ballerine de l'Opéra; *ballerina classica* danseuse classique, ballerine **2** (*t.zool.*) bergeronnette ~ *ballerina bianca* bergeronnette grise ~ *ballerina gialla* bergeronnette des ruisseaux **3** → **morella.**

ballerìno |balle'rino| *s.m.* **1** [*danzatore*] danseur: *i ballerini della Scala* les danseurs de la Scala ◇ (*per est.*) [*chi balla per diletto*] *non sei un buon ballerino* tu n'es pas un bon danseur ✦ (*agg.*) *cavalli ballerini* [*del circo equestre*] chevaux de cirque **2** (*t. bot.*) acéras.

ballettàre |ballet'tare| *v.intr.* (*aus.* '*avere*') (*raro*) [*ballare alla meno peggio*] dansot(t)er ◇ (*fig.*) [*camminare saltellando*] sautiller.

ballettìstico, ci, ca, che |ballet'tistiko, tʃi, ka, ke| *agg.* de ballets (*loc. inv.*): *stagione ballettistica* saison de ballets.

ballétto |bal'letto| *s.m.* **1** (corps de) ballet: *i balletti russi* les ballets russes; *il balletto della Scala* le (corps de) ballet de la Scala **2** *al plur.* (*fig.*) *balletti rosa* [*riunioni equivoche di uomini adulti con ragazze*] ballets roses.

ballìsta |bal'lista| *s.* (*pop.*) [*chi racconta frottole*] blagueur*.

bàllo |'ballo| *s.m.* **1** [*danza*] danse (*f.*): *scuola di ballo* école de danse; *sala da ballo* salle de danse; *musica da ballo* musique de danse # *una festa da ballo* un bal ◇ [*tipo di ballabile*] *i nuovi balli sudamericani* les nouvelles danses sud-américaines # *il ballo liscio* danses modernes (à pas glissés) ◇ [*giro di danza*] '*signorina, permette questo ballo?*' 'mademoiselle, voulez-vous m'accorder cette danse?' **2** [*festa, trattenimento danzante*] bal*: *un ballo in maschera, mascherato* un bal masqué; *dare un ballo* donner un bal; *invitare qc. a un ballo* inviter qqn. à un bal; *aprire il ballo* ouvrir le bal **3** (*teat.*) ballet: *corpo di ballo* corps de ballet **4** *loc. fig.* IN BALLO [*in campo, in questione, in discussione e sim.*] en jeu: *è in ballo la mia vita, la mia reputazione* ma vie, ma réputation est en jeu; il y va de ma vie, de ma réputation # *qui entra in ballo la tua questione* c'est là que ta question se pose; *oramai siamo in ballo...* tant qu'on y est...; *non tirare sempre in ballo le solite scuse!* ne mets pas toujours les mêmes excuses sur le tapis!, ne sors pas toujours les mêmes excuses!; *che cosa mi stai tirando in ballo?* qu'est-ce que tu me racontes là?; *non mettere in ballo mio figlio, in quella faccenda* ne mets pas en cause mon fils, dans cette affaire! ◇ (*prov.*) *quando si è in ballo bisogna ballare* quand le vin est tiré, il faut le boire **5** [*sobbalzo di aereo, volo fortunoso*] *il viaggio in aereo è stato tutto un ballo* le voyage en avion a été mouvementé, nous a bien secoués **6** *il ballo di S. Vito* [*malattia nervosa*] la danse de Saint-Guy.

'ballon d'essai' |balɔ̃desɛ| *loc. sost.m.inv.* ballon d'essai *var.*

ballonzolàre |ballontso'lare| *v. intr.* (*aus.* 'avere') **1** [*ballare alla meno peggio*] dansot(t)er ◇ (*per est.*) [*salterellare*] *il cagnolino gli ballonzolava tra i piedi* le chiot gambadait dans ses jambes **2** FAR BALLONZOLARE [*agitare, scuotere*] balancer (2): *far ballonzolare un mazzo di chiavi* balancer un trousseau de clefs.

ballónzolo |bal'lontsolo| *s.m.* [*ballo senza pretese*] sauterie *f.*

ballòtta |bal'lɔtta| *s.f.* châtaigne bouillie.

ballottàggio, i |ballot'taddʒo, i| *s.m.* **1** ballottage: *scrutinio di ballottaggio* scrutin de ballottage **2** (*sport*) égalité *f.*

ballottàre |ballot'tare| *v.tr.* **1** [*mettere ai voti per ballottaggio*] ballotter **2** (*st. mediev.*) [*votare servendosi delle ballotte*] voter avec des ballottes (*arc.*) **3** (*lett.*) → **sballottare.**

ballottàta |ballot'tata| *s.f.* (*equitazione*) ballotade.

bàlma |'balma| *s.f.* (*dial.*) [*roccia sporgente*] saillie ◇ (*per est.*) [*grotta*] grotte, caverne.

balneàre |balne'are| *agg.* balnéaire: *stazione balneare* station balnéaire; *la stagione balneare* la saison balnéaire.

balneazióne |balneat'tsjone| *s.f.* (*med., corr.*) balnéation # *divieto di balneazione* baignade interdite.

balneoterapìa |balneotera'pia| *s.f.* (*med.*) balnéation, balnéothérapie.

baloccàre |balok'kare| **A** *v.tr.* [*divertire con balocchi, trastullare*] amuser: *baloccare un bambino* amuser un enfant **B** *v.pron.rifl.* BALOCCARSI **1** [*gingillarsi, perdere tempo*] s'amuser: *non star lì a baloccarti: lavora!* ne reste pas là à t'amuser: travaille! **2** [→ *tr.*] s'amuser: *il bambino si stava baloccando* l'enfant s'amusait.

balòcco, chi |ba'lɔkko, ki| *s.m.* **1** [*giocattolo*] jouet, joujou* **2** (*fig.*) [*trastullo, passatempo*] passe-temps *inv.*

balògio, gi, gia, gie |ba'lɔdʒo, dʒi, dʒa, dʒe| *agg.* (*tosc.*) **1** → 1 **fiacco, melenso 2** → **nuvoloso.**

balordàggine |balor'daddʒine| *s.f.* [*stupidità, storditaggine*] bêtise: *la sua balordaggine è nota a tutti* tout le monde connaît sa bêtise ◇ [*parola, azione da stupido, da tonto*] *non dire, non fare balordaggini* ne dis pas, ne fais pas de bêtises → **castroneria** Ⓒ **buonsenso, finezza.**

balordaménte |balorda'mente| *avv.* [→ BALORDO 1] bêtement, sottement # *comportarsi balordamente* agir comme un balourd.

balorderìa |balorde'ria| *s.f.* → **balordaggine.**

balórdo |ba'lordo| *agg.* **1** (*persone*) [*sciocco, tonto*] balourd: *è un tipo un po' balordo* c'est un type un peu balourd; *una mente balorda* un esprit balourd → **stupido, ottuso** ✦ (*s.*) *non dar retta a quel balordo di Marco* n'écoute pas ce balourd de Marc **2** (*persone*) [*intontito, stordito*] lourd; abruti: *avere la testa balorda dalla stanchezza, dal sonno* avoir la tête lourde de fatigue, de sommeil ‖ *dopo tanto lavoro mi sento un po' balordo* après tant de travail je me sens un peu abruti **3** (*cose*) [*infondato, strampalato*] drôle de: *è una supposizione balorda* c'est une drôle de supposition; *che idea balorda è stata la tua di* (+ *inf.*) quelle drôle d'idée tu as eue de (+ *inf.*) ◇ [*incerto*] *che tempo balordo!* quel drôle de temps! ◇ [*che dà poco affidamento, poco chiaro*] *è un affare balordo* c'est une affaire qui ne promet rien de bon.

balsamèlla |balsa'mɛlla| *s.f.* (*pop.*) → **besciamella.**

balsàmico, ci, ca, che |bal'samiko, tʃi, ka, ke| *agg.* balsamique: *pomata, pillola balsamica* pommade, pilule balsamique ◇ (*per est.*) [*salubre, profumato*] salubre, embaumé: *aria balsamica* air salubre, embaumé.

balsamìna |balsa'mina| *s.f.* (*t.bot.*) balsamine.

Balsaminàcee |balsami'natʃee| *s.f.pl.* (*t.bot.*) Balsaminées.

bàlsamo |'balsamo| *s.m.* **1** (*bot., farm.*) baume: *balsamo del Perù* baume du Pérou ◇ (*per est.*) [*profumo, fragranza*] *l'aria della pineta è piena di balsami* l'air de la pinède est embaumé **2** [*unguento per curare ferite e attenuare dolori*] baume: *applicare del balsamo su una ferita, su una cicatrice* mettre du baume sur une blessure, sur une cicatrice ◇ (*fig.*) [*conforto, consolazione*] *quelle parole di affetto sono state un balsamo per lui* ces paroles d'affection lui ont été un baume.

bàlteo |'balteo| *s.m.* **1** (*st. rom.*) baudrier ◇ (*per est.*) → **tracolla 2** (*arch.*) baudrier.

bàltico, ci, ca, che |'baltiko, tʃi, ka, ke| *agg.* [*del mar Baltico*] balte; baltique: *i paesi baltici* les pays baltes.

baluàrdo |balu'ardo| *s.m.* (*mil.*) bastion, rempart: *il baluardo di una linea fortificata* le bastion, le rempart d'une ligne fortifiée; *i baluardi di una roccaforte* les bastions, les remparts d'un château fort ◇ (*fig.*) [*sostegno, difesa*] rempart: *il baluardo della fede* le rempart de la foi.

baluginàre |baludʒi'nare| *v.intr.* (*aus.* 'essere') [*balenare in modo confuso e indistinto*] briller (*aus.* avoir) (vaguement); luire (75) (*aus.* avoir): *delle luci baluginavano all'orizzonte* des lumières brillaient à l'horizon ◇ (*fig.*) *un'idea, un sospetto mi è baluginato nella mente* une idée, un soupçon m'est passé par la tête.

baluginìo, ii |baludʒi'nio, ii| *s.m.* [*chiarore debole e intermittente*] lueur (*f.*): *c'era appena un baluginio di luce* il y avait à peine une lueur.

bàlza |'baltsa| *s.f.* **1** [*dirupo, rupe*] escarpement *m.*, corniche **2** → **cengia 3** [*frangia di tessuto, a scopo ornamentale*] volant: *cucire una balza alla gonna, alla tenda* coudre un volant à la jupe, au rideau **4** → **balzana** 1.

balzachiàno |baldza'kjano| *agg.* (*lett.*) balzacien*.

balzàna |bal'tsana| *s.f.* **1** balzane: *un cavallo baio con delle balzane* un cheval bai avec des balzanes **2** (*dial.*) [*risvolto dei pantaloni*] revers *m.*

balzàno |bal'tsano| *agg.* **1** balzan: *un cavallo balzano* un balzan *s.m.* **2** (*fig.*) [*bizzarro, stravagante*] drôle (de), saugrenu: *un'idea balzana* une drôle d'idée, une idée saugrenue → **strambo** # *un cervello balzano* un cerveau fêlé.

balzàre |bal'tsare| **A** *v.intr.* (*aus.* 'essere') **1** [*compiere un balzo, dei balzi*] bondir (*aus.* avoir): *è balzato in piedi* il a bondi; *balzò su dalla poltrona appena seppe quella notizia* à peine sut-il cette nouvelle qu'il bondit sur son fauteuil ◇ [*slanciarsi, avventarsi con un balzo*] bondir; sauter (*aus.* avoir): *balzare addosso a qc.* bondir sur qqn.; *il leone balzò sulla preda* le lion bondit sur sa proie; *le truppe balzarono all'assalto* les troupes bondirent à l'assaut ‖ *balzare in sella* sauter en selle; *balzare in acqua* sauter dans l'eau; *balzare a terra, a riva* sauter à terre ◇ [*sobbalzare, traballare*] cahoter: *la carrozza balzava tutta nelle carreggiate* la voiture cahotait dans les ornières **2** (*detto del cuore*) [*sussultare, palpitare*] *il cuore gli balzava in gola, in petto* son cœur battait la chamade **3** *loc. fig.* BALZARE AGLI OCCHI sauter aux yeux: *la sua eleganza balza agli occhi* son élégance saute aux yeux; *è una verità, un errore che balza agli occhi* c'est une vérité, une erreur qui saute aux yeux **B** *v.tr.* (*raro*) → 1 **sbalzare.**

balzellàre |baltsel'lare| *v.intr.* (*aus.* 'essere, avere') [*saltellare, salterellare*] sautiller (*aus.* avoir).

1 **balzèllo** |bal'tsɛllo| *s.m.* **1** petit bond: *procedere a balzelli* avancer par petits bonds **2** *loc.* A BALZELLO [*in agguato*] à l'affût: *andare, stare a balzello* se mettre, rester à l'affût.

2 **balzèllo** |bal'tsɛllo| *s.m.* [*tributo, imposta, per lo più eccessiva*] impôt, imposition *f.*

balzellóni |baltsel'loni| *avv.* [*a piccoli balzi*] par bonds (*loc.*): *camminare balzelloni* avancer par bonds.

1 **bàlzo** |'baltso| *s.m.* **1** [*salto, scatto veloce*] bond; sursaut: *fare un balzo* faire un bond; *il cuore le dette un balzo* son cœur fit un bond ‖ *diede un balzo per lo stupore* il eut un sursaut d'étonnement ◇ (*loc.*) *d'un balzo* d'un bond ~ A BALZI par saccades: *parlare, ridere a balzi* parler, rire par saccades ◇ (*loc. fig.*) *fare un balzo avanti nella carriera* faire un bond en avant dans la carrière **2** [*rimbalzo di un corpo elastico*] bond, rebond: *i balzi della palla, del pallone* les bonds, les rebonds de la balle, du ballon ◇ (*loc. fig.*) *cogliere, prendere la palla al balzo* saisir, prendre la balle au bond; *aspettare la palla al balzo* [*il momento più opportuno*] attendre l'occasion.

2 **bàlzo** |'baltso| *s.m.* → **balza** 1, 2, 3.

bambàgia, gie |bam'badʒa, dʒe| *s.f.* **1** poils *m.pl.* séminaux (du coton) **2** déchets *m.pl.* de coton **3** [*cotone in fiocchi*] ouate, coton (*m.*): *morbido come la bambagia* doux comme de l'ouate ◇ (*loc. fig.*) *nubi di bambagia* nuages de coton ~ *allevare un bambino nella bambagia* élever un enfant dans du coton ~ *essere di bambagia* [*debole, delicato*] être faible.

bambagìna |bamba'dʒina| *s.f.* (*tess.*) ouatine.

bambagióso |bamba'dʒoso| *agg.* [*morbido come bambagia*] cotonneux*.

bambìna |bam'bina| *s.f.* [*fanciulla, nell'età dell'infanzia*] enfant, (petite) fille: *è una bambina insopportabile* c'est une enfant insupportable; *ho due bambini e una bambina* j'ai deux garçons et une fille; *non vedi che è ancora una bambina?* ne vois-tu pas que c'est encore une enfant, une gamine?

bambinàggine |bambi'naddʒine| *s.f.* (*raro, spreg.*) → **bambinata.**

bambinàia |bambi'naja| *s.f.* bonne d'enfants, nurse ◇ (*fig.*) *ha ancora bi-*

sogno della bambinaia il est resté très enfant.

bambinàta |bambi'nata| *s.f.* [*azione, discorso ingenuo, puerile*] enfantillage (*m.*): *non perdete il tempo in bambinate* ne perdez pas votre temps en enfantillages.

bambinèllo |bambi'nɛllo| *s.m.* **1** [*piccolo, grazioso bambino*] bambin **2** (*pop.*) [*Gesù bambino*] l'Enfant Jésus.

bambinésco, chi, ca, che |bambi'nesko, ki, ka, ke| *agg.* (*spreg.*) [*puerile, infantile*] enfantin: *comportamento bambinesco* conduite enfantine.

bambìno |bam'bino| **I** *s.m.* **1** enfant: *bambino insopportabile, turbolento* enfant insupportable, turbulent; *bambino prodigio* enfant prodige; *bambino terribile, viziato* enfant terrible, gâté; *è un gioco da bambino* c'est un jeu d'enfant; *sua madre lo tratta ancora come un bambino* sa mère le traite encore en enfant ◇ [*adulto che si comporta da bambino*] *sei proprio un bambino!* tu es vraiment un enfant!; *è rimasto un bambino* il est resté (un) enfant ◇ (*loc.*) *il bambino Gesù, Gesù bambino* l'Enfant Jésus **2** [*figlio*] enfant: *quella coppia non ha bambini* ce couple n'a pas d'enfants; *il maggiore, il minore dei suoi bambini* l'aîné, le cadet de ses enfants; *ha tre bambini*: *due maschi e una femmina* il a trois enfants: deux garçons et une fille ◆ (*inter.*) *bambino mio! bambini miei!* mon enfant!, mes enfants! ◇ (*loc. fam.*) *aspettare un bambino* attendre un enfant **II** *agg.* **1** [*puerile, infantile*] infantile; enfant: *una mente bambina, un cervello bambino* un esprit infantile ‖ *è meno bambina di quello che sembra* elle est moins enfant que l'on ne croit **2** [*molto giovane*] enfant: *una sposa bambina* une femme enfant **3** (*fig.*) (*cose*) [*che è agli inizi, che non si è ancora sviluppato*] *una scienza, una civiltà ancora bambina* une science, une civilisation encore à ses débuts.

bambinóne |bambi'none| *s.m.* grand enfant ◇ (*fam.*) *è rimasto un bambinone* il est resté un grand enfant.

bambocciàta |bambot'tʃata| *s.f.* **1** [*azione o discorso ridicolo, inconsistente*] enfantillage *m.* → **bambinata 2** (*pitt.*) bambochade.

bambòccio, i |bam'bɔttʃo, i| *s.m.* **1** [*bambino grassoccio*] poupard **2** (*fig.*) [*persona ingenua, sciocca*] enfant: *non fare il bamboccio!* ne fais pas l'enfant! **3** [*fantoccio, fatto spec. di stracci*] poupée *f.* (de chiffon) → **pupazzo.**

bàmbola |'bambola| *s.f.* **1** [*giocattolo*] poupée: *giocare con la bambola, a bambole* jouer à la poupée; *i vestiti, la carrozzella della bambola* les vêtements, la voiture de la poupée **2** (*fig.*) [*donna con lineamenti perfetti ma inespressivi*] poupée ◇ [*ragazza di una bellezza vistosa*] *che bambola, ragazzi!* quelle belle poupée, quelle chouette pépée, les gars! **3** (*sport*) [*cotta*] coup *m.* de pompe: *avere la bambola* avoir le coup de pompe.

bamboleggiàre |bamboled'dʒare| *v.intr.* (*aus. 'avere'*) **1** [*comportarsi in modo infantile*] être (43) puéril **2** (*detto di donna*) [*assumere atteggiamenti leziosi*] minauder.

bambolìna |bambo'lina| *s.f.* petite poupée.

bàmbolo |'bambolo| *s.m.* (*lett.*) → **bambino.**

bambolòtto |bambo'lɔtto| *s.m.* **1** [*bambola di aspetto maschile*] poupard, poupon **2** [*bambino paffuto*] poupard.

bambù |bam'bu| *s.m.inv.* (*t.bot.*) bambou *var.* ◇ (*per est.*) [*il fusto di tali piante*] *una canna di bambù* une canne de bambou.

bambusàia |bambu'zaja| *s.f.* plantation de bambous.

banàle |ba'nale| *agg.* banal*: *un banale errore* une erreur banale; *una banale distrazione* une distraction banale; *una banale influenza* une grippe banale; *un vestito, un arredamento banale* un vêtement, un mobilier banal; *un individuo banale* un individu banal ◆ (*s.m.*) *cadere nel banale* tomber dans la banalité Ⓒ **originale, ricercato.**

banalità |banali'ta| *s.f.inv.* banalité (*var.*): *la banalità di un gesto, di una conversazione* la banalité d'un geste, d'une conversation; *è di una banalità spaventosa* il est d'une banalité effrayante; *cadere nella banalità* tomber dans la banalité ◇ [*discorso insulso*] *dice solo delle banalità* il ne débite que des banalités Ⓒ **originalità, ricercatezza.**

banalizzàre |banalid'dzare| *v.tr.* **1** [*rendere banale*] banaliser: *tu sei capace di banalizzare tutto* tu es capable de tout banaliser **2** (*ferr.*) [*attrezzare una linea ferroviaria in modo da rendere possibile la circolazione nei due sensi di marcia*] banaliser.

banalizzazióne |banaliddzat'tsjone| *s.f.* **1** [→ BANALIZZARE 1] banalisation **2** (*ferr.*) [→ BANALIZZARE 2] banalisation.

banàna |ba'nana| *s.f.* **1** banane: *banana strinata* banane flambée ◇ (*loc. fig.*) *scivolare su di una buccia di banana* glisser sur une peau de banane **2** (*acconc.*) coque (de cheveux) **3** (*elettr.*) prise banane.

bananéto |bana'neto| *s.m.* [*piantagione di banani*] bananeraie *f.*

bananicoltóre, trice |bananikol'tore, tritʃe| *s.* cultivateur*, producteur* de bananes.

bananicoltùra |bananikol'tura| *s.f.* culture des bananes.

bananièra |bana'njɛra| *s.f.* bananier *m.*

bananièro |bana'njɛro| *agg.* de(s) bananes (*loc.*): *commercio bananiero* commerce des bananes # (*nave*) *bananiera* bananier

banàno |ba'nano| *s.m.* (*t.bot.*) bananier.

bànca, che |'banka, ke| *s.f.* **1** banque: *banca nazionale* banque nationale; *la banca d'Italia* la banque d'Italie; *banca di emissione, di sconto* banque d'émission, d'escompte; *filiale, agenzia, sportello di banca* succursale, agence, guichet de banque; *c'è stata una rapina in banca* il y a eu un hold-up à la banque; *aprire un conto in banca* ouvrir un compte en banque; *riscuotere un assegno in banca* toucher un chèque à la banque ◇ (*per est.*) *banca di organi* banque d'organes; *la banca del sangue, degli occhi* la banque du sang, des yeux ◇ (*informatica*) *banca di dati* banque de données **2** [*terrapieno di rinforzo a un argine*] banc *m.* **3** (*arc.*) → **panca.**

bancàbile |ban'kabile| *agg.* (*comm.*) bancable: *effetto bancabile* effet bancable.

bancabilità |bankabili'ta| *s.f. inv.* bancabilité *var.*, banquabilité *var.*

bancarèlla |banka'rɛlla| *s.f.* [*banco dei venditori ambulanti*] éventaire (*m.*): *ho comperato i fiori a una bancarella* j'ai acheté les fleurs à un éventaire ◇ (*davanti a un negozio*) étalage *m.* # *comperare un libro a una bancarella* acheter un livre chez un bouquiniste.

bancarellista |bankarel'lista|, **bancherellista** |bankerel'lista| *s.* [*venditore di libri usati*] bouquiniste ◇ (*per est.*) [*venditore ambulante*] marchand ambulant, marchand forain.

bancàrio, i |ban'karjo, i| **1** *agg.* (*comm.*) bancaire: *assegno bancario* chèque bancaire; *operazioni bancarie* opérations bancaires; *istituto bancario* établissement bancaire **2** *s.m.* [*impiegato di banca*] employé *s.* de banque: *lo sciopero dei bancari* la grève des employés de banque, du personnel des banques.

bancarótta |banka'rotta| *s.f.* (*dir.*) banqueroute: *bancarotta semplice* banqueroute simple; *bancarotta fraudolenta* banqueroute frauduleuse; *quell'imprenditore è stato condannato per bancarotta* cet entrepreneur a été condamné pour banqueroute ◇ (*fig.*) *far bancarotta* faire banqueroute; *dichiarare bancarotta* faire faillite.

bancarottière |bankarot'tjɛre| *s.m.* (*dir.*) banqueroutier* *s.*

bancherellista |bankerel'lista| *s.* → **bancarellista.**

banchettànte |banket'tante| *s.* → **convitato.**

banchettàre |banket'tare| *v.intr.* (*aus. 'avere'*) [*prendere parte a un banchetto*] banqueter (5): *banchettare con molti amici* banqueter avec beaucoup d'amis.

banchétto |ban'ketto| *s.m.* **1** banquet: *banchetto di nozze* banquet de noces **2** petit banc: *sedersi su un banchetto* s'asseoir sur un petit banc.

banchière |ban'kjɛre| *s.m.* banquier.

banchiglia |ban'kiʎʎa| *s.f.* (*raro*) → **banchisa.**

banchìna |ban'kina| *s.f.* **1** (*nei porti, nelle stazioni ferroviarie e sim.*) [*striscia di pavimento per agevolare le operazioni di carico e scarico*] quai (*m.*): *banchina di partenza, di arrivo dei treni* quai de départ, d'arrivée des trains; *banchina di carico, di scarico* quai d'embarquement, de débarquement; *la nave è ormeggiata in banchina* le navire est à quai; *diritti di banchina* droits de quai **2** (*in alcune strade*) [*pista laterale*] accotement *m.*, bas-côté (*m.*): *banchina per i pedoni* accotement pour les piétons # *banchina per i ciclisti* piste cyclable **3** (*edil.*) poutre de mur **4** (*ippica*) banquette irlandaise **5** (*mil.*) banquette de tir **6** (*raro*) → **panchina.**

banchisa |ban'kiza| *s.f.* banquise.

banchista |ban'kista| *s.* → **banconiere.**

bànco, chi |'banko, ki| *s.m.* **1** banc: *banco di scuola* banc d'école; *banco di chiesa* banc d'église; *banco degli imputati* banc des accusés; *il banco del governo* le banc des ministres; *i banchi dei deputati* les bancs, les sièges des députés **2** (*nelle officine, laboratori e sim.*) [*grande tavolo*] banc: *banco di falegname, di tornitore* banc de menuisier, de tourneur; *i banchi di una sar-*

toria les bancs d'un atelier de couture ◇ (*loc. pr., fig.*) *banco di prova* banc d'essai **3** (*nei bar, nei caffè*) [*banco di vendita*] comptoir, zinc (*fam.*): *stare al banco, dietro il banco* être au comptoir, derrière le comptoir; *bere un aperitivo al banco* boire un apéritif au comptoir; *prezzo delle consumazioni al banco* prix des consommations au comptoir → **bancone** ◇ (*loc. fig.*) *vendere, comprare sotto banco* [*di nascosto, in modo illecito*] vendre, acheter sous le manteau, sous la table **4** (*in certe ragioni sociali*) [*banca*] banque *f.* # *il Banco di Roma* le Banco di Roma; *il banco dei pegni* le mont-de-piété ◇ (*per est.*) *il banco del lotto* le dépositaire du loto **5** (*nei giochi d'azzardo*) banque: *avere, tenere il banco* tenir la banque; *far saltare il banco* faire sauter la banque ◇ (*loc. fig.*) *tenere banco contro tutti* [*resistere contro tutti*] tenir tête à tout le monde; *tenere banco* entretenir la conversation, tenir le crachoir (*fam.*) **6** [*vasto ammasso di elementi vari*] banc: *banco di sabbia* banc de sable; *banco di ghiaccio* banc de glace; *banco di nebbia* banc de brouillard; *banco corallino* banc de coraux, récif de corail; *banco di pesci* banc de poissons **7** (*geol.*) banc.

bancogiro |banko'dʒiro| *s.m.* (*comm.*) virement bancaire.

bàncomat |'bankomat| *s.m. inv.* (*comm.*) guichet *var.* automatique.

bancóne |ban'kone| *s.m.* **1** [*banco di vendita*] comptoir: *il bancone del macellaio* le comptoir du boucher; *il bancone del bar* le comptoir du bar, le zinc (*fam.*) **2** (*tip.*) rang.

banconière |banko'njɛre| *s.* [*commesso addetto a un banco di vendita*] vendeur* # *banconiere di bar* barman, barmaid; *banconiere di macelleria* garçon boucher.

banconista |banko'nista| *s.* → **banconiere.**

banconòta |banko'nɔta| *s.f.* billet *m.* (de banque): *una banconota falsa* un faux billet; *un pacco di banconote* une liasse de billets.

1 **bànda** |'banda| *s.f.* **1** (*mil., corr.*) bande: *una banda armata* une bande armée; *bande ribelli, di guerriglieri* bandes rebelles, de guerilleros; *le bande dei partigiani* les bandes de partisans ◇ (*dir.*) *delitto di banda armata* crime de bande armée **2** (*per est.*) [*raggruppamento di fuorilegge*] bande: *una banda criminale, di rapinatori* une bande criminelle, de voleurs; *è stata arrestata tutta la banda* toute la bande a été arrêtée ◇ (*scherz.*) *un'allegra banda di buontemponi* une joyeuse bande de bons vivants, de gais lurons → **brigata,** 1 **cricca** **3** (*mus., corr.*) fanfare, harmonie: *la banda municipale, militare* la fanfare, l'harmonie municipale, la fanfare militaire; *la banda dei Carabinieri* la fanfare des Carabiniers.

2 **bànda** |'banda| *s.f.* **1** (*tess., corr.*) rayure; bande: *pantaloni con le bande rosse* pantalons à rayures rouges; *cravatta a bande blu* cravate à rayures bleues ‖ *le bande di una bandiera* les bandes d'un drapeau **2** (*arald.*) bande **3** (*fis.*) bande: *banda di assorbimento di uno spettro* bande d'absorption d'un spectre; *banda di frequenza* bande de fréquence **4** (*cine.*) bande.

3 **bànda** |'banda| *s.f.* **1** (*mar.*) bande: *andare alla banda* [*sbandare*] donner de la bande **2** (*dial., lett.*) [*parte, lato*] côté (*m.*): *da che banda vai?* de quel côté vas-tu? # *mettere da banda q.c.* écarter qqch.; *passare da banda a banda* percer de part en part **3** (*raro*) [*battente*] vantail* (*m.*): *porta a due bande* porte à deux vantaux.

4 **bànda** |'banda| *s.f.* (*metall.*) bande.

bandàto |ban'dato| *s.m.* (*arald.*) écu bandé *agg.*

bandèlla |ban'dɛlla| *s.f.* **1** [*piastra di ferro che fissa le imposte delle finestre*] penture. **2** [*piccola lastra metallica*] penture **3** [*prolunga ribaltabile del piano di un tavolo*] rallonge.

banderàio, i |bande'rajo, i| *s.m.* **1** fabricant de drapeaux **2** [*operaio che tesse paramenti spec. sacri*] chasublier.

banderàle |bande'rale| *s.m.* (*arald.*) écu en bannière.

banderése |bande'rese| *s.m.* (*st. mediev.*) banneret.

banderilla |bande'rilla, bande'riʎa| *s.f.* (*sp.*) (*tauromachia*) banderille.

banderillèro |banderil'lɛro, banderi'ʎero| *s.m.* (*sp.*) (*tauromachia*) banderillero.

banderuòla |bande'rwɔla| *s.f.* **1** girouette: *le raffiche di vento facevano cigolare la banderuola* les rafales de vent faisaient grincer la girouette ◇ (*fig.*) [*persona volubile*] *non fidarti di quella banderuola di Piero* méfie-toi de Pierre, c'est une girouette **2** (*mil.*) flamme.

bandièra |ban'djɛra| *s.f.* **1** [*insegna, stendardo*] drapeau (*m.*): *l'asta della bandiera* la hampe du drapeau; *la bandiera tricolore* le drapeau tricolore; *la bandiera di un partito, di un'associazione* le drapeau d'un parti, d'une association; *alzare, ammainare la bandiera* hisser, amener le drapeau; *spiegare la bandiera* déployer le drapeau **2** (*loc.*) *bandiera bianca* drapeau blanc; *bandiera a mezz'asta* drapeau en berne; *bandiera rossa* drapeau rouge; *bandiera abbrunata* drapeau cravaté de noir ◇ (*loc. fig.*) *alzare la propria bandiera* lever son drapeau ~ *portare alta la bandiera di q.c.* faire honneur à qqch. ~ *cambiare, voltare bandiera* [*cambiare idea, opinione*] changer d'idée; retourner sa veste, tourner casaque ~ *abbandonare la bandiera* [*disertare*] déserter ~ *andare sotto la bandiera* aller sous les drapeaux ~ *abbassare la bandiera davanti a qc.* [*fare atto di sottomissione*] baisser pavillon devant qqn. ~ *alzare bandiera bianca*: (*pr.*) lever le drapeau blanc; (*fig.*) se rendre à qqn. ◇ (*prov.*) *bandiera vecchia, onor di capitano* le vieux drapeau fait la gloire du capitaine ♦ (*in funzione di agg.inv.*) *rosso, verde bandiera* rouge sang, vert espérance **3** (*mar., corr.*) pavillon (*m.*): *bandiera mercantile* pavillon marchand; *bandiera di combattimento* pavillon de guerre; *bandiera di compagnia* pavillon d'armateur; *aiutante di bandiera* adjudant de pavillon; *navigare sotto la bandiera italiana, francese* naviguer sous pavillon italien, français ◇ (*loc.*) *bandiera gialla* pavillon jaune; *bandiera da segnali* pavillon de pilote; *bandiera di cortesia* pavillon de courtoisie; *bandiera di comodo* pavillon de complaisance ~ *una nave battente, che batte bandiera panamense, liberiana* navire battant, qui bat pavillon panaméen, du Libéria **4** (*sport*) drapeau: *la bandiera dello starter* le drapeau du starter; *la bandiera della partenza* le drapeau du départ # *il punto, il gol della bandiera* le point, le but qui sauve l'honneur (du drapeau) **5** (*fig.*) [*simbolo di un ideale*] symbole (*m.*): *la bandiera della pace, della libertà* le symbole de la paix, de la liberté; *quell'eroe era per tutti la bandiera della Resistenza* ce héros était pour tout le monde le symbole de la Résistance **6** (*gioco infantile*) foulard (*m.*): *giocare a bandiera* jouer au foulard **7** (*loc. aer.*) *a bandiera, in bandiera* en drapeau.

bandieràio, i |bandje'rajo, i| *s.m.* → **banderaio.**

bandierìna |bandje'rina| *s.f.* [*piccola bandiera spec. usata per segnalazioni*] petit drapeau *m.*, petit pavillon *m.* ◇ (*sport*) *le bandierine del corner* les drapeaux du corner; *tiro dalla bandierina* corner; *le bandierine dello slalom* les piquets *m.* du slalom; *le bandierine di un cross* les fanions *m.* d'un cross.

bandinèlla |bandi'nɛlla| *s.f.* **1** essuie-main(s) *m.inv.* à rouleau **2** (*agr.*) rideau *m.* de branches **3** (*liturg.*) voile *m.* de pupitre.

bandìre |ban'dire| (197) *v.tr.* **1** [*notificare ufficialmente, pubblicare*] proclamer # *bandire un concorso* organiser, lancer un concours; *bandire una crociata*: (*pr.*) prêcher une croisade; (*fig.*) mener une campagne **2** [*mettere al bando, esiliare*] bannir: *bandire un avversario politico* bannir un adversaire politique ◇ (*per est.*) (*persone*) [*escludere*] éloigner: *bandire qc. dalla propria compagnia, dalla società* éloigner qqn. de soi, de la société ◇ (*fig.*) (*cose*) [*evitare, eliminare*] bannir: *bandire una usanza, una brutta abitudine* bannir un usage, une mauvaise habitude; *bandire i grassi, gli alcolici dal proprio vitto* bannir les graisses, l'alcool de son alimentation; *bandire i cattivi pensieri* bannir les mauvaises pensées # *bandire ogni complimento* ne pas faire de façons.

bandìsta |ban'dista| *s.* [*chi suona in una banda*] musicien*.

bandìstico, ci, ca, che |ban'distiko, tʃi, ka, ke| *agg.* de, pour fanfare (*loc.*): *concerto bandistico* concert de fanfare; *musica bandistica* musique pour fanfare # *corpo bandistico* fanfare.

bandìta |ban'dita| *s.f.* [*territorio nel quale la caccia o la pesca sono proibite*] réserve # *bandita di caccia* chasse gardée.

bandìtismo |bandi'tizmo| *s.m.* banditisme: *atti di banditismo* actes de banditisme.

bandìto [ban'dito| *s.m.* **1** [*fuorilegge, criminale*] malfaiteur, bandit: *un covo di banditi* un repaire de malfaiteurs, de bandits; *dare la caccia a un bandito* donner la chasse à un malfaiteur; *tutti i banditi sono stati catturati* tous les malfaiteurs ont été capturés → **delinquente** **2** (*arc.*) → **esule.**

banditóre, trice |bandi'tore, tritʃe| *s.* **1** *s.m.* (*st.*) crieur public # *banditore d'asta* commissaire-priseur **2** *s.* (*fig.*) [*sostenitore, promotore*] propagateur*: *il banditore di un'ideologia, di una fede* le propagateur d'une idéologie, d'une foi.

bàndo |'bando| *s.m.* **1** [*avviso, annuncio pubblico*] avis: *bando di concorso, d'arruolamento* avis de concours, de recrutement; *bando di vendita, d'asta* avis de vente, de vente aux enchères # *bando d'appalto, di gara* appel d'offres ◇ (*per est.*) *affiggere, leggere il bando* afficher, lire un avis **2** [*pubblica condanna spec. all'esilio*] ban: *mettere al bando della società* mettre au ban de la société; *rompere il bando* être en rupture de ban # *mettere, mandare qc. al bando* bannir qqn. ◇ (*fig.*) *era messo al bando da tutti* tout le monde l'évitait ◇ *loc. fig.* BANDO A [*basta con...*] assez, trêve de, pas de: *bando alle chiacchiere!* assez bavardé!, trêve de bavardages!; *bando ai complimenti, agli scherzi!* pas de façons!, trêve de plaisanteries!; *bando alle malinconie!* pas de mélancolie!

bandòla |ban'dɔla| *s.f.* → **bandura.**

bandolièra |bando'ljɛra| *s.f.* bandoulière ◇ *loc.* A BANDOLIERA [*a tracolla*] en bandoulière: *fucile a bandoliera* fusil en bandoulière.

bàndolo |'bandolo| *s.m.* bout de l'écheveau ◇ (*loc. fig.*) *trovare il bandolo del problema, della matassa* [*la soluzione*] trouver la solution, arriver au nœud du problème ~ *perdere il bandolo* [*confondersi*] perdre le fil.

bandóne |ban'done| *s.m.* **1** [*grosso foglio di lamiera*] tôle *f.*; feuillard **2** [*saracinesca*] rideau de fer: *alzare, abbassare il bandone* lever, baisser le rideau de fer.

bandùra |ban'dura| *s.f.* (*mus.*) bandoura.

bang |bang| *inter.* (*voce onomat.*) bang ✦ *s.m. inv.* (*aer.*) *il bang sonico* le bang *var.* sonique, le bing-bang.

bàngio, i |'bandʒo, i| *s.m.* → **banjo.**

banjo |'bændʒou| *s.m. inv.* (*ingl.*) (*mus.*) banjo *var.*

bannàle |ban'nale| *agg.* (*st. mediev.*) banal*.

bannalità |bannali'ta| *s.f. inv.* (*st. mediev.*) banalité *var.*

bàno |'bano| *s.m.* (*st. mediev.*) ban.

bantù |ban'tu, 'bantu| *agg. inv. e s. inv.* (*etn.*) bantou *var.*

baobàb |bao'bab| *s.m. inv.* (*t.bot.*) baobab *var.*

1 **bar** |bar| *s.m. inv.* bar *var.*, café (*var.*): *ci vediamo al bar* on se voit au bar, au café; *scendo un attimo al bar* je descends un istant au bar; *bar-ristorante* café-restaurant; *bar-tabacchi* café-tabac.

2 **bar** |bar| *s.m.inv.* (*fis.*) bar *var.*

bàra |'bara| *s.f.* [*cassa da morto*] bière, cercueil (*m.*): *comporre un morto nella bara* mettre un mort en bière, dans le cercueil; *avere un piede nella bara* avoir un pied dans la tombe ◇ (*loc. fig.*) *mi porterò questa malattia fino alla bara* cette maladie me suivra jusqu'à la tombe.

baracàne |bara'kane|, **baracàno** |bara'kano| *s.m.* → **barracano.**

baràcca, che |ba'rakka, ke| *s.f.* **1** baraque: *le baracche della periferia* les baraques, les bidonvilles de la banlieue; *essere alloggiato in baracca* loger dans une baraque, dans un taudis # *le baracche dei terremotati* les baraquements des sinistrés du séisme **2** (*fig.*) [*tutto ciò che è in cattive condizioni o male organizzato*] baraque: *non ci vivo più in questa baracca* je ne peux plus vivre dans cette baraque # *questa automobile è una baracca* cette voiture est un vrai tacot, un vieux clou; *mandare avanti in qualche modo la baracca* mener, conduire la barque; mener une affaire tant bien que mal; *piantar baracca e burattini* prendre ses cliques et ses claques ◇ (*per est., fam.*) *far baracca* [*far baldoria*] faire la noce, la bringue (*pop.*).

baraccaménto |barakka'mento| *s.m.* baraquement.

baraccàto |barak'kato| *s.* [*chi abita in una baracca*] bidonvillien* ◇ *spec. al plur.* [*sinistrati alloggiati in ricoveri di fortuna*] sinistrés logés dans des baraquements ✦ (*agg.*) *popolazioni baraccate* populations sinistrées logées dans des baraquements.

baracchìno |barak'kino| *s.m.* **1** petite baraque *f.* **2** (*pop.*) [*edicola, chiosco*] kiosque, (*in Belgio*) aubette *f.* **3** (*fam.*) [*apparecchio ricetrasmittente*] installation *f.* de sans-filiste amateur.

baraccóne |barak'kone| *s.m.* **1** grande baraque *f.* **2** *spec. al plur.* (*nelle fiere*) baraques (*f.*): *i baracconi delle fiere* les baraques foraines ◇ (*loc. fig.*) *fenomeno da baraccone* phénomène de foire.

baraónda |bara'onda| *s.f.* [*affollamento, confusione*] pagaïe (pagaille), fouillis (*m.*): *che baraonda in quel traffico!* cette circulation, quelle pagaille!; *sulla sua scrivania c'era una baraonda indescrivibile* sur son bureau il y avait une pagaille, un fouillis indescriptible ◇ [*chiasso, rumore*] tapage *m.*, vacarme (*m.*): *i bambini stanno facendo una baraonda* les enfants sont en train de faire un tapage, un vacarme effroyable ◇ [*litigio, rissa*] bagarre: *agli insulti è seguita una baraonda* aux insultes succéda la bagarre.

baràre |ba'rare| *v.intr.* (*aus.* '*avere*') **1** [*truffare al gioco*] tricher: *barare al gioco, alle carte* tricher au jeu, aux cartes **2** (*per est.*) [*agire slealmente, imbrogliare*] tricher: *barare in un affare* tricher dans une affaire.

bàratro |'baratro| *s.m.* [*voragine, precipizio*] gouffre: *precipitare in un baratro* tomber dans un gouffre; *il fondo di un baratro* le fond d'un gouffre ◇ (*fig.*) gouffre, abîme: *un baratro di sofferenze* un gouffre, un abîme de souffrances; *cadere nel baratro del vizio* tomber dans le gouffre du vice; *essere sull'orlo del baratro* être au bord du gouffre.

barattaménto |baratta'mento| *s.m.* → **baratto.**

barattàre |barat'tare| *v.tr.* [*permutare, scambiare*] troquer; échanger (3): *barattare il grano con il mais* troquer du blé contre du maïs ‖ *il bimbo ha barattato delle biglie con una stilo* l'enfant a échangé des billes contre un stylo ◇ (*fig.*) échanger; changer (3): *barattare due parole con qc.* échanger deux mots avec qqn. ‖ *barattare le carte in mano a qc.* changer les données du jeu.

barattatóre, trice |baratta'tore, tritʃe| *s.* (*raro*) [*chi baratta*] troqueur*.

baratterìa |baratte'ria| *s.f.* (*dir.*) concussion ◇ (*dir., mar.*) baraterie ◇ (*per est.*) [*frode, inganno*] escroquerie.

barattière |barat'tjɛre| *s.m.* **1** (*dir.*) concussionnaire ◇ (*per est.*) [*truffatore*] escroc **2** (*raro*) → **rigattiere.**

baràtto |ba'ratto| *s.m.* [*scambio*] troc, échange: *fare un baratto con qc.* faire un troc, un échange avec qqn.; *fare baratto di una figurina con un giocattolo* troquer, échanger une image contre un jouet.

baràttolo |ba'rattolo| *s.m.* [*recipiente di vetro o terracotta*] pot: *un barattolo di marmellata, di miele* un pot de confiture, de miel; *il barattolo del burro* le pot à beurre ◇ [*recipiente di latta, legno, plastica*] boîte (*f.*): *un barattolo di fagioli* une boîte de haricots; *il barattolo dello zucchero, del sale* la boîte à sucre, à sel ◇ (*per est.*) [*il loro contenuto*] *compra un barattolo di piselli e due di pelati* achète une boîte de petits pois et deux de tomates pelées.

bàrba |'barba| *s.f.* **1** barbe: *barba dura, morbida, lunga* barbe dure, molle, longue; *portare, avere la barba* porter, avoir une barbe; *ti sei fatto crescere la barba!* tu t'es fait pousser la barbe!; *radersi la barba* se raser, se faire la barbe ◇ (*loc.*) *farsi la barba* [*radersela*] se faire la barbe, se raser ~ *avere la barba lunga* avoir la barbe longue ◇ (*loc. fig.*) *farla in barba a qc.* [*ingannarlo*] duper qqn. ~ *fare q.c. in barba a qc.* [*a suo dispetto*] agir à la barbe de qqn. ~ *servire qc. di barba e capelli* [*trattarlo con durezza*] bien arranger qqn. ~ *gli ho fatto la barba e il contropelo* [*l'ho conciato per le feste*] je l'ai rossé ~ *non c'è barba d'uomo che possa convincerlo* personne au monde ne pourra le convaincre ~ *fare la barba a qc.* [*essergli superiore*] écraser qqn. ✦ (*inter.*) *che barba!* quelle barbe! **2** (*per est.*) (*animali*) barbe: *la barba del capro* la barbe du bouc ◇ (*di alcuni fiori o frutti*) *le barbe del granoturco* les barbes du maïs **3** *spec. al plur.* [*radici filamentose*] barbes ◇ (*loc.*) *mettere le barbe* [*attecchire*] prendre racine.

barbabiètola |barba'bjɛtola| *s.f.* (*t.bot.*) betterave ~ *barbabietola da zucchero* betterave sucrière ◇ (*corr.*) *barbabietola bianca, rossa* betterave blanche, rouge; *barbabietola da orto* betterave potagère; *barbabietola da foraggio* betterave fourragère; *zucchero di barbabietola* sucre de betterave.

barbablù |barba'blu| *s.m.inv.* [*marito violento e sanguinario*] bourreau *var.* ◇ (*per est., scherz.*) [*persona che incute paura*] croque-mitaine (*var.*): dei *barbablù* des croque-mitaines.

barbacàne |barba'kane| *s.m.* **1** (*mil.*) barbacane *f.* **2** (*arch.*) barbacane.

barbafòrte |barba'fɔrte| *s.m.* (*t. bot.*) raifort.

barbagiànni |barba'dʒanni| *s.m. inv.* **1** (*t.zool.*) effraie *f.var.* **2** (*fig.*) [*persona sciocca e balorda*] balourd *s. var.*, nigaud *s. var.* → **babbeo.**

barbàglio, i |bar'baʎʎo, i| *s.m.* [*splendore abbagliante*] éclat ◇ [*abbagliamento improvviso*] éblouissement.

barbaraménte |barbara'mente| *avv.* [→ BARBARO II 2] barbarement: *è stato barbaramente trucidato* il a été barbarement massacré → **crudelmente.**

1 **barbarésco, chi, ca, che** |barba'resko, ki, ka, ke| *agg.* → **barbarico.**

2 **barbarésco, chi, ca, che** |barba'resko, ki, ka, ke| **barberésco, chi, ca, che** |barbe'resko, ki, ka, ke| *agg.* **1** [*della Barberia*] barbaresque: *pirati barbareschi* pirates barbaresques ✦ *s.* (*st.*) *i Barbareschi* les Barbaresques **2** (*cavallo*) barbe *s.m.*

◆ (*s.*) *un barbaresco* un barbe → **berbero.**
barbaricaménte |barbarika'mente| *avv.* **1** [→ BARBARICO] barbarement **2** (*raro*) → **barbaramente.**
barbàrico, ci, ca, che |bar'bariko, tʃi, ka, ke| *agg.* [*dei barbari*] barbare: *invasioni barbariche* invasions barbares ◇ (*fig.*) *usanze barbariche* coutumes barbares.
barbàrie |bar'barje| *s.f. inv.* **1** barbarie (*var.*): *vivere nella barbarie* vivre dans la barbarie; *essere ancora in uno stato di barbarie* être encore dans un état de barbarie **2** [*atto crudele, feroce*] acte *m.* de barbarie: *le barbarie dell'ultima guerra mondiale* les actes de barbarie de la dernière guerre mondiale ◇ (*per est.*) *deturpare questo paesaggio sarebbe una barbarie* abîmer ce paysage serait de la barbarie, du vandalisme Ⓒ **civiltà.**
barbarismo |barba'rizmo| *s.m.* (*ling.*) barbarisme.
bàrbaro |'barbaro| **I** *s.m.* barbare: *le invasioni dei barbari* les invasions des barbares ◇ (*per est.*) *è un barbaro!* c'est un barbare! **II** *agg.* **1** [*barbarico*] barbare: *un popolo barbaro* un peuple barbare ◇ (*per est.*) [*rozzo, incivile*] *avere dei modi barbari* avoir des manières barbares ◇ (*per est.*) [*zotico, di cattivo gusto*] drôle (de): *vestirsi in modo barbaro* s'habiller d'une drôle de façon; *che gusti barbari hai!* quels drôles de goûts tu as! **2** (*per est.*) [*crudele, spietato*] barbare: *un barbaro delitto* un crime barbare; *una barbara rappresaglia* de barbares représailles → **efferato** **3** (*letter.*) *poesia, metrica barbara* poésie, métrique barbare.
barbassòro |barbas'sɔro| *s.m.* (*lett., scherz.*) → **sapientone.**
barbàta |bar'bata| *s.f.* **1** (*agr.*) marcotte, provin *m.* **2** (*bot.*) barbe.
barbàto |bar'bato| *agg.* **1** (*bot.*) barbu **2** (*lett.*) → **barbuto.**
barbazzàle |barbat'tsale| *s.m.* **1** [*catenella del morso del cavallo*] gourmette *f.* **2** (*raro, fig.*) → **freno.**
barbecue |'ba:bikju:| *s.m. inv.* (*ingl.*) barbecue *var.*
barberésco, chi, ca, che |barbe'resko, ki, ka, ke| *agg.* → 2 **barbaresco.**
bàrbero |'barbero| *agg. e s.m.* → **berbero.**
barbétta |bar'betta| *s.f.* **1** [*barba tenuta corta*] barbiche: *barbetta a pizzo* barbiche en pointe **2** *la barbetta dei cavalli* le fanon *m.* **3** (*mar.*) amarre: *mollare la barbetta* larguer les amarres ◇ (*loc. fig.*) *dare la barbetta a qc.* se considérer plus fort que qqn. **4** (*mil.*) barbette.
barbettina |barbet'tina| *s.f.* (*fam.*) [*piccola barbetta*] barbichette.
barbière |bar'bjɛre| *s.m.* coiffeur (pour hommes): *andare dal barbiere* aller chez le coiffeur ◇ (*ant.*) barbier: *il barbiere di Siviglia* le barbier de Séville.
barbificàre |barbifi'kare| *v.intr.* (*aus. 'avere'*) (*bot.*) [*mettere le radici*] s'enraciner *pron.*, prendre (73) *tr.* racine.
barbìno |bar'bino| *agg.* **1** (*persone*) [*gretto; incapace*] mesquin: *un uomo barbino* un homme mesquin **2** (*cose*) [*difficile, molesto*] fastidieux*, assommant: *è una fatica barbina* c'est un travail fastidieux, assommant **3** (*loc.*) *fare una figura barbina* [*meschina*] faire piètre figure.
bàrbio, i |'barbjo, i| *s.m.* → **barbo.**
barbitonsóre |barbiton'sore| *s.m.* (*scherz.*) → **barbiere.**
barbitùrico, ci, ca, che |barbi'turiko, tʃi, ka, ke| *agg. e s.m.* (*chim.*) barbiturique.
barbiturismo |barbitu'rizmo| *s.m.* (*med.*) barbiturisme.
bàrbo |'barbo| *s.m.* (*t.zool.*) barbeau.
barbògio, gi, gia, ge |bar'bɔdʒo, dʒi, dʒa, dʒe| *agg.* (*detto di una persona anziana*) [*brontolone e rimbambito*] grognon*, ronchonneur*: *è un vecchio barbogio* c'est un vieux grognon, un vieux ronchon.
barboncìno |barbon'tʃino| *s.m.* [*piccolo cane barbone*] canichon.
barbóne |bar'bone| *s.m.* **1** grande barbe *f.*, barbe longue: *hai un barbone che fai paura* tu as une barbe (longue) à faire peur **2** (*region.*) → **vagabondo** **3** [*razza di cani*] caniche ◆ (*agg.*) *cane barbone* caniche *s.m.*
barbóso |bar'boso| *agg.* [*noioso, monotono*] barbant, rasant: *un film barboso* un film barbant, rasant; *un professore barboso* un professeur barbant, rasant Ⓒ **interessante, divertente.**
barbòzza |bar'bɔttsa| *s.f.* **1** [*parte bassa della mandibola dei cavalli*] sous-barbe **2** (*armi ant.*) mentonnière.
barbugliaménto |barbuʎʎa'mento| *s.m.* **1** [→ BARBUGLIARE A] bredouillement, bredouillage **2** [→ BARBUGLIARE B] bouillonnement.
barbugliàre |barbuʎ'ʎare| **A** *v.tr.* [*parlare in modo confuso*] bredouiller: *che scuse vai barbugliando?* quelles excuses es-tu en train de bredouiller? → **farfugliare, borbottare** ◆ (*ass.*) *non barbugliare!* ne bredouille pas! **B** (*raro*) *v.intr.* (*aus. 'avere'*) (*detto di liquidi*) [*bollire, gorgogliare*] gargouiller.
barbùto |bar'buto| *agg. e s.m.* barbu.
1 **bàrca, che** |'barka, ke| *s.f.* **1** barque, bateau (*m.*): *barca a vela, a remi* barque, bateau à voiles, à rames; *barca a motore* bateau à moteur; *barca da pesca* barque de pêcheur; *barca da diporto* bateau de plaisance; *barca di salvataggio* bateau de sauvetage; *fare una gita in barca* faire une promenade en barque ◇ (*loc. fig.*) *essere, andare in barca* être dans un état de confusion mentale ~ *essere sulla stessa barca* être dans le même bain **2** (*fig.*) [*l'andamento economico fam.*; *l'insieme dei propri affari*] barque, entreprise: *mandare avanti, tirare avanti la barca* mener, conduire la barque → **baracca** **3** (*tess.*) cuve.
2 **bàrca, che** |'barka, ke| *s.f.* **1** [*cumulo dei covoni*] meule **2** (*fig.*) [*grande quantità, mucchio*] tas (*m.*): *guadagnare una barca di soldi* gagner un tas d'argent.
barcàccia, ce |bar'kattʃa, tʃe| *s.f.* (*mar.*) barcasse ◇ (*teat.*) loge d'avant-scène.
barcaiòlo |barka'jɔlo| *s.m.* **1** [*chi conduce le barche per mestiere*] batelier* *s.* ◇ [*traghettatore*] passeur* *s.* **2** [*noleggiatore di barche*] loueur* *s.* de barques.
barcamenàrsi |barkame'narsi| *v. pron. intr.* [*agire con accortezza tra le difficoltà; destreggiarsi*] bien mener (6) *tr.* sa barque ◇ [*cavarsela*] se débrouiller, se dépêtrer: *si è barcamenato bene nonostante le difficoltà* il s'est bien débrouillé malgré les difficultés, il s'est bien dépêtré des difficultés; *sa barcamenarsi bene* il sait bien se débrouiller # *è un ragazzo che sa barcamenarsi* c'est un garçon débrouillard; *è uno che sa barcamenarsi* c'est un débrouillard.
barcaréccio, i |barka'rettʃo, i| *s.m.* [*barche, imbarcazioni adibite a uno stesso impiego nelle stesse acque*] flottille *f.*
barcarizzo |barka'rittso| *s.m.* (*mar.*) coupée *f.*
barcaròla |barka'rɔla| *s.f.* (*mus.*) barcarolle.
barcàta |bar'kata| *s.f.* **1** [*grande quantità*] tas *m.* **2** (*raro*) [*carico di una barca*] barquée.
barcellonése |bartʃello'nese| *agg.* [*di Barcellona*] barcelonais.
barcheggiàre |barked'dʒare| **A** *v.intr.* (*aus. 'avere'*) **1** (*raro*) [*andare in barca per diporto*] se promener *pron.* en barque **2** (*fig., lett.*) → **barcamenarsi** **B** *v.intr. pron.* BARCHEGGIARSI (*lett.*) [→ *intr.* 2] se comporter habilement (*corr.*).
barchéggio, i |bar'keddʒo, i| *s.m.* **1** [→ BARCHEGGIARE A 1] promenade *f.* en barque **2** *pagare il barcheggio* [*il trasporto per la barca*] payer le transport en barque.
barcheréccio, i |barke'rettʃo, i| *s.m.* → **barcareccio.**
barchétta |bar'ketta| *s.f.* **1** (*mar.*) barquette ◇ (*abbigl.*) *scollatura a barchetta* encolure bateau *m.* **2** (*nei sommergibili*) [*cavità per la zavorra solida*] réservoir *m.* pour le lest **3** [*recipienti quasi piatti per confezionare le merci alimentari*] barquette **4** [*il galleggiante del solcometro*] bateau.
barchino |bar'kino| *s.m.* [*piccola imbarcazione*] bachot, canot ◇ (*per la pesca nelle paludi*) canot de pêche ◇ (*mil.*) canot.
barcollaménto |barkolla'mento| *s.m.* [→ BARCOLLARE] vacillement.
barcollànte |barkol'lante| *agg.* [*vacillante, indeciso*] chancelant: *andatura barcollante* démarche chancelante.
barcollàre |barkol'lare| *v.intr.* (*aus. 'avere'*) [*essere malfermo, vacillare*] chanceler (4): *barcollare come un ubriaco* chanceler comme un homme ivre; *barcollò sotto i colpi dell'avversario* il chancela sous les coups de l'adversaire ◇ (*fig.*) *la sua volontà cominciava a barcollare* sa volonté commençait à chanceler.
barcollio, ii |barkol'lio, ii| *s.m.* [*barcollamento continuato*] cahotement: *il barcollio della carrozza* le cahotement du carrosse.
barcollóni |barkol'loni| *avv.* [*barcollando*] (en) chancelant # *camminare, avanzare barcolloni* marcher, avancer d'un pas chancelant.
1 **barcóne** |bar'kone| *s.m.* **1** [*grossa barca per trasporto di merci*] chaland, péniche *f.* **2** [*barca piatta per la costruzione di ponti provvisori*] ponton.
2 **barcóne** |bar'kone| *s.m.* (*agr.*) meule *f.*
bàrda |'barda| *s.f.* barde.
bardàna |bar'dana| *s.f.* (*t.bot.*) bardane.
bardàre |bar'dare| **A** *v.tr.* **1** *bardare un cavallo, un mulo* [*munirlo dei finimenti*] *harnacher un cheval, un mulet **2** (*fig., scherz.*) [*rivestire di abiti e accessori vistosi*] accoutrer: *guarda come l'hanno bardato, quel bambino!* regarde comme ils ont accoutré cet enfant! **B** *v.pron.rifl.* BARDARSI [→ *tr.* 2]

s'accoutrer: *si è bardata come una zingara per uscire* elle s'est accoutrée comme une bohémienne pour sortir # *bardarsi a festa* s'endimancher.
bardàssa |bar'dassa| *s.m.* (*dial.*) → **monello.**
bardàto |bar'dato| *agg.* **1** (*detto di cavallo*) [*munito di finimenti*] *harnaché **2** (*fig.*) [*ornato di abiti vistosi*] endimanché: *si presentò bardato a festa* il se présenta tout endimanché.
bardatùra |barda'tura| *s.f.* **1** [*i finimenti del cavallo*] *harnachement *m.*, *harnais *m.* **2** (*fig.*, *scherz.*) [*abbigl. vistoso*] harnais, accoutrement *m.*
bàrdo |'bardo| *s.m.* (*st. celt.*) barde.
bardòtto |bar'dɔtto| *s.m.* **1** bardot, bardeau ♦ (*agg. m.*) *cavallo bardotto* bardot *s.m.* **2** [*giovane apprendista*] jeune apprenti.
barèlla |ba'rɛlla| *s.f.* [*lettuccio per il trasporto di feriti o ammalati*] brancard *m.*, civière: *lo hanno trasportato in barella* on l'a transporté sur un brancard, sur une civière ◇ (*per est.*) *una barella di sassi* une civière, un bard de pierres.
barellànte |barel'lante| *s.m.* → **barelliere.**
barellàre |barel'lare| **A** *v.tr.* **1** [*trasportare malati o feriti con la barella*] brancarder **2** [*portare materiali con la barella*] barder **B** *v.intr.* (*aus.* '*avere*') [*barcollare, vacillare*] chanceler (4).
barellàta |barel'lata| *s.f.* [*quantità di materiale che si può portare con la barella*] bardée.
barellière |barel'ljɛre| *s.m.* **1** [*addetto al trasporto di malati con la barella*] brancardier **2** [*manovale addetto al trasporto di materiali con la barella*] bardeur.
baréna |ba'rena| *s.f.* banc *m.* de sable (dans une lagune).
barenatóre, trice |barena'tore, tritʃe| *s.* → **alesatore.**
barenatrice |barena'tritʃe| *s.f.* (*mecc.*) aléseuse.
barenatùra |barena'tura| *s.f.* → **alesatura.**
barestesìa |bareste'zia| *s.f.* (*med.*) baresthésie.
bargèllo |bar'dʒɛllo| *s.m.* (*st.*) barigel.
bargìglio, i |bar'dʒiʎʎo, i| *s.m.* [*escrescenza carnosa sotto il becco dei galli e dei tacchini*] caroncule *f.*
barìa |ba'ria| *s.f.* (*fis.*) barye.
baricentràle |baritʃen'trale|, **baricéntrico, ci, ca, che** |bari'tʃentriko, tʃi, ka, ke| *agg.* (*fis.*) barycentrique.
baricèntro |bari'tʃɛntro| *s.m.* **1** (*fis.*) centre de gravité, barycentre **2** (*geom.*) centre de gravité.
bariglióne |bariʎ'ʎone| *s.m.* **1** [*grosso barile per conservare pesci salati*] caque *f.*, baril: *un bariglione di aringhe* une caque, un baril de harengs **2** (*mil.*) baril.
barilàio, i |bari'lajo, i| *s.m.* [*chi fa o vende barili*] tonnelier.
barilatùra |barila'tura| *s.f.* (*tecnol.*) polissage *m.*
barile |ba'rile| *s.m.* **1** baril: *un barile per acciughe* un baril à anchois, un barrot; *un barile per aringhe* un baril à harengs, une caque; *barile per il catrame* baril à goudron ◇ (*per est.*) [*il contenuto*] *un barile di polvere* un baril de poudre ◇ (*loc. fig.*) *essere grasso come un barile* être gros comme une barrique **2** (*fis.*) baril **3** (*mar.*) perroquet.
barilétto |bari'letto| *s.m.* **1** [*piccolo barile*] barillet **2** *il bariletto dell'orologio* le barillet de la montre **3** (*foto.*) *il bariletto dell'obiettivo* le barillet de l'objectif.
barilòtto |bari'lɔtto| *s.m.* [*barile basso e tozzo*] barillet, tonnelet ◇ (*fig.*, *scherz.*) (*persone*) *sembra, è un barilotto* il est gros comme une barrique.
bàrio, i |'barjo, i| *s.m.* (*chim.*) baryum.
barióne |ba'rjone| *s.m.* (*fis.*) baryon.
barisfèra |baris'fɛra| *s.f.* (*geogr.*) barysphère.
barìsta |ba'rista| *s.* [*chi lavora in un bar*] barman *m.*, barmaid (*f.*): *dei baristi* des barmen, barmans; *fare il barista* être barman ◇ [*chi lo gestisce*] gérant d'un bar.
barìte |ba'rite| *s.f.* (*chim.*) baryte.
baritonàle |barito'nale| *agg.* de baryton (*loc. inv.*): *una voce baritonale* une voix de baryton.
barìtono |ba'ritono| *s.m.* (*mus.*) baryton.
barlàccio, ci, cia, ce |bar'lattʃo, tʃi, tʃa, tʃe| *agg.* **1** *uovo barlaccio* [*andato a male*] œuf couvi, pourri **2** (*fig.*) (*persone*) [*malaticcio, debole*] patraque: *mi sento un po' barlaccio* je me sens un peu patraque.
barlétto |bar'letto| *s.m.* (*tecnol.*) valet.
barlùme |bar'lume| *s.m.* **1** [*luce debole, incerta*] lueur *f.* **2** (*fig.*) [*lieve indizio, segno vago*] lueur: *un barlume di speranza, d'ingegno* une lueur d'espoir, d'intelligence.
barnabìta |barna'bita| *s.m.* barnabite.
bàro- |'baro| *pref.* (*significa* '*pressione, gravità*', *corrisponde gener. a*) baro: *barometro* baromètre.
-bàro |'baro| *suff.* (*significa* '*pressione, gravità*', *corrisponde gener. a*) bare: *isobaro* isobare.
bàro |'baro| *s.m.* [*chi truffa al gioco*] tricheur* (*s.*): *baro di professione* tricheur professionnel ◇ (*per est.*) [*imbroglione*] filou, escroc.
barocchéggiànte |barokked'dʒante| *agg.* [*che tende allo stile barocco*] baroquisant: *espressione barocchegiante* expression baroquisante.
barocchétto |barok'ketto| *s.m.* (*st. arts.*) baroque tardif.
barocchismo |barok'kizmo| *s.m.* baroquisme.
baròccio, i |ba'rɔttʃo, i| *e deriv.* → **barroccio** *e deriv.*
baròcco, chi, ca, che |ba'rɔkko, ki, ka, ke| **1** *s.m.* baroque **2** *agg.* baroque: *l'arte barocca* l'art baroque; *facciata barocca* façade baroque ◇ (*fig.*) *stile, gusto barocco* style, goût baroque.
baroccùme |barok'kume| *s.m.* (*spreg.*) [*ammasso di cose barocche, di cattivo gusto*] profusion *f.* d'objets, kitsch; style baroque, surchargé.
barògrafo |ba'rɔgrafo| *s.m.* (*fis.*) barographe.
baromètrico, ci, ca, che |baro'mɛtriko, tʃi, ka, ke| *agg.* (*fis.*) barométrique: *curva barometrica* courbe barométrique.
baròmetro |ba'rɔmetro| *s.m.* (*fis.*) baromètre ◇ (*fig.*) *la Borsa valori è il barometro della fiducia pubblica* la Bourse des valeurs est le baromètre de la confiance publique.
baronàle |baro'nale| *agg.* de baron (*loc.inv.*): *dignità baronale* dignité de baron.
1 **barόne** |ba'rone| *s.m.* **1** baron ◇ (*per est.*) (*haut) baron, magnat: *i baroni dell'industria, dell'alta finanza* les (hauts) barons, les magnats de l'industrie, de la haute finance; *i baroni dell'università, della medicina* les barons, les mandarins de l'université, de la médecine **2** (*st. mediev.*) baron.
2 **barόne** |ba'rone| *s.m.* (*lett.*) → **furfante.**
baronéssa |baro'nessa| *s.f.* baronne.
baronétto |baro'netto| *s.m.* (*arald. ingl.*) baronnet.
baronìa |baro'nia| *s.f.* **1** [*titolo di barone*] baronnage *m.* **2** [*dominio e giurisdizione di barone*] baronnie.
baroscòpio, i |baros'kɔpjo, i| *s.m.* baroscope.
baròstato |ba'rɔstato| *s.m.* (*fis.*) barostat.
bàrra |'barra| *s.f.* **1** barre: *una barra di ferro, d'acciaio* une barre de fer, d'acier; *la barra del timone* la barre du gouvernail ◇ (*auto.*) *la barra dello sterzo* la barre d'accouplement ◇ (*nelle macchine da scrivere*) *la barra spaziatrice* la barre d'espacement ◇ (*mar.*) *barra traversiera* barre traversière # *barra costiera* élongis **2** (*tecnol.*, *corr.*) barre: *una barra d'oro* une barre d'or → **lingotto** **3** *la barra del morso del cavallo* la barre du mors du cheval **4** [*steccato che separa i giudici dal pubblico*] barre ◇ (*loc. fig.*) *essere, stare, andare alla barra* [*fare l'avvocato difensore*] se tenir à la barre **5** [*segno grafico*] barre: *separare i versi di una poesia con una barra* séparer les vers d'une poésie par une barre → **sbarra** 4 **6** (*geol.*) barre: *barra di foce* barre d'un fleuve.
barracàno |barra'kano| *s.m.* [*pesante veste di lana*] burnous.
barracùda |barra'kuda| *s.m. inv.* (*t. zool.*) barracuda *var.*
barramìna |barra'mina| *s.f.* (*min.*) barre à mine.
barrànco, chi |bar'ranko, ki| *s.m.* (*geogr.*) barranco.
barràre |bar'rare| *v.tr.* **1** [*segnare con una barra diagonale*] barrer: *barrare un assegno* barrer un chèque **2** (*raro*) → **sbarrare.**
barràto |bar'rato| *agg.* barré: *un assegno barrato* un chèque barré.
barricadièro |barrika'djɛro|, **barricardièro** |barrikar'djɛro| *agg.* [*rivoluzionario, estremista*] révolutionnaire: *un discorso barricadiero* un discours révolutionnaire; *avere una mentalità barricadiera* avoir une mentalité révolutionnaire.
barricàre |barri'kare| **A** *v.tr.* [*ostruire, chiudere con barricate*] barricader: *barricare una strada* barricader une rue ◇ (*per est.*) *barricare porte e finestre* barricader portes et fenêtres → **sprangare** **B** *v.pron.rifl.* BARRICARSI [→ *tr.*] se barricader: *i banditi si sono barricati nella cascina* les bandits se sont barricadés dans la ferme ◇ (*fig.*) *si è barricato in casa e non riceve nessuno* il s'est barricadé chez lui et il ne reçoit personne.
barricàta |barri'kata| *s.f.* barrica-

de: *elevare, erigere le barricate* élever, dresser les barricades; *combattere sulle barricate* combattre sur les barricades ◇ (*loc. fig.*) *fare le barricate* [*insorgere*] faire la révolution; *essere dall'altra parte della barricata* être de l'autre côté de la barricade.

barrièra |bar'rjɛra| *s.f.* **1** barrière: *un passaggio, una strada con una barriera* un passage, une rue avec une barrière → **sbarramento, steccato**; *le barriere doganali, tariffarie* les barrières douanières, tarifaires; *la barriera di sicurezza* la barrière de sécurité ◇ (*ferr.*) *le barriere del passaggio a livello* les barrières du passage à niveau ◇ (*mar. mil.*) *barriera di appontaggio* barrière d'arrêt ◇ (*ippica*) *haie **2** (*geogr., corr.*) barrière: *una barriera corallina* une barrière de corail, un récif-barrière (*m.*); *una barriera di montagne* une barrière de montagnes **3** (*fig.*) [*impedimento, ostacolo; difesa*] barrière: *barriera sociale* barrière sociale; *superare, infrangere ogni barriera* surmonter, briser toutes les barrières; *abbattere le barriere razziali* abattre les barrières raciales # *far barriera contro il nemico* faire obstacle à l'ennemi **4** (*fis.*) barrière: *barriera di potenziale* barrière de potentiel ◇ (*aer.*) *la barriera del suono* le mur *m.* du son; *la barriera termica* la barrière thermique **5** (*calcio, rugby*) mur: *il tiro di punizione è stato respinto dalla barriera* le coup franc a été repoussé par le mur.

barrìre |bar'rire| (197) *v.intr.* (*aus.* '*avere*') (*detto dell'elefante*) [*emettere barriti*] barrir: *l'elefante barrisce* l'éléphant barrit.

barrito |bar'rito| *s.m.* [*urlo acuto*] barrit, barrissement.

barrocciàio, i |barrot'tʃajo, i|, **barocciàio, i** |barot'tʃajo, i| *s.m.* [*guidatore di barroccio*] charretier* *s.*

bar(r)occiàta |bar(r)ot'tʃata| *s.f.* [*il carico di un barroccio*] charretée: *una barrocciata di paglia, di legname* une charretée de paille, de bois ◇ (*loc. fig.*) *a barrocciate* [*in gran quantità*] à foison.

bar(r)occino |bar(r)ot'tʃino| *s.m.* **1** [*veicolo leggero a due ruote, scoperto*] cabriolet **2** petite charrette *f.*, charrette à bras: *il barroccino del venditore ambulante* la charrette à bras du marchand ambulant.

bar(r)òccio, i |bar'(r)ɔttʃo, i| *s.m.* **1** [*carro a due ruote per trasporto di merci*] charrette *f.* ◇ [*a quattro ruote*] chariot **2** [*barrocciata*] charretée (*f.*): *un barroccio di fieno* une charretée de foin.

barùffa |ba'ruffa| *s.f.* [*zuffa, rissa; litigio*] bagarre; querelle ◇ (*loc.*) *far baruffa* [*litigare*] se quereller *v.pron.*

barzellétta |bardzel'letta| *s.f.* **1** [*storiella spiritosa, arguta*] histoire (drôle), plaisanterie: *una barzelletta fine, spinta, sporca, da caserma* une histoire (drôle), une plaisanterie fine, osée, cochonne, de caserne; *raccontar barzellette* raconter des histoires drôles; *la sai l'ultima* (*barzelletta*)? tu connais la dernière? **2** (*per est.*) [*cosa da poco, bazzecola*] plaisanterie: *non è stata una barzelletta!* cela n'a pas été une plaisanterie! ◇ (*loc.*) *prendere q.c. in barzelletta* [*prenderla alla leggera, non darle eccessiva importanza*] prendre qqch. à la légère.

barzòtto |bar'dzɔtto| *agg.* → **bazzotto.**

basàle |ba'zale| *agg.* **1** (*med.*) basal*: *metabolismo basale* métabolisme basal **2** (*fig.*) → **basilare, fondamentale.**

basàltico, ci, ca, che |ba'zaltiko, tʃi, ka, ke| *agg.* (*min.*) basaltique.

basàlto |ba'zalto| *s.m.* (*min.*) basalte.

basaménto |baza'mento| *s.m.* **1** embasement, soubassement: *il basamento di un edificio* l'embasement, le soubassement d'un édifice; *il basamento di una colonna, di una statua* le soubassement d'une colonne, d'une statue → **base** ◇ (*mecc.*) base (*f.*): *un basamento metallico* une base métallique; *un basamento in cemento armato* une base en béton armé # *il basamento di un motore a scoppio* le monobloc d'un moteur à explosion ◇ (*arredamento*) *il basamento dell'armadio, della libreria* la base de l'armoire, de la bibliothèque **2** [*fascia di colore diverso che termina in basso un muro*] bordure *f.*

basàre |ba'zare| **A** *v.tr.* **1** [*appoggiare a una base, costruire*] fonder: *basare un edificio* fonder un bâtiment ✦ (*al p.p.*) *una casa basata sulla roccia* une maison construite sur le roc **2** (*fig.*) [*fondare, appoggiare*] baser, fonder: *su che cosa basi i tuoi sospetti?* sur quoi bases-tu, fondes-tu tes soupçons? ✦ (*al p.p.*) *è una tesi basata su argomenti validi* c'est une thèse basée, fondée sur des arguments valables **B** *v.pron.intr.* BASARSI [→ *tr.* 2] se baser, se fonder: *l'accusa si basa su dati certi* l'accusation se base, se fonde sur des données certaines; *mi sono basata sui tuoi dati* je me suis basée sur tes données.

bàsca, che |'baska, ke| *s.f.* basque ◇ (*loc.*) *alla basca* à la basquaise.

bàsco, chi, ca, che |'basko, ki, ka, ke| **I** *agg.* basque: *la lingua, la cultura basca* la langue, la culture basque **II** *s.m.* **1** *il basco* [*la lingua*] le basque **2** [*tipico copricapo*] béret (basque) ◇ (*loc. mil.*) *i baschi neri* → **carrista.**

bascùl(l)a |bas'kul(l)a| *s.f.* bascule.

bàse |'baze| *s.f.* **1** base: *la base di una colonna* la base d'une colonne; *la base di un mobile* la base d'un meuble; *le basi di un edificio* les bases d'un bâtiment **2** *spec. al plur.* (*fig.*) [*fondamento, sostegno*] bases: *la sua cultura ha solide basi* sa culture a des bases solides ◇ [*principio fondamentale di una nuova scienza e sim.*] bases, fondaments (*m.*): *conoscere, ignorare le basi della fisica* connaître, ignorer les bases, les fondements de la physique; *gettare le basi di una nuova scienza, di un'impresa* jeter les bases, établir les fondements d'une nouvelle science, d'une entreprise; *avere buone basi* avoir de bonnes bases; *quell'alunno manca di basi* cet élève manque de bases ◇ *loc.* DI BASE de base, basique (*agg.*): *prodotti di base* produits de base; *il francese di base* le français basique ~ IN BASE A d'après, sur la base de: *in base alle informazioni ricevute...* d'après les renseignements que nous avons reçus...; *costruito in base agli ultimi ritrovati della tecnica* construit selon les dernières découvertes de la technique **3** (*per est.*) [*elemento costitutivo ed essenziale di q.c.*] base: *il pane è la base dell'alimentazione* le pain est la base de l'alimentation; *la base di un farmaco* la base d'un médicament ◇ (*fig.*) *il lavoro è la base della prosperità di una nazione* le travail est la base de la prospérité d'une nation ◇ *loc.* A BASE DI à base de: *un'alimentazione a base di carne* une alimentation à base de viande; *una cura a base di ormoni* un traitement à base d'hormones **4** (*anat.*) base: *la base polmonare* la base du poumon **5** (*cosmesi*) base **6** (*dir.*) *la base imponibile di un'imposta* l'assiette d'un impôt **7** (*geom.*) base: *la base di un triangolo, di un rettangolo, di un prisma* la base d'un triangle, d'un rectangle, d'un prisme **8** (*mat.*) base: *la base di una potenza* la base d'une puissance; *la base di un logaritmo* la base d'un logarithme **9** (*mil., corr.*) base: *base navale, aerea* base navale, aérienne; *base di lancio* base de lancement ◇ (*per est.*) *base spaziale* base spatiale ◇ (*loc.*) *fare ritorno alla base*: (*pr.*) rentrer à la base, regagner la base; (*fig.*) rentrer chez soi **10** (*baseball*) base **11** [*gli iscritti a un partito politico, un sindacato e sim.*] base: *interrogare, consultare la base* interroger, consulter la base **12** (*in funzione di agg. inv.*) de base (*loc. inv.*): *stipendio base* salaire de base; *elemento base* élément de base.

baseball |'beisbɔ:l| *s.m. inv.* (*ingl.*) (*sport*) base-ball *var.*

basèlla |ba'zɛlla| *s.f.* (*t. bot.*) baselle.

basétta |ba'zetta| *s.f.* [*peli che crescono davanti alle orecchie, al di sotto dei capelli*] patte (de lapin).

basettóne |bazet'tone| *s.m.* [*grossa basetta*] favoris *pl.*

bàsico, ci, ca, che |'baziko, tʃi, ka, ke| *agg.* (*chim.*) basique: *reazione basica* réaction basique ◇ (*miner.*) *rocce basiche* roches basiques.

Basidiomicèti |bazidjomi'tʃɛti| *s.m.pl.* (*t. bot.*) Basidiomycètes.

basilàre |bazi'lare| *agg.* **1** [*essenziale, fondamentale*] fondamental*, de base *loc.inv.*, basique: *i principi basilari* les principes fondamentaux **2** (*anat.*) basilaire.

basìlica, che |ba'zilika, ke| *s.f.* basilique.

basilicàle |bazili'kale| *agg.* (*arch.*) basilical*.

basìlico, ci |ba'ziliko, tʃi| *s.m.* (*t. bot.*) basilic.

basilìsco, chi |bazi'lisko, ki| *s.m.* **1** (*mitol.*) basilic **2** (*t.zool.*) basilic.

basilìssa |bazi'lissa| *s.f.* (*st.*) impératrice, reine.

basìno |ba'zino| *s.m.* basin.

basìre |ba'zire| (197) *v.intr.* (*aus.* '*essere*') [*sentirsi mancare, svenire*] défaillir (*aus.* avoir), s'évanouir (*pron.*): *basire di fame, dal freddo, di paura* défaillir de faim, de froid, d'effroi.

basìsta |ba'zista| *s.* **1** [*chi organizza dall'esterno azioni criminali*] basiste: *individuare il basista di una rapina* identifier le basiste d'un cambriolage **2** (*polit.*) adhérent (d'un parti, d'un syndicat); membre de la base.

basket |'bɑ:skit| *s.m. inv.* (*ingl.*) (*sport*) basket (-ball): *giocare a basket* jouer au basket (-ball) # *delle scarpe da basket* des chaussures de basket, des baskets.

basòfilo |ba'sɔfilo| *agg.* (*biol.*) basophile.

bàssa |'bassa| *s.f.* **1** (*region.*) basse plaine: *la bassa padana* la basse plaine du Pô **2** (*gerg. mil.*) [*lasciapassare*] laissez-passer *m.inv.*

bassacórte |bassa'korte| *s.f.* basse-cour: *delle bassecorti* des basses-cours.

bassaménte |bassa'mente| *avv.* **1** [*in modo indegno, vile*] bassement: *vendicarsi bassamente* se venger bassement; *ti sei comportato bassamente* tu t'es conduit bassement **2** [*a voce sommessa*] (tout) bas: *parlare bassamente* parler (tout) bas.

bassétto |bas'setto| *s.m.* (*mus.*) basset.

bassézza |bas'settsa| *s.f.* bassesse: *bassezza d'animo, di carattere* bassesse d'âme, de caractère; *commettere delle bassezze* faire, commettre des bassesses; *non pensavo che sarebbe arrivato a tali bassezze!* je ne pensais pas qu'il en serait arrivé à de telles bassesses! Ⓒ **nobiltà.**

bassìsta |bas'sista| *s.m.* **1** (*Borsa*) [*ribassista*] baissier **2** (*mus.*) joueur de guitare basse.

bàsso |'basso| **I** *agg.* **1** bas*: *una casa bassa* une maison basse; *un uomo di bassa statura* un homme de basse stature, de petite taille; *il basso ventre* le bas-ventre; *i quartieri popolari sono nella parte bassa della città* les quartiers populaires sont dans la partie basse de la ville ◇ (*loc. fig.*) *avere il morale basso* avoir le moral bas ~ *fare man bassa di q.c.* faire main basse sur qqch. ~ *un colpo basso*: (*pr., fig.*) un coup bas **2** (*detto di acqua*) [*poco profondo*] bas: *il fiume è basso* le fleuve est bas; *il fenomeno dell'acqua bassa* le phénomène de l'eau basse ◇ (*geogr.*) *la bassa marea* la marée basse ◇ (*loc. fig.*) *essere, trovarsi in basse acque* [*in difficoltà*] être au creux de la vague **3** (*detto di suoni*) [*sommesso, tenue*] bas: *parlare a voce bassa, con un tono basso* parler à voix basse, sur un ton bas # *tieni basso il volume della radio!* baisse la radio! ◇ (*per est.*) *una luce bassa* une lumière basse **4** (*mus., corr.*) bas: *un suono basso* un son bas; *le note basse della scala musicale* les notes basses de l'échelle des sons → **grave** **5** [*rivolto in basso*] bas; baissé: *camminare a testa bassa* marcher la tête basse ‖ *tenere gli occhi bassi* garder les yeux baissés **6** (*per est.*) [*scarso; piccolo, esiguo*] bas: *prezzi bassi* des prix bas; *un basso stipendio* un bas salaire; *avere la pressione bassa* avoir la pression basse; *zona di bassa pressione* zone de basse pression; *la temperatura è bassa* la température est basse ◇ (*per est.*) *i numeri bassi* les petits nombres **7** (*geogr., corr.*) bas: *zona bassa* zone basse; *bassi Pirenei* basses Pyrénées ◇ (*detto di fiume*) [*vicino alla foce*] *il basso Po* le bas Pô; *la bassa Senna* la basse Seine ◇ (*detto di regione*) [*attraversata dal corso basso di un fiume*] *il basso Egitto* la basse Egypte; *il basso Congo* le bas Congo ◇ [*merid.*] *la bassa Italia* l'Italie méridionale, du Sud *loc.* # *la bassa Francia* le Midi de la France **8** (*st.*) bas: *il basso Impero* le bas Empire; *il basso Medioevo* le bas Moyen-Âge → **tardo** **9** [*anticipato rispetto al solito*] *questo anno la Pasqua è bassa* Pâques tombe tôt cette année ◇ (*loc.*) *bassa stagione* [*con minore affluenza turistica*] morte saison; [*spec. prima dell'alta stagione*] avant-saison; [*dopo*] après-saison **10** (*fig.*) (*persone*) [*di umili origini, di modeste condizioni*] bas: *i ceti più bassi* les classes les plus basses; *il basso clero* le bas clergé # *la bassa forza* la troupe ◇ (*loc.*) *messa bassa* messe basse **11** (*fig.*) [*meschino, volgare*] bas: *un'azione bassa* une action basse; *bassi istinti* de bas instincts; *una bassa insinuazione* une basse insinuation ◇ (*loc.*) *scherzi, spirito di bassa lega* plaisanteries, esprit de mauvais goût **II** *avv.* **1** bas: *mirare basso* viser bas; *l'aereo vola molto basso* l'avion vole très bas ◇ [*sottovoce*] *parla basso, più basso!* parle bas, plus bas! **2** *loc.* IN BASSO en bas: *andando dall'alto in basso* en allant de haut en bas # *cadere in basso*: (*pr., fig.*) tomber (bien) bas; *scendere in basso* descendre ◇ (*loc. fig.*) *guardare qc., la gente dall'alto in basso* regarder qqn., les gens de haut (en bas) ◇ *loc. prep.* IN BASSO A au bas de: *in basso alla pagina* au bas de la page **3** *loc.* DA BASSO en bas: *i miei genitori abitano da basso* mes parents habitent en bas → **dabbasso** # *scendo un momento da basso* je descends un instant **III** *s.m.* **1** bas: *un'iscrizione sul basso di una colonna* une inscription sur le bas d'une colonne ◇ (*fig.*) *gli alti e i bassi della vita* les hauts et les bas de la vie **2** (*mus.*) basse (*f.*): *basso continuo, ostinato* basse continue, contrainte; *i bassi dell'orchestra* les basses de l'orchestre ◇ (*per est.*) [*il cantante*] *è un basso famoso* c'est une basse célèbre **3** (*region.*) logement modeste (en sous-sol) Ⓒ I 10, 11 **nobile, elevato.**

bassofóndo |basso'fondo| *s.m.* bas-fond: *dei bassifondi* des bas-fonds; *il piroscafo si è incagliato su un bassofondo* la paquebot s'est échoué sur un bas-fond ◇ *al plur.* (*fig.*) bas-fonds: *i bassifondi di Parigi* les bas-fonds de Paris; *la gente dei bassifondi* les gens des bas-fonds.

bassopiàno |basso'pjano| *s.m.* basse plaine (*f.*): *dei bassopiani, dei bassipiani* des basses plaines.

bassorilièvo |bassori'ljɛvo| *s.m.* (*arch.*) bas-relief: *dei bassorilievi* des bas-reliefs Ⓒ **altorilievo.**

bassòtto |bas'sɔtto| **1** *agg.* [*un po' basso*] courtaud: *una donna bassotta* une femme courtaude **2** *s.m.* (*t. zool.*) basset.

bassovèntre |basso'vɛntre| *s.m.* (*anat.*) bas-ventre: *dolori al bassoventre* douleurs dans le bas-ventre.

bassùra |bas'sura| *s.f.* **1** (*raro*) [*depressione del terreno*] bas-fond *m.*, dépression: *delle bassure* des bas-fonds **2** (*raro, fig.*) → **bassezza.**

1 **bàsta** |'basta| **1** *inter.* (*per imporre silenzio o interrompere l'azione di qc.*) ça suffit, assez: *zitti!, basta!* ça suffit, assez, taisez-vous!; *ora basta!* ça suffit, assez maintenant! # *punto e basta!* un point, c'est tout! ◇ (*con una sfumatura di rassegnazione*) enfin: *basta... staremo a vedere* enfin, on verra; *basta... è meglio non pensarci* enfin, il vaut mieux ne pas y penser ◇ *loc.* BASTA CON assez de, trêve de: *basta con le chiacchiere!* assez de bavardages!, trêve de bavardages! # *basta con gli scherzi!* assez plaisanté! **2** *cong.* (+ *inf.*) [*purché*] pourvu que (+ *congv.*), il suffit de (+ *inf.*): *si può ottenere tutto, basta insistere* on peut tout obtenir, pourvu qu'on insiste, il suffit d'insister ◇ *loc.* BASTA CHE (+ *congv.*) pourvu que (+ *congv.*), à condition que (+ *congv.*): *esci pure, basta che ritorni per la cena* tu peux sortir, pourvu que, à condition que tu rentres pour le dîner; *lo perdono, basta che non lo faccia più* je lui pardonne, pourvu qu'il ne le fasse plus.

2 **bàsta** |'basta| *s.f.* **1** [*cucitura a punti lunghi*] faufilure → **imbastitura** **2** [*piega interna di un abito*] rempli *m.*, ourlet *m.*

bastànte |bas'tante| *agg.* [*sufficiente*] suffisant: *non ho la somma bastante* je n'ai pas la somme suffisante; *non è una ragione bastante* ce n'est pas une raison suffisante # *ho denaro bastante* j'ai assez d'argent Ⓒ **insufficiente, scarso.**

bastardàggine |bastar'daddʒine| *s.f.* (*spreg.*) bâtardise.

bastardèlla |bastar'dɛlla| *s.f.* → **tegame.**

bastàrdo |bas'tardo| *agg.* **1** (*persone, animali*) bâtard: *un figlio bastardo, una figlia bastarda* un enfant bâtard, une fille bâtarde; *un cane bastardo* un chien bâtard # *una razza bastarda* une race croisée ♦ (*s.*) *un bastardo* un bâtard # *brutto bastardo!* espèce de salaud! **2** (*fig.*) (*cose*) [*spurio, alterato*] bâtard: *parole bastarde, una lingua bastarda* des mots bâtards, une langue bâtarde; *scrittura bastarda* (écriture) bâtarde ◇ (*iron.*) [*corrotto*] *che tempi bastardi!* quelle sale époque! **3** (*mar.*) *vela bastarda* voile latine.

bastàre |bas'tare| **A** *v.intr.* (*aus.* 'essere') **1** [*essere sufficiente*] suffire* (50) (*aus.* avoir): *questo denaro mi basta* cet argent me suffit; *basta un nonnulla per demoralizzarlo* un rien suffit à le démoraliser, il suffit d'un rien pour le démoraliser; *gli è bastato un giorno per distruggere tutto* un jour lui a suffis pour tout détruire; *quella somma non gli bastava neanche per le spese correnti* cette somme ne lui suffisait même pas pour les dépenses courantes ◇ (*loc.*) *bastare a sé stesso* se suffire à soi-même, être auto-suffisant ~ *non mi basta l'animo di* (+ *inf.*) [*non ho il coraggio di*] je n'ai pas le cœur à (+ *inf.*) ~ *quel tanto che basta* [*l'indispensabile*] le strict nécessaire ~ *basta il pensiero* (*formula di cortesia*) l'intention suffit **2** [*durare; resistere*] durer, faire (45) (*fam.*): *questo pane vi dovrà bastare per due giorni* ce pain devra vous durer deux jours; *queste scarpe ti dovranno bastare per sei mesi* ces chaussures devront te durer, te faire six mois **B** *v.intr. impers.* **1** [→ *intr.* 1] suffire: *per stasera basta così* pour ce soir cela suffit comme ça; *basti dire che...* il suffit de dire que...; *come se non bastasse, si mise anche a piovere* comme si cela ne suffisait pas, il se mit aussi à pleuvoir ◇ (*nelle indicazioni farmacologiche*) *quanto basta per 100 grammi* en quantité suffisante pour 100 grammes **2** *loc.* BASTA (+ *inf.*), BASTA CHE (+ *congv.*) → 1 **basta** 2.

bastévole |bas'tevole| *agg.* (*raro*) → **sufficiente.**

bastevolménte |bastevol'mente| *avv.* (*raro*) → **sufficientemente.**

bastìa |bas'tia|, **bastìda** |bas'tida| *s.f.* [*piccola fortezza quadrata*] rempart *m.*

bastiménto |basti'mento| *s.m.* [*naviglio, nave*] navire, bâtiment ◇ [*il ca-*

rico] cargaison (*f.*): *un bastimento di grano* une cargaison de blé.
bastingàggio, i |bastin'gaddʒo, i| *s.m.* (*mar.*) bastingage.
bastionàre |bastjo'nare| *v.tr.* (*arch. mil.*) bastionner.
bastionàta |bastjo'nata| *s.f.* ligne fortifiée.
bastióne |bas'tjone| *s.m.* bastion.
bastita |bas'tita| *s.f.* (*st.*) bastide.
bàsto |'basto| *s.m.* **1** bât: *cavallo da basto* cheval de bât # *mettere il basto a un asino* bâter un âne; *togliere il basto a un mulo* débâter un mulet **2** (*fig.*) [*peso molesto e ingrato*] bât: *portare il basto* porter le bât # *essere da basto e da sella* [*adatto a qualunque cosa*] s'adapter à n'importe quoi, être bon à tout faire; *mettere il basto a qc.* [*assoggettarlo*; *metterlo in soggezione*] réduire qqn. à l'inaction, assujettir qqn. **3** (*edil.*) *basto rovescio* caniveau.
bastonàre |basto'nare| **A** *v.tr.* **1** [*colpire con un bastone*; *picchiare*] donner des coups de bâton; battre (76), rosser: *mi sento come se mi avessero bastonato* je me sens comme si l'on m'avait donné des coups de bâton ‖ *bastonare a sangue, a morte* battre, rosser à mort; *essere bastonato* être battu, rossé **2** (*fig.*) [*attaccare con critiche violente*] démolir: *la critica lo ha bastonato ferocemente* la critique l'a démoli avec férocité → **stroncare** **3** (*fam.*) *bastonare il pianoforte* [*suonarlo male*] taper sur le piano **B** *v.intr. recipr.* BASTONARSI [→ *tr.* 1] se rouer de coups (de bâton): *si sono bastonati di santa ragione* ils se sont roués de coups.
bastonàta |basto'nata| *s.f.* **1** bastonnade: *prendere una bella bastonata* recevoir la bastonnade **2** (*fig.*) [*batosta*] coup *m.* dur, échec (*m.*): *gli occorre una buona dose di bastonate* il a besoin d'une bonne série de coups durs; *ho preso una vera bastonata negli affari* j'ai eu un coup dur, j'ai subi un échec dans mes affaires → **stangata.**
bastonatóre |bastona'tore| *s.m.* [*chi bastona*] matraqueur → **picchiatore.**
bastonatùra |bastona'tura| *s.f.* [→ BASTONARE A 1] bastonnade ◇ (*fig.*) → **bastonata** 2.
bastoncèllo |baston'tʃello| *s.m.* **1** [*piccolo bastone*] bâtonnet **2** [*pane di forma sottile e allungata*] baguette *f.*, flûte *f.* **3** (*tip.*) petit bâton.
bastoncino |baston'tʃino| *s.m.* **1** [*piccolo bastone*] bâtonnet # *il bastoncino da passeggio* la canne; *i bastoncini da sci* les bâtons de ski ◇ (*atletica leggera*) *il bastoncino della staffetta* le témoin de relais → **testimone** ◇ (*per est.*) *un bastoncino di rossetto* un bâton de rouge à lèvres; *un bastoncino di liquerizia* un bâton de réglisse **2** → **bastoncello** 2 **3** (*anat.*) bâtonnet: *i bastoni della retina* les bâtonnets de la rétine **4** (*arch.*) astragale **5** (*edil.*) baguette *f.*
bastóne |bas'tone| *s.m.* **1** bâton, canne (*f.*): *bastone alpino* bâton, canne d'alpiniste; *bastone del pastore* bâton de berger; *bastone da passeggio* canne; *bastone armato* canne armée, à épée ◇ (*sport*) *bastone da golf* crosse de golf, club; *i bastoni da sci* les bâtons de ski ◇ (*loc. fig.*) *essere il bastone della vecchiaia di qc.* être le bâton de vieillesse de qqn. ~ *mettere il bastone tra le ruote* (*a qc.*) mettre des bâtons dans les roues (à qqn.) ~ *usare il bastone e la carota* user de la carotte et du bâton **2** [*insegna del comando*] bâton: *il bastone di maresciallo* le bâton de maréchal; *il bastone del comando* le bâton de commandement ◇ (*loc. fig.*) *avere il bastone del comando* détenir le pouvoir **3** *al plur.* (*carte*) bâtons **4** [*pane di forma sottile e allungata*] baguette *f.* **5** (*arch.*) tore, boudin **6** (*tip.*) bâton.
batacchiàre |batak'kjare| *v.tr.* [*battere col batacchio*] gauler: *batacchiare un castagno* gauler un châtaignier ◇ (*per est.*) [*picchiare, bastonare*] matraquer.
batàcchio, i |ba'takkjo, i| *s.m.* **1** [*bastone per bacchiare*] gaule *f.* **2** [*battaglio della campana*] battant.
batàta |ba'tata| *s.f.* (*t. bot.*) batate.
bàti- |'bati| *pref.* (*significa 'profondo, profondità', corrisponde gener. a*) bathy: *batisfera* bathysphère.
batimetrìa |batime'tria| *s.f.* bathymétrie.
batimètrico, ci, ca, che |bati'mεtriko, tʃi, ka, ke| *agg.* bathymétrique.
batimetro |ba'timetro| *s.m.* bathymètre.
batiscàfo |batis'kafo| *s.m.* bathyscaphe.
batisfèra |batis'fεra| *s.f.* bathysphère.
batista |ba'tista| *s.f.* (*tessuto*) batiste: *batista di lino, di cotone* batiste de lin, de coton ✦ (*agg.*) *tela batista* batiste *s.f.*
batòcchio, i |ba'tɔkkjo, i| *s.m.* **1** [*battaglio della campana*] battant **2** [*bastone per ciechi*] canne *f.* d'aveugle.
batolite |bato'lite| *s.f.* (*geol.*) batholite.
batometria |batome'tria| *s.f.* → **batimetria.**
batomètrico, ci, ca, che |bato'mεtriko, tʃi, ka, ke| *agg.* → **batimetrico.**
batòsta |ba'tɔsta| *s.f.* **1** coup *m.* (de bâton) **2** [*grave danno, disgrazia*] coup dur: *che batosta, con le spese di questo mese!* quel coup dur, avec les dépenses de ce mois! # *quell'affare è stato una vera batosta* cette affaire a été un véritable échec ◇ [*sconfitta*] défaite: *subire una batosta memorabile* subir une défaite mémorable © 2 **successo.**
Batràci |ba'tratʃi| *s.m. pl.* (*t.zool.*) Batraciens ◇ (*lett.*) → **rana, rospo.**
'battage' |bataʒ| *s.m.inv.* battage *var.*
battàglia |bat'taʎʎa| *s.f.* **1** bataille: *battaglia terrestre, navale, aeronavale* bataille terrestre, navale, aéronavale; *battaglia decisiva, vittoriosa* bataille décisive, victorieuse; *battaglia campale* bataille rangée; *battaglia offensiva, difensiva* bataille offensive, défensive; *piano di battaglia* plan de bataille; *finta battaglia* bataille simulée; *muovere, attaccare battaglia* livrer, engager bataille; *vincere, perdere una battaglia* gagner, perdre une bataille → **conflitto, combattimento** ◇ *loc.* CAMPO DI BATTAGLIA: (*pr.*) champ de bataille; (*fig.*) *morire sul campo di battaglia* mourir au champ d'honneur; *il suo studio è un campo di battaglia* son bureau est un champ de bataille **2** (*fig.*) bataille; combat (*m.*): *battaglia d'idee* bataille d'idées; *battaglia elettorale, politica* bataille électorale, politique → **lotta, contesa** ‖ *la vita è una continua battaglia* la vie est un combat sans trêve ◇ (*loc.*) *nome di battaglia* nom de guerre ~ *cavallo di battaglia di qc.* [*ciò in cui uno eccelle*] cheval de bataille de qqn. **3** (*fig.*) [*campagna propagandistica*] campagne: *la battaglia del grano* la campagne du blé; *la battaglia per il disarmo* la campagne pour le désarmement; *la battaglia demografica* la campagne démographique # *la battaglia per il divorzio, per i diritti dell'uomo* la lutte pour le divorce, pour les droits de l'homme → **lotta.**
battagliàre |battaʎ'ʎare| *v.intr.* (*aus.* '*avere*') **1** [*lottare, discutere accanitamente*] batailler, lutter: *battagliare per l'aumento dei salari* batailler, lutter pour l'augmentation des salaires; *ho dovuto battagliare a lungo per convincerlo* j'ai dû batailler longtemps pour le convaincre **2** (*raro*) → **combattere.**
battaglièro |battaʎ'ʎεro| *agg.* [*combattivo, bellicoso*] batailleur*, combatif*: *un giovane battagliero* un jeune batailleur, combatif; *delle truppe battagliere* des troupes batailleuses; *un carattere, uno spirito battagliero* un caractère, un esprit batailleur, combatif.
battàglio, i |bat'taʎʎo, i| *s.m.* **1** *il battaglio* (*di una campana*) le battant (d'une cloche) **2** *il battaglio della porta, del portone* le *heurtoir de la porte, du portail.
battaglióne |battaʎ'ʎone| *s.m.* (*mil.*) bataillon: *battaglione di fanteria* bataillon d'infanterie.
battàna |bat'tana| *s.f.* [*piccola imbarcazione a fondo piatto*] pinasse.
battellière |battel'ljεre| *s.m.* batelier* *s.*
battellino |battel'lino| *s.m.* petit bateau; petit canot pneumatique.
battèllo |bat'tεllo| *s.m.* bateau: *battello a vapore* bateau à vapeur; *battello pilota* bateau-pilote; *battello da pesca, da diporto* bateau de pêche, de plaisance; *battello faro* bateau-phare; *battello di salvataggio* bateau, canot de sauvetage # *battello pneumatico* canot pneumatique.
battentatùra |battenta'tura| *s.f.* jet *m.* d'eau.
1 **battènte** |bat'tεnte| *s.m.* **1** battant: *finestre a due battenti* fenêtres à deux battants; *spalancare i battenti della finestra* ouvrir tout grand les battants de la fenêtre ◇ (*fig.*) porte (*f.*): la *mostra aprirà i battenti fra qualche giorno* l'exposition ouvrira ses portes dans quelques jours **2** [*incavo di cornice o specchio*] feuillure *f.* **3** [*battacchio, picchiotto*] *heurtoir: *il battente di un portone* le heurtoir d'un porte cochère **4** (*tecnol.*) battant: *il battente della tramoggia* le battant de la trémie **5** [*martelletto di suoneria*] marteau **6** *il battente di una campana* le battant (d'une cloche) **7** *il battente di una tasca* la patte *f.* d'une poche **8** (*mar.*) hiloire *f.*
2 **battènte** |bat'tεnte| *agg.* battant ◇ (*loc.*) *pioggia battente* [*scrosciante, copiosa*] pluie battante ~ (*fig.*) *a tamburo battente* tambour battant.
1 **bàttere** |'battere| **A** *v.tr.* **1** [*colpire, bastonare*; *urtare, sbattere*] battre (76); se cogner (*pron.*): *battere i tappeti, i materassi, i panni* battre les tapis, les matelas, les vêtements; *bat-*

tere (*il grano*) battre le blé; *battere la carne* battre la viande || *battere il ginocchio in uno spigolo del tavolo* se cogner le genou au coin de la table # *battere un chiodo con un martello* enfoncer un clou avec un marteau ◇ (*per est.*) *battere le noci, le castagne* [*bacchiarle*] gauler les noix, les châtaignes; *battere le mani* [*applaudire*] applaudir, [*ritmicamente*] taper dans les mains; *battere i piedi* [*fare i capricci, ostinarsi a volere q.c.*] trépigner; *battere i denti dal freddo, dalla paura* [*muoverli convulsamente*] claquer des dents de froid, de peur; *l'orologio ha battuto le quattro* [*ha suonato le quattro*] quatre heures viennent de sonner ◇ (*nelle sedute spiritiche*) *battere un colpo* frapper un coup; (*scherz.*) *se ci sei batti un colpo* si tu es là, frappe un coup ◇ (*loc.*) *battere a macchina una lettera* [*dattiloscrivere*] taper (à la machine) une lettre ~ *battere un telegramma* [*trasmetterlo*] câbler un télégramme ~ (*mus.*) *battere il tempo* [*scandire il ritmo*] battre la mesure ~ (*dell'artiglieria*) *battere le posizioni nemiche* battre les positions ennemies ~ (*delle navi*) *battere bandiera francese, italiana* [*inalberarla per indicare lo Stato di appartenenza*] battre pavillon français, italien ◇ (*loc. fig.*) *battere moneta* battre monnaie ~ *battere cassa da qc.* [*chiedere soldi*] taper qqn. (*fam.*) ~ *battere la fiacca* [*comportarsi con indolenza, fiaccamente*] tirer sa flemme ~ (*di donna dedita alla prostituzione*) *battere* (*il marciapiede*) faire le trottoir ~ *battere la campagna, la zona* battre la campagne, la région ~ *battere un luogo* [*frequentarlo abitualmente*] fréquenter un lieu ~ (*dei cani*) *battere la selvaggina* rabattre le gibier ~ *battere il naso* [*imbattersi*] tomber sur ~ *battere il tacco* [*darsela a gambe*] montrer, tourner les talons ~ *non sapere dove battere il capo* [*non sapere come trarsi d'impiccio, che pesci pigliare*] ne pas savoir où donner de la tête ~ *non battere ciglio* [*stare attentissimo*; *rimanere immobile, indifferente*] ne pas broncher ◇ (*prov.*) *bisogna battere il ferro finché è caldo* [*cogliere l'occasione propizia*] il faut battre le fer pendant qu'il est chaud □ *battersi il petto* [*pentirsi del proprio errore*] se frapper la poitrine, battre sa coulpe **2** [*vincere, superare*] battre: *battere il nemico, l'avversario* battre l'ennemi, l'adversaire; *li ha battuti tutti in velocità* il les a tous battus en vitesse; *battere un primato* battre un record **3** (*sport*) [*lanciare la palla, effettuare una battuta*] tirer: *battere una punizione* tirer un coup franc; *chi batte la palla?* qui tire le ballon?; *battere un calcio di rigore* tirer un penalty ◆ (*ass.*) *quel tennista batte molto bene* ce joueur de tennis a un très bon service **B** *v.intr.* (*aus. 'avere'*) **1** [*cadere con violenza*; *colpire, bussare*] battre; frapper: *la pioggia batte sui vetri* la pluie bat contre les vitres || *qc. batte alla porta* qqn. frappe à la porte # *le onde battono sugli scogli* les vagues déferlent contre les rochers ◇ (*per est.*) *il sole batte sulla facciata del castello* le soleil tape sur la façade du château; *è battuta proprio ora la mezzanotte* [*è suonata*] minuit vient de sonner **2** [*urtare incidentalmente*] cogner, se cogner (*pron.*): *sono andato a battere contro una macchina* j'ai cogné contre une voiture; *ha battuto contro il tavolo* il s'est cogné contre la table **3** (*del cuore o del polso*) [*pulsare*] battre: *il polso batte regolarmente* le pouls bat régulièrement; *gli batte il cuore per l'emozione* son cœur bat d'émotion ◇ (*loc. fig.*) *far battere il cuore* [*fare innamorare*; *mettere in apprensione*] donner des battements de cœur ~ *battere su un argomento* insister, revenir sur un argument ~ *battere in ritirata* [*fuggire, darsi per vinto*] battre en retraite ~ *il motore batte in testa* le moteur cogne ◇ (*prov.*) *la lingua batte dove il dente duole* [*si parla sempre di ciò che sta più a cuore*] on revient toujours au point sensible **C** *v. pron.* BATTERSI **1** *intr.* [*combattere, lottare*] se battre: *battersi per un'idea* se battre pour une idée; *battersi per il primato* se battre pour le record; *si è battuto fino all'ultimo sangue* il s'est battu jusqu'au dernier souffle **2** (*col 'si' pleon.*) *battersela* [*andarsene di nascosto*] filer *intr.* à l'anglaise: *quei due se la battono* ces deux-là filent à l'anglaise **3** *recipr.* [*duellare, combattere*] se battre: *battersi a duello, alla spada, alla pistola* se battre en duel, à l'épée, au pistolet; *i due si batterono valorosamente* tous deux se battirent bravement **4** *rifl.* → *tr.* 1 □.

2 **bàttere** |'battere| *s.m. inv.* [*movimento o rumore di un oggetto che batte su un altro*] battement (*var.*): *il battere delle ali* le battement des ailes; *il battere del polso, delle arterie* le battement du pouls, des artères; *il battere delle ciglia, delle palpebre* le battement des cils, des paupières ◇ (*loc. fig.*) *in un batter d'occhio, di ciglio* [*in un attimo*] en un clin d'œil.

batterìa |batte'ria| *s.f.* **1** (*mil.*) batterie: *batteria contraerea, costiera* batterie de D.C.A. (défense contre avions), côtière; *batteria da campagna, d'assedio* batterie d'artillerie de campagne, d'artillerie de siège ◇ (*mar.*) *ponte di batteria* batterie flottante ◇ (*loc. fig.*) *scoprire le proprie batterie* [*rivelare le proprie intenzioni*] démasquer ses batteries **2** (*elettr.*) batterie: *batteria di pile, di accumulatori* batterie de piles, d'accumulateurs; *scaricare, caricare la batteria di un'automobile* décharger, charger la batterie d'une automobile; *la batteria* (*dell'auto*) *è completamente scarica* la batterie (de l'auto) est à plat **3** [*raccolta di utensili simili per un determinato uso*] batterie de cuisine: *una batteria da cucina in alluminio* une batterie de cuisine en aluminium ◇ (*loc. fig., scherz.*) *una batteria di prove, di argomenti, di citazioni* [*gran quantità*] un tas de preuves, d'arguments, de citations ◇ (*psicol.*) *una batteria di test* une batterie de tests **4** (*mus.*) batterie # *un suonatore di batteria* un batteur **5** (*sport*) éliminatoire: *gara tra i vincitori delle singole batterie* compétition entre les vainqueurs de chaque éliminatoire **6** *la batteria di un orologio* [*il meccanismo che fa battere le ore*] le moteur *m.* d'une horloge.

battericìda |batteri'tʃida| *agg.* bactéricide: *prodotto battericida* produit bactéricide ◆ (*s.m.*) *un battericida* un bactéricide.

battèrico, ci, ca, che |bat'tɛriko, tʃi, ka, ke| *agg.* bactérien*: *flora batterica* flore bactérienne.

batteri(o)- |batterj(o)| *pref.* (*significa 'batterio', corrisponde gener. a*) bactéri(o): *batteriologia* bactériologie.

battèrio, i |bat'tɛrjo, i| *s.m.* (*biol.*) bactérie *f.*

batteriologìa, gie |batterjolo'dʒia, dʒie| *s.f.* bactériologie.

batteriològico, ci, ca, che |batterjo'lɔdʒiko, tʃi, ka, ke| *agg.* bactériologique: *esame batteriologico del sangue* analyse bactériologique du sang; *guerra batteriologica* guerre bactériologique.

batteriòlogo, gi |batte'rjɔlogo, dʒi| *s.m.* bactériologiste.

batteriòsi |batte'rjɔsi| *s.f.inv.* (*biol.*) bactériose *var.*

batterìsta |batte'rista| *s.m.* [*chi suona la batteria*] batteur.

battesimàle |battezi'male| *agg.* baptismal*: *acqua battesimale* eau baptismale; *fonte battesimale* fonts baptismaux.

battésimo |bat'tezimo| *s.m.* baptême: *battesimo per immersione, per aspersione* baptême par immersion, par aspersion; *estratto dell'atto di battesimo* extrait de baptême; *ricevere il battesimo* recevoir le baptême; *il mio nome di battesimo è Giuseppe* mon nom de baptême, mon prénom est Joseph # *battesimo provvisorio, sotto condizione* ondoiement; *tenere a battesimo* tenir un enfant sur les fonts baptismaux ◇ (*fig.*) *il battesimo di una nave, di una campana* le baptême d'un navire, d'une cloche; *battesimo di sangue* baptême de sang; *battesimo del fuoco, dell'aria* baptême du feu, de l'air; *battesimo dell'equatore* baptême de la ligne.

battezzàndo |batted'dzando| *s.* celui (celle) qui doit recevoir le baptême.

battezzàre |batted'dzare| **A** *v.tr.* **1** (*relig.*) [*dare il sacramento del battesimo*] baptiser: *far battezzare un neonato* faire baptiser un nouveau-né; *io ti battezzo nel nome del Padre, del Figlio e dello Spirito Santo* je te baptise au nom du Père, du Fils et du Saint-Esprit # *battezzare sotto condizione* ondoyer **2** [*dare un nome di battesimo*] baptiser: *lo hanno battezzato Giacomo* ils l'ont baptisé (du nom de) Jacques ◇ (*per est.*) [*denominare, dare un soprannome*] baptiser, appeler (4): *lo battezzarono 'pel di carota'* on le baptisa, on l'appela 'poil de carotte'; *come hai battezzato il tuo cane?* comment as-tu appelé ton chien? **3** [*tenere a battesimo*; *far da padrino* (*da madrina*)] être (43) le parrain (la marraine) de: *ha battezzato il mio primo figlio* c'est le parrain (la marraine) de mon fils aîné **4** (*scherz.*) [*aggiungere acqua*; *spruzzare*] baptiser; asperger (3): *battezzare il vino, il latte* baptiser le vin, le lait || *l'ha battezzato con una pistola ad acqua* il l'a aspergé avec un pistolet à eau **B** *v.pron.intr.* BATTEZZARSI **1** [*ricevere il battesimo*] recevoir (33) *tr.* le baptême: *si è battezzato quando aveva un anno* il a reçu le baptême quand il avait un an **2** *rifl.* (*fig.*) [*darsi una qualifica, un titolo, spec. abusivamente*] s'attribuer le titre de: *si sono battezzati nobili* ils se sont attribués un titre nobiliaire.

battezzàto |batted'dzato| *agg.* baptisé: *un figlio battezzato* un enfant baptisé # *ha un figlio battezzato Giovanni* [*chiamato*] il a un enfant appelé

Jean; *suo zio è battezzato il 'drago'* [*soprannominato*] son oncle est appelé, surnommé le 'dragon' ✦ (*s.*) *un battezzato* un homme baptisé *agg.* ◇ (*per est.*) *vino, latte battezzato* [*annacquato*] vin, lait baptisé.
battezzatóio, i |batteddza'tojo, i| *s.m.* [*fonte battesimale*] fonts baptismaux *pl.*
battezzatòrio, i |batteddza'tɔrjo, i| *s.m.* → **battezzatoio.**
battibaléno |battiba'leno| *s.m.* (*spec. nella loc.*) *in un battibaleno* [*in un attimo*] en un clin d'œil: *sono spariti in un battibaleno* ils ont disparu en un clin d'œil.
battibécco, chi |batti'bekko, ki| *s.m.* [*breve litigio verbale*] prise *f.* de bec.
batticàrne |batti'karne| *s.m.inv.* battoir *var.* à viande.
batticóda |batti'koda| *s.f.* → **cutrettola.**
batticòffa |batti'kɔffa| *s.f.* (*mar.*) tablier *m.*
batticùlo |batti'kulo| *s.m.* **1** [*parte delle ant. armature*] batte-cul **2** [*giberna*] giberne *f.* **3** [*falde dell'abito a coda m.*] basques *f. pl.* **4** (*mar.*) bosse *f.*
batticuòre |batti'kwɔre| *s.m.* battement de cœur: *ha il batticuore* il a des battements de cœur ◇ (*fig.*) [*ansia, trepidazione*] *gli viene sempre il batticuore* il est toujours en émoi; *non farmi stare col batticuore* ne me laisse pas dans l'appréhension; *gli esami gli fan venire il batticuore* les examens le mettent en agitation ◇ (*loc. fig.*) *avere il batticuore facile* [*essere ansioso, emotivo*] se mettre facilement en agitation, s'inquieter facilement.
battifiànco, chi |batti'fjanko, ki| *s.m.* bat-flanc *inv.*
battifòlle |batti'fɔlle| *s.m.* (*fortificazioni*) bastide *f.*
battifrédo |batti'fredo| *s.m.* (*mil.*) beffroi.
battigia, gie |bat'tidʒa, dʒe| *s.f.* ligne de brisement des vagues.
battilàno |batti'lano| *s.m.* [*chi batte e prepara la lana per le imbottiture*] matelassier* *s.*
battilàrdo |batti'lardo| *s.m.inv.* [*piccolo tagliere di legno*] *hachoir *var.*
battilòro |batti'lɔro| *s.m.inv.* batteur *var.* d'or.
bàttima |'battima| *s.f.* → **battigia.**
battimàno |batti'mano| *s.m.*, **battimàni** |batti'mani| *s.m. inv.* [*applauso*] applaudissement *var.*, battement *var.* de mains: *uno scrosciante battimano concluse il concerto* un tonnerre d'applaudissements conclut le concert.
battimàzza |batti'mattsa| *s.m.inv.* [*aiutante del fabbro ferraio*] frappeur *var.*, aide-forgeron (*var.*): *dei battimazza* des frappeurs, des aides-forgerons.
battiménto |batti'mento| *s.m.* **1** [*battito, palpitazione*] battement (de cœur), palpitation *f.* → **battito** **2** (*fis., mecc.*) battement **3** (*raro*) [→ 1 BATTERE A 1] battement.
battipàlo |batti'palo| *s.m.* [*macchina che pianta pali a mezzo di un maglio*] sonnette *f.*, mouton; [*a mano*] *hie *f.*, dame *f.*
battipànni |batti'panni| *s.m. inv.* [*spatola, spec. di vimini intrecciato, per spolverare tappeti e sim.*] tapette (*f. var.*): *batte i tappeti col battipanni* elle bat les tapis avec la tapette.

battiràme |batti'rame| *s.m.inv.* batteur *var.* de cuivre.
battiscópa |battis'kopa| *s.m.inv.* [*fascia* (*di legno*) *che corre in basso lungo i muri di una stanza per proteggerli da urti*] plinthe *f.var.*
1 **battista** |bat'tista| *s.f.* → **batista.**
2 **battìsta** |bat'tista| *s.* (*relig.*) baptiste ✦ (*agg.*) *la dottrina battista* la doctrine baptiste.
battistèro |battis'tɛro| *s.m.* baptistère.
battistràda |battis'trada| *s.m.inv.* **1** [*chi apre la strada in cortei, sfilate e sim.*] tête *f. var.* de file # *fare da battistrada a un corteo* ouvrir un cortège ◇ (*sport*) *ha fatto da battistrada per tutta la corsa* il a mené pendant toute la course ◇ (*fam.*) *fare da battistrada a qc.* précéder qqn. (*corr.*) **2** [*chi aiuta qc.*] *fare da battistrada a qc.* tracer le chemin, montrer la voie à qqn. **3** [*la parte esterna di un pneumatico*] bande *f.var.* de roulement, chape (*f.var.*): *battistrada scolpito* bande de roulement, chape à sculptures **4** [*servitore che precedeva a cavallo la carrozza del padrone*] avant-courrier* (*s. var.*): *dei battistrada* des avant-courriers.
battitàcco, chi |batti'takko, ki| *s.m.* [*rinforzo dell'orlo interno dei pantaloni*] talonnette *f.*
battitappéto |battitap'peto| *s.m. inv.* aspirateur *var.*
bàttito |'battito| *s.m.* **1** [*il battere*] battement: *battito d'ali* battement d'ailes; *il battito delle ciglia, delle palpebre* le battement des cils, des paupières ◇ (*per est.*) [*colpi regolari e continui*] *il battito della pioggia contro i vetri* le battement de la pluie contre les vitres **2** [*pulsazione, palpitazione*] battement: *il battito del cuore* le battement du cœur **3** (*mecc.*) *battito in testa* cognement.
battitóia |batti'toja| *s.f.* (*tip.*) taquoir *m.*
battitóio, i |batti'tojo, i| *s.m.* **1** (*tecnol., tess.*) batteur **2** [*battente, imposta*] battant ◇ [*incavo di una cornice*] feuillure *f.* **3** (*mus.*) baguette *f.* **4** (*st. mil.*) bélier.
battitóre, trice |batti'tore, tritʃe| *s.* **1** *s.* [*chi batte*] batteur *m. var.* ◇ (*per est.*) *battitore di grano* batteur en grange # *battitore di ferro* ferrailleur **2** *s.* (*tennis, giochi con la palla*) serveur*, servant ◇ (*calcio*) libero *m.* ◇ (*cricket, hockey, baseball*) batteur *m.* **3** *s.m.* [*organo rotante della trebbiatrice*] batteur **4** *s.m.* → 1 **battente** 1 **5** *s.m.* (*nelle aste pubbliche*) commissaire-priseur.
battitrice |batti'tritʃe| *s.f.* (*agr.*) batteuse.
battitùra |batti'tura| *s.f.* **1** (*agr., corr.*) battage (*m.*): *la battitura* (*del grano*) le battage du blé ◇ (*per est.*) époque du battage **2** [*percossa, colpo*] coup (*m.*): *ha ancora i segni delle battiture subite* il a encore les marques des coups reçus ◇ (*fig.*) [*sventura, danno, castigo*] châtiment *m.* **3** *battitura a macchina* [*dattiloscrittura*] frappe, dactylographie.
bàttola |'battola| *s.f.* **1** (*edil., tecnol.*) batte, taloche: *la battola del muratore* la batte, la taloche du maçon **2** *al plur.* [*davantini di tela bianca nelle toghe*] rabat *m.sing.* **3** [*raganella*] crécelle: *la battola della settimana santa* la crécelle de la semaine sainte ◇ (*raro, fig.*) [*persona che chiacchiera sempre*] *è proprio una battola!* quelle crécelle!
battùra |bat'tura| *s.f.* (*mar.*) râblure.
battùta |bat'tuta| *s.f.* **1** [→ 1 BATTERE A 1; B 2] battement *m.*; coup (*m.*): *la battuta delle ali* (*degli uccelli*) le battement d'ailes (des oiseaux) || *ha dato una bella battuta di testa sul muro* il a donné un grand coup de tête contre le mur; *l'automobile reca ancora il segno della battuta* la voiture porte encore la marque du coup qu'elle a reçu # *fu salutato da una lunga battuta di mani* on le salua de longs applaudissements; *i marinai remavano con battute sempre più veloci* les matelots ramaient à un rythme de plus en plus rapide **2** (*in dattilografia*) frappe: *fare cento battute al minuto* faire cent frappes par minute; *è una parola di sei battute* c'est un mot de six frappes # *questa riga ha novanta battute* dans cette ligne il y a quatre vingt-dix signes **3** (*mus.*) mesure: *una battuta d'aspetto* une mesure de silence, une pause ◇ (*loc. fig.*) *essere alle prime battute* [*essere agli inizi di q.c.*] être au début, à ses débuts ~ *in poche battute* [*in poco tempo*] en deux temps trois mouvements ~ *battuta d'arresto, d'aspetto* un temps d'arrêt **4** (*teat.*) réplique: *dimenticare, mangiarsi la battuta* oublier, manquer sa réplique; *suggerire, dare la battuta* souffler, donner la réplique; *ha una parte di poche battute* il a un rôle de quelques répliques; *soffiare la battuta* [*attaccare in anticipo ostacolando l'interlocutore*] devancer une réplique ◇ (*loc. fig.*) *non perdere una battuta* [*prestare molta attenzione*] ne pas perdre une syllabe ◇ (*per est.*) [*breve frase spiritosa, motto*] répartie; boutade: *avere sempre la battuta pronta* avoir de la répartie, la répartie facile || *ha delle battute efficacissime* ses boutades sont très efficaces **5** (*caccia*) battue: *battuta alla volpe, al cinghiale* battue au renard, au sanglier ◇ (*per est.*) [*operazione di polizia alla ricerca di malfattori*] descente: *la polizia ha effettuato una battuta nel quartiere* la police a opéré une descente dans ce quartier **6** (*sport*) service (*m.*): *avere una buona battuta* avoir un bon service; *ha sbagliato la battuta* il a manqué son service ◇ (*atletica*) *piede di battuta* pied d'appel; *pedana di battuta* planche d'appel **7** (*metr. classica*) → **metro.**
battùto |bat'tuto| **I** *agg.* **1** [*percosso, colpito*] cogné: *il ginocchio, il braccio battuto mi procura fitte dolorosissime* j'ai de vives douleurs au genou, au bras où je me suis cogné ◇ (*loc. fig.*) *a spron battuto* [*a tutta velocità*] à bride abattue **2** (*di metallo*) [*lavorato a colpi di martello*] battu: *oro, argento battuto* or, argent battu # *un cancello in ferro battuto* une grille en fer forgé **3** [*sconfitto, vinto*] battu: *esercito battuto* armée battue **4** [*frequentato, percorso da molta gente*] battu, fréquenté: *sentiero molto battuto* sentier très battu; *strada, via battuta giorno e notte* route, rue fréquentée jour et nuit **II** *s.m.* **1** (*cuc.*) *hachis: *preparare il battuto per il minestrone* préparer le hachis pour le minestrone **2** (*edil.*) fond en terre battue: *battuto di un marciapiede* fond en terre battue d'un trottoir.
batùffolo |ba'tuffolo| *s.m.* **1** [*piccola quantità di lana, cotone e sim.*]

flocon: *batuffolo di lana, di seta* flocon de laine, de soie # *un batuffolo di ovatta* un tampon d'ouate **2** (*fig.*) [*bambino paffuto e morbido*] poupon: *un bel batuffolo roseo* un joli poupon rose.

bàu |'bau| *s.m. inv.* (*voce onomat. che imita il latrato del cane; spesso ripetuta*) oua-oua: *il cane faceva bau bau* le chien faisait oua-oua.

baud |bod| *s.m.inv.* baud *var.*

baùle |ba'ule| *s.m.* **1** [*robusta cassa da viaggio*] malle (*f.*): *fare, disfare il baule* faire, défaire sa malle ◇ (*loc. fig.*) *fare i bauli* faire ses malles, plier bagage ~ *viaggiare come i bauli* voyager sans rien voir **2** (*nelle automobili*) [*vano adibito a portabagagli*] coffre, malle **3** (*fig., scherz.*) [*gobba*] bosse *f.*

baulétto |bau'letto| *s.m.* **1** petite malle *f.* ◇ (*per est.*) [*borsetta a forma di baule*] mallette *f.* **2** [*cofanetto per gioielli e sim.*] coffret.

baussite |baus'site| *s.f.* → **bauxite.**

baùtta |ba'utta| *s.f.* **1** (*st. abbigl.*) domino *m.* **2** [*mascherina*] loup *m.*

bauxite |bauk'site| *s.f.* (*min.*) bauxite.

bàva |'bava| *s.f.* **1** bave: *ha la bava alla bocca* la bave lui coule de la bouche ◇ (*loc.*) *fare la bava*: (*pr.*) baver; (*fig.*) montrer du dédain ◇ (*fig.*) *avere la bava alla bocca* [*essere furibondo*] écumer de rage # *tutto questo mi fa venire la bava alla bocca* tout cela me fait enrager **2** (*tess.*) bourre: *bava di seta, cotone, lana* bourre de soie, de coton, de laine **3** [*leggero soffio d'aria*] souffle (*m.*): *una bava d'aria, di vento* un souffle d'air, de vent **4** *al plur.* (*tecnol.*) bavure *sing.*

bavaglìno |bavaʎ'ʎino| *s.m.* **1** petit bâillon **2** [*tovagliolino per i neonati*] bavette *f.*

bavàglio, i |ba'vaʎʎo, i| *s.m.* [*fazzoletto e sim., legato intorno alla bocca, per impedire di parlare*] bâillon ◇ (*loc. pr., fig.*) *mettere un bavaglio a qc.* mettre un bâillon à qqn., bâillonner qqn. ~ *mettere il bavaglio a un'idea, alla libertà* [*soffocarla*] bâillonner une idée, la liberté.

bavagliòlo |bavaʎ'ʎɔlo| *s.m.* → **bavaglino** 2.

bavarése |bava'rese| **I** *agg.* [*della Baviera*] bavarois: *costume bavarese* costume bavarois **II** *s.* **1** (*s.m.*) *il bavarese* [*la lingua*] le bavarois **2** *s.f.* [*semifreddo a base di latte, uova e panna*] bavaroise.

bavatùra |bava'tura| *s.f.* → **2 sbavatura.**

bàvero |'bavero| *s.m.* [*collo di cappotto, giacca e sim.*] col: *bavero della giacca* col de la veste; *alzare il bavero del cappotto* relever le col du manteau ◇ (*fig.*) *prendere per il bavero qc.* [*aggredirlo, minacciarlo*] colleter qqn., [*beffarlo*] se moquer de qqn.

bavétta |ba'vetta| *s.f.* **1** (*tecnol.*) bavure **2** (*auto.*) pare-boue *m.inv.* **3** → **bavaglino** 2.

bavóso |ba'voso| *agg.* baveux*: *un bambino bavoso* un enfant baveux.

bazàr |bad'dzar| *s.m.inv.* **1** [*mercato orientale*] bazar *var.* **2** [*emporio in cui si vende di tutto*] bazar ◇ (*per est., fig.*) [*ambiente disordinato, sovraccarico di oggetti*] *questa camera è un bazar!* cette chambre est un vrai bazar!

bazooka |bə'zu:kə| *s.m. inv.* (*ingl.*) (*mil.*) bazooka *var.*

1 **bàzza** |'baddza| *s.f.* **1** [*fortuna*] aubaine, chance: *che bazza!* quelle aubaine!, quelle chance! **2** [*carta vinta all'avversario*] levée, pli *m.*

2 **bàzza** |'baddza| *s.f.* [*mento allungato e sporgente*] menton *m.* en galoche.

bazzàna |bad'dzana| *s.f.* [*pelle semiconciata per foderare libri, borse e sim.*] basane.

bazzècola |bad'dzɛ(e)kola| *s.f.* [*cosa da niente; sciocchezza*] bagatelle: *hanno litigato per una bazzecola* ils se sont disputés pour une bagatelle; *perdi il tuo tempo in bazzecole* tu perds ton temps à des bagatelles.

bàzzica, che |'battsika, ke| *s.f.* **1** (*carte*) bésigue *m.* **2** (*biliardo*) poule.

bazzicàre |battsi'kare| **A** *v.tr.* [*frequentare spesso*] fréquenter: *bazzicare cattive compagnie* fréquenter de mauvaises compagnies; *bazzicare luoghi pericolosi* fréquenter, hanter les mauvais lieux; *bazzicare qc.* fréquenter qqn. ◇ (*prov.*) *chi bazzica lo zoppo impara a zoppicare* hantez les boiteux, vous clocherez **B** *v.intr.* (*aus.* '*avere*') [*stare abitualmente in un luogo*] fréquenter (*tr.*): *bazzicare in un luogo* fréquenter un lieu.

bazzicòtto |battsi'kɔtto| *s.m.* (*carte*) brelan.

bazzòtto |bad'dzɔtto| *agg.* **1** (*detto di vivanda a metà cottura; uovo tra sodo e tenero*) mollet*; à point (*loc. inv.*): *uovo bazzotto* œuf mollet ‖ *carne bazzotta* viande à point **2** (*fig.*) (*detto di ogni cosa rimasta in stato di incertezza*) incertain: *situazione bazzotta* situation incertaine **3** (*fig.*) [*non completamente sano di mente*] bizarre, simplet*: *è un tipo bazzotto* c'est un type bizarre, simplet ◇ [*poco esperto*] maladroit.

bè |bɛ| *inter.* **1** (*voce onomat. che riproduce il belato di capre, agnelli e sim.*) bê **2** (*fig.*) [*presa in giro di chi è pauroso*] hou!

be' |bɛ| *inter.* → **beh.**

beànte |be'ante| *agg.* **1** (*med.*) béant: *le vene beanti* les veines béantes **2** (*geol.*) béant.

beàre |be'are| **A** *v.tr.* [*rendere felice, beato*] charmer: *ci beava con il suo canto* elle nous charmait par son chant **B** *v. pron. intr.* BEARSI [*compiacersi, estasiarsi*] se délecter: *si sono beate a sentirla parlare* elles se sont délectées à l'écouter parler.

beat |bi:t| *agg.inv.* (*ingl.*) beat ✦ (*s. inv.*) *un beat* un beatnik *var.*

beataménte |beata'mente| *avv.* [→ BEATO I 2] béatement: *sorridere beatamente* sourire béatement.

beatificàre |beatifi'kare| *v.tr.* **1** (*relig.*) [*dichiarare beato*] béatifier **2** (*raro*) [*colmare di beatitudine*] combler de joie.

beatificazióne |beatifikat'tsjone| *s.f.* (*relig.*) béatification.

beatìfico, ci, ca, che |bea'tifiko, tʃi, ka, ke| *agg.* (*relig.*) béatifique.

beatitùdine |beati'tudine| *s.f.* **1** (*relig.*) béatitude **2** *le beatitudini* (*del 'Discorso della Montagna'*) les béatitudes (du 'Sermon sur la Montagne') **3** (*per est.*) [*godimento interiore; felicità dello spirito*] béatitude: *raggiungere uno stato di beatitudine* atteindre un état de béatitude.

beatnik |'bi:tnik| *s.inv.* (*ingl.*) beatnik (*var.*): *i beatnik* les beatniks.

beàto |be'ato| **I** *agg.* **1** (*relig.*) bienheureux*: *la beata Vergine* la bienheureuse Vierge Marie; *le anime beate* les âmes bienheureuses ◇ (*per anton.*) *beatissimo Padre* [*il Papa*] très-Saint-Père ✦ (*s.*) *i beati* les bienheureux **2** (*fig.*) [*felice, fortunato*] qui a de la chance (*loc.*): *è una persona beata* c'est une personne qui a de la chance; *beato te!* tu as de la chance!, veinard! (*fam.*); *beato lui!* il a de la chance!, quel veinard!; *beato chi lo trova!* il a de la chance celui qui le trouve! # *beato chi ci capisce q.c.* bien malin qui y comprend qqch.; *beato il giorno in cui ti conobbi!* je bénis le jour où je t'ai connu!; *beato fra le donne!* seul parmi tant de femmes! ◇ [*tranquillo, sereno*] bienheureux; béat: *vita beata* vie bienheureuse ‖ *sorriso, ottimismo beato* sourire, optimisme béat ◇ [*imbambolato, sciocco*] niais: *un individuo beato* un individu niais **II** *s.* (*relig.*) bienheureux.

bebè |be'bɛ| *s.m.inv.* [*bimbo, neonato*] bébé (*var.*): *le è nato un bel bebè* elle a eu un beau bébé ◇ (*per est.*) *colletto alla bebè* col claudine; *capelli alla bebè* cheveux à la garçonne; *scarpe alla bebè* chaussures à talons plats et à brides.

be-bop |'bi(:)bɔp| *s.m. inv.* (*ingl.*) (*mus.*) be-bop (*var.*): *dei be-bop* des be-bops.

bécca, che |'bekka, ke| *s.f.* **1** [*cocca di fazzoletto*] coin *m.* ◇ [*lembo di abito*] pan *m.* **2** [*piegatura di una pagina che si fa come segnalibro*] corne # *fare una becca alla pagina di un libro* corner la page d'un livre.

beccàccia, ce |bek'kattʃa, tʃe| *s.f.* (*t. zool.*) bécasse ~ *beccaccia d'acqua* barge.

beccaccino |bekkat'tʃino| *s.m.* **1** (*t. zool.*) bécassine *f.* **2** (*mar.*) snipe.

beccafìco, chi |bekka'fiko, ki| *s.m.* (*t. zool.*) becfigue.

beccàio, i |bek'kajo, i| *s.m.* [*macellaio*] boucher ◇ (*per est., spreg.*) [*chirurgo maldestro; carnefice*] *è un vero beccaio* c'est un vrai boucher.

beccamòrti |bekka'mɔrti| *s.m.inv.* (*spreg.*) [*becchino*] croque-mort (*var.*): *dei beccamorti* des croque-morts.

beccapésci |bekka'peʃʃi| *s.m.inv.* (*t. zool.*) sterne *f.var.*, hirondelle *f.var.* de mer.

beccàre |bek'kare| **A** *v.tr.* **1** [*afferrare il cibo con il becco*] becqueter (béqueter) (5), picoter: *la gallina beccava il grano* la poule becquetait (béquetait), picotait le blé ◇ (*per est., fam.*) [*mangiare*] becqueter: *non c'è niente da beccare qui* il n'y a rien à becqueter ici **2** [*ferire con il becco*] donner des coups de bec (à) ◇ (*di insetti*) [*pungere*] piquer **3** (*fam.*) [*catturare, cogliere in fallo*] pincer (2): *l'hanno beccato mentre rubava* on l'a pincé en train de voler **4** [*guadagnare, ottenere con fortuna*] gagner, décrocher: *ha beccato il primo premio* il a gagné, décroché le premier prix **5** (*teat.*) [*manifestare disapprovazione*] *huer **B** *v.pron.* BECCARSI **1** *recipr.* [*scambiarsi beccate*] se donner des coups de bec: *i due galli si beccavano* les deux coqs se donnaient des coups de bec ◇ (*persone*) se lancer (2) des pointes, des piques: *le due sorelle si beccavano spesso per un nonnulla* les deux sœurs se lançaient souvent des pointes, des piques pour un rien **2** *intr.* [*tirarsi addosso q.c. di sgradevole*] attraper (*tr.*): *si è beccata un bel malanno*

elle a attrapé une belle maladie ◇ [*guadagnarsi, prendersi*] gagner (*tr.*): *si sono beccati una bella fortuna* ils ont gagné une belle fortune.
beccastrìno |bekkas'trino| *s.m.* [*zappa lunga e stretta*] *houe *f.*, *hoyau.
beccàta |bek'kata| *s.f.* **1** coup *m.* de bec ◇ [*quantità di cibo preso col becco*] becquée, béquée **2** (*fig.*) [*frase o verso iron., derisorio*] coup de bec.
beccatèllo |bekka'tɛllo| *s.m.* **1** (*edil.*) corbeau **2** [*pioletto, gancio degli attaccapanni*] patère *f.*
beccatóio, i |bekka'tojo, i| *s.m.* [*contenitore di becchime*] trémie *f.*
beccatùra |bekka'tura| *s.f.* **1** [→ BECCARE A 1] picotage *m.* **2** (*fig.*) [*critica, disapprovazione immediata di un errore*] blâme *m.*
beccheggiàre |bekked'dʒare| *v. intr.* (*aus.* '*avere*') (*mar.*) [*oscillare da poppa a prua*] tanguer: *nave che beccheggia* navire qui tangue; *si beccheggia* ça tangue.
beccheggiàta |bekked'dʒata| *s.f.* (*mar.*) coup *m.* de tangage.
becchéggio, i |bek'keddʒo, i| *s.m.* (*aer., mar.*) tangage: *c'è un po' di beccheggio* il y a du tangage.
beccherìa |bekke'ria| *s.f.* → **macelleria.**
becchettàre |bekket'tare| **A** *v.tr.* [*beccare ritmicamente e con forza*] becqueter (béqueter) (5): *la gallina becchetta voracemente il becchime* la poule becquette (béquette) voracement sa pâtée **B** *v.pron. recipr.* BECCHETTARSI [→ *tr.*] se donner des coups de bec: *i galli si sono becchettati per un pezzo* les coqs se sont donné des coups de bec pendant un moment ◇ (*fig.*) [*bisticciarsi*] se chamailler: *le due donne si becchettavano senza pietà* les deux femmes se chamaillaient sans pitié.
becchettìo, ii |bekket'tio, ii| *s.m.* [→ BECCHETTARE] picotage.
becchìme |bek'kime| *s.m.* [*nutrimento per volatili, spec. domestici*] pâtée *f.*
becchincróce |bekkin'krotʃe| *s.m.* → **crociere.**
becchìno |bek'kino| *s.m.* [*colui che seppellisce i morti*] fossoyeur.
1 **bécco, chi** |'bekko, ki| *s.m.* **1** bec: *il becco uncinato dell'aquila* le bec crochu de l'aigle; *colpo di becco* coup de bec; *il becco della tartaruga* le bec de la tortue ◇ (*loc. fig.*) *non ha il becco di un quattrino* il n'a pas un sou vaillant **2** (*fig., fam.*) [*bocca*] bec: *aprire il becco* ouvrir le bec; *chiudere il becco* fermer le bec; *chiudere il becco a qc.* clouer le bec à qqn.; *chiudi il becco!* ferme-la (*pop.*), boucle-la (*pop.*) # *tenere il becco chiuso* se taire; *avere il becco lungo* avoir bon bec → **lingua** ◇ (*loc.*) *mettere il becco in q.c.* se mêler de qqch. ~ *non mettere il becco nei miei affari!* ne mets pas ton nez dans mes affaires! ~ *rimarremo, resteremo a becco asciutto* cela nous passera sous le nez **3** [*sporgenza appuntita di oggetti*] bec: *il becco della caffettiera, della penna* le bec de la cafetière, de la plume; *becco di casseruola, di brocca* bec de casserole, de cruche ◇ [*beccuccio, bocchino*] *il becco del clarinetto* le bec de la clarinette **4** *becco d'oca* pince *f.* **5** [*bruciatore di gas e sim.*] *becco a gas* bec de gaz.
2 **bécco, chi** |'bekko, ki| *s.m.* **1** [*maschio della capra*] bouc → **caprone** **2** (*fig., pop.*) [*marito tradito dalla moglie*] cornard, cocu (*volg.*): *becco contento* cocu content # *essere becco e bastonato* s'être fait doublement avoir, être doublement baisé (*pop.*) → **cornuto.**
bécco in cróce |'bekkoin'krotʃe| *s.m.* → **becchincroce.**
beccofrusóne |bekkofru'zone| *s.m.* (*t. zool.*) jaseur.
beccùccio, i |bek'kuttʃo, i| *s.m.* **1** petit bec **2** [*canaletto adunco di ampolle, bricchi e sim.*] bec: *il beccuccio della caffettiera* le bec de la cafetière **3** [*piccola pinza per capelli*] pince *f.* à cheveux.
beccùto |bek'kuto| *agg.* (*raro*) qui a un long bec *loc.*
bécero |'betʃero| *s.m.* (*region.*) [*persona volgare, triviale*] goujat, rustre: *che becero!* quel goujat, quel rustre!; *modi da becero* des façons de goujat, de rustre; *di che vi immischiate, becero che non siete altro!* de quoi vous mêlez-vous, goujat que vous êtes! ✦ *agg.* [*triviale*] grossier*, rustre: *gente becera* gens grossiers, rustres.
bèchico, ci, ca, che |'bɛkiko, tʃi, ka, ke| *agg.* (*med.*) béchique.
beduìno |bedu'ino| *s.m.* bédouin: *una tribù di beduini* une tribu de bédouins ◇ (*spreg.*) [*persona dall'aspetto strano, incolto*] malotru ✦ *agg.* [*di, dei beduini*] *tribù beduina* tribu bédouine.
befàna |be'fana| *s.f.* **1** [*vecchia fantastica che porta i regali ai bambini il 6 gennaio*] ⊠ ◇ (*per est.*) [*donna brutta e vecchia*] vieille sorcière **2** [*regalo che si riceve il giorno dell'epifania*] cadeau (*m.*): *ho ricevuto una bella befana* j'ai reçu un beau cadeau pour le jour des Rois **3** [*epifania*] épiphanie, jour *m.* des Rois.
bèffa |'bɛffa| *s.f.* [*burla che esprime un senso di disprezzo*] tour (*m.*): *fare una beffa a qc.* jouer un tour à qqn. ◇ (*loc.*) *farsi beffe di qc.* se moquer de qqn., se payer la tête de qqn. (*pop.*) ~ *restare col danno e con le beffe* être le dindon de la farce ◇ [*parola, espressione, gesto di scherno*] raillerie, moquerie.
beffardaménte |beffarda'mente| *avv.* [→ BEFFARDO] railleusement.
beffàrdo |bef'fardo| *agg.* [*che ha l'abitudine di deridere o ingannare*] moqueur*, railleur*: *è un tipo beffardo* c'est un moqueur, un railleur ◇ [*che dimostra iron., derisione*] moqueur, railleur: *tono, sorriso beffardo* ton, sourire moqueur, railleur; *sguardo beffardo* regard moqueur, railleur.
beffàre |bef'fare| **A** *v.tr.* **1** [*prendersi gioco di qc. o di q.c.*] se moquer *pron.* de: *lo hanno beffato bellamente* on s'est bellement moqué de lui **2** [*ingannare*] duper: *lo ha illuso e beffato per bene!* il l'a bel et bien leurré et dupé, trompé! **B** *v.pron. intr.* BEFFARSI DI [*prendere in giro, prendersi gioco di*] se moquer (de): *beffarsi di tutto e di tutti* se moquer du tiers comme du quart.
beffatóre, trice |beffa'tore, tritʃe| *s.* (*lett.*) [*chi beffeggia*] railleur* (*corr.*) ✦ *agg.* (*lett.*) → **beffardo.**
beffeggiaménto |beffeddʒa'mento| *s.m.* (*raro*) [→ BEFFEGGIARE] raillerie *f.* (*corr.*).
beffeggiàre |beffed'dʒare| *v.tr.* [*mettere in ridicolo con particolare malignità*] bafouer, se moquer *pron.* de: *beffeggia il professore* il bafoue son professeur, il se moque de son professeur; *quest'opera beffeggia la famiglia e le istituzioni* cette œuvre bafoue la famille et les institutions.
bèga, ghe |'bɛ(e)ga, ge| *s.f.* **1** [*lite*] dispute, querelle: *fra i due è sorta una lunga bega* une longue dispute, querelle a éclaté entre les deux **2** [*affare intricato, briga*] histoire, ennui (*m.*): *non voglio beghe* je ne veux pas d'histoires, d'ennuis; *si prende sempre tutte le beghe* il lui arrive toujours toutes les histoires, tous les ennuis; c'est toujours à lui qu'arrivent les histoires, les ennuis.
beghìna |be'gina| *s.f.* (*relig.*) béguine ◇ (*per est., spreg.*) [*bigotta*] bigote.
beghinàggio, i |begi'naddʒo, i| *s.m.* (*relig.*) béguinage.
beghìno |be'gino| *s.m.* (*st. relig.*) béguin ◇ (*per est., spreg.*) [*bigotto*] bigot: *fare il beghino* être bigot.
begliuòmini |beʎ'ʎwɔmini| *s.m.pl.* → **balsamina.**
begònia |be'gɔnja| *s.f.* (*t. bot.*) bégonia *m.*
Begoniàcee |bego'njatʃee| *s.f.pl.* (*t. bot.*) Bégoniacées.
bèh |bɛ| *inter.* (*fam.*) **1** (*con valore conc., concl.*) eh bien: *beh, ho torto* eh bien, j'ai tort; *beh, vedremo chi ha ragione* eh bien, nous verrons qui a raison; *beh, andiamocene* eh bien, partons!; *beh, lascia perdere* eh bien, laisse tomber → **ebbene** ◇ (*per esprimere disappunto o perplessità*) eh bien, euh: *beh, non è così che si fa!* eh bien, ce n'est pas ainsi qu'on fait!; '*ti è piaciuto?*' '*beh!*' [*così, così*] 'cela t'a plu?' 'euh!' **2** (*con valore interrog.*) [(*e*) *allora*] eh bien: *beh, che ne dite?* eh bien, qu'en dites-vous?; *beh, cosa facciamo?* eh bien, que faisons-nous?
behaviorismo |beavjo'rizmo| *s.m.* (*psicol.*) behaviorisme.
bèi |'bɛi| *s.m.inv.* → **bey.**
'beige' |bɛʒ| *agg.inv.* beige: *dei pullover 'beige'* des pullovers beige ✦ (*s.m. inv.*) *il 'beige'* le beige: *questo 'beige' s'intona perfettamente con gli altri colori* ce beige s'harmonise parfaitement avec les autres couleurs.
beilicàle |beili'kale| *agg.* (*st.*) beylical*.
bèl |'bɛl| *s.m.inv.* (*fis.*) bel *var.*
belànte |be'lante| *agg.* **1** bêlant: *un agnello belante* un agneau bêlant; *animali belanti* animaux bêlants ✦ (*s.*) *un belante* un mouton **2** (*fig.*) [*lamentoso, noioso*] *una voce belante* une voix bêlante; *un oratore belante* un orateur bêlant.
belàre |be'lare| **A** *v.intr.* (*aus.* '*avere*') **1** [*emettere belati*] bêler: *il gregge belava* le troupeau bêlait **2** (*fig.*) [*fare il lamentoso, piagnucolare*] brailler, bêler: *il bambino non la smetteva più di belare* l'enfant n'arrêtait pas de brailler **B** *v.tr.* (*fig., iron.*) [*declamare, cantare in modo sdolcinato, lamentoso*] *belare una poesia, una canzone* réciter un poème, chanter (une chanson) d'une voix chevrotante.
belàto |be'lato| *s.m.* **1** [*verso delle pecore*] bêlement **2** (*fig.*) bêlement: *non sopporto il belato di quella donna* je ne supporte pas le bêlement de cette femme → **piagnisteo.**
bel cànto |bɛl'kanto| *s.m.inv.* (*mus.*) bel canto.

bèlga, gi, ghe |'bɛlga, dʒi, ge| *agg.* [*del Belgio*] belge.

belgicismo |beldʒi'tʃizmo| *s.m.* (*ling.*) belgicisme.

belìo, ii |be'lio, ii| *s.m.* (*raro*) [*belare continuato*] bêlement.

bèlla |'bɛlla| *s.f.* **1** [*donna bella*] belle; beauté: *corteggiare le belle* courtiser les belles; *la bella addormentata nel bosco* la belle au bois dormant ‖ *la bella del villaggio* la beauté du village ◇ (*scherz.*) *bella mia* ma belle **2** [*l'innamorata, la donna del cuore*] belle: *è con la sua bella* il est avec sa belle **3** [*bella copia*] copie définitive, au net, au propre: *mettere, copiare in bella* mettre au net, au propre **4** (*sport*) belle: *giocare la bella* jouer la belle → **spareggio** **5** (*t.bot.*) *bella di giorno* belle de jour ~ *bella di notte* belle de nuit © 3 **brutta.**

belladònna |bella'dɔnna| *s.f.* (*t. bot.*) belladone ◇ (*farm.*) atropine.

bellaménte |bella'mente| *avv.* **1** (*raro*) [→ 1 BELLO I 1] bellement **2** (*iron.*) [*tranquillamente, disinvoltamente*] tranquillement: *e lui se ne andava bellamente a spasso* et lui allait tranquillement se promener.

bèlle àrti |'bɛlle'arti| *s.f.pl.* → **arte**; 1 **bello** I 4.

bellétta |bel'letta| *s.f.* (*lett.*) → **melma.**

bellétto |bel'letto| *s.m.* **1** [*cosmetico per il trucco*] fard: *belletto per gli occhi, per le labbra* fard des yeux, des lèvres **2** (*raro, fig.*) → **artificio.**

bellézza |bel'lettsa| *s.f.* **1** beauté: *bellezza fisica* beauté physique; *la bellezza di una donna* la beauté d'une femme; *una bellezza naturale, artificiale* une beauté naturelle, artificielle; *la bellezza di un'opera d'arte* la beauté d'une œuvre d'art; *un paesaggio di una bellezza infinita* un paysage d'une beauté infinie; *il sentimento della bellezza* le sentiment de la beauté; *la bellezza greca* la beauté grecque; *superare qc. o q.c. in bellezza* triompher de qqn. ou de qqch. par la beauté ◇ (*iron.*) *la bellezza dell'asino* la beauté du diable ◇ *loc.* DI BELLEZZA [*che riguarda, favorisce la bellezza fisica delle persone, spec. donne*] de beauté: *concorso, gare di bellezza* concours de beauté; *istituto di bellezza* institut de beauté; *prodotti, creme, cure di bellezza* produits, crèmes, soins de beauté ~ PER BELLEZZA [*per ornamento*] comme ornement: *l'ho messo lì per bellezza* je l'ai mis là comme ornement, pour faire joli ◇ (*iron.*) *lo tengono per bellezza* ils le gardent pour faire joli ◇ (*loc. fig.*) *finire, chiudere in bellezza* finir, conclure en beauté ~ *superare una prova in bellezza* passer une épreuve en beauté ✦. *loc. escl.* CHE BELLEZZA! [*che gioia*] quelle joie! quelle chance!: *che bellezza son guarita!* quelle joie, quelle chance, je suis guérie! ~ (*di ammirazione*) *che bellezza questo giardino!* quelle splendeur, ce jardin! **2** *al plur.* [*gli elementi, gli aspetti belli*] beautés: *le bellezze artistiche d'Italia* les beautés artistiques d'Italie; *ammirare le bellezze della natura* admirer les beautés de la nature **3** [*persona, cosa bella*] beauté; merveille: *non è affatto una bellezza* ce n'est pas du tout une beauté ‖ *si lavora che è una bellezza* on travaille que c'est une merveille, un plaisir ◇ (*scherz., iron.*) (*donne*) beauté, ma belle; (*uomini*) beau gosse: *ciao bellezza!* salut beauté, ma belle (beau gosse)!; *dove vai, bellezza?* où vas-tu, beauté, ma belle?; *bellezza mia!* ma beauté, ma belle!; *ascoltami bellezza!* écoute-moi, beauté! **4** (*fig.*) (*per indicare gran quantità o lunga durata*) jolie, coquette somme; bien (*avv.*): *m'è costato la bellezza di un milione* cela m'a coûté la jolie, la coquette somme d'un million ‖ *è la bellezza di un anno che non ti vedo* cela fait bien un an que je ne te vois pas © 1, 2 **bruttezza.**

bellicìsmo |belli'tʃizmo| *s.m.* bellicisme © **pacifismo.**

bellicìsta |belli'tʃista| *agg.* belliciste: *un governo bellicista* un gouvernement belliciste; *politica bellicista* politique belliciste ✦ (*s.*) *i bellicisti e i pacifisti* les bellicistes et les pacifistes © **pacifista.**

bellicìstico, ci, ca, che |belli'tʃistiko, tʃi, ka, ke| *agg.* [*che propende per le soluzioni mil.*] belliciste: *una politica bellicistica* une politique belliciste.

bellìco, chi |bel'liko, ki| *s.m.* (*pop.*) → **ombelico.**

bèllico, ci, ca, che |'bɛlliko, tʃi, ka, ke| *agg.* de (la) guerre (*loc.*): *materiale bellico* matériel de guerre; *occupazione bellica* occupation de guerre, militaire; *del, nel periodo bellico* de la période, dans la période de la guerre.

bellicosaménte |bellikosa'mente| *avv.* [→ BELLICOSO 2] d'une manière belliqueuse *loc. inv.*

bellicosità |bellikosi'ta| *s.f. inv.* bellicosité *var.*

bellicóso |belli'koso| *agg.* **1** [*che ama la guerra*] belliqueux*: *popolo bellicoso* peuple belliqueux; *nazione bellicosa* nation belliqueuse **2** [*battagliero, aggressivo*] belliqueux: *umore bellicoso* humeur belliqueuse; *un discorso bellicoso* un discours belliqueux; *un atteggiamento bellicoso* une attitude belliqueuse © **pacifico, mite.**

belligerànte |bellidʒe'rante| *agg.* belligérant: *gli stati belligeranti* les états belligérants ✦ (*s.*) *i belligeranti* les belligérants.

belligerànza |bellidʒe'rantsa| *s.f.* belligérance: *stato di non belligeranza* état de non-belligérance.

bellìgero |bel'lidʒero| *agg.* (*lett.*) → **bellicoso.**

bellimbùsto |bellim'busto| *s.m.* [*chi ostenta eleganza, raffinatezza*] mirliflor(e): *il bellimbusto del paese* le mirliflore du village ◇ (*iron.*) *cosa stai qui a fare il bellimbusto!?* que fais-tu ici mirliflore!?

bellino |bel'lino| *agg.* [*alquanto bello, grazioso*] mignon*, joli: *com'è bellino questo bambino!* qu'il est mignon, joli cet enfant!; *è bellino questo giardinetto* ce jardinet est mignon, joli; *è bellino!* c'est mignon!

1 **bèllo** |'bɛllo|, *m. pl.* **bèi** |'bɛi|, **bèlli** |'bɛlli|, **bègli** |'bɛʎʎi| *agg.* → **il, gli I** (*con valore estetico*) **1** (*persone*) beau*: *un bell'uomo, una bella donna* un bel homme, une belle femme; *che bel bambino!* quel bel enfant!; *tua figlia diventa sempre più bella* ta fille devient toujours plus belle; *avere una bella bocca, begli occhi, bei capelli* avoir une belle bouche, de beaux yeux, de beaux cheveux; *ha una gran bella voce* il a une très belle voix; *ci ha fatto un bel sorriso* il nous a fait un beau sourire → **cordiale, grazioso** ◇ (*fam.*) [*caro*] chéri: *su, bello, non piangere!* allons, chéri, ne pleure pas!; *nonnina bella, mi dai mille lire?* petite grand-mère chérie, tu me donnes mille lires? ◇ (*iron.*) *non sperarci, amico bello!* n'y compte pas, cher ami!, mon vieux! ✦ *s.* (*spec. iron.*) *il bello del paese* le coq du village; *il suo bello* son cher et tendre; *bello mio, è ora che ti svegli!* mon cher, il est temps que tu te réveilles!; *fare il bello in piazza, con le donne* faire le coq du village → **fidanzato** ◇ (*loc.*) *farsi bello* (*crescendo*) [*diventar bello*] devenir beau; *farsi bella* (*davanti allo specchio*) [*truccarsi*] se faire une beauté; *farsi bello di q.c.* [*vantarsene*] s'attribuer le mérite de qqch. **2** (*animali*) beau: *un bel cane* un beau chien; *un bell'esemplare di gatto* un beau spécimen de chat; *che bei canarini!* quels beaux canaris! **3** (*cose*) beau: *un bel panorama, una bella strada* un beau panorama, une belle route; *hai scelto un bell'appartamento* tu as choisi un bel appartement → **piacevole, gradevole** ◇ [*ben fatto*] *è un bel lavoro* c'est du beau travail; *è stata una bella conferenza* cela a été une belle conférence ◇ (*iron.*) *bel lavoro!* beau travail!; *bella roba!* c'est du beau!, c'est du joli; *sono solo belle parole!* ce ne sont que de belles paroles! ◇ [*di valore, di alta qualità*] *un bell'ingegno, una bella mente* une belle intelligence, un bel esprit ◇ (*di manoscritto*) *bella copia* copie définitive, au net ✦ (*s.f.*) *bella* → **bella** 3 ◇ (*loc.*) *far bello* [*abbellire*] embellir: *devo far bella la casa per gli ospiti* je dois embellir la maison pour les invités **4** (*di opere d'arte*) beau: *una bella poesia* un beau poème; *una bellissima facciata romanica* une très belle façade romane; *scrivere in bello stile* écrire dans un beau style; *le belle lettere* les belles-lettres; *le belle arti* les beaux-arts; *museo delle belle arti* musée de beaux-arts ◇ *spec.* LE BELLE ARTI [*ente preposto ai monumenti, alle opere d'arte*] (*in Francia*) commission supérieure des monuments historiques: *sovrintendenza alle Belle Arti* (*in Francia*) conservation régionale des monuments historiques; *ottenere l'autorizzazione delle Belle Arti* obtenir l'autorisation de la commission des monuments historiques **5** [*piacevole, gradito, divertente*] bon; beau: *una bella notizia* une bonne nouvelle; *abbiamo trascorso una bella giornata* nous avons passé une bonne journée ‖ *oggi c'è bel tempo* aujourd'hui il fait beau; *non è stata una bella partita* cela n'a pas été un beau match # *è bello uscire di sera* c'est agréable de sortir le soir ◇ [*lieto, felice*] beau; bon: *ho sprecato i più begli anni della giovinezza* j'ai gâché les plus belles années de ma jeunesse ‖ *bei tempi, quelli* (*là*)*!* ça, c'était le bon temps!; *che bella sorpresa!* quelle bonne surprise! ◇ (*loc.*) *far la bella vita, darsi alla bella vita* [*far vita spensierata; darsi ai divertimenti*] mener joyeuse vie **II** (*in senso morale*) **1** [*buono, lodevole*] beau: *non è stato un bel gesto il tuo* ton geste n'a pas été beau ◇ (*iron.*) *bell'esempio ci avete dato!* bel exemple que vous nous avez donné!; *bella figura!* bravo! ◇ (*loc.*) *far bella figura* faire bonne impression ◇ [*no-*

bile, delicato] beau; bon: *un bell'animo* une belle âme ‖ *un bel carattere* un bon caractère; *è pieno di bei sentimenti* il est plein de bons sentiments ◇ [*gentile, garbato*] beau; bon: *ci ha conquistato con le sue belle maniere* il nous a conquis avec ses belles manières # *che bell'accoglienza!* quel bon accueil! ◇ (*iron.*) *belle parole sapete dirci!* vous savez en dire de belles paroles!; *belle cose!* c'est du joli!, c'est du beau! **2** [*adeguato, efficace*] beau: *gli ha dato una bella risposta* il lui a donné une belle réponse ◇ (*iron.*) *ci penserò io a fargli un bel discorsetto!* c'est moi qui me chargerai de lui faire un beau petit discours! ◇ [*opportuno, azzeccato*] bon: *hai avuto una bella idea, una bella trovata* tu as eu une bonne idée; *non hai scelto un bel momento* tu n'as pas choisi le bon moment → **adatto** **III** (*con riferimento alla quantità o al vantaggio*) **1** [*rilevante, considerevole*] beau; bon: *mi è costata una bella cifra questa macchina* elle m'a coûté une belle, une jolie somme cette voiture; *hai fatto un bel colpo* tu as fait un beau coup → **riuscito, fortunato** ‖ *si è mangiato un bel piatto di pastasciutta* il a mangé une bonne assiette de pâtes; *facciamoci una bella dormita* faisons un bon somme # *ha fatto un bel progresso* il a fait un grand progrès; *un giovane di belle speranze* un jeune dont on peut beaucoup attendre; *ti sei preso un bello spavento* tu as eu très peur; *alla sua bella età va ancora in bicicletta* à son âge il va encore à bicyclette ◇ (*iron.*) *ho preso una bella sonata con quell'affare* j'ai été joliment roulé avec cette affaire; *ci vuol proprio un bel coraggio a far certe domande* il faut avoir du toupet pour poser certaines questions; *bel coraggio, prendersela con un povero incapace!* c'est du beau de s'en prendre à un pauvre incapable! ◇ *loc.* UN BEL PO' DI..., UN BEL PEZZO DI... [*parecchio, molto*] un bon bout de; beaucoup (de): *ci vorrà un bel po' di tempo perché guarisca* il faudra un bon bout de temps pour qu'il guérisse; *c'è ancora un bel pezzo di strada* il y a encore un bon bout de chemin ‖ *mi occorrono un bel po' di denari* il me faut beaucoup d'argent **2** [*vantaggioso, conveniente, favorevole*] bon: *non hai fatto un bell'affare* tu n'as pas fait une bonne affaire; *perdere, cogliere una bella occasione* perdre, saisir une bonne occasion ◇ (*iron.*) *bel guadagno, bell'affare!* bonne affaire!; *ho fatto proprio un bel guadagno a mettermi con te!* j'ai vraiment fait une bonne affaire en me mettant avec toi! ◇ [*buono, soddisfacente*] bon: *prendere un bel voto* avoir une bonne note; *ha trovato una bella sistemazione* il a trouvé un bon emploi ◇ (*iron.*) *ti sei preso un bel raffreddore* tu as attrapé un bon rhume; *ci avete dato un bel dispiacere, una bella delusione* vous nous avez fait beaucoup de peine, vous nous avez beaucoup déçus; *ho preso una bella fregatura!* on m'a drôlement roulé!, je me suis bien fait avoir! ◇ [*favorevole, positivo*] *non mi ha fatto una bella impressione il tuo amico* il ne m'a pas fait (une) bonne impression, ton ami **3** *loc.* È BELLO (+ *inf.*) c'est bien de (+ *inf.*): *non è bello lasciarsi con rancore* ce n'est pas bien de se quitter avec de la rancune ~ *è troppo bello* (*per essere vero*) c'est trop beau (pour être vrai) ~ *sarebbe bello se ci foste anche voi* ce serait bien si vous y étiez aussi **IV** (*con valore raff. o escl.*) **1** bien: *è sempre bello pulito, bello rasato* il est toujours bien propre, bien rasé; *ha una faccia bella piena, bella rossa* il a un visage bien plein, bien rouge → 1 **bene** ◇ (*iron.*) *è un bell'imbroglione, un bell'egoista* c'est une belle fripouille, un bel égoïste; *sei proprio una bella bestia* tu es vraiment bien bête → **grande** ◇ (*pleon.*) *non ti dico un bel niente* je ne te dis rien de tout; *un bel giorno ci rivedremo a quattrocchi* un beau jour nous nous reverrons entre quatre yeux; *rispondigli con un bel no* réponds-lui un non sec, carrément non; *lo hanno interrotto nel bel mezzo del discorso* on l'a interrompu au beau milieu de son discours ◇ (*loc.*) *l'ho fatto a bella posta* [*di proposito*] je l'ai fait exprès **2** AVERE UN BEL (+ *inf.*) (*per indicare l'inutilità di un'azione*) avoir beau (+ *inf.*): *hai un bel dire, un bel darti da fare* tu as beau dire, te donner du mal; *hanno un bel correre, ormai il treno è partito* ils ont beau courir, le train est dejà parti **3** *loc.* BELL'E (+ *agg.*) bien: *il lavoro è bell'e finito* le travail est bien fini # *era lì steso bell'e morto* il était bel et bien mort; *comperare un vestito bell'e fatto* acheter un costume tout fait; *ormai è bell'e notte* désormais il fait tout à fait nuit ~ BELL'E BUONO [*schietto, autentico*] véritable: *questa è sfacciataggine bell'e buona* c'est une véritable impudence; *è un insulto bell'e buono* c'est une véritable insulte ~ BEL BELLO [*con aria tranquilla, indifferente*] tout tranquillement: *veniva giù bel bello dalla collina* il descendait tout tranquillement la colline; *se n'è andato bel bello* il s'en est allé tout tranquillement, tout bonnement ~ ALLA BELL'E MEGLIO [*in maniera arrangiata*] tant bien que mal: *ho cercato di aggiustarla alla bell'e meglio* j'ai essayé de l'arranger tant bien que mal **4** (*loc.*) *dirne, sentirne delle belle* en dire, en entendre de belles; *ne abbiamo sentite delle belle sul tuo conto* nous en avons entendu de belles sur ton compte ~ *me ne ha fatte vedere, passare delle belle* il m'en a fait voir de belles! ~ *l'hai fatta bella!* tu as fait du joli! ~ *l'abbiamo scampata bella* nous l'avons échappé belle ~ SUL PIU BELLO au plus beau moment: *sul più bello della festa si è interrotta la corrente* au plus beau moment de la fête, une panne de courant s'est produite; *ci ha lasciato sul più bello* il nous a laissés au plus beau moment **5** (*escl.*) *questa è bella!* elle est bien bonne celle-là!; *bella questa!* elle est bonne!; *oh bella!* (ça) par exemple!, ça alors!; *che bello!* ce que c'est bien!, quelle chance!; *non sai la più bella!* tu ne sais pas la meilleure!

2 **bèllo** |ˈbɛllo| *s.m.* **1** beau*: *il culto, il gusto del bello* le culte, le goût du beau; *il bello nell'arte* le beau dans l'art ◇ *loc. fig.* DI BELLO [*d'interessante; di positivo*] de beau: *cosa hai fatto di bello?* qu'as-tu fait de beau?; *hai q.c. di bello da farmi leggere?* tu as qqch. de beau à me faire lire?; *ha di bello che non si offende* il a ça de bien, qu'il ne se fâche pas # *c'è di bello che non si sentono rumori* ce qui est bien c'est qu'on n'entend pas de bruits ~ *il bello è che pretende di essere risarcito* [*la cosa strana, ridicola è che...*] le plus beau, le plus drôle c'est qu'il exige d'être dédommagé ~ *ora viene il bello* [*il difficile*] maintenant vient le plus beau ~ *ci vorrà del bello, del bello e del buono* [*la cosa richiederà impegno, pazienza*] il faudra toutes les peines du monde **2** [*bel tempo; clima sereno*] beau: *bello stabile* beau fixe; *speriamo che il tempo si rimetta al bello* espérons que le temps se remette au beau; *oggi c'è bello* aujourd'hui il fait beau (*agg.*); *fa bello da voi?* il fait beau *agg.* chez vous?

bellòcchio, i |belˈlɔkkjo, i| *s.m.* (*miner.*) œil-de-chat.

bellòccio, ci, cia, ce |belˈlɔttʃo, tʃi, tʃa, tʃe| *agg.* [*che è di una bellezza ordinaria*] assez beau*: *è piuttosto belloccia* elle est assez, plutôt belle femme.

bellospirito |bellosˈpirito| *s.m.* **1** (*persone*) bel esprit: *dei begli spiriti* de beaux esprits **2** (*iron.*) esprit fin et farceur.

belluìno |belluˈino| *agg.* [*feroce, bestiale*] bestial*: *un furore belluino* une fureur bestiale; *natura belluina* nature bestiale.

bellumóre |bellu'more| *s.m.* → **bellospirito.**

bellùria |belˈlurja| *s.f.* (*region., tosc.*) beauté.

'belote' |bəlɔt| *s.f.inv.* belote *var.*

beltà |belˈta| *s.f.inv.* **1** (*lett.*) beauté *var.* (*corr.*): *la beltà di un paesaggio, di un quadro* la beauté d'un paysage, d'un tableau; *essere di una grande beltà* être d'une grande beauté → **bellezza** **2** [*donna di grande bellezza*] beauté: *una beltà celebre* une beauté célèbre; *non è una beltà* ce n'est pas une beauté Ⓒ 1 **bruttezza.**

belùga |beˈluga| *s.m. inv.* (*t.zool.*) bélouga *var.*, beluga *var.*

bélva |ˈbelva| *s.f.* [*bestia feroce*] bête féroce, fauve (*m.*): *caccia alle belve* chasse aux bêtes féroces, aux fauves; *belva in gabbia* fauve en cage; *domatore nella gabbia della belva* dompteur dans la cage du fauve; *addomesticare le belve* apprivoiser les bêtes féroces → 2 **fiera** ◇ (*fig.*) *quest'uomo è una vera belva!* cet homme est une vraie bête féroce!; *se si infuria, diventa una belva* s'il se met en colère, il devient une bête féroce; *che belva!* quelle bête féroce!

belvedére |belveˈdere| **I** *s.m.inv.* **1** belvédère (*var.*): *un belvedere sul lago* un belvédère sur le lac **2** (*mar.*) perruche *f.var.* **3** (*t.bot.*) belvédère **II** (*in funzione di agg. inv.*) [*che permette una vista panoramica*] panoramique (*var.*): *scompartimento belvedere* compartiment panoramique.

bemòlle |beˈmɔlle| *s.m.* (*mus.*) bémol (*agg.*): *fa bemolle* fa bémol.

benaccètto |benatˈtʃɛtto| *agg.* [*accolto, ricevuto volentieri*] bien reçu, bienvenu: *essere benaccetto* être bien reçu, le bienvenu (*s.*); *sarai sempre benaccetto* tu seras toujours le bienvenu → **gradito** # *è benaccetto nel quartiere* il est très bien vu dans le quartier Ⓒ **sgradito, malaccetto.**

benalzàto |benalˈtsato| **1** *agg.* (*spec. in funzione di inter.*) bonjour (*s. inv.*): *benalzato!, benalzata!* bonjour! **2** *s.m.inv.* bonjour: *dire, dare il benal-*

zato a qc. souhaiter le bonjour à qqn.

benamàto |bena'mato| *agg.* (*lett.*) bien-aimé: *i genitori benamati* les parents bien-aimés → 1 **caro** ◇ (*iron.*) *il nostro benamato direttore* notre directeur bien-aimé.

benànche |be'nanke| *avv. raff.* [*anche se, persino se*] même si (+ *indic.*): quand (bien) même (+ *cond.*): *non gli perdonerei, benanche si scusasse* même s'il s'excusait, quand bien même il s'excuserait, je ne lui pardonnerais pas.

benarrivàto |benarri'vato| **I** *agg.* **1** (*spec. in funzione di inter.*) bienvenu: *benarrivata!* sois (soyez) la bienvenue!, bienvenue (*s.f.*); *benarrivati!* soyez les beinvenus!, bienvenus *m.pl.* → **benvenuto** **2** [*che giunge a proposito*] bienvenu, opportun: *un'osservazione benarrivata* une remarque bienvenue, opportune **II** *s.m.* **1** [*persona che giunge gradita*] bienvenu: *quando vuoi venire sarai sempre il benarrivato* quand tu voudras venir, tu seras toujours le bienvenu **2** (*saluto a chi arriva*) bienvenue (*f.*): *dare il benarrivato a qc.* souhaiter la bienvenue à qqn.

benauguràto |benaugu'rato| *agg.* (*lett.*) → **fortunato.**

benché |ben'ke| *cong.* **1** (*con valore conc.*) [*sebbene, quantunque*] (+ *cong.* o *ell.*): bien que (+ *congv.*), quoique (+ *congv.*): *insistette, benché glielo avessi sconsigliato* il insista, bien que, quoique je le lui eusse déconseillé; *proverò a parlargli, benché ormai sia troppo tardi* j'essaierai de lui parler, bien qu'il soit désormais trop tard; *è timido, benché cerchi di nasconderlo* c'est un timide, bien qu'il cherche à le cacher ◇ (*con ell. del v.*) *benché ferito, continuò a correre* bien que, quoique blessé, il continua à courir; *benché avvisati in tempo, non sono venuti* bien qu'avertis, quoique avertis à temps, ils ne sont pas venus **2** (*con valore avvers.*) [*anche se, ma*] mais: *fai pure, benché te ne pentirai presto* fais-le donc, mais tu t'en repentiras vite ◆ (*ass.*) (*per esprimere perplessità*) tiens!: *benché, chi lo conosce?* tiens! qui le connaît?; *dicono tutti che è un affare, benché!* tout le monde dit que c'est une affaire, tiens! **3** (*con valore raff. davanti ad agg.*) moindre (*agg.*): *non mi ha dato il benché minimo aiuto* il ne m'a pas donné la moindre aide; *non ne ho la benché pallida idea* je n'en ai pas la moindre, la plus pâle idée.

bènda |'bɛnda| *s.f.* **1** [*striscia di tela o sim. per fasciature*] bande, bandage (*m.*): *benda elastica* bandage élastique; *benda gessata* bandage plâtré; *togliere una benda* défaire une bande, un bandage ◇ (*pugilato*) bandages *pl.* → **bendaggio** **2** [*fascia da portare intorno al capo come simbolo o per ornamento*] bandeau (*m.*): *auree bende* bandeau royal; *benda da monaca, da infermiera* bandeau de religieuse, d'infirmière # *una benda per trattenere i capelli* un serre-tête ◇ (*relig. ant.*) bandelette: *le sacre bende* les bandelettes sacrées; *bende delle mummie egiziane* bandelettes des momies égyptiennes **3** [*striscia, fascia per coprire gli occhi*] bandeau: *la benda nera dei condannati a morte* le bandeau noir des condamnés à mort; *coprirsi gli occhi con una benda* couvrir ses yeux avec un bandeau ◇ (*loc. fig.*) *avere una benda sugli occhi* avoir un bandeau sur les yeux ~ *gli è caduta la benda dagli occhi* il a ouvert les yeux ~ *togliere la benda dagli occhi di qc.* dessiller les yeux de, à qqn., ouvrir les yeux à qqn. **4** [*striscia di rinforzo delle vele*] bande de renfort.

bendàggio, i |ben'daddʒo, i| *s.m.* **1** [*fasciatura, benda*] bandage: *bendaggio incrociato, a T* bandage croisé, en T; *avvolgere, stringere, disfare un bendaggio* enrouler, serrer, défaire un bandage **2** (*pugilato*) bandages (*pl.*): *il bendaggio del pugile* les bandages du boxeur.

bendàre |ben'dare| *v.tr.* **1** [*coprire gli occhi con una benda*] bander: *avevano bendato gli occhi del condannato prima di fucilarlo* on avait bandé les yeux du condamné avant de le fusiller ◇ (*fig.*) *bendare gli occhi a qc.* [*impedirgli di accorgersi della realtà*] aveugler qqn., mettre des œillères à qqn. **2** [*fasciare con bende*] bander: *bendare la fronte di un ferito* bander le front d'un blessé.

bendàto |ben'dato| *agg.* **1** [*fasciato con bende*] bandé: *un braccio bendato* un bras bandé **2** [*coperto con una benda*] *gli occhi bendati* les yeux bandés ◇ (*fig.*) *avere gli occhi bendati* avoir un bandeau sur les yeux.

bendatùra |benda'tura| *s.f.* → **bendaggio.**

bendispósto |bendis'posto| *agg.* [*che ha atteggiamento favorevole, benevolo*] bien disposé; favorable: *essere bendisposto verso qc.* être bien disposé pour, envers qqn.; *è bendisposto a vostro riguardo* il est bien disposé à votre égard || *era bendisposto verso il mio progetto* il était favorable à mon projet Ⓒ **maldisposto, sfavorevole, contrario.**

bendóne |ben'done| *s.m.* → 2 **fanone.**

1 **bène** |'bɛne| **I** *avv.* **1** [*in modo buono, giusto, corretto*] bien: *agire, comportarsi bene* bien agir, bien se conduire; *hai fatto bene a non seguirli* tu as bien fait de ne pas les suivre; *non si sono comportati bene con noi* ils ne se sont pas bien conduits avec nous **2** [*in modo esatto, preciso*] bien: *non ho colto bene il tuo pensiero* je n'ai pas bien saisi ta pensée; *fatti spiegare bene la strada* fais-toi bien expliquer le chemin; *non avete fatto bene i conti* vous n'avez pas bien fait les comptes → **perfettamente** ◇ [*in modo sufficiente, chiaro*] *non ti sento bene* je ne t'entends pas bien; *ci vedi bene coi nuovi occhiali?* tu y vois bien avec tes nouvelles lunettes?; *ti conosco bene, ragazzo mio!* je te connais bien, mon garçon! **3** [*in modo soddisfacente, vantaggioso, comodo*] bien: *è andato tutto bene* tout s'est bien passé: *gli affari vanno bene* les affaires vont bien # *avete viaggiato bene?* vous avez fait bon voyage? **4** (*in unione con molti v. assume valori particolari, per i quali si rinvia al v. stesso*) bien: *star bene* bien aller, bien se porter → **stare**; *andar bene* bien se passer → 1 **andare**; *parlare bene* bien parler → 1 **parlare**; *pensar bene* bien penser → 1 **pensare** ◇ *loc.* (*andar*) *di bene in meglio* (aller) de mieux en mieux ◇ (*iron.*) [*sempre peggio*] de mieux en mieux ◇ (*prov.*) *tutto è bene quel che finisce bene* tout est bien qui finit bien **5** *raff.* [*molto, assai*] bien: *ci vuole ben altro* il faut bien autre chose; *è una questione ben diversa* c'est une question bien différente # *ben presto ne riparleremo* nous en reparlerons bientôt ◇ [*proprio, davvero*] *sei ben sciocco* tu es bien bête; *vorrei ben vedere!* je voudrais bien voir!; *verrai bene una volta o l'altra a trovarci!* tu viendras bien nous voir une fois ou l'autre! ◇ (*iron.*) *ne valeva bene la pena!* cela en valait bien la peine! ◇ [*pure*] *finirà bene di piovere, no?* il finira bien de pleuvoir, non?; *potevano ben dircelo prima!* ils auraient bien pu nous le dire avant! ◇ [*addirittura*] *costa ben cinquecento lire* cela coûte bien cinq cents lires; *ci vorranno ben due mesi di lavoro* il faudra bien, il ne faudra pas moins de deux mois de travail; *è alto ben due metri* il fait bien deux mètres ◇ (*loc.*) *ben bene* [*ottimamente, del tutto; accuratamente*] pour de bon; comme il faut: *l'ho sistemato ben bene* je lui ai réglé son compte pour de bon; *mi stufi ben bene* tu m'embêtes pour de bon || *ha sistemato tutto ben bene nella valigia* il a tout rangé comme il faut dans la valise **6** (*in formula di augurio o di saluto*) bienvenu: *ben venga la primavera!* le printemps sera le bienvenu!; *ben venuto! ben tornato, ben arrivato!* bienvenu! heureux (heureuse) de te revoir! → **benvenuto** **7** *ass.* (*per esprimere 'consenso, soddisfazione o plauso'*) bravo; bien: *hai vinto? bene!* tu as gagné? bravo!; *bene, bene, gridarono in coro* bravo, bravo, crièrent-ils en chœur || *è tutto giusto? bene!* tout est juste? bien! ◇ (*con valore interrog.*) eh bien: *bene, cosa c'è di nuovo?* eh bien, quoi de neuf? → **ebbene** ◇ (*con valore concl. o risolutivo*) bon: *bene, basta così* bon, cela suffit comme ça!; *bene, ne riparleremo in seguito* bon, nous en reparlerons **8** *loc.* OR BENE → **orbene** ~ PER BENE [*in modo esatto, accurato*] bien: *fare le cose per bene* bien faire les choses; *ho guardato per bene dappertutto* j'ai bien regardé partout ~ *loc. agg.* PER BENE [*educato, gentile; raffinato*] comme il faut, bien: *sono persone per bene* ce sont des gens comme il faut, des gens bien; *è una famiglia per bene* c'est une famille comme il faut, une famille bien; *con loro devi usare un linguaggio per bene* avec eux tu dois utiliser un langage comme il faut **II** *agg.inv.* bien: *gente bene* gens bien; *famiglia bene* famille bien ◇ (*spec. iron.*) *la Roma bene* le tout-Rome.

2 **bène** |'bɛne| *s.m.* **1** [*ciò che è buono*] bien: *il sommo bene* [*Dio*] le souverain bien, le bien suprême; *saper distinguere il bene dal male* savoir distinguer le bien du mal ◇ [*azione buona; atto generoso, caritatevole*] *opere di bene* œuvres de bienfaisance, de charité; *in vita sua ha sempre fatto del bene* dans sa vie il a toujours fait du bien ◇ (*loc.*) *agire a fin di bene* [*con buone intenzioni*] agir dans une bonne intention **2** [*cosa giusta, opportuna*] *è bene* (+ *inf.*) c'est bien de (+ *inf.*), il est bon de (+ *inf.*): *non è bene comportarsi così* ce n'est pas bien de se conduire ainsi; *è bene dirle subito certe cose* certaines choses il est bon de les dire tout de suite; *è bene ricordare, sottolineare che...* il est bon, il convient de rappeler, de souligner que... ◇ È BENE CHE (+ *congv.*) il est bon que (+ *congv.*): *è bene che io gli parli* il est bon que je lui parle; *sarebbe bene*

che ci fossi anch'io il serait bon que j'y sois (moi) aussi **3** [*cosa utile, vantaggiosa*] bien: *è un bene che tu sia qui* c'est un bien que tu sois ici; *le sue dimissioni sono state un bene per il partito* sa démission a été un bien pour le parti ◇ [*interesse, beneficio*] *ho lavorato per il bene di tutti* j'ai travaillé pour le bien de tous; *lo dico, lo faccio per il tuo bene* je le dis, je le fais pour ton bien ◇ *loc.* FAR BENE A [*giovare*] faire du bien à...: *questa medicina ti farà bene, un gran bene* ce médicament te fera du bien, le plus grand bien; *un po' di pioggia farebbe bene alla campagna* un peu de pluie ferait du bien à la campagne ~ *ass.* FAR BENE [*giovare alla salute*] faire du bien: *il nuoto fa bene* la natation fait du bien **4** [*soddisfazione, felicità*] bonheur: *vi auguro ogni bene* je vous souhaite tout le bonheur du monde **5** [*affetto, amore*] *voler bene a qc.* aimer qqn.; *ti ho voluto bene come ad un figlio* je t'ai aimé comme un fils; *farsi voler bene da tutti* se faire aimer de tous ◇ (*scherz.*) [*persona amata*] bien-aimé, bien-aimée (*f.*): *è felice solo con il suo amato bene* elle n'est heureuse qu'avec son bien-aimé ◇ (*loc.*) *mi vuole un bene dell'anima* il m'aime de tout son cœur, de toute son âme **6** [*tranquillità, serenità, quiete*] repos, répit: *non ha bene un minuto* il n'a pas un instant de repos, de répit; *non trova bene da nessuna parte* il ne trouve nulle part de repos, de répit **7** (*loc.*) *dir bene di qc.* dire du bien de qqn.: *dicono gran bene di te* on dit grand bien de toi; *non posso che dirne bene* je ne peux qu'en dire du bien ~ *mettere bene fra due* [*rappacificarli, accordarli*] réconcilier deux personnes **8** [*proprietà, ricchezza; patrimonio*] bien: *beni alienabili, inalienabili* biens aliénables, inaliénables; *beni mobili* biens meubles, biens mobiliers; *beni immobili* biens immeubles, biens immobiliers; *beni ereditari* biens héréditaires; *beni privati, pubblici* biens privés, publics; *ha dilapidato tutti i suoi beni* il a dilapidé tous ses biens; *beni di consumo* biens de consommation; *beni strumentali* biens d'équipement ◇ (*fig.*) [*valore, soddisfazione*] *i beni terreni, i beni spirituali* les biens terrestres, les biens spirituels; *è molto attaccato ai beni terreni* il est très attaché aux biens de ce monde ◇ (*loc.fig.*) *ben di Dio* [*ciò che serve per vivere*] tout ce qu'on veut: *in quel negozio c'è ogni ben di Dio* dans ce magasin il y a tout ce qu'on veut; *una casa piena di ogni ben di Dio* une maison remplie de tout ce qu'on veut ~ *spendere un ben di Dio per q.c.* [*spendere un'enormità, un patrimonio*] dépenser une somme folle pour qqch.

benedettino |benedet'tino| **1** *agg.* (*relig. catt.*) bénédictin: *regola benedettina* règle bénédictine: *ordini benedettini* ordres des bénédictins; *monaco benedettino* moine bénédictin ♦ (*s.*) *un benedettino* un bénédictin; *le benedettine* les bénédictines; *una fatica da benedettino* un travail de bénédictin **2** *s.m.* (*liquore*) bénédictine *f.*

benedétto |bene'detto| *agg.* **1** (*cose*) [*che ha ricevuto la benedizione religiosa*] bénit: *acqua benedetta* eau bénite; *olivo benedetto* buis bénit **2** (*fig.*) béni: *terra benedetta* terre bénie → **fertile** ◇ (*loc.*) *ha le mani benedette* il a le coup de main **3** [*santo, sacro, venerato*] saint: *la Vergine benedetta* la Sainte-Vierge; *raccomandati all'anima benedetta di tua madre* recommande-toi à l'âme sainte de ta mère # *Dio benedetto!* mon Dieu! ◇ [*beato, felice, fortunato*] bienheureux*: *benedetto chi riesce a trovarti* bienheureux celui qui arrive à te trouver; *benedetto te, che stai bene!* bienheureux toi qui te portes bien!; *benedetta ingenuità!* bienheureuse ingénuité, sainte simplicité ◇ (*in espressioni di riconoscenza*) béni: *benedetto chi ha inventato il telefono!* béni soit celui qui a inventé le téléphone! **4** (*euf.*) sacré, maudit: *quando arriverà questo benedetto autobus?* quand ce sacré, maudit autobus va-t-il arriver?; *queste benedette rate non finiscono mai!* ces sacrés, maudits versements ne finissent jamais!; *benedetto ragazzo!* maudit garçon! **5** (*per est.*) [*felice, fausto*] faste: *questo è un giorno benedetto* ce jour est un jour faste.

benedicènte |benedi'tʃɛnte| *agg.* [*che benedice*] bénisseur*, bénissant: *dei Gesù benedicenti* des Jésus bénisseurs ◇ (*scherz.*) *un gesto benedicente* un geste bénisseur.

benedìcite |bene'ditʃite| *s.m.inv.* [*preghiera prima dei pasti*] bénédicité (*var.*): *dei benedicite* des bénédicités.

benedìre |bene'dire| (132) *v.tr.* **1** (*relig.*) [*invocare la protezione divina su qc. o q.c.*] bénir: *il papa ha benedetto la folla* le pape a béni la foule; *benedire il cibo, i campi* bénir la nourriture, les champs ◇ [*consacrare*] *il vescovo ha benedetto la nuova chiesa* l'évêque a béni la nouvelle église; *benedire le fedi nuziali* bénir les anneaux de mariage ◇ (*loc. fig.*) *andare, mandare a farsi benedire* [*andare, mandare alla malora*] aller au diable, envoyer promener, envoyer au diable: *ma vai a farti benedire* mais va au diable!, va te faire cuire un œuf (*pop.*); *mandalo a farsi benedire* envoie-le promener, au diable # *è andato tutto a farsi benedire* tout est tombé à l'eau **2** [*accordare protezione, assistenza*] bénir: *Dio ha benedetto i nostri sforzi* Dieu a béni nos efforts; *il Signore benedica questa casa* que le Seigneur bénisse cette maison! ◇ *loc. escl.* (*per esprimere 'augurio o gratitudine'*) *Dio ti (vi, li...) benedica!* que Dieu te (vous, les...) bénisse! **3** [*esprimere gratitudine, ringraziamento a*] bénir: *benedico quanti mi hanno aiutato* je bénis ceux qui m'ont aidé ♦ *al p.p.* [*ringraziato, lodato*] béni: *Dio sia benedetto!* béni soit Dieu!; *sia sempre benedetto!* qu'il soit toujours béni ◇ [*ricordare con gratitudine*] *benedico il giorno che ti ho incontrato* je bénis le jour où je t'ai rencontré; *benedirete sempre le mie parole* vous bénirez toujours mes paroles 🄲 2; 3 **maledire.**

benedizióne |benedit'tsjone| *s.f.* **1** (*relig.*) bénédiction: *benedizione nuziale* bénédiction nuptiale; *dare, impartire, ricevere la benedizione* donner, recevoir la bénédiction ◇ (*per est.*) *la benedizione di una casa* la bénédiction d'une maison; *benedizione delle campane* bénédiction des cloches **2** [*protezione divina*] bénédiction: *la benedizione di Dio scenda sulla tua famiglia* que la bénédiction de Dieu descende sur ta famille!; *invocare la benedizione di Dio* invoquer la bénédiction de Dieu ◇ (*scherz.*) *gli ho dato la mia benedizione* je lui ai donné ma bénédiction; *ho avuto la benedizione del direttore* j'ai eu la bénédiction du directeur **3** [*fonte di bene, motivo di gioia*] bénédiction; joie: *il suo arrivo è una benedizione per noi* son arrivée est une bénédiction pour nous ‖ *questa notizia è stata una benedizione* cette nouvelle a été une joie ◇ [*aiuto provvidenziale*] bénédiction: *questa pioggia è una benedizione* cette pluie est une bénédiction; *il tuo denaro è stato une benedizione per me* ton argent a été une bénédiction pour moi → **fortuna, grazia 4** [*ringraziamento*] bénédiction: *avrai la benedizione di tutti* tu auras la bénédiction de tous 🄲 2, 3 **maledizione**; 3 **sfortuna.**

beneducàto |benedu'kato| *agg.* bien élevé, poli: *è una persona beneducata* c'est une personne bien élevée; *è un ragazzo beneducato* c'est un garçon bien élevé, poli 🄲 **maleducato, sgarbato.**

benefattóre, trice |benefat'tore, tritʃe| *s.* [*chi fa del bene, della beneficenza*] bienfaiteur*: *è il benefattore di questi bambini* c'est le bienfaiteur de ces enfants; *benefattore di un orfanotrofio* bienfaiteur d'un orphelinat; *i benefattori dell'umanità* les bienfaiteurs de l'humanité.

beneficàre |benefi'kare| *v.tr.* [*fare del bene a; aiutare*] faire (45) du bien à: *ha beneficato molti artisti* il a fait du bien à beaucoup d'artistes ◇ [*lasciare, dare in beneficio a*] aider: *beneficherò il museo con un lascito testamentario* j'aiderai le musée par un legs.

beneficàto |benefi'kato| *s.* [*chi ha ricevuto benefici*] obligé: *i beneficati non sempre sono riconoscenti* les obligés ne sont pas toujours reconnaissants.

beneficatóre, trice |benefika'tore, tritʃe| *s.* → **benefattore.**

beneficènte |benefi'tʃɛnte| *agg.* → **benefico.**

beneficènza |benefi'tʃɛntsa| *s.f.* [*aiuto, assistenza materiale ai bisognosi*] bienfaisance: *fare opere di beneficenza* pratiquer la bienfaisance; *istituto di beneficenza* institut de bienfaisance; *serata, lotteria di beneficenza* soirée, loterie de bienfaisance; *fare della beneficenza* faire de la bienfaisance; *dare denaro in beneficenza* donner de l'argent en bienfaisance → **regalo, dono** ◇ (*loc. iron.*) *qui non si fa beneficenza* [*non si dà niente gratuitamente*] ici on ne fait pas la charité.

beneficiàre |benefi'tʃare| **A** *v.tr.* → **beneficare B** *v.intr.* (*aus.* '*avere*') [*ottenere a proprio vantaggio, godere, usufruire*] bénéficier: *beneficiare delle attenuanti* bénéficier de circonstances atténuantes; *beneficiare del non luogo a procedere* bénéficier d'un non-lieu; *beneficia di una grossa fortuna* il bénéficie d'une grosse fortune; *beneficiare di privilegi* bénéficier de privilèges.

beneficiàrio, i |benefi'tʃario, i| **1** *agg.* (*comm., dir.*) bénéficiaire: *erede beneficiario* héritier bénéficiaire ♦ (*s.*) *il beneficiario (di una lettera di credito)* le bénéficiaire (d'une lettre de crédit) **2** *s.m.* (*dir. eccl.*) bénéficier.

beneficiàta |benefi'tʃata| *s.f.* **1** représentation au bénéfice d'un acteur (de la compagnie) **2** (*fig.*) [*periodo fortunato per una persona*] *oggi è la mia beneficiata* aujourd'hui c'est mon jour de chance.

beneficiàto |benefiˈtʃato| *s.* **1** *s.* (*comm., dir.*) bénéficiaire: *ne sono il beneficiato* j'en suis le bénéficiaire; *il beneficiato di un assegno, di un credito* le bénéficiaire d'un chèque, d'un crédit **2** *s.m.* (*dir. eccl.*) bénéficier.

beneficio, i |beneˈfitʃo, i| *s.m.* **1** bienfait: *ricevere un beneficio* recevoir un bienfait; *colmare qc. di benefici* combler qqn. de bienfaits **2** (*per est.*) [*utilità, giovamento*] bienfait: *ho trovato molto beneficio in questa cura* cette cure m'a procuré un grand bienfait; *i benefici del progresso* les bienfaits du progrès # *trarre beneficio da q.c.* tirer profit de qqch. ◇ [*favore, vantaggio*] avantage: *godere di particolari benefici* jouir de certains avantages; *accordare, offrire benefici* accorder, offrir des avantages ◇ (*loc.*) *a, in beneficio di...* au bénéfice de..., au profit de... **3** (*dir.*) bénéfice: *benefici di legge* bénéfices de la loi; *il beneficio della condizionale, delle attenuanti* le bénéfice du sursis, de circonstances atténuantes; *beneficio d'inventario* bénéfice d'inventaire ◇ (*loc. fig.*) *con beneficio d'inventario* [*con riserva*] sous bénéfice d'inventaire; sous toutes réserves **4** (*dir. eccl.*) bénéfice: *beneficio ecclesiastico* bénéfice ecclésiastique.

benèfico, ci, ca, che |beˈnɛfiko, tʃi, ka, ke| *agg.* **1** bénéfique: *questo clima mi è benefico* ce climat m'est bénéfique; *sono gli effetti benefici del nuovo contratto* ce sont les effets bénéfiques du nouveau contrat # *persona benefica* personne bienfaisante; *il suo intervento ha avuto un esito benefico* son intervention a eu une heureuse issue **2** [*che fa del bene; dedito alla beneficenza*] de bienfaisance (*loc. inv.*): *opere benefiche* œuvres de bienfaisance; *istituti benefici* établissements de bienfaisance [C] 1 **malefico, dannoso.**

benefìzio, i |beneˈfittsjo, i| *s.m.* → **beneficio.**

benemerènte |benemeˈrɛnte| *agg.* (*lett.*) → **benemerito.**

benemerènza |benemeˈrɛntsa| *s.f.* [*merito particolare, spec. nei confronti di istituzioni*] *attestato di benemerenza* titre de mérite; *meritare una benemerenza* mériter une récompense ◇ [*atto meritorio*] mérite *m.*, valeur: *benemerenze militari, patriottiche* mérites militaires, patriotiques ◇ (*loc.*) *in, per benemerenza* en récompense.

benemèrito |beneˈmɛrito| *agg.* **1** [*che ha acquistato merito nei confronti della comunità o di un'istituzione*] (bien) méritant, de (grand) mérite (*loc.inv.*): *cittadini benemeriti* des citoyens (bien) méritants; *un benemerito medico* un médecin de (grand) mérite ✦ (*s.*) *un benemerito della scienza, della cultura* un grand savant, un grand homme de lettres; *è un benemerito della patria* il a bien mérité de la patrie **2** *l'arma benemerita* [*l'arma dei Carabinieri*] les carabiniers *m.pl.* ✦ (*s.f.*) *la benemerita* les carabiniers *m.pl.*

beneplàcito |beneˈplatʃito| *s.m.* **1** [*approvazione, consenso*] consentement, approbation (*f.*): *dare il proprio beneplacito* donner son consentement, son approbation ◇ [*autorizzazione*] autorisation (*f.*): *dare il beneplacito* donner son autorisation; *avere il beneplacito dei superiori* avoir l'autorisation de ses supérieurs ◇ (*dir. eccl.*) approbation: *beneplacito apostolico* approbation du Saint-Siège **2** (*per est.*) [*volontà, arbitrio*] gré, volonté (*f.*): *agire secondo il proprio beneplacito* agir à son gré, à sa guise.

benèssere |beˈnɛssere| *s.m. inv.* **1** [*buona salute*] bien-être (*var.*): *provare un senso di benessere* éprouver une sensation de bien-être **2** [*agiatezza*] bien-être: *vivere nel benessere* vivre dans le bien-être; *economia, società del benessere* économie, société du bien-être # *il maggior benessere* le mieux-être.

benestànte |benesˈtante| *agg.* [*ricco, agiato*] aisé: *una famiglia benestante* une famille aisée ✦ (*s.*) *un benestante* une personne *f.* aisée *agg.*

benestàre |benesˈtare| *s.m.inv.* **1** [*autorizzazione, consenso*] autorisation *f.var.*, consentement (*var.*): *dare il proprio benestare* donner son autorisation, son consentement; *è necessario ottenere il benestare del medico* il est nécessaire d'obtenir l'autorisation du médecin → **approvazione** **2** [*agiatezza, benessere*] aisance *f.var.*, bien-être *sing.*

beneventàno |benevenˈtano| *agg.* [*di Benevento*] bénéventin.

benevolènte |benevoˈlɛnte| *agg.* → **benevolo.**

benevolènza |benevoˈlɛntsa| *s.f.* **1** [*buona disposizione d'animo verso qc.*] bienveillance: *si cattiva subito la benevolenza dei professori* il se concilie vite la bienveillance de ses professeurs; *il direttore ci ha accolto con benevolenza* le directeur nous a accueillis avec bienveillance → 1 **affetto, simpatia** **2** [*indulgenza, favore*] bienveillance: *con i giovani ci vuole benevolenza* il faut montrer de la bienveillance aux jeunes; *mi affido alla sua benevolenza* je m'en remets à votre bienveillance → **comprensione** [C] **ostilità, malanimo.**

benevolménte |benevolˈmente| *avv.* **1** [→ BENEVOLO 1] avec bienveillance (*loc.inv.*): *la proposta sarà esaminata benevolmente* la proposition sera examinée avec bienveillance **2** [*affabilmente, cordialmente*] aimablement, cordialement.

benèvolo |beˈnɛvolo| *agg.* **1** [*affettuoso, amichevole*] bienveillant: *accogliere qc. con un sorriso benevolo* accueillir qqn. avec un sourire bienveillant ◇ [*affabile, cordiale*] affable, cordial*: *si mostra sempre benevolo con tutti* il se montre toujours affable avec tout le monde **2** [*indulgente, benigno*] indulgent (envers, pour): *è stato benevolo verso i miei errori, verso di me* il s'est montré indulgent pour mes fautes, envers moi.

benfàtto |benˈfatto| *agg.* **1** bien fait: *una donna benfatta* une femme bien faite ◇ (*pop.*) *una ragazza benfatta* une jeune fille bien roulée, bien balancée **2** (*di lavoro*) bien bâti, bien construit: *un discorso benfatto* un discours bien construit ✦ *ass.* (*in funzione di inter.*) *benfatto!* (c'est) bien fait! → 1 **bene** 7.

bengàla |benˈgala| *s.m.inv.* feu *var.* de Bengale.

bengalése |bengaˈlese| *s.m.*, **bengàli** |benˈgali| *s.m.inv.* [*lingua del Bengala*] bengali ✦ (*agg.*) *lingua bengalese, bengali* bengali *s.m.*

bengalìna |bengaˈlina| *s.f.* (*tessuto*) bengaline.

bengalìno |bengaˈlino| *s.m.* (*t. zool.*) bengali.

bengòdi |benˈgɔdi| *s.m.inv.* pays de cocagne.

beniamìno |benjaˈmino| *s.* [*chi gode di particolare predilezione*] chouchou*: *questo cantante è il beniamino del pubblico* ce chanteur est le chouchou du public; *è la sua beniamina* c'est sa chouchoute.

benignità |beniɲɲiˈta| *s.f.inv.* **1** [*benevolenza, bontà*] bienveillance *var.*, clémence (*var.*): *approfittare della benignità altrui* profiter de la bienveillance d'autrui; *la benignità del destino* la clémence du destin ◇ (*fig.*) *la benignità di una malattia* la bénignité d'une maladie ◇ (*fig.*) [*mitezza*] douceur *var.*, clémence: *la benignità del clima, di una stagione* la douceur du climat, d'une saison **2** [*indulgenza, clemenza*] indulgence *var.*, clémence: *nessuna benignità verso certi errori* aucune indulgence pour certaines fautes; *ha dimostrato molta benignità verso di voi* il a fait preuve de beaucoup d'indulgence à votre égard **3** [*affabilità, cordialità*] affabilité (*var.*): *accogliere qc. con benignità* accueillir qqn. avec affabilité # *mi tratta con la massima benignità* il me traite très affablement [C] **malignità, malanimo.**

benìgno |beˈniɲɲo| *agg.* **1** [*indulgente, benevolo*] bénin*, bienveillant: *un critico benigno* un critique bénin; *una critica benigna* une critique bienveillante # *un gesto benigno* un beau geste ◇ [*favorevole, propizio*] favorable: *astri benigni* astres favorables, bénéfiques; *la sorte è stata benigna con te* le sort t'a été favorable ◇ (*med.*) *tumore benigno* tumeur bénigne; *decorso benigno di una malattia* cours bénin d'une maladie ◇ (*fig.*) *clima benigno* climat doux → **mite** **2** [*affettuoso, affabile*] doux*, tendre: *un sorriso benigno* un doux sourire; *rivolse al suo bambino uno sguardo benigno* il adressa un doux regard à son enfant [C] 1 **maligno**; 2 **ostile.**

benino |beˈnino| *avv.* [*in modo abbastanza soddisfacente*] assez bien, suffisamment: *fa benino* il travaille suffisamment, assez bien; *parlare benino una lingua* parler assez bien une langue ◇ (*nelle risposte*) pas mal: *come va? benino* comment ça va? pas mal ◇ *loc.* PER BENINO comme il faut, soigneusement: *preparare per benino q.c.* préparer qqch. comme il faut, soigneusement; *fare le cose per benino* faire les choses comme il faut.

benintenzionàto |benintentsjoˈnato| (*agg.*): *essere benintenzionato* être bien intentionné, avoir de bonnes intentions; *essere benintenzionato verso qc.* avoir de bonnes intentions envers qqn. [C] **malintenzionato.**

benintéso |beninˈteso| **1** *avv.* [*certamente, naturalmente*] bien entendu: *beninteso, nessuno scandalo* bien entendu, pas de scandale **2** *loc.cong.* BENINTESO CHE [*alla condizione che, purché*] à condition que (+ *congv.*): *gli parlerò domani, beninteso che riesca a trovarlo* je lui parlerai demain, à condition que je réussisse à le trouver **3** *agg.* (*raro*) [*stabile, confermato*] entendu, convenu: *resta beninteso quello che abbiamo de-*

ciso oggi ce que nous avons décidé aujourd'hui est bien entendu.
benìssimo |be'nissimo| *agg. sup.* [*molto bene*] très bien C **malissimo.**
bènna |'bɛnna| *s.f.* **1** (*tecnol.*) benne: *benna sospesa* benne suspendue; *benna mordente* benne preneuse **2** (*region.*) → **treggia.**
bennàto |ben'nato| *agg.* **1** (*lett.*) → **1 gentile; beneducato 2** (*fig., lett.*) → **fortunato.**
benóne |be'none| *avv.* [*molto bene, ottimamente*] très bien, tout à fait bien: *sto benone* je me sens très bien, tout à fait bien; '*verrai con noi?*' '*benone!*' 'viendras-tu avec nous?' 'd'accord!, très bien!' ◇ (*iron.*) *benone!* c'est le comble!, c'est le bouquet! (*fam.*); *benone! ho perso anche il portafoglio* c'est vraiment le comble, le bouquet, j'ai même perdu mon portefeuille.
benparlànte |bempar'lante| *s.* (*raro*) beau* parleur *m.* ✦ (*agg.*) *persona benparlante* personne éloquente.
benpensànte |bempen'sante| *agg.* bien pensant: *i giornali benpensanti* les journaux bien pensants ✦ (*s.*) *un benpensante* un bien-pensant: *l'opinione dei soliti benpensanti non m'interessa affatto* l'opinion des bien-pensants ne m'intéresse pas du tout.
benportànte |bempor'tante| *agg.* bien portant: *essere benportante* être bien portant.
benservito |benser'vito| *s.m.* attestation *f.* d'emploi ◇ (*loc. iron.*) *dare il benservito a qc.* donner son congé à qqn.
bensì |ben'si| *cong.* **1** [*anzi, invece*] au contraire, mais (plutôt): *il freddo non diminuiva, bensì aumentava* le froid ne diminuait pas, au contraire il augmentait; *non è stata una pioggia, bensì una tempesta* ce ne fut pas une pluie, mais plutôt une tempête; *speravo di guarire in fretta, bensì ci vorranno ancora dei mesi* j'espérais guérir vite, mais il faudra encore des mois **2** [*però, ma*] mais: *ti aspetto, bensì devi sbrigarti* je t'attends, mais tu dois te dépêcher; *viveri ce ne sono, bensì non per molto* des vivres il y en a, mais pas pour longtemps; *aspetto una tua telefonata, bensì ricordati!* j'attends ton coup de fil, mais n'oublie pas! ◇ [*tuttavia*] cependant: *è difficile, bensì non impossibile* c'est difficile, cependant ce n'est pas impossible; *capisco che sei stanco, bensì devi riprovarci* je comprends que tu sois fatigué, cependant tu dois essayer de nouveau **3** (*con valore aff.*) [*certo, certamente*] bien sûr: *gli ho chiesto bensì di restare, ma senza insistere* je lui ai évidemment demandé de rester, mais sans insister.
bènthos |'bɛntos| *s.m.inv.* (*geogr.*) benthos.
bentonite |bento'nite| *s.f.* bentonite.
bentornàto |bentor'nato| **1** *agg.* bienvenu (*s.*): *bentornato a casa tua!* tu es le bienvenu chez toi! ✦ (*s.*) *sii il bentornato!* sois le bienvenu! **2** *s.m.* bienvenue (*f.*): *dare il bentornato a qc.* souhaiter la bienvenue à qqn. → **benvenuto.**
bentòsto |ben'tɔsto| *avv.* (*lett.*) → **1 subito, presto.**
bentrovàto |bentro'vato| *agg.* (*formula di saluto rivolta a chi si incontra, spec. se inaspettatamente*) bienvenue (*s.f.*): *bentrovato!* bienvenue! # *bentrovato, vecchio mio!* heureux de te revoir, mon vieux!
benvedùto |benve'duto| *agg.* (*raro*) → **benvisto.**
benvenùto |benve'nuto| **1** *agg.* bienvenue *s.f.*, bienvenu (*s.*): *un'osservazione benvenuta* une remarque bienvenue; *benvenuto a casa mia* bienvenue chez moi, sois le bienvenu chez moi!; *benvenuti in Italia!* bienvenue en Italie, vous êtes les bienvenus en Italie! ✦ (*s.*) *siate i benvenuti tra noi* soyez les bienvenus parmi nous **2** *s.m.* bienvenue (*f.*): *dare il benvenuto a qc.* souhaiter la bienvenue à qqn.
benvìsto |ben'visto| *agg.* bien vu: *è molto benvisto nel quartiere, nel suo ufficio, sul lavoro* il est très bien vu dans le quartier, dans son service, dans son travail.
1 **benvolére** |benvo'lere| (195) *v.tr.* (*usato solo all'inf. e al p.p.*) [*stimare, amare*] aimer, estimer: *benvolere qc.* aimer, estimer qqn. # *farsi benvolere da qc.* s'attirer la sympathie de qqn.; *prendere a benvolere qc.* prendre qqn. en affection, en sympathie ✦ (*al p.p.*) *era benvoluto da tutti* tout le monde l'aimait bien.
2 **benvolére** |benvo'lere| *s.m.* (*solo al sing.*) [*affetto, stima*] bienveillance (*f.*): *quel critico ne parla con benvolere* ce critique en parle avec bienveillance.
benvolùto |benvo'luto| *agg.* [*stimato, rispettato*] aimé, estimé: *sul lavoro è molto benvoluto* il est très aimé, estimé dans son travail.
benzaldèide |benzal'dɛide| *s.f.* (*chim.*) benzaldéhyde *m.*
benzène |ben'dzɛne| *s.m.* (*chim.*) benzène.
benzìle |ben'dzile| *s.m.* (*chim.*) benzyle.
benzìlico, ci, ca, che |ben'dziliko, tʃi, ka, ke| *agg.* (*chim.*) benzylique.
benzìna |ben'dzina| *s.f.* **1** [*carburante*] essence, (*in Svizzera*) benzine: *distributore di benzina* poste, distributeur d'essence; *pompa della benzina* pompe à essence; *fare il pieno di benzina* faire le plein (d'essence); *sono rimasto senza benzina* ma voiture est en panne d'essence, en panne sèche **2** [*solvente*] benzine.
benzinàio, i |bendzi'najo, i| *s.* [*gestore di un distributore di benzina*] pompiste.
benzoàto |bendzo'ato| *s.m.* (*chim.*) benzoate.
benzòico, ci, ca, che |ben'dzɔiko, tʃi, ka, ke| *agg.* (*chim.*) benzoïque.
benzoìno |bendzo'ino| *s.m.* benjoin.
benzòlo |ben'dzɔlo| *s.m.* (*chim.*) benzol.
benzonaftòlo |bendzonaf'tɔlo| *s.m.* (*chim.*) benzonaphtol.
bèola |'bɛola| *s.f.* (*miner.*) gneiss *m.* à mica.
beóne |be'one| *s.* [*chi ama bere grandi quantità di vino, di alcolici*] buveur*: *è un gran beone* c'est un grand buveur → **ubriacone.**
beòta |be'ɔta| **1** *agg.* [*della Beozia*] béotien* **2** *s.* (*fig.*) [*persona rozza, stupida*] idiot → **idiota** ✦ (*agg.*) *sguardo beota* regard idiot; *discorso beota* discours idiot.
bequàdro |be'kwadro| *s.m. e agg.* (*mus.*) *mi bequadro* mi bécarre.
Berberidàcee |berberi'datʃee| *s.f. pl.* (*t. bot.*) Berbéridacées.
bèrbero |'bɛrbero| **I** *agg.* **1** berbère: *la popolazione berbera* la population berbère ✦ *s.* (*st.*) *i Berberi* les Berbères **2** [*razza di cavalli*] barbe: *un cavallo berbero* un barbe *s.m.* ✦ (*s.m.*) *un berbero* un barbe **II** (*s.m.*) *il berbero* [*la lingua*] le berbère.
'berceuse' |bɛʀsøz| *s.f.inv.* (*mus.*) berceuse *var.*
berchèlio, i |ber'kɛljo, i| *s.m.* (*chim.*) berkélium.
berciàre |ber'tʃare| *v.intr.* (*region., tosc.*) brailler, beugler.
1 **bére** |'bere| (120) **A** *v.tr.* **1** [*ingerire, inghiottire*] boire (67): *bere un caffè, acqua, vino* boire un café, de l'eau, du vin; *bere una medicina* boire un médicament; *bere un bicchiere, un bicchierino* boire un verre, un petit verre, un pot (*fam.*); *ne bevo un sorso* j'en bois une gorgée; *questo vino si beve con il dolce* ce vin se boit au dessert ◇ (*loc.*) *bere un uovo* gober un œuf ~ *uova da bere* un œuf à gober, œufs du jour ~ *bere un bicchiere di più* [*ubriacarsi*] boire un verre de trop ◇ (*fig.*) *bere il sangue di, a qc.* [*sfruttarlo*] exploiter qqn.; *o bere o affogare* [*non esiste alternativa*] il faut s'y tenir ou périr □ *si è bevuto tutta la bottiglia* il a bu toute la bouteille ◇ (*fig.*) *bersi la paga all'osteria* dépenser sa paye en boisson ◇ (*fig.*) *mi sono bevuto 1000 km* j'ai fait d'un seul trait 1000 km **2** *ass.* (*spec. riferito a vino o alcoolici*) boire: *si è messo a bere* il s'est mis à boire; *Mario non beve* Marius ne boit pas; *grazie, non bevo!* merci, je ne bois pas!; *bere come una spugna* boire comme une éponge; *bere a più non posso* boire jusqu'à plus soif (*fam.*); *bere a collo, al fiasco* boire au goulot; *bere alla bottiglia, a canna* boire à même la bouteille; *bere a garganella* boire à la régalade; *bere d'un sol sorso* boire d'un seul trait, faire cul sec; *bere alla salute di qc.* boire à la santé de qqn.; *offrire da bere, pagare da bere a tutti* payer la tournée générale; *beviamoci sopra!* on va boire un verre pour oublier ça! # *bere a centellini* siroter; *bere sopra una disgrazia* faire semblant de rien **3** (*fig.*) [*credere ingenuamente*] avaler: *questa proprio non la bevo* celle-là, je ne l'avale pas; *questa non me la dai da bere* tu ne me feras pas avaler cela; *berle tutte, bere grosso* avaler tout **4** (*fig.*) [*seguire, fissare con attenzione*] boire: *bere le parole di qc.* boire les paroles de qqn. □ *mentre suo figlio parlava se lo beveva con gli occhi* tandis que son fils parlait elle le buvait des yeux **5** [*assorbire; consumare*] absorber; boire: *questo terreno beve l'acqua* ce terrain absorbe l'eau ‖ *questo motore beve molto olio* ce moteur boit beaucoup d'huile ✦ (*ass.*) *è un motore che beve* c'est un moteur qui boit **6** (*biliardo*) [*perdere dei punti già fatti*] perdre (53): *bere un punto, dei punti* perdre un point, des points **B** *v.pron. rifl.* BERSI **1** → *tr.* 1 □ **2** → *tr.* 4 □.
2 **bére** |'bere| *s.m.inv.* le boire, la boisson (*f.var.*): *il bere e il mangiare* le boire et le manger; *dopo quella disgrazia si è dato al bere* après ce malheur il s'est adonné à la boisson; *il troppo bere fa male alla salute* les excès de boisson nuisent à la santé.

bergamàsca, che |berga'maska, ke| *s.f.* (*st. mus.*) bergamasque.
bergamàsco, chi, ca, che |berga'masko, ki, ka, ke| **1** *agg.* [*di Bergamo*] bergamasque **2** (*s.m.*) *il bergamasco* [*il dialetto*] le bergamasque.
bergamìno |berga'mino| *s.* (*region.*) [*allevatore di bestiame*] éleveur* ◇ [*lavoratore agricolo*] paysan*.
bergamòtta |berga'mɔtta| *s.f.* bergamote ✦ (*agg.f.*) *pera bergamotta* bergamote *s.f.*
bergamòtto |bergá'mɔtto| *s.m.* **1** (*t.bot.*) bergamotier ◇ (*per est.*) *essenza di bergamotto* essence de bergamote **2** [*varietà di pero*] bergamote *f.* ◇ [*il frutto*] bergamote.
bergerìna |berʒe'rina| *s.f.* petite bergère.
beribèri |beri'bɛri| *s.m.inv.* (*med.*) béribéri *var.*
berìllio, i |be'rilljo, i| *s.m.* (*chim.*) béryllium.
berìllo |be'rillo| *s.m.* (*miner.*) béryl: *berillo verde* béryl vert, émeraude *f.*
beri(u)òlo |beri'(w)ɔlo| *s.m.* → **beverino.**
berkèlio, i |ber'kɛljo, i| *s.m.* → **berchelio.**
berlìcche |ber'likke| *s.m.inv.* (*pop.*, *scherz.*) [*diavolo*] diable *var.* ◇ (*loc.*) *far berlicche berlocche* [*mancare di parola*] faire faux bond (à qqn.) ~ *rimanere come berlicche* [*rimanere scornato*] rester tout penaud.
1 **berlìna** |ber'lina| *s.f.* **1** (*st.*) pilori *m.* **2** (*fig.*) [*scherno, derisione*] risée: *mettere qc. in berlina, alla berlina* exposer qqn. à la risée.
2 **berlìna** |ber'lina| *s.f.* **1** [*vettura di gala*] berline **2** [*automobile con carrozzeria chiusa*] berline ✦ (*agg.*) *una Fiat 130 berlina* une Fiat 130 berline.
berlinése |berli'nese| *agg.* [*di Berlino*] berlinois.
bermùda |ber'muda| *s.m.pl.* bermuda (*sing. o pl.*).
bernardìno |bernar'dino| *agg. e s.* (*relig.*) bernardin.
bernàrdo l'eremita |ber'nardo lere'mita| *s.m.* → **paguro.**
bernésco, chi, ca, che |ber'nesko, ki, ka, ke| *agg.* (*lett.*) → **satirico, giocoso.**
bernése |ber'nese| *agg.* [*di Berna*] bernois.
bernòccolo |ber'nɔkkolo| *s.m.* **1** [*protuberanza, naturale o provocata da un colpo, della testa*] bosse (*f.*): *farsi un bernoccolo sulla testa* se faire une bosse sur la tête ◇ [*protuberanza in genere*] *una zucca piena di bernoccoli* une courge pleine de bosses **2** (*fig.*, *fam.*) [*predisposizione, attitudine per q.c.*] bosse: *avere il bernoccolo del commercio, della matematica* avoir la bosse du commerce, des mathématiques.
bernoccolùto |bernokko'luto| *agg.* plein de bosses.
berrétta |ber'retta| *s.f.* **1** [*copricapo*] bonnet (*m.*): *berretta da notte* bonnet de nuit # *berretta con visiera* casquette à visière; *berretta da prete, vescovile, prelatizia* barrette de prêtre, épiscopale, de prélat **2** (*t.bot.*) *berretta da prete* bonnet-de-prêtre *m.*
berrettàio, i |berret'tajo, i| *s.* [*chi fa o vende berretti*] chapelier*.
berrettìno |berret'tino| *s.m.* petit bonnet, petit béret.
berrétto |ber'retto| *s.m.* béret, bonnet: *berretto goliardico* béret d'étudiant; (*berretto*) *basco* béret basque; *berretto da notte* bonnet de nuit # *berretto da fantino* casquette de jockey ◇ (*st. fr.*) *berretto frigio* bonnet phrygien.
berrettóne |berret'tone| *s.m.* grand bonnet.
bersagliàre |bersaʎ'ʎare| *v.tr.* **1** (*mil.*) [*prendere di mira*] tirer (sur) (*intr.*): *bersagliare il nemico* tirer sur l'ennemi ◇ (*per est.*) [*colpire ripetutamente*] bombarder: *bersagliare qc. di sassi, di pugni* bombarder qqn. de pierres, de coups de poings **2** (*fig.*) [*perseguitare, assediare*] *harceler (7): *bersagliare qc. di richieste, di domande* harceler qqn. de demandes, de questions; *era bersagliato dalle critiche* il était harcelé de critiques.
bersaglière |bersaʎ'ʎɛre| **I** *s.* **1** *s.m.* (*mil. it.*) bersaglier: *dei bersaglieri* des bersagliers **2** *s.* (*fig.*, *scherz.*) [*persona molto decisa ed energica*] intrépide, fougueux*: *è rimasto un bersagliere* il est resté un intrépide; *è proprio una bersagliera* c'est vraiment une intrépide, une fougueuse **II** *loc.avv.* ALLA BERSAGLIERA avec intrépidité, avec fougue: *correre alla bersagliera* courir avec fougue # *cappello alla bersagliera* chapeau à plumes ◇ (*fig.*) [*con slancio, con energia*] *affrontare le difficoltà alla bersagliera* affronter les difficultés avec intrépidité.
bersàglio, i |ber'saʎʎo, i| *s.m.* **1** [*ciò che è preso di mira per essere colpito*] cible (*f.*): *tiro al bersaglio* tir à la cible; *tirare al bersaglio* tirer à la cible; *mirare al bersaglio* viser la cible; *colpire, centrare il bersaglio* toucher, atteindre la cible; *mancare il bersaglio* manquer la cible ◇ (*pugilato*) *bersagli validi* coups autorisés; *bersagli illeciti* coups bas; *bersaglio grosso* [*il torace*] le thorax ◇ (*per est.*) [*obiettivo, fine*] but (*m.*): *colpire, raggiungere il bersaglio* toucher, atteindre le but **2** (*fig.*) cible: *essere il bersaglio della sfortuna* être le cible de la malchance; *era il bersaglio delle critiche più spietate* il était la cible des critiques les plus impitoyables.
bersò |ber'sɔ| *s.m.inv.* [*pergolato a cupola*] berceau *var.*
1 **bèrta** |'bɛrta| *s.f.* (*abbigl.*) berthe.
2 **bèrta** |'bɛrta| *s.f.* → **battipalo.**
3 **bèrta** |'bɛrta| *s.f.* (*cannone*) bertha.
berteggiàre |berted'dʒare| *v.tr.* (*lett.*) → **canzonare, beffeggiare.**
bertovèllo |berto'vɛllo| *s.m.* → **bertuello.**
bertùccia, ce |ber'tuttʃa, tʃe| *s.f.* **1** (*t. zool.*) magot *m.* **2** (*fig.*) [*donna brutta e goffa*] guenon **3** [*ant. cannone*] bertha.
bertuèllo |bertu'ɛllo| *s.m.* **1** (*pesca*) verveux **2** (*caccia, pesca*) nasse *f.*
besciamèlla |beʃʃa'mɛlla| *s.f.* (*cuc.*) béchamel.
bestémmia |bes'temmja| *s.f.* **1** [*parola, ingiuria contro Dio e la relig.*] blasphème (*m.*): *la bestemmia è un reato* le blasphème est un délit # *dire, tirare bestemmie* blasphémer → **moccolo** ◇ (*per est.*) [*imprecazione, maledizione*] juron (*m.*): *continua a tirare bestemmie tutto il giorno* il ne cesse de lâcher des jurons toute la journée **2** (*fig.*) [*affermazione o giudizio privo di buon senso, di logica*; *sproposito*] énormité: *durante tutto il discorso non ha detto che bestemmie* pendant tout son discours il n'a dit que des énormités; *non dire bestemmie* ne dis pas d'énormités.
bestemmiàre |bestem'mjare| *v.tr.* **1** [*dire, pronunciare bestemmie*] blasphémer *intr.* contre: *bestemmiare la Madonna e tutti i santi* blasphémer contre la Madone et tous les saints → **smoccolare** ✦ *ass.* [*imprecare*] jurer: *non bestemmiare!* ne jure pas!; *smettila di bestemmiare!* arrête de jurer!; *bestemmiare come un turco, un carrettiere* jurer comme un païen, un charrettier **2** [*maledire, inveire contro*] pester *intr.* (contre): *bestemmiare la propria sorte* pester contre son sort; *non mi far bestemmiare!* ne me fais pas pester! **3** (*fam.*) *bestemmiare il francese, l'italiano* [*parlarlo male*] baragouiner le français, l'italien.
bestemmiatóre, trice |bestemmja'tore, tritʃe| *s.* [*chi ha il vizio di bestemmiare*] blasphémateur*.
béstia |'bestja| *s.f.* **1** bête: *le bestie feroci* les bêtes féroces, les fauves (*m.*); *bestie da tiro, da soma, da lavoro* bêtes de trait, de somme, de labour # *bestie da macello* animaux de boucherie; *le bestie della stalla* le bétail de l'étable; *bestie grosse* [*bovini, equini*] gros bétail; *bestie minute* [*ovini, suini*] petit, menu bétail ◇ (*per est.*) [*riferito a insetti o animali piccoli*] bête: *il rospo, la biscia sono bestie schifose* le crapaud, la couleuvre sont des bêtes répugnantes; *sulla finestra c'è una bestia, ammazzala!* il y a une bête sur la fenêtre, tue-la!; *è una brutta bestia, una bestiaccia!* c'est une sale bête! **2** (*fig.*) [*persona poco intelligente, incapace*] bête *agg.*, idiot (*s.*): *sei una gran bestia, guarda cos'hai combinato!* tu es vraiment bête, (un) idiot, regarde (-moi) ce que tu as fait!; *bestia che non sei altro, puoi smetterla di rompere tutto?* espèce d'idiot, vas-tu arrêter de tout casser?; *quell'uomo è una gran bestia, non capisce proprio niente* cet homme est bête à manger du foin, il ne comprend vraiment rien # *in latino è una bestia* il est bouché en latin **3** (*loc. fig.*) *fare una vita da bestia* mener une vie de forçat ~ *lavorare come una bestia* travailler comme un nègre, un forçat ~ *è un lavoro da bestia* c'est un travail de forçat ~ *vivere come una bestia* vivre comme une bête ~ *andare in bestia* [*in collera*] monter sur ses grands chevaux; *mandare qc. in bestia* faire enrager qqn., rendre qqn. fou (de colère) ~ *mi guardava come* (*se*) *fossi una bestia rara* il me regardait comme si j'étais une bête curieuse ~ *il nuovo direttore è la sua bestia nera* le nouveau directeur est sa bête noire ~ *la matematica è sempre stata la mia bestia nera* les mathématiques ont toujours été ma bête noire.
bestiàccia, ce |bes'tjattʃa, tʃe| *s.f.* sale bête ◇ (*fig.*) *è una bestiaccia* c'est une sale bête.
bestiàle |bes'tjale| *agg.* **1** bestial*: *istinti bestiali* instincts bestiaux; *violenza, ferocia bestiale* violence, férocité bestiale ◇ (*per est.*) (*persone*) [*crudele, feroce*] *un uomo bestiale* un homme bestial **2** (*fam.*) [*molto intenso*] terrible: *fa un caldo, un freddo bestiale* il fait une chaleur, un froid terrible; *abbiamo una fame, una fifa bestiale* nous avons une faim, une frousse terrible.
bestialità |bestjali'ta| *s.f.inv.* **1** [*natura, carattere bestiale*] bestialité (*var.*):

la bestialità di quell'individuo è spaventosa la bestialité de cet individu est effrayante **2** [*azione, comportamento, parola privi di buon senso, di intelligenza*] énormité (*var.*): *non fa che dire bestialità* il ne fait que dire des énormités.
bestialménte |bestjal'mente| *avv.* [→ BESTIALE 1] bestialement: *si è gettato bestialmente su di lui per picchiarlo* il s'est jeté sauvagement sur lui pour le frapper.
bestiàme |bes'tjame| *s.m.* **1** [*l'insieme degli animali domestici*] bétail *inv.* **2** (*spec.*) *bestiame minuto* [*ovini suini*] petit, menu bétail; *grosso bestiame* [*bovini, equini*] gros bétail ◇ (*per est.*) *bestiame da macello* animaux de boucherie; *bestiame da ingrasso* bétail à l'engrais; *mercato del bestiame* marché aux bestiaux; *governare il bestiame* soigner le bétail.
1 **bestiàrio, i** |bes'tjarjo, i| *s.m.* **1** (*st. rom.*) bestiaire, belluaire **2** gardien de bêtes féroces.
2 **bestiàrio, i** |bes'tjarjo, i| *s.m.* (*letter.*) bestiaire.
bestiòla |bes'tjɔla| *s.f.* **1** [*piccola bestia*] bestiole **2** (*fig.*) [*persona sciocca, poco intelligente*] bêta *s.*
bestióne |bes'tjone| *s.m.* **1** grosse bête *f.* **2** (*fig.*) [*uomo grande e grosso ma rozzo, poco intelligente*] grosse bête *f.*, malabar, armoire *f.* à glace.
best-seller |best'selə| *s.m. inv.* (*ingl.*) best-seller (*var.*): *dei best-seller* des best-sellers.
bèta |'bɛta| *s.m. o f. inv.* bêta *m.* ✦ (*agg. inv.*) *raggi, particelle beta* rayons, particules bêta.
betaìna |beta'ina| *s.f.* (*chim.*) bétaïne.
bètel |'bɛtel| *s.m. inv.* (*t.bot.*) bétel *var.* ◇ (*per est.*) *masticare betel* mâcher du bétel.
betòn |be'tɔn| *s.m. inv.* → **calcestruzzo.**
betònica, che |be'tɔnika, ke| *s.* → **bettonica.**
betonièra |beto'njera| *s.f.* bétonnière.
bétta |'betta| *s.f.* (*mar.*) bette.
béttola |'bettola| *s.f.* [*osteria di basso livello*] gargote ◇ (*loc. fig.*) *modi da bettola* manières grossières; *discorsi, parole da bettola* propos d'ivrogne.
bettolànte |betto'lante| *s.* **1** [*chi frequenta abitualmente le bettole*] pilier de bistrot, de cabaret **2** → **bettoliere.**
bettolière |betto'ljere| *s.* [*chi gestisce una bettola*] gargotier* → 1 **oste, taverniere.**
bettolìna |betto'lina| *s.f.* (*mar.*) chaland *m.*
bettolìno |betto'lino| *s.m.* **1** cantine *f.* (de caserne, de prison) **2** petite gargote *f.*
bettònica |bet'tɔnika| *s.f.* (*t. bot.*) bétoine ◇ (*fig., scherz.*) *avere le virtù della bettonica* avoir de bonnes qualités; *essere conosciuto come, più della bettonica* être connu comme, plus que le loup blanc.
Betulàcee |betu'latʃee| *s.f. pl.* (*t. bot.*) Bétulacées.
betùlla |be'tulla| *s.f.* (*t. bot.*) bouleau *m.*
bèuta |'bɛuta| *s.f.* (*chim.*) matras *m.*
bevànda |be'vanda| *s.f.* [*ogni sostanza liquida che si possa bere*] boisson: *bevanda calda, fredda* boisson chaude, froide; *bevanda dissetante* boisson désaltérante; *bevanda gassata, non gassata* boisson gazeuse, non gazeuse; *bevanda alcolica* boisson alcoolisée, alcoolique; *bevanda analcolica* boisson sans alcool, non alcoolisée.
beveràggio, i |beve'raddʒo, i| *s.m.* **1** [*beverone degli animali*] barbotage ◇ (*per est.*) [*intruglio, bevanda disgustosa*] breuvage **2** (*raro*) [*mancia*] pourboire.
beverino |beve'rino| *s.m.* [*piccolo abbeveratoio nelle gabbie degli uccelli*] auget.
beveróne |beve'rone| *s.m.* [*bevanda per le bestie*] buvée *f.* ◇ (*per est.*) [*bevanda insipida, intruglio*] breuvage.
bevìbile |be'vibile| *agg.* [→ BERE A 1] buvable ◇ (*fig., scherz.*) [*credibile, attendibile*] croyable: *la notizia non è bevibile* cette nouvelle n'est pas croyable.
bevicchiàre |bevik'kjare| *v.tr.* **1** (*pop.*) [*bere a poco a poco, di malavoglia*] absorber: *son riuscito a fargli bevicchiare un po' di latte* j'ai réussi à lui faire absorber un peu de lait **2** *spec. ass.* (*di alcolici*) [*bere poco, saltuariamente*] boire (67): *bevicchio, ma solo se sono in compagnia* je bois, mais seulement quand je suis en compagnie ◇ (*iron.*) [*bere in quantità notevole*] *a quanto pare bevicchi!* à ce qu'il paraît, tu bois, hein!?
bevitóre, trice |bevi'tore, tritʃe| *s.* [*chi beve abitualmente vino, alcolici*] buveur*: *è un gran bevitore* c'est un grand buveur; *un accanito bevitore di grappa* un buveur assidu d'eau-de-vie → **beone.**
bevùta |be'vuta| *s.f.* **1** [*gran sorso di liquido bevuto d'un sol fiato*] lampée (*fam.*): *una grande bevuta di acqua fresca* une grande lampée d'eau fraîche ◇ (*nuotando*) *quando si impara a nuotare si fanno delle gran bevute* quand on apprend à nager on boit souvent la tasse **2** [*bicchierata copiosa, in allegra compagnia*] beuverie: *fare una bevuta con gli amici* se livrer à une beuverie avec des amis # *offrire una bevuta* offrir une tournée, un pot.
bèy |'bɛi| *s.m.inv.* (*st.*) bey *var.*
bezzicàre |bettsi'kare| *v.tr.* [*beccare a piccoli colpi*] becqueter (5), picoter.
bèzzo |'bɛttso| *s.m. spec. al plur.* [*quattrini, soldi*] argent: *avere dei bezzi* avoir de l'argent.
bi- |bi| *pref.* **1** (*significa 'due volte, con due, doppio' e sim., corrisponde gener. a*) bi: *bisettimanale* bihebdomadaire; *bilinguismo* bilinguisme **2** (*chim.*) (*indica la presenza di due atomi, molecole o radicali e sim., corrisponde gener. a*) bi: *bicarbonato* bicarbonate.
biàcca, che |'bjakka, ke| *s.f.* (*chim., corr.*) céruse.
biàcco, chi |'bjakko, ki| *s.m.* (*t. zool.*) couleuvre *f.* verte et jaune.
biàda |'bjada| *s.f.* [*qualunque cereale usato per foraggio*] avoine: *dare la biada ai cavalli* donner de l'avoine aux chevaux.
biànca, che |'bjanka, ke| *s.f.* **1** [*il primo sonno dei bachi da seta*] première mue (du ver à soie) **2** (*tess.*) *dar la bianca ai tessuti* [*candeggiarli*] blanchir les tissus **3** (*giorn.*) [*cronaca bianca*] faits *m. pl.* divers, échos *m. pl.* mondains, locaux **4** (*tip.*) premier côté *m.*
biancàstro |bjan'kastro| *agg.* blanchâtre.
biancheggiaménto |bjankeddʒa'mento| *s.m.* [→ BIANCHEGGIARE A 1] blanchiment.
biancheggiànte |bjanked'dʒante| *agg.* blanchissant.
biancheggiàre |bjanked'dʒare| **A** *v.intr.* (*aus. 'avere'*) **1** [*apparire, diventare bianco o chiaro*] blanchir: *il cielo comincia a biancheggiare* le ciel commence à blanchir ✦ (*s.m.*) *al biancheggiare dell'alba* aux premières clartés *f.pl.* de l'aube **2** (*raro*) → **incanutire** **B** *v.tr.* [*rendere bianco, imbiancare*] blanchir: *biancheggiare le pareti di una stanza* blanchir les murs d'une pièce.
biancheria |bjanke'ria| *s.f.* [*insieme degli indumenti intimi e dei panni usati per la casa*] linge (*m.*): *biancheria intima, personale da donna, da uomo* linge de corps, lingerie, dessous (*m.pl.*); *biancheria da casa, da letto, da bagno* linge de maison; *lavare, stirare, rammendare la biancheria* laver, repasser, raccommoder le linge # *negozio di biancheria* magasin de blanc.
bianchétto |bjan'ketto| *s.m.* **1** (*chim., corr.*) blanc: *bianchetto per la ceramica* blanc pour la céramique; *bianchetto per le scarpe* blanc pour les chaussures ◇ [*belletto bianco*] blanc **2** *al plur.* (*region.*) [*piccoli pesci da frittura*] blanchaille *f.sing.*
bianchézza |bjan'kettsa| *s.f.* blancheur: *la bianchezza del marmo* la blancheur du marbre: *la bianchezza della pelle* la blancheur de la peau → **biancore, candore.**
bianchìccio, i |bjan'kittʃo, i| *agg.* → **biancastro.**
bianchìre |bjan'kire| (197) **A** *v.tr.* **1** [*far diventare bianco*] blanchir: *bianchire il sale, lo zucchero* blanchir le sel, le sucre → **imbiancare** **2** (*di metalli preziosi*) [*lucidare, pulire*] blanchir **3** (*di vivande*) [*scottare, lessare a metà*] blanchir: *bianchire la carne, i cavoli* blanchir la viande, les choux **B** *v.intr.* (*aus. 'essere'*) (*raro*) [*diventar bianco*] blanchir (*aus.* avoir).
biancicàre |bjantʃi'kare| *v.intr.* (*aus. 'avere'*) (*lett.*) → **biancheggiare.**
biancicóre |bjantʃi'kore| *s.m.* → **biancore.**
biànco, chi, ca, che |'bjanko, ki, ka, ke| **I** *agg.* **1** blanc*: *denti bianchi* dents blanches; *farina bianca* farine blanche; *vino bianco* vin blanc; *uva bianca* raisin blanc; *un abito bianco* un vêtement blanc; *la razza bianca* la race blanche; *bianco come la neve, come il latte* blanc comme la neige, comme le lait; *bianco avorio, bianco latte, bianco azzurro* blanc ivoire, blanc laiteux, blanc bleuté; *bianco come un lenzuolo, un cencio* blanc comme un linge; *diventar bianco per la paura* devenir blanc de peur # *bianco e rosso come una mela* rouge comme une pomme d'api **2** [*canuto*] *un vecchio dai capelli bianchi* un vieil homme aux cheveux blancs ◇ (*loc. fig.*) *fare i capelli bianchi in un lavoro* [*spenderci molto tempo*] blanchir sous le harnais ~ *far venire i capelli bianchi a qc.* [*dargli molti grattacapi*] donner des cheveux blancs à qqn. **3** [*candido, pulito*] blanc: *una tovaglia tutta bianca* une nappe toute blanche; *un bucato bianco* un linge blanc **4** (*di fo-*

glio) [*che non presenta nessuno scritto*] blanc: *consegnare il foglio bianco* remettre feuille blanche; *scheda bianca* [*in una votazione*] bulletin blanc ◇ (*loc. fig.*) *dare, avere carta bianca* donner, avoir carte blanche **5** (*assume vari sign. in alcune loc.*) *arma bianca* arme blanche; *carbone bianco* houille blanche; *bandiera bianca* drapeau blanc; *carni bianche* viandes blanches; *globuli bianchi* globules blancs, leucocytes; *libro bianco* livre blanc; *matrimonio bianco* mariage blanc; *mosca bianca* [*persona o cosa eccezionale, rara*] merle blanc; *notte bianca* nuit blanche; *voci bianche* [*non virili*] voix blanches **6** (*fig.*) [*controrivoluzionario*] blanc: *i Russi bianchi* les Russes blancs; *il terrore bianco* la terreur blanche **II** *s.m.* **1** blanc: *il bianco delle nevi* le blanc des neiges; *era di un bianco luminoso* c'était d'un blanc lumineux ◇ (*loc. fig.*) *non distinguere il bianco dal nero* [*non capire niente*] perdre son latin ~ *far vedere bianco per nero* [*una cosa per l'altra*] faire prendre des vessies pour des lanternes **2** [*la parte bianca di q.c.*] blanc: *il bianco dell'uovo* le blanc de l'œuf; *il bianco dell'occhio* le blanc de l'œil **3** (*chim.*) blanc: *bianco di zinco, di piombo* blanc de zinc, de plomb; *bianco di barite* blanc de baryte **4** [*calce, vernice bianca*] blanc: *dare il bianco, una mano di bianco alla parete* passer une couche de blanc sur les murs **5** [*spazio non scritto in un testo*] blanc: *lasciare dei bianchi in una pagina* laisser des blancs dans une page ◇ (*loc.*) *mettere nero su bianco* mettre noir sur blanc **6** [*abito bianco o chiaro*] blanc: *vestire di bianco* s'habiller en blanc; *sposarsi in bianco* se marier en blanc ◇ [*biancheria di casa*] *la fiera del bianco* la quinzaine du blanc **7** (*cine., foto., corr.*) BIANCO E NERO noir et blanc: *una fotografia, un film in bianco e nero* une photographie, un film en noir et blanc **8** [*vino bianco*] blanc: *una bottiglia di bianco* une bouteille de blanc **III** *s.* [*persona di razza bianca*] blanc: *la parità di diritti tra bianchi e negri* l'égalité des droits entre blancs et noirs; *quel meticcio ha sposato una bianca* ce métis a épousé une blanche; *la tratta delle bianche* la traite des blanches Ⓒ **nero**; III **negro**.

biancomangiàre |bjankoman'dʒare| *s.m.* **1** blanc-manger **2** (*region.*) [*bianchetti fritti*] blanchaille *f.*

biancóne |bjan'kone| *s.m.* (*t. zool.*) jean-le-blanc *inv.*

biancóre |bjan'kore| *s.m.* blancheur *f.*

biancoségno |bjanko'seɲɲo| *s.m.* (*dir.*) blanc-seing: *dei biancosegni* des blancs-seings.

biancospino |bjankos'pino| *s.m.* (*t. bot.*) aubépine *f.*

biasciàre |bjaʃ'ʃare| *v.tr.* → **biascicare.**

biascicaménto |bjaʃʃika'mento| *s.m.* **1** [→ BIASCICARE 1] mâchonnement **2** [→ BIASCICARE 2] mâchonnement, marmottement.

biascicàre |bjaʃʃi'kare| *v.tr.* **1** [*masticare lentamente, con difficoltà o negligenza*] mâchonner: *biascicare un pezzo di pane, dei grissini* mâchonner un morceau de pain, des gressins **2** (*fig.*) [*proferire in modo confuso*] mâchonner, marmotter: *che scuse vai biascicando?* quelles excuses es-tu en train de mâchonner, de marmotter?; *biascicare preghiere, avemarie* marmotter des prières, des Avé Maria ◇ [*storpiare una lingua straniera*] baragouiner: *biascica solo qualche parola di francese* il ne baragouine que quelques mots de français.

biascicatùra |bjaʃʃika'tura| *s.f.* → **biascicamento.**

biascichio, ii |bjaʃʃi'kio, ii| *s.m.* **1** [*rumore continuato di chi mangia biascicando*] bruit de mâchoires **2** (*fig.*) [*pronunzia stentata e confusa*] bredouillement: *ho sentito soltanto un biascichio* je n'ai entendu qu'un bredouillement.

biascicóne |bjaʃʃi'kone| *s.* **1** [*chi parla in modo confuso*] marmotteur*, marmonneur* ◇ [*chi storpia una lingua straniera*] baragouineur* **2** [*chi mastica a lungo dando fastidio*] mâchouilleur* (*fam.*).

biasimàre |bjazi'mare| *v.tr.* [*esprimere un giudizio sfavorevole su qc. o q.c.*] blâmer: *è più da compiangere che da biasimare* il est plus à plaindre qu'à blâmer; *biasimare il comportamento di qc.* blâmer le comportement de qqn. Ⓒ **lodare, elogiare.**

biasimévole |bjazi'mevole| *agg.* [→ BIASIMARE] blâmable: *comportamento biasimevole* conduite blâmable Ⓒ **lodevole.**

biasimevolménte |bjazimevol'mente| *avv.* [→ BIASIMEVOLE] d'une manière blâmable *loc.inv.*

biàsimo |'bjazimo| *s.m.* [→ BIASIMARE] blâme: *gettare biasimo su qc.* jeter un blâme sur qqn.; *incorrere nel biasimo di qc.* encourir le blâme de qqn. ◇ (*bur.*) *nota di biasimo* blâme.

biàvo |'bjavo| *agg.* (*lett.*) → **azzurrognolo.**

bibàsico, ci, ca, che |bi'baziko, tʃi, ka, ke| *agg.* (*chim.*) bibasique.

bibbia |'bibbja| *s.f.* **1** Bible: *leggere, commentare la Bibbia* lire, commenter la Bible; *giurare sulla Bibbia* jurer sur la Bible **2** (*fig.*) [*persona o cosa autorevole*] évangile: *le parole del maestro erano la Bibbia per lui* les propos du maître lui étaient parole d'évangile.

bibita |'bibita| *s.f.* [*bevanda dissetante*] boisson: *una bibita fredda, ghiacciata* une boisson froide, glacée; *bibita alcolica, analcolica* boisson alcoolisée (alcoolique), sans alcool.

biblico, ci, ca, che |'bibliko, tʃi, ka, ke| *agg.* biblique: *il testo biblico* le texte biblique; *stile biblico* style biblique ◇ (*fig.*) *un'impresa biblica* une entreprise colossale, cyclopéenne.

biblio- |'bibljo| *pref.* (*significa 'libro, libri', corrisponde gener. a*) biblio: *bibliografia* bibliographie.

bibliobus |'bibljobus| *s.m.inv.* bibliobus.

bibliofilia |bibljofi'lia| *s.f.* bibliophilie.

bibliòfilo |bibli'ɔfilo| *s.m.* bibliophile.

bibliografia |bibljogra'fia| *s.f.* bibliographie.

bibliogràfico, ci, ca, che |bibljo'grafiko, tʃi, ka, ke| *agg.* bibliographique: *bollettino bibliografico* bulletin bibliographique.

bibliògrafo |bibljo'grafo| *s.* bibliographe.

bibliòmane |bibli'ɔmane| *s.* bibliomane.

bibliomania |bibljoma'nia| *s.f.* bibliomanie.

bibliotèca, che |bibljo'tɛka, ke| *s.f.* **1** bibliothèque: *biblioteca popolare, comunale, universitaria* bibliothèque populaire, municipale, universitaire; *biblioteca di Stato* bibliothèque d'État; *domani ci vediamo in biblioteca* demain on se voit à la bibliothèque ◇ (*loc. fig.*) *un topo di biblioteca* un rat de bibliothèque; *una biblioteca ambulante* une bibliothèque ambulante **2** [*collana di libri*] collection: *la biblioteca dei classici italiani* la collection des classiques italiens **3** [*scaffale per libri*] bibliothèque → **libreria** ◇ (*per est.*) (*informatica*) *biblioteca di programmi* bibliothèque de programmes.

bibliotecàrio, i |bibljote'karjo, i| *s.* bibliothécaire.

bibulo |'bibulo| *agg.* (*raro, lett.*) [*che assorbe facilmente*] absorbant (*corr.*) # *carta bibula* [*assorbente*] papier buvard.

bica, che |'bika, ke| *s.f.* [*cumulo di covoni di grano*] meule, gerbier *m.* ◇ (*per est.*) [*ammasso, mucchio*] tas *m.*

bicameràle |bikame'rale| *agg.* bicaméral*: *il sistema bicamerale* le système bicaméral.

bicameralismo |bikamera'lizmo| *s.m.* bicaméralisme, bicamérisme: *il bicameralismo britannico* le bicaméralisme britannique.

bicamerismo |bikame'rizmo| *s.m.* (*polit.*) bicamérisme, bicaméralisme.

bicarbonàto |bikarbo'nato| *s.m.* (*chim.*) bicarbonate: *bicarbonato di soda, sodico* bicarbonate de soude.

bicchieràta |bikkje'rata| *s.f.* **1** [*bevuta festosa in compagnia*] tournée: *offrire una bicchierata agli amici* offrir une tournée, un pot aux amis; *festeggiare un avvenimento con una bicchierata* fêter un événement par une tournée **2** [*liquido contenuto in un bicchiere*] verre *m.*

bicchière |bik'kjɛre| *s.m.* **1** verre: *bicchiere a calice* verre à pied; *bicchiere di cristallo* verre en, de cristal; *bicchiere da acqua, da vino* verre à eau, à vin; *un servizio di bicchieri* un service de verres; *riempire di vino il bicchiere* remplir son verre de vin; *levare, alzare il bicchiere* lever son verre # *bicchiere per spumante* coupe, flûte à champagne ◇ (*loc. fig.*) *fondo, culo di bicchiere* [*pietra falsa*] cul de verre **2** (*per est.*) [*il contenuto*] verre: *bere un bicchiere d'acqua* boire un verre d'eau; *mi offri un bicchiere di vino?* tu m'offres un verre de vin, un pot?; *bere un bicchiere di più, di troppo* boire un verre de trop # *un bicchiere di birra* un bock ◇ (*loc. fig.*) *il bicchiere della staffa* le coup de l'étrier ~ *affogare in un bicchiere (d'acqua)* se noyer dans un verre d'eau **3** (*chim.*) vase.

bicchierino |bikkje'rino| *s.m.* [*piccolo bicchiere, spec. per alcolici*] petit verre ◇ (*per est.*) [*il contenuto*] *bere un bicchierino* boire un verre, un coup, prendre un pot (*fam.*); *ti offro un bicchierino* je t'offre un verre, un pot ◇ [*piccolo vaso di vetro per ornamento di tombe, per luminarie*] veilleuse *f.*

bicchieróne |bikkje'rone| *s.m.* grand verre.

bicefalia |bitʃefa'lia| *s.f.* (*med.*) bicéphalie.

bicentenàrio, i |bitʃente'narjo, i|

agg. bicentenaire: *una quercia bicentenaria* un chêne bicentenaire ♦ (*s.m.*) *il bicentenario* le bicentenaire: *il bicentenario della fondazione di una città* le bicentenaire de la fondation d'une ville.

bichìni |bi'kini| *s.m.inv.* → **bikini.**

bìci |'bitʃi| *s.f. inv.* (*fam.*) → **bicicletta.**

biciclétta |bitʃi'kletta| *s.f.* bicyclette, vélo *m.* (*fam.*): *bicicletta a motore* bicyclette à moteur; (*in Francia*) [*con motore fino a 50 c.c.*] cyclomoteur (*m.*); [*con motore di oltre 50 c.c.*] vélomotuer (*m.*): *bicicletta doppia* bicyclette double, tandem (*m.*); *una bicicletta da donna, da uomo* une bicyclette de dame, d'homme; *una bicicletta da corsa* une bicyclette de course; *montare, andare in bicicletta* monter, aller à bicyclette, en bicyclette (*fam.*); *scendere dalla bicicletta* descendre de bicyclette.

bicìclo |bi'tʃiklo| *s.m.* bicycle.

bicilìndrico, ci, ca, che |bitʃi'lindriko, tʃi, ka, ke| *agg.* **1** (*mecc.*) *motore bicilindrico* moteur à deux cylindres **2** (*ott.*) *lenti bicilindriche* des lentilles cylindriques.

bicìpite |bi'tʃipite| **I** *agg.* **1** (*animali*) [*a due teste*] bicéphale: *l'aquila bicipite degli Absburgo* l'aigle bicéphale des Habsbourg **2** (*anat.*) *muscolo bicipite* biceps *s.m.* **II** *s.m.* (*anat.*) biceps ◇ (*spec.*) [*il bicipite brachiale*] biceps: *hai visto che bicipiti che ha quel fusto?* tu as vu quels biceps il a, ce beau gars? → **muscolo.**

biclorùro |biklo'ruro| *s.m.* (*chim.*) bichlorure.

bicòcca, che |bi'kɔkka, ke| *s.f.* **1** bicoque: *abitare in una bicocca* habiter dans une bicoque **2** [*piccolo fortino*] bicoque (*arc.*).

bicolóre biko'lore| *agg.* bicolore: *un nastro bicolore* un ruban bicolore; *matita bicolore* crayon bicolore.

bicòncavo |bi'kɔnkavo| *agg.* biconcave: *lenti biconcave* lentilles biconcaves.

biconvèsso |bikon'vɛsso| *agg.* biconvexe: *lente biconvessa* lentille biconvexe.

bicòrne |bi'kɔrne| *agg.* bicorne: *cappello bicorne* chapeau bicorne.

bicòrno |bi'kɔrno| *s.m.* bicorne: *bicorno di un diplomatico* bicorne d'un diplomate.

bicromàtico, ci, ca, che |bikro'matiko, tʃi, ka, ke| *agg.* bichromatique.

bicromàto |bikro'mato| *s.m.* (*chim.*) bichromate.

biculturàle |bikultu'rale| *agg.* biculturel*.

biculturalìsmo |bikultura'lizmo| *s.m.* biculturalisme.

bicùspide |bi'kuspide| *agg.* (*anat.*) bicuspide: *valvola bicuspide* valvule bicuspide ◇ (*bot.*) bicuspidé: *petalo bicuspide* pétale bicuspidé.

bidè |bi'dɛ| *s.m.inv.* bidet *var.*

bidèllo |bi'dɛllo| *s.* **1** [*chi è addetto alle pulizie e alla custodia in un edificio scolastico*] surveillant, concierge, garçon *m.* de salle # *bidello d'università* appariteur, huissier d'une faculté **2** (*raro*) → **inserviente, custode.**

bidènte |bi'dɛnte| *s.m.* [*zappa a due rebbi*] pioche *f.*

bidimensionàle |bidimensjo'nale| *agg.* à deux dimensions *loc.inv.*, bidimensionnel*: *piano bidimensionale* plan à deux dimensions, bidimensionnel.

bidirezionàle |bidirettsjo'nale| *agg.* bidirectionnel*.

bidonàre |bido'nare| *v.tr.* (*pop.*) [*imbrogliare, truffare*] rouler, avoir: *vi siete fatti bidonare* vous vous êtes fait rouler ◇ (*per est.*) [*mancare a un appuntamento*] *bidonare qc.* poser un lapin à qqn.

bidonàta |bido'nata| *s.f.* (*pop.*) [*imbroglio, truffa*] sale tour *m.*; saloperie (*pop.*): *fare una bidonata a qc.* jouer un sale tour à qqn. || *questo libro è una bidonata* ce livre est une saloperie # *quel film è una bidonata* ce film est un navet; *questo prodotto è una bidonata* ce produit est un attrape-nigaud.

bidóne |bi'done| *s.m.* **1** bidon: *bidone d'olio, di benzina* bidon d'huile, d'essence # *il bidone della spazzatura* la poubelle **2** (*pop.*) [*truffa, imbroglio*] sale tour ◇ (*loc.*) *fare un bidone a qc.* [*mancare a un appuntamento*] poser un lapin à qqn.; [*fare uno scherzo*] rouler, avoir qqn. **3** (*pop.*, *spreg.*) [*apparecchiatura che non funziona*] saloperie (*f.*): *questa macchina è un bidone* cette voiture est une saloperie ◇ (*per est.*) (*persone*) *sei proprio un bidone!* tu es vraiment un salaud!

bidonìsta |bido'nista| *s.* (*pop.*) [*truffatore, imbroglione*] escroc *m.*, filou *m.*

bidonvìa |bidon'via| *s.f.* [*funivia con piccole cabine da due o quattro posti*] télébenne, télécabine.

'bidonville' |bidɔ̃vil| *s.f.inv.* bidonville *m.var.*

biecaménte |bjeka'mente| *avv.* [→ BIECO] de travers (*loc. inv.*): *guardare qc. biecamente* regarder qqn. de travers, du coin de l'œil, d'un œil malveillant.

bièco, chi, ca, che |'bjɛko, ki, ka, ke| *agg.* (*dello sguardo*) [*obliquo, torvo*] oblique: *sguardo bieco* regard oblique, en coin ◇ (*fig.*) [*sinistro, minaccioso*] farouche, torve: *aria bieca* air farouche, torve ◇ (*fig.*) [*malvagio, cattivo*] farouche, violent: *una bieca repressione* une répression farouche, violente.

bièlla |'bjɛlla| *s.f.* (*mecc.*) bielle: *biella d'accoppiamento* bielle d'accouplement; *le bielle di una locomotiva* les bielles d'une locomotive.

bielorùsso |bielo'russo| *agg.* [*della Russia Bianca*] biélorusse.

biennàle |bien'nale| **1** *agg.* biennal*, bisannuel*: *corso biennale* cours biennal; *scadenza biennale* échéance biennale, bisannuelle **2** (*s.f.*) *la Biennale di Venezia* la Biennale de Venise.

biènne |bi'ɛnne| *agg.* (*raro*) qui a deux ans *loc.*

biènnio, i |bi'ɛnnjo, i| *s.m.* période *f.* de deux ans: *biennio di prova* période de deux ans d'essai # *nell'ultimo, nel prossimo biennio* au cours des deux dernières, des deux prochaines années ◇ [*corso di studi biennale*] cours biennal*.

bièta |'bjɛta| *s.f.* (*arc.*, *region.*) → **bietola.**

bietìcolo |bje'tikolo| *agg.* de (la) betterave *loc.*; betteravier*: *la produzione bieticola è aumentata* la production de betteraves a augmenté || *azienda, zona bieticola* exploitation, région betteravière.

bieticoltóre, trice |bjetikol'tore, tritʃe| *s.* [*chi coltiva barbabietole da zucchero*] betteravier*.

bieticoltùra |bjetikol'tura| *s.f.* (*agr.*) culture betteravière.

biètola |'bjɛtola| *s.f.* (*t. bot.*) bette, blette ◇ (*corr.*) → **barbabietola.**

bietolàggine |bjeto'laddʒine| *s.f.* (*raro*) → **stupidaggine.**

bietolóne |bjeto'lone| *s.* **1** *s.m.* (*t. bot.*) arroche *f.* **2** *s.* (*fig.*) [*persona insulsa, sciocca*] nigaud, benêt *m.*

biétta |'bjetta| *s.f.* [*cuneo in legno o metallo*] coin *m.* ◇ (*tecnol.*) goujon *m.*, goupille.

bifàse |bi'faze| *agg.* (*elettr.*) diphasé: *corrente bifase* courant diphasé.

bìffa |'biffa| *s.f.* [*asta usata per compiere rilievi*] jalon (*m.*): *piantare, allineare delle biffe* planter, aligner des jalons.

1 **biffàre** |bif'fare| *v.tr.* [*marcare con biffe*] jalonner: *biffare un'area fabbricabile* jalonner un terrain à bâtir; *biffare una linea telefonica per indicarne il tracciato* jalonner une ligne téléphonique pour en indiquer le tracé.

2 **biffàre** |bif'fare| *v.tr.* **1** [*cancellare con crocette*] biffer: *biffare una frase* biffer une phrase **2** (*fig.*, *fam.*) [*rubare con destrezza, abilità*] subtiliser.

bìfido |'bifido| *agg.* bifide: *lingua bifida* langue bifide.

bifilàre |bifi'lare| *agg.* bifilaire: *circuito bifilare* circuit bifilaire.

bifocàle |bifo'kale| *agg.* (*ott.*) bifocal*: *occhiali bifocali* lunettes bifocales.

bifólco, chi, ca, che |bi'folko, ki, ka, ke| *s.* **1** [*guardiano di buoi*] bouvier* ◇ (*per est.*) [*contadino*] paysan*, péquenaud (*pop.*, *pegg.*) **2** (*fig.*) [*uomo villano e rozzo*] malotru, rustre: *che modi da bifolco!* quelles façons de malotru, de rustre!; *che bifolco!* quel rustre!

bìfora |'bifora| *s.f. e agg.* (*arch.*) *una* (*finestra*) *bifora* une fenêtre géminée *agg.*

biforcaménto |biforka'mento| *s.m.* → **biforcazione.**

biforcàre |bifor'kare| **A** *v.tr.* (*raro*) [*dividere in due*] séparer (*corr.*) **B** *v.pron. intr.* BIFORCARSI [→ *tr.*] bifurquer (*intr.*): *a questo punto la strada si biforca* à cet endroit la rue bifurque.

biforcàto |bifor'kato| *agg.* → **biforcuto.**

biforcatùra |biforka'tura| *s.f.* → **biforcazione.**

biforcazióne |biforkat'tsjone| *s.f.* [→ BIFORCARE] bifurcation: *la biforcazione di un ramo* la bifurcation d'une branche; *la biforcazione di una strada* la bifurcation d'une route; *la biforcazione di un fiume* la bifurcation d'une rivière → **bivio.**

biforcùto |bifor'kuto| *agg.* [*diviso in due a forma di forca*] fourchu: *albero biforcuto* arbre fourchu; *ramo biforcuto* branche fourchue; *piede biforcuto* pied fourchu ◇ (*loc. fig.*) *lingua biforcuta* langue de serpent.

bifrónte |bi'fronte| *agg.* **1** bifrons: *Giano bifronte* Janus bifrons **2** (*fig.*) [*mutevole; sleale, insincero*] double: *un carattere, una personalità bifronte* un caractère, une personnalité double **3** *parola, verso bifronte* [*che si può leggere anche da destra a sinistra*] mot, vers palindrome.

big |big| *s.m. inv.* (*ingl.*) légume *f.* (*pop.*), huiles *f.pl.* (*fam.*).

bìga, ghe |'biga, ge| *s.f.* **1** (*st. ant.*) char *m.* (romain), bige *m.* (*raro*): *corsa di bighe* course de chars **2** (*mar.*) bigue.
bigamìa |biga'mia| *s.f.* bigamie.
bìgamo |'bigamo| *agg. e s.* bigame.
bigattièra |bigat'tjɛra| *s.f.* [*luogo dove si pratica l'allevamento dei bachi da seta*] magnanerie.
bigattière |bigat'tjɛre| *s.* [*chi alleva bachi da seta*] magnanier*.
bigàtto |bi'gatto| *s.m.* (*region.*) → **baco.**
bigèllo |bi'dʒɛllo| *s.m.* [*panno grossolano di color bigio*] bure *f.*
bigèmino |bi'dʒɛmino| *agg.* → 1 **gemellare.**
bighellàre |bigel'lare| *v.intr.* (*aus.* '*avere*') (*raro*) → **bighellonare.**
bighellonàre |bigello'nare| *v.intr.* (*aus.* '*avere*') [*perdere il proprio tempo; andare a zonzo*] flâner, traîner.
bighellóne |bigel'lone| *s.* [*persona oziosa e vagabonda*] flâneur*.
bìgia, gie |'bidʒa, dʒe| *s.f.* (*t.zool.*) fauvette.
bigìno |bi'dʒino| *s.m.* [*libretto che riassume le nozioni basilari delle varie materie d'insegnamento scolastico*] guide-âne: *dei bigini* des guide-âne(s).
bìgio, i |'bidʒo, i| *agg.* **1** [*grigio*] gris: *cielo, tempo bigio* ciel, temps gris # *pane bigio* [*integrale*] pain bis ◇ (*prov.*) *al buio tutti i gatti sono bigi* la nuit tous les chats sont gris **2** (*fig.*) [*indeciso, spec. in politica; assenteista*] irrésolu, flottant.
bigiotterìa |bidʒotte'ria| *s.f.* bijouterie de fantaisie, articles *m.pl.* de fantaisie: *un negozio di bigiotteria* une bijouterie de fantaisie; *è un oggetto di bigiotteria* c'est un bijou de fantaisie, un article de fantaisie.
bìglia |'biʎʎa| *s.f.* → **bilia.**
bigliardìno |biʎʎar'dino| *s.m.* → **biliardino.**
bigliàrdo |bi'ʎʎardo| *s.m.* → **biliardo.**
bigliettàio, i |biʎʎet'tajo, i|, **bigliettàrio, i** |biʎʎet'tarjo, i| *s.* **1** [*chi vende i biglietti, spec. sui mezzi pubblici*] receveur* ◇ [*controllore*] contrôleur* **2** [*addetto a una biglietteria*] guichetier*.
bigliettazióne |biʎʎettat'tsjone| *s.f.* billetterie: *bigliettazione automatica* billetterie automatique.
bigliettería |biʎʎette'ria| *s.f.* [*luogo dove si vendono biglietti*] guichet *m.*, billetterie: *biglietteria del teatro* guichet du théâtre, bureau de location du théâtre; *ti aspetto alla biglietteria* je t'attends au guichet, à la billetterie # *biglietteria del cinema* caisse du cinéma.
bigliétto |bi'ʎʎetto| *s.m.* **1** carte (*f.*): *biglietto d'invito, d'auguri* carte d'invitation, de vœux; *biglietto da, di visita* carte de visite; *biglietto postale* carte-lettre # *biglietto galante* billet doux, galant **2** [*cartoncino, foglietto attestante un avvenuto pagamento*] billet, ticket: *biglietto della lotteria* billet de loterie; *biglietto di teatro* billet de théâtre; *biglietto omaggio* billet, entrée de faveur; *biglietto d'ingresso, di prenotazione* billet, ticket d'entrée, de réservation; *biglietto ferroviario* billet de chemin de fer; *un biglietto di sola andata* un (billet d')aller (simple); *un biglietto di andata e ritorno* un billet d'aller (et) retour; *biglietto individuale, collettivo* billet individuel, collectif; *biglietto di prima, di seconda classe* billet de première, de deuxième classe; *biglietto ridotto* billet à tarif réduit, à demi-tarif; *biglietto scaduto* billet périmé; *biglietto festivo* billet dimanches et fêtes; *biglietto dell'autobus, del tram, del metrò* billet, ticket d'autobus, de tram(way), de métro **3** (*econ.*) *biglietto di banca, da mille lire* billet de banque, de mille lires; *un biglietto di grosso taglio* une grosse coupure; *biglietto a corso legale* billet à cours légal → **banconota.**
bigliettóne |biʎʎet'tone| *s.m.* (*fam.*) [*banconota da diecimila lire o di valore superiore*] billet, fafiot.
bignamìno |biɲɲa'mino| *s.m.* → **bigino.**
bignè |biɲ'ɲɛ| *s.m. inv.* (*cuc.*): (*al forno*) chou* *var.* à la crème; (*fritto*) beignet *var.*
bignònia |biɲ'ɲɔnja| *s.f.* (*t. bot.*) bignone, bignonia *m.*
bigodìno |bigo'dino| *s.m.* bigoudi: *una donna con i bigodini* une femme en bigoudis; *mettere i bigodini* mettre des bigoudis.
bigóncia, ce |bi'gontʃa, tʃe| *s.f.* [*recipiente usato durante la vendemmia per trasportare l'uva*] comporte ◇ (*loc. fig.*) *a bigonce* [*in gran quantità*] à foison, en grande quantité ~ *salire in bigoncia* [*fare il saputello*] pontifier.
bigóncio, i |bi'gontʃo, i| *s.m.* **1** [*recipiente di legno per trasportare l'acqua*] baquet **2** [*recipiente sim. alla bigoncia*] bacholle *f.* **3** [*cassetta dove la maschera introduce i tagliandi dei biglietti*] cassette *f.*
bigòrnia |bi'gɔrnja| *s.f.* bigorne.
bigòtta |bi'gɔtta| *s.f.* (*mar.*) moque.
bigotterìa |bigotte'ria| *s.f.* → **bigottismo.**
bigottìsmo |bigot'tizmo| *s.m.* bigoterie *f.*, bigotisme.
bigòtto |bi'gɔtto| *agg.* bigot ✦ (*s.*) *un bigotto* un bigot; *fare il bigotto* faire le bigot.
biiettìvo |bijet'tivo| *agg.* (*mat.*) bijectif*.
biiezióne |bijet'tsjone| *s.f.* (*mat.*) bijection.
'bijou' |bi'ʒu| *s.m. inv.* bijou* *var.*
bikìni |bi'kini| *s.m. inv.* bikini *var.*
bilabiàle |bila'bjale| *agg. e s.f.* (*fon.*) bilabiale.
bilàma |bi'lama| *agg. inv.* à deux lames (*loc. inv.*): *rasoio bilama* rasoir à deux lames.
bilancèlla |bilan'tʃɛlla| *s.f.* balancelle → **paranza.**
bilancétta |bilan'tʃetta| *s.f.* petit balance.
bilància, ce |bi'lantʃa, tʃe| *s.f.* **1** balance: *bilancia di precisione* balance de précision; *bilancia romana* balance romaine; *bilancia automatica a un solo piatto* balance automatique à un plateau; *bilancia da analisi* balance d'analyse; *bilancia a ponte, a bilico* (balance à) bascule; *abbiamo fatto controllare, tarare la bilancia* nous avons fait contrôler, poinçonner la balance # *bilancia pesapersone, bilancia da bagno* pèse-personne; *bilancia pediatrica* pèse-bébé; *bilancia pesalettere* pèse-lettre; *bilancia dell'orafo* trébuchet ◇ (*loc.*) *tenere, portare q.c. in bilancia, a bilancia* [*in bilico, in equilibrio*] tenir, porter qqch. en équilibre ◇ (*loc. fig.*) *essere l'ago della bilancia di q.c.* [*elemento di equilibrio*] servir de contrepoids à qqch. ~ *porre q.c. sulla bilancia* [*vagliarla*] mettre en balance qqch. ~ *mettere q.c. sulla bilancia dell'orafo* [*esaminarla minuziosamente*] examiner attentivement qqch. ~ *dare il collo, il tracollo, il tratto alla bilancia* [*risolvere q.c. in modo definitivo*] mettre, jeter un poids dans la balance ~ *far pendere la bilancia da una parte* faire pencher la balance **2** (*econ.*) balance: *bilancia commerciale* balance commerciale; *bilancia dei pagamenti* balance des paiements **3** [*costellazione*] balance ◇ (*segno dello zodiaco*) *la bilancia* la balance **4** [*rete da pesca*] balance **5** (*nelle carrozze*) [*bilancino*] palonnier *m.*, volée **6** (*negli orologi*) [*bilanciere*] balancier *m.* **7** (*teat.*) *herse **8** (*edil.*) échafaudage *m.* volant **9** (*min.*) balance.
bilanciaménto |bilantʃa'mento| *s.m.* **1** [→ BILANCIARE A 1] pondération *f.* **2** [→ BILANCIARE A 2, 3] balancement, équilibrage **3** (*mar.*) balancement **4** (*tecnol.*) équilibrage.
bilanciàre |bilan'tʃare| **A** *v.tr.* **1** (*raro, fig.*) [*valutare con attenzione più cose fra loro; ponderare*] équilibrer, balancer (2): *sa bilanciare le sue risorse* il sait équilibrer ses ressources → **pesare** # *ha bilanciato bene il pro e il contro* il a bien pesé le pour et le contre; *bilancia le espressioni che usi!* modère tes expressions! **2** [*tenere in equilibrio*] équilibrer: *sa bilanciare il suo corpo sulla corda* il sait équilibrer son corps sur la corde ◇ (*fig.*) *non so bilanciare le mie emozioni* je ne sais pas contrôler mes émotions **3** [*pareggiare, compensare*] couvrir (23): *gli incassi bilanciano le spese* les recettes couvrent les dépenses ◇ (*fig.*) compenser: *il risultato non bilancia lo sforzo impiegato* le résultat ne compense pas l'effort accompli **4** (*comm.*) *bilanciare un conto* balancer un compte **B** *v.intr.* (*aus.* '*avere*') [*essere esatto; corrispondere*] être (43) juste: *i conti bilanciano* les comptes sont justes **C** *v.pron.* BILANCIARSI **1** *rifl.* [→ *tr.* 2] se balancer: *sa bilanciarsi sulla corda* il sait se balancer sur la corde ◇ (*fig.*) *si è bilanciata fra le due fazioni* elle s'est balancée entre les deux factions **2** *recipr.* [→ *tr.* 3] s'équilibrer: *le entrate e le uscite si bilanciano* les recettes et les dépenses s'équilibrent; *nella sua vita i dolori e le gioie si sono bilanciati* dans sa vie les douleurs et les joies se sont équilibrées.
bilanciàto |bilan'tʃato| *agg.* **1** [*che è in equilibrio*] équilibré: *carico bilanciato* chargement équilibré; *peso bilanciato da un contrappeso* poids équilibré par un contrepoids # *essere bilanciato* être en équilibre ◇ (*comm.*) *scambi bilanciati* échanges internationaux bilatéraux **2** [*iscritto in un bilancio*] inscrit au budget, budgétisé: *spesa bilanciata* dépense inscrite au budget, budgétisée.
bilancière |bilan'tʃɛre| *s.m.* **1** balancier: *il bilanciere di un orologio* le balancier d'une horloge; *un orologio a bilanciere compensato* une montre à balancier compensateur; *asse, molla del bilanciere* axe, ressort du balancier **2** (*tecnol.*) *bilanciere di un motore* balancier d'un moteur; *bilanciere di una valvola* balancier d'une pompe ◇ (*ferr.*) *bilanciere fermascambio* verrou d'aiguille ◇ (*di macchina utensile*) *bilanciere a*

frizione balancier à friction **3** [*macchina per coniare le monete*] balancier monétaire **4** (*mar.*) balancier **5** [*asta dei funamboli*] barre *f.* **6** [*asta dei portatori d'acqua*] palanche *f.* **7** (*atletica*) balancier **8** *spec. al plur.* (*zool.*) balanciers.

bilancìno |bilan'tʃino| *s.m.* **1** petite balance *f.* # *il bilancino pesalettere* le pèse-lettre; *il bilancino del farmacista* le trébuchet ◇ (*loc. fig.*) *pesare col bilancino* peser avec la petite balance ~ *usare il bilancino* utiliser la petite balance **2** (*pesca*) balance **3** [*parte di carrozza*] palonnier, volée *f.* **4** [*cavallo di rinforzo*] cheval de volée **5** (*sci nautico*) barre *f.*, palonnier.

bilàncio, i |bi'lantʃo, i| *s.m.* **1** (*fin.*, *corr.*) (*di previsione*) budget: *bilancio preventivo* budget; *bilancio ordinario, straordinario, provvisorio* budget ordinaire, extraordinaire, provisoire; *bilancio* (*in*) *attivo,* (*in*) *passivo, in pareggio* budget en excédent, en déficit, en équilibre; *bilancio ministeriale, statale, aziendale* budget ministériel, de l'État, d'une entreprise; *ministero del bilancio* (*in Italia*) ministère du budget; (*in Francia*) ministère des finances; *mettere in bilancio un'entrata, un'uscita* inscrire une recette, une dépense au budget; budgétiser une recette, une dépense # *preventivo di bilancio* prévisions budgétaires, état prévisionnel; *storni di bilancio* virements budgétaires; *gestione extra-bilancio* gestion extra-budgétaire ◇ (*per est.*) *bilancio familiare* budget familial; *è sempre più difficile far quadrare il proprio bilancio* il est de plus en plus difficile d'équilibrer son budget ◇ (*fig.*) *mettere in bilancio q.c.* tenir compte de qqch.; *questo non l'avevo messo in bilancio* je n'en avais pas tenu compte, je ne l'avais pas prévu → **previsione** **2** (*fin.*, *corr.*) (*consuntivo*) bilan: *bilancio di chiusura* bilan de clôture; *bilancio in pareggio* bilan en équilibre; *eccedenza di bilancio* excédent de bilan; *avanzi di bilancio* excédents, surplus de bilan; *deposito di bilancio* dépôt de bilan; *chiudere un bilancio* clôre un bilan; *fare il bilancio di fine anno* dresser le bilan de fin d'année ◇ (*fig.*) [*valutazione complessiva di fatti passati*] *fare il bilancio della propria vita* faire le bilan de sa vie; *devo ammettere che il bilancio di questi ultimi anni è decisamente passivo* je dois admettre que le bilan de ces dernières années est décidément passif **3** (*stat.*) bilan: *il bilancio della disgrazia* le bilan de la catastrophe **4** (*chim.*, *fis.*) bilan: *bilancio energetico, termico* bilan énergétique, thermique ◇ (*fisiol.*) *bilancio organico* bilan nutritif.

bilateràle |bilate'rale| *agg.* **1** bilatéral*: *paralisi bilaterale* paralysie bilatérale ◇ (*biol.*) *simmetria bilaterale* symétrie bilatérale **2** (*dir.*) bilatéral: *contratto bilaterale* contrat bilatéral; *accordo bilaterale* accord bilatéral **3** (*comm.*) *conto bilaterale* compte bilatéral **4** (*ling.*) *opposizione bilaterale* opposition bilatérale [C] **unilaterale.**

bilateralità |bilaterali'ta| *s.f.inv.* caractère *m.var.* bilatéral*: *bilateralità di un accordo, di un contratto* caractère bilatéral d'un accord, d'un contrat.

bile |'bile| *s.f.* **1** (*med.*) bile: *bile epatica* bile hépatique **2** (*fig.*) [*collera, rabbia*] bile: *rodersi dalla bile* se faire de la bile; *sputare bile* vomir de la bile # *crepare dalla bile* crever de dépit.

bilharziòsi |bilar'tsjɔzi| *s.f. inv.* (*med.*) bilharziose *var.*

bilia |'bilja|, **biglia** |'biʎʎa| *s.f.* **1** (*biliardo*) bille, boule: *colpire la bilia di sotto, di taglio* (*di lato*), *in pieno, in testa* prendre (attaquer) la bille de dessous, sur le côté, en plein, en tête; *colpire la bilia fine* prendre la bille en finesse **2** [*buca del biliardo*] blouse # *fare bilia* blouser, mettre la bille dans le trou **3** [*pallina di vetro con cui giocano i ragazzi*] bille: *una partita a bilie* une partie de billes; *la biglia grande* la grosse bille; *giocare a bilie* jouer aux billes; *perdere, vincere una bilia* perdre, gagner une bille.

biliardìno |biljar'dino|, **bigliardìno** |biʎʎar'dino| *s.m.* **1** petit billard **2** [*specie di biliardo*] trou-madame: *dei biliardini* des trous-madame # *biliardino elettrico* flipper.

biliàrdo |bi'ljardo|, **bigliàrdo** |biʎ'ʎardo| *s.m.* **1** billard: *palla da biliardo* boule, bille de billard; *stecca da biliardo* queue de billard; *fare una partita a biliardo* faire une partie de billard ◇ (*loc. scherz.*) *è calvo come una palla da biliardo* il est chauve comme une bille de billard **2** [*tavolo per il gioco del biliardo*] billard ◇ (*per est.*) [*stanza dove si trova il biliardo*] *andare al biliardo* aller au billard.

biliàre |bi'ljare| *agg.* (*med.*) biliaire: *vie biliari* voies biliaires; *calcoli biliari* calculs biliaires.

bìlico, chi |'biliko, ki| *s.m.* **1** équilibre instable: *essere, mettere in bilico* être, mettre en équilibre instable **2** (*fig.*) [*stato di dubbio*; *sospensione*] *tenere qc. in bilico* tenir qqn. dans l'incertitude, en suspens; *essere in bilico tra la vita e la morte* être entre la vie et la mort **3** [*cardine di battente di cancello*] gond, pivot **4** [*perno della bilancia*] pivot, couteau **5** (*ferr.*) volée *f.* mobile # *ponte a bilico* pont basculant.

bilìngue |bi'lingwe| *agg.* bilingue: *dizionario bilingue* dictionnaire bilingue; *iscrizione bilingue* inscription bilingue; *una zona bilingue* une zone bilingue ✦ (*s.*) *un bilingue* un bilingue.

bilinguìsmo |bilin'gwizmo| *s.m.* bilinguisme.

bilinguità |bilingwi'ta| *s.f.inv.* bilinguisme *m.var.*

bilióne |bi'ljone| *s.m.* billion → **miliardo.**

bilióso |bi'ljoso| *agg.* **1** (*fig.*) bilieux*: *temperamento bilioso e nervoso* tempérament bilieux et nerveux; *ha un carattere bilioso* il a un caractère bilieux → **collerico** **2** (*raro*) → **biliare.**

bilirubìna |biliru'bina| *s.f.* bilirubine.

biliverdìna |biliver'dina| *s.f.* (*biol.*) biliverdine.

bilùce |bi'lutʃe| *agg.inv.* à deux feux (*loc.inv.*): *lampada biluce* lampe à deux feux.

bilùstre |bi'lustre| *agg.* (*lett.*) de dix ans *loc. inv.* (*corr.*).

bimàno |bi'mano| *agg. e s.* bimane.

bimbo |'bimbo| *s.* → **bambino.**

bimensìle |bimen'sile| *agg.* bimensuel*: *pagamento bimensile* paiement bimensuel.

bimestràle |bimes'trale| *agg.* **1** bimestriel*: *rivista bimestrale* revue bimestrielle **2** [*che dura due mesi*] de deux mois (*loc. inv.*): *contratto, corso bimestrale* contrat, cours de deux mois.

bimèstre |bi'mɛstre| *s.m.* deux mois (*loc. inv.*): *questa pubblicazione esce ogni bimestre* cette publication paraît tous les deux mois, est bimestrielle; *pagare l'affitto ogni bimestre* payer le loyer tous les deux mois # *il primo, il secondo bimestre dell'anno* le premier, le deuxième bimestre de l'année.

bimetàllico, ci, ca, che |bime'talliko, tʃi, ka, ke| *agg.* (*econ.*) bimétallique.

bimetallìsmo |bimetal'lizmo| *s.m.* (*econ.*) bimétallisme.

bimillenàrio, i |bimille'narjo, i| *s.m.* bimillénaire: *il bimillenario di Parigi* le bimillénaire de Paris ✦ (*agg.*) *civiltà bimillenaria* civilisation de deux mille ans, deux fois millénaire.

bimotóre |bimo'tore| *agg.m.* bimoteur: *motoscafo bimotore* canot bimoteur ✦ (*s.m.*) *un bimotore* un bimoteur.

binàre |bi'nare| *v.tr.* [*raddoppiare, ripetere due volte*] doubler: *binare uno spago* doubler une ficelle ◇ (*ling.*) *binare una consonante* doubler une consonne ◇ (*eccl.*) *binare la messa* [*celebrarla due volte nello stesso giorno*] biner.

1 **binàrio, i** |bi'narjo, i| *agg.* **1** binaire ◇ (*metr.*) *verso binario* vers binaire ◇ (*mus.*) *ritmo binario* rythme binaire **2** (*chim.*) *composto binario* composé binaire **3** (*mat.*) *numerazione binaria* numération binaire ◇ (*informatica*) *codice, linguaggio binario* code, langage binaire ◇ (*filos.*) *relazione binaria* relation binaire.

2 **binàrio, i** |bi'narjo, i| *s.m.* (*ferr.*) voie (*f.*): *binario a scartamento ridotto, metrico, normale, allargato* voie étroite, métrique, normale, large; *linea a binario unico, a doppio binario* ligne à voie unique, à double voie; *binario morto* voie de garage; *è in arrivo sul secondo binario il treno espresso proveniente da Roma* (attention) sur la voie deux (au quai numéro deux), arrivée de l'express en provenance de Rome; *è in partenza sul terzo binario il treno diretto per Torino* (attention) sur la voie trois, départ du direct pour Turin # *il treno è uscito dal binario* le train a déraillé ◇ (*loc. fig.*) *essere su un binario morto* [*in una situazione senza via d'uscita*] être dans une impasse ~ *fare la politica del doppio binario* [*perseguire due scopi diversi per raggiungerne almeno uno*] courir deux lièvres à la fois ~ *mettere sul giusto binario* [*sulla retta via*] mettre sur la bonne voie ~ *uscire dal binario* [*allontanarsi dalla retta via*] s'écarter du bon, du droit chemin.

binàto |bi'nato| *agg.* [*composto di due elementi uguali*] jumelé, géminé ◇ (*arch.*) *colonne binate* colonnes jumelées, géminées ◇ (*mar.*) *torre binata* tourelle double.

binatrìce |bina'tritʃe| *s.f.* (*tess.*) doubleuse, assembleuse.

binatùra |bina'tura| *s.f.* (*tess.*) doublage *m.*

binda |'binda| *s.f.* (*tecnol.*) cric *m.*, vérin *m.*

bindèlla |bin'dɛlla| *s.f.* (*region.*) [*fettuccia metrica, gener. di 20 metri*] double décamètre *m.*

bindèllo |bin'dɛllo| *s.m.* [*striscia di latta asportabile per l'apertura di confezioni alimentari in scatola*] languette *f.*

bìndolo |'bindolo| *s.m.* **1** (*tecnol.*)

noria *f.*, chapelet → **noria** 2 (*tess.*) rouet 3 (*fig.*) [*imbroglione*] filou ◇ [*imbroglio*] tromperie *f.*, tour.

bìngo |'biŋgou| *s.m.inv.* (*ingl.*) bingo *var.*, loto *var.*

binòc(c)olo |bi'nɔk(k)olo| *s.m.* (*ott.*) jumelle (*f. spec. al plur.*): *un binocolo da marina* une jumelle marine; *binocolo da teatro* jumelles de spectacle, de théâtre; *binocolo da turismo* jumelle de tourisme; *binocolo prismatico* jumelles à prismes, prismatiques; *guardare col binocolo* regarder à la jumelle ◇ (*loc. fig., iron.*) *quest'anno le ferie le ho viste col binocolo* cette année je n'ai pas eu de vacances.

binoculàre |binoku'lare| *agg.* (*ott.*) binoculaire.

binòmio, i |bi'nɔmjo, i| **I** *s.m.* 1 (*mat.*) binôme: *binomio di Newton* binôme de Newton 2 (*per est.*) (*cose*) *il latte e il miele fanno un binomio gradevolissimo* le lait et le miel vont très bien ensemble → **accoppiamento** ◇ (*persone*) couple, duo: *Mario e Silvia fanno un binomio perfetto* Mario et Sylvie font un couple, un duo parfait → **coppia** **II** *agg.* [*che si compone di due nomi*] binominal*: *nomenclatura binomia* nomenclature binominale.

bio- |'bio| *pref.* (*significa 'vita, essere vivente, vivente', corrisponde gener. a*) bio: *biografia* biographie; *biofisica* biophysique.

-bio |'bio| *suff.* (*significa 'vita, essere vivente, vivente', corrisponde gener. a*) bie: *anaerobio* anaérobie.

biòccolo |'bjɔkkolo| *s.m.* 1 [*fiocco di lana o di cotone non filato*] flocon: *bioccolo di lana* flocon de laine # *lana in bioccoli* laine non cardée, toison (*f.*) 2: *cotone in bioccoli* coton non cardé 2 (*per est.*) [*batuffolo*] flocon: *bioccolo di neve, di schiuma* flocon de neige, d'écume ◇ (*loc. fig.*) *raccattare i bioccoli* [*raccogliere dicerie per riferirle*] recueillir des bavardages, des commérages 3 (*raro*) → **bernoccolo.**

bioccolùto |bjokko'luto| *agg.* [*fatto a bioccoli*] floconneux*, en flocons (*loc.inv.*): *lana bioccoluta* toison floconneuse.

biochìmica, che |bio'kimika, ke| *s.f.* biochimie.

biochìmico, ci, ca, che |bio'kimiko, tʃi, ka, ke| *agg.* biochimique ✦ (*s.*) *un biochimico* un biochimiste.

bioclimàtica, che |biocli'matika, ke| *s.f.* bioclimatologie.

biodegradàbile |biodegra'dabile| *agg.* biodégradable: *sostanza biodegradabile* matière biodégradable.

biodegradabilità |biodegradabili'ta| *s.f.inv.* biodégradabilité *var.*

biòdo |'bjɔdo| *s.m.* (*t. bot.*) scirpe.

biofilìa |biofi'lia| *s.f.* biophilie.

biofìsica, che |bio'fizika, ke| *s.f.* biophysique.

biofìsico, ci, ca, che |bio'fiziko, tʃi, ka, ke| *agg.* de, sur la biophysique (*loc. inv.*): *studi biofisici* des études sur la biophysique ✦ (*s.*) *un biofisico* un biophysicien*.

biogènesi |bio'dʒɛnezi| *s.f. inv.* (*biol.*) biogenèse *var.*

biogenètica, che |biodʒe'nɛtika, ke| *s.f.* biogénétique.

biogenètico, ci, ca, che |biodʒe'nɛtiko, tʃi, ka, ke| *agg.* biogénétique.

biogenìa |biodʒe'nia| *s.f.* → **biogenesi.**

biogeografìa |biodʒeogra'fia| *s.f.* biogéographie.

biografìa |biogra'fia| *s.f.* biographie: *biografia dei santi* biographie des saints, hagiographie.

biogràfico, ci, ca, che |bio'grafiko, tʃi, ka, ke| *agg.* biographique: *cenni biografici* notices biographiques.

biògrafo |bi'ɔgrafo| *s.* biographe.

biologìa, gie |biolo'dʒia, dʒie| *s.f.* biologie.

biologicaménte |biolodʒika'mente| *avv.* du point de vue biologique *loc. inv.*

biològico, ci, ca, che |bio'lɔdʒiko, tʃi, ka, ke| *agg.* biologique: *studi biologici* des études biologiques; *guerra biologica* guerre biologique.

biòlogo, gi |bi'ɔlogo, dʒi| *s.* biologiste.

bioluminescènza |biolumineʃ'ʃɛntsa| *s.f.* (*scient.*) bioluminescence.

biòma |bi'ɔma| *s.m.* (*biol.*) biome.

biomeccànica, che |biomek'kanika, ke| *s.f.* (*scient.*) biomécanique.

biónda |'bjonda| *s.f.* 1 [*donna bionda*] blonde: *una bionda* une blonde 2 [*tintura per capelli*] décolorant *m.* 3 → **blonda** 4 (*pop.*) [*sigaretta*] cigarette blonde (*corr.*).

biondàstro |bjon'dastro| *agg.* [*che tende al biondo*] blondasse: *capelli biondastri* des cheveux blondasses.

biondeggiànte |bjonded'dʒante| *agg.* [*che ha riflessi biondi, che tende al biondo*] blondoyant: *delle messi biondeggianti* des moissons blondoyantes.

biondeggiàre |bjonded'dʒare| *v. intr.* (*aus.* '*avere*') 1 [*tendere al biondo*] blondir: *le messi biondeggiano* les moissons blondissent 2 [*avere riflessi biondi*] blondoyer (10).

biondèlla |bjon'dɛlla| *s.f.* → **centaurea minore.**

biondézza |bjon'dettsa| *s.f.* blondeur: *la biondezza del grano maturo* la blondeur des blés mûrs ◇ [*il colore biondo*] blond (*m.*): *la biondezza dei suoi capelli* le blond de ses cheveux.

biondìccio, ci, cia, ce |bjon'dittʃo, tʃi, tʃa, tʃe| *agg.* [*biondo pallido, slavato*] blondasse: *capelli biondicci* des cheveux blondasses.

biondìno |bjon'dino| *s.* blondinet*, blondin.

bióndo |'bjondo| *agg.* 1 (*cose*) blond: *peluria bionda* duvet blond; *capelli biondi* cheveux blonds; *le messi bionde di luglio* les moissons blondes de juillet ✦ (*s.m.*) *il biondo* [*il colore biondo*] le blond: *biondo veneziano* blond vénitien; *biondo cenere* blond cendré 2 (*persone*) [*che ha i capelli biondi*] blond: *è biondo come la spiga* il est blond comme les blés # *una bella bambina bionda* une belle blondinette ✦ (*s.*) *un biondo, una bionda* un blond, une blonde: *guarda quella bionda!* regarde cette blonde!; *si è sposato con una bionda* il a épousé une blonde.

biondóne |bjon'done| *s.* grand blond: *una biondona* une grande blonde.

biònica, che |bi'ɔnika, ke| *s.f.* (*scient.*) bionique.

biònico, ci, ca, che |bi'ɔniko, tʃi, ka, ke| *agg.* (*scient.*) bionique.

biopsìa |bio'psia| *s.f.* (*med.*) biopsie.

biòptico, ci, ca, che |bi'ɔptiko, tʃi, ka, ke| *agg.* (*med.*) biopsique.

bioritmo |bio'ritmo| *s.m.* biorythme.

bióscia, sce |'bjɔʃʃa, ʃe| *s.f.* 1 (*raro*) [*minestra scipita*] eau de vaisselle, lavasse 2 (*raro*) [*neve molle*] neige fraîche, molle.

bioscòpio, i |bios'kɔpjo, i| *s.m.* (*cine.*) bioscope.

biosfèra |bios'fɛra| *s.f.* biosphère.

biosìntesi |bio'sintezi| *s.f.inv.* biosynthèse *var.*

biòssido |bi'ɔssido| *s.m.* (*chim.*) bioxyde.

bioterapìa |biotera'pia| *s.f.* (*med.*) biothérapie.

biòtico, ci, ca, che |bi'ɔtiko, tʃi, ka, ke| *agg.* (*biol.*) biotique.

biotina |bio'tina| *s.f.* (*chim.*) biotine.

biotipo |bio'tipo|, **biòtipo** |bi'ɔtipo| *s.m.* (*biol.*) biotype.

biotipologìa, gie |biotipolo'dʒia, dʒie| *s.f.* (*biol.*) biotypologie.

biòtopo |bi'ɔtopo| *s.m.* (*biol.*) biotope.

biotropismo |biotro'pizmo| *s.m.* biotropisme.

bipartire |bipar'tire| **A** *v.tr.* (*lett.*) [*dividere in due parti; a metà*] diviser (en deux), partager (3) (en deux): *bipartire i capelli con la riga in mezzo* diviser les cheveux par une raie au milieu ✦ (*spec. al p.p.*) *cifra equamente bipartita* somme équitablement divisée, partagée en deux **B** *v.pron.intr.* BIPARTIRSI [*biforcarsi*] se diviser en deux, bifurquer (*intr.*): *la strada si bipartisce* la route se divise en deux, bifurque.

bipartìtico, ci, ca, che |bipar'titiko, tʃi, ka, ke| *agg.* biparti, bipartite: *un accordo bipartitico* un accord biparti, bipartite; *governo bipartitico* gouvernement biparti, bipartite.

bipartitismo |biparti'tizmo| *s.m.* bipartisme: *bipartitismo inglese* bipartisme anglais.

bipartito |bipar'tito| *agg.* 1 (*polit.*) [*relativo a due partiti*] biparti, bipartite: *un accordo bipartito* un accord biparti, bipartite ✦ (*s.m.*) *un bipartito* [*un governo bipartito*] un gouvernement bipartite: *hanno costituito un bipartito* on a constitué un gouvernement bipartite 2 (*bot.*) biparti: *una foglia bipartita* une feuille bipartie.

bipartizióne |bipartit'tsjone| *s.f.* [→ BIPARTIRE A] bipartition.

bìpede |'bipede| 1 *agg.* bipède: *un animale bipede* un animal bipède ✦ (*s.m.*) *un bipede* un bipède 2 *s.m.* [*due arti di un quadrupede*] bipède.

biplàno |bi'plano| *agg. e s.m.* (*aer.*) biplan.

bipolàre |bipo'lare| *agg.* (*fis., mat.*) bipolaire: *magnete bipolare* aimant bipolaire.

bipolarità |bipolari'ta| *s.f.inv.* (*fis.*) bipolarité *var.*

bipolarizzazióne |bipolariddzat'tsjone| *s.f.* (*polit.*) bipolarisation.

bipósto |bi'posto| *agg.inv.* [*a due posti*] biplace (*var.*): *un aereo biposto* un (avion) biplace; *un'automobile biposto* une automobile biplace.

biquadràtica, che |bikwa'dratika, ke| *s.f.* (*mat.*) biquadratique.

biquadràtico, ci, ca, che |bikwa'dratiko, tʃi, ka, ke| *agg.* (*mat.*) biquadratique.

biquotidiàno |bikwoti'djano| *agg.* biquotidien*.

bìrba |'birba| *s.f.* 1 [*cattivo individuo, mascalzone*] gredin (*m.*): *le birbe hanno sempre fortuna* les gredins ont toujours de la chance 2 [*ragazzo di-

scolo, svogliato] (petit) fripon*, (petit) coquin: *una birba matricolata* un coquin fieffé; *quel ragazzo è una birba* ce garçon est un petit fripon, un petit coquin; *quella ragazza è una birba* cette fille est une petite coquine → **monello.**

birbacciόne |birbat'tʃone| *s.* → **birba.**

birbantàggine |birban'taddʒine| *s.f.* [*scaltrezza, furberia*] coquinerie, friponnerie ◇ [*azione poco onesta*] malhonnêteté: *le sue birbantaggini devono finire* ses malhonnêtetés doivent cesser.

birbànte |bir'bante| *s.* **1** [*persona poco onesta*] filou *m.*, gredin → **furfante, mascalzone 2** [*ragazzo scaltro, impertinente*] coquin, fripon*: *che birbante!* quel coquin!, quel fripon!; *se ti prendo, birbante!* se je t'attrape, coquin! → **monello.**

birbanteggiàre |birbanted'dʒare| *v.intr.* (*aus.* '*avere*') → **birboneggiare.**

birbanterìa |birbante'ria| *s.f.* **1** [*furfanteria, azione disonesta*] malhonnêteté **2** [*bricconaggine*] méfait (*m.*): *fare delle birbanterie* commettre des méfaits ◇ [*birichinata, monelleria*] gaminerie, espièglerie.

birbantésco, chi, ca, che |birban'tesko, ki, ka, ke| *agg.* [*da birbante*] fripon*: *aria birbantesca* air fripon.

birberìa |birbe'ria| *s.f.* → **birbanteria.**

birbonàggine |birbo'naddʒine| *s.f.* → **birbanteria.**

birbonàta |birbo'nata| *s.f.* **1** [*azione scorretta, disonesta*] canaillerie → **bricconata, malefatta** ◇ [*birichinata*] gaminerie, espièglerie **2** (*per est.*) [*imbroglio, truffa*] attrape-nigaud (*m.*): *questo prodotto è una birbonata* ce produit est un attrape-nigaud; *delle birbonate* des attrape-nigaud(s) → **fregatura.**

birbóne |bir'bone| **I** *s.* [*persona astuta e malvagia*] canaille *f.* → **furfante** ◇ [*ragazzo furbo, monello*] fripon*, coquin **II** *agg.* **1** (*cose*) [*perfido, maligno*] mauvais: *un tiro birbone* un mauvais tour **2** *raff.* (*scherz.*) [*molto forte*] *un freddo birbone* un froid de canard; *una paura birbona* une peur bleue; *una fame birbona* une faim de loup; *un tempo birbone* un temps de chien; *fare una vita birbona* mener une vie de chien → **disgraziato, pessimo.**

birboneggiàre |birboned'dʒare| *v.intr.* (*aus.* '*avere*') [*fare il birbone*] faire (45) *tr.* le coquin, se conduire (75) *pron.* en coquin.

birbonerìa |birbone'ria| *s.f.* → **birbanteria.**

bireattóre |bireat'tore| *s.m.* (*aer.*) biréacteur ✦ (*agg.*) *aereo bireattore* biréacteur *s.m.*

birème |bi'rɛme| *s.f.* birème → **galea** ✦ (*agg.*) *nave bireme* birème *s.f.*

biribìssi |biri'bissi| *s.m.inv.* [*specie di trottola*] toton *var.*

birichinàta |biriki'nata| *s.f.* [*monelleria, scappatella*] polissonnerie, espièglerie.

birichinerìa |birikine'ria| *s.f.* → **birbanteria.**

birichìno |biri'kino| **1** *s.* [*ragazzo vivace, impertinente*] polisson*, espiègle: *un birichino* un polisson, un espiègle; *una birichina* une polissonne ✦ (*agg.*) *un bambino birichino* un enfant espiègle **2** *agg.* [*furbo, malizioso*] espiègle, fripon*: *un bambino birichino* un enfant espiègle; *un'aria birichina* un air fripon, espiègle.

birifrangènte |birifran'dʒɛnte| *agg.* (*fis.*) biréfringent.

birifrangènza |birifran'dʒɛntsa| *s.f.* (*fis.*) biréfringence.

birifraziόne |birifrat'tsjone| *s.f.* (*fis.*) biréfringence.

birìllo |bi'rillo| *s.m.* [*piccolo cilindro* (*di legno*) *in alcuni giochi come il bowling, il biliardo*] quille *f.* ◇ *al plur.* [*gioco dei birilli*] *giocare ai birilli* jouer aux quilles.

birmàno |bir'mano| *agg.* [*della Birmania*] birman: *la popolazione birmana* la population birmane.

bìro |'biro| *s.f. inv.* (*marca depositata*) [*penna a sfera*] bic *m. var.* (*marca depositata*), stylobille (*m. var.*): *una biro rossa* un bic, un stylobille rouge ✦ (*agg. inv.*) *penna biro* bic *s.m.*, stylobille *s.m.*

biròccio, i |bi'rɔttʃo, i| *s.m.* → **barroccio.**

bìrra |'birra| *s.f.* bière: *birra scura* bière brune; *birra chiara, bionda* bière blonde; *birra alla spina* bière (à la) pression; *birra in bottiglia* bière en can(n)ette; *lievito di birra* levure de bière # *bicchiere di birra* (*da 1/4*) bock ◇ (*loc. fig.*) *a tutta birra* à toute allure, à toute pompe ~ *dare la birra a qc.* [*superarlo largamente*] battre qqn. à plate(s) couture(s) ~ (*pop.*) *farci la birra* [*considerare inutile q.c.*] ne savoir que faire de qqch.

birràio, i |bir'rajo, i| *s.m.* [*produttore o venditore di birra*] brasseur* *s.*

birràrio, i |bir'rarjo, i| *agg.* de la bière *loc.inv.*, de la brasserie *loc.inv.* # *industria birraria* brasserie.

birrerìa |birre'ria| *s.f.* **1** [*locale pubblico dove si vende birra*] brasserie **2** (*raro*) [*fabbrica di birra*] brasserie.

bìrro |'birro| *s.m.* **1** (*raro*) → **sbirro 2** → **mozzetta 3** (*mar.*) erse *f.*

bis- |bis| *pref.* **1** (*significa 'due, due volte; doppio, in due', corrisponde gener. a*) bis: *biscotto* biscuit **2** (*in nomi di parentela indica 'grado remoto'*) bis: *bisavolo* bisaïeul **3** (*in alcune parole indica 'grado successivo'*) *biscroma* double croche **4** (*in unione a v. e agg. ha valore pegg.*) bis: *bistorto* bistourné # *bistrattare* maltraiter.

bis |bis| **1** *inter.* bis: *bene, bravo, bis!* bravo, bis! **2** *s.m.* bis # *concedere, fare il bis* bisser; *chiedere il bis a un attore* bisser un acteur **3** *agg.* (*posposto al sost.*) bis: *abito al 12 bis* j'habite au 12 bis # *treno bis* train supplémentaire → **supplementare.**

bisàccia, ce |bi'zattʃa, tʃe| *s.f.* besace, bissac *m.*

bisàrca, che |bi'zarka, ke| *s.f.* [*automezzo a due piani per il trasporto di vetture nuove*] (véhicule *m.* de) transport *m.* de voitures.

bisàvo |bi'zavo| *s.* **1** [*bisnonno*] bisaïeul **2** (*per est.*) *al plur.* [*antenati*] ancêtres.

bisàvolo |bi'zavolo| *s.* → **bisavo.**

bisbètico, ci, ca, che |biz'bɛtiko, tʃi, ka, ke| *agg.* [*scorbutico, lunatico*] acariâtre, grincheux*: *una donna bisbetica* une femme acariâtre, grincheuse; *umore bisbetico* humeur acariâtre, grincheuse; *un vecchio bisbetico* un vieux grincheux; *avere un carattere bisbetico* être acariâtre, grincheux ✦ (*s.f.*) *una bisbetica* une mégère: *la bisbetica domata* la mégère apprivoisée.

bisbigliaménto |bizbiʎʎa'mento| *s.m.* (*raro*) → **bisbiglio.**

bisbigliàre |bizbiʎ'ʎare| **A** *v.tr.* **1** [*sussurrare, mormorare sottovoce*] chuchoter, murmurer: *bisbigliare q.c. all'orecchio di qc.* chuchoter, murmurer qqch. à l'oreille de qqn. # *bisbigliare preghiere* marmonner des prières **2** [*far pettegolezzi, sparlare alla spalle di qc.*] murmurer: *bisbigliare calunnie* murmurer des calomnies **B** *v.intr.* (*aus.* '*avere*') **1** [→ *tr.* 1] murmurer, chuchoter: *la folla cominciò a bisbigliare* la foule commença à murmurer, à chuchoter ✦ (*s.m.inv.*) *un leggero bisbigliare* un léger chuchotement *var.* → **bisbiglio 2** [→ *tr.* 2] dire (48) du mal, médire (48) de: *bisbigliare sul conto di qc.* dire du mal, médire de qqn. # *si bisbiglia che* on dit que, le bruit court que.

bisbìglio, i |biz'biʎʎo, i| *s.m.* **1** [*lieve rumore di persone che parlano sommessamente*] chuchotement, murmure **2** (*per est.*) [*diceria, mormorazione*] potin, commérage → **mormorio 3** (*poet.*) [*sussurro, fruscio*] chuchotement: *il bisbiglio del vento, delle foglie* le chuchotement du vent, des feuilles.

bisbiglìo, ii |bizbiʎ'ʎio, ii| *s.m.* [*un bisbigliare insistente*] chuchoterie *f.* → **brusio.**

bisbòccia, ce |biz'bɔttʃa, tʃe| *s.f.* (*fam.*) [*baldoria, baraonda*] bamboche, noce: *fare bisboccia* faire bamboche, faire la noce ◇ [*banchetto allegro e abbondante, spec. con molto vino*] bombance, ripaille: *fare bisboccia* faire bombance, ripaille.

bisbocciàre |bizbot'tʃare| *v.intr.* (*aus.* '*avere*') **1** [*fare baldoria*] bambocher, faire (45) *tr.* la noce: *lui lavora e gli altri bisbocciano* lui, il travaille et les autres bambochent, font la noce **2** [*banchettare, gozzovigliare*] faire bombance, faire ripaille: *non ce la faccio più a bisbocciare come una volta* je n'arrive plus à faire bombance comme avant.

bisbocciόne |bizbot'tʃone| *s.* [*persona che fa bisboccia*] bambocheur*, noceur*.

bìsca, che |'biska, ke| *s.f.* [*locale dove si gioca d'azzardo*] tripot (*m.*): *bisca clandestina* tripot clandestin; *tenere una bisca* tenir tripot.

biscaglìno |biskaʎ'ʎino| **1** *agg.* [*di Biscaglia*] biscaïen* **2** *s.m.* (*armi*) biscaïen.

biscaiòlo |biska'jɔlo| *s.* habitué des tripots, coureur* de tripots.

biscazzàre |biskat'tsare| **A** *v.intr.* (*aus.* '*avere*') [*giocare nelle bische*] fréquenter *tr.* les tripots **B** *v.tr.* [*dissipare in giochi d'azzardo*] dissiper, gaspiller.

biscazzière |biskat'tsjɛre| *s.* **1** [*gestore di bische*] tenancier* de tripot **2** [*chi segna i punti durante le partite di biliardo*] marqueur*.

bìschero |'biskero| *s.* **1** *s.* [*stupido, imbecille*] couillon *m.* (*volg.*); con *m.* (*volg.*): *non fare il bischero* ne fais pas le couillon, le con; *sei un bischero!* tu es (un) con! → **minchione 2** *s.m.* (*mus.*) cheville *f.* **3** *s.m.* (*dial., volg.*) → **pene.**

bischétto |bis'ketto| *s.m.* table *f.* de cordonnier.

bìscia, sce |'biʃʃa, ʃe| *s.f.* **1** (*t. zool.*) couleuvre ~ *biscia dal collare* couleuvre à collier ~ *biscia d'acqua* serpent d'eau ◇ *loc. fig.* A BISCIA en zigzag:

muoversi a biscia marcher en zigzag **2** (*fig., spreg.*) (*persone*) [*infido, viscido*] visqueux* *agg.*, répugnant (*agg.*): *quel-l'uomo è una biscia!* cet homme est visqueux, répugnant!
biscióne |biʃ'ʃone| *s.m.* **1** grosse couleuvre *f.* **2** (*arald.*) guivre (*f.*): *il biscione dei Visconti* la guivre des Visconti.
biscottàto |biskot'tato| *agg.* [*reso come biscotto*] biscotté: *pane biscottato* pain biscotté # *fetta biscottata* biscotte.
biscotterìa |biskotte'ria| *s.f.* **1** [*fabbrica di biscotti*] biscuiterie **2** [*negozio di biscotti*] magasin *m.* de biscuits **3** *spec. al plur.* [*assortimento di biscotti*] assortiment *m.sing.* de biscuits.
biscottièra |biskot'tjɛra| *s.f.* boîte à biscuits.
biscottificio, i |biskotti'fitʃo, i| *s.m.* [*fabbrica di biscotti*] biscuiterie *f.*
biscottìno |biskot'tino| *s.m.* **1** petit biscuit **2** (*tecnol.*) jumelle (*f.*): *biscottino della molla* jumelle de ressort.
biscòtto |bis'kɔtto| *s.m.* **1** biscuit: *biscotto purgativo, vermifugo* biscuit purgatif, vermifuge; *biscotto per cane* biscuit de chien # *biscotto all'anice* pain d'anis ◇ (*loc. fig.*) *mettersi in mare senza biscotto* s'embarquer sans biscuit **2** (*ceramica*) biscuit.
biscròma |bis'krɔma| *s.f.* (*mus.*) double croche → **croma.**
'biscuit' |biskɥi| *s.m. inv.* (*ceramica*) biscuit (*var.*): *un 'biscuit' cinese* un biscuit chinois.
biscugìno |bisku'dʒino| *s.* cousin au second ou troisième degré.
bisdòsso |biz'dɔsso| *solo nella loc. avv.* A BISDOSSO: *montare un cavallo a bisdosso* [*sul dorso nudo, senza sella*] monter un cheval à nu, à cru.
bisdrùcciolo |biz'druttʃolo| *agg.* (*gram.*) qui a l'accent sur la syllabe précédant l'antépénultième *loc.*
bisecànte |bise'kante| *agg.* (*geom.*) bissecteur*: *piano bisecante* plan bissecteur ♦ (*s.f.*) *la bisecante* la bissectrice.
bisecàre |bise'kare| *v.tr.* (*geom.*) [*dividere in due parti uguali un angolo*] bissecter: *bisecare un angolo* bissecter un angle.
bisecolàre |biseko'lare| *agg.* biséculaire: *alberi bisecolari* des arbres biséculaires.
bisellàre |bizel'lare| *v.tr.* (*tecnol.*) [*smussare spigoli di lamiere, di pezzi lavorati*] biseauter: *bisellare un vetro* biseauter une glace.
bisellatùra |bizella'tura| *s.f.* (*tecnol.*) biseautage *m.*
bisèllo |bi'zɛllo| *s.m.* **1** (*mecc.*) chanfrein **2** (*arch., ott.*) biseau.
bisènso |bi'sɛnso| *s.m.* mot à double sens.
bisessuàle |bisessu'ale| *agg.* (*bot., psicol., zool.*) bis(s)exué, bis(s)exuel* (*raro*): *fiore bisessuale* fleur bis(s)exuée.
bisessualità |bisessuali'ta| *s.f. inv.* (*bot., psicol., zool.*) bis(s)exualité *var.*
bisessuàto |bisessu'ato| *agg.* → **bisessuale.**
bisestile |bizes'tile| *agg.* bissextile (*f.*): *l'anno bisestile* l'année bissextile.
bisèsto |bi's(z)ɛsto| **1** *s.m.* bissexte **2** *agg.* (*raro*) bissextile *f.* ◇ (*prov.*) *anno bisesto, anno funesto* année bissextile, année funeste.

bisettimanàle |bisettima'nale| *agg.* [*due volte per settimana*] bihebdomadaire: *lezioni bisettimanali* leçons bihebdomadaires.
bisettóre, trice |biset'tore, tritʃe| *agg.* (*geom.*) bissecteur*: *retta bisettrice* droite bissectrice ♦ (*s.f.*) *la bisettrice* la bissectrice.
bisettrice |biset'tritʃe| *s.f.* (*geom.*) bissectrice.
bisezióne |biset'tsjone| *s.f.* (*geom.*) bissection.
bisillabo |bi'sillabo| *agg.* [*che è formato da due sillabe*] dissyllabe, dissyllabique ♦ (*s.m.*) *un bisillabo* un dissyllabe.
bislaccherìa |bizlakke'ria| *s.f.* → **stravaganza.**
bislàcco, chi, ca, che |biz'lakko, ki, ka, ke| *agg.* [*stravagante, strambo*] farfelu, extravagant: *idea bislacca* idée extravagante, farfelue, une drôle d'idée; *è un po' bislacco* il est un peu farfelu # *un cervello bislacco* une tête folle; *mente bislacca* esprit fantasque.
bislùngo, ghi, ga, ghe |biz'lungo, gi, ga, ge| *agg.* [*che ha forma allungata*] oblong*.
bismùto |biz'muto| *s.m.* (*chim., farm.*) bismuth.
bisnipóte |bizni'pote| *s.* → **pronipote.**
bisnònno |biz'nɔnno| *s.* [*genitore del nonno o della nonna*] arrière-grand-père *m.*, bisaïeul *m.*; arrière-grand-mère *f.*, bisaïeule *f.* → **bisavo.**
bisógna |bi'zoɲɲa| *s.f.* (*lett.*) **1** → **faccenda 2** → **occorrenza.**
bisognàre |bizoɲ'ɲare| **A** *v.intr.* (*aus.* '*essere*', *raro* '*avere*') [*essere necessario*; *servire*] avoir (28) (*aus.* avoir) besoin (de): *ti bisogna q.c.?* as-tu besoin de qqch.? # *quanto vi bisogna?* combien vous faut-il?; *mi bisognano mille lire* il me faut mille lires → **occorrere B** *v.impers.* [*essere necessario*] falloir* (*aus.* avoir): *bisogna che egli venga domani* il faut qu'il vienne demain; *bisognava avvertirlo di ciò* il fallait l'(en) avertir; *bisogna vedere* il faut voir; *bisogna aspettare* il faut attendre; *bisogna essere stupido, però!* faut-il être bête, tout de même!; *bisogna bene che mi ascolti* il faut bien qu'il m'écoute; *bisognerà pure che ti decida* il faudra bien que tu te décides; *ce n'è più che non bisogni* il y en a plus qu'il n'en faut; *bisogna vedere che messa in scena!* il faut voir quelle mise en scène!; *bisognava sentire come urlava!* il fallait l'entendre hurler!; *non bisogna dimenticare che...* il ne faut pas oublier que... # *bisognando, lo faremo* au besoin on le fera.
bisognatàrio, i |bizoɲɲa'tarjo, i| *s.m.* (*comm.*) recommandataire.
bisognévole |bizoɲ'ɲevole| *agg.* (*raro*) **1** → **bisognoso 2** → **necessario, occorrente.**
bisognìno |bizoɲ'ɲino| *s.m.* **1** petit besoin **2** (*euf.*) [*necessità corporale*] petit besoin: *fare un bisognino* faire ses petits besoins.
bisógno |bi'zoɲɲo| *s.m.* **1** besoin: *bisogno urgente, impellente, vivo, assoluto* besoin urgent, impérieux, pressant, absolu; *bisogni reali* besoins réels; *bisogno di affetti, di cure* besoin d'affection, de soins; *le piante hanno bisogno di aria e di luce* les plantes ont besoin d'air et de lumière; *chiamami quando hai bisogno* appelle-moi quand tu as besoin; *usare l'allarme in caso di bisogno* utiliser l'alarme en cas de besoin; *ci regoleremo secondo il bisogno* nous agirons selon les besoins → **occorrenza, necessità** # *spendere più del bisogno, oltre il bisogno* dépenser plus qu'il ne faut; *ne hai più del bisogno* [*più di quel che ti occorre*] tu en as plus qu'il ne faut ◇ *al plur.* [*fabbisogno*] besoins: *i bisogni di capitale* les besoins de capital, en capitaux; *lo stato deve provvedere ai bisogni di materie prime* l'état doit subvenir aux besoins en matières premières **2** *loc. verb.* AVER BISOGNO DI (+ *inf.*) avoir besoin de (+ *inf.*): *ho bisogno urgente di parlarti* j'ai besoin de te parler tout de suite; *aveva un gran bisogno di sfogarsi* il avait un grand besoin de se défouler; *non hanno più bisogno di chiedere prestiti* ils n'ont plus besoin de demander des prêts ~ AVER BISOGNO CHE (+ *congv.*) falloir (+ *congv.*): *hai bisogno che io venga?* faut-il que je vienne?; *ho bisogno che tu mi spieghi questa faccenda* il faut que tu m'expliques cette affaire; *non ho bisogno che tu insista* il ne faut pas que tu insistes ~ AVER BISOGNO DI (+ *pron., sost.*) avoir besoin de (+ *pron., sost.*): *ho bisogno di voi, di aiuto* j'ai besoin de vous, d'aide; *non ho bisogno di niente, di nessuno* je n'ai besoin de rien, de personne ~ ESSERCI BISOGNO DI (+ *inf.*) falloir (+ *inf.*), avoir besoin de (+ *inf.*): *ci sarebbe bisogno di intervenire subito* il faudrait intervenir immédiatement; *che bisogno c'è di gridar tanto?* faut-il tant crier?; *non c'è bisogno di preoccuparsi* il ne faut pas s'inquiéter, on n'a pas besoin de s'inquiéter ~ ESSERCI BISOGNO CHE (+ *congv.*) falloir (+ *congv.*): *c'era proprio bisogno che foste presenti* il fallait vraiment que vous soyez présents; *non c'è più bisogno che tu gli scriva* il ne faut plus que tu lui écrives; *non c'era forse bisogno che gli altri fossero informati?* ne fallait-il pas peut-être que les autres soient informés? ~ ESSERCI BISOGNO DI (+ *pron., sost.*) avoir besoin de (+ *pron., sost.*): *c'è forse bisogno di noi* on a peut-être besoin de nous; *non c'è più bisogno del medico* on n'a plus besoin du médecin; *c'è urgente bisogno di denaro* on a un besoin urgent d'argent ~ FAR (DI) BISOGNO (DI) (+ *inf.*) avoir besoin de (+ *inf.*): *non fa bisogno di interpellarlo* on n'a pas besoin de le consulter; *non fa bisogno andarci* on n'a pas besoin d'y aller ~ FAR (DI) BISOGNO CHE (+ *congv.*) falloir (+ *congv.*); être nécessaire que (+ *congv.*): *fa bisogno che tutti siano convinti* il faut que tout le monde soit convaincu; *non fa più bisogno che voi partiate* il n'est plus nécessaire que vous partiez ~ FAR (DI) BISOGNO DI (+ *pron.*) avoir besoin de (+ *pron.*): *fa (di) bisogno di voi* on a besoin de vous ~ FAR BISOGNO (DI) (+ *sost.*) falloir (+ *sost.*): *mi fa bisogno (di) un po' di pane, del latte* il me faut un peu de pain, il me faut du lait **3** [*necessità corporale*] besoin: *ho un bisogno urgente, devo fare un bisogno* j'ai un besoin urgent, je dois faire un besoin; *fare i propri bisogni* faire ses besoins **4** [*mancanza, carenza di q.c.*] besoin: *il bisogno di amici l'ha spinto al suicidio* le besoin d'amis l'a poussé au suicide; *il suo*

aspetto denunciava il bisogno di nutrimento son aspect révélait le besoin de nourriture **5** [*ristrettezza di mezzi, miseria, indigenza*] besoin: *vivere, trovarsi nel bisogno* vivre, se trouver dans le besoin; *faccio tutto questo solo per bisogno* je fais tout cela par besoin; *i veri amici si conoscono nel momento del bisogno* c'est dans le besoin qu'on connaît ses vrais amis; *è tutta gente che non ha bisogno* ce sont tous des gens qui ne sont pas dans le besoin; *chi non ha provato il bisogno non capisce certe cose* celui qui n'a pas ressenti le besoin ne comprend pas certaines choses → **povertà** # *il bisogno aguzza l'ingegno* nécessité est mère d'industrie **6** [*forte desiderio; esigenza*] besoin: *sento il bisogno di viaggiare* je sens le besoin de voyager; *tutti avvertono il bisogno di una società più giusta* tous ressentent le besoin d'une société plus juste; *i giovani hanno un gran bisogno di libertà* les jeunes ont un grand besoin de liberté; *dobbiamo limitare i nostri bisogni* nous devons limiter nos besoins.

bisognóso |bizoɲ'ɲoso| *agg.* **1** BISOGNOSO DI [*che ha bisogno di*]: *un malato bisognoso di assistenza, di cure* un malade qui a besoin d'assistance, de soins; *i giovani sono bisognosi di consigli* les jeunes ont besoin de conseils; *essere bisognoso di aiuto* avoir besoin d'aide **2** [*indigente, povero*] besogneux*, nécessiteux*: *una famiglia bisognosa* une famille besogneuse, nécessiteuse; *ce ne sono molti più bisognosi di noi* il y en a beaucoup qui sont plus besogneux, plus nécessiteux que nous ♦ (*s.*) *un bisognoso* un besogneux, un nécessiteux; *aiutare i bisognosi* aider les besogneux Ⓒ 2 **ricco, agiato.**

bisolfàto |bisol'fato| *s.m.* (*chim.*) bisulfate → **solfato.**

bisolfito |bisol'fito| *s.m.* (*chim.*) bisulfite.

bisolfùro |bisol'furo| *s.m.* (*chim.*) bisulfure.

bisónte |bi'zonte| *s.m.* (*t.zool.*) bison.

bissàre |bis'sare| *v.tr.* [*replicare, ripetere* (*una parte di uno spettacolo*)] bisser: *bissare una canzone* bisser une chanson ◇ (*per est.*) [*chiedere il bis*] reprendre (73): *vogliamo bissare l'aperitivo?* on reprend un apéritif?, on remet ça?

bìsso |'bisso| *s.m.* **1** (*tessuto*) bysse **2** (*zool.*) byssus.

bistàndard |bis'tandard| *agg. inv.* multistandard (*var.*): *televisore bistandard* téléviseur multistandard.

bistécca, che |bis'tekka, ke| *s.f.* bifteck *m.*, steak (*m.*): *bistecca al sangue, cotta al punto giusto, ben cotta* bifteck saignant, à point, bien cuit; *bistecca alla griglia* bifteck grillé; *bistecca alla Bismark* bifteck Bismark; *bistecca di cavallo* bifteck de cheval # *bistecca alla fiorentina* côte de bœuf 'à la florentine'; *bistecca con l'osso* côte de bœuf.

bistecchièra |bistek'kjɛra| *s.f.* gril *m.* (à bifteck): *bistecchiera elettrica* gril électrique.

bisticciàre |bistit'tʃare| **A** *v.intr.* (*aus.* '*avere*') [*far questione; litigare*] se disputer *pron.*, se quereller (*pron.*): *hanno bisticciato* ils se sont disputés; *finitela di bisticciare* cessez de vous disputer, de vous quereller! ♦ *s.m.inv.* [*bisticcio, litigio*] disputes *f.pl.*, querelles (*f.pl.*): *fra di loro è un continuo bisticciare* entre eux ce sont de continuelles disputes **B** *v.pron.* BISTICCIARSI **1** *recipr.* [→ *intr.*] se disputer, se quereller: *si sono bisticciate* elles se sont disputées **2** *rifl.* [→ *intr.*] se disputer: *continua a bisticciarsi con la sorella* il continue à se disputer avec sa sœur.

bistìccio, i |bis'tittʃo, i| *s.m.* **1** [*litigio, questione*] dispute *f.*, querelle (*f.*): *bisticcio familiare* dispute de ménage; *motivo di bisticcio* sujet de dispute; *suscitare, calmare, evitare un bisticcio* susciter, apaiser, éviter une querelle; *provocare bisticci* provoquer la dispute ◇ [*screzio*] bisbille *f.* (*fam.*): *tra loro scoppiano spesso piccoli bisticci* des bisbilles s'élèvent souvent entre eux **2** (*fig.*) [*artificio, gioco di parole*] jeu de mots, calembour.

bistòrto |bis'tɔrto| *agg.* [*torto in più versi*] tordu, bistourné: *ramo bistorto* branche tordue ◇ (*fig.*) [*lunatico, strambo*] tordu, farfelu.

bistràre |bis'trare| *v.tr.* (*raro*) [*tingere col bistro*] bistrer.

bistràto |bis'trato| *agg.* maquillé: *occhi bistrati* [*truccati col bistro*] des yeux maquillés, cerclés de bistre.

bistrattàre |bistrat'tare| *v.tr.* [*maltrattare, strapazzare*] maltraiter, rudoyer (10): *bistrattare un bambino* maltraiter, rudoyer un enfant.

bìstro |'bistro| *s.m.* bistre # *truccarsi gli occhi col bistro* se bistrer les paupières.

bistrò |bis'tro| *s.m.inv.* bistro(t) *var.* → **caffè.**

bìsturi |'bisturi| *s.m.inv.* (*chir.*) bistouri *var.*

bisùnto |bi'zunto| *agg.* [*sudicio, lercio*] crasseux*: *capelli bisunti* cheveux crasseux; *cappello unto e bisunto* chapeau tout crasseux.

bit |bit| *s.m.inv.* (*informatica*) binon *var.* (*t. racc.*), bit *var.*

bitonàle |bito'nale| *agg.* (*mus.*) bitonal*.

bitórzolo |bi'tortsolo| *s.m.* [*prominenza tondeggiante*] bouton, loupe (*f.*): *viso pieno di bitorzoli* visage plein de boutons ◇ [*bernoccolo*] bosse (*f.*): *un bitorzolo in fronte* une bosse au front ◇ (*bot.*) loupe, nœud.

bitorzolùto |bitortso'luto| *agg.* **1** plein de boutons: *viso bitorzoluto* visage plein de boutons # *testa bitorzoluta* crâne bosselé → **bernoccoluto** **2** (*bot.*) noueux*: *tronco bitorzoluto* tronc noueux.

bìtta |'bitta| *s.f.* (*mar.*) bitte: *bitta di ancoraggio* bitte de mouillage; *bitta d'ormeggio* bitte d'amarrage, bollard *m.*

bìtter |'bitter| *s.m.inv.* bitter *var.* → **amaro.**

bitumàre |bitu'mare| *v.tr.* [*ricoprire con bitume*] bitumer, asphalter, goudronner: *bitumare una strada* bitumer, asphalter une route.

bitumatóre |bituma'tore| *s.m.* [*operaio addetto a bitumare*] bitumier.

bitumatrìce |bituma'tritʃe| *s.f.* (*tecnol.*) goudronneuse.

bitumatùra |bituma'tura| *s.f.* [→ BITUMARE] bitumage *m.*, asphaltage *m.*, goudronnage *m.*

bitùme |bi'tume| *s.m.* **1** bitume: *bitumi artificiali* des bitumes artificiels **2** (*per gli scafi delle imbarcazioni*) goudron.

bituminóso |bitumi'noso| *agg.* bitumeux*, bitumineux*: *scisti bituminosi* schistes bitumineux; *conglomerato bituminoso* béton bitumineux; *petrolio bituminoso* pétrole bitumeux, bitumineux.

biunivocità |biunivotʃi'ta| *s.f. inv.* (*mat.*) correspondance *var.* biunivoque *agg.*

biunìvoco, ci, ca, che |biu'nivoko, tʃi, ka, ke| *agg.* biunivoque.

bivaccàre |bivak'kare| *v.intr.* (*aus.* '*avere*') **1** [*alloggiarsi, accamparsi all'aperto*] bivouaquer: *bivaccare nella neve, in parete* bivouaquer dans la neige, en paroi **2** (*fig.*) [*sistemarsi provvisoriamente*] camper: *hanno bivaccato qualche giorno in casa nostra* ils ont campé quelques jours chez nous.

bivàcco, chi |bi'vakko, ki| *s.m.* bivouac.

bivalènte |biva'lɛnte| *agg.* (*chim.*) bivalent.

bivalènza |biva'lɛntsa| *s.f.* (*chim.*) bivalence.

bivàlve |bi'valve| **I** *agg.* **1** (*zool.*) (*molluschi*) bivalve **2** (*bot.*) bivalve **II** *s.m.pl.* → **Lamellibranchi.**

bìvio, i |'bivjo, i| *s.m.* [*punto in cui una strada si biforca*] carrefour, bifurcation (*f.*): *al bivio girate a destra* au carrefour tournez à droite → **biforcazione** ◇ (*fig.*) *giungere a un bivio* parvenir à un carrefour, à un tournant; *trovarsi davanti a un bivio* se trouver à un carrefour.

bivòmere |bi'vɔmere| *agg.* à deux socs *loc.inv.*

bizantineggiàre |biddzantined'dʒare| *v.intr.* (*aus.* '*avere*') **1** [*ragionare perdendosi in sottigliezze*] faire (45) *tr.* du byzantinisme **2** (*raro*) (*spec. al p. pres.*) *arte bizantineggiante* art qui s'inspire du style byzantin.

bizantinerìa |biddzantine'ria| *s.f.* → **bizantinismo.**

bizantinìsmo |biddzanti'nizmo| *s.m.* **1** (*arts.*) byzantinisme ◇ (*per est.*) [*preziosismo, artificiosità*] préciosité (*f.*): *bizantinismi letterari* des préciosités littéraires **2** (*fig.*) [*sottigliezza cavillosa, cerebralismo*] discussion *f.*, querelle *f.* byzantine.

bizantinìsta |biddzanti'nista| *s.* byzantiniste.

bizantìno |biddzan'tino| *agg.* **1** byzantin: *la civiltà bizantina* la civilisation byzantine; *architettura bizantina* architecture byzantine ♦ *s.* (*st.*) *i Bizantini* les Byzantins **2** (*fig.*) [*ricercato, raffinato*] recherché: *eleganza bizantina* élégance recherchée ◇ [*cavilloso, pedante*] *una discussione bizantina* une discussion byzantine.

bìzza |'biddza| *s.f.* [*capriccio stizzoso*] caprice *m.* ◇ (*loc.*) *fare le bizze* faire des caprices.

bizzarraménte |biddzarra'mente| *avv.* [→ BIZZARRO 1] bizarrement: *parlare bizzarramente* parler bizarrement; *si veste bizzarramente* elle s'habille bizarrement.

bizzarrìa |biddzar'ria| *s.f.* **1** bizarrerie: *la bizzarria di un carattere* la bizarrerie d'un caractère → **stranezza-stravaganza** **2** [*azione, parola bizzarra*] bizarrerie: *le bizzarrie della moda* les bizarreries de la mode: *le bizzarrie di un maniaco* les bizarreries d'un maniaque → **capriccio, stranezza.**

bizzàrro |bid'dzarro| *agg.* **1** bizarre: *idea bizzarra* idée bizarre; *un ragionamento bizzarro* un raisonnement bizarre; *è un tipo bizzarro* c'est un type bizarre → **originale, stravagante 2** [*che si imbizzarrisce facilmente*] fougueux*, ombrageux*: *cavallo bizzarro* cheval fougueux, ombrageux.

bizzèffe (a) |abid'dzɛffe| *solo nella loc. avv.* A BIZZEFFE [*in gran quantità*] à foison, à gogo (*fam.*): *avere denaro a bizzeffe* avoir de l'argent à foison; *avere tutto a bizzeffe* avoir tout à gogo.

bizzosaménte |biddzosa'mente| *avv.* [→ BIZZOSO] capricieusement.

bizzóso |bid'dzoso| *agg.* (*spec. detto di cavallo*) [*che si irrita, si imbizzarrisce facilmente*] ombrageux*, capricieux*: *gli è capitato un cavallo bizzoso* il est tombé sur un cheval ombrageux; *un bambino bello ma bizzoso* un enfant beau mais capricieux ◇ [*bisbetico*] ombrageux: *è un tipo bizzoso* c'est une personne ombrageuse 🄲 **docile, tranquillo.**

blablà |bla'bla| *s.m.inv.* (*fam.*) blablabla.

blandaménte |blanda'mente| *avv.* [→ BLANDO] légèrement, doucement 🄲 **energicamente; violentemente.**

blandìre |blan'dire| (197) *v.tr.* **1** [*lusingare*] flatter: *blandire i vizi, le passioni* flatter les vices, les passions **2** [*lenire*] apaiser: *blandire i dolori* apaiser les douleurs **3** (*lett.*) → **accarezzare.**

blandìzia |blan'dittsja| *s.f. spec. al plur.* (*lett.*) blandices: *cedere alle blandizie* céder aux blandices.

blàndo |'blando| *agg.* [*temperato, mite, dolce*] léger*; doux*: *cura blanda* traitement léger; *purgante blando* purgatif léger; *punizione blanda* légère punition ‖ *voce blanda e carezzevole* voix douce et caressante 🄲 **energico, forte 1.**

blasfematóre, trice |blasfema'tore, tritʃe| *s.* (*raro, lett.*) blasphémateur*.

blasfèmo |blas'fɛmo| *agg.* blasphématoire: *parole blasfeme* propos blasphématoires ✦ (*s.*) *un blasfemo* un blasphémateur*.

blasonàre |blazo'nare| *v.tr.* (*arald.*) [*descrivere* (*un blasone*) *secondo le regole arald.*] blasonner.

blasonàto |blazo'nato| *agg.* [*che ha un blasone; nobile*] titré: *le famiglie blasonate* les familles titrées → **titolato** ✦ (*s.*) *un blasonato* un noble: *i blasonati* les nobles, la noblesse *f.*

blasóne |bla'zone| *s.m.* **1** blason: *il blasone di una famiglia imperiale* le blason d'une famille impériale; *ostentare il proprio blasone* faire montre de son blason ◇ [*disegno o sim. che indica appartenenza a un gruppo chiuso*] *il blasone del collegio* le blason du collège **2** (*per est.*) [*nobiltà di stirpe*] blason **3** [*arte di descrivere le insegne arald.*] blason: *le regole del blasone* les règles du blason → **araldica.**

blàsto- |'blasto| *pref.* (*significa 'germe, embrione, cellula', corrisponde gener. a*) blasto: *blastoderma* blastoderme.

-blàsto |'blasto| *suff.* (*significa 'germe, embrione, cellula' corrisponde gener. a*) blaste: *fibroblasto* fibroblaste.

blastodèrma |blasto'dɛrma| *s.m.* (*biol.*) blastoderme.

blastòma |blas'tɔma| *s.m.* (*med.*) blastome.

blateràre |blate'rare| **A** *v.intr.* (*aus. 'avere'*) [*parlare ad alta voce e a vanvera*] déblatérer (8): *blaterare contro qc.* déblatérer contre qqn. → **ciarlare, cicalare B** *v.tr.* [*dire q.c. blaterando*] jacasser: *cosa stai blaterando?* qu'est-ce que tu jacasses?

blàtta |'blatta| *s.f.* (*t. zool.*) blatte.

blazer |'bleizə| *s.m. inv.* (*ingl.*) blazer *var.*

blefarìte |blefa'rite| *s.f.* (*med.*) blépharite.

blenorragìa, gie |blenorra'dʒia, dʒie| *s.f.* (*med.*) blennorragie.

blenorràgico, ci, ca, che |blenor'radʒiko, tʃi, ka, ke| *agg.* (*med.*) blennorragique.

blenorrèa |blenor'rɛa| *s.f.* (*med.*) blennorrhée.

blèso |'blɛzo| *agg.* blèse: *essere bleso* être blèse # *pronuncia blesa* blésité ✦ (*s.*) *un bleso* un blèse.

'bleu' |blø| *agg.inv. e s.m.inv.* → **blu.**

blìnda |'blinda| *s.f.* blinde.

blindàggio, i |blin'daddʒo, i| *s.m.* blindage.

blindàre |blin'dare| *v.tr.* [*proteggere con blinda*] blinder.

blindàto |blin'dato| *agg.* blindé: *rifugio blindato* abri blindé; *treno blindato* train blindé.

blindatùra |blinda'tura| *s.f.* → **blindaggio.**

blìndo |'blindo| *s.m.* → **autoblindomitragliatrice.**

blitz |blits| *s.m. inv.* (*ingl.*) offensive *f. var.* éclair.

blizzard |'blizəd| *s.m. inv.* (*ingl.*) blizzard *var.*

bloccàggio, i |blok'kaddʒo, i| *s.m.* (*tecnol.*) blocage: *bloccaggio dei freni* blocage des freins ◇ (*sport*) *fare un bloccaggio* opérer un blocage.

bloccàre |blok'kare| **A** *v.tr.* **1** [*interrompere, impedire le comunicazioni con*] bloquer: *bloccare una città* bloquer une ville; *l'intera regione è bloccata* la région tout entière est bloquée; *il villaggio è bloccato dalla neve* le village est bloqué par la neige → **isolare** ◇ [*impedire, chiudere, sbarrare*] *bloccare l'entrata, l'ingresso* bloquer l'entrée; *una frana ha bloccato la statale, la ferrovia* un éboulement a bloqué la nationale, la voie ferrée; *i dimostranti hanno bloccato le vie del centro* les manifestants ont bloqué les rues du centre ◇ [*impedire di muoversi da un luogo; costringere a fermarsi*] *ci ha bloccato il maltempo* le mauvais temps nous a bloqués; *siamo rimasti bloccati per gravi impegni* nous sommes restés bloqués par de graves engagements; *la polizia ha bloccato il corteo* la police a bloqué le cortège; *lo hanno bloccato alla frontiera* on l'a bloqué à la frontière ◇ [*frenare, trattenere*] arrêter: *bloccalo prima che faccia sciocchezze* arrête-le avant qu'il ne fasse des bêtises; *ci hanno bloccato l'iniziativa* ils ont arrêté notre initiative; *bloccare il tiro all'avversario* arrêter le tir de l'adversaire; *bloccare l'azione del nemico* arrêter l'action de l'ennemi → **impedire 2** [*fissare, rendere rigido*] bloquer: *bloccare una vite, un congegno* bloquer une vis, un mécanisme; *bloccare lo sterzo della macchina* bloquer le volant de la voiture ◇ [*arrestare, immobilizzare*] *bloccare l'auto, l'ascensore* bloquer l'auto, l'ascenseur; *bloccare un energumeno, un pazzo* bloquer un énergumène, un fou; *il fuggitivo è stato bloccato dagli agenti* le fugitif a été bloqué par les agents ◇ (*per est.*) *il freddo mi ha bloccato la digestione* le froid m'a bloqué la digestion; *bloccare le vie respiratorie, la circolazione del sangue* bloquer les voies respiratoires, la circulation du sang ◇ (*nei giochi con la palla*) [*prendere, trattenere*] *bloccare il pallone al volo* bloquer le ballon au vol; *il portiere non è riuscito a bloccare la palla* le gardien n'est pas arrivé à bloquer le ballon ◇ (*fig.*) [*abbordare*] arrêter: *sono riuscito a bloccarlo mentre usciva* j'ai réussi à l'arrêter quand il sortait; *mi ha bloccato per la strada* il m'a arrêté dans la rue; *non riesco mai a bloccarlo* je n'arrive jamais à l'arrêter **3** (*per est.*) [*render fisso, vincolare*] bloquer: *bloccare i prezzi, la scala mobile* bloquer les prix, l'échelle mobile; *bloccare gli affitti* bloquer les loyers ◇ [*impedire, arrestare, sospendere*] *bloccare i licenziamenti* bloquer les licenciements; *bloccare un'azione giudiziaria* bloquer une action judiciaire ◇ [*imporre il vincolo, il fermo su q.c.*] *bloccare un assegno, un conto in banca* bloquer un chèque, un compte en banque; *bloccare un'eredità* bloquer un héritage ✦ (*al p.p.*) bloqué: *prezzi, affitti bloccati* prix, loyers bloqués; *è una situazione bloccata* [*di stallo*] c'est une situation bloquée # *crediti bloccati* crédits gelés **4** (*fig.*) [*provocare un freno, un arresto emotivo, psicologico*] bloquer: *la presenza di estranei mi blocca* la présence d'étrangers me bloque; *spero che non ti blocchi l'emozione* j'espère que l'émotion ne te bloque pas **5** (*per est.*) [*concentrare, far convergere*] concentrer: *bloccare le preferenze su un candidato* concentrer les voix sur un candidat **B** *v.intr.* (*aus. 'avere'*) **1** (*di congegno meccanico*) [*agire immobilizzando q.c.*] se bloquer (*pron.*): *i freni non bloccano più* les freins ne se bloquent plus; *una chiusura che non blocca* une fermeture qui ne se bloque pas **2** (*fig.*) [*far blocco, concentrarsi*] se concentrer (*pron.*): *bloccare su un solo nome, su un solo candidato* se concentrer sur un seul nom, sur un seul candidat **C** *v.pron.* BLOCCARSI **1** *intr.* [*arrestarsi, fermarsi*] se bloquer: *il motore si è bloccato* le moteur s'est bloqué; *l'ascensore si è bloccato al terzo piano* l'ascenseur s'est bloqué au troisième étage **2** *rifl.* s'arrêter: *ci siamo bloccati in tempo* nous nous sommes arrêtés à temps ◇ (*fig.*) [*subire un freno emotivo*] se bloquer: *si blocca per eccessiva timidezza* elle se bloque par timidité excessive.

bloccastèrzo |blokkas'tɛrtso| *s.m. inv.* (*auto.*) antivol (*var.*): *dei bloccasterzo* des antivols → **antifurto.**

bloccatùra |blokka'tura| *s.f.* → [BLOCCARE A 2] blocage *m.* → 2 **blocco** 3.

blocchétto |blok'ketto| *s.m.* **1** petit bloc: *un blocchetto di marmo* un petit bloc de marbre; *un blocchetto di schede* un petit bloc de fiches **2** [*taccuino per appunti*] bloc-notes: *dei blocchetti* des blocs-notes.

blocchista |blok'kista| *s.* **1** [*commerciante all'ingrosso*] grossiste **2** [*ferroviere addetto ai posti di blocco*] bloqueur *s.m.*

1 **blòcco, chi** |'blɔkko, ki| *s.m.* **1** bloc: *un blocco di granito, di pietra* un bloc de granit, de pierre; *rompere, tagliare a blocchi* casser, couper en

blocs → **masso** ◇ (*geol.*) *blocco erratico* bloc erratique ◇ (*auto.*) *blocco cilindri* bloc-cylindres; *blocco motore* bloc-moteur ◇ (*chir.*) *blocco operatorio* bloc opératoire ◇ (*sport*) *blocchi di partenza* starting-blocks, marques *f.* **2** (*per est.*) [*quantità considerevole*] pile (*f.*): *un blocco di dischi* une pile de disques; *un blocco di biancheria* une pile de linge ◇ (*spec.*) *un blocco per appunti* [*mazzo di fogli rilegati per appunti*] un bloc-notes ◇ (*filat.*) *un blocco di francobolli* un bloc de timbres ◇ *loc.* IN BLOCCO en bloc: *comprare, vendere in blocco* acheter, vendre en bloc ~ (*fig.*) [*senza distinzioni*] *giudicare, condannare, squalificare in blocco* juger, condamner, disqualifier en bloc **3** (*fig.*) bloc: *il blocco di maggioranza, delle sinistre* le bloc de la majorité, de la gauche; *i paesi del blocco occidentale, del blocco comunista* les pays du bloc occidental, du bloc communiste; *il blocco monetario* le bloc monétaire → **unione, alleanza** ◇ *loc.* FARE BLOCCO faire bloc: *dobbiamo far blocco contro l'aumento dei prezzi* nous devons faire bloc contre la hausse des prix.

2 **blòcco, chi** |ˈblɔkko, ki| *s.m.* **1** [→ BLOCCARE A 1] blocus: *blocco navale, continentale* blocus maritime, continental; *porre il blocco, rompere il blocco* établir le blocus, forcer le blocus → **assedio** ◇ (*per est.*) *blocco stradale* barrage routier; *posto di blocco* barrage de police → **sbarramento** **2** (*per est., econ.*) blocage: *blocco dei prezzi, degli affitti, dei salari* blocage des prix, des loyers, des salaires; *blocco delle importazioni* blocage des importations → **vincolo, congelamento** ◇ [*sospensione*; *limitazione*] blocage, suspension (*f.*): *blocco delle assunzioni, dei licenziamenti* blocage, suspension des embauches, des licenciements # *blocco dei cambi* contrôle des changes **3** [→ BLOCCARE A 2] blocage: *il blocco di un congegno, di un dado* le blocage d'un mécanisme, d'un écrou → **fissaggio** ◇ [*arresto*] *il blocco di una macchina, di un ascensore* le blocage d'une voiture, d'un ascenseur; *provocare il blocco di una serratura* provoquer le blocage d'une serrure ◇ (*ferr.*) *sistema di blocco* bloc-système; *cabina di blocco* cabine de cantonnement; *posto di blocco* poste de contrôle; *blocco automatico* bloc-système **4** (*med.*) bloc, blocage: *blocco cardiaco, renale* bloc, blocage du cœur, des reins; *blocco circolatorio* blocage circulatoire → **interruzione, arresto** ◇ (*psicol.*) *un blocco emotivo* un blocage émotionnel; *avere un blocco mentale* avoir un blocage mental.

blockhaus |blɔkˈkaus| *s.m. inv.* (*ted.*) (*mil.*) blockhaus, casemate *f. var.*

bloc-notes |blɔkˈnɔtes| *s.m.inv.* bloc-notes (*var.*): *dei bloc-notes* des blocs-notes.

blónda |ˈblonda| *s.f.* blonde.

bloom |blu:m| *s.m.inv.* (*ingl.*) → **blumo.**

blooming |ˈblu:miŋ| *s.m.inv.* (*ingl.*) → **laminatoio.**

'blouse' |bluz| *s.f.inv.* → **blusa.**

blu |blu| *agg. inv.* **1** bleu* (*var.*): *cielo blu* ciel bleu; *un vestito blu* un costume bleu; *avere le labbra blu per il freddo* avoir les lèvres bleues de froid # *aver un occhio blu* avoir un œil au beurre noir → **pesto, ammaccato, contuso** ◇ (*fig., fam.*) *avere una fifa blu* avoir une peur bleue; *diventare blu dalla rabbia* devenir bleu de colère ✦ (*s.m.inv.*) *il blu* le bleu: *blu marino, oltremare, petrolio, aviazione* bleu marine, outremer, pétrole, aviation; *blu di Prussia, di cobalto* bleu de Prusse, de cobalt **2** (*med.*) *morbo blu* maladie bleue → **cardiopatia.**

bluàstro |bluˈastro| *agg.* bleuâtre: *luce bluastra* lumière bleuâtre.

blue-jean(s) |blu:dʒi:in(z)| *s.m. sing. o pl. inv.* (*ingl.*) blue-jean(s) (*var.*): *dei blue-jean(s)* dei blue-jeans.

blues |blu:z| *s.m. inv.* (*ingl.*) (*mus.*) blues.

'bluètte' |blyɛt| *agg. inv. e s.m. inv.* → **turchino.**

bluff |blʌf| *s.m. inv.* (*ingl.*) **1** bluff (*var.*): *nel poker ricorre spesso al bluff* au poker il recourt souvent au bluff **2** (*per est.*) [*vanteria infondata, funzione tendente a intimidire e sim.*] bluff: *la sua tanto sbandierata ricchezza è un bluff* sa richesse si affichée est un bluff; *la sua vita è tutto un bluff* sa vie n'est qu'un bluff.

bluffàre |blufˈfare| *v.intr.* (*aus. 'avere'*) **1** (*nei giochi di carte*) [*fingere per disorientare l'avversario*] bluffer: *bluffare alle carte* bluffer aux cartes **2** (*per est., fig.*) [*ingannare gli altri attribuendosi baldanzosamente ciò che non si ha*] bluffer: *non gli si può credere: bluffa continuamente* on ne peut pas le croire: il bluffe continuellement.

bluffatóre, trice |bluffaˈtore, tritʃe| *s.* bluffeur*: *è un bluffatore incallito* c'est un bluffeur endurci.

blùmo |ˈblumo| *s.m.* (*metall.*) bloom.

blùsa |ˈbluza| *s.f.* **1** blouse: *blusa bianca da chirurgo* blouse blanche de chirurgien **2** [*camicetta da donna*] blouse, chemisier (*m.*): *blusa di seta* blouse, chemisier de soie.

blusànte |bluˈzante| *agg.* blousant: *vestito blusante sul dorso* robe à dos blousant.

blusòtto |bluˈzɔtto| *s.m.* [*camiciotto corto da uomo*] blouson: *blusotto sportivo* blouson sportif.

1 **bòa** |ˈbɔa| *s.m.inv.* **1** (*t. zool.*) boa *var.* **2** (*per anal., abbigl.*) boa.

2 **bòa** |ˈbɔa| *s.f.* **1** (*mar.*) bouée **2** (*aer.*) balise.

boarìna |boaˈrina| *s.f.* → **cutrettola.**

boàrio, i |boˈarjo, i| (*agg.*) *mercato boario* marché aux bœufs.

boàro |boˈaro| *s.m.* → **bovaro.**

boàto |boˈato| *s.m.* [*fragore forte e cupo*] grondement: *il boato del terremoto* le grondement du tremblement de terre.

bob |bɔb| *s.m.inv.* (*sport*) bob *var.*, bob(sleigh) *var.*

bobbista |bobˈbista| *s.m.* coureur de bob(sleigh).

bobìna |boˈbina| *s.f.* **1** bobine: *bobina di filo* bobine de fil ◇ (*auto.*) *bobina d'accensione* bobine d'allumage ◇ (*elettr.*) *bobina d'induzione* bobine d'induction ◇ (*tess.*) *una bobina di seta* une bobine de soie # *bobina di orditoio* rochet **2** [*rotolo*] bobine; rouleau (*m.*): *una bobina di film per la cinepresa* une bobine de film pour la caméra ‖ *una bobina di carta* un rouleau de papier ◇ (*cine.*) *bobina d'alimentazione* bobine débitrice; *bobina di avvolgimento* bobine réceptrice ◇ (*tv*) *bobina di sintonizzazione* bobine de synchronisation.

bobinàre |bobiˈnare| *v.tr.* (*tecnol.*) [*avvolgere in bobine*] bobiner.

bobinatóre, trice |bobinaˈtore, tritʃe| *s.m.* [*operaio addetto alla bobinatura*] bobineur*.

bobinatrice |bobinaˈtritʃe| *s.f.* (*tecnol.*) bobinoir *m.*, bobineuse.

bobinatùra |bobinaˈtura| *s.f.* (*tecnol.*) bobinage *m.*

bobista |boˈbista| *s.m.* → **bobbista.**

bócca, che |ˈbokka, ke| *s.f.* **1** (*anat., corr.*) bouche: *malattie della bocca* maladies de la bouche; *la respirazione bocca a bocca* le bouche-à-bouche; *aprire, chiudere, spalancare la bocca* ouvrir, fermer, ouvrir tout grand la bouche; *mettere il dito in bocca* mettre son doigt dans la bouche; *parlare a bocca piena* parler la bouche pleine # *medicina che si prende per bocca* [*per via orale*] remède que l'on prend par voie orale ◇ (*per est.*) [*labbra*] *bocca larga, regolare* bouche large, régulière; *ha proprio una bella bocca* elle a vraiment une belle bouche; *baciarsi sulla bocca* s'embrasser sur la bouche; *il bambino ha picchiato la bocca sul tavolo* l'enfant s'est cogné la bouche à la table; *storcere la bocca*: (*pr.*) tordre la bouche; (*fig.*) [*dar segno d'insoddisfazione, di rincrescimento*] faire la petite bouche ◇ (*loc. fig.*) *restar, guardare a bocca aperta* rester, regarder bouche bée; ~ *avere la bava alla bocca* écumer de rage ~ *avere, sentirsi il cuore in bocca* avoir le cœur battant ~ *non ricordare dal naso alla bocca* ne se rappeler même pas son nom de famille ◇ (*prov.*) *a caval donato non si guarda in bocca* à cheval donné on ne regarde pas les dents **2** (*animali*) gueule: *la bocca del cane* la gueule du chien; *la bocca di un pescecane* la gueule d'un requin; *la bocca del coccodrillo* la gueule du crocodile # *la bocca del cavallo* la bouche du cheval ✦ (*inter.*) *in bocca al lupo!* [*auguri!, buona fortuna!*] bonne chance! **3** (*t. bot.*) *bocca di leone* gueule-de-loup, gueule-de-lion **4** (*organo del gusto e del nutrimento*) bouche: *mi è rimasto l'amaro in bocca* il m'est resté un goût amer dans la bouche; *mettere q.c. in bocca* mettre qqch. dans la bouche; *aver la bocca secca, impastata, amara,* [*cattiva*] avoir la bouche sèche, pâteuse, amère; *lasciar, far sciogliere in bocca* laisser, faire fondre dans la bouche; *far venire, avere l'acquolina in bocca* faire venir, avoir l'eau à la bouche ◇ (*per est.*) [*persona*] *devo nutrire quattro bocche* j'ai quatre bouches à nourrir; *non si arriva a sfamare tutte queste bocche* on n'arrive pas à rassasier toutes ces bouches; *ci sono troppe bocche inutili* il y a trop de bouches inutiles ◇ (*scherz.*) [*mangione*] bonne fourchette: *che bocca!* quelle bonne fourchette!; *ho invitato a cena certe bocche!* j'ai invité à dîner de ces bonnes fourchettes! ◇ (*loc. fig.*) *togliersi, levarsi il pane di bocca* s'ôter les morceaux de la bouche ~ *togliere, levare il pane di bocca a qc.* retirer le pain de la bouche à qqn. ~ *mangiare q.c. in ultimo per rifarsi la bocca* garder qqch. pour la bonne bouche ~ *far la bocca a q.c.* [*abituarsi*] se faire à qqch.; *ormai ci ho fatto la bocca* désormais je m'y suis fait ~ *essere di bocca buona, difficile* ne pas être difficile, être difficile ~ *restare, lasciare a bocca asciutta* rester, laisser sur sa faim ~ *andare, cadere in bocca al nemico, al lupo* tomber dans la gueule du loup **5** *loc. fig.* [*organo della parola*] *non ha aperto* (*la*) *bocca* il n'a pas ouvert la bouche ~ *come apre la bocca dice fesserie* dès qu'il ouvre la bouche il dit des bêtises ~ *chiudi quella bocca!* ferme ta bouche!, ferme ta gueule! (*volg.*) ~ *non aver né bocca né orecchi* fermer la bouche et les oreilles ~ *aver q.c., qc. sempre sulla bocca* avoir toujours qqch., qqn. à la bouche ~ *riempirsi la bocca di belle frasi* se remplir la bouche de belles phrases, se gargariser ~ *essere, andare sulla bocca di tutti* être dans toutes les bouches ~ *la notizia è passata di bocca in bocca* la nouvelle est passée de bouche en bouche ~ *l'ho saputo per bocca di tuo zio* je l'ai su de la bouche de ton oncle ~ *acqua in bocca!* [*silenzio!, non una parola!*] bouche cousue! ~ *è una bocca d'oro* c'est Saint-Jean bouche d'or ~ *tu sei la bocca della verità* la vérité parle par ta bouche ~ *persona di bocca larga e di mano stretta* personne qui fait des promesses en l'air ~ *che bocca d'inferno!* quelle mauvaise langue! ~ *tappare, chiudere, cucire la bocca a qc.* clouer le bec à qqn. ~ *promette con la bocca e non col cuore* il fait des promesses mais le cœur n'y est pas ~ *non lasciarti sfuggire, scappare una parola di bocca* ne laisse pas échapper un mot ~ *dice tutto quel che gli viene in bocca* il dit tout ce qui lui passe par la tête ~ *non ci metto bocca* je ne m'en mêle pas, je n'y fourre pas mon nez ~ *non poter cavare di bocca una parola a qc.* ne pas arriver à tirer un mot à qqn. ~ *non gli si cava una parola di bocca* on n'arrive pas à lui tirer un mot ~ *mi hai tolto la parola di bocca* j'allais justement le dire ~ *dire, rispondere, suggerire a mezza bocca* dire, répondre, suggérer du bout des lèvres ~ *te lo dirò a bocca* [*a voce, direttamente*] je te le dirai de vive voix **6** (*per est.*) (*cose*) [*imboccatura, apertura*] embouchure; entrée: *la bocca di un vaso* l'embouchure d'un vase || *ho trovato la bocca della grotta* j'ai trouvé l'entrée de la grotte → **entrata** # *la bocca di un forno* la bouche d'un four ◇ (*anat.*) *la bocca dello stomaco* le creux *m.* de l'estomac ◇ (*armi*) *la bocca della canna di un fucile* la bouche du canon d'un fusil; *la bocca di un cannone* la bouche d'un canon; *bocca da fuoco* bouche à feu ◇ (*geogr.*) (*montagne*) col *m.* → 1 **passo, valico** ~ *al plur.* (*di mare*; *di fiume*) bouches: *le bocche del Rodano, di Bonifacio* les bouches du Rhône, de Bonifacio → 2 **stretto**; **foce 7** *loc.* (*tecnol.*) *bocca d'incendio* bouche d'incendie ~ *bocca di lupo*: (*mil.*) trou-de-loup; (*mar.*) gueule-de-loup ~ *bocca di scarico*: (*edil.*) goulotte d'évacuation; (*idraul.*) orifice de décharge ~ (*idraul.*) *bocca d'acqua* bouche d'eau.

boccaccésco, chi, ca, che |bokkat'tʃesko, ki, ka, ke| *agg.* **1** (*lett.*) à la manière de Boccace *loc.inv.* **2** (*per est., fig.*) [*licenzioso, piccante*] leste, piquant: *battute boccaccesche* répliques lestes, piquantes # *una storia boccaccesca* une histoire grivoise.

boccàccia, ce |bok'kattʃa, tʃe| *s.f.* **1** [*brutta bocca*] vilaine bouche ◇ [*bocca amara*] *avere la boccaccia* avoir mauvaise haleine **2** [*smorfia*] grimace: *fare* (*le*) *boccacce* faire des grimaces **3** [*persona maldicente*] mauvaise langue, langue de vipère ◇ [*persona sboccata*] personne grossière, mal embouchée.

boccaccièsco |bokkat'tʃano| *agg.* → **boccaccesco 1**.

bócca di lùpo |'bokkadi'lupo| *s.f.* **1** (*t.bot.*) gueule-de-loup **2** (*mar.*) nœud *m.* coulant **3** [*difesa di luoghi fortificati*] trou *m.* de loup **4** trou d'aération.

boccadòpera |bokka'dɔpera| *s.f.* → **boccascena.**

boccàglio, i |bok'kaʎʎo, i| *s.m.* **1** [*estremità di scarico di un tubo*] bouche *f.* ◇ [*di turbina*] tuyère *f.* ◇ [*di maschera da subacqueo*] embout **2** (*idraul., tecnol.*) ajutage **3** [*imboccatura*] embouchure (*f.*): *boccaglio del megafono* embouchure du mégaphone.

1 **boccàle** |bok'kale| *agg.* buccal*: *nervo boccale* nerf buccal.

2 **boccàle** |bok'kale| *s.m.* [*recipiente panciuto per liquidi*; *quantità di liquido contenuta*] chope *f.*; pichet: *boccale di vetro* chope en verre; *un boccale di birra* une chope de bière || *un boccale di vino* un pichet de vin ◇ (*loc.*) *bere a boccali* [*abbondantemente*] boire de grandes rasades.

boccalóne |bokka'lone| *s.* **1** personne *f.* à la bouche grande **2** [*urlone*; *piagnucolone*] braillard; pleurnicheur* ◇ [*individuo sguaiato*; *becero*] rustre, malotru.

boccàme |bok'kame| *s.m.* (*tecnol.*) masselotte *f.*

boccapòrto |bokka'pɔrto| *s.m.* **1** (*mar.*) écoutille *f.* ◇ (*di sommergibile*) capot **2** (*ferr.*) porte *f.* de foyer.

boccascèna |bokkaʃ'ʃɛna| *s.m. inv.* (*teat.*) arc *var.* de scène.

boccàta |bok'kata| *s.f.* bouchée; bouffée: *una boccata di pane* une bouchée de pain || *una boccata di fumo* une bouffée de fumée # *una boccata di acqua* une gorgée d'eau ◇ (*loc.*) *prendere una boccata d'aria* prendre l'air; *prendere una bella boccata d'aria* prendre un grand bol d'air.

boccétta |bot'tʃetta| *s.f.* **1** [*piccola biglia*] bille, boule ◇ *al plur.* (*gioco*) *giocare a boccette* jouer aux boules ◇ [*pallino*] cochonnet *m.* **2** [*bottiglietta*] flacon (*m.*): *una boccetta di vetro* un flacon de verre; *una boccetta da laboratorio* un flacon de laboratoire.

boccheggiaménto |bokkeddʒa'mento| *s.m.* [*movimento convulso della bocca dovuto a respiro affannoso e sim.*] *halètement: *il boccheggiamento di un asmatico* le halètement d'un asthmatique; *il boccheggiamento di un agonizzante* le halètement d'un agonisant.

boccheggiànte |bokked'dʒante| *agg.* [*che respira a fatica*] *haletant, essoufflé: *atleta boccheggiante* athlète haletant, essoufflé ◇ (*per est.*) [*che è in agonia*] agonisant: *malato boccheggiante* malade agonisant.

boccheggiàre |bokked'dʒare| *v. intr.* (*aus.* '*avere*') [*fare movimenti convulsi con la bocca per una difficile respirazione*] *haleter (7); s'essouffler (*pron.*): *boccheggiare dopo una corsa* haleter après une course; *boccheggia come un pesce fuor d'acqua* il halète comme un poisson hors de l'eau || *boccheggiare per una lunga e rapida salita* s'essouffler après une montée longue et rapide; *finisce per boccheggiare* il finit par s'essouffler; *boccheggiavamo a forza di gridare* nous nous essoufflions à force de crier.

bocchèllo |bok'kɛllo| *s.m.* (*tecnol.*) orifice de décharge.

bocchétta |bok'ketta| *s.f.* **1** petite bouche **2** [*imboccatura di strumenti a fiato*] embouchure ◇ [*di un vaso, di un tubo e sim.*] bouche, orifice *m.* **3** [*apertura di scarico*] goulotte, orifice: *bocchetta di scarico* goulotte d'évacuation, orifice de décharge **4** *bocchetta stradale* [*tombino*] bouche d'égout **5** [*guarnizione protettiva della toppa di una serratura*] platine **6** [*parte della scarpa che fascia il collo del piede*] empeigne.

bocchettóne |bokket'tone| *s.m.* **1** (*tecnol.*) tubulure *f.*, buse *f.* **2** (*mecc.*) bride *f.*

bocchìno |bok'kino| *s.m.* **1** [*bocca piccola*] (jolie) petite bouche (*f.*): *ha un bocchino delizioso* elle a une petite bouche délicieuse **2** [*smorfia*] petite bouche **3** [*tubicino nel quale si infila la sigaretta*] fume-cigarette *inv.*; [*il sigaro*] fume-cigare *inv.* ◇ [*estremità della sigaretta che si mette tra le labbra*] bout: *sigarette con bocchino filtro* cigarettes à bout filtre ◇ [*estremità della pipa*] chalumet, bouquin **4** [*imboccatura fissa di strumenti a fiato*] embouchure *f.*, bocal*: *il bocchino di una tromba* l'embouchure d'une trompette; *il bocchino del fagotto* le bocal du basson ◇ [*imboccatura mobile di strumenti a fiato*] embouchoir **5** [*parte delle ant. armi da fuoco*] embouchoir.

bòccia, ce |'bɔttʃa, tʃe| *s.f.* **1** [*palla di materiale vario*] boule: *boccia da bowling* boule de bowling **2** [*recipiente tondeggiante di cristallo o di vetro*] carafe, carafon (*m.*): *boccia di vetro, di cristallo* carafe, carafon de verre, de cristal ◇ *al plur.* [*gioco delle bocce*] (jeu *m.sing.* de) boules: *giocare a bocce, fare una partita a bocce* jouer aux boules, à la pétanque **3** (*scherz., fam.*) [*testa*] caboche: *una grossa boccia* une grosse caboche # *gli gira la boccia* la tête lui tourne **4** [*bocciolo di fiore*] bouton *m.*

bocciàre |bot'tʃare| *v.tr.* **1** (*fam.*) [*respingere un candidato a un esame*] coller, recaler: *l'hanno bocciato* il a été collé, recalé ✦ (*al p.p.*) *alunno bocciato* élève collé, recalé **2** [*respingere*] rejeter (5): *bocciare una domanda* rejeter une demande # *bocciare una proposta di legge* repousser, rejeter une proposition de loi ✦ (*al p.p.*) *domanda bocciata* demande rejetée; *legge bocciata* loi repoussée **3** (*gioco*) [*colpire una boccia o un boccino*] bouler*.

bocciàta |bot'tʃata| *s.f.* coup *m.* de boule.

bocciatóre, trice |bottʃa'tore, tritʃe| *s.* (*gioco delle bocce*) [*specialista della bocciata*] bouleur.

bocciatùra |bottʃa'tura| *s.f.* **1** (*fam.*) [→ BOCCIARE 1] recalage (*m.*): *si è meritato la bocciatura* il a mérité le recalage **2** [→ BOCCIARE 2] rejet (*m.*): *la bocciatura del disegno di legge* le rejet du projet de loi.

boccìno |bot'tʃino| *s.m.* **1** [*pallino del gioco delle bocce*] cochonnet **2** petite carafe *f.* **3** (*scherz., fam.*) [*testa*] caboche *f.*

bòccio, i |'bɔttʃo, i| *s.m.* [*boccio-*

lo] bouton ◊ *loc.* IN BOCCIO en bouton: *una rosa in boccio* une rose en bouton.

bocciòdromo |bot'tʃɔdromo| *s.m.* [*le attrezzature e i campi per il gioco delle bocce*] boulodrome: *allestire un bocciodromo* préparer un boulodrome.

bocciòfilo |bot'tʃɔfilo| *s.m.* [*giocatore di bocce*] bouliste, boulomane: *è un bocciofilo accanito* c'est un bouliste acharné ✦ (*agg.*) *società bocciofila* (association) amicale de boulistes *loc.inv.*

bocciòlo |bot'tʃɔlo| *s.m.* **1** [*fiore non ancora sbocciato*] bouton: *bocciolo di rosa* bouton de rose **2** [*parte della canna compresa fra due nodi*] entre-nœud **3** [*parte del candeliere*] bobèche *f.* **4** (*mecc.*) came *f.*

bóccola |'bokkola| *s.f.* **1** [*anello, fibbia, borchia*] boucle: *boccola di cinghia* boucle de sangle **2** (*abbigl.*) boucle: *boccola di lana* boucle de laine **3** (*ferr.*) boîte d'essieu **4** (*mecc.*) boîte à graisse ◊ [*corpo cilindrico cavo usato come supporto o guida di perni*] douille **5** [*figura del pattinaggio artistico*] boucle.

bóccolo |'bokkolo| *s.m.* [*ciocca di capelli*] boucle *f.*

bocconcino |bokkon'tʃino| *s.m.* **1** petite bouchée (*f.*): *un bocconcino di pane* une petite bouchée de pain **2** [*piatto, cibo squisito*] morceau de roi, de choix: *è un bocconcino* c'est un morceau de roi, de choix ◊ (*fig.*) *quella ragazza è un bocconcino* [*è deliziosa*] c'est un beau brin de fille **3** *al plur.* [*spezzatini*] fricassée *f.sing.*

boccóne |bok'kone| *s.m.* **1** [*quantità di cibo che si mette o si può mettere in bocca in una volta*] bouchée (*f.*): *un boccone di carne* une bouchée de viande; *mangiar un boccone di pane* manger une bouchée de pain; *non riesco a mandar giù questo boccone* je n'arrive pas à avaler cette bouchée; *ingoiare q.c. in un boccone* ne faire qu'une bouchée de qqch.; *ha divorato tutto in pochi bocconi* il a tout dévoré en quelques bouchées # *parlare col boccone in bocca* parler la bouche pleine; *prendere bocconi grossi, piccoli* prendre de gros, de petits morceaux; *mandar giù un boccone dopo l'altro* s'empiffrer ◊ (*loc. fig.*) *mandar giù, ingoiare bocconi amari* [*subire umiliazioni*] avaler des couleuvres ~ *divorare, far fuori qc. in un boccone* [*annientarlo, superarlo con facilità*] ne faire qu'une bouchée de qqn. **2** (*fig.*) [*piccola quantità, pezzetto di cibo e d'altro*] morceau: *dammi un boccone di pane* donne-moi un morceau de pain; *non ce n'è più neanche un boccone* il n'en reste (même) pas un morceau; *ne è rimasto appena un boccone* il en est resté juste un morceau; *lasciamene un boccone* laisse-m'en un morceau; *non lasciar lì quei due bocconi di roba* ne laisse pas là ces deux morceaux; *me ne basta un boccone* un morceau me suffit ◊ (*loc.*) *guadagnarsi un boccone di pane* [*il necessario per vivere*] gagner de quoi vivre, gagner sa croûte (*fam.*) ◊ *loc. avv.* A PEZZI E BOCCONI [*poco per volta*; *frammentariamente, stentatamente*] par bribes: *a pezzi e bocconi son riuscito a farmi raccontare tutto* je suis arrivé à me faire tout raconter par bribes **3** (*per est.*) [*pasto, cibo*] morceau: *mangiare, prendere un boccone* manger un morceau, casser la croûte; *ho ancora il boccone in bocca* je n'ai pas encore fini d'avaler le dernier morceau; *buttar giù un boccone* avaler un morceau; *mi è rimasto il boccone in gola* j'ai encore le morceau dans la gorge; *parlare tra un boccone e l'altro* [*durante il pasto*] parler tout en mangeant ◊ [*pietanza curata, cibo ghiotto*] *che boccone!* quel mets!; *un boccone di cardinale, da re* un morceau de roi, de choix; *il boccone del prete* (*nel pollo*) le croupion; *mi prepara dei bocconi squisiti* elle me prépare des mets exquis; *mangiarsi i migliori bocconi* manger les meilleurs morceaux ◊ (*fig.*) *è un boccone che fa gola a molti* c'est qqch. qui allèche tout le monde; *quella ragazza è un ottimo boccone* cette fille est un beau morceau ◊ (*loc. fig.*) *togliersi, levarsi il boccone di bocca* [*far sacrifici*] s'ôter le pain de la bouche ~ *togliere i bocconi di bocca a qc.* [*privarlo del necessario*] ôter le pain de la bouche à qqn. ~ *contare i bocconi* (*in bocca*) *a qc.* [*trattarlo, controllarlo con avarizia*] compter les morceaux à qqn. **4** [*esca avvelenata per animali*] boulette *f.* empoisonnée: *mettere il boccone alle volpi* mettre une boulette empoisonnée pour les renards ◊ (*loc.*) *dare il boccone*: (*pr.*) [*avvelenare*] empoisonner; (*fig.*) [*corrompere*] corrompre.

boccóni |bok'koni| *avv.* [*disteso sul ventre con la faccia in giù*] à plat ventre *loc.inv.*, sur le ventre (*loc.inv.*): *gettarsi bocconi nell'erba* se jeter à plat ventre dans l'herbe; *cadere bocconi* tomber à plat ventre, sur le ventre; *dormire bocconi* dormir sur le ventre.

boccùccia, ce |bok'kuttʃa, tʃe| *s.f.* petite bouche: *ha una bella boccuccia* elle a une belle petite bouche ◊ (*loc. fig.*) *far boccuccia* [*mostrare di non gradire q.c.*] faire la petite bouche ◊ (*iron.*) [*persona schifiltosa*] personne chichiteuse, pimbêche.

bodino |bo'dino| *s.m.* → **budino.**

bodoniàno |bodo'njano| *agg.* (*tip.*) *caratteri bodoniani* caractères Bodoni *inv.* # *rilegatura bodoniana* cartonnage.

boèmo |bo'ɛmo| *agg.* [*della Boemia*] bohémien*: *usanze boeme* coutumes bohémiennes.

boèro |bo'ɛro| **1** *agg.* boer*: *popolazione boera* population boère ✦ *s.* (*st.*) *i Boeri* les Boers **2** *s.m.* bouchée *f.* de chocolat (à la liqueur).

bòffice |'bɔffitʃe| *agg.* **1** (*raro*) [*morbido, soffice*] souple, mœlleux* **2** (*lett.*) [*grassoccio*] grassouillet*.

bofonchiàre |bofon'kjare| *v.intr.* (*aus.* '*avere*') [*brontolare, borbottare*] bougonner, grommeler (4): *è sempre lì a bofonchiare* il est toujours là à bougonner, à grommeler.

bofónchio, i |bo'fonkjo, i| *s.m.* → **calabrone.**

'bohème' |bɔɛm| *s.f. inv.* bohème (*var.*): *far la 'bohème'* mener une vie de bohème ◊ [*persone che conducono una vita anticonformista, da artisti*] *ha conosciuto tutta la 'bohème' di quell'epoca* il a connu toute la bohème de cette époque.

'bohémien' |bɔemjɛ̃| *s.m. inv.* [*chi fa vita da artista, anticonformista*] bohème: *fare, condurre una vita da 'bohémien'* mener une vie de bohème; *è un vero 'bohémien'* c'est un vrai bohème ✦ (*agg.*) *spirito 'bohémien'* esprit bohème.

bòia |'bɔja| **I** *s.m. inv.* **1** [*l'esecutore delle sentenze capitali*] bourreau ◊ (*loc. fig.*) *fare il boia* [*la carogna, il dispettoso, il mascalzone*] faire le salaud ~ *essere il boia di qc.* [*torturare moralmente qc.*] être le bourreau de qqn. ◊ (*per est.*) *espressione da boia* [*truce*] expression cruelle, féroce **2** (*inter.*) *boia d'un mondo ladro!* misère de misère! **II** *agg.inv.* (*fam.*) *un freddo boia* [*intenso*] un froid de canard, de chien; *un tempo boia* un temps de chien.

boiàro |bo'jaro| *s.m.*(*st. russa*) boyard.

boiàta |bo'jata| *s.f.* (*pop.*) **1** [*azione da briccone, bricconata*] friponnerie: *fare delle boiate* commettre des friponneries **2** [*lavoro fatto male*] bâclage (*m.*): *questo tipo di seggiola è una gran boiata* cette sorte de chaise est un beau bâclage; *quel giornale è una boiata* ce journal est un bâclage **3** [*frase volgare o sciocca*] grossièreté: *dire delle boiate* dire des grossièretés.

boicottàggio, i |boikot'taddʒo, i| *s.m.* boycottage: *atti di boicottaggio* actes de boycottages; *fare il boicottaggio* faire le boycottage ◊ (*fig.*) *questo atteggiamento è un vero boicottaggio* cette attitude est un vrai boycottage.

boicottàre |boikot'tare| *v.tr.* [*danneggiare, ostacolare materialmente o moralmente*] boycotter: *boicottare le vendite* boycotter les ventes; *boicottare un'iniziativa* boycotter une initiative ◊ (*fig.*) [*isolare, emarginare qc. da un gruppo e sim.*] *li hanno boicottati in tutti i modi* ils les ont boycottés de toutes les manières possibles.

boicottatóre, trice |boikotta'tore, tritʃe| *s.* boycotteur*.

Bòidi |'bɔidi| *s.m.pl.* (*t. zool.*) Boïdés.

'boiserie' |bwa(ɑ)zʀi| *s.f. inv.* boiserie *var.*

bòldo |'bɔldo| *s.m.* (*t. bot.*) boldo.

bolèro |bo'lɛro| *s.m.* (*mus.*) boléro ◊ (*abbigl.*) boléro.

bolèto |bo'lɛ(e)to| *s.m.* (*t.bot.*) bolet ~ *boleto commestibile, edule* bolet comestible ~ *boleto velenoso* bolet vénéneux, bolet satan.

bòlgia, ge |'bɔldʒa, dʒe| *s.f.* **1** (*st. letter.*) fosse **2** (*per est.*) [*confusione, movimento agitato*] pagaille, pagaïe: *la bolgia è finita* la pagaille est finie; *che bolgia!* quelle pagaille!

bòlide |'bɔlide| *s.m.* **1** (*astron.*) bolide ◊ (*per est., fig.*) [*oggetto o persona proiettati a grande velocità*] *piombare, partire, entrare come un bolide* tomber, partir, entrer comme un bolide; *quell'automobile è un bolide* cette voiture est un bolide ◊ (*calcio*) shoot **2** (*iron., fam.*) [*persona grossa*] barrique *f.*

bolìna |bo'lina| *s.f.* (*mar.*) bouline ◊ (*loc.*) *navigare di bolina* naviguer au plus près.

bolinàre |boli'nare| *v.tr.* (*mar.*) [*tendere le boline*] tendre (53) la bouline: *bolinare una vela* tendre la bouline d'une voile.

boliviàno |boli'vjano| *agg.* [*della Bolivia*] bolivien*.

1 **bólla** |'bolla| *s.f.* **1** bulle: *una bolla d'aria, di sapone* une bulle d'air, de savon; *in quel vetro ci sono alcune bolle* dans ce verre il y a des bulles ◊ (*loc. fig.*) *finire in una bolla di sapone* [*in un nulla di fatto*] s'évanouir en fumée **2** (*med.*) vésicule, bulle: *le bolle del vaiolo* les vésicules de la variole **3** (*bot.*) *mal della bolla* cloque.

2 **bólla** |'bolla| *s.f.* **1** [*documento papale o imperiale*] bulle: *bolla papale* bulle papale; *bolla di scomunica* bulle d'excommunication **2** (*comm.*) bulletin (*m.*): *bolla di spedizione, di consegna* bulletin d'expédition, de livraison **3** (*arc.*) [*sigillo*] bulle.

bollàre |bol'lare| *v.tr.* **1** [*contrassegnare con un bollo, con un timbro e sim.*] timbrer; marquer: *bollare una lettera, una cartolina, un pacco* timbrer une lettre, une carte postale, un paquet → **timbrare** || *bollare un prodotto* marquer un produit; *bollare a fuoco il bestiame* marquer au fer rouge le bétail **2** (*per est.*) [*applicare la marca da bollo; affrancare*] timbrer; affranchir: *bollare un manifesto* timbrer une affiche || *hai bollato tutte le cartoline?* as-tu affranchi toutes les cartes postales? # *devo bollare la patente* je dois appliquer un timbre sur mon permis de conduire ◇ (*autoveicoli*) [*pagare la tassa di circolazione*] payer la vignette (de l'auto): *l'ho bollata per quattro mesi* j'ai payé la vignette (de l'auto) pour quatre mois **3** (*fig.*) [*lasciare un'impronta di disonore su qc.*] marquer: *quel delitto l'ha bollato per sempre* ce crime l'a marqué pour toujours; *il carcere bolla le persone* la prison marque les personnes ◇ [*additare al disprezzo, alla disapprovazione*] flétrir: *ha bollato i traditori con parole d'infamia* il a flétri les traîtres de mots d'infamie.

bollàto |bol'lato| *agg.* **1** [*gravato, munito di bollo*] timbré: *carta bollata* papier timbré **2** [*marchiato, contrassegnato*] marqué: *merce bollata* marchandise marquée; *bestiame bollato* bétail marqué.

bollatùra |bolla'tura| *s.f.* [→ BOLLARE] timbrage (*m.*): *bollatura di documenti* timbrage de documents ◇ [*marchiatura a fuoco*] marquage (*m.*): *bollatura del legname* marquage du bois.

bollènte |bol'lɛnte| *agg.* **1** [*caldissimo, che bolle*] bouillant; brûlant: *bere il caffè bollente* boire son café bouillant, brûlant; *acqua bollente* eau bouillante || *pentola bollente* casserole brûlante; *l'asfalto era bollente per il sole* le soleil rendait l'asphalte brûlant **2** (*fig.*) [*focoso, fervido*] bouillant: *carattere bollente* caractère bouillant ◇ (*loc. fig.*) *calmare i bollenti spiriti* calmer les esprits agités.

bollétta |bol'letta| *s.f.* **1** (*comm.*) bulletin *m.*, bordereau (*m.*): *bolletta di consegna* bulletin de livraison; *bolletta di ordinazione* bulletin de commande; *bolletta di cassa* bordereau de caisse **2** (*dogana*) [*polizza, ricevuta*] acquit (*m.*): *bolletta di accompagnamento* acquit-à-caution; *bolletta doganale* acquit de douane; *bolletta di transito* acquit de transit **3** [*conto, spec. per l'utenza di servizi pubblici*] note, facture: *bolletta del gas, della luce* note, facture de gaz, d'électricité; *pagare una bolletta* payer une note ◇ (*loc. fig., pop.*) *essere in bolletta* être fauché **4** (*med.*) cloque, vésicule.

bollettàrio, i |bollet'tarjo, i| *s.m.* carnet, registre à souches.

bollettino |bollet'tino| *s.m.* **1** bulletin: *bollettino di bagagli* bulletin de bagages, de consigne; *bollettino di consegna* bulletin de livraison; *bollettino di versamento* bulletin de versement → **polizza, modulo** **2** [*notiziario*] bulletin: *bollettino d'informazione* bulletin d'information; *il bollettino meteorologico* le bulletin météorologique, de la météo; *bollettino medico* bulletin de santé; *bollettino di guerra* bulletin de guerre **3** [*modulo per registrare i risultati delle gare*] fiche *f.*

bollicìna |bolli'tʃina| *s.f.* → 1 **bolla.**

bollilàtte |bolli'latte| *s.m.inv.* casserole *f.var.* pour faire bouillir le lait.

bolliménto |bolli'mento| *s.m.* (*raro*) → **bollitura, ebollizione.**

bollìno |bol'lino| *s.m.* **1** [*buono, tagliando*] ticket; coupon: *i bollini di una tessera annonaria* les tickets de rationnement; *i bollini di un concorso* les coupons d'un concours # *i bollini premio del supermercato* les timbres du supermarché **2** (*scarpe sportive*) crampon: *scarpe a bollini* chaussures à crampons → **tacchetto.**

bollire |bol'lire| (203) **A** *v.intr.* (*aus. 'avere'*) **1** [*essere in ebollizione, arrivare all'ebollizione*] bouillir (20): *l'acqua bolle, sta per bollire* l'eau bout, est sur le point de bouillir; *far bollire un po' di latte* faire bouillir un peu de lait; *l'acqua bolle forte* l'eau bout à gros bouillons; *bollire a fuoco lento* mijoter, bouillir à petit feu # *bollire a lungo e a fuoco lento* mitonner ◇ (*per est.*) *la pentola bolle* la casserole bout; *la verdura, la pasta bolle* les légumes, les pâtes bouillent ◇ (*di vino*) [*fermentare*] fermenter: *il mosto comincia a bollire* le moût commence à fermenter; *il tino bolle* la cuve fermente **2** (*per est.*) [*gorgogliare; ribollire*] gargouiller; faire (45) *tr.* des bulles: *ho lo stomaco che bolle* j'ai l'estomac qui gargouille || *lo spumante bolle nel bicchiere* le mousseux fait des bulles, pétille dans le verre ◇ (*loc. fig.*) *bollire nel proprio brodo* [*far fronte da solo ai propri guai*] cuire dans son jus ~ *lasciar bollire qc. nel proprio brodo* laisser cuire qqn. dans son jus ~ *q.c. bolle in pentola* [*q.c. viene tramato, organizzato di nascosto*] quelque chose mijote ~ *cosa bolle in pentola?* qu'est-ce qui mijote? **3** (*fig.*) [*provare un caldo eccessivo*] cuire (75): *lì dentro si bolle* on cuit là-dedans ◇ [*avvampare per febbre o per stanchezza*] *ha la testa, le mani che bollono* il a la tête, les mains brûlantes; *ho il cervello che mi bolle* j'ai la tête en feu → 1 **scoppiare, scottare** ◇ [*essere esasperato; essere in forte tensione nervosa*] bouillir: *bollire dentro di sé* bouillir à l'intérieur de soi; *bollire di rabbia, d'ira* bouillir de rage, de colère ◇ (*loc.*) *avere il sangue che bolle nelle vene* avoir le sang qui bout dans les veines **B** *v.tr.* [*far bollire, far cuocere in acqua bollente*] bouillir, faire *intr.* bouillir: *bollire il latte* bouillir, faire bouillir le lait; *bollire le patate* bouillir les pommes de terre ◇ (*per est.*) [*sterilizzare in acqua bollente*] faire bouillir: *bollire una siringa* faire bouillir une seringue.

bollita |bol'lita| *s.f.* (*solo nella loc.*) *dare una bollita a q.c.* [*una bollitura veloce*] ébouillanter qqch.

bollito |bol'lito| **1** *agg.* [*fatto bollire*] bouilli: *latte bollito* lait bouilli **2** *s.m.* [*carne bollita; carne da cuocere in brodo*] bouilli # *fare il bollito* faire le pot-au-feu → **lesso.**

bollitóre |bolli'tore| *s.m.* (*tecnol.*) bouilleur ◇ (*tecnol., corr.*) bouilloire *f.*

bollitùra |bolli'tura| *s.f.* **1** [→ BOLLIRE A 1; B] ébullition: *ridurre il brodo prolungando la bollitura* réduire un bouillon en prolongeant l'ébullition **2** [*cottura in acqua di alimenti*] cuisson (à l'eau): *questa carne richiede una bollitura prolungata* cette viande demande une cuisson prolongée ◇ (*per est.*) temps *m.* d'ébullition ◇ [*liquido di cottura*] bouillon *m.*, décoction **3** (*metall.*) *bollitura a fuoco* brasure.

bóllo |'bollo| *s.m.* **1** [*marchio di garanzia, controllo, autenticazione*] timbre, marque (*f.*): *bollo a secco, a umido* timbre sec, humide; *bollo a inchiostro* timbre humide; *apporre il bollo di fabbrica* apposer, mettre le timbre, la marque de fabrique; *l'ufficiale sanitario ha apposto il bollo sulle carni* l'inspecteur de la santé a apposé la marque de contrôle sur la viande de boucherie; *manca il bollo della dogana* il manque la marque de la douane ◇ (*pt*) *bollo postale* cachet de la poste; *annullare un'affrancatura con un bollo* oblitérer un timbre ◇ [*stampigliatura con data o con altra indicazione*] cachet (d'oblitération), timbre: *bollo d'arrivo, di partenza* cachet, timbre portant la date d'arrivée, de départ; *bollo di quietanza* timbre de quittance, timbre-quittance **2** [*strumento per apporre bolli*] timbre, tampon: *un bollo di rame, di gomma* un timbre de cuivre, de caoutchouc; *bollo ad anello, con manico* tampon circulaire, muni d'une poignée → **sigillo** **3** (*bur.*) [*imposta fiscale*] timbre: *bollo ordinario, straordinario* timbre ordinaire, spécial; *imposta di bollo* droit de timbre # *pagare il bollo di circolazione* payer la vignette; *l'ufficio del bollo* le timbre; *una carta da bollo* un papier timbré; *una marca da bollo* un timbre (fiscal) ◇ [*contrassegno attestante il pagamento di un'imposta*] *applicare il bollo sulla patente* appliquer un timbre sur le permis de conduire # *esporre il bollo* (*di circolazione*) *sulla macchina* exposer la vignette sur la voiture **4** (*pop.*) [*francobollo*] timbre (poste) (*corr.*): *collezione di bolli* collection de timbres (-poste); *mettere il bollo su una cartolina* mettre un timbre sur une carte postale → **francobollo** **5** (*fig., fam.*) [*livido, ammaccatura*] marque: *ho preso un calcio che mi ha lasciato il bollo* j'ai reçu un coup de pied qui m'a laissé une marque.

bollóre |bol'lore| *s.m.* [*stato di ebollizione di un liquido*] bouillon: *il primo bollore* le premier bouillon; *dare un bollore* donner le premier bouillon # *levare, alzare il bollore* commencer à bouillir ◇ [*ebollizione*] ébullition (*f.*): *portare l'acqua a bollore* porter l'eau à ébullition ◇ (*per est.*) [*caldo intenso*] chaleur *f.* étouffante: *i bollori dell'estate* la chaleur étouffante de l'été ◇ (*fig.*) [*ardore, eccitazione*] bouillonnement, ardeur (*f.*): *il bollore delle passioni* le bouillonnement, l'ardeur des passions; *i bollori dell'età giovanile* les ardeurs de la jeunesse # *ciò gli farà passare i bollori* cela le calmera.

bollóso |bol'loso| *agg.* (*med.*) bulleux*.

bòlo |'bɔlo| *s.m.* **1** bol: *bolo alimentare* bol alimentaire ◇ (*med.*) *bolo isterico* spasme glottique **2** (*farm., min.*) bol.

bolognése |boloɲ'nese| *agg.* [*di Bologna*] bolonais.

bolsàggine |bol'saddʒine| *s.f.* **1** (*veter.*) (*cavallo*) pousse: *questo cavallo è affetto da bolsaggine* ce cheval a la pousse **2** (*per est.*) [*mollezza, debolezza*] lassitude, épuisement *m.* ◇ (*fig., spreg.*) [*vuotaggine, insulsaggine*] faiblesse, pauvreté: *la bolsaggine di un discorso* la faiblesse, la pauvreté d'un discours.

bolscevico, chi, ca, che |bolʃe'viko, ki, ka, ke| *agg.* bolchevique, bolcheviste: *gruppi bolscevichi* groupes bolcheviques, bolchevistes; *tesi, tendenze bolsceviche* thèses, tendances bolcheviques ✦ (*s.*) *un bolscevico* un bolchevik, un bolcheviste ◇ (*per est.*) [*comunista*] bolchevik, bolcheviste.

bolscevismo |bolʃe'vizmo| *s.m.* (*st., polit.*) bolchevisme.

bólso |'bolso| *agg.* **1** (*veter.*) (*cavallo*) poussif*: *cavallo bolso* cheval poussif* **2** (*per est.*) [*senza fiato, sfinito*] poussif: *un omone vecchio e già bolso* un homme gros, vieux et déjà poussif ◇ [*cascante, floscio*] mou*, flasque: *pelle, carne bolsa* peau, chair molle, flasque ◇ (*fig., spreg.*) [*gonfio e vuoto, insulso*] poussif: *stile bolso* style poussif # *frasi bolse* des phrases vides.

bolzóne |bol'tsone| *s.m.* **1** (*armi ant.*) tête *f.* de bélier ◇ [*freccia per balestra*] matras **2** [*trave di ponte levatoio*] bascule *f.* **3** [*punzone metallico*] poinçon ◇ [*per macellare suini*] maillet **4** (*mar.*) bouge **5** (*edil.*) ancre *f.*, tirant.

bòma |'bɔma| *s.m. inv.* (*mar.*) bôme *f. var.*

bómba |'bomba| *s.f.* **1** bombe; grenade: *bomba d'aereo* bombe d'avion; *bomba atomica, all'idrogeno, H* bombe atomique, à hydrogène, H; *bomba volante, radiocomandata* bombe volante, téléguidée; *bomba al fosforo, al plastico, al napalm* bombe au phosphore, au plastic, au napalm; *bomba incendiaria, fumogena, lacrimogena* bombe incendiaire, fumigène, lacrymogène; *bomba a scoppio ritardato, a orologeria* bombe à retardement, à mouvement d'horlogerie; *bomba batteriologica, asfissiante* bombe bactériologique, asphyxiante ‖ *bomba antisommergibile, di profondità* grenade anti-sous-marins; *bomba anticarro* grenade antichar; *bomba a mano* grenade (à main) # *bomba da mortaio, di cannone* obus de mortier, de canon ◇ (*pirotecnica*) *bomba d'artificio* bombe d'artifice ◇ (*geol.*) *bomba vulcanica* bombe volcanique ◇ (*loc.*) *rifugio a prova di bomba* refuge à toute épreuve; (*fig.*) [*indistruttibile, di grande resistenza*] *un'amicizia a prova di bomba* une amitié à toute épreuve; *ha un coraggio a prova di bomba* il a un courage à toute épreuve **2** (*chim.*) bombe: *bomba calorimetrica* bombe calorimétrique ◇ (*fis.*) *bomba manometrica* bombe manométrique ◇ (*med.*) *bomba al cobalto, al cesio* bombe au cobalt, au césium **3** (*fig.*) [*notizia clamorosa, avvenimento eccezionale*] bombe: *far l'effetto di una bomba* faire l'effet d'une bombe: *la notizia è scoppiata come una bomba* la nouvelle a éclaté comme une bombe; *è stata una bomba per tutti* cela a été une bombe pour tous; *presto scoppierà la bomba* bientôt éclatera la bombe ✦ (*agg.inv.*) *è una notizia bomba* cette nouvelle est comme une bombe *s.f.* **4** (*fig., pop.*) [*sostanza eccitante ingerita da atleti*] dopage *m.* (*t.racc.*), doping (*m.*): *esaurito l'effetto della bomba il corridore è crollato* une fois passé l'effet du dopage le coureur s'est écroulé **5** (*giochi infantili*) but *m.* ◇ (*loc. fig.*) *tornare a bomba* [*tornare all'argomento principale*] revenir à ses moutons; *andare a bomba* en venir au fait.

bombàggio, i |bom'baddʒo, i| *s.m.* [*ingrossamento di scatole di conserve alimentari alterate*] boursouflure *f.*

1 **bombàrda** |bom'barda| *s.f.* **1** (*mediev.*) bombarde **2** (*mar.*) bombarde.

2 **bombàrda** |bom'barda| *s.f.* (*mus.*) bombarde.

bombardaménto |bombarda'mento| *s.m.* **1** [→ BOMBARDARE 1] bombardement: *bombardamenti continui* des bombardements successifs; *bombardamento in picchiata* bombardement en piqué # *è stato un vero bombardamento a tappeto* ç'a été un vrai pilonnage **2** (*fis. nucl.*) bombardement: *bombardamento atomico* bombardement atomique **3** (*fig.*) [→ BOMBARDARE 3] avalanche *f.*, déluge: *un bombardamento di ingiurie* une avalanche d'injures; *un bombardamento di parole e di complimenti* un déluge de paroles et de compliments.

bombardàre |bombar'dare| *v.tr.* **1** [*attaccare, colpire con bombe*] bombarder: *il vecchio porto è stato bombardato dagli aerei* le vieux port a été bombardé par les avions **2** (*fis. nucl.*) [*inviare un fascio di particelle o fotoni contro un bersaglio*] bombarder **3** (*fig.*) [*tempestare, subissare* (*qc. con q.c.*)] bombarder: *al suo ritorno fu bombardato di domande* à son retour il fut bombardé de questions.

bombardièra |bombar'djɛra| *s.f.* [*feritoia per sparare con la bombarda*] embrasure, créneau *m.*

bombardière |bombar'djɛre| *s.m.* **1** (*aer. mil.*) bombardier, avion de bombardement ◇ (*per est.*) *bombardiere ad acqua* [*usato per spegnere incendi*] bombardier à eau **2** [*aviatore di aerei di bombardamento*] bombardier **3** (*t. zool.*) bombardier.

bombardino |bombar'dino| *s.m.* (*mus.*) bugle baryton.

bombardóne |bombar'done| *s.m.* (*mus.*) bombardon.

bombàre |bom'bare| **A** *v.tr.* **1** (*tecnol.*) [*far assumere una forma convessa*] bomber: *bombare una lastra di piombo* bomber une feuille de plomb **2** (*arc., scherz.*) [*bere vino in quantità*] boire comme un trou, pomper (*pop.*) **B** *v.intr.* (*aus.* '*avere*') (*arc., scherz.*) [→ *tr.* 2] trinquer.

bombàto |bom'bato| *agg.* bombé: *un coperchio bombato* un couvercle bombé.

bombétta |bom'betta| *s.f.* (chapeau *m.*) melon *m.*

bómbice |'bombitʃe| *s.m.* (*t. zool.*) bombyx.

bombìre |bom'bire| (197) *v.intr.* (*aus.* '*avere*') → **rumoreggiare.**

bómbito |'bombito| *s.m.* (*lett.*) → **rimbombo.**

bómbo |'bombo| *s.m.* **1** [*ronzio continuato*] bourdonnement: *il bombo di un alveare* le bourdonnement d'une ruche **2** (*t. zool.*) bourdon **3** (*lett.*) → **rimbombo** **4** (*region.*) → **bevanda.**

bómbola |'bombola| *s.f.* [*recipiente cilindrico di metallo per fluidi compressi*] bouteille: *bombola d'aria compressa, d'ossigeno, di gas* bouteille d'air comprimé, d'oxygène, de gaz.

bombolétta |bombo'letta| *s.f.* petite bombe ◇ (*spec.*) *bomboletta spray* (bombe) aérosol *m.*; atomiseur *m.*

bombonièra |bombo'njɛra| *s.f.* bonbonnière.

bomprèsso |bom'prɛsso| *s.m.* (*mar.*) beaupré: *vela del bompresso* voile du beaupré.

bonàccia, ce |bo'nattʃa, tʃe| *s.f.* (*mar.*) bonace, calme *m.* plat: *ieri c'è stata bonaccia* hier c'était le calme plat ◇ (*fig.*) [*pace, quiete*] calme.

bonacciòna |bonat'tʃona| *s.f.* femme bonasse → **bonaccione** ✦ (*agg.*) *una ragazza bonacciona* une jeune fille bonasse.

bonacciòne |bonat'tʃone| *s.m.* bon bougre, brave homme: *ha l'aspetto severo, ma è un bonaccione* il a un air sévère, mais c'est un bon bougre, un brave homme ✦ (*agg.*) *un uomo bonaccione* un brave homme, un brave type (*fam.*).

bonalàna |bona'lana| *s.f.* → **buonalana.**

bonamàno |bona'mano| *s.f.* → **mancia.**

bonapartismo |bonapar'tizmo| *s.m.* (*st., polit.*) bonapartisme.

bonapartista |bonapar'tista| *agg. e s.* (*st., polit.*) bonapartiste.

bonariaménte |bonarja'mente| *avv.* **1** [*in buona fede*] sans malice *loc. inv.*, en bonne foi (*loc. inv.*): *si comporta bonariamente* il agit sans malice, en bonne foi; *dire q.c. bonariamente* dire qqch. sans malice; *quest'uomo ha agito bonariamente* cet homme a agi de bonne foi **2** [*con semplicità, affabilmente*] avec bienveillance *loc. inv.*, affablement: *ci ha trattato bonariamente* il nous a traités avec bienveillance, affablement.

bonarietà |bonarje'ta| *s.f. inv.* [*affabilità, giovialità*] bonhomie *var.*, affabilité (*var.*): *la sua bonarietà mi ha tolto da ogni impaccio* sa bonhomie, son affabilité m'a mis complètement à l'aise ◇ [*indulgenza, remissività*] *approfittano della sua eccessiva bonarietà* ils profitent de son excessive bonhomie.

bonàrio, i |bo'narjo, i| *agg.* [*mite, affabile*] affable, doux*: *è un uomo semplice e bonario* c'est un homme simple et affable; *un carattere bonario* un caractère doux → **gioviale** ◇ [*indulgente, remissivo*] indulgent, bénin*: *è troppo bonario con i suoi nemici* il est trop indulgent envers ses ennemis.

'bonbon' |bɔ̃bɔ̃| *s.m. inv.* bonbon *var.*

bonétto |bo'netto| *s.m.* (*arc.*) → **berretto.**

'bonheur-du-jour' |bɔnœʀ dy ʒuʀ| *s.m. inv.* bonheur-du-jour (*var.*): *dei 'bonheur-du-jour'* des bonheurs-du-jour.

bonifica, che |bo'nifika, ke| *s.f.* **1** [*operazioni per rendere un terreno sano e produttivo*] bonification: *la bonifica di una regione* la bonification d'une région # *bonifica integrale* assèchement des marais et exploitation des eaux; *consorzio di bonifica* groupement d'amélioration foncière ◇ [*prosciugamento*] assainissement *m.*, assèchement (*m.*): *la bonifica di una zona paludosa* l'assèchement d'une zone marécageuse ◇ [*miglioramento di un terreno*] amendement *m.* ◇ [*sistemazione, valorizzazione*] mise en valeur ◇ (*per est.*) terrain *m.* bonifié, région bonifiée **2** [*azione di liberare un terreno da mine*] déminage *m.* ◇ [*di liberarlo dai gas*] dégazage *m.* **3** (*fig.*) assainissement: *la bonifica di un ambiente corrotto* l'assainissement d'un milieu corrompu → **risanamento** **4** (*metall.*) trempe et revenu *m.* (de l'acier).

bonificàbile |bonifi'kabile| *agg.* [→ BONIFICARE] *terreno bonificabile* terrein qu'on peut assainir *loc.*

bonificàre |bonifi'kare| *v.tr.* **1** [*rendere sano e produttivo un terreno*] bonifier: *bonificare terreni* bonifier des terrains ◇ [*prosciugarlo*] assainir, assécher (8): *bonificare un terreno paludoso* assainir, assécher un terrain marécageux ◇ [*migliorarlo*] amender **2** [*liberare un terreno da mine*] déminer: *bonificare una zona* déminer une zone ◇ [*liberare* (*un terreno*) *dai gas*] dégazer **3** (*fig.*) [*risanare, ripulire*] assainir: *bonificare un quartiere malfamato* assainir un quartier malfamé **4** (*comm.*) [*abbuonare; concedere un abbuono*] remettre (71); faire (45) une remise: *bonificare un debito* remettre une dette ‖ *gli ho bonificato il 10%* je lui ai fait une remise de 10% ◇ (*banca*) [*eseguire un bonifico*] virer, effectuer le virement de.

bonificatóre, trice |bonifika'tore, tritʃe| *s.* **1** [*chi esegue bonifiche*] draineur* (*raro*) **2** [*tecnico dello sminamento*] draineur (*raro*); celui *m.* qui effectue des travaux de bonification, d'assainissement.

bonìfico, ci |bo'nifiko, tʃi| *s.m.* (*comm.*) bonification (*f.*): *accordare, concedere bonifici* accorder des bonifications → **abbuono, sconto** ◇ (*banca*) virement.

'bonne' |bɔn| *s.f. inv.* [*bambinaia*] nurse *var.*

bonomìa |bono'mia| *s.f.* bonhomie → **bontà** ◇ (*per est.*) [*semplicioneria*] simplicité, naïveté.

bontà |bon'ta| *s.f. inv.* **1** bonté (*var.*): *bontà d'animo, di cuore* bonté d'âme, de cœur; *ha una bontà senza limiti* il est d'une bonté sans limites; *approfittare della bontà altrui* profiter de la bonté d'autrui; *affidarsi alla bontà divina* s'en remettre à la bonté divine; *fare un atto di bontà* faire un acte de bonté **2** [*benevolenza, gentilezza*] bonté: *trattare qc. con bontà* traiter qqn. avec bonté ◇ [*cortesia*] bonté, obligeance (*var.*): *abbia la bontà di attendere* ayez la bonté d'attendre; *mi usi la bontà d'ascoltarmi* ayez la bonté, l'obligeance de m'écouter ◇ [*atto gentile, cortesia*] faveur (*var.*): *fammi questa bontà* fais-moi cette faveur ◇ *loc.* PER BONTÀ (MIA, SUA, DI QC.) [*per grazia, per merito*] grâce à (moi, toi, qqn.): *ho trovato un impiego per bontà sua* j'ai trouvé un emploi grâce à lui ~ BONTÀ MIA, TUA, LORO...: *bontà vostra, se ha potuto fare ciò* c'est grâce à vous s'il a pu faire cela ~ (*iron.*) *alla fine, bontà sua, mi ha ricevuto* à la fin, il m'a fait la grâce de me recevoir ✦ (*ass.*) *bontà sua!* trop aimable! **3** [*buona qualità; efficacia, validità*] bonne qualité *var.*; efficacité *var.*, validité (*var.*): *la bontà di una merce, di un prodotto* la bonne qualité d'une marchandise, d'un produit → **pregio** ‖ *la bontà di un metodo, di un rimedio* l'efficacité d'une méthode, d'un remède; *la bontà di una teoria, di un'ipotesi* la validité d'une théorie, d'une hypothèse # *assaggia la bontà di questo piatto!* goûte comme ce plat est bon!; *queste mele hanno una, sono di una bontà eccezionale* ces pommes ont une saveur exquise ✦ (*ass.*) *senti che bontà questi dolci!* quel délice ces gâteaux!; *che bontà quel profumo!* quel parfum suave!; *che bontà!, è una bontà!* c'est exquis!, délicieux! **4** (*numism.*) bonté.

bontempóne |bontem'pone| *s.* → **buontempone.**

bonus malus |bɔnus'malus| *s.m. inv.* [*sistema di assicurazione auto*] bonus malus.

bónzo |'bondzo| *s.m.* (*relig.*) bonze ◇ (*fig.*) [*persona che si dà importanza*] bonze.

boogie-woogie |'bu:gi'wu:gi| *s.m. inv.* (*amer.*) (*mus.*) boogie-woogie *var.*

book-maker |'bukmeikə| *s.m. inv.* (*ingl.*) bookmaker *var.*

boom |bu:m| *s.m. inv.* (*ingl.*) (*comm., econ.*) boom *var.* ◇ (*fig.*) *si prevede un nuovo boom dell'edilizia* on prévoit un nouveau boom dans le bâtiment.

boomerang |'bu:mɔræŋ| *s.m. inv.* (*ingl.*) → **bumerang.**

bòra |'bɔra| *s.f.* bora.

boràce |bo'ratʃe| *s.m.* (*chim.*) borax.

boracìfero |bora'tʃifero| *agg.* (*geol.*) *soffione boracifero* soufflard *s.m.*

boràsso |bo'rasso| *s.m.* (*t. bot.*) borasse.

boràto |bo'rato| *s.m.* (*chim.*) borate.

borbogliàre |borboʎ'ʎare| *v.tr.* (*lett.*) **1** → **mormorare, borbottare** **2** (*liquidi*) → **gorgogliare.**

borbogliìo, ii |borboʎ'ʎio, ii| *s.m.* (*lett.*) **1** → **mormorio, borbottare** **2** (*liquidi*) → **gorgoglio.**

borbònico, ci, ca, che |bor'bɔniko, tʃi, ka, ke| *agg.* **1** [*dei Borboni*] bourbonien*: *politica borbonica* politique bourbonienne ✦ (*s.*) *i Borbonici* les Bourbons **2** (*fig., spreg.*) [*retrogrado, conservatore*] rétrograde: *governo borbonico* gouvernement rétrograde; *metodi borbonici* méthodes rétrogrades.

borborigmo |borbo'rigmo| *s.m.* (*med.*) borborygme.

borbottaménto |borbotta'mento| *s.m.* [→ BORBOTTARE] bougonnement.

borbottàre |borbot'tare| **A** *v.intr.* (*aus.* '*avere*') **1** [*parlare, mormorare tra sé, a bassa voce*] grommeler (4), bougonner: *ha borbottato ancora un po' e se ne è andato* il a grommelé, bougonné encore un peu et il s'en est allé **2** [*brontolare, lamentarsi*] grommeler, grogner: *smettila di borbottare* cesse de grommeler, de grogner; *ha sempre da borbottare su tutto* (il faut toujours qu') il grogne à propos de tout **3** (*per est.*) [*far rumori confusi*] ronronner; gargouiller: *la pentola borbottava sul fornello* la marmite ronronnait sur le feu ‖ *mi borbotta la pancia per la fame* j'ai l'estomac qui gargouille de faim **B** *v.tr.* [→ *intr.* 1] marmotter, marmonner: *borbottare le preghiere* marmotter des prières; *ha borbottato non so che cosa prima di salutarmi* il a marmonné je ne sais quoi avant de me saluer.

borbottìo, ii |borbot'tio, ii| *s.m.* **1** [*mormorio confuso, indistinto di voci*] murmure: *in sala c'è un gran borbottio* un grand murmure s'élève dans la salle; *si sente appena qualche borbottio* c'est à peine si l'on entend un murmure ◇ [*brusio di protesta, brontolio*] murmures *pl.*, brouhaha: *la sua frase provocò un borbottio generale* sa phrase provoqua des murmures, un brouhaha général **2** (*per est.*) [*gorgoglio, brontolio*] gargouillement: *il borbottio dell'intestino* le gargouillement de l'intestin; *il borbottio di un ruscello* le gargouillement d'un ruisseau.

borbottóne |borbot'tone| *s.* [*chi brontola continuamente*] grognon*, ronchon*: *che borbottone!* quel vieux grognon, ronchon! ✦ (*agg.*) grognon, rouspéteur*: *una donna borbottona* une femme grognon, grognonne; *è gentile ma un po' borbottone* il est gentil, mais un peu rouspéteur.

bòrchia |'bɔrkja| *s.f.* **1** [*chiodo con grossa capocchia*] cabochon *m.* ◇ (*pelletteria e tappezzeria*) broquette **2** [*guarnizione metallica circolare*] garniture, joint (*m.*): *la borchia di un lampadario* la garniture d'un lustre; *la borchia di un rubinetto* le joint d'un robinet ◇ (*abbigl., pelletteria*) garniture, boucle ◇ [*fibbia*] boucle **3** [*placca di serratura*] platine.

borchiàto |bor'kjato| *agg.* [*guarnito di borchie*] clouté: *una cintura borchiata* une ceinture cloutée; *scarpe borchiate* des chaussures cloutées.

borchiettàto |borkjet'tato| *agg.* → **borchiato.**

bordàme |bor'dame| *s.m.* (*mar.*) bordure (*f.*): *bordame di fondo* bordure de fond.

bordàre |bor'dare| **A** *v.tr.* **1** [*far l'orlo, applicare un orlo o un bordo a q.c.*] border: *bordare un copriletto* border un couvre-lit; *bordare un soprabito con pelliccia* border un manteau de fourrure **2** (*mar.*) [*tendere* (*una vela*) *per spiegarla al vento*] border **B** *v.intr.* (*aus.* '*avere*') → **affaccendar(si), affrettar(si).**

bordàta |bor'data| *s.f.* **1** (*mar.*) bordée: *le bordate di un incrociatore* les bordées d'un croiseur **2** (*mil.*) bordée: *tirare, sparare una bordata* lâcher, tirer une bordée **3** (*fig.*) [*gran quantità, scarica*] bordée, salve: *una bordata di insulti* une bordée d'injures; *bordate di applausi* des salves d'applaudissements # *si è preso una bordata di pugni* il a été bourré de coups.

bordatìno |borda'tino| *s.m.* (*tessuto*) coutil.

bordàto |bor'dato| *s.m.* → **bordatino.**

bordatrice |borda'tritʃe| *s.f.* (*tecnol.*) bordeuse.

bordatùra |borda'tura| *s.f.* **1** [→ BORDARE A 1] bordage *m.* (*raro*): *la bordatura di una giacca* le bordage d'une veste → **orlatura** ◇ (*metall.*) *bordatura a freddo, a caldo* bordage à froid, à chaud **2** [*orlo, bordo*] bordure: *la bordatura di una tovaglia* la bordure d'une nappe ◇ (*mar. ant.*) → **fasciame.**

bordeggiàre |borded'dʒare| *v. intr.* (*aus.* '*avere*') **1** (*mar.*) [*navigare a zig-zag*] louvoyer (10) **2** (*per est.*) [*camminare a zig-zag*] zigzaguer, marcher en zigzag: *bordeggiava come se fosse ubriaco* il marchait en zigzag comme s'il était ivre **3** (*fig., raro*) → **destreggiarsi, barcamenarsi.**

bordèllo |bor'dɛllo| *s.m.* **1** bordel **2** (*fig., pop.*) bordel: *questa casa, questo ufficio è un bordello* cette maison, ce bureau est un bordel → **caos, casino** ◇ (*per est.*) [*schiamazzo, baccano*] boucan: *un bordello del diavolo* un boucan de tous les diables; *fare bordello* faire du boucan.

borderò |borde'rɔ| *s.m.inv.* (*comm.*) bordereau (*var.*): *borderò d'incasso, di cassa* bordereau d'encaissement, de caisse.

bordìno |bor'dino| *s.m.* **1** [*bordo costituito da nastro*] liseré, lisére: *bordino di seta* liseré de soie ◇ [*bordo costituito da piega del tessuto*] ourlet: *bordino di fazzoletto* ourlet de mouchoir **2** (*ferr.*) boudin.

1 **bórdo** |'bordo| *s.m.* bord: *il bordo di un fazzoletto* le bord d'un mouchoir; *il bordo di una tela* le bord d'une toile → **orlo** ◇ [*guarnizione, frangia*] bord, bordure (*f.*): *applicare il bordo a una tenda* appliquer un bord, une bordure à un rideau ◇ [*settore laterale, margine*] bord: *camminare sul bordo della strada* marcher sur le bord de la route; *star seduto sul bordo di un divano* être assis sur le bord d'un divan ◇ (*di monete e sim.*) tranche (*f.*): *il bordo di una medaglia* la tranche d'une médaille.

2 **bórdo** |'bordo| *s.m.* **1** (*mar.*) bord: *girare, virare di bordo* virer de bord; *nave d'alto, di basso bordo* navire de haut, de bas bord ◇ (*loc. fig.*) *persona d'alto bordo* [*di elevata posizione sociale*] personne du grand monde, de haute volée ◇ (*iron.*) *prostituta d'alto bordo* poule (*fam.*) de luxe **2** (*loc.*) *a bordo!* à bord!; *franco bordo* franc-bord; *carta, libro di bordo* carte, journal de bord; *vita, gente di bordo* vie, hommes du bord; *essere, salire a bordo* être, monter à bord; *prendere a bordo* prendre à bord **3** [*interno di un mezzo di trasporto*] bord: *prendere qc. a bordo della propria automobile* prendre qqn. à bord de son automobile; *non c'è più nessuno a bordo dell'autobus* il n'y a plus personne à bord de l'autobus ◇ *loc.* A BORDO DI [*per mezzo di*] en: *arrivare a bordo di un taxi* arriver en taxi **4** (*aer.*) bord: *bordo d'attacco, d'entrata* bord d'attaque; *bordo di fuga, d'uscita* bord de fuite.

bordò |bor'dɔ| *agg.inv.* (*colore*) bordeaux: *una camicia bordò* une chemise bordeaux ◆ (*s.m. inv.*) *il bordò* le rouge bordeaux *agg.*

bordolése |bordo'lese| **I** *agg.* [*di Bordeaux*] bordelais ◇ (*enol.*) *poltiglia bordolese* bouillie bordelaise; *bottiglia bordolese* bordelaise *s.f.* ◆ (*s.f.*) *la bordolese* [*bottiglia bordolese*] la bordelaise **II** (*s.m.*) *il bordolese* [*fusto* (*di legno*) *bordolese*] la bordelaise *f.*

1 **bordóne** |bor'done| *s.m.* bourdon ◇ (*loc. fig.*) *piantare il bordone* [*fermarsi*] faire *halte.

2 **bordóne** |bor'done| *s.m. spec. al plur.* [*penna di uccello appena spuntata*] plumule *f. sing.* ◇ (*loc. fig.*) *far venire i bordoni* [*far venire la pelle d'oca*] donner la chair de poule.

3 **bordóne** |bor'done| *s.m.* (*mus.*) bourdon: *falso bordone* faux-bourdon ◇ (*loc.*) *tener bordone* [*fare l'accompagnamento*] tenir le faux-bourdon ◇ (*fig.*) *tenere bordone a qc.* [*assecondare i sotterfugi di qc.*] prêter la main à qqn.

bordùra |bor'dura| *s.f.* **1** bordure: *la bordura di un fazzoletto* la bordure d'un mouchoir; *la bordura di un arazzo* la bordure d'une tapisserie → **orlo, bordatura** ◇ (*per est.*) *la bordura di un prato* la bordure d'un pré ◇ (*arald.*) *la bordura di uno scudo* la bordure d'un écu **2** [*guarnizione di una pietanza*] garniture: *la bordura di un piatto di carne* la garniture d'un plat de viande.

boreàle |bore'ale| *agg.* (*geogr.*) boréal*: *aurora boreale* aurore boréale Ⓒ **australe.**

borgàta |bor'gata| *s.f.* [*piccolo centro abitato*] bourgade ◇ (*per est.*) [*agglomerato di alloggi spec. insalubri, alla periferia di una grande città*] bidonville *m.* # *abitanti di una borgata* bidonvilliens; *borgata satellite* ville satellite.

borghése |bor'geze| *agg.* **1** [*appartenente al ceto medio, alla borghesia*] bourgeois: *la classe borghese* la classe bourgeoise; *essere di famiglia borghese* être de famille bourgeoise # *appartenere al ceto piccolo-borghese* appartenir à la petite bourgeoisie ◆ (*s.*) *i borghesi* les bourgeois **2** (*per est.*) [*attaccato all'ordine, alla tranquillità e al benessere*] bourgeois: *mentalità borghese* mentalité bourgeoise; *desideri, aspirazioni borghesi* désirs bourgeois, aspirations bourgeoises ◆ (*s.*) *un borghese* un bourgeois **3** (*spreg.*) [*tradizionalista; privo di buon gusto; gretto*] bourgeois: *maniere, gusti borghesi* manières bourgeoises, goûts bourgeois; *è pieno di pregiudizi borghesi* il est plein de préjugés bourgeois ◆ (*s.*) *un borghese* un bourgeois **4** [*civile, non militare*] civil: *abito borghese* habit civil; *tornare alla vita borghese* retourner à la vie civile → **civile** ◆ (*s.m.*) *un borghese* un civil ◇ *loc. sost.* IN BORGHESE [*in abiti civili, senza divisa*] en civil: *mettersi in borghese* se mettre en civil.

borgheseménte |borgeze'mente| *avv.* [→ BORGHESE 2, 3] bourgeoisement.

borghesìa |borge'zia| *s.f.* [*i borghesi*] bourgeoisie: *grande, media, piccola borghesia* grande, moyenne, petite bourgeoisie; *la grassa borghesia* la grosse bourgeoisie; *gli interessi dell'alta borghesia* les intérêts de la haute bourgeoisie ◇ (*st. mediev.*) *la borghesia comunale* la bourgeoisie communale.

borghesìsmo |borge'zizmo| *s.m.* bourgeoisisme.

borghesizzàre |borgezid'dzare| **A** *v.tr.* [*rendere borghese*] rendre (53) bourgeois, embourgeoiser **B** *v.pron. intr.* BORGHESIZZARSI [*diventare borghese; assumere atteggiamenti borghesi*] devenir (27) *intr.* bourgeois, s'embourgeoiser: *si è molto borghesizzato* il est devenu très bourgeois, il s'est bien embourgeoisé.

borghesizzazióne |borgezid-dzat'tsjone| *s.f.* [→ BORGHESIZZARE] embourgeoisement *m.*

borghigiàno |borgi'dʒano| **I** *s.m.* **1** [*abitante di un piccolo centro*] villageois: *un giovane borghigiano* un jeune villageois ◆ (*agg.*) *una ragazza borghigiana* une jeune fille villageoise **2** [*abitante di sobborgo di città*] faubourien* ◆ (*agg.*) *persone borghigiane* des personnes faubouriennes **II** *agg.* [*proprio di un borgo, o di un sobborgo*] faubourien*, villageois: *accento borghigiano* accent faubourien; *un'aria borghigiana* un air villageois Ⓒ **cittadino.**

bórgo, ghi |'borgo, gi| *s.m.* bourg: *un borgo di campagna* un bourg de campagne ◇ [*sobborgo*] faubourg: *i borghi di periferia* les faubourgs périphériques.

borgognóne |borgoɲ'ɲone| *agg.* [*di Borgogna*] bourguignon.

borgomàstro |borgo'mastro| *s.m.* bourgmestre.

bòria |'bɔrja| *s.f.* [*ostentazione dei propri meriti*] suffisance, morgue: *atteggiamento pieno di boria* attitude pleine de suffisance; *essere pieno di boria* être plein de morgue, gonflé d'orgueil → **superbia** Ⓒ **modestia, umiltà.**

boriàrsi |bo'rjarsi| *v.pron.intr.* [*esagerare i propri meriti*] se vanter: *senza boriarmi* sans me vanter; *non hai da boriartene, non c'è di che boriarsene* tu n'as pas à t'en vanter, il n'y a pas de quoi se vanter Ⓒ **schermir(si).**

bòrico, ci, ca, che |'bɔriko, tʃi, ka, ke| *agg.* (*chim.*) borique: *acido borico* acide borique ◇ (*farm.*) *acqua borica* eau boriquée.

boriosità |borjosi'ta| *s.f.inv.* [*boria, superbia*] suffisance *var.*, morgue (*var.*): *atteggiamento pieno di boriosità* attitude pleine de suffisance, de morgue Ⓒ **modestia, umiltà.**

borióso |bo'rjoso| *agg.* [*pieno di orgoglio, di vanità*] suffisant, fat: *fare il borioso* faire le suffisant, le fat; *con tono borioso* d'un ton suffisant Ⓒ **modesto, umile.**

borlànda |bor'landa| *s.f.* → **burlanda.**

borneòlo |borne'ɔlo| *s.m.* (*chim.*) bornéol.

bòro |'bɔro| *s.m.* (*chim.*) bore.

borotàlco, chi |boro'talko, ki| *s.m.* talc (boré): *cospargere di borotalco* saupoudrer de talc, talquer *v.tr.*

bórra |'borra| *s.f.* **1** [*cascame di lana o di seta*] bourre: *borra per basti* bourre pour bâts **2** [*stoppaccio per cartucce*] bourre.

borràccia, ce |bor'rattʃa, tʃe| *s.f.* [*recipiente da viaggio per liquidi*] gourde.

borraccina |borrat'tʃina| *s.f.* **1** (*t. bot.*) orpin *m.* **2** → **muschio.**

borraccinóso |borrattʃi'noso| *agg.* [*coperto di borraccina*] moussu: *pietre borraccinose, rami borraccinosi* pierres, branches moussues.

borràggio, i |bor'raddʒo, i| *s.m.* [→ BORRARE] bourrage ◇ [*il materiale usato*] bourre *f.*

Borraginàcee |borradʒi'natʃee| *s.f.pl.* (*t. bot.*) Borraginées, Borraginacées.

borràgine |bor'radʒine| *s.f.* (*t. bot.*) bourrache.

borràna |bor'rana| *s.f.* (*t.bot.*) bourrache.

borràre |bor'rare| *v.tr.* [*chiudere il foro di una mina con materiale inerte*] bourrer ◇ (*nelle cartucce di fucile*) [*separare la polvere dal piombo con una borra*] bourrer.

borratùra |borra'tura| *s.f.* → **borraggio.**

bórro |'borro| *s.m.* **1** (*lett.*) → **burrone** **2** [*conca scavata dalle acque*] ravin, ravine *f.* **3** [*fossato di scolo di una zona paludosa*] rigole *f.*, canal*.

1 **bórsa** |'borsa| *s.f.* **1** sac (*m.*): *una borsa di cuoio, di stoffa* un sac en cuir, en tissu; *la borsa della spesa* le sac à provisions, cabas; *borsa da viaggio* sac de voyage # *borsa per il tabacco* blague à tabac; *borsa del medico* trousse de médecin; *borsa diplomatica* valise

diplomatique ◇ (*per est.*) *borsa dell'acqua* (*calda*) bouillotte; *borsa del ghiaccio* vessie à glace ◇ (*liturg. catt.*) bourse **2** (*per est.*) [*disponibilità finanziaria*] *avere la borsa piena, vuota* avoir une bourse bien ronde, la bourse plate; *aprire, allentare la borsa* délier les cordons de la bourse; *chiudere, stringere la borsa* fermer sa bourse; *metter mano alla borsa* mettre la main à la poche; *pagare di borsa propria* payer de sa poche → **tasca** ◇ [*denaro*] *qua la borsa!* par ici la bourse!; *o la borsa o la vita!* la bourse ou la vie! ◇ [*contributo speciale; sussidio*] *borsa di studio* bourse (d'études) ◇ (*pugilato*) bourse: *la borsa dello sfidante* la bourse de l'adversaire **3** (*anat.*) bourse: *borsa sierosa* bourse séreuse; *borsa scrotale* bourse scrotale → **sacca** # *la borsa del canguro* la poche du kangourou → **marsupio** ◇ (*pop.*) → **scroto** **4** (*per est.*) [*rigonfiamento*] poche: *avere le borse sotto gli occhi* avoir des poches sous les yeux **5** (*t.bot.*) *borsa di pastore* bourse-à-pasteur.

2 **bórsa** |'borsa| *s.f.* **1** (*comm.*) Bourse: *Borsa valori* Bourse des valeurs; *Borsa merci* Bourse de marchandises; *riunione di Borsa* réunion de Bourse; *operazioni di Borsa* opérations de Bourse; *listino di Borsa* cote de la Bourse; *rialzo, ribasso in Borsa* hausse, baisse en Bourse; *crollo della Borsa* chute, krach de la Bourse; *chiusura della Borsa* clôture de la Bourse; *in apertura di Borsa* à l'ouverture de la Bourse; *giocare in Borsa* jouer à la Bourse; *fare piccole operazioni in Borsa* faire de petites opérations en Bourse ◇ (*per est.*) [*il locale dove si svolgono le operazioni di Borsa*] Bourse **2** [*mercato, contrattazione; compravendita*] bourse: *la borsa dei calciatori* la bourse des footballeurs **3** *borsa nera* [*mercato, commercio illegale o non ufficiale*] marché *m.* noir.

borsàio, i |bor'sajo, i| *s.* [*chi fabbrica o vende borse*] maroquinier *m.*

borsai(u)òlo |borsa'j(w)ɔlo| *s.* voleur* à la tire, pickpocket.

borsanéra |borsa'nera| *s.f.* marché *m.* noir: *delle borsenere* des marchés noirs; *fare della borsanera* faire du marché noir.

borsanerista |borsane'rista| *s.* trafiquant du marché noir.

borsàro néro |bor'saro'nero| *loc.sost.* → **borsanerista.**

borsàta |bor'sata| *s.f.* **1** un sac *m.* plein (de...), un plein sac (de...) (*lett.*): *una borsata di patate* un sac plein, un plein sac de pommes de terre **2** coup *m.* de sac: *gli ha dato una borsata in testa* elle lui a donné un coup de sac, elle lui a flanqué son sac à la tête.

borseggiàre |borsed'dʒare| *v.tr.* [*rubare a qc.* (*la borsa, il portafoglio e sim.*)] voler à qqn. (son sac, son portefeuille, etc.): *hanno borseggiato una signora* on a volé, piqué (*pop.*) son sac à une dame.

borseggiatóre, trice |borseddʒa'tore, tritʃe| *s.* → **borsaiolo.**

borséggio, i |bor'seddʒo, i| *s.m.* vol à la tire.

borsellìno |borsel'lino| *s.m.* **1** porte-monnaie *inv.*, bourse (*f.*): *avere il borsellino pieno* avoir le porte-monnaie bien garni; *metter mano al borsellino* ouvrir sa bourse; *tener stretto il borsellino* ne pas délier sa bourse **2** [*sacchetto per raccogliere le elemosine in chiesa*] aumônière *f.*, bourse **3** [*taschino per l'orologio*] gousset.

borsèllo |bor'sɛllo| *s.m.* → **borsetto.**

borsétta |bor'setta| *s.f.* **1** petit sac *m.* → 1 **borsa** **2** [*borsa da signora*] sac (à main): *borsetta da sera* sac de soirée; *borsetta di coccodrillo* sac en crocodile, en croco; *manico, chiusura di una borsetta* poignée, fermoir d'un sac à main; *borsetta senza manico* sac sans poignée, pochette → **bustina.**

borsétto |bor'setto| *s.m.* [*piccola borsa per uomo, per oggetti personali*] petit sac, sacoche *f.*

borsìno |bor'sino| *s.m.* **1** petite bourse *f.* **2** (*borsa*) coulisse *f.*

borsìsta |bor'sista| *s.* **1** *s.* [*chi usufruisce di una borsa di studio*] boursier* **2** *s.m.* [*operatore di* (2) *Borsa* (1)] boursier.

borsìstico, ci, ca, che |bor'sistiko, tʃi, ka, ke| *agg.* [*relativo alla* (2) *borsa*] boursier*: *operazioni borsistiche* opérations boursières.

borsìte |bor'site| *s.f.* (*med.*) bursite.

borsóne |bor'sone| *s.m.* **1** gros sac **2** [*grossa vincita*] grosse somme *f.*, gros lot.

boscàglia |bos'kaʎʎa| *s.f.* [*macchia di arbusti*] fourré *m.* (de broussailles) ◇ (*per est.*) [*bosco fitto e incolto*] brousse: *inoltrarsi nella boscaglia* s'enfoncer dans la brousse ◇ (*fig.*) forêt: *una boscaglia di capelli* une forêt de cheveux.

boscaiòlo |boska'jɔlo| *s.* [*chi taglia legna nei boschi*] bûcheron*.

boscheréccio, ci, cia, ce |boske'rettʃo, tʃi, tʃa, tʃe| *agg.* [*proprio dei boschi*] forestier*, bocager* (*lett.*): *essenze boscherecce* essences forestières; *ninfe boscherecce* nymphes bocagères ◇ (*fig.*) [*semplice, rustico*] pastoral*: *canti, costumi boschereccì* chants pastoraux, mœurs pastorales ◇ (*letter.*) *poesia boschereccia* poésie pastorale → **pastorale.**

boschétto |bos'ketto| *s.m.* bosquet, boqueteau: *i boschetti del parco* les bosquets du parc.

boschìvo |bos'kivo| *agg.* **1** [*coperto di boschi, tenuto a bosco*] boisé: *regione boschiva* région boisée; *terreno boschivo* terrain boisé **2** [*proprio del bosco*] sylvestre, forestier*: *piante boschive* plantes sylvestres.

bòsco, chi |'bɔsko, ki| *s.m.* **1** [*terreno coperto di alberi*] bois, forêt (*f.*): *bosco di faggi* bois de hêtres, hêtraie; *bosco di querce* bois de chênes, chênaie; *bosco di castagni* bois de châtaigners, châtaignerie; *bosco ceduo* (bois en) taillis; *bosco di alto fusto* forêt de haute futaie; *bosco frangivento* bois brise-vent; *passeggiare, andare nel bosco* se promener, aller au bois, dans le bois ◇ (*loc.*) *andare al bosco* [*andare a far legna*] aller ramasser du bois dans la forêt ~ (*fig.*) *essere, diventare, farsi uccel di bosco* [*rendersi irreperibile*] devenir, se faire rare; se cacher, prendre le maquis **2** (*fig.*) [*insieme di cose fitte*] forêt: *un bosco di capelli* une forêt de cheveux; *un bosco di lance* une forêt de lances **3** (*poet.*) → **legna** **4** (*bachicoltura*) écouvette *f.*, rameaux *pl.* de bruyère: *i bachi vanno al bosco* les vers montent à l'écouvette.

boscosità |boskosi'ta| *s.f.inv.* surface *var.* boisée, aspect *m.var.* boisé: *la boscosità di una collina* l'aspect boisé, la densité des bois d'une colline.

boscóso |bos'koso| *agg.* [*ricoperto di boschi*] boisé.

bosnìaco, ci, ca, che |bos'niaco, tʃi, ka, ke| *agg.* [*della Bosnia*] bosniaque, bosnien*.

bòssa nòva |'bɔsa 'nɔva| *s.f.inv.* (*port.*) bossa-nova (*var.*): *delle bossa nova* des bossas-novas.

bòsso |'bɔsso| *s.m.* (*t.bot.*) buis.

1 **bòssolo** |'bɔssolo| *s.m.* **1** [*contenitore a forma di scatola o di barattolo*] boîte (*f.*): *cosa c'è in quel bossolo?* qu'est-ce qu'il y a dans cette boîte? **2** [*urna elettorale*] urne (*f.*): *vuotare i bossoli alla chiusura degli scrutini* vider les urnes après la clôture du scrutin ◇ [*scatola per elemosine*] tronc **3** (*per est.*) *bossolo per dadi* cornet à dés → **bussolotto** **4** [*involucro di proiettile*] douille *f.*

2 **bòssolo** |'bɔssolo| *s.m.* → **bosso.**

boston |'bɔstən| *s.m. inv.* (*ingl.*) (*danza*) boston *var.* ◇ (*carte*) boston.

bostonìano |bosto'njano| *agg.* [*di Boston*] bostonien*.

bòstrico, chi |'bɔstriko, ki| *s.m.* (*t. zool.*) bostryche.

botànica, che |bo'tanika, ke| *s.f.* botanique.

botànico, ci, ca, che |bo'taniko, tʃi, ka, ke| **1** *agg.* botanique: *geografia botanica* géographie botanique; *orto, giardino botanico* jardin botanique **2** *s.* [*studioso di bot.*] botaniste.

bòtola |'bɔtola| *s.f.* [*passaggio con chiusura ribaltabile attraverso pavimenti o soffitti*] trappe.

bòtolo |'bɔtolo| *s.m.* [*cagnolino ringhioso*] roquet ◇ (*fig.*) [*persona stizzosa ma inoffensiva*] roquet.

bótro |'botro| *s.m.* → **fossato.**

1 **bòtta** |'bɔtta| *s.f.* **1** [*percossa, colpo violento*] coup (*m.*): *fare, prendersi a botte* se donner, échanger des coups; *gli diede una bella botta in testa* il lui donna un grand coup sur la tête; *quel bambino ha preso le botte* cet enfant a reçu une volée de coups; *la botta mi duole ancora* le coup (que j'ai reçu) me fait encore mal # *cadendo ho dato una botta con il ginocchio* en tombant je me suis cogné le genou ◇ (*loc.*) *botte da orbi* [*date alla cieca e con violenza*] une volée de coups # *a furia di botte* [*con una serie di colpi violenti*] à force de coups **2** (*fig.*) coup, choc (*m.*): *l'inflazione è stata per lui una bella botta* l'inflation a été pour lui un coup terrible; *non si è più ripreso da quella botta* il ne s'est plus remis depuis ce choc **3** (*pop.*) [*esplosione, sparo*] coup (*corr.*): *una botta di fucile, di mortaretto* un coup de fusil, de pétard → **botto** ◇ [*rumore, tonfo*] bruit *m.* (*corr.*): *udimmo la botta di una caduta* nous entendîmes le bruit d'une chute **4** (*scherma*) botte: *botta dritta* botte, coup de pointe; *parare, tirare una botta* parer, porter une botte → **stoccata** **5** (*fig.*) [*allusione mordace, motto pungente*] allusion, flèche: *tutti capirono che la botta era per lui* tout le monde comprit qu'on faisait allusion à lui, que la flèche lui était destinée ◇ (*loc. fig.*) *hanno fatto botta e risposta* [*rapido scambio di battute*] ils ont riposté du tac au tac ~ *fare q.c. a botta calda* [*sotto l'impressione di un fatto* (*spiacevole*) *appena avvenuto*] faire qqch. sous le coup.

2 **bòtta** |'bɔtta| *s.f.* (*tosc.*) → **rospo** ◇ (*per est.*) *essere, parere una botta*

[*di persona tozza e sgraziata*] être laid comme un crapaud # *camminare come una botta* [*saltelloni*] sautiller.

bottàccio, i |bot'tattʃo, i| *s.m.* **1** [*bacino di raccolta delle acque per mulini*] bief **2** (*arc.*) [*piccolo barile, fiasco*] tonnelet (*corr.*), barillet (*corr.*) **3** (*region.*) [*recipiente per vuotare i pozzi neri*] pompe *f.*, tonneau à vidange **4** (*t.zool.*) grive *f.* des vignes, grive commune.

bottàio, i |bot'tajo, i| *s.m.* [*operaio che fabbrica, ripara o vende botti*] tonnelier.

bottàme |bot'tame| *s.m.* [*i vasi vinari di una cantina*] futaille *f.*, tonneaux (*pl.*): *allineare il bottame* ranger la futaille; *solforare il bottame* soufrer les tonneaux.

bottàrga, ghe |bot'targa, ge| *s.f.* boutargue, poutargue.

bottàta |bot'tata| *s.f.* [*frase, motto allusivo e mordace*] raillerie, trait *m.*

bottatrice |botta'tritʃe| *s.f.* (*t. zool.*) lotte.

bottàzzo |bot'tattso| *s.m.* (*mar.*) soufflage.

bótte |'botte| *s.f.* **1** tonneau *m.*, cuve: *botte di legno, di cemento* tonneau en bois, cuve en béton; *una botte di vino, di birra, di aringhe* un tonneau de vin, de bière, de harengs; *spillare il vino dalla botte* tirer le vin du tonneau; *travasare il vino nelle botti* transvaser le vin dans les tonneaux ◇ (*loc. fig.*) *essere in una botte di ferro* [*al riparo da ogni pericolo, da ogni rimprovero*] être à l'abri de tout danger, de tout reproche ~ *dare un colpo al cerchio e uno alla botte* [*barcamenarsi; non scontentare nessuno*] ménager la chèvre et le chou ◇ (*prov.*) *volere la botte piena e la moglie ubriaca* [*di chi vuole vantaggi contrastanti o senza spesa*] vouloir faire une omelette sans casser les œufs **2** (*arch.*) berceau (*m.*): *volta a botte* voûte en berceau **3** → **botticella** 2 **4** [*appostamento o riparo usato dai cacciatori di palude*] affût *m.*

bottéga, ghe |bot'tega, ge| *s.f.* boutique; atelier (*m.*): *fondi, scarti di bottega* fonds de boutique; *bottega di fornaio, di merciaio, di fruttivendolo, di calzolaio* boutique de boulanger, de mercier, de marchand de fruits et légumes, de cordonnier ‖ *bottega di fabbro, di falegname* atelier de forgeron, de menuisier; *bottega di pittore* atelier de peintre ◇ (*loc.*) *aprire, metter su bottega* [*avviare un'attività, un commercio*] ouvrir boutique ~ *mettere il figlio a bottega* [*a imparare un mestiere*] mettre son fils en apprentissage ~ *essere a uscio e bottega* [*di case o luoghi molto vicini tra loro*] être porte à porte ~ *garzone, ragazzo di bottega* garçon de magasin ~ *ferri di bottega* [*arnesi di mestiere*] outils de métier ◇ (*loc. fig.*) *chiudere bottega* [*cessare totalmente una attività*] fermer boutique ~ *fare bottega di q.c.* [*farne comm. illecito*] faire commerce, trafic de qqch. ~ (*fam.*) *avere la bottega aperta* [*i calzoni aperti sul davanti*] avoir la braguette ouverte.

bottegàio, i |botte'gajo, i| *s.* boutiquier* → **negoziante** ◇ (*fig.*) [*trafficante, attaccato al danaro*] *non voglio avere a che fare con quel bottegaio* je ne veux pas avoir affaire avec ce (petit) boutiquier ♦ *agg.* [*gretto, venale*] *animo bottegaio* esprit boutiquier.

botteghino |botte'gino| *s.m.* **1** petite boutique (*f.*): *ha aperto un botteghino all'angolo della via* il a ouvert une petite boutique à l'angle de la rue **2** [*biglietteria*] (bureau de) location (*f.*): *il botteghino di un teatro, di un cinema* le bureau de location d'un théâtre, d'un cinéma; *prenotare dei posti al botteghino* prendre des places à la location **3** [*banco del lotto*] dépositaire du loto.

bottèllo |bot'tɛllo| *s.m.* (*arc.*) **1** [*cartellino che si mette sopra i libri, etichetta*] étiquette *f.* **2** *al plur.* (*tip.*) bilboquets.

botticèlla |botti'tʃɛlla| *s.f.* **1** [*piccola botte*] tonnelet (*m.*): *una botticella di acquavite* un tonnelet d'eau-de-vie **2** [*carrozza pubblica in uso a Roma*] fiacre *m.*

bottiglia |bot'tiʎʎa| *s.f.* **1** [*il recipiente*] bouteille: *bottiglia da vino, da spumante* bouteille de vin, de mousseux; *aprire, stappare una bottiglia* ouvrir, déboucher une bouteille ◇ (*per est.*) *vino di bottiglia* [*pregiato, invecchiato*] vin bouché ♦ (*agg. inv.*) *verde bottiglia* vert bouteille **2** [*il contenuto*] bouteille: *bere una bottiglia di vino* boire une bouteille de vin **3** (*elettr.*) *bottiglia di Leida* bouteille de Leyde **4** *bottiglia Molotov* [*bomba incendiaria*] cocktail *m.* Molotov.

bottigliàta |bottiʎ'ʎata| *s.f.* coup *m.* de bouteille.

bottiglière |bottiʎ'ʎɛre| *s.m.* → **cantiniere.**

bottiglieria |bottiʎʎe'ria| *s.f.* **1** [*negozio, bottega di vini e liquori*] commerce *m.* de vins; débit *m.* de boissons **2** [*la riserva delle bottiglie di una cantina*] cave: *una buona bottiglieria* une bonne cave → **cantina.**

bottiglióne |bottiʎ'ʎone| *s.m.* grosse bouteille *f.*, bonbonne *f.* ◇ (*di 'champagne', di acquavite*) magnum.

bottinàio, i |botti'najo, i| *s.m.* [*chi pulisce i pozzi neri*] vidangeur.

bottinàre |botti'nare| **A** *v.intr.* (*aus. 'avere'*) (*delle api*) [*volare a raccolta di nettare*] butiner **B** *v.tr.* → **concimare.**

1 **bottino** |bot'tino| *s.m.* **1** [*preda di guerra*] butin: *i nemici hanno fatto un gran bottino* les ennemis ont emporté un gros butin ◇ (*per est.*) [*il frutto di una rapina*] *spartirsi il bottino* se partager le butin; *il ladro sorpreso ha dovuto abbandonare il bottino* le voleur surpris a dû abandonner le butin → **refurtiva** **2** sac de soldat.

2 **bottino** |bot'tino| *s.m.* **1** [*pozzo nero*] fosse *f.* d'aisances, fosse septique # *vuotare il bottino* vidanger ◇ [*il contenuto, usato come concime*] fumier: *spargere il bottino sui campi* épandre du fumier sur les champs **2** (*per est.*) [*fogna; serbatoio per la depurazione delle acque*] fosse d'aisances.

bòtto |'bɔtto| *s.m.* **1** [*colpo violento, urto, battuta*] coup: *dare un botto sulla tavola* donner un coup (de poing) sur la table → **botta** ◇ (*loc.*) *di botto* [*d'improvviso*] tout à coup, subitement *avv.* ~ *in un botto* [*in un attimo*] d'un seul coup, tout d'un coup **2** [*esplosione, sparo, rumore improvviso*] coup: *botto di cannone, di fucile, di campana* coup de canon, de fusil, de cloche **3** (*tip.*) tour de presse.

bottonàio, i |botto'najo, i| *s.* [*chi fabbrica o vende bottoni*] boutonnier*.

bottón d'argènto |bot'tondar'dʒɛnto| *s.m.* (*t.bot.*) bouton-d'argent.

bottón d'òro |bot'ton'dɔro| *s.m.* (*t.bot.*) bouton-d'or.

bottóne |bot'tone| *s.m.* **1** bouton: *bottone di stoffa, di osso, di madreperla* bouton d'étoffe, d'os, de nacre; *bottone per camicia, per cappotto, per giacca* bouton de chemise, de manteau, de veste; *cucire, attaccare un bottone* coudre un bouton; (*bottoni*) *gemelli* [*per i polsini della camicia*] boutons de manchettes; (*bottone*) *automatico* [*costituito di due parti che si uniscono a pressione*] bouton-pression ◇ (*loc. fig.*) *attaccare un bottone a qc.* [*trattenerlo in una lunga e noiosa conversazione*] tenir la jambe à qqn. **2** (*per est.*) [*qualsiasi oggetto di forma tondeggiante; pulsante, interruttore*] bouton: *il bottone della luce, del fioretto, del campanello, dell'ascensore* le bouton de la lumière, du fleuret, de la sonnette, de l'ascenseur; *girare il bottone della radio* tourner le bouton de la radio ◇ (*loc. fig.*) *stanza dei bottoni* salle des boutons **3** (*anat.*) *bottone gustativo* papille *f.* gustative **4** (*bot.*) bouton: *bottone di rosa* bouton de rose.

bottonièra |botto'njɛra| *s.f.* **1** [*fila di bottoni di un vestito*] rangée de boutons: *la lunga bottoniera della veste talare* la longue rangée de boutons d'une soutane **2** [*occhiello*] boutonnière (*f.*): *avere un fiore alla bottoniera* avoir une fleur à la boutonnière **3** [*quadro di comando con pulsanti*] tableau *m.* de commande: *la bottoniera dell'ascensore* le tableau de commande de l'ascenseur.

bottonificio, i |bottoni'fitʃo, i| *s.m.* [*fabbrica di bottoni*] boutonnerie *f.*

botulismo |botu'lizmo| *s.m.* (*med.*) botulisme.

'bouclé' |bukle| *agg.inv. e s.m.inv.* bouclé *var.*

'boudoir' |budwaʀ| *s.m. inv.* boudoir *var.*

bougainvillea |bugain'villea| *s.f.* → **buganvillea.**

'bouillabaisse' |bujabɛs| *s.f.inv.* (*cuc.*) bouillabaisse *var.*

'boule' |bul| *s.f.inv.* [*borsa (di gomma) da riempire con ghiaccio o acqua calda*] bouillotte *var.*

'bouquet' |bukɛ| *s.m.inv.* **1** [*mazzo di fiori*] bouquet *var.* **2** [*aroma (del vino)*] bouquet.

bourbon |'bərbən, buʀbɔ̃| *s.m. inv.* bourbon *var.*

'boutade' |butad| *s.f.inv.* boutade *var.*

'boutique' |butik| *s.f.inv.* boutique *var.*, magasin *m.var.* de prêt-à-porter.

bovarina |bova'rina| *s.f.* → **cutrettola.**

bovarismo |bova'rizmo| *s.m.* (*letter.*) bovarysme.

bovàro |bo'varo| *s.m.* [*vaccaro*] bouvier* ◇ (*fig.*) [*uomo rozzo*] rustre.

bòve |'bɔve| *s.m.* (*poet.*) → **bue.**

Bòvidi |'bɔvidi| *s.m.pl.* (*t.zool.*) Bovidés.

bovindo |bo'vindo| *s.m.* oriel (*t. racc.*) bow-window *inv.*

Bovini |bo'vini| *s.m.pl.* (*t.zool.*) Bovinés.

bovino |bo'vino| *agg.* bovin: *carne bovina* viande bovine; *allevamento bovino* élevage bovin; *malattie bovine* maladies bovines; *occhi bovini* [*grossi e inespressivi*] yeux bovins ◇ (*fig.*) *intelligenza bovina* [*tarda, ottusa*] intelligence épaisse.

bòvolo |ˈbɔvolo| *s.m.* (*solo nella loc.*) *scala, molla a bovolo* [*a spirale conica*] escalier hélicoïdal, ressort en volute.
bowling |ˈbouliŋ| *s.m. inv.* (*ingl.*) bowling *var.*
box |bɔks| *s.m. inv.* (*ingl.*) **1** box* (*var.*): *i box* les boxes; *l'auto è nel box* la voiture est dans le box → **garage** ◇ (*nelle gare automobilistiche*) stand (*var.*): *l'auto si è fermata ai box* la voiture s'est arrêtée aux stands **2** [*piccolo recinto per bambini che ancora non camminano*] parc *var.*
boxàre |bokˈsare| *v.intr.* (*aus.* '*avere*') [*combattere un incontro di pugilato*] boxer: *boxare contro qc.* boxer contre qqn.; *boxare male, bene* boxer mal, bien ◇ [*fare del pugilato*] boxer.
'boxe' |bɔks(ə)| *s.f. inv.* (*sport*) boxe (*var.*): *match, incontro di 'boxe'* match, combat de boxe; *vincere un incontro di 'boxe' ai punti, per knock-out* gagner un match de boxe aux points, par knock-out.
boxer |ˈbɔksə| *s.m. inv.* (*ingl.*) boxer *var.*
'boxeur' |bɔksœʀ| *s.m.inv.* boxeur *var.* → **pugile.**
boy-scout |bɔiˈskaut| *s.m.inv.* (*ingl.*) (boy-)scout *var.*
1 **bòzza** |ˈbɔttsa| *s.f.* **1** [*pietra sporgente da un muro*] bossage (*m.*): *bozza rustica* bossage rustique; *bozza a punta di diamante* bossage en pointe de diamant → **bugna** **2** [*gonfiore, bernoccolo*] bosse: *farsi una bozza in fronte* se faire une bosse au front ◇ (*anat.*) *bozze frontali* bosses frontales.
2 **bòzza** |ˈbɔttsa| *s.f.* **1** [*disegno sommario e imperfetto di un lavoro*] ébauche; maquette: *quadro, libro allo stato di bozza* tableau, livre à l'état d'ébauche; *questa non è che una bozza* ceci n'est qu'une ébauche → **abbozzo** ‖ *la bozza di una statua* la maquette d'une statue # *bozza di risoluzione* projet de résolution **2** *spec. al plur.* (*tip.*) épreuves: *prime bozze* premières épreuves; *correggere le bozze* corriger les épreuves.
3 **bòzza** |ˈbɔttsa| *s.f.* (*mar.*) bosse.
bozzàgo, ghi |botˈtsago, gi|, **bozzàgro** |botˈtsagro| *s.m.* → **poiana.**
bozzàre |botˈtsare| *v.tr.* (*tip.*) [*tirare le bozze di stampa*] faire (45) les épreuves.
bozzàto |botˈtsato| *s.m.* → **bugnato.**
bozzèllo |botˈtsɛllo| *s.m.* → **carrucola** (*mar.*)
bozzettìsta |bottsetˈtista| *s.* **1** [*scrittore di bozzetti*] nouvelliste **2** [*disegnatore di cartelloni pubblicitari*] dessinateur* publicitaire **3** [*modellista*] maquettiste.
bozzettìstica, che |bottsetˈtistika, ke| *s.f.* genre *m.* littéraire de la nouvelle.
bozzétto |botˈtsetto| *s.m.* **1** [*abbozzo, modello schematico di un'opera*] ébauche *f.*; maquette (*f.*): *il bozzetto di un quadro* l'ébauche d'un tableau; *il bozzetto di un romanzo* l'ébauche d'un roman ‖ *il bozzetto di un monumento* la maquette d'un monument; *il bozzetto di un aereo* la maquette d'un avion # *non è che un bozzetto* ce n'est qu'une esquisse → **schizzo, abbozzo** **2** (*letter.*) nouvelle.
bòzzolo |ˈbɔttsolo| *s.m.* **1** [*involucro protettivo, spec. del baco da seta*] cocon: *il commercio dei bozzoli* le commerce des cocons ◇ (*loc. fig.*) *chiudersi nel proprio bozzolo* se renfermer dans son cocon ~ *uscire dal bozzolo* sortir de son cocon **2** [*nodo, groviglio nei filari*] nœud ◇ (*per est.*) [*grumo*] grumeau: *bozzolo di sale* grumeau de sel; *i bozzoli di una salsa, di una pasta* les grumeaux d'une sauce, d'une pâte.
bozzolóso |bottsoˈloso| [*pieno di bozzoli*] grumeleux*; emmêlé: *impasto bozzoloso* pâte grumeleuse ‖ *filato bozzoloso* filé emmêlé.
bozzolùto |bottsoˈluto| *agg.* [*deformato da protuberanze*] bosselé: *tronco d'albero bozzoluto* tronc d'arbre bosselé; *paraurti bozzoluto* pare-chocs bosselé → **bitorzoluto** Ⓒ **liscio, levigato.**
brabantìno |brabanˈtino| *agg.* **1** [*del Brabante*] brabançon* **2** *aratro brabantino* [*munito di avantreno a carrello*] brabant *s.m.*
bràca, che |ˈbraka, ke| *s.f.* **1** *al plur.* (*scherz.*) [*calzoni o mutande*] pantalon (*m.sing.*): *mettere, infilare le brache* mettre, enfiler son pantalon ◇ (*loc. fig., pop.*) *calare le brache* [*cedere, sottomettersi*] s'avouer vaincu (*corr.*) ~ *portare le brache* (*detto di donna*) [*voler comandare*] porter la culotte **2** (*raro*) [*ciascuna delle due parti di tali indumenti*] jambe **3** [*assorbente igienico per bambini*] couche **4** [*cavo, catena per sollevare pesi*] braye, élingue: *braca di un'imbarcazione* braye d'une embarcation **5** [*corda, cintura per operai sospesi nel vuoto*] erse, élingue.
bracalóne |brakaˈlone| *s.* **1** *s.* [*chi veste sciattamente*] débraillé: *è un bracalone* c'est un débraillé ◇ *loc.* (A) BRACALONI (*di indumenti*) [*cascante*] en tire-bouchon, tirebouchonné **2** *s.m.pl.* (*raro*) [*ampi calzoni da lavoro*] salopette *f.sing.*
braccàre |brakˈkare| *v.tr.* **1** (*di cani o cacciatori*) [*inseguire la selvaggina*] traquer: *braccare la lepre* traquer le lièvre **2** (*per est.*) [*ricercare, perseguitare con ostinazione*] traquer: *braccare un ladro, un evaso* traquer un voleur, un évadé ◇ [*andare assiduamente alla ricerca di q.c.*] rechercher: *braccare il guadagno* rechercher le gain; *non fa altro che braccare onori* il ne fait que rechercher les honneurs.
braccàta |brakˈkata| *s.f.* **1** [*battuta di caccia*] battue: *organizzare una braccata con i battitori* organiser une battue avec des rabatteurs **2** [*luogo dove si svolge la battuta di caccia*] chasse.
braccétto |bratˈtʃetto| *s.m.* *solo nella loc.* A BRACCETTO [*sottobraccio*] bras dessus bras dessous: *camminare a braccetto* marcher bras dessus bras dessous # *prendere qc. a braccetto* prendre le bras de qqn., donner le bras à qqn. ◇ (*loc. fig.*) *andare a braccetto* [*andare d'accordo*] aller de pair: *l'ozio e il vizio vanno a braccetto* la haine et le vice vont de pair; *quei due vanno a braccetto in quanto a pigrizia* ces deux-là vont de pair quant à la paresse.
bracchière |brakˈkjɛre| *s.m.* (*raro*) [*chi guida i cani nelle battute di caccia*] piqueux.
braccìale |bratˈtʃale| *s.m.* **1** → **braccialetto** **2** [*fascia che si porta al braccio come segno distintivo*] brassard: *bracciale nero* brassard de deuil; *bracciale della Croce Rossa* brassard de la Croix-Rouge **3** [*parte dell'armatura antica*] brassard.
braccialétto |brattʃaˈletto| *s.m.* bracelet: *braccialetto di perle* bracelet de perles; *braccialetto d'argento, d'avorio* bracelet d'argent, d'ivoire; *portare dei braccialetti* porter des bracelets ◇ (*per est.*) *il braccialetto di un orologio* le bracelet d'une montre → **cinturino.**
bracciantàto |brattʃanˈtato| *s.m.* [*i braccianti agricoli*] ouvriers *pl.* agricoles, journaliers (*pl.*): *le rivendicazioni del bracciantato* (*agricolo*) les revendications des ouvriers agricoles.
braccìante |bratˈtʃante| (*s.m.*) *bracciante agricolo* ouvrier agricole, journalier; *bracciante industriale* manœuvre.
bracciantìle |brattʃanˈtile| *agg.* [*dei braccianti, del bracciantato* (*spec. agricolo*)] de(s) manœuvre(s) (*loc.*); d'ouvrier(s) agricole(s) *loc.*; des ouvriers agricoles (*loc.inv.*): *lavoro bracciantile* travail de manœuvre, travail d'ouvrier agricole; *classe bracciantile* classe des ouvriers agricoles.
bracciàre |bratˈtʃare| *v.tr.* (*mar.*) [*orientare i pennoni in modo che le vele prendano il vento*] brasser: *bracciare in croce* brasser carré; *bracciare di punta* brasser en pointe.
bracciàta |bratˈtʃata| *s.f.* **1** brassée: *una bracciata di paglia* une brassée de paille ◇ *loc. fig.* A BRACCIATE à brassées **2** (*nuoto*) brasse: *nuotare a lunghe bracciate* nager à longues brasses; *in due bracciate raggiunse la riva* en deux brasses il le rejoignit la rive ◇ (*per est.*) [*lo spazio percorso con un colpo di braccia*] *era a poche bracciate dalla mèta* il était à quelques brasses du but **3** (*raro*) [*colpo dato con il braccio, gomitata*] coup *m.* de coude: *farsi largo tra la folla con potenti bracciate* se frayer un chemin dans la foule à coups de coude.
bràccio |ˈbrattʃo|, *pl.f.* **bràccia** |ˈbrattʃa| (*nei significati* 1, 2, 3, 7), *pl. m.* **bràcci** |ˈbrattʃi| (*nei significati* 4, 5, 6) *s.m.* **1** (*anat.*) bras: *braccio destro, sinistro* bras droit, gauche; *muovere, sollevare, allungare le braccia* remuer, lever, allonger les bras; *prendere, tenere in braccio un bambino* prendre, tenir un enfant dans ses bras; *agitare le braccia in segno di saluto* agiter les bras pour saluer; *piangendo gli gettò le braccia al collo* en pleurant, elle lui jeta les bras autour du cou; *dare, offrire il braccio a qc.* donner le bras à qqn. ◇ (*loc. fig.*) *accogliere, ricevere a braccia aperte* accueillir, recevoir à bras ouverts ~ *mettersi, gettarsi nelle braccia di qc.* se jeter dans les bras de qqn. ~ *tendere le braccia a qc.* tendre les bras à qqn. ~ *sentirsi cascare le braccia* [*desistere, essere preso da sfiducia*] laisser tomber les bras ~ *essere il braccio destro, forte di qc.* être le bras droit de qqn. ~ *essere tra le braccia di Morfeo* [*dormire*] être dans les bras de Morphée ◇ (*loc. pr., fig.*) *incrociare le braccia* (se) croiser les bras ~ *alzare le braccia* lever les bras ~ *allargare le braccia* ouvrir les bras ~ *braccio di ferro* bras de fer ◇ (*loc. fig.*) *continua ancora il braccio di ferro tra governo e opposizione* le bras de fer entre le gouvernement et l'opposition se poursuit **2** *al plur.* [*braccianti, manodopera; lavoro*] bras: *questo lavoro ha bisogno di molte braccia* ce travail a besoin de beaucoup de bras; *vivere*

sulle proprie braccia ne vivre que de ses bras ◇ (*loc. fig.*) *avere buone braccia* avoir de bons bras ~ *avere sulle braccia qc.* [*a carico*] avoir qqn. à sa charge **3** [*autorità, potere*] bras: *il braccio della giustizia, della legge* le bras de la justice, de la loi; *il braccio secolare* [*l'autorità statale*] le bras séculier ◇ (*loc. fig.*) *avere le braccia legate* [*non avere libertà d'azione*] avoir les mains liées ~ *dare braccio* [*dare troppa libertà d'azione*] lâcher la bride ~ *se gli dai un dito si prende tutto il braccio* [*approfitta della comprensione altrui*] donnez-lui un doigt, il vous prendra le bras **4** [*la parte lunga o sporgente di q.c.*] bras: *i bracci della croce, della bilancia, di un edificio* les bras de la croix, de la balance, d'un édifice ◇ (*geogr.*) *braccio di fiume* bras d'un fleuve; *braccio di mare* bras de mer; *braccio di terra* bras de terre **5** (*fis.*) *il braccio di una coppia di forze* le bras de deux forces **6** (*mar.*) [*misura di profondità*] brasse *f.* **7** [*misura di lunghezza*] bras: *quattro braccia di tela* quatre bras de toile.

bracciòlo |brat'tʃɔlo| *s.m.* **1** (*nelle poltrone e sim.*) [*appoggio, sostegno per le braccia*] accoudoir: *i braccioli del divano* les accoudoirs du canapé # *sedia, poltrona a braccioli* chaise, fauteuil à bras ◇ (*nelle automobili*) accoudoir, repose-bras *inv.* ◇ (*nelle scale*) [*ringhiera, corrimano*] rampe *f.*, main *f.* courante: *appoggiarsi, sostenersi al bracciolo* s'appuyer, se soutenir à la rampe, à la main courante **2** (*mar.*) guibre *f.*

bràcco, chi |'brakko, ki| *s.m.* (*t. zool.*) braque ◇ (*fig.*) [*investigatore, poliziotto*] limier, détective.

bracconàggio, i |brakko'naddʒo, i| *s.m.* braconnage.

bracconière |brakko'njɛre| *s.m.* braconnier.

bràce |'bratʃe| *s.f.* **1** [*fuoco senza fiamma*] braise: *riempire di brace un caldamano* remplir de braise un brasero; *cuocere sulla brace* cuire sur la braise ◇ (*loc. fig.*) *farsi di brace* [*arrossire intensamente*] rougir violemment ~ *soffiare sulla brace* souffler sur la braise ~ *cadere dalla padella nella brace* [*cadere in un guaio peggiore del precedente*] tomber de Charybde en Scylla **2** (*tosc.*) → **carbonella** ◇ (*per est.*) (*cose*) *nero come la brace* [*nerissimo*] noir comme le charbon.

brachésse |bra'kesse| *s.f.pl.* (*arc.*) [*pantaloni molto larghi*] braies.

brachétta |bra'ketta| *s.f.* **1** (*abbigl.*) braguette ◇ *al plur.* [*mutandine corte*] culottes **2** (*legatoria*) onglet *m.*

bràchi- |'braki| *pref.* **1** (*significa 'breve, corto', corrisponde gener. a*) brachy: *brachicefalo* brachycéphale **2** (*significa 'braccio', corrisponde gener. a*) brachi: *brachiale* brachial.

brachiàle |bra'kjale| *agg.* (*anat.*) brachial*.

brachicardia |brakikar'dia| *s.f.* → **bradicardia.**

brachicefalia |brakitʃefa'lia| *s.f.* (*antrop.*) brachycéphalie.

brachicèfalo |braki'tʃɛfalo| *agg.* brachycéphale: *razza brachicefala* race brachycéphale ✦ (*s.*) *un brachicefalo* un brachycéphale.

brachilogia, gie |brakilo'dʒia, dʒie| *s.f.* (*ling.*) brachylogie.

brachilògico, ci, ca, che |braki'lɔdʒiko, tʃi, ka, ke| *agg.* brachylogique.

brachitipo |braki'tipo| *s.m.* (*antrop.*) type brachysome.

bràcia, ce |'bratʃa, tʃe| *s.f.* (*arc.*) → **brace.**

braciàio, i |bra'tʃajo, i| *s.m.* **1** [*recipiente per la brace, braciere*] brasero **2** → **bracino.**

bracière |bra'tʃɛre| *s.m.* [*recipiente metallico per mettervi la brace*] brasero.

bracino |bra'tʃino| *s.m.* **1** [*chi è addetto alla carbonaia*] charbonnier* ◇ (*persone*) *nero come un bracino* noir comme un charbonnier **2** [*venditore di brace, carbonaio*] charbonnier ◇ (*fig.*) [*persona sudicia, sporca*] cochon: *guarda come si è sporcato, sembra un bracino* regarde comme il est sale, il ressemble à un cochon.

braciòla |bra'tʃɔla| *s.f.* **1** [*fettina di carne*] côtelette; côte: *braciola di maiale* côtelette de porc → **bistecca**; *braciola di agnello* côtelette d'agneau || *braciola di vitello* côte de bœuf **2** (*fig., scherz.*) [*taglio al viso*] estafilade, balafre: *farsi una braciola radendosi* se faire une estafilade en se rasant.

bràdi- |'bradi| *pref.* (*significa 'lento', corrisponde gener. a*) brady: *bradicardia* bradycardie.

bradicardia |bradikar'dia| *s.f.* (*med.*) bradycardie.

bradisìsmico, ci, ca, che |bradi'sizmiko, tʃi, ka, ke| *agg.* sismique, séismique: *fenomeni bradisismici* phénomènes sismiques.

bradisìsmo |bradi'sizmo| *s.m.* (*geol.*) séisme.

bràdo |'brado| *agg.* **1** (*animali*) vivant en liberté; à l'état sauvage (*loc. inv.*): *cavalli bradi* chevaux vivant en liberté, sauvages || *bestiame allo stato brado* bétail à l'état sauvage ◇ (*per est.*) [*del luogo ove pascolano tali animali*] sauvage: *pascolo brado* pâturages sauvages **2** *loc. fig.* ALLO STATO BRADO (*detto di persona cresciuta senza educazione, senza legge*) comme un sauvage: *quel ragazzo è cresciuto allo stato brado* cet enfant a grandi comme un sauvage.

bràga, ghe |'braga, ge| *s.f.* **1** (*region.*) → **braca** **2** [*tubo di raccordo*] embranchement *m.*

bràgia, ge |'bradʒa, dʒe|, **bràge** |'bradʒe| *s.f.* (*arc.*) → **brace.**

bràgo, ghi |'brago, gi| *s.m.* (*lett.*) → **fango, melma.**

brahmanésimo |brama'nezimo| *s.m.* brahmanisme.

brahmànico, ci, ca, che |bra'maniko, tʃi, ka, ke| *agg.* brahmanique.

brahmàno |bra'mano| *s.m.* brahmane.

'brai(l)le' |brɑj| *s.m. inv.* braille *var.* ✦ (*agg.*) *la scrittura 'braille'* l'écriture braille.

brain-trust |'breintrʌst| *s.m.inv.* (*ingl.*) brain-trust *var.*

bràma |'brama| *s.f.* → **bramosia.**

bramanésimo |brama'nezimo| *e deriv.* → **brahmanesimo** *e deriv.*

bramàre |bra'mare| *v.tr.* [*desiderare con avidità*] convoiter; désirer ardemment: *bramare onori e ricchezze* convoiter les honneurs et les richesses; *non fa altro che bramare l'amore di quella donna* il ne fait que convoiter l'amour de cette femme || *egli brama la tua morte* il désire ardemment ta mort.

bramìnico, ci, ca, che |bra'miniko, tʃi, ka, ke| *agg.* → **brahmanico.**

bramìno |bra'mino| *s.m.* → **brahmano.**

bramìre |bra'mire| (197) *v.intr.* (*aus. 'avere'*) (*di certi animali*) [*emettere bramiti*] bramer: *si udivano i cervi bramire* on entendait les cerfs bramer.

bramìto |bra'mito| *s.m.* (*di certi animali*) [*urlo, grido*] bramement: *il bramito del cervo* le bramement du cerf.

bramosaménte |bramosa'mente| *avv.* [→ BRAMOSO] avidement, avec avidité (*loc. inv.*): *mangiare bramosamente* manger avidement, avec avidité; *guardare, ascoltare bramosamente* regarder, écouter avec avidité.

bramosia |bramo'sia| *s.f.* [*desiderio intenso*] convoitise; avidité: *bramosia di ricchezze* convoitise des richesses || *guardare con bramosia* regarder avec avidité; *mangiare con bramosia* manger avec avidité.

bramóso |bra'moso| *agg.* [*avido, desideroso*] avide; affamé: *essere bramoso di denaro, di piacere* être avide d'argent, de plaisirs; *essere bramoso di conoscere, di imparare* être avide de connaître, d'apprendre || *bramoso di gloria, di onori* affamé de gloire, d'honneurs.

brànca, che |'branka, ke| *s.f.* **1** [*zampa munita di artigli*] serres *pl.*, griffes (*pl.*): *le branche degli uccelli rapaci* les serres des rapaces; *ghermire con le branche* saisir avec les griffes ◇ (*fig.*) [*mano avida, pronta a ghermire*] griffe: *cadere nelle branche di uno strozzino* tomber dans les griffes d'un usurier **2** (*per est.*) [*la parte estrema di alcuni strumenti*] mâchoire : *le branche delle pinze, delle tenaglie* les mâchoires des pinces, des tenailles **3** [*suddivisione di una scienza, di un'attività*] branche: *le varie branche dello scibile* les diverses branches du savoir; *le branche del commercio* les branches du commerce **4** [*rampa di scale*] volée.

brancàre |bran'kare| *v.tr.* → **1 abbrancare, afferrare.**

brancàta |bran'kata| *s.f.* **1** [*manciata, pugno*] poignée: *una brancata d'erba, di farina* une poignée d'herbe, de farine; *una brancata di sale* une poignée de sel; *si strappò una brancata di capelli* il s'arracha une poignée de cheveux **2** (*raro*) [*zampata, colpo d'artiglio*] coup *m.* de griffe.

brànchia |'brankja| *s.f.* (*anat. animale*) branchie.

branchiàle |bran'kjale| *agg.* branchial*: *vene branchiali* veines branchiales.

Branchiàti |bran'kjati| *s.m.pl.* (*t.zool.*) Branchiates.

Branchiòpodi |bran'kjɔpodi| *s.m. pl.* (*t.zool.*) Branchiopodes.

brancicàre |brantʃi'kare| **A** *v.tr.* [*palpare, tastare senza delicatezza*] tripoter: *non brancicare tanto quella frutta* ne tripote pas tant ces fruits **B** *v.intr.* (*aus. 'avere'*) [*andare a tastoni, alla cieca*] tâtonner, avancer (2) à tâtons: *brancicare nel buio* tâtonner, avancer à tâtons dans l'obscurité → **brancolare.**

brànco, chi |'branko, ki| *s.m.* **1** [*gruppo di animali della stessa specie*] troupeau; vol: *branco di tori, di cavalli* troupeau de taureaux, de chevaux;

branco di capre, di oche troupeau de chèvres, d'oies; *branco di bufali, di elefanti* troupeau de buffles, d'éléphants; *branco di cervi, di daini* troupeau de cerfs, de daims || *branco di gru, di uccelli migratori* vol de grues, d'oiseaux migrateurs; *branco di moscerini, di cavallette* vol de moucherons, de sauterelles # *branco di mosche* essaim de mouches; *branco di pesci, di aringhe* banc de poissons, de harengs **2** (*spreg.*) [*gruppo di persone*] bande (*f.*): un *branco di ladri* une bande de voleurs; *un branco di ignoranti* une bande d'ignorants ◇ (*loc. fig.*) *essere, entrare nel branco* être, entrer dans la bande ~ *mettersi nel branco* se mêler à la bande.

brancolaménto |brankola'mento| *s.m.* [→ BRANCOLARE] tâtonnement.

brancolàre |branko'lare| *v.intr.* (*aus.* '*avere*') [*avanzare a tastoni*] avancer (2) à tâtons, tâtonner: *brancolava nel buio* il avançait à tâtons, il tâtonnait dans le noir # *cercava brancolando l'interruttore della luce* il cherchait à tâtons l'interrupteur ◇ (*loc. fig.*) *brancolare nel buio, nelle tenebre* [*essere nell'incertezza, nel dubbio*] avancer à tâtons, tâtonner.

brancolóne |branko'lone|, **brancolóni** |branko'loni| *avv.* [*a tentoni*] à tâtons *loc. inv.*, à l'aveuglette (*loc. inv.*): *andare brancolone nel buio* avancer à tâtons dans le noir.

brànda |'branda| *s.f.* [*letto ripiegabile*] lit *m.* de camp, de sangles: *branda da campeggiatori, da militari* lit de camp de campeur, de militaire # *branda da marinaio* hamac de marin; *dormire in branda* dormir dans un hamac → **amaca**.

brandabbàsso |brandab'basso| *s.m.* (*mar.*) branle-bas *inv.*

brandeburghése |brandebur'gese| *agg.* [*di Brandeburgo*] brandebourgeois.

brandeggiàre |branded'dʒare| *v. tr.* (*mar.*) [*puntare* (*un'arma*) *su q.c.*] pointer, braquer sur qqch.: *brandeggiare un cannone su q.c.* pointer, braquer un canon sur qqch.

brandéggio, i |bran'deddʒo, i| *s.m.* (*mar.*) pointage: *apparecchiatura di brandeggio di un cannone* appareils de pointage d'un canon.

brandèllo |bran'dɛllo| *s.m.* **1** [*pezzo, spec. di tessuto, strappato violentemente*] lambeau: *un brandello della camicia, del soprabito* un lambeau de la chemise, du pardessus; *un brandello di carne, di pelle* un lambeau de chair, de peau ◇ *loc.* A BRANDELLI [*pieno di strappi, lacerato*] en lambeaux: *vestito a brandelli* vêtement en lambeaux; *il vento aveva fatto a brandelli la gloriosa bandiera* le vent avait mis en lambeaux le glorieux drapeau **2** (*fig.*) [*piccola quantità*] bribe (*f.*): *ha colto solo brandelli della loro conversazione* il n'a saisi que des bribes de leur conversation → **briciola** # *non ha neppure un brandello d'intelligenza* il n'a même pas un brin d'intelligence.

brandìre |bran'dire| (197) *v.tr.* [*impugnare, afferrare*] brandir: *brandire un pugnale, un bastone* brandir un poignard, un bâton.

1 **bràndo** |'brando| *s.m.* (*lett.*) → **spada.**

2 **bràndo** |'brando| *s.m.* [*antic. danza*] branle.

brandy |'brændi| *s.m. inv.* (*ingl.*) brandy *var.*, eau-de-vie *f. var.*

bràno |'brano| *s.m.* **1** [*brandello, pezzo strappato con violenza*] lambeau; morceau: *un brano di stoffa, di carne* un lambeau d'étoffe, de chair → **brandello** || *l'agnello fu fatto a brani dai lupi* les loups ont réduit l'agneau en morceaux ◇ (*loc.*) *cadere a brani*: (*pr.*) tomber en petits morceaux; (*fig.*) *quella ditta cade a brani* cette entreprise tombe en ruine **2** [*parte di un'opera lett., mus. e sim.*] morceau: *ascoltare, eseguire un brano di musica* écouter, exécuter un morceau de musique; *studiare a memoria i brani scelti di un autore* apprendre par cœur les morceaux choisis d'un auteur.

branzìno |bran'tsino| *s.m.* (*region.*) → **spigola.**

brasàre |bra'zare| *v.tr.* [*cuocere a fuoco lento*] braiser: *brasare del manzo* braiser du bœuf.

brasàto |bra'zato| *s.m.* (*cuc.*) [*carne di bue cotta a fuoco lento con aromi*] bœuf braisé.

brasatùra |braza'tura| *s.f.* (*tecnol.*) brasage *m.*

bràsca, che |'braska, ke| *s.f.* (*tecnol.*) brasque.

brasìle |bra'zile| *s.m.* [*legno da cui si estraggono coloranti*] brésil.

brasiliàno |brazi'ljano| **1** *agg.* [*del Brasile*] brésilien* **2** (*s.m.*) *il brasiliano* [*la lingua*] le brésilien.

bràttea |'brattea| *s.f.* (*bot.*) bractée.

bratteàle |'bratte'ale| *agg.* (*bot.*) bractéal*.

bratteàto |bratte'ato| *agg.* **1** (*bot.*) bractéifère **2** (*numism.*) bractéate: *moneta bratteata* monnaie bractéate.

brattèola |brat'tɛola| *s.f.* (*bot.*) bractéole.

bràtto |'bratto| *s.m.* (*mar.*) godille *f.*

bravàccio, i |bra'vattʃo, i| *s.m.* [*individuo arrogante e prepotente*] bravache, fanfaron* (*s.*): *non fare il bravaccio* ne fais pas le bravache, le fanfaron.

bravaménte |brava'mente| *avv.* **1** [*con bravura, bene*] habilement; bien: *scrivere, dipingere, lavorare bravamente* écrire, peindre, travailler habilement || *ha eseguito bravamente il suo incarico* il a bien rempli sa tâche **2** [*con coraggio, valorosamente*] courageusement; bravement: *battersi bravamente* se battre courageusement; *sopportare bravamente l'infortunio* supporter courageusement l'infortune || *ha fatto bravamente il suo dovere di soldato* il a fait bravement son devoir de soldat.

bravàre |bra'vare| *v.tr.* → **sfidare.**

bravàta |bra'vata| *s.f.* **1** [*azione, discorso da spaccone*] bravade: *è una delle tue solite bravate!* voilà encore une de tes bravades! → **spacconata, smargiassata** **2** [*azione imprudente, temeraria*] imprudence: *ha fatto la bravata di superare in curva ed è uscito di strada* il a commis l'imprudence de doubler dans un virage et il est entré dans le décor.

braveggiàre |braved'dʒare| *v.intr.* (*aus.* '*avere*') [*comportarsi con spavalderia*] faire (45) *tr.* le bravache, le fanfaron*.

braverìa |brave'ria| *s.f.* → **spavalderia.**

bràvo |'bravo| **I** *agg.* **1** (*persone*) [*abile, esperto nella propria attività*] bon*: *un bravo chirurgo, cantante, scolaro, operaio* un bon chirurgien, chanteur, écolier, ouvrier ◇ (*animali*) *un bravo cane da caccia* un bon chien de chasse; *è un gatto molto bravo per i topi* c'est un très bon chat pour les souris ◇ (*fam.*) (*per indicare cosa difficile, astrusa*) malin*: *chi ci capisce q.c. è bravo* bien malin qui y comprend qqch.; *chi ci riesce è bravo* bien malin qui y arrivera ◇ (*iron.*) *bravo furbo, ci sei caduto un'altra volta* gros malin, tu t'y es laissé prendre encore une fois; *bravo, séguita pure così!* gros malin, continue ainsi! ◇ (*come espressione di approvazione*) bravo (*inv.*): *bravo! bis!* bravo! bis!; *bene! bravi!* bien! bravo! **2** *preposto al sost.* [*buono, onesto, retto*] brave: *un brav'uomo, una brava ragazza, un bravo bambino* un brave homme, une brave fille, un brave enfant; *sono brave persone* ce sont de braves gens ◇ (*arc., iron.*) (*in formula di cortesia*) *ditemi brav'uomo, che via è questa?* dites-moi, brave homme, mon brave, quelle est cette rue? ✦ (*s.*) *via, fai il bravo, obbedisci alla mamma* allons, sois sage *agg.*, obéis à ta maman; *su, da bravo, aiutami* allons, courage, aide-moi **3** (*fam.*) (*cose*) (*con valore intensivo*) bon: *avrà avuto le sue brave ragioni per rifiutare* il aura eu de bonnes raisons pour refuser; *ha sempre in bocca la sua brava pipa* il a toujours à la bouche sa bonne pipe **II** *s.* **1** (*s.*) *fare il bravo* [*ostentare coraggio e spavalderia*] faire le malin: *voleva fare la brava, invece ha fatto ridere tutti* elle voulait faire la maligne, mais elle a fait rire tout le monde; *smettila di fare il bravo e sii più prudente nella guida* cesse de faire le malin et sois plus prudent dans ta façon de conduire ◇ *loc.* ALLA BRAVA [*con spavalderia; con rapidità e abilità*] avec aisance, avec promptitude # *portare il cappello alla brava* mettre son chapeau n'importe comment; *in un minuto, alla brava, ha ultimato il lavoro* en une minute, il a liquidé son travail **2** *s.m.* (*st.*) bravo*: *i bravi di don Rodrigo* les bravi de don Rodrigue.

bravùra |bra'vura| *s.f.* **1** [*abilità, capacità, destrezza*] habileté; bravoure: *fare un lavoro con bravura* faire un travail avec habileté || *pezzo di bravura* morceau de bravoure **2** [*spavalderia, temerarietà*] bravoure, témérité: *si espone al rischio per pura bravura* il s'expose au risque par pure bravoure, témérité; *le sue sono bravure inutili* les siennes, ce sont des bravoures inutiles.

break |breik| *s.m. inv.* (*ingl.*) **1** (*pugilato*) break *var.* **2** [*tipo di auto con carrozzeria fam.*] break.

1 **bréccia, ce** |'brettʃa, tʃe| *s.f.* brèche: *aprire una breccia con l'artiglieria nelle fortificazioni nemiche* ouvrir une brèche avec l'artillerie dans les fortifications ennemies; *battere in breccia* battre en brèche ◇ (*loc. fig.*) *far breccia nell'animo, nel cuore di qc.* [*persuaderlo, conquistarlo*] toucher l'esprit, le cœur de qqn. ~ *morire, cadere sulla breccia* mourir sur la brèche ~ *essere sulla breccia* être sur la brèche.

2 **bréccia, ce** |'brettʃa, tʃe| *s.f.* **1** (*geol.*) brèche **2** [*ghiaia o pietrisco*] gravillon (*m.*): *stendere uno strato di breccia* étendre une couche de gravillon.

brecciàme |bret'tʃame| *s.m.* [*gran-*

de quantità di ghiaia, di pietrisco] cailloutis.
brecciolino |brettʃo'lino| *s.m.* [*ghiaia, pietrisco minuto*] gravillon.
breccióso |bret'tʃoso| *agg.* [*pieno di sassi, di ghiaia*] caillouteux*: *sentiero breccioso* chemin caillouteux; *piana brecciosa* plaine caillouteuse.
brefotròfio, i |brefo'trɔfjo, i| *s.m.* hospice pour enfants abandonnés; centre nourricier.
brègma |'brɛgma| *s.m.* (*anat.*) bregma.
bregmàtico, ci, ca, che |breg'matiko, tʃi, ka, ke| *agg.* (*anat.*) bregmatique.
breitschwanz |'braitʃvants| *s.m. inv.* (*ted.*) breitschwanz.
brénna |'brenna| *s.f.* [*cavallo di nessun pregio*; *ronzino*] *haridelle, canasson *m.*
brènta |'brɛnta| *s.f.* (*region.*) → **bigoncia.**
bréntolo |'brentolo| *s.m.* (*t.bot.*) calluna.
bretèlla |bre'tɛlla| *s.f.* **1** *spec. al plur.* bretelles: *le bretelle dei calzoni, del reggiseno* les bretelles du pantalon, du soutien-gorge; *la bretella di un fucile* la bretelle d'un fusil **2** [*raccordo stradale*] *bretella autostradale* bretelle d'une autoroute **3** (*mil. ant.*) bretelle.
brètone |'brɛtone| **1** *agg.* [*della Bretagna*] breton*: *lingua bretone* langue bretonne; *romanzi bretoni* romans bretons **2** (*s.m.*) *il bretone* [*la lingua*] le breton.
1 **brève** |'brɛve| *agg.* **1** [*limitato nel tempo e nello spazio*] bref*, court: *un breve periodo di riposo* une brève, courte période de repos; *un breve incontro* une brève rencontre; *un breve colloquio* un bref entretien; *un breve tratto di strada* un court trajet; *passare per la via più breve* passer par le chemin le plus court **2** (*di discorsi o di scritti*) [*conciso, di poche parole*] bref: *una breve lettera, notizia* une brève lettre, nouvelle; *un breve trafiletto* un bref entrefilet; *sarò breve nel raccontare l'accaduto* je serai bref sur ce qui est arrivé ◇ *loc.* IN BREVE [*in poche parole, concisamente*] en bref, brièvement (*avv.*): *ci espose in breve i fatti* il nous exposa en bref, brièvement les faits ✦ *ass.* [*in conclusione*] bref: *in breve, non è riuscito a ottenere niente* bref, il n'a rien pu obtenir → **brevemente** **3** (*fon.*) bref: *vocale, sillaba breve* voyelle, syllabe brève **4** (*mus.*) *nota breve* note brève ✦ (*s.f.*) *una breve* une brève.
2 **brève** |'brɛve| *s.m.* (*eccl.*) *breve papale* bref (papal).
breveménte |breve'mente| *avv.* [→ 1 BREVE 1, 2] brièvement: *espose brevemente i fatti* il exposa brièvement les faits # *si fermò brevemente in città* il s'arrêta peu de temps en ville.
brevettàbile |brevet'tabile| *agg.* [→ BREVETTARE 1] brevetable.
brevettabilità |brevettabili'ta| *s. f. inv.* [→ BREVETTARE 1] brevetabilité (*var.*): *la brevettabilità dei farmaci* la brevetabilité des médicaments.
brevettàre |brevet'tare| *v.tr.* **1** [*proteggere con il brevetto*] breveter (7): *brevettare un modello, un'invenzione* breveter un modèle, une invention **2** [*concedere il brevetto*] breveter: *brevettare un pilota* breveter un pilote.
brevettàto |brevet'tato| *agg.* breveté: *invenzione brevettata* invention brevetée ◇ (*fig., scherz.*) [*sicuro, efficace*] infaillible: *ha un sistema brevettato per far soldi* il a un système infaillible pour gagner de l'argent.
brevétto |bre'vetto| *s.m.* **1** brevet: *brevetto d'invenzione* brevet d'invention; *domandare, concedere un brevetto* demander, délivrer un brevet; *proteggere con il brevetto un marchio di fabbrica* protéger une marque de fabrique par un brevet **2** (*aer., mar.*) brevet: *brevetto di capitano, di pilota* brevet de capitaine, de pilote; *brevetto di marconista* brevet de radiotélégraphiste → 1 **patente.**
breviàrio, i |bre'vjarjo, i| *s.m.* **1** (*eccl.*) bréviaire: *dire, recitare il breviario* dire, réciter son bréviaire **2** [*compendio, sommario*] précis: *un breviario di estetica, di storia* un précis d'esthétique, d'histoire **3** (*fig.*) [*testo, autore prediletto*] bréviaire.
brevilineo |brevi'lineo| *agg.* bréviligne ◻C **longilineo.**
brevi manu |'brɛvi'manu| *loc. avv.* (*lat.*) directement, personnellement.
breviròstro |brevi'rɔstro| *agg.* (*zool.*) brévirostre.
brevità |brevi'ta| *s.f.inv.* **1** brièveté (*var.*): *la brevità del cammino, del tempo* la brièveté du chemin, du temps; *la brevità della vita* la brièveté de la vie; *data la brevità della strada, andiamo a piedi* étant donné la brièveté du trajet, allons à pied ◇ [*concisione, stringatezza*] *la brevità di un discorso, di una frase* la brièveté d'un discours, d'une phrase; *un messaggio poco chiaro per la sua eccessiva brevità* un message peu clair à cause de son eccessive brièveté **2** (*fon.*) brévité (*var.*): *brevità di una vocale, di una sillaba* brévité d'une voyelle, d'une syllabe **3** (*banca*) *perdita di brevità* perte de commission; *diritto di brevità* droit d'abrogation.
brézza |'breddza| *s.f.* [*vento debole e moderato*] brise: *brezza di terra, di mare* brise de terre, de mer; *brezza di valle, di monte* brise d'aval, d'amont.
briàco |bri'ako| *e deriv.* (*agg.*) → **ubriaco** *e deriv.*
'bric-à-brac' |bʀikabʀak| *s.m.inv.* bric-à-brac.
bricchétta |brik'ketta| *s.f.* [*mattonella di vari materiali compressi*] briquette.
bricchétto |brik'ketto| *s.m.* (*raro*) → **bricchetta.**
bricco, chi |'brikko, ki| *s.m.* [*piccolo recipiente*] verseuse (*f.*): *il bricco del caffè* la verseuse à café, la cafetière; *mettere il bricco sul fuoco* mettre la verseuse sur le feu # *il bricco del latte* le pot à lait.
bricconàggine |brikko'naddʒine| *s.f.* [*l'essere briccone, furfante*] malhonnêteté, friponnerie # *quel ragazzo, nella sua bricconaggine, è capace di tutto* ce garçon est tellement fripon, canaille qu'il est capable de tout.
bricconàta |brikko'nata| *s.f.* [*impresa da briccone*] friponnerie; canaillerie: *commettere delle bricconate* commettre des friponneries → **birbonata** ‖ *è una vera e propria bricconata* c'est de la pure canaillerie.
bricconcèllo |brikkon'tʃɛllo| *s.* (*di ragazzi*) (*scherz.*) [*vivace, furbo*] (petit) coquin, fripon*.
briccóne |brik'kone| **I** *s.* **1** [*persona disonesta, priva di scrupoli*] coquin, canaille (*f.*): *quel commerciante è un briccone matricolato* ce commerçant est un fieffé coquin, une fieffée canaille; *guardati da quell'individuo, è un pericoloso, un infame briccone* fais attention à cet individu, c'est un dangereux, un infâme coquin **2** (*di ragazzi*) (*scherz.*) [*birbante*] coquin: *sarà stato ancora quel briccone di mio figlio!* ce sera encore mon coquin de fils! **II** *agg.* [*disonesto, malvagio*; *astuto, abile*] fripon*, coquin: *ragazzo briccone* garçon coquin # *gente briccona* des canailles, des coquins; *giocare un tiro briccone a qc.* jouer un tour pendable, un mauvais tour à qqn. ◇ *loc.* ALLA BRICCONA [*in modo disonesto*] d'une façon malhonnête ◻C I 1 **galantuomo**; II **onesto.**
bricconerìa |brikkone'ria| *s.f.* (*raro*) **1** → **bricconaggine** **2** → **bricconata.**
brìciola |'britʃola| *s.f. spec. al plur.* [*piccolissimo frammento di pane, biscotti e sim.*] miettes: *raccogliere le briciole sulla tavola* ramasser les miettes sur la table; *ridurre un biscotto in briciole* réduire un biscuit en miettes; *di quella torta non è avanzata neppure una briciola* il ne reste pas une miette de cette tarte ◇ (*fig.*) [*quantità minima*] *ha avuto solo le briciole dell'eredità* il n'a eu que les miettes de l'héritage; *non ha una briciola di buon cuore* il n'a pas une miette, un brin de bon cœur.
brìciolo |'britʃolo| *s.m.* **1** [*frammento minuto, pezzetto*] morceau: *ridurre, andare, mandare in bricioli* casser en petits morceaux; *il vaso di cristallo è caduto, andato in bricioli* le vase de cristal est tombé, et s'est cassé en petits morceaux **2** (*fig.*) [*quantità piccolissima*] brin: *non avere un briciolo di buon senso, di amor proprio* ne pas avoir un brin de bon sens, d'amour-propre # *non avresti un briciolo di tempo per ascoltarmi?* n'aurais-tu pas un petit moment pour m'écouter?
'bricolage' |bʀikɔlaʒ| *s.m.inv.* bricolage *var.*
bricòlla |bri'kɔlla| *s.f.* bricole, sac *m.* de contrebandier ◇ (*per est.*) [*carico di merce di contrabbando*] contrebande.
bridge |bridʒ| *s.m.inv.* (*ingl.*) (*gioco di carte*) bridge (*var.*): *torneo di bridge* tournoi de bridge.
bridgista |brid'dʒista| *s.* [*giocatore di bridge*] bridgeur*.
brìga, ghe |'briga, ge| *s.f.* [*faccenda noiosa, fastidiosa*] tracas *m.*, ennui (*m.*): *cacciarsi in una briga* se créer des ennuis; se mettre dans de beaux draps, dans un joli pétrin # *fate come volete, purché non coinvolgiate anche me in questa briga* faites comme vous voulez, pourvu que vous ne m'impliquiez pas dans cette affaire; *chi si prende la briga di dirlo al direttore?* qui veut se charger de le dire au directeur?; *attaccare briga con qc.* chercher noise à qqn., se quereller avec qqn.
brigadière |briga'djɛre| *s.m.* [*sottufficiale dei Carabinieri, della Guardia di Finanza, di Pubblica Sicurezza*; *il grado corrisponde a quello di sergente maggiore delle altre armi*] brigadier.
brigantàggio, i |brigan'taddʒo, i| *s.m.* brigandage: *atti di brigantaggio* actes de brigandage; *la repressione del brigantaggio* la répression du brigan-

dage; *darsi al brigantaggio* se livrer au brigandage.
brigànte, essa |bri'gante, essa| *s.* brigand (*m.*): *una banda di briganti* une bande de brigands ◇ (*fam., scherz.*) *quel brigante di mio figlio ne fa una dietro l'altra* mon coquin de fils ne fait que des bêtises → **birbante, briccone.**
brigantésco, chi, ca, che |brigan'tesko, ki, ka, ke| *agg.* de brigand(s) (*loc.*): *storie brigantesche* histoires de brigands; *atti briganteschi* actes de brigand.
brigantìno |brigan'tino| *s.m.* (*mar.*) brigantin, brick: *brigantino a goletta* brick-goélette.
brigàre |bri'gare| *v.intr.* (*aus. 'avere'*) [*affaccendarsi, adoperarsi*] intriguer, briguer (*tr.*): *brigare per una nomina, per un posto* intriguer pour une nomination, un poste; briguer une nomination, un poste; *quanto ha brigato per ottenere quella carica!* comme il a intrigué pour obtenir cette charge!, comme il a brigué cette charge!
brigàta |bri'gata| *s.f.* **1** [*gruppo di persone che amano divertirsi*] bande: *far parte di un'allegra brigata* faire partie d'une joyeuse bande; *è una brigata di buontemponi* c'est une bande de bons vivants, de gais lurons **2** [*moltitudine; branco*] bande; vol (*m.*): *una brigata di ragazzi* une bande de garçon ‖ *una brigata di colombi* un vol de pigeons ◇ (*prov.*) *poca brigata vita beata* [*in pochi si hanno più vantaggi*] on est mieux quand on est peu nombreux **3** (*mil.*) brigade: *brigata di fanteria* brigade d'infanterie; *brigata aerea* brigade aérienne; *generale di brigata* général de brigade ◇ (*polit. it.*) *le Brigate rosse* les Brigades rouges.
brigatìsta |briga'tista| *s.* [*aderente a gruppi sovversivi*] brigadiste # *brigatista rosso* membre des 'Brigades rouges'.
brìglia |'briʎʎa| *s.f.* **1** *spec. al plur.* [*redini del cavallo, o di altro animale da sella*] brides: *tenere, allentare, tirare le briglie* tenir, lâcher, serrer les brides ◇ *loc. fig.* A BRIGLIA SCIOLTA [*sfrenatamente*]: (*pr., fig.*) à bride abattue ~ *lasciar la briglia sul collo* [*lasciar libero*] lâcher la bride, laisser la bride sur le cou ~ *tenere a briglia qc.* tenir la bride haute à qqn. **2** (*per est.*) [*cinghie per sorreggere i bambini*] courroies *pl.* (de soutien) **3** (*mar.*) étai *m.* **4** (*idraul.*) épi *m.*
brillaménto |brilla'mento| *s.m.* **1** [*accensione ed esplosione di cariche*] explosion (*f.*): *brillamento di una mina* explosion d'une mine, coup de mine; *il brillamento di una carica di dinamite* l'explosion d'une charge de dynamite **2** (*astron.*) *brillamento solare* protubérance *f.* solaire, éruption *f.* chromosphérique.
brillantàre |brillan'tare| *v.tr.* **1** (*di diamanti o pietre dure*) [*tagliare, sfaccettare*] brillanter, tailler à facettes **2** [*adornare con brillanti*] orner de brillants: *brillantare un monile* orner de brillants un bijou ◇ (*per est.*) [*rendere lucido, splendente*] faire (45) *intr.* briller: *brillantare le stoviglie* faire briller la vaisselle **3** (*pasticceria*) *brillantare un dolce* [*coprirlo di zucchero trasparente*] glacer un gâteau.
brillantàto |brillan'tato| *agg.* **1** [*tagliato come brillante, sfaccettato*] taillé à facettes: *cristallo brillantato* cristal taillé à facettes **2** [*ornato con brillanti*] orné de brillants # *era tutta brillantata per la festa* elle était couverte de brillants pour la fête **3** (*per est.*) [*lucido, scintillante*] brillanté (*lett., tecnol.*): *cotone brillantato* coton brillanté ◇ (*fig.*) redondant: *stile brillantato* style redondant **4** (*pasticceria*) *confetto brillantato* dragée glacée.
brillantatóre |brillanta'tore| *s.m.* (*tecnol.*) brillanteur.
brillantatùra |brillanta'tura| *s.f.* (*tecnol.*) brillantage *m.*
1 **brillànte** |bril'lante| *agg.* **1** brillant: *luce brillante* lumière brillante; *pavimento brillante* sol brillant; *colori brillanti* couleurs brillantes; *occhi brillanti di gioia* yeux brillants de joie **2** (*fig.*) (*persone*) [*che si distingue per singolari doti*] brillant: *un oratore, un conferenziere brillante* un orateur, un conférencier brillant; *un brillante ufficiale* un officier brillant ◇ (*cose*) [*che denota capacità e preparazione*] *un successo, un esame brillante* un succès, un examen brillant; *una brillante operazione di guerra* une brillante opération de guerre; *fare una brillante carriera* faire une brillante carrière **3** (*fig.*) [*vivace, spiritoso, pieno di brio*] brillant: *commedia brillante* comédie brillante; *fare una vita brillante* mener une vie brillante.
2 **brillànte** |bril'lante| *s.m.* [*diamante sfaccettato*] brillant ◇ (*per est.*) [*anello con brillante*] *il brillante di fidanzamento* le brillant de fiançailles.
brillanteménte |brillante'mente| *avv.* [→ 1 BRILLANTE 2] brillamment: *superare brillantemente una difficile prova* surmonter brillamment une épreuve difficile.
brillantìna |brillan'tina| *s.f.* brillantine: *ungere i capelli con brillantina* s'enduire les cheveux de brillantine, se brillantiner les cheveux.
brillantìno |brillan'tino| *s.m.* (*tessuto*) brillantine *f.*
brillànza |bril'lantsa| *s.f.* **1** (*fis.*) brillance, luminance **2** [*carattere di ciò che è* (1) *brillante* (1)] brillance, brillant *m.*
1 **brillàre** |bril'lare| **A** *v.intr.* (*aus. 'avere'*) **1** [*risplendere di vivida luce*] briller: *le stelle brillavano nel cielo* les étoiles brillaient dans le ciel; *una luce brillava nelle tenebre* une lumière brillait dans les ténèbres ◇ (*per est.*) *gli occhi gli brillavano di gioia* ses yeux brillaient de joie; *nel suo volto brillò un raggio di speranza* un rayon d'espoir brilla sur son visage **2** (*fig.*) [*farsi notare, distinguersi*] briller: *brillare per intelligenza* briller par son intelligence; *brilla per il suo inesauribile umorismo* il brille par son inépuisable humorisme ◇ (*scherz.*) *brilla per la sua assenza* il brille par son absence **3** (*delle mine*) [*esplodere*] exploser # *far brillare una mina* faire exploser une mine **B** *v.tr.* *brillare una mina* [*farla esplodere*] faire (45) *intr.* exploser une mine.
2 **brillàre** |bril'lare| *v.tr.* [*rendere pulito e lucido il riso, l'orzo e sim.*] décortiquer ♦ (*al p.p.*) *riso brillato* riz décortiqué.
brillatóre |brilla'tore| *s.m.* [*operaio addetto all'esplosione delle mine*] mineur-artificier.
brillatùra |brilla'tura| *s.f.* [→ 2 BRILLARE] décorticage (*m.*): *brillatura del riso* décorticage du riz.
brillìo, ìi |bril'lio, ii| *s.m.* [→ 1 BRILLARE 1] scintillement: *il brillio delle stelle* le scintillement des étoiles → **scintillio.**
1 **brìllo** |'brillo| *agg.* [*alticcio, allegro, eccitato dal vino*] gris: *essere brillo* être gris.
2 **brìllo** |'brillo| *s.m.* → **salice.**
brìna |'brina| *s.f.* **1** [*rugiada congelata*] givre (*m.*): *cristalli di brina* cristaux de givre; *campagna bianca di brina* campagne blanche de givre **2** (*fig.*) [*canizie incipiente*] *capelli spruzzati di brina* cheveux grisonnants; *incomincia ad avere un po' di brina alle tempie* il commence à avoir les tempes un peu grisonnantes.
brinàre |bri'nare| **A** *v.impers.* (*aus. 'essere'*), (*pop.*) (*aus. 'avere'*) (*della brina*) [*cadere o formarsi*] geler (6) (*aus.* avoir) blanc: *questa notte è brinato* cette nuit il a gelé blanc **B** *v.tr.* **1** *brinare un bicchiere* [*immergerlo nel ghiaccio prima di versarvi q.c.*] givrer un verre **2** (*fig.*) [*incanutire*] blanchir: *l'età gli ha brinato i capelli* l'âge lui a blanchi les cheveux.
brinàta |bri'nata| *s.f.* [→ BRINARE A] gelée blanche: *una brinata ora brucerebbe le gemme* une gelée blanche maintenant brûlerait les bourgeons; *la brinata aveva imbiancato tutta la campagna* la gelée blanche avait blanchi toute la campagne.
brinàto |bri'nato| *agg.* [*coperto di brina*] givré: *prati brinati* prés givrés ◇ (*fig.*) *capelli brinati* [*che cominciano a incanutire*] cheveux grisonnants.
brindàre |brin'dare| *v.intr.* (*aus. 'avere'*) [*bere in onore o alla salute e prosperità di qc. o q.c.*] boire (67): *brindare alla salute degli sposi* boire à la santé des jeunes mariés; *brindare alla vittoria della propria squadra* boire à la victoire de son équipe; *brindare alla buona riuscita di un'impresa* boire à la réussite d'une entreprise ◇ [*fare un discorso augurale*] porter *tr.* un toast ♦ *ass.* [*bere allegramente e copiosamente*] trinquer: *brindare con gli amici* trinquer avec les amis.
brindèllo |brin'dɛllo| *s.m.* → **brandello.**
brindìllo |brin'dillo| *s.m.* (*bot.*) brindille *f.*
brìndisi |'brindizi| *s.m.inv.* **1** [→ BRINDARE] toast (*var.*): *fare un brindisi* porter un toast **2** [*discorso, poesia*] toast: *un brindisi di benvenuto* un toast de bienvenue; *improvvisare un brindisi* improviser un toast.
brìo, ìi |'brio, ii| *s.m.* **1** [*vivacità di comportamento, gaiezza*] entrain, verve (*f.*:) *un uomo pieno di brio* un homme plein d'entrain; *parlare con brio* parler avec verve ◇ (*per est.*) [*allegria, spirito*] entrain: *una commedia piena di brio* une comédie pleine d'entrain; *portò un po' di brio nella nostra comitiva* il apporta un peu d'entrain dans notre groupe d'amis **2** (*mus.*) brio: *con brio* avec brio.
'brioche' |bʀijɔʃ| *s.f.inv.* brioche *var.*
Briòfite |bri'ɔfite| *s.f.pl.* (*t.bot.*) Bryophytes.
briosaménte |briosa'mente| *avv.* [→ BRIOSO] avec verve (*loc.inv.*): *parlare, conversare briosamente* parler, converser avec verve.

briòscia, sce |bri'ɔʃʃa, ʃe| *s.f.* → **'brioche'**.
briosità |briosi'ta| *s.f.inv.* [*brio, vivacità, spigliatezza*] vivacité (*var.*): *la briosità di un gesto, di una parola* la vivacité d'un geste, d'une parole # *essere pieno di briosità* être plein d'entrain; *briosità di stile* style plein de verve.
brióso |bri'oso| *agg.* [*dotato di brio*] plein d'entrain; plein de verve: *ragazzo brioso* garçon plein d'entrain; *una conversazione briosa* une conversation pleine d'entrain, de verve || *scrittore brioso* écrivain plein de verve; *stile brioso* style plein de verve # *essere più brioso del solito* être en verve; *cavallo brioso* [*bizzarro*] cheval fringant © **grave, serio, compassato.**
brisàto |bri'zato| *agg.* (*arald.*) brisé.
brìscola |'briskola| *s.f.* **1** (*gioco di carte*) mariage *m.*, brisque: *fare una partita a briscola* faire une partie de mariage **2** [*la carta che ha valore di presa*] atout (*m.*): *giocare una briscola* jouer un atout; *prendi con una briscola* prends avec un atout ◇ (*loc. fig.*) *contare quanto il due di briscola* [*poco o niente*] ne compter pour rien, compter pour du beurre (*fam.*) ~ *avere l'asso di briscola* [*aver grande importanza*] avoir tous les atouts dans son jeu **3** *al plur.* (*fig., fam.*) [*percosse, busse*] coups (*m.*): *ha preso certe briscole!* il a pris de ces coups!
bristol |'bristol| *s.m.inv.* (*ingl.*) bristol *var.* ◆ (*agg.inv.*) *cartoncino bristol* bristol *s.m.*
brisùra |bri'zura| *s.f.* (*arald.*) brisure.
britànnico, ci, ca, che |bri'tanniko, tʃi, ka, ke| *agg.* [*della Gran Bretagna*] britannique: *l'impero britannico* l'empire britannique → **inglese.**
britànno |bri'tanno| *agg. e s.m.* (*lett.*) → **britannico.**
brìvido |'brivido| *s.m.* **1** [*tremito fisico improvviso*] frisson: *un brivido di febbre, di freddo* un frisson de fièvre, de froid **2** (*fig.*) [*intensa emozione*] frisson: *un brivido di terrore* un frisson de terreur; *un brivido di paura* un frisson de peur; *provare un brivido di piacere, di felicità* ressentir un frisson de plaisir, de bonheur; *mi vengono i brividi solo a pensarci* j'ai des frissons rien qu'à y penser # *amare il brivido della velocità, del pericolo* aimer la griserie de la vitesse, du danger.
brizzolàre |brittso'lare| **A** *v.tr.* [*rendere brizzolato*] faire (45) *intr.* grisonner: *gli anni lo hanno brizzolato* les années l'ont fait grisonner **B** *v.pron. intr.* BRIZZOLARSI [*diventar brizzolato; incanutire*] grisonner (*intr.*): *comincio a brizzolarmi* je commence à grisonner.
brizzolàto |brittso'lato| *agg.* **1** (*animali*) [*di colore misto*] moucheté; tacheté: *cavallo brizzolato* cheval moucheté || *un cane dal pelo brizzolato* un chien tacheté ◇ (*per est.*) *marmo brizzolato* marbre tacheté; *la campagna era brizzolata di neve* la campagne était tachetée de neige **2** (*di capelli, di barba*) [*prossimo a incanutire*] grisonnant: *aveva una lunga barba brizzolata* il avait une longue barbe grisonnante.
brizzolatùra |brittsola'tura| *s.f.* **1** [*colore, aspetto brizzolato*] grisonnement *m.*; tacheture: *la brizzolatura dei capelli* le grisonnement des cheveux || *il marmo aveva una delicata brizzolatura* le marbre avait une délicate tacheture **2** [*il procedimento con cui si rende brizzolato q.c.*] mouchetis (*m.*): *la brizzolatura di una parete* le mouchetis d'un mur.
1 **bròcca, che** |'brɔkka, ke| *s.f.* [*recipiente per liquidi*] broc *m.*, cruche: *versare l'acqua dalla brocca* verser l'eau du broc → **caraffa** ◇ (*per est.*) [*il liquido che vi è contenuto*] *una brocca d'acqua* un broc, une cruche d'eau.
2 **bròcca, che** |'brɔkka, ke| *s.f.* **1** [*chiodo per calzature*] broquette **2** (*region.*) [*germoglio; ramo spinoso*] rameau *m.* épineux.
broccàrdo |brok'kardo| *s.m.* (*dir.*) brocard.
broccàre |brok'kare| *v.tr.* (*tess.*) [*ornare di fili d'oro e d'argento*] brocher.
broccatèllo |brokka'tello| *s.m.* brocatelle *f.*
broccàto |brok'kato| *s.m.* (*tessuto*) brocart: *un mantello di broccato* un manteau de brocart.
brocciatùra |brottʃa'tura| *s.f.* (*mecc.*) brochage *m.*
1 **bròcco, chi** |'brɔkko, ki| *s.m.* **1** [*ramo secco, spina; ramo potato*] brindille *f.* sèche: *fare un gran fuoco di brocchi* faire un grand feu de brindilles sèches **2** *spec. al plur.* [*germoglio, gemma*] rejet: *i brocchi dell'olivo* les rejets de l'olivier **3** [*punta metallica al centro di uno scudo o di un bersaglio*] mouche *f.* ◇ (*loc.*) *dare nel brocco*: (*pr.*) [*colpire al centro*] faire mouche, mettre dans le mille; (*fig.*) [*azzeccare, indovinare in pieno*] deviner juste **4** (*arc.*) [*disegno in rilievo sul broccato*] broché.
2 **bròcco, chi** |'brɔkko, ki| *s.m.* [*cavallo mal ridotto, ronzino*] rosse *f.*, canasson: *questa volta ha puntato su un brocco* cette fois il a misé sur une rosse, un canasson ◇ (*per est.*) [*persona incapace, buona a nulla*] empoté *s.*, bon* *s.* à rien: *quel giocatore è proprio un brocco* ce joueur est vraiment un empoté, un bon à rien © **purosangue.**
bròccolo |'brɔkkolo| *s.m.* brocoli ◇ (*al plur.*) *broccoli* (*broccoletti*) *di rapa* [*le infiorescenze*] pousses *f.* de navet.
'brochure' |brɔʃyʀ| *s.f.inv.* brochure *var.*
bròda |'brɔda| *s.f.* **1** [*acqua di cottura dei legumi o pasta*] lavasse: *dare la broda ai maiali* donner la lavasse aux cochons ◇ (*per est.*) [*bevanda, cibo insipido e disgustoso*] *questo caffè è una broda* ce café est de la lavasse **2** (*fig.*) [*esposizione lunga e noiosa*] verbiage *m.*, délayage *m.* **3** [*acqua fangosa*] eau boueuse.
brodàglia |bro'daʎʎa| *s.f.* (*spreg.*) [*brodo lungo e disgustoso*] lavasse (*fam.*): *questa brodaglia datela ai maiali, non a me!* cette lavasse donnez-la aux cochons, pas à moi! ◇ (*fig.*) [*esposizione troppo lunga e noiosa*] verbiage *m.*, délayage *m.*
brodétto |bro'detto| *s.m.* **1** [*zuppa di pesce*] soupe *f.* de poisson ◇ (*loc. fig.*) *antico come il brodetto* [*vecchissimo*] vieux comme Mathusalem **2** [*salsa con uova e succo di limone*] bouillon aux œufs: *cuocere l'agnello in brodetto* cuire de l'agneau au bouillon aux œufs.
bròdo |'brɔdo| *s.m.* **1** (*cuc.*) bouillon; potage: *brodo grasso, magro* bouillon gras, maigre; *brodo di carne, di pollo* bouillon de viande, de poulet; *brodo vegetale* bouillon de légumes; *un brodo concentrato* un bouillon concentré, un consommé; *brodo di dado* bouillon de cube || *riso in brodo* potage au riz; *pastina in brodo* potage aux pâtes, aux vermicelles # *brodo di pesce* court-bouillon ◇ (*loc. fig.*) *tutto fa brodo* [*tutto serve*] tout sert ~ *andare in brodo di giuggiole* [*struggersi dalla gioia, andare in sollucchero*] se pâmer de joie, être aux anges ~ *lasciar cuocere qc. nel proprio brodo* [*disinteressarsene*] laisser mijoter (qqn.) dans son jus ◇ (*prov.*) *gallina vecchia fa buon brodo* [*di cose o persone sorpassate che si rivelano utili*] c'est dans les vieux pots qu'on fait la meilleure soupe **2** (*biol.*) bouillon: *brodo* (*di coltura*) bouillon de culture.
brodocoltùra |brodokol'tura| *s.f.* (*biol.*) bouillon *m.* de culture.
brodolóne |brodo'lone| *s.* [*chi si sporca facilmente, spec. mangiando*] souillon: *sei un brodolone!* tu es un souillon!
brodóso |bro'doso| *agg.* [*che abbonda di brodo*] léger*: *minestra brodosa* potage léger.
brogliàccio, i |broʎ'ʎattʃo, i| *s.m.* [*registro per annotazioni provvisorie*] brouillard: *annotare le entrate e le uscite su un brogliaccio* noter les recettes et les dépenses sur (dans) un brouillard.
brogliàre |broʎ'ʎare| *v.intr.* (*aus. 'avere'*) [*far brogli, brigare, imbrogliare*] intriguer, briguer (*tr.*): *brogliare per ottenere una carica di ministro* intriguer pour obtenir une charge de ministre; briguer une charge de ministre.
bròglio, i |'brɔʎʎo, i| *s.m.* [*uso di mezzi illeciti o sleali*] brigue *f.*; truquage: *broglio elettorale* truquage électoral; *accusare un partito di brogli elettorali* accuser un parti de truquages électoraux, de manipulations électorales → **intrigo, inganno.**
bròlo |'brɔlo| *s.m.* **1** (*arc., region.*) [*frutteto, orto, giardino*] clos; jardin: *brolo di alberi da frutta* clos d'arbres fruitiers || *coltivare, curare il proprio brolo* cultiver, soigner son jardin **2** (*lett.*) → **ghirlanda.**
bromàto |bro'mato| *s.m.* (*chim.*) bromate.
bromatologìa, gie |bromatolo'dʒia, dʒie| *s.f.* bromatologie.
bromatològico, ci, ca, che |bromato'lɔdʒiko, tʃi, ka, ke| *agg.* bromatologique.
bròmico, ci, ca, che |'brɔmiko, tʃi, ka, ke| *agg.* (*chim., farm.*) bromique: *acido bromico* acide bromique; *preparato bromico* préparation bromique.
bromìdrico, ci, ca, che |bro'midriko, tʃi, ka, ke| *agg.* (*chim.*) bromhydrique: *acido bromidrico* acide bromhydrique.
bromidròsi |bromi'drɔzi| *s.f. inv.* (*med.*) brom(h)ydrose *var.*
1 **bròmo** |'brɔmo| *s.m.* (*t.bot.*) brome.
2 **bròmo** |'brɔmo| *s.m.* (*chim.*) brome.
bromofòrmio, i |bromo'fɔrmjo, i| *s.m.* (*chim.*) bromoforme.
bromùro |bro'muro| *s.m.* (*chim.*) bromure: *bromuro di potassio* bromure de potassium.
bronchiàle |bron'kjale| *agg.* [*dei bronchi*] bronchique: *asma bronchiale* asthme bronchique.
bronchiettasìa |bronkjetta'zia| *s.f.* (*med.*) bronchectasie.
bronchiolite |bronkjo'lite| *s.f.* (*med.*) bronchiolite.

bronchìolo |bron'kjolo| *s.m.* (*anat.*) bronchiole *f.*
bronchìte |bron'kite| *s.f.* (*med.*) bronchite: *bronchite acuta, cronica* bronchite aiguë, chronique.
bronchìtico, ci, ca, che |bron'kitiko, tʃi, ka, ke| *agg.* (*med.*) bronchitique: *affezione bronchitica* affection bronchitique ◆ (*s.*) *un bronchitico* un bronchitique.
bróncio, i |'brontʃo, i| *s.m.* [*atteggiamento del viso che rivela dispetto, cruccio, malumore*] moue *f.* # *tenere, fare il broncio a qc.* bouder qqn., contre qqn.; *mi ha messo il broncio per quello scherzo* il me boude à cause de cette plaisanterie.
1 **brónco, chi** |'bronko, ki| *s.m.* (*anat.*) bronche *f.*
2 **brónco, chi** |'bronko, ki| *s.m.* (*lett.*) [*cespuglio spinoso; sterpo*] broussaille *f.* (*corr.*), ronce *f.* (*corr.*).
broncopolmonìte |bronkopolmo'nite| *s.f.* (*med.*) broncho-pneumonie: *broncopolmonite semplice* broncho-pneumonie simple; *broncopolmonite doppia* double broncho-pneumonie.
broncoscopìa |bronkosko'pia| *s.f.* (*med.*) bronchoscopie.
broncoscòpio, i |bronko'skɔpjo, i| *s.m.* bronchoscope.
brontolaménto |brontola'mento| *s.m.* (*raro*) [→ BRONTOLARE A] grognement, grommellement: *deve sopportare il brontolamento continuo della suocera* il doit supporter le grommellement continuel de sa belle-mère.
brontolàre |bronto'lare| **A** *v.intr.* (*aus.* '*avere*') **1** [*borbottare, mormorare, lamentarsi a voce bassa*] grogner, grommeler (4): *smettila di brontolare* cesse de grogner, de grommeler; *brontolare contro qc., q.c.* grogner contre qqn., qqch.; *quel vecchio non fa altro che brontolare* ce vieillard ne fait que grogner, ronchonner; *ubbidire brontolando* obéir en grognant **2** [*rumoreggiare sordamente*] gronder: *il cannone, il tuono brontola* le canon, le tonnerre gronde; *il temporale brontolava in lontananza* l'orage grondait au loin **B** *v.tr.* **1** (*fam.*) [*rimproverare*] gronder (*corr.*): *se torno tardi il papà mi brontola* si je reviens tard papa me gronde **2** [*borbottare, dire sottovoce*] grommeler: *se ne andò brontolando frasi minacciose* il partit en grommelant des phrases menaçantes.
brontolìo, ii |bronto'lio, ii| *s.m.* [→ BRONTOLARE A] grognement; grondement: *ci furono dei brontolii di protesta* il y eut des grognements de protestation ‖ *il brontolio del cannone, del tuono* le grondement du canon, du tonnerre # *il brontolio dell'intestino* le gargouillement gastro-intestinal, le borborygme.
bróntolo |'brontolo| *s.* **1** *s.m.* [*lamentela, rimbrotto*] réprimande *f.*, engueulade *f.* (*pop.*): *adesso dovrò sopportare i brontoli di mia madre!* maintenant je devrai subir les réprimandes, les engueulades de ma mère **2** *s.* → **brontolone.**
brontolóne |bronto'lone| *s.* [*chi brontola spesso e volentieri*] grognon*, bougon* (*fam.*): *è un brontolone* c'est un grognon, un bougon; *che brontolone!* quel vieux bougon! → **borbottone** ◆ (*agg.*) *una donna brontolona* une femme grognon, grognonne; *un vecchio brontolone* un vieux grognon; *un'aria brontolona* un air grognon # *carattere brontolone* caractère *hargneux.
brontosàuro |bronto'sauro| *s.m.* (*paleont.*) brontosaure.
bronzàre |bron'dzare| *v.tr.* [*dare il colore del bronzo a* (*q.c.*)] bronzer: *bronzare un vaso di gesso* bronzer un vase en plâtre.
bronzatóre, trice |brondza'tore, tritʃe| *s.* [*operaio addetto alla bronzatura dei metalli*] bronzeur *m.*
bronzatrìce |brondza'tritʃe| *s.f.* (*tecnol.*) machine à bronzer.
bronzatùra |brondza'tura| *s.f.* [→ BRONZARE] bronzage *m.*
brónzeo |'brondzeo| *agg.* **1** [*di bronzo*] de bronze (*loc. inv.*): *statua bronzea* statue de bronze; *moneta, medaglia bronzea* monnaie, médaille de bronze ◇ (*fig.*) *carattere bronzeo* [*duro, tenace, impenetrabile*] caractère d'airain **2** [*che ha il colore del bronzo*] bronzé: *pelle bronzea* peau bronzée **3** [*che ha il timbro forte e sonoro del bronzo*] d'airain: *voce bronzea* voix d'airain.
bronzétto |bron'dzetto| *s.m.* statuette *f.* en bronze, petit bronze: *una raccolta di bronzetti africani* une collection de statuettes africaines en bronze.
bronzìna |bron'dzina| *s.f.* **1** (*mecc.*) coussinet *m.* en bronze # *fondere le bronzine* couler une bielle **2** → **bronzino** II.
bronzìno |bron'dzino| **I** *agg.* **1** (*lett.*) → **bronzeo** **2** (*med.*) *morbo bronzino* (*di Addison*) maladie d'Addison **II** *s.m.* [*campanella di bronzo per animali*] grelot (de bronze).
brónzo |'brondzo| *s.m.* **1** bronze: *vasi, medaglie, statue di bronzo* vases, médailles, statues de bronze; *campane, cannoni di bronzo* cloches, canons de bronze; *civiltà, età del bronzo* civilisation, âge du bronze ◇ (*loc. fig.*) *una faccia di bronzo* [*persona impudente, sfacciata*] un effronté ~ *cuore di bronzo* cœur de bronze ~ *incidere nel bronzo* [*lasciare tracce imperiture*] graver sur le bronze **2** [*opera artistica, spec. archeol., in bronzo*] bronze: *i bronzi etruschi* les bronzes étrusques **3** (*lett.*) *i* (*sacri*) *bronzi* [*le campane*] l'airain (sacré).
brossùra |bros'sura| *s.f.* (*tip.*) brochage *m.* # *edizione in brossura* édition brochée.
browning |'brauniŋ| *s.m.inv.* (*ingl.*) browning *var.*
brucàre |bru'kare| *v.tr.* **1** (*detto di bruchi, pecore, capre*) [*rodere o strappare* (*germogli, erba e sim.*)] brouter: *le pecore brucavano l'erba* les brebis broutaient l'herbe **2** [*sfogliare un ramoscello*] effeuiller: *brucare un ramoscello* effeuiller une branche ◇ (*per est.*) *brucare le olive* [*staccarle direttamente dai rami dell'albero*] gauler des olives.
brucatùra |bruka'tura| *s.f.* **1** [→ BRUCARE 1] broutement *m.* **2** [*sfrondatura delle foglie del gelso*] effeuillure ◇ [*raccolta delle olive*] cueillette.
brucèlla |bru'tʃɛlla| *s.f.* (*biol.*) brucella.
brucellòsi |brutʃel'lɔzi| *s.f.* (*med.*) brucellose.
bruciàbile |bru'tʃabile| *agg.* [→ BRUCIARE A 1] brûlable: *legno che non è bruciabile* du bois qui n'est pas brûlable.
bruciacchiàre |brutʃak'kjare| **A** *v.tr.* **1** [*bruciare leggermente, o qua e là*] roussir, brûler légèrement: *stirando ho bruciacchiato la biancheria* en repassant, j'ai roussi du linge □ *bruciacchiarsi le unghie* se roussir les ongles ◆ (*al p.p.*) *dito bruciacchiato* doigt légèrement brûlé; *vestito bruciacchiato* robe roussie, costume roussi **2** (*detto del gelo*) brûler: *il gelo ha bruciacchiato i germogli* la gelée a brûlé les bourgeons **B** *v.pron.rifl.* BRUCIACCHIARSI → *tr.* 1 □.
bruciacchiàto |brutʃak'kjato| **1** *agg.* légèrement brûlé: *il pollo è bruciacchiato* ce poulet est légèrement brûlé **2** *s.m.* [*odore di bruciato*] roussi: *questa carne sente di bruciacchiato* cette viande sent le roussi.
bruciacchiatùra |brutʃakkja'tura| *s.f.* [→ BRUCIACCHIARE A 1] légère brûlure, roussissement (*m.*): *ho una bruciacchiatura sulla gonna* j'ai une légère brûlure à ma jupe # *la bruciacchiatura di un pollo* le flambage d'un poulet; *la bruciacchiatura delle arachidi* le grillage des cacahuètes.
bruciànte |bru'tʃante| *agg.* [*che scotta*] brûlant: *un caldo bruciante* une chaleur brûlante ◇ (*fig.*) cuisant: *un'offesa bruciante* une offense cuisante.
bruciapélo |brutʃa'pelo| **1** *loc.avv.* A BRUCIAPELO [*da molto vicino*] à brûle-pourpoint: *l'ha colpito a bruciapelo* il l'a frappé à brûle-pourpoint ◇ (*fig.*) [*alla sprovvista*] à l'improviste, à brûle-pourpoint: *mi ha fatto la domanda a bruciapelo* il m'a posé la question à l'improviste, à brûle-pourpoint **2** *s.m.* (*tecnol.*) grillage.
bruciaprofùmi |brutʃapro'fumi| *s.m.inv.* brûle-parfum(s) (*var.*): *dei bruciaprofumi* des brûle-parfums.
bruciàre |bru'tʃare| **A** *v.tr.* **1** [*distruggere col fuoco, ardere*] brûler: *bruciare legna nel camino* brûler du bois dans la cheminée; *bruciare l'incenso* brûler de l'encens; *bruciare un mucchio di cartaccia* brûler un tas de vieux papiers; *l'incendio ha bruciato il bosco* l'incendie a brûlé le bois; *bruciare un cadavere* brûler un cadavre → **incenerire** □ *bruciarsi il vestito* brûler son vêtement; *si è bruciata la camicetta* elle a brûlé son corsage ◇ (*per est.*) [*rovinare per eccessivo calore; carbonizzare*] *ha bruciato la camicia col ferro da stiro* elle a brûlé la chemise avec le fer à repasser; *ho bruciato l'arrosto per distrazione* j'ai brûlé le rôti par distraction ◇ (*per est., med.*) [*cauterizzare*] cautériser: *bruciare un porro, una ferita* cautériser une verrue, une plaie ◇ (*loc.*) *bruciare la scuola* [*marinarla*] faire l'école buissonnière ~ *bruciare le tappe* brûler les étapes ~ *bruciare i ponti* [*rompere ogni collegamento*] couper les ponts ~ *bruciarsi le ali, le penne* se brûler les ailes ~ *bruciare un ostacolo* brûler un obstacle ~ *bruciare un avversario* [*batterlo nettamente*] griller un adversaire ~ *bruciare un concorrente sul traguardo* battre un concurrent au sprint ~ *bruciare le speranze, le ambizioni di qc.* briser les espérances, les ambitions de qqn. ~ *bruciare la carriera di qc.* [*rovinargliela*] compromettre, briser la carrière de qqn. **2** [*scottare; ustionare*] brûler: *oggi il sole brucia la pelle* aujourd'hui le soleil brûle la peau; *mi hai bruciato con la sigaretta* tu m'as brûlé avec la cigarette □ *si è bruciato una mano con l'acqua bollente* il s'est brûlé une main

avec l'eau bouillante; *bruciarsi la lingua* se brûler la langue ◇ [*provocare bruciore; irritare*] *tutto questo pepe brucia la bocca* tout ce poivre brûle la bouche; *c'è un fumo che brucia gli occhi* il y a une fumée qui brûle les yeux ◇ (*fig.*) [*eccitare, infiammare*] dévorer: *ho una smania che mi brucia* j'ai une envie qui me dévore; *è bruciato dall'ambizione* il est dévoré par l'ambition **3** [*seccare, inaridire*] brûler: *questo caldo brucerà le piante, la campagna* cette chaleur brûlera les plantes, la campagne; *una gelata ha bruciato i germogli* une gelée a brûlé les bourgeons ◇ [*corrodere, intaccare*] *il vetriolo brucia la pelle* le vitriol brûle la peau; *bruciare un metallo con l'acido* brûler un métal avec de l'acide **4** (*fig.*) [*sprecare, esaurire; consumare inutilmente*] flamber; gaspiller: *bruciare i propri averi* flamber ses biens; *in poco tempo ha bruciato tutti i suoi risparmi* en peu de temps il a flambé toutes ses économies ‖ *bruciare le forze, le energie inutilmente* gaspiller inutilement ses forces, ses énergies; *bruciare gli anni migliori, la giovinezza* gaspiller ses meilleures années, sa jeunesse; *ha bruciato tutte le sue possibilità* il a gaspillé toutes ses possibilités **5** (*tennis, pallavolo*) *bruciare la palla* [*schiacciarla con violenza rendendola imprendibile*] smasher la balle **B** *v.intr.* (*aus.* '*essere*') **1** [*essere in fiamme, ardere*] brûler (*aus.* avoir): *il fuoco brucia, ha smesso di bruciare* le feu brûle, a cessé de brûler; *correte, la casa brucia!* courez, la maison brûle! ◇ [*consumarsi ardendo*] *la candela bruciava lentamente* la bougie brûlait lentement ◇ [*rovinarsi per troppo calore*] *noi parlavamo tranquilli e intanto l'arrosto bruciava* nous parlions tranquillement et pendant ce temps le rôti brûlait **2** [*emanare un calore eccessivo; scottare*] brûler: *la minestra brucia* la soupe brûle; *non prenderlo con le mani, brucia* ne le prends pas avec les mains, ça brûle; *oggi il sole brucia* aujourd'hui le soleil brûle; *le strade bruciano* les routes brûlent; *brucia dalla febbre* il brûle de fièvre **3** [*produrre bruciore*] brûler: *l'alcool brucia sulla ferita* l'alcool brûle sur la blessure; *ho gli occhi che mi bruciano* j'ai les yeux qui brûlent; *mi brucia lo stomaco, la gola* l'estomac me brûle, la gorge me brûle ◇ (*fig.*) [*produrre forte desiderio, smania di q.c.*] *mi brucia dentro una gran voglia di viaggiare* je brûle de l'envie de voyager ◇ (*fig.*) [*provocare irritazione, rabbia*] échauffer: *le tue parole offensive mi bruciano ancora* tes mots offensants m'échauffent encore **4** [*provare bruciore, essere riarso*] brûler: *bruciare di, dalla, per la sete* brûler de soif ◇ (*fig.*) [*sentire intensamente una passione, un sentimento e sim.*] *bruciare dalla voglia di fare q.c.* brûler de l'envie de faire qqch.; *bruciare d'impazienza, di desiderio* brûler d'impatience, de désir **5** (*fig., poet.*) [*svanire, scomparire*] s'évanouir (*pron.*): *tutto brucia nel volgere di un attimo* tout s'évanouit en l'espace d'un instant **C** *v.pron.* BRUCIARSI **1** *intr.* [→ *tr.* 1] brûler (*intr.*): *i documenti si sono bruciati nell'incendio* les documents ont brûlé dans l'incendie; *si è bruciato il bosco* le bois a brûlé **2** *rifl.* [→ *tr.* 2] se brûler: *bruciarsi con un carbone, con un ferro rovente* se brûler avec du charbon, avec un fer rouge; *bruciarsi sotto il sole* se brûler sous le soleil ◆ → *tr.* 1, 2 □ ◇ (*loc. fig.*) *bruciarsi le cervella* se brûler la cervelle ~ *bruciarsi i vascelli alle spalle* [*togliersi la possibilità di un ripensamento*] brûler ses vaisseux ◇ (*fig.*) [→ *tr.* 4] se compromettre (71) irrémédiablement: *si è bruciata alle prime battute* elle s'est irrémédiablement compromise dès les premières répliques; *sono andati allo sbaraglio e si sono bruciati* ils ont risqué le tout pour le tout et ils se sont irrémédiablement compromis → **rovinar(si), sprecar(si)** # *bruciarsi in tentativi inutili* se consumer en tentatives inutiles.

bruciàta |bru'tʃata| *s.f.* → **caldarrosta.**

bruciatìccio, i |brutʃa'tittʃo, i| **I** *s.m.* **1** [*resti di cose bruciate*] débris *pl.*, restes *pl.* brûlés: *il bruciaticcio della carta* les débris, les restes brûlés du papier **2** [*sapore, odore di bruciato*] goût de brûlé, roussi: *sapere di bruciaticcio* avoir un goût de brûlé; *brucia!, si sente odor di bruciaticcio* ça brûle!, ça sent le roussi, le brûlé ◇ (*loc.*) *si sente, c'è odor di bruciaticcio* cela sent le roussi **II** *agg.* [*bruciacchiato*] brûlé: *odore, sapore di cose bruciaticce* odeur, goût de choses brûlées; *colore di pane bruciaticcio* couleur de pain brûlé.

bruciàto |bru'tʃato| **I** *agg.* **1** [*distrutto, rovinato dal fuoco*] brûlé: *case bruciate* maisons brûlées; *un lenzuolo bruciato in più punti* un drap brûlé en divers endroits; *un cibo bruciato* un mets brûlé ◇ (*per est.*) [*riarso dal calore*] *pelle bruciata* (*dal sole*) peau brûlée (par le soleil) → **abbronzato** # *le ore bruciate* les heures de la canicule ◇ (*fig.*) [*sciupato, rovinato anzi tempo*] flambé: *una carriera bruciata* une carrière flambée; *speranze bruciate* espérances flambées # *gioventù bruciata* jeunesse brûlée **2** (*fig.*) [*di colore marrone scuro*] brun roux*: *un mantello marrone bruciato* un manteau d'un brun roux **II** *s.m.* [*odore, sapore di cose bruciate*] brûlé: *sapere di bruciato* avoir un goût de brûlé, sentir le brûlé; *c'è odor di bruciato* ça sent le brûlé.

bruciatóre |brutʃa'tore| *s.m.* **1** → **inceneritore** **2** [*dispositivo che regola la bruciatura di combustibili*] brûleur: *bruciatore a gas, a metano, a gasolio* brûleur à gaz, à méthane, à gas-oil ◇ (*aer.*) injecteur.

bruciatùra |brutʃa'tura| *s.f.* **1** [*scottatura, ustione*] brûlure: *fasciarsi una bruciatura* (se) bander une brûlure ◇ (*bot.*) brûlure ◇ (*metall.*) *bruciatura dell'acciaio* brûlure de l'acier **2** (*fig.*) échec (*m.*): *la sua bruciatura era inevitabile* son échec était inévitable → **fallimento, insuccesso.**

brucióre |bru'tʃore| *s.m.* **1** [*dolore dovuto a scottatura, infiammazione, acidità e sim.*] brûlure *f.*; ardeur (*f.*): *il bruciore dell'alcool sulla ferita* la brûlure de l'alcool sur la plaie; *bruciori di stomaco* brûlures d'estomac; *aver bruciore agli occhi* avoir une brûlure aux yeux; *sento bruciori in tutto il corpo* je sens des brûlures dans tout le corps → **acidità** ‖ *il bruciore della sete* l'ardeur de la soif; *i bruciori dell'estate* les ardeurs de l'été # *aver bruciore in gola* avoir la gorge en feu → **arsura** **2** (*fig.*) cuisson (*f.*): *il bruciore della sconfitta* la cuisson, la douleur cuisante de la défaite → **umiliazione.**

brùco, chi |'bruko, ki| *s.m.* (*t.zool.*) chenille *f.* ◇ (*corr.*) *lotta contro i bruchi* lutte contre les chenilles; *bruchi nocivi* chenilles nuisibles.

brùfolo |'brufolo| *s.m.* [*piccola eruzione cutanea*] bouton.

brughièra |bru'gjɛra| *s.f.* bruyère.

bruìre |bru'ire| (197) *v.intr.* (*aus.* '*avere*') (*lett.*) [*picchiettare sommessamente; frusciare*] bruire*: *si sentiva appena bruire la pioggia* on entendait à peine bruire la pluie.

'brûlé' |bʀyle| (*agg. inv.*) *vin(o) 'brûlé'* vin chaud, (vin) brûlé.

brulicàme |bruli'kame| *s.m.* [*moltitudine di insetti che brulicano*] grouillement, fourmillement ◇ (*per est.*) [*moltitudine di persone o di cose in movimento*] *un brulicame straordinario di marmocchi* un grouillement extraordinaire de mioches; *un brulicame di idee* un fourmillement d'idées.

brulicànte |bruli'kante| *agg.* (*detto di una moltitudine di esseri*) [*muoversi confusamente*] grouillant: *uno sciame brulicante di api* un essaim grouillant d'abeilles; *folla brulicante* foule grouillante.

brulicàre |bruli'kare| *v.intr.* (*aus.* '*avere*') **1** (*detto di una moltitudine di esseri*) [*muoversi confusamente*] grouiller, fourmiller: *tanti insetti brulicavano in quel luogo* un tas d'insectes grouillaient dans ce lieu; *la folla brulicava nella piazza* la foule grouillait sur la place **2** (*fig.*) [*pullulare, accavallarsi* (*di idee*)] fourmiller: *gli brulicavano in testa mille progetti* mille idées fourmillaient dans sa tête ◇ *loc.* BRULICARE DI... fourmiller de...: *questo ramo brulica di insetti* cette branche fourmille d'insectes; *la piazza brulicava di dimostranti* la place fourmillait de manifestants # *il suo compito brulica di errori* les erreurs fourmillent dans son devoir; *la mia mente brulicava di pensieri angosciosi* des pensées angoissantes fourmillaient dans ma tête.

brulichìo, ii |bruli'kio, ii| *s.m.* [*movimento confuso di una moltitudine di esseri*] grouillement, fourmillement: *un brulichio di vermi, di insetti* un grouillement, un fourmillement de vers, d'insectes; *il brulichio della folla* le grouillement de la foule ◇ (*fig.*) [*il pullulare di sentimenti, di idee*] fourmillement: *un brulichio di idee, di avvenimenti* un fourmillement d'idées, d'événements.

brùllo |'brullo| *agg.* [*spoglio, arido*] nu, dépouillé: *un albero brullo* un arbre nu, dépouillé; *una pianura brulla* une plaine nue, aride Ⓒ **rigoglioso, lussureggiante.**

brulòtto |bru'lɔtto| *s.m.* (*mar.*) brûlot.

1 **brùma** |'bruma| *s.f.* **1** [*foschia, nebbia*] brume: *le brume del Nord* les brumes du Nord ◇ (*fig.*) *le brume del futuro* les brumes de l'avenir **2** (*raro, lett.*) [*pieno inverno; solstizio d'inverno*] le cœur *m.* de l'hiver; le solstice *m.* d'hiver.

2 **brùma** |'bruma| *s.f.* → **teredine.**

brumàio, i |bru'majo, i| *s.m.* (*st. fr.*) brumaire.

brumàle |bru'male| *agg.* (*raro, lett.*) **1** [*nebbioso*] brumeux*: *cielo, tempo brumale* ciel, temps brumeux **2** [*inver-*

nale] hivernal*: *nebbia brumale* brouillard hivernal.
brumìsta |bru'mista| *s.m.* → **vetturino.**
brumóso |bru'moso| *agg.* (*lett.*) → **nebbioso.**
brunàstro |bru'nastro| *agg.* brunâtre.
bruneggiàre |bruned'dʒare| *v. intr.* (*aus.* '*avere*') (*raro*) [*tendere al bruno*] tirer sur le brun.
brunétto |bru'netto| *s.* brunet*.
brunìre |bru'nire| (197) *v.tr.* **1** [*lucidare* (*un metallo*)] brunir, polir **2** [*scurire* (*un metallo*)] brunir **3** [*rendere levigato*] polir.
brunìto |bru'nito| *agg.* **1** [*lucidato, levigato*] bruni, poli: *metallo brunito* métal bruni, poli **2** [*scurito*] bruni: *posate brunite* des couverts brunis ◇ (*per est.*) [*abbronzato*] brun, bronzé: *pelle brunita* peau brune, bronzée.
brunitóio, i |bruni'tojo, i| *s.m.* (*tecnol.*) brunissoir.
brunitóre |bruni'tore| *s.m.* [*operaio addetto alla brunitura*] brunisseur* *s.*
brunitùra |bruni'tura| *s.f.* **1** [→ BRUNIRE 1] brunissage *m.*, polissage (*m.*): *brunitura di un metallo* brunissage, polissage d'un métal **2** [→ BRUNIRE 2] brunissage **3** [*lucidatura dei tagli di un libro, prima che siano dorati*] brunissure.
brùno |'bruno| **I** *agg.* **1** [*di colore scuro*] brun: *carnagione bruna* teint brun ◇ (*persone*) [*capelli, carnagione, occhi bruni*] *un ragazzo bruno* un garçon brun **2** [*colore del mantello dei bovini*] brun: *mucca dal mantello bruno* vache à robe brune **II** *s.* **1** *s.m.* [*il colore bruno*] brun: *per pitturare mi manca il bruno* il me faut du brun pour peindre ◇ (*loc.*) *fa bruno* il commence à faire nuit; la nuit commence à tomber **2** *s.* [*persona con la carnagione bruna*] brun: *una bella bruna* une belle brune **3** *s.m.* (*fig.*) [*lutto*] deuil: *mettere, prendere, vestire il bruno* mettre, prendre, porter le deuil, des vêtements de deuil; *parare a bruno* tendre de deuil; *parato a bruno* tendu de deuil.
1 **brùsca, che** |'bruska, ke| *s.f.* [*spazzola dura*] *la brusca per i cavalli* l'étrille.
2 **brùsca, che** |'bruska, ke| *s.f.* **1** [*ramoscello, festuca*] bout *m.*, brin (*m.*): *una brusca di legno* un bout de bois; *una brusca di paglia* un brin de paille **2** (*mar.*) règle (à dessiner).
3 **brùsca, che** |'bruska, ke| *s.f.* (*bot.*) charbon *m.*
bruscaménte |bruska'mente| *avv.* **1** [→ BRUSCO 1] brusquement: *mi trattava sempre bruscamente* il me traitait toujours brusquement **2** [→ BRUSCO 2] brusquement: *si alzò bruscamente* il se leva brusquement; *frenò bruscamente* il freina brusquement.
bruschétta |brus'ketta| *s.f.* **1** (*gioco, spec. nella loc.*) *scegliere le bruschette* tirer à la courte paille **2** (*region.*) pain *m.* grillé frotté d'ail et d'huile.
bruschézza |brus'kettsa| *s.f.* **1** [*modi aspri, asciutti; carattere rude*] rudesse, âpreté: *trattare con bruschezza* traiter avec rudesse; *la bruschezza del carattere, di una discussione, delle critiche* la rudesse du caractère, d'une discussion, des critiques ◇ (*fig.*) [*asciuttezza di stile*] sécheresse du style **2** [*sapore aspro*] acidité, âpreté: *la bruschezza di un vino, di un frutto* l'âpreté d'un vin, d'un fruit **3** (*fig.*) → **rapidità.**
bruschinàre |bruski'nare| *v.tr.* **1** [*pulire col bruschino*] brosser, étriller: *bruschinare un cavallo* brosser, étriller un cheval **2** (*per est.*) [*strofinare con forza*] frotter: *bruschinare il pavimento, il 'parquet'* frotter le plancher, le parquet.
bruschìno |brus'kino| *s.m.* **1** [*spazzola dura*] brosse *f.* à chevaux, étrille *f.* **2** petite brosse.
1 **brùsco, chi, ca, che** |'brusko, ki, ka, ke| *agg.* **1** [*sgarbato, burbero*] brusque: *carattere brusco* caractère brusque; *modi bruschi* manières brusques ◇ *loc.* CON LE BRUSCHE avec des manières brusques: *bisogna dirglielo con le brusche* il faut le lui dire brutalement **2** [*improvviso*] brusque: *un brusco ritorno* un brusque retour; *ho sentito una brusca frenata* j'ai entendu un brusque coup de frein **3** [*sapore aspro*] aigre, âpre: *ciliegie brusche* cerises aigres ✦ *s.m.* [*sapore aspro di vini, frutta e sim.*] âpreté *f.*; aigreur (*f.*): *mi piace il brusco di questo vino* j'aime l'âpreté de ce vin || *il brusco del vino andato a male è disgustoso* l'aigreur du vin qui a tourné est dégoûtante **4** (*del tempo*) [*freddo pungente*] piquant: *l'aria brusca* l'air piquant ✦ *s.m.* (*loc.*) *tra il lusco e il brusco:* (*pr.*) [*all'imbrunire*] entre chien et loup; (*fig.*) dans une situation ambiguë.
2 **brùsco, chi** |'brusko, ki| *s.m.* → **pungitopo.**
bruscolìni |brusko'lini| *s.m.pl.* (*region.*) graines *f.* de courge séchées.
brùscolo |'bruskolo| *s.m.* **1** [*particella di paglia, legno e sim.*] brin, fétu: *una formica che trasporta un bruscolo di paglia* une fourmi qui transporte un brin, un fétu de paille ◇ [*granello di polvere*] grain de poussière: *avere un bruscolo nell'occhio* avoir un grain de poussière dans l'œil ◇ (*loc. fig.*) *fare di un bruscolo una trave* [*esagerare*] monter qqch. en épingle, faire une montagne d'un rien ~ *essere un bruscolo in un occhio a qc.* [*dargli fastidio o sospetto*] être une épine au cœur de qqn. **2** [*persona minuta*] bout: *un bruscolo d'uomo, di donna* un bout d'homme, un bout de femme **3** [*foruncolo*] petit bouton.
brusìo, ii |bru'zio, ii| *s.m.* **1** [*rumore sordo e continuo che fanno alcuni insetti volando*] bourdonnement: *brusio di alveare* bourdonnement de ruche **2** (*per est.*) [*rumore simile a quello prodotto da insetti*] bourdonnement, bruissement: *il brusio della folla* le bourdonnement de la foule; *il brusio delle foglie, della pioggia* le bruissement des feuilles, de la pluie ◇ [*mormorio di molte voci*] bourdonnement, chuchotement: *non un brusio nella sala* pas un bourdonnement, un chuchotement dans la salle; *le risa e i brusii degli alunni* les rires et les chuchotements des élèves.
brusìre |bru'zire| (197) *v.intr.* (*aus.* '*avere*') (*lett.*) [*far brusìo*] bourdonner, bruire*.
'brut' |bʀyt| *agg. inv.* brut *var.*
brutàle |bru'tale| *agg.* brutal*: *un gesto brutale* un geste brutal; *istinto brutale* instinct brutal ◇ [*violento*] *reazione brutale* réaction brutale ✦ (*s.m.*) *un brutale* un homme brutal *agg.* ◇ [*spietato*] *risposta brutale* réponse brutale; *sincerità brutale* franchise brutale.
brutalità |brutali'ta| *s.f.inv.* **1** brutalité (*var.*): *la sua brutalità fa inorridire* il est d'une brutalité révoltante; *rispondere con brutalità* répondre avec brutalité ◇ [*ferocia*] *agire con brutalità* agir avec brutalité **2** [*atto brutale*] brutalité: *ha commesso un sacco di brutalità in tempo di guerra* il a commis un tas de brutalités pendant la guerre.
brutalizzàre |brutalid'dzare| *v.tr.* **1** [*maltrattare*] brutaliser **2** [*violentare sessualmente*] violenter, violer: *brutalizzare una ragazza* violenter, violer une fille.
brutalménte |brutal'mente| *avv.* [→ BRUTALE] brutalement: *rispondere brutalmente* répondre brutalement; *si è comportata brutalmente* elle s'est conduite brutalement.
brùto |'bruto| *agg.* **1** brut: *animale bruto* bête brute ◇ [*inanimato, inerte*] *materia bruta* matière brute ◇ [*grezzo, abbozzato*] *idee brute* des idées brutes **2** [*brutale, animalesco*] brut: *forza bruta* force brute ✦ *s.m.* [*essere vivente privo della ragione umana*] brute *f.* **3** (*per est.*) [*chi compie atti violenti o perversi*] brute, maniaque: *è stata violentata da un bruto* elle a été violentée par une brute, un maniaque; *è proprio un bruto!* c'est une véritable brute! **4** (*chim.*) brut.
brùtta |'brutta| *s.f.* (*fam.*) [*minuta, brutta copia*] brouillon (*m.*): *un quaderno di brutta* un cahier de brouillon; *scrivere, stendere in brutta* faire le brouillon, écrire en (au) brouillon, brouillonner; *ricopiare la brutta* mettre au net, au propre un brouillon.
bruttaménte |brutta'mente| *avv.* (*lett.*) → **indecorosamente.**
bruttàre |brut'tare| *v.tr.* **1** (*lett.*) [*sporcare, insudiciare*] salir, tacher: *ammalato che brutta di sangue le lenzuola* malade qui salit, tache de sang ses draps **2** (*fig.*) [*intaccare, rovinare*] salir, entacher: *questa condanna brutta il suo onore* cette condamnation salit, entache son honneur.
bruttézza |brut'tettsa| *s.f.* **1** [*l'essere brutto, sgraziato*] laideur: *la bruttezza di uno spettacolo* la laideur d'un spectacle; *la bruttezza del suo viso* la laideur de son visage; *essere di una bruttezza spaventosa* être d'une laideur effrayante **2** (*fig.*) laideur: *la bruttezza di un'azione* la laideur d'une action **3** [*cosa brutta*] laideur: *le bruttezze e i malanni della vita* les laideurs et les infirmités de la vie → **bruttura** 🄲 **bellezza.**
bruttìno |brut'tino| *agg.* (*fam.*) [*poco bello*] pas très beau*: *una ragazza simpatica e bruttina* une fille sympathique mais pas très belle; *è un po' bruttino questo quadro* il n'est pas très beau ce tableau.
brùtto |'brutto| **I** *agg.* **1** [*di aspetto non bello; privo di grazia, di armonia*] laid: *una ragazza, una donna brutta* une fille, une femme laide; *uno più brutto dell'altro* l'un plus laid que l'autre; *gambe, mani brutte* jambes, mains laides; *una casa brutta* une maison laide; *essere brutto di viso, di corpo* avoir un visage, un corps laid → **sgraziato** ◇ [*sgradevole*] *un colore brutto* une couleur laide; *un brutto spettacolo* un spectacle laid; *quel violino ha un brutto suono* ce violon a un son laid

avere una brutta voce avoir une vilaine voix ◇ (*loc. fam.*) *brutto come la fame, come il diavolo* laid comme un pou, comme les sept péchés capitaux ~ *esser brutto da far paura* être laid à faire peur ~ *il diavolo non è poi brutto come si dipinge* le diable n'est pas si noir qu'on le fait ~ FARE IL VISO BRUTTO, LA FACCIA BRUTTA faire les gros yeux, faire une sale tête: *per convincerlo ho dovuto fargli il viso brutto* pour le convaincre j'ai dû lui faire les gros yeux; *a sentir la cifra ha fatto la faccia brutta* en entendant la somme il a fait une sale tête ~ (*fig.*) *farsi brutto, rimaner brutto* [*rimanere male, mostrarsi deluso*] faire triste mine ~ *a brutto muso* [*senza riguardo, senza ritegno*] carrément: *l'ho affrontato, insultato a brutto muso* je l'ai affronté, insulté carrément ~ *farla brutta* jouer un sale tour ~ *passarla brutta* avoir chaud ~ *me la sono vista brutta* j'ai eu chaud, j'ai passé un mauvais quart d'heure ~ *ne hanno passate delle brutte* ils en ont vu de toutes les couleurs ~ *vederne, sentirne delle brutte* en voir, en entendre des vertes et des pas mûres ♦ *inter.* (*rivolto a bambini o detto da essi*) *brutto!* vilain!: *brutto! non devi farlo più* vilain! Tu ne dois plus le faire; *non mi dai mai le caramelle, brutta!* tu ne me donnes jamais de bonbons, vilaine! **2** (*fig., spreg., scherz., in funzione raff. di altri agg. o di sost.*) espèce *s.f.* de: *brutto mascalzone, farabutto* espèce de salaud, de vaurien; *brutto impertinente* espèce d'impertinent # *brutto muso, brutto ceffo* [*persona infida, antipatica*] sale type; *brutto cattivo* vilain garnement **3** (*fig., unito a sost. esprime un valore neg.*) mauvais, vilain: *una brutta cera* [*aspetto di poca salute*] une mauvaise mine → **cattivo**; *una brutta ferita* une mauvaise, vilaine blessure → **grave**; *un brutto segno* un mauvais signe; *essere in brutte condizioni economiche, di salute* être dans de mauvaises conditions économiques, de santé; *farsi una brutta fama* se faire une mauvaise réputation; *prendere un brutto voto* avoir une mauvaise note; *giocare un brutto scherzo, un brutto tiro* jouer un mauvais, un vilain tour; *mi hai dato brutte carte* tu m'as donné de mauvaises cartes; *fare una brutta impressione* faire une mauvaise impression → **deludente, negativo**; *ho un brutto presentimento* j'ai un mauvais pressentiment; *fare un brutto sogno* faire un mauvais rêve; *hai scelto un brutto posto a teatro* tu as choisi une mauvaise place au théâtre → 1 **scomodo**; *abbiamo fatto un brutto viaggio* nous avons fait un mauvais voyage → **disagiato**; *ricevere una brutta notizia* recevoir une mauvaise nouvelle → **spiacevole, doloroso**; *passare brutti giorni, brutti momenti* passer de mauvais jours, de mauvais moments → **triste, tormentato**; *passare un brutto quarto d'ora* passer un mauvais quart d'heure; *attraversare un brutto momento* traverser un mauvais moment → **difficile, rischioso**; *arrivare in un brutto momento* arriver à un mauvais moment → **inopportuno, infelice**; *hai fatto una brutta traduzione* tu as fait une mauvaise traduction → **scorretto**; *hai una brutta pronunzia* tu as une mauvaise prononciation → **difettoso**; *usare brutte maniere* avoir de mauvaises manières → **sgarbato**; *fare una brutta accoglienza* faire mauvais accueil → **freddo, scortese**; *commettere una brutta azione* accomplir une mauvaise action → **biasimevole**; *avere brutte abitudini* avoir de mauvaises habitudes → **cattivo**; (*euf.*) *un brutto male* [*un tumore*] un vilain mal # *una brutta storia* une sale, vilaine histoire; *un brutto vizio* un sale, vilain défaut; *fare* (*una*) *brutta figura* faire (une) piteuse, piètre figure; *è un brutto affare* c'est une sale affaire; *dire, usare brutte parole* dire, utiliser des gros mots; *hai un gran brutto carattere* tu as vraiment un sale caractère → **pessimo, disgustoso** ◇ (*in espressioni relative alle condizioni meteorologiche*) *oggi c'è brutto tempo* aujourd'hui il fait mauvais → **freddo, piovoso**; *oggi il mare è brutto* aujourd'hui la mer est mauvaise → **agitato, violento** **4** *brutta copia* [*prima stesura, minuta*] brouillon (*s.m.*): *scrivere in brutta copia* écrire au brouillon; *conservare la brutta copia* conserver le brouillon ♦ *s.f.* [*brutta copia*] brouillon (*m.*): *mettere in brutta* mettre au brouillon; *ho consegnato la brutta* j'ai remis le brouillon; *hai controllato sulla brutta?* as-tu contrôlé sur le brouillon? **II** *s.* **1** *s.m.sing.* [*ciò che è antiestetico*] laid: *il brutto nell'arte* le laid dans l'art ◇ [*l'aspetto negativo, sgradevole*] *il brutto di una situazione* le désagréable d'une situation; *il brutto è che...* ce qui est ennuyeux c'est que...; *quel che ha di brutto è...* ce qu'il y a de déplaisant en lui c'est...; *c'è di brutto che...* il y a d'ennuyeux que... **2** *s.m.sing.* [*brutto tempo*] mauvais temps: *oggi è brutto* aujourd'hui il fait mauvais (temps); *fa brutto!* il fait mauvais! # *il tempo volge al brutto* le temps se gâte **3** *s.* (*persone*) laid: *i brutti e i belli* les laids et les beaux # *guarda quella brutta!* regarde cette horreur! **4** *s.f.* *solo in loc.* ALLA BRUTTA [*nel peggiore dei casi*] dans le pire des cas: *alla brutta rinuncio all'incarico* dans le pire des cas, au pire, je renoncerai au poste ~ ALLE BRUTTE au pire: *venire, trovarsi alle brutte con qc.* en venir au pire, être au pire avec qqn. ~ CON LE BRUTTE de force: *voglio provare a convincerlo con le brutte* je veux essayer de le convaincre de force; *ci riuscirò o con le belle o con le brutte* j'y arriverai de gré ou de force **III** *avv.* (*loc.*) *guardar brutto, di brutto* [*in modo ostile*] regarder de travers.

bruttóna |brut'tona| *s.f.* (*fam.*) [*ragazza, donna brutta*] laideronne, mocheté (*fam.*): *che bruttona!* quelle laideronne, quelle mocheté cette femme!

bruttùra |brut'tura| *s.f.* **1** [*cosa brutta*] laideur: *questo addobbo è una vera bruttura* cette décoration est d'une grande laideur **2** [*cosa sudicia*] saleté, ordure: *pulisci, togli quella bruttura* nettoie, enlève cette saleté, cette ordure **3** *spec. al plur.* (*fig.*) [*fatti, azioni immorali, biasimevoli*] saletés, laideurs: *ero deluso da tutte le brutture che avevo visto* j'étais déçu par toutes les saletés que j'avais vues; *le brutture della vita* les laideurs de la vie.

bu |bu| *inter. onomat.* → **bau.**

bùa |'bua| *s.f.* (*linguaggio infantile*) [*dolore fisico, escoriazione e sim.*] bobo (*m.*): *chi t'ha fatto la bua?* qui t'a fait bobo, du bobo?; *avere la bua* avoir bobo.

buàccio, i |bu'attʃo, i| *s.m.* (*region.*) → **ignorante.**

buàggine |bu'addʒine| *s.f.* [*ignoranza, balordaggine*] balourdise: *fare delle buaggini* faire des balourdises; *è di una buaggine spaventosa* il est d'une balourdise étonnante **C** **intelligenza, astuzia.**

buassàggine |buas'saddʒine| *s.f.* → **buaggine.**

1 **bùbbola** |'bubbola| *s.f.* **1** [*frottola, bugia*] baliverne, blague: *raccontare, snocciolare bubbole* dire, débiter des balivernes, des blagues; *senza bubbole!* sans blague! **2** [*cosa da poco, bagatella*] bagatelle, bêtise: *perdere il proprio tempo in bubbole* perdre son temps à des bagatelles.

2 **bùbbola** |'bubbola| *s.f.* → **upupa.**

3 **bùbbola** |'bubbola| *s.f.* (*t.bot.*) lepiote, coulemelle (*corr.*).

1 **bubbolàre** |bubbo'lare| *v.intr.* (*aus.* '*avere*') **1** [*produrre un suono sordo e prolungato*] gronder, mugir: *il tuono bubbola* le tonnerre gronde, il tonne; *il mare e i venti bubbolano* la mer et les vents mugissent **2** [*rabbrividire, tremare*] trembler, grelotter: *bubbolare di freddo, di paura* trembler, grelotter de froid, de peur; *bubbolare come una foglia* trembler comme une feuille.

2 **bubbolàre** |bubbo'lare| *v.tr.* (*region.*) [*raggirare, ingannare*] pigeonner (*fam.*).

bubbolièra |bubbo'ljɛra| *s.f.* collier *m.* à grelots.

bubbolìo, ii |bubbo'lio, ii| *s.m.* **1** [*tintinnio di sonagliere*] tintement, grelottement: *un bubbolio di sonagli* un tintement de grelots **2** [*rumore sordo*] grondement: *il bubbolio del tuono* le grondement du tonnerre.

bùbbolo |'bubbolo| *s.m.* [*sonaglio di metallo*] grelot.

bubbóne |bub'bone| *s.m.* (*med.*) bubon.

bubbònico, ci, ca, che |bub'bɔniko, tʃi, ka, ke| *agg.* bubonique: *peste bubbonica* peste bubonique.

bùca, che |'buka, ke| *s.f.* **1** [*cavità naturale o artificiale del terreno*] trou (*m.*): *le buche di un campo da golf* les trous d'un terrain de golf; *una stradaccia tutta buche* une mauvaise route pleine de trous; *cadere in una buca* tomber dans un trou; *scavare una buca* creuser un trou # *una poltrona piena di buche* un fauteuil plein de creux **2** [*cavità ricettiva*] fosse: *praticare, fare una buca* creuser une fosse ◇ (*teat.*) *la buca dell'orchestra* la fosse de l'orchestre # *la buca del suggeritore* le trou du souffleur ◇ [*fossa sepolcrale*] *seppellire qc. in una buca sepolcrale* enterrer qqn. dans une fosse sépulcrale ◇ [*fossa del carbone*] fosse de remplissage **3** (*geogr.*) fosse, gouffre *m.* **4** (*geol.*) gouffre, doline **5** (*bigliardo*) trou: *la biglia è nella buca* la bille est dans le trou ◇ (*golf*) trou **6** *buca* (*delle lettere*) boîte aux lettres **7** (*agr.*) poquet *m.*; trou: *le buche della semina* les poquets || *buche d'impianto* trous de plantation **8** (*fig.*) [*debito, fallimento economico*] trou.

bucanéve |buka'neve| *s.m. inv.* (*t. bot.*) perce-neige *m.* o *f.*

bucanière |buka'njɛre| *s.m.* boucanier.

bucàre |bu'kare| **A** *v.tr.* **1** [*praticare fori*] percer (2), trouer: *bucare un* *muro* percer un mur; *bucare le orecchie per mettervi gli orecchini* percer les oreilles pour y mettre des boucles; *mi hai bucato la giacca con la sigaretta* tu as troué ma veste avec ta cigarette ◇ (*per est.*) *bucare un biglietto di metropolitana* poinçonner un ticket de métro ◇ (*fig.*) *suono che buca l'aria, il silenzio* son qui perce l'air, le silence; *le ossa gli bucano la pelle* les os lui percent la peau **2** [*forare*] crever (6), percer: *bucare un pneumatico* crever, percer un pneu ✦ (*ass.*) *ho bucato al km 13* j'ai crevé au 13ème km **3** (*fig.*, *calcio*) [*sbagliare l'intervento sul pallone, mancarlo*] manquer: *ha bucato* (*la palla*) il a manqué (la balle) **4** [*penetrare*] percer, pénétrer (8): *bucare la foresta, il fogliame* percer, pénétrer la forêt, le feuillage **5** [*ferire, pungere* (*con oggetti appuntiti*)] percer, piquer: *bucare qc. da parte a parte* percer qqn. de part en part, transpercer qqn.; *una zanzara gli ha bucato il dito* un moustique l'a piqué au doigt # *l'ago gli ha bucato una mano* l'aiguille lui est entrée dans la main **B** *v.intr.* (*raro*) (*aus.* 'avere') [*aprirsi un varco praticando un'apertura, un buco*] percer **C** *v.pron. intr.* BUCARSI [*pungersi*] se piquer: *bucarsi un dito con l'ago* se piquer le doigt avec une aiguille.

1 **bucàto** |bu'kato| *agg.* **1** [*che è forato*] percé; troué: *lamiera bucata* tôle percée ‖ *tessuto bucato* tissu troué ◇ (*loc. fig.*) *avere le mani bucate* [*essere spendaccione*] être un panier percé **2** (*di biglietto*) poinçonné **3** (*di pneumatico*) crevé.

2 **bucàto** |bu'kato| *s.m.* **1** [*il lavaggio della biancheria*] lessive *f.*; blanchissage: *giorno di bucato* jour de lessive; *fare il bucato con la lavatrice* faire la lessive dans une machine à laver ‖ *pagare il bucato* payer la note de blanchissage ◇ (*loc.*) *lenzuola di bucato* [*appena lavate e stirate*] des draps tout propres, fraîchement lavés **2** [*tutta la biancheria lavata in una sola volta*] lessive, linge: *lavare, strizzare, sciacquare il bucato* laver, tordre, rincer la lessive, le linge; *stendere il bucato* étendre la lessive, le linge ◇ (*loc. fig.*) *fare il bucato in famiglia* [*risolvere in privato situazioni imbarazzanti o vergognose*] laver son linge sale en famille ~ *fare il bucato alla coscienza* [*confessarsi o riparare i propri torti*] laver ses péchés.

bucatùra |buka'tura| *s.f.* **1** [→ BUCARE A 1] perçage (*m.*): *bucatura del legno, dei metalli* perçage du bois, des métaux # *la bucatura dei biglietti* le poinçonnage des billets, des tickets **2** [→ BUCARE A 2] crevaison: *bucatura di un pneumatico* crevaison d'un pneu **3** [→ BUCARE A 5] piqûre: *una bucatura di spillo, di zanzara* une piqûre d'épingle, de moustique **4** (*pop.*) [*puntura, iniezione*] piqûre, injection.

buccàle |buk'kale| *agg.* → 1 **boccale.**

bùccia, ce |'buttʃa, tʃe| *s.f.* **1** [*membrana esterna di frutti, tuberi e sim.*] peau: *buccia di mela, di pesca, di patata* peau de pomme, de pêche, de pomme de terre; *bucce d'arancia* des peaux, des écorces d'orange; *togliere la buccia* enlever la peau, peler; *scivolare su una buccia di banana* glisser sur une peau de banane ◇ [*di semi o di frutti secchi*] pellicule: *la buccia delle noci, delle mandorle* la pellicule des noix, des amandes ◇ [*scorza profumata di agrumi*] zeste (*m.*): *buccia di limone, di cedro* zeste de citron, de cédrat ◇ [*scorza dura e spessa di alcuni frutti*] écorce: *la buccia del melone, del cocomero* l'écorce du melon, de la pastèque ◇ *al plur.* [*scarti, pulitura di frutti*] épluchures, pelures: *raccogliere le bucce* ramasser les épluchures; *gettare le bucce in pattumiera* jeter les épluchures dans la poubelle ◇ *loc. med.* (*pelle*) *a buccia d'arancia* peau d'orange ◇ (*edil.*) *intonaco a buccia d'arancia* crépi *m.* **2** [*corteccia liscia e sottile di alcune piante o di rami giovani*] écorce: *la buccia del leccio* l'écorce du chêne vert; *togliere la buccia a un ramo* enlever l'écorce d'une branche **3** (*per est.*) [*pellicola esterna di insaccati*] peau: *si è mangiato il salame con la buccia* il a mangé le saucisson avec la peau ◇ [*scorza esterna del formaggio*] croûte **4** (*per est., spec. scherz.*) (*persone*) [*pelle*] peau: *avere la buccia dura* avoir la peau dure ◇ (*loc. fig.*) *essere di buccia dura* [*essere di tempra resistente*] être coriace ~ *rimetterci la buccia* [*morire*] y laisser sa peau ◇ (*animali, spec. rettili*) *una buccia di serpe* une peau de serpent.

bùccina |'buttʃina| *s.f.* (*st. mil. rom.*) buccin *m.*

buccinàre |buttʃi'nare| **A** *v.intr.* (*aus.* 'avere') (*arc.*) [*suonare la buccina*] jouer *tr.*, sonner *tr.* du buccin **B** *v.tr.* [*propagare, spargere* (*voci insinuanti*)] souffler, chuchoter: *buccinare q.c. all'orecchio di qc.* souffler, chuchoter qqch. à l'oreille de qqn.

buccinatóre |buttʃina'tore| *s.m.* **1** buccinateur ◇ [*propagatore di voci*] colporteur **2** (*anat.*) buccinateur ✦ (*agg. m.*) *il muscolo buccinatore* le muscle buccinateur.

buccinatòrio, i |buttʃina'tɔrjo, i| *agg.* (*anat.*) *muscolo buccinatorio* muscle buccinateur.

bùccino |'buttʃino| *s.m.* (*t.zool.*) buccin.

bùccola |'bukkola| *s.f.* **1** boucle (d'oreille) **2** [*ricciolo di capelli*] boucle.

bùccolo |'bukkolo| *s.m.* → **boccolo.**

bucherellàre |bukerel'lare| *v.tr.* [*fare molti piccoli buchi* (*in q.c.*)] cribler: *bucherellare un cartone* cribler un carton; *i tarli avevano bucherellato il mobile* les vers avaient criblé le meuble.

bucherellàto |bukerel'lato| *agg.* [*pieno di piccoli buchi*] criblé de trous: *un barattolo tutto bucherellato* un pot criblé de trous # *le sue calze sono tutte bucherellate* ses chaussettes sont toutes trouées.

bucherèllo |buke'rɛllo| *s.m.* petit trou.

bucinàre |butʃi'nare| *v.tr.* → **buccinare.**

bucintòro |butʃin'tɔro| *s.m.* bucentaure.

bùco, chi |'buko, ki| **I** *s.m.* **1** [*piccola apertura o cavità, spec. tondeggiante*] trou: *il buco della serratura* le trou de la serrure; *formaggio coi buchi* fromage avec des trous; *i buchi del naso, delle orecchie* les trous du nez, des oreilles; *fare un buco nel muro* faire un trou dans le mur; *chiudere i buchi di una parete* boucher les trous d'un mur; *ho un buco nella tasca* j'ai un trou à une poche → **foro** ◇ (*mar.*) *buco di gatto* trou du chat ◇ (*loc. fig.*) *fare un buco nell'acqua* [*lavorare a vuoto, senza risultato*] faire chou blanc, donner un coup d'épée dans l'eau ~ *non cavar un ragno da un buco* [*non essere capace, non riuscire a ottenere niente*] ne pas savoir se débrouiller ◇ (*prov.*) *non tutte le ciambelle vengono col buco* on ne fait pas mouche à tous les coups **2** (*per est.*) [*luogo nascosto, nascondiglio*] coin: *dovrà pur essere in qualche buco la mia pipa* ma pipe doit bien être dans quelque coin; *ho cercato in tutti i buchi* j'ai cherché dans tous les coins; *chissà in che buco si sarà cacciato* qui sait dans quel coin il se sera fourré ◇ (*fig.*) [*stanza, abitazione stretta, misera, buia*] trou de rat: *ho abitato in questo buco per tre anni* j'ai habité trois ans dans ce trou de rat; *come fai a vivere in questo buco?* comment fais-tu pour vivre dans ce trou de rat?; *non esce mai dal suo buco* il ne sort jamais de son trou de rat # *mi basta un buco per dormire appena una notte* un petit coin pour dormir juste une nuit me suffit ◇ (*fam.*) [*piccolo impiego*] petit emploi: *non ci sarebbe un buco per me?* il n'y aurait pas un petit emploi pour moi?; *è riuscito a trovare un buco alle poste* il a réussi à trouver un petit emploi dans les postes **3** (*fig.*) [*breve intervallo di tempo libero*] un moment de libre: *appena hai un buco telefonami* dès que tu as un moment de libre téléphone-moi; *se trovo un buco di tempo vedrò d'accontentarti* si je trouve un moment de libre, je tâcherai de te contenter ◇ (*per est., detto di insegnanti*) [*ora libera durante l'orario di lezione*] trou: *il mio orario è pieno di buchi* mon emploi du temps est plein de trous; *ho un buco fra la seconda e la quarta ora* j'ai un trou entre la deuxième et la quatrième heure **4** (*fig.*) [*ammanco, disavanzo*] trou: *hanno scoperto un buco nella sua contabilità* on a découvert un trou dans sa comptabilité ◇ (*loc.*) *tappare un buco* boucher un trou; *ormai non riesco più a tappare i buchi* désormais je n'arrive plus à boucher les trous **5** (*fig.*) [*lacuna, vuoto*] lacune (*f.*): *una deposizione, una testimonianza piena di buchi* une déposition pleine de lacunes, un témoignage plein de lacunes; *ci sono troppi buchi nel tuo racconto* il y a trop de lacunes dans ton récit ◇ (*calcio*) [*intervento mancato, fallito*] loupé **6** (*elettron.*) trou, lacune *f.* ◇ (*astron.*) *buco nero* trou noir **II** *agg.* **1** [*bucato, forato*] troué: *un sacco buco* un sac troué # *ho una gomma buca* j'ai un pneu crevé **2** (*fig.*) [*libero da impegni*] libre: *un'ora buca* une heure libre; *non ho più un momento buco* je n'ai plus un moment de libre ◇ [*senza risultato, inutile*] creux*, vide: *questa è stata una giornata buca* ça a été une journée creuse, vide ◇ (*loc.*) *andar buca* [*andar a vuoto*] échouer (*v. intr.*): *questa volta mi è andata buca* cette fois j'ai échoué.

bucòlica, che |bu'kɔlika, ke| *s.f.* (*letter.*) bucolique.

bucòlico, ci, ca, che |bu'kɔliko, tʃi, ka, ke| *agg.* **1** (*letter.*) [*pastorale*] bucolique: *poesia bucolica* poésie bucolique **2** (*fig.*) [*tono o ambiente campestre*] bucolique: *paesaggio bucolico* paysage bucolique; *sentimenti bucolici* sentiments bucoliques ✦ (*s.m.*) *i bucolici* les bucoliques.

bucrànio, i |bu'kranjo, i| *s.m.* (*arch.*) bucrane.
bùdda |'budda| *s.m.* bouddha.
buddìsmo |bud'dizmo| *s.m.* bouddhisme.
buddìsta |bud'dista| *agg.* bouddhiste: *religione buddista* religion bouddhiste ◆ (*s.*) *un buddista* un bouddhiste.
buddìstico, ci, ca, che |bud'distiko, tʃi, ka, ke| *agg.* bouddhique: *arte greco-buddista* art gréco-bouddhique.
budellàme |budel'lame| *s.m.* (*raro*) [*massa di budella*] tripaille *f.*
budèllo |bu'dɛllo|, *pl. f.* **budella** |bu'dɛlla| (*nel significato* 1), *pl. m.* **budelli** |bu'dɛlli| (*nei significati* 2, 3) *s.m.* **1** (*pop.*) [*intestino*] boyau: *le budella del maiale* les boyaux du porc # *riempirsi le budella* se remplir le ventre ◇ (*tennis*) *racchetta di budello di bue* raquettes en boyaux d'agneau ◇ (*loc. fig.*) *cavar le budella a qc.* [*ucciderlo*] étriper qqn. ~ *torcersi le budella dalle risa* se tordre les boyaux **2** (*per est.*) [*tubo flessibile*] boyau: *un budello di gomma, di plastica* un boyau en caoutchouc, en plastique **3** (*fig.*) [*viuzza; passaggio lungo e stretto*] boyau.
budget |'bʌdʒit| *s.m.inv.* (*ingl.*) budget (*var.*): *budget pubblicitario* budget publicitaire # *del budget* budgétaire.
budgetàrio, i |buddʒe'tarjo, i| *agg.* budgétaire: *previsioni budgetarie* prévisions budgétaires; *controllo budgetario* contrôle budgétaire.
budìno |bu'dino| *s.m.* **1** [*dolce con latte, zucchero e uova*] crème *f.* renversée **2** [*pasticcio dolce o di erbe e carne*] pudding **3** (*raro*) [*sanguinaccio*] boudin.
bùe |'bue|, *pl.* **buòi** |'bwɔi| *s.m.* **1** (*t. zool.*) bœuf ~ *bue muschiato o selvatico* bœuf musqué ou sauvage ~ *bue marino* morse ◇ (*corr.*) *carne di bue* viande de bœuf; *bue macellato di fresco* bœuf fraîchement abattu; *bue da lavoro* bœuf de labour; *bue da tiro* bœuf de trait; *bue da ingrasso* bœuf à l'engrais; *bue da macello* bœuf de boucherie; *una coppia di buoi* une paire de bœufs; *attaccare i buoi al carro* atteler les bœufs à la charrette # *bue giovane* bouvillon ◇ (*cuc.*) *bue brasato* bœuf braisé ◇ (*loc. fig.*) *uova all'occhio di bue* [*al burro, in padella*] œufs sur le plat ~ *lavorare come un bue* travailler comme un bœuf ~ *avere occhi di bue* [*sporgenti e grandi*] avoir des yeux globuleux ~ *mettere il carro innanzi ai buoi* mettre la charrue devant, avant les bœufs ~ *chiudere la stalla quando i buoi sono scappati* fermer l'écurie quand les chevaux sont dehors ◇ (*prov.*) *moglie e buoi dei paesi tuoi* prends ta femme dans ton village et tes bœufs dans le voisinage **2** (*fig.*) [*uomo ignorante e ottuso*] andouille (*f.*): *è proprio un bue!* c'est vraiment une andouille!; *fare il bue* faire l'andouille ◇ (*loc. fig.*) *avere del bue* [*avere poco giudizio*] avoir l'air bête ~ *essere un gran bue* être un gros lourdaud ◇ (*loc. escl.*) *testa di bue!* tête de mule!
bùfala |'bufala| *s.f.* **1** [*la femmina del bufalo*] bufflonne, bufflesse: *mozzarella di bufala* 'mozzarella' de lait de bufflonne **2** (*region.*) → **corbelleria, svista; boiata.**
bùfalo |'bufalo| *s.m.* **1** (*t.zool.*) buffle ◇ (*corr.*) *valigia di pelle di bufalo* valise en (peau de) buffle ◇ [*simbolo di forza e robustezza*] bœuf: *fare fatiche da bufali* peiner comme un bœuf; *soffiare come un bufalo* souffler comme un bœuf **2** [*uomo grossolano*] homme grossier.
bufèra |bu'fɛra| *s.f.* [*tempesta, tormenta*] bourrasque: *la bufera aveva spazzato via le imbarcazioni* la bourrasque avait emporté les embarcations ◇ (*fig.*) tourmente; remue-ménage (*m.inv.*): *la bufera della guerra* la tourmente de la guerre ‖ *all'arrivo dell'ispettore ci fu una bufera in tutti gli uffici* dès que l'inspecteur arriva, il y eut un remue-ménage dans tous les bureaux.
buffaménte |buffa'mente| *avv.* [→ 1 BUFFO I] drôlement: *storceva buffamente gli occhi* il roulait drôlement des yeux.
buffàre |buf'fare| **A** *v.intr.* (*aus.* '*avere*') → **sbuffare B** *v.tr.* (*nel gioco della dama*) [*soffiare* (*una pedina*)] souffler: *buffare una pedina* souffler un pion.
buffàta |buf'fata| *s.f.* [*sbuffo di vento, di fumo*] bouffée: *una buffata d'aria, di freddo* une bouffée d'air, de froid; *una buffata di fumo* une bouffée de fumée.
buffè |buf'fɛ| *s.m.inv.* → **buffet.**
'buffet' |byfɛ| *s.m. inv.* **1** [*mobile usato per esporre e riporre argenteria e sim.*] buffet *var.* **2** [*tavola per i ricevimenti; le vivande imbandite*] buffet: '*buffet*' *freddo* buffet froid **3** [*bar, ristorante di stazioni e sim.*] buffet.
1 **buffetterìa** |buffette'ria| *s.f.* service *m.* de buffet.
2 **buffetterìa** |buffette'ria| *s.f. spec. al plur.* (*mil.*) buffleterie *sing.*
buffétto |buf'fetto| *s.m.* [*colpetto affettuoso dato con le dita sulla guancia*] chiquenaude *f.*
1 **bùffo** |'buffo| **I** *agg.* **1** [*che fa ridere, ridicolo*] drôle: *una storia buffa* une histoire drôle; *lo trovate buffo?* le trouvez-vous drôle?; *come è buffo con quel cappello* ce qu'il est drôle avec ce chapeau; *è buffo con quei suoi atteggiamenti* il est drôle avec ses grands airs ◇ (*fam.*) marrant: *un tipo buffo* un type marrant; *una donna buffa* une femme marrante # *questa sì che è buffa!* ça, c'est marrant, c'est rigolo! **2** [*strano, bizzarro*] drôle; drôle de (+ *s.*): *sentirsi buffo* se sentir tout drôle ‖ *una buffa avventura, un buffo personaggio* une drôle d'aventure, un drôle de personnage **3** (*mus.*) *opera buffa* opéra bouffe; *autore buffo* auteur comique **II** *s.m.* **1** (*teat.*) bouffon, comique → **comico** **2** *solo al sing.* [*fatto, aspetto buffo*] comique: *è sensibile al buffo delle situazioni* il est sensible au comique des situations; *il buffo di questa storia è che...* le comique de cette histoire, c'est que... Ⓒ I 1 **serio.**
2 **bùffo** |'buffo| *s.m.* [*colpo di vento, di fumo e sim.*] bouffée (*f.*): *un buffo di aria entrò dalla finestra* une bouffée d'air entra par la fenêtre.
buffonàta |buffo'nata| *s.f.* **1** [*atto, frase da buffone*] sottise, facétie: *dire delle buffonate* dire des sottises ◇ [*azione, discorso di poca serietà*] bêtise, sottise: *ha fatto una buffonata* il a fait une bêtise, une sottise **2** [*ant. rappresentazione*] farce.
buffóne |buf'fone| *s.* **1** *s.m.* bouffon: *buffone di corte* bouffon de cour **2** *s.m.* (*per est.*) [*personaggio che intrattiene gli altri divertendoli*] pitre, clown: *fare il buffone* faire le pitre, le clown **3** *s.* [*chi è privo di serietà*] farceur*, plaisantin (*m.*): *taci, buffone!* tais-toi, farceur!; *è un buffone, ma non è cattivo* c'est un plaisantin, mais il n'est pas méchant; *come si può credere a quel buffone!* comment peut-on croire ce plaisantin, ce farceur!
buffoneggiàre |buffoned'dʒare| *v.intr.* (*aus.* '*avere*') [*comportarsi da buffone*] faire (45) *tr.* le bouffon, bouffonner (*lett.*).
buffonerìa |buffone'ria| *s.f.* → **buffonata.**
buffonésco, chi, ca, che |buffo'nesko, ki, ka, ke| *agg.* [*da buffone*] burlesque: *abbigliamento buffonesco* habillement burlesque ◇ [*che ha una comicità grossolana*] bouffon*, comique: *storia, scena buffonesca* histoire, scène bouffonne; *situazione buffonesca* situation comique, cocasse # *tutto quel che c'è di più buffonesco* tout ce qu'il y a de plus cocasse.
buganvillea |bugan'villea| *s.f.* (*t.bot.*) bougainvillée, bougainvillier *m.*
buggeràre |buddʒe'rare| *v.tr.* (*fam.*) [*imbrogliare*] rouler: *buggerare qc.* rouler qqn.; *vi ha buggerati* il vous a roulés; *è facile da buggerare* il est facile à rouler; *lasciarsi buggerare* se laisser rouler; *farsi buggerare* se faire rouler dans la farine.
buggeratùra |buddʒera'tura| (*s.f.*) *ha preso una bella buggeratura* on l'a drôlement roulé → **buggerare.**
1 **bugìa, gie** |bu'dʒia, dʒie| *s.f.* **1** [*menzogna*] mensonge (*m.*): *una pietosa bugia* un pieux mensonge; *una bugia detta per ischerzo, una bugia innocua* un mensonge innocent # *non dire bugie!* ne mens pas!; *ti aspettavo, non dico bugie, da due ore* sans mentir, je t'attendais depuis deux heures; *non credevo che sapesse dire un sacco di bugie, tante bugie* je ne le croyais pas si menteur; *la bugia ti si legge sul viso, negli occhi, sul naso* ton nez s'allonge!, tu mens! → **frottola** ◇ (*prov.*) *le bugie hanno le gambe corte* le menteur ne va pas loin ~ *lunga via, lunga bugia* a beau mentir qui vient de loin **2** (*t.bot.*) pissenlit *m.* → **soffione.**
2 **bugìa, gie** |bu'dʒia, dʒie| *s.f.* **1** [*basso candeliere*] bougeoir *m.* **2** [*lumino a olio portatile*] lumignon *m.*
bugiarderìa |budʒarde'ria| *s.f.* **1** [*grossa bugia*] (gros) mensonge *m.* **2** (*raro, lett.*) habitude de mentir.
bugiàrdo |bu'dʒardo| *agg.* **1** [*che dice bugie*] menteur*; faux*: *non la credevo così bugiarda* je ne la croyais pas si menteuse; *dare del bugiardo a qc.* traiter qqn. de menteur ‖ *un uomo bugiardo* un homme faux; *è un gran bugiardo* il est faux comme un jeton; *ha un'aria, uno sguardo bugiardo* il a un air, un regard faux ◆ (*s.*) *un bugiardo* un menteur: *è il più grande bugiardo della terra* c'est le plus grand menteur de la terre ◇ (*prov.*) *chi è bugiardo è ladro* montrez-moi un menteur, je vous montrerai un voleur **2** (*lett.*) [*ingannevole, falso*] mensonger*, trompeur*: *promesse bugiarde* promesses mensongères, trompeuses; *elogio bugiardo* éloge trompeur Ⓒ **sincero.**
bugiardóne |budʒar'done| *s.* menteur* effronté.
bugigàttolo |budʒi'gattolo| *s.m.* **1** [*piccolo locale spesso adibito a ripostiglio*] cagibi, réduit ◇ [*alloggio miserevole e sordido*] taudis: *abita in un bugigattolo di periferia* il habite dans

un taudis de la périphérie **2** [*sottoscala*] soupente *f.*
bugliòlo |buʎ'ʎɔlo| *s.m.* **1** [*secchio trasportabile a mano*] seau: *bugliolo di metallo, legno, tela* seau en métal, en bois, en toile **2** [*vaso igienico in uso nelle carceri*] seau hygiénique.
bùgna |'buɲɲa| *s.f.* **1** (*arch.*) balèvre **2** (*mar.*) point *m.* d'écoute **3** [*arnia*] ruche.
bugnàto |buɲ'ɲato| *s.m.* (*arch.*) bossage: *bugnato rustico, liscio, a punta di diamante* bossage rustique, arrondi, en pointes de diamant ♦ *agg.* [*lavorato a bugne*] bossagé: *carena bugnata* carène bossagée.
bùgno |'buɲɲo| *s.m.* [*alveare rustico*] ruche (*f.*): *bugno in paglia, in legno* ruche en paille, en bois.
bùio, i |'bujo, i| **I** *agg.* **1** [*che è senza luce*; *tenebroso*] sombre: *notte buia* nuit sombre; *aria buia* air sombre; *casa buia* maison sombre; *tempo buio* temps sombre ◇ (*fig.*) [*preoccupato, triste, cupo*] *viso buio* visage sombre; *sguardo buio* regard sombre; *prospettive buie* perspectives sombres **2** (*fig.*) [*che è difficile da capire*] obscur: *decifrare un testo buio* déchiffrer un texte obscur **II** *s.m.* **1** [*assenza di luce*] obscurité *f.*, noir: *buio pesto, totale* obscurité profonde, totale; *stava venendo buio* l'obscurité tombait; *ho paura del buio* j'ai peur de l'obscurité, du noir; *restare al buio* rester dans l'obscurité, dans le noir; *abituarsi al buio* s'habituer à l'obscurité; *nascondersi col favore del buio* se cacher à la faveur de l'obscurité # *arrivai in città col buio* j'arrivai en ville à la tombée de la nuit ◇ (*loc. fig.*) *essere al buio di q.c.* ignorer qqch.; *tenere qc. al buio su q.c.* [*nascondergli q.c.*] cacher qqch. à qqn.; *fare un salto nel buio* [*azzardare*] faire un saut dans l'inconnu; *mettere al buio* [*in prigione*] mettre en prison **2** [*ciò che è incomprensibile, sconosciuto*] obscurité: *il buio che circonda certe leggi* l'obscurité qui entoure certaines lois ◇ (*prov.*) *al buio tutte le gatte sono bigie* la nuit tous les chats sont gris Ⓒ II 1 **luce**, 2 **chiarezza.**
bulbàre |bul'bare| *agg.* (*bot.*) bulbeux* ◇ (*anat.*) bulbaire.
bulbìfero |bul'bifero| *agg.* (*bot.*) bulbifère.
bulbifórme |bulbi'forme| *agg.* (*bot.*) bulbeux*.
bulbìllo |bul'billo| *s.m.* (*bot.*) bulbille *f.*
bùlbo |'bulbo| *s.m.* **1** (*bot.*) bulbe, oignon **2** (*anat.*) bulbe: *bulbo pilifero* bulbe pileux; *bulbo rachidiano* bulbe rachidien # *bulbo oculare* globe oculaire **3** [*contenitore di gas o liquidi vari, in vetro*] boule (*f.*): *bulbo di termometro* boule de thermomètre **4** (*ferr.*) boudin: *ferro a bulbo* fer à boudin.
bulbóso |bul'boso| *agg.* (*bot.*) bulbeux*.
bùlgaro |'bulgaro| **I** *agg.* [*della Bulgaria*] bulgare: *usanze bulgare* coutumes bulgares **II** *s.m.* **1** *il bulgaro* [*la lingua*] le bulgare **2** [*cuoio pregiato*] cuir de Russie.
bulicàme |buli'kame| *s.m.* **1** (*raro*) [*sorgente di acqua bollente*] source *f.* d'eau bouillante ◇ [*liquido corrente e gorgogliante*] liquide bouillonnant **2** (*fig.*) [*brulichio*] grouillement: *il bulicame della folla* le grouillement de la foule.
bulicàre |buli'kare| *v.intr.* (*aus.* '*avere*') **1** [*ribollire*] bouillonner, bouillotter **2** (*raro, fig.*) [*brulicare*] grouiller.
bulimìa |buli'mia| *s.f.* (*med.*) boulimie.
bulìmico, ci, ca, che |bu'limiko, tʃi, ka, ke| *agg. e s.* (*med.*) boulimique.
bulinàre |buli'nare| *v.tr.* [*incidere col bulino*] buriner.
bulinatùra |bulina'tura| *s.f.* [→ BULINARE] burinage *m.*
bulìno |bu'lino| *s.m.* burin.
bùlla |'bulla| *s.f.* → 2 **bolla.**
bulldog |'buldɔg| *s.m.inv.* (*ingl.*) (*t.zool.*) bouledogue *var.* ◇ (*iron.*) *carino come un bulldog* aimable comme un bouledogue.
bulldozer |'bul'douzə| *s.m. inv.* (*ingl.*) bouteur *var.* (*t.racc.*), bouldozeur *var.*, bulldozer *var.*
bullétta |bul'letta| *s.f.* **1** [*chiodo*] broquette ◇ [*protezione alle suole delle scarpe*] béquet *m.* **2** → **bolletta.**
bullettìno |bullet'tino| *s.m.* → **bollettino.**
bullonàre |bullo'nare| *v.tr.* [*inchiodare con bulloni*] boulonner.
bullonatùra |bullona'tura| *s.f.* [→ BULLONARE] boulonnage *m.*
bullóne |bul'lone| *s.m.* (*tecnol.*) boulon.
bulloneria |bullone'ria| *s.f.* **1** boulonnerie **2** [*i vari tipi di bulloni*] boulonnerie.
bull-terrier |bulter'rie| *s.m.inv.* (*ingl.*) (*t.zool.*) bull-terrier *var.*
bum |bum| *inter.* (*voce onomat. che riproduce il rumore di un colpo, di una esplosione*) boum: *la gran cassa fa bum bum* la grosse caisse fait boum boum ◇ (*esprime 'incredulità' e sim.*) '*ho vinto alla lotteria!' 'bum!'* 'j'ai gagné à la loterie!' 'tu parles', 'et puis quoi encore!'
bùmerang |'bumerang|, **boomerang** |'bu:məræŋ| *s.m. inv.* (*ingl.*) boomerang *var.* ◇ (*fig.*) *la sua denuncia si è trasformata in un bumerang* sa dénonciation s'est transformée en boomerang.
bungalow |'bungalɔv, 'bʌŋgəlou| *s.m. inv.* (*ingl.*) bungalow *var.*, petit pavillon *var.*
bunker |'bunker, 'bʌŋkə| *s.m. inv.* (*ted.*) (*mil.*) bunker *var.*, casemate *f. var.*
buonafède |bwona'fede| *s.f. sing.* **1** [*chiara coscienza di agire e pensare rettamente*] bonne foi: *agire in buonafede* agir de bonne foi; *è in buonafede* il est de bonne foi; *l'ha fatto in buonafede* il l'a fait en toute bonne foi **2** [*fiducia*] bonne foi, confiance: *abusare della buonafede di qc.* abuser de la bonne foi, de la confiance de qqn.
buonalàna |bwona'lana| *s.f.* (*iron.*) [*furfante, persona poco raccomandabile*] garnement *m.*
buonamàno |bwona'mano| *s.f.* → **mancia.**
buonànima |bwo'nanima| *s.f.* [*persona defunta*] feu* (*agg.*): *la buonanima di mio nonno...* feu mon grand-père...; mon grand-père, Dieu ait son âme...; ◇ (*iron.*) bonne âme: *quella buonanima ne ha fatte di tutti i colori* cette bonne âme en a fait de toutes les couleurs ♦ *agg. inv.* feu (*var. davanti al nome e dopo l'art. o agg. poss.*; *inv. davanti all'art. o agg. poss.*): *mio padre buonanima* feu mon père; *la buonanima dell'imperatrice* la feue impératrice; *la buonanima della madre di Giorgio* feue la mère de Georges.
buonanòtte |bwona'nɔtte| **I** *inter.* [*saluto serale di commiato*] bonne nuit, bonsoir: *buona notte a tutti* bonne nuit, bonsoir à tout le monde! ◇ (*fam.*) (*esprime che non c'è più niente da fare*; *per troncare una questione*) bonsoir, adieu: *è fuggito con il bottino e buonanotte!* il est parti avec le butin et bonsoir!; *e buonanotte al secchio!* adieu, à un de ces jours! # *buonanotte* (*ai*) *suonatori* et là-dessus, bien le bonsoir! **II** *s.f. inv.* **1** (*termine di saluto usato di sera*) bonsoir *m. var.*, bonne nuit (*var.*): *dare, augurare la buonanotte a qc.* souhaiter le bonsoir, la bonne nuit à qqn.; *il bacio della buonanotte* le baiser de la bonne nuit **2** (*pop.*) [*lumino da notte, a olio, da tenere sul comodino*] veilleuse *var.*
buonaséra |bwona'sera| **1** *inter.* [*saluto augurale del pomeriggio o della sera*] bonsoir: *buonasera a tutti* bonsoir tout le monde # *arrivederci e buonasera!* au revoir et bonne soirée! **2** *s.f.inv.* bonsoir (*m.var.*): *dare, augurare la buonasera* souhaiter le bonsoir; *dai la buonasera a papà* dis bonsoir à papa.
buonavòglia |bwona'vɔʎʎa| *s.* **1** *s.f.* [*buona volontà*] bonne volonté: *oggi hai poca buonavoglia* aujourd'hui tu as peu de bonne volonté ◇ *loc.avv.* DI BUONAVOGLIA [*volentieri, con lena*] à cœur joie: *lavora di buonavoglia* il travaille à cœur joie **2** *s.m. inv.* (*region.*) → **volontario.**
buoncostùme |bwonkos'tume| *s.* **1** *s.m. inv.* [*insieme delle leggi imposte dalla morale sociale*] bonnes mœurs (*f. pl.*): *oltraggio al buoncostume* outrage aux bonnes mœurs # *la squadra del buoncostume* la police des mœurs, les mœurs **2** *s.f. inv.* [*squadra del buoncostume*] la police *var.* des mœurs Ⓒ 1 **malcostume.**
buondì |bwon'di| *s.m.inv.* → **buongiorno.**
buongiórno |bwon'dʒorno| **1** *inter.* bonjour: *buongiorno a tutti* bonjour tout le monde **2** *s.m. inv.* bonjour (*var.*): *dare, augurare il buongiorno* dire bonjour ◇ (*prov.*) *il buongiorno si conosce dal mattino* [*un buon inizio fa prevedere una buona riuscita*] à bonjour, bonne œuvre.
buongovèrno |bwongo'vɛrno| *s. m.inv.* bon gouvernement (*var.*): *dai frutti si vede il buongoverno* on reconnaît un bon gouvernement à ses résultats Ⓒ **malgoverno.**
buongustàio, i |bwongus'tajo, i| *s.* [*amante della buona tavola*] gourmet (*m.*): *è un buongustaio* c'est un gourmet ◇ (*per est.*) [*chi ha gusti raffinati*] connaisseur* (*raro al f.*), gourmet: *è una buongustaia* elle est très connaisseur ◇ [*chi ammira e sa riconoscere la bellezza femminile*] connaisseur.
buongùsto |bwon'gusto| *s.m. inv.* **1** [*facoltà di giudicare valori estetici, spec. nell'abbigl.*] (bon) goût (*var.*): *mancare di buongusto* manquer de goût; *avere buongusto* avoir du goût; *una donna vestita con buongusto* une femme habillée avec goût **2** [*senso di misura*; *buona educazione*] gentillesse (*f. var.*): *abbi il buongusto di accettare* aie la gentillesse d'accepter Ⓒ 1 **cattivo gusto**; 2 **indelicatezza.**
1 **buòno** |'bwɔno| **I** *agg.* **1** [*onesto, retto*] bon*: *un buon padre di famiglia*

un bon père de famille; *ha sempre tenuto una buona condotta* il a toujours eu une bonne conduite → **corretto, 1 esemplare**; *un animo buono* une bonne âme; *la buona stampa* la bonne presse; *compiere un'opera buona* accomplir une bonne œuvre; *dare il buon esempio* donner le bon exemple; *non c'è niente di buono* il n'y a rien de bon → **positivo, valido, corretto, 1 esemplare** ◇ (*loc.*) *è buono e caro, ma non ha pazienza* il est bien gentil, mais il manque de patience ~ *mio zio è buono come il pane* mon oncle est bon comme le pain ~ *essere in buona fede* être de bonne foi **2** [*ben disposto, benevolo*] bon; gentil*: *sei stato molto buono con me* tu as été très bon avec moi; *avere buon cuore* avoir bon cœur; *ha usato le buone maniere* il a employé les bonnes manières; *tornare in buoni rapporti* avoir de nouveau de bons rapport → **cortese, 1 gentile** || *sia buono!, siate buoni!* sois gentil!, soyez gentils!; *è stato proprio buono a sopportarti* il a vraiment été gentil de te supporter → **comprensivo, paziente** # *tenersi buono qc.* ménager qqn. ✦ *s.f. solo in loc.* CON LE BUONE avec (par) la douceur: *tentare di convincere qc. con le buone* essayer de convaincre qqn. par la douceur ~ *con le buone o con le cattive* de gré ou de force ~ IN BUONA de bonne humeur: *è ritornato in buona* il est de nouveau de bonne humeur; *oggi è in buona* aujourd'hui il est de bonne humeur ~ DI BUON OCCHIO [*favorevolmente, con piacere*] d'un bon œil: *guardare qc., vedere q.c. di buon occhio* regarder qqn., voir qqch. d'un bon œil ~ DI BUON ANIMO, DI BUON GRADO [*volentieri*] de bon gré: *in queste condizioni non lavoro di buon animo* dans ces conditions je ne travaille pas de bon gré; *l'ho accettato di buon grado* je l'ai accepté de bon gré ~ *far buon viso a qc.* faire bon virsage à qqn.; *fare buon viso a cattivo gioco, a cattiva sorte* faire contre mauvaise fortune bon cœur **3** [*mite, bonario*] bon: *ha un buon carattere* il a (un) bon caractère; *è sempre stato un buon ragazzo* il a toujours été (un) bon garçon; *se ne approfittano perché son troppo buono* ils en profitent parce que je suis trop bon ◇ [*semplice, senza pretese*] brave: *un buon uomo, un buon diavolo* un brave homme, un bon diable; *è tutta buona gente* ce sont tous de braves gens # *esser di bocca buona* ne pas être difficile ◇ (*euf.*) *è una buona donna!* [*donna poco seria*] c'est une femme de mauvaise vie! ~ *quel figlio di buona donna!* ce fils de putain!(*volg.*) ✦ *s.f. sing. solo in loc.* ALLA BUONA (*persone*) [*semplice, senza esigenze*] sans façon(s): *gente alla buona* des gens sans façon(s) ◇ (*cose*) [*alla meglio, senza ricercatezze*] sans façon(s): *vi preparerò un pranzo alla buona* je vous préparerai un repas sans façon, à la bonne franquette # *un lavoro, un oggetto fatto alla buona* un travail, un objet fait à la va-comme-je-te-pousse, sans soin ~ *far q.c. alla buona di Dio* [*in modo affrettato e approssimativo*] faire qqch. à la diable, à la va-comme-je-te-pousse **4** (*fam.*) [*calmo, tranquillo, quieto*] tranquille: *quel ragazzo non sta buono un momento* cet enfant ne reste pas tranquille un instant; *se ne sta sempre buono buono in disparte* il est toujours très tranquille, à l'écart ✦ (*ass.*) *buoni, buoni!* allons, restez tranquilles!, soyez sages!; *buoni con le mani!* bas les pattes! **5** [*piacevole, gradito*] bon: *una buona notizia* une bonne nouvelle; *siamo stati in buona compagnia* nous avons été en bonne compagnie; *un buon odore, sapore* une bonne odeur, un bon goût; *è davvero un buon piatto* c'est vraiment un bon plat ◇ [*sereno, soddisfatto*] *oggi non sei di buon umore* aujourd'hui tu n'es pas de bonne humeur # *state di buon animo!* haut les cœurs! ◇ (*del clima*) beau: *buon tempo, buona stagione* beau temps, belle saison ◇ (*fig.*) *essere in buone acque* être dans une bonne situation ◇ (*in formule di augurio o di saluto*) *buon giorno, buona sera* bonjour, bonsoir; *buon Natale!, buona Pasqua!* bon, joyeux Noël!, joyeuses Pâques!; *buon pro ti faccia!* grand bien te fasse!; *Dio ce la mandi buona!* que Dieu nous aide! **6** [*favorevole, opportuno*] bon: *la buona fortuna* la bonne chance; *ti (si) è offerta una buona occasione* une bonne occasion t'est offerte; *non hai scelto il momento buono* tu n'as pas choisi le bon moment; *questa è la volta buona!* cette fois, c'est la bonne! → **decisivo, adatto** ◇ [*conveniente, vantaggioso*] *un buon affare* une bonne affaire; *comprare a buon prezzo, a buon mercato* acheter à bon prix, (à) bon marché; *dei prodotti a buon mercato, più a buon mercato* des produits bon marché, meilleur marché ◇ *loc.* (*condurre q.c.*) *a buon fine* (mener qqch.) à bon fin **7** [*valido, regolare*] bon, valable: *quel documento non è più buono* ce papier n'est plus bon, valable; *questo biglietto da diecimila (lire) non è buono* ce billet de dix mille (lires) n'est pas bon, valable; *il biglietto è buono per il solo giorno del rilascio* le billet n'est valable que le jour où il est délivré ◇ (*fig.*) *portare una buona ragione, una buona scusa* fournir une bonne raison, une bonne excuse; *questo non è un buon motivo per...* ce n'est pas une (bonne) raison pour...; *ho dei buoni testimoni* j'ai de bons témoins ◇ (*loc.*) *a buon diritto* à bon droit, à juste titre ~ *a ogni buon conto* [*per ogni eventualità, in ogni caso*] à toutes fins utiles, en tout cas **8** [*abile, capace*] bon: *un buon pittore, un buon tecnico* un bon peintre, un bon technicien; *può essere un buon giudice della situazione* il peut être un bon juge de la situation ◇ (*per est.*) *una buona ditta* une bonne firme; *una buona penna* un bon stylo; *essere in buone mani* être en bonnes mains; *avere una buona mano* avoir un bon coup de crayon, de pinceau → **competente, efficiente, esperto, fidato** ◇ (*scherz.*) *una buona bocca, una buona forchetta* un grand, un gros mangeur; *un buon bevitore* un grand buveur ◇ [*scrupoloso, legato al dovere*] *un buon soldato, un buon impiegato* un bon soldat, un bon employé; *una buona madre di famiglia* une bonne mère de famille ◇ (*prov.*) *a buon intenditor poche parole* à bon entendeur, salut! **9** (*di capacità fisiche, mentali*) bon: *una buona vista, una buona intelligenza, una buona memoria* une bonne vue, une bonne intelligence, une bonne mémoire; *hai veramente un buon stomaco* tu as vraiment un bon estomac; *mangiare di, con buon appetito* manger de bon appétit; *è privo di buon gusto, di buon senso* il n'a pas de bon goût, de bon sens # *ha sempre avuto buon naso, buon fiuto* il a toujours eu du flair ◇ (*animali*) [*robusto, ben addestrato*] *un buon cavallo* un bon cheval; *un buon cane da caccia* un bon chien de chasse **10** [*idoneo, adatto*] bon: *non è buono da mangiare* ce n'est pas bon à manger; *è un attrezzo buono per molti lavori* c'est un outil bon pour beaucoup de travaux; *è un cane buono per la guardia* c'est un chien bon pour la garde ◇ (*fam.*) (*persone*) [*capace*] *non siete buoni a niente!* vous n'êtes que des bons à rien!; *sei buono solo a far danni* tu n'es bon qu'à faire des dégâts **11** [*efficace, valido; utile*] bon: *un buon rimedio* un bon remède; *una buona raccomandazione* une bonne recommandation; *mi ha dato buoni consigli* il m'a donné de bons conseils; *spero nei tuoi buoni uffici* j'espère en tes bons offices **12** [*rinomato, distinto*] bon: *un ragazzo di buona famiglia* un garçon de bonne famille; *avere una buona reputazione* avoir une bonne réputation; *si è fatto un buon nome* il s'est fait un bon renom **13** [*di valore, di ottima qualità o fattura*] bon: *un buon quadro, un buon libro* un bon tableau, un bon livre; *della buona musica* de la bonne musique; *è un buon tessuto* c'est un bon tissu; *è di materiale buono,* c'est du bon matériau → **resistente, scelto** **14** [*abbondante*] bon: *ci vorrà un'ora buona di viaggio* il faudra une bonne heure de voyage; *sto aspettando da due buone ore* j'attends depuis deux bonnes heures; *pesa un quintale buono* il pèse un bon quintal; *un buon numero di...* un bon nombre de... ◇ [*notevole, rilevante*] grand: *hai fatto un buon progresso* tu as fait un grand progrès; *ha avuto un buon successo* il a eu un grand succès ◇ (*iron., escl.*) *buona questa!, questa è buona!* elle est (bien) bonne celle-là! ◇ *loc.* IN BUONA PARTE [*in prevalenza*] en grande partie: *in buona parte sono dei fannulloni* ce sont en grande partie des fainéants **15** *loc.* DI BUON MATTINO, DI BUON'ORA de bon matin, de bonne heure: *svegliarsi di buon mattino* se réveiller de bon matin ~ (*escl.*) *alla buona ora* → **buonora** ~ *darsi buon tempo* se donner du bon temps **II** *loc. avv.* BUON PER (VOI) [*meglio per (voi); fortunatamente per (voi)*] tant mieux pour (vous): *buon per te, se tutto finirà bene* tant mieux pour toi si tout finit bien; *buon per noi, nessuno s'è accorto dell'errore* tant mieux pour nous, personne ne s'est aperçu de l'erreur.

2 **buòno** |'bwɔno| *s.m.* **1** [*ciò che è buono*] bon: *il buono e il cattivo* le bon et le mauvais; *hai scartato anche il buono* [*la parte buona*] tu as jeté même le bon ◇ (*persone*) *i buoni e i malvagi* les bons et les méchants; *è un buono* c'est un bon ◇ *loc.* ESSERCI DEL BUONO [*q.c. di positivo, di valido*] y avoir du bon: *c'è del buono in quel che dici, che hai fatto* il y a du bon dans ce que tu dis, ce que tu as fait ~ VOLERCI DEL BUONO [*richiedere pazienza, tempo, fatica*] avoir de la peine: *c'è voluto del buono per convincerlo* on a eu de la peine à le convaincre; *ci vuole del bello e del buono per farlo star fermo* on a toutes les peines du monde à le faire rester tranquille **2** (*comm.*) bon: *buono di consegna* bon de livraison;

buono di cassa bon de caisse → **ricevuta** ◇ [*obbligazione*] *buono del tesoro* bon du trésor; *buono fruttifero* bon de jouissance **3** (*per est.*) [*tagliando che equivale a un determinato valore in denaro*] bon: *buono omaggio* bon-prime; *buono mensa* bon pour la cantine # *buono pasto* ticket-repas.

buonóra |bwo'nora| *s.f.sing.* **1** (*raro*) [*il primo mattino*] aube *var.*, aurore *var.* **2** *loc. avv.* DI BUONORA de bonne heure: *alzarsi di buonora* se lever de bonne heure; *uscire di buonora* sortir de bonne heure ◇ (*per est.*) [*presto*] *cenare, coricarsi di buonora* dîner, se coucher de bonne heure **3** *loc. avv.* ALLA BUONORA [*comunque, presto o tardi*] tôt ou tard: *alla buonora, dovranno pure risponderci!* tôt ou tard, ils devront bien nous répondre! ♦ *inter.* [*finalmente*] à la bonne heure: *sei arrivato, alla buonora!* tu es arrivé, à la bonne heure!

buonsènso |bwon'sɛnso| *s.m.sing.* bon sens: *un uomo di buonsenso* un homme de bon sens; *a dispetto del buonsenso* en dépit du bon sens; *il comune, normale buonsenso di una persona* le bon sens commun, normal d'une personne; *chi ha (più) buonsenso l'adopri* que celui qui a le plus de bon sens s'en serve; *avere buonsenso* avoir du bon sens; *essere pieno di buonsenso* être plein de bon sens.

buontèmpo |bwon'tɛmpo| *s.m. sing.* **1** [*epoca felice, spensierata*] bon temps: *è finito il buontempo dei guadagni facili* le bon temps des gains faciles est fini; *rimpiango il buontempo della giovinezza* je regrette le bon temps de la jeunesse ◇ (*loc.*) *darsi (al) buontempo* se donner, se payer, prendre du bon temps ~ *avere buontempo* avoir du temps à perdre **2** [*buon clima, bel tempo*] beau temps: *per domani è previsto buontempo* pour demain du beau temps est prévu.

buontempóne |bwontem'pone| *s.* bon vivant: *è un buontempone* c'est un bon vivant; *dei buontemponi* des bons vivants ♦ (*agg.*) *un aspetto buontempone* un aspect bon vivant → **allegro, gioviale.**

buonumóre |bwonu'more| *s.m.* bonne humeur (*f.*): *il buonumore della gente* la bonne humeur des gens; *mi hai fatto perdere il buonumore* tu m'as fait perdre ma bonne humeur ◇ (*loc.*) *essere di buonumore* être de bonne humeur → **allegro, contento.**

buonuòmo |bwo'nwɔmo|, *pl.* **buonuòmi** |bwo'nwɔmi|, **buonuòmini** |bwo'nwɔmini| *s.m.* **1** [*uomo onesto e mite*] brave homme: *dei buonuomi, dei buonuomini* des braves hommes; *fidati di lui, è un buonuomo* compte sur lui, c'est un brave homme ◇ (*fam.*) [*tipo sempliciotto, alla buona*] brave type: *cosa vuoi pretendere da quel buonuomo!* que veux-tu prétendre de ce brave type! **2** [*appellativo per rivolgersi a persona sconosciuta o di ceto inferiore*] *ehi! buonuomo!* eh! mon brave!; *senta buonuomo! mi sa indicare la strada?* dites, mon brave! pouvez-vous m'indiquer le chemin? → **signore.**

buonuscita |bwonuʃ'ʃita| *s.f.* indemnité de fin de carrière: *conteggiare le buonuscite* compter les indemnités de fin de carrière; *ho chiesto un anticipo sulla buonuscita* j'ai demandé une avance sur mon indemnité de fin de carrière.

burattinàio, i |buratti'najo, i| *s.m.* **1** montreur* (*s.*) de marionnettes, marionnettiste **2** fabricant(s), marchand(s) de marionnettes.

burattinàta |buratti'nata| *s.f.* **1** spectacle *m.* de marionnettes, guignol (*m.*): *è una burattinata* c'est du guignol **2** (*fig.*) [*buffonata, pagliacciata*] pitrerie, clownerie: *fare delle burattinate* faire des pitreries, des clowneries.

burattino |burat'tino| *s.m.* **1** [*pupazzo di legno o di pezza*] marionnette *f.*, guignol: *burattino a fili, a mano* marionnette à fils, à gaine; *il teatro dei burattini* le guignol, le théâtre de marionnettes ◇ (*spreg.*) *gesticolare, camminare come un burattino* gesticuler, marcher comme un pantin; *non fare il burattino* ne fais donc pas le guignol ◇ (*loc. fig.*) *piantare baracca e burattini* prendre ses cliques et ses claques **2** *al plur.* [*spettacolo dei burattini*] marionnettes: *fare i burattini* tirer les fils des marionnettes, faire jouer les marionnettes **3** (*fig.*) [*persona priva di carattere*] marionnette, pantin: *ha fatto di lui un burattino* elle a fait de lui une marionnette, un pantin.

buràtto |bu'ratto| *s.m.* **1** (*tessuto*) burat **2** (*tecnol.*) blutoir.

bùrba |'burba| *s.f.* (*gerg. mil.*) [*recluta*] bleu *m.*

burbànza |bur'bantsa| *s.f.* → **arroganza, boria.**

burbanzóso |burban'tsoso| *agg.* [*borioso, arrogante*] *hautain, arrogant: *aria burbanzosa* air hautain, arrogant; *fare il burbanzoso* faire l'arrogant [C] **affabile.**

bùrbera |'burbera| *s.f.* [*verricello, arganello*] treuil *m.*

bùrbero |'burbero| *agg.* [*brusco, severo*] bourru: *un uomo burbero* un homme bourru ♦ (*s.*) *un burbero* un (homme) bourru; *il Burbero benefico* le Bourru bienfaisant.

burchièllo |bur'kjɛllo| *s.m.* [*piccola barca fluviale a remi*] bachot, bac.

bùrchio, i |'burkjo, i| *s.m.* [*barca a remi a fondo piatto*] bac, bachot.

bùre |'bure| *s.f.* [*timone dell'aratro*] age *m.*

'bureau' |byʀo| *s.m. inv.* **1** [*scrittoio fr. del XVIII sec.*] bureau (*var.*): *un 'bureau' Luigi XVI* un bureau Louis XVI **2** [*ufficio di direzione in un albergo e sim.*] bureau, réception *f. var.*

burétta |bu'retta| *s.f.* burette.

burgràvio, i |bur'gravjo, i| *s.m.* (*st. germ.*) burgrave.

buriàna |bu'rjana| *s.f.* **1** (*region.*) → **bufera 2** (*fig.*) [*baldoria, scompiglio*] bringue (*fam.*), noce (*fam.*): *far buriana* faire la bringue, la noce.

burino |bu'rino| *s.* **1** (*raro, spreg.*) [*campagnolo, contadino*] paysan* (*pegg.*), rustaud **2** (*per est.*) [*rozzo, zoticone*] rustaud, rustre (*m.*): *si è comportata come una burina!* elle s'est conduite comme une rustaude!; *che burino!* quel rustre! ♦ (*agg.*) *maniere burine* des manières grossières, de rustre; *ha un'aria burina* il a un air rustre.

bùrla |'burla| *s.f.* **1** [*scherzo senza cattiva intenzione*] tour *m.*, plaisanterie: *fare una burla a qc.* jouer un tour à qqn.; *è tutto una burla* ce n'est qu'une plaisanterie; *volgere in burla* tourner en plaisanterie; *fare, dire per burla* faire, dire par plaisanterie, pour plaisanter, pour rire **2** (*per est.*) [*cosa da poco, inezia*] bagatelle, babiole # *per me è una burla* ce n'est qu'un jeu (d'enfant) pour moi **3** (*teat.*) farce ◇ (*fig.*) *è un personaggio da burla* [*poco serio*] c'est un pitre, un clown.

burlànda |bur'landa| *s.f.* (huile de) fusel *m.*

burlàre |bur'lare| **A** *v.tr.* [*fare uno scherzo, una burla a qc.*] se moquer *pron.* de: *burlare il prossimo* se moquer de son prochain ♦ (*ass.*) *dici sul serio o burli?* tu parles sérieusement ou tu plaisantes? **B** *v.pron.intr.* BURLARSI [*prendersi gioco, beffarsi*] se moquer: *si burla di me* il se moque de moi # *burlarsi apertamente di qc.* rire au nez de qqn.

burlésco, chi, ca, che |bur'lesko, ki, ka, ke| *agg.* burlesque: *con fare burlesco* d'une manière burlesque → **scherzoso, canzonatorio** ♦ (*s.m.*) *il burlesco* [*il comico, il ridicolo*] le ridicule: *cadere nel burlesco* donner dans le ridicule, se couvrir de ridicule.

burlétta |bur'letta| *s.f.* → **burla.**

burlévole |bur'levole| *agg.* → **burlesco.**

burlóne |bur'lone| *s.* [*chi fa burle, mattacchione*] blagueur* (*fam.*), farceur* ♦ (*agg.*) *è un tipo burlone* c'est un blagueur, c'est un (type) farceur.

burnùs |bur'nus| *s.m.inv.* burnous.

buròcrate |bu'rɔkrate| *s.* bureaucrate ◇ (*iron.*) *sei un burocrate!* tu n'es qu'un bureaucrate!

burocraticaménte |burokrati-ka'mente| *avv.* [→ BUROCRATICO] d'une manière bureaucratique *loc. inv.*

burocràtico, ci, ca, che |buro'kratiko, tʃi, ka, ke| *agg.* bureaucratique: *formalità burocratiche* formalités bureaucratiques; *organi burocratici* organes bureaucratiques ◇ (*per est.*) *mentalità burocratica* mentalité de bureaucrate *loc.* → **formalistico.**

burocratìsmo |burokra'tizmo| *s.m.* bureaucratisme, bureaucratisation *f.*

burocratizzàre |burokratid'dzare| *v.tr.* [*rendere burocratico*] bureaucratiser: *hanno burocratizzato anche i servizi sociali* on a bureaucratisé même les services sociaux.

burocratizzazióne |burokratiddzat'tsjone| *s.f.* [→ BUROCRATIZZARE] bureaucratisation.

burocrazìa |burokrat'tsia| *s.f.* bureaucratie ◇ [*il personale*] bureaucratie ◇ (*spreg.*) *tutta questa burocrazia è snervante!* ce que toute cette bureaucratie est énervante!

burràsca, che |bur'raska, ke| *s.f.* **1** [*violento temporale, tempesta*] orage (*m.*): *burrasca vulcanica* orage volcanique; *burrasca magnetica* orage magnétique ◇ (*spec.*) *farà burrasca* il va y avoir, il va faire de l'orage; *c'è aria di burrasca* le temps est à l'orage # *burrasca di neve, di sabbia* tempête de neige, de sable; *burrasca di vento* bourrasque; *mare in burrasca* mer en furie, démontée **2** (*fig.*) orage: *c'è aria di burrasca* il y a l'orage dans l'air; *non siamo ancora fuori della burrasca* l'orage n'est pas encore fini # *nella riunione di oggi ci sarà burrasca* la séance d'aujourd'hui sera orageuse [C] **calma, bonaccia.**

burrascóso |burras'koso| *agg.* **1** [*che è in burrasca, che minaccia burrasca*] orageux*: *mare burrascoso* mer

orageuse; *tempo, cielo burrascoso* temps, ciel orageux; *pioggia burrascosa* pluie orageuse **2** (*fig.*) orageux: *discussione, vita burrascosa* discussion, vie orageuse → **turbolento, agitato** # *una situazione burrascosa* une situation troublée, agitée **C** **calmo, tranquillo.**
burrièra |bur'rjɛra| *s.f.* [*recipiente per il burro*] beurrier *m.*
burrificàre |burrifi'kare| *v.tr.* [*trasformare in burro*] baratter: *burrificare la panna* baratter la crème.
burrificazióne |burrifikat'tsjone| *s.f.* [→ BURRIFICARE] barattage *m.*
burrificio, i |burri'fitʃo, i| *s.m.* [*fabbrica di burro*] beurrerie *f.*
bùrro |'burro| *s.m.* **1** beurre: *burro fresco, rancido* beurre frais, rance; *panetto di burro* pain de beurre; *burro da tavola* beurre de table; *riso al burro* riz au beurre ◇ (*fig.*) *questa carne è un burro* cette viande est tendre comme rosée; *avere le mani di burro* avoir les mains en coton **2** (*per est.*) *burro di cacao* beurre de cacao ◇ (*chim.*) *burro di arsenico, di stagno* beurre d'arsenic, d'étain ◇ (*agr.*) *burro nero* engrais.
burróna |bur'rona| *agg.* (*solo f.*) *pera burrona* beurré *s.m.*
burróne |bur'rone| *s.m.* [*dirupo, precipizio*] ravin: *cadere in un burrone* tomber dans un ravin.
burróso |bur'roso| *agg.* **1** [*ricco di burro*] crémeux*: *latte, formaggio burroso* lait, fromage crémeux **2** (*per est.*) [*morbido, cremoso*] fondant; butyreux: *pera burrosa* poire fondante ‖ *una sostanza burrosa* une matière butyreuse.
bus |bus, bʌs| *s.m. inv.* (*ingl.*) (auto)-bus.
bùsca, che |'buska, ke| *s.f.* **1** [*cerca, questua*] quête, recherche ◇ (*loc.*) *andare alla busca* se mettre en quête, aller à la recherche de qqch. ~ *vivere alla busca* vivre d'aumône → **accattonaggio** ◇ (*caccia*) *cane da busca* chien courant **2** (*mil.*) maraude: *andare, essere in busca* aller à la maraude, être en maraude.
buscàre |bus'kare| **A** *v.tr.* [*riuscire a procurarsi; raccapezzare, racimolare*] gagner: *buscare da vivere* gagner de quoi vivre; *buscare un premio* gagner un prix □ *si è buscata una bella mancia* elle a reçu un bon pourboire ◇ (*fig., iron.*) *buscarsi un raffreddore* attraper un rhume; *buscarsi una ramanzina* s'attirer des reproches ◇ (*fam.*) *buscarle, buscarne* [*rimediar botte, prenderle*] prendre (73) une raclée # *se non smetti va a finire che le buschi* si tu n'arrêtes pas, tu vas te faire rosser; *vuoi buscarle?* tu veux recevoir une raclée? **B** *v.pron. rifl.* BUSCARSI → *tr.* □.
buscheràre |buske'rare| *v.tr.* **1** (*pop.*) [*imbrogliare, buggerare*] rouler (*fam.*): *si può buscherarlo facilmente* on peut le rouler facilement; *non è difficile buscherarlo* il n'est pas difficile de le rouler **2** (*raro*) → **sciupare.**
buscheratùra |buskera'tura| *s.f.* (*pop.*) → **buggeratura.**
buscherio, ii |buske'rio, ii| *s.m.* **1** (*fam., raro*) → 1 **chiasso, baccano** **2** (*pop.*) [*gran quantità*] tripotée (*f.*): *c'era un buscherio di ragazzi* il y avait une tripotée de garçons # *ha speso un buscherio di quattrini* il a dépensé énormément d'argent.
busillis |bu'zillis| *s.m.inv.* [*difficoltà, inciampo*] *hic (*var.*): *qui sta, questo è il busillis* voilà le hic, c'est bien là le hic.
business |'biznis| *s.m. inv.* (*ingl.*) business → **affare** ◇ [*azienda, impresa*] business.
bùssa |'bussa| *s.f.* [*colpo, percossa*] coup (*m.*): *dare, ricevere busse in testa* donner, recevoir des coups sur la tête; *ricoprire qc. di busse* rouer qqn. de coups.
bussàre |bus'sare| **A** *v.intr.* (*aus.* '*avere*') **1** [*battere, picchiare* (*alla porta di qc.*)] frapper: *bussare alla porta di qc.* frapper à la porte de qqn.; *entrate senza bussare* entrez sans frapper; *hanno bussato, guarda chi* (*c'*)*è* on a frappé, regarde qui c'est ◇ (*loc. fig.*) *bussare alla porta di qc.* [*rivolgersi a qc. per chiedere aiuto*] frapper à la porte de qqn. **2** (*nel gioco del tres*(*s*)*ette*) demander: *bussare a cuori, a denari* demander (de jouer) cœur, carreaux ◇ (*loc. fig.*) *bussare a quattrini* [*chiedere denari*] demander de l'argent **B** *v.tr.* [*dar botte a qc., picchiare*] rosser, flanquer une raclée (à) (*fam.*): *l'hanno bussato di santa ragione* on l'a bien rossé, on lui a flanqué une belle raclée **C** *v.pron.recipr.* BUSSARSI [→ *tr.*] se battre (76): *si sono bussati come matti* ils se sont battus comme des chiffonniers.
bussàta |bus'sata| *s.f.* [→ BUSSARE A 1] coup *m.* ◇ (*nel gioco del tres*(*s*)*ette*) [→ BUSSARE A 2] *fare una bussata a cuori* demander (de jouer) cœur.
bùssola |'bussola| *s.f.* **1** boussole, compas (*m.*): *bussola giroscopica* compas gyroscopique ◇ (*loc. fig.*) *perdere la bussola* perdre la boussole (*fam.*) **2** (*elettr.*) *bussola delle tangenti* boussole des tangentes **3** [*antiporta di stanza*] tambour *m.* **4** [*specie di portantina*] chaise à porteurs **5** [*cassetta per elemosine*] tronc *m.* **6** (*mecc.*) manchon *m.* → **boccola.**
bussolànte |busso'lante| *s.m.* (*raro*) porteur (de chaise).
bussolòtto |busso'lɔtto| *s.m.* **1** [*bicchiere per il gioco dei dadi; bicchiere del prestigiatore*] godet, cornet **2** [*barattolo*] pot; boîte *f.*
bùsta |'busta| *s.f.* **1** [*custodia di carta per spedire lettere*] enveloppe: *busta a finestrella* enveloppe à fenêtre; *busta gommata, sigillata* enveloppe gommée, cachetée; *busta di carta, di tela* enveloppe en papier, en toile; *busta primo giorno* enveloppe oblitérée en date du...; *mettere una lettera nella busta* mettre une lettre sous enveloppe # *affrancare una busta* affranchir une lettre **2** [*custodia di piccole dimensioni, astuccio*] étui (*m.*): *busta per occhiali, sigari, sigarette* étui à lunettes, à cigares, à cigarettes; *busta per ombrello* étui de parapluie **3** [*cartella per documenti*] serviette, porte-documents *m.inv.* **4** *busta paga* enveloppe de paye; *prendere la busta paga* toucher son salaire, sa paie ◇ *loc.* (*compenso*) *fuori busta* [*compenso straordinario*] prime, gratification.
bustàia |bus'taja| *s.f.* [*donna che confeziona o vende busti*] corsetière.
bustarèlla |busta'rɛlla| *s.f.* **1** petite enveloppe **2** (*fig.*) [*compenso illecito, a chi ha funzioni dirigenti, per ottenere favori*] pot-de-vin *m.*, dessous-de-table (*m.*): *ricevere una bustarella* recevoir un pot-de-vin, un dessous-de-table.
bustina |bus'tina| *s.f.* **1** petite enveloppe **2** [*piccolo contenitore piatto, sacchetto*] sachet (*m.*): *una bustina di bicarbonato* un sachet de bicarbonate; *una bustina di lavanda* un sachet de lavande **3** [*berretto mil.*] bonnet *m.* de police, calot *m.*
bustino |bus'tino| *s.m.* [*corpettino con stecche*] bustier.
bùsto |'busto| *s.m.* **1** (*anat., corr.*) buste: *farsi fare un ritratto a mezzo busto* se faire peindre en buste # *stare col busto eretto* se tenir bien droit ◇ (*iron.*) *un mezzo busto* [*una persona di scarso valore*] une nullité *f.* **2** (*scultura*) buste: *busto antico* buste antique; *il busto del presidente* le buste du président **3** [*indumento intimo femminile*] corset **4** (*med.*) *prescrivere il busto* prescrire le corset orthopédique.
butàno |bu'tano| *s.m.* (*chim.*) butane.
butile |bu'tile| *s.m.* (*chim.*) butyle.
butilène |buti'lɛne| *s.m.* (*chim.*) butène, butylène.
butilico, ci, ca, che |bu'tiliko, tʃi, ka, ke| *agg.* (*chim.*) butylique.
butirràto |butir'rato| *s.m.* (*chim.*) butyrate.
butirrico, ci, ca, che |bu'tirriko, tʃi, ka, ke| *agg.* (*chim.*) butyrique.
butirro |bu'tirro| **I** *s.m.* **1** (*region.*) → **burro** **2** (*chim.*) chlorure métallique **II** (*agg.*) *pera butirra* [*di polpa fondente e succosa*] beurré (*s.m.*); *fagioli butirri* [*teneri e carnosi*] haricots beurre.
bùtta |'butta| *s.f.* (*min.*) étançon *m.*
buttafuòco, chi |butta'fwɔko, ki| *s.m.* (*armi*) boutefeu.
buttafuòri |butta'fwɔri| *s.m.inv.* **1** (*teat.*) avertisseur *var.* **2** (*mar.*) bout-dehors *var.*
buttàre |but'tare| **A** *v.tr.* **1** [*gettare, lanciare*] jeter (5): *buttare q.c. per terra, in acqua, dal balcone* jeter qqch. par terre, dans l'eau, du balcon; *non si buttano oggetti dalla finestra* on ne jette pas d'objets par la fenêtre; *l'ho buttato in terra con uno sgambetto* je l'ai jeté à terre avec un croc-en-jambe; *butta via quel mozzicone* jette ce mégot # *buttami la gomma, la matita* lance-moi la gomme, le crayon ◇ (*fam.*) *mi avete buttato giù dal letto* vous m'avez tiré, sorti du lit; *se non smetti di gridare ti butto fuori!* si tu n'arrêtes pas de crier, je te jette dehors!; *non buttarmi il fumo in faccia* ne m'envoie pas la fumée à la figure □ *buttati q.c. sulle spalle* [*mettiti q.c., copriti con q.c.*] jette qqch. sur tes épaules ◇ *loc. fam.* BUTTAR GIÙ: *buttar giù un boccone* [*mangiare q.c. in fretta*] avaler un morceau; *non riesco a buttar giù niente* je n'arrive pas à avaler quoi ce soit; *è ora di buttar* (*giù*) *la pasta?* est-ce le moment de faire cuire les pates?; *buttar giù una carta* [*giocarla*] jouer une carte; *buttar giù due righe* [*scrivere q.c. alla meglio*] jeter deux lignes, quelques mots sur le papier; *non farci caso, l'ho buttato giù in qualche modo* [*l'ho scritto in fretta, senza cura*] ne fais pas attention, je l'ai griffonné un peu n'importe comment ◇ (*loc.*) *buttar all'aria* [*mettere sottosopra*] mettre sens dessus dessous; *non buttarmi tutto all'aria* ne me mets pas tout sens dessus dessous **2** (*fig.*) *hanno buttato tutto su di me* on a tout rejeté sur moi; *buttare qc. in un pasticcio* mettre qqn. dans de beaux draps; *prima ti hanno buttato allo sbaraglio poi ti hanno abbandonato* d'abord ils t'ont exposé au danger, puis ils t'ont abandonné; *mi hanno but-*

tato in mezzo a una strada [*mi hanno rovinato*] ils m'ont jeté sur le pavé; *buttare addosso una responsabilità a qc.* rejeter une responsabilité sur qqn. ◇ *loc. fig. fam.* BUTTAR FUORI [*rendere manifesto, parlare*] parler, cracher le morceau ~ (*fam.*) *butta fuori!* parle!, crache le morceau!; *se hai q.c., buttalo fuori* si tu as qqch., parle, crache le morceau ~ BUTTAR LÀ (LÌ) [*proporre con noncuranza, insinuare*] sortir: *buttar là una proposta, una frase* sortir une proposition, une phrase; *gliel'ho buttata là, senza pensarci tanto* je le lui ai sorti, j'ai sorti ça comme ça, sans y penser beaucoup; *continua a buttar lì delle frasette provocatorie* il continue à sortir des phrases provocatrices ~ BUTTAR GIÙ [*accettare, tollerare*] avaler: *questa non la butto giù* celle-là, je ne l'avale pas ◇ (*loc.*) *buttar all'aria, buttar a monte* [*far fallire*] ficher en l'air (*fam.*) ~ *buttar al diavolo* [*mandare alla malora*] envoyer au diable ~ *buttarla in ridere, in ridicolo, in cagnara* tourner en ridicule ~ *buttare a mare* [*abbandonare*] laisser tomber **3** *loc.* BUTTAR GIÙ [*demolire, abbattere*] abattre (76), démolir: *buttar giù un muro, una casa* abattre, démolir un mur, une maison; *hanno buttato giù un intero quartiere* on a abattu un quartier tout entier; *chi ha buttato giù questi alberi?* qui a abattu ces arbres? ◇ (*fig.*) [*costringere alle dimissioni, al ritiro da una carica*] renverser: *buttar giù una dittatura* renverser une dictature; *i franchi tiratori hanno buttato giù il governo* les francs tireurs ont renversé le gouvernement → **rovesciare** ◇ (*fig.*) [*indebolire fisicamente*] affaiblir: *la febbre l'ha buttato giù* la fièvre l'a affaibli; *il letto butta giù* le lit affaiblit ◇ (*fig.*) [*avvilire, scoraggiare*] décourager (3), abattre: *tutte queste complicazioni mi hanno buttato giù* toutes ces complications m'ont découragé, abattu ◇ (*fig.*) [*screditare; svilire il valore di q.c.*] rabaisser, démolir: *cerca sempre di buttar giù quello che faccio io* il essaye toujours de rabaisser ce que je fais; *l'hanno buttato giù a forza di calunnie* on l'a démoli à force de calomnies **4** (*per est.*) [*gettar via, scartare, eliminare*] jeter: *è tutta roba da buttare* ce sont toutes des choses à jeter; *è ora che butti via quel cappotto* il est temps que tu jettes ce manteau; *ho fatto buttar via quegli orribili quadri* j'ai fait jeter ces horribles tableaux; *che ne dici, è proprio da buttar via?* qu'en dis-tu, c'est vraiment à jeter? # *non è affatto da buttar via!* elle n'est pas mal du tout! ◇ (*fig.*) [*sprecare, sciupare*] gaspiller, perdre (53): *buttar (via) il tempo, il denaro, la fatica* gaspiller, perdre son temps, son argent, sa peine; *ne hai di fiato da buttar via!* tu en as du souffle à perdre!; *non ho più tempo da buttar via* je n'ai plus de temps à perdre ✦ (*al p.p.*) *è tutto tempo buttato* ce n'est que du temps perdu ◇ (*loc. fig.*) *buttar al vento* jeter par la fenêtre; *son soldi buttati al vento* c'est de l'argent jeté par la fenêtre **5** [*mandare fuori, emettere*] laisser *intr.* couler: *la ferita butta sangue* la plaie laisse couler du sang ✦ (*ass.*) *il rubinetto non butta più* l'eau n'arrive plus au robinet; *quella sorgente butta poco* cette source donne peu ◇ (*bot.*) [*germogliare*] jeter: *i peschi stanno buttando i fiori* les pêchers commencent à jeter les fleurs ✦ (*ass.*) *le piante già cominciano a buttare* les plantes commencent déjà à bougeonner **B** *v.intr.* (*aus. 'avere'*) (*raro*) *ass.* [*tenere, inchinare verso*] virer (*corr.*), tourner (*corr.*): *è un rosso che butta sul viola* c'est un rouge qui vire, tourne au violet; *il tempo butta al bello* le temps vire au beau **C** *v.pron.rifl.* BUTTARSI **1** [→ *tr.* 1] se jeter: *buttarsi in acqua, in mare* se jeter dans (à) l'eau, dans (à) la mer; *si è buttata dalla finestra* elle s'est jetée par la fenêtre; *buttarsi a terra, per terra, contro un muro* se jeter à terre, par terre, contre un mur; *buttarsi in ginocchio* se jeter à genoux; *buttarsi ai piedi, al collo di qc.* se jeter aux pieds, au cou de qqn. ✦ → *tr.* 1 □ ◇ (*fam.*) s'étendre (53): *mi butto un momento sul letto, sul divano* je m'étends un instant sur le lit, sur le divan → **stender(si), sdraiar(si)** ◇ *loc.* BUTTARSI ADDOSSO A QC. [*scagliarsi contro qc.*] *mi si sono buttati addosso in quattro* ils se sont jetés sur moi à quatre; *gli si è buttato addosso all'improvviso* il s'est tout à coup jeté sur lui ◇ (*fig.*) *buttarsi in un pasticcio* [*cacciarsi, mettersi*] se mettre, se fourrer dans de beaux draps; *buttarsi alla macchia* [*rendersi latitante*] prendre le maquis; *buttarsi in malattia* [*fingere di star male*] simuler la maladie **2** (*fig.*) [*dedicarsi con passione a; lanciarsi*] se jeter; se lancer (2): *buttarsi in un'impresa* se jeter, se lancer dans une entreprise; *buttarsi nel fuoco per qc.* se jeter dans le feu pour qqn.; *buttarsi nella mischia, nella lotta* se jeter dans la mêlée, dans la lutte; *si sono buttati a capofitto nel commercio* ils se sont jetés la tête la première, tête baissée dans le commerce ‖ *ha intuito l'affare e si è buttato* il a eu l'intuition de l'affaire et il s'est lancé; *ci buttiamo?* on se lance?; *il momento è favorevole, buttati!* le moment est favorable, lance-toi **3** *loc. fig.* BUTTARSI GIÙ [*abbattersi, avvilirsi*] se décourager: *non buttarti giù così!* ne te décourage pas comme ça!; *si butta giù per una schiocchezza* elle se décourage pour un rien **4** (*uccelli*) [*posarsi*] se poser: *lo stormo si è buttato sulla quercia* le vol s'est posé sur le chêne.

buttasèlla |butta'sɛlla| *s.m. inv.* (*mil.*) boute-selle.

buttàta |but'tata| *s.f.* **1** (*bot.*) pousse **2** (*nel gioco delle carte*) ouverture.

butteràto |butte'rato| *agg.* (*med.*) grêlé, variolé.

1 **bùttero** |'buttero| *s.m.* marque *f.* de la variole.

2 **bùttero** |'buttero| *s.m.* gardien de troupeaux, gardian.

'buvette' |byvɛt| *s.f.inv.* buvette *var.*

bùzzo |'buddzo| *s.m.* **1** (*pop.*) [*pancia, ventre*] panse *f.* (*fam.*), bedaine *f.* (*fam.*): *riempirsi il buzzo* se remplir la panse, s'en mettre plein la panse # *metter su il buzzo* prendre du ventre (*corr.*), de la brioche (*fam.*) ◇ (*loc. fig.*) *di buzzo buono* avec ardeur, avec beaucoup de zèle **2** (*dial.*) → **arnia.**

1 **buzzóne** |bud'dzone| *s.m.* (*pop.*) [*ventre, pancia*] bidon, bide ◇ (*per est.*) [*persona panciuta*] un gros ventru ◇ (*fig.*) grand, gros mangeur* → **mangione.**

2 **buzzóne** |bud'dzone| *s.m.* [*gabbionata per difesa di argini*] gabion.

buzzùrro |bud'dzurro| *s.* **1** marchand de marrons **2** (*spreg.*) → **cafone, burino.**

by-pass |bai'pa:s| *s.m. inv.* (*ingl.*) (*auto., chir., tecnol.*) bipasse *var.* (*t. racc.*), by-pass.

byroniàno |bairo'njano| *agg.* (*lett.*) byronien*.

C

c |tʃi| *s.f. o m.* **1** [*terza lettera dell'alfabeto*] c (*m.*): *c minuscola* c minuscule; *C maiuscolo* C majuscule ◇ (*tel.*) *C come Como*: (*in Francia*) C comme Célestin; (*in Belgio*) C comme Caroline **2** (*usi convenzionali*): (*abbrev. del numero rom. 'cento'*) C ◇ (*simbolo del carbonio*) C ◇ (*elettr.*) (*simbolo di Coulomb*) C ◇ °C [*gradi della scala Celsius*] °C.
ca' |ka| *s.f.* → **casa.**
càbala |'kabala| *s.f.* **1** cabale **2** (*per est.*) [*imbroglio, intrigo*] cabale: *era tutta una cabala* ce n'était qu'une cabale ◇ *loc. fig.* (*raro*) *fare cabala* [*congiurare*] cabaler (*arc.*).
cabalàre |kaba'lare| *v.intr.* (*aus. 'avere'*) **1** (*raro*) [*congiurare, complottare*] cabaler (*arc.*) **2** (*per est.*) [*arzigogolare, fantasticare*] rêvasser.
cabalétta |kaba'letta| *s.f.* (*mus.*) cabalette.
cabalismo |kaba'lizmo| *s.m.* cabalisme.
cabalista |kaba'lista| *s.m.* cabaliste.
cabalistico, ci, ca, che |kaba'listiko, tʃi, ka, ke| *agg.* cabalistique: *termini cabalistici* termes cabalistiques ◇ (*per est.*) *segni cabalistici* signes cabalistiques.
'caban' |kabɑ̃| *s.f. inv.* (*abbigl.*) caban *m. var.*
'cabaret' |kabaʀɛ| *s.m. inv.* cabaret *var.*
cabarettistico, ci, ca, che |kabaret'tistiko, tʃi, ka, ke| *agg.* [*di, da 'cabaret'*] de cabaret *loc. inv.*
càbbala |'kabbala| *s.f.* → **cabala.**
'cabernet' |kabɛʀnɛ| *s.m. inv.* cabernet *var.*
cabestàno |kabes'tano| *s.m.* cabestan.
cabìla |ka'bila| **1** *agg.* [*appartenente a una tribù beduina*] kabyle **2** *s.f.* [*la tribù stessa*] kabyle.
cabìna |ka'bina| *s.f.* cabine: *cabina balneare* cabine de bain; *cabina di pilotaggio* cabine de pilotage; *cabina di manovra, di blocco* cabine d'aiguillage, de signaux; *cabina telefonica* cabine téléphonique; *cabina di ascensore* cabine d'ascenseur; *cabina di registrazione* cabine d'enregistrement; *cabina di proiezione* cabine de projection; *cabina pressurizzata* cabine pressurisée; *cabina passeggeri, ufficiali* cabine de passagers, d'officiers; *cabina singola* cabine à une couchette; *cabina spaziale* cabine spatiale # *cabina elettorale* isoloir.
cabinàto |kabi'nato| *s.m.* [*imbarcazione da diporto a vela o a motore*] yacht.
cabinìsta |kabi'nista| *s.m.* surveillant de ligne électrique.
cabinovìa |kabino'via| *s.f.* [*funivia composta da numerose cabine a due o più posti*] télécabine, télébenne.

cablàre |ka'blare| *v.tr.* [*trasmettere per cablogramma*] câbler: *cablare una notizia* câbler une nouvelle ◆ (*ass.*) *ho cablato a un amico* j'ai câblé à un ami.
cablatóre |kabla'tore| *s.m.* [*operaio che predispone i cablaggi*] câbliste.
càblo |'kablo| *s.m.* → **cablogramma.**
cablografàre |kablogra'fare| *v.tr.* → **cablare.**
cablografìa |kablogra'fia| *s.f.* transmission par câble.
cablogràmma |kablo'gramma| *s.m.* câblogramme, câble: *spedire un cablogramma* envoyer un câble.
cabotàggio, i |kabo'taddʒo, i| *s.m.* cabotage.
cabràre |ka'brare| *v.intr.* (*aus. 'avere'*) (*di aereo*) [*alzare la prora, rispetto al pilota, con variazione di assetto o di traiettoria*] cabrer.
cabràta |ka'brata| *s.f.* [→ CABRARE] cabrage *m.*
'cabriolet' |kabʀjɔlɛ| *s.m. inv.* [*calessino*] cabriolet *var.* ◇ [*auto dacappottabile*] cabriolet.
cacadùbbi |kaka'dubbi| *s.inv.* (*pop.*) [*persona incerta e titubante*] barguigneur* *var.*
cacào |ka'kao| *s.m. inv.* **1** (*t.bot.*) cacaoyer *var.*, cacaotier *var.* **2** [*seme e frutto*] cacao (*var.*): *cacao in polvere* cacao (en poudre); *burro di cacao* beurre de cacao.
cacàre |ka'kare| *v.intr.* (*aus. 'avere'*) (*volg.*) [*andare di corpo, defecare*] chier ◇ (*loc. fig.*) *cacarsi sotto dalla paura* chier dans son froc de peur.
cacarèlla |kaka'rɛlla| *s.f.* **1** (*volg.*) [*diarrea*] chiasse **2** (*fig.*) [*fifa*] frousse (*pop.*), trouille (*pop.*): *aver la cacarella* avoir la frousse.
cacasénno |kaka'senno| *s.inv.* (*fam.*) [*saccente, saputello*] je-sais-tout.
cacàta |ka'kata| *s.f.* (*volg.*) action de chier ◇ [*escrementi*] excréments *m. pl.* (*corr.*).
cacatòa |kaka'tɔa| *s.m.* → **cacatua.**
cacatùa |kaka'tua| *s.m. inv.* (*t.zool.*) cacatoès.
cacatùra |kaka'tura| (*volg.*), **cagatùra** |kaga'tura| *s.f.* [*escremento di insetti e,* (*volg.*), *di esseri umani*] chiure, chiasse → **cacca.**
càcca, che |'kakka, che| *s.f.* **1** (*pop.*) caca *m.* ◇ (*nel linguaggio dei bambini*) [*cosa sporca; oggetto da non toccare*] *non toccare! è cacca!* ne touche pas! c'est du caca! **2** (*fig., volg.*) [*superbia, alterigia*] morgue.
cacchióne |kak'kjone| *s.m.* **1** [*uovo di insetti, spec. di mosca*] larve *f.* ◇ (*per est.*) larve d'abeille **2** *spec. al plur.* [*penna non ancora sviluppata di volatili*] duvet *sing.*
1 **càccia, ce** |'kattʃa, tʃe| *s.f.* **1** chasse: *cane da caccia* chien de chasse; *capanno di caccia* pavillon de chasse; *partita, battuta di caccia* partie de chasse; *caccia grossa* chasse aux fauves; *caccia alla volpe* chasse au renard; *caccia a inseguimento* chasse à courre; *caccia con le armi* chasse à tir; *caccia all'appostamento* chasse à l'affût; *caccia con lo specchietto* chasse au miroir; *riserva di caccia* chasse gardée; *licenza di caccia* permis de chasse; *apertura, chiusura della caccia* ouverture, fermeture de la chasse; *fare buona caccia* faire bonne chasse; *dare la caccia al lupo, al leone* donner, faire la chasse au loup, au lion **2** (*per est.*) *caccia subacquea* chasse sous-marine; *caccia alla balena* pêche à la baleine → **pesca** **3** [*selvaggina uccisa*] gibier (*m.*): *mangiare la caccia* manger le, du gibier → **cacciagione** **4** (*per est.*) (*persone*) chasse: *caccia all'uomo* chasse à l'homme; *dare la caccia al ladro, a un bandito* donner la chasse au voleur, à un bandit ◇ (*fig.*) *dare la caccia al vincitore di una lotteria* donner la chasse au gagnant d'une loterie ~ *dare la caccia agli evasori fiscali* donner la chasse aux fraudeurs du fisc ~ *caccia alle streghe* [*persecuzione, spec. di nemici politici*] chasse aux sorcières ~ *andare a caccia di un marito* faire la chasse au mari **5** (*fig.*) (*cose*) [*ricerca affannosa e ossessiva*] chasse: *andare a caccia di un impiego, di facili guadagni* se mettre en chasse pour trouver un travail, des gains faciles; *andare alla caccia di notizie* faire la chasse aux nouvelles, aller aux nouvelles **6** (*mil., corr.*) chasse: *aereo da caccia* avion de chasse, chasseur (*m.*); *dare la caccia a una nave nemica* donner la chasse à un navire ennemi **7** (*giochi*) chasse: *caccia al tesoro* chasse au trésor.
2 **càccia** |'kattʃa| *s.m. inv.* **1** [*aereo da caccia*] chasseur *var.*, avion *var.* de chasse: *uno stormo di caccia a reazione* un groupe de chasseurs, d'avions de chasse à réaction **2** (*mar. mil.*) [*cacciatorpediniere*] contre-torpilleur *var.*, destroyer *var.*
cacciabombardière |kattʃabombar'djɛre| *s.m.* (*aer.*) chasseur-bombardier.
cacciachiòdo |kattʃa'kjɔdo| *s.m.* [*arnese usato per l'estrazione dei chiodi*] arrache-clou: *dei cacciachiodi* des arrache-clous.
cacciagióne |kattʃa'dʒone| *s.f.* [*selvaggina*] gibier (*m.*): *una zona di cacciagione* une zone qui abonde en gibier, un pays giboyeux ◇ (*per est.*) [*la preda catturata*] *cucinare bene la cacciagione* bien cuisiner le gibier.
cacciapiètre |kattʃa'piɛtre| *s.m. inv.* (*ferr.*) chasse-pierres.
cacciàre |kat'tʃare| **A** *v.tr.* **1** [*inseguire animali per prenderli, catturarli*] chasser: *cacciare il cinghiale, la lepre, gli uccelli* chasser le sanglier, le

lièvre, les oiseaux ♦ (*ass.*) *cacciare con il cane, senza cane* chasser avec chien, sans chien; *cacciare di frodo* braconner; *cacciare in riserva* tirer, chasser dans une chasse gardée **2** [*spingere, mandar fuori*] chasser: *cacciare via qc. a pugni, a calci* chasser qqn. à coups de poing, à coups de pied; *cacciare il nemico, l'invasore dalla propria terra* chasser l'ennemi, l'envahisseur de sa terre; *è stata cacciata di casa* elle a été chassée de chez elle; *lo hanno cacciato dall'università* on l'a chassé de l'université → **scacciare** ◇ (*per est.*) [*licenziare*] *è stato cacciato da quel posto, da quell'ufficio* il a été chassé de ce poste, de ce bureau ◇ (*fig.*) [*allontanare*] *cacciare la fame, la tristezza, i cattivi pensieri* chasser la faim, la tristesse, les mauvaises pensées; *cacciare, emettere un urlo* pousser un cri **3** *loc.* CACCIAR FUORI [*estrarre, tirar fuori*] sortir: *cacciar fuori un coltello, la pistola* sortir un couteau, le pistolet; *caccia (fuori) centomila lire* sors cent mille lires; *fu costretto a cacciar fuori il portafoglio* il fut obligé de sortir son portefeuille **4** [*spingere dentro, far entrare, conficcare*] mettre (71); enfoncer (2): *cacciare qc. in galera* mettre qqn. en prison; *ho cacciato tutto nella valigia* j'ai tout mis, fourré (*fam.*) dans la valise || *cacciare il pugnale nella schiena a qc.* enfoncer le poignard dans le dos de qqn. □ *cacciarsi le mani in tasca* enfoncer ses mains dans ses poches # *smettila di cacciarti le dita nel naso* arrête de te fourrer les doigts dans le nez **5** *loc. fig.* CACCIARE Q.C. IN TESTA A QC. [*fargliela imprimere bene nella mente*] mettre, fourrer (*fam.*): *chi ti ha cacciato in testa quelle idee?* qui t'a mis, fourré ces idées dans la tête? □ *questo non devi farlo più: cacciatelo bene in testa* cela tu ne dois plus le faire: mets-toi bien cela dans la tête; *che cosa ti sei cacciato in testa?* qu'est-ce que tu t'es mis dans la tête? **B** *v.pron.* CACCIARSI **1** *rifl.* [*introdursi, ficcarsi*] se faufiler; se fourrer: *cacciarsi nella folla* se faufiler dans la foule || *quello si caccia dappertutto* celui-là se fourre partout ◇ (*fig.*) *cacciarsi in un mare di guai, nei pasticci, in un brutto affare* se fourrer dans une sale affaire, dans le pétrin, dans un guêpier **2** *rifl.* (*persone*) [*nascondersi*] se fourrer: *dove sei andato a cacciarti?* où es-tu allé te fourrer?

cacciasommergìbili |kattʃasommer'dʒibili| *s.m. inv.* (*mar.*) chasseur *var.* de sous-marins.

cacciàta |kat'tʃata| *s.f.* **1** [→ CACCIARE A 1] partie de chasse: *ho voglia di fare una bella cacciata* j'ai envie de faire une bonne partie de chasse **2** [*scacciata, espulsione*] expulsion: *la cacciata dei barbari* l'expulsion des barbares **3** (*idraul.*) chasse: *cacciata d'acqua* chasse d'eau; *gabinetto, vaso a cacciata* w.c. à chasse.

cacciatóra |kattʃa'tora| *s.f.* **1** *loc.* ALLA CACCIATORA [*alla maniera dei cacciatori*] *pollo, coniglio alla cacciatora* poulet, lapin sauté chasseur; *giacca alla cacciatora* veste de chasse; *vestire alla cacciatora* être habillé en chasseur **2** veste de chasse.

cacciatóre, trice |kattʃa'tore, tritʃe| *s.* **1** chasseur*: *una cacciatrice* une chasseuse, une chasseresse (*poet.*); *cacciatore di frodo* chasseur sans permis, braconnier; *cacciatore subacqueo* chasseur sous-marin ◇ (*etn.*) *cacciatore di teste* chasseur de têtes **2** (*fig.*) chasseur; coureur*: *cacciatore di autografi* chasseur d'autographes || *cacciatore di dote* coureur de dot # *cacciatore di guadagni, di onori* pourchasseur de gains, d'honneurs ◇ (*prov.*) *l'uomo è cacciatore* l'homme est né chasseur **3** *spec. al plur.* (*mil.*) chasseurs: *i Cacciatori delle Alpi* les Chasseurs alpins.

cacciatorpedinière |kattʃatorpedi'njɛre| *s.m. inv.* (*mar. mil.*) contre-torpilleur *var.*, destroyer *var.*

cacciavìte |kattʃa'vite| *s.m. inv.* [*arnese per stringere, allentare le viti*] tournevis.

cacciùcco, chi |kat'tʃukko, ki| *s.m.* [*zuppa di pesce*] cacciucco, soupe *f.* de poisson.

càccola |'kakkola| *s.f.* **1** *spec. al plur.* [*sterco delle pecore*] crottes (de brebis) **2** (*pop.*) [*cispa degli occhi*] chassie (*corr.*) **3** (*pop.*) [*muco del naso*] morve (*corr.*).

caccolóso |kakko'loso| *agg.* (*pop.*) **1** [*cisposo*] chassieux* **2** [*pieno di caccole al naso*] morveux* **3** (*fig., pop.*) [*sporco, sozzo*] sale, crasseux*.

'cachemire' |kaʃmiʀ| *s.m. inv.* cachemire (*var.*): *un pullover di 'cachemire'* un pull-over en cachemire; *scialle di 'cachemire'* châle en cachemire.

'cache-nez' |kaʃne| *s.m. inv.* cache-nez.

'cache-pot' |kaʃpo| *s.m. inv.* cache-pot (*var.*): *dei 'cache-pot'* des cache-pots → **portavasi.**

cachessìa |kakes'sia| *s.f.* (*med.*) cachexie ◇ (*veter.*) *cachessia acquosa* cachexie aqueuse.

'cachet' |kaʃɛ| *s.m. inv.* **1** (*farm., corr.*) cachet (*var.*): *mi dia un 'cachet' per il mal di testa* donnez-moi un cachet pour, contre le mal de tête **2** [*dose singola di colorante per capelli*] rinçage *var.* ◇ (*loc.*) *farsi fare un 'cachet' dalla pettinatrice* se faire faire un rinçage par la coiffeuse **3** [*compenso forfettario, spec. di artisti*] cachet: *percepisce un 'cachet' di un milione di lire a serata* il perçoit un cachet d'un million de lires par soirée **4** (*fig.*) [*stile, impronta*] style (*var.*): *si riconosce il suo 'cachet'* on reconnaît son style.

cachèttico, ci, ca, che |ka'kɛttiko, tʃi, ka, ke| *agg.* (*med.*) cachectique: *stato cachettico* état cachectique ♦ (*s.*) *un cachettico* un cachectique.

1 **càchi** |'kaki| *agg. inv.* kaki: *un berretto (color) cachi* un képi kaki ♦ (*s.m. inv.*) *il cachi dell'uniforme* le kaki de l'uniforme.

2 **càchi** |'kaki| *s.m. inv.*, (*pop.*)

càco, chi |'kako, ki| *s.m.*, (*t.bot.*) plaqueminier *var.*, kaki *var.* ◇ [*il frutto*] plaquemine *f. var.*, kaki.

cachìnno |ka'kinno| *s.m.* (*lett.*) → **risata, sghignazzata.**

caciàia |ka'tʃaja| *s.f.* [*locale per stagionare il cacio*] fromagerie.

caciàio, i |ka'tʃajo, i| *s.m.* → **casaro.**

cacicco, chi |ka'tʃikko, ki| *s.m.* (*st. amer.*) cacique.

càcio, i |'katʃo, i| *s.m.* (*spec. region. e in loc. fig.*) [*formaggio*] fromage: *una forma di cacio* une meule de fromage ◇ (*loc. fig.*) *alto come un soldo di cacio* haut comme trois pommes ~ *cascare, essere come il cacio sui maccheroni* [*venire a proposito*] arriver comme marée en carême ~ *essere pane e cacio con qc.* [*essere molto amico di qc.*] être comme les deux doigts de la main.

caciocavàllo |katʃoka'vallo| *s.m.* [*formaggio dell'Italia merid.*] ⊠.

caciòtta |ka'tʃɔtta| *s.f.* [*formaggio tenero, di forma rotondeggiante, dell'Italia centrale*] ⊠.

cacodilàto |kakodi'lato| *s.m.* (*chim.*) cacodylate.

cacofonìa |kakofo'nia| *s.f.* cacophonie.

cacofònico, ci, ca, che |kako'fɔniko, tʃi, ka, ke| *agg.* cacophonique: *una successione cacofonica di parole* une suite de paroles cacophoniques.

cacologìa, gie |kakolo'dʒia, dʒie| *s.f.* cacologie.

cacóne |ka'kone| *s.* (*volg.*) **1** [*chi va spesso di corpo*] foireux* **2** (*fig.*) [*persona paurosa*] foireux, froussard (*pop.*).

Cactàcee |kak'tatʃee| *s.f. pl.* (*t. bot.*) Cactées, Cactacées.

càctus |'kaktus| *s.m. inv.* (*t.bot.*) cactus.

cacùme |ka'kume| *s.m.* (*lett.*) → **vetta, cima.**

cacuminàle |kakumi'nale| *agg.* **1** (*ling.*) cacuminal* **2** (*lett.*) [*delle vette*] culminant, le plus élevé.

cadaùno |kada'uno| *agg. e pron. indef.* (*raro*) → **ciascuno.**

cadàvere |ka'davere| *s.m.* cadavre: *il seppellimento di un cadavere* l'enterrement d'un cadavre ◇ (*fig.*) *un cadavere ambulante* un cadavre ambulant.

cadavèrico, ci, ca, che |ka'dvɛriko, tʃi, ka, ke| *agg.* **1** [*proprio del cadavere*] cadavérique: *un pallore cadaverico* une pâleur cadavérique **2** (*fig.*) [*che ha l'aspetto di un cadavere*] cadavéreux*: *una cera cadaverica* un teint cadavéreux.

caddie |'kædi| *s.m. inv.* (*ingl.*) caddie *var.*

'cadeau' |kado| *s.m. inv.* → **dono.**

cadènte |ka'dɛnte| *agg.* [*che cade*] croulant ◇ (*fig.*) *mura cadenti* [*in rovina*] murs croulants, en ruine; *un vecchio cadente* [*decrepito*] un (vieillard) croulant (*fam.*) ◇ (*astron.*) *stella cadente* étoile filante.

cadènza |ka'dɛntsa| *s.f.* **1** cadence, rythme (*m.*): *parlare con una cadenza monotona* parler à une cadence monotone # *parlare con cadenza veneta, romanesca, meridionale* parler sur un mode vénitien, romain, méridional ◇ (*per est.*) [*ritmo*] *tenere, perdere la cadenza* garder, perdre la cadence; *imprimere a un lavoro, a una gara una cadenza sostenuta* donner à un travail, à une course un rythme soutenu **2** (*mus.*) cadence **3** (*tecnol.*) *la cadenza delle ruote di un veicolo* la cadence des roues d'un véhicule.

cadenzàre |kaden'tsare| *v.tr.* [*regolare secondo una cadenza; ritmare*] cadencer (2): *cadenzare il passo* cadencer son pas.

cadenzàto |kaden'tsato| *agg.* cadencé: *passo cadenzato* pas cadencé.

cadére |ka'dere| (121) *v.intr.* (*aus. 'essere'*) **1** [*muoversi, precipitare dall'alto in basso*] tomber: *cadere dal tetto, dalla finestra, da un albero* tomber du toit, de la fenêtre, d'un arbre; *cadere di, da cavallo* tomber de cheval; *cadere dalla bicicletta* tomber de la bicyclette;

la tazza gli è caduta di mano la tasse lui est tombée de la main; *cadere su un fianco, lungo disteso* tomber sur le côté, de tout son long; *gli è caduta addosso una tegola* une tuile lui est tombée sur la tête ◇ (*loc. fig.*) *cadere dalle nuvole* tomber des nues ~ *cadere dalla padella nella brace* [*andare di male in peggio*] tomber de Charybde en Scylla ~ *far cadere le braccia a qc.* [*farlo disperare*] couper bras et jambes à qqn. ~ *cadere ai piedi di qc.*: (*pr.*, *fig.*) tomber aux pieds de qqn. ~ *cadere in piedi, ritti*: (*pr.*) tomber sur ses pieds; (*fig.*) retomber sur ses pieds **2** (*per est.*) [*scendere giù, perdere*] tomber: *i capelli le cadevano fino alla vita* les cheveux lui tombaient, lui arrivaient à la taille; *questa giacca, questa gonna cade bene* cette veste, cette jupe tombe bien **3** [*crollare in modo rovinoso*] tomber: *è caduto il ponte, il soffitto* le pont, le plafond est tombé ◇ (*fig.*) *è caduto il governo* le gouvernement est tombé; *il dittatore è caduto* le dictateur est tombé; *cadere dal sonno, dalla stanchezza* tomber de sommeil, de fatigue # *cadere su una buccia di banana* glisser sur une peau de banane ◇ [*fallire*] échouer: *cadere agli esami* échouer aux examens # *la nuova commedia è caduta alla prima rappresentazione* la nouvelle comédie est tombée, a fait un four à la première représentation ◇ [*rimanere ucciso*] tomber: *cadere in battaglia* tomber sur le champ de bataille; *è caduto al fronte* il est tombé au front ◇ *loc.* CADERE NELLE MANI DI QC. tomber aux mains de qqn.: *la fortezza è caduta nelle mani del nemico* la forteresse est tombée aux mains de l'ennemi; *cadere nelle mani dei briganti* tomber aux mains des brigands **4** (*per est.*) [*staccarsi, venir via*] tomber: *a mio figlio stanno cadendo i denti da latte* les dents de lait de mon fils sont en train de tomber, mon fils est en train de perdre ses dents de lait; *cominciano a cadermi i capelli* mes cheveux commencent à tomber, je commence à perdre mes cheveux **5** (*per est., di fenomeni atmosferici*) tomber: *è caduto un fulmine* un éclair est tombé; *cade la neve, la grandine* la neige, la grêle tombe; *cade la sera* le soir tombe ✦ (*all'inf., in funzione di s.m. inv.*) tombée (*f. var.*): *al cadere delle tenebre, della notte* à la tombée du jour (de la nuit), sur le soir **6** (*fig.*) (*persone*) [*passare a uno stato, a una condizione peggiore*] tomber: *cadere in miseria, in disperazione* tomber dans la misère, dans le désespoir; *cadere in errore* tomber dans l'erreur → **sbagliare**; *cadere in letargo* tomber en léthargie; *cadere ammalato* tomber malade → **ammalarsi** # *cadere nel peccato* pécher ◇ (*per est.*) *cadere in disuso* tomber en désuétude; *cadere nel banale, nel ricercato, nel generico* tomber, donner dans le banal, dans le recherché, dans le vague. **7** (*fig.*) [*terminare, finire*] tomber: *il vento è caduto* le vent est tombé; *lasciar cadere il discorso* laisser tomber la suite (de la conversation, de ce que l'on disait); *è caduto ogni sospetto* tout soupçon est tombé ◇ (*loc. fig.*) *fare, lasciar cadere q.c. dall'alto* [*presentarla come difficile o importante*] faire peser qqch. **8** [*capitare, ricorrere*] tomber: *quest'anno Pasqua cade in aprile* cette année Pâques tombe en avril; *quest'anno Natale cade in venerdì* cette année Noël tombe un vendredi; *domani cade il mio compleanno* mon anniversaire tombe demain ◇ (*fig.*) *il discorso è caduto su di te, sui tuoi successi* la conversation est tombée sur toi, sur tes succès; *la scelta cadde sul più degno* le choix tomba sur le plus digne; *lo sguardo gli cadde su quel quadro* son regard tomba sur ce tableau **9** (*gram.*) [*trovarsi, essere*] tomber: *l'accento può cadere sull'ultima o sulla penultima sillaba* l'accent peut tomber sur la dernière ou l'avant-dernière syllabe.

cadétto |ka'detto| *s.* **1** *s.* cadet* ✦ (*agg.*) *il fratello cadetto, la sorella cadetta* le frère cadet, la sœur cadette **2** *s.m.* (*mil.*) cadet **3** *s.m.* (*sport*) espoir: *i cadetti della nazionale di calcio* les espoirs de l'équipe nationale de football ✦ (*agg.*) *le squadre cadette* la deuxième division: *campionato cadetto* championnat de deuxième division.

cadì |ka'di| *s.m. inv.* cadi *var.*

caditóia |kadi'toja| *s.f.* **1** (*st. ant.*) mâchicoulis *m.* **2** (*nelle cunette delle strade*) bouche d'égout.

cadmìa |kad'mia| *s.f.* (*metall.*) cadmie.

cadmiàre |kad'mjare| *v.tr.* (*metall.*) [*rivestire* (*un metallo*) *di un leggero strato di cadmio*] cadmier.

cadmiatùra |kadmja'tura| *s.f.* (*metall.*) cadmiage *m.*

càdmio, i |'kadmjo, i| *s.m.* (*chim.*) cadmium.

cadrèga, ghe |ka'drɛga, ge| *s.f.* (*dial.*) → **sedia.**

cadreghìno |kadre'gino| *s.m.* (*fig.*) [*la sedia, come simbolo del potere spec. polit.*] trône: *perdere il cadreghino* perdre le trône.

cadùca, che |ka'duka, ke| *s.f.* (*anat.*) caduque.

cadùceo |ka'dutʃeo| *s.m.* caducée.

caducifòglio, i |kadutʃi'fɔʎʎo, i| *agg.* (*bot.*) caducifolié.

caducità |kadutʃi'ta| *s.f. inv.* **1** brièveté *var.*, caducité *var.* (*lett.*): *la caducità della gloria, della bellezza* la brièveté, la caducité de la gloire, de la beauté **2** (*dir.*) caducité.

cadùco, chi, ca, che |ka'duko, ki, ka, ke| *agg.* caduc*: *foglie caduche* feuilles caduques; *una gloria caduca* une gloire caduque ◇ (*pop.*) *male caduco* mal caduc → **epilessia.**

cadùta |ka'duta| *s.f.* **1** [→ CADERE 1] chute: *una caduta da cavallo* une chute de cheval; *fare una brutta caduta* faire une mauvaise chute; *la caduta delle foglie* la chute des feuilles; *la caduta dei capelli, dei denti* la chute des cheveux, des dents ◇ (*segnaletica stradale*) *caduta massi* chute de pierres ◇ (*fis.*) *la caduta dei gravi* la chute des corps; *caduta di tensione* chute, baisse de tension; *caduta termica* chute, baisse de température **2** (*fig.*) chute: *la caduta di una città, di un impero* la chute d'une ville, d'un empire → **capitolazione**; *la caduta del governo* la chute du gouvernement; *la caduta di un regime* la chute d'un régime **3** (*fin.*) baisse, chute: *la caduta dei prezzi* la baisse, la chute des prix; *la caduta della lira* la chute de la lire; *la caduta delle azioni in Borsa* la chute des actions en Bourse.

cadùto |ka'duto| *s.m.* [*chi è morto combattendo*] mort: *monumento ai caduti per la patria* monument aux morts pour la patrie.

caffè |kaf'fɛ| *s.m. inv.* **1** café (*var.*): *caffè nero* café noir; *caffè e latte* café au lait → **caffelatte**; (*caffè*) *espresso* (café) express; *caffè lungo, ristretto* café léger, fort; *caffè macchiato* café crème; *caffè corretto* café arrosé; *fare, preparare il caffè* faire, préparer le café; *posso offrirti un caffè, una tazza di caffè?* je peux t'offrir un café, une tasse de café? ◇ (*per est.*) *al caffè, all'ora del caffè* au café, au moment du café ✦ (*in funzione di agg. inv.*) *color caffè* couleur café **2** [*locale pubblico, bar*] café: *andare al caffè* aller au café; *ci vediamo tra un'ora al caffè* on se voit dans une heure au café ◇ (*loc.*) *caffè concerto* café-concert ~ *chiacchiere, voci da caffè* bavardages de café **3** (*t.bot.*) caféier (*var.*): *piantagioni di caffè* plantations de caféiers ◇ [*i semi*] café: *tostare, macinare il caffè* torréfier, moudre le café.

caffeàrio, i |kaffe'arjo, i| *agg.* [*del caffè, relativo al caffè*] du café (*loc. inv.*): *produzione caffearia* production du café.

caffeìna |kaffe'ina| *s.f.* caféine.

caffeìsmo |kaffe'izmo| *s.m.* (*med.*) caféisme.

caffe(l)làtte |kaffe(l)'latte| *s.m. inv.* café *var.* au lait: *bere, prendere il caffelatte* prendre du café au lait ✦ *agg. inv.* [*color caffelatte*] café au lait: *un vestito caffelatte* un costume (couleur) café au lait.

caffè-teàtro |kaffɛte'atro| *s.m. inv.* café-théâtre (*var.*): *dei caffè-teatro* des cafés-théâtres.

caffettàno |kaffet'tano| *s.m.* cafetan, caftan.

caffetterìa |kaffette'ria| *s.f.* [*bevande e dolci consumati nei caffè*] rafraîchissements (*m. pl.*): *servizio di caffetteria* service de rafraîchissements ◇ (*per est.*) [*bar caffè* (*di un ristorante, di un treno*)] cafeteria, cafétéria, cafetaria.

caffettièra |kaffet'tjɛra| *s.f.* **1** cafetière: *una caffettiera di porcellana* une cafetière de, en porcelaine **2** (*fig.*, *scherz.*) [*vettura o locomotiva vecchia, sgangherata*] teuf-teuf* *m.* (*fam.*): *è una caffettiera!* c'est un vieux teuf-teuf, une vieille guimbarde! (*fam.*).

càffo |'kaffo| *s.m.* (*tosc., region.*) [*numero dispari*] (*solo nelle loc.*) *giocare a pari e caffo* jouer à pair ou impair ~ (*fig.*) *non essere né pari né caffo* n'être ni chair ni poisson.

cafonàggine |kafo'naddʒine| *s.f.* [*azione da cafone*] muflerie.

cafonàta |kafo'nata| *s.f.* → **cafonaggine.**

cafóne |ka'fone| *s.* **1** (*region.*) [*contadino*] paysan* (*corr.*) **2** (*fig.*) [*persona rozza, zotica*] mufle *m.*, malotru: *è un cafone!* c'est un mufle, un malotru!; *che modi da cafone!* quelles façons de mufle, de malotru!; *non fare il cafone!* ne fais pas le mufle!

cafonerìa |kafone'ria| *s.f.* → **cafonaggine.**

cafonésco, chi, ca, che |kafo'nesco, ki, ka, ke| *agg.* de mufle *loc.*, de goujat *loc.*

càfro |'kafro| *agg.* [*dei Bantù*] cafre.

cagàre |ka'gare| *e deriv.* → **cacare** *e deriv.*

cagionàre |kadʒo'nare| *v.tr.* [*provocare, essere la causa di*] causer: *ca-*

gionare la morte a qc. causer la mort de qqn.; *mi ha cagionato un profondo dispiacere* il m'a causé un profond chagrin → **causare.**
cagióne |ka'dʒone| *s.f.* [*causa, spec. di effetti neg.*] cause: *essere cagione di guai, di dispiaceri* être (la) cause d'ennuis, de chagrins; *per sua cagione ho perso tutto* à cause de lui, j'ai tout perdu.
cagionévole |kadʒo'nevole| *agg.* [*che ha una salute malferma*] chancelant, fragile: *essere cagionevole* (*di salute*) être de santé chancelante, fragile → **malaticcio** ◇ (*per est.*) *salute cagionevole* santé chancelante, fragile 🄲 **sano, robusto.**
cagionevolézza |kadʒonevo'lettsa| *s.f.* (*raro*) [*tendenza alle malattie*] santé chancelante, fragile.
cagliàre |kaʎ'ʎare| **A** *v.intr.* (*aus. 'essere'*) (*del latte*) [*rapprendersi per effetto del caglio*] (se) cailler (*aus.* avoir): *il latte è cagliato* le lait a caillé, s'est caillé; *far cagliare il latte* faire cailler le lait **B** *v.tr.* [*far rapprendere*] présurer: *cagliare il latte* présurer le lait **C** *v. pron. intr.* CAGLIARSI [→ *intr.*] se cailler, cailler (*intr.*): *il latte si è cagliato* le lait s'est caillé, a caillé.
cagliàta |kaʎ'ʎata| *s.f.* [*latte cagliato*] caillé *m.*, caillebotte.
cagliatùra |kaʎʎa'tura| *s.f.* [*operazione e processo di coagulazione del latte*] caillement *m.*, caillage *m.*
1 **càglio, i** |'kaʎʎo, i| *s.m.* **1** [*sostanza acida usata per coagulare il latte*] présure *f.* **2** [*abomaso*] caillette *f.*
2 **càglio, i** |'kaʎʎo, i| *s.m.* (*t.bot.*) gaillet.
cagliòstro |kaʎ'ʎɔstro| *s.m.* (*arc.*) → **ciarlatano; avventuriero.**
càgna |'kaɲɲa| *s.f.* **1** [*la femmina del cane*] chienne **2** (*fig., spreg.*) [*donna poco seria, di facili costumi*] garce **3** (*fig., spreg.*) [*cantante stonata*] braillarde.
cagnàccio, i |kaɲ'ɲattʃo, i| *s.m.* vilain chien.
cagnàra |kaɲ'ɲara| *s.f.* **1** (*raro*) [*latrato di molti cani*] clabaudage *m.* **2** (*fig., fam.*) [*grande chiasso, confusione*] chahut (*m.*): *che cagnara!* quel chahut! # *fare cagnara* chahuter.
cagnescaménte |kaɲɲeska'mente| *avv.* [*in cagnesco, con ostilità*] de travers *loc. inv.*, avec animosité *loc. inv.*
cagnésco, chi, ca, che |kaɲ'ɲesko, ki, ka, ke| *agg.* [*ostile, rabbioso*] *hargneux* # *guardare in cagnesco* [*di traverso*] regarder de travers; *guardarsi in cagnesco* se regarder en chiens de faïence.
cagnòlo |kaɲ'ɲɔlo| *agg.* (*di cavallo*) [*che presenta la punta del piede anteriore deviata*] cagneux*, panard.
cagnòtto |kaɲ'ɲɔtto| *s.m.* → **sicario.**
caì |ka'i| *inter.* (*spesso ripetuta*) (*voce onomat. di un animale che guaisce*) hi # *il cane fa caì caì* le chien glapit.
caiàco |ka'jako| *s.m.* → **kayak.**
caìcco, chi |ka'ikko, ki| *s.m.* caïque.
càid |'kaid| *s.m. inv.* caïd *var.*
caimàno |kai'mano| *s.m.* (*t.zool.*) caïman.
cairn |kɛən| *s.m. inv.* (*ingl.*) cairn *var.*
cairòta |kai'rɔta| *agg.* [*del Cairo*] du Caire *loc. inv.*

1 **càla** |'kala| *s.f.* **1** [*calanca*] crique, anse **2** (*nelle cave di marmo*) sciage *m.*
2 **càla** |'kala| *s.f.* (*mar.*) cale.
calabràche |kala'brake| *s.inv.* (*pop.*) [*persona remissiva, vigliacca*] froussard *var.* (*fam.*), trouillard *var.* (*fam.*).
calabrése |kala'brese| **1** *agg.* [*della Calabria*] calabrais **2** (*s.m.*) *il calabrese* [*il dialetto*] le calabrais.
càlabro |'kalabro| *agg. e s.* → **calabrese.**
calabróne |kala'brone| *s.m.* **1** (*t. zool.*) frelon ◇ (*loc.*) *essere nero come un calabrone*: (*pr.*) être noir comme (du) jais, comme de l'encre, comme du cirage; (*fig.*) [*di pessimo umore*] être de mauvaise humeur **2** (*fig., fam.*) [*persona, per lo più corteggiatore, insistente e importuna*] crampon → **moscone.**
calafatàggio, i |kalafa'taddʒo, i| *s.m.* calfatage.
calafatàre |kalafa'tare| *v.tr.* [*rendere stagna una struttura, spec. navale*] calfater: *calafatare con catrame* calfater avec du goudron.
calafàto |kala'fato| *s.m.* [*operaio che calafata*] calfat.
calamàio, i |kala'majo, i| *s.m.* **1** [*recipiente contenente inchiostro per intingervi la penna*] encrier **2** (*tip.*) encrier **3** (*raro*) → **calamaro** 1, 2.
calamarétto |kalama'retto| *s.m.* jeune calmar → **calamaro.**
calamàro |kala'maro| *s.m.* **1** (*t. zool.*) calmar ~ *il calamaro dei litorali* le calmar des littoraux **2** *spec. al plur.* (*fig.*) cernes livides **3** (*raro*) → **calamaio** 1, 2.
calamina |kala'mina| *s.f.* (*miner.*) calamine.
calamistro |kala'mistro| *s.m.* fer à friser (les cheveux).
calamita |kala'mita| *s.f.* **1** (*miner.*) calamite **2** (*fis., corr.*) aimant (*m.*): *i due poli della calamita* les deux poles d'un aimant; *calamita naturale, artificiale* aimant naturel, artificiel; # *la calamita della bussola* l'aiguille aimantée de la boussole **3** (*fig.*) aimant: *una invisibile calamita li lega* un aimant invisible les lie.
calamità |kalami'ta| *s.f. inv.* calamité (*var.*): *una calamità pubblica* une calamité publique; *la sua perdita è una calamità per tutti* sa perte est une calamité, sa disparition a été une terrible perte pour tout le monde.
calamitàre |kalami'tare| *v.tr.* [*magnetizzare per induzione*] aimanter.
calamitàto |kalami'tato| *agg.* [*che costituisce una calamita*] aimanté: *ago calamitato* aiguille aimantée.
calamitazióne |kalamitat'tsjone| *s.f.* [→ CALAMITARE] aimantation.
calamitóso |kalami'toso| *agg.* (*raro, lett.*) calamiteux*.
càlamo |'kalamo| *s.m.* **1** (*bot.*) *calamo aromatico* roseau aromatique, acore **2** (*zool.*) tuyau **3** (*lett.*) [*cannuccia per scrivere*] calame, plume *f.* **4** (*poet.*) → **freccia.**
calànca, che |ka'lanka, ke| *s.f.* calanque → 1 **cala.**
calànco, chi |ka'lanko, ki| *s.m.* calanque *f.*
calàndo |ka'lando| *s.m. inv.* (*mus.*) diminuendo *avv.*, decrescendo *avv.*
1 **calàndra** |ka'landra| *s.f.* (*t.zool.*) calandre ~ *la calandra del grano* la calandre du blé ~ *la calandra del riso* la calandre du riz.

2 **calàndra** |ka'landra| *s.f.* **1** (*tecnol.*) calandre # *calandra per goffrare* gaufroir **2** (*auto.*) calandre.
calandràggio, i |kalan'draddʒo, i| *s.m.* → **calandratura.**
calandràre |kalan'drare| *v.tr.* (*tecnol.*) [*sottoporre a calandratura*] calandrer: *calandrare carta, stoffa* calandrer du papier, du tissu.
calandratùra |kalandra'tura| *s.f.* (*tecnol.*) calandrage *m.*
calandrìno |kalan'drino| *s.m.* [*babbeo, sciocco*] niais *s.*, naïf* *s.*
calàndro |ka'landro| *s.m.* (*t.zool.*) pipi, pipit, pitpit.
calànte |ka'lante| *agg.* [*che cala, che diminuisce*] descendant, décroissant: *marea calante* marée descendante; *nota calante* note décroissante # *moneta calante* pièce, monnaie au-dessous du titre légal; *luna calante* lune dans, sur son décroît 🄲 **crescente.**
calàppio, i |ka'lappjo, i| *s.m.* [*laccio per catturare la selvaggina*] lacs, lacet ◇ (*fig.*) [*agguato, insidia*] piège, embûche *f.*
calàre |ka'lare| **A** *v.tr.* **1** [*far discendere, mandare giù*] faire (45) *intr.* descendre: *calare un secchio nel pozzo* faire descendre un seau dans le puits; *calare una corda dalla finestra* faire descendre une corde par la fenêtre # *calare una scialuppa in mare* mettre une chaloupe à l'eau, à la mer; *calare le reti* jeter les filets; *calare le vele* amener les voiles ◇ (*fig.*) *calare la teoria nella pratica* mettre une théorie en application **2** [*abbassare*] (a)baisser: *calare il ponte levatoio* baisser le pont-levis ◇ (*loc. fig.*) *calare le brache* (*pop.*) [*cedere per paura*] se dégonfler *pron.* (*fam.*) ~ *calare il sipario*: (*pr.*) baisser le rideau; (*fig.*) [*porre fine a q.c.*] tirer le rideau sur qqch. □ *calarsi il cappello sulla fronte* rabattre son chapeau sur ses yeux **3** [*diminuire, abbassare*] baisser, rabattre (76): *calare il prezzo di q.c.* baisser le prix de qqch., rabattre sur le prix de qqch.; *calare le proprie pretese* rabattre ses prétentions, en rabattre **4** *calare le maglie* [*diminuirne progressivamente il numero*] diminuer (les mailles) **5** *calare una carta* [*giocarla*] jeter une carte **6** *calare la perpendicolare* [*tracciarla*] abaisser la perpendiculaire **B** *v. intr.* (*aus. 'essere'*) **1** [→ *tr.* 1] descendre (53) (*aus.* être, avoir): *i barbari calarono sull'Italia* les barbares descendirent en Italie; *i turisti che calano d'estate in Italia* les touristes qui en été descendent en Italie # *calare sulla preda* fondre, plonger sur la proie **2** (*per est.*) (*detto di astri*) [*tramontare*] descendre, se coucher (*pron.*): *il sole calava all'orizzonte* le soleil descendait sur l'horizon, se couchait # *la luna comincia a calare* la lune est dans, sur son décroît ◆ (*all'inf., in funzione di s.m. inv.*) *al calare del sole* au coucher du soleil, au soleil couchant *p. pres.* **3** [→ *tr.* 3] baisser (*aus.* avoir): *la febbre è calata improvvisamente* la fièvre a brusquement baissé, cédé; *il livello delle acque è calato* le niveau des eaux a baissé; *i prezzi non accennano a calare* il ne semble pas que les prix vont baisser # *calare di peso* maigrir; *calar di volume* décroître **4** [→ *tr.* 4] diminuer (*aus.* avoir, être): *bisogna calare di una maglia ogni due ferri* il faut diminuer d'une maille tous les deux rangs **5** (*mus.*,

corr.) CALARE (DI TONO) [*scendere di tono*] baisser: *il tenore calava di tono* le ténor baissait de ton ◇ (*fig.*) [*decadere; perdere in qualità*] *la commedia, il film cala di tono nel finale* la dernière partie de la comédie, du film est nettement moins bonne **C** *v.pron. rifl.* CALARSI **1** [→ *tr.* 1] se laisser glisser, descendre (*intr.*): *calarsi giù da una finestra* se laisser glisser par une fenêtre; *calarsi in un burrone* descendre dans un ravin ◇ (*fig.*) *quell'attore si è calato perfettamente nel personaggio* cet acteur est tout à fait entré dans la peau de son personnage; *bisogna calarsi nella sua situazione* il faut se mettre à sa place **2** → *tr.* 2 □ Ⓒ A 1, 2, 3 **alzare**; B 3 **aumentare**; A 4, B 4 **crescere**.

calàstra |ka'lastra| *s.f.* [*trave di sostegno per le botti*] chantier *m.*

calàta |ka'lata| *s.f.* **1** [*invasione*] descente: *la calata dei barbari* la descente des barbares **2** [→ CALARE A 1, 2] *la calata delle reti* la mise à l'eau des filets; *la calata del sipario* la chute du rideau **3** [→ CALARE B 2] *la calata del sole* le coucher *m.* du soleil **4** (*alpinismo*) descente: *calata a corda doppia* descente en rappel **5** [*parlata, cadenza dialettale*] accent (*m.*): *la calata toscana, milanese* l'accent toscan, milanais **6** (*mar.*) cale: *la calata di carico* la cale de chargement.

calatóia |kala'toja| *s.f.*, **calatóio, i** |kala'tojo, i| *s.m.* [*piano di mobile ribaltabile verticalmente*] abattant *m.*

càlca, che |'kalka, ke| *s.f.* [*moltitudine di gente, affollamento*] cohue, foule ◇ (*loc.*) *aprire la calca* [*farsi largo*] fendre, écarter la cohue ~ *fare calca attorno a qc.* se presser autour de qqn.

calcagnàta |kalkaɲ'ɲata| *s.f.* coup *m.* de talon.

calcàgno, i, (*fig.*) *f.* **a** |kal'kaɲɲo, i, a| *s.m.* **1** [*parte posteriore del piede*] talon: *mi fa male il calcagno sinistro* j'ai mal au talon gauche; *sedersi sui calcagni* s'accroupir sur ses talons → **tallone** ◇ (*loc. fig.*) *mostrare, alzare, battere le calcagna* [*fuggire*] montrer, tourner les talons ~ *avere qc. alle calcagna* avoir qqn. à ses trousses ~ *stare alle calcagna di qc.* être sur les talons de qqn. ~ *è un lavoro fatto con le calcagna* [*molto male*] c'est du travail bâclé **2** [*parte della scarpa o della calza che copre il tallone*] talon: *rammendare i calcagni delle calze* ravauder les talons des bas **3** (*anat.*) calcanéum.

calcagnòlo |kalkaɲ'ɲɔlo| *s.m.* **1** (*tecnol.*) ébauchoir **2** (*mar.*) talon.

calcaménto |kalka'mento| *s.m.* [→ 1 CALCARE A 1] foulage.

calcànte |kal'kante| *agg.* (*nella loc.*) *carta calcante* papier carbone.

1 **calcàre** |kal'kare| **A** *v.tr.* **1** [*premere con i piedi*] presser, fouler: *calcare al suolo* presser au sol ◇ (*loc. fig.*) *calcare le orme di qc.* [*imitarlo*] suivre (52) les traces, marcher sur les traces de qqn. ~ *calcare le scene* [*fare l'attore*] monter sur les planches ◇ (*per est.*) *calcare l'uva* [*pigiarla*] presser, fouler le raisin; *calcare un marciapiede, una strada* [*percorrerla*] parcourir (17) un trottoir, une rue **2** [*mettere a posto premendo*] (en)tasser: *calcare i vestiti nella valigia* (en)tasser les vêtements dans la malle □ *calcarsi il cappello in testa* enfoncer (2) son chapeau sur sa tête **3** [*premere, forzare*] appuyer (11): *non calcare troppo la penna, la matita* n'appuie pas trop sur la plume, le crayon ✦ (*ass.*) *calcare con la matita sul foglio* appuyer le crayon sur la feuille ◇ (*loc.*) *calcare la mano*: (*pr., fig.*) avoir la main lourde **4** [*mettere in rilievo con il tono della voce*] appuyer: *calcare una parola, una frase, una sillaba* appuyer sur un mot, sur une phrase, sur une syllabe **5** [*copiare un disegno*] calquer → **ricalcare** **6** [*riprodurre una scultura per calco*] mouler **B** *v.pron. rifl.* CALCARSI [→ *tr.* 2] enfoncer *tr.* → *tr.* 2 □.

2 **calcàre** |kal'kare| *s.m.* (*miner.*) calcaire.

calcàreo |kal'kareo| *agg.* calcaire: *roccia calcarea* roche calcaire.

calcarìfero |kalka'rifero| *agg.* → **calcareo.**

calcastóppa |kalkas'toppa| *s.m.* (*mar.*) patarasse *f.*

calcatóio, i |kalka'tojo, i| *s.m.* (*tecnol.*) **1** [*strumento usato per calcare la carica nei pezzi d'artiglieria*] refouloir (*arc.*) **2** [*strumento usato per spingere le cartucce di esplosivo nel foro della mina*] bourroir.

calcatùra |kalka'tura| *s.f.* **1** [→ 1 CALCARE A 1] foulage (*m.*): *la calcatura dell'uva* le foulage du raisin → **pigiatura** **2** [→ 1 CALCARE A 5] calquage *m.*

1 **càlce** |'kaltʃe| *s.f.* (*min.*) chaux: *calce viva, spenta* chaux vive, éteinte; *latte di calce* lait de chaux; *acqua di calce* eau de chaux.

2 **càlce** |'kaltʃe| *s.m. solo sing.* [*parte bassa di q.c.*] bas ◇ *spec. nella loc.* IN CALCE au bas de: *firmare in calce una domanda* signer une demande au bas de la page.

calcedònio, i |kaltʃe'dɔnjo, i| *s.m.* (*miner.*) calcédoine *f.*

calcemìa |kaltʃe'mia| *s.f.* (*med.*) calcémie.

calceolària |kaltʃeo'larja| *s.f.* (*t. bot.*) calcéolaire.

calcestrùzzo |kaltʃes'truttso| *s.m.* [*impasto di ghiaia, sabbia, cemento idraulico con acqua*] béton.

1 **calcétto** |kal'tʃetto| *s.m.* [*scarpa di pelle sottile, usata da ballerini, ginnasti, ecc.*] chausson.

2 **calcétto** |kal'tʃetto| *s.m.* → **calcio-balilla.**

calciàre |kal'tʃare| **A** *v.intr.* (*aus.* '*avere*') [*tirar calci*] ruer: *l'asino si mise a calciare* l'âne se mit à ruer **B** *v.tr.* (*sport*) [*colpire il pallone con il piede*] shooter, tirer: *calciare la palla* shooter, tirer le ballon (la balle) ✦ (*ass.*) *calciare in rete* tirer au but, shooter.

calciatóre, trice |kaltʃa'tore, tritʃe| *s.* [*giocatore di una squadra di calcio*] footballeur*, footballer.

càlcico, ci, ca, che |'kaltʃiko, tʃi, ka, ke| *agg.* (*chim.*) calcique.

calcificàre |kaltʃifi'kare| *v.tr.* [*incrostare di sali di calcio*] calcifier.

calcificàto |kaltʃifi'kato| *agg.* calcifié.

calcificazióne |kaltʃifikat'tsjone| *s.f.* (*med.*) calcification.

calcìna |kal'tʃina| *s.f.* [*malta ottenuta impastando calce spenta, acqua e sabbia*] mortier *m.*, gâchis *m.*

calcinàccio, i |kaltʃi'nattʃo, i| *s.m.* [*pezzo di calcina secca*] plâtras: *gli cadde addosso un calcinaccio* un plâtras lui tomba dessus ◇ *al plur.* (*per est.*) [*rovine*] gravats, décombres: *un mucchio di calcinacci* un tas de gravats.

calcinàio, i |kaltʃi'najo, i| *s.m.* **1** [*vasca dove si spegne la calce*] fosse *f.* à chaux **2** [*operaio addetto alla preparazione della calcina*] gâcheur* *s.* **3** [*vasca per la calcinatura delle pelli*] plain.

calcinàre |kaltʃi'nare| *v.tr.* **1** [*trasformare pietre calcaree in calce viva*] calciner **2** [*sottoporre un corpo all'azione di un'alta temperatura*] calciner: *calcinare un metallo* calciner un métal **3** (*agr.*) [*trattare con la calce*] chauler: *calcinare un terreno* chauler un terrain **4** [*immergere le pelli in bagno di calce*] pelaner, dépiler à la chaux.

calcinatùra |kaltʃina'tura| *s.f.* [→ CALCINARE 3] chaulage (*m.*): *calcinatura degli alberi* chaulage des arbres.

calcìno |kal'tʃino| *s.m.* **1** [*malattia dei bachi da seta*] muscardine *f.* **2** → **calcio-balilla.**

calcinòsi |kaltʃi'nɔsi| *s.f. inv.* (*med.*) calcinose *var.*

calcinóso |kaltʃi'noso| *agg.* → **calcareo.**

1 **càlcio, i** |'kaltʃo, i| *s.m.* **1** coup de pied: *prendere a calci qc.* donner des coups de pied à qqn.; *dare, tirare un calcio a qc., a q.c.* envoyer un coup de pied à qqn., qqch.; *con un calcio violento sfondò la porta* il enfonça la porte d'un violent coup de pied ◇ (*loc. fig.*) *dare un calcio alla fortuna* donner un coup de pied à la chance, tourner le dos à la chance ~ *mandar via qc. a calci* (*nel sedere*) (*pop.*) renvoyer qqn. à coups de pied (dans le derrière) (*fam.*) ~ *dare, tirare calci all'aria* [*morire impiccato o di altra morte violenta*] se balancer au bout d'une corde **2** (*di quadrupedi*) ruade (*f.*): *un cavallo, un mulo che tira, spara calci* un cheval, un mulet qui décoche des ruades, qui rue ◇ (*loc. fig.*) *il calcio dell'asino* [*offesa di un ingrato, di un vigliacco*] le coup de pied de l'âne **3** (*sport*) coup: *calcio d'inizio* coup d'envoi; *calcio di punizione* coup franc; *calcio d'angolo* corner, coup de coin # *calcio di rigore* penalty ◇ (*rugby*) *calcio di rimbalzo* coup tombé; *calcio di trasformazione* (coup de) transformation (*f.*); *calcio piazzato* coup de pied placé **4** [*gioco del calcio*] football: *una partita di calcio* un match de football; *i tifosi del calcio* les fanatiques, les mordus (*fam.*) du football; *giocare* (*al*) *calcio* jouer au football # *campionato di calcio di serie A, di serie B* championnat de première division, de deuxième division.

2 **càlcio, i** |'kaltʃo, i| *s.m.* [*piede delle armi da fuoco portatili*] crosse (*f.*): *il calcio del fucile* la crosse du fusil; *il calcio della rivoltella* la pommette *f.*, la crosse du pistolet, du revolver.

3 **càlcio, i** |'kaltʃo, i| *s.m.* (*chim., corr.*) calcium: *una cura a base di calcio* une cure de calcium; *prescrivere, farsi un'iniezione di calcio* ordonner, prendre du calcium (*fam.*).

calcio-balìlla |kaltʃoba'lilla| *s.m. inv.* [*gioco da tavolo*] baby-foot.

calciòlo |kal'tʃɔlo| *s.m.* (*armi*) plaque *f.* de couche.

calcìstico, ci, ca, che |kal'tʃistiko, tʃi, ka, ke| *agg.* de football (*loc. inv.*): *incontro calcistico* match de football; *squadra calcistica* équipe de football.

calcite |kal'tʃite| *s.f.* (*miner.*) calcite.
càlco, chi |'kalko, ki| *s.m.* **1** calque, moulage: *fare un calco* prendre un calque; *un calco di bronzo di una statua* un (moulage en) bronze d'une statue ◇ (*tip.*) empreinte *f.*; cliché **2** (*ling.*) *calco semantico, lessicale* calque sémantique, lexical.
calcografìa |kalkogra'fia| *s.f.* chalcographie.
calcogràfico, ci, ca, che |kalko'grafiko, tʃi, ka, ke| *agg.* chalcographique.
calcolàbile |kalko'labile| *agg.* [→ CALCOLARE 1, 2, 3] calculable.
calcolàre |kalko'lare| *v.tr.* **1** [*determinare con un calcolo*] calculer: *calcolare una spesa, un utile* calculer une dépense, un bénéfice; *calcolare la superficie di un rettangolo* calculer la surface d'un rectangle; *impossibile da calcolare* impossible à calculer ✦ (*ass.*) *calcolare a mente* calculer de tête; *non sa ancora calcolare* il ne sait pas encore calculer, compter **2** [*stimare, valutare*] calculer: *calcolare le proprie possibilità* calculer, supputer ses chances; *calcolare i propri rischi* calculer, supputer ses risques; *calcolare le conseguenze di un atto, di un gesto* calculer, envisager les conséquences d'une action, d'un geste # *calcolare i pro e i contro* peser, balancer le pour et le contre ◇ [*considerare*] porter: *ti ho calcolato come assente* je t'ai porté absent **3** [*ponderare, valutare attentamente*] calculer, peser (6): *calcolava ogni suo gesto, ogni parola* il calculait le moindre de ses gestes, de ses mots ✦ (*al p.p.*) *ogni sua parola era calcolata* tous ses mots étaient pesés, calculés; *una bontà calcolata* une bonté calculée **4** *loc.* CALCOLARE DI (+ *inf.*) [*far conto di*; *prevedere*] compter, penser: '*quanto calcoli di stare via?*' '*calcolo di essere di ritorno fra un quarto d'ora*' 'combien de temps comptes-tu être absent?' 'je compte être (je pense que je serai) de retour dans un quart d'heure'.
calcolatóre, trice |kalkola'tore, tritʃe| *agg.* **1** (*cose*) *regolo calcolatore* règle à calcul (*loc.*); *macchina calcolatrice* calculatrice, machine à calculer ✦ (*s.m.*) *un calcolatore elettronico, transistorizzato* un calculateur électronique, transistorisé **2** (*persone*) *ingegnere calcolatore* calculateur *s.m.* ✦ (*s.*) *un esperto calcolatore* un calculateur habile **3** (*fig.*) (*persone*) calculateur*: *è una persona infida e calcolatrice* c'est une personne sournoise et calculatrice → **interessato, freddo, astuto** ✦ (*s.*) *un astuto calcolatore* un calculateur rusé.
calcolatrìce |kalkola'tritʃe| *s.f.* (*tecnol.*) calculatrice: *una calcolatrice (meccanica), a mano, elettrica, a tastiera* une calculatrice (mécanique), à fonctionnement manuel, électrique, à clavier # *calcolatrice elettronica* calculateur électronique ✦ (*agg.*) *una macchina calcolatrice* → **calcolatore.**
1 **càlcolo** |'kalkolo| *s.m.* **1** calcul: *calcolo numerico, algebrico, differenziale, infinitesimale* calcul numérique, algébrique, différentiel, infinitésimal; *il calcolo delle probabilità* le calcul des probabilités; *il calcolo è esatto* le calcul est exact; *fare, commettere un errore di calcolo* effectuer une erreur de calcul; *è bravo in calcolo* il est bon, fort en calcul **2** (*fig.*) calcul, compte: *fare un calcolo approssimativo dei danni* faire un calcul approximatif des dommages; *dai primi calcoli risulta che*... d'après les premiers calculs, il appert que... → **valutazione, conto** ◇ (*loc. fig.*) *agire con calcolo* agir par calcul ~ *fare bene, male i propri calcoli* faire bien, mal ses calculs ~ *far calcolo su qc., su q.c.* compter sur qqn., sur qqch.
2 **càlcolo** |'kalkolo| *s.m.* (*med.*) calcul: *calcolo renale* calcul rénal; *avere i calcoli alla cistifellea* avoir des calculs à la vésicule biliaire ◇ (*fam.*) *essere operato di calcoli* se faire opérer des calculs.
calcolòsi |kalko'lɔzi| *s.f. inv.* → **litiasi.**
calcolóso |kalko'loso| *agg.* (*med.*) calculeux*: *concrezione calcolosa* concrétion calculeuse.
calcomanìa |kalkoma'nia| *s.f.* → **decalcomania.**
calcopirìte |kalkopi'rite| *s.f.* (*miner.*) chalcopyrite.
calcosìna |kalko'sina| *s.f.* (*miner.*) chalcosine.
calcotipìa |kalkoti'pia| *s.f.* [*procedimento di stampa mediante incisione a rilievo su rame*] chalcotypie, gravure.
càlda |'kalda| *s.f.* (*metall.*) chaude.
caldàia |kal'daja| *s.f.* **1** [*grosso recipiente metallico rotondo per farvi cuocere q.c.*] chaudron (*m.*): *una caldaia di rame* un chaudron en cuivre; *la caldaia della minestra per la truppa* le chaudron de la soupe pour la troupe # *la caldaia del bucato* la lessiveuse ◇ (*per est.*) [*il contenuto*] chaudron, chaudronnée: *una caldaia di acqua calda* un chaudron d'eau chaude **2** (*tecnol.*) chaudière: *la caldaia dell'impianto di riscaldamento* la chaudière de l'installation de chauffage; *caldaia a nafta, a gasolio, a carbone, a vapore* chaudière à mazout, à gas-oil, à charbon, à vapeur; *la caldaia della locomotiva* la chaudière de la locomotive # *incrostazione di caldaia* calcin.
caldàico, ci, ca, che |kal'daiko, tʃi, ka, ke| *agg.* (*lett.*) → **caldeo.**
caldàio, i |kal'dajo, i| *s.m.* (*raro*) [*caldaia, spec. per uso domestico*] marmite *f.*, chaudron # *caldaio dell'acqua* bouilloire.
caldaìsta |kalda'ista| *s.m.* (ouvrier) préposé au chauffage (central); chauffeur.
caldallèssa |kaldal'lessa| *s.f.* châtaigne bouillie (avec son écorce).
caldaménte |kalda'mente| *avv.* [*con calore, con insistenza*] chaudement: *appoggiare, raccomandare caldamente qc., q.c.* appuyer, recommander chaudement qqn., qqch. Ⓒ **freddamente.**
caldàna |kal'dana| *s.f.* **1** [*improvviso calore al viso*] vapeur: *avere le caldane, soffrire di caldane* avoir des vapeurs ◇ (*per est.*) accès *m.* de colère: *ha spesso delle caldane* il a souvent des accès de colère **2** (*ant.*) chaudière du four **3** (*edil.*) sous-couche isolante.
caldàno |kal'dano| *s.m.* **1** [*recipiente (di rame) per tenervi le braci per scaldarsi*] brasero **2** → **caldana** 2.
caldarròsta |kaldar'rɔsta| *s.f.* marron *m.* grillé.
caldarrostàio, i |kaldarros'tajo, i| *s.m.* marchand *s.* de marrons.
caldeggiàre |kalded'dʒare| *v.tr.* [*appoggiare con calore, sostenere*] appuyer (11), soutenir (27): *caldeggiare una proposta, un'iniziativa* appuyer une proposition, une initiative → **raccomandare** Ⓒ **avversare, osteggiare.**
caldèo |kal'dɛo| *agg.* **1** (*st. orient.*) chaldéen*: *la civiltà caldea* la civilisation chaldéenne **2** (*relig. crist.*) *rito caldeo* rite chaldéen ✦ *s.* (*st.*) *i Caldei* les Chaldéens.
calderàio, i |kalde'rajo, i| *s.m.* **1** [*artigiano che fabbrica caldaie e altri recipienti di rame*] chaudronnier* *s.* → **ramaio** **2** [*operaio addetto alla condotta della caldaia da bitume nei lavori stradali*] goudronneur.
calderóne |kalde'rone| *s.m.* grand chaudron, cuiseur ◇ (*loc. fig.*) *mettere tutto nello stesso calderone* mettre tous ses œufs dans le même panier.
càldo |'kaldo| **I** *agg.* **1** chaud: *tè, caffè caldo* thé, café chaud; *clima caldo* climat chaud; *aria calda* air chaud; *la stagione calda* la saison chaude; *clima caldo umido, caldo secco* climat chaud et humide, sec; *fare un bagno caldo, una doccia calda* prendre un bain chaud, une douche chaude; *lavarsi con acqua calda* se laver à l'eau chaude; *avere la fronte calda* (*per la febbre*) se sentir le front chaud, brûlant ◇ (*di bibite*) [*tiepido, non freddo*] tiède: *bere una birra calda* boire une bière tiède; *quest'aranciata è troppo calda, me ne dia una fredda* cette orangeade est tiède, donnez-m'en une plus fraîche ◇ (*agr.*) *terra, terreno caldo* terrain chaud ◇ (*biol.*) *animali a sangue caldo* animaux à sang chaud ◇ (*loc. fig.*) *battere il ferro finché è caldo* battre le fer pendant qu'il est chaud **2** (*di vivanda*) [*appena cotta*] chaud: *un piatto caldo* des plats chauds; *mangiare qualcosa di caldo* manger qqch. de chaud ◇ (*per est.*) *tavola calda* snack-bar *s.m.* **3** [*recente, appena arrivato o realizzato*] chaud: *una notizia, un'informazione calda* (*calda*) une nouvelle toute chaude **4** (*di colori*) [*molto intenso, luminoso*] chaud: *un giallo caldo* un jaune chaud; *dipingere le pareti con tinte calde* badigeonner les murs en couleurs chaudes **5** (*di suoni*) [*profondo e dolce*] chaud: *una voce calda* une voix chaude; *parlare con un tono caldo* parler d'un ton chaud, passionné **6** (*fig.*) (*persone*) [*facile ad appassionarsi*] chaud, passionné: *avere un carattere, un temperamento caldo* avoir un tempérament chaud → **focoso, impetuoso** ◇ (*loc. fig.*) *essere una testa calda* avoir la tête chaude ~ *avere il sangue caldo* avoir le sang chaud ~ *a sangue caldo* impulsivement; au fort de la colère ~ *prendersela calda per q.c.* avoir, prendre qqch. à cœur ~ *prendersela calda per qc.* embrasser avec chaleur la cause da qqn. ~ *a botta calda* sur le coup **7** (*fig.*) [*caloroso*; *affettuoso, cordiale*] chaud: *una calda accoglienza* un accueil chaud, chaleureux; *una calda amicizia* une chaude amitié; *una calda discussione* une chaude discussion → **animato**; *una calda raccomandazione* une chaude recommandation → **pressante**; *una calda preghiera* une chaude, fervente prière → **sentito**; *piangere a calde lacrime* pleurer à chaudes larmes **8** [*critico*; *contraddistinto da tensioni, guerre e sim.*] chaud: *l'autunno caldo* l'automne chaud; *i giorni caldi delle lotte sindacali* les jours chauds des luttes syndicales; *l'Oriente è una zona calda* l'Orient est une zone d'opérations, il y fait chaud **II** *s.m.* **1** [→ *agg.*

1] chaleur *f.*; chaud: *soffrire il caldo* souffrir de la chaleur; *questa medicina teme il caldo* on doit tenir ce médicament à l'abri de la chaleur; *oggi si muore dal caldo* on meurt de chaleur, on crève de chaud (*pop.*) aujourd'hui; *stare male dal caldo* être incommodé par la chaleur || *fa caldo* il fait chaud; *questa pelliccia tiene caldo, molto caldo* cette fourrure tient chaud, très chaud # *fa un caldo opprimente, infernale* il fait lourd ◇ (*loc. fig.*) *la cosa, ciò non mi fa né caldo né freddo* cela ne me fait ni chaud, ni froid **2** *loc.* IN CALDO au chaud: *tenere in caldo una pietanza* [*nello scaldavivande*] garder, tenir un plat au chaud ◇ (*fig.*) *tenere in caldo un progetto, un piano* garder un projet, un plan pour le moment opportun **3** *loc.* A CALDO à chaud: *lavorare un metallo a caldo* étirer un métal à chaud; *operare a caldo* opérer à chaud ◇ (*fig.*) *quella fu la sua prima reazione a caldo* telle fut sa première réaction à la chaude, sur l'heure; *fare q.c. a caldo* agir à la chaude, sur l'heure **4** (*fig.*) [*ardore, impeto; momento cruciale*] chaleur: *nel caldo della passione* dans la chaleur, l'entraînement de la passion; *nel caldo della discussione* dans la chaleur, le feu de la dispute → **calore** **5** (*loc. fig.*) (*della femmina degli animali*) *andare, entrare in caldo* [*in amore, in fregola*] entrer en chaleur 🄲 I 1, 2, 4, 5, 6, 7; II 1 **freddo.**

caldùccio, i |kal'duttʃo, i| *s.m.* [*calore moderato*] chaleur *f.* (agréable): *che bel calduccio!* quelle chaleur agréable!; *ho bisogno di un po' di calduccio* j'ai besoin d'un peu de chaleur ◇ (*loc.*) *stare al calduccio* rester au chaud.

caldùra |kal'dura| *s.f.* chaleur étouffante.

calebàssa |kale'bassa| *s.f.* calebasse.

caledoniàno |kaledo'njano| *agg.* (*geol.*) calédonien*: *corrugamento caledoniano* plissement calédonien.

calefazióne |kalefat'tsjone| *s.f.* (*fis.*) caléfaction.

caleidoscòpico, ci, ca, che |kaleidos'kɔpiko, tʃi, ka, ke| *agg.* kaléidoscopique.

caleidoscòpio, i |kaleidos'kɔpjo, i| *s.m.* (*pr., fig.*) kaléidoscope.

calendàrio, i |kalen'darjo, i| *s.m.* **1** calendrier: *calendario solare, lunare* calendrier solaire, lunaire; *calendario romano, gregoriano* calendrier romain, grégorien **2** [*tabella, libretto che annota in ordine cronografico i giorni dell'anno*] calendrier, agenda: *calendario a muro, da tavolo* calendrier mural, agenda de table; *calendario tascabile* calendrier, agenda de poche ◇ (*per est.*) *il calendario scolastico, giudiziario* le calendrier scolaire, judiciaire # *orologio con calendario* montre-calendrier → **datario** ◇ (*loc. fig.*) *non l'avete nel (vostro) calendario* [*non lo stimate*] ce n'est pas un saint de votre calendrier **3** [*programma di varie attività, fissato in ordine cronologico*] calendrier: *il calendario sportivo, calcistico, venatorio* le calendrier des manifestations sportives, du football, de la chasse; *fissare il calendario delle manifestazioni di un festival* établir le calendrier des manifestations d'un festival; *è stato modificato il calendario degli esami* le calendrier des examens a été modifié; *quell'incontro è stato cancellato dal calendario* ce match a été supprimé (du calendrier).

calènde |ka'lɛnde| *s.f.pl.* calendes ◇ (*loc. fig.*) *rimandare q.c. alle calende greche* renvoyer qqch. aux calendes grecques.

calendimàggio |kalendi'maddʒo| *s.m. inv.* premier mai *var.*

calèndola |ka'lɛndola| *s.f.* (*t.bot.*) souci *m.*

calenzuòlo |kalen'tswɔlo| *s.m.* → **verdone.**

calepìno |kale'pino| *s.m.* (*raro*) [*taccuino, registro*] calepin.

calére |ka'lere| *v.intr. impers. dif.* **1** (*solo nelle loc.*) *mettere, tenere in non cale q.c.* [*trascurarla; sottovalutarla*] ne faire aucun cas de qqch. ~ *non mi cale* il ne m'en chaut guère ~ *poco me ne cale* peu me chaut **2** (*nelle altre forme lett.*) → **interessare** *impers.*

calèsse |ka'lɛsse| *s.m.* [*vettura a un cavallo con due ruote*] cabriolet; [*a quattro ruote*] calèche *f.*

calessìna |kales'sina| *s.f.*, **calessìno** |kales'sino| *s.m.* petite calèche *f.*

calétta |ka'letta| *s.f.* (*tecnol.*) entaille.

calettaménto |kaletta'mento| *s.m.* [→ CALETTARE A] emboîtement, encastrement; calage.

calettàre |kalet'tare| **A** *v.tr.* (*tecnol.*) [*unire, incastrare due parti in legno*] embrever (6); (*di metallo*) caler **B** *v.intr.* (*aus.* '*avere*') [*combaciare con precisione*] affleurer.

calettatùra |kaletta'tura| *s.f.* → **calettamento.**

calibràre |kali'brare| *v.tr.* **1** [*portare a un determinato calibro*] calibrer: *calibrare un tubo, un foro* calibrer un tuyau, un trou; *calibrare la canna del fucile* calibrer le canon d'un fusil; *calibrare le cartucce, le pallottole* calibrer des cartouches, des balles **2** [*misurare, verificare con il calibro*] calibrer: *calibrare un cilindro, un pezzo meccanico* calibrer un cylindre, une pièce mécanique ◇ (*per anal.*) *calibrare la frutta* calibrer les fruits.

calibratóio, i |kalibra'tojo, i| *s.m.* **1** → **calibratore** 1 **2** → **alesatoio.**

calibratóre |kalibra'tore| *s.m.* **1** (*tecnol.*) calibreur **2** [*tecnico addetto alla calibratura*] calibriste.

calibratrìce |kalibra'tritʃe| *s.f.* [*macchina per calibrare la frutta*] calibreuse.

calibratùra |kalibra'tura| *s.f.* → **calibrazione.**

calibrazióne |kalibrat'tsjone| *s.f.* (*tecnol.*) [→ CALIBRARE] calibrage *m.*

càlibro |'kalibro| *s.m.* **1** (*tecnol.*) calibre: *calibro fisso* calibre à limites; *calibro variabile* calibre réglable **2** (*armi*) calibre: *il calibro di una granata, di un proiettile* le calibre d'une grenade, d'une balle; *un fucile da caccia calibro 12* un fusil de chasse calibre 12; *una pistola calibro 9* un pistolet calibre 9 ◇ (*per est.*) [*bocca da fuoco*] *i piccoli, medi, grossi calibri* les petits, les moyens, les gros calibres **3** (*fig.*) [*valore, tempra, portata*] calibre, classe (*f.*): *quell'avvocato non è dello stesso calibro di suo padre* cet avocat n'est pas du calibre de son père; *un politicante di quel calibro!* un politicien de ce calibre! ◇ (*per est.*) *i grossi calibri della politica, dell'industria, dell'alta finanza* les gros pontes (*fam.*), les grosses légumes *f.* de la politique, de l'industrie, de la haute finance.

calicànto |kali'kanto| *s.m.* (*t.bot.*) calycanthe.

1 **càlice** |'kalitʃe| *s.m.* **1** [*bicchiere di foggia particolare*] flûte (*f.*): *un calice di cristallo* une flûte de, en cristal; *bere un calice di 'champagne'* boire une flûte de champagne ◇ *loc.* A CALICE évasé (*agg.*): *bicchiere, coppa a calice* verre évasé, coupe évasée; *gonna a calice* jupe évasée **2** (*lett.*) [*bicchiere*] verre à pied ◇ (*loc.*) *levare i calici* [*brindare*] porter un toast ◇ (*fig.*) calice: *il calice dell'amarezza, del piacere* le calice de l'amertume, du plaisir; *bere il calice del dolore fino alla feccia* boire le calice (de la douleur) jusqu'à la lie **3** (*anat.*) calice.

2 **càlice** |'kalitʃe| *s.m.* (*bot.*) calice.

calicò |kali'kɔ|, **'calicot'** |kaliko| *s.m. inv.* calicot (*var.*): *una tenda di calicò* un rideau de calicot.

calicòsi |kali'kɔzi| *s.f. inv.* (*med.*) chalicose *var.*

calidàrio, i |kali'darjo, i| *s.m.* (*ant. rom.*) calidarium.

califfàto |kalif'fato| *s.m.* califat.

califfo |ka'liffo| *s.m.* (*st. dell'Islam*) calife ◇ (*fig., spreg.*) *è un califfo!* [*un capo (autoritario)*] c'est un calife!

californiàno |kalifor'njano| *agg.* [*della California*] californien*: *clima californiano* climat californien.

califòrnio, i |kali'fɔrnjo, i| *s.m.* (*chim.*) californium.

calìgine |ka'lidʒine| *s.f.* **1** [*nebbia; vapore; fumo*] brouillard *m.*, brume: *essere avvolti dalla caligine* être enveloppés dans le brouillard ◇ (*fig., lett.*) *una mente ottenebrata dalla caligine* un esprit plein de brouillard, un esprit fumeux **2** (*dial.*) → **fuliggine.**

caliginóso |kalidʒi'noso| *agg.* **1** [*pieno di caligine; fosco, nebbioso*] brumeux*: *cielo, tempo caliginoso* ciel, temps brumeux **2** (*fig., lett.*) → **oscuro.**

caliòrna |kali'ɔrna| *s.f.* (*mar.*) caliorne.

calìpso |ka'lipso| *s.m. inv.* (*danza*) calypso *var.*

1 **càlla** |'kalla| *s.f.* [*chiusa destinata a regolare le acque in un corso d'acqua*] écluse.

2 **càlla** |'kalla| *s.f.* (*t.bot.*) calla.

càlle |'kalle| *s.* **1** *s.m.* (*lett.*) [*strada stretta*] ruelle *f.*, venelle *f.* **2** *s.m.* (*lett.*) → **sentiero** **3** (*s.f.*) *le calli di Venezia* les petites rues, les calli de Venise.

call-girl |kɔ:l'gə:l| *s.f. inv.* (*ingl.*) call-girl *var.*

callidità |kallidi'ta| *s.f. inv.* (*lett.*) → **astuzia.**

callìfugo, ghi |kal'lifugo, gi| *s.m.* (*farm., corr.*) coricide.

calligrafìa |kalligra'fia| *s.f.* **1** calligraphie; écriture: *insegnare calligrafia* enseigner la calligraphie || *ho sempre ammirato la tua calligrafia* j'ai toujours aimé ton écriture **2** (*per est.*) [*modo di scrivere*] écriture: *una calligrafia illeggibile, infantile* une écriture illisible, enfantine; *avere una bella calligrafia* avoir une belle écriture → **scrittura** # *scrivere in bella calligrafia* calligraphier.

calligràfico, ci, ca, che |kalli'grafiko, tʃi, ka, ke| *agg.* **1** *esame calligrafico, perizia calligrafica* expertise graphologique; *esperto calligrafico* expert-graphologue *s.m.* **2** (*fig.*) (*di ar-*

tista o opera d'arte) [*che cura eccessivamente la forma*] maniéré, affecté: *stile calligrafico* style maniéré, précieux; *uno scrittore, un regista calligrafico* un écrivain, un metteur en scène maniéré, formaliste.

calligrafismo |kalligra'fizmo| *s.m.* (*arts., letter.*) formalisme, maniérisme.

calligrafo |kal'ligrafo| *s.m.* **1** calligraphe ✦ (*agg.*) *perito calligrafo* expert-graphologue **2** (*fig.*) [*artista che cura eccessivamente la forma*] formaliste, maniériste.

calligràmma |kalli'gramma| *s.m.* calligramme.

callipigia, gie |kalli'pidʒa, dʒe| (*agg.*) *Venere callipigia* Venus callipyge.

callista |kal'lista| *s.* [*chi cura, estirpa i calli*] pédicure.

càllo |'kallo| *s.m.* **1** (*med., corr.*) cor, durillon: *avere i calli ai piedi* avoir des cors aux pieds; *mi fanno male i calli* mes cors au(x) pied(s) me font mal; *togliersi i calli da un callista* se faire enlever les cors chez un pédicure ◇ (*per anal.*) *il callo osseo* le cal osseux ◇ (*loc. fig.*) *fare il callo a q.c.* [*abituarcisi*] se faire à, s'endurcir à qqch. ~ *pestare i calli a qc.* [*recargli molestia; offenderlo*] marcher sur les pieds de qqn. **2** (*bot.*) cal*.

callosità |kallosi'ta| *s.f. inv.* callosité (*var.*): *callosità delle mani, dei piedi* callosité des mains, des pieds.

callóso |kal'loso| *agg.* **1** calleux*: *mani callose* mains calleuses **2** (*anat.*) *corpo calloso* corps calleux.

callùna |kal'luna| *s.f.* (*t.bot.*) calluna *m.*

càlma |'kalma| *s.f.* **1** calme (*m.*): *la calma della notte* le calme de la nuit ◇ (*geogr.*) *la zona delle calme equatoriali, tropicali* le calme équatorial, tropical ◇ (*mar.*) *calma piatta* calme plat; *calma di vento* calme, temps calme ◇ (*per est.*) [*tranquillità; pausa*] *viveva nella calma della sua villa di campagna* il vivait au calme dans sa maison de campagne; (*non*) *avere un momento di calma* (ne pas) avoir un moment de calme, de répit **2** (*fig.*) [*serenità, pace interiore*] calme: *conservare, perdere la calma* garder, perdre son calme; *esaminare q.c. con calma* examiner qqch. avec calme ✦ (*in funzione di inter.*) *calma!* du calme!; *calma e sangue freddo!* calme et sang froid! # *calma, con tutte queste richieste!* vous y allez un peu fort avec toutes ces prétentions! **3** (*fig.*) [*indolenza, flemma*] calme, flegme *m.* # *prendersela con calma* prendre tout son temps; *lavorare con calma* travailler posément ⓒ 2; 3 **agitazione.**

calmànte |kal'mante| *s.m.* calmant: *prendere dei calmanti per dormire, per il mal di denti* avaler des calmants pour dormir, pour le mal aux dents → **sedativo, tranquillante** ✦ (*agg.*) *una iniezione, una pozione calmante* une piqûre, une potion calmante.

calmàre |kal'mare| **A** *v.tr.* **1** [*ridurre alla calma; placare*] calmer, apaiser: *calmare l'ira* calmer, apaiser la colère; *cerca di calmarlo che è fuori di sé* cherche à le calmer, il est hors de lui **2** (*riferito a dolori, spec. fisici*) [*assopire, lenire*] calmer, lénifier: *una medicina per calmare i dolori* un remède pour calmer, lénifier les douleurs **B** *v. pron. intr.* CALMARSI **1** [→ *tr.* 1] calmir *intr.*; se calmer: *il vento, il mare si è calmato* le vent, la mer a calmi ‖ *calmatevi: ragioniamo un po'* calmez-vous: parlons raison! **2** [→ *tr.* 2] se calmer: *il mal di denti si è calmato* le mal aux dents s'est calmé, apaisé ◇ (*per est.*) *dopo la notte agitata, ora il malato si è calmato* le malade s'est calmé après une nuit agitée ⓒ A 1 **eccitare.**

calmàta |kal'mata| *s.f.* (*mar.*) accalmie.

calmieraménto |kalmjera'mento| *s.m.* [→ CALMIERARE] taxation *f.*

calmieràre |kalmje'rare| *v.tr.* [*sottoporre a calmiere*] taxer: *calmierare i generi di prima necessità* taxer les produits de première nécessité.

calmieratóre, trice |kalmjera'tore, tritʃe| *agg.* [*che funge da calmiere*] antihausse *inv.*

calmière |kal'mjɛre| *s.m.* (*dir., econ.*) taxe *f.* # *prezzo di calmiere* prix de barème.

càlmo |'kalmo| *agg.* **1** calme: *il mare è calmo* la mer est calme; *un posto calmo* un lieu calme → **tranquillo 2** (*fig.*) calme: *un ragazzo, un uomo calmo* un garçon, un homme calme → **pacifico** # *non ti agitare, stai calmo!* ne te trouble pas, tiens-toi tranquille!; *se ne veniva calmo calmo* il revenait tout doucement ⓒ 1 **agitato;** 2 **eccitato.**

càlo |'kalo| *s.m.* **1** [*diminuzione, abbassamento*] baisse *f.*, diminution (*f.*): *calo di pressione, di temperatura* baisse de pression, de température; *il calo delle acque* la baisse des eaux; *un notevole calo nelle vendite* une considérable diminution des ventes ◇ [*perdita di peso*] *dopo quella malattia ha avuto un calo di peso* à la suite de cette maladie, il a eu une perte *f.* de poids; *il prosciutto, stagionando, ha avuto un calo di un chilo* au cours de la maturation, le jambon a diminué d'un kilo ◇ [*diminuzione di prezzo*] *il calo del prezzo dell'olio, dei generi commestibili* la baisse du prix de l'huile, des denrées alimentaires ◇ (*fig.*) *calo d'autorità, di prestigio* baisse d'autorité, de prestige # *quella ditta negli ultimi mesi ha avuto un calo notevole* ces derniers mois cette firme a essuyé un considérable déclin **2** (*comm.*) *calo di peso* déchet de poids; *calo di merce durante il trasporto* déchet, freinte *f.* de route; *calo di merce durante l'immagazzinamento* discale *f.* **3** *il calo di una moneta* frai.

calomelàno |kalome'lano| *s.m.* (*chim., farm.*) calomel.

calóre |ka'lore| *s.m.* **1** (*fis., corr.*) chaleur (*f.*): *calore solare, terrestre* chaleur du soleil, de la terre; *calore specifico, molecolare, raggiante* chaleur spécifique, moléculaire, rayonnante ◇ [*caldo, calura*] *il calore della fiamma* la chaleur de la flamme; *una vampata di calore* une bouffée de chaleur; *i primi calori estivi* les premières chaleurs de l'été; *godersi il calore primaverile del sole* jouir de la chaleur printanière du soleil **2** (*fig.*) chaleur: *nel calore della discussione* dans la chaleur de la dispute; *perorare una causa con molto calore* plaider une cause avec beaucoup de chaleur → **ardore, fervore, entusiasmo 3** (*nelle femmine degli animali*) [*estro*] chaleur: *essere in calore* être en chaleur; *andare, entrare in calore* entrer en chaleur **4** (*pop.*) [*irritazione cutanea*] *ha un po' di calore sul viso, sulle braccia* il a un début de rougeur sur son visage, sur ses bras → **eritema** ⓒ 1 **freddo, fresco;** 2 **freddezza.**

caloria |kalo'ria| *s.f.* calorie: *grande caloria* grande calorie, kilocalorie; *alimenti ricchi di calorie* des aliments riches en calories.

calòrico, ci, ca, che |ka'lɔriko, tʃi, ka, ke| *agg. e s.m.* calorique: *razione calorica* ration calorique.

calorifero |kalo'rifero| *s.m.* **1** calorifère **2** [*radiatore*] radiateur.

calorificazióne |kalorifikat'tsjone| *s.f.* (*fisiol.*) calorification.

calorìfico, ci, ca, che |kalo'rifiko, tʃi, ka, ke| *agg.* calorifique: *radiazioni calorifiche* radiations calorifiques.

calorìgeno |kalo'ridʒeno| *agg.* → **calorifico.**

calorimetria |kalorime'tria| *s.f.* calorimétrie.

calorìmetro |kalo'rimetro| *s.m.* calorimètre.

calorizzazióne |kaloriddzat'tsjone| *s.f.* (*tecnol.*) calorisation.

calorosaménte |kalorosa'mente| *avv.* [*con calore, cordialità*] chaleureusement: *applaudire, acclamare calorosamente* applaudir, acclamer chaleureusement # *felicitarsi calorosamente con qc.* féliciter chaudement qqn. → **caldamente.**

calorosità |kalorosi'ta| *s.f. inv.* [*cordialità; atto di festosa simpatia*] chaleur (*var.*): *accogliere qc. con calorosità* accueillir qqn. avec chaleur, avec enthousiasme # *la calorosità degli applausi lo commosse* il fut ému par ces applaudissements chaleureux ⓒ **freddezza.**

caloróso |kalo'roso| *agg.* **1** (*fig.*) [*che esprime simpatia, cordialità*] chaleureux*: *un'accoglienza calorosa* un accueil chaleureux; *tributare un caloroso applauso* saluer par de chaleureux applaudissements ◇ [*vivace, animato*] *una calorosa discussione* une discussion chaleureuse, animée **2** (*fam.*) (*persone*) [*che non soffre il freddo*] *è un tipo caloroso* il n'a pas froid, il n'est pas frileux* **3** (*cose*) [*che produce calore*] réchauffant: *un cibo caloroso, una bevanda calorosa* un aliment réchauffant, une boisson réchauffante ⓒ 2 **freddoloso.**

calòscia, sce |ka'lɔʃʃa, ʃe| *s.f. spec. al plur.* [*soprascarpa impermeabile*] caoutchoucs (*m.*): *calzavo calosce americane* je chaussais des caoutchoucs américains.

calosòma |kalo'sɔma| *s.m.* (*t.zool.*) calosome.

calòtta |ka'lɔtta| (*s.f.*) *la calotta del paracadute* la coupole, la voilure du parachute; *la calotta dell'orologio* le boîtier *m.* de la montre; *la calotta dello spinterogeno* le chapeau *m.* du distributeur d'allumage ◇ (*anat.*) *la calotta cranica* la calotte du crâne ◇ (*geogr.*) *la calotta polare* la calotte polaire ◇ (*geom.*) *la calotta sferica* la calotte sphérique.

calpestaménto |kalpesta'mento| *s.m.* (*raro*) [→ CALPESTARE 1] piétinement, trépignement.

calpestàre |kalpes'tare| *v.tr.* **1** [*calcare, pestare con i piedi*] marcher *intr.* sur, piétiner: *calpestare i fiori, l'erba del prato* marcher sur, piétiner les fleurs, l'herbe du pré; *non calpestate le aiuole!* défense de marcher sur les plates-bandes **2** (*fig.*) [*oltraggiare, of-*

fendere] piétiner, fouler aux pieds: *calpestare i diritti dei più deboli* piétiner, fouler aux pieds les droits des faibles; *calpestare i più nobili ideali* piétiner les idéals les plus nobles → **violare**; *il suo onore è stato calpestato* son honneur a été piétiné.
calpestatóre, trice |kalpesta'tore, tritʃe| *s.* (*fig.*) [*chi calpesta*] oppresseur *m.*, violateur* (*raro*).
calpestio, ii |kalpes'tio, ii| *s.m.* [*calpestare prolungato, rumore di passi*] trépignement, piétinement # *il calpestio dei cavalli* les pas des chevaux martelant le sol; *un calpestio di passi* un bruit de pas.
calùgine |ka'ludʒine| *s.f.* [*peluria, lanugine*] duvet *m.*
calumàre |kalu'mare| **A** *v.tr.* (*mar.*) [*fare scorrere dall'alto un cavo, una catena*] affaler **B** *v.pron. rifl.* CALUMARSI [*lasciarsi calare, assicurati a un cavo*] s'affaler.
'calumet' |kalymɛ| *s.m. inv.* calumet *var.* ◇ (*loc. fig.*) *fumare il 'calumet' della pace con qc.* fumer le calumet de la paix avec qqn., se réconcilier avec qqn.
calùmo |ka'lumo| *s.m.* (*mar.*) touée *f.*
calùnnia |ka'lunnja| *s.f.* calomnie: *una bassa, odiosa calunnia* une basse, odieuse calomnie; *essere esposto a calunnie* être en butte à la calomnie; *spargere, diffondere calunnie* répandre des calomnies ◇ (*scherz.*) *ma questa è una calunnia!* ce n'est qu'une calomnie!
calunniàre |kalun'njare| *v.tr.* [*accusare, denigrare falsamente*] calomnier → **diffamare.**
calunniatóre, trice |kalunnja'tore, tritʃe| *s.* calomniateur*, détracteur*: *smascherare, perseguire un calunniatore* démasquer, poursuivre en justice un calomniateur.
calunniosaménte |kalunnjosa'mente| *avv.* [→ CALUNNIOSO] calomnieusement: *accusare calunniosamente* accuser calomnieusement.
calunnióso |kalun'njoso| *agg.* calomnieux*, mensonger*: *è un'insinuazione calunniosa* c'est une insinuation calomnieuse, mensongère # *spargere voci calunniose sul conto di qc.* répandre des calomnies sur qqn., calomnier qqn.
calùra |ka'lura| *s.f.* → **caldura.**
calvàrio, i |kal'varjo, i| *s.m.* **1** (*fig.*) [*serie di disgrazie; tormento*] calvaire: *la sua vita è stata tutta un calvario* sa vie fut un calvaire; *quel figlio è il mio calvario* ce fils est mon calvaire **2** (*liturg. catt.*) calvaire: *le stazioni del calvario* les calvaires *pl.*
calvìlla |kal'villa| *s.f.* (*bot.*) calville.
calvinismo |kalvi'nizmo| *s.m.* calvinisme.
calvinista |kalvi'nista| *agg.* calviniste: *dottrina, religione calvinista* doctrine, religion calviniste ✦ (*s.*) *un calvinista* un calviniste.
calvinìstico, ci, ca, che |kalvi'nistiko, tʃi, ka, ke| *agg.* calviniste.
calvìzie |kal'vittsje| *s.f. inv.* calvitie (*var.*): *ha una calvizie incipiente* il a un début de calvitie.
càlvo |'kalvo| *agg.* **1** [*che non ha più capelli*] chauve: *diventare calvo* devenir chauve ✦ (*s.*) *un calvo* un chauve **2** [*brullo, senza vegetazione*] chauve.
calypso |kə'lipsou| *s.m. inv.* (*ingl.*) (*danza*) calypso *var.*
càlza |'kaltsa| *s.f.* **1** [*indumento che ricopre il piede e parte della gamba*] (*da uomo*) chaussette; (*da donna*) bas (*m.*): *calza di lana, di filo, di nylon, di cotone, di seta* bas de laine, de fil, de nylon, de coton, de soie; *calza elastica* bas élastique; *calza senza cucitura* bas sans couture; *una calza bucata* un bas troué; *ho una calza smagliata* mon bas a filé; j'ai fait une échelle à mon bas; *lavorare a maglia delle calze* tricoter des chaussettes; *rammendare le calze* repriser des chaussettes # *ferri da calza* aiguilles à tricoter ◇ *loc.* FAR LA CALZA: (*pr.*) [*lavorare a maglia*] tricoter; (*fig.*) *sono passati i tempi che la donna stava a casa a fare la calza* les temps sont révolus où la femme restait à la maison pour tricoter **2** [*rivestimento di cavi*] enveloppe.
calzamàglia |kaltsa'maʎʎa| *s.f.* [*indumento molto aderente di maglia elastica*] collant *m.*
calzànte |kal'tsante| **I** *agg.* **1** (*fig.*) [*appropriato; efficace*] approprié, juste: *un paragone, un esempio calzante* une comparaison appropriée, un exemple juste **2** [*che calza bene*] *un cappello calzante* un chapeau qui coiffe bien (*loc.*); *dei guanti calzanti* des gants qui gantent *loc.*, qui vont bien *loc.* **II** *s.m.* → **calzascarpe.**
1 **calzàre** |kal'tsare| **A** *v.tr.* **1** [*infilare, adattando bene ai piedi, alle mani*] chausser; mettre (71): *calzare le scarpe, gli stivali* chausser ses souliers, ses bottes ‖ *calzare i guanti* mettre ses gants ◇ (*per est.*) *calzare il cappello* mettre son chapeau ◇ [*portare ai piedi, alle mani*] *le ballerine calzano scarpette di raso* les danseuses portent des chaussons de satin **2** (*raro*) [*rifornire di calzature*] chausser: *calzare una scelta clientela* chausser une clientèle choisie **3** [*puntellare con zeppe e sim.*] caler: *calzare un mobile, un carro* caler un meuble, une charrette **B** *v.intr.* (*aus.* '*avere*', *raro* '*essere*') **1** (*detto di calzature, indumenti*) [*aderire bene*] aller (13) (*aus.* être): *guanti, scarpe che calzano molto bene* gants, chaussures qui vont très bien; *quel vestito ti calza a pennello* ce vêtement te va à la perfection **2** (*fig.*) [*venire a proposito; essere adatto, appropriato*] convenir (27) (*aus.* avoir): *il paragone non calza* la comparaison ne convient pas; *l'esempio calzava alla perfezione* l'exemple convenait à la perfection.
2 **calzàre** |kal'tsare| *s.m.* (*raro*) → **calzatura.**
calzascàrpe |kaltsas'karpe| *s.m. inv.* chausse-pied *var.*, corne *f. var.* à chaussures: *dei calzascarpe* des chausse-pieds.
calzàto |kal'tsato| *agg.* [*munito di calzature*] chaussé: *essere ben calzato* être bien chaussé ◇ (*loc. fig.*) *un asino, un villano calzato e vestito* [*persona grossolana*] un âne bâté, un vrai rustre.
calzatóia |kaltsa'toja| *s.f.* **1** [*zeppa, cuneo per mantenere stabili i mobili o per tenere fermo un veicolo in pendenza*] cale **2** [*sgabello su cui si appoggiano i piedi mentre ci si pulisce le scarpe*] cale-pied *inv.*
calzatóio, i |kaltsa'tojo, i| *s.m.* → **calzascarpe.**
calzatùra |kaltsa'tura| *s.f.* [*qualunque tipo di scarpe*] chaussure: *negozio di calzature* magasin de chaussures.
calzaturière |kaltsatu'rjɛre| *s.m.* [*fabbricante di calzature*] chausseur.
calzaturièro |kaltsatu'rjɛro| *agg.* [*della calzatura, delle calzature*] de la chaussure *loc. inv.*, des chaussures (*loc. inv.*): *industria calzaturiera* industrie de la chaussure # *lavorare nell'industria calzaturiera* travailler dans la chaussure ✦ *s.m.* [*operaio che lavora in un calzaturificio*] ouvrier de la chaussure, chausseur.
calzaturifìcio, i |kaltsaturi'fitʃo, i| *s.m.* fabrique *f.* de chaussures.
calzebràche |kaltse'brake| *s.m. pl.* [*calzoni maschili attillatissimi usati nel Medioevo*] (une paire de) chausses *f.*
calzeròtto |kaltse'rɔtto| *s.m.* [*piccola calza per uomo, bambino*] socquette *f.*
calzétta |kal'tsetta| *s.f.* **1** [*piccola calza; calzino*] chaussette ◇ (*loc. fig.*) *fare la calzetta*: (*pr.*) [*lavorare a maglia*] tricoter; (*fig., spreg., iron.*) *ma vai a fare la calzetta!* mais va donc te faire cuire un œuf! **2** (*loc. fig.*) *è una mezza calzetta* [*persona mediocre, di poco conto*] il ne fait pas le poids, c'est une demi-portion (*fam.*).
calzetterìa |kaltsette'ria| *s.f.* [*fabbrica, negozio di calze*] bonneterie.
calzétto |kal'tsetto| *s.m.* → **calzino.**
calzettóne |kaltset'tone| *s.m.* **1** [*calza pesante che arriva fino al ginocchio*] chaussette *f.* montante, mi-bas **2** [*stivali in gomma usati dai cacciatori*] bottes *f.*, cuissardes *f. pl.* (en caoutchouc).
calzifìcio, i |kaltsi'fitʃo, i| *s.m.* [*stabilimento nel quale si fabbricano le calze*] bonneterie *f.*
calzino |kal'tsino| *s.m.* [*calza corta da uomo, da bambino*] chaussette *f.*
calzolàio, i |kaltso'lajo, i| *s.* [*chi fabbrica, ripara scarpe*] cordonnier* ◇ (*prov.*) *i calzolai sono i peggio calzati* les cordonniers sont toujours les plus mal chaussés.
calzolerìa |kaltsole'ria| *s.f.* [*bottega di calzolaio*] cordonnerie.
calzonàia |kaltso'naja| *s.f.* [*operaia specializzata nella confezione di calzoni; pantalonaia*] culottière.
calzoncini |kaltson'tʃini| *s.m. pl.* **1** [*calzoni corti*] culottes *f.* (courtes): *calzoncini da bambino* culottes d'enfant; *porta ancora i calzoncini* il porte encore des culottes courtes # *calzoncini da bagno* slip de bain **2** [*mutande da donna molto corte*] culottes *pl.* → **slip.**
calzóne |kal'tsone| *s.m.* **1** (*raro*) [*ciascuna delle due gambe dei pantaloni*] jambe *f.* **2** *al plur.* [*pantaloni*] pantalon (*sing.*): *calzoni a tubo, a campana, a zampa d'elefante* pantalon fuseau, cloche, à pattes d'éléphant; *calzoni da sci* pantalon de ski ◇ (*loc. fig.*) *in questa casa è la moglie che porta i calzoni* [*comanda sul marito*] dans ce ménage, c'est la femme qui porte la culotte ~ (*fam.*) *farsela nei calzoni* [*avere tanta paura*] trembler, faire dans sa culotte.
camàglio, i |ka'maʎʎo, i| *s.m.* (*st. ant.*) camail.
camaldolése |kamaldo'lese| *s.m.* (*relig.*) camaldule ✦ (*agg.*) *regola camaldolese* règle des camaldules *loc. inv.*
camaleónte |kamale'onte| *s.m.* (*t.*

zool.) caméléon ◇ (*fig.*) *è un camaleonte* c'est un caméléon → **opportunista, voltagabbana.**
camaleòntico, ci, ca, che |kamale'ɔntiko, tʃi, ka, ke| *agg.* [*da camaleonte*] de caméléon (*loc. inv.*): *comportamento, atteggiamento camaleontico* comportement, attitude de caméléon.
camaleontìsmo |kamaleon'tizmo| *s.m.* (*fig.*) caméléonisme (*raro*) → **opportunismo.**
camarilla |kama'rilla| *s.f.* [*combriccola, cricca*] camarilla.
camarlìngo, ghi |kamar'lingo, gi| *s.m.* → **camerlengo.**
camàuro |ka'mauro| *s.m.* (*liturg.*) bonnet papal*.
cambiàbile |kam'bjabile| *agg.* [→ CAMBIARE A] changeable → **sostituibile.**
cambiadìschi |kambja'diski| (*s.m. inv.*) *il cambiadischi del grammofono* le changeur *var.* (automatique) du tourne-disque.
cambiàle |kam'bjale| *s.f.* (*comm.*) lettre de change; effet (*m.*): (*cambiale*) *tratta* lettre de change; *cambiale domiciliata* lettre de change domiciliée; *firmare, girare una cambiale* signer, endosser une lettre de change; *emettere, accettare, protestare una cambiale* émettre, accepter, protester une lettre de change || *cambiale in bianco* effet en blanc # *cambiale di favore, di comodo* billet de complaisance.
cambiaménto |kambja'mento| *s.m.* **1** [→ CAMBIARE B 2] changement: *cambiamento di clima, di stagione* changement de climat, de saison; *il cambiamento d'aria gli farà bene* le changement d'air lui fera du bien → **mutamento** ◇ (*loc.*) *cambiamento di scena*: (*pr., fig.*) changement de décor ~ *cambiamento di rotta*: (*pr., fig.*) changement de route **2** [→ CAMBIARE B 1] changement: *cambiamenti politici* changements politiques; *dall'ultima volta che l'ho visto ho riscontrato in lui molti cambiamenti* depuis que je l'ai vu la dernière fois, j'ai constaté en lui beaucoup de changements → **trasformazione** # *che cambiamento ha fatto!* comme il a changé!
cambiamonéte |kambjamo'nete| *s.m. inv.* → **cambiavalute.**
cambiàre |kam'bjare| **A** *v.tr.* **1** [*mutare; mettere al posto di un altro*] changer (3) (de): *cambiare i mobili di casa* changer les meubles de maison; *cambiare la biancheria, un abito* changer de linge, de vêtement; *cambiare l'automobile* changer d'automobile; *cambiare casa, città* changer de maison, de ville; *cambiare idea, opinione* changer d'idée, d'opinion; *cambiare posto con qc.* changer de place avec qqn.; *cambiare treno, nave, aereo* changer de train, de bateau, d'avion; *cambiare espressione, colore* changer d'expression, de couleur; *cambiare pettinatura* changer de coiffure; *cambiare tono* changer de ton □ *cambiarsi i calzoni, la giacca* changer de pantalon, de chemise ✦ (*ass.*) *a Firenze si cambia* (*treno*) à Florence on change (de train) ◇ (*loc. fig.*) *cambiare vita* changer de vie ~ *cambiare sistema* changer de système ~ *la cosa cambia aspetto* la chose change d'aspect ~ *cambiare le carte in tavola* changer les données du jeu ~ *cambiare aria*: (*pr., fig.*) changer d'air ~ *cambiare strada*: (*pr., fig.*) changer de route ◇ (*prov.*) *il lupo cambia, perde il pelo ma non il vizio* chassez le naturel, il revient au galop **2** (*persone*) [*sostituire*] changer (de): *cambiare il proprio avvocato* changer son avocat; *cambiare il medico, il sarto* changer de médecin, de couturier; *ho cambiato la segretaria* j'ai changé de secrétaire ◇ (*per est.*) *quella classe ha cambiato tre volte l'insegnante di lettere* cette classe a changé trois fois de professeur de lettres **3** *ass.* (*nella guida automobilistica*) [*cambiare marcia*] changer: *è pericoloso cambiare in curva* il est dangereux de changer de vitesse dans un virage; *non ha ancora imparato a cambiare bene* il n'a pas encore appris à bien changer de vitesse **4** [*rendere diverso; trasformare, spec. in meglio*] changer: *quell'esperienza l'ha cambiata profondamente* cette expérience l'a changée profondément; *l'età non lo ha cambiato affatto* l'âge ne l'a pas vraiment changé **5** [*scambiare, permutare*] changer: *cambiare una macchina sportiva con un fuoristrada* (é)changer une voiture de sport contre, pour une tout-terrain → **barattare** # *la merce venduta non si cambia* les articles vendus ne seront pas repris ✦ *ass.* (*fig.*) *non cambierei con lui, con la sua vita per tutto l'oro del mondo* je ne changerais pas avec lui, avec sa vie pour tout l'or du monde **6** (*detto di valuta*) [*effettuare il cambio, convertire*] changer: *cambiare lire in franchi, in dollari* changer des lires en francs, en dollars ◇ (*di banconote*) [*spicciolare*] *mi cambierebbe diecimila lire?* pouvez-vous me changer dix mille lires? ✦ (*ass.*) *spiacente, ma non ho da cambiare* je suis désolé, mais je n'ai pas de monnaie, la monnaie (de votre billet) **7** *cambiare un bambino* [*rivestirlo di panni puliti*] changer un enfant **B** *v.intr.* **1** (*aus.* '*essere*') [*diventare diverso; mutare*] changer (*aus.* avoir): *come sei cambiata!* comme tu as changé!; *i tempi sono cambiati* les temps ont changé; *il tempo sta cambiando* le temps change # *l'orario di visita è cambiato* l'horaire de visite a été changé **2** (*aus.* '*avere*') [→ *tr.* 1] changer (de): *cambiare di posto, di casa, d'ufficio* changer de place, de maison, de bureau; *come ha cambiato aspetto!* comme il a changé d'aspect! ◇ (*loc. iron.*) *tanto per cambiare, sei ancora in ritardo* pour ne pas changer, tu es encore en retard **C** *v. pron.* CAMBIARSI **1** *rifl.* [*cambiare i propri abiti, la propria biancheria*] se changer: *salgo in casa un momento a cambiarmi* je monte un instant à la maison (pour) me changer; *càmbiati che sei tutto bagnato* change-toi, tu es trempé; *un momento per cambiarmi e sono da te* juste le temps de me changer et je suis à toi **2** *intr.* [*trasformarsi, diventare diverso*] se changer: *la pioggia si cambiò in grandine* la pluie se changea en grêle; *la simpatia si stava cambiando in passione* la sympathie se changeait en passion **3** *rifl.* → *tr.* 1 □.
cambiàrio, i |kam'bjarjo, i| *agg.* de change (*loc.*): *titolo cambiario* titre de change; *mercato cambiario* marché des changes # *vaglia cambiario* billet à ordre.
cambiatensióni |kambjaten'sjoni| *s.m. inv.* (*elettr.*) survolteur-dévolteur *var.*
cambiatóre, trice |kambja'tore, tritʃe| *s.* → **cambiavalute.**
cambiavalùte |kambjava'lute| *s. inv.* [*professionista che scambia valute*] changeur *m. var.*, cambiste *m. var.*
càmbio, i |'kambjo, i| *s.m.* **1** [→ CAMBIARE A 1, 2] changement: *cambio di treno, d'indirizzo* changement de train, d'adresse; *il cambio della biancheria* le changement de linge (de corps) → **cambiamento** # *metti nella valigia due cambi di biancheria* mets dans ta, la valise de quoi te changer deux fois de linge (de corps), deux rechanges de linge ◇ (*loc.*) *dare il cambio a qc.* remplacer qqn. → **sostituire** ~ *si sono dati il cambio* ils se sont fait remplacer → **avvicendare** ~ *il cambio della guardia*: (*pr., fig.*) la relève de la garde **2** [→ CAMBIARE A 5] échange: *proporre, accettare un cambio* proposer, accepter un échange → **scambio, permuta** # *fare a cambio* échanger (qqch.); *nel cambio ci ho perso* j'ai perdu au change, j'y ai perdu → **barattare, scambiare** ◇ *loc. avv.* IN CAMBIO en échange: *per questo favore, che cosa mi offri in cambio?* pour ce service, que m'offres-tu en échange? ◇ *loc. prep.* IN CAMBIO DI à la place de: *vengo io in cambio di mio fratello* je viens à la place de mon frère # *prendere q.c. in cambio di una altra* prendre qqch. en échange (d'une autre chose) **3** (*comm.*) change: *cambio ufficiale* change officiel; *il mercato dei cambi* le marché des changes; *l'ufficio di cambio* le bureau de change; *agente di cambio* agent de change, cambiste; *il cambio del dollaro, della lira, del franco* le change du dollar, de la lire, du franc # *cambio libero* libre-échange **4** (*auto.*) changement: *il cambio* (*di velocità*) le changement (de vitesse); *cambio al volante, a 'cloche'* changement au volant, au plancher # *cambio sincronizzato, automatico* boîte (de vitesse) synchronisée, automatique; *il cambio della bicicletta* le dérailleur **5** (*anat.*) couche *f.* ostéogène **6** (*bot.*) cambium.
cambista |kam'bista| *s.m.* → **cambiavalute.**
cambogiàno |kambo'dʒano| **1** *agg.* [*della Cambogia*] cambodgien* **2** (*s.m.*) *il cambogiano* [*la lingua*] le cambodgien.
càmbra |'kambra| *s.f.* (*tecnol.*) cavalier *m.*
cambrétta |kam'bretta| *s.f.* (*tecnol., corr.*) cavalier *m.* → **cavallotto.**
cambrì |kam'bri| *s.m. inv.* [*fine tessuto di Cambrai*] cambrai *var.*
cambriàno |kam'brjano| *agg.* → **cambrico.**
càmbrico, ci, ca, che |'kambriko, tʃi, ka, ke| *s.m.* (*geol.*) cambrien ✦ *agg.* cambrien*: *periodo cambrico* période cambrienne.
cambùsa |kam'buza| *s.f.* (*mar.*) cambuse.
cambusière |kambu'zjɛre| *s.m.* (*mar.*) cambusier.
camèlia |ka'mɛlja| *s.f.* (*t.bot.*) camélia *m.* ◇ [*il fiore*] camélia.
camelina |kame'lina| *s.f.* cameline.
camepìzio, i |kame'pittsjo, i| *s.m.* (*t.bot.*) germandrée *f.* sauvage, sauge *f.* des bois.
càmera |'kamera| *s.f.* **1** chambre: *la camera* (*da letto*) la chambre à coucher; *la camera degli ospiti* la chambre

d'ami; *camera matrimoniale* chambre avec un grand lit; *una camera d'albergo con bagno, senza bagno* une chambre d'hôtel avec bain, sans bain; *una camera ammobiliata* une chambre meublée; *chiudersi in camera* s'enfermer dans sa chambre; *oggi non sto bene, resto in camera* aujourd'hui je ne me sens pas bien, je reste dans ma chambre; *dormire in camere separate* dormir dans des chambres séparées ◇ (*per est.*) *veste da camera* robe da chambre; *giacca da camera* veste d'intérieur ◇ (*loc.*) *fare la camera, le camere* faire la chambre, les chambres **2** [*stanza, locale*] salle; pièce: *la camera dei giochi* la salle de jeux ‖ *un appartamento di tre camere e servizi* un appartement avec trois pièces et une salle de bains ◇ (*raro*) *camera da pranzo* salle à manger (*corr.*) **3** (*per est.*) [*i mobili della camera da letto*] chambre: *cambiare la camera* changer la chambre; *comprare una camera in noce* acheter une chambre de, en noyer **4** (*in alcune loc.*) [*ambiente, vano ristretto*] chambre: *camera mortuaria* chambre mortuaire; *camera a gas* chambre à gaz; *camera blindata* chambre blindée; *camera di sicurezza* chambre de sûreté # *la camera della morte della tonnara* la cale du thonier; *camera ardente* chapelle ardente; *camera di punizione* cellule → **cella** ◇ (*foto.*) *camera oscura* chambre noire **5** (*tecnol., corr.*) chambre: *camera di combustione* chambre de combustion; *camera di decompressione* chambre de décompression; *camera d'aria* chambre à air ◇ (*mar.*) *camera di manovra* chambre de manœuvres; *camera di lancio dei siluri* chambre de lancement des torpilles ◇ (*min.*) *camera di mina* chambre de mine **6** [*macchina per riprese fotografiche; cinematografiche, televisive*] appareil *m.* de photo; caméra: *puntare le camere su qc.* braquer les appareils de photos sur qqn. ‖ *zummare con la camera su qc.* effectuer une prise de vue (de qqn.) avec le zoum d'une caméra **7** [*organo collegiale con funzioni politiche, amministrative e sim.*] chambre: *la camera* (*dei deputati*) la chambre (des députés); *la camera di consiglio* la chambre du conseil; *la camera del lavoro* la chambre du travail; *la camera di commercio, industria, agricoltura* la chambre de commerce, d'industrie, d'agriculture; *la camera di commercio per l'artigianato* la chambre de commerce pour l'artisanat **8** (*mus.*) chambre: *orchestra, musica da camera* orchestre, musique de chambre **9** (*anat.*) chambre: *la camera anteriore, posteriore dell'occhio* la chambre antérieure, postérieure de l'œil.

cameràle |kame'rale| *agg.* **1** de la chambre (*loc. inv.*): *decisione camerale* décision de la chambre → **collegiale**; *imposta camerale* impôt de la chambre (de commerce) **2** → **erariale; demaniale.**

càmeraman |'kameramen|, *pl.* **càmeramen** |'kameramen| *s.m.* cadreur, cameraman*.

cameràrio, i |kame'rarjo, i| *s.m.* **1** (*st. mediev.*) chambrier **2** → **camerlengo.**

1 **cameràta** |kame'rata| *s.* [*compagno d'armi*] compagnon *m.* ◇ [*di studi*] camarade ◇ (*raro*) [*di lavoro*] camarade.

2 **cameràta** |kame'rata| *s.f.* **1** [*dormitorio, in collegi, caserme e sim.*] chambrée: *dormire in camerata* dormir en chambrée ◇ (*per est.*) [*il gruppo che vi dorme*] *la camerata dei piccoli, dei grandi* la chambrée des petits, des grands **2** (*raro*) → **circolo, associazione.**

cameratésco, chi, ca, che |kamera'tesko, ki, ka, ke| *agg.* [*di, da camerata*] de camaraderie (*loc. inv.*): *saluto cameratesco* salut de camaraderie.

cameratismo |kamera'tizmo| *s.m.* [*spirito di amicizia tra compagni*] camaraderie *f.*

camerétta |kame'retta| *s.f.* [*piccola camera*] chambrette.

camerièra |kame'rjɛra| *s.f.* **1** [*donna di servizio; domestica*] bonne: *una cameriera tuttofare* une bonne à tout faire; *pagare i contributi previdenziali per la cameriera* payer la caisse de prévoyance pour la bonne; *fa la cameriera presso il sig. X* elle est bonne chez M. X; *sono restata senza cameriera* je suis restée sans bonne # *una cameriera a ore* une femme de ménage **2** (*nei locali pubblici*) [*donna addetta alle pulizie*] femme de chambre: *dare una mancia alle cameriere* donner un pourboire aux femmes de chambre ◇ [*donna che serve i clienti in un ristorante*] mademoiselle, madame: *cameriera, mi dia il menù!* mademoiselle, donnez-moi le menu, s'il vous plaît!

camerière |kame'rjɛre| *s.m.* **1** (*nei locali pubblici*) [*uomo che serve i clienti al tavolo*] garçon (de café): *cameriere,* (*mi porti*) *un caffè!* garçon, apportez-moi un café, s'il vous plaît!; *cameriere, il conto per favore!* garçon, l'addition, s'il vous plaît! # *fa il cameriere presso il ristorante, l'albergo X* il est serveur au restaurant, à l'hôtel X ◆ (*per est.*) *essere assunto come cameriere su una nave, su un treno* être engagé comme garçon de cabine sur un bateau, sur un train **2** [*uomo addetto alle faccende domestiche presso una famiglia privata*] valet de chambre **3** [*titolo d'onore*] camérier: *cameriere segreto* camérier secret; *cameriere d'onore* camérier d'honneur; *cameriere di cappa e spada* camérier secret de cape et d'épée.

camerìno |kame'rino| *s.m.* **1** [*piccola stanza riservata ai singoli attori*] loge (*f.*): *l'attore lo ha ricevuto nel suo camerino* l'acteur l'a reçu dans sa loge **2** (*mar., mil.*) chambre *f.* **3** (*region.*) [*gabinetto, cesso*] lieu d'aisance **4** (*raro*) → **stanzino.**

camerìsta |kame'rista| *s.f.* caméristo.

cameristico, ci, ca, che |kame'ristiko, tʃi, ka, ke| *agg.* (*mus.*) de la musique de chambre *loc. inv.*

camerléngo, ghi |kamer'lengo, gi| *s.m.* (*eccl.*) camerlingue.

cameróne |kame'rone| *s.m.* [*grande camera*] grande chambre *f.*, grande pièce *f.*

cameròtto |kame'rɔtto| *s.m.* (*sulle navi*) garçon de cabine.

càmice |'kamitʃe| *s.m.* **1** [*tunica bianca usata da medici, infermieri e da alcuni tecnici*] blouse *f.* **2** (*liturg. catt.*) aube *f.* **3** (*raro*) → **sudario.**

camiceria |kamitʃe'ria| *s.f.* [*fabbrica, negozio di camicie*] chemiserie.

camicétta |kami'tʃetta| *s.f.* [*indumento femminile che ricopre il busto*] *camicetta con le maniche* corsage *m.*, chemisier (*m.*); *camicetta senza maniche* chemisette.

camìcia, cie |ka'mitʃa, tʃe| *s.f.* **1** chemise: *camicia da uomo* chemise d'homme; *camicia di cotone, di seta, di nailon* chemise en (de) coton, soie, nylon; *camicia sportiva* chemise de sport; *camicia da notte* chemise de nuit ◇ (*loc.*) *camicia di forza* [*per i pazzi furiosi*] camisole de force ~ *ricevere qc. in maniche di camicia* recevoir qqn. en manches, en bras de chemise ◇ (*loc. fig.*) *nato con la camicia* [*molto fortunato*] né coiffé ~ *sudare sette camicie* [*faticare molto*] suer sang et eau ~ *dare* (*perfino*) *la camicia per qc., per q.c.* [*detto di persona molto generosa*] se mettre en quattre pour qqn., qqch. ~ *giocarsi la camicia* [*perdere tutto al gioco*] jouer sa chemise ~ *ridursi, rimanere in camicia* [*nella miseria*] y laisser jusqu'à sa dernière chemise ~ *uova in camicia* [*affogate*] œufs pochés **2** [*uniforme di organizzazioni, spec. paramilitari*] chemise: *indossare la camicia nera, rossa* endosser la chemise noire, rouge ◇ (*per est.*) [*gli aderenti alle stesse*] *le camicie nere del fascismo* les chemises noires du fascisme; *le camicie brune di Hitler* les chemises brunes d'Hitler **3** (*tecnol.*) chemise: *la camicia del cilindro* la chemise du cylindre; *la camicia di un forno, di un pozzo* la chemise d'un four, d'un puits; *la camicia del cannone* la chemise du canon → **involucro, rivestimento.**

camiciàio, i |kami'tʃajo, i| *s.* [*chi fabbrica, vende camicie*] chemisier *m.*

camicìno |kami'tʃino| *s.m.* [*camicia piccola per neonato*] brassière *f.*

camiciòla |kami'tʃɔla| *s.f.* **1** [*indumento* (*maschile*) *che si porta sulla pelle*] maillot *m.* de corps **2** [*camicia estiva con maniche corte*] chemisette → **camicetta.**

camiciòtto |kami'tʃɔtto| *s.m.* **1** [*blusa indossata durante il lavoro*] blouse *f.* (de travail), sarrau* **2** chemise *f.* de sport.

caminétto |kami'netto| *s.m.* **1** [*piccolo camino per riscaldamento domestico*] cheminée (*f.*): *un caminetto artistico* une cheminée artistique # *riunirsi attorno al caminetto, sedersi accanto al caminetto* se réunir, s'asseoir au coin du feu **2** (*alpinismo*) cheminée.

caminièra |kami'njɛra| *s.f.* **1** [*parafuoco di metallo collocato dinnanzi al caminetto*] garde-feu *m. inv.* **2** [*mensola che sporge nella parte superiore del camino*] dessus *m.* de cheminée.

camino |ka'mino| *s.m.* **1** cheminée (*f.*): *gola del camino* tuyau de cheminée; *accendere il camino* allumer la cheminée; *la cappa del camino* le manteau de la cheminée; *il camino tira bene* la cheminée tire bien # *sedersi, riunirsi attorno al camino* s'asseoir, se réunir autour du feu **2** [*canna fumaria*] conduit de fumée: *pulire il camino* nettoyer le conduit de fumée **3** (*tecnol.*) cheminée: *camino a tiraggio naturale, forzato* cheminée à tirage naturel, artificiel ◇ (*loc. fig., detto di accaniti fumatori*) *fumare come un camino* fumer comme un vapeur **4** (*alpinismo, geol.*) cheminée.

càmion |'kamjon| *s.m. inv.* camion (*var.*): *camion a cassone ribaltabile* camion à benne basculante; *camion con rimorchio* camion à remorque → **autocarro** # *trasporto con camion* camion-

nage; *trasportare delle merci con camion* camionner des marchandises.
camionàbile |kamjo'nabile| *agg. e s.f.* (*strada*) *camionabile* route ouverte aux poids-lourds.
camionàle |kamjo'nale| *agg. e s.f.* → **camionabile.**
camioncìno |kamjon'tʃino| *s.m.* [*piccolo autocarro*] camionnette *f.*
camionétta |kamjo'netta| *s.f.* camionnette.
camionìsta |kamjo'nista| *s.m.* camionneur ◇ [*di lunghi percorsi*] routier: *ristorante per camionisti* un restaurant de routiers, un routier.
camionìstico, ci, ca, che |kamjo'nistiko, tʃi, ka, ke| *agg.* (*raro*) de camions (*loc. inv.*): *traffico camionistico* circulation de camions.
camisàccio, i |kami'zattʃo, i| *s.m.* [*casacca corta usata dai marinai della mar. mil.*] vareuse *f.*
camìta |ka'mita| *s.* [*chi appartiene alla razza camitica*] chamite.
camìtico, ci, ca, che |ka'mitiko, tʃi, ka, ke| *agg.* chamitique.
càmma |'kamma| *s.f.* (*tecnol.*) came: *albero a camme* arbre à cames; *camma di arresto* came de butée.
cammeìsta |kamme'ista| *s.m.* [*chi intaglia i cammei*] graveur de camée.
cammèlla |kam'mɛlla| *s.f.* [*femmina del cammello*] chamelle.
cammellière |kammel'ljɛre| *s.m.* [*conduttore di cammelli*] chamelier.
cammèllo |kam'mɛllo| *s.m.* (*t. zool.*) chameau ◇ [*tessuto*] poil de chameau: *un cappotto di cammello* un manteau en poil de chameau.
cammèo |kam'mɛo| *s.m.* camée: *incastonare un cammeo in un anello* monter un camée en bague.
camminaménto |kammina'mento| *s.m.* (*mil.*) boyau.
camminàre |kammi'nare| *v.intr.* (*aus.* 'avere') **1** [*spostarsi a piedi; muoversi, procedere*] marcher: *camminare adagio, a fatica* marcher doucement, avec peine; *è un bambino che comincia, sta imparando a camminare* c'est un enfant qui commence, qui apprend à marcher; *camminava nervosamente avanti e indietro* il marchait nerveusement de long en large; *abbiamo camminato tutto il giorno* nous avons marché toute la journée; *sono stanco di camminare* je suis fatigué de marcher ◇ (*loc.*) *è un tipo che cammina* [*è un buon camminatore*] c'est un fameux marcheur, un grand marcheur ~ *su, cammina!* [*affrèttati*] allez, marche! ~ (*nelle favole*) *cammina cammina...* [*dopo un lungo cammino*] après avoir longtemps marché... ◇ (*loc. fig.*) *sembra un morto che cammina* on dirait un cadavre ambulant ~ *camminare sulle uova* marcher sur les œufs ~ *camminare diritto* marcher droit ~ *camminare sul sicuro* agir à coup sûr **2** (*riferito a veicoli*) [*funzionare; procedere*] marcher: *è una macchina vecchia ma cammina ancora* c'est un vieux tacot, mais il marche encore # *sull'autostrada camminava a 200* (*km.*) *all'ora* sur l'autoroute il allait à 200 à l'heure → 1 **filare** **3** (*di meccanismi*) [*funzionare*] marcher: *questo orologio non cammina più* cette montre ne marche plus **4** (*fig.*) [*procedere; progredire*] marcher: *gli affari camminano bene, male* les affaires marchent bien, mal.
camminàta |kammi'nata| *s.f.* **1** [*percorso a piedi, spec. lungo e faticoso*] marche, promenade: *dal rifugio alla cima è una bella camminata* du refuge au sommet il y a une belle marche, une (belle) trotte (*fam.*); *abbiamo fatto una bella camminata* nous avons fait une belle promenade → **tirata** **2** (*raro*) [*maniera di camminare*] marche: *camminata lenta, rapida* marche lente, rapide → **andatura.**
camminatóre, trice |cammina'tore, tritʃe| *s.* [*chi ama camminare molto, chi ha molta resistenza*] marcheur*: *un* (*buon*) *camminatore* un (bon) marcheur; *è una buona camminatrice* c'est une bonne marcheuse.
cammìno |kam'mino| *s.m.* **1** chemin: *durante il cammino* durant le chemin; *lungo tutto il cammino* tout le long du chemin; *mettersi, essere in cammino* se mettre, être en chemin; *proseguire il proprio cammino* poursuivre son chemin → **viaggio** # *ci restano due ore di cammino per raggiungere la mèta* il nous reste deux heures de route avant le but ◇ (*per est.*) *il cammino del sole, degli astri* le cours du soleil, des astres → 1 **moto**; *il cammino del Po, della Senna* le cours du Pô, de la Seine → **corso**; *la nave cambiò cammino* le navire changea de route → 2 **rotta** **2** [*strada, percorso*] route *f.*, chemin: *chiedere, indicare il cammino* demander, indiquer la route; *un cammino aspro e poco battuto* un chemin âpre et peu fréquenté; *cammin facendo* chemin faisant; *siamo a metà cammino* nous sommes à mi-chemin ◇ (*loc. fig.*) *tagliare il cammino a qc.* couper la route à qqn. **3** (*fig.*) chemin; voie (*f.*): *il cammino della gloria* le chemin de la gloire → **corso, percorso**; *allontanarsi dal retto cammino* s'écarter du droit chemin → **strada** ‖ *il cammino della virtù* la voie de la vertu; *il cammino delle scienze, della tecnica* la voie des sciences, de la technique → **progresso** # *il cammino della vita* le cours de la vie ◇ (*loc.*) *è un ragazzo, un giovane che farà molto cammino* c'est un garçon, un jeune qui fera beaucoup de chemin.
càmola |'kamola| *s.f.* (*dial.*) → **tarlo**; **tarma** ◇ (*per est.*) → **larva.**
camomìlla |kamo'milla| *s.f.* (*t. bot.*) camomille ◇ [*decotto*] camomille.
camòrra |ka'mɔrra| *s.f.* [*associazione della malavita napoletana*] ⊠ ◇ (*per est.*) [*associazione criminosa*] maf(f)ia ◇ (*per est.*) [*imbroglio, truffa*] manigance: *è tutta una camorra* c'est toute une manigance, un micmac *m.*
camorrìsta |kamor'rista| *s.* camorriste ◇ (*per est.*) [*truffatore; prepotente*] combinard (*pop.*) → **mafioso.**
camosciàre |kamoʃ'ʃare| *v.tr.* → **scamosciare.**
camòscio, i |ka'mɔ(o)ʃʃo, i| *s.m.* (*t.zool.*) chamois ◇ (*per est.*) [*la pelle trattata con concia particolare*] *guanti di camoscio* gants de chamois.
campàgna |kam'paɲɲa| *s.f.* **1** campagne: *l'aria di campagna* l'air de la campagne; *in aperta campagna* en pleine campagne; *gente di campagna* gens de la campagne; *vivere, abitare in campagna* vivre, habiter à la campagne; *farsi la villa in campagna* se faire (bâtir) une villa à la campagne ◇ (*loc. fig.*) *buttarsi, darsi alla campagna* [*alla macchia, alla latitanza*] prendre le maquis **2** (*per est.*) [*terreno coltivato*] terre: *quest'anno la campagna promette bene* cette année la terre promet bien; *la campagna rende poco* la terre rend peu ◇ [*proprietà terriera*] *possiede campagne nella pianura padana* il possède des terres dans la plaine du Pô ◇ [*luogo di villeggiatura*] campagne: *in autunno andrò in campagna con i bambini* en automne j'irai à la campagne avec les enfants **3** (*mil.*) campagne: *artiglieria da campagna* artillerie de campagne ◇ (*per est.*) *la campagna d'Africa, di Russia* la campagne d'Afrique, de Russie; *le campagne di Napoleone* les campagnes de Napoléon ◇ (*fig., scherz.*) *da giovane ha fatto anche lui le sue campagne* [*esperienze amorose*] dans sa jeunesse il a fait (lui) aussi ses frasques **4** (*fig.*) [*complesso di azioni programmate per un determinato fine*] campagne: *la campagna elettorale* la campagne électorale; *una campagna pubblicitaria* une campagne publicitaire; *una campagna scandalistica contro qc.* une campagne de scandales contre qqn.; *montare, orchestrare una campagna in favore di qc.* mener, orchestrer une campagne au faveur de qqn.
campagnòla |kampaɲ'ɲɔla| *s.f.* → **fuoristrada.**
campagnòlo |kampaɲ'ɲɔlo| *agg.* de la campagne (*loc. inv.*): *gente campagnola* gens de la campagne; *abitudini campagnole* habitudes de la campagne # *alla campagnola* à la campagnarde; *il topo campagnolo* le campagnol ♦ *s.* (*persone*) *un campagnolo* un campagnard.
campàle |kam'pale| *agg.* de campagne (*loc. inv.*): *artiglieria campale* artillerie de campagne ◇ (*loc.*) *battaglia campale*: (*pr., fig.*) bataille rangée ~ *giornata campale*: (*pr., fig.*) rude journée.
campàna |kam'pana| *s.f.* **1** cloche; carillon (*m.*): *la campana dell'Angelus, dell'Ave Maria* les cloches de l'Angélus, de l'Avé Maria; *le campane suonano a concerto* les cloches sonnent à toute volée; ‖ *concerto di campane* carillon; *quella cattedrale ha un ottimo concerto di campane* cette cathédrale a un très bon carillon # *suonare le campane a stormo, a martello* sonner le tocsin ◇ (*loc. fig.*) *sordo come una campana* [*completamente sordo*] sourd comme un pot ~ *bisogna sentire anche l'altra campana, tutte e due le campane* il faut entendre les deux sons de cloche; qui n'entend qu'une cloche n'entend qu'un son ~ (*liturg. catt.*) *legare le campane* brider les cloches le jeudi saint; les cloches sont parties pour Rome; *slegare, sciogliere le campane* sonner les cloches à toute volée le samedi saint; les cloches sont rentrées de Rome ◇ (*per est.*) *al suono della campana di bordo, tutti furono sul ponte della nave* au son de la cloche du bord, ils se précipitèrent tous sur le pont; *è suonata la campana della prima ora* (*delle lezioni*) la cloche de la première heure a sonné → **campanello** ◇ *spec. al plur.* (*mus.*) *le campane tubolari* le pavillon *sing.* **2** *loc.* A CAMPANA en (forme de) cloche: *un vaso* (*modellato*) *a campana* un vase en forme de cloche → **scampanato, svasato** # *gonne a campana* des jupes cloches **3** (*per est., tecnol.*) cloche: *una campana pneumatica* une cloche à air; *campana da palombaro*

cloche à plongeur ◇ (*loc. fig.*) *vivere sotto una campana di vetro* [*avere troppi riguardi per la propria salute*] vivre dans du coton, être élevé sous cloche ~ *tenere q.c. sotto una campana di vetro* [*custodirla gelosamente*] garder qqch. sous verre **4** (*gioco di bambini*) marelle **5** (*arch.*) campane.

campanàccio, i |kampa'nattʃo, i| *s.m.* [*campana appesa al collo dei bovini al pascolo*] clarine *f.*

campanàio, i |kampa'najo, i| *s.m.* → **campanaro.**

campanàrio, i |kampa'narjo, i| *agg.* de cloche *loc. inv.* # *torre campanaria* beffroi → **campanile**; *cella campanaria* cage de clocher.

campanàro |kampa'naro| *s.m.* [*chi ha il compito di suonare le campane*] sonneur, carillonneur.

campanatùra |kampana'tura| *s.f.* (*auto.*) carrossage *m.*

campanèlla |kampa'nɛlla| *s.f.* **1** petite cloche **2** [*campanello*] sonnette # *la campanella della scuola* la clochette, la sonnerie de l'école **3** [*anello metallico*] anneau (*m.*): *la campanella delle tende* l'anneau des rideaux; *la campanella dei palazzi rinascimentali* l'anneau des palais de la Renaissance **4** [*orecchino a forma d'anello*] boucle d'oreille **5** (*pop.*, *t.bot.*) clochette.

campanèllo |kampa'nɛllo| *s.m.* **1** sonnette (*f.*): *campanello elettrico* sonnette électrique; *il campanello della porta* la sonnette de la porte # *campanello di bicicletta* timbre de bicyclette; *hanno suonato il campanello* on a sonné ◇ (*loc.*) *campanello d'allarme*: (*pr.*, *fig.*) sonnette d'allarme **2** *al plur.* (*mus.*) carillon *sing.*

campanile |kampa'nile| *s.m.* **1** [*costruzione destinata a sostenere le campane di una chiesa*] clocher: *un campanile romanico* un clocher roman **2** (*fig.*) [*simbolo del paese natio*] clocher: *rivalità, questioni di campanile* rivalités, histoires de clocher; *l'amor di campanile* l'esprit de clocher → **campanilismo** **3** (*fig.*, *scherz.*) [*persona molto alta*] perche (*f.*): *è un campanile!* c'est une grande perche! → **pertica** **4** (*calcio*) *tiro a campanile* tir en chandelle *f.*

campanilétto |kampani'letto| *s.m.* [*piccolo campanile*] clocheton.

campanilismo |kampani'lizmo| *s.m.* esprit de clocher.

campanilista |kampani'lista| *s.* qui a l'esprit de clocher *loc.*

campanilìstico, ci, ca, che |kampani'listiko, tʃi, ka, ke| *agg.* [*che manifesta un eccessivo attaccamento alla propria città*] de clocher (*loc. inv.*): *rivalità campanilistica* rivalité de clocher; *spirito campanilistico* esprit de clocher.

1 **campàno** |kam'pano| **1** *agg.* [*della Campania*] campanien*: *affresco campano* fresque campanienne **2** (*s.m.*) *il campano* [*il dialetto*] le campanien.

2 **campàno** |kam'pano| *s.m.* → **campanaccio.**

campanóne |kampa'none| *s.m.* [*grossa campana*; *campana maggiore di un campanile*] bourdon.

campànula |kam'panula| *s.f.* (*t.bot.*) campanule.

Campanulàcee |kampanu'latʃee| *s.f. pl.* (*t.bot.*) Campanulacées.

1 **campàre** |kam'pare| **A** *v.intr.* (*aus.* '*essere*', *raro* '*avere*') [*provvedere al proprio sostentamento*; *tirare avanti*] vivre (58) (*aus.* avoir): *campare di rendita*, *del proprio lavoro* vivre de ses rentes, de son travail; *campare di espedienti*, *di imbrogli* vivre d'expédients, d'escroqueries; *campare d'aria* vivre de l'air du temps → 1 **vivere** ◇ (*fam.*) [*sopravvivere*, *vivere*] *con quella malattia non so se camperà a lungo* avec cette maladie, je ne sais pas s'il vivra longtemps; *chi beve birra campa cent'anni* qui boit de la bière vit cent ans ◇ (*loc.*) *tirare a campare* [*vivere alla giornata*; *non prendersi nessuna responsabilità*] se laisser vivre ~ '*come stai?*' '*si campa* (*alla meno peggio*)' 'comment vas-tu?' 'on vit, comme on peut, on vit, quoi' (*pop.*) ◇ (*prov.*) *campa cavallo che l'erba cresce* compte là-dessus et bois de l'eau (fraîche) **B** *v.tr.* **1** (*raro*, *fam.*) [*allevare*, *nutrire*] éduquer **2** (*raro*) → **liberare, salvare.**

2 **campàre** |kam'pare| *v.tr.* (*nelle arti figurative*) [*far risaltare*, *mettere in rilievo*] réchampir, rechampir.

campàta |kam'pata| *s.f.* (*ing.*) portée; travée.

campàto |kam'pato| *agg.* (*nella loc.*) CAMPATO IN ARIA [*senza fondamento*] en l'air; sans fondement: *discorsi*, *progetti campati in aria* des discours, des projets en l'air ‖ *sono voci campate in aria* ce sont des rumeurs, des bruits sans fondement # *speranza campata in aria* vain espoir.

campeggiàre |kamped'dʒare| *v. intr.* (*aus.* '*avere*') **1** [*vivere in un campeggio*; *stare attendato*] camper: *campeggiare in una radura*, *sulle rive del lago* camper dans une clairière, sur les rives du lac ◇ (*raro*, *mil.*) [*accamparsi*] camper **2** [*risaltare*, *spiccare*] trancher: *il ritratto campeggia su uno sfondo agreste* le portrait tranche sur un fond rustique ◇ (*fig.*) *su tutti campeggia l'interpretazione del protagonista* l'interprétation du protagoniste est nettement au-dessus des autres.

campeggiatóre, trice |kampeddʒa'tore, tritʃe| *s.* [*chi pratica il campeggio*] campeur*.

1 **campéggio, i** |kam'peddʒo, i| *s.m.* camping, camp: *materiale da campeggio* matériel de camping, de camp; *fare del campeggio* faire du camping.

2 **campéggio, i** |kam'peddʒo, i| *s.m.* (*t.bot.*) campêche ◇ (*corr.*) *legno di campeggio* bois de campêche, bois noir, bois d'Inde.

campeggista |kamped'dʒista| *s.* → **campeggiatore.**

camper |'kæmpəl| *s.m. inv.* (*ingl.*) camping-car *var.*

campèstre |kam'pɛstre| *agg.* [*di campagna*, *di campo*] rustique, champêtre (*lett.*): *vita*, *festa campestre* vie, fête rustique; *fiori campestri* fleurs champêtres → **campagnolo**; *guardia campestre* garde champêtre.

campicchiàre |kampik'kjare| *v. intr.* (*aus.* '*essere*') [*vivere stentatamente*, *alla meno peggio*] vivoter (*aus.* avoir) → **vivacchiare.**

campidòglio, i |kampi'dɔʎʎo, i| *s.m.* [*rocca d'una città*] capitole.

campièllo |kam'pjɛllo| *s.m.* (*a Venezia*) petite place *f.*, campiello.

camping |'kæmpiŋ| *s.m. inv.* (*ingl.*) camping *var.*

campionaménto |kampjona-mento| *s.m.* [*scelta di campioni di merci*] échantillonnage.

campionàre |kampjo'nare| *v.tr.* [*scegliere*, *prelevare campioni da un insieme di merci*, *di materiali geologici*] échantillonner: *campionare dei tessuti* échantillonner des tissus.

campionàrio, i |kampjo'narjo, i| **1** *s.m.* [*raccolta di campioni di merci*] collection *f.* d'échantillons: *campionario di giocattoli* collection de jouets **2** (*agg.*) *fiera campionaria* foire-échantillon: *delle fiere campionarie* des foires--échantillons # *la fiera campionaria di Milano* la foire de Milan.

campionarista |kampjona'rista| *s.* [*chi prepara i campionari o li mostra alla clientela*] échantillonneur*.

campionàto |kampjo'nato| *s.m.* championnat: *campionato di ciclismo*, *di calcio* championnat de cyclisme, de football; *campionato maschile*, *femminile* championnat masculin, féminin; *campionato italiano*, *d'Europa*, *del mondo* championnat d'Italie, d'Europe, du monde; *vincere il campionato di calcio* remporter le championnat de football.

campionatóre, trice |kampjona'tore, tritʃe| *s.* [*l'addetto alla campionatura*] échantillonneur*.

campionatùra |kampjona'tura| *s.f.* [→ CAMPIONARE] échantillonnage *m.*

campióne, essa |kam'pjone, essa| *s.* **1** *s.* (*sport*) champion*: *il campione italiano dei pesi massimi* le champion d'Italie des poids lourds; *il campione europeo del salto in alto* le champion d'Europe du saut en hauteur; *il campione mondiale dei 100 metri* le champion du monde du 100 mètres; *la campionessa italiana di discesa libera* la championne italienne de descente libre; *conquistare*, *detenere*, *perdere il titolo di campione* conquérir, détenir, perdre le titre de champion ◆ (*agg. inv.*) *la squadra campione* l'équipe championne **2** *s.* (*per est.*) [*atleta particolarmente dotato*] champion: *è un campione del pedale* c'est un champion cycliste → **asso** ◇ (*fig.*) *in matematica è un campione* en mathématiques, c'est un as *m.* **3** *s.* (*fig.*) [*chi difende una causa*, *un ideale*] champion: *un campione della fede*, *della libertà* un champion de la foi, de la liberté → **difensore, paladino** ◇ (*st. mediev.*) champion **4** *s.m.* [*saggio di una merce*, *di un prodotto*, *spec. per scopi comm.*, *di analisi*] échantillon: *un campione di stoffa*, *di vino* un échantillon d'étoffe, de vin; *vendita su campione* vente sur échantillon; *prelevare un campione di una sostanza* prélever un échantillon d'une substance; *spedire q.c. come campione senza valore* expédier qqch. comme échantillon sans valeur ◇ (*fig.*) [*persona rappresentativa*] exemple: *lo si può considerare come il campione della nuova generazione* on peut le considérer comme l'exemple de la nouvelle génération; *un vero campione di stupidità* un bel exemple de stupidité # *che bel campione!* quel drôle de numéro!; *quel bel campione di tuo figlio!* quel beau numéro que ton fils! **5** *s.m.* (*fis.*) étalon: *il campione internazionale del metro* l'étalon international du mètre **6** *s.m.* (*stat.*) échantillon: *il metodo del campione* la méthode de l'échantillon ◆ (*agg. inv.*) *inchiesta*, *indagine campione* sondage échantillon.

campionéssa |kampjo'nessa| *s.f.* → **campione.**

campire |kam'pire| (197) *v.tr.*

(*pitt.*) [*dipingere lo sfondo, il campo*] peindre (66) (le fond d'un tableau).

càmpo |'kampo| *s.m.* **1** (*agr., corr.*) champ: *un campo coltivato, incolto, abbandonato* un champ labouré, en friche, à l'abandon; *un campo di grano, di patate* un champ de blé, de pommes de terre; *fiori di campo* fleurs des champs; *lavorare, arare, dissodare un campo* cultiver, labourer, défricher un champ ◇ *al plur.* [*campagna*] *la vita dei campi* la vie des champs; *prendere, passare per i campi* couper à travers champs **2** [*area destinata ad attività sportive*] terrain, champ: *campo sportivo* terrain de sport; *campo di calcio* terrain de football; *campo di sci* champ de ski; *campo di neve* champ de neige; *giocare in campo neutro, sul proprio campo* jouer sur terrain neutre, sur son terrain (dans sa salle) # *campo di tennis* court (de tennis); *campo di bocce* boulodrome **3** [*accampamento*] camp; campagne (*f.*): *piantare, levare il campo* établir, lever le camp → **tenda** ‖ *esercitazione al campo* service en campagne; *ospedale da campo* hôpital de campagne ◇ (*aer.*) *campo d'aviazione* → **aeroporto**; *campo di fortuna* terrain de fortune ◇ (*alpinismo*) *campo base* camp de base ◇ (*per est.*) *campo di concentramento* camp de concentration; *campo di sterminio* camp d'extermination; *campo di lavoro* camp de travail; *campo (per) profughi* camp de réfugiés; *campo di vacanza* colonie *f.* de vacances; *campo di raccolta per gli alluvionati* centre d'accueil des inondés **4** (*mil., corr.*) champ: *campo di battaglia* champ de bataille; *campo minato* champ de mines; *campo di tiro* champ de tir; *essere decorato sul campo* être décoré sur le champ de bataille # *schierarsi, combattere in campo aperto* se ranger, combattre en rase campagne ◇ *loc. fig.* PRENDER CAMPO [*diffondersi, affermarsi*] gagner du terrain: *è un'usanza, una moda che sta prendendo campo* c'est une coutume qui est en train de gagner du terrain ◇ (*loc.*) *scendere in campo*: (*pr.*) descendre dans l'arène; (*fig.*) [*iniziare una contesa, una polemica*] croiser le fer ~ *mettere in campo*: (*pr.*) mener au combat; (*fig.*) [*presentare, accampare*] avancer, alléguer: *non mettere in campo scuse o pretesti!* allons (n'allègue) pas d'excuses ou de prétextes! ~ *abbandonare il campo*: (*pr., fig.*) abandonner le terrain ~ *restare padrone del campo*: (*pr.*) rester maître; (*fig.*) [*risultare vincitore incontestato*] rester maître de la situation **5** (*fig.*) [*agio, possibilità*] *aver campo libero* avoir le champ libre; *dagli campo di farsi conoscere* donne-lui la possibilité, le loisir de se montrer tel qu'il est **6** (*fis.*) champ: *campo vettoriale* champ des vecteurs; *campo di forza* champ de force; *campo gravitazionale* champ de gravitation; *campo elettrico, magnetico* champ électrique, magnétique ◇ (*ott.*) *campo visivo* champ visuel ◇ (*cine.*) *campo medio, lungo, lunghissimo* plan moyen, long, plan-séquence **7** (*arald.*) champ: *un giglio rosso in campo bianco* une fleur de lis rouge en champ blanc **8** (*ling.*) *campo semantico* champ sémantique **9** (*fig.*) [*settore; competenza specifica*] domaine: *avere una lunga esperienza nel campo amministrativo* jouir d'une longue expérience dans le domaine administratif; *questo problema esula dal mio campo* ce problème n'est pas de mon domaine, de mon ressort # *è uno dei ricercatori più quotati nel campo della fisica* c'est l'un des chercheurs les plus remarquables en physique; *condurre ricerche nel campo della biologia* faire des recherches en biologie.

camporèlla |kampo'rɛlla| *s.f.* (*region.*) (*nella loc.*) *andare in camporella* [*amoreggiare in luoghi di campagna appartati*] flirter dans les champs.

camposànto |kampo'santo| *s.m.* → **cimitero.**

càmpus |'kampus| *s.m. inv.* campus.

camuffaménto |kamuffa'mento| *s.m.* [→ CAMUFFARE] déguisement: *nonostante il suo camuffamento fu sùbito riconosciuto* malgré son déguisement, on le reconnut immédiatement → **travestimento** ◇ (*per est.*) *il camuffamento delle auto della polizia* la banalisation *f.* des voitures de police.

camuffàre |kamuf'fare| **A** *v.tr.* **1** [*travestire, mascherare*] travestir, déguiser: *camuffare un uomo da donna* travestir un homme en femme; *lo camuffarono da mendicante* ils le déguisèrent en mendiant ◇ (*fig.*) *camuffare i propri sentimenti* cacher ses sentiments personnels → **nascondere, dissimulare** **2** (*mil.*) [*mimetizzare*] camoufler: *camuffare materiale da guerra* camoufler du matériel de guerre **B** *v.pron. rifl.* CAMUFFARSI [→ *tr.* 1] se déguiser: *camuffarsi da donna, da Arlecchino* se déguiser en femme, en Arlequin ◇ (*fig.*) *è un lupo che si camuffa da agnello* c'est un loup déguisé en agneau.

camuffàto |kamuf'fato| *agg.* [*mascherato, travestito; che ha assunto un aspetto diverso*] déguisé: *così camuffato non si riconosceva più* ainsi déguisé on ne le reconnaissait plus.

camùso |ka'muzo| *agg.* camus: *naso camuso* nez camus ✦ (*s.*) *un camuso* une personne *f.* au nez camus *loc. inv.*

canadése |kana'dese| *agg.* [*del Canada*] canadien*: *il parlamento canadese* le parlement canadien; *una (giacca) canadese* une canadienne (*s.f.*); *una (canoa) canadese* une canadienne *s.f.*

canàglia |ka'naʎʎa| *s.f.* **1** [*gente spregevole, abietta*] canaille, pègre: *frequentare la peggiore canaglia della città* fréquenter la pègre de la ville **2** [*persona spregevole, disonesta*] canaille: *non ti fidare di lui: è una canaglia* méfie-t-en!, c'est une canaille!; *sono un branco di canaglie* c'est une bande de canailles ◇ (*scherz.*) *quella canaglia di mio figlio* mon vaurien de fils; *ah, piccola canaglia!* ah, petite canaille! Ⓒ **galantuomo.**

canagliàta |kanaʎ'ʎata| *s.f.* [*azione da canaglia*] canaillerie: *è una canagliata* c'est une canaillerie.

canagliésco, chi, ca, che |kanaʎ'ʎesko, ki, ka, ke| *agg.* [*da canaglia*] canaille: *modi canaglieschi* des manières canailles.

canagliùme |kanaʎ'ʎume| *s.m.* [*gruppo, accolta di canaglie*] pègre (*f.*): *il canagliume di una grande città* la pègre d'une grande ville.

canàle |ka'nale| *s.m.* **1** canal*: *canale navigabile* canal navigable; *canale d'irrigazione, di scolo, di bonifica* canal d'irrigation, d'écoulement, de bonification ◇ (*geogr.*) *il canale di Suez* le canal de Suez; *il canale di Sicilia* le canal de Sicile # *il canale della Manica* la Manche ◇ (*alpinismo*) couloir **2** [*conduttura per liquidi*] conduite *f.* → **tubo** **3** (*anat.*) canal: *canale biliare, midollare* canal biliaire, médullaire **4** (*elettron.*) canal: *un sistema di telecomunicazione a 10 canali* un système de télécommunication de 10 canaux ◇ (*tv*) *i programmi del primo, del secondo canale* (*televisivo*) les programmes de la première, de la deuxième chaîne *f.* **5** (*fig.*) [*mezzo di comunicazione, di diffusione*] canal: *attraverso i normali canali diplomatici* à travers les canaux normaux de la diplomatie; *i canali di vendita, di distribuzione* les canaux de vente, de distribution → 1 **via, tramite.**

canalétto |kana'letto| *s.m.* petit canal*.

canalìcolo |kana'likolo| *s.m.* (*anat.*) canalicule.

canalizzàbile |kanalid'dzabile| *agg.* [→ CANALIZZARE 1] canalisable.

canalizzàre |kanalid'dzare| *v.tr.* **1** [*trasformare in canale; rendere navigabile*] canaliser: *canalizzare un fiume* canaliser un fleuve ◇ [*solcare di canali*] *canalizzare una regione, una zona paludosa* canaliser une région, une zone marécageuse **2** (*per est.*) [*incanalare, convogliare*] canaliser: *canalizzare il traffico, la folla* canaliser le trafic, la foule.

canalizzazióne |kanaliddzat'tsjone| *s.f.* **1** [→ CANALIZZARE 1] canalisation: *la canalizzazione d'un corso d'acqua, della pianura* la canalisation d'un cours d'eau, de la plaine ◇ (*per est.*) *la rete di canalizzazione del gas, dell'elettricità* la canalisation du gaz, de l'éléctricité; *la canalizzazione dell'intestino* la canalisation de l'intestin **2** [→ CANALIZZARE 2] canalisation: *la canalizzazione del traffico* la canalisation du trafic.

canalóne |kana'lone| *s.m.* (*alpinismo*) cheminée *f.*, couloir.

cananèo |kana'nɛo| **1** *agg.* cananéen* **2** (*s.m.*) *il cananeo* [*la lingua*] le cananéen.

cànapa |'kanapa| *s.f.* **1** (*t.bot.*) chanvre *m.* ◇ (*corr.*) *semi di canapa* graines de chanvre # *una piantagione di canapa* une chènevière ◇ [*fibra tessile*] *canapa greggia* chanvre écru ◇ [*tessuto*] *una tovaglia di canapa* une nappe de chanvre **2** (*t.bot.*) *canapa indiana* chanvre indien ◇ [*la droga che se ne ricava*] → **hascisc.**

canapàia |kana'paja| *s.f.* [*campo coltivato a canapa*] chènevière.

canapàio, i |kana'pajo, i| *s.m.* → **canapaia.**

canapè |kana'pɛ| *s.m. inv.* **1** canapé (*var.*): *canapè a due posti* canapé à deux places → **sofà** **2** (*cuc.*) canapé: *beccacce su canapè* bécasses sur canapé(s) # *uova su canapè* œufs sur toast → **tartina.**

canapéto |kana'peto| *s.m.* → **canapaia.**

canapificio, i |kanapi'fitʃo, i| *s.m.* [*stabilimento per la lavorazione della canapa*] filature *f.* de chanvre.

canapicoltùra |kanapikol'tura| *s.f.* culture du chanvre.

canapièro |kana'pjɛro| (*agg.*) *industria canapiera* industrie chanvrière.

canapino |kana'pino| **I** *agg.* **1** [*di canapa*] de chanvre (*loc. inv.*): *tela canapina* toile de chanvre **2** [*che ha un colore sim. alla canapa*] blond filasse: *capelli canapini* cheveux d'un blond filasse **II** *s.* [*operaio che lavora la canapa*] chanvrier*.

cànapo |'kanapo| *s.m.* [*grossa fune di canapa*] filin.

canapùccia, ce |kana'puttʃa, tʃe| *s.f.* [*seme di canapa*] chènevis *m.*

'canard' |kanaʀ| *s.m. inv.* (*gerg. giornalistico*) [*informazione infondata*] canard *var.*

canarino |kana'rino| **1** *s.m.* (*t. zool.*) canari ◇ (*corr.*) *il canto del canarino* le chant du canari; *la gabbia del canarino* la cage du canari ◇ (*loc. fig.*) *mangiare come un canarino* [*pochissimo*] manger comme un oiseau **2** *agg. inv.* (*giallo, color*) *canarino* jaune canari; *dei guanti* (*color*) *canarino* des gants jaune canari.

canàsta |ka'nasta| *s.f.* (*carte*) canasta.

'cancan' |kan'kan, kɑ̃kɑ̃| *s.m. inv.* **1** cancan (*var.*): *'cancan' francese* french-cancan; *le ballerine si lanciarono in uno sfrenato, indiavolato 'cancan'* les danceuses se lancèrent dans un french--cancan effréné, endiablé **2** [*chiasso, strepito*] chahut (*var.*): *mi raccomando, non fate tanto 'cancan'* un conseil: ne faites pas tant de chahut ◇ (*fig.*) [*scandalo, pettegolezzo*] *quella notizia ha suscitato un 'cancan' generale* cette nouvelle a provoqué un chahut général.

cancellàbile |kantʃel'labile| *agg.* [→ CANCELLARE A 1] effaçable **C** **indelebile, incancellabile.**

cancellàre |kantʃel'lare| **A** *v.tr.* **1** [*coprire con tratti di penna uno scritto*] rayer (9): *cancellare una parola, una riga, una frase* rayer un mot, une ligne, une phrase ◇ (*per est.*) *cancellare con la gomma* gommer; *cancellare un disegno con la gomma* gommer un dessin; *cancellare la lavagna con il cancellino* effacer le tableau noir avec un chiffon, une éponge; donner un coup d'éponge ◇ [*far sparire, eliminare*] effacer (2): *cancellare le impronte* effacer ses empreintes; *un'iscrizione cancellata dal tempo* une inscription que le temps a effacée ◇ [*togliere, depennare*] radier: *cancellare* (*il nome di*) *qc. da una lista, da un elenco* radier (le nom de) qqn. d'une liste **2** (*fig.*) [*far sparire, eliminare*] effacer: *cancellare qc., un fatto dalla propria memoria* effacer qqn., un fait de sa mémoire; *cancellare qc. dalla faccia della terra* effacer qqn. de la face de la terre # *cancellare un'offesa con il sangue* laver un outrage dans le sang **3** [*disdire, annullare*] annuler: *cancellare un appuntamento* annuler un rendez-vous; *cancellare un'ordinazione* annuler une commande **4** (*dir.*) [*abrogare, cassare*] annuler; casser: *cancellare un debito, un'ipoteca* annuler une dette, une hypotèque ‖ *cancellare una sentenza* casser un jugement **B** *v.pron. intr.* CANCELLARSI [→ *tr.* 2] être (43) *intr.* gravé (à jamais): *quel fatto, quella persona non si cancellerà mai dalla mia memoria* cette histoire, cette personne sont gravées à jamais dans ma mémoire.

cancellàta |kantʃel'lata| *s.f.* [*recinzione di giardini, parchi, fatta mediante una serie di cancelli*] grille → **inferriata.**

cancellàto |kantʃel'lato| *agg.* (*arald.*) *scudo cancellato* écu fretté.

cancellatùra |kantʃella'tura| *s.f.* [→ CANCELLARE A 1] rature: *un manoscritto pieno di cancellature* un manuscrit chargé de ratures.

cancellazióne |kantʃellat'tsjone| *s.f.* **1** [→ CANCELLARE A 4] annulation: *cancellazione di un decreto* annulation d'un décret; *cancellazione di un'ipoteca* annulation, radiation d'une hypothèque → **revoca** **2** [*annullamento; esclusione*] radiation: *procedere alla cancellazione di un nome da un elenco* procéder à la radiation d'un nom d'une liste.

cancelleréśco, chi |kantʃelle'resko, ki| *agg.* de chancellerie *loc. inv.*; de chancelier (*loc. inv.*): *stile cancelleresco* style de chancellerie ‖ *scrittura cancelleresca* écriture de chancelier.

cancellerìa |kantʃelle'ria| *s.f.* **1** chancellerie; greffe (*m.*): *aiutante di cancelleria* aide de chancellerie; *depositare un atto in cancelleria* déposer un acte en chancellerie ‖ *cancelleria giudiziaria* greffe; *diritti di cancelleria* droits de greffe **2** [*materiale per scrivere*] *articoli di cancelleria* articles de bureau (*m.*); *spese di cancelleria* frais de bureau.

cancellière |kantʃel'ljɛre| *s.m.* **1** [*funzionario del tribunale; della pretura*] greffier: *cancelliere giudiziario* greffier **2** (*in alcuni Stati*) [(*primo*) *ministro*] chancelier: *il cancelliere della Repubblica Federale Tedesca* le chancelier de la République Féderale Allemande; *il cancelliere dello Schacchiere* (*d'Inghilterra*) le chancelier de l'Échiquier (d'Angleterre).

cancellìno |kantʃel'lino| *s.m.* [*cencio per cancellare la lavagna*] chiffon, éponge *f.*

cancèllo |kan'tʃɛllo| *s.m.* [*chiusura di ingresso*] grille (*f.*): *chiudere, aprire i cancelli* fermer, ouvrir les grilles; *la folla dei tifosi ha sfondato i cancelli dello stadio* la foule des supporters a enfoncé les grilles du stade.

cancerizzàrsi |kantʃerid'dzarsi| *v.pron. intr.* [*diventare canceroso*] se cancériser.

cancerizzàto |kantʃerid'dzato| *agg.* (*med.*) cancérisé.

cancerizzazióne |kantʃerid-dzat'tsjone| *s.f.* → **cancerizzarsi.**

canceròo geno |kantʃe'rɔdʒeno| *agg.* cancérogène, cancérigène: *sostanza cancerogena* substance cancérigène ✦ (*s.m.*) *un cancerogeno* un cancérigène.

cancerologìa, gie |kantʃerolo'dʒia, dʒie| *s.f.* cancérologie.

cancerològico, ci, ca, che |kantʃero'lɔdʒiko, tʃi, ka, ke| *agg.* cancérologique.

canceròlogo, gi, (*pop.*) **ghi** |kantʃe'rɔlogo, dʒi, gi| *s.* cancérologue.

canceróso |kantʃe'roso| *agg.* **1** (*med.*) cancéreux*: *tumore canceroso* tumeur cancéreuse **2** [*affetto da cancro*] cancéreux: *un soggetto canceroso* un sujet cancéreux ✦ (*s.*) *un canceroso* un cancéreux.

cànchero |'kankero| *s.m.* **1** (*pop.*) → 2 **cancro** **2** (*pop.*) (*spec. nelle imprecazioni*) [*malanno, guaio*] *ti venisse, ti pigliasse un canchero!* que le diable t'emporte!; *sei un canchero!* tu es une peste!

cancrèna |kan'krɛna| *s.f.* **1** (*med.*) gangrène ◇ (*raro, fig.*) *essere divorato dalla cancrena della corruzione* être dévoré par la gangrène de la corruption **2** (*bot.*) pourriture.

cancrenàre |kankre'nare| *v.intr.* (*aus. 'essere'*) *e pron.* (*raro*) → **incancrenire.**

cancrenóso |kankre'noso| *agg.* (*med.*) gangreneux*: *piaga cancrenosa* plaie gangreneuse.

1 **càncro** |'kankro| *s.m.* **1** (*astron.*) Cancer: *tropico del Cancro* tropique du Cancer **2** → **granchio.**

2 **càncro** |'kankro| *s.m.* (*med., corr.*) cancer: *cancro dello stomaco* cancer de l'estomac ◇ (*fig.*) *un cancro distrugge le nostre istituzioni* un cancer détruit nos institutions # *il cancro della gelosia* la torture, les affres (*lett.*) de la jalousie; *il cancro della vecchiaia lo rode* la progression de la vieillesse le ronge.

candeggiànte |kanded'dʒante| *agg.* [*che candeggia, rende bianco*] blanchissant ✦ (*s.m.*) *un candeggiante* un produit blanchissant *agg.*

candeggiàre |kanded'dʒare| *v.tr.* **1** (*tess.*) [*sgrassare; imbiancare, rendere lucenti i tessuti*] blanchir **2** [*far tornare bianca la biancheria in soluzioni di varechina o detersivi*] blanchir: *candeggiare la biancheria sporca* blanchir le linge sale.

candeggiatóre |kandeddʒa'tore| *s.m.* [*operaio addetto alle operazioni di candeggio*] blanchisseur* *s.*

candeggìna |kanded'dʒina| *s.f.* [*varechina*] eau de javel.

candéggio, i |kan'deddʒo, i| *s.m.* **1** (*tess.*) blanchiment **2** [*operazione artigianale, fam. per lavare la biancheria*] blanchissage.

candéla |kan'dela| *s.f.* **1** bougie, chandelle: *cena a lume di candela* dîner aux bougies; *leggere, cenare a lume di candela* lire, dîner à la lueur d'une bougie, à la chandelle; *accendere, spegnere la candela* allumer, éteindre (moucher) la bougie, la chandelle # *accendere una candela a un santo* brûler un cierge à un saint ◇ (*loc. fig.*) *reggere, tenere la candela* tenir la chandelle (*fam.*) ~ *il gioco non vale la candela* le jeu n'en vaut pas la chandelle ~ *struggersi come una candela* être comme une flamme qui s'éteint ~ *essere alla candela* [*vicino a morire*] être au bout de sa vie **2** [*unità d'intensità luminosa*] bougie **3** (*mecc.*) *candela d'accensione* bougie d'allumage; *pulire le candele* nettoyer les bougies **4** *loc. avv.* A CANDELA [*a perpendicolo*] en chandelle ◇ (*sport*) *tiro a candela* tir en chandelle; *calciare la palla a candela* tirer le ballon en chandelle ◇ (*aer.*) *discesa a candela* descente en chandelle.

candelàbra |kande'labra| *s.f.* (*arch.*) candélabre *m.*

candelàbro |kande'labro| *s.m.* candélabre.

candelétta |kande'letta| *s.f.* **1** petite bougie **2** (*chir., farm.*) bougie.

candelière |kande'ljɛre| *s.m.* chandelier: *candeliere di chiesa* chandelier d'église ◇ (*fig.*) *essere sul candeliere* être en vue; *mettere qc. sul candeliere* mettre qqn. sur un piédestal; *reggere il candeliere* tenir la chandelle *f.*

candelòra |kande'lɔra| *s.f.* (*liturg. catt.*) chandeleur.

candelòtto |kande'lɔtto| *s.m.* **1** grosse bougie *f.* **2** *candelotto fumogeno, lacrimogeno* grenade *f.* fumigène, lacrymogène.

candidaménte |kandida'mente| *avv.* [→ CANDIDO 2] candidement.

candidàre |kandi'dare| **A** *v.tr.* [*porre, proporre la candidatura di qc.*

(*alle elezioni*)] poser la candidature de qqn. **B** *v.pron. rifl.* CANDIDARSI [→ *tr.*] se porter candidat, poser *tr.* sa candidature.

candidàto |kandi'dato| *s.* candidat: *l'elenco dei candidati a un concorso* la liste des candidats au concours; *i candidati alle elezioni comunali* les candidats aux élections municipales; *presentarsi candidato alle elezioni politiche* se porter candidat aux élections législatives → **candidar(si).**

candidatùra |kandida'tura| *s.f.* candidature: *presentare la propria candidatura a un posto, alle elezioni* poser sa candidature à un poste, aux élections; *ritirare la propria candidatura* retirer sa candidature.

candid camera |'kændid'kæmərə| *loc. sost. f. inv.* (*ingl.*) la caméra *s.f. inv.* invisible.

candidézza |kandi'dettsa| *s.f.* → **candore.**

càndido |'kandido| *agg.* **1** [*di un colore bianco immacolato, splendido*] d'une blancheur éclatante (*loc. inv.*): *un candido lenzuolo* un drap d'une blancheur éclatante; *una tovaglia candida* une nappe d'une blancheur éclatante **2** (*fig.*) candide, pur: *un animo candido* une âme candide, pure → **innocente, sincero, schietto** # *una candida domanda* une question naïve ◇ [*puro, immacolato*] candide: *l'animo candido dei bambini* l'âme candide des enfants Ⓒ 2 **malizioso.**

candiò(t)to |kan'djɔt(t)o| *agg.* [*di Candia*] candiote.

candire |kan'dire| (197) *v.tr.* (*detto di frutta*) [*cuocere in sciroppo di zucchero, per la conservazione*] confire* (dans du sucre).

candito |kan'dito| *agg.* candi: *frutto candito* fruit candi; *zucchero candito* sucre candi ✦ (*s.m.*) *un candito* un fruit confit (*agg.*); *dolce con canditi* gâteau aux fruits confits.

canditùra |kandi'tura| *s.f.* [→ CANDIRE] confiture.

candóre |kan'dore| *s.m.* **1** [*bianchezza splendente*] blancheur (*f.*): *biancheria di un candore immacolato* linge d'une blancheur immaculée; *il candore della pelle* la blancheur de la peau **2** (*fig.*) [*purezza, innocenza; semplicità*] candeur (*f.*): *parlare con candore* parler avec candeur; *il candore dell'infanzia* la candeur de l'enfance # *il candore di un'anima* la blancheur d'une âme Ⓒ 2 **malizia, malignità.**

càne |'kane| **I** *s.m.* **1** (*t.zool.*) chien: *cane di razza, bastardo* chien de race, bâtard; *cane randagio* chien errant; *cane da caccia* chien de chasse; *cane da guardia, da pastore* chien de garde, de berger; *cane da compagnia, da difesa* chien d'appartement, de garde (personnelle); *cane lupo* chien-loup; *cane poliziotto* chien policier; *cane da ferma, da riporto* chien d'arrêt, retriever; *cane da corsa* chien courant; *cane per ciechi* chien d'aveugle ◇ (*come imprecazione*) *figlio d'un cane!* fils de chien! ◇ (*loc. fig.*) *non c'era* (*nemmeno*) *un cane* [*nessuno*] il n'y avait pas un chat ~ *essere solo come un cane* être seul comme un chien ~ *morire come un cane* mourir comme un chien ~ *trattare qc. come un cane* traiter qqn. comme un chien ~ *andarsene come un cane bastonato* [*umiliato*] s'en aller la queue entre les jambes ~ *essere ricevuto come un cane in chiesa* [*molto male*] être reçu comme un chien dans un jeu de quilles ~ *essere come cani e gatti* être comme chien et chat ~ *menare il can per l'aia* [*tirare le cose per il lungo*; *barcamenarsi*] tourner autour du pot ~ *voler drizzare le gambe ai cani* [*tentare l'impossibile*] chercher à blanchir la tête d'une nègre ~ *vita da cani* vie de chien, chienne de vie ~ *tempo da cani* temps de chien ~ *lavorare da cani* [*duramente*] travailler comme un forçat ~ *è un lavoro da cani* c'est un travail de chien ~ *scrivere da cani* [*male, spec. riferito alla grafia*] écrire comme un pied (*fam.*) ~ *roba da cani, fatta da cane* [*pessima*] saloperie ◇ (*prov.*) *can che abbaia non morde* chien qui aboie ne mord pas ~ *cane non mangia cane* les loups ne se mangent pas entre eux **2** (*fig.*) [*persona incapace, inetta nella sua professione*] *quel tenore è proprio un cane* ce ténor chante très mal; *quel cane di chirurgo* ce boucher de chirurgien **3** (*fig.*) [*persona crudele, dura*] salaud: *si è comportato da cane* il s'est conduit comme un salaud; *fare il cane* [*essere duro, spietato*] être salaud **4** (*armi*) chien: *il cane del fucile, della pistola* le chien du fusil, du pistolet **II** (*in funzione di agg. inv.*) **1** (*con funzione intensiva*) *freddo cane* froid de loup; *una fame, una sete cane* une faim de loup, une soif du diable; *la ferita mi fa un male cane* la blessure me fait un mal de chien **2** (*pop.*, *in imprecazioni*) *mondo cane!* chienne de vie!; *porco cane!* nom d'un chien!

canèa |ka'nɛa| *s.f.* **1** [*l'abbaiare di molti cani da caccia*] les *hurlements *m. pl.*, les aboiements *m.pl.* de la meute ◇ (*per est.*) [*muta di cani*] meute **2** (*fig.*) [*schiamazzo di più persone*] tapage *m.*, vacarme (*m.*): *che è questa canea?* qu'est-ce que c'est que ce tapage, vacarme? → 1 **chiasso** ◇ [*polemica, protesta*] aboiements: *la canea dei critici, dei benpensanti* les aboiements de la critique, des bien-pensants.

canèfora |ka'nɛfora| *s.f.* (*ant. gr.*) canéphore.

canèstra |ka'nɛstra| *s.f.* → 1 **canestro.**

canestràio, i |kanes'trajo, i| *s.m.* [*chi fabbrica canestri*] vannier ◇ (*per est.*) marchand *s.* de paniers.

canestràta |kanes'trata| *s.f.* [*quantità contenuta in un canestro*] panier *m.*, corbeille: *una canestrata di frutta* un panier, une corbeille de fruits.

canestrèllo |kanes'trɛllo| *s.m.* **1** petite corbeille *f.* **2** *spec. al plur.* (*mar.*) bagues *f.*

1 **canèstro** |ka'nɛstro| *s.m.* **1** [*recipiente fatto di vimini intrecciati, di fili di plastica*; *con o senza manico*] corbeille (*f.*): *un canestro di fiori, di frutta* une corbeille de fleurs, de fruits; *offrire, mangiarsi un canestro di fichi* offrir, manger une corbeille de figues **2** (*basket*) panier: *fare, realizzare un canestro* faire un panier.

2 **canèstro** |ka'nɛstro| *s.m.* [*recipiente portatile per trasportare benzina, acqua, ecc.*] jerrycan, jerrican.

càneva |'kaneva| *s.f.* → **canova.**

cànfora |'kanfora| *s.f.* camphre *m.*

canforàto |kanfo'rato| *agg.* camphré: *olio canforato* huile camphrée.

cànforo |'kanforo| *s.m.* (*t.bot.*) camphrier.

cangiaménto |kandʒa'mento| *s.m.* (*lett.*) → **cambiamento.**

cangiànte |kan'dʒante| *agg.* [*che cambia colore a seconda della luce e del punto di visuale*] changeant; miroitant: *un tessuto cangiante, di seta cangiante* un tissu changeant, de soie changeante ‖ *la superficie cangiante del lago* la surface miroitante du lac # *essere cangiante* miroiter.

cangiàre |kan'dʒare| *v.tr.*, *intr. e pron.* → **cambiare, mutare.**

cangùro |kan'guro| *s.m.* (*t.zool.*) kangourou.

canìcola |ka'nikola| *s.f.* canicule → **caldura, afa.**

canicolàre |kaniko'lare| *agg.* caniculaire: *caldo canicolare* chaleur caniculaire; *un agosto canicolare* un mois d'août caniculaire.

Cànidi |'kanidi| *s.m. pl.* (*t.zool.*) Canidés.

canìle |ka'nile| *s.m.* [*casotto dove i cani hanno la cuccia*] niche *f.* ◇ [*luogo dove si allevano cani*] chenil ◇ (*fig.*) *ma questa stanza è un canile!* mais cette pièce est une porcherie! *f.* → **tana, porcile.**

canìno |ka'nino| *agg.* **1** canin: *razza canina* race canine; *mostra canina* exposition canine **2** (*fig.*) *fame, rabbia canina* faim, rage canine **3** *tosse canina* → **pertosse** **4** (*t.bot.*) *rosa canina* [*rosa di macchia*] rose sauvage, églantine **5** (*anat.*) *i denti canini* les canines *s.f. pl.* ✦ (*s.m.*) *un canino, i canini* une canine *f.*, les canines.

canìstro |ka'nistro| *s.m.* → 2 **canestro.**

canìzie |ka'nittsje| *s.f. inv.* (*med.*) canitie (*var.*): *canizie precoce* canitie précoce ◇ (*per est.*) [*capelli bianchi*] cheveux *m. pl.* blancs: *quella incipiente canizie gli dona* ces cheveux blancs, grisonnants lui vont bien ◇ (*fig.*, *lett.*) → **vecchiaia.**

canìzza |ka'nittsa| *s.f.* **1** → **canea** **2** (*fig.*) → **cagnara.**

cànna |'kanna| *s.f.* **1** (*t.bot.*) roseau *m.*, canne ~ *canna di palude* roseau commun ~ *canna da zucchero* canne à sucre ~ *canna d'India* jonc d'Inde, bambou **2** (*loc. fig.*) *essere come una canna al vento* [*molto volubile*] être comme une plume au vent ~ *tremare come una canna* (*al vento*) trembler comme une feuille ~ *essere povero in canna* être pauvre comme Job **3** (*per est.*) [*bastone, pertica per vari usi*] canne, gaule: *la canna da pesca* la canne à pêche, la gaule # *bacchiare le noci con una canna* gauler les noix avec une perche; *pescare con la canna* pêcher à la ligne ◇ (*per est.*) *la canna della bicicletta* le cadre *m.* de la bicyclette **4** [*tubo, conduttura*] cónduit (*m.*): *la canna fumaria del camino* le conduit de fumée de la cheminée; *la canna di ventilazione* le conduit de ventilation # *le canne dell'organo* les tuyaux de l'orgue ◇ (*topografia*) *la canna metrica* la chaîne ◇ (*pop.*) *la canna* (*della gola*) [*la trachea*; *l'esofago*] le gosier (*m.*): *gridò con quanta voce aveva in canna* il cria à plein gosier # *tagliare le canne a qc.* couper la gorge à qqn. → 1 **scannare** **5** (*armi da fuoco*) canon (*m.*): *un fucile a una canna, a due canne* un fusil à un, à deux canons # *aveva già il proiettile in canna* il avait déjà chargé son fusil, son pistolet **6** [*antica misura di lunghezza*] canne.

cannabìsmo |kanna'bizmo| *s.m.* (*med.*) cannabisme, haschichisme.

cannàta |kan'nata| *s.f.* coup *m.* de canne.

canneggiàre |kanned'dʒare| *v.tr.* (*raro*) [*misurare il terreno con la canna metrica*] arpenter (*corr.*).

1 **cannèlla** |kan'nɛlla| *s.f.* **1** [*parte finale di una conduttura d'acqua*] robinet *m.* **2** [*attrezzo per cavare il vino dalle botti*] cannelle, cannette.

2 **cannèlla** |kan'nɛlla| *s.f.* (*t.bot.*) cannelier *m.* ◇ [*la spezia*] cannelle ✦ (*agg. inv.*) *un abito color cannella* une robe couleur cannelle.

cannèllo |kan'nɛllo| *s.m.* **1** [*cannello dei vetrai*] chalumeau de verrier # *un cannello di vetro* une canne; *pulire il cannello della pipa* nettoyer le tuyau de sa pipe ◇ (*cariche dei cannoni*) *cannello d'innesco* mèche *f.* à canon ◇ (*tecnol.*) *cannello ossidrico, ossiacetilenico* chalumeau oxhydrique, oxyacétylénique; *cannello ferruminatorio* bouffoir **2** [*pezzo di materiale di forma cilindrica*] bâton: *un cannello di zucchero, di ceralacca* un bâton de sucre, de cire à cacheter.

cannellóni |kannel'loni| *s.m. pl.* (*cuc.*) cannelloni *sing.*

cannéto |kan'neto| *s.m.* **1** cannaie *f.* ◇ (*loc. fig.*) *fare il diavolo nel canneto* [*far chiasso, strepitare*] faire du bruit, du vacarme **2** (*mar.*) tramail, trémail.

cannétta |kan'netta| *s.f.* **1** petite canne **2** [*bastone elegante da passeggio*] canne.

cannìbale |kan'nibale| *s.m.* cannibale ◇ (*fig.*) *è un cannibale!* c'est un cannibale!, un sauvage!

cannibalésco, chi, ca, che |kanniba'lesko, ki, ka, ke| (*agg.*) *usanze cannibalesche* usages de cannibales *loc.*, mœurs barbares.

cannibalìsmo |kanniba'lizmo| *s.m.* cannibalisme ◇ (*fig.*) cruauté *f.*, férocité *f.* → **barbarie.**

cannicciàta |kannit'tʃata| *s.f.* [*steccato, riparo fatto di cannicci*] claie.

cannìccio, i |kan'nittʃo, i| *s.m.* [*graticcio, struttura di canne*] claie *f.*

cannìsta |kan'nista| *s.* pêcheur* à la ligne.

can(n)òcchia |kan'(n)ɔkkja| *s.f.* (*t.zool.*) squille, cigale de mer (*pop.*).

cannocchiàle |kannok'kjale| *s.m.* (*ott., corr.*) lunette (*f.*): *cannocchiale astronomico* lunette astronomique, télescope; *cannocchiale di Galileo* lunette de Galilée; *cannocchiale terrestre* lunette terrestre.

cannòlo |kan'nɔlo| *s.m.* [*pasta dolce di forma cilindrica, specialità siciliana*] ⊠.

cannonàta |kanno'nata| *s.f.* **1** coup *m.* de canon: *sparare una cannonata* tirer un coup de canon; *la casa fu distrutta da una precisa cannonata* la maison fut détruite par un coup de canon précis ◇ (*per est.*) [*fragore, rumore intenso*] coup de canon ◇ (*loc. fig., fam.*) *non lo sveglierebbero, non lo smuoverebbero nemmeno le cannonate* un coup de canon ne le réveillerait pas, ne le ferait pas bouger ◇ (*calcio*) *segnò un gol con una cannonata da lontano* il marqua un but avec un shoot *m.*, un canon *m.* de loin **2** (*fam.*) [*cosa, azione formidabile, eccezionale*] du tonnerre (*loc. inv.*): *quel film è una cannonata* ce film est du tonnerre; *ho comperato una macchina che è una cannonata* j'ai acheté une voiture qui est du tonnerre.

cannoncìno |kannon'tʃino| *s.m.* **1** petit canon; canon de petit calibre **2** (*abbigl. femminile*) pli rond **3** [*dolce di pasta sfoglia ripieno di crema*] ⊠.

cannóne |kan'none| *s.m.* **1** canon: *cannone anticarro* canon antichar; *cannone semovente* canon automoteur; *cannone antiaereo, senza rinculo* canon antiaérien, sans recul; *cannone di piccolo, grosso calibro* canon de petit, de gros calibre; *cannone antigrandine* canon paragrêle; *sparare con il cannone* tirer au canon ◇ (*loc. fig.*) *donna cannone* femme canon ~ *essere un cannone in q.c.* [*eccellere, distinguersi in q.c.*] être un as en qqch. **2** (*tecnol.*) tuyau; canon: *il cannone della stufa, dell'acquaio* le tuyau du poêle, de l'évier → **tubo** ‖ *cannone elettronico* canon électronique **3** (*abbigl.*) [*doppia piega verticale*] pli rond **4** [*stinco degli equini*] canon.

cannoneggiaménto |kannoneddʒa'mento| *s.m.* [→ CANNONEGGIARE] canonnage: *il cannoneggiamento di un porto* le canonnage, le bombardement d'un port → **bombardamento.**

cannoneggiàre |kannoned'dʒare| *v.tr.* [*colpire con colpi di artiglieria*] canonner: *cannoneggiare un porto* canonner un port → **bombardare** ✦ (*ass.*) *le artiglierie nemiche continuavano a cannoneggiare* les artilleries ennemies continuaient à tirer.

cannonièra |kanno'njɛra| *s.f.* (*mar. mil.*) canonnière.

cannonière |kanno'njɛre| *s.m.* **1** → **artigliere** **2** (*fig.*) [*calcio*] buteur: *la nostra squadra manca di cannonieri* nostre équipe manque de buteurs.

cannùccia, ce |kan'nuttʃa, tʃe| *s.f.* **1** [*piccolo tubo per sorbire bibite*] paille, chalumeau *m.* ◇ [*cannello*] tuyau (*m.*): *la cannuccia della pipa* le tuyau de la pipe **2** [*canna di palude*] roseau *m.*

cànnula |'kannula| *s.f.* (*med.*) canule: *cannula per clistere* canule à lavement.

canòa |ka'nɔa| *s.f.* canoë *m.*

canocchiàle |kanok'kjale| *s.m.* (*pop.*) → **cannocchiale.**

canoìsmo |kano'izmo| *s.m.* canoéisme.

canoìsta |kano'ista| *s.* canoéiste.

cañón |ka'ɲon| *s.m. inv.* (*sp.*) (*geogr.*) cañon (*var.*): *i cañon del Far West* les cañons du Far West.

cànone |'kanone| *s.m.* **1** [*norma, regola*] canon: *i canoni artistici di una scuola, di un'epoca* les canons artistiques d'une école, d'une époque; *seguire, rispettare i canoni della moda, del buon comportamento* suivre, respecter les canons de la mode, de la bonne conduite **2** (*eccl.*) canon: *il canone dei libri del Nuovo Testamento* le canon des livres du Nouveau Testament; *i canoni di un concilio* les canons d'un concile ◇ (*liturg. catt.*) *il canone della messa* le canon de la messe **3** (*mus.*) canon: *canone a due, a tre voci* canon à deux, à trois voix **4** (*dir., corr.*) redevance (*f.*): *canone mensile, trimestrale* redevance mensuelle, trimestrielle → **pigione** # *canone d'affitto* loyer ◇ (*per est.*) *pagare il canone d'abbonamento alla televisione, alla radio* payer la redevance de la télévision, de la radio.

canònica, che |ka'nɔnika, ke| *s.f.* [*abitazione del parroco*] cure, presbytère *m.*

canonicàle |kanoni'kale| *agg.* de chanoine (*loc. inv.*): *vita canonicale* vie de chanoine.

canonicaménte |kanonika'mente| *avv.* **1** [→ CANONICO I 2] canoniquement **2** (*raro*) [→ CANONICO I 1] canoniquement.

canonicàto |kanoni'kato| *s.m.* **1** canonicat **2** (*fig., scherz.*) [*ufficio in cui si lavora poco e si guadagna molto*] sinécure *f.*, fromage (*fam.*).

canonicità |kanonitʃi'ta| *s.f. inv.* canonicité *var.*

canònico, ci, ca, che |ka'nɔniko, tʃi, ka, ke| **I** *agg.* **1** [*conforme alle regole, ai canoni*] canonique: *un modello, un principio, un rito canonico* un modèle, un principe, un rite canonique **2** (*eccl.*) canonique, canonial*: *il codice di diritto canonico* le code du droit canonique; *impedimento canonico* empêchement canonique; *ore canoniche* heures canoniales ◇ (*catt.*) *i libri canonici* (*della Bibbia*) les livres canoniques **II** *s.m.* (*eccl.*) chanoine ◇ (*loc. fig.*) *vivere da canonico* mener une vie de chanoine.

canonìsta |kano'nista| *s.m.* canoniste.

canonizzàbile |kanonid'dzabile| *agg.* [→ CANONIZZARE] canonisable.

canonizzàre |kanonid'dzare| *v.tr.* **1** (*liturg. catt.*) [*inserire nell'elenco dei santi*] canoniser **2** (*fig.*) [*riconoscere come legittimo*] approuver *hautement: *canonizzare una consuetudine, un uso* approuver hautement une coutume, une tradition.

canonizzazióne |kanoniddzat'tsjone| *s.f.* [→ CANONIZZARE 1] canonisation: *processo di canonizzazione* procès de canonisation.

canòro |ka'nɔro| *agg.* [*che canta bene*] chanteur*: *uccelli canori* oiseaux chanteurs.

canottàggio, i |kanot'taddʒo, i| *s.m.* canotage.

canottièra |kanot'tjɛra| *s.f.* [*maglietta leggera senza maniche*] maillot *m.* de corps.

canottière |kanot'tjɛre| *s.m.* canotier.

canòtto |ka'nɔtto| *s.m.* canot: *canotto pneumatico, autogonfiabile* canot pneumatique; *canotto di salvataggio* canot de sauvetage.

cànova |'kanova| *s.f.* [*bottega dove si vende vino, generi alimentari al minuto*] chai *m.*

canovàccio, i |kano'vattʃo, i| *s.m.* **1** (*nel ricamo*) canevas: *ricamo su canovaccio* broderie sur canevas **2** [*strofinaccio*] torchon: *asciugare le stoviglie con un canovaccio* essuyer la vaisselle avec un torchon **3** (*teat.*) canevas: *il canovaccio di una commedia* le canevas d'une comédie → **trama** ◇ (*per est.*) *il canovaccio di un film, di un romanzo* le canevas d'un film, d'un roman.

cantàbile |kan'tabile| *agg.* **1** [→ CANTARE A 1] chantant: *un motivo cantabile* un air chantant; *delle ariette cantabili* des petits airs chantants **2** (*mus.*) cantabile: *adagio cantabile* adagio cantabile ✦ (*s.m.*) *un cantabile* un cantabile.

cantafàvola |kanta'favola| *s.f.* (*lett.*) chantefable.

cantalùpo |kanta'lupo| *s.m.* → **melone.**
cantambànco, chi |kantam'banko, ki| *s.m.* **1** → **cantastorie** **2** → **ciarlatano.**
cantànte |kan'tante| **I** *s.m.* chanteur: *cantante dilettante, professionista* chanteur amateur, professionnel; *i cantanti di musica leggera* les chanteurs de musique légère **II** *s.f.* **1** chanteuse **2** *cantante lirica, d'opera* cantatrice lyrique, d'opéra.
cantàre |kan'tare| **A** *v.tr.* **1** [*modulare, recitare con il canto*] chanter: *cantare una canzone, un motivo, una arietta* chanter une chanson, un air, un petit air; *cantare messa* chanter la messe ◇ (*loc. fig.*) *cantare vittoria* chanter victoire; *aspetta a cantare vittoria!* attends avant de chanter victoire! ~ *cantarla* (*chiara*) *a qc.* [*esprimersi apertamente, senza peli sulla lingua*] dire ses quatre vérités à qqn. **2** (*lett.*) [*celebrare, esaltare*] chanter: *cantare le imprese degli antichi eroi* chanter les exploits des héros antiques ◇ (*per est.*) [*esprimere poeticamente*] *cantare il proprio amore, le pene di qc.* chanter son amour, les chagrins de qqn. **B** *v.intr.* (*aus.* '*avere*') **1** [→ *tr.* 1] chanter: *gli piace cantare* il aime chanter; *cantare a squarciagola, in sordina* chanter à tue-tête, en sourdine; *si vergogna a cantare davanti a un pubblico* il n'ose pas chanter en public; *cantare a orecchio* chanter de mémoire ◇ (*loc. fig.*) *lasciar cantare qc.* [*non curarsi di quello che dice*] laisser dire qqn. ~ *canta che ti passa* (*invito all'ottimismo, alla spensieratezza*) sois gai, soyez gais **2** [*esibirsi come cantanti*; *fare il cantante di professione*] chanter: *cantare a un festival* chanter à un festival; *cantare in una balera, in un 'cabaret'* chanter dans une guinguette, dans un cabaret; *cantare da mezzosoprano* chanter en mezzo-soprano; *cantare alla radio, alla televisione* chanter à la radio, à la télévision **3** (*animali*) chanter: *ho sentito il gallo cantare* j'ai entendu le coq chanter; *senti come cantano gli usignoli!* écoute comme chantent les rossignols! **4** (*di strumenti musicali*) [*suonare in modo melodioso, sim. alla voce umana*] chanter: *far cantare il violino, il pianoforte* faire chanter le violon, le piano ◇ (*di meccanismi*) [*emettere un suono che ne dimostra il perfetto funzionamento*] tourner: *senti come canta questo motore!* entends comme il tourne, ce moteur! **5** (*spec. di documento scritto*) [*manifestare in modo inoppugnabile*] parler clair: *questo scritto, questa ricevuta canta chiaro* cet écrit, ce récépissé parle clair; *il suo comportamento cantava chiaro* son comportement parlait clair **6** [*confessare*; *fare la spia*] chanter, manger (3) le morceau: *dopo un estenuante interrogatorio, finalmente ha cantato* après un interrogatoire exténuant, il a finalement chanté, a mangé le morceau; *la polizia ha sgominato la banda*: *qualcuno degli arrestati deve aver cantato* la police a éliminé la bande: un de ceux qui ont été arrêtés a dû manger le morceau.
cantarèllo |kanta'rello| *s.m.* → **gallinaccio.**
cantàride |kan'taride| *s.f.* (*t.zool.*) cantharide, mouche d'Espagne, de Milan (*corr.*).
càntaro |'kantaro| *s.m.* **1** (*arte gr.*) canthare ◇ (*nelle basiliche paleocristiane*) bassin **2** (*t.zool.*) canthare, canthère.
cantastòrie |kantas'tɔrje| *s.inv.* chanteur* *var.* ambulant.
cantàta |kan'tata| *s.f.* **1** [*il cantare, spec. in coro*] chanson: *farsi una bella cantata* chanter une belle chanson **2** (*mus.*) cantate: *le cantate sacre, profane di Bach* les cantates religieuses, profanes de Bach.
cantatina |kanta'tina| *s.f.* petit air *m.*, chansonnette ◇ (*loc.*) *fare una cantatina* fredonner un (petit) air.
cantàto |kan'tato| (*agg.*) *messa cantata* messe chantée.
cantatóre, trice |kanta'tore, tritʃe| *s.* **1** (*uccelli*) chanteur* → **canterino** # *il fringuello è un formidabile cantatore* le pinson chante merveilleusement ✦ (*agg.*) *uccello cantatore* oiseau chanteur **2** (*raro*) (*persone*) → **cantante.**
cantautóre, trice |kantau'tore, tritʃe| *s.* [*chi canta canzoni composte da lui stesso*] auteur-compositeur-interprète *m.*
canter |'kæntə| *s.m. inv.* (*ingl.*) (*ippica*) canter *var.*
canteràle |kante'rale| *s.m.* → **cassettone.**
canteràno |kante'rano| *s.m.* → **cassettone.**
canterellàre |kanterel'lare| *v.tr.* [*cantare senza impegno, per proprio gusto*] chantonner: *canterellare un motivo* chantonner un air → **canticchiare** ✦ (*ass.*) *smettila, smettetela di canterellare!* arrête, arrêtez de chantonner!
canterino |kante'rino| **1** *agg.* (*animali*) chanteur*: *uccelli, grilli canterini* oiseaux, grillons chanteurs **2** *s.* (*spec. scherz.*) [*cantante*] chanteur # *mia figlia è una brava canterina* ma fille chante bien.
càntero |'kantero| *s.m.* pot de chambre, vase (de nuit).
càntica, che |'kantika, ke| *s.f.* (*letter.*) poème *m.* ◇ (*spec.*) *le tre cantiche della 'Divina Commedia'* les trois parties de la 'Divine Comédie'.
canticchiàre |kantik'kjare| *v.tr.* [*cantare con voce sommessa*; *canterellare*] chantonner ✦ (*ass.*) *per tutto il viaggio ha continuato a canticchiare* il n'a pas arrêté de chantonner pendant tout le voyage.
càntico, ci |'kantiko, ci| *s.m.* **1** (*letter.*) cantique: *il cantico della Beata Vergine* le cantique de la Vierge Marie ◇ (*Bibbia*) *il 'Cantico dei Cantici'* le 'Cantique des Cantiques' **2** (*letter. lat.*) canticum.
cantière |kan'tjɛre| *s.m.* [*complesso industriale per costruzioni, per riparazioni di vario genere*] chantier: *cantiere navale* chantier naval, métier; *la nave è in cantiere* le navire est sur le chantier; *cantiere di demolizione* chantier de démolition; *lavorare in un cantiere* travailler sur un chantier ◇ (*loc. fig.*) *avere q.c. in cantiere* avoir qqch. en chantier ~ *mettere un lavoro in cantiere* mettre un travail en chantier, sur le métier.
cantieristico, ci, ca, che |kantje'ristico, tʃi, ka, ke| (*agg.*) *industria cantieristica* industrie des constructions navales *loc. inv.*
cantilèna |kanti'lɛna| *s.f.* **1** [*lenta melodia*] rengaine: *una cantilena per bambini* une rengaine pour enfants → **filastrocca** ◇ [*ninna nanna*] berceuse: *la cantilena della nonna* la berceuse de la grand-mère **2** (*fig.*) [*discorso monotono, noioso*] rengaine: *è sempre la stessa, la solita cantilena* c'est toujours la même rengaine ◇ [*tono di voce cadenzato, monotono*] voix monotone # *non devi leggere con quella cantilena!* ne lis pas de ce ton monotone!
cantilenànte |kantile'nante| *agg.* [*monotono, ripetuto*] monotone: *voce cantilenante* voix monotone.
cantilenàre |kantile'nare| **A** *v.tr.* [*cantare con voce monotona*] chantonner (d'une voix monotone): *cantilenare una canzone* chantonner une chanson d'une voix monotone **B** *v.intr.* (*aus.* '*avere*') [*parlare con voce monotona, cadenzata*] parler d'une voix traînante: *parlare, rispondere cantilenando* parler, répondre d'une voix traînante.
cantilever |'kænti:livə| *s.m. inv. e agg.* (*ingl.*) cantilever *var.*
cantimbànco, chi |kantim'banco, ki| *s.m.* **1** → **cantastorie** **2** → **ciarlatano.**
cantina |kan'tina| *s.f.* **1** [*locale* (*interrato*) *dove si conservano al fresco il vino, le derrate alimentari*] cave: *una cantina fresca, asciutta* une cave fraîche, sèche; *scendere in cantina a prendere il vino* descendre à la cave pour chercher du vin ◇ (*loc. fig.*) *la voce gli è scesa in cantina* [*ha avuto un abbassamento di voce*] il n'a plus de voix **2** [*stabilimento vinicolo*] cave: *cantina sociale* cave coopérative ◇ [*osteria*; *spaccio*] débit *m.* de boissons.
cantinèlla |kanti'nɛlla| *s.f.* [*asta di legno sottile e lunga*] baguette ◇ (*teat.*) tréteau *m.*
cantinière |kanti'njɛre| *s.* **1** [*addetto alla cantina*] caviste **2** (*per est.*) [*oste, vinaio*] tavernier*, marchand de vin.
cantino |kan'tino| *s.m.* [*corda più sottile in uno strumento a corde*] chanterelle (*f.*): *cantino di violino* chanterelle de violon.
1 **cànto** |'kanto| *s.m.* **1** chant: *un canto lieto, triste, melanconico* un chant joyeux, triste, mélancolique; *gli piace il canto* il aime le chant ◇ (*per est.*) (*animali*) *il canto dell'usignolo, dei grilli, delle cicale* le chant du rossignol, des grillons, des cigales; *levarsi al canto del gallo* se lever au chant du coq ◇ (*loc. fig.*) *il canto del cigno* le chant du cygne **2** (*mus., corr.*) chant: *canto gregoriano* chant grégorien; *un canto a due, tre voci miste* un chant à deux, trois voix; *i canti della montagna* les chants des montagnards ◇ [*l'arte, la tecnica del cantare*] *lezione di canto* leçon de chant; *maestro di canto* professeur de chant; *studiare canto* étudier le chant **3** (*letter.*) chant: *i 'Canti' di Leopardi* les 'Chants' de Leopardi ◇ [*parte di un componimento poetico*] *i canti della 'Divina Commedia'* les chants de la 'Divine Comédie'.
2 **cànto** |'kanto| *s.m.* **1** [*punto d'incontro di due muri*] coin: *sistemare un mobile in un canto della stanza* placer un meuble dans un coin de la pièce; *si incontrarono al canto della strada* ils se rencontrèrent au coin de la rue → **angolo** ◇ (*per est.*) [*zona marginale di un ambiente*] *mettersi in un canto del salotto* se mettre dans un coin du

salon → **cantuccio** ◇ (*per est.*) [*spigolo di un mobile*] *sedersi a un canto della tavola* s'asseoir à un coin de la table **2** *loc. avv.* [*lato, fianco, parte*] A CANTO → **accanto** ~ DA CANTO de côté: *lasciamo da canto tutte le preoccupazioni* laissons de côté tous le soucis → **daccanto** ~ D'ALTRO CANTO [*d'altronde*] d'autre part, d'ailleurs: *mi è andata male, d'altro canto non potevo fare diversamente* cela n'a pas marché, mais d'ailleurs je ne pouvais pas faire autrement ~ DA UN CANTO... DALL'ALTRO (CANTO) d'un côté... de l'autre: *questa offerta da un canto mi lusinga, ma dall'altro mi preoccupa* cette offre d'un côté me flatte, mais me préoccupe de l'autre ~ DAL CANTO MIO [*per quanto mi riguarda; per me*] pour ma part: *dal canto mio, puoi fare quello che vuoi* pour ma part, tu peux faire ce que tu veux ~ PER OGNI CANTO [*dappertutto*] partout: *lo cercavo per ogni canto* je le cherchais partout.

1 **cantonàle** |kanto'nale| *agg.* (*in Svizzera*) cantonal*: *elezioni cantonali* élections cantonales; *leggi cantonali* lois cantonales.

2 **cantonàle** |kanto'nale| *s.m.* **1** [*mobile da situare in un angolo*] encoignure *f.* **2** [*angolare*] cornière *f.*

cantonàta |kanto'nata| *s.f.* **1** [*angolo esterno di un edificio*] coin *m.* (de la rue): *urtare contro una cantonata* se cogner à une borne au coin (de la rue); *svoltare alla prima cantonata* tourner au premier coin (de la rue); *affiggere un manifesto a una cantonata* placarder une affiche à un coin (de rue); *è scritto su tutte le cantonate* c'est écrit à tous les coins (de rue) **2** (*loc. fig.*) *prendere, pigliare una cantonata* [*prendere un abbaglio; commettere uno sbaglio madornale*] commettre une bévue.

cantóne |kan'tone| *s.m.* **1** [*angolo, canto*] coin: *starsene in un cantone* rester dans un coin; *punire un bambino mandandolo in un cantone* punir un enfant en le mettant au coin ◇ (*gioco infantile*) *il gioco dei quattro cantoni* le jeux des quatre coins **2** *i cantoni svizzeri, della Svizzera* les cantons suisses, de la Suisse **3** [*tratto di strada sorvegliato da un cantoniere*] canton de route **4** (*arald.*) canton **5** (*zool.*) coin.

cantonièra |kanto'njɛra| **1** *agg. e s.f.* (*solo nella loc.*) (*casa*) *cantoniera* maison cantonnière **2** *s.f.* → 2 **cantonale.**

cantonière |kanto'njɛre| *s.m.* cantonnier.

cantóre |kan'tore| *s.m.* **1** [*chi canta nel coro di una chiesa*] chantre ✦ (*agg.*) *i maestri cantori* les maîtres chanteurs **2** (*raro*) → **cantante** **3** (*letter.*) [*poeta, celebratore*] chantre: *Petrarca, il cantore dell'amore* Pétrarque, le chantre de l'amour.

cantoria |kanto'ria| *s.f.* **1** tribune des chantres **2** [*i cantori*] maîtrise: *dirigere la cantoria di una parrocchia* diriger la maîtrise d'une paroisse.

cantorino |kanto'rino| *s.m.* (*eccl.*) graduel.

cantùccio, i |kan'tuttʃo, i| *s.m.* **1** [*piccolo angolo interno e nascosto*] coin, recoin: *esplorare i cantucci di un solaio* explorer les recoins d'un grenier; *cercare q.c. in tutti i cantucci* chercher qqch. dans tous les coins, les recoins # *stare in un cantuccio* se tenir à l'écart, rester dans son coin **2** (*region.*) [*pezzetto, piccola porzione*] morceau, croûton: *cantuccio di pane* morceau, croûton de pain.

canùto |ka'nuto| *agg.* **1** (*detto dei capelli*) [*bianco*] chenu (*lett.*): *capelli canuti* cheveux chenus; *testa canuta* tête chenue; *un vecchio canuto* un vieillard chenu **2** (*lett.*) → **bianco, candido.**

canyon |'kænjən| *s.m. inv.* (*ingl.*) → **cañon.**

canzonàccia, ce |kantso'nattʃa, tʃe| *s.f.* (*spreg.*) chanson paillarde, grivoise.

canzonàre |kantso'nare| *v.tr.* [*criticare ironicamente*] chiner, railler: *lo canzonavano tutti* ils le chinaient, raillaient tous; *non voglio farmi canzonare* je ne veux pas me faire chiner, railler ✦ (*ass.*) *l'ho detto solo per canzonare* je ne l'ai dit que pour plaisanter → **burlare, deridere.**

canzonatóre, trice |kantsona'tore, tritʃe| *s.* (*persone*) [*chi canzona*] moqueur*, railleur* → **burlone.**

canzonatòrio, i |kantsona'tɔrjo, i| *agg.* (*cose*) [*che canzona*] moqueur*, goguenard: *sguardo canzonatorio* regard moqueur, goguenard; *tono, sorriso canzonatorio* ton, sourire moqueur, goguenard.

canzonatùra |kantsona'tura| *s.f.* [→ CANZONARE] moquerie, raillerie → **beffa, burla.**

canzóne |kan'tsone| *s.f.* **1** chanson: *una canzone d'amore* une chanson d'amour; *una canzone impegnata, di protesta* une chanson engagée, de protestation; *una canzone di successo* une chanson à succès; *suonare, cantare, fischiettare una canzone* jouer, chanter, siffloter une chanson; *il festival della canzone italiana, napoletana* le festival de la chanson italienne, napolitaine **2** (*fig.*) [*discorso monotono, pedante*] chanson: *è sempre la solita canzone!* c'est toujours la même chanson! → **solfa, cantilena** **3** (*letter.*) canzone: *le canzoni del Petrarca* les canzones (canzoni) de Pétrarque **4** (*mus.*) chanson.

canzonétta |kantso'netta| *s.f.* [*canzone leggera, orecchiabile*] chansonnette: *la canzonetta napoletana* la chansonnette napolitaine; *l'industria della canzonetta* l'industrie de la chansonnette; *cantare, fischiettare una canzonetta* chanter, siffler une chansonnette.

canzonettìsta |kantsonet'tista| *s.* [*chi canta nei caffè concerto*] chansonnier *m.*

canzonière |kantso'njɛre| *s.m.* **1** (*letter.*) chansonnier **2** [*compositore, versificatore di canzonette*] chansonnier.

caolinizzazióne |kaolinidd zat'tsjone| *s.f.* kaolinisation.

caolìno |kao'lino| *s.m.* (*miner.*) kaolin.

càos |'kaos| *s.m. inv.* chaos, bouleversement (*var.*): *il caos politico, economico* le chaos, le bouleversement politique, économique → **disordine, confusione** # *il gran caos della circolazione stradale* le tohu-bohu de la circulation (routière); *che caos in questa stanza, in questo armadio!* quelle pagaïe (*fam.*) dans cette pièce, dans cette armoire!

caòtico, ci, ca, che |ka'ɔtiko, tʃi, ka, ke| *agg.* chaotique: *situazione caotica* situation chaotique → **disordinato, confuso.**

capàce |ka'patʃe| *agg.* **1** (*cose*) [*atto a contenere una determinata quantità*] qui contient, capable de contenir: *una sala capace di mille persone* une salle qui contient, capable de contenir 1000 personnes ✦ *ass.* [*ampio, spazioso*] *una sala, una borsa assai capace* une salle très grande, un sac très grand **2** CAPACE DI (+ *inf.*) [*atto, idoneo a fare q.c.*] capable de (+ *inf.*): *è capace di leggere, di scrivere, di camminare* il est capable de lire, d'écrire, de marcher; *è capace di farlo da solo* il est capable de faire ça à lui seul ◇ (*dir.*) *capace di intendere e (di) volere* capable d'entendre et de vouloir **3** *ass.* (*persone*) [*abile, esperto nel proprio campo*] capable: *un avvocato capace* un avocat capable; *è un meccanico capace* c'est un mécanicien capable → **competente, qualificato** ◇ [*intelligente, dotato*] *è un ragazzo capace* c'est un garçon capable, doué **4** [*disposto a fare q.c.; soggetto a commettere eccessi*] capable: *è capace di qualunque eccesso* il est capable de n'importe quel excès; *è capace di tutto* il est capable de tout; *non è capace di tenere il muso* il n'est pas capable de faire longtemps la gueule (*pop.*) **5** *loc. fam. impers.* È CAPACE CHE (+ *congv.*) il se peut que (+ *congv.*): *con questi nuvoloni è capace che piova* avec ces gros nuages, il se peut qu'il pleuve; *è capace che ci venga anch'io* il se peut que je vienne moi aussi **6** (*loc. fam.*) *non si faceva capace di quella disgrazia* [*non voleva convincersene*] il n'arrivait pas à réaliser ce malheur → **capacitar(si)** ⓒ 3 **incapace, inetto.**

capacità |kapatʃi'ta| *s.f. inv.* **1** [*possibilità di contenere una determinata quantità*] capacité (*var.*): *la capacità di un recipiente* la capacité d'un récipient → **capienza** # *la capacità dello stadio è di 100.000 spettatori* le stade peut contenir 100.000 spectateurs **2** [*possibilità; abilità, capacità a fare q.c.*] capacité, compétence (*var.*): *la capacità di realizzare un'impresa* la capacité de réaliser une entreprise; *la capacità professionale* la capacité professionnelle ◇ [*dote, facoltà*] *è un'impresa superiore alle sue capacità* c'est une entreprise qui dépasse ses capacités; *una persona di grandi, limitate capacità intellettuali* une personne de grandes, médiocres capacités intéllectuelles **3** (*dir.*) capacité: *capacità giuridica* capacité de jouissance; *capacità d'agire* capacité d'ester en justice **4** (*fis.*) capacité: *capacità termica di un corpo* capacité calorifique d'un corps; *capacità di un accumulatore* capacité d'un accumulateur **5** (*econ.*) *capacità d'acquisto di una moneta* pouvoir *m. var.* d'achat d'une monnaie ◇ (*fin.*) *la capacità contributiva di un cittadino* les revenus imposables d'un citoyen ⓒ 2; 3 **incapacità**; 2 **inettitudine.**

capacitàre |kapatʃi'tare| **A** *v.tr.* (*raro*) [*persuadere, convincere*] convaincre (54) # *c'era q.c. in quell'affare che non mi capacitava* il y avait qqch. dans cette affaire-là qui ne m'allait pas, que je trouvais louche **B** *v.pron. rifl.* CAPACITARSI [*rendersi conto; convincersi*] comprendre (73) *tr.*, se rendre (53) compte: *non si capacitava di come si fossero svolti i fatti* il n'arrivait pas à comprendre comment les faits s'étaient déroulés; *non riesco ancora a capacitarmi di quanto è avvenuto* je n'arrive pas encore à me rendre compte de ce qui s'est passé.

capacitivo |kapatʃi'tivo| *agg.* (*elettr., fis.*) capacitif*.

capànna |ka'panna| *s.f.* **1** cabane, *hutte: *la capanna del pastore, del boscaiolo* la cabane du berger, du bûcheron; *una capanna per cacciatori* une hutte pour chasseurs; *ripararsi dalla pioggia in una capanna* s'abriter de la pluie dans une cabane → **capanno** # *le capanne dei villaggi africani* les paillotes des villages d'Afrique ◇ (*per est.*) *erano costretti a vivere in una capanna* ils étaient forcés de vivre dans une cabane à lapin → **tugurio, stamberga** ◇ (*letter.*) *la capanna dello zio Tom* la case de l'oncle Tom ◇ (*loc. fig.*) *due cuori e una capanna* une chaumière et un cœur ~ *ventre mio* (*pancia mia*) *fatti capanna* [*invito a fare una grande mangiata*] mon ventre, arrondis-toi! **2** *loc.* A CAPANNA à double pente: *tetto a capanna* toit à double pente; *facciata a capanna* façade à double pente.

capannìna |kapan'nina| *s.f.* petite cabane, *hutte: *capannina meteorologica* hutte météorologique.

capannèllo |kapan'nɛllo| *s.m.* **1** [*persone che discutono per strada*] groupe: *un capannello di dimostranti* un groupe de manifestants → **1 crocchio** **2** [*piccolo riparo di frasche usato dai cacciatori*] gabion, petite *hutte *f.*

capànno |ka'panno| *s.m.* **1** [*costruzione di frasche per cacciatori, per contadini*] gabion, *hutte *f.* # *caccia al capanno* chasse à l'affût **2** (*raro*) [*cabina* (*negli stabilimenti balneari*)] cabine *f.* de plage, de piscine.

capannóne |kapan'none| *s.m.* **1** [*ampia costruzione in muratura, per usi industriali*] entrepôt, atelier **2** [*grossa capanna, spec. per usi agricoli*] *hangar, remise *f.*

caparbiaménte |kaparbja'mente| *avv.* [→ CAPARBIO] obstinément, opiniâtrement: *rifiutare caparbiamente* refuser obstinément; *insistere caparbiamente in q.c.* persévérer opiniâtrement dans qqch. → **risolutamente.**

caparbietà |kaparbje'ta| *s.f. inv.* [*ostinazione, testardaggine*] opiniâtreté *var.*, obstination (*var.*): *lottare, resistere con caparbietà* lutter, résister avec opiniâtreté; *difendere con caparbietà le proprie idee* soutenir son avis avec obstination **C** **arrendevolezza, docilità.**

capàrbio, i |ka'parbjo, i| *agg.* [*che agisce di testa propria, senza sentir ragioni*] têtu, opiniâtre: *un ragazzo caparbio* un garçon têtu, buté; *essere caparbio come un mulo* être têtu comme une mule; *opporre una resistenza caparbia* opposer une résistance opiniâtre, acharnée → **cocciuto, testardo, ostinato** ✦ (*s.*) *un caparbio* un têtu, un entêté **C** **arrendevole, docile.**

capàrra |ka'parra| *s.f.* (*dir., corr.*) arrhes (*pl.*): *versare la caparra* verser, donner des arrhes; *dare una caparra in acconto* donner des arrhes à titre d'acompte; *perdere la caparra* perdre ses arrhes.

capàta |ka'pata| *s.f.* **1** (*raro*) coup *m.* de tête → **testata** # *dare una capata contro il muro* se cogner la tête contre le mur **2** [*breve visita*] saut (*m.*): *fare una capata in un luogo* faire un saut quelque part; *fare una capata a casa di qc.* faire un saut chez qqn.

capatìna |kapa'tina| *s.f.* → **capata 2.**

capécchio, i |ka'pekkjo, i| *s.m.* [*sostanza che si trae dalla prima pettinatura del lino*] étoupe *f.*

capeggiàre |kaped'dʒare| *v.tr.* [*essere a capo di; capitanare*] prendre (73) la tête de, être (43) *intr.* à la tête de: *capeggiare una rivolta* prendre la tête d'une révolte; *capeggiare una banda* prendre la tête d'une bande, d'un gang.

capeggiatóre, trice |kapeddʒa'tore, tritʃe| *s.* celui *m.*, celle *f.* qui est à la tête (de) *loc.*

capéllo |ka'pello| *s.m.* **1** cheveu: *un ciuffo, una ciocca di capelli bianchi* une touffe, une mèche de cheveux blancs; *capelli a spazzola* cheveux en brosse; *capelli ricci, ondulati* cheveux frisés, ondulés; *spazzola per capelli* brosse à cheveux; *avere i capelli in disordine, scarmigliati* avoir les cheveux en désordre, en bataille ◇ (*loc. fig.*) *avere un diavolo per capello* avoir les nerfs en boule, à vif ~ *mettersi le mani nei capelli, strapparsi i capelli* s'arracher les cheveux ~ *prendersi per i capelli* se prendre aux cheveux; (*di donne*) se crêper le chignon ~ *far rizzare i capelli in testa* faire dresser les cheveux sur la tête ~ (*persone*) *ci ero tirato per i capelli* j'y étais forcé ~ *un discorso tirato per i capelli* un discours tiré par les cheveux ~ *non torcere un capello* ne pas toucher à un cheveu (d'une personne) ~ *rompere, spaccare il capello in quattro* couper les cheveux en quatre ~ *arrossire fino alla radice dei capelli* rougir jusqu'aux yeux, jusqu'aux oreilles ~ *avere più debiti che capelli* être criblé, perdu de dettes ~ *averne fin sopra i capelli* en avoir par dessus la tête ~ *servire qc. di barba e capelli* [*ridurlo in cattive condizioni, conciarlo per le feste*] bien arranger qqn. **2** (*in varie loc. fig.*) [*simbolo di cosa piccolissima, di una quantità minima*] *c'è mancato un capello che non cadesse* il s'en est fallu de peu qu'il ne tombât → **pelo** ~ PER UN CAPELLO de justesse: *evitare uno scontro per un capello* éviter de justesse une collision ~ *l'ho scampata per un capello* je l'ai échappé belle ~ *va a capello* [*a puntino*] c'est au poil (*fam.*) ~ *è tutto sospeso a un capello* cela ne tient qu'à un fil **3** *capel di Venere* → **capelvenere.**

capellóne |kapel'lone| *s.* **1** [*chi porta i capelli lunghi in segno di protesta sociale*] chevelu; beat, beatnik ✦ (*agg.*) *un ragazzo capellone* un chevelu *s.*, un beat (*s.*); *la moda capellona* la mode beatnik **2** [*chi si lascia crescere i capelli*] chevelu ✦ (*agg.*) *un vecchio capellone* un (vieillard) chevelu.

capellùto |kapel'luto| *agg.* **1** [*con molti capelli*] chevelu **2** (*anat.*) *il cuoio capelluto* le cuir chevelu.

capelvènere |kapel'vɛnere| *s.m.* (*t.bot.*) capillaire de Montpellier, cheveu-de-Vénus.

capèstro |ka'pɛstro| *s.m.* **1** [*corda per impiccare*] corde *f.*, cravate *f.* de chanvre (*fam.*) ◇ (*per est.*) [*forca*] *condannare qc. al capestro* condamner qqn. à la corde ◇ (*loc. fig.*) *persona da capestro* [*delinquente*] gibier de potence **2** [*fune con cui si lega la testa di grossi animali*] licou: *mettere il capestro a un bue* passer le licou à un bœuf → **cavezza** ◇ (*loc. fig.*) *mettere il capestro a qc.* [*sottometterlo*] mettre la corde au cou de qqn.; mener, tenir qqn. en laisse ~ *rompere il capestro* [*liberarsi da uno stato di soggezione*] briser, secouer ses chaînes.

capetingio, gi, gia, ge |kape'tindʒo, dʒi, dʒa, dʒe| *agg.* [*dei Capetingi*] capétien*: *la monarchia capetingia* la monarchie capétienne ✦ *s.* (*st.*) *i Capetingi* les Capétiens.

capezzàle |kapet'tsale| *s.m.* **1** [*letto di malato, di moribondo*] chevet: *essere, stare al capezzale di qc.* être, rester au chevet de qqn.; *passare, trascorrere la notte al capezzale di un amico* passer la nuit au chevet d'un ami **2** (*raro*) → **guanciale.**

capézzolo |ka'pettsolo| *s.m.* (*anat., corr.*) [*della donna*] mamelon ◇ [*degli animali*] tette *f.*

capidòglio, i |kapi'dɔʎʎo, i| *s.m.* → **capodoglio.**

capiènte |ka'pjɛnte| *agg.* qui contient beaucoup *loc.*

capiènza |ka'pjɛntsa| *s.f.* [*capacità di contenere*] contenance: *la capienza di un recipiente* la contenance d'un récipient → **capacità** # *una sala della capienza di 200 persone* une salle qui peut contenir 200 personnes; *il teatro ha la capienza di 1000 spettatori* le théâtre peut contenir 1000 spectateurs.

capigliatùra |kapiʎʎa'tura| *s.f.* [*i capelli*] chevelure: *una folta capigliatura* une épaisse chevelure.

capillàre |kapil'lare| *agg.* **1** (*fis.*) capillaire: *tubi capillari* tubes capillaires; *fenomeni capillari* phénomènes capillaires **2** (*anat.*) capillaire: *vasi capillari* vaisseaux capillaires ✦ (*s.m.*) *un capillare* un capillaire; *i capillari arteriosi, linfatici* les capillaires artérieux, lymphatiques **3** (*fig.*) (*cose*) [*diffuso per un'area estesa; minuzioso*] minutieux*, détaillé: *propaganda capillare* propagande minutieuse; *analisi capillare* analyse, enquête minutieuse, détaillée # *un'organizzazione di vendita capillare* un réseau de vente très étendu.

capillarità |kapillari'ta| *s.f. inv.* **1** (*fis.*) capillarité *var.* **2** (*fig.*) minutie (*var.*): *la capillarità di una campagna politica* la minutie d'une campagne politique.

capillìfero |kapil'lifero| *agg.* (*bot.*) *bulbo capillifero* bulbe pileux.

capinéra |kapi'nera| *s.f.* (*t.zool.*) fauvette (à tête noire).

capintèsta |kapin'tɛsta| *s.inv.* **1** [*chi è a capo di un gruppo, di una categoria di persone*] chef (*m. var.*): *i capintesta del partito* les chefs du parti **2** (*sport*) chef (d'équipe), premier* *var.* au classement: *il corridore X è il capintesta del Giro d'Italia* le coureur X est le chef de file du classement général du Tour d'Italie; *l'Inter è la capintesta della classifica* (*del campionato di calcio*) l'Inter est première au classement pour le championnat.

capire |ka'pire| (197) **A** *v.tr.* **1** [*penetrare con la mente; comprendere*] comprendre (73): *capire una poesia, una spiegazione* comprendre une poésie, une explication; *non capisco cosa vuole* je ne comprends pas ce qu'il veut; *non capisce niente, un'acca di matematica* il ne comprend rien à rien en maths (*fam.*); *non riesco a capire come sia potuto accadere* je n'arrive pas à comprendre comment cela a pu arriver →

capacitar(si); *capì d'aver sbagliato* il comprit qu'il s'était trompé; *capiva che tutti gli erano contro* il comprenait, il s'apercevait que tout le monde était contre lui # *capire al volo le intenzioni di qc.* saisir au vol les intentions de qqn. → **intuire** ◇ *loc. raff.* CAPIRCI y comprendre: *non ci capisco niente* je n'y comprends rien; *in queste faccende, io ci capisco poco* dans ces histoires je n'y comprends pas grand chose ◇ (*loc. fig.*) *capire l'antifona* [*comprendere anche le intenzioni non espresse*] saisir l'allusion ~ *capire fischi per fiaschi* [*cadere in un grosso equivoco*] comprendre tout de travers ~ *non capire un fico secco, un accidente, un tubo* (*fam.*) ne comprendre rien à rien, ne comprendre que dalle (*pop.*) ~ *non la vuol* (*proprio*) *capire* [*non vuole persuadersene*] il ne veut pas entendre raison **2** *ass.* [*essere intelligente*] comprendre: *è un ragazzo che capisce subito, al volo* c'est un garçon qui comprend tout de suite, immédiatement # *capire poco, molto* être peu, très éveillé ◇ *loc.* SI CAPISCE [*naturalmente, logicamente*] '*mi assicuri che verrai?*' '*certo, si capisce*' 'tu es sûr, tu me jures (*fam.*) que tu viendras?' 'bien sûr, c'est entendu'; *certe volte, si capisce, perdo la pazienza* quelquefois, ça se comprend, je perds patience; *si capisce che la cena la offro io* il est entendu que c'est moi qui offre le dîner ✦ *inter.* CAPISCI?! CAPITE?! comprends-tu?, comprenez-vous?!: *non l'ho fatto apposta, capisci?* je ne l'ai pas fait exprès, comprends-tu?; *è tutto un imbroglio, capite?* ce n'est qu'une escroquerie, comprenez-vous? ~ CAPIRAI! (*con valore iron., di compatimento e sim.*) tu penses, tu te rends compte! (*fam.*): *capirai che sforzo!* tu penses, tu te rends compte quel effort! ~ CAPISCO, HO CAPITO (*anche per confermare all'interlocutore la propria attenzione*) je comprends, j'ai compris **3** [*valutare, stimare nel suo giusto valore*] comprendre: (*non*) *capire i propri figli* (ne pas) comprendre ses enfants; *tu sì che mi capisci!* toi, tu me comprends!; *chi lo capisce è bravo* bien malin qui arrive à le comprendre; *questa musica moderna non la capisco proprio* cette musique moderne, je n'y comprends rien; *non era capito dai suoi stessi amici* il n'était même pas compris de ses propres amis **4** [*distinguere, afferrare con l'udito*] comprendre: *da questo palco non si capiscono le parole degli attori* de cette loge, on ne comprend pas les répliques des acteurs; *puoi ripetere che non ho capito bene le ultime parole?* tu peux répéter? je n'ai pas bien compris les derniers mots **B** *v.intr.* (*aus.* '*essere*') (*nella loc.*) *non capire in sé dalla gioia* [*provare una gioia incontenibile*] ne pas se sentir de joie **C** *v.pron. rifl., recipr.* CAPIRSI [→ *tr.* 3] se comprendre: *si sono capite subito* elles se sont tout de suite comprises; *è così difficile capirsi!* c'est tellement difficile de se comprendre! ◇ (*anche con tono minaccioso*) *ci siamo capiti?* entendu?

capirósso |kapi'rosso| *s.m.* (*fam.*) → **cardellino.**

1 **capitàle** |kapi'tale| *agg.* **1** capital*: *pena capitale* peine capitale; *sentenza capitale* sentence capitale ◇ (*teol. catt.*) *peccati capitali* péchés capitaux **2** (*per est.*) [*fondamentale, molto importante*] capital; *è una questione di capitale importanza* c'est un problème d'une importance capitale **3** (*paleogr.*) (lettres) capitulaires: (*scrittura*) *capitale* écriture en (lettres) capitulaires, majuscules.

2 **capitàle** |kapi'tale| *s.f.* capitale: *Roma è la capitale d'Italia* Rome est la capitale de l'Italie; *studiare le capitali del mondo* étudier les capitales du monde; *trasferirsi, vivere nella capitale* aller s'établir, vivre dans la capitale ◇ (*per est.*) *la capitale della moda, del cinema, del vizio* la capitale de la mode, du cinéma, du vice; *la capitale industriale* la capitale industrielle.

3 **capitàle** |kapi'tale| *s.m.* **1** (*econ., corr.*) capital*: *capitale azionario* capital-action; *capitale fisso* capital fixe, immobilisé; *capitale liquido* capital disponible; *capitale circolante* capital roulant; *capitale sociale* capital social; *capitale nominale* capital nominal; *investire un capitale in q.c.* engager, investir un capital dans qqch.; *intaccare il capitale* entamer son capital; *consumare il capitale* graspiller son capital **2** (*fig.*) [*la classe sociale dei capitalisti*] capital: *le lotte fra il capitale e il lavoro* les luttes entre le capital et le travail **3** [*grande ricchezza; patrimonio*] fortune (*f.*): *avere un bel capitale di quadri e gioielli* avoir une belle fortune en tableaux et en bijoux; *una pelliccia che vale un capitale* une fourrure qui vaut une fortune ◇ (*fig.*) *un capitale di nozioni, di cultura* un capital, une somme de notions, une richesse de culture ◇ (*loc. fig.*) *far capitale di q.c.* [*tenerla in gran conto*] tenir grand compte de qqch. **4** (*loc. scherz.*) *è un bel, un buon capitale* [*un briccone, una birba*] c'est un sacré numéro.

capitalìsmo |kapita'lizmo| *s.m.* capitalisme: *capitalismo di Stato* capitalisme d'État.

capitalìsta |kapita'lista| *s.* **1** capitaliste ✦ (*agg.*) *società capitalista* société capitaliste; *paesi a economia capitalista* pays à économie capitaliste → **capitalistico** **2** (*fam.*) [*persona ricca*] (gros) capitaliste: *ma va là, che sei un capitalista!* allons donc, toi qui es un (gros) capitaliste!

capitalìstico, ci, ca, che |kapita'listiko, tʃi, ka, ke| *agg.* capitaliste: *economia capitalistica* économie capitaliste.

capitalizzàbile |kapitalid'dzabile| *agg.* [→ CAPITALIZZARE] capitalisable.

capitalizzàre |kapitalid'dzare| *v.tr.* **1** [*convertire in capitale*] capitaliser: *capitalizzare gli interessi, i dividendi* capitaliser les intérêts, les dividendes → **investire** ✦ *ass.* [*accumulare capitali*] capitaliser **2** [*determinare il valore di un capitale*] capitaliser: *capitalizzare un vitalizio* capitaliser un viager.

capitalizzazióne |kapitaliddzat'tsjone| *s.f.* [→ CAPITALIZZARE] capitalisation: *capitalizzazione di una rendita* capitalisation d'une rente; *capitalizzazione degli interessi* capitalisation des intérêts; *tasso di capitalizzazione* taux de capitalisation.

capitàna |kapi'tana| *s.f.* **1** (*mar.*) capitane ✦ (*agg.*) *la galea capitana* la galère capitane **2** (*fig.*) [*donna autoritaria*] gendarme (*m.*): *è proprio una capitana!* c'est un vrai gendarme! **3** (*scherz.*) femme du capitaine.

capitanàre |kapita'nare| *v.tr.* **1** (*mil.*) [*guidare, comandare*] commander, conduire (75): *capitanare un reggimento* commander, conduire un régiment → **comandare** **2** (*per est.*) [*essere a capo di; dirigere*] être (43) *intr.* à la tête, diriger (3): *capitanare un'impresa* être à la tête d'une entreprise, diriger une entreprise; *capitanare un'insurrezione* être à la tête d'une insurrection → **capeggiare.**

capitaneggiàre |kapitaned'dʒare| *v.tr.* → **capitanare.**

capitanerìa |kapitane'ria| *s.f.* (*mar.*) capitainerie: *capitaneria di porto* capitainerie de port.

capitanéssa |kapita'nessa| *s.f.* → **capitana** 3.

capitàno |kapi'tano| *s.m.* **1** (*mil.*) capitaine: *capitano di fanteria, dei carabinieri* capitaine d'infanterie, des carabiniers ◇ (*mar.*) *capitano di corvetta, di fregata, di vascello* capitaine de corvette, de frégate, de vaisseau **2** (*mar.*) capitaine: *capitano marittimo* capitaine maritime; *capitano di lungo corso* capitaine au long cours; *capitano del porto* capitaine du port **3** (*sport*) *capitano di una squadra* (*di calcio*) capitaine d'une équipe (de football) **4** (*per est.*) chef, capitaine: *il capitano di un'impresa* le chef, le capitaine d'une entreprise; *capitano d'industria* chef, capitaine d'industrie → **capo** **5** (*st. ant.*) capitaine: *il capitano del popolo* le capitaine du peuple # *i capitani di ventura* les condottieres.

capitàre |kapi'tare| **A** *v.intr.* (*aus.* '*essere*') **1** [*arrivare, giungere per caso, inaspettatamente*] arriver, tomber: *capitare in casa di amici, tra brava gente* arriver, tomber chez des amis, de braves gens; *capitare in un posto sconosciuto* arriver dans un lieu inconnu; *capitare in piena riunione* arriver, tomber en pleine réunion; *capitare in un brutto momento* arriver, tomber à un mauvais moment; *mi è capitata tra le mani una vecchia fotografia* une vieille photographie m'est tombée entre les mains; *la lettera capitò tra le mani del padre* la lettre tomba entre les mains du père # *non confidarti con il primo che capita!* ne te confie pas au premier venu! ◇ (*persone*) [*passare da qualche parte*] passer: *se capiti di qui, vieni a trovarmi* si tu passes par ici, viens me voir ◇ (*cose*) [*ricorrere*] tomber: *quest'anno Natale capita di sabato* cette année Noël tombe un samedi ◇ *loc. fig.* CAPITARE BENE, MALE [*essere fortunato, sfortunato*] tomber bien, mal: *è capitato male con quel capufficio, con quella moglie* il est mal tombé avec ce chef de bureau, avec cette femme **2** (*cose*) [*accadere, succedere; verificarsi*] arriver: *gli è capitata una bella disgrazia* il lui est arrivé *impers.* un grand malheur; *doveva capitare proprio a me!* c'est à moi qu'il fallait que ça arrive!; *ma guarda che cosa doveva capitarmi!* mais regarde ce qu'il a fallu qu'il m'arrive!; *sono cose che capitano!* ce sont des choses qui arrivent!; *me ne è capitata una bella* il m'en est arrivé une bien bonne # *se mi capiterà l'occasione, non mancherò di farlo* si j'en ai l'occasion je ne manquerai pas de le faire; *ma capitano proprio tutte a me!* mais j'ai vraiment une de ces malchances, déveines! (*fam.*) **B** *v. impers.* [→ *intr.* 2] CAPITA DI (+ *inf.*) il arrive de (+ *inf.*); (*fam.*) CAPITA CHE (+ *congv.*) il arrive que (+ *congv.*): *non capita spesso di incontrare persone così oneste* il n'arrive pas souvent de rencontrer des personnes aussi honnêtes; *non ti è mai capitato di sbagliare?* il ne t'est jamais arrivé de te tromper? || *capita spesso che bisticcino fra di loro* il arrive souvent qu'ils se disputent ◇ (*loc.*) *come capita, capita* il faut prendre les choses comme elles sont ~ *capita!* (*con senso di rassegnazione*) cela (ça) arrive!

capitèllo |kapi'tɛllo| *s.m.* **1** (*arch.*) chapiteau: *capitello dorico, ionico, corinzio* chapiteau dorique, ionique, corinthien **2** (*nei libri rilegati*) tranchefile *f.* **3** (*anat.*) épiphyse *f.*

1 **capitolàre** |kapito'lare| *v.intr.* (*aus.* '*avere*') **1** (*mil.*) [*chiedere, ottenere la resa*] capituler: *capitolare dopo un lungo assedio* capituler après un long siège; *capitolare con l'onore delle armi* capituler avec les honneurs de la guerre → **arrendersi** **2** (*fig.*) [*cedere, desistere*] capituler devant, céder (8) à: *capitolare davanti alle minacce di qc.* capituler devant les menaces, céder aux menaces de qqn. Ⓒ **resistere.**

2 **capitolàre** |kapito'lare| *agg.* (*eccl.*) capitulaire: *sala, biblioteca capitolare* salle, bibliothèque capitulaire; *riunione capitolare* réunion capitulaire # *vicario capitolare* grand vicaire, vicaire général.

3 **capitolàre** |kapito'lare| *s.m.* (*dir. ant.*) capitulaire: *un capitolare di Carlomagno* un capitulaire de Charlemagne.

capitolàto |kapito'lato| *s.m.* (*dir.*) cahier: *capitolato d'oneri* cahier des charges.

capitolazióne |kapitolat'tsjone| *s.f.* [→ 1 CAPITOLARE] capitulation: *cacapitolazione onorevole, vergognosa* capitulation honorable, honteuse; *negoziare, firmare la capitolazione* négocier, signer la capitulation ◇ (*fig.*) [*resa, cedimento*] capitulation Ⓒ **resistenza.**

capitolino |kapito'lino| *agg.* **1** (*st. rom.*) du Capitole *loc. inv.*, capitolin: *le oche capitoline* les oies du Capitole, capitolines; *la lupa capitolina* la louve du Capitole, capitoline **2** [*del comune di Roma*] de Rome (*loc. inv.*): *l'amministrazione capitolina* l'administration de Rome.

capitolo |ka'pitolo| *s.m.* **1** [*suddivisione primaria di un'opera*] chapitre: *capitolo primo, secondo* chapitre un, deux; *leggere un capitolo di un romanzo* lire un chapitre d'un roman; *studiare un capitolo di storia* étudier un chapitre d'histoire **2** (*bur.*) *i vari capitoli del bilancio dello Stato* les divers chapitres du budget de l'État **3** (*letter.*) poème en tiercets **4** (*eccl.*) chapitre: *il capitolo generale di un ordine religioso* le chapitre général d'un ordre religieux ◇ *loc. fig.* (*non*) *aver voce in capitolo* (ne pas) avoir voix au chapitre.

capitombolàre |kapitombo'lare| *v.intr.* (*aus.* '*essere*') [*fare un capitombolo, ruzzolare*] culbuter (*aus.* avoir), dégringoler (*aus.* avoir): *capitombolare per le scale* dégringoler dans l'escalier → **cadere, cascare.**

capitómbolo |kapi'tombolo| *s.m.* **1** [*caduta a testa in giù*] culbute *f.*; dégringolade (*f.*): *fece un bel capitombolo sulla neve* il fit une belle culbute sur la neige # *ho fatto un capitombolo sulle scale* j'ai dégringolé dans l'escalier **2** (*fig.*) [*rovescio, fallimento*] culbute: *il capitombolo di un governo, di una grossa impresa* la culbute d'un gouvernement, d'une grosse entreprise.

capitóne |kapi'tone| *s.m.* anguille *f.* femelle.

capitòzza |kapi'tɔttsa| *s.f.* [*tipo di potatura*] écimage *m.*, étêtement *m.* ◇ (*per est.*) arbre *m.* écimé, étêté.

capitozzàre |kapitot'tsare| *v.tr.* [*potare a capitozza*] écimer, étêter.

càpo |'kapo| *s.m.* **I** (*persone*) **1** [*testa*] tête (*f.*): *stare a capo scoperto* être nu-tête, tête nue; *tenere in capo il cappello* garder son chapeau sur la tête; *aver mal di capo* avoir mal à la tête; *scuotere il capo* hocher la tête; *mi fece un cenno col capo* il me fit un signe de tête ◇ (*loc.*) *armato da capo a piedi* armé de pied en cap ~ *lavare, vestire qc. da capo a piedi* laver, habiller qqn. de la tête aux pieds ~ *grattarsi il capo* se gratter la tête ◇ (*loc. fig.*) *chinare, piegare il capo* baisser la tête ~ *alzare il capo* dresser la tête ~ *non sapere dove battere il capo* [*a chi rivolgersi per aiuto*; *quali decisioni prendere*] ne pas savoir où donner de la tête ~ *battere il capo contro il muro* [*incontrare enormi difficoltà*] se casser la tête contre les murs ~ *mi è capitato un imprevisto fra capo e collo* [*improvvisamente*] un imprévu m'est arrivé, sans crier gare **2** (*fig.*) [*mente*; *intelligenza*] tête: *quella cosa non gli passava neanche per il capo* cette chose ne lui passait même pas par la tête; *si è messa in capo di essere brutta, che tutti la evitano* elle s'est mise dans la tête qu'elle est laide, que tous cherchent à l'éviter; *che cosa ti frulla per il capo?* qu'est-ce qui te passe par la tête? → **testa** ◇ (*loc.*) *rompersi il capo* [*scervellarsi*] se creuser la tête ~ *fare le cose con il capo nel sacco* [*senza riflettere*] faire les choses avec la tête ailleurs ~ *mettere il capo a partito* [*metter giudizio*] se ranger **3** [*persona investita di comando, di potere*] chef: *il capo dello Stato, del governo* le chef de l'État, du gouvernement ◇ (*mil.*) *maresciallo capo* adjudant chef; *comandante in capo* commandant en chef ◇ (*per est.*) *il capo di un'azienda, di un'organizzazione* le chef d'une entreprise, d'une organisation; *arrestare il capo di una banda* arrêter le chef d'une bande ◇ *loc.* ESSERE A CAPO DI [*presiedere, dirigere*] être à la tête de: *essere a capo dell'amministrazione* être à la tête de l'administration; *essere a capo di un'azione, di una rivolta* être à la tête d'une action, d'une révolte ✦ (*agg. inv.*) *redattore capo* rédacteur en chef (*loc.*); *ingegnere capo* ingénieur en chef **4** (*nella formazione di nomi comp., ai quali si rinvia*) chef: *capo-reparto* → **caporeparto**; *capo-classe* → **capoclasse** **II** (*animali*) **1** (*raro*) → **testa** **2** *spec. al plur.* [*ciascun individuo di una specie determinata*] têtes, pièces (*f.*): *capi di bestiame* têtes, pièces de bétail; *un gregge, una mandria di 100 capi* un troupeau de 100 têtes, pièces; *selezionare i capi di una razza per la riproduzione* sélectionner les pièces d'une race pour la reproduction **III** (*cose*) **1** [*la parte più grossa e sporgente di un oggetto*] tête: *il capo di un chiodo, di uno spillo* la tête d'un clou, d'une épingle; *capo d'aglio* tête d'ail **2** [*la parte più alta*] *haut: *in capo alla scala* en haut de l'escalier → **cima** **3** [*ciascuna delle due estremità di q.c.*] bout; tête: *i capi di un filo, di una corda* les bouts d'un fil, d'une corde; *gettare un capo della fune da una riva all'altra* jeter un bout de câble d'une rive à l'autre; *percorrere un paese, una regione da un capo all'altro* parcourir un pays, une région d'un bout à l'autre || *stare a capo del letto* être à la tête, au chevet du lit # *stare a capo della tavola* être au haut bout de la table, présider la table → **capotavola** ◇ *loc. fig.* IN CAPO AL MONDO [*lontanissimo*] au bout du monde: *abita in capo al mondo!* il habite au bout du monde!; *lo seguirebbe anche in capo al mondo* elle le suivrait au bout du monde **4** [*inizio, principio*] début # *scrivere il numero in capo a una pagina* écrire le numéro en haut d'une page; *ricominciare da capo* recommencer; *andare a capo* (*nello scrivere*) aller à la ligne → **daccapo** ◇ (*loc. fig.*) *punto e a capo!* [*bisogna ricominciare*] bon, on recommence! ~ DA CAPO A FONDO [*completamente, alla perfezione*] de fond en comble: *ripulire una stanza da capo a fondo* nettoyer une pièce de fond en comble; *rivedere una tesi da capo a fondo* revoir une thèse de fond en comble ~ *un discorso, un ragionamento senza capo né coda* [*sconclusionato*] un discours, un raisonnement sans queue ni tête **5** [*fine, conclusione*; *sbocco*] bout ◇ (*loc. fig.*) *in capo a un mese, a un anno* au bout d'un mois, d'un an ~ *venire a capo di q.c.* [*risolverla*] venir à bout de qqch. # *nonostante le mie ricerche su quell'argomento, non sono venuto a capo di nulla* mes recherches sur ce sujet n'ont rien donné ◇ (*prov.*) *cosa fatta capo ha* ce qui est fait est fait **6** *loc.* FAR CAPO A [*andare a finire a*; *sboccare in*] aboutir à: *questa strada fa capo alla piazza principale* cette rue aboutit à la place principale # *non capivi dove faceva capo il mio discorso?* n'as-tu pas compris où je voulais en venir? ◇ (*fig.*) [*confluire, convergere*] s'appuyer, avoir pour dirigeant: *l'organizzazione fa capo a un pezzo grosso della politica* l'organisation s'appuie sur un gros bonnet de la politique, a pour dirigeant un gros bonnet de la politique ◇ (*per est.*) [*rivolgersi*] s'adresser à: *far capo alla propria agenzia* s'adresser à son agence; *per quella trasferta a Milano, puoi far capo a mio cugino* pour ce transfert à Milan, tu peux t'adresser à mon cousin **7** (*nei filati*) [*ciascuno dei fili*] fil: *cotone, seta a un capo, a due capi* coton, soie à un fil, à deux fils **8** [*singolo oggetto appartenente a una serie*] pièce: *scegliere il corredo capo per capo* choisir son trousseau pièce par pièce # *un capo di vestiario, di biancheria* un vêtement, un linge ◇ (*dir.*) *i vari capi d'accusa, d'imputazione* les divers chefs d'accusation ◇ *loc. fig.* PER SOMMI CAPI [*in forma sintetica, essenziale*] en résumé: *riferire, raccontare q.c. per sommi capi* rapporter, raconter qqch. en résumé **9** (*geogr.*) cap: *il Capo di Buona Speranza* le Cap de Bonne Espérance; *doppiare un capo* doubler un cap **10** (*arald.*) chef.

capobànda |kapo'banda| *s.* **1** *s.m.* directeur de fanfare: *dei capibanda* des directeurs de fantare **2** *s.* (*fig.*) chef *m.* de bande ◇ (*scherz.*) *chi è il capobanda della compagnia?* qui est le chef de la bande?

capobandito |kapoban'dito| *s.m.* chef de bande, de gang: *dei capibanditi* des chefs de bande, de gang.

capobàrca |kapo'barka| *s.* chef *m.* de bord: *dei capibarca* des chefs de bord.

capobrigànte |kapobri'gante| *s.m.* chef des brigands: *dei capibriganti* des chefs des brigands.

capocàccia |kapo'kattʃa| *s.m.* [*chi dirige una partita di caccia*] veneur: *dei capicaccia* des veneurs; *capocaccia del re* Grand-Veneur.

capocannonière |kapokanno'njɛre| *s.m.* (*calcio*) buteur premier au classement (des buteurs), buteur premier.

capocarcerière |kapokartʃe'rjɛre| *s.m.* gardien chef (de prison): *i capicarcerieri* les gardiens chefs (de prison).

capòcchia |ka'pɔkkja| *s.f.* **1** (*cose*) [*estremità tondeggiante*] tête: *capocchia di un fiammifero, di uno spillo, di un chiodo* tête d'une allumette, d'une épingle, d'un clou **2** *loc. scherz.* A CAPOCCHIA [*in modo sconclusionato*] à la légère: *parlare, scegliere a capocchia* parler, choisir à la légère; *fare q.c. a capocchia* faire qqch. à la légère.

1 **capòccia** |ka'pɔttʃa| *s.m. inv.* [*capo di una famiglia colonica*] chef *var.* de famille ◇ (*per est.*) [*sorvegliante di una squadra di operai*] contremaître* *s. var.* ◇ (*scherz.*) [*caporione*] chef: *chi è il capoccia della brigata?* qui est le chef de la bande?; *fare il capoccia* jouer au chef.

2 **capòccia, ce** |ka'pɔttʃa, tʃe| *s.f.* (*dial.*) [*testa*] caboche: *battere la capoccia contro il muro* se battre la caboche contre le mur; *avere la capoccia dura* avoir la caboche dure (*fam.*).

capocciàta |kapot'tʃata| *s.f.* coup *m.* de tête # *ho dato una capocciata nella porta* je me suis cogné de la tête à la porte; j'ai donné de la tête contre la porte.

capocèllula |kapo'tʃɛllula| *s.* (*polit.*) chef *m.* de cellule: *dei capicellula* des chefs de cellule; *delle capocellule* des chefs de cellule.

capo-clàque |kapo'klak| *s.m.* claqueur en chef.

capoclàsse |kapo'klasse| *s.* chef *m.* de classe: *dei capiclasse* des chefs de classe; *delle capoclasse* des chefs de classe.

capocòllo |kapo'kɔllo| *s.m.* [*tipo di insaccato*] tête *f.* roulée.

capocòmico |kapo'kɔmiko| *s.m.* (*teat.*) chef, directeur de troupe: *dei capocomici, dei capicomici* des chefs de troupes.

capoconvòglio |kapokon'vɔʎʎo| *s.m.* **1** (*mar.*) (navire) escorteur **2** chef de train: *dei capiconvoglio* des chefs de trains.

capocòrda |kapo'kɔrda| *s.m.* **1** → **capocordata** **2** (*elettr.*) cosse (*f.*): *dei capicorda* des cosses.

capocordàta |kapokor'data| *s.* (*alpinismo*) premier* de cordée: *dei capicordata* des premiers de cordée; *delle capocordate* des premières de cordée.

capo-corrènte |kapokor'rɛnte| *s.m.* [*chi è a capo di un'organizzazione, spec. polit.*] chef de file: *dei capicorrente* des chefs de file.

capocrònaca |kapo'krɔnaka| *s.m.* article de tête: *dei capicronaca* des articles de tête.

capocronista |kapokro'nista| *s.* rédacteur* en chef: *dei capicronisti* des rédacteurs en chef; *delle capocroniste* des rédactrices en chef.

capocuòco |kapo'kwɔko| *s.* [*capo dei cuochi di una cucina*] chef *m.* cuisinier: *dei capi(o)cuochi* des chefs cuisiniers # *delle capocuoche* des cordons bleus ◇ (*su una nave*) maître *m.* coq.

capodànno |kapo'danno| *s.m.* le jour de l'an, le premier de l'an: *dei capodanni* des jours de l'an.

capodibànda |kapodi'banda| *s.m.* (*mar.*) plat-bord: *dei capidibanda* des plats-bords.

capodivisióne |kapodivi'zjone| *s.* chef *m.* de division: *dei capidivisione* des chefs de division; *delle capodivisione* des chefs de division.

capodòglio, i |kapo'dɔʎʎo, i|, **capidòglio** |kapi'dɔʎʎo| *s.m.* (*t. zool.*) cachalot.

capodòpera |kapo'dɔpera| *s.m.* (*raro*) → **capolavoro.**

capofàbbrica |kapo'fabbrika| *s.* [*chi sovrintende ai lavori di una fabbrica*] contremaître*: *dei capifabbrica* des contremaîtres; *delle capofabbrica* des contremaîtresses.

capofabbricàto |kapofabbri'kato| *s.* chef *m.* d'îlot.

capofamìglia |kapofa'miʎʎa| *s.* chef *m.* de famille: *dei capifamiglia* des chefs de famille; *delle capofamiglia* des chefs de famille.

capofila |kapo'fila| *s.* chef *m.* de file: *dei capifila* des chefs de file; *delle capofila* des chefs de file; *seguire il capofila* suivre le chef de file ◇ (*loc.*) *in, a capofila* au premier rang.

capofìtto |kapo'fitto| *avv. solo nella loc.* A CAPOFITTO [*con il capo all'ingiù*] la tête la première: *gettarsi a capofitto* se jeter la tête la première ◇ (*fig.*) [*con grande impegno ed entusiasmo*] à corps perdu: *gettarsi, buttarsi a capofitto in un'impresa, nel lavoro* se jeter, se lancer à corps perdu dans une entreprise, dans le travail.

capoflottiglia |kapoflot'tiʎʎa| *s.m.* chef de flottille: *dei capiflottiglia* des chefs de flottille.

capogabinétto |kapogabi'netto| *s.m.* (*polit.*) chef de cabinet.

capogamèlla |kapoga'mɛlla| *s.m.* (*mar.*) chef de gamelle: *dei capigamella* des chefs de gamelle.

capogàtto |kapo'gatto| *s.m.* **1** (*raro*) → **capogiro** **2** → **capostorno.**

capogiro |kapo'dʒiro| *s.m.* [*giramento di capo, vertigine*] vertige: *dei capogiri* des vertiges; *avere dei capogiri* avoir des vertiges ◇ (*fig.*) *cifre, ricchezze da capogiro* [*enormi, esagerate*] chiffres, richesses à donner le vertige.

capogrùppo |kapo'gruppo| *s.* chef *m.* de groupe, d'équipe: *dei capigruppo* des chefs de groupe; *delle capogruppo* des chefs de groupe.

capoguàrdia |kapo'gwardja| *s.* gardien*-chef: *dei capiguardia* des gardiens-chefs; *delle capoguardia* des gardiennes-chefs.

capòk |ka'pɔk| *s.m. inv.* kapok *var.*, capoc *var.*

capolavóro |kapola'voro| *s.m.* **1** [*l'opera migliore di un artista, di una epoca e sim.*] chef-d'œuvre: *i capolavori del Rinascimento* les chefs-d'œuvre de la Renaissance; *i capolavori della pittura fiamminga* les chefs-d'œuvre de la peinture flammande **2** [*opera eccellente, preziosa*] chef-d'œuvre: *questo quadro è un capolavoro* ce tableau est un chef-d'œuvre # *il mio orologio è un capolavoro di precisione* ma montre est un miracle de précision ◇ (*per est.*) *una risposta che è un capolavoro di diplomazia* une réponse qui est un chef-d'œuvre de diplomatie ◇ (*iron.*) *hai combinato un bel capolavoro!* [*un disastro*] c'est vraiment génial *agg.* ce que tu as fait! **3** [*lavoro che un apprendista doveva eseguire prima di essere assunto definitivamente*] chef-d'œuvre.

capolinea |kapo'linea| *s.m.* [*stazione di partenza di una linea di trasporto pubblico*] tête *f.* de ligne: *dei capilinea* des têtes de ligne ◇ [*stazione terminale*] terminus: *scendere al capolinea* descendre au terminus.

capolino |kapo'lino| *s.m.* **1** *nella loc.* FAR CAPOLINO [*affacciarsi*] passer la tête (à travers): *far capolino dalla porta* passer la tête dans l'embrasure de la porte # *far capolino dalla finestra* mettre le nez à la fenêtre ◇ (*per est.*) [*mostrarsi appena, spuntare*] *il sole, la luna faceva capolino tra le nubi* le soleil, la lune perçait à travers les nuages ◇ (*fig.*) *pian piano la verità cominciò a far capolino* tout doucement la vérité commença à se faire jour **2** (*bot.*) capitule **3** (*raro*) petite tête *f.*

capolìsta |kapo'lista| *s.* **1** *s.* tête *f.* de liste: *dei capilista, delle capolista* des têtes de liste; *presentarsi alle elezioni come capolista* se présenter aux élections comme tête de liste ◆ (*agg. inv.*) *i candidati capolista* les candidats têtes de liste **2** *s.m.* [*il primo posto in una lista*] tête de liste: *essere, mettere a capolista* être, mettre en tête de liste **3** *s.f.* (*sport*) *la* (*squadra*) *capolista* l'équipe en tête du championnat.

capoluògo |kapo'lwɔgo| *s.m.* chef-lieu: *dei capo(i)luoghi* des chefs-lieux; *capoluogo di provincia, di regione* chef-lieu de province, de région; *capoluogo dipartimentale* chef-lieu de département.

capomacchinista |kapomakki'nista| *s.m.* mécanicien-chef: *dei capomacchinisti* des mécaniciens-chefs.

capomàfia |kapo'mafja| *s.m.* chef de maf(f)ia: *dei capimafia* des chefs de maffia.

capomàstro |kapo'mastro| *s.m.* [*muratore capo*] maître-maçon, contremaître: *dei capi(o)mastri* des maîtres-maçons, des contremaîtres.

caponàggine |kapo'naddʒine| *s.f.* → **ostinazione, testardaggine.**

caponàre |kapo'nare| *v.tr.* → **2 caponare.**

1 **capóne** |ka'pone| *s. e agg.* **1** → **testone** **2** → **testardo, ostinato.**

2 **capóne** |ka'pone| *s.m.* (*mar.*) capon.

caponeria |kapone'ria| *s.f.* → **testardaggine.**

capoofficina |kapooffi'tʃina| *s.* chef *m.* d'usine: *dei capiofficina* des chefs d'usines; *delle capoofficina* des chefs d'usine.

capopàgina |kapo'padʒina| *s.m.* **1** *haut de la page, commencement de la page: *dei capipagina* des hauts de la page # *andare a capopagina* chan-

ger de page **2** [*testata, fregio a stampa*] têtière *f.*
capopàrte |kapo'parte| *s.* chef *m.* de parti, d'une faction: *dei capiparte* des chefs de parti; *delle capoparte* des chefs de parti.
capopartito |kapopar'tito| *s.* chef *m.* de parti: *dei capipartito* des chefs de parti; *delle capopartito* des chefs de parti.
capopattùglia |kapopat'tuʎʎa| *s.m.* chef de patrouille: *dei capipattuglia* des chefs de patrouille.
capopèzzo |kapo'pɛttso| *s.m.* (*mil.*) chef de pièce: *dei capipezzo* des chefs de pièce.
capopòpolo |kapo'pɔpolo| *s.* [*chi comanda fazioni di popolo in caso di tumulti*] meneur*: *dei capipopolo* des meneurs; *delle capopopolo* des meneuses.
capopósto |kapo'posto| *s.m.* (*mil.*) chef de poste: *dei capiposto* des chefs de poste.
caporàle |kapo'rale| *s.m.* **1** caporal*: *caporale di giornata, di settimana* caporal de jour, de semaine; *caporale di cucina* caporal d'ordinaire; *caporale maggiore, caporalmaggiore* caporal-chef; *dei caporalmaggiori* des caporaux-chefs ◇ (*scherz.*) [*persona autoritaria*] gendarme: *è un caporale* c'est un gendarme! **2** [*capo, sorvegliante di una squadra di lavoratori*] chef d'équipe, contremaître* *s.*
caporalésco, chi, ca, che |kapora'lesko, ki, ka, ke| *agg.* (*fig.*) [*di modi autoritari*] brusque: *maniere caporalesche* des manières brusques.
caporalìsmo |kapora'lizmo| *s.m.* (*spreg.*) caporalisme.
caporedattóre, trice |kaporedat'tore, tritʃe| *s.* rédacteur* en chef.
caporepàrto |kapore'parto| *s.* **1** chef *m.* d'atelier **2** [*responsabile di un reparto nei grandi magazzini*] chef de rayon: *dei capireparto* des chefs de rayon; *delle caporeparto* des chefs de rayon.
caporióne |kapo'rjone| *s.m.* → 1 **capoccia.**
caposàla |kapo'sala| *s.* gardien* de salle: *dei capisala* des gardiens de salle; *delle caposala* des gardiennes de salle.
caposàldo |kapo'saldo| *s.m.* **1** (*mil.*) point d'appui: *i capisaldi* les points d'appui; *difendere a oltranza un caposaldo* défendre à tout prix un point d'appui ◇ (*fig.*) [*elemento fondamentale, essenziale*] fondement: *i capisaldi di una dottrina* les fondements d'une doctrine → **fondamento, base** **2** (*topografia*) repère.
caposcàla |kapos'kala| *s.m.* [*il pianerottolo che è in cima a una scala*] palier: *dei capiscala* des paliers.
caposcàrico |kapos'kariko| *s.m.* [*persona poco posata, spensierata*] étourneau: *dei capiscarichi* des étourneaux.
caposcuòla |kapos'kwɔla| *s.* chef *m.* d'école: *dei capiscuola* des chefs d'école; *delle caposcuola* des chefs d'école.
caposervìzio |kaposer'vittsjo| *s.* chef *m.* de service: *dei capiservizio* des chefs de service; *delle caposervizio* des chefs de service.
caposezióne |kaposet'tsjone| *s.* chef *m.* de section: *dei capisezione* des chefs de section; *delle caposezione* des chefs de section.
caposquàdra |kapos'kwadra| *s.* **1** chef *m.* d'équipe, contremaître*: *dei capisquadra* des chefs d'équipe, des contremaîtres; *le caposquadre* les contremaîtresses; *fare il caposquadra* être contremaître **2** (*mil.*) chef d'escouade.
caposquadrìglia |kaposkwa'driʎʎa| *s.m.* (*mil.*) chef d'escadrille: *dei capisquadriglia* des chefs d'escadrille.
capostazióne |kapostat'tsjone| *s.* chef *m.* de gare: *dei capistazione* des chefs de gare; *delle capostazione* des chefs de gare.
capostìpite |kapos'tipite| *s.* **1** *s.* [*chi dà origine a una famiglia*] souche (*f.*): *dei capostipiti* des souches **2** *s.m.* (*t.bot.*) souche **3** *s.* (*filol.*) archétype *m.* → **archetipo.**
capostórno |kapos'torno| *s.m.* (*veter.*) tournis.
capotambùro |kapotam'buro| *s.m.* (*mil.*) tambour-major: *dei capitamburo* des tambours-majors.
capotàre |kapo'tare| *e deriv.* → **cappottare** *e deriv.*
capotàsto |kapo'tasto| *s.m.* (*mus.*) sillet: *dei capotasti* des sillets.
capotàvola |kapo'tavola| *s.* **1** *s.m.* [*posto d'onore a tavola*] *haut bout de la table, place *f.* d'honneur: *sedersi, stare a capotavola* s'asseoir, être au haut bout de la table, à la place d'honneur **2** *s.* celui *m.*, celle *f.* qui occupe le haut bout de la table, la place d'honneur: *dei capitavola, delle capotavola* ceux, celles qui occupent le haut bout de la table, la place d'honneur; *essere (il, la) capotavola* être celui, celle qui occupe la place d'honneur.
'capote' |kapɔt| *s.f. inv.* capote (*var.*): *la 'capote' di una macchina sportiva* la capote d'une voiture de sport.
capotècnico |kapo'tɛkniko| *s.m.* technicien* *s.* en chef: *dei capi(o)tecnici* des techniciens en chef.
capotòrto |kapo'tɔrto| *s.m.* → **torcicollo.**
capotrèno |kapo'trɛno| *s.m.* chef de train: *dei capitreno, capotreni* des chefs de train.
capotribù |kapotri'bu| *s.* chef *m.* de tribu: *dei capitribù* des chefs de tribu; *delle capotribù* des chefs de tribu.
capòtta |ka'pɔtta| *s.f.* → **'capote'.**
capottàre |kapot'tare| *e deriv.* → **cappottare** *e deriv.*
capotùrno |kapo'turno| *s.* chef *m.* d'équipe: *dei capiturno* des chefs d'équipe; *delle capoturno* des chefs d'équipe.
cap(o)uffìcio |kap(o)uf'fitʃo| *s.* chef *m.* de bureau, chef de service: *dei capiufficio* des chefs de bureau; *delle capoufficio* des chefs de bureau.
capovaccàio, i |kapovak'kajo, i| *s.m.* (*t.zool.*) percnoptère.
capovèrso |kapo'vɛrso| *s.m.* [*inizio di periodo, di riga*] alinéa: *dei capoversi* des alinéans ◇ [*lo scritto compreso tra due capoversi*] *il capoverso del terzo capitolo* l'alinéa du troisième chapitre ◇ (*dir.*) → **comma.**
capovóga |kapo'voga| *s.* (*sport*) chef *m.* de nage: *dei capivoga* des chefs de nage; *delle capovoga* des chefs de nage.
capovòlgere |kapo'vɔldʒere| (196) **A** *v.tr.* **1** [*rovesciare in modo che la parte inferiore diventi superiore*] retourner: *capovolgere un bicchiere, un quadro* retourner un verre, un tableau; *una ondata ha fatto capovolgere la barca* une vague a fait se retourner, chavirer la barque **2** (*fig.*) [*trasformare completamente*] renverser: *capovolgere una situazione* renverser une situation **B** *v.pron. intr.* CAPOVOLGERSI **1** [→ *tr.* 1] se retourner; chavirer (*intr.*): *nell'incidente l'automobile si è capovolta* dans l'accident, l'automobile s'est retournée || *la nave si è capovolta* le navire a chaviré → **ribaltare** **2** (*fig.*) [→ *tr.* 2] se renverser: *la situazione si è capovolta in suo favore* la situation s'est renversée en sa faveur.
capovolgiménto |kapovoldʒi'mento| *s.m.* **1** [→ CAPOVOLGERE B 2] renversement: *il capovolgimento dei valori morali* le renversement des valeurs morales **2** [→ CAPOVOLGERE B 1] chavirement (*raro*); capotage: *il capovolgimento di una barca* le chavirement d'une barque || *si sono feriti nel capovolgimento dell'autobus* ils se sont blessés dans le capotage de l'autobus.
capovòlta |kapo'vɔlta| *s.f.* (*atletica*) retournement (*m.*): *salto con capovolta* [*salto mortale*] saut avec retournement, saut mortel ◇ (*moto.*) culbute.
capovòlto |kapo'vɔlto| *agg.* [*rovesciato, ribaltato*] retourné: *un quadro capovolto* un tableau retourné; *tenere i bicchieri capovolti* garder les verres retournés.
càppa |'kappa| *s.f.* **1** cape: *la cappa del monaco* la cape du moine; *la cappa del torero* la cape du matador; *una cappa di velluto* une cape de velours ◇ (*loc.*) *film, romanzo di cappa e spada* film, roman de cape et d'épée ◇ (*loc. fig.*) *vestirsi, mettersi in cappa magna* [*con molto sfarzo*] se mettre sur son trente et un ~ *essere, trovarsi sotto una cappa di piombo* [*in una situazione opprimente*] être, se trouver comme sous une cape de plomb ◇ (*prov.*) *per un punto Martin perse la cappa* faute d'un point, Martin perdit son âne **2** [*la parte inferiore della canna fumaria*] *hotte: *la cappa del camino* la hotte de la cheminée; *la cappa di aspirazione* la hotte d'aspiration ◇ (*fig., lett.*) *la cappa del cielo* [*la volta*] la voûte céleste **3** (*mar.*) capot *m.* ◇ (*loc.*) *vele di cappa* voiles de cape ~ *navigare, stare alla cappa* se tenir à la cape **4** (*zool.*) coquillage *m.*
cappalùnga, ghe |kappa'lunga, ge| *s.f.* (*t.zool.*) solen *m.*, couteau *m.* (*corr.*).
cappamàgna |kappa'maɲɲa| *s.f.* (*liturg. catt.*) cappa (magna): *delle cappemagne* des cappas (magnas) ◇ (*loc. fig.*) *vestirsi in cappamagna* [*con sfarzo*] se mettre sur son trente et un.
1 **cappèlla** |kap'pɛlla| *s.f.* **1** chapelle: *la cappella di un collegio* la chapelle d'un collège; *la cappella mortuaria* la chapelle mortuaire **2** [*complesso stabile di cantori, di musicisti, di una chiesa*] chapelle: *la Cappella Sistina* la Chapelle Sixtine; *maestro di cappella* maître de chapelle ◇ (*loc. mus.*) *mottetto a cappella* motet a cappella.
2 **cappèlla** |kap'pɛlla| *s.f.* **1** [*la testa del fungo*] chapeau *m.* ◇ (*per est.*) [*testa larga di alcuni chiodi*] tête large **2** (*gerg. mil.*) [*recluta*] bleu *m.*
cappellàccia, ce |kappel'lattʃa, tʃe| *s.f.* (*t.zool.*) cochevis *m.*
cappellàccio, i |kappel'lattʃo, i|

s.m. **1** chapeau laid, vilain chapeau **2** (*geol.*) affleurement.
cappellàio, i |kappel'lajo, i| *s.m.* [*chi fabbrica, vende cappelli*] chapelier* *s.*
cappellàno |kappel'lano| *s.m.* (*relig.*) chapelain ◇ (*spec.*) *cappellano di un ospedale* aumônier d'un hôpital; *cappellano del carcere* aumônier de prison; *cappellano militare* aumônier militaire.
cappellàta |kappel'lata| *s.f.* **1** [*quantità contenuta in un cappello*] chapeau *m.* plein de: *una cappellata di ciliege* un chapeau plein de cerises, un plein chapeau de cerises ◇ (*loc.*) *a cappellate* à foison, à la pelle; *ha fatto quattrini a cappellate* il a gagné de l'argent à foison, à la pelle → **palata** **2** (*raro*) [*colpo dato col cappello*] coup *m.* de chapeau **3** (*pop.*) [*sproposito; grosso equivoco; sbaglio madornale*] bévue: *prendere, fare una (bella) cappellata* commettre une bévue → **cantonata.**
cappellerìa |kappelle'ria| *s.f.* chapellerie.
cappellétto |kappel'letto| *s.m.* **1** *spec. al plur.* [*tortellino*] cappelletti **2** [*cerchietto di tela cerata verso il quale convergono le stecche di un ombrello*] petite rondelle *f.* de tissu **3** petit chapeau.
cappellièra |kappel'ljεra| *s.f.* carton *m.* à chapeaux # *cappelliera di cuoio* boîte à chapeaux en cuire.
cappellifìcio, i |kappelli'fitʃo, i| *s.m.* fabrique *f.* de chapeaux; industrie *f.* chapelière.
cappellìna |kappel'lina| *s.f.* (*abbigl.*) capeline.
cappellìno |kappel'lino| *s.m.* [*cappello femminile*] petit chapeau, bibi (*fam.*): *un cappellino di piume* un bibi à plumes.
cappèllo |kap'pεllo| *s.m.* **1** chapeau: *cappello duro, floscio* chapeau melon, mou; *cappello di feltro, di tessuto, di paglia* chapeau de feutre, de tissu, de paille; *cappello da uomo, da donna* chapeau pour homme, pour femme; *cappello cardinalizio* chapeau de cardinal; *mettersi, calcarsi il cappello* mettre, enfoncer son chapeau; *levare, togliere il cappello* enlever, ôter son chapeau # *cappello di carta* bonnet en papier ◇ (*loc. fig.*) *prendere cappello* [*offendersi*] prendre la mouche ~ *attaccare il cappello* [*chi fa un matrimonio d'interesse*] faire un mariage d'intérêt ◇ (*loc.*) *fare tanto di cappello*: (*pr.*) saluer chapeau bas; (*fig.*) (*in segno di ammirazione*) tirer son chapeau **2** (*per anal.*) tête *f.*; capuchon: *il cappello di un chiodo* la tête d'un clou ‖ *il cappello del comignolo* le capuchon de la cheminée # *il cappello del lume* l'abat-jour de la lampe; *la cima del monte era coperta da un cappello di nubi* le haut de la colline était coiffé de nuages ◇ (*bot.*) *il cappello dei funghi* le chapeau des champignons → 2 **cappella** **3** (*fig.*) [*breve introduzione a uno scritto*] chapeau: *dopo un breve cappello, l'articolo tratta dell'incidente* après un bref chapeau, l'article développe l'incident.
cappellóne |kappel'lone| *s.m.* **1** grand chapeau **2** (*gerg. mil.*) [*recluta*] bleu **3** (*gerg. cine.*) → **cow-boy.**
càpperi |'kapperi| *inter.* → **cappero** 2.
càppero |'kappero| **1** *s.m.* (*t.bot.*) câprier ◇ [*il frutto*] câpre (*f.*): *salsa di capperi* sauce aux câpres **2** *inter. al plur.* (*esprime 'meraviglia, ammirazione, sorpresa'*) *capperi!* diable!, mince (alors)! (*pop.*); *capperi, è un po' caro!* mince! c'est un peu cher!
càppio, i |'kappjo, i| *s.m.* **1** [*nodo che si scioglie facilmente tirando uno dei capi*] lacet: *fare, sciogliere un cappio* nouer, défaire un lacet ◇ (*abbigl. femminile*) [*fiocco, gala*] nœud **2** [*nodo scorsoio*] nœud coulant ◇ [*capestro*] corde *f.* ◇ (*loc. fig.*) *avere il cappio al collo* [*essere privo di libertà*] avoir la corde au cou.
cappóna |kap'pona| *s.f.* [*pollastra castrata e ingrassata*] poularde.
capponàia |kappo'naja| *s.f.* **1** [*gabbia per capponi da ingrassare*] épinette **2** (*scherz.*) → 1 **prigione.**
1 **capponàre** |kappo'nare| *v.tr.* (*detto di galletti*) [*castrare*] chaponner → **accapponare.**
2 **capponàre** |kappo'nare| *v.tr.* (*mar.*) (*nella loc.*) *capponare l'ancora* [*legarla mediante una fune al paranco di capone*] caponner l'ancre.
capponatùra |kappona'tura| *s.f.* [→ 1 CAPPONARE] chaponnage *m.*
capponcèllo |kappon'tʃεllo| *s.m.* [*giovane cappone*] chaponneau.
cappóne |kap'pone| *s.m.* **1** [*gallo castrato*] chapon: *cappone lesso, arrosto* chapon bouilli, rôti ◇ (*fig.*) *far la pelle di cappone* avoir la chair de poule **2** (*t.zool.*) *pesce cappone* grondin.
cappòtta |kap'pɔtta| *s.f.* **1** capote: *abbassare, alzare, tendere la cappotta di un'automobile* abaisser, relever, tendre la capote d'un cabriolet → **'capote'** **2** (*raro*) [*cappello da donna*] capote: *cappotta di crespo, di raso* capote de crêpe, de satin.
cappottaménto |kappotta'mento| *s.m.*, **cappottàta** |kappot'tata| *s.f.* [→ CAPPOTTARE A] capotage *m.*; culbute *f.*
cappottàre |kappot'tare| **A** *v.intr.* (*aus. 'avere'*) [*capovolgersi, ribaltare*] capoter: *l'aereo, la macchina ha cappottato* l'avion, la voiture a capoté **B** *v.tr.* [*fornire (un veicolo) di 'capote'*; *applicare la 'capote'*] capoter.
1 **cappòtto** |kap'pɔtto| *s.m.* [*soprabito di tessuto pesante*] manteau: *un cappotto da uomo, da donna* un manteau pour homme, pour femme; *un cappotto con il collo di pelliccia* un manteau avec un col de fourrure ◇ (*mil.*) *il cappotto dei soldati* la capote *f.* des soldats.
2 **cappòtto** |kap'pɔtto| *s.m.* (*in alcuni giochi*) *dare cappotto* battre à plate couture, mettre capot; *subire un cappotto* être capot ◇ (*caccia*) *far cappotto* [*ritornare dalla caccia senza selvaggina*] revenir bredouille *agg.* ◇ (*detto di veicoli*) *far cappotto* [*capovolgersi*] capoter → **cappottare.**
cappuccètto |kapput'tʃεtto| *s.m.* [*piccolo cappuccio*] chaperon, capuchon → 1 **cappuccio** ◇ (*spec.*) (*la fiaba di*) *cappuccetto rosso* (la fable du) petit chaperon rouge.
cappuccìna |kapput'tʃina| *s.f.* (*t. bot.*) (*lattuga*) laitue grasse ◇ (*pianta*) capucine.
1 **cappuccìno** |kapput'tʃino| *s.m.* **1** capucin: *l'ordine dei (frati) cappuccini* l'ordre des capucins ◇ (*loc. fig.*) *far vita da cappuccino* [*povera, ritirata*] mener une vie monacale, de moine ~ *pazienza da cappuccino* [*grande, inesauribile*] patience d'ange **2** (*loc.*) *barba di cappuccino* [*tipo di insalata minuta*] barbe-de-capucin.
2 **cappuccìno** |kapput'tʃino| *s.m.* [*bevanda a base di caffè e latte*] café crème: *dei cappuccini* des cafés crème; *mi dia un cappuccino e una 'brioche'* donnez-moi un café crème et une brioche.
1 **cappùccio, i** |kap'puttʃo, i| **I** *s.m.* **1** capuchon: *il cappuccio dell'impermeabile* le capuchon de l'imperméable; *mettersi, togliersi il cappuccio della giacca a vento* mettre, enlever le capuchon de l'anorak ◇ (*per anal.*) *il cappuccio della penna, della biro* le capuchon du stylo, du stylo à bille **2** (*st.*) *il cappuccio del falcone da caccia* le chaperon du faucon de chasse **II** *agg. m.* (*nella loc.*) *cavolo cappuccio* chou cabus.
2 **cappùccio, i** |kap'puttʃo, i| *s.m.* (*fam.*) → 2 **cappuccino.**
càpra |'kapra| *s.f.* **1** (*t.zool.*) chèvre ◇ (*corr.*) *saltare, arrampicarsi come una capra* sauter, grimper comme une chèvre **2** (*loc.*) *sentieri da capre* sentiers de chèvres ~ (*fig.*) *salvar capra e cavoli* [*cavarsela abilmente da due pericoli opposti*] ménager la chèvre et le chou **3** (*tecnol.*) chèvre.
capràio, i |ka'prajo, i| *s.m.* [*pastore che custodisce le capre*] chevrier* *s.*
caprése |ka'prese| *agg.* [*di Capri*] capriote.
caprétto |ka'pretto| *s.* [*il piccolo della capra*] chevreau *m.*, chevrette *f.*, biquette *f.* → **capra** ◇ [*pelle di capretto conciata*] *scarpe di capretto* chaussures de chevreau.
capriàta |kapri'ata| *s.f.* (*arch.*) chevron (*m.*): *soffitto a capriate* plafond à chevrons ◇ (*edil.*) ferme.
caprìccio, i |ka'prittʃo, i| *s.m.* **1** (*persone*) caprice: *levarsi, togliersi un capriccio* se passer, satisfaire un caprice; *cedere ai capricci degli altri* céder aux caprices d'autrui; *agire, fare q.c. per capriccio* agir, faire qqch. par caprice → **ghiribizzo, voglia** ◇ *spec. al plur.* [*bizza*] *da bravo, non fare i capricci!* alons, sois sage, ne fais pas de caprices!; *il bambino non vuole mangiare, ma è solo un capriccio* l'enfant ne veut pas manger, mais ce n'est qu'un caprice # *un bambino pieno di capricci* un enfant capricieux ◇ [*infatuazione amorosa*] *non era amore, era solo un capriccio* ce n'était pas du véritable amour, mais seulement un caprice **2** (*cose*) caprice: *i capricci della sorte* les caprices du sort; *i capricci della moda* les caprices de la mode → **bizzarria, stravaganza**; *i capricci del tempo* les caprices du temps → **instabilità** **3** (*pitt.*) tableau fantastique **4** (*mus.*) capriccio.
capricciosaménte |kaprittʃosa'mente| *avv.* [→ CAPRICCIOSO] capricieusement: *agire capricciosamente* agir capricieusement.
capricciosità |kaprittʃosi'ta| *s.f. inv.* **1** (*persone*) [*l'essere capriccioso*] humeur *var.* capricieuse, changeante: *la sua capricciosità è insopportabile* son humeur capricieuse, changeante est insupportable **2** (*cose*) [*stravaganza, bizzaria*] caprice (*m. var.*): *le capricciosità della moda* les caprices de la mode.
capriccióso |kaprit'tʃoso| *agg.* **1**

(*persone*) capricieux*: *carattere capriccioso* caractère capricieux ◇ [*bizzoso*] *un bambino capriccioso* un enfant capricieux ◇ [*originale, estroso*] original*, fantasque: *un pittore, un artista capriccioso* un peintre, un artiste fantasque → **bizzarro** ♦ (*s.*) *un capriccioso* un original **2** (*cose*) capricieux: *tempo capriccioso, stagione capricciosa* temps capricieux, saison capricieuse → **instabile**; *moda capricciosa* mode capricieuse → **mutevole, stravagante**; *un sentiero dal tracciato capriccioso* un sentier au tracé capricieux → **irregolare.**

capricòrno |kapri'kɔrno| *s.m.* **1** (*astron.*) Capricorne: *tropico del Capricorno* tropique du Capricorne **2** (*t. zool.*) capricorne.

caprificazióne |kaprificat'tsjone| *s.f.* (*agr.*) caprification.

Caprifogliàcee |kaprifoʎ'ʎatʃee| *s.f. pl.* (*t.bot.*) Caprifoliacées.

caprifòglio, i |kapri'fɔʎʎo, i| *s.m.* (*t.bot.*) chèvrefeuille.

caprigno |ka'priɲɲo| *agg.* → **caprino.**

caprìlico, ci, ca, che |ka'priliko, tʃi, ka, ke| *agg.* (*chim.*) caprylique.

caprimùlgo, gi |kapri'mulgo, dʒi| *s.m.* (*t.zool.*) engoulevent.

Caprini |ka'prini| *s.m. pl.* (*t.zool.*) Caprinés.

caprino |ka'prino| **I** *agg.* de chèvre *loc. inv.*; de bouc (*loc. inv.*): *lana caprina* laine de chèvre, poil de chèvre; *latte caprino* lait de chèvre ‖ *piedi caprini* pieds de bouc # *razza caprina* race caprine ◇ (*fig.*) *fare questioni di lana caprina* discuter sur la pointe d'une aiguille **II** *s.m.* **1** puanteur *f.* de bouc # *puzzare di caprino* puer comme un bouc **2** [*concime di sterco di capra*] crotte *f.* de chèvre **3** fromage de chèvre.

capriòla |kapri'ɔla| *s.f.* **1** cabriole: *far le capriole per la gioia* faire des cabrioles de joie **2** [*capitombolo*] culbute: *fare una capriola* faire une culbute ◇ (*loc. fig.*) *far la capriola* faire la culbute **3** (*danza*) cabriole **4** (*equitazione*) cabriole.

capriòlo |kapri'ɔlo| *s.m.* **1** (*t.zool.*) chevreuil **2** *capriolo corrente* [*sagoma mobile*] cible *f.* mobile.

capripede |ka'pripede| *agg.* (*lett.*) [*che ha i piedi di capra*] chèvre-pied(s).

càpro |'kapro| *s.m.* → **capra, caprone** ◇ (*fig.*) *capro espiatorio* [*chi sconta gli errori altrui*] bouc émissaire.

capróne |ka'prone| *s.m.* **1** [*maschio della capra*] bouc → **capra, becco** **2** (*fig.*) [*chi è sudicio, rozzo, trascurato*] cochon*: *sembra un caprone* il est sale comme un cochon # *puzzare come un caprone* puer comme un bouc.

caprugginàre |kapruddʒi'nare| *v.tr.* (*raro, tecnol.*) [*fare le capruggini*] jabler.

caprugginatóio, i |kapruddʒina'tojo, i| *s.m.* (*tecnol.*) jabloir, jabloire *f.*, jablière *f.*

caprùggine |ka'pruddʒine| *s.f.* (*tecnol.*) jable *m.*

càpsula |'kapsula| *s.f.* **1** (*anat.*) capsule: *capsula articolare* capsule articulaire; *capsule surrenali* capsules surrénales **2** (*bot.*) capsule: *capsula di iris, di papavero* capsule d'iris, de pavot **3** (*chim.*) capsule **4** (*armi*) *capsula fulminante* capsule fulminante **5** (*di bottiglia*) capsule: *capsula di una bottiglia di birra* capsule d'une bouteille de bière # *togliere la capsula* décapsuler **6** (*farm.*) capsule, gélule: *inghiottire una capsula* avaler une capsule, une gélule **7** (*aer.*) cabine: *capsula spaziale* cabine spatiale # *capsula di rientro* caisson de rentrée **8** (*tel.*) capsule: *capsula telefonica, microfonica* capsule téléphonique, microphonique; *capsula ricevente* capsule réceptrice; *capsula trasmittente* capsule émetteuse **9** (*biblioteconomia*) [*raccoglitore di opuscoli e sim.*] classeur *m.*

capsulàre |kapsu'lare| *agg.* (*bot.*) capsulaire.

capsulatrice |kapsula'trice| *s.f.* (*tecnol.*) capsulateur *m.*

capsulatùra |kapsula'tura| *s.f.* capsulage (*m.*): *capsulatura a macchina* capsulage à la machine.

capsulìsmo |kapsu'lizmo| *s.m.* (*tecnol.*) capsulisme.

captàre |kap'tare| *v.tr.* **1** [*riuscire a ottenere q.c. con accortezza*] capter: *captare la fiducia di qc.* capter la confiance de qqn. → **procurar(si)** **2** [*riuscire a raccogliere, a prendere*] capter: *captare l'acqua di una sorgente* capter l'eau d'une source **3** [*riuscire a ricevere una trasmissione e sim.*] capter: *captare un messaggio, una trasmissione radio, un radiogramma* capter un message, une émission de radio, un sans-fil ◇ (*fig.*) [*cogliere al volo*] *captare uno sguardo, un sorriso* capter un regard, un sourire **4** (*fig.*) [*riuscire a intuire, a capire*] comprendre (73): *non è riuscito a captare le nostre idee* il n'a pas réussi à comprendre nos idées; *non capta nemmeno le verità più evidenti* il ne comprend même pas les vérités les plus évidentes → **cogliere, intuire.**

captatività |kaptativi'ta| *s.f. inv.* (*psicol.*) captativité *var.*

captativo |kapta'tivo| *agg.* (*psicol.*) captatif*.

captatóre |kapta'tore| *s.m.* (*scient., tecnol.*) capteur.

captazióne |kaptat'tsjone| *s.f.* **1** (*tecnol.*) captage *m.* **2** (*dir.*) captation.

capuàno |kapu'ano| *agg.* [*di Capua*] capouan.

capufficio |kapuf'fitʃo| *s.* → **capoufficio.**

capziosaménte |kaptsjosa'mente| *avv.* [→ CAPZIOSO] captieusement (*lett.*).

capziosità |kaptsjosi'ta| *s.f. inv.* [*qualità di chi indulge a cavilli, di ciò che è cavilloso*] spéciosité *var.* (*raro*): *la sua capziosità è estenuante* sa spéciosité est exténuante; *capziosità di un ragionamento* spéciosité d'un raisonnement.

capzióso |kap'tsjoso| *agg.* [*ingannevole, cavilloso*] captieux*, spécieux*: *un ragionamento capzioso, una risposta capziosa* un raisonnement captieux, spécieux, une réponse captieuse, spécieuse; *un ragionatore capzioso* un raisonneur spécieux.

càra |'kara| *s.f.* (*linguaggio infantile*) [*carezza*] caresse (*corr.*): *fare una cara alla mamma* faire une caresse à maman.

carabàttola |kara'battola| *s.f.* **1** [*oggetto di poco valore*] babiole: *per il compleanno del piccolo ha comprato qualche carabattola* elle a acheté quelques babioles pour l'anniversaire du petit; *portate via tutte queste carabattole* enlevez toutes ces babioles → **cianfrusaglia** ◇ [*masserizie di poco valore*] les cliques et les claques (*fam.*): *ha preso le sue carabattole ed è partito* il a pris ses cliques et ses claques et il est parti **2** (*fig.*) [*quisquilia*] bagatelle: *non prendertela, tanto è una carabattola* ne te fâche pas, ce n'est qu'une bagatelle.

carabina |kara'bina| *s.f.* carabine: *carabina di alta precisione* carabine de haute précision; *carabina ad aria compresa, automatica* carabine à air comprimé, automatique.

carabinière |karabi'njɛre| *s.m.* **1** carabinier **2** (*st. mil.*) *l'arma dei Carabinieri* les Carabiniers, le corps de Carabiniers ♦ (*loc. fig.*) *fare il carabiniere, essere carabiniere* [*agire in modo molto autoritario, drastico*] faire le gendarme.

càrabo |'karabo| *s.m.* **1** (*t.zool.*) carabe **2** (*mar. mediev.*) voilier.

carabottino |karabot'tino| *s.m.* (*mar.*) caillebotis.

caràcca, che |ka'rakka, ke| *s.f.* (*mar.*) caraque.

carachiri |kara'kiri| *s.m. inv.* → **harachiri.**

caracollàre |karakol'lare| *v.intr.* (*aus. 'avere'*) **1** [*volteggiare*] caracoler: *i cavalli saltellavano, caracollavano* les chevaux sautaient, caracolaient **2** (*fam.*) [*trotterellare*] trottiner: *il bambino caracollava al mio fianco* l'enfant trottinait à côté de moi.

caracòllo |kara'kɔllo| *s.m.* **1** caracole *f.*, volte *f.* **2** (*mil.*) caracole → **chiocciola.**

Caràdridi |ka'radridi| *s.m. pl.* (*t. zool.*) Charadriidés.

Caradrifórmi |karadri'formi| *s.m. pl.* (*t.zool.*) Charadriiformes.

caràffa |ka'raffa| *s.f.* carafe: *una caraffa di vetro, di cristallo* une carafe de verre, de cristal; *vino in caraffa* du vin en carafe; *tappo di caraffa* bouchon de carafe ◇ [*contenuto di una caraffa*] *una caraffa di vino, di acqua* une carafe de vin, d'eau.

caraffìna |karaf'fina| *s.f.* [*piccola caraffa*] carafon (*m.*): *una caraffina di vino* un carafon de vin; *caraffina da un quarto* carafon d'un quart de litre.

caraibico, ci, ca, che |kara'ibiko, tʃi, ka, ke|, **caribico, ci, ca, che** |ka'ribiko, tʃi, ka, ke| *agg.* caraïbe: *fauna caraibica* faune caraïbe.

caraibo |kara'ibo|, **caribo** |ka'ribo| *agg.* caraïbe: *popolazioni caribe* populations caraïbes.

caràmbola |ka'rambola| *s.f.* **1** (*biliardo*) carambolage (*m.*): *ha fatto molte carambole* il a fait plusieurs carambolages # *fare carambola* caramboler ◇ (*calcio*) choc *m.* **2** (*fig.*) [*spinta di rimbalzo, contrprincipio*] carambolage: *ho fatto carambola* j'ai fait un carambolage ◇ [*scontro multiplo di automezzi*] *c'è stata una paurosa carambola di macchine* il y a eu un carambolage épouvantable de voitures.

carambolàre |karambo'lare| *v. intr.* (*aus. 'avere'*) (*biliardo*) [*fare carambola*] caramboler.

carambolàta |karambo'lata| *s.f.* → **carambola** 1.

caramèlla |kara'mɛlla| *s.f.* **1** bonbon (*m.*): *caramella mou* bonbon mou **2** (*fig., fam.*) [*monocolo*] monocle *m.*, carreau *m.* (*fam.*): *portare la caramella* porter un monocle, un carreau ♦ *agg. inv.* (*nella loc.*) *rosa caramella* rose bonbon.

caramellàio, i |karamel'lajo, i|

s. [*fabbricante, venditore di caramelle*] confiseur*.

caramellàre |karamel'lare| *v.tr.* **1** [*portare allo stato di caramello*] caraméliser: *caramellare lo zucchero* caraméliser le sucre **2** [*ricoprire di caramello*] caraméliser: *caramellare un dolce* caraméliser un gâteau, glacer un gâteau au caramel # *caramellare uno stampo* garnir, enduire un moule de caramel **3** [*colorare bevande col caramello*] caraméliser.

caramellàto |karamel'lato| *agg.* **1** [*che è stato portato allo stato di caramello*] caramélisé: *zucchero caramellato* sucre caramélisé **2** [*che è ricoperto di caramello*] caramélisé: *frutta caramellata* fruit caramélisé; *un dolce caramellato* un gâteau caramélisé **3** [*che è colorato col caramello*] caramélisé: *acquavite caramellata* eau-de-vie caramélisée.

caramèllo |kara'mɛllo| *s.m.* **1** caramel: *crema al caramello* crème (au) caramel → **zucchero (bruciato)** **2** [*il colore*] caramel: *un colore tra il giallo e il caramello* une couleur entre le jaune et le caramel ♦ (*agg. inv.*) *un tessuto caramello* un tissu caramel.

caramellóso |karamel'loso| *agg.* **1** [*che ha le caratteristiche di una caramella*] douceâtre, doucereux*: *un sapore caramelloso* une saveur douceâtre → **dolciastro** **2** (*fig.*) [*mellifluo, sdolcinato, lezioso*] mielleux*: *parole caramellose* paroles mielleuses.

caraménte |kara'mente| *avv.* [*con affetto*] affectueusement: *ti saluto caramente* je t'embrasse affectueusement, je t'adresse mes sentiments affectueux → **affettuosamente.**

carampàna |karam'pana| *s.f.* [*donna sguaiata, volgare*] poissarde ◇ [*donna sciatta*] souillon ◇ [*donna brutta*] sorcière.

carapàce |kara'patʃe| *s.m.* **1** (*zool.*) carapace *f.* **2** (*geol.*) carapace, cuirasse *f.*

caratàre |kara'tare| *v.tr.* **1** (*raro*) [*determinare i carati di un metallo puro contenuti in un'oncia*] peser (6) en carats **2** (*fig.*) [*valutare acutamente, criticamente le capacità di una persona*] jauger (3) **3** (*mar.*) [*descrivere, valutare accuratamente una nave*] jauger, coter.

caràto |ka'rato| *s.m.* **1** carat **2** [*dell'oro, di pietre preziose*] carat: *oro a 24 carati* or à 24 carats; *perle, diamanti da dieci carati* perles, diamants de dix carats **3** (*fig.*) qualité (*f.*): *persona di molti carati* personne douée de très bonnes qualités → **pregio** **4** (*mar.*) quirat.

caratteràccio, i |karatte'rattʃo, i| *s.m.* sale, mauvais caractère: *ha un carattera̧ccio* il a un sale, mauvais caractère.

caràttere |ka'rattere| *s.m.* **1** [*segno grafico di scrittura*] caractère: *caratteri cuneiformi* caractères cunéiformes; *caratteri greci, romani, gotici, cirillici* caractères grecs, romains, gothiques, cyrilliques ◇ (*per est.*) [*grafia, tratto*] *scrive con caratteri nitidi ed eleganti* il écrit en lettres élégantes et nettes, en beaux caractères **2** (*tip.*) caractère: *carattere mobile, magnetico* caractère mobile, magnétique; *caratteri maiuscoli, minuscoli* caractères majuscules, minuscules; *carattere chiaro, neretto, grassetto* caractère maigre, mi-gras, gras; *corpo del carattere* corps du caractère ◇ (*fig.*) *scrivere, incidere una verità a caratteri indelebili* écrire, graver une vérité en lettres *f.* indélébiles **3** [*aspetto caratteristico, distintivo*] caractère, caractéristique (*f.*): *studiare i caratteri di una civiltà* étudier les caractères, les caractéristiques d'une civilisation (d'une population) → **caratteristica** ◇ [*natura, qualità*] caractère: *problemi di carattere sociale* problèmes à caractère social; *evitare le discussioni di carattere politico* éviter les discussions à caractère politique; *adottare provvedimenti di carattere eccezionale* adopter des mesures de caractère exceptionnel ◇ [*elemento, aspetto*] élément: *i caratteri comuni di due lingue* les éléments communs à deux langues; *ha individuato i caratteri essenziali del problema* il a repéré les éléments essentiels du problème ◇ (*biol.*) *carattere dominante* caractère dominant; *caratteri recessivi, ereditari* caractères récessifs, héréditaires ◇ *loc.* (ESSERE) IN CARATTERE [(*essere*) *intonato, in armonia*] (être) en harmonie: *studiare un arredamento in carattere con lo stile architettonico* étudier un ameublement en harmonie avec le style de l'architecture ~ A, DI CARATTERE (+ *agg.*) [*di tipo, di genere*] à caractère (+ *agg.*): *visita a, di carattere ufficiale* visite à caractère officiel **4** (*teol. catt.*) caractère: *il carattere del battesimo, della cresima* le caractère du baptême, de la confirmation; *imprimere i caratteri sacramentali* imprimer les caractères sacramentels **5** (*stat.*) caractère: *caratteri qualitativi, quantitativi* caractères qualitatifs, quantitatifs **6** [*indole, temperamento* (*di una persona*)] caractère: *incompatibilità di carattere* incompatibilité de caractère; *avere un carattere dolce, tranquillo, nervoso, impulsivo* avoir un caractère doux, tranquille, nerveux, impulsif; *ha un bel, un brutto, un pessimo carattere* il a (un) bon, (un) mauvais, (un) très mauvais caractère; *hanno lo stesso carattere* ils ont le même caractère; *non ci incontriamo col carattere* nos caractères ne s'accordent pas ◇ [*personalità forte, decisa*] *è una persona di carattere* c'est une personne de caractère; *sono privi di carattere* ils sont sans caractère; *ci vuole carattere, è tutta questione di carattere* il faut du caractère, ce n'est qu'une question de caractère → **decisione** ◇ [*impronta individuale, originalità*] *uno stile senza carattere* un style sans caractère **7** (*per est.*) [*tipo, individuo*] personnalité (*f.*): *è un carattere affascinante* c'est une personnalité fascinante; *che carattere!* quelle personnalité! → **tipo** # *ci sono certi caratteri in circolazione!* il circule de ces individus! **8** (*letter., teat.*) caractère: *commedia di carattere* comédie, pièce de caractère(s).

caratteriàle |karatte'rjale| *agg.* **1** sur le caractère (*loc. inv.*): *indagine, ricerca caratteriale* enquête, recherche sur le caractère **2** (*med., psicol.*) caractériel*: *aspetti, turbe caratteriali* traits, troubles caractériels; *bambino caratteriale* enfant caractériel, inadapté → **disadattato** ♦ (*s.*) *un caratteriale* un caractériel: *istituto per caratteriali* institut pour caractériels.

caratterìno |karatte'rino| *s.m.* mauvais caractère, caractère *hargneux: *avere un caratterino poco simpatico* avoir (un) mauvais caractère, un caractère hargneux # *è un caratterino!* c'est un mauvais coucheur!

caratterista |karatte'rista| *s.* acteur* de genre.

caratterìstica, che |karatte'ristika, ke| *s.f.* **1** caractéristique, trait *m.* dominant: *le caratteristiche di un prodotto* les caractéristiques d'un produit; *la pignoleria è la sua caratteristica* la méticulosité est son trait dominant; *ha tutte le caratteristiche di un purosangue* il a toutes les caractéristiques d'un pur-sang **2** (*mat., scient., tecnol.*) caractéristique **3** (*teat.*) mère noble.

caratterìstico, ci, ca, che |karatte'ristiko, tʃi, ka, ke| *agg.* caractéristique: *proprietà caratteristica* propriété caractéristique; *aspetto caratteristico* aspect caractéristique; *segni caratteristici* signes caractéristiques; *l'odore caratteristico del gas* l'odeur caractéristique du gaz → **tipico** # *la sua voce ha un timbro caratteristico* sa voix a un timbre particulier → **particolare**; *è un ristorante caratteristico* c'est un restaurant à spécialités, typique ◇ (*bur.*) *note caratteristiche* appréciations *s.f.* ◇ (*mat., scient., tecnol.*) caractéristique ◇ *loc.* CARATTERISTICO DI [*proprio di*] propre à: *l'arroganza è un fenomeno caratteristico degli insicuri* l'arrogance est un phénomène propre aux personnes peu sûres d'elles.

caratterizzàre |karatterid'dzare| *v.tr.* **1** [*contraddistinguere, qualificare qc., q.c.*] caractériser: *i sintomi che caratterizzano una malattia* les symptômes qui caractérisent une maladie; *l'ambizione caratterizza ogni suo atteggiamento* l'ambition caractérise tous ses actes; *queste sono le qualità che caratterizzano un uomo di Stato* voilà les qualités qui caractérisent un homme d'État **2** [*rappresentare q.c., qc. secondo le sue specifiche caratteristiche*] analyser; camper: *ha caratterizzato perfettamente la situazione* il a parfaitement analysé la situation, dégagé l'essentiel de la situation ‖ *i personaggi sono stati ben caratterizzati* les personnages ont été bien campés.

caratterizzazióne |karatterid-dzat'tsjone| *s.f.* [→ CARATTERIZZARE] trait *m.* dominant; caractérisation: *ha saputo realizzare una precisa caratterizzazione dell'ambiente* il a parfaitement su rendre les traits dominants de l'ambiance.

caratterologìa, gie |karattero-lo'dʒia, dʒie| *s.f.* caractérologie.

caratterològico, ci, ca, che |karattero'lɔdʒiko, tʃi, ka, ke| *agg.* caractérologique.

caratùra |kara'tura| *s.f.* **1** mesurage *m.* en carats: *la caratura di un diamante* le mesurage en carats d'un diamant **2** (*mar.*) quirat *m.*

caravaggésco, chi, ca, che |karavad'dʒesko, ki, ka, ke| (*pitt.*) du Caravage *loc.*

caravan |kærə'væn| *s.m. inv.* (*ingl.*) → **'roulotte'.**

caravanista |karava'nista| *s.* [*chi pratica il caravanning*] caravanier *m.* e *agg.*

caravanning |kærə'væniŋ| *s.m. inv.* (*ingl.*) caravanage *var.*, caravan(n)ing *var.*

caravanserràglio, i |karavanser'raʎʎo, i| *s.m.* **1** caravansérail **2** (*fig.*) foire (*f.*): *che caravanserraglio!* quelle foire! # *questa piazza è un vero caravanserraglio nei giorni di mercato* les jours de marché, cette place a tout à fait l'aspect d'un caravansérail.

1 **caravèlla** |kara'vɛlla| *s.f.* **1** caravelle **2** [*colla forte da falegname*] colle forte.

2 **caravèlla** |kara'vɛlla| *s.f.* [*varietà di mela*] calville.

carbochìmica, che |karbo'kimika, ke| *s.f.* (*chim., tecnol.*) carbochimie.

carbògeno |kar'bɔdʒeno| *s.m.* carbogène.

carboidràto |karboi'drato| *s.m.* hydrate de carbone.

carbonàia |karbo'naja| **I** *s.f.* **1** meule de charbonnière **2** cave à charbon **3** → 1 **carbonile** **4** (*fig.*) [*luogo sudicio, buio*] taudis *m.* **5** (*persone*) → **carbonaio** **II** (*agg.*) *nave carbonaia* [*addetta al trasporto di carbone*] charbonnier *s.m.*

carbonàio, i |karbo'najo, i| *s.m.* [*chi fa il carbone di legna; rivenditore di carbone al minuto*] charbonnier.

carbonarìsmo |karbona'rizmo| *s.m.* carbonarisme.

carbonàro |karbo'naro| *s.* **1** (*st. it.*) carbonaro ✦ (*agg.*) de carbonari (*loc. inv.*): *moti carbonari* mouvements insurrectionnels de carbonari; *sette carbonare* sectes de carbonari; *vendite carbonare* réunions de carbonari **2** (*arc.*) → **carbonaio** **3** (*loc. cuc.*) *spaghetti alla carbonara* spaghetti à la 'carbonara'.

carbonatàre |karbona'tare| *v.tr.* (*chim.*) [*trasformare in carbonato, aggiungere carbonato*] carbonater.

carbonatazióne |karbonatat'tsjone| *s.f.* (*chim.*) carbonatation.

carbonàto |karbo'nato| *s.m.* carbonate: *carbonato di calcio, calcico* carbonate de calcium; *carbonato di potassio, potassico* carbonate de potassium → **potassa**; *carbonato basico* carbonate hydraté, hydrocarbonate.

carbónchio, i |kar'bonkjo, i| *s.m.* **1** (*veter.*) charbon **2** (*bot.*) charbon: *il carbonchio del grano* le charbon du blé → **carbone** 3 **3** → **rubino.**

carbonchióso |karbon'kjoso| *agg.* (*med., veter.*) charbonneux*: *tumore carbonchioso* tumeur charbonneuse.

carboncìno |karbon'tʃino| *s.m.* [*bastoncino di carbone tenero per disegnare*] fusain: *disegno eseguito a carboncino* dessin exécuté au fusain ◇ (*per est.*) [*disegno fatto a carboncino*] fusain.

carbóne |kar'bone| *s.m.* **1** charbon: *carbone di legna, dolce* charbon de bois; *carbone vegetale* charbon végétal; *carbone animale, d'ossa* charbon d'animal; *una miniera di carbone* une mine de charbon # *carbon fossile* houille; *carbone di torba* tourbe ◇ (*fig.*) *nero come il carbone* noir comme du charbon; *un'anima nera come il carbone* une âme noire; *carbone bianco* [*l'energia elettrica*] *houille *f.* blanche ✦ (*agg. inv.*) *color carbone* couleur noire, noir → **nero;** *carta carbone* → **cartacarbone** **2** (*per est.*) [*pezzo di carbone acceso*] charbon (ardent): *mettere qc. sui carboni* mettre qqn. sur les charbons ardents # *sei rosso come un carbone (acceso)* tu es rouge comme une pivoine ◇ (*loc. fig.*) *essere, stare, sentirsi* SUI CARBONI (ACCESI) être sur des charbons ardents: *tu mi fai stare sui carboni* à cause de toi, je suis sur des charbons ardents; *sto sui carboni, non vedo l'ora che arrivi* je suis sur des charbons ardents, j'attends impatiemment l'heure de son arrivée **3** (*bot.*) charbon **4** (*elettr.*) électrode *f.* → **elettrodo.**

carbonèlla |karbo'nɛlla| *s.f.* charbon *m.* de bois.

carbonerìa |karbone'ria| *s.f.* (*st. it.*) charbonnerie.

carbònico, ci, ca, che |kar'bɔniko, tʃi, ka, ke| **1** *agg.* (*chim.*) carbonique: *anidride carbonica* anhydride carbonique **2** *s.m.* (*geol.*) carbonifère → **carbonifero** ✦ (*agg.*) *periodo carbonico* époque carbonifère.

carbonièra |karbo'njɛra| *s.f.* **1** [*nave carbonaia*] charbonnier *m.* **2** → **carbonaia.**

carbonière |karbo'njɛre| *s.m.* **1** industriel des charbonnages **2** [*chi vende carbone*] charbonnier* *s.* **3** [*chi lavora nella miniera di carbone*] mineur.

carbonièro |karbo'njɛro| *agg.* [*del carbon fossile*] charbonnier*, *houiller*: *industria carboniera* industrie charbonnière, houillère.

carbonìfero |karbo'nifero| *agg.* **1** [*ricco di carbon fossile*] carbonifère, *houiller*: *bacino carbonifero* bassin carbonifère, houiller; *regione carbonifera* région carbonifère, houillère **2** (*geol.*) *periodo carbonifero* période carbonifère ✦ (*s.m.*) *il carbonifero* le carbonifère.

1 **carbonìle** |karbo'nile| *s.m.* (*mar.*) soute *f.* à charbon.

2 **carbonìle** |karbo'nile| *s.m.* (*chim.*) carbonyle ✦ (*agg.*) *metallo carbonile* métal carbonyle.

carbònio, i |kar'bɔnjo, i| *s.m.* (*chim.*) carbone: *ossido, solfuro di carbonio* oxyde, sulfure de carbone; *carbonio 14* carbone 14; *carbonio cristallizzato, amorfo* carbone cristallisé, amorphe ◇ (*astron.*) *ciclo del carbonio* cycle du carbone.

carbonióso |karbo'njoso| *agg.* (*chim.*) carboné.

carbonizzàre |karbonid'dzare| **A** *v.tr.* [*ridurre, trasformare in carbone*] carboniser: *carbonizzare legna, ossa* carboniser du bois, des os ◇ (*per est.*) [*bruciare; rendere sim. a carbone*] *i rifiuti sono stati carbonizzati* les détritus ont été carbonisés; *l'incendio ha carbonizzato l'impianto elettrico* l'incendie a carbonisé l'installation électrique; *carbonizzare una pentola* carboniser une casserole **B** *v.pron. intr.* CARBONIZZARSI [→ *tr.*] se carboniser: *si è carbonizzata ogni cosa* tout s'est carbonisé; *la carne si è carbonizzata* la viande s'est carbonisée.

carbonizzazióne |karbonidzat'tsjone| *s.f.* **1** [→ CARBONIZZARE A] carbonisation **2** (*chim.*) carbonisation **3** (*della lana*) carbonisation.

carbosiderùrgico, ci, ca, che |karboside'rurdʒiko, tʃi, ka, ke| *agg.* (*metall.*) du charbon et de l'acier (*loc. inv.*): *industria carbosiderurgica* industrie du charbon et de l'acier.

carbossilàsi |karbossi'lazi| *s.f. inv.* (*biol., chim.*) carboxylase *var.*

carbossìle |karbos'sile| *s.m.* (*chim.*) carboxyle ✦ (*agg.*) *gruppo carbossile* carboxyle *s.m.*

carburànte |karbu'rante| *s.m.* carburant: *bruciare il carburante* brûler le carburant; *fare il pieno di carburante* faire le plein (de carburant); *è finito il carburante* il n'y a plus de carburant # *carburante da riscaldamento* fuel ✦ (*agg.*) *miscela carburante* mélange carburant.

carburàre |karbu'rare| **A** *v.tr.* (*metall.*) [*aumentare la durezza del ferro*] carburer → **cementare** **B** *v.intr.* (*aus.* 'avere') **1** (*motori a scoppio*) [*attuare il processo di carburazione*] carburer: *il motore carbura perfettamente* le moteur carbure parfaitement **2** (*fig., pop.*) (*persone*) [*essere in forma; essere efficiente*] carburer: *oggi carburo poco* aujourd'hui ça ne carbure pas bien; *il nuovo terzino comincia a carburare* le nouvel arrière commence à carburer (*fam.*) ◇ (*cose*) [*funzionare in modo soddisfacente*] marcher # *la situazione non carbura più* la situation est figée; ça ne colle plus (*fam.*).

carburàto |karbu'rato| *agg.* (*chim.*) carburé: *metallo carburato* métal carburé.

carburatóre |karbura'tore| *s.m.* carburateur: *carburatore a doppio corpo, a iniezione* carburateur à double corps, à injection; *pulire, revisionare il carburatore* nettoyer, réviser le carburateur.

carburazióne |karburat'tsjone| *s.f.* **1** (*motori a scoppio*) [→ CARBURARE B 1] carburation: *difetto di carburazione* défaut de carburation; *mettere a punto la carburazione di un motore* mettre au point la carburation d'un moteur **2** (*metall.*) carburation.

carbùro |kar'buro| *s.m.* (*chim.*) carbure: *carburo di ferro* carbure de fer; *carburo cementato* carbure fritté; *carburo di calcio* carbure de calcium ◇ (*per anton.*) carbure de calcium # *illuminazione a carburo* éclairage à l'acétylène.

carcàme |kar'kame| *s.m.* → **carcassa.**

carcàssa |kar'kassa| *s.f.* **1** (*anat.*) carcasse ◇ (*per est.*) [*scheletro di animale morto*] *la carcassa di un cammello* la carcasse d'un chameau ◇ [*animale scuoiato e sventrato*] *carcasse di vitelli da latte* carcasses de veaux de lait; *carcassa di pollo* carcasse de poulet **2** (*fig.*) [*fisico malridotto, scheletrito*] squelette (*m.*): *la lunga malattia l'ha ridotto una carcassa* la longue maladie en a fait un squelette → **scheletro, larva** ◇ (*fig., scherz.*) [*corpo umano*] carcasse (*fam.*): *ah, vecchia carcassa!* ah, vieille carcasse! **3** (*per est.*) [*struttura portante, ossatura*] carcasse: *la carcassa di un tornio* la carcasse d'une tour # *la carcassa di uno pneumatico* l'armature d'un pneu ◇ [*scafo di nave senza fasciame*] charpente: *la carcassa di una nave* la charpente d'un navire → **armatura** ◇ [*relitto, rottame*] carcasse: *la carcassa di una barca* la carcasse d'une barque # *i tecnici esaminano la carcassa dell'aereo precipitato* les techniciens examinent les débris de l'avion ◇ [*involucro fisso di organi rotanti*] carcasse: *la carcassa di un motore elettrico* la carcasse d'un moteur électrique **4** (*fig.*) [*congegno in pessimo stato; veicolo sgangherato*] vieille carcasse; vieux clou (*m.*): *questa macchina fotografica è ormai una carcassa* cet appareil de photo est désormais une vieille carcasse || *è ora che butti via quella carcassa di macchina da scrivere* il est temps que tu jettes ce vieux clou de machine à écrire; *ho venduto la mia vecchia carcassa di automobile* j'ai vendu mon vieux clou → 1 **auto.**

carceraménto |kartʃera'mento| *s.m.* → **carcerazione.**

carceràre |kartʃe'rare| *v.tr.* → **incarcerare, imprigionare.**

carceràrio, i |kartʃe'rarjo, i| *agg.* [*relativo al carcere, del carcere*] carcéral*; de prison (*loc. inv.*): *l'universo carcerario* l'univers carcéral || *guardia carceraria* gardien de prison → **penitenziario.**

carceràto |kartʃe'rato| *s.* [*chi è in prigione*] détenu, prisonnier* ◇ (*fig.*) *stai sempre chiuso peggio di un carcerato* tu restes toujours enfermé, pis qu'un détenu, qu'un prisonnier → **detenuto** # *dove vai con quella faccia da carcerato?* où vas-tu avec ce visage de condamné? ◇ (*loc. fig.*) *fare una vita da carcerato* mener une vie de moine.

carcerazióne |kartʃerat'tsjone| *s.f.* incarcération: *ordine di carcerazione* ordre d'incarcération; *carcerazione preventiva* incarcération préventive → **incarcerazione** ◇ [*periodo di detenzione in carcere*] *deve scontare una lunga carcerazione* il doit purger une longue peine de prison.

càrcere |'kartʃere|, *pl. f.* **càrceri** |'kartʃeri| *s.m.* **1** [*prigione, galera*] prison (*f.*): *carcere mandamentale* prison départementale; *carcere giudiziario* prison d'État; *mettere qc. in carcere* mettre qqn. en prison, incarcérer qqn.; *fare uscire qc. dal carcere* tirer qqn. de prison; *evadere, fuggire da un carcere* s'évader d'une prison ◇ *al plur.* [*stabilimento carcerario*] prison (*f. sing.*): *associare, tradurre qc. alle carceri* emmener, conduire qqn. en prison ◇ (*fig.*) *il corpo è il carcere dell'anima* le corps est la prison de l'âme **2** (*per est.*) [*detenzione, carcerazione*] prison: *carcere preventivo* prison, détention *f.* préventive; *è stato in carcere* il a fait de la prison; *ha scontato sei mesi di carcere* il a fait six mois de prison **3** (*fig.*) [*ambiente ossessivo, con poca libertà*] prison: *un vero e proprio carcere, quella casa!* cette maison, quelle prison!; *il collegio è un carcere per me* le collège est une prison pour moi ◇ [*luogo angusto, chiuso*] *poveretto, vive proprio in un carcere!* le pauvre, il vit vraiment dans une prison!

carcerière |kartʃe'rjɛre| *s.* **1** gardien* de prison → **secondino** **2** (*fig., spreg.*) garde-chiourme (*m.*): *dei carcerieri* des garde(s)-chiourme(s); *quella direttrice è una carceriera* cette directrice est un garde-chiourme → **aguzzino.**

carcinògeno |kartʃi'nɔdʒeno| *agg.* (*med.*) carcinogène.

carcinologìa, gie |kartʃinolo'dʒia, dʒie| *s.f.* → **cancerologia.**

carcinòma |kartʃi'nɔma| *s.m.* (*med.*) carcinome.

carcinòsi |kartʃi'nɔzi| *s.f. inv.* (*med.*) carcinose *var.*, carcinomatose *var.*

carciofàia |kartʃo'faja| *s.f.* **1** [*terreno coltivato a carciofi*] artichautière **2** marchande d'artichauts.

carciofàio, i |kartʃo'fajo, i| *s.* marchand d'artichauts.

carciòfo |kar'tʃɔfo| *s.m.* **1** (*t.bot.*) artichaut ~ *carciofo selvatico* artichaut sauvage ◇ [*il frutto commestibile*] *carciofi sott'olio* artichauts à l'huile; *carciofi ripieni* artichauts farcis ◇ (*loc. fig.*) *mangiare il carciofo a foglia a foglia* manger l'artichaut feuille à feuille **2** (*fig.*) [*individuo sciocco, incapace*] nigaud, niais: *è proprio un carciofo!* c'est vraiment un nigaud, un niais! → **broccolo.**

càrco, chi |'karko, ki| *s.m.* → **carico.**

càrda |'karda| *s.f.* (*tess.*) carde.

cardaiòlo |karda'jɔlo| *s.* → **cardatore.**

cardamine |karda'mine| *s.f.* (*t. bot.*) cardamine.

cardamòmo |karda'mɔmo| *s.m.* (*t.bot.*) cardamome.

cardànico, ci, ca, che |kar'daniko, tʃi, ka, ke| *agg.* (*mecc.*) de cardan *loc. inv.*; à cardan (*loc. inv.*): *giunto cardanico* (joint de) cardan, transmission *f.* par cardan || *sospensione cardanica* suspension à cardan.

cardàno |kar'dano| *s.m.* (*mecc.*) cardan: *giunto a cardano* (joint de) cardan.

cardàre |kar'dare| *v.tr.* (*tess.*) [*trasformare in velo continuo la fibra in fiocco*] carder: *cardare fibre tessili* carder des fibres textiles.

cardàta |kar'data| *s.f.* → **cardatura.**

cardàto |kar'dato| *agg.* cardé: *lana cardata* laine cardée.

cardatóre, trice |karda'tore, tritʃe| *s.* [*chi carda lana o altre fibre tessili*] cardeur*.

cardatùra |karda'tura| *s.f.* (*tess.*) cardage (*m.*): *cardatura della lana, del cotone* cardage de la laine, du coton.

cardellino |kardel'lino| *s.m.* (*t. zool.*) chardonneret.

cardéto |kar'deto| *s.m.* [*campo piantato a cardi*] chardonnière *f.*; plantation *f.* de cardons.

càrdia(s) |'kardja(s)| *s.m. inv.* (*anat.*) cardia *var.*

cardìaco, ci, ca, che |kar'diako, tʃi, ka, ke| *agg.* cardiaque: *arteria cardiaca* artère cardiaque; *collasso cardiaco* collapsus cardiaque, cardio-vasculaire ✦ *s.* (*raro*) → **cardiopatico.**

cardiàle |kar'djale| *agg.* du cardia *loc. inv.*

cardialgìa, gie |kardjal'dʒia, dʒie| *s.f.* (*med.*) cardialgie.

càrdigan |'kardigan, 'ka:digən| *s.m. inv.* (*ingl.*) cardigan *var.*

cardinalàto |kardina'lato| *s.m.* (*eccl.*) cardinalat.

1 **cardinàle** |kardi'nale| **1** *s.m.* (*eccl.*) cardinal*: *cardinale vescovo, prete, diacono* cardinal-évêque, cardinal-prêtre, cardinal-diacre; *cardinale legato* cardinal légat; *cappello da cardinale* chapeau de cardinal # *il collegio dei cardinali* le conclave ◇ (*fig., fam.*) *boccone, cibo da cardinale* mets, plat de roi ✦ (*agg. inv.*) *rosso cardinale* rouge cardinal **2** *agg.* cardinal*: *i principi cardinali di una scienza, di una dottrina* les principes cardinaux d'une science, d'une doctrine → **fondamentale, basilare** ◇ (*geogr.*) *i punti cardinali* les points cardinaux; *venti cardinali* vents cardinaux ◇ (*gram.*) *aggettivi numerali cardinali* adjectifs numéraux cardinaux ◇ (*mat.*) *numero cardinale* nombre cardinal ◇ (*relig.*) *le virtù cardinali* les vertus cardinales.

2 **cardinàle** |kardi'nale| *s.m.* (*t. zool.*) cardinal*.

cardinalésco, chi, ca, che |kardina'lesko, ki, ka, ke| *agg.* (*iron., spreg.*) de cardinal (*loc. inv.*): *tono cardinalesco* ton de cardinal.

cardinalìzio, i |kardina'littsjo, i| *agg.* (*eccl.*) cardinalice: *seggio, titolo cardinalizio* siège, titre cardinalice # *cappello cardinalizio* chapeau de cardinal.

càrdine |'kardine| *s.m.* **1** [*ferro su cui girano i battenti di porte, finestre e sim.*] charnière *f.*, gond: *il cardine di una porta* la charnière, le gond d'une porte ◇ (*mar.*) *cardine del timone* aiguillot → **agugliotto** **2** (*fig.*) [*fondamento, sostegno*] pivot: *il cardine di una dottrina, di una teoria* le pivot d'une doctrine, d'une théorie → **base** **3** (*raro*) point cardinal.

càrdio- |'kardio| *pref.* (*significa 'cuore', indica relazione con il 'cuore', corrisponde gener. a*) cardi(o): *cardiopatia* cardiopathie.

-càrdio |'kardio| *suff.* (*significa 'cuore', indica relazione con il 'cuore', corrisponde gener. a*) carde: *pericardio* péricarde.

cardiochirurgìa, gie |kardjokirur'dʒia, dʒie| *s.f.* cardiochirurgie.

cardiochirùrgico, ci, ca, che |kardjoki'rurdʒiko, tʃi, ka, ke| *agg.* cardiochirurgique.

cardiochirùrgo, gi, ghi |kardjoki'rurgo, dʒi, gi| *s.m.* cardiochirurgien.

cardiografìa |kardjogra'fia| *s.f.* cardiographie.

cardiògrafo |kar'djɔgrafo| *s.m.* cardiographe.

cardiogràmma |kardjo'gramma| *s.m.* cardiogramme; électro cardiogramme.

cardiologìa, gie |kardjolo'dʒia, dʒie| *s.f.* cardiologie.

cardiològico, ci, ca, che |kardjo'lɔdʒiko, tʃi, ka, ke| *agg.* cardiologique.

cardiòlogo, gi |kar'djɔlogo, dʒi| *s.m.* cardiologue.

cardionevròsi |kardjone'vrɔzi| *s.f. inv.* névrose *var.* cardiaque, névrose tachycardique.

cardiopàlmo |kardjo'palmo| *s.m.* (*med.*) palpitation *f.* → **batticuore, tachicardia.**

cardiopatìa |kardjopa'tia| *s.f.* cardiopathie: *cardiopatia congenita* cardiopathie congénitale.

cardiopàtico, ci, ca, che |kardjo'patiko, tʃi, ka, ke| *agg.* [*malato di cuore*] cardiaque: *un bambino cardiopatico* un enfant cardiaque ✦ (*s.*) *un cardiopatico* un cardiaque.

cardiospàsmo |kardjos'pasmo| *s.m.* (*med.*) cardiospasme.

cardiotomìa |kardjoto'mia| *s.f.* cardiotomie.

cardiotònico, ci, ca, che |kardjo'tɔniko, tʃi, ka, ke| *s.m.* (*farm.*) cardiotonique ✦ (*agg.*) *farmaco cardiotonico* médicament cardiotonique.

cardiovascolàre |kardjovasko'lare| *agg.* cardio-vasculaire: *sistema cardiovascolare* système cardio-vasculaire.

cardite |kar'dite| *s.f.* (*med.*) cardite.

càrdo |'kardo| *s.m.* **1** (*t.bot.*) chardon ~ *cardo della Madonna* chardon Notre-Dame ~ *cardo santo, benedetto* chardon bénit ~ *cardo dei lanaioli* chardon à

foulon **2** [*strumento per cardare*] carde *f.*
cardóne |kar'done| *s.m.* **1** → **cardo** **2** [*germoglio del cardo, del carciofo*] carde *f.*
carèna |ka'rɛna| *s.f.* **1** (*mar.*) carène **2** [*superficie esterna del dirigibile*] carène **3** (*anat., bot.*) carène **4** (*arch.*) *soffitto a carena* plafond en carène.
carenàggio, i |kare'naddʒo, i| *s.m.* (*mar.*) carénage: *il carenaggio di una nave* le carénage d'un navire; *bacino di carenaggio* bassin de carénage; *cantiere di carenaggio* chantier, gril de carénage.
carenàre |kare'nare| *v.tr.* **1** (*mar.*) [*scoprire la parte immersa di una nave*] caréner (8): *carenare una nave* caréner un navire **2** (*mecc.*) [*fornire di carenatura*] caréner: *carenare una macchina sportiva* caréner une voiture de sport; *carenare un aereo* caréner un avion.
carenàto |kare'nato| *agg.* **1** (*tecnol.*) caréné: *automobile carenata* automobile carénée → **aerodinamico** **2** (*bot., zool.*) caréné: *petali carenati* pétales carénés # *uccelli carenati* oiseaux à bréchet **3** (*anat.*) *sterno carenato* sternum à bréchet *loc. inv.* **4** (*arch.*) *soffitto carenato* voûte en ogive *loc. inv.*
carenatùra |karena'tura| *s.f.* (*aer., auto.*) carénage (*m.*): *la carenatura di una macchina* le carénage d'une automobile.
carènte |ka'rɛnte| *agg.* [*mancante, sprovvisto*] dépourvu: *discorso carente di buon senso* discours dépourvu, dénué de bon sens, qui manque de bon sens.
carènza |ka'rɛntsa| *s.f.* **1** [*mancanza, insufficienza*] manque (*m.*): *carenza di viveri, di denaro* manque de vivres, d'argent; *carenza di idee, d'immaginazione* manque d'idées, d'imagination → **penuria** # *carenza di mano d'opera* pénurie de main-d'œuvre ◇ (*med.*) carence: *carenza di ferro, di proteine* carence de fer, de protéines; *l'avitaminosi è una malattia da carenza* l'avitaminose est une maladie de carence **2** (*per est.*) [*assenza, deficienza, lacuna*] carence: *carenza legislativa* carence des lois; *carenza del potere* carence du pouvoir **3** (*dir.*) *periodo di carenza* délai de carence **4** (*psicol.*) *carenza affettiva* carence affective.
carenzàto |karen'tsato| *agg. e p.p.* carencé.
carenziàle |karen'tsjale| *agg.* (*med.*) carentiel*.
carestìa |kares'tia| *s.f.* **1** [*grave penuria di cose necessarie alla vita*] disette: *un'annata di carestia* une année de disette → **miseria** # *carestia di denaro* manque d'argent; absence de fonds **2** [*scarsezza, mancanza*] pénurie: *carestia di mano d'opera agricola* pénurie de main-d'œuvre agricole Ⓒ **abbondanza.**
carézza |ka'rettsa| *s.f.* **1** caresse: *le carezze dei nonni* les caresses des grands-parents; *gli fa sempre molte carezze* il lui fait toujours beaucoup de caresses; *non ha mai ricevuto una carezza* il n'a jamais reçu de caresses; *colmare, ricoprire qc. di carezze* accabler, couvrir qqn. de caresses # *un tipo tutto baci e carezze* un type tout sucre et tout miel; *fare una carezza a qc. sulla guancia* caresser la joue de qqn. ◇ (*loc. iron.*) *fare le carezze col bastone* caresser l'échine de qqn. à coups de bâton **2** (*fig.*) [*tocco che sfiora leggermente*] caresse: *la carezza del vento, delle onde* la caresse du vent, des flots **3** (*fig.*) [*lusinga, allettamento, moina*] flatterie: *rabbonire, lusingare qc. con carezze* amadouer qqn. par des flatteries.
carezzaménto |karettsa'mento| *s.m.* (*raro*) → **carezza** 1.
carezzàre |karet'tsare| *v.tr.* **1** [*sfiorare con la mano in segno di affetto, di tenerezza*] caresser: *carezzare un cane* caresser un chien → **accarezzare** **2** (*fig.*) [*coccolare, vezzeggiare*] cajoler, choyer (10): *carezzare un bambino* cajoler, choyer un enfant Ⓒ **2 maltrattare.**
carezzévole |karet'tsevole| *agg.* [*che accarezza*] caressant: *un gesto carezzevole* un geste caressant ◇ [*affettuoso, dolce*] *uno sguardo carezzevole* un regard caressant; *una bambina carezzevole* une fillette caressante ◇ [*delicato, tenue*] *una voce carrezzevole* une voix caressante; *c'è un'arietta carezzevole* il y a une brise caressante.
carezzevolménte |karettsevol'mente| *avv.* [→ CAREZZEVOLE] tendrement; avec tendresse *loc. inv.* → **dolcemente** Ⓒ **rudemente.**
càrgo, ghi |'kargo, gi| *s.m.* **1** (*mar.*) cargo # *cargo per il trasporto dei minerali* minéralier **2** (*aer.*) avion-cargo.
cariàre |ka'rjare| **A** *v.tr.* [*produrre la carie*] carier, gâter: *le caramelle cariano i denti* les bonbons carient, gâtent les dents ◇ (*per est.*) [*corrodere*] ronger (3): *un mobile cariato dal tempo* un meuble rongé par le temps **B** *v. pron. intr.* CARIARSI [*prendere la carie*] être (43) *intr.* carié: *i miei denti si sono cariati* mes dents sont cariées.
cariàtide |ka'rjatide| *s.f.* **1** (*arch.*) cariatide **2** (*fig.*) *fare da cariatide* rester planté comme un piquet **3** (*fig., spreg.*) [*persona retriva, sorpassata*] fossile (*m.*): *una vecchia cariatide* un vieux fossile ◇ [*persona logora, malridotta fisicamente*] ruine: *ormai è una cariatide* désormais, c'est une ruine.
cariàto |ka'rjato| *agg.* carié: *impiombare un dente cariato* plomber une dent cariée.
caribico, ci, ca, che |ka'ribiko, tʃi, ka, ke| *agg.* (*geogr.*) caraïbe, des caraïbes (*loc. inv.*): *mare caribico* mer des caraïbes.
caribù |kari'bu| *s.m. inv.* (*t.zool.*) caribou *var.*
càrica, che |'karika, ke| *s.f.* **1** [*incarico, ufficio, spec. pubblico*] charge, fonction: *carica di sindaco, di primo ministro* charge, fonction de maire, de premier ministre; *entrare, essere in carica* entrer, être en fonction; *dimettersi da una carica* se démettre de sa charge, résigner ses fonctions # *occupare un'alta carica* occuper un poste élevé ◇ [*persona con un incarico pubblico*] fonctionnaire (*s.*): *erano presenti tutte le alte cariche dello Stato* tous les hauts fonctionnaires de l'État étaient présents **2** [*energia che permette il funzionamento di un meccanismo*] charge: *carica elettrica* charge électrique; *carica di un condensatore* charge d'un condensateur # *la batteria non ha più carica* la batterie est à plat ◇ (*di congegni a molla*) *dare la carica a un orologio, a un giocattolo* remonter une montre, un jouet **3** (*fig.*) [*vitalità, energia*] charge; ressort (*m.*): *una grande carica affettiva, emotiva* une grande charge affective, émotive ‖ *non ha più la carica per far ciò* il n'a plus le ressort pour faire cela # *avere una grande carica di simpatia* avoir un grand pouvoir de sympathie **4** (*mil., corr.*) charge: *una carica di cavalleria* une charge de cavalerie ◇ (*loc.*) *tornare alla carica*: (*pr.*) retourner, revenir à la charge; (*fig.*) sonner la charge ~ *passo di carica*: (*pr.*) pas de charge; (*fig.*) pas décidé # *fare, ordinare una carica* charger ◆ (*ass., escl.*) *carica!* chargez! ◇ (*per est.*) (*calcio, hockey*) charge: *carica irregolare* charge irrégulière # *fare una carica al, sul portiere* charger le gardien (de but) **5** (*esplosivi*) charge: *la carica di una mina* la charge d'une mine; *carica di lancio, di scoppio* charge propulsive, explosive # *far saltare una carica* faire sauter une mine **6** (*chim.*) charge: *procedere alla carica d'un tessuto* procéder à la charge d'un tissu.
caricabatterie |karikabatte'rie| *s.m. inv.* (*elettr.*) chargeur *var.* (de batteries).
caricabbàsso |karikab'basso| *s.m. inv.* (*mar.*) *hale-bas, *halebas.
caricafièno |barika'fjɛno| *s.m. inv.* chargeur *var.* de fourrage.
caricaménto |karika'mento| *s.m.* **1** [→ CARICARE A 1] chargement: *caricamento di un vagone* chargement d'un wagon **2** [→ CARICARE A 4] chargement: *caricamento di un fucile* chargement d'un fusil.
caricàre |kari'kare| **A** *v.tr.* **1** (*cose*) [*mettere su un mezzo di trasporto, su un animale, sulle spalle di qc.*] charger (3): *caricare grano su un carro* charger du blé sur une charrette; *caricare bestiame su un vagone* charger du bétail sur un wagon; *caricare un sacco su un asino* charger un sac sur un âne; *aiutami a caricare questi legni sulle spalle* aidez-moi à charger ces bûches sur mes épaules, sur mon dos; *caricare merci* charger des marchandises; *caricare i bagagli* charger les bagages; *caricare ghiaia, cemento* charger du gravier, du ciment; *caricare un camion, un vagone, una nave* charger un camion, un wagon, un navire; *caricare un asino* charger un âne ◇ [*avere la portata, la capienza di*] transporter: *il furgone non può caricare più di 10 quintali* le fourgon ne peut transporter qu'une tonne; *occorre un autobus che carichi 80 persone* il faut un autobus capable de transporter 80 personnes ◆ *ass.* [*fare il carico*] *i facchini non hanno finito di caricare* les porteurs n'ont pas fini de charger; *il camion sta ancora caricando* le (chauffeur du) camion est encore en train de charger **2** (*persone*) [*far salire su un mezzo di trasporto*] faire (45) *intr.* monter: *caricare i viaggiatori sul treno, sul pullman* faire monter les voyageurs dans le train, dans le car ◇ [*prendere a bordo*] faire monter, charger (*fam.*): *ho caricato uno sconosciuto* j'ai fait monter, j'ai chargé un inconnu **3** (*per est.*) [*aggravare, appesantire con peso esagerato, con quantità eccessiva di q.c.*] charger: *perché carichi così quella povera bestia?* pourquoi charges-tu ainsi cette pauvre bête?; *un cibo che carica lo stomaco* un plat qui charge l'estomac, qui pèse sur l'estomac → **sovraccaricare** □ *caricarsi lo stomaco* se charger l'estomac → **imbarazzare** # *caricarsi le tasche di cioccolatini* se remplir les poches de chocolats; *ho caricato la valigia di cose inutili* j'ai rempli la valise de choses inu-

tiles ◇ (*fig.*) charger, surcharger (3): *caricare qc. d'impegni, di debiti* charger, surcharger qqn. d'engagements, de dettes; *ci hanno caricato di tasse* on nous a chargés d'impôts; *a scuola ci caricano di compiti* à l'école, on nous surcharge de devoirs # *mi ha caricato d'insulti, d'improperi* il m'a accablé, couvert d'insultes, d'injures; *sua zia l'ha caricato di regali* sa tante l'a couvert de cadeaux → **coprire** **4** (*per est.*) [*mettere il necessario in q.c.*; *riempire*] bourrer; remplir: *ho caricato il forno di legna* j'ai bourré le four de bois; *lasciami prima caricare la pipa* laisse-moi d'abord bourrer ma pipe || *caricare una borraccia di acqua* remplir une gourde d'eau; *caricare un serbatoio di combustibile* remplir un réservoir de combustible ◇ (*foto.*) *caricare la cinepresa, la macchina fotografica* charger la caméra, l'appareil photographique ◇ (*armi*) [*munire di proiettile, di esplosivo*] charger: *caricare un cannone, un fucile, una pistola* charger un canon, un fusil, un pistolet; *caricare una mina* charger une mine ◇ (*elettr.*) [*rifornire di carica elettrica*] *caricare la batteria* recharger la batterie **5** (*per est.*) [*mettere in funzione*] remonter: *caricare l'orologio* remonter la montre # *carica la sveglia per le sei* mets le réveil à six heures **6** (*fig.*) [*esagerare, forzare*] forcer (2): *questa volta ha caricato la dose* cette fois-ci il a forcé la dose # *hai caricato un po' troppo la mano* tu n'y es pas allé de main morte → 1 **calcare** ◇ [*accentuare, rendere intenso*] charger: *caricare le tinte* charger les couleurs # *ha caricato troppo il verde, il rosso* il a trop insisté sur le vert, le rouge; il a mis trop de vert, de rouge **7** (*per est., comm.*) [*accollare, addebitare*] charger; être (43) *intr.* à la charge de: *caricare una merce di una sovratassa* charger une marchandise d'une surtaxe || *si caricano le spese al cliente* les frais sont à la charge du client; *hanno caricato tutto a noi* les frais ont été à notre charge → **addossare** **8** (*fig.*) [*stimolare, spronare*] chauffer: *caricare gli atleti per un incontro* chauffer les athlètes pour une rencontre; *non eravamo stati caricati a sufficienza* nous n'avions pas été assez chauffés # *sono molto caricati dagli ultimi successi* ils sont tout à fait mis en confiance par leurs derniers succès **9** [*attaccare, assalire*] charger: *caricare il nemico alle spalle* charger l'ennemi par derrière; *la polizia ha caricato la folla* la police a chargé la foule ◇ (*fig.*) attaquer: *ci ha caricato con male parole* il nous a attaqués avec de méchantes paroles; *l'ha caricato come un toro infuriato* il l'a attaqué comme un taureau furieux ◇ (*sport*) [*ostacolare, attaccare con violenza un avversario*] charger: *caricare il portiere* charger le gardien de but; *ha caricato irregolarmente il terzino* il a chargé l'arrière de façon irrégulière **10** (*industria*) [*trattare un prodotto con particolari sostanze*] charger: *caricare la carta* charger le papier **B** *v.pron. rifl.* CARICARSI **1** [→ *tr.* 3] se charger: *ci siamo caricati come muli* nous nous sommes chargés comme des mulets # *si è caricata di bagagli inutili* elle s'est encombrée de bagages inutiles ✦ → *tr.* 3 □ ◇ (*fig.*) se couvrir; se charger: *ci siamo caricati di debiti* nous nous sommes couverts de dettes → **riempir(si)** || *vi siete caricati di troppe responsabilità* vous vous êtes chargés de trop de responsabilités **2** (*fig.*) [*mettersi in perfetta forma fisica, psicologica*] *si sono caricati per la partita* il se sont concentrés pour (avant) le match; *ho bisogno di caricarmi prima dell'esame* j'ai besoin de reprendre des forces avant l'examen.

caricàto |kari'kato| *agg.* **1** [*posto, messo su un carico*] chargé: *controllare le merci caricate sulla nave* contrôler les marchandises chargées sur le navire ◇ (*per est.*) [*aggravato, appesantito*] *un pavimento eccessivamente caricato* un plancher excessivement chargé ◇ (*fig.*) [*oberato*] accablé: *sono eccessivamente caricata di responsabilità* je suis accablée de responsabilités → **carico** **2** [*affettato, innaturale*] affecté: *uno stile caricato* un style affecté; *modi caricati* manières affectées; *parlare con tono caricato* parler d'un ton affecté → **ridondante, pesante** **3** (*armi*) [*munito di carica, di proiettile*] chargé: *fucile caricato* fusil chargé; *tenere la pistola caricata* garder le pistolet chargé ◇ (*per est.*) [*pronto, predisposto per l'uso*] *una pipa caricata* une pipe bourrée; *la macchina fotografica è già caricata* l'appareil photographique est déjà chargé; *la sveglia è caricata per le otto* le réveil est remonté pour huit heures; *ho la batteria poco caricata* ma batterie est peu chargée, est presque à plat **4** (*arald.*) chargé.

caricatóre |karika'tore| **I** *s.m.* **1** [*chi è addetto a operazioni di carico*] chargeur; manutentionnaire (*s.*): *i caricatori della frutta* les chargeurs des fruits ◇ (*artiglieria*) chargeur **2** (*comm., mar.*) chargeur **3** (*tecnol.*) (*armi*) chargeur: *caricatore automatico* chargeur automatique; *caricatore di mitragliatrice* chargeur d'une mitrailleuse; *scaricare il caricatore addosso a qc.* vider son chargeur contre qqn. ◇ (*cine., foto.*) chargeur **4** [*bobina di registratore a inserimento automatico*] chargeur, cassette *f.* → **cassetta** **5** (*elettr.*) *caricatore di batterie* chargeur (de batteries) **II** *agg.* [*che serve per caricare*] *piano caricatore* plate-forme de chargement.

caricatrice |karika'tritʃe| *s.f.* (*tecnol.*) chargeuse.

caricatùra |karika'tura| *s.f.* **1** caricature: *disegnare una caricatura* dessiner une caricature; *fare la caricatura di qc.* faire la caricature de qqn.; *è talmente ridicolo che sembra una caricatura* il est tellement ridicule qu'il a l'air d'une caricature ◇ (*fig.*) [*goffa imitazione*] *non è neanche la caricatura di suo padre* il n'est même pas la caricature de son père; *il film è la caricatura del libro a cui si ispira* le film est une caricature du roman dont il s'inspire ◇ (*loc. fig.*) *mettere qc. in caricatura* [*ridicolizzarlo*] tourner qqn. en ridicule **2** (*per est.*) [*satira, parodia*] caricature: *fare la caricatura di un ambiente* faire la caricature d'un milieu; *questa commedia è una sottile caricatura dell'alta società* cette comédie est une subtile caricature de la haute société ◇ [*farsa, ridicolaggine*] *questo spettacolo è soltanto una caricatura* ce spectacle n'est qu'une caricature **3** (*fig.*) [*individuo ridicolo, goffo*] caricature: *come cantante è una caricatura* comme chanteur (chanteuse), c'est une caricature; *sei una vera caricatura!* tu es une véritable caricature!

caricaturàle |karikatu'rale| *agg.* caricatural*: *interpretazione caricaturale* interprétation caricaturale.

caricaturista |karikatu'rista| *s.* caricaturiste.

caricazióne |karikat'tsjone| *s.f.* → **caricamento.**

càrice |'karitʃe| *s.f.* (*t.bot.*) carex *m.*

1 **càrico, chi, ca, che** |'kariko, ki, ka, ke| *agg.* **1** [*che porta, trasporta un peso*] chargé: *un bastimento carico di grano* un navire chargé de blé; *un carro carico di fieno* une charrette chargée de foin; *l'asino era carico di legna* l'âne était chargé de bois; *andava in giro carico di pacchi, pacchetti a non finire* il se baladait chargé d'une kyrielle de paquets, petits et gros → **pieno** # *un treno carico di soldati* un train bondé de soldats ✦ *ass.* [*caricato al massimo di persone*] *la nave, la macchina è carica* le navire est bondé, la voiture est bondée; *guarda quel tram come è carico!* regarde ce tram, comme il est bondé! **2** (*per est.*) [*pieno, gravato, sovraccarico*] chargé, accablé: *un vecchio carico d'anni* un vieillard chargé d'ans; *guarda quell'albero come è carico di frutti!* regarde cet arbre, comme il est chargé de fruits! # *un uomo carico di quattrini* un homme plein aux as (*pop.*); *una donna carica di gioielli* une femme couverte de bijoux ◇ (*fig.*) *quel poveraccio è sempre carico di debiti e di pensieri* le pauvre, il est toujours accablé de dettes et de soucis; *quella povera vedova è carica di figli* cette pauvre veuve a beaucoup d'enfants sur les bras; *è tornato carico di onore e di gloria* il est revenu chargé d'honneurs et de gloire **3** (*di armi, congegni meccanici e sim.*) [*caricato, pronto per il funzionamento*] chargé: *fucile carico* fusil chargé; *accumulatori carichi* accumulateurs chargés # *una penna stilografica carica* (*d'inchiostro*) un stylo rempli; *orologio, giocattolo carico* montre remontée, jouet remonté **4** (*fig.*) foncé; concentré: *un rosso, un azzurro carico* un rouge, un bleu foncé → **intenso, acceso** || *tè, caffè carico* thé, café concentré → **concentrato, 1 forte** # *mobile, gioiello troppo carico* meuble, bijou trop chargé, lourd → **barocco.**

2 **càrico, chi** |'kariko, ki| *s.m.* **1** [*il materiale, le merci caricate*] chargement, charge (*f.*): *un carico di vino, di petrolio, di carbone* un chargement de vin, de pétrole, de charbon; *il carico di un vagone merci* la charge, le chargement d'un wagon de marchandises; *il carico di una nave* la charge, la cargaison; *carico utile* charge utile; *portava un pesante carico sulle spalle* il portait une lourde charge sur ses épaules # *aumentare il carico della nave* augmenter la cargaison ◇ (*loc. fig.*) *un carico di legnate* [*molte bastonate*] une volée de bois vert **2** [→ CARICARE A 1] chargement: *il carico dell'autotreno è durato due giorni* le chargement du camion-remorque a duré deux jours; *il camion è sotto carico* [*lo si sta caricando*] le camion est en chargement # *fare il carico di...* faire le plein de... ◇ (*aer.*) *carico alare* charge alaire **3** (*edil.*) charge: *carico di un pilastro, di una volta, di un ponte* charge, pous-

sée d'un pilier, d'une voûte, d'un pont; *carico massimo, di sicurezza* charge de sécurité; *carico di rottura* charge de rupture ◇ (*elettr.*) *il carico di una centrale, di una valvola, di un circuito* la charge d'une centrale, d'un plomb, d'un circuit **4** (*fig.*) [*peso, fardello, onere*] charge, poids: *carico fiscale, tributario* charge fiscale; *avere il carico della famiglia* avoir une famille à sa charge; *avere un carico di, sulla coscienza* [*una responsabilità, un rimorso*] avoir un poids sur la conscience; *far carico a qc. di q.c.* [*attribuire la colpa, la responsabilità*] mettre qqch. à la charge de qqn. ◇ (*dir.*) *carichi pendenti* charges, causes pendantes **5** *loc.* A CARICO DI à la charge de: *i figli minorenni sono a carico dei genitori* les enfants mineurs sont à la charge des, de leurs parents; *le spese d'imballaggio e di trasporto sono a carico dell'acquirente* les frais d'emballage et de transport sont à la charge de l'acheteur ◇ (*di provvedimenti disciplinari, amministrativi*) [*contro*] contre (*prep.*): *procedimento penale, sanzioni disciplinari a carico di qc.* procédure criminelle, sanctions disciplinaires contre qqn.; *sono stati presi provvedimenti a carico del capoufficio* on a pris des mesures contre le chef de bureau # *ci sono molti testimoni a suo carico* il y a beaucoup de témoins à charge contre lui **6** (*gioco della briscola*) l'as, le trois: *giocare, prendere un carico* jouer, prendre un as, un trois.

Carìddi |ka'riddi| *s.f.* (*solo nella loc. fig.*) *essere, cadere tra Scilla e Cariddi* tomber de Charybde en Scylla.

càrie |'karje| *s.f. inv.* **1** (*med.*) carie (*var.*): *carie dentaria, ossea* carie dentaire, osseuse **2** (*bot.*) carie: *carie dell'olivo, del grano* carie de l'olivier, du blé.

'carillon' |kaʀijɔ̃| *s.m. inv.* carillon (*var.*): *un orologio a 'carillon'* une horloge à carillon; *un giocattolo a 'carillon'* un jouet à carillon # *un soprammobile a 'carillon'* une boîte à musique ✦ (*ass.*) *un 'carillon'* un carillon.

carìno |ka'rino| *agg.* [*leggiadro, piacevole, grazioso*] mignon*, joli: *una ragazzina carina* une petite fille mignonne, jolie; *è molto carina quella storiella* elle est très jolie, cette petite histoire, cette anecdote; *è un gatto carino* c'est un chat très mignon.

carinziàno |karin'tsjano| *agg.* [*della Carinzia*] carinthien*.

càrio- |'karjo| *pref.* (*significa 'nucleo, seme', corrisponde gener. a*) caryo: *cariocinesi* caryocinèse.

cariocinèsi |karjotʃi'nɛzi| *s.f. inv.* (*biol.*) caryocinèse *var.*, kariokinèse *var.*

cariofillàceo |karjofil'latʃeo| *agg.* (*bot.*) caryophyllé.

cariòsside |ka'rjɔsside| *s.f.* (*bot.*) caryopse *m.*

cariòtipo |ka'rjɔtipo| *s.m.* (*biol.*) caryotype.

carisma |ka'rizma| *s.m.* (*teol.*) charisme.

carismàtico, ci, ca, che |kariz'matiko, tʃi, ka, ke| *agg.* charismatique: *grazia carismatica* grâce charismatique # *dono carismatico* charisme ◇ (*fig.*) *capo carismatico* chef charismatique.

carìssimo |ka'rissimo| *agg.* → **1 caro I.**

carità |kari'ta| *s.f. inv.* **1** charité (*var.*): *non ha un briciolo di carità* il n'a aucune charité; *i suoi atti sono animati da sincera carità* il agit toujours par pure charité # *un uomo pieno di carità* un homme très charitable ◇ (*teol.*) *la fede, la speranza e la carità* la foi, l'espérance et la charité ◇ *loc.* PER CARITÀ: *aiutatemi, per carità!* aidez-moi, pour l'amour de Dieu!; *per carità, non lo fare!* ne fais pas cela, pour l'amour de Dieu!; *io umiliarmi a chiedergli scusa? per carità!* moi, m'abaisser à lui faire mes excuses? allons, donc! **2** [*aiuto gratuito, atto benefico; elemosina*] charité, aumône (*var.*): *è stata una grossa carità prendersi in casa quel povero vecchio* ç'a été une grande charité d'accueillir ce pauvre vieux sous son (notre) toit; *fate la carità a un povero cieco!* la charité, pour un pauvre aveugle!; *quell'orfano vive di carità* cet orphelin vit d'aumône; *carità fiorita* [*spontanea, opportuna*] charité ordonnée, généreuse; *carità pelosa* [*interessata*] charité intéressée ◇ (*formula di cortese raccomandazione*) *fatemi la carità di star zitti!* ayez la bonté, faites-moi le plaisir de vous taire! **3** (*lett.*) [*amore, devozione profonda per la patria, i familiari*] amour (*m. var.*): *carità di figlio, di patriota* amour filial, de la patrie Ⓒ 1 **egoismo.**

caritatévole |karita'tevole| *agg.* (*persone*) [*amorevole, pietoso*] charitable: *non sei molto caritatevole con lui* tu n'es pas très charitable envers lui; *è un uomo caritatevole* c'est un homme charitable ◇ (*cose*) [*ispirato da carità*] *azione caritatevole* action charitable.

caritatevolménte |karitatevol'mente| *avv.* [→ CARITATEVOLE] charitablement: *è stato soccorso caritatevolmente da un passante* un passant lui vint charitablement au secours.

caritativo |karita'tivo| *agg.* de charité (*loc. inv.*): *istituto caritativo* établissement de charité; *associazione caritativa* association de charité.

carlìnga, ghe |kar'linga, ge| *s.f.* (*aer.*) carlingue.

carlìno |kar'lino| *s.m.* (*numism.*) carlin.

carlismo |kar'lizmo| *s.m.* (*st. sp.*) carlisme.

carlìsta |kar'lista| *s.m.* (*st. sp.*) carliste ✦ (*agg.*) *le guerre carliste* les guerres carlistes.

carlóna |kar'lona| *solo nella loc. avv.* ALLA CARLONA [*in modo trascurato, grossolano, in fretta*] à la six-quatre-deux (*fam.*), à la *hâte: *fare q.c. alla carlona* faire qqch. à la six-quatre-deux; *un lavoro fatto alla carlona* un travail fait à la hâte, bâclé → **malamente, sommariamente** # *fa le cose alla carlona* il bâcle tout, il fait tout à la va vite Ⓒ **accuratamente, diligentemente.**

carmagnòla |karmaɲ'ɲɔla| *s.f.* **1** (*giubba*) carmagnole **2** (*canto, danza*) carmagnole.

càrme |'karme| *s.m.* (*letter.*) poème: *il carme 'Dei Sepolcri'* le poème 'Des Sépulcres' # *i carmi di Catullo, di Orazio* les poésies de Catulle, les odes, les poésies d'Horace.

carmelita |karme'lita| *agg. e s.* → **carmelitano.**

carmelitàna |karmeli'tana| *s.f.* (*relig.*) carmélite: *le carmelitane scalze* les carmélites déchaussées.

carmelitàno |karmeli'tano| *agg.* (*relig.*) du Carmel (*loc. inv.*): *ordine carmelitano* ordre du Carmel; *regola carmelitana* règle du Carmel # *frate carmelitano* carme ✦ (*s.m.*) *un carmelitano* un carme: *i carmelitani scalzi* les carmes déchaussés, déchaux ✦ (*s.f.*) → **carmelitana.**

carminatìvo |karmina'tivo| *agg.* (*farm.*) carminatif* (*arc.*): *preparato carminativo* préparation carminative; *farmaco carminativo* remède carminatif ✦ (*s.m.*) *un carminativo* un remède carminatif *agg.*

carmìnio, i |kar'minjo, i| *s.m.* **1** [*sostanza colorante*] carmin **2** [*color rosso vivo*] laque *m. o f.* rouge: *un mobile laccato in carminio* un meuble en laque rouge, laqué rouge ✦ *agg. inv.* carmin: *una camicetta carminio* une chemisette carmin.

carnàccia, ce |kar'nattʃa, tʃe| *s.f.* viande de mauvaise qualité, barbaque (*fam.*): *è una carnaccia, dura e tigliosa* c'est de la barbaque dure et filandreuse.

carnagióne |karna'dʒone| *s.f.* [*lo aspetto, il colorito della pelle*] teint (*m.*): *una carnagione delicata, chiara* un teint délicat, clair.

carnàio, i |kar'najo, i| *s.m.* **1** [*cumulo di cadaveri*] charnier: *dopo il bombardamento la città era ridotta a un carnaio* après le bombardement, la ville était transformée en charnier ◇ (*per est.*) *fare un carnaio* [*un massacro, una strage*] faire un carnage **2** [*luogo molto affollato*] *la spiaggia sembrava un carnaio* la plage était grouillante (de monde) **3** [*locale di conservazione delle carni macellate*] charnier.

carnàle |kar'nale| *agg.* **1** [*che ha per oggetto, per scopo i rapporti sessuali*] charnel*: *desideri, appetiti carnali* désirs, appétits charnels; *amore carnale* amour charnel # *violenza carnale* viol ◇ [*relativo alla carne*] *l'attaccamento ai beni carnali* l'attachement aux biens charnels **2** [*nato dagli stessi genitori*] germain: *fratelli carnali* frères germains ◇ (*per est.*) *cugini carnali* cousins germains Ⓒ 1 **spirituale, casto.**

carnalità |karnali'ta| *s.f. inv.* → **lussuria; sessualità.**

carnàme |kar'name| *s.m.* (*fig., spreg.*) [*gran folla, ressa*] cohue *f.* (*corr.*).

carnalménte |karnal'mente| *avv.* [→ CARNALE 1] charnellement: *congiungersi carnalmente* connaître charnellement qqn.

carnascià̀le |karnaʃ'ʃale| *s.m.* → **carnevale.**

carnascialésco, chi, ca, che |karnaʃʃa'lesko, ki, ka, ke| *agg.* → **carnevalesco.**

carnàto |kar'nato| *s.m.* (*dial.*) [*carnagione, pelle*] teint (*corr.*): *avere un carnato fresco* avoir le teint frais ✦ *agg.* [*del colore della carne*] incarnat: *rosa carnato* rose incarnat, de chair *loc. inv.*

carnaùba |karna'uba| *s.f.* carnauba *m.* ✦ (*agg. inv.*) *cera carnauba* carnauba *s.f.*

càrne |'karne| *s.f.* **1** chair: *essere (bene) in carne* être (bien) en chair; *quella ragazza ha molta carne addosso* [*è piuttosto grassa*] elle est bien en chair, cette fille ◇ (*per est.*) *carne viva* chair vive ◇ *spec. al plur.* [*aspetto, carnagione*] *carni candide, fresche, sode, flosce, molli* chairs blanches, fraîches, fermes, avachies, flasques ◇ (*loc. fig.*) *in carne e ossa* en chair et en os ~ *carne della propria carne* chair de sa chair

~ *carne battezzata* [*cristiano*] un chrétien* ~ *carne da macello* [*soldati mandati al massacro*] chair à canon ✦ (*agg. inv.*) *color carne* couleur chair: *una maglietta color carne* un tricot couleur chair **2** [*l'elemento fisico, corporeo dell'uomo*; *la natura umana*] chair: *il conflitto tra carne e spirito* la lutte de la chair et de l'esprit; *le debolezze, le tentazioni della carne* la faiblesse, l'aiguillon de la chair → **sensualità, concupiscenza** ◇ (*teol.*) *la risurrezione della carne* la résurrection de la chair ◇ (*loc. fig.*) *essere* (*fatto*) *di carne e d'ossa* [*avere tutte le necessità e le debolezze della natura umana*] n'être pas un pur esprit **3** [*le parti commestibili dell'animale macellato*] viande: *carne di manzo, d'agnello, di maiale, di coniglio* viande de bœuf, d'agneau, de porc, de lapin; *carne in scatola, affumicata, fresca, surgelata* viande de conserve, fumée, fraîche, congelée; *brodo di carne* bouillon de viande; *un taglio di carne magro o grasso, scelto o andante* un morceaux de viande maigre ou gras, de premier ou deuxième choix; *carni bianche, nere, rosse* viandes blanches, noires, rouges ◇ (*per est.*) *la carne dell'orata, dell'aragosta* la chair de la dorade, de la langouste ◇ (*loc. fig.*) *mettere troppa carne al fuoco* [*pretendere di fare troppe cose*] courir deux lièvres à la fois ~ *non è né carne né pesce* ce n'est ni chair ni poisson.

carnèade |kar'nɛade| *s.m.* [*sconosciuto*] inconnu *s.*

carnéfice |kar'nefitʃe| *s.* **1** *s.m.* [*l'esecutore di una condanna a morte*] bourreau: *fare il carnefice* être un bourreau; *morire per mano del carnefice* périr de la main du bourreau → **boia** ◇ (*fig.*) [*chirurgo poco capace*] boucher: *non mi farò mai operare dal quel carnefice* je ne me ferai jamais opérer par ce boucher **2** *s.* (*fig.*) [*chi tiranneggia, chi tormenta*] bourreau (*m.*): *è la carnefice di chi le vive accanto* elle est un bourreau pour ceux qui vivent auprès d'elle → **tiranno, aguzzino.**

carneficìna |karnefi'tʃina| *s.f.* [*uccisione violenta e inumana, strage*] carnage (*m.*): *gli invasori fecero una terribile carneficina* les envahisseurs se livrèrent à un affreux carnage; *quella non fu una battaglia, ma una carneficina* ce ne fut pas une bataille, mais un carnage → **massacro** ◇ (*fig.*) hécatombe: *l'esame si risolse in una vera carneficina* l'examen constitua une véritable hécatombe → **disastro.**

càrneo |'karneo| *agg.* **1** [*a base di carne*] carné: *alimentazione carnea* alimentation carnée **2** [*del colore della carne*] carné.

carnesécca, che |karne'sekka, ke| *s.f.* (*dial.*) [*pancetta di maiale salata*] salé *m.*

'carnet' |karnɛ| *s.m. inv.* carnet (*var.*): *'carnet' di assegni* carnet de chèques; *'carnet' di ballo* carnet de bal.

carnevalàta |karneva'lata| *s.f.* [*spettacolo, divertimento di carnevale*] mascarade ◇ (*fig.*) [*manifestazione, cerimonia ridicola, grottesca*] *quella dimostrazione è stata una vera carnevalata* cette protestation n'a été qu'une mascarade → **pagliacciata, buffonata.**

carnevàle |karne'vale| *s.m.* **1** carnaval*: *il carnevale di Nizza* le carnaval de Nice; *festa di carnevale* fête du carnaval; *veglione di carnevale* le bal masqué du carnaval; *far carnevale con gli amici* fêter le carnaval avec ses amis ◇ (*prov.*) *di, a carnevale ogni scherzo vale* au carnaval, tout est permis **2** (*per est.*) [*tempo di baldoria, d'allegria*] fête *f.*, cocagne (*f.*): *per lui è sempre carnevale* pour lui c'est tous les jours fête, c'est toujours la vie de cocagne # *quest'anno le vacanze sono state un vero carnevale!* on a vraiment mené la belle vie, cette année, pendant les vacances!

carnevalésco, chi, ca, che |karneva'lesko, ki, ka, ke| *agg.* **1** du carnaval *loc. inv.*; carnavalesque: *ballo carnevalesco* bal du carnaval; *festa carnevalesca* fête du carnaval; *sfilate carnevalesche* défilés du carnaval ‖ *abbigliamento carnevalesco* accoutrement carnavalesque **2** (*spreg.*) [*ridicolo, grottesco*] grotesque: *una scena carnevalesca* une scène grotesque.

carnìccio, i |kar'nittʃo, i| *s.m.* **1** [*brandelli di carne rimasti attaccati alla pelle*] lambeaux *pl.* de chair # *raschiare ben bene il carniccio* racler comme il faut l'intérieur des peaux (de bêtes) ◇ (*per est.*) [*pezzetti di carne scadente*] rognure *f.* (de viande) **2** *colla di carnicci, di carniccio* [*ottenuta bollendo tali residui*] colle forte.

carnicìno |karni'tʃino| *agg.* [*color roseo, carneo*] carné: *una rosa carnicina* une rose carnée ✦ *s.m.* [*colore carnicino*] couleur chair: *tinteggiare in carnicino* peindre couleur chair.

carnièra |kar'njɛra| *s.f.* **1** [*grande tasca posteriore della giubba da caccia*] (poche) gibecière **2** → **carniere.**

carnière |kar'njɛre| *s.m.* [*borsa in cui il cacciatore mette la selvaggina*] gibecière *f.*, carnassière (*f.*): *tornare con il carniere pieno* revenir la gibecière pleine ◇ (*per est.*) [*la selvaggina uccisa*] gibier: *un buon carniere* un gibier abondant.

carnìvoro |kar'nivoro| *agg.* carnivore, carnassier*: *animale carnivoro* animal carnassier, carnivore; *pianta carnivora* plante carnivore ✦ *s.m. pl.* (*t. zool.*) i *Carnivori* les Carnivores, les Carnassiers.

carnosità |karnosi'ta| *s.f. inv.* **1** [*natura, consistenza carnosa*] partie *var.* charnue: *le carnosità di un frutto* la partie charnue d'un fruit, la chair du fruit # *la carnosità delle sue labbra era seducente* la rondeur de ses lèvres était séduisante **2** (*lett.*) [*pienezza di carni, grassezza*] embompoint *m. var.* **3** [*escrescenza carnosa*] caroncule *var.* **4** (*fig.*) [*pastosità, morbidezza di un disegno*] flou *m. var.*

carnóso |kar'noso| *agg.* **1** [*di carne, fatto di carne*] charnu: *parti carnose* parties charnues; *escrescenza carnosa* excroissance charnue, caroncule **2** [*bene in carne*] (bien) en chair (*loc. inv.*): *corpo carnoso* corps en chair # *labbra carnose* lèvres charnues ◇ (*bot.*) charnu: *pianta, foglia carnosa* plante, feuille charnue; *frutto carnoso* fruit charnu, pulpeux.

1 **càro** |'karo| **I** *agg.* **1** [*che sta a cuore, a cui si è affezionati; amato*] cher*, aimé: *un caro ricordo* un cher souvenir; *le persone care* les personnes aimées; *è il mio più caro amico, vorrei vederlo felice* c'est mon ami le plus cher, j'aimerais le voir heureux; *questa spilla mi è molto cara, è un ricordo di mia madre* c'est une broche qui m'est très chère, c'est un souvenir de ma mère ◇ (*in formule confidenziali, epistolari*) *ciao, cara!* salut, ma chère!; *desideri q.c., caro?* tu désires qqch., mon cher?; *cara mamma...* chère maman...; *caro Mario...* cher Mario... ◇ (*iron.*) *così, caro mio, non si può andare avanti!* on ne peut pas continuer comme ça, mon cher, mon vieux!; *questa, caro lei, me la pagherà!* cela, vous allez me le payer, mon cher!; *quel caro signore è un prepotente* il est exigeant, ce cher monsieur ✦ *s.m. pl.* [*i parenti più stretti*] (ses) parents, sa famille (*f. sing.*): *i miei cari* mes parents; *soffre per la lontananza dei suoi cari* il souffre de l'absence de sa famille **2** (*persone*) [*amabile, gentile, simpatico, affettuoso*] gentil*, aimable: *siete stati veramente cari con me* vous avez été bien gentils avec moi # *è proprio una cara ragazza!* c'est vraiment une charmante fille! ◇ (*animali*) mignon*: *è un caro cagnolino* il est mignon, ce petit chien!; *ma che cara bestiolina!* oh, la jolie mignonne! **3** (*cose*) [*importante, prezioso*] cher # *la salute è cara a tutti* tout le monde tient à sa santé; *fuggi, se ti è cara la vita!* file, si tu tiens à la vie! ◇ (*loc.*) *aver caro che* (+ *congv.*) [*desiderare*] aimer que (+ *congv.*): *mi sarebbe caro che ci foste anche voi* j'aimerais que vous y soyez, vous aussi **4** (*cose*) [*di alto prezzo, costoso*] cher: *questa merce è molto cara* cette marchandise est très chère; *quella macchina è bella, ma per noi è troppo cara* cette voiture est belle, mais elle est trop chère pour nous ◇ (*persone, cose*) [*che fa pagar molto*] *è un chirurgo molto bravo, ma caro* c'est un très bon chirurgien, mais il est, il prend très cher; *è il sarto più caro del paese* c'est le tailleur le plus cher du pays; *è un negozio, un albergo terribilmente caro* c'est un magasin, un hôtel affreusement cher ◇ *loc.* A CARO PREZZO cher, à *haut prix: *vendere, comprare pagare a caro prezzo* vendre, acheter, payer cher, à haut prix **II** *avv.* (*con i v. 'vendere, comprare, pagare, costare'*) [*a caro prezzo*] cher: (*il*) *viaggiare in aereo costa caro* voyager par avion, ça revient cher; *quest'abito l'ho pagato caro* je l'ai payée cher, cette robe ◇ (*loc. fig.*) *vendere cara la pelle* vendre cher sa peau ~ *pagarla cara* le payer cher: *me la pagherà cara, quel delinquente!* il va me le payer cher, ce voyou!; *gliela farò pagare cara questa ingiuria!* il m'a engueulé, mais il me le payera cher! ~ *costare caro* [*riuscire penoso, duro*] coûter (cher): *mi è costato caro* cela m'a coûté cher.

2 **càro** |'karo| *s.m.* [*prezzo alto*] cherté (*f.*): *il caro* (*dei*) *viveri* → **carovita, caropane.**

carógna |ka'roɲɲa| *s.f.* **1** charogne: *alcuni animali si nutrono di carogne* certains animaux se nourrissent de charognes → **carcassa** **2** (*fig., spreg.*) [*individuo infingardo, perfido*] vache, salaud (*m.*): *quello è una carogna, non ti fidare!* c'est une belle vache, celui-là, méfie-toi!; *quella carogna non ha voglia di far nulla* il a envie de ne rien faire, la vache (*pop.*) ◇ (*come appellativo ingiurioso*) *me la pagherete, carogne!* vous me le paierez, tas de salauds! (*volg.*).

carognàta |karoɲ'ɲata| *s.f.* (*fam.*)

[*azione indegna*; *vigliaccheria*] vacherie, crasse (*corr.*).
caròla |ka'rɔla| *s.f.* carole.
carolìngio, gi, gia, ge |karo'lindʒo, dʒi, dʒa, dʒe| *agg.* carolingien*: *arte carolingia* art carolingien ♦ *s.* (*st.*) *i Carolingi* les Carolingiens.
carolìno |karo'lino| *agg.* → **carolingio.**
caropàne |karo'pane| *s.m. inv.* vie *f. var.* chère: *indennità di caropane* indemnité de vie chère → **carovita.**
carosèllo |karo'zɛllo| *s.m.* **1** [*movimento rapido, continuo*] carrousel: *nelle ore di punta quella via è un carosello di automobili* cette rue-là, aux heures de pointe, c'est un carrousel de voitures ◇ (*fig.*) *un carosello di immagini, di dubbi* une sarabande *f.* d'images, de doutes → **ridda** **2** (*ant.*) [*torneo, parata di cavalieri*] carrousel **3** → **giostra.**
caròta |ka'rɔta| **I** *s.f.* **1** (*t.bot.*) carotte ◇ (*corr.*) *piantagione di carote* planche de carottes; *carote al burro* carottes au beurre; *passato di carote* purée de carottes ◇ (*loc. fig.*) *pel di carota* poil de carotte **2** (*fig., fam.*) [*frottola, fandonia*] craque (*pop.*): *piantàr carote* [*raccontar frottole*] débiter des craques **3** (*geol.*) carotte **II** *agg. inv.* [*rosso arancio*] *color carota* couleur carotte; *capelli carota* cheveux carotte.
carotàggio, i |karo'taddʒo, i| *s.m.* (*min.*) carottage.
carotàre |karo'tare| *v.tr.* (*min.*) [*estrarre carote* (3) *dal suolo*] carotter.
carotène |karo'tɛne| *s.m.* (*chim.*) carotène.
caròtide |ka'rɔtide| *s.f.* (*anat.*) carotide.
carotidèo |karoti'dɛo| *agg.* carotidien*: *canale carotideo* canal carotidien.
carotièra |karo'tjɛra| *s.f.* (*tecnol.*) carotteuse.
carotìna |karo'tina| *s.f.* → **carotene.**
carovàna |karo'vana| *s.f.* **1** caravane: *carovana di mercanti* caravane de marchands; *le carovane d'Arabia, del Sahara* les caravanes d'Arabie, du Sahara; *fare, formare, organizzare una carovana* former une caravane **2** [*persone, veicoli incolonnati*] caravane: *la carovana del giro d'Italia* la caravane du Tour d'Italie; *una carovana di turisti* une caravane touristique; *la carovana del circo* la caravane du cirque; *la squadra era accompagnata da una carovana di sportivi* une caravane de supporteurs suivait l'équipe; *s'era formata una lunga carovana di macchine* une longue caravane de voitures venait de se créer ◇ (*fam.*) [*una gran quantità*] *una carovana di amici* une bande d'amis; *portarsi dietro una carovana di figli* mener avec soi un essaim de gosses ◇ (*per est.*) *fare la carovana* [*il tirocinio, la trafila*] passer par la filière → **trafila.**
carovanière |karova'njɛre| *s.m.* caravanier.
carovanièro |karova'njɛro| *agg.* caravanier*: *strada, pista carovaniera* chemin caravanier, piste caravanière.
carovita |karo'vita| *s.m. inv.* **1** [*forte rialzo dei prezzi*] vie *f. var.* chère: *lotta contro il carovita* lutte contre la vie chère **2** (*indennità di*) *carovita* [*indennità corrisposta ai lavoratori per l'aumento dei prezzi*] l'indemnité de vie chère.
caroviveri |karo'viveri| *s.m. inv.* → **carovita.**
càrpa |'karpa| *s.f.* (*t.zool.*) carpe.
carpàle |kar'pale| *agg.* (*anat.*) carpien*.
carpèllo |kar'pɛllo| *s.m.* (*bot.*) carpelle.
carpenterìa |karpente'ria| *s.f.* **1** charpente: *lavori di carpenteria* travaux, ouvrages de charpente; *carpenteria metallica* charpente, menuiserie métallique; *carpenteria lignea* charpente de bois; *la carpenteria di una nave* la charpente d'un navire **2** [*officina, cantiere per carpentieri*] charpenterie.
carpentière |karpen'tjɛre| *s.m.* charpentier.
carpiàto |kar'pjato| *agg.* (*sport*) *tuffo carpiato* saut de carpe *loc. inv.*
càrpine |'karpine| *s.m.* (*t.bot.*) charme.
carpinéta |karpi'neta| *s.f.* bois *m.* de charmes, charmille.
càrpino |'karpino| *s.m.* → **carpine.**
càrpio, i |'karpjo, i| *s.m.* **1** → **carpione** 1 **2** (*sport*) *tuffo, salto con carpio* saut de carpe *loc. inv.* → **carpiato.**
carpionàre |karpjo'nare| *v.tr.* [*cucinare il pesce in carpione*] faire (45) *intr.* mariner (du poisson): *carpionare le anguille* faire mariner des anguilles ♦ (*al p.p.*) *trota carpionata* truite marinée.
carpióne |kar'pjone| *s.m.* **1** truite *f.* du (lac de) Garde **2** (*loc. cuc.*) *pesce* IN CARPIONE poisson mariné; *cucinare in carpione* → **carpionare.**
carpìre |kar'pire| (197) *v.tr.* [*prendere, strappare, portar via con la violenza, con l'astuzia*] soutirer: *carpire un segreto, una promessa* soutirer un secret, une promesse; *carpire un consenso* soutirer un consentement; *non riuscì a carpirgli l'eredità* il ne réussit pas à lui soutirer l'héritage # *carpire denaro a qc.* escroquer de l'argent à qqn. → **estorcere.**
carpìta |kar'pita| *s.f.* → **cespo**; **covone.**
càrpo- |'karpo| *pref.* (*significa 'frutto', corrisponde gener. a*) carpo: *carpocapsa* carpocapse.
-càrpo |'karpo| *suff.* (*significa 'frutto', corrisponde gener. a*) carpe: *endocarpo* endocarpe.
càrpo |'karpo| *s.m.* (*anat.*) carpe.
carpocàpsa |karpo'kapsa| *s.f.* (*t. zool.*) carpocapse *m. o f.*
carpóni |kar'poni|, **carpóne** |kar'pone| *avv.* [*con le ginocchia e le mani a terra*] à quatre pattes (*loc. inv.*): *camminare, procedere carponi* marcher à quatre pattes; *strisciare carponi* ramper à quatre pattes ◇ (*loc.*) *carpon carponi* à quatre pattes.
carràbile |kar'rabile| *agg.* **1** [*che si può percorrere con carri, veicoli*] carrossable, charretier*: *strada carrabile* chemin carrossable, charretier → **carreggiabile, carrozzabile** ♦ (*s.f.*) *una carrabile* une chaussée **2** *passo carrabile* [*tratto di marciapiede inclinato per l'accesso ai veicoli*] passage *s.m.* (de véhicules), porte *s.f.* cochère, bateau *s.m.* (*fam.*): *è vietato sostare di fronte a un passo carrabile* il est interdit de stationner devant un bateau.
carradóre |karra'dore| *s.m.* **1** [*chi costruisce, ripara carri, barrocci, e sim.*] charron: *gli attrezzi del carradore* les outils du charron **2** (*region.*) → **carrettiere.**
carràio, i |kar'rajo, i| **1** *agg.* [*che permette il transito di carri o di altri veicoli*] charretier* # *porta carraia* porte cochère → **carrabile, carreggiabile** *passo carraio* passage (de véhicules) **2** *s.m.* → **carradore.**
carraréccia, ce |karra'rettʃa, tʃe| *s.f.* **1** [*strada percorribile solo da carri*] chemin *m.* de campagne → **carreggiabile** **2** [*solco tracciato dalle ruote sul terreno*] ornière → **carreggiata.**
carràta |kar'rata| *s.f.* [*la quantità di merce trasportabile da un carro*] charretée, tombereau (*m.*): *una carrata di legna* une charretée de bois ◇ *loc.* A CARRATE [*in gran quantità*] à foison; des tombereaux (de).
'carré' |ka(ɑ)ʀe| **I** *s.m. inv.* **1** (*cuc.*) carré (*var.*): *'carré' di manzo al forno* carré **2** (*abbigl.*) → **sprone** **3** (*'roulette'*) carré **II** (*agg.*) *pan 'carré'* [*pane in cassetta*] pain de mie *loc.*
carreggiàbile |karred'dʒabile| *agg. e s.f.* [*transitabile, percorribile da carri*] charretier*: *una* (*strada*) *carreggiabile* une route charretière; *porta carreggiabile* porte charretière.
carreggiaménto |karreddʒa'mento| *s.m.* (*geol.*) charriage.
carreggiàre |karred'dʒare| *v.tr.* [*trasportare con carri o altri veicoli*] charrier: *carreggiare pietre* charrier des pierres.
carreggiàta |karred'dʒata| *s.f.* **1** [*parte della strada riservata ai veicoli*] chaussée # *in quel tratto l'autostrada è a tre carreggiate* ce tronçon d'autoroute est à trois voies ◇ (*loc. fig.*) *uscire dalla carreggiata* [*via, direzione giusta*] s'écarter du droit chemin, sortir de la bonne voie; [*argomento, tema proposto*] sortir du sujet ~ *stare, tenersi in carreggiata* marcher droit ~ *rimettersi, rientrare in carreggiata* se remettre dans le bon chemin, sur la bonne voie; [*ritornare all'argomento in discussione*] revenir à ses moutons **2** [*i solchi tracciati sul terreno dalle ruote dei carri*] ornière: *è una strada con profonde carreggiate* c'est une route avec de profondes ornières ◇ (*per est.*) *la larghezza di un veicolo* voie → **1 passo.**
carréggio, i |kar'reddʒo, i| *s.m.* **1** [→ CARREGGIARE] charriage, transport: *il carreggio del grano* le charriage, le transport du blé ◇ (*miniere*) roulage: *galleria di carreggio* galerie de roulage **2** (*mil.*) train: *carreggio d'artiglieria* train d'artillerie **3** [*continuo passaggio di carri*] passage (de véhicules).
carrellàre |karrel'lare| *v.intr.* (*aus. 'avere'*) (*cine., tv*) [*filmare una scena con la macchina posta su un carrello in movimento*] tourner en travelling.
carrellàta |karrel'lata| *s.f.* **1** (*cine., tv*) travelling (*m.*): *è un regista che abusa delle carrellate* c'est un metteur en scène qui abuse des travellings **2** [*la quantità* (*di merci*) *trasportabile da un carrello*] un plein wagon de: *una carrellata di carbone* un plein wagon de charbon.
carrellàto |karrel'lato| (*agg.*) *gru carrellata* [*montata, trasportata su carrello*] grue à chariot *loc. inv.* ◇ (*mil.*) *artiglieria carrellata* artillerie tractée.
carrellìsta |karrel'lista| *s.m.* **1** (*nelle stazioni ferroviarie*) [*venditore di*

generi di ristoro, di giornali trasportati su carrello] vendeur du buffet roulant **2** (*cine., tv*) opérateur* *s.*

carrèllo |kar'rɛllo| *s.m.* **1** (*tecnol., corr.*) chariot: *carrello a mano* chariot à main, chariot hollandais; *carrello portavivande, portabagagli* chariot à desserte, chariot à bagages; *carrello della teleferica* chariot de roulement # *carrelli ferroviari* bog(g)ies; *carrelli per gru* châssis roulants; *carrello elevatore* (appareil) élévateur ◇ (*cine., tv*) *carrello aereo* chariot aérien ◇ (*per anal.*) *il carrello della macchina per scrivere* le chariot de la machine à écrire **2** (*aer.*) *carrello d'atterraggio* train d'atterrissage **3** [*piccolo mezzo di trasporto a mano usato per trasportare bagagli negli aeroporti o merce nei grandi magazzini*] caddy*.

carrétta |kar'retta| *s.f.* **1** [*piccolo carro a due ruote*] charrette: *condurre una carretta* mener une charrette ◇ (*loc. fig.*) *tirare la carretta* [*vivere stentatamente*] tirer le diable par la queue **2** [*piroscafo da carico non di linea*] cargo *m.*, tramp *m.* **3** (*per est.*) [*veicolo vecchio e malridotto*] tacot *m.* (*fam.*): *questa automobile è una carretta* cette automobile n'est qu'un vieux tacot.

carrettàio, i |karret'tajo, i| *s.* [*chi guida la carretta*] charretier*.

carrettàta |karret'tata| *s.f.* [*la quantità di merce trasportabile su una carretta, su un carretto*] charretée: *una carrettata di legna* une charretée de bois ◇ *loc. fig.* A CARRETTATE [*in gran quantità*] à foison; des tombereaux (de).

carrettière |karret'tjɛre| *s.m.* **1** [*chi guida la carretta, il carro*] charretier* *s.* **2** (*fig.*) [*uomo volgare*] charretier: *bestemmia come un carrettiere* il jure comme un charretier # *litigare come carrettieri* se disputer comme des chiffonniers.

carrétto |kar'retto| *s.m.* **1** [*piccolo carro a due ruote*] charrette *f.*, carriole (*f.*): *carretto siciliano* charrette sicilienne # *carretto a vino* voiture de marchand de vin **2** (*teat.*) chariot.

carrettóne |karret'tone| *s.m.* grosse charrette *f.*, tombereau.

carriàggio, i |karri'addʒo, i| *s.m.* **1** [*carro pesante da trasporto*] fourgon **2** *spec. al plur.* (*mil.*) train *sing.*

carrièra |kar'rjɛra| *s.f.* **1** carrière: *carriera militare, diplomatica* carrière militaire, diplomatique; *la scelta di una carriera* le choix d'une carrière; *possibilità, prospettive di carriera* possibilités, perspectives de carrière; *abbracciare, seguire una carriera* embrasser, suivre une carrière **2** [*l'affermarsi, l'avanzare di grado rapidamente nella professione*] carrière: *una carriera rapida, brillante* une carrière rapide, brillante; *far carriera* faire carrière; *compromettere la propria carriera* compromettre sa carrière **3** [*veloce andatura del cavallo*] allure ◇ *loc.* DI (GRAN) CARRIERA [*velocemente, rapidamente*] à toute allure: *il ladro filò via di gran carriera* le voleur décampa à toute allure **4** (*tipo di andatura del cavallo*) galop *m.*

carrierismo |karrje'rizmo| *s.m.* carriérisme (*pegg.*).

carrierista |karrje'rista| *s.* carriériste.

carriòla |karri'ɔla| *s.f.* [*piccolo veicolo a una ruota*] brouette ◇ [*contenuto di una carriola*] brouettée: *una carriola di sabbia* une brouettée de sable.

carrista, i |kar'rista, i| *s.m.* [*soldato appartenente a un reparto di carri armati*] tankiste ✦ (*agg.*) *reparto carrista* division blindée.

càrro |'karro| *s.m.* **1** [*carro agricolo*] chariot de ferme: *attaccare i cavalli, i buoi al carro* atteler les chevaux, les bœufs (au chariot); *caricare, scaricare un carro* charger, décharger un chariot ◇ (*loc. fig.*) *è l'ultima ruota del carro* [*non conta* (*per*) *nulla*] c'est la cinquième roue de la charrette *f.*, du carrosse ~ *mettere il carro innanzi, davanti ai buoi* [*fare q.c. prematuramente*] mettre la charrue *f.* avant les bœufs ◇ (*per est.*) *carro funebre* [*auto per il trasporto dei defunti*] fourgon mortuaire; [*carrozza a cavalli per lo stesso uso*] corbillard ~ *carro botte* [*munito di un serbatoio per liquidi*] wagon-citerne ~ *carro allegorico* char allégorique ~ *carro merci, bestiame* [*vagone ferroviario per il trasporto di merci o animali*] wagon de ~ *carro attrezzi* camion de dépannage, dépanneuse *f.* ~ *carro trionfale* char triomphal, de triomphe ~ *carro marsupio* [*vagone ferr. a due piani per il trasporto di autoveicoli*] wagon (à marchandises) à deux étages ~ *carro armato* char d'assaut **2** [*la quantità di merce trasportabile su un carro*] charretée *f.*, tombereau: *comprare un carro di legna* acheter une charretée de bois; *ho ordinato due carri di mattoni* j'ai commandé deux charretées, deux tombereaux de briques **3** (*astron.*) *Gran Carro* Grande Ourse (*f.*); *Piccolo Carro* Petite Ourse.

carronàta |karro'nata| *s.f.* (*mar.*) caronade.

carropónte |karro'ponte| *s.m.* pont roulant.

carròzza |kar'rɔttsa| *s.f.* **1** [*veicolo a quattro ruote tirato da cavallo*] voiture: *viaggiare in carrozza* voyager en voiture; (*di piazza*) fiacre *m.* ◇ *loc. fig.* IN CARROZZA: *non si va in paradiso in carrozza* on n'a rien sans peine; (*sport*) *il ciclista vinse in carrozza* le coureur cycliste arriva dans une fauteuil; *la squadra di calcio vinse in carrozza* l'équipe de football gagna aisément **2** (*ferr., corr.*) voiture, wagon (*m.*): *carrozza di prima, di seconda classe* voiture de première, de seconde classe; *carrozza bar* wagon-bar; *carrozza letto* wagon-lit; *carrozza ristorante* wagon-restaurant: *signori, in carrozza* veuillez monter en voiture et fermer les portières, s'il vous plaît.

carrozzàbile |karrot'tsabile| (*agg. e s.f.*) *una* (*strada*) *carrozzabile* une route carrossable *agg.*

carrozzàio, i |karrot'tsajo, i| *s.m.* carrossier.

carrozzàre |karrot'tsare| *v.tr.* [*munire* (*un veicolo*) *di carrozzeria*] carrosser: *carrozzare una macchina* carrosser une voiture.

carrozzàto |karrot'tsato| *agg.* carrossé.

carrozzèlla |karrot'tsɛlla| *s.f.* **1** [*vettura di piazza a trazione animale*] fiacre *m.* **2** [*veicolo per invalidi*] voiture d'infirme **3** [*carrozzina per bambini*] voiture d'enfant, landau* *m.*

carrozzétta |karrot'tsetta| *s.f.* → **carrozzella.**

carrozzeria |karrottse'ria| *s.f.* **1** carrosserie: *carrozzeria di automobili, di autocarri* carrosserie d'automobiles, de camions; *in quel tamponamento ha ammaccato tutta la carrozzeria* dans ce téléscopage il a cabossé toute la carrosserie (de son auto); *quell'automobile ha una carrozzeria antiquata* la carrosserie de cette automobile est démodée, dépassée **2** [*officina specializzata nel riparare le carrozzerie*] carrosserie.

carrozzière |karrot'tsjɛre| *s.m.* carrossier.

carrozzina |karrot'tsina| *s.f.* [*carrozzella per portare a passeggio i bambini*] voiture d'enfant, landau* *m.*

carrozzino |karrot'tsino| *s.m.* **1** [*elegante carrozza a due posti*] cabriolet **2** [*veicolo monoposto fissato a una motocicletta*] side-car **3** → **carrozzina.**

carrozzóne |karrot'tsone| *s.m.* **1** [*grosso veicolo, usato talora anche come abitazione*] roulotte (*f.*): *il carrozzone degli zingari, dei saltimbanchi* la roulotte des bohémiens, des saltimbanques # *i carrozzoni del circo* les voitures foraines; *un vecchio carrozzone ferroviario* un vieux wagon ◇ (*pop.*) *il carrozzone della polizia* [*carrozzone cellulare*] le panier à salade (*fam.*), la voiture cellulaire *f.* (*corr.*) ◇ (*region.*) [*il carro funebre dei poveri*] le corbillard **2** (*fig., spreg.*) [*ente amministrativo pubblico costoso e poco utile*] *è un carrozzone governativo di breve durata* ce n'est qu'un train de mesures ministérielles qui seront de courte durée; *è stato creato un nuovo carrozzone assistenziale* on vient de créer un autre ensemble bureaucratique d'assistance.

carrùba |kar'ruba| *s.f.* [*frutto del carrubo*] caroube.

carrùbo |kar'rubo| *s.m.* (*t.bot.*) caroubier.

carrùcola |kar'rukola| *s.f.* [*macchina per sollevare pesi*] poulie: *carrucola semplice, fissa* poulie simple, fixe; *si è rotta la carrucola del pozzo* la poulie du puits s'est rompue ◇ (*loc. fig.*) *ungere la carrucola a qc.* [*cercare di corromperlo*] graisser la patte à qqn.

carrucolàre |karruko'lare| *v.tr.* (*raro*) [*sollevare con la carrucola*] *hisser (au moyen d'une poulie) ◇ (*fig.*) [*raggirare, abbindolare*] embobiner (*fam.*).

carrùga, ghe |kar'ruga, ge| *s.f.* (*t.zool.*) anomale *m.*, anomala *m.*

càrsico, ci, ca, che |'karsiko, tʃi, ka, ke| *agg.* **1** [*del Carso*] du Karst *loc. inv.*; karstique: *l'altopiano carsico* le plateau du Karst ‖ *doline carsiche* dolines karstiques **2** (*geol., geogr.*) karstique: *fenomeni carsici* phénomènes karstiques; *paesaggi carsici* paysages karstiques.

carsismo |kar'sizmo| *s.m.* (*geol.*) érosion *f.* karstique.

càrta |'karta| *s.f.* **1** papier (*m.*): *un foglio, una risma di carta* une feuille, une rame de papier; *carta da scrivere, da stampa* papier à lettres, d'imprimerie; *carta da disegno, da musica* papier à dessin, à musique; *carta da parati, da imballo* papier peint, d'emballage; *carta assorbente, asciugante* papier buvard; *carta igienica* papier hygiénique; *carta oleata, paraffinata, patinata* papier huilé, paraffiné, couché; *carta dorata, argentata* papier doré, argenté; *carta carbone* papier carbone → **cartacarbone**;

carta vetrata (*smerigliata*) papier de verre; *carta bollata* (*da bollo*) papier timbré; *carta velina* papier filigrané; *carta protocollo* papier ministre; *affidare alla carta i propri pensieri* mettre ses pensées sur papier; (*fig.*) *imbrattare carta* barbouiller du papier # *carta straccia* paperasse → **cartastraccia** **2** [*foglio, pagina scritta, stampata*] carte: *carta da visita* carte de visite → **biglietto**; *la carta dei vini* la carte des vins; *mangiare alla carta* déjeuner, dîner, manger (*fam.*) à la carte # *la carta delle vivande* le menu; *carta moneta* papier monnaie → **cartamoneta**; *le sacre carte* [*la Bibbia*] les Saintes Écritures ◇ [*atto, documento pubblico o privato*] charte; papiers (*pl.*): *la carta dei diritti dell'uomo* la charte des Droits de l'Homme; *la Carta delle Nazioni Unite* la Charte des Nations Unies; *la carta costituzionale* la charte constitutionnelle → **costituzione** ‖ *carte di bordo* (*nelle navi*) papiers de bord # *fare le carte per sposarsi* réunir les documents (d'état civil nécessaires) pour se marier; *carta d'identità* carte d'identité; *carta annonaria* carte d'alimentation → **tessera**; *carta da mille* billet de mille → **biglietto** ◇ (*loc. fig.*) *mandare a carte quarantotto* [*mandare all'aria*] envoyer au diable ~ *avere le carte in regola* avoir ses papiers en règle ~ *dare, avere carta bianca* laisser, avoir carte blanche ~ *fare carte false* [*fare di tutto per riuscire*] faire des pieds et des mains **3** [*rappresentazione grafica* (*dei valori*) *di una regione*] carte: *carta geografica, topografica* carte géographique, topographique; *carta fisica, politica, economica* carte physique, politique, économique **4** (*carte da gioco*) carte: *un mazzo di carte* un jeu de cartes; *carte da ramino, da canasta, da poker, da bridge* jeux de cartes de rami, de canasta, de poker, de bridge; *fare una partita a carte* faire une partie de cartes; *predire il futuro con le carte* prédire l'avenir par les cartes → **cartomanzia**; *hai giocato una brutta carta* tu as joué la mauvaise carte ◇ (*loc. fig.*) *cambiare le carte in tavola* [*tentare d'ingannare*] brouiller les cartes ~ *mettere le carte in tavola* [*parlare chiaramente*] dévoiler ses batteries ~ *giocare a carte scoperte* [*dichiarare le proprie intenzioni*] jouer cartes sur table ~ *giocare l'ultima carta* jouer sa dernière carte ~ *avere buone carte* [*buone possibilità di riuscita*] avoir des atouts.

cartacarbóne |kartakar'bone| *s.f.* papier *m.* carbone.

cartàccia, ce |kar'tattʃa, tʃe| *s.f.* **1** [*carta di cattiva qualità, da macero*] vieux papiers *m.pl.*, chiffon *m.* de papier: *buttar via le cartacce* jeter les vieux papiers # *il cestino della cartaccia* la corbeille à papier **2** (*carte*) [*carta di poco valore*] mauvaise carte: *oggi non mi vengono che cartacce* aujourd'hui je n'ai que de mauvaises cartes.

cartàceo |kar'tatʃeo| *agg.* de papier (*loc. inv.*) # *moneta cartacea* papier-monnaie.

cartaginése |kartadʒi'nese| *agg.* [*dell'antica Cartagine*] carthaginois ◆ *s.* (*st.*) *i Cartaginesi* les Carthaginois.

cartaglòria |karta'glɔrja| *s.f.* (*eccl.*) canons *m. pl.* d'autel: *le carteglorie, le cartaglorie* les canons d'autel.

cartàio, i |kar'tajo, i| *s.* **1** [*fabbricante, commerciante di carta*] papetier* ◇ [*operaio dell'industria cartaria*] ouvrier* papetier* **2** [*il giocatore che mescola e distribuisce le carte*] donneur*.

cartamodèllo |kartamo'dɛllo| *s.m.* [*modello in carta di un indumento*] patron: *cartamodello taglia 42* patron taille 42.

cartamonéta |kartamo'neta| *s.f.* papier-monnaie (*m.*): *delle cartemonete* des papiers-monnaies.

cartapècora |karta'pɛkora| *s.f.* **1** [*membrana ricavata da pelle di pecora*] parchemin (*m.*): *quel libro è rilegato in cartapecora* la reliure de ce livre est en parchemin; *bella, quella miniatura in cartapecora!* qu'elle est belle, cette miniature sur parchemin! → **pergamena** ◇ (*loc. fig.*) *faccia, viso di cartapecora* [*gialla, grinzosa*] visage parcheminé **2** (*per est.*) [*documento, scritto redatto su cartapecora*] parchemin.

cartapésta |karta'pesta| *s.f.* **1** [*impasto di carta, gesso e sostanze collanti*] carton-pâte (*m.*): *le cartapeste, le cartepeste* les cartons-pâtes; *scenari, giocattoli di cartapesta* décors, jouets de carton-pâte **2** (*fig.*) [*fiacco, privo di vigore, di carattere*] *un uomo di cartapesta* un pantin (*m.*); *quell'eroe è di cartapesta* c'est un héros en carton-pâte, de comédie.

1 **cartàrio, i** |kar'tarjo, i| *agg.* [*che concerne la fabbricazione della carta*] papetier*: *industria cartaria* industrie papetière.

2 **cartàrio, i** |kar'tarjo, i| *s.m.* [*raccolta di documenti antichi*] archives *f.pl.*

cartastràccia, ce |kartas'trattʃa, tʃe| *s.f.* **1** [*carta già usata, destinata al macero*] chiffon *m.* de papier, vieux papiers (*m. pl.*): *le cartestracce* les chiffons de papier **2** [*carta per fare pacchi*] papier *m.* d'emballage **3** (*fig.*) [*documento, titolo che non ha più alcun valore*] paperasse.

cartasùga, ghe |karta'suga, ge| *s.f.* papier *m.* buvard: *delle cartesughe* des papiers buvards → **assorbente.**

cartàta |kar'tata| *s.f.* [*la quantità di roba che si può avvolgere in un foglio di carta*] paquet *m.*, cornet (*m.*): *una cartata di cioccolatini* un paquet, un cornet de chocolats.

cartavetràta |kartave'trata| *s.f.* papier *m.* de verre.

carteggiàre |karted'dʒare| *v.intr.* (*aus. 'avere'*) (*raro*) **1** [*essere in corrispondenza epistolare*] correspondre (53) (avec qqn.): *carteggiare con un vecchio amico* correspondre avec un vieil ami **2** (*aer., mar.*) [*seguire la rotta su carte nautiche*] pointer *tr.* la carte.

cartéggio, i |kar'teddʒo, i| *s.m.* **1** [*corrispondenza epistolare*] correspondance (*f.*): *iniziare, tenere un carteggio con qc.* entretenir une correspondance avec qqn. → **corrispondenza** ◇ [*la raccolta di tale corrispondenza, spec. di un personaggio illustre*] *il carteggio di Stendhal* la correspondance de Stendhal; *raccogliere, pubblicare un carteggio* rassembler, publier une correspondance **2** (*aer., mar.*) pointage de la carte, sur la carte.

cartèlla |kar'tɛlla| *s.f.* **1** [*custodia per contenere manoscritti, pratiche e sim.*] chemise: *la cartella della corrispondenza* la chemise de la correspondance (du courrier); *raccogliere i documenti d'ufficio in una cartella* rassembler les documents de bureau dans une chemise # *la cartella della sua scrivania conteneva lettere compromettenti* son sous-main renfermait des lettres compromettantes ◇ (*per est.*) [*la pratica, l'incartamento raccolti nella cartella*] fiche, dossier (*m.*): *il direttore sta esaminando la tua cartella personale* le directeur est en train d'examiner ta fiche, ton dossier; *è impossibile vedere la sua cartella clinica* il est impossible de voir sa fiche médicale **2** [*custodia, borsa per portare carte, libri e sim.*] serviette: *cartella di pelle, di fibra, di tela* serviette en peau, en fibre, en toile; *cartella per studenti, per uomini d'affari* serviette # *cartella da avvocato, da rappresentate* porte-documents → **portacarte** **3** [*foglio, cartoncino contenente determinati dati*] *cartella della tombola, della lotteria* billet *m.* de tombola, de loterie; *cartella delle tasse* feuille d'impôts; *cartella biografica* dossier biographique; *ha fatto una relazione di dieci cartelle dattiloscritte* il a rédigé un rapport *m.* de dix pages dactylographiées ◇ (*econ.*) *cartella di rendita* titre *m.* de rente; *cartella fondiaria* bon *m.* hypothécaire **4** (*rilegatoria*) couverture **5** (*arts.*) cartouche **6** (*armi*) [*la piastra che copre lateralmente il congegno di scatto*] platine.

cartellièra |kartel'ljɛra| *s.f.* [*mobile per tenere in ordine carte, inserti, cartelle e sim.*] classeur *m.* (pour dossier).

cartellìna |kartel'lina| *s.f.* [*piccola cartella*] chemise de dossier.

cartellìno |kartel'lino| *s.m.* **1** [*foglietto, cartoncino che serve come indicazione, etichetta e sim.*] étiquette (*f.*): *incollare un cartellino su una bottiglia* coller une étiquette sur une bouteille; *quegli articoli non hanno il cartellino dei prezzi* ces articles n'ont pas d'étiquette # *sulla tua porta non vi è ancora il cartellino* ta porte est encore sans plaque **2** [*scheda, modulo*] fiche (*f.*): *cartellino bibliografico* fiche bibliographique; *cartellino segnaletico* fiche signalétique; *cartellino orologio* fiche; *timbrare* (*il cartellino*) pointer (la fiche) # *cartellino del casellario giudiziale* extrait du casier judiciaire; *cartellino di presenza* feuille de présence ◇ *loc.* A CARTELLINO (*di servizio straordinario registrato su singole schede*) à fiche **3** (*sport*) contrat d'engagement.

cartellìsta |kartel'lista| *s.m.* cartelliste ◆ (*agg.*) *stampa cartellista* presse cartelliste.

cartellìstico, ci, ca, che |kartel'listiko, tʃi, ka, ke| *agg.* (*econ.*) cartelliste.

cartellizzazióne |kartelliddzat'tsjone| *s.f.* (*econ.*) cartellisation.

1 **cartèllo** |kar'tɛllo| *s.m.* **1** [*foglio, cartone recante un avviso pubblico*] affiche *f.*, panneau: *cartello pubblicitario* affiche publicitaire, panneau-réclame; *cartelli stradali* panneaux de signalisation # *cartello indicatore, segnaletico* poteau indicateur; *cartello segnaprezzo* étiquette (du prix); *cartello di sfida* cartel; *attore, cantante di cartello* [*di gran fama*] acteur, chanteur à succès; *appendere, attaccare un cartello alla porta, al negozio* accrocher un écriteau à la porte, au magasin; *i dimostranti sfilarono con grandi cartelli di protesta* les manifestants défilèrent en portant de grandes pancartes, banderoles; *al por-*

tone c'era affisso il cartello con la scritta 'affittasi' un écriteau 'à louer' était accroché à la porte ◇ [*l'iscrizione, la segnalazione contenuta in un cartello*] *leggere, decifrare un cartello* lire, déchiffrer un écriteau, un panneau **2** [*insegna di negozi*] enseigne *f.*
2 **cartèllo** |kar'tɛllo| *s.m.* (*econ.*) cartel: *il cartello del carbone, del petrolio, dell'acciaio* le cartel du charbon, du pétrole, de l'acier; *cartello bancario, doganale* cartel bancaire, douanier ◇ (*per est.*) [*accordo politico tra partiti affini*] *il cartello elettorale delle sinistre* le cartel (électoral) des gauches.
cartellóne |kartel'lone| *s.m.* **1** [*grande manifesto contenente il programma di spettacoli*] affiche (*f.*): *cartellone cinematografico* affiche de cinéma; *cartellone della stagione lirica, drammatica* affiche de la saison lyrique, théâtrale; *cartellone di una mostra d'arte* affiche d'une exposition (d'art) ◇ (*fig.*) *tenere il cartellone* [*di spettacoli che vengono replicati più volte*] tenir l'affiche; *il cartellone della stagione teatrale è intenso* l'affiche de la saison théâtrale est bien riche → **programma**; *la 'Traviata' non è in cartellone quest'anno* cette année la 'Traviata' n'est pas à l'affiche **2** [*grande manifesto pubblicitario*] affiche: *il cartellone di un nuovo aperitivo* l'affiche d'un nouvel apéritif # *i cartelloni spesso rovinano il paesaggio* les panneaux-réclame déparent souvent le paysage **3** [*tabella con sopra impressi i novanta numeri della tombola*] tableau.
cartellonista |kartello'nista| *s.* [*chi disegna cartelloni pubblicitari*] affichiste.
cartellonìstica, che |kartello'nistika, ke| *s.f.* art *m.* et technique de l'affichiste.
carter |'ka:tə| *s.m. inv.* (*ingl.*) carter (*var.*): *il carter della bicicletta, della motocicletta* le carter de la bicyclette, de la motocyclette → **copricatena**; *il carter del motore* le carter du moteur → 1 **coppa.**
cartesianismo |kartezja'nizmo| *s.m.* cartésianisme.
cartesiàno |karte'zjano| *agg.* **1** [*relativo a Cartesio*] cartésien*: *razionalismo cartesiano* rationalisme cartésien; *metodo cartesiano* méthode cartésienne ✦ (*s.*) *un cartesiano* un cartésien: *Leibniz è un grande cartesiano* Leibniz est un grand cartésien **2** (*fig.*) [*razionale, evidente, chiaro*] cartésien: *mente cartesiana* esprit cartésien **3** (*mat.*) cartésien: *assi cartesiani* axes cartésiens 🄲 2 **confuso, oscuro.**
cartevalóri |karteva'lori| *s.f. pl.* (*fin.*) valeurs.
carticìno |karti'tʃino| *s.m.* (*tip.*) errata *inv.*
cartièra |kar'tjɛra| *s.f.* [*stabilimento dove si fabbrica la carta*] (usine de) papeterie.
cartìglio, i |kar'tiʎʎo, i| *s.m.* **1** (*arts.*) cartouche: *il cartiglio dell'affresco reca la dedica e la firma dell'autore* le cartouche de la fresque est dédicacé et signé par le peintre **2** (*raro*) [*piccola striscia di carta*] bande *f.* de papier.
cartilàgine |karti'ladʒine| *s.f.* (*anat.*) cartilage *m.*
cartilagìneo |kartila'dʒineo|, **cartilaginóso** |kartiladʒi'noso| *agg.* cartilagineux*.
cartìna |kar'tina| *s.f.* **1** [*piccolo foglio di carta*] papier (*m.*): *cartina da sigarette* papier à cigarette(s); *cartina al tornasole* papier de tournesol → **tornasole** **2** [*piccola carta geogr., topografica*] papillon (*m.*): *è un libro illustrato con cartine* c'est un livre illustré par des papillons **3** [*carta da gioco di scarso valore*] basse carte ◇ [*carte di formato ridotto*] *ha avuto in regalo un mazzo di cartine* il a reçu en cadeau un jeu de petites cartes, de cartes de jeu de patience **4** [*piccola confezione, spec. di preparati farmaceutici*] sachet *m.*, paquet (*m.*): *una cartina di acido borico, di bismuto, di zafferano* un sachet d'acide borique, de bismuth, de safran; *una cartina di spilli, di aghi* un paquet d'épingles, d'aiguilles → **bustina** ◇ (*per est.*) [*la dose ivi contenuta*] sachet: *ha preso una cartina di sale amaro* il a pris un sachet de sels amers.
cartismo |kar'tizmo| *s.m.* (*polit.*) chartisme.
cartista |kar'tista| *s. e agg.* chartiste.
cartocciàta |kartot'tʃata| *s.f.* [*la quantità contenuta in un cartoccio*] cornet (*m.*): *una cartocciata di caldarroste* un cornet de marrons → **cartoccio.**
cartòccio, i |kar'tɔttʃo, i| *s.m.* **1** [*foglio ravvolto a forma di cono*] cornet (de papier): *un cartoccio di confetti, di ciliegie* un cornet de dragées, de cerises; *mise le castagne in un cartoccio* il mit les marrons dans un cornet → **sacchetto, cono** ◇ (*per est.*) [*la roba ivi contenuta*] *s'è mangiato un cartoccio di dolci* il a avalé un plein cornet de gâteaux ◇ *loc. cuc.* AL CARTOCCIO en papillote: *pesce, fagiano al cartoccio* poisson, faisan en papillote **2** (*mil.*) gargousse *f.* **3** (*bot.*) spathe *f.* **4** [*il tubo di vetro nei lumi a petrolio*] tube **5** (*arts.*) cartouche.
cartografìa |kartogra'fia| *s.f.* cartographie.
cartogràfico, ci, ca, che |karto'grafiko, tʃi, ka, ke| *agg.* cartographique: *servizio cartografico* service cartographique.
cartògrafo |kar'tɔgrafo| *s.m.* cartographe: *disegnatore cartografo* dessinateur cartographe.
cartogràmma |karto'gramma| *s.m.* cartogramme.
cartolàio, i |karto'lajo, i| *s.* [*proprietario, gestore di una cartoleria*] papetier*.
cartolerìa |kartole'ria| *s.f.* [*negozio di articoli di cancelleria*] papeterie.
cartolibràio, i |kartoli'brajo, i| *s.m.* [*proprietario, gestore di una cartolibreria*] papetier-libraire: *dei cartolibrai* des papetiers-libraires.
cartolibràrio, i |kartoli'brarjo, i| *agg.* de papeterie et de librairie *loc. inv.*
cartolibrerìa |kartolibre'ria| *s.f.* [*negozio di libri (scolastici) e articoli di cancelleria*] librairie-papeterie: *delle cartolibrerie* des librairies-papeteries.
cartolìna |karto'lina| *s.f.* carte: *cartolina illustrata* carte postale; *cartolina postale* carte-lettre; *cartolina in franchigia* carte postale en franchise; *inviare, ricevere una cartolina di saluti* envoyer, recevoir une carte postale ◇ (*per anal.*) *cartolina precetto, cartolina rosa* [*che notifica la chiamata alle armi*] feuille d'appel (aux armes).
cartomànte |karto'mante| *s.* cartomancien*.
cartomanzìa |kartoman'tsia| *s.f.* cartomancie.
cartonàggio, i |karto'naddʒo, i| *s.m.* cartonnage.
cartonàre |karto'nare| *v.tr.* [*rivestire, rilegare con cartone*] cartonner: *cartonare un libro* cartonner un livre.
cartonàto |karto'nato| *agg.* cartonné: *atlante cartonato* atlas cartonné.
cartoncìno |karton'tʃino| *s.m.* **1** [*cartone sottile e leggero*] carton léger **2** [*biglietto per corrispondenza, partecipazioni e sim.*] carte (*f.*): *cartoncino da visita* carte de visite; *ho ricevuto un cartoncino di auguri* j'ai reçu une carte de vœux → **biglietto** # (*cartoncino*) *bristol* bristol.
cartóne |kar'tone| *s.m.* **1** carton: *cartone ondulato, isolante, assorbente, pressato* carton ondulé, isolant, absorbant, comprimé; *cartone da imballaggio* carton d'emballage; *bambola, maschera di cartone* poupée, masque de carton # *cartone catramato* papier bitumé **2** (*pitt.*) carton: *i cartoni di Leonardo da Vinci* les cartons de Léonard de Vinci **3** (*al plur.*) *cartoni animati* bandes *f.* dessinées; dessins animés: *ai bambini piacciono i fumetti a cartoni animati* les enfants aiment les albums de bandes dessinées → **disegno** ‖ *i cartoni animati della televisione, del cinema* les dessins animés de la télévision, du cinéma.
cartonifìcio, i |kartoni'fitʃo, i| *s.m.* [*stabilimento dove si fabbrica cartone*] cartonnerie *f.*
cartonista |karto'nista| *s.* [*chi disegna cartoni animati*] cartoonist *m.*, dessinateur* de dessins animés.
cartoon |ka:'tu:n| *s.m. inv.* (*ingl.*) cartoon *var.*
cartotèca, che |karto'tɛka, ke| *s.f.* **1** cartothèque **2** [*schedario*] fichier *m.*
cartotècnica, che |karto'tɛknika, che| *s.f.* [*industria di lavorazione e trasformazione della carta*] papeterie.
cartotècnico, ci, ca, che |karto'tɛkniko, tʃi, ka, ke| *agg.* [*relativo alla lavorazione della carta*] papetier*: *il settore cartotecnico* le secteur papetier ✦ (*s.m.*) *un cartotecnico* [*persona addetta alla lavorazione della carta*] un papetier.
cartùccia, ce |kar'tuttʃa, tʃe| *s.f.* **1** (*armi*) cartouche: *cartuccia per fucile da guerra, da caccia* cartouche de guerre, de chasse; *cartuccia per pistola, per mitragliatrice* cartouche de revolver, de mitraillette; *cartuccia a salve* cartouche à blanc ◇ (*loc. fig.*) *sparare le ultime cartucce* [*utilizzare le ultime risorse*] jouer sa dernière carte ~ (*pop.*) *essere una mezza cartuccia* [*di persona che vale poco o è di bassa statura*] être une demi-portion (*fam.*) **2** [*filtro*] cartouche: *la cartuccia dell'olio* la cartouche filtrante à huile; *cambiare la cartuccia* changer la cartouche à huile **3** [*contenitore d'inchiostro*] cartouche: *cartuccia di ricambio* cartouche, recharge de stylo.
cartucc(i)èra |kartut'tʃɛra| *s.f.* cartouchière.
cartulàrio, i |kartu'larjo, i| *s.m.* cartulaire.
carùncola |ka'runkola|, **caròncola** |ka'rɔnkola| *s.f.* **1** (*anat.*) caroncule: *caruncola sublinguale* caroncule sublinguale; *caruncole uretrali* caroncules urétrales **2** (*bot.*) caroncule.

càrvi |'karvi| *s.m.* (*t.bot.*) carvi, cumin des prés (*corr.*).

càsa |'kasa| *s.f.* **1** maison: *casa di campagna, di città* maison de campagne, en ville; *case popolari, case di lusso* maisons ouvrières (H.L.M.), de luxe; *casa privata* maison particulière; *mi piacerebbe avere una casa mia* j'aimerais avoir une maison à moi, un chez-moi; *abita in una casa d'affitto* il habite une maison louée (en location) # *la sua casa è sistemata molto bene* son intérieur est très bien aménagé ◇ [*alloggio, appartamento*] logement (*m.*): *cercare, trovare casa* chercher, trouver un logement ◇ [*stabile, immobile*] immeuble (*m.*): *una grande casa con molti piani* un grand immeuble à plusieurs étages ◇ (*loc.*) *una donna di casa* une femme d'intérieur ~ *un vestito da casa* un vêtement (une robe) d'intérieur ~ *spese di casa* dépenses du ménage, de la maison ~ *far vita di casa* mener une vie casanière ~ *metter su casa* monter un ménage ~ *sta di casa a Torino* il habite (à) Turin ~ *le piace occuparsi della casa* elle aime s'occuper de son intérieur ~ *fa le faccende di casa, i lavori di casa* elle fait le ménage ◇ (*prov.*) *casa mia, casa mia, per piccina che tu sia, tu mi sembri una badia* si petite qu'elle soit, ma maison me semble un palais **2** (*nei compl. di stato in luogo, di moto a, da, per luogo*) [*in casa* (*di*), *da casa* (*di*), *di casa, per casa*] chez (*prep.*): *abita a casa mia, a casa di sua cugina* il habite chez moi, chez sa cousine; *il signore non è in casa* Monsieur est sorti, n'est pas chez lui; *vado a casa del mio amico* je vais chez mon ami; *davanti a casa sua c'è un cinema* devant chez lui il y a un cinéma; *in casa d'altri non mi sento a mio agio* chez les autres, je ne suis pas (je ne me sens pas) à mon aise # *la donna non vuole più rimanere a casa* les femmes n'aiment plus rester à la maison ◇ (*loc.*) *pasta di casa* pâtes maison ~ *dolce fatto in casa* gâteau maison ~ *abita a casa del diavolo* il habite au diable vauvert ~ *ha riportato la pelle a casa* il est rentré sain et sauf ~ *fate come se foste a casa vostra* faites comme chez vous ~ *in casa sua ciascuno è re* charbonnier est maître chez lui ~ (*sport*) *giocare in casa, fuori casa* jouer à domicile (sur son terrain, dans sa salle), jouer en déplacement **3** (*fig.*) [*famiglia*] famille, maison; [*genitori*] parents (*m. pl.*): *quando sono lontano, penso spesso a casa* quand je suis loin, je pense souvent à ma maison, à ma famille; *tanti saluti a casa* bien des choses chez toi (vous), le bonjour chez vous (*pop.*) || *scrivi spesso a casa?* est-ce que tu écris souvent à tes parents? ◇ (*loc.*) *il padrone, la padrona di casa* le maître, la maîtresse de maison ~ *fare gli onori di casa* faire les honneurs de la maison ~ *ormai sei di casa* désormais tu fais partie de la maison, tu es de la maison ~ *è un uomo tutto casa e ufficio* il partage tout son temps entre sa famille et son bureau ◇ (*tel.*) *pronto, casa Bianchi?* allô, c'est Monsieur (Madame) Bianchi? **4** [*edificio con particolari funzioni*] maison: *casa di riposo, di cura, di salute, di ricovero* maison de repos, de santé, de retraite; *casa di moda* maison de couture, atelier (de mode); *casa di, da gioco* maison de jeu; *casa d'appuntamenti* maison de rendez-vous, de passe; *casa chiusa, squillo* maison close, de tolérance; *casa del soldato* maison, foyer du soldat; *la casa del Signore* la maison du Seigneur; *la casa madre* la maison mère; *la Casa Bianca* la Maison Blanche # *casa dello studente* foyer universitaire; *casa di pena* pénitencier **5** (*comm.*) maison: *casa di commercio* maison de commerce; *casa di spedizioni, d'esportazioni* maison d'expédition, d'exportation; *casa editrice* maison d'édition **6** [*stirpe, dinastia*] maison, famille: *è l'ultimo discendente di una nobile casa* c'est le dernier descendant d'une maison, d'une famille noble; *la Casa Reale* la Maison Royale **7** (*astrol.*) maison **8** (*carta dei tarocchi*) maison-dieu **9** (*baseball*) *casa base* point *m.* de battage.

casàcca, che |ka'zakka, ke| *s.f.* **1** casaque ◇ (*loc. fig.*) *voltare, mutare casacca* [*cambiare opinione, partito*] tourner casaque **2** [*la giacca indossata dai fantini*] casaque **3** [*giacca femminile*] veste.

casacchìna |kazak'kina| *s.f.* [*piccola casacca; giubbetto femminile*] casaquin *m.*

casàccio |ka'zattʃo| *s.m.* (*loc.*) A CASACCIO [*senza ordine, senza riflessione, a vanvera*] au *hasard, au petit bonheur: *rispondere a casaccio* répondre au hasard, au petit bonheur; *parlare a casaccio* parler au hasard # *agire a casaccio* agir à l'aveuglette; *fare q.c. a casaccio* faire qqch. à la va comme je te pousse.

casàle |ka'sale| *s.m.* **1** [*agglomerato rurale*] *hameau **2** (*region.*) → **cascina, cascinale.**

casalìnga, ghe |kasa'linga, ge| *s.f.* [*la donna che si dedica esclusivamente alla casa, alla famiglia*] ménagère: *fa la casalinga* c'est une ménagère ◇ (*bur.*) *è una casalinga* c'est une femme sans profession.

casalìngo, ghi, ga, ghe |kasa'lingo, gi, ga, ge| **I** *agg.* **1** [*di casa, fatto in casa*] de ménage *loc. inv.*; ménager*: *pane, prosciutto casalingo* pain, jambon de ménage || *lavori casalinghi* travaux ménagers # *un piatto casalingo* un plat maison; *cucina casalinga* cuisine bourgeoise ◇ (*loc.*) *alla casalinga* [*secondo le abitudini, le ricette domestiche*] sans façon, à la bonne franquette: *un pasto alla casalinga* un repas sans façon, à la bonne franquette # *minestra alla casalinga* soupe comme chez soi **2** [*che sta volontieri in casa*] casanier*: *un uomo casalingo* un homme casanier; *tua moglie è una donna casalinga* ta femme est casanière **3** (*sport*) *incontro casalingo* un match disputé à domicile, sur son terrain (dans sa salle); *vittoria casalinga* victoire remportée à domicile **II** *s.m. pl.* [*oggetti di uso domestico*] articles ménagers: *negozio di casalinghi* magasin d'articles ménagers.

casamàtta |kasa'matta| *s.f.* (*mil.*) casemate: *delle casematte* des casemates ◇ (*mar.*) tourelle.

casaménto |kasa'mento| *s.m.* (grande) bâtisse *f.* ◇ (*per est.*) [*le famiglie che abitano nell'edificio stesso*] locataires (*pl.*): *tutto il casamento si è affacciato alla finestra* tous les locataires sont apparus aux fenêtres.

casanòva |kasa'nɔva| *s.m.* (*scherz.*) [*gran seduttore, dongiovanni*] don Juan.

casarèccio, ci, cia, ce |kasa'rɛttʃo, tʃi, tʃa, tʃe|, **caserèccio, ci, cia, ce** |kase'rɛttʃo, tʃi, tʃa, tʃe| *agg.* [*casalingo, rustico*] de ménage *loc. inv.*, fait à la maison (*loc. agg.*): *pane casereccio* pain de ménage.

casàro |ka'zaro| *s.m.* [*addetto alla lavorazione dei latticini*] fromager.

casàta |ka'sata| *s.f.* [*gruppo di famiglie della stessa stirpe*] famille, maison: *appartenere a un'illustre casata* appartenir à une illustre famille, maison.

casàto |ka'sato| *s.m.* **1** [*stirpe, famiglia*] famille (*f.*): *essere di nobile casato* être le descendant d'une famille noble **2** (*raro*) [*cognome*] nom (de famille).

càsba(h) |'kazba| *s.f.* **1** casbah: *la casba di Algeri* la casbah d'Alger **2** (*fig.*) [*quartiere malfamato di una città*] les bas-fonds *m. pl.*

cascàme |kas'kame| *s.m. spec. al plur.* [*residui di lavorazione ancora utilizzabili*] déchets # *cascami di stoffa* chiffons, restes d'étoffe; *cascami di metallo* débris de métal; *cascami di minerali metallici* scories de minerais métalliques.

cascamòrto |kaska'mɔrto| *s.* [*spasimante lezioso, svenevole*] amoureux* transi: *fare il cascamorto* jouer les amoureux transis.

cascànte |kas'kante| *agg.* [*floscio, avvizzito*] flasque, pendant: *pelle cascante* peau flasque; *guance cascanti* joues pendantes → **floscio** ◇ (*fig.*) [*languido, fiacco*] faible, plat: *stile cascante* style faible, plat.

cascàre |kas'kare| *v.intr.* (*aus.* '*essere*') (*fam.*) [*cadere improvvisamente, rovinosamente*] tomber (*corr.*): *cascare dal letto* tomber du lit; *è cascato il tetto* le toit est tombé, s'est écroulé; *è cascato e si è rotto un braccio* il est tombé et il s'est cassé le bras → **cadere** ◇ (*di indumenti logori, malfatti*) *cascare a pezzi* tomber en lambeaux; *quell'abito ti casca di dosso* tu flottes dans cette robe ◇ (*loc. fig.*) *cascare dal sonno* tomber de sommeil ~ *cascare dalle nuvole* tomber des nues ~ *cascare male, bene* tomber mal, bien ~ *far cascare le braccia* [*scoraggiare*] couper bras et jambes (à qqn.) ~ (*fam.*) CASCARCI [*cadere in un tranello*] se faire (45) avoir: *quello sciocco ci è cascato subito* il s'est fait avoir tout de suite, le pauvre idiot ~ *nemmeno se cascasse il mondo* [*a nessuna condizione*] jamais de la vie, le monde dût-il s'écrouler (*lett.*) ~ *non cascherà il mondo se...* [*non succederà nulla di grave*] ce ne sera pas la fin du monde si... ~ *qui casca l'asino* [*qui è la vera difficoltà*] c'est là qu'on vous attend (attendait).

cascàta |kas'kata| *s.f.* **1** (*fam.*) → **capitombolo** **2** [*il salto di una massa d'acqua*] cascade: *cascata artificiale* cascade artificielle # *le cascate del Niagara* les chutes du Niagara ◇ (*per est.*) *una cascata di fuochi artificiali* une cascade de feux d'artifice; *una cascata di note* une cascade de notes **3** [*ornamento, acconciatura di forma lunga e ricadente*] cascade: *una cascata di perle, di capelli* une cascade de perles, de cheveux **4** (*fis.*) *cascata elettronica* cascade électronique ◇ (*loc. elettr.*) *collegamento in cascata* montage en cascade.

cascatèlla |kaska'tɛlla| *s.f.* petite cascade, cascatelle (*lett.*).

cascatóre |kaska'tore| *s.m.* cascadeur* *s.*
caschimpètto |kaskim'pεtto| *s.m.* [*gioiello appeso al petto per ornamento*] sautoir.
cascina |kaʃ'ʃina| *s.f.* **1** [*casa colonica con stalla e caseificio*] ferme **2** → **fascera.**
cascinàio, i |kaʃʃi'najo, i| *s.* [*sovrintentente alla lavorazione del latte in una cascina*] fromager*.
cascinàle |kaʃʃi'nale| *s.m.* [*cascina, agglomerato di case coloniche*] ferme *f.*, *hameau.
1 **càsco, chi** |'kasko, ki| *s.m.* **1** casque: *il casco delle antiche armature* le casque des anciennes armures → **elmo**; *casco da rugby, da baseball* casque de rugby, de baseball; *casco per motociclisti, ciclisti, piloti, paracadutisti* casque pour motards, cyclistes, pilotes, parachutistes; *casco integrale* casque intégral; *casco coloniale* casque colonial; *i caschi blu* les casques bleus **2** (*per est.*) *casco* (*asciugatore*) [*per asciugare i capelli*] casque: *la sua signora è ancora sotto il casco* votre femme est encore sous le casque **3** [*capigliatura femminile acconciata a guisa di casco*] casque: *guarda che bel casco d'oro ha quella ragazza!* regarde quel beau casque d'or a cette fille!
2 **càsco, chi** |'kasko, ki| *s.m.* **1** *un casco di banane* un régime de bananes **2** (*raro*) *frutta di casco* [*che si raccoglie al suolo*] fruits tombés des arbres.
caseàrio, i |kaze'arjo, i| *agg.* [*concernente la produzione e lavorazione dei latticini*] fromager*: *prodotti caseari* produits fromagers.
caseggiàto |kased'dʒato| *s.m.* **1** [*luogo, zona dove sorgono case*] agglomération *f.* ◇ [*gruppo di case contigue*] pâté de maisons, immeubles (*pl.*): *quella zona è tutta cosparsa di caseggiati* cette zone est entièrement parsemée d'immeubles, de groupes d'immeubles **2** [*casamento, edificio*] immeuble: *abita in un caseggiato di periferia* il habite un immeuble de banlieue.
caseificazióne |kazeifikat'tsjone| *s.f.* caséification, caséation.
caseifìcio, i |kazei'fitʃo, i| *s.m.* [*stabilimento per la lavorazione del latte*] fromagerie *f.*
caseina |kaze'ina| *s.f.* caséine.
casèlla |ka'sεlla| *s.f.* [*ciascuno degli scomparti in cui è suddiviso uno spazio*] case: *le caselle di un armadio, di uno scaffale, di un cassetto* les cases d'une armoire, d'une étagère, d'un tiroir # *le caselle di una pagina, di un quaderno* les carreaux d'une page, d'un cahier → **quadretto**; *casella postale* [*cassetta riservata alla corrispondenza di un privato*] case, boîte postale ◇ (*saline*) *casella salante, evaporante* marais *m.* salant.
casellànte |kasel'lante| *s.* [*chi sorveglia un tratto di ferrovia, spec. un passaggio a livello*] garde-barrière → **cantoniere** ◇ [*addetto ai caselli delle autostrade*] péager*.
casellàrio, i |kasel'larjo, i| *s.m.* **1** [*scaffale mobile a caselle*] casier: *casellario per dischi, per bottiglie* casier à disques, à bouteilles; *casellario postale* casier postal **2** [*ufficio che raccoglie documenti, schede personali*] casier: *casellario giudiziale* casier judiciaire.
casellista |kasel'lista| *s.* locataire d'une boîte postale.
casèllo |ka'sεllo| *s.m.* **1** maison *f.* de garde-barrière **2** *casello dell'autostrada, autostradale* [*stazione d'uscita, d'accesso all'autostrada*] poste de péage de l'autoroute.
caseòsi |kaze'ɔzi| *s.f. inv.* (*med.*) caséation *var.*
caseóso |kaze'oso| *agg.* caséeux*.
casèra |ka'zεra| *s.f.* **1** maison rustique de berger **2** [*luogo di lavorazione del formaggio*] fromagerie.
caserèccio, ci, cia, ce |kase'rεttʃo, tʃi, tʃa, tʃe| *agg.* → **casareccio.**
casèrma |ka'zεrma| *s.f.* **1** caserne: *la caserma di un reggimento, dei vigili del fuoco* la caserne d'un régiment, des pompiers # *la caserma dei carabinieri* la gendarmerie **2** (*fig.*) [*paese, ambiente improntato a disciplina mil.*] caserne: *quello non è un collegio, ma una caserma* ce n'est pas un collège, mais une caserne.
casermàggio, i |kazer'maddʒo, i| *s.m.* matériel de casernement.
casermésco, chi, ca, che |kaser'mesko, ki, ka, ke| *agg.* de caserne (*loc. inv.*): *linguaggio casermesco* langage de caserne.
casermétta |kazer'metta| *s.f.* (*mil.*) petite caserne.
casermóne |kazer'mone| *s.m.* [*edificio grande e squallido*] caserne (*f.*): *abita in un casermone della periferia* il habite (dans) une caserne de la banlieue.
casigliàno |kasiʎ'ʎano| *s.* → **coinquilino.**
casino |ka'sino| *s.m.* **1** [*piccola casa signorile di campagna*] pavillon: *casino di caccia, di pesca* pavillon de chasse, de pêche **2** [*luogo di ritrovo, circolo*] club, cercle **3** [*casa di tolleranza*] bordel **4** (*fig., pop.*) [*chiasso, confusione*] boucan, bordel: *piantare, far casino* faire du boucan, du bordel.
casinò |kaz(s)i'nɔ| *s.m. inv.* casino (*var.*): *il casinò di Montecarlo* le casino de Montecarlo.
casista |ka'zista| *s.m.* **1** (*teol. catt.*) casuiste **2** (*per est., raro*) [*persona scrupolosa, pignola*] vétilleux* (*lett.*).
casìstica, che |ka'zistika, ke| *s.f.* statistiques (*pl.*): *casistica giuridica, medica* statistiques juridiques, médicales; *fare una casistica* faire des statistiques; *è una malattia rara priva di casistica* c'est une maladie rare, que les statistiques ne citent pas ◇ (*teol.*) casuistique.
càso |'kazo| *s.m.* **1** [*avvenimento imprevisto, circostanza fortuita*] *hasard: *è stato un puro caso che io l'abbia incontrato* cela a été un pur hasard si je l'ai rencontré; *non è un caso la sua presenza in ogni manifestazione teppistica* sa présence dans toutes les manifestations de voyous n'est pas un hasard ◇ (*loc. iron.*) *guarda caso!* par un hasard étrange!: *dice che studia sempre ma, guarda caso, non sa mai la lezione* il dit qu'il ne cesse de travailler, mais, par un hasard étrange, il ne sait jamais sa leçon ~ PER CASO, A CASO [*casualmente, senza alcuna intenzione o considerazione*] au hasard; par hasard: *parlare, agire a caso* parler, agir au hasard; *aprì il libro a caso* il ouvrit le livre au hasard ‖ *queste cose non succedono a caso* ces choses n'arrivent pas par hasard; *l'ho saputo per caso* je l'ai su par hasard ◇ (*dir.*) *caso fortuito* cas fortuit **2** [*causa irrazionale*; *sorte, fatalità*] hasard, sort: *affidarsi al caso* s'en remettre au hasard, au sort; *il caso ha voluto così* le hasard, le sort l'a voulu; *io non c'entro, prenditela con il caso* moi, je n'ai rien à voir là-dedans, tu dois t'en prendre au hasard, au sort → **destino** **3** [*possibilità, eventualità, ipotesi*] cas: *in questo caso devi partire subito* dans ce cas, tu dois partir tout de suite; *in ogni caso non doveva comportarsi così* en tout cas, il ne devait pas se conduire ainsi; *in caso di malattia o di morte* en cas de maladie ou de mort; *nel caso che non fosse ancora tornato, avvertimi* dans le cas où il ne serait pas encore rentré, avertis-moi → **casomai**; *in caso contrario verrò io* dans le cas contraire, je viendrai → **altrimenti** # *i casi sono due, o paga in contanti o non avrà la merce* de deux choses l'une: ou bien il paye comptant ou bien il n'aura pas la marchandise; *facciamo il caso che egli abbia mentito* admettons, supposons qu'il ait menti → **supporre**; *non c'è caso che egli ti dia una volta ragione* il n'y a pas moyen qu'il te donne une fois raison → **possibilità, modo** ◇ *loc.* PER CASO [*per ipotesi, nell'ipotesi che*] par hasard: *se per caso ci fossero contrattempi, chiamatemi* si par hasard il y avait des contretemps, appelez-moi **4** [*fatto, vicenda, circostanza particolare*] cas: *un caso comune, frequente, raro, singolare, strano* un cas commun, fréquent, rare, singulier, étrange; *un caso facile, complicato, insolubile* un cas facile, compliqué, insoluble; *è un caso pietoso, disperato, patologico* c'est un cas pitoyable, désespéré, pathologique; *si tratta di un caso clinico molto complesso* il s'agit d'un cas clinique très complexe; *di casi simili ne capitano tanti* de cas semblables il y en a beaucoup; *ci sono stati molti casi di tifo* il y a eu beaucoup de cas de typhus # *i casi della vita* les hasards de la vie → **circostanza, vicissitudine**; *sarebbe meglio se tu pensassi ai casi tuoi* il vaudrait mieux que tu t'occupes de tes affaires ◇ (*per anal.*) *caso limite* cas limite; *caso di coscienza* cas de conscience ◇ *loc.* FARE AL CASO [*essere adatto, rispondere alla situazione*] faire l'affaire, être ce qu'il faut: *questa villa fa al caso nostro* cette villa fait notre affaire, est ce qu'il nous faut ~ FAR CASO [*dare importanza, badare*; *fare impressione, meraviglia*] faire cas de, faire attention à: *non far caso a quello che dice, è ancora una bambina* ne fais pas cas de ce qu'elle dit, ne fais pas attention à ce qu'elle dit, c'est encore une petite fille; *avete fatto caso al suo abbigliamento?* avez-vous fait attention à son habillement? # *non mi fa caso il tuo ritardo, ormai ci sono abituato* je ne m'étonne pas de ton retard, désormais j'y suis habitué ~ (NON) ESSERE IL CASO [*opportuno, conveniente*] (ne pas) valoir mieux, (ne pas) valoir la peine: *non sarebbe il caso di andarcene subito?* est-ce qu'il ne vaudrait pas mieux s'en aller tout de suite?; *non mi pare sia il caso di prendersela così tanto* il ne me semble pas qu'il vaille la peine de s'en faire tellement # *non è il caso di fare complimenti* ce n'est pas la peine de faire des cérémonies **5** (*gram.*) cas: *la lingua latina ha sei casi* la langue latine a six cas # *il caso nominativo, accusativo* le nominatif, l'accusatif.

casolàre |kaso'lare| *s.m.* [*rustica casa di campagna per lo più isolata*] maison *f.* de campagne, de paysans: *abita in un vecchio casolare* il habite dans une maison de campagne, de paysans.
casomài |kazo'mai|, **càso mài** |'kazo'mai| *cong.* **1** [*nell'eventualità, se mai*] éventuellement *avv.*, le cas échéant (*loc.*): *casomai, fammelo sapere* éventuellement, le cas échéant, fais-le-moi savoir **2** [*nel caso che*] dans le cas où (+ *cond.*), si par hasard (+ *indic.*): *casomai tu dovessi venire, scrivimi* dans le cas où tu devrais venir, écris-moi; si par hasard tu venais, écris-moi; *casomai ritardassi, ti prego di scusarmi in anticipo* dans le cas où je serais en retard, si par hasard j'étais en retard, je te prie de m'en excuser à l'avance ◇ (*talora con l'ell. della protasi*) si jamais: *esco un momento: casomai rispondi tu al telefono* je sors un moment: si jamais le téléphone sonne, réponds.
casóne |ka'sone| *s.m.* → **casermone.**
casòtto |ka'sɔtto| *s.m.* **1** [*piccola costruzione per alloggio provvisorio, per riparo*] *casotto della sentinella* guérite (*f.*); *casotto del giornalaio* kiosque → **chiosco**; *il casotto del timone* la cabine *f.* du gouvernail → **cabina**; *il casotto del cane* la niche *f.* du chien → **cuccia**; *casotto del portinaio* loge *f.* → **guardiola**; *farsi un casotto al mare* se faire une cabine à la mer **2** (*region.*) [*casa di tolleranza*] bordel **3** (*fig.*, *pop.*) [*chiasso, baccano*] boucan, bordel: *fare casotto* faire du boucan, du bordel → **casino.**
càspita |'kaspita| *inter.* (*esprime 'stupore, impazienza'*) dame: *caspita, che coraggio!* dame, quel courage!
càssa |'kassa| *s.f.* **1** caisse: *cassa da imballaggio, da spedizione* caisse d'emballage, d'expédition; *la cassa delle munizioni, dei libri, della frutta* la caisse des munitions, des livres, des fruits; *spedire una cassa* expédier une caisse # *cassa da morto* bière, cercueil → **bara**; *cassa tipografica* caisse typographique; *cassa mobile* container → **container** ◇ [*il contenuto*] *una cassa di lenzuoli, di abiti pesanti* une caisse de draps, de vêtements chauds; *sono state spedite tre casse di libri* trois caisses de livres ont été expédiées ◇ [*mobile in legno usato come arredamento e, talvolta, come sedile*] coffre (*m.*): *una cassa rustica finemente intagliata* un coffre rustique finement sculpté; *ho avuto in dote una bella cassa rinascimentale* j'ai eu en dot un beau coffre Renaissance → **cassapanca** **2** (*per est.*) (*sommergibili*) *cassa d'assetto, d'immersione, d'emersione* [*serbatoi che ne consentono l'equilibrio, la discesa, l'ascesa*] ballast (*m.*); *cassa d'aria, d'acqua* réservoir *m.* d'air, caisse à eau; *cassa dell'orologio* cage d'horloge; *cassa dell'orologio* (*da polso*) boîtier *m.* de montre; *cassa armonica* (*di risonanza*) caisse de résonance; *gran cassa* grosse caisse; *cassa del fucile, della pistola* [*la parte comprendente impugnatura e calcio*] monture, fût *m.* du fusil, du pistolet; *cassa acustica* enceinte acoustique ◇ (*anat.*, *corr.*) *cassa toracica* cage thoracique; *cassa del timpano* caisse du tympan **3** [*armadio per riporre e custodire denari, preziosi*] caisse: *mettere, tenere, chiudere il denaro in cassa* mettre, garder, enfermer l'argent dans la caisse; *aveva in cassa una forte somma* il avait une grosse somme dans la caisse; *i ladri hanno trovato la cassa vuota* les voleurs ont trouvé la caisse vide **4** [*i denari, i valori contenuti in cassa*] caisse: *fuggire con la cassa* s'enfuir avec la caisse; *fare un controllo di cassa* vérifier la caisse; *tenere la cassa* [*l'amministrazione*] tenir la caisse ◇ (*per anal.*) *libro di cassa* livre de caisse; *fondo di cassa* fonds de caisse; *pagamento a pronta cassa* [*in contanti*] paiement comptant, à guichet ouvert; *registratore di cassa* caisse enregistreuse → **registratore** ◇ (*loc. fig.*, *fam.*) *batter cassa da qc.* [*chieder soldi*] taper qqn. **5** (*banca*) guichet (*m.*): *cassa introiti, pagamenti, titoli* guichet des recettes, des paiements, des valeurs; *cassa valute estere* guichet des espèces en monnaies étrangères # *stare alla cassa* être à la caisse; *andare, passare alla cassa* aller, passer à la caisse **6** (*per anal.*, *nei luoghi pubblici*) caisse: *passare alla cassa a pagare, a ritirare lo scontrino* passer à la caisse pour payer, pour retirer le ticket **7** [*vari istituti di credito*] caisse: *Cassa di Risparmio* Caisse d'Épargne; *cassa depositi e prestiti* caisse des dépôts et consignations; *Cassa rurale* Caisse rurale ◇ [*enti di previdenza e sicurezza sociale*] *cassa mutua* sécurité sociale; *cassa integrazione* chômage technique; caisse de chômage; assurance chômage; *cassa malattie* caisse maladie; *cassa scolastica* caisse scolaire.
cassafórma |kassa'forma| *s.f.* (*edil.*, *corr.*) coffrage (*m.*): *delle casseforme* des coffrages.
cassafòrte |kassa'fɔrte| *s.f.* [*armadio, spec. in acciaio, per custodire denaro, oggetti di valore*] coffre-fort (*m.*): *delle casseforti* des coffres-forts ◇ (*per est.*) *le casseforti di una banca* [*camere blindate*] les chambres fortes, les chambres blindées d'une banque.
cass(a)integràto |kass(a)inte'grato| *s.m.* ouvrier* *s.* en caisse de chômage.
cassamàdia |kassa'madja| *s.f.* [*cassa che è usata anche come madia*] *huche: *delle cassemadie* des huches.
cassaménto |kassa'mento| *s.m.* (*raro*) → **cassatura.**
cassapànca, che |kassa'panka, ke| *s.f.* [*mobile a forma di cassa*] coffre (*m.*): *delle cassepanche, delle cassapanche* des coffres.
cassàre |kas'sare| *v.tr.* **1** (*dir.*) [*abrogare, annullare*] casser, annuler: *cassare una sentenza* casser, annuler un jugement ◇ (*per est.*) *cassare una persona* [*radiarla dal ruolo*] radier, rayer (9) une personne; *cassare un debito* [*estinguerlo*] annuler une dette **2** [*cancellare, eliminare, depennare*] rayer, biffer: *cassare un nome da un elenco* rayer, biffer un nom d'une liste.
cassàta |kas'sata| *s.f.* cassate.
cassatùra |kassa'tura| *s.f.* [→ CASSARE 2] biffage *m.*, rature.
1 **cassazióne** |kassat'tsjone| *s.f.* [→ CASSARE 1] (*dir.*) cassation: *cassazione senza rinvio* cassation par voie de retranchement; *cassazione di un testamento, di una sentenza* cassation d'un testament, d'un jugement; *Corte di Cassazione* Cour de Cassation; *ricorrere in cassazione* se pourvoir en cassation.
2 **cassazióne** |kassat'tsjone| *s.f.* (*mus.*) cassation.
cassazionista |kassattsjo'nista| *s.m.* (*dir.*) avocat à la Cour de Cassation.
casserétto |kasse'retto| *s.m.* (*mar.*) dunette *f.*
càssero |'kassero| *s.m.* **1** (*mar. mercantile*) gaillard d'arrière ◇ (*mar. mil.*) plage *f.* arrière **2** (*st. mil.*) donjon **3** (*edil.*) coffrage.
casseruòla |kasse'rwɔla| *s.f.* casserole: *casseruola di rame, di terracotta* casserole en cuivre, en terre cuite.
cassétta |kas'setta| *s.f.* **1** [*piccola cassa, con o senza coperchio*] caisse: *cassetta degli attrezzi* caisse à outils; *una cassetta di mele* une caisse de pommes ◇ (*usi particolari*) *cassetta delle elemosine* tronc (*m.*); *cassetta delle lettere* boîte aux lettres; *cassetta di sicurezza* coffre (*m.*); *cassetta di pronto soccorso* pharmacie portative ◇ (*spec.*) → **musicassetta** **2** (*tecnol.*) bac *m.*, caisse: *cassetta di accumulatore* bac, caisse d'accumulateur # *cassetta di resistenza* boîte de résistence **3** [*contenitore per gli incassi quotidiani di un negozio e sim.*] caisse ◇ (*loc. fig.*) *far buona cassetta* [*fare un buon incasso*] faire bonne recette ~ *successo di cassetta* succès de recette ~ *film di cassetta* film qui fait recette **4** [*sedile della carrozza*] siège (*m.*): *stare, montare a cassetta* être, monter sur le siège **5** [*incavo, cavità*] caisse: *cassetta di risonanza* caisse de résonance → **cassa.**
cassettàta |kasset'tata| *s.f.* pleine caisse: *una cassettata di mele* une pleine caisse de pommes.
cassettièra |kasset'tjɛra| *s.f.* **1** [*mobile con più cassetti sovrapposti*] chiffonnier *m.* **2** [*serie di cassetti facente parte di un mobile*] tiroirs *m.pl.*
cassettista |kasset'tista| *s.* **1** [*affittuario di una cassetta di sicurezza in banca*] locataire d'un coffre **2** [*chi fa operazioni in Borsa per un investimento definitivo*] portefeuilliste.
cassètto |kas'sɛtto| *s.m.* **1** tiroir: *riordinare i cassetti dell'armadio* ranger les tiroirs de l'armoire ◇ (*loc.*) *lasciare un manoscritto nel cassetto* [*non pubblicarlo*] laisser en réserve un manuscrit dans le tiroir **2** (*mecc.*) tiroir (de distribution).
cassettóne |kasset'tone| *s.m.* **1** [*mobile a cassetti sovrapposti*] commode *f.* → **comò** **2** (*arch.*) caisson.
càsside |'kasside| *s.f.* (*t.zool.*) casque *m.*
cassière |kas'sjɛre| *s.* [*chi tiene la cassa in una banca, in un negozio, ecc.*] caissier*: *la cassiera di un cinema* la caissière d'un cinéma.
cassiterite |kassite'rite| *s.f.* (*miner.*) cassitérite.
cassóne |kas'sone| *s.m.* **1** [*grande cassa*] grosse caisse *f.*, grande caisse **2** [*cassapanca*] coffre: *cassone per biancheria* coffre à linge **3** (*st. mil.*, *arch.*) caisson **4** (*tecnol.*) *cassone di aria compressa* réservoir d'air, caisson à air comprimé **5** *cassone di un camion* caisse d'un camion; *cassone ribaltabile di un camion* benne *f.* basculante d'un camion; *cassone per traslochi* cadre de déménagement **6** *cassone d'acqua* caisse réservoir à eau **7** (*giardinaggio*: *per le colture forzate*) châssis.
cassonétto |kasso'netto| *s.m.* (*edil.*) caisson.

càssula |'kassula| *s.f.* → **capsula.**
cast |ka:st| *s.m. inv.* (*ingl.*) [*gli attori che partecipano a uno spettacolo*] distribution (*f. var.*): *il cast di un film* la distribution d'un film.
càsta |'kasta| *s.f.* **1** caste: *casta dei guerrieri* caste des guerriers; *la casta dei sacerdoti* la caste des prêtres **2** (*per est.*) [*gruppo di persone che hanno diritti, privilegi comuni*] caste: *orgoglio, privilegi di casta* orgueil, privilèges de caste; *casta dei nobili* caste des nobles.
castàgna |kas'taɲɲa| *s.f.* **1** [*frutto del castagno*] châtaigne; marron (*m.*): *castagne lesse* châtaignes bouillies → **ballotta**; *castagne arrostite* châtaignes rôties → **caldarrosta**; *diricciare le castagne* tirer les châtaignes de leur bogue; *castrare le castagne* fendre, inciser les châtaignes ‖ *farina di castagne* farine de marrons; *castagna d'India* marron d'Inde; *castagna candita* marron glacé # *riccio della castagna* bogue ◇ (*t.bot.*) *castagna d'acqua* châtaigne d'eau ~ *castagna di terra* gland *m.* de terre ◇ (*loc. fig.*) *prendere qc. in castagna* [*sorprenderlo in fallo*] prendre qqn. sur le fait ~ *cavar le castagne dal fuoco* tirer les marrons du feu ~ *cavar la castagna dal fuoco con la zampa del gatto* tirer les marrons du feu avec la patte du chat **2** (*fig., calcio*) [*tiro in porta preciso, potente*] shoot *m.*, canon *m.* → **cannonata** ◇ (*pugilato*) châtaigne, marron **3** (*mecc.*) *castagna dell'argano* linguet *m.* **4** (*del garretto degli equini*) châtaigne.
castagnàccio, i |kastaɲ'ɲattʃo, i| *s.m.* galette *f.* de farine de marrons.
castagnàio, i |kastaɲ'ɲajo, i| *s.* **1** propriétaire de châtaigneraies; cultivateur* de châtaigniers **2** ramasseur* de châtaignes **3** marchand de marrons.
castagnéto |kastaɲ'ɲeto| *s.m.* [*piantagione di castagni*] châtaigneraie *f.*
castagnétta |kastaɲ'ɲetta| *s.f.* **1** petite châtaigne → **castagna 2** → **castagnola, petardo 3** (*zool.*) châtaigne.
castagnétte |kastaɲ'ɲette| *s.f. pl.* **1** [*nacchere*] castagnettes: *un paio di castagnette* une paire de castagnettes; *suonare le castagnette* jouer des castagnettes **2** (*per est.*) claquement *m. sing.* de doigts.
castàgno |kas'taɲɲo| *s.m.* **1** (*t. bot.*) châtaignier ~ *castagno d'India* → **ippocastano 2** (bois de) châtaignier: *botte di castagno* tonneau en (bois de) châtaignier ✦ *agg.* → **castano.**
castagnòla |kastaɲ'ɲɔla| *s.f.* **1** [*petardo di carta per fuochi artificiali*] pétard *m.* → **petardo 2** (*t.zool.*) castagnole **3** *al plur.* [*nacchere*] castagnettes.
castagnòlo |kastaɲ'ɲɔlo| *s.m.* jeune châtaignier → **castagno.**
castàldo |kas'taldo| *s.* **1** (*st. mediev.*) intendant **2** [*fattore di campagna*] fermier*.
castaménte |kasta'mente| *avv.* [→ CASTO] chastement.
castàneo |kas'taneo| *agg.* → **castano.**
castàno |kas'tano| *agg.* [*che ha il colore della castagna*] châtain: *capelli castano chiaro* cheveux d'un châtain clair; *castano scuro, rossiccio* châtain foncé, roux; *una donna dai capelli castani* une femme châtaine, aux cheveux châtains # *occhi castani* yeux marron ✦ *s.m.* [*il colore della castagna*] châtain: *il castano gli dona* le châtain lui va bien.

castellania |kastella'nia| *s.f.* (*arc.*) châtellenie: *diritto di castellania* droit de châtellenie.
castellàno |kastel'lano| *s.m.* **1** [*signore, abitante di un castello*] châtelain **2** commandant de place, d'une forteresse ✦ *agg.* du château (*loc. inv.*): *mura castellane* murailles du château # *nobiltà castellana* noblesse seigneuriale.
castellatùra |kastella'tura| *s.f.* (*tecnol.*) ossature d'un meuble.
castellétto |kastel'letto| *s.m.* **1** petit château, châtelet **2** (*min.*) chevalement, chevalet d'un puits **3** (*edil.*) sapine *f.*, échafaudage (de maçons) → **castello 4** (*comm.*) [*registro in cui le banche iscrivono l'ammontare del fido concesso a un cliente*] grand-livre (d'une banque) ◇ [*ammontare del fido stesso*] crédit maximum.
castèllo |kas'tɛllo| *s.m.* **1** (*st. mediev.*) château: *castello feudale* château féodal; *mura, sotterranei di un castello* enceinte, souterrains d'un château ◇ (*per est.*) [*fortezza*] château fort → **maniero 2** [*borgo cintato, posto su una altura*] place *f.* forte **3** (*per est.*) [*abitazione signorile, grande*] château: *si è fatto costruire un vero castello!* il s'est fait construire un véritable château! ◇ (*loc.*) *castello di carte* château de cartes ◇ (*loc. fig.*) *crollare come un castello di carte* s'écrouler comme un château de cartes ~ *fare castelli in aria* [*fare piani irrealizzabili, progetti teorici, fantastici*] faire, bâtir des châteaux en Espagne ~ *un castello di menzogne* un tissu de mensonges **4** (*mar.*) château: *castello centrale* château central; *castello di prora, di poppa* château de proue (gaillard d'avant), château de poupe (gaillard d'arrière) **5** (*st. mil.*) beffroi **6** (*tecnol.*) [*impalcatura*] tour (*f.*): *castello di una gru* tour d'une grue; *castello di manovra* tour d'exercice; *castello di un trampolino per tuffi* tour, échafaudage d'un plongeoir ◇ (*aer.*) *castello motore* berceau moteur ◇ (*edil.*) échafaudage: *castello mobile* échafaudage mobile ◇ (*per anal.*) *castello dei bachi da seta* magnanerie *f.* ◇ *loc.* A CASTELLO superposé (*agg.*): *letti a castello* lits superposés ◇ (*idraul.*) château: *castello d'acqua* château d'eau.
castigàbile |kasti'gabile| *agg.* [→ CASTIGARE 1] punissable.
castigamàtti |kastiga'matti| *s.m. inv.* **1** [*bastone usato un tempo per i pazzi nei manicomi*] martin-bâton *var.* **2** (*fig., scherz.*) [*strumento che serve a ridurre alla ragione qc.*] martin-bâton ◇ [*persona che sa tenere a freno i turbolenti*] croque-mitaine *var.*, père *var.* fouettard: *è un vero castigamatti* c'est un vrai croque-mitaine.
castigàre |kasti'gare| *v.tr.* **1** [*dare una punizione al fine di correggere*] châtier, punir: *castigare un bambino* châtier, punir un enfant; *castigare un colpevole per dare un esempio* châtier, punir un coupable pour faire un exemple → **punire** ◇ [*correggere*] *castigare i costumi* châtier, purifier les mœurs ◇ (*relig.*) *castigare la carne, il corpo* châtier sa chair, son corps; se châtier *pron.* **2** (*lett.*) [*emendare, purificare*] châtier: *castigare la prosa, i versi* châtier sa prose, ses vers # *castigare la lingua* épurer la langue ◇ [*censurare*] *castigare un libro, un'opera letteraria* châtier un livre, un ouvrage littéraire **3** (*region.*) → **rovinare, danneggiare** Ⓒ **1 premiare.**
castigataménte |kastigata'mente| *avv.* **1** [→ CASTIGATO 1] correctement, convenablement: *parlare castigatamente* parler correctement, convenablement **2** [→ CASTIGATO 2] austèrement: *vivere castigatamente* vivre austèrement → **austeramente** Ⓒ **1 scorrettamente, oscenamente.**
castigatézza |kastiga'tettsa| *s.f.* [*correttezza, moderazione*] pureté, correction; austerité; *la castigatezza della lingua* la pureté, la correction du langage ‖ *la castigatezza dei costumi* l'austérite des mœurs → **austerità.**
castigàto |kasti'gato| *agg.* **1** [*corretto, misurato*] châtié: *stile castigato* style châtié; *lingua castigata* langage châtié; *prosa castigata* prose châtiée **2** [*morigerato, pudico*] austère: *vita castigata* vie austère; *costumi castigati* mœurs austères; *abbigliamento castigato* habillement austère # *film castigato* film censuré.
castigatóre, trice |kastiga'tore, tritʃe| *s.* (*raro*) [*chi promuove la moralità, la correttezza*] châtieur *m.*; punisseur*.
castigliàno |kastiʎ'ʎano| **1** *agg.* [*della Castiglia*] castillan: *paesaggio castigliano* paysage castillan **2** (*s.m.*) *il castigliano* [*la lingua*] le castillan.
castigo, ghi |kas'tigo, gi| *s.m.* **1** [*punizione data per correggere, migliorare il comportamento di qc.*] châtiment: *castigo corporale* châtiment corporel; *un castigo meritato, esemplare* un juste châtiment, un châtiment exemplaire; *un castigo duro* un châtiment sévère, rigoureux; *dare un castigo* infliger un châtiment; *subire un castigo* subir, recevoir un châtiment # *mettere un bambino in castigo* mettre un enfant au coin; *essere in castigo* être au coin ◇ (*relig.*) *il castigo di Dio* le châtiment de Dieu **2** (*fam., scherz.*) [*persona fastidiosa*] fléau: *che castigo!, è un vero castigo!* quel fléau!, c'est un véritable fléau; *quel bambino è proprio un castigo di Dio!* cet enfant est un véritable fléau! Ⓒ **1 premio.**
castìna |kas'tina| *s.f.* (*miner.*) castine.
castità |kasti'ta| *s.f. inv.* [*l'essere casto*] chasteté (*var.*): *castità di vita, di pensiero* chasteté de vie, de pensée; *cintura di castità* ceinture de chasteté; *osservare la castità* vivre dans la chasteté → **purezza** ◇ (*relig.*) *voto di castità* vœu de chasteté Ⓒ **lussuria, concupiscenza, incontinenza.**
càsto |'kasto| *agg.* **1** [*che si astiene dai rapporti sessuali*] chaste: *ragazza casta* fille chaste ◇ (*cose*) *cuore casto* cœur chaste → **puro** ◇ (*loc.*) *la casta Susanna* la chaste Susanne ~ *fare il casto Giuseppe, la casta Susanna* [*fingersi puri*] faire les vertueux **2** (*per est.*) [*verecondo, puro*] chaste: *caste orecchie* chastes oreilles → **pudico, innocente** # *sguardo casto* regard pudique **3** [*che è pervaso di pudore, di equilibrio*] pur: *stile casto* style pur; *opera casta* œuvre pure → **semplice, puro** Ⓒ **lussurioso, impudico, licenzioso.**
castóne |kas'tone| *s.m.* [*cavità di un gioiello in cui si fissa la gemma*] chaton: *inserire un brillante in un castone* introduire un brillant dans un chaton.
castorìno |kasto'rino| *s.m.* **1** (*t.*

zool.) ragondin ◇ [*la pelliccia di tale animale*] ragondin **2** [*specie di tessuto di lana a imitazione della pelliccia*] castorine *f.*
castòro |kas'tɔro| *s.m.* (*t.zool.*) castor ◇ [*la sua pelliccia*] *un colletto di castoro* un col de castor ◇ [*il pelo di tale animale usato per fabbricare feltri*] *cappello di castoro* chapeau de castor.
castracàni |kastra'kani| *s.m. inv.* **1** châtreur *var.* de chiens **2** (*spreg.*) [*chirurgo incapace*] boucher *var.*, charcutier *var.* → **castraporci 2.**
castrametazióne |kastrametat'tsjone| *s.f.* (*ant.*) castramétation.
castrapòrci |kastra'pɔrtʃi| *s.m. inv.* **1** châtreur *var.* de porcs **2** (*spreg.*) [*chirurgo incapace*] boucher *var.*, charcutier *var.* → **castracani 2.**
castràre |kas'trare| *v.tr.* **1** [*asportare, atrofizzare le ghiandole genitali di un animale*] châtrer, castrer: *castrare un toro, un caprone* châtrer, castrer un taureau, un bélier → **evirare 2** [*incidere la buccia col coltello*] *castrare le castagne* inciser les châtaignes **3** (*fig., volg.*) [*censurare eccessivamente un libro, una opera*] châtrer (*corr.*): *castrare un'opera letteraria* châtrer un ouvrage littéraire **4** (*fig.*) [*rammollire, snaturare*] affaiblir.
castràto |kas'trato| **I** *agg.* [*che è privato degli organi per la riproduzione*] châtré: *un cavallo castrato* un cheval châtré; *un uomo castrato* un homme châtré ◇ (*fig.*) [*che ha un carattere debole, effeminato*] efféminé **II** *s.m.* **1** [*carne dell'agnello castrato*] mouton **2** (*arc.*) [*cantante evirato*] castrat.
castratóio, i |kastra'tojo, i| *s.m.* [*coltello adatto per castrare animali*] casseau.
castratóre, trice |kastra'tore, tritʃe| *s.* (*psicol.*) castrateur*.
castrazióne |kastrat'tsjone| *s.f.* castration # *castrazione degli animali domestici* bistournage *m.* ◇ (*psicol.*) *complesso di castrazione* complexe de castration.
castrènse |kas'trɛnse| *agg.* [*che si riferisce a un accampamento mil.*] de camp *loc. inv.* ◇ (*per anal.*) *vescovo castrense* aumônier en chef (de l'armée).
castrismo |kas'trizmo| *s.m.* (*polit.*) castrisme.
castronàggine |kastro'naddʒine| *s.f.* → **castroneria.**
castróne |kas'trone| *s.m.* **1** [*agnello castrato*] mouton **2** [*cavallo castrato*] *hongre **3** (*fig., volg.*) [*uomo balordo, sciocco*] couillon (*pop.*), andouille (*pop.*).
castronerìa |kastrone'ria| *s.f.* (*pop.*) [*grosso sproposito; sciocchezza*] couillonnade: *dire un sacco di castronerie* dire un tas de couillonnades; *ha fatto una castroneria* il a fait une couillonnade → **corbelleria.**
casual |'kæʒuəl| (*ingl.*) (*abbigl.*) **1** *agg. inv.* sport, de loisirs *loc. inv.* **2** *s.m. inv.* tenue *f. var.* sport, tenue de loisirs.
casuàle |kazu'ale| *agg.* casuel*, fortuit: *un incontro casuale* une rencontre casuelle, fortuite ◇ (*dir.*) *condizione casuale* condition casuelle.
casualità |kazuali'ta| *s.f. inv.* [*natura, carattere casuale*] *hasard (*m. var.*): *la casualità di un incontro* le hasard d'une rencontre → **accidentalità** ◇ [*caso*] *è accaduto per casualità* cela est arrivé par hasard.
casualménte |kazual'mente| *avv.* [→ CASUALE] fortuitement, par *hasard (*loc. inv.*): *l'ho incontrato casualmente* je l'ai rencontré fortuitement, par hasard.
casuàrio, i |kazu'arjo, i| *s.m.* (*t. zool.*) casoar.
casuista |kazu'ista| *s.m.* (*relig.*) casuiste.
casuìstica, che |kazu'istika, ke| *s.f.* → **casistica.**
càsula |'kasula| *s.f.* (*liturg.*) chasuble.
casùpola |ka'supola| *s.f.* [*piccola e povera casa; tugurio*] masure: *adattarsi a vivere in una casupola* s'habituer à vivre dans une masure.
casus belli |'kazus'bɛlli| *loc. sost. m. inv.* (*lat.*) **1** casus belli **2** (*fig., scherz.*) raison *f.* de désaccord # *fare di q.c. un casus belli* dramatiser qqch.; *non facciamone un casus belli!* n'exagérons pas, ne dramatisons pas!
càta- |'kata| *pref.* (*significa 'verso il basso, sotto, conforme a', corrisponde gener. a*) cata: *catacomba* catacombe; *catatonia* catatonie.
catabòlico, ci, ca, che |kata'bɔliko, tʃi, ka, ke| *agg.* (*fisiol.*) catabolique.
catabolismo |katabo'lizmo| *s.m.* (*fisiol.*) catabolisme.
cataclisma |kata'klizma| *s.m.* **1** cataclysme ◇ (*fig.*) fléau: *i cataclismi della guerra* les fléaux de la guerre **2** [*grave sconvolgimento*] cataclysme, crise (*f.*): *un cataclisma sociale, economico, politico* un cataclysme social, économique, politique; une crise sociale, économique, politique.
catacómba |kata'komba| *s.f.* **1** catacombe: *le catacombe romane* les catacombes romaines **2** (*fig.*) tombeau (*m.*): *questa stanza è una catacomba!* cette pièce est un tombeau!
catadiòttrica, che |katadi'ɔttrika, ke| *s.f.* (*fis.*) catadioptrique → **ottica.**
catadiòttrico, ci, ca, che |katadi'ɔttriko, tʃi, ka, ke| *agg.* (*fis.*) catadioptrique.
catadiòttro |katadi'ɔttro| *s.m.* catadioptre, cataphote.
catafàlco, chi |kata'falko, ki| *s.m.* catafalque: *innalzare un catafalco in mezzo a una chiesa* dresser un catafalque au milieu d'une église → **tumulo.**
catafàscio |kata'faʃʃo| *solo nella loc. avv.* A CATAFASCIO **1** [*alla rinfusa*] pêle-mêle, en vrac: *oggetti messi a catafascio* des objets mis pêle-mêle, en vrac **2** [*alla rovina*] *andare, mandare a catafascio* (s'en) aller, faire aller à vau-l'eau: *il suo progetto è andato a catafascio* son projet s'en est allé à vau-l'eau # *un'impresa che va a catafascio* une entreprise qui va à la dérive.
catafràtto |kata'fratto| *agg. e s.m.* (*st. mil.*) cataphracte.
catalàno |kata'lano| **1** *agg.* [*della Catalogna*] catalan: *letteratura catalana* littérature catalane **2** (*s.m.*) *il catalano* [*la lingua*] le catalan.
1 **catalèssi** |kata'lɛssi| *s.f. inv.* (*med.*) catalepsie (*var.*): *cadere in catalessi* tomber en catalepsie.
2 **catalèssi** |kata'lɛssi| *s.f. inv.* (*metr. ant.*) suppression *var.* d'une syllabe.
1 **catalèttico, ci, ca, che** |kata'lɛttiko, tʃi, ka, ke| *agg.* (*med.*) cataleptique: *sonno catalettico* sommeil cataleptique; *fenomeni catalettici* phénomènes cataleptiques.
2 **catalèttico, ci, ca, che** |kata'lɛttiko, tʃi, ka, ke| *agg.* (*metr. ant.*) cataleptique: *verso catalettico* vers cataleptique.
catalètto |kata'lɛtto| *s.m.* → **feretro, bara.**
catàlisi |ka'talizi| *s.f. inv.* (*chim.*) catalyse *var.*
catalìtico, ci, ca, che |kata'litiko, tʃi, ka, ke| *agg.* catalytique.
catalizzàre |katalid'dzare| *v.tr.* **1** (*chim.*) [*sottoporre a catalisi*] catalyser **2** (*fig.*) [*stimolare, sollecitare*] catalyser: *catalizzare l'impegno di tutti* catalyser le zèle de tous.
catalizzatóre, trice |kataliddza'tore, tritʃe| *s.* **1** *s.m.* (*chim.*) catalyseur: *catalizzatore positivo, negativo* catalyseur positif, négatif ✦ (*agg.*) *minerale catalizzatore* minéral catalyseur **2** *s.* (*fig.*) [*idea, fatto che stimola l'interesse, l'attenzione*] catalyseur (*m.*): *l'aumento dei prezzi ha fatto da catalizzatore del malcontento popolare* la hausse des prix a servi de catalyseur du mécontentement populaire ✦ (*agg.*) *slogan catalizzatore* slogan catalyseur.
catalizzazióne |kataliddzat'tsjone| *s.f.* → **catalisi.**
catalogàbile |katalo'gabile| *agg.* [→ CATALOGARE] qu'on peut cataloguer *loc.*, cataloguable.
catalogàre |katalo'gare| *v.tr.* **1** [*registrare in un catalogo*] cataloguer: *catalogare le opere di una biblioteca* cataloguer les livres d'une bibliothèque, cataloguer une bibliothèque **2** (*per est.*) [*elencare*] énumérer (8): *catalogare i meriti di qc.* énumérer les mérites de qqn. **3** (*fig.*) [*considerare, valutare*] évaluer: *non so come catalogare questi fatti, questo comportamento* je ne sais pas comment évaluer ces faits, ce comportement → **classificare** ◇ [*individuare*] situer: *non riesco a catalogarlo nella memoria* je n'arrive pas à le situer dans ma mémoire → **localizzare** ◇ (*scherz.*) [*giudicare*] cataloguer: *ormai ti hanno catalogato* désormais on t'a catalogué → **schedare.**
catalogatóre, trice |kataloga'tore, tritʃe| *s.* catalogueur *m.*
catalógna |kata'loɲɲa| *s.f.* (*t.bot.*) chicorée frisée.
catalógno |kata'loɲɲo| *s.m.* (*t. bot.*) jasmin d'Espagne.
catàlogo, ghi |ka'talogo, gi| *s.m.* **1** catalogue: *catalogo alfabetico, per soggetto* catalogue par ordre alphabétique, par ordre de matières; *catalogo dei quadri di una mostra* catalogue des tableaux d'une exposition; *catalogo filatelico* catalogue de timbres ◇ (*astron.*) *catalogo stellare* catalogue d'étoiles ◇ [*inventario*] *catalogo di una ditta* catalogue d'une maison (de commerce); *catalogo di mobili* catalogue de meubles; *mettere in catalogo* mettre au catalogue; *togliere dal catalogo* enlever du catalogue **2** (*fig.*) [*enumerazione, elenco*] énumération *f.*, liste (*f.*): *il catalogo dei difetti e delle virtù* l'énumération, la liste des défauts et des vertus ◇ (*loc. scherz.*) *mettere nel catalogo dei..., togliere dal catalogo dei...* [*considerare nel numero dei...*] mettre dans la liste

des..., rayer de la liste des...: *ti ho tolto dal catalogo dei miei amici* je t'ai rayé de la liste de mes amis.
catàlpa |ka'talpa| *s.f.* (*t.bot.*) catalpa.
catamaràno |katama'rano| *s.m.* (*mar.*) catamaran.
catanése |kata'nese| *agg.* [*di Catania*] catanais.
catapécchia |kata'pekkja| *s.f.* [*abitazione misera, cadente*] masure: *vivono in una catapecchia* ils vivent dans une masure.
cataplàsma |kata'plazma| *s.m.* **1** cataplasme: *cataplasma di farina di lino, di amido* cataplasme de farine de lin, d'amidon → **impiastro** **2** (*fig.*) [*persona fastidiosa, noiosa; impiastro*] plaie (*f.*): *che cataplasma!* quelle plaie! ◇ [*persona piena d'acciacchi; catorcio*] geignard: *son diventato un cataplasma* je suis devenu un geignard.
catapùlta |kata'pulta| *s.f.* **1** (*aer.*) catapulte: *catapulta di lancio* catapulte de lancement **2** (*armi ant.*) catapulte ◇ *loc.* A CATAPULTA [*a valanga, con violenza*] en avalanche: *ci son venuti addosso a catapulta* ils nous sont tombés dessus en avalanche.
catapultàbile |katapul'tabile| *agg.* [→ CATAPULTARE] catapultable.
catapultaménto |katapulta'mento| *s.m.* [→ CATAPULTARE] catapultage.
catapultàre |katapul'tare| *v.tr.* **1** (*aer.*) [*imprimere l'accelerazione mediante catapulta*] catapulter **2** [*lanciare con la catapulta*] catapulter **3** (*per est.*) [*gettare con forza; scaraventare*] catapulter: *l'hanno catapultato fuori dalla stanza* on l'a catapulté hors de la pièce.
cataràtta |kata'ratta| *s.f.* → **cateratta**.
catarifrangènte |katarifran'dʒɛnte| **1** *agg.* [*che produce catarifrangenza*] lumineux* **2** *s.m.* [*dispositivo che riflette la luce*] cataphote, catadioptre: *bicicletta munita di catarifrangente* bicyclette munie de cataphote, d'un catadioptre.
càtaro |'kataro| *s.m. e agg.* (*relig.*) cathare.
catarràle |katar'rale| *agg.* (*med.*) catarrhal*: *febbre catarrale* fièvre catarrhale.
catàrro |ka'tarro| *s.m.* (*med.*) catarrhe.
catarróso |katar'roso| *agg.* catarrheux*: *vecchio catarroso* vieillard catarrheux.
catàrsi |ka'tarsi| *s.f. inv.* (*filos., psicol.*) catharsis.
catàrtico, ci, ca, che |ka'tartiko, tʃi, ka, ke| *agg.* **1** cathartique ◇ (*psicol.*) *metodo catartico* méthode cathartique **2** (*raro, med.*) cathartique: *un medicamento catartico* un médicament cathartique ✦ *s.m.* (*farm.*) *un catartico* un cathartique.
catàsta |ka'tasta| *s.f.* [*mucchio di oggetti posti l'uno sull'altro*] pile, tas (*m.*): *una catasta di libri* une pile, un tas de livres; *una catasta di legna* une pile de bois.
catastàle |katas'tale| *agg.* [*relativo al catasto*] cadastral*: *reddito, registro catastale* revenu, registre cadastral; *mappa catastale* plan cadastral.
1 **catastàre** |katas'tare| *v.tr.* → 1 **accatastare, impilare.**
2 **catastàre** |katas'tare| *v.tr.* (*bur.*) [*mettere a catasto*] cadastrer: *catastare un terreno, un appartamento* cadastrer un terrain, un appartement.
catàsto |ka'tasto| *s.m.* [*operazione d'inventario, di determinazione della rendita fiscale dei beni*] cadastre: *fare, rinnovare il catasto* faire, renouveler le cadastre ◇ [*documentazione ufficiale e pubblica di tale operazione*] *consultare il catasto terreni* consulter le cadastre des terrains ◇ (*per est.*) bureau du cadastre: *richiedere un certificato in catasto* demander un certificat au bureau du cadastre.
catàstrofe |ka'tastrofe| *s.f.* **1** catastrophe: *una terribile catastrofe* une terrible catastrophe; *correre verso la catastrofe* courir à la catastrophe → **calamità, sciagura** **2** (*teat. gr.*) catastrophe.
catastròfico, ci, ca, che |katas'trɔfiko, tʃi, ka, ke| *agg.* **1** catastrophique: *avvenimento catastrofico* événement catastrophique → **disastroso** **2** (*fig.*) [*che prevede sempre il peggio*] pessimiste: *un individuo catastrofico* un individu pessimiste ◇ (*cose*) *previsioni catastrofiche* des prévisions pessimistes ◇ (*scherz.*) [*sconvolgente, rivoluzionario*] extraordinaire: *avere idee catastrofiche* avoir des idées extraordinaires; *fare piani, progetti catastrofici* faire des plans, des projets extraordinaires.
catatonia |katato'nia| *s.f.* (*psichiatria*) catatonie.
catatònico, ci, ca, che |kata'tɔniko, tʃi, ka, ke| *agg.* (*psichiatria*) catatonique.
catch |kætʃ| *s.m. inv.* (*ingl.*) catch (*var.*): *un incontro di catch* une rencontre de catch # *praticare il catch* catcher; *lottatore di catch* catcheur.
catechèsi |kate'kɛzi| *s.f. inv.* catéchèse *var.*
catechètica, che |kate'kɛtika, ke| *s.f.* catéchétique.
catechismo |kate'kizmo| *s.m.* **1** catéchisme: *catechismo a domande e risposte* catéchisme par demandes et réponses **2** (*per est.*) [*principi basilari di una dottrina*] catéchisme, dogmes (*pl.*): *il catechismo marxista* le catéchisme marxiste, les dogmes marxistes.
catechista |kate'kista| *s.m.* catéchiste.
catechistica, che |kate'kistika, ke| *s.f.* → **catechetica.**
catechistico, ci, ca, che |kate'kistiko, tʃi, ka, ke| *agg.* **1** catéchistique: *insegnamento catechistico* enseignement catéchistique **2** (*di insegnamento*) [*impartito mediante regole fisse*] catéchistique: *metodo, sistema catechistico* méthode, système catéchistique.
catechizzàre |katekid'dzare| *v.tr.* **1** [*insegnare le verità religiose*] catéchiser: *catechizzare un bambino* catéchiser un enfant **2** (*per est.*) [*cercare di fare accettare un'opinione*] catéchiser, endoctriner: *li hanno catechizzati per bene* on les a catéchisés, endoctrinés pour de bon.
catechizzatóre, trice |katekiddza'tore, tritʃe| *s.* [*chi istruisce nel catechismo*] catéchiste.
catechizzazióne |katekiddzat'tsjone| *s.f.* [→ CATECHIZZARE] catéchisation.
catecù |kate'ku| *s.m. inv.* **1** (*t.bot.*) acacia *var.* catechu **2** [*estratto di tale pianta*] cachou *var.*
catecumenàto |katekume'nato| *s.m.* catéchuménat.
catecùmeno |kate'kumeno| *s.m.* catéchumène.
categorèma |katego'rɛma| *s.m.* (*filos.*) catégorème.
categoria |katego'ria| *s.f.* **1** catégorie: *categorie sociali* catégories sociales; *categoria dei ricchi, dei poveri* catégorie des riches, des pauvres; *dividere in categorie* répartir en catégories; *categorie grammaticali* catégories grammaticales ◇ [*genere, tipo*] *son tutti della stessa categoria* ils sont tous de la même catégorie ◇ (*sport*) *categoria dilettanti* catégorie amateurs **2** (*filos.*) catégorie: *le dodici categorie di Kant* les douze catégories de Kant; *le categorie dello spirito* les catégories de l'esprit **3** (*mat.*) catégorie.
categoriàle |katego'rjale| *agg.* (*filos.*) catégoriel*.
categoricaménte |kategorika'mente| *avv.* **1** [→ CATEGORICO 1] catégoriquement: *negare categoricamente* nier catégoriquement **2** [→ CATEGORICO 2] par catégorie (*loc.*): *disporre un elenco categoricamente* dresser une liste par catégorie.
categoricità |kategoritʃi'ta| *s.f. inv.* caractère *m. var.* catégorique.
categòrico, ci, ca, che |kate'gɔriko, tʃi, ka, ke| *agg.* **1** catégorique: *affermazione, risposta categorica* affirmation, réponse catégorique; *ho opposto un rifiuto categorico* j'ai opposé un refus catégorique; *come fai a dare un giudizio così categorico?* comment peux-tu émettre un jugement aussi catégorique?; *ha fatto un discorso chiaro e categorico* il a fait un discours clair et catégorique; *non usare quel tono categorico!* n'emploie pas ce ton catégorique! → **netto, deciso** ◇ [*tassativo, assoluto*] *una decisione, una disposizione categorica* une décision, une disposition catégorique ◇ [*chiaro, preciso*] *ne ha dato una dimostrazione categorica* il en a donné une démonstration catégorique **2** [*ordinato secondo categoria*] *elenco (telefonico) categorico* annuaire du téléphone par professions **3** (*filos.*) catégorique: *giudizio categorico* jugement catégorique; *imperativo categorico* impératif catégorique.
caténa |ka'tena| *s.f.* **1** [*congegno di elementi, spec. di anelli, agganciati l'uno all'altro e snodati*] chaîne: *catena del pozzo, dell'orologio* chaîne du puits, de montre; *la catena dell'ancora, della bicicletta* la chaîne de l'ancre, de la bicyclette; *legare un cane alla catena* attacher un chien à la chaîne ◇ *al plur.* (*auto.*) *montare le catene da neve, antineve* monter les chaînes ◇ (*loc. fig.*) *essere, mettere, tenere in catene* être, mettre, tenir dans les chaînes ~ *allentare la catena* [*ridurre la sorveglianza*] relâcher la surveillance ~ *spezzare le catene* briser, secouer ses chaînes ~ *mordere la catena* [*mostrare insofferenza contro qualche limitazione*] ronger son frein **2** (*fig.*) [*serie, successione*] chaîne: *una catena di avvenimenti, di imprevisti, di disgrazie* une chaîne d'événements, d'imprévus, de malheurs; *una catena di montagne* une chaîne de montagnes; *una catena di negozi, di giornali* une chaîne de magasins, de journaux ◇ (*loc.*) *fare catena, tenersi a catena* faire la chaîne ~ *sus-*

seguirsi a catena se succéder en chaîne ~ lavoro a catena travail à la chaîne 3 (fig.) [legame, vincolo] lien (m.): le catene dell'amore, dell'amicizia les liens de l'amour, de l'amitié 4 (tecnol.) chaîne: catena di distribuzione chaîne de distribution; catena di montaggio chaîne de montage 5 (arch.) chaîne 6 (chim., fis.) chaîne: reazione a catena réaction en chaîne; catena aperta, chiusa chaîne ouverte, fermée 7 (ling.) chaîne 8 (tess.) chaîne → **ordito.**

catenàccio, i |kate'nattʃo, i| I s.m. 1 [spranga di ferro per rafforzare la chiusura di una porta] verrou: mettere, tirare il catenaccio mettre, tirer le verrou; chiudersi col catenaccio s'enfermer au verrou → **chiavistello** 2 (fig., scherz.) [oggetto, spec. auto, in pessime condizioni] vieux clou: dove vai con quel catenaccio? où vas-tu avec ce vieux clou? 3 (calcio) verrou, béton: fare il catenaccio faire le verrou, le béton 4 (giorn.) sous-titre II (agg. inv.) decreto catenaccio [che entra in vigore immediatamente] loi du cadenas ◇ (per est.) esame catenaccio [che condiziona la possibilità di sostenere i successivi] examen obligatoire.

catenària |kate'narja| s.f. (fis., mat.) caténaire, chaînette.

catenèlla |kate'nɛlla| s.f. 1 [catena sottile usata come ornamento] chaînette 2 (ricamo) punto a catenella point de chaînette 3 [cucitura della scarpa] couture.

cateràtta |kate'ratta|, **cataràtta** |kata'ratta| s.f. 1 cataracte: la cateratta del Niagara la cataracte du Niagara 2 (idraul.) cataracte ◇ (loc. fig.) piovere a cateratte pleuvoir à torrents, à verse 3 (med.) cataracte: cateratta lenticolare cataracte lenticulaire; operazione alla cateratta opération de la cataracte.

caterinétta |kateri'netta| s.f. [sartina giovane] catherinette.

catèrva |ka'tɛrva| s.f. [grande moltitudine] (animali) armée, multitude: una caterva di cavallette une armée, une multitude de sauterelles ◇ (persone) masse, foule: ha una caterva di amici il a une masse, une foule d'amis # una caterva di gente un tas de gens ◇ (cose) multitude; tas (m.): una caterva di fiori une multitude de fleurs → **mucchio, ammasso** ‖ hai fatto una caterva di errori tu as fait un tas de fautes.

catetère |kate'tɛre| s.m. (med.) cathéter.

cateterismo |katete'rizmo| s.m. (med.) cathétérisme.

cateterizzàre |kateterid'dzare| v. tr. [trattare, esplorare con il catetere] cathétériser.

catèto |ka'tɛto| s.m. (mat.) côté.

catgut |kætgʌt| s.m. inv. (ingl.) catgut var.

catilinària |katili'narja| s.f. (letter.) catilinaire → **filippica.**

catinèlla |kati'nɛlla| s.f. 1 [piccolo catino per lavarsi] cuvette ◇ loc. A CATINELLE [in gran quantità] en grande quantité, à foison # piove a catinelle il pleut à verse, à seaux ◇ (prov.) cielo a pecorelle, acqua a catinelle ciel pommelé, pluie assurée 2 → **catinellata.**

catinellàta |katinel'lata| s.f. pleine cuvette: una catinellata d'acqua une pleine cuvette d'eau.

catino |ka'tino| s.m. 1 [recipiente rotondo e concavo] cuvette f., bassine (f.): catino di plastica cuvette, bassine en plastique ◇ [contenuto di un catino] bassine: aggiungi un catino d'acqua ajoute une bassine d'eau 2 (geogr.) cuvette → 1 **bacino** 3 (arch.) cuvette 4 (fig.) [stadio, pista] stade.

catióne |kati'one| s.m. (chim., fis.) cation.

catoblèpa |kato'blɛpa| s.m. → **gnu.**

catòdico, ci, ca, che |ka'tɔdiko, tʃi, ka, ke| agg. cathodique: raggi catodici rayons cathodiques.

càtodo |'katodo| s.m. (fis.) cathode f.

catóne |ka'tone| s.m. → **censore.**

catoneggiàre |katoned'dʒare| v. intr. (aus. 'avere') (lett.) [ostentare rigidezza, intransigenza morale] s'ériger (3) pron. en censeur: proprio lui si mette a catoneggiare! et c'est lui qui s'érige en censeur!

catòrcio, i |ka'tɔrtʃo, i| s.m. 1 [chiusura a chiavistello] verrou: mettere, togliere il catorcio mettre, tirer le verrou 2 (fig., fam.) [attrezzo vecchio, malridotto] vieux clou: questa bicicletta è proprio un catorcio cette bicyclette est vraiment un vieux clou; la tua macchina è un catorcio ta voiture est un vieux clou ◇ [persona malandata] personne f. patraque: son ridotto un catorcio je suis devenu (une personne) patraque.

catramàre |katra'mare| v.tr. [ricoprire, spalmare di catrame] goudronner: catramare una strada goudronner une route.

catramàto |katra'mato| agg. [spruzzato, spalmato di catrame] goudronné.

catramatóre |katrama'tore| s.m. [operaio addetto alla catramatura] goudronneur.

catramatrìce |katrama'tritʃe| s.f. (tecnol.) goudronneuse.

catramatùra |katrama'tura| s.f. [→ CATRAMARE] goudronnage (m.): la catramatura delle strade le goudronnage des routes.

catràme |ka'trame| s.m. [sottoprodotto della distillazione dei carboni fossili o del legno] goudron: catrame di legna goudron de bois, végétal; catrame di carbone goudron de houille, coaltar.

catramista |katra'mista| s.m. → **catramatore.**

catramóso |katra'moso| agg. [che contiene catrame; simile al catrame] goudronneux*.

càttedra |'kattedra| s.f. 1 [complesso di tavolo, sedia e pedana di una aula scolastica] chaire, bureau (m.): il professore è già in cattedra le professeur est déjà en chaire, à son bureau ◇ (loc. fig.) montare, salire, stare in cattedra [assumere, mostrare un atteggiamento di autorità o di prestigio] prendre un ton doctoral 2 (per est.) [incarico d'insegnamento] chaire: vincere la cattedra di italiano obtenir la chaire d'italien # concorso a cattedre concours pour le professorat 3 (eccl.) chaire ◇ (per est.) cattedra vescovile [dignità di vescovo] chaire épiscopale; la cattedra di San Pietro [dignità di pontefice] la chaire de Saint Pierre 4 (ant.) → **seggio.**

cattedràle |katte'drale| 1 s.f. cathédrale: cattedrale classica, barocca cathédrale classique, baroque; la cattedrale di Reims la cathédrale de Reims; navata centrale, laterale di una cattedrale nef, bas-côté d'une cathédrale 2 agg. (eccl.) cathédral*: chiesa cattedrale église cathédrale; capitolo cattedrale chapitre cathédral.

cattedrànte |katte'drante| s. titulaire d'une chaire ◇ (spreg.) → **pedante.**

cattedraticaménte |kattedratika'mente| avv. d'un ton doctoral loc. inv.

cattedràtico, ci, ca, che |katte'dratiko, tʃi, ka, ke| agg. 1 insegnamento cattedratico [che si riferisce a una cattedra d'insegnamento] enseignement s.m. ◆ (s.) un cattedratico le titulaire d'une chaire 2 (fig.) [pedante, sostenuto] doctoral*: avere un tono cattedratico avoir un ton doctoral.

cattivàre |katti'vare| v.tr. [attirarsi, propiziarsi] gagner, conquérir (26): è riuscito a cattivare la fiducia di molti il a réussi à gagner, à conquérir la confiance de beaucoup → **ingraziar(si)** □ cattivarsi la simpatia di qc. s'attirer, gagner la sympathie de qqn.

cattivèllo |katti'vɛllo| 1 agg. un peu méchant, un peu coquin: sei un po' cattivello tu es un peu méchant, coquin ◆ (s.) un cattivello un petit coquin 2 s.m. [anello che sostiene il battacchio della campana] bélière f.

cattivèria |katti'vɛrja| s.f. [azione, espressione cattiva, perfida] méchanceté: è una vera cattiveria c'est de la pure méchanceté; gli ha detto delle cattiverie il lui a dit des méchancetés ◇ [disposizione malevola, malanimo] malveillance: guardare qc. con cattiveria regarder qqn. avec malveillance.

cattività |kattivi'ta| s.f. inv. (lett.) captivité var. (corr.): hanno vissuto a lungo in cattività ils ont vécu longtemps en captivité → **prigionia** ◇ (per est.) animali in cattività animaux en captivité.

cattivo |kat'tivo| I agg. 1 (persone) [disonesto, perverso, malvagio] méchant, mauvais: una persona cattiva une personne méchante; un cattivo soggetto un mauvais sujet; frequenta cattive compagnie il a de mauvaises fréquentations; in fondo non è cattivo au fond, il n'est pas méchant ◇ [maldisposto, scortese] non essere cattivo! ne sois pas méchant!; come sei cattivo con i ragazzi! (ce) que tu es méchant avec les enfants!; sei stato cattivo con noi tu as été méchant avec nous; siete cattivi d'animo vous êtes mauvais → **duro, spietato** ◇ [indocile, irrequieto] méchant: un ragazzo cattivo un garçon méchant; oggi siete stati cattivi aujourd'hui vous avez été méchants; che bambino cattivo! quel enfant méchant! → **capriccioso** 2 (cose) [disonesto, riprovevole, scorretto] mauvais: cattiva azione, condotta mauvaise action, conduite; intenzioni, inclinazioni cattive mauvaises intentions, mauvais penchants; hai dato il cattivo esempio tu as donné le mauvais exemple; questo è un cattivo consiglio voilà un mauvais conseil; si è rovinato con le cattive letture des mauvaises lectures l'ont démoli; vi siete messi sulla cattiva strada vous vous êtes mis sur une mauvaise pente ◇ [malevolo, scortese] cattive parole, maniere de mauvaises paroles, manières; un cattivo carattere un mauvais caractère → **scorbutico**; hanno il cuore cattivo ils sont mauvais → **duro**

un'insinuazione cattiva une insinuation perfide → **maligno, perfido**; *mi ha lanciato un'occhiata cattiva* il m'a lancé un coup d'œil méchant ◇ (*loc.*) *ottenere q.c. con le cattive* (*maniere*) [*in modo brusco, violento*] obtenir qqch. par la force ~ *convincere qc. con le buone o con le cattive* (*maniere*) convaincre qqn. par la douceur ou par la force **3** (*persone*) [*che non ha le doti, le capacità dovute*] méchant, mauvais: *una cattiva moglie* une femme méchante; *un cattivo padre di famiglia* un mauvais père de famille; *è un cattivo muratore* c'est un mauvais maçon → **incapace**; *sei un cattivo cliente* tu es un mauvais client ◇ (*cose*) [*insufficiente, scadente, difettoso*] mauvais: *memoria, vista cattiva* mauvaise mémoire, vue; *un metodo, un consiglio cattivo* une mauvaise méthode, un mauvais conseil → **sbagliato**; *merce cattiva, di cattiva qualità* marchandises de mauvaise qualité; *essere in cattivo stato, in cattive condizioni* être dans un mauvais état, dans de mauvaises conditions; *la strada è in cattivo stato* la route est en mauvais état, est mauvaise; *è stata una cattiva esecuzione* l'exécution a été mauvaise # *non mi dia frutta cattiva* ne me donnez pas de fruits pourris → 1 **guasto, marcio**; *ci hanno dato una cattiva sistemazione* ils nous ont mal logés → 1 **scomodo, inadeguato** ◇ [*negativo, sfavorevole*] *cattiva fama, reputazione* mauvaise réputation; *un voto, un risultato cattivo* une mauvaise note, un mauvais résultat; *ha un cattivo nome* il a une mauvaise réputation; *il raccolto è stato cattivo* la récolte a été mauvaise, pauvre # *si è fatto un cattivo giudizio di noi* il nous a mal jugés ◇ [*svantaggioso, dannoso*] *un cattivo affare, investimento* une mauvaise affaire, un mauvais investissement; *è stata una cattiva iniziativa* cela a été une mauvaise initiative **4** [*sgradevole, spiacevole*] mauvais: *un odore, un sapore cattivo* une mauvaise odeur, saveur; *mi ha fatto un cattivo effetto, una cattiva impressione* il m'a fait mauvais effet, une mauvaise impression ◇ (*clima*) *tempo, mare cattivo* temps mauvais, mer mauvaise; *aria cattiva* air mauvais → **malsano**; *la cattiva stagione* [*l'inverno*] la mauvaise saison; *è una cattiva stagione* c'est une mauvaise saison → **piovoso, freddo** ◇ [*non propizio; sfavorevole*] *sorte, fortuna cattiva* mauvais sort, mauvaise fortune; *è nato sotto una cattiva stella* il est né sous une mauvaise étoile; *ho un cattivo presentimento* j'ai un mauvais pressentiment → **doloroso**; *mi hai dato una cattiva notizia, un cattivo annuncio* tu m'as donné une mauvaise nouvelle ◇ [*indesiderato, increscioso, inopportuno*] *un cattivo incontro* une rencontre inopportune; *una cattiva serata* une mauvaise soirée; *abbiamo attraversato un cattivo momento* nous avons passé un mauvais moment → **difficile**; *hai scelto un cattivo momento* tu as choisi un moment inopportun; *siamo in una cattiva posizione* nous sommes dans une mauvaise position ◇ (*loc.*) *essere, navigare in cattive acque* être dans de mauvais draps **5** (*di stato fisico, di umore*) [*non buono; non soddisfacente*] mauvais: *cattiva salute, digestione* mauvaise santé, digestion; *una tosse, un'influenza cattiva* une mauvaise toux, grippe; *hai una cattiva cera* tu as mauvaise mine; *oggi sono di cattivo umore* aujourd'hui je suis de mauvaise humeur ◇ (*loc. fig.*) *farsi il sangue cattivo, cattivo sangue* (*per q.c.*) se faire du mauvais sang (pour qqch.) **II** *s.* **1** *s.* (*persone*) méchant: *i buoni e i cattivi* les bons et les méchants; *il mondo è pieno di cattivi* le monde est plein de mauvaises, de méchantes gens **2** *s.m.* [*la parte cattiva*] partie *f.* mauvaise: *scartare il cattivo di una mela* jeter la partie mauvaise d'une pomme # *un odore che sa di cattivo* une odeur qui sent mauvais **3** *s.* (*ant.*) → **prigioniero** Ⓒ 1; II 1, 2 **buono** 1, 2.

cattolicaménte |kattolika'mente| *avv.* catholiquement; conformément à la doctrine de l'Église catholique (*loc.*): *sposarsi cattolicamente* se marier catholiquement.

cattolicésimo |kattoli'tʃezimo| *s.m.* catholicisme: *un cattolicesimo austero* un catholicisme austère ◇ (*per est.*) [*i cattolici*] catholicité (*f.*): *cattolicesimo militante* catholicité militante.

cattolicità |kattolitʃi'ta| *s.f. inv.* **1** catholicité (*var.*): *fare appello alla cattolicità* faire appel à la catholicité **2** [*conformità alla dottrina cattolica*] catholicité.

cattòlico, ci, ca, che |kat'tɔliko, tʃi, ka, ke| *agg.* catholique: *la chiesa, la fede cattolica* l'église, la foi catholique; *un filosofo cattolico* un philosophe catholique; *l'associazione delle donne cattoliche* l'association des femmes catholiques ◇ (*per est.*) *Azione Cattolica Italiana* (*A.C.I.*) Action catholique italienne ✦ (*s.*) *un cattolico* un catholique: *non è un buon cattolico* ce n'est pas un bon catholique; *il partito dei cattolici* le parti des catholiques ◇ (*spec.*) *Sua Maestà Cattolicissima* Sa Majesté Très Catholique.

cattùra |kat'tura| *s.f.* **1** [→ CATTURARE 1] capture: *la cattura di un evaso* la capture d'un évadé **2** (*dir.*) *ordine, mandato di cattura* mandat d'arrêt; *spiccare un mandato di cattura contro qc.* lancer un mandat d'arrêt contre qqn. **3** (*geol.*) capture: *cattura fluviale* capture fluviale.

catturàre |kattu'rare| *v.tr.* **1** [*far prigioniero*] capturer: *catturare un ladro* capturer un voleur; *catturare un animale feroce* capturer un animal féroce; *il commando ha catturato cinque soldati nemici* le commando a capturé cinq soldats ennemis **2** [*sequestrare, confiscare*] confisquer, saisir: *catturare merce di contrabbando* confisquer, saisir des marchandises de contrebande **3** (*geol.*) (*fiumi*) [*far confluire, mediante erosione, un corso d'acqua nel proprio bacino*] capturer.

catulliàno |katul'ljano| *agg.* (*letter.*) de Catulle (*loc. inv.*): *odi catulliane* odes de Catulle # *stile catulliano* style à l'imitation, à la manière de Catulle.

caucàsico, ci, ca, che |kau'kaziko, tʃi, ka, ke| *agg.* [*del Caucaso*] caucasien*: *razza caucasica* race caucasienne; *lingue caucasiche* langues caucasiennes.

caucciù |kaut'tʃu| *s.m. inv.* **1** caoutchouc (*var.*): *caucciù naturale* cautchouc naturel → **gomma naturale**; *caucciù artificiale, vulcanizzato* caoutchouc artificiel, vulcanisé; *caucciù minerale* caoutchouc minéral, élatérite *f. var.* **2** (*tip.*) tissu *var.* caoutchouté.

caudàle |kau'dale| *agg.* caudal*: *pinna caudale* nageoire caudale.

caudatàrio, i |kauda'tarjo, i| *s.m.* (*eccl.*) caudataire.

Caudàti |kau'dati| *s.m. pl.* (*t.zool.*) Urodèles.

caudàto |kau'dato| *agg.* **1** [*fornito di coda*] caudé: *stella caudata* étoile caudée → **cometa** **2** (*letter.*) *sonetto caudato* sonnet de plus de quatorze vers.

caudillo |kau'diʎo| *s.m. inv.* (*sp.*) caudillo *var.*

caudino |kau'dino| *agg.* (*st. rom.*) *Forche Caudine* Fourches Caudines ◇ (*loc. fig.*) *passare sotto le Forche Caudine* passer sous les Fourches Caudines.

càule |'kaule| *s.m.* (*bot.*) caule *f.*

caulescènte |kauleʃ'ʃɛnte| *agg.* (*bot.*) caulescent.

càusa |'kauza| *s.f.* **1** cause: *la fretta è causa di confusione* la hâte est cause de confusion; *il ghiaccio è causa di molti incidenti* la glace est cause de nombreux accidents; *dobbiamo risalire alle cause di queste disfunzioni* nous devons remonter aux causes de ces troubles → **cagione, motivo** ◇ (*persone*) [*responsabilità; colpa*] faute: *per causa mia, tua...* par ma, ta faute...; *siamo in ritardo per causa vostra* nous sommes en retard par votre faute ◇ *loc.* A, PER CAUSA DI... à cause de: *non possiamo venire a, per causa del maltempo* nous ne pouvons pas venir à cause du mauvais temps ~ *per causa di forza maggiore* pour cause de force majeure ~ *senza causa* sans cause, sans raison → **ragione, motivo** ~ ESSERE LA CAUSA DI être la cause de: *è stato la causa di tutti i miei guai* cela a été la cause de tous mes ennuis ◇ (*prov.*) *chi è causa del suo mal pianga sé stesso* si tu as fait ton malheur, ne t'en prends qu'à toi-même **2** (*filos., corr.*) cause: *cause prossime, remote* causes proches, lointaines; *risalire alle cause prime di un fatto* remonter aux causes premières d'un fait; *concatenazione di cause ed effetti* enchaînement des causes et des effets; *cause materiali, formali, finali* causes matérielles, formelles, finales; *la causa prima* [*Dio*] la Cause première **3** (*gram.*) *complemento di causa, complemento di causa efficiente* complément de cause **4** (*dir.*) [*motivazione, ragione*] *causa lecita, di onore* cause licite, d'honneur ◇ (*loc.*) *giusta causa* juste cause; *licenziamento per giusta causa* licenciement pour juste cause ~ *concorso di causa* concours de cause ~ *avente causa* ayant cause **5** (*dir.*) [*questione, controversia*] cause: *esame di una causa* examen d'une cause; *causa pendente* cause pendante; *vincere, perdere una causa* gagner, perdre une cause; *affidare una causa a un avvocato* confier une cause à un avocat # *essere in causa con qc.* être en procès avec qqn. ◇ [*azione legale*] plainte; procès (*m.*): *far causa a qc.* déposer une plainte contre qqn. ‖ *intentare una causa contro qc.* intenter un procès à, contre qqn. ◇ [*processo*] cause, procès: *cause civili, penali* causes civiles, criminelles; procès civils, criminels; *essere testimone in una causa* être témoin dans un procès ◇ (*loc. fig.*) *essere* (*parte*) *in causa* être (partie) en cause ~ *mettere in causa qc.* mettre qqn. en cause ~ *mettere fuori causa* mettre hors de cause ~ *una causa persa* une cause perdue ~ (*iron.*) *avvocato delle cause perse, sballate* avocat des causes perdues ~ *dar causa vinta* donner gain de cause ~ *parlare, agire con cognizione di causa* parler, agir en connaissance de cause **6** [*interesse, aspirazione; ideale*] cause: *sostenere la causa dei popoli del Terzo Mondo* soutenir la cause des peuples du Tiers-Monde; *abbracciare, sposare una causa* embrasser, épouser une cause; *difendere una causa ingiusta* défendre une cause injuste; *hanno tradito la nostra causa* ils ont trahi notre cause ◇ (*loc.*) *far causa comune con qc.* faire cause commune avec qqn.

causàle |kau'zale| *agg.* **1** causal*: *principio, elemento causale* principe, élément causal; *c'è un rapporto, un nesso causale* il y a un rapport, un lien causal ♦ (*s.f.*) *la causale di un delitto* le mobile *m.* d'un crime → **movente**; *la causale di un versamento* la cause d'un versement → **motivo, giustificazione** **2** (*gram.*) causal: *proposizione causale* proposition causale; *congiunzioni causali* conjonctions causales ♦ (*s.f.*) *una causale* une proposition causale *agg.*

causalismo |kauza'lizmo| *s.m.* (*filos.*) causalisme.

causalità |kauzali'ta| *s.f. inv.* causalité *var.*

causàre |kau'zare| *v.tr.* [*far succedere, provocare*] causer; provoquer: *causare dei danni* causer des dégâts; *causare dolore* causer du chagrin ‖ *un corto circuito ha causato l'incendio* un court-circuit a provoqué l'incendie; *l'industrializzazione ha causato cambiamenti nella società* l'industrialisation a provoqué des changements dans la société; *lo sciopero ha causato molti disagi* la grève a provoqué beaucoup d'inconvénients → **originare, produrre.**

causatìvo |kauza'tivo| *agg.* (*gram.*) causatif*.

'causeuse' |kozøz| *s.f. inv.* causeuse *var.*

causìdico, ci |kau'zidiko, tʃi| *s.m.* (*dir. mediev.*) homme de loi ◇ (*iron.*) [*avvocato di poco valore*] avocaillon.

càustica, che |'kaustika, ke| *s.f.* (*fis.*) caustique.

causticaménte |kaustika'mente| *avv.* [→ CAUSTICO 2] de façon caustique *loc. inv.*, d'une manière mordante *loc. inv.*

causticità |kaustitʃi'ta| *s.f. inv.* (*chim.*) causticité (*var.*): *la causticità degli acidi* la causticité des acides ◇ (*fig.*) *la causticità di una satira* la causticité d'une satire → **mordacità.**

càustico, ci, ca, che |'kaustiko, tʃi, ka, ke| *agg.* **1** (*chim.*) caustique: *soda, potassa caustica* soude, potasse caustique ♦ (*s.m.*) *un caustico* un caustique **2** (*fig.*) caustique: *satira caustica* moquerie caustique; *discorso, tono caustico* discours, ton caustique → **mordace, pungente.**

cautaménte |kauta'mente| *avv.* [*con prudenza, con cautela*] prudemment, avec circonspection (*loc. inv.*): *bisogna agire cautamente* il faut agir prudemment, avec circonspection; *parlare cautamente* parler avec circonspection.

cautèla |kau'tɛla| *s.f.* **1** [*prudenza, circospezione*] circonspection, prudence: *parlare, agire con cautela* parler, agir avec circonspection, avec prudence **2** (*per est.*) [*accorgimento, precauzione*] précaution: *ho preso le dovute cautele* j'ai pris les précautions nécessaires → **avvertenza** **3** (*dir. ant.*) cautèle.

1 **cautelàre** |kaute'lare| *agg.* pris par mesure de prudence # *adottare misure cautelari* adopter des mesures de prudence; *provvedimento cautelare* mesures préventives ◇ (*dir. rom.*) *giurisprudenza cautelare* droit conservatoire.

2 **cautelàre** |kaute'lare| **A** *v.tr.* [*prendere iniziative per rendere sicuro, garantito q.c.*] préserver, protéger (8) (3): *cautelare la propria fortuna* préserver sa fortune; *cautelare gli interessi della propria moglie* protéger, préserver les intérêts de sa femme; *cautelare la propria libertà* protéger sa liberté → **difendere** **B** *v.pron. rifl.* CAUTELARSI [*premunirsi, difendersi*] se défendre (53), se prémunir: *cautelarsi dal freddo* se défendre du froid, se prémunir contre le froid; *ci siamo cautelati contro eventuali inadempienze* nous nous sommes prémunis contre d'éventuelles défaillances.

cautelatìvo |kautela'tivo| *agg.* → 1 **cautelare.**

cautèrio, i |kau'tɛrjo, i| *s.m.* (*chir.*) cautère.

cauterizzàre |kauterid'dzare| *v.tr.* (*chir.*) [*trattare, bruciare con il cauterio*] cautériser: *cauterizzare una ferita* cautériser une blessure.

cauterizzazióne |kauteriddzat'tsjone| *s.f.* [→ CAUTERIZZARE] (*chir.*) cautérisation.

càuto |'kauto| *agg.* [*prudente, accorto*] (*persone*) prudent; circonspect: *un uomo cauto* un homme prudent; *siate cauti!* soyez prudents! → **guardingo** ‖ *essere troppo cauti* être trop circonspects # *andar cauto* [*agire con prudenza*] agir avec circonspection ◇ (*cose*) compté; modéré: *a passi cauti* à pas comptés ‖ *fare un discorso cauto* faire un discours modéré **C** **incauto, imprudente.**

cauzionàle |kauttsjo'nale| *agg.* (*comm.*) cautionnaire # *deposito cauzionale* cautionnement.

cauzionàre |kauttsjo'nare| *v.tr.* [*garantire con cauzione*] cautionner.

cauzióne |kaut'tsjone| *s.f.* (*comm.*) caution: *libertà dietro cauzione* liberté sous caution; *versare una cauzione* verser une caution # *depositare del denaro in cauzione* déposer de l'argent en gage ◇ (*dir.*) cautionnement (*m.*): *firmare una cauzione* signer un cautionnement.

càva |'kava| *s.f.* **1** (*min.*) carrière: *cava di gesso, di marmo* carrière de craie (plâtrière, crayère), de marbre (marbrière); *cava sotterranea* carrière souterraine # *cava di prestito* ballastière **2** (*fig.*) [*gran quantità di q.c.*] mine: *è una cava di informazioni* c'est une mine de renseignements # *ha una cava di soldi* il remue l'argent à la pelle **3** (*mecc.*) *cava di chiavetta* rainure de clavette.

cavachiòdi |kava'kjɔdi| *s.m. inv.* arrache-clou *var.*, tire-clou *var.*

cavadènti |kava'dɛnti| *s.m. inv.* arracheur* *s. var.* de dents → **dentista** ◇ (*spreg.*) [*dentista di poco valore*] arracheur de dents.

cavafàngo, ghi |kava'fango, gi| *s.m.* [*macchina per scavare il fondo fangoso di canali, porti*] drague *f.* → **draga.**

cavalcàbile |kaval'kabile| *agg.* **1** [→ CAVALCARE A 1] qu'on peut chevaucher *loc.* **2** [→ CAVALCARE A 2] cavalier*: *sentiero cavalcabile* piste, allée cavalière.

cavalcàre |kaval'kare| **A** *v.tr.* **1** [*montare un animale da sella*] monter, chevaucher: *cavalcare un asino* monter, chevaucher un âne; *cavalcare un purosangue* monter, chevaucher un pur-sang ◇ (*loc. fig.*) *cavalcare una tigre* [*cercare di controllare una situazione oltremodo difficile; abbracciare una causa buttandovisi a capofitto*] se lancer (2) *pron.* dans: *cavalcare la tigre del femminismo, della contestazione* se lancer dans le féminisme, dans la contestation **2** [*valicare, sovrastare un ostacolo, un fiume e sim.*] enjamber: *un ponte che cavalca un fiume* un pont qui enjambe un fleuve **B** *v. intr.* (*aus.* 'avere') **1** [*andare a cavallo*] monter, chevaucher: *cavalcare a bisdosso, cavalcare senza sella* monter à cru ◇ [*praticare l'equitazione*] faire (45) *tr.* du cheval **2** [*viaggiare a cavallo*] chevaucher.

cavalcàta |kaval'kata| *s.f.* **1** [*passeggiata, corsa a cavallo*] chevauchée: *una lunga cavalcata* une longue chevauchée # *fare una cavalcata* faire une promenade à cheval ◇ (*fig.*) promenade: *fare una veloce cavalcata attraverso la letteratura russa* faire une rapide promenade à travers la littérature russe **2** [*corsa, gara di persone a cavallo*] chevauchée, cavalcade.

cavalcatóre, trice |kavalka'tore, tritʃe |s. [*persona abile, resistente nel cavalcare*] cavalier*: *è un cavalcatore di grande stile* c'est un cavalier de grand style; *è una cavalcatrice eccezionale* c'est une cavalière exceptionnelle.

cavalcatùra |kavalka'tura| *s.f.* [*l'animale che si cavalca*] monture: *gli è capitata un'ottima cavalcatura* il a eu une excellente monture.

cavalcavìa |kavalka'via| *s.m. inv.* passage *var.* supérieur, aérien: *i cavalcavia della circonvallazione* les passages supérieurs, aériens du boulevard extérieur; *il cavalcavia dell'autostrada* le passage supérieur, aérien de l'autoroute # *il cavalcavia fra i due corpi della costruzione* le passage suspendu, surélevé entre les deux corps de la construction.

cavalcióni (a) |akaval'tʃoni| *loc. avv.* **1** [*nella posizione di chi sta a cavallo, con una gamba di qua e l'altra di là*] à califourchon: *a cavalcioni di una panca, di un muro* à califourchon sur un banc, sur un mur; *salire, mettersi a cavalcioni* monter, se mettre à califourchon **2** [*seduto con le gambe accavallate*] les jambes croisées: *stava con le gambe a cavalcioni* il avait les jambes croisées **3** [*a cavalluccio*] sur le dos: *il bambino si faceva portare a cavalcioni* l'enfant se faisait porter sur le dos.

cavalieràto |kavalje'rato| *s.m.* **1** dignité *f.* de chevalier **2** titre de chevalier.

cavalière |kava'ljɛre| *s.m.* **1** [*uomo che va a cavallo*] cavalier* (*s.*): *cavaliere provetto* cavalier expérimenté; *il cavallo imbizzarrito disarcionò il cavaliere* le cheval emballé désarçonna le cavalier **2** [*soldato o armato a cavallo*] cavalier:

esercito di fanti e cavalieri armée de fantassins et de cavaliers **3** (*st. mediev.*) chevalier: *le avventure dei cavalieri erranti* les aventures des chevaliers errants; *armare qc. cavaliere* armer, recevoir qqn. chevalier; *diventare cavaliere* devenir chevalier ◇ (*letter.*) *il cavaliere senza macchia e senza paura* [*Baiardo*] le chevalier sans peur et sans reproche; *i cavalieri della Tavola Rotonda* les chevaliers de la Table Ronde ◇ (*fig., lett.*) *farsi cavaliere degli oppressi* se faire le chevalier des opprimés **4** [*uomo che dimostra premura, cortesia per una donna*] chevalier: *galanteria da cavaliere* galanterie de chevalier; *cavalier servente* [*corteggiatore*] chevalier servant → **cicisbeo**; *comportarsi da cavaliere* être un vrai chevalier # *sii cavaliere, cedile il posto!* sois galant, cède-lui ta place ◇ [*uomo che accompagna una donna a feste e sim., o che balla con lei*] cavalier: *avere un cavaliere fisso* avoir un cavalier fixe; *fare da cavaliere a una donna* être le cavalier d'une femme, servir de cavalier à une dame; *per questa sera vi farò da cavaliere* pour ce soir je serai votre cavalier **5** (*st. gr., rom.*) chevalier **6** [*membro di ordine cavalleresco*] chevalier: *cavaliere di Malta* chevalier de Malte; *cavaliere del Santo Sepolcro* chevalier du Saint-Sépulcre **7** [*membro e titolo di un ordine onorifico*] chevalier: *cavaliere della Legion d'onore* chevalier de la Légion d'honneur # *un cavaliere del lavoro* un chevalier de l'Ordre national du Mérite ◇ (*fig., spreg.*) *cavaliere d'industria* [*truffatore*] chevalier d'industrie **8** (*nelle ant. fortificazioni*) *piano a cavaliere* plan cavalier *agg.* **9** (*mecc.*) cavalier **10** *loc. avv.* A CAVALIERE: *stare a cavaliere di una valle* [*in una posizione intermedia, culminante*] dominer, surplomber une vallée ◇ (*fig.*) *a cavaliere di due secoli* à cheval sur deux siècles.

cavalierino |kavalje'rino| *s.m.* **1** petit cavalier **2** [*piccolo peso fissato alla bilancia*] cavalier **3** [*targhetta applicata alle schede in uno schedario*] cavalier.

cavàlla |ka'valla| *s.f.* **1** [*femmina del cavallo*] jument **2** (*mar.*) grand-voile d'étai.

cavallàio, i |kaval'lajo, i| *s.m.* **1** [*custode di un branco di cavalli*] gardien de chevaux ◇ (*cavalli da corsa*) lad **2** [*mercante di cavalli*] maquignon.

cavallànte |kaval'lante| *s.m.* **1** [*guardiano di cavalli*] gardien de chevaux **2** (*region.*) [*chi conduce, impiega cavalli per servizi di trasporto*] voiturier **3** [*procaccia a cavallo*] facteur (à cheval).

cavallàro |kaval'laro| *s.m.* → **cavallaio 1**.

cavalleggèro |kavalled'dʒɛro| *s.m.* chevau-léger: *dei cavalleggeri* des chevau-légers.

cavallerescaménte |kavalleresca'mente| *avv.* [→ CAVALLERESCO 2] chevaleresquement, de façon chevaleresque *loc. inv.*

cavallerésco, chi, ca, che |kavalle'resko, ki, ka, ke| *agg.* **1** chevaleresque: *imprese cavalleresche* gestes chevaleresques; *letteratura cavalleresca* littérature chevaleresque # *torneo cavalleresco* tournoi de chevaliers; *ordine cavalleresco* ordre de chevalerie; *codice cavalleresco* code de l'honneur; *onorificenza cavalleresca* distinctions honorifiques **2** (*per est., fig.*) [*nobile, leale*] chevaleresque, généreux*: *un gesto cavalleresco* un geste chevaleresque, généreux; *sentimenti cavallereschi* des sentiments généreux.

cavalleria |kavalle'ria| *s.f.* **1** (*mil.*) cavalerie: *cavalleria leggera, pesante* cavalerie légère, grosse cavalerie; *carica di cavalleria* charge de cavalerie ◇ (*loc. fig., scherz.*) *passare in cavalleria* [*riferito a cosa prestata e non resa o comunque data per persa*] *le mille lire che gli hai prestato sono passate in cavalleria!* les mille lires que tu lui as prêtées, tu peux leur dire adieu! **2** (*st. mediev.*) chevalerie: *l'istituzione della cavalleria* l'institution de la chevalerie **3** (*fig.*) [*nobiltà, generosità, lealtà*] noblesse: *gli ha dimostrato la sua cavalleria* il lui a démontré sa noblesse ◇ [*galanteria*] manière chevaleresque, galanterie: *comportarsi con cavalleria* se conduire d'une manière chevaleresque, avec galanterie.

cavallerizza |kavalle'rittsa| *s.f.* [*luogo per esercizi di equitazione*] manège *m.* → **maneggio**.

cavallerizzo |kavalle'rittso| *s.* **1** *s.* [*chi cavalca bene e abitualmente*] cavalier* **2** *s.m.* [*chi insegna a cavalcare*] écuyer, professeur d'équitation **3** *s.* [*acrobata in un circo*] écuyer*, cavalier d'un cirque **4** *s.m.* (*ant.*) *cavallerizzo maggiore* [*sovrintendente alle scuderie reali*] grand écuyer.

1 **cavallétta** |kaval'letta| *s.f.* **1** (*t. zool.*) criquet *m.*, sauterelle ~ *cavalletta migratrice* → **locusta** ~ *cavalletta del deserto* pèlerin *m.* **2** (*fig.*) [*persona avida*] cupide *s.*, grippe-sou *m.*

2 **cavallétta** |kaval'letta| *s.f.* **1** (*mar.*) foc *m.* d'artimon **2** (*fig.*) [*inganno*] mauvais tour *m.* ◇ (*loc.*) *fare la cavalletta a qc.* [*frodarlo*] jouer un mauvais tour à qqn.

cavallétto |kaval'letto| *s.m.* **1** [*supporto che serve a tenere all'altezza voluta l'oggetto su cui si lavora*] chevalet: *cavalletto della lavagna* chevalet du tableau noir; *cavalletto del pittore* chevalet du peintre; *cavalletto del muratore* chevalet, tréteau du maçon # *cavalletto della macchina fotografica* trépied; *cavalletto di sostegno* (*per motocicli*) béquille; *cavalletto di una tettoia* ferme d'une toiture **2** [*strumento di tortura*] chevalet (de torture) **3** (*tecnol.*) pylône, support, pilier **4** [*gruppo di covoni affastellati nel campo*] moyette *f.* **5** [*il cavalletto della mitragliatrice, di un cannone*] affût de la mitrailleuse, d'un canon.

cavallina |kaval'lina| *s.f.* **1** [*puledra, giovane cavalla*] pouliche **2** (*loc. fig.*) *correre la cavallina* [*darsi a una vita di divertimenti, piaceri* (*spec. in amore*)] mener une vie de bâton de chaise, courir la prétentaine **3** [*gioco infantile*] saute-mouton (*m.*): *giocare alla cavallina* jouer à saute-mouton **4** [*attrezzo ginnico*] mouton *m.*, cheval *m.* d'arçons.

1 **cavallìno** |kaval'lino| *agg.* **1** [*sim. a quello del cavallo*] chevalin: *profilo cavallino* profil chevalin **2** (*t.zool.*) *mosca cavallina* taon *s.m.* ◇ (*per est.*) [*persona molesta*] raseur* *s.*, rasoir *s. inv.* **3** *tosse cavallina* [*pertosse*] coqueluche *s.f.* **4** [*equino*] chevalin: *razza cavallina* race chevaline.

2 **cavallìno** |kaval'lino| *s.m.* **1** [*cavallo piccolo, giovane*] poulain **2** [*pelle del puledro usata in pellicceria*] poulain: *tappeto di cavallino* tapis de poulain **3** (*mar.*) tonture *f.* **4** (*mecc.*) petit cheval, cheval alimentaire.

cavàllo |ka'vallo| *s.m.* **1** (*t.zool.*) cheval* (*corr.*): *cavallo da corsa, da sella, da maneggio* cheval de course, de selle, de manège; *cavallo da monta* cheval reproducteur; *cavallo da soma, da tiro* cheval de somme, de trait; *cavallo baio, bianco, sauro, morello* cheval bai, blanc, saure, moreau; *cavallo di razza, puro sangue* cheval de race, pur sang; *andare a cavallo* aller à cheval; *cavalcare un cavallo a pelo* monter un cheval à cru; *mettere il cavallo al passo, al trotto* mettre le cheval au pas, au trot; *lanciare un cavallo a tutta velocità* lancer un cheval à fond de train; *il cavallo si è impennato* le cheval s'est cabré ◇ (*gioco*) *cavallo a dondolo* cheval à bascule ◇ (*st. mitol.*) *il cavallo di Troia* le cheval de Troie ◇ (*mil.*) *i cavalli di frisia* les chevaux de frise **2** *loc.* A FERRO DI CAVALLO en fer à cheval: *tavola a ferro di cavallo* table en fer à cheval ~ *a cavallo!, tutti a cavallo!* à cheval!, tous à cheval! ~ *stare a cavallo di q.c.* être à cheval, à califourchon sur qqch. ~ (*fig.*) *febbre, medicina da cavallo* fièvre, remède de cheval ~ *cavallo di battaglia* cheval de bataille ~ *una dose da cavallo* une dose de cheval ~ *stare a cavallo fra due secoli, fra due epoche* être à cheval entre deux siècles, entre deux époques ~ ESSERE A CAVALLO [*in una situazione favorevole, sicura*] n'avoir plus rien à craindre: *ora che il peggio è passato, sono a cavallo* maintenant que le pire est passé, je n'ai plus rien à craindre; *ormai siamo a cavallo!* maintenant ça y est, nous n'avons plus rien à craindre! ~ *viaggiare col cavallo di S. Francesco* [*a piedi*] voyager, aller à pied ◇ (*prov.*) *campa cavallo che l'erba cresce* compte là-dessus et bois de l'eau fraîche ~ *a caval donato non si guarda in bocca* à cheval donné on ne regarde pas la denture ~ *l'occhio del padrone ingrassa il cavallo* l'œil du maître engraisse le cheval **3** (*macelleria*) cheval **4** (*fis., corr.*) *cavallo vapore* cheval (vapeur); *è un motore a, di 45 cavalli* c'est un moteur de 45 chevaux ◇ (*per est.*) *cavalli fiscali* chevaux fiscaux **5** [*attrezzo per ginnastica*] cheval d'arçon **6** [*l'inforcatura dei pantaloni, delle mutande*] entrejambe: *questi pantaloni sono corti di cavallo* ce pantalon est un peu court d'entrejambe **7** [*pezzo del gioco degli scacchi*] cavalier **8** [*figura delle carte da gioco italiane*] dame *f.*

cavallóna |kaval'lona| *s.f.* (*fig.*) [*donna eccessivamente alta e priva di grazia*] grande bringue, grand cheval *m.*

cavallóne |kaval'lone| *s.m.* **1** gros cheval **2** grosse vague (*f.*): *i cavalloni sbattevano la barca* les grosses vagues heurtaient la barque **3** (*fig.*) [*persona alta e sgraziata*] grand dadais.

cavallòtto |kaval'lɔtto| *s.m.* clou à deux pointes, crampillon, cavalier.

cavallùccio, i |kaval'luttʃo, i| *s.m.* **1** petit cheval* ◇ *loc.* A CAVALLUCCIO [*seduto sulle spalle di qc. con una* *gamba di qua e l'altra di là del collo*] (à cheval) sur les épaules: *portare un bambino a cavalluccio* porter un enfant (à cheval) sur les épaules **2** [*cavallo debole e malandato*] *haridelle *f.* **3** (*t. zool.*) *cavalluccio marino* → **ippocampo.**

cavalòcchio, i |kava'lɔkkjo, i| *s.m.* **1** [*chi conduceva piccole cause senza il titolo richiesto; avvocato incompetente, disonesto*] avocaillon → **leguleio** **2** (*region.*) → **libellula.**

cavapiètre |kava'pjɛtre| *s.m. inv.* [*persona addetta a spaccare, a cavare la pietra nelle cave*] carrier *var.* ♦ (*agg. inv.*) *operai cavapietre* ouvriers carriers.

cavàre |ka'vare| **A** *v.tr.* **1** [*tirar fuori, estrarre*] arracher, tirer: *cavare le patate dal campo* arracher les pommes de terre (du champ); *quanto vino hai cavato?* combien de vin as-tu tiré?; *cavar suoni da uno strumento* [*ricavare, ottenere*] tirer des sons d'un instrument; *farsi cavare un dente* se faire arracher une dent □ *cavarsi un dente, una spina da un piede* s'arracher une dent, une epine du pied # *cavar sangue* [*salassare*] saigner ◇ (*fig.*) [*ottenere, strappare a fatica*] tirer; soutirer: *cavar le parole di bocca a qc.* (*con le tenaglie*) tirer les vers du nez à qqn. ‖ *non sono riuscito a cavargli 100 lire!* je ne suis pas arrivé à lui soutirer 100 lires! ◇ (*loc. fig.*) *non* (*riuscire a*) *cavare un ragno da un buco* [*non concludere nulla*] n'arriver à rien ~ (*voler*) *cavare il sangue da una rapa* [*pretendere ciò che è impossibile*] (vouloir) décrocher la lune ~ *cavarsi gli occhi* [*azzuffarsi con violenza*] s'arracher les yeux ~ *cavarsi gli occhi sui libri* [*leggere molto, in modo esagerato*] se crever les yeux sur des livres ~ *cavarsi i bocconi di bocca* [*privarsi del necessario*] s'ôter le pain de la bouche **2** (*indumenti*) [*togliersi di dosso*] ôter, enlever (6) □ *cavarsi la giacca, i calzini* ôter, enlever sa veste, ses chaussettes; *cavati il cappello!* enlève ton chapeau! **3** (*fig.*) [*togliere, levar via*] tirer: *cavare un amico dagli impicci* tirer un ami d'embarras □ *mi son cavato una grossa spina dal cuore* je me suis ôté une grosse épine du pied ◇ [*soddisfare, saziare*] □ *cavarsi la fame, la sete* calmer sa faim, étancher sa soif; *voglio cavarmi questa soddisfazione* je veux me donner cette satisfaction **4** [*ricavare, ottenere*] tirer: *spero di cavarci fuori un buon profitto* j'espère en tirer un bon profit **5** *loc.* CAVARSELA [*superare soddisfacentemente un rischio, un pericolo*] s'en tirer: *spero di cavarmela con poche spese* j'espère m'en tirer à bon compte; *te la sei cavata per miracolo, per il rotto della cuffia* tu t'en es tiré par miracle, de justesse; *stai tranquillo, ce la caveremo anche questa volta* sois tranquille, nous nous en tirerons aussi cette fois-ci; *non te la caverai sempre così facilmente* tu ne t'en tireras pas toujours aussi facilement ◇ [*tirare avanti alla meglio*] s'en sortir: '*come vanno i tuoi vecchi*'? '*ancora se la cavano*' 'comment vont tes vieux parents?' 'ils s'en sortent encore' **B** *v.intr.* (*aus.* '*avere*') (*scherma*) [*svincolare la lama da una presa dell'avversario*] dégager (3) *tr.* le fer.

cavastivàli |kavasti'vali| *s.m. inv.* [*arnese per togliersi gli stivali*] tire-botte (*var.*): *dei cavastivali* des tire-bottes.

cavàta |ka'vata| *s.f.* **1** [→ CAVARE A 1] extraction # *cavata di sangue* saignée → **salasso** ◇ (*fig.*) [*forte spesa; tassa gravosa*] saignée **2** (*mus.*) émission: *cavata di voce* émission de voix.

cavatàppi |kava'tappi| *s.m. inv.* [*strumento per togliere i tappi da bottiglie, fiaschi*] tire-bouchon (*var.*): *dei cavatappi* des tire-bouchons.

cavatìna |kava'tina| *s.f.* **1** (*mus.*) cavatine **2** (*fig.*) [*ripiego, trovata ingegnosa*] expédient (*m.*): *è stata una bella cavatina la tua* tu as trouvé un bel expédient, toi.

cavatóre |kava'tore| *s.m.* [*operaio che lavora in una cava*] (ouvrier) carrier.

cavatrìce |kava'tritʃe| *s.f.* (*tecnol.*) mortaiseuse.

cavatùberi |kava'tuberi| *s.m. inv.* (*agr.*) arracheuse *f. var.*

cavatùra |kava'tura| *s.f.* → **scavo.**

cavaturàccioli |kavatu'rattʃoli| *s.m. inv.* → **cavatappi.**

cavazióne |kavat'tsjone| *s.f.* (*scherma*) dégagement *m.*

càvea |'kavea| *s.f.* (*archeol.*) cavea.

cavédano |ka'vedano| *s.m.* (*t. zool.*) chevesne, chevaine, chevenne.

cavèdio, i |ka'vɛdjo, i| *s.m.* **1** (*arch.*) cour *f.* intérieure **2** (*st. rom.*) cavedium.

cavèrna |ka'vɛrna| *s.f.* **1** (*geol.*) caverne: *esplorare una caverna* explorer une caverne ◇ (*loc.*) *uomo delle caverne*: (*pr.*) homme des cavernes; (*fig.*) [*persona rozza*] homme des bois **2** (*per est.*) [*casa povera e buia*] taudis (*m.*): *abitare in una caverna* habiter dans un taudis → **topaia** **3** (*per est.*) [*cavità buia*] galerie: *le talpe hanno scavato delle caverne* les taupes ont creusé des galeries ◇ (*scherz.*) *ha una bocca che sembra una caverna* il a une bouche qui a l'air d'un four **4** (*med.*) caverne: *caverna polmonare* caverne pulmonaire.

cavernìcolo |kaver'nikolo| *s.m.* **1** homme des cavernes: *i cavernicoli della preistoria* les hommes des cavernes de la préhistoire → **troglodita** ♦ (*agg.*) *l'uomo cavernicolo* l'homme des cavernes # *la fauna cavernicola* la faune cavernicole **2** (*fig., spreg.*) [*persona rozza*] sauvage: *comportarsi da cavernicolo* se conduire en sauvage.

cavernosità |kavernosi'ta| *s.f. inv.* **1** [*parte cavernosa di q.c.; cavità*] cavité (*var.*): *la cavernosità del luogo* les cavités du lieu **2** [*il fatto di essere cavernoso*] cavité: *le cavernosità di una montagna* les cavités d'une montagne ◇ (*fig.*) *la cavernosità di una voce* la gravité d'une voix **3** (*anat.*) cavité, caverne (*var.*): *cavernosità polmonari* cavités, cavernes pulmonaires.

cavernóso |kaver'noso| *agg.* **1** caverneux*: *una montagna cavernosa* une montagne caverneuse **2** (*fig.*) [*cupo, roco*] caverneux: *voce, tosse cavernosa* voix, toux caverneuse **3** (*anat.*) *corpi cavernosi* corps caverneux.

cavétto |ka'vetto| *s.m.* petit câble.

cavézza |ka'vettsa| *s.f.* **1** [*estremità libera della fune con cui si lega una bestia per il capo*] licou *m.* ◇ (*loc. fig.*) *avere la cavezza alla gola* [*essere costretti*] avoir le couteau sur, sous la gorge ~ *prender qc. per la cavezza* [*costringerlo a fare q.c.*] tirer, mener qqn. par le licou; forcer la main à qqn. ~ *tenere qc. a cavezza* tenir qqn. en bride, en laisse → **freno, briglia** ~ *rompere la cavezza* n'avoir plus de frein ~ *togliere a qc. la cavezza* laisser à qqn. la bride sur le cou, lâcher la bride à qqn. **2** corde qui lie l'appeau.

càvia |'kavja| *s.f.* **1** (*t.zool.*) cobaye *m.* **2** (*fig.*) cobaye: *uomo cavia* homme cobaye; *fare da cavia* servir de cobaye (*fam.*) ♦ (*agg.*) *uomo cavia* homme cobaye *appos.*

caviàle |ka'vjale| *s.m.* [*uova di salmone trattate*] caviar.

cavìcchia |ka'vikkja| *s.f.* **1** (*tecnol.*) boulon *m.*, éclisse **2** grosse cheville **3** (*anat. animale*) protubérance frontale.

cavìcchio, i |ka'vikkjo, i| *s.m.* **1** [*legno appuntito con cui si praticano buchi nel terreno per seminare, piantare erbaggi*] plantoir **2** [*piolo delle scale di legno portatili*] échelon, barreau **3** [*cuneo di legno usato per turare fori in mura, navi, ecc.*] cheville *f.* **4** [*legno che si pianta nel terreno per sostenere le reti degli uccelli*] piquet, fiche *f.* **5** (*anat. animale*) → **cavicchia** 3 **6** (*fig.*) [*scusa, pretesto*] excuse (*f.*): *avere un cavicchio per ogni buca* avoir toujours une excuse toute prête.

cavìglia |ka'viʎʎa| *s.f.* **1** (*anat., corr.*) cheville: *frattura della caviglia* fracture de la cheville; *slogarsi una caviglia* se fouler une cheville; *avere una distorsione a una caviglia* avoir une entorse à une cheville ◇ (*per est.*) *un abito lungo fino alle caviglie* une robe qui arrive à la cheville **2** (*mar.*) rayon (*m.*): *la caviglia del timone* le rayon du gouvernail **3** (*tecnol.*) cheville ◇ (*ferr.*) tire-fond *m. inv.*

cavigliàre |kaviʎ'ʎare| *v.tr.* (*tecnol.*) [*fissare, congiungere con una caviglia* (3)] cheviller.

cavigliatóio, i |kaviʎʎa'tojo, i| *s.m.* (*tess.*) chevilloir.

caviglièra |kaviʎ'ʎɛra| *s.f.* **1** [*fascia elastica protettiva che si mette attorno alla caviglia*] chevillière **2** (*mar.*) râtelier *m.* de manœuvre.

cavillàre |kavil'lare| *v.intr.* (*aus.* '*avere*') [*ricorrere a cavilli, sottilizzare eccessivamente*] chicaner *intr. e tr.*, ergoter: *trovava da cavillare su tutto* il trouvait à chicaner, à ergoter sur tout # *a forza di cavillare abbiamo perso di vista l'essenziale* à force de couper les cheveux en quatre, nous avons perdu de vue l'essentiel.

cavillatóre, trice |kavilla'tore, tritʃe| *s. e agg.* [*chi tende a cavillare*] chicanier*, ergoteur*.

cavìllo |ka'villo| *s.m.* [*argomento sottile e capzioso*] chicane *f.*, ergoterie (*f.*): *cavillo giuridico* chicane, avocasserie; *non è certo con simili cavilli che riuscirai a convincerlo* ce n'est pas avec de telles chicanes, de telles ergoteries que tu arriveras à le convaincre # *cercare, usare, ricorrere a cavilli* ergoter sur des vétilles, chercher des poux dans la tête de qqn.

cavillosaménte |kavilloza'mente| *avv.* [→ CAVILLOSO] captieusement.

cavillosità |kavillosi'ta| *s.f. inv.* → **cavillo.**

cavillóso |kavil'loso| *agg.* **1** (*persone*) [*che ricorre a cavilli*] chicanier*, chicaneur*: *è un tipo cavilloso* c'est un type chicanier, chicaneur; *procuratore, giudice cavilloso* procureur, juge chicaneur **2** (*cose*) [*fondato su cavilli*] captieux*: *ragionamento, discorso cavilloso* raisonnement, discours captieux.

cavità |kavi'ta| *s.f. inv.* **1** cavité *var.*, creux (*m.*): *le cavità del suolo* les cavités, les creux du sol; *rifugiarsi in una cavità della roccia* se réfugier dans un creux de la roche → **buca, buco** **2** (*anat.*) cavité: *cavità toracica, addominale* cavité thoracique, abdominale ◇ (*fis.*) *cavità risuonante* cavité résonnante ◇ (*med.*) *cavità di un tumore* cavité d'une tumeur.
cavitàrio, i |kavi'tarjo, i| *agg.* (*med.*) cavitaire.
cavitazióne |kavitat'tsjone| *s.f.* (*fis.*) cavitation.
1 **càvo** |'kavo| **1** *agg.* [*incavato, scavato*] creux*: *un tronco cavo* un tronc creux ◇ (*anat.*) *osso cavo* os creux; *le vene cave* les veines caves **2** *s.m.* [*spazio vuoto concavo, cavità*] creux: *il cavo della mano* le creux de la main ◇ (*anat.*) *il cavo orale* la cavité *f.* orale.
2 **càvo** |'kavo| *s.m.* **1** [*grossa corda*] câble: *cavo metallico, sintetico, di canapa* câble métallique, synthétique, de chanvre: *cavo di sollevamento, di trazione* câble de levage, de traction; *avvolgere, svolgere un cavo* enrouler, filer (mouiller) un câble → **fune** **2** (*elettr.*) câble: *cavo telefonico, telegrafico* câble téléphonique, télégraphique; *i cavi dell'alta tensione* les câbles de la haute tension.
cavobuòno |kavo'bwɔno| *s.m.* (*mar.*) guinderesse (*f.*): *dei cavibuoni* des guinderesses.
1 **cavolàia** |kavo'laja| *s.f.* champ *m.* de choux.
2 **cavolàia** |kavo'laja| *s.f.* (*t.zool.*) piéride du chou.
cavolàio, i |kavo'lajo, i| *s.m.* marchand *s.* de choux.
cavolàta |kavo'lata| *s.f.* (*fam.*) [*sciocchezza, corbelleria*] connerie (*volg.*), bêtise (*corr.*).
cavolfióre |kavol'fjore| *s.m.* (*t.bot.*) chou-fleur: *dei cavolfiori* des choux-fleurs; *cavolfiore gratinato* du chou-fleur au gratin.
càvolo |'kavolo| *s.m.* **1** (*t.bot.*) chou* ~ *cavolo cappuccio* chou pommé, cabus ~ *cavolo broccolo* → **broccolo** ~ *cavolo di Bruxelles* chou de Bruxelles ~ *cavolo fiore* → **cavolfiore** ~ *cavolo verza, cavolo verzotto* → **verza** **2** [*la parte commestibile*] chou: *minestra di cavoli* soupe aux choux; *cavoli in umido, in padella* choux en sauce, à la casserole **3** *loc. fig.* (*sono*) *cavoli riscaldati* [*cosa vecchia che si vuol far passare per nuova*] (c'est) du réchauffé ~ *andar a piantar cavoli* aller planter ses choux ~ (*pop.*) *andare a ingrassare i cavoli* [*essere sepolto*; *morire*] manger les pissenlits par la racine ~ *salvare capra e cavoli* [*uscire da una situazione imbarazzante*] ménager la chèvre et le chou ~ *c'entra come i cavoli a merenda* [*non è pertinente, non c'entra per niente*] ça arrive comme des cheveux sur la soupe ~ (*pop.*) *fare i cavoli propri* [*badare ai propri casi*] s'occuper de ses oignons: *tu, fatti i cavoli tuoi!* toi, occupe-toi de tes oignons! **4** (*loc. fig., pop.*) *testa di cavolo* [*persona stupida, imbecille*] bête à manger du foin **5** (*fam.*) (*in espressioni neg., con valore raff.*) [*niente, nulla*] (*quella cosa*) *non vale un cavolo* (cette chose) ne vaut pas un clou; *non mi importa un cavolo* je m'en moque comme de l'an quarante, je m'en fous royalement; *non diceva, non faceva un cavolo* il ne disait, ne faisait rien, que dalle ◇ (*loc.*) *col cavolo, che gli faccio quel favore!* [*per nulla, affatto*] des clous, que je lui rendrai ce service! ~ *un discorso, un libro del cavolo* [*che non vale niente*] un discours qui ne vaut pas un clou, un livre à la noix (de coco) ✦ (*ass.*) *cavolo, è una cosa che non mi piace affatto!* diable, je n'aime pas ça du tant!
càzza |'kattsa| *s.f.* **1** (*tecnol.*) creuset *m.* **2** (*mil.*) cuiller à canon **3** [*mestolo metallico*] louche, cuiller.
cazzàre |kat'tsare| *v.tr.* (*mar.*) [*tendere la vela*] border.
cazzaruòla |kattsa'rwɔla| *s.f.* → **casseruola.**
cazzàta |kat'tsata| *s.f.* (*volg.*) → **cavolata.**
càzzo |'kattso| *s.m.* (*volg.*) → **pene** ✦ (*inter. volg.*) → **cavolo** 5.
cazzottàta |kattsot'tata| *s.f.* (*pop.*) volée de coups.
cazzòtto |kat'tsɔtto| *s.m.* **1** coup (de poing): *prendere qc. a cazzotti* rouer qqn. de coups, cogner qqn.; *dare, prendersi un cazzotto sul naso, sulla bocca* donner, recevoir un coup sur le nez, sur la bouche; *fare a cazzotti* échanger des coups **2** tabac à mâcher, à chiquer.
cazzuòla |kat'tswɔla| *s.f.* [*arnese* (*del muratore*) *per stendere la calcina*] truelle.
ce |tʃe| **I** *pron. pers. 1ª pers. plur.*; *compl. indiretto* **1** [*a noi*] nous: *ce lo ha detto* il nous l'a dit; *ce la darà domani* il nous la donnera demain; *ce li spedirà subito* il nous les expédiera tout de suite; *ce le restituirà al più presto* il nous les rendra au plus tôt ◇ (*nelle forme dell'imper. aff.*) *ditecelo subito* dites-le-nous tout de suite; *datecele appena potete* donnez-les-nous dès que vous pourrez; *speditecelì al più presto* envoyez-les-nous au plus vite; *restituitecele subito* rendez-les-nous tout de suite **2** (*con valore pleon.*; *non si traduce in fr.*) *se lo vedete, salutatecelo* si vous le voyez, saluez-le; *ce l'hai un romanzo da prestarmi?* as-tu un roman à me prêter?; *ce li siamo comperati noi stessi* nous les avons achetés nous-mêmes; *ce ne hai messo del tempo!* tu en as mis du temps! **II** (*in unione alla particella pron. 'ne'*) y en: *ce ne sono solo due* il n'y en a que deux; *ce ne sarebbe ancora molto da vedere* il y en aurait encore beaucoup à voir; *ce ne sono voluti molti* il y en a fallu beaucoup; *ce ne vorrebbe un altro* il y en faudrait un autre **III** *avv.* [*in quel luogo, qui*] y: *ce l'ho portato io* c'est moi qui l'y ai amené ◇ [*da qui*] en: *ce ne siamo andati presto* nous en sommes vite partis; *ce ne partiremo subito* nous en partirons tout de suite.
cèca, che |'tʃɛka, ke| *s.f.* **1** [*anguilla appena nata*] civelle → **anguilla** **2** (*tecnol.*) fraisure.
cecàggine |tʃe'kaddʒine| *s.f.* **1** affaiblissement *m.* de la vue **2** (*fig.*) → **balordaggine, sciocchezza.**
cecàle |tʃe'kale| *agg.* (*anat.*) cæcal*.
1 **cécca, che** |'tʃekka, ke| *s.f.* → **gazza.**
2 **cécca, che** |'tʃekka, ke| *s.f.* → **cilecca.**
cecchìno |tʃek'kino| *s.m.* [*tiratore scelto, che spara di sorpresa*] franc-tireur: *dei cecchini* des francs-tireurs.
céce |'tʃetʃe| *s.m.* **1** (*t.bot.*) pois chiche ◇ [*il seme commestibile*] (*minestra di*) *pasta e ceci* (soupe aux) pâtes et (aux) pois chiches **2** (*loc. fig.*) *avere il cece nell'orecchio* [*essere sordo*] être dur de la feuille ~ *non saper tenere un cece in bocca* [*non saper conservare un segreto*] ne pas savoir tenir sa langue **3** [*piccola escrescenza carnosa*] verrue *f.*; caroncule *f.*
cecìdio, i |tʃe'tʃidjo, i| *s.m.* (*bot.*) cécidie *f.*
cecità |tʃetʃi'ta| *s.f. inv.* **1** cécité (*var.*): *cecità congenita, temporanea* cécité congénitale, temporaire; *essere colpito da cecità* être frappé, atteint de cécité **2** (*fig.*) [*incapacità di comprendere*] cécité, aveuglement (*m. var.*): *la cecità degli uomini* la cécité, l'aveuglement des hommes Ⓒ 2 **perspicacia.**
1 **cèco, chi** |'tʃɛko, ki| *agg. e s.* → **cieco.**
2 **cèco, chi** |'tʃɛko, ki| **1** *agg.* [*della Boemia e Moravia*] tchèque: *lingua, letteratura ceca* langue, littérature tchèque **2** (*s.m.*) *il ceco* [*la lingua*] le tchèque.
cecoslovàcco, chi, ca, che |tʃekozlo'vakko, ki, ka, ke| *agg.* [*della Cecoslovacchia*] tchécoslovaque.
cècubo |'tʃɛkubo| *s.m.* cécube.
cedènte |tʃe'dɛnte| *s.* (*dir.*) cédant.
cedènza |tʃe'dɛntsa| *s.f.* (*banca*) baisse.
cèdere |'tʃɛdere| **A** *v.intr.* (*aus. 'avere'*) **1** [*arretrare, non resistere, soccombere*] céder (8): *la guarnigione cedette dopo un mese* la garnison céda un mois après; *il suo organismo ha ceduto al male* son organisme a cédé au mal ◇ (*fig.*) *ha ceduto alla tentazione, allo sconforto* il a cédé à la tentation, au découragement ✦ (*ass.*) *è ostinato*: *non vuole cedere* il est têtu: il ne veut pas céder **2** [*rompersi, deformarsi* (*riferito a oggetti, a costruzioni*)] céder: *il piolo della scala ha ceduto* le barreau a cédé; *questa pelle sta cedendo* cette peau commence à céder ◇ [*crollare*] s'effondrer (*pron.*): *c'è pericolo che il pavimento ceda* il y a le danger que ce parquet s'effondre **B** *v.tr.* **1** [*mettere, lasciare q.c. a disposizione*] céder: *cedere il passo* céder le pas; *ti cedo il mio posto* je te cède ma place; *mi cede il turno?* me cédez-vous votre tour, s'il vous plaît? ◇ (*fig.*) *cedere le armi* se rendre *pron.* **2** [*trasferire a qc. diritti, azioni, titoli*] céder: *ha ceduto la sua impresa commerciale* il a cédé son entreprise; *vuol cedere il negozio* il veut céder son magasin ◇ (*dir.*) *cedere un credito* céder, transférer (8) une créance Ⓒ A **resistere.**
cedévole |tʃe'devole| *agg.* **1** [*che cede facilmente*] malléable: *metallo cedevole* métal malléable # *ramo cedevole* branche flexible; *terreno cedevole* terrain mouvant, instable → **pieghevole, deformabile**; *cigli cedevoli* accotements non stabilisés **2** (*fig.*) [*arrendevole, docile*] malléable, docile: *carattere, temperamento cedevole* caractère, tempérament malléable, docile.
cedevolézza |tʃedevo'lettsa| *s.f.* **1** [*possibilità di cedere, di piegarsi*] malléabilité: *cedevolezza dei metalli* malléabilité des métaux → **duttilità** # *la cedevolezza di un terreno* la nature instable d'un terrain **2** (*fig.*) [*arrendevolezza*] malléabilité: *cedevolezza di un carattere* malléabilité d'un caractère → **docilità.**

cedibile |tʃe'dibile| *agg.* (*dir.*) [→ CEDERE B 2] cessible: *diritto, bene cedibile* droit, bien cessible.
cedibilità |tʃedibili'ta| *s.f. inv.* (*dir.*) cessibilité (*var.*): *cedibilità di un diritto, di una azione* cessibilité d'un droit, d'une action.
cediglia |tʃe'diʎʎa| *s.f.* (*ling.*) cédille.
cediménto |tʃedi'mento| *s.m.* **1** [→ CEDERE A 2] affaissement: *un* (*improvviso*) *cedimento della volta, della diga* un (subit) affaissement de la voûte, de la digue; *un cedimento del terreno* un affaissement du terrain ◇ (*mil.*) *il cedimento del fronte* le repli des lignes de front **2** (*fig.*) [→ CEDERE A 1] affaissement, fléchissement: *cedimento morale, della volontà* affaissement, fléchissement moral, de la volonté; *continueremo imperterriti, senza nessun cedimento* nous continuerons imperturbables, sans aucun fléchissement.
ceditóre, trice |tʃedi'tore, tritʃe| *s.* → **cedente.**
cèdola |'tʃɛdola| *s.f.* **1** (*econ.*) coupon (*m.*): *cedola di dividendo, di rendita* coupon de dividende, de rente; *staccare, riscuotere una cedola* détacher, percevoir un coupon ◇ (*dir.*) cédule **2** (*ferr.*) fiche.
cedolàre |tʃedo'lare| **1** *agg.* cédulaire: *imposta cedolare* impôt cédulaire; *cedolare secca* cédulaire sèche **2** (*s.f.*) *la cedolare* l'impôt *m.* cédulaire.
cedràta |tʃe'drata| *s.f.* sirop *m.* de cédrat.
cedràto |tʃe'drato| *agg.* qui a le goût du cédrat *loc.*, au cédrat *loc. inv.*
cedréto |tʃe'dreto| *s.m.* [*terreno piantato a cedri*; *bosco di cedri*] cédraie *f.*
cédro |'tʃedro| *s.m.* (*t.bot.*) cédratier ◇ [*il frutto*] cédrat: *essenza di cedro* essence de cédrat ◇ [*il legno*] cèdre.
cedróne |tʃe'drone| *agg. e s.m.* (*gallo*) *cedrone* → **urogallo.**
cedronèlla |tʃedro'nɛlla| *s.f.* (*pop.*) → **melissa.**
ceduazióne |tʃeduat'tsjone| *s.f.* (*silvicoltura*) taille.
cèduo |'tʃɛduo| *agg. e s.m.* (*bosco*) *ceduo* [*che viene tagliato periodicamente*] (bois) taillis.
cefalèa |tʃefa'lɛa| *s.f.* (*med.*) céphalée, céphalalgie.
-cefalia |tʃefa'lia| *suff.* (*significa 'testa', corrisponde gener. a*) céphalie: *branchicefalia* brachycéphalie.
cefàlico, ci, ca, che |tʃe'faliko, tʃi, ka, ke| *agg.* céphalique: *vena cefalica* veine céphalique; *polo, indice, dolore cefalico* pôle, indice, douleur céphalique.
cèfalo- |'tʃɛfalo| *pref.* (*significa 'testa', corrisponde gener. a*) céphalo: *Cefalopodi* Céphalopodes.
-cèfalo |'tʃɛfalo| *suff.* (*significa 'testa', corrisponde gener. a*) céphale: *dolicocefalo* dolichocéphale.
cèfalo |'tʃɛfalo| *s.m.* (*t.zool.*) muge, mulet → **muggine.**
Cefalocordàti |tʃefalokor'dati| *s.m. pl.* (*t.zool.*) Céphalocordés.
Cefalòpodi |tʃefa'lɔpodi| *s.m. pl.* (*t.zool.*) Céphalopodes.
cefalorachidèo |tʃefaloraki'dɛo| *agg.* céphalo-rachidien*: *liquido cefalorachideo* liquide céphalo-rachidien.
cefalorachidiàno |tʃefaloraki'djano| *agg.* → **cefalorachideo.**
ceffàta |tʃef'fata| *s.f.* → **ceffone.**
cèffo |'tʃɛffo| *s.m.* **1** (*raro*) [*muso di animale*] mufle, museau → **muso,** grugno **2** (*per est., spreg.*) [*viso umano brutto, dall'espressione malvagia*] sale tête *f.*, mine *f.* patibulaire: *si spaventò davanti a quel brutto ceffo* il eut peur devant cette sale tête, cette mine patibulaire ◇ [*persona sinistra, poco rassicurante*] individu louche: *si sentiva seguito da due ceffi poco raccomandabili* il se sentait suivi par deux individus louches peu recommandables.
ceffóne |tʃef'fone| *s.m.* [*schiaffo violento*] gifle (*f.*): *mollare, affibbiare un ceffone* flanquer une gifle; *prendere qc. a ceffoni* donner des gifles à qqn, gifler qqn. → **scapaccione.**
celacànto |tʃela'kanto| *s.m.* (*t. zool.*) cœlacanthe.
celàre |tʃe'lare| *v.tr. e pron. rifl.* (*raro, lett.*) → **nascondere.**
celàta |tʃe'lata| *s.f.* [*specie di elmo senza cimiero né cresta*] salade.
celataménte |tʃelata'mente| *avv.* [→ CELATO] secrètement, en cachette *loc. inv.* © **apertamente.**
celàto |tʃe'lato| *agg.* **1** (*solo in loc.*) [*nascosto*] caché: *sentimenti mal celati* sentiments mal cachés # *con invidia mal celata* avec une envie mal dissimulée; *non aveva saputo tenere celate le sue intenzioni* il n'avait pas su cacher son jeu, dissimuler ses intentions **2** (*lett.*) → **nascosto.**
-cèle |'tʃɛle| *suff.* (*indica 'tumefazione non maligna', corrisponde gener. a*) cèle: *varicocele* varicocèle.
celebèrrimo |tʃele'bɛrrimo| *agg.* [*molto famoso, illustre*] très célèbre, illustre.
celebraménto |tʃelebra'mento| *s.m.* → **celebrazione.**
celebrànte |tʃele'brante| (*agg. e s.m.*) *il* (*sacerdote*) *celebrante* le (prêtre) célébrant.
celebràre |tʃele'brare| *v.tr.* **1** (*detto di rito, cerimonie e sim.*) [*compiere, svolgere*] célébrer (8): *celebrare la messa* célébrer la messe; *celebrare le nozze, il matrimonio* célébrer les noces, le mariage; *oggi si celebra la festa del santo patrono* aujourd'hui on célèbre la fête du saint patron ✦ *ass.* [*dir messa*] *oggi celebrerà il vescovo* aujourd'hui l'évêque officiera ◇ (*dir.*) *celebrare un processo* faire un procès **2** [*commemorare* (*una ricorrenza*)] célébrer: *celebrare una felice ricorrenza* célébrer une commémoration heureuse; *celebrare le nozze d'argento* célébrer les noces d'argent; *celebrare la vittoria* célébrer la victoire → **festeggiare 3** [*esaltare, elogiare pubblicamente*] célébrer: *celebrare le imprese di un eroe* célébrer les exploits d'un héros.
celebrativo |tʃelebra'tivo| *agg.* [*diretto a celebrare, a esaltare*] de circonstance *loc. inv.*; commémoratif*: *un discorso celebrativo* un discours de circonstance ‖ *francobollo celebrativo* timbre commémoratif; *un rito celebrativo* un rite commémoratif.
celebràto |tʃele'brato| *agg.* [*esaltato, elogiato*] célèbre: *uno dei più celebrati pittori, artisti* un des peintres, artistes les plus célèbres; *è un prodotto molto celebrato* c'est un produit très célèbre.
celebratóre, trice |tʃelebra'tore, tritʃe| *s.* (*raro*) [*glorificatore, esaltatore*] glorificateur* (*lett.*): *Dante è il celebratore degli ideali del medioevo* Dante est le glorificateur des idéaux du moyen âge ✦ *agg.* (*raro*) *la poesia epica, celebratrice delle imprese dei popoli* la poésie épique, glorificatrice des exploits des peuples.
celebrazióne |tʃelebrat'tsjone| *s.f.* **1** [→ CELEBRARE 1] célébration: *la celebrazione della messa, del matrimonio* la célébration de la messe, du mariage **2** [→ CELEBRARE 2] célébration: *la celebrazione della vittoria, dei caduti* la célébration de la victoire, des morts → **commemorazione 3** [→ CELEBRARE 3] exaltation: *un discorso che mirava alla celebrazione dell'attività della ditta, dell'impresa* un discours qui visait à l'exaltation des activités de la firme, de l'entreprise → **elogio.**
cèlebre |'tʃɛlebre| *agg.* célèbre, fameux*: *un celebre artista* un artiste célèbre, fameux; *un celebre uomo politico* un homme politique célèbre; *un quadro celebre* un tableaux fameux; *è un professionista non ancora celebre, ma competente* c'est un professionnel pas encore célèbre, mais compétent ◇ (*spreg.*) *un celebre bandito* un fameux bandit → **famigerato** © **oscuro.**
celebrità |tʃelebri'ta| *s.f. inv.* **1** célébrité (*var.*): *la celebrità di un'opera, di un nome* la célébrité d'une œuvre, d'un nom; *giungere alla celebrità* parvenir à la célébrité → **fama, popolarità 2** [*persona celebre*] célébrité: *nel suo campo è una celebrità* dans son domaine, c'est une célébrité; *al ricevimento c'erano tutte le celebrità dello spettacolo* à la réception il y avait toutes les célébrités du spectacle.
Celenteràti |tʃelente'rati| *s.m. pl.* (*t.zool.*) Cœlentérés.
cèlere |'tʃɛlere| **I** *agg.* **1** [*veloce, rapido*] rapide: *un mezzo celere di trasporto* un moyen de transport rapide ◇ (*med.*) *polso celere* pouls rapide **2** [*che si compie in breve tempo*] accéléré: *corso celere di dattilografia* cours accéléré de dactylographie **II** *s.f.* [*reparto di pronto intervento delle forze di Pubblica Sicurezza*] police secours: *chiamare la celere* appeler la police secours; *è intervenuta la celere* la police secours est intervenue.
celerimensùra |tʃelerimen'sura| *s.f.* → **tacheometria.**
celerìmetro |tʃele'rimetro| *s.m.* → **tacheometro.**
celerino |tʃele'rino| *s.m.* agent de la police secours.
celerità |tʃeleri'ta| *s.f. inv.* célérité *var.*, rapidité (*var.*): *agire con una sorprendente celerità* agir avec une étonnante célérité, rapidité → **velocità** ◇ (*med.*) *la celerità del polso* le rythme *m.* du pouls.
celerménte |tʃeler'mente| *avv.* [*con rapidità, con celerità*] rapidement # *fare q.c. celermente* faire qqch. en deux temps trois mouvements © **lentamente.**
celèsta |tʃe'lɛsta| *s.f* (*mus.*) celesta *m.*
celèste |tʃe'lɛste| *agg.* **1** céleste: *la volta celeste* la voûte céleste; *i corpi celesti* les corps célestes; *i fenomeni celesti* les phénomènes célestes **2** [*divino, soprannaturale*] céleste: *la grazia celeste* la grâce céleste; *il Padre celeste* [*Dio*] le Père céleste # *il regno celeste* le royaume des cieux ◇ (*per est.*) [*sublime, celestiale*] *la bellezza celeste di una fanciulla* la beauté céleste d'une jeune fille; *un'armonia celeste* une har-

monie céleste **3** [*il colore del cielo sereno*] bleu clair (*inv.*): *un abito* (*color*) *celeste* une robe bleu clair → **azzurro** **4** (*mus.*) *registro celeste dell'organo, dell'armonium* voix céleste de l'orgue, de l'harmonium.

celestiàle |tʃeles'tjale| *agg.* **1** [*ineffabile, incantevole*] céleste: *bellezza, sorriso celestiale* beauté, sourire céleste → **divino, paradisiaco** ◇ (*iron.*) *con la sua celestiale ingenuità...* avec sa merveilleuse ingénuité... **2** (*raro*) [*del paradiso*] céleste: *le anime celestiali* les esprits célestes.

1 **celestìno** |tʃeles'tino| *agg.* [*di colore celeste chiaro*] bleu pâle: *un vestito celestino* une robe bleue pâle → **azzurrino** ✦ (*s.m.*) *celestino* bleu pâle.

2 **celestìno** |tʃeles'tino| *s.m.* (*relig. catt.*) célestin.

3 **celestìno** |tʃeles'tino| *s.m.* (*mus.*) → **celesta**.

celétto |tʃe'letto| *s.m.* (*teat.*) frise *f.*

cèlia |'tʃɛlja| *s.f.* [*scherzo gener. verbale, burla*] plaisanterie: *senza celia* toute plaisanterie à part; *dire, fare una cosa per celia* dire, faire une chose par plaisanterie, par manière de plaisanterie; *ha retto alla celia* [*ha accettato lo scherzo*] il a bien pris la plaisanterie # *mettere in celia qc.* [*burlarlo, canzonarlo*] plaisanter sur qqn., à propos de qqn., tourner qqn. en ridicule.

celìaco, ci, ca, che |tʃe'liako, tʃi, ka, ke| *agg.* (*anat.*) cœliaque: *arteria celiaca* tronc cœliaque.

celiàre |tʃe'ljare| *v.intr.* (*aus.* '*avere*') (*spec. tosc. o lett.*) [*fare, dire q.c.per celia; scherzare*] plaisanter: *non te la prendere!, stavo celiando* ne te fâche pas!, je plaisantais.

celibàto |tʃeli'bato| *s.m.* célibat: *celibato ecclesiastico* célibat ecclésiastique; *vivere in stato di celibato* vivre dans le célibat.

cèlibe |'tʃɛlibe| *agg.* célibataire: *è ancora celibe* il est encore célibataire ✦ (*s.m.*) *un vecchio celibe* un vieux célibataire.

celidònia |tʃeli'dɔnja| *s.f.* (*t.bot.*) chélidonie.

cèlla |'tʃɛlla| *s.f.* **1** cellule: *la cella dei frati, dei monaci* la cellule des moines; *la cella dei carcerati* la cellule des détenus ◇ (*per est.*) *cella di rigore, di punizione* cellule disciplinaire, de punition **2** (*archeol.*) cella: *la cella del tempio greco* la cella du temple grec **3** [*piccolo vano, adibito a vari usi*] chambre: *la cella frigorifera* la chambre frigorifique # *la cella campanaria* la cage du clocher ◇ (*zool.*) *le celle del favo* les cellules, les alvéoles *m.* du rayon de miel **4** (*elettr.*) *cella elettrolitica* cellule électrolytique.

cellerà(r)io, i |tʃelle'ra(r)jo, i| *s.* [*in un convento, frate addetto alla dispensa*] cellérier*.

cellière |tʃel'ljɛre| *s.m.* cellier.

cèllofan |'tʃɛllofan| *s.m. inv.* (*marchio depositato*) cellophane (*f. var.*): *formaggio sigillato in cellofan* fromage sous cellophane.

cèllula |'tʃɛllula| *s.f.* **1** (*biol.*) cellule: *cellule vegetali, animali* cellules végétales, animales; *cellule nervose, muscolari* cellules nerveuses, musculaires ◇ (*fig.*) *la famiglia, cellula della società* la famille, cellule de la société → **fondamento, base** **2** (*aer., mar.*) cellule **3** (*fis.*) *cellula fotoelettrica* cellule photo-électrique → **fotocellula** **4** (*polit.*) *le cellule del partito comunista* les cellules du parti communiste.

cellulàre |tʃellu'lare| *agg.* **1** cellulaire: *struttura, riproduzione cellulare* structure, reproduction cellulaire; *piante cellulari* plantes cellulaires **2** [*diviso in vani, cellule*] en cellules (*loc.*): *una nave a doppio fondo cellulare* un navire à double fond en cellules ◇ (*fig.*) *organizzazione cellulare di un partito* organisation en cellules d'un parti **3** (*sistema carcerario*) cellulaire: *un* (*carcere*) *cellulare* une prison cellulaire; *un* (*furgone*) *cellulare* une voiture cellulaire; *segregazione cellulare* ségrégation cellulaire **4** (*tess.*) *tessuto cellulare* cellular *s.m.* ✦ (*s.m.*) *cellulare* (*tipo di tessuto*) cellular.

cellulite |tʃellu'lite| *s.f.* cellulite.

cellulìtico, ci, ca, che |tʃellu'litiko, tʃi, ka, ke| *agg.* cellulitique.

cellulòide |tʃellu'lɔide| *s.f.* (*marchio depositato*) celluloïd (*m.*): *giocattoli di celluloide* jouets en celluloïd ◇ (*per est.*) [*l'attività cinematografica*] cinéma (*m.*): *il mondo, i divi della celluloide* le monde, les vedettes du cinéma, de la pellicule.

cellulósa |tʃellu'losa| *s.f.* cellulose.

cellulòsico, ci, ca, che |tʃellu'lɔziko, tʃi, ka, ke| *agg.* cellulosique: *vernice cellulosica* vernis cellulosique.

cellulòsio, i |tʃellu'lɔzjo, i| *s.m.* → **cellulosa**.

cellulóso |tʃellu'loso| *agg.* (*miner.*) cellulaire: *tessuto celluloso* tissu cellulaire.

1 **cèltico, ci, ca, che** |'tʃɛltiko, tʃi, ka, ke| **1** *agg.* [*dei Celti*] celte, celtique: *l'arte celtica* l'art celte; *il popolo celtico* le peuple celtique **2** (*s.m.*) *il celtico* [*la lingua*] le celtique.

2 **cèltico, ci, ca, che** |'tʃɛltiko, tʃi, ka, ke| *agg.* (*nella loc.*) *mal celtico* [*sifilide*] mal français, de Naples.

celtismo |tʃel'tizmo| *s.m.* (*ling.*) mot, tournure *f.* d'origine celte.

cembalista |tʃemba'lista| *s.* **1** cymbalier *m.*, cymbaliste (*raro*) **2** claveciniste.

cémbalo |'tʃembalo| *s.m.* (*mus.*) **1** cymbalum, czimbalum **2** clavecin.

cementànte |tʃemen'tante| *agg.* [*che ha la proprietà di unire, cementare*] cémenteux*: *materiale cementante* matériau cémenteux ✦ (*s.m.*) *un cementante* une matière *f.* cémenteuse *agg.*

cementàre |tʃemen'tare| *v.tr.* **1** (*edil.*) [*saldare, fissare con cemento e sim.*] cimenter: *cementare i mattoni di un muro* cimenter les briques d'un mur; *cementare un gancio nel muro* cimenter un crochet dans le mur ◇ [*ricoprire con cemento*] *cementare un pavimento, un assito* cimenter un sol, un parquet **2** (*metall.*) [*rendere più consistente con speciali procedimenti*] cémenter: *cementare la ghisa* cémenter la fonte ◇ (*min.*) [*rendere impermeabile con iniezioni di cemento*] cimenter: *cementare uno scavo* cimenter une fouille **3** (*fig.*) [*rafforzare, consolidare*] cimenter: *cementare una amicizia* cimenter une amitié; *il loro amore è stato cementato da dure esperienze comuni* leur amour a été cimenté par de dures expériences communes.

cementatùra |tʃementa'tura| *s.f.* (*tecnol.*) cimentage *m.*

cementazióne |tʃementat'tsjone| *s.f.* [→ CEMENTARE 2] cémentation.

cementerìa |tʃemente'ria| *s.f.* → **cementificio.**

cementière |tʃemen'tjɛre| *s.m.* **1** [*operaio che lavora in un cementificio*] cimentier → **cementiero** **2** industriel du ciment.

cementièro |tʃemen'tjɛro| *agg. e s.m.* cimentier *s.m.*

cementifìcio, i |tʃementi'fitʃo, i| *s.m.* [*fabbrica di cemento*] cimenterie *f.*

cementista |tʃemen'tista| *s.m.* [*operaio che esegue elementi prefabbricati di cemento*] cimentier.

cementite |tʃemen'tite| *s.f.* cémentite.

cementìzio, i |tʃemen'tittsjo, i| *agg.* **1** du ciment (*loc. inv.*): *industria cementizia* industrie du ciment, cimenterie *s.f.* **2** en ciment (*loc. inv.*): *costruzione con materiale cementizio* construction en ciment.

ceménto |tʃe'mento| *s.m.* **1** (*miner., edil., corr.*) ciment: *cemento normale, pronto* ciment normal, prompt; *cemento a rapida presa, a presa lenta* ciment à prise rapide, à prise lente; *cemento-amianto* amiante-ciment # *cemento armato* béton armé **2** (*fig.*) [*elemento di unione; fattore di coesione*] ciment: *la sincerità, l'onestà è il cemento dell'amicizia* la sincérité, l'honnêteté est le ciment de l'amitié **3** (*anat.*) cément **4** (*odontoiatria*) ciment.

céna |'tʃena| *s.f.* **1** [*pasto della sera*] dîner (*m.*): *cena lauta, frugale, intima* dîner copieux, frugal, intime; *una cena a lume di candela* un dîner aux chandelles; *dare una cena* donner un dîner; *invitare qc. a cena* inviter qqn. à dîner; *saltare la cena* sauter le dîner ◇ [*l'ora di tale pasto*] *prima di cena, dopo cena* avant le dîner, après le dîner; *rientrare a casa per la cena* rentrer à la maison pour le dîner **2** (*relig. catt.*) *la Cena* [*l'ultima Cena*] la Cène ◇ (*arts.*) '*l'Ultima Cena*' *di Leonardo da Vinci* 'la Cène' de Léonard de Vinci.

cenàcolo |tʃe'nakolo| *s.m.* **1** (*relig. crist.*) cénacle ◇ (*arts.*) *il 'Cenacolo' di Leonardo da Vinci* la 'Cène' de Léonard de Vinci → **cena** 2 **2** (*fig.*) *un cenacolo di artisti, di letterati* un cénacle d'artistes, d'hommes de lettres.

cenàre |tʃe'nare| *v.intr.* (*aus.* '*avere*') [*consumare il pasto della cena*] dîner: *cenare in casa, fuori, all'aperto* dîner chez soi, dehors, en plein air.

cenciàio, i |tʃen'tʃajo, i|, **cenciaiòlo** |tʃentʃa'jɔlo| *s.m.* [*chi raccoglie e rivende stracci*] chiffonnier* *s.* → **straccivendolo.**

céncio, i |'tʃentʃo, i| *s.m.* **1** [*pezzo di tessuto logoro, vecchio*] chiffon: *buttar via, vendere dei cenci* jeter, vendre des chiffons; *il cencio per spolverare i mobili, per lucidare le scarpe* le chiffon pour enlever la poussière des meubles, pour cirer les chaussures → **straccio** ◇ (*per est.*) [*vestito logoro e malandato*] *haillon, guenille (*f.*): *un vagabondo, un barbone coperto di cenci* un vagabond, un clochard couvert de haillons, en guenilles # *non ho neanche un cencio da mettermi addosso* je n'ai rien à me mettre ◇ (*fig.*) [*persona ridotta in cattive condizioni*] loque (*f.*): *dopo la malattia è ridotto un cencio* après sa maladie, il est devenu une loque ◇ (*loc. fig.*) *essere, diventare bianco come un cencio* être, devenir blanc comme un linge ~ *crollare come un* *cencio* [*svenire*] s'effondrer, s'évanouir **2** *cappello a cencio* [*floscio*] chapeau mou **3** (*med.*) *cencio necrotico* bourbillon **4** *al plur.* [*dolci*] roussettes *f.*

cencióso |tʃen'tʃoso| *agg.* **1** (*persone*) [*vestito di cenci*] déguenillé, en *haillons (*loc. inv.*): *un barbone cencioso* un clochard déguenillé, en haillons ✦ (*s.*) *un cencioso* un loqueteux*, un gueux* **2** (*indumenti*) [*che ha l'aspetto di cencio*] loqueteux: *un abito cencioso* un habit loqueteux; *una stoffa cenciosa* une étoffe loqueteuse.

-cène |'tʃɛne| *suff.* (*geol.*) (*significa 'recente', corrisponde gener. a*) cène: *eocene* éocène.

ceneràccio, i |tʃene'rattʃo, i| *s.m.* → **ceneraio** 1.

ceneràio, i |tʃene'rajo, i| *s.m.* **1** [*vano sottostante al fornello dove si raccoglie la cenere*] cendrier **2** (*mar.*) tuyau de décharge.

ceneràrio, i |tʃene'rarjo, i| *agg. e s.m.* → **cinerario.**

ceneràta |tʃene'rata| *s.f.* [*acqua bollita con cenere per vari usi*] eau de lessive.

ceneratóio, i |tʃenera'tojo, i| *s.m.* → **ceneraio** 1.

cénere |'tʃenere| **I** *s.f.* **1** cendre: *cenere di legna, di carbone* cendre de bois, de charbon; *le ceneri vulcaniche* les cendres volcaniques; *la cenere della sigaretta* la cendre de la cigarette; *coprire il fuoco con la cenere* couvrir le feu avec la cendre ◇ (*liturg. catt.*) *le Sacre Ceneri* les Cendres; *il giorno delle Ceneri* le jour des Cendres ◇ (*loc.*) *ridurre in cenere*: (*pr., fig.*) réduire en cendres ~ *il fuoco cova sotto la cenere*: (*pr., fig.*) le feu couve sous la cendre ◇ (*prov.*) *Bacco, tabacco e Venere riducono l'uomo in cenere* l'alcool, le tabac et les femmes sont la ruine de l'homme **2** *solo al plur.* (*lett.*) [*spoglia mortale*; *salma*] cendres: *raccogliere le ceneri di qc. in un'urna* recueillir les cendres de qqn. dans une urne; *qui riposano le ceneri dei caduti per la patria* ici reposent les cendres des morts pour la patrie ◇ (*loc. fig.*) *risorgere dalle ceneri* renaître de ses cendres **II** *s.m.* [*il colore proprio della cenere*] couleur *f.* cendrée: *dipingere un muro, una parete in cenere* peindre un mur, une paroi en couleur cendrée ✦ *agg.* cendré: *un abito color cenere, grigio cenere* une robe (couleur) cendrée, gris cendré.

Cenerèntola |tʃene'rɛntola| *s.f.* (*favola*) Cendrillon.

cenerino |tʃene'rino| *agg.* [*di color cenere chiaro*] cendré.

ceneróngnolo |tʃene'roɲɲolo| *agg.* [*di colore cenerino ma tendente al giallo*] cendré: *luce cenerognola* lumière cendrée ✦ *s.m.* couleur *f.* grisâtre, gris cendré *inv.*

cenestèsi |tʃenes'tɛzi| *s.f. inv.* cénésthésie *var.*, cœnesthésie *var.*

cenètta |tʃe'nɛtta| *s.f.* petit dîner *m.* # *cenetta intima* dînette.

céngia, ge |'tʃendʒa, dʒe| *s.f.* (*alpinismo, geogr.*) vire.

cennamèlla |tʃenna'mɛlla| *s.f.* (*mus.*) chalumeau *m.* → **piva.**

cénno |'tʃenno| *s.m.* **1** [*gesto per comunicare*] geste, signe: *un cenno di saluto, di comando, d'intesa* un geste, un signe de salut, de commandement, d'intelligence; *fare un cenno con la mano* faire un geste, un signe de la main; *far cenno di sì, di no* faire signe que oui, que non; *gli fece cenno di entrare, di accomodarsi* il lui fit signe d'entrer, de s'asseoir; *parlare, comunicare, intendersi a cenni* parler, communiquer, se comprendre par gestes, par signes # *a un suo cenno, a un cenno prestabilito, tutti uscirono* à son signal, à un signal établi à l'avance, tous sortirent **2** (*fig.*) [*indizio*; *sintomo*] signe; symptôme: *al più piccolo cenno di pericolo, avvisami!* au plus petit signe de danger, préviens-moi!; *dare cenni di stanchezza* donner des signes de fatigue ‖ *ai primi cenni della malattia* aux premiers symptômes de la maladie **3** (*per est.*) [*breve notizia*; *esposizione sommaria*] notice *f.*; aperçu: *alcuni cenni biografici sull'autore del libro* quelques notices biographiques à propos de l'auteur du livre ‖ *dare solo alcuni cenni di un avvenimento* ne donner qu'un aperçu d'un événement # *ne ho fatto cenno* j'y ai fait allusion; *non me ne ha fatto cenno* il ne m'y a pas fait allusion ◇ [*breve comunicazione scritta*] *quando riceverai questa mia lettera, dammi un cenno di risposta* quand tu recevras ma lettre, envoie-moi une réponse.

cenòbio, i |tʃe'nɔbjo, i| *s.m.* **1** (*biol.*) colonie *f.* **2** (*relig.*) → **monastero, convento.**

cenobita |tʃeno'bita| *s.m.* cénobite → 1 **monaco** ◇ (*fig.*) *fare una vita da cenobita* vivre en ermite → **certosino.**

cenobitico, ci, ca, che |tʃeno'bitiko, tʃi, ka, ke| *agg.* (*relig.*) cénobitique: *la regola cenobitica* la règle cénobitique ◇ (*fig.*) *far vita cenobitica* vivre en ermite → **appartato.**

cenobitismo |tʃenobi'tizmo| *s.m.* cénobitisme.

cenóne |tʃe'none| *s.m.* [*lauta cena di Natale, Capodanno*] réveillon.

cenotàfio, i |tʃeno'tafjo, i| *s.m.* cénotaphe→ **sepolcro.**

cenozòico, ci, ca, che |tʃeno'dzɔiko, tʃi, ka, ke| *agg. e s.m.* cénozoïque.

censiménto |tʃensi'mento| *s.m.* [*computo, inventario dettagliato*] (*stat., corr.*) recensement: *censimento delle imprese* recensement des entreprises; *fare il censimento della popolazione* faire le recensement de la population.

censire |tʃen'sire| (197) *v.tr.* [*registrare mediante censimento*] recenser: *censire la popolazione di un paese* recenser la population d'un pays; *censire i beni immobili, le proprietà ai fini fiscali* recenser les biens immeubles, les propriétés dans un but fiscal.

cènso |'tʃɛnso| *s.m.* **1** [*patrimonio, ricchezza*] patrimoine, richesse (*f.*): *il censo di una persona, di una famiglia* le patrimoine, la richesse d'une personne, d'une famille; *non fare distinzioni di censo* ne pas faire de distinctions de richesses **2** (*st. rom., mediev.*) cens **3** (*raro*) → **catasto.**

censóre |tʃen'sore| *s.m.* **1** [*critico abituale e severo dell'attività, del comportamento altrui*] censeur: *ergersi a censore dei costumi del proprio tempo* s'ériger en censeur des mœurs de son temps; *non la smette mai di fare il censore* il n'arrête jamais de jouer au censeur → **giudice** **2** [*funzionario addetto alla censura*] censeur **3** (*nei collegi e sim.*) [*sorvegliante*] censeur **4** (*st. rom.*) censeur.

censòrio, i |tʃen'sɔrjo, i| *agg.* de censeur (*loc. inv.*): *provvedimento censorio* mesure de censeur; *assumere un atteggiamento censorio* prendre une attitude de censeur.

censuàle |tʃensu'ale| *agg.* censuel*.

censuàrio, i |tʃensu'arjo, i| *agg.* [*del censo*] censitaire: *stima censuaria* estimation censitaire.

censùra |tʃen'sura| *s.f.* **1** censure: *censura cinematografica, teatrale, televisiva, politica* censure cinématographique, théâtrale, de télévision, politique; *i tagli della censura* les coupures de la censure; *commissione di censura* commission de censure; *sottoporre a censura un film, una rivista* soumettre à la censure un film, une revue ◇ (*per est.*) [*critica severa, intransigente*] *mozione di censura* motion de censure # *incorrere nella censura dei benpensanti* s'exposer au blâme des biens pensants → **rimprovero, riprovazione** **2** [*sanzione disciplinare*] blâme (*m.*): *comminare, infliggere la censura a un impiegato statale* infliger un blâme à un fonctionnaire **3** (*st. rom.*) censure.

censuràbile |tʃensu'rabile| *agg.* [→ CENSURARE] blâmable, critiquable: *condotta, comportamento censurabile* conduite, comportement blâmable, critiquable.

censuràre |tʃensu'rare| *v.tr.* **1** [*sottoporre a censura*] censurer: *censurare un film, una trasmissione televisiva* censurer un film, une émission de télévision ✦ (*al p.p.*) *una scena censurata* une scène censurée **2** (*per est.*) [*criticare aspramente, biasimare*] blâmer, critiquer: *tutti hanno censurato il suo comportamento* tout le monde a blâmé, critiqué sa conduite.

censuratóre, trice |tʃensura'tore, tritʃe| *s.* [*critico severo e rigido*] censeur *m.*, critique *m.*

centaurèa |tʃentau'rɛa| *s.f.* (*t.bot.*) centaurée ~ *centaurea maggiore* grande centaurée ~ *centaurea minore* petite centaurée.

centàuro |tʃen'tauro| *s.m.* (*mitol.*) centaure ◇ (*fig.*) [*corridore motociclista*] centaure.

centellinàre |tʃentelli'nare| *v.tr.* **1** [*bere, degustare a piccoli sorsi*] siroter: *centellinare il vino, il caffè* siroter son vin, son café **2** (*fig.*) [*gustare lentamente, con compiacimento*] savourer: *centellinare i piccoli piaceri di ogni giorno* savourer les petits plaisirs quotidiens.

centellino |tʃentel'lino| *s.m.* petite gorgée *f.*, petit coup ◇ (*spec. nella loc. fig.*) *a centellini* à petites gorgées: *bere un liquore a centellini* boire une liqueur à petites gorgées.

centenàrio, i |tʃente'narjo, i| **1** *agg.* centenaire: *querce centenarie* des chênes centenaires; *un nonno centenario* un grand-père centenaire ✦ (*s.*) *un centenario* un centenaire **2** *s.m.* centenaire: *celebrare, festeggiare il centenario di q.c., qc.* célébrer, fêter le centenaire de qqch., de qqn.

centennàle |tʃenten'nale| *agg.* → **centenario.**

centènne |tʃen'tenne| *agg.* (*raro*) → **centenario.**

centènnio, i |tʃen'tɛnnjo, i| *s.m.* période *f.* de cent ans → **secolo.**

centesimàle |tʃentezi'male| *agg.*

centésimal*: *frazione centesimale* fraction centésimale; *grado centesimale* degré centésimal; *divisione, scala centesimale* division, échelle centésimale.

centèsimo |tʃen'tɛzimo| **I** *agg. numer. ord.* centième: *si è classificato centesimo* il s'est classé centième ◇ (*con valore iperb.*) *te lo ripeto per la centesima volta* je te le répète pour la centième fois; *non vale la centesima parte di quanto vali tu* il ne vaut pas le centième de ce que tu vaux ◇ (*negli agg. ord. comp.*) *centesimoprimo* cent unième; *millecentesimo* mille centième; *milletrecentesimo* mille trois centième **II** *s.m.* **1** centième: *calcolare i tre centesimi di un numero* calculer les trois centièmes d'un nombre ◇ (*per est.*) [*quantità minima*] *non ha nemmeno un centesimo delle capacità di suo fratello* il n'a même pas un centième des capacités de son frère **2** (*monete*) centime: *un centesimo di dollaro, di franco* un centime de dollar, de franc; *le antiche monete di 10 centesimi* les vieilles pièces de 10 centimes ◇ (*per est.*) [*piccola somma di denaro*] sou: *vale, costa pochi centesimi* cela vaut, coûte quelques sous; *contare il centesimo* compter ses sous; *spendere fino all'ultimo centesimo* dépenser jusqu'au dernier sou; *pagare al centesimo* payer sou à sou # *non ho un centesimo in tasca* je n'ai pas un centime en poche → **quattrino.**

cènti- |'tʃɛnti| *pref.* **1** (*significa 'la centesima parte', corrisponde gener. a*) centi: *centigrammo* centigramme; *centigrado* centigrade **2** (*raro*) (*significa 'cento, che ha cento', corrisponde gener. a*) centi: *centimano* centimane.

centiàra |tʃenti'ara| *s.f.* centiare *m.*

centibàr |tʃenti'bar| *s.m. inv.* centibar *var.*

centigrado |tʃen'tigrado| *agg.* centigrade: *termometro, grado centigrado* thermomètre, degré centigrade; *scala centigrada* échelle centigrade ♦ (*s.m.*) *un centigrado* un centigrade.

centigràmmo |tʃenti'grammo| *s.m.* centigramme (cg).

centile |tʃen'tile| *s.m.* (*stat.*) centile.

centilitro |tʃen'tilitro| *s.m.* centilitre (cl).

centìmano |tʃen'timano| *s.m.* (*mitol.*) *gigante centimano* géant aux cent mains.

centimetràre |tʃentime'trare| *v. tr.* (*raro*) [*suddividere in centimetri*] diviser en centimètres.

centimetràto |tʃentime'trato| *agg.* divisé en centimètres # *nastro centimetrato* mètre-ruban gradué.

centìmetro |tʃen'timetro| *s.m.* centimètre (cm).

cèntina |'tʃɛntina| *s.f.* **1** (*arch.*) cintre *m.* **2** (*edil.*) charpente **3** (*aer.*) nervure: *centina di fusoliera* nervure de fuselage **4** [*leggera curvatura di strutture in legno, in ferro*] cambrure, cintrage *m.* # *spalliera a centina* dossier cambré **5** (*nei ricami*) (*punto a*) *centina* (point de) feston *m.*

centinàio, aia |tʃenti'najo, aja| *s.m.* **1** centaine (*f.*): *hai fatto uno sbaglio nel calcolare le centinaia* tu as fait une faute en calculant les centaines **2** [*circa cento*] centaine: *era presente un centinaio di persone* une centaine de personnes étaient présentes; *si contavano varie centinaia di intervenuti* on comptait plusieurs centaines de participants ◇ (*con valore iperb.*) *te l'ho ripetuto un centinaio di volte* je te l'ai répété des centaines de fois ◇ (*loc. fig.*) *a centinaia* à la centaine, par centaines: *di tipi così ne trovi a centinaia* des types comme ça tu en trouves à la centaine, par centaines.

centinaménto |tʃentina'mento| *s.m.* [→ CENTINARE 2] (*tecnol.*) cintrage.

centinàre |tʃenti'nare| *v.tr.* **1** (*arch., edil.*) [*sostenere con centine*] cintrer: *centinare una galleria, una cantina* cintrer une galerie, une cave **2** (*tecnol.*) [*curvare, piegare a forma di arco*] cintrer: *centinare dei tubi* cintrer des tuyaux; *centinare a caldo, a freddo* cintrer à chaud, à froid **3** [*ricamare a festoni*] festonner.

centinatùra |tʃentina'tura| *s.f.* **1** (*arch., edil.*) cintre *m.* **2** (*tecnol.*) cintrage *m.*

centista |tʃen'tista| *s.m.* → **centometrista.**

cènto |'tʃɛnto| **1** *agg. numer. card. inv.* cent: *c'erano cento concorrenti* il y avait cent concurrents; *ha duecento punti* il a deux cent points; *viaggiava a cento km all'ora* il voyageait à cent kilomètres à l'heure, à cent kilomètres-heure (km/h); *leggete a pag. 100* lisez à la page 100; *gli atleti correvano i cento metri* les athlètes couraient les cent mètres ◇ (*loc.*) *ho cento cose da fare* j'ai un tas de choses à faire ~ *saranno cent'anni che non lo vedo* cela fait cent ans que je ne l'ai vu ~ *ti ho detto cento volte di stare attento* je t'ai dit cent fois de faire attention ~ *cento di questi giorni!* bon anniversaire! ~ *si fa in cento per gli amici* il se met en quatre pour ses amis ~ *al cento per cento* à cent pour cent ~ *a cento a cento* par centaines **2** *s.m. inv.* [*il numero 100*] cent: *cento diviso dieci fa dieci* cent divisé par dix fait dix; *ha ottenuto il cento per cento* il a eu cent pour cent, le maximum; *ha un tasso d'interesse del quindici per cento* (*15%*) il a un taux d'intérêt de quinze pour cent (15%).

centogàmbe |tʃento'gambe| *s.m. inv.* → **centopiedi.**

centometrista |tʃentome'trista| *s.* (*atletica leggera*) sprinter *m.* (d'un cent mètres) ◇ (*nuoto*) nageur* d'un cent mètres.

centomìla |tʃento'mila| **1** *agg. numer. card. inv.* cent mille: *centomila uomini* cent mille hommes; *un assegno da centomila lire* un chèque de cent mille lires ◇ (*con valore iperb.*) cent, trente-six: *ripetere centomila volte la stessa cosa* répéter cent, trente-six fois la même chose; *avere centomila ragioni* avoir cent fois raison; *centomila volte bravo* cent fois bravo # *cercare centomila scuse* chercher cent mille excuses → **moltissimo** **2** (*s.m. inv.*) *il centomila* le cent mille ◇ (*fam.*) [*la banconota da centomila lire*] billet de cent mille: *hai visto il nuovo centomila?* tu as vu le nouveau billet de cent mille?

centomillèsimo |tʃentomil'lɛzimo| *agg. numer. ord.* **1** cent millième ♦ (*s.m.*) cent millième **2** (*con valore iperb.*) centième: *è la centomillesima volta che te lo ripeto* c'est la centième fois que je te le répète.

centónchio, i |tʃen'tonkjo, i| *s.m.* (*t.bot.*) mouron blanc, mouron des oiseaux.

centóne |tʃen'tone| *s.m.* **1** (*letter.*) centon ◇ (*per est., spreg.*) *quel libro è un centone di idee vecchie* ce livre est un véritable pastiche de vieilles idées **2** (*mus.*) pastiche, pot-pourri **3** (*region.*) → **centonchio** **4** (*pop.*) billet (de banque) de cent mille lires.

centopèlle |tʃento'pɛlle|, **centopèlli** |tʃento'pɛlli| *s.m. inv.* (*pop.*) → **omaso.**

centopièdi |tʃento'pjɛdi| *s.m. inv.* (*t.zool.*) mille-pattes: *dei centopiedi* des mille-pattes.

centoùno |tʃento'uno| *agg. numer. card. e s.m. inv.* cent un.

centràggio, i |tʃen'tradd3o, i| *s.m.* (*mecc.*) centrage.

centràle |tʃen'trale| **I** *agg.* **1** central*: *il punto centrale di un poligono* le point central d'un polygone; *l'Italia centrale* l'Italie centrale; *stazione centrale* gare centrale; *abitare in una zona centrale* habiter (dans) un quartier central ◇ (*fig.*) *il nucleo, il punto centrale di un ragionamento, di un problema* le noyau, le point central d'un raisonnement, d'un problème; *la sede centrale* le siège central; *il comitato centrale di un partito, di un'organizzazione* le comité central d'un parti, d'une organisation ◇ (*loc.*) *riscaldamento centrale* chauffage central **2** (*ling.*) *vocale centrale* voyelle centrale **3** (*mus.*) *nota centrale* note centrale **II** *s.f.* central *m.*; centrale: *la centrale telefonica, telegrafica* le central téléphonique, télégraphique ‖ *la centrale municipalizzata del latte* la centrale municipalisée laitière; *la centrale elettrica, nucleare* la centrale électrique, nucléaire # *la centrale di una banca* le siège central d'une banque; *la centrale di polizia* le commissariat central ◇ (*per est.*) *la centrale del vizio, di una banda criminale* le centre *m.* du vice, d'une bande de criminels.

centralinista |tʃentrali'nista| *s.* [*persona addetta a un centralino telefonico*] standardiste.

centralino |tʃentra'lino| *s.m.* (*tel.*) standard.

centralismo |tʃentra'lizmo| *s.m.* (*polit.*) centralisme.

centralista |tʃentra'lista| *s.m.* **1** (*polit.*) centraliste **2** ouvrier d'une centrale hydro-électrique.

centralità |tʃentrali'ta| *s.f. inv.* [*il fatto di essere in una posizione centrale*] *per un negozio la centralità è molto importante* le fait d'être bien situé *loc.* est très important pour un magasin ◇ (*polit.*) *la centralità di una politica* le centrisme *m. var.* d'une politique.

centralizzàre |tʃentralid'dzare| *v. tr.* [*accentrare sul piano bur., amministrativo*] centraliser: *centralizzare i poteri* centraliser les pouvoirs ◇ (*per est.*) *centralizzare l'impianto di riscaldamento* centraliser l'installation de chauffage ♦ (*al p.p.*) *un'organizzazione, una burocrazia centralizzata* une organisation, une bureaucratie centralisée; *impianto (di riscaldamento) centralizzato* installation (de chauffage) centralisée.

centralizzàto |tʃentralid'dzato| *agg.* centralisé.

centralizzatóre, trice |tʃentraliddza'tore, tritʃe| *agg.* centralisa-

tuer*: *regime centralizzatore* régime centralisateur.
centralizzazióne |tʃentraliddzat'tsjone| *s.f.* [→ CENTRALIZZARE] centralisation: *centralizzazione politica, amministrativa, economica* centralisation politique, administrative, économique.
centraménto |tʃentra'mento| *s.m.* → **centraggio.**
centràre |tʃen'trare| *v.tr.* **1** [*colpire nel centro*; *colpire in pieno, perfettamente*] atteindre (66): *centrare un bersaglio* atteindre une cible, faire mouche; *le bombe centrarono in pieno il ponte, l'obiettivo* les bombes atteignirent en plein le pont, l'objectif ◇ (*fig.*) [*capire, interpretare con precisione, perfettamente*] toucher le nœud: *centrare un problema, una questione* toucher le nœud d'un problème, d'une question # *l'attore ha centrato bene il personaggio* l'acteur est bien entré dans la peau du personnage ◇ (*calcio*) *centrare il pallone* [*crossare*] centrer le ballon **2** (*foto.*) [*inquadrare al centro*] centrer: *centrare una figura, un particolare del panorama* centrer une figure, un détail du panorama ◇ (*artiglieria*) *centrare un bersaglio* [*inquadrarlo*] encadrer une cible **3** [*fissare al centro*] centrer: *centrare una ruota* centrer une roue; *centrare l'elica di un aereo* centrer l'hélice d'un avion ◇ (*per est.*) [*disporre in modo simmetrico*] *centrare un quadro su una parete* centrer un tableau sur un mur.
centràto |tʃen'trato| *agg.* centré.
centratóre |tʃentra'tore| *s.m.* (*tecnol.*) centreur.
centrattàcco, chi |tʃentrat'takko, ki| *s.m.* → **centravanti.**
centratùra |tʃentra'tura| *s.f.* → **centraggio.**
centravànti |tʃentra'vanti| *s.m. inv.* (*calcio*) avant-centre (*var.*): *dei centravanti* des avant-centres.
centrifuga, ghe |tʃen'trifuga, ge| *s.f.* (*tecnol.*) centrifugeur *m.*, centrifugeuse: *centrifuga elettrica, ad aria compressa* centrifugeur, centrifugeuse électrique, à air comprimé # *la centrifuga della lavatrice* l'essoreuse de la machine à laver.
centrifugàre |tʃentrifu'gare| *v.tr.* [*separare con un rapido movimento di rotazione elementi di differente densità*] centrifuger (3); essorer: *centrifugare il burro* centrifuger le beurre ‖ *centrifugare la biancheria lavata* essorer le linge lavé.
centrifugazióne |tʃentrifugat'tsjone| *s.f.* [→ CENTRIFUGARE] centrifugation: *schiumare, asciugare, filtrare per centrifugazione* écrémer, essorer, filtrer par centrifugation.
centrifugo, ghi |tʃen'trifugo, gi| *agg.* centrifuge: *forza centrifuga* force centrifuge ◇ (*fig.*) *esercitare un'azione centrifuga* exercer une action centrifuge.
centrino |tʃen'trino| *s.m.* [*specie di tovagliolino che si mette su vassoi, mobili*] dessus, napperon: *centrino su un 'buffet'* dessus de buffet.
centripeto |tʃen'tripeto| *agg.* (*fis.*) centripète: *forza centripeta* force centripète.
centrismo |tʃen'trizmo| *s.m.* (*polit.*) politique *f.* de centre, centrisme.
centrista |tʃen'trista| *agg.* centriste: *i deputati centristi* les députés centristes ✦ (*s.*) *i centristi* les centristes.
cèntro- |'tʃɛntro| *pref.* (*significa 'centro', corrisponde gener. a*) centro: *centrosoma* centrosome.
cèntro |'tʃɛntro| *s.m.* **1** (*fis., mat., corr.*) centre: *il centro di un cerchio, di una sfera* le centre d'un cercle, d'une sphère; *il centro di gravità* le centre de gravité; *il centro della terra* le centre de la terre; *il centro di un ciclone* le centre d'un cyclone **2** (*per est.*) centre: *il centro di una piazza, della tavola* le centre d'une place, d'une table; *il centro dell'Europa* le centre de l'Europe ◇ (*spec.*) *il centro* (*di una città*) le centre (d'une ville); *i negozi del centro* les magasins du centre; *il centro storico di Roma* le centre historique de Rome; *abitare al centro, non essere molto lontani dal centro* habiter dans le centre, ne pas être très loin du centre ◇ (*calcio*) *rimettere la palla al centro* remettre la balle au centre (du terrain) → **centrocampo**; *parare un tremendo centro* [*tiro*] bloquer un terrible centre ◇ (*loc.*) *far centro*: (*pr.*) faire mouche; (*fig.*) faire mouche, mettre dans le mille → **centrare 3** (*polit.*) centre: *i partiti, i deputati del centro* les partis, les députés du centre # *una politica di centro* une politique centriste ◇ (*loc.*) *centro destra* → **centro-destra**; *centro sinistra* → **centro-sinistra 4** (*anat.*) centre: *i centri nervosi, respiratori* les centres nerveux, respiratoires; *il centro del linguaggio* le centre du langage **5** (*fig.*) [*la parte più importante, più significativa*] nœud; centre: *il centro di una questione, di un problema* le nœud d'une question, d'un problème ‖ *essere al centro dell'attenzione* être au centre de l'attention ◇ (*pedag.*) *centro d'interesse* centre d'intérêt **6** *centro urbano, abitato* [*città*; *paese*] centre: *i maggiori centri dell'Italia settentrionale* les centres les plus importants de l'Italie du Nord; *abitare in un piccolo centro balneare* habiter (dans) un petit centre balnéaire ◇ [*complesso urbanistico con determinati fini*] *centro residenziale* centre résidentiel; *centro fieristico* centre de foire; *centro universitario* centre universitaire; *il centro industriale di Napoli* le centre industriel de Naples; *centro direzionale* centre des affaires **7** [*istituzione, organizzazione di servizi vari*] centre: *centri sanitari, di prevenzione* centres sanitaires, de prévention; *centro didattico, sportivo, culturale* centre didactique, sportif, culturel; *centro* (*di*) *raccolta* (*dei*) *profughi* centre d'accueil des réfugiés; *centro di smistamento* centre de tri; *centro addestramento reclute* centre d'entraînement des recrues # *centro di ricerche nucleari, sul cancro* institut de recherches nucléaires, sur le cancer **8** (*region.*) → **centrino.**
centrocampista |tʃentrokam'pista| *s.m.* milieu de terrain.
centrocàmpo |tʃentro'kampo| *s.m.* (*calcio*) milieu (du) terrain.
centro-dèstra |tʃentro'dɛstra| *s.m.* (*polit.*) centre droit.
centroeuropèo |tʃentroeuro'pɛo| *agg.* de l'Europe centrale (*loc. inv.*): *la civiltà centroeuropea* la civilisation de l'Europe centrale.
centromediàno |tʃentrome'djano| *s.m.* (*calcio*) demi-centre.
centro-sinistra |tʃentrosi'nistra| *s.m.* (*polit.*) centre gauche.
centrosòma |tʃentro'sɔma| *s.m.* (*biol.*) centrosome.
centrosostégno |tʃentrosos'teɲɲo| *s.m.* → **centromediano, stopper.**
centrotàvola |tʃentro'tavola| *s.m.* [*oggetto* (*di valore*) *messo al centro della tavola come ornamento*] surtout: *dei centritavola* des surtouts.
centro-véndite |tʃentro'vendite| *s.m.* comptoir des ventes: *dei centri-vendite* des comptoirs des ventes.
centumviràto |tʃentumvi'rato| *s.m.* (*st. rom.*) centumvirat.
centùmviro |tʃen'tumviro| *s.m.* (*st. rom.*) centumvir.
centuplicàre |tʃentupli'kare| *v.tr.* **1** (*raro*) [*moltiplicare per cento*] centupler (*intr.*): *l'indice di svalutazione si è centuplicato* l'indice de dévaluation a centuplé **2** (*in senso iperb.*) [*aumentare di molto*] augmenter; décupler: *centuplicare la potenza di un motore* augmenter la puissance d'un moteur ‖ *centuplicare i propri profitti* décupler ses profits.
centùplice |tʃen'tuplitʃe| *agg.* centuple.
cèntuplo |'tʃɛntuplo| *agg.* centuple: *rendimento centuplo rispetto a prima* rendement centuple par rapport à auparavant ✦ (*s.m.*) (*ricavare, rendere, guadagnare*) *il centuplo* (tirer, rendre, gagner) le centuple.
centùria |tʃen'turja| *s.f.* **1** (*st. rom.*) centurie **2** [*gruppo di cento unità*] centaine.
centurióne |tʃentu'rjone| *s.m.* (*st. rom.*) centurion, centenier.
cenùro |tʃe'nuro| *s.m.* (*biol.*) cénure, cœnure.
céppa |'tʃeppa| *s.f.* [*grosso ceppo di albero*] souche ◇ [*la cavità di un ceppo*] trou *m.*
ceppàia |tʃep'paja| *s.f.* [*la parte dell'albero che rimane nel terreno, dopo tagliato il tronco*] cépée.
ceppatèlla |tʃeppa'tɛlla| *s.f.* → **piantone.**
ceppatèllo |tʃeppa'tɛllo| *s.m.* **1** [*piccolo ceppo da ardere*] petite bûche *f.* **2** (*tosc.*) [*fungo porcino*] cèpe.
céppo |'tʃeppo| *s.m.* **1** [*parte di una pianta da cui si diramano le radici e il tronco*] souche (*f.*): *estirpare un ceppo* extirper une souche; *ceppo della vite* souche, cep de vigne ◇ (*per est.*) bûche (*f.*): *mettere un grosso ceppo sul camino* mettre une grosse bûche dans la cheminée; *il ceppo di Natale* la bûche de Noël → **ciocco** ◇ (*per est.*) *il ceppo dei condannati alla decapitazione* le billot des condamnés à la décapitation **2** (*tecnol.*) talon; jas, jouail: *il ceppo dell'aratro* le talon de la charrue ‖ *il ceppo dell'ancora* le jas, le jouail de l'ancre **3** (*mecc.*) sabot: *il ceppo* (*di ghisa*) *del freno* le sabot (en fonte) du frein; *freno a ceppo* frein à sabot **4** (*al plur.*) *i ceppi dei prigionieri* les fers des prisonniers ◇ (*fig.*) *essere in ceppi* être dans les fers; *spezzare, rompere i ceppi* briser ses chaînes *f.* → **schiavitù, catena 5** (*fig.*) [*origine, stirpe*] souche: *una famiglia di antico ceppo* une famille de vieille souche; *essere del medesimo ceppo* être de (la) même souche.
1 **céra** |'tʃera| *s.f.* **1** cire: *cera d'api* cire d'abeille; *cera vergine* cire vierge; *una candela di cera* une bougie (en cire) ◇ (*per est.*) [*oggetto di cera*] *il museo delle cere* le musée des figures de cire

◇ *loc. fig.* DI CERA [*pallido, deperito*] cireux* (*agg.*): *un viso di cera* un visage cireux # *essere, sembrare di cera* être jaune comme cire **2** (*nella scultura di bronzi*) cire: *procedimento di fusione a cera perduta* procédé de fonte à cire perdue **3** (*per est.*) cire: *cere vegetali, animali* cires végétales, animales; *cere minerali* cires minérales; *cere sintetiche* cires synthétiques; *cera per pavimenti* cire à parquets # *cera da scarpe* cirage → **lucido**; *dare la cera al pavimento* cirer les parquets.

2 **céra** |ˈtʃe(ɛ)ra| *s.f.* [*aspetto del viso*] mine: *avere una buona cera* avoir bonne mine; *fare buona cera a qc.* faire bonne mine, bon accueil à qqn.; *fare cattiva cera a qc., a q.c.* faire grise mine à qqn., à qqch.; *avere una brutta cera* avoir mauvaise mine; *cambiar cera* changer de mine.

ceràio, i |tʃeˈrajo, i| *s.m.* [*fabbricante, venditore di cera*] cirier ✦ (*agg.*) *ape ceraia* (abeille) cirière.

ceraiòlo |tʃeraˈjɔlo| *s.m.* [*chi produce, vende candele, ceri; modellatore di cera*] cirier.

ceralàcca, che |tʃeraˈlakka, ke| *s.f.* cire à cacheter.

ceràmica, che |tʃeˈramika, ke| *s.f.* céramique: *un vaso, un piatto di ceramica* un vase, un plat en céramique; *le mattonelle di ceramica* les carreaux de céramique; *in soggiorno e in bagno metterò la ceramica* dans le salon et la salle de bains, je mettrai de la céramique ◇ (*per est.*) *una ceramica antica, preziosa* une céramique ancienne, précieuse; *una collezione di ceramiche cinesi* une collection de céramiques chinoises.

ceràmico, ci, ca, che |tʃeˈramiko, tʃi, ka, ke| *agg.* céramique: *prodotti ceramici* produits céramiques.

ceramista |tʃeraˈmista| *s.* céramiste.

ceràre |tʃeˈrare| *e deriv.* → **incerare** *e deriv.*

ceràsa |tʃeˈraza| *s.f.* (*region.*) → **ciliegia.**

ceràso |tʃeˈrazo| *s.m.* (*region.*) → **ciliegio** ◇ (*spec.*) *lauro ceraso* laurier-cerise.

ceràta |tʃeˈrata| *s.f.* (*mar.*) ciré *m.*

ceràto |tʃeˈrato| *agg. e s.* ciré: *tela cerata* toile cirée; (*tessuto*) *cerato* (tissu) ciré ◇ (*st. rom.*) *le tavolette cerate* les tablettes de cire *loc.*

cèrbero |ˈtʃɛrbero| *s.m.* [*persona intrattabile, facile all'ira*] cerbère, bouledogue: *è un vero cerbero* c'est un véritable cerbère, bouledogue.

cerbiàtta |tʃerˈbjatta| *s.f.* jeune biche, bichette → **cerva.**

cerbiàtto |tʃerˈbjatto| *s.m.* [*giovane cervo*] faon → **cervo.**

cerbottàna |tʃerbotˈtana| *s.f.* [*primitiva arma da caccia*] sarbacane ◇ (*giocattolo*) sarbacane.

cérca, che |ˈtʃerka, ke| *s.f.* **1** (*in alcune loc.*) [→ CERCARE A] recherche: *andare, mettersi, essere in cerca di q.c.* aller, se mettre, être à la recherche de qqch. # *partire in cerca di fortuna* aller chercher fortune; *vai in cerca di guai!* tu cherches des ennuis! **2** [*questua di religiosi di ordini mendicanti*] quête: *la cerca dell'olio, del grano* la quête de l'huile, du blé **3** *fare la cerca* faire la quête ◇ (*riferito ai cani da caccia*) quête.

cercafàse |tʃerkaˈfaze| *s.m. inv.* (*elettr.*) chercheur *var.* de phase.

cercametàlli |tʃerkameˈtalli| *s.m. inv.* (*tecnol.*) détecteur *var.* de métaux.

cercamìne |tʃerkaˈmine| *s.m. inv.* détecteur *var.* de mines.

cercànte |tʃerˈkante| (*agg.*) *missile a testa cercante* fusée à tête chercheuse.

cercapersóne |tʃerkaperˈsone| *s.m. inv.* (*tel.*) télé-appel.

cercàre |tʃerˈkare| **A** *v.tr.* **1** [*fare in modo di trovare q.c., qc.*] chercher: *cercare un libro, una parola* chercher un livre, un mot; *cercare un posto di lavoro, una segretaria* chercher une situation, une secrétaire; *lo cercava con gli occhi, con lo sguardo* elle le cherchait des yeux; *l'ho cercato in tutte le tasche ma non l'ho trovato* je l'ai cherché dans toutes les poches, mais je ne l'ai pas trouvé ◇ (*loc. fig.*) *cercar rogne* chercher des poux dans la tête de qqn. ~ *cercar briga* chercher chicane, chicaner ~ *cercar fortuna* chercher fortune ~ *cercare qc., q.c. con il lanternino* chercher qqn., qqch. avec beaucoup de soin ~ *cercare qc. per mare e per monti, per mare e per terra* chercher qqn. par monts et par vaux ~ *cercare il pelo nell'uovo* chercher la petite bête ~ *cercare un ago nel pagliaio* chercher une aiguille dans une botte de foin ✦ (*pron., recipr.*) *malgrado tutto, continuano a cercarsi* malgré tout, ils continuent de se chercher ◇ (*per est.*) demander: *c'è un tale che ti cerca* il y a un monsieur qui te demande; *la cercano al telefono* on vous demande au téléphone **2** [*fare in modo di ottenere, sforzarsi di raggiungere*] rechercher: *cercare la gloria, la fama, la ricchezza* rechercher la gloire, la rérupation, la richesse **B** *v. intr.* (*aus.* 'avere') [*fare in modo di, sforzarsi di*] chercher (à), essayer (9) (de): *ha cercato di ingannarmi* il a cherché à me tromper, il a essayé de me tromper; *cercate di fare in fretta* essayez de faire vite; *cerca almeno di riuscirci!* essaie, tâche au moins de réussir!

cercàta |tʃerˈkata| *s.f.* (*solo nella loc.*) *dare una cercata, una cercatina* [*fare una ricerca rapida, poco accurata*] chercher *v.tr.*

cercatóre, trice |tʃerkaˈtore, triˈtʃe| *s.* **1** *s.* chercheur*: *i cercatori d'oro* les chercheurs d'or; *un cercatore di funghi* un chercheur de champignons **2** *s.m.* [*religioso che fa la questua*] quêteur*: *quel frate fa il cercatore* ce frère est quêteur ✦ (*agg.*) *frate cercatore* frère quêteur **3** *s.m.* (*tecnol.*) chercheur: *cercatore di linea* (*telefonica*) chercheur de lignes.

cérchia |ˈtʃerkja| *s.f.* **1** [*struttura circolare*] enceinte, ceinture: *cerchia* (*di mura*) ceinture, enceinte (de murs); *cerchia di colline, di vette* enceinte, ceinture de collines, de pics → **cinta** ◇ (*geogr.*) *cerchia morenica* amphithéâtre *m.* morainique **2** (*fig.*) (*persone*) cercle (*m.*): *cerchia di amici* cercle d'amis; *la cerchia familiare* le cercle de famille; *una cerchia di sostenitori, di ascoltatori* un cercle de supporters, d'auditeurs → **gruppo, circolo** ◇ (*cose*) *allargare, restringere la cerchia dei propri interessi, dei propri affari* élargir, resserrer le cercle de ses intérêts, de ses affaires → **ambito, campo.**

cerchiàggio, i |tʃerˈkjaddʒo, i| *s.m.* (*tecnol.*) cerclage.

cerchiàre |tʃerˈkjare| *v.tr.* **1** [*stringere, serrare con uno o più cerchi*] cercler: *cerchiare una botte* cercler un tonneau ◇ (*fig.*) cerner: *il sonno e la stanchezza gli cerchiavano gli occhi* le sommeil et la fatigue lui cernaient les yeux **2** [*cingere, circondare*] entourer: *cerchiare la città di fortificazioni* entourer la ville de fortifications.

cerchiàto |tʃerˈkjato| *agg.* [*munito di cerchi*] cerclé: *una botte, una ruota ben cerchiata* un tonneau bien cerclé, une roue bien cerclée ◇ (*fig.*) cerné: *occhi cerchiati* [*circondati da occhiaie*] yeux cernés.

cerchiatùra |tʃerkjaˈtura| (*s.f.*) *la cerchiatura di una botte, di un obice* le ceinturage *m.*, le cerclage *m.* d'un tonneau, d'un obus.

cerchiétto |tʃerˈkjetto| *s.m.* **1** petit cercle **2** [*anello, braccialetto*] jonc d'or # *un cerchietto d'oro* une alliance **3** *cerchietto per capelli* [*semicerchio per tenerli in ordine*] serre-tête **4** *al plur.* (*gioco infantile*) jeux de grâces.

cérchio, i |ˈtʃerkjo, i| *s.m.* **1** (*geom., corr.*) cercle: *disegnare, tracciare un cerchio* dessiner, tracer un cercle; *calcolare l'area del cerchio* calculer l'aire du cercle ◇ (*per est.*) *il cerchio dell'orizzonte* le pourtour de l'horizon; *una valle chiusa da un cerchio di monti e di colline* une vallée enfermée dans un cercle de monts et de collines; *rompere il cerchio degli assedianti* rompre le cercle des assiégeants ◇ (*spec.*) *il cerchio della morte* le cercle de la mort ◇ (*loc.*) *a cerchio* en forme de cercle ~ IN CERCHIO [*tutt'intorno*] en rond: *mettersi, disporsi in cerchio intorno a qc.* se mettre en rond autour de qqn. ~ *far cerchio intorno a qc.*: (*pr.*) faire cercle autour de qqn.; (*fig.*) [*difenderlo a oltranza*] soutenir à fond qqn. **2** [*attrezzo, elemento a forma circolare*] cercle; jante (*f.*): *il cerchio delle botti* le cercle des tonneaux ‖ *il cerchio della ruota* la jante de la roue → **cerchione** # *giocare al, col cerchio* jouer au cerceau; *fare esercizi ginnici col cerchio* faire des exercices de gymnastique avec le cerceau ◇ [*monile*] cercle: *un braccialetto con molti cerchi d'oro, d'argento* un bracelet avec beaucoup de cercles d'or, d'argent ◇ (*prov.*) *dare un colpo al cerchio e uno alla botte* [*cercare di non scontentare nessuno*] ménager la chèvre et le chou.

cerchióne |tʃerˈkjone| *s.m.* **1** grand cercle **2** [*cerchio* (*d'acciaio*) *della ruota di un veicolo*] jante *f.*

cércine |ˈtʃertʃine| *s.m.* **1** [*panno ravvolto ad anello, usato da chi porta pesi sul capo*] tortillon, bourrelet ◇ (*per est.*) [*acconciatura femminile coi capelli avvolti a cercine*] tortillon **2** (*anat., arald., bot.*) bourrelet.

cercopitèco, ci, chi |tʃerkopiˈtɛko, tʃi, ki| *s.m.* (*t.zool.*) cercopithèque.

cereàle |tʃereˈale| *s.m.* céréale (*f.*): *la coltivazione, la produzione dei cereali* la culture, la production des céréales ✦ (*agg.*) *pianta cereale* plante céréale *appos.*

cerealìcolo |tʃereaˈlikolo| *agg.* (*agr.*) céréalier*: *colture cerealicole* cultures céréalières.

cerealicoltùra |tʃerealikolˈtura| *s.f.* céréaliculture.

cerebellàre |tʃerebelˈlare| *agg.* (*anat., med.*) cérébelleux*.

cerebràle |tʃere'brale| *agg.* **1** cérébral*: *sostanza, arteria cerebrale* substance, artère cérébrale; *emorragia cerebrale* hémorragie cérébrale **2** (*fig.*) cérébral: *una poesia cerebrale* une poésie cérébrale; *avere dei gusti cerebrali* avoir des goûts cérébraux.

cerebralismo |tʃerebra'lizmo| *s.m.* → **cerebralità.**

cerebralità |tʃerebrali'ta| *s.f. inv.* cérébralité *var.*

cerebroléso |tʃerebro'lezo| *s.* infirme moteur-cérébral.

cerebrospinàle |tʃerebrospi'nale| *agg.* cérébro-spinal*: *liquido cerebrospinale* liquide cérébro-spinal.

1 **cèreo** |'tʃɛreo| *agg.* **1** [*pallido come la cera*] cireux*: *volto, aspetto cereo* visage, teint cireux; *mani, dita ceree* mains cireuses, doigts cireux **2** (*raro*) [*di cera*] en cire *loc. inv.*

2 **cèreo** |'tʃɛreo| *s.m.* (*t.bot.*) cierge.

cererìa |tʃere'ria| *s.f.* industrie de la cire, fabrique de cire.

cerétta |tʃe'retta| *s.f.* **1** [*lucido per calzature*] cirage *m.* **2** cire dépilatoire.

cerfòglio, i |tʃer'fɔʎʎo, i| *s.m.* (*t. bot.*) cerfeuil.

cerimònia |tʃeri'mɔnja| *s.f.* **1** cérémonie: *cerimonia religiosa, civile, militare* cérémonie religieuse, civile, militaire; *la cerimonia del giuramento, della premiazione, dell'inaugurazione di una mostra* la cérémonie du serment, de la distribution des prix, de l'inauguration d'une exposition; *partecipare, assistere a una cerimonia* participer, assister à une cérémonie ◇ (*loc.*) *abito da cerimonia* habit de cérémonie ~ *maestro di cerimonia* maître de cérémonie ~ (*i partecipanti alla*) *mesta cerimonia* [*esequie*] (les participants à la) triste cérémonie **2** *al plur.* [*manifestazioni di cortesia*; *complimenti*] cérémonies, façons: *non facciamo cerimonie tra amici!* ne faisons pas de cérémonies entre amis!; *lasciamo da parte le cerimonie* laissons de côté les cérémonies ◇ (*loc.*) *senza far cerimonie, senza tante cerimonie* sans (faire de) façons, (de) cérémonies; *lo insultò apertamente, senza tante cerimonie* elle l'insulta ouvertement, sans plus de cérémonies; *si mangiarono tutti gli antipasti senza far cerimonie* ils mangèrent tous les hors-d'œuvre sans façons.

cerimoniàle |tʃerimo'njale| **1** *s.m.* cérémonial*: *cerimoniale di corte, liturgico, diplomatico* cérémonial de cour, liturgique, diplomatique; *rispettare scrupolosamente il cerimoniale* respecter scrupuleusement le cérémonial **2** *agg.* (*raro*) cérémonial, cérémoniel*.

cerimonière |tʃerimo'njɛre| *s.m.* (*liturg.*) cérémoniaire ◇ (*nelle corti*) maître de cérémonie.

cerimoniosaménte |tʃerimonjosa'mente| *avv.* [→ CERIMONIOSO] cérémonieusement.

cerimonióso |tʃerimo'njoso| *agg.* cérémonieux*: *un tono cerimonioso* un ton cérémonieux; *come sei cerimonioso!* tu es bien cérémonieux!

cerino |tʃe'rino| *s.m.* **1** [*fiammifero di cera*] allumette *f.* ◇ (*loc. fig.*) *si è ridotto* (*magro*) *come un cerino* il est devenu (maigre) comme un clou **2** [*stoppino per accendere candele*] rat de cave.

cernécchio, i |tʃer'nekkjo, i| *s.m.* [*ciocca di capelli incolti, arruffati*] mèche *f.*

cèrnere |'tʃɛrnere| *v.tr.* (*dif. del p.p.*) (*lett.*) → **distinguere, discernere.**

cèrnia |'tʃɛrnja| *s.f.* (*t.zool.*) mérou *m.*

cernièra |tʃer'njɛra| *s.f.* **1** (*tecnol., corr.*) charnière: *la cerniera di uno sportello, della portiera dell'automobile* la charnière d'une portière, de la portière de l'automobile; *chiusura a cerniera* fermeture à charnière; *chiudere la cerniera di un cofanetto* fermer la charnière d'un coffret ◇ (*zool.*) *la cerniera di una conchiglia* la charnière d'une coquille **2** *cerniera lampo* fermeture-éclair, à glissière **3** (*geol., mil.*) charnière.

cèrnita |'tʃɛrnita| *s.f.* [*selezione, scelta effettuata in base a determinati criteri*] tri *m.*, triage (*m.*): *cernita dei semi, delle olive, della frutta* tri, triage des graines, des olives, des fruits; *fare una cernita accurata* faire un tri, un choix soigneux.

cernitóre, trice |tʃerni'tore, tritʃe| *s.* **1** *s.* [*operaio addetto alla cernita*] trieur* **2** *s.m.* (*tecnol.*) trieur.

cernozëm |tʃirna'zjɔm| *s.m. inv.* (*russo*) (*geol., geogr.*) tchernoziom *var.*

céro |'tʃe(ɛ)ro| *s.m.* [*candela di cera*] cierge: *cero pasquale* cierge pascal ◇ (*fig.*) *stare dritto come un cero* être droit comme un cierge; *essere giallo come un cero* être jaune comme cire ◇ (*loc.*) *accendere un cero alla Madonna, a un santo* brûler un cierge à la Vierge, à un saint.

ceróne |tʃe'rone| *s.m.* [*cosmetico usato spec. dagli attori*] fard: *mettersi, togliersi il cerone* se mettre, s'enlever le fard.

ceróso |tʃe'roso| *agg.* [*che contiene cera, di aspetto simile alla cera*] cireux*.

ceròtto |tʃe'rɔtto| *s.m.* **1** [*medicamento adesivo*] sparadrap: *applicare un cerotto su una ferita* appliquer un sparadrap sur une blessure **2** (*fig.*) [*persona malata*] emplâtre ◇ [*persona noiosa, appiccicaticcia*] pot (*fam.*) de colle **3** [*disegno, quadro privo di valore*] croûte (*f.*): *credeva di fare un affare, ma gli hanno affibbiato un cerotto* il pensait faire une affaire, mais on lui a refilé une croûte → **crosta.**

cerréta |tʃer'reta| *s.f.* → **cerreto.**

cerretàno |tʃerre'tano| *s.* → **ciarlatano.**

cerréto |tʃer'reto| *s.m.* bois de chênes verts, d'yeuses.

cèrro |'tʃɛrro| *s.m.* (*t.bot.*) chêne chevelu.

certàme |tʃer'tame| *s.m.* (*lett.*) → **gara, contesa; combattimento.**

certaménte |tʃerta'mente| *avv.* (*con valore raff.*) [*con certezza, senza alcun dubbio*] certainement: *domani verrò certamente* demain je viendrai certainement; *è stato certamente lui a farlo* c'est certainement lui qui l'a fait; *'ci andrai?' 'sì, certamente!'* 'tu iras?' 'oui, certainement!' ◇ (*da solo, come risposta aff.*) *'vincerai?' 'certamente'* 'tu gagneras?' 'certainement'.

certézza |tʃer'tettsa| *s.f.* **1** (*persone*) [*il fatto di essere* (1) *certo* (2), *sicuro* (*di q.c.*)] certitude: *certezza assoluta, matematica, morale* certitude absolue, mathématique, morale; *ho la certezza che...* j'ai la certitude que...; *lo posso affermare con* (*tutta*) *certezza* je peux l'affirmer en toute certitude; *lo so con certezza* je le sais avec certitude → **sicurezza** **2** (*cose*) certitude: *la certezza di un avvenimento* la certitude d'un évènement; *la certezza di una notizia* la certitude d'une nouvelle → **fondatezza** Ⓒ **incertezza, insicurezza.**

certificàre |tʃertifi'kare| *v.tr.* (*spec. bur.*) [*attestare, dichiarare*] certifier: *io sottoscritto certifico che...* je soussigné certifie que...; *si certifica che...* on certifie que...

certificàto |tʃertifi'kato| *s.m.* certificat: *certificato in carta semplice, in* (*carta da*) *bollo* certificat sur papier libre, sur papier timbré; *certificato medico* certificat médical; *certificato di buona condotta* certificat de bonne vie et mœurs; *chiedere, rilasciare un certificato* demander, délivrer un certificat # *certificato di garanzia* bulletin de garantie; *certificato penale* extrait du casier judiciaire ◇ (*comm.*) *certificato d'origine* certificat d'origine ◇ (*mar.*) *certificato di navigabilità* certificat de navigabilité.

certificazióne |tʃertifikat'tsjone| *s.f.* [→ CERTIFICARE] authentification, légalisation: *certificazione di un documento* authentification, légalisation d'un document.

certitùdine |tʃerti'tudine| *s.f.* → **certezza.**

1 **cèrto** |'tʃɛrto| **I** *agg.* **1** (*cose*) [*che non ammette dubbi*; *sicuro*] certain, sûr: *la vittoria è certa* la victoire est certaine, sûre; *prova, indizio certo* preuve certaine, indice certain; *un guadagno modesto, ma certo* un gain modeste, mais sûr → **indubitabile**; *un fatto certo* un fait certain → **oggettivo** # *un rimedio certo* un remède infaillible → **efficace** ◇ *loc.* DARE Q.C. PER CERTO donner, considérer qqch. comme certain: *danno per certa la sua nomina* on donne comme certaine sa nomination, on considère sa nomination comme certaine; *la vittoria è data per certa* la victoire est considérée comme certaine **2** (*persone*) [*fermamente convinto, sicuro*] certain, sûr: *sono certo della sua onestà* je suis certain, sûr de son honnêteté; *sono certo che mi aiuterete* je suis certain que vous m'aiderez; *si dichiarò certo di averlo visto* il se déclara certain de l'avoir vu **3** (*con valore neutro, unito al v. 'essere' in frasi impers.*) il est certain, c'est sûr: *è certo che ci saranno dei cambiamenti* il est certain, c'est sûr qu'il y aura des changements; *ma è proprio certo che ci sarà un aumento dei prezzi?* mais est-ce vraiment sûr qu'il y aura une hausse des prix? ◇ *loc. fam.* CERTO CHE... il faut dire que...: *certo che ha un bel caratterino!* il faut dire qu'il a un sacré mauvais caractère! **II** *s.m.* [→ *agg.* 1] certain: *lasciare il certo per l'incerto* quitter le certain pour l'incertain **III** *avv.* [*certamente*; *con certezza*] certainement; sûrement: *'sei stato tu a telefonarmi?' 'no, certo!'* 'est-ce toi qui m'as téléphoné?' 'non, certainement pas!' ‖ *non sarò certo io a metterti degli ostacoli* ce ne sera sûrement pas moi qui te ferai obstacle ◇ (*come avv. di affermazione*) [*sì*] bien sûr: *'vieni anche tu?' 'certo!'* 'tu viens toi-aussi?' 'bien sûr!' ◇ (*loc.*) *certo che sì* oui, bien sûr; *certo che no* non, bien sûr ◇ *loc. avv.* DI CERTO évidemment: *di certo non hai ancora finito il lavoro!* évidemment, tu n'as pas encore fini ton travail! Ⓒ I 1, 2 **incerto** 1.

2 **cèrto** |'tʃɛrto| **1** *agg. indef.* (*premesso a un sost.*) certain: *in certi momenti è irriconoscibile* à certains moments il est méconnaissable → **alcuno, qualche**; *in certi casi, in certe occasioni...* dans certains cas, dans certaines occasions... → **tale** ◇ (*davanti a nome proprio di pers.*) *ha telefonato un certo signor Rossi* un certain M. Rossi a téléphoné ◇ (*con valore più determinato*) *le visite sono ammesse solo in certi giorni, a una certa ora* les visites ne sont permises que certains jours, à une certaine heure ◇ (*spesso seguito dall'agg. 'quale', con valore limitativo*) *ha una certa (qual) rassomiglianza con X* il a une certaine ressemblance avec X; *non è una cima, ma ha una certa attitudine* ce n'est pas un crack, mais il a une certaine aptitude ◇ (*con valore ints. ed enf.*) *ha certi occhi, certe gambe!* elle a de ces yeux, de ces jambes!; *ho certi nervi oggi!* ce que je peux être énervé aujourd'hui! ◇ (*con valore spreg.*) certain: *con certe persone io non ci parlo!* je ne parle pas à certaines personnes! # *diceva certe parolacce, certe bestemmie!* il disait de ces gros mots, de ces jourons! ◇ *loc.* UN CERTO (NON SO) CHE un je ne sais quoi: *ha un certo non so che di antipatico, di sospetto* il a un je ne sais quoi d'antipathique, de douteux; *ha quel certo non so che che gli attira la simpatia di tutti* il a ce je ne sais quoi qui lui attire la sympathie de tous **2** *pron. indef. solo al plur.* [*alcuni, certe persone*] certains: *certi dicono che...* certains disent que...; *certi gli davano ragione, certi no* certains lui donnaient raison, d'autres non → **certuni, qualcuno, alcuno.**

certósa |tʃer'toza| *s.f.* (*raro, fig.*) chartreuse: *vivere ritirato in una certosa* vivre retiré dans une chartreuse.

certosino |tʃerto'zino| **I** *s.m.* **1** (*relig.*) chartreux* *s.* ◇ (*loc. fig.*) *pazienza da certosino* patience de bénédictin ~ *lavoro da certosino* [*che richiede molta pazienza*] travail de bénédictin ~ *fare una vita da certosino* [*ritirata*] vivre en ermite ◇ [*liquore*] chartreuse *f.* **2** [*formaggio tipico della Lombardia*] ⊠ **II** *agg.* des chartreux (*loc. inv.*): *l'ordine certosino* l'ordre des chartreux; *la regola certosina* la règle des chartreux ◇ (*loc. fig.*) *pazienza certosina* patience de bénédictin.

certùni |tʃer'tuni| **1** *pron. indef. solo plur.* [*certe persone, certi individui*] certains: *per certuni tutto è facile* pour certains, tout est facile; *certuni dicono che...* certains disent que...; *certune sono molto difficili* certaines sont très difficiles; *certune di loro non lo sanno ancora* certaines d'entre elles ne le savent pas encore → **qualcuno, alcuno** **2** *agg. indef. solo plur.* (*raro*) certains: *certuni animali dormono tutto l'inverno* certains animaux dorment (pendant) tout l'hiver; *certune vostre amiche sono partite* certaines de vos amies sont parties → **alcuno.**

cerùleo |tʃe'ruleo| *agg.* (*lett.*) céruléen*: *occhi cerulei* yeux céruléens.

cerùme |tʃe'rume| *s.m.* cérumen.

ceruminóso |tʃerumi'noso| *agg.* cérumineux*.

cerùsico, ci |tʃe'ruziko, tʃi| *s.m.* **1** (*scherz.*) [*chirurgo, medico da strapazzo*] boucher, charcutier: *non mi fido di quel cerusico* je n'ai pas confiance en ce boucher, charcutier **2** (*arc.*) → **chirurgo.**

cerùssa |tʃe'russa| *s.f.* céruse.

cèrva |'tʃɛrva| *s.f.* [*femmina del cervo*] biche → **cervo.**

cervellàta |tʃervel'lata| *s.f.* (*cuc.*) cervelas *m.*

cervellétto |tʃervel'letto| *s.m.* (*anat.*) cervelet: *materia grigia del cervelletto* substance grise du cervelet.

cervellino |tʃervel'lino| *s.m.* **1** petit cerveau **2** (*fig.*) [*intelligenza limitata*] petite tête (*f.*): *ha un cervellino (da gallina)* il, elle a une petite tête (de moineau) **3** [*persona di intelligenza limitata*] tête de linotte: *essere un cervellino* avoir une petite cervelle, être une tête de linotte.

cervèllo |tʃer'vɛllo|, *pl.f.* **cervèlla** |tʃer'vɛlla| (*nei significati 1 e 2*), *pl. m.* **cervèlli** |tʃer'vɛlli| (*nei significati* 1, 2, 3, 4, 5) *s.m.* **1** (*al plur. anche 'cervella', fam.; solo in alcune loc.*) (*anat., corr.*) cerveau: *le circonvoluzioni del cervello* les circonvolutions du cerveau; *operazione al cervello* opération au cerveau ◇ (*loc.*) *fracassare le cervella a qc.* [*ucciderlo a bruciapelo*] casser la tête à qqn. ~ *bruciarsi, farsi saltare le cervella* [*suicidarsi con armi da fuoco*] se brûler, se faire sauter la cervelle ~ *fare a qc. il lavaggio del cervello* faire à qqn. le lavage du cerveau **2** (*al plur. anche 'cervella', fam.*) (*di animali macellati*) cervelle (*f.*): *cervella di vitello, di agnello al burro* cervelle de veau, d'agneau au beurre **3** *sing.* (*fig.*) [*intelletto, mente; senno*] cervelle: *un uomo senza cervello* un homme sans cervelle; *non avere cervello* ne pas avoir de cervelle; *lambiccarsi, struggersi, stillarsi il cervello* se creuser la cervelle; *avere un cervello di gallina, di formica* avoir une cervelle d'oiseau, de moineau # *non avere il cervello a posto* être tombé sur la tête, être timbré (*fam.*); *agire con, senza cervello* agir avec bon sens, bêtement; *un uomo di cervello* un homme de tête ◇ [*testa*] cerveau; tête (*f.*): *un cervello limitato, ordinato* un cerveau borné, bien organisé ‖ *un cervello bislacco* une tête folle; *avere il cervello nelle nuvole* avoir la tête dans les nuages; *agire con il proprio cervello* en faire à sa tête # *mettere il cervello a partito* revenir à la raison ◇ (*loc.*) *è uscito di cervello, gli ha dato di volta il cervello* [*è impazzito*] il a perdu la tête, il déménage ◇ (*prov.*) *contadino, scarpe grosse, cervello fino* gros sabots, esprit fin ~ *chi non ha cervello, abbia gambe* à courte mémoire, bonnes jambes **4** (*tecnol.*) *cervello elettronico* cerveau électronique **5** (*fig.*) [*persona a capo di un'organizzazione*] cerveau: *il cervello della banda, del partito* le cerveau de la bande, du parti ◇ [*persona di intelligenza eccezionale*] *la fuga dei cervelli* la fuite des cerveaux.

cervellóne |tʃervel'lone| *s.* **1** *s.m.* gros cerveau **2** *s.* (*scherz.*) [*persona molto intelligente*] (grand) cerveau: *è un cervellone* c'est un (grand) cerveau ◇ (*iron.*) [*persona poco intelligente*] tête *f.* dure **3** *s.m.* (*fam.*) [*cervello elettronico*] cerveau électronique (*corr.*).

cervelloticaménte |tʃervelloti-ka'mente| *avv.* [→ CERVELLOTICO] drôlement, bizarrement.

cervellòtico, ci, ca, che |tʃervel'lɔtiko, tʃi, ka, ke| *agg.* [*strano, bizzarro*] drôle de, extravagant: *è un tipo cervellotico* c'est un drôle de type, un type extravagant; *è un'idea, un'ipotesi piuttosto cervellotica* c'est une idée, une hypothèse plutôt extravagante.

cervicàle |tʃervi'kale| *agg.* cervical*: *artrosi cervicale* arthrose cervicale; *vertebre cervicali* vertèbres cervicales; *nervi cervicali* nerfs cervicaux.

cervice |tʃer'vitʃe| *s.f.* **1** (*in alcune loc. fig.*) [*testa*] tête: *piegare la cervice* [*sottomettersi*] courber la tête ~ *persona di dura cervice* [*caparbio, ostinato*] personne à la tête dure **2** (*anat.*) col (*m.*): *cervice uterina* col de l'utérus; *cervice della vescica* col de la vessie **3** (*lett.*) → 1 **collo.**

Cèrvidi |'tʃɛrvidi| *s.m.pl.* (*t.zool.*) Cervidés.

cervièro |tʃer'vjɛro| *agg.* cervier *m.* ◇ (*spec.*) *lupo cerviero* → **lince.**

cervino |tʃer'vino| *agg.* du cerf (*loc. inv.*): *corna cervine* bois du cerf.

cèrvo |'tʃɛrvo| *s.m.* **1** (*t.zool.*) cerf ◇ (*corr.*) *le corna del cervo* les bois du cerf; *cervo di sei, sette anni* cerf dix-cors; *cervo palmato* cerf paumé; *branco di cervi* troupeau de cerfs; *il cervo rumina* le cerf rumine **2** (*t.zool.*) *cervo volante* cerf-volant **3** → **aquilone.**

cervògia, ge |tʃer'vɔdʒa, dʒe| *s.f.* (*raro*) → **birra.**

cervóna |tʃer'vona| *s.f.* colle forte.

cerzioràre |tʃertsjo'rare| **A** *v.tr.* (*raro, bur.*) [*informare in maniera minuziosa, accurata*] informer (*corr.*): *cerziorare qc. di un fatto* informer qqn. d'un fait **B** *v. pron. rifl.* (*raro, bur.*) CERZIORARSI [→ *tr.*] s'assurer (*corr.*): *cerziorarsi sull'attendibilità di una notizia* s'assurer de la crédibilité d'une nouvelle.

Cesalpiniàcee |tʃezalpi'njatʃee| *s.f.pl.* (*t.bot.*) Césalpinées, Cæsalpinées.

1 **cesàreo** |tʃe'zareo| *agg.* (*lett.*) [*di Cesare*] césarien* ◇ (*per est.*) [*imperiale*] impérial*: *corte cesarea* cour impériale # *poeta cesareo* poète de cour.

2 **cesàreo** |tʃe'zareo| *agg.* (*nella loc.*) *taglio, parto cesareo* césarienne *s.f.*

cesariàno |tʃeza'rjano| *agg. e s.m.* (*st. rom.*) césarien*.

cesarismo |tʃeza'rizmo| *s.m.* césarisme: *il cesarismo di Bonaparte* le césarisme de Bonaparte.

cesellaménto |tʃezella'mento| *s.m.* [→ CESELLARE] cisèlement.

cesellàre |tʃezel'lare| *v.tr.* [*lavorare, incidere con il cesello*] ciseler (7): *cesellare un gioiello, una figura* ciseler un bijou, une figure ✦ (*ass.*) *cesellare su argento* ciseler sur argent ◇ (*fig.*) *cesellare un discorso, una lettera* ciseler un discours, une lettre; *cesellare un sonetto* ciseler un sonnet → **rifinire.**

cesellàto |tʃezel'lato| *agg.* **1** [*lavorato con cesello*] ciselé: *vasellame cesellato* vaisselle ciselée **2** (*fig.*) [*rifinito con cura, perfezione*] léché, ciselé: *un ritratto (ben) cesellato* un portrait (bien) léché, ciselé; *uno stile cesellato* un style ciselé.

cesellatóre, trice |tʃezella'tore, tritʃe| *s.* [*chi cesella*] ciseleur (*m.*): *un cesellatore di gioielli* un ciseleur de bijoux ◇ (*fig.*) *cesellatore di versi* ciseleur de vers.

cesellatùra |tʃezella'tura| *s.f.* [→ CESELLARE] ciselure.

cesèllo |tʃe'zɛllo| *s.m.* **1** (*tecnol.*) ciselet ◇ (*loc. fig.*) *lavorare di cesello* [*con meticolosità e raffinatezza*] ciseler **2** [*l'arte, la tecnica del cesellare*] ciselure (*f.*): *un maestro del cesello* un maître de la ciselure.
cesèna |tʃe'zɛna| *s.f.* (*t.zool.*) (grive) litorne.
1 **cèsio, i** |'tʃɛzjo, i| *s.m. e agg.* (*lett.*) → **azzurro.**
2 **cèsio, i** |'tʃɛzjo, i| *s.m.* (*chim.*) césium, cæsium.
cesóia |tʃe'zoja| *s.f.* **1** *spec. al plur.* [*grosse forbici*] cisaille (*sing.*): *cesoie da giardiniere* cisaille de jardinier **2** (*tecnol.*) cisoires (*pl.*): *cesoie da banco* cisoires.
cesoiàta |tʃezo'jata| *s.f.* coup *m.* de cisailles; cisaillement *m.*
cesoiatrice |tʃezoja'tritʃe| *s.f.* (*tecnol.*) cisailleuse.
cèspite |'tʃɛspite| *s.m.* **1** [*entrata, reddito*] source *f.* de profit, de revenus: *quell'attività è per lui un buon cespite di guadagno* cette activité est pour lui une grande source de profit, de revenus **2** (*lett.*) → **cespo.**
céspo |'tʃespo| *s.m.* (*bot.*) rejet, rejeton.
cespùglio, i |tʃes'puʎʎo, i| *s.m.* [*insieme intricato di pianticelle emesse da una sola radice*] buisson: *un cespuglio di rovi, di ginepro* un buisson de ronces, de genévrier.
cespuglióso |tʃespuʎ'ʎoso| *agg.* **1** [*pieno di cespugli*] buissonneux*: *terreno cespuglioso* terrain buissonneux ◇ [*ramificato come un cespuglio*] touffu: *albero cespuglioso* arbre touffu **2** (*fig.*) [*a ciuffi disordinati e folti*] broussailleux*: *capelli cespugliosi* cheveux broussailleux.
cessàre |tʃes'sare| **A** *v.intr.* **1** (*aus.* '*essere*') [*aver termine, finire*] cesser (*aus.* avoir): *il temporale è cessato* l'orage a cessé; *il dolore cessava a tratti* la douleur cessait par intervalles; *questo sedativo farà cessare i dolori* ce sédatif fera cesser les douleurs **2** (*aus.* '*avere*') CESSARE DI (+ *inf.*) [*interrompere, smettere di*] cesser de (+ *inf.*): *cessare di parlare, di agire* cesser de parler, d'agir; *non cessava di interromperlo* il ne cessait de l'interrompre; *ha cessato di vivere, di soffrire* il a cessé de vivre, de souffrir ✦ *ass.* (*comm.*) fermer: *la ditta, la società ha cessato la* firme, la société a fermé **B** *v.tr.* [*porre fine; sospendere*] cesser: *cessare i pagamenti* cesser les paiements ◇ (*loc.*) *cessare il fuoco, le ostilità* cesser le feu, les hostilités C **continuare.**
cessàte il fuòco |tʃes'sateil 'fwɔko| *loc. sost. inv. m. sing.* cessez-le-feu: *si è negoziato il cessate il fuoco* on a négocié le cessez-le-feu.
cessazióne |tʃessat'tsjone| *s.f.* [→ CESSARE] cessation: *cessazione delle ostilità* cessation des hostilités; *cessazione dei pagamenti* cessation des paiements; *cessazione di esercizio* cessation de commerce → **sospensione, 1 fine** C **continuazione.**
cessionàrio, i |tʃessjo'narjo, i| *s.* (*dir.*) cessionnaire: *il cedente e il cessionario* le cédant et le cessionnaire; *il cessionario di un effetto bancabile* le cessionnaire d'un effet bancable ✦ (*agg.*) *creditore cessionario* créancier cessionnaire C **cedente.**
cessióne |tʃes'sjone| *s.f.* (*comm., dir.*) cession: *cessione dei crediti* cession des créances; *cessione del contratto, di azienda* cession de contrat, d'entreprise; *cessione del quinto* (*dello stipendio*) cession du cinquième du salaire.
cèsso |'tʃɛsso| *s.m.* (*pop.*) [*latrina, gabinetto*] cabinets *pl.* (*corr.*): *cessi pubblici* cabinets publics ◇ (*per est.*) [*luogo sporco, lurido*] porcherie (*f.*): *questa stanza è un cesso* cette pièce est une porcherie ◇ (*per est.*) [*cosa brutta, di nessun valore*] saloperie (*f.*): *questo giornaletto è un cesso* ce journal est une saloperie.
césta |'tʃesta| *s.f.* **1** [*paniere, canestro a sponde alte, senza manici*] corbeille, panier (*m.*): *cesta del pane* corbeille à pain; *cesta della biancheria* panier à linge → **paniere** ◇ (*per est.*) [*il contenuto*] *una cesta di mele, di fichi* une corbeille de pommes, de figues ◇ *loc. fig.* A CESTE [*in gran quantità*] à foison: *ne abbiamo raccolti a ceste* nous en avons ramassé à foison **2** (*pelota basca*) chistera *f. o m.* **3** (*aer.*) nacelle **4** [*sorta di barroccio*] chariot *m.*
cestàio, i |tʃes'tajo, i| *s.* [*chi fabbrica, vende ceste o affini*] vannier *m.*
cestèlla |tʃes'tɛlla| *s.f.* **1** petite corbeille **2** [*specie di trappola per catturare gli uccelli*] mésangette.
cestèllo |tʃes'tɛllo| *s.m.* [*piccolo cesto*] corbillon.
cestinàre |tʃesti'nare| *v.tr.* (*detto di lettere o scritti*) [*buttare nel cestino della carta straccia*] jeter (5) au panier: *cestinare la corrispondenza già evasa* jeter au panier la corréspondance déjà expédiée ◇ [*non prendere in considerazione*] *cestinare una lettera di reclamo* jeter une réclamation au panier, ignorer une réclamation ◇ [*non pubblicare articoli inviati a un giornale*] jeter au panier, mettre (73) aux oubliettes (*fam.*): *cestinare un articolo, un servizio* mettre un article, un reportage aux oubliettes.
cestìno |tʃes'tino| *s.m.* [*piccolo cesto*] corbeille *f.*, panier: *cestino del pescatore* panier de pêcheur; *cestino da lavoro* corbeille, panier à ouvrage; *cestino da viaggio* panier-repas; *il cestino per la carta straccia* la corbeille à papier ◇ (*per est.*) [*il contenuto*] panier: *ho comperato un cestino di fragole* j'ai acheté un panier de fraises.
cestìre |tʃes'tire| (197) *v.intr.* (*aus.* '*avere*') (*bot.*) [*far cesto*] taller.
cestìsta |tʃes'tista| *s.* [*giocatore di pallacanestro*] basketteur*.
1 **césto** |'tʃesto| *s.m.* **1** [*cesta, paniere*] corbeille *f.*, panier: *il cesto del pane* la corbeille à pain ◇ (*per est.*) [*il contenuto*] *comprare un cesto di ciliege* acheter un panier de cerises **2** (*pallacanestro*) panier → 1 **canestro.**
2 **césto** |'tʃesto| *s.m.* [*complesso di foglie che nascono da un fusto*] pied: *un cesto di lattuga, di insalata* un pied de laitue, de salade ◇ (*loc.*) *far cesto* [*accestire*] taller.
cesùra |tʃe'zura| *s.f.* (*metr.*) césure.
Cetàcei |tʃe'tatʃei| *s.m. pl.* (*t.zool.*) Cétacés.
cetàno |tʃe'tano| *s.m.* (*chim.*) cétane.
cèto |'tʃɛto| *s.m.* [*classe sociale*] classe (*f.*): *ceto medio* classe moyenne # *una persona di alto ceto* une personne de la haute société.
cetònia |tʃe'tɔnja| *s.f.* (*t.zool.*) cétoine.
cétra |'tʃetra| *s.f.* (*mus.*) cithare: *suonare la cetra* jouer de la cithare.
cetriolìno |tʃetrjo'lino| *s.m.* [*piccolo cetriolo conservato sott'aceto*] cornichon.
cetriòlo |tʃetri'ɔlo| *s.m.* (*t.bot.*) concombre ◇ [*il frutto*] *cetriolo in insalata* concombre en salade ◇ [*cetriolino*] cornichon ◇ (*fig.*) [*uomo sciocco*] cornichon.
'chaise-longue' |ʃɛzlɔ̃g| *s.f. inv.* chaise longue *var.*
'chalet' |ʃalɛ| *s.m. inv.* chalet *var.*
challenger |'tʃælindʒə| *s.m. inv.* (*ingl.*) challengeur *var.*, challenger *var.*
'champagne' |ʃɑ̃paɲ| *s.m. inv.* champagne (*var.*): *'champagne' secco, semicesso* champagne sec, demi-sec; *'champagne' ghiacciato* champagne frappé; *bottiglia, tappo di 'champagne'* bouteille, bouchon de champagne ✦ (*agg. inv.*) *un abito* (*color*) *'champagne'* une robe champagne.
'chance' |ʃɑ̃s| *s.f. inv.* chance *var.*
'chansonnier' |ʃɑ̃sɔnje| *s.m. inv.* chansonnier *var.*
'chaperon' |ʃapʀɔ̃| *s.m. inv.* chaperon (*var.*): *fare da 'chaperon' a qc.* servir de chaperon à qqn.
charleston |'tʃa:lstən| *s.m. inv.* (*ingl.*) (*ballo*) charleston *var.*
'charlotte' |ʃaʀlɔt| *s.f. inv.* **1** [*torta semifredda*] charlotte *var.* **2** [*cuffia femminile*] charlotte.
'charme' |ʃaʀm(ə)| *s.m. inv.* charme *var.*
charter |'tʃa:tə| *s.m. inv.* (*ingl.*) avion *var.* nolisé, charter *var.*
'châssis' |ʃasi| *s.m. inv.* châssis → **telaio.**
'chateaubriand' |ʃatobʀijɑ̃| *s.m. inv.* chateaubriand *var.*, châteaubriant *var.*
'chauffeur' |ʃofœʀ| *s.m.* → **autista, automobilista.**
1 **che** |ke| **I** *pron. rel. inv.* **1** *sogg.* qui: *raggiungeremo lo zio che ci attende* nous rejoindrons notre oncle qui nous attend; *gli operai che lavorano in fabbrica* les ouvriers qui travaillent à l'usine; *prendi le ciliege che sono sul tavolo* prends les cerises qui sont sur la table **2** *ogg.* que (*N.B. si elide davanti a voc. o h muta*): *ecco i pennelli che ho comprato* voilà les pinceaux que j'ai achetés; *mangiavamo le mele che avevamo colte* nous mangions les pommes que nous avions cueillies; *gli amici che abbiamo accompagnato alla stazione sono partiti* les amis que nous avons accompagnés à la gare sont partis; *fa' quel che vuoi* fais ce que tu voudras; *dimmi ciò che farai* dis-moi ce que tu feras ◇ (*loc.*) *non c'è che dire* il n'y a rien à dire **3** *compl. indiretto* quoi: *non ha di che vivere* il n'a pas de quoi vivre; *non ha certo di che lamentarsi* il n'a sûrement pas de quoi se plaindre; *'grazie' 'non c'è di che'* 'merci' 'il n'y a pas de quoi' **4** (*con valore neutro, riferito a un'intera prop.*) [*la qual cosa*] ce qui, ce dont (*ecc.*): *ho provato a farlo ragionare, il che non è valso a niente* j'ai essayé de le faire raisonner, ce qui (mais cela) n'a servi à rien; *è guarito, il che mi fa piacere* il est guéri, ce qui me fait plaisir; *è un bugiardo, il che è risaputo da tutti* c'est un menteur, ce qui est connu de tous (tout le monde le sait); *hai vinto, del che mi rallegro* tu as gagné, ce dont je me réjouis # *rimango cinque minuti.*

dopo di che me ne vado je reste encore cinq minutes, après quoi je m'en vais; *dal che si deduce...* d'où l'on déduit... **5** (*con valore temporale*; *in usi region. o fam. gener. poco corretti*) où: *il secolo che viviamo* le siècle où nous vivons; *l'inverno che morì la sorella* l'hiver où mourut notre sœur # *la prima volta che l'ho visto* la première fois que je l'ai vu **6** [*dove*] que: *è là che sono vissuto* c'est là que j'ai vécu; *è qui che lavorava mio padre* c'est ici que travaillait mon père **II** (*pron. indef.*) *non è un gran che* cela ne vaut pas grand-chose; *ha quel certo non so che di strano* il a un je ne sais quoi d'étrange; *c'è un che che non mi piace* il y a quelque chose qui ne me plaît pas; *c'era un che di sospetto nel suo comportamento* il y avait un je ne sais quoi de suspect dans son attitude.

2 **che** |ke| **I** *agg. interrog. ed escl. inv.* quel *m.*, quelle *f.*; quels *m. pl.*, quelles (*f. pl.*): *che libro desideri?* quel livre désires-tu?; *che vestito hai scelto?* quelle robe as-tu choisie?; *che tipo è?* quel type est-ce?; *che giorno è oggi?* quel jour est-ce aujourd'hui?; *che ora è, che ore sono?* quelle heure est-il?; *che tempo fa?* quel temps fait-il?; *dimmi che paesi hai visitato* dis-moi quels pays tu as visités; *che discorsi!* quels discours!; *che minacce!* quelles menaces!; *che bella giornata!* quelle belle journée!; *ah, che bugiardi!* ah, quels menteurs! # *a che punto sei?* où en es-tu? ◇ (*con valore di 'come'*) que: *che bello!* que c'est beau!; *che strano!* que c'est drôle! → **come** **II** *pron. interrog. ed escl. inv.* [*che, che cosa*] **1** (*nelle interrog. dirette*) qu'est-ce qui *sogg.*; que, qu'est-ce que (*ogg.*): *che cosa t'affligge?* qu'est-ce qui t'afflige?; *che cosa spinge gli uomini a cercare sempre nuove vie?* qu'est-ce qui pousse les hommes à chercher toujours de nouvelles voies? ‖ *che hai fatto?* qu'est-ce que tu as fait?, qu'as-tu fait?; *che vuoi?* que veux-tu?, qu'est-ce que tu veux?; *che mi tocca sentire!* que faut-il entendre!, qu'est-ce qu'il ne faut pas entendre!; *ma che dici!* mais qu'est-ce que tu racontes! ◇ (*nei compl. indiretti, in alcune espressioni fam., come sogg. in frasi ell.*) quoi: *in che cosa posso esservi utile?* en quoi puis-je vous être utile, puis-je vous servir?; *di che cosa vi lamentate?* de quoi vous plaignez-vous?; *in che speravano?* en quoi espéraient-ils?; *che fare, che dire?* que, quoi (*fam.*) faire, dire?; *che c'è di nuovo?* quoi de nouveau?; *che altro (c'è)* quoi d'autre?; *che di più bello?* quoi de plus beau?; *e che?...* quoi?... # *che cos'è la geografia?* qu'est-ce que la géographie?, qu'est-ce que c'est que la géographie? (*fam.*) ◇ (*loc.*) *che è, che non è* tout à coup **2** (*nelle interrog. indirette*) ce qui *sogg.*; (ce) que (*ogg.*): *non so che cosa succeda* je ne sais pas ce qui arrive ‖ *non sapeva che dire* il ne savait que, quoi (*fam.*) dire; *mi piacerebbe sapere che ne pensate* j'aimerais savoir ce que vous en pensez; *non so che (cosa) sia il mal di testa* j'ignore ce que c'est que le mal de tête; *dimmi che desideri* dis-moi ce que tu désires ◇ (*nei compl. indiretti e in alcune espressioni fam.*) quoi: *vedremo di che cosa si tratta* nous verrons de quoi il s'agit; *non so in che consiste l'esame* je ne sais pas en quoi consiste l'examen, l'examen consiste; *dimmi a che serve inquietarsi così!* dis-moi à quoi ça sert de se mettre en colère ainsi!; *sapessi di che parlano!* si tu savais de quoi ils parlent!; *spera di ereditare chi sa che!* il espère hériter qui sait quoi! **III** *inter.* quoi: *che!?, neanche per sogno!* quoi!, jamais de la vie!; *che! sei tornato così presto?* quoi!, tu es revenu si tôt?; *che! credete sia possibile?* quoi! croyez-vous qu'il soit possible?

3 **che** |ke| *cong.* **1** (*per introdurre prop. dichiarative, causali, consecutive, finali, comparative, temporali, eccettuative, limitative, imperative e desiderative*) que: *è possibile che arrivi in ritardo* il est possible qu'il arrive en retard; *è giusto che tu lo sappia* il est juste que tu le saches; *spero che tu parta con me* j'espère que tu partiras avec moi; *si dice, si narra che...* on dit, on raconte que...; *vai a dormire che ne hai bisogno* va te coucher (que) tu en as besoin; *mi dispiace che non ci sia anche tu* je regrette que tu ne sois pas des nôtres; *era tanto spaventato che non capiva più niente* il était si effrayé qu'il ne comprenait plus rien; *sono tanto stanco che non mi reggo in piedi* je suis tellement fatigué que je ne tiens plus debout; *ho tanto da fare che non posso neanche uscire* je suis tellement pris que je ne peux même pas sortir; *guarda che non faccia sciocchezze* fais attention qu'il ne fasse pas de bêtises; *parla forte che tutti ti sentano* parle plus fort que tout le monde t'entende; *preferisco telefonare che scrivere* je préfère téléphoner qu'écrire; *è stato più veloce che non credessi* il a été plus rapide que je ne le croyais; *mi sono alzato che spuntava il sole* je me suis levé avec le soleil; *è molto che non lo vedo* cela fait longtemps que je l'ai vu; *non fa che parlare* il ne fait que parler; *non voglio che il tuo bene* je ne désire que ton bien; *non è partito, ch'io sappia* que je sache, il n'est pas parti; *non c è che lui per questi lavori* il n'y a que lui pour faire ces travaux; *che torni subito a casa!* qu'il rentre immédiatement à la maison (chez lui)!; *che il mio pensiero ti accompagni!* que ma pensée t'accompagne! # *non credo che alle mie orecchie* je n'en crois pas mes oreilles; *arrivai che era ancora presto* j'arrivai avant l'heure **2** (*per introdurre prop. interrog. ed escl.*) que: *che non venga più?* est-ce qu'il ne viendra plus? # *che non sia mai puntuale!* il n'est jamais à l'heure!; *che non possa mai riposare!* il n'est jamais possible de se reposer; *forse che non lo sapevi?* peut-être ne le savais-tu pas? **3** (*con valore coordinativo*) [*che... o che*] que... ou que; [*sia che... sia che*] soit que... soit que, [*sia... che...*] tant... que...: *verrai con me, sia che tu lo voglia sia che non lo voglia* tu viendras avec moi, que tu le veuilles ou non; *che venga o non venga, partiremo ugualmente* qu'il vienne, ou qu'il ne vienne pas, nous partirons quand même ‖ *sia l'uno che l'altro sono bravi* soit l'un soit l'autre, tant l'un que l'autre ce sont de braves garçons **4** *loc.* È PER... CHE c'est pour... que: *è per mia madre che sono tornato* c'est pour ma mère que je suis revenu.

ché |ke| *cong.* (*lett.*, *pop.*) **1** (*interrog.*, *finale*) que, quoi (*fam.*): *ché, non mangiate?* que, quoi vous ne mangez pas?; *vai, ché non arrivi in ritardo* pars, (afin) que tu n'arrives pas en retard **2** (*causale*) (parce) que: *copriti, ché fa freddo* couvre-toi (parce) qu'il fait froid.

chècca, che |'kεkka, ke| *s.f.* (*fam.*) [*pederasta*] pédale (*pop.*), tante (*pop.*).

checché |kek'ke| *pron. indef.* → **qualunque (cosa).**

checchessìa |kekkes'sia| *pron. indef. inv. solo sing.* (*lett.*) (*in frasi aff.*) [*qualunque cosa, qualsiasi cosa*] n'importe quoi ◇ (*in frasi neg.*) → **niente, nulla.**

check-in |tʃek'in| *s.m. inv.* (*ingl.*) check-in *var.*, enregistrement *var.* des bagages.

check-up |'tʃekʌp| *s.m. inv.* (*ingl.*) bilan *var.* de santé, check-up.

cheddite |ked'dite| *s.f.* cheddite.

'chef' |ʃεf| *s.m. inv.* chef *var.*

chèla |'kεla| *s.f.* (*zool.*) chélate *m.*

chelleàno |ʃelle'ano| *agg. e s.m.* chelléen*.

chelòide |ke'lɔide| *s.f.* chéloïde *m.*

Chelòni |ke'lɔni| *s.m. pl.* (*t.zool.*) Chéloniens.

'chemin de fer' |ʃ(ə)mẽdfεʀ| *s.m. inv.* (*gioco d'azzardo*) chemin de fer *var.*

chemiosìntesi |kemjo'sintezi| *s.f. inv.* (*biol.*) chimiosynthèse *var.*

chemioterapìa |kemjotera'pia| *s.f.* (*med.*) chimiothérapie.

chemioteràpico, ci, ca, che |kemjote'rapiko, tʃi, ka, ke| *agg.* (*med.*) chimiothérapique.

'chemisier' |ʃ(ə)mizje| *s.m. inv.* robe *f. var.* chemisier.

chepì |ke'pi| *s.m. inv.* képi *var.*

'chèque' |ʃεk| *s.m. inv.* → **assegno.**

cheratìna |kera'tina| *s.f.* (*anat.*) kératine.

cheratinizzàto |keratinid'dzato| *agg.* (*anat.*) kératinisé.

cheratinizzazióne |keratiniddzat'tsjone| *s.f.* (*biol.*, *farm.*) kératinisation.

cheratìte |kera'tite| *s.f.* (*med.*) kératite.

cheratoplàstica, che |kerato'plastika, ke| *s.f.* (*med.*) kératoplastie.

cheratòsi |kera'tɔsi| *s.f. inv.* (*med.*) kératose *var.*

chèrmes |'kεrmes| *s.m.* **1** [*colorante rosso vivo*] kermès **2** (*t.zool.*) kermès.

cherosène |kero'zεne| *s.m.* kérosène.

cherry-brandy |'tʃeri'brændi| *s.m. inv.* (*ingl.*) cherry *var.*

cherubìno |keru'bino| *s.m.* chérubin ◇ (*fig.*) [*persona dalla bellezza angelica*] ange.

chetaménte |keta'mente| *avv.* → **tranquillamente.**

chetichèlla |keti'kεlla| *s.f.* *solo nella loc. avv.* ALLA CHETICHELLA [*di nascosto, senza farsi notare*] en douce (*fam.*), à l'anglaise: *andarsene, squagliarsela alla chetichella* partir en douce, filer à l'anglaise.

chéto |'keto| *agg.* (*tosc.*, *lett.*) → **silenzioso, tranquillo.**

chewing-gum |'tʃu:ingʌm| *s.m. inv.* (*ingl.*) chewing-gum *var.* → **gomma (americana).**

1 **chi** |ki| **I** *pron. rel. con valore di dim.* [*colui che*] celui *m.* qui, [*colei che*] celle *f.*

qui, [*coloro che*] ceux qui *m.*, celles qui (*f.*): *chi, colei che dice questo non è dotata di buon gusto* celle qui dit ceci n'a pas bon goût; *non può saperlo chi non l'ha provato* ceux qui n'ont pas subi cette épreuve ne peuvent pas le savoir; *devo parlarne con chi si può interessare* je dois en parler avec ceux qui peuvent s'y intéresser # *non si può trattare con chi non ragiona* on ne peut pas traiter avec des gens incapables de raisonner; *l'hai restituito a chi dovevi?* est-ce que tu l'as rendu à qui tu le devais? ◇ (*con valore più indeterminato, spec. in loc. prov.*) qui: *ama chi ti ama* aime qui t'aime; *chi vivrà vedrà* qui vivra verra; *dimmi con chi vai e ti dirò chi sei* dis-moi qui tu hantes et je te dirai qui tu es; *ride bene chi ride ultimo* rira bien qui rira le dernier **II** *pron. con valore di indef.* **1** [*chiunque*] quiconque, qui: *può entrare chi vuole* quiconque peut entrer; *regalalo a chi ti pare* fais-en cadeau à qui tu veux # *chi desideri ulteriori informazioni...* ceux qui désirent d'autres renseignements... ◇ (*loc. pron.*) *chi che sia* → **chicchessia** **2** [*uno che, qualcuno che*] quelqu'un qui; personne qui (*in frasi neg.*): *è difficile trovare chi possa farlo* il est difficile de trouver quelqu'un qui puisse le faire ‖ *non trovo chi mi aiuti* je ne trouve personne qui puisse m'aider # *si salvi chi può!* sauve qui peut!; *c'è ancora chi crede nelle fate* il y a encore des gens qui croient aux fées; *c'è anche chi dice che non è vero* certains disent même que ce n'est pas vrai; *per chi non lo sapesse, le regole sono rigide* pour ceux qui ne le savaient pas, le règlement est sévère.

2 **chi** |ki| **1** *pron. interrog.* qui *sogg.*, qui est-ce qui *sogg.* (*solo nelle interrog. dirette*); qui *ogg. e compl. indiretto*, qui est-ce que *ogg.* (*solo nelle interrog. dirette*): *chi ha gridato?* qui a crié?, qui est-ce qui a crié?; *chi non lo sa?* qui ne le sait pas?, qui est-ce qui ne le sait pas?; *chi è?* qui est-ce?; *chi siete?* qui êtes-vous?; *chi di voi oserebbe?* qui d'entre vous oserait?; *chi sarà mai?* qui peut-il être?; *chi va là?* qui va là?; '*viene qualcuno*' '*chi?*' 'quelqu'un vient' 'qui est-ce?' ‖ *chi hai visto?* qui as-tu vu?, qui est-ce que tu as vu?; *a chi ricorrere?* à qui recourir!; *di chi è questo giocattolo?* à qui est ce jouet?; *di chi sono i 'Promessi Sposi'?* de qui sont les 'Fiancés'?; *da chi l'hai saputo?* par qui l'as-tu appris?, de qui le tiens-tu?; *non saprei a chi chiederlo* je ne saurais (pas) à qui le demander **2** *pron. escl. inv.* qui: *a chi mi sono raccomandato!* à qui est-ce que je me suis adressé! # *chi si rivede!* quel bon vent (vous amène)! **3** (*correl.*) [*chi... chi, qualcuno... qualcuno, uno... un altro*] qui... qui...; les uns... les autres, les uns... d'autres...: *chi ci crede e chi no* les uns le croient, les autres ne le croient pas; *chi la pensa in un modo, chi nell'altro* les uns pensent d'une façon, les autres d'une autre; *c'era molta allegria: chi cantava, chi rideva* tout le monde était gai: les uns chantaient, les autres riaient # *a chi riesce bene, a chi male* il y en a qui ont du succès, d'autres qui n'en ont pas.

chiàcchiera |'kjakkjera| *s.f.* **1** *spec. al plur.* [*conversazione alla buona, amichevole, fatta per passatempo*] bavardage (*m. sing.*): *non perderti in chiacchiere!* ne te perds pas en bavardages!; (*voglio*) *fatti, non chiacchiere!* (je veux) des faits, pas de bavardage!; *poche chiacchiere!* pas de bavardages! # *a chiacchiere, tutti sono capaci* tout le monde est capable de bavarder; *fare, scambiare quattro chiacchiere* faire un brin de causette; *vieni, voglio fare due chiacchiere con te* viens, je veux faire un brin de causette avec toi **2** *spec. al plur.* [*discorso allusivo, ambiguo; pettegolezzo*] bruits *m.*, cancan (*m. sing.*): *corrono certe chiacchiere sul tuo conto* certains bruits courent sur ton compte; *non è vero niente, son tutte chiacchiere* rien n'est vrai, ce ne sont que des cancans; *è tutta una chiacchiera!* c'est un cancan! → **calunnia** **3** [*facilità di parole; lingua sciolta*] bagou *m.* (*fam.*): *non è una cima, ma ha una gran chiacchiera* ce n'est pas un crack, mais il a du bagou; *che chiacchiera, quella ragazza!* quel bagou, cette fille!; *con la sua chiacchiera è riuscita a farmi comprare il suo articolo* avec son bagou, elle est arrivée à me faire acheter son article → **parlantina** **4** *al plur.* [*tipo di dolci*] merveille *sing.*

chiacchieràre |kjakkje'rare| *v. intr.* (*aus.* '*avere*') **1** [*discorrere, conversare*] causer, bavarder: *chiacchierare insieme* causer, bavarder ensemble; *chiacchierare con qc.* causer avec qqn.; *perdere tempo a chiacchierare* perdre son temps à bavarder ◇ [*parlare disturbando qc.*] bavarder: *non chiacchierare mentre parla il direttore, il professore* il ne faut pas bavarder pendant que parle le directeur, le professeur **2** [*parlare con eccessiva leggerezza o imprudenza*] *non ti fidare di lui, è un tipo che chiacchiera troppo* ne te fie pas à ce type-là, c'est un affreux bavard ◇ [*fare maldicenze, pettegolezzi*] jaser, médire (48) de: *chiacchierare sul conto di qc.* jaser, médire de qqn.; *fare chiacchierare la gente* faire jaser les gens → **malignare, spettegolare.**

chiacchieràta |kjakkje'rata| *s.f.* [*lunga conversazione amichevole*] causerie, conversation: *abbiamo fatto una bella chiacchierata* nous avons eu une bonne causerie, conversation; *quella chiacchierata mi ha fatto piacere* cette causerie m'a fait plaisir ◇ [*discorso improvvisato, alla buona*] causerie: *la mia non sarà una conferenza, ma una chiacchierata* je ne ferai pas une conférence, mais une causerie ◇ [*discorso prolisso e noioso*] tirade: *l'ha interrotta nel bel mezzo della sua chiacchierata* il l'a interrompue au beau milieu de sa tirade.

chiacchieratina |kjakkjera'tina| *s.f.* (*nella loc.*) *fare una chiacchieratina* [*una piccola chiacchierata*] faire un brin de causette.

chiacchieràto |kjakkje'rato| *agg.* [*di cui si parla molto* (*e male*)] discuté; critiqué: *un tipo chiacchierato* un type discuté.

chiacchierìccio, i |kjakkje'rittʃo, i| *s.m.* [*discorso prolungato e fastidioso*] bavardage, babillage: *per favore, fa tacere quel chiacchiericcio* s'il te plaît, fais taire ce bavardage ◇ [*maldicenza*] ragot: *sono chiacchiericci da comari* ce sont des ragots de commères → **chiacchiera.**

chiacchierino |kjakkje'rino| *agg.* [*che chiacchiera spesso e volentieri*] bavard: *un bambino chiacchierino* un enfant bavard; *una bambina chiacchierina* une petite fille bavarde ✦ (*s.*) *un chiacchierino* un bavard.

chiacchierìo, ii |kjakkje'rio, ii| *s.m.* [*conversazione di parecchie persone confusa e insistente*] bavardage # *lo disturbava il chiacchierio che proveniva dalla stanza accanto* il était dérangé par les gens qui jacassaient dans la pièce voisine → **cicaleccio, brusio.**

chiacchieróne |kjakkje'rone| *agg.* [*che chiacchiera molto, troppo*] bavard: *un bambino molto chiacchierone* un enfant très bavard; *una donna chiacchierona* une femme bavarde ✦ (*s.*) *che chiacchierone!* quel bavard!, quel moulin à paroles!; *quella chiacchierona non ha saputo tenere la bocca chiusa* cette bavarde n'a pas su tenir sa langue **C** **taciturno.**

chiàma |'kjama| *s.f.* (*spec. bur.*) [*chiamata in ordine alfabetico*] appel (*m.*): *fare la chiama dei concorrenti, dei deputati* faire l'appel des concurrents, des députés; *rispondere alla chiama* répondre à l'appel → **chiamata.**

chiamàre |kja'mare| **A** *v.tr.* **1** [*rivolgersi a qc., sollecitandone una risposta, un intervento e sim.*] appeler (4): *chiamare qc. a gran voce, sottovoce* appeler qqn. à haute voix, tout bas; *chiamare al telefono* appeler au téléphone; *chiamare qc. per lettera, per telegramma, per telefono* appeler qqn. par lettre, par télégramme, par téléphone; *chiamare qc. per nome, per cognome* appeler qqn. par son prénom, par son nom; *chiamare il medico, il prete, la polizia, l'autoambulanza* appeler le médecin, le prêtre, la police, l'ambulance; *chiamare l'idraulico, l'elettricista* appeler le plombier, l'électricien # *chiamare qc. da parte, in disparte* prendre qqn. à part; *chiamare a raccolta* battre le rappel ◇ (*loc.*) *mandare a chiamare qc.* [*convocarlo*] envoyer chercher qqn. ~ *chiamare un attore alla ribalta, fuori* [*per tributargli applausi*] rappeler un acteur: *la soprano fu chiamata dieci volte* le soprano fut rappelé dix fois ~ *farsi chiamare alle sette* se faire appeler à sept heures ~ *chiamare alle armi* appeler (sous les drapeaux) ◇ (*loc. fig.*) *chiamare qc. a consiglio* [*chiederne il consiglio*] demander conseil à qqn. ~ *chiamare in aiuto, in soccorso* appeler à l'aide, au secours ~ *chiamare qc. alla resa dei conti* appeler qqn. à rendre compte de ses actes ~ *Dio l'ha chiamato a sé* (*detto di persona morta*) Dieu l'a rappelé à lui **2** (*dir.*) *chiamare una causa* [*aprirne il dibattito*] appeler une cause ~ *chiamare qc. in giudizio* appeler, citer qqn. en justice ~ *chiamare in causa*: (*pr.*) appeler en justice; (*fig.*) [*coinvolgere qc., q.c.*] mettre en cause: *sei stato chiamato in causa anche tu* tu as été mis en cause toi aussi # *non chiamare in causa le circostanze sfavorevoli: la colpa è tutta tua!* ne cherche pas une excuse dans les circonstances défavorables: tout est de ta faute! **3** (*fig.*) [*destinare, eleggere*] appeler: *si sentiva chiamato al sacerdozio, alla vita religiosa, a un'alta missione* il se sentait appelé au sacerdoce, à la vie religieuse, à une haute mission; *l'università di Roma lo ha chia-*

mato a ricoprire la cattedra vacante l'université de Rome l'a appelé, nommé pour occuper la chaire vacante **4** [*sollecitare, richiedere*] demander: *chiamare aiuto* demander de l'aide ◇ (*carte*) *chiamare una carta* demander une carte **5** [*designare qc. con un nome proprio*] appeler: *se è un maschio, lo chiameremo Andrea, se è una femmina la chiameremo Sara* si c'est un garçon, nous l'appellerons André, si c'est une fille, nous l'appellerons Sarah ◇ [*denominare, definire*] *come la chiamate in dialetto questa pietanza?* comment l'appelez-vous en dialecte, ce plat? ◇ (*loc.*) *chiamare le cose con il loro nome*: (*pr., fig.*) appeler les choses par leur nom ◇ (*prov.*) *chiamare pane il pane, vino il vino* appeler un chat un chat **6** (*fig.*) [*attirare, trarre a sé*] appeler, entraîner: *vendetta chiama vendetta* la vengeance appelle, entraîne la vengeance ◇ (*loc.*) *queste parole chiamano disgrazia* de telles paroles attirent les malheurs ~ *chiamare il brutto tempo, le disgrazie* attirer le mauvais temps, les malheurs ~ *questo vento chiama la pioggia* ce vent attire la pluie **B** *v. pron. intr.* CHIAMARSI [→ *tr.* 5] s'appeler: '*come si chiama quel tuo amico?*' '*si chiama Carlo*' 'comment s'appelle ton ami?' 'il s'appelle Charles' ◇ (*riferito a cose, con tono enf.*) *questo sì che si chiama parlar chiaro!* voilà qui s'appelle parler clair!

chiamàta |kja'mata| *s.f.* **1** [→ CHIAMARE A 1] appel (*m.*): *accorrere a una chiamata* accourir à un appel # *se hai bisogno di me, dammi una chiamata* si tu as besoin de moi, appelle-moi; *il medico ha avuto tre chiamate notturne* le médecin a été appelé trois fois dans la nuit ◇ (*per est.*) *chiamata* (*telefonica*) *urbana, interurbana, in teleselezione* appel téléphonique, communication urbaine, interurbaine, en automatique; *c'è una chiamata* (*telefonica*) *da Parigi per te* on t'appelle au téléphone de Paris, c'est une communication de Paris pour toi; (*non*) *rispondere alla chiamata alle armi* ne pas répondre a l'appel sous les drapeaux **2** (*dir.*) *chiamata in causa* appel **3** (*fig.*) [→ CHIAMARE A 3] appel: *la chiamata al sacerdozio* l'appel au sacerdoce → **vocazione** **4** (*carte*) demande **5** [*applauso per richiamare un attore alla ribalta*] rappel (*m.*): *il protagonista ha avuto molte chiamate* le principal acteur a été rappelé de nombreuses fois, a eu de nombreux rappels **6** (*equitazione*) le fait de tirer la bride; action sur les rênes.

chiamavettùre |kjamavet'ture| *s.m. inv.* portier *var.* (d'hôtel).

Chiànti |'kjanti| *s.m.* [*vino rosso tipico della Toscana*] ⊠.

1 **chiàppa** |'kjappa| *s.f.* (*pop.*) → 1 **natica**.

2 **chiàppa** |'kjappa| *s.f.* (*raro*) [→ CHIAPPARE] prise.

chiappanùvole |kjappa'nuvole| *s.inv.* [*chi si perde in fantasticherie; sognatore*] rêveur* *var.*, songe-creux (*m.*): *è un chiappanuvole* c'est un rêveur, un songe-creux.

chiappàre |kjap'pare| *v.tr.* → **acchiappare**.

chiàra |'kjara| *s.f.* (*pop.*) [*albume dell'uovo*] blanc *m.* d'œuf (*corr.*).

chiaraménte |kjara'mente| *avv.* [→ CHIARO I 2, 3, 4] clairement: *pronunciare chiaramente le parole* prononcer clairement les mots → **distintamente**; *vedere chiaramente un oggetto* voir clairement un objet → **nitidamente**; *parlare chiaramente* parler clairement, distinctement → **apertamente**.

chiarétto |kja'retto| *s.m.* [*vino rosso chiaro*] clairet.

chiarézza |kja'rettsa| *s.f.* **1** [*luminosità, limpidezza*] clarté: *la chiarezza dell'aria, del cielo* la clarté de l'air, du ciel; *la chiarezza di un liquido* la clarté d'un liquide → **trasparenza** # *la chiarezza del marmo* le brillant du marbre → **lucentezza** **2** (*fig.*) [*evidenza, comprensibilità*] clarté: *la chiarezza di una dimostrazione* la clarté d'une démonstration; *esprimersi, parlare con grande chiarezza* s'exprimer, parler avec une grande clarté # *quel giovane ha chiarezza d'idee* ce jeune homme a des idées claires → **lucidità**.

chiarificàre |kjarifi'kare| *v.tr.* **1** (*spec. di un liquido*) [*rendere chiaro*] clarifier: *chiarificare il vino, un liquore, il brodo* clarifier le vin, une liqueur, le bouillon **2** (*fig.*) [*chiarire, spiegare*] clarifier, éclaircir: *note che chiarificano a sufficienza* des notes qui clarifient, éclaircissent suffisamment.

chiarificatóre, trice |kjarifika'tore, tritʃe| *agg.* clarificateur*: *argomento chiarificatore* argument clarificateur; *parole chiarificatrici* paroles clarificatrices ✦ *s.m.* (*tecnol.*) décanteur.

chiarificazióne |kjarifikat'tsjone| *s.f.* [→ CHIARIFICARE] clarification: *la chiarificazione di un liquido* la clarification d'un liquide → **schiarimento**; *la chiarificazione di un concetto* la clarification d'une idée → **spiegazione** # *speriamo che ci sia una chiarificazione tra di noi* espérons que nous éclaircirons les choses entre nous → **precisazione**.

chiariménto |kjari'mento| *s.m.* [→ CHIARIRE A 1; B] clarification *f.*, éclaircissement: *chiedere un chiarimento* demander une clarification, un éclaircissement; *gli sono stati dati i chiarimenti necessari* on lui a donné les éclaircissements nécessaires → **spiegazione**.

chiarina |kja'rina| *s.f.* (*mus.*) clairon (*m.*): *suonare la chiarina* jouer du clairon.

chiarire |kja'rire| (197) **A** *v.tr.* **1** [*rendere intelligibile, comprensibile*] éclaircir; éclairer: *chiarire il proprio pensiero* éclaircir sa pensée → **precisare**; *chiarire un dubbio* éclaircir un doute → **risolvere** ‖ *chiarire un testo con commenti* éclairer un texte par des commentaires; *questa tesi chiarisce alcuni punti oscuri* cette thèse éclaire quelques points obscurs → **spiegare** □ *non sono riuscito a chiarirmi le idee* je ne suis pas arrivé à m'éclaircir les idées **2** (*raro*) → **chiarificare** 1 **B** *v.pron.* CHIARIRSI **1** *intr.* [*diventar chiaro, comprensibile, privo di incertezze*] s'éclaircir: *la situazione incomincia a chiarirsi* la situation commence à s'éclaircir **2** *rifl.* s'éclaircir → *tr.* 1 □.

chiarissimo |kja'rissimo| *agg. sup.* [*titolo onorifico attribuito ai docenti universitari*] illustre # *chiarissimo Professore* Monsieur; (*per i docenti di medicina*) Monsieur le Professeur.

chiarità |kjari'ta| *s.f. inv.* (*lett.*) → **luminosità, splendore**.

chiaritùra |kjari'tura| *s.f.* [→ CHIARIRE A 2] clarification: *la chiaritura del vino, dello zucchero* la clarification du vin, du sirop de sucre.

chiàro |'kjaro| **I** *agg.* **1** [*luminoso, pieno di luce*] clair: *giorno chiaro* jour clair → 1 **avanzato**; *una chiara mattina di primavera* une claire matinée de printemps → **sereno, limpido**; *una stanza abbastanza chiara* une pièce assez claire → **illuminato** ◇ (*di liquidi*) [*limpido, terso*] *l'olio, depositando, diventa più chiaro* l'huile, en se déposant, devient plus limpide → **puro**; *le acque erano chiare* les eaux étaient transparentes → **trasparente** ◇ (*di colori*) [*tenue, poco intenso*] *verde, grigio chiaro* vert, gris clair → **pallido**; *capelli chiari* des cheveux clair; *occhi chiari* des yeux clairs; *il suo colorito è più chiaro del tuo* son teint est plus clair que le tien; *indossava un abito chiaro* il portait un costume clair **2** (*di immagini, suoni*) [*che si percepisce distintamente*] clair: *suoni molto chiari* sons très clairs; *avere una voce chiara* avoir une voix claire → **nitido, distinto** # *un disegno dai contorni chiari* un dessin au tracé net ◇ (*loc. fig.*) *dire, cantare a chiare note* [*parlare apertamente*] dire clairement **3** (*fig.*) [*nitido, preciso, evidente*] clair: *idee, concetti chiari* idées claires, concepts clairs; *è una frase poco chiara* c'est une phrase peu claire; *è chiaro ciò, quel che ti sto dicendo?* est-ce clair ce que je te dis?; *la sua innocenza è chiara come la luce del sole* son innocence est claire comme le jour; *la situazione non è abbastanza chiara* la situation n'est pas assez claire → **definito, intelligibile** # *è uno scrittore veramente chiaro* c'est un écrivain d'une grande clarté → **comprensibile, facile** ◇ *loc.* È CHIARO CHE (+ *indic.*) il est clair que (+ *indic.*): *è chiaro che noi due non andremo mai d'accordo* il est clair que, nous deux, nous ne nous entendrons jamais → 1 **manifesto** ◇ (*prov.*) *patti chiari, amicizia lunga* les bons comptes font les bons amis **4** [*franco, aperto, esplicito*] clair: *voglio essere chiaro con te* je veux être bien clair avec toi; *le sue parole sono state molto chiare* ses paroles ont été très claires # *gli ho opposto un chiaro rifiuto* je lui ai opposé un refus net **5** (*fig.*) [*sincero, privo di malignità*] clair: *sguardo chiaro* regard clair # *ha una faccia chiara e onesta* il a un visage ouvert et honnête → **schietto** **6** *loc. fig.* DI (PER) CHIARA FAMA [*celebre, insigne*] de (par) renommée illustre: *è un avvocato di chiara fama* c'est un avocat de renommée illustre # *è stato nominato accademico per chiara fama* il a été nommé académicien parce qu'il jouissait déjà d'une grande célébrité → **chiarissimo** **II** *s.m.* **1** [*luce, chiarore*] clair: *c'è un bel chiaro di luna stasera* ce soir, il y a un beau clair de lune # *all'orizzonte si vedeva un po' di chiaro* à l'horizon on voyait un peu de clarté ◇ (*loc. fig.*) *far le cose al chiaro del giorno* [*apertamente*] faire les choses au grand jour **2** [*il colore chiaro*] couleur *f.* claire (*agg.*): *preferisco il chiaro* je préfère les couleurs claires # *vestirsi di chiaro* s'habiller de clair, en clair; *il chiaro dell'uovo* le blanc d'œuf **3** *spec. al plur.* (*pitt.*) [*le parti lumeggiate*] clairs **4** *loc. avv.* IN CHIARO au clair: *mettere in chiaro q.c.* [*chiarirla, definirla*] tirer qqch. au clair ◇ (*telecomunicazioni*) *messaggio, radiogramma in chiaro* message, radiogramme en clair; *trasmettere in chiaro* transmettre en clair **III** *avv.* [*francamente, senza reticenza*] clairement # *gli ho detto chiaro e tondo come la pensavo* je lui ai dit clair et net ce que j'en pensais → **apertamente** ◇ [*distintamente*] *voglio vederci chiaro in quest'affare* je veux y voir clair dans cette affaire **C** I 1 **buio, oscuro, torbido, scuro, cupo,** 3 **confuso, equivoco, ambiguo.**

chiaróre |kja'rore| *s.m.* [*luce, luminosità non molto intensa*] clarté *f.*; lueur (*f.*): *il chiarore dell'alba* la clarté de l'aube; *il chiarore lunare* la clarté de la lune || *leggeva al chiarore di una candela* il lisait à la lueur d'une bougie.

chiaroscuràre |kjarosku'rare| **A** *v.tr.* (*pitt.*) [*mettere in rilievo* (*mediante la tecnica del chiaroscuro*)] peindre (66) en clair-obscur: *chiaroscurare un disegno, una figura* peindre un dessein, une silhouette en clair-obscur ◇ (*fig.*) *chiaroscurare un personaggio, un ambiente* faire ressortir un personnage, un milieu **B** *v.intr.* (*aus.* '*avere*') [*dipingere, disegnare a chiaroscuro*] peindre *tr.* en clair-obscur.

chiaroscùro |kjaros'kuro| *s.m.* **1** (*pitt.*) clair-obscur: *dei chiaroscuri* des clairs-obscurs; *incidere, disegnare a chiaroscuro* graver, dessiner en clair-obscur ◇ (*per est.*) [*l'opera realizzata con tale tecnica*] clair-obscur **2** (*fig.*) (*lett., mus.*) [*risalto dato alle parti variando il tono o il modo dell'espressione*] nuance (*f.*): *è una commedia ricca di chiaroscuri* c'est une pièce riche en nuances.

chiaroveggènte |kjaroved'dʒɛnte| *agg.* **1** [*dotato di spirito profetico*] extra-lucide: *è una persona chiaroveggente* c'est une personne extra-lucide ✦ (*s.*) *un chiaroveggente* une personne *f.* extra-lucide *agg.* **2** [*lungimirante, previdente*] clairvoyant: *è un politico chiaroveggente* c'est un politicien clairvoyant ✦ (*s.*) *un chiaroveggente* une personne *f.* clairvoyante *agg.*

chiaroveggènza |kjaroved'dʒɛntsa| *s.f.* **1** [*facoltà di conoscere cose lontane nel tempo, nello spazio*] voyance **2** (*fig.*) [*grande saggezza e perspicacia*] clairvoyance: *quell'uomo possiede una straordinaria chiaroveggenza* cet homme possède une clairvoyance extraordinaire.

chiàsma |'kjazma|, **chiàsmo** |'kjazmo| *s.m.* (*anat., retorica*) chiasma, chiasme.

chiassàta |kjas'sata| *s.f.* **1** [*manifestazione, dimostrazione in forma tumultuosa e scomposta*] chahut (*m.*): *una chiassata da ragazzi* un chahut de garçons **2** [*lite violenta*] scène, esclandre (*m.*): *una volgare chiassata* une scène, un vulgaire esclandre → **scenata.**

1 **chiàsso** |'kjasso| *s.m.* **1** [*frastuono, vocio, schiamazzo*] tapage, vacarme: *ragazzi, fate meno chiasso!* les enfants, faites moins de tapage, de vacarme!; *cos'è tutto questo chiasso giù per la strada?* qu'est-ce que c'est que tout ce tapage, ce vacarme en bas dans la rue? ◇ (*loc. fig.*) *far chiasso* [*suscitare vivaci reazioni, avere grande risonanza*] faire du bruit: *il tuo articolo di ieri ha fatto molto chiasso* ton article d'hier a fait beaucoup de bruit **2** (*tosc.*) → **scherzo, celia.**

2 **chiàsso** |'kjasso| *s.m.* (*tosc.*) → **vicolo.**

chiassóne |kjas'sone| *s.* [*persona incline a un'allegria chiassosa*] chahuteur* ✦ (*agg.*) bruyant: *la sua è un'ilarità chiassona* il a le rire bruyant.

chiassosaménte |kjassosa'mente| *avv.* [→ CHIASSOSO] bruyamment, avec grand bruit (*loc. inv.*): *divertirsi chiassosamente* s'amuser bruyamment, avec grand bruit.

chiassosità |kjassosi'ta| *s.f. inv.* caractère *m. var.* bruyant, criard: *la chiassosità di una riunione* le caractère bruyȧnt d'une réunion; *la chiassosità di un colore* le caractère criard d'une couleur.

chiassóso |kjas'soso| *agg.* **1** (*persone*) [*che ama far chiasso*] bruyant: *un pubblico chiassoso* un public bruyant; *sono bambini chiassosi* ce sont des enfants bruyants ◇ (*cose*) [*rumoroso*] *una città chiassosa* une ville bruyante; *strada, piazza chiassosa* route, place bruyante **2** (*fig.*) [*che attira l'attenzione per la vivacità dei colori*] tapageur*; criard: *un abito chiassoso* une toilette tapageuse || *colore chiassoso* couleur criarde # *decorazione troppo chiassosa* décoration trop clinquante → **vistoso, sgargiante.**

chiàtta |'kjatta| *s.f.* [*grossa barca* (*a fondo piatto*) *usata lungo i fiumi, i canali*] chaland *m.*, péniche ◇ (*per attraversare fiumi, laghi*) bac *m.* # *un ponte di chiatte* un pont de bateaux.

chiavàrda |kja'varda| *s.f.* (*tecnol.*) boulon *m.*

chiavardàre |kjavar'dare| *v.tr.* → **inchiavardare.**

1 **chiavàre** |kja'vare| *v.tr.* [*chiudere a chiave*] fermer à clef.

2 **chiavàre** |kja'vare| *v.tr.* (*volg.*) [*possedere una donna*] baiser.

chiavàta |kja'vata| *s.f.* (*volg.*) [→ 2 CHIAVARE] coucherie; le fait *m.* de baiser.

chiàve |'kjave| **1** *s.f.* clef, clé: *chiave maschio, femmina* clef bénarde, forée; *chiave comune* clef passe-partout; *chiave falsa* fausse clef; *le chiavi di casa, dell'automobile* les clefs de la maison, de la voiture; *introdurre la chiave nella toppa* introduire la clef dans la serrure; *chiudere a chiave la cassaforte, un armadio, una valigia* fermer à clef le coffre-fort, une armoire, une valise; *è la chiave per caricare l'orologio, il congegno a molla* c'est la clef pour remonter la montre, le dispositif à ressort; *è la chiave per accordare strumenti musicali* c'est la clef pour accorder les instruments de musique ◇ (*loc. fig.*) *avere, tenere le chiavi di q.c.* [*esserne il padrone*] être le maître de qqch. ~ *dare, offrire, consegnare le chiavi della città* [*come atto di resa, di omaggio*] présenter, remettre les clefs de la ville ~ *le chiavi di S. Pietro, le somme chiavi* les clefs de Saint Pierre ~ *mettere, tenere, essere sotto chiave* [*in prigione, sotto vigile custodia*] mettre, garder, être sous clef **2** (*fig.*) [*elemento essenziale per conseguire un determinato fine*] clef: *la chiave di un problema, di un mistero, di un messaggio cifrato* la clef d'un problème, d'un mystère, d'un message codé; *avere in mano la chiave del successo* avoir en main la clef de la réussite; *il petrolio è la chiave dell'economia moderna* le pétrole est la clef de voûte de l'économie moderne ◇ (*in funzione appositiva*) *posto, posizione chiave* post-clef, position-clef; *il personaggio chiave del romanzo* le personnage-clef du roman **3** [*utensile per avvitare o svitare*] clef: *chiave fissa* clef à écrou; *chiave inglese* clef anglaise **4** (*edil.*) *chiave da muro* tirant *m.* ◇ (*loc.*) *chiave di volta*: (*pr., fig.*) clef de voûte: *la chiave di volta di uno schieramento difensivo, di una vicenda* la clef de voûte d'un dispositif de défense, d'une affaire **5** (*mus.*) clef: *chiave di violino, di basso, di soprano* clef de sol, de fa, de dessus ◇ (*loc. fig.*) *stare, rimanere in chiave* [*attenersi all'argomento proposto*] être, rester dans le ton **6** *loc. fig.* IN CHIAVE (+ *agg.*) [*angolazione, tono*] sur un ton (+ *agg.*): *commentare un avvenimento in chiave ironica* commenter un événement sur un ton ironique **7** (*lotta libera*) *chiave di braccio* ceinture avant.

chiaverìna |kjave'rina| *s.f.* [*specie di giavellotto*] javeline.

chiavétta |kja'vetta| *s.f.* **1** (*tecnol., corr.*) robinet *m.*; interrupteur (*m.*): *la chiavetta del gas* le robinet du gaz || *la chiavetta della luce* l'interrupteur électrique # *la chiavetta dell'orologio* le remontoir de la montre; *la chiavetta dell'apriscatole* la clef de l'ouvre-boîte ◇ (*auto.*) *la chiavetta di, dell'accensione* la clef d'allumage, de contact **2** (*mecc.*) clavette.

chiàvica, che |'kjavika, ke| *s.f.* **1** [*fogna, cloaca*] égout (*m.*): *topo di chiavica* rat d'égout **2** (*idraul.*) écluse.

chiàvi in màno |'kjaviin'mano| *loc. avv., agg.* clés en main.

chiavistèllo |kjavis'tɛllo| *s.m.* [*sbarra per bloccare porte, finestre*] verrou: *mettere, tirare il chiavistello* mettre, tirer le verrou → **catenaccio.**

chiàzza |'kjattsa| *s.f.* [*grossa macchia tondeggiante*] tache: *chiazza d'olio* tache d'huile; *chiazza vinosa* tache de vin, envie # *avere delle chiazze rosse sul viso* avoir des plaques rouges sur le visage.

chiazzàre |kjat'tsare| *v.tr.* [*coprire di chiazze*] tacheter (5), moucheter (5) → **macchiare, sporcare.**

chiazzàto |kjat'tsato| *agg.* [*cosparso di chiazze*] tacheté, moucheté: *la sua camicia era tutta chiazzata di sangue* sa chemise était toute tachetée de sang → **imbrattato.**

chiazzatùra |kjattsa'tura| *s.f.* [→ CHIAZZARE] taches (*pl.*): *il cane aveva il pelame bianco con chiazzature nere* le chien avait le pelage blanc avec des taches noires.

'chic' |ʃik| **1** *agg. inv.* chic: *un uomo, una donna 'chic'* un homme, une femme chic → 3 **fine, distinto**; *un abito 'chic'* un habit chic → **elegante** **2** *s.m. inv.* [*eleganza raffinata*] chic (*var.*): *quell'abito è uno 'chic'* cet habit a du chic.

chicchera |'kikkera| *s.f.* [*piccola tazza a un manico*] tasse: *una chicchera di porcellana* une tasse de porcellaine → **tazzina** ◇ (*per est.*) [*il liquido ivi contenuto*] *prendere, bere una chicchera di tè* prendre, boire une tasse de thé.

chicchessia |kikkes'sia| *pron. indef. inv.* (*lett.*) **1** (*in frasi aff.*) → **chiunque** **2** (*in frasi neg.*) → **nessuno.**

chicchirichì |kikkiri'ki| *s.m. inv.*

[*il verso del gallo*] coquerico *var.*, cocorico (*var.*): *svegliarsi al chicchirichì del gallo* se réveiller au chant du coq, au coquerico (du coq).

chìcco, chi |'kikko, ki| *s.m.* **1** [*il seme commestibile di cereali o altre piante*] grain: *un chicco di grano, di riso, di caffè* un grain de blé, de riz, de café; *un chicco d'uva* un grain de raisin → **acino** **2** (*per est.*) [*granello di piccole dimensioni*] grain: *i chicchi del rosario* les grains du chapelet # *chicco di grandine* grêlon.

chièdere |'kjɛdere| (122) **A** *v.tr.* **1** [*domandare per ottenere*] demander: *gli ha chiesto il suo libro* il lui a demandé son livre; *chiedere aiuto* demander de l'aide; *chiedere l'elemosina* demander l'aumône; *chiedere il permesso, l'autorizzazione di fare q.c.* demander la permission, l'autorisation de faire qqch.; *chiedere scusa* demander pardon; *chiedere una ragazza in moglie* demander une jeune fille en mariage ◇ *loc.* CHIEDERE DI (+ *inf.*) demander à (+ *inf.*): *chiedere di uscire* demander à sortir ~ CHIEDERE CHE (+ *congv.*) demander que (+ *congv.*): *chiede che tu venga immediatamente licenziato* il demande que tu sois immédiatement licencié ~ *chiedo che me lo dica subito* je demande qu'il me le dise tout de suite ~ *non chiedo di meglio che andare a trovarla* je ne demande pas mieux que d'aller la voir **2** [*domandare per sapere*] demander: *chiedere informazioni sul conto di qc.* demander des renseignements sur qqn.; *gli ha chiesto la data della prossima riunione* il lui a demandé la date de la prochaine réunion □ *mi chiedo se è più opportuno parlare o tacere* je me demande s'il vaut mieux parler ou se taire **3** [*esigere, pretendere*] demander: *per quel terreno chiede un prezzo eccessivo* pour ce terrain il demande un prix excessif; *chiedo soltanto un po' di tranquillità* je ne demande qu'un peu de tranquillité # *ma, insomma, cosa chiedete da me?* mais, enfin, que voulez-vous de moi, que me voulez-vous? **4** (*raro*) → **richiedere** **B** *v.intr.* (*aus.* 'avere') **1** [*chiedere notizie*] demander *tr.* des nouvelles (de qqn.): *mi chiede sempre di te* il me demande toujours de tes nouvelles **2** (*fam.*) [*cercare di vedere qc., di parlare con qc.*] demander: *chiedono di te al telefono* on te demande au téléphone; *chiedono del dottore in portineria* on demande le docteur à la loge.

chièrica, che |'kjerika, ke| *s.f.* **1** [*tonsura*] tonsure ◇ (*per est., scherz.*) [*calvizie*] tonsure (*fam.*): *perché cerchi di nascondere la chierica?* pourquoi essaies-tu de cacher ta tonsure? **2** (*fig.*) [*persona del clero*] ecclésiastique: *a Roma non si vedono che chieriche* à Rome on ne voit que des ecclésiastiques → **ecclesiastico.**

chiericàto |kjeri'kato| *s.m.* **1** [*stato, condizione di chierico*] cléricature *f.* **2** (*raro*) → **clero.**

chierichétto |kjeri'ketto| *s.m.* enfant de chœur.

chièrico, ci |'kjeriko, tʃi| *s.m.* **1** [*giovane avviato al sacerdozio* (*che non ha ancora ricevuto gli ordini*)] clerc: *è un chierico* c'est un clerc ◇ (*per est.*) [*giovane avviato al sacerdozio*] clerc → **seminarista** **2** (*lett.*) → **letterato, dotto.**

chièsa |'kjɛza| *s.f.* **1** (*con iniziale maiuscola*) [*la comunità dei fedeli di una religione, spec. crist.*] Église: *Chiesa ortodossa, protestante, anglicana* Église orthodoxe, protestante, anglicane ◇ (*per anton.*) *la Chiesa cattolica* l'Église catholique; *i padri, i dottori della Chiesa* les pères, les docteurs de l'Église; *Chiesa militante, purgante, trionfante* Église militante, souffrante, triomphante **2** (*con iniziale minuscola*) [*edificio consacrato al culto crist.*] église: *chiesa romanica, barocca* église romane, baroque; *andare in chiesa* aller à l'église; *sposarsi in chiesa* se marier à l'église; *non la trovi mai, è sempre* (*ficcata*) *in chiesa* elle n'est jamais là, elle est toujours à l'église # *è una donna molto di chiesa* c'est une femme très dévote, très pieuse → **devoto.**

chiesàstico, ci, ca, che |kje'zastiko, tʃi, ka, ke| *agg.* **1** d'église *loc. inv.*; religieux*: *musica chiesastica* musique d'église ‖ *cerimonia chiesastica* cérémonie religieuse **2** (*per est., iron.*) [*pretesco, clericale*] clérical*: *un tono chiesastico* un ton clérical; *modi chiesastici* des manières cléricales.

chiesuòla |kje'zwɔla| *s.f.* **1** petite église **2** (*spreg.*) [*persone che hanno tendenze e interessi comuni*] chapelle, coterie: *una chiesuola di politici, di liberi pensatori* une chapelle, une coterie de politiciens, de libres penseurs → **conventicola** **3** (*mar.*) habitacle *m.*

chif(f)el |'kif(f)el| *s.m. inv.* (*ted.*) [*panino dolce al burro*] croissant *var.*

'chiffon' |ʃifɔ̃| *s.m. inv.* [*tessuto leggero di seta*] (voile *var.* de) mousseline *f. var.*

chiglia |'kiʎʎa| *s.f.* (*mar.*) quille.

'chignon' |ʃiɲɔ̃| *s.m. inv.* chignon *var.*

chilìfero |ki'lifero| *agg.* (*anat.*) chylifère.

chilificazióne |kilifikat'tsjone| *s.f.* chylification.

chìlo- |'kilo| *pref.* (*significa 'mille volte più grande', corrisponde gener. a*) kilo: *chilometro* kilomètre; *chilogrammo* kilogramme.

1 **chilo** |'kilo| *s.m.* (*fisiol.*) chyle ◇ (*loc. fig., pop.*) *fare il chilo* [*riposarsi dopo aver mangiato*] faire la sieste *f.* (*corr.*), faire un somme (*fam.*), tirer un roupillon (*fam.*).

2 **chìlo** |'kilo| *s.m.* (*abbrev.*) → **chilogrammo.**

chilocaloria |kilokalo'ria| *s.f.* (*fis.*) kilocalorie.

chilocìclo |kilo'tʃiklo| *s.m.* (*fis.*) kilocycle.

chilogràmmetro |kilo'grammetro| *s.m.* (*fis.*) kilogrammètre.

chilogràmmo |kilo'grammo| *s.m.* kilogramme (kg).

chilohèrtz |kilo'ɛrts| *s.m. inv.* → **chilociclo.**

chilometràggio, i |kilome'traddʒo, i| *s.m.* [*percorso misurato in chilometri*] kilométrage.

chilometràre |kilome'trare| *v.tr.* [*misurare, calcolare in chilometri*] kilométrer (8).

chilomètrico, ci, ca, che |kilo'mɛtriko, tʃi, ka, ke| *agg.* kilométrique: *distanza chilometrica* distance kilométrique ◇ (*fig., scherz.*) [*lunghissimo*] interminable: *discorsi chilometrici* discours interminables.

chilòmetro |ki'lɔmetro| *s.m.* kilomètre: *camminare per dei chilometri* marcher pendant des kilomètres; *macchina che fa 130 chilometri all'ora* voiture qui fait 130 kilomètres à l'heure, qui fait du 130 ◇ (*sport*) *chilometro lanciato* kilomètre lancé; *chilometro da fermo* kilomètre sans élan, départ arrêté.

chiloton |'kiloton| *s.m. inv.* kilotonne *f. var.*

chilowatt |'kilovat| *s.m. inv.* kilowatt *var.*

chilowattóra |kilovat'tora| *s.m. inv.* (*elettr.*) kilowatt-heure (*var.*): *dei chilowattora* des kilowatts-heures.

chimèra |ki'mɛra| *s.f.* **1** (*mitol.*) chimère **2** (*fig.*) [*vana speranza, fantasticheria*] chimère: *nutrirsi di chimere* se nourrir de chimères → **illusione, utopia** **3** (*t.zool.*) chimère **4** (*biol.*) chimère.

chimèrico, ci, ca, che |ki'mɛriko, tʃi, ka, ke| *agg.* chimérique: *speranze chimeriche* espoirs chimériques; *un progetto chimerico* un projet chimérique → **irrealizzabile, utopistico, illusorio.**

chìmica, che |'kimika, ke| *s.f.* chimie: *chimica generale, minerale* chimie générale, minérale.

chimica-fisica |kimika'fisika| *s.f.* chimie physique.

chimicaménte |kimika'mente| *avv.* [*secondo i principi, i metodi della fisica*] chimiquement: *acqua chimicamente pura* eau chimiquement pure.

chìmico, ci, ca, che |'kimiko, tʃi, ka, ke| **1** *agg.* chimique: *proprietà chimica di un corpo* propriété chimique d'un corps; *prodotti chimici* produits chimiques **2** *s.* [*studioso, specialista di chimica*] chimiste: *un chimico industriale* un chimiste industriel; *un chimico illustre* un chimiste illustre.

chìmo |'kimo| *s.m.* (*fisiol.*) chyme.

chimòno |ki'mɔno| *s.m.* kimono.

1 **chìna** |'kina| *s.f.* [*terreno in discesa, pendio*] pente: *la china di un colle* la pente d'une colline; *risalire la china di un monte* remonter la pente d'un mont (d'une montagne) ◇ (*loc. fig.*) *essere su una brutta china* être sur une mauvaise pente, sur une pente savonneuse ~ *essere sulla china degli anni* être d'un âge avancé ~ *lasciar andare l'acqua alla sua china* [*lasciare che le cose seguano il loro corso naturale*] laisser courir, laisser faire.

2 **china** |'kina| *s.f.* (*t.bot.*) quinquina *m.* ◇ [*il liquore ottenuto dalla corteccia di tale pianta*] quinquina: *elisir di china* élixir de quinquina.

3 **chìna** |'kina| *s.f.* (*inchiostro di*) *china* encre de Chine: *scrivere, disegnare in china* écrire, dessiner à l'encre de Chine.

chinàre |ki'nare| **A** *v.tr.* [*piegare, volgere in basso*] baisser, courber: *chinare lo sguardo* baisser les yeux → **abbassare** # *chinare le ginocchia* ployer, plier les genoux, se mettre à genoux → **inginocchiar(si)** ◇ (*loc.*) *chinare la testa, la fronte, la schiena*: (*pr.*) baisser, courber la tête, le front, le dos; (*fig.*) [*sottomettersi*] baisser la tête, le front, courber le dos **B** *v.pron. rifl.* CHINARSI [→ *tr.*] se baisser, se courber: *bisogna chinarsi per passare sotto questo ponte* il faut se baisser pour passer sous ce pont → **curvar(si), piegar(si).**

chinàsi |ki'nazi| *s.f. inv.* (*biol.*) kinase *var.*

1 **chinàto** |ki'nato| *agg.* [*piegato,*

rivolto verso il basso] baissé; penché: *occhi chinati a terra* yeux baissés → **abbassato** || *era chinato sui libri* il était penché sur ses livres.

2 **chinàto** |ki'nato| *agg.* [*che contiene china*] au quinquina (*loc. inv.*): *vino chinato* vin au quinquina.

chincaglière |kinkaʎ'ʎεre| *s.* [*venditore di chincaglie*] bimbelotier*.

chincaglierìa |kinkaʎʎe'ria| *s.f. spec. al plur.* [*assortimento di ninnoli, cianfrusaglie*] quincaillerie *sing.*, bazar *m. sing.* ◇ [*il negozio di tali oggetti*] bimbeloterie.

chinchilla |tʃin'tʃiʎa| *s.m. inv.* (*sp.*) → **cincillà.**

chinetòsi |kine'tɔzi| *s.f. inv.* mal *m. var.* d'auto, de l'air, de mer, ecc.

chinina |ki'nina| *s.f.* (*chim., farm.*) quinine.

chinino |ki'nino| *s.m.* → **chinina.**

chìno |'kino| *agg.* [*chinato, curvo*] penché, courbé # *a capo chino* la tête basse [C] **eretto.**

chinolìna |kino'lina| *s.f.* (*chim.*) quinoléine.

chinòtto |ki'nɔtto| *s.m.* (*t.bot.*) kumquat ◇ [*il frutto*] chinois, kumquat de Chine ◇ (*per est.*) boisson *f.* à base de chinois.

chintz |tʃints| *s.m. inv.* (*ingl.*) chintz *var.*

chioccàre |kjok'kare| *v.tr. e intr.* (*aus. 'avere'*) → **schioccare.**

chiòccia, ce |'kjɔttʃa, tʃe| *s.f.* **1** [*gallina che cova, alleva*] couveuse ◇ (*loc. fig.*) *fare la chioccia* [*rannicchiarsi, accoccolarsi*] se recroqueviller **2** (*per est.*) [*donna con spiccato senso della maternità*] mère poule.

chiocciàre |kjot'tʃare| *v.intr.* (*aus. 'avere'*) **1** (*della chioccia*) [*emettere un verso rauco e prolungato*] glousser, caqueter (5) **2** (*fig.*) [*starsene accoccolato vicino al fuoco*] se recroqueviller *pron.* près du feu.

chiocciàta |kjot'tʃata| *s.f.* [*i pulcini di una covata*] couvée (de poussins) ◇ (*loc. fig., fam.*) *una chiocciata di figli* une couvée, une nichée d'enfants.

chiòccio, ci, cia, ce |'kjɔttʃo, tʃi, tʃa, tʃe| *agg.* [*rauco, stridulo*] éraillé: *voce chioccia* voix éraillée → **roco** ◇ (*per est.*) → **aspro, sgradevole.**

chiòcciola |'kjɔttʃola| *s.f.* **1** (*t. zool.*) (co)limaçon *m.*, escargot *m.* → **lumaca** ◇ (*loc. fig.*) *vivere come le chiocciole* [*appartato, ritirato in casa*] vivre en ermite, dans une tour d'ivoire **2** *scala a chiocciola* escalier en colimaçon **3** (*anat.*) limaçon *m.* → **coclea** **4** (*mus.*) crosse **5** (*tecnol.*) vis femelle.

chiòcco, chi |'kjɔkko, ki| → **schiocco.**

chioccolàre |kjokko'lare| *v.intr.* (*aus. 'avere'*) **1** (*di merli, fringuelli e sim.*) [*emettere un suono sonoro e vibrante*] siffler, flûter ◇ [*imitare tale verso*] piper, imiter les chants, les cris des oiseaux: *senti come chioccola bene quel cacciatore!* écoute comme ce chasseur pipe bien! **2** (*dell'acqua*) [*gorgogliare sommessamente*] clapoter: *il ruscello chioccolava tra i sassi* le ruisseau clapotait entre les rochers.

chiocc(hi)olìo, ii |kjokk(j)o'lio, ii| *s.m.* **1** [→ CHIOCCOLARE 1] sifflement: *il chioccolio del merlo era assordante* le sifflement du merle était assourdissant **2** [→ CHIOCCOLARE 2] clapotage, clapotement: *si sentiva il chioccolio della fontana nel giardino* on entendait le clapotement de la fontaine dans le jardin.

chiòccolo |'kjɔkkolo| *s.m.* **1** [*fischietto con cui il cacciatore imita il canto del merlo e del fringuello*] appeau # *caccia col chioccolo* chasse à la pipée **2** → **chioccolio** 2.

chiodàio, i |kjo'dajo, i|, **chiodaiòlo** |kjoda'jɔlo| *s.m.* [*fabbricante di chiodi*] cloutier.

chiodàme |kjo'dame| *s.m.* assortiment de clous.

chiodàre |kjo'dare| *v.tr.* → **inchiodare.**

chiodàto |kjo'dato| *agg.* [*guarnito di chiodi*] clouté: *scarpe chiodate* des chaussures cloutées; *pneumatici chiodati* pneus cloutés ◇ [*che finisce con una punta a chiodo*] ferré: *bastone chiodato* bâton ferré.

chiodatùra |kjoda'tura| *s.f.* **1** [→ CHIODARE] cloutage (*m.*): *provvedere alla chiodatura delle scarpe da montagna* pourvoir au cloutage des chaussures de montagne; *è una chiodatura ben fatta* c'est un cloutage bien fait ◇ [*i chiodi, le bullette applicate alle scarpe*] clou *m.*, caboche **2** (*mecc.*) rivetage (*m.*): *chiodatura a caldo* rivetage à chaud.

chioderìa |kjode'rja| *s.f.* **1** [*officina per fabbricare chiodi*] clouterie **2** [*assortimento di chiodi*] clous *m.pl.* # *commerciare in chioderie* être dans la clouterie.

chiodìno |kjo'dino| *s.m.* (*t.bot.*) armillaire de miel.

chiòdo |'kjɔdo| *s.m.* **1** clou: *chiodi da scarpe, per falegnameria* clous à chaussures, de menuisier; *chiodo a testa piatta* clou à tête plate; *chiodo da cavallo* clou de ferrure; *conficcare, piantare un chiodo* enfoncer, planter un clou; *appendere la giacca a un chiodo* accrocher sa veste à un clou; *cavare, estrarre un chiodo* arracher un clou # *chiodi da ghiaccio, da roccia* pitons à glace, de rocher ◇ (*loc. fig.*) *attaccare i guantoni, la racchetta al chiodo* [*ritirarsi da uno sport*] abandonner la boxe, le tennis; mettre sa raquette, ses gants au clou (*fam.*) ~ *avere un chiodo fisso nel cervello* [*una preoccupazione, un pensiero assillante*] avoir une idée fixe (dans la tête ~ *roba da chiodi* [*cosa strana, incredibile*] ce n'est pas croyable!, c'est inouï! ~ *magro come un chiodo* maigre comme un clou ~ *chiodo scaccia chiodo* un clou chasse l'autre **2** *chiodo di garofano* clou de girofle **3** (*med.*) clou: *chiodo isterico* clou hystérique **4** (*fig., fam.*) [*debito*] dette *f.*; ardoise (*f.*): *essere pieno di chiodi* être criblé de dettes || *vive piantando chiodi dappertutto* il vit en laissant partout des ardoises.

chiòma |'kjɔma| *s.f.* **1** (*lett.*) → **capigliatura** ◇ (*scherz.*) [*i capelli*] tignasse: *ti sei tagliato la chioma* tu t'es coupé la tignasse **2** (*per est.*) [*i rami, le foglie di un albero*] chevelure ◇ (*astron.*) *la chioma di una cometa* la chevelure d'une comète ◇ (*lett.*) → **criniera.**

chiomàto |kjo'mato| *agg.* (*lett.*) → **capelluto, frondoso.**

chiòsa |'kjɔza| *s.f.* [*breve nota esplicativa apposta a un testo*] glose, note: *un manoscritto con chiose d'umanisti* un manuscrit avec des gloses, des notes d'humanistes → **postilla, glossa** ◇ (*per est.*) [*commento*] glose.

chiosàre |kjo'zare| *v.tr.* **1** [*corredare di chiose*] annoter, mettre (71) des gloses; *gli umanisti chiosavano i codici che leggevano* les humanistes annotaient les manuscrits qu'ils lisaient, ajoutaient des gloses aux manuscrits → **postillare** ♦ (*al p.p.*) *un codice chiosato da un anonimo* un manuscrit annoté par un anonyme **2** (*per est.*) [*commentare, spiegare; interpretare*] expliquer.

chiosatóre, trice |kjoza'tore, tritʃe| *s.* (*raro*) [*chi esegue chiose*] glossateur *m.*

chiòsco, chi |'kjɔsko, ki| *s.m.* **1** kiosque: *il chiosco del fioraio* le kiosque du marchand de fleurs; *il chiosco del giornalaio, dei giornali* le kiosque à journaux → **edicola** # *mi sono fermato al chiosco delle bibite* je me suis arrêté à la buvette, au bar en plein air **2** (*in giardini, parchi*) [*piccola costruzione a cupola*] gloriette *f.*, tonnelle *f.*

chiòstra |'kjɔstra| *s.f.* (*lett.*) → **cerchia.**

chiòstro |'kjɔstro| *s.m.* **1** [*il cortile interno di un convento, con porticato*] cloître: *passeggiare nel chiostro* se promener dans le cloître ◇ [*il porticato perimetrale di tale cortile*] arcades *f.pl.* **2** (*fig.*) [*convento, monastero*] cloître.

chiòtto |'kjɔtto| *agg.* CHIOTTO CHIOTTO [*silenzioso; senza dar nell'occhio*] coi*; en silence (*loc. inv.*): *starsene chiotto chiotto* se tenir coi || *se ne andò chiotto chiotto* il s'en alla en silence.

chip |tʃip| *s.m. inv.* (*ingl.*) (*elab.*) puce *f. var.*

chippendale |'tʃipəndeil| *agg. inv.* (*ingl.*) chippendale.

chiro- |'kiro| *pref.* (*significa 'mano; pinna', corrisponde gener. a*) chir(o): *chiromanzia* chiromancie; *Chirotteri* Chiroptères.

chirògrafo |ki'rɔgrafo| *s.m.* chirographe.

chiromànte |kiro'mante| *s.* [*chi pratica la chiromanzia*] chiromancien*.

chiromàntico, ci, ca, che |kiro'mantiko, tʃi, ka, ke| *agg.* relatif* à la chiromancie, de la chiromancie *loc. inv.*

chiromanzìa |kiroman'tsia| *s.f.* chiromancie.

chiropràtica, che |kiro'pratika, ke| *s.f.* chiropraxie, chiropractie.

chiropràtico, ci |kiro'pratico, tʃi| *s.m.* chiropracticien* *s.* (*t. racc.*), chiropracteur.

Chiròtteri |ki'rɔtteri| *s.m.pl.* (*t. zool.*) Cheiroptères, Chiroptères.

chirurgìa, gie |kirur'dʒia, dʒie| *s.f.* chirurgie: *chirurgia plastica, estetica, cardiaca* chirurgie plastique, esthétique, du cœur.

chirurgicaménte |kirurdʒika'mente| *avv.* [→ CHIRURGICO] chirurgicalement, par la chirurgie *loc. inv.*; selon la chirurgie (*loc.*): *intervento chirurgicamente riuscito* intervention chirurgicalement réussie; *questa malformazione è curabile solo chirurgicamente* cette malformation n'est curable que chirurgicalement, par la chirurgie.

chirùrgico, ci, ca, che |ki'rurdʒiko, tʃi, ka, ke| *agg.* chirurgical*: *intervento chirurgico* intervention chirurgicale; *strumenti chirurgici* instruments chirurgicaux.

chirùrgo, ghi, gi |ki'rurgo, gi, dʒi| *s.m.* chirurgien: *medico chirurgo* (médecin) chirurgien; *chiamare a consulto un chirurgo* appeler un chirurgien en consultation.

chisciottésco, chi, ca, che |kiʃʃot'tesko, ki, ka, ke| *agg.* à la don Quichotte *loc. inv.*

chissà, chi sa |kis'sa| *avv.* (*esprime 'dubbio, incertezza, probabilità'*) qui sait *loc.*, va (allez) savoir (*loc.*): *chissà se ritornerà presto* qui sait s'il reviendra bientôt; *chissà come andrà a finire!* va (allez) savoir comment ça se terminera!; *chissà quando ci rivedremo!* va donc savoir quand nous nous reverrons! # *chissà che venga anch'io* peut-être que je viendrai aussi! ✦ *ass.* (*come risposta evasiva*) *'verrai anche tu?' 'chissà!'* 'toi aussi, tu viendras?' 'qui sait!' ◇ (*loc.*) *chissà dove, quando, come, perché* va (allez) savoir où, quand, comment, pourquoi; Dieu sait où, quand, comment, pourquoi; *l'ho messo chissà dove* Dieu sait où je l'ai mis.

chistèra |kis'tɛra| *s.f.* chistera *m. o f.*

chitàrra |ki'tarra| *s.f.* (*mus., corr.*) guitare: *chitarra elettrica* guitare électrique; *suonare la chitarra* jouer de la guitare.

chitarrìsta |kitar'rista| *s.* [*suonatore di chitarra*] guitariste.

chitìna |ki'tina| *s.f.* chitine.

chitinóso |kiti'noso| *agg.* chitineux*.

chitóne |ki'tone| *s.m.* chiton.

chiù |'kju| *s.m. inv.* → **assiolo.**

chiudènda |kju'dɛnda| *s.f.* **1** [*recinto, riparo per campi coltivati*] *haie, clôture **2** [*saracinesca, serranda*] rideau *m.* de fer: *la chiudendola di un negozio* le rideau de fer d'un magasin **3** → **griglia.**

chiùdere |'kjudere| (106) **A** *v.tr.* **1** [*unire insieme, far combaciare due o più elementi*] fermer: *chiudere la finestra, la porta di casa a chiave, la saracinesca* fermer la fenêtre, la porte de la maison à clef, tirer le rideau; *chiudere l'ombrello, il portafoglio, il giornale* fermer le parapluie, le portefeuille, le journal; *chiudere il negozio, l'ufficio* fermer le magasin, le bureau # *chiudere una bottiglia* boucher, reboucher une bouteille → **tappare** ◇ (*di fluidi e sim.*) [*interromperne il flusso, l'erogazione*] *chiudere* (*il rubinetto del*) *l'acqua,* (*la chiavetta del*) *il gas* fermer (le robinet de) l'eau, (le robinet du) le gaz; *chiudere* (*l'interruttore del*) *la luce* fermer, éteindre l'électricité → **spegnere** ◇ (*loc. fig.*) *chiudere la bocca a qc.* [*costringerlo a tacere*] clouer le bec à qqn. (*fam.*) ~ *chiudere la porta in faccia a qc.* fermer la porte au nez de qqn. ~ *non chiudere occhio* ne pas fermer l'œil ◇ (*loc.*) *chiudere la bocca*: (*pr.*) fermer la bouche; (*fig.*) [*tacere*] ne pas souffler mot, fermer son bec (*fam.*) ~ *chiudere gli occhi*: (*pr., fig.*) [*morire; non voler vedere ciò che è evidente*] fermer les yeux **2** [*serrare, costringere in uno spazio ristretto*] serrer: *chiudere una sbarra in una morsa* serrer une barre dans un étau; *chiudere qc. tra le braccia* serrer qqn. dans ses bras # *chiudere le ali* replier ses ailes; *chiudere i nemici tra due montagne* bloquer, enfermer l'ennemi entre deux montagnes → **stringere** ◇ [*recingere, limitare*] entourer: *chiudere un giardino con uno steccato* entourer un jardin d'une palissade → **circondare** **3** [*ostruire, sbarrare*] fermer; obstruer, barrer: *chiudere al traffico una strada* fermer une route à la circulation ‖ *una frana chiudeva il passo* un éboulement obstruait, barrait la route **4** [*rinchiudere, riporre*] mettre (71), enfermer: *chiudere il denaro nella cassaforte* mettre, enfermer son argent dans le coffre-fort; *chiudere qc. in prigione* mettre qqn. en prison; *chiudere un ragazzo in collegio* mettre un garçon en pension; *chiudere i cavalli nella stalla* enfermer les chevaux dans l'étable ◇ (*fig.*) [*tener celato, nascondere*] cacher: *chiudere il desiderio di vendetta nel proprio animo* cacher son désir de vengeance dans son âme **5** [*concludere, porre fine*] clore (57), terminer: *chiudere un dibattito* clore, terminer un débat; *chiudere una discussione* clore une discussion # *chiudere le lezioni* arrêter les cours; *chiudere una fabbrica* fermer une usine; *chiudere un discorso con un appello* conclure un discours par un appel → **terminare** ◇ (*comm.*) *chiudere un bilancio, un conto* arrêter, clore un bilan, un compte ✦ *ass.* (*carte*) [*vincere, legando tutte le carte in combinazione*] finir # *chiudere in mano* faire rami ◇ (*loc. fig.*) *chiudere bottega* fermer boutique ~ *chiudere i conti con qc.* [*vendicarsi*] régler ses comptes avec qqn. ~ *chiudere i propri giorni, la propria esistenza* [*morire*] finir ses jours, son existence **B** *v.intr.* (*aus. 'avere'*) **1** [*aderire completamente, combaciare*] fermer: *questa porta non chiude bene* cette porte ne ferme pas bien **2** [*cessare, sospendere l'attività*] fermer: *questo ufficio, il sabato, chiude alle 12* le samedi, ce bureau ferme à midi **C** *v. pron.* CHIUDERSI **1** *intr.* [*serrarsi*] se fermer: *la finestra si è chiusa da sola* la fenêtre s'est fermée toute seule; *gli si chiudono gli occhi dal sonno* ses yeux se ferment de sommeil; *la ferita si è chiusa in alcune settimane* la blessure s'est (re)fermée en quelques semaines → **rimarginar(si)** **2** *rifl.* (*fig.*) [*raccogliersi*] se renfermer (en); s'enfermer (dans): *chiudersi in sé stesso* se renfermer en soi-même → **rinchiuder(si)** ‖ *si è chiuso nel suo dolore* il s'est enfermé dans sa douleur; *chiudersi in casa* s'enfermer chez soi → **ritirar(si), nasconder(si)** ▣ A 1, 3 **aprire.**

chiudipòrta |kjudi'pɔrta| *s.m. inv.* (*tecnol., corr.*) ferme-porte (*var.*): *dei chiudiporta* des ferme-portes.

chiùnque |ki'unkwe| *pron. indef. inv.* [*qualsiasi persona, chicchessia, tutti*] **1** n'importe qui (*uso corr.*); quiconque (*uso mod.*): *chiunque può farlo* n'importe qui peut le faire; *aiuterei chiunque* j'aiderais n'importe qui; *potrei dirlo a chiunque* je pourrais le dire à n'importe qui, à tout le monde; *lo farei per chiunque* je le ferais pour n'importe qui, pour quiconque **2** (*nell'uso classico usato solo per mettere in relazione due prop.*) quiconque: *chiunque sparli degli altri è disonesto* quiconque dit du mal des autres a tort; *chiunque dicesse ciò perderebbe la mia stima* quiconque dirait cela baisserait dans mon estime; *telefonerei a chiunque potesse aiutarmi* je téléphonerais à quiconque pourrait m'aider **3** (*seguito dal v. 'essere' o da 'dovere' e 'potere' seguiti a loro volta da 'essere'*) *a*) (*riferito alla 1ª e 2ª pers. sing. e plur.*) qui que: *chiunque tu sia non puoi fare una cosa simile* qui que tu sois, tu ne peux faire une chose pareille; *chiunque voi siate non avete il diritto di farlo* qui que vous soyez, vous n'avez pas le droit de faire cela *b*) (*riferito alla 3ª pers. sing. e plur.*) quel* *var.* que: *chiunque essa sia, è certamente una donna saccente* quelle qu'elle soit, elle est sans aucun doute un bas-bleu; *chiunque essi siano, i tuoi amici non saranno ricevuti in casa nostra* quels qu'ils soient, tes amis ne seront pas reçus chez nous **4** (*davanti a un v. diverso da 'essere' o 'potere' e 'dovere' seguiti da 'essere'*) *a*) (*davanti al congv. pres. o p.*) *sogg.* qui que ce soit qui: *chiunque lo dica è uno sciocco* qui que ce soit qui le dise, c'est un idiot; *chiunque lo abbia visto, deve dircelo* qui que ce soit qui l'ait vu, il doit nous le dire ◇ (*compl. ogg.*) qui que ce soit que: *chiunque invitiate, non saranno mai contenti* qui que ce soit que vous invitiez, ils ne seront jamais satisfaits; *chiunque abbiate assunto, non vi basterà* qui que ce soit que vous ayez engagé, cela ne vous suffira pas *b*) (*davanti al congv. imperf. o trapassato*) *sogg.* qui que ce fût qui: *chiunque lo dicesse non è vero* qui que ce fût qui dît cela, ce n'est pas vrai; *chiunque l'avesse fatto, non poteva evitare un'ammenda* qui que ce fût qui l'eût fait il (celui-là) ne pouvait pas éviter une amende, d'avoir une amende ◇ *ogg.* qui que ce fût que: *non accetterà chiunque voi gli consigliaste* peu importe qui vous pourriez lui conseiller, il ne l'accepterait pas; qui que ce fût que vous puissiez lui conseiller, il ne l'accepterait pas; *non avrebbe accettato chiunque tu gli avessi proposto* qui que ce fût que tu lui eusses (aies) proposé, il l'aurait refusé.

chiurlàre |kjur'lare| *v.intr.* (*aus. 'avere'*) (*del chiurlo*) [*emettere un verso sonoro e inarticolato*] *hululer, ululer ◇ [*imitare il verso di tale uccello*] crier, siffler comme le courlis.

chiùrlo |'kjurlo| *s.m.* (*t.zool.*) courlis.

chiùsa |'kjusa| *s.f.* **1** [*recinzione; riparo*] enclos *m.*, clôture: *fare una chiusa con un cespuglio, con un muretto* établir un enclos, une clôture avec un buisson, avec un petit mur ◇ [*il terreno cintato*] enclos **2** (*geogr.*) cluse ◇ (*per est.*) [*saracinesca*] écluse: *abbassare, alzare le chiuse* baisser, lever les écluses **3** (*letter.*) conclusion: *la chiusa di una canzone del Petrarca* la conclusion d'une poésie du 'Canzoniere' de Pétrarque.

chiusìno |kju'sino| *s.m.* [*coperchio per la chiusura di un tombino*] grille *f.*, tampon.

chiùso |'kjuso| **I** *agg.* **1** [*che non ha aperture*] fermé: *tenere la porta chiusa, le finestre chiuse* garder la porte fermée, les fenêtres fermées; *avere gli occhi chiusi* avoir les yeux fermés # *udienza a porte chiuse* audience à huis clos ◇ (*per est.*) *lettera, busta chiusa* [*sigillata*] lettre, enveloppe fermée; *mare chiuso* mer fermée; *stare chiuso in casa* rester enfermé chez soi; *avere il naso chiuso* [*per il raffreddore*] avoir le nez bouché **2** (*fig.*) (*persone*) [*taciturno,* *ombroso*] renfermé: *un carattere, un tipo chiuso* un caractère, un type renfermé ◇ (*cose*) *tempo chiuso* [*nuvoloso*] temps bouché, couvert; *cielo chiuso* ciel couvert; *un linguaggio, uno stile chiuso* [*difficile a capirsi*] un langage, un style hermétique ◇ (*loc. fig.*) *fidarsi di qc. a occhi chiusi* se fier à qqn. les yeux fermés ~ *saper fare q.c. a occhi chiusi* savoir faire qqch. par cœur, les yeux fermés ~ *comprare* (*q.c.*) *a scatola chiusa* acheter (qqch.) chat en poche ~ *l'argomento, la questione è chiusa* [*concluso, definito*] l'argument, le problème est clos **3** (*ling.*) fermé: *vocale, sillaba chiusa* voyelle, syllabe fermée ◇ (*mat.*) *curva chiusa* courbe fermée **4** (*fig.*) [*limitato*; *gretto*] borné; limité: *avere una mentalità, una mente chiusa* avoir une mentalité, un esprit borné ‖ *una cerchia chiusa di amici* un cercle limité d'amis → **ristretto** **II** *s.m.* **1** [→ *agg.* 1] abri, couvert: *portare il bestiame al chiuso* mettre, conduire le bétail à l'abri, à couvert; *il festival si è svolto al chiuso* le festival a eu lieu à couvert **2** (*per est.*) (*di luogo*) [*che ha poca luce, poca aria*] lieu renfermé: *non state lì al chiuso!* ne restez pas (là) dans ce lieu renfermé! # *c'è odore di chiuso* ça sent le renfermé **C** **aperto.**

chiusùra |kju'sura| *s.f.* **1** [→ CHIUDERE A 1] fermeture: *la chiusura dei negozi* la fermeture des magasins; *la chiusura estiva* la fermeture annuelle **2** [→ CHIUDERE A 5] clôture: *la chiusura di un dibattito, di una seduta* la clôture d'un débat, d'une séance; *la chiusura della Borsa* la clôture de la Bourse **3** [*sistema di fissaggio*] fermeture: *chiusura automatica* fermeture automatique; *chiusura lampo* fermeture éclair; *chiusura stagna* fermeture étanche # *chiusura a cancello* claire-voie **4** (*fig.*) *chiusura mentale* étroitesse d'esprit.

'choc' |ʃɔk| *s.m. inv.* choc *var.* → **shock.**

ci |tʃi| **I** *pron. pers. di 1ª pers. plur.* **1** (*compl.*) nous: *ci hanno salutato* ils nous ont salués; *raccontaci la notizia* raconte-nous la nouvelle; *ci parlò di te* il nous parla de toi; *non parlateci di ciò, non parlatecene* ne nous en parlez pas **2** (*nella coniugazione di tutti i v. rifl. o con costruzione pron.*) nous: *ci siamo alzati alle cinque* nous nous sommes levés à cinq heures; *siamo avversari, ma ci rispettiamo* nous sommes (des) adversaires, mais nous nous respectons; *ci siamo preparati in un attimo* nous nous sommes préparés en un instant ◇ (*con valore pleon., si omette*) *ci vergognavamo di aver mentito* nous avions honte d'avoir menti **3** (*in costruzioni impers.*) on: *spesso ci si lamenta di niente* on se plaint souvent pour rien; *ci si può sempre mettere d'accordo* on peut toujours se mettre d'accord **4** (*con valore di pron. dim.*) y: *non pensarci più* n'y pense plus; *riflettici bene!* penses-y bien!; *non ci vuole rinunciare* il ne veut pas y renoncer; *ci sa fare* il s'y connaît, il s'y entend # *non c'entra affatto* il n'est pour rien dans cette affaire **II** *avv.* **1** [*in questo, quel luogo*] y: *mi ci ha condotto il mese scorso* il m'y a conduit le mois dernier; *desiderava andare a teatro e ci è andato* il désirait aller au théâtre et il y est allé; *vacci subito* vas-y tout de suite # *ci andremo la settimana prossima* nous irons la semaine prochaine **2** [*per questo, per quel luogo*] y, par là (*loc.*): *ci passo tutti i giorni* j'y passe tous les jours, je passe par là tous les jours # *non ci passo per quella strada* je ne passe pas par ce chemin **3** (*con valore pleon., si omette*) *non ci sente bene* il n'entend pas bien; *non ci vedo bene con questi occhiali* je ne vois pas bien avec ces lunettes.

ciabàtta |tʃa'batta| *s.f.* **1** [*scarpa da casa*; *pantofola*] pantoufle **2** [*scarpa vecchia, logora*] savate ◇ (*loc. fig.*) *trattare qc. come una ciabatta* traiter qqn. comme un chien ~ *lo stimo una ciabatta* à mon avis, il ne vaut pas grand-chose ~ *sono una scarpa e una ciabatta* (*detto di cose che non si adattano*) ils sont le jour et la nuit.

ciabattàio, i |tʃabat'tajo, i| *s.* (*raro*) [*chi fabbrica, vende ciabatte*] pantouflier*.

ciabattàre |tʃabat'tare| *v.intr.* (*aus.* '*avere*') [*camminare strisciando le ciabatte, le scarpe*] traîner *tr.* ses savates, les pieds: *ciabattare per casa* traîner ses savates dans la maison.

ciabattàta |tʃabat'tata| *s.f.* coup *m.* de savate.

ciabattino |tʃabat'tino| *s.* [*artigiano che ripara, rattoppa calzature*] cordonnier*.

ciabattóne |tʃabat'tone| *s.* **1** personne *f.* qui traîne les pieds **2** (*fig.*) [*chi compie male e frettolosamente il proprio lavoro*] bousilleur* (*fam.*) **3** (*fig.*) [*chi è disordinato nel vestire*] personne débraillée ◇ [*chi agisce con trascuratezza*] je-m'en-fischiste (*fam.*), je-m'en-foutiste (*volg.*).

ciàc |'tʃak| **1** *inter.* (*voce onomat. che riproduce suoni secchi e sordi*) clac ◇ (*cine.*) *ciac!, si gira!* silence!, on tourne! **2** *s.m. inv.* (*cine.*) claquette *f. var.* # *dare il* (*primo*) *ciac* (*a un film*) donner le premier tour de manivelle (à un film).

ciaccóna |tʃak'kona| *s.f.* (*danza, mus.*) chacon(n)e.

ciàk |'tʃak| *inter. e s.m. inv.* → **ciac.**

ciàlda |'tʃalda| *s.f.*, **cialdino** |tʃal'dino| *s.m.* **1** (*farm.*) cachet *m.* **2** [*piccolo dolce a forma di disco*] gaufrette *f.*

cialdóne |tʃal'done| *s.m.* [*grossa cialda, usata per mangiare gelati, panna montata*] cornet → **cono, cornetto.**

cialtronàta |tʃaltro'nata| *s.f.* [*azione, comportamento da cialtrone*] goujaterie, muflerie: *è stata proprio una cialtronata, la sua* de sa part, cela a vraiment été une goujaterie, une muflerie → **vigliaccata.**

cialtróne |tʃal'trone| *s.* **1** [*persona spregevole*] goujat *m.*, mufle (*m.*): *comportarsi da cialtrone* se comporter comme un goujat, comme un mufle → **mascalzone, gaglioffo** **2** (*raro*) [*persona sciatta*] personne *f.* débraillée, négligée → **ciabattone.**

cialtroneria |tʃaltrone'ria| *s.f.* **1** [*l'essere cialtrone*; *atto da cialtrone*] goujaterie, muflerie: *la sua cialtroneria è nota a tutti* sa goujaterie, sa muflerie est de notoriété publique **2** → **cialtronata.**

ciambèlla |tʃam'bɛlla| *s.f.* **1** [*dolce a forma di anello*] savarin *m.* ◇ (*loc.*) *a ciambella* en couronne ◇ (*prov.*) *non tutte le ciambelle riescono col buco* on ne fait pas mouche à tout coup **2** (*per est.*) *la ciambella di salvataggio* la bouée de sauvetage → **salvagente**; *cuscino a ciambella* bourrelet (*m.*); *la ciambella* (*per la dentizione dei bambini*) le hochet *m.* (pour les enfants qui se font les dents) **3** → **cercine.**

ciambellàio, i |tʃambel'lajo, i| *s.* [*chi fa, vende ciambelle*] pâtissier*, fabricant, marchand de savarins.

ciambellàno |tʃambel'lano| *s.m.* chambellan: *gran ciambellano* grand chambellan ◇ (*fig.*) [*cortigiano*] courtisan.

ciambellina |tʃambel'lina| *s.f.* [*piccola ciambella*] gimblette.

cianam(m)ide |tʃanam'(m)ide| *s.f.* (*chim.*) cyanamide.

cianchettàre |tʃanket'tare| *v.intr.* (*aus.* '*avere*') [*camminare strisciando i piedi*] traîner *tr.* les pieds, les jambes.

ciància, ce |'tʃantʃa, tʃe| *s.f.* **1** [*discorso campato in aria, senza fondamento*] cancan *m.*, potin (*m.*): *dire ciance* faire, dire des cancans, des potins # *bando alle ciance!* assez parlé! → **pettegolezzo** **2** [*frottola, fandonia*] baliverne, histoire: *raccontare ciance* débiter, dire des balivernes, raconter des histoires; *non contar ciance!* ne raconte pas d'histoires!

cianciafrùscola |tʃantʃa'fruskola| *s.f.* → **bagatella, bazzeccola.**

cianciàre |tʃan'tʃare| **A** *v. intr.* (*aus.* '*avere*') [*dire ciance, parlare con leggerezza*] jacasser, jaser: *non state lì a cianciare* ne restez pas là à jacasser → **chiacchierare, spettegolare** **B** *v.tr.* [→ *intr.*] conter, débiter: *che scuse mi vai cianciando?* quelles excuses trouves-tu à me conter là?

ciancicàre |tʃantʃi'kare| **A** *v.intr.* (*aus.* '*avere*') **1** [*parlare stentatamente*] bredouiller, mâchonner *tr.* **2** [*eseguire q.c. con lentezza e svogliatezza*] lambiner, traînasser: *non star lì a ciancicare* ne reste pas là à lambiner, à traînasser → **cincischiare** **B** *v.tr.* [→ *intr.* 1] bredouiller: *ciancicare una scusa* bredouiller des excuses.

cianciόne |tʃan'tʃone| *s. e agg.* (*raro*) → **chiacchierone.**

cianfrinàre |tʃanfri'nare| *v.tr.* [*ribattere con il cianfrino*] chanfreiner.

cianfrinatóre |tʃanfrina'tore| *s.m.* [*operaio addetto alla cianfrinatura*] monteur* *s.*

cianfrinatùra |tʃanfrina'tura| *s.f.* [→ CIANFRINARE] chanfreinage *m.*

cianfrino |tʃan'frino| *s.m.* (*tecnol.*) matoir.

cianfrugliàre |tʃanfruʎ'ʎare| *v.tr. e intr.* [*fare un lavoro in modo confuso e abborracciato*] bâcler.

cianfruglióne |tʃanfruʎ'ʎone| *s.m.* bousilleur* *s.*

cianfrusàglia |tʃanfru'zaʎʎa| *s.f.* [*oggetto di poco valore*] babiole, colifichet (*m.*): *una stanza, un cassetto pieno di cianfrusaglie* une pièce, un tiroir rempli de babioles, de colifichets.

ciangottàre |tʃangot'tare| *v.intr.* (*aus.* '*avere*') **1** [*parlare in modo stentato*] bredouiller → **balbettare** **2** (*di uccelli*) [*cinguettare*] gazouiller, babiller **3** (*di acqua corrente*) [*gorgogliare*] clapoter.

ciangottio, ii |tʃangot'tio, ii| *s.m.* **1** [*balbettio*] bredouillement # *il ciangottio dei bambini* le gazouillis des bébés

2 (*di uccelli*) [*cinguettio*] gazouillement, gazouillis 3 (*di acqua*) [*gorgoglio*] clapotis.

cianidrico, ci, ca, che |tʃa'nidriko, tʃi, ka, ke| *agg.* (*chim.*) *acido cianidrico* acide cyanhydrique.

ciàn(o)- |'tʃan(o)| *pref.* 1 (*significa 'azzurro', corrisponde gener. a*) cyano: *le Cianoficee* les Cyanophycées 2 (*chim.*) (*indica la presenza di un gruppo cianogeno, corrisponde gener. a*) cyan(o): *cianammide* cyanamide.

ciano |'tʃiano| *s.m.* (*lett.*) → **fiordaliso.**

Cianoficee |tʃano'fitʃee| *s.f.pl.* (*t. bot.*) Cyanophycées.

cianògeno |tʃa'nɔdʒeno| *s.m.* (*chim.*) cyanogène.

cianogràfico, ci, ca, che |tʃano'grafiko, tʃi, ka, ke| *agg.* (*tip.*) cyanotypique.

cianòsi |tʃa'nɔzi| *s.f. inv.* (*med.*) cyanose *var.*

cianòtico, ci, ca, che |tʃa'nɔtiko, tʃi, ka, ke| *agg.* cyanotique.

cianotipìa |tʃanoti'pia| *s.f.* (*tip.*) cyanotypie.

cianurazióne |tʃanurat'tsjone| *s.f.* cyanuration.

cianùrico, ci, ca, che |tʃa'nuriko, tʃi, ka, ke| *agg.* (*chim.*) cyanurique.

cianùro |tʃa'nuro| *s.m.* cyanure.

ciào |'tʃao| *inter.* [*saluto confidenziale*] salut!, ciao! ♦ *s.m. inv.* bonjour: *gli disse un ciao sonoro e cordiale* il lui adressa un bonjour sonore et cordial.

ciàppola |'tʃappola| *s.f.* (*tecnol.*) (*per incidere metalli*) échoppe → **bulino;** (*per incidere smalti*) couperet *m.*

ciappolàre |tʃappo'lare| *v.tr.* (*tecnol.*) [*incidere con la ciappola*] échopper.

ciaramèlla |tʃara'mɛlla| *s.f.* → **cennamella.**

ciàrda |'tʃarda| *s.f.* (*danza, mus.*) csardas, czardas.

ciàrla |'tʃarla| *s.f.* 1 [*chiacchiera, discorso futile*] commérage *m.*, bavardage *m.* # *far quattro ciarle con qc.* faire un brin de causette, faire la causette avec qqn. ◇ [*pettegolezzo*] cancan *m.*, potin (*m.*): *son tutte ciarle!* ce sont des cancans, des potins! 2 (*fam.*) [*loquacità*] bagou *m.*, bagout (*m.*): *ha una ciarla, quel tipo!* il a un de ces bagous, ce type! → **parlantina** ◇ (*loc.*) *è bravo a ciarle!* [*a parole*] pour ce qui est de causer, il en est un! 3 fausse nouvelle.

ciarlàre |tʃar'lare| *v.intr.* (*aus. 'avere'*) [*chiacchierare*] jaser, bavarder: *perdere il proprio tempo a ciarlare* perdre son temps à jaser, bavarder ◇ [*far pettegolezzi*] *ciarlare del prossimo* bavarder sur le compte d'autrui, sur le dos des autres.

ciarlatanàta |tʃarlata'nata| *s.f.* [*discorso, comportamento da ciarlatano*] charlatanerie.

ciarlataneria |tʃarlatane'ria| *s.f.* 1 [*abilità da ciarlatano*] charlatanisme *m.* 2 → **ciarlatanata.**

ciarlatanésco, chi, ca, che |tʃarlata'nesko, ki, ka, ke| *agg.* charlatanesque.

ciarlatanismo |tʃarlata'nizmo| *s.m.* charlatanisme.

ciarlatàno |tʃarla'tano| *s.m.* [*smerciatore di prodotti scadenti*] charlatan: *rimedio da ciarlatano* remède de charlatan → **imbonitore** ◇ (*per est.*) [*imbroglione*] *si è lasciato infinocchiare da quel ciarlatano* il s'est laissé avoir (*fam.*) par ce charlatan → **truffatore** ◇ (*fig.*) [*vanitoso, non competente*] *non è un medico, un artista: è solo un ciarlatano!* ce n'est pas un médecin, un artiste: ce n'est qu'un charlatan!

ciarlatóre, trice |tʃarla'tore, tritʃe| *s.* [*chi ciarla molto*] bavard → **chiacchierone.**

ciarlièro |tʃar'ljɛro| *agg.* [*loquace, chiacchierone*] bavard: *come sei ciarliero, oggi!* comme tu es bavard, aujourd'hui!; *quel giorno era poco ciarliero* ce jour-là il était peu bavard.

ciarlóne |tʃar'lone| *s. e agg.* [*chiacchierone*] bavard: *che ciarlone!* quel bavard!

ciàrpa |'tʃarpa| *s.f.* → **ciarpame.**

ciarpàme |tʃar'pame| *s.m.* [*insieme di roba vecchia e inutile*] bric-à-brac *inv.*, vieillerie *f.* ◇ (*fig.*) *rifiutare il ciarpame della retorica più scadente* refuser le bric-à-brac de la rhétorique la plus médiocre.

ciaschedùno |tʃaske'duno| *pron. e agg. indef.* → **ciascuno.**

ciascùno |tʃas'kuno| 1 *agg. indef. solo sing. N.B. si tronca in 'ciascun' davanti a s.m. iniziante per voc. o cons., eccetto 'gn, ps, s* (+ *cons.*)*, sc, z'; si apostrofa davanti a s.f. iniziante per voc.* [*ogni, ognuno*] chaque *inv.*; chacun *pron. m.*, chacune (*pron. f.*): *ciascun paese ha i suoi problemi* chaque pays a ses problèmes; *ciascun uomo è libero di dire quel che pensa* chaque homme est libre de dire ce qu'il pense ‖ (*seguito da un agg. poss.*) *ciascun vostro desiderio è un ordine per noi* chacun de vos désirs nous est un ordre; *ciascuna vostra proposta sarà esaminata attentamente* chacune de vos propositions sera examinée attentivement 2 *pron. indef. solo sing.* [*ogni persona; tutti*] chacun, chacune: *ciascuno di noi dovrà scegliere* chacun de nous devra choisir; *ciascuno di loro può aiutarci* chacun d'entre eux peut nous aider; *ciascuna di loro sa tutto di questa storia* chacune d'elles connaît très bien cette histoire; *ciascuna di noi deciderà di sua testa* chacune de nous en fera à sa tête; *ciascuno dei due lo può fare* chacun des deux peut le faire; *partiremo ciascuno per conto nostro* nous partirons chacun de notre côté; *saranno premiati ciascuno secondo i propri meriti* chacun sera récompensé selon son mérite → **ognuno** ◇ (*con valore distributivo*) *a ciascuno il suo mestiere* à chacun son métier; *questi libri costano 40 franchi ciascuno* ces livres coûtent quarante francs chacun; *avrete due fogli (per) ciascuno* vous aurez deux feuilles chacun ◇ (*prov.*) *bisogna dare a ciascuno il suo* à chacun son dû.

cibàre |tʃi'bare| **A** *v.tr.* (*raro*) [*nutrire, alimentare*] nourrir (*corr.*): *cibare i malati* nourrir les malades **B** *v.pron. rifl.* CIBARSI [→ *tr.*] se nourrir: *cibarsi di carne, di verdure, di latte* se nourrir de viande, de légumes, de lait; *non avere di che cibarsi* ne pas avoir de quoi se nourrir → **sfamar(si)** # *il malato ha ripreso a sfamarsi* le malade a recommencé à s'alimenter ◇ (*fig.*) *cibarsi dello studio, delle scienze* se nourrir de l'étude, de la science; *cibarsi di illusioni, di speranze* se nourrir, se repaître d'illusions, d'espérances ◇ (*loc. fig.*) *cibarsi di aria* [*mangiare molto poco*] ne pas manger à sa faim.

cibària |tʃi'barja| *s.f. spec. al plur.* [*provviste di generi commestibili*] victuailles, vivres *m.* → **vettovaglia.**

cibernètica, che |tʃiber'nɛtika, ke| *s.f.* cybernétique # *specialista di cibernetica* cybernéticien* → **cibernetista.**

cibernètico, ci, ca, che |tʃiber'nɛtiko, tʃi, ka, ke| *agg.* cybernétique.

cibernetista |tʃiberne'tista| *s.* cybernéticien*.

cibo |'tʃibo| *s.m.* [*alimento, vivanda*] aliment, nourriture (*f.*): *cibo sano, nutriente, ricco di calorie* aliment sain, nourrissant, riche en calories; *cibi leggeri, pesanti* aliments légers, lourds; *cibi semplici, ricercati* aliments simples, recherchés; *cibi in scatola* aliments en boîte, en conserve; *cibi congelati, surgelati, conservati, omogeneizzati, liofilizzati* aliments congelés, surgelés, en conserve, homogénéisés, lyophilisés; *in questa pensione il cibo è scarso* dans cette pension la nourriture est insuffisante → **pasto;** *non tocco cibo da tre giorni* je n'ai pris aucune nourriture depuis trois jours ◇ (*fig.*) *il cibo dello spirito* la nourriture de l'esprit.

cibòrio, i |tʃi'bɔrjo, i| *s.m.* (*liturg.*) ciboire → **pisside.**

cicàla |tʃi'kala| *s.f.* 1 (*t.zool.*) cigale ◇ (*loc. fig.*) *fare come la cicala della favola* faire comme la cigale de la fable 2 (*fig.*) [*donna pettegola*] pie: *è una cicala!* c'est une vraie pie! 3 [*segnalatore acustico che funziona a corrente*] sonnette → **cicalino.**

cicalàre |tʃika'lare| *v.intr.* (*aus. 'avere'*) [*parlare a lungo di cose futili; spettegolare*] jaser, jacasser.

cicalàta |tʃika'lata| *s.f.* [*discorso lungo e noioso*] palabre *f. o m.*

cicaléccio, i |tʃika'lettʃo, i| *s.m.* [*il chiacchierare prolungato su argomenti futili*] jacasserie *f.*, babillage: *ascoltare i cicalecci della gente* écouter les jacasseries, les babillages des gens → **cicalio, pettegolezzo** ◇ (*per est.*) *il cicaleccio degli uccelli* le gazouillis, le gazouillement des oiseaux → **cinguettio.**

cicalino |tʃika'lino| *s.m.* [*avvisatore acustico usato in certi telefoni o su moto leggere*] sonnette *f.*

cicalio, ii |tʃika'lio, ii| *s.m.* → **cicaleccio.**

cicalóne |tʃika'lone| *s.* → **chiacchierone.**

cicatrice |tʃika'tritʃe| *s.f.* (*med., corr.*) cicatrice: *medicare una cicatrice* soigner une cicatrice; *ti è rimasta la cicatrice* la cicatrice t'est restée ◇ (*fig.*) *quell'esperienza dolorosa gli ha lasciato una cicatrice* cette expérience douloureuse lui a laissé une cicatrice.

cicatrìcula |tʃika'trikula| *s.f.* cicatricule.

cicatriziàle |tʃikatrit'tsjale| *agg.* (*med.*) cicatriciel*.

cicatrizzàbile |tʃikatrid'dzabile| *agg.* [→ CICATRIZZARE] cicatrisable.

cicatrizzànte |tʃikatrid'dzante| *agg. e s.m.* cicatrisant.

cicatrizzàre |tʃikatrid'dzare| **A** *v.intr.* (*aus. 'essere'*) [*guarire, formando una cicatrice*] cicatriser (*tr.*): *la ferita è già cicatrizzata* la blessure est déjà cicatrisée **B** *v.tr.* (*raro*) [*favorire la cicatrizzazione*] cicatriser: *un farmaco che cicatrizza le ferite* un remède qui cicatrise les blessures **C** *v.pron. intr.* CICATRIZZARSI [→ *intr.*] se cicatriser: *la ferita stenta a cicatrizzarsi* la blessure a du mal à se cicatriser → **rimarginar(si)**.

cicatrizzazióne |tʃikatriddzat'tsjone| *s.f.* [→ CICATRIZZARE] cicatrisation.

1 **cicca, che** |'tʃikka, ke| *s.f.* [*gomma da masticare*] chewing-gum *m.*

2 **cicca, che** |'tʃikka, ke| *s.f.* **1** [*mozzicone di sigaretta, di sigaro*] mégot *m.* → **mozzicone** **2** [*pezzetto di tabacco da masticare*] chique ◇ (*loc. fig.*) *non vale una cicca* [*non vale niente*] cela ne vaut pas un clou *m.*, ne vaut rien.

ciccàre |tʃik'kare| *v.intr.* (*aus.* '*avere*') [*masticare tabacco, gomma da masticare*] chiquer.

cicchettàre |tʃikket'tare| **A** *v.intr.* (*aus.* '*avere*') (*fam.*) [*bere frequentemente cicchetti*] *bere un cicchetto* boire (67) *tr.* la goutte **B** *v.tr.* **1** (*pop.*) [*introdurre combustibile nei cilindri per facilitarne l'accensione*] donner une giclée (au moteur) **2** (*raro*) [*rimproverare aspramente*] passer un savon (à) (*fam.*), engueuler (*pop.*).

cicchétto |tʃik'ketto| *s.m.* **1** (*fam.*) [*bicchierino di liquore, di vino*] goutte *f.*, petit verre: *adesso mi bevo, mi faccio un cicchetto* maintenant je vais boire la goutte, un petit verre **2** [*rimprovero da parte di un superiore*] savon (*fam.*), engueulade *f.* (*pop.*): *prendersi un* (*bel*) *cicchetto* recevoir un (bon) savon, une (belle) engueulade → **ramanzina** **3** (*pop.*) *dare un cicchetto al motore* (*per avviarlo*) donner une giclée au moteur (pour le faire démarrer) → **cicchettare.**

cìccia, ce |'tʃittʃa, tʃe| *s.f.* **1** (*fam.*) [*il grasso del corpo umano*] graisse (*corr.*): *metter su ciccia* prendre de la graisse # *avere molta ciccia* être (bien) en chair; *avere poca ciccia* être assez maigre **2** (*fam.*) [*carne da mangiare*] viande (*corr.*): *mangia un po' di ciccia!* mange un peu de viande!

cicciolo |'tʃittʃolo| *s.m.* **1** [*residuo solido del grasso fuso di maiale*] rillons *pl.*, graillons *pl.* **2** (*pop.*) [*escrescenza carnosa*] caroncule *f.* (*corr.*).

ciccióne |tʃit'tʃone| *s.* (*fam.*) [*persona molto grassa*] gros lard *m.* (*pop.*), grosse dondon *f.*

cicciόso |tʃit'tʃoso| *agg.* (*raro*) → **cicciuto.**

cicciottèllo |tʃittʃot'tɛllo| *agg.* [*grassottello*] dodu, rondelet* → **paffuto.**

cicciùto |tʃit'tʃuto| *agg.* (*persone*) [*grasso, corpulento*] dodu, replet*, bien en chair *loc. inv.*

cicérbita |tʃi'tʃerbita| *s.f.* (*t.bot.*) laiteron *m.*, lait *m.* d'âne (*corr.*).

cicérchia |tʃi'tʃerkja| *s.f.* (*t.bot.*) gesse.

ciceróne |tʃitʃe'rone| *s.m.* cicérone, guide: *ti farò io da cicerone* je serai ton cicérone, je te servirai de guide; *visita in pulman con cicerone* visite en car de tourisme avec guide.

ciceroniàno |tʃitʃero'njano| *agg.* cicéronien*: *stile ciceroniano* style cicéronien.

cicisbèo |tʃitʃiz'bɛo| *s.m.* (*st.*) cavalier servant ◇ (*fig.*) [*corteggiatore galante*] damoiseau.

ciclàbile |tʃi'klabile| *agg.* cyclable: *pista ciclabile* piste cyclable.

ciclamìno |tʃikla'mino| *s.m.* (*t. bot.*) cyclamen ♦ (*agg. inv.*) *un vestito color ciclamino* une robe cyclamen.

ciclicità |tʃiklitʃi'ta| *s.f. inv.* caractère *m. var.* cyclique: *la ciclicità di alcuni fenomeni* le caractère cyclique de certains phénomènes.

cìclico, ci, ca, che |'tʃikliko, tʃi, ka, ke| *agg.* **1** cyclique: *fenomeno ciclico* phénomène cyclique **2** (*letter.*) cyclique: *poema, romanzo ciclico* poème, roman cyclique **3** (*chim.*) cyclique: *gli idrocarburi ciclici* les hydrocarbures cycliques.

ciclìsmo |tʃi'klizmo| *s.m.* cyclisme: *ciclismo su pista* cyclisme sur piste.

ciclìsta |tʃi'klista| *s.* **1** cycliste **2** [*chi ripara biciclette*] mécanicien* de vélos.

ciclìstico, ci, ca, che |tʃi'klistiko, tʃi, ka, ke| *agg.* cycliste: *campioni ciclistici* champions cyclistes; *corsa ciclistica* épreuve, course cycliste.

ciclizzàre |tʃiklid'dzare| *v.tr.* (*chim.*) [*rendere ciclico*] cycliser.

cìclo- |'tʃiklo| *pref.* (*significa* '*cerchio, giro, ruote*', *corrisponde gener. a*) cyclo: *ciclomotore* cyclomoteur.

-ciclo |'tʃiklo| *suff.* (*significa* '*cerchio, giro, ruote*', *corrisponde gener. a*) cycle: *motociclo* motocycle.

1 **cìclo** |'tʃiklo| (*fam.*) → **bicicletta.**

2 **cìclo** |'tʃiklo| *s.m.* **1** cycle: *ciclo lunare, solare* cycle lunaire, solaire; *il ciclo delle stagioni* le cycle des saisons; *il ciclo di lavorazione di un prodotto* le cycle de fabrication d'un produit ◇ (*biol.*) *ciclo mestruale* cycle menstruel ◇ (*fis.*) *ciclo termodinamico* cycle thermodynamique ◇ (*scient.*) *il ciclo del carbonio, dell'azoto* le cycle du carbone, de l'azote **2** [*serie; successione*] série *f.*; cycle: *un ciclo di conferenze, di lezioni* une série de conférences, de cours || *un ciclo di studi* un cycle d'études **3** (*letter.*) cycle: *il ciclo cavalleresco, carolingio, bretone* le cycle chevaleresque, carolingien, breton.

ciclocampèstre |tʃiklokam'pɛstre| **1** *agg.* de cyclo-cross *loc. inv.* **2** *s.m.* cyclo-cross.

ciclocròss |tʃiklo'krɔs| *s.m. inv.* → **ciclo campestre 2.**

ciclocrossista |tʃiklokros'sista| *s.m.* coureur de cyclo-cross.

ciclofurgóne |tʃiklofur'gone| *s.m.* [*furgoncino a tre ruote, azionato a pedali*] triporteur.

ciclogenètico, ci, ca, che |tʃiklodʒe'nɛtiko, tʃi, ka, ke| *agg.* cyclogénétique.

cicloidàle |tʃikloi'dale| *agg.* (*geom.*) cycloïdal*: *curve cicloidali* courbes cycloïdales.

ciclòide |tʃi'klɔide| *s.f.* (*geom.*) cycloïde.

ciclomotóre |tʃiklomo'tore| *s.m.* cyclomoteur; vélomoteur.

ciclomotorista |tʃiklomoto'rista| *s.* cyclomotoriste.

ciclóne |tʃi'klone| *s.m.* **1** (*meteor.*) cyclone ◇ (*fig.*) *il ciclone della guerra* la tourmente *f.* de la guerre ◇ (*fig.*) (*persone*) *tuo figlio è proprio un ciclone* ton fils est un véritable cyclone ◇ (*loc.*) *essere nell'occhio del ciclone*: (*pr.*) être dans l'œil du cyclone; (*fig.*) être la cible (de qqch.) **2** (*tecnol.*) cyclone.

ciclònico, ci, ca, che |tʃi'klɔniko, tʃi, ka, ke| *agg.* (*meteor.*) cyclonal*: *area ciclonica* aire cyclonale ◇ (*per est.*) *una pioggia ciclonica* une pluie cyclonique, cyclonale.

ciclòpe |tʃi'klɔpe| *s.m.* **1** (*letter. gr.*) cyclope ◇ (*fig.*) [*persona grande, forte, violenta*] colosse **2** (*t.zool.*) cyclope.

ciclòpico, ci, ca, che |tʃi'klɔpiko, tʃi, ka, ke| *agg.* [*di ciclope*] cyclopéen*: *mura ciclopiche* murs cyclopéens ◇ (*fig.*) [*colossale*] *sforzi ciclopici* des efforts cyclopéens.

ciclopista |tʃiklo'pista| *s.f.* piste cyclable.

cicloradùno |tʃiklora'duno| *s.m.* meeting de cyclisme, de cyclistes.

ciclostilàre |tʃiklosti'lare| *v.tr.* [*riprodurre per mezzo di ciclostile*] polycopier: *ciclostilare una circolare* polycopier une circulaire.

ciclostile |tʃiklos'tile| *s.m.* machine *f.* à polycopier, ronéo *f.* (*marchio depositato*).

Ciclòstomi |tʃi'klɔstomi| *s.m.pl.* (*t.zool.*) Cyclostomes.

ciclotróne |tʃiklo'trone| *s.m.* cyclotron.

cicloturismo |tʃiklotu'rizmo| *s.m.* cyclotourisme.

cicloturista |tʃiklotu'rista| *s.* cyclotouriste.

cicógna |tʃi'koɲɲa| *s.f.* (*t.zool.*) cigogne ~ *cicogna bianca* cigogne blanche ◇ (*fam.*) *non crede più alla cicogna* il ne croit plus au père Noël; *è arrivata la cicogna in casa X* le bébé est arrivé chez les X; *la cicogna ti porterà un fratellino* la cigogne t'apportera un petit frère.

cicòria |tʃi'kɔrja| *s.f.* (*t.bot.*) chicorée ◇ (*corr.*) [*le foglie commestibili*] *insalata di cicoria* salade de chicorée ◇ (*per est.*) *caffè di cicoria* café de chicorée.

cicùta |tʃi'kuta| *s.f.* (*t.bot.*) ciguë ~ *cicuta acquatica* ciguë d'eau ~ *cicuta maggiore o di Socrate* grande ciguë, de Socrate ~ *cicuta minore* petite ciguë ◇ (*per est.*) [*l'infuso velenoso che se ne ricava*] *bere la cicuta* boire la ciguë.

-cida |'tʃida| *suff.* (*significa* '*uccisore*', *corrisponde gener. a*) cide: *omicida* homicide; *insetticida* insecticide.

-cidio |'tʃidjo| *suff.* (*significa* '*uccisione*', *corrisponde gener. a*) cide: *omicidio* homicide; *genocidio* génocide.

cièca, che |'tʃɛka,ke| *s.f.* → **ceca.**

ciecàle |tʃe'kale| *agg.* → **cecale.**

ciecaménte |tʃeka'mente| *avv.* **1** [→ CIECO I 1] à l'aveuglette (*loc. inv.*): *brancolare ciecamente* avancer à l'aveuglette ◇ (*fig.*) *fidarsi ciecamente di qc.* se fier aveuglément à qqn. **2** (*fig.*) [*senza riflessione*] aveuglément: *lanciarsi ciecamente in un'impresa* se lancer aveuglément dans une entreprise → **sconsideratamente, avventatamente.**

cièco, chi |'tʃɛko, ki| **I** *agg.* **1** [*privo della vista*] aveugle: *un bambino, un uomo cieco* (*dalla nascita*) un enfant, un homme aveugle (de naissance) # *è cieco da un occhio* il est borgne, il ne voit que d'un œil, il a perdu un œil ◇ (*fig.*) *essere, diventare cieco d'ira, dalla rabbia* être, devenir aveugle de colère, de rage; *avere una fiducia cieca in qc.* avoir une confiance aveugle en qqn.; *obbedienza cieca* obéissance aveugle; *la fortuna è cieca* la fortune est aveugle ◇ *loc. avv.* ALLA CIECA [*a caso, all'impazzata*] à l'aveuglette, au jugé: *andare, decidere alla cieca* aller, décider à l'aveuglette, au jugé; *menar colpi alla cieca* frapper au jugé **2** (*cose*) [*che non permette la visibilità*] aveugle: *un vano cieco* une pièce aveugle # *finestra, porta cieca* fausse fenêtre, fausse porte ◇ (*aer.*) *volo cieco* vol sans visibilité *loc.* ◇ (*anat.*) *intestino cieco* cæcum *s.m.* ◇ (*loc.*) *essere, trovarsi in un vicolo cieco*: (*pr.*) être, se trouver dans une impasse, un cul-de-sac; (*fig.*) [*in una situazione difficile, senza sbocchi*] être, se trouver dans une impasse **II** *s.* [→ *agg.* 1] aveugle: *istituto per ciechi* institut des aveugles; *guidare, accompagnare un cieco* conduire, accompagner un aveugle.

cièlo |'tʃɛlo| *s.m.* **1** ciel*: *cielo sereno, nuvoloso, stellato* ciel serein, nuageux, étoilé; *cielo azzurro, grigio, plumbeo* ciel bleu, gris, de plomb; *si stagliavano nel cielo le vette delle montagne* les sommets des montagnes se découpaient sur le ciel # *la volta del cielo* la voûte céleste ◇ (*loc. fig.*) *portare qc. al cielo, al settimo cielo* [*esaltarlo*] porter qqn. aux nues ~ *essere al settimo cielo, toccare il cielo con un dito* [*essere al colmo della felicità*] être au septième ciel, être aux anges ~ (*questa cosa*) *non sta né in cielo né in terra* [*è assurda*] cette chose n'a ni queue ni tête, ne tient pas debout ~ *è stato un fulmine a ciel sereno* [*evento inaspettato*] cela a été un coup de tonnerre ~ *apriti cielo!* (*escl. di stupore*) mon Dieu! **2** [*la zona celeste che sovrasta un posto determinato e il posto stesso*] ciel: *il cielo di Lombardia* le ciel de Lombardie; *i cieli dei tropici* les ciels des tropiques ◇ *loc.* A CIELO APERTO: (*pr.*) *dormire a cielo aperto* dormir à la belle étoile; (*per est.*) *uno scavo a cielo aperto* une excavation à ciel ouvert ~ *vivere sotto un altro cielo*: (*pr.*) vivre sous d'autres cieux → **paese**; (*fig.*) *ma in che cielo vivi?* mais dans quel monde vis-tu? ◇ (*prov.*) *cielo a pecorelle, acqua a catinelle* femme fardée, ciel pommelé ne sont pas de longue durée **3** (*per est.*) [*volta di un ambiente chiuso*] ciel: *il cielo di una cava* le ciel d'une carrière; *un letto con il cielo di velluto* un lit avec un ciel de velours → **baldacchino** # *il cielo di una stanza* le plafond d'une pièce **4** (*fig.*) [*sede della divinità e dei beati*] ciel: *pregare il cielo* prier le ciel; *raccomandarsi al cielo* se recommander au ciel; *è stata una grazia del cielo* cela a été une grâce du ciel → **paradiso** ◇ (*loc.*) *salire al cielo* monter au ciel ~ *volesse il cielo che* (+ *congv.*) plût au ciel que (+ *congv.*) ~ *il cielo ce ne* (*scampi e*) *liberi!* le ciel nous en préserve! ~ *grazie al cielo, ringraziando il cielo, sia lodato il cielo!* [*per fortuna*] béni soit le ciel, le ciel soit loué! ~ *in nome del cielo, non farlo!* au nom du ciel, ne le fais pas! ~ *santo cielo!* (*espressione di stizza*) juste ciel!

cifòsi |tʃi'fɔzi| *s.f. inv.* (*med.*) cyphose *var.*

cifra |'tʃifra| *s.f.* **1** chiffre (*m.*): *cifre romane, arabiche* (*arabe*) chiffres romains, arabes; *scrivere un numero in cifre e in lettere* écrire un nombre en chiffres et en lettres **2** (*per est.*) [*somma di denaro*] somme; chiffre: *hai pagato una bella cifra!* tu as payé une belle somme! ‖ *i prezzi sono saliti a cifre astronomiche* les prix ont atteint des chiffres astronomiques # *facciamo cifra tonda*: *me lo venda per 50.000 lire* arrondissons: vous me le vendez pour 50.000 lires ◇ (*comm.*) *tassa sulla cifra d'affari* taxe sur le chiffre d'affaires **3** [*lettere iniziali, come segno di riconoscimento*] chiffre: *ricamare le cifre su un lenzuolo, su un fazzoletto* broder son chiffre sur un drap, sur un mouchoir; *incidere le proprie cifre su un anello* graver son chiffre sur une bague **4** [*codice segreto di scrittura*] chiffre: *mandare, spedire un messaggio in cifre* envoyer, expédier un message en chiffres ◇ (*loc.*) *ufficio cifra* [*per la decifrazione*] (service du) chiffre ~ (*fig.*) *parlare in cifre* parler en chiffres.

cifràre |tʃi'frare| *v.tr.* **1** [*ricamare le iniziali su q.c.*] marquer, chiffrer: *cifrare della biancheria* marquer, chiffrer du linge **2** [*trascrivere secondo un codice segreto*] coder, chiffrer: *cifrare un messaggio* coder, chiffrer un message Ⓒ 2 **decifrare.**

cifràrio, i |tʃi'frarjo, i| *s.m.* [*codice convenzionale di scrittura*] code: *cifrario segreto* code secret.

cifràto |tʃi'frato| *agg.* **1** *biancheria cifrata* [*munita di cifre*] linge chiffré **2** *messaggio cifrato* message chiffré ♦ (*s.m.*) *un cifrato* un message chiffré *agg.*

cifratùra |tʃifra'tura| *s.f.* **1** [→ CIFRARE 1] chiffrage *m.*, chiffrement *m.* **2** [→ CIFRARE 1] chiffrement.

cifrista |tʃi'frista| *s.* [*chi si occupa della cifratura*] chiffreur *m.*

cigliàto |tʃiʎ'ʎato| *agg.* [*munito di ciglia*] cilié ◇ (*biol.*) *cellule cigliate* cellules ciliées.

ciglio |'tʃiʎʎo|, *f.pl.* **ciglia** |'tʃiʎʎa| (*nei significati* 1, 2, 3, 5); *m. pl.* **cigli** |'tʃiʎʎi| (*nel significato* 4) *s.m.* **1** cil: *avere ciglia folte* avoir des cils touffus # *in un batter di ciglio* en un clin d'œil ◇ (*loc. fig.*) *senza batter ciglio* sans sourciller ~ *a ciglio asciutto* les yeux secs **2** (*per est.*) [*sopracciglia*] sourcil: *abbassare, aggrottare le ciglia* baisser, froncer les sourcils; *alzare, inarcare le ciglia* lever les sourcils **3** (*lett.*) → **occhio, sguardo** **4** [*bordo, margine*] bord: *il ciglio di un burrone, della strada* le bord d'un ravin, de la route; *si è fermato sul ciglio del marciapiede* il s'est arrêté au bord du trottoir # *cigli cedevoli* accotements non stabilisés **5** (*biol.*) cils (*pl.*): *ciglia vibratili* cils vibratiles.

ciglióne |tʃiʎ'ʎone| *s.m.* [*orlo, margine rialzato*] talus, bord: *il ciglione di un precipizio* le talus, le bord d'un précipice # *il ciglione di un grande fiume* la berge d'un grand flueve.

cìgno |'tʃiɲɲo| *s.m.* (*t.zool.*) cygne ~ *cigno reale* cygne royal ~ *cigno nero* cygne noir ◇ (*loc. fig.*) *il canto del cigno* le chant du cygne.

cigolaménto |tʃigola'mento| *s.m.* [→ CIGOLARE 1] grincement: *il cigolamento di una porta* le grincement d'une porte → **cigolìo.**

cigolàre |tʃigo'lare| *v.intr.* **1** [*scricchiolare, stridere*] grincer (2): *l'uscio cigola* la porte grince; *le ruote cigolano* les roues grincent **2** (*raro*) [*ardere crepitando*] crépiter: *la legna verde cigola* le bois vert crépite.

cigolìo, ii |tʃigo'lio, ii| *s.m.* [*cigolamento insistente*] grincement: *il cigolio di una carrucola* le grincement d'une poulie.

cilécca, che |tʃi'lekka, ke| *s.f.* nella *loc.* FARE CILECCA [*non esplodere*] s'enrayer (9): *la pistola ha fatto cilecca* le revolver s'est enrayé ◇ (*fig.*) [*fallire in q.c.*] rater son coup, faire chou blanc: *ci ho provato, ma ho fatto ancora cilecca* j'ai essayé, mais j'ai encore raté mon coup, j'ai encore fait chou blanc.

cilèno |tʃi'lɛno| *agg.* [*del Cile*] chilien*.

cilestrino |tʃiles'trino| *agg.* → celeste.

ciliàre |tʃi'ljare| *agg.* (*anat.*) ciliaire: *arco ciliare* arc ciliaire; *arterie ciliari* artères ciliaires.

Ciliàti |tʃi'ljati| *s.m. pl.* (*t.zool.*) Ciliés.

cilìcio, i |tʃi'litʃo, i| *s.m.* cilice: *prendere il cilicio* porter, prendre le cilice.

ciliegéto |tʃilje'dʒeto| *s.m.* [*piantagione di ciliegi*] cerisaie *f.*

ciliègia, gie, ge |tʃi'liɛdʒa, dʒe| *s.f.* [*frutto del ciliegio*] cerise: *marmellata di ciliegie* confitures de cerises; *torta di ciliegie* tartes aux cerises; *ciliege sotto spirito* cerises à l'eau-de-vie ◇ (*loc. fig.*) *diventar rosso come una ciliegia* devenir rouge comme une pivoine ~ (*scherz.*) *l'amico ciliegia* l'ami Fritz ~ *le disgrazie sono come le ciliegie*: *una tira l'altra* un malheur ne vient jamais seul.

ciliègio, i |tʃi'ljɛdʒo, i| *s.m.* (*t. bot.*) cerisier ~ *ciliegio selvatico* merisier ~ *ciliegio di visciole, di duracine* cerisier à griottes, à bigarreaux ◇ [*il legno*] merisier; cerisier: *un mobile di ciliegio* un meuble en merisier; en cerisier.

cilindràio, i |tʃilin'drajo, i| *s.m.* [*operaio addetto alla cilindratura*] cylindreur* *s.*

cilindràre |tʃilin'drare| *v.tr.* **1** [*spianare con un rullo compressore*] cylindrer: *cilindrare una strada in costruzione* cylindrer une route en construction **2** [*comprimere, lisciare, facendo passare tra due cilindri*] calandrer: *cilindrare la carta, tessuti* calandrer le papier, des tissus.

cilindràsse |tʃilin'drasse| *s.m.* (*anat., ott.*) cylindraxe.

cilindràta |tʃilin'drata| *s.f.* cylindrée: *macchina di grossa cilindrata* voiture de grosse cylindrée; *macchina con 2000 c.c.* (*cm³*) *di cilindrata* voiture de 2000 cm³ de cylindrée ◇ (*ell.*) *grossa, piccola cilindrata* grosse, petite cylindrée.

cilindratùra |tʃilindra'tura| *s.f.* (*tecnol.*) cylindrage *m.*

cilìndrico, ci, ca, che |tʃi'lindriko, tʃi, ka, ke| *agg.* **1** cylindrique: *rotolo cilindrico* rouleau cylindrique **2** (*ott.*) *lente cilindrica* lentille cylindrique **3** (*geogr.*) *proiezione cilindrica* projection cylindrique.

cilìndro |tʃi'lindro| *s.m.* **1** (*geom.*) cylindre: *calcolare il volume di un cilindro* calculer le volume d'un cylindre **2** (*per est.*) [*oggetto a forma cilindrica*] rouleau: *il cilindro della macchina da scrivere* le rouleau de la machine à écrire → **rullo**; *il* (*cappello a*) *cilindro* le (chapeau) haut de forme, le tube (*fam.*); *il cilindro del prestigiatore* le haut de forme du prestidigitateur **3**

(*mecc.*) cylindre: *un motore a 4, a 6 cilindri* un moteur à 4, à 6 cylindres; *una (autovettura a) 4 cilindri* une (voiture à) 4 cylindres **4** (*med.*) cylindre: *cilindri granulosi delle vie urinarie* cylindres granuleux des voies urinaires.

cìma |ˈtʃima| *s.f.* **1** sommet *m.*, faîte (*m.*): *la cima di un albero, di una torre* le sommet, le faîte d'un arbre, d'une tour; *salire in cima a un tetto* monter sur le faîte d'un toit ◇ (*loc. fig.*) *essere in cima ai pensieri di qc.* être toujours présent dans la pensée de qqn. **2** [*vetta di una montagna*] sommet, cime: *la cima del Cervino* le sommet, la cime du Cervin; *conquistare una cima* gagner un sommet ◇ *al plur.* [*rilievo montuoso*] *le cime dolomitiche* les sommets, les cimes des Dolomites **3** (*per est.*) [*estremità, punta*] bout *m.*, extrémité: *la cima di una corda* le bout, l'extrémité d'une corde ◇ *loc.* DA CIMA A FONDO: (*pr.*) *frugare un posto da cima a fondo* fouiller un endroit de fond en comble; (*fig.*) *conoscere una persona da cima a fondo* connaître une personne à fond; *leggere un libro da cima a fondo* lire un livre d'un bout à l'autre **4** [*persona valente, eccellente in un certo campo*] as *m.*, crack (*m.*): *è una cima in matematica* c'est un as, un crack en mathématiques ◇ (*scherz.*) *non è una cima* [*non vale niente*] ce n'est pas un génie *m.*, un crack; il n'a pas inventé la poudre (à canon) **5** (*mar.*) bout **6** (*bot.*) *infiorescenza, ramificazione a cima* inflorescence, ramification a cyme.

cimàre |tʃiˈmare| *v.tr.* **1** *cimare una pianta* [*tagliarne, sfrondarne la cima*] écimer, étêter une plante → **1 spuntare** **2** *cimare un panno* [*pareggiare il pelo*] tondre (53) un drap.

cimàsa |tʃiˈmaza| *s.f.* (*arch.*) cimaise.

cimàta |tʃiˈmata| *s.f.* (*raro*) (*solo nella loc.*) *dare una cimata* [→ CIMARE 1] écimer, étêter.

cimatóre |tʃimaˈtore| *s.m.* **1** [*chi esegue la cimatura degli alberi*] arboriculteur* *s.*, jardinier* *s.* **2** [*operaio addetto alla cimatura dei tessuti*] tondeur* *s.*

cimatrice |tʃimaˈtritʃe| *s.f.* (*tecnol.*) tondeuse.

cimatùra |tʃimaˈtura| *s.f.* **1** [→ CIMARE 1] écimage *m.*, étêtage *m.* **2** [→ CIMARE 2] tondage *m.* ◇ [*il materiale residuo di tale operazione*] tonture.

cimbalàio, i |tʃimbaˈlajo, i| *s.m.* cymbalier, cymbaliste (*raro*).

cìmbalo |ˈtʃimbalo| *s.m.* **1** (*mus.*) cymbale *f.* **2** (*loc.*) *essere, andare in cimbali* [*allegro, leggermente ebbro*] être en goguette ~ *avere la testa in cimbali* [*essere frastornato, distratto o molto euforico*] être dans les nuages **3** (*arc.*) → **cembalo.**

cimèlio, i |tʃiˈmɛljo, i| *s.m.* [*oggetto di particolare valore storico*] relique *f.*, vestiges (*f. pl.*): *una raccolta di cimeli della prima guerra mondiale* une collection de reliques, de vestiges de la première guerre mondiale; *non toccarlo: è un cimelio!* n'y touche pas: c'est une relique! ◇ (*scherz.*) [*oggetto vecchio senza valore*] vieillerie *f.* ◇ (*scherz.*) [*persona dalla mentalità antiquata*] croulant → **matusa.**

cimentàre |tʃimenˈtare| **A** *v.tr.* **1** [*mettere alla prova, sperimentare*] éprouver, mettre (71) à l'épreuve: *cimentare le proprie capacità* éprouver, mettre à l'épreuve ses capacités **2** [*esporre a rischio, mettere a repentaglio*] risquer, *hasarder: *cimentare la propria vita, il proprio onore* risquer, hasarder sa vie, son honneur **B** *v.pron. rifl.* CIMENTARSI **1** [→ *tr.* 1] se mettre à l'épreuve: *cimentarsi in una gara, in un lavoro* se mettre à l'épreuve dans une compétition, dans un travail **2** [→ *tr.* 2] se risquer: *cimentarsi in un tentativo quasi disperato* se risquer dans une tentative quasi désespérée.

ciménto |tʃiˈmento| *s.m.* **1** [*rischio pericoloso*] risque # *mettere a cimento la propria vita, la propria esistenza* risquer sa vie, son existence **2** (*raro*) [*prova, esperimento*] épreuve (*f.*): *non mettere a cimento la mia pazienza!* ne mets pas ma patience à l'épreuve! ◇ (*lett., scherz.*) *affrontare un duro cimento* affronter une dure épreuve.

cimentóso |tʃimenˈtoso| *agg.* **1** (*raro*) → **difficile, rischioso** **2** (*raro*) → **temerario.**

cìmice |ˈtʃimitʃe| *s.f.* **1** (*t.zool.*) punaise ~ *cimice dei letti* punaise des lits ~ *cimice delle piante* punaise des bois **2** [*piccolo chiodo con puntina, spec. per fissare fogli*] punaise → **puntina.**

cimiciàio, i |tʃimiˈtʃajo, i| *s.m.* [*ambiente particolarmente sporco*] porcherie *f.*

cimièro |tʃiˈmjɛro| *s.m.* cimier.

ciminièra |tʃimiˈnjɛra| *s.f.* **1** [*alto fumaiolo*] cheminée: *ciminiera di locomotiva, di nave* cheminée de locomotive, de navire; *ciminiera di fabbrica* cheminée d'usine **2** (*fig., fam.*) *sei una ciminiera!* [*uno che fuma molto*] tu fumes comme un sapeur! *m.*

1 **cimìno** |tʃiˈmino| *s.m.* → **cumino.**

2 **cimìno** |tʃiˈmino| *s.m.* [*parte terminale della canna da pesca*] scion.

cimitèro |tʃimiˈtero| *s.m.* **1** cimetière: *cimitero monumentale, di guerra* cimetière monumental, de guerre ◇ (*per est.*) *cimitero degli elefanti, delle automobili* cimetière des éléphants, de voitures ◇ (*loc. fig.*) *fare un cimitero* faire un massacre, un carnage → **strage** **2** (*fig.*) [*luogo disabitato, senza rumori né vita*] cimetière: *questo posto è un cimitero* c'est un cimetière que cet endroit.

cìmolo |tʃiˈmɔlo| *s.m.* [*cima, punta commestibile di certe verdure*] cœur: *cimoli dell'insalata* cœur de la salade.

cimósa |tʃiˈmosa| *s.f.* **1** [*ognuno dei due bordi laterali di una pezza di stoffa*] lisière: *cimosa di un tessuto* lisière d'un tissu **2** [*cuscinetto di striscia di panno per cancellare alla lavagna*] chiffon *m.*

cìmrico, ci, ca, che |ˈtʃimriko, tʃi, ka, ke| *agg.* [*dei Cimri*] kymrique, cymrique # *la lingua cimrica* le kymrique.

cimùrro |tʃiˈmurro| *s.m.* **1** (*veter.*) morve *f.* **2** (*scherz.*) [*forte raffreddore*] gros rhume # (*che*) *ti venga, ti venisse il cimurro!* que le diable t'emporte!

cinàbro |tʃiˈnabro| *s.m.* **1** (*miner.*) cinabre **2** [*il colore*] cinabre, vermillon: *il cinabro delle labbra* le vermillon des lèvres → **rosso** ✦ (*in funzione di agg. inv.*) vermeil* (*var.*): *labbra (color) cinabro* lèvres vermeilles.

cìncia, ce |ˈtʃintʃa, tʃe| *s.f.* (*t.zool.*) mésange ~ *cincia bigia* nonnette des marais ~ *cincia grassa* → **cinciallegra.**

cinciallégra |tʃintʃalˈlegra| *s.f.* (*t. zool.*) mésange charbonnière, mésange à tête noire.

cincìlla |tʃinˈtʃilla|, **cincillà** |tʃintʃilˈla| *s.m. inv.* (*t.zool.*) chinchilla *var.* ◇ [*la pelliccia*] chinchilla.

cincìn |tʃinˈtʃin| *inter.* (*espressione di augurio usata nei brindisi*) tchin(-)tchin! (*fam.*), à votre (ta) santé! ✦ (*s.m.*) *fare cincin* faire tchin tchin; trinquer, boire à la santé de qqn. → **brindare.**

cincischiaménto |tʃintʃiskjaˈmento| *s.m.* [→ CINCISCHIARE A] traînasserie *f.*

cincischiàre |tʃintʃisˈkjare| **A** *v. intr.* (*aus.* '*avere*') [*stare ozioso; non concludere nulla*] lambiner, traînasser: *cosa stai lì a cincischiare?* pourquoi restes-tu là à lambiner, à traînasser? → **bighellonare** ◇ [*giocherellare*] s'amuser (*pron.*): *stava cincischiando con la biro* il s'amusait avec le stylo à bille **B** *v.tr.* **1** [*tagliare con imperizia; rovinare*] déchiqueter (5), déchirer: *cincischiare un abito* déchiqueter, déchirer un vêtement ◇ (*fig.*) *cincischiare le parole* [*farfugliare*] manger ses mots **2** [*sgualcire, spiegazzare*] froisser, chiffonner: *cincischiare un fazzoletto* froisser, chiffonner un mouchoir **C** *v.pron. intr.* CINCISCHIARSI [→ *tr.* 2] se chiffonner: *quel tessuto si sta cincischiando* ce tissu est en train de se chiffonner.

cine- |ˈtʃine| *pref.* (*indica riferimento alla* '*cinematografia*', *corrisponde gener. a*) ciné: *cineasta* cinéaste # *cinepresa* caméra; *cinegiornale* actualités.

cine |ˈtʃine| *s.m. inv.* (*pop.*) → **cinema.**

cineamatóre |tʃineamaˈtore| *s.m.* cinéaste *s.* amateur.

cineàsta |tʃineˈasta| *s.* cinéaste.

cinecàmera |tʃineˈkamera| *s.f.* (*foto.*) caméra.

cineclùb |tʃineˈklub| *s.m. inv.* ciné-club (*var.*): *dei cineclub* des ciné-clubs.

cinedilettànte |tʃinedilet'tante| *s.* → **cineamatore.**

cinedilettantìsmo |tʃinedilettanˈtizmo| *s.m.* cinéma d'amateur, cinéma amateur.

cinèdo |tʃiˈnɛdo| *s.m.* (*lett.*) → **pederasta, invertito.**

cinefòrum |tʃineˈfɔrum| *s.m. inv.* → **cineclub.**

cinegètica, che |tʃineˈdʒɛtika, ke| *s.f.* cynégétique: *trattato di cinegetica* traité de cynégétique.

cinegètico, ci, ca, che |tʃineˈdʒɛtiko, tʃi, ka, ke| *agg.* cynégétique.

cinegiornàle |tʃinedʒorˈnale| *s.m.* [*sequenze di filmati di attualità proiettati in sale cinematografiche*] actualités *f.pl.*

cinelàndia |tʃineˈlandja| *s.f.* le monde *m.* du cinéma.

cìnema |ˈtʃinema| *s.m. inv.* **1** cinéma (*var.*): *cinema muto* cinéma muet; *cinema in bianco e nero, a colori* cinéma en noir et blanc, en couleurs → **film**; *è una stella del cinema* c'est une vedette de cinéma **2** [*sala per proiezioni cinematografiche*] cinéma: *andare al cinema* aller au cinéma; *è un cinema inaugurato da poco* c'est un cinéma qui a été inauguré depuis peu **3** (*pop.*) → **film** **4** (*fig.*) [*persona buffa, che suscita il riso*] rigolo (*var.*): *quel ragazzo è un vero cinema, cinematografo* ce garçon est un rigolo ◇ [*spettacolo comico*] *è un cinema vedere i tifosi allo stadio*

c'est un vrai cinéma les spectateurs (déchaînés) au stade; *quell'ufficio è un cinema* ce bureau est un cirque.
cinemascope |'sinimə'skoup| *s.m. inv.* (*ingl.*) cinémascope *var.*
cinemàtica, che |tʃine'matika, ke| *s.f.* (*fis.*) cinématique.
cinemàtico, ci, ca, che |tʃine'matiko, tʃi, ka, ke| *agg.* (*fis.*) cinématique.
cinematografàre |tʃinematogra'fare| *v.tr.* → **filmare.**
cinematografìa |tʃinematogra'fia| *s.f.* **1** cinématographie: *cinematografia sonora, a colori* cinématographie sonore, en couleurs ◇ [*industria cinematografica*] *la cinematografia italiana* la cinématographie italienne, l'industrie italienne du cinéma **2** (*raro*) → **film.**
cinematogràfico, ci, ca, che |tʃinemato'grafiko, tʃi, ka, ke| *agg.* cinématographique: *la tecnica cinematografica* la technique cinématographique; *un documentario cinematografico* un documentaire cinématographique; *l'industria, il mercato, la distribuzione cinematografica* l'industrie, le marché, la distribution cinématographique.
cinematògrafo |tʃinema'tɔgrafo| *s.m.* → **cinema.**
cinemòbile |tʃine'mɔbile| *s.m.* cinéma ambulant; véhicule équipé pour projections cinématographiques.
cineoperatóre |tʃineopera'tore| *s.m.* [*operatore per riprese filmate*] cadreur; opérateur* *s.* de prises de vue.
cineprésa |tʃine'presa| *s.f.* [*apparecchio portatile per riprese cinematografiche*] caméra: *obiettivo della cinepresa* objectif d'une caméra; *cinepresa per dilettanti* caméra d'amateur(s).
cineproiettóre |tʃineprojet'tore| *s.m.* appareil de projection, projecteur.
cineràma |tʃine'rama| *s.m. inv.* (*marchio depositato*) cinérama *var.*
cinerària |tʃine'rarja| *s.f.* (*t.bot.*) cinéraire.
cineràrio, i |tʃine'rarjo, i| **I** *agg.* cinéraire: *vaso cinerario* vase cinéraire; *urna cineraria* urne cinéraire **II** *s.m.* **1** → **ceneraio** 1 **2** (*archeol.*) urne *f.* cinéraire.
cinèreo |tʃi'nɛreo| *agg.* [*del colore della cenere*; *grigio*] cendreux*: *cielo cinereo* ciel cendreux; *un viso cinereo* un visage cendreux, de cendre, un teint cendreux ◇ (*per est.*) *una luce cinerea* une lumière cendrée.
cinerìno |tʃine'rino| *agg.* → **cenerino.**
cineromànzo |tʃinero'mandzo| *s.m.* ciné-roman.
cinescòpio, i |tʃines'kɔpjo, i| *s.m.* kinescope.
cinése |tʃi'nese| **1** *agg.* [*della Cina*] chinois: *la civiltà cinese* la civilisation chinoise; *oggetti d'arte cinese* objets d'art chinois **2** (*s.m.*) *il cinese* [*la lingua*] le chinois.
cineserìa |tʃinese'ria| *s.f.* **1** *spec. al plur.* [*ninnolo, gingillo di gusto cinese*] chinoiserie: *un negozio di cineserie* un magasin de chinoiseries **2** [*formalismo eccessivo, cerimoniosità*] chinoiserie: *cineserie amministrative* chinoiseries administratives # *in quella casa sono di una cineseria esasperante* dans cette maison ils sont d'un chinois!, c'est exaspérant.
cinèsi- |tʃi'nɛsi| *pref.* (*significa 'movimento', corrisponde gener. a*) kinési: *cinesiterapia* kinésithérapie.
cinesiterapìa |tʃinezitera'pia| *s.f.* (*med.*) kinésithérapie.
cinesiterapìsta |tʃinezitera'pista| *s.* kinésithérapeute.
cinesità |tʃinesi'ta| *s.f. inv.* [*caratteri propri della civiltà cin.*] sinité *var.*
cinesizzàre |tʃinesid'dzare| *v.tr.* [*diffondere la civiltà cinese*; *rendere cinese*] siniser.
cinesizzazióne |tʃinesiddzat'tsjone| *s.f.* [→ CINESIZZARE] sinisation.
cinestèsi |tʃines'tɛzi| *s.f. inv.* (*psicol.*) kinesthésie *var.*
cinestètico, ci, ca, che |tʃines'tɛtiko, tʃi, ka, ke| *agg.* kinesthésique, kinésique.
cinetèca, che |tʃine'tɛka, ke| *s.f.* cinémathèque, filmothèque.
cinètica, che |tʃi'nɛtika, ke| *s.f.* (*scient.*) cinétique.
cinètico, ci, ca, che |tʃi'nɛtiko, tʃi, ka, ke| *agg.* cinétique: *energia cinetica* énergie cinétique; *teoria cinetica* théorie cinétique.
cinetoscòpio, i |tʃinetos'kɔpjo, i| *s.m.* kinétoscope.
cingalése |tʃinga'lese| → **singalese.**
cingallégra |tʃingal'legra| *s.f.* → **cinciallegra.**
cìngere |'tʃindʒere| (119) **A** *v.tr.* [*mettere, legare intorno*] ceindre (66): *cingere la spada al fianco* ceindre l'épée (au côté) # *le cinse le spalle con un braccio* il lui passa le bras autour des épaules □ *si cinse i fianchi di una fascia azzurra* il ceignit sa taille d'une écharpe bleue ◇ [*circondare*] ceindre, entourer: *cingere una città di fortificazioni* ceindre, entourer une ville de fortifications; *un fossato cingeva l'orto* un fossé entourait le potager # *cingere una città d'assedio* assiéger une ville **B** *v.pron. rifl.* [→ *tr.*] se ceindre.
cìnghia |'tʃingja| *s.f.* **1** [*striscia, spec. di cuoio, per legare, sostenere e sim.*] ceinture, bretelle; courroie: *la cinghia dei pantaloni* la ceinture du pantalon → **cintura**; *la cinghia del fucile* la bretelle du fusil || *la cinghia dei finimenti del cavallo* la courroie du harnais du cheval; *la cinghia dello zaino* la courroie du sac ◇ (*loc. fig.*) *tirare la cinghia* [*mangiar poco*] se serrer la ceinture **2** (*mecc.*) courroie: *cinghia trapezoidale* courroie trapézoïdale; *cinghia di trasmissione* courroie de transmission.
cinghiàle |tʃin'gjale| *s.m.* **1** (*t. zool.*) sanglier ◇ (*corr.*) *cinghiale femmina* laie *f.* **2** [*pelle conciata dello stesso animale*] pécari: *guanti di cinghiale* des gants de pécari.
cinghialétto |tʃingja'letto| *s.m.* [*piccolo cinghiale*] marcassin → **cinghiale.**
cinghiàre |tʃin'gjare| *v.tr.* (*raro*) **1** [*circondare, circoscrivere*] ceindre (66) **2** [*cingere con una cinghia*] sangler: *cinghiare un cavallo* sangler un cheval.
cinghiàta |tʃin'gjata| *s.f.* coup *m.* de ceinture: *mi ha dato una cinghiata* il m'a flanqué (*fam.*) un coup de ceinture.
cingolàto |tʃingo'lato| *agg.* [*munito di cingoli*] chenillé: *veicolo cingolato* véhicule chenillé; *automezzi cingolati* véhicules automobiles chenillés ✦ (*s.m.*) *un cingolato* un véhicule chenillé *agg.*
cingolétta |tʃingo'letta| *s.f.* [*automezzo cingolato*] chenillette.
cìngolo |'tʃingolo| *s.m.* **1** (*mecc.*) chenille (*f.*): *cingolo articolato* chenille articulée; *i cingoli di un carro armato, di un trattore* les chenilles d'un char d'assaut, d'un tracteur ◇ (*loc.*) *a cingoli* chenillé *agg.* **2** (*eccl.*) cordon **3** (*st. rom.*) ceinture *f.*
cinguettaménto |tʃingwetta'mento| *s.m.* → **cinguettio.**
cinguettàre |tʃingwet'tare| *v.intr.* (*aus.* '*avere*') (*di uccelli*) [*cantare in maniera lieve e a più riprese*] gazouiller: *i passeri cinguettavano sugli alberi* les moineaux gazouillaient sur les arbres ◇ (*per est.*) [*bisbigliare, parlare sommessamente*] gazouiller, babiller: *le due sorelline cinguettavano tranquille in un angolo* les deux petites sœurs gazouillaient, babillaient tranquillement dans un coin # *perde il proprio tempo cinguettando di moda, di nastri e di cuffie* elle perd son temps à parler chiffons.
cinguettìo, ii |tʃingwet'tio, ii| *s.m.* [→ CINGUETTARE] gazouillement; gazouillis.
cinicaménte |tʃinika'mente| *avv.* [→ CINICO 2] cyniquement, avec cynisme *loc. inv.*
cìnico, ci, ca, che |'tʃiniko, tʃi, ka, ke| *agg.* **1** (*filos.*) cynique: *un filosofo cinico* un philosophe cynique ✦ (*s.*) *un cinico* un cynique **2** (*fig.*) [*che si comporta con cinismo*; *che esprime cinismo*] cynique: *un individuo cinico* un individu cynique; *un comportamento, un sorriso cinico* une attitude, un sourire cynique ✦ (*s.*) *un cinico* un cynique.
cinìglia |tʃi'niʎʎa| *s.f.* [*passamaneria vellutata*] chenille.
cinìsmo |tʃi'nizmo| *s.m.* (*filos.*, *corr.*) cynisme: *agire con cinismo* agir avec cynisme.
cinnamòmo |tʃinna'mɔmo| *s.m.* (*t.bot.*) cinnamome.
cino- |'tʃino| *pref.* **1** (*significa 'cane', corrisponde gener. a*) cyn(o): *cinofilo* cynophile **2** (*significa 'della Cina', corrisponde gener. a*) sino-: *cinocoreano* sino-coréen; *cinocomunista* sino-communiste.
cinocèfalo |tʃino'tʃɛfalo| *s.m.* cynocéphale.
cinodròmo |tʃino'drɔmo| *s.m.* cynodrome.
cinofilìa |tʃinofi'lia| *s.f.* cynophilie.
cinòfilo |tʃi'nɔfilo| *agg. e s.m.* cynophile.
cinologìa, gie |tʃinolo'dʒia, dʒie| *s.f.* étude des chiens, science qui étudie les chiens.
cinòlogo, gi |tʃi'nɔlogo, dʒi| *s.* cynologue.
cinquànta |tʃin'kwanta| **1** *agg. numer. card. inv.* cinquante: *leggete a pagina cinquanta* lisez à la page cinquante; *dammi una moneta da cinquanta lire* donne-moi une pièce de cinquante lires; *ha cinquant'anni* il a cinquante ans; *gli anni cinquanta* les années cinquante; *aspettiamo l'autobus 50* nous attendons le (bus) 50 ◇ (*con valore indef.*) *l'ho ripetuto cinquanta volte* je l'ai répété cinquante fois **2** *s.m. inv.* [*il numero 50*] cinquante: *era alla fermata del 50* il était à l'arrêt du 50; *il cinquanta per cento* (50%) cinquante pour cent (50%); *ha toccato i cinquanta* (*anni*) il a atteint cinquante ans ◇

(*loc.*) *essere sui cinquanta* friser la cinquantaine.
cinquantamila |tʃinkwanta'mila| *agg. numer. card. inv. e s.m. inv.* cinquante mille.
cinquantenàrio, i |tʃinkwante'narjo, i| **I** *s.* cinquantenaire: *il cinquantenario della rivoluzione* le cinquantenaire de la révolution; *celebrare il cinquantenario della Repubblica* célébrer le cinquantenaire de la République **II** *agg.* **1** (*raro*) [*che ha cinquant'anni*] cinquantenaire # *quell'uomo è ormai cinquantenario* cet homme a plus de cinquante ans → **cinquantenne** **2** [*che ricorre ogni cinquant'anni*] qui a lieu tous les cinquante ans (*loc.*): *celebrazioni, feste cinquantenarie* célébrations, fêtes qui ont lieu tous les cinquante ans.
cinquantennàle |tʃinkwanten'nale| *agg.* **1** qui dure cinquante ans *loc.* **2** qui a lieu tous les cinquante ans *loc.* ✦ (*s.m.*) *il cinquantennale* [*il cinquantesimo anniversario*] le cinquantenaire.
cinquantènne |tʃinkwan'tenne| *agg.* [*che ha cinquant'anni*] cinquantenaire: *uomo cinquantenne* homme cinquantenaire ✦ (*s.*) *un cinquantenne* un cinquantenaire.
cinquantènnio, i |tʃinkwan'tennjo, i| *s.m.* cinquante ans (*pl.*): *è durato un cinquantennio* cela a duré cinquante ans.
cinquantèsimo |tʃinkwan'tɛzimo| **1** *agg. numer. ord.* cinquantième: *classificarsi cinquantesimo* se classer cinquantième ◇ (*in composizione con altri numeri*) *centocinquantesimo* cent cinquantième **2** *s.m.* cinquantième: *otto cinquantesimi* huit cinquantièmes; *un cinquantesimo del totale* un cinquantième du total.
cinquantina |tʃinkwan'tina| *s.f.* **1** cinquantaine: *una cinquantina di chilometri* une cinquantaine de kilomètres **2** [*i cinquant'anni*] cinquantaine: *si avvicina alla cinquantina* il approche de la cinquantaine; *ha passato la cinquantina* il a passé la cinquantaine # *è sulla cinquantina* il a à peu près cinquante ans.
cinque |'tʃinkwe| **1** *agg. numer. card. inv.* cinq: *una moneta da cinque franchi* une pièce de cinq francs; *a pagina cinque* à la page cinq; *abito in via Mozart, numero cinque* j'habite cinq, rue Mozart; *la fermata dell'autobus 5* l'arrêt du (bus) 5; *fare un viaggio di cinque giorni* faire un voyage de cinq jours ◇ (*fig.*) *in cinque minuti* en cinq sec, en quatrième vitesse; *di cinque in cinque* de cinq en cinq **2** *s.m. inv.* [*il numero 5*] cinq: *il cinque maggio* le cinq mai; *il cinque per cento (5%)* cinq pour cent (5%); *il cinque di fiori* le cinq de trèfle ◇ [*valutazione scolastica inferiore di un punto alla sufficienza*] *ho perso cinque* j'ai eu neuf ◇ (*in composizione con altri numeri*) *trentacinque* trente-cinq; *cinquecento* cinq cent(s).
cinquecentésco, chi, ca, che |tʃinkwetʃen'tesko, ki, ka, ke| *agg.* du XVIe siècle (*loc. inv.*): *un poeta cinquecentesco* un poète du XVIe siècle.
cinquecentèsimo |tʃinkwetʃen'tɛzimo| **1** *agg. numer. ord.* cinq centième: *è la sua cinquecentesima partita* c'est son cinq centième match **2** *s.m.* cinq centième.
cinquecentista |tʃinkwetʃen'tista| *s.m.* **1** artiste, écrivain du XVIe siècle **2** spécialiste du XVIe siècle.
cinquecentìstico, ci, ca, che |tʃinkwetʃen'tistiko, tʃi, ka, ke| *agg.* du XVIe siècle (*loc. inv.*): *scrittori cinquecentisti* des écrivains du XVIe siècle.
cinquecènto |tʃinkwe'tʃɛnto| **1** *agg. numer. card. inv.* cinq cent(s): *cinquecento chilometri* cinq cents kilomètres; *cinquecento dieci chilogrammi* cinq cent dix kg **2** *s.m. inv.* [*il secolo XVI*] le XVIe siècle: *nel Cinquecento* au XVIe siècle.
cinquefòglie |tʃinkwe'fɔʎʎe| *s.m. inv.* **1** (*t.bot.*) quintefeuille *f.var.* **2** (*arald., archeol.*) quintefeuille.
cinquemila |tʃinkwe'mila| **1** *agg. numer. card. inv.* cinq mille: *cinquemila metri* cinq mille mètres; *costa cinquemila lire* cela coûte cinq mille lires **2** *s.m. inv.* cinq mille.
cinquènne |tʃin'kwɛnne| *agg.* [*che ha cinque anni*] de cinq ans (*loc. inv.*): *un bambino cinquenne* un enfant de cinq ans.
cinquènnio, i |tʃin'kwɛnnjo, i| *s.m.* → **quinquennio.**
cinquina |tʃin'kwina| *s.f.* **1** (*gioco del lotto, della tombola*) quine *m.* **2** (*ant., mil.*) solde.
cinta |'tʃinta| *s.f.* **1** [*opere murarie a difesa di un centro abitato*] rempart *m.*, enceinte: *la città era protetta da una cinta fortificata* la ville était protégée par une enceinte fortifiée; *cinta di mura* enceinte, rempart de murailles; *muro di cinta* mur de clôture, d'enceinte **2** [*linea perimetrale di un centro urbano*] enceinte: *allargare la cinta di una città* élargir l'enceinte d'une ville ◇ (*spec.*) *cinta daziaria* [*limite entro il quale si pagano i dazi di consumo*] barrière de l'octroi **3** (*mar.*) plat-bord *m.* **4** (*region.*) → **cintura.**
cintàre |tʃin'tare| *v.tr.* **1** [*circondare con una cinta*] ceindre (66); enclore*: *cintare una città di mura* ceindre une ville de murailles → **cingere** ‖ *cintare un campo sportivo* enclore un terrain de sport → **recintare** **2** → **cinturare.**
cinto |'tʃinto| **I** *agg.* ceint, entouré: *città cinta di mura* ville ceinte, entourée de remparts; *valle cinta di montagne* vallée entourée de montagnes; *quartiere cinto di verde* quartier entouré d'espaces verts **II** *s.m.* **1** (*lett.*) *cinto erniario* [*fasciatura che serve a contenere l'ernia*] bandage herniaire → **cintura** **2** (*t.zool.*) *cinto di Venere* ceinture *f.* de Vénus, cestus Veneris.
cintola |'tʃintola| *s.f.* **1** [*parte della vita dove si porta la cintura*] ceinture, taille: *essere nudo fino alla cintola* être nu jusqu'à la ceinture, la taille; *entrò nell'acqua fino alla cintola* il entra dans l'eau jusqu'à la ceinture ◇ (*loc. fig.*) *stare con le mani alla cintola* [*senza far nulla*] se tourner les pouces, rester les bras croisés **2** (*raro*) [*cintura*] ceinture ◇ (*loc. fig.*) *cucirsi alla cintola di qc.* [*seguirlo costantemente*] être toujours pendu aux basques de qqn.
cintolo |'tʃintolo| *s.m.* (*tosc.*) petite ceinture *f.* ◇ [*nastro*] ruban.
cintùra |tʃin'tura| *s.f.* **1** ceinture: *una cintura di pelle, di stoffa, di plastica* une ceinture de (en) peau, d'étoffe, de plastique; *la cintura della gonna, dei pantaloni* la ceinture de la jupe, des pantalons; *allacciare, stringere la cintura* attacher (boucler), serrer sa ceinture ◇ (*per anal.*) *cintura di salvataggio* ceinture de sauvetage; *cintura di sicurezza* ceinture de sécurité; *cintura di castità* ceinture de chasteté ◇ (*mar. mil.*) brassière **2** (*per est.*) [*punto della vita in cui si porta la cintura*] ceinture, taille: *l'acqua gli arrivava fino alla cintura* l'eau lui arrivait jusqu'à la ceinture, la taille ◇ [*la parte dei pantaloni, della gonna sulla quale si tiene la cintura*] *questa gonna è un po' stretta di cintura* cette jupe est un peu étroite de taille, de ceinture **3** (*fis.*) ceinture de Van Allen **4** (*lotta*) *cintura a rovescio* ceinture à rebours → **cinturare** ◇ (*judo*) ceinture: *cintura nera, verde* ceinture noire, verte.
cinturàre |tʃintu'rare| *v.tr.* (*sport*) [*trattenere abusivamente un avversario afferrandolo alla vita*] ceinturer ◇ (*lotta*) [*effettuare una cintura*] ceinturer.
cinturàto |tʃintu'rato| *agg. e s.m.* (pneu) à carcasse radiale *loc. inv.*
cinturìno |tʃintu'rino| *s.m.* [*piccola cintura che serve per stringere, tener fermo e sostenere*] bracelet; bride (*f.*): *il cinturino dell'orologio* le bracelet de la montre ‖ *il cinturino della scarpa* la bride de la chaussure # *il cinturino della sciabola* le ceinturon du sabre; *il cinturino della borsa* la courroie du sac.
cinturóne |tʃintu'rone| *s.m.* ceinturon.
cintz |tʃints| *s.m.* → **chintz.**
ciò |tʃɔ| *pron. dim. inv.* **1** [*questa, codesta, quella cosa*] cela, ça (*fam.*) (*in usi generici*); cela (*per indicare cosa lontana o già detta, o opposta a un'altra*), ceci (*per indicare cosa vicina o che si sta per dire, o opposta a un'altra*): *ciò non è bello* cela, ceci n'est pas beau; *ciò è impossibile* cela, ceci est impossible; *tutto ciò non mi interessa* tout cela ne m'intéresse pas; *tutto ciò non mi piace* je n'aime pas tout cela, tout ceci → **questo, quello** **2** (*spesso con il pron. rel.*) ce qui *sogg.*, ce (que) *ogg.*, ce dont *compl. di specificazione*, ce à... (*compl. di termine*): *ciò che è accaduto è grave* ce qui est arrivé est grave; *ciò che dite è falso* ce que vous dites est faux; *non credete a tutto ciò che è stato detto* ne croyez pas tout ce qui a été dit; *pensavo a ciò che avete detto* je pensais à ce que vous avez dit; *ciò a cui pensate è disonesto* ce à quoi vous pensez n'est pas honnête → **quello** **3** *loc.* A CIÒ [*a tal fine*] dans ce but, pour cela: *ho convocato a ciò l'assemblea per oggi* dans ce but, c'est pour cela que j'ai convoqué l'assemblée pour aujourd'hui ~ A CIÒ CHE → **acciocché** ~ CON CIÒ par cela; cela dit: *cosa vuoi (cosa intendete) dire con ciò, con questo* qu'est-ce que tu entends (vous entendez) par cela? → **questo** ‖ *con ciò* [*detto ciò*], *se ne andò* cela dit, il s'en alla ~ CON TUTTO CIÒ [*nonostante tutto*] malgré tout cela: *con tutto ciò non ne sono soddisfatto* malgré tout cela, je n'en suis pas content → **malgrado, nonostante** ~ CIÒ DETTO, DETTO CIÒ cela dit, sur quoi: *ciò detto, detto ciò se n'è andato* cela dit, sur quoi il s'en est allé ~ CIÒ NONDIMENO; CIÒ NONOSTANTE [*tuttavia, pure*] malgré cela, cependant (*cong.*): *ciò nondimeno, lo de-*

testo malgré cela, cependant je le déteste → **tuttavia** ~ OLTRE A CIÒ en outre, en plus de cela: *oltre a ciò devi farmi anche questo favore* en outre, en plus de cela, il faudrait aussi me rendre ce service ~ PER CIÒ → **perciò** ~ PER CIÒ CHE en (pour) ce qui *sogg.*, pour ce que (*ogg.*): *per ciò che ti riguarda*... en ce qui te concerne...; *per ciò che avete detto*... pour ce que vous avez dit...

ciòcca, che |ˈtʃɔkka, ke| *s.f.* [*ciuffo, mazzetto di peli, di capelli*] mèche; touffe: *una ciocca di capelli biondi* une mèche de cheveux blonds ‖ *strappò una ciocca dalla criniera del cavallo* il arracha une touffe de la crinière du cheval ◇ *loc. fig.* A CIOCCHE [*in gran numero*] à foison ◇ (*per est.*) *una ciocca di salvia* un petit bouquet *m.*, un trochet *m.* de sauge; *una ciocca di ciliegie* quelques cerises en bouquet, un trochet de cerises; *viola a ciocche* → **violacciocca.**

ciòcco, chi |ˈtʃɔkko, ki| *s.m.* [*ceppo da ardere*] bûche (*f.*): *mettere un ciocco nel camino* mettre une bûche dans le feu ◇ (*loc. fig.*) *dormire come un ciocco* [*profondamente*] dormir comme une souche ~ *rimanere come un ciocco* rester comme une souche.

cioccolàta |tʃokkoˈlata| *s.f.* **1** [*bevanda calda con polvere di cacao*] chocolat (*m.*): *bevve una tazza di cioccolata con panna* il but une tasse de chocolat avec de la crème ◇ [*confezioni in tavolette a base di cacao*] *una cioccolata amara, al latte, alle nocciole* un chocolat amer, au lait, aux noisettes **2** → **cioccolato.**

cioccolatàio, i |tʃokkolaˈtajo, i| *s.* chocolatier*.

cioccolatino |tʃokkolaˈtino| *s.m.* [*piccolo dolce a base di cioccolato*] chocolat: *cioccolatino al latte, alla crema* chocolat au lait, à la crème; *cioccolatino purgativo, medicinale* chocolat purgatif, médicinal; *le offrì una scatola di cioccolatini ripieni* il lui offrit une boîte de chocolats fourrés.

cioccolàto |tʃokkoˈlato| *s.m.* chocolat: *uova di cioccolato* œufs en chocolat; *cioccolato in polvere* chocolat en poudre → **cioccolata**; *una tavoletta di cioccolato fondente* une tablette de chocolat fondant; *ci offrì una torta al cioccolato* il nous offrit un gâteau au chocolat ✦ *agg. inv.* (*color*) *cioccolato* (couleur) chocolat: *un negretto color cioccolato* un négrillon couleur chocolat; *carnagione cioccolato* teint chocolat.

cioè |tʃoˈɛ| *avv.* **1** [*vale a dire, ossia*] c'est-à-dire (*loc. cong.*): *la matematica, cioè la scienza dei numeri* les mathématiques, c'est-à-dire la science des nombres; *tornerò fra tre giorni, cioè domenica* je reviendrai dans trois jours, c'est-à-dire dimanche; '*vorrei sapere da te una cosa*' '*e cioè?*' 'je voudrais que tu me dises une chose' 'c'est-à-dire?' ◇ (*loc.*) *cioè a dire* c'est-à-dire **2** [*o meglio, più esattamente*] ou plutôt (*loc. inv.*): *sto bene, cioè no, ho una leggera emicrania* je me porte bien, ou plutôt, non, j'ai un léger mal de tête.

ciondolaménto |tʃondolaˈmento| *s.m.* [→ CIONDOLARE A 1] balancement: *smetti questo ciondolamento delle gambe* arrête ce balancement des jambes # *questo tuo continuo ciondolamento per casa mi urta* tu m'énerves à traîner ainsi dans la maison.

ciondolàre |tʃondoˈlare| **A** *v.intr.* (*aus.* '*avere*') **1** [*penzolare oscillando*] dodeliner; se balancer (2) (*pron.*): *il secchio appeso al carro ciondolava a ogni movimento* le seau accroché à la charrette se balançait à chaque mouvement → **oscillare** # *la testa gli ciondolava sul petto dal sonno* il tombait de sommeil; *camminando, ciondolava come un ubriaco* en marchant, il chancelait comme un homme ivre → **barcollare** **2** (*fig.*) [*stare senza far nulla*] traîner: *non ciondolare tutto il giorno per casa* ne traîne pas toute la journée dans la maison → **bighellonare** **B** *v.tr.* [*muovere dondolando, fare oscillare*] balancer: *ciondolare le braccia, la testa* balancer les bras, la tête; *se ne stava seduto sul muretto e ciondolava le gambe* il était assis sur le petit mur et balançait les jambes.

ciòndolo |ˈtʃondolo| *s.m.* **1** [*ninnolo che si porta appeso sulla persona*] breloque (*f.*): *un ciondolo portafortuna* une breloque porte-bonheur; *portava un braccialetto con un ciondolo d'oro* elle portait un bracelet avec une breloque en or # *orecchini a ciondolo* boucles d'oreille à pendeloques **2** [*titolo onorifico cavalleresco*] décoration *f.*, crachat (*fam.*).

ciondolóne |tʃondoˈlone| *s.* [*persona oziosa, pigra*] fainéant, traînard → **bighellone** ◇ [*persona trasandata, sciatta*] personne *f.* débraillée *agg.*

ciondolóni |tʃondoˈloni|, **ciondolóne** |tʃondoˈlone| *avv.* [*penzoloni, che penzola verso il basso*] ballant (*agg.*): *camminare con le braccia ciondoloni* marcher les bras ballants ◇ *loc.* A CIONDOLONI pendant (*agg.*): *il cane ansava con la lingua a ciondoloni* le chien haletait, la langue pendante ◇ (*loc. fig.*) *andare ciondoloni* [*bighellonare*] flâner.

ciononostànte |tʃononosˈtante| *avv.* malgré cela *loc. inv.*

ciòtola |ˈtʃɔtola| *s.f.* [*tazza senza manico*] écuelle, bol (*m.*): *ciotola di legno, di terracotta, di ferro* écuelle, bol en (de) bois, en terre cuite, en fer # *teneva gli spiccioli in una ciotola* il gardait la petite monnaie dans une sébile ◇ (*per est.*) [*la quantità in essa contenuta*] écuelle; bol: *mangiare una ciotola di zuppa* manger une écuelle de soupe → **scodella** ‖ *si bevve una ciotola di caffè* il but un bol de café.

ciottolàto |tʃottoˈlato| *s.m.* → **acciottolato.**

ciòttolo |ˈtʃɔttolo| *s.m.* [*sasso levigato e tondeggiante*] caillou*: *il letto del fiume era pieno di ciottoli* le lit du fleuve était plein de cailloux; *c'era un piazzale selciato con ciottoli* il y avait une place pavée de cailloux ◇ (*per est.*) [*sasso qualsiasi*] *la strada era piena di ciottoli* la route était pleine de cailloux.

ciottolóso |tʃottoˈloso| *agg.* [*cosparso, pieno di ciottoli*] caillouteux*: *strada ciottolosa* route caillouteuse; *terreno ciottoloso* terrain caillouteux → **sassoso.**

1 **cip** |tʃip| *s.m. inv.* (*voce che imita il cinguettio del passero*) cui-cui: *l'uccellino faceva cip cip* le petit oiseau faisait cui-cui.

2 **cip** |tʃip| *s.m. inv.* (*poker*) mise *f. var.* minimum.

cìpero |ˈtʃipero| *s.m.* (*t.bot.*) souchet.

cipìglio, i |tʃiˈpiʎʎo, i| *s.m.* [*corrugamento della fronte e delle sopracciglia per sdegno, collera*] air renfrogné: *fare il cipiglio* prendre un air renfrogné ◇ (*per est.*) [*sguardo, espressione adirata*] air courroucé: *guardare con cipiglio* regarder qqn. d'un air courroucé.

cipiglióso |tʃipiʎˈʎoso| *agg.* (*raro*) (*persone*) [*abitualmente accigliato*] sourcilleux* (*lett.*): *un uomo cipiglioso* un homme sourcilleux.

cipólla |tʃiˈpolla| *s.f.* **1** (*t.bot.*) ciboule ◇ [*il bulbo commestibile*] oignon (*m.*): *cipolle lesse, al forno* oignons bouillis, au four; *zuppa di cipolle* soupe à l'oignon **2** (*per est.*) *cipolla di tulipano, di giacinto* oignon de tulipe, de jacinthe **3** (*per anal.*) *la cipolla del lume a petrolio* le réservoir *m.* de la lampe à pétrole; *la cipolla dell'annaffiatoio* la pomme de l'arrosoir ◇ (*scherz., spreg.*) [*orologio da tasca antiquato o poco preciso*] oignon → **cipollone** **4** (*tosc.*) → **ventriglio.**

cipollàio, i |tʃipolˈlajo, i| *s.* **1** *s.m.* [*luogo piantato a cipolle*] planche *f.* d'oignons, oignonière *f.* **2** *s.* marchand d'oignons.

cipollàta |tʃipolˈlata| *s.f.* **1** [*vivanda a base di cipolle*] plat *m.* d'oignons, oignonade (*raro*) **2** (*fig., spreg.*) [*lavoro pieno di difetti*] ouvrage *m.* mal fait, bâclé.

cipollàto |tʃipolˈlato| (*agg.*) *legno cipollato* [*che presenta il difetto della cipollatura*] bois roulé.

cipollatùra |tʃipollaˈtura| *s.f.* [*imperfezione del legname consistente nel distacco degli anelli di accrescimento*] roulure.

cipollìna |tʃipolˈlina| *s.f.* [*piccola cipolla precoce*] ciboule.

cipollino |tʃipolˈlino| *s.m.* cipolin ✦ (*appos.*) *marmo cipollino* marbre cipolin.

cipollóne |tʃipolˈlone| *s.m.* **1** (*fig., scherz.*) [*orologio da tasca, spesso di poco valore*] oignon **2** (*t.bot.*) ornithogale, dame-d'onze-heures *f.* (*pop.*): *dei cipolloni* des dames-d'onze-heures.

cìppo |ˈtʃippo| *s.m.* cippe: *cippo onorario, funerario* cippe honoraire, funéraire.

ciprèsso |tʃiˈprɛsso| *s.m.* (*t.bot.*) cyprès.

cipria |ˈtʃiprja| *s.f.* [*polvere finissima per la cosmesi della pelle*] poudre: *cipria compatta* poudre compacte; *mettersi la cipria* se mettre de la poudre, se poudrer.

ciprièra |tʃiˈprjɛra| *s.f.* boîte à poudre, poudrier *m.*

Ciprìnidi |tʃiˈprinidi| *s.m.pl.* (*t. zool.*) Cyprinidés.

ciprino |tʃiˈprino| *s.m.* (*t.zool.*) cyprin.

ciprìòta |tʃipriˈɔta| *agg.* [*di Cipro*] c(h)ypriote.

circa |ˈtʃirka| **1** *avv.* [*quasi, pressappoco*] à peu près *loc. inv.*, environ: *erano circa le undici* il était à peu près, environ onze heures; *me ne occorre circa la metà* il m'en faut à peu près la moitié, la moitié environ ◇ (*solo davanti a numer.*) quelque *inv.*, à peu près, environ: *avrà circa quarant'anni* il doit avoir quelque, à peu près quarante ans; *ci sono circa due ore di macchina* il y a quelque, environ deux heures de voiture; *saranno stati circa venti* ils étaient environ vingt **2** *prep.* [*a proposito di, intorno a*] (au sujet) de: *non voglio più discutere circa quell'argomento* je ne veux plus discuter de ce sujet; *circa la sua richiesta, non posso dire niente* je ne peux rien dire au sujet de sa demande ◇ *loc. prep.* CIRCA A au sujet de: *circa a quell'affare, sono d'accordo* je suis d'accord au sujet de cette affaire.

circènse |tʃir'tʃɛnse| *agg.* (*st. rom.*) du cirque (*loc. inv.*): *ludi, giochi circensi* jeux du cirque.

circo, chi |'tʃirko, ki| *s.m.* **1** cirque: *circo equestre* cirque; *andare, portare i bambini al circo* aller, emmener les enfants au cirque **2** (*st. rom.*) *il Circo Massimo* le Circus Maximus: *i giochi del circo* les jeux du cirque → **anfiteatro, arena** **3** (*geogr.*) *circo glaciale* cirque glaciaire; *circo di raccolta* cirque de réception **4** (*astron.*) *circo lunare* cirque lunaire.

circolànte |tʃirko'lante| *agg.* **1** qui circule *loc.*, en circulation (*loc. inv.*): *idee, voci circolanti dappertutto* idées, bruits qui circulent partout # *la moneta circolante è scarsa in questo momento* il n'y a pas assez de monnaie en ce moment ◇ (*spec.*) *biblioteca circolante* [*che presta libri ai propri abbonati*] bibliothèque de prêt **2** (*econ.*) *capitale circolante* capital en circulation ✦ (*s.m.*) *il circolante* le capital en circulation: *c'è stato un leggero aumento del circolante* il y a eu une légère augmentation du capital en circulation.

1 **circolàre** |tʃirko'lare| *v.intr.* (*aus.* '*essere, avere*') **1** [*muoversi, spostarsi da un punto all'altro*] circuler (*aus.* avoir): *circolano certe brutte facce per la città!* on voit circuler en ville des individus avec d'horribles visages!, à mine vraiment patibulaire!; '*circolare!*', *urlava il poliziotto ai curiosi* 'circulez!', criait l'agent de police aux curieux # *circolano molti veicoli in quella cittadina* la circulation est intense dans cette petite ville ◇ (*cose*) *il sangue circola nelle vene* le sang circule dans les veines # *molte acque circolano nel sottosuolo* il y a de nombreaux cours d'eau dans le sous-sol, souterrains; *fa circolare un po' d'aria in questa stanza!* fais entrer un peu d'air dans cette pièce! **2** (*per est.*) [*passare di mano in mano*] circuler: *circola molto denaro in questo momento* beaucoup d'argent circule en ce moment ◇ (*fig.*) [*diffondersi*] *certe idee, notizie circolano rapidamente* certaines idées, nouvelles circulent rapidement; *circolano strane voci sul suo conto* d'étranges bruits circulent sur son compte.

2 **circolàre** |tʃirko'lare| **I** *agg.* **1** circulaire: *forma, linea circolare* forme, ligne circulaire; *moto, percorso circolare* mouvement, parcours circulaire → **rotatorio**; *stadio, pista circolare* stade, piste circulaire → **rotondo**; (*sega*) *circolare* scie circulaire ◇ (*geom.*) *settore, segmento circolare* secteur, segment circulaire; *funzioni circolari* fonctions circulaires **2** (*comm.*) *assegno circolare* chèque circulaire, négociable **II** *s.f.* **1** [*lettera circolare*] (lettre) circulaire: *circolare ministeriale* (lettre) circulaire ministérielle; *si sono attenuti alle disposizioni della circolare* ils se sont conformés aux dispositions de la (lettre) circulaire **2** [*linea, vettura che compie un percorso circolare*] (ligne de) ceinture: *ha preso la circolare sinistra* il a pris la ligne de ceinture gauche, la ceinture gauche.

circolarità |tʃirkolari'ta| *s.f. inv.* circularité *var.*

circolarménte |tʃirkolar'mente| *avv.* [→ 2 CIRCOLARE I 1] circulairement.

circolatòrio, i |tʃirkola'tɔrjo, i| *agg.* circulatoire: *disturbi circolatori* troubles circulatoires; *apparato circolatorio* appareil circulatoire.

circolazióne |tʃirkolat'tsjone| *s.f.* [→ 1 CIRCOLARE] circulation: *circolazione stradale, ferroviaria, aerea* circulation routière, ferrovière, aérienne; *circolazione di acque sotterranee* circulation des eaux souterraines; *circolazione dell'aria* circulation de l'air; *circolazione del sangue, della linfa* circulation du sang, de la lymphe ◇ (*per anal.*) *libretto di circolazione* [*documento che autorizza un veicolo a circolare liberamente*] carte grise, permis de circulation; *tassa di circolazione* [*quella dovuta dai proprietari di veicoli*] vignette ◇ (*econ.*) *circolazione monetaria* circulation monétaire, fiduciaire; *mettere in circolazione una moneta* mettre une monnaie en circulation ◇ (*fig.*) *sono state messe in circolazione voci tendenziose sul tuo conto* on a fait courir des bruits *m.* tendancieux sur ton compte ◇ (*loc. fig.*) *togliere qc. dalla circolazione* faire disparaître qqn. de la circulation.

circolo |'tʃirkolo| *s.m.* **1** (*raro, geom.*) → **circonferenza, cerchio** **2** (*per est.*) cercle: *disegnare un circolo sulla sabbia* dessiner un cercle sur le sable; *sedersi in circolo* s'asseoir en cercle, en rond; *i curiosi fecero circolo intorno alla diva* les curieux firent cercle autour de la vedette → **cerchio** # *tener circolo* [*attirare l'attenzione generale*] retenir, attirer l'attention générale **3** (*astron., geogr.*) *circoli polari, orari* cercles polaires, horaires; *circoli equinoziali* cercles équinoxiaux **4** (*fig.*) [*circolazione del sangue*] circulation (*f.*): *piccolo, grande circolo* petite, grande circulation ◇ (*logica*) *circolo vizioso* cercle vicieux **5** [*gruppo, associazione di persone con interessi, abitudini comuni*] cercle: *circolo ricreativo, sportivo, culturale* cercle récréatif, sportif, culturel → **club**; *circoli politici, diplomatici* cercles politiques, diplomatiques → **ambiente** # *tali notizie provengono dal circolo della stampa* ces nouvelles proviennent des milieux de presse ◇ [*la sede di tale associazione*] *ho passato la serata al circolo* j'ai passé la soirée au cercle **6** [*circoscrizione amministrativa*] circonscription *f.* # *circolo ferroviario* arrondissement ferroviaire **7** [*ricevimento, trattenimento*] *la regina tiene circolo ogni martedì* la reine donne audience *f.* tous les mardis.

circoncìdere |tʃirkon'tʃidere| (130) *v.tr.* [*tagliare totalmente o in parte il prepuzio*] circoncire*: *gli Ebrei circoncidono i loro figli* les Juifs circoncisent leurs fils.

circoncisióne |tʃirkontʃi'zjone| *s.f.* **1** (*chir.*) circoncision **2** (*relig.*) circoncision: *festa della circoncisione* circoncision de Jésus-Christ.

circonciso |tʃirkon'tʃizo| *agg.* circoncis: *un ragazzo circonciso* un enfant circoncis ✦ (*s.m.*) *un circonciso* un circoncis.

circondàbile |tʃirkon'dabile| *agg.* [→ CIRCONDARE A] entourable (*raro*).

circondaménto |tʃirkonda'mento| *s.m.* (*raro*) → **accerchiamento.**

circondàre |tʃirkon'dare| **A** *v.tr.* [*cingere da ogni parte, delimitare*] entourer; cerner: *un alto muro circondava la villa* de hautes murailles entouraient la villa; *la cantante fu circondata dai suoi ammiratori* la chanteuse fut entourée par ses admirateurs ‖ *il nostro esercito fu circondato* notre armée fut cernée → **accerchiare** □ *si circondò il collo con una sciarpa* elle s'enroula une écharpe autour du cou → **avvolgere** ◇ (*fig.*) *circondare di cure, di premure, di attenzioni* entourer de soins, de prévenances, d'attentions → **colmare** **B** *v.pron. rifl.* CIRCONDARSI [*mettersi intorno*] s'entourer: *circondarsi di collaboratori, di amici sinceri* s'entourer de collaborateurs, d'amis sincères; *il re si circondava di adulatori* le roi s'entourait de flatteurs ✦ → *tr.* □.

circondàrio, i |tʃirkon'darjo, i| *s.m.* **1** [*circoscrizione amministrativa*] arrondissement **2** [*territorio circostante*] environs *pl.*, alentours (*pl.*): *abitare nei circondari di una grande città* habiter dans les environs, aux alentours d'une grande ville; *la notizia si è diffusa in tutto il circondario* la nouvelle s'est répandue dans tous les environs, les alentours.

circondùrre |tʃirkon'durre| (108) *v.tr.* **1** (*ginnastica*) *circondurre le braccia* [*farle ruotare intorno all'articolazione della spalla*] décrire (51), exécuter des cercles, des mouvements de rotation avec les bras **2** (*fig.*) [*imbrogliare, raggirare*] tromper.

circonduzióne |tʃirkondut'tsjone| *s.f.* (*ginnastica*) circumduction.

circonferènza |tʃirkonfe'rɛntsa| *s.f.* **1** (*geom.*) circonférence: *disegnare una circonferenza* dessiner une circonférence **2** (*per est.*) [*linea curva che delimita una superficie qualsiasi*] circonférence: *la circonferenza di una pista* la circonférence d'une piste.

circonflèsso |tʃirkon'flɛsso| *agg.* **1** (*gram.*) circonflexe: *accento circonflesso* accent circonflexe (ˆ) ◇ (*anat.*) *arteria circonflessa* artère circonflexe; *nervo circonflesso dell'ascella* nerf circonflexe de l'aisselle **2** (*raro*) [*incurvato, piegato ad arco*] courbé (*corr.*).

circonflèttere |tʃirkon'flɛttere| (145) *v.tr.* **1** [*piegare, incurvare a cerchio*] plier en rond **2** (*raro*) [*munire di accento circonflesso*] mettre (71), placer (2) un accent circonflexe (sur).

circonfóndere |tʃirkon'fondere| (146) *v.tr.* (*lett.*) [*circondare, diffondere tutto intorno*] auréoler, répandre (53) à l'entour de.

circonfùso |tʃirkon'fuzo| *agg.* [*avvolto, circondato*] auréolé: *aveva il volto circonfuso di luce* il avait le visage auréolé de lumière.

circonlocuzióne |tʃirkonlokut'tsjone| *s.f.* circonlocution: *dopo lunghe circonlocuzioni* après bien des circonlocutions → **perifrasi.**

circonvallazióne |tʃirkonvallat'tsjone| *s.f.* **1** *strada, viale di circonvallazione* [*strada che percorre il perimetro di un centro abitato*] boulevard *m.* extérieur, de ceinture; *linea di* *circonvallazione* [*linea filoviaria, tranviaria che percorre la circonvallazione*] ligne de ceinture ◇ (*per est.*) [*il mezzo stesso*] autobus *m.* de ceinture: *prendere la circonvallazione* prendre l'autobus de ceinture **2** (*mil.*) circonvallation → 1 **vallo, trincea.**

circonvenire |tʃirkonve'nire| (202) *v.tr.* (*raro*) [*raggirare, ingannare*] circonvenir (27).

circonvenzióne |tʃirkonven'tsjone| *s.f.* [→ CIRCONVENIRE] abus *m.* ◇ (*dir.*) *circonvenzione di un minore* abus (des faiblesses) d'un mineur; *circonvenzione d'incapace* abus d'irresponsable.

circonvicino |tʃirkonvi'tʃino| *agg.* [*che sta nelle vicinanze*] circonvoisin: *le nazioni circonvicine* les pays circonvoisins → **circostante,** 1 **vicino.**

circonvoluzióne |tʃirkonvolut'tsjone| *s.f.* **1** (*raro*) circonvolution **2** (*anat.*) circonvolution: *circonvoluzioni cerebrali* circonvolutions cérébrales.

circoscrittibile |tʃirkoskrit'tibile| *agg.* [→ CIRCOSCRIVERE] circonscriptible.

circoscritto |tʃirkos'kritto| *agg.* **1** (*geom.*) circonscrit: *cerchio circoscritto a un poligono* cercle circonscrit à un polygone **2** [*delimitato, racchiuso*] circonscrit: *epidemia circoscritta* épidémie circonscrite; *problema ben circoscritto* problème bien circonscrit; *incendio rapidamente circoscritto* incendie rapidement circonscrit ◇ (*fig.*) limité: *lo spirito umano è circoscritto* l'esprit humain est limité → **limitato.**

circoscrivere |tʃirkos'krivere| (182) *v.tr.* **1** [*delimitare, contenere entro determinati limiti*] circonscrire (51): *circoscrivere un incendio* circonscrire un incendie; *circoscrivere l'autorità di qc.* circonscrire l'autorité de qqn. → **ridurre,** 2 **limitare** # *circoscrivere un conflitto* localiser un conflit ◇ (*fig.*) *circoscrivere un problema, un'idea* circonscrire un problème, une idée **2** (*geom.*) [*designare una figura in modo che ne contenga un'altra toccandola*] circonscrire: *circoscrivere una circonferenza a un poligono* circonscrire une circonférence à un polygone; *circoscrivere un poligono regolare a una circonferenza* circonscrire un polygone régulier à une circonférence.

circoscrizióne |tʃirkoskrit'tsjone| *s.f.* **1** [→ CIRCOSCRIVERE 2] circonscription: *la circoscrizione di una circonferenza a un poligono* la circonscription d'une circonférence à un polygone **2** [*suddivisione territoriale per fini amministrativi*] circonscription: *circoscrizione amministrativa, giudiziaria, finanziaria, militare* circonscription administrative, judiciaire, financière, militaire; *una circoscrizione elettorale* une circonscription électorale; *circoscrizioni ecclesiastiche* circonscriptions ecclésiastiques.

circospètto |tʃirkos'pɛtto| *agg.* circonspect: *non è abbastanza circospetto nella scelta dei suoi amici* il n'est pas assez circonspect dans le choix de ses amis → **cauto, guardingo** ◇ [*che denota circospezione*] *comportamento circospetto* conduite circonspecte; *espressioni, parole circospette* expressions, paroles circonspectes.

circospezióne |tʃirkospet'tsjone| *s.f.* circonspection: *agire con* (*grande*) *circospezione* agir avec (beaucoup de) circonspection # *gli avvenimenti ci impongono circospezione* les événements nous imposent d'être circonspects → **cautela, prudenza.**

circostànte |tʃirkos'tante| *agg.* [*che sta intorno*] environnant: *i boschi circostanti* les bois environnants ✦ (*s.m. pl.*) *i circostanti* assistance *f.sing.*, présents: *i circostanti, vedendola, cominciarono a piangere* l'assistance, en la voyant, se mit à pleurer.

circostànza |tʃirkos'tantsa| *s.f.* **1** circonstance: *per un complesso di circostanze non sono potuto venire* un ensemble de circonstances m'a empêché de venir → **condizione;** *bisogna regolarsi secondo le circostanze* il faut se comporter selon les circonstances → **caso;** *non ha saputo approfittare della circostanza favorevole* il n'a pas su profiter des circonstances favorables; *il nero va bene in ogni circostanza* le noir convient en toute circonstance → **occasione** ◇ (*dir.*) *circostanze aggravanti, attenuanti* circonstances aggravantes, atténuantes **2** [*situazione specifica, particolare*] circonstance: *date le circostanze, non partiremo* étant donné les circonstances, nous ne partirons pas; *ci siamo conosciuti in una triste circostanza* nous nous sommes connus dans de tristes circonstances; *si è trovato in circostanze critiche* il s'est trouvé dans des circonstances critiques; *in simile circostanza è meglio tacere* en pareille circonstance il vaut mieux se taire ◇ *loc.* DI CIRCOSTANZA [*adatto alla situazione; spesso non sincero*] de circonstance: *parole, atteggiamento, sorriso di circostanza* paroles, attitude, sourire de circonstance.

circostanziàle |tʃirkostan'tsjale| *agg.* concernant les circonstances.

circostanziàre |tʃirkostan'tsjare| *v.tr.* [*riferire, esporre dettagliatamente*] raconter, exposer d'une manière circonstanciée: *circostanziare un incidente* raconter un accident d'une manière circonstanciée; *circonstanziare un'accusa* exposer une accusation d'une manière circonstanciée.

circostanziataménte |tʃirkostantsjata'mente| *avv.* [→ CIRCOSTANZIATO] d'une manière circonstanciée (*loc. inv.*): *esporre circostanziamente un fatto* exposer un fait d'une manière circonstanciée; *narrò circostanziatamente l'incidente* il raconta l'accident d'une manière circonstanciée → **dettagliatamente.**

circostanziàto |tʃirkostan'tsjato| *agg.* circonstancié: *referenze circostanziate* des références circonstanciées; *un rapporto circostanziato* un rapport circonstancié.

circuìre |tʃirku'ire| (197) *v.tr.* **1** [*tentare di raggirare, ingannare*] circonvenir (27): *circuire qc. con lusinghe, con raggiri* circonvenir qqn. par des flatteries, des ruses # *circuire una donna* entreprendre une femme **2** (*arc., lett.*) → **circondare, accerchiare.**

circuitazióne |tʃirkuitat'tsjone| *s.f.* (*fis., mat.*) circulation.

circùito |tʃir'kuito| *s.m.* **1** (*sport*) circuit: *il circuito di Monza* le circuit de Monza; *circuito di prova* circuit d'essai; *un circuito di quaranta chilometri* un circuit de quarante kilomètres ◇ (*per est.*) [*la gara stessa*] *vincere il circuito di Le Mans* gagner les 24 heures (les vingt-quatre heures) du Mans **2** (*elettr., corr.*) circuit: *impianto televisivo a circuito chiuso* équipement de télévision en circuit fermé; *corto circuito* court-circuit; *circuito stampato, magnetico* circuit imprimé, magnétique; *togliere il circuito* couper le circuit; *chiudere, riaprire il circuito* fermer, rétablir le circuit **3** (*econ.*) circuit: *circuito di capitali, di merci* circuit des capitaux, des marchandises; *circuito monetario* circuit monétaire **4** [*linea che delimita un'area*] circuit: *la città si estende per un circuito di 15 km.* la ville s'étend sur un circuit de 15 km.

circuizióne |tʃirkuit'tsjone| *s.f.* (*raro*) → **circonlocuzione.**

circum- |'tʃirkum| *pref.* (*significa 'intorno', corrisponde gener. a*) circum: *circumnavigazione* circumnavigation.

circumlunàre |tʃirkumlu'nare| *agg.* circumlunaire.

circumnavigàre |tʃirkumnavi'gare| *v.tr.* [*navigare intorno, facendo il periplo*] faire (45) la circumnavigation (de): *circumnavigare un'isola, un continente* faire la circumnavigation d'une île, d'un continent; *circumnavigare l'Australia, l'America* faire la circumnavigation de l'Australie, de l'Amérique.

circumnavigatóre |tʃirkumnaviga'tore| *s.m.* circumnavigateur.

circumnavigazióne |tʃirkumnavigat'tsjone| *s.f.* [→ CIRCUMNAVIGARE] circumnavigation → **periplo.**

circumpolàre |tʃirkumpo'lare| *agg.* circumpolaire: *stella circumpolare* étoile circumpolaire.

circumterrèstre |tʃirkumter'rɛstre| *agg.* circumterrestre.

'ciré' |siʀe| *s.m. inv.* ciré *var.*

cirenàico, ci, ca, che |tʃire'naiko, tʃi, ka, ke| **1** *agg.* [*relativo alla Cirenaica, a Cirene*] cyrénaïque: *scuola cirenaica* école cyrénaïque ✦ *s.* (*st.*) *i Cirenaici* les Cyrénaïques **2** *s.m. pl.* (*filos.*) *i cirenaici* [*i seguaci della scuola cirenaica*] les cyrénaïques.

cirenèo |tʃire'nɛo| *s.* **1** [*dei Cirenei*] cyrénaïque ◇ (*spec.*) *il Cireneo della Croce* le Cyrénéen de la Croix **2** (*fig.*) [*chi si sottopone a dure fatiche per gli altri*] bouc *m.* émissaire.

cirillico, ci, ca, che |tʃi'rilliko, tʃi, ka, ke| *agg.* cyrillique: *alfabeto cirillico* alphabet cyrillique.

ciripà |tʃiri'pa| *s.m. inv.* [*pezza che viene annodata ai fianchi di un neonato come assorbente*] lange *var.*

cirro |'tʃirro| *s.m.* **1** cirrus **2** (*lett.*) → **ricciolo.**

cirrocùmulo |tʃirro'kumulo| *s.m.* cirro-cumulus.

cirròsi |tʃir'rɔzi| *s.f. inv.* (*med.*) cirrhose (*var.*): *cirrosi epatica* cirrhose du foie.

cirróso |tʃir'roso| *agg.* (*meteor.*) moutonné.

cirrostràto |tʃirros'trato| *s.m.* cirro-stratus.

cirròtico, ci, ca, che |tʃir'rɔtiko, tʃi, ka, ke| *agg.* cirrhotique.

cis- |tʃis| *pref.* (*significa 'di qua da', corrisponde gener. a*) cis: *cisalpino* cisalpin.

cisalpino |tʃizal'pino| *agg.* cisalpin: *Gallia cisalpina* Gaule cisalpine.

cismarino |tʃizma'rino| *agg.* qui est en deçà de la mer *loc.*

cispa |'tʃispa| *s.f.* [*prodotto della secrezione delle ghiandole palpebrali*] chassie.

cispadàno |tʃispaˈdano| *agg.* cispadan: *la Gallia cispadana* la Gaule cispadane.
cispositá |tʃisposiˈta| *s.f. inv.* [(*presenza di*) *cispa*] chassie *var.*
cispóso |tʃisˈposo| *agg.* [*pieno di cispa*] chassieux*: *occhi cisposi* yeux chassieux; *un vecchio cisposo* un vieillard chassieux.
ciste |ˈtʃiste| *s.f.* → **cisti.**
cistectomia |tʃistektoˈmia| *s.f.* (*chir.*) cystectomie.
cisterc(i)ènse |tʃistertʃ(i)ˈɛnse| *agg.* (*eccl.*) cistercien*: *regola cistercense* règle cistercienne ✦ (*s.m.*) *un cistercense* un cistercien.
cistèrna |tʃisˈtɛrna| *s.f.* **1** citerne: *acqua di cisterna* eau de citerne **2** (*per est.*) [*grande serbatoio, spec. metallico, per depositarvi o trasportare liquidi*] citerne: *la cisterna della nafta* la citerne, la cuve à mezout ✦ *agg. inv.* citerne (*s.f.*): *auto cisterna, autocisterna* camion-citerne; *vagone cisterna* wagon-citerne; *nave cisterna* bateau-citerne **3** (*anat.*) citerne.
cisti- |ˈtʃisti|, **cisto-** |ˈtʃisto| *pref.* (*significano 'vescica', corrispondono gener. a*) cysti; cysto: *cistite* cystite ‖ *cistotomia* cystotomie.
cisti |ˈtʃisti| *s.f. inv.* (*med., corr.*) kyste (*m. var.*): *cisti sebacea* kyste sébacé ◇ (*zool.*) *cisti di protezione* kyste de protection.
cisticèrco, chi |tʃistiˈtʃɛrko, ki| *s.m.* (*zool.*) cysticerque.
cistico, ci, ca, che |ˈtʃistiko, tʃi, ka, ke| *agg.* (*anat.*) cystique: *liquido, condotto cistico* liquide, conduit cystique.
cistifèllea |tʃistiˈfɛllea| *s.f.* (*anat.*) vésicule biliaire.
cistite |tʃisˈtite| *s.f.* (*med.*) cystite.
cisto |ˈtʃisto| *s.m.* (*t.bot.*) ciste.
cistografia |tʃistograˈfia| *s.f.* cystographie.
cistòma |tʃisˈtɔma| *s.m.* (*med.*) tumeur *f.* enkystée.
cistoscopia |tʃistoskoˈpia| *s.f.* cystoscopie.
cistoscòpio, i |tʃistosˈkɔpjo, i| *s.m.* cystoscope.
cistotomia |tʃistotoˈmia| *s.f.* (*chir.*) cystotomie.
-cita |ˈtʃita|, **-cito** |ˈtʃito| *suff.* (*significano 'cellula', corrispondono gener. a*) cyte: *leucocita* leucocyte; *linfocito* lymphocyte.
citàbile |tʃiˈtabile| *agg.* [→ CITARE] qu'on peut citer *loc.*
citànte |tʃiˈtante| *agg.* [*che cita in tribunale*] plaignant ✦ (*s.*) *il citante* le demandeur*, le plaignant.
citàre |tʃiˈtare| *v.tr.* **1** (*dir.*) [*chiamare in giudizio*] citer; poursuivre (52): *citare un testimone* citer un témoin ‖ *citare qc. per furto, per danni* poursuivre qqn. pour vol, pour dommages et intérêts **2** [*riportare con esattezza brani, parole altrui*] citer: *citare un verso, una terzina della 'Divina Commedia'* citer un vers, un tercet de la 'Divine Comédie'; *citare il testo di una legge* citer le texte d'une loi ◇ (*per est.*) [*menzionare l'autore, l'opera o il testo riferiti*] *quello scrittore non cita mai le sue fonti* cet écrivain ne cite jamais ses sources **3** [*fare riferimento, a sostegno delle proprie tesi, a un fatto probante*] citer: *citare un caso analogo* citer un cas analogue; *ha citato un precedente illustre* il a cité un exemple illustre **4** [*portare come modello*] citer: *tutti lo citano per la sua eleganza, la sua cultura* tous le citent pour son élégance, sa culture ◇ (*mil.*) *citare all'ordine del giorno* citer à l'ordre du jour.
citarèdo |tʃitaˈrɛdo| *s.m.* citharède: *Apollo citaredo* Apollon citharède.
citarista |tʃitaˈrista| *s.* cithariste.
citatòrio, i |tʃitaˈtɔrjo, i| (*agg.*) *lettera citatoria* lettre de citation *loc.*
citazióne |tʃitatˈtsjone| *s.f.* **1** (*dir.*) citation: *la citazione di un imputato, di un testimone* la citation d'un accusé, d'un témoin; *decreto di citazione* décret de citation; *mandare, ricevere una citazione* présenter, recevoir une citation **2** [→ CITARE 2] citation: *una citazione generica, precisa, sbagliata, appropriata* une citation générique, précise, fausse, appropriée; *quello scrittore abusa di citazioni letterarie* cet écrivain abuse des citations littéraires; *in quella citazione manca il titolo dell'opera* il manque le tire de l'œuvre, dans cette citation **3** [→ CITARE 4] citation: *citazione all'ordine del giorno* citation à l'ordre du jour.
citerióre |tʃiteˈrjore| *agg.* citérieur: *Gallia citeriore* Gaule citérieure.
citiso |ˈtʃitizo| *s.m.* (*t.bot.*) cytise.
cito- |ˈtʃito| *pref.* (*significa 'cellula', corrisponde gener. a*) cyt(o): *citoplasma* cytoplasme.
citochìmica, che |tʃitoˈkimika, ke| *s.f.* cytochimie.
citofonàre |tʃitofoˈnare| *v.intr.* (*aus. 'avere'*) [*comunicare per citofono con qc.*] communiquer par interphone.
citòfono |tʃiˈtɔfono| *s.m.* [*telefono che collega le varie parti di un edificio*] interphone.
citologia, gie |tʃitoloˈdʒia, dʒie| *s.f.* cytologie.
citològico, ci, ca, che |tʃitoˈlɔdʒiko, tʃi, ka, ke| *agg.* cytologique.
citòlogo, ghi, gi |tʃiˈtɔlogo, gi, dʒi| *s.m.* cytologiste *s.*
citoplàsma |tʃitoˈplazma| *s.m.* (*biol.*) cytoplasme.
citràto |tʃiˈtrato| *s.m.* (*chim.*) citrate: *citrato di calcio, di magnesio* citrate de chaux, de magnésie ◇ (*spec.*) *citrato* (*di magnesia*) citrate de magnésie.
citrico, ci, ca, che |ˈtʃitriko, tʃi, ka, ke| *agg.* citrique: *acido citrico* acide citrique.
citrino |tʃiˈtrino| **1** *agg.* (*lett.*) citrin: *liquido citrino* liquide citrin **2** *s.m.* (*miner.*) citrin, citrine *f.*
citronèlla |tʃitroˈnɛlla| *s.f.* (*t.bot.*) citronnelle.
citrullàggine |tʃitrulˈladdʒine| *s.f.* [*mancanza di senno, stupidaggine*] bêtise, stupidité: *ha dimostrato tutta la sua citrullaggine* il a étalé toute sa bêtise, sa stupidité → **balordaggine** ◇ [*atto, parola da sciocco*] *dire citrullaggini* dire des bêtises, des stupidités → **sciocchezza, idiozia** 🄲 **assennatezza.**
citrùllo |tʃiˈtrullo| *s.* [*chi manca di senno*] idiot: *sei un citrullo!* tu es un idiot!; *quel citrullo non ha capito nulla* cet idiot n'a rien compris → **stupido, babbeo** ✦ *agg.* sot*, bêta*: *un ragazzo un po' citrullo* un garçon un peu sot, un peu stupide; *quanto sei stato citrullo a perdere quell'occasione!* comme tu as été sot, bêta de perdre cette occasion! 🄲 **assennato, giudizioso.**
città |tʃitˈta| *s.f. inv.* **1** [*grande centro abitato*] ville: *città di mare, di pianura* ville de bord de mer, de plaine; *città industriale, commerciale* ville industrielle, commerciale; *città vecchia, nuova* vieille ville, ville neuve; *città alta, bassa* ville haute, basse; *città santa* ville sainte; *città aperta* ville ouverte; *la città eterna* [*Roma*] la ville éternelle # *città universitaria, degli studi* cité universitaire; *città giardino* cité-jardin; *città-dormitorio* cité-dortoir; *città-satellite* cité-satellite ◇ (*contrapposta a 'campagna'*) *abitudini, vita di città* habitudes, vie de la ville; *vivere in città* vivre en ville ◇ (*loc. fig.*) *città di Dio* ville de Dieu ~ *la città dei morti* la cité des morts **2** (*per est.*) [*gli abitanti, la popolazione*] ville: *tutta la città parla di questo scandalo* toute la ville parle de ce scandale → **cittadinanza**; *è una città dinamica ma tranquilla* c'est une ville dynamique mais tranquille.
cittadèlla |tʃittaˈdɛlla| *s.f.* **1** (*st. ant.*) citadelle: *gli assediati si arroccarono nella cittadella* les assiégés se réfugièrent dans la citadelle → **piazzaforte, roccaforte** **2** (*fig.*) [*centro di forza di un movimento politico, culturale*] citadelle: *Roma è la cittadella del cristianesimo* Rome est la citadelle de la catholicité, du christianisme.
cittadinànza |tʃittadiˈnantsa| *s.f.* **1** les habitants *m. pl.* d'une ville: *tutta la cittadinanza è invitata alla cerimonia* tous les habitants de la ville sont invités à la cérémonie **2** (*dir., corr.*) nationalité: *doppia cittadinanza* double nationalité; *certificato di cittadinanza* certificat de nationalité; *cittadinanza italiana* nationalité italienne; *avere, ottenere, perdere la cittadinanza* avoir, obtenir, perdre la nationalité # *diritto di cittadinanza* droit de cité; *ricevere la cittadinanza onoraria* être proclamé citoyen d'honneur **3** (*fig.*) [*diritto morale di appartenenza*] droit *m.* de cité: *certi crimini non hanno diritto di cittadinanza tra noi* certains crimes n'ont pas droit de cité parmi nous.
cittadinésco, chi, ca, che |tʃittadiˈnesko, ki, ka, ke| *agg.* (*raro, spreg.*) (*cose*) [*che è proprio della città*] citadin: *abitudini cittadinesche* habitudes citadines.
cittadino |tʃittaˈdino| **I** *s.* **1** [*chi vive in città*] citadin: *essere, diventare un cittadino* être, devenir un citadin ◇ [*chi abita in una determinata città*] habitant: *cittadino di Milano, di Roma* habitant de Milan, de Rome # *cittadino napoletano, bolognese* napolitain, bolognais; *il primo cittadino di una città* [*il sindaco*] le premier citoyen d'une ville **2** [*chi ha la cittadinanza di un determinato Stato*] citoyen*: *essere cittadino francese, italiano* être citoyen français, italien; *il primo cittadino di uno Stato* [*il presidente della Repubblica*] le premier citoyen d'un État; *cittadino del mondo* citoyen du monde **3** (*st. fr.*) *il cittadino Robespierre* le citoyen Robespierre **II** *agg.* [*di una città, della città*] citadin # *le vie, le mura cittadine* les rues, les murs de la ville ◇ (*per est.*) *costumi, modi cittadini* habitudes, manières de citadin(s) → **raffinato, civile** 🄲 I 1 **campagnolo, contadino**; II **rustico.**
ciucàggine |tʃuˈkaddʒine| *s.f.* (*tosc.*) → **asinaggine, testardaggine.**

ciùcca, che |ˈtʃukka, ke| *s.f.* (*pop.*) → **sbornia.**

ciucciàre |tʃutˈtʃare| *v.tr. e intr.* (*aus. 'avere'*) (*fam.*) → **succhiare.**

ciucciàta |tʃutˈtʃata| *s.f.* → **succhiata.**

1 **ciùccio, i** |ˈtʃuttʃo, i| *s.m.* (*region.*) → **asino, somaro.**

2 **ciùccio, i** |ˈtʃuttʃo, i| *s.m.* (*fam.*) → **succhiotto.**

ciuchino |tʃuˈkino| **1** *s.m.* [*piccolo ciuco*] bourricot → **asinello, somarello, ciuco** **2** *agg.* [*asinino*] asinien*, de l'âne *loc. inv.* ◇ (*loc.*) *fare la parte ciuchina* [*fare i lavori più umili e faticosi*] être le souffre-douleur.

ciùco, chi |ˈtʃuko, ki| **1** *s.m.* (*fam.*) baudet: *carico come un ciuco* chargé comme un baudet ◇ (*fig.*) bourrique (*f.*): *che ciuco quel ragazzo!* quelle bourrique, ce garçon! ◇ (*fig.*) [*persona maleducata*] malotrou **2** *agg.* (*raro*) stupide, bête.

ciùffo |ˈtʃuffo| *s.m.* [*ciocca, gruppo*] mèche *f.* (de cheveux), touffe (*f.*): *sulla fronte gli ricadeva un ciuffo ribelle* une mèche rebelle tombait sur son front # *l'uccello aveva un ciuffo rosso sulla testa* l'oiseau avait une aigrette rouge sur la tête ◇ (*per est.*) *un ciuffo d'erba, d'alberi* une touffe d'herbe, un bouquet d'arbres ◇ (*loc. fig.*) *prendere la fortuna per il ciuffo* [*cogliere l'occasione propizia*] saisir l'occasion au vol.

ciuffolòtto |tʃuffoˈlɔtto| *s.m.* (*t. zool.*) bouvreuil.

ciurlàre |tʃurˈlare| *v.intr.* (*aus. 'avere'*) (*solo nella loc. fig., fam.*) *cirulare nel manico* [*mancare a un impegno; essere indeciso*] tergiverser → **tergiversare, tentennare.**

ciùrma |ˈtʃurma| *s.f.* **1** (*raro, spreg.*) [*il basso equipaggio di una nave*] équipage *m.* ◇ (*ant.*) [*i rematori delle galere*] chiourme **2** (*fig., spreg.*) → **gentaglia, ciurmaglia** **3** [*il personale di una tonnara*] équipage.

ciurmàglia |tʃurˈmaʎʎa| *s.f.* (*spreg.*) [*moltitudine, accozzaglia di gente*] canaille → **gentaglia.**

ciurmàre |tʃurˈmare| *v.tr.* (*raro*) [*ingannare, raggirare*] tromper → **imbrogliare.**

ciurmatóre |tʃurmaˈtore| *s.m. e agg.* charlatan.

ciurmeria |tʃurmeˈria| *s.f.* (*raro*) → **raggiro, imbroglio.**

civàia |tʃiˈvaja| *s.f. spec. al plur.* (*raro*) [*legumi secchi commestibili*] légumes *m.* secs: *sacco di civaie* sac de légumes secs.

civétta |tʃiˈvetta| *s.f.* **1** (*t.zool.*) chouette ◇ (*corr.*) *cacciare con la civetta* chasser à la chouette ◇ (*per anal.*) *naso di civetta* [*adunco*] nez de chouette; *occhi di civetta* yeux de chouette ◇ (*loc. fig.*) *fare, essere la civetta per le allodole* [*far da richiamo*] servir de miroir aux alouettes, de grand-duc **2** (*fig.*) [*donna frivola, vanitosa*] coquette: *far la civetta* faire la coquette, minauder *v.intr.* **3** *nave civetta* [*unità militare camuffata da nave mercantile*] bateau piège (*m.*); *auto civetta* [*automobile della polizia senza segni distintivi*] voiture-piège; *notizia civetta* ballon *m.* d'essai **4** (*giorn.*) → **locandina.**

civettàggine |tʃivetˈtaddʒine| *s.f.* → **civetteria.**

civettàre |tʃivetˈtare| *v.intr.* (*aus. 'avere'*) (*di donna*) [*fare la civetta, lasciarsi corteggiare volentieri*] faire (45) *tr.* la coquette, minauder: *quella ragazza civetta con tutti* cette fille fait la coquette, minaude avec tout le monde.

civetteria |tʃivetteˈria| *s.f.* (*di donna*) [*comportamento, atto diretto a farsi notare dagli uomini*] coquetterie: *quella donna è di una civetteria insopportabile* cette femme est d'une coquetterie insupportable; *certe civetterie non si addicono a una donna sposata* certaines coquetteries ne conviennent pas à une femme mariée ◇ (*per est.*) *quel ragazzo fa il modesto per civetteria* ce garçon fait le modeste par coquetterie; *la preziosità stilistica in molti scrittori è pura civetteria* la préciosité de style, chez beaucoup d'écrivains, est pure coquetterie.

civettóna |tʃivetˈtona| *s.f.* [*donna eccessivamente vanitosa*] coquette: *è una gran civettona, quella ragazza!* c'est une grande coquette, cette fille!

civettóne |tʃivetˈtone| *s.m.* (*pop.*) [*uomo, di età matura, vanesio e donnaiolo*] coureur: *non lo posso soffrire quel civettone!* je ne peux pas le supporter, ce coureur (de jupons)! → **dongiovanni.**

civettuòlo |tʃivetˈtwɔlo| *agg.* **1** [*che si comporta con civetteria; che manifesta civetteria*] coquet*: *una ragazza civettuola* une jeune fille coquette; *un sorriso, uno sguardo civettuolo* un sourire, un regard coquet **2** (*cose*) [*attraente, grazioso, originale*] coquet: *abito, cappellino civettuolo* habit, chapeau coquet; *ha una villetta civettuola e sofisticata* il a une villa coquette et raffinée.

civico, ci, ca, che |ˈtʃiviko, tʃi, ka, ke| *agg.* **1** [*della città, municipale*] municipal*: *la banda civica* la fanfare municipale; *guardia, biblioteca civica* garde, bibliothèque municipale → **cittadino, comunale** # *numero civico* numéro d'une maison **2** [*proprio del cittadino*] civique: *educazione, solidarietà, virtù civica* instruction, solidarité, vertu civique; *senso civico* sens civique → **patriottico.**

civìle |tʃiˈvile| *agg.* **1** civil: *stato civile* état civil; *dovere, senso civile* devoir, sens civil; *diritti civili* droits civils; *guerra civile* guerre civile; *anno civile* [*di 365 giorni*] année civile; *morte civile* [*perdita dei diritti civili*] mort civile; *poesia, letteratura civile* [*interessata a temi politici e sociali*] poésie, littérature civile ◇ (*dir.*) *diritto, codice civile* droit, code civil; *responsabilità civile* responsabilité civile; *si costituì parte civile* il se porta, il se constitua partie civile **2** (*contrapposto a 'militare' e a 'religioso, ecclesiastico'*) civil: *genio, ospedale civile* génie, hôpital civil; *medaglia al valore civile* médaille de la valeur civile; *matrimonio, funerale civile* mariage, enterrement civil; *potere civile* pouvoir civil; *autorità civile* autorité civile; *indossava un abito civile* il portait des vêtements civils → **borghese** ✦ (*s.*) *un civile* un civil: *in quel conflitto perirono più civili che militari* dans ce conflit périrent plus de civils que de militaires **3** [*che riflette un notevole grado di civiltà*] civilisé: *un popolo, una nazione civile* un peuple civilisé, une nation civilisée; *la strage indignò tutto il mondo civile* le massacre indigna tout le monde civilisé **4** [*educato, corretto, cortese*] poli; civil: *una famiglia civile* une famille polie; *è stato molto civile e cordiale* il a été très poli et cordial ‖ *maniere civili* des manières civiles **C** 3 **barbaro, incivile;** 4 **villano, scortese, rozzo.**

civilista |tʃiviˈlista| *s.* civiliste.

civilistico, ci, ca, che |tʃiviˈlistiko, tʃi, ka, ke| *agg.* (*dir.*) des causes civiles *loc. inv.*

civilizzàbile |tʃivilidˈdzabile| *agg.* [→ CIVILIZZARE A] civilisable: *una regione difficilmente civilizzabile* une région difficilement civilisable.

civilizzàre |tʃivilidˈdzare| **A** *v.tr.* [*rendere civile, incivilire*] civiliser: *i Greci hanno civilizzato l'Occidente* les Grecs ont civilisé l'Occident **B** *v.pron. rifl.* CIVILIZZARSI [→ *tr.*] se civiliser: *si è civilizzato stando a contatto con voi* il s'est civilisé à votre contact.

civilizzàto |tʃivilidˈdzato| *agg.* civilisé: *un popolo non ancora civilizzato* un peuple non encore civilisé; *una tribù civilizzata* une tribu civilisée.

civilizzatóre, trice |tʃivilidˈdzaˈtore, tritʃe| *agg.* civilisateur*: *filosofia civilizzatrice* philosophie civilisatrice ✦ (*s.*) *un civilizzatore* un civilisateur # *Roma fu la civilizzatrice di molti barbari* Rome civilisa de nombreux barbares.

civilizzazióne |tʃiviliddzatˈtsjone| *s.f.* [→ CIVILIZZARE] civilisation: *la civilizzazione delle tribù africane* la civilisation des tribus d'Afrique → **incivilimento.**

civilménte |tʃivilˈmente| *avv.* [→ CIVILE 2] civilement: *si è sposata civilmente* elle s'est mariée civilement ◇ [→ CIVILE 4] *ci ha trattati poco civilmente* il nous a traités peu cavalièrement, peut poliment ◇ [→ CIVILE 3] *sono popolazioni civilmente molto arretrate* ce sont des populations très arriérées (en matière de civilisation).

civiltà |tʃivilˈta| *s.f. inv.* **1** [*gli aspetti sociali, intellettuali, tecnici di un gruppo etnico*] civilisation: *la civiltà della pietra, del bronzo* la civilisation de la pierre, du bronze; *le civiltà orientali* les civilisations orientales **2** [*forma di vita culturalmente e tecnicamente elevata*] civilisation: *i vantaggi della civiltà* les bienfaits de la civilisation → **progresso** # *alcuni popoli avevano raggiunto un notevole grado di civiltà* certains peuples avaient atteint un remarquable degré de civilisation **3** [*comportamento basato sulla buona educazione*] politesse → **urbanità** # *comportarsi con civiltà* se conduire poliment **C** 2 **barbarie;** 3 **villania, inciviltà.**

civìsmo |tʃiˈvizmo| *s.m.* civisme.

clac |klak| *inter.* (*voce onomat. che riproduce un rumore secco*) clac.

clacchìsta |klakˈkista| *s.* [*chi fa parte d'una 'claque'*] claqueur *m.*

clàcson |ˈklakson| *s.m. inv.* klaxon (*var.*): *fare un colpo di clacson* donner un coup de klaxon.

1 **clàmide** |ˈklamide| *s.f.* **1** (*st. ant.*) chlamyde → **mantello** **2** (*lett.*) [*manto regale*] manteau *m.* royal*.

2 **clàmide** |ˈklamide| *agg.* (*bot.*) chlamydé: *fiore clamide* fleur chlamydée.

clamóre |klaˈmore| *s.m.* **1** clameur (*f.*): *tentò di sedare i clamori della folla* il essaya d'apaiser les clameurs de la foule → **protesta, lagnanza, vocio** **2** (*fig.*) [*vivace interesse, vasta riso-*

nanza] bruit: *un avvenimento che ha suscitato clamore* un événement qui a fait du bruit → **scalpore.**

clamorosaménte |klamorosa'mente| *avv.* [→ CLAMOROSO] bruyamment: *essi disapprovavano, applaudivano clamorosamente* ils protestaient, applaudissaient bruyamment → **fragorosamente, tumultuosamente** # *la nostra squadra ha vinto clamorosamente la finale* notre équipe a remporté avec éclat la finale → **sorprendentemente.**

clamoróso |klamo'roso| *agg.* **1** [*rumoroso, chiassoso*] bruyant: *applausi clamorosi* applaudissements bruyants → **fragoroso** **2** (*fig.*) [*che suscita scalpore, clamore, stupore*] éclatant, sensationnel*: *una clamorosa rivincita* une éclatante revanche; *un successo clamoroso* un succès sensationnel, retentissant; *è una notizia clamorosa* c'est une nouvelle sensationnelle → **strepitoso.**

clan |klæn| *s.m. inv.* (*ingl.*) **1** (*st. ingl.*) clan (*var.*): *un clas di Scozzesi* un clan d'Écossais **2** (*per est.*) clan: *capo del clan* chef du clan; *matrimonio tra membri di clan differenti* mariage entre membres de clans différents **3** [*persone legate da interessi comuni*] clan: *spirito di clan* esprit de clan → 1 **cricca.**

clandestinaménte |klandestina'mente| *avv.* [→ CLANDESTINO] clandestinement: *sposarsi clandestinamente* se marier clandestinement.

clandestinità |klandestini'ta| *s.f. inv.* clandestinité (*var.*): *vivere nella clandestinità* vivre dans la clandestinité.

clandestino |klandes'tino| *agg.* clandestin: *matrimonio, movimento clandestino* mariage, mouvement clandestin ✦ (*s.*) *un clandestino* un clandestin.

clangóre |klan'gore| *s.m.* (*lett.*) → **strepito, squillo.**

'claque' |klak| *s.f. inv.* claque *var.*

clarinettista |klarinet'tista| *s.* clarinettiste.

clarinétto |klari'netto| *s.m.* (*mus.*) clarinette (*f.*): *concerto per clarinetto e orchestra* concerto pour clarinette et orchestre.

clarinista |klari'nista| *s.* → **clarinettista.**

clarino |kla'rino| *s.m.* → **clarinetto.**

clarissa |kla'rissa| *s.f.* (*relig.*) clarisse: *l'ordine delle clarisse* l'ordre des clarisses.

claróne |kla'rone| *s.m.* (*mus.*) clarinette *f.* basse.

clàsse |'klasse| *s.f.* **1** classe: *la classe borghese, operaia* la classe bourgeoise, ouvrière; *la classe dirigente, politica* la classe dirigeante, politique → **gruppo**; *lotta di classe* lutte des classes # *la classe degli artisti, dei medici* la catégorie des artistes, des médecins → **categoria** **2** (*scient.*) classe: *la classe dei Mammiferi, degli Insetti* la classe des Mammifères, des Insectes; *la classe delle Monocotiledoni* la classe des Monocotylédones → **raggruppamento** ◇ (*gram.*) *le classi dei verbi greci* les conjugaisons des verbes grecs **3** (*nelle scuole elementari e medie*) [*corso e anno di studio*] classe: *consiglio di classe* conseil de classe; *frequentare la prima classe elementare* être en première classe élémentaire; *fu promosso alla terza classe liceale* il fut reçu en troisième (classe) du lycée; *che classe fai?* en quelle classe es-tu? ◇ [*gli alunni*] *una classe diligente, indisciplinata* une classe diligente, indisciplinée; *una classe mista* une classe mixte → **scolaresca** ◇ [*aula scolastica*] *entrare, rimanere in classe* entrer, rester en classe, dans la salle de classe **4** (*nei mezzi di trasporto per passeggeri*) [*ciascuna delle categorie*] classe: *biglietto, vettura di prima classe* billet, voiture de première (classe); *viaggia sempre in classe turistica* il voyage toujours en classe touriste **5** (*mil.*) classe: *classe di leva* classe de recrutement; *fu chiamata sotto le armi la classe del 1946* la classe 46 (de 1946) fut appelée sous les drapeaux ◇ (*per est.*) [*l'anno di nascita e gli individui nati in quell'anno*] année: *di che classe sei?* de quelle année es-tu? # *appartiene alla, è della classe 1955* il est de la classe 55 (de 1955) **6** (*loc. fig.*) *di gran, di prima classe* [*di qualità, doti singolari*] de grande, de première classe: *è una donna di classe* c'est une femme qui a de la classe; *è un giocatore di gran classe* c'est un joueur de grande classe; *quel prodotto è di prima classe* ce produit est de première classe ~ AVERE CLASSE avoir de la classe: *è un atleta che ha classe* c'est un athlète qui a de la classe ~ FUORI CLASSE hors classe: *è un pilota fuori classe* c'est un pilote hors classe → **fuoriclasse** **7** (*aer.*, *mar.*) classe.

clàssica, che |'klassica, ke| *s.f.* (*sport*) classique.

classicaménte |klassika'mente| *avv.* [→ CLASSICO 1] classiquement.

classicheggiànte |klassiked'dʒante| *agg.* [*che imita i classici*] néo-classique: *uno scrittore, uno stile classicheggiante* un écrivain, un style néo-classique.

classicheggiàre |klassiked'dʒare| *v.intr.* (*aus. 'avere'*) [*imitare lo stile, l'espressione dei classici*] imiter *tr.* les anciens, les classiques.

classicismo |klassi'tʃizmo| *s.m.* (*arts., letter.*) classicisme.

classicista |klassi'tʃista| *s.* **1** partisan des anciens, des classiques **2** spécialiste de littérature et d'antiquités classiques.

classicistico, ci, ca, che |klassi'tʃistiko, tʃi, ka, ke| *agg.* propre au classicisme (*loc. inv.*): *la poetica classicistica* la poétique propre au classicisme # *l'ideale classicistico del Rinascimento* l'idéal classique de la Renaissance.

classicità |klassitʃi'ta| *s.f. inv.* **1** [*conformità, adesione ai valori della cultura classica*] classicisme *m. var.*; caractère *m. var.* classique: *la classicità di uno scrittore* le classicisme d'un écrivain ‖ *la classicità di un'opera architettonica* le caractère classique d'une œuvre architecturale **2** [*la cultura greco-romana*] antiquité *var.* (gréco-latine): *si è dedicato allo studio della classicità* il s'est consacré à l'étude de l'antiquité (gréco-latine); *questo autore si ispira alla classicità* cet auteur s'inspire de l'antiquité.

clàssico, ci, ca, che |'klassiko, tʃi, ka, ke| *agg.* **1** classique: *arte, letteratura classica* art, littérature classique; *autori classici* auteurs classiques; *civiltà classica* civilisation classique ✦ (*s.m.*) *un classico* un classique: *studiare i classici* étudier les classiques ◇ (*per est.*) [*che ha come oggetto la civiltà greco-romana*] *scuola, istruzione classica* école, instruction classique; *liceo classico* lycée classique **2** [*esemplare, eccellente, degno di essere imitato*] classique: *i pittori, i musicisti classici italiani, francesi* les peintres, les musiciens classiques italiens, français; *un dramma, un film classico* un drame, un film classique; *musica classica* musique classique; *danza classica* danse classique ✦ (*s.m.*) *un classico* un classique: *i classici del teatro russo dell'Ottocento* les classiques du théâtre russe du XIXe siècle **3** [*tradizionale*] classique: *stile, gusto classico* style, goût classique; *un taglio classico* une coupe classique; *colori classici* couleurs classiques ◇ (*sport*) *competizione, gara classica* compétition, épreuve classique → **classica** **4** [*caratteristico, tipico*] typique: *il tuo è un classico esempio di disonestà* tu donnes un exemple typique de malhonnêteté; *l'inglese è il classico tradizionalista* l'anglais est le traditionnaliste typique # *quello studente è il classico secchione* cet étudiant est le type même du bûcheur **5** → **classicistico.**

classìfica, che |klas'sifika, ke| *s.f.* [*graduatoria di merito*] classement (*m.*): *la classifica del campionato di calcio* le classement du championnat de football; *la classifica del giro d'Italia* le classement du tour d'Italie; *essere il primo, l'ultimo in classifica* être le premier, le dernier au, du classement.

classificàbile |klassifi'kabile| *agg.* [→ CLASSIFICARE] qu'on peut classer, classifier *loc.*, classable: *è un esemplare facilmente classificabile* c'est un exemplaire qu'on peut facilement classer, classifier, facilement classable; *è un compito classificabile tra i migliori* c'est un devoir qu'on peut classer parmi les meilleurs → **giudicabile** # *è una malattia difficilmente classificabile* c'est une maladie difficile à diagnostiquer.

classificàre |klassifi'kare| **A** *v.tr.* **1** [*dividere in classi secondo determinati criteri*] classer: *classificare gli animali, le piante, i minerali* classer les animaux, les plantes, les minéraux # *fu classificato come un maleducato* il a été étiqueté comme (un) mal élevé → **qualificare, giudicare** **2** [*valutare mediante un voto*] noter: *classificare un alunno, un compito* noter un élève, un devoir **B** *v. pron. rifl.* CLASSIFICARSI [*raggiungere un certo posto in classifica*] se classer: *classificarsi fra i migliori* se classer parmi les meilleurs.

classificatóre, trice |klassifika'tore, tritʃe| *s.* **1** *s.* classificateur*: *classificatore di diamanti, di prodotti* classificateur de diamants, de produits **2** *s.m.* [*cartella, mobile per contenere documenti*] classeur # *classificatore di francobolli* album de timbres → **albo**; *classificatori metallici* fichiers métalliques → **schedario** ✦ *agg.* (*tecnol.*) classeur *appos.*

classificatòrio, i |klassifika'tɔrjo, i| *agg.* classificatoire, classificateur*: *mania classificatoria* manie classificatrice; *criteri classificatori* critères classificatoires.

classificazióne |klassifikat'tsjone| *s.f.* [→ CLASSIFICARE] classification; classement (*m.*): *classificazione botanica, zoologica* classification botanique, zoologique; *classificazione degli animali* classification des animaux, zootaxie ‖

classificazione di documenti, delle merci di un magazzino classement de documents, des marchandies d'un magasin; *la classificazione di un alunno, di un compito* le classement d'un élève, d'un devoir ◇ (*aer., mar.*) *classificazione degli aerei, delle navi* cote des avions, des navires.
classismo |klas'sizmo| *s.m.* (*polit.*) politique *f.* fondée sur la lutte des classes.
classistico, ci, ca, che |klas'sistiko, tʃi, ka, ke| *agg.* fondé sur la lutte des classes: *concezione, mentalità classistica* conception, mentalité fondée sur la lutte des classes.
clàstico, ci, ca, che |'klastiko, tʃi, ka, ke| *agg.* (*geol.*) clastique: *rocce clastiche* roches clastiques.
clàudia |'klaudja| *s.f.* (*bot.*) [*varietà di susina*] reine-claude: *le claudie* les reine(s)-claudes.
claudicànte |klaudi'kante| *agg.* claudicant: *passo claudicante* pas claudicant; *ha un'andatura affaticata e claudicante* il a une démarche fatiguée et claudicante → **zoppicante** ◇ (*fig.*) [*difettoso, mal costruito*] boiteux*: *verso claudicante* vers boiteux; *contratto claudicante* contrat boiteux.
claudicàre |klaudi'kare| *v.intr.* (*aus. 'avere'*) (*lett., med.*) → **zoppicare.**
claudicazióne |klaudikat'tsjone| *s.f.* (*med.*) claudication.
claunésco, chi, ca, che |klau'nesko, ki, ka, ke| *agg.* clownesque.
clàusola |'klauzola| *s.f.* **1** (*dir.*) clause: *clausola arbitrale* clause d'arbitrage; *clausola compromissoria, penale* clause compromissoire, pénale **2** (*per est.*) [*riserva, condizione*] clause: *è una clausola senza importanza* c'est une clause sans importance **3** (*letter.*) clausule: *le clausole ciceroniane* les clausules cicéroniennes **4** (*mus.*) clause.
claustràle |klaus'trale| *agg.* claustral*: *vita claustrale* vie claustrale → **monacale, monastico** ◇ (*fig.*) *pace claustrale* paix claustrale # *in quell'ambiente regna una severità claustrale* dans ce milieu, il règne une austérité monacale → **austero.**
claustrofobia |klaustrofo'bia| *s.f.* claustrophobie.
clausùra |klau'zura| *s.f.* **1** (*relig.*) clôture: *violare la clausura monastica* violer la clôture monastique # *suore di clausura* religieuses cloîtrées **2** (*fig.*) [*isolamento; vita solitaria, appartata*] isolement *m.* # *si è ritirato in clausura nella sua casa di campagna* il s'est retiré dans sa tour d'ivoire dans sa maison de campagne.
clàva |'klava| *s.f.* **1** [*arma primitiva*] massue → **mazza, bastone** **2** (*per anal.*) (*ginnastica*) massue; mil *m.* (*raro*).
clavària |kla'varja| *s.f.* (*t.bot.*) clavaire.
clavicembalista |klavitʃemba'lista| *s.* claveciniste.
clavicembalìstico, ci, ca che |klavitʃemba'listiko, tʃi, ka, ke| *agg.* pour clavecin *loc. inv.*
clavicémbalo |klavi'tʃembalo| *s.m.* (*mus.*) clavecin.
clavicola |kla'vikola| *s.f.* (*anat.*) clavicule: *frattura della clavicola* fracture de la clavicule.
clavicòrdo |klavi'kɔrdo| *s.m.* (*mus.*) clavicorde.
clàxon |'klakson| *s.m. inv.* → **clacson.**
clearing |'kliəriŋ| *s.m. inv.* (*ingl.*) (*comm., fin.*) clearing *var.*
clemàtide |kle'matide| *s.f.* (*t.bot.*) clématite.
clemènte |kle'mɛnte| *agg.* clément: *un giudice clemente* un juge clément ◇ [*mite, non rigido*] *un inverno clemente* un hiver clément.
clementeménte |klemente'mente| *avv.* [→ CLEMENTE] avec clémence *loc. inv.*
clementina |klemen'tina| *s.f.* → **mandarancio.**
clemènza |kle'mɛntsa| *s.f.* clémence: *un segno di clemenza* un trait de clémence → **indulgenza** ◇ (*meteor.*) *la clemenza dell'inverno* la clémence de l'hiver.
cleptòmane |klep'tɔmane| *agg. e s.m.* kleptomane, cleptomane.
cleptomania |kleptoma'nia| *s.f.* kleptomanie, cleptomanie.
clergyman |'klə'dʒimən| *s.m. inv.* (*ingl.*) clergyman (*var.*): *dei clergyman* des clergymen.
clericàle |kleri'kale| *agg.* clérical*: *privilegi clericali* des privilèges cléricaux ✦ (*s.*) *un clericale* un clérical.
clericaleggiànte |klerikaled'dʒante| *agg.* de tendances cléricales *loc. inv.*
clericaleggiàre |klerikaled'dʒare| *v.intr.* (*aus. 'avere'*) [*avere tendenze clericali; essere sostenitore del clericalismo*] être (43) de tendances cléricales; être partisan du cléricalisme.
clericalismo |klerika'lizmo| *s.m.* cléricalisme.
clèro |'klɛro| *s.m.* (*eccl.*) clergé: *clero regolare, secolare* clergé régulier, séculier; *l'alto, il basso clero* le haut, le bas clergé.
clessidra |kles'sidra| *s.f.* (*a sabbia*) sablier *m.* ◇ (*a acqua*) clepsydre.
clic |klik| *inter.* (*voce onomat. che riproduce il secco rumore di un meccanismo*) clic ✦ (*s.m. inv.*) déclic (*var.*): *il clic dell'interruttore* le déclic de l'interrupteur.
clicchettìo, ii |klikket'tio, ii| *s.m.* [*serie di piccoli colpi secchi*] cliquetis.
'cliché' |kliʃe| *s.m. inv.* **1** (*tip.*) cliché (*var.*): *'cliché' al tratto* cliché au trait # *fare un 'cliché'* clicher; *'cliché' a mezzatinta, a retino* similigravure **2** (*fig.*) [*schema, comportamento convenzionale, usuale*] cliché, lieu commun (*var.*): *è tutta una serie di 'cliché'* ce n'est qu'une suite de clichés, de lieux communs.
clïènte |kli'ɛnte| *s.* **1** client: *negozio affollato di clienti* magasin plein de clients; *essere cliente di un dentista* être client d'un dentiste ◇ [*chi si serve abitualmente da qc.*] *servitelo bene*: *è un cliente* servez-le bien: c'est un client; *mi manda il signor* X, *sono un suo cliente* c'est monsieur X qui m'envoie, je suis un de ses clients ◇ (*spreg.*) protégé: *è un cliente della mafia* c'est un protégé de la mafia **2** (*dir. ant.*) client → **protetto.**
clientèla |klien'tɛla| *s.f.* **1** clientèle: *la clientela di un medico* la clientèle d'un médecin; *avere una buona clientela* avoir une grosse clientèle ◇ (*spreg., spec. polit.*) clientèle: *una clientela elettorale, politica* une clientèle électorale, politique **2** (*dir. ant.*) clientèle: *la clientela dei patrizi romani* la clientèle des patriciens romains.
clientelàre |kliente'lare| *agg.* de favoritisme(s) *loc.*
clientelìsmo |kliente'lizmo| *s.m.* (*polit.*) favoritisme, népotisme.
clima |'klima| *s.m.* **1** climat: *clima freddo, temperato, marittimo* climat froid, tempéré, maritime; *clima continentale, mediterraneo* climat continental, méditerranéen **2** (*fig.*) [*atmosfera morale*] climat, ambiance (*f.*): *il clima del dopoguerra* le climat de l'après-guerre; *un clima di ostilità* un climat d'hostilité, une ambiance hostile **3** (*lett.*) → **regione, paese.**
climatèrico, ci, ca, che |klima'tɛriko, tʃi, ka, ke| *agg.* **1** de la ménopause *loc. inv.* **2** climatérique.
climatèrio, i |klima'tɛrjo, i| (*s.m.*) *climaterio femminile* → **menopausa**; *climaterio maschile* → **andropausa.**
climàtico, ci, ca, che |kli'matiko, tʃi, ka, ke| *agg.* climatique: *variazioni climatiche* des variations climatiques ◇ (*per est.*) *stazione climatica* station climatique.
climatizzàre |klimatid'dzare| *v. tr.* [*condizionare l'aria in ambienti chiusi*] climatiser.
climatizzatóre |klimatiddza'tore| *s.m.* (*tecnol.*) climatiseur.
climatizzazióne |klimatiddza'tsjone| *s.f.* [→ CLIMATIZZARE] climatisation.
climatologia, gie |klimatolo'dʒia, dʒie| *s.f.* climatologie.
climatològico, ci, ca, che |klimato'lɔdʒiko, tʃi, ka, ke| *agg.* climatologique.
clìmax |'klimaks| *s.m. inv.* climax → **gradazione.**
clìnica, che |'klinika, ke| *s.f.* **1** (*scient.*) clinique: *clinica chirurgica* clinique chirurgicale **2** [*settore ospedaliero diretto da un clinico*] clinique: *clinica ortopedica* clinique orthopédique ◇ (*per est.*) [*casa di cura privata*] clinique, maison de santé.
clinicaménte |klinika'mente| *avv.* du, au point de vue clinique *loc.*
clìnico, ci, ca, che |'kliniko, tʃi, ka, ke| **1** *agg.* clinique: *caso, esame clinico* cas, examen clinique # *cartella clinica di un malato* fiche médicale d'un malade ◇ (*loc. fig.*) *avere l'occhio clinico* avoir le coup d'œil professionnel, l'œil du clinicien **2** *s.m.* clinicien.
clinker |klinkə|, **clìncher** |'klinker| *s.m. inv.* (*ingl.*) (*edil.*) clinker *var.*
clip |'klip| *s.f. inv.* (*ingl.*) clip *m.* (*var.*): *delle clip di brillanti* des clips de brillants.
clìpper |'klipə| *s.m. inv.* (*ingl.*) (*aer., mar.*) clipper *var.*
cliscé |kliʃ'ʃe| *s.m. inv.* → **cliché.**
clisma |'klisma| *s.m.* → **clistere.**
clistère |klis'tɛre| *s.m.* (*med., corr.*) lavement, clystère (*arc.*).
clitòride |kli'tɔride| *s.m. o f.* (*anat.*) clitoris *m.*
clitoridèo |klitori'dɛo| *agg.* (*anat.*) clitoridien*.
clivàggio, i |kli'vaddʒo, i| *s.m.* (*miner.*) clivage: *piano di clivaggio* plan de clivage.
clivo |'klivo| *s.m.* (*letter.*) → **pendio, pendice.**
cloàca, che |klo'aka, ke| *s.f.* **1** cloaque (*m.*): *la Cloaca massima* le grand Cloaque **2** (*fig.*) [*ambiente corrotto, turpe*] cloaque: *il mondo gli appariva come una cloaca* le monde lui paraissait un cloaque → **fogna** **3** (*anat. animale*) cloaque.

'cloche' |klɔʃ| *s.f. inv.* **1** (*auto.*) levier *m. var.* du changement de vitesse # *cambio a 'cloche'* changement de vitesse au plancher **2** (*aer.*) manche *m. var.* à balai **3** (*abbigl.*) (chapeau) cloche *m. var.*

clonazióne |klonat'tsjone| *s.f.* (*biol.*) clonage *m.*

clóne |'klone| *s.m.* (*biol.*) clone.

clònico, ci, ca, che |'klɔniko, tʃi, ka, ke| *agg.* (*med.*) clonique.

cloràcne |klo'rakne| *s.f.* (*med.*) chloracné *m.*

cloràto |klo'rato| **1** *s.m.* (*chim.*) chlorate **2** *agg.* chloraté; chloré.

clorazióne |klorat'tsjone| *s.f.* chloration.

clòrico, ci, ca, che |'klɔriko, tʃi, ka, ke| *agg.* chlorique: *acido clorico* acide chlorique.

cloridrico, ci, ca, che |klo'ridriko, tʃi, ka, ke| *agg.* chlorhydrique: *acido cloridrico* acide chlorhydrique.

clòro |'klɔro| *s.m.* (*chim.*) chlore.

clorofilla |kloro'filla| *s.f.* chlorophylle.

clorofilliàno |klorofil'ljano| *agg.* chlorophyllien*: *funzione clorofilliana* fonction chlorophyllienne.

clorofòrmio, i |kloro'fɔrmjo, i| *s.m.* chloroforme: *addormentare col cloroformio* endormir au chloroforme.

cloroformizzàre |kloroformid'dzare| *v.tr.* [*narcotizzare con cloroformio*] chloroformer.

cloroformizzazióne |kloroformiddzat'tsjone| *s.f.* (*med.*) chloroformisation.

clorometrìa |klorome'tria| *s.f.* (*tecnol.*) chlorométrie.

cloròsi |klo'rɔzi| *s.f. inv.* (*bot.*, *med.*) chlorose *var.*

cloróso |klo'roso| *agg.* chloreux*.

cloruràto |kloru'rato| *agg.* chloruré.

clorurazióne |klorurat'tsjone| *s.f.* → **clorazione.**

clorùro |klo'ruro| *s.m.* (*chim.*) chlorure: *cloruro di sodio* chlorure de sodium, sel de cuisine (*corr.*) # *rocce che contengono cloruro* roches chlorurées.

'clou' |klu| *s.m. inv.* [*elemento, momento, personaggio principale* (*di una manifestazione*)] clou (*var.*): *il 'clou' di uno spettacolo* le clou d'un spectacle.

clown |klaun| *s.m. inv.* (*ingl.*) clown (*var.*): *i clown del circo* les clowns du cirque.

clownésco, chi, ca, che |klau'nesko, ki, ka, ke| *agg.* → **claunesco.**

club |klub, klʌb| *s.m. inv.* (*ingl.*) club (*var.*): *club sportivo* club sportif; *un club culturale* un club culturel → **circolo.**

Cnidàri |kni'dari| *s.m.pl.* (*t.zool.*) Cnidaires.

co- |ko| *pref.* (*significa 'con', corrispon-de gener. a*) co: *copartecipazione* coparticipation → **con.**

coabitànte |koabi'tante| *agg. e s.* → **coabitatore.**

coabitàre |koabi'tare| *v.intr.* [*abitare insieme con qc.*] cohabiter.

coabitatóre, trice |koabita'tore, tritʃe| *s.* [*chi coabita con qc.*] cohabitant.

coabitazióne |koabitat'tsjone| *s.f.* [→ COABITARE] cohabitation.

coaccusàto |koakku'zato| *s.* (*raro*) coaccusé.

coacervàre |koatʃer'vare| *v.tr.* → **ammassare, ammucchiare.**

coacervàto |koatʃer'vato| *s.m.* (*biol.*) coacervat.

coacèrvo |koa'tʃɛrvo| *s.m.* **1** [*ammasso confuso, accozzaglia*] monceau, amas: *un coacervo di masserizie* un monceau de meubles; *un coacervo di affermazioni contraddittorie* un monceau de affirmations contradictoires; *un coacervo di dettagli* un monceau de détails **2** (*bur.*) accumulation (*f.*): *coacervo degli interessi* accumulation des intérêts → **accumulamento.**

coadiutóre, trice |koadju'tore, tritʃe| *s.* **1** [*assistente, collaboratore*] assistant: *il coadiutore del chirurgo* l'assistant du chirurgien ✦ (*agg.*) *notaio coadiutore* notaire ajoint **2** (*eccl.*) coadjuteur* ✦ (*agg.*) *frate coadiutore* frère coadjuteur **3** → **collaboratore.**

coadiuvànte |koadju'vante| **1** *agg.* (*fam.*) adjuvant ✦ (*s.m.*) *un coadiuvante* un adjuvant **2** *s.* → **collaboratore.**

coadiuvàre |koadju'vare| *v.tr.* [*prestare la propria opera, essere di aiuto a qc.*] contribuer *intr.* à, coopérer (8) *intr.* à: *coadiuvare alla buona riuscita di un'impresa* contribuer à, coopérer à la réussite d'une entreprise → **collaborare, cooperare** # *tutti mi hanno coadiuvato* tous ont collaboré avec moi, m'ont aidé → **aiutare.**

coagulàbile |koagu'labile| *agg.* [→ COAGULARE A 1; B 1; C 1] coagulable.

coagulànte |koagu'lante| *agg.* (*chim.*, *med.*) coagulant: *sostanza, preparato coagulante* substance coagulante, produit coagulant ✦ (*s.m.*) *un coagulante* un coagulant.

coagulàre |koagu'lare| **A** *v.tr.* **1** [*far raggrumare, rapprendere*] coaguler: *coagulare una soluzione di albumina* coaguler une solution d'albumine; *coagulare il latte* coaguler le lait → **cagliare** **2** (*fig.*) *è riuscito a coagulare attorno a sé l'interesse di tutti* il est arrivé à concentrer sur lui l'intérêt de tous **B** *v.intr.* (*aus. 'essere'*) **1** [*raggrumarsi, rapprendersi*] se coaguler *pron.*, coaguler (*aus.* avoir) (*raro*): *il sangue coagula nelle vene* le sang se coagule dans les veines **2** (*fig.*) se concentrer (*pron.*): *le varie fazioni coagulano verso una formazione unica* les diverses factions se concentrent vers une formation unique **C** *v.pron. intr.* COAGULARSI **1** [→ *intr.* 1] se coaguler: *il latte, il sangue si è coagulato* le lait, le sang s'est coagulé **2** (*fig.*) se concentrer: *varie forze si sono coagulate per far fronte unito* des forces diverses se sont concentrées pour constituer un front uni, commun.

coagulazióne |koagulat'tsjone| *s.f.* [→ COAGULARE A 1; B 1; C 1] coagulation; caillement (*m.*): *coagulazione ritardata del sangue* coagulation retardée du sang; *la coagulazione del latte* le caillement du lait → **cagliatura.**

coàgulo |ko'agulo| *s.m.* **1** [*piccola massa rappresa, grumo*] caillot: *un coagulo di sangue* un caillot de sang ◇ (*med.*) coagulum **2** [*sostanza coagulante per il latte*] présure *f.* → 1 **caglio.**

coalescènza |koaleʃ'ʃɛntsa| *s.f.* (*chim.*, *fis.*, *med.*) coalescence.

coalizióne |koalit'tsjone| *s.f.* **1** [→ COALIZZARE] coalition: *coalizione di destra* coalition de droite; *coalizione contro la concorrenza* coalition contre la concurrence; *ministero di coalizione* ministère de coalition → **unione, alleanza, accordo** **2** (*comm.*) coalition → **intesa, cartello.**

coalizzàre |koalid'dzare| **A** *v.tr.* [*unire in lega, far alleare*] coaliser: *coalizzare i partiti della sinistra* coaliser les partis de la gauche **B** *v.pron.* COALIZZARSI **1** *rifl.* [→ *tr.*] se coaliser: *coalizzarsi contro qc.* se coaliser contre qqn. → **allear(si)** **2** (*recipr.*) *si sono coalizzati contro di me* ils se sont coalisés contre moi.

coalizzàto |koalid'dzato| *agg.* coalisé.

coamministratóre, trice |koamministra'tore, tritʃe| *s.* coadministrateur*.

coàna |ko'ana| *s.f.* (*anat.*) choane *m.*

coartàre |koar'tare| *v.tr.* **1** [*costringere, forzare qc. ad agire contro il proprio volere*] contraindre (65), forcer (2): *coartare fisicamente o moralmente qc.* contraindre, forcer physiquement ou moralement qqn.; *mi hanno coartato a fare quella confessione* on m'a contraint, forcé à faire cette confession **2** (*lett.*) [*ridurre, comprimere*] comprimer (*corr.*): *coartare la propria libertà d'azione* comprimer sa liberté d'action → **restringere, 2 limitare.**

coartazióne |koartat'tsjone| *s.f.* **1** [→ COARTARE 1] contrainte: *la coartazione di un teste* la contrainte d'un témoin → **costrizione** ◇ [→ COARTARE 2] limitation: *tollerare la coartazione dei propri diritti* tolérer la limitation de ses propres droits → **limitazione** **2** (*med.*) coarctation, rétrécissement *m.*

coassiàle |koas'sjale| *agg.* (*tecnol.*) coaxial*: *cavo coassiale* câble coaxial.

coassicurazióne |koassikurat'tsjone| *s.f.* (*dir.*) coassurance.

coattazióne |koattat'tsjone| *s.f.* (*chir.*) coaptation.

coattivo |koat'tivo| *agg.* **1** [*che obbliga, che ha la forza costrittiva*] coercitif*: *metodo coattivo* méthode coercitive **2** (*dir.*) forcé: *risparmio coattivo* épargne forcée → **obbligatorio** # *servitù coattiva* servitude légale.

coàtto |ko'atto| **1** *agg.* [*imposto per forza di legge, con autorità*] forcé: *domicilio coatto* résidence forcée; *vendita coatta* vente forcée → **forzato, obbligatorio** **2** *s.* [*chi è sottoposto a domicilio coatto*] personne *f.* en résidence forcée, surveillée.

co-attóre |koat'tore| *s.m.* (*dir.*) codemandeur* *s.*

coautóre, trice |koau'tore, tritʃe| *s.* coauteur *m.*

coazióne |koat'tsjone| *s.f.* [*violenza fisica o morale su qc.*] contrainte: *coazione morale* contrainte morale → **coercizione, costrizione.**

cobàlto |ko'balto| *s.m.* **1** (*chim.*) cobalt: *bomba al cobalto* bombe au cobalt **2** [*colore azzurro intenso*] cobalt: *cielo di cobalto* ciel de cobalt ✦ *agg.* de cobalt (*loc. inv.*): *blu cobalto* bleu de cobalt.

cobaltoterapia |kobaltotera'pia| *s.f.* cobaltothérapie, cobalthérapie.

cobelligerànte |kobellidʒe'rante| *s. e agg.* cobelligérant.

cobelligerànza |kobellidʒe'rantsa| *s.f.* état *m.*, condition de cobelligérant.

cobòldo |ko'bɔldo| *s.m.* (*mitol. germ.*) kobold → **elfo.**

còbra |ˈkɔbra| *s.m. inv.* (*t.zool.*) cobra *var.*
coc |kɔk| *s.m.* → **coke.**
còca, che |ˈkɔka, ke| *s.f.* **1** (*t.bot.*) coca *m. o f.* **2** (*pop.*) → **cocaina 3**→ **coca-cola.**
coca-còla |kokaˈkɔla| *s.f. inv.* (*marchio depositato*) coca-cola *m.*, coke *m. var.*
cocaìna |kokaˈina| *s.f.* cocaïne.
cocainismo |kokaiˈnizmo| *s.m.* → **cocainomania.**
cocainizzàre |kokainidˈdzare| **A** *v.tr.* (*med.*) [*desensibilizzare* (*un organo*) *iniettando cocaina*] injecter de la cocaïne; pratiquer la cocaïnisation **B** *v. pron. rifl.* COCAINIZZARSI [*iniettarsi della cocaina come stupefacente*] s'injecter de la cocaïne, se droguer.
cocainizzazióne |kokainiddzatˈtsjone| *s.f.* (*med.*) cocainisation.
cocainòmane |kokaiˈnɔmane| *s. e agg.* cocaïnomane.
cocainomania |kokainomaˈnia| *s.f.* cocaïnomanie.
1 **còcca, che** |ˈkɔkka, ke| *s.f.* (*mar.*) coque.
2 **còcca, che** |ˈkɔkka, ke| *s.f.* **1** [*tacca della freccia*] encoche **2** [*angolo di tovagliolo, fazzoletto e sim.*] coin (*m.*): *annodare le cocche di un fazzoletto* nouer les coins d'un mouchoir.
3 **còcca, che** |ˈkɔkka, ke| *s.f.* **1** (*pop.*) → **gallina 2** (*fam.*) *la cocca di...* [*la preferita di...*] la chouchoute (*fam.*) de...: *è la cocca di mamma* c'est la chouchoute de maman, c'est l'amour de sa mère ◇ (*scherz., iron.*) jolie: *cocca bella, devi svegliarti!* il faut se réveiller, ma jolie; *cosa posso farci, cocca mia?* qu'est-ce que tu veux que j'y fasse, ma jolie?
coccàrda |kokˈkarda| *s.f.* cocarde: *coccarda tricolore* cocarde tricolore.
cocchière |kokˈkjɛre| *s.m.* [*chi guida carrozze*] cocher: *partiamo, cocchiere!* fouette, cocher!; hue, cocher! ✦ (*agg.*) *mosca cocchiera* mouche du coche *loc.* → **mosca.**
còcchio, i |ˈkɔkkjo, i| *s.m.* [*carrozza signorile; antico carro*] coche.
cocchiumatóio, i |kokkjumaˈtojo, i| *s.m.* (*tecnol.*) tire-bonde: *dei cocchiumatoi* des tire-bondes.
cocchiùme |kokˈkjume| *s.m.* [*tappo per chiudere il foro di una botte*] bondon, bonde *f.* → **tappo** ◇ [*il foro stesso*] bonde.
còccia, ce |ˈkɔttʃa, tʃe| *s.f.* **1** [*calotta metallica che protegge la mano nell'impugnatura di spade o fioretti*] garde: *coccia di una spada* garde d'une épée **2** [*scorza, buccia*] cosse: *coccia di fave, di piselli, di fagioli* cosse de fèves, de pois, de haricots ◇ [*guscio*] coquille: *la coccia dell'uovo* la coquille de l'œuf **3** [*gonfiore, protuberanza*] protubérance **4** (*scherz.*) [*testa, capoccia*] caboche (*pop.*) ◇ (*fig.*) *avere la coccia dura* [*essere testardo*] avoir la caboche solide.
Còccidi |ˈkɔttʃidi| *s.m.pl.* (*t.zool.*) Coccidés.
coccidiòsi |kottʃiˈdjɔzi| *s.f. inv.* (*med.*) coccidiose *var.*
coccige |kotˈtʃidʒe| *s.m.* (*anat.*) coccyx.
coccigeo |kotˈtʃidʒeo| *agg.* (*anat.*) coccygien*.
coccinèlla |kottʃiˈnɛlla| *s.f.* (*t. zool.*) coccinelle, bête à bon Dieu (*corr.*).
cocciniglia |kottʃiˈniʎʎa| *s.f.* (*t. zool.*) cochenille.
còccio, i |ˈkɔttʃo, i| *s.m.* **1** [*pezzo, frammento di oggetti di vetro o di terracotta*] tesson, débris: *cocci di bottiglia* tessons, débris de bouteille ◇ (*prov.*) *chi rompe paga e i cocci sono suoi* qui casse les verres les paie **2** [*terracotta di scarso valore*] terre *f.* (cuite): *vasi di coccio* pots de terre (cuite) ◇ (*per est.*) [*vasellame da tavola e da cucina*] vaisselle (*f.*): *lavare i cocci* laver la vaisselle → **terraglia 3** (*fam.*) → **scaldino 4** [*guscio di testacei o lumache*] carapace *f.* **5** [*involucro del seme*] coque *f.* **6** (*fig., fam.*) [*persona piena di acciacchi*] patraque: *è diventato un coccio* il est devenu patraque.
cocciutàggine |kottʃuˈtaddʒine| *s.f.* [*testardaggine, ostinazione*] entêtement *m.*, obstination: *la sua cocciutaggine è inconcepibile* il est d'un entêtement, d'une obstination incroyable; *vincere la cocciutaggine di qc.* vaincre l'entêtement, l'obstination de qqn. ◇ [*azione da testardo*] *questa è un'altra delle sue cocciutaggini* voilà encore le résultat de ses entêtements.
cocciùto |kotˈtʃuto| *agg.* [*ostinato, testardo*] têtu, entêté: *è un bambino cocciuto* c'est un enfant têtu, entêté; *una donna cocciuta* une femme têtue; *sei un tantino cocciuto* tu es quelque peu têtu → **caparbio** ◇ (*loc.*) *essere cocciuto come un mulo* être têtu comme une mule ✦ (*s.*) *un cocciuto* un entêté: *quel cocciuto dice sempre di no* cet entêté dit toujours non.
-còcco |ˈkɔkko| *suff.* (*significa 'batterio', corrisponde gener. a*) coque: *stafilococco* staphylocoque.
1 **còcco, chi** |ˈkɔkko, ki| *s.m.* (*t. bot.*) cocotier → 2 **palma** ◇ [*il frutto*] coco: *noce di cocco* noix de coco; *olio, latte di cocco* huile, lait de coco; *fibra di cocco* coco; *tappeto di fibra di cocco* tapis de coco ◇ [*succo ottenuto dal suo frutto*] coco: *venditore di cocco* marchand de coco.
2 **còcco, chi** |ˈkɔkko, ki| *s.m.* (*t. bot.*) oronge *f.* → **ovolo.**
3 **còcco, chi** |ˈkɔkko, ki| *s.m.* (*biol.*) coque *f.*, coccus.
4 **còcco, chi** |ˈkɔkko, ki| *s.* **1** *s.m.* (*fam.*) [*uovo di gallina*] coco **2** *s.* (*fam.*) [*persona prediletta, spec. bambina*] coco (*m.*): *cocco mio!* mon petit coco!, mon (petit) chou! → **tesorino 3** *s.* (*fam., scherz.*) [*prediletto, preferito*] chouchou*: *è la cocca della famiglia* c'est la chouchoute de la famille; *è il cocco di mamma* c'est le chouchou de sa mère, l'amour de sa mère → **beniamino** # *povero cocco!* (le) pauvre chou!
coccodè |kokkoˈdɛ| *s.m. inv.* (*voce onomat. che imita il verso della gallina*) cot... cot... codet # *imitava il coccodè della gallina* il imitait le caquet, le caquetage de la poule.
coccodrillo |kokkoˈdrillo| *s.m.* **1** (*t.zool.*) crocodile ◇ (*corr.*) *il coccodrillo piange* le crocodile vagit ◇ (*loc. fig.*) *lacrime di coccodrillo* larmes de crocodile **2** [*pelle di coccodrillo*] crocodile: *scarpe, borsette di coccodrillo* chaussures, sacs de crocodile, en croco (*fam.*) **3** (*elettr., ferr.*) crocodile.
còccola |ˈkɔkkola| *s.f.* **1** baie de genièvre, genévrier *m.* ◇ (*per est.*) [*qualsiasi frutto a forma di pallina*] baie: *le coccole del ribes* les baies de groseille → **bacca, frutto 2** *al plur.* [*cose futili, senza importanza*] bagatelle *sing.* → **bazzecola 3** (*fam.*) [*gesto affettuoso, spec. di bambini*] mimi *m.* (*fam.*): *fai le coccole alla mamma* fais un gros mimi à maman → **carezza.**
coccolàre |kokkoˈlare| **A** *v.tr.* [*far carezze, vezzeggiare*] chouchouter, dorloter: *coccolare un bambino* chouchouter, dorloter un enfant **B** *v.pron. rifl.* COCCOLARSI [*godersela, crogiolarsi*] *coccolarsi al sole* lézarder *intr.*, paresser *intr.* au soleil; *coccolarsi nel proprio letto* paresser dans son lit.
còccolo |ˈkɔkkolo| **I** *agg.* (*fam.*) (*di bambini*) [*grazioso, carino*] mignon*, mimi: *è coccolo* il est mignon, mimi **II** *s.m.* **1** (*fam.*) [*bambino paffutello e grazioso*] mignon: *coccolo mio!* mon mignon! **2** (*fam.*) [*beniamino, prediletto*] chouchou* (*fam.*): *è il coccolo di sua madre* il est le chouchou de maman, l'amour de sa mère → 4 **cocco.**
coccolóne |kokkoˈlone| *s.* (*pop.*) [*chi ama farsi vezzeggiare*] câlin: *è un coccolone* c'est un (petit) câlin.
coccolóni |kokkoˈloni| *avv.* (*solo nella loc.*) *star* (*seduto*) *coccoloni* [*sulle calcagna*] être assis à croupetons.
cocènte |koˈtʃɛnte| *agg.* **1** [*molto caldo, bruciante*] brûlant: *sole cocente* soleil brûlant **2** (*fig.*) [*acuto, intenso*] cuisant: *un dolore cocente* une douleur cuisante ◇ [*pungente*] *rimproveri, parole cocenti* des reproches cuisants, des paroles cuisantes.
cocióre |koˈtʃore| *s.m.* (*lett.*) **1** [*sensazione di bruciore, di arsura*] brûlure *f.* (*corr.*); chaleur *f.* (*corr.*) **2** (*fig.*) [*pungente amarezza, delusione*] déception *f.*, blessure *f.* cuisante.
cocker |ˈkɔkə| *s.m. inv.* (*ingl.*) cocker *var.*
cocktail |ˈkɔkteil| *s.m. inv.* (*ingl.*) **1** cocktail (*var.*): *cocktail allo 'champagne'* champagne-cocktail **2** [*cocktail-party, ricevimento*] cocktail: *abito da cocktail* robe de cocktail.
còclea |ˈkɔklea| *s.f.* **1** (*anat.*) cochlée → **chiocciola 2** (*tecnol.*) vis d'Archimède **3** (*raro*) [*scala a chiocciola*] escalier *m.* en colimaçon.
cocólla |koˈkɔlla| *s.f.* (*abbigl. eccl.*) coule.
cocomeràio, i |kokomeˈrajo, i| *s.* **1** *s.* marchand de pastèques, de melons d'eau **2** *s.m.* (*agr.*) champs de pastèques.
cocómero |koˈkomero| *s.m.* **1** (*t. bot.*) pastèque *f.* ~ *cocomero amaro* coloquinte *f.* ~ *cocomero asinino* concombre d'âne ~ (*region.*) → **cetriolo** ◇ [*il frutto*] pastèque, melon d'eau: *una fetta di cocomero* une tranche de pastèque **2** (*fig.*) [*individuo sciocco, stupido*] cornichon → **citrullo, zuccone.**
cocorita |kokoˈrita| *s.f.* (*fam.*) [*pappagallo addomesticato*] perruche.
1 **'cocotte'** |kɔkɔt| *s.f. inv.* (*cuc.*) cocotte *var.*
2 **'cocotte'** |kɔkɔt| *s.f. inv.* cocotte *var.* → **prostituta.**
cocùzza |koˈkuttsa| *s.f.* **1** (*region.*) → **zucca 2** (*fig., scherz.*) [*testa, capoccia*] caboche (*fam.*) **3** *al plur.* (*scherz.*) [*denari, quattrini*] balles (*fam.*): *ho dovuto sborsare mille cocuzze* j'ai dû débourser mille balles.
cocùzzolo |koˈkuttsolo| *s.m.* **1** [*parte più elevata di un'altura, di un tetto e sim.*] sommet, cime (*f.*): *sul co-*

cuzzolo della montagna sur le sommet, la cime de la montagne → **vetta, cima** **2** [*sommità della testa*] sommet: *portava il berretto sul cocuzzolo* il portait son béret sur le sommet de la tête ◇ (*per est.*) [*sommità del cappello*] calotte *f.*

códa |'koda| *s.f.* **1** (*anat., zool., corr.*) queue: *coda di cavallo, di gatto, di pesce, di uccello* queue de cheval, de chat, de poisson, d'oiseau; *coda prensile* queue préhensile; *coda a pennacchio, a ventaglio* queue en panache, en éventail; *coda mozza, mozzata, troncata* queue coupée; *muovere (dimenare), rizzare la coda* remuer, relever la queue **2** (*loc. fig.*) *rizzare la coda* [*mostrare franchezza, decisione*] lever la crête ~ *abbassare la coda* [*diminuire di presunzione*] baisser le ton ~ *andarsene con la coda fra le gambe* s'en aller la queue basse, la queue entre les jambes ~ *aver la coda di paglia* [*esser cosciente dei propri difetti; non avere la coscienza tranquilla*] ne pas avoir la conscience tranquille ~ *avere il veleno sulla coda* [*esser perfido, aggressivo*] être une vipère ~ *non avere* NÉ CAPO NÉ CODA n'avoir ni queue ni tête: *son discorsi che non hanno né capo né coda* ce sont des propos qui n'ont ni queue ni tête ~ *il diavolo ci ha messo, ficcato la coda* [*le cose sono andate male*] le diable s'en est mêlé: *speriamo che almeno questa volta il diavolo non ci metta la coda* espérons qu'au moins cette fois le diable ne s'en mêlera pas ~ *sapere dove il diavolo tiene la coda* [*essere astuto, accorto*] connaître le dessous des cartes, savoir de quoi il retourne **3** *loc. particolari*: CODA DI CAVALLO (*accone. femminile*) queue de cheval: *si è tagliata la sua bella coda di cavallo* elle a coupé sa belle queue de cheval ~ (*anat.*) queue de cheval ~ A CODA DI CAVALLO en queue de cheval: *pettinatura a coda di cavallo* coiffure en queue de cheval ~ (*abbigl.*) A CODA DI RONDINE à queue de morue, de pie: *un abito a coda di rondine* un habit à queue de morue, de pie ~ (*tecnol.*) *incastro a coda di rondine* assemblage à queue d'aronde **4** (*per est.*) [*parte posteriore, parte terminale*] *la coda di un aereo, di un'automobile* la queue d'un avion, l'arrière *m.* d'une voiture; *la parte di coda di un razzo* la partie arrière d'une fusée ◇ (*mil.*) *coda d'affusto* flèche ◇ [*settore ultimo di un corteo, di una fila e sim.*] queue: *la coda di un corteo, di un treno* la queue d'un cortège, d'un train; *camminare in coda al gruppo* marcher à la queue du groupe; *son finito nella vettura di coda* je me suis retrouvé dans le wagon de queue ◇ *loc.* IN CODA [*in fondo*] à la queue: *ti ho visto in coda al corteo* je t'ai vu à la queue du cortège **5** (*per est.*) [*fila di persone in attesa*] queue: *far la coda, un'ora di coda a uno sportello* faire la queue, une heure de queue à un guichet; *in quel negozio c'è sempre la coda, bisogna sempre far la coda* dans ce magasin il y a toujours la queue, il faut toujours faire la queue; *tornerò, ora non mi va di far la coda* je reviendrai, maintenant je n'ai pas envie de faire la queue ◇ (*loc.*) *mettersi in coda* se mettre à la queue ~ *essere, trovarsi in coda* [*essere l'ultimo di una fila*] être, se trouver à la queue ~ *il fanalino di coda* [*l'ultimo*] la lanterne rouge **6** (*per est.*) [*prolungamento, appendice*] queue: *la coda di una lettera dell'alfabeto* la queue d'une lettre de l'alphabet; *un abito con la coda* un habit à queue; *la coda di una cometa* la queue d'une comète; *pianoforte a coda* piano à queue # *la coda dell'occhio* [*l'angolo esterno dell'occhio*] le coin de l'œil ◇ (*loc. fig.*) *guardare con la coda dell'occhio* regarder du coin de l'œil ◇ (*banca*) *la coda di una cambiale* l'allonge → **allunga** ◇ (*bot.*) queue → **peduncolo, picciolo** ◇ (*mus.*) coda → **finale** ◇ (*fig.*) [*seguito, strascico*] suite: *c'è sempre qualche coda polemica in questi dibattiti* il y a toujours quelques suites polémiques dans ces débats **7** [*scarto di distillazione*] queue: *prodotti di coda di una distillazione* produits de queue d'une distillation → **residuo** **8** (*t.bot.*) *coda di topo* queue-de-renard **9** *coda di topo* [*lima*] queue-de-rat ◇ [*lenza da pesca*] queue-de-rat **10** *coda di rospo* [*parte commestibile della razza*] crapaud *m.* de mer, lotte (de mer) **11** (*cine.*) *la coda della pellicola* la queue de film.

codardaménte |kodarda'mente| *avv.* [→ CODARDO] lâchement → **vigliaccamente.**

codardìa |kodar'dia| *s.f.* (*lett.*) → **vigliaccheria.**

codàrdo |ko'dardo| *agg. e s.* → **vigliacco.**

codàzzo |ko'dattso| *s.m.* [*coda disordinata di persone*] cohorte *f.*, cour (*f.*): *un codazzo di ammiratori* une cohorte, une cour d'admirateurs # *è arrivato con tutto il codazzo dei suoi amici* il est arrivé avec toute la troupe de ses amis → **corteo, seguito.**

codeìna |kode'ina| *s.f.* codéine.

codésti |ko'desti| *pron. dim. m. sing.* → **costui.**

codésto |ko'desto|, **cotésto** |ko'testo| **1** *agg. dim.* (*region., lett.*) (*usato soprattutto in opposizione a 'questo, quello'*) → **questo, quello** ◇ (*in usi bur. o comm.*) *mi rivolgo a codesto ufficio, a codesta direzione per...* je me adresse à ce bureau, à cette direction pour... **2** *pron. dim.* (*raro*) [*codesta cosa; ciò*] ceci, cela: *codesto non è giusto* ceci (cela) n'est pas juste # *codesto che tu dici non è vero* ce que tu dis n'est pas vrai.

codetentóre, trice |kodeten'tore, tritʃe| *s.* codétenteur*.

codétta |ko'detta| *s.f.* **1** petite queue → **coda** **2** (*lettere d'ufficio, comm.*) [*spazio riservato all'indirizzo del destinatario*] vedette, suscription **3** [*cordoncino all'estremità di una frusta*] mèche **4** (*mar.*) amarre de bout **5** (*ling.*) accent *m.* phonétique → **accento** **6** (*mus.*) coachet *m.*

codibiànco, chi |kodi'bjanko, ki| *s.m.* → **culbianco.**

codibùgnolo |kodi'buɲɲolo| *s.m.* (*t.zool.*) mésange *f.*, meunière *f.*

còdice |'kɔditʃe| *s.m.* **1** [*raccolta ufficiale di leggi*] code: *codice penale, civile* code pénal, civil; *consultare il codice* consulter le code ◇ (*per est.*) *codice militare, marittimo, della navigazione, amministrativo* code militaire, maritime, de la navigation, administratif; *codice sportivo, postale* code sportif, postal; ◇ (*fig.*) *codice morale* code moral # *codice cavalleresco* loi, code de l'honneur ◇ (*loc. fig.*) *sfiorare il codice* [*rasentare il reato*] se tenir dans les marges du code; friser l'illégalité ~ *inciampare nel codice* [*incorrere nelle sanzioni della legge*] tomber sous le coup de la loi ~ *avere il codice in tasca* [*conoscere bene le leggi*] connaître le code **2** [*sistema convenzionale di comunicazione*] code: *codice telegrafico* code télégraphique ◇ [*metodo cifrato per comunicazioni segrete*] *comunicare in codice* communiquer en code; *scoprire il codice del nemico* découvrir le code de l'ennemi **3** (*biol.*) *codice genetico* code génétique **4** (*elab.*) code **5** (*bibliografia, paleogr.*) [*tavolette scritte; manoscritto*] manuscrit: *codice palinsesto, mutilo* manuscrit palimpseste, mutilé; *codice anonimo* manuscrit anonyme ◇ [*raccolta di documenti scritti*] *i codici vaticani* les manuscrits du Vatican.

codicìllo |kodi'tʃillo| *s.m.* (*dir.*) codicille: *apporre un codicillo* ajouter un codicille → **postilla.**

codìfica, che |ko'difika, ke| *s.f.* **1** [→ CODIFICARE 1] codification **2** (*elab.*) (en)codage *m.*

codificàre |kodifi'kare| *v.tr.* **1** [*raccogliere norme in modo sistematico*] codifier: *codificare il diritto penale* codifier le droit pénal ◇ (*per est.*) [*assegnare valore di legge*] *codificare una norma* codifier une norme; *usanze codificate dalla tradizione* coutumes codifiées par la tradition **2** [*trascrivere, mettere in codice*] (en)coder: *codificare informazioni* encoder des informations ◇ (*elab.*) *codificare i dati di un'operazione statistica* coder les données.

codificatóre, trice |kodifika'tore, tritʃe| *s. e agg.* codificateur* → **codificare** 1; (en)codeur *m.* → **codificare** 2.

codificazióne |kodifikat'tsjone| *s.f.* [→ CODIFICARE 1] codification: *codificazione delle leggi* codification des lois ◇ [→ CODIFICARE 2] (en)codage *m.*

codino |ko'dino| *s.m.* **1** petite queue *f.* → **coda, codetta** **2** (*ant. accone. maschile*) [*treccia di capelli naturale o posticcia dietro la nuca*] queue, natte *f.* → **treccia** ◇ (*per est., accone. femminile*) [*treccina*] couette *f.* (*fam.*) **3** (*fig.*) [*individuo retrogrado, reazionario*] réactionnaire: *è un codino* c'est un réactionnaire → **retrivo** ♦ (*agg.*) *una persona codina* une personne rétrograde, réactionnaire; *mentalità codina* esprit rétrograde; *stampa codina* presse réactionnaire.

codirósso |kodi'rosso| *s.m.* (*t. zool.*) rouge-queue: *dei codirossi* des rouges-queues.

códolo |'kodolo| *s.m.* **1** [*parte assottigliata di una lama, di un cacciavite, di una linea e sim. che si infila nell'impugnatura o manico*] soie *f.*, talon: *codolo di un coltello, di una spada* soie, talon d'un couteau, d'une épée; *codolo di lima* soie de lime ◇ (*per est.*) [*impugnatura di cucchiaio, forchetta e sim.*] manche: *codolo di cucchiaio, di forchetta* manche de cuiller, de fourchette → **manico** **2** (*mecc.*) queue *f.*

codóne |ko'done| *s.m.* **1** longue queue *f.* → **coda** **2** (*t.zool.*) pilet → **fischione** **3** [*parte della groppiera che passa sotto la coda del cavallo*] culeron **4** (*armi*) bouton de culasse.

codrióne |ko'drjone| *s.m.* (*anat.*, *zool.*) croupion ◇ (*scherz.*) [*sedere*] croupion → **coccige.**
coeditóre, trice |koedi'tore, tri-tʃe| *agg. e s.* co-éditeur*.
coedizióne |koedit'tsjone| *s.f.* co--édition.
coefficiènte |koeffi'tʃɛnte| *s.m.* **1** (*fis.*, *mat.*) coefficient: *coefficiente numerico, d'elasticità, angolare* coefficient numérique, d'élasticité, angulaire ◇ (*econ.*) *coefficiente di rivalutazione* coefficient de revalorisation **2** (*fig.*) [*fattore che concorre a un effetto o a un risultato*] coefficient, facteur: *coefficiente di abitabilità* coefficient, facteur d'habitabilité; *coefficiente d'ingombro* coefficient d'encombrement.
coèfora |ko'ɛfora| *s.f.* (*st. gr.*) choéphore.
'coéquipier' |kɔekipje| *s.m. inv.* coéquipier* *s. var.*
coercibile |koer'tʃibile| *agg.* **1** (*persone*) que l'on peut contraindre (*loc.*): *individuo coercibile* individu que l'on peut contraindre **2** (*fis.*) coercible: *gas coercibile* gaz coercible.
coercibilità |koertʃibili'ta| *s.f. inv.* (*fis.*) coercibilité *var.*
coercitivo |koertʃi'tivo| *agg.* coercitif*: *metodi coercitivi* des méthodes coercitives.
coercizióne |koertʃit'tsjone| *s.f.* coercition: *far uso della coercizione* exercer une coercition → **costrizione.**
coerède |koe'rɛde| *s.* [*chi è erede insieme ad altri*] cohéritier*.
coeredità |koeredi'ta| *s.f. inv.* (*dir.*) cohéritage *m. var.*
coerènte |koe'rɛnte| *agg.* **1** (*fis.*, *geol.*) cohérent: *rocce coerenti* roches cohérentes; *materiale coerente* matériau cohérent **2** (*fig.*) (*persone*) cohérent: *un personaggio coerente* un personnage cohérent; *non è un discorso coerente* ce n'est pas un discours cohérent; *è stato sempre coerente con sé stesso* il a toujours été logique, cohérent avec lui-même Ⓒ **incoerente.**
coerenteménte |koerente'mente| *avv.* [→ COERENTE 2] avec cohérence *loc. inv.*, d'une manière cohérente (*loc. inv.*): *agire coerentemente* agir avec cohérence, d'une manière cohérente.
coerènza |koe'rɛntsa| *s.f.* **1** cohérence: *coerenza di idee* cohérence d'idées; *agire, comportarsi con coerenza* agir, se conduire avec cohérence, avec logique **2** (*fis.*) cohérence: *la coerenza di un composto* la cohérence d'un composé → **coesione** Ⓒ **incoerenza.**
coesióne |koe'zjone| *s.f.* (*fis.*) cohésion ◇ (*fig.*) *mancanza di coesione* faute de cohésion → **incoerenza.**
coesistènza |koezis'tɛntsa| *s.f.* coexistence: *coesistenza di idee* coexistence d'idées; *coesistenza di partiti* coexistence de partis; *coesistenza pacifica* coexistence pacifique.
coesistere |koe'zistere| (116) *v. intr.* (*aus. 'essere'*) [*esistere insieme*; *essere presente contemporaneamente*] coexister (*aus.* avoir): *coesistono strane contraddizioni nella sua proposta* d'étranges contradictions coexistent dans sa proposition ◇ (*persone*) [*stare insieme*; *vivere in accordo*] vivre (58) (*aus.* avoir) ensemble: *con un po' di buona volontà possiamo ancora coesistere* avec un peu de bonne volonté nous pouvons encore vivre ensemble.
coesivo |koe'zivo| *agg.* cohésif*: *liquido coesivo* liquide cohésif.
coetàneo |koe'taneo| *agg.* **1** [*della stessa epoca o generazione*] contemporain: *sono due scrittori coetanei* ce sont deux auteurs contemporains → **contemporaneo** ◆ (*s.*) *un coetaneo* un contemporain: *i coetanei di Dante* les contemporains de Dante **2** (*solo persone*) du même âge (*loc. inv.*): *siamo tutti e tre coetanei* nous sommes tous les trois du même âge; *due donne coetanee* deux femmes du même âge ◆ (*s.*) *un coetaneo* personne *f.* du même âge: *è un mio, un vostro coetaneo* c'est une personne du même âge que moi, que vous.
coèvo |ko'ɛvo| *agg.* [*della stessa epoca, della stessa generazione*] contemporain: *questi due autori sono coevi* ces deux auteurs sont contemporains → **contemporaneo, coetaneo.**
cofanétto |kofa'netto| *s.m.* **1** [→ COFANO 1] petit coffre **2** [*contenitore per preziosi*] coffret: *cofanetto d'avorio, d'argento* coffret d'ivoire, d'argent; *cofanetto portagioie* coffret à bijoux.
còfano |'kɔfano| *s.m.* **1** petit coffre → **forziere** **2** [*grande cassa, con coperchio bombato*] coffre (bombé): *cofano per munizioni* coffre à munitions **3** (*auto.*) coffre: *cofano portabagagli* coffre à bagages; *cofano posteriore* coffre arrière # *cofano* (*del*) *motore* capot--moteur.
còffa |'kɔffa| *s.f.* **1** (*mar.*) *hune **2** (*pesca*) palangre → **palangaro.**
cofirmatàrio, i |kofirma'tarjo, i| *agg. e s.* [*che, chi firma* (*un atto*) *con altri*] cosignataire.
cogerènte |kodʒe'rɛnte| *s.* (*dir.*) cogérant.
cogestióne |kodʒes'tjone| *s.f.* (*dir.*) cogestion.
cogitabóndo |kodʒita'bondo| *agg.* (*lett.*) → **pensieroso, assorto.**
cogitàre |kodʒi'tare| *v. intr.* (*aus. 'avere'*) *e tr.* (*lett.*, *scherz.*) → 1 **pensare.**
cogitativo |kodʒita'tivo| *agg.* (*lett.*, *scherz.*) → **riflessivo, pensieroso.**
cogitazióne |kodʒitat'tsjone| *s.f.* cogitation.
cògito |'kɔdʒito| *s.m. inv.* (*filos.*) cogito.
cógli |'koʎʎi| *prep. art. m.pl.* → **con.**
cògliere |'kɔʎʎere| (123) **A** *v.tr.* **1** [*prendere, staccare, spiccare*] cueillir (18): *cogliere un fiore, un geranio* cueillir une fleur, un géranium; *andiamo a cogliere i fichi* allons cueillir les figues # *perché hai colto quel ramo?* pourquoi as-tu détaché cette branche? ◇ (*per est.*) [*prendere, raccogliere*] prendre (73): *è proibito cogliere l'acqua dal pozzo* il est interdit de prendre l'eau du puits, de puiser de l'eau dans ce puits ◇ (*fig.*) *cogliere i frutti del proprio lavoro* recueillir le fruit de son travail; *ieri sera hai colto un buon successo* hier soir tu as remporté un beau succès → **ottenere** **2** [*afferrare, prendere*] attraper, saisir: *il portiere ha colto il pallone al volo* le gardien a attrapé le ballon au vol, à la volée; *l'ho colto per un braccio e l'ho allontanato* je l'ai saisi par le bras et je l'ai éloigné ◇ (*fig.*) *mi ha colto una gran paura!* une grande peur m'a pris; *è stato colto da improvvisi dolori* il a été saisi, pris de douleurs subites ◇ (*fig.*) [*approfittare di, saper sfruttare*] saisir: *hai colto il momento buono, l'occasione adatta* tu as saisi le bon moment, l'occasion propice ◇ (*fig.*) [*comprendere, capire*] *non ho ben colto il tuo pensiero* je n'ai pas bien saisi ta pensée; *è un tipo che coglie al volo certe cose* c'est un type qui saisit au vol certaines choses ◇ (*loc. fig.*) *cogliere la palla al balzo* [*approfittare con prontezza di una buona occasione*] prendre, saisir la balle au bond **3** [*prendere di sorpresa*; *sorprendere*] prendre, surprendre (73): *ci hanno colto in fallo* on nous a pris, surpris en défaut; *cogliere alla sprovvista* prendre au dépourvu; *l'acquazzone ci ha colti a metà viaggio* l'averse nous a surpris au milieu du voyage **4** [*colpire, centrare*] toucher, atteindre (66): *cogliere il bersaglio* toucher, atteindre la cible; *l'ha colto in piena fronte* il l'a atteint en plein front ◇ (*fig.*) *cogliere qc. nel punto debole* toucher la corde sensible de qqn. ◇ (*lett.*) *che diamine ti coglie?* diantre! qu'est-ce qui te prend, t'arrive? ◇ (*fig.*) [*indovinare, azzeccare*] trouver: *ci hai colto per caso* tu nous as trouvés par hasard # *avete colto in pieno il problema* vous avez touché juste le problème **B** *v.intr.* **1** (*aus. 'avere'*) [*azzeccare, indovinare*] tomber (*aus.* être): *hai colto giusto* tu es tombé juste **2** (*aus. 'essere'*) (*lett.*) → **capitare.**
coglionàggine |koʎʎo'naddʒine| *s.f.* → **coglioneria** 2.
coglionàta |koʎʎo'nata| *s.f.* (*volg.*) → **coglioneria** 2.
coglióne |koʎ'ʎone| *s.m.* **1** (*volg.*) → **testicolo** **2** (*volg.*, *fig.*) [*imbecille*] con, couillon.
coglionerìa |koʎʎone'ria| *s.f.* **1** (*volg.*) [*stupidità, sciocchezza*] connerie (*volg.*): *quel tipo è di una coglioneria impressionante* ce type est d'une connerie impressionnante **2** [*errore grossolano*] couillonnade, connerie: *fare una coglioneria* faire une couillonnade, une connerie → **castroneria**; *dire coglionerie* débiter, dire des conneries.
coglitùra |koʎʎi'tura| *s.f.* [→ COGLIERE A 1] cueillette: *la coglitura delle ciliegie, delle olive* la cueillette des cerises, des olives → **raccolta.**
'cognac' |kɔɲak| *s.m. inv.* cognac (*var.*): *bere un bicchiere di 'cognac'* boire un cognac.
cognàta |koɲ'ɲata| *s.f.* [*sorella del marito, della moglie*; *moglie del fratello*] belle-sœur: *delle cognate* des belles-sœurs.
cognàto |koɲ'ɲato| *s.m.* [*il fratello della moglie, del marito*; *il marito della sorella*] beau-frère: *dei cognati* des beaux-frères.
cognazióne |koɲɲat'tsjone| *s.f.* **1** (*dir. rom.*) cognation # *cognazione legale* parenté adoptive → **parentela** **2** (*lett.*) [*stirpe, parentado*] lignée.
cognizióne |koɲɲit'tsjone| *s.f.* **1** (*lett.*) [*conoscenza*] connaissance (*corr.*) ◇(*loc.*) *avere cognizione di q.c.* avoir connaissance de qqch. ~ *avere una cognizione precisa di qc.* avoir la connaissance précise de qqch. **2** *spec. al plur.* [*nozioni, informazioni su q.c.*] connaissances; notions: *approfondire, arricchire le proprie cognizioni* approfondir, enrichir ses connaissances; *è un uomo di vaste cognizioni scientifiche* c'est un homme qui a des connaissances scientifiques très étendues ‖ *ha qualche cognizione di greco* il a quelques notions de grec → **nozione** **3** (*dir.*) con-

naissance # *procedimento di cognizione penale* procédure d'investigation pénale → **istruzione** ◇ [*competenza a istruire*] compétence: *questo processo è di cognizione del tribunale di Milano* ce procès est de la compétence du tribunal de Milan ◇ (*loc. fig.*) *con cognizione di causa* en connaissance de cause.

cognóme |koɲ'ɲome| *s.m.* **1** nom (de famille): *nome e cognome* prénom et nom; *dire il proprio cognome* décliner son nom **2** (*st. rom.*) surnom.

cognominàre |koɲɲomi'nare| **A** *v.tr.* (*raro, lett.*) → **nominare** **B** *v. pron.* COGNOMINARSI (*raro, lett.*) → **chiamar(si)**.

coguàro |ko'gwaro| *s.m.* → **puma**.

cói |'koi| *prep. art. m.pl.* → **con**.

coiàme |ko'jame| *s.m.* → **cuoiame**.

coibentàre |koiben'tare| *v.tr.* (*tecnol.*) [*isolare con materiale coibente*] isoler # *coibentare termicamente* calorifuger; *coibentare acusticamente* insonoriser.

coibentazióne |koibentat'tsjone| *s.f.* (*tecnol.*) isolation.

coibènte |koi'bɛnte| *agg. e s.m.* (*fig., tecnol.*) isolant: *coibente termico* isolant thermique, calorifuge.

coibènza |koi'bɛntsa| *s.f.* qualité isolante (d'un matériau).

'coiffeur' |kwafœʀ| *s.m. inv.* coiffeur* (*s. var.*): *'coiffeur' per signora, per uomo* coiffeur pour dames, pour hommes.

coimputàto |koimpu'tato| *s.m.* (*dir.*) coïnculpé.

coincidènza |kointʃi'dɛntsa| *s.f.* **1** coïncidence: *ci siamo incontrati per una felice coincidenza* nous nous sommes rencontrés par une heureuse coïncidence; *che coincidenza!* quelle coïncidence! **2** (*fig.*) [*concordanza, identità*] correspondance: *c'è una coincidenza di idee* il y a correspondance d'idées **3** [*combinazione di orario dei mezzi di trasporto pubblici*] correspondance: *perdere la coincidenza* manquer, rater (*fam.*) la correspondance **4** (*geom.*) coïncidence.

coincìdere |koin'tʃidere| (130) *v. intr.* (*aus. 'avere'*) **1** [*accadere, verificarsi di un fatto in concomitanza con un altro*] coïncider: *la sua partenza coincise con il mio arrivo* son départ coïncida avec mon arrivée **2** [*corrispondersi, andar d'accordo; essere sostanzialmente identico*] coïncider; correspondre (53) à: *le due versioni del fatto coincidono* les deux versions du fait coïncident → **collimare** ‖ *le misure del mobile coincidono con quelle del muro* les mesures du meuble correspondent à celles du mur ◇ (*fig.*) concorder: *le nostre idee politiche non coincidono affatto* nos idées politiques ne concordent pas **3** (*geom., mat.*) [*essere la stessa cosa; avere tutti i punti in comune*] coïncider: *le due cifre, i due lati coincidono* les deux chiffres, les deux côtés coïncident.

coinè |koi'nɛ| *s.f.* (*ling.*) koinê, koinè.

coinquilino |koinkwi'lino| *s.* [*uno degli inquilini dello stesso fabbricato*] colocataire.

cointeressàre |kointeres'sare| *v. tr.* **1** (*comm.*) [*far partecipi altri del rischio o del guadagno di un affare*] intéresser: *cointeressare i dipendenti di una ditta agli utili* intéresser les employés d'une entreprise aux bénéfices **2** (*fig.*) [*suscitare l'interesse, la partecipazione*] intéresser: *cointeressare i figli ai problemi della famiglia* intéresser ses enfants aux problèmes de la famille.

cointeressàto |kointeres'sato| *agg.* [*che ha interessi, con altri, in uno stesso affare*] intéressé: *le parti cointeressate* les parties intéressées ✦ (*s.m.*) *un cointeressato* un cointéressé; *consultare i cointeressati* consulter les cointéressés.

cointeressènza |kointeres'sɛntsa| *s.f.* (*dir., comm.*) coparticipation (aux profits): *cointeressenza dei lavoratori* coparticipation des travailleurs → **partecipazione**.

coinvòlgere |koin'vɔldʒere| (196) *v.tr.* [*implicare qc. in una situazione difficile, sgradevole o dannosa*] impliquer, mêler à: *coinvolgere qc. in un losco affare* impliquer qqn. dans une affaire louche, mêler qqn. à une affaire louche; *coinvolgere qc. in un processo* impliquer qqn. dans un procès.

coinvòlto |koin'vɔlto| *agg.* [*che è implicato in una situazione difficile o scandalosa*] impliqué: *sono le persone coinvolte nello scandalo* ce sont les personnes impliquées dans le scandale.

coióte |ko'jote| *s.m.* (*t.zool.*) coyote.

còito |'kɔito| *s.m.* coït.

coke |'kouk| *s.m. inv.* (*ingl.*) coke (*var.*): *coke metallurgico* coke métallurgique; *coke da gas* coke à gaz.

cokerìa |koke'ria| *s.f.* cokerie.

cokizzàre |kokid'dzare| *v.tr.* (*chim.*) [*trasformare in coke*] cokéfier.

cokizzazióne |kokiddzat'tsjone| *s.f.* (*chim.*) cokéfaction.

col- |kol| *pref.* → **con**.

col |kol| *prep. art. m. sing.* → **con**.

còla |'kɔla| *s.f.* (*t.bot.*) kolatier *m.*, kola *m.*, cola (*m.*): *noce di cola* noix de kola.

colà |ko'la| *avv.* [*là, in quel luogo*] là-bas ◇ (*fam.*) *così colà* [*così, così*] couci-couça, comme ci, comme ça (*corr.*) ◇ (*usato per abbreviare un discorso che si dilunga troppo*) et patati!, et patata!

colabròdo |kola'brɔdo| *s.m. inv.* [*arnese da cucina per filtrare il brodo e sim.*] passoire *f. var.* ◇ (*fig.*) *essere ridotto come un colabrodo* être transformé en écumoire (*f. var.*); *ridurre qc. come un colabrodo* [*crivellarlo di colpi di pistola e sim.*] transformer qqn. en écumoire, cribler qqn. de balles.

colàggio, i |ko'laddʒo, i| *s.m.* **1** [→ COLARE A 3] fusion (*f.*): *ha eseguito un perfetto colaggio dell'oro* il a fait une parfaite fusion de l'or **2** (*lavorazione della ceramica*) coulage.

colaggiù |kolad'dʒu| *avv.* (*lett.*) → **laggiù**.

colagògo, ghi |kola'gɔgo, gi| *agg. e s.m.* cholagogue.

colapàsta |kola'pasta| *s.m. inv.* [*arnese da cucina per scolare alimenti*] passoire *f. var.*

colàre |ko'lare| **A** *v.tr.* **1** [*far passare un liquido attraverso un filtro*] passer; filtrer: *colare il brodo* passer le bouillon → 1 **passare** ‖ *colare il tè, il caffè* filtrer le thé, le café → **filtrare**; *colare il vino* filtrer le vin ✦ (*al p.p.*) *bere il brodo colato* prendre du bouillon passé au chinois **2** (*per est.*) [*recuperare q.c. di solido che era immerso in un liquido*] égoutter: *colare la pasta* égoutter les pâtes ✦ (*al p.p.*) *condire la pasta colata* assaisonner les pâtes égouttées → 1 **scolare** **3** [*rendere fluido o liquido un corpo solido*] fondre (53): *colare l'oro, il ferro* fondre l'or, le fer ✦ (*al p.p.*) *oro colato* or fondu ◇ (*loc. fig.*) *prendere q.c. per oro colato* [*per una verità assoluta; credere ciecamente*] prendre qqch. pour de l'or en barres, pour vérité d'évangile **4** [*affondare*] couler: *i sommergibili hanno colato le tre navi* les submersibles ont coulé les trois bâtiments **B** *v.intr.* (*aus. 'essere' nei significati 1, 3, 4; 'avere' nel significato 2*) **1** [*cadere, gocciolare, fluire* (*spec. di liquido*)] couler (*aus.* avoir); dégouliner (*aus.* avoir): *gli cola il sudore dalla fronte* la sueur coule de son front; *il raffreddore mi fa colare il naso* le rhume fait couler mon nez; *il sangue gli cola dalla ferita* le sang coule de sa blessure ‖ *cola la pioggia dal soffitto* la pluie dégouline du plafond **2** [*avere una tenuta imperfetta; lasciar fluire all'esterno*] fuir (22), couler: *la botte colava abbondantemente* le tonneau fuyait abondamment; *la cisterna ha colato tutta la notte* la citerne a fui, a perdu toute la nuit **3** [*sciogliersi al fuoco*] fondre (*aus.* avoir): *la cera ha cominciato a colare* la cire a commencé à fondre **4** [*andare a fondo*] couler: *la nave è colata a picco* le navire a coulé à pic.

colassù |kolas'su| *avv.* (*lett.*) → **lassù**.

colàta |ko'lata| *s.f.* **1** (*tecnol.*) coulée: *colata di ferro fuso* coulée de fer fondu **2** (*geol.*) *colata di lava* coulée de lave.

colaticcio, i |kola'tittʃo, i| *s.m.* **1** [*materia colata*] coulée (*f.*): *togliere il colaticcio di candela* enlever la coulée de cire **2** (*metall.*) coulure *f.* **3** [*liquame che cola dal letame di una concimaia*] purin.

colatóio, i |kola'tojo, i| *s.m.* **1** → **colino, colabrodo** **2** [*crogiolo*] creuset **3** (*alpinismo*) couloir.

colatùra |kola'tura| *s.f.* **1** [→ COLARE A 1] colature: *la colatura di un liquido* la colature d'un liquide # *la colatura del brodo* la clarification du bouillon; *la colatura della pasta* l'égouttage des pâtes **2** [→ COLARE A 3] fusion: *fare la colatura dell'oro* faire la fusion de l'or → **fondere** ◇ (*metall.*) coulure: *raccogliere la colatura di un metallo* recueillir la coulure d'un métal **3** [→ COLARE B 3] coulée: *raccogliere la colatura della candela* recueillir la coulée du cierge (de la bougie) **4** (*bot.*) coulure.

colazióne |kolat'tsjone| *s.f.* **1** [*pasto della mattina*] petit déjeuner (*m.*): *colazione a base di latte e caffè* petit déjeuner composé de lait et de café, de café au lait; *fare la prima colazione* prendre son petit déjeuner # *è andato a lavorare senza far colazione* il est parti travailler sans déjeuner ◇ [*orario della giornata in cui si consuma gener. questo pasto*] *ascoltare la radio a colazione* écouter la radio au petit déjeuner **2** [*pasto di mezzogiorno*] déjeuner: *colazione al sacco* déjeuner sur l'herbe, pique-nique (*m.*); *colazione alla forchetta* déjeuner à la fourchette; *colazione di lavoro* déjeuner d'affaires; *mi ha invitato a colazione* il m'a invité à déjeuner # *va a colazione da lui* il va déjeuner chez lui ◇ [*cibo mangiato durante questo pasto*] *una colazione leg-*

gera un déjeuner léger; *non ho digerito la colazione* je n'ai pas digéré le déjeuner ◇ [*orario della giornata in cui si consuma questo pasto*] *incontrarsi a colazione* se rencontrer au déjeuner.
colbàcco, chi |kol'bakko, ki| *s.m.* colback.
còlchico, ci |'kɔlkiko, tʃi| *s.m.* (*t.bot.*) colchique.
colcòs |kol'kɔs| *s.m. inv.* → **kolchoz.**
colcosiàno |kolko'zjano| *agg. e s.* kolchozien*.
colecistectomìa |koletʃistekto'mia| *s.f.* (*chir.*) cholécystectomie.
colecìsti |kole'tʃisti| *s.f. inv.* (*anat.*) cholécyste *m. var.*
colecistìte |koletʃis'tite| *s.f.* (*med.*) cholécystite.
colecistografìa |koletʃistogra'fia| *s.f.* (*med.*) cholécystographie.
colèdoco, chi |ko'lɛdoko, ki| *s.m.* (*anat.*) cholédoque.
colèi |ko'lɛi| *pron. dim. f. sing.* [*quella donna*] → **colui, coloro 1** (*raro*) (*usato senza antecedente*) celle-là ◇ (*con valore spreg.*) [*quella tipa*] *che vuole colei?* que veut-elle (qu'est-ce qu'elle veut), celle-là? **2** (*antecedente del pron. rel.*) celle: *colei che parla è mia zia* celle qui parle est ma tante; *colei con la quale esce è una sua collega* celle avec qui il sort est une de ses collègues.
colendìssimo |kolen'dissimo| *agg.* → **illustrissimo.**
coleòptile |kole'ɔptile| *s.m.* (*bot.*) coléoptile.
Coleòtteri |kole'ɔtteri| *s.m. pl.* (*t. zool.*) Coléoptères.
colèra |ko'lɛra| *s.m. inv.* (*med.*) choléra *var.*
colèrico, ci, ca, che |ko'lɛriko, tʃi, ka, ke| *agg.* (*med.*) cholérique.
coleróso |kole'roso| *agg. e s.* [*che, chi è malato di colera*] cholérique.
colesterìna |koleste'rina| *s.f.* → **colesterolo.**
colesterolemìa |kolesterole'mia| *s.f.* (*med.*) cholestérolémie.
colesteròlo |koleste'rɔlo| *s.m.* cholestérol, cholestérine *f.*
colf |'kɔlf| *s.f.* → **collaboratore** 2.
colibacìllo |koliba'tʃillo| *s.m.* colibacille.
colibacillòsi |kolibatʃil'lɔzi| *s.f. inv.* colibacillose *var.*
colibrì |koli'bri| *s.m. inv.* (*t.zool.*) colibri *var.*
còlica, che |'kɔlika, ke| *s.f.* (*med.*) colique: *colica biliare, renale* colique hépatique, néphrétique.
colìmbo |ko'limbo| *s.m.* (*t.zool.*) plongeon.
colìno |ko'lino| *s.m.* [*arnese da cucina per colare bevande*] passoire *f.* # *colino per il tè* passe-thé.
colìte |ko'lite| *s.f.* (*med.*) colite.
colìtico, ci, ca, che |ko'litiko, tʃi, ka, ke| *agg.* de colite (*loc. inv.*): *una forma colitica* une attaque de colite ✦ (*s.*) *un colitico* une personne *f.* atteinte de colite, qui souffre de colite.
cólla |'kolla| *prep. art. f. sing.* → **con.**
còlla |'kɔlla| *s.f.* **1** colle: *colla forte, da falegname* colle forte, à bois; *colla di glutine* colle de pâte; *colla di pesce* colle de poisson; *colore a colla* couleur à la colle ◇ (*loc. fig.*) (*persone*) *attaccarsi come la colla* être collant **2** (*per est.*) [*ogni sostanza attaccaticcia*] colle: *questo riso è diventato una colla!* ce riz, c'est de la colle!
collaboràre |kollabo'rare| *v.intr.* (*aus.* '*avere*') **1** [*dare il proprio contributo di lavoro a un'impresa, un'attività e sim.*] collaborer: *collaborare a un giornale* collaborer à un journal; *collaborare a un'impresa di utilità pubblica* collaborer à une entreprise d'utilité publique; *opera a cui hanno collaborato vari specialisti* œuvre à laquelle ont collaboré divers spécialistes ✦ *ass.* [*lavorare insieme con altre persone*] apporter sa collaboration: *in queste condizioni non possiamo collaborare* dans ces conditions nous ne pouvons pas apporter notre collaboration **2** (*polit.*) [*accettare di prendere accordi, di scendere a compromessi*] collaborer: *i partiti dell'opposizione si sono rifiutati di collaborare col governo* les partis de l'opposition ont refusé de collaborer avec le gouvernement ◇ [*praticare il collaborazionismo*] *collaborare con il nemico* collaborer avec l'ennemi.
collaboratóre, trice |kollabora'tore, tritʃe| *s. e agg.* **1** collaborateur* **2** (*per est.*) *collaboratrice familiare* [*nuova denominazione della 'donna di servizio'*] domestique, aide *f.* familiale.
collaborazióne |kollaborat'tsjone| *s.f.* [→ COLLABORARE 1] collaboration: *lavoro fatto in collaborazione* travail fait en collaboration.
collaborazionìsmo |kollaborattsjo'nizmo| *s.m.* (*polit., st.*) collaboration *f.*
collaborazionista |kollaborattsjo'nista| *s.* collaborateur*, collaborationniste.
collaborazionìstico, ci, ca, che |kollaborattsjo'nistiko, tʃi, ka, ke| *agg.* collaborationniste.
'collage' |kɔla3| *s.m. inv.* collage *var.* ◇ (*fig.*) *un 'collage' di idee* un collage d'idées.
collàggio, i |kol'ladd3o, i| *s.m.* collage.
collàna |kol'lana| *s.f.* **1** [*monile, gioiello a forma di cerchio da portare intorno al collo*] collier (*m.*): *collana di perle, di fiori* collier de perles, de fleurs **2** [*collezione editoriale di opere aventi caratteristiche comuni*] collection: *pubblicare una collana di poeti stranieri* publier une collection de poètes étrangers **3** [*collare distintivo di un ordine cavalleresco*] collier.
'collant' |kɔlɑ̃| *s.m. inv.* collant (*var.*): *comperare dei 'collant'* acheter un collants ✦ (*agg.*) *abito 'collant'* vêtement collant.
collànte |kol'lante| *s.m.* [*sostanza adesiva*] adhésif*: *usare il collante* utiliser l'adhésif ✦ (*agg.*) *carta collante* papier collant.
collàre |kol'lare| *s.m.* **1** [*anello di materiale resistente che si mette intorno al collo degli animali*] collier: *collare con il campanello* collier à grelots **2** (*loc. fig., relig.*) *mettersi il collare* prendre la soutane ~ *gettare il collare* [*spretarsi*] jeter le froc aux orties ~ *collari e cocolle* prêtres et moines; séculiers et réguliers **3** (*arald.*) collier: *collare dell'ordine dello Spirito Santo* collier de l'ordre du Saint-Esprit **4** [*piume di colore diverso da quelle del corpo che si trovano attorno al collo di un animale*] collier **5** (*mecc.*) collet **6** [*taglio di carne*] collet.
collarétto |kolla'retto| *s.m.* **1** petit collier ◇ (*di camicia, di mantello*) collerette *f.*, collet → **bavero** ◇ [*colletto pieghettato allacciato dietro il collo*] *collaretto di tulle* collerette de tulle **2** (*armi*) collerette → **collarino.**
collarìno |kolla'rino| *s.m.* **1** petit collier **2** (*arch.*) collier **3** [*orlo in rilievo del bossolo di una cartuccia*] collerette *f.*
collàsso |kol'lasso| *s.m.* (*med.*) collapsus: *collasso cardiaco* collapsus cardiaque.
collaterale |kollate'rale| **I** *agg.* **1** collatéral*: *organi collaterali* organes collatéraux; *strada collaterale* rue collatérale **2** (*dir.*) collatéral: *parenti collaterali* parents collatéraux; *linea, successione collaterale* ligne, succession collatérale ✦ (*s.*) *un collaterale* [*parente in linea collaterale*] un collatéral **3** (*anat., bot.*) collatéral **II** *s.m.* (*banca*) collatéral.
collatùra |kolla'tura| *s.f.* **1** → **'collage' 2** collage *m.* (des vins).
collaudàre |kollau'dare| *v.tr.* **1** [*sottoporre a collaudo macchine e sim.*] essayer (9), vérifier: *collaudare un motore, un aereo* essayer, vérifier un moteur, un avion # *collaudare un ponte* éprouver un pont ✦ (*al p.p.*) *macchina collaudata* machine vérifiée; *motore collaudato* moteur vérifié; *ponte collaudato* pont éprouvé **2** (*fig.*) [*mettere alla prova*] essayer, éprouver: *collaudare la propria forza* essayer, éprouver sa force ✦ (*al p.p.*) *un'amicizia collaudata* une amitié éprouvée.
collaudatóre, trice |kollauda'tore, tritʃe| *s.* [*chi esegue collaudi*] réceptionnaire, essayeur*: *assumere un collaudatore* engager un réceptionnaire, un essayeur; *collaudatore meccanico* réceptionnaire en construction mécanique; *collaudatore di motori* essayeur de moteurs ✦ (*agg.*) *operaio collaudatore* réceptionnaire *s.m.* vérificateur # *pilota collaudatore* pilote d'essai.
collàudo |kol'laudo| *s.m.* **1** [*controllo sperimentale dei requisiti tecnologici e dell'idoneità all'uso* (*di macchine e sim.*)] essai: *collaudo di macchine, di motori* essai de machines, de moteurs; *volo di collaudo* vol d'essai; *prove di collaudo* essais; *sottoporre a collaudo* mettre à l'essai; *superare un collaudo* subir un essai avec succès # *certificato di collaudo* certificat de bon fonctionnement; *fare il collaudo di un ponte* faire l'épreuve d'un pont **2** (*per est., fig.*) épreuve (*f.*): *il collaudo della sua sincerità* l'épreuve de sa sincérité.
collazionaménto |kollattsjona'mento| *s.m.* [→ COLLAZIONARE] **1** collationnement, collation *f.* **2** (*tip.*) collationnement.
collazionàre |kollattsjo'nare| *v.tr.* (*filol.*) [*confrontare manoscritti per arrivare all'edizione critica*] collationner: *collazionare le copie di un documento* collationner les copies d'un document; *collazionare i codici di un'opera classica* collationner les manuscrits d'une œuvre classique.
collazióne |kollat'tsjone| *s.f.* **1** (*filol.*) collation **2** (*dir.*) rapport *m.* de biens à la masse **3** (*relig.*) collation.
cólle |'kolle| *prep. art. f. pl.* → **con.**
còlle |'kɔlle| *s.m.* **1** [*rilievo del terreno di medie dimensioni*] coteau: *un boschetto in cima al colle* un petit

bois en haut du coteau → **collina** 2 (*geogr.*) col.

collèga, ghi, ghe |kol'lɛga, gi, ge| *s.* **1** collègue: *è mio collega d'ufficio* c'est un de mes collègues de bureau ◇ [*chi svolge la stessa attività professionale*] confrère (*m.*): *il medico ha richiesto il consulto di un collega* le médecin a demandé la consultation d'un confrère **2** (*per est.*, *fig.*, *fam.*) compagnon *m.*, partenaire.

collegaménto |kollega'mento| *s.m.* **1** [→ COLLEGARE A 1] jonction *f.*; liaison (*f.*): *collegamento di due strade* jonction de deux routes; *via di collegamento* voie de jonction → **unione** || *collegamento aereo, marittimo* liaison aérienne, maritime; *collegamento telefonico, ferroviario* liaison téléphonique, ferroviaire → **allacciamento** ◇ (*fig.*) liaison: *il collegamento delle immagini* la liaison des images → **connessione** **2** [*contatto, rapporto di relazione*] communication *f.*, contact: *mettersi in collegamento con qc.* se mettre en communication, en contact avec qqn. ◇ (*mil.*) *ufficiale di collegamento* officier de liaison **3** (*elettr.*) jonction; montage: *collegamento di due circuiti elettrici* jonction de deux circuits électriques; *punto di collegamento* point de jonction || *collegamento a stella, a triangolo* montage en étoile, en triangle; *collegamento in parallelo, in serie* montage en parallèle, en série.

colleganza |kolle'gantsa| *s.f.* **1** [*la condizione di essere colleghi*] rapport *m.* de collègue, entre collègues # *rapporto, spirito di colleganza* rapport, esprit confraternel **2** (*raro*) [*stretta connessione*] liaison (*corr.*).

collegàre |kolle'gare| **A** *v.tr.* **1** [*stabilire una comunicazione tra due o più parti, congiungere*] relier, joindre (61): *strada che collega due città, due paesi* route qui relie, joint deux villes, deux pays; *istmo che collega due continenti* isthme qui joint deux continents → **unire** ◇ (*fig.*) [*mettere in relazione, in connessione*] lier, relier: *collegare le idee* lier, relier les idées; *collegare due episodi fra loro* relier deux épisodes **2** (*elettr.*, *mecc.*) [*unire, congiungere*] assembler # *collegare una batteria di accumulatori* connecter une batterie d'accumulateurs; *collegare a stella, a triangolo* monter en étoile, en triangle **B** *v.pron.* COLLEGARSI **1** *recipr.* (*cose*) [*congiungersi, unirsi*] se joindre: *punto in cui si collegano due cose* point où deux choses se joignent ◇ (*fig.*) [*essere in connessione*] être (43) *intr.* lié: *i due fatti si collegano strettamente* les deux faits sont étroitement liés **2** [*allearsi, accordarsi*] se liguer (contre), s'allier (à, contre) **3** *rifl.* [*mettersi in contatto*] établir *tr.* une communication, se mettre (71) en communication, en contact: *collegarsi telefonicamente* établir une communication téléphonique; *ci siamo collegati con la sala stampa* nous nous sommes mis en communication avec la salle de presse.

collegatàrio, i |kollega'tarjo, i| *s. e agg.* (*dir.*) colégataire *s.*

collegàto |kolle'gato| *agg.* **1** [*unito, congiunto*] joint, attaché: *pezzi collegati saldamente* pièces solidement jointes ◇ [*che è in comunicazione*] relié: *due stanze collegate* (*tra loro*) deux chambres reliées; *i due centri sono collegati telefonicamente* les deux centres sont reliés par téléphone **2** (*fig.*) [*connesso, associato*] lié, associé: *sono problemi collegati* ce sont des problèmes liés, associés **3** (*fig.*, *lett.*) → **alleato.**

collegiàle |kolle'dʒale| **I** *agg.* **1** collégial*: *organo, atto collegiale* organe, acte collégial; *deliberazione collegiale* délibération collégiale ◇ [*collettivo*] collectif*: *allenamento collegiale* entraînement collectif; stage d'entraînement **2** [*di un collegio, di un istituto di educazione*] du pensionnat *loc. inv.*, de la pension (*loc. inv.*): *abitudini collegiali* habitudes du (de) pensionnat, de (la) pension; *la refezione collegiale* le repas du pensionnat **II** *s.* **1** [*allievo del collegio*] interne, pensionnaire → **convittore** **2** (*per est.*, *fig.*) [*giovane inesperto, timido*] collégien*, pensionnaire (*f.*): *comportarsi da collegiale*: (*detto di uomo*) se conduire en collégien; (*detto di donna*) se conduire en pensionnaire # *sembrare un collegiale* avoir l'air d'un enfant de chœur.

collegialità |kolledʒali'ta| *s.f. inv.* **1** collégialité (*var.*): *la collegialità di una decisione* la collégialité d'une décision **2** (*relig.*) collégialité.

collegialménte |kolledʒal'mente| *avv.* [→ COLLEGIALE I 1] en collégialité *loc. inv.*; collectivement.

collegiàto |kolle'dʒato| *agg.* collégial*: *chiesa collegiata* église collégiale.

collègio, i |kol'lɛdʒo, i| *s.m.* **1** collège: *il collegio dei professori* le collège des professeurs ◇ (*dir.*) *collegio di giudici* collège de juges; *collegio elettorale* collège électoral ◇ (*relig.*) *il Sacro Collegio* le Sacré Collège **2** [*istituto di istruzione ed educazione dei giovani*] pensionnat: *collegio maschile, femminile* pensionnat de garçons, de filles; *collegio laico* pensionnat laïc; *entrare in collegio* entrer au pensionnat → **convitto** ◇ (*per est.*) [*gli allievi e gli educatori dello stesso*] *alla rappresentazione c'era tutto il collegio* à la représentation il y avait tout le pensionnat **3** [*associazione di professionisti*] association (*f.*): *il collegio dei medici, degli avvocati* l'association des médecins, des avocats **4** (*mus.*) → **1 conservatorio.**

còllera |'kɔllera| *s.f.* **1** colère: *andare in collera* se mettre en colère; *essere livido di collera* être blême de colère; *essere in collera con qc.* être en colère contre qqn.; *far andare qc. in collera* provoquer la colère de qqn.; *lasciare esplodere la propria collera* laisser exploser sa colère # *collera repressa* rage, rancune; *è vinto dalla collera* la moutarde lui monte au nez **2** (*per est.*) [*furia di elementi naturali*] fureur, colère: *la collera del mare* la fureur, la colère de la mer, des flots Ⓒ **calma.**

collericaménte |kollerika'mente| *avv.* [*con collera*] avec colère *loc. inv.*

collèrico, ci, ca, che |kol'lɛriko, tʃi, ka, ke| *agg.* [*che va facilmente in collera*] coléreux*, colérique: *temperamento collerico* tempérament coléreux, colérique; *ragazzo collerico* garçon coléreux → **irascibile, iroso** ♦ (*s.*) *un collerico* un homme colérique (*agg.*); *una collerica* une femme colérique *agg.*

collètta |kol'lɛtta| *s.f.* **1** collecte: *fare una colletta a favore di qc.* faire une collecte au profit de qqn., collecter qqch. au profit de qqn.; *improvvisare una colletta per i sinistrati* improviser une collecte au profit des sinistrés → **questua** **2** (*liturg.*) collecte **3** (*mar.*) cueillette: *caricare una nave a colletta* charger un navire en cueillette.

collettàme |kollet'tame| *s.m.* [*trasporto di merci effettuato da diversi spedizionieri con un unico mezzo*] groupage.

collettivaménte |kollettiva'mente| *avv.* [→ COLLETTIVO I 1] collectivement.

collettivìsmo |kolletti'vizmo| *s.m.* collectivisme.

collettivìsta |kolletti'vista| *s.* collectiviste.

collettivìstico, ci, ca, che |kolletti'vistiko, tʃi, ka, ke| *agg.* collectiviste.

collettività |kollettivi'ta| *s.f. inv.* communauté *var.*, collectivité (*var.*): *operare per il bene della collettività* travailler pour le bien de la communauté # *la collettività popolare* le peuple.

collettivizzàre |kollettivid'dzare| *v.tr.* [*rendere di proprietà collettiva*; *organizzare in modo collettivo*] collectiviser: *collettivizzare le industrie* collectiviser les entreprises.

collettivizzazióne |kollettividdzat'tsjone| *s.f.* [→ COLLETTIVIZZARE] collectivisation.

collettìvo |kollet'tivo| **I** *agg.* **1** collectif*: *opera, spesa collettiva* œuvre, dépense collective ◇ (*dir.*) *contratto collettivo di lavoro* convention collective de travail ◇ (*comm.*) *società in nome collettivo* société en nom collectif **2** (*ling.*) collectif: *nome collettivo* nom collectif **II** *s.m.* [*le persone che fanno parte di un partito o sindacato*] comité: *seguire le indicazioni del collettivo* suivre les indications du comité de direction; *costituire un collettivo di lavoro* constituer un comité de travail, d'entreprise Ⓒ I 1 **singolo, singolare.**

collétto |kol'letto| *s.m.* **1** (*abbigl.*) (*di camicia, di abito*) col ◇ (*loc. fig.*) *colletto bianco* col blanc → **impiegato** **2** (*anat.*, *bot.*) collet **3** [*parte di spalla di una pelle bovina*] collet.

collettóre |kollet'tore| *s.m.* **1** (*geogr.*, *idraul.*) collecteur: *il collettore di un ghiacciaio* le collecteur d'un glacier; *il collettore delle fognature cittadine* le collecteur des égouts d'une ville ♦ (*agg.*) *canale, bacino collettore* canal, bassin collecteur **2** (*tecnol.*) collecteur: *collettore di vapore, di scarico* collecteur de vapeur, d'échappement **3** (*elettr.*, *elettron.*) collecteur **4** (*raro*) → **esattore.**

collettoria |kolletto'ria| *s.f.* bureau *m.* du percepteur, perception: *collettoria del lotto* bureau de la loterie → **botteghino**; *collettoria postale* bureau de poste # *collettoria delle imposte* recette → **esattoria.**

collezionàre |kollettsjo'nare| *v.tr.* [*far collezione di*] collectionner: *collezionare francobolli* collectionner des timbres, faire (une) collection de timbres.

collezióne |kollet'tsjone| *s.f.* **1** [→ COLLEZIONARE] collection: *collezione di monete* collection de monnaies; *far collezione di farfalle* faire (une) collection de papillons → **raccolta** **2** (*editoria*) collection: *direttore di collezione* directeur de collection → **collana** **3** (*abbigl.*) collection: *abito da collezione* robe de collection; *collezione autunno* collection d'automne → **esposizione, rassegna.**

collezionismo |kollettsjo'nizmo| *s.m.* collectionnisme.

collezionista |kollettsjo'nista| *s.* collectionneur*.

collidere |kol'lidere| (130) *v.intr.* (*aus.* '*avere*') (*raro*) [*urtare contro q.c.*] *heurter qqch., entrer en collision avec qqch.

collie |'kɔli| *s.m. inv.* (*ingl.*) [*cane da pastore scozzese*] colley (*var.*): *dei collie* des colleys.

'collier' |kɔlje| *s.m. inv.* → **collana** 1.

colligiàno |kolli'dʒano| *agg.* des collines (*loc. inv.*): *la popolazione colligiana* la population des collines ◆ (*s.*) *un collgiano* un habitant des collines.

collimàre |kolli'mare| **A** *v.intr.* (*aus.* '*avere*') **1** [*coincidere, corrispondere*] correspondre (53): *i due pezzi non collimano perfettamente* les deux pièces ne correspondent pas exactement **2** (*fig.*) [*concordare, corrispondere*] concorder: *le due testimonianze collimano* les deux témoignages concordent ◇ [*tendere allo stesso fine*] s'accorder (*pron.*): *le nostre intenzioni non collimano* nos intentions ne s'accordent pas **B** *v.tr.* (*ott.*) [*far coincidere la linea di mira col centro del reticolo di uno strumento collimatore*] viser.

collimatóre |kollima'tore| *s.m.* (*tecnol.*) collimateur.

collimazióne |kollimat'tsjone| *s.f.* [→ COLLIMARE A 1; B] collimation.

collìna |kol'lina| *s.f.* colline.

collinàre |kolli'nare| *agg.* de colline (*loc. inv.*): *coltivazioni collinari* cultures de colline.

collinétta |kolli'netta| *s.f.* coteau *m.*, butte.

collinóso |kolli'noso| *agg.* [*caratterizzato da colline*] vallonné.

collìrio, i |kol'lirjo, i| *s.m.* (*farm., corr.*) collyre.

collisióne |kolli'zjone| *s.f.* **1** collision: *venire a, in collisione* entrer en collision → **scontro 2** (*fig.*) collision, conflit (*m.*): *la collisione dei loro interessi* la collision de leurs intérêts, leur conflit d'intérêts; *collisione di passioni* conflit de passions → **contrasto, conflitto 3** (*ling.*) *hiatus *m.* → **iato.**

cóllo |'kollo| *prep. art. m. sing.* → **con.**

1 **còllo** |'kɔllo| *s.m.* **1** (*anat., corr.*) cou: *un collo esile, lungo, slanciato* un cou mince, long; *collo grosso, corto, taurino* cou gros, court, de taureau; *collo di cigno* cou de cygne; *sentire un dolore al collo* sentir une douleur au cou; *piegare, abbassare, alzare, drizzare il collo* plier, baisser, lever, tendre le cou; *coprirsi il collo con una sciarpa* se couvrir le cou avec une écharpe **2** (*loc., spec. fig.*) *gettarsi al collo di qc., gettare le braccia al collo di qc.* se jeter au cou de qqn., jeter les bras autour du cou de qqn. ~ *tenere un bambino in collo* [*tenerlo in braccio, spec. appoggiato a una spalla*] tenir un enfant dans ses bras ~ *tenere un braccio al collo* [*sostenerlo mediante una fascia legata dietro il collo*] porter le bras en écharpe ~ *tirare il collo a un pollo* tordre le cou à un poulet ~ *tirare, torcere, allungare il collo a qc.* (*pr., fig.*) tordre le cou à qqn. ~ *allungare il collo per vedere* tendre le cou pour voir ~ *far allungare il collo a qc.* [*far aspettare a lungo*] faire croquer le marmot à qqn. ~ *metter la briglia sul collo* [*lasciar piena libertà*] laisser, mettre la bride sur le cou ~ *stare sul collo a qc.* [*tenerlo sottomesso*] mettre la pierre au cou de qqn. ~ *mettere, tenere i piedi sul collo a qc.* [*opprimerlo*] tenir qqn. sous sa coupe ~ *piegare il collo sotto il giogo* [*sottomettersi*] courber le dos ~ *essere con la corda, col cappio al collo* [*non aver più libertà d'azione, scampo*] avoir la corde au cou ~ *mettere il cappio, il laccio al collo di qc.* [*obbligarlo alle proprie pretese*] mettre la corde au cou de qqn. ~ *essere preso per il collo* [*trovarsi, mettere qc. in stato di necessità e di inferiorità*] avoir le couteau sur (sous) la gorge ~ *prendere qc. per il collo* mettre à qqn. le couteau sur (sous) la gorge ~ *fare il collo torto, accettare q.c. a collo torto* [*mostrare riluttanza, accettare q.c. malvolentieri*] accepter qqch. à contrecœur ~ *rompersi l'osso del collo*: (*pr.*) se casser le cou; (*fig.*) [*andare in rovina*] se ruiner ~ *rompere l'osso del collo a qc.*: (*pr.*) [*ammazzarlo*] tuer qqn.; (*fig.*) [*mandarlo in rovina*] ruiner qqn. ~ *essere indebitato fino al collo* être endetté jusqu'au cou ~ *trovarsi nei guai fino al collo* être dans le pétrin, dans l'eau, dans le bain jusqu'au cou ~ *ricevere un colpo, una legnata tra capo e collo* [*all'improvviso, spec. in momento indesiderato*] arriver inopinément ~ *correre, andare a rotta di collo* [*correre a precipizio*]: (*di persone a piedi*) courir comme un dératé; (*di persone in auto, moto e sim.*) rouler, conduire à tombeau ouvert ~ *gli affari vanno a rotta di collo* [*molto male*] les affaires vont de mal en pis ~ *giocarsi, spendere, rimetterci l'osso del collo* [*una cifra enorme, sproporzionata*] perdre jusqu'à sa dernière chemise ~ *scommetterci, giocarci l'osso del collo* jouer jusqu'à la dernière chemise **3** (*per est.*) [*parte assottigliata, ristretta di q.c.*] (*indumenti*) col: *il collo della giacca, della camicia* le col de la veste, de la chemise; *largo, stretto di collo* large, étroit du col; *maglione a collo alto* pull-over à col roulé; *camicia col collo inamidato* chemise à col empesé; *che numero porti di collo?* quelle est ton encolure?, quel numéro de col portes-tu? → **colletto** # *il collo della scarpa* le tirant d'un soulier ◇ (*recipienti o altre cose*) col, cou: *il collo della bottiglia, del fiasco* le col de la bouteille, du fiasco (de la fiasque); *riempi fino al collo!* remplis jusqu'au col! ◇ (*loc.*) *bere a collo* [*direttamente dalla bottiglia, dal fiasco*] boire au goulot, à même la bouteille ~ *tirare il collo a una bottiglia* [*berla sino in fondo*] casser le cou à une bouteille **4** (*anat.*) col; cou: *il collo dell'utero* le col de l'utérus; *il collo della vescica* le col de la vessie; *collo osseo, anatomico* col osseux, anatomique ‖ *il collo del piede* le cou-de-pied **5** (*mecc.*) *collo d'oca* vilebrequin, arbre manivelle.

2 **còllo** |'kɔllo| *s.m.* [*pacco, bagaglio*] colis: *collo postale* colis postal; *collo in giacenza* colis en souffrance; *spedire un collo* envoyer, expédier un colis.

collocàbile |kollo'kabile| *agg.* [→ COLLOCARE A 1] qui peut être placé *loc.*, facile à placer.

collocaménto |kolloka'mento| *s.m.* **1** [→ COLLOCARE A 1; B 1] rangement, mise *f.* en place: *il collocamento dei libri nella biblioteca* le rangement, la mise en place des livres dans la bibliothèque → **collocazione 2** [→ COLLOCARE A 2; B 2] placement: *ufficio di collocamento* bureau de placement → **impiego** ◇ (*detto di ragazza*) [*matrimonio*] établissement (*lett.*) ◇ (*loc.*) *collocamento a riposo* mise à la retraite → **pensionamento 3** [→ COLLOCARE A 3] placement: *è sempre più difficoltoso il collocamento di questi prodotti* le placement de ces produits est de plus en plus difficile → **vendita, smercio.**

collocàre |kollo'kare| **A** *v.tr.* **1** [*porre in un posto determinato*] placer (2), disposer: *hai collocato questi oggetti troppo in alto* tu as placé ces objets trop haut; *collocare i mobili in un appartamento* disposer des meubles dans un appartement → **sistemare** ◇ (*fig.*) [*riporre, affidare a*] placer: *collocare in qc. tutte le proprie speranze* placer toutes ses espérances en qqn. **2** [*procurare un impiego, un'occupazione*] placer: *collocare qc. presso un'azienda* placer qqn. dans une entreprise; *è riuscito a collocare tutti i suoi familiari* il est arrivé à placer toute sa famille → **impiegare** ◇ (*loc.*) *collocare a riposo* [*mandare in pensione*] mettre à la retraite ◇ [*trovar marito a una ragazza*] marier, caser: *ha una figlia da collocare* il a une fille à marier, à caser → **maritare 3** [*vendere, piazzare*] placer: *collocare della merce* placer des marchandises ◇ [*investire denaro*] *collocare i propri risparmi* placer son argent **B** *v.pron. rifl.* COLLOCARSI **1** [→ *tr.* 1] se placer: *collocarsi più in alto* se placer plus haut **2** [→ *tr.* 2] se placer: *finalmente è riuscito a collocarsi* il est finalement arrivé à se placer.

collocatóre, trice |kolloka'tore, tritʃe| *s.* [*impiegato di un ufficio di collocamento*] placeur*.

collocazióne |kollokat'tsjone| *s.f.* **1** [→ COLLOCARE A 1; B 1] disposition # *non so che collocazione dare a questi quadri* je ne sais pas comment disposer ces tableaux, où accrocher ces tableaux → **sistemazione** ◇ [*posizione*] position: *hai scelto una brutta collocazione* tu as choisi une mauvaise position **2** (*di libri in una biblioteca*) classement *m.*; cote: *collocazione dei libri* classement des livres ‖ *collocazione A 3, 4* pièce sous la cote A 3, 4 **3** [*impiego, occupazione*] travail* (*m.*): *ha una collocazione redditizia* il a un travail rentable ◇ (*detto di ragazza*) [*partito, matrimonio*] parti *m.*, mariage (*m.*): *trovare una buona collocazione per la figlia* trouver un bon parti pour sa fille **4** (*dir.*) collocation.

collòdio, i |kol'lɔdjo, i| *s.m.* collodion.

colloidàle |kolloi'dale| *agg.* (*chim.*) colloïdal*: *sistemi colloidali* systèmes colloïdaux.

collòide |kol'lɔide| *s.m.* (*chim.*) colloïde.

colloquiàle |kollo'kwjale| *agg.* [*proprio della conversazione; non ricercato*] familier*: *linguaggio colloquiale* langage familier.

colloquiàre |kollo'kwjare| *v.intr.* (*aus.* '*avere*') (*lett.*) [*essere a colloquio, discorrere*] s'entretenir (27) (*pron.*): *abbiamo colloquiato a lungo su vari ar-*

gomenti nous nous sommes longuement entretenus de diverses questions ◇ (*per est.*) [*ricercare l'intesa con un avversario*] négocier, parlementer: *non bisogna stancarsi di colloquiare con loro* il ne faut pas se lasser de négocier, de parlementer avec eux.

collòquio, i |kol'lɔkwjo, i| *s.m.* **1** [*conversazione, dialogo*] entretien, entrevue (*f.*): *colloquio privato* entretien particulier; *essere a colloquio con qc.* avoir un entretien, une entrevue avec qqn.; *chiedere un colloquio* demander une entrevue, un entretien **2** [*scambio di idee, incontro*] entretien: *i due ministri hanno avuto un lungo colloquio* les deux ministres ont eu un long entretien **3** [*preesame universitario*] discussion *f.*, examen blanc.

collosità |kollosi'ta| *s.f. inv.* [*vischiosità*] viscosité *var.*

collóso |kol'loso| *agg.* [*vischioso, appiccicoso*] gluant, visqueux*: *una pasta collosa* une pâte gluante, visqueuse.

collotòrto |kollo'tɔrto| *s.m.* [*ipocrita, bigotto*] tartufe, bigot.

collòttola |kol'lɔttola| *s.f.* [*parte posteriore del collo, nuca*] nuque # *prendere qc. per la collottola* prendre qqn. par la peau du cou.

colloverde |kollo'verde| *s.m.* (*t. zool.*) col-vert, colvert: *i colliverdi* les cols-verts.

collùdere |kol'ludere| (106) *v.intr.* (*aus.* '*avere*') (*raro*) [*accordarsi in segreto ai danni di qc.*] colluder.

collusióne |kollu'zjone| *s.f.* collusion.

collusivaménte |kolluziva'mente| *avv.* (*dir.*) d'une manière collusoire *loc. inv.*, par collusion *loc. inv.* # *si sono accordati collusivamente* ils ont conclu un accord collusoire.

colluttòrio, i |kollut'tɔrjo, i| *s.m.* collutoire.

colluttàre |kollut'tare| *v.intr.* (*aus.* '*avere*') (*lett.*) [*lottare uno contro l'altro*; *azzuffarsi*] se colleter (5) *pron.* (*corr.*); en venir (27) aux mains (*corr.*).

colluttazióne |kolluttat'sjone| *s.f.* [*scontro corpo a corpo, rissa*] corps à corps *m.*

collùvie |kol'luvje| *s.f. inv.* **1** (*lett.*) eaux *pl.* d'égout → **fogna** **2** (*fig., spreg.*) [*congerie* (*di cose*); *ammasso* (*di persone*)] tas (*m. var.*): *una colluvie di dettagli inutili* un tas de détails inutiles; *c'è sempre una colluvie di scocciatori* il y a toujours un tas de casse-pieds (*fam.*).

colluvióne |kollu'vjone| *s.f.* (*geol.*) colluvion.

cólma |'kolma| *s.f.* (*mar.*) marée haute, grande marée.

colmàbile |kol'mabile| *agg.* qu'on peut remplir, combler *loc.*

colmaménto |kolma'mento| *s.m.* → **colmata** 1.

colmàre |kol'mare| *v.tr.* **1** [*riempire fino all'orlo*] remplir jusqu'au bord: *colmare un bicchiere* remplir un verre jusqu'au bord ◇ (*loc. fig.*) *colmare la misura, il sacco* [*esagerare*] combler la mesure **2** [*riempire, livellare una cavità, un infossamento*] combler: *colmare un fossato* combler un fossé ◇ [*rialzare al centro*] remblayer (9): *colmare una strada, gli argini di un fiume* remblayer une route, les digues d'une rivière ◇ (*fig.*) [*eliminare una carenza*] *colmare una lacuna* combler une lacune; *le nuove disposizioni hanno colmato un grosso vuoto legislativo* les nouvelles dispositions ont comblé une importante lacune législative **3** (*fig.*) [*dare in abbondanza*; *riempire*] combler: *colmare qc. di onori, di attenzioni* combler qqn. d'honneurs, d'attentions; *mi hanno colmato di regali* ils m'ont comblé de cadeaux → **coprire**; *tu mi colmi* (*l'animo*) *di soddisfazione* tu me combles de satisfaction # *colmare qc. di rimproveri* accabler qqn. de reproches.

colmàta |kol'mata| *s.f.* **1** [→ COLMARE 2] colmatage *m.* # *cassa di colmata* terrain colmaté **2** [*accumulo di rena in porti o fiumi, che è di ostacolo alla navigazione*] banc *m.* de sable.

colmatùra |kolma'tura| *s.f.* **1** [→ COLMARE 2] comblement *m.* ◇ (*enol.*) ouillage *m.* **2** [*eccedenza di contenuto in un recipiente*] surplus *m.*, trop-plein *m.*

1 **cólmo** |'kolmo| *agg.* **1** [*pieno, riempito sino all'orlo*] plein: *un bicchiere colmo di vino* un verre plein de vin; *queste valigie sono troppo colme* ces valises sont trop pleines, sont pleines à craquer ◇ (*fig.*) rempli # *essere colmo di soddisfazioni, di amarezza* être au comble de la satisfaction, être abreuvé d'amertume → **pieno, sovrabbondante** ◇ (*loc. fig.*) *la misura è colma!* la mesure est comble! **2** (*lett.*) → **convesso.**

2 **cólmo** |'kolmo| *s.m.* **1** [*sommità, culmine*] sommet: *il colmo di una collina, di un dosso* le sommet d'une colline, d'un mamelon ◇ (*edil.*) comble: *i colmi di un tetto* les combles d'un édifice (d'une maison) # *trave di colmo* panne faîtière **2** (*fig.*) [*grado massimo, limite*] comble; limite: *questo è il colmo del ridicolo* ceci est le comble du ridicule || *sono al colmo della sopportazione* je suis à la limite de la patience # *il colmo della vita* [*nel pieno della maturità*] l'épanouissement de la vie; *il colmo della giovinezza, della vecchiaia* [*la fase ultima, finale*] l'épanouissement de la jeunesse, de la vieillesse ◇ *loc.* (*questo*) *è il colmo, ma è il colmo!* c'est le (un) comble, mais c'est le (un) comble!: *anche oggi siete in ritardo! è il colmo!* même aujourd'hui vous êtes en retard! c'est le (un) comble! ~ (*in giochi di parole*) *il colmo per, qual è il colmo per...?* le comble pour..., quel est le comble pour...? **3** [*piena*] crue *f.* **4** *il colmo della strada* [*il dorso centrale*] le bombement de la route.

colocàsia |kolo'kazja| *s.f.* (*t.bot.*) colocase.

colofònia |kolo'fɔnia| *s.f.* colophane.

colómba |ko'lomba| *s.f.* **1** [*femmina del colombo*] colombe ◇ (*per est.*) → 1 **colombo** **2** (*fig.*) [*persona pura, dolce, ingenua*] petite oie blanche: *ha l'animo di una colomba* elle a l'âme d'une petite oie blanche ◇ [*pacifista*] colombe: *i falchi e le colombe* les faucons et les colombes **3** (*per est.*) [*dolce a forma di colomba*] ⊠.

colombàccio, i |kolom'battʃo, i| *s.m.* (*t.zool.*) (pigeon) ramier.

colombàia |kolom'baja| *s.f.* [*ambiente, impianto dove si allevano i colombi*] pigeonnier *m.*, colombier *m.* ◇ (*loc. fig.*) *abitare in colombaia* [*all'ultimo piano*] habiter dans un pigeonnier → **piccionaia** ~ *tirare* (*i*) *sassi in colombaia* [*far cosa dannosa per sé, per i propri amici*] donner des verges pour se faire fouetter.

colombàrio, i |kolom'barjo, i| *s.m.* columbarium.

colombèlla |kolom'bɛlla| *s.f.* **1** (*t. zool.*) biset *m.*, pigeon *m.* de roche **2** (*fig.*) [*fanciulla dolce e innocente*] petite oie blanche, oiselle.

colombiàno |kolom'bjano| *agg.* [*della Colombia*] colombien*.

colombicoltóre |kolombikol'tore| *s.m.* [*allevatore di colombi*] colombophile, éleveur de pigeons.

colombière |kolom'bjɛre| *s.m.* (*mar.*) ton (de mât).

1 **colombìna** |kolom'bina| *s.f.* **1** petite colombe **2** [*concime di escrementi di piccioni*] colombine.

2 **colombìna** |kolom'bina| *s.f.* → **rossola.**

1 **colómbo** |ko'lombo| *s.m.* **1** (*t. zool.*) pigeon → **piccione** ◇ (*corr.*) *colombo viaggiatore* pigeon voyageur; *colombo terraiolo* (pigeon) biset **2** *al plur.* (*fig.*) [*coppia di innamorati*] tourtereaux.

2 **colómbo** |ko'lombo| *s.m.* (*t.bot.*) colombo.

colombofilìa |kolombofi'lia| *s.f.* colombophilie.

colombòfilo |kolom'bɔfilo| *s.m. e agg.* colombophile.

còlon |'kɔlon| *s.m. inv.* (*anat.*) côlon *var.*

1 **colònia** |ko'lɔnja| *s.f.* **1** colonie: *colonie francesi, britanniche* colonies françaises, britanniques; *l'emancipazione di una colonia* l'émancipation d'une colonie ◇ (*st. gr., rom.*) colonie ◇ (*per est.*) [*persone della stessa nazionalità stabilite in un paese straniero*] colonie: *la colonia italiana a Parigi* la colonie italienne de Paris ◇ [*gruppo di persone in villeggiatura*] groupe (*m.*): *una colonia di bagnanti* un groupe de baigneurs **2** [*istituto organizzato per le vacanze o per periodi di cura dei bambini*] colonie (de vacances): *colonia montana, marina* colonie (de vacances) à la montagne, à la mer; *mandare un figlio in colonia* envoyer un enfant dans une colonie (de vacances) ◇ [*i bambini di una colonia*] enfants *m.pl.* d'une colonie: *c'è una colonia che attraversa la strada* il y a une colonne d'enfants (en colonie de vacances) qui traverse la rue **3** (*dir.*) *colonia penale, agricola* colonie pénitentiaire, agricole **4** (*biol.*) colonie: *colonia di microbi* colonie de microbes.

2 **colònia** |ko'lɔnja| *s.f.* (*fam.*) (*acqua di*) *colonia* eau-de-Cologne.

colonìale |kolo'njale| **I** *agg.* **1** colonial*: *espansione coloniale* expansion coloniale; *prodotti coloniali* produits coloniaux; *diritto coloniale* droit colonial; *truppe coloniali* troupes coloniales, la coloniale *s.f.* **2** (*comm.*) *generi coloniali* denrées coloniales ✦ (*s.m. pl.*) *i coloniali* les produits coloniaux (*agg.*): *commercio di coloniali* commerce de produits coloniaux **II** *s.* [*abitante delle colonie*] colonial.

colonialismo |kolonja'lizmo| *s.m.* colonialisme.

colonialista |kolonja'lista| *agg.* colonialiste → **colonialistico** ✦ (*s.*) *un colonialista* un colonialiste.

colonialìstico, ci, ca, che |kolonja'listiko, tʃi, ka, ke| *agg.* colonialiste.

colònico, ci, ca, che |ko'lɔniko, tʃi, ka, ke| *agg.* du colon *loc. inv.*, du fermier (*loc. inv.*): *la famiglia colonica* la famille du colon, du fermier # *casa colonica* ferme; *contratto colonico* bail à ferme.

colonizzàbile |kolonid'dzabile| *agg.* [→ COLONIZZARE 1] colonisable.

colonizzàre |kolonid'dzare| *v.tr.* **1** [*fondare, stanziare colonie in territori stranieri*] coloniser: *i Greci colonizzarono la Sicilia e l'Asia Minore* les Grecs colonisèrent la Sicile et l'Asie Mineure; *colonizzare un paese* [*ridurlo a colonia*] coloniser un pays **2** [*rendere produttivo, bonificare*] bonifier: *colonizzare i terreni incolti* bonifier les terrains incultes.

colonizzatóre, trice |kolonid-dza'tore, tritʃe| *agg.* colonisateur*: *nazione colonizzatrice* nation colonisatrice ✦ (*s.*) *un colonizzatore* un colonisateur.

colonizzazióne |koloniddzat'tsjone| *s.f.* [→ COLONIZZARE 1] colonisation.

colònna |ko'lɔnna| *s.f.* **1** (*arch.*) colonne: *fusto di una colonna* fût d'une colonne; *una colonna di marmo* une colonne de marbre; *colonna dorica* colonne dorique; *colonna di un chiostro* colonne d'un cloître; *la colonna traiana* la colonne trajane ◇ (*per est.*) [*gogna, berlina*] *la colonna d'infamia, infame* le pilori *m.* ◇ (*mar.*) poteau (*m.*): *colonna d'ormeggio* poteau bollard de amarrage ◇ (*per est., geogr.*) *colonne d'Ercole* colonnes d'Hercule **2** (*fig.*) [*elemento principale, sostegno*] soutien (*m.*): *è la colonna della famiglia* il est le soutien de la (sa) famille ◇ (*gerg. universitario*) [*studente del terzo anno*] *le colonne di medicina* ⊠ **3** (*per est.*) [*massa fluida che si muove o è disposta verticalmente*] colonne: *una colonna di fumo, d'aria fredda* une colonne de fumée, d'air froid; *colonna di mercurio* colonne de mercure; *il macigno ha sollevato una colonna d'acqua* la pierre a soulevé une colonne d'eau **4** (*tecnol.*) colonne: *colonna idraulica* colonne hydraulique; *colonna di distillazione* colonne à plateaux **5** [*serie di elementi disposti verticalmente*] colonne: *una colonna di numeri* une colonne de chiffres; *la colonna delle unità* la colonne des unités ◇ (*tip.*) *articolo su quattro colonne* article sur quatre colonnes; *leggere in fondo alla terza colonna* lire au bas de la troisième colonne ◇ (*anat.*) *colonna vertebrale* colonne vertébrale ◇ (*geol.*) *colonna stratigrafica* colonne stratigraphique **6** [*fila orizzontale*] colonne: *una colonna d'auto* une colonne de voitures; *sfilare in colonna* défiler en colonne; *mettersi in colonna* se mettre en colonne **7** (*mil.*) colonne **8** (*cine.*) piste, bande: *colonna sonora* piste, bande sonore.

colonnàre |kolon'nare| *agg.* en forme de colonne *loc. inv.*

colonnàto |kolon'nato| **1** *agg.* orné, muni de colonnes **2** *s.m.* (*arch.*) colonnade (*f.*): *il colonnato di un tempio* la colonnade d'un temple.

colonnèlla |kolon'nɛlla| *s.f.* (*scherz.*) (madame la) colonelle.

colonnèllo |kolon'nɛllo| *s.m.* (*mil.*) colonel: *tenente colonnello* lieutenant-colonel; *i gradi di un colonnello* les galons d'un colonel.

colonnétta |kolon'netta| *s.f.* **1** (*arch.*) petite colonne **2** table de nuit → **comodino** **3** (*archeol.*) cippe *m.*

colonnina |kolon'nina| *s.f.* **1** petite colonne **2** [*distributore di carburante*] pompe à essence **3** *colonnina antincendio* borne d'incendie.

colonnino |kolon'nino| *s.m.* **1** [*piccola colonna*] colonnette *f.* **2** [*ciascuno dei sostegni di una ringhiera o balaustra*] barreau de rampe **3** (*tip.*) petite colonne *f.*

colòno |ko'lɔno| *s.* **1** [*chi ha stipulato un contratto di colonia*] colon *m.* ◇ (*per est.*) [*contadino, agricoltore*] agriculteur *m.*, fermier*: *gli abitanti della zona sono in maggioranza coloni* les habitants de cette zone sont en majorité des agriculteurs, des fermiers **2** [*abitante, membro di una colonia*] colon: *i coloni del Canada* les colons du Canada.

coloquintide |kolo'kwintide| *s.f.* (*t.bot.*) coloquinte.

coloràbile |kolo'rabile| *agg.* [→ COLORARE A 1] colorable.

coloraménto |kolora'mento| *s.m.* → **colorazione.**

colorànte |kolo'rante| *agg.* colorant: *materie coloranti* matières colorantes ✦ (*s.m.*) *un colorante* un colorant: *coloranti artificiali, alimentari* colorants artificiels, chimiques.

coloràre |kolo'rare| **A** *v.tr.* **1** [*tingere con uno o più colori*] peindre (66); colorer: *colorare le pareti di una stanza* peindre les murs d'une pièce ‖ *colorare un tessuto* colorer un tissu □ *colorarsi il viso* se maquiller le visage → 1 **truccar(si)** ◇ (*per est.*) [*far risaltare*] faire (45) *intr.* ressortir les couleurs: *ci vuole più luce per colorare quegli affreschi* il faut davantage de lumière pour faire ressortir ces fresques **2** (*fig.*) [*camuffare, mascherare*] camoufler: *colorare una bugia* camoufler un mensonge **B** *v. pron.* COLORARSI **1** *intr.* [→ *tr.* 1] se colorer: *il cielo si colora di rosso* le ciel se colore de rouge ◇ (*fig.*) [*arrossire*] *colorarsi in viso per la vergogna* rougir *intr.* de honte ◇ (*fig.*) [→ *tr.* 2] maquiller (*tr.*): *la sua ambizione si colora di falsa socialità* il maquille son ambition sous une fausse amabilité (camaraderie) **2** *rifl.* [→ *tr.* 1] se maquiller: *colorarsi con il rossetto* se mettre du rouge à lèvres ✦ → *tr.* 1 □ → 1 **truccar(si), imbellettar(si).**

coloràto |kolo'rato| *agg.* **1** [*di colore diverso dal naturale*] peint; coloré: *una parete colorata di rosso* un mur peint en rouge, un mur de couleur rouge ‖ *vetri colorati* verres colorés # *labbra colorate* lèvres faites **2** *solo ass.* [*di colore diverso dal bianco e dal nero; di più colori*] de couleur (*loc. inv.*): *carta, stoffa colorata* papier, étoffe de couleur; *matite, gessetti colorati* crayons, craies de couleur.

coloratùra |kolora'tura| *s.f.* (*raro*) → **colorazione.**

colorazióne |kolorat'tsjone| *s.f.* [→ COLORARE A 1] coloration: *colorazione di un tessuto* coloration d'un tissu; *una colorazione vivace* une coloration brillante; *colorazione del viso* coloration, teint du visage → **colore, tinta** # *il dipinto ha perduto la colorazione originaria* le tableau a perdu sa couleur d'origine.

colóre |ko'lore| *s.m.* **1** couleur (*f.*): *il colore di una stoffa, di un liquido* la couleur d'une étoffe, d'un liquide; *colori spenti, vivaci* couleurs pâles, vives; *un colore metallico* une couleur métallique; *color legno, caffè, carne, grigio perla* couleur bois, café, chair, gris perle; *di colore scuro, sbiadito, giallognolo* d'une couleur sombre, pâle, jaunâtre; *oggetti dello stesso colore* objets de la même couleur; *biancheria di colore* [*a vari colori*] linge de couleur; *film, trasmissione a colori* film, émission en couleurs; *intonare i colori* assortir les couleurs; *saper scegliere i colori* savoir choisir les couleurs # *vestito tutto di un colore* robe unie, vêtement uni ◇ (*loc. fig.*) *farne, dirne di tutti i colori* en faire, en dire de toutes les couleurs ~ *diventar di mille, di tutti i colori* devenir de toutes les couleurs ~ *veder tutto color rosa* voir la vie en rose ~ *non sapere di che colore sia una cosa* ne pas savoir quelle est la couleur d'une chose ~ SENZA COLORE [*senza vivacità*] sans couleur, sans éclat: *narrazione senza colore* récit sans couleur, sans éclat # *voce senza colore* voix terne ~ *dipingere q.c. a colori vivaci* peindre qqch. de couleurs vives ~ *fare (del) colore* [*andare alla ricerca di effetti esteriori*] faire couleur locale ~ (*giorn.*) *un pezzo di colore* un article pittoresque ~ *colore locale* couleur locale **2** [*sostanza colorante*] couleur: *colori a olio, ad acqua, a tempera* couleur à l'huile, à l'eau, à la détrempe; *un colore stabile, indelebile, carico* une couleur fixe, indélébile, foncée **3** [*colorito della carnagione*] couleur, teint: *un bel, un brutto colore* de belles, de vilaines couleurs; un bon, un mauvais teint; *un colore naturale, roseo, terreo* un teint naturel, rose, terreux; *ha il colore della salute, della morte* il a un (le) teint frais, le (un) teint cadavérique; *perdere, riacquistare colore* perdre ses couleurs, reprendre ses couleurs; *gli è ritornato un po' di colore* il a repris de la couleur ◇ (*loc.*) *cambiar colore*: (*pr., fig.*) changer de couleur ◇ (*per est.*) *uomini, popolazioni* DI COLORE [*di razza diversa dalla bianca*] hommes, populations de couleur: *truppe di colore* troupes de couleur **4** *ass., spec. al plur.* [*i colori simbolici di una bandiera*] couleurs: *i colori nazionali* les couleurs nationales; *i colori di Francia* les couleurs de (la) France ◇ (*di una squadra sportiva*) *difendere i propri colori* défendre ses couleurs; *passare sotto i colori di un'altra squadra* passer sous les couleurs d'une autre équipe, changer d'équipe **5** (*fig.*) [*tendenza politica*] couleur: *il colore politico di un gruppo* la couleur politique d'un groupe; *non sono di nessun colore* je ne suis d'aucune couleur, d'aucun parti # *è un tipo che cambia facilmente colore* il change facilement de parti, il retourne facilement sa veste **6** (*raro, fig.*) → 1 **aspetto, apparenza** **7** (*carte*) couleur: *aver tutti e quattro i colori* avoir les quatres couleurs; *mi manca un colore* il me manque une couleur ◇ (*poker*) *fare colore* faire flush.

coloreria |kolore'ria| *s.f.* boutique de marchand de couleurs.

colorificio, i |kolori'fitʃo, i| *s.m.* fabrique *f.*, usine *f.* de couleurs, de colorants.

colorimetrìa |kolorime'tria| *s.f.* (*chim., fis.*) colorimétrie.

colorìmetro |kolo'rimetro| *s.m.* (*fis.*) colorimètre.

colorìre |kolo'rire| (197) *v.tr.* **1** [*tingere con uno o più colori*] colorier: *colorire di rosso, di nero* colorier en rouge, en noir; *colorire a inchiostro* colorier à l'encre ◇ (*per est.*) [*dar il colorito*] colorer: *l'aria colorisce le guance* l'air colore les joues, donne des couleurs aux joues **2** (*fig.*) [*abbellire, vivacizzare*] colorer: *colorire un racconto* colorer un récit **3** (*mus.*) [*graduare l'intensità di suono*] colorer.

colorìsmo |kolo'rizmo| *s.m.* (*arts.*) recherche *f.* du coloris: *colorismo pittorico* recherche du coloris en peinture; *colorismo stilistico* recherche du coloris dans le style.

colorìsta |kolo'rista| *s.* coloriste.

colorìstico, ci, ca, che |kolo'ristiko, tʃi, ka, ke| *agg.* de couleur (*loc. inv.*): *effetti coloristici* effets de couleur.

colorìto |kolo'rito| **I** *agg.* [*che ha colore; ricco di colori*] coloré: *viso colorito* figure colorée → **roseo**; *stoffa colorita* étoffe colorée; *un paesaggio molto colorito* un paysage très coloré ◇ (*fig.*) [*vivace, espressivo*] *linguaggio colorito* langage coloré; *espressione colorita* expression colorée # *oggi sei più colorito del solito* aujourd'hui tu as plus de couleurs que d'habitude **II** *s.m.* **1** coloris: *il colorito delle ciliegie* le coloris des cerises; *il colorito delle guance* le coloris des joues → **colore, carnagione** # *questo legno ha un colorito caldo* ce bois a une couleur chaude **2** (*pitt.*) coloris **3** (*fig.*) [*espressività, vivacità*] coloris # *ha uno stile senza colorito* il a un style inexpressif ◇ (*mus.*) coloris.

coloritóre, trice |kolori'tore, tritʃe| **1** *s.* → **colorista** **2** *agg.* → **colorante** ◇ (*fig.*) [*che dà vivacità*] qui donne de la couleur (*loc.*): *fantasia coloritrice* fantaisie qui donne de la couleur.

coloritùra |kolori'tura| *s.f.* **1** [→ COLORIRE 1] coloriage (*m.*): *la coloritura di un dipinto* le coloriage d'un tableau **2** (*fig.*) [*colore*] couleur: *la coloritura politica di un giornale* la couleur politique d'un journal **3** (*arts.*) coloris (*m.*): *la coloritura di uno stile* le coloris d'un style.

colóro |ko'loro| *pron. dim. m. e f. pl.* [*quegli uomini; quelle donne; quelle persone*] → **colui, colei** **1** (*raro*) (*usato senza antecedente*) ceux-là *m.*, celles-là *f.* ◇ (*con valore spreg.*) *che cosa vogliono da me, coloro?* qu'est-ce qu'ils (elles) veulent de moi, ceux-là, celles-là? **2** (*antecedente del pron. rel.*) ceux *m.*, celles (*f.*): *coloro che lo desiderano, possono iscriversi presso...* ceux qui le désirent, peuvent s'inscrire chez...; *coloro che non hanno l'invito non potranno parteciparvi* ceux, celles qui n'ont pas d'invitation ne pourront pas y prendre part.

colossàle |kolos'sale| *agg.* colossal*: *un'impresa colossale* un exploit colossal; *risorse colossali* des ressources colossales → **enorme, smisurato** ✦ (*s.m.*) *il colossale* le colossal; *ha il gusto del colossale* il a le goût du colossal.

colòsso |ko'lɔsso| *s.m.* **1** colosse: *il colosso di Rodi* le colosse de Rhodes **2** (*per est.*) [*persona di corporatura robusta e massiccia*] *è un colosso* c'est un colosse ◇ (*fig.*) [*persona di eccezionali qualità intellettuali*] génie, colosse: *nel campo dell'elettronica è un colosso* dans le domaine de l'électronique c'est un génie, un colosse **3** (*fig.*) [*grande potenza economica, commerciale e sim.*] grand, colosse: *i colossi dell'industria aeronautica* les colosses, les grands maîtres, les grands pontes (*fam.*) de l'industrie aéronautique; *una guerra fra colossi* une guerre entre colosses, grands ◇ (*loc.*) *colosso dai piedi di argilla* colosse aux pieds d'argile.

colòstro |ko'lɔstro| *s.m.* colostrum.

cólpa |'kolpa| *s.f.* **1** [*errore, negligenza*] faute: *confessare la propria colpa* avouer sa faute; *perdonare una colpa* pardonner une faute → **errore, negligenza** ◇ (*dir.*) *colpa civile, contrattuale* faute civile, contractuelle; *concorso di colpa* faute concurrente → **reato** ◇ (*teol.*) faute, péché (*m.*): *colpa veniale, tenue* faute vénielle, légère; péché véniel, léger; *espiare le proprie colpe* expier ses fautes; *sentirsi in colpa* se sentir en faute; *confessare le proprie colpe* confesser ses fautes, ses péchés → **errore, peccato** **2** [*responsabilità che ha un effetto spiacevole o dannoso*] faute: *colpa oggettiva, soggettiva* faute objective, subjective; *è successo per colpa di suo fratello, per colpa sua* c'est arrivé par la faute de son frère, par sa faute; *è colpa mia?* est-ce de ma faute?; est-ce ma faute à moi?; *di chi è la colpa?* à qui la faute?; *è colpa sua se gli è successa una disgrazia* c'est sa faute, c'est bien sa faute s'il est arrivé malheur → **causa** # *addossare a qc. la colpa di q.c.* rejeter sur qqn. la responsabilité de qqch.

colpètto |kol'petto| *s.m.* petit coup, tape (*f.*): *mi ha dato un colpetto sulla spalla* il m'a donné un petit coup, une tape sur l'épaule.

colpévole |kol'pevole| *agg.* **1** (*persone*) [*che ha commesso una colpa, che è in colpa*] coupable: *essere, rendersi colpevole di un delitto* être, se rendre coupable d'un délit; *sentirsi colpevole di q.c.* se sentir coupable de qqch.; *si è confessato colpevole* il s'est avoué coupable # *siamo tutti colpevoli di questa situazione* nous sommes tous responsables de cette situation → **responsabile** ✦ (*s.*) *il colpevole, un colpevole* le coupable, un coupable: *cercare il colpevole* rechercher le coupable; *è lui il colpevole* c'est lui le coupable → **reo, responsabile** **2** (*cose*) [*che costituisce colpa*] coupable: *azioni colpevoli* actions coupables # *un'ammissione colpevole* une admission de culpabilité.

colpevolézza |kolpevo'lettsa| *s.f.* [*responsabilità di una colpa*] culpabilité: *negare la propria colpevolezza* nier sa culpabilité; *provare la colpevolezza di qc.* prouver la culpabilité de qqn. ◇ (*raro*) [*colpa, negligenza*] faute (*corr.*): *non dobbiamo nasconderci le nostre colpevolezze* nous ne devons pas nous cacher nos fautes.

colpevolìsta |kolpevo'lista| *s.* [*chi sostiene la colpevolezza di un imputato*] partisan de la culpabilité: *il pubblico era diviso fra colpevolisti e innocentisti* le public était divisé entre les partisans de la culpabilité et les partisans de l'innocence ✦ (*agg.*) *tesi colpevolista* thèse partisane de la culpabilité.

colpevolménte |kolpevol'mente| *avv.* [→ COLPEVOLE 1] de façon coupable *loc. inv.*

colpìre |kol'pire| (197) **A** *v.tr.* **1** [*percuotere, battere, cogliere*] frapper: *colpire qc. al viso* frapper qqn. au visage; *mi hai colpito al ginocchio* tu m'as frappé au genou; *ho colpito violentemente la palla* j'ai violemment frappé la balle # *colpire il bersaglio* toucher la cible ◇ [*ferire*] *colpire qc. a morte* frapper qqn. à mort; *la pallottola l'ha colpito in pieno petto* la balle l'a frappé en pleine poitrine → **centrare** ◇ (*loc. fig.*) *colpire* (*qc.*) *nel vivo* [*in modo profondo*; *nella sua suscettibilità*] piquer (qqn.) au vif **2** *ass.* [*sbattere, picchiare*] *heurter: *colpire con la testa nel muro* heurter sa tête contre le mur ◇ [*cogliere*] frapper: *non volevo colpire sul vetro* je ne voulais pas frapper la vitre; *hai colpito troppo in basso, in alto* tu as frappé trop bas, trop haut ◇ (*loc. fig.*) *colpire nel segno* [*veder giusto*; *azzeccare*] frapper juste **3** (*fig.*) [*suscitare, provocare viva impressione, stupore, dolore*] frapper: *mi ha molto colpito la sua arroganza* son arrogance m'a beaucoup frappé; *siamo rimasti colpiti dalle sue parole* nous avons été frappés par ses mots; *quella scena mi ha colpito profondamente* cette scène m'a profondement frappé; *son rimasto colpito dalla bellezza del paesaggio* j'ai été frappé par la beauté du paysage # *è rimasto colpito da tutte quelle manifestazioni di solidarietà* il a été sensible à toutes ces manifestations de solidarité **4** (*fig.*) [*provocare danno*] frapper: *l'epidemia ha colpito l'intera regione* l'épidémie a frappé la région tout entière; *la grandine ha colpito una vasta regione* la grêle a frappé une vaste région; *l'assenteismo colpisce ormai tutte le aziende* l'absentéisme frappe désormais toutes les entreprises # *questa luce colpisce gli occhi* cette lumière blesse les yeux → **infastidire** ◇ [*rivolgersi contro*; *gravare su*] *bisogna colpire il contrabbando* il faut frapper la contrebande; *le nuove imposte colpiranno i redditi fissi* les nouveaux impôts frapperont les revenus fixes; *il provvedimento intende colpire gli evasori* la mesure veut frapper les fraudeurs du fisc ◇ [*attaccare, criticare*] heurter, atteindre (66): *col suo discorso ha inteso colpire il suo diretto concorrente* avec son discours il a voulu atteindre, il a visé son concurrent direct **B** *v.pron. recipr.* COLPIRSI [→ *tr.* 1] se battre (76): *colpirsi all'impazzata, furiosamente* se battre comme des fous, avec fureur # *si sono colpiti irregolarmente* ils se sont frappés de façon irrégulière.

colpitóre, trice |kolpi'tore, tritʃe| *s. e agg.* [*che, chi colpisce*] celui (celle) qui frappe *loc.*

cólpo |'kolpo| *s.m.* **1** [→ COLPIRE A 1, 2] coup: *un colpo forte, leggero* un coup fort, léger; *un colpo di spada, di frusta, di bastone* un coup d'épée, de fouet, de bâton; *dare, ricevere un colpo* donner, recevoir un coup; *ho preso un colpo in testa* j'ai eu un coup à la tête; *piantare un chiodo con due colpi di martello* planter un clou en deux coups de marteau; *abbattere una porta a forza di colpi* abattre une porte à force de coups; *il colpo mi ha lasciato un livido* le coup m'a laissé un bleu ◇ [*rumore di cosa colpita, percossa*] *hai sentito quei colpi alla porta?* as-tu entendu ces coups à la porte?; *tutti questi colpi mi hanno svegliato* tous ces coups m'ont réveillé

2 (*armi*) coup: *un colpo di fucile, di mortaio* un coup de fusil, de mortier; *fucile a due colpi, pistola a sei colpi* fusil à deux coups, pistolet à six coups; *sparare una scarica di colpi* tirer une décharge de coups; *è stato ucciso con un colpo di pistola alla nuca* il a été tué d'un coup de pistolet à la tête; *fallire, sbagliare il colpo* rater, manquer son coup; *ha preso la lepre con un colpo* il a eu le lièvre avec un seul coup (d'un seul coup) → **proiettile,** 1 **sparo, tiro** ◇ (*loc.*) *dare il colpo di grazia* donner le coup de grâce **3** (*loc. fig.*) *ricevere, dare il colpo di grazia* recevoir, donner le coup de grâce ~ *senza colpo ferire* sans coup férir ~ *rendere colpo per colpo* rendre coup pour coup ~ *ribattere colpo su colpo* rendre la pareille ~ *dare un colpo al cerchio e uno alla botte* [*barcamenarsi*] ménager la chèvre et le chou ~ *a colpi di spillo* à coups d'épingle ~ *dare un colpo di spugna su q.c.* passer l'éponge sur qqch. ~ *al primo colpo, di primo colpo* du premier coup ~ *andare a colpo sicuro* aller à coup sûr ~ *restare, rimanere* (*morto*) *sul colpo* mourir sur le coup **4** (*sport, pugilato*) coup: *un colpo forte* un coup fort; *colpi d'assaggio* coups d'essai; *un colpo basso*: (*pr.*) un coup bas; (*fig.*) [*azione sleale*] coup bas ◇ (*tennis*) *colpo smorzato* coup amorti; *colpo diretto* coup droit; *colpo rovescio* revers; *colpo schiacciato* smash ◇ (*scherma*) *colpo doppio, nullo* coup double, nul; *colpo di punta, di taglio* coup d'estoc, de taille **5** (*per est.*) [*movimento improvviso, energico*; *azione rapida*] coup: *un colpo di vento, di mare* un coup de vent, de mer; *dare un colpo di timone, un colpo di freni, un colpo di pedale* donner un coup de barre, un coup de frein, un coup de pédale; *quando arrivi, dammi un colpo di telefono* quand tu arriveras, donne-moi un coup de téléphone; *ci vuole ancora un colpo di pennello* il faut encore un coup de pinceau; *con un colpo di spazzola va via tutto lo sporco* avec un coup de brosse toute la saleté s'en va ◇ (*loc. fig.*) *un colpo di testa* un coup de tête ~ *un colpo di fulmine* un coup de foudre ~ *hai avuto un bel colpo di fortuna* tu as eu un beau coup de chance ~ *non sono mancati i colpi di scena* les coups de théâtre n'ont pas manqué ~ COLPO D'OCCHIO coup d'œil: *hai un bel colpo d'occhio* tu jouis d'un beau coup d'œil; *certe cose si vedono a colpo d'occhio* certaines choses se voient du premier coup, au premier coup d'œil ◇ [*fatto improvviso dannoso alla salute*] *un colpo di sole* un coup de soleil → **insolazione**; *un colpo di calore* un coup de chaleur; *un colpo d'aria* un coup d'air # *un colpo apoplettico* une attaque (d'apoplexie); *gli è venuto un colpo* il a eu une attaque → **attacco** ◇ (*loc.*) *di colpo* tout à coup ~ *tutto d'un colpo* tout d'un coup ~ *a un colpo, in un colpo* d'un coup **6** (*per est.*) [*impresa audace*; *azione rapida e fruttuosa*] coup: *un colpo di mano* un coup de main; *un colpo mancino, gobbo* un coup bas, déloyal; *hai fatto un bel colpo* tu as réussi un beau coup; *tentare, fare un colpo* tenter, faire un coup; *è stato un colpo* (*da*) *maestro* cela a été un coup de maître; *ha fatto un bel colpo giornalistico* il a réussi un beau coup journalistique ◇ (*polit.*) *colpo di Stato* coup d'État **7** *loc. fig.* [*forte impressione, sensazione*] *far colpo* faire sensation; *certe notizie fanno colpo* certaines nouvelles font sensation ~ *far colpo su qc.* frapper qqn.; *è una ragazza che fa colpo* c'est une fille qui attire l'attention, qui fait sensation là où elle paraît ◇ [*delusione, sorpresa sgradita*] coup: *che colpo!* quel coup!; *è stato un brutto colpo per lui* ç'a été un coup dur pour lui; *questo colpo non me lo aspettavo* je ne m'attendais pas à ce coup-là.

colposaménte |kolposa'mente| *avv.* [→ COLPOSO] par imprudence *loc. inv.*, involontairement.

colposità |kolposi'ta| *s.f. inv.* (*dir.*) non-préméditation *var.*

colpóso |kol'poso| *agg.* (*dir.*) par imprudence *loc. inv.*, involontaire: *omicidio colposo* homicide par imprudence, involontaire.

colt |'kɔlt| *s.f. inv.* colt *m. var.*

còlta |'kɔlta| *s.f.* (*mar.*) gréement *m.*

coltèlla |kol'tɛlla| *s.f.* → **coltellaccio** 1.

coltellàccio, i |koltel'lattʃo, i| *s.m.* **1** [*grande coltello a lama larga*] coutelas **2** (*mar.*) bonnette *f.*

coltellàta |koltel'lata| *s.f.* **1** coup *m.* de couteau ◇ (*fig.*) *quella risposta è stata per me una coltellata al cuore* cette réponse a été pour moi un coup de poignard **2** (*edil.*) assise de champ, de chant.

coltelleria |koltelle'ria| *s.f.* coutellerie.

coltellièra |koltel'ljɛra| *s.f.* étui *m.* pour couteaux (de table).

coltellinàio, i |koltelli'najo, i| *s.* [*chi fabbrica, vende strumenti taglienti*] coutelier*.

coltellino |koltel'lino| *s.m.* [*piccolo coltello, spec. da tasca*] canif.

coltèllo |kol'tɛllo| *s.m.* **1** couteau: *coltello tascabile, a molla* couteau de poche, pliant; *coltello da tavola* couteau de table; *coltello da pane, da formaggio* couteau à pain, à fromage; *coltello a serramanico* couteau à cran d'arrêt; *coltello chirurgico* couteau d'amputation; *affilare i coltelli* aiguiser les couteaux; *ha tirato fuori il coltello* il a sorti son couteau # *coltello anatomico* scalpel; *coltello dell'aratro* coutre ◇ (*loc. fig.*) *farsi una guerra a coltello* [*lotta accanita, spietata*] être à couteaux tirés ~ *essere, venire ai coltelli* [*essere, venire alle maniere violente*] en venir à la manière forte ~ *avere il coltello per il, tenere il coltello dalla parte del manico* [*essere in posizione di vantaggio*] avoir le beau jeu, être maître de la situation ~ *avere il coltello alla gola* avoir le couteau sur, sous la gorge; *mettere il coltello alla gola di qc.* mettre le couteau sur, sous la gorge à qqn. ~ *da tagliare, che si taglia col coltello* [*molto fitto, denso*] à couper au couteau: *oggi la nebbia si taglia col coltello* aujourd'hui le brouillard est à couper au couteau ~ (*edil.*) *mettere, disporre* A COLTELLO, PER COLTELLO mettre, disposer de champ, de chant **2** (*fig.*) [*grave pena*; *dolore straziante*] coup de poignard: *avere un coltello nel cuore* avoir reçu un coup de poignard dans le cœur; *le sue calunnie sono per me tanti coltelli* ses calomnies me sont autant de coups de poignard **3** [*asse fisso della bilancia*] couteau **4** (*elettr.*) (*interruttore a*) *coltello* interrupteur à couteaux.

coltivàbile |kolti'vabile| *agg.* [→ COLTIVARE A 1] cultivable: *terreno coltivabile* terrain cultivable ◇ (*miner.*) exploitable.

coltivabilità |koltivabili'ta| *s.f. inv.* possibilité *var.* de cultiver, d'être cultivé.

coltivàre |kolti'vare| **A** *v.tr.* **1** [*sottoporre il terreno a particolari cure, affinché sia produttivo*] cultiver: *coltivare un terreno* cultiver un terrain # *coltivare il campo a grano* emblaver un champ; *coltivare un orto a patate* planter des pommes de terre dans un potager ◇ [*piantare e curare piante erbacee e sim.*] *coltivare cereali* cultiver des céréales; *coltivare i fiori* cultiver les fleurs **2** (*per est., fig.*) [*tenere in esercizio, educare, curare*] cultiver: *coltivare la mente, la fantasia* cultiver l'esprit, l'imagination; *coltivare l'amicizia* cultiver l'amitié # *coltivare l'educazione, la salute dei figli* prendre soin de l'éducation, de la santé des enfants ◇ [*praticare, esercitare*] *coltivare la musica, la poesia* cultiver la musique, la poésie # *coltivare l'equitazione, la caccia* s'adonner à l'équitation, à la chasse ◇ (*loc. fig.*) *coltivare una persona* cultiver une personne ~ *coltivare i vizi* [*soddisfarli*] assouvir ses vices ~ *coltivare la superstizione* entretenir la superstition **3** (*per est.*) [*mantenere, alimentare, accrescere*] nourrir: *coltivare una speranza assurda* nourrir un espoir absurde; *coltivare sentimenti di rancore* nourrir des sentiments de rancune **4** (*miner.*) [*sfruttare un giacimento minerario*] exploiter **B** *v. pron. rifl.* COLTIVARSI *ass.* [*curare assiduamente la propria mente, il proprio aspetto fisico, i propri modi e sim.*] se cultiver: *è una persona che si è sempre coltivata molto* c'est une personne qui s'est toujours beaucoup cultivée.

coltivàto |kolti'vato| *agg.* **1** cultivé: *campo, frutteto coltivato* champ, verger cultivé # *orto coltivato a insalata* maraîchage de salades **2** (*per est., fig.*) [*educato, curato*] raffiné; soigné: *ingegno coltivato* esprit raffiné; *persona coltivata* personne raffinée || *aspetto fisico coltivato* aspect physique soigné **3** (*per est.*) [*alimentato, mantenuto*] nourri: *speranza coltivata a lungo* espoir longtemps nourri Ⓒ 1 **incolto.**

coltivatóre, trice |koltiva'tore, tritʃe| *s.* **1** *s.* cultivateur* → **contadino, agricoltore** # *coltivatore diretto* propriétaire cultivateur, exploitant agricole **2** *s.m.* (*tecnol.*) cultivateur.

coltivazióne |koltivat'tsjone| *s.f.* **1** [→ COLTIVARE A 1] action de cultiver; culture: *coltivazione di un frutteto* culture d'un verger; *coltivazione intensiva, estensiva* culture intensive, extensive; *coltivazione a terrazza* culture en terrasses; *coltivazione meccanica* culture mécanique, motoculture **2** [*coltura di piante*] culture: *impiantare una coltivazione di ulivo* installer une culture d'olivier **3** (*min.*) exploitation.

coltivo |kol'tivo| **1** *agg.* (*detto di terreno coltivabile*) cultivable **2** *s.m.* [*terreno coltivabile*] culture (*f.*): *è una zona di coltivi* c'est une zone de cultures.

cólto |'kolto| *agg.* **1** [*che possiede una cultura*] cultivé: *quell'uomo è molto*

colto cet homme est très cultivé; *sono persone poco colte* ce sont des gens peu cultivés **2** (*raro, lett.*) → **coltivato** 2.
-coltóre |kol'tore| *suff.* (*significa 'allevatore, coltivatore', corrisponde gener. a*) culteur: *agricoltore* agriculteur.
cóltre |'koltre| *s.f.* **1** [*coperta pesante da letto*] couverture → **coperta** 2 (*per est., fig.*) [*strato che copre q.c.*] couche: *una coltre di neve* une couche de neige **3** [*drappo nero con cui si copre la bara*] drap *m.* mortuaire, poêle *m.*
cóltrice |'koltritʃe| *s.f.* (*lett.*) → **materasso, giaciglio.**
coltróne |kol'trone| *s.m.* **1** [*coperta imbottita, per il letto*] courtepointe *f.* **2** [*tendone imbottito usato in inverno davanti alle porte di chiese e sim.*] portière *f.*
-coltùra |kol'tura| *suff.* (*significa 'allevamento, coltivazione', corrisponde gener. a*) culture: *agricoltura* agriculture.
coltùra |kol'tura| *s.f.* **1** [*coltivazione del terreno*] culture: *coltura intensiva, estensiva* culture intensive, extensive; *colture specializzate* cultures spécialisées **2** [*specie coltivate*] culture: *la coltura della canna da zucchero* la culture de la canne à sucre; *il maltempo ha danneggiato le colture* le mauvais temps a endommagé les cultures **3** [*allevamento di piccoli animali*] élevage (*m.*): *coltura dei bachi da seta* élevage de vers à soie; *coltura di api* élevage d'abeilles, apiculture ◇ [*allevamento di microrganismi*] culture: *coltura microbica* culture microbienne **4** (*raro*) → **cultura.**
colturàle |koltu'rale| *agg.* de culture *loc. inv.*, cultural*: *metodi colturali* procédés de culture.
colubrìna |kolu'brina| *s.f.* couleuvrine.
colùbro |ko'lubro| *s.m.* **1** (*t.zool.*) couleuvre *f.* **2** (*lett.*) → **serpente.**
colùi |ko'lui| *pron. dim. m. sing.* [*quell'uomo, quella persona*] → **colei, coloro** **1** (*raro*) (*usato senza antecedente*) celui-là ◇ (*con valore spreg.*) [*quell'individuo, quel tipo*] *che vuole, colui?* que veut-il (qu'est-ce qu'il veut), celui-là? **2** (*antecedente al pron. rel.*) celui: *colui che dice una simile cosa è disonesto* (celui) qui dit une chose pareille est malhonnête; *il ladro è stato visto da colui che guidava la macchina* le voleur a été vu par celui, la personne qui conduisait la voiture.
colùmbio, i |ko'lumbjo, i| *s.m.* (*chim.*) → **niobio.**
colutèa |kolu'tɛa| *s.f.* (*t.bot.*) baguenaudier *m.*
còlza |'kɔltsa| *s.f.* (*t.bot.*) colza *m.*
còma |'kɔma| *s.m. inv.* (*med.*) coma (*var.*): *essere, entrare in coma* être, entrer dans le coma.
comandaménto |komanda'mento| *s.m.* (*relig. catt.*) commandement: *i dieci comandamenti* les dix commandements.
comandànte |koman'dante| *s.m.* (*mil., corr.*) commandant: *comandante di presidio* commandant d'armes; *vice comandante* commandant en second; *comandante capo* commandant en chef; *signorsì, signor comandante* oui, (mon) commandant # *comandante di squadrone, di battaglione* chef d'escadron, de bataillon ◇ (*mar.*) *comandante in seconda* (commandant en) second; *comandante del porto* commandant du port.
comandàre |koman'dare| **A** *v.tr.* **1** (*mil., corr.*) [*ordinare, imporre q.c.*] commander: *comandare una compagnia* commander une compagnie; *comandare il silenzio* commander le silence; *comandare l'attenti* commander le garde-à-vous # *comandi!* à vos ordres! **2** (*dir.*) [*imporre un dovere da parte di un'autorità amministrativa e sim.*] commander *intr.* **3** (*bur.*) [*destinare qc. in un altro luogo*] affecter: *comandare temporaneamente un insegnante presso una biblioteca* affecter temporairement un enseignant à la bibliothèque; *è stato comandato al ministero* il a été affecté au ministère **4** (*tecnol.*) [*determinare un movimento o il funzionamento di una macchina, di una sua parte*] commander: *pedale che comanda i freni* pédale commandant, actionnant les freins **5** [*ordinare, chiedere; prescrivere*] ordonner: *il medico gli comandò una cura rigorosa* le médecin lui ordonna un traitement sévère; *comandare un pranzo* ordonner un repas **B** *v.intr.* (*aus. 'avere'*) [*imporre la propria volontà, le proprie scelte*] commander: *sa comandare e farsi ubbidire* il sait commander et se faire obéir; *qui comando io!* ici, c'est moi qui commande! ◇ (*loc. fig.*) *comandare a bacchetta* commander à la baguette.
comandàta |koman'data| *s.f.* (*mar. mil.*) [*prestazione obbligatoria dei marinai, senza le armi*] corvée ◇ (*mar.*) [*turno di guardia*] garde.
comandàto |koman'dato| *agg.* **1** d'obligation (*loc. inv.*): *festa comandata* fête d'obligation → **prescritto** **2** (*mil.*) chargé (de): *essere comandato di guardia* être chargé de garde **3** (*bur.*) [*incaricato in una mansione diversa dalla propria*] détaché: *professore comandato* professeur détaché, chargé de cours ✦ (*s.*) *un comandato* une personne *f.* détachée *agg.*
comàndo |ko'mando| *s.m.* **1** [→ COMANDARE A 1] ordre; commandement: *dare, eseguire un comando* donner, exécuter un ordre; *aspettare il comando di qc.* attendre l'ordre de qqn. → **ordine** ‖ *non usare quel tono di comando!* n'emploie pas ce ton de commandement! # *non aver capacità di comando* ne pas avoir qualité pour commander ◇ (*loc.*) *essere, stare ai comandi di qc.* [*essere alle sue dipendenze*] être sous les ordres de qqn. ~ *ai suoi, ai vostri comandi!* à vos ordres! **2** (*mil.*) commandement: *comando di divisione, di corpo d'armata* commandement de division, de corps; *torre di comando* tourelle de commandement; *avere il comando di una compagnia* avoir le commandement d'une compagnie ◇ (*corr.*) *assumere il comando di un'impresa* prendre la tête d'une entreprise; *preferisco non avere alcun comando* je préfère n'avoir aucune responsabilité **3** (*sport*) tête (*f.*): *essere al comando della classifica* être en tête du classement; *prendere il comando del gruppo* prendre la tête du peloton **4** (*tecnol., corr.*) commande (*f.*): *organi di comando* organes de commande; *i comandi di un aereo* les commandes d'un avion; *comandi automatici, meccanici* commandes automatiques, mécaniques; *azionare i comandi* actionner les commandes **5** (*bur.*) [*incarico temporaneo in una funzione diversa dalla propria*] détachement: *ottenere, chiedere il comando* obtenir, demander un détachement.
comàre |ko'mare| *s.f.* **1** [*persona pettegola e chiacchierona*] commère: *le comari del quartiere* les commères du quartier **2** [*la madrina di battesimo di un neonato*] commère **3** [*la testimone delle nozze*] marraine **4** [*amica di vecchia data, spec. vicina di casa*] commère **5** → **levatrice.**
comàsco, chi, ca, che |ko'masko, ki, ka, ke|, **comènse** |ko'mɛnse| *agg.* [*di Como*] cômasque, cômien*.
comatóso |koma'toso| *agg.* comateux*: *stato comatoso* état comateux # *un malato comatoso* un comateux.
combaciaménto |kombatʃa'mento| *s.m.* [→ COMBACIARE A 1] jonction *f.*, assemblage ◇ [*punto di giunzione; giuntura*] jointure *f.*
combaciàre |komba'tʃare| **A** *v. intr.* (*aus. 'avere'*) **1** [*aderire in perfetta corrispondenza*] joindre (61): *queste assi combaciano bene* ces planches joignent bien **2** (*fig.*) [*concordare, corrispondere*] correspondre (53) (à), concorder (avec): *questa notizia non combacia con quello che mi avevano detto* cette nouvelle ne correspond pas à, ne concorde pas avec ce que l'on m'avait dit **B** *v.pron. recipr.* COMBACIARSI [→ *intr.* 1] se joindre: *il punto in cui due cose si combaciano* le point où deux choses se joignent.
combattènte |kombat'tɛnte| **1** *agg.* combattant: *unità combattente* unité combattante ✦ (*s.*) *un combattente* un combattant: *associazione dei combattenti* association des combattants; *gli ex-combattenti* les anciens combattants ◇ (*sport*) *quel pugile è un combattente* ce boxeur est un lutteur, un battant ◇ (*t.zool.*) *pesce combattente* poisson combattant **2** *s.m.* (*t.zool.*) combattant → **gambetta.**
combattentìstico, ci, ca, che |kombatten'tistiko, tʃi, ka, ke| *agg.* des (anciens) combattants (*loc.*): *associazione combattentistica* association des (anciens) combattants ◇ (*per est.*) → **combattivo.**
combàttere |kom'battere| **A** *v. intr.* (*aus. 'avere'*) **1** [*lottare, spec. con le armi*] combattre (76): *hanno combattuto lungamente contro gli oppressori stranieri* ils ont longuement combattu contre les oppresseurs étrangers; *combattere accanitamente, eroicamente* combattre avec acharnement, héroïquement; *combattere per terra e per mare* combattre sur terre et sur mer; *combattere ad armi pari, dispari* combattre à armes égales, différentes; *combattere corpo a corpo* combattre corps à corps; *combattere con qc.* [*contro qc.*] combattre contre qqn.; *combattere con qc.* [*insieme a qc.*] combattre avec qqn. # *ha combattuto da leone* il s'est battu comme un lion **2** (*fig.*) [*opporsi a, contrastare*] combattre: *bisogna combattere contro l'ingiustizia* il faut combattre contre l'injustice; *ha combattuto a lungo con la malattia, con la miseria* il a longtemps combattu contre la maladie, contre la misère **3** (*fig.*) [*lottare, adoperarsi*] combattre: *combattere per un ideale, per una causa* combattre pour un idéal, pour une cause; *abbiamo tutti combattuto per la libertà* nous avons tous combattu pour la liberté; *non ho più la forza di combattere* je n'ai plus la force de combattre ◇ (*sport*) [*gareggiare con*

impegno] lutter, se battre (76) (*pron.*): *è un atleta che combatte fino al limite delle forze* c'est un athlète qui lutte, qui se bat jusqu'à la limite de ses forces # *la partita è stata combattuta fino alla fine* la partie a été disputée jusqu'à la fin **B** *v.tr.* **1** [*lottare contro qc.*] combattre: *combattere i nemici* combattre les ennemis **2** (*fig.*) [→ *intr.* 2] combattre: *combattere un'opinione errata* combattre une opinion fausse; *combatteremo la vostra arroganza con tutti i mezzi* nous combattrons votre arrogance par tous les moyens; *le malattie infettive si combattono con l'igiene* on combat les maladies infectieuses par l'hygiène **C** *v.pron. recipr.* COMBATTERSI [*affrontarsi, scontrarsi*] se battre: *ci siamo sempre combattuti, ma lealmente* nous nous sommes toujours battus, mais loyalement # *l'esercito e i guerriglieri hanno ripreso a combattersi* l'armée et les guérilleros ont repris le combat.

combattiménto |kombatti'mento| *s.m.* **1** [→ COMBATTERE A 1; B 1; C] combat: *combattimento improvviso, accanito* combat soudain, acharné; *combattimento aereo, navale* combat aérien, naval; *combattimento di galli* combat de coqs; *sospendere, riprendere i combattimenti* suspendre, reprendre les combats → **scontro, lotta** **2** (*pugilato*) combat: *disputare un combattimento* disputer un combat; *mettere fuori combattimento* mettre hors de combat.

combattività |kombattivi'ta| *s.f. inv.* combativité *var.*

combattivo |kombat'tivo| *agg.* **1** (*cose*) combatif*: *spirito combattivo* esprit combatif **2** (*persone*) *un individuo combattivo* un combatif *s.* → **aggressivo, battagliero.**

combattùto |kombat'tuto| *agg.* partagé; [*travagliato*] tourmenté.

combinàbile |kombi'nabile| *agg.* [→ COMBINARE A 3] combinable.

combinabilità |kombinabili'ta| *s.f. inv.* (*chim.*) possibilité *var.* d'être combiné.

combinàre |kombi'nare| **A** *v.tr.* **1** [*mettere insieme, accordare*] combiner; concilier: *hai combinato le tinte con molto buon gusto* tu as combiné les couleurs avec beaucoup de goût ‖ *non è facile combinare le esigenze di tanti* ce n'est pas facile de concilier les exigences de tant de personnes ♦ *ass.* [*accordarsi*] s'accorder *pron.*, se mettre (71) *pron.* d'accord: *avete già combinato per il prezzo?* vous vous êtes déjà accordés, mis d'accord sur le prix?; *per la data dell'incontro combineremo in seguito* en ce qui concerne la date de la rencontre nous nous mettrons d'accord par la suite; *avevamo quasi combinato* nous nous étions presque mis d'accord ◇ (*fig.*) [*conciliare, accordare*] concilier: *riuscirai a combinare posizioni così contrastanti?* arriveras-tu à concilier des positions tellement opposées? ◇ (*loc. fig.*) *non riuscire a combinare il pranzo con la cena* [*far una vita stentata*] avoir du mal à joindre les deux bouts **2** (*chim.*) [*far reagire due o più sostanze*] combiner: *combinare due gas* combiner deux gaz **3** [*portare ad effetto, concludere*] conclure (46): *ho combinato un buon affare* j'ai conclu une bonne affaire ◇ [*organizzare*] arranger (3), combiner: *combinare un incontro, una riunione* arranger, combiner une rencontre, une réunion **4** (*fam., scherz.*) [*fare*] faire (45) (*corr.*): *combinare dei guai* faire des bêtises; *ne combina di tutti i colori* il en fait de toutes les couleurs; *cos'altro ha combinato!* qu'est-ce qu'il a encore fait!; *ne ha combinata una delle sue* il a encore fait des siennes; *l'hai proprio combinata bella, grossa!* tu en as fait une belle! # *chissà cosa combina quello là!* qui sait ce qu'il fabrique, celui-là! ◇ (*loc.*) *non combinar nulla* [*perder tempo, lavorare senza risultato*] ne rien faire; n'être bon à rien **B** *v.intr.* (*aus.* '*avere*') [*corrispondere, collimare*] concorder: *questi risultati non combinano* ces résultats ne concordent pas; *controlla se le due copie combinano* contrôle si les deux copies concordent **C** *v.pron.* COMBINARSI **1** *recipr.* [→ *tr.* 1] s'accorder, se mettre d'accord: *combinarsi sui particolari* s'accorder, se mettre d'accord sur les détails → **accordar(si)** # *ci siamo combinati senza difficoltà* nous nous sommes entendus sans difficulté **2** *recipr.* (*chim.*) [→ *tr.* 2] se combiner: *elementi che si combinano a bassa temperatura* éléments qui se combinent à basse température **3** *rifl.* (*fam.*) [*conciarsi, ridursi in un dato modo*] s'accoutrer: *si è combinata in modo veramente ridicolo* elle s'est accoutrée de manière invraisemblable, de façon vraiment ridicule # *guarda come ti sei combinato!* regarde comme tu t'es arrangé, dans quel état tu es! **4** *intr.* (*raro*) [*capitare, coincidere*] tomber (*intr.*): *le tue richieste si combinano con un periodo di grosse difficoltà* tes demandes tombent dans une période de grosses difficultés.

combinàta |kombi'nata| *s.f.* (*sci*) combiné (*m.*): *combinata alpina, nordica* combiné alpin, nordique.

combinàto |kombi'nato| *agg.* **1** [*concluso, stabilito*] arrangé; conclu: *un matrimonio ben, mal combinato* un mariage bien, mal arrangé; *era tutto combinato per la partenza* tout était arrangé pour le départ ‖ *gli affari combinati sono pochi* il y a peu d'affaires conclues # *pagare il prezzo combinato* payer le prix convenu → **pattuito** **2** [*messo insieme, accordato*] assorti: *colori combinati* couleurs assorties ◇ (*mil.*) combiné: *operazioni combinate* opérations combinées → **coordinato** ◇ (*tecnol.*) *macchina combinata* machine truquée ◇ (*telecomunicazioni*) *circuito combinato* circuit combiné.

combinatóre, trice |kombina'tore, tritʃe| *s.* **1** *s.* (*raro*) (*persone*) [*chi combina q.c.*] combinateur *m.* ◇ (*raro, tip.*) → **compositore** **2** *s.m.* (*elettr., tecnol.*) *combinatore di marcia* combinateur de marche ♦ *agg.* (*tel.*) *disco combinatore* cadran d'appel *loc. inv.*

combinatòria |kombina'tɔrja| *s.f.* (*ling.*) combinatoire.

combinatòrio, i |kombina'tɔrjo, i| *agg.* combinatoire ◇ (*mat.*) *calcolo combinatorio* calcul combinatoire.

1 **combinazióne** |kombinat'tsjone| *s.f.* **1** [→ COMBINARE A 1] combinaison: *combinazione di colori, di suoni, di numeri* combinaison de couleurs, de sons, de nombres; *studiare tutte le possibili combinazioni* étudier toutes les combinaisons possibles; *è una strana combinazione* c'est une étrange combinaison; *provare una diversa combinazione* essayer une combinaison différente ◇ (*chim., ling., mat.*) combinaison **2** [*coincidenza fortuita, caso*] coïncidence; *hasard *m.*: (*guarda*) *che combinazione!* (tiens) quelle coïncidence! ‖ *ci siamo incontrati per combinazione* nous nous sommes rencontrés par hasard.

2 **combinazióne** |kombinat'tsjone| *s.f.* (*abbigl.*) combinaison ◇ (*aer.*) *combinazione di volo* combinaison de vol; *combinazione spaziale* combinaison spatiale.

combrìccola |kom'brikkola| *s.f.* **1** [*gruppo di persone unite per scopi equivoci o illeciti*] bande, gang (*m.*): *una combriccola di ladri, di truffatori* une bande, un gang de voleurs, d'escrocs; *fanno tutti parte della stessa combriccola* il font tous partie de la même bande → 1 **cricca** **2** (*per est., scherz.*) [*compagnia di buontemponi*] bande: *è una combriccola molto allegra* c'est une bande très joyeuse; *gli piace stare in combriccola* il aime être en bande.

comburènte |kombu'rɛnte| *agg.* (*chim., tecnol.*) comburant: *sostanza comburente* matière comburante ♦ (*s.m.*) *un comburente* un comburant.

combustìbile |kombus'tibile| *agg.* combustible: *sostanza combustibile* matière combustible ♦ (*s.m.*) *i combustibili* les combustibles.

combustibilità |kombustibili'ta| *s.f. inv.* combustibilité *var.*

combustióne |kombus'tjone| *s.f.* combustion: *residuo di una combustione* résidu d'une combustion; *combustione spontanea* combustion spontanée; *combustione viva, lenta* combustion vive, lente; *miccia a lenta combustione* mèche à combustion lente.

combùsto |kom'busto| *agg.* (*lett.*) → **bruciato.**

combùtta |kom'butta| *s.f.* [*combriccola, cricca*] bande: *è una combutta poco raccomandabile* c'est une bande peu recommandable ◇ (*loc.*) *entrare, mettersi in combutta con qc.* s'acoquiner avec qqn. ~ *essere in combutta con qc.* être de connivence, de mèche avec qqn. ~ IN COMBUTTA [*insieme*] comme un seul homme: *agire in combutta* agir comme un seul homme.

cóme |'kome| **I** *avv.* **1** (*nelle comparazioni*) [*alla* (*stessa*) *maniera di, nello* (*stesso*) *modo di*] comme: *è alto come il fratello* il est grand comme son frère; *sei pauroso come un coniglio* tu es peureux comme un lièvre; *è buono come il pane* il est bon comme le pain; *son vissuto come un cane abbandonato* j'ai vécu comme un chien abandonné; *scotta come il fuoco* ça brûle comme le feu; *non è come pensavo* ce n'est pas comme je le pensais ◇ (*preceduto da un comparativo*) [*quanto*] que: *mi è andata meglio di come speravo* je m'en suis mieux tiré que je ne l'espérais; *ci è andata peggio di come pensavamo* cela a été pire que nous ne le pensions ◇ (*con un pron. pers.*) comme: *come me, te, lui, noi, loro* comme moi, toi, lui, nous, eux; *veste come te* elle s'habille comme toi # *avaro come lui non c'è nessuno* je ne connais personne d'aussi avare, qui soit aussi avare que lui ◇ (*mat.*) *A sta a B come C sta a D* A est à B ce que C est à D ◇ (*loc. enf.*) *io come io non farei una cosa simile* [*per quel *che mi riguarda*] moi, je ne pourrais jamais faire une chose pareille ~ *ora come ora non ci sono novità* [*nell'attuale momento*] à l'instant (pour le moment), il n'y a pas de nouveautés ~ *oggi come oggi è impossibile fare previsioni* aujourd'hui, il est impossible de faire des prévisions ~ *com'è vero Dio* [*con assoluta certezza*] c'est la pure verité, la verité vraie (*fam.*) ~ *come capita* (*capita*); *come viene viene* à la va comme je te pousse ~ *come Dio vuole* comme il plaît à Dieu; *sarà come Dio vuole* comme il plaira à Dieu **2** (*nelle correl.*) comme: *così nel bene come nel male* dans le bien comme dans le mal; *tanto nella buona come nella cattiva sorte* dans le bon comme dans le mauvais sort; *comportati* (*così*) *come noi* comporte-toi comme nous, fais comme nous; *per noi come per voi è stato un grave colpo* pour nous comme pour vous ça a été un coup dur # *anche voi come loro dovete andarvene* vous devez partir vous aussi ◇ *loc.* COME (+ *per* + *inf.*) [*quasi* (*per*)] comme: *come* (*per*) *dire che sei stanco* comme qui dirait que tu es fatigué (*fam.*); *ci faceva segno come per chiamarci* il nous faisait signe comme pour nous appeler ~ COME SE comme (si): *era come se fosse mio fratello* c'était comme (si c'était) mon frère; *comportati come* (*se*) *fossi a casa tua* fais comme chez toi ~ ESSERE COME (+ *inf.*) [*essere lo stesso che*] être comme (+ *inf.*): *è come parlare al vento, al muro* c'est comme parler à un mur; *sarebbe stato come chiedere la luna* cela aurait été comme demander la lune **3** (*in prop. interrog. dirette o indirette*; *in espressioni escl.*) [*in quale modo, in che modo*] comment: *come stai?* comment vas-tu?; *come avete detto?* comment?; *dimmi come si fa* dis-moi comment on fait; *non so proprio come cavarmela* je ne sais vraiment pas comment m'en sortir; *ma come!* comment!; *come avete potuto osare tanto!* comment avez-vous pu oser! # *come sarebbe a dire?* qu'est-ce que cela veut dire? ◇ *loc.* COM'È CHE comment; pourquoi: *com'è che si fa?* comment fait-on? || *com'è che ritardano tanto?* pourquoi tardent-ils tant?; *non capisco com'è che non mi risponde* je ne comprends pas pourquoi il ne me répond pas ◇ *raff.* COME... MAI, COME MAI (CHE) comment; pourquoi: *mi chiedo come potrò mai farcela* je me demande comment je pourrai m'en sortir || *come mai* (*che*) *non arriva?* pourquoi n'arrive-t-il pas?; *come mai?* [*perché?*] pourquoi? # *mancavi solo tu, come mai?* il ne manquait que toi, comment se fait-il? ◇ (*loc.*) *com'è come non è...* [*all'improvviso*] tout à coup... ~ COME NO! [*certamente, sicuro!*] bien sûr, sûrement: *'verrai anche tu?' 'come no!'* 'est-ce que tu viendras aussi?' 'bien sûr!, sûrement!' **4** (*in prop. enunciative*) [*il modo in cui*] comment; comme: *ecco come si fa* voilà comment on fait || *fai come vuoi* fais comme tu veux # *stai attento a come rispondi* fais attention à ce que tu réponds ◇ (*in prop. incidentali*) comme: *come già saprai, è morto ieri* comme tu le sais sûrement, il est mort hier; *come puoi vedere, sono sano e salvo* comme tu peux voir, je suis sain et sauf # *come ti dicevo, non c'è più niente da fare* ainsi que je te le disais, il n'y a plus rien à faire **5** (*in prop. escl.*) [*quanto*] comme, (ce) que: *come sei alto!* comme, (ce) que tu es grand!; *come siete intolleranti!* comme vous êtes intolérants!; *come si starebbe tranquilli senza questo traffico!* que l'on serait tranquille sans toute cette circulation!; *come ti invidio!* comme je t'envie! # *lo sai bene come mi dispiaccia!* tu sais combien je le regrette! ◇ *loc. inter.* E COME! [*eccome, perbacco*] et comment!: *m'interessa, e come!* cela m'intéresse, et comment!; *'ti piace?' 'e come!'* 'cela te plaît?' 'et comment!' **6** [*in qualità di*] comme, en tant que: *ha tenuto la relazione come presidente della società* il a présenté la relation en tant que, comme président de la société; *è qui come rappresentante del governo* il est ici comme, en tant que représentant du gouvernement; *lo terrò come ricordo* je le garderai comme souvenir **II** *cong.* **1** (*con valore dichiarativo*) [*che*] que: *mi lasciò capire come ormai era inutile insistere* il me fit comprendre qu'il était désormais inutile d'insister; *tu sai come io non sia responsabile dell'accaduto* tu sais que je ne suis pas responsable de l'incident ◇ (*loc.*) *è meglio* DI COME *pensassi* il est mieux que je ne le pensais ~ *è diverso* DA COME *lo immaginavo* il est différent de ce que je l'imaginais; *a giudicare da come si comporta...* si j'en juge par sa conduite... **2** (*con valore temporale*) [*appena che, non appena*] dès que; comme: *come parla, dice sciocchezze* dès qu'il parle, il dit des bêtises; *come ci ha visti, è scappato* dès qu'il nous a vus, il s'est enfui; *come arrivammo, era lì ad aspettarci* comme nous arrivions, il était là à nous attendre ◇ [*via via, a mano a mano che*] au fur et à mesure: *come avanzava l'estate, il suo male andava peggiorando* au fur et à mesure que l'été avançait, son mal empirait; *come cominciava a imbrunire, cresceva in lui la paura* au fur et à mesure que la nuit tombait, sa peur augmentait ◇ (*loc.*) *come Dio volle* [*finalmente*] finalement (*avv.*): *come Dio volle, arrivò la risposta* finalement, la réponse arriva **3** (*con valore caus., raro*) → **siccome, poiché** **III** *s.m. inv.* [*il modo, la maniera, il mezzo*] comment (*avv.*): *vorrei parlargli, ma non trovo il come* je voudrais lui parler, mais je ne sais pas comment; *non esiste il come, ma solo il quando* ce qui compte ce n'est pas comment, mais quand # *devi essere qui quanto prima*; *il come sono affari tuoi* il faudra que tu arrives le plus tot possible; c'est à toi de te débrouiller pour cela ◇ *loc.* IL CHE E IL COME; IL COME E IL PERCHÉ [*tutti i particolari*] le pourquoi et le comment; le comment et le pourquoi: *spiegagli il come e il perché di tutta la faccenda* explique-lui le comment et le pourquoi de l'affaire ~ IL COME E IL QUANDO [*i fatti, le circostanze*] comment *avv.* et quand (*avv.*): *ti ho già raccontato il come e il quando del nostro incontro* je t'ai déjà raconté comment et quand nous nous sommes rencontrés.

comecchessia |komekkes'sia| **1** *avv.* (*raro*) → **comunque (sia)** **2** *agg. inv.* (*raro*) → **qualunque.**

comedóne |kome'done| *s.m.* comédon.

comènse |ko'mɛnse| *agg.* → **comasco.**

comènto |ko'mɛnto| *s.m.* (*mar.*) interstice (des bordages).

cométa |ko'meta| *s.f.* **1** (*astron.*) comète: *la coda di una cometa* la queue d'une comète **2** (*dial.*) → **aquilone.**

comfort |'kʌmfət| *s.m. inv.* (*ingl.*) confort (*var.*): *è un albergo con tutti i comfort* c'est un hôtel avec tout le confort.

còmica, che |'kɔmika, ke| *s.f.* **1** film *m.* comique **2** [*scena che provoca il riso, situazione comica*] gag *m.*

comicaménte |komika'mente| *avv.* [→ COMICO I] comiquement.

comicità |komitʃi'ta| *s.f. inv.* [*carattere, aspetto comico*] comique (*m. var.*): *scena di alta comicità* scène d'un haut comique.

còmico, ci, ca, che |'kɔmiko, tʃi, ka, ke| **I** *agg.* **1** (*teat., corr.*) comique: *attore comico* acteur comique; *il genere comico* le genre comique, le comique *s.m.* **2** (*per est.*) comique: *situazione comica* situation comique; *faccia comica* visage comique; *un personaggio comico* un personnage comique → **ridicolo, buffo** **II** *s.m.* **1** [*attore comico*] comique: *è un buon comico* c'est un bon comique; *una compagnia di comici* une troupe de comiques **2** [*autore di commedie*] auteur comique **3** [*comicità*] comique: *avere il gusto del comico* avoir le goût du comique.

comignolo |ko'miɲɲolo| *s.m.* **1** [*parte sporgente del camino*] cheminée *f.* → **fumaiolo** **2** [*la linea di colmo del tetto*] faîte *f.*

cominciaménto |komintʃa'mento| *s.m.* (*raro*) → **inizio.**

cominciàre |komin'tʃare| **A** *v.tr.* [*dar principio, inizio a*] commencer (2): *cominciare una lettera, un discorso* commencer une lettre, un discours; *hai già cominciato quel lavoro?* as-tu déjà commencé ce travail? ♦ (*ass.*) *cominciamo?* on commence?; *pronti, si comincia!* prêts, on commence!; *chi comincia per primo?* qui commence le premier?; *tutto sta per cominciare* tout va commencer; *sei stato tu a cominciare per primo* c'est d'abord toi qui as commencé; *se comincia non la finisce più* s'il commence il n'en finit plus; *adesso non* (*ri*)*cominciamo!* allons, ne commençons pas!; *dico questo tanto per cominciare* je dis cela pour commencer ◇ *loc.* COMINCIARE A (+ *inf.*) commencer à (+ *inf.*): *comincio a capire* je commence à comprendre; *il bambino ha cominciato a parlare* l'enfant a commencé à parler; *comincia a star zitto!* commence par te taire! ~ COMINCIARE COL (+ *inf.*) commencer par (+ *inf.*): *cominciamo con l'esaminare i dati* commençons par examiner les données; *cominciò col dire che...* il commença par dire que... ~ COMINCIARE COL (+ *s.*) commencer par (+ *s.*): *cominciamo con l'antipasto* commençons par les hors-d'œuvre ~ COMINCIARE DA (+ *s. o avv.*) [*prendere inizio, principio da*] commencer par: *da che parte cominci?* par où commences-tu?; *cominciate dal basso* commencez par le bas ◇ (*prov.*) *chi ben* (*in*)*comincia è a metà dell'opera* a moitié fait qui bien commence; travail bien commencé est à moitié terminé **B** *v.intr.* (*aus.* '*essere, avere*') [*aver inizio*] commencer (*aus.* avoir): *l'inverno è cominciato presto* l'hiver a commencé tôt; *è, ha cominciato a nevicare* il a commencé à neiger; *la riunione è cominciata alle quattro* la réunion a commencé à quatre heures; *son cominciate le lamentele* les plaintes ont commencé; *qui cominciano i guai* ici commencent les ennuis; *il divieto comincia da qui* l'interdiction commence à partir d'ici ◇ *loc.* A COMINCIARE DA [*a partire da*] à partir de: *vi do sette giorni a cominciare da oggi* je vous donne sept jours à partir d'aujourd'hui.

comino |ko'mino| *s.m.* → **cumino.**

comitàle |komi'tale| *agg.* [*di conte*] comtal*: *feudo comitale* fief comtal.

comitàto |komi'tato| *s.m.* comité: *comitato centrale* comité central; *comitato consultivo, direttivo* comité consultatif, de direction; *comitato di quartiere* comité de quartier; *eleggere un comitato* élire un comité.

comitiva |komi'tiva| *s.f.* [*insieme di persone unite per un viaggio e sim.*] groupe (*m.*): *una comitiva di turisti* un groupe de touristes.

comiziàle |komit'tsjale| *agg.* → **epilettico.**

comiziànte |komit'tsjante| *s.* participant à un meeting ◇ (*raro*) [*oratore in un comizio*] orateur* (*raro al f.*).

comizio, i |ko'mittsjo, i| *s.m.* **1** (*st. rom.*) comices (*pl.*): *comizio centuriato* comices par centuries **2** (*per est.*) [*riunione a scopo politico o sindacale*] meeting, réunion (*f.*): *comizio elettorale* meeting (électoral), réunion électorale; *tenere un comizio* tenir un meeting, une réunion ◇ (*per est.*) *comizi elettorali* [*elezioni politiche*] meetings électoraux: *indire, convocare i comizi elettorali* fixer, convoquer les meetings électoraux.

còmma |'kɔmma| *s.m.* **1** [*capoverso, pausa*] alinéa **2** (*mus.*) comma.

1 **commàndo** |kom'mando| *s.m. inv.* (*mil.*) commando *var.*

2 **commàndo** |kom'mando| *s.m.* [*fune catramata per fasciare cordami*] bitord.

commèdia |kom'mɛdja| *s.f.* **1** (*letter., teat.*) comédie: *commedia di costume* comédie de mœurs; *commedia di carattere* comédie de caractères; *commedia lacrimosa* comédie larmoyante; *commedia a tesi* comédie à thèse; *commedia musicale* comédie musicale; *commedia dell'arte* comédie italienne ◇ (*fig.*) *personaggio da commedia* personnage de comédie; *recitare la commedia* jouer la comédie; *è una commedia!* c'est une comédie! **2** (*letter. mediev.*) comédie: *la 'Commedia' di Dante* la 'Divine Comédie'.

commediànte |komme'djante| *s.* [*autore di drammi, commedie*] comédien* ◇ (*fig.*) [*persona ipocrita, che simula*] *è una commediante* c'est une comédienne # *non fare il commediante* ne joue pas la comédie.

commediògrafo |komme'djɔgrafo| *s.m.* [*scrittore di commedie*] dramaturge.

commemoràre |kommemo'rare| *v.tr.* [*ricordare con solennità*] commémorer: *commemorare l'anniversario della Liberazione* commémorer l'anniversaire de la Libération; *commemorare i caduti* commémorer les morts pour la patrie → **celebrare.**

commemorativo |kommemora'tivo| *agg.* commémoratif*: *fare un discorso commemorativo* faire un discours commémoratif.

commemorazióne |kommemorat'tsjone| *s.f.* **1** [→ COMMEMORARE] commémoration: *la commemorazione di un avvenimento storico* la commémoration d'un événement historique ◇ (*liturg.*) commémoration: *la commemorazione dei defunti* la commémoration des morts **2** (*per est.*) discours *m.* commémoratif: *fare una commemorazione* faire un discours commémoratif.

commènda |kom'mɛnda| *s.* **1** *s.f.* (*dir. eccl., mediev.*) commende **2** *s.f.* (*dir. comm., mediev.*) commende **3** *s.f.* [*titolo, insegna di commendatore*] grade *m.*, croix de commandeur: *conferire la commenda* conférer le grade, la croix de commandeur **4** *s.m. inv.* (*region., scherz.*) → **commendatore.**

commendàbile |kommen'dabile| *agg.* → **lodevole.**

commendàre |kommen'dare| *v. tr.* (*lett.*) → **lodare.**

commendatàrio, i |kommenda'tarjo, i| *s.m.* commendataire.

commendatizia |kommenda'tittsja| *s.f.* (*raro*) lettre de recommandation (*corr.*).

commendatóre |kommenda'tore| *s.m.* [*grado, titolo onorifico di alcuni ordini cavallereschi*] commandeur.

commendévole |kommen'devole| *agg.* (*lett.*) → **lodevole.**

commensàle |kommen'sale| *s.* **1** commensal*, convive → **convitato, invitato** **2** (*zool.*) commensal.

commensalismo |kommensa'lizmo| *s.m.* (*biol.*) commensalisme.

commensuràbile |kommensu'rabile| *agg.* (*mat.*) commensurable: *numeri commensurabili* nombres commensurables.

commensurabilità |kommensurabili'ta| *s.f. inv.* commensurabilité *var.*

commensuràre |kommensu'rare| *v.tr.* → **commisurare.**

commentàre |kommen'tare| *v.tr.* **1** [*esprimere osservazioni, giudizi su q.c.*] commenter: *commentare una notizia, un fatto politico* commenter une nouvelle, un fait politique; *queste decisioni saranno molto commentate* ces décisions seront très commentées ◇ (*loc. fig.*) *fatti che si commentano da soli* [*evidenti*] faits qui se passent de commentaires **2** [*spiegare, illustrare un testo, un autore*] commenter: *commentare una poesia* commenter un poème.

commentàrio, i |kommen'tarjo, i| *s.m.* **1** commentaire: *un commentario diffuso* un commentaire diffus **2** *al plur.* (*letter.*) commentaires: *i 'Commentari' di Cesare* les 'Commentaires' de César → **memoria** **3** registre d'archives.

commentatóre, trice |kommenta'tore, tritʃe| *s.* **1** commentateur*: *commentatore di testi antichi* commentateur de livres anciens **2** (*giorn.*) commentateur, journaliste: *commentatrice televisiva* commentatrice, journaliste de télévision.

comménto |kom'mento| *s.m.* **1** [*considerazioni riflessive, osservazioni su fatti o problemi*] commentaire: *i commenti della stampa estera* les commentaires de la presse étrangère; *un commento politico* un commentaire politique ◇ (*fam.*) [*discussione, critica*] *non fare commenti!* pas de commentaires! **2** [*interpretazione, spesso allusiva, di fatti ed azioni*] commentaire: *non ha bisogno di commenti* cela se passe de commentaires **3** [*spiegazione che mira a chiarire o ad interpretare con esattezza un testo*] commentaire: *testo con commento* texte avec commentaire; *commento critico* commentaire critique; *commento di un articolo di legge* commentaire d'un article de loi **4** (*cine.*) *commento musicale d'un film* la musique *f.* d'un film.

commerciàbile |kommer'tʃabile| *agg.* [→ COMMERCIARE A 1] négociable: *beni, titoli commerciabili* biens, titres négociables.

commerciabilità |kommertʃabili'ta| *s.f. inv.* commercialité (*var.*): *la commerciabilità di una rendita* la commercialité d'une rente.

commerciàle |kommer'tʃale| *agg.* **1** commercial*: *società, lettera commerciale* société, lettre commerciale; *debito commerciale* dette commerciale; *direzione commerciale* direction commerciale; *costo commerciale* coût commercial # *nome commerciale di una ditta* raison sociale d'une maison; *azienda commerciale* maison de commerce; *città commerciale* ville commerçante **2** (*fig.*) [*di qualità ordinaria*] commercial: *prodotto commerciale* produit commercial; *film commerciale* film commercial.

commercialista |kommertʃa'lista| *s. e agg.* conseiller *m.* commercial*: *dottore commercialista* conseiller commercial; *avvocato commercialista* (avocat) conseiller commercial.

commercialistico, ci, ca, che |kommertʃa'listiko, tʃi, ka, ke| *agg.* [*che concerne il commercio*] commercial*, de commerce (*loc. inv.*): *sondaggi commercialistici* sondages commerciaux, étude de marché.

commercializzàre |kommertʃalid'dzare| *v.tr.* **1** [*rendere più commerciabile q.c.*] commercialiser: *commercializzare articoli d'arredamento* commercialiser des articles d'ameublement **2** (*fig.*) [*fare oggetto di guadagno di q.c.*] commercialiser: *commercializzare l'arte* commercialiser l'art.

commercializzazióne |kommertʃaliddzat'tsjone| *s.f.* [→ COMMERCIALIZZARE] commercialisation.

commercialménte |kommertʃal'mente| *avv.* [→ COMMERCIALE] commercialement.

commerciànte |kommer'tʃante| *s.* commerçant, marchand: *commerciante al dettaglio* commerçant, marchand au détail, détaillant; *commerciante all'ingrosso* commerçant, marchand en gros, grossiste; *commerciante ambulante* marchand ambulant, colporteur*, camelot (*m.*); *commerciante di libri* marchand de livres, libraire; *commerciante di vino* marchand de vin, négociant en vins.

commerciàre |kommer'tʃare| **A** *v.intr.* (*aus.* '*avere*') **1** COMMERCIARE IN Q.C. [*esercitare il commercio di q.c.*] être (43) dans le commerce de qqch.: *commerciare in vino, in bestiame* être dans le commerce du vin, des bestiaux **2** COMMERCIARE CON QC. [*avere rapporti commerciali con qc.*] commercer (2): *la Francia commercia con tutti i paesi del mondo* la France commerce avec tous les pays du monde; *commerciare al minuto, all'ingrosso* commercer au détail, en gros ◇ (*spreg.*) COMMERCIARE SU Q.C. [*speculare su q.c.*] spéculer sur qqch.: *è capace di commerciare anche sulle disgrazie* il est capable de spéculer même sur les malheurs **B** *v. tr.* (*raro*) [*vendere*; *trattare*] vendre (53): *suo nonno commerciava legname* son grand-père vendait du bois.

commèrcio, i |kom'mɛrtʃo, i| *s.m.* **1** commerce: *commercio d'importazione, d'esportazione* commerce d'importation, d'exportation; *commercio all'ingrosso* commerce de, en gros; *commercio al minuto, al dettaglio* commerce de détail; *commercio estero, di transito* commerce extérieur, de transit; *articolo fuori commercio* article hors commerce; *prodotto in, non più in commercio* produit dans, plus dans le commerce; *camera di commercio* chambre de commerce; *essere nel commercio* être dans le commerce # *darsi al commercio* entrer dans les affaires; *ritirarsi dal commercio* se retirer des affaires **2** (*fig.*, *spreg.*) *fare commercio di sé, delle proprie idee* se prostituer, se vendre; *essere materia di commercio* être matière d'échange **3** (*lett.*) [*rapporto, relazione*] relation *f.* (*corr.*); rapport (*corr.*): *commercio epistolare* relation épistolaire; *essere in commercio con qc.* être en relation avec qqn. ‖ *commercio carnale* rapport charnel.

comméssa |kom'messa| *s.f.* **1** (*comm.*) commande: *produzione su commessa* production sur commande → 1 **ordinazione** **2** [*impiegata addetta alle vendite*] vendeuse: *commessa di un grande magazzino* vendeuse d'un grand magasin.

comméssο |kom'messo| *s.m.* **1** [*impiegato, agente subalterno*] *commesso di un negozio* vendeur* *s.*, commis d'un magasin; *commesso di banca* commis d'une banque; *commesso viaggiatore* commis voyageur, voyageur de commerce ◇ (*apparato bur.*) huissier: *i commessi del Senato* les huissiers du Sénat; *commesso di tribunale* huissier du tribunal ◇ (*mar.*) commis aux vivres **2** → **intarsio**.

commessùra |kommes'sura| *s.f.* commissure: *commessure labiali, del cervello* commissures des lèvres, du cerveau.

commestibile |kommes'tibile| *agg.* comestible: *derrate commestibili* denrées comestibles ✦ (*s.*) *i commestibili* les comestibles.

comméttere |kom'mettere| (155) **A** *v.tr.* **1** [*compiere, spec. azioni riprovevoli o sbagliate*] commettre (71): *commettere un delitto* commettre un crime; *hai commesso una grave imprudenza* tu as commis une grave imprudence; *ho commesso un grosso errore, uno sproposito* j'ai commis une grosse erreur, fait une bêtise **2** [*ordinare, commissionare*] commander: *commettere della merce* commander des marchandises ◇ [*affidare un incarico a qc.*; *delegare*] charger (3): *commettere la propria difesa a un avvocato* charger un avocat de sa défense; *hanno commesso a noi l'incarico della sorveglianza* on nous a chargés de surveiller **3** [*unire due o più cose a incastro o in stretta aderenza*] assembler, joindre (61): *commettere pietre, mattoni, assi* assembler, joindre des pierres, des briques, des planches **B** *v.intr.* (*aus.* '*avere*') (*cose*) [*aderire perfettamente, combaciare*] joindre: *le finestre non commettono più* les fenêtres ne joignent plus; *alcuni mattoni non commettono* certaines briques ne joignent pas **C** *v.pron. rifl.* COMMETTERSI → **affidar(si)**.

commettitùra |kommetti'tura| *s.f.* → **commessura**.

commiàto |kom'mjato| *s.m.* **1** [*congedo, licenza*] congé: *prendere commiato* prendre congé; *dare commiato a qc.* donner congé à qqn. → **congedo** ◇ [*modo di congedarsi*] adieu: *un commiato pieno di commozione* un adieu plein d'émotion **2** (*letter.*) envoi.

commilitóne |kommili'tone| *s.m.* **1** compagnon, frère d'armes → 1 **camerata** **2** (*per est.*) [*compagno di lotta*] compagnon.

comminàre |kommi'nare| *v.tr.* (*dir.*) [*prevedere una pena, una sanzione per i trasgressori di una legge*] prescrire (51): *comminare una pena* prescrire une peine.

comminatòrio, i |kommina'tɔrjo, i| *agg.* (*dir.*) comminatoire: *arresto comminatorio* arrêt comminatoire; *sanzione comminatoria* sanction comminatoire.

comminùto |kommi'nuto| *agg.* (*med.*) comminutif*: *frattura comminuta* fracture comminutive.

commiseràbile |kommize'rabile| *agg.* [→ COMMISERARE] digne de commisération, pitoyable.

commiseràre |kommize'rare| *v. tr.* [*provare, esprimere compassione*] plaindre (65), s'apitoyer (10) *pron.* (sur): *commiserare la sorte di qc.* plaindre le sort de qqn., s'apitoyer sur le sort de qqn. → **compassionare, compiangere**.

commiserazióne |kommizerat'tsjone| *s.f.* [→ COMMISERARE] commisération: *provare commiserazione per qc.* éprouver, avoir de la commisération pour qqn.; *ha usato parole di commiserazione per la vittima del delitto* il a eu des paroles de commisération pour la victime du crime → **compatimento, pietà**.

commissariàle |kommissa'rjale| *agg.* de commissaire (*loc. inv.*): *gestione commissariale* gestion de commissaire.

commissariàto |kommissa'rjato| *s.m.* **1** commissariat: *alto commissariato* haut-commissariat; *commissariato dell'aviazione* commissariat de l'Air; *commissariato per il turismo* commissariat pour le tourisme **2** (*ufficio*) commissariat: *andare al commissariato* aller au commissariat.

commissàrio, i |kommis'sarjo, i| *s.m.* **1** commissaire: *commissario governativo* commissaire du gouvernement; *commissario di pubblica sicurezza* commissaire de police; *commissario prefettizio* commissaire préfectoral; *commissario del popolo* commissaire du peuple; *commissario politico* commissaire politique ◇ [*ufficiale di polizia*] commissaire: *ha sporto denuncia al commissario* il a fait, porté sa plainte devant le commissaire, au commissaire ◇ (*mar.*) *commissario di bordo* commissaire du bord; *commissario dell'aviazione* commissaire de l'Air ◇ (*mil.*) commissaire; commis: *commissario generale* commissaire général ‖ *commissario dei viveri* commis aux vivres **2** [*membro di una commissione*] membre d'un jury, commissaire: *commissario d'esame* membre d'un jury d'examen ◇ (*sport*) *commissario tecnico* sélectionneur; *commissario unico* sélectionneur unique; *commissario sportivo* commissaire sportif.

commissionàre |kommissjo'nare| *v.tr.* [*ordinare una merce*] commander; faire (45) une commande (*ass.*): *commissionare una partita di merci* commander un stock de marchandises ◇ [*dar incarico a qc. di eseguire o procurare q.c.*] commander: *ho commissionato un completo dal sarto* j'ai commandé un complet chez mon tailleur ◇ [*affidare*] confier: *la perizia è stata commissionata a due periti* l'expertise a été confiée à deux experts.

commissionàrio, i |kommissjo'narjo, i| *s.* commissionnaire: *commissionario di Borsa* commissionnaire en Bourse; *merci in consegna da un commissionario* des marchandises en dépôt, en consignation chez un commissionnaire ✦ (*agg.*) *azienda commissionaria* maison de commission.

commissióne |kommis'sjone| *s.f.* **1** commission; ordre (*m.*): *ricevere una commissione* recevoir une commission; *affidare a qc. una commissione* confier une commission à qqn., charger qqn. d'une commission; *fare, sbrigare una commissione* faire, exécuter une commission → **incarico** ‖ *fare q.c. su, dietro commissione di qc.* faire qqch. sur l'ordre de qqn. → **ordine** # *agire per commissione di qc.* agir pour le compte de qqn. ◇ *al plur.* [*acquisti*; *pratiche personali*] courses, commissions: *il ragazzo delle commissioni* le garçon de courses; *questa mattina ho diverse commissioni da sbrigare* ce matin j'ai diverses courses, commissions à faire; *è uscita per alcune commissioni* elle est sortie faire quelques courses **2** (*comm.*) commande: *rinnovare una commissione* renouveler une commande; *la ditta non riesce a soddisfare tutte le commissioni* l'entreprise n'arrive pas à satisfaire (à) toutes les commandes; *abbiamo ricevuto molte commissioni dall'estero* nous avons reçu beaucoup de commandes de l'étranger ◇ [*nota di ordinazione*] *controllare la commissione* contrôler la commande; *copia commissione* bon de commande **3** (*dir. comm.*) *contratto di commissione* contrat de commission ◇ [*compenso spettante a chi svolge un incarico*] commission: *liquidare le commissioni dovute* régler les commissions dues **4** [*persone incaricate a svolgere funzioni di controllo, di esame, di studio e sim.*] commission: *i lavori, la relazione di una commissione* les travaux, le rapport d'une commission; *commissione parlamentare, di inchiesta* commission parlementaire, de enquête; *nominare, eleggere, formare una commissione* nommer, élire, former une commission; *delegare lo studio di un problema a una commissione di esperti* déléguer l'étude d'un problème à une commission d'experts # *commissione d'esame, esaminatrice* jury d'examen ◇ (*sindacati*) comité (*m.*): *commissione di fabbrica, interna* comité d'entreprise ◇ (*bur.*) *commissione parlamentare* commission parlementaire; *i lavori della commissione parlamentare* les travaux de la commission parlementaire; *rinviare uno schema di legge in commissione* renvoyer un projet de loi en com-

mission **5** (*dir.*) exécution: *la commissione di un delitto* l'exécution d'un crime.
commissòrio, i |kommis'sɔrjo, i| *agg.* (*dir.*) commissoire: *patto commissorio* clause commissoire.
commistióne |kommis'tjone| *s.f.* (*raro*) [*unione, miscuglio*] mélange (*m.*): *operare la commistione di diversi elementi* opérer le mélange de divers éléments → **mescolanza.**
commisto |kom'misto| *agg.* (*lett.*) → **misto.**
commisuràbile |kommizu'rabile| *agg.* [→ COMMISURARE] proportionné; comparable.
commisuràre |kommizu'rare| *v. tr.* [*adeguare una cosa a un'altra; proporzionare*] proportionner (à): *commisurare le ricompense ai servizi* proportionner les récompenses aux services rendus ◇ [*mettere a confronto*] comparer: *non è possibile commisurare realtà tanto diverse* il n'est pas possible de comparer des faits de nature aussi différente.
commisurazióne |kommizurat'tsjone| *s.f.* [*il fatto di venire commisurato*] rapport *m.*, proportion.
committènte |kommit'tɛnte| *s.* (*dir.*) commettant *m.*
commodàre |kommo'dare| *e deriv.* → **comodare** *e deriv.*
commodòro |kommo'dɔro| *s.m.* (*mar.*) commodore.
commòsso |kom'mɔsso| *agg.* **1** [*mosso da sentimenti di tenerezza, di affetto, di dolore e sim.*] ému: *era così commossa, che poteva appena parlare* elle était si émue qu'elle pouvait à peine parler; *ne ho conservato un ricordo commosso* j'en ai gardé un souvenir ému **2** (*lett.*) → **agitato.**
commotivo |kommo'tivo| *agg.* (*med.*) *stato commotivo* état de choc *loc. inv.*
commovènte |kommo'vɛnte| *agg.* [*che commuove, intenerisce, desta pietà e sim.*] émouvant, touchant: *una cerimonia commovente* une cérémonie émouvante; *parole commoventi* des paroles émouvantes, touchantes.
commovibile |kommo'vibile| *agg.* [*che si lascia commuovere*] émotif*.
commoviménto |kommovi'mento| *s.m.* **1** (*raro*) → **commozione 2** (*raro*) → **scuotimento, sussulto.**
commozióne |kommot'tsjone| *s.f.* **1** (*psicol.*) émotion: *suscitare una viva, profonda commozione* susciter une vive, profonde émotion; *piangere di commozione* pleurer d'émotion; *non riesco a parlare per la commozione* l'émotion m'empêche de parler → **turbamento 2** (*med.*) commotion: *commozione cerebrale* commotion cérébrale **3** (*raro*) [*scossa, sussulto*] secousse: *commozione tellurica* secousse sismique → **terremoto.**
commuòvere |kom'mwɔvere| (157) **A** *v.tr.* **1** [*suscitare sentimenti di tenerezza, di pietà, dolore e sim.*] émouvoir (32), toucher: *questa notizia mi ha commossa* cette nouvelle m'a émue, touchée; *le sue lacrime mi hanno commosso* ses larmes m'ont ému, touché # *non lasciarti commuovere* ne te laisse pas attendrir **2** (*lett.*) → **agitare, scuotere B** *v.pron. intr.* COMMUOVERSI **1** [*provare commozione*] s'émouvoir: *commuoversi al ricordo di q.c.* s'émouvoir au souvenir de qqch. # *tua madre si era molto commossa* ta mère avait été très émue **2** (*raro*) → **agitar(si).**
commutàbile |kommu'tabile| *agg.* [→ COMMUTARE 1] commuable, commutable: *pena commutabile* peine commuable, commutable.
commutabilità |kommutabili'ta| *s.f. inv.* commuabilité *var.*
commutaménto |kommuta'mento| *s.m.* → **commutazione.**
commutàre |kommu'tare| *v.tr.* **1** [*sostituire una cosa con un'altra; scambiare due cose tra loro*] commuer: *commutare una pena* commuer une peine # *questi dati possono essere commutati* ces données peuvent être intervertíes **2** (*elettr.*) [*invertire il senso della corrente elettrica*] commuter: *commutare la corrente* commuter le courant.
commutatività |kommutativi'ta| *s.f. inv.* (*mat.*) commutativité *var.*
commutativo |kommuta'tivo| *agg.* **1** (*mat.*) commutatif*: *proprietà commutativa della addizione* propriété commutative de l'addition **2** (*dir.*) commutatif: *contratto commutativo* contrat commutatif; *giustizia commutativa* justice commutative.
commutatóre |kommuta'tore| *s.m.* (*elettr.*) commutateur: *commutatore elettronico* commutateur électronique.
commutatrice |kommuta'tritʃe| *s.f.* (*elettr.*) commutatrice.
commutazióne |kommutat'tsjone| *s.f.* **1** [→ COMMUTARE 1] commutation: *commutazione e permutazione* commutation et permutation → **sostituzione 2** (*dir.*) commutation: *commutazione di pena* commutation de peine **3** (*elettr.*) commutation.
comò |ko'mɔ| *s.m.* commode (*f.*): *un comò Luigi XIV* une commode Louis XIV.
còmoda |'kɔmoda| *s.f.* chaise percée.
comodàccio, i |komo'dattʃo, i| (*s.m.*) *fare il proprio comodaccio, i propri comodacci* n'en faire qu'à sa tête, en prendre à son aise → **2 comodo.**
comodaménte |komoda'mente| *avv.* [→ 1 COMODO 1, 2, 3] confortablement: *essere comodamente seduto in una poltrona* être installé confortablement dans un fauteuil.
comodàre |komo'dare| *v.intr.* (*aus.* 'essere') **1** (*fam.*) [*piacere*] plaire (68) (*aus.* avoir): *fa solo ciò che gli comoda* il ne fait que ce qui lui plaît, il n'en fait qu'à sa tête; *fai quel che ti comoda* fais ce qui te plaît **2** [*tornar comodo*] convenir (27): *non fare che ciò che comoda* ne faire que ce qui convient.
comodino |komo'dino| *s.m.* table *f.* de nuit.
comodità |komodi'ta| *s.f. inv.* **1** [*il fatto di dare agio, benessere*] confort *m. var.*, commodité (*var.*): *ho scelto questa casa per la sua comodità* j'ai choisi cette maison pour son confort; *per maggior comodità, ti trascrivo il* (*mio*) *numero di telefono* pour plus de commodité, je te transcris mon numéro de téléphone ◇ [*occasione favorevole, opportunità*] possibilité (*var.*): *se avrò la comodità di venire a trovarti...* si j'ai la possibilité de venir te voir... **2** [*tutto ciò che è comodo, utile*] confort; commodité, facilité (*var.*): *un appartamento, una casa con tutte le comodità* un appartement, une maison avec tout le confort; *avere tutte le comodità* avoir tout le confort → **agio** ‖ *le comodità della vita moderna* les commodités de la vie moderne # *che comodità, il telefono!* come c'est commode, le téléphone! Ⓒ 1 **scomodità;** 2 **disagio.**
1 **còmodo** |'kɔmodo| *agg.* **1** (*cose*) [*che produce agio, benessere*] confortable; commode: *una casa comoda* une maison confortable; *una sedia poco, molto comoda* une chaise peu, très confortable; *condurre, fare una vita comoda* mener une vie confortable → **confortevole** ‖ *un lavoro, un orario comodo* un travail, un horaire commode; *un treno comodo* un train commode; *abitare in una zona comoda* habiter dans une zone commode; *visitare qc. in una ora comoda* aller voir qqn. à une heure commode # *una strada, un sentiero comodo* une route, un sentier facile ✦ (*con valore neutro, spec. in frasi impers.*) commode: *è comodo criticare senza esporsi* c'est commode de critiquer sans s'avancer; *sarebbe* (*troppo*) *comodo vivere di rendita* ce serait (trop) commode de vivre de ses rentes; *trovava comodo vivere alle spalle dei genitori* il trouvait commode de vivre aux crochets de ses parents **2** [*largo, ampio*] ample; grand: *una giacca comoda* une veste ample ‖ *un paio di scarpe troppo comode* une paire de chaussures trop grandes ◇ (*per est.*) *una stanza comoda* une vaste, grande pièce **3** (*persone*) [*che si trova a suo agio*] à l'aise (*loc. inv.*): *stare comodo in poltrona* être à l'aise dans un fauteuil ◇ (*loc.*) *stia comodo!, state comodi!* (*come formula di cortesia*) ne te dérange pas!, ne vous dérangez pas! **4** (*persone*) [*che vive nelle comodità, senza fatiche*] aisé: *è gente comoda!* ce sont des gens aisés ◇ [*tranquillo, flemmatico*] tranquille: *un tipo comodo* un type tranquille # *arrivò comodo comodo con un'ora di ritardo* il arriva tout tranquillement avec une heure de retard Ⓒ 1 **scomodo 2, disagevole;** 2 **attillato, stretto** |2; 4 **attivo.**
2 **còmodo** |'kɔmodo| *s.m.* **1** commodités *f. pl.*, confort: *amare i comodi* aimer les comodités, le confort; *vivere tra i comodi* vivre dans le confort → **comodità, agio** ◇ (*loc.*) *far comodo* [*essere utile*] arranger (*v.tr.*): *quanto mi farebbe comodo l'automobile, la lavatrice!* combien cela m'arrangerait la voiture, la machine à laver!; *ti aiuta solo se gli fa comodo* il n'aide que quand ça l'arrange ~ *fare il comodo di qc.* [*essere costretto ad accontentarlo*] contenter qqn. ~ *fare il proprio comodo, i propri comodi* [*essere egoista*] en faire à son aise ~ *faccia pure a suo comodo* [*a suo piacere*] prenez vos aises ~ CON COMODO [*senza fretta, quando è più comodo*] avec calme ~ (*con valore di agg.*) DI COMODO [*fatto per pura convenzione, per fini di opportunità*] de facilité: *una soluzione di comodo* une solution de facilité # *un prestanome di comodo* un prête-nom; *cambiale di comodo* effet de complaisance **2** (*comm.*) *comodo di cassa* crédit de caisse.
comodóne |komo'done| *s.* [*persona che ama le comodità, che evita ogni fatica*] fainéant.
compact disc |kəm'pækt,disk| *s.m. inv.* (*ingl.*) disque compact.
compaesàno |kompae'zano| *s.* [*chi è dello stesso paese*] compatriote: *incontrare un compaesano all'estero* ren-

contrer un compatriote à l'étranger.

compaginàre |kompadʒi'nare| *v. tr.* → **impaginare.**

compàgine |kom'padʒine| *s.f.* [*complesso unitario, saldo*] équipe: *la compagine ministeriale* l'équipe ministérielle, le cabinet *m.* ◇ (*sport*) *una buona compagine* une bonne équipe.

compagnìa |kompaɲ'ɲia| *s.f.* **1** compagnie: *desiderare, amare la compagnia di qc.* désirer, aimer la compagnie de qqn.; *stare, viaggiare, cenare in compagnia* être, voyager, dîner en compagnie ◇ (*loc.*) *dama, damigella di compagnia* dame, demoiselle de compagnie ~ FARE COMPAGNIA A QC., ESSERE DI COMPAGNIA A QC., TENER COMPAGNIA A QC. tenir compagnie à qqn.: *sono andato a tenergli compagnia all'ospedale* je suis allé lui tenir compagnie à l'hôpital; *questo cane mi è di grande compagnia* ce chien me tient beaucoup, bien compagnie; *vive sola e la televisione le tiene molto compagnia* elle vit seule et la télévision lui tient beaucoup compagnie ~ (*persone*) ESSERE DI COMPAGNIA [*socievole, estroverso, simpatico*] être de bonne compagnie: *non pensavo che tuo padre fosse tanto di compagnia* je ne pensais pas que ton père était de si bonne compagnie ~ IN COMPAGNIA DI [*con*] en compagnie de: *è arrivato in compagnia degli zii* il est arrivé en compagnie de ses oncles **2** [*riunione di persone amiche*; *brigata*] compagnie; fréquentation: *un'allegra, simpatica compagnia* une joyeuse, sympathique compagnie ‖ *frequentare delle buone, cattive compagnie* avoir de bonnes, mauvaises fréquentations # *saper stare in compagnia* être sociable ◇ (*loc. fam.*) *... e compagnia bella* [*eccetera, eccetera*] ... et compagnie **3** (*teat.*) compagnie, troupe: *la compagnia del Teatro stabile di...* la compagnie, la troupe du théâtre de...; *fondare una nuova compagnia di prosa* fonder une nouvelle troupe de théâtre **4** [*società*] compagnie: *compagnia ferroviaria, di navigazione, di bandiera* compagnie de chemin de fer, de navigation, de pavillon; *compagnia di assicurazioni* compagnie d'assurances **5** (*mil., corr.*) compagnie: *una compagnia di fanteria* une compagnie d'infanterie; *una compagnia corazzata* une compagnie blindée; *compagnia di sbarco* compagnie de débarquement ◇ (*st.*) *le compagnie di ventura* les grandes compagnies **6** (*catt.*) compagnie: *la Compagnia di Gesù* la Compagnie de Jésus → **ordine, congregazione** 🄲 **1 solitudine.**

compàgno |kom'paɲɲo| **I** *s.* **1** compagnon *m.*, camarade: *compagno di infanzia, di giochi* camarade, compagnon d'enfance, de jeu; *compagno di lavoro* compagnon, camarade de travail; *compagno d'armi, di reggimento, di prigionia* compagnon d'armes, de régiment, de captivité; *compagno di studi* camarade d'études; *compagno di strada, di viaggio* compagnon de route, de voyage; *compagno di lotte politiche* compagnon, camarade de luttes politiques; *è un buon compagno* c'est un bon compagnon, camarade ◇ (*tra gli aderenti ai partiti marxisti*) camarade: *convocare i compagni della sezione* convoquer les camarades de la section → **1 comunista** ◇ (*loc. fam.*) *il compagno, la compagna della vita* [*il coniuge*] le compagnon, la compagne *f.* de la vie **2** *al plur.* (*econ.*) compagnie (*f. sing.*): *la ditta Rossi e compagni* la maison Rossi et compagnie (Cie) → **socio 3** (*sport*) partenaire: *il compagno di un pattinatore* le partenaire d'un patineur **II** *agg.* (*cose*) autre: *non trovo più la calza compagna, il guanto compagno* je ne trouve plus l'autre chaussette, l'autre gant ◇ (*per est., raro*) [*uguale, identico*] pareil*: *non gusterai mai un vino compagno a questo* tu ne goûteras jamais un vin pareil à celui-ci.

compagnóne |kompaɲ'ɲone| *s.* [*persona gioviale, allegra*] bon vivant, joyeux* drille → **buontempone.**

companàtico, ci |kompa'natiko, tʃi| *s.m.* [*ciò che si mangia col pane*] ce que l'on mange avec son pain # *mangiare formaggio, prosciutto come companatico* manger du fromage, du jambon avec son pain; *mangiare pane e companatico* manger qqch. avec son pain ◇ (*fig.*) *la fame è il miglior companatico* il n'est sauce que d'appétit.

comparàbile |kompa'rabile| *agg.* **1** (*mat.*) comparable: *grandezze comparabili* grandeurs comparables **2** (*lett.*) → **paragonabile** 🄲 **incomparabile.**

comparabilità |komparabili'ta| *s.f. inv.* comparabilité *var.*

comparàre |kompa'rare| *v.tr.* **1** (*filol.*) [*confrontare, collazionare*] comparer: *comparare due testi* comparer deux textes **2** (*lett.*) → **confrontare, paragonare.**

comparàtico, ci |kompa'ratiko, tʃi| *s.m.* [*l'essere compare o comare*; *il legame che ne deriva*] parrainage.

comparatìsmo |kompara'tizmo| *s.m.* (*ling.*) comparatisme.

comparatista |kompara'tista| *s.* comparatiste.

comparativaménte |komparativa'mente| *avv.* [→ COMPARATIVO 1] comparativement.

comparativismo |komparati'vizmo| *s.m.* méthode *f.* comparative.

comparativo |kompara'tivo| *agg.* **1** [*che è basato sul confronto*] comparatif*: *studio comparativo delle lingue* étude comparative des langues; *metodo di studio comparativo* méthode comparative d'étude **2** (*gram.*) comparatif: *grado comparativo dell'aggettivo, dell'avverbio* degré comparatif de l'adjectif, de l'adverbe; (*proposizione*) *comparativa* (proposition) comparative ✦ (*s.m.*) *il comparativo di maggioranza, di minoranza, di uguaglianza* le comparatif de supériorité, d'infériorité, d'égalité.

comparàto |kompa'rato| *agg.* (*letter.*) comparé: *letteratura comparata* littérature comparée.

comparatóre |kompara'tore| *s.m.* (*elettron., fis., tecnol.*) comparateur.

comparazióne |komparat'tsjone| *s.f.* [*confronto, paragone*] comparaison: *istituire una comparazione* établir une comparaison ◇ (*gram.*) *i gradi di comparazione dell'aggettivo, dell'avverbio* les degrés de comparaison de l'adjectif, de l'adverbe ◇ (*stat.*) *operare la comparazione di dati omogenei* effectuer la comparaison de données homogènes.

compàre |kom'pare| *s.m.* **1** (*region.*) [*padrino*] parrain ◇ [*il padre del proprio figlioccio*] parrain ◇ (*loc.*) *compare d'anello* témoin de mariage **2** [*compagno, amico*] compère # *bevete, compari!* buvez les gars! ◇ (*nelle fiabe*) *compare lupo e comare volpe* compère le loup et compère le renard **3** [*complice*] compère, acolyte: *hanno arrestato anche il suo compare* on a arrêté aussi son compère, son acolyte ◇ (*anche scherz.*) *vedremo cosa farete, tu e il tuo degno compare!* nous verrons ce que vous ferez, toi et ton acolyte!

comparìre |kompa'rire| (142) *v. intr.* (*aus.* '*essere*') **1** [*rendersi visibile, apparire*] paraître (72) (*aus.* avoir); surgir (*aus.* avoir): *è comparsa una nave all'orizzonte* un navire a paru à l'horizon; *il sole non era ancora comparso all'orizzonte* le soleil n'avait pas encore paru à l'horizon ‖ *nella nebbia, gli comparve davanti la sagoma di un camion* dans le brouillard, la forme d'un camion surgit devant lui ◇ [*presentarsi, mostrarsi*] paraître: *vattene, e non comparirmi più davanti!* va-t'en et ne parais plus jamais devant mes yeux!; *non aveva il coraggio di comparire davanti al padre* il n'avait pas le courage de paraître devant son père ◇ (*detto di libri e sim.*) [*essere pubblicato*] *sta per comparire un altro romanzo di X* un autre roman de X va paraître **2** (*dir.*) comparaître (72) (*aus.* avoir): *comparire davanti al giudice* comparaître devant le juge; *comparire in giudizio* comparaître en justice **3** [*rivelarsi*; *farsi identificare*] paraître: *fa molte opere di carità, ma non vuole che il suo nome compaia* (*nell'elenco*) il fait beaucoup d'œuvres de charité, mais il ne veut pas que son nom paraisse, figure (sur la liste) ◇ [*figurare, risultare*] être (43) (*aus.* avoir), apparaître (72) (*aus.* avoir) # *il suo nome non compare sull'elenco telefonico* son nom n'est pas sur l'annuaire (du téléphone) **4** [*farsi giudicare, passare per...*] paraître: *non voleva comparire per quello che era* il ne voulait pas paraître ce qu'il était → **figurare 5** (*persone*) [*fare bella figura, essere appariscente*] paraître: *è una ragazza a cui piace comparire* c'est une fille qui aime paraître ◇ (*cose*) *è un regalo prezioso, ma non comparisce* c'est un cadeau de valeur, mais il ne fait pas d'effet.

comparizióne |komparit'tsjone| *s.f.* (*dir.*) comparution: *mandato di comparizione* mandat de comparution; *mancata comparizione* non-comparution.

compàrsa |kom'parsa| *s.f.* **1** [→ COMPARIRE 1] apparition: *la comparsa dell'uomo sulla terra* l'apparition de l'homme sur la terre; *la comparsa dei primi sintomi del male* l'apparition des premiers symptômes du mal; *ha fatto una breve comparsa e poi è ripartito* il a fait une brève apparition, puis il est reparti → **apparizione** ◇ (*loc. fig.*) *far comparsa* [*figurare bene*] faire de l'effet **2** (*cine., teat.*) comparse *s.*, figurant (*s.*): *ha fatto la comparsa in 10 film* elle a fait le (la) comparse, le (la) figurant(e) dans 10 films ◇ (*loc. fig.*) *fare la comparsa, da comparsa* [*non avere nessun ruolo determinante*] jouer un rôle de figurant, être un comparse **3** (*dir.*) mémoire *m.*

compartecipàre |kompartetʃi'pare| *v.intr.* (*aus.* '*avere*') [*partecipare insieme ad altri*] participer, prendre (73) *tr.* part: *compartecipare agli utili di un'impresa* participer, prendre part aux bénéfices d'une entreprise.

compartecipazióne |kompartetʃipat'tsione| *s.f.* (*dir.*) copartícipa-

tion: *compartecipazione agli utili* coparticipation aux bénéfices; *compartecipazione agraria* coparticipation.
compartécipe |kompar'tetʃipe| *agg.* (*dir.*) coparticipant.
compartimentàle |komparti-men'tale| *agg.* [*che concerne un compartimento*] départemental*.
compartimentàre |komparti-men'tare| *v.tr.* [*dividere in compartimenti*] compartimenter.
compartimentazióne |kom-partimentat'tsjone| *s.f.* [*suddivisione in compartimenti*] compartimentage (*m.*): *la compartimentazione di una nave* le compartimentage d'un navire.
compartiménto |komparti'mento| *s.m.* **1** compartiment # *i vari compartimenti di un armadio* les diverses planches d'une armoire → **reparto** ◇ (*in un vagone ferroviario*) *compartimento di 1ª, di 2ª classe* compartiment de 1ère, de 2ème classe; *compartimento riservato* compartiment réservé → **scompartimento** ◇ (*navi*) *compartimento stagno* compartiment étanche **2** [*circoscrizione amministrativa*] circonscription *f.* # *il compartimento* (*ferroviario*) *di Firenze* l'arrondissement (ferroviaire) de Florence.
compartìre |kompar'tire| (204) *v. tr.* [*ripartire; suddividere in più parti*] partager (3), diviser → **dividere.**
compartitùra |komparti'tura| *s.f.* (*raro*) → **compartizione.**
compartizióne |kompartit'tsjone| *s.f.* **1** [→ COMPARTIRE] compartimentage *m.*, partage *m.* **2** (*raro*) → **scomparto.**
compàrto |kom'parto| *s.m.* **1** [*ripartizione, divisione*] répartition *f.*, district ◇ (*urbanistica*) *i comparti fissati dal nuovo piano regolatore* les districts établis par le nouveau plan d'urbanisme **2** [*settore ben definito di attività economica*] secteur économique.
compassàre |kompas'sare| *v.tr.* (*raro*) [*misurare con il compasso*] compasser ◇ [*controllare con meticolosità*] fignoler (*fam.*).
compassàto |kompas'sato| *agg.* compassé: *un uomo compassato* un homme compassé; *un atteggiamento compassato* une attitude compassée; *stile compassato* style compassé; *parlare in modo compassato* parler d'une façon compassée.
compassionàre |kompassjo'nare| *v.tr.* [*esprimere a qc. la propria compassione*] plaindre (65): *compassionare un povero amico* plaindre un pauvre ami; *gli piace farsi compassionare* il aime se faire plaindre → **commiserare.**
compassióne |kompas'sjone| *s.f.* **1** compassion: *avere, provare compassione per qc.* avoir, éprouver de la compassion pour qqn.; *destare la compassione di qc.* exciter la compassion de qqn.; *muoversi a compassione* être pris, touché de compassion # *essere ridotto da far compassione* être réduit à faire pitié → **pietà** **2** [*sentimento di commiserazione, unito a disprezzo*] pitié: *la tua disonestà mi fa compassione* ta malhonnêteté me fait pitié → 1 **schifo**; *che compassione, quello spettacolo!* quelle pitié, ce spectacle!
compassionévole |kompassjo'nevole| *agg.* **1** [*che ispira pietà*] pitoyable: *essere ridotto in uno stato compassionevole* être réduit à un état pitoyable → **miserabile, pietoso** **2** [*che prende parte alle sofferenze altrui*] compatissant: *uno sguardo compassionevole* un regard compatissant; *avere un cuore compassionevole* avoir un cœur compatissant → **umano, misericordioso.**
compassionevolménte |kompassjonevol'mente| *avv.* [→ COMPASSIONEVOLE] pitoyablement.
compàsso |kom'passo| *s.m.* **1** compas: *compasso da disegno, a punte fisse* compas à dessin, à pointes sèches ◇ (*loc. fig.*) *parlare, fare q.c. col compasso* [*con cura meticolosa*] parler, faire qqch. à la règle et au compas **2** (*mar.*) compas.
compatìbile |kompa'tibile| *agg.* **1** compatible: *cariche, uffici pubblici compatibili* charges, devoirs publics compatibles; *impegni non compatibili con la propria professione* engagements non compatibles avec sa profession → **conciliabile** **2** [→ COMPATIRE 2] pardonnable, excusable: *un errore, una colpa compatibile* une erreur, une faute pardonnable, excusable → **scusabile** Ⓒ **incompatibile.**
compatibilità |kompatibili'ta| *s.f. inv.* compatibilité *var.* Ⓒ **incompatibilità.**
compatibilménte |kompatibil'mente| *avv.* [*per quanto è possibile*] dans la mesure où (*loc.*): *cercherò di venire compatibilmente con i miei affari* je tâcherai de venir dans la mesure où mes affaires me le permettent.
compatiménto |kompati'mento| *s.m.* **1** [*compassione*] compassion *f.* **2** [*tolleranza, sufficienza*] suffisance (*f.*): *con un tono, un'aria di compatimento* avec un ton, un air de suffisance.
compatìre |kompa'tire| (197) *v.tr.* **1** [*provare, manifestare compassione a qc., a q.c.*] plaindre (65): *compatire gli infelici* plaindre les malheureux; *compatire le disgrazie altrui* plaindre les malheurs des autres **2** [*considerare con benevolenza; scusare*] être (43) *intr.* indulgent, excuser: *compatiscilo!, è ancora un bambino* sois indulgent avec lui, excuse-le!, c'est encore un enfant; *bisogna compatirlo: è fuori di sé dal dolore* il faut l'excuser: il n'en peut plus de douleur **3** [*considerare con disprezzo, con commiserazione*] plaindre: *non lo invidio: lo compatisco* je ne l'envie pas: je le plains; *con la sua taccagneria si faceva compatire da tutti* avec sa pingrerie, il réussissait à se faire plaindre de (par) tout le monde.
compattézza |kompat'tettsa| *s.f.* [*l'essere compatto*] compacité ◇ (*fig.*) cohésion, unité.
compatriòta |kompatri'ɔta| *s.* compatriote.
compàtto |kom'patto| **1** *agg.* compact: *terreno compatto* terrain compact; *roccia compatta* roche compacte; *folla compatta* foule compacte → **denso** ◇ (*fig.*) *maggioranza compatta* majorité compacte; *un gruppo compatto e affiatato* un groupe compact et uni **2** *s.m.* [*apparecchio che riunisce radio, giradischi, ecc.*] combiné.
compendiàre |kompen'djare| **A** *v.tr.* [*riassumere, sintetizzare*] résumer, récapituler: *compendiare il pensiero di qc.* résumer la pensée de qqn.; *compendiare un lungo discorso* récapituler un long discours **B** *v.pron. intr.* COMPENDIARSI [→ *tr.*] se résumer: *la sua vita si può compendiare in due parole: casa e lavoro* sa vie peut se résumer en deux mots: le foyer et le travail.
compendiàrio, i |kompen'djarjo, i| *agg.* **1** (*lett.*) [*breve, conciso*] concis, succinct: *un'esposizione compendiaria* une exposition concise, succincte → **riassuntivo** **2** (*pitt.*) *stile compendiario* style sobre.
compendiatóre, trice |kompendja'tore, tritʃe| *s.* auteur *m.* d'abrégés, de sommaires.
compèndio, i |kom'pɛndjo, i| *s.m.* [*esposizione sommaria*] abrégé, précis: *un compendio di storia* un abrégé, un précis d'histoire ◇ (*raro*) [*riassunto*] résumé # *fare un compendio di un lungo romanzo* résumer un long roman ◇ (*fig.*) [*sintesi*] synthèse (*f.*): *il suo carattere è un compendio di vizi e di virtù* son caractère est une synthèse de défauts et de vertus.
compendiosità |kompendjosi'ta| *s.f. inv.* (*raro*) → **concisione, sommarietà.**
compendióso |kompen'djoso| *agg.* **1** [*conciso; breve*] succinct, concis: *un trattato compendioso* un traité succinct, concis **2** [*essenziale; concentrato*] essentiel*: *stile compendioso* style essentiel → **asciutto** Ⓒ 1 **prolisso, lungo** 1; 2 **ridondante.**
compenetràbile |kompene'trabile| *agg.* [→ COMPENETRARE A 1] pénétrable.
compenetrabilità |kompenetrabili'ta| *s.f. inv.* pénétrabilité *var.* (*lett.*).
compenetràre |kompene'trare| **A** *v.tr.* **1** (*cose*) [*penetrare profondamente all'interno di un corpo*] pénétrer (8): *l'acqua aveva compenetrato tutto il terreno* l'eau avait pénétré tout le terrain **2** (*fig.*) [*pervadere, riempire*] pénétrer: *era compenetrato da un sentimento di gioia, di paura* il était pénétré d'un sentiment de joie, de peur → **invadere** **B** *v.pron.* COMPENETRARSI **1** *recipr.* [→ *tr.* 1] s'interpénétrer: *i due elementi chimici si erano compenetrati* les deux éléments chimiques s'étaient interpénétrés **2** *intr.* [→ *tr.* 2] être (43) *intr.* pénétré: *compenetrarsi di pietà, di dolore* être pénétré de pitié, de douleur.
compenetrazióne |kompenetrat'tsjone| *s.f.* [→ COMPENETRARE A 1] pénétration.
compensàbile |kompen'sabile| *agg.* [→ COMPENSARE] compensable.
compensabilità |kompensabili'ta| *s.f. inv.* possibilité *var.* d'être compensé.
compensàre |kompen'sare| **A** *v. tr.* **1** [*retribuire, remunerare per un lavoro fatto*] rétribuer, rémunérer (8): *è stato un lavoro faticoso, ma mi hanno compensato bene* cela a été un travail fatigant, mais on m'a bien rétribué, rémunéré; *compensare un'opera in danaro, in natura* rétribuer un travail en argent, en nature ◇ [*ricompensare, premiare*] récompenser: *la sua fedeltà è stata compensata* sa fidélité a été récompensée ◇ [*indennizzare, risarcire*] dédommager (3): *compensare qc. dei danni subiti* dédommager qqn. (des dommages subis) **2** [*equilibrare, controbilanciare*] compenser; corriger (3), rectifier: *le perdite sono state compensate dai maggiori introiti* les pertes ont été compensées par des recettes plus importantes ‖ *compensare con lenti un*

difetto della vista corriger par des lunettes un défaut de la vue **B** *v.pron. recipr.* COMPENSARSI [→ *tr.* 2] se compenser: *le entrate e le uscite non si compensano* les recettes et les dépenses ne se compensent pas.

compensativo |kompensa'tivo| *agg.* compensateur*, compensatoire: *indennità compensativa* indemnité compensatrice; *interessi compensativi* intérêts compensatoires.

1 **compensàto** |kompen'sato| *agg.* [*retribuito, pagato*] rémunéré, payé: *lavoro ben compensato* travail bien rémunéré, payé.

2 **compensàto** |kompen'sato| *agg.* (*tecnol.*) *legno compensato* contre-plaqué *s.m.* ✦ (*s.m.*) *un foglio di compensato* une feuille de contre-plaqué.

compensatóre |kompensa'tore| *s.m.* (*elettr., fis., mar., tecnol.*) compensateur.

compensazióne |kompensat'tsjone| *s.f.* **1** (*dir.*) compensation: *compensazione legale, giudiziaria* compensation légale, judiciaire **2** (*econ.*) compensation: *cassa, camera di compensazione* caisse, chambre de compensation **3** (*fis., tecnol.*) *compensazione ottica* correction optique; *compensazione degli errori di misurazione* compensation des erreurs de mesurage.

compènso |kom'pɛnso| *s.m.* **1** [*rimunerazione, retribuzione per un lavoro fatto*] rémunération *f.*, rétribution (*f.*): *compenso in natura, in denaro* rémunération, rétribution en nature, en argent; *compenso adeguato, insufficiente* rétribution adéquate, insuffisante ◇ [*risarcimento*] indemnité *f.*, dédommagement: *ottenere un compenso per un danno subito* obtenir une indemnité, être indemnisé pour un dommage subi ◇ [*premio, ricompensa*] *compenso materiale, morale* compensation *f.* matérielle, réparation morale; *lauto compenso per chi ritrovasse il mio cane* (*smarrito*) généreuse récompense *f.* pour celui qui retrouvera mon chien égaré → **mancia**; *fare un favore dietro compenso* rendre un service contre paiement, récompense ◇ *loc.* IN COMPENSO en échange, en compensation (*raro*): *cosa vuoi darmi in compenso?* que me donnes-tu en échange, en compensation? **2** [*ristabilimento di un equilibrio*] équilibre: *compenso cardiaco* équilibre dans les fonctions cardiaques ◇ (*fis.*) *compenso di forze* équilibre de forces ◇ *loc.* IN COMPENSO en revanche: *è brutta, ma in compenso è molto simpatica* elle est laide, mais, en revanche, elle est très sympathique; elle compense sa laideur par son charme Ⓒ 2 **scompenso.**

cómp(e)ra |'komp(e)ra| *s.f.* **1** [→ COMPRARE] achat (*m.*): *una compera in contanti* un achat (au) comptant ◇ *al plur.* (*fam.*) [*le spese domestiche di tutti i giorni*] courses: *la cameriera è uscita a far le compere* la bonne est sortie faire les courses; *la mamma è fuori per le compere* maman n'est pas là, elle est allée faire les courses **2** [*l'oggetto comprato*] achat, emplette: *hai visto le mie ultime compere?* as-tu vu mes derniers achats, mes dernières emplettes? → **acquisto.**

comperàre |kompe'rare| *v.tr.* → **comprare.**

competènte |kompe'tɛnte| *agg.* **1** compétent: *essere competente in archeologia, in materia* être compétent en archéologie, en la matière; *è un avvocato competente* c'est un avocat compétent → **esperto** ✦ (*s.*) *un competente* un spécialiste: *rimettersi al giudizio dei competenti* s'en remettre au jugement des spécialistes **2** (*dir.*) compétent: *foro competente* tribunal compétent; *rivolgersi all'autorità competente* s'adresser à l'autorité compétente **3** [*adeguato; proporzionato*] bon*: *mancia competente a chi riporterà il cane smarrito* bonne récompense à (la personne) qui rapportera le chien perdu Ⓒ **incompetente.**

competènza |kompe'tɛntsa| *s.f.* **1** compétence: *avere poca, molta competenza in un settore* avoir peu, beaucoup de compétence en un secteur; *parla senza competenza* il parle sans compétence **2** (*dir.*) compétence: *competenza di un tribunale, di un giudice* compétence d'un tribunal, d'un juge; *conflitto di competenza* conflit de compétence ◇ (*per est.*) *questo compito esula dalle mie competenze* cette tâche est en dehors de mes compétences **3** *al plur.* [*compenso, onorario*] honoraires (*m.*): *pagare all'avvocato le sue competenze* régler les honoraires de l'avocat Ⓒ 1; 2 **incompetenza.**

compètere |kom'pɛtere| *v.intr.* (*dif. del p.p.*) **1** [*gareggiare; concorrere*] entrer en compétition; rivaliser avec: *competere per il primato, per la vittoria* entrer en compétition pour le record, pour la victoire ‖ *questa imitazione non può certo competere con l'originale* cette imitation ne peut certainement pas rivaliser avec l'original; *la mia utilitaria non poteva competere con quella fuoriserie* ma voiture utilitaire ne pouvait pas rivaliser avec cette hors-série **2** (*dir.*) [*rientrare nella competenza*] ressortir à, être (43) du ressort, de la compétence: *il processo compete al tribunale di Milano* le procès ressort au tribunal de Milan, est du ressort, de la compétence du tribunal de Milan ◇ (*per est.*) [*toccare, spettare*] être du ressort; être dû, revenir: *la questione non mi compete* la question n'est pas de mon ressort ‖ *pagare a un dipendente quanto gli compete* payer à un employé ce qui lui est dû, ce qui lui revient; *ha avuto quello che gli competeva* il a eu ce qui lui était dû, ce qui lui revenait.

competitività |kompetitivi'ta| *s.f. inv.* **1** [*capacità di sostenere la concorrenza*] compétitivité *var.*, capacité *var.* de supporter la concurrence: *la competitività di una industria* la compétitivité d'une industrie, la capacité d'une industrie à supporter la concurrence **2** (*sport*) combativité *var.*, esprit *m. var.* de compétition: *i due pugili hanno dimostrato scarsa competitività* les deux boxeurs ont montré une combativité insuffisante, ils ont manqué d'esprit de compétition → **agonismo.**

competitìvo |kompeti'tivo| *agg.* **1** (*comm., corr.*) compétitif*: *una produzione poco, molto competitiva* une production peu, très compétitive; *prezzi competitivi* prix compétitifs **2** (*sport*) [*impostato sulla competizione*] de compétition (*loc. inv.*): *scarso, elevato spirito competitivo* esprit de compétition insuffisant, élevé; combativité trop faible, très vive → **agonistico.**

competitóre, trice |kompeti'tore, trit∫e| *s.* concurrent, compétiteur* (*raro*): *è un campione che non ha competitori* c'est un champion qui n'a pas de concurrent, d'adversaire de sa taille → **concorrente, antagonista.**

competizióne |kompetit'tsjone| *s.f.* [→ COMPETERE 1] compétition: *competizione economica, politica* compétition économique, politique; *entrare in competizione* entrer en compétition ◇ (*sport*) [*incontro, gara*] *è stata una competizione leale* cela a été une compétition loyale.

compiacènte |kompja't∫ɛnte| *agg.* [*che dimostra compiacenza*] complaisant: *essere, dimostrarsi compiacente verso qc.* être, se montrer complaisant pour, envers qqn. ◇ (*spreg.*) *un funzionario, un giudice fin troppo compiacente* un fonctionnaire, un juge bien trop complaisant # *donna compiacente* femme un peu facile, trop aimable; *una pensione compiacente* une pension louche → **equivoco.**

compiacentemènte |kompja∫ente'mente| *avv.* (*raro*) [→ COMPIACENTE] complaisamment; avec, par complaisance *loc.*

compiacènza |kompja't∫ɛntsa| *s.f.* **1** complaisance; obligeance: *ho accettato per* (*pura*) *compiacenza* je n'ai accepté que par (pure) complaisance → **cortesia, gentilezza** ‖ *te lo spiegherò se avrai la compiacenza di ascoltarmi* je te l'expliquerai, si tu as l'obligeance de m'écouter; *abbia la compiacenza di seguirmi* ayez l'obligeance de me suivre ◇ [*degnazione*] complaisance: *lo accolse con un sorriso di compiacenza* il l'accueillit avec un sourire de complaisance **2** [*piacere, soddisfazione*] satisfaction, complaisance: *provare compiacenza nel fare q.c.* éprouver de la satisfaction à faire qqch.; *parlare con compiacenza di q.c.* parler avec satisfaction, avec complaisance de qqch. → **compiacimento.**

compiacére |kompja't∫ere| (149) **A** *v.intr.* (*aus. 'avere'*) [*far piacere a qc., dare soddisfazione a qc.*] complaire (68) à: *compiacere agli amici* complaire aux amis # *compiacere ai desideri di qc.* satisfaire aux désirs de qqn. ◇ [*usare cortesia*] faire (45) *tr.* plaisir: *glielo disse solo per compiacergli* il ne le lui dit que pour lui faire plaisir **B** *v.tr.* [*accontentare, appagare*] satisfaire (45), contenter: *compiacere i propri genitori* satisfaire, contenter ses parents; *compiacere l'orgoglio di qc.* satisfaire l'orgueil de qqn. **C** *v.pron. intr.* COMPIACERSI **1** [*provare piacere, soddisfazione per q.c.*] se réjouir: *compiacersi dei risultati ottenuti* se réjouir des résultats obtenus; *compiacersi del bene fatto* se réjouir du bien qu'on a fait; *compiacersi di un riconoscimento* se réjouir d'une reconnaissance ◇ [*congratularsi, rallegrarsi*] féliciter (*tr.*): *mi compiaccio con te per la tua vittoria* je te félicite de ta victoire ◇ (*iron.*) *avete sbagliato tutto*: *mi compiaccio con voi!* vous vous êtes complètement trompés: je vous félicite! **2** [*avere la compiacenza di; degnarsi*] daigner (*tr.*): *l'alta personalità si compiacque di ascoltarli* ce grand personnage daigna les écouter; *compiacetevi di gradire i miei omaggi* daignez agréer mes hommages ◇ (*iron.*) *dopo due ore di anticamera si è compiaciuto di ricevermi* après deux heures d'antichambre, il a daigné me recevoir.

compiaciménto |kompjatʃi'mento| *s.m.* **1** [→ COMPIACERE C 1] complaisance (*f.*): *provare compiacimento per i risultati raggiunti* éprouver de la complaisance à cause des résultats obtenus ◇ [*soddisfazione*] satisfaction (*f.*): *constato con compiacimento che sta facendo progressi* je constate avec satisfaction qu'il fait des progrès **2** [*congratulazione, felicitazione*] félicitations (*f. pl.*): *esprimere il proprio compiacimento per q.c.* adresser ses félicitations de qqch.

compiaciùto |kompja'tʃuto| *agg.* [*contento, soddisfatto*] satisfait, content (de): *dimostrarsi compiaciuto di q.c.* se montrer satisfait, content de qqch.; *guardare con aria compiaciuta* regarder d'un air satisfait; *sorridere con un fare compiaciuto* sourire d'une façon satisfaite.

compiàngere |kom'pjandʒere| (165) **A** *v.tr.* [*provare, esprimere compassione*] plaindre (65): *compiangere le disgrazie altrui* plaindre les malheurs des autres; *è più da compiangere che da condannare* il est plus à plaindre qu'à blâmer → **commiserare** ◇ (*con senso di disprezzo*) *con tutte le sue ricchezze, io lo compiango!* avec toutes ses richesses, je le plains! → **compatire** **B** *v.pron. intr.* (*lett.*) COMPIANGERSI → **doler(si)**.

compiànto |kom'pjanto| **I** *agg.* [*defunto, morto*] regretté: *il nostro compianto presidente* notre regretté président **II** *s.m.* **1** [*dolore, cordoglio spec. collettivo*] douleur (*f.*): *il compianto della nazione* la douleur de la nation # *è morto tra il compianto di tutti* il est mort pleuré de tous **2** (*lett.*) complainte *f.*

compiegàre |kompje'gare| *v.tr.* (*bur.*) [*allegare a una lettera*] inclure (46): *compiegare un assegno in una lettera* inclure un chèque dans une lettre → **accludere** ✦ (*al p.p.*) *il documento qui compiegato* le document ci-inclus.

cómpiere |'kompjere| (140) **A** *v.tr.* **1** [*portare a termine, finire*] achever (6): *compiere gli studi* achever ses études; *ne riparleremo quando avrò compiuto questo lavoro* nous en reparlerons quand j'aurai achevé ce travail → **concludere** ◇ (*loc.*) *ha già compiuto i 18 anni?* a-t-elle atteint (ses) 18 ans?; *ieri ho compiuto i (miei) 30 anni* hier j'ai eu (mes) 30 ans; *compie gli anni il 20 febbraio* il fête son anniversaire le 20 février ~ (*iron.*) PER COMPIERE L'OPERA [*quasi non bastasse il male che si è già fatto*] pour couronner le tout: *per compiere l'opera, ho rotto anche un bicchiere del servizio di cristallo* pour couronner le tout, j'ai cassé aussi un verre du service de cristal; *per compiere l'opera, mi hanno anche licenziato* enfin, pour couronner le tout, on m'a licencié **2** [*fare, eseguire*] accomplir, faire (45): *compiere una buona azione* accomplir, faire une bonne action # *compiere un delitto* commettre un crime ◇ [*adempiere*] accomplir, remplir: *compiere il proprio dovere* accomplir, remplir son devoir **B** *v.pron. intr.* COMPIERSI [→ *tr.* 1] s'achever: *il viaggio si è felicemente compiuto* le voyage s'est achevé sans incidents # *oggi si compiono dieci anni da quel fatto* il y a aujourd'hui dix ans que ceci est survenu ◇ [*realizzarsi, avverarsi*] s'accomplir: *il suo desiderio si è compiuto* son souhait s'est accompli.

compièta |kom'pjɛta| *s.f.* (*liturg.*) complies *pl.*

compilàre |kompi'lare| *v.tr.* [*redigere, comporre, raccogliendo vari elementi*] rédiger (3): *compilare un'enciclopedia, un vocabulario, una grammatica* rédiger une encyclopédie, un dictionnaire, une grammaire ◇ (*per est.*) *compilare un modulo, una scheda* remplir un formulaire, une fiche → **completare**.

compilatóre, trice |kompila'tore, tritʃe| *s. e agg.* compilateur*.

compilazióne |kompilat'tsjone| *s.f.* [→ COMPILARE] compilation: *è una opera di compilazione, priva di qualunque originalità* c'est une œuvre de compilation, totalement dépourvue d'originalité # *provvedere alla compilazione di una domanda* rédiger, établir une demande → **redazione, stesura**.

compiménto |kompi'mento| *s.m.* [→ COMPIERE A 1] accomplissement: *il compimento dei suoi desideri* l'accomplissement de ses désirs # *portare, condurre a compimento q.c.* achever qqch.; *ottenere la patente di guida al compimento del 18° anno* obtenir son permis de conduire le jour de ses 18 ans → **conclusione, termine**.

compìre |kom'pire| (197) *v.tr.* → **compiere**.

compitàre |kompi'tare| *v.tr.* [*pronunziare le parole staccando le sillabe o le lettere*] épeler (4): *volete compitare il vostro nome?* voulez-vous, s'il vous plaît, épeler votre nom? ◇ [*leggere a fatica, stentatamente*] ânonner # *il bambino comincia a compitare le prime parole* l'enfant commence à balbutier ses premiers mots → **sillabare**.

compitazióne |kompitat'tsjone| *s.f.* [→ COMPITARE] épellation.

compitézza |kompi'tettsa| *s.f.* [*gentilezza, educazione*] politesse → **cortesia** 🄲 **sgarbatezza**.

compìto |kom'pito| *agg.* **1** [*educato, garbato*] poli: *un bambino tutto compito* un enfant très poli; *una persona dai modi compiti* une personne aux manières polies, aimables **2** (*lett.*) → **compiuto 1**.

cómpito |'kompito| *s.m.* **1** [*lavoro da eseguire; incarico*] tâche (*f.*): *assegnare a ognuno il proprio compito* assigner à chacun sa tâche; *facilitare il compito a qc.* faciliter la tâche à qqn.; *assolvere un compito* s'acquitter d'une tâche, remplir une tâche ◇ [*dovere, mansione*] devoir: *adempiere i propri compiti di genitore* remplir ses devoirs de père ◇ (*loc.*) *è mio compito* (+ *inf.*) il est de mon devoir de (+ *inf.*); c'est à moi de (+ *inf.*) **2** [*esercizio scolastico, spec. scritto*] devoir: *compito in classe, per casa* devoir en classe, à la maison; *hai fatto i compiti per domani?* as-tu fait tes devoirs pour demain?

compiutaménte |kompjuta'mente| *avv.* [→ COMPIUTO 1] complètement, d'une manière complète (*loc. inv.*): *trattare compiutamente un argomento* traiter complètement, d'une manière complète un sujet → **esaurientemente**.

compiutézza |kompju'tettsa| *s.f.* → **completezza**.

compiùto |kom'pjuto| *agg.* **1** [*terminato, realizzato*] accompli: *ha dovuto cedere davanti al fatto compiuto* il a dû céder, s'incliner devant le fait accompli # *all'età di 18 anni compiuti* à (l'âge de) 18 ans révolus → **concluso** **2** (*raro*) → **perfetto** 🄲 **incompiuto**.

compleànno |komple'anno| *s.m.* [*il giorno anniversario della nascita*] anniversaire: *festeggiare il compleanno* fêter son anniversaire; *il mio compleanno cade il 1° gennaio* mon anniversaire tombe le 1er janvier ✦ (*inter.*) *buon compleanno!* bon anniversaire!

complementàre |komplemen'tare| *agg.* complémentaire: *clausola complementare* clause complémentaire; *esami, corsi complementari* examens, cours complémentaires ◇ (*econ.*) *beni complementari* biens complémentaires; (*imposta*) *complementare* impôt global progressif sur le revenu ◇ (*fis.*) *colori complementari* couleurs complémentaires ◇ (*mat.*) *angolo, numero, arco complementare* angle, nombre, arc complémentaire.

complementarità |komplementari'ta| *s.f. inv.* complémentarité *var.*

compleménto |komple'mento| *s.m.* complément: *un corso integrativo a complemento di un ciclo di studi* un cours au complément, complémentaire d'un cycle d'études ◇ (*gram.*) *complemento diretto, oggetto* complément direct, d'objet; *complemento di specificazione* complément de nom ◇ (*mat.*) *complemento di un angolo* complément d'un angle ◇ (*mil.*) réserve (*f.*): *ufficiali di complemento* officiers de réserve.

complessàre |komples'sare| *v.tr.* [*causare un complesso psichico a qc.*] complexer.

complessàto |komples'sato| *agg. e s.* plein de complexes, complexé: *è un (ragazzo) complessato* c'est un (garçon) complexé.

complessióne |komples'sjone| *s.f.* complexion: *complessione debole, delicata* complexion faible, délicate → **corporatura**.

complessità |komplessi'ta| *s.f. inv.* complexité (*var.*): *un problema d'una complessità spaventosa* un problème d'une effroyable complexité 🄲 **semplicità**.

complessivaménte |komplessiva'mente| *avv.* [*in tutto, in complesso*] en tout *loc. inv.*, au total (*loc. inv.*): *complessivamente abbiamo perso centomila lire* nous avons perdu cent mille lires en tout, au total.

complessìvo |komples'sivo| *agg.* [*globale, generale*] d'ensemble (*loc. inv.*): *dare un giudizio complessivo su q.c.* donner un jugement d'ensemble sur qqch.; *avere la visione complessiva di un problema* avoir une vue d'ensemble du problème ◇ [*totale*] total*, global*: *per una somma complessiva di un milione* pour une somme globale d'un million; *la spesa complessiva è stata di 100.000 lire* la dépense totale a été de 100 mille lires; *dichiarare l'ammontare complessivo dei propri redditi* déclarer le montant global de ses revenus.

1 **complèsso** |kom'plɛsso| *agg.* **1** [*composto di molti elementi*] complexe: *un meccanismo complesso* un mécanisme complexe ◇ (*dir.*) *atto complesso* acte complexe ◇ (*gram.*) *proposizione complessa* proposition complexe ◇ (*mat.*) *numero complesso* nombre complexe **2** [*intricato, complicato*] complexe: *la situazione è complessa e delicata* la situation est complexe et délicate; *una*

ragazza dal carattere complesso une fille au caractère complexe ◇ [*difficile da comprendere o da risolvere*] *uno studio complesso* une étude complexe; *un problema complesso* un problème complexe Ⓒ **semplice.**
2 **complèsso** |kom'plɛsso| *s.m.* **1** [*insieme di elementi o parti*] ensemble: *un complesso di notizie, di cifre* un ensemble de nouvelles, de chiffres; *il complesso delle disposizioni di legge* l'ensemble des dispositions de loi; *per un complesso di circostanze non ho potuto accontentarlo* pour tout un ensemble de circonstances, je n'ai pas pu lui donner satisfaction; *esaminare una situazione nel suo complesso* examiner une situation dans son ensemble ◇ *loc. avv.* NEL COMPLESSO, IN COMPLESSO [*in generale, complessivamente*] dans l'ensemble: *la situazione nel complesso non è affatto buona* la situation, dans l'ensemble, n'est pas bonne du tout; *la prova, nel complesso, è andata bene* l'épreuve, dans l'ensemble, a bien marché **2** [*insieme di edifici*] complexe: *complesso edilizio* complexe urbain; *un complesso ospedaliero, scolastico, alberghiero* un complexe hospitalier, scolaire, hôtelier; *la zona dei maggiori complessi industriali* la zone des plus grands complexes industriels # *il nuovo complesso edilizio* le nouveau grand ensemble **3** [*organizzazione industriale*] complexe: *dalla fusione delle due ditte è nato un gigantesco complesso industriale, chimico* de la fusion des deux entreprises est né un gigantesque complexe industriel, chimique ◇ (*chim., fisiol., mat., med.*) complexe **4** [*insieme di suonatori e cantanti*] ensemble: *complesso vocale e strumentale* ensemble vocal et instrumental; *un complesso orchestrale* un ensemble orchestral **5** (*psican., corr.*) complexe: *il complesso di Edipo* le complexe d'Œdipe; *avere un complesso di inferiorità* avoir un complexe d'infériorité; *è un uomo pieno di complessi* c'est un homme plein de complexes.

completaménte |kompleta'mente| *avv.* [*del tutto*] complètement: *è completamente pazzo* il est complètement fou.

completaménto |kompleta'mento| *s.m.* [→ COMPLETARE] achèvement: *ormai manca poco al completamento dell'opera* désormais, il manque peu à l'achèvement de l'œuvre ◇ [*integrazione; supplemento*] complètement # *aggiungere un'appendice a completamento dell'opera* ajouter un appendice pour compléter une œuvre.

completàre |komple'tare| *v.tr.* [*rendere completo, integrando con gli elementi mancanti*] compléter (8): *completare una collana, una serie* compléter une collection, une série; *completare una collezione di francobolli, di figurine* compléter une collection de timbres, d'images ◇ [*portare a termine, concludere*] achever (6): *completare un lavoro, una costruzione* achever un travail, une construction → **finire.**

completézza |komple'tettsa| *s.f.* [*presenza di tutti gli elementi necessari*] caractère *m.* exhaustif: *completezza di elementi, di dati* caractère exhaustif d'éléments, de données; *è una bibliografia eccellente per la sua completezza* c'est une bibliographie qui excelle par son caractère exhaustif # *la completezza della sua esposizione* son exposition exhaustive.

completìvo |komple'tivo| *agg.* complétif* # *una proposizione completiva* une complétive *s.f.* → **complementare.**

complèto |kom'plɛto| **I** *agg.* **1** complet*: *un elenco completo, una documentazione completa* une liste, une documentation complète ◇ (*per est.*) [*totale, assoluto*] total*: *aver completa fiducia in qc.* avoir une confiance totale en qqn. **2** [*del tutto occupato*] complet: *teatro, cinema completo* théâtre, cinéma complet; *un autobus completo* un autobus complet → **esaurito II** *s.m.* **1** (*abbigl.*) complet: *un completo di giacca e pantaloni* un complet (veste et pantalon) ◇ [*accessori*] accessoires *pl.*, nécessaire, trousse (*f.*): *completo da 'toilette'* nécessaire, trousse de toilette **2** *loc.* AL COMPLETO au complet: *ci dispiace: siamo al completo* nous regrettons: nous sommes au complet ◇ (*per est.*) *la commissione si riunì al completo* la commission se réunit au complet.

complicànza |kompli'kantsa| *s.f.* **1** (*med.*) complication → **complicazione 2** (*raro*) → **complicazione.**

complicàre |kompli'kare| **A** *v.tr.* [*rendere più difficile, intricato*] compliquer: *non complichiamo la situazione!* ne compliquons pas la situation!; *questo complica le cose* ceci complique les choses **B** *v.pron. intr.* COMPLICARSI [→ *tr.*] se compliquer, avoir (28) *tr.* des complications: (*qui*) *la faccenda si complica* (ici) l'affaire se complique; *le cose si vanno complicando* les choses se compliquent; *temo che la malattia si stia complicando* je crains que la maladie ait des complications; je crains des complications (à la maladie) → **aggravare** Ⓒ **semplificare.**

complicatézza |komplika'tettsa| *s.f.* (*raro*) [*complessità, difficoltà*] complexité: *la complicatezza di un problema, di un ragionamento* la complexité d'un problème, d'un raisonnement.

complicàto |kompli'kato| *agg.* (*cose*) compliqué, complexe: *un meccanismo complicato* un mécanisme compliqué; *un problema complicato* un problème compliqué; *è un caso complicato* c'est un cas compliqué; *la situazione politica è molto complicata* la situation politique est très complexe → **difficile, 1 complesso, intricato** ◇ (*persone*) *è una persona complicata* c'est une personne compliquée; *che carattere complicato che hai!* quel caractère compliqué tu as! Ⓒ **semplice, lineare 1.**

complicazióne |komplikat'tsjone| *s.f.* (*cose*) complication: *senza tante complicazioni* sans trop de complications; *se non ci saranno complicazioni, ci vedremo* s'il n'y a pas de complications, nous nous verrons; *la prognosi è di 10 giorni, salvo complicazioni* le pronostic de guérison est de 10 jours, sauf complications → **imprevisto** ◇ (*persone*) *è una ragazza strana, piena di complicazioni* c'est une jeune fille étrange, très compliquée *agg.*

còmplice |'kɔmplitʃe| *s.* complice: *si ricercano i complici dell'assassino* on recherche les complices de l'assassin; *essere, farsi complice della disonestà degli altri* être, se rendre complice de la malhonnêteté des autres ✦ (*agg.*) *uno sguardo complice* un regard complice.

complicità |komplitʃi'ta| *s.f. inv.* complicité (*var.*): *agire con la complicità di qc.* agir en complicité avec qqn. ◇ (*fig.*) *calarsi dalla finestra con la complicità delle tenebre* se laisser glisser par la fenêtre à la faveur de l'obscurité (de la nuit).

complimentàre |komplimen'tare| **A** *v.tr.* (*raro*) [*elogiare in modo complimentoso*] complimenter: *fu complimentato da tutti* tout le monde le complimenta **B** *v.pron. intr.* COMPLIMENTARSI [*congratularsi, compiacersi*] complimenter (*tr.*): *complimentarsi con qc. per la sua impresa* complimenter qqn. de son exploit.

compliménto |kompli'mento| *s.m.* **1** compliment: *fare, rivolgere un complimento a qc.* faire un compliment à qqn.; *ha fatto mille complimenti al bambino* il a fait mille compliments, mille caresses au bébé ◇ (*iron.*) *bel complimento!* joli compliment!; *grazie del complimento* merci pour le compliment **2** *al plur.* [*felicitazioni, congratulazioni*] compliments: *fare i complimenti al vincitore* faire des compliments au vainqueur, complimenter le vainqueur; *i miei complimenti per la tua promozione!* mes compliments pour ta promotion! ✦ (*inter.*) *complimenti! hai fatto centro!* mes compliments! tu as fait mouche! **3** *spec. al plur.* [*atto di cortesia puramente formale*] cérémonies *f.*; ménagements: *basta con i complimenti!, bando ai complimenti!* trêve de cérémonies!, trêve de compliments!; *non facciamo complimenti tra di noi!* ne faisons pas de cérémonies entre nous! → **cerimonia** 2 ‖ *gli disse le sue ragioni senza tanti complimenti* il lui dit ses raisons sans beaucoup de ménagements ◇ *loc.* PER COMPLIMENTO par politesse: *fare q.c. per complimento* faire qqch. par politesse; *non l'avrai detto solo per complimento?* ne l'auras-tu pas dit par pure politesse?

complimentosaménte |komplimentosa'mente| *avv.* [→ COMPLIMENTOSO] flatteusement, cérémonieusement.

complimentóso |komplimen'toso| *agg.* **1** (*persone*) complimenteur*: *un tipo troppo complimentoso* un type trop complimenteur **2** (*cose*) flatteur*, complimenteur (*pegg.*): *parole complimentose* paroles flatteuses, complimenteuses Ⓒ **sgarbato, villano.**

complottàre |komplot'tare| *v.intr.* (*aus. 'avere'*) [*congiurare, preparare un complotto*] comploter: *complottare contro qc.* comploter contre qqn. → **congiurare** ◇ (*scherz.*) *che cosa state complottando?* qu'est-ce que vous êtes en train de comploter? → **confabulare.**

complòtto |kom'plɔtto| *s.m.* complot: *tramare, sventare un complotto* tramer, éventer un complot; *hanno organizzato un complotto* ils ont monté (tout) un complot ◇ (*scherz.*) *ma questo è un complotto per costringermi ad accettare l'onorificenza* mais c'est un complot pour me forcer à accepter la décoration.

complùvio, i |kom'pluvjo, i| *s.m.* **1** (*edil.*) noue *f.* **2** (*archeol.*) compluvium.

componènte |kompo'nɛnte| *s.* **1** *s.m.* (*persone*) [*chi compone un gruppo*] membre: *i componenti di un equipaggio,* *di una squadra* les membres d'un équipage, d'une équipe **2** *s.m.* (*chim.*, *elettron.*, *tecnol.*) composant → **elemento, ingrediente** **3** *s.f.* (*fis.*) composante: *le componenti di una forza* les composantes d'une force ◇ (*fig.*) *le principali componenti della cultura contemporanea* les composantes principales de la culture contemporaine; *esaminare le varie componenti della politica interna* examiner les diverses composantes de la politique intérieure.

componentìstica, che |komponen'tistika, ke| *s.f.* industrie des composants électroniques.

componenziàle |komponen'tsjale| *agg.* (*ling.*) componentiel*.

componìbile |kompo'nibile| (*agg.*) *mobile componibile* meuble par éléments *loc. inv.*

componiménto |komponi'mento| *s.m.* **1** [*opera letteraria*] pièce (*f.*): *componimento poetico, in versi* pièce, poésie en vers ◇ (*mus.*) composition (*f.*): *componimento per violino e orchestra* composition pour violon et orchestre **2** [*esercitazione scolastica*] rédaction (*f.*): *componimento in classe* rédaction en classe **3** [*accordo, conciliazione*] accommodement, apaisement: *il componimento di una disputa* l'accommodement, l'apaisement d'une querelle.

compórre |kom'porre| (168) **A** *v.tr.* **1** [*formare, costituire un insieme organico di vari elementi*] composer: *comporre un mazzo di fiori* composer un bouquet de fleurs; *tutti gli elementi sono riuniti a comporre un tutto organico* tous les éléments sont réunis pour composer un tout organique ✦ (*al p.p.*) *l'acqua è composta di idrogeno e ossigeno* l'eau est composée d'hydrogène et d'oxygène; *il consiglio d'amministrazione è composto di cinque persone* le conseil d'administration est composé de cinq membres **2** (*tip.*) [*disporre i caratteri di piombo, pronti per la stampa*] composer: *comporre la prima pagina, un elzeviro* composer la première page, un elzévir **3** [*atteggiare; conformare*] composer: *comporre il proprio atteggiamento, il volto a mestizia* se composer une attitude, un visage mélancolique ◇ (*per est.*) [*deporre, adagiare*] placer (2): *comporre il morto, il cadavere nella bara* placer le corps (le mort), le cadavre dans le cercueil **4** [*realizzare, creare*] composer: *comporre una poesia, una sinfonia, una canzone* composer un poème, une symphonie, une chanson ✦ (*ass.*) *quando compone, esige silenzio* quand il compose, il exige le silence **5** (*dir.*, *corr.*) [*conciliare, accomodare*] accommoder: *comporre una lite, un dissidio, una vertenza* accommoder une querelle, une dissension, un différend **B** *v.pron.* COMPORSI **1** *intr.* [→ *tr.* 1] se composer: *la mia famiglia si compone di quattro persone* ma famille se compose de quatre personnes **2** *rifl.* (*raro*) [*prendere un atteggiamento composto; mettersi in ordine*] s'arranger (3): *componiti, che stanno arrivando gli ospiti!* arrange-toi, les invités sont en train d'arriver.

comportabilménte |komportabil'mente| *avv.* (*raro*) → **compatibilmente.**

comportamentìsmo |komportamen'tizmo| *s.m.* (*psicol.*) behaviorisme.

comportamentìsta |komportamen'tista| *s.* (*psicol.*) behavioriste.

comportaménto |komporta'mento| *s.m.* (*persone*) comportement: *tenere un comportamento corretto, scorretto* avoir un comportement correct, incorrect; *ma che significa il tuo comportamento?* mais que signifie ton comportement? ◇ (*per est.*) *studiare il comportamento di un animale, di una sostanza in laboratorio* étudier le comportement d'un animal, d'une substance en laboratoire.

comportàre |kompor'tare| **A** *v.tr.* **1** [*avere, portare come conseguenza*] comporter: *l'impresa comportava molti rischi* l'entreprise comportait beaucoup de risques; *quella soluzione comporta una spesa eccessiva* cette solution comporte une dépense excessive; *è una decisione che comporta molti sacrifici* c'est une décision qui comporte beaucoup de sacrifices → **implicare** **2** [*consentire, permettere*] admettre (71): *è un ritmo che non comporta soste* c'est un rythme qui n'admet pas de trêve → **ammettere** # *non posso farlo: il mio carattere non lo comporta* je ne peux pas le faire: ce n'est pas dans mon caractère **B** *v. pron. intr.* COMPORTARSI [*tenere un certo atteggiamento; agire*] se conduire (75): *comportarsi bene, male* se conduire bien, mal; *bambini, cercate di comportarvi bene!* les enfants, essayez de bien vous conduire!; *se ti comporterai bene, ti darò un premio* si tu te conduis bien, je te donnerai une récompense; *non è questo il modo di comportarsi con un amico* ce n'est pas la façon de se conduire avec un ami.

compòrto |kom'pɔrto| *s.m.* **1** (*econ.*) délai **2** (*raro*) → **tolleranza.**

Compòsite |kom'pɔzite| *s.f. pl.* (*t. bot.*) Composées, Composacées.

compositìvo |kompozi'tivo| *agg.* **1** [*che fa parte di una composizione; costitutivo*] constituant, constitutif*: *elemento compositivo* élément constituant, constitutif **2** [*che concerne la composizione*] de la composition (*loc. inv.*): *dal punto di vista compositivo* du point de vue de la composition.

compòsito |kom'pɔzito| *agg.* **1** [*costituito da elementi diversi ed eterogenei*] hétérogène: *uno stile composito* un style hétérogène **2** (*arch.*) composite: *ordine composito* ordre composite; *capitello composito* chapiteau composite.

compositóio, i |kompozi'tojo, i| *s.m.* (*tip.*) compositeur.

compositóre, trice |kompozi'tore, tritʃe| *s.* **1** compositeur*: *un compositore di musica sinfonica, di canzoni* un compositeur de musique symphonique, de chansons **2** [*operaio addetto alla composizione tipografica*] compositeur.

compositrice |kompozi'tritʃe| *s.f.* (*tip.*) [*macchina per comporre automaticamente le linee*] composeuse; linotype ◇ [*per comporre i caratteri singoli*] monotype # *fotocompositrice* photo-composeuse ✦ (*agg.*) *macchina compositrice* linotype *s.f.*; monotype *s.f.*

composizióne |kompozit'tsjone| *s.f.* **1** [→ COMPORRE A 1] composition: *studiare la composizione dell'atomo* étudier la composition de l'atome → **struttura** **2** [→ COMPORRE B 1] composition: *rendere nota la composizione del nuovo governo* divulguer la composition du nouveau gouvernement; *la composizione di un nucleo familiare, di una commissione* la composition d'une cellule familiale, d'une commission **3** (*tip.*) composition: *composizione a mano, meccanica* composition à la main, mécanique # *fotocomposizione* photo-composition **4** [→ COMPORRE A 4] composition: *le più belle composizioni musicali* les plus belles compositions musicales ◇ (*per est.*) [*esercitazione scolastica*] *prendere un bel voto in composizione italiana, francese* avoir une bonne note en composition italienne, française **5** [→ COMPORRE A 5] arrangement (*m.*): *la composizione di una lunga vertenza sindacale* l'arrangement d'un long différend syndical **C** 1 **scomposizione.**

compósta |kom'posta| *s.f.* [*marmellata, conserva di frutta cotta, con zucchero*] compote: *una composta di mele* une compote de pommes.

compostaménte |komposta'mente| *avv.* [→ COMPOSTO I 2] correctement, convenablement: *state seduti compostamente!* restez assis correctement, convenablement!

Compóste |kom'poste| *s.f.pl.* → **Composite.**

compostézza |kompos'tettsa| *s.f.* **1** [*atteggiamento composto*] bonne tenue, maintien *m.* correct # *la compostezza di un gesto* la correction d'un geste **2** (*fig.*) [*rispondenza a un criterio di ordine e di armonia*] sobriété: *la compostezza di un palazzo, di una prosa* la sobriété d'un palais, d'une prose.

compostièra |kompos'tjɛra| *s.f.* (*raro*) [*piatto a forma di coppa*] compotier *m.*

compósto |kom'posto| **I** *agg.* **1** composé: *una famiglia composta di padre, madre e figlio* une famille composée du père, de la mère, et d'un enfant ◇ (*chim.*) *corpo composto* corps composé ◇ (*dir.*) *interessi composti* intérêts composés ◇ (*ling.*) *nome composto* nom composé ◇ (*mat.*) *numero composto* nombre composé **2** (*fig.*) (*persone*) [*ordinato; educato nell'atteggiamento e nel comportamento*] convenable: *avere un atteggiamento composto* avoir une attitude convenable # *stare composto* se tenir bien; *sta composto!* tiens-toi bien! **II** *s.m.* **1** (*chim.*) combiné: *i composti organici, inorganici* les combinés organiques, inorganiques **2** (*ling.*) composé: *una lingua ricca di composti* une langue riche en composés.

compound |kəm'paund| *agg. inv.* (*ingl.*) (*aer.*, *elettr.*, *tecnol.*) compound.

cómpra |'kompra| *s.f.* → **compera.**

compràbile |kom'prabile| *agg.* [→ COMPRARE A 1, 3] achetable.

comp(e)ràre |komp(e)'rare| **A** *v. tr.* **1** [*acquistare, pagandone il prezzo*] acheter (7): *comprare una casa, un libro, un elettrodomestico* acheter une maison, un livre, un électroménager; *comprare q.c. da qc.* acheter qqch. chez qqn.; *ho comprato un giocattolo a, per mio fratello* j'ai acheté un jouet à, pour mon frère; *comprare all'ingrosso, al minuto* acheter en gros, au détail; *comprare in contanti, a credito* acheter (au) comptant, à crédit; *comprare a rate mensili* acheter par versements mensuels (à tempérament); *comprare direttamente dal produttore* acheter directement au producteur □ *comprarsi un motoscafo, una nuova macchina* s'acheter un canot à moteur, une nouvelle voiture ◇ (*loc. fig.*) *comprare a scatola chiusa* acheter les yeux fermés, chat en poche ◇ (*prov.*) *chi disprezza compra* qui dénigre veut acheter **2** (*fig.*) conquérir (26): *basta una piccola gentilezza per comprarlo* il suffit d'une petite gentillesse pour le conquérir; *con il suo carattere gioviale si compra la simpatia di tutti* avec son caractère jovial, il conquiert, s'attire la sympathie de tous → **conquistare** **3** (*spreg.*) [*corrompere, spec. con denaro*] acheter: *comprare i testimoni, il giudice* acheter les témoins, le juge ◇ [*ottenere in modo illecito*] *comprare il silenzio, la complicità di qc.* acheter le silence, la complicité de qqn.; *comprare i voti degli elettori* acheter les voix des électeurs **B** *v.pron. rifl.* COMPRARSI → *tr.* 1 □ 🄲 A 1 **vendere.**

compratóre, trice |kompra'tore, tritʃe| *s.* → **acquirente.**

compravéndere |compra'vendere| *v.tr.* [*trasferire mediante compravendita*] acheter (7) et vendre (53).

compravéndita |kompra'vendita| *s.f.* (*dir. comm.*) achat *m.* et vente.

comprèndere |kom'prɛndere| (105) **A** *v.tr.* **1** [*contenere, includere*] comprendre (73): *nella tariffa non sono comprese le spese extra* dans les prix du tarif (du catalogue) les dépenses extra ne sont pas comprises; *questo dizionario comprende molte parole straniere* ce dictionnaire comprend beaucoup de mots étrangers **2** [*afferrare con la mente; capire*] comprendre: *comprendere un concetto* comprendre un concept; *non riuscivo a comprendere il senso della sua proposta* je n'arrivais pas à comprendre le sens de sa proposition ✦ (*ass.*) *voleva tradirmi, comprendi?* il voulait me trahir, tu comprends? **3** [*considerare con benevolenza, con indulgenza*] comprendre: *bisogna comprendere i giovani* il faut comprendre les jeunes; *cerca di comprenderlo: gli è morta una persona cara* essaie de le comprendre: il a perdu une personne chère; *spero che comprenderete la mia situazione* j'espère que vous comprendrez ma situation **B** *v.pron. recipr.* COMPRENDERSI [*trovare un accordo; capirsi*] se comprendre: *quei due si sono compresi subito* ces deux-là se sont tout de suite compris ◇ (*loc.*) *ci siamo compresi?* nous nous sommes compris?, c'est entendu? 🄲 A 1 **escludere.**

comprendònio |kompren'dɔnjo| *s.m. solo sing.* (*fam.*) [*intelligenza, acume*] comprenette *f.* (*fam.*): *essere duro di comprendonio* avoir la comprenette dure, difficile.

comprensìbile |kompren'sibile| *agg.* **1** [→ COMPRENDERE A 2] compréhensible: *parole, concetti difficilmente comprensibili* des paroles, des concepts difficilement compréhensibles **2** [→ COMPRENDERE A 3] compréhensible: *un desiderio molto comprensibile* un désir bien compréhensible; *è ben comprensibile che tu cerchi di difenderlo, è un tuo amico* il est bien compréhensible que tu cherches à le défendre, c'est un de tes amis → **giustificabile** 🄲 **incomprensibile.**

comprensibilità |komprensibili'ta| *s.f. inv.* compréhensibilité *var.* 🄲 **incomprensibilità.**

comprensibilménte |komprensibil'mente| *avv.* [→ COMPRENSIBILE] d'une manière compréhensible *loc. inv.*

comprensióne |kompren'sjone| *s.f.* **1** [→ COMPRENDERE A 2] compréhension # *un libro, un discorso di (non) facile comprensione* un livre, un discours facile (difficile) à comprendre **2** [→ COMPRENSIONE A 3] compréhension: *è una persona piena di comprensione* c'est une personne pleine de compréhension; *non aveva la minima comprensione per le debolezze altrui* il n'avait pas la plus petite compréhension pour les faiblesses d'autrui; *signori, vi prego, un po' di comprensione!* messieurs, je vous en prie, un peu de compréhension!

comprensìva |kompren'siva| *s.f.* (*lett.*) → **comprensione.**

comprensìvo |kompren'sivo| *agg.* **1** [*che comprende in sé; che include*] compris: *prezzo comprensivo del servizio* prix service compris # *il prezzo è comprensivo delle spese di trasporto* le prix comprend les frais de transport **2** [*benevolo, umano*] compréhensif*: *un superiore, un esaminatore poco comprensivo* un supérieur, un examinateur peu compréhensif; *un atteggiamento comprensivo* une attitude compréhensive → **indulgente.**

comprensòrio, i |kompren'sɔrjo, i| *s.m.* **1** zone *f.* de territoire soumise à des travaux publics particuliers ◇ (*spec.*) zone: *comprensorio di bonifica* zone d'assèchement; *comprensorio irriguo* zone d'irrigation **2** (*per est., raro*) → **territorio.**

compréso |kom'preso| *agg.* **1** [*incluso*] compris # *non risulta compreso nell'elenco* il n'est pas, il ne figure pas sur la liste ✦ (*con valore avv.*) compris (*inv.*): *siamo in quattro, compresa tua sorella* nous sommes quatre, y compris ta sœur; *il costo di una pensione, tutto compreso* le prix d'une pension, tout compris # *studiare fino al capitolo terzo compreso* étudier jusqu'au chapitre trois, inclus **2** [*capito, inteso*] compris: *un concetto non ben compreso* un concept pas bien compris; *in casa, in ufficio non si sente compreso* chez lui, au bureau, il ne se sent pas compris, il se sent incompris **3** (*fig.*) [*dominato, sopraffatto*] rempli de: *essere compreso di orrore* être rempli d'horreur ◇ [*compenetrato, assorbito*] absorbé: *era tutto compreso del suo nuovo incarico* il était tout absorbé par sa nouvelle fonction.

comprèssa |kom'prɛssa| *s.f.* **1** compresse: *compressa sterilizzata* compresse stérilisée **2** (*farm.*) comprimé (*m.*): *prendere una compressa di aspirina dopo i pasti* prendre un comprimé d'aspirine après les repas.

compressìbile |kompres'sibile| *agg.* compressible: *gas compressibile* gaz compressible.

compressibilità |kompressibili'ta| *s.f. inv.* compressibilité *var.*

compressióne |kompres'sjone| *s.f.* (*fis., tecnol.*) compression: *compressione del vapore* compression de la vapeur; *pompa di compressione* pompe de compression ◇ (*nei motori a scoppio*) *fase di compressione* phase de compression.

compressìvo |kompres'sivo| *agg.* compressif*: *fasciatura compressiva* bandage compressif.

comprèsso |kom'prɛsso| *agg.* **1** [*sottoposto a compressione*] comprimé: *macchina utensile ad aria compressa* machine-outil à air comprimé ◇ (*chim., tecnol.*) comprimé **2** (*fig.*) [*trattenuto, represso*] comprimé, refoulé: *desideri compressi* désirs comprimés, refoulés → 1 **contenuto, represso** 🄲 **dilatato.**

compressóre |kompres'sore| **1** *agg. m.* compresseur: *rullo compressore* rouleau compresseur **2** *s.m.* (*tecnol., corr.*) compresseur: *compressore di un motore diesel* compresseur d'un moteur diesel.

comprimàrio, i |kompri'marjo, i| *s.m. e agg.* (*medico*) *comprimario* assistant du médecin chef, chef de clinique; (*attore*) *comprimario* second rôle.

comprìmere |kom'primere| (124) *v.tr.* **1** [*sottoporre a pressione*] comprimer: *comprimere un gas, una ferita* comprimer un gaz, une blessure **2** (*fig.*) [*frenare, contenere*] comprimer: *comprimere le spese* comprimer les dépenses; *comprimere l'ira, il pianto* comprimer la colère, les pleurs → **reprimere.**

comprimìbile |kompri'mibile| *agg.* [→ COMPRIMERE] compressible.

comprimibilità |komprimibili'ta| *s.f. inv.* [*possibilità di essere compresso*] compressibilité *var.*

1 **comprométto** |kompro'messo| *s.m.* **1** (*dir.*) compromis: *firmare il compromesso di compravendita* signer le compromis d'achat et vente **2** [*accordo reso possibile da concessioni reciproche*] compromis: *soluzione di compromesso* solution de compromis; *accettare un compromesso* accepter un compromis; *scendere, giungere a un compromesso* consentir, en arriver à un compromis ◇ (*polit. it.*) *compromesso storico* compromis historique ◇ [*fusione di elementi contrastanti*] *il suo stile è un compromesso tra classico e moderno* son style est un compromis entre le classique et le moderne **3** (*fig.*) [*rinuncia ai propri principi morali*] compromission *f.*, accommodement: *vivere di compromessi* vivre de compromissions, d'accommodements; *scendere, venire a un compromesso con la propria coscienza* consentir, en arriver à un accommodement avec sa conscience.

2 **comprométto** |kompro'messo| *agg.* **1** (*cose*) [*destinato all'insuccesso, al fallimento; poco sicuro*] compromis: *l'affare è ormai compromesso* l'affaire est désormais compromise; *ogni speranza di vittoria risultava compromessa* tout espoir de victoire avait l'air compromis; *è gia compromessa la garanzia di rifornimenti* la garantie de ravitaillements est déjà compromise **2** (*persone*) [*rovinato nella reputazione*] compromis: *una ragazza compromessa* une fille compromise; *risulta compromesso in quello scandalo* il s'avère compromis dans ce scandale.

compromettènte |kompromet'tente| *agg.* compromettant: *un documento compromettente* un document compromettant; *avere delle relazioni compromettenti* avoir des relations compromettantes.

comprométtere |kompro'mettere| (155) **A** *v.tr.* **1** (*ogg. di cosa*) [*esporre a rischio, mettere a repentaglio*] compromettre (71): *compromettere la riuscita di un'impresa* compromettre la réussite d'une entreprise; *compromet-*

tere la reputazione di qc. compromettre la réputation de qqn.; *quelle modifiche hanno compromesso la stabilità dell'edificio* ces modifications ont compromis la stabilité de l'immeuble **2** (*ogg. di persona*) [*danneggiare nella reputazione, nei rapporti sociali*] compromettre: *compromettere un amico servendosi del suo nome* compromettre un ami en se servant de son nom; *compromettere una ragazza* compromettre une jeune fille **B** *v.pron. rifl.* COMPROMETTERSI [→ *tr.* 2] se compromettre: *non volle compromettersi, partecipando a quell'impresa* il ne voulut pas se compromettre, en participant à cette entreprise ◇ [*sbilanciarsi*] *è un tipo molto prudente, non vuole compromettersi* c'est un type très prudent, il ne veut pas se compromettre ◇ [*passare alle ingiurie, alla rissa*] *mi state provocando, ma con tipi come voi non vale la pena di compromettersi* vous me provoquez, mais avec des types comme vous, cela ne vaut pas la peine de se compromettre.

compromissióne |kompromis'sjone| *s.f.* **1** (*raro*) [→ COMPROMETTERE B] compromission **2** (*lett.*) → 1 **compromesso.**

compromissòrio, i |kompromis'sɔrjo, i| *agg.* compromissoire: *clausola compromissoria* clause compromissoire.

comproprietà |komproprje'ta| *s.f. inv.* copropriété *var.*, indivision *var.*

comproprietàrio, i |komproprje'tarjo, i| *s.* copropriétaire.

compròva |kom'prɔva| *s.f.* → **conferma.**

comprovàbile |kompro'vabile| *agg.* [→ COMPROVARE] démontrable, qu'on peut prouver *loc.*; qu'il est possible de prouver *loc.*

comprovàre |kompro'vare| *v.tr.* [*provare, dimostrare con documentazione o altri elementi certi*] prouver, démontrer: *comprovare l'innocenza di un imputato* prouver, démontrer l'innocence d'un accusé; *comprovare q.c. con prove inconfutabili* démontrer qqch. par des preuves indiscutables # *la mia tesi è comprovata dal fatto che...* ma thèse est confirmée par le fait que...

compulsàre |kompul'sare| *v.tr.* [*consultare accuratamente, sfogliare*] compulser: *compulsare un'enciclopedia* compulser une encyclopédie ◇ (*per est.*) *ho compulsato molti documenti inediti* j'ai compulsé beaucoup de documents inédits.

compulsióne |kompul'sjone| *s.f.* (*psicol.*) compulsion.

compulsivo |kompul'sivo| *agg.* (*psicol.*) compulsif*.

compùngere |kom'pundʒere| (150) *v.tr.* (*lett.*) → **affliggere, rattristare.**

compuntaménte |kompunta'mente| *avv.* [→ COMPUNTO] avec contrition *loc. inv.*

compùnto |kom'punto| *agg.* [*che prova o manifesta dolore, contrizione e sim.*] contrit: *avere un'aria compunta* avoir un air contrit → **afflitto;** *se ne stava tutto compunto in un angolo* il restait tout contrit dans un coin; *ascoltò compunto il giusto rimprovero* il écouta, contrit, ce juste reproche → **mortificato.**

compunzióne |kompun'tsjone| *s.f.* componction: *ascoltare la predica con compunzione* écouter le sermon avec componction.

computàbile |kompu'tabile| *agg.* [→ COMPUTARE] calculable.

computàre |kompu'tare| *v.tr.* [*calcolare, valutare*] calculer: *computare la distanza tra due città* calculer la distance entre deux villes ◇ [*includere come valido in un calcolo*] tenir (27) compte de; prendre (73) en considération: *computare il periodo della carcerazione preventiva* tenir compte de la période d'incarcération préventive ‖ *quell'anno non è stato computato ai fini della pensione* cette année-là n'a pas été prise en considération pour la pension.

computatóre, trice |komputa'tore, tritʃe| *s.* (*raro, lett.*) → **calcolatore.**

computazióne |komputat'tsjone| *s.f.* (*raro*) → **computo, calcolo.**

computer |kəm'pju:tə| *e deriv.* → **elaboratore** *e deriv.*

computerizzàre |komputerid'dzare| *v. tr.* [*effettuare mediante l'uso del calcolatore*] informatiser.

computista |kompu'tista| *s.* [*esperto di computisteria*] chiffreur *m.* → **contabile.**

computisteria |komputiste'ria| *s.f.* [*scienza, disciplina che studia i calcoli connessi con attività comm.*] comptabilité: *sostenere l'esame di computisteria* passer l'examen de comptabilité # *esperto in computisteria* expert-comptable.

computistico, ci, ca, che |kompu'tistiko, tʃi, ka, ke| *agg.* [*della computisteria*] comptable # *calcolo computistico* compte (d'une comptabilité); *operazione computistica* opération de comptabilité.

còmputo |'kɔmputo| *s.m.* [*calcolo, conteggio*] calcul: *computo esatto, approssimativo* calcul exact, approximatif; *nel computo non rientrano le spese di rappresentanza* les frais de représentation ne rentrent pas dans le calcul ◇ (*dir.*) *il computo dei termini* le calcul des délais; *il computo della pena* le calcul de la peine.

comunàle |komu'nale| *agg.* communal*; municipal*: *scuola comunale* école communale ‖ *consiglio comunale* conseil municipal # *impiegato, segretario comunale* employé, secrétaire de mairie; *strada comunale* chemin vicinal; *palazzo comunale* hôtel de ville.

comunànza |komu'nantsa| *s.f.* **1** [*appartenenza comune a più persone*] communauté: *comunanza di ideali, di intenti* communauté d'idéaux, de buts # *fare comunanza di vita con qc.* faire vie commune avec qqn. ◇ (*dir.*) *comunanza di beni* communauté des biens; régime de la communauté **2** (*lett.*) → **comunità.**

comunàrdo |komu'nardo| *s.m. e agg.* (*st. fr.*) communard.

1 **comùne** |ko'mune| **I** *agg.* **1** commun: *le parti comuni di un condominio* les parties communes d'une maison en copropriété; *diritti, doveri comuni* droits, devoirs communs; *decidere di comune accordo* décider d'un commun accord; *fare vita comune* faire vie commune; *avere uno scopo comune* avoir un but commun; *una virtù, un vizio comune a molte persone* une qualité, un défaut commun à beaucoup de gens # *una proprietà comune a più persone* une propriété indivise entre plusieurs personnes ◇ [*generale, universale*] *la morte è un destino comune* la mort est un destin commun; *la libertà è un bene comune* la liberté est un bien commun; *il comune senso del pudore* le sens commun de la pudeur ◇ [*diffuso*] courant: *è opinione comune che...* c'est une opinion courante que...; *è un uso, un errore abbastanza comune* c'est un usage courant, une erreur assez courante; *il significato più comune di una parola* la signification la plus courante d'un mot ◇ (*loc.*) *il senso comune* le sens commun → **buonsenso** ~ *far causa comune con qc.* faire cause commune avec qqn. ~ *luogo comune* lieu commun: *un discorso pieno di luoghi comuni* un discours rempli de lieux communs; *non cominciamo con i soliti luoghi comuni!* ne commençons pas avec les lieux communs habituels! ◇ (*prov.*) *mal comune mezzo gaudio* que tout le monde soit logé à la même enseigne, est une sorte de consolation pour les damnés **2** [*che rientra nella norma; usuale, abituale*] commun, ordinaire: *statura comune* stature commune, ordinaire; *sale comune* sel ordinaire # (*questa*) *da noi è una cosa comune* chez nous c'est (une) chose courante ◇ *loc.* NON COMUNE peu commun: *un'intelligenza, un ingegno non comune* une intelligence peu commune, un esprit peu commun **3** (*spreg.*) [*modesto; scadente*] commun, quelconque: *stoffa comune* étoffe commune, quelconque; *abiti comuni* vêtements quelconques → **ordinario, dozzinale** **4** (*dir.*) commun: *reato comune* délit de droit commun; *delinquente comune* délinquant, condamné de droit commun **5** (*mat.*) commun: *i numeri comuni* les nombres communs; *il massimo comun divisore* (*M.C.D.*), *il minimo comune multiplo* (*M.C.M.*) le plus grand commun diviseur (P.G.C.D.), le plus petit commun multiple (P.P.C.M.) **6** (*ling.*) commun: *nome comune* nom commun **II** *s.* **1** *s.m.* [→ *agg.* 1] commun: *vivere in comune con qc.* vivre en commun avec qqn., ensemble; *avere q.c. in comune con qc.* avoir qqch. en commun avec qqn.; *che cosa c'è di comune tra quei due cugini?* qu'y a-t-il de commun entre ces deux cousins? **2** *s.m.* (*nella loc. agg.*) FUORI DEL COMUNE [→ *agg.* 2] hors du commun: *prendere delle misure fuori del comune* prendre des mesures hors du commun; *un talento, un ingegno fuori del comune* un talent, un esprit hors du commun → **eccezionale,** 1 **straordinario** **3** *s.m.* (*mar. mil.*) matelot **4** *s.f.* (*teat.*) fond *m.* ◇ (*loc.*) *uscire per la comune:* (*pr.*) sortir par le fond; (*fig.*) [*svignarsela; andarsene*] abandonner la scène.

2 **comùne** |ko'mune| *s.m.* **1** commune (*f.*): *il comune di Roma, di Firenze* la commune de Rome, de Florence; *gli uffici del comune* les bureaux de la mairie, la commune; *un piccolo comune di montagna, di campagna* une petite commune de montagne, de campagne ◇ [*la sede, gli uffici dell'amministrazione comunale*] mairie (*f.*): *andare in comune a farsi rilasciare un certificato* aller à la mairie (pour) se faire délivrer un certificat; *sposarsi in comune* se marier à la mairie → **municipio** ◇ [*amministrazione comunale*] mu-

nicipalité (*f.*): *è un comune efficiente* c'est une municipalité qui fonctionne bien; *un comune a maggioranza centrista* une municipalité à majorité centriste **2** (*in Inghilterra*) *la Camera dei Comuni* la Chambre des Communes **3** (*st. mediev.*) commune.

3 **comùne** |ko'mune| *s.f.* **1** (*st. fr.*) commune: *la Comune parigina del 1871* la Commune de Paris (de 1871) **2** *la comune agricola cinese* la commune agricole chinoise; *vivere in una comune* vivre dans une commune.

comunèlla |komu'nɛlla| *s.f.* (*nella loc.*) FAR COMUNELLA [*accordarsi, appartarsi, spec. per fini illeciti*] s'acoquiner *v.pron.*, être (43) *v.intr.* acoquiné: *far comunella con qc.* s'acoquiner avec qqn.; *quei due hanno fatto comunella* ces deux-là se sont acoquinés → **combutta.**

comunemènte |komune'mente| *avv.* [*normalmente, generalmente*] communément [C] **raramente, eccezionalmente.**

comunicàbile |komuni'kabile| *agg.* [→ COMUNICARE A 1, 2; C 1] communicable.

comunicabilità |komunikabili'ta| *s.f. inv.* communicabilité *var.*

comunicàndo |komuni'kando| *s.m.* [*chi sta per ricevere la* (*prima*) *comunione*] (premier) communiant.

comunicànte |komuni'kante| *agg.* **1** [*che è in comunicazione*] communicant: *stanze comunicanti* pièces communicantes ◇ (*anat.*) *arterie, nervi comunicanti* artères, nerfs communicants ◇ (*fis.*) *il principio dei vasi comunicanti* le principe des vases communicants **2** (*per est.*) [*che mette in comunicazione*] communiquant: *sono entrato dalla porta comunicante* je suis entré par la porte communiquant avec l'extérieur **3** (*eccl.*) *il* (*sacerdote*) *comunicante* le prêtre qui donne la communion *loc.*

comunicàre |komuni'kare| **A** *v.tr.* **1** [*far conoscere, informare*] donner, diffuser: *la radio ha comunicato una notizia sensazionale* la radio a donné, diffusé une nouvelle sensationnelle → **divulgare**; *comunicatemi il risultato della partita* donnez-moi le résultat de la partie # *il fatto è stato comunicato solo agli amici intimi* le fait n'a été communiqué qu'aux amis intimes → **confidare** **2** [*rendere partecipe, trasmettere*] communiquer; transmettre (71): *comunicare agli altri la paura, il coraggio* communiquer aux autres la peur, le courage; *egli riuscì a comunicarci il suo entusiasmo e le sue idee* il réussit à nous communiquer son enthousiasme et ses idées || *comunicò a tutti l'infezione* il transmit la maladie à tous → **contagiare, attaccare**; *il sole comunica il suo calore alla terra* le soleil transmet sa chaleur à la terre; *l'albero comunica il moto alle ruote* l'arbre transmet le mouvement aux roues **3** (*eccl.*) [*amministrare, distribuire l'Eucarestia*] donner la communion (à): *comunicare i fedeli* donner la communion aux fidèles **B** *v.intr.* (*aus.* '*avere*') **1** (*persone*) [*trasmettere e ricevere messaggi; essere in rapporto*] communiquer: *comunicare per lettera, per telefono, a voce* communiquer par lettre, par téléphone, de vive voix; *i prigionieri non potevano comunicare con l'esterno* les prisonniers ne pouvaient pas communiquer avec l'extérieur; *non era permesso di comunicare tra loro* il ne leur était pas permis de communiquer entre eux **2** (*cose*) [*essere in comunicazione per mezzo di un passaggio*] communiquer: *le nostre camere comunicano attraverso un piccolo corridoio* nos chambres communiquent par un petit couloir **C** *v.pron. intr.* COMUNICARSI **1** [*propagarsi; trasmettersi*] gagner *tr.*; se transmettre: *il suo ottimismo si comunicò a tutti i presenti* son optimisme gagna toutes les personnes présentes → **diffondersi** || *l'epidemia si comunicò rapidamente* l'épidémie se transmit rapidement **2** (*eccl.*) [*ricevere il sacramento dell'Eucarestia*] communier (*intr.*): *confessarsi e comunicarsi* se confesser et communier; *quell'uomo si comunica ogni giorno* cet homme communie chaque jour.

comunicatìva |komunika'tiva| *s.f.* [*capacità di comunicare ad altri le proprie idee, sentimenti*] expansivité # *avere molta, poca comunicativa* être très, peu communicatif.

comunicatìvo |komunika'tivo| *agg.* **1** (*cose*) communicatif*: *noia comunicativa, riso comunicativo* ennui, rire communicatif **2** (*persone*) communicatif: *carattere comunicativo* caractère communicatif; *è poco comunicativo* il est peu communicatif **3** → **contagioso.**

comunicàto |komuni'kato| *s.m.* [*notizia, dichiarazione ufficiale*] communiqué: *un comunicato radio* un communiqué radio; *comunicato stampa* communiqué de presse; *diffondere un comunicato del ministro degli Interni* diffuser un communiqué du ministre de l'Intérieur → **annuncio** # *ascoltare, leggere i comunicati commerciali* écouter les émissions publicitaires, lire les pages de publicité.

comunicazióne |komunikat'tsjone| *s.f.* **1** [→ COMUNICARE A 1, 2; B; C 1] communication: *fare una comunicazione alla TV* faire une communication à la T.V.; *abbiamo ricevuto un'importante comunicazione* nous avons reçu une importante communication → **informazione**; *ci hanno tolto la comunicazione telefonica* on nous a coupé (pendant la communication téléphonique); nous avons été coupés; *i nostri metodi, sistemi di comunicazione sono modernissimi* nos méthodes, nos systèmes de communication sont très modernes; *non era possibile la comunicazione tra un detenuto e l'altro* la communication entre un détenu et l'autre n'était pas possible # *mezzi di comunicazione* moyens d'information; *mettere in comunicazione due stanze* desservir deux pièces; *il canale di Panama mette in comunicazione il Pacifico con l'Atlantico* le canal de Panama fait communiquer le Pacifique et l'Atlantique; *lo stomaco è in comunicazione con l'intestino mediante il piloro* l'estomac communique avec l'intestin par le pylore; *la comunicazione del contagio fu rapidissima* la diffusion de la maladie contagieuse fut très rapide → **diffusione**; *si tiene costantemente in comunicazione con i suoi superiori* il se tient constamment en contact avec ses supérieurs → **relazione, contatto** **2** [*breve relazione scient. o lett.*] communication: *fare una comunicazione a un congresso di medicina* faire une communication à un congrès de médecine ◇ (*dir.*) *comunicazione giudiziaria* communication, avis *m.* judiciaire.

comunióne |komu'njone| *s.f.* **1** communion: *comunione di affetti, di idee* communion d'affections, d'idées → **consonanza, comunanza** # *alcuni movimenti religiosi predicano la comunione dei beni* certains mouvements religieux prêchent la communauté des biens ◇ (*dir.*) communauté: *la comunione dei beni tra i coniugi* le régime de la communauté entre époux; *regime convenzionale di comunione degli acquisti* régime de la communauté réduite aux acquêts ◇ (*teol.*) communion: *la comunione dei Santi* la communion des saints → **unione**; *comunione con i defunti* communion avec les défunts ◇ (*per est., raro*) [*gli appartenenti a una stessa confessione religiosa*] *comunione cattolica, anglicana* communion catholique, anglicane **2** (*eccl.*) communion: *il parroco sta distribuendo la comunione ai fedeli* le curé distribue la communion aux fidèles # *fare la comunione* communier ◇ (*liturg.*) communion.

comunìsmo |komu'nizmo| *s.m.* communisme.

1 **comunìsta** |komu'nista| **1** *agg.* communiste; communisant: *ideologia comunista* idéologie communiste; *partito comunista* parti communiste || *le tesi comuniste* les thèses communisantes **2** *s.* communiste.

2 **comunìsta** |komu'nista| *s.* (*dir.*) indivisaire.

comunìstico, ci, ca, che |komu'nistiko, tʃi, ka, ke| *agg.* (*raro*) → **comunista.**

comunistizzàre |komunistid'dzare| *v.tr.* [*far diventare comunista*] soumettre (71) (qqn.) au régime communiste: *comunistizzare un paese capitalista* soumettre un pays capitaliste au régime communiste; *alcuni hanno tentato di comunistizzare il cristianesimo* certains ont essayé de soumettre le christianisme au régime communiste, d'accommoder christianisme et communisme.

comunistòide |komunis'tɔide| *agg.* (*spreg.*) [*simpatizzante del comunismo*] communisant: *un gruppo di cattolici comunistoidi* un groupe de catholiques communisants.

comunità |komuni'ta| *s.f. inv.* **1** [*persone unite da interessi e modi di vita comuni*] communauté (*var.*): *comunità nazionale, cittadina, familiare* communauté nationale, urbaine, familiale; *la comunità linguistica italiana* la communauté linguistique italienne; *le prime comunità cristiane* les premières communautés chrétiennes; *una comunità di monaci* une communauté de moines → **congregazione**; *tutelare gli interessi della comunità* sauvegarder les intérêts de la communauté; *la chiesa è stata costruita a spese della comunità* l'église a été construite aux frais de la communauté; *quel gruppo fa vita di comunità* ce groupe vit en communauté ◇ [*organizzazione, spec. internazionale operante come una collettività*] *la Comunità Europea del Carbone e dell'Acciaio* (*C.E.C.A.*) la Communauté Européenne (du) Charbon (et de l')Acier (C.E.C.A.) **2** (*raro*) → **comunanza.**

comunitàrio, i |komuni'tarjo, i| *agg.* [*della comunità* (1)] communautaire: *interessi comunitari* des intérêts communautaires.

comùnque |ko'munkwe| **I** *cong.* **1** (*introduce una prep. modale-rel.* + *congv.*) [*in qualunque modo*] de quelque façon que (+ *congv.*): *comunque vadano le cose, non ti abbandonerò* de quelque façon que les choses puissent tourner, je ne t'abandonnerai pas # *comunque sia, non verrò* quoi qu'il en soit, je ne viendrai pas **2** (*con valore avvers.*) [*tuttavia*] de toute façon, cependant: *questa proposta non mi va, comunque l'accetto* cette proposition ne me convient pas, de toute façon, cependant je l'accepte; *sono contento di te, comunque puoi fare ancora* je suis content de toi, cependant tu peux travailler davantage **II** *avv.* [*in ogni modo, in ogni caso*] de toute façon *loc.*, quand même: *riuscirò a saperlo comunque* de toute façon, j'arriverai à le savoir || *ti piaccia o no, devi farlo comunque* que cela te plaise ou non, tu dois quand même le faire → **ugualmente** ◇ (*con valore concl.*) de toute façon, en tout cas (*loc.*): *comunque, è meglio così* de toute façon, en tout cas cela vaut mieux comme cela; *comunque, provvederò io* de toute façon je m'en occuperai # *comunque sia* en tout état de cause.

con- |kon| *pref.* (*significa 'unione, compagnia', corrisponde gener. a*) con.

con |kon| *prep.*

m. sing.	(1)	[*con il*] → *col*	**avec le**	[*davanti a cons., eccetto 'gn, ps, s + cons., z'*]
	(2)	[*con lo*] → *collo* (*raro*)	**avec le**	[*davanti a 'gn, ps, s + cons., z'*]
	(3)	[*con l'*] → *coll'*	**avec l'**	[*davanti a voc.*]
m. pl.	(4)	[*con i*] → *coi*	**avec les**	[*nei casi di* (1)] *N.B. la 'i' di 'coi' non si elide mai, eccetto in poesia*
	(5)	[*con gli*] → *cogli*	**avec les**	[*nei casi di* (2)] *N.B. la 'i' di 'cogli' si elide molto raramente*
f. sing.	(6)	[*con la*] → *colla* (*raro*)	**avec la**	[*davanti a cons.*]
	(7)	[*con l'*] → *coll'*	**avec l'**	[*davanti a voc.*]
f. pl.	(8)	[*con le*] → *colle* (*raro*)	**avec les**	[*davanti a cons. o voc.*] *N.B. davanti a voc., la 'e' di 'colle' non si elide mai*

I (*introduce i compl. di*) **1** (*compagnia; talora rafforzato dall'avv. 'insieme'*) avec: *viaggia con gli amici* il voyage avec ses amis; *con chi uscite?* avec qui sortez-vous?; *si usa solo con determinati aggettivi* on ne l'emploie qu'avec certains adjectifs; *partiremo insieme con loro* nous partirons avec eux ◇ (*canottaggio*) *due, quattro con* deux barré, quatre barré **2** (*unione*) avec: *è uscita con l'ombrello* elle est sortie avec son parapluie; *arrosto con patate fritte* du rôti avec des (pommes de terre) frites ◇ (*con valore distintivo*) à: *pasta col sugo* des pâtes à la sauce tomate; *risotto coi funghi* du risotto aux champignons ◇ (*mat.*) *'a' con due* 'a' à la puissance deux **3** (*relazione*) avec: *è sposato con un'americana* il est marié avec, à une américaine; *essere in buoni rapporti con qc.* être bien avec qqn. ◇ [*verso*] envers: *essere imparziale con tutti* être impartial envers tout le monde; *mostrarsi premuroso con gli ammalati* se montrer prévenant envers les malades ◇ [*contro*] avec, contre: *combattere con la cattiva sorte* se battre avec, contre le mauvais sort # *prendersela con il destino* se plaindre du sort, de son propre sort **4** (*mezzo*) [*per mezzo di*] par; de: *con la forza* par la force; *l'abbiamo avvertito con una telefonata* nous l'avons prévenu par un coup de téléphone; *è partito con il treno* il est parti par le train; *cosa vuoi dire con questo?* que veux-tu dire par là? || *l'ho visto con i miei occhi* je l'ai vu de mes (propres) yeux; *mi fece cenno con la mano* il me fit signe de la main # *è conosciuto con il nome di...* il est connu sous le nom de... ◇ (*strumento*) avec; à: *battere con il martello* frapper avec un marteau; *tagliare la carne con il coltello* couper la viande avec le couteau || *pescare con la lenza* pêcher à la ligne; *lavare con acqua calda* laver à l'eau chaude ◇ (*per indicare sostituzione*) par; en: *abbiamo sostituito gli operai con le macchine* nous avons remplacé les ouvriers par les machines || *ho cambiato dollari con lire* j'ai changé des dollars en lires ◇ (*pena*) de: *questa infrazione è punibile con una multa di L. 10.000* cette infraction est passible d'une amende de 10.000 lires # *è stato punito con l'ergastolo* il a été condamné à la prison à vie, à la détention perpétuelle **5** (*modo, maniera*) avec: *bisogna agire con prudenza* il faut agir avec prudence; *parla con calma!* parle avec calme! ◇ (*in molte espressioni si traduce con* 'de'; *o non si traduce affatto*): *lo farei con tutto il cuore* je le ferai de tout cœur; *ci ha parlato con le lacrime agli occhi* il nous a parlé les larmes aux yeux; *cammina sempre con le mani in tasca* il marche toujours les mains dans les poches ◇ (*unito a un sost. astratto, assume valore di avv.*) avec: *con prudenza* [*prudentemente*] avec prudence, de manière prudente, prudemment; *parlare con garbo* [*garbatamente*] parler avec grâce **6** (*qualità*) à: *un bambino con gli occhi celesti* un enfant aux yeux bleus; *il signore con la cravatta rossa* le monsieur à la cravate rouge **7** (*causa*) avec; par: *non si può lavorare con tutto questo chiasso* on ne peut pas travailler avec tout ce vacarme || *con questo tempo non si può uscire* par un temps pareil on ne peut pas sortir # *col pretesto di...* sous prétexte de... **8** (*circostanza*) avec; par: *si è alzato con l'alba* il s'est levé avec le jour, à l'aube; *con l'arrivo della primavera* avec le printemps || *abbiamo viaggiato con un tempo splendido* nous avons voyagé par un temps splendide; *con i tempi che corrono* par les temps qui courent # *col favore della notte* à la faveur de la nuit **9** (*paragone*) à, avec: *non vorrai paragonarti con me* ne prétends pas te comparer à moi; *confrontarsi con gli altri* se confronter aux autres, avec les autres **II** (*stabilisce vari rapporti sintattici*) **1** (*conc.*) [*malgrado, nonostante*] avec: *con tutta la sua esperienza si è lasciato imbrogliare* avec toute l'expérience qu'il a, il s'est laissé tromper; *con tanti amici che avevo, sono rimasto solo* avec tous les amis que j'avais, je suis resté seul # *con tutte le preoccupazioni che ha, è sempre allegro* malgré tous les soucis qu'il a, il est toujours gai ◇ *loc. cong.* CON TUTTO CHE [*benché*] bien que (+ *congv.*), quoique (+ *congv.*): *con tutto che è pieno di debiti, spende allegramente* bien qu'il soit criblé de dettes, il jette son argent par les fenêtres; *con tutto che non sa nulla, vuole sempre avere ragione* bien qu'il ne sache rien, il veut toujours avoir raison **2** (*concl.*): *con il che, ti saluto* là-dessus (sur quoi), je te dis bonsoir; *con il che ti lascio* là-dessus (sur quoi) je te quitte **3** (*con valore di ger., in unione con un inf.*) en (+ *ger.*): *con il rinviare* (*rinviando*) *continuamente la decisione, non concluderai mai nulla* en remettant ta décision de jour en jour, tu n'arriveras jamais à rien; *con l'insultarlo* (*insultandolo*) *lo farai arrabbiare* en l'insultant, tu le mettras en colère **4** (*in dipendenza dai v. 'incominciare, continuare, finire' e sim.*) par (+ *inf.*): *finirai con lo scontentare tutti* tu finiras par mécontenter tout le monde; *cominciò col ringraziare i presenti* il commença par remercier les personnes présentes; *ha finito col l'ammettere che aveva torto* il a fini par admettre qu'il avait tort **III** (*fam., preposto a un'altra prep. o a un avv. o loc. avv., ne specifica meglio la funzione sintattica*) *un armadio con dentro i vestiti* une armoire avec des vêtements dedans; *presentarsi con in mano il cappello* se présenter le chapeau à la main [C] **senza**.

conativo |kona'tivo| *agg.* (*ling.*) conatif*.

conàto |ko'nato| *s.m.* **1** (*lett.*) → **tentativo, sforzo** **2** *conato di vomito* [*impulso*] *haut-le cœur *inv.* **3** (*gram. lat.*) *imperfetto di conato* imparfait conatif *agg.*

cónca, che |'konka, ke| *s.f.* **1** [*grosso recipiente di terracotta* (*per il bucato*)] cuve **2** (*per est., anat.*) cornet *m.*; conque: *conche nasali* cornets du nez → **cavità** || *conca auricolare* conque auriculaire ◇ (*geogr.*) *conca tettonica, di erosione, di sbarramento* cuvette tectonique, d'érosion, de barrage → **concavità** ◇ (*idraul.*) *conca di navigazione* écluse → **vasca, camera** 3 [*vasca di forma tondeggiante per usi industriali*] cuve: *versare il latte nelle conche del caseificio* verser le lait dans les cuves de la fromagerie.

concatenaménto |konkatena'mento| *s.m.* → **concatenazione.**

concatenàre |konkate'nare| **A** *v. tr.* [*collegare, mettere in relazione*] lier, enchaîner: *concatenare due avvenimenti storici* lier, enchaîner deux événements historiques; *concatenare vari concetti* lier des concepts divers **B** *v.pron. recipr.* CONCATENARSI [*unirsi, collegarsi*] s'enchaîner: *i suoi ragionamenti si concatenano a perfezione* ses raisonnements s'enchaînent à la perfection; *gli episodi di quel romanzo si concatenano in modo naturale* les épisodes de ce roman s'enchaînent naturellement.

concatenazióne |konkatenat'tsjone| *s.f.* concaténation: *concatenazione di cause ed effetti* concaténation des causes et des effets.

concàusa |kon'kauza| *s.f.* cause concomitante: *la concausa della crisi* la cause concomitante de la crise.

concavità |konkavi'ta| *s.f. inv.* concavité (*var.*): *la concavità di uno specchio, di un terreno* la concavité d'un miroir, d'un terrain.

còncavo |'konkavo| **1** *agg.* concave: *specchio concavo* miroir concave; *lente concava* lentille concave **2** *s.m.* (*raro*) *il concavo della mano* [*il palmo*] le creux (*corr.*) de la main Ⓒ **convesso.**

concedènte |kontʃe'dɛnte| *agg.* (*dir.*) cédant: *l'autorità concedente* l'autorité cédante ✦ (*s.*) *il concedente* le cédant.

concèdere |kon'tʃɛdere| (125) **A** *v.tr.* **1** [*dare, accordare, spec. come atto di favore*] accorder: *concedere un prestito, un permesso, un'autorizzazione* accorder un prêt, une permission, une autorisation; *ti concedo un'ora di tempo per rifletterci* je t'accorde une heure (de temps) pour y réfléchir # *al condannato fu concessa la grazia* le condamné a été grâcié ◇ (*per est.*) *è un impegno che non concede tregua* c'est un travail qui ne permet nulle trêve, nulle relâche ◇ (*fig.*) *concedere i propri favori a qc.* accorder ses faveurs à qqn. **2** [*permettere, consentire*] permettre (71): *ti concedo di rimanere ancora una ora* je te permets de rester encore une heure; *non mi ha concesso di parlare* il ne m'a pas permis de parler □ s'accorder: *ogni tanto si concede una sigaretta* de temps en temps il s'accorde une cigarette; *non si concede mai un po' di riposo* il ne s'accorde jamais le moindre repos **3** [*ammettere, essere d'accordo*] concéder (8), admettre (71): *concedo di aver sbagliato* je concède, j'admets que je me suis trompé; *concedimi che su questo punto ho ragione* admets que j'ai raison sur ce point **B** *v.pron. rifl.* CONCEDERSI **1** (*di una donna*) [*darsi a un uomo*] se donner: *concedersi per amore* se donner par amour **2** → *tr.* 2 □.

concedìbile |kontʃe'dibile| *agg.* [→ CONCEDERE A 1] concessible.

concelebrànte |kontʃele'brante| *s.m.* (*liturg.*) concélébrant.

concelebràre |kontʃele'brare| *v. tr.* [*celebrare con altri* (*una funzione religiosa*)] concélébrer (8).

concelebrazióne |kontʃelebrat'tsjone| *s.f.* [→ CONCELEBRARE] concélébration.

concènto |kon'tʃɛnto| *s.m.* (*lett.*) → **armonia.**

concentraménto |kontʃentra'mento| *s.m.* [→ CONCENTRARE A 1; B 1] concentration (*f.*): *concentramento di truppe, di forze* concentration de troupes, de forces → **ammassamento**; *concentramento di fuoco* concentration de feux; *concentramento di poteri* concentration des pouvoirs → **accentramento**; *concentramento di capitali* concentration de capitaux → **concentrazione**; *campo di concentramento* camp de concentration.

concentràre |kontʃen'trare| **A** *v. tr.* **1** [*raccogliere, far confluire in un unico punto*] concentrer: *concentrare le divisioni corazzate nella zona di confine* concentrer les divisions blindées dans la zone frontalière; *concentrare il fuoco delle artiglierie sulla nave ammiraglia* concentrer le tir d'artillerie sur le vaisseau amiral ◇ (*fig.*) *concentrare i propri sforzi, la propria attenzione* concentrer ses efforts, son attention # *concentra tutto il suo affetto sul nipotino* il reporte toute son affection sur son petit-fils **2** (*chim.*) [*far aumentare la quantità di un componente* (*eliminando gli altri*)] faire (45) *intr.* réduire ◇ (*per est.*) [*condensare, ridurre di volume*] *far concentrare il brodo, il sugo* faire réduire le bouillon, la sauce **B** *v.pron.* CONCENTRARSI **1** *intr.* [→ *tr.* 1] se concentrer: *i dimostranti si concentrarono nella piazza principale* les manifestants se concentrèrent sur la place principale; *tutti i reparti si sono concentrati al fronte* tous les détachements se sont concentrés sur le front **2** *rifl.* (*fig.*) [*impegnare, raccogliere tutta la propria attenzione*] se concentrer: *concentrarsi nello studio* se concentrer en étudiant; avoir de la concentration dans l'étude ✦ (*ass.*) *non riesco a concentrarmi* je n'arrive pas à me concentrer.

concentràto |kontʃen'trato| *agg.* **1** concentré: *tiro, fuoco concentrato* tir, feu concentré; *capitali concentrati in poche mani* capitaux concentrés entre les mains de peu de gens # *truppe concentrate alla frontiera* troupes rassemblées, massées à la frontière → **raccolto, riunito** ◇ (*fig.*) *era tutto concentrato nei suoi pensieri* il était tout absorbé dans ses pensées → **assorto** **2** [*condensato, ristretto*] concentré: *brodo concentrato* bouillon concentré ✦ (*s.m.*) *un concentrato* un concentré: *un concentrato di pomidori* un concentré de tomates **3** (*chim.*) *soluzione concentrata* solution concentrée ✦ (*s.m.*) *un concentrato* un concentré.

concentrazionàrio, i |kontʃentrattsjo'narjo, i| *agg.* concentrationnaire.

concentrazióne |kontʃentrat'tsjone| *s.f.* **1** [→ CONCENTRARE A 1; B] concentration: *concentrazione di truppe* concentration de troupes; *concentrazione di forze politiche* concentration de forces politiques → **schieramento, concentramento**; *concentrazione del pensiero* concentration de l'esprit; *questo problema richiede molta concentrazione* ce problème exige beaucoup de concentration ◇ (*econ.*) *concentrazione orizzontale, verticale* concentration horizontale, verticale; *concentrazione di gruppi economici, di imprese industriali* concentration de groupes économiques, d'entreprises industrielles **2** [→ CONCENTRARE A 2] concentration: *concentrazione di un liquido* concentration d'un liquide; *misurare la concentrazione di un soluto* mesurer la concentration d'un soluté.

concentricaménte |kontʃentrika'mente| *avv.* [→ CONCENTRICO] concentriquement.

concentricità |kontʃentritʃi'ta| *s.f. inv.* caractère *m. var.* concentrique.

concèntrico, ci, ca, che |kon'tʃɛntriko, tʃi, ka, ke| *agg.* (*mat., corr.*) concentrique.

concepìbile |kontʃe'pibile| *agg.* [→ CONCEPIRE 2] concevable: *ciò non è concepibile* cela n'est pas concevable; *non è concepibile che continui a comportarsi così* il n'est pas concevable que tu continues à te conduire ainsi → **ammissibile, immaginabile.**

concepiménto |kontʃepi'mento| *s.m.* [→ CONCEPIRE] conception (*f.*): *il concepimento di un nuovo essere* la conception d'un nouvel être (humain) ◇ (*fig.*) *il concepimento di un'idea, di una opera, di un piano* la conception d'une idée, d'une œuvre, d'un plan.

concepìre |kontʃe'pire| (197) *v.tr.* **1** [*rimanere incinta, fecondata*] concevoir (33): *concepire un figlio* concevoir un enfant ✦ (*ass.*) *le donne concepiscono solo in determinati periodi* les femmes ne conçoivent qu'à des périodes déterminées **2** (*fig.*) [*incominciare a sentire; nutrire*] concevoir: *concepire odio, amore* concevoir de la haine, de l'amour; *concepire dei sospetti* concevoir des soupçons; *concepire stima, affetto* concevoir de l'estime, de l'affection → **provare** ◇ [*ideare, immaginare*] *concepire un disegno, un piano infernale* concevoir un dessein, un plan infernal; *non sapeva concepire una forma diversa di governo* il n'était pas capable de concevoir une forme différente de gouvernement ◇ [*comprendere, capacitarsi*] *non riesco a concepire come tu possa agire così* je n'arrive pas à concevoir comment tu peux agir de la sorte.

concepìto |kontʃe'pito| *agg.* [*ideato, creato*] conçu: *un piano così concepito* un plan ainsi conçu; *un biglietto stranamente concepito* un billet bizarrement conçu → **fatto.**

concerìa |kontʃe'ria| *s.f.* [*stabilimento per la concia delle pelli*] tannerie ◇ (*per est.*) art *m.* du tannage.

concèrnere |kon'tʃɛrnere| *v.tr.* (*raro al p. rem. e dif. del p.p.*) [*avere attinenza, riguardare*] concerner: *ecco una lettera che vi concerne* voici une lettre qui vous concerne; *per quanto mi concerne, sono pienamente d'accordo* en ce qui me concerne, je suis tout à fait d'accord ✦ (*al p. pres.*) *ho raccolto molti dati concernenti la ricerca* j'ai rassemblé beaucoup de données concernant la recherche.

concertànte |kontʃer'tante| *agg.* (*mus.*) concertant: *strumento concertante* instrument concertant; *sinfonia concertante* symphonie concertante.

concertàre |kontʃer'tare| *v.tr.* **1** [*concordare, predisporre un piano d'azione comune*] concerter: *concertare un incontro, un programma* concerter une rencontre, un programme; *concertare un agguato* concerter une embuscade → **tramare** # *cosa state concertando?* qu'est-ce que vous complotez?; *concertare una truffa* organiser, combiner une escroquerie → **complottare**; *concertare un programma* dresser un programme **2** (*mus.*) [*accordare gli strumenti tra loro*] accorder: *concertare i legni con gli ottoni* accorder les bois avec les cuivres ◊ [*preparare l'esecuzione di un brano*] orchestrer: *concertare una sinfonia* orchestrer une symphonie.

concertàto |kontʃer'tato| *agg.* **1** [*definito di comune accordo*] convenu: *si incontrarono all'ora concertata* ils se rencontrèrent à l'heure convenue → **fissato** **2** (*mus.*) *musica concertata* musique concertante; *un (pezzo) concertato* un morceau d'ensemble *loc.*

concertatóre, trice |kontʃerta'tore, tritʃe| **1** *agg.* (*mus.*) *maestro concertatore e direttore d'orchestra* chef d'orchestre *loc.* **2** *s.* (*fig.*) [*machinatore, orditore*] meneur* (de): *è un concertatore d'imbrogli* c'est un meneur d'intrigues; il combine des escroqueries.

concertazióne |kontʃertat'tsjone| *s.f.* **1** [→ CONCERTARE 2] harmonisation, orchestration: *la concertazione di uno spartito, di una sinfonia* l'harmonisation, l'orchestration d'une partition, d'une symphonie; *è stata una brillante concertazione* ce fut une brillante orchestration **2** (*polit.*) concertation.

concertina |kontʃer'tina| *s.f.* (*mus.*) concertina *m.*

concertino |kontʃer'tino| *s.m.* (*mus.*) concertino: *dei concertini* des concertinos.

concertista |kontʃer'tista| *s.* concertiste.

concertistico, ci, ca, che |kontʃer'tistiko, tʃi, ka, ke| *agg.* de concert *loc. inv.*; des concerts (*loc. inv.*): *sala concertistica* salle de concert ‖ *stagione concertistica* saison des concerts # *possiede brillanti doti concertistiche* il possède de brillantes qualités de concertiste.

concèrto |kon'tʃɛrto| *s.m.* **1** (*mus., corr.*) concerto: *concerto grosso* concerto grosso; *concerto per pianoforte e orchestra, per violino e orchestra* concerto pour piano et orchestre, pour violon et orchestre ◊ [*i cantanti e gli strumentisti; orchestra*] orchestre: *un concerto di dilettanti* un orchestre d'amateurs; *scritturare un concerto* engager un orchestre ◊ [*trattenimento, spettacolo pubblico musicale*] concert: *sala da concerto* salle de concert; *dare un concerto* donner un concert; *andare al (a) concerto* aller au concert **2** (*fig., scherz.*) [*voci, rumori, spec. sgradevoli*] concert: *senti che concerto di grilli!* écoute le concert de grillons!; *fu accolto da un concerto di fischi* il fut accueilli par un concert de sifflets **3** *loc.* DI CONCERTO de concert: *agire di concerto* agir de concert **4** [*assemblea, consesso*] concert: *il concerto delle grandi potenze europee* le concert des grandes puissances européennes.

concessionàrio, i |kontʃessjo'narjo, i| *s.* concessionnaire: *concessionario di una fabbrica di elettrodomestici* concessionnaire d'une marque d'électroménagers; *acquistare un'automobile dal concessionario* acheter une automobile chez le concessionnaire ♦ (*agg.*) *la ditta concessionaria* la société concessionnaire.

concessióne |kontʃes'sjone| *s.f.* **1** [→ CONCEDERE A] concession: *la concessione di un prestito, di un favore* la concession d'un prêt, d'une faveur # *oggi si fanno troppe concessioni ai figli* de nos jours, on passe trop de choses aux enfants → **licenza,** 2 **permesso**; *per tua stessa concessione, io non ho alcuna responsabilità* de ton propre aveu, moi, je n'ai aucune responsabilité → **ammissione** **2** (*dir., corr.*) concession: *concessioni statali, comunali* concessions statales, communales; *territorio in concessione* territoire en concession; *avere in concessione un appalto, il servizio telefonico* avoir en concession une adjudication, le service téléphonique; *ha ottenuto in concessione esclusiva la vendita di quel prodotto* il a obtenu en concession exclusive la vente de ce produit; *non ha saputo sfruttare quella concessione* il n'a pas su exploiter cette concession.

concessiva |kontʃes'siva| *s.f.* (*gram.*) proposition concessive.

concessivo |kontʃes'sivo| *agg.* (*gram.*) concessif*: *proposizione, congiunzione concessiva* proposition, conjonction concessive.

concettismo |kontʃet'tizmo| *s.m.* (*st. letter.*) conceptisme: *il concettismo del Seicento italiano, spagnolo* le conceptisme du XVIIe siècle italien, espagnol ◊ (*per est.*) [*stile elaborato, ricercato*] style affecté.

concètto |kon'tʃɛtto| *s.m.* **1** (*filos.*) concept: *concetto puro, a priori* concept pur, a priori **2** [*idea, nozione*] concept, idée (*f.*): *il concetto del bene e del male* le concept du bien et du mal; *un elaborato ricco di concetti* un texte riche en idées # *i concetti fondamentali di un'arte, di una disciplina* les notions fondamentales d'un art, d'une discipline ◊ (*loc.*) *impiegato di concetto* [*chi ha particolari responsabilità direttive*] employé supérieur, cadre **3** [*opinione, parere*] opinion (*f.*): *farsi un cattivo, un buon concetto di qc.* se faire une mauvaise, une bonne opinion de qqn.; *che concetto ti sei fatto di me?* quelle est ton opinion à mon égard? ◊ [*fama, stima*] estime (*f.*): *tenere qc. in grande concetto* avoir qqn. en haute estime # *è morto in concetto di santità* il est mort en odeur de sainteté.

concettosaménte |kontʃettosa'mente| *avv.* [→ CONCETTOSO] avec concision (*loc. inv.*): *esprimersi troppo concettosamente* s'exprimer avec trop de concision → **concisamente.**

concettóso |kontʃet'toso| *agg.* [*denso di concetti*] plein d'idées: *prosa concettosa* prose pleine d'idées # *ha uno stile troppo concettoso* il a un style trop concis → **conciso.**

concettuàle |kontʃettu'ale| *agg.* (*filos.*) conceptuel*.

concettualismo |kontʃettua'lizmo| *s.m.* (*filos.*) conceptualisme.

concettualménte |kontʃettual'mente| *avv.* [→ CONCETTUALE] d'une façon conceptuelle *loc.*

concettuosità |kontʃettuozi'ta| *s.f. inv.* caractère *m. var.* conceptuel.

concezionàle |kontʃetsjo'nale| *agg.* conceptionnel*.

concezióne |kontʃet'tsjone| *s.f.* **1** [→ CONCEPIRE 2] conception, élaboration: *la concezione di un romanzo, di un complesso architettonico* la conception, l'élaboration d'un roman, d'un ensemble architectural; *la concezione di un piano, di un disegno* l'élaboration d'un plan, d'un dessein; *ha una concezione originale del matrimonio* il a une conception originale du mariage → **concetto** **2** (*raro*) [→ CONCEPIRE 1] conception → **concepimento** ◊ (*eccl.*) *l'Immacolata Concezione* l'Immaculée Conception.

conchiglia |kon'kiʎʎa| *s.f.* **1** [*guscio protettivo dei molluschi*] coquille: *conchiglie marine, fossili* coquilles marines, fossiles **2** [*motivo architettonico, pittorico, ornamentale*] coquille: *fontana a conchiglia* fontaine à coquille **3** *al plur.* [*pasta da minestra*] coquillettes **4** [*stampo metallico in fonderia*] coquille **5** [*protezione per il basso ventre dei pugili*] coquille.

conchilifero |konki'lifero| *agg.* (*geol.*) conchylien*: *rocce conchilifere* roches conchyliennes.

conchiliologia, gie |konkiljolo'dʒia, dʒie| *s.f.* conchyliologie.

conchiùdere |kon'kjudere| (106) *v.tr., intr.* (*aus. 'avere'*) *e pron.* → **concludere.**

cóncia, ce |'kontʃa, tʃe| *s.f.* **1** [*trattamento, trasformazione delle pelli*] tannage (*m.*): *concia al cromo, all'olio di pesce* tannage au chrome, à l'huile de poisson # *dare la concia* tanner **2** [*trattamento di prodotti vegetali*] traitement (*m.*): *la concia del tabacco, delle olive, del vino* le traitement du tabac, des olives, du vin **3** [*le sostanze utilizzate per conciare*] tan *m.*

conciànte |kon'tʃante| *s.m.* [*sostanza usata per conciare*] ta(n)nin, tan: *conciante vegetale, sintetico* tanin végétal, synthétique ♦ (*agg.*) *sostanza conciante* substance tannante.

conciapèlli |kontʃa'pɛlli| *s.m. inv.* → **conciatore.**

conciàre |kon'tʃare| **A** *v.tr.* **1** [*sottoporre alla concia*] tanner; traiter: *conciare le pelli* tanner les peaux ‖ *conciare l'olio, il vino, il tabacco* traiter l'huile, le vin, le tabac **2** [*squadrare, rifinire*] tailler: *conciare i blocchi da costruzione* tailler les pierres (meulières, etc.) **3** (*persone*) [*ridurre in cattivo stato*] arranger (3): *se mi viene a tiro, lo concio per le feste* si je l'attrape, je l'arrange de la belle manière ◊ (*cose*) [*sciupare, rovinare*] réduire (75): *guarda come hai conciato quel libro!* regarde dans quel état tu as mis, réduit ce livre! **4** [*vestire con cattivo gusto*] accoutrer, affubler: *ma guarda come l'hanno conciata!*; *è ridicola vestita così* mais regarde comme on l'a accoutrée, affublée!; elle est ridicule, habillée comme ça! → **acconciare** **5** (*region.*) → **condire** **B** *v.pron. rifl.* CONCIARSI **1** [*sporcarsi, insudiciarsi*] être (43) *intr.* dans un bel état: *guarda come ti sei conciato!* regarde le bel état dans lequel tu es! **2** [→ *tr.* 4] s'accoutrer, s'affubler: *non poteva conciarsi in modo più ridicolo* elle ne pouvait s'accoutrer, s'affubler de façon plus ridicule.

conciàrio, i |kon'tʃarjo, i| (*agg.*) *industria conciaria* corroierie *s.f.*
conciatètti |kontʃa'tetti| *s.m. inv.* [*operaio che costruisce, ripara tetti*] couvreur *var.*
conciàto |kon'tʃato| *agg.* **1** [*sottoposto a concia*] tanné; traité: *pelli conciate* peaux tannées ‖ *tabacco conciato* tabac traité **2** [*ridotto in cattivo stato*] mal en point (*loc. inv.*): *essere mal conciato* être mal en point.
conciatóre, trice |kontʃa'tore, tritʃe| *s.* [*operaio addetto alla conciatura delle pelli*] tanneur *m.*
conciatùra |kontʃa'tura| *s.f.* [→ CONCIARE A 1] tannage *m.*; traitement *m.*
conciliàbile |kontʃi'ljabile| *agg.* [→ 1 CONCILIARE A 1] conciliable: *queste opinioni non sono conciliabili* ces opinions ne sont pas conciliables → **compatibile** ⓒ **inconciliabile.**
conciliabilità |kontʃiljabili'ta| *s.f. inv.* [*compatibilità*] compatibilité (*var.*): *la conciliabilità di due affermazioni, interpretazioni* la compatibilité de deux affirmations, interprétations ⓒ **inconciliabilità.**
conciliàbolo |kontʃi'ljabolo| *s.m.* conciliabule: *un conciliabolo di pettegole* un conciliabule de commères → **riunione.**
conciliànte |kontʃi'ljante| *agg.* conciliant: *persona, carattere conciliante* personne conciliante, caractère conciliant; *essere, mostrarsi conciliante* être, se montrer conciliant → **remissivo, accomodante** ⓒ **intransigente.**
1 **conciliàre** |kontʃi'ljare| **A** *v.tr.* **1** (*cose*) [*mettere d'accordo, armonizzare*] concilier: *conciliare tesi opposte, gusti contrastanti* concilier des thèses opposées, des goûts opposés; *conciliare il dovere con il piacere* concilier le devoir et le plaisir ◇ (*raro*) (*persone*) [*riappacificare*] *conciliare due nemici* concilier deux ennemis → **riconciliare** **2** (*dir.*) régler (8): *conciliare una contravvenzione* [*estinguerla pagando la somma prevista*] régler, payer une contravention; *conciliare una lite, una controversia* [*comporla senza giungere a una sentenza giudiziale*] régler une querelle, un litige **3** [*ottenere, procacciare*] valoir (35): *il suo carattere affabile si concilia la simpatia di tutti* son caractère aimable lui vaut la sympathie de tous □ *è riuscito a conciliarsi la stima della gente* il est arrivé à se concilier l'estime générale ◇ [*favorire*] favoriser: *questo silenzio concilia il sonno* ce silence favorise le sommeil **B** *v.pron.* CONCILIARSI **1** *rifl.* [*venire a un accordo*] se réconcilier: *conciliarsi con un antico nemico* se réconcilier avec un vieil ennemi → **riconciliar(si)** **2** *rifl.* → *tr.* 3 □ **3** *recipr.* [*coincidere, essere compatibile*] se concilier: *amore e odio non potranno mai conciliarsi* amour et haine ne pourront jamais se concilier.
2 **conciliàre** |kontʃi'liare| *agg.* conciliaire: *decreti, deliberazioni conciliari* décrets, délibérations conciliaires; *dottrina conciliare* doctrine conciliaire ✦ *agg. e s.m.* [*membro di un concilio*] *i* (*padri*) *conciliari* les pères conciliaires *agg.*
conciliarménte |kontʃiljar'mente| *avv.* par voie conciliaire *loc. inv.*
conciliarìsmo |kontʃilja'rizmo| *s.m.* (*eccl.*) théorie *f.* conciliaire.
conciliatìvo |kontʃilja'tivo| *agg.* **1** [*che tende a conciliare*] conciliatoire (*raro*): *tono conciliativo* ton conciliatoire; *modi conciliativi* manières conciliatoires **2** (*raro*) [*conciliante, accomodante*] conciliant.
conciliatóre, trice |kontʃilja'tore, tritʃe| *agg.* **1** conciliateur*, conciliatoire (*raro*): *intervento conciliatore* intervention conciliatrice; *arbitro conciliatore* arbitre conciliateur; *svolgere un'azione conciliatrice* mener une action conciliatrice ✦ (*s.*) *un conciliatore* un conciliateur: *ricorrere alla mediazione di un conciliatore* recourir aux bons offices d'un conciliateur **2** (*dir.*) *giudice conciliatore* juge de paix *loc.*
conciliatòrio, i |kontʃilja'tɔrjo, i| *agg.* → **conciliatore** 1.
conciliazióne |kontʃiljat'tsjone| *s.f.* **1** [→ 1 CONCILIARE A 1, 2] conciliation: *la conciliazione di interessi opposti, di esigenze diverse* la conciliation d'intérêts opposés, d'exigences diverses → **accordo**; *la conciliazione di due avversari* la conciliation de deux adversaires → **pacificazione**; *è impossibile la conciliazione delle parti* la conciliation des parties adverses est impossible ◇ (*spec.*) *la conciliazione di una contravvenzione, di una lite* la levée d'une contravention, l'apaisement *m.* d'une querelle → **composizione**; *comitato di conciliazione* comité de conciliation **2** *la Conciliazione* [*accordo tra lo Stato italiano e il Vaticano*] le traité *m.* du Latran.
concìlio, i |kon'tʃiljo, i| *s.m.* **1** (*eccl.*) concile: *concilio ecumenico, provinciale, plenario* concile œcuménique, provincial, plénier; *gli atti, i decreti di un concilio* les actes, les décrets d'un concile **2** (*per est., spec. scherz.*) [*adunanza, riunione*] concile, conseil: *tener concilio* tenir concile, conseil; *cosa fate lì riuniti in concilio?* qu'est-ce que vous faites là, réunis en conseil? → **consiglio.**
concimàia |kontʃi'maja| *s.f.* [*costruzione destinata al deposito del letame*] fosse à fumier → **letamaio.**
concimàre |kontʃi'mare| *v.tr.* [*dare, spendere il concime*] fumer, engraisser: *concimare il campo, il giardino* fumer, engraisser le champ, le jardin; *concimare il grano, le patate* fumer le blé, les pommes de terre.
concimatùra |kontʃima'tura| *s.f.* (*raro*) → **concimazione.**
concimazióne |kontʃimat'tsjone| *s.f.* [→ CONCIMARE] fumage *m.*, fumaison, fumure.
concìme |kon'tʃime| *s.m.* [*prodotto che serve ad aumentare la fertilità del terreno*] engrais: *concimi naturali, chimici* engrais naturels, chimiques; *spargere il concime* épandre l'engrais # *concime animale* fumier → **fertilizzante.**
concinnità |kontʃinni'ta| *s.f. inv.* (*lett.*) [*armonia, eleganza stilistica*] élégance *var.* (*corr.*) de style.
1 **cóncio, i** |'kontʃo, i| *s.m.* (*edil.*) claveau*.
2 **cóncio, ci, cia, ce** |'kontʃo, tʃi, tʃa, tʃe| *agg.* **1** [*sottoposto a conciatura*] tanné: *pelli conce* peaux tannées → **conciato** **2** (*region.*) → **malconcio.**
3 **cóncio, i** |'kontʃo, i| *s.m.* (*region.*) → **letame.**
concionàre |kontʃo'nare| *v.intr.* (*aus. 'avere'*) **1** (*lett.*) [*parlare in pubblico*] prononcer (2) *tr.* (*corr.*) une *harangue **2** (*scherz.*) [*fare discorsi magniloquenti e retorici*] pérorer: *ma di che state concionando così animatamente?* mais sur quoi pérorez-vous?, de qui discourez-vous de façon si animée?
concióne |kon'tʃone| *s.f.* **1** [*discorso pubblico, pronunciato con solennità e ampollosità*] *harangue → **arringa** ◇ (*iron., scherz.*) *la concione del direttore non finiva più* la harangue du directeur ne finissait plus # *è sempre lui che tiene concione* c'est toujours lui qui pérore **2** (*ant.*) [*assemblea, adunanza pubblica*] assemblée.
conciossia(cosa)ché |kontʃossia(kosa)'ke| *cong.* (*lett., scherz.*) [*poiché, dato che*] puisque (*corr.*) ◇ [*sebbene*] bien que (*corr.*), quoique (*corr.*).
concisaménte |kontʃiza'mente| *avv.* [→ CONCISO] succinctement: *espongo concisamente il fatto* j'expose succinctement le fait; *esprimere concisamente il proprio pensiero* exprimer succinctement sa pensée.
concisióne |kontʃi'zjone| *s.f.* concision: *concisione di stile, di pensiero* concision du style, de la pensée → **stringatezza.**
concìso |kon'tʃizo| *agg.* concis: *stile conciso* style concis; *scrittore conciso* écrivain concis → **stringato.**
concistoriàle |kontʃisto'rjale| *agg.* (*relig.*) consistorial*.
concistòro |kontʃis'tɔro| *s.m.* (*relig. catt.*) consistoire.
concitaménto |kontʃita'mento| *s.m.* (*lett.*) → **turbamento, eccitamento.**
concitàre |kontʃi'tare| *v.tr.* (*lett.*) → **incitare, stimolare, eccitare.**
concitataménte |kontʃitata'mente| *avv.* [→ CONCITATO] avec animation (*loc. inv.*): *discutere concitatamente* discuter avec animation → **animatamente.**
concitàto |kontʃi'tato| *agg.* [*eccitato, sconvolto*] excité, surexcité: *era tutto concitato* il était tout excité, surexcité → **agitato** ◇ [*che denota agitazione, turbamento*] animé, enflammé: *una conversazione concitata* une conversation animée; *un discorso concitato* un discours enflammé.
concitazióne |kontʃitat'tsjone| *s.f.* [*turbamento, nervosismo, eccitazione*] excitation, surexcitation: *parlare con concitazione* parler avec excitation, surexcitation; *era in uno stato di grande concitazione* il était dans un état de grande excitation → **agitazione.**
concittadìno |kontʃitta'dino| *s.* [*chi appartiene alla medesima città*] concitoyen*.
conclamàre |konkla'mare| *v.tr.* (*lett.*) → **proclamare.**
conclàve |kon'klave| *s.m.* (*relig.*) conclave.
conclavista |konkla'vista| *s.m.* conclaviste.
concludènte |konklu'dɛnte| *agg.* [*efficace, convincente*] concluant, convaincant: *un'argomentazione poco concludente* une argumentation peu concluante, convaincante # *è una persona davvero concludente* c'est une personne vraiment efficiente → **efficiente.**
conclùdere |kon'kludere| (106) **A** *v.tr.* **1** [*portare a compimento, realizzare*] conclure (46): *concludere un af-*

fare conclure une affaire; *concludere un accordo, un'alleanza* conclure un accord, une alliance → **stipulare** ◇ [*operare con efficacia, approdare a q.c.*] *è un ragazzo che lavora molto ma conclude poco* c'est un garçon qui travaille beaucoup mais qui n'arrive pas à grand-chose; *se ne andarono senza concludere nulla* ils s'en allèrent sans aboutir au moindre résultat; *i tuoi argomenti non concludono niente* tes arguments ne mènent à rien → **persuadere** **2** [*terminare, finire*] conclure: *concludere un ciclo di conferenze, un lavoro* conclure une série de conférences, un travail; *concludere un trattato, un discorso, un articolo* conclure un traité, un discours, un article ◇ *loc.* CONCLUDERE CHE... [*dedurre, argomentare*] conclure que...: *conclusero che si trattava di omicidio* ils conclurent qu'il s'agissait d'un homicide ♦ (*ass.*) *hai parlato già troppo, concludi!* tu n'as que trop parlé, conclus! **3** (*lett.*) → **racchiudere** **B** *v.pron. intr.* CONCLUDERSI [→ *tr.* 2] se terminer: *il processo si concluse con un verdetto d'innocenza* le procès se termina sur, par un verdict d'innocence.

conclusióne |konklu'zjone| *s.f.* **1** [→ CONCLUDERE A 1, 2; B] conclusion: *la conclusione di un accordo, di un affare* la conclusion d'un accord, d'une affaire → **realizzazione**; *la conclusione di un film, di un romanzo, di un discorso* la conclusion d'un film, d'un roman, d'un discours → **fine**; *questi sono i fatti, ora sta a te trarne le conclusioni* tels sont les faits, à toi maintenant d'en tirer les conclusions → **deduzione**; *le sue conclusioni non sono né coerenti, né fondate* ses conclusions ne sont ni cohérentes ni fondées # *quel lavoro non ha dato conclusioni soddisfacenti* ce travail n'a pas donné des résultats satisfaisants → **risultato** ◇ *loc.* IN CONCLUSIONE en conclusion: *in conclusione, cosa hai ottenuto?* en conclusion, qu'as-tu obtenu? **2** *al plur.* (*dir.*) conclusions.

conclusivaménte |konkluziva'mente| *avv.* [→ CONCLUSIVO] en définitive *loc. inv.*, décidément.

conclusivo |konklu'zivo| *agg.* conclusif* (*raro*): *la parte conclusiva* la partie conclusive: *è stato pubblicato un articolo conclusivo su questo argomento* on a publié un article conclusif sur cette question → **decisivo, finale** ◇ (*gram.*) *congiunzioni conclusive* conjonctions conclusives.

conclùso |kon'kluzo| *agg.* [*finito, portato a termine*] conclu; révolu: *per parte mia considero l'affare concluso* pour ma part, je considère l'affaire comme conclue ‖ *è una vicenda ormai conclusa* c'est un événement désormais révolu → **passato**.

concoidàle |konkoi'dale| *agg.* → **concoide** 1.

concòide |kon'kɔide| **1** *agg.* conchoïdal*: *frattura concoide* fracture conchoïdal **2** *s.f.* (*mat.*) *una concoide* une conchoïde: *concoide d'una curva piana* conchoïde d'une courbe plate.

concomitànte |konkomi'tante| *agg.* concomitant: *le circostanze, le cause concomitanti* les circonstances, les causes concomitantes.

concomitànza |konkomi'tantsa| *s.f.* concomitance: *concomitanza di eventi* concomitance d'événements → **coincidenza**; *concomitanza di cause* concomitance de causes.

concordàbile |konkor'dabile| *agg.* [→ CONCORDARE A] qu'on peut concorder (*loc.*): *prezzo concordabile* prix qu'on peut concorder # *predicato nominale concordabile con il soggetto* attribut qui s'accorde avec le sujet → **accordabile**.

concordànte |konkor'dante| *agg.* concordant: *testimonianze concordanti* témoignages concordants ◇ (*geol.*) *struttura concordante* structure concordante.

concordànza |konkor'dantsa| *s.f.* **1** concordance: *concordanza di idee, di testimonianze* concordance d'idées, de témoignages; *non c'è concordanza tra le sue parole e i fatti* il n'y a pas concordance entre les faits et ses paroles → **conformità** ◇ (*gram.*) accord *m.*; concordance: *concordanza di genere, numero e caso* accord en genre, nombre et en cas ‖ *concordanza dei tempi* concordance des temps **2** *spec. al plur.* [*repertorio sistematico delle parole o dei passi di un testo*] concordances: *le concordanze della Bibbia* les concordances de la Bible.

concordàre |konkor'dare| **A** *v.tr.* **1** [*stabilire, determinare di comune accordo*] fixer: *concordare il prezzo, le modalità di pagamento* fixer le prix, les modalités de paiement; *concordare un piano, un programma* fixer un plan, un programme # *fu concordata la tregua* la trêve fut accordée **2** (*gram.*) [*accordare*] accorder: *concordare il predicato con il soggetto* accorder l'attribut avec le sujet **B** *v.intr.* (*aus.* '*avere*') [*essere, trovarsi d'accordo*] s'accorder *pron.*, concorder: *il suo modo di vita non concorda con i suoi mezzi* son train de vie ne concorde, ne s'accorde pas avec ses moyens; *le nostre idee non concordano* nos idées ne concordent pas; *tutti concordano nel riconoscere la sua abilità* tous s'accordent pour reconnaître son habileté ◇ (*gram.*) [*essere accordato*] s'accorder: *l'aggettivo concorda con il nome* l'adjectif s'accorde avec le nom Ⓒ B **discordare**.

concordatàrio, i |konkorda'tarjo, i| *agg.* (*dir.*) concordataire: *creditore concordatario* créancier concordataire ◇ (*eccl.*) *matrimonio concordatario* mariage religieux ayant effet juridique.

concordàto |konkor'dato| *agg.* (*dir.*) concordat: *concordato fallimentare* concordat de faillite; *concordato tributario* concordat fiscal ◇ (*eccl.*) *il Concordato* (*tra l'Italia e la S. Sede*) le Concordat (entre l'Italie et le Saint-Siège).

concòrde |kon'kɔrde| *agg.* **1** [*caratterizzato da concordia*] conforme; uni: *opinioni, pareri concordi* opinions, avis conformes ‖ *una città, una famiglia concorde* une ville, une famille unie # *movimenti concordi* mouvements simultanés, synchrones → **simultaneo**; *sono stati tutti concordi nel verdetto di colpevolezza* ils ont tous été unanimes sur le verdict de culpabilité → **unanime** **2** [*che è in armonia*] concordant: *suoni, voci concordi* sons concordants, voix concordantes.

concordeménte |konkorde'mente| *avv.* [→ CONCORDE 1] d'un commun accord (*loc. inv.*): *pensare, decidere concordemente* penser, décider d'un commun accord → **unanimemente** # *ha agito concordemente alla sua coscienza* il a agi en accord avec sa conscience → **coerentemente.**

concòrdia |kon'kɔrdja| *s.f.* concorde: *vivere in concordia* vivre dans la concorde.

concorrènte |konkor'rɛnte| *s.* **1** concurrent: *i concorrenti a un concorso* les concurrents qui participent à un concours; *ha eliminato tutti i concorrenti* il a éliminé tous les concurrents **2** (*comm.*) concurrent: *praticare prezzi più competitivi dei propri concorrenti* accorder des prix plus compétitifs que ses concurrents ♦ (*agg.*) *ditta concorrente* maison concurrente; *prodotto concorrente* produit concurrent.

concorrènza |konkor'rɛntsa| *s.f.* **1** (*comm.*) concurrence: *concorrenza libera* libre concurrence; *concorrenza sleale* concurrence déloyale; *essere, entrare in concorrenza con qc.* être, entrer en concurrence avec qqn.; *la concorrenza li ha privati di una parte di clientela* la concurrence les a privés d'une partie de leur clientèle # *il prodotto è stato venduto a prezzo di concorrenza* le produit a été vendu à un prix concurrentiel **2** (*raro*) [*affluenza, concorso*] concours (*m.*): *la situazione attuale è dovuta alla concorrenza di molteplici fattori* la situation actuelle est due au concours de multiples facteurs.

concorrenziàle |konkorren'tsjale| *agg.* (*econ.*) concurrentiel*: *prezzo concorrenziale* prix concurrentiel; *regime concorrenziale* régime concurrentiel.

concorrenzialità |konkorrentsjali'ta| *s.f. inv.* (*econ.*) compétitivité *var.*

concórrere |kon'korrere| (127) *v. intr.* (*aus.* '*avere*') **1** [*prendere parte a una competizione, a un concorso; gareggiare*] concourir (17): *concorrere a un campionato, a un premio* concourir pour un championnat, un prix; *concorrere a una cattedra universitaria* concourir pour une chaire d'université # *con quella fabbrica non si può concorrere, è troppo forte* avec cette usine on ne peut pas rivaliser, elle est trop puissante → **competere, contendere** **2** [*tendere allo stesso fine, determinare un medesimo effetto*] concourir, contribuer: *molte cause hanno concorso a fargli cambiare idea* de nombreuses raisons ont concouru, contribué à lui faire changer d'avis; *tutti i nostri sforzi concorrono al buon esito dell'impresa* tous nos efforts concourent au succès de l'entreprise ◇ [*contribuire, cooperare*] contribuer; participer: *concorrere a una spesa* contribuer à une dépense ‖ *concorrere in un reato* participer à un délit **3** (*mat.*) [*convergere in un punto*] converger (3) **4** (*lett.*) → **radunar(si), affluire.**

concórso |kon'korso| *s.m.* **1** concours: *concorso a una cattedra* concours pour une chaire; *concorso per titoli, per esami* concours sur titres, par épreuves écrites, orales; *concorso ippico, ginnico* concours hippique, de gymnastique → **gara**; *concorso di bellezza, di pittura* concours de beauté, de peinture → **competizione**; *concorso letterario, cinematografico* concours littéraire, de cinéma; *concorso per la progettazione di una diga* concours pour le projet d'un barrage; *partecipare a un concorso* prendre part à un concours; *bandire, vincere un concorso* ouvrir un concours, réussir à un concours **2** [*partecipazione, cooperazione*] participation *f.*; concours: *concorso di più persone in un reato* participation de plusieurs personnes à un délit; *il nostro concorso nella spesa è stato notevole* notre participation aux dépenses a été considérable || *l'iniziativa sarebbe fallita senza il concorso dello Stato* l'initiative aurait échoué sans le concours de l'État ◇ [*concomitanza, coincidenza di più fattori*] *per un felice concorso di circostanze, ho avuto buon esito* par un heureux concours de circonstances, j'ai réussi **3** [*affluenza di molte persone*] affluence (*f.*): *c'è stato un grande concorso di visitatori* il y a eu une grande affluence de visiteurs.

concorsuàle |konkorsu'ale|, **concursuàle** |konkursu'ale| *agg.* (*dir.*) du concours *loc. inv.*, de la concurrence *loc. inv.* des créanciers: *procedura concorsuale* procédure du concours, de la concurrence des créanciers; *norme concorsuali* normes du concours des créanciers.

concreàre |konkre'are| *v.tr.* (*raro*) [*creare insieme*] créer ensemble.

concréscere |kon'kreʃʃere| (128) *v.intr.* (*aus.* 'essere') [*crescere con; unirsi, fondersi durante l'accrescimento*] croître (70) (*aus.* avoir, être) avec.

concretaménte |konkreta'mente| *avv.* [→ CONCRETO 1] concrètement.

concretàre |konkre'tare| **A** *v.tr.* [*rendere concreto; attuare, realizzare*] concrétiser; réaliser: *concretare un'idea, un disegno* concrétiser une idée, un dessein || *concretare un progetto, un piano* réaliser un projet, un plan # *concretare le proprie richieste* préciser ses requêtes → **precisare B** *v.pron. intr.* CONCRETARSI [→ *tr.*] se réaliser, se concrétiser: *i tuoi sogni non si concreteranno mai* tes rêves ne se réaliseront, concrétiseront jamais; *le previsioni stanno concretandosi* les prévisions se concrétisent.

concretézza |konkre'tettsa| *s.f.* [*efficienza, realtà; consistenza, validità*] caractère *m.* concret: *la concretezza di un progetto, di un programma* le caractère concret d'un projet, d'un programme # *dare concretezza alle proprie idee* rendre ses idées concrètes; *non è possibile valutare la situazione con concretezza* il n'est pas possible d'évaluer la situation de façon concrète **C** **astrattezza.**

concretismo |konkre'tizmo| *s.m.* art concret.

concretizzàre |konkretid'dzare| *v.tr.* → **concretare.**

concrèto |kon'krɛto| *agg.* **1** concret*: *fatto, caso concreto* fait, cas concret; *fare una proposta concreta* faire une proposition concrète; *portare un aiuto concreto* apporter une aide concrète → **effettivo, pratico** ◇ (*gram.*) *nomi concreti* noms concrets ◇ *loc.* IN CONCRETO [*nella realtà, praticamente*] concrètement *avv.*, en fait: *in concreto cosa proponi?* concrètement, en fait que proposes-tu? ✦ (*s.m.*) *il concreto* le concret # *vieni al concreto!* viens-en aux faits! **2** (*lett.*) → **solido, consistente** 3; **rappreso, solidificato** **C** 1 **astratto, irreale.**

concrezionàle |konkrettsjo'nale| *agg.* (*scient.*) concrétionnel*.

concrezióne |konkret'tsjone| *s.f.* **1** (*med.*) concrétion, accrétion: *concrezioni artritiche* concrétions arthritiques **2** (*geol.*) concrétion: *concrezione pietrosa* concrétion pierreuse.

concubinàggio, i |konkubi'naddʒo, i| *s.m.* → **concubinato.**

concubinàto |konkubi'nato| *s.m.* concubinage: *vivere in concubinato* vivre en concubinage.

concubino |konku'bino| *s.* concubin.

conculcàbile |konkul'kabile| *agg.* (*lett.*) [→ CONCULCARE] violable.

conculcaménto |konkulka'mento| *s.m.* → **oppressione; disprezzo.**

conculcàre |konkul'kare| *v.tr.* **1** [*violare, oltraggiare, vilipendere*] piétiner, violer: *conculcare i diritti umani* piétiner, violer les droits de l'homme; *conculcare la Costituzione* violer la Constitution **2** (*lett.*) → **calpestare.**

conculcazióne |konkulkat'tsjone| *s.f.* → **oppressione; disprezzo.**

concupire |konku'pire| (197) *v.tr.* → **bramare.**

concupiscènte |konkupiʃ'ʃɛnte| *agg.* concupiscent: *sguardo concupiscente* regard concupiscent.

concupiscènza |konkupiʃ'ʃɛntsa| *s.f.* (*teol.*) concupiscence.

concupiscibile |konkupiʃ'ʃibile| *agg.* (*relig.*) concupiscible (*raro*).

concussióne |konkus'sjone| *s.f.* concussion.

condànna |kon'danna| *s.f.* [→ CONDANNARE 1, 2, 3] condamnation: *condanna severa, mite, giusta* condamnation sévère, légère, juste → **pena**; *condanna per furto* condamnation pour vol; *condanna a morte, all'ergastolo* condamnation à mort, à la prison à vie; *condanna al risarcimento dei danni* condamnation aux dommages et intérêts; *pronunciare una sentenza di condanna* prononcer une condamnation # *scontare una condanna* purger une peine; *la sua condotta ha suscitato lo sdegno e la condanna di tutti* sa conduite a suscité l'indignation et la réprobation de tous → **disapprovazione, biasimo**; *dover stare a letto è per lui una grossa condanna* devoir rester au lit est pour lui une énorme contrainte → **costrizione.**

condannàbile |kondan'nabile| *agg.* [→ CONDANNARE 2] condamnable: *azioni condannabili* actions condamnables → **biasimevole, riprovevole.**

condannàre |kondan'nare| *v.tr.* **1** [*dichiarare colpevole, infliggendo una pena*] condamner: *condannare qc. a morte, alla deportazione* condamner qqn. à mort, à la déportation; *condannare a pagare le spese processuali* condamner aux dépens, à payer les dépens; *condannare per omicidio, per furto* condamner pour homicide, pour vol; *il colpevole è stato condannato a un anno di prigione* le coupable a été condamné à un an de prison ◇ [*rivelare colpevole*] accuser: *le apparenze lo condannano* les apparences l'accusent **2** [*disapprovare, biasimare*] condamner: *condannare la violenza* condamner la violence; *condannare il comportamento di qc.* condamner l'attitude de qqn. **3** [*obbligare, forzare*] condamner: *l'incidente l'ha condannato a lunghi mesi di immobilità* l'accident l'a condamné à de longs mois d'immobilité → **costringere** **4** [*dichiarare inguaribile*] condamner: *i medici l'hanno condannato* les médecins l'ont condamné ◇ (*edil.*) [*sopprimere definitivamente*] *condannare una porta, una finestra* condamner une porte, une fenêtre.

condannàto |kondan'nato| *s.* condamné: *un condannato a morte* un condamné à mort.

condebitóre, trice |kondebi'tore, tritʃe| *s. e agg.* (*dir.*) codébiteur*.

condégno |kon'deɲɲo| *agg.* **1** (*teol.*) [*proporzionato, adeguato*] proportionnel*: *colpa condegna* peine proportionnelle à la faute **2** (*lett.*) → **degno, meritevole.**

condènsa |kon'dɛnsa| *s.f.* [*acqua di condensazione, nelle macchine a vapore*] condensations *pl.*

condensàbile |konden'sabile| *agg.* [→ CONDENSARE] condensable: *vapore, gas condensabile* vapeur, gaz condensable # *un'idea condensabile in poche parole* une idée qu'on peut résumer en peu de mots → **riassumibile.**

condensabilità |kondensabili'ta| *s.f. inv.* (*fis.*) condensabilité *var.*

condensaménto |kondensa'mento| *s.m.* → **condensazione.**

condensàre |konden'sare| **A** *v.tr.* **1** [*rendere denso o più denso*] condenser: *condensare un liquido, il latte* condenser un liquide, le lait ◇ (*fis.*) *condensare un vapore, un gas* [*farlo passare allo stato liquido*] condenser une vapeur, un gaz; *condensare la luce, i raggi luminosi* [*concentrarli su un oggetto*] concentrer la lumière, les rayons lumineux **2** (*fig.*) [*sintetizzare, riassumere*] condenser: *condensare il contenuto di un'opera in poche pagine* condenser le contenu d'une œuvre en quelques pages → **compendiare B** *v.pron. intr.* CONDENSARSI [→ *tr.* 1] se condenser: *il vapore, per il freddo, si era condensato* la vapeur, à cause du froid, s'était condensée.

condensàto |konden'sato| *agg.* **1** condensé: *latte condensato* lait condensé → **concentrato**; *gas, vapore condensato* gaz, vapeur condensée → **liquefatto** **2** (*fig.*) [*riassunto, compendiato*] condensé: *ha fatto un racconto molto condensato* il a fait un récit très condensé ✦ (*s.m.*) *un condensato* un condensé; *il suo libro è un condensato di sciocchezze* son livre est un condensé de bêtises → **compendio, sintesi.**

condensatóre |kondensa'tore| *s.m.* (*tecnol.*) condenseur; condensateur: *condensatore di vapore* condenseur de vapeur || *condensatore elettrico, ottico* condensateur électrique, optique.

condensazióne |kondensat'tsjone| *s.f.* **1** [→ CONDENSARE A 1; B] condensation: *condensazione del latte, del vapore acqueo* condensation du lait, de la vapeur d'eau **2** (*chim.*) condensation.

còndilo |'kɔndilo| *s.m.* (*anat.*) condyle.

condiloidèo |kondiloi'dɛo| *agg.* (*anat.*) condylien*.

condilòma |kondi'lɔma| *s.m.* (*med.*) condylome.

condiménto |kondi'mento| *s.m.* **1** [*sostanza usata per condire*] assaisonnement: *usare troppo, poco condimento* utiliser trop, peu d'assaisonnement(s); *questo piatto è senza condimento* ce plat n'est pas assaisonné, est sans assaisonnements ◇ (*fig.*) *l'allegria è il condimento migliore di ogni festa* la joie est le meilleur assaisonnement de toute fête **2** (*raro*) [→ CONDIRE] assaisonnement # *provvedere al condimento dell'insalata* assaisonner la salade.

condire |kon'dire| (197) *v.tr.* [*rendere più gradevole un cibo con ingredienti vari*] assaisonner: *condire l'insalata con olio e aceto* assaisonner la salade à l'huile et au vinaigre ◇ (*fig.*) *condire un rimprovero con una carezza* assaisonner un reproche d'une caresse # *condiva la conversazione con degli aneddoti* il pimentait la conversation d'anecdotes → **abbellire** ◇ (*scherz.*) [*conciare, ridurre a mal partito*] *l'hanno condito per le feste* il s'est drôlement fait assaisonner.

condirettóre, trice |kondiret'tore, tritʃe| *s.* codirecteur*: *condirettore di un'azienda* codirecteur d'une entreprise.

condirezióne |kondiret'tsjone| *s.f.* codirection.

condiscendènte |kondiʃʃen'dɛnte| *agg.* [*arrendevole, indulgente*] complaisant, indulgent: *una madre troppo condiscendente* une mère trop indulgente; *essere, mostrarsi condiscendente verso qc.* être, se montrer complaisant, indulgent pour (envers) qqn.

condiscendènza |kondiʃʃen'dɛntsa| *s.f.* [*arrendevolezza, indulgenza*] complaisance, indulgence: *mostrare condiscendenza* montrer de la complaisance, de l'indulgence; *trattare con condiscendenza* traiter avec indulgence → **comprensione.**

condiscéndere |kondiʃ'ʃendere| (105) *v.intr.* (*aus.* 'avere') → **accondiscendere.**

condiscépolo |kondiʃ'ʃepolo| *s.m.* condisciple.

condito |kon'dito| *agg.* **1** [*reso saporito con l'aggiunta di sostanze alimentari*] assaisonné: *una pasta ben condita* des pâtes bien assaisonnées; *insalata condita* salade assaisonnée **2** (*fig.*) [*abbellito, reso più piacevole e interessante*] assaisonné: *un discorso condito di battute* un discours assaisonné de boutades.

condividere |kondi'videre| (130) *v.tr.* **1** [*avere in comune*] copartager (3); partager (3): *condividere la proprietà di un bene* copartager la propriété d'un bien ‖ *non condivido le tue idee* je ne partage pas tes idées → **approvare** **2** → **spartire, dividere.**

condizionàle |kondittsjo'nale| **I** *agg.* **1** (*gram.*) conditionnel*: *il modo condizionale* le mode conditionnel; *congiunzioni condizionali* conjonctions conditionnelles; *una proposizione condizionale* une proposition conditionnelle **2** (*dir.*) *la sospensione, la condanna condizionale* le sursis *s.m.* **II** *s.* **1** *s.m.* (*gram.*) *il condizionale* le conditionnel **2** *s.f.* (*gram.*) *una condizionale* [*una prop., una frase condizionale*] une conditionnelle **3** *s.f.* (*dir.*) *la condizionale* le sursis (*m.*): *è stato condannato a sei mesi di prigione con la condizionale* il à été condamné à six mois de prison avec sursis.

condizionaménto |kondittsjona'mento| *s.m.* [→ CONDIZIONARE 1,2] conditionnement: *condizionamento dell'aria* conditionnement de l'air; *condizionamento di merci, di fibre tessili* conditionnement de marchandises, de fibres textiles; *l'uomo subisce il condizionamento dell'ambiente* l'homme subit le conditionnement du milieu # *porre un condizionamento a una nomina* poser des conditions pour une nomination.

condizionàre |kondittsjo'nare| *v. tr.* **1** [*rappresentare, costituire la condizione indispensabile*] conditionner: *lo adempimento di quelle clausole condiziona il mio assenso* l'accomplissement de ces clauses conditionne mon assentiment; *la sua risposta condiziona la mia* sa réponse conditionne la mienne → **determinare** ◇ [*subordinare a determinate condizioni*] *la pace è condizionata al ritiro delle truppe nemiche* la paix a pour condition le retrait des troupes ennemies → **vincolare**; *l'ammissione al concorso è condizionata al possesso dei requisiti* l'admission au concours exige la possession des titres requis; *condizionare qc.* [*limitarne la libertà d'azione, di scelta*] conditionner qqn.; *l'ambiente condiziona l'uomo* le milieu conditionne l'homme **2** [*portare alle condizioni ritenute ottime*] conditionner, climatiser: *condizionare l'aria* conditionner, climatiser l'air **3** (*comm.*) [*preparare, confezionare*] conditionner: *condizionare frutta, fibre tessili* conditionner des fruits, des fibres textiles.

condizionataménte |kondittsjonata'mente| *avv.* [→ CONDIZIONATO 1] conditionnellement: *accettare condizionatamente* accepter conditionnellement → **subordinatamente.**

condizionàto |kondittsjo'nato| *agg.* **1** conditionné: *assenso condizionato a precise garanzie* assentiment conditionné par des garanties précises # *perdono condizionato al pentimento* pardon dépendant du repentir, mérité par le repentir ◇ (*psicol.*) *riflesso condizionato* réflexe conditionné ◇ [*non libero, vincolato*] *scelte condizionate* choix conditionnés; *sentirsi condizionato dall'ambiente* se sentir conditionné par le milieu **2** *aria condizionata* air conditionné **3** [*preparato, confezionato*] conditionné: *merce mal, ben condizionata* marchandises mal, bien conditionnées; *prodotti condizionati per la spedizione* produits conditionnés pour l'expédition.

condizionatóre, trice |kondittsjona'tore, tritʃe| *s.* **1** *s.* [*operaio addetto alla condizionatura di prodotti e materiali*] conditionneur* **2** *s.m.* (*tecnol.*) *condizionatore d'aria* conditionneur d'air.

condizionatùra |kondittsjona'tura| *s.f.* [→ CONDIZIONARE 3] conditionnement (*m.*): *condizionatura di fibre tessili* conditionnement de fibres textiles; *condizionatura di prodotti alimentari* conditionnement de produits alimentaires.

condizióne |kondit'tsjone| *s.f.* **1** condition: *le condizioni di un accordo, di un trattato* les conditions d'un accord, d'un traité → **clausola**; *le condizioni d'ammissione a un concorso* les conditions d'admission à un concours → 2 **requisito**; *resa senza condizioni* capitulation sans conditions → **incondizionato**; *condizioni di vendita, di pagamento* conditions de vente, de paiement; *imporre una condizione umiliante, ragionevole, gravosa* imposer une condition humiliante, raisonnable, dure; *porre determinate condizioni per la pace* poser des conditions précises pour la paix; *respinse le condizioni imposte* il repoussa les conditions imposées # *mancano le condizioni necessarie per il successo* les conditions nécessaires au succès ne sont pas réunies → **premessa** ◇ *loc.* A (ALLA, CON LA) CONDIZIONE CHE à condition que: *verrò, a condizione che sia bel tempo* je viendrai, à condition qu'il fasse beau; *lo perdonò con la condizione che non si facesse più vedere* il lui pardonna à (la) condition qu'il ne se montre plus ~ SOTTO CONDIZIONE [*con riserva*] sous condition: *ha accettato la proposta sotto condizione* il a accepté la proposition sous condition **2** [*situazione, stato fisico, psichico o finanziario*] condition: *essere in cattive, in buone condizioni di salute, di spirito* être dans de mauvaises, de bonnes conditions de santé, d'esprit; *quella ditta versa in cattive condizioni economiche* cette firme se trouve dans de mauvaises conditions économiques ◇ *al plur.* (*con valore neg.*) [*aspetto esteriore*] état (*m. sing.*): *guarda in che condizioni ti sei ridotto!* regarde dans quel état tu es! ◇ (*per est.*) [*posizione sociale*] *gente di umile, modesta, buona condizione* gens de condition humble, modeste, bonne **3** (*cose*) [*stato di conservazione, di manutenzione*] état: *è una bella macchina, ma è ridotta in cattive condizioni* c'est une belle voiture, mais elle est en mauvais état; *la gara non si è svolta per le cattive condizioni del terreno* l'épreuve n'a pas eu lieu par suite du mauvais état du terrain **4** (*loc.*) *essere, mettere in condizione di* (+ *inf.*) [*in grado di avere, dare la possibilità*] être, mettre en état de (+ *inf.*): *non è in condizione di lavorare* il n'est pas en état de travailler ‖ *l'ho messo in condizione di essere autosufficiente* je l'ai mis en état de se suffire à lui-même.

condoglianza |kondoʎ'ʎantsa| *s.f. spec. al plur.* condoléances: *sentite condoglianze!* toutes mes (nos) condoléances!; *fare le condoglianze* faire, présenter, exprimer, offrir ses condoléances.

condolérsi |kondo'lersi| (137) *v. pron. intr.* **1** [*prendere parte al dolore altrui*] prendre (73) *tr.* part à la peine de qqn.: *condolersi per il lutto di un amico* prendre part au deuil d'un ami **2** (*lett.*) → **rammaricar(si).**

condominiàle |kondomi'njale| *agg.* [*di condominio*] de copropriété *loc. inv.*; de copropriétaire(s) (*loc.*): *spese condominiali* frais de copropriété ‖ *riunione condominiale* réunion de copropriétaires.

condominio, i |kondo'minjo, i| *s.m.* **1** [*comproprietà spec. di un edificio*] copropriété (*f.*): *condominio di un bene* copropriété d'un bien; *casa in condominio* maison en copropriété; *amministrare un condominio* administrer une copropriété ◇ [*l'edificio stesso*] immeuble en copropriété: *abitare in un condominio* habiter dans un immeuble en copropriété **2** *condominio internazionale* [*territorio sottoposto alla sovranità di più stati*] condominium.

condòmino |kon'dɔmino| *s.* [*proprietario di un appartamento in un condominio*] copropriétaire: *si è riunita l'assemblea dei condomini* l'assemblée des copropriétaires s'est réunie.

condonàbile |kondo'nabile| *agg.*

[→ CONDONARE] rémissible; qui peut être remis (*loc.*): *pena condonabile* peine rémissible || *debito condonabile* dette qui peut être remise # *un fallo condonabile* une erreur pardonnable → **perdonabile, scusabile.**

condonàre |kondo'nare| *v.tr.* **1** [*esonerare, liberare, spec. da una pena*] remettre (71): *condonare un debito* remettre une dette; *gli ultimi due anni di confino gli furono condonati* les deux dernières années de relégation lui furent remises → **abbuonare** **2** (*raro*) → **perdonare.**

condonazióne |kondonat'tsjone| *s.f.* → **condono.**

condóno |kon'dono| *s.m.* [→ CONDONARE 1] remise (*f.*): *concedere, ottenere il condono di una pena* concéder, obtenir la remise d'une peine; *ha ottenuto il condono di una parte del debito* il a obtenu la remise d'une partie de la dette → **remissione, annullamento.**

còndor |'kɔndor| *s.m. inv.* (*t.zool.*) condor *var.*

1 **condótta** |kon'dotta| *s.f.* **1** [*modo di vivere e di comportarsi*] conduite: *una persona di condotta esemplare* une personne d'une conduite exemplaire → **moralità**; *voto di condotta* (*scolastica*) note de conduite → **comportamento**; *avere una buona, cattiva condotta* avoir une bonne, une mauvaise conduite # *certificato di buona condotta* certificat de bonne vie et mœurs **2** [*criterio, modo di condurre un'attività, una gara*] conduite; direction: *la condotta di un affare, di un lavoro* la conduite d'une affaire, d'un travail || *gli era stata affidata la condotta delle operazioni belliche* la direction des opérations de guerre lui avait été confiée → **direzione** # *la condotta di un romanzo, di una sinfonia* la façon de mener un roman, une symphonie; *ha vinto per l'abile condotta di gara* il a gagné grâce à sa façon habile de mener la course.

2 **condótta** |kon'dotta| *s.f.* [*incarico di assistenza sanitaria in un comune*] charge de médecin municipal: *condotta medica, veterinaria* charge de médecin, de vétérinaire municipal; *ottenere una condotta* obtenir une charge de médecin municipal ◇ (*per est.*) circonscription du médecin municipal.

3 **condótta** |kon'dotta| *s.f.* **1** [*canale, conduttura*] conduit *m.*, conduite: *condotta dell'acqua* conduit, conduite d'eau → **tubazione**; *condotta di petrolio* conduite de pétrole → **oleodotto**; *condotta di metano* conduite de méthane → **metanodotto**; *condotta di gas* conduite de gaz → **gasdotto**; *le condotte forzate di una centrale elettrica* les conduites forcées d'une centrale électrique **2** (*st. mil.*) conduite **3** [*trasporto di merci*] transport (*m.*): *pagare la condotta di un carico* payer le transport d'un chargement.

condottièro |kondot'tjɛro| *s.* **1** [*capitano di ventura*] condottiere (*m.*): *i grandi condottieri del Rinascimento* les grands condottieres de la Renaissance **2** (*per est.*) [*capo supremo di un esercito; guida assoluta di un popolo*] chef *m.*

1 **condótto** |kon'dotto| *agg.* [*titolare di una condotta*] municipal*: *medico, veterinario condotto* médecin, vétérinaire municipal; *ostetrica condotta* sage-femme municipale.

2 **condótto** |kon'dotto| *s.m.* **1** conduit, conduite (*f.*): *il condotto dell'acqua potabile, delle fognature* le conduit, la conduite d'eau potable, des égoûts → **tubazione, conduttura** # *condotto d'aerazione* gaine d'aération; *condotto eruttivo* [*il camino dei vulcani*] cheminée volcanique ◇ (*min.*) *condotto di ventilazione* buse *f.* d'aérage **2** (*anat.*) conduit: *condotto uditivo, lacrimale* conduit auditif, lacrymal.

condriòma |kon'drjɔma| *s.m.* (*biol.*) chondriome.

condriosóma |kondrjo'soma| *s.m.* (*biol.*) chondriosome.

condroblàsto |kondro'blasto| *s.m.* chondroblaste.

conducènte |kondu'tʃɛnte| *s.* **1** [*chi guida* (*un veicolo*)] conducteur*: *conducente di un carro, di un'automobile* conducteur d'un chariot, d'une automobile → **autista, guidatore** # *conducente di un taxi* chauffeur de taxi ◇ (*mil.*) soldat du train **2** (*raro*) [*affittuario, locatario*] locataire (*corr.*).

conducìbile |kondu'tʃibile| *agg.* (*fis.*) conductible.

conducibilità |kondutʃibili'ta| *s.f. inv.* (*fis.*) conductibilité (*var.*): *conducibilità elettrica, termica* conductibilité électrique, calorifique.

condùrre |kon'durre| (108) **A** *v.tr.* **1** [*accompagnare, fare da guida*] conduire (75): *condurre un bambino all'asilo, al cinema* conduire un enfant au jardin d'enfants, au cinéma → **accompagnare**; *condurre un cavallo all'abbeveratoio* conduire un cheval à l'abreuvoir → **portare**; *condusse il suo esercito alla vittoria* il conduisit son armée à la victoire → **guidare**; *la sua imprudenza l'ha condotto alla miseria* son imprudence l'a conduit à la misère → **trascinare**; *il fallimento lo condusse alla disperazione* la faillite le conduisit au désespoir → **indurre** ◇ [*attuare, compiere, terminare*] mener (6): *condurre a termine, a compimento un lavoro* mener un travail à bonne fin; *l'impresa fu condotta felicemente a termine* l'entreprise fut menée heureusement jusqu'au bout # *il film è stato condotto con mano sicura* le film a été conduit d'une main sûre → **realizzare** ✦ *ass.* (*di strada*) [*portare*] conduire: *questa via conduce direttamente all'ospedale* cette rue conduit directement à l'hôpital **2** [*guidare, pilotare*] conduire: *condurre una automobile, un trattore* conduire une voiture, un tracteur; *condurre un motoscafo, un aereo* conduire un canot à moteur, piloter un avion **3** (*fig.*) [*dirigere, amministrare, essere a capo*] conduire, diriger (3): *condurre un'azienda* conduire, diriger une entreprise; *condurre un dibattito televisivo* diriger un débat télévisé → **coordinare**; *il generale condusse le trattative di pace* le général dirigea les négociations de paix → **negoziare, trattare** ◇ [*trascorrere, vivere*] mener: *condurre un'esistenza travagliata* mener une existence tourmentée; *conduce una vita facile e tranquilla* il mène une vie facile et tranquille → **fare** **4** (*per est.*) *condurre un segmento, una linea* [*tracciarli*] mener un segment, une ligne; *condurre l'acqua, il gas, il metano* [*incanalarli, trasportarli*] conduire l'eau, le gaz, le méthane; *condurre un muro* [*costruirlo*] construire (75) un mur ◇ (*fig.*) *condurre elettricità, calore, suono* [*trasportare, trasmettere*] conduire l'électricité, la chaleur, le son ✦ *ass.* (*sport*) [*essere in vantaggio*] mener: *i nostri avversari conducono per due a zero* nos adversaires mènent par deux (buts) à zero → **vincere** **B** *v.pron. intr.* CONDURSI **1** [*recarsi, portarsi*] se rendre (53): *condursi in città* se rendre en ville; *gli inquirenti si condussero sul luogo del delitto* les enquêteurs se rendirent sur le lieu du crime **2** [*comportarsi*] se conduire: *condursi bene, male* se conduire bien, mal; *si è condotto da vero mascalzone* il s'est conduit en véritable salaud.

conduttànza |kondut'tantsa| *s.f.* (*elettr.*) conductance.

conduttività |konduttivi'ta| *s.f. inv.* (*elettr.*) conductivité *var.*

conduttivo |kondut'tivo| *agg.* (*fis.*) → **conducibile.**

conduttóre, trice |kondut'tore, tritʃe| **I** *s.* **1** *s.* [*chi conduce, guida*] conducteur*: *il conduttore di un autotreno, di un trattore* le conducteur d'un camion à remorque, d'un tracteur → **conducente, guidatore** ◇ (*ferr.*) *conduttore del treno* chef *m.* de train ◇ [*gestore, direttore*] gérant: *il conduttore di un ristorante* le gérant d'un restaurant ◇ (*dir.*) *conduttore di un appartamento* locataire d'un appartement → **locatario, affittuario** **2** *s.m.* (*fis.*) conducteur: *conduttore termico, acustico* conducteur thermique, acoustique; *il rame è un buon conduttore d'elettricità* le cuivre est (un) bon conducteur de l'électricité ◇ (*elettr.*) *conduttore neutro, di terra* conducteur neutre, de terre **II** *agg.* (*solo nelle loc. fig.*) *filo conduttore* fil conducteur ~ (*letter., mus.*) *motivo conduttore* motif conducteur, leitmotiv.

conduttùra |kondut'tura| *s.f.* [*tubi, condotti, linee*] conduite: *conduttura di acqua, di gas* conduite d'eau, de gaz; *condutture elettriche* conduites, lignes électriques.

conduzióne |kondut'tsjone| *s.f.* **1** (*fis.*) [→ CONDURRE A 4] conduction: *conduzione termica, elettrica, acustica* conduction thermique, électrique, acoustique **2** (*dir.*) conduction, location: *conduzione in enfiteusi, a mezzadria* conduction, location en emphytéose, en métayage; *dare una casa in conduzione* donner une maison en location → **locazione** **3** [→ CONDURRE A 3] gestion; exploitation: *la conduzione di un'azienda* la gestion d'une entreprise → **gestione, amministrazione** || *la conduzione di una fattoria* l'exploitation d'une ferme # *conduzione di un fondo rustico* affermage d'un fonds rustique **4** [*sorveglianza, manutenzione*] surveillance: *la conduzione dell'impianto di riscaldamento* la surveillance de l'installation de chauffage.

confabulàre |konfabu'lare| *v.intr.* (*aus.* '*avere*') [*parlare a bassa voce di cose segrete*] comploter: *è un'ora che sono chiusi in camera a confabulare* cela fait une heure qu'ils sont enfermés dans la chambre à comploter.

confabulazióne |konfabulat'tsjone| *s.f.* **1** [→ CONFABULARE] conversation, entretien (*m.*): *la vostra lunga confabulazione in un angolo appartato mi insospettisce* votre longue conversation, votre long entretien à l'écart éveille mes soupçons → **conversazione** **2** (*psicol.*) fabulation.

confacènte |konfa'tʃɛnte| *agg.* [*conveniente, appropriato, opportuno*] qui convient (conviennent) (*loc.*): *questo lavoro non è confacente alle sue capacità* ce travail ne convient pas à ses capacités.
confacenteménte |konfatʃente'mente| *avv.* [→ CONFACENTE] convenablement.
confacévole |konfa'tʃevole| *agg.* (*raro, lett.*) → **confacente.**
Confagricoltùra |konfagrikol'tura| *s.f.* Confédération générale de l'agriculture.
confàrsi |kon'farsi| *v.pron. intr.* [*essere appropriato, opportuno*] convenir (27) (*intr.*): *abiti che si confanno alla circostanza* vêtements qui conviennent à la circonstance; *questi discorsi non si confanno a una ragazza* ces propos ne conviennent pas à une jeune fille → **addir(si), convenire**; *questo clima non gli si confà* ce climat ne lui convient pas → **giovare.**
confederàle |konfede'rale| *agg.* confédéral*.
confederàrsi |konfede'rarsi| *v. pron.* **1** *recipr.* [*unirsi in una confederazione polit.*] se confédérer (8): *quei due stati si sono confederati* ces deux états se sont confédérés **2** *rifl.* [*associarsi, coalizzarsi*] s'associer.
confederativo |konfedera'tivo| *agg.* de la confédération *loc. inv.*, confédéré: *patto, accordo confederativo* fait, accord confédéré.
confederàto |konfede'rato| *agg.* confédéré ✦ *s.* (*st. amer.*) *i Confederati* les Confédérés.
confederazióne |konfederat'tsjone| *s.f.* confédération ◇ (*per est.*) *confederazione sindacale* confédération syndicale; *Confederazione Generale del Lavoro* Confédération Générale du Travail.
conferènza |konfe'rɛntsa| *s.f.* **1** conférence: *una conferenza di carattere economico, musicale* une conférence à caractère économique, musical; *conferenza stampa* conférence de presse; *essere invitato, andare a una conferenza* être invité, aller à une conférence; *ha tenuto un ciclo di conferenze su Dante* il a donné une série de conférences sur Dante **2** [*riunione di rappresentanti di più stati*] conférence: *conferenza europea, internazionale* conférence européenne, internationale; *la conferenza per il disarmo, sulla pace* la conférence du désarmement, sur la paix **3** (*eccl.*) *conferenza episcopale* conférence épiscopale ◇ [*associazione a scopo di carità*] *conferenza di S. Vincenzo* conférence de Saint Vincent de Paul.
conferenzière |konferen'tsjɛre| *s.* conférencier* → **oratore.**
conferiménto |konferi'mento| *s.m.* [→ CONFERIRE A] attribution *f.*; collation (*f.*): *il conferimento di un premio* l'attribution d'un prix ‖ *il conferimento di un titolo* la collation d'un titre # *conferimento del grano all'ammasso* apport du blé à la réserve nationale.
conferire |konfe'rire| (197) **A** *v.tr.* **1** (*bur.*) [*concedere, accordare*] conférer (8): *conferire un'alta onorificenza, un titolo cavalleresco* conférer une haute décoration, un titre honorifique; *conferire un diploma* conférer un diplôme # *conferire un premio* remettre, attribuer un prix ◇ (*fig.*) *quell'abito le conferisce grazia e distinzione* ce vêtement lui donne de la grâce et de la distinction → **dare** **2** (*nella loc.*) *conferire all'ammasso* [*consegnare, portare*] apporter à la réserve (nationale) **B** *v.intr.* (*aus. 'avere'*) **1** [*avere un colloquio, abboccarsi*] conférer; avoir (28) *tr.* un entretien: *conferire con il proprio avvocato* conférer avec son avocat ‖ *vorrei conferire con il direttore generale* je voudrais avoir un entretien avec le directeur général **2** [*essere adatto, opportuno*] convenir (27): *l'alta montagna non conferisce troppo alla mia salute* la haute montagne ne convient pas tellement à ma santé → **giovare**; *il movimento conferisce all'efficienza fisica* le mouvement convient au rendement physique → **cooperare.**
confèrma |kon'ferma| *s.f.* [→ CONFERMARE A] confirmation: *avere la conferma di un dubbio, di un fatto* avoir la confirmation d'un doute, d'un fait → **prova**; *ha ricevuto la conferma scritta della sua nomina* il a reçu la confirmation écrite de sa nomination; *la tua ipotesi non trova conferma in nessun dato obiettivo* ton hypothèse ne trouve confirmation dans aucune donnée objective # *c'è stata la conferma ufficiale della notizia* la nouvelle a été officiellement confirmée ◇ *loc.* A (IN) CONFERMA DI en confirmation de: *a conferma di quanto detto, lei riceverà una lettera ufficiale* en confirmation de notre conversation, vous recevrez une lettre officielle ⒸC **disdetta.**
confermàre |konfer'mare| **A** *v.tr.* **1** [*convalidare, comprovare, riaffermare*] confirmer: *confermare un'ordinazione, l'accettazione di un invito* confirmer une commande, l'acceptation d'une invitation; *ti confermo il mio arrivo per domani* je te confirme mon arrivée pour demain → **rinnovare** **2** [*approvare; riconoscere valido, operante*] confirmer: *confermare una nomina, una sentenza* confirmer une nomination, une sentence; *gli è stata confermata la carica di sottosegretario* on lui a confirmé sa nomination comme sous-secrétaire (d'État) → **riconfermare** **3** [*rendere certo, rafforzare*] confirmer: *confermare i dubbi, le speranze di qc.* confirmer les doutes, les espoirs de qqn.; *la notizia è stata confermata ufficialmente* la nouvelle a été confirmée officiellement; *i risultati confermano le nostre tesi* les résultats confirment nos thèses ◇ (*loc. eccl.*) *confermare nella fede* [*cresimare*] confirmer en grâce **B** *v.pron. rifl.* CONFERMARSI **1** [→ *tr.* 3] confirmer (*tr.*): *mi confermo sempre più nel mio proposito* je confirme plus que jamais mon propos **2** (*nella chiusa delle lettere*) [*dichiararsi*] *mi confermo suo sincero amico* croyez-moi bien sincèrement et amicalement à vous ⒸC A 1 **disdire,** 3 **smentire.**
confermativo |konferma'tivo| *agg.* confirmatif*.
confermazióne |konfermat'tsjone| *s.f.* **1** → **conferma** **2** → **cresima.**
confessàbile |konfes'sabile| *agg.* [→ CONFESSARE A 1, 2] avouable.
confessàre |konfes'sare| **A** *v.tr.* **1** [*riconoscere, ammettere*] confesser, avouer: *due degli imputati hanno confessato* (*il proprio delitto*) deux des accusés ont confessé, avoué (leur crime); *confessare il proprio errore, i propri torti* confesser son erreur, ses torts ✦ (*ass.*) *l'assassino ha confessato* l'assassin a avoué **2** (*per est.*) [*dichiarare, riconoscere*] confesser, avouer: *confessare la propria ignoranza in un argomento* confesser, avouer son ignorance sur un sujet; *ti confesso che lo ignoravo* je t'avoue que je l'ignorais; *confessò candidamente di essersene dimenticato* il avoua avec candeur qu'il l'avait oublié ◇ (*loc.*) *confessare la propria fede* [*professarla apertamente*] confesser sa foi **3** (*del penitente*) [*dire al sacerdote i propri peccati*] confesser # *padre, mi vergogno di confessarle le mie gravi mancanze* mon père, bénissez-moi parce que j'ai péché **4** (*del sacerdote*) [*amministrare il sacramento della penitenza*] confesser: *confessare i fedeli* confesser les fidèles ✦ (*ass.*) *il parroco sta confessando* le curé est en train de confesser **B** *v.pron.* CONFESSARSI **1** *rifl.* [→ *tr.* 2] se confesser: *si confessa ogni tre mesi* il se confesse tous les trois mois **2** *recipr.* (*scherz.*) (*persone*) [*parlottare, confidarsi segretamente*] comploter (*intr.*): *avete finito di confessarvi?* avez-vous fini de comploter?
confessionàle |konfessjo'nale| **I** *agg.* **1** (*eccl.*) de la confession (*loc. inv.*): *segreto confessionale* secret de la confession **2** [*che si fonda su, che riconosce una fede religiosa*] confessionnel*: *scuole confessionali* écoles confessionnelles; *Stato confessionale* État confessionnel **II** *s.m.* confessionnal*: *entrare, inginocchiarsi in un confessionale* entrer, s'agenouiller dans un confessionnal ⒸC I **aconfessionale.**
confessionalìsmo |konfessjona'lizmo| *s.m.* confessionnalisme.
confessionalità |konfessjonali'ta| *s.f. inv.* appartenance *var.* à une confession ⒸC **aconfessionalità.**
confessióne |konfes'sjone| *s.f.* **1** [→ CONFESSARE A] aveu *m.*; confession: *l'imputato ha fatto piena confessione delle sue colpe* l'accusé a fait l'aveu complet de ses délits, a passé aux aveux complets → **ammissione**; *ti devo fare una grave confessione* je dois te faire un grave aveu; *la confessione della sua dimenticanza gli ha attirato molte simpatie* l'aveu de son oubli lui a attiré beaucoup de sympathies → **riconoscimento** ‖ *prima di morire ha fatto una buona confessione* avant de mourir il a fait une bonne confession; *quel sacerdote ha violato il sigillo, il segreto della confessione* ce prêtre a violé le secret de la confession → **penitenza**; *appartiene a una famiglia di confessione cattolica* il appartient à une famille de confession catholique → **religione**; **2** *al plur.* (*letter.*) *le 'Confessioni' di S. Agostino* les 'Confessions' de Saint Augustin **3** [*altare, tomba di un santo*] confession.
confessionista |konfessjo'nista| *agg.* → **confessionale.**
confèsso |kon'fɛsso| *agg.* **1** (*nella loc.*) *reo confesso* [*che ha confessato*] criminel qui s'est reconnu coupable, qui a avoué **2** (*eccl.*) (*solo nella loc.*) *confesso e comunicato* muni des sacrements de l'Église ⒸC **inconfesso.**
confessóre |konfes'sore| *s.m.* **1** (*eccl.*) confesseur: *non fa nulla senza il consiglio del suo confessore* il ne fait rien sans le conseil de son confesseur **2** (*liturg.*) *confessore della fede* confesseur de la foi.

confettàre |konfet'tare| *v.tr.* [*candire*] confire*.
confetteria |konfette'ria| *s.f.* [*fabbrica, negozio di confetti e di altri prodotti dolciari*] confiserie.
confettièra |konfet'tjɛra| *s.f.* [*scatola, vaso per confetti*] drageoir *m.*
confettière |konfet'tjɛre| *s.* (*raro*) [*fabbricante, venditore di confetti e sim.*] confiseur*.
confètto |kon'fɛtto| *s.m.* **1** [*piccolo dolce, di varia forma, fatto di zucchero cotto e contenente mandorle o sim.*] dragée (*f.*): *confetti alla mandorla, alla cannella* dragées aux amandes, à la cannelle; *offrire i confetti* offrir les dragées ◇ (*scherz.*) *allora, a quando questi confetti?* alors, à quand le mariage? → **nozze** **2** (*per anal., iron.*) [*sassate, proiettili*] pruneaux (*pl.*): *durante l'incursione aerea piovevano confetti da tutte le parti* pendant le raid, les pruneaux pleuvaient de toutes parts **3** (*farm.*) [*preparato farmaceutico rivestito di zucchero*] dragée.
confettùra |konfet'tura| *s.f.* **1** → **marmellata** **2** *spec. al plur.* [*assortimento di dolci*] confiserie *sing.*
confezionàre |konfettsjo'nare| *v. tr.* **1** [*preparare definitivamente (un prodotto) per la vendita e per la conservazione*] conditionner: *confezionare frutta secca* conditionner des fruits secs; *confezionare un medicinale in confetti, in pillole* conditionner un médicament en dragées, en pilules ◇ (*per est.*) confectionner: *confezionare una scatola di cioccolatini* confectionner une boîte de chocolats; *confezionò un elegante pacchetto* il confectionna un élégant paquet → **avvolgere, involgere** **2** [*cucire, rifinire (un indumento)*] confectionner: *si è fatta confezionare un cappotto su misura* elle s'est fait confectionner un manteau sur mesure.
confezionàto |konfettsjo'nato| *agg.* de confection (*loc. inv.*): *ho comperato un abito confezionato* j'ai acheté un vêtement de confection.
confezionatóre, trice |konfettsjona'tore, tritʃe| *s.* **1** *s.* [*operaio addetto alla confezione*] confectionneur*: *un confezionatore di scatole, di pacchi* un confectionneur de boîtes, de paquets # *è un bravo confezionatore di abiti* c'est un bon fabricant de vêtements de confection → **confezionista** **2** *s.f.* (*tecnol.*) conditionneuse.
confezióne |konfet'tsjone| *s.f.* [→ CONFEZIONARE] confection: *la confezione di un abito, di un medicinale, di un prodotto* la confection d'un vêtement, d'un médicament, d'un produit; *una confezione scadente, elegante, pratica* une confection de mauvaise qualité, élégante, pratique; *negozio di confezioni* magasin de confection # *fabbricante di confezioni* confectionneur; *è l'addetto alla confezione di pacchi* c'est lui qui confectionne les paquets.
confezionìsta |konfettsjo'nista| *s.* [*chi confeziona capi di abbigl.*] confectionneur*.
conficcaménto |konfikka'mento| *s.m.* (*raro*) [→ CONFICCARE A] enfoncement (*corr.*).
conficcàre |konfik'kare| **A** *v.tr.* [*far entrare (un oggetto aguzzo) con forza e a fondo*] enfoncer (2): *conficcare un chiodo nel muro* enfoncer un clou dans le mur → **piantare** ◇ (*fig.*) enfoncer, fourrer: *conficcare q.c. nella mente, nella memoria* enfoncer, fourrer qqch. dans la tête → **imprimere** **B** *v.pron. intr.* CONFICCARSI [→ *tr.*] *il proiettile gli si era conficcato nella coscia* le projectile s'était logé dans sa cuisse ◇ (*fig.*) *quell'immagine gli si era conficcata nella mente* cette image s'était gravée dans son esprit (au point de l'obséder).
confidàre |konfi'dare| **A** *v.intr.* (*aus.* '*avere*') [*fare affidamento, avere fiducia*] avoir (28) confiance; compter: *confidare in Dio* avoir confiance en Dieu; *il superbo confida solo nelle proprie forze* l'orgueilleux n'a confiance qu'en ses propres forces ‖ *confido di farcela* je compte y arriver → **sperare**, **credere** **B** *v.tr.* **1** [*palesare, rivelare in confidenza*] confier: *confidare le proprie pene* confier ses peines; *confidò il segreto all'amico* il confia le secret à son ami **2** → **affidare** **C** *v.pron. intr.* CONFIDARSI [→ *tr.*] se confier, s'ouvrir (23): *confidarsi con qc.* se confier, s'ouvrir à qqn. ◆ (*ass.*) *si confida molto poco* il s'ouvre fort peu ⓒ A **diffidare**.
confidènte |konfi'dɛnte| **I** *agg.* (*raro*) [*fiducioso*] confiant (*corr.*): *con animo confidente* le cœur confiant **II** *s.* **1** [*persona cui si confidano segreti*] confident: *essere il confidente dei progetti di qc.* être le confident des projets de qqn. **2** [*informatore, spia*] indicateur*: *confidente della polizia* indicateur de police.
confidenteménte |konfidente'mente| *avv.* (*raro*) [→ CONFIDENTE I] avec confiance *loc. inv.*
confidènza |konfi'dɛntsa| *s.f.* **1** [*familiarità, dimestichezza*] familiarité: *trattare qc. con confidenza* traiter qqn. avec familiarité; *gli hai dato troppa confidenza* tu l'as traité avec trop de familiarité # *si conoscono appena e sono già in gran confidenza* ils se connaissent à peine et ils sont déjà très intimes ◇ (*per est.*) [*sicurezza, disinvoltura*] *aver confidenza con le armi, le macchine* être familiarisé avec les armes, les machines; *non ho troppa confidenza con i cani* je ne suis pas très en confiance *loc.* avec les chiens → **familiarità** ◇ (*loc.*) *prendersi delle confidenze* se permettre des familiarités: *come si permette di prendersi certe confidenze?* comment vous permettez-vous certaines familiarités? ~ (*formula di scusa*) PRENDERSI LA CONFIDENZA DI (+ *inf.*) se permettre de (+ *inf.*): *mi sono preso la confidenza di scriverle* je me suis permis de vous écrire **2** [*rapporto di fiducia; l'aprire il proprio animo a qc.*] confiance; confidence: *ha troppa confidenza nella buonafede altrui* il a trop confiance en la bonne foi d'autrui → **fiducia** ‖ *fa le sue confidenze a quel poco di buono* il fait ses confidences à ce bon à rien; *non devi rivelare le mie confidenze!* surtout, ne va pas divulguer mes confidences! ◇ *loc.* IN CONFIDENZA en confidence: *te lo dico in confidenza, non mischiarti in quell'affare!* je te le dis en confidence, ne te mêle pas de cette affaire! ⓒ 1 **diffidenza**; 2 **sfiducia**.
confidenziàle |konfiden'tsjale| *agg.* **1** [*cordiale, familiare*] familier*: *modi confidenziali* des manières familières → **amichevole**; *parole confidenziali* des mots familiers **2** [*segreto, riservato*] confidentiel*: *un colloquio, un'opinione confidenziale* un entretien, un avis confidentiel; *lettera confidenziale* lettre confidentielle; *la notizia mi è pervenuta in via confidenziale* la nouvelle m'est parvenue par voie confidentielle.
confidenzialménte |konfidentsjal'mente| *avv.* [→ CONFIDENZIALE] confidentiellement, en confidence (*loc. inv.*): *sono stato informato confidenzialmente da un amico* un ami m'a informé confidentiellement # *trattare qc. confidenzialmente* traîter qqn. avec confiance → **familiarmente, cordialmente.**
configgere |kon'fiddʒere| (110) **A** *v.tr.* **1** [*conficcare (un oggetto acuminato)*] enfoncer (2): *gli confisse la spada nel fianco* il lui enfonça l'épée dans le flanc □ (*fig.*) *configgersi un'immagine nella mente* fixer, graver une image dans son esprit **2** [*inchiodare, fissare con chiodi*] être (43) crucifié: *essere confitto in croce* être crucifié **B** *v.pron.* CONFIGGERSI **1** *intr.* [→ *tr.* 1] s'enfoncer: *una spina gli si era confitta in un piede* il avait une épine dans le pied, une épine s'était enfoncée dans son pied **2** *rifl.* → *tr.* 1 □.
configuràre |konfigu'rare| **A** *v.tr.* (*raro*) [*rappresentare in una data forma*] représenter **B** *v.pron. intr.* CONFIGURARSI [*presentarsi, assumere una forma particolare*] se présenter sous forme de: *spesso i contenuti poetici si configurano in simboli* les contenus poétiques se présentent souvent sous forme de symboles.
configurazióne |konfigurat'tsjone| *s.f.* **1** [→ CONFIGURARE] configuration: *configurazione di un oggetto, di un terreno* configuration d'un objet, d'un terrain ◇ (*fig.*) *la configurazione giuridica di un fatto* la configuration juridique d'un fait **2** (*anat., radiologia*) configuration: *configurazione aortica, mitralica* configuration de l'aorte, mitrale ◇ (*fis.*) *configurazione di un sistema* configuration d'un système ◇ (*geogr.*) *configurazione verticale, orizzontale di un luogo* configuration verticale, horizontale d'un lieu; *la configurazione della regione alpina* la configuration de la région alpine.
configurazionismo |konfigurattsjo'nizmo| *s.m.* (*psicol.*) gestaltisme.
confinaménto |konfina'mento| *s.m.* [→ CONFINARE B] confinement.
confinànte |konfi'nante| *agg.* [*che confina, limitrofo*] voisin, limitrophe: *terreno, popolo confinante* terrain voisin, peuple limitrophe ◆ (*s.*) *un confinante* un voisin: *sono i soliti litigi di confinanti* ce sont toujours les mêmes disputes entre voisins.
confinàre |konfi'nare| **A** *v.intr.* (*aus.* '*avere*') [*essere adiacente, avere un tratto di confine in comune*] être (43) limitrophe de, confiner avec: *l'Italia confina anche con la Francia* l'Italie est également limitrophe de la France; *i nostri terreni confinano* nos terrains confinent ◇ (*fig.*) [*avere caratteri in comune, essere affine*] friser (*tr.*): *la sua disinvoltura spesso confina con la sfrontatezza* sa désinvolture frise souvent l'effronterie **B** *v.tr.* [*condannare al confino*] confiner: *confinare i propri avversari politici* confiner ses adversaires politiques ◇ (*per est.*) [*isolare, relegare*] *è stato confinato a fare l'insegnante in un paesino di montagna* on l'a confiné, com-

me enseignant, dans un petit village de montagne; *ha confinato i suoi genitori in un ospizio* il a mis ses parents à l'hospice, il a confiné ses parents dans un hospice **C** *v.pron. rifl.* CONFINARSI [*appartarsi, isolarsi*] se claquemurer, se confiner: *confinarsi in casa* se claquemurer, s'enfermer chez soi; *mi sono confinato in una casetta di campagna* je me suis claquemuré, cloîtré dans une petite maison de campagne.

confinàrio, i |konfi'narjo, i| *agg.* [*che riguarda il confine; che sorveglia i confini*] frontalier*: *linea, pietra confinaria* ligne, borne frontalière; *palo confinario* poteau frontalier; *polizia confinaria* police frontalière, des frontières.

confinàto |konfi'nato| *agg.* [*inviato al confino*] confiné: *scrittore confinato in un'isola* écrivain confiné dans une île ◆ (*s.*) *un confinato* un exilé: *i confinati politici* les exilés politiques ◇ (*per est.*) [*abbandonato, relegato*] relégué: *un libro confinato in soffitta* un livre relégué au grenier.

Confindùstria |konfin'dustrja| *s.f.* Confédération générale de l'industrie italienne.

confìne |kon'fine| *s.m.* **1** [*linea di demarcazione*] limite *f.*; frontière (*f.*): *confine naturale, artificiale* limite naturelle, artificielle; *confini geografici, politici, amministrativi* limites géographiques, politiques, administratives; *il confine della mia proprietà coincide con il fosso* la limite de ma propriété est marquée par le fossé ‖ *difesero valorosamente i confini della patria* ils défendirent valeureusement les frontières de la patrie ◇ (*per est.*) [*la pietra, il cippo delimitante una proprietà*] borne (*f.*): *piantare, togliere i confini* planter, enlever les bornes **2** (*fig.*) [*limite, misura*] limite: *davanti a noi si stendeva una pianura senza confini* une plaine sans limites s'étendait devant nous; *non sempre riesce a tenersi entro i confini della correttezza* il ne réussit pas toujours à se tenir dans les limites de la correction # *spesso non vi è un confine tra il genio e la pazzia* souvent le génie confine à la folie; souvent il n'y a pas de frontière entre le génie et la folie.

confìno |kon'fino| *s.m.* [*pena, misura di polizia che impone al condannato di dimorare in un luogo determinato*] relégation *f.* # *inviare qc. al confino* reléguer qqn. ◇ (*fig.*) *mettere al confino un'idea* bannir une idée → **bando.**

confìsca, che |kon'fiska, ke| *s.f.* (*dir.*) confiscation, saisie.

confiscàbile |konfis'kabile| *agg.* [→ CONFISCARE] confiscable.

confiscaménto |konfiska'mento| *s.m.* → **confisca.**

confiscàre |konfis'kare| *v.tr.* [*espropriare per confisca*] confisquer: *confiscare merci di contrabbando* confisquer des marchandises de contrebande.

confìteor |kon'fiteor| *s.m. inv.* (*lat.*) confiteor ◇ (*fig.*) *dire, recitare il confiteor* dire des confiteor.

confìtto |kon'fitto| *agg.* [*conficcato; inchiodato*] logé; enfoncé: *aveva un proiettile confitto in una mano* il avait un projectile logé dans une main ‖ *c'era un palo confitto nel terreno* il y avait un poteau enfoncé dans le sol # *Cristo morì confitto in croce* le Christ mourut crucifié.

conflagràre |konfla'grare| *v.intr.* (*aus. 'essere'*) **1** (*lett.*) → **divampare 2** (*fig.*) (*spec. di guerra*) [*scoppiare, divampare*] éclater.

conflagrazióne |konflagrat'tsjone| *s.f.* **1** (*lett.*) → **incendio; conflitto 2** (*fig.*) [→ CONFLAGRARE 2] conflagration: *conflagrazione europea* conflagration européenne.

conflitto |kon'flitto| *s.m.* conflit: *i conflitti internazionali* les conflits internationaux → **guerra, combattimento** # *ci fu un conflitto a fuoco tra i fuorilegge e la polizia* il y eut un échange de coups de feu entre les hors-la-loi et la police → **scontro** ◇ (*fig.*) *conflitto di interessi* conflit d'intérêts; *conflitto di idee, di gusti* conflit d'idées, de goûts; *conflitto di potere, di giurisdizione, di competenza* conflit de pouvoir, de juridiction, de compétence; *entrare in conflitto con qc.* entrer en conflit avec qqn. → **contrasto, urto.**

conflittuàle |konflittu'ale| *agg.* (*psican.*) conflictuel*.

conflittualità |konflittuali'ta| *s.f. inv.* conflictualité *var.*

confluènte |konflu'ɛnte| *s.m.* confluent → **affluente.**

confluènza |konflu'ɛntsa| *s.f.* **1** [→ CONFLUIRE] confluence; convergence: *confluenza di fiumi, di ghiacciai* confluence des fleuves, des glaciers ‖ *confluenza di opinioni, di idee* convergence d'opinions, d'idées # *confluenza di strade, di valli* croisement de routes, de vallées; *confluenza di condutture* embranchement de conduites **2** (*per est.*) [*il punto, la zona d'incontro*] carrefour (*m.*): *alla confluenza delle due strade* au carrefour des deux routes.

confluìre |konflu'ire| (197) *v.intr.* (*aus. 'essere, avere'*) **1** (*di fiumi*) [*congiungersi, mescolarsi*] se jeter (5) *pron.* dans: *il Ticino confluisce nel Po* le Tessin se jette dans le Pô, le Tessin et le Pô confondent leurs eaux ◇ (*per est.*) (*di valli, strade, condutture*) confluer (*aus.* avoir): *queste due vie confluiscono in piazza* ces deux rues confluent vers la place **2** (*fig.*) [*convergere, trovarsi uniti*] se fondre (53) (*pron.*): *temi vari, spesso contrastanti, confluiscono in quest'opera* des thèmes variés, souvent en contraste, se fondent dans cette œuvre.

confóndere |kon'fondere| (146) **A** *v.tr.* **1** [*mescolare disordinatamente, alla rinfusa*] brouiller: *non confondere quei due mazzi di carte* ne brouille pas ces deux jeux de cartes; *il vento gli aveva confuso i fogli* le vent avait brouillé ses feuilles ◇ (*fig.*) *non confondiamo il coraggio con la temerarietà!* ne confondons pas le courage avec la témérité! **2** [*scambiare, prendere una persona, una cosa per un'altra*] confondre (53): *confondere le date, i nomi, i colori* confondre les dates, les noms, les couleurs; *mi ha confuso con il suo amico* il m'a pris pour son ami, il m'a confondu avec son ami **3** [*rendere indistinto, meno chiaro*] confondre: *la sera confondeva già i contorni delle cose* le soir confondait déjà les contours des choses **4** [*turbare; mettere in imbarazzo*] brouiller; confondre: *tutte queste interruzioni mi confondono le idee* toutes ces interruptions me brouillent les idées; *questa strana luce mi confonde la vista* cette étrange lumière me brouille la vue → **abbagliare** ‖ *il tono della domanda lo confuse* le ton des questions le confondit → **disorientare**; *la sua gentilezza ci confonde* sa gentilesse nous confond ◇ (*per est.*) [*umiliare, mortificare*] confondre: *confondere l'avversario, il nemico* confondre l'adversaire, l'ennemi; *Dio confonde i superbi* Dieu confond les orgueilleux **B** *v.pron. intr.* CONFONDERSI **1** [→ *tr.* 1] se perdre (53): *i ladri si confusero tra la folla* les voleurs se perdirent dans la foule; *i ricordi mi si confondono nella memoria* les souvenirs se perdent dans ma mémoire → **mescolar(si) 2** [→ *tr.* 3] se confondre: *le linee del paesaggio cominciavano a confondersi per l'oscurità* les lignes du paysage commençaient à se confondre à cause de l'obscurité → **annebbiare 3** [→ *tr.* 4] se troubler: *mi si confonde la vista* ma vue se trouble; *s'è confuso e non è riuscito a dire una sola parola* il s'est troublé et n'a pas réussi à dire un mot (une seule parole) → **disorientare.**

confondìbile |konfon'dibile| *agg.* [→ CONFONDERE A 2] qui peut être confondu (*loc.*): *quei due libri hanno copertine facilmente confondibili* ces deux livres ont des couvertures qui peuvent être facilement confondues → **scambiabile** [C] **inconfondibile.**

confondiménto |konfondi'mento| *s.m.* (*tosc.*) → **seccatura, noia.**

conformàre |konfor'mare| **A** *v.tr.* **1** [*rendere conforme, uniformare*] conformer: *conformare le azioni ai propri ideali* conformer ses actions à ses idéaux → **accordare, armonizzare 2** (*raro*) [*dare forma*] conformer: *la natura l'ha ben conformato* la nature l'a bien conformé **B** *v.pron. rifl.* CONFORMARSI [→ *tr.* 1] se conformer, s'adapter: *conformarsi alla moda, alle circostanze* se conformer, s'adapter à la mode, aux circonstances; *mi sono conformato agli ordini ricevuti* je me suis conformé aux ordres reçus → **attener(si), adattar(si), adeguar(si).**

conformàto |konfor'mato| *agg.* conformé: *un corpo mal, ben conformato* un corps mal, bien conformé.

conformazióne |konformat'tsjone| *s.f.* conformation: *conformazione dello scheletro* conformation du squelette; *vizio di conformazione* vice de conformation.

confórme |kon'forme| **1** *agg.* conforme: *ritratto conforme al modello* portrait conforme au modèle; *per copia conforme all'originale* pour copie conforme (à l'original) ◇ (*fig.*) [*coerente, corrispondente*] *condurre vita conforme ai propri desideri e mezzi* mener une vie conforme à ses désirs, à ses moyens **2** *avv.* [*in conformità*] conformément: *ha agito conforme ai suoi principi morali* il a agi conformément à ses principes moraux → **conformement.**

conformeménte |konforme'mente| *avv.* [→ CONFORME] conformément: *agire conformemente a quanto dispone la legge* agir conformément à la loi, aux dispositions de la loi; *si è regolato conformemente alla propria coscienza* il s'est comporté conformément à sa propre conscience.

conformìsmo |konfor'mizmo| *s.m.* conformisme.

conformìsta |konfor'mista| *s.* conformiste.

conformìstico, ci, ca, che |konfor'mistiko, tʃi, ka, ke| *agg.* conformiste: *morale conformistica* morale conformiste.
conformità |konformi'ta| *s.f. inv.* conformité (*var.*): *conformità di opinioni, di vedute* conformité d'opinions, de vues → **identità** ◇ *loc.* IN CONFORMITÀ DI (A) [*conformemente*] conformément à: *agire in conformità alla legge* agir conformément à la loi.
confortàbile |konfor'tabile| *agg.* **1** → **consolabile** **2** (*lett.*) *la tua tesi non è confortabile da nessuna prova* ta thèse n'est étayée par aucune preuve.
confortànte |konfor'tante| *agg.* [*che dà conforto*] réconfortant: *mi sono giunte notizie poco confortanti* j'ai appris des nouvelles peu réconfortantes → **consolante** # *ha conseguito risultati confortanti* il a obtenu des résultats encourageants → **incoraggiante** Ⓒ **sconfortante.**
confortàre |konfor'tare| **A** *v.tr.* **1** [*consolare, dare conforto*] réconforter: *confortare un malato, un afflitto* réconforter un malade, un affligé; *mi conforta la speranza di rivedervi presto* l'espoir de vous revoir bientôt me réconforte **2** (*raro*) [*ristorare, rinvigorire*] réconforter (*corr.*): *questo bicchierino ti conforterà lo stomaco* ce petit verre te réconfortera, te remettra l'estomac d'aplomb **3** [*comprovare, convalidare*] s'appuyer (11) (*pron.*): *la sua dimostrazione è confortata da numerose citazioni* sa démonstration s'appuie sur de nombreuses citations # *le tue parole confortano la mia tesi* tes paroles viennent à l'appui de ma thèse → **rafforzare** **4** (*lett.*) [*esortare; incitare, persuadere*] exhorter (*corr.*), encourager (3) (*corr.*): *confortare i soldati prima dell'assalto* exhorter les soldats avant l'assaut; *il tuo esempio mi conforta a proseguire* ton exemple m'encourage à continuer **B** *v. pron. rifl.* CONFORTARSI [→ *tr.* 1] se consoler: *mi conforto nel sapervi solidali con me* cela me console de vous savoir solidaires de moi Ⓒ A 1 **sconfortare.**
confortativo |konforta'tivo| *agg.* (*raro*) → **confortante.**
confortatóre, trice |konforta'tore, tritʃe| *agg. e s.* (*raro*) → **consolatore.**
confortatòrio, i |konforta'tɔrjo, i| **1** *agg.* (*raro*) → **confortante** **2** *s.m.* chapelle où les condamnés à mort reçoivent les secours de la religion.
conforterìa |konforte'ria| *s.f.* → **confortatorio 2.**
confortévole |konfor'tevole| *agg.* **1** [*che dà conforto*] réconfortant: *parole confortevoli* mots réconfortants → **consolante** **2** [*comodo*] confortable: *una casa confortevole* une maison confortable Ⓒ **sconfortevole.**
confortevolménte |konfortevol'mente| *avv.* [→ CONFORTEVOLE 2] confortablement.
confortìno |konfor'tino| *s.m.* (*region.*) → **biscotto.**
1 **confòrto** |kon'fɔrto| *s.m.* **1** [*sollievo, consolazione*] consolation *f.*, réconfort: *parole di conforto* paroles de consolation; *dare, ricevere, trovare conforto* donner, recevoir, trouver du réconfort; *è disperato: niente gli è di conforto* il est désespéré: rien ne lui apporte du réconfort ◇ (*eccl.*) *è morto con il conforto della religione* il est mort muni des sacrements de l'Église → **sacramento** **2** (*mil.*) *viveri di conforto* [*caffè, liquori e sim.*] ration *f.* intermédiaire; *generi di conforto* aliments remontants **3** [*sostegno morale; esortazione, incoraggiamento*] *in questa iniziativa mi è di conforto la vostra solidarietà* dans cette initiative, votre solidarité me réconforte **4** *loc.* A CONFORTO DI [*a convalida*] à l'appui de: *portò molte prove a conforto delle sue idee* il apporta beaucoup de preuves à l'appui de ses idées Ⓒ 1 **sconforto.**
2 **confòrto** |kon'fɔrto| *s.m.* [*comodità, agio*] confort: *un appartamento moderno deve avere tutti i conforti* un appartement moderne doit avoir tout le confort.
confratèllo |konfra'tɛllo| *s.m.* [*membro di comunità religiose o di particolari associazioni*] confrère.
confratèrnita |konfra'tɛrnita| *s.f.* (*relig.*) confrérie.
confricàre |konfri'kare| *v.tr.* (*lett.*) → **strofinare, fregare.**
confricazióne |konfrikat'tsjone| *s.f.* (*lett.*) → **strofinamento, sfregamento.**
confrontàbile |konfron'tabile| *agg.* → **paragonabile.**
confrontàre |konfron'tare| *v.tr.* **1** [*valutare le differenze e le analogie di due o più elementi raffrontati*] confronter (avec), comparer (à, avec): *confrontare la copia con l'originale* confronter, comparer la copie avec l'original, collationner; *confronta le due versioni del medesimo fatto* confronte, compare les deux versions du même fait → **paragonare, raffrontare** **2** (*per est., raro*) [*vedere, consultare*] consulter: *confrontare l'elenco telefonico* consulter l'annuaire; *abbiamo confrontato l'enciclopedia* nous avons consulté l'encyclopédie ◇ (*come rinvio bibliografico*) *confronta* (*spesso abbrev. in* '*cfr.*'), *cfr. pagina 20, nota n. 2* confer (cf.) page 20, note n° 2.
confrónto |kon'fronto| *s.m.* **1** [→ CONFRONTARE 1] comparaison (*f.*): *termine di confronto* terme de comparaison; *fare, istituire un confronto* faire, établir une comparaison; *stare a confronto, reggere al confronto con qc.* soutenir la comparaison, aller de pair avec qqn.; *essere senza confronto* (*confronti*) être sans comparaison → **paragone, raffronto** # *mettere a confronto* comparer; *confronto* (*a due*) *televisivo* face à face, face-à-face télévisé; *non temere confronti* [*essere insuperabile*] ne pas avoir son pareil ◇ (*loc.*) *a confronto* (*di*), *in confronto* (*di, a*) (*a paragone di, rispetto a*) en comparaison de, à côté de ~ NEI CONFRONTI DI [*in relazione a*] à l'égard de qqn.: *non sei stato molto gentile nei confronti di quella signora* tu n'as pas été très gentil à l'égard de cette femme **2** (*dir.*) confrontation (*f.*): *confronto tra testimoni e imputati* confrontation entre les témoins et les prévenus; *confronto all'americana* confrontation à l'américaine **3** (*sport*) rencontre *f.*, match: *è stato un confronto assai combattuto* ce fut une rencontre très acharnée → **gara, competizione.**
confucianésimo |konfutʃa'nezimo| *s.m.* confucianisme.
confuciàno |konfu'tʃano| *agg. e s.* confucianiste.
confusaménte |konfuza'mente| *avv.* [→ CONFUSO] confusément: *parlare confusamente* parler confusément.
confusionàle |konfuzjo'nale| *agg.* (*psicol.*) confusionnel*.
confusionàrio, i |konfuzjo'narjo, i| *agg.* [*che fa confusione*] brouillon*, désordonné: *è un uomo troppo confusionario* c'est un homme trop brouillon, trop désordonné → **arruffone, pasticcione** ♦ (*s.*) *un confusionario* un brouillon: *sei un gran confusionario!* tu es un grand brouillon!
confusióne |konfu'zjone| *s.f.* **1** [*gran disordine*] désordre *m.*; confusion: *sul tavolo c'era una gran confusione di fogli e di carte* sur la table il y avait un grand désordre de feuilles de papier et de paperasses; *in quella famiglia regna una confusione spaventosa* il regne dans cette famille un désordre effrayant → **disordine** ‖ *stai facendo una gran confusione di nomi e di date* tu es en train de faire une grande confusion de noms et de dates → **scambio**; *non riuscì a nascondere la sua confusione* il ne réussit pas à cacher sa confusion → **imbarazzo**; *sei riuscito nell'intento, a confusione dei tuoi avversari* tu as atteint ton but, pour la plus grande confusion de tes adversaires → **umiliazione** # *ricordo ben poco, ho in testa una gran confusione* je me souviens de bien peu de choses, j'ai dans la tête un épais brouillard → **turbamento** **2** (*per est.*) [*frastuono, chiasso*] vacarme (*m.*): *non si può studiare con tutta questa confusione* on ne peut pas étudier avec tout ce vacarme → **baccano** **3** (*dir.*) confusion: *confusione patrimoniale* confusion patrimoniale Ⓒ 1 **ordine.**
confusionìsmo |konfuzjo'nizmo| *s.m.* (*psicol.*) confusionnisme.
confusionista |konfuzjo'nista| *s.* → **confusionario.**
confùso |kon'fuzo| *agg.* **1** [*in gran disordine*] désordonné, confus: *una massa confusa di lettere e di documenti* un amas désordonné de lettres et de documents → **disordinato** ◇ [*privo di chiarezza, di lucidità*] confus: *discorso, ragionamento molto confuso* discours, raisonnement très confus; *idee confuse* idées confuses; *situazione confusa* situation confuse → **incerto, imbrogliato** **2** [*indistinto, difficile a riconoscersi, a notarsi*] confus; perdu: *un suono, un rumore confuso* un son, un bruit confus; *avere un ricordo confuso di q.c.* avoir un souvenir confus de qqch. ‖ *il ladro se ne stava confuso tra la folla* le voleur était perdu parmi, s'était mêlé à la foule ◇ (*loc.*) *in confuso* [*confusamente*] confusément *avv.* **3** [*turbato, imbarazzato*] confus: *sorpreso a dire bugie, rimase confuso e senza parole* surpris à mentir, il resta confus et sans paroles; *lei è troppo gentile, sono confuso* vous êtes trop gentil, je suis confus → **imbarazzato, mortificato** Ⓒ 1 **ordinato; chiaro.**
confutàbile |konfu'tabile| *agg.* [→ CONFUTARE] réfutable: *argomento confutabile* argument réfutable; *è una accusa facilmente confutabile* c'est une accusation facilement réfutable → **oppugnabile** Ⓒ **inconfutabile.**
confutabilità |konfutabili'ta| *s.f. inv.* possibilité *var.* de réfuter (un raisonnement); possibilité d'être réfuté Ⓒ **inconfutabilità.**
confutàre |konfu'tare| *v.tr.* [*dimostrare l'erroneità o l'infondatezza di una*

argomentazione] réfuter: *confutare una tesi, una dottrina* réfuter une thèse, une doctrine; *confutare un'accusa, una calunnia* réfuter une accusation, une calomnie → **ribattere, contraddire.**

confutatóre, trice |konfuta'tore, tritʃe| *s.* [*chi confuta*] réfutateur* (*raro*).

confutatòrio, i |konfuta'tɔrjo, i| (*agg.*) *discorso confutatorio* paroles convenantes à la réfutation (de) *loc.*, mots pour repousser (qqch.) *loc.*

confutazióne |konfutat'tsjone| *s.f.* [→ CONFUTARE] réfutation: *la confutazione di un errore, di una calunnia* la réfutations d'une erreur, d'une calomnie; *una confutazione fiacca, persuasiva* une réfutation faible, persuasive.

congedàbile |kondʒe'dabile| *agg.* (*mil.*) libérable.

congedaménto |kondʒeda'mento| *s.m.* (*raro*) [→ CONGEDARE A 2] libération (*f.*): *il congedamento di tutti i richiamati alle armi* la libération de tous les rappelés.

congedàndo |kondʒe'dando| *agg. e s.m.* (*mil.*) (militaire) libérable.

congedàre |kondʒe'dare| **A** *v.tr.* **1** [*invitare ad andarsene, lasciar partire*] congédier: *congedare in modo cortese, brusco* congédier d'une façon courtoise, brusque; *lo congedò con una calorosa stretta di mano* il le congédia avec une chaleureuse poignée de main **2** (*mil.*) [*licenziare dal servizio mil.*] libérer (8): *fu congedato alla fine del servizio di leva* il fut libéré à la fin du service militaire **B** *v.pron.* CONGEDARSI **1** *pass.* [→ *tr.* 2] être libéré: *si congedò soltanto verso la fine della guerra* il fut libéré seulement vers la fin de la guerre **2** *rifl.* [→ *tr.* 1] prendre (73) *tr.* congé: *si congedò dagli amici nel più bello della festa* il prit congé de ses amis en plein milieu de la fête → **accomiatar(si).**

congedàto |kondʒe'dato| *agg.* (*mil.*) libéré: *militari congedati* militaires libérés ♦ (*s.m.*) *un congedato* un militaire libéré *agg.*

congèdo |kon'dʒɛdo| *s.m.* **1** [→ CONGEDARE A 1; B 2] congé: *congedo affabile, brusco* congé aimable, brusque; *visita di congedo* visite pour prendre congé; *chiedere, concedere il congedo* demander, accorder le congé; *prese congedo dalla famiglia* il prit congé de sa famille → **commiato** **2** [→ CONGEDARE A 2; B 1] congé, libération (*f.*): *congedo illimitato, definitivo, provvisorio* congé illimité, définitif, provisoire; *andare, essere in congedo* aller, être en congé ◇ (*per est.*) (*foglio di*) *congedo* (feuille de) libération **3** [*permesso, licenza concessa agli impiegati*] congé: *ha chiesto un congedo di un mese per malattia* il a demandé un congé d'un mois pour cause de maladie; *è in congedo per ferie* il est en congé pour les vacances **4** (*letter.*) envoi → **commiato.**

congegnàre |kondʒeɲ'ɲare| *v.tr.* **1** [*mettere insieme con abilità i vari elementi di un meccanismo*] monter: *ha congegnato un nuovo tipo di trasmissione* il a monté un nouveau type de transmission **2** (*fig.*) [*concepire, ideare*] monter; agencer (2): *ha congegnato un piano perfetto* il a monté un plan parfait ‖ *congegnare un periodo* agencer une période # *congegnare un discorso, un romanzo* bâtir un discours, un roman ♦ (*al p.p.*) *un ordigno ben congegnato* un explosif, une bombe au mécanisme soigneusement disposé, monté; *una burla mal congegnata* une plaisanterie mal conçue.

congégno |kon'dʒeɲɲo| *s.m.* [*macchina, meccanismo composto di diverse parti*] mécanisme; instrument: *congegno di trasmissione* mécanisme de transmission ‖ *congegno di precisione* instrument de précision # *congegno di sollevamento* appareil de levage; *congegno di puntamento di un cannone* dispositif de pointage d'un canon ◇ (*fig.*) *l'amministrazione statale è un congegno molto complicato* l'administration de l'État est faite de rouages très compliqués, est un appareil très complexe.

congelàbile |kondʒe'labile| *agg.* **1** [→ CONGELARE A 1, 2] congelable: *liquido congelabile* liquide congelable; *alimento congelabile* aliment congelable **2** [→ CONGELARE A 5] gelé: *credito, deposito congelabile* crédit, dépôt gelé.

congelaménto |kondʒela'mento| *s.m.* [→ CONGELARE A 1, 2] congélation (*f.*): *il congelamento di un liquido* la congélation d'un liquide # *sottoporre a congelamento sostanze alimentari* congeler des produits alimentaires; *ha rischiato il congelamento delle mani* il a failli avoir les mains gelées ◇ [→ CONGELARE A 4, 5] gel: *il congelamento di un credito* le gel d'un crédit; *il congelamento della situazione politica* le gel de la situation politique.

congelàre |kondʒe'lare| **A** *v.tr.* **1** [*sottoporre a raffreddamento un liquido fino a solidificarlo*] geler (6): *il freddo intenso della notte ha congelato la superficie del fiume* le froid intense de la nuit a gelé la surface du fleuve **2** [*sottoporre un prodotto alimentare a forte raffreddamento per conservarlo*] congeler (6): *congelare pesce, carni, verdure* congeler du poisson, de la viande, des légumes **3** (*med.*) [*provocare una lesione dei tessuti*] geler: *il freddo gli aveva congelato i piedi e le mani* le froid lui avait gelé les pieds et les mains **4** (*fig.*) [*irrigidire, raffreddare di colpo*] refroidir: *le sue parole congelarono ogni entusiasmo* ses paroles refroidirent tout enthousiasme → **raffreddare** **5** (*banca*) *congelare un credito* [*sospenderlo temporaneamente*] geler un crédit **B** *v.pron. intr.* CONGELARSI [→ *tr.* 1, 3, 4] se congeler; geler *intr.*, se geler: *mi si è congelato l'olio nel motore* l'huile de mon moteur s'est congelée → **solidificare** ‖ *gli si sono congelate le dita* ses doigts ont gelé; *mi sono congelato a stare ad aspettarti in istrada* je me suis gelé à t'attendre sur la route # *al suo apparire l'allegria si congelò* la gaieté s'évanouit à son apparition → **inaridire.**

congelàto |kondʒe'lato| *agg.* **1** (*alimenti*) congelé: *piselli congelati* petits pois congelés; *carne congelata* viande congelée **2** (*detto di parti del corpo*) [*colpito da congelamento*] gelé: *amputare un arto congelato* amputer un membre gelé ◇ (*per est.*) *mi sento tutto congelato* je me sens tout gelé → **raffreddato** **3** (*comm.*) gelé: *i suoi beni congelati ammontano a una grossa cifra* ses biens gelés atteignent un chiffre important.

congelatóre |kondʒela'tore| *s.m.* (*tecnol.*) congélateur.

congelazióne |kondʒelat'tsjone| *s.f.* → **congelamento.**

congeneràto |kondʒene'rato| *agg.* → **congenito.**

congènere |kon'dʒɛnere| *agg.* congénère, analogue: *animali congeneri* animaux congénères; *libri congeneri* livres analogues; *ho già avuto modo di fare un lavoro congenere* j'ai déjà eu l'occasion de faire un travail analogue → **simile, affine** Ⓒ **diverso, differente.**

congeniàle |kondʒe'njale| *agg.* conforme à la nature de qqn. (*loc.*): *questo genere di lavoro mi è particolarmente congeniale* ce genre de travail est particulièrement conforme à ma nature; *l'umorismo è congeniale agli Inglesi* l'humour est conforme à l'esprit anglais.

congenialità |kondʒenjali'ta| *s.f.* (*inv.*): *la congenialità* [*l'essere congeniale*] les dispositions naturelles *pl.*

congènito |kon'dʒɛnito| *agg.* congénital*: *carattere congenito* caractère congénital ◇ (*med.*) *malattia congenita* maladie congénitale.

congèrie |kon'dʒɛrje| *s.f. inv.* [*cose diverse ammassate confusamente*] fouillis *m. var.*; fatras (*m. var.*): *una congerie di oggetti* un fouillis d'objets ‖ *una congerie di cognizioni mal assimilate* un fatras de connaissances mal assimilées.

congestionàre |kondʒestjo'nare| *v.tr.* **1** (*med.*) [*provocare un eccessivo afflusso di sangue in una parte del corpo*] congestionner: *lo sforzo gli aveva congestionato il viso* l'effort lui avait congestionné le visage **2** (*per anal.*) [*ingombrare, intralciare con un affollamento eccessivo*] encombrer, embouteiller: *le automobili private spesso congestionano il traffico* les voitures privées encombrent, embouteillent souvent la circulation.

congestionàto |kondʒestjo'nato| *agg.* **1** (*med.*) congestionné: *aveva la faccia congestionata per la collera* il avait le visage congestionné de colère **2** (*per anal.*) [*eccessivamente affollato*] encombré, embouteillé: *traffico congestionato* trafic encombré, embouteillé.

congestióne |kondʒes'tjone| *s.f.* (*med., corr.*) congestion: *congestione cerebrale, polmonare* congestion cérébrale, pulmonaire ◇ (*per anal.*) *l'aumento dei veicoli ha provocato la congestione del traffico* l'augmentation du nombre des véhicules a provoqué l'encombrement *m.*, l'embouteillage *m.* de la circulation.

congestivo |kondʒes'tivo|, **congestìzio, i** |kondʒes'tittsjo, i| *agg.* (*med.*) congestif*: *stato congestizio di un organo* état congestif d'un organe.

congèsto |kon'dʒɛsto| *agg.* **1** (*med.*) → **congestionato** **2** (*lett.*) → **affollato.**

congettùra |kondʒet'tura| *s.f.* conjecture: *perdersi in congetture* se perdre en conjectures; *fare congetture per il futuro* faire des conjectures pour l'avenir → **previsione, supposizione, ipotesi** ◇ (*filol., mat.*) conjecture.

congetturàbile |kondʒettu'rabile| *agg.* [→ CONGETTURARE A] supposable (*raro*) → **ipotizzabile** # *il movente di quel delitto è facilmente congetturabile* le mobile de ce crime est facile à supposer.

congetturàle |kondʒettu'rale| *agg.* conjectural*.

congetturàre |kondʒettu'rare| **A**

v.tr. [*fare delle supposizioni, delle ipotesi; immaginare*] conjecturer: *con questi soli dati non si può congetturare nulla di sicuro* avec ces seuls éléments on ne peut rien conjecturer de sûr → **ipotizzare** **B** *v.intr.* (*aus.* '*avere*') [→ *tr.*] conjecturer: *quell'uomo perde il suo tempo a congetturare* cet homme perd son temps à conjecturer # *congetturare sul movente di un delitto* faire des hypothèses sur le mobile d'un crime.

congiùngere |kon'dʒundʒere| (150) **A** *v.tr.* **1** [*unire, mettere insieme*] joindre (61); réunir: *congiungere le mani* joindre les mains || *quella ragazza congiunge in sé grazia e bellezza* cette fille réunit en elle grâce et beauté → 1 **assommare** # *congiungere qc. in matrimonio* unir qqn. par le mariage → **sposare**; *gli alleati hanno congiunti i loro eserciti* les alliés ont opéré la jonction de leurs armées **2** [*collegare, mettere in comunicazione*] relier: *è una strada che congiunge due città* c'est une route qui relie deux villes; *il raggio congiunge il centro alla circonferenza* le rayon relie le centre à la circonférence **B** *v.pron. recipr.* CONGIUNGERSI [→ *tr.* 1] s'unir: *congiungersi in matrimonio* s'unir en mariage → **sposar(si)**; *i due corsi d'acqua si congiungono nella pianura* les deux cours d'eau s'unissent, ont leur confluent dans la plaine → **confluire** 🄲 A **separare**.

congiungiménto |kondʒundʒi'mento| *s.m.* **1** [→ CONGIUNGERE A 1] jonction (*f.*): *il congiungimento delle forze nemiche fallì* la jonction des forces ennemies échoua ◇ [→ CONGIUNGERE A 2] jonction: *con questa strada si è attuato il congiungimento della frazione al capoluogo* avec cette route, on a réalisé la jonction du hameau au chef-lieu **2** (*lett.*) [*unione; accoppiamento carnale*] accouplement, union *f.*

congiuntaménte |kondʒunta'mente| *avv.* [→ CONGIUNTO 1] conjointement: *agire congiuntamente* agir conjointement; *i due eserciti operarono congiuntamente* les deux armées opérèrent conjointement → **unitamente**.

congiuntìva |kondʒun'tiva| *s.f.* (*anat.*) conjonctive.

congiuntivite |kondʒunti'vite| *s.f.* (*med.*) conjonctivite.

congiuntivo |kondʒun'tivo| *agg.* (*gram.*) conjonctif*: *locuzioni congiuntive* locutions conjonctives; *particella congiuntiva* particule conjonctive → **congiunzione** # *il modo congiuntivo* le mode subjonctif ♦ (*s.m.*) *il congiuntivo* le subjonctif.

congiùnto |kon'dʒunto| **1** *agg.* conjoint: *problemi congiunti* problèmes conjoints → **collegato**; *comunicato congiunto* communiqué conjoint → 1 **comune** # *mani congiunte in preghiera* mains jointes pour la prière → **unito** **2** *s.* [*unito da vincolo di parentela*] parent: *ringrazio tutti, amici e congiunti* je remercie tous les amis et parents → **parente**.

congiuntóre |kondʒun'tore| *s.m.* (*elettr.*) conjoncteur: *congiuntore disgiuntore* conjoncteur-disjoncteur.

congiuntùra |kondʒun'tura| *s.f.* **1** [*punto di collegamento, di unione*] jointure: *la congiuntura delle ossa* la jointure des os → **articolazione** **2** [*occasione, circostanza*] conjoncture: *approfittare della congiuntura favorevole* profiter de la conjoncture favorable; *si è trovato in una difficile congiuntura* il s'est trouvé dans une conjoncture difficile **3** (*econ.*) conjoncture: *alta bassa, congiuntura* haute, basse conjoncture; *a seguito della congiuntura, il governo si è dimesso* étant donnée la conjoncture, le gouvernement a démissionné.

congiunturàle |kondʒuntu'rale| *agg.* (*econ.*) conjoncturel*: *crisi congiunturale* crise conjoncturelle.

congiunzióne |kondʒun'tsjone| *s.f.* **1** [→ CONGIUNGERE] jonction: *la congiunzione di due eserciti* la jonction de deux armées; *il punto di congiunzione di due strade* le point de jonction de deux routes # *congiunzione carnale* union charnelle **2** (*astron.*) conjonction: *la congiunzione di due pianeti* la conjonction de deux planètes **3** (*gram.*) conjonction: *congiunzioni coordinative, subordinative* conjonctions de coordination, de subordination.

congiùra |kon'dʒura| *s.f.* **1** [*accordo segreto tra più persone diretto a rovesciare un regime politico*] complot *m.*, conjuration: *fare, ordire, tramare una congiura* faire, ourdir, tramer un complot; *sventare una congiura* déjouer, éventer un complot → **cospirazione** **2** (*per est.*) [*macchinazione ai danni di qc.*] conspiration: *tutti contro di me: ma questa è una vera congiura!* tous contre moi: mais c'est une vraie conspiration!; *c'è la congiura del silenzio: nessun giornale parla degli scandali governativi!* il y a la conspiration du silence: aucun journal ne parle des scandales gouvernementaux!

congiuràre |kondʒu'rare| *v.intr.* (*aus.* '*avere*') **1** [*fare, organizzare una congiura*] conspirer: *congiurare contro la Repubblica* conspirer contre la République → **complottare, cospirare** **2** (*per est.*) [*accordarsi con qc. ai danni di altri*] conspirer: *i suoi stessi amici congiurarono contro di lui* ses propres amis conspirèrent contre lui; *tutto congiura contro di noi, anche il tempo!* tout conspire contre nous, le temps aussi!

congiuràto |kondʒu'rato| *agg. e s.* conjuré.

congiurazióne |kondʒurat'tsjone| *s.f.* (*raro*) → **congiura**.

conglobaménto |kongloba'mento| *s.m.* [→ CONGLOBARE] conglobation *f.*; intégration (*f.*): *ottenere il conglobamento delle indennità accessorie nello stipendio base* obtenir l'intégration des indemnités dans le salaire de base.

conglobàre |konglo'bare| *v.tr.* (*econ.*) [*sommare, computare insieme*] totaliser; intégrer (8), conglober: *conglobare i debiti, i crediti* totaliser les dettes, les créances || *tutte le indennità sono state conglobate nello stipendio* toutes les indemnités ont été intégrées dans le salaire.

conglobazióne |konglobat'tsjone| *s.f.* → **conglobamento**.

conglomerànte |konglome'rante| *s.m.* (*tecnol.*) agglomérant.

conglomeràre |konglome'rare| *v.tr.* [*riunire insieme formando un tutto organico*] conglomérer (8) → **agglomerare** # *conglomerare la ghiaia con il cemento* gâcher, mélanger le gravier avec le ciment → **impastare**.

conglomeràto |konglome'rato| *s.m.* **1** [*riunione di elementi eterogenei*] groupement; agrégat: *un conglomerato etnico, politico* un groupement ethnique, politique || *un conglomerato di idee assurde* un agrégat d'idées absurdes **2** (*edil.*) béton; goudron: *conglomerato cementizio* béton → **cemento (armato)** || *conglomerato bituminoso* goudron **3** (*geol.*) conglomérat.

conglomerazióne |konglomerat'tsjone| *s.f.* [→ CONGLOMERARE] conglomération.

conglutinàre |kongluti'nare| *e deriv.* → **agglutinare** *e deriv.*

congolése |kongo'lese| **1** *agg.* [*del Congo*] congolais: *l'economia congolese* l'économie congolaise **2** (*s.m.*) *il congolese* [*la lingua*] le congolais.

congratulàrsi |kongratu'larsi| *v. pron. intr.* [*esprimere, manifestare la propria soddisfazione, il proprio compiacimento*] féliciter *tr.* (qqn.): *mi congratulo con voi per la vostra perspicacia* je vous félicite de votre perspicacité → **complimentar(si), felicitar(si), rallegrar(si)**.

congratulazióne |kongratulat'tsjone| *s.f. spec. al plur.* [→ CONGRATULARSI] félicitations, compliments (*m.*): *congratulazioni vivissime* toutes mes félicitations, (tous) mes compliments: *lettera di congratulazioni* lettre de félicitations; *ricevere congratulazioni* recevoir des félicitations → **complimento, felicitazione**; (*ti faccio le mie sincere*) *congratulazioni!* (je te présente mes sincères) félicitations!; (je te fais tous mes) compliments! → **rallegramento**.

congrèga, ghe |kon'grɛga, ge| *s.f.* **1** (*spreg.*) [*riunione, adunanza di persone*] bande: *una congrega di ladri* une bande de voleurs; *una congrega di politicanti* une bande de politiciens → 1 **cricca, combriccola** **2** [*confraternita religiosa*] congrégation → **congregazione**.

congregàre |kongre'gare| *v.tr.* [*riunire, radunare per fini determinati*] réunir: *congregare i parroci di una diocesi* réunir le clergé d'un diocèse; *congregare alcuni fedeli in una associazione di beneficenza* réunir quelques fidèles en une association de bienfaisance → **associare**.

congregazióne |kongregat'tsjone| *s.f.* **1** (*eccl., corr.*) congrégation: *la congregazione di S. Vincenzo de' Paoli* la congrégation de Saint Vincent de Paul; *congregazione monastica* congrégation monastique **2** (*eccl.*) *la congregazione del S. Uffizio, dell'Indice* la congrégation du Saint Office, de l'Index **3** (*raro*) → **assemblea, adunanza** ◇ (*per est.*) *la congregazione dei fedeli* la congrégation des fidèles; *la congregazione umana* la congrégation humaine.

congressìsta |kongres'sista| *s.* congressiste.

congrèsso |kon'grɛsso| *s.m.* **1** (*polit.*) congrès: *il congresso di Vienna, di Parigi* le congrès de Vienne, de Paris; *indire un congresso* convoquer un congrès ◇ [*riunione periodica dei delegati di un partito politico*] *il congresso della Democrazia Cristiana, del Partito Socialista* le congrès de la Démocratie Chrétienne, du Parti Socialiste **2** (*per est.*) [*riunione dei rappresentanti di una disciplina*] congrès: *congresso internazionale di linguistica* un congrès international de linguistique ◇ (*eccl.*) *congresso eucaristico* congrès eucharistique **3** [*il parlamento degli Stati Uniti d'America*] le Congrès.

congressuàle |kongressu'ale| *agg.* du congrès (*loc. inv.*): *lavori, atti congressuali* travaux, actes du congrès.

còngrua |'kɔngrua| *s.f.* (*eccl.*) portion congrue *agg.*

congruaménte |kongrua'mente| *avv.* [→ CONGRUO] convenablement, congrûment (*lett.*): *essere congruamente retribuito* être convenablement payé.

congruènte |kongru'ɛnte| *agg.* [*conveniente, adeguato*] juste, convenable: *ha avuto una ricompensa congruente al lavoro* il a reçu une juste rétribution, il a été rétribué de manière convenable pour son travail → **proporzionato** # *la conclusione non è congruente con le premesse* la conclusion ne correspond pas aux prémisses → **coerente, rispondente** Ⓒ **incongruente.**

congruenteménte |kongruente'mente| *avv.* [→ CONGRUENTE] conformément, congrûment (*lett.*): *agire congruentemente con i propri principi* agir conformément à ses principes, en conformité avec ses principes.

congruènza |kongru'ɛntsa| *s.f.* **1** → **concordanza; rispondenza 2** (*geom., mat.*) congruence.

congruità |kongrui'ta| *s.f. inv.* (*raro*) → **adeguatezza, convenienza.**

còngruo |'kɔngruo| *agg.* [*proporzionato, adeguato*] convenable: *congrua retribuzione* rétribution convenable; *sono stati presi congrui provvedimenti* on a pris des dispositions convenables → **opportuno.**

conguagliàre |kongwaʎ'ʎare| *v. tr.* (*contabilità*) [*pareggiare, pagando la differenza*] ajuster: *conguagliare lo stipendio* ajuster le salair (le traitement), effectuer un rappel de salaire (de traitement).

conguàglio, i |kon'gwaʎʎo, i| *s.m.* **1** [→ CONGUAGLIARE] rappel, ajustement: *il conguaglio dello stipendio, del salario* le rappel, l'ajustement du traitement → **pareggio 2** (*per est.*) [*la somma pagata*] solde (*f.*): *riscuotere un conguaglio di arretrati* toucher la solde des, de ses arriérés.

coniàre |ko'njare| *v.tr.* **1** [*fabbricare monete o medaglie con il conio*] frapper: *coniare una medaglia commemorativa* frapper une médaille commémorative ◇ (*per est.*) *la zecca ha coniato troppa moneta* (l'hôtel de) la Monnaie a frappé trop de pièces → **emettere, battere 2** (*fig.*) [*creare, inventare parole, loc. nuove*] forger (3): *coniare un termine, un vocabolo scientifico* forger un terme, un mot scientifique.

coniatóre, trice |konja'tore, tritʃe| *s.* **1** [*chi è addetto alla coniatura*] frappeur*, monnayeur* (*raro*): *coniatore di medaglie, di monete* frappeur de médailles, de monnaies **2** (*fig.*) [*chi inventa, crea parole, espressioni nuove*] inventeur*: *coniatore di nuovi vocaboli* inventeur de mots nouveaux.

coniatùra |konja'tura| *s.f.* → **coniazione.**

coniazióne |konjat'tsjone| *s.f.* [→ CONIARE 1] frappe.

cònica, che |'kɔnika, ke| *s.f.* (*mat.*) conique.

conicità |konitʃi'ta| *s.f. inv.* (*mat., geom.*) conicité *var.*

cònico, ci, ca, che |'kɔnico, tʃi, ka, ke| *agg.* conique: *cappello conico* chapeau conique; *forma conica* forme conique; *ingranaggio conico* engrenage conique ◇ (*cartografia*) *proiezione conica* projection conique ◇ (*geom.*) *sezione conica* section conique.

Conìfere |ko'nifere| *s.f. pl.* (*t.bot.*) Conifères.

coniglicoltùra |koniʎʎikol'tura| *s.f.* cuniculiculture.

coniglièra |koniʎ'ʎɛra| *s.f.* [*recinto, gabbia per conigli*] lapinière, clapier *m.*

congliétto |koniʎ'ʎetto| *s.m.* [*giovane coniglio*] lapereau → **coniglio.**

coniglio, i |ko'niʎʎo, i| *s.* **1** (*t. zool.*) lapin ◇ (*corr.*) *coniglio selvatico, domestico* lapin sauvage, domestique **2** (*fig.*) [*persona timida, senza coraggio*] poule *f.* mouillée: *essere un coniglio* être une poule mouillée; *quello sbruffone ha un cuore di coniglio* ce fanfaron est une poule mouillée **3** [*la pelliccia*] lapin (*m.*): *un giaccone foderato di coniglio* un veston doublé de (peau de) lapin, en lapin.

cònio, ii |'kɔnjo, ii| *s.m.* **1** [*stampo d'acciaio per imprimere segni, figure su monete e medaglie*] coin, virole *f.* ◇ (*per est.*) [*l'impronta, la figura che ne risulta*] frappe *f.* **2** (*fig., spreg.*) [*qualità, specie*] acabit; aloi: *sei dello stesso conio di tuo fratello* tu es du même acabit que ton frère ‖ *quella è gente di basso conio: guàrdatene!* ce sont des gens de mauvais aloi: fais attention! **3** [→ CONIARE 2] *parola, espressione di conio recente* mot nouveau, expression nouvelle; *moneta, medaglia di nuovo conio* monnaie, médaille nouvellement frappée **4** (*arc.*) [*cuneo*] coin.

coniugàbile |konju'gabile| *agg.* [→ CONIUGARE A 1] conjugable.

coniugàle |konju'gale| *agg.* conjugal*: *amore coniugale* amour conjugal; *unione coniugale* union conjugale.

coniugalménte |konjugal'mente| *avv.* [→ CONIUGALE] conjugalement.

coniugàre |konju'gare| **A** *v.tr.* **1** [*esporre ordinatamente le varie forme verbali*] conjuguer: *coniugare il presente, il futuro di un verbo* conjuguer le présent, le futur d'un verbe; *il verbo 'mangiare' si coniuga con l'ausiliare 'avere'* le verbe 'manger' se conjugue avec l'auxiliaire 'avoir' **2** (*raro*) [*unire in matrimonio*] marier (*corr.*) **B** *v.pron. rifl.* CONIUGARSI [→ *tr.* 2] se marier.

Coniugàte |konju'gate| *s.f. pl.* (*t. bot.*) Conjuguées.

coniugàto |konju'gato| *agg.* **1** [*congiunto in matrimonio, sposato*] marié: *è coniugato senza prole* il est marié sans enfants ✦ (*s.*) *un coniugato* un marié **2** (*bot., chim., gram., mat., mecc.*) conjugué.

coniugazióne |konjugat'tsjone| *s.f.* **1** [→ CONIUGARE A 1] conjugaison: *coniugazione regolare, irregolare* conjugaison régulière, irrégulière; *coniugazione attiva, passiva, pronominale* conjugaison active, passive, pronominale; *la coniugazione del verbo 'avere'* la conjugaison du verbe 'avoir' **2** (*biol.*) conjugaison.

cònìuge |'kɔnjudʒe| *s.* (*raro al f.*) [*ciascuna delle due persone unite in matrimonio*] conjoint, époux*: *i doveri dei coniugi* les droits des conjoints → **consorte.**

coniùgio, i |ko'njudʒo, i| *s.m.* (*arc., lett.*) → **matrimonio, connubio.**

connaturàle |konnatu'rale| *agg.* conforme à la nature, naturel*: *tendenze connaturali all'uomo* tendances conformes à la nature de l'homme → **innato, congenito.**

connaturàre |konnatu'rare| **A** *v. tr.* [*rendere naturale*] rendre (53) naturel* **B** *v.pron. intr.* [*diventare parte integrante*] devenir (27) *intr.* une seconde nature.

connaturàto |konnatu'rato| *agg.* [*intimamente connesso al carattere, alla natura*] inné, qui est dans la nature de qqn. (*loc.*): *vizio, difetto connaturato* vice, défaut inné, qui est dans la nature (de qqn.) → **congenito, radicato.**

connazionàle |konnattsjo'nale| *agg.* [*che ha la stessa nazionalità*] compatriote (*s.*): *quei due stranieri sono connazionali* ces deux étrangers sont des compatriotes ✦ (*s.*) *un connazionale* un compatriote.

connessióne |konnes'sjone| *s.f.* **1** [*stretto legame, relazione, interdipendenza*] connexion: *non c'è nessuna connessione tra quei due fatti* il n'y a aucune connexion entre ces deux faits; *le due parti del discorso mancano di connessione logica* les deux parties du discours manquent de connexion logique → **nesso, relazione 2** (*elettr.*) connexion ◇ (*dir.*) connexion, connexité.

connèsso |kon'nɛsso| *agg.* **1** connexe, lié: *due fatti strettamente connessi* deux faits étroitement connexes, liés; *idee mal connesse* idées mal connexes, liées → **unito, collegato** ✦ *s.m. pl.* (*gli*) *annessi e connessi* les dépendances *f.*, les tenants et les aboutissants: *ha comprato la casa con annessi e connessi* il a acheté la maison avec (toutes) les dépendances **2** (*dir.*) *cause connesse* causes connexes.

con(n)estàbile |kon(n)es'tabile| *s.m.* (*st. fr.*) connétable.

connèttere |kon'nɛttere| (112) **A** *v.tr.* **1** [*mettere in relazione, collegare*] lier: *connettere due fatti apparentemente diversi* lier deux faits apparemment différents; *connettere le idee* lier les idées → **ordinare** ✦ (*ass.*) *non connettere* [*non riuscire a pensare in modo logico e ordinato*] déraisonner, divaguer: *non connetto più per il sonno* le sommeil me fait déraisonner, divaguer **2** (*arc., lett.*) [*intrecciare, intessere*] entrelacer (2) **3** (*elettr., tecnol.*) [*collegare*] connecter **B** *v.pron. intr.* CONNETTERSI [→ *tr.* 1] se rapporter à # *il provvedimento si connette agli abusi verificatisi* la disposition vise les abus que l'on a relevés.

connettìvo |konnet'tivo| *agg.* **1** (*anat.*) conjonctif*, connectif*: *il (tessute) connettivo* le (tissu) conjonctif, connectif; *fibre, cellule connettive* fibres, cellules conjonctives **2** (*fig.*) *il tessuto connettivo di un dramma, di un racconto* l'intrigue *s.f.* d'un drame, d'un récit.

connettóre |konnet'tore| *s.m.* (*elettr., tecnol.*) connecteur.

connivènte |konni'vɛnte| *agg.* [*che consente lo svolgersi di un'azione illecita*] complice: *è stato smascherato l'impiegato connivente con i ladri* on a démasqué l'employé complice des voleurs # *essere connivente con qc.* être de connivence avec qqn. → **complice** ◇ (*bot.*) connivent.

connivènza |konni'vɛntsa| *s.f.* connivence: *agire con la connivenza di qc.* agir de connivence avec qqn. → **complicità.**
connotàre |konno'tare| *v.tr.* (*filos.*) [*definire un oggetto o un concetto o insieme di quesiti che siano analoghi o in relazione tra loro mediante un nome che indichi lo stesso e altra cosa in rapporto con esso*] connoter.
connotàto |konno'tato| *s.m.* **1** *spec. al plur.* [*i segni somatici caratteristici*] signalement (*sing.*): *i connotati e le generalità di una persona* le signalement et l'identité d'une personne **2** (*scherz.*) *cambiare i connotati a qc.* [*sfigurargli il viso con percosse*] abîmer le portrait à qqn.
connotazióne |konnotat'tsjone| *s.f.* (*filos., ling.*) [→ CONNOTARE] connotation.
connùbio, i |kon'nubjo, i| *s.m.* **1** (*lett.*) → **matrimonio; accoppiamento 2** (*fig.*) [*unione, fusione; alleanza*] union (*f.*): *il connubio dell'arte con la scienza* l'union de l'art et de la science; *un felice connubio di forze politiche* une heureuse union de forces politiques.
connumeràre |konnume'rare| *v. tr.* (*raro*) → **annoverare.**
còno |'kɔno| *s.m.* **1** (*geom.*) cône: *la base, l'altezza, il volume di un cono* la base, la hauteur, le volume d'un cône; *tronco di cono* tronc de cône **2** (*per est.*) [*oggetto, elemento che ha figura, configurazione sim. al cono*] *cappello a cono* chapeau cônique; *cono di gelato* cornet de glace ◇ (*anat.*) *cono faringeo, midollare* cône pharyngien, médullaire ◇ (*astron.*) *cono d'ombra* cône d'ombre ◇ (*bot.*) *i coni dei pini* les cônes des pins, les pommes de pin → **pigna** ◇ (*mecc.*) *cono di frizione* cône de friction, d'embrayage ◇ (*geogr.*) *cono vulcanico* cône volcanique ◇ (*geol.*) *cono di deiezione* cône de déjection → **conoide.**
conòcchia |ko'nɔkkja| *s.f.* [*rocca per filare*] quenouille ◇ (*per est.*) [*la lana avvolta sulla rocca*] *filare la conocchia* filer la quenouille → **pennecchio.**
conoidàle |konoi'dale| *agg.* [*a forma di conoide*] conoïde: *superficie conoidale* surface conoïde.
conòide |ko'nɔide| *s.m.* **1** (*geom.*) conoïde **2** (*geol.*) cône: *conoide di deiezione* cône de déjection.
conopèo |kono'pɛo| *s.m.* (*eccl.*) conopée.
conoscènte |konoʃ'ʃɛnte| *s.* [*persona che ci conosce ed è conosciuta da noi*] connaissance (*f.*): *è un mio conoscente* c'est une de mes connaissances; *salutammo amici e conoscenti* nous saluâmes amis et connaissances.
conoscènza |konoʃ'ʃɛntsa| *s.f.* **1** [→ CONOSCERE A 1] connaissance: *la conoscenza della verità, del bene e del male* la connaissance de la vérité, du bien et du mal ◇ [*nozione, cognizione*] *ha una conoscenza superficiale del francese* il a une connaissance superficielle du français ◇ (*loc.*) *con conoscenza di causa* en connaissance de cause ◇ [*informazione*] *avere conoscenza dell'accaduto* avoir (eu) connaissance de ce qui est arrivé ◇ [*pratica, esperienza*] *ha una profonda conoscenza del suo mestiere* il a une profonde connaissance de son métier ◇ [*insieme di nozioni; cultura*] *è uno studioso di vaste conoscenze* c'est un savant d'une vaste érudition → **erudizione, istruzione** ◇ [*l'uso dei sensi; coscienza*] *il malato ha perso, ha riacquistato conoscenza* le malade a perdu, a repris connaissance ◇ (*loc.*) *essere, venire a conoscenza di q.c.* avoir (eu) connaissance, venir (parvenir) à la connaissance de qqch. ~ *portar q.c. a conoscenza di qc.* faire savoir qqch. à qqn. ~ (*bur.*) *al sindaco e per conoscenza al prefetto* au maire et, pour information, au préfet **2** [→ CONOSCERE A 2, 3] [*il fatto di conoscere personalmente qc.*] connaissance: *fare la conoscenza di qc.* faire la connaissance de qqn.; *ho fatto delle nuove conoscenze* j'ai fait de nouvelles connaissances # *è una persona di mia conoscenza* c'est une personne que je connais **3** [*la persona conosciuta*] connaissance: *è una mia vecchia conoscenza* c'est une vieille connaissance ◇ (*iron.*) *è una vecchia conoscenza della questura, della polizia* c'est une vieille connaissance de la police ◇ [*persona influente*] *ho molte conoscenze al ministero* j'ai beaucoup de relations au ministère.
conóscere |ko'noʃʃere| (126) **A** *v.tr.* **1** (*ogg. di cosa*) [*avere notizia, conoscenza di q.c.; apprendere*] connaître (72): *conoscere q.c. da qc.* connaître qqch. par qqn.; *conoscere le cause di un fenomeno* connaître les causes d'un phénomène; *conoscere il significato di una parola* connaître la signification d'un mot; *conoscere una cosa per filo e per segno* [*accuratamente*] connaître une chose sous toutes ses coutures; *la conosci l'ultima (barzelletta)?* tu la connais, la dernière (histoire)? → 1 **sapere** ✦ (*ass.*) *è innato nell'uomo il desiderio di conoscere* le désir de connaître est inné chez l'homme ◇ [*sapere q.c. per effetto di un'esperienza*] *conoscere il mondo, l'odio, l'amore* connaître la vie, la haine, l'amour ◇ [*essere esperto in q.c. per averla studiata*] *conosce bene quell'autore* il connaît bien cet auteur; *lo conosci, quel quadro?* tu le connais, ce tableau? # *conoscere il francese, l'inglese* savoir le français, l'anglais ◇ [*essere informato di, essere al corrente di*] connaître, savoir (41): *voglio conoscere tutti i particolari del fatto* je veux connaître, savoir tous les détails concernant ce fait → **sapere** ◇ [*avere esperienza, pratica di q.c.*] *conoscere il proprio mestiere* connaître son métier; *conoscere il funzionamento di un motore* connaître le fonctionnement d'un moteur; *stai tranquillo, conosco la strada* ne t'inquiète pas: je connais le chemin ◇ [*sperimentare, provare*] *non hai mai conosciuto la fame, tu!* tu n'as jamais connu la faim, toi!; *anche loro hanno conosciuto momenti di prosperità* eux aussi ont connu des moments de prospérité ◇ (*in forma neg.*) [*riconoscere, ammettere*] *la sua intransigenza non conosce limiti* son intransigeance ne connaît pas de limites # *non conoscere ragioni* refuser d'entendre raison; *non conoscere sosta, tregua* ne pas avoir un moment de répit ◇ [*essere capace di, essere sensibile a*] *è un uomo che non conosce pietà, compassione* c'est un homme qui ne connaît pas la pitié, la compassion **2** (*ogg. di persona*) [*essere a conoscenza dell'identità di qc.*] connaître: *conoscere qc. solo di vista* connaître qqn. seulement de vue; *voglio conoscere l'autore di questo scherzo* je veux connaître l'auteur de cette plaisanterie; (*non l'ho*) *visto né conosciuto* (je ne l'ai) ni vu ni connu ◇ (*per est.*) [*essere informato del carattere, dell'attività e sim. di qc.*] *conoscere qc. personalmente, di persona* connaître qqn. personnellement; *conoscere bene i propri dipendenti, i propri alunni* bien connaître ses employés, ses élèves ◇ (*loc.*) *conosci te stesso* connais-toi toi-même ~ *conosco bene i miei polli!* [*so con chi ho a che fare*] comme on connaît ses saints on les honore! ~ (*fam.*) *ma chi ti conosce!?* [*rivolto a un intruso*] mêle-toi de tes affaires! ~ (*iron.*) *come se non ti conoscessi!* comme si je ne te connaissais pas! ~ (*raro, relig.*) *conoscere una donna, un uomo carnalmente* [*avere rapporti sessuali*] connaître une femme, un homme charnellement **3** [*essere presentato a qc.; fare la prima conoscenza di qc.*] connaître: (*sono*) *lieto, felice di conoscerla, commendatore!* (je suis) heureux de vous connaître, Monsieur!; *l'ho conosciuta a una festa* je l'ai connue à une fête # *mi fai conoscere tua sorella?* peux-tu me présenter à ta sœur? ◇ (*per est.*) *si fece conoscere per un imbroglione* il se révéla être un escroc; *non facciamoci conoscere per quello che siamo!* ne nous montrons pas sous notre vrai jour! **4** [*riconoscere*] reconnaître (72): *è lui*: *lo conosco dalla voce, dall'andatura* c'est lui: je le reconnais à sa voix, à sa démarche **5** [*essere in grado di rintracciare una persona esperta in un campo specifico*] connaître: *conosco un buon avvocato, un buon medico che fa al tuo caso* je connais un bon avocat, un bon médecin pour ton cas; *non conosci un buon elettrauto?* ne connais-tu pas, pourrais-tu m'indiquer un bon électricien-auto? **6** *ass.* (*dir.*) [*esaminare; deliberare*] connaître de: *avere competenza a conoscere* connaître de **B** *v.pron.* CONOSCERSI **1** *recipr.* [→ *tr.* 3] se connaître: *si sono conosciuti in casa di amici* ils se sont connus chez des amis **2** (*per est.*) *recipr.* [*avere rapporti di familiarità*] se connaître: *è difficile che ci arrabbiamo; ci conosciamo troppo bene!* il est difficile que nous nous fachions: nous nous connaissons trop pour cela! **3** *rifl.* [→ *tr.* 2] se connaître: *è molto difficile conoscersi bene* il est très difficile de se bien connaître.
conoscìbile |konoʃ'ʃibile| **1** *agg.* [→ CONOSCERE A 1, 2] connaissable **2** (*s.m.*) *il conoscibile* le connaissable.
conosciménto |konoʃʃi'mento| *s.m.* (*raro*) → **conoscenza.**
conoscitivo |konoʃʃi'tivo| *agg.* [*atto a conoscere*] cognitif*.
conoscitóre, trice |konoʃʃi'tore, tritʃe| *s.* connaisseur*: *un abile, un buon conoscitore di musica, di vini* un grand, un fin connaisseur en musique, en vins; *un'occhiata, un'aria da conoscitore* un coup d'œil, un air de connaisseur; *guardare, giudicare da conoscitore* regarder, juger en connaisseur # *un profondo conoscitore della psicologia femminile* un grand expert en psychologie féminine.
conosciùto |konoʃ'ʃuto| *agg.* **1** [*noto, notorio*] connu: *scrittore universalmente conosciuto* écrivain connu dans le monde entier; *è conosciuto come*

artista il est connu comme artiste, c'est un artiste connu; *è conosciuto per la sua onestà* il est connu pour son honnêteté; *è conosciuto come la bettonica* il est connu comme le loup blanc → **famoso** 2 [*sperimentato, provato*] reconnu: *una persona di conosciuta onestà, esperienza* une personne d'une honnêteté, expérience reconnue Ⓒ 1 **sconosciuto, ignoto.**

conquibus |kon'kwibus| *s.m. inv.* (*scherz.*) → **denaro.**

conquidere |kon'kwidere| (130) *v.tr.* (*lett.*) → **conquistare.**

conquista |kon'kwista| *s.f.* **1** conquête: *la conquista di una città, di una regione* la conquête d'une ville, d'une région; *la conquista della libertà, del potere* la conquête de la liberté, du pouvoir ◇ (*fig.*) *la conquista dei cuori, delle anime* la conquête des cœurs, des âmes ◇ (*in campo amoroso*) *anche a quella festa Mario ha fatto una conquista* à cette fête aussi, Mario a fait une conquête **2** *al plur.* [*ciò che si è conquistato*] conquêtes: *conservare, perdere le proprie conquiste* conserver, perdre ses conquêtes ◇ (*fig.*) *le conquiste della scienza e della tecnica* les conquêtes de la science et de la technique ◇ (*in campo amoroso*) *mi presenti la tua ultima conquista?*: (*se si parla a un uomo*) tu me présentes à ta dernière conquête?; (*se si parla a una donna*) tu me présentes ta dernière conquête?

conquistàbile |konkwis'tabile| *agg.* [→ CONQUISTARE] facile à conquérir *loc.*, prenable: *città, fortezza conquistabile* ville, forteresse prenable ◇ (*fig.*) *una donna facilmente conquistabile* une femme facile à conquérir.

conquistador |konkista'dor| *s.m. inv.* (*sp.*) (*st.*) conquistador (*var.*): *dei conquistador* des conquistadores.

conquistàre |konkwis'tare| *v.tr.* **1** [*assoggettare, far proprio con le armi*] conquérir (26): *conquistare una città, una fortezza* conquérir une ville, une forteresse; *conquistare un paese, un territorio* conquérir un pays, un territoire → **impadronir(si), impossessar(si)** ◇ (*per est., comm.*) *conquistare un mercato, una piazza* conquérir un marché, une place **2** (*per est.*) [*ottenere, raggiungere faticosamente*] conquérir: *conquistare la libertà, il potere, il successo* conquérir la liberté, le pouvoir, le succès **3** (*fig.*) [*accattivarsi l'animo, la simpatia di qc.*] gagner; conquérir: *conquistare il favore, l'amicizia di qc.* gagner la faveur, l'amitié de qqn. ‖ *con la sua carica umana ha conquistato tutti i colleghi* avec ses qualités humaines, il a conquis tous ses collègues ◇ (*sul piano sentimentale*) conquérir: *conquistare una donna, una ragazza* conquerir une femme, une jeune fille; *ha conquistato il suo cuore* il a conquis son cœur ♦ *ass.* (*nel linguaggio della pubblicità*) séduire (75): *è un prodotto dall'aroma, dal sapore che conquista* c'est un produit à l'arôme, au goût séduisant.

conquistatóre, trice |konkwista'tore, tritʃe| **I** *agg.* [*che conquista*] conquérant: *esercito conquistatore* armée conquérante ◇ (*fig.*) *fascino conquistatore* charme séducteur **II** *s.* **1** conquérant: *Guglielmo il Conquistatore* Guillaume le Conquérant; *i grandi conquistatori della storia* les grands conquérants de l'histoire **2** (*fig.*) *tornò con un'aria da conquistatore* il revint avec un air conquérant ◇ (*scherz.*) *è un grande conquistatore* (*di cuori femminili*) c'est un vrai tombeur (de femmes).

consacràbile |konsa'krabile| *agg.* [→ CONSACRARE A 1] qu'on peut consacrer *loc.*

consacrànte |konsa'krante| *agg. m.* (*relig.*) consacrant: *vescovo consacrante* évêque consacrant ♦ (*s.m.*) *il consacrante* le consacrant.

consacràre |konsa'krare| **A** *v.tr.* **1** (*ogg. di cosa*) [*rendere sacro mediante una cerimonia religiosa*] consacrer: *consacrare una chiesa, un altare* consacrer une église, un autel; *consacrare l'ostia durante la messa* consacrer l'hostie pendant la messe **2** (*ogg. di persona*) [*investire di un carattere sacro*] consacrer: *consacrare qc. sacerdote, vescovo* consacrer qqn. prêtre, évêque ♦ (*al p. pres.*) *il* (*sacerdote, vescovo*) *consacrante* le (prêtre, évêque) consacrant ◇ (*per est.*) *Petrarca fu consacrato poeta in Campidoglio* Pétraque fut couronné au Capitole **3** (*fig.*) [*offrire, dedicare*] consacrer: *consacrare le proprie energie a una nobile causa* consacrer ses énergies à une noble cause; *consacrare la propria vita agli studi, alla famiglia* consacrer sa vie aux études, à la famille **4** [*riconoscere come valido, legittimo*] consacrer: *l'uso ha ormai consacrato questo neologismo* l'usage a désormais consacré ce néologisme ♦ (*al p.p.*) *un privilegio, un diritto consacrato dall'uso, dalla consuetudine* un privilège, un droit consacré par l'usage, la coutume **B** *v.pron. rifl.* CONSACRARSI [→ *tr.* 3] se consacrer: *consacrarsi a Dio, alla famiglia, a una grande causa* se consacrer à Dieu, à la famille, à une grande cause → **votar(si)** Ⓒ A 1 **sconsacrare.**

consacratóre |konsakra'tore| *s.m.* (*relig.*) consacrant.

consacrazióne |konsakrat'tsjone| *s.f.* [→ CONSACRARE A 1, 2] consécration: *la consacrazione di un tempio, di un vescovo* la consécration d'un temple, d'un évêque ◇ (*liturg. catt.*) *la consacrazione* (*della Messa*) la consécration Ⓒ **sconsacrazione.**

consanguineità |konsangwinei'ta| *s.f. inv.* (*dir., corr.*) consanguinité *var.* → **parentela.**

consanguìneo |konsan'gwineo| *agg.* consanguin: *fratello consanguineo, sorella consanguinea* frère consanguin, sœur consanguine → **congiunto, parente** ♦ (*s.*) *i consanguinei* les consanguins.

consapévole |konsa'pevole| *agg.* **1** [*che sa valutare un fatto, una situazione*] conscient: *consapevole del pericolo, della situazione* conscient du danger, de la situation; *l'ha fatto senza essere consapevole* il l'a fait sans en être conscient; *ma sei consapevole dei rischi a cui ti esponi?* mais es-tu conscient des risques auxquels tu t'exposes? → **cosciente** **2** [*che è al corrente, informato di q.c.*] au courant *loc. inv.* de: *fare, rendere consapevole qc. di q.c.* mettre, tenir qqn. au courant de qqch.; *nessuno lo ha fatto consapevole delle calunnie che lo riguardavano* personne ne l'a tenu au courant des calomnies qui le concernaient → **informato** Ⓒ **inconsapevole; incosciente.**

consapevolézza |konsapevo'lettsa| *s.f.* [*coscienza; l'essere consapevole*] conscience: *consapevolezza della propria forza, dei propri diritti* conscience de sa force, de ses droits ◇ [*cognizione, conoscenza*] connaissance: *avere* (*piena*) *consapevolezza di q.c.* avoir (pleine) connaissance de qqch.

consapevolménte |konsapevol'mente| *avv.* [→ CONSAPEVOLE 1] consciemment, sciemment: *si è esposto consapevolmente* il s'est exposé consciemment; *lo ha tradito consapevolmente* il l'a trahi sciemment Ⓒ **inconsapevolmente.**

consciaménte |konʃʃa'mente| *avv.* (*raro*) [→ CONSCIO] sciemment, à bon escient *loc. inv.*, en connaissance de cause *loc. inv.* Ⓒ **inconsciamente.**

cònscio, sci, *f. pl.* **scie, sce** |'kɔnʃo, ʃi, ʃe| **1** *agg.* [*cosciente, consapevole*] conscient: *conscio delle proprie responsabilità* conscient de ses responsabilités; *è conscia della propria bellezza, della propria superiorità* elle est consciente de sa beauté, de sa supériorité **2** *s.m.* (*psican.*) *il conscio* le conscient Ⓒ **inconscio.**

consecutivaménte |konsekutiva'mente| *avv.* [→ CONSECUTIVO 1] consécutivement.

consecutivo |konseku'tivo| *agg.* **1** [*che si sussegue senza interruzione; continuo*] consécutif*: *parlò per tre ore consecutive* il parla pendant trois heures consécutives; *ha fatto quattro assenze consecutive* il a fait quatre absences consécutives ◇ [*che viene subito dopo nel tempo*] suivant: *il giorno consecutivo alla partenza* le jour suivant son départ → **successivo, seguente** **2** (*geom.*) *angoli consecutivi* angles adjacents **3** (*gram.*) consécutif: *le* (*proposizioni*) *consecutive* les propositions consécutives # *le* (*congiunzioni*) *consecutive* les conjonctions de conséquence.

consecuzióne |konsekut'tsjone| *s.f.* **1** (*raro*) [*successione di un fatto da un altro*] succession: *la consecuzione degli avvenimenti* la succession des événements **2** (*raro*) → **conseguimento** **3** (*filos.*) consécution.

conségna |kon'seɲɲa| *s.f.* **1** [→ CONSEGNARE 1] livraison: *consegna immediata, differita, a quindici giorni* livraison immédiate, reportée, dans les quinze jours; *consegna a domicilio* livraison à domicile; *ordine di consegna* ordre de livraison; *termine di consegna* délai de livraison; *pagabile alla consegna* payable à la livraison; *alla consegna, all'atto della consegna* à la livraison ◇ *loc.* LASCIAR IN CONSEGNA confier la garde (de): *lasciare la casa, il cane in consegna alla vicina* confier la garde de sa maison, de son chien à la voisine # *ho lasciato un pacco in consegna al portinaio* j'ai laissé un paquet chez le concierge ~ PRENDERE IN CONSEGNA avoir la garde (de); prendre (en) livraison: *ho preso in consegna i suoi gioielli* j'ai la garde de ses bijoux ‖ *prendere in consegna l'automobile* prendre livraison de l'automobile # *i carabinieri hanno preso in consegna l'imputato* les carabiniers ont pris l'accusé sous leur garde ◇ (*comm.*) consignation: *merci in consegna* marchandises en consignation ◇ (*bur.*) consigne: *dare, effettuare le consegne di un ufficio, di un ministero* donner, effectuer les consignes d'un bureau, d'un ministère **2** (*mil., corr.*) [*ordine di servi-*

zio] consigne: *osservare, rispettare la consegna* observer, respecter la consigne; *rompere la consegna, venir meno alla consegna* violer la consigne, manquer à la consigne; *alle sentinelle fu data la consegna di sparare a vista* les sentinelles reçurent la consigne de tirer à vue; *passare la consegna* passer la consigne **3** (*mil.*) [*punizione consistente nella privazione della libera uscita*] consigne: *punire con tre giorni di consegna* punir de trois jours de consigne.

consegnàbile |konseɲ'ɲabile| *agg.* [→ CONSEGNARE 1] livrable: *merce consegnabile in giornata, a domicilio* marchandise livrables dans la journée, à domicile.

consegnàre |konseɲ'ɲare| *v.tr.* **1** [*affidare, dare in custodia*] remettre (71): *consegnare le chiavi di casa al portinaio* remettre les clefs de la maison au concierge; *consegnare una somma di denaro a un amico* remettre une somme d'argent à un ami ◇ [*dare alla persona a cui compete*] remettre; livrer: *consegnare il premio ai vincitori* remettre le prix aux vainqueurs ‖ *consegnare un ladro alla polizia* livrer un voleur à la police ◇ [*recapitare, far pervenire*] *consegnare una lettera, un pacco al destinatario* remettre une lettre, un paquet à son destinataire **2** (*mil.*) [*privare della libera uscita, per punizione*] consigner: *consegnare un soldato indisciplinato* consigner un soldat pour indiscipline ◇ (*spec.*) *consegnare le truppe, un reparto* (*in caserma*) [*impedire loro di uscire, per motivi di emergenza*] consigner les troupes, une division.

consegnatàrio, i |konseɲɲa'tarjo, i| *s.m.* (*comm.*) consignataire.

consegnàto |konseɲ'ɲato| *agg. e s.m.* consigné: *la lista dei* (*soldati*) *consegnati* la liste des (soldats) consignés; *fare l'appello dei consegnati* faire l'appel des consignés.

conseguènte |konse'gwɛnte| **1** *agg.* conséquent: *un ragionamento conseguente* (*alle premesse*) un raisonnement conséquent (aux prémisses); *fare un discorso conseguente* faire un discours conséquent; *sii conseguente a te stesso* sois conséquent avec toi-même → **coerente** # *i danni conseguenti alla guerra* les dommages dus à la guerre **2** *s.m.* (*mat.*) conséquent.

conseguenteménte |konsegwente'mente| *avv.* [*di conseguenza*] par conséquent *loc. inv.*

conseguènza |konse'gwɛntsa| *s.f.* conséquence: *considera bene le conseguenze della tua decisione!* pense bien aux conséquences de ta décision!; *questa è la conseguenza del tuo comportamento* c'est la conséquence de ton comportement; *la discussione, l'incidente non ha avuto conseguenze* la discussion, l'incident n'a pas eu de conséquence ◇ [*deduzione logica, conclusione*] *dopo queste premesse, trai tu le conseguenze* après ces prémisses, c'est à toi de tirer les conséquences ◇ (*loc. avv.*) *di conseguenza, per conseguenza* [*perciò, quindi*] par conséquent ~ IN CONSEGUENZA DI [*a causa di*] pour cause de: *in conseguenza dello sciopero lo spettacolo è rimandato* le spectacle est renvoyé pour cause de grève.

conseguibilità |konsegwibili'ta| *s.f. inv.* possibilité *var.* d'atteindre (un but, un résultat).

conseguiménto |konsegwi'mento| *s.m.* [→ CONSEGUIRE A] acquisition *f.*; obtention (*f.*): *il conseguimento di un diritto* l'acquisition d'un droit → **raggiungimento** ‖ *il conseguimento del diploma* l'obtention du diplôme # *lottare per il conseguimento di un fine* lutter pour atteindre son but.

conseguìre |konse'gwire| **A** *v.tr.* [*ottenere, raggiungere*] remporter, obtenir (27): *conseguire una vittoria* remporter une victoire; *conseguire un risultato* obtenir un résultat; *conseguire un diploma* obtenir un diplôme # *conseguire uno scopo, un intento* atteindre un but ◇ [*realizzare*] réaliser: *conseguire un utile* réaliser un bénéfice **B** *v.intr.* (*aus.* '*essere*') [*derivare come conseguenza*] résulter (*aus.* avoir); s'ensuivre (52) (*pron.*): *da ciò consegue che...* il résulte de ceci que, il en résulte que... ‖ *ne consegue che...* il s'ensuit que... # *i lutti che sono conseguiti alla guerra, al disastro* les deuils causés par la guerre, par le désastre.

consènso |kon'sɛnso| *s.m.* **1** [*conformità di voleri*] accord: *decidere di comune consenso* décider d'un commun accord; *su questo punto non c'è consenso tra gli esperti* sur ce point les experts ne sont pas d'accord entre eux **2** [*approvazione, assenso*] consentement: *dare, rifiutare il proprio consenso* donner, refuser son consentement; *si è sposata senza il consenso dei genitori* elle s'est mariée sans le consentement de ses parents ◇ [*giudizio favorevole; reazione positiva*] approbation (*f.*): *il romanzo, il film ha riscosso il consenso della critica, del pubblico* le roman, le film a reçu l'approbation de la critique, du public; *una politica che non incontra il consenso popolare* une politique qui ne rencontre pas l'approbation populaire 🄲 **dissenso**; 2 **rifiuto**.

consensuàle |konsensu'ale| *agg.* (*dir.*) consensuel*: *accordo consensuale* accord consensuel.

consensualménte |konsensual'mente| *avv.* [→ CONSENSUALE] par consentement mutuel, réciproque (*loc.*): *contratto stipulato consensualmente* contrat stipulé par consentement mutuel.

consentiménto |konsenti'mento| *s.m.* (*lett.*) → **consenso**.

consentìre |konsen'tire| **A** *v.tr.* [*ammettere, concedere*] permettre (71): *un lavoro che non consente tregua, riposo, interruzioni* un travail qui ne permet pas de trêve, de repos, d'interruptions; *le circostanze non glielo hanno consentito* les circonstances ne le lui ont pas permis → **permettere** ◇ *loc.* CONSENTIRE DI (+ *inf.*) permettre de (+ *inf.*): *non mi ha nemmeno consentito di parlare* il ne m'a même pas permis de parler ~ CONSENTIRE CHE (+ *congv.*) permettre que (+ *congv.*): *consentirai che non tutti la pensino come te?* tu permets que tout le monde ne soit pas du même avis que toi? **B** *v.intr.* (*aus.* '*avere*') **1** [*esprimere il proprio consenso; acconsentire*] consentir (21); céder (8): *consentire a un desiderio* consentir à un désir; *consento alla tua partenza* je consens à ton départ ‖ *consentire ai capricci di qc.* céder aux caprices de qqn. **2** [*trovarsi d'accordo; concordare*] être (43) d'accord: *consentire con qc. su q.c.* être d'accord avec qqn. sur qqch.; *non consento con te sull'opportunità dell'iniziativa* je ne suis pas d'accord avec toi sur l'opportunité de l'initiative ◇ [*ammettere, riconoscere come cosa giusta*] admettre (71), reconnaître (72): *consentirai di esserti comportato da mascalzone!* tu admettras, reconnaîtras que tu t'es comporté comme un voyou! 🄲 **dissentire**.

consenziènte |konsen'tsjɛnte| *agg.* consentant: *la tua proposta mi trova consenziente* ta proposition me trouve consentant; *i genitori non erano consenzienti* les parents n'étaient pas consentants # *consenziente la famiglia* avec le consentement de la famille 🄲 **dissenziente**.

consequenziàle |konsekwen'tsjale| *agg.* [*che è in un rapporto di conseguenza*] conséquent: *un comportamento non del tutto consequenziale alle proprie idee* un comportement pas tout à fait conséquent avec ses idées → **conseguente, coerente** ◇ [*di conseguenza*] de conséquence (*loc. inv.*): *relazione, rapporto consequenziale* relation, rapport de conséquence.

consequenzialità |konsekwentsjali'ta| *s.f. inv.* caractère *m. var.* conséquentiel.

consequenziàrio, i |konsekwen'tsjario, i| *agg.* (*raro*) [*troppo rigido nel dedurre conseguenze*] *una mente consequenziaria* un esprit conséquent ◆ (*s.*) *un consequenzario* un homme conséquent *agg.*

consèrto |kon'sɛrto| **1** *agg.* (*nella loc.*) *a, con le braccia conserte* [*incrociate sul petto*] les bras croisés **2** *s.m.* *nella loc. avv.* DI CONSERTO [*di comune accordo*] d'un commun accord: *agivano sempre di conserto* ils agissaient toujours d'un commun accord ◇ [*insieme*] ensemble: *procedevano di conserto* ils avançaient ensemble.

1 **consèrva** |kon'sɛrva| *s.f.* **1** (*raro*) réserve: *dar fondo alle proprie conserve* dilapider ses réserves ◇ (*loc. fig.*) *far conserva di un consiglio, delle parole di qc.* [*farne tesoro*] mettre à profit un conseil, les paroles de qqn. **2** [*procedimento di conservazione di generi alimentari*] conserve: *mettere la frutta, la verdura in conserva, sotto conserva* mettre les fruits, les légumes en conserve ◇ [*il prodotto stesso*] *conserva di pomodoro, di frutta* conserve de tomates, de fruits; *una scatola di conserva* une boîte de conserve.

2 **consèrva** |kon'sɛrva| *s.f.* (*mar.*) *navigare di conserva* naviguer de conserve ◇ *loc. fig.* DI CONSERVA [*insieme, di comune accordo*] de conserve: *agire, procedere di conserva* agir, aller de conserve.

conservàbile |konser'vabile| *agg.* [→ CONSERVARE] qu'on peut conserver *loc.*

conservàre |konser'vare| **A** *v.tr.* **1** [*mantenere, custodire in modo che non si alteri*] conserver: *conservare la carne in scatola* conserver la viande en boîte; *conservare il pesce sotto sale* conserver le poisson salé; *conservare dei funghi sott'olio* conserver des champignons marinés dans l'huile; *conservare dei cetrioli sottaceto* conserver des concombres dans du vinaigre; *conservare della frutta sotto spirito* conserver des fruits dans l'eau-de-vie; *conservare la carne, il latte in frigorifero* conserver la viande, le lait dans le réfrigérateur ◇ (*per est.*) [*custodire, serbare*] conserver, garder: *conservare una lettera, un documento prezioso* conserver, garder une lettre, un document précieux; *conservare il proprio denaro* garder son argent **2** (*fig.*) *conservare un gradito ricordo* conserver, garder un souvenir agréable; *conservare un'amicizia* conserver une amitié; *conservare un segreto* garder un secret ◇ [*non perdere, continuare ad avere*] *conservare la vista, i capelli* conserver la vue, ses cheveux; *conservare un cliente* garder un client; *conservare un'abitudine* garder une habitude; *conservare il* (*proprio*) *sangue freddo* garder son sang-froid; *conservare le facoltà mentali* conserver, garder toute sa tête **B** *v.pron. intr.* CONSERVARSI **1** [→ *tr.* 1] se conserver: *la carne surgelata si conserva a lungo* la viande surgelée se conserve longtemps; *questo pesce non si può conservare* ce poisson ne peut pas se conserver **2** (*fig.*) [→ *tr.* 2] rester *intr.*; être (43) conservé: *conservarsi buono, onesto* rester bon, honnête; *si è conservato fedele alle sue idee* il est resté fidèle à ses idées ‖ *nonostante la sua età si è conservata bene* elle est bien conservée pour son âge ◇ (*loc. escl.*) *si conservi!* ménagez-vous!

conservativo |konserva'tivo| **1** *agg.* (*dir.*) conservatoire: *atto, provvedimento conservativo* acte, mesure conservatoire; *sequestro conservativo* saisie conservatoire **2** *s.m.* (*chim.*) additif.

conservàto |konser'vato| *agg.* **1** (*di alimento*) [*non fresco e mantenuto in modo da poter essere mangiato, tenuto in conserva*] en conserve (*loc. inv.*): *carne di manzo conservata* bœuf en conserve; *latte conservato* lait en conserve; *piselli conservati* petits pois en conserve; *frutta conservata* fruits en conserve **2** [*mantenuto in un certo stato di conservazione*] conservé: *un affresco ben conservato* une fresque bien conservée.

conservatóre, trice |konserva'tore, tritʃe| **1** *agg.* conservateur*: *un partito conservatore* un parti conservateur; *idee conservatrici* idées conservatrices ✦ (*s.*) *i conservatori* les conservateurs **2** *s.m.* (*bur.*) conservateur: *conservatore di un museo, di una biblioteca* conservateur d'un musée, d'une bibliothèque.

conservatoria |konservato'ria| *s.f.* (*bur.*) conservation: *conservatoria delle ipoteche* conservation des hypothèques.

1 **conservatòrio, i** |konserva'tɔrjo, i| *s.m.* **1** conservatoire: *studiare al conservatorio* étudier au conservatoire **2** (*raro*) → **educandato.**

2 **conservatòrio, i** |konserva'tɔrjo, i| *agg.* → **conservativo.**

conservatorismo |konservato'rizmo| *s.m.* conservatisme.

conservazióne |konservat'tsjone| *s.f.* **1** [→ CONSERVARE A 1] conservation: *la conservazione dei cibi* la conservation des aliments; *l'opera è in stato di perfetta conservazione* l'œuvre est en état de parfaite conservation ◇ (*fig.*) *la conservazione delle tradizioni* le maintien *m.* des traditions ◇ (*biol., corr.*) *istinto di conservazione* instinct de conservation **2** (*polit.*) conservatisme (*m.*): *le forze* (*politiche*) *della conservazione* les forces (politiques) du conservatisme, des conservateurs.

conservière |konser'vjɛre| *s.* **1** ouvrier* d'une conserverie **2** conserveur *m.*, industriel *m.* de la conserverie.

conservièro |konser'vjɛro| *agg.* *l'industria conserviera* l'industrie des conserves, la conserverie (*s.f.*); *industriale conserviero* industriel en conserves alimentaires, conserveur *s.m.*

conservificio, i |konservi'fitʃo, i| *s.m.* [*fabbrica di conserve alimentari*] conserverie *f.*

consèrvo |kon'sɛrvo| *s.* **1** (*raro, lett.*) compagnon de servitude **2** (*raro, eccl.*) → **confratello; consorella.**

consèsso |kon'sɛsso| *s.m.* [*assemblea di persone ragguardevoli*] assemblée *f.*, réunion (*f.*): *un consesso di scienziati, di giuristi* une assemblée, une réunion de savants, de juristes ◇ (*loc. fig.*) *il consesso dei popoli* l'union *f.* des peuples.

consideràbile |konside'rabile| *agg.* **1** digne d'être pris en considération: *una proposta* (*non*) *considerabile* une proposition (pas) digne d'être prise en considération **2** (*raro*) → **considerevole.**

considerabilménte |konsiderabil'mente| *avv.* (*raro*) [→ CONSIDERABILE 1] considérablement.

consideràre |konside'rare| **A** *v.tr.* **1** [*prendere in esame; giudicare attentamente*] considérer (8), envisager (3): *considerare la situazione sotto tutti i suoi aspetti* considérer, envisager la situation sous tous ses aspects; *considerare il pro e il contro* (*di una cosa*) considérer le pour et le contre (d'une chose); *considera attentamente le conseguenze di quello che fai!* envisage avec attention les conséquences de ce que tu fais! → **vagliare, esaminare** # *considera che è ancora una bambina!* pense que c'est encore une petite fille! ✦ (*ass.*) *bisogna considerare bene prima di agire* il faut penser soigneusement avant d'agir ✦ *al p.p.* TUTTO CONSIDERATO tout bien considéré, tout compte fait: *tutto considerato, è meglio continuare come prima* tout bien considéré, tout compte fait, il vaut mieux continuer comme avant; *tutto considerato, non accetto il nuovo incarico* tout bien considéré, je n'accepte pas la nouvelle charge ~ *spec.* (*bur.*) CONSIDERATO CHE... [*tenendo presente il fatto che...*] vu que...: *considerato che l'impiegato X ha superato il periodo di prova...* vu que l'employé X a donné satisfaction durant la période d'essai... **2** [*giudicare, ritenere*] considérer: *tutti lo considerano un campione* tous le considèrent comme un champion; *ti ho sempre considerato come un fratello* je t'ai toujours considéré comme un frère ◇ [*valutare, stimare*] *considerare molto, poco qc.* considérer beaucoup, peu qqn.; *è considerato moltissimo dai suoi colleghi* il est très considéré par ses collègues ◇ (*per est.*) *nel suo lavoro, è considerato da tutti* dans son travail, il jouit de la considération de tous; *in questo ambiente nessuno mi considera!* dans ce milieu, personne ne me prend en considération! **3** (*bur.*) [*tenere conto di; prevedere*] prévoir (38): *la legge, la circolare non considera questo caso* la loi, la circulaire ne prévoit pas ce cas → **contemplare** **4** (*raro*) [*osservare attentamente; contemplare*] contempler (*corr.*), considérer (*corr.*): *stava considerando un quadro* il contemplait un tableau; *lo considerò attentamente prima di rivolgergli la parola* il le considéra attentivement avant de lui adresser la parole **B** *v.pron. rifl.* CONSIDERARSI [→ *tr.* 2] se considérer, s'estimer: *si considera il migliore di tutti* il se considère, s'estime le meilleur de tous; *puoi considerarti fortunato!* tu peux t'estimer heureux!

consideratézza |konsidera'tettsa| *s.f.* (*raro*) → **posatezza; cautela.**

consideràto |konside'rato| *agg.* **1** [*stimato, apprezzato*] estimé, considéré: *è un medico considerato* c'est un médecin estimé, considéré **2** [*cauto, prudente, ponderato*] pondéré: *un uomo considerato* un homme pondéré.

considerazióne |konsiderat'tsjone| *s.f.* **1** [→ CONSIDERARE A 1] considération: *decidere q.c. dopo attenta considerazione* décider qqch. après une considération attentive; *prendere in considerazione q.c.* prendre en considération qqch. ◇ [*rispetto, riguardo*] *non hanno avuto nessuna considerazione per la sua età avanzata* ils n'ont pas du tout pris en considération son âge avancé; *non ha avuto nessuna considerazione per me* il ne m'a absolument pas pris en considération ◇ (*loc.*) *in considerazione di* [*considerando, tenendo presente*] en considération de **2** [*buona reputazione, stima*] considération: *godere di molta considerazione* jouir d'une grande considération **3** [*prudenza, cautela*] attention: *qui bisogna decidere con considerazione* ici, il faut décider avec attention # *ha agito senza considerazione* il a agi inconsidérément **4** [*osservazione, rilievo, critica*] considération: *voglio premettere alcune considerazioni personali* je veux d'abord faire quelques considérations personnelles.

considerévole |konside'revole| *agg.* [*notevole, importante*] considérable: *somme considerevoli* sommes considérables; *lavoro considerevole* travail considérable.

considerevolménte |konsiderevol'mente| *avv.* [→ CONSIDEREVOLE] considérablement.

consigliàbile |konsiʎ'ʎabile| *agg.* [→ CONSIGLIARE A] conseillable, avisé: *è un intervento poco consigliabile* c'est une intervention peu conseillable; *non è consigliabile uscire con questo tempo* il n'est pas avisé de sortir par ce temps.

consigliàre |konsiʎ'ʎare| **A** *v.tr.* [*dare un consiglio, un suggerimento; esortare, raccomandare*] (*ogg. di persona*) conseiller: *consigliare un amico* conseiller un ami; *non mi hai consigliato bene* tu ne m'as pas bien conseillé ◇ (*ogg. di cosa*) *ti consiglio la massima prudenza* je te conseille la plus grande prudence; *gli ho consigliato un bel libro da leggere* je lui ai conseillé un beau livre à lire; *mi hanno consigliato di rivolgermi a questo ufficio* on m'a conseillé de m'adresser à ce bureau **B** *v.pron.* CONSIGLIARSI **1** *intr.* CONSIGLIARSI CON QC. [*chiedere suggerimenti a qc., consultare qc.*] demander *tr.* conseil (à), consulter (*tr.*): *consigliarsi con un amico* demander conseil à un ami, consulter un ami; *ti conviene consigliarti prima con il tuo avvocato, con il tuo medico* tu as intérêt à consulter d'abord ton avocat, ton médecin **2** *recipr.* [*consultarsi*] se consulter: *dopo* *essersi consigliati tra di loro, hanno deciso di passare all'azione* après s'être consultés entre eux, ils ont décidé de passer à l'action.

consigliatóre, trice |konsiʎʎa'tore, tritʃe| *agg. e s.* (*raro*) → **consigliere.**

consigliére |konsiʎ'ʎere| *s.* **1** [*chi dà consigli*] conseiller*: *un buon consigliere* un bon conseiller ◇ (*fig.*) *l'ira è una cattiva consigliera* la colère est mauvaise conseillère **2** [*membro di un consiglio*] conseiller: *consigliere comunale, di Stato* conseiller municipal, d'État # *consigliere del consiglio d'amministrazione* membre du conseil d'administration ◇ (*bur.*) *consigliere di prefettura* conseiller de préfecture; *consigliere d'appello* conseiller à la cour d'appel; *consigliere di cassazione* conseiller à la cour de cassation.

consìglio, i |kon'siʎʎo, i| *s.m.* **1** conseil: *un buon, ottimo consiglio* un bon, excellent conseil; *un cattivo, un pessimo consiglio* un mauvais, un très mauvais conseil; *un saggio consiglio* un sage conseil; *consiglio disinteressato, interessato* conseil désintéressé, intéressé; *dare, chiedere consiglio a qc.* donner, demander un conseil à qqn.; *ascoltare, seguire i consigli di qc.* écouter, suivre les conseils de qqn.; *ti do un consiglio da amico* je te donne un conseil d'ami; *non accetto consigli da nessuno* je n'accepte de conseils de personne; *agire su, dietro consiglio di qc.* agir sur le conseil de qqn. # *ricorrere al consiglio del medico, dell'avvocato, dell'esperto* avoir recours à l'avis du médecin, de l'avocat, de l'expert → 2 **parere, suggerimento** **2** [*considerazione, riflessione*] réflexion (*f.*): *decidere dopo lungo, maturo consiglio* décider après longue, mûre réflexion ◇ [*prudenza, senno*] *una persona di poco consiglio* une personne imprudente (*agg.*); *agire senza consiglio* agir imprudemment *avv.* ◇ (*loc. fig.*) *la notte porta consiglio* la nuit porte conseil **3** [*risoluzione, deliberazione*] avis; prétention *f.* ◇ (*loc.*) *cambiare consiglio* changer d'avis ~ *ridurre qc. a miglior consiglio* ramener qqn. à la raison ~ *venire a più miti consigli* modérer ses prétentions **4** [*riunione di più persone per deliberare*] conseil: *tenere consiglio* tenir conseil; *andare, essere in consiglio* entrer, être au conseil # *riunirsi in consiglio* se réunir en séance → **seduta** **5** [*organo collegiale*] conseil: *il consiglio è in seduta, sta deliberando* le conseil siège, délibère; *convocare, adunare, sciogliere un consiglio* convoquer, réunir, dissoudre un conseil ◇ (*spec.*) *il consiglio dei ministri* le conseil des ministres; *il consiglio di Sicurezza dell'ONU* le conseil de Sécurité de l'ONU; *il Consiglio Nazionale dell'Economia e del Lavoro* le Conseil Économique et Social; *i consigli comunali* les conseils municipaux; *il consiglio di amministrazione* le conseil d'administration; *il consiglio di fabbrica* le conseil d'ouvriers, le comité d'entreprise.

consiliàre |konsi'ljare| *agg.* du conseil (*loc. inv.*): *sala consiliare* salle du conseil; *riunione, deliberazione consiliare* réunion, décision du conseil.

consìmile |kon'simile| *agg.* (*lett.*) → **simile.**

consistènte |konsis'tɛnte| *agg.* **1** consistant: *terreno poco consistente* terrain peu consistant → **compatto**; *stoffa, tessuto consistente* étoffe consistante, tissu consistant → **robusto**; *un materiale molto, poco consistente* un matériau très, peu consistant **2** (*fig.*) [*solido, fondato*] consistant: *un argomento consistente* un argument consistant; *una prova poco consistente* une preuve peu consistante **3** [*notevole, grande*] consistant: *un patrimonio consistente* un patrimoine consistant; *una somma (di denaro) consistente* une somme (d'argent) consistante.

consistènza |konsis'tɛntsa| *s.f.* consistance: *la consistenza della cera* la consistance de la cire → **compattezza**; *un tessuto di scarsa consistenza* un tissu de peu de consistance → **robustezza**; *una critica, un sospetto senza consistenza* une critique, un soupçon sans consistance; *è un'idea che sta prendendo consistenza* c'est une idée qui prend de la consistance; *dare consistenza a delle ombre* donner de la consistance à des ombres ◇ [*quantità, entità*] *la consistenza del patrimonio, delle entrate di qc.* le patrimoine, les recettes de qqn.

consìstere |kon'sistere| (116) *v. intr.* (*aus.* '*essere*') **1** [*essere costituito, composto, formato*] être (43) (*aus.* avoir) constitué de, consister (*aus.* avoir) en, dans: *il meccanismo consiste di molti elementi* le mécanisme est constitué de multiples éléments; *lo spettacolo consiste in vari numeri di musica e danza* le spectacle consiste en des numéros variés de musique et de danse ✦ *al p. pres.* CONSISTENTE IN composé de: *un appartamento consistente in due stanze e servizi* un appartement composé de deux pièces avec cuisine et salle de bains **2** [*avere il proprio fondamento*] consister en, dans: *in che cosa consiste la difficoltà?* en quoi consiste la difficulté?

consociàbile |konso'tʃabile| *agg.* (*raro*) [→ CONSOCIARE] associable.

consociàre |konso'tʃare| **A** *v.tr.* [*unire in società; fondere*] associer: *consociare due ditte* associer deux firmes **B** *v.pron. recipr.* CONSOCIARSI [→ *tr.*] s'associer: *le due imprese si sono consociate* les deux entreprises se sont associées.

consociàto |konso'tʃato| *agg. e s.m.* → **associato.**

consociazióne |konsotʃat'tsjone| *s.f.* [→ CONSOCIARE] association.

consòcio, i |kon'sɔtʃo, i| *s.* [*socio della stessa società*] coassocié.

consolàbile |konso'labile| *agg.* [→ 1 CONSOLARE A] consolable.

consolànte |konso'lante| *agg.* consolant: *parole consolanti* paroles consolantes; *notizia consolante* nouvelle consolante **C** **sconsolante.**

1 **consolàre** |konso'lare| **A** *v.tr.* **1** [*alleviare da una pena; confortare*] consoler: *consolare gli afflitti* consoler les malheureux; *consolare le pene di qc.* consoler les peines de qqn. **2** [*rallegrare, dar piacere*] consoler: *la notizia lo consolò* la nouvelle le consola; *mi consola il pensiero che tutto finirà presto* l'idée que tout finira vite me console ◇ (*iron.*) *ha una faccia da cretino che consola!* il a un air idiot qui fait plaisir à voir! **B** *v.pron. rifl.* CONSOLARSI **1** [→ *tr.* 1] se consoler: *la vedova si è consolata presto* la veuve s'est vite consolée **2** [→ *tr.* 2] se réjouir: *si consolò molto alla vista dell'amico* il se réjouit beaucoup à la vue de son ami ◇ (*iron.*) *consolati!, siamo appena agli inizi!* réjouis-toi!, nous n'en sommes qu'aux débuts; *c'è proprio da consolarsi!* il y a vraiment de quoi se réjouir!

2 **consolàre** |konso'lare| *agg.* **1** consulaire: *il visto consolare* le visa consulaire **2** (*st. rom.*) consulaire: *comizi consolari* comices consulaires.

consolàto |konso'lato| *s.m.* **1** consulat: *consolato italiano, francese* consulat d'Italie, de France **2** (*st. rom.*) consulat: *il consolato di Cicerone* le consulat de Cicéron

consolatóre, trice |konsola'tore, tritʃe| *s.* consolateur* ✦ (*agg.*) *speranza consolatrice* espoir consolateur.

consolazióne |konsolat'tsjone| *s.f.* **1** [→ 1 CONSOLARE A 1] consolation: *dare consolazione a qc.* donner la consolation à qqn.; *cercare consolazione nel gioco, nello studio* chercher une consolation dans le jeu, dans l'étude → 1 **conforto, sollievo** ◇ [*persona, cosa che consola*] *i figli sono la sua consolazione* ses enfants sont sa consolation ◇ (*loc.*) *premio di consolazione* prix de consolation **2** [→ 1 CONSOLARE A 2] consolation: *è una consolazione vedere dei giovani così impegnati* c'est une consolation (que) de voir des jeunes si engagés # *quella notizia fu una vera consolazione* cette nouvelle fut une véritable joie **C** **desolazione, disperazione, sconforto.**

cònsole |'kɔnsole| *s.m.* **1** consul: *il console generale italiano a Parigi* le consul général d'Italie à Paris **2** (*st. rom., mediev.*) consul.

'console' |kɔ̃sɔl| *s.f. inv.* → **consolle.**

consòlida |kon'sɔlida| *s.f.* (*t.bot.*) consoude.

consolidaménto |konsolida'mento| *s.m.* **1** [→ CONSOLIDARE A 1] consolidation (*f.*): *consolidamento di un edificio* consolidation d'un édifice; *consolidamento di un terreno, di un muro* consolidation d'un terrain, d'un mur **2** [→ CONSOLIDARE A 2] consolidation: *il consolidamento del potere, di un patrimonio* la consolidation du pouvoir, d'un patrimoine **3** (*econ.*) consolidation: *il consolidamento del debito pubblico* la consolidation de la dette publique.

consolidàre |konsoli'dare| **A** *v.tr.* **1** [*rendere saldo, stabile*] consolider: *consolidare un edificio, un'armatura* consolider un édifice, une charpente; *consolidare il terreno* consolider le terrain **2** (*fig.*) consolider, affermir: *consolidare la propria popolarità, autorità* consolider sa popularité, son autorité; *consolidare il proprio potere* consolider, affermir son pouvoir; *consolidare la propria posizione* affermir sa position; *consolidare un regime, un patrimonio* consolider un régime, le patrimoine → **rafforzare** ◇ (*mil.*) *consolidare le posizioni* consolider ses positions ◇ (*econ.*) *consolidare un debito, un prestito, una rendita* consolider une dette, un emprunt, une rente **B** *v.pron. intr.* CONSOLIDARSI **1** [→ *tr.* 1] se consolider: *il terreno si è consolidato* le terrain s'est consolidé, s'est tassé **2** [→ *tr.* 2] se consolider: *il regime si è consolidato* le régime s'est consolidé, c'est affermi ◇ (*mil.*) se retrancher: *le truppe si sono*

consolidate nelle loro posizioni les troupes se sont retranchées sur leurs positions.
consolidàto |konsoli'dato| *agg.* **1** [*rafforzato, stabile, sicuro*] ferme, solide: *un terreno consolidato* un terrain ferme, solide ◇ (*fig.*) *fama consolidata* réputation solide # *opinione consolidata* opinion bien assise **2** (*econ.*) consolidé: *debito consolidato* dette consolidée; *bilancio consolidato* bilan consolidé; *titoli consolidati* titres consolidés.
consolidazióne |konsolidat'tsjone| *s.f.* **1** (*dir., econ.*) consolidation **2** (*geol.*) solidification: *la consolidazione del magma* la solidification du magma **3** (*raro*) → **consolidamento.**
consòlle |kon'sɔlle| *s.f. inv.* **1** console (*var.*): *consolle stile impero* console Empire **2** *la consolle dell'elaboratore elettronico, dell'organo* la console de l'ordinateur, de l'orgue.
consol(l)ista |konsol'(l)ista| *s.* [*addetto a una consolle* (2)] pupitreur*.
'consommé' |kɔ̃sɔme| *s.m. inv.* (*cuc.*) consommé *var.*
consonànte |konso'nante| **I** *agg.* **1** (*mus.*) consonant: *intervalli consonanti* intervalles consonants **2** (*ling.*) consonant: *frasi consonanti* phrases consonantes **II** *s.f.* consonne: *consonanti occlusive* consonnes occlusives.
consonàntico, ci, ca, che |konso'nantiko, tʃi, ka, ke| *agg.* (*ling.*) consonantique: *sistema consonantico* système consonantique.
consonantismo |konsonan'tizmo| *s.m.* (*ling.*) consonantisme.
consonànza |konso'nantsa| *s.f.* **1** consonance: *consonanze gradevoli, bizzarre* consonances agréables, bizarres ◇ (*fig.*) [*corrispondenza di intenti*] correspondance: *consonanza di idee, di sentimenti* correspondance d'idées, de sentiments **2** (*ling., metr.*) consonance.
consonàre |konso'nare| *v.intr.* (*aus. 'avere'*) (*raro, lett.*) [*suonare insieme in modo armonico*] conson(n)er ◇ (*fig.*) [*accordarsi, essere in accordo*] s'accorder (*pron.*): *i loro caratteri non consonano* leurs caractères s'accordent mal.
cònsono |'kɔnsono| *agg.* [*conforme, adeguato*] conforme: *condurre una vita consona ai propri mezzi* mener une vie conforme à ses moyens.
consorèlla |konso'rɛlla| **I** *s.f.* (*relig.*) consœur **II** *agg. f.* **1** (*comm.*) sœur (*s.f.*): *ditta consorella* société sœur → **associato** **2** (*fig.*) [*affine*] sœur: *nazione consorella* nation sœur.
consòrte |kon'sɔrte| **1** *s.* (*in tono ufficiale o scherz.*) [*coniuge*] *il consorte* l'époux, le mari; *la consorte* l'épouse, la femme: *come sta la* (*tua*) *consorte?* comment va ton épouse?; *la consorte del presidente della Repubblica* la femme du président de la République ✦ (*agg.*) *il principe consorte* le prince consort **2** *agg.* (*lett.*) [*partecipe della stessa sorte*] uni (*corr.*).
consorterìa |konsorte'ria| *s.f.* **1** (*st. mediev.*) faction **2** → **camorra, 1 cricca.**
consortile |konsor'tile| *agg.* **1** (*st. mediev.*) de faction *loc. inv.* **2** (*raro*) → **consorziale.**
consorziàle |konsor'tsjale| *agg.* consortial*: *gestione consorziale* gestion consortiale # *strada consorziale* route du consortium.
consorziàre |konsor'tsjare| *v.tr.* [*unire in consorzio*] réunir en consortium.
consorziàto |konsor'tsjato| *agg.* réuni en consortium: *industria consorziata* industrie réunie en consortium.
consòrzio, i |kon'sɔrtsjo, i| *s.m.* **1** consortium; coopérative (*f.*): *consorzio industriale* consortium industriel || *consorzio tra proprietari terrieri* coopérative entre propriétaires terriens; *consorzio di bonifica* coopérative d'amélioration foncière; *consorzio agrario* coopérative agricole ◇ (*fam.*) [*spaccio*] *questo prodotto l'ho comprato al consorzio* ce produit je l'ai acheté à la coopérative (*corr.*) **2** (*fig.*) *il consorzio umano, il consorzio civile* la société *f.* des hommes, la société civile.
consostanziàle |konsostan'tsjale| *agg.* → **consustanziale.**
constàre |kon'stare| **A** *v.intr.* (*aus. 'essere'*) CONSTARE DI [*essere composto di; consistere*] se composer *pron.* de: *l'opera intera consta di dodici volumi* l'œuvre complète se compose de douze volumes **B** *v.impers.* (*aus. 'essere'*) [*essere noto; risultare*] résulter; croire (56) (*aus.* avoir) savoir: *non mi consta che anche lui abbia fatto domanda* il ne me résulte, m'apparaît pas que lui aussi ait fait sa demande || *a me, a noi consta che tu eri presente al fatto* je crois savoir, nous croyons savoir que tu étais présent au moment de l'événement; *per quanto mi consta* d'après ce que je crois savoir, (pour autant) que je sache.
constatàbile |konsta'tabile| *agg.* [→ CONSTATARE] qu'on peut (facilement) constater (*loc.*): *è facilmente constatabile che...* on peut facilement constater que...
constatàre |konsta'tare| *v.tr.* [*accertare di persona q.c.; verificare, appurare*] constater: *il medico non ha fatto altro che constatare il decesso* le médecin n'a fait que constater le décès; *puoi constatare anche tu che è vero* tu peux toi aussi le constater que c'est vrai.
constatazióne |konstatat'tsjone| *s.f.* **1** [→ CONSTATARE] constatation: *non è un'ipotesi, è una constatazione* ce n'est pas une hypothèse, c'est une constatation; *è una constatazione di fatto* c'est une constatation de fait **2** (*dir.*) constat (*m.*): *constatazione di morte* constat de mort; *constatazione a mezzo di ufficiale giudiziario* constat d'huissier; *le constatazioni di legge* les constats de loi.
consuèto |konsu'ɛto| **1** *agg.* [*abituale, usuale*] habituel*: *con la sua calma consueta* avec son calme habituel; *all'ora consueta* à l'heure habituelle → **solito** ◇ (*raro*) [*abituato, avvezzo*] habitué (*corr.*): *essere consueto a q.c., a fare q.c.* être habitué à qqch., à faire qqch. **2** *s.m.* [*modo solito, abitudine*] habitude *f.*, ordinaire: *secondo il consueto, come di consueto* comme d'habitude, comme d'ordinaire, comme à l'ordinaire; *più che di consueto* plus que d'ordinaire, plus qu'à l'ordinaire ◇ (*loc. avv.*) *di, per consueto* [*abitualmente*] d'ordinaire, d'habitude Ⓒ **1 insolito.**
consuetudinàrio, i |konsuetudi'narjo, i| *agg.* **1** (*cose*) [*fondato sulla consuetudine*] coutumier*; habituel*: *diritto consuetudinario* droit coutumier || *comportamento consuetudinario* comportement habituel **2** (*persone*) [*che agisce per abitudine*] routinier*: *è un* (*uomo*) *consuetudinario* c'est un (homme) routinier → **abitudinario.**
consuetùdine |konsue'tudine| *s.f.* **1** [*modo costante di agire di qc.; abitudine*] habitude: *ha la consuetudine di alzarsi presto* il a l'habitude de se lever tôt; *è sua consuetudine arrivare puntuale* il a l'habitude d'arriver à l'heure; *non è sua consuetudine, non è nelle sue consuetudini* ça n'est pas son habitude, dans ses habitudes; *secondo la sua consuetudine, è arrivato ancora in ritardo* suivant son habitude, il est encore arrivé en retard **2** [*tradizione, usanza*] usage *m.*, coutume: *è un'antica consuetudine del paese* c'est un ancien usage, une ancienne coutume du pays **3** (*lett.*) [*dimestichezza, familiarità*] familiarité: *avere una lunga consuetudine con gli studi classici* être depuis longtemps familiarisé avec les études classiques.
consulènte |konsu'lɛnte| *s.* [*professionista, esperto cui ci si rivolge per avere consigli specifici*] conseiller*, conseil (*m.*): *consulente tecnico* conseiller technique; *consulente legale* avocat-conseil; *consulente tributario* conseil fiscal; *l'ingeniere X è il consulente della nostra ditta* Monsieur Untel est l'ingénieur-conseil de notre maison → **esperto** ◇ (*dir.*) expert ✦ (*agg.*) *medico, avvocato consulente* médecin, avocat consultant.
consulènza |konsu'lɛntsa| *s.f.* [*prestazione di un consulente*] consultation: *consulenza gratuita* consultation gratuite; *chiedere, svolgere una consulenza tecnica, legale* demander, donner une consultation technique, d'un avocat-conseil.
consùlta |kon'sulta| *s.f.* **1** [*organo collegiale con poteri consultivi e talora anche deliberativi*] conseil (*m.*): *la consulta municipale* le conseil municipal **2** (*raro, nelle loc.*) *essere, riunirsi a consulta* [*per deliberare*] tenir conseil.
consultàbile |konsul'tabile| *agg.* [→ CONSULTARE] consultable.
consultàre |konsul'tare| **A** *v.tr.* **1** [*chiedere un parere o informazioni a un esperto*] consulter: *consultare il medico, il proprio avvocato* consulter le médecin, son avocat **2** (*più genericamente*) [*chiedere consigli o pareri a qc.; interpellare*] consulter: *consultare i propri genitori* consulter ses parents; *consultare la propria base elettorale, i propri elettori* consulter la base électorale, ses électeurs ◇ (*fig.*) *consultare la propria coscienza* consulter sa conscience **3** [*leggere, esaminare, cercando dati, notizie e sim.*] consulter: *consultare un'enciclopedia, un dizionario* consulter une encyclopédie, un dictionnaire; *consultare l'elenco telefonico, l'orario ferroviario* consulter l'annuaire du téléphone, l'indicateur des chemins de fer **B** *v.pron.* CONSULTARSI **1** *intr.* [→ *tr.* 1] consulter (*tr.*): *consultarsi con il proprio avvocato* consulter son avocat **2** *recipr.* [→ *tr.* 2] se consulter: *ci siamo consultati a lungo prima di decidere* nous nous sommes longuement consultés avant de décider.
consultazióne |konsultat'tsjone| *s.f.* **1** [→ CONSULTARE A 1; B 1] consultation: *l'orario di consultazione dei medici dell'ospedale* l'horaire de con-

sultation des médecins de l'hôpital; *ricorrere all'avvocato per una consultazione* recourir à l'avocat pour une consultation **2** [→ CONSULTARE B 2] consultation: *dopo lunga consultazione, si è deciso che*... après une longue consultation, on a décidé que... **3** (*per est., polit.*) consultation: *consultazione popolare* consultation populaire → **elezione, referendum**; *il capo dello Stato ha iniziato le consultazioni* le chef de l'État a commencé ses consultations **4** [→ CONSULTARE A 3] consultation: *un dizionario, un libro di facile consultazione* un dictionnaire, un livre de consultation facile.

consultìvo |konsul'tivo| *agg.* consultatif*: *comitato consultivo* comité consultatif; *assemblea consultiva* assemblée consultative.

consùlto |kon'sulto| *s.m.* **1** (*med., corr.*) consultation (*f.*): *chiedere un consulto* demander une consultation; *gli specialisti si sono riuniti a consulto* les spécialistes se sont réunis en consultation **2** (*dir.*) consultation.

consultóre, trice |konsul'tore, tritʃe| *s.* **1** [*membro di una consulta, di un consiglio*] conseiller* **2** (*raro*) → **consulente, esperto.**

consultòrio, i |konsul'tɔrjo, i| *s.m.* centre de consultation: *consultorio prematrimoniale* centre de consultation prénuptiale # *consultorio antitubercolare* centre antituberculeux.

consumàbile |konsu'mabile| *agg.* (*raro*) [→ 1 CONSUMARE A] consommable (*corr.*).

1 **consumàre** |konsu'mare| **A** *v.tr.* **1** [*deteriorare con l'uso; logorare*] user: *consumare un abito, un libro* user un habit, un livre; *hai già consumato le suole delle scarpe?* as-tu déjà usé les semelles de tes souliers? **2** (*fig.*) [*sciupare, sperperare*] gaspiller; user: *consumare il proprio patrimonio* gaspiller son patrimoine ‖ *consumare la propria salute* user sa santé # *l'amore, la passione lo consuma* l'amour, la passion le consume □ *consumarsi, consumare la vista in un certo lavoro* s'user les yeux (la vue) à un certain travail ◇ [*dedicare, perdere*] gaspiller: *ho consumato un'intera giornata per quella ricerca* j'ai gaspillé une journée entière à cette recherche **3** [*adoperare, usare*] consommer: *consumare l'acqua, il gas* consommer l'eau, le gaz; *abbiamo già consumato tutte le provviste* nous avons déjà consommé toutes les provisions → **esaurire** ◇ (*per est.*) *questa macchina consuma molta benzina* cette voiture consomme beaucoup d'essence ♦ (*ass.*) *questo motore consuma poco, troppo* ce moteur consomme peu, trop **4** [*mangiare, bere*] prendre (73): *consuma il pasto principale in trattoria* il prend son repas principal à l'auberge; *consumare una merenda, una colazione* prendre un goûter, un déjeuner; goûter, déjeuner ◇ (*liturg. catt.*) *consumare il pane e il vino* [*comunicarsi*] communier sous les deux espèces ♦ *ass.* (*raro*) *grazie*: *abbiamo già consumato* merci: nous avons déjà consommé **B** *v.pron.* CONSUMARSI **1** *intr.* [→ *tr.* 1] s'user: *la stoffa si è consumata tutta* l'étoffe est complètement usée **2** *intr.* (*fig.*) [→ *tr.* 2] se consumer: *consumarsi a poco a poco per una malattia* se consumer petit à petit à cause d'une maladie **3** *rifl.* (*fig.*) [→ *tr.* 2] se consumer: *consumarsi di passione, di dolore* se consumer de douleur **4** *intr.* [→ *tr.* 3] se consumer: *la legna si è consumata tutta* le bois (s')est complètement consumé, a complètement brûlé **5** *rifl.* → *tr.* 2 □.

2 **consumàre** |konsu'mare| *v.tr.* **1** [*portare a termine; realizzare*] consommer: *consumare un delitto* consommer un crime → **commettere** **2** (*dir.*) *consumare il matrimonio* [*renderlo giuridicamente perfetto con il rapporto sessuale*] consommer le mariage.

1 **consumàto** |konsu'mato| *agg.* **1** [*logoro, consunto*] usé: *abiti consumati* vêtements usés; *ho un tacco consumato* j'ai un talon usé **2** [*adoperato, usato*] consommé: *calcolare la benzina, la luce consumata* calculer l'essence, l'électricité consommée.

2 **consumàto** |konsu'mato| *agg.* consommé ◇ (*dir.*) *matrimonio* (*rato e non*) *consumato* mariage (célébré et non) consommé.

3 **consumàto** |konsu'mato| *agg.* [*esperto, pratico*] consommé: *è un tecnico consumato* c'est un technicien consommé; *è un furfante, un imbroglione consumato* c'est un vaurien, un escroc consommé ◇ (*cose*) *ha un'esperienza, una pratica consumata* il a une expérience, une pratique consommée.

consumatóre, trice |konsuma'tore, tritʃe| *s.* consommateur*: *sostenere gli interessi dei consumatori* soutenir les intérêts des consommateurs; *è un gran consumatore di tabacco, di birra* c'est un grand consommateur de tabac, de bière.

1 **consumazióne** |konsumat'tsjone| *s.f.* **1** [→ 1 CONSUMARE A 1, 2, 3] consommation # *svendere fino a consumazione delle scorte* solder jusqu'à l'épuisement des stoks **2** [→ 2 CONSUMARE 1] consommation: *la consumazione di un delitto* la consommation d'un crime ◇ (*dir.*) *la consumazione del matrimonio* la consommation du mariage.

2 **consumazióne** |konsumat'tsjone| *s.f.* [→ 1 CONSUMARE A 4] consommation: *prendere una consumazione al banco, al tavolino* prendre une consommation au comptoir, à une table; *pagare le consumazioni* payer les consommations # *cameriere, quant'è la mia consumazione?* garçon, combien vous dois-je?.

consumìsmo |konsu'mizmo| *s.m.* système économique fondé sur la consommation (des biens), sur le bien-être.

consumìstico, ci, ca, che |konsu'mistiko, tʃi, ka, ke| *agg.* de consommation *loc. inv.*; du bien-être (*loc. inv.*): *società consumistica* société de consommation ‖ *civiltà consumistica* civilisation du bien-être.

consùmo |kon'sumo| *s.m.* [→ 1 CONSUMARE A 3] consommation (*f.*): *fare un grande consumo di energia elettrica* faire une grande consommation de électricité; *calcolare il consumo di benzina, di olio* calculer la consommation de essence, d'huile ◇ (*econ.*) *beni di consumo* biens de consommation; *imposta di consumo* impôt de consommation; *società dei consumi* société de consommation; *ridurre, incentivare i consumi* réduire, stimuler les biens de consommation # *letteratura, arte di consumo* littérature commerciale, art commercial ◇ (*loc.*) *a, per mio* (*tuo, nostro*) *uso e consumo* pour mon (ton, notre) usage personnel.

consuntìvo |konsun'tivo| **1** *agg.* (*econ.*) pour la consommation (*loc. inv.*): *impiego consuntivo dei beni* usage de biens pour la consommation # *conto consuntivo* bilan; *fare, approvare il bilancio consuntivo di un'azienda* faire, approuver le bilan d'une entreprise **2** *s.m.* bilan: *presentare il consuntivo* présenter le bilan ◇ (*fig.*) *fare il consuntivo della propria vita* faire le bilan de sa vie → **esame.**

consùnto |kon'sunto| *agg.* [*logoro per l'uso, mal ridotto*] usé: *una giacca con i gomiti consunti* une veste usée aux coudes → 1 **consumato** ◇ (*fig.*) *viso consunto* visage défait.

consunzióne |konsun'tsjone| *s.f.* (*med.*) consomption ◇ (*pop.*) → **tubercolosi.**

consuòcera |kon'swɔtʃera| *s.f.* mère du gendre, mère de la bru.

consuòcero |kon'swɔtʃero| *s.m.* père du gendre, père de la bru.

consustanziàle |konsustan'tsjale| *agg.* (*teol. crist.*) consubstantiel*.

consustanzialità |konsustantsjali'ta| *s.f. inv.* (*teol. crist.*) consubstantialité *var.*

consustanziazióne |konsustantsjat'tsjone| *s.f.* (*teol. crist.*) consubstantiation.

cónta |'konta| *s.f.* (*nella loc.*) *fare la conta* (*gioco infantile*) (se) désigner par une comptine.

contabàlle |konta'balle| *s. inv.* (*fam.*) → **ballista.**

contàbile |kon'tabile| **1** *agg.* comptable: *programma contabile* plan comptable; *macchina contabile* machine comptable # *libri, scritture contabili* livres, écritures de comptabilité **2** *s.* comptable: *capo contabile* chef comptable; *è una buona contabile* c'est une bonne comptable → **ragioniere.**

contabilità |kontabili'ta| *s.f. inv.* comptabilité (*var.*): *contabilità in partita semplice, doppia* comptabilité en partie simple, double; *contabilità nazionale, commerciale* comptabilité nationale, commerciale; *tenere, gestire la contabilità* tenir, gérer la comptabilité ◇ [*ufficio, reparto*] *la contabilità è al secondo piano* la comptabilité se trouve au deuxième étage.

contabilizzàre |kontabilid'dzare| *v.tr.* [*registrare ai fini della contabilità*] comptabiliser: *contabilizzare una spesa, un'entrata* comptabiliser une dépense, une recette.

contabilizzazióne |kontabiliddza'tsjone| *s.f.* [→ CONTABILIZZARE] comptabilisation, passation d'une écriture comptable.

contachilòmetri |kontaki'lɔmetri| *s.m. inv.* compteur *var.* kilométrique.

contadinàme |kontadi'name| *s.m. sing.* (*spreg.*) [*i contadini*] culs-terreux *pl.*

contadinésco, chi, ca, che |kontadi'nesko, ki, ka, ke| *agg.* [*campagnolo, rustico, villereccio*] paysan*: *costumi contadineschi* coutumes paysannes ◇ (*con valore spreg.*) grossier*, vulgaire: *modi contadineschi* manières grossières, vulgaires → **villano, grossolano.**

contadìno |konta'dino| **1** *s.* [*chi*

lavora la terra] paysan* → **agricoltore** ◇ (*spreg.*) [*persona rozza, grossolana*] *che contadino!* quel paysan! → **bifolco** **2** *agg.* [→ *s.*] paysan: *la classe contadina* la classe paysanne, le paysannat; *una famiglia contadina* une famille paysanne ◇ *loc.* ALLA CONTADINA comme un paysan: *vestirsi alla contadina* s'habiller comme un paysan.

contadinòtto |kontadi'nɔtto| *s.m.* [*tipo rozzo, contadino*] cul-terreux, plouc: *dei contadinotti* des culs-terreux, des ploucs.

contàdo |kon'tado| *s.m.* **1** (*raro*) [*la campagna che sta intorno a un grosso centro*] campagne *f.* ◇ (*scherz.*, *spreg.*) *è uno che viene dal contado* c'en est un qui arrive de fouillis-les-oies (*fam.*), du fond de son village **2** (*st. mediev.*) comtat.

contafili |konta'fili| *s.m. inv.* compte-fils.

contafògli |konta'fɔʎʎi| *s.m. inv.* (*tip.*) compte-feuilles.

contagiàre |konta'dʒare| *v.tr.* **1** [*trasmettere per contagio*; *infettare*] contaminer: *senza saperlo, ha contagiato tutta la famiglia* sans le savoir, il a contaminé toute la famille **2** (*fig.*) [*corrompere, contaminare*] contaminer: *le cattive compagnie lo hanno contagiato* les mauvaises compagnies l'ont contaminé ◇ (*per est.*) [*spingere all'emulazione*] gagner: *la sua onestà ci ha contagiati* son honnêteté nous a gagnés.

contàgio, i |kon'tadʒo, i| *s.m.* **1** contagion (*f.*): *contagio diretto, indiretto* contagion directe, indirecte; *attenti al contagio!* attention à la contagion!; *esporsi al contagio* s'exposer à la contagion ◇ (*per est.*) [*epidemia, pestilenza*] épidémie (*f.*): *i morti del contagio* les morts de l'épidémie **2** (*fig.*) [*influsso dannoso, contaminazione*] contagion: *il contagio della corruzione* la contagion de la corruption ◇ (*per est.*) *il contagio del buon esempio* la transmission *f.* du bon exemple.

contagiosità |kontadʒosi'ta| *s.f. inv.* (*med.*) contagiosité *var.*

contagióso |konta'dʒoso| *agg.* **1** contagieux*: *malattia, febbre contagiosa* maladie, fièvre contagieuse → **infettivo** **2** (*fig.*) contagieux: *entusiasmo, riso contagioso* enthousiasme, rire contagieux; *i suoi sbadigli sono stati contagiosi* ses bâillements ont été contagieux.

contagiri |konta'dʒiri| *s.m. inv.* compte-tours.

contagiro |konta'dʒiro| *s.m.* [*persona che conta i giri percorsi dai concorrenti di una gara*] tour par tour.

contagócce |konta'gottʃe| *s.m. inv.* compte-gouttes ◇ (*fig.*) *lasciapassare concessi col contagocce* des laissez--passer délivrés au compte-gouttes.

container |kən'teinə| *s.m. inv.* (*ingl.*) conteneur *var.* (*t.racc.*), container *var.*

containerizzàre |konteinerid'dzare| *v.tr.* [*mettere in container*] conteneuriser.

containerizzazióne |konteineriddzat'tsjone| *s.f.* [→ CONTAINERIZZARE] conteneurisation.

contaminàre |kontami'nare| *v.tr.* **1** [*guastare, infestare col proprio contatto*] contaminer, polluer: *le esalazioni di quella fabbrica hanno contaminato l'aria* les exhalaisons de cette usine ont contaminé, pollué l'air; *l'acqua di quel fiume è contaminata dagli scarichi industriali* l'eau de ce fleuve est contaminée par les décharges industrielles; *l'esplosione atomica ha contaminato una vasta zona* l'explosion atomique a contaminé une vaste zone ◇ (*raro, med.*) [*contagiare*] contaminer (*corr.*): *contaminare una persona* contaminer une personne **2** (*fig.*) [*corrompere*] souiller, corrompre (44): *contaminare il candore di un bambino* souiller, corrompre la candeur d'un enfant ◇ [*disonorare*] souiller: *contaminare il buon nome di qc.* souiller la réputation de qqn.

contaminazióne |kontaminat'tsjone| *s.f.* **1** [→ CONTAMINARE 1] contamination: *la contaminazione dell'aria, dell'acqua* la contamination de l'air, de l'eau **2** (*arts., letter., ling.*) contamination.

contànte |kon'tante| **1** *agg.* comptant: *denaro contante* argent comptant ◇ (*loc. fig.*) *prendere q.c. per moneta contante* prendre qqch. pour argent comptant **2** *s.m.* comptant: *vendere per contanti, a contanti* vendre (au) comptant # *hai con te dei contanti?* tu as de l'argent liquide sur toi?; *pagare una merce in contanti* payer comptant *avv.* une marchandise.

contapàssi |konta'passi| *s.m. inv.* → **odometro, podometro.**

contàre |kon'tare| **A** *v.tr.* **1** [*valutare numericamente la quantità di q.c.*; *calcolare*] compter: *contare i presenti, gli assenti* compter les présents, les absents; *contare il denaro, le banconote* compter l'argent, les billets de banque ◇ (*loc. fig.*) *contare le pecore, le travi del soffitto* [*stentare ad addormentarsi*] compter les moutons, les clous de la porte ~ *contare i giorni, le ore, i minuti* compter les jours, les heures, les minutes ~ *contare i soldi in tasca a qc.* [*calcolare, per curiosità o per interesse, quanto uno possiede*] mettre son nez dans les finances des autres ~ *si contano sulle dita, sulla punta delle dita* on les compte sur les doigts ~ (*pugilato*) *contare i secondi* compter les secondes **2** [*includere in un calcolo*; *conteggiare*] compter: *conta pure anche me fra i sottoscritti di quella colletta* compte-moi aussi parmi ceux qui souscrivent à cette collecte; *eravamo in quattro, senza contare l'autista* nous étions quatre sans compter le chauffeur; *senza contare che...* sans compter que... **3** [*annoverare*; *avere*] compter, avoir (28): *Roma conta più di due milioni di abitanti* Rome compte, a plus de deux millions d'habitants; *conta molti amici, molte conoscenze* il a beaucoup d'amis, beaucoup de connaissances **4** [*distribuire con parsimonia o avarizia*; *lesinare*] compter: *i genitori gli contano i soldi* ses parents lui comptent l'argent; *contare i bocconi a qc.* compter les morceaux dans l'assiette de qqn. **5** *ass.* [*esporre, indicare i numeri in serie*] compter: *contare sulle dita* compter sur ses doigts; *il bambino sa già contare da 1 a 10* le petit sait déjà compter jusqu'à 10; *contare per decine, per tre* compter par dizaines, par trois; *contare alla rovescia* compter à rebours **6** (*raro*) [*reputare, stimare*] considérer (8) (*corr.*): *lo contano molto, poco, un fico secco* on le considère beaucoup, peu, pas du tout → **valutare, giudicare** **7** (*spec. region.*) [*raccontare, riferire*] raconter, conter: *dai, non contare storie!* allons, ne raconte pas d'histoires!; *ne hai contate delle belle!* tu en as conté de belles! **B** *v.intr.* (*aus.* '*avere*') **1** [*avere importanza, prestigio, valore*] compter: *non contare nulla, un bel niente, un fico secco* compter pour du beurre; *è una persona che conta molto* c'est une personne qui compte beaucoup; *oggi quel che conta è il denaro* aujourd'hui ce qui compte c'est l'argent; *quel che conta è riuscire* ce qui compte c'est la réussite **2** CONTARE SU QC., Q.C. [*farci affidamento, assegnamento*] compter sur qqn., qqch.: *conta pure su di me* compte aussi sur moi; *questa volta non contare su di noi!* cette fois ne compte pas sur nous!; *conto sulla vostra discrezione, sulla vostra lealtà* je compte sur votre discrétion, sur votre loyauté; *aspetto un tuo aiuto*: *guarda che ci conto!* j'attends ton aide: tu sais, j'y compte (bien)! **3** *loc.* CONTARE DI (+ *inf.*) [*ripromettersi, riproporsi*; *prevedere*] compter (+ *inf.*): *conto di arrivare per mezzogiorno* je compte arriver pour midi; *contavano di fermarsi da te* ils comptaient s'arrêter chez toi ~ CONTARE CHE (+ *congv.*) compter que (+ *cond.*): *contavo che tu insistessi* je comptais que tu insisterais; *contavano che li avremmo aiutati* ils comptaient qu'on les aurait aidés **C** *v.pron.* CONTARSI **1** *recipr.* [→ *tr.* 1, 2] se compter: *si sono contati, ma erano troppo pochi* ils se sont comptés, et ont constaté qu'ils étaient trop peu **2** *rifl.* (*raro*) [→ *tr.* 6] se compter (*corr.*): *lui si conta tra i più probabili candidati* il se compte parmi les candidats les plus probables.

contasecóndi |kontase'kondi| *s.m. inv.* compte-secondes.

contastòrie |kontas'tɔrje| *s.inv.* (*fam.*) → **bugiardo.**

contàta |kon'tata| *s.f.* [*calcolo sbrigativo*] compte *m.*, comptage (*m.*): *dare una contata a q.c.* faire le compte, le comptage rapide de qqch.

contatèmpo |konta'tɛmpo| *s.m.* (*tecnol.*) compteur de temps.

contàto |kon'tato| *agg.* [*limitato per numero e quantità*] compté; limité: *è in fin di vita, ha i giorni contati* il est mourant, ses jours sont comptés ‖ *avere il denaro contato* avoir des moyens limités # *avere il tempo contato* être pressé; *avere i minuti contati* n'avoir pas un instant à perdre.

contatóre |konta'tore| *s.m.* (*tecnol.*) compteur ◇ (*spec.*) *contatore della luce, del gas, dell'acqua* compteur d'électricité, à gaz, à eau.

contatorista |kontato'rista| *s.* ouvrier* chargé de l'entretien des compteurs.

contattàre |kontat'tare| *v.tr.* [*mettersi in contatto con qc., interpellare qc., spec. per ragioni di lavoro*] contacter: *contattare per telefono* contacter par téléphone.

contàtto |kon'tatto| *s.m.* **1** (*cose*) contact: *contatto diretto, prolungato* contact direct, prolongé; *punto di contatto* point de contact; *i due elementi, se sono messi a contatto, esplodono* les deux éléments, s'ils sont mis en contact, explosent; *a contatto dell'aria, quella sostanza tende a deteriorarsi* au contact de l'air, cette substance tend à se détériorer ◇ (*elettr., corr.*) *contatto elettrico* contact électrique; *togliere il contatto* (*elettrico*) couper le contact; *c'è* *stato un corto circuito*: *ci deve essere un contatto* il y a eu un court-circuit; il doit y avoir un mauvais contact ◇ (*ott.*) *lenti a contatto* verres de contact **2** (*persone*) [*rapporto, relazione*] contact: *con individui di quel genere, non voglio avere contatti* avec des individus de ce genre, je ne peux pas avoir de contacts; *stare a contatto con il pubblico* être en contact avec le public; *favorire i contatti umani* favoriser les contacts humains; *prendere contatto con qc., mettersi in contatto con qc.* prendre contact avec qqn., se mettre en contact avec qqn.; *troncare ogni contatto con qc.* rompre tout contact avec qqn. ◇ (*ciclismo*) *perdere il contatto con il gruppo* perdre le contact avec le groupe.

contattóre |kontat'tore| *s.m.* (*elettr.*) contacteur.

cónte |'konte| *s.m.* comte.

contèa |kon'tɛa| *s.f.* **1** titre *m.* de comte **2** (*in Inghilterra*) comté *m.*

conteggiàre |konted'dʒare| *v.tr.* [*valutare, determinare con calcolo*] comprendre (73), compter: *nella fattura non sono state conteggiate le spese di trasporto* dans la facture les frais de transport n'ont pas été compris → **calcolare, computare.**

contéggio, i |kon'teddʒo, i| *s.m.* **1** [→ CONTEGGIARE] compte: *fare il conteggio delle entrate e delle uscite* faire le compte des recettes et des dépenses ◇ (*fig., tecnol.*) comptage ◇ (*pugilato*) compte: *il pugile si è rialzato prima che terminasse il conteggio* le boxeur s'est relevé avant la fin du compte **2** *conteggio alla rovescia* compte à rebours.

contégno |kon'teɲɲo| *s.m.* [*attitudine, comportamento che è espressione di un sentimento interiore*] attitude *f.*, contenance (*f.*): *un contegno deciso* une attitude, une contenance ferme, décidée; *un contegno imbarazzato, umile, arrogante* une attitude humble, modeste, arrogante ◇ (*senza agg.*) [*atteggiamento riservato e dignitoso*] contenance: *darsi, assumere un contegno* se donner, prendre une contenance ◇ [*modo di comportarsi, rispettoso di certe norme*] conduite (*f.*): *un contegno cortese, sgarbato* une conduite courtoise, grossière; *il contegno di un alunno in classe* la conduite d'un élève en classe.

contegnosaménte |konteɲɲosa'mente| *avv.* [→ CONTEGNOSO] avec retenue (*loc. inv.*): *rispondere contegnosamente agli insulti di qc.* répondre avec retenue, avec réserve aux insultes de qqn. # *rivolgersi contegnosamente a un proprio dipendente* s'adresser avec suffisance à son employé.

contegnóso |konteɲ'ɲoso| *agg.* [*che mostra contegno, riservato, dignitoso*] réservé: *comportamento contegnoso* attitude réservée; *un giovane contegnoso* un jeune homme réservé; *le sue parole sono state contegnose* il a été réservé dans ses propos ◇ [*orgoglioso, altero*] *hautain: *uomo contegnoso e distaccato* homme hautain et distant; *dei modi contegnosi* des manières hautaines, de grands airs; *sorrideva con un'aria contegnosa* il souriait d'un air hautain.

contemperaménto |kontempera'mento| *s.m.* [→ CONTEMPERARE 1] modération *f.*

contemperàre |kontempe'rare| *v.tr.* **1** [*adattare, proporzionare*] proportionner: *contemperare lo sforzo alle proprie energie* proportionner l'effort à ses propres forces → **conformare** ◇ [*moderare, mitigare*] modérer (8), tempérer (8): *contemperare due esigenze contrastanti* modérer, tempérer deux exigences en contraste **2** (*lett.*) [*mescolare in giuste proporzioni*] mélanger (3) (*corr.*).

contemplàbile |kontem'plabile| *agg.* [→ CONTEMPLARE A 2] envisageable, qu'on peut envisager (*loc.*): *è un caso contemplabile* c'est un cas envisageable, qu'on peut envisager.

contemplaménto |kontempla'mento| *s.m.* (*raro*) → **contemplazione.**

contemplànte |kontem'plante| *agg.* [*dedito alla contemplazione religiosa*] contemplatif*: *spirito contemplante* esprit contemplatif; *anime contemplanti* âmes contemplatives ◆ (*s.*) *i contemplanti* les contemplatifs → **contemplativo.**

contemplàre |kontem'plare| **A** *v. tr.* **1** [*osservare con interesse e ammirazione*] contempler: *contemplare il cielo, il mare, la natura* contempler le ciel, la mer, la nature; *contemplare un quadro, un'opera d'arte* contempler un tableau, une œuvre d'art; *contemplare il viso, il corpo della persona amata* contempler le visage, le corps de la personne aimée ◇ (*fig., riferito a realtà astratta, soprannaturale*) *contemplare il mistero della morte* considérer, contempler le mystère de la mort; *contemplare Dio* contempler Dieu **2** (*spec. bur.*) [*prevedere, prendere in esame*] prévoir (38): *la legge non contempla tutti i casi particolari* la loi ne prévoit pas tous les cas particuliers; *il tuo caso non è contemplato nella circolare ministeriale* ton cas n'est pas prévu dans la circulaire ministérielle; *non avevamo contemplato questa evenienza* nous n'avions pas prévu cette éventualité ◆ (*al p.p.*) *è un reato contemplato dal codice* c'est un délit prévu par le code **B** *v.pron. rifl.* CONTEMPLARSI [→ *tr.* 1] se contempler: *si stava contemplando allo specchio* elle se contemplait dans la glace.

contemplatìvo |kontempla'tivo| *agg.* contemplatif*: *vita contemplativa* vie contemplative ◇ (*relig.*) *ordine contemplativo* ordre contemplatif ◆ (*s.*) *un contemplativo* un contemplatif, un contemplateur*.

contemplatóre, trice |kontempla'tore, tritʃe| *agg. e s.* contemplateur* → **contemplativo.**

contemplazióne |kontemplat'tsjone| *s.f.* [→ CONTEMPLARE A 1] contemplation: *la contemplazione del mare* la contemplation de la mer; *restare, stare in contemplazione di qc., di q.c.* rester, être en contemplation devant qqn., qqch. → **ammirazione, osservazione** ◇ (*per est.*) *la contemplazione della morte* la contemplation de la mort; *essere in profonda contemplazione* être plongé dans la contemplation ◇ (*catt.*) *fare vita di contemplazione* mener une vie de contemplation.

contèmpo |kon'tempo| *nella loc. avv.* NEL CONTEMPO, AL CONTEMPO [*nello stesso tempo; frattanto*] en même temps: *studiava, e nel contempo sentiva dei dischi* il étudiait et, en même temps, il écoutait des disques; *gli faceva mille complimenti, ma nel contempo pensava già di tradirlo* elle lui faisait mille compliments, mais, en même temps, elle pensait déjà à le trahir.

contemporaneaménte |kontemporanea'mente| *avv.* [→ CONTEMPORANEO 1] en même temps *loc. inv.*, simultanément: *i due avvenimenti si sono verificati contemporaneamente* les deux événements ont eu lieu en même temps, simultanément.

contemporaneità |kontemporanei'ta| *s.f. inv.* simultanéité *var.*, contemporanéité (*raro, var.*): *contemporaneità di due avvenimenti* simultanéité de deux événements.

contemporàneo |kontempo'raneo| *agg.* **1** contemporain: *i due fatti furono contemporanei* les deux faits furent contemporains ◆ (*s.*) *i contemporanei di Dante Alighieri* les contemporains de Dante Alighieri **2** [*del nostro tempo*] contemporain: *la poesia, la pittura contemporanea* la poésie, la peinture contemporaine; *un libro, un trattato di storia contemporanea* un livre, un traité d'histoire contemporaine ◆ (*s.*) *i contemporanei* les contemporains.

contendènte |konten'dɛnte| *agg.* **1** [*litigante, avversario; competitore*] adversaire, rival* ◆ (*s.*) *mettere pace tra due contendenti* réconcilier deux adversaires, deux rivaux **2** (*dir.*) adverse: *la parte contendente* la partie adverse ◆ (*s.m.*) *i contendenti* les parties *f.* adverses *agg.*, les contradicteurs.

contèndere |kon'tɛndere| (105) **A** *v.tr.* [*tentare di non fare avere ad altri, di contrastare*] disputer: *contendere q.c. a un rivale* disputer qqch. à un rival; *contendere a qc. il primato* disputer le record à qqn.; *contendere il terreno al nemico* disputer le terrain à l'ennemi □ *tutti gli impiegati si contendevano il posto rimasto vacante* tous les employés se disputaient le poste encore vacant **B** *v.intr.* (*aus.* 'avere') **1** [*gareggiare; essere in competizione*] rivaliser: *contendere con avversari troppo forti* rivaliser avec des adversaires trop forts; *contendere per la vittoria* rivaliser pour la victoire ◇ [*competere*] *contendere in abilità, in generosità, in velocità* rivaliser d'habilité, de générosité, en vitesse; *chi può contendere con lui?* qui peut rivaliser avec lui? **2** (*raro*) [*litigare, essere in contrasto*] se disputer *pron.* (*corr.*): *contendere per delle sciocchezze* se disputer pour des bêtises **3** (*dir.*) [*essere implicato in una causa contro qc.*] se disputer: *contendere con qc. per un diritto, per un affare* se disputer avec qqn. pour un droit, pour une affaire **C** *v.pron. recipr.* CONTENDERSI → *tr.* □.

contenènte |konte'nɛnte| *s.m.* contenant: *il contenente e il contenuto* le contenant et le contenu Ⓒ **contenuto** 2.

contenènza |konte'nɛntsa| *s.f.* contenance, capacité: *contenenza di una bottiglia* contenance d'une bouteille.

contenére |konte'nere| (188) **A** *v.tr.* **1** [*racchiudere in sé; poter accogliere*] contenir (27): *una damigiana che può contenere 50 litri* une bonbonne qui peut contenir 50 litres; *che cosa contiene quella valigia* que contient cette valise?; *un detersivo che non contiene sostanze nocive* un détersif qui ne contient pas de substances novices; *una sala che può contenere mille persone* une salle qui peut contenir mille personnes ◆ (*al p.p.*) *le istruzioni sono con-*

tenute in un libretto a parte les instructions sont incluses dans une notice à part ◇ (*fig.*) contenir: *questo libro contiene delle osservazioni interessanti* ce livre contient des observations intéressantes ♦ (*al p.p.*) *in quel discorso erano contenuti molti errori, molte falsità* ce discours contenait beaucoup d'erreurs, de mensonges **2** [*trattenere, frenare*] contenir: *contenere il nemico, i dimostranti, la folla* contenir l'ennemi, les manifestants, la foule; *non riuscire a contenere le lacrime, l'emozione, lo sdegno* ne pas arriver à retenir ses larmes, à contenir son émotion, son indignation → **reprimere** ◇ [*ridurre, limitare q.c. nella sua entità*] limiter: *contenere il deficit in termini accettabili* limiter le déficit en termes acceptables; *contenere le spese* limiter les dépenses **B** *v.pron.* CONTENERSI **1** *rifl.* [→ *tr.* 2] se contenir, se maîtriser: *non riusciva a contenersi dalla gioia* de joie, il n'arrivait pas à se contenir, se maîtriser; *a quelle parole non riuscì più a contenersi e reagì furiosamente* à ces mots, il n'arriva pas à se contenir et il réagit avec fureur **2** [*comportarsi*] se conduire (75) (en): *contenersi da persona educata* se conduire en personne bien élevée # *con te non si sa mai come ci si deve contenere, si deve contenersi* avec toi on ne sait jamais comment on doit se comporter.

contenitóre, trice |konteni'tore, tritʃe| *s.m.* [*nome generico di recipienti*] récipient: *contenitore di metallo, di plastica* récipient métallique, en plastique; *una serie di contenitori per frigorifero* una série de récipients pour réfrigérateur ◇ (*per est.*) → **container** ♦ *agg.* qui contient *loc.*

contentàbile |konten'tabile| *agg.* [→ CONTENTARE] qu'on peut contenter, satisfaire (*loc.*): *è un tipo difficilmente contentabile* c'est un type qu'on peut difficilement contenter, satisfaire Ⓒ **incontentabile.**

contentaménto |kontenta'mento| *s.m.* (*raro*) → **appagamento.**

contentàre |konten'tare| **A** *v.tr.* [*far contento, lasciare soddisfatto*] contenter: *è un tipo facile, difficile da contentare* c'est un type facile, difficile à contenter; *basta un nonnulla per contentarlo* il suffit d'un rien pour le contenter; *è un carissimo amico: cerca di contentarlo* c'est un ami très cher: essaie de le contenter; *è bravissimo nel contentare i clienti* il est très doué pour contenter, satisfaire la clientèle → **accontentare** ◇ (*con ogg. di cosa*) [*appagare, soddisfare*] satisfaire (45): *contentare le voglie, i capricci di qc.* satisfaire les envies, les caprices de qqn. **B** *v.pron. rifl.* CONTENTARSI [→ *tr.*] se contenter: *contentarsi di poco, del necessario* se contenter de peu, du nécessaire; *ti potresti anche contentare di quello che hai ottenuto* tu pourrais aussi te contenter de ce que tu as obtenu; *potrebbe anche andar meglio, ma mi contento* cela pourrait aller mieux, mais je me contente de mon sort ◇ (*raro*) [*rassegnarsi*] se contenter de (*corr.*), s'en tenir (*corr.*) (27) à: *si contentò di protestare garbatamente* il se contenta de protester poliment, il s'en tint à une protestation polie ◇ *loc.* CONTENTARSI DI [*avere la compiacenza di; fare il favore di*] faire le plaisir de: *se si contenta di restare a cena da noi...* si vous nous faites le plaisir de rester dîner à la maison, avec nous ◇ (*prov.*) *chi si contenta gode* contentement passe richesse.

contentatùra |kontenta'tura| *s.f.* [*disposizione ad accontentarsi, a essere soddisfatto*] *persona di facile contentatura* personne facile à contenter.

contentézza |konten'tettsa| *s.f.* [*stato d'animo di chi è molto soddisfatto o allegro*] joie: *essere fuori di sé per la contentezza* être au comble de la joie, être fou, ivre de joie → **allegria, felicità** ◇ [*chi, ciò che ne è la causa*] *quel figlio è stato la sua contentezza* ce fils a été sa joie Ⓒ **dolore, tristezza.**

contentìno |konten'tino| *s.m.* [*cosa che viene aggiunta in più del dovuto per accontentare*] bonne mesure *f.*, petit supplément # *dare a uno il contentino* donner une prime à qqn.; donner un os à ronger à qqn. (*fam.*) ◇ (*fam.*) [*piccola soddisfazione per controbilanciare qualcosa di negativo*] *tanto per dargli un contentino...* histoire de le consoler...

contentivo |konten'tivo| *agg.* (*med.*) contentif*: *apparecchio contentivo* appareil contentif.

contènto |kon'tɛnto| **I** *agg.* **1** content: *essere contento di un successo, del proprio lavoro* être content d'un succès, de son travail; *sono contento di aver visto giusto* je suis content d'avoir vu juste; *sono contento che tu sia d'accordo* je suis content que tu sois d'accord; *sono contento di voi* je suis content de vous; *... e vissero felici e contenti* ... et ils vécurent heureux et contents → **soddisfatto** # *far contento qc.* contenter qqn. → **accontentare** ◇ (*loc. iron.*) *hai rotto il vaso, sei contento, ora?* tu as cassé le vase, tu es content, maintenant? **2** [*lieto, allegro*] content: *oggi sono proprio contento* aujourd'hui je suis vraiment content # *era contento come una Pasqua* il était gai comme un pinson; *cuor contento* sans-souci ◇ (*prov.*) *cuor contento il ciel l'aiuta* gaieté porte bonheur **II** *s.m.* (*lett.*) → **gioia, contentezza** Ⓒ **I 1 scontento, insoddisfatto, 2 triste.**

contenutismo |kontenu'tizmo| *s.m.* (*arts., letter.*) réalisme.

contenutista |kontenu'tista| *s.* [*chi segue i canoni del contenutismo*] réaliste.

contenutìstico, ci, ca, che |kontenu'tistiko, tʃi, ka, ke| *agg.* **1** [*che riguarda il contenuto*] *valore contenutistico di un'opera* valeur d'une œuvre quant à son contenu, son fond *loc.* **2** [*che è in relazione con il contenutismo*] *tendenze contenutistiche* tendances qui donnent une grande importance au contenu.

1 **contenùto** |konte'nuto| *agg.* contenu: *un pianto contenuto* des pleurs contenus → **controllato, dignitoso**; *un atteggiamento contenuto e distaccato* une attitude contenue et détachée → **serio, riservato** # *uno stile contenuto e scorrevole* un style sobre et facile → **semplice.**

2 **contenùto** |konte'nuto| *s.m.* **1** contenu: *il contenuto di un recipiente, di un pacco* le contenu d'un récipient, d'un paquet; *versare il contenuto di una scatoletta nella pentola* verser le contenu d'une boîte dans la casserole **2** (*fig.*) contenu: *il contenuto di un libro, di un articolo da giornale* le contenu d'un livre, d'un article de journal; *un discorso povero di contenuto* un discours dépourvu de contenu ◇ (*arts., letter.*) *il rapporto tra forma e contenuto* le rapport entre la forme et le fond.

contenzióne |konten'tsjone| *s.f.* **1** (*med.*) contention: *la contenzione di una ferita* la contention d'une blessure **2** *letto di contenzione* lit de contention **3** (*lett.*) → **disputa, lite.**

contenzióso |konten'tsjoso| (*dir.*) **1** *agg.* contentieux*: *affare contenzioso* affaire contentieuse; *giurisdizione contenziosa* juridiction contentieuse **2** *s.m.* contentieux: *contenzioso amministrativo, commerciale, tributario* contentieux administratif, commercial, fiscal ◇ (*per est.*) *l'ufficio del contenzioso* le bureau du contentieux.

conterie |konte'rie| *s.f. pl.* [*perle di vetro che servono per monili, ornamenti e sim.*] verroterie *sing.*

contèrmine |kon'tɛrmine| *agg.* (*raro*) → **confinante, contiguo.**

conterràneo |konter'raneo| *s.* [*compatriota*] compatriote: *incontrare un conterraneo all'estero* rencontrer un compatriote à l'étranger; *sposare una conterranea* épouser une compatriote → **compaesano** ♦ (*agg.*) *una ragazza conterranea* une fille du pays *loc. inv.*, une payse *s.f.* (*fam.*).

contésa |kon'tesa| *s.f.* [*disputa, contrasto; controversia*] dispute, querelle: *un'accanita, lunga, aspra contesa* une dispute, une querelle acharnée, longue, âpre; *dirimere, decidere una contesa* mettre fin à (apaiser) une querelle, résoudre un différend # *essere in contesa con qc.* se disputer, se quereller avec qqn.

contéssa |kon'tessa| *s.f.* comtesse: *la signora contessa* madame la comtesse.

contèssere |kon'tɛssere| *v.tr.* (*lett.*) [*intrecciare, tessere insieme*] ourdir.

contessìna |kontes'sina| *s.f.* fille du comte.

contestàbile |kontes'tabile| **1** *agg.* [→ CONTESTARE 1] contestable: *delle idee contestabili* des idées contestables; *il fatto è contestabile* le fait est contestable **2** *s.m.* → **con(n)estabile.**

contestàre |kontes'tare| *v.tr.* **1** [*mettere in discussione, negare*] contester: *contestare un'affermazione, una prova* contester une affirmation, une preuve; *contestare l'attendibilità di una notizia* contester la crédibilité d'une nouvelle; *contestare a qc. un diritto, un privilegio* contester à qqn. un droit, un privilège ◇ (*per anal.*) *contestare la società dei consumi* contester la société de consommation; *contestare la scuola, un insegnante* contester l'école (l'enseignement), un enseignant; *contestare un premio letterario, un concorso, un festival* contester un prix littéraire, un concours, un festival ♦ (*ass.*) *è un giovane al quale piace contestare* c'est un jeune qui aime contester **2** (*dir.*) [*comunicare formalmente*] notifier: *contestare un reato, un'imputazione* notifier un délit, une accusation # *contestare una contravvenzione* dresser une contravention.

contestatàrio, i |kontesta'tarjo, i| *agg.* contestataire *agg. e s.*, contestateur* *agg. e s.*

contestatóre, trice |kontesta'tore, tritʃe| *s.* contestataire.

contestazióne |kontestat'tsjone| *s.f.* **1** [→ CONTESTARE 1] contestation: *non c'è stata nessuna contestazione al mio operato* il n'y a eu aucune contestation à mes actes ◇ (*per anal.*) *il fenomeno della contestazione giovanile, studentesca* le phénomène de la contestation des jeunes, des étudiants **2** [→ CONTESTARE 2] notification: *la contestazione di un reato* la notification d'un délit.

contèste |kon'tɛste| *s.m.* → **contestimone.**

contestimòne |kontesti'mɔne| *s.* (*dir.*) cotémoin.

contèsto |kon'tɛsto| *s.m.* contexte: *il contesto di una parola, di una frase* le contexte d'un mot, d'une phrase; *riferirsi al contesto* se reporter au contexte; *chiarire un passo col contesto* éclaircir un passage par le contexte ◇ (*per est.*) [*situazione globale*; *complesso*] *il contesto politico, socio-culturale* le contexte politique, socio-culturel; *in un particolare contesto* dans un contexte particulier.

contestuàle |kontestu'ale| *agg.* **1** du contexte (*loc. inv.*): *un confronto contestuale* une confrontation du contexte ◇ (*ling.*) *variante contestuale* variante dans un contexte donné **2** (*lett.*) [*perfettamente contemporaneo*] simultané (*corr.*): *avvenimenti contestuali* événements simultanés ◇ (*dir.*) *il pagamento della prima rata deve essere contestuale alla firma del contratto* le premier versement est exigible à la signature du contrat.

contestualità |kontestuali'ta| *s.f. inv.* [*simultaneità*] simultanéité *var.*

contestùra |kontes'tura| *s.f.* (*raro*) contexture: *la contestura di un tessuto, di una stoffa* la contexture d'un tissu, d'une étoffe.

contiguità |kontigui'ta| *s.f. inv.* contiguïté (*var.*): *la contiguità di due palazzi* la contiguïté de deux immeubles; *la contiguità di due fatti* la contiguïté de deux faits → **vicinanza.**

contìguo |kon'tiguo| *agg.* contigu*: *due aree contigue* deux terrains contigus; *una stanza contigua a un'altra* une chambre contiguë à une autre → **attiguo.**

continentàle |kontinen'tale| *agg.* **1** continental*: *regione continentale* région continentale ◇ (*geogr.*) *clima continentale* climat continental **2** [*relativo al continente eur.*] continental: *potenze continentali* puissances continentales # *campione continentale* champion d'Europe, (d'Amérique, etc.) **3** [*che abita l'Italia peninsulare rispetto agli isolani*] continental: *scrittore continentale* écrivain continental ◆ (*s.*) *sposare una continentale* épouser une continentale.

1 **continènte** |konti'nɛnte| *agg.* **1** continent # *continente nel mangiare, nel bere* qui s'abstient de trop manger, de trop boire → **parco**; **temperante** **2** (*med.*) continent ⓒ **incontinente.**

2 **continènte** |konti'nɛnte| *s.m.* **1** continent: *il continente antico, nuovo, nuovissimo* l'Ancien Continent, le Nouveau Continent, le Continent australien **2** [*terraferma*] continent: *tornare sul continente* retourner sur le continent.

continènza |konti'nɛntsa| *s.f.* continence: *la virtù della continenza* la vertu de (la) continence ⓒ **incontinenza.**

contingentaménto |kontindʒenta'mento| *s.m.* (*econ.*) contingentement: *contingentamento delle importazioni, delle esportazioni* contingentement des importations, des exportations.

contingentàre |kontindʒen'tare| *v.tr.* (*econ.*) [*porre delle restrizioni al comm. con l'estero*] contingenter: *contingentare le importazioni, le esportazioni* contingenter les importations, les exportations.

contingentazióne |kontindʒentat'tsjone| *s.f.* (*econ.*) → **contingentamento.**

contingènte |kontin'dʒɛnte| **I** *agg.* contingent: *avvenimento, causa contingente* événement contingent, cause contingente; *i fatti contingenti della vita* les faits contingents de la vie → **accidentale** ◆ *s.m.* (*spec. filos.*) *il contingente* la contingence *f.* **II** *s.m.* **1** (*mil.*) contingent: *il contingente di leva* le contingent; *la chiamata alle armi di un contingente* l'appel sous les drapeaux d'un contingent **2** (*econ.*) contingent: *fissare il contingente d'importazione di un prodotto* fixer le contingent d'importation d'un produit **3** (*raro*) → **quota.**

contingènza |kontin'dʒɛntsa| *s.f.* **1** [*circostanza, spec. sfavorevole*] contingence; circonstance: *bisogna essere preparati a tutte le contingenze della vita* il faut être préparés à toutes les contingences de la vie → **evenienza, congiuntura** ‖ *in questa contingenza...* dans cette circonstance... **2** (*loc.*) *indennità di contingenza* [*legata al variare del costo della vita*] indemnité de vie chère, indexation **3** (*filos.*) contingence: *la filosofia della contingenza* la philosophie de la contingence ◇ (*per est.*) *la contingenza di un fatto* la contingence d'un fait.

continuàbile |kontinu'abile| *agg.* (*raro*) [→ CONTINUARE A 1] qu'on peut continuer *loc.*

continuaménte |kontinua'mente| *avv.* [*in modo continuo, ininterrotto*] continuellement, sans cesse (*loc. inv.*): *lavorare continuamente* travailler continuellement, sans cesse; *piove continuamente da tre giorni* il pleut sans cesse depuis trois jours ◇ [*frequentemente, ripetutamente*] sans cesse: *non disturbarmi continuamente* ne me dérange pas sans cesse!; *abbiamo continuamente reclami* nous avons sans cesse des réclamations.

continuàre |kontinu'are| **A** *v.tr.* **1** [*far durare nel tempo*; *seguitare senza interrompere*] continuer: *continuare le tradizioni* continuer les traditions; *continuare gli studi, il viaggio* continuer ses études, le voyage; *continua pure il tuo lavoro!* continue donc ton travail! **2** (*sogg. di persona*) CONTINUARE A, CON (+ *inf.*) continuer à, de (+ *inf.*): *continua pure a giocare* continue à, de jouer; *continuò a parlare per due ore* il continua de parler pendant deux heures; *continui a ripetermi le stesse cose* tu continues de me répéter les même choses **3** *ass.* (*sogg. di persona*) continuer: *continuate, mi interessa* continuez, cela m'intéresse; *continuò in questo modo fino alla fine* il continua de cette manière jusqu'à la fin; *non si può continuare così!* on ne peut pas continuer ainsi!; *se continui così vai a finire male!* si tu continues comme ça tu finiras mal! **B** *v.intr.* (*aus. 'essere, avere'*) (*sogg. di cosa*) [*non cessare, non avere interruzioni*] continuer (*aus.* avoir), se poursuivre (52) (*pron.*): *lo spettacolo continua* le spectacle continue; *la seduta è continuata fino a notte inoltrata* la séance s'est poursuivie très avant dans la nuit ◇ [*prolungarsi nello spazio*] continuer: *la catena di montagne continua fino al mare* la chaîne de montagnes continue jusqu'à la mer ◇ [*riprendere dopo un'interruzione*] reprendre (73): *la seduta continuerà domani, fra un'ora* la séance reprendra demain, dans une heure ◇ *loc.* CONTINUARE A (+ *inf.*) ne pas cesser de (+ *inf.*), continuer à, de (+ *inf.*): *continua a piovere, a nevicare da tre giorni* depuis trois jours, il n'a cessé de pleuvoir, de neiger ◇ (*nei racconti a puntate*) *continua* (*alla prossima puntata*) à suivre ◇ (*giornali, riviste*) (*l'articolo*) *continua a pag. 10* suite p. 10 ◇ (*segnaletica stradale*) *continua* rappel ⓒ **cessare, terminare, smettere, finire.**

continuataménte |kontinuata'mente| *avv.* [*senza interruzione*] continûment, continuellement → **continuamente.**

continuativo |kontinua'tivo| *agg.* [*che ha carattere di continuità*] continu, ininterrompu: *lavorare in modo continuativo* travailler de façon continue, ininterrompue # *impiego continuativo* emploi stable, situation durable → **stabile.**

continuàto |kontinu'ato| *agg.* [*ininterrotto, continuo*] continu: *orario continuato* journée continue # *spettacolo continuato* spectacle permanent; *lavoro continuato* travail suivi.

continuatóre, trice |kontinua'tore, tritʃe| *s.* continuateur* ⓒ **percursore.**

continuazióne |kontinuat'tsjone| *s.f.* [→ CONTINUARE A 1] poursuite; continuation: *la continuazione dei lavori, delle trattative* la poursuite des travaux, des négociations → **proseguimento, seguito** ‖ *la continuazione di una strada, di uno spettacolo* la continuation d'une route, d'un spectacle ◇ *loc. avv.* IN CONTINUAZIONE [*di seguito, senza interruzione*] sans arrêt: *telefonava, fumava in continuazione* il téléphonait, fumait sans arrêt.

continuità |kontinui'ta| *s.f. inv.* continuité (*var.*): *la continuità di una azione* la continuité d'une action; *continuità didattica* continuité didactique ◇ (*loc.*) (*senza*) *soluzione di continuità* (sans) solution de continuité.

continuo |kon'tinuo| **1** *agg.* continu: *un rumore continuo* un bruit continu; *una serie continua di disastri, di disgrazie* une série continue de désastres, de malheurs; *linea continua* ligne continue ◇ [*frequente, ripetuto*] continuel*: *ricevere continui rimproveri* recevoir des reproches continuels; *dovette parlare tra continue interruzioni* il dut parler en dépit d'interruptions continuelles ◇ (*elettr.*) *corrente continua* courant continu ◇ (*ling.*) *consonanti continue* consonnes continues ◇ (*mat.*) *funzione continua di una variabile* fonction continue d'une variable ◇ (*mus.*) *basso continuo* basse continue ◇ (*tecnol.*) *telaio continuo* métier continu; *stufa, forno a fuoco continuo* poêle, four à feu continu ◇ (*loc.*) *di continuo* [*continuamente, senza interruzioni*] sans cesse ~ A GETTO

CONTINUO (*pr., fig.*) [*senza mai esaurirsi*] sans interruption: *parla, scrive a getto continuo* il parle, il écrit sans interruption **2** *s.m.* (*filos., mat.*) continu.

contitolàre |kontito'lare| *s.m.* cotitulaire.

cónto |'konto| *s.m.* **1** (*aritm., corr.*) compte: *conto alla rovescia* compte à rebours; *fare un conto* faire un compte; *il conto non torna* le compte n'y est pas → **calcolo, computo** # *sa far di conto* il sait faire les quatre opérations, il sait calculer ◇ (*per est.*) [*nota di ciò che si deve pagare*] note *f.*; addition (*f.*): *il conto dell'albergo* la note de l'hôtel; *il conto della spesa* la note de frais ‖ *domandare il conto al cameriere* demander l'addition au garçon; *cameriere, il conto!* garçon, l'addition s'il vous plaît! # *il conto della sarta* la facture de la couturière **2** (*econ.*) compte: *conto corrente, di deposito* compte-courant, de dépôt; *versamento sul conto corrente* versement au compte-courant; *conto corrente postale* (*C.C.P.*) compte-courant postal (C.C.P.); compte de chèque postal; *conto scoperto* compte à découvert; *conto creditore, debitore* compte créditeur, débiteur; *conto infruttifero* compte improductif d'intérêt; *conto a partecipazione* compte en participation, compte d'administrateur; *conto a più firme* compte avec procuration; *conto cassa* compte caisse; *conto d'esercizio* compte d'exploitation; *conto anticipazioni* compte avances; *conto merci* compte (de) marchandises; *conto vendite* compte ventes; *conto perdite e profitti* compte des profits et pertes; *estratto conto* relevé de compte; *aprire un conto corrente* ouvrir un compte-courant; *mettere in conto* imputer en compte, mettre, passer en (sur le) compte; *avere il conto aperto presso qc.* être en compte avec qqn.; *chiudere un conto* arrêter, clore un compte **3** (*fig.*) [*considerazione, valutazione, stima*] mérite; estime (*f.*): *una persona di gran conto, di poco conto, di nessun conto* une personne de haut mérite, de peu de mérite, d'aucun mérite ‖ *tenere qc. in gran conto, in poco conto* tenir qqn. en haute estime, ne pas avoir beaucoup d'estime pour qqn. # *una cosa di poco conto* une chose de rien **4** *loc. fig.* [*vantaggio, interesse*] (*non*) *torna conto fare q.c.* il (ne) convient (pas) de faire qqch. ~ *lascia stare!, non mette conto parlarne* laisse tomber, ce n'est pas la peine d'en parler → **convenienza** ◇ (*loc.*) *tenere da conto q.c.* [*non buttarla via*; *non sciuparla*] prendre soin de qqch. ~ *parlare, agire per conto di qc., per conto terzi* parler, agir pour le compte de qqn., d'autrui ~ *lavorare, mettersi per proprio conto* travailler, se mettre à son compte **5** (*loc. fig.*) *fare i conti con qc.* régler ses comptes avec qqn. ~ *fare i conti senza l'oste* ne pas tenir compte des impondérables, des imprévus ~ FAR CONTO compter: *faccio conto di venire più tardi* je compte venir plus tard # *fa conto di essere a casa tua* [*fai come se...*] fais comme si tu étais chez toi; *fate conto che non vi abbia detto niente* faites comme si je ne vous avais rien dit ~ *far conto su qc., su q.c.* [*fare assegnamento*] compter sur qqn., sur qqch.: *facci pure conto!* tu peux y compter! ~ *chiedere conto di qc., di q.c.* demander compte de qqn., de qqch. ~ *render conto di q.c. a qc.* rendre compte de qqch. à qqn.; *è bello non dover render conto a nessuno del proprio operato* c'est beau de n'avoir (pas) à rendre compte à qui que ce soit de ses actes ~ *dare a qc. il suo conto* donner son compte à qqn. ~ *rendersi conto di q.c.* se rendre compte de qqch.; *ma ti rendi conto del rischio che hai corso?* ne te rends-tu pas compte du risque que tu as couru? ~ *a conti fatti, in fin dei conti* tout compte fait, en fin de compte ~ *a buoni conti, a ogni buon conto* [*per ogni evenienza*] en tout cas ~ *sul suo, tuo conto circolano certe voci* sur son, ton compte certains bruits circulent.

contòrcere |kon'tɔrtʃere| (189) **A** *v.tr.* [*torcere con forza*] tordre (53): *contorcere i panni bagnati* tordre le linge mouillé **B** *v.pron. rifl.* CONTORCERSI [→ *tr.*] se tordre: *contorcersi dal dolore, dalle risa* se tordre de douleur, de rire ◇ [*cercare di divincolarsi*] se contorsionner: *si contorceva per liberarsi dalla presa dell'avversario* il se contorsionnait pour se libérer de la prise de son adversaire.

contorciménto |kontortʃi'mento| *s.m.* → **contorsione.**

contornaménto |kontorna'mento| *s.m.* (*raro*) → **contorno.**

contornàre |kontor'nare| **A** *v.tr.* [*cingere, circondare*] entourer: *la siepe che contorna il giardino* la haie qui entoure le jardin ◇ (*fig.*) *è contornato da spie* il est entouré d'espions → **attorniare B** *v.pron. rifl.* CONTORNARSI [*avere intorno a sé*] s'entourer: *contornarsi di ottimi collaboratori* s'entourer d'excellents collaborateurs.

contórno |kon'torno| *s.m.* **1** contour: *il contorno di un piano* le contour d'un plan; *un viso dai contorni delicati* un visage aux contours délicats # *una isola dai contorni frastagliati* une île aux bords découpés; *una massa di capelli le faceva contorno al viso* une masse de cheveux lui encadrait le visage ◇ (*numism.*) listel **2** [*la verdura, i legumi che si mangiano insieme alla pietanza*] garniture *f.*, légumes (*pl.*): *cosa avete come contorno?* qu'est-ce que vous avez comme garniture, comme légumes? # *bistecca con contorno di patatine fritte* bifteck (pommes) frites; *bistecca con contorno* bifteck garni **3** (*raro, fig.*) [*cerchia di persone*] cercle.

contorsióne |kontor'sjone| *s.f.* [→ CONTORCERE] contorsion: *le contorsioni di un acrobata* les contorsions d'un acrobate.

contorsionismo |kontorsjo'nizmo| *s.m.* exercices *pl.* de contorsion.

contorsionista |kontorsjo'nista| *s.* contorsionniste.

contòrto |kon'tɔrto| *agg.* [*storto, anormale*] tordu: *un albero contorto* un arbre tordu ◇ (*fig.*) contourné, tarabiscoté: *ragionamento contorto* raisonnement contourné, tarabiscoté → **oscuro**; *stile contorto* style tarabiscoté → **involuto.**

cóntra- |'kontra| *pref.* → **contro-.**

contrabbandàre |kontrabban'dare| *v.tr.* [*importare, esportare di contrabbando*] introduire (75) en contrebande; faire (45) de la contrebande: *contrabbandare tabacco, armi* introduire en contrebande du tabac, des armes; faire la contrebande du tabac, des armes ✦ (*al p.p.*) *prodotti contrabbandati* produits de contrebande (*loc. inv.*): *comprare, vendere merce contrabbandata* acheter, vendre de la contrebande.

contrabbandière |kontrabban'djɛre| *s.* contrebandier* ✦ (*agg.*) *nave contrabbandiera* navire contrebandier.

contrabbàndo |kontrab'bando| *s.m.* **1** contrebande (*f.*): *merci introdotte di contrabbando* marchandises introduites en contrebande; *fare, esercitare il contrabbando di sigarette, di armi* faire la contrebande du tabac, le trafic des armes; *fare del contrabbando* faire de la contrebande; *vendere, comprare merci di contrabbando* vendre, acheter de la contrebande **2** (*fig., scherz.*) *fare q.c. di contrabbando* [*di nascosto*] faire qqch. furtivement, en cachette.

contrabbassista |kontrabbas'sista| *s.* (contre)bassiste, contrebasse *f.*

contrabbàsso |kontrab'basso| *s.m.* (*mus.*) contrebasse *f.*

contraccambiàre |kontrakkam'bjare| *v.tr.* **1** [*dare, fare q.c. in cambio di ciò che si è ricevuto*] rendre (53); retourner: *contraccambiare il male col male* rendre le mal pour le mal ‖ *contraccambiare un insulto* retourner une insulte # *contraccambio i saluti e gli auguri* je vous adresse, à mon tour, mes meilleurs vœux; *contraccambiare un dono* donner un cadeau en retour; *contraccambiare doni* échanger des cadeaux → **ricambiare**; *il suo amore non è contraccambiato* son amour n'est pas payé de retour → **corrispondere 2** [*ricompensare, dimostrare la propria gratitudine*] prouver (sa gratitude): *spero di poterti contraccambiare del favore che mi hai fatto* j'espère avoir l'occasion de te prouver ma gratitude pour le service que tu m'as rendu.

contraccambiàto |kontrakkam'bjato| *agg.* → **corrisposto.**

contraccàmbio, i |kontrak'kambjo, i| *s.m.* [→ CONTRACCAMBIARE] échange: *dare, fare q.c. in contraccambio* donner, faire qqch. en échange, en retour # *rendere il contraccambio* payer de retour ◇ (*per est.*) [*la cosa data, fatta in contraccambio*] récompense (*f.*): *questo è il contraccambio della tua generosità* ceci est la récompense de ta générosité → **ricompensa.**

contraccàrico, chi |kontrak'kariko, ki| *s.m.* [*carico che fa da contrappeso*] contrepoids.

contra(c)càssa |kontra(k)'kassa| *s.f.* → **controcassa.**

contraccettivo |kontrattʃet'tivo| *agg.* contraceptif*, anticonceptionnel*: *prodotti contraccettivi* produits contraceptifs, anticonceptionnels; *metodi contraccettivi* méthodes contraceptives → **anticoncezionale** ✦ (*s.m.*) *un contraccettivo* un contraceptif.

contracchiàve |kontrak'kjave| *s.f.* → **controchiave.**

contraccólpo |kontrak'kolpo| *s.m.* choc en retour: *la vettura, per il contraccolpo, fu sbalzata fuori strada* la voiture fut projetée hors de la route par le choc en retour # *il contraccolpo dello sparo* la répercussion du coup de feu → **rinculo** ◇ (*fig.*) *i contraccolpi della Rivoluzione in Europa* les contrecoups de la Révolution (française) en Europe → **ripercussione**; *subire il contraccolpo di un disastro* subir le contrecoup d'un désastre → **conseguenza.**

contraccùsa |kontrak'kuza| *s.f.* (*dir.*) contre-accusation.

contràda |kon'trada| *s.f.* **1** (*region.*) → **quartiere, rione**; **1 via, strada** **2** (*lett.*) → **regione, paese.**

contraddànza |kontrad'dantsa| *s.f.* (*mus.*) contredanse.

contraddàta |kontrad'data| *s.f.* → **controdata.**

contraddire |kontrad'dire| (132) **A** *v.tr.* **1** [*dichiarare il contrario di quello che dice un altro*] contredire (48): *contraddire un testimonio* contredire un témoin → **smentire**; *contraddire una dichiarazione* contredire une déclaration → **confutare, negare**; *perché mi contraddici sempre?* pourquoi me contredis-tu toujours? → **contestare** **2** [*essere in contrasto, in opposizione*] contredire: *gli atti contraddicono le sue parole* ses actes contredisent ses paroles → **contrastare** **B** *v.pron.* CONTRADDIRSI **1** *rifl.* (*persone*) [*affermare il contrario di quanto si è già detto*] se contredire: *non fai altro che contraddirti* tu ne cesses de te contredire **2** *recipr.* [→ *tr.* 1] se contredire, être (43) *intr.* en contradiction: *i testimoni si contraddicono* les témoins se contredisent, sont en contradiction.

contraddistinguere |kontraddis'tingwere| (135) **A** *v.tr.* **1** [*distinguere con un segno particolare*] marquer: *i libri sono contraddistinti dalle sue iniziali* les livres sont marqués, frappés de ses initiales **2** (*fig.*) caractériser: *la generosità l'ha sempre contraddistinto* la générosité l'a toujours caractérisé → **caratterizzare** **B** *v.pron. intr.* CONTRADDISTINGUERSI [→ *tr.*] se distinguer: *i nostri prodotti si contraddistinguono per il marchio di fabbrica* nos produits se distinguent par la marque de fabrique; *si è sempre contraddistinto per diligenza e buona volontà* il s'est toujours distingué par sa diligence et sa bonne volonté.

contraddittóre, trice |kontraddit'tore, tritʃe| *s.* contradicteur (*m.*): *un accanito contraddittore* un contradicteur acharné ◇ (*dir.*) contradicteur.

contraddittoriaménte |kontraddittorja'mente| *avv.* [→ CONTRADDITTORIO 1] contradictoirement.

contraddittòrio, i |kontraddit'tɔrjo, i| **1** *agg.* contradictoire: *affermazione contraddittoria* affirmation contradictoire; *atteggiamento contraddittorio* attitude contradictoire → **incoerente, illogico**; *principi, giudizi contraddittori* principes, jugements contradictoires → **contrario, opposto** **2** *s.m.* [*dibattito pubblico fra due persone*] réplique *f.*, discussion (*f.*): *ammettere il contraddittorio* admettre la réplique ◇ (*dir.*) *sentenza resa in contraddittorio* jugement contradictoire **C** **1 coerente, concordante.**

contra(d)dizióne |kontra(d)dit'tsjone| *s.f.* **1** [→ CONTRADDIRE A] contradiction: *spirito di contraddizione* esprit de contradiction; *cadere, essere in contraddizione* tomber dans des contradictions, être en contradiction; *c'è contraddizione tra il tuo modo di pensare e di agire* il y a une contradiction entre ta façon de penser et ta façon d'agir → **contrasto, opposizione** ◇ (*filos.*) *principio di contraddizione* principe de contradiction; *contraddizione in termini* contradiction dans les termes **2** *al plur.* [*parole, fatti inconciliabili, incoerenti*] contradictions: *una serie di contraddizioni* un tissu de contradictions; *le contraddizioni di un sistema* les contradictions d'un système; *essere pieno di contraddizioni* être plein de contradictions.

contraddòte |kontrad'dɔte| *s.f.* → **controdote.**

contraènte |kontra'ɛnte| *s.* (*dir.*, *corr.*) contractant.

contraèrea |kontra'ɛrea| *s.f.* (*mil.*) défense antiaérienne, D.C.A. (défense contre avions).

contraffàre |kontraf'fare| (103) **A** *v.tr.* [*riprodurre, imitare in modo perfetto*] contrefaire (45), imiter: *contraffare una firma, un documento, una banconota* contrefaire une signature, un document, un billet de banque → **falsificare**; *contraffare il canto del gallo, lo stile di un artista* contrefaire, imiter le chant du coq, le style d'un artiste → **scimmiottare**; *contraffare qc.* [*imitare la voce e i gesti*] imiter qqn.; *contraffare la propria voce* contrefaire sa voix **B** *v.pron. rifl.* CONTRAFFARSI [*trasformarsi, camuffarsi*] se déguiser: *contraffarsi da mendicante* se déguiser en mendiant.

contraffàtto |kontraf'fatto| *agg.* contrefait: *firma contraffatta* signature contrefaite → **falsificato** # *latte, vino contraffatto* lait, vin falsifié, frelaté → **adulterato**; *lineamenti contraffatti* traits altérés → **deforme**; *parlare con voce contraffatta* parler d'une voix altérée.

contraffattóre, trice |kontraffat'tore, tritʃe| *s.* (*dir.*) contrefacteur *m.*

contraffazióne |kontraffat'tsjone| *s.f.* [→ CONTRAFFARE A] contrefaçon: *contraffazione di un prodotto* contrefaçon d'un produit → **falsificazione**; *contraffazione di denaro, di biglietti di banca* contrefaçon, contrefaction de monnaie, de billets de banque; *reato di contraffazione* délit de contrefaçon # *questa firma è una grossolana contraffazione* cette signature est un faux grossier.

contraffòrte |kontraf'fɔrte| *s.m.* **1** (*arch.*, *geogr.*) contrefort **2** *il contrafforte della scarpa* le contrefort de la chaussure.

contraffòsso |kontraf'fɔsso|, **controfòsso** |kontro'fɔsso| *s.m.* **1** contre-fossé, avant-fossé **2** [*cunetta*] caniveau, rigole *f.*

contra(g)génio |kontra(d)'dʒenjo| *s.m.* *solo nella loc. avv.* DI (A) CONTRAGGENIO [*controvoglia, malvolentieri*] à contrecœur: *quel ragazzo studia di contraggenio* ce garçon étudie à contrecœur; *è un lavoro che faccio a contraggenio* c'est un travail que je fais à contrecœur.

contraliséo |kontrali'zɛo| *s.m.* → **controaliseo.**

contraltàre |kontral'tare| *s.m.* [*altare eretto di fronte a un altro*] autel latéral*, secondaire ◇ (*fig.*) [*persona, cosa contrapposta a un'altra*] contrepoids: *quell'impresa serve da contraltare* cette entreprise sert de contrepoids # *fare da contraltare* s'opposer.

contràlto |kon'tralto| *s.m.* (*mus.*) contralto: *dei contralti* des contraltos; (*voce di*) *contralto* voix de contralto # *chiave di contralto* clef d'ut ◆ *agg. inv.* alto (*var.*): *sassofono contralto* saxophone alto.

contrammiràglio, i |kontrammi'raʎʎo, i| *s.m.* contre-amiral*: *dei contrammiragli* des contre-amiraux.

contrappèllo |kontrap'pɛllo| *s.m.* (*mil.*) contre-appel: *dei contrappelli* des contre-appels.

contrappélo |kontrap'pelo| *s.m.* → **contropelo.**

contrappesàre |kontrappe'sare| **A** *v.tr.* **1** [*equilibrare un peso con un altro*] contrebalancer (2): *contrappesare il carico con un altro peso* contrebalancer la charge avec un autre poids → **bilanciare** ◇ (*per est.*) *i guadagni non contrappesano gli svantaggi* les gains ne contrebalancent pas les désavantages **2** (*fig.*) [*valutare comparativamente*] peser: *contrappesare il pro e il contro* peser le pour et le contre → **esaminare** # *contrappesare l'importanza di una decisione* évaluer l'importance d'une décision **B** *v.pron. recipr.* CONTRAPPESARSI [*compensarsi, equilibrarsi*] s'équilibrer, se compenser: *le sue qualità e i suoi difetti si contrappesano* ses qualités et ses défauts s'équilibrent, se compensent.

contrappéso |kontrap'peso| *s.m.* [*peso per controbilanciarne un altro*] contrepoids: *contrappeso di un orologio* contrepoids d'une horloge ◇ (*fig.*) *la tua indulgenza fa da contrappeso alla sua severità* ton indulgence sert de contrepoids à, contrebalance sa sévérité.

contrapponiménto |kontrapponi'mento| *s.m.* (*raro*) → **contrapposizione, antitesi.**

contrappórre |kontrap'porre| (168) **A** *v.tr.* [*mettere contro, contrastare, opporre*] opposer: *contrapporre una diga alle piene di un fiume* opposer une digue aux crues d'un fleuve; *contrapporre la forza alla forza* opposer la force à la force # *contrapporre la violenza alla violenza* répondre à la violence par la violence; *contrapporre uno scrittore a un altro* comparer un écrivain avec un autre, à un autre → **confrontare** ◇ (*fig.*) *contrapporre la realtà ai sogni* opposer la réalité au rêve **B** *v.pron.* CONTRAPPORSI **1** *rifl.* [*opporsi, mettersi in contrasto, in urto*] s'opposer, contrecarrer (*tr.*): *contrapporsi ai progetti di qc.* s'opposer aux projets de qqn., contrecarrer les projets de qqn. **2** *recipr.* [*contrastare, opporsi*] s'opposer: *sono due teorie che si contrappongono* ce sont deux théories qui s'opposent.

contrapposizióne |kontrappozit'tsjone| *s.f.* [→ CONTRAPPORRE A] opposition: *contrapposizione di due termini, di due parole* opposition de deux termes, de deux mots; *contrapposizione di colori, di suoni* opposition, contraste de couleurs, de sons; *la sua condotta è in contrapposizione con le sue idee* sa conduite est en opposition avec ses idées; *la sua tesi è in contrapposizione alla tua* sa thèse est en opposition avec la tienne → **opposizione, contrasto, antitesi.**

contrappósto |kontrap'posto| *agg.* [*opposto, contrario; posto di fronte*] opposé, contraire: *forze, tesi contrapposte* forces, thèses opposées, contraires; *gusti, interessi contrapposti* goûts, intérêts opposés # *c'erano due file di alberi contrapposte* il y avait deux rangées d'arbres se faisant face *loc. inv.* ◆ (*s.m.*) *il contrapposto* le contraire: *le vostre opinioni sono il contrapposto*

delle sue vos opinions sont le contraire des siennes; *è il contrapposto di un uomo onesto* c'est le contraire d'un honnête homme.
contrappuntàre |kontrappun'tare| *v.tr.* (*mus.*) [*realizzare, eseguire a contrappunto*] faire (45) du contrepoint.
contrappuntista |kontrappun'tista| *s.* (*mus.*) contrapontiste *m.*, contrapuntiste *m.*
contrappuntistico, ci, ca, che |kontrappun'tistiko, tʃi, ka, ke| *agg.* (*mus.*) contrapuntique.
contrappùnto |kontrap'punto| *s.m.* **1** (*mus.*) contrepoint: *contrappunto a due, a otto parti* contrepoint à deux, à huit parties **2** (*per est.*) [*pluralità di motivi inseriti in un'opera d'arte*] variation *f.* d'un thème.
contràre |kon'trare| *v.tr.* **1** (*bridge*) [*dichiarare il 'contre'*] contrer **2** (*pugilato*) [*colpire di rimessa*] répondre (53): *contrare con un gancio sinistro un diretto destro* répondre par un crochet du gauche à un direct du droit **3** (*calcio*) [*attaccare in contropiede*] contre-attaquer.
contrariaménte |kontrarja'mente| *avv.* [→ CONTRARIO I 1, 2] contrairement # *i fatti sono andati contrariamente alle aspettative* les faits sont allés à l'opposé de ce que l'on attendait; *muoversi contrariamente alla direzione giusta* se diriger dans le sens contraire à la bonne direction ◇ *loc. prep.* CONTRARIAMENTE A contrairement à: *contrariamente a quanto avevo previsto non ci sono state difficoltà* contrairement à ce que j'avais prévu, il n'y a pas eu de difficultés.
contrariàre |kontra'rjare| *v.tr.* **1** [*contrastare, ostacolare*] contrarier: *contrariare le idee, i progetti di qc.* contrarier les idées, les projets de qqn.; *contrariare un amore* contrarier un amour **2** [*infastidire, provocare disappunto*] contrarier: *perché mi contrari sempre in tutto?* pourquoi me contraries-tu toujours à propos de tout? → **contraddire**; *questa storia mi contraria un po'* cette histoire me contrarie un peu → **irritare.**
contrariàto |kontra'rjato| *agg.* contrarié, fâché: *aveva l'aria contrariata* il avait l'air contrarié → **seccato** Ⓒ **soddisfatto, contento.**
contrarietà |kontrarje'ta| *s.f. inv.* **1** [*evento, circostanza sfavorevole*] difficulté (*var.*): *le contrarietà della vita* les difficultés de la vie; *superare ogni contrarietà* vaincre toutes les difficultés, surmonter tous les obstacles → **avversità, ostacolo**; *non lasciarti abbattere dalle contrarietà* ne te laisse pas abattre par les difficultés → **disgrazia** # *la contrarietà del tempo ha ritardato il lancio* le mauvais temps a retardé le lancement **2** [*sentimento di avversione, di ostilità*] opposition: *manifestare la propria contrarietà a un progetto* manifester son opposition à un projet, s'opposer à un projet; *ha dichiarato apertamente la sua contrarietà a tale proposta* il a déclaré ouvertement son opposition à une telle proposition → **opposizione, avversione.**
contràrio, i |kon'trarjo, i| **I** *agg.* **1** [*contrastante, opposto*] contraire: *idee, opinioni contrarie* idées, opinions contraires; *atto contrario alla legge* acte contraire à la loi; *essere di parere contrario* être d'avis contraire; *il suo atteggiamento è contrario alla ragione* son attitude est contraire à la raison ◇ (*fig.*) *proposizioni contrarie* propositions contraires ◇ (*loc.*) *fare il Bastian contrario* [*l'oppositore per partito preso*] avoir l'esprit de contradiction **2** [*che va in senso inverso*] contraire: *direzione contraria* direction contraire; *soffiano venti contrari alla navigazione* les vents qui soufflent sont contraires à la navigation **3** [*sfavorevole, avverso*] défavorable; contraire: *parere, voto contrario* avis, vote défavorable ‖ *il destino gli è contrario* le sort lui est contraire → **ostile** # *sono contrario alla tua proposta* je suis contre ta proposition; *il clima umido è contrario alla salute* le climat humide est mauvais pour la santé → **nocivo, dannoso** **II** *s.m.* [*l'opposto, l'inverso*] contraire, inverse: *sostenere, provare il contrario* soutenir, prouver le contraire; *dice il contrario di ciò che pensa* il dit le contraire de ce qu'il pense; *hai fatto esattamente il contrario di quanto ti avevo ordinato* tu as fait exactement l'inverse de ce que je t'avais ordonné ◇ *loc. avv.* AL CONTRARIO [*all'opposto*] au contraire; à l'inverse: *non è felice, al contrario* il n'est pas heureux, au contraire ‖ *al contrario dei suoi concorrenti, si è arricchito* à l'inverse de ses concurrents, il s'est enrichi # *va tutto al contrario* tout va de travers ~ IN CONTRARIO [*contro*]: *avere q.c. in contrario* avoir qqch. à redire; *non ho nulla in contrario* je n'ai rien à redire ◇ *loc. prep.* AL CONTRARIO DI autrement que, contrairement à: *al contrario di quanto pensassi* autrement que je ne pensais, contrairement à ce que je pensais.
contràrre |kon'trarre| (190) **A** *v.tr.* **1** (*di organi e parti del corpo*) [*restringere, accorciare, raggrinzare*] contracter: *contrarre un muscolo* contracter un muscle; *contrasse le labbra in una smorfia di dolore* il contracta, crispa ses lèvres en une grimace de douleur ◇ (*econ.*) [*limitare, ridurre*] diminuer; baisser: *contrarre le spese* diminuer les dépenses ‖ *la crisi ha fatto contrarre gli affari* la crise a fait baisser le volume des affaires ◇ (*fon.*) [*ridurre due o più voc. a una sola voc. o a un dittongo*] contracter **2** [*prendere, acquisire*] contracter: *contrarre un'infezione, una malattia, un'abitudine* contracter une infection, une maladie, une habitude **3** (*bur., dir.*) [*assumere come impegno*] contracter: *contrarre un debito, un'obbligazione* contracter une dette, une obligation ◇ [*stipulare, concludere*] contracter; se lier (*pron.*): *contrarre un'alleanza, un patto* contracter une alliance, un pacte; *contrarre matrimonio* contracter mariage → **sposar(si)** ‖ *contrarre amicizia con qc.* se lier d'amitié avec qqn. → **stringere** **B** *v.pron. intr.* CONTRARSI [→ *tr.* 1] se contracter; diminuer (*intr.*): *il volto del ferito si contrasse per il dolore* le visage du blessé se contracta de douleur ‖ *le vendite si sono notevolmente contratte* les ventes ont considérablement diminué → **ridur(si).**
contrassàlto |kontras'salto| *s.m.* (*mil.*) → **contrattacco.**
contrassegnàre |kontrassen'nare| *v.tr.* [*distinguere con un segno particolare*] marquer: *contrassegnare con una croce* marquer d'une croix ◇ (*fig.*) *grandi disgrazie hanno contrassegnato quel periodo* de grands malheurs ont marqué cette période.
1 **contrasségno** |kontras'seɲɲo| *s.m.* [*segno che distingue, caratterizza*] marque *f.*; insigne (*f.*): *mettere un contrassegno su un oggetto, su un animale* mettre une marque sur un objet, sur un animal → **marchio** ‖ *sfoggiare all'occhiello il contrassegno di un partito politico* arborer à sa boutonnière l'insigne d'un parti politique → **distintivo** ◇ (*raro, fig.*) [*indizio*] marque, témoignage: *contrassegno d'amore, d'affetto, di stima* marque, témoignage d'amour, d'affection, d'estime → **testimonianza, attestato.**
2 **contra(s)ségno** |kontra(s)'seɲɲo| *loc. avv.* (*comm.*) contre remboursement.
contrastàbile |kontras'tabile| *agg.* que l'on peut empêcher *loc.*
contrastànte |kontras'tante| *agg.* [*in contrasto*] opposé: *opinioni contrastanti* opinions opposées → **discordante**; *gusti, interessi contrastanti* goûts, intérêts opposés → **contrario** ◇ [*che fa contrasto*] contrastant: *colori contrastanti* couleurs contrastantes, qui jurent (*pegg.*).
contrastàre |kontras'tare| **A** *v.tr.* [*avversare, ostacolare*] s'opposer *pron.* à, faire (45) obstacle à; contrarier, contrecarrer: *contrastare un matrimonio* s'opposer, faire obstacle à un mariage; *contrastare una vittoria, un successo* faire obstacle à une victoire, à un succès ‖ *contrastare i progetti di qc.* contrarier, contrecarrer les projets de qqn.; *contrastare una passione, un amore* contrarier une passion, un amour # *contrastare un giudizio* contester un jugement → **contestare**; *contrastare il passo a qc.* disputer le passage à qqn. → **resistere**; *nessuno ti contrasta il diritto al premio* personne ne te conteste le droit au prix → **negare**; *il vento ha contrastato la marcia* le vent a retardé la marche → **ritardare** **B** *v.intr.* (*aus.* '*avere*') **1** [*essere in contrasto, discordare*] contraster; être (43) en opposition (avec): *colori che contrastano* couleurs qui contrastent ‖ *il suo comportamento contrasta con le sue idee* sa conduite est en opposition avec ses idées # *è inutile contrastare con lui, ha sempre ragione* il est inutile de se disputer avec lui, il a toujours raison → **discutere, litigare** ◇ [*urtare, sbattere, colpire*] *heurter: *la porta non si chiude più perché contrasta con lo stipite* la porte ne (se) ferme plus parce qu'elle heurte l'huisserie **2** (*lett.*) → **batter(si), lottare** **C** *v.pron. recipr.* CONTRASTARSI [→ *tr.*] se disputer Ⓒ A **facilitare.**
contrastàto |kontras'tato| *agg.* **1** [*combattuto, ostacolato*] contrarié; difficile: *progetto contrastato* projet contrarié; *amore contrastato* amour contrarié ‖ *una vittoria contrastata* une victoire difficile → **difficile, faticoso** # *un successo contrastato* un succès controversé → **discusso** **2** (*foto.*) contrasté: *un'immagine, una fotografia contrastata* une image, une photographie contrastée.
contrastìvo |kontras'tivo| *agg.* (*ling.*) contrastif*.
contràsto |kon'trasto| *s.m.* **1** contraste; désaccord: *contrasto di idee, di interessi, di gusti* contraste d'idées, d'in-

térêts, de goûts → **opposizione** || *contrasti familiari* désaccords familiaux → **dissenso, disaccordo**; *venire a contrasto con qc.* en arriver à un désaccord avec qqn. → **discordia**; *i vostri pareri sono in evidente contrasto con i nostri* vos avis sont en désaccord évident avec les nôtres → **discordanza** # *le sue parole sono in contrasto con la sua condotta* ses paroles sont en contradiction avec sa conduite → **contraddizione**; *ha dovuto superare molti contrasti* il a dû surmonter beaucoup de difficultés, d'oppositions → **avversione**; *metti q.c. a contrasto con la finestra perché non sbatta* mets qqch. pour empêcher la fenêtre de battre → **impedimento, ostacolo** ◇ (*calcio*) *heurt: *s'è infortunato in un contrasto con il suo diretto avversario* il s'est blessé dans un heurt avec son adversaire direct **2** [*contrapposizione; stacco, spicco*] contraste: *violento contrasto di colori* violent contraste de couleurs; *un bel contrasto di tinte* un beau contraste de teintes ◇ (*foto.*) *contrasto di immagini* contraste d'images ◇ (*tv*) *regolare il contrasto* régler le contraste **3** (*radiologia*) contraste: *mezzi di contrasto* substances de contraste **4** (*letter.*) débat.

contrattàbile |kontrat'tabile| *agg.* [*che può essere oggetto di contrattazione*] négociable → **trattabile.**

contrattaccàre |kontrattak'kare| *v.tr.* **1** (*mil.*) [*fare un contrattacco*] contre-attaquer: *il nemico è stato contrattaccato su tutto il fronte* l'ennemi a été contre-attaqué sur l'ensemble du front ♦ (*ass.*) *diede l'ordine di contrattaccare* il donna l'ordre de contre-attaquer **2** (*fig.*) [*rispondere, replicare con decisione*] contre-attaquer: *la difesa ha contrattaccato con violenza il pubblico ministero* la défense a contre-attaqué avec violence le ministère public.

contrattàcco, chi |kontrat'takko, ki| *s.m.* (*mil.*) contre-attaque (*f.*): *dei contrattacchi* des contre-attaques ◇ (*fig.*) *muovere, passare al contrattacco* passer à la contre-attaque.

contrattàre |kontrat'tare| *v.tr.* **1** [*discutere sul prezzo, sulle condizioni di vendita o di acquisto*] négocier; marchander: *contrattare un terreno, una automobile* négocier un terrain, une voiture || *contrattare un libro d'occasione* marchander un livre d'occasion ♦ (*ass.*) *pagare senza contrattare* payer sans marchander; *è abile nel contrattare* il sait marchander **2** [*prendere accordi, fissare*] *contrattare un matrimonio* fixer un mariage; *contrattare un prestito* se mettre *pron.* d'accord pour un prêt.

contrattazióne |kontrattat'tsjone| *s.f.* [→ CONTRATTARE] négociation: *contrattazione di cambiali* négociation des lettres de change; *la contrattazione dei titoli* la négociation des titres; *dopo lunghe e difficili contrattazioni, l'affare fu concluso* après de longues et difficiles négociations, l'affaire fut conclue.

contrattèmpo |kontrat'tɛmpo| *s.m.* **1** contretemps: *uno spiacevole contrattempo* un fâcheux contretemps; *arrivammo in ritardo per un contrattempo* nous arrivâmes en retard à cause d'un contretemps → **impedimento, ostacolo** **2** (*mus.*) contretemps.

contràttile |kon'trattile| *agg.* (*fisiol.*) contractile: *muscolo, fibra, organo contrattile* muscle, fibre, organe contractile.

contrattilità |kontrattili'ta| *s.f. inv.* (*fisiol.*) contractilité *var.*

1 **contràtto** |kon'tratto| *agg.* **1** (*di organi e parti del corpo*) contracté: *muscoli, lineamenti contratti* muscles, traits contractés → **tirato, teso** # *mano contratta* main déformée → **rattrappito** ◇ (*fon.*) *vocali contratte* voyelles contractées **2** [*ricevuto, acquisito*] contracté: *malattia contratta in guerra* maladie contractée à la guerre **3** (*gram. gr.*) contracte.

2 **contràtto** |kon'tratto| *s.m.* **1** contrat: *contratto di vendita, d'acquisto* contrat de vente, d'achat → **accordo**; *contratto collettivo di lavoro* contrat collectif de travail; *contratto sociale, bilaterale, a termine* contrat social, bilatéral, à terme; *approvare, ratificare, rendere valido un contratto* approuver, ratifier, valider un contrat; *rescindere, annullare un contratto* résilier, annuler un contrat # *contratto d'affitto* bail ◇ (*mar.*) *contratto di noleggio di nave* charte-partie *f.* ◇ [*il documento su cui tale accordo è scritto*] *registrare un contratto* enregistrer un contrat **2** (*bridge*) contrat.

contrattuàle |kontrattu'ale| *agg.* (*dir.*) contractuel*: *azione contrattuale* action contractuelle; *colpa, responsabilità contrattuale* faute, responsabilité contractuelle; *penalità per inadempienza contrattuale* peine contractuelle.

contrattualménte |kontrattual'mente| *avv.* [*per contratto, secondo contratto*] par contrat (*loc. inv.*): *stipulato contrattualmente* stipulé par contrat.

contrattùra |kontrat'tura| *s.f.* (*fisiol.*) contracture: *contrattura isterica* contracture hystérique.

contravveléno |kontravve'leno| *s.m.* [*rimedio a un veleno*] contrepoison: *somministrare un contravveleno* administrer un contrepoison → **antidoto.**

contravvenìre |kontravve'nire| (202) *v.intr.* (*aus.* '*avere*') CONTRAVVENIRE A [*trasgredire, violare*] contrevenir (27) à, enfreindre (66) (*tr.*): *contravvenire a una legge* contrevenir à une loi, enfreindre une loi; *contravvenire alle regole* contrevenir aux règles.

contravvènto |kontrav'vɛnto| *s.m.* → **controvento.**

contravventóre, trice |kontravven'tore, tritʃe| *s. e agg.* (*dir.*) contrevenant: *i contravventori saranno puniti a termini di legge* les contrevenants seront punis aux termes de loi → **trasgressore.**

contravvenzióne |kontravven'tsjone| *s.f.* **1** [→ CONTRAVVENIRE] contravention: *essere in contravvenzione* être en contravention # *cadere in contravvenzione* commettre une infraction **2** [*notifica del reato con la relativa multa*] contravention: *prendere una contravvenzione per infrazione al codice della strada* attraper une contravention pour infraction au code de la route; *dare, appioppare una contravvenzione* donner, flanquer (*fam.*) une contravention.

contrazióne |kontrat'tsjone| *s.f.* [→ CONTRARRE] contraction: *contrazione del cuore, dei muscoli* contraction du cœur, des muscles; *la contrazione della pupilla* la contraction de la pupille → **restringimento**; *contrazione di vocali* contraction des voyelles → **fusione**; *contrazione di un debito, di una malattia* contraction d'une dette, d'une maladie # *contrazione delle vendite, dei prezzi* diminution des ventes, des prix → **riduzione, diminuzione.**

contribuènte |kontribu'ɛnte| *s.* [*chi è tenuto a pagare imposte e tasse*] contribuable.

contribuìre |kontribu'ire| (197) *v. intr.* (*aus.* '*avere*') CONTRIBUIRE A [*cooperare, dare il proprio contributo*] contribuer à: *contribuire alla manutenzione di una casa* contribuer à l'entretien d'une maison; *il denaro contribuisce alla felicità* l'argent contribue au bonheur → **concorrere** # *contribuire alle spese* participer aux frais.

contributìvo |kontribu'tivo| *agg.* (*dir.*) contributif*.

contribùto |kontri'buto| *s.m.* **1** [→ CONTRIBUIRE] contribution *f.*; aide: *contributo in denaro, in lavoro* contribution en argent, en travail; *ecco il mio contributo* voilà ma contribution → **offerta** || *chiedere, ottenere il contributo dello Stato* demander, obtenir l'aide de l'État; *l'impresa è stata realizzata con il contributo della Regione* l'entreprise a été réalisée avec l'aide de la Région # *quella cooperativa ha ricevuto un contributo di cento milioni* cette coopérative a reçu une subvention de cent millions ◇ (*fig.*) *quel libro ha dato un notevole contributo alla scienza* ce livre a apporté une contribution considérable à la science → **apporto** **2** (*fin., corr.*) contribution: *contributo avaria* contribution à avarie → **tassa, imposta** ◇ *al plur.* [*somma pagata da iscritti o assistiti*] cotisations: *contributi assicurativi, sindacali* cotisations d'assurance, syndicales; *versare, riscuotere i contributi* verser, toucher les cotisations # *contributi previdenziali* charges sociales.

contribuzióne |kontribut'tsjone| *s.f.* → **contributo.**

contristàre |kontris'tare| **A** *v.tr.* [*affliggere profondamente*] affliger (3), contrister (*lett.*): *contristare i propri genitori* affliger ses parents → **addolorare, rattristare** **B** *v.pron. intr.* CONTRISTARSI [→ *tr.*] être (43) *intr.* accablé, se contrister: *contristarsi per una brutta notizia* être accablé par une mauvaise nouvelle Ⓒ **rallegrare, allietare.**

contristàto |kontris'tato| *agg.* (*lett.*) → **afflitto, triste.**

contrito |kon'trito| *agg.* contrit: *cuore contrito* cœur contrit; *atteggiamento contrito* contenance contrite; *essere, mostrarsi contrito* être, se montrer contrit.

contrizióne |kontrit'tsjone| *s.f.* contrition: *provare, esprimere contrizione* éprouver, exprimer de la contrition → **pentimento, rimorso** ◇ (*liturg. catt.*) *atto di contrizione* acte de contrition.

cóntro |'kontro| **I** *prep.* **1** (*indica 'opposizione, contrasto, ostilità'*) contre: *è un atto contro natura* c'est un acte contre nature; *è partito contro la volontà dei genitori* il est parti contre la volonté de ses parents; *ho scommesso cento contro uno* j'ai parié cent contre un # *l'auto urtò contro un albero* la voiture heurta un arbre; *il canotto finì contro gli scogli* le canot finit sur les écueils; *contro voglia* → **controvoglia** ◇ (*loc.*) *navigare contro corrente* (*pr.*, *fig.*) naviguer à contre courant ◇ *loc. prep.* CONTRO DI contre: *si scagliò contro di lui* il se lança contre lui; *sono tutti contro di me* tout le monde est contre moi ◇ *loc. avv.* DI CONTRO (d')en face: *sta nella casa di contro* il habite la maison d'en face → **fronte (di)** ~ PER CONTRO par contre, en revanche: *gli uni accettano, per contro gli altri rifiutano* les uns acceptent, les autres par contre refusent; *lui è convinto, per contro io no* lui, il en est convaincu; moi, en revanche, non **2** [*di fronte, davanti*] contre: *stava, era appoggiato contro la porta* il était appuyé contre, à la porte; *ha accostato la sedia contro l'armadio* il a mis la chaise contre l'amoire **3** (*comm.*) *contro pagamento* contre paiement, contre remboursement; *contro assegno* → **contrassegno**; *pagamento contro ricevuta* paiement contre quittance **II** *s.m. inv.* **1** *solo nella loc.* IL PRO E IL CONTRO le pour et le contre: *ho valutato il pro e il contro della situazione* j'ai pesé le pour et le contre de la situation **2** (*bridge*) contre **3** (*scherma*) contre.

controaccùsa |kontroak'kuza| *s.f.* → **contraccusa.**

controaèrea |kontroa'εrea| *s.f.* → **contraerea.**

controalisèo |kontroali'zεo| *s.m.* contre-alizé: *dei controalisei* des contre-alizés.

cóntro asségno |'kontroas'seɲɲo| *s.m.* → **contrassegno.**

controassicurazióne |kontroassikurat'tsjone| *s.f.* contre-assurance.

controavvìso |kontroav'vizo| *s.m.* contravis.

controazióne |kontroat'tsjone| *s.f.* (*scherma*) contre-attaque.

controbàttere |kontro'battere| *v. tr.* **1** [*ribattere, replicare*] répliquer à, réfuter: *controbattere le obiezioni dell'avversario* répliquer aux objections de son adversaire, réfuter les objections de l'adversaire → **confutare** **2** (*mil.*) [*tentare di neutralizzare l'artiglieria nemica con il tiro della propria*] contrebattre (76).

controbatterìa |kontrobatte'ria| *s.f.* (*mil.*) contrebatterie.

controbilanciàre |kontrobilan'tʃare| **A** *v.tr.* [*equilibrare, bilanciare*] contrebalancer (2): *questo peso non può controbilanciare l'altro* ce poids ne peut (pas) contrebalancer l'autre ◇ (*fig.*) [*compensare*] *lo svantaggio non controbilancia il vantaggio* l'inconvénient ne contrebalance pas l'avantage → **pareggiare** **B** *v.pron. recipr.* CONTROBILANCIARSI [→ *tr.*] se contrebalancer: *questi due pesi si controbilanciano perfettamente* ces deux poids se contrebalancent parfaitement # *la sua autorità e il mio ascendente si controbilanciano* son autorité et mon ascendant s'équilibrent → **equilibrar(si).**

controbuffè |kontrobuf'fε| *s.m. inv.* [*mobile posto di fronte al 'buffet'*] desserte *f. var.*, dressoir *var.*

controcàmpo |kontro'kampo| *s.m.* (*cine.*) contrechamp.

controcànto |kontro'kanto| *s.m.* (*mus.*) contre-chant.

controcàrro |kontro'karro| *agg. inv.* → **anticarro.**

controcàssa |kontro'kassa| *s.f.* double caisse # *controcassa di orologio* double boîtier de montre.

controcaténa |kontroka'tena| *s.f.* (*edil.*) chevron *m.*

controchiàve |kontro'kjave|, **contracchiàve** |kontrak'kjave| *s.f.* **1** [*chiave falsa*] fausse clé **2** [*chiave di una seconda serratura*] double clef **3** (*raro*) [*seconda mandata*] double tour *m.*

controchìglia |kontro'kiʎʎa| *s.f.* (*mar.*) contre-quille.

controcorrènte |kontrokor'rεnte| **1** *s.f.* contre-courant (*m.*): *controcorrenti marine* contre-courants marins **2** *avv.* (*più comune 'contro corrente'*) [*in senso contrario alla corrente*] à contre-courant (*loc.*): *navigare contro corrente* naviguer à contre-courant ◇ (*fig.*) *quella donna, in fatto di moda, è andata sempre contro corrente* en fait de mode, cette femme est toujours allée à contre-courant.

controcùrva |kontro'kurva| *s.f.* [*curva che gira in senso opposto alla precedente*] contre-virage (*m.*): *delle controcurve* des contre-virages # *la strada era tutta curve e controcurve* la route était toute en lacets.

controdàdo |kontro'dado| *s.m.* (*mecc.*) contre-écrou.

controdàta |kontro'data| *s.f.* **1** date rectifiée **2** date d'enregistrement.

controdecréto |kontrode'kreto| *s.m.* décret contraire.

controdichiarazióne |kontrodikjarat'tsjone| *s.f.* contre-déclaration.

controdotàle |kontrodo'tale| *agg.* (*dir.*) contre-dotal*.

controdòte |kontro'dɔte| *s.f.* (*ant.*) [*diritto della vedova sui beni del marito*] douaire *m.*

controèlica, che |kontro'εlika, ke| *s.f.* (*mar.*) bulb-propulseur *m.*

controfagòtto |kontrofa'gɔtto| *s.m.* (*mus.*) contrebasson.

controfasciàme |kontrofaʃ'ʃame| *s.m.* (*mar.*) soufflage.

controffensìva |kontroffen'siva| *s.f.* (*mil.*) contre-offensive: *il nemico sferrò una controffensiva* l'ennemi déclencha une contre-offensive → **contrattacco** ◇ (*fig.*) *l'avvocato difensore passò alla controffensiva* l'avocat de la défense passa à la contre-offensive.

controffensìvo |kontroffen'sivo| *agg.* de contre-offensive (*loc. inv.*): *operazioni controffensive* opérations de contre-offensive.

controffèrta |kontrof'fεrta| *s.f.* (*comm.*) contre-offre.

controfigùra |kontrofi'gura| *s.f.* (*cine.*) cascadeur *m.*, doublure: *fa la controfigura di mestiere* il est cascadeur, doublure de son métier.

controfilétto |kontrofi'letto| *s.m.* **1** (*macelleria*) contre-filet **2** (*nei galloni, nelle composizioni tipografiche*) [*filetto parallelo a un altro*] orle.

controfìlo |kontro'filo| *s.m.* contre(-)fil: *il controfilo del legno* le contrefil du bois.

controfinèstra |kontrofi'nεstra| *s.f.* contre-fenêtre.

controfìrma |kontro'firma| *s.f.* (*dir.*) contreseing *m.*

controfirmàre |kontrofir'mare| *v.tr.* [*apporre una seconda firma a convalida, a controllo della prima*] contresigner: *controfirmare una deliberazione, un assegno* contresigner une décision, un chèque ◆ (*al p.p.*) *decreto controfirmato dal ministro* décret contresigné par le ministre.

controfirmatàrio, i |kontrofirma'tarjo, i| *s.m.* contresignataire.

controfòdera |kontro'fɔdera| *s.f.* toile pour doublure.

controfóndo |kontro'fondo| *s.m.* double fond → **doppiofondo.**

controfòsso |kontro'fɔsso| → **contraffosso.**

controfùga, ghe |kontro'fuga, ge| *s.f.* (*mus.*) contre-fugue.

controfuòco, chi |kontro'fwɔko, ki| *s.m.* contre-feu.

controgènio, i |kontro'dʒεnjo, i| *s.m.* → **contraggenio.**

controgirèllo |kontrodʒi'rεllo| *s.m.* (*macelleria*) gîte à la noix.

controinchièsta |kontroin'kjεsta| *s.f.* contre-enquête.

controindicàre |kontroindi'kare| *v.tr.* **1** (*med.*) [*segnalare come dannoso, nocivo*] contre-indiquer: *controindicare un alimento, una terapia* contre-indiquer un aliment, une thérapeutique **2** (*in documenti, lettere*) [*indicare a margine*] noter en marge: *i diversi argomenti sono controindicati da un numero* les divers points sont notés en marge par un numéro.

controindicàto |kontroindi'kato| *agg.* (*med.*) contre-indiqué: *terapia controindicata* thérapeutique contre-indiquée.

controindicazióne |kontroindikat'tsjone| *s.f.* [→ CONTROINDICARE] contre-indication; note marginale: *le controindicazioni di una cura* les contre-indications d'un traitement; *questo medicinale è senza controindicazioni* ce médicament n'a pas de contre-indications ‖ *in quella pagina ci sono controindicazioni illeggibili* cette page comporte des notes marginales illisibles → **nota, indicazione.**

controllàbile |kontrol'labile| *agg.* [→ CONTROLLARE A] contrôlable: *i suoi spostamenti e le sue azioni sono facilmente controllabili* ses déplacements et ses actions sont facilement contrôlables # *dati, informazioni non controllabili* données, informations incontrôlables; *la situazione non è più controllabile* la situation est devenue incontrôlable → **dominabile.**

controllàre |kontrol'lare| **A** *v.tr.* **1** [*verificare, esaminare*] contrôler, vérifier: *controllare il biglietto di un viaggiatore* contrôler le billet d'un voyageur; *controllare la validità di un documento* contrôler la validité d'un document; *controllare l'esattezza di una testimonianza* contrôler l'exactitude de un témoignage → **accertare**; *controllare il funzionamento di un motore, di una macchina* vérifier le fonctionnement d'un moteur, d'une machine; *è stato controllato il giorno e l'ora del suo arrivo* le jour et l'heure de son arrivée ont été vérifiés **2** [*sorvegliare, vigilare*] contrôler: *controllare l'attività, il comportamento di qc.* contrôler l'activité, la conduite de qqn. → **sindacare** ◇ (*sport*) *controllare un avversario* [*marcarlo*] contrôler, marquer un adversaire; *controllare la palla* contrôler le ballon **3** [*avere in pugno, dominare*] contrôler: *controllare una zona, un paese* contrôler une zone, un pays; *controllare il mercato del cotone* contrôler le marché du coton; *controllare la situazione* contrôler la situation ◇ (*fig.*) *controllare i propri nervi, le proprie reazioni* contrôler ses nerfs, ses réactions → **frenare** **B** *v.pron. rifl.* CONTROLLARSI [→ *tr.* 3] se contrôler, se maîtriser: *non sempre riesce a controllarsi* il n'arrive pas toujours à se contrôler, à se maîtriser → **dominar(si), frenar(si).**

controllàto |kontrol'lato| *agg.* contrôlé.

controller |kən'troulə| *s.m. inv.* (*ingl.*) (*elettr.*) contrôleur *var.*, controller *var.*

contròllo |kon'trɔllo| *s.m.* **1** [→ CONTROLLARE] contrôle: *controllo dei biglietti di teatro* contrôle des billets de théâtre; *controllo dei documenti* contrôle des pièces d'identité; *controllo delle entrate e delle uscite* contrôle des dépenses et des recettes → **verifica**; *controllo delle nascite* contrôle des naissances → **limitazione**; *controllo della qualità di un prodotto* contrôle de la qualité d'un produit; *il controllo dei prezzi* le contrôle des prix; *controllo antidoping* contrôle antidopage; *sottoporsi a controllo medico* se soumettre à contrôle médical → **esame**; *avere il controllo di una società* avoir le contrôle d'une société → **dominio** # *eludere il controllo di qc.* tromper la surveillance de qqn. → **vigilanza**; *tener sotto controllo qc.* surveiller qqn. (de près) → **sorveglianza**; *perdere il controllo di sé* perdre la maîtrise de soi-même → **padronanza**; *perdere il controllo dei propri nervi* n'être plus maître de ses nerfs **2** (*fam.*) [*persona, ufficio addetto al controllo*] contrôle: *organo di controllo* corps de contrôle; *il controllo sanitario* le contrôle sanitaire; *mi sono fermato al controllo doganale* je me suis arrêté au contrôle de la douane **3** (*tecnol.*) contrôle; réglage: *dispositivo, manopola di controllo* dispositif, bouton de contrôle ‖ *controllo di luminosità, di sintonia* réglage de la lumière, de la syntonie.

controllóre |kontrol'lore| *s.* (*raro al f.*) contrôleur*; vérificateur*: *controllore di autobus* contrôleur d'autobus; *controllore ferroviario* contrôleur des chemins de fer; *controllore dei pesi e misure* contrôleur des poids et mesures ‖ *controllore delle dogane* vérificateur, contrôleur en douanes.

controlùce |kontro'lutʃe| *s.f. inv.* contre-jour (*m.*): *effetti di controluce* des effets de contre-jour ◇ *loc. avv.* (IN) CONTROLUCE, CONTRO LUCE [*in direzione opposta a una sorgente luminosa*] à contre-jour: *fotografia in controluce* photographie prise à contre-jour; *essere, mettersi, trovarsi in controluce* être, se mettre, se trouver à contre-jour; *guardare q.c. in controluce* regarder qqch. à contre-jour; *quel quadro è posto in controluce* ce tableau est placé à contre-jour.

contromanifestazióne |kontromanifestat'tsjone| *s.f.* contre-manifestation.

contromàno, cóntro màno *avv.* |kontro'mano| [*in senso opposto a quello consentito*] en sens contraire (*loc.*): *camminare, circolare contromano* marcher, circuler en sens contraire; *auto che viaggia contromano* voiture roulant en sens contraire, inverse.

contromanòvra |kontroma'nɔvra| *s.f.* contre-manœuvre.

contromàrca, che |kontro'marka, ke| *s.f.* contremarque.

contromàrcia, ce |kontro'martʃa, tʃe| *s.f.* **1** (*mil.*) contremarche **2** (*raro*) → **retromarcia.**

contromìna |kontro'mina| *s.f.* contre-mine.

contromisùra |kontromi'zura| *s.f.* contre-mesure.

contromòlla |kontro'mɔlla| *s.f.* (*mecc.*) ressort *m.* antagoniste.

contropàrte |kontro'parte| *s.f.* (*dir., corr.*) partie adverse → **avversario.**

contropartita |kontropar'tita| *s.f.* **1** (*comm.*) contrepartie ◇ (*per est.*) [*l'ente o la persona con cui si conclude un affare*] contrepartie **2** (*fig.*) [*compenso, contraccambio*] contrepartie, compensation: *in contropartita alle tue concessioni, ti darò quello che chiedi* en contrepartie, en compensation de tes concessions, je te donnerai ce que tu demandes.

contropedàle |kontrope'dale| *s.m.* (*mecc.*) frein à rétropédalage.

contropélo |kontro'pelo|, **contrappélo** |kontrap'pelo| **1** *avv.* [*nel senso contrario al pelo*] à contre-poil, à rebrousse-poil: *accarezzare un animale contropelo* caresser un animal à contre-poil, à rebrousse-poil # *pulire una stoffa contropelo* nettoyer une étoffe à rebours ◇ (*fig.*) *prendere qc.* (*di, in*) *contropelo* [*irritarlo, indisporlo*] prendre qqn. à contre-poil, à rebrousse-poil **2** *s.m.* (*nella loc.*) *fare* (*il pelo e*) *il contropelo* [*radere nel senso contrario al pelo*] raser à contre-poil ◇ (*fig.*) [*criticare, rimproverare severamente*] casser du sucre sur le dos de qqn.

contropendènza |kontropen'dɛntsa| *s.f.* contrepente, contre-pente: *contropendenze di una montagna* contre-pentes d'une montagne ◇ (*loc.*) *in contropendenza* à contre-pente.

controperìzia |kontrope'rittsja| *s.f.* contre-expertise.

contropiède |kontro'pjɛde| *s.m.* (*sport*) contre-pied ◇ *loc.* IN CONTROPIEDE à contre-pied: *sorprendere l'avversario in contropiede* prendre son adversaire à contre-pied; *segnare un goal in contropiede* marquer un but à contre-pied ◇ (*fig.*) [*alla sprovvista*] au dépourvu: *prendere qc. in contropiede, di contropiede* prendre qqn. au dépourvu.

controplància, ce |kontro'plantʃa, tʃe| *s.f.* (*mar.*) passerelle supérieure.

contropòrta |kontro'pɔrta| *s.f.* contre-porte.

contropotére |kontropo'tere| *s.m.* contre-pouvoir.

controproducènte |kontroprodu'tʃɛnte| *agg.* à effet contraire (*loc. inv.*): *l'autoritarismo è sempre controproducente* l'autoritarisme est toujours à effet contraire → **dannoso, nocivo.**

controprogètto |kontropro'dʒɛtto| *s.m.* contre-projet, contreprojet: *proporre un controprogetto* proposer un contreprojet.

contropropagànda |kontropropa'ganda| *s.f.* contre-propagande.

contropropósta |kontropro'posta| *s.f.* contre(-)proposition.

contropròva |kontro'prɔva| *s.f.* **1** contre-épreuve: *fare la controprova di un esperimento* faire la contre-épreuve d'une expérience; *la controprova dell'operazione ha dato lo stesso risultato* la contre-épreuve de l'opération a donné le même résultat **2** *controprova di una votazione* contre-épreuve d'un vote.

contropubblicità |kontropubblitʃi'ta| *s.f. inv.* contrepublicité *var.*

contropùnta |kontro'punta| *s.f.* (*mecc.*) contre-pointe.

controquerèla |kontrokwe'rɛla| *s.f.* (*dir.*) contre-plainte.

controquerelàre |kontrokwere'lare| *v.tr.* (*dir.*) [*sporgere querela contro il querelante*] déposer une contre-plainte.

controrànda |kontro'randa| *s.f.* (*mar.*) (voile de) flèche.

contrórdine |kon'trordine| *s.m.* contrordre: *c'è un contrordine* il y a contrordre ◇ (*loc.*) *salvo contrordine* sauf contrordre.

controrelazióne |kontrorelat'tsjone| *s.f.* [*relazione che modifica la precedente*] contre-rapport *m.*

controreplicàre |kontrorepli'kare| *intr.* (*aus.* '*avere*') [*controbattere le repliche altrui*] répliquer (à une objection): *la sua risposta mi costringe a controreplicare* sa réponse m'oblige à répliquer → **ribattere.**

controrifórma |kontrori'forma| *s.f.* (*st.*) contre-réforme.

controrispósta |kontroris'posta| *s.f.* (*raro*) réplique (à une réponse).

controrivoluzionàrio, i |kontrorivoluttsjo'narjo, i| *agg.* e *s.* contre-révolutionnaire.

controrivoluzióne |kontrorivolut'tsjone| *s.f.* contre-révolution.

controrotàia |kontroro'taja| *s.f.* contre-rail *m.*

controscàrpa |kontros'karpa| *s.f.* contrescarpe.

controsènso |kontro'sɛnso| *s.m.* **1** [*comportamento, affermazione contraria al buon senso*] absurdité *f.*; contradiction (*f.*): *dei controsensi* des absurdités; *ciò che dice è un controsenso* ce qu'il dit est une absurdité → **assurdità** ‖ *la sua vita è piena di controsensi* sa vie est pleine de contradictions → **contraddizione** **2** [*interpretazione contraria al vero significato delle parole*] contresens: *traduzione piena di controsensi* traduction pleine de contresens.

controserratùra |kontroserra'tura| *s.f.* serrure de sécurité.

controspionàggio, i |kontrospio'naddʒo, i| *s.m.* contre-espionnage: *fare il controspionaggio* faire du contre-espionnage.

controstallìa |kontrostal'lia| *s.f.* (*dir., mar.*) surestarie.

controstàmpa |kontros'tampa| *s.f.* (*tip.*) contre-épreuve.

controstòmaco, chi |kontro's'tɔmaco, ki| **1** *s.m.* → **voltastomaco** **2** *avv.* [*con nausea, con ripugnanza*] avec dégoût (*loc.*): *mangiare controstomaco* manger avec dégoût ◇ (*fig.*) [*di malavoglia*] à contre-cœur (*loc.*): *fare una cosa controstomaco* faire une chose à contre-cœur.

controtàglio, i |kontro'taʎʎo, i| *s.m.* **1** [*il bordo della sciabola opposto al taglio*] dos ◇ (*scherma*) (*colpo di*) *controtaglio* touche *f.* valable **2** (*incisione*) contre-taille *f.*

controtèmpo |kontro'tɛmpo| *s.m.* **1** (*mus.*) contretemps ◇ (*loc.*) *essere, andare controtempo* [*fuori tempo*] être, aller à contretemps **2** (*sport*) contre-pied; feinte *f.*

controtendènza |kontroten'dɛntsa| *s.f.* tendance opposée.
controtèsi |kontro'tɛzi| *s.f. inv.* thèse *var.* contraire, adverse (*lett.*).
controvalóre |kontrova'lore| *s.m.* (*fig.*) contre-valeur *f.*
controvelàccio, i |kontrove'lattʃo, i| *s.m.* (*mar.*) cacatois: *albero di controvelaccio* (mât de) cacatois.
controvènto |kontro'vɛnto| **I** *s.m. inv.* **1** (*edil.*) contrevent *var.* **2** (*mar.*) haussière *f. var.* **II** *avv.* [*in direzione contraria a quella del vento*] contre le vent *loc. inv.*, vent debout (*loc.*): *navigare controvento* naviguer contre le vent ◇ (*fig.*) *andare controvento* [*contro le opinioni dominanti*] aller à contre-courant.
controvèrsia |kontro'vɛrsja| *s.f.* **1** controverse: *materia di controversia* matière à controverse; *controversia teologica, scientifica* controverse théologique, scientifique; *far sorgere, provocare una controversia* soulever, provoquer une controverse; *comporre, troncare una controversia* régler, trancher une controverse → **disputa, contesa, discussione** **2** (*dir.*) conflit *m.*, différend (*m.*): *controversia di lavoro* conflit du travail → **causa**; *controversia salariale* différend sur les salaires; # *portare una controversia in tribunale* soumettre un litige au tribunal → **lite** **3** (*letter. lat.*) controverse.
controvèrso |kontro'vɛrso| *agg.* controversé; incertain: *dottrina, tesi controversa* doctrine, thèse controversée → **dibattuto, discusso** ‖ *è un passo molto controverso* c'est une démarche très incertaine → **incerto,** 1 **dubbio** Ⓒ **indiscusso, certo 1.**
controvèrtere |kontro'vɛrtere| (*usato solo nel pres. e imperf. indic.*) **A** *v.tr.* (*raro*) → **confutare, oppugnare** **B** *v.intr.* (*aus. 'avere'*) [*discutere, spec. in tribunale*] contester en justice.
controvìsita |kontro'vizita| *s.f.* contre-visite.
controvite |kontro'vite| *s.f.* (*mecc.*) contre-écrou *m.*
controvòglia, cóntro vòglia |kontro'vɔʎʎa| *avv.* [*malvolentieri, contro la propria volontà*] à contre-cœur: *fare q.c. controvoglia* faire qqch. à contre-cœur; *studiare, lavorare controvoglia* étudier, travailler à contre-cœur.
contumàce |kontu'matʃe| *agg.* **1** (*dir.*) contumace: *imputato contumace* accusé contumace; *essere contumace* être (en état de) contumace; *è stato dichiarato contumace* il a été déclaré contumace **2** (*ant.*) [*indocile, disubbidiente*] rebelle.
contumàcia, cie |kontumatʃa, tʃe| *s.f.* **1** (*dir.*) défaut *m.*, contumace: *fu condannato in contumacia* il fut condamné par défaut, par contumace **2** [*isolamento, come precauzione contro il contagio*] quarantaine: *mettere una nave in contumacia* mettre un navire en quarantaine; *questi animali sono qui in contumacia da quindici giorni* ces animaux sont ici en quarantaine depuis quinze jours → **quarantena** **3** (*ant.*) [*ribellione, ostinatezza*] rébellion # *essere in contumacia della Chiesa* être excommunié.
contumaciàle |kontuma'tʃale| *agg.* **1** (*dir.*) par contumace *loc. inv.*, par défaut (*loc. inv.*): *processo, giudizio contumaciale* procès, jugement par contumace, par défaut; *sentenza contumaciale* jugement par défaut **2** de quarantaine (*loc. inv.*): *ospedale contumaciale* [*che ospita persone con malattie contagiose*] hôpital de quarantaine; *campo, centro contumaciale* camp, centre de quarantaine; *periodo contumaciale* période de quarantaine.
contumèlia |kontu'mɛlja| *s.f.* (*lett.*) → **ingiuria; villania.**
contumelióso |kontume'ljoso| *agg.* (*lett.*) → **offensivo; ingiurioso.**
contundènte |kontun'dɛnte| *agg.* [*capace di produrre lesioni*] contondant: *corpo contundente* corps contondant; *armi contundenti* armes contondantes.
contùndere |kon'tundere| (146) *v.tr.* [*provocare una lesione sottocutanea*] contusionner: *con un pugno gli ha contuso uno zigomo* d'un coup de poing il lui a contusionné une joue → **ammaccare;** *cadendo mi sono contuso una mano* en tombant, je me suis fait mal à la main, j'ai eu la main contusionnée.
conturbaménto |konturba'mento| *s.m.* [→ CONTURBARE] trouble, bouleversement: *lo spettacolo provocò conturbamento negli spettatori* le spectacle provoqua un trouble, un bouleversement chez les spectateurs # *era in un profondo stato di conturbamento* il était dans un état de perturbation profonde → **turbamento.**
conturbànte |kontur'bante| *agg.* [*che provoca turbamento*] troublant; inquiétant: *sguardi conturbanti* regards troublants; *una scollatura conturbante* un décolleté troublant ‖ *previsioni conturbanti* des prévisions inquiétantes → **allarmante, inquietante.**
conturbàre |kontur'bare| **A** *v.tr.* [*turbare, sconvolgere profondamente*] troubler: *un niente lo conturba* un rien le trouble; *la bellezza di quella donna mi conturba* la beauté de cette femme me trouble; *quella notizia l'ha conturbato* cette nouvelle l'a troublé **B** *v.pron. intr.* CONTURBARSI [→ *tr.*] se troubler: *ti conturbi per così poco?* tu te troubles pour si peu?
conturbàto |kontur'bato| *agg.* [*turbato, sconvolto*] troublé: *appariva molto conturbato* il semblait très troublé.
conturbazióne |konturbat'tsjone| *s.f.* (*raro*) → **turbamento.**
contusióne |kontu'zjone| *s.f.* (*med.*) contusion: *leggera contusione* légère contusion; *riportare, provocare una contusione a un ginocchio* subir, provoquer une contusion à un genou → **ammaccatura.**
contùso |kon'tuzo| *agg.* contusionné, contus: *braccio contuso* bras contusionné; *avere il corpo tutto contuso* avoir le corps tout contusionné → **ammaccato, pesto** ✦ (*s.*) *un contuso* un blessé léger; *in quell'incidente furono molti i contusi* dans cet accident il y eu beaucoup de blessés légers.
contuttoché, con tùtto che |kontutto'ke| *cong.* → **sebbene, quantunque.**
contuttociò, con tùtto ciò |kontutto'tʃɔ| *cong.* → **malgrado, ciononostante.**
conurbazióne |konurbat'tsjone| *s.f.* conurbation.
convalescènte |konvaleʃ'ʃɛnte| *agg.* convalescent: *è ancora convalescente* il est encore convalescent ✦ (*s.*) *un convalescente* un convalescent Ⓒ **malato.**
convalescènza |konvaleʃ'ʃɛntsa| *s.f.* (*med., corr.*) convalescence: *essere, entrare in convalescenza* être, entrer en convalescence.
convalescenziàrio, i |konvaleʃʃen'tsjario, i| *s.m.* maison *f.* de convalescence, de repos.
convàlida |kon'valida| *s.f.* [→ CONVALIDARE] confirmation: *la convalida di una nomina, di una sentenza* la confirmation d'une nomination, d'un jugement → **ratifica**; *i miei sospetti hanno avuto una convalida* mes soupçons ont eu une confirmation → **conferma, riprova.**
convalidàre |konvali'dare| *v.tr.* **1** (*bur.*) [*rendere o dichiarare valido*] valider: *convalidare una vendita* valider une vente; *convalidare una nomina, un decreto* valider une nomination, un décret **2** (*per est.*) [*confermare, avvalorare*] confirmer: *i risultati convalidano i nostri sospetti* les résultats confirment nos soupçons.
convalidazióne |konvalidat'tsjone| *s.f.* (*raro*) → **convalida.**
convàlle |kon'valle| *s.f.* vallée tributaire ◇ (*lett.*) → **valle.**
convegnista |konveɲ'ɲista| *s.* → **congressista.**
convégno |kon'veɲɲo| *s.m.* **1** [*incontro, riunione prestabilita*] congrès, réunion (*f.*): *un convegno di medici, di giuristi* un congrès de médecins, de juristes; *convegno di studi* congrès d'études; *è stato organizzato un convegno linguistico* un congrès linguistique a été organisé; *convegno d'affari* réunion d'affaires; *assistere, partecipare a un convegno* assister, participer à un congrès, à une réunion # *convegno amoroso, galante* rendez-vous amoureux, galant → 2 **appuntamento** **2** [*luogo di ritrovo*] rendez-vous: *quel caffè è il convegno degli artisti alla moda* ce café est le rendez-vous des artistes à la mode.
convenévole |konve'nevole| **I** *agg.* (*lett.*) → **conveniente, opportuno** **II** *s.* **1** *s.m.* [*convenienza, misura*] mesure (*f.*): *oltre il convenevole, più del convenevole* outre mesure **2** *s.m. pl.* I CONVENEVOLI [*espressioni di gentilezza, ossequio*] civilités (*f.*): *fare i convenevoli* présenter ses civilités.
convenevolézza |konvenevo'lettsa| *s.f.* (*raro*) → **convenienza, opportunità.**
convenevolménte |konvenevol'mente| *avv.* (*raro*) → **convenientemente, opportunamente.**
conveniènte |konve'njɛnte| *agg.* **1** [*opportuno, adatto*] adéquat; convenable: *non trovare l'espressione conveniente* ne pas trouver l'expression adéquate → **appropriato** ‖ *si comporta e veste in modo poco conveniente* il se conduit et s'habille de façon peu convenable **2** [*vantaggio, utile*] avantageux*: *prezzo, mercato conveniente* prix, marché avantageux; *condizioni di pagamento convenienti* conditions de paiement avantageuses; *fare uno scambio conveniente* faire un échange avantageux # *ricompensa conveniente* récompense convenable → **congruo, adeguato.**
convenienteménte |konvenjente'mente| *avv.* [→ CONVENIENTE] convenablement.
conveniènza |konve'njɛntsa| *s.f.* **1** [*utilità, vantaggio*] compte (*m.*): *non ci trovo la mia convenienza* je n'y trouve

pas mon compte; *l'ha fatto per sua convenienza* il l'a fait parce qu'il y trouvait son compte → **tornaconto** # *matrimonio di convenienza* mariage de convenance **2** [*cortesia, buona educazione, decoro*] politesse: *visita di convenienza* visite de politesse; *tacque per convenienza* il se tut par politesse **3** *al plur.* [*regole di comportamento*] convenances: *osservare, rispettare le convenienze* observer, respecter les convenances; *sfidare, venir meno alle convenienze* braver, blesser les convenances **4** (*raro*) [*adeguatezza, rispondenza*] conformité (*corr.*).

convenìre |konve'nire| (202) **A** *v. intr.* (*aus. 'avere' nei significati* 1, 2; *'essere' nei significati* 3, 4) **1** [*consentire, essere d'accordo, ammettere*] convenir (27) (*aus.* avoir, être) (*lett.*) de, s'accorder *pron.* sur: *convenire sul prezzo* convenir du prix, s'accorder sur le prix; *tutti convengono che è un uomo onesto* tous conviennent que c'est un homme honnête; *questa mi sembra l'unica soluzione, ne convieni?* ceci me parait être l'unique solution: en conviens tu? → **riconoscere** # *converrai con me almeno su questo!* tu seras d'accord avec moi au moins sur cela! (en cela)! **2** [*stabilire, concordare*] convenir (*aus.* avoir): *hanno convenuto di riunirsi una volta al mese* ils ont convenu de se réunir une fois par mois **3** [*riunirsi in uno stesso luogo*] s'assembler (*pron.*): *le personalità più in vista erano convenute a Firenze da ogni parte del mondo* les personnalités les plus en vue, venues de tous les coins du monde, étaient assemblées à Florence → **radunar(si)** **4** [*adattarsi, essere appropriato*] convenir, être (43) (*aus.* avoir) approprié: *vestito che conviene alla circostanza* robe qui convient, est appropriée à la circonstance; *simili discorsi non convengono a una persona educata* de tels discours ne conviennent pas à une personne bien élevée → **confarsi** **B** *v.impers.* [*essere opportuno necessario*] convenir, falloir* (*aus.* avoir): *conviene che la ragione abbia il sopravvento* il convient, il faut que la raison l'emporte; *conviene che ci andiate* il convient que vous y alliez; *gli risponderò come converrà* je lui répondrai comme il faut, il conviendra ◇ [*tornare utile, conveniente*] convenir de, avoir *tr.* intérêt à: *che cosa conviene fare?* qu'est-ce qu'il convient de faire?; *conviene tacere* il convient de se taire, il y a intérêt à se taire; *non ci conviene accettare* nous n'avons pas intérêt à accepter **C** *v.tr.* **1** [*pattuire, stabilire*] établir, convenir *intr.* de: *convenire il prezzo* établir le prix, convenir du prix **2** (*dir.*) [*citare, chiamare*] citer: *convenire qc. in giudizio* citer qqn. en justice **D** *v.pron. intr.* CONVENIRSI [→ *intr.* 4] convenir (*intr.*): *questi modi non ti si convengono* ce sont là des façons qui ne te conviennent pas → **confarsi.**

conventìcola |konven'tikola| *s.f.* (*lett.*) → 1 **cricca, congrega.**

convènto |kon'vɛnto| *s.m.* **1** couvent; monastère: *un convento di domenicani* un couvent de dominicains ‖ *un convento di benedettini* un monastère de bénédictins ◇ (*loc. fig.*) *entrare in convento* [*farsi frate o suora*] entrer au couvent ∼ (*scherz.*) *accontentarsi di quel che passa il convento* [*di quello che c'è da mangiare in casa*] se contenter de ce qu'il y a (à manger) **2** [*i religiosi che vivono in un convento*] couvent, communauté *f.*

conventuàle |konventu'ale| *agg.* conventuel*; du couvent (*loc. inv.*): *vita conventuale* vie conventuelle; *messa conventuale* messe conventuelle ‖ *la pace, la serenità conventuale* la paix, la sérénité du couvent # *austerità conventuale* austérité monacale; *frate minore conventuale* frère mineur ◆ (*s.*) *un conventuale* un conventuel; *i conventuali francescani* les conventuels franciscains.

convenùto |konve'nuto| **I** *agg.* convenu: *pagare il prezzo convenuto* payer le prix convenu: *s'incontrarono nel luogo convenuto* ils se rencontrèrent à l'endroit convenu → **stabilito** **II** *s.m.* **1** [*ciò che è stato stabilito, concordato*] (ce qui a été) convenu: *secondo il convenuto* d'après ce qui a été convenu; *rispettare il convenuto* respecter ce qui a été convenu → **accordo** **2** *al plur.* [*i partecipanti a un convegno, a un incontro*] les participants: *l'oratore ringraziò e salutò i convenuti* l'orateur souhaita la bienvenue et remercia les participants **3** (*dir.*) prévenu.

convenzionàle |konventsjo'nale| *agg.* **1** conventionnel*: *segno convenzionale* signe conventionnel; *misure convenzionali* des mesures conventionnelles → **prestabilito, convenuto** **2** (*spreg.*) [*privo di originalità, di naturalezza*] conventionnel: *arte convenzionale* art conventionnel; *parole, frasi convenzionali* paroles, phrases conventionnelles ◇ [*fatto per rispetto delle convenzioni*] *un saluto convenzionale* un salut conventionnel → **freddo** **3** [*usuale, tradizionale*] conventionnel: *armamento convenzionale e armamento atomico* armement conventionnel et armement atomique # *modello, tipo convenzionale* type traditionnel → **classico.**

convenzionalismo |konventsjona'lizmo| *s.m.* conventionnalisme.

convenzionalista |konventsjona'lista| *s.* conventionnaliste.

convenzionalità |konventsjonali'ta| *s.f. inv.* conventionnalité (*var.*): *la convenzionalità di un segno* la conventionnalité d'un signe.

convenzionalménte |konventsjonal'mente| *avv.* [*per convenzione*] conventionnellement.

convenzionàre |konventsjo'nare| **A** *v.tr.* [*fissare mediante convenzione*] fixer par convention: *convenzionare i prezzi* fixer les prix par convention **B** *v.pron. rifl.* CONVENZIONARSI [*accordarsi su prestazioni mediche, assistenziali*] être (43) *intr.* conventionné: *il nostro medico si è convenzionato con la mutua* notre médecin est conventionné.

convenzionàto |konventsjo'nato| *agg.* conventionné: *medico convenzionato, clinica convenzionata* médecin conventionné, clinique conventionnée.

convenzióne |konven'tsjone| *s.f.* **1** convention: *una convenzione commerciale, militare, diplomatica* une convention commerciale, militaire, diplomatique; *firmare una convenzione* signer une convention **2** [*scelta e accettazione di criteri particolari*] convention: *il colore rosso indica per convenzione (un) pericolo* la couleur rouge indique, par convention, un danger; *la lingua è un sistema di segni basato su una convenzione sociale* la langue est un système de signes fondé sur une convention sociale **3** *al plur.* [*tradizione, consuetudine*] conventions: *le convenzioni sociali* les conventions sociales; *ribellarsi alle convenzioni* se révolter contre les conventions **4** [*assemblea, raduno*] conventions ◇ (*st. fr.*) *la Convenzione* la Convention.

convergènte |konver'dʒɛnte| *agg.* **1** convergent: *strade convergenti* routes convergentes; *linee convergenti* lignes convergentes ◇ (*mat.*) *successione numerica convergente* succession numérique convergente ◇ (*ott.*) *lente convergente* lentille convergente **2** (*fig.*) convergent: *opinioni convergenti* opinions convergentes; *interessi convergenti* intérêts convergents Ⓒ **divergente.**

convergènza |konver'dʒɛntsa| *s.f.* **1** [→ CONVERGERE A] convergence: *convergenza di due strade* convergence de deux routes # *la convergenza delle ruote di un'automobile* le parallélisme des roues d'une voiture ◇ (*geogr.*) *convergenza intertropicale* (ligne de) convergence intertropicale ◇ (*ott.*) *convergenza di una lente* convergence d'une lentille ◇ (*mat.*) convergence **2** (*fig.*) convergence: *convergenza degli sforzi* convergence des efforts; *convergenza di interessi, di opinioni* convergence d'intérêts, d'opinions # *convergenza politica* accord (politique) Ⓒ **divergenza.**

convèrgere |kon'vɛrdʒere| (114) (*raro al p.p. e nei tempi comp.*) **A** *v. intr.* [*dirigersi, tendere verso un punto comune*] converger (3): *linee che convergono* lignes qui convergent; *queste due strade convergono in piazza* ces deux routes convergent vers la place, conduisent toutes deux à la place; *fece convergere su di sé gli occhi di tutti* tous les regards convergèrent sur lui ◇ (*fig.*) *le loro idee e i loro interessi convergono* leurs idées et leurs intérêts convergent → **identificar(si)** **B** *v.tr.* (*lett.*) → **dirigere, indirizzare** Ⓒ A **divergere.**

1 **convèrsa** |kon'vɛrsa| *s.f.* (*relig.*) sœur converse *agg.*

2 **convèrsa** |kon'vɛrsa| *s.f.* (*edil.*) noue.

conversàre |konver'sare| *v.intr.* (*aus. 'avere'*) [*intrattenersi a colloquio, discorrere amichevolmente*] converser; causer: *conversare familiarmente* converser familièrement ‖ *conversare di letteratura, di politica* causer (de) littérature, (de) politique; *ho passato la serata a conversare con gli amici* j'ai passé la soirée à causer avec mes amis # *conversare del più o del meno* parler de la pluie et du beau temps → **chiacchierare, 1 parlare** ◆ *s.m. spec. al plur.* [*conversazione*] conversations (*f.*): *ho passato un'ora in lieti conversari* j'ai passé une heure en conversations joyeuses.

conversatóre, trice |konversa'tore, tri'tʃe| *s.* [*chi ama ed è abile nel conversare*] causeur*: *un brillante conversatore* un brillant causeur.

conversazióne |konversat'tsjone| *s.f.* **1** [→ CONVERSARE] conversation: *una conversazione piacevole, noiosa, animata, scialba* une conversation agréable, ennuyeuse, animée, insignifiante; *ani-*

mare, sostenere una conversazione animer, soutenir une conversation; *la conversazione langue* la conversation est languissante; *oggi abbiamo fatto conversazione in inglese e in russo* aujourd'hui nous avons fait de la conversation en anglais et en russe → **esercitazione** # *passare un'ora in conversazione con gli amici* passer une heure à bavarder avec les amis **2** [*breve discorso a carattere culturale*] causerie: *tenere una serie di conversazioni sulla poesia contemporanea* faire une série de causeries sur la poésie contemporaine; *fare una conversazione alla radio* faire une causerie à la radio **3** (*raro*) [*circolo, ritrovo*] cercle (*m.*): *frequentare le conversazioni mondane* fréquenter les cercles mondains # *tenere conversazione* recevoir (des gens).

conversévole |konver'sevole| *agg.* (*lett.*) → **affabile, socievole; accessibile, colloquiale.**

conversióne |konver'sjone| *s.f.* **1** [→ CONVERTIRE A 1] conversion: *conversione politica, letteraria, artistica, morale* conversion politique, littéraire, artistique, morale; *conversione al cristianesimo* conversion au christianisme; *la conversione di S. Paolo* la conversion de Saint Paul **2** [*trasformazione, mutamento*] conversion: *conversione di un decreto in legge* conversion d'un décret en loi ◇ (*chim.*) *conversione di un composto in un altro* conversion d'un composé en un autre ◇ (*econ.*) *conversione del debito pubblico* conversion de la dette publique; *conversione di una banconota in oro* conversion d'un billet de banque en or; *conversione di obbligazioni in azioni* conversion d'obligations en actions ◇ (*elettr.*) *conversione di corrente alternata in continua* transformation de courant alternatif en courant continu; *conversione di fase, di frequenza* conversion de phase, de fréquence ◇ (*metall.*) *conversione della ghisa in acciaio* transformation de la fonte en acier **3** (*mil., sport*) conversion: *conversione a destra, a sinistra* conversion à droite, à gauche.

1 **convèrso** |kon'vεrso| *s.m.* (*relig.*) frère convers *agg.*

2 **convèrso** |kon'vεrso| *agg.* (*solo nella loc. avv.*) *per converso* [*al contrario*] au contraire.

convertibile |konver'tibile| *agg. e s.f.* [→ CONVERTIRE A 2; B 1] convertible: *energia, pena convertibile* énergie, peine convertible; *titoli, obbligazioni convertibili* titres, obligations convertibles → **trasformabile**; *l'acqua è convertibile in vapore* l'eau est convertible en vapeur ◇ (*spec.*) *una* (*automobile*) *convertibile* une voiture décapotable → **decappottabile.**

convertibilità |konvertibili'ta| *s.f. inv.* (*fin.*) convertibilité (*var.*): *convertibilità di una rendita* convertibilité d'une rente # *non convertibilità di una banconota* non-convertibilité d'un billet.

convertiplàno |konverti'plano| *s.m.* (*aer.*) convertible.

convertire |konver'tire| (203) **A** *v.tr.* **1** [*indurre qc. a cambiare idea, atteggiamento, fede*] convertir: *convertire al cristianesimo gli infedeli* convertir les infidèles au christianisme; *convertire al socialismo, al buddismo, all'islamismo* convertir au socialisme, au bouddhisme, à l'islam **2** [*trasformare, mutare*] transformer, changer (3) (*lett.*): *convertire un decreto in legge* transformer, changer un décret en loi; *convertire i titoli in monete* transformer les titres en espèces; *convertire i franchi in lire* changer des francs contre des lires; *convertire l'acqua in vapore* transformer, changer l'eau en vapeur; *convertire la ghisa in acciaio* transformer la fonte en acier; *convertire l'energia elettrica* transformer l'énergie électrique # *convertire la rotta* (*di una nave*) passer du cap au compas au cap vrai, et réciproquement ◇ (*fig.*) *convertire il pianto in riso* transformer les pleurs en rire **B** *v.pron.* CONVERTIRSI **1** *intr.* [→ *tr.* 2] se transformer: *l'amore si convertì in odio* l'amour se transforma en haine; *il dubbio si convertì in certezza* le doute se transforma en certitude → **trasformar(si) 2** *rifl.* [→ *tr.* 1] se convertir: *convertirsi al cristianesimo* se convertir au christianisme; *convertirsi a una ideologia* se convertir à une idéologie.

convertito |konver'tito| *agg. e s.* converti.

convertitóre, trice |konverti'tore, triʃe| *s.* **1** *s.* (*raro*) → **apostolo 2** *s.m.* (*tecnol.*) convertisseur: *convertitore Bessemer, Thomas* convertisseur Bessemer, Thomas; *convertitore di immagini, di coppia* convertisseur d'images, de couple ◆ (*agg.*) *valvola convertitrice* convertisseur *s.m.* de fréquence.

convessità |konvessi'ta| *s.f. inv.* **1** convexité *var.*, bombement (*m. var.*): *la convessità della terra, di una lente, di una superficie* la convexité de la terre, d'une lentille, d'une surface **2** [*parte, spazio convesso*] courbure (*var.*): *le convessità di un profilo* les courbures d'un profil **C** **concavità.**

convèsso |kon'vεsso| *agg.* convexe: *lente convessa, specchio convesso* lentille, miroir convexe # *fronte convessa* front bombé ◇ (*geom.*) *poligono, angolo convesso* polygone, angle convexe **C** **concavo.**

convezióne |konvet'tsjone| *s.f.* (*fis.*) convection, convexion ◇ (*meteor.*) convection.

convincènte |konvin'tʃεnte| *agg.* [*che ha la forza di persuadere*] convaincant: *prova convincente* preuve convaincante → **probante**; *argomento convincente* argument convaincant → **persuasivo.**

convincere |kon'vintʃere| (193) **A** *v.tr.* **1** [*persuadere con argomentazioni; rendere certo, sicuro*] convaincre (54): *fui convinto dell'inutilità dell'iniziativa* je fus convaincu de l'inutilité de l'initiative; *ha portato argomenti tali che avrebbero convinto chiunque* il a avancé des arguments tels qu'ils auraient convaincu n'importe qui ◇ [*indurre a un determinato comportamento*] *lo convinsero a tentare l'esame* ils le convainquirent de tenter de passer l'examen **2** (*dir.*) [*dimostrare, fare ammettere la colpevolezza*] convaincre: *convincere qc. di un reato* convaincre qqn. d'un crime **B** *v.pron. rifl.* CONVINCERSI [→ *tr.* 1] se convaincre: *convincersi dei propri errori* se convaincre de ses fautes # *si convinse ad aderire all'impresa* il se décida à participer à l'entreprise **C** A 1 **dissuadere.**

convinciménto |konvintʃi'mento| *s.m.* [→ CONVINCERE A 1] conviction (*f.*): *acquisire un convincimento* acquérir une conviction → **certezza**; *parlare con convincimento* parler avec conviction → **convinzione** # *fare opera di convincimento* persuader qqn., convaincre qqn. → **persuasione.**

convinto |kon'vinto| *agg.* [*certo, persuaso*] convaincu: *è convinto di non sbagliarsi* il est convaincu de ne pas se tromper; *è un cattolico convinto* c'est un catholique convaincu ◇ (*dir.*) *reo convinto* accusé convaincu de culpabilité.

convinzióne |konvin'tsjone| *s.f.* **1** [→ CONVINCERE A 1] conviction: *acquisire una convinzione* acquérir une conviction → **certezza**; *agire per convinzione* agir par conviction; *parlare senza convinzione* parler sans conviction # *fare opera di convinzione su qc.* persuader, convaincre qqn. → **persuasione** **2** *spec. al plur.* [*principio, opinione*] convictions: *convinzioni politiche, religiose* convictions politiques, religieuses; *rispettare le convinzioni morali altrui* respecter les convictions morales d'autrui.

convitàre |konvi'tare| *v.tr.* (*lett.*) [*invitare, accogliere alla propria mensa*] convier.

convitàto |konvi'tato| *agg. e s.* [*invitato a un convito*] convive: *la sala era piena di amici e di convitati* la salle était pleine d'amis et de convives → **commensale.**

convito |kon'vito| *s.m.* (*lett.*) → **pranzo, banchetto.**

convitto |kon'vitto| *s.m.* **1** [*istituto d'istruzione e di educazione*] internat, pensionnat: *il regolamento del convitto* le régime de l'internat, du pensionnat; *le allieve di un convitto* les élèves d'un pensionnat → **collegio 2** [*i convittori*] pensionnat: *tutto il convitto è a passeggio* tout le pensionnat est à la promenade.

convittóre, trice |konvit'tore, triʃe| *s.* [*chi vive in un convitto*] pensionnaire.

conviva |kon'viva| *s.* (*lett.*) → **convitato.**

convivènte |konvi'vεnte| *agg.* vivant sous le même toit: *coniugi conviventi* époux vivant sous le même toit ◆ (*s.*) *un convivente* une personne *f.* vivant sous le même toit # *conviventi a carico* parents à charge; *il suo, la sua convivente* celui, celle qui vit avec elle, avec lui.

convivènza |konvi'vεntsa| *s.f.* **1** [→ CONVIVERE] vie en commun # *la convivenza domestica* la vie domestique → **coabitazione 2** [*le persone che convivono*] société: *la convivenza umana* la société humaine → **società.**

convivere |kon'vivere| (194) *v.intr.* (*aus.* 'avere, essere') [*vivere insieme*] vivre (58) (*aus.* avoir) avec qqn., cohabiter (*aus.* avoir): *convivere con i genitori* vivre, (co)habiter avec ses parents → **coabitare** ◇ (*fig.*) *son due principi che non possono convivere* ce sont deux principes qui ne peuvent pas cohabiter → **accordar(si)** ◆ *ass.* (*di una coppia non sposata*) [*vivere in stato coniugale*] vivre ensemble: *prima di sposarsi convivevano già da due anni* avant de se marier, ils vivaient déjà ensemble depuis deux ans.

conviv(i)àle |konvi'v(j)ale| *agg.* (*lett.*) [*relativo ai banchetti*] de la table (*loc. inv.*): *piacere conviviale* plaisir de la table ◇ (*letter.*) *poesia conviviale* poèmes de table, bachiques; *canti con-*

viviali chansons de table, bachiques.
convìvio, i |kon'vivjo, i| *s.m.* (*lett.*) → **banchetto.**
convocàbile |konvo'kabile| *agg.* [→ CONVOCARE] convocable.
convocaménto |konvoka'mento| *s.m.* → **convocazione.**
convocàre |konvo'kare| 1 *v.tr.* [*invitare a una riunione i membri di un organo collegiale*] convoquer: *convocare le Camere* convoquer les Chambres; *convocare il consiglio d'amministrazione* convoquer le conseil d'administration; *convocare i comizi elettorali* convoquer les comices électoraux 2 (*per est.*) [*riunire, adunare*] *sono stati convocati tutti i soci* tous les associés ont été convoqués; *convocare i candidati all'esame* convoquer les candidats à un examen; *è stato convocato dal giudice* il a été convoqué chez le juge (d'instruction) → **chiamare.**
convocàto |konvo'kato| *s.* celui, celle qui a été convoqué(e).
convocazióne |konvokat'tsjone| *s.f.* [→ CONVOCARE] convocation: *convocazione urgente della Camera* convocation urgente de la Chambre; *la convocazione di un'assemblea, di un concilio* la convocation d'une assemblée, d'un concile; *lettera di convocazione a un esame* (lettre, feuille de) convocation à un examen, une collante (*gerg.*); *presentarsi, rispondere a una convocazione* se rendre, répondre à une convocation; *oggi ci sarà la convocazione dei calciatori della nazionale* aujourd'hui il y aura la convocation des footballeurs de l'équipe nationale # *votare in prima, in seconda convocazione* voter à la première, à la seconde convocation.
convogliàre |konvoʎ'ʎare| *v.tr.* 1 [*dirigere, mandare verso un luogo determinato*] acheminer; canaliser: *le merci furono convogliate alla stazione* les marchandises furent acheminées vers la gare || *convogliare la folla* canaliser la foule → **avviare**; *convogliare le acque di scarico* canaliser les eaux d'écoulement → **incanalare** ◇ (*fig.*) diriger (3): *convogliare gli sforzi verso un unico fine* diriger les efforts vers un seul but 2 [*portare con sé, trascinare*] charrier: *il fiume convoglia sabbia, limo* la rivière charrie du sable, du limon → **trasportare** 3 (*raro*) [*fare da scorta*] convoyer (10), escorter → **scortare.**
convogliatóre |konvoʎʎa'tore| *s.m.* (*mecc.*) convoyeur.
convòglio, i |kon'vɔʎʎo, i| *s.m.* 1 [*gruppo di veicoli che procedono insieme*] convoi: *un convoglio di autocarri* un convoi de camions; *un convoglio funebre* un convoi funèbre; *un convoglio ferroviario* [*treno*] un convoi (de chemin de fer), un train (de wagons) ◇ (*per anal.*) *convoglio di prigionieri* convoi de prisonniers 2 [*gruppo di navi mercantili che viaggiano insieme con scorta armata*] convoi.
convolàre |konvo'lare| *v.intr.* (*aus.* '*essere*') (*nella loc.*) *convolare a* (*giuste*) *nozze* [*sposarsi*] convoler (*aus.* avoir) en justes noces.
convòlvolo |kon'vɔlvolo| *s.m.* (*t. bot.*) convolvulus.
convulsaménte |konvulsa'mente| *avv.* [→ CONVULSO 1] convulsivement: *ridere, piangere, tremare convulsamente* rire, pleurer, trembler convulsivement.
convulsionàrio, i |konvulsjo'narjo, i| *agg. e s.* convulsionnaire.
convulsióne |konvul'sjone| *s.f.* 1 (*med., corr.*) convulsion: *convulsione epilettica* convulsion épileptique; *avere le convulsioni* avoir des convulsions 2 (*per est.*) [*manifestazione violenta; moto convulso*] convulsion: *convulsioni di collera* convulsions de colère # *una convulsione di pianto* des sanglots convulsifs; *una convulsione di riso* un rire convulsif; *convulsioni telluriche* secousses telluriques → **scossa.**
convulsivaménte |konvulsiva'mente| *avv.* [→ CONVULSIVO] convulsivement: *piangere convulsivamente* pleurer convulsivement.
convulsìvo |konvul'sivo| *agg.* convulsif*: *tosse convulsiva* toux convulsive; *crisi convulsiva* crise convulsive.
convùlso |kon'vulso| 1 *agg.* convulsif*: *tosse convulsa* toux convulsive → **pertosse**; *gesto, movimento convulso* geste, mouvement convulsif → 1 **brusco, improvviso**; *riso convulso* rire convulsif; *pianto convulso* des pleurs convulsifs # *labbra, mani convulse* lèvres, mains tremblantes → **tremante** ◇ (*fig.*) *traffico convulso* circulation intense → **caotico**; *attività convulsa* activité intense → **intenso, febbrile**; *frasi convulse* phrases incohérentes → **spezzato**; *stile convulso* style heurté, saccadé → **scomposto, disordinato** 2 *s.m.* (*pop.*) [*agitazione nervosa*] convulsions *f.pl.* (*corr.*): *avere il convulso* avoir des convulsions.
cooccupànte |kookku'pante| *s.* cooccupant.
coolie |'kuli| *s.m. inv.* (*ingl.*) coolie *var.*
coonestaménto |koonesta'mento| *s.m.* (*lett.*) → **giustificazione.**
coonestàre |koones'tare| *v.tr.* (*lett.*) → **giustificare, avallare.**
cooperàre |koope'rare| *v.intr.* (*aus.* '*avere*') [*operare congiuntamente, contribuire*] coopérer (8): *cooperare in una impresa* coopérer à une entreprise; *cooperare al successo di una iniziativa* coopérer, aider au succès d'une initiative → **concorrere.**
cooperativa |koopera'tiva| *s.f.* coopérative: *cooperativa agricola, edilizia* coopérative agricole, de construction; *cooperativa di produzione, di consumo* coopérative de production, de consommation; *unirsi in cooperativa* s'unir en coopérative ◇ [*il locale, l'edificio in cui ha sede*] *fare la spesa alla cooperativa* faire les courses à la coopérative.
cooperativìsmo |kooperati'vizmo| *s.m.* (*econ.*) coopératisme.
cooperativìstico, ci, ca, che |kooperati'vistiko, tʃi, ka, ke| *agg.* coopératif*: *economia cooperativistica* économie coopérative.
cooperatìvo |koopera'tivo| *agg.* coopératif*: *sistema cooperativo* système coopératif.
cooperatóre, trice |koopera'tore, tritʃe| *s.* coopérateur* → **associato, collaboratore** ♦ (*agg.*) *agente cooperatore* agent coopérateur.
cooperazióne |kooperat'tsjone| *s.f.* [→ COOPERARE] coopération: *bisogno, mancanza di cooperazione* besoin, manque de coopération → **collaborazione.**
cooptàre |koop'tare| *v.tr.* (*dir.*) [*aggregare a un organo collegiale, per decisione dei membri dello stesso*] coopter.
cooptazióne |kooptat'tsjone| *s.f.* (*dir.*) cooptation.
coordinaménto |koordina'mento| *s.m.* → **coordinazione.**
coordinàre |koordi'nare| *v.tr.* [*ordinare, armonizzare elementi diversi*] coordonner: *coordinare le proprie idee* coordonner ses idées; *coordinare gli sforzi di tutti* coordonner les efforts de tous → **organizzare** ◇ (*gram.*) [*unire nell'ambito della frase, del periodo elementi dello stesso valore*] *coordinare due proposizioni, due attributi, due complementi* coordonner deux propositions, deux attributs, deux compléments **C** **subordinare.**
coordinàta |koordi'nata| *s.f.* 1 *spec. al plur.* (*mat.*) coordonnées: *coordinate cartesiane, sferiche* coordonnées cartésiennes, sphériques 2 *spec. al plur.* (*geogr.*) coordonnées: *coordinate geografiche, astronomiche* coordonnées géographiques, astronomiques 3 → **coordinato** 2.
coordinatìvo |koordina'tivo| *agg.* de coordination (*loc. inv.*): *congiunzione coordinativa* conjonction de coordination.
coordinàto |koordi'nato| 1 *agg.* coordonné: *azioni coordinate* actions coordonnées; *movimenti coordinati* mouvements coordonnés; *è un piano di lavoro mal coordinato* c'est un plan de travail mal coordonné 2 *agg. e s.f.* (*gram.*) *una* (*frase, proposizione*) *coordinata* une (phrase, proposition) coordonnée.
coordinatóre, trice |koordina'tore, tritʃe| *s.* coordonnateur*, coordinateur*: *il coordinatore del consiglio* le coordonnateur du conseil; *fare il coordinatore* faire le coordinateur ♦ (*agg.*) *insegnante coordinatore* enseignant coordinateur.
coordinazióne |koordinat'tsjone| *s.f.* [→ COORDINARE] coordination: *coordinazione delle operazioni di una divisione* coordination des opérations d'une division; *coordinazione delle idee* coordination des idées; *queste iniziative mancano di coordinazione* ces initiatives manquent de coordination → **organizzazione** ◇ (*chim.*) coordination ◇ (*fisiol.*) *coordinazione dei movimenti* coordination des mouvements ◇ (*gram.*) *coordinazione copulativa, dichiarativa, disgiuntiva* coordination copulative, déclarative, disjonctive.
coòrte |ko'ɔrte| *s.f.* 1 (*st. rom.*) cohorte: *coorte legionaria, pretoria* cohorte d'une légion, prétorienne 2 (*lett.*) [*schiera, moltitudine*] multitude (*corr.*), cohorte (*fam.*).
copàive |ko'paive| *s.f.* (*t.bot.*) copayer *m.*, copaïer *m.*
copàle |ko'pale| *s.f.* copal *m.*
copèco, chi |ko'pɛko, ki| *s.m.* [*moneta russa*] kopeck.
copèrchio, i |ko'pɛrkjo, i| *s.m.* [*pezzo mobile per coprire un recipiente*] couvercle: *coperchio di una zuppiera, di una scatola, di una cassa* couvercle d'une soupière, d'une boîte, d'une caisse; *alzare il coperchio* lever le couvercle ◇ (*prov.*) *il diavolo fa le pentole e non i coperchi* [*prima o poi il male commesso viene a galla*] (tout se découvre et) tout se paie.
copernicàno |koperni'kano| *agg. e s.* [*di Copernico*] copernicien*.
copèrta |ko'pɛrta| *s.f.* 1 [*panno*

(*rettangolare*) *per coprire e riparare dal freddo*] couverture: *coperta di cotone, di seta, di lana* couverture de coton, de soie, de laine; *coperta da viaggio* couverture de voyage; *ficcarsi sotto le coperte* [*mettersi a letto*] se glisser sous les couvertures; *rimboccare le coperte* border les couvertures; *dorme sempre senza coperte* il dort toujours sans couvertures # *coperta da tavolo, da stiro* molleton; *coperta del cavallo* housse, couverture du cheval ◇ [*rivestimento, fodera*] *housse; couverture: *la coperta della poltrona, del divano* la housse du fauteuil, du divan || *la coperta del libro* la couverture du livre → **copertina 2** (*mar.*) pont (*m.*): *tutti in coperta!* tous sur le pont!; *scendere sotto coperta* descendre sous le pont.

copertaménte |koperta'mente| *avv.* [→ 1 COPERTO 1] en cachette (*loc. inv.*): *agire, parlare copertamente* agir, parler en cachette → **subdolamente, velatamente.**

copertifìcio, i |koperti'fitʃo, i| *s.m.* fabrique *f.* de couvertures.

copertìna |koper'tina| *s.f.* **1** [*elemento esterno di rivestimento e di protezione*] couverture: *la copertina di un quaderno, di un libro, di una rivista* la couverture d'un cahier, d'un livre, d'une revue **2** (*edil.*) chaperon *m.*

1 **copèrto** |ko'pɛrto| **1** *agg.* couvert: *piscina, carrozza coperta* piscine, voiture couverte → **chiuso, riparato**; *cielo, tempo coperto* ciel, temps couvert → **nuvoloso**; *libri coperti di polvere* livres couverts de poussière → **cosparso**; *avere il corpo ben coperto* être bien couvert → 1 **vestito** # *aveva il volto coperto di rossore* il avait le visage en feu ◇ (*fig.*) [*oscuro, nascosto, dissimulato*] caché: *il suo discorso conteneva coperte minacce* son discours contenait des menaces cachées; *sta facendo un gioco coperto* il joue un jeu couvert, caché → **ambiguo 2** *s.m.* [*riparo, protezione*] abri, couvert: *essere, stare al coperto dal tiro nemico* être à l'abri, à couvert du tir ennemi; *appena incominciò a piovere ci mettemmo al coperto* dès qu'il se mit à pleuvoir, nous nous mîmes à l'abri, à couvert ◇ (*fig.*) *siamo al coperto da ogni pericolo* nous sommes à l'abri de tout danger Ⓒ **scoperto.**

2 **copèrto** |ko'pɛrto| *s.m.* [*il posto apparecchiato, in tavola, per ogni singolo commensale*] couvert: *preparate due coperti* préparez deux couverts ◇ [*il costo, il prezzo corrispondente*] *nel conto è compreso anche il coperto* dans l'addition, le couvert est compris.

copertóne |koper'tone| *s.m.* **1** [*telone impermeabile*] bâche *f.* **2** [*involucro di gomma a protezione della camera d'aria*] enveloppe *f.* → **pneumatico.**

copertùra |koper'tura| *s.f.* **1** [→ COPRIRE A 1] couverture: *telone per la copertura di un camion, di un capannone* bâche pour la couverture d'un camion, d'un hangar → **riparo**; *provvedere alla copertura di un edificio, di una piscina* pourvoir à la couverture d'un bâtiment, d'une piscine # *il cioccolato non basta per la copertura di tutti questi dolci* le chocolat ne suffit pas pour glacer tous ces gâteaux ◇ (*assicurazione*) *copertura di rischio* couverture de risque ◇ (*banca*) provision: *copertura di un assegno* provision d'un chèque ◇ (*econ.*) *copertura di una perdita* couverture d'une perte ◇ (*mil.*) *azioni, truppe di copertura* actions, troupes de couverture ◇ (*sport*) *gioco di copertura* jeu de couverture; *curare la copertura* soigner la couverture → **difesa** ◇ (*fig.*) *il suo lavoro di impiegato serve da copertura ad attività illecite* son travail d'employé sert de couverture à des activités illicites → **protezione, garanzia 2** [*il materiale che serve a coprire*] couverture: *copertura di legno, di plastica, di tegole* couverture en bois, en plastique, en tuiles; *casa senza copertura* maison sans couverture → **tetto** # *dolci con copertura di cioccolato fondente* gâteaux recouverts de chocolat fondant, glacés au chocolat ◇ (*auto.*) pneu* (*m.*): *cambiare le coperture* changer les pneus → **copertone** ◇ (*edil.*) *copertura a tetto, a terrazza, a volta* couverture en toit, en terrasse, voûtée.

1 **còpia** |'kɔpja| *s.f.* **1** copie: *copia manoscritta, dattiloscritta* copie manuscrite, dactylographiée; *per copia conforme* pour copie conforme; *fare una copia di un contratto, di un testamento* faire une copie d'un contrat, d'un testament; *ha presentato la copia autentica del diploma* il a présenté la copie authentique de son diplôme; *bella copia* copie au net, au propre # *ha consegnato il compito in brutta copia* il a remis le brouillon de son devoir; *copia fotostatica* photocopie **2** [*riproduzione di un'opera d'arte*] copie: *la copia di una statua, di un quadro* la copie d'une statue, d'un tableau; *ha comprato una copia della 'Primavera' del Botticelli* il a acheté une copie du 'Printemps' de Botticelli → **falso** ◇ (*per est.*) [*perfetta rassomiglianza*] portrait (*m.*): *è la copia perfetta di suo padre* il est le portrait de son père **3** [*esemplare di un'opera a stampa*] exemplaire (*m.*): *edizione di mille copie* édition à mille exemplaires; *fammi avere una copia di quel libro* procure-moi un exemplaire de ce livre ◇ (*cine., foto., corr.*) copie; épreuve: *sono state distribuite molte copie di quella pellicola* beaucoup de copies de ce film ont été distribuées # *ha fatto fare tre copie della sua fotografia per tessera* il a fait tirer en trois exemplaires sa photo d'identité.

2 **còpia** |'kɔpja| *s.f.* (*lett.*) → **abbondanza.**

copiacommissióne |kopjakommis'sjone| *s.m. inv.* (*comm.*) carnet *var.* de commandes.

copiafattùre |kopjafat'ture| *s.m. inv.* [*libro in cui vengono registrate le fatture*] facturier* *var.*

copialèttere |kopja'lɛttere| *s.m. inv.* [*libro che raccoglie le copie delle lettere di un'azienda*] copie *f. var.* lettres, livre *var.* de copie de lettres ◇ [*il torchio per la loro riproduzione*] presse *f. var.* à copier.

copiàre |ko'pjare| *v.tr.* **1** [*riprodurre fedelmente*; *fare una copia*] copier: *copiare una lettera* copier une lettre; *copiare in bella* copier au propre, au net → **trascrivere**; *copiare un quadro, una scultura* copier un tableau, une sculpture; *copia le opere degli antichi* il copie les œuvres des anciens → **riprodurre 2** [*imitare, seguire passivamente*] copier: *copiare un'idea, un'iniziativa* copier une idée, une initiative; *copiare il compito dal vicino* copier le devoir sur son voisin.

copiativo |kopja'tivo| *agg.* [*che serve a far copie*] à copier (*loc. inv.*): *matita copiativa* crayon à copier; *inchiostro copiativo* encre à copier # *carta copiativa* papier carbone → **cartacarbone.**

copiatóre, trice |kopja'tore, tritʃe| *s.* [*chi copia*] copiste: *errore del copiatore* faute de copiste # *quell'alunno è un copiatore incorreggibile* cet élève est un copieur incorrigible; *è un abilissimo copiatore di disegni* c'est un reproducteur très habile de dessins ◇ (*fig.*) *è il copiatore in tutto del fratello* il imite son frère en tout → **imitatore.**

copiatùra |kopja'tura| *s.f.* [→ COPIARE] transcription: *copiatura a mano, a macchina* transcription à la main, à la machine; *la copiatura di un manoscritto, di una lettera* la transcription d'un manuscrit, d'une lettre ◇ (*per est.*) [*la cosa, il passo copiato*] copiage (*m.*): *quel compito è pieno di copiature* ce devoir est plein de copiages.

copilòta |kopi'lɔta| *s.* copilote.

1 **copióne** |ko'pjone| *s.m.* (*cine., teat.*) scénario.

2 **copióne** |ko'pjone| *s.* [*chi copia abusivamente, spec. a scuola*] copieur*.

copiosaménte |kopjosa'mente| *avv.* (*lett.*) → **abbondantemente.**

copiosità |kopjosi'ta| *s.f. inv.* (*lett.*) → **abbondanza, ricchezza.**

copióso |ko'pjoso| *agg.* (*lett.*) → **abbondante.**

copista |ko'pista| *s.* copiste: *copista di un documento, di testi, di opere letterarie* copiste de documents, de textes, d'œuvres littéraires → **amanuense**; *fare il copista in un ufficio giudiziario* être copiste dans un greffe.

copisteria |kopiste'ria| *s.f.* bureau *m.* de dactylographie.

1 **còppa** |'kɔ(o)ppa| *s.f.* **1** coupe: *coppa d'argento, di cristallo* coupe d'argent, de cristal; *coppa da spumante, da gelato* coupe à champagne, à glace ◇ [*il contenuto*] *bersi una coppa di 'champagne'* boire une coupe de champagne **2** [*trofeo per il vincitore*] coupe: *consegnare la coppa d'oro al vincitore* remettre la coupe d'or au vainqueur ◇ (*per est.*) [*la gara, la competizione stessa*] *partecipare alla coppa Davis* participer à la coupe Davis **3** *al plur.* (*carte it.*) [*uno dei quattro segni*] coupes: *rispondere a coppe* répondre par coupes; *giocò il fante di coppe* il joua le valet de coupes **4** (*per est.*) *la coppa dell'olio* le carter (*m.*); *la coppa della ruota* [*coperchio metallico che ripara il mozzo*] l'enjoliveur *m.* → **coprimozzo**; *la coppa della bilancia* [*i due piatti*] les plateaux *m.pl.* de la balance.

2 **còppa** |'kɔ(o)ppa| *s.f.* **1** [*insaccato di carne di maiale*] tête roulée **2** (*region.*) [*taglio di carne bovina*] deuxième talon *m.* **3** (*region.*) → **nuca.**

coppàle |kop'pale| *s.m.* → **copale.**

copparòsa |koppa'rɔza| *s.f.* → **'couperose'.**

coppèlla |kop'pɛlla| *s.f.* **1** coupelle, petite coupe **2** (*tecnol.*) coupelle: *oro di coppella* or de coupelle.

coppétta |kop'petta| *s.f.* (*med.*) ventouse.

còppia |'kɔppja| *s.f.* **1** couple (*m.*): *una coppia di ballerini, di cantanti* un couple de danseurs, de chanteurs; *una coppia di buoi, di cavalli* un couple, une paire de bœufs, de chevaux # *quei due amici sono una coppia inseparabile* ces deux amis forment une paire inséparable ◇ [*due persone o animali di sesso diverso*] *una coppia di fidanzati, di sposi* un couple de fiancés, d'époux; *una coppia di canarini* un couple de canaris; *che bella coppia!* quel beau couple! ◇ (*sport*) *torneo, gara a coppie* tournoi, course par couple; *voga di coppie* deux rameurs de couple, double--scull # *far coppia con un amico in una partita di bocce, di bridge, di tennis* faire équipe avec un ami pour une partie de boules, de bridge, de tennis **2** (*elettr.*) *coppia termoelettrica* couple thermo-électrique ◇ (*fis.*) *coppia di forze* couple de forces ◇ (*mecc.*) *coppia cinematica* couple cinématique **3** (*region.*) → **due, paio.**

coppière |kop'pjɛre| *s.m.* (*ant.*) [*il servo che versava il vino ai commensali*] échanson.

co(p)piglia |ko(p)'piʎʎa| *s.f.* (*mecc.*) goupille.

coppiòla |kop'pjɔla| *s.f.* **1** → **coppia 2** (*caccia*) coup *m.* double.

cóppo |'koppo| *s.m.* **1** [*orcio destinato a contenere olio, vino*] jarre *f.* **2** (*edil.*) tuile *f.*

còpra |'kɔpra| *s.f.* copra *m.*, coprah *m.*

copresidènte, essa |kopresi'dɛnte, essa| *s.* coprésident.

copribùsto |kopri'busto| *s.m. inv.* cache-corset.

copricaloriféro |koprikalo'rifero| *s.m.* → **copriradiatore.**

copricàpo |kopri'kapo| *s.m. inv.* [*cappello, berretto*] coiffure *f. var.*

copricaténa |koprika'tena| *s.m. inv.* (*mecc.*) carter *var.*

copricostùme |koprikos'tume| *s.m. inv.* robe *f.var.* de plage.

coprifàsce |kopri'faʃʃe| *s.m. inv.* [*camicino che copre le fasce del neonato*] brassière *f. var.*

copriformàggio, i |koprifor'maddʒo, i| *s.m.* cloche *f.* à fromage.

coprifuòco, chi |kopri'fwɔko, ki| *s.m.* couvre-feu: *dei coprifuochi* des couvre-feux.

coprilètto |kopri'lɛtto| *s.m. inv.* [*coperta*] couvre-pied(s) (*var.*): *dei copriletto* des couvre-pieds.

coprilibro |kopri'libro| *s.m. inv.* couvre-livre (*var.*): *dei coprilibro* des couvre-livres.

coprimisèrie |koprimi'zɛrje| *s.m. inv.* cache-misère.

coprimòzzo |kopri'mɔddzo| *s.m. inv.* [*coperchio di metallo che ricopre il mozzo della ruota delle automobili*] enjoliveur *var.*

copripièdi |kopri'pjɛdi| *s.m. inv.* couvre-pied (*var.*): *dei copripiedi* des couvre-pieds.

copriquadèrno |koprikwa'dɛrno| *s.m. inv.* [*copertina per quaderni*] couverture *f. var.*, protège-cahier (*var.*): *dei copriquaderno* des protège-cahiers.

copriradiatóre |kopriradja'tore| *s.m. inv.* cache-radiateur: *dei copriradiatore* des cache-radiateur.

coprìre |ko'prire| (186) **A** *v.tr.* **1** [*mettere q.c. sopra o attorno a un oggetto per ripararlo, nasconderlo e sim.*] couvrir (23): *coprire un tavolo* couvrir une table; *coprire il pavimento con linoleum* couvrir le sol d'un linoléum; *copri quel piatto!* couvre ce plat!; *hanno coperto il tetto con le ardesie* ils ont couvert le toit d'ardoises; *coprire una pentola* couvrir une casserole □ *coprirsi la faccia con le mani* se couvrir le visage de ses mains; *coprirsi le spalle, il capo per il freddo* se couvrir les épaules, la tête à cause du froid; *copriti la gola!* couvre ta gorge! **2** (*per est.*) [*rendere invisibile, nascondere*] couvrir: *le nubi coprono il cielo* les nuages couvrent le ciel # *quella siepe copre gran parte del panorama* cette haie cache une grande partie du panorama ◇ (*fig.*) cacher: *le madri cercano di coprire le mancanze dei figli* les mères essaient de cacher les défauts de leurs enfants; *non coprire i tuoi torti!* ne cache pas tes torts! ◇ [*far da riparo*] cacher: *coprimi, non voglio che mi veda!* cache-moi, je ne veux pas qu'il me voie # *quest'ombra ci copre dal sole* cette ombre nous abrite du soleil ◇ (*suoni*) *la sua voce copriva tutte le altre* sa voix couvrait toutes les autres **3** [*difendere, proteggere*] couvrir: *coprire qc. col proprio corpo* couvrir qqn. de son corps; *l'esercito copre le frontiere* l'armée couvre la frontière; *coprire un complice* couvrir un complice ◇ (*scacchi*) *coprire il re, la regina* protéger (3) le roi, la reine **4** (*fig.*) [*colmare, riempire*] couvrir: *coprire di onori, di regali, di baci* couvrir d'honneurs, de cadeaux, de baisers; *mi hanno coperto di gentilezze* ils m'ont couvert de gentillesses; *coprire qc. d'ingiurie, d'insulti* couvrir qqn. d'injures, d'insultes **5** [*esser disteso sopra; avvolgere, ammantare*] recouvrir (23): *le bare erano coperte con la bandiera nazionale* les cercueils étaient recouverts du drapeau national; *la neve ha già coperto le colline* la neige a déjà recouvert les collines **6** *coprire la femmina di un animale* [*montarla, fecondarla*] couvrir la femelle d'un animal; *far coprire una vacca, una cavalla* faire couvrir une vache, une jument **7** *coprire un impiego* [*occuparlo*] occuper: *chi copre attualmente la carica di presidente?* qui occupe actuellement le poste de président?; *tutte le cattedre sono state coperte* toutes les chaires ont été occupées **8** *coprire una distanza in* (+ *compl. di tempo*) [*percorrerla in*] couvrir une distance en: *coprire 10 km. in un'ora* couvrir 10 km en une heure **9** (*fig.*) [*far fronte a, pareggiare*] faire (45) face à: *coprire un disavanzo* faire face à un déficit # *non riesco a coprire le spese* je n'arrive pas à équilibrer les dépenses **10** (*comm.*) [*assicurare la copertura, garantire*] couvrir: *coprire un prestito* couvrir un prêt **B** *v.pron.* COPRIRSI **1** *rifl.* [*ripararsi, spec. dal freddo*] se couvrir: *coprirsi poco, troppo, bene* se couvrir peu, trop, bien; *copriti, ormai fa fresco* couvre-toi, maintenant il fait frais; *per la paura sono scappati senza neanche coprirsi* pris de peur, ils se sont enfuis sans même se couvrir # *devo coprirmi, c'è troppo sole* je dois m'abriter, il y a trop de soleil ♦ → *tr.* 1 □ ◇ [*ornarsi, abbigliarsi*] *si è coperta di gioielli* elle s'est couverte de bijoux **2** *rifl.* [→ *tr.* 3] se protéger (8) (3): *coprirsi dagli attacchi, dalle insidie di qc.* se protéger des attaques, des insinuations de qqn.; *il pugile continuava a coprirsi* le boxeur continuait à se couvrir **3** *rifl.* (*comm.*) [*garantirsi, premunirsi*] se prémunir: *coprirsi contro i rischi di fallimento* se prémunir contre les risques de faillite # *coprirsi contro l'incendio, il furto, le responsabilità civili* s'assurer contre l'incendie, le vol, les responsabilités civiles **4** *rifl.* [→ *tr.* 4] se couvrir: *si sono coperti di vergogna, di ridicolo* ils se sont couverts de honte, de ridicule **5** *intr.* [*diventar pieno, ricoprirsi*] se couvrir: *la ringhiera si è coperta di ruggine* la rampe s'est couverte de rouille; *il cielo si è coperto di nubi* le ciel s'est couvert de nuages 🄲 A 1, 2 **scoprire**; B 1 **scoprir(si).**

copriteièra |koprite'jɛra| *s.f.* couvre-théière.

coprititètto |kopri'tetto| *s.m.* [*operaio addetto alla copertura dei tetti*] couvreur.

copritùra |kopri'tura| *s.f.* → **copertura.**

coprivàso |kopri'vazo| *s.m.* cache--pot (*inv.*): *dei coprivasi* des cache-pot.

coprivivànde |koprivi'vande| *s.m. inv.* couvre-plat *var.*

coproduttóre |koprodut'tore| *s.m.* coproducteur.

coproduzióne |koprodut'tsjone| *s.f.* (*cine.*) coproduction: *una coproduzione franco-italiana* une coproduction franco-italienne.

coprofagìa, gie |koprofa'dʒia, dʒie| *s.f.* (*psican.*) coprophagie.

copròfago, gi |ko'prɔfago, dʒi| *s.m. e agg.* coprophage.

coprolalìa |koprola'lia| *s.f.* (*med.*) coprolalie.

coprologìa, gie |koprolo'dʒia, dʒie| *s.f.* coprologie.

còpto |'kɔpto| *s.* **1** *s.* copte ♦ (*agg.*) *rito copto* rite copte **2** (*s.m.*) *il copto* [*la lingua*] le copte.

còpula |'kɔpula| *s.f.* **1** (*gram.*) copule **2** [*accoppiamento sessuale*] copulation.

copulàre |kopu'lare| **A** *v.tr.* **1** (*raro*) → **accoppiare; sposare** **2** (*chim.*) [*realizzare una copulazione*] copuler **B** *v.pron. rifl.* COPULARSI (*raro*) → **sposar(si)** ◇ (*raro*) [*accoppiarsi sessualmente*] s'accoupler.

copulativo |kopula'tivo| *agg.* (*gram.*) copulatif*: *verbo copulativo* verbe copulatif; *congiunzione copulativa* conjonction copulative.

copulazióne |kopulat'tsjone| *s.f.* (*chim.*) copulation.

copyright |'kɔpirait| *s.m. inv.* (*ingl.*) copyright *var.*

'coque' |kɔk| *s.f. inv.* [*guscio*] *uovo alla 'coque'* œuf à la coque.

'coquetterie' |kɔkɛtʀi| *s.f. inv.* coquetterie *var.*

cor- |kor| *pref.* → **con.**

coràggio, i |ko'raddʒo, i| **I** *s.m.* **1** [*fermezza morale, decisione davanti a un pericolo, a una difficoltà*] courage: *combattere con coraggio* combattre avec courage ◇ (*loc.*) *perdersi di coraggio* perdre courage, se dégonfler (*fam.*) ~ *fare, dare coraggio* donner du courage ~ *farsi, darsi coraggio* se faire, se donner du courage → **animo** ~ *manca di coraggio* c'est une poule mouillée ~ *avere un coraggio da leone* être courageux comme un lion ~ *avere il coraggio di fare q.c.* avoir le courage de faire qqch. ~ *non ho il coraggio di* *rifiutargli questo aiuto* je n'ai pas le courage de lui refuser cette aide (ce concours) ~ *avere il coraggio delle proprie opinioni* avoir le courage de ses opinions ~ *prendere il coraggio a due mani* prendre son courage à deux mains ~ *avere coraggio da vendere* avoir du courage à revendre ~ *ci vuol coraggio* il faut (avoir) du courage ~ *il coraggio della disperazione* la force du désespoir **2** [*sfrontatezza, impudenza*] toupet: *avete un bel coraggio!* vous avez un certain toupet!; *che coraggio, prendersela con un bambino!* quel toupet de s'en prendre à un enfant!; *hai il coraggio di farmi certe proposte?* et tu as le toupet, le front de me faire de telles propositions? **II** (*inter.*) *coraggio!* courage! → **animo, forza**!; *su, coraggio, siamo quasi arrivati* (du) courage, on est presque arrivé Ⓒ I 1 **viltà**, 2 **timidezza.**

coraggiosaménte |koraddʒo-sa'mente| *avv.* [→ CORAGGIOSO] courageusement.

coraggióso |korad'dʒoso| *agg.* (*persone*) courageux*: *un uomo coraggioso* un homme courageux ◇ (*cose*) *una condotta coraggiosa* une conduite courageuse Ⓒ **timido, vigliacco; pavido, pauroso.**

coràle |ko'rale| **I** *agg.* **1** choral*: *musica corale* musique chorale; *canti corali* chants chorals, choraux; *libro corale* livre choral; *società corale* [*compagnia di coristi*] (société) chorale ◇ (*letter.*) *lirica corale* lyrique chorale **2** (*fig.*) [*generale, unanime*] unanime: *consenso, approvazione corale* consentement, approbation unanime ◇ (*di sport a squadre*) choral: *gioco corale* jeu choral **II** *s.m.* (*mus., relig.*) choral.

coralità |korali'ta| *s.f. inv.* caractère *m. var.* choral*; valeur *var.* chorale.

corallifero |koral'lifero| *agg.* corallifère.

corallina |koral'lina| *s.f.* (*t.bot.*) coralline.

corallino |koral'lino| *agg.* [*formato da coralli*] corallien*: *isola corallina* île corallienne ◇ [*che ha il colore del corallo*] (couleur) corail (*s.m. inv.*): *una tonalità corallina* une tonalité corail.

coràllo |ko'rallo| *s.m.* **1** (*t.zool.*) corail*: *scogliera di coralli* récif de corail **2** [*scheletro calcareo del corallo*] corail: *corallo nero* corail noir; *collana di corallo* collier de corail **3** (*lett.*) [*color vermiglio*] corail: *labbra di corallo* lèvres de corail.

coralménte |koral'mente| *avv.* **1** [*in coro, insieme*] en chœur (*loc. inv.*): *rispondere coralmente* répondre en chœur **2** (*raro*) → **cordialmente, affettuosamente.**

coramèlla |kora'mɛlla| *s.f.* cuir *m.* à rasoir.

coramina |kora'mina| *s.f.* (*marchio depositato*) (*farm.*) cordial* *m.*

coram populo |'kɔram'pɔpulo| *loc. avv.* (*lat.*) [*pubblicamente, alla presenza di tutti*] coram populo, publiquement (*avv.*): *ha ammesso coram populo il proprio errore* il a publiquement confessé sa faute, il s'est accusé coram populo.

corànico, ci, ca, che |ko'raniko, tʃi, ka, ke| *agg.* coranique.

coràno |ko'rano| *s.m.* coran.

coràta |ko'rata| *s.f.* [*cuore, fegato, polmoni di un animale macellato*] fressure → **interiora.**

coràzza |ko'rattsa| *s.f.* **1** (*armi ant.*) cuirasse: *portare la corazza* porter la cuirasse ◇ [*protezione in alcuni sport*] cuirasse **2** (*fig.*) [*difesa, protezione*] cuirasse, carapace: *una corazza di egoismo, di silenzio* une cuirasse, une carapace d'égoïsme, un mur de silence **3** [*rivestimento protettivo di molti animali*] cuirasse, carapace: *la corazza della tartaruga* la carapace de la tortue **4** [*guscio protettivo per vari oggetti*] cuirasse **5** (*mar.*) cuirasse.

corazzàre |korat'tsare| **A** *v.tr.* **1** [*armare di corazza*] cuirasser: *corazzare una nave, una vettura* cuirasser un navire, une voiture **2** (*fig.*) [*proteggere, difendere*] protéger (8) (3): *corazzare una casa contro il freddo* protéger une maison du froid **B** *v.pron. rifl.* CORAZZARSI **1** [→ *tr.* 1] se cuirasser: *corazzarsi contro i colpi* se cuirasser contre les heurts **2** (*fig.*) [→ *tr.* 2] se cuirasser, se protéger: *corazzarsi contro le ingiurie, le delusioni* se cuirasser, se protéger contre les injures, les déceptions ◇ [*munirsi*] s'armer: *corazzarsi di pazienza, di coraggio* s'armer de patience, de courage.

corazzàta |korat'tsata| *s.f.* cuirassé (*m.*): *corazzata pesante* cuirassé lourd.

corazzàto |korat'tsato| *agg.* **1** cuirassé: *incrociatore corazzato* croiseur cuirassé **2** (*fig.*) [*protetto; indurito*] cuirassé: *essere corazzato contro le umiliazioni* être cuirassé contre les humiliations.

corazzatùra |korattsa'tura| *s.f.* **1** [→ CORAZZARE] cuirassement *m.* **2** [*i materiali che formano la corazza di una nave e sim.*] cuirassement.

corazzière |korat'tsjɛre| *s.m.* **1** (*soldato*) cuirassier ◇ (*in Italia*) cuirassier (de la garde de la présidence de la République) **2** (*fig.*) [*persona alta e robusta*] costaud *agg.* (*pop.*): *ha sposato un corazziere* elle a épousé un hercule, un costaud.

'corbeille' |kɔrbɛj| *s.f. inv.* **1** [*cesto di fiori*] corbeille *var.* **2** [*recinto degli agenti di cambio, in Borsa valori*] corbeille.

corbellàre |korbel'lare| **A** *v.tr.* **1** (*pop.*) [*beffare, burlare*] se moquer *pron.* de (*corr.*), railler (*corr.*): *tutti i suoi compagni lo corbellavano* tous ses camarades le raillaient, se moquaient de lui → **canzonare, schernire** **2** [*imbrogliare, raggirare*] leurrer, avoir (28) (*fam.*): *farsi corbellare* se laisser leurrer, avoir → **ingannare** **B** *v.intr.* (*aus.* '*avere*') [*non fare sul serio, scherzare*] plaisanter: *questa volta è deciso, non corbella* cette fois il est décidé, il ne plaisante pas.

corbellatóre, trice |korbella'tore, tritʃe| *s. e agg.* **1** (*pop.*) [*chi deride, prende in giro*] railleur* (*corr.*), moqueur* (*corr.*) → **burlone** **2** [*imbroglione, turlupinatore*] trompeur*.

corbellatùra |korbella'tura| *s.f.* **1** (*pop.*) [*burla, canzonatura*] raillerie (*corr.*), moquerie (*corr.*) **2** [*raggiro, inganno*] tromperie, leurre *m.* → **imbroglio.**

corbellerìa |korbelle'ria| *s.f.* **1** (*pop.*) [*stupidaggine, sciocchezza*] bêtise (*corr.*), sottise (*corr.*): *non dire corbellerie!* ne dis pas de bêtises, de sottises!; *fare corbellerie* faire des bêtises, des sottises; *ho fatto una corbelleria a parlargliene* j'ai eu la bêtise de lui en parler → **balordaggine, sproposito** **2** [*cosa senza importanza, inezia*] bêtise, bagatelle: *perde tempo in mille corbellerie* il passe, il perd son temps à des bêtises, à des bagatelles **3** [*frottola, panzana*] blague (*fam.*), bobard *m.* (*fam.*) → **fandonia.**

1 **corbèllo** |kor'bɛllo| *s.m.* [*cesto rotondo di vimini, di stecche di legno*] panier ◇ [*il suo contenuto*] *un corbello di ciliege* un panier de cerises → **1 canestro, cesta.**

2 **corbèllo** |kor'bɛllo| **I** *s.m.* **1** *spec. al plur.* (*pop.*) [*testicolo*] couille *f. sing.* (*volg.*) ◇ (*loc. fig.*) *rompere i corbelli a qc.* [*infastidirlo*] casser les pieds à qqn. (*pop.*) ~ *avere qc. sui corbelli* [*essere stufo, scocciato di qc.*] en avoir plein le dos de qqn. (*fam.*) **2** (*pop., fig.*) [*individuo stupido, sciocco*] couillon (*volg.*): *sei un gran corbello* tu es un grand couillon → **minchione** **II** *al plur.* (*in funzione di inter.*) (*pop., esprime 'meraviglia, stupore'*) fichtre (*fam.*) → **caspita, accipicchia.**

corbézzola |kor'bettsola| *s.f.* [*frutto del corbezzolo*] arbouse.

corbézzoli |kor'bettsoli| *inter.* → **corbezzolo.**

corbézzolo |kor'bettsolo| **1** *s.m.* (*t.bot.*) arbousier **2** *al plur.* (*in funzione di inter.*) (*pop., esprime 'meraviglia, stupore'*) fichtre! (*fam.*).

corcontènto |korkon'tɛnto| *s.inv.* [*persona allegra, spensierata*] gai *var.*, joyeux*, luron* *var.*, bon vivant *m. var.* → **buontempone, allegrone.**

còrda |'kɔrda| *s.f.* **1** corde: *corda di canapa, di nailon* corde de chanvre, de nylon; *corda per la biancheria* corde à linge; *scala di corda* échelle de corde; *scarpe di corda* chaussures à semelle de corde; *oggetti di corda* objets confectionnés en corde # *corda dei muratori* fil à plomb ◇ (*giochi*) *salto della corda* saut à la corde; *ballare sulla corda* danser sur la corde ◇ [*nervo per tendere l'arco*] *corda di una balestra* corde d'une arbalète; *tendere la corda di un arco* tendre, bander la corde d'un arc **2** (*loc. fig.*) *tenere qc. sulla corda* [*tener in sospeso, in ansia qc.*] tenir qqn. sur des charbons ardents ~ *dare, lasciare poca, troppa corda* [*dare, lasciare poca, troppa libertà*] lâcher peu, beaucoup la bride à qqn. ~ *tagliare la corda* [*scappare*] filer à l'anglaise ~ *essere giù di corda* [*essere abbattuto*] être à plat ~ *tirare la corda* tirer sur la corde ~ *parlare di corda in casa dell'impiccato* parler de corde dans la maison d'un pendu ~ *essere con la corda al collo* avoir la corde au cou ~ *mettere la corda al collo a qc.* passer la corde au cou de qqn. ~ *toccare la corda sensibile* faire vibrer, toucher la corde sensible **3** (*alpinismo*) corde # *discesa a corda doppia* descente en rappel ◇ (*atletica, ippica*) *correre alla corda* tenir la corde ◇ (*ginnastica*) *esercizi alle corde* exercises à la corde ◇ (*pugilato*) *le corde del ring* les cordes du ring; *essere costretto alle corde* être envoyé dans les cordes **4** (*mus.*) corde: *strumenti a corda* instruments à cordes; *le corde del violino* les cordes du violon ◇ (*loc.*) *mettere in corda uno strumento* accorder un instrument **5** (*anat.*) (*animali*) *corda dorsale* corde dorsale ◇ (*persone*) *corda del collo* muscles *m. pl.* du cou; *corde vocali* cordes vocales **6** [*trama di tessuto*] corde ◇ (*loc.*) *mostrar la corda*: (*pr.*) [*esser liso, consumato*]; (*fig.*) [*dar segni di debolezza, di stanchezza*] montrer la corde, être usé jusqu'à la corde **7** (*mat.*) corde ◇ (*arch.*) portée **8** [*antica tortura*] estrapade: *dare la corda* donner l'estrapade **9** [*ant. misura agraria e per legna da ardere*] corde: *una corda di legname* une corde de bois.

cordàio, i |kor'dajo, i| *s.m.* [*fabbricante, venditore di corde*] cordier.

cordàme |kor'dame| *s.m.* **1** [*corde assortite*] cordes *f. pl.*; cordages (*pl.*): *fabbrica di cordame* fabrique de cordes, de cordages → **corderia** **2** (*mar.*) cordage: *abbisciare del cordame* lover du cordage, du filin.

cordàta |kor'data| *s.f.* cordée: *capo cordata* premier de cordée.

cordàto |kor'dato| *agg.* cordé.

cordellìna |kordel'lina| *s.f.* **1** [*corda sottile, fine*] cordelette, ficelle → **funicella, cordicella** **2** (*abbigl.*) aiguillette, fourragère.

corderìa |korde'ria| *s.f.* corderie.

cordiàle |kor'djale| *agg.* **1** cordial*: *sentimenti cordiali* sentiments cordiaux; *un uomo cordiale* un homme cordial → **affettuoso, sincero** ◇ (*per est.*) [*gentile, cortese*] *i tuoi amici sono molto cordiali* tes amis sont très cordiaux ◇ (*iron.*) *nutre per lui una cordiale antipatia* il le déteste cordialement **2** *una bevanda cordiale* une boisson cordiale → **tonico, stimolante** ✦ (*s.m.*) *un cordiale* un cordial ⓒ 1 **freddo, sgarbato.**

cordialità |kordjali'ta| *s.f. inv.* cordialité *var.* → **simpatia, affabilità.**

cordialménte |kordial'mente| *avv.* [→ CORDIALE 1] cordialement: *trattare cordialmente qc.* traiter qqn. cordialement ◇ (*iron.*) *detestare qc. cordialmente* détester qqn. cordialement.

cordialóne |kordja'lone| *agg.* **1** (*fam.*) [*espansivo, simpatico*] jovial* (*corr.*), enjoué (*corr.*): *è un tipo cordialone* c'est un caractère jovial, enjoué ✦ (*s.*) *un cordialone* un joyeux drille (luron), un bon vivant **2** [*molto cordiale, affettuoso*] chaleureux*, affectueux*: *un amico cordialone* un ami chaleureux, affectueux ⓒ 1 **antipatico;** 2 **freddo.**

cordicèlla |kordi'tʃɛlla| *s.f.* → **cordellina** 1.

cordièra |kor'djɛra| *s.f.* (*mus.*) cordier *m.*

cordiglièra |kordiʎ'ʎɛra| *s.f.* (*geogr.*) cordillère: *la cordigliera delle Ande* la cordillère des Andes.

cordiglière |kordiʎ'ʎɛre| *s.m.* (*eccl.*) cordelier* *s.*

cordìglio, i |kor'diʎʎo, i| *s.m.* (*abbigl. eccl.*) cordelière *f.*

cordìno |kor'dino| *s.m.* **1** [*corda sottile*] ficelle *f.*, cordelette (*f.*): *legare q.c. con un cordino* lier qqch. avec une ficelle → **cordicella, funicella** **2** (*alpinismo*) corde (*f.*): *l'anello di cordino* le collier de la corde **3** (*scherz.*) [*corda per impiccare*] corde ◇ (*loc. fig.*) *mettere il cordino al collo di qc.* mettre la corde au cou à qqn.

cordite |kor'dite| *s.f.* (*tecnol.*) cordite.

cordòglio, i |kor'dɔʎʎo, i| *s.m.* [*dolore profondo, costernazione*] douleur *f.*, peine (*f.*): *partecipare al cordoglio di qc.* partager la douleur, la peine de qqn. # *esternare il proprio cordoglio* exprimer (faire, présenter, offrir) ses condoléances.

còrdolo |'kɔrdolo| *s.m.* [*bordo rialzato di un terrapieno*] bordure *f.*

cordonàta |kordo'nata| *s.f.* **1** [*rampa a gradini bassi e larghi limitata da cordoni di pietra*] salite ◇ (*arch.*) *volta a cordonata* voûte à nervure → **costolone** **2** [*il bordo di un'aiuola*] bordure d'arceaux, bordure de pierres → **cordone** **3** [*arginatura con paletti e virgulti di un pendio o di un corso di acqua*] arceau *m.*

cordoncìno |kordon'tʃino| *s.m.* [*piccolo cordone*] cordonnet ◇ (*ricamo*) *punto a cardoncino* point de cordonnet.

cordóne |kor'done| *s.m.* **1** cordon: *il cordone delle tende, del campanello* le cordon des rideaux, de sonnette **2** (*fig.*) cordon: *stringere i cordoni della borsa* serrer les cordons de la bourse **3** (*liturg.*) cordon # *cordone dei* (*frati*) *francescani* cordelière **4** [*collare di ordine cavalleresco*] cordon: *il cordone della Legion d'onore* le grand cordon de la Légion d'honneur **5** *cordone di polizia* cordon de police; *cordone sanitario* cordon sanitaire **6** (*anat.*) cordon: *tagliare il cordone ombelicale* couper le cordon (ombilical); *cordone spermatico* cordon spermatique **7** (*arch.*) cordon ◇ [*pietre che bordano il marciapiede*] bordure *f.* **8** (*geogr.*) cordon: *laguna dietro un cordone litoraneo* lagune derrière un cordon littoral.

cordonétto |kordo'netto| *s.m.* cordonnet.

cordovàno |kordo'vano| *agg.* [*di Cordova*] cordouan.

còre |'kɔre| *s.m.* (*lett., region.*) → **cuore.**

corèa |ko'rɛa, 'korea| *s.f.* (*med.*) chorée → **ballo** (**di San Vito**).

coreàno |kore'ano| **1** *agg.* [*della Corea*] coréen* **2** (*s.m.*) *il coreano* [*la lingua*] le coréen.

corèggia, ge |ko'rɛddʒa, dʒe| *s.f.* → **scoreggia.**

corèico, ci, ca, che |ko'rɛiko, tʃi, ka, ke| *agg.* **1** (*lett.*) → **coreografico** 1 **2** (*med.*) choréique: *convulsioni coreiche* convulsions choréiques ✦ (*s.*) *un coreico* un choréique.

corelatóre, trice |korela'tore, tritʃe| *s.* (*dir.*) co-rapporteur*.

coreografìa |koreogra'fia| *s.f.* chorégraphie.

coreogràfico, ci, ca, che |koreo'grafiko, tʃi, ka, ke| *agg.* **1** chorégraphique: *virtuosità coreografica* virtuosité chorégraphique **2** (*per est.*) [*sfarzoso, solenne*] spectaculaire, somptueux*: *un matrimonio coreografico* un mariage spectaculaire, somptueux.

coreògrafo |kore'ɔgrafo| *s.* chorégraphe.

corèuta |ko'rɛuta| *s.* **1** (*mus. gr.*) choreute **2** (*lett.*) → **corista.**

corfiòto |kor'fjɔto| *agg.* [*di Corfù*] corfiote.

coriàceo |ko'rjatʃeo| *agg.* **1** [*che è duro come il cuoio*] coriace: *carne coriacea* viande coriace **2** (*fig.*) [*indomabile, resistente*] coriace: *un carattere coriaceo* un caractère coriace ⓒ **molle, tenero.**

coriàmbo |ko'rjambo| *s.m.* (*metr.*) choriambe.

coriàndolo |ko'rjandolo| *s.m.* **1** (*t. bot.*) coriandre *f.* **2** [*tipo di confetto*] dragée *f.* **3** *spec. al plur.* [*dischetti di carta di vari colori; palline di gesso*] confetti.

coribànte |kori'bante| *s.m.* (*ant. gr.*) corybante.

coricàre |kori'kare| **A** *v.tr.* **1** [*mettere a letto*] coucher: *coricare un bambino* coucher un enfant **2** [*mettere in posizione orizzontale, adagiare*] coucher: *coricare una scala* coucher une échelle **B** *v.pron. intr.* CORICARSI **1** [*andar a letto*] se coucher: *si coricò molto presto* il se coucha très tôt; *coricarsi supino, sul fianco* se coucher sur le dos, sur le côté **2** [*tramontare*] se coucher: *il sole si corica presto* le soleil se couche tôt ⓒ B 1 **alzar(si).**

corifèo |kori'fɛo| *s.* **1** (*mus. gr.*) coryphée **2** (*fig.*) [*promotore, esponente principale*] coryphée ◇ (*spec.*) *è il corifeo del suo partito* c'est le porte-parole *m. inv.* de son parti.

corìmbo |ko'rimbo| *s.m.* (*bot.*) corymbe.

corindóne |korin'done| *s.m.* (*miner.*) corindon.

corìnzio, i |ko'rintsjo, i| *agg.* **1** [*di Corinto*] corinthien* **2** (*arch.*) corinthien: *ordine, stile corinzio* ordre, style corinthien; *capitello corinzio* chapiteau corinthien ✦ (*s.m.*) *il corinzio* [*lo stile*] le corinthien.

corìsta |ko'rista| *s.* **1** *s.* choriste: *i coristi dell'Opera di Parigi* les choristes de l'Opéra de Paris; *corista del teatro greco* choriste du théâtre grec → **coreuta** **2** *s.m.* → **diapason.**

còrizza |'kɔriddza| *s.f.* (*med.*) coryza *m.*

cormoràno |kormo'rano| *s.m.* (*t. zool.*) cormoran.

còrnac |'kɔrnak| *s.m. inv.* (*port.*) cornac *var.*

cornàcchia |kor'nakkja| *s.f.* **1** (*t. zool.*) corneille **2** (*fig.*) (*persone*) [*chiacchierone*] pie: *è davvero una cornacchia* c'est une vraie pie ◇ (*spreg.*) [*tipo antipatico, di malaugurio*] oiseau *m.* de mauvais augure, oiseau de malheur.

cornamùsa |korna'muza| *s.f.* (*mus.*) cornemuse.

cornàta |kor'nata| *s.f.* coup *m.* de corne ◇ (*loc.*) *a cornate* à coups de cornes.

còrnea |'kɔrnea| *s.f.* (*anat.*) cornée.

corneàle |korne'ale| *agg.* (*anat.*) cornéen*: *lenti corneali* lentilles cornéennes.

còrneo |'kɔrneo| *adj.* corné.

corner |'kɔ:nə| *s.m. inv.* (*ingl.*) (*calcio*) corner *var.*

cornétta |kor'netta| *s.* **1** *s.f.* cornette → **cuffia** **2** *s.f.* [*stendardo di cavalleria*] cornette **3** *s.f.* (*mus.*) cornet *m.* **4** *s.f.* [*ricevitore telefonico*] récepteur *m.* **5** *s.m.* [*ufficiale che portava la cornetta*] cornette.

cornettìsta |kornet'tista| *s.m.* cornettiste *s.*

cornétto |kor'netto| *s.m.* **1** petite corne **2** (*mus.*) cornet ◇ (*med.*) *cornetto acustico* cornet acoustique **3** [*pane, 'brioche' a forma di mezzaluna*] croissant ◇ (*pasticceria*) cornet **4** [*fagiolino verde*] *haricot vert.

cornìce |kor'nitʃe| *s.f.* **1** [*telaio in cui si fissano quadri, fotografie e sim.*] cadre (*m.*): *cornice dorata, in legno* cadre doré, en bois; *mettere una fotografia* *nella* (*in*) *cornice* mettre une photographie dans un cadre # *mettere in cornice una stampa* encadrer une gravure → **incorniciare** ◇ (*arch.*) *la cornice di un edificio, di una finestra* la corniche d'un immeuble, d'une fenêtre ◇ (*loc. fig.*) *vale più la cornice del quadro* le cadre vaut plus que le tableau **2** (*fig.*) cadre; cercle (*m.*): *tutto si è svolto in una cornice sontuosa* tout s'est passé dans un cadre somptueux → **ambiente, ambito** || *nella cornice dei monti* dans le cercle des montagnes # *i monti fanno da cornice al lago* les montagnes encadrent le lac ◇ [*struttura di collegamento di un'opera lett.*] cadre: *la cornice del 'Decamerone'* le cadre du 'Décaméron' **3** [*bordo, orlo di una pagina*] bordure: *carta con la cornice blu* papier à bordure bleue **4** [*gradino di roccia o di neve*] corniche, bordure.

corniciàio, i |korni'tʃajo, i| *s.m.* [*chi costruisce, vende cornici*] encadreur.

corniciàre |korni'tʃare| *v.tr.* → **incorniciare.**

cornicióne |korni'tʃone| *s.m.* (*arch.*) corniche *f.*

còrnico, ci, ca, che |'kɔrniko, tʃi, ka, ke| **1** *agg.* [*della Cornovaglia*] cornique, de Cornouailles *loc. inv.* **2** (*s.m.*) *il cornico* [*la lingua*] le cornique, le dialecte celtique *agg.*

cornificàre |kornifi'kare| **A** *v.tr.* (*scherz.*) [*tradire il marito o la moglie*] cocufier (*pop.*), tromper (*corr.*): *cornificare il proprio marito* cocufier, tromper son mari **B** *v.pron. recipr.* CORNIFICARSI se tromper mutuellement: *si cornificano senza alcun riguardo* ils se trompent mutuellement sans aucune retenue.

cornìgero |kor'nidʒero| *agg.* (*lett.*) → **cornuto.**

còrniola |'kɔrnjola| *s.f.* [*frutto del corniolo*] cornouille.

còrniolo |'kɔrnjolo| *s.m.* (*t.bot.*) cornouiller.

cornista |kor'nista| *s.m.* corniste.

còrno |'kɔrno|, *pl. f.* **còrna** |'kɔrna| (*nei significati* 1, 2, 3, 4), *pl. m.* **còrni** |'kɔrni| (*nei significati* 5, 6, 7) *s.m.* **1** corne (*f.*): *le corna di un bue* les cornes d'un bœuf; *corno nasale del rinoceronte* corne nasale du rhinocéros ◇ [*la sostanza di cui è fatto*] *bottoni di corno* boutons en corne ◇ (*loc. fig.*) *alzare le corna* [*inorgoglirsi*] se dresser sur ses ergots ~ *rompersi le corna* [*subire una sconfitta*] se casser le nez ~ *rompere, spezzare le corna a qc.* [*umiliarlo, sconfiggerlo*] rabattre le caquet à qqn. ~ *prendere il toro per le corna* prendre le taureau par les cornes ~ *dire* (*peste e*) *corna di qc.* [*sparlare senza riguardo*] dire pis que pendre de qqn. ~ *non capire, non valere un corno* [*affatto, niente*] ne comprendre que dalle (*pop.*), ne pas valoir un clou (*fam.*) ~ *ass., escl.* UN CORNO! [*per niente*; *niente affatto*] des clous! (*fam.*), des nèfles! (*fam.*) **2** (*per est.*) [*appendice eretta sulla testa di alcuni animali*] corne: *le corna della lumaca* les cornes de l'escargot **3** *loc. fig.* FARE, METTERE LE CORNA A QC. [*tradirlo*] faire porter des cornes; cocufier (*pop.*): *la moglie continua a mettergli le corna* sa femme continue à lui faire porter des cornes, à le cocufier ~ AVERE, PORTARE LE CORNA [*essere tradito*] avoir, porter des cornes (*fam.*): *ha più corna lui che un cervo!* il a plus de cornes qu'un cerf! **4** *ass.* FARE LE CORNA [*gesto di scongiuro*] toucher du bois: *facciamo le corna, ma potrebbe essere un tumore!* il pourrait s'agir d'une tumeur, mais touchons du bois **5** [*oggetto a forma di corno*] corne: *corno dell'abbondanza* corne de l'abondance; *corno delle scarpe* corne à chaussures → **calzascarpe** ◇ [*ciondolo portafortuna*] corne ◇ (*fig., scherz.*) [*bernoccolo*] bosse (*f.*): *farsi un corno sulla fronte* se faire une bosse au front **6** (*mus.*) cor, corne: *corno da caccia* cor de chasse; (*per la caccia al cervo*) trompe (*f.*); *corno inglese* cor anglais **7** (*per est.*) [*punta di q.c. o ciascuno dei due lati contrapposti*] corne: *corni di un'incudine* cornes d'une enclume; *i corni di un cappello* les cornes d'un chapeau; *i corni della luna* les cornes de la lune ◇ (*liturg.*) *corno dell'epistola, del Vangelo* côté de l'épître, de l'Évangile ◇ (*fig.*) *i corni del dilemma* les alternatives *f.* du dilemme.

cornovagliése |kornovaʎ'ʎese| *agg.* [*della Cornovaglia*] cornovaillais.

cornucòpia |kornu'kɔpja| *s.f.* corne d'abondance.

cornùto |kor'nuto| *agg.* **1** (*zool.*) cornu: *animale cornuto* bête cornue ◇ (*bot.*) cornu: *grano cornuto* blé cornu **2** (*fig., volg.*) [*tradito dal proprio coniuge*] cocu: *una moglie cornuta* une femme cocue ◆ (*s.*) *un cornuto* un cocu.

còro |'kɔro| *s.m.* **1** (*mus., corr.*) chœur: *un coro polifonico* un chœur polyphonique; *musica per coro e orchestra* musique pour chœur et orchestre; *cori di montagna* chœurs de montagne; *far parte di un coro, cantare in un coro* faire partie d'un chœur, chanter dans un chœur; *dirigere un coro* diriger un chœur ◇ (*per est.*) *un coro di grilli, di cicale* un chœur de grillons, de cigales; *un coro di ragazzi che urlano* un chœur d'enfants qui hurlent; *cantare, urlare in coro* chanter, hurler en chœur ◇ (*fig.*) *un coro d'insulti* un chœur d'insultes; *dalla folla si levò un coro di proteste* un chœur de protestations s'éleva de la foule ◇ (*loc. fig.*) *far coro con qc.* [*essere, muoversi in accordo con qc.*] faire chorus avec qqn. ~ *far coro a qc.* [*associarsi all'idea, al parere di qc.*] s'associer (aux idées...) de qqn. **2** (*lett., teat. gr.*) chœur: *i cori della tragedia* les chœurs de la tragédie antique; *i cori di Eschilo* les chœurs d'Eschyle; *l'entrata del coro* l'entrée du chœur **3** (*teol.*) chœur: *i cori angelici* les chœurs angéliques **4** (*arch. crist.*) chœur: *il coro di una basilica* le chœur d'une basilique.

coròide |ko'rɔide| *s.f.* (*anat.*) choroïde.

coròlla |ko'rɔ(o)lla| *s.f.* (*bot.*) corolle: *corolla labiata* corolle labiée.

corollàrio, i |korol'larjo, i| *s.m.* **1** (*filos., mat.*) corollaire **2** [*conseguenza naturale, appendice*] corollaire # *l'esposto avrà come corollario un'ispezione* l'exposé sera accompagné d'une inspection.

corollifórme |korolli'forme| *agg.* corolliforme.

coróna |ko'rona| *s.f.* **1** couronne: *corona d'alloro, di lauro* couronne de laurier → **diadema, ghirlanda**; *corona di rose, di mirto* couronne de roses, de myrthe; *corona di fiori d'arancio* couronne de fleurs d'oranger; *corona di spine* couronne d'épines; *corona funebre* couronne funéraire; *dare una corona a qc.* donner une couronne à qqn. **2** [*cerchio di metallo prezioso che indica sovranità*] couronne: *corona ducale* couronne ducale, de duc; *i gioielli, le perle della corona* les bijoux, les perles de la couronne **3** (*per est.*) [*la potenza, la dignità reale e imperiale*] couronne: *erede della corona* héritier de la couronne; *discorso della corona* discours de la couronne; *dare la corona a qc.* donner la couronne à qqn.; *aspirare alla corona* aspirer, prétendre à la couronne; *rinunciare alla corona* abdiquer la couronne ◇ [*lo stato governato da un sovrano*] couronne: *la corona d'Inghilterra* la couronne d'Angleterre ◇ (*per est.*) (*pugilato*) *la corona dei* (*pesi*) *massimi, medi* la couronne des poids lourds, moyens **4** [*oggetto, elemento di forma circolare*] couronne: *corona della campana* couronne de la cloche ◇ (*auto.*) *corona del differenziale* couronne du différentiel ◇ (*astron.*) *corona solare* couronne solaire **5** [*cose disposte a cerchio, ad anello*] couronne ◇ *loc.* A CORONA: *taglio a corona* taille en couronne ~ *far corona a qc.* entourer qqn. ◇ (*bot.*) couronne ◇ (*mat.*) *corona circolare* couronne circulaire **6** (*anat., med.*) couronne **7** (*mus.*) couronne **8** [*tonsura monacale*] couronne **9** [*raccolta, serie di oggetti*] recueil (*m.*): *una corona di poesie* un recueil de poèmes **10** [*corona del rosario*] chapelet (*m.*): *dire la corona* dire, réciter un chapelet **11** [*moneta in corso in diversi paesi d'Europa*] couronne: *corona danese* couronne danoise **12** (*t.bot.*) *corona imperiale* couronne impériale **13** *al plur.* [*fibre di scarto della lana*] jarres *m.*, jars *m.* **14** (*fis., ott.*) *effetto corona* effet photoélectrique ◇ (*elettr.*) effet de couronne **15** (*lett.*) → **coronamento.**

coronàle |koro'nale| *agg.* (*astron.*) coronal*.

coronaménto |korona'mento| *s.m.* **1** [→ CORONARE A 3] couronnement: *questo successo è il coronamento dei suoi sogni* ce succès est le couronnement de ses ambitions, est la réalisation de ses rêves **2** (*arch., mar.*) couronnement.

coronàre |koro'nare| **A** *v.tr.* **1** [*cingere di corona*; *incoronare*] couronner: *coronare una statua di fiori* couronner une statue de fleurs **2** (*per est.*) [*circondare tutt'intorno*] couronner: *la neve corona le cime* la neige couronne les cimes; *le antiche città erano coronate di mura* les cités antiques étaient couronnées de remparts **3** (*fig.*) [*portare felicemente a termine*] couronner: *è riuscito finalmente a coronare le sue fatiche* il est finalement arrivé à couronner ses efforts **4** (*fig.*) [*premiare, ricompensare*] couronner: *coronare la virtù* couronner la vertu; *coronare un'opera* couronner un ouvrage **B** *v.pron. rifl.* CORONARSI [→ *tr.* 1] se couronner: *coronarsi di fiori* se couronner de fleurs ◇ (*fig., lett.*) *coronarsi di gloria* se couvrir de gloire.

coronàrico, ci, ca, che |koro'nariko, tʃi, ka, ke| *agg.* (*med.*) coronarien*.

coronàrio, i |koro'narjo, i| *agg.* (*anat.*) coronaire.

coronàto |koro'nato| *agg.* **1** [*cinto*

di corona] couronné: *testa coronata* tête couronnée **2** (*numism.*) *scudo coronato* écu couronné.
coroncina |koron'tʃina| *s.f.* **1** petite couronne **2** [*corona del rosario*] chapelet *m.*
1 **coronèlla** |koro'nɛlla| *s.f.* [*argine, diga supplementare*] parapet *m.*, digue.
2 **coronèlla** |koro'nɛlla| *s.f.* (*t.zool.*) coronelle.
coroner |'kɔrənər| *s.m. inv.* (*amer.*) coroner *var.*
coròzo |ko'rɔdzo| *s.m.* (*sp.*) corozo: *bottoni di corozo* boutons de corozo.
corpacciùto |korpat'tʃuto| *agg.* [*grasso, panciuto*] corpulent → **corpulento, tarchiato** © **mingherlino, snello.**
corpètto |kor'pɛtto| *s.m.* (*abbigl.*) (*donne*) [*giacchettino attillato*] corsage → **corpino** ◇ (*uomo*) gilet → **panciotto, gilè** ◇ (*bambini*) brassière *f.* → **camiciola** ◇ (*marinai*) maillot.
corpino |kor'pino| *s.m.* [*parte superiore degli indumenti femminili*] corsage.
còrpo |'kɔrpo| *s.m.* **1** corps: *un corpo asciutto, agile, pesante, grosso* un corps sec, agile, lourd, gros; *quel cavallo ha un corpo molto proporzionato* ce cheval a un corps très bien proportionné ◇ [*contrapposto a anima*] *i piaceri del corpo* les plaisirs du corps; *la morte dell'anima, del corpo* la mort de l'âme, du corps ◇ [*pancia, ventre*] ventre, estomac: *dolori, mal di corpo* douleurs, mal au ventre; *riempirsi il corpo* se remplir l'estomac; *mettere q.c. in corpo* mettre qqch. dans son estomac; *essere largo, grosso di corpo* avoir un gros estomac ◇ (*euf.*) *andar di corpo* [*defecare*] aller à la selle ◇ [*salma, cadavere*] *ripescare il corpo di un annegato* repêcher le corps d'un noyé; *ci sono ancora dei corpi sotto le macerie* il y a encore des corps sous les décombres; *i corpi delle vittime giacevano sull'asfalto* les corps des victimes gisaient sur l'asphalte ◇ (*loc.*) *guardia del corpo* garde du corps **2** (*loc.*) *combattere corpo a corpo* combattre corps à corps ~ *il pugile si rifugiava spesso nel corpo a corpo* le boxeur se réfugiait souvent dans le corps à corps ~ (*ginnastica*) *esercizi a corpo libero* exercices au sol ~ A CORPO MORTO: (*pr.*) [*a corpo abbandonato*] *cadere a corpo morto* tomber comme une masse; (*fig.*) [*senza risparmio di energie, con grande fervore*] à corps perdu: *gettarsi in un'impresa a corpo morto* se jeter dans une entreprise à corps perdu ◇ (*fig.*) *darsi a qc., dedicarsi a q.c. anima e corpo* se donner à qqn., se vouer à qqch. corps et âme; *ci si è buttata dentro anima e corpo* elle s'y est lancée corps et âme ~ *avere q.c. in corpo* [*avere qualche angustia, ansia*] avoir qqch. sur le cœur ~ *avere il diavolo in corpo* avoir le diable au corps ~ (*escl.*) *corpo di Bacco!* parbleu!; *corpo del diavolo!* bon sang!; *corpo di mille bombe!* mille tonnerres! **3** (*anat.*) corps: *corpo calloso, vitreo* corps calleux, vitré **4** (*fis., corr.*) corps: *corpi rigidi, solidi, gassosi* corps rigides, solides, gazeux; *corpi microscopici* corps microscopiques; *corpi organici, inorganici* corps organiques, inorganiques ◇ (*astron.*) *corpi celesti* corps célestes ◇ (*chim.*) *corpo semplice, composto* corps simple, composé **5** [*oggetto, materiale solido*] objet: *un corpo metallico, calcareo* un objet métallique, calcaire; *lo ha ferito con un corpo contundente* il l'a blessé avec un objet contondant ◇ (*dir.*) *il corpo del reato* le corps du délit ◇ (*med.*) *un corpo estraneo* un corps étranger **6** [*parte sostanziale, centrale; elemento principale*] corps: *il corpo di un palazzo, di una fabbrica, di una costruzione* le corps d'un bâtiment, d'une usine, d'une construction; *il corpo di una nave* le corps d'un navire → **scafo** # *il corpo del discorso* la partie principale du discours **7** [*consistenza, densità*] consistance *f.*; corps: *il corpo di un terreno* la consistance d'un terrain ‖ *un vino senza corpo* un vin qui n'a pas de corps ◇ (*pitt.*) *colori a corpo* couleurs en empâtement; *pittura a corpo* peinture en empâtement ◇ (*loc. fig.*) *dar corpo alle ombre* [*dar importanza a cose inesistenti, senza valore*] s'alarmer pour rien ~ PRENDER CORPO [*assumere credibilità; concretezza*] prendre corps: *i sospetti e le dicerie cominciavano a prendere corpo* les soupçons et les racontars commençaient à prendre corps; *l'idea, il progetto sta prendendo corpo* l'idée, le projet prend corps ~ *dar corpo a una accusa* [*formularla in concreto*] formuler une accusation **8** [*persone costituenti una particolare categoria sociale*] corps: *il corpo della magistratura, insegnante, accademico* le corps de la magistrature, enseignant, académique; *corpo diplomatico, consolare* corps diplomatique, consulaire; *il corpo elettorale* le corps électoral; *il corpo di ballo* le corps de ballet ◇ (*loc.*) *spirito di corpo* esprit de corps **9** (*mil.*) corps: *il corpo degli alpini, di fanteria* le corps des chasseurs alpins, d'infanterie; *il corpo forestale* le corps forestier ◇ [*unità mil.*] *corpo d'armata* corps d'armée; *corpo di guardia* corps de garde; *rientrare al corpo, raggiungere il proprio corpo* rejoindre son corps **10** [*raccolta completa di testi di un autore, di una disciplina e sim.*] corps: *il corpo delle opere petrarchesche* le corps, l'ensemble des œuvres de Pétrarque; *il corpo di diritto civile* le corps du droit civil **11** (*tip.*) *forza di corpo* force de corps.
corpomòrto |korpo'mɔrto| *s.m.* (*mar.*) corps-mort.
corporàle |korpo'rale| **I** *agg.* **1** [*che ha un corpo*] corporel*: *sostanze corporali* substances corporelles → **materiale** ◇ (*dir.*) *beni corporali* biens corporels **2** [*del corpo*] corporel: *punizione corporale* punition corporelle; *bisogno corporale* besoin corporel → **naturale, fisico** **II** *s.m.* (*liturg.*) corporal* © **incorporale, spirituale.**
corporalità |korporali'ta| *s.f. inv.* (*raro*) → **corporeità.**
corporalménte |korporal'mente| *avv.* [→ CORPORALE I] corporellement → **materialmente** © **spiritualmente.**
corporativismo |korporati'vizmo| *s.m.* (*polit.*) corporatisme.
corporativista |korporati'vista| *agg. e s.* (*polit.*) corporatiste.
corporativìstico, ci, ca, che |korporati'vistiko, tʃi, ka, ke| *agg.* (*polit.*) corporatiste.
corporativo |korpora'tivo| *agg.* corporatif*: *movimento corporativo* mouvement corporatif.
corporatùra |korpora'tura| *s.f.* [*statura, struttura del corpo*] taille; corps (*m.*): *avere una corporatura snella, agile* avoir une taille mince, svelte ‖ *una corporatura atletica* un corps athlétique # *due persone di corporatura media* deux personnes moyennement corpulentes; *essere di corporatura grossa, di grossa corporatura* être corpulent.
corporazióne |korporat'tsjone| *s.f.* **1** (*st. mediev.*) corporation: *corporazioni d'arti e mestieri* corporation des arts et métiers **2** (*st. it.*) corporation.
corporeità |korporei'ta| *s.f. inv.* corporéité *var.* → **materialità.**
corpòreo |kor'pɔreo| *agg.* **1** [*relativo al corpo umano*] corporel*; physique: *i bisogni corporei* les besoins corporels → **corporale** ‖ *i piaceri corporei* les plaisirs physiques **2** [*di natura fisica, materiale*] corporel: *sostanza corporea* substance corporelle → **materiale** © 2 **spirituale.**
corpóso |kor'poso| *agg.* **1** [*consistente, voluminoso*] consistant: *frutti corposi* fruits consistants ◇ (*per est.*) *vino corposo* vin qui a du corps *loc.* **2** (*pitt.*) *pittura corposa* peinture en empâtement.
corpulènto |korpu'lɛnto| *agg.* corpulent → **grosso** © **magro.**
corpulènza |korpu'lɛntsa| *s.f.* corpulence © **magrezza.**
corpus |'kɔrpus| *s.m. inv.* (*lat.*) (*dir., ling.*) corpus.
corpuscolàre |korpusko'lare| *agg.* (*fis.*) corpusculaire.
corpùscolo |kor'puskolo| *s.m.* **1** (*anat.*) corpuscule: *corpuscoli del gusto* corpuscules du goût **2** (*fis.*) corpuscule.
Corpus Domini |kɔrpus'dɔmini| *s.m. inv.* (*lat.*) (*liturg.*) Fête-Dieu *f. var.*
corredaménto |korreda'mento| *s.m.* [→ CORREDARE] fourniture *f.*
corredàre |korre'dare| **A** *v.tr.* [*dotare, fornire di ciò che è necessario e utile*] garnir; munir: *corredare una biblioteca* garnir une bibliothèque; *corredare un appartamento di mobili* garnir de meubles un appartement, meubler un appartement → **ammobiliare** ‖ *il laboratorio è corredato degli apparecchi più moderni* le laboratoire est muni des appareils les plus modernes # *corredare una casa, un ufficio* meubler une maison, un bureau; *ha corredato l'officina di materiale nuovo* il a doté l'usine d'un matériel neuf → **attrezzare**; *corredare un testo di note* accompagner un texte de notes → **commentare** **B** *v. pron. rifl.* CORREDARSI [→ *tr.*] se munir: *si è corredato di cibo e di acqua* il s'est muni d'aliments et d'eau → **rifornir(si), provveder(si)** © A **sguarnire.**
corredino |korre'dino| *s.m.* [*corredo per neonato*] layette *f.* → **corredo.**
corrèdo |kor'rɛdo| *s.m.* **1** [*attrezzatura, equipaggiamento*] équipement; outillage; attirail: *corredo di una macchina, di un'auto* équipement d'une machine, d'une voiture ‖ *corredo per giardiniere, da muratore* outillage du jardinier, du maçon ‖ *corredo per fotografo* attirail du photographe; *corredo del pescatore, del cacciatore* attirail du pêcheur, du chasseur # *corredo di campeggio, d'ufficio, di un laboratorio* matériel de camping, de bureau, d'un laboratoire **2** [*vestiario e biancheria, spec. quello della sposa*] trousseau: *il corredo di una sposa, di una religiosa* le trousseau d'une mariée, d'une religieuse →

dote; *corredo collegiale* trousseau de pensionnaire ◇ (*di neonato*) layette *f.* → **corredino** **3** (*fig.*) [*possesso di doti, conoscenze e sim.*] bagage: *possiede un ampio corredo di cognizioni scientifiche* il a acquis un important bagage scientifique → **bagaglio** **4** (*fig.*) [*aggiunta di note e commenti a un testo*] commentaire, addition *f.* de notes, de citations # *l'ampio corredo di note di un testo* l'abondant appareil critique d'un texte **5** (*biol.*) *corredo cromosomico* garniture *f.* chromosomique.

corrèggere |kor'rɛddʒere| (154) **A** *v.tr.* **1** [*eliminare difetti ed errori*] corriger (3): *correggere un libro, un compito* corriger un livre, un devoir; *correggere le bozze* corriger les épreuves (d'imprimerie); *correggere la rotta di una nave* corriger la route d'un navire → **modificare, raddrizzare**; *correggere i vizi di qc.* corriger les vices de qqn.; *correggere un giudizio* corriger une opinion ◇ [*curare, attenuare*] *correggere lo strabismo di un bambino* corriger le strabisme d'un enfant **2** [*ammonire, riprendere*] corriger: *il padre deve correggere il proprio figlio* le père doit corriger son fils; *bisogna correggerla* il faut la corriger **3** (*per est.*) [*aggiungere altro liquido per modificare il sapore*] additionner: *correggere il vino con l'acqua* additionner d'eau le vin, couper le vin avec de l'eau # *correggere il caffè con la grappa* arroser son café d'eau-de-vie **B** *v.pron. intr.* CORREGGERSI [*liberarsi da un difetto, migliorarsi*] se corriger: *non ti sei ancora corretta a sufficienza* tu ne t'es pas encore assez corrigée; *non riesco a correggermi da questa brutta abitudine* je n'arrive pas à me défaire, à me corriger de cette mauvaise habitude ◇ [*controllarsi*] se contrôler: *devi correggerti in certe situazioni* tu dois te contrôler dans certaines situations; *non sempre riesco a correggermi* je n'arrive pas toujours à me contrôler.

1 **corréggia, ge** |kor'reddʒa, dʒe| *s.f.* [*striscia di cuoio*] courroie (de cuir) → **cinghia** ◇ (*loc. fig.*) *perdere la correggia* [*perdere il controllo*] se laisser aller, perdre les pédales (*fam.*).

2 **corréggia, ge** |kor'reddʒa, dʒe| *s.f.* (*volg.*) → **scoreggia.**

correggiàto |korred'dʒato| *s.m.* [*strumento per battere i cereali*] fléau.

correggìbile |korred'dʒibile| *agg.* [→ CORREGGERE A 1, 2] corrigible.

corregionàle |korredʒo'nale| *agg.* de la même région (*loc. inv.*): *persone corregionali* personnes de la même région ◆ (*s.*) *i corregionali* les personnes *f.* de la même région.

correità |korrei'ta| *s.f. inv.* (*dir.*) complicité *var.* → **complicità.**

correlàre |korre'lare| *v.tr.* [*mettere in correlazione*] mettre (71) en relation.

correlativaménte |korrelativa'mente| *avv.* [*in, con correlazione*] corrélativement.

correlativo |korrela'tivo| *agg.* corrélatif*: *aggettivi, termini correlativi* adjectifs, termes corrélatifs Ⓒ **autonomo, indipendente.**

correlazióne |korrelat'tsjone| *s.f.* corrélation: *i due fenomeni sono in stretta correlazione* les deux phénomènes sont en corrélation étroite → **rapporto, legame** ◇ (*mat., stat.*) *indice di correlazione* index de corrélation Ⓒ **autonomia, indipendenza.**

correligionàrio, i |korrelidʒo'narjo, i| *s.m.* coreligionnaire.

1 **corrènte** |kor'rɛnte| *agg.* **1** [*che scorre*] courant: *acqua corrente* eau courante; *appartamento con acqua corrente* appartement avec l'eau courante **2** [*che è in corso*] courant: *l'anno corrente* l'année courante; *il quindici, il venti corrente* le quinze, le vingt courant; *moneta corrente* [*valida, in vigore*] monnaie courante ◇ (*loc. fig.*) *è moneta corrente* c'est monnaie courante **3** (*fig.*) [*abituale, comune*] courant: *il linguaggio corrente* le langage courant; *qualità corrente* qualité courante **4** (*loc. fig.*) *essere al corrente di q.c.* être au courant de qqch. ~ *mettere qc. al corrente di q.c.* mettre qqn. au courant de qqch.

2 **corrènte** |kor'rɛnte| *s.f.* **1** [*movimento di masse liquide o di aria*] courant (*m.*): *una corrente rapida, impetuosa, pericolosa* un courant rapide, impétueux, dangereux; *corrente marina, sottomarina* courant marin, sous marin; *corrente marittima calda* courant maritime chaud; *corrente di marea* courant de marée, courant alternatif; *corrente di aria* courant d'air; *seguire, risalire la corrente* suivre, remonter le courant; *navigare contro corrente* naviguer à contre-courant; *chiudi, c'è corrente!* ferme, il y a un courant d'air!, tu fais un courant d'air! ◇ (*geol.*) *corrente lavica* coulée de lave **2** (*elettr.*) courant: *corrente continua, alternata, trifase, polifase* courant continu, alternatif, triphasé, polyphasé; *presa di corrente* prise de courant; *interruzione della corrente* coupure de courant; *togliere la corrente* couper le courant **3** (*fig.*) [*spostamento in massa di persone, veicoli e sim.*; *flusso*] courant: *corrente di migrazione* courant de migration **4** (*fig.*) [*tendenza, moda prevalente*] courant: *le correnti dell'opinione* les courants de l'opinion; *determinare una corrente storica* déterminer un courant historique → **indirizzo**; *seguire la corrente* suivre le courant **5** (*fig.*) [*gruppo che tende a differenziarsi all'interno di un partito*] courant: *correnti di destra, di sinistra* courants de droit, de gauche; *aderire a una corrente* adhérer à un courant.

3 **corrènte** |kor'rɛnte| *s.m.* **1** (*aer., mar.*) lisse *f.* **2** (*ginnastica*) barre *f.* **3** (*edil.*) solive *f.*

correnteménte |korrente'mente| *avv.* **1** [*speditamente, con naturalezza*] couramment: *parlare correntemente francese* parler français couramment, parler couramment le français **2** [→ 1 CORRENTE 3] couramment: *termine adoperato correntemente* terme employé couramment → **comunemente.**

correntino |korren'tino| *s.m.* **1** (*edil.*) soliveau; petite latte *f.* **2** (*tecnol.*) → 3 **corrente** 1.

correntista |korren'tista| *s.* (*comm.*) titulaire d'un compte courant.

còrreo |'kɔrreo| *s.* (*dir.*) complice → **complice.**

córrere |'korrere| (127) **A** *v.intr.* (*aus. 'essere' se è espressa o sottintesa la mèta o lo scopo*; *'avere' se indica l'azione in sé*) **1** [*andare di corsa, muoversi velocemente*] courir (17) (*aus.* avoir); (*mezzi di trasporto*) rouler (*aus.* avoir): *correre all'impazzata, a precipizio, a rotta di collo, a gambe levate, a perdifiato* courir comme un fou, comme un dératé, à toutes jambes, à perdre haleine; *correre come una lepre, il vento, un fulmine* courir comme un lièvre, aller comme le vent, l'éclair; *correre a piedi* courir à pied; *è corso subito da suo padre* il a tout de suite couru chez son père; *siete corsi tutti via, senza nemmeno salutare* vous êtes tous partis en courant, sans même dire au revoir (sans prendre congé); *dove corre tutta questa gente?* où courent-ils tous comme cela? → **diriger(si)**; *hai corso inutilmente, il treno è già partito* tu as couru pour rien, le train est déjà parti; *ti son corso dietro per un km e più* je t'ai couru après (*fam.*) pendant plus d'un km # *appena sai q.c., corri ad avvisarci* dès que tu sais qqch., accours me prévenir; *correre a cavallo* aller à cheval; *correre in bicicletta* aller à bicyclette ‖ *tu corri troppo con la macchina* tu roules trop vite (avec la voiture); *il treno ha corso a più di 200 km. all'ora* le train a roulé à plus de 200 km. à l'heure; *vai adagio, non correre!* roule doucement, ne va pas (si) vite! # *il cavallo correva al galoppo* le cheval galopait ◇ [*andar in fretta, senza indugio*] courir: *son corso a chiamare il medico, ma era già tardi* j'ai couru appeler (chercher) le médecin, mais il était déjà trop tard; *corri dal salumiere, altrimenti chiude* cours chez le charcutier, il va fermer # *devo correre un attimo in bagno* je dois m'enfuir un instant dans la salle de bains; *corri subito a darmi una mano* viens tout de suite me donner un coup de main; *non si riesce a parlargli, corre sempre* on n'arrive jamais à lui parler, il est toujours en mouvement, toujours par monts et par vaux ◇ (*sport*) courir: *correre su pista* courir sur piste; *hanno corso in quaranta* ils ont couru à quarante; *ho corso solo per allenarmi* je n'ai couru que pour m'entraîner; *per quale squadra corri?* pour quelle équipe cours-tu? # *correre in bicicletta, in auto, in moto* être coureur cycliste, automobiliste, motocycliste; *fare a chi corre di più* faire la course ◇ (*loc. fig.*) *correre dietro a qc., q.c.* courir après qqn., qqch. ~ *correre dietro a chi fugge* [*insistere ad aiutare chi lo rifiuta*] vouloir aider quelqu'un qui ne veut pas être aidé ~ *correre dietro alle donne, alle gonnelle* [*fare il dongiovanni*] courir le jupon ~ *correre da mattina a sera* [*darsi un gran da fare*] s'affairer du matin au soir ~ *correre incontro alla morte* [*mettersi nei pericoli*] courir au-devant de la mort ~ *correre ai ripari* [*cercare in fretta rimedi*] prendre des mesures, chercher à remédier **2** (*per est.*) (*di parti del corpo*) [*dirigersi, portarsi rapidamente*] *la mano gli corse al portafoglio* il porta rapidement la main à son portefeuille; *il sangue gli è corso alla testa* le sang lui est monté à la tête; *gli occhi mi son corsi subito sul conto* mon regard tomba tout de suite sur l'addition ◇ (*fig.*) *una maledizione gli corse sulle làbbra* une malédiction lui vint aux lèvres **3** (*fig.*) [*far q.c. in fretta, con precipitazione*] galoper (*aus.* avoir): *leggi adagio, non correre!* lis doucement, ne galope pas comme ça!; *per lavorare bene, non biso-*

gna correre pour bien travailler, il ne faut pas galoper; *ho corso, ma almeno son riuscito a terminare il lavoro* j'ai galopé, mais au moins je suis arrivé à terminer ce travail; *come corri con la fantasia!* comme ton imagination galope!; *non lasciate correre troppo i desideri, poi resterete delusi* ne laissez pas trop galoper vos désirs, après vous sarez déçus ◇ [*rivolgersi immediatamente*] *il suo pensiero corse ai cari lontani* sa première pensée fut pour ses parents qui sont au loin **4** (*di liquidi*) [*scorrere, fluire*] couler (*aus.* avoir): *l'acqua correva abbondante per le strade* l'eau coulait en abondance dans les rues; *c'è stata una zuffa ed è corso anche sangue* il y a eu une bagarre et le sang a même coulé # *rivoli di sudore gli correvano giù per il volto* de grosses gouttes de sueur ruisselaient sur ses joues; *il sangue corre nelle vene, correva dalla ferita* le sang court dans les veines, s'échappait de la blessure ◇ (*fig.*) *fra di loro non corre buon sangue* ils sont à couteaux tirés ~ *il discorso corre* la phrase coule bien; le style est coulant, aisé ◇ (*fig.*) (*di sensazioni fisiche, emotive*) [*percorrere, attraversare*] passer (*aus.* avoir, être); traverser (*tr.*): *un brivido gli corse per la schiena, per le ossa* un frisson lui passa dans le dos ‖ *un senso di gelo, una profonda emozione corse tra la folla* une sensation de froid, une profonde émotion traversa la foule ◇ *loc. fig.* LASCIAR CORRERE laisser courir: *questa volta non lascio correre* cette fois-ci je ne laisse pas courir **5** (*per est.*) (*di strade, sentieri, corsi d'acqua e sim.*) [*esservi, snodarsi*] courir; couler: *c'è un viottolo che còrre a zig zag per tutta la vallata* il y a un sentier qui court en zig zag par toute la vallée ‖ *è una zona dove corrono molti torrenti* c'est une zone où coulent beaucoup de torrents; *il fiume corre lungo tutta la pianura* le fleuve coule tout le long de la plaine # *in quel paese corrono molte autostrade* dans ce pays il y a beaucoup d'autoroutes; *un bel filare di tigli corre lungo il viale* une belle rangée de tilleuls s'étend le long du boulevard **6** (*per est.*) (*di tempo*) [*trascorrere, scorrere*] s'écouler *pron.*, passer: *il tempo, gli anni corrono* le temps, les années s'écoulent, passent; *da quella volta son corsi vari mesi* depuis cette fois-là, plusieurs mois se sont écoulés, ont passé; *queste vacanze son corse via in un lampo* ces vacances ont passé comme un éclair; *correranno ancora vari giorni prima che ci risponda* plusieurs jours s'écouleront encore avant qu'il ne nous réponde # *corrono brutti tempi!* les temps sont durs!; *con i tempi che corrono c'è poco da illudersi* par le temps qui court il y a peu d'illusions à se faire ◇ (*loc.*) *correva l'anno 1900* [*era l'anno*] c'était en 1900 ◇ [*decorrere*] partir (21) (*aus.* être): *15 giorni a correre da oggi* 15 jours à partir d'aujourd'hui; *l'aumento corre dal primo del mese* l'augmentation part du premier (jour) du mois ◇ [*maturare*] *tu puoi star tranquillo, a te lo stipendio corre ugualmente* tu peux être tranquille, ton traitement continuera de t'être dû, versé; *non ho ancora incassato il prestito e già mi corrono gli interessi* je n'ai pas encore encaissé le prêt et déjà les intérêts courent **7** (*per est.*) (*per indicare 'distanza'*) [*intercorrere, esserci*] y avoir (28); s'en falloir*: *fra qui e casa mia corrono più di 2 km.* entre ici et chez moi, il y a plus de 2 km.; *quanto ci corre da qui alla stazione?* combien y a-t-il d'ici à la gare? ‖ *ci è corso poco che non finissimo nel burrone* il s'en est fallu de peu que nous ne finissions dans le ravin → **mancare**; (*fig.*) *fra loro due ci corre un abisso* entre eux il y a un abîme ◇ (*differenza di tempo, di età*) s'écouler: *fra l'apertura e la fine della pratica son corsi 17 anni* entre l'ouverture et la fin de l'affaire 17 ans se sont écoulés # *fra me e te* (*ci*) *correranno almeno 20 anni* entre moi et toi il y a, aura au moins 20 ans de différence ◇ *loc.* (*troppo*) *ci corre!* [*c'è una bella, una grossa differenza*] il s'en faut de beaucoup!: *vorresti confrontarti con me? ci corre!* tu voudrais te comparer à moi? il s'en faut de beaucoup! # *fra te e lui troppo ci corre!* entre lui et toi il y a trop de différence! **8** (*fig.*) [*circolare, diffondersi*] courir; se répandre (53) (*pron.*): *corrono molte dicerie sul suo conto* il court beaucoup de racontars sur son compte; *è corsa voce che intendevi dimetterti* le bruit a couru que tu avais l'intention de démissionner ‖ *certe notizie corrono veloci* certaines nouvelles se répandent rapidement # *è un'ipotesi che corre sulla bocca di tutti* c'est une hypothèse qui est sur toutes les lèvres ◇ (*di moneta*) [*essere in corso*] avoir (28) *tr.* cours: *queste banconote non corrono più* ces billets de banque n'ont plus cours **9** [*scambiarsi, rivolgersi reciprocamente*] y avoir échange de: *son corse parole grosse fra loro due* il y a eu échange d'injures entre eux deux; *è stata una baruffa indegna, son corsi insulti, pugni...* cela a été une bagarre indigne, il y a eu échange d'insultes, de coups de poing... **10** *loc., fig. lett.* MI CORRE L'OBBLIGO DI (*dirvi, avvertirvi, ecc.*) [*ho, sento l'obbligo, il dovere di...*] je suis dans l'obligation de vous dire, vous avertir, etc.: *Egregio Signore, mi corre l'obbligo d'informarLa che è in grave ritardo con i pagamenti* Monsieur, je suis dans l'obligation de vous informer de l'important retard relevé dans vos règlements, dans vos versements **B** *v.tr.* **1** [*percorrere, attraversare*] parcourir (17): *un sentiero corre tutto il bosco* un sentier parcourt tout le bois; *correre il mare* parcourir la mer → **navigare** ◇ (*fig.*) [*esporsi a, affrontare*] courir: *correre un pericolo, un rischio* courir un danger, un risque ◇ (*loc. fig.*) *correre la cavallina* [*far vita spensierata, disordinata*] courir la prétentaine **2** (*sport*) [*disputare, partecipare a*] courir: *correre i cento metri* courir le 100 mètres; *oggi corro la mia prima gara da dilettante* aujourd'hui je cours ma première compétition en qualité d'amateur; *ha rinunciato a correre il Giro d'Italia* il a renoncé à courir le tour d'Italie; *in quanti corrono la staffetta?* ils sont combien à courir le relais?

corresponsàbile |korrespon'sabile| *agg.* solidairement responsable: *siamo tutti corresponsabili* nous sommes tous solidairement responsables ✦ (*s.*) *un corresponsabile* un complice: *tu sei uno dei corresponsabili* tu es l'un des complices.

corresponsabilità |korresponsabili'ta| *s.f. inv.* responsabilité *var.* solidaire; complicité (*var.*): *la corresponsabilità dei soci* la responsabilité solidaire des associés ‖ *la corresponsabilità in un delitto* la complicité dans un délit → **complicità**.

corresponsabilizzàre |korresponsabilid'dzare| *v.tr.* [*rendere qc. responsabile con altri, con sé stesso*] rendre (53) responsable (avec).

corresponsabilizzazióne |korresponsabiliddzat'tsjone| *s.f.* [→ CORRESPONSABILIZZARE] corresponsabilité.

corresponsióne |korrespon'sjone| *s.f.* **1** [→ CORRISPONDERE A] paiement *m.*, payement *m.*; versement (*m.*): *corresponsione dello stipendio, del canone di affitto* paiement du salaire (du traitement) du loyer → **pagamento** ‖ *corresponsione di un'indennità* versement d'une indemnité ◇ [*somma corrisposta*] redevance: *corresponsione dell'abbonamento* redevance d'abonnement → **canone, onorario, compenso** **2** (*fig.*) [→ CORRISPONDERE B 2] réciprocité: *corresponsione di un sentimento* réciprocité d'un sentiment; *la loro corresponsione di affetti* la réciprocité de leur amour → **contraccambio.**

correttaménte |korretta'mente| *av.*. [→ CORRETTO 1, 2] correctement: *scrivere correttamente* écrire correctement.

correttézza |korret'tettsa| *s.f.* **1** [*onestà, rettitudine*] correction, honnêteté; *correttezza negli affari* correction, honnêteté en affaires; *la correttezza del suo comportamento* l'honnêteté de sa conduite # *comportarsi con grande correttezza* se conduire très correctement **2** [*esattezza, precisione*] correction, pureté: *correttezza di uno scritto* correction d'un écrit; *correttezza dello stile* correction, pureté du style Ⓒ **scorrettezza.**

correttivo |korret'tivo| **I** *agg.* **1** correctif*: *ginnastica correttiva* gymnastique corrective **2** (*farm.*) correctif ✦ (*s.m.*) *un correttivo* un correctif **II** *s.m. spec. al plur.* (*agr.*) *correttivi chimici* correctifs chimiques; *amendement sing.*

corrètto |kor'rɛtto| *agg.* **1** correct: *comportamento corretto* conduite correcte; *corretto negli affari* correct en affaires → **onesto, retto**; *è corretto nel vestire* il est correct dans son habillement **2** [*esatto, preciso*] correct: *è una traduzione molto corretta* c'est une traduction très correcte **3** [*modificato nel sapore con aggiunta di altre sostanze*] arrosé (de): *caffè corretto con cognac, con grappa* café arrosé de cognac, d'eau-de-vie, gloria Ⓒ 1; 2 **scorretto.**

correttóre, trice |korret'tore, tritʃe| *s.* **1** *s.* correcteur*: *correttore revisore* correcteur-réviseur; correttore di *bozze* correcteur d'épreuves **2** *s.m.* (*tecnol.*) correcteur: *correttore di tonalità* correcteur de tonalité ✦ (*agg.*) *dispositivo correttore* dispositif correcteur.

correzionàle |korrettsjo'nale| **1** *agg.* (*dir.*) correctionnel*: *tribunale di polizia correzionale* tribunal de police correctionnelle **2** *s.m.* (*raro*) [*riformatorio per minorenni*] maison *f.* de correction.

correzióne |korret'sjone| *s.f.* **1** [→ CORREGGERE A 1] correction: *compito pieno di correzioni* devoir chargé, copie couverte de corrections; *correzione a* *matita* correction au crayon; *la correzione di un articolo* la correction d'un article; *correzione di bozze* correction d'épreuves (d'imprimerie) **2** [*variazione migliorativa*] modification, correction: *fare delle correzioni a un progetto* apporter des modifications, faire des corrections à un projet; *correzione apportata a un contratto* modification apportée à un contrat **3** [→ CORREGGERE A 2] correction, punition: *casa di correzione* maison de correction; *non devi esagerare in correzioni* il ne faut pas exagérer avec les punitions → **rimprovero** **4** (*per est.*) [→ CORREGGERE A 3] *prendo anch'io un caffè, ma senza correzione* moi aussi je prends un café, mais sans l'arroser.

córri córri |'korri 'korri| *s.m. inv.* [*andirivieni*] va-et-vient.

corrida |kor'rida| *s.f.* corrida.

corridóio, i |korri'dojo, i| *s.m.* **1** [*spazio lungo e stretto per comunicare fra più locali*] couloir: *in fondo al corridoio a sinistra* au fond du couloir à gauche; *corridoio di un vagone ferroviario* couloir d'un wagon de chemin de fer; *i viaggiatori erano stipati nel corridoio* les voyageurs étaient entassés dans le couloir **2** (*per est.*) [*zona stretta e allungata*] couloir: *corridoio aereo* couloir aérien # *il corridoio polacco* le corridor polonais **3** (*mar.*) coursive *f.* **4** (*tennis*) couloir.

corridóre, trice |korri'dore, tritʃe| *s.* (*raro al f.*) **1** [*persona che corre*] coureur*: *un corridore infaticabile* un coureur infatigable **2** (*zool.*) coureur ✦ (*agg.*) *uccello corridore* oiseau coureur **3** (*sport, spec. ciclismo*) coureur: *corridore ciclista* (coureur) cycliste.

corrièra |kor'rjɛra| *s.f.* [*autoveicolo addetto al trasporto interurbano di passeggeri*] car *m.*, autocar (*m.*): *prendere la corriera* prendre le car, l'autocar → **pulman, autobus, autocorriera** ◇ (*ant.*) [*carrozza che portava il corriere postale*] malle, malle-poste, voiture de poste → **postale.**

corrière |kor'rjɛre| *s.m.* **1** [*chi esercita attività regolari di trasporto fra località diverse*] transporteur: *ritirare un pacco dal corriere* retirer un paquet chez le transporteur; *ti spedirò tutto per corriere* je t'expédierai le tout par transporteur **2** [*addetto, spec. in passato, al recapito della corrispondenza*] courrier: *il corriere passava due volte alla settimana* le courrier passait deux fois par semaine ◇ [*il mezzo usato per il trasporto della corrispondenza*] courrier ◇ (*bur.*) [*la corrispondenza della giornata*] courrier: *corriere diplomatico* courrier diplomatique **3** (*per est.*) (*titolo di vari giornali*) courrier **4** (*t.zool.*) pluvier.

corrigèndo |korri'dʒɛndo| **1** *agg.* à corriger (*loc. inv.*): *un ragazzo corrigendo* un garçon à corriger **2** *s.* jeune délinquant (d'une maison de correction).

corrimàno |korri'mano| *s.m.* main courante *f.*

corrispettivaménte |korrispettiva'mente| *avv.* [→ CORRISPETTIVO I] corrélativement.

corrispettività |korrispettivi'ta| *s.f. inv.* [*corrispondenza, correlazione*] interdépendance *var.*, corrélation *var.*

corrispettivo |korrispet'tivo| **I** *agg.* **1** [*che corrisponde, equivale a q.c.*] correspondant: *terminato il lavoro, riceverete il corrispettivo compenso* une fois le travail terminé, vous recevrez la rétribution correspondante → **corrispondente, correlativo** ◇ [*adeguato, proporzionato*] adéquat: *gli hanno inflitto una multa corrispettiva* on lui a infligé une amende adéquate **2** [*uguale e reciproco*] équivalent: *fra i coniugi esistono doveri corrispettivi* entre les conjoints il existe des devoirs équivalents **II** *s.m.* [*compenso, valore corrispondente*] rétribution *f.*; équivalent: *ricevere il corrispettivo di una prestazione* recevoir une rétribution pour services rendus || *dare il corrispettivo di quel che si è ricevuto* donner l'équivalent de ce qu'on a reçu.

corrispondènte |korrispon'dɛnte| **I** *agg.* **1** [*che si equivale, che è uguale*] équivalent: *due valori corrispondenti* deux valeurs équivalentes → **equivalente** **2** (*geom.*) *angoli corrispondenti* angles correspondants **3** (*di accademia*) *socio corrispondente* membre correspondant **II** *s.* **1** [*persona con cui si hanno scambi epistolari*] correspondant: *ho vari corrispondenti in tutta Europa* j'ai des correspondants dans toute l'Europe ◇ [*incaricato della corrispondenza*] correspondancier*: *corrispondente commerciale* correspondancier commercial **2** (*giorn.*) correspondant: *corrispondente estero* correspondant à l'étranger; *corrispondente televisivo* correspondant de la télévision; *dal nostro corrispondente a Parigi* de notre correspondant à Paris; *corrispondente di guerra* correspondant de guerre.

corrispondenteménte |korrispondente'mente| *avv.* → **conformemente.**

corrispondènza |korrispon'dɛntsa| *s.f.* **1** correspondance, courrier (*m.*): *corrispondenza regolare, saltuaria* correspondance suivie, irrégulière; *corso per corrispondenza* cours par correspondance; *leggere, firmare la corrispondenza* lire, signer sa correspondance, son courrier; *distribuire, spedire la corrispondenza* distribuer, expédier le courrier; *sbrigare la corrispondenza* faire son courrier; *essere, tenersi, mettersi in corrispondenza con qc.* être, rester, entrer en correspondance avec qqn. # *corrispondenza amorosa* lettres d'amour **2** (*giorn.*) reportage (*m.*): *corrispondenza dall'estero* reportage de l'étranger **3** [*concordanza di idee, di sentimenti; reciprocità*] similitude: *c'è sempre stata molta corrispondenza di gusti fra di noi* il y a toujours eu une grande similitude, harmonie de goûts entre nous **4** [*conformità, uguaglianza*] correspondance: *fra questi fenomeni c'è assoluta corrispondenza* il y a une correspondance absolue entre ces phénomènes # *i tuoi sospetti non hanno trovato alcuna corrispondenza nei fatti* tes soupçons ne cadrent nullement avec les faits → **riscontro** **5** (*loc.*) *mettere due locali in corrispondenza* [*in comunicazione*] mettre deux pièces en communication ~ *essere, trovarsi* IN CORRISPONDENZA DI [*di fronte, contiguo*] être face à, en face de: *il giardino è in corrispondenza dell'entrata* le jardin est face à l'entrée **6** [*coincidenza tra mezzi di trasporto*] correspondance: *i due treni sono in corrispondenza* il y a une correspondance entre les deux trains **7** (*mat.*) correspondance: *corrispondenza biunivoca* correspondance biunivoque.

corrispóndere |korris'pondere| (159) **A** *v.tr.* **1** [*dare come retribuzione, come compenso*] payer (9), verser: *corrispondere un'indennità* payer, verser une indemnité; *corrispondere lo stipendio* payer le salaire → **pagare** **2** [*contraccambiare, ricambiare, spec. sentimenti*] payer de retour: *lei lo ama molto, ma non è corrisposta* elle l'aime beaucoup, mais elle n'est pas payée de retour ✦ *al p.p.* → **corrisposto** **B** *v.intr.* (*aus.* '*avere*') **1** [*essere in corrispondenza epistolare con qc.*] correspondre (53) avec qqn., entretenir (27) (*aus.* être) une correspondance avec qqn.: *corrispondiamo con studenti francesi* nous correspondons, nous entretenons une correspondance avec des étudiants français; *io corrispondo con lei* j'entretiens une correspondance avec elle; *la nostra ditta corrisponde con una ditta francese* notre maison entretient une correspondance avec une maison française **2** [→ *tr.* 2] répondre (53): *lui non corrisponde più al suo affetto* il ne répond plus à son affection ◇ [*rispondere in modo proporzionato; soddisfare*] *corrispondere alle attese, alle speranze di qc.* répondre à l'attente, aux espérances de qqn. **3** [*essere conforme, equivalente, proporzionale a q.c.*] correspondre; concorder, coïncider: *la somma non corrisponde alla fattura* la somme ne correspond pas à la facture → **concordare, equivalere**; *la sua voce corrisponde esattamente a quella che abbiamo udito ieri* sa voix correspond exactement à celle que nous avons entendue hier || *le due testimonianze corrispondono* les deux témoignages concordent, coïncident # *la copia corrisponde all'originale* la copie est conforme à l'original **4** [*essere vicino, prospiciente a q.c.*] communiquer; donner sur: *la cucina corrisponde con il bagno* la cuisine et la salle de bains communiquent → **sboccare**; **comunicare** || *la finestra corrisponde con la via* la fenêtre donne sur la rue # *la porta corrisponde col corridoio* la porte ouvre sur le couloir ◇ (*di sensazioni fisiche dolorose*) [*ripercuotersi, farsi sentire*] s'étendre (53) à: *ho delle fitte che mi corrispondono sulla spalla* j'ai des élancements qui s'étendent à l'épaule **C** *v.pron. intr.* CORRISPONDERSI **1** [→ *intr.* 3] être (43) *intr.* égal*, correspondre (*intr.*): *i due battenti si corrispondono punto per punto* les deux battants sont parfaitement égaux **2** [*essere, stare dirimpetto*] être situé vis-à-vis, être l'un en face de l'autre: *le nostre case si corrispondono* nos maisons sont situées vis-à-vis, sont l'une en face de l'autre.

corrispósto |korris'posto| *agg.* **1** [*che è stato pagato, versato*] payé, versé: *la somma corrisposta* la somme versée, payée **2** [*che è contraccambiato, ricambiato*] partagé, mutuel*: *un amore corrisposto* un amour partagé, mutuel; *una fiducia mal corrisposta* une confiance mal partagée → **reciproco.**

corrìvo |kor'rivo| *agg.* **1** [*portato facilmente a, incline*] enclin à, porté à: *è corrivo a credere tutto* il est porté à tout croire; *essere corrivo a giudicare* être enclin à juger **2** [*indulgente, tollerante*] indulgent: *i suoi genitori sono abbastanza corrivi* ses parents sont assez indulgents **3** [*facilone, avventato*] superficiel*: *è una persona corriva* il est superficiel Ⓒ 1 **prudente**; 2 **rigido**; 3 **riflessivo.**

corroborànte |korrobo'rante| *agg.* [*che dà vigore, forza*] fortifiant → **tonificante** ◆ (*s.m.*) *un corroborante* un fortifiant → **ricostituente, tonico** Ⓒ **debilitante.**

corroboràre |korrobo'rare| *v.tr.* [*rendere forte, dar vigore*] fortifier: *l'esercizio corrobora il corpo* l'exercice fortifie le corps ◇ (*fig.*) [*avvalorare, rafforzare*] corroborer: *corroborare una tesi* corroborer une thèse.

corrodènte |korro'dɛnte| *agg. e s.m.* corrodant.

corródere |kor'rodere| (175) **A** *v.tr.* **1** [*consumare in modo lento e progressivo*] corroder: *gli acidi corrodono i metalli* les acides corrodent les métaux ◇ (*geol.*) éroder: [*erodere, scavare*] *l'acqua e il vento corrodono le rocce* l'eau et le vent érodent, usent les roches; l'eau et le vent ont une action d'érosion sur les rochers **2** (*fig.*) ronger (3), corroder: *l'invidia corrode l'anima* l'envie ronge l'âme **B** *v.pron. intr.* CORRODERSI [→ *tr.* 1] se corroder # *la cancellata si è corrosa con la ruggine e col tempo* la rouille et le temps ont corrodé la grille; *la nostra amicizia si è corrosa* notre amitié s'est effritée.

corrodiménto |korrodi'mento| *s.m.* (*raro*) → **corrosione.**

corrómpere |kor'rompere| (176) **A** *v.tr.* **1** [*alterare, guastare*] corrompre (44), altérer (8): *il calore corrompe i cibi* la chaleur corrompt, altère les aliments → **deteriorare** ◇ [*ammorbare, inquinare*] infecter, polluer: *corrompere l'aria* infecter, polluer l'air → **inquinare** **2** (*fig.*) [*viziare, pervertire*] corrompre: *abitudini che corrompono la gioventù* des habitudes qui corrompent la jeunesse **3** (*fig.*) [*indurre a comportamenti illeciti con promesse o denaro*] corrompre: *corrompere un giudice* corrompre un juge **B** *v.pron.* CORROMPERSI **1** *intr.* [→ *tr.* 1] se gâter: *frutta che comincia a corrompersi* fruits qui commencent à se gâter **2** *rifl.* (*fig.*) [→ *tr.* 2] (se) corrompre, se gâter: *la nuova generazione rischia di corrompersi per troppi agi* la nouvelle génération risque d'être corrompue par une vie trop facile.

corrompiménto |korrompi'mento| *s.m.* (*raro*) → **corruzione.**

corrompitóre, trice |korrompi'tore, tritʃe| *s. e agg.* → **corruttore.**

corrosióne |korro'zjone| *s.f.* **1** [→ CORRODERE A 1; B] corrosion: *corrosione da acido* corrosion par un acide ◇ (*geol.*) érosion, corrosion → **erosione** **2** (*fig.*) [→ CORRODERE A 2] corrosion.

corrosività |korrozivi'ta| *s.f. inv.* corrosivité *var.*

corrosivo |korro'zivo| *agg.* **1** corrosif*: *antisettico corrosivo* antiseptique corrosif ◆ (*s.m.*) *i corrosivi* les corrosifs **2** (*fig.*) corrosif: *critica, ironia corrosiva* critique, ironie corrosive → **mordace, aggressivo, distruttivo.**

corrottaménte |korrotta'mente| *avv.* (*raro*) [→ CORROTTO I 2, 3] d'une manière corrompue *loc. inv.*

corrótto |kor'rotto| **I** *agg.* **1** [*alterato, guasto*] corrompu: *prodotti corrotti* produits corrompus **2** (*fig.*) [*depravato, vizioso*] corrompu; dépravé: *coscienza corrotta* conscience corrompue || *una donna corrotta* une femme dépravée **3** [*che viene meno ai propri doveri per interesse personale*] corrompu: *un giudice, un funzionario corrotto* un juge, un fonctionnaire corrompu **II** *s.m.* (*letter. mediev.*) lamentations *f.pl.*

corrucciàre |korrut'tʃare| **A** *v.tr.* (*raro*) [*provocare risentimento, irritazione*] irriter, courroucer (2) (*lett.*): *non corrucciarlo con le tue pretese* ne l'irrite pas, ne le courrouce pas avec tes prétentions → **indignare** ◇ [*affliggere, rattristare*] peiner, affliger (3): *la notizia lo ha corrucciato profondamente* cette nouvelle l'a beaucoup peiné, affligé **B** *v.pron. intr.* CORRUCCIARSI **1** [*provare risentimento, sdegno, ira*] s'indigner, s'irriter: *corrucciarsi per q.c.* s'irriter, s'indigner de qqch.; *corrucciarsi per qc.* s'irriter, s'indigner contre qqn. # *perché ti sei corrucciata?* pourquoi t'es-tu mise en colère? **2** [*provare tristezza, pena*] s'affliger: *non dovete corrucciarvi così* vous ne devez pas vous affliger ainsi.

corrucciàto |korrut'tʃato| *agg.* [*irritato, risentito, sdegnato*] fâché, irrité; courroucé (*lett.*): *essere corrucciato con qc.* être fâché, irrité contre qqn. || *essere corrucciato in volto* avoir un air courroucé → **accigliato** ◇ [*triste, desolato*] désolé, navré: *assumere una espressione corrucciata* prendre, se donner un air désolé, navré → **afflitto.**

corrùccio, i |kor'ruttʃo, i| *s.m.* [*irritazione, risentimento contro qc.*] courroux (*lett.*).

corrucciόso |korrut'tʃoso| *agg.* (*raro*) → **corrucciato.**

corrugaménto |korruga'mento| *s.m.* **1** [→ CORRUGARE A; B 1] plissement, froncement: *il corrugamento della fronte* le plissement, le froncement du front; *corrugamento delle sopracciglia* froncement des sourcils **2** plissement: *montagne formatesi per corrugamento, originate da corrugamento* montagnes formées par plissement.

corrugàre |korru'gare| **A** *v.tr.* [*fare increspare i muscoli o la pelle*] plisser; froncer (2): *corrugare la fronte* plisser le front → **increspare, raggrinzare** || *corrugare le ciglia, le sopracciglia* froncer les sourcils → **aggrottare** **B** *v.pron. intr.* CORRUGARSI **1** [→ *tr.*] se plisser; se froncer: *la sua fronte si corrugò* son front se plissa || *le sue sopracciglia si corrugarono* ses sourcils se froncèrent **2** (*fig.*) [*indispettirsi, indignarsi*] se fâcher: *d'improvviso si corrugò* tout à coup il se fâcha.

corruscàre |korrus'kare| *v.intr.* (*aus.* '*avere*') (*lett.*) → **lampeggiare, scintillare.**

corrùsco, chi, ca, che |kor'rusko, ki, ka, ke| *agg.* [*fiammeggiante, abbagliante*] étincelant, scintillant: *una luce corrusca* une lumière étincelante, scintillante.

corruttèla |korrut'tɛla| *s.f.* (*raro*) [*corruzione morale, malcostume*] corruption: *viviamo in un'epoca di grande corruttela* nous vivons à une époque de grande corruption → **depravazione.**

corruttibile |korrut'tibile| *agg.* [→ CORROMPERE A] corruptible: *sostanza corruttibile* substance corruptible ◇ (*fig.*) *testimone corruttibile* témoin corruptible Ⓒ **incorruttibile.**

corruttibilità |korruttibili'ta| *s.f. inv.* corruptibilité *var.* Ⓒ **incorruttibilità.**

corruttivo |korrut'tivo| *agg.* → **corruttore.**

corruttóre, trice |korrut'tore, tritʃe| **1** *s.* corrupteur*: *il corruttore del testimone è stato punito* le corrupteur du témoin a été puni **2** *agg.* corrupteur: *ambiente corruttore* milieu corrupteur.

corruzióne |korrut'tsjone| *s.f.* **1** [→ CORROMPERE A 2; B 2] corruption: *la corruzione dei costumi* la corruption des mœurs; *oggi c'è troppa corruzione* de nos jours il y a trop de corruption # *corruzione di minorenne* détournement de mineur **2** [→ CORROMPERE A 3] corruption: *tentativo di corruzione* tentative de corruption; *corruzione di funzionari* corruption de fonctionnaires; *la corruzione elettorale è un delitto* la corruption électorale est un délit **3** [→ CORROMPERE A 1; B 1] corruption, décomposition: *la corruzione dei cadaveri* la corruption, la décomposition des cadavres.

córsa |'korsa| *s.f.* **1** course: *fare una (gran) corsa* faire une (grande) course; *che corsa per prendere l'autobus!* quelle course pour prendre l'autobus! ◇ (*loc.*) *a passo di corsa* au pas de course ~ *pigliar la corsa* prendre sa course ~ *cose fatte di corsa* [*alla meglio; senza precisione, attenzione*] choses faites à toute vitesse, à la hâte ~ *andare di gran corsa* aller à toute vitesse, aller grand train ~ *a tutta corsa* à toute allure ~ *fare una corsa da qc.* [*una visita veloce*] faire un saut chez qqn. **2** (*fig.*) course: *la corsa agli armamenti* la course aux armements; *la corsa sfrenata al guadagno, al successo* la course effrénée à l'argent, au succès **3** (*sport*) course: *corsa di velocità, di fondo* course de vitesse, de fond; *corsa campestre* course en terrain varié, cross-country; *corsa a staffetta* (course de) relais; *corsa piana, a ostacoli* course plate, d'obstacles; *corsa di cavalli* course de chevaux; *corsa al trotto* course de trot; *corsa ciclistica, motociclistica, automobilistica* course de bicyclettes (cycliste), de motos, d'automobiles; *corsa su pista, su strada* course sur piste, sur route; *bicicletta, macchina da corsa* bicyclette, voiture de course # *la corsa iridata* le championnat du monde ◇ *al plur.* (*ippica*) courses: *andare alle corse* aller aux courses; *scommettere alle corse* parier aux courses **4** [*viaggio di mezzi di trasporto*] course: *tariffa della corsa* tarif de la course # *termine della corsa* fin du parcours; terminus; *perdere la corsa del treno* manquer, rater (*fam.*) son train ◇ [*il mezzo stesso*] *ho preso la prima corsa* j'ai pris le premier train *m.*; *la linea ha solo due corse* la ligne n'a que deux trains **5** (*mar., mil.*) course: *guerra di corsa* guerre de course # *nave da corsa* corsaire **6** (*fis.*) course: *corsa del pistone* course du piston.

corsalétto |korsa'letto| *s.m.* **1** (*ant.*) [*corazza leggera*] corselet **2** (*abbigl.*) corselet **3** (*anat., scient., zool.*) corselet.

corsàro |kor'saro| **I** *s.m.* **1** → **pirata** **2** (*ant.*) corsaire **II** *agg.* corsaire: *nave corsara* corsaire *s.m.*

corseggiàre |korsed'dʒare| *v.tr. e intr.* (*aus.* '*avere*') (*ant.*) [*esercitare la guerra di corsa*] faire (45) *tr.* la course.

corsetterìa |korsette'ria| *s.f.* **1** [*indumenti intimi femminili*] corsets *m. pl.* **2** magasin *m.* de corsets.

corsétto |kor'setto| *s.m.* corset.

corsìa |kor'sia| *s.f.* **1** [*spazio libero per il passaggio*] couloir (*m.*): *lasciar libera la corsia* laisser le couloir dégagé, libre **2** [*sala comune di ricovero di un ospedale*] salle commune: *essere ricoverato in corsia* être hospitalisé en salle commune **3** (*sport*) couloir: *correre in seconda corsia* courir dans le second couloir **4** [*sezione longitudinale di una carreggiata, delimitata da strisce*] voie: *corsia di sorpasso* voie de dépassement # *corsia preferenziale* site propre **5** [*guida di stoffa in un corridoio, in una scala*] chemin *m.* d'escalier.

corsièro |kor'sjɛro| *s.m.* (*lett.*) [*cavallo da corsa, da battaglia*] coursier.

corsìva |kor'siva| *s.f.* coursive.

corsivìsta |korsi'vista| *s.* [*autore, redattore di un corsivo*] chroniqueur *m.*

corsìvo |kor'sivo| **1** *agg.* cursif*: *la scrittura corsiva* l'écriture cursive # *caratteri corsivi* caractères italiques ✦ (*s.m.*) *il corsivo* la cursive (*f.*): *scrivere in corsivo* écrire en cursive **2** *s.m.* (*giorn.*) chronique *f.*, billet.

córso |'korso| *s.m.* **1** [*scorrimento continuo di masse liquide*; *massa liquida che scorre*] cours: *corso d'acqua* cours d'eau; *deviare il corso del fiume* détourner le cours de la rivière; *discendere, risalire il corso del fiume* descendre, remonter le cours du fleuve ◇ (*per est.*) [*percorso di un fiume*] *un fiume dal corso lungo e tortuoso* un fleuve au cours long et sinueux **2** [*movimento di un astro*] cours, course (*f.*): *il corso del sole* le cours du soleil **3** [*viaggio per mare*] cours: *capitano di lungo corso* capitaine au long cours **4** [*successione continua di q.c. nel tempo*] cours: *il corso della vita, delle stagioni* le cours de la vie, des saisons; *il corso degli avvenimenti* le cours des événements # *il corso del tempo* la course du temps ◇ [*linea di svolgimento, d'azione*; *indirizzo*] orientation *f.*; attitude (*f.*): *il nuovo corso degli eventi* la nouvelle orientation des événements ‖ *maturare, cambiare corso* changer d'attitude ◇ *loc.* NEL CORSO DI [*durante, lungo il tempo*] au cours de: *nel corso di una discussione* au cours d'une discussion; *nel corso degli ultimi anni* au cours des dernières années ~ IN CORSO [*in svolgimento*] en cours: *l'anno in corso* l'année en cours; *libro in corso di stampa* livre en cours d'impression; *affari in corso* affaires en cours; *lavori in corso* travaux en cours # *rallentare, lavori in corso!* ralentir, travaux! ~ DAR CORSO [*iniziare*] entreprendre; mettre en route: *dar corso ai lavori* entreprendre les travaux ‖ *dar corso a una pratica* mettre une affaire en route ◇ (*cose*) *fare, seguire il suo, il proprio corso* suivre son cours: *l'epidemia sta seguendo il suo corso* l'épidémie suit son cours; *è una teoria che ha fatto il suo corso* c'est une théorie qui a suivi son cours ◇ (*persone*) chemin: *seguire il proprio corso* continuer son chemin; *segui pure il tuo corso!* continue donc, va ton chemin!; allez votre chemin! **5** [*validità, circolazione di una moneta*] cours: *corso legale, forzoso* cours légal, forcé; *essere in corso* avoir cours; *essere fuori corso* ne plus avoir cours **6** (*econ., fin.*) cours: *il corso della piazza, del mercato* le cours de la place, du marché; *al corso del giorno* au cours (du jour); *corso del cambio* cours du change **7** [*ciclo di lezioni*] cours: *corso di letteratura* cours de littérature; *seguire un corso* suivre un cours ◇ (*scuola*) *corso per geometri* cours pour géomètres-arpenteurs, pour arpenteurs-géomètres; *corsi per corrispondenza* cours par correspondance; *corsi serali* cours du soir **8** [*anno di studio*] année (*f.*): *primo corso* première année ◇ [*le classi di un ciclo completo di studi*] section (*f.*): *il corso F* la section F **9** [*testo scolastico relativo a una materia*] cours: *corso di chimica* cours de chimie **10** [*strada ampia di centri urbani*] avenue *f.*, cours: *i negozi del corso* les magasins de l'avenue, du cours **11** [*corteo, sfilata in occasioni particolari*] défilé, cortège: *corso mascherato* défilé de masques, mascarade *f.* **12** (*mar.*) bordé **13** [*strato, filare, spec. di mattoni*] assise *f.*

còrso |'kɔrso| *agg.* [*della Corsica*] corse.

corsóio, i |kor'sojo, i| **1** *agg.* (*lett.*) → **scorsoio** **2** *s.m.* [*guida di scorrimento*] coulisse *f.*

córte |'korte| *s.f.* **1** [*spazio scoperto chiuso da muri o da edifici*] cour: *in fondo alla corte* au fond de la cour; *bassa corte* basse-cour **2** [*residenza del re e del suo seguito*] cour: *dama di corte* dame de la cour → **reggia** ◇ [*i cortigiani*] *tutta la corte assisteva alla cerimonia* toute la cour assistait à la cérémonie ◇ (*fig.*) *la Corte dei miracoli* la Cour des Miracles **3** [*il re e i suoi ministri*] cour: *le decisioni della corte* les décisions de la cour ◇ (*loc. fig.*) *avere buon amico a corte* être bien en cour, avoir de puissants appuis **4** (*per est.*) [*persone al seguito e al servizio di un personaggio importante*] cour: *la corte di un uomo potente* la cour d'un homme puissant **5** (*loc. fig.*) *fare la corte a qc.* faire la cour à qqn.; *fare la corte a una donna* faire la cour à une femme **6** (*st. mediev.*) cour **7** [*collegio dei giudici di un tribunale*] cour: *corte marziale* cour martiale; *entra la Corte!* Messieurs, la Cour!; *corte d'appello* cour d'appel; *giudice, consigliere alla corte d'appello* juge, conseiller à la cour d'appel; *corte d'assise* cour d'assises; *corte di cassazione* cour de cassation; *corte di giustizia* cour de justice ◇ (*bur.*) *Corte dei Conti* Cour des Comptes.

cortéccia, ce |kor'tettʃa, tʃe| *s.f.* **1** (*bot., corr.*) écorce: *corteccia dell'albero* écorce de l'arbre **2** (*per est.*) [*parte esterna, scorza*] écorce: *corteccia liscia* écorce lisse # *corteccia di formaggio* croûte de fromage **3** (*fig.*) [*aspetto esteriore*] écorce: *un uomo di corteccia rude* un homme d'écorce rude ◇ (*loc.*) *fermarsi alla corteccia, non andare oltre la corteccia* (*di q.c.*) juger (qqch.) sur les apparences **4** (*anat.*) cortex (*m.*): *corteccia surrenale* cortex surrénal.

corteggiaménto |korteddʒa'mento| *s.m.* → **corte** 5.

corteggiàre |korted'dʒare| *v.tr.* **1** [*fare la corte a qc. per averne i favori*] courtiser: *corteggiare una donna* courtiser une femme; *non ti è servito corteggiare il principale* cela ne t'a servi à rien de courtiser le patron **2** (*lett.*) [*essere al seguito*] faire (45) partie de la suite (de qqn.).

corteggiatóre, trice |korteddʒa'tore, tritʃe| *s.* [*chi cerca di attirarsi la simpatia di qc.*] amoureux*, galant.

cortéggio, i |kor'teddʒo, i| *s.m.* **1** (*persone*) cortège, suite *f.* **2** (*cose*) suite file (*f.*): *un corteggio di macchine* une suite, une file de voitures → **corteo** **3** (*raro*) → **corte** 5.

cortèo |kor'tɛo| *s.m.* **1** [*accompagnamento in onore di qc.*] cortège: *corteo funebre* cortège funèbre **2** [*gruppo organizzato di persone o merci che avanza in colonna*] défilé: *un corteo di dimostranti* un défilé de manifestants; *un corteo di automobili* un défilé de voitures # *sfilare in corteo* défiler.

cortése |kor'teze| *agg.* **1** [*gentile, affabile*] aimable: *una persona cortese* une personne aimable; *un'accoglienza cortese* un accueil aimable **2** (*st. mediev.*) courtois: *poesia cortese* poésie courtoise → **corte** Ⓒ 1 **scortese.**

corteseménte |korteze'mente| *avv.* [→ CORTESE 1] aimablement, gentiment: *accoglietelo cortesemente* accueillez-le aimablement, gentiment # *vogliate cortesemente inviarci...* ayez l'obligeance de nous envoyer....

cortesìa |korte'zia| *s.f.* **1** [*gentilezza, affabilità*] politesse, amabilité: *formula di cortesia* formule de politesse; *ha avuto la cortesia di aiutarmi* il a eu l'amabilité de m'aider; *fare una visita di cortesia a qc.* faire une visite de politesse à qqn. ◇ (*loc.*) *usare cortesia* être aimable; *mancare di cortesia* être désobligeant **2** [*atto gentile, favore*] plaisir *m.*; service (*m.*): *fatemi la cortesia di accettare* faites-moi le plaisir d'accepter ‖ *fare una cortesia a qc.* rendre un service à qqn.; *mi avete fatto una gran cortesia* vous m'avez rendu un grand service ◇ *al plur.* attentions: *colmare qc. di cortesie* entourer qqn. d'attentions, être aux petits soins pour qqn. ◇ (*loc.*) *per cortesia* s'il vous (te) plaît.

cortézza |kor'tettsa| *s.f.* **1** (*raro*) → **brevità** **2** (*fig.*) [*insufficienza, limitatezza*] étroitesse: *cortezza di mente* étroitesse d'esprit.

corticàle |korti'kale| *agg.* (*anat., bot.*) cortical*.

còrtice |'kɔrtitʃe| *s.m.* (*lett.*) → **corteccia.**

corticosurrenàle |kortikosurre'nale| **1** *agg.* corticosurrénale (*f.*): *ormone corticosurrenale* hormone corticosurrénale **2** *s.m.* (*anat.*) corticosurrénale *f.*

cortigiàna |korti'dʒana| *s.f.* dame de la cour ◇ [*prostituta*] courtisane.

cortigianerìa |kortidʒane'ria| *s.f.* [*comportamento servile, da cortigiano*] courtisanerie → **adulazione, servilismo.**

cortigiàno |korti'dʒano| *s.* **1** *s.* courtisan ✦ (*agg.*) *usanze cortigiane* usages courtisans **2** *s.* (*fig.*) courtisan → **adulatore** ✦ (*agg.*) *poeta cortigiano* poète courtisan **3** *s.f.* (*fig.*) [*prostituta di ambienti sociali elevati*] courtisane.

cortìle |kor'tile| *s.m.* **1** [*spazio scoperto all'interno di uno o più edifici*] cour (*f.*): *cortile di scuola, di ricreazione* cour d'école, de récréation; *andate a giocare in cortile* allez jouer dans la cour; *la mia camera si affaccia su un cortile* ma chambre donne sur une cour **2** cour de ferme, basse-cour (*f.*): *animali da cortile* animaux de basse-cour.

cortilétto |korti'letto| *s.m.* petite cour *f.*, courette *f.*

cortìna |kor'tina| *s.f.* **1** [*tenda che ricopre o ripara dalla vista*] rideau *m.*

◇ (*fig.*) [*ciò che impedisce la vista*] *una cortina di nebbia, di fumo* un rideau de brouillard, de fumée ◇ (*polit.*) *una cortina di bambù* un rideau de bambou **2** (*mil.*) courtine.

cortinàggio, i |korti'naddʒo, i| *s.m.* → **tendaggio.**

cortisóne |korti'zone| *s.m.* cortisone *f.*

cortisònico, ci, ca, che |korti'zɔniko, tʃi, ka, ke| (*agg.*) *terapia cortisonica* thérapie à base de cortisone *loc. inv.*

córto |'korto| **I** *agg.* **1** [*la cui lunghezza è ridotta o insufficiente*] court: *vestito corto* robe courte; *essere corto di gambe* avoir les jambes courtes, être court en jambes ◇ (*rad.*) *onde corte* ondes courtes ◇ (*loc. fig.*) *prendere la via corta* aller par le plus court chemin, prendre le plus court ~ *alle corte!* au fait! ~ *a, per farla corta* bref ~ *andare per le corte* aller à l'essentiel ~ *essere ai ferri corti* être à, aux couteaux tirés **2** (*fig.*) [*limitato, insufficiente*] court: *avere la vista corta* avoir la vue courte, basse; *avere la memoria corta* avoir la mémoire courte # *poverino, è corto di cervello!* le pauvre, il est borné! ◇ *loc. avv.* A CORTO [*in modo scarso, limitato*] à court de: *essere a corto di argomenti* être à court d'arguments; *essere a corto di denaro* être à court d'argent **3** (*per est.*) [*che ha breve durata*] court: *un racconto molto corto* un récit très court; *settimana corta* semaine courte; *i giorni invernali sono corti* les jours en hiver sont courts; *avere un corto colloquio con qc.* avoir un court entretien avec qqn. **II** *avv.* (*raro*) [*in breve tempo, in fretta*] vite, rapidement: *mi raccomando, parla corto!* je t'en prie, parle vite!, dis vite! ◇ (*loc. fig.*) *tagliar corto* couper court Ⓒ I 1, 3 **lungo** 1, I 2 **abbondante.**

cortocircuitàre |kortotʃirkui'tare| *v.tr.* [*mettere in cortocircuito*] court-circuiter.

cortocircùito |kortotʃir'kuito| *s.m.* (*elettr.*) court-circuit: *dei cortocircuiti* des courts-circuits.

cortometràggio, i |kortome'traddʒo, i| *s.m.* court-métrage.

corvé |kor've| *s.f. inv.* **1** (*dir., mil., mediev.*) corvée (*var.*): *essere di corvé* être de corvée **2** (*fig.*) [*lavoro faticoso*] corvée: *sono stanco di queste continue corvé* j'en ai assez de ces corvées continuelles.

corvétta |kor'vetta| *s.f.* **1** (*mar.*) corvette: *capitano di corvetta* capitaine de corvette **2** (*equitazione*) courbette.

corvettàre |korvet'tare| *v.intr.* (*aus. 'avere'*) (*di cavalli*) [*far corvetta*] courbetter: *il cavallo cominciò a corvettare* le cheval se mit à courbetter.

Còrvidi |'kɔrvidi| *s.m. pl.* (*t.zool.*) Corvidés.

corvino |kor'vino| *agg.* noir comme (du) jais # *capelli corvini* cheveux de jais.

còrvo |'kɔrvo| *s.m.* **1** (*t.zool.*) corbeau ◇ (*corr.*) *nero come un corvo* noir comme un corbeau ◇ (*fig.*) *corvo del malaugurio* oiseau de malheur → **iettatore** **2** (*pop., spreg.*) [*prete*] corbeau (*pop.*) **3** (*armi ant.*) corbeau.

còsa |'kɔsa| *s.f.* **1** chose: *cose materiali, visibili* choses matérielles, visibles; *cose concrete, astratte* choses concrètes, abstraites; *non son cose da mangiare* ce ne sont pas des choses à manger; ça ne se mange pas; *ho pensato una cosa interessante* j'ai pensé une chose intéressante; *qui manca qualche cosa* ici il manque quelque chose → **qualcosa**; *chiama le cose con il loro nome* appelle les choses par leur nom ◇ (*dir.*) *cose consumabili, fungibili* choses consomptibles, fongibles → **bene**; *cosa giudicata* chose jugée; *la cosa pubblica* la chose publique → 2 **Stato** ◇ (*filos.*) *la cosa in sé* la chose en soi **2** [*oggetto in senso generico e indeterminato*] chose: *perché lasci tutte queste cose in giro?* pourquoi laisses-tu traîner toutes ces choses?; *ho visto una cosa strana* j'ai vu une chose étrange # *riordinare le proprie cose* ranger ses affaires ◇ [*oggetto che non si conosce o di cui non si ricorda o non si vuol dire il nome*] *dammi quella cosa* donne-moi cette chose; *cos'è quella cosa?* qu'est-ce que c'est que cette chose?; *ti darò in premio una bella cosa* je te donnerai une jolie chose comme récompense, je te donnerai une belle récompense ◇ [*cibo, in senso generico*] *mangiar sempre le stesse cose* manger toujours les mêmes choses; *mangia, manda giù qualche cosa* mange, avale quelque chose ◇ (*fam.*) [*donna di cui non si ricorda il nome*] machin(e) chose: *ho incontrato la cosa..., quella impiegata all'Assicurazione* j'ai rencontré machine chose, celle qui est employée aux Assurances # *ho visto la signora cosa...* j'ai vu Mme chose... → **coso** ◇ *al plur.* [*oggetti personali*] affaires: *prendete le vostre cose* prenez vos affaires ◇ (*euf.*) *le (proprie) cose* [*le mestruazioni*] ses choses **3** [*fatto, avvenimento*] chose: *il corso naturale delle cose* le cours naturel des choses; *come ha preso la cosa?* comment a-t-il pris la chose?; *accadono cose strane* il arrive des choses étranges; *son cose che capitano* ce sont des choses qui arrivent; *son cose da matti, dell'altro mondo* ce sont des choses inouïes, incroyables; *le cose sono andate così* c'est ainsi que les choses se sont passées; *ha riferito cose da matti* il a raconté des choses incroyables # *è una cosa di qualche giorno fa* c'est un fait d'il y a quelques jours; *ci vogliono cose, non parole!* il faut des faits et non des mots ◇ (*per est.*) *la cosa si mette male* les choses tournent mal; *le cose sono più complicate del previsto* les choses sont plus compliquées que prévu; *bisogna guardar le cose in faccia* il faut regarder les choses en face; *stando così le cose* dans cet état de choses; *queste sono cose gravi* ce sont des choses graves; *metti bene le cose in chiaro* expose, dis les choses bien clairement; *bisogna appianare la cosa* il faut aplanir les choses → **situazione** # *come stanno veramente le cose?* qu'est-ce qu'il en est véritablement? ◇ (*loc.*) *da cosa nasce cosa* une chose en entraîne une autre ~ *per forza di cose* par la force des choses ~ *in questo stato di cose* dans cet état de choses ~ *esaminare cosa per cosa* [*singolarmente*] examiner les choses une par une ◇ (*per est.*) *ci sono cose più importanti* il y a des choses plus importantes; *son cose di poco conto* ce sont des choses qui ne comptent pas, sans importance # *la cosa non ti interessa* cela ne te regarde pas → **affare, argomento**; *non son cose per la tua età* ce n'est pas de ton âge; *s'interessa solo di cose di politica* il ne s'intéresse qu'à la politique **4** [*azione, impresa, lavoro*] chose: *ha fatto grandi cose* il a fait de grandes choses; *sognava grandi cose da giovane* il rêvait de grandes choses quand il était jeune; *ho ancora un sacco, un mucchio di cose da fare* j'ai encore un tas de choses à faire; *fai una cosa per volta* fais une chose à la fois; *lasci sempre le cose a metà* tu laisses toujours les choses à moitié faites # *mi aspettavo grandi cose da lui* j'attendais beaucoup de lui → **risultato** ◇ (*loc.*) *è cosa fatta* c'est chose faite ~ *arrivare a cose fatte* arriver après coup ◇ (*prov.*) *cosa fatta, capo ha* ce qui est fait est fait **5** [*parole in senso indeterminato*] chose: *gli ha detto cose incredibili* il lui a dit des choses incroyables; *ditegli tante cose da parte mia* dites-lui beaucoup de choses de ma part ◇ (*in frasi di saluto*) *tante belle cose!* bien des choses! → **augurio** ◇ [*discorso*] *ripete sempre la stessa cosa* il répète toujours la même chose ◇ [*argomento, questione*] *ho ascoltato cose molto interessanti* j'ai écouté des choses très intéressantes; *son cose difficili da spiegare, da capire* ce sont des choses difficiles à expliquer, à comprendre # *è una cosa molto seria* c'est très sérieux **6** [*causa, motivo, ragione*] chose: *non arrabbiarti per cose così ridicole* ne te fâche pas pour des choses si ridicules # *litigano per cose da niente* ils se disputent pour des riens; *per nessuna cosa (al mondo) ci rinuncerei* pour rien au monde je n'y renoncerais ◇ [*scopo*] *è un oggetto che serve a molte cose* c'est un objet qui sert à bien des usages *m.*; *servirà pure a qualche cosa tutto questo!* tout cela servira bien à quelque chose! **7** (*con valore neutro*) chose: *dimmi una cosa: come hai fatto a rintracciarmi?* dis-moi une chose: comment as-tu fait pour me trouver? **8** (*unito a un agg. qualificativo, assume spesso il valore del corrispondente sost. astratto*) *una cosa nuova* une chose nouvelle → **novità**; *una cosa splendida* une chose splendide → **splendore**; *è una cosa certa* c'est une chose certaine → **certezza**; *è poca cosa* c'est peu de chose → 2 **poco**; *son successe cose grosse* il s'est passé des choses graves → **guaio, disastro**; *la miglior cosa* la meilleure chose → 3 **meglio**; *la peggior cosa* la pire chose → **peggio** ◇ (*loc.*) *una cosa giusta* ce qu'il faut: *fai una cosa giusta, non esagerare* fais ce qu'il faut, n'exagère pas **9** (*unito a un agg. dim. o indef., assume il valore del corrispondente pron. astratto*) *questa, (quella) cosa* cette chose-ci (là) → **ciò**; **questo, quello**; *questa cosa è ben strana* ceci est bien étrange; *nessuna cosa può ormai sorprendermi* rien ne peut me surprendre désormais → **nulla, niente**; *ogni cosa lo infastidisce* tout l'ennuie → **tutto**; *farò qualunque, qualsiasi cosa per te* je ferai n'importe quoi pour toi → **tutto**; *qualunque cosa faccia, non è mai contento* quoi qu'il fasse, il n'est jamais content ◇ (*spec.*) LA QUAL COSA [*ciò, questo*] ce qui: *si è mostrato scontento, la qual cosa mi ha molto sorpreso* il a eu l'air mécontent, ce qui, et cela m'a beaucoup surpris # *per la qual cosa* pour cette raison, pour cela → **perciò** **10** QUALCHE COSA quelque chose: *dite, fate qual-*

che cosa dites, faites quelque chose; *prendete qualche cosa anche voi* prenez quelque chose vous aussi; *possiedo qualche cosa al mio paese* j'ai un petit quelque chose chez nous; j'ai un peu de bien, au pays; *ha qualche cosa, ma non vuole parlare* il a quelque chose, mais il ne veut pas parler; *hai qualche cosa contro di me?* as-tu quelque chose contre moi?; *mancare di qualche cosa* manquer de quelque chose → **qualcosa** **11** (*in frasi interrog. dirette o indirette*) *cos'è?* qu'est-ce qu'il y a?; *cos'è stato?* qu'est-ce qui s'est passé?; *cosa credevi?* qu'est-ce que tu croyais?; *cosa mai vorresti fare?* qu'est-ce que tu veux donc faire?; *cosa mi dici (mai)?* qu'est-ce que tu me racontes?; *a cosa pensi?* à quoi penses-tu?; *cosa diavolo sei venuto a fare?* qu'est-ce que tu es donc venu faire?; *dimmi a cosa ti serve* dis-moi à quoi ça te sert; *non so cosa rispondergli* je ne sais que lui répondre ◇ *loc.* CHE COSA ce qui, ce que (*nelle interrog. indirette*); qu'est-ce que (*nelle interrog. dirette*): *non sa che cosa lo aspetta* il ne sait pas ce qui l'attend; *diteci che cosa preferite* dites-nous ce que vous préférez ‖ *che cosa pretendi?* qu'est-ce que tu prétends?; *che cosa ti interessa?* qu'est-ce qui t'intéresse? **12** (*loc.*) *per prima cosa* [*innanzitutto*] avant tout ~ *sopra ogni cosa* [*soprattutto*] surtout ~ *fra le altre cose* [*oltre al resto, per di più*] entre autres choses ~ *contare qualche cosa* compter quelque chose ~ *credersi qualche cosa* se croire quelque chose ~ *diventare qualche cosa* devenir quelque chose.

cosà |ko'sa| *solo nella loc. avv.* COSÌ E COSÀ **1** [*in questo modo*] comme ceci et comme cela: *fai così e cosà* fais comme ceci et comme cela, ceci et cela ◇ *neg.* NÉ COSÌ, NÉ COSÀ [*né in questo modo, né nell'altro*] ni comme ceci, ni comme cela: *non funziona né così, né cosà* cela ne fonctionne ni comme ceci, ni comme cela **2** [*né bene né male*] comme ci comme ça: *mi sento così e cosà* je me sens comme ci comme ça.

cosàcco, chi, ca, che |ko'zakko, ki, ka, ke| *s.* **1** *s.* (*st. russa*) cosaque ✦ (*agg.*) *danza cosacca* danse cosaque **2** *s.m.* [*soldato dell'armata russa*] cosaque.

cosàre |ko'sare| *v.tr. e intr.* (*aus.* '*essere, avere*') (*fam.*) (*usato in sostituzione di qualsiasi altro v. che non si ricordi o non si conosca*) fabriquer *tr.*, faire (45) *tr.* (*corr.*): *cosa hai cosato?* qu'est-ce que tu as fabriqué, fait? # *questo arnese non cosa come vorrei* cet outil ne marche pas comme je voudrais.

còscia, sce |'kɔʃʃa, ʃe| *s.f.* **1** (*anat., corr.*) (*persone*) cuisse ◇ (*per est.*) [*la corrispondente parte dei calzoni*] *vestito a mezza coscia* vêtement qui arrive à mi-cuisse ◇ (*animali*) *coscia di cavallo, di pollo* cuisse de cheval, de poulet; *coscia di cinghiale* cuissot *m.*; *coscia di vitello* cuisseau *m.*; *coscia di capretto* gigot *m.*; *coscia di capriolo* gigue **2** (*edil.*) culée **3** (*mil.*) flasque **4** (*bot.*) *coscia di donna* [*varietà di pera precoce*] cuisse-madame.

cosciàle |koʃ'ʃale| *s.m.* **1** [*indumento protettivo della coscia*] cuissard ◇ (*armi ant.*) cuissard **2** (*med.*) cuissard.

cosciènte |koʃ'ʃɛnte| *agg.* (*persone*) conscient: *uomo cosciente* homme conscient; *cosciente del proprio valore, della situazione* conscient de sa valeur, de sa situation → **consapevole, conscio** ◇ (*cose*) *movimenti coscienti* mouvements conscients.

coscienteménte |koʃʃente'mente| *avv.* [→ COSCIENTE] consciemment.

cosciènza |koʃ'ʃɛntsa| *s.f.* **1** conscience; connaissance: *aver la precisa coscienza di q.c.* avoir une conscience précise de qqch.; *hai poca coscienza del tuo valore* tu as peu conscience de ta valeur → **consapevolezza** ‖ *perdere, riacquistare la coscienza* perdre, reprendre connaissance → **conoscenza** ◇ [*visione globale, consapevolezza di una realtà*] conscience: *ci manca una vera coscienza di classe* il nous manque une vraie conscience de classe; *occorre maggiore coscienza sociale* il faut une plus grande conscience sociale **2** *obiettore di coscienza* objecteur de conscience **3** [*facoltà, sensibilità morale*] conscience: *esame di coscienza* examen de conscience; *caso, libertà di coscienza* cas, liberté de conscience; *ascoltare la voce della coscienza* écouter la voix de sa conscience ◇ (*loc.*) *per sgravio, per scarico di, per scrupolo di coscienza* par acquit de conscience ~ *parlare, comportarsi, agire* SECONDO COSCIENZA, *come detta la coscienza* parler, agir suivant sa conscience ~ *sentirsi, avere la coscienza tranquilla* avoir la conscience tranquille ~ *avere la coscienza sporca, avere q.c. sulla coscienza, avere la coscienza macchiata* avoir mauvaise conscience ~ *ho, mi sento* LA COSCIENZA A POSTO j'ai bonne conscience, j'ai la conscience tranquille ~ *avere un peso sulla coscienza* avoir un poids, une faute sur la conscience ~ *ah, mi son tolto un vero peso dalla coscienza!* ah, je me suis délivré d'un grand poids! ~ *mettersi una mano sulla coscienza* mettre la main sur la conscience ~ *mi rimorde la coscienza* je suis en proie aux remords, j'ai des remords ~ *non gli vengono certo scrupoli di coscienza* il ne se fait scrupule de rien ◇ [*scrupolosità morale, onestà*] conscience ◇ (*loc.*) *un uomo di, senza coscienza* un homme de, sans conscience ~ *mi affido alla sua coscienza* je m'en remets à votre conscience ~ *loc. avv.* IN (TUTTA) COSCIENZA en conscience: *in tutta coscienza devo dirvi che...* en conscience je dois vous dire que... ~ CON COSCIENZA avec conscience: *mi ha curato veramente con coscienza* il m'a vraiment soigné avec conscience; *lavorare, agire con coscienza* travailler, agir avec conscience.

coscienziosaménte |koʃʃentsjosa'mente| *avv.* [→ COSCIENZIOSO] consciencieusement: *compiere un lavoro coscienziosamente* s'acquitter consciencieusement d'un travail.

coscienziosità |koʃʃentsjosi'ta| *s.f. inv.* [*scrupolosità; onestà*] conscience *var.*, soin (*m. var.*): *fare q.c. con coscienziosità* faire qqch. avec conscience, avec soin.

coscienzióso |koʃʃen'tsjoso| *agg.* (*persone*) consciencieux*: *impiegato coscienzioso* employé consciencieux → **diligente, scrupoloso** ◇ (*cose*) *lavoro coscienzioso* travail consciencieux → **accurato.**

còscio, i |'kɔʃʃo, i| *s.m.* [*coscia di animale macellato*] cuisse (*f.*): *un coscio di manzo* une cuisse de bœuf → **coscia** ◇ [*coscia di grossa selvaggina*] cuissot: *un coscio di cinghiale* un cuissot de sanglier → **cosciotto.**

cosciòtto |koʃ'ʃɔtto| *s.m.* [*coscio di agnello, maiale e sim., macellata*] cuissot; gigot: *cosciotto di capriolo, di cinghiale* cuissot de chevreuil, de sanglier ‖ *cosciotto di agnello* gigot de agneau.

coscritto |kos'kritto| **1** *agg.* (*st. rom.*) *padri coscritti* pères conscrits **2** *s.m.* conscrit: *i coscritti della classe 1933* les conscrits de la classe 1933.

coscrìvere |kos'krivere| (182) *v.tr.* → **arruolare.**

coscrizióne |koskrit'tsjone| *s.f.* → **arruolamento.**

cosecànte |kose'kante| *s.f.* (*mat.*) cosécante.

coséno |ko'seno| *s.m.* (*mat.*) cosinus.

così |ko'si| **I** *avv.* **1** [*in questo modo*] ainsi, comme cela, comme ça (*fam.*): *ha risposto così* il a répondu ainsi, comme ça; *è un tipo fatto così* c'est un type fait ainsi, comme ça; *se dice così...* s'il dit ainsi...; *si dice così?* est-ce qu'on dit comme cela?; *perché ti comporti così?* pourquoi te conduis-tu comme ça?; *è così che mi aiuti?* est-ce comme ça que tu m'aides?; *e così?* et comme ça?; *non è così* ce n'est pas comme ça; *sì, è (proprio) così* oui, c'est (vraiment) comme cela; *è così o non è così?* c'est comme ça, ou pas?; *e così via (dicendo)* et ainsi de suite; *basta così* ça suffit (comme ça); *vediamoci, così ne parleremo con calma* rencontrons-nous, et ainsi nous parlerons tranquillement, en toute tranquillité; *telefonami, così mi racconti tutto* passe-moi un coup de fil et comme ça tu me racontes tout # *così non riuscirai mai* de cette façon-là, tu ne réussiras jamais ◇ (*fam.*) *così e cosà* comme ci et comme ça → **cosà** ◇ (*accompagnato da un gesto esplicativo*) *è alto, grande, lungo così* il est haut, grand, long comme ça ◇ (*iter.*) così così comme ci comme ça: *è andata così così* cela s'est passé comme ci comme ça; '*come stai?*' '*così così*' 'comment vas-tu?' 'comme ci comme ça'; '*come ti è venuto il disegno?*' '*così così*' 'comment as-tu réussi ton dessein?' 'comme ci comme ça' ◇ (*loc.*) *per così dire* pour ainsi dire ~ *così per* (+ *inf.*) [*tanto per...*] simplement pour (+ *inf.*): *sono intervenuto così per dire q.c.* je suis intervenu simplement pour dire qqch. ~ DI, DA, PER COSÌ: *meglio di così, cosa vuoi?* mieux qu'ainsi, que veux-tu?; *è tutto diverso da così* il est tout différent; *se ti metti per così, stai meglio* si tu te mets comme ça, tu seras mieux **2** [*talmente, tanto*] (aus)si: *vi fermate così a lungo?* vous restez si longtemps?; *perché vai così piano?* pourquoi vas-tu si doucement?; *peccato partire così presto* (c'est) dommage, partir si tôt!; *è un tipo così pignolo!* il est si maniaque! # *come farà a sopravvivere così malconcio com'è?* comment pourra-t-il survivre dans l'état où il est? **3** (*in espressioni correl.*) comme: *avete sbagliato così voi come gli altri* vous vous êtes trompés, les uns comme les autres; *fai così come ti ho detto* fais comme je t'ai dit **4** (*con valore concl.*) ainsi: *e così, eccoci in salvo* et ainsi, nous voilà en sûreté ◇ *interrog.* E così? et comme ça?, et ainsi?: *e così, dove andrai in vacanza?* et comme ça, et ainsi où iras-tu en vacances? **II** *cong.* **1** *correl.* COSÌ... COME... comme; si: *è così come ti dico* c'est comme je te dis || *non è poi (così) scorbutico come dicevano* il n'est pas si bizarre que l'on disait → **come** **2** [*di conseguenza, pertanto*] et comme ça, et ainsi: *ho perduto l'indirizzo, così non so dove rintracciarlo* j'ai perdu son adresse et comme ça, et ainsi je ne sais pas où le trouver; *gli ha risposto male e così si è infuriato* il lui a mal répondu et comme ça il s'est mis en colère **3** *correl.* COSÌ... CHE, COSÌ... DA... [*a tal punto da*] si... que: *era così eccitato da non riuscire più a parlare* il était si excité qu'il ne réussissait plus à parler # *sono così stanco che non immagini* tu ne peux pas imaginer comme je suis fatigué, à quel point je suis las ◇ [*in modo tale da*] *era così alto da non passare per la porta* il était si grand qu'il ne réussissait pas à passer par la porte **4** (*avvers. o conc.*) [*anche se*; *nonostante*] comme: *così vecchio, è ancora un dongiovanni* vieux comme il est, c'est encore un don Juan # *così malmesso, è partito ugualmente* dans l'état où il était, il est parti tout de même **5** (*raro*) (*in correl. temporali*) comme: *come io sono entrato, (così) lui è uscito* comme j'entrais, il est sorti **6** (*raro*) (*in correl. caus.*) ainsi: *siccome non sei stato puntuale, (così) siamo partiti da soli* comme tu n'as pas été à l'heure, (ainsi) nous sommes partis tout seuls; *era tardi, così non ho nemmeno cenato* il était déjà tard et ainsi je n'ai même pas dîné **7** (*con valore ottativo*) [*magari*] ainsi: *così fosse!* s'il pouvait en être ainsi!; *così sia!* ainsi soit-il!; *così volesse il cielo!* ainsi plût-il à Dieu! # *così capitasse a tutti!* si cela pouvait arriver à tout le monde! **III** *agg. inv.* [*tale, uguale, simile*] tel* *var.*, pareil* (*var.*): *un'occasione così non ricapiterà più* pareille occasion ne se retrouvera plus; *mai visto un tipo così!* (je n'ai) jamais vu un type pareil!; *spettacoli così capitano di rado* on voit rarement de tels spectacles; *così fatto* → **cosiffatto.**

cosicché |kosik'ke| *cong.* **1** (*con valore conc., seguita dal v. all'indic. o, raramente al cond. o al congv.*) [*di modo che; in conseguenza di ciò*] de sorte que (+ *congv.*), de manière que (+ *congv.*); c'est pourquoi (+ *indic.*): *mandamene una copia, cosicché possa esaminarla* envoie-m'en une copie, de sorte, de manière que je puisse l'examiner || *non ti ho visto, cosicché me ne sono andato* je ne t'ai pas vu, c'est pourquoi je suis parti; *l'ho visto una sola volta, cosicché potrei confonderlo con un altro* je ne l'ai vu qu'une seule fois, c'est pourquoi je pourrais le confondre avec un autre → **perciò** **2** *ass.* (*con valore interrog.*) [(*e*) *allora, dunque*] et comme ça, et après: *cosicché hai fatto un lavoro inutile* et comme ça, et alors tu as fait un travail inutile; *cosicché? cosa concludi?* et alors? qu'est-ce que tu en conclus?

cosiddétto |kosid'detto| *agg.* soi-disant (*inv.*): *i cosiddetti filosofi* les soi-disant philosophes ◇ (*spreg.*) *non fidarti di questi cosiddetti guaritori* méfie-toi de ces soi-disant guérisseurs.

cosiffàtto |kosif'fatto| *agg.*, (*spec. spreg.*) [*di tal genere*] tel*: *persone cosiffatte non sono degne di stima* de telles personnes ne méritent aucune estime → **simile.**

cosificàre |kosifi'kare| *v.tr.* (*filos., relig.*) [*rendere sim. a una cosa*] chosifier.

cosificazióne |kosifikat'tsjone| *s.f.* chosification.

cosino |ko'sino| *s.* **1** *s.m.* petit truc, petit machin: *cerca bene, è un cosino che si vede appena* cherche bien, c'est un petit truc qui se voit à peine **2** *s.* (*fig., fam.*) (*persone*) petit bonhomme *m.*, bout *m.* de chou: *cosa vuoi pretendere da un cosino come lui!* que veux-tu exiger d'un petit bonhomme comme lui!; *lui è un omaccione burbero, lei una cosina timida timida* lui, il est un costaud bourru, elle, un bout de chou toute timide.

cosmèsi |koz'mɛzi| *s.f. inv.* [*cura della bellezza del corpo*] cosmétologie (*var.*) # *istituto di cosmesi* (*femminile*) institut de beauté (féminin).

cosmètica, che |koz'mɛtika, ke| *s.f.* → **cosmesi.**

cosmètico, ci, ca, che |koz'mɛtiko, tʃi, ka, ke| *agg.* e *s.m.* cosmétique.

cosmetista |kozme'tista| *s.* [*chi lavora in un istituto di bellezza*] esthéticien*.

cosmetologia, gie |kozmetolo'dʒia, dʒie| *s.f.* cosmétologie.

cosmicaménte |kosmika'mente| *avv.* [→ COSMICO 1] cosmiquement.

còsmico, ci, ca, che |'kozmiko, tʃi, ka, ke| *agg.* **1** cosmique: *raggi cosmici* rayons cosmiques **2** (*fig.*) → **universale.**

còsmo- |'kɔzmo| *pref.* (*significa 'mondo', corrisponde gener. a*) cosmo: *cosmopolita* cosmopolite.

-còsmo |'kɔzmo| *suff.* (*significa 'mondo', corrisponde gener. a*) cosme: *microcosmo* microcosme.

còsmo |'kɔzmo| *s.m.* **1** cosmos: *inviare un razzo nel cosmo* envoyer une fusés dans le cosmos → **spazio** **2** (*filos.*) cosmos.

cosmogonia |kozmogo'nia| *s.f.* cosmogonie.

cosmogònico, ci, ca, che |kozmo'gɔniko, tʃi, ka, ke| *agg.* cosmogonique.

cosmografia |kozmogra'fia| *s.f.* cosmographie.

cosmògrafo |koz'mɔgrafo| *s.m.* cosmographe.

cosmologia, gie |kozmolo'dʒia, dʒie| *s.f.* cosmologie.

cosmològico, ci, ca, che |kozmo'lɔdʒiko, tʃi, ka, ke| *agg.* cosmologique.

cosmonàuta |kozmo'nauta| *s.* cosmonaute.

cosmonàutica, che |kozmo'nautika, ke| *s.f.* → **astronautica.**

cosmonàutico, ci, ca, che |kozmo'nautiko, tʃi, ka, ke| *agg.* → **astronautico.**

cosmonàve |kozmo'nave| *s.f.* cosmonef *m.*, vaisseau *m.* cosmique.

cosmopolìta |kozmopo'lita| *agg.* e *s.* cosmopolite.

cosmopolitico, ci, ca, che |kozmopo'litiko, tʃi, ka, ke| *agg.* cosmopolite.

cosmopolitìsmo |kozmopoli'tizmo| *s.m.* cosmopolitisme.

còso |'kɔso| *s.m.* (*fam.*) **1** [*oggetto di cui si ignora il nome*] truc, machin: *dammi quel coso* donne-moi ce truc, ce machin; *che strano coso è questo?* qu'est-ce que c'est que ce drôle de truc? **2** (*persone*) [*individuo strano o di cui non si ricorda o non si vuol dire il nome*] machin, chose: *ti ha telefonato il signor coso, quello dei tappeti* M. Machin, M. Chose t'a téléphoné, celui des tapis # *che coso buffo quel tuo zio!* quel drôle de type c'est, ton oncle!

cospàrgere |kos'pardʒere| (114) **A** *v.tr.* **1** [*spargere qua e là*] parsemer (6), joncher: *hanno cosparso il suolo di rifiuti* ils ont jonché le sol de débris, de saletés → **disseminare** **2** [*spargere sopra una materia in polvere*] saupoudrer: *cospargere un bigné con lo zucchero* saupoudrer de sucre un beignet ♦ (*al p.p.*) couvert (de): *un mobile cosparso di polvere* un meuble couvert de poussière; *aveva il capo cosparso di cenere* il avait la tête couverte de cendre → 1 **coperto** □ *cospargersi il capo di cenere* se couvrir la tête de cendre **3** [*spruzzare un liquido su q.c.; bagnare*] verser: *cospargere l'insalata di olio* verser de l'huile sur la salade ♦ *spec. al p.p.* trempé: *hanno il volto cosparso di sudore* ils ont le visage trempé de sueur; *si è dato fuoco con l'abito cosparso di benzina* il a mis le feu à ses vêtements trempés d'essence → **bagnato, inzuppato** □ *cospargersi il corpo di crema antisolare* se couvrir le corps de crème solaire **B** *v.pron. rifl.* COSPARGERSI [→ *tr.* 2, 3] se couvrir → *tr.* 2, 3 □.

cospàrso |kos'parso| *agg.* **1** [*sparso qua e là, disseminato*] semé, parsemé: *costa cosparsa di rocce* côte semée, parsemée de roches; *cielo cosparso di stelle* ciel parsemé d'étoiles **2** [*ricoperto, coperto*] couvert: *guardava le colline cosparse di neve* il regardait les collines couvertes de neige ◇ (*fig.*) [*soffuso*] *aveva il viso cosparso di rossore* il avait le visage empourpré **3** [*bagnato, inzuppato*] trempé: *dar fuoco a uno straccio cosparso di benzina* mettre le feu à un chiffon trempé d'essence # *aveva ancora il viso cosparso di lacrime* il avait encore le visage ruisselant de larmes.

cospèrgere |kos'pɛrdʒere| (114) *v.tr.* → **aspergere.**

cospètto |kos'pɛtto| **I** *s.m.* **1** [*presenza, vista*] présence (*f.*): *togliti dal mio cospetto* retire-toi de ma présence ◇ *loc.* AL COSPETTO DI QC. [*davanti a qc.*] devant qqn., en présence de qqn.: *peccati che gridano vendetta al cospetto di Dio* péchés qui crient vengeance devant Dieu; *presentarsi al cospetto dei giudici* se présenter devant les juges ~ AL COSPETTO DI Q.C. [*di fronte, di rimpetto a*] en face de qqch.: *la sua casa è al cospetto della chiesa* sa maison est en face de l'église ~ IN COSPETTO (DI QC.) [*davanti (a qc.)*] devant (qqn.): *non ardisce venirmi in cospetto* il n'ose pas paraître devant moi **2** (*raro*) → **pensiero, mente** **II** *inter.* → **perbacco.**

cospicuaménte |kospikua'mente| *avv.* [→ COSPICUO 2] considérablement.

cospicuità |kospikui'ta| *s.f. inv.* [*rilevanza, importanza*] importance *var.*

cospìcuo |kos'pikuo| *agg.* **1** [*di rilievo, notevole*] influent, important: *una famiglia cospicua* une famille influente; *ha avuto un ruolo cospicuo in quell'affare* il a joué un rôle important dans cette affaire → **ragguardevole, importante** 2 [*importante, rilevante*] considérable, gros*: *spendere somme cospicue* dépenser des sommes considérables; *entrare in possesso di un'eredità cospicua* entrer en possession d'un gros héritage.

cospiràre |kospi'rare| *v.intr.* (*aus.* '*avere*') **1** [*organizzare segretamente congiure*] conspirer: *cospirare contro lo Stato* conspirer contre l'État → **complottare, congiurare** ◇ (*per est.*) [*concorrere, contribuire a recar danno a qc.*] conspirer: *cospirare ai danni di qc.* conspirer contre qqn. **2** (*fig.*) [*cooperare al raggiungimento di uno stesso fine*] conspirer à; concourir (17) à: *molti hanno cospirato per la liberazione del paese* beaucoup ont conspiré, ont concouru à la libération du pays; *tutto cospira al tuo successo* tout conspire, concourt à ton succès → **concorrere.**

cospiratóre, trice |kospira'tore, tritʃe| *s.* conspirateur*: *assumere una aria da cospiratore* prendre un air de conspirateur # *manovra da cospiratori* menée conspiratrice.

cospirazióne |kospirat'tsjone| *s.f.* [→ COSPIRARE 1] conspiration: *fomentare, ordire, preparare, tramare una cospirazione* fomenter, ourdir, préparer, tramer une conspiration; *essere coinvolto in una cospirazione* tremper dans une conspiration → **complotto, congiura.**

cossalgìa, gie |kossal'dʒia, dʒie| *s.f.* → **coxalgia.**

còsta |'kɔsta| *s.f.* **1** (*anat., corr.*) côte → **costola** **2** (*geogr., corr.*) côte: *costa bassa* côte basse; *coste frastagliate* côtes découpées; *la Costa Azzurra* la Côte d'Azur → **litorale** ◇ [*fianco di montagna*] côte: *a mezza costa* à mi-côte **3** [*dorso di un coltello, di un libro e sim.*] dos (*m.*): *la costa di un rasoio, di una spada* le dos d'un rasoir, d'une épée; *titolo scritto sulla costa di un libro* titre écrit au dos d'un livre **4** (*raro*) [*fianco, lato*] côté *m.* (*corr.*): *arrivare dalla costa sinistra, destra* arriver du côté gauche, droit ◇ *loc.* DI COSTA (A) [*di fianco (a)*] de côté (de): *mettersi di costa a qc.* se placer de côté, du côté de qqn. **5** [*elemento lineare sporgente, in rilievo*] côte: *velluto a coste* velours à côtes, côtelé ◇ (*di tessuto a maglia*) *punto a costa* point de côte **6** (*arch.*) côte → **costolone, nervatura** **7** (*bot.*) côte → **nervatura.**

costà |kos'ta| *avv.* [*in codesto luogo*] là: *che fate costà?* que faites-vous là?; *levatevi di costà* ôtez-vous de là; *vengo da, di costà* je viens de là; *passeremo per costà* nous passerons par là → **costì.**

costaggiù |kostad'dʒu| *avv.* (*tosc., lett.*) [*in codesto luogo, posto in basso*] là-bas.

costàle |kos'tale| *agg.* (*anat.*) costal*: *regione costale* région costale.

costànte |kos'tante| **I** *agg.* **1** (*cose*) constant: *preoccupazione costante* préoccupation constante, souci constant; *manifestare un interesse costante* manifester un intérêt constant; *temperatura costante* température constante → **continuo, durevole** ◇ (*mat.*) *funzione costante* fonction constante **2** (*persone*) constant: *uomo costante nel perseguire un fine* homme constant dans la poursuite d'un but → **perseverante** **II** *s.f.* **1** (*mat.*) constante: *una costante* une costante ◇ (*fis.*) *costante di Planck* costante de Planck **2** (*fig.*) [*elemento, motivo fisso caratteristico di pensiero o di azione*] constante: *la costante della politica russa* la constante de la politique russe **C** I **incostante.**

costanteménte |kostante'mente| *avv.* [→ COSTANTE I] constamment: *è costantemente malato* il est constamment malade.

costànza |kos'tantsa| *s.f.* constance: *la costanza di un amore, in amore* la constance d'un amour, en amour; *la costanza di un fenomeno* la constance d'un phénomène → **continuità, stabilità** ◇ (*fig.*) [*forza morale, fermezza*] fermeté: *sopportare con costanza il proprio male* souffrir son mal avec fermeté → **perseveranza** **C** **incostanza.**

costàre |kos'tare| **A** *v.intr.* (*aus.* '*essere*') **1** [*avere un prezzo*] coûter (*aus.* avoir): *quanto costa?* combien cela coûte-t-il?, qu'est-ce que cela coûte?; *non costa nulla* cela ne coûte rien; *costare poco* coûter peu; *costare caro, molto* coûter cher ◇ (*loc. fig.*) *costare un occhio* [*moltissimo, un'enormità*] coûter les yeux de la tête **2** *ass.* [*richiedere, comportare spese*] coûter (cher): *la vita costa* la vie coûte cher ◇ (*loc. fig.*) *costare caro* [*comportare conseguenze spiacevoli*] coûter cher **3** (*fig.*) [*essere difficile, penoso*] coûter: *tutto ciò ti costerà caro* tout cela va te coûter cher; *confessione che costa* aveu qui coûte **B** *v.tr.* [*comportare, richiedere spec. fatica o sofferenza*] coûter: *mi è costato anni di sforzi e di sacrifici* cela m'a coûté des années d'efforts et de sacrifices; *ciò gli costa la tranquillità* cela lui coûte la tranquillité; *le promesse non costano niente* les promesses ne coûtent rien; *ti costerà la vita* il t'en coûtera la vie ◇ (*loc. fig.*) *costi quel che costi* coûte que coûte.

costaricàno |kostari'kano| *agg.* [*della Costa Rica*] costaricien*.

costassù |kostas'su| *avv.* (*tosc., lett.*) [*in codesto luogo, posto in alto*] là-haut.

costàta |kos'tata| *s.f.* [*taglio di carne per bistecche*] côte, entrecôte: *costata di manzo, di maiale* côte, entrecôte de bœuf, de porc; *una costata alla fiorentina, ai ferri* une entrecôte grillée.

costatàre |kosta'tare| *e deriv.* → **constatare** *e deriv.*

costàto |kos'tato| *s.m.* → **torace.**

costeggiàre |kosted'dʒare| *v.tr.* **1** [*navigare lungo le coste*] côtoyer (10): *costeggiare il fiume, il lago* côtoyer la rivière, le lac **2** (*per est.*) [*camminare, spostarsi lungo q.c.*] côtoyer, longer (3): *costeggiarono il bordo della foresta* ils côtoyèrent, ils longèrent l'orée de la forêt **3** (*fig.*) [*estendersi lungo q.c.; fiancheggiare*] côtoyer, longer: *un filare di alberi costeggia il fiume* une rangée d'arbres côtoie(nt), longe(nt) le fleuve; *una serie di villette costeggiano il viale* une série de petites villas côtoient l'allée.

costeggiàto |kosted'dʒato| *agg.* [*fiancheggiato*] bordé: *un viale costeggiato da alberi* une allée bordée d'arbres.

costèi |kos'tɛi| *pron. dim. f.* (*spec. spreg.*) celle(-ci), celle(-là): *cosa vuole costei?* qu'est-ce qu'elle veut, celle-là?, que veut-elle, celle-là?; *è di nuovo qui costei?* elle est de nouveau là, celle-là?

costellàre |kostel'lare| *v.tr.* **1** (*lett.*) [*ornare di stelle*] consteller (*corr.*) **2** (*fig.*) [*cospargere, disseminare in modo armonico*] parsemer (6): *i prati sono costellati di fiori* les prés sont parsemés de fleurs ◇ (*scherz.*) *compito costellato di errori* devoir bourré, truffé de fautes.

costellàto |kostel'lato| *agg.* constellé: *vestito costellato di pietre preziose* robe constellée de pierreries.

costellazióne |kostellat'tsjone| *s.f.* constellation: *la costellazione del Leone* la constellation du Lion ◇ (*fig.*) [*insieme di persone famose*] pléiade, constellation: *una costellazione di attrici* une pléiade d'actrices.

costernàre |koster'nare| *v.tr.* [*addolorare profondamente*] consterner: *la notizia di quella catastrofe l'ha costernata* la nouvelle de ce, cette catastrophe l'a consternée.

costernàto |koster'nato| *agg.* consterné: *aveva l'aspetto costernato* il avait l'air consterné → **afflitto, affranto.**

costernazióne |kosternat'tsjone| *s.f.* consternation: *leggere la costernazione sul volto di qc.* lire la consternation sur le visage de qqn.; *essere in preda a costernazione* être frappé de consternation → **dolore.**

costì |kos'ti| *avv.* [*in codesto luogo*] là: *non restare costì* ne reste pas là → **costà** ◇ *loc. avv.* DI COSTÌ [*da qui*] d'ici: *vattene di costì* va-t'en d'ici.

costièra |kos'tjɛra| *s.f.* [*tratto di costa marina*] côte.

costièro |kos'tjɛro| *agg.* [*relativo alla costa*] côtier*: *navigazione costiera* navigation côtière; *nave costiera* (bateau) côtier.

costina |kos'tina| *s.f.* → **costoletta.**

costipaménto |kostipa'mento| *s.m.* **1** (*agr.*) damage (du sol) **2** → **costipazione** 1.

costipàre |kosti'pare| **A** *v.tr.* **1** [*ammassare, ammucchiare, spec. in luogo ristretto*] entasser, tasser: *ci hanno costipato in una saletta* on nous a entassés, tassés dans une petite pièce; *hai costipato il ripostiglio di cianfrusaglie inutili* tu as entassé des fanfreluches inutiles dans le débarras **2** (*agr.*) [*rendere compatto, rullare il terreno*] damer **3** [*provocare il raffreddore*] faire (45) *intr.* s'enrhumer: *il freddo, l'umidità mi hanno costipato* le froid, l'humidité m'ont fait m'enrhumer ◇ [*provocare la stitichezza*] constiper: *questi cibi ti possono costipare* ces aliments peuvent te constiper **B** *v.pron.* COSTIPARSI **1** *rifl.* [→ *tr.* 1] s'entasser, se tasser: *ci siamo costipati sull'autobus fino all'inverosimile* nous nous sommes entassés, tassés dans l'autobus de façon invraisemblable **2** *intr.* [*prendere il raffreddore*] s'enrhumer: *mi sono costipato per non essermi coperto a sufficienza* je me suis enrhumée parce que je ne m'étais pas assez couverte ◇ [*divenire stitico*] *è soggetto a costiparsi* il est sujet à la constipation.

costipàto |kosti'pato| *agg.* **1** [*stipato, ammassato*] entassé # *non mettere le cose così costipate!* ne tasse pas tellement les choses! ◇ (*agr.*) damé, roulé (*corr.*): *campi costipati* champs damés, roulés **2** [*affetto da raffreddore*] enrhumé: *non posso venire, sono costipato* je ne peux pas venir, je suis enrhumé ◇ [*stitico*] constipé.

costipazióne |kostipat'tsjone| *s.f.*

1 (*med.*) constipation: *cibi che provocano costipazione* aliments qui provoquent la constipation 2 (*fam.*) [*forte raffreddore*] rhume *m.* (*corr.*): *costipazione di testa* rhume de cerveau.

costituènte |kostitu'ɛnte| **I** *agg.* 1 constituant 2 (*polit.*) *l'assemblea costituente* l'assemblée constituante, la constituante *s.f.* **II** *s.m.* 1 (*chim.*) constituant 2 (*polit.*) constituant: *i costituenti* les constituants.

costituìre |kostitu'ire| (197) **A** *v.tr.* 1 [*istituire, organizzare, fondare*] constituer: *costituire una società per azioni* constituer une société par actions; *abbiamo costituito un gruppo sportivo* nous avons constitué un groupe sportif ◇ [*mettere insieme, formare*] *è riuscito a costituire una bella biblioteca* il est arrivé à constituer une belle bibliothèque; *ha costituito un grosso capitale* il a réuni un gros capital 2 [*formare, comporre*] constituer, être (43) *intr.* composé: *questi sono gli stati che costituiscono la confederazione* voilà les États qui constituent la confédération ‖ *l'appartamento è costituito da sei vani* l'appartement est composé de six pièces → **formare** 3 [*assumere il carattere di; rappresentare*] constituer; représenter: *tutto ciò costituisce un grave pericolo* tout ceci constitue un grave danger; *l'evasione fiscale costituisce un reato* l'évasion fiscale constitue un délit ‖ *la musica costituisce la sua unica passione* la musique représente son unique passion 4 [*nominare, designare*] nommer: *mi hanno costituito loro rappresentante* ils m'ont nommé (comme) leur représentant; *è stato costituito erede unico* il a été nommé unique héritier ◇ (*dir.*) [*dichiarare*] *costituire qc. in mora* mettre en demeure **B** *v.pron.* COSTITUIRSI 1 *rifl.* [→ *tr.* 1] se constituer: *i dissidenti si sono costituiti in gruppo autonomo* les dissidents se sont constitués en groupe autonome; *le varie tribù si sono costituite in nazione* les diverses tribus se sont constituées en nation 2 *intr.* [→ *tr.* 1, 2] se constituer: *vengono costituendosi nuovi rapporti sociali* de nouveaux rapports sociaux sont en train de se constituer; *si sono costituiti diversi quartieri periferici* plusieurs quartiers de banlieue se sont formés, constitués 3 *rifl.* [→ *tr.* 4] se nommer # *si è costituito come vostro tutore* il est devenu votre tuteur 4 *rifl.* (*dir.*) [*presentarsi spontaneamente alla giustizia*] se constituer # *gli indiziati si sono costituiti al magistrato, ai carabinieri* les suspects se sont présentés spontanément au magistrat, aux carabiniers; *l'omicida non si è ancora costituito* l'assassin ne s'est pas encore présenté, rendu à la police 5 *rifl.* (*dir., loc.*) *costituirsi in giudizio* [*compiere le formalità per presentarsi ufficialmente alle altre parti e al giudice*] se constituer partie dans un procès ~ COSTITUIRSI PARTE CIVILE [*intervenire ufficialmente presso il giudice per ottenere il risarcimento dei danni subiti e la condanna dell'imputato*] se constituer partie civile.

costituìto |kostitu'ito| *agg.* constitué: *autorità costituite* autorités constituées; *governo costituito* gouvernement constitué.

costitutàrio, i |kostitu'tarjo, i| *s.* fondateur* d'une société; membre *m.* fondateur.

costitutivo |kostitu'tivo| *agg.* 1 (*dir.*) constitutif*: *atto costitutivo di una società* acte constitutif d'une société; *funzione costitutiva* fonction constitutive 2 (*chim.*) constitutif: *elementi costitutivi di un corpo* éléments constitutifs d'un corps.

costitùto |kosti'tuto| *s.m.* (*dir.*) constitut.

costituzionàle |kostituttsjo'nale| *agg.* 1 (*med.*) constitutionnel*: *debolezza, malattia costituzionale* faiblesse, maladie constitutionnelle 2 (*dir., polit.*) *governo, partito, diritto costituzionale* gouvernement, parti, droit constitutionnel; *monarchia, legge, corte costituzionale* monarchie, loi, cour constitutionnelle © 2 **incostituzionale**.

costituzionalismo |kostituttsjona'lizmo| *s.m.* constitutionnalisme.

costituzionalista |kostituttsjona'lista| *s.* expert, spécialiste en droit constitutionnel.

costituzionalistico, ci, ca, che |kostituttsjona'listiko, tʃi, ka, ke| *agg.* propre au constitutionnalisme.

costituzionalità |kostituttsjonali'ta| *s.f. inv.* constitutionnalité (*var.*): *costituzionalità di una legge, di un governo* constitutionnalité d'une loi, d'un gouvernement © **incostituzionalità**.

costituzionalizzàre |kostituttsjonalid'dzare| *v.tr.* (*dir.*) constitutionnaliser.

costituzionalménte |kostituttsjonal'mente| *avv.* [→ COSTITUZIONALE 2] constitutionnellement.

costituzióne |kostitut'tsjone| *s.f.* 1 [→ COSTITUIRE A 1, 4; B 1, 2, 3] constitution: *oggi avverrà la costituzione della nuova filiale* aujourd'hui aura lieu la constitution de la nouvelle filiale; *i partiti si sono accordati per la costituzione del governo* les partis se sont accordés sur la constitution du gouvernement → **formazione** # *occorre procedere alla costituzione del rappresentante legale* il faut procéder à la nomination du représentant juridique → **nomina, designazione** 2 [*composizione, struttura*] constitution: *costituzione di un corpo, di una sostanza* constitution d'un corps, d'une substance # *modificare la costituzione di un terreno* modifier la composition d'un terrain ◇ (*persone*) [*complessione fisica*] *costituzione gracile, forte* constitution malingre, robuste constitution; *essere di sana e robusta costituzione* être en bonne santé 3 (*polit.*) constitution: *costituzione monarchica, repubblicana, democratica* constitution monarchique, républicaine, démocratique; *osservare, violare la costituzione* observer, violer la constitution 4 (*dir.*) [*atto, decreto con forza di legge*] constitution: *costituzione regia, imperiale* constitution royale, impériale; *costituzioni pontificie, apostoliche* constitutions pontificales, apostoliques 5 (*dir.*) constitution # *la mancata, l'avvenuta costituzione dell'imputato* l'absence, la présence de l'accusé ◇ (*spec.*) COSTITUZIONE IN GIUDIZIO, COSTITUZIONE DI PARTE CIVILE [→ COSTITUIRE B 5] constitution de l'acteur devant un tribunal, constitution de partie civile.

còsto |'kɔsto| *s.m.* 1 [*valore di una merce espresso in denaro*] coût: *articolo di costo elevato, modesto, esagerato* article d'un coût élevé, modeste, exagéré; *ridurre i costi delle materie prime* réduire les coûts des matières premières ◇ (*econ.*) *costi unitari* coûts unitaires; *costo fisso, variabile* coût fixe, variable; *costi di produzione, di distribuzione* coûts de production, de distribution; *indice di costo* indice de coût # *a prezzo di costo* à prix coûtant; *sotto costo* à perte ◇ *loc. fig.* A COSTO DI [*a rischio, a scapito di*] au risque de: *lo farò anche a costo di rimetterci la salute* je le ferai même au risque d'y laisser ma santé ~ A OGNI (QUALUNQUE) COSTO, A TUTTI I COSTI coûte que coûte, à tout prix: *voglio riuscirci a ogni costo* je veux y arriver coûte que coûte; *l'ha voluto a tutti i costi* il l'a voulu à tout prix ~ A NESSUN COSTO à aucun prix, pour rien au monde: *non te lo dirò a nessun costo* à aucun prix, pour rien au monde je ne te le dirai 2 (*fam.*) [*spesa necessaria per q.c.*] coût (*corr.*): *il costo delle vacanze* le coût des vacances; *è aumentato il costo della vita* le coût de la vie a augmenté.

còstola |'kɔstola| *s.f.* 1 (*anat., corr.*) côte: *si è rotta una costola* elle s'est cassée une côte ◇ (*loc. fig.*) *gli si vedono, gli si contano le costole* on lui voit, on lui compte les côtes ~ *stare, mettersi alle costole di qc.* [*stargli sempre appresso*] être, se mettre aux trousses de qqn. ~ *avere qc. sempre alle costole* [*averlo sempre accanto, spec. malvolentieri*] avoir toujours qqn. à ses trousses ~ *rompere le costole a qc.* [*percuoterlo con violenza*] rouer qqn. de coups ~ (*iron.*) *essere della costola di Adamo* [*essere di famiglia nobile, elevata*] être sortì de la cuisse de Jupiter 2 → **costa** 3 3 (*geogr.*) → **costa** 2 4 → **costa** 7.

costolatùra |kostola'tura| *s.f.* 1 (*anat.*) côtes *pl.* 2 (*arch.*) côtes, nervures *pl.*

costolétta |kosto'letta| *s.f.* côtelette: *costoletta di montone* côtelette de mouton.

costolóne |kosto'lone| *s.m.* (*arch.*) nervure *f.*

costolùto |kosto'luto| *agg.* (*bot.*) à grosses côtes (*loc. inv.*): *melone, cavolo costoluto* melon, chou à grosses côtes.

costóne |kos'tone| *s.m.* [*nervatura di una catena montuosa*] arête *f.*

costóro |kos'toro| *pron. dim. pl.* 1 *m.* [*queste persone; questi uomini*] ceux(-ci), ceux(-là): *con costoro non intendo nemmeno parlare* je n'ai aucune intention de parler avec ceux-là → **costui** 2 *f.* [*queste donne*] celles(-ci), celles(-là): *cos'altro vogliono costoro?* qu'est-ce qu'elles veulent encore, celles-là? → **costei**.

costosaménte |kostosa'mente| *avv.* [→ COSTOSO] coûteusement.

costosità |kostosi'ta| *s.f. inv.* prix *m.* élevé.

costóso |kos'toso| *agg.* [*che costa caro*] coûteux*: *i viaggi sono costosi* les voyages sont coûteux ◇ (*fig.*) [*che esige un sacrificio*] *è un impegno costoso* c'est un engagement coûteux.

costrétto |kos'tretto| *agg.* [*obbligato, forzato*] obligé, contraint.

costringere |kos'trindʒere| (131) *v.tr.* 1 [*obbligare, forzare*] contraindre (65), obliger (3): *costringere qc. a agire contro voglia* contraindre, obliger qqn. à agir contre son gré; *costringere il nemico alla resa* contraindre l'ennemi à se rendre; *non voglio costringervi* je ne veux pas vous contraindre; *è stato costretto dalle circostanze* il a été contraint par les circonstances; *fu costretto a fermarsi* il fut obligé de s'arrêter **2** (*lett.*) → **stringere 3** (*raro, fig.*) → **reprimere, frenare.**

costrittivo |kostrit'tivo| *agg.* **1** → **coercitivo 2** (*raro*) [*che stringe*] constringent: *fasciatura costrittiva* bandage constringent **3** (*ling.*) → **fricativo.**

costrittóre, trice |kostrit'tore, tritʃe| *agg.* (*anat.*) constricteur (*m.*): *muscolo costrittore* muscle constricteur.

costrizióne |kostrit'tsjone| *s.f.* **1** [→ COSTRINGERE 1] contrainte: *le costrizioni della povertà* les contraintes de la pauvreté; *vivere in uno stato di costrizione* vivre dans la contrainte; *agire per costrizione* agir sous la contrainte **2** (*arc.*) → **restringimento.**

costruìbile |kostru'ibile| *agg.* [→ COSTRUIRE] qu'on peut construire *loc.*; qu'on peut bâtir *loc.*

costruire |kostru'ire| (197) *v.tr.* **1** [*fabbricare, realizzare*] construire (75): *costruire una casa, un ponte* construire une maison, un pont; *la sua ditta costruisce impianti idraulici* sa firme construit des installations hydrauliques ✦ *ass.* [*edificare*] *appena avrò la licenza inizierò a costruire* dès que j'aurai le premis, je commencerai à construire ◇ (*fig.*) *costruire sulla sabbia* bâtir sur le sable **2** (*per est., mat.*) *costruire una figura geometrica* construire une figure géométrique ◇ (*ling.*) *costruire una frase, un periodo* construire une phrase, une période **3** (*fig.*) [*creare, realizzare, congegnare*] construire: *costruire una teoria, un'ipotesi* construire une théorie, une hypothèse ✦ *ass.* [*arzigogolare col cervello*] imaginer: *non mettergli in testa certi dubbi, chissà poi quanto ci costruisce sopra* ne lui mets pas certains doutes dans la tête, qui sait après ce qu'il ira imaginer Ⓒ 1 **demolire, distruggere.**

costruttivismo |kostrutti'vizmo| *s.m.* constructivisme.

costruttivo |kostrut'tivo| *agg.* constructif*: *scienza costruttiva* science constructive ◇ (*fig.*) [*positivo*] *spirito costruttivo* esprit constructif; *critica costruttiva* critique constructive.

costrùtto |kos'trutto| *s.m.* **1** (*ling.*) construction *f.* → **costruzione 2** [*significato, senso*] sens: *un ragionamento senza costrutto* un raisonnement dénué de sens **3** (*fig.*) [*profitto, vantaggio*] profit, avantage: *ha lavorato a lungo senza alcun costrutto* il a travaillé longtemps sans aucun profit, sans aucun avantage; *trarre un costrutto da q.c.* tirer profit, avantage de qqch.

costruttóre, trice |kostrut'tore, tritʃe| **1** *agg.* constructeur*: *società costruttrice* société constructrice **2** *s.* constructeur: *costruttore di automobili, meccanico* constructeur d'automobiles, mécanicien # *costruttore* (*edile*) entrepreneur.

costruzióne |kostrut'tsjone| *s.f.* **1** construction: *progetto di costruzione* plan de construction; *preventivi di costruzione* devis de construction; *fondamenta, elementi di una costruzione* fondations, éléments d'une construction; *costruzione prefabbricata* construction en éléments préfabriqués; *materiali, legno da costruzione* matériaux, bois de construction # *impresa di costruzioni* entreprise de bâtiment ◇ [*l'opera costruita*] *costruzione meccanica, navale* construction mécanique, navale **2** [→ COSTRUIRE 1] construction: *costruzione di una nave, di un ponte, di un edificio* construction d'un navire, d'un pont, d'un immeuble; *in via di costruzione* en construction; *la scienza della costruzione* la construction **3** (*fig.*) [→ COSTRUIRE 3] construction: *la costruzione di un romanzo, di un ragionamento* la construction d'un roman, d'un raisonnement **4** (*gram., ling.*) construction: *la costruzione di una frase* la construction d'une phrase **5** (*mat.*) construction Ⓒ 2 **demolizione, distruzione.**

costudire |kostu'dire| *v.tr.* → **custodire.**

costùi |kos'tui| *pron. dim. m.* [*questa persona, questo individuo*] celui(-ci), celui(-là): *chi ha detto a costui di venire?* qui a dit à celui-là de venir? → **costoro** # *chi è costui?* qui est cet homme-ci?

costumànza |kostu'mantsa| *s.f.* → **usanza, 1 uso, costume.**

costumàre |kostu'mare| *v.intr. impers.* (*aus.* 'essere') [*essere solito, usare*] avoir (28) *tr.* coutume, l'habitude (de): *come costumava nel passato* comme on en avait l'habitude dans le passé.

costumatézza |kostuma'tettsa| *s.f.* [*correttezza di modi; compostezza*] bienséance, (bonne) éducation Ⓒ **scostumatezza.**

costumàto |kostu'mato| *agg.* [*ben educato; di buoni costumi*] bien élevé, poli Ⓒ **scostumato.**

costùme |kos'tume| *s.m.* **1** coutume *f.*, habitude (*f.*): *è suo costume arrivare senza avvisare* c'est sa coutume, son habitude d'arriver sans prévenir → **abitudine, consuetudine 2** *spec. al plur.* [*usanze, consuetudini di una comunità, di un popolo*] coutumes, mœurs (*f.*): *i costumi dei popoli primitivi* les coutumes, les mœurs des peuples primitifs; *gli usi e i costumi hanno forza di legge* la coutume a force de loi; *osservare gli usi e i costumi di un paese* observer les us et coutumes d'un pays **3** (*per est.*) [*comportamento morale*] mœurs: *buon, mal costume* bonnes, mauvaises mœurs; *oltraggio al buon costume* outrage aux bonnes mœurs; *donna di facili costumi* femme de mœurs faciles **4** [*modo di vestire tipico di una località o di un'epoca*] costume: *costume greco* costume grec **5** [*abbigl. per determinate occasioni*] costume: *costume da carnevale* costume de carneval; *costume da bagno* maillot, costume de bain ✦ *ass.* (*fam.*) [*costume da bagno*] maillot: *essere, stare, mettersi in costume* être, se mettre en maillot; *costume a due pezzi* (maillot) deux-pièces, bikini ◇ (*loc. fig.*) *in costume adamitico* [*nudo*] en costume d'Adam.

costumista |kostu'mista| *s.* (*teat.*) costumier*.

costùra |kos'tura| *s.f.* [*cucitura che unisce due lembi di stoffa, pelle e sim.*] couture: *costura ribattuta* couture rabattue; *costura di calza* couture de bas.

cotàle |ko'tale| *agg. e pron.* → **tale.**

cotangènte |kotan'dʒɛnte| *s.f.* (*mat.*) cotangente.

cotànto |ko'tanto| *agg., pron. e avv.* → **tanto.**

cóte |'kote| *s.f.* pierre à aiguiser.

cotechino |kote'kino| *s.m.* [*insaccato di maiale fatto di carne e cotenne macinate*] saucisse *f.*

coténna |ko'tenna| *s.f.* **1** [*pelle di maiale, del cinghiale e sim.*] couenne **2** (*anat.*) couenne **3** (*scherz.*) [*pelle dell'uomo*] couenne ◇ (*loc. fig.*) *avere la cotenna dura* avoir la peau dure.

cotennóso |koten'noso| *agg.* [*di cotenna grossa, spessa*] couenneux* ◇ (*med.*) *angina cotennosa* angine couenneuse.

cotésto |ko'testo| *agg. e pron. dim.* → **codesto.**

cótica, che |'kotika, ke| *s.f.* **1** (*dial.*) → **cotenna 1 2** (*agr.*) *cotica erbosa* gazon *m.*

cotidiàno |koti'djano| *agg. e s.m.* → **quotidiano.**

còtile |'kɔtile| *s.m.* (*anat.*) cotyle.

cotilèdone |koti'lɛdone| *s.m.* (*anat. animale, bot.*) cotylédon.

'cotillon' |kɔtijɔ̃| *s.m. inv.* cotillon *var.*

cotiloidèo |kotiloi'dɛo| *agg.* cotyloïdien*.

cotógna |ko'toɲɲa| *s.f.* [*frutto del cotogno*] coing *m.* ✦ (*agg.*) *mela cotogna* coing *s.m.*

cotognàta |kotoɲ'ɲata| *s.f.* [*marmellata di mele o pere cotogne*] cotignac *s.m.*

cotógno |ko'toɲɲo| *s.m.* (*t.bot.*) cognassier ✦ (*agg.*) *melo cotogno* cognassier *s.m.*

cotolétta |koto'letta| *s.f.* → **costoletta.**

cotonàceo |koto'natʃeo| *agg.* [*sim. al cotone*] cotonneux*.

cotonàre |koto'nare| *v.tr.* **1** (*tess.*) [*trattare un tessuto in modo da renderlo sim. al cotone*] crêper **2** (*per est., acconc.*) *cotonare i capelli* [*pettinarli in modo da renderli soffici e vaporosi*] crêper les cheveux.

cotonàto |koto'nato| **I** *agg.* **1** [*folto, imbottito di cotone*] cotonné **2** (*acconc.*) *capelli cotonati* cheveux crêpés **II** *s.m.* [*stoffa di cotone*] cotonnade *f.*

cotonatùra |kotona'tura| *s.f.* (*acconc.*) *cotonatura dei capelli* [→ COTONARE 2] crêpage *m.* des cheveux.

cotóne |ko'tone| *s.m.* **1** (*t.bot.*) cotonier **2** [*tessuto, filo prodotto dalla sua fibra*] coton: *cotone mercerizzato, perlato* coton mercerisé, perlé; *cotone per imbastire* coton à bâtir, à faufiler; *cotone da ricamo, da rammendo* coton à broder, à repriser; *coperta, camicia di cotone* couverture, chemise de coton **3** (*per est.*) [*ovatta, bambagia*] coton: *cotone idrofilo, emostatico* coton hydrophil, hémostatique ◇ (*loc.*) *avere il cotone nelle orecchie*: (*pr., fig.*) avoir du coton dans les oreilles ~ (*fig.*) *vivere, tenere qc. nel cotone* vivre, élever qqn. dans du coton **4** (*chim.*) *cotone fulminante* coton-poudre → **fulmicotone.**

cotonerìa |kotone'ria| *s.f. spec. al plur.* [*filati, tessuti di cotone*] cotonnade *sing.*

cotonière |koto'njɛre| *s.* **1** [*chi lavora in un cotonificio*] cotonnier* **2** industriel *m.* du coton.

cotonièro |koto'njɛro| *agg.* cotonnier*: *cooperativa cotoniera* coopérative cotonnière.

cotonificio, i |kotoni'fitʃo, i| *s.m.* filature *f.* de coton.

cotonìna |koto'nina| *s.f.* [*stoffa di cotone*] cotonnade.

cotonóso |koto'noso| *agg.* [*che ha l'aspetto del cotone*] cotonneux*: *una foglia cotonosa* une feuille cotonneuse; *un frutto cotonoso* un fruit cotonneux.

1 **còtta** |'kɔtta| *s.f.* **1** [→ CUOCERE A 1; B 1] cuisson: *dare una* (*prima*) *cotta alla verdura* donner une (première) cuisson aux légumes → **cottura** ◇ [*quantità che si cuoce in una volta*] cuite: *una cotta di mattoni, di pane* une cuite de briques, de pain ◇ (*loc. fig.*) *un furbo di tre cotte* [*un gran furbo*] un fin renard, un roublard **2** (*fig., pop.*) → **ubriacatura, sbornia** **3** (*fig.*) [*spossatezza improvvisa*] coup *m.* de pompe: *una cotta tremenda l'ha costretto al ritiro dalla corsa* un coup de pompe terrible l'a contraint à se retirer de la course **4** (*fig., scherz.*) [*infatuazione amorosa*] béguin (*m.*): *prendere una cotta per una ragazza* avoir le béguin pour une fille; *è un tipo che passa da una cotta all'altra* c'est un type qui passe de béguin en béguin.

2 **còtta** |'kɔtta| *s.f.* **1** (*abbigl. mediev.*) cotte → **tunica** ◇ (*mil.*) *cotta d'arme, di maglia* cotte d'armes, de mailles **2** (*liturg.*) surplis *m.*

cottimìsta |kotti'mista|, **cottimànte** |kotti'mante| *s.* ouvrier* travaillant à la pièce, aux pièces.

còttimo |'kɔttimo| *s.m.* retribution *f.* à la pièce; travail à la pièce, aux pièces: *lavorare, pagare a cottimo* travailler, payer à la pièce, aux pièces.

còtto |'kɔtto| **I** *agg.* **1** [*sottoposto a cottura*] cuit: *mele, pere cotte* pommes, poires cuites; *cibo ben cotto, poco cotto, troppo cotto* aliment bien cuit, peu cuit, trop cuit ◇ (*loc. fig.*) *essere una pera cotta* [*essere debole, rammollito, insignificante*] être une chiffe molle ~ *cadere come una pera cotta* [*cadere facilmente*] s'écrouler, tomber comme une masse; [*lasciarsi ingannare facilmente*] tomber, donner dans le panneau ~ *farne di cotte e di crude* [*combinarne di ogni sorta*] faire les quatre cents coups ~ *chi la vuol cotta, chi la vuol cruda* [*ognuno la pensa a modo suo*] tous les goûts sont dans la nature **2** (*per est.*) [*rovinato dal fuoco; scottato dal calore, dal sole*] brûlé; en feu (*loc. inv.*): *quel tegame ha il fondo cotto* cette casserole a le fond brûlé ‖ *avere il viso cotto* avoir le visage en feu **3** (*fig.*) [*spossato, vinto dalla stanchezza*] à plat *loc. inv.*, pompé: *a metà salita era già cotto* à mi-montée (à mi-côte) il était déjà à plat, pompé **4** (*fig.*) [*fortemente innamorato*] amoureux* fou*: *è cotta di te* elle est (amoureuse) folle de toi **II** *s.m.* [*mattone*] brique (*f.*): *un pavimento in cotto* un sol en briques ◇ [*terra cotta*] terre *f.* cuite 🄲 I 1 **crudo.**

cottùra |kot'tura| *s.f.* **1** [→ CUOCERE A] cuisson: *la cottura della carne* la cuisson de la viande; *cottura a fuoco lento* cuisson à feu doux; *punto di cottura* degré de cuisson; *cottura sulla brace, al forno* cuisson sur la braise, au four; *portare a cottura* porter au degré voulu de cuisson # *cibo passato di cottura* mets trop cuit **2** (*tecnol.*) cuite.

coturnàto |kotur'nato| *agg.* **1** (*lett.*) cothurné **2** (*fig.*) → **grave, solenne.**

coturnìce |kotur'nitʃe| *s.f.* (*t.zool.*) (perdrix) bartavelle.

cotùrno |ko'turno| *s.m.* (*teat. gr., rom.*) (*calzatura*) cothurne ◇ (*fig.*) [*il genere tragico*] le cothurne ◇ (*loc. fig.*) *calzare il coturno* [*scrivere tragedie*] chausser le cothurne.

cotutèla |kotu'tɛla| *s.f.* (*dir.*) cotutelle.

cotutóre, trice |kotu'tore, tritʃe| *s.* cotuteur*.

'coulisse' |kulis| *s.f. inv.* (*teat., tecnol.*) coulisse *var.*

'coulomb' |kulɔ̃| *s.m. inv.* (*elettr.*) coulomb *var.*

'coup de foudre' |kudfudʀ| *s.m. inv.* coup *var.* de foudre.

'coupé' |kupe| *s.m. inv.* (*auto., carrozza*) coupé *var.*

'couperose' |kupʀoz| *s.f. inv.* couperose *var.*

'coupon' |kupɔ̃| *s.m. inv.* coupon (*var.*): *i 'coupon' della benzina* les coupons de l'essence.

coutènte |kou'tɛnte| *s.m.* (*tel.*) co-usager d'un duplex.

covàccio, i |ko'vattʃo, i|, **covàcciolo** |ko'vattʃolo| *s.m.* **1** [*ricovero di riposo di vari animali selvatici*] nid **2** (*scherz.*) (*persone*) [*giaciglio, letto*] couche *f.*

covalènza |kova'lɛntsa| *s.f.* (*scient.*) covalence.

covàre |ko'vare| **A** *v.tr.* **1** (*di uccelli*) [*dar calore col proprio corpo alle uova per sviluppare l'embrione*] couver: *la gallina ha covato le uova* la poule a couvé les œufs ◇ (*per est.*) *covare i pulcini* [*proteggerli sotto le ali*] couver ses poussins ◆ (*ass.*) *la rondine sta covando nel suo nido* l'hirondelle est en train de couver dans son nid **2** (*fig.*) [*custodire con gelosia*] couver: *covare il denaro* couver son argent ◇ (*loc.*) *covare qc., q.c. con gli occhi* couver qqn., qqch. des yeux ~ *covare il fuoco* [*stare continuamente attorno al fuoco*] rester au coin du feu **3** (*fig.*) [*nutrire, alimentare in segreto, dentro di sé*] nourrir; mijoter: *covare un desiderio, un'ambizione, un dubbio, un sospetto* nourrir un désir, une ambition, un doute, un soupçon; *covare odio, rancore contro* (*per*) *qc.* nourrir de la haine, de la rancune contre qqn. ‖ *cosa stai covando?* qu'est-ce que tu mijotes? → **meditare, rimuginare** ◇ [*tramare, macchinare in segreto*] couver: *covare un complotto* couver un complot ◇ [*incubare*] *covare un malanno* couver une maladie; *tu stai covando l'influenza* tu couves la grippe **B** *v.intr.* (*aus.* '*avere*') (*fig.*) [*star chiuso, nascosto*] couver: *il fuoco cova sotto la cenere* le feu couve sous la cendre; *nel suo animo covano sempre l'odio e il rancore* dans son esprit la haine et la rancune couvent toujours ◇ (*loc. fig.*) *q.c. cova sotto la cenere* qqch. couve sous la cendre ◇ (*scherz.*) *qui gatta ci cova!* [*qui c'è sotto qualche trucco, qualche inganno*] il y a anguille sous roche!

covariànza |kova'rjantsa| *s.f.* (*stat.*) covariance.

covàta |ko'vata| *s.f.* **1** [*le uova covate*] couvée, nichée ◇ (*per est.*) [*nidiata*] *una covata di pulcini* une couvée, une nichée de poussins ◇ (*scherz.*) [*famiglia numerosa*] couvée: *che bella covata* (*di figli*)! quelle couvée (d'enfants)! **2** [*ammasso d'uova d'api e d'altri insetti*] couvain *m.*

covatrìce |kova'tritʃe| *s.f.* (*tecnol.*) couveuse.

coventrizzàre |koventrid'dzare| *v.tr.* → **annientare, distruggere.**

cover-girl |'kʌvə'gə:l| *loc. sost. f. inv.* (*ingl.*) cover-girl *var.*

covile |ko'vile| *s.m.* **1** [*rifugio di animali selvatici*] tanière (*f.*): *stanare una volpe dal covile* débusquer un renard de sa tanière → **covo, tana** ◇ [*cuccia del cane*] niche *f.* **2** (*fig.*) [*abitazione, stanza squallida*] tanière, taudis ◇ [*letto misero, disordinato*] grabat.

cóvo |'kovo| *s.m.* **1** [*rifugio di animali selvatici*] tanière *f.*, gîte → **tana** ◇ (*loc.*) *farsi il covo*: (*pr.*) faire son nid, son trou; (*fig.*) (*persone*) [*stabilirsi in un luogo*] faire son nid **2** (*fig.*) [*rifugio nascosto*] tanière, nid: *un covo di briganti* un nid de brigands; *un covo di pericolosi agitatori* un nid d'agitateurs dangereux; *fare uscire un malandrino dal suo covo* faire sortir un malfaiteur de sa tanière ◇ (*loc.*) *non uscir mai dal proprio covo* [*star sempre chiuso in casa*] ne jamais sortir de sa tanière.

covóne |ko'vone| *s.m.* [*fascio di cereali mietuti*] gerbe (*f.*): *un covone di grano, di avena* une gerbe de blé, d'avoine.

cow-boy |'kaubɔi| *s.m. inv.* (*ingl.*) cow-boy (*var.*): *un film di cow-boy* un film de cow-boys.

coxàle |kok'sale| *agg.* (*anat.*) coxal*.

coxalgìa, gie |koksal'dʒia, dʒie|, *s.f.* (*med.*) coxalgie.

coxàlgico, ci, ca, che |kok'saldʒiko, tʃi, ka, ke| *agg.* coxalgique.

coyóte |ko'jote| *s.m.* (*t.zool.*) coyote.

còzza |'kɔttsa| *s.f.* (*t.zool.*) moule ◇ (*corr.*) *cozze alla marinara* moules marinières, à la marinière.

cozzàre |kot'tsare| **A** *v.intr.* (*aus.* '*avere*') **1** [*urtare, colpire con le corna*] donner des coups de cornes: *il toro cozzava all'impazzata* le taureau donnait de furieux coups de cornes **2** (*per est.*) [*urtare violentemente contro q.c.*] *heurter (*tr.*): *la macchina ha cozzato contro l'albero* la voiture a heurté l'arbre ◇ (*fig.*) [*essere in contrasto; in opposizione*] se heurter (*pron.*): *cozzare contro le difficoltà* se heurter à des difficultés ◆ (*ass.*) *i nostri interessi cozzano* nos intérêts se heurtent **B** *v.tr.* [*urtare violentemente contro qc., q.c.*] heurter: *cozzare la testa contro q.c.* heurter sa tête contre, à qqch. ◇ (*loc. fig.*) *cozzare la testa contro il muro* [*ostinarsi in q.c. d'impossibile*] se cogner la tête contre le mur **C** *v.pron. recipr.* COZZARSI **1** [→ *tr.* 1] se heurter à qqch.: *le due macchine si sono cozzate in pieno* les deux voitures se sont heurtées de plein fouet **2** (*fig.*) [*venire in contrasto, scontrarsi*] s'affronter: *ci siamo cozzati su questioni ridicole* nous nous sommes affrontés sur des questions ridicules.

còzzo |'kɔttso| *s.m.* **1** coup de cornes **2** (*per est.*) [*scontro, urto violento*] choc, *heurt: *un cozzo violento tra due automobili* un choc, un heurt violent de deux voitures ◇ (*loc. fig.*) *dar di cozzo contro qc.* se heurter à qqn. **3** (*fig.*) [*opposizione, contrasto*] choc, heurt: *cozzo di opinioni* choc, heurt d'opinions.

crac |krak|, **cràcchete** |'krakkete| **I** *inter.* (*voce onomat. che riproduce il rumore di cosa che si rompe, che va in frantumi, che crolla*) crac **II** *s.m. inv.* **1** [→ I] craquement: *il crac di un ramo che si rompe, di un pavimento* le craquement d'une branche qui se casse, d'un parquet **2** (*fig.*) [*fallimento, bancarotta*] krach: *un crac di Borsa* un krach en Bourse.

cracking |'krækiŋ| *s.m. inv.* (*ingl.*) (*tecnol.*) craquage *var.* (*t.racc.*), cracking *var.*

crà crà |'kra'kra| **1** *s.m. inv.* (*voce onomat. che riproduce il verso della cornacchia, del corvo*) croassement *var.* **2** *inter.* [→ *s.m.*] couac: *cos'è che ha fatto 'cra cra'?* qu'est-ce qui a fait 'couac couac'?

cràfen |'krafen| *s.m. inv.* (*pasticceria*) pet-de-nonne *var.*

cràmpo |'krampo| *s.m.* crampe (*f.*): *crampi allo stomaco* crampes d'estomac; *avere un crampo al polpaccio* avoir une crampe au mollet.

crànico, ci, ca, che |'kraniko, tʃi, ka, ke| *agg.* [*relativo al cranio*] crânien*: *scatola cranica* boîte crânienne; *nervi cranici* nerfs crâniens.

crànio- |'kranjo| *pref.* (*significa 'cranio, testa', corrisponde gener. a*) crani(o): *craniografia* craniographie.

crànio, i |'kranjo, i| *s.m.* **1** (*anat.*) crâne: *la volta del cranio* la voûte du crâne; *frattura del cranio* fracture du crâne; *chirurgia del cranio* chirurgie du crâne, crânienne, neurochirurgie **2** (*fig., fam.*) [*testa, cervello*] crâne: *avere il cranio duro* avoir le crâne dur.

craniometrìa |kranjome'tria| *s.f.* craniométrie.

cranioscopìa |kranjosko'pia| *s.f.* cranioscopie.

craniotomìa |kranjoto'mia| *s.f.* (*chir.*) craniotomie.

cràpula |'krapula| *s.f.* (*lett.*) → **gozzoviglia.**

crapulàre |krapu'lare| *v.intr.* (*aus. 'avere'*) (*raro, lett.*) → **gozzovigliare.**

crapulóne |krapu'lone| *s.* [*chi normalmente è dedito alle gozzoviglie*] noceur* (*fam.*), fêtard (*fam.*).

'craquelé' |kʀakle| (*ceram.*) **1** *agg. inv.* craquelé *var.* **2** *s.m. inv.* craquelage *var.*

cràsi |'krazi| *s.f. inv.* (*ling., med.*) crase *var.*

cràsso |'krasso| *agg.* **1** (*lett.*) → **denso, 1 spesso** ◇ (*fig.*) *ignoranza crassa* ignorance crasse **2** (*anat.*) *intestino crasso* gros intestin.

-crate |krate| *suff.* (*significa 'potere, forza', corrisponde gener. a*) crate: *autocrate* autocrate.

cratègo |kra'tɛgo| *s.m.* (*t.bot.*) cratægus.

cratère |kra'tɛre| *s.m.* **1** (*ant.*) cratère → **vaso** **2** (*astron., geol.*) cratère: *crateri vulcanici* cratères volcaniques; *cratere lunare* cratère lunaire ◇ (*per est.*) [*grossa buca, voragine*] cratère, gouffre: *crateri aperti dalle bombe* cratères, gouffres ouverts par les bombes.

cratèrico, ci, ca, che |kra'tɛriko, tʃi, ka, ke| *agg.* (*geol.*) de, du cratère (*loc.*): *cinta craterica* enceinte du cratère.

crateriforme |krateri'forme| *agg.* cratériforme.

craterizzazióne |krateriddzat'tsjone| *s.f.* (*elettr., elettron.*) cratérisation.

-cràtico |'kratiko| *suff.* (*significa 'potere, dominio', corrisponde gener. a*) cratique: *democratico* democratique.

cràuti |'krauti| *s.m.pl.* (*cuc.*) [*cavoli tagliati sottili e fatti fermentare*] choucroute (*f. sing.*): *crauti e salsicce* choucroute garnie.

cravàtta |kra'vatta| *s.f.* **1** (*abbigl.*) cravate: *cravatta di seta* cravate de soie; *spilla da cravatta* épingle de cravate; *cravatta a righe* cravate à rayures; *cravatta fantasia* cravate bariolée, fantaisie **2** (*tecnol.*) anneau *m.* ◇ (*mar.*) cravate **3** (*lotta libera*) cravate.

cravattàio, i |kravat'tajo, i| *s.m.* **1** fabricant *s.*, marchand *s.* de cravates **2** (*pop.*) → **usuraio, strozzino.**

cravattino |kravat'tino| *s.m.* nœud papillon.

crawl |'krɔ:l| *s.m. inv.* (*ingl.*) crawl (*var.*): *nuotare con stile crawl, il crawl* nager le crawl, crawler *v.intr.*

-crazìa |krat'tsia| *suff.* (*significa 'potere, dominio', corrisponde gener. a*) cratie: *burocrazia* bureaucratie.

creàbile |kre'abile| *agg.* [→ CREARE] qu'on peut créer *loc.*

creànza |kre'antsa| *s.f.* **1** [*comportamento corretto*] éducation: *avere creanza* avoir de l'éducation; *buona creanza* bonne éducation; politesse; *mala creanza* mauvaise éducation; impolitesse → **maleducazione**; *mancare di creanza* manquer d'éducation # *una persona senza creanza* une personne mal élevée **2** [*gentilezza, cortesia*] politesse: *dire, fare q.c. per creanza* dire, faire qqch. par politesse.

creàre |kre'are| *v.tr.* **1** (*relig.*) [*produrre, generare dal nulla*] créer: *Dio creò l'uomo* Dieu créa l'homme **2** (*per est.*) [*ideare, inventare*] créer: *creare un genere letterario* créer un genre littéraire; *creare una parte* créer un rôle; *creare una nuova moda* créer une nouvelle mode; *creare una ditta* créer une firme **3** [*far nascere, suscitare*] créer: *creare problemi, difficoltà* créer des problèmes, des difficultés **4** [*nominare, eleggere*] nommer, créer: *creare qc. presidente di una società* nommer, élire qqn. président d'une société; *creare cardinale* créer cardinal.

creatìna |krea'tina| *s.f.* (*biol.*) créatine.

creatinìna |kreati'nina| *s.f.* (*biol.*) créatinine.

creatività |kreativi'ta| *s.f. inv.* créativité *var.*, force *var.* créatrice, capacité *var.* créatrice.

creativo |krea'tivo| *agg.* **1** [*connesso al creare*] créateur*: *atto, momento creativo* acte, moment créateur **2** [*che ha capacità di creare, inventiva*] créateur: *genio creativo* génie créateur; *forza, potenza creativa* force, puissance créatrice; *sensibilità creativa* sensibilité créatrice; *aver spirito creativo* avoir un esprit créateur ✦ *s.* (*arte pubblicitaria*) *un creativo* un créateur.

1 **creàto** |kre'ato| *agg.* **1** créé: *l'armonia delle cose create* l'harmonie des choses créés, de la création ✦ (*s.m.*) *il creato* les choses *f. pl.* créées, la création *f.* **2** (*fig.*) *ben creato* [(*ben*) *educato*] bien élevé, poli; *mal creato* [*maleducato*] mal élevé, impoli.

2 **creàto** |kre'ato| *s.m.* **1** [*le cose create, l'universo*] création (*f.*): *le meraviglie del creato* les merveilles de la création **2** (*raro, lett.*) (*persone*) → **protetto.**

creatóre, trice |krea'tore, tritʃe| **1** *agg.* créateur*: *fantasia, sensibilità creatrice* imagination, sensibilité créatrice **2** *s.* créateur: *il Creatore* le Créateur → **Dio** ◇ (*per anal.*) *il creatore di un'opera letteraria* le créateur d'une œuvre littéraire; *il creatore di una parte* le créateur d'un rôle ◇ (*loc. fig.*) *andare al creatore* rendre son âme à Dieu ~ *mandare qc. al creatore* envoyer qqn. dans l'autre monde.

creatùra |krea'tura| *s.f.* **1** créature: *le creature umane* les créatures humaines **2** [*bambino, figlio*] enfant (*m.*): *la sua creatura* son enfant ◇ [*persona che suscita compassione, ammirazione*] créature: *povera creatura!* quelle pauvre créature!; *una bella creatura* une belle, une bonne créature **3** (*per est.*) [*persona protetta, favorita*] créature: *essere la creatura di qc.* être la créature de qqn.; *è una creatura del ministro* c'est une créature du ministre.

creazióne |kreat'tsjone| *s.f.* **1** [→ CREARE 1] création: *la creazione del mondo, dell'universo* la création du monde, de l'univers **2** [→ CREARE 2] création: *le creazioni dell'ingegno* les créations de l'esprit; *creazioni letterarie* créations littéraires; *le creazioni della moda* les créations de la mode → **opera** ◇ [*fondazione, istituzione*] *la creazione di uno stabilimento, di un'impresa* la création d'un établissement, d'une entreprise.

credènte |kre'dɛnte| **1** *agg.* [*che ha una fede religiosa*] croyant: *è credente ma non bigotta* elle est croyante, mais pas bigote **2** *s.* croyant: *i veri credenti* les vrais croyants ◇ (*per est.*) [*chi crede in un'idea*] croyant **C** **ateo, miscredente.**

1 **credènza** |kre'dɛntsa| *s.f.* **1** [*il credere, l'aver fede*] croyance: *credenza in Dio* croyance en Dieu **2** [*idea, opinione*] croyance: *una credenza antica* une croyance ancienne **3** [*fiducia, credibilità*] crédit (*m.*): *trovare credenza presso qc.* trouver crédit auprès de qqn. **4** (*comm.*) crédit: *vendere a credenza* vendre à crédit.

2 **credènza** |kre'dɛntsa| *s.f.* [*mobile per custodire cibi e stoviglie*] buffet *m.*, crédence: *prendi i bicchieri dalla credenza* prends les verres dans le buffet, sur la crédence.

credenziàle |kreden'tsjale| **1** *agg.* (*diplomazia*) *lettere credenziali* lettres de créance (*loc. inv.*) ✦ (*s.f. pl.*) *le credenziali* les lettres de créance; *presentare, ritirare le credenziali* présenter, retirer les lettres de créance **2** *s.f.* (*banca, comm.*) lettre de crédit.

1 **crédere** |'kredere| **A** *v.tr.* **1** [*considerare vero*] croire (56): *far credere q.c. a qc.* faire croire qqch. à qqn.; *credo solo ciò che vedo* je ne crois que ce que je vois; *lo credo bene!* je crois bien!; *non posso crederlo!* je n'arrive pas à y croire! **2** [*supporre, presumere*] croire: *credere di sì, di no* croire que oui, que non; *credo che venga* je crois qu'il viendra; *non credo che venga* je ne crois pas qu'il vienne; *ho motivo di credere che...* j'ai tout lieu de croire que...; *voler credere che...* aimer à croire que...; *voglio credere che tu lo farai* j'aime à croire que tu le feras; *lo crederesti?* le croirais-tu?; *chi l'avrebbe creduto?* qui l'eût cru? **3** [*giudicare, ritenere*] croire: *credere qc. sincero* croire qqn. sincère; *lo credo giusto* je le crois juste; *credono che io scherzi* ils croient que je plaisante; *non credi di esagerare?* tu ne crois pas que tu exagères? # *fai*

come meglio credi fais comme bon te semble **B** *v.intr.* (*aus.* '*avere*') **1** [*accettare per vero, ritenere vero*] croire: *credere in Dio, nell'aldilà* croire en Dieu, en l'au-delà; *ci credi al diavolo?* crois-tu au diable?; *non bisogna credere alle dicerie* il ne faut pas croire aux bavardages ◇ [*ritener possibile*] *non credo a una sua resa immediata* je ne crois pas à sa reddition immédiate ✦ *ass.* [*aver fede religiosa*] *tu credi ancora?* toi, tu crois encore? **2** [*prestar fede a*; *aver fiducia di*] croire en qqn., en qqch.: *non credo più a niente* je ne crois plus en rien; *tu non credi a me, ma te ne pentirai* tu ne crois pas en moi, mais tu le regretteras # *credo poco ai giornali* je crois peu aux journaux; *tu non ci crederai, ma è proprio così* tu n'y croiras pas, mais c'est vraiment comme ça; *abbiamo creduto troppo nel progresso* nous avons trop cru au progrès ◇ (*loc.*) *credere sulla parola* croire sur parole ~ (*fig.*) *non credere ai propri occhi* ne pas en croire ses yeux **C** *v.pron. rifl.* CREDERSI [→ *tr.* 3] se croire: *credersi qc.*, *q.c.* se croire qqn., qqch.; *credersi forte* se croire fort; *cosa si crede?* qu'est-ce qu'il se croit?

2 **crédere** |'kredere| *s.m. sing.* [*parere, avviso*] avis: *a mio credere* à mon avis.

credibile |kre'dibile| *agg.* [→ 1 CREDERE A 1, 2; B] (*cose*) croyable: *è una notizia credibile* c'est une nouvelle croyable # *non sei più credibile* on ne peut plus te croire.

credibilità |kredibili'ta| *s.f. inv.* crédibilité *var.*

credibilménte |kredibil'mente| *avv.* [→ CREDIBILE] vraisemblablement: *molto credibilmente cercherà un accordo* très vraisemblablement il cherchera (à trouver) un accord.

creditizio, i |kredi'tittsjo, i| *agg.* de crédit (*loc.*): *politica creditizia* politique de crédits; *circolazione creditizia* circulation de crédits.

crédito |'kredito| *s.m.* **1** crédit: *avere, trovare credito* avoir, trouver crédit; *far credito, negar credito a qc., alle parole di qc.* faire crédit, ne pas faire crédit à qqn. → **fede, credibilità** ◇ (*per est.*) *perdere credito* perdre tout crédit; *avere, acquistare credito presso qc.* avoir, gagner du crédit auprès de qqn.; *godere di molto credito* jouir d'un grand crédit → **stima, fiducia, reputazione** # *è una persona di poco credito* c'est une personne qui n'a pas une bonne réputation ◇ (*dir.*) *millantato credito* trafic d'influence **2** (*dir.*) créance (*f.*): *credito da recuperare* créance à recouvrer; *credito dubbio, congelato, privilegiato* créance douteuse, gelée, privilégiée; *riconoscere un credito* reconnaître une créance; *incassare un credito* encaisser, recouvrer une créance # *titolo di credito* titre de crédit; *lettere di credito* lettres de crédit; *essere in credito verso qc.* être le créancier de qqn. **3** (*comm.*) crédit: *comprare, vendere a credito* acheter, vendre à crédit **4** (*banca*) crédit: *credito di conto corrente* crédit de compte courant; *credito cumulativo* crédit cumulatif; *credito di consumo* crédit de consommation; *credito senza garanzia* crédit sans garantie; *credito a breve, a medio termine* crédit à court, à moyen terme; *massimale del credito* plafond du crédit; *far credito a qc.* faire crédit à qqn.; *aprire un credito* ouvrir un crédit **5** [*istituto bancario*] crédit: *Credito Italiano* Crédit Italien **C** 1 **discredito**; 2; 3; 4 **debito.**

creditóre, trice |kredi'tore, tri-tʃe| *s.* [*titolare di un credito*] créancier*: *creditore verso il fallimento* créancier dans la faillite; *pagare, soddisfare i creditori* payer, satisfaire ses créanciers ✦ (*agg.*) *le ditte creditrici* les maisons créancières **C** **debitore.**

creditòrio, i |kredi'tɔrjo, i| *agg.* **1** (*raro*) d'un créancier, des créanciers *loc.* **2** [*concernente il credito*] créditeur*.

crèdo |'krɛdo| *s.m. inv.* (*relig.*) credo (*var.*): *il credo cattolico, islamico* le credo catholique, islamique ◇ (*corr.*) *recitare il credo* dire, réciter le credo ◇ (*per est.*) *il proprio credo politico, artistico* son credo politique, artistique.

credulità |kreduli'ta| *s.f. inv.* crédulité (*var.*): *abusare della credulità di qc.* abuser de la crédulité de qqn. # *con credulità* crédulement **C** **incredulità.**

crèdulo |'krɛdulo| *agg.* crédule: *donne credule* femmes crédules **C** **incredulo.**

credulóne |kredu'lone| *agg.* crédule, naïf* ✦ (*s.*) *un credulone* un gogo (*fam.*), un gobeur* (*fam.*): *è una credulona* c'est une gobeuse.

crèma |'krɛma| *s.f.* **1** crème: *torta alla crema* tarte à la crème; *gelato alla crema* crème glacée ◇ (*per est.*) *crema di riso* crème de riz; *crema di legumi* crème de légumes; *crema di caffè, di cacao* crème de moka, de cacao **2** (*cosmesi*) crème: *crema detergente, abbronzante* crème démaquillante, pour bronzer; *crema per la pelle, per le mani* crème pour la peau, pour les mains; *crema da barba, per la barba* crème à raser ◇ (*per est.*) *crema per calzature* crème pour chaussures → **lucido** **3** [*panna del latte*] crème ◇ (*fig.*) *al ricevimento c'era la crema dell'aristocrazia, degli imprenditori locali* à la réception il y avait la crème de l'aristocratie, le gratin (*fam.*) des entrepreneurs locaux **4** [*il colore*] crème: *una tinta fra il crema e il rosa* une teinte entre le crème et le rose ✦ (*agg. inv.*) *un vestito color crema* une robe crème.

cremaglièra |kremaʎ'ʎɛra| *s.f.* (*tecnol.*) crémaillère: *ferrovia a cremagliera* chemin de fer à crémaillère.

cremàre |kre'mare| (*v.tr.*) *cremare una cadavere* [*bruciarlo, incenerirlo*] incinérer (8) un cadavre.

crematóio, i |krema'tojo, i| *s.m.* → **crematorio.**

crematòrio, i |krema'tɔrjo, i| *agg.* crématoire: *forno crematorio* four crématoire ✦ (*s.m.*) *il cremato(r)io* le crématoire.

cremazióne |kremat'tsjone| *s.f.* [→ CREMARE] crémation.

'crème' |krɛm| *s.f. inv.* (*fig.*) [*il fior fiore, la parte migliore* (*di q.c.*)] crème *var.* → **crema** 3.

'crème-caramel' |krɛmkaramɛl| *s.m. o f. inv.* crème *f. var.* au caramel.

cremerìa |kreme'ria| *s.f.* (*region.*) crémerie (*corr.*).

cremino |kre'mino| *s.m.* **1** chocolat fourré **2** petit fromage à la crème, crémeux **3** [*gelato*] glace *f.*

crèmisi |'krɛmizi| **1** *agg. inv.* [*rosso molto acceso*] cramoisi (*var.*): *velluto cremisi* velours cramoisi **2** *s.m. inv.* → **chermes.**

cremisino |kremi'zino| *agg.* [*di colore cremisi*] cramoisi: *velluto cremisino* velours cramoisi; *stoffa color cremisino* étoffe cramoisie.

cremóso |kre'moso| *agg.* crémeux*: *latte cremoso* lait crémeux.

crenàto |kre'nato| *agg.* (*t.bot.*) crénelé.

crèolo |'krɛolo| **1** *agg.* créole: *la civiltà creola* la civilisation créole **2** (*s.m.*) *il creolo* [*la lingua*] le créole.

creosòto |kreo'zɔto| *s.m.* (*chim.*) créosote *f.*

crèpa |'krɛpa| *s.f.* **1** [*fessura in una superficie compatta*] fêlure; fissure: *un vaso pieno di crepe* un vase plein de fêlures ‖ *una crepa sul soffitto, sulle pareti* une fissure au plafond, sur les murs **2** (*fig.*) [*elemento di disordine*; *dissidio*] fêlure: *tra i due amici comincia a esserci qualche crepa* il commence à y avoir quelques fêlures dans l'amitié de ces deux-là.

crepàccio, i |kre'pattʃo, i| *s.m.* [*grossa crepa nel suolo*] crevasse (*f.*): *un crepaccio del terreno* une crevasse du terrain ◇ (*geol., corr.*) *i crepacci* (*di un ghiacciaio*) les crevasses (d'un glacier).

crepacuòre |krepa'kwɔre| *s.m.* crève-cœur *inv.*

crepapèlle |krepa'pɛlle| *solo nella loc. avv.* A CREPAPELLE [*smodatamente, quasi fino a scoppiare*]: *ridere a crepapelle* rire comme un bossu; *mangiare a crepapelle* manger comme un ogre, s'empiffrer (*fam.*).

crepàre |kre'pare| **A** *v.intr.* (*aus.* '*essere*') (*fam., spec. spreg.*) [*morire*] crever (6) (*pop.*) **B** *v.intr. e pron.* CREPARSI se fendre.

crepatùra |krepa'tura| *s.f.* → **crepa.**

'crêpe' |krɛp| *s.m. inv.* **1** [*crespo*] crêpe *var.* **2** [*frittella*] crêpe (*f. var.*) '*crêpe*' *alla marmellata* crêpes à la confiture; '*crêpe*' *alla fiamma* crêpes flambées, crêpes Suzette.

crepèlla |kre'pɛlla| *s.f.* [*tessuto morbido per abiti femminili*] crêpe *m.*

crepitàcolo |krepi'takolo| *s.m.* → **raganella.**

crepitàre |krepi'tare| *v.intr.* [*produrre crepitii, rumori secchi e insistenti*] crépiter; craquer: *il fuoco, la pioggia crepitava* le feu, la pluie crépitait ‖ *le foglie secche crepitavano sotto i passi* les feuilles sèches craquaient sous les pas ✦ (*al p. pres.*) *un tizzone crepitante* un tison crépitant ✦ (*all'inf., in funzione di s.m.*) *il crepitare della mitragliatrice* le crépitement de la mitrailleuse → **crepitio.**

crepitazióne |krepitat'tsjone| *s.f.* **1** [→ CREPITARE] crépitation **2** (*med.*) crépitation.

crepitìo, ii |krepi'tio, ii| *s.m.* [*suono secco e insistente*] crépitement: *il crepitio della pioggia, della mitragliatrice* le crépitement de la pluie, de la mitrailleuse # *il crepitio delle foglie* le craquement des feuilles.

crepuscolàre |krepusko'lare| *agg.* **1** crépusculaire: *una luce crepuscolare* une lumière crépusculaire **2** (*letter. it.*) crépusculaire: *poesia crepuscolare* poésie crépusculaire ✦ (*s.m.*) *i crepuscolari* les crépusculaires **3** (*psicol.*) *stato crepuscolare* état crépusculaire.

crepùscolo |kre'puskolo| *s.m.* **1** crépuscule: *la luce del crepuscolo* la lumière du crépuscule, crépusculaire; *al crepuscolo rientrarono a casa* au crépuscule ils rentrèrent chez eux **2** (*fig.*) crépuscule: *il crepuscolo della vita* le crépuscule de la vie; *il crepuscolo degli ideali, dei miti tradizionali* le crépuscule des idéaux, des mythes traditionnels; *il crepuscolo degli dei* le crépuscule des dieux → **declino.**

crescèndo |kreʃ'ʃɛndo| *s.m. inv.* **1** (*mus.*) crescendo *avv.* ◇ *loc. avv.* IN CRESCENDO crescendo *avv.* **2** (*fig.*) crescendo: *un crescendo di applausi, di fischi* un crescendo d'applaudissements, de sifflets.

crescènte |kreʃ'ʃɛnte| *agg.* **1** [*che cresce*] croissant: *un numero sempre crescente di critici, di spettatori* un nombre toujours croissant de critiques, de spectateurs ◇ (*loc.*) *luna crescente* croissant *s.m.* **2** (*arald.*) croissant.

crescènza |kreʃ'ʃɛntsa| *s.f.* **1** [→ CRESCERE A] croissance: *malattia, crisi di crescenza* maladie, crise de croissance → **crescita** **2** [*formaggio molle, lombardo*] ⊠.

créscere |'kreʃʃere| (128) **A** *v.intr.* (*aus.* '*essere*') **1** (*organismo o sue parti*) [*svilupparsi*; *aumentare fino a diventare adulto*] croître (70) (*aus.* avoir, être), grandir (*aus.* avoir, être); pousser: *crescere regolarmente, in fretta* croître, grandir régulièrement, rapidement; *crescere a vista d'occhio* croître, grandir à vue d'œil; *come è cresciuto quel bambino!* comme il a grandi cet enfant! ‖ *la pianta, il grano cresce bene* la plante, le blé pousse bien # *cominciano a crescergli i primi denti* il commence à mettre ses premières dents ◇ (*persone*) [*essere allevato, educato*] grandir: *è cresciuto in casa dei nonni* il a grandi chez ses grands-parents; *è cresciuto in campagna* il a été élevé, il a grandi à la campagne; *crescere nella miseria* grandir dans la misère; *crescere con sani principi* grandir avec des principes sains ◇ (*piante*) [*allignare, attecchire*] pousser (*aus.* avoir): *su questo terreno, in questi climi non cresce la vite, non crescono alberi da frutta* sur ce terrain, dans ces climats, la vigne ne pousse pas, les arbres fruitiers ne poussent pas **2** *loc.* CRESCERE DI, CRESCERE IN [*aumentare*] augmenter (*aus.* avoir) de, en: *crescere di peso, di statura, di numero* augmenter de poids, de stature, en nombre # *crescere in altezza, in reputazione* grandir, gagner en réputation; *sono cresciuto di tre chili* j'ai grossi de trois kilos ♦ (*ass.*) *il fiume cresce* le fleuve grossit; *farsi, lasciarsi crescere la barba, i capelli* se faire, se laisser pousser la barbe, les cheveux; *il costo della vita, la vita cresce ogni giorno* le coût de la vie, la vie augmente chaque jour; *la pasta cresce in cottura* les pâtes gonflent à la cuisson; *sono cresciute le esigenze* les exigences ont augmenté; *cresceva ogni giorno il malcontento, la rabbia* le mécontentement général, la colère augmentait chaque jour → **ingrossar(si)** **3** [*essere sovrabbondante*; *avanzare*] rester: *non buttar via quello che ti cresce!* ne jette pas ce qui te reste! **4** (*mus.*) [*stonare perché troppo acuto*] monter (*aus.* avoir, être): *una nota che cresce di un quarto di tono* une note qui monte d'un quart de ton **B** *v.tr.* **1** [*allevare, educare*] élever (6): *crescere i figli tra gli stenti, con sani principi* élever ses enfants dans les privations, avec de sains principes; *dopo la morte dei genitori lo ha cresciuto lo zio* après la mort de ses parents il a été élevé par son oncle **2** (*fam.*) [*accrescere, aumentare*] augmenter # *finalmente mi hanno cresciuto lo stipendio!* on m'a finalement donné une augmentation de traitement **3** (*lavori a maglia, all'uncinetto*) [*aumentare il numero delle maglie*] augmenter: *crescere i punti* augmenter les points ♦ (*ass.*) *dopo dieci righe, cominciare a crescere* après dix rangs, commencer à augmenter 🄲 **diminuire, calare.**

crescióne |kreʃ'ʃone| *s.m.* (*t.bot.*) cresson: *crescione d'acqua* cresson de fontaine ~ *crescione inglese, degli orti* cresson alénois, nasitort.

créscita |'kreʃʃita| *s.f.* **1** [→ CRESCERE A 1] croissance: *crescita regolare, precoce di un bambino, di una pianta* croissance régulière, précoce d'un enfant, d'une plante; *il periodo della crescita* la période de la croissance **2** [→ CRESCERE A 2] croissance; augmentation: *la crescita di una città* la croissance d'une ville ‖ *crescita di capitale* augmentation de capital; *crescita dei prezzi* augmentation, hausse des prix → **aumento.**

cresile |kre'zile| *s.m.* (*chim.*) crésyl.

crèsima |'krɛzima| *s.f.* (*relig.*) confirmation: *tenere qc. a cresima* être le parrain de confirmation de qqn.

cresimàndo |krezi'mando| *s. e agg.* [*chi sta per ricevere la cresima*] confirmand *s.m.*

cresimàre |krezi'mare| **A** *v.tr.* (*relig. catt.*) [*amministrare il sacramento della cresima*] confirmer **B** *v.pron. intr.* CRESIMARSI [*ricevere la cresima*] recevoir (33) *tr.* la confirmation: *domenica prossima si cresima mio figlio* dimanche prochain mon fils recevra la confirmation.

cresimàto |krezi'mato| *agg. e s.* (*relig. catt.*) confirmé.

Crèso |'krɛzo| *s.m.* (*fig.*) Crésus: *vive come un Creso* il vit comme Crésus, c'est un Crésus → **nababbo.**

créspa |'krespa| *s.f.* **1** [*increspatura, piega della stoffa*] pli (*m.*): *una gonna a crespe* une jupe à plis **2** (*raro*) [*grinza, ruga della pelle*] pli, ride: *le crespe del collo* les plis du cou **3** (*geogr.*) ride: *le crespe di una pianura* les rides d'une plaine.

crespàre |kres'pare| *v.tr.* → **increspare.**

crespàto |kres'pato| *agg.* [*increspato, crespo*] crêpé: *carta crespata* papier crêpé.

crespatùra |krespa'tura| *s.f.* → **increspatura.**

crespìno |kres'pino| *s.m.* (*t.bot.*) épine-vinette *f.*

créspo |'krespo| *agg.* **1** [*ondulato*] crépu: *capelli crespi* cheveux crépus **2** (*di tessuto*) crêpé: *tessuto crespo* tissu crêpé ♦ (*s.m.*) *un crespo* (*di lana*) un crêpe (de laine).

crespùto |kres'puto| *agg.* (*raro*) → **crespo.**

1 **crésta** |'kresta| *s.f.* **1** crête: *la cresta del gallo* la crête du coq ◇ (*loc. fig.*) *alzare, abbassare la cresta* lever, baisser la crête ~ *fare abbassare la cresta a qc.* [*umiliarlo*] rabattre le caquet de qqn. **2** (*zool.*) crête: *le creste dei pesci* les crêtes des poissons; *la cresta degli uccelli* la crête des oiseaux ◇ (*anat.*) crêt *m.* **3** *la cresta della cameriera* [*specie di cuffia*] la coiffe de la femme de chambre **4** *la cresta dell'onda* [*la sommità*] la crête de la vague ◇ (*loc. fig.*) *essere sulla cresta dell'onda* tenir la vedette **5** *la cresta di un argine* [*il piano superiore*] la crête d'une digue **6** (*geogr.*) crête.

2 **crésta** |'kresta| *s.f.* (*solo nella loc.*) *fare la cresta sulla spesa* [*presentarla come maggiore, per trarne un profitto*] faire danser l'anse du panier.

crestàia |kres'taja| *s.f.* → **modista.**

crestàto |kres'tato| *agg.* (*zool.*) crêté.

crestomazìa |krestomat'tsia| *s.f.* chrestomathie → **antologia.**

créta |'kreta| *s.f.* **1** (*miner., corr.*) glaise, argile: *abbozzo di creta di una statua* ébauche en glaise, en argile d'une statue ◇ (*cuc.*) *pollo alla creta* poulet cuit dans l'argile **2** [*oggetto fatto di creta*] objet *m.* d'argile, de glaise: *una raccolta di crete antiche* une collection d'objets anciens d'argile, de glaise ◇ (*lett., fig.*) *la creta umana, mortale* [*il corpo*] le corps *m.* humain.

cretàceo |kre'taʃeo| *agg.* (*geol.*) crétacé: *strato cretaceo* couche crétacée ♦ (*s.m.*) *il cretaceo* le crétacé.

cretése |kre'tese| **1** *agg.* [*di Creta*] crétois: *la civiltà cretese* la civilisation crétoise **2** (*s.m.*) *il cretese* [*la lingua dell'ant. Creta*] le crétois.

cretinàta |kreti'nata| *s.f.* → **cretineria** 2.

cretinerìa |kretine'ria| *s.f.* **1** [*l'essere cretino*] imbécillité, crétinerie: *la sua cretineria è nota a tutti* tout le monde connaît son imbécillité, sa crétinerie → **stupidaggine** **2** [*atto, parola da cretino*] crétinerie, bêtise: *non dire cretinerie* ne dis pas de crétineries, de bêtises; *hai fatto una bella cretineria* tu as fait une belle bêtise → **sciocchezza.**

cretinìsmo |kreti'nizmo| *s.m.* (*med.*) crétinisme ◇ (*corr.*) [*imbecillità, stupidità*] idiotie. *f.*

cretìno |kre'tino| *agg. e s.* **1** crétin, idiot: *che cretino!* quel crétin, quel idiot!; *un discorso, un ragionamento cretino* un discours, un raisonnement idiot; *ma smettila, cretino!* mais arrête, crétin, idiot!; *ti sei comportato proprio da cretino* tu t'es vraiment conduit comme un idiot; *fa sempre il cretino con le ragazze* il fait toujours l'idiot avec les filles **2** (*med.*) crétin.

cretinòide |kreti'nɔide| *s.* **1** (*raro, med.*) crétinoïde **2** (*fam.*) → **cretino.**

'cretonne' |kRətɔn| *s.f. inv.* cretonne (*var.*): *un vestito di 'cretonne'* une robe en cretonne.

cretóso |kre'toso| *agg.* → **argilloso.**

crettàre |kret'tare| *v.tr. e pron.* (*raro*) → **screpolare.**

crètto |'krɛtto| *s.m.* (*raro*) → **screpolatura.**

cri |kri| (*s.m. inv.*) *il cri-cri dei grilli* le cri-cri des grillons.

crìbbio |'kribbjo| *inter.* (*esprime 'meraviglia, dispetto'*) nom de nom, nom d'un chien, d'une pipe: *cribbio, quant'è scemo!* nom de nom, ce qu'il est idiot!

cribràre |kri'brare| *v.tr.* (*raro, lett.*) → **vagliare; ponderare.**

crìbro |'kribro| *s.m.* (*lett.*) → **vaglio.**

cribróso |kri'broso| *agg.* (*biol.*) criblé: *tessuto cribroso* tissu criblé; *cellula cribrosa* cellule criblée.

cric |krik| *s.m. inv.* → **cricco.**
1 **cricca, che** |'krikka, ke| *s.f.* [*gruppo di persone poco raccomandabili*] clique: *una cricca di delinquenti* une clique de délinquants ◇ (*per est., fam.*) [*gruppo di amici*] bande: *è sempre in giro con la sua solita cricca* il est toujours dehors avec sa bande habituelle.
2 **cricca, che** |'krikka, ke| *s.f.* (*tecnol.*) fêlure.
cricchétto |krik'ketto| *s.m.* (*tecnol.*) cliquet.
cricchiàre |krik'kjare| *v.intr.* (*aus.* '*avere*') → **scricchiolare.**
cricco, chi |'krikko, ki| *s.m.* (*tecnol.*) cric: *cricco di automobile* cric d'automobile; *cricco a manovella* cric à manivelle.
cricèto |kri'tʃɛto| *s.m.* (*t.zool.*) *hamster.
cricket |'krikit| *s.m. inv.* (*ingl.*) (*sport*) cricket *var.*
cricòide |kri'kɔide| *s.f.* (*anat.*) cricoïde *m.*
cricoidèo |krikoi'dɛo| (*agg.*) *cartilagine cricoidea* cartilage cricoïde.
criminàle |krimi'nale| **1** *agg.* criminel*: *indagini criminali* enquêtes criminelles; *giurisdizione criminale* juridiction criminelle ◇ [*delittuoso, criminoso*] *atto criminale* action criminelle **2** *s.* criminel: *un criminale di guerra* un criminel de guerre; *una banda di criminali* un gang de criminels; *procedere all'arresto dei criminali* procéder à l'arrestation des criminels ◇ (*scherz.*) *ha fatto un lavoro da criminale* il a fait un travail de criminel.
criminalìsta |krimina'lista| *s.* (*raro*) criminaliste.
criminalità |kriminali'ta| *s.f. inv.* criminalité *var.*
criminalménte |kriminal'mente| *avv.* [→ CRIMINALE 1] criminellement.
criminalòide |krimina'lɔide| *agg. e s.* (personne) qui a des tendances criminelles *loc.*
crìmine |'krimine| *s.m.* crime: *crimine di guerra, internazionale* crime de guerre, international; *un crimine orrendo, efferato* un crime atroce, affreux → **delitto** ◇ (*scherz.*) *ma è un crimine cucinare in quel modo il fagiano* mais c'est un crime d'apprêter comme ça un faisan!
criminologìa, gie |kriminolo'dʒia, dʒie| *s.f.* criminologie.
criminòlogo, gi |krimi'nɔlogo, dʒi| *s.m.* criminologiste *s.*
criminosaménte |kriminosa'mente| *avv.* [→ CRIMINOSO] criminellement.
criminosità |kriminosi'ta| *s.f. inv.* criminalité *var.*
criminóso |krimi'noso| *agg.* [*che costituisce un crimine*] criminel*: *un progetto criminoso* un dessein criminel.
crinàle |kri'nale| *s.m.* ligne *f.* de faîte, arête *f.*
crìne |'krine| *s.m.* **1** crin: *crine di cavallo* crin du cheval ◇ [*usato per imbottiture*] *materasso, guanciale di crine* matelas, oreiller de crin ◇ (*per est.*) *crine vegetale* crin végétal **2** (*lett.*) → **capello.**
crinièra |kri'njɛra| *s.f.* **1** crinière: *la criniera del cavallo, del leone* la crinière du cheval, du lion **2** (*fig., scherz.*) [*capigliatura umana folta*] crinière: *una criniera bionda* une crinière blonde **3** (*astron.*) *la criniera della cometa* la chevelure de la comète.

Crinòidi |kri'nɔidi| *s.m.pl.* (*t.zool.*) Crinoïdes.
crinolìna |krino'lina| *s.f.* crinoline.
crio- |'krio| *pref.* (*significa* '*freddo*', *corrisponde gener. a*) cryo: *crioterapia* cryothérapie.
criochirurgìa, gie |kriokirur'dʒia, dʒie| *s.f.* cryochirurgie.
criògeno |kri'ɔdʒeno| *agg.* (*fis.*) cryogène: *miscuglio criogeno* mélange cryogène.
criologìa, gie |kriolo'dʒia, dʒie| *s.f.* cryologie.
crioscopìa |kriosko'pia| *s.f.* cryoscopie.
crioterapìa |kriotera'pia| *s.f.* (*med.*) cryothérapie.
crìpta |'kripta| *s.f.* (*anat., arch., bot.*) crypte.
crìpto- |'kripto|, **critto-** |'kritto| *pref.* (*significano* '*nascosto, coperto, simulato*', *corrispondono gener. a*) crypto: *criptografia* cryptographie; *Crittogame* Cryptogames.
crìpto |'kripto| *s.m.* (*chim.*) krypton, crypton.
criptocomunìsta |kriptokomu'nista| *agg. e s.* (*polit.*) cryptocommuniste.
criptogenètico, ci, ca, che |kriptodʒe'nɛtiko, tʃi, ka, ke| *agg.* (*med.*) cryptogénétique: *disturbo criptogenetico* trouble cryptogénétique.
crisàlide |kri'zalide| *s.f.* (*zool.*) chrysalide: *crisalide del baco da seta* chrysalide du ver à soie.
crisantèmo |krizan'tɛmo| *s.m.* (*t. bot.*) chrysanthème.
crìsi |'krizi| *s.f. inv.* **1** (*med., corr.*) crise (*var.*): *crisi cardiaca, epilettica, isterica* crise cardiaque, d'épilepsie, d'hystérie; *essere preso da una crisi* être pris d'une crise; *avere una crisi di nervi, di collera* piquer une crise de nerfs, de colère → **accesso, attacco** **2** [*periodo particolarmente difficile nella vita personale o collettiva*] crise: *crisi religiosa, morale, finanziaria* crise religieuse, morale, financière; *una persona, una istituzione, dei valori in crisi* une personne, une institution, des valeurs en crise; *avere, attraversare, superare una crisi di coscienza* avoir, passer par, surmonter une crise de conscience ◇ (*polit.*) *crisi* (*di governo*) crise de gouvernement; *una crisi lunga, difficile* une crise longue, difficile; *aprire una crisi* (*ministeriale*) déclencher une crise ministérielle ◇ (*econ., corr.*) *crisi economica* crise économique; *siamo in periodo di crisi* nous sommes en période de crise ◇ *loc.* METTERE IN CRISI mettre en crise: *lo sciopero dei mezzi pubblici ha messo in crisi tutte le attività produttive* la grève des transports publics a mis en crise toutes les activités de production # *il voto di sfiducia ha messo in crisi il governo* le vote refusant la confiance a provoqué la crise gouvernementale; *le parole dell'amico lo hanno messo in crisi* les paroles de son ami l'ont mis dans tous ses états, ont déclenché chez lui une crise.
crìsma |'krizma| *s.m.* **1** (*relig.*) chrême **2** (*fig.*) [*sanzione ufficiale; convalida*] approbation *f.* # *l'iniziativa ha già ottenuto tutti i crismi della legalità* l'initiative a déjà obtenu toutes les sanctions législatives, tous les sacrements officiels; *un accordo con tutti i crismi* un accord en bonne et due forme, selon (dans) les règles.
cris(o)elefantino |kriz(o)elefan'tino| *agg.* (*ant.*) chryséléphantin.
cristallerìa |kristalle'ria| *s.f.* **1** [*oggetti di cristallo*] cristallerie **2** [*fabbrica, negozio di cristalli*] cristallerie.
cristallièra |kristal'ljɛra| *s.f.* cristallier *m.*, vitrine.
cristallìfero |kristal'lifero| *agg.* cristallifère.
cristallìno |kristal'lino| **I** *agg.* **1** cristallin **2** (*per est.*) [*limpido, trasparente come il cristallo*] cristallin: *acqua cristallina* eau cristalline ◇ (*loc.*) *voce cristallina* [*chiara*] voix cristalline, de cristal ◇ (*fig.*) de cristal (*loc. inv.*): *un'anima, una coscienza cristallina* une âme, une conscience de cristal → **limpido, puro** **3** (*miner.*) cristallin: *i sistemi cristallini* les systèmes cristallins **II** *s.m.* (*anat.*) cristallin.
cristallizzàbile |kristallid'dzabile| *agg.* [→ CRISTALLIZZARE A 1; B; C 1] cristallisable.
cristallizzànte |kristallid'dzante| *agg.* cristallisant.
cristallizzàre |kristallid'dzare| **A** *v.tr.* **1** [*ridurre allo stato cristallino*] cristalliser: *cristallizzare un sale* cristalliser un sel **2** (*raro, fig.*) [*fissare, bloccare in modo non suscettibile di evoluzione*] fossiliser: *cristallizzare il proprio metodo, la propria tecnica* fossiliser sa méthode, sa technique **B** *v.intr.* (*aus.* '*essere*') [→ *tr.* 1] cristalliser (*aus.* avoir): *una sostanza che cristallizza facilmente* une substance qui cristallise facilement **C** *v.pron. intr.* CRISTALLIZZARSI . **1** [→ *tr.* 1] se cristalliser: *lo zucchero si è cristallizzato* le sucre s'est cristallisé **2** (*fig.*) [→ *tr.* 2] se fossiliser: *cristallizzarsi in un'ideologia* se fossiliser dans une idéologie; *un autore, un artista che si è cristallizzato nel suo metodo, nella sua tecnica* un auteur, un artiste qui s'est fossilisé dans sa méthode, dans sa technique.
cristallizzàto |kristallid'dzato| *agg.* cristallisé: *zucchero cristallizzato* sucre cristallisé.
cristallizzazióne |kristallid-dzat'tsjone| *s.f.* **1** (*chim., fis.*) cristallisation: *cristallizzazione artificiale* cristallisation artificielle; *cristallizzazione per fusione, per sublimazione* cristallisation par fusion, par sublimation **2** (*fig.*) [→ CRISTALLIZZARE A 2; C 2] cristallisation: *la cristallizzazione di una idea* la cristallisation d'une idée # *quel-l'artista è in piena cristallizzazione* cet artiste s'est figé.
cristàllo- |kris'tallo| *pref.* (*significa* '*cristallo*', *corrisponde gener. a*) cristallo: *cristallografia* cristallographie.
cristàllo |kris'tallo| *s.m.* **1** (*miner.*) cristal*: *cristallo di diamante, di sali di calcio* cristal de diamant, de sels de calcium; *la struttura di un cristallo* la structure d'un cristal ◇ (*spec.*) *cristallo di rocca* cristal de roche **2** [*tipo di vetro pregiato*] cristal: *cristallo temprato, molato* cristal trempé, meulé; *una coppa, un bicchiere, un servizio di cristallo* une coupe, un verre, un service de cristal # *cristallo infrangibile, di sicurezza* glace de sécurité ◇ [*oggetto di cristallo*] glace *f.*; cristal: *i cristalli dell'automobile* les glaces de la voiture ‖ *una raccolta di cristalli pregiati* une collection de cristaux précieux

◇ (*loc. fig.*) *acque di cristallo, limpide come cristallo* [*cristallino*] eaux de cristal, limpides comme du cristal ~ *tenere sotto una campana di cristallo*: (*pr.*) garder sous une cloche de verre (*fig.*) [*custodire gelosamente*] garder sous cloche.
cristallografìa |kristallogra'fia| *s.f.* (*miner.*) cristallographie.
cristallogràfico, ci, ca, che |kristallo'grafiko, tʃi, ka, ke| *agg.* cristallographique.
cristallòide |kristal'lɔide| *s.m.* (*anat.*) cristalloïde.
cristianaménte |kristjana'mente| *avv.* [→ CRISTIANO I] chrétiennement: *vivere, morire cristianamente* vivre, mourir chrétiennement, en (bon) chrétien.
cristianésimo |kristja'nezimo| *s.m.* christianisme: *i dogmi del cristianesimo* les dogmes du christianisme; *convertire al cristianesimo* convertir au christianisme.
cristiània |kris'tjanja| *s.m. inv.* (*sci*) christiania *var.*
cristianìssimo |kristja'nissimo| *agg.* (*st. fr.*) *il re Cristianissimo* le roi Très Chrétien.
cristianità |kristjani'ta| *s.f. inv.* **1** [*insieme dei cristiani*] chrétienté (*var.*): *i popoli della cristianità* les peuples de la chrétienté **2** [*sentimento cristiano*] christianisme *m. var.*
cristianizzàre |kristjanid'dzare| *v.tr.* [*convertire al cristianesimo*] christianiser → **evangelizzare.**
cristianizzazióne |kristjaniddzat'tsjone| *s.f.* [→ CRISTIANIZZARE] christianisation → **evangelizzazione.**
cristiàno |kris'tjano| **I** *agg.* **1** chrétien*: *la religione cristiana* la religion chrétienne; *la Chiesa cristiana* l'Église chrétienne ◇ (*per est.*) *il popolo cristiano* le peuple chrétien; *condurre una vita cristiana* vivre en bon chrétien; *sopportare con cristiana rassegnazione* supporter avec une résignation chrétienne **2** (*fig., fam.*) [*umano; decoroso*] humain; convenable: *trattare in modo cristiano* traiter de façon humaine ‖ *avere un aspetto cristiano* avoir un aspect convenable **II** *s.* **1** chrétien: *essere un buon, un cattivo cristiano* être un bon, un mauvais chrétien; *un cristiano praticante, un cristiano della domenica* un chrétien pratiquant, un chrétien du dimanche; *comportarsi da cristiano* se conduire en chrétien **2** (*fam.*) [*essere umano*] être humain (*corr.*): *non si uccide così un cristiano!* on ne tue pas ainsi un être humain! ◇ *loc. un povero cristiano, un buon cristiano* un pauvre diable, un bon diable ~ *loc. agg.* DA CRISTIANO [(*in modo*) *conveniente, decoroso*] convenable (*agg.*): *una casa, una vita da cristiano* une maison, une vie convenable.
crìsto |'kristo| **I** *s.* **1** *s.m.* Christ: *il Cristo Gesù* le Christ, Jésus-Christ ◇ (*loc.*) *fratello in Cristo* frère en Jésus-Christ ◇ (*nella datazione dell'era volgare*) *avanti Cristo, dopo Cristo* avant Jésus-Christ (av. J.-Ch.), après Jésus-Christ (après J.-Ch.) **2** *s.m.* [*immagine, raffigurazione di Cristo*] Christ: *il Cristo di Cimabue* le Christ de Cimabue; *un Cristo d'avorio* un Christ d'ivoire **3** *s.* [*persona mal ridotta, che suscita compassione*] *un povero cristo* un pauvre diable *m.*, un pauvre *hère *m.*, un pauvre bougre; *una povera crista* une pauvre fille → **poveraccio** **4** *s.m.* (*loc. fig.*) *non c'è cristo che tenga* il n'y a absolument rien à faire **II** *inter. volg.* (*espressione di rabbia, meraviglia e sim.*) nom de Dieu!, nom de nom! → **cribbio.**
cristologìa, gie |kristolo'dʒia, dʒie| *s.f.* (*teol.*) christologie.
cristològico, ci, ca, che |kristo'lɔdʒiko, tʃi, ka, ke| *agg.* christologique: *mostra cristologica* exposition christologique.
critèrio, i |kri'tɛrjo, i| *s.m.* **1** critère: *un criterio sicuro* un critère sûr; *stabilire un criterio di giudizio* établir un critère de jugement → **principio** **2** [*capacità di giudicare rettamente*] jugement, bon sens: *è un ragazzo senza criterio* c'est un garçon sans jugement; *mancare di criterio* manquer de bon sens **3** (*sport*) critérium Ⓒ 2 **dissennatezza, stoltezza, leggerezza.**
critèrium |kri'tɛrjum| *s.m. inv.* (*sport*) critérium (*var.*): *criterium ciclistico* critérium cycliste.
critica, che |'kritika, ke| *s.f.* **1** critique: *critica filosofica, filologica, letteraria, storica, estetica* critique philosophique, philologique, littéraire, historique, esthétique; *critica dantesca, manzoniana* (étude) critique de Dante, de Manzoni; *critica del testo* (étude) critique du texte ◇ [*scritto, saggio critico*] *pubblicare una critica su un certo autore* publier une critique sur un certain auteur; *leggere le critiche teatrali, cinematografiche* lire les critiques de théâtre, de cinéma; *avere una critica favorevole, sfavorevole* avoir une critique favorable, défavorable ◇ [*l'insieme dei critici*] *un successo di critica* un succès de critique; *l'opera è stata ben accolta dalla critica* l'œuvre a été bien accueillie par la critique **2** [*giudizio sfavorevole; biasimo*] critique: *esporsi alle critiche di qc., della gente* s'exposer aux critiques de qqn., des gens; *tirarsi addosso le critiche dei benpensanti* s'attirer les critiques des bien-pensants; *non sopporta le critiche* il ne supporte pas les critiques Ⓒ 2 **lode.**
criticàbile |kriti'kabile| *agg.* [→ CRITICARE 2] critiquable: *un metodo, un contegno criticabile* une méthode, une conduite critiquable → **biasimevole.**
criticaménte |kritika'mente| *avv.* [*con metodo critico*] en critique (*loc.*): *esaminare, leggere criticamente q.c.* examiner, lire qqch. en critique.
criticàre |kriti'kare| *v.tr.* **1** [*sottoporre a un esame critico*] critiquer: *criticare un'opera d'arte* critiquer une œuvre d'art; *criticare una teoria scientifica* critiquer une théorie scientifique **2** [*giudicare sfavorevolmente, biasimare*] critiquer: *criticare l'operato di qc.* critiquer les actes (la conduite) de qqn.; *si è fatta criticare da tutti* elle s'est fait *inv.* critiquer de tous → **condannare, censurare** ✦ (*ass.*) *è facile criticare* il est facile de critiquer; *non per criticare, ma anche tu ti sei sbagliato* ce n'est pas pour le plaisir de te critiquer, mais tu t'es trompé toi aussi Ⓒ 2 **lodare, esaltare, approvare.**
criticàstro |kriti'kastro| *s.m.* mauvais critique.
criticismo |kriti'tʃizmo| *s.m.* (*filos.*) criticisme ◇ (*per anton.*) *il criticismo kantiano* le criticisme de Kant.
criticità |krititʃi'ta| *s.f. inv.* **1** aspect *m. var.* critique; caractère *m. var.* critique **2** (*fis.*) point *m. var.* critique.
critico, ci, ca, che |'kritiko, tʃi, ka, ke| **I** *agg.* **1** critique: *metodo critico, indagine critica* méthode critique, recherches critiques; *esprimere, formulare un giudizio critico su qc., su q.c.* exprimer, formuler un jugement critique sur qqn., sur qqch.; *guardare con occhio critico* regarder d'un œil critique; *mancare di spirito critico* manquer d'esprit critique ◇ (*filol.*) *edizione critica di un'opera, di un autore* édition critique d'une œuvre, d'un auteur ◇ [*che esprime un giudizio neg.*] *un articolo del giornale piuttosto critico nei riguardi dell'amministrazione* un article du journal assez critique de l'administration; *ci sono stati dei commenti* (*abbastanza*) *critici* il y a eu des commentaires (assez) critiques **2** [*che è in riferimento a una crisi; decisivo, difficile*] critique: *una situazione, una circostanza molto critica* une situation, une circonstance très critique; *un punto critico, una svolta critica* un point, un tournant critique → **cruciale, pericoloso** ◇ (*med.*) *il periodo critico di una malattia, di una epidemia* la période critique (d'une maladie, d'une épidémie); *l'età critica* l'âge critique ◇ (*fis.*) *pressione, temperatura critica* pression, température critique **II** *s.m.* **1** critique: *critico letterario, teatrale, cinematografico, televisivo* critique littéraire, dramatique, de cinéma, de télévision; *un critico d'arte* un critique d'art; *un critico autorevole, acuto, fazioso, tendenzioso* un critique influent, subtil, factieux, tendancieux; *secondo il giudizio dei critici* selon l'avis des critiques **2** (*fam.*) [*chi è difficile da accontentare*] tatillon* (*corr.*): *sei un gran critico nel mangiare, nel bere* tu es un gastronome tatillon → **pignolo.**
criticóne |kriti'kone| *s.* (*fam.*) [*chi ha la mania di criticare*] critiqueur (*m.*): *siete proprio dei gran criticoni* vous êtes vraiment des critiqueurs, vous avez la manie de la critique.
critmo |'kritmo| *s.m.* (*t.bot.*) crithme (marin), criste-marine *f.*
crittògama |krit'tɔgama| *agg.* (*t. bot.*) cryptogame.
Crittògame |krit'tɔgame| *s.f. pl.* Cryptogames *m.*
crittogamìa |krittoga'mia| *s.f.* cryptogamie.
crittogàmico, ci, ca, che |kritto'gamiko, tʃi, ka, ke| *agg.* cryptogamique.
crittografìa |krittogra'fia| *s.f.* cryptographie.
crittogràfico, ci, ca, che |kritto'grafiko, tʃi, ka, ke| *agg.* cryptographique: *linguaggio crittografico* langage cryptographique.
crittogràmma |kritto'gramma| *s.m.* **1** cryptogramme: *decifrare un crittogramma* déchiffrer, décrypter un cryptogramme **2** (*enigmistica*) [*crittografia*] cryptogramme.
crivellàre |krivel'lare| *v.tr.* **1** [*forare, bucare in più punti*] cribler: *lo crivellarono di colpi, di pugnalate* ils le criblèrent de coups, de coups de poignard **2** [*vagliare con il crivello; setacciare*] cribler, passer au crible: *crivellare la ghiaia* cribler, passer au crible le gravier.
crivellatùra |krivella'tura| *s.f.* [→ CRIVELLARE 2] criblage *m.* ◇ (*per est.*)

[*il materiale passato al crivello*] criblure.
crivellazióne |krivellat'tsjone| *s.f.* → **crivellatura.**
crivèllo |kri'vεllo| *s.m.* **1** [*vaglio*] crible, tamis ◇ (*fig.*) → **vaglio 2** (*tecnol.*) cribleuse *f.*
croàto |kro'ato| **1** *agg.* [*della Croazia*] croate **2** (*s.m.*) *il croato* [*la lingua*] le croate.
croccànte |krok'kante| **1** *agg.* [*che scricchiola sotto i denti*] croustillant, croquant: *un dolce croccante* un gâteau croustillant; *biscotti croccanti* des biscuits croquants, croustillants; *patatine croccanti* des chips croquants **2** *s.m.* [*dolce di mandorle tostate e zucchero cotto*] croquante *f.*
crocchétta |krok'ketta| *s.f.* croquette: *crocchette di pollo* croquettes de volaille.
cròcchia |'krɔkkja| *s.f.* [*treccia di capelli puntati dietro la nuca*] chignon *m.*
crocchiàre |krok'kjare| **A** *v.intr.* (*aus.* '*avere*') **1** (*raro*) [*scricchiolare*] craquer: *le mie scarpe nuove crocchiano* mes chaussures neuves craquent; *far crocchiare le ossa delle dita* faire craquer ses doigts ◇ [*emettere un suono sordo, fesso*] émettre (71) un son de vase fêlé **2** (*raro*) → **chiocciare B** *v.tr.* (*dial.*) [*picchiare, bastonare*] tabasser (*pop.*): *se lo fai, poi papà ti crocchia* si tu le fais, après papa te tabasse.
1 **cròcchio, i** |'krɔkkjo, i| *s.m.* [*gruppetto di persone che chiacchierano*] groupe, cercle: *far crocchio intorno a qc.* former un cercle autour de qqn., faire cercle autour de qqn. → **capannello.**
2 **cròcchio, i** |'krɔkkjo, i| *s.m.* (*raro*) [→ CROCCHIARE A 1] craquement (*corr.*): *il crocchio delle scarpe nuove* le craquement des souliers neufs # *il crocchio del vaso incrinato* le son plaintif d'un pot fêlé.
cróce |'krotʃe| *s.f.* **1** croix: *Gesù Cristo morì in croce, sulla croce* Jésus-Christ mourut sur la croix ◇ (*per est.*) *una croce pettorale, astile* une croix pectorale, de procession ◇ (*loc. fig.*) *abbracciare, seguire la croce* [*convertirsi al cristianesimo*] embrasser, suivre la religion chrétienne ~ *farsi la croce, il segno della croce* faire le signe de la croix **2** (*fig.*) [*tribolazione, tormento*] croix: *ognuno deve portarsi la sua croce* chacun doit porter sa croix; *quel figlio è la sua croce* cet enfant est sa croix ◇ (*loc.*) *mettere qc. in croce* [*assillarlo, spec. per ottenere q.c.*] tourmenter qqn. ~ *essere croce e delizia di qc.* être la croix et la joie de qqn. **3** (*per est.*) [*segno a forma di croce*] croix: *croce greca, latina, di S. Andrea* croix greque, latine, de Saint-André; *croce di Lorena* croix de Lorraine; *croce uncinata* croix gammée → **svastica** ◇ [*decorazione*] *croce di guerra, di ferro* croix de guerre, de fer; *la gran croce* la grand-croix ◇ [*emblema di enti di pronto soccorso*] *la Croce Rossa Internazionale* la Croix-Rouge Internationale; *la Croce Verde* la Croix-Verte **4** [*segno usato per cancellare*] croix: *annullare, cancellare con una croce* annuler, effacer d'une croix; *segnare con una croce* signer d'une croix ◇ (*loc. fam.*) *fare una croce su q.c.* faire une croix sur qqch. ~ *puoi farci sopra una croce:* (*pr., fig.*) tu peux faire une croix dessus **5** [*segno sostitutivo della firma, per gli analfabeti*] croix: *firmare con una croce* signer d'une croix; *fare una croce sotto il contratto* faire une croix sous le contrat **6** (*loc.*) *a occhio e croce* [*press'a poco, approssimativamente*] en gros, à peu près, à vue de nez (*fam.*): *da qui alla meta ci saranno 10 km. a occhio e croce* d'ici au but il doit y avoir, en gros, à peu près, à vue de nez dix km.; *a occhio e croce, ci vorrà ancora un'oretta* il faudra encore à peu près une heure ~ A TESTA E CROCE à pile ou face: *giocare q.c. a testa e croce* jouer qqch. à pile ou face; *fare a testa e croce per chi deve essere il primo* jouer à pile ou face pour savoir qui doit commencer ~ *loc. agg.* IN CROCE, A CROCE en croix: *legare due pali in croce, a croce* lier deux poteaux en croix # *stare con le braccia in croce* se tenir les bras croisés ◇ (*ricamo*) *punto* (*in, a*) *croce* point de croix.
crocefìggere |krotʃe'fiddʒere| (109) *v.tr.* → **crocifiggere.**
crocefìsso |krotʃe'fisso| *agg. e s.m.* → **crocifisso.**
cròceo |'krɔtʃeo| *agg.* (*lett.*) [*di color giallo zafferano*] safrané.
crocerìsta |krotʃe'rista| *s.* → **crocierista.**
crocerossìna |krotʃeros'sina| *s.f.* (infirmière de la) Croix-Rouge.
crocesegnàre |krotʃeseɲ'ɲare| *v. tr.* [*firmare con un segno di croce*] signer d'une croix.
croceségno |krotʃe'seɲɲo| *s.m.* [*il segno della croce, usato al posto della firma, da parte di chi non sa scrivere*] croix *f.*
crocétta |kro'tʃetta| *s.f.* **1** petite croix, croisette: *firmare con una crocetta* signer d'une petite croix # *segnare una crocetta accanto a un nome* cocher un nom (sur une liste) **2** (*mar.*) barre traversière **3** → **lupinella.**
crocevìa |krotʃe'via| *s.m. inv.* [*incrocio di più vie*] carrefour *var.*, croisement (*var.*): *è un crocevia pericoloso* c'est un carrefour dangereux → **crocicchio.**
'crochet' |kʀɔʃε| *s.m. inv.* **1** [*uncinetto*] crochet *var.* **2** (*pugilato*) crochet.
crociàno |kro'tʃano| **1** *agg.* (de la philosophie) de Benedetto Croce *loc.* **2** *s.m.* disciple, partisan de la philosophie de Benedetto Croce.
crociàta |kro'tʃata| *s.f.* **1** (*st.*) croisade: *partire per la crociata* partir pour la croisade **2** (*fig.*) *promuovere una crociata contro il fumo, la pornografia, l'analfabetismo* lancer une croisade contre le tabac, la pornographie, l'analphabétisme.
crociàto |kro'tʃato| **1** *agg.* croisé ◇ (*loc.*) *parole crociate* mots croisés; *lo scudo crociato* [*simbolo della Democrazia Cristiana in Italia*] l'écu croisé **2** *s.m.* (*st. mediev.*) croisé.
crocicchio, i |kro'tʃikkjo, i| *s.m.* → **crocevia.**
crocidàre |krotʃi'dare| *v.intr.* (*aus.* '*avere*') (*raro*) → **gracchiare.**
1 **crocièra** |kro'tʃεra| *s.f.* croisière: *velocità di crociera* vitesse de croisière; *ha fatto una bella crociera* il a fait une belle croisière; *è andato in crociera* il est parti en croisière.
2 **crocièra** |kro'tʃεra| *s.f.* [*disposizione a forma di croce*] croisillon *m.* ◇ (*arch.*) croisée.
crocière |kro'tʃεre| *s.m.* (*t.zool.*) bec-croisé: *dei crocieri* des becs-croisés.
crocierìsta |krotʃe'rista| *s.* participant à une croisière.
Crocìfere |kro'tʃifere| *s.f. pl.* (*t. bot.*) Crucifèracées.
crocìfero |kro'tʃifero| *agg.* crucifère: *asta crocifera* lance crucifère ◆ (*s.m.*) *un crocifero* un porte-croix.
crocifìggere |krotʃi'fiddʒere| (109) **A** *v.tr.* **1** [*far morire sulla croce*] crucifier: *Gesù fu crocifisso sul Calvario* Jésus fut crucifié sur le Calvaire **2** (*raro, fig.*) [*tormentare*] tourmenter, faire (45) *intr.* souffrir **B** *v.pron. rifl.* CROCIFIGGERSI (*raro*) [→ *tr.* 2] se mortifier.
crocifissióne |krotʃifis'sjone| *s.f.* [→ CROCIFIGGERE A 1] crucifiement (*m.*): *condannare alla crocifissione* condamner au crucifiement ◇ [*la raffigurazione artistica*] crucifixion: *una crocifissione del Rinascimento* une crucifixion de la Renaissance.
crocifìsso |krotʃi'fisso| **1** *agg.* crucifié **2** (*s.m.*) *il Crocifisso* [*Gesù*] le Crucifié ◇ [*immagine di Gesù crocifisso*] crucifix: *un crocifisso d'avorio* un crucifix d'ivoire.
crocifissóre |krotʃifis'sore| (*s.m.*) *i crocifissori di Cristo* ceux qui ont crucifié le Christ.
crocifórme |krotʃi'forme| *agg.* → **cruciforme.**
crocióne |kro'tʃone| *s.m.* → **crociere.**
cròco, chi |'krɔko, ki| *s.m.* **1** (*t. bot.*) crocus **2** → **zafferano.**
cròda |'krɔda| *s.f.* **1** [*guglia tipica delle Dolomiti*] ⊠ **2** (*geol.*) poudingue *m.*
crogiolàre |krodʒo'lare| **A** *v.tr.* [*cuocere a fuoco moderato*] mijoter ◇ (*tecnol.*) [*riferito a oggetti di vetro*] recuire (75) **B** *v.pron. intr.* CROGIOLARSI (*fig.*) [*godersela, bearsi*] se prélasser: *crogiolarsi al sole, a letto* se prélasser au soleil, dans son lit → **deliziar(si), dilettar(si).**
crogiòlo |krɔ'dʒɔlo|, **crogiuòlo** |kro'dʒwɔlo| *s.m.* (*tecnol.*) creuset: *crogiolo di platino* creuset en platine; *passare al crogiolo* passer par le creuset ◇ (*fig.*) *un crogiolo di civiltà* un creuset de civilisation.
crògiolo |'krɔdʒolo| *s.m.* [→ CROGIOLARE A] cuisson *f.* ◇ (*tecnol.*) cuisson.
'croissant' |kʀwasɑ̃| *s.m. inv.* croissant *var.*
crollàre |krol'lare| **A** *v.intr.* (*aus.* '*essere*') **1** (*cose*) [*rovinare al suolo, cadere*] crouler (*aus.* avoir), s'écrouler (*pron.*): *il ponte è crollato* le pont a croulé, s'est écroulé; *la galleria è crollata* le tunnel s'est écroulé; *sembrava che il teatro crollasse sotto gli applausi* le théâtre croulait sous les applaudissements; *a quella notizia inaspettata, crollò sulla poltrona* à cette nouvelle inattendue, il s'écroula dans le fauteuil # *il fulmine ha fatto crollare l'albero secolare* la foudre a jeté bas l'arbre centenaire; *colpito al fegato, il pugile è crollato* (*al tappeto*) touché au foie, le boxeur est allé au tapis **2** (*fig.*) [*venir meno, cedere*] s'écrouler, s'effondrer (*pron.*): *tutte le speranze sono crollate* tous les espoirs se sont écroulés, se sont effondrés; *è crollato un mito* un mythe s'est écroulé; *dopo un lungo interrogatorio l'imputato è crollato* après un long

interrogatoire, l'accusé s'est effondré; *la Borsa crolla* les cours s'effondrent à la Bourse; *le sue azioni (in Borsa) sono crollate* ses actions (en Bourse) se sont effondrées; *la squadra, l'atleta è crollato nel finale* l'équipe s'est effondrée, l'athlète s'est effondré dans la phase finale **B** *v.tr.* [*scuotere, scrollare*] *hocher; *hausser: *crollare la testa, il capo* hocher la tête ‖ *crollare le spalle* hausser les épaules.

crollàta |krol'lata| *s.f.* → **scrollata.**

cròllo |'krɔllo| *s.m.* **1** [→ CROLLARE A 1] écroulement, effondrement: *crollo di un muro* écroulement, effondrement d'un mur; *crollo del tetto* effondrement du toit → **caduta** **2** (*fig.*) [→ CROLLARE A 2] écroulement, effondrement: *il crollo fisico* l'écroulement physique; *crollo morale* effondrement moral; *il crollo della monarchia, di un regime* l'écroulement de la monarchie, d'un régime; *il crollo di una fortuna* l'écroulement, l'effondrement d'une fortune; *il crollo dei prezzi* l'effondrement, la baisse des prix; *crollo (dei listini) della Borsa* effondrement des cours de la Bourse → **rovina, disastro** # *crollo finanziario* débâcle financière; *crollo delle azioni* baisse des actions; *per la sua ditta è il crollo* c'est la débâcle pour son entreprise; *il crollo delle speranze* la chute des espoirs, la perte de tout espoir **3** [→ CROLLARE B] coup: *cedere al primo crollo* s'effondrer au premier coup # *dare un crollo a q.c.* renverser qqch. → **scossa, urto** ◇ (*loc. fig.*) *dare l'ultimo crollo a q.c.* porter le dernier coup, le coup de grâce à qqch. ~ *dare il crollo alla bilancia*: (*pr.*) [*farla scendere da un lato*] faire pencher la balance; (*fig.*) [*fare precipitare un evento*] mettre, jeter un poids dans la balance.

cròma |'krɔma| *s.f.* (*mus.*) croche.

cromàre |kro'mare| *v.tr.* [*rivestire di cromo*] chromer: *ho fatto cromare le maniglie* j'ai fait chromer les poignées.

cromaticaménte |kromatika'mente| *avv.* [→ CROMATICO 1] selon la gamme chromatique *loc.*

cromàtico, ci, ca, che |kro'matiko, tʃi, ka, ke| *agg.* **1** chromatique: *gradazione cromatica* gradation chromatique **2** (*mus.*) chromatique: *scala cromatica* gamme chromatique.

cromatina |kroma'tina| *s.f.* (*biol.*) chromatine.

cromatismo |kroma'tizmo| *s.m.* **1** (*lett.*) chromatisme **2** (*mus., pitt.*) chromatisme.

cròmato- |'krɔmato| *pref.* (*significa 'colore, colorazione', corrisponde gener. a*) chromat(o): *cromatografia* chromatographie.

cromàto |kro'mato| *s.m.* (*chim.*) chromate.

cromatografia |kromatogra'fia| *s.f.* chromatographie.

cromatóre |kroma'tore| *s.m.* [*chi esegue cromature*] chromeur.

cromatùra |kroma'tura| *s.f.* [→ CROMARE] chromage *m.*

-cromia |kro'mia| *suff.* (*significa 'colorazione', corrisponde gener. a*) chromie: *policromia* polychromie.

cròmico, ci, ca, che |'krɔmiko, tʃi, ka, ke| *agg.* chromique.

cromista |kro'mista| *s.* chromiste.

cròmo- |'krɔmo| *pref.* (*significa 'colore, colorazione', corrisponde gener. a*) chromo: *cromolitografia* chromolithographie.

-cròmo |'krɔmo| *suff.* (*significa 'colore, colorazione', corrisponde gener. a*) chrome: *monocromo* monochrome.

cròmo |'krɔmo| **1** *s.m.* (*chim.*) chrome: *allume di cromo* alun de chrome **2** *agg. inv.* (*posposto al sost.*) *giallo cromo* jaune de chrome.

cromolitografia |kromolitogra'fia| *s.f.* chromolithographie.

cromosfèra |kromos'fɛra| *s.f.* (*astron.*) chromosphère.

cromosòma |kromo'sɔma| *s.m.* (*biol.*) chromosome.

cromosòmico, ci, ca, che |kromo'sɔmiko, tʃi, ka, ke| *agg.* (*biol.*) chromosomique.

cronaca, che |'krɔnaka, ke| *s.f.* **1** chronique: *cronaca teatrale, cinematografica, parlamentare, politica, mondana* chronique théâtrale, cinématographique, parlementaire, politique, mondaine; *cronaca giudiziaria* chronique judiciaire, des tribunaux; *cronaca finanziaria, sportiva* chronique financière, du sport; *cronaca scandalistica* chronique à scandales ◇ (*spec.*) *cronaca nera* faits divers (*pl.*); *un fatto, una notizia di cronaca* un fait divers; *ne ha parlato la cronaca* la presse en a parlé **2** (*per est.*) [*racconto particolareggiato; rendiconto*] compte rendu (*m.*): *fare la cronaca della serata* donner le compte rendu de la soirée **3** [*raccolta di fatti storici, riportati nel loro ordine cronologico*] chronique: *le cronache medievali* les chroniques du moyen-âge.

cronachista |krona'kista| *s.m.* → **cronista.**

cronachistica, che |krona'kistika, ke| *s.f.* (*letter.*) chroniques (*pl.*): *la cronachistica del Trecento* les chroniques de XIVe siècle.

cronachistico, ci, ca, che |krona'kistiko, tʃi, ka, ke| *agg.* [*che ha lo stile della cronaca giornalistica*] de chroniqueur (*loc. inv.*): *stile cronachistico* style de chroniqueur → **essenziale, sommario** # *resoconto cronachistico* article relatant un fait, un événement.

cronassia |kronas'sia| *s.f.* (*fisiol.*) chronaxie.

crònica, che |'krɔnika, ke| *s.f.* → **cronaca.**

cronicaménte |kronika'mente| *avv.* [→ CRONICO 1] chroniquement.

cronicàrio, i |kroni'kario, i| *s.m.* hôpital* des (malades) incurables # *ricoverare qc. al cronicario* hospitaliser qqn. aux incurables.

cronicità |kronitʃi'ta| *s.f. inv.* (*med.*) chronicité (*var.*): *cronicità di una malattia* chronicité d'une maladie.

cronicizzàre |kronitʃid'dzare| (*med.*) **A** *v.tr.* [*rendere cronico; determinare uno stato cronico*] rendre (53) chronique **B** *v.pron. intr.* CRONICIZZARSI [*diventare cronico*] devenir (27) *intr.* chronique.

crònico, ci, ca, che |'krɔniko, tʃi, ka, ke| *agg.* **1** (*med., corr.*) chronique: *malattia cronica* maladie chronique; *malato cronico* personne atteinte d'une maladie chronique ♦ (*s.*) *un cronico* une personne *f.* atteinte d'une maladie chronique # *il reparto dei cronici* le service des incurables **2** (*fig.*) [*inveterato, persistente*] invétéré: *un'abitudine cronica* une habitude invétérée; *un vizio, un difetto cronico* un vice, un défaut invétéré → **radicato.**

cronista |kro'nista| *s.m.* **1** [*redattore incaricato della cronaca di un giornale*] chroniqueur, courriériste (*s.*): *cronista parlamentare, sportivo* chroniqueur parlementaire, sportif # *cronista televisivo* reporter **2** (*letter.*) chroniqueur.

cronistòria |kronis'tɔria| *s.f.* [*esposizione minuziosa di fatti secondo uno stretto ordine cronologico*] historique (*m.*): *fare la cronistoria di una faccenda complicata e controversa* faire l'historique d'une affaire compliquée et controversée; *ricostruire l'esatta cronistoria di una lunga e complessa vicenda* reconstruire l'historique exact d'une histoire longue et compliquée.

cròno- |'krɔno| *pref.* (*significa 'tempo', corrisponde gener. a*) chrono: *cronometro* chronomètre.

-crono |krono| *suff.* (*significa 'tempo', corrisponde gener. a*) chrone: *sincrono* synchrone.

cronografia |kronogra'fia| *s.f.* [*studio sulla cronologia*] chronographie.

cronògrafo |kro'nɔgrafo| *s.m.* chronographe.

cronologia, gie |kronolo'dʒia, dʒie| *s.f.* chronologie.

cronologicaménte |kronolodʒika'mente| *avv.* [→ CRONOLOGICO] chronologiquement.

cronològico, ci, ca, che |krono'lɔdʒiko, tʃi, ka, ke| *agg.* chronologique: *rispettare l'ordine cronologico* respecter l'ordre chronologique # *classificare secondo l'ordine cronologico* classer chronologiquement.

cronometràggio, i |kronome'traddʒo, i| *s.m.* chronométrage.

cronometràre |kronome'trare| *v. tr.* [*registrare, misurare con il cronometro*] chronométrer (8): *cronometrare i passaggi di una corsa* chronométrer les temps de passage d'une course; *cronometrare i tempi di produzione* chronométrer les temps de production.

cronomètrico, ci, ca, che |krono'mɛtriko, tʃi, ka, ke| *agg.* chronométrique ◇ (*fig.*) *una precisione cronometrica* une précision chronométrique.

cronometrista |kronome'trista| *s.* [*persona incaricata di cronometrare*] chronométreur *m.*

cronòmetro |kro'nɔmetro| *s.m.* chronomètre: *cronometro da marina, di bordo* chronomètre de marine, de bord ◇ (*sport*) *corsa, tappa* A CRONOMETRO course, étape contre la montre.

cronoscalàta |kronoska'lata| *s.f.* course de côte (contre la montre).

cronostaffétta |kronostaf'fetta| *s.f.* course de relais contre la montre.

cronotachìmetro |kronota'kimetro| *s.m.* chronotachymètre.

cronotàppa |krono'tappa| *s.f.* (*ciclismo*) étape contre la montre.

croquet |'kroukei| *s.m. inv.* (*ingl.*) (*sport*) croquet (*var.*): *fare una partita di croquet* faire une partie de croquet.

croscè |kroʃ'ʃɛ| *s.m. inv.* → **'crochet'.**

crosciàre |kroʃ'ʃare| *v.intr.* (*aus.* '*avere*') **1** (*lett.*) → **scrosciare** **2** (*lett.*) → **frusciare.**

crossàre |kros'sare| *v.tr.* [*fare un tiro trasversale; far convergere (il pallone) verso il centro*] centrer: *crossare (al centro) un bel pallone* centrer une belle balle.

cross-(country) |'krɔs('kʌntri)| *s.m. inv.* (*ingl.*) cross-country *var.*
Crossopterìgi |krossopte'ridʒi| *s.m. pl.* (*t.zool.*) Crossoptérygiens.
cròsta |'krɔsta| *s.f.* **1** [*strato duro esterno che ricopre un corpo, una sostanza*] croûte: *la crosta del pane, del formaggio* la croûte du pain, du fromage; *una crosta di ghiaccio* une croûte, une couche de verglas ◇ (*geol.*) *la crosta terrestre* la croûte terrestre **2** [*sangue essiccato sopra una ferita*] croûte: *la ferita ha fatto la crosta* la blessure a fait une croûte **3** (*med.*) *la crosta lattea* les croûtes *pl.* de lait **4** (*fig., spreg.*) [*quadro di nessun valore*] croûte: *invece di un capolavoro gli hanno rifilato una crosta* au lieu d'un chef-d'œuvre, on lui a refilé une croûte **5** (*zool.*) carapace.
Crostàcei |kros'tatʃei| *s.m. pl.* (*t. zool.*) Crustacés.
crostàre |kros'tare| *v.tr.* [*far fare la crosta a una sostanza*] gratiner, (faire) dorer: *far crostare il pane* faire dorer le pain.
crostàta |kros'tata| *s.f.* [*specie di torta*] tarte: *una crostata di mele* une tarte aux pommes.
crostìno |kros'tino| *s.m.* [*fettina di pane abbrustolito*] croûton.
crostóne |kros'tone| *s.m.* **1** [*fetta di pane fritta o arrostita*] croûton **2** (*geol.*) croûte *f.*
crostóso |kros'toso| *agg.* [*che presenta croste*] croûteux*: *neve crostosa* neige croûteuse.
cròtalo |'krɔtalo| *s.m.* **1** (*t.zool.*) crotale **2** *spec. al plur.* [*nacchere*] castagnettes *f.*
'croupier' |kʀupje| *s.m. inv.* croupier *var.*
crucciàre |krut'tʃare| **A** *v.tr.* [*infastidire, tormentare*] affliger (3), tourmenter: *non mi crucciare con le tue lagne!* ne m'afflige pas, ne me tourmente pas, avec tes jérémiades! **B** *v.pron. intr.* CRUCCIARSI [*darsi pena, affliggersi*] s'inquiéter (8), se faire (45) du souci, du mauvais sang (*fam.*): *non crucciarti, non ne vale la pena* ne t'inquiète pas, ne te fais pas du mauvais sang, cela n'en vaut pas la peine → **tormentar(si), corrucciar(si), stizzir(si)** ⓒ **allietare.**
crucciàto |krut'tʃato| *agg.* **1** [*afflitto, addolorato*] chagriné, peiné **2** [*adirato, sdegnato*] fâché, irrité: *ha un'aria crucciata* il a un air fâché ⓒ 1 **calmo, allegro.**
crùccio, i |'kruttʃo, i| *s.m.* [*afflizione, amarezza*] souci: *darsi, prendersi cruccio* se faire du souci, s'inquiéter; *farsene un cruccio* se faire du souci, se tracasser pour qqch.; *avere molti crucci* avoir beaucoup de soucis # *quel ragazzo è il mio cruccio* ce garçon est mon tourment → **preoccupazione** ⓒ **consolazione, piacere** 2.
crucciόso |krut'tʃoso| *agg.* [*pieno di sdegno e risentimento*] fâché: *sguardo cruccioso* regard fâché → **corrucciato** ◇ (*fig., lett.*) *mare cruccioso* mer agitée; *tempo cruccioso* temps nuageux; *il cielo diventa cruccioso* le ciel se brouille, devient menaçant.
crùcco, chi |'krukko, ki| *s.m. e agg.* (*spreg.*) [*tedesco*] boche (*fam.*), fritz *s.m.* (*fam.*).
crùci- |'krutʃi| *pref.* (*significa* 'croce', *corrisponde gener.* *a*) cruci: *cruciforme* cruciforme.
cruciàle |kru'tʃale| *agg.* crucial*: *il punto cruciale* le point crucial.
crucifórme |krutʃi'forme| *agg.* cruciforme.
crucivèrba |krutʃi'vɛrba| *s.m. inv.* (*gioco enigmistico*) mots-croisés *pl.*
cruciverbista |krutʃiver'bista| *s.* cruciverbiste.
crudaménte |kruda'mente| *avv.* [→ CRUDO 4] crûment: *dire crudamente la verità* dire crûment, carrément la vérité.
crudèle |kru'dɛle| *agg.* **1** (*persone*) cruel*: *un uomo crudele* un homme cruel → **duro, spietato** ◇ (*per est.*) [*spietato, insensibile*] cruel: *una parola, un gesto crudele* un mot, un geste cruel **2** (*cose*) cruel: *una perdita crudele* une perte cruelle; *crudeli tormenti* des cruels tourments; *è una prova crudele per lui* c'est une cruelle épreuve pour lui → **doloroso** ◇ [*infausto, senza pietà*] *destino crudele* destin cruel ⓒ 1 **buono, mite, pietoso.**
crudelménte |krudel'mente| *avv.* **1** [→ CRUDELE 1] cruellement: *soffrire crudelmente* souffrir cruellement **2** [→ CRUDELE 2] cruellement: *punire crudelmente* punir cruellement → **duramente.**
crudeltà |krudel'ta| *s.f. inv.* **1** [*il fatto di essere crudele*] cruauté (*var.*): *orribile, odiosa crudeltà* horrible, odieuse cruauté; *una crudeltà raffinata* une cruauté raffinée; *la crudeltà di un atto* la cruauté d'un acte; *la crudeltà del destino* la cruauté du destin # *trattare qc. con crudeltà* traiter qqn. cruellement ◇ [*atto crudele*] cruauté, atrocité (*var.*): *questa è una crudeltà* c'est une cruauté, une atrocité **2** (*raro, fig.*) [*asprezza, inclemenza*] rigueur, rudesse: *la crudeltà del clima* la rigueur, la rudesse du climat ⓒ 1 **bontà, mitezza, pietà.**
crudézza |kru'dettsa| *s.f.* **1** [*asprezza, durezza*] rudesse, rigueur: *la crudezza del clima* la rudesse, la rigueur du climat → **rigidezza** **2** (*fig.*) *crudezza di linguaggio, di stile* crudité de langage, de style; *la crudezza di una scena molto realistica* la crudité d'une scène très réaliste.
crudità |krudi'ta| *s.f. inv.* **1** (*raro, lett.*) → **crudezza** **2** *al plur.* [*assortimento di verdure, ortaggi da consumare crudi*] crudités.
crùdo |'krudo| *agg.* **1** [*non sottoposto all'azione del calore, alla cottura*] cru: *verdure crude* légumes crus; *carne cruda* viande crue ◇ (*fam.*) [*poco cotto*] *questa carne è cruda, è immangiabile* cette viande est crue, elle est immangeable ◇ (*loc. fig.*) *farne di cotte e di crude* faire les quatre cents coups **2** (*per est.*) *seta cruda* [*greggia*] soie écrue; *vino crudo* [*non bene stagionato*] vin vert, jeune; *acqua cruda* [*ricca di minerali*] eau crue; *petrolio crudo* [*greggio*] pétrole brut; *ferro crudo* [*non bene raffinato*] fer cru **3** [*duro, aspro*] rude: *il crudo clima dei paesi nordici* le climat rude des pays nordiques; *la cruda stagione* la rude saison → **rigido** **4** (*fig.*) [*detto senza mezzi termini; brusco*] cru: *usare parole crude* employer des mots crus; *la cruda verità, realtà* la vérité, la réalité toute crue ◇ *loc.* (*con valore raff.*) *nudo e crudo* tout cru, tout nu: *gli riferì la verità nuda e cruda* il lui rapporta la vérité toute crue, toute nue; *gli disse nudo e crudo che era un imbecille* il lui dit tout cru, carrément qu'il était un imbécile **5** (*lett.*) → **crudele** ⓒ 1 **cotto.**
cruentàto |kruen'tato| *agg.* (*med.*) cruenté.
cruentazióne |kruentat'tsjone| *s.f.* (*med.*) avivement *m.*
cruènto |kru'ɛnto| *agg.* **1** [*che comporta spargimento di sangue*] sanglant, meurtrier*: *battaglia cruenta* combat sanglant, meurtrier; *morte cruenta* mort sanglante **2** (*lett.*) → **insanguinato** ⓒ **incruento.**
crumiràggio, i |krumi'raddʒo, i| *s.m.* dissidence *f.*, comportement de briseurs de grève.
crumìro |kru'miro| *s.* [*chi non è solidale con i compagni di lavoro in occasione di scioperi*] briseur* de grève, jaune *m.*
crùna |'kruna| *s.f.* [*foro dell'ago attraverso il quale passa il filo*] chas *m.*
cruóre |kru'ore| *s.m.* (*lett.*) → **sangue.**
crup |krup| *s.m.* (*med.*) croup.
cruràle |kru'rale| *agg.* (*anat.*) crural*: *arteria crurale* artère crurale → **femorale.**
crùsca, che |'kruska, ke| *s.f.* **1** [*residuo della macinazione del grano*] son *m.* ◇ (*prov.*) *la farina del diavolo va tutta in crusca* bien mal acquis ne profite jamais **2** (*fam.*) → **lentiggine** **3** (*letter.*) *l'Accademia della Crusca* l'Académie de la 'Crusca'.
cruscànte |krus'kante| *s.m.* (*letter.*) académicien de la 'Crusca' ◇ (*spreg.*) *una pignoleria da cruscante* une méticulosité de puriste pédant.
cruscheggiàre |krusked'dʒare| *v.intr.* (*aus.* 'avere') [*esprimersi con pedante purismo*] faire (45) le puriste.
cruschèllo |krus'kɛllo| *s.m.* [*la parte più fine della crusca*] son des recoupes; remoulage.
cruscóne |krus'kone| *s.m.* **1** [*crusca molto grossa*] bran, gros son **2** (*scherz.*) → **cruscante.**
cruscóso |krus'koso| *agg.* **1** plein de son **2** (*dial.*) → **lentigginoso.**
cruscòtto |krus'kɔtto| *s.m.* tableau de bord.
cruzèiro |kru'zɛiru| *s.m. inv.* (*port.*) cruzeiro (*var.*): *dei cruzeiro* des cruzeiros.
cubàno |ku'bano| *agg.* [*di Cuba*] cubain.
cubàre |ku'bare| *v.tr.* [*misurare mediante cubatura*] cuber: *cubare del legname* cuber, stérer du bois.
cubatùra |kuba'tura| *s.f.* [→ CUBARE] cubage *m.* ◇ [*la misura del volume*] *la cubatura di un vano, di un serbatoio* le cubage d'une pièce, d'un réservoir ◇ (*per est.*) *la cubatura di una catasta di legno* le cubage d'un tas de bois.
cubétto |ku'betto| *s.m.* [*piccolo oggetto a forma cubica*] cube: *un cubetto di ghiaccio* un cube de glace, glaçon; *un cubetto di porfido, di marmo* un cube de porphyre, de marbre # *zucchero in cubetti* sucre en morceaux.
cubìa |ku'bia| *s.f.* (*mar.*) écubier *m.*
cùbica, che |'kubika, ke| *s.f.* (*mat.*) cubique.
cùbico, ci, ca, che |'kubiko, tʃi, ka, ke| *agg.* **1** cubique: *scatole cubiche* boîtes cubiques **2** (*mat.*) cubique: *radice cubica di un numero* racine cubique d'un nombre; *la radice cubica di 8 è 2* la racine cubique de 8 est 2.

cubìcolo |ku'bikolo| *s.m.* **1** (*st. rom.*) cubiculum **2** (*lett.*) → **cameretta.**
cubilòtto |kubi'lɔtto| *s.m.* (*metall.*) cubilot.
cubìsmo |ku'bizmo| *s.m.* (*pitt.*) cubisme.
cubìsta |ku'bista| *agg. e s.m.* cubiste: *la pittura cubista* la peinture cubiste.
cubìstico, ci, ca, che |ku'bistiko, tʃi, ka, ke| *agg.* cubiste.
cubitàle |kubi'tale| *agg.* **1** *lettere, caratteri cubitali* [*di grandi dimensioni*] grosses lettres, gros caractères **2** (*anat.*) cubital*: *arteria cubitale* artère cubitale.
cùbito |'kubito| *s.m.* **1** (*lett.*) → **gomito 2** (*anat.*) cubitus **3** (*ant.*) [*unità di misura di lunghezza*] coudée *f.*
cùbo |'kubo| *s.m.* **1** (*geom.*) cube: *il volume del cubo* le volume du cube **2** (*per est.*) [*oggetto a forma di cubo*] cube: *un cubo di cemento* un cube en ciment **3** (*mat.*) cube: *tre al cubo fa ventisette* trois au cube fait vingt-sept; *calcolare il cubo di tre* calculer le cube de trois ♦ (*agg. inv.*) *metro cubo, centimetro cubo* mètre cube, centimètre cube → **cubico.**
cubòide |ku'bɔide| **1** *agg.* [*a forma di cubo*] cubique **2** *s.m.* (*anat.*) cuboïde.
cuccàgna |kuk'kaɲɲa| *s.f.* cocagne; veine, chance: *albero della cuccagna* mât de cocagne; *è il paese della cuccagna* c'est le pays de cocagne || *che cuccagna!* quelle veine!, quelle bonne aubaine!; *è finita la cuccagna!* la chance est finie!
cuccàre |kuk'kare| *v.tr.* (*fam.*) **1** [*ingannare, gabbare*] rouler: *si è lasciato cuccare come un merlo* il s'est fait rouler comme un idiot **2** [*sopportare a malincuore*] supporter: *devo cuccarmelo* je dois le supporter **3** [*prendere, afferrare*] choper, chiper: *si è cuccato tutto* il a tout chopé, chipé → **sgraffignare.**
cuccétta |kut'tʃetta| *s.f.* couchette # *letto a cuccetta* lits superposés (de bateau) ◇ (*per est.*) *carrozza con cuccette* wagon-couchettes *m.*
cucchiàia |kuk'kjaja| *s.f.* **1** [*grosso cucchiaio per schiumare brodo, olio, ecc.*] louche ◇ [*mestola da muratori*] truelle → **cazzuola 2** [*secchio di draga*] godet *m.*
cucchiaiàta |kukkja'jata| *s.f.* [*quantità* (*di cibo, di liquido*) *contenuta in un cucchiaio*] cuillerée: *prendere qualche cucchiaiata di minestra* prendre quelques cuillerées de soupe.
cucchiaìno |kukkja'ino| *s.m.* **1** petite cuiller (*f.*): *cucchiaino da caffè* cuiller à café, petite cuiller; *cucchiaino da tè* cuiller à thé ◇ [*il contenuto*] '*quanto zucchero nel caffè?*' '*un cucchiaino, prego*' 'combien de sucre dans le café?' 'une cuiller, s'il vous plaît' **2** [*esca metallica per la pesca*] cuiller: *pesca col cucchiaino* pêche à la cuiller **3** petite truelle *f.*
cucchiàio, i |kuk'kjajo, i| *s.m.* cuiller *f.*, cuillère (*f.*): *cucchiaio d'argento, di acciaio inossidabile* cuiller en argent, en acier inoxydable; *cucchiaio da caffè* cuiller à café, à moka, petite cuiller ◇ [*cucchiaiata*] cuiller, cuillère: *mangiare qualche cucchiaiata di brodo, di minestra* manger quelques cuillères (cuillerées) de bouillon, de soupe ◇ (*loc. fig.*) *era da raccattare col cucchiaio* il était à ramasser à la petite cuiller.
cucchiaióne |kukkja'jone| *s.m.* **1** grosse cuillère *f.* ◇ [*mestolo*] louche *f.* **2** *il cucchiaione delle macchine scavatrici* le godet de la pelle.
cùccia, ce |'kuttʃa, tʃe| *s.f.* **1** [*giaciglio per cane*] niche: *va alla cuccia, a cuccia!* va coucher!, à la niche! **2** (*scherz.*) [*letto*] lit *m.* (*corr.*) ◇ (*loc. fam.*) *andare a cuccia con le galline* [*molto presto*] aller au pieu (*pop.*) avec les poules.
cucciolàta |kuttʃo'lata| *s.f.* portée de chiots.
cùcciolo |'kuttʃolo| *s.m.* **1** [*cane appena nato*] chiot ◇ (*per est.*) petit: *i cuccioli della leonessa* les petits de la lionne **2** (*scherz.*) gros bébé: *la signora si portava sempre appresso i suoi due cuccioli* [*bambini*] la dame emmenait toujours avec elle ses deux gros bébés.
1 **cùcco, chi** |'kukko, ki| *s.m.* (*raro*) [*cuculo*] coucou ◇ (*loc. fig.*) *essere vecchio come il cucco* être vieux comme Mathusalem ~ *è una storia vecchia come il cucco* c'est une histoire vieille comme le monde ◇ (*fig.*) [*persona sciocca, babbeo*] radoteur*: *un vecchio cucco* un vieux radoteur, une vieille baderne *f.*
2 **cùcco, chi** |'kukko, ki| *s.m.* (*fam.*) → 4 **cocco.**
cuccù |kuk'ku| *s.m. inv.* → **cucù.**
cùccuma |'kukkuma| *s.f.* [*bricco per il caffè*] cafetière.
cucìna |ku'tʃina| *s.f.* **1** cuisine: *mangiare in cucina* manger à la cuisine; *non entrare in cucina* n'entre pas à, dans la cuisine ◇ [*i mobili*] *cucina rustica, in legno, in formica* cuisine rustique, en bois, en formica; *cucina all'americana* cuisine à l'américaine; *devo rifarmi la cucina* je dois refaire ma cuisine ◇ [*l'apparecchio per cucinare*] cuisinière: *cucina elettrica, a gas* cuisinière électrique, à gaz # *cucina da campo* cuisine roulante **2** [*modo di cucinare*] cuisine: *la cucina italiana, francese* la cuisine italienne, française; *cucina casalinga, raffinata* cuisine bourgeoise, raffinée; *sale da cucina* sel de cuisine; *ha una cucina troppo pesante per i miei gusti* elle fait, sert une cuisine trop lourde pour mes goûts; *se ne intende, di cucina!* elle s'y connaît, en cuisine!
cucinàbile |kutʃi'nabile| *agg.* [→ CUCINARE 1] qu'on peut cuisiner *loc.*
cucinàre |kutʃi'nare| *v.tr.* **1** [*cuocere, preparare cibi*] cuisiner: *cucinare la carne, il pesce, un piatto elaborato* cuisiner la viande, le poisson, un plat élaboré ♦ (*ass.*) *sa cucinare* (*bene*) elle sait (bien) cuisiner **2** (*fig., fam.*) (*con ogg. di persona*) [*conciare, sistemare*] arranger (3): *ora me lo cucino io, quello stupido!* cet imbécile, je vais l'arranger! ◇ (*con ogg. di cosa*) [*accomodare, sistemare spec. male*] *cucinare un compito, un articolo di giornale* trousser, concocter (*fam.*) un devoir, un article de journal.
cucinatùra |kutʃina'tura| *s.f.* (*raro*) action de cuisiner ◇ (*per est.*) manière de cuisiner.
cucinière |kutʃi'njɛre| *s.* cuisinier* → **cuoco.**
cucinìno |kutʃi'nino| *s.m.* **1** petite cuisine *f.*, kitchenette *f.* **2** [*vano adibito alla cucina comunicante col tinello*] coin cuisine.
cucinòtto |kutʃi'nɔtto| *s.m.* → **cucinino** 2.
cucìre |ku'tʃire| (203) *v.tr.* **1** [*unire, congiungere con filo e ago*] coudre (60): *cucire due pezzi di stoffa* coudre deux morceaux d'étoffe; *cucire un bottone* coudre un bouton; *cucire una toppa dei calzoni* coudre une pièce du, au pantalon; *cucire i fascicoli di un libro* coudre les fascicules d'un livre; *cucire i fogli di un incartamento con la cucitrice* coudre les feuilles d'un cahier, d'un dossier avec l'agrafeuse ◇ (*med.*) *cucire una ferita* coudre une blessure ♦ (*ass.*) *cucire a mano, a macchina* coudre à la main, à la machine; *macchina da cucire, per cucire* machine à coudre ◇ (*loc. fig.*) *cucire la bocca, le labbra a qc.* fermer la bouche à qqn. ~ *cucirsi la bocca* garder bouche cousue **2** [*confezionare abiti, indumenti e sim.*] faire (45); coudre: *cucire un abito per una bambina* faire une robe pour une petite fille || *cucire le lenzuola, le tende* coudre les draps, les rideaux ♦ *ass.* coudre: *non saper cucire* ne pas savoir coudre; *è brava nel cucire* elle sait bien coudre **3** (*fig.*) [*mettere insieme, collegare*] assembler: *non sa nemmeno cucire una frase che stia in piedi* il ne sait même pas assembler une phrase qui tienne debout ◇ (*con valore spreg.*) *non ho fatto altro che cucire vari articoli e studi* je n'ai rien fait de plus que réunir divers articles et études.
cucirìno |kutʃi'rino| *s.m.* coton mercerisé.
cucìto |ku'tʃito| **I** *agg.* [*unito mediante cucitura*] cousu: *la suola è cucita* la semelle est cousue ◇ (*loc. fig.*) *essere cucito a filo doppio con qc.* être comme les deux doigts de la main ~ *avere le labbra cucite* garder la bouche cousue ~ *avere gli occhi cuciti* être aveugle **II** *s.m.* **1** [*la tecnica del cucire*] couture (*f.*): *maestra, scuola di cucito* maîtresse, école de couture; *lavoro di cucito* ouvrage de couture **2** [*ciò che si deve cucire o che è stato cucito*] couture: *consegnare il cucito* livrer la couture.
cucitóre, trice |kutʃi'tore, tritʃe| *s.* [*chi cuce*] couseur* ♦ *agg. f.* (*tecnol.*) (*macchina*) *cucitrice* couseuse *s.f.*
cucitrìce |kutʃi'tritʃe| *s.f.* **1** [*macchinetta usata per unire con punti metallici più fogli*] agrafeuse **2** machine à coudre ◇ (*in legatoria*) brocheuse.
cucitùra |kutʃi'tura| *s.f.* **1** [→ CUCIRE 1] couture: *cucitura a mano, a macchina* couture à la main, à la machine ◇ (*in legatoria*) brochage *m.* ◇ (*tip.*) marge **2** [*il punto in cui è avvenuta la cucitura*] couture: *un vestito pieno di cuciture* un vêtement rempli de coutures; *si vede troppo la cucitura* on voit trop la couture.
cucù |ku'ku| **I** *s.m.* **1** [*cuculo*] coucou **2** *orologio, pendola a cucù* (pendule *f.* à) coucou **II** *inter.* **1** (*esprime 'derisione, canzonatura'*) tu peux (il peut) toujours courir **2** (*nel gioco del nascondino*) coucou: *fare cucù* faire coucou.
cucùlo |ku'kulo| *s.m.* (*t.zool.*) coucou.
cucùrbita |ku'kurbita| *s.f.* (*lett.*) → **zucca.**
Cucurbitàcee |kukurbi'tatʃee| *s.f. pl.* (*t.bot.*) Cucurbitacées.
cucùzzolo |ku'kuttsolo| *s.m.* → **cocuzzolo.**
cùffia |'kuffja| *s.f.* **1** [*copricapo* (*di lana*) *che si ferma sotto il mento con*

un nastro] bonnet (*m.*): *cuffia di lana per il neonato* bonnet de laine pour nouveau-né; *cuffia da bagno* bonnet de bain ◇ (*loc. fig.*) *uscire, salvarsi, essere promosso per il rotto della cuffia* [*a malapena, alla meglio*] s'en tirer de justesse, ric-rac ~ *prendere una cuffia* [*innamorarsi*] avoir le béguin → **cotta** **2** (*rad., tel.*) casque (*m.*): *cuffia telefonica* casque téléphonique; *ascoltare in cuffia* écouter au casque **3** (*per est.*) casque; trou (*m.*): *cuffia per artiglierie* casque pour les artilleries || *la cuffia del suggeritore* le trou du souffleur.

cùfico, ci, ca, che |'kufiko, tʃi, ka, ke| (*agg.*) *scrittura cufica* écriture coufique.

cuginànza |kudʒi'nantsa| *s.f.* [*parentela tra cugini*] cousinage *m.*

cugìno |ku'dʒino| *s.* [*figlio, figlia di uno zio o di una zia*] cousin: *cugino di secondo, di terzo grado* cousin au deuxième, au troisième degré; *mi è cugino per parte di madre* il est mon cousin du côté de ma mère, maternel.

cùi |'kui| *pron. rel.* **I** (*preceduto dall'art. det. 'il, la, i, le'*) dont le *m.*, dont la *f.*, dont les (*m. e f. pl.*): *un paese il cui clima è dolce* un pays dont le climat est doux; *un medico la cui fama è grande* un médecin dont la renommée est grande; *una pianta i cui fiori durano un giorno* une plante dont les fleurs durent un jour; *un'opera le cui parti non sono ben legate* un ouvrage dont les parties ne sont pas bien reliées → **quale** *pron.* **II** *prep. 'di'* + CUI **1** (*persone*) dont, de qui: *un uomo, una donna di cui si parla* un homme, une femme dont (de qui) on parle; *i ragazzi, le ragazze di cui si diceva* les garçons, les filles dont on parlait **2** (*cose*) dont, duquel *m.*, de laquelle *f.*, desquels *m.pl.*, desquelles (*f.pl.*): *la disgrazia di cui siete responsabili* le malheur dont vous êtes responsables; *la casa di cui si vede la facciata* la maison dont on voit la façade; *i libri di cui tre sono rilegati* les livres dont trois sont reliés ◇ (*retto da un pron. dim. neutro*) dont: *ecco ciò di cui dovete occuparvi* voilà ce dont vous devez vous occuper; *niente di cui dobbiate lamentarvi* rien dont vous puissiez vous plaindre **3** (*si usa per evitare equivoci di riferimento*) *la moglie del collega di cui mi hai parlato* la femme du collègue, celle dont tu m'as parlé **III** *prep. 'a'* (*espressa o sottintesa*) + CUI (*persone o cose*) auquel *m.*, à laquelle *f.*, auxquels *m. pl.*, auxquelles *f. pl.*, (*persone: anche e più frequente*) à qui: *la persona (a) cui avete appena parlato* la personne à qui, à laquelle vous venez de parler; *l'ufficio al quale mi sono rivolto* le bureau auquel je me suis adressé; *le vacanze (a) cui ho destinato tutti i miei risparmi* les vacances auxquelles j'ai destiné toutes mes économies ◇ (*retto da un pron. dim. neutro*) quoi: *ciò a cui penso è...* ce à quoi je pense, c'est...; *non c'è niente a cui egli resista* il n'y a rien à quoi il résiste **IV** *prep. 'da'* + CUI **1** (*per esprimere la 'discendenza, la genealogia'*) dont: *la famiglia da cui discende* la famille dont il descend **2** (*persone*) dont, de qui: *il lontano parente da cui ha ereditato* le parent éloigné dont il a hérité **3** (*esprime moto da luogo o per luogo*) d'où, duquel *ecc.*; par où, par lequel (*ecc.*): *il paese da cui viene* le pays d'où, dont, duquel il vient || *la città da cui siamo passati* la ville par où, par laquelle nous sommes passés **4** (*riferito a luogo determinato*) [*dove*] où: *la macelleria da cui ci serviamo di solito* la boucherie où nous nous servons d'habitude **5** (*persone*) [*dove, presso la quale*] chez qui, chez lequel *m.*, laquelle *f.*, lesquels *m. pl.*, lesquelles (*f. pl.*): *il dentista da cui sono andato* le dentiste chez qui j'ai été; *il sarto da cui si veste* le tailleur chez qui il s'habille **6** (*compl. di agente*) (*cose, animali*) dont, par lequel (*ecc.*): *la disgrazia da cui è stato colpito* le malheur dont il a été frappé, le malheur qui l'a frappé; *il cane da cui è stato morso* le chien par lequel il a été mordu ◇ (*persone*) par qui, par lequel (*ecc.*): *l'uomo da cui è stato ucciso* l'homme par qui il a été tué ◇ (*con v. di 'sentimento' e sim.*) dont, de qui: *la persona da cui è tanto stimato* la personne dont, de qui il est tant estimé **V** *prep. 'in'* + CUI (*compl. di luogo*) où, dans lequel (*ecc.*): *la casa in cui sono nato* la maison où, dans laquelle je suis né; *durante il tempo in cui lavorava da noi* pendant le temps où il travaillait chez nous; *nel momento in cui arrivò* au moment où il arriva # *il modo in cui applicano le leggi* la façon dont ils appliquent la loi ◇ (*persone*) en qui, en lequel (*ecc.*): *la persona in cui ho fiducia* la personne en qui, en laquelle j'ai confiance ◇ (*cose*) dans, en lequel (*ecc.*): *la religione in cui credo* la religion en laquelle je crois ◇ (*retto da un pron. dim. neutro*) quoi: *c'è q.c. in cui...* il y a qqch. en quoi...; *ciò in cui non credo è...* ce en quoi je ne crois pas, c'est... **VI** *prep. 'fra, tra'* + CUI parmi (entre) lequel *ecc.*; entre lequel (*ecc.*): *ha incontrato molti parenti tra cui suo cugino Paolo* il a rencontré beaucoup de parents parmi lesquels son cousin Paul || *le persone tra cui c'è amicizia...* les personnes entre lesquelles il y a de l'amitié... **VII** *prep. 'per'* + CUI pour lequel (*ecc.*), (*persone: anche e più frequente*) pour qui: *i figli per cui ha fatto tanti sacrifici* les enfants pour lesquels, pour qui il a fait tant de sacrifices; *ecco la ragione per cui non vengo* voilà la raison pour laquelle je ne viens pas ◇ (*retto da un pron. dim. neutro*) dont: *non c'è nulla per cui tu debba lamentarti* il n'y a rien dont tu doives te plaindre ◇ [*per questo, per ciò*] → **perciò** **VIII** (*preceduto da altre prep.*) (*persone*) *prep.* + qui, + lequel (*ecc.*): *la donna con cui ho parlato* la femme avec qui, avec laquelle j'ai parlé; *l'uomo su cui puoi fare affidamento* l'homme sur qui tu peux compter ◇ (*cose*) *prep.* + lequel (*ecc.*): *la poltrona su cui sono seduto* le fauteuil sur lequel je suis assis; *il treno su cui sono salito* le train dans lequel, où je suis monté ◇ (*retto da un pron. dim. neutro*) quoi: *ciò su cui contavo* ce sur quoi je comptais **IX** (*preceduto da una prep. articolata e seguito da un sost.*) (*persone, cose*) duquel (*ecc.*): *gli amici col cui aiuto ha fatto quell'affare* les amis grâce à l'aide desquels, de qui il a conclu cette affaire; *l'albero sul cui ramo hanno fatto il nido tanti uccelli* l'arbre sur les branches duquel tant d'oiseaux ont fait leur nid.

culàccio, i |ku'lattʃo, i| *s.m.* [*la parte posteriore dell'animale macellato*] culotte *f.*

culatèllo |kula'tɛllo| *s.m.* [*salume tipico di Parma*] ⊠.

culàtta |ku'latta| *s.f.* culasse: *culatta di un cannone* culasse d'un canon.

culbiànco, chi |kul'bjanko, ki| *s.m.* (*t.zool.*) cul-blanc: *dei culbianchi* des culs-blancs.

'cul-de-lamp' |kydlɔ̃p| *s.m. inv.* [*disegno posto alla fine di un capitolo o di parte di esso*] cul-de-lampe (*var.*): *dei 'cul-de-lamp'* des culs-de-lampe.

'cul-de-sac' |kydsak|, **culdisàcco** |kuldi'sakko| *s.m. inv.* cul-de-sac (*var.*): *dei 'cul-de-sac'* des culs-de-sac.

culinària |kuli'narja| *s.f.* art *m.* culinaire.

culinàrio, i |kuli'narjo, i| *agg.* culinaire: *preparati culinari* préparations culinaires; *ricetta culinaria* recette culinaire.

cùlla |'kulla| *s.f.* **1** [*lettino per neonati*] berceau *m.* ◇ (*fig.*) [*nascita, età infantile*] *essere fortunato dalla culla* avoir de la chance dès le berceau; *dalla culla alla bara, alla tomba* du berceau à la tombe ◇ (*fig.*) [*luogo di nascita; centro di diffusione*] *la culla della civiltà, delle arti* le berceau des civilisations, des arts **2** (*mecc.*) berceau: *la culla di un motore* le berceau d'un moteur **3** (*nelle artiglierie*) berceau.

cullàre |kul'lare| **A** *v.tr.* **1** [*dondolare nella culla, in braccio*] bercer (2): *cullare un bambino per farlo addormentare* bercer un enfant pour qu'il s'endorme → **ninnare** ◇ (*per est.*) *le onde cullavano la barca* les vagues berçaient la barque; *si lasciava cullare dalla musica* il se laissait bercer par la musique **2** (*fig.*) [*ingannare, illudere*] bercer: *cullare qc. con vaghe promesse* bercer qqn. de vagues promesses **3** (*fig.*) [*nascondere, custodire nel proprio intimo*] bercer: *cullare un sogno ambizioso* bercer un rêve ambitieux **B** *v.pron. rifl.* CULLARSI **1** [→ *tr.* 1] se balancer (2): *le vele, le barche si cullavano al vento* les voiles, les barques se balançaient dans le vent # *cullarsi sull'amaca* se laisser bercer sur le hamac **2** (*fig.*) [→ *tr.* 2] se bercer: *cullarsi nelle speranze, nelle illusioni, in un facile miraggio* se bercer d'espérances, d'illusions, d'un mirage facile.

culminàle |kulmi'nale| *agg.* (*geol.*) du sommet (*loc. inv.*): *zona culminale di una montagna* zone du sommet d'une montagne, le sommet d'une montagne; *flora culminale* flore du sommet (d'une montagne).

culminànte |kulmi'nante| *agg.* **1** [*il più importante, decisivo*] culminant: *il punto, il momento culminante di un racconto, di un discorso* le point, le moment culminant d'un récit, d'un discours; *la scena culminante di una tragedia* la scène culminante d'une tragédie **2** (*astron.*) culminant: *il punto culminante di un astro* le point culminant d'un astre → **culminazione**.

culminàre |kulmi'nare| *v.intr.* (*aus. 'essere'*) **1** [*arrivare al culmine, al massimo grado*] monter (*aus.* avoir), tourner (*aus.* avoir): *il risentimento culminò in un'azione di protesta* le ressentiment monta jusqu'à faire éclater une action de protestation; *la manifestazione è cul-*

minata in atti vandalici la manifestation tourna aux actes de vandalisme → **sfociare** **2** (*astron.*) [*trovarsi in culminazione*] culminer (*aus.* avoir).
culminazióne |kulminat'tsjone| *s.f.* (*astron.*) culmination.
cùlmine |'kulmine| *s.m.* **1** [*sommità, cima*] sommet: *il culmine di una torre, di una montagna* le sommet d'une tour, d'une montagne → **vetta** # *il culmine di un tetto* le faîte (d'un toit) **2** (*fig.*) [*il grado, il livello più elevato*] sommet, apogée: *essere al culmine del potere, della gloria* être au sommet, à l'apogée du pouvoir, de la gloire; *raggiungere il culmine della grandezza, del piacere* atteindre l'apogée de la grandeur, du plaisir → **vertice** # *essere al culmine della gioia* être au comble de la joie ⓒ 1 **fondo, abisso, baratro.**
cùlmo |'kulmo| *s.m.* (*bot.*) chaume.
cùlo |'kulo| *s.m.* **1** (*pop.*) cul → 2 **sedere, deretano, didietro** ◇ (*loc. fig.*) *aver culo* avoir du bol (*pop.*), du pot (*fam.*) ~ *che culo che hai!* tu as du bol! ~ *prendere qc. per il culo* mettre qqn. en boîte, charrier qqn. ~ *avere, essere una faccia di culo* avoir du culot, ne pas manquer de toupet ◇ (*loc.*) *battere il culo in terra*: (*pr., fig.*) se taper le cul par terre ~ *dare, ricevere calci, pedate nel culo*: (*pr., fig.*) donner, recevoir des coups de pied dans le cul ~ *prendere a calci, a pedate nel culo*: (*pr., fig.*) botter (*fam.*) le cul ~ (*fig.*) *essere culo e camicia con qc.* être comme cul et chemise avec qqn. ✦ *inter.* (*esprime un insulto*) cul **2** (*pop.*) [*ano*] anus, trou du cul (*volg.*) **3** (*per anal.*) [*fondo di recipiente*] cul (*fam.*): *il culo di un bicchiere, di una pentola* le cul d'un verre, d'un pot ◇ (*loc.*) *è un culo di bicchiere* (*si dice di brillante falso*) c'est du toc ~ *un tunnel a culo di sacco* une galerie en cul-de-sac ◇ (*fig.*) *è un'attività a culo di sacco* cette entreprise est un cul-de-sac.
cultìsmo |kul'tizmo| *s.m.* (*letter.*) cultisme.
cùlto |'kulto| *s.m.* **1** culte: *il culto dei santi* le culte des saints; *i ministri del culto* les ministres du culte; *libertà di culto* liberté de culte ◇ [*servizio religioso protestante*] *presiedere al culto* présider le culte **2** (*fig.*) [*sommo rispetto, venerazione*] culte: *ha un culto per sua madre* il a un culte pour sa mère; *il culto delle tradizioni, della bellezza, della verità* le culte des traditions, de la beauté, de la vérité; *culto della personalità* culte de la personnalité ◇ [*attaccamento forte, eccessivo per q.c.*] *il culto della propria persona* le culte de sa personne; *il culto della buona tavola* le culte de la bonne chère.
cultóre, trice |kul'tore, tri'tʃe| *s.* [*persona che si dedica a una attività intellettuale*] amateur (*m.*): *cultore di musica, d'arte* amateur de musique, d'art.
cultuàle |kul'tuale| *agg.* (*raro*) cultuel*.
1 **cultùra** |kul'tura| **1** *s.f.* culture: *il progresso della cultura* le développement de la culture; *i diversi aspetti della cultura* les différents aspects de la culture; *la cultura orientale, francese* la culture orientale, française; *la cultura popolare, dotta* la culture populaire, savante **2** (*per est.*) culture: *avere una buona, media, mediocre cultura* avoir une bonne, moyenne, médiocre culture; *una persona di cultura elementare, media, universitaria* une personne de culture élémentaire, moyenne, universitaire; *è un uomo di cultura* c'est un homme de culture → **colto, dotto** **3** (*etn.*) civilisation, culture: *la cultura dei popoli primitivi* la civilisation, la culture des peuples primitifs.
2 **cultùra** |kul'tura| *s.f.* (*raro*) → **coltura.**
culturàle |kultu'rale| *agg.* culturel*: *rapporti culturali* relations culturelles.
culturalìsmo |kultura'lizmo| *s.m.* **1** (*sociol.*) culturalisme **2** étalage inutile de culture.
culturalìstico, ci, ca, che |kultura'listiko, tʃi, ka, ke| *agg.* culturiste.
culturìsta |kultu'rista| *s.m.* culturiste.
cumìno |ku'mino| *s.m.* **1** (*t.bot.*) cumin **2** [*i semi aromatici dello stesso*] cumin: *cospargere di cumino* saupoudrer de cumin.
cùmolo |'kumolo| *s.m.* → **cumulo.**
cumulàbile |kumu'labile| *agg.* [→ CUMULARE] cumulable.
cumulabilità |kumulabili'ta| *s.f. inv.* possibilité *var.* d'être cumulé, de cumuler.
cumulàre |kumu'lare| *v.tr.* (*dir.*) [*riunire nella medesima persona*] cumuler: *cumulare più cariche, due impieghi* cumuler plusieurs fonctions, deux emplois.
cumulativaménte |kumulativa'mente| *avv.* [→ CUMULATIVO] cumulativement, par accumulation *loc. inv.* # *votare cumulativamente due proposte* procéder à un vote d'ensemble pour deux propositions.
cumulatìvo |kumula'tivo| *agg.* **1** cumulatif*: *biglietto cumulativo* billet cumulatif # *prezzo cumulativo* prix d'ensemble **2** (*econ.*) cumulatif: *azione, obbligazione cumulativa* action, obligation cumulative.
cumulatóre, trice |kumula'tore, tri'tʃe| *s. e agg.* (*raro*) [*chi accumula*] cumulard *s.* (*spreg.*).
cumulazióne |kumulat'tsjone| *s.f.* (*raro*) [→ CUMULARE] cumul *m.* → **cumulo.**
cumulifórme |kumuli'forme| *agg.* (*meteor.*) cumuliforme.
cùmulo |'kumulo| **1** *s.m.* [*mucchio disordinato di cose della stessa qualità*] tas: *un cumulo di pacchi, di giornali* un tas de paquets, de journaux; *un cumulo di spazzatura* un tas d'ordures ◇ (*fig.*) *un cumulo di bugie, di sciocchezze* un tas de mensonges, de bêtises **2** [→ CUMULARE] cumul: *il cumulo delle cariche* le cumul des fonctions; *il cumulo dei redditi* le cumul des revenus **3** (*geogr.*) cumulus.
cumulonémbo |kumulo'nembo| *s.m.* cumulo-nimbus.
cùna |'kuna| *s.f.* **1** (*raro*) → **cunetta** **2** (*lett.*) → **culla.**
cuneàto |kune'ato| *agg.* **1** [*fornito di cunei*] cunéiforme; pourvu de coins **2** → **cuneiforme.**
cuneifórme |kunei'forme| *agg.* **1** cunéiforme: *scrittura cuneiforme* écriture cunéiforme **2** (*anat.*) cunéiforme ✦ (*s.m.*) *il cuneiforme* le cunéiforme.
cùneo |'kuneo| *s.m.* **1** (*tecnol., corr.*) coin: *spaccare un tronco con dei cunei* fendre un tronc avec des coins ◇ (*loc. fig.*) *disposizione a cunei* disposition en coin **2** (*arch.*) vousseau, voussoir.
cunétta |ku'netta| *s.f.* **1** [*canaletto di scolo delle acque praticato ai lati delle strade*] caniveau *m.*, rigole ◇ (*di traverso sulle strade*) cassis *m.* **2** [*avvallamento della strada*] défoncement *m.* # *una strada piena di cunette* une route toute défoncée, pleine de nids de poules ⓒ 2 **dosso.**
cunìcolo |ku'nikolo| *s.m.* [*stretta galleria sotterranea*] galerie (*f.*): *cunicolo di talpa* galerie de taupe; *passarono attraverso uno stretto cunicolo* ils passèrent à travers une étroite galerie ◇ (*min.*) *cunicolo di ventilazione* puits d'aération.
cunicoltùra |kunikol'tura| *s.f.* cuniculture.
cuòca, che |'kwɔka, ke| *s.f.* [*colei che cucina*] cuisinière: *è un'ottima cuoca* elle est très bonne cuisinière; *complimenti alla cuoca!* compliments à la cuisinière! # *una cuoca provetta* un cordon bleu.
cuòcere |'kwɔtʃere| (129) **A** *v.tr.* [*sottoporre un alimento a cottura*] cuire (75): *cuocere la pasta, la minestra, la verdura* cuire les pâtes, la soupe, les légumes ✦ (*ass.*) *cuocere in padella, al forno, alla griglia* cuire dans la poêle, au four, au gril; *cuocere a lesso, in umido* cuire à l'eau, à l'étuvée ◇ (*per est.*) *cuocere la ceramica, i mattoni* cuire la céramique, les briques ◇ (*per iperb.*) [*riscaldare in modo fastidioso*] brûler: *c'è un sole che cuoce* c'est un soleil qui brûle → **scottare** ◇ (*loc. fig.*) *lasciar cuocere qc. nel suo brodo* laisser cuire qqn. dans son jus **B** *v.intr.* (*aus.* 'essere') **1** [*essere sottoposto a cottura*] cuire (*aus.* avoir): *la minestra, il pollo sta cuocendo* la soupe, le poulet est en train de cuire; *mettere il lesso a cuocere* mettre le pot-au-feu à cuire ◇ (*per iperb.*) (*persone*) [*scottarsi*] *sta cuocendo distesa al sole* elle est en train de cuire, allongée au soleil **2** (*fig.*) [*provocare dolore fisico, morale*] cuire: *gli cuocevano ancora le guance per quel ceffone* les joues lui cuisaient encore à cause de cette gifle # *quell'umiliazione gli cuoceva nell'animo* cette humiliation était cuisante pour son esprit **3** (*fig.*) [*soffrire*] brûler (*aus.* avoir): *cuocere d'invidia, di rabbia* brûler d'envie, de rage **C** *v.pron.* CUOCERSI **1** *intr.* [→ *intr.* 1] cuire (*intr.*): *la pasta si è cotta* les pâtes ont cuit; *ti sei cotto bene al sole della spiaggia* tu as bien cuit au soleil de la plage **2** *rifl.* [→ *intr.* 3] brûler (*intr.*): *cuocersi di dispetto* brûler de dépit.
cuòco, chi |'kwɔko, ki| *s.m.* **1** [*chi cucina per professione*] cuisinier*: *fare il cuoco in un ristorante, in un albergo* être cuisinier dans un restaurant, dans un hôtel; *imbarcarsi come cuoco* (s')embarquer comme cuisinier, comme coq **2** [*chi è abile nel cucinare*] cuisinier: *quando vuole, sa essere un buon cuoco* quand il veut, il sait être un bon cuisinier.
cuoiàio, i |kwo'jajo, i| *s.m.* **1** [*conciatore di cuoio*] corroyeur **2** [*venditore di cuoio*] maroquinier.
cuoiàme |kwo'jame| *s.m.* [*assortimento di oggetti in cuoio*] articles *pl.* de maroquinerie.
cuòio |'kwɔjo|, *pl.m.* **cuòi** |'kwɔi| (*nei significati* 1, 2), *pl. f.* **cuòia**

|'kwɔja| (*nel significato* 3) *s.m.* **1** [*pelle degli animali, conciata*] cuir: *cuoio morbido, rigido* cuir souple, dur; *cuoio scamosciato* cuir suédé, corroyé; *cuoio greggio, conciato* cuir vert, corroyé (tanné); *una borsa di cuoio* un sac en cuir **2** (*anat.*) *cuoio capelluto* cuir chevelu **3** (*fig., scherz.*) *tirare, rimetterci le cuoia* [*morire*] y laisser sa peau *f.*

cuòra |'kwɔra| *s.f.* (*region.*) plantes *pl.* aquatiques à la surface des lacs: *la cuora del lago* les plantes aquatiques du lac ◇ [*il fondo di paludi prosciugate*] terrain *m.*, bas-fond *m.* marécageux.

cuòre |'kwɔre| *s.m.* **1** (*anat., corr.*) cœur: *i battiti del cuore* les battements du cœur; *il suo cuore è malato* son cœur est malade; *essere malato di cuore* être malade du cœur; *un intervento chirurgico a cuore aperto* une intervention chirurgicale à cœur ouvert; *mirare, sparare, colpire al cuore* viser, tirer, toucher au cœur ◇ (*per est.*) [*petto*] *stringersi qc. al cuore* serrer qqn. sur, contre son cœur; *si mise la mano sul cuore* il porta la main à son cœur ◇ [*cuore di animali macellati*] *cuori di pollo e di coniglio* cœurs de poulet et de lapin; *cucinare cuore di manzo trifolato* cuisiner du cœur de bœuf sauté à l'ail et au persil **2** (*loc. fig.*) [*il cuore come sede dell'amore*] *l'amico, l'amica del cuore* l'ami, l'amie de cœur ~ *problemi di cuore* problèmes de cœur ~ *avere qc. nel cuore* avoir qqn. dans le cœur ~ *dare, donare il proprio cuore a qc.* donner son cœur à qqn. ◇ [*il cuore come sede dei sentimenti più intimi*] *ascoltare, sentire la voce del cuore* écouter, entendre la voix du cœur ~ *parlare col cuore* (*in mano*), *a cuore aperto* parler le cœur sur la main, à cœur ouvert ~ *queste parole mi vengono proprio dal cuore* ces mots me viennent vraiment du cœur, je le dis du fond du cœur ~ *quella osservazione gli arrivò, gli scese al cuore* cette remarque lui alla droit au cœur ~ *avere il cuore sulle labbra* avoir le cœur sur les lèvres ~ *dire quello che si ha nel cuore* dire ce qu'on a sur le cœur ~ *sentire un tuffo al cuore* sentir un coup au cœur ~ *rodersi, mangiarsi il cuore* se ronger le cœur → **fegato** ◇ (*loc. avv.*) *di cuore, di buon cuore, con tutto il cuore, di tutto cuore* de bon cœur, de tout cœur, de grand cœur, de gaîté de cœur → **spontaneamente, apertamente, affettuosamente** ◇ [*il cuore come ispiratore di sentimenti di solidarietà, di pietà*] ~ *è una persona che ha, non ha cuore* c'est une personne qui a, qui n'a pas de cœur ~ *una persona di cuore, di gran cuore, di buon cuore* une personne de cœur, de grand cœur, qui a bon cœur ~ *avere un cuore tenero, duro, spietato* avoir un cœur tendre, dur, impitoyable ~ *avere un cuore di ghiaccio, di pietra* avoir un cœur de marbre, de pierre ~ *avere un cuore di tigre, di belva* être cruel comme un tigre ~ *quelle parole gli hanno toccato il cuore* ces mots lui sont allés droit au cœur ~ *una scena straziante, da spezzare il cuore* une scène déchirante à fendre l'âme, à fendre le cœur ◇ [*il cuore come sede della volontà, ispiratore di propositi, interessi e sim.*] *avere a cuore qc., q.c.* avoir qqn., qqch. à cœur ~ *prendersi a cuore qc., q.c.* prendre qqn., qqch. à cœur ~ *quella persona, quell'affare mi sta a cuore* cette personne, cette affaire me tient à cœur ~ *avere in cuore di fare q.c.* avoir dans l'esprit de faire qqch.; *avere in cuore di realizzare un progetto* avoir à cœur de réaliser un projet → **intenzione** ◇ [*il cuore come sede di forza morale, ardimento*] courage, cœur → **coraggio, forza** ~ *far, dar cuore a qc.* donner du courage à qqn. ~ *farsi cuore, prendere cuore* prendre courage ~ *che cuore che ha, quell'uomo!* quel courage il a, cet homme! ~ (*non*) *avere il cuore di fare q.c.* (ne pas) avoir le cœur de faire qqch. ~ *non mi regge, non mi basta il cuore* (*di fare q.c.*) je n'ai pas le courage, le cœur (de faire qqch.) **3** (*per est., fig.*) [*la persona, vista nei suoi vari sentimenti*] cœur: *è un cuore d'oro, nobile, semplice* c'est un cœur d'or, noble, simple; *cuor di leone, di coniglio, di pecora* cœur de lion, de poulet, de brebis ✦ (*inter.*) *cuore mio!* mon cœur! **4** (*per est.*) [*oggetto a forma di cuore*] cœur: *intagliare un cuore su un tronco d'albero* graver un cœur sur un tronc d'arbre **5** [*uno dei segni nel gioco delle carte*] cœur: *l'asso, il fante, la donna, il re di cuori* l'as, le valet, la dame, le roi de cœur; *giocare* (*a*) *cuori* jouer aux cœurs **6** (*fig.*) [*la parte centrale e più importante*] cœur: *il cuore dei carciofi, della lattuga* le cœur des artichauts, de la laitue; *il cuore del legno* le cœur du bois; *il cuore di una regione, del deserto* le cœur d'une région, du désert; *abitare nel cuore della città* habiter au cœur de la ville; *essere svegliato nel cuore della notte* être réveillé au cœur de la nuit; *si era nel cuore dell'inverno* on était au cœur de l'hiver **7** (*t.bot.*) *cuore di Maria* cœur de Marie.

cuorifórme |kwori'forme| *agg.* cordiforme.

cupaménte |kupa'mente| *avv.* [→ CUPO 1] sombrement, sourdement: *il tuono brontolava cupamente* le tonnerre grondait sourdement.

cupè |ku'pɛ| *s.m.* → **coupé.**

cupézza |ku'pettsa| *s.f.* **1** [*oscurità, scurezza*] obscurité; couleur sombre: *oscurità della notte* obscurité de la nuit ‖ *l'oscurità del cielo tempestoso* la couleur sombre du ciel nuageux **2** (*fig.*) [*atteggiamento accigliato*] air *m.* sombre, renfrogné: *la cupezza del suo volto* l'air sombre de son visage, son visage renfrogné # *la cupezza del suo sguardo* la tristesse de son regard, son regard sombre Ⓒ **chiarezza.**

cupidaménte |kupida'mente| *avv.* (*raro, lett.*) [→ CUPIDO] avec cupidité *loc. inv.*, cupidement: *guardare cupidamente q.c.* regarder qqch. cupidement → **avidamente.**

cupidìgia, gie |kupi'didʒa, dʒe| *s.f.* [*avidità, bramosia*] soif, convoitise: *cupidigia d'onori* soif d'honneurs; *cupidigia di ricchezza* convoitise, avidité de richesses; *guardare con cupidigia* regarder avec convoitise.

cupidità |kupidi'ta| *s.f. inv.* (*lett.*) → **cupidigia, avidità.**

cùpido |'kupido| *agg.* (*raro, lett.*) cupide: *cupido di denaro* cupide, avide d'argent; *guardare una ragazza con occhi cupidi* regarder une fille d'un œil cupide, avec un regard de convoitise → **avido, bramoso.**

cùpo |'kupo| *agg.* **1** [*senza luce, tenebroso*] sombre: *notte cupa* nuit sombre; *cielo cupo* ciel sombre; *selva cupa* bois sombre → **buio, oscuro, scuro** # *acque cupe* eaux profondes **2** (*di colore*) [*molto scuro*] sombre, foncé: *colore cupo* couleur sombre, foncée; *verde, blu cupo* vert, bleu foncé ◇ (*loc. fig.*) *descrivere q.c. a tinte cupe* dramatiser qqch., brosser un sombre tableau de qqch. **3** (*di suono*) [*sordo, basso*] sourd: *rumore cupo* bruit sourd; *voce cupa, tono cupo* voix sourde, ton sourd **4** (*fig.*) (*persone*) [*chiuso, taciturno, preoccupato*] sombre: *carattere, temperamento cupo* caractère, tempérament sombre; *cupa gelosia* sombre jalousie; *viso cupo* visage sombre; *sguardo cupo* regard sombre → **torvo** # *collera cupa* colère sourde; *si fece cupo in volto* il s'assombrit → **corrucciato.**

cùpola |'kupola| *s.f.* **1** coupole: *la cupola di San Pietro* la coupole de Saint-Pierre ◇ (*per est.*) *la cupola di un osservatorio, di una casamatta* la coupole d'un observatoire, d'une casemate **2** *la cupola del cappello* la calotte du chapeau **3** (*bot.*) cupule.

cupolìno |kupo'lino| *s.m.* **1** (*raro*) petite coupole *f.*, petit dôme **2** *il cupolino del cappello* la calotte *f.* du chapeau; *cappello a cupolino* chapeau à calotte **3** (*teat.*) trou: *il cupolino del suggeritore* le trou du souffleur.

cùpreo |'kupreo| *agg.* (*lett.*) [*di rame, che ha il colore del rame*] de cuivre *loc. inv.*; cuivré: *vasi cuprei* vases de cuivre ‖ *riflessi cuprei* reflets cuivrés.

cùpri-, cùpro- |'kupri-, 'kupro-| *pref.* (*significano 'rame', corrispondono gener. a*) cupri, cupro(-): *cuprifero* cuprifère; *cupro-ammoniacale* cuproammoniacale.

cùprico, ci, ca, che |'kupriko, tʃi, ka, ke| *agg.* (*chim.*) cuprique.

cuprìfero |ku'prifero| *agg.* cuprifère: *terreno cuprifero* terrain cuprifère.

cupronìchel |kupro'nikel| *s.m. inv.* cupro-nickel *var.*

cùpula |'kupula| *s.f.* (*bot.*) cupule.

cùra |'kura| *s.f.* **1** [*sollecitudine, interessamento*] soin (*m.*): *aver cura della casa, di sé, della propria persona* avoir soin de la maison, de soi-même, de sa personne; *prendersi cura del bestiame, delle faccende domestiche* prendre soin du bétail, du ménage; *abbi cura di innaffiare i fiori!* aie soin, prends soin d'arroser les fleurs!; *non ha nessuna cura dei propri affari* il ne prend aucun soin de ses affaires ◇ [*l'oggetto del proprio interessamento*] souci (*m.*): *il lavoro e la famiglia sono la sua unica cura* le travail et la famille constituent son seul souci ◇ *al plur.* soins, attentions: *circondare qc. di cure, essere pieno di cure per qc.* entourer qqn. de soins, d'attentions; être plein d'attentions pour qqn.; *affidare qc. alle cure di...* confier qqn. aux soins de...; *prestare a qc. cure delicate, affettuose* avoir pour qqn. des attentions délicates, affectueuses ◇ [*impegno, diligenza*] *un lavoro fatto con molta, poca cura* un travail fait avec beaucoup de, peu de soin ◇ *loc.* A CURA DI aux soins de: *un'edizione, una traduzione a cura di X* une édition, une traduction aux soins de X **2** [*trattamento medico; terapia*] cure; traitement (*m.*): *una cura dimagrante, termale* une cure amaigrissante, thermale ‖ *sarà una cura lunga, ma efficace* ce sera un traitement long, mais efficace; *farsi dare, pre-*

scrivere una cura dal medico se faire donner, prescrire un traitement par le médecin; *quel medico ha in cura molti pazienti* ce médecin a beaucoup de malades (en traitement); *essere in cura presso un noto specialista* être en traitement chez un spécialiste connu ◇ (*loc.*) *casa di cura* maison de santé → **clinica** **3** (*relig. catt.*) charge; paroisse: *un sacerdote con, senza cura d'anime* un prêtre avec, sans charge d'âmes ‖ *quel curato ha una piccola, grande cura* ce curé est à la tête d'une petite, d'une grande paroisse → **parrocchia** **4** (*dir.*) → **curatela** **5** (*lett.*) → **preoccupazione**; **affanno.**

curàbile |ku'rabile| *agg.* [→ CURARE A 2] curable: *malattie curabili* des maladies curables [C] **incurabile.**

curabilità |kurabili'ta| *s.f. inv.* curabilité *var.*

'curaçao' |kyRaso| *s.m. inv.* curaçao *var.*

curànte |ku'rante| *agg.* (*nella loc.*) *medico curante* médecin traitant.

curapipe |kura'pipe| *s.m. inv.* cure-pipe (*var.*): *dei curapipe* des cure-pipes.

curàre |ku'rare| **A** *v.tr.* **1** [*fare oggetto delle proprie cure; prendersi cura di*] prendre (73) soin de: *curare la famiglia, i propri affari* prendre soin de sa famille, de ses affaires; *curare personalmente i propri interessi* prendre soin personnellement de ses intérêts; *curare gli interessi di qc.* prendre soin des intérêts de qqn. ◇ [*fare la stessa cosa per doveri professionali*] soigner, préparer: *curare l'esecuzione dei lavori* soigner, s'occuper de l'exécution des travaux; *curare l'edizione di un libro* soigner, préparer l'édition d'un livre; *l'opera è stata curata da una 'équipe' di specialisti* l'œuvre a été préparée par une équipe de spécialistes **2** [*sottoporre a cure mediche*] soigner: *curare un malato* soigner un malade, un patient; *curare una malattia, una ferita* soigner une maladie, une blessure **3** (*fig.*) [*cercare di correggere*] tâcher de corriger: *curare i propri difetti* tâcher de corriger ses défauts **4** [*darsi cura, pensiero di q.c.*] s'occuper *pron.* de: *non curare le chiacchiere, i pettegolezzi* ne pas s'occuper des bavardages, des potins ◇ *loc.* CURARE CHE (+ *congv.*) veiller à ce que (+ *congv.*): *cura che tutto sia pronto al mio ritorno* veille à ce que tout soit prêt pour mon retour **5** (*caccia*) [*appostare*] guetter: *curare la selvaggina* guetter le gibier ◇ (*per est., fam.*) *sta' attento, ti curo!* fais attention, je te surveille! **B** *v.pron.* CURARSI **1** *rifl.* [→ *tr.* 1] se soigner: *curati bene, se vuoi guarire presto* soigne-toi bien, si tu veux guérir vite **2** *intr.* [→ *tr.* 4] s'occuper de; se donner la peine de: *non curarti di quello che dice la gente* ne t'occupe pas de ce que disent les gens, des on-dit; *non si cura affatto dei propri affari* il ne s'occupe pas du tout des ses affaires → **preoccupar(si)** ‖ *non si cura nemmeno di scrivermi* il ne se donne même pas la peine de m'écrire.

curarizzànte |kurarid'dzante| *agg.* (*med.*) curarisant.

curàro |ku'raro| *s.m.* curare.

curatèla |kura'tɛla| *s.f.* (*dir.*) curatelle: *avere la curatela di un'eredità* avoir la curatelle d'une succession.

curatìvo |kura'tivo| *agg.* curatif*: *trattamento curativo* traitement curatif.

curàto |ku'rato| *s.m.* **1** [*aiutante del parroco*] vicaire **2** [*parroco*] curé.

curatóre |kura'tore| *s.m.* **1** (*dir.*) curateur: *curatore del nascituro* curateur au ventre # *curatore giudiziario* conseil judiciaire; *curatore fallimentare* syndic de faillite **2** (*raro*) [*chi ha un determinato incarico*] chargé (de): *curatore di un testo* chargé d'un texte.

curculióne |kurku'ljone| *s.m.* (*t. zool.*) charançon.

Curculiònidi |kurku'ljɔnidi| *s.m. pl.* (*t.zool.*) Curculionidés.

cùrdo |'kurdo| **1** *agg.* [*dei Curdi*] kurde **2** (*s.m.*) *il curdo* [*la lingua*] le kurde.

cùria |'kurja| *s.f.* **1** (*catt.*) curie: *la curia romana* la curie romaine; *la curia* (*diocesana*) la curie (diocésaine) **2** [*l'insieme degli avvocati, dei procuratori di un luogo*] barreau *m.* → **foro** **3** (*st. rom.*) curie.

curiàle |ku'rjale| *agg.* **1** (*relig. catt.*) curial*: *organizzazione curiale* organisation curiale; *decisione curiale* décision curiale **2** (*dir.*) du barreau *loc. inv.* ✦ *s.m.* (*raro*) *un curiale* un homme de loi → **avvocato** **3** (*per est.*) [*solenne, aulico*] solennel*, pontifiant: *stile, linguaggio curiale* style, langage solennel, pontifiant → **forense.**

curialésco, chi, ca, che |kurja'lesko, ki, ka, ke| *agg.* (*spec. spreg.*) [*proprio della curia*] fallacieux*, captieux*: *discorso curialesco* discours fallacieux, captieux; *argomentazione curialesca* argumentation fallacieuse, captieuse → **pedante.**

'curie' |kyRi| *s.m. inv.* (*fis.*) curie *var.*

curiosàggine |kurjo'saddʒine| *s.f.* [*curiosità insistente e fastidiosa*] curiosité.

curiosaménte |kurjosa'mente| *avv.* **1** [→ CURIOSO 1, 2] avec curiosité (*loc. inv.*): *guardare, osservare curiosamente* regarder, observer avec curiosité **2** [→ CURIOSO 3] curieusement; étrangement: *un tipo vestito curiosamente* un type curieusement habillé ‖ *era curiosamente allegro* il était étrangement joyeux → **stranamente.**

curiosàre |kurjo'sare| *v.intr.* (*aus.* '*avere*') **1** [*rovistare, cercare tra, in*] fouiller, fureter (7): *curiosare in tutti gli angoli* fouiller, fureter dans tous les coins; *curiosare nelle tasche* fouiller dans les poches **2** [*mettere il naso nelle faccende altrui*] fourrer son nez, fouiner (*fam.*) dans: *curiosa nei miei affari* il fourre son nez dans mes affaires; *non gli piace che si venga a curiosare nei suoi affari* il n'aime pas qu'on vienne fourrer son nez, fouiner dans ses affaires → **osservare, indagare, spiare** # *non curiosare nei miei affari* occupe-toi de tes affaires, occupe-toi de tes oignons (*fam.*) ◇ [*interessarsi indebitamente di cose altrui*] *curiosare negli affari altrui* fourrer son nez, fouiner dans les affaires d'autrui # *sta sempre sul balcone a curiosare* il reste toujours au balcon à voir ce qui se passe ◇ [*frugare, rovistare*] *curiosare tra le carte, in un cassetto* fourrer, fouiner dans des papiers, dans un tiroir.

curiosità |kurjosi'ta| *s.f. inv.* **1** curiosité (*var.*): *la curiosità dei bambini* la curiosité des enfants; *la curiosità è all'origine della scienza* la curiosité est à l'origine de la science **2** [*indiscrezione*] curiosité: *è di una curiosità insopportabile* il est d'une curiosité insupportable; *è stato punito per la sua curiosità* il a été puni de sa curiosité **3** [*cosa rara, insolita*] curiosité: *un negozio di curiosità* un magasin de curiosités → **rarità** ◇ [*aspetto strano, bizzarro*] étrangeté: *la scena mi colpì per la sua curiosità* la scène me frappa par son étrangeté → **stranezza.**

curióso |ku'rjoso| *agg.* **1** (*persone*) curieux*: *è un ragazzo curioso* (*di imparare*) c'est un garçon curieux (d'apprendre) **2** curieux: *una donna curiosa* une femme curieuse; *sono curioso di sapere come andrà a finire* je suis curieux de savoir comment cela finira → **indiscreto, ficcanaso** ✦ (*s.*) *sei proprio un curioso* tu es vraiment un curieux; *una folla di curiosi* une foule de curieux **3** (*cose*) [*strano, bizzaro*] curieux: *un fatto, un oggetto curioso* un fait, un objet curieux ◇ (*per est.*) (*persone*) *ma sei proprio un tipo curioso, tu!* tu es vraiment un drôle de type, toi! ✦ *s.m.* [*l'aspetto curioso*] *il curioso della questione è che...* le (plus) curieux de la chose c'est que... → **stranezza.**

curling |'kəːliŋ| *s.m. inv.* (*ingl.*) curling *var.*

curricolo |kur'rikolo| *s.m.* → **curriculum vitæ.**

curriculum vitæ |kur'rikulum 'vite| *loc. sost. m. inv.* (*lat.*) curriculum vitæ.

curry |'kʌri| *s.m. inv.* (*ingl.*) curry *var.*, cari (*var.*): *riso al curry* riz au curry; *pollo al curry* curry de volaille, poulet au cari.

cursóre |kur'sore| *s.m.* **1** (*tecnol.*) curseur: *cursore di un regolo* curseur d'un règle; *cursore della cerniera lampo* curseur de la fermeture éclair **2** (*arc.*) → **corriere,** 2 **messo.**

curtènse |kur'tɛnse| *agg.* (*st. mediev.*) féodal* # *sistema, economia curtense* économie rurale close.

curùle |ku'rule| *agg.* (*st. rom.*) curule.

cùrva |'kurva| *s.f.* **1** (*geom.*) courbe: *curva sghemba, chiusa* courbe gauche, fermée ◇ [*diagramma*] *curva di frequenza* courbe de fréquence; *curva di livello* courbe de niveau; *curva dei prezzi* courbe de prix **2** (*per est.*) [*elemento, tratto curvilineo*] coude (*m.*): *la curva di un fiume* le coude d'un fleuve ◇ (*riferito alle strade*) tournant *m.*, virage (*m.*): *curva pericolosa* tournant, virage dangereux; *rallentare in prossimità di una curva* ralentir à proximité d'un virage # *la strada fa una curva* la route fait une courbe; *una strada tutta curve e controcurve* une route toute en lacets ◇ (*scherz.*) (*riferito al corpo femminile*) rondeur: *che curve quella ragazza!* quelles rondeurs, cette fille! # *è una ragazza tutta curve* c'est une fille bien en chair.

curvàbile |kur'vabile| *agg.* [→ CURVARE A] qu'on peut courber *loc.*

curvàre |kur'vare| **A** *v.tr.* [*piegare a forma di arco*] courber: *curvare una sbarra di ferro* courber une barre de fer # *curvare un tubo* cintrer un tuyau ◇ (*riferito al proprio corpo*) [*chinare, abbassare*] *curvare la schiena* courber le dos, l'échine (*fig.*); *curvare la testa sui libri* courber, pencher la tête sur les livres → **piegare** ◇ (*loc. fig.*) *curvare la fronte, la testa* [*ubbidire*] baisser, courber le front, la tête ~ *curvare la* *schiena* [*sottomettersi*] courber le dos **B** *v.intr.* (*aus. 'avere'*) (*detto di veicolo*) [*cambiar direzione*] tourner: *curvare dolcemente, bruscamente* tourner doucement, brusquement; *curvare a destra, a sinistra* tourner à droite, à gauche → **girare** ◇ (*detto di strada*) [*formare una curva*] *a questo punto la strada curva bruscamente a sinistra* à cet endroit la route tourne brusquement à gauche **C** *v.pron.* CURVARSI **1** *rifl.* [→ *tr.* 1] se courber, se baisser: *curvarsi per entrare nella grotta* se courber, se baisser pour entrer dans la grotte; *si curvò per salutare* il se courba pour saluer ◇ (*fig.*) *curvarsi alla volontà, alla prepotenza di qc.* se plier à la volonté, céder devant la violence de qqn. → **sottomettersi** **2** *intr.* (*persone*) [*diventare curvo*] se voûter: *si è curvato con la vecchiaia* il s'est voûté avec la vieillesse → **incurvar(si)** **3** *intr.* (*cose*) [→ *tr.* 1] se courber, ployer (10) (*intr.*): *la sbarra di sostegno si è curvata* la barre de soutien s'est courbée, a ployé.

curvatrice |kurva'tritʃe| *s.f.* (*tecnol.*) cintreuse.

curvatùra |kurva'tura| *s.f.* [→ CURVARE A; C 3] courbure: *la curvatura di una sbarra* la courbure d'une barre ◇ (*anat.*) courbure ◇ (*arch.*) *la curvatura di una volta* la courbure d'une voûte ◇ (*mat.*) *raggio di curvatura* rayon de courbure.

cùrvi- |'kurvi| *pref.* (*significa 'curva', corrisponde gener. a*) curv(i): *curvimetro* curvimètre.

curvilìneo |kurvi'lineo| *agg.* curviligne: *angolo curvilineo* angle curviligne.

curvìmetro |kur'vimetro| *s.m.* curvimètre.

cùrvo |'kurvo| *agg.* courbe; courbé, voûté: *linea curva* ligne courbe ‖ *un vecchio curvo* un vieillard courbé, voûté; *camminare curvo sotto un peso* marcher courbé sous un fardeau (un poids); *essere curvo sui libri* être penché, courbé sur les livres; *essere curvo per gli anni* être voûté par l'âge; *ha le spalle curve* ses épaules sont voûtées 🄲 **dritto.**

cuscinàta |kuʃʃi'nata| *s.f.* coup *m.* de coussin.

cuscinétto |kuʃʃi'netto| *s.m.* (*tecnol.*) coussinet: *un cuscinetto di materie plastiche* un coussinet de matières plastique # *cuscinetto per timbri* tampon ◇ (*mecc.*) *cuscinetto a sfere, a rulli* coussinet à billes, à rouleaux ◇ (*loc. fig.*) *far da cuscinetto, servire da cuscinetto* servir de tampon ♦ (*in funzione di agg. inv., posposto al sost.*) *stato cuscinetto* État tampon; *zona cuscinetto* zone tampon.

cuscìno |kuʃ'ʃino| *s.m.* **1** coussin, oreiller → **guanciale** **2** (*tecnol.*) *nave a cuscino d'aria* aéroglisseur.

cuscùs |kus'kus| *s.m. inv.* (*ar.*) (*cuc.*) couscous.

cùscuta |'kuskuta| *s.f.* (*t.bot.*) cuscute.

cuspidàle |kuspi'dale| *agg.* (qui se termine) en pointe (*loc. inv.*): *organo cuspidale* organe (qui se termine) en pointe; *tangente cuspidale* tangeante en pointe.

cuspidàto |kuspi'dato| *agg.* (qui se termine) en pointe (*loc. inv.*): *campanile cuspidato* clocher (qui se termine) en pointe ◇ (*bot.*) cuspidé: *foglie cuspidate* feuilles cuspidées.

cùspide |'kuspide| *s.f.* **1** (*lett.*) [*parte terminale allungata e appuntita*] pointe (*corr.*): *la cuspide di una lancia, di una freccia* la pointe d'une lance, d'une flèche → **punta** **2** (*arch.*) flèche: *la cuspide del campanile* la flèche du clocher ◇ (*per est.*) *le cuspidi delle Dolomiti* les aiguilles des Dolomites **3** (*anat.*) cuspide; valve **4** (*bot.*) cuspide.

custòde |kus'tɔde| **1** *s.* [*persona addetta alla custodia, alla sorveglianza di q.c., qc.*] gardien*: *custode di un museo, di una scuola* gardien d'un musée, d'une école; *ho lasciato le chiavi al custode del palazzo* j'ai laissé les clefs au gardien de l'immeuble → **portinaio** ◇ (*fig.*) *si considera il custode dei più puri ideali* il se considère le gardien des idéals les plus purs **2** (*agg.*) *l'angelo custode*: (*pr., fig.*) l'ange gardien: *è stato un po' il nostro angelo custode nei momenti più difficili* il a été un peu notre ange gardien dans les moments les plus difficiles.

custòdia |kus'tɔdja| *s.f.* **1** [→ CUSTODIRE A] garde: *avere qc., q.c. in custodia, avere la custodia di qc., di q.c.* avoir la garde de qqn., de qqch.; *ho affidato momentaneamente i bambini in custodia al portinaio* j'ai confié pour le moment les enfants à la garde du concierge; *lo prendo sotto la mia custodia* je le prends sous ma garde, ma protection ◇ (*dir.*) *avere la custodia di un minore* avoir la garde, la tutelle d'un mineur ◇ (*loc.*) *custodia preventiva* détention préventive → **carcerazione**; *agente di custodia* gardien de prison ◇ (*econ.*) *titoli a custodia* titres en garde **2** [*contenitore, astuccio protettivo*] étui (*m.*): *una custodia in pelle, di plastica, in tessuto* un étui en peau, en plastique, en tissu; *la custodia del violino* l'étui à violon; *la custodia del binocolo, della macchina fotografica* l'étui à jumelles, de l'appareil photographique.

custodire |kusto'dire| (197) **A** *v.tr.* **1** [*avere cura di; sorvegliare; proteggere*] garder: *custodire i bambini di una amica* garder les enfants d'une amie; *custodire la casa di qc. durante la sua assenza* garder la maison de qqn. pendant son absence ◇ [*assistere*] *custodire un malato, una persona anziana* garder un malade, une personne âgée ◇ [*accudire a*] *custodire del bestiame* garder des bestiaux ◇ [*tenere sotto sorveglianza*] *custodire un prigioniero, una persona fermata* garder un prisonnier, une personne arrêtée ◇ [*amministrare*] *custodire i beni pignorati, sequestrati* avoir la garde judiciaire **2** [*conservare con cura; mantenere*] garder: *custodire dei documenti riservati in uno scrigno* garder des documents personnels dans un coffret ◇ (*fig.*) *custodire un segreto* garder un secret; *custodire un ricordo, una tradizione* garder un souvenir, une tradition **B** *v.pron. rifl.* CUSTODIRSI (*fam.*) [*aver cura della propria salute*] se ménager (3), prendre (73) soin de sa personne: *mi raccomando, custodisciti!* je t'en prie, ménage-toi, prends soin de ta personne.

custoditóre |kustodi'tore| *s.m.* (*raro*) → **custode.**

cutàneo |ku'taneo| *agg.* (*anat.*) cutané: *il tessuto cutaneo* le tissu cutané; *malattia cutanea* maladie cutanée.

cùte |'kute| *s.f.* → **pelle.**

cuticàgna |kuti'kaɲɲa| *s.f.* (*lett., scherz.*) [*collottola, nuca*] nuque, collet (*m.*): *prendere qc. per la cuticagna* saisir qqn. au collet, prendre qqn. par la peau du cou.

cuticola |ku'tikola| *s.f.* (*anat., bot.*) cuticule.

cutina |ku'tina| *s.f.* (*bot.*) cutine.

cutireazióne |kutireat'tsjone| *s.f.* cuti-réaction: *delle cutireazioni* des cuti-réactions.

cutréttola |ku'trettola| *s.f.* (*t.zool.*) bergeronnette, hochequeue (*corr.*).

cutter |'kʌtə| *s.m. inv.* (*ingl.*) [*veliero a un solo albero*] cotre *var.*

czar |tsar| *s.m.* → **zar.**

czàrda |'tʃarda| *s.f.* → **ciarda.**

D

d |di| *s.m. o f.* [*quarta lettera dell'alfabeto*] d (*m.*): *d minuscolo* d minuscule, *D maiuscola* D majuscule ◇ (*tel.*) *D come Domodossola* D comme Désiré.

da |da| *prep.* (*forme contratte possibili*):

m.sing.	(1)	[~~*da + il*~~]	→ *dal*	**du**	→ (2)	*prep.* **de** (*fr.*)	[*davanti a cons., eccetto 'gn, ps, s + cons., z'*]
	(2)	[~~*da + lo*~~]	→ *dallo*	**du**	→ (4)	' ' '	[*davanti a 'gn, ps, s + cons., z'*]
	(3)	[~~*da + l'*~~]	→ *dall'*	**de l'**	→ (6)	' ' '	[*davanti a voc.*]
m.pl.	(4)	[~~*da + i*~~]	→ *dai*	**des**	→ (8)	' ' '	[*nei casi di* (1)] *N.B. la 'i' di 'dai' non si elide mai*
	(5)	[~~*da + gli*~~]	→ *dagli*	**des**	→ (10)	' ' '	[*nei casi di* (2)] *N.B. la 'i' di 'dagli' si elide molto raramente*
f.sing.	(6)	[~~*da + la*~~]	→ *dalla*	**de la**	→ (12)	' ' '	[*davanti a cons.*]
	(7)	[~~*da + l'*~~]	→ *dall'*	**de l'**	→ (14)	' ' '	[*davanti a voc.*]
f.pl.	(8)	[~~*da + le*~~]	→ *dalle*	**des**	→ (16)	' ' '	[*davanti a cons. o voc.*] *N.B. davanti a voc. la 'e' di 'dalle' si elide molto raramente*

I (*introduce i compl. di*) **1** (*moto da luogo*) de: *è partito da Milano* il est parti de Milan; *è scesa dal treno* elle est descendue du train; *siamo appena arrivati dalla stazione* nous venons d'arriver de la gare; *scendere dall'autobus* descendre de l'autobus; *è appena uscito dalla chiesa* il vient de sortir de l'église; *sono ritornati dai campi* ils sont rentrés des champs; *siamo rientrati ieri dalle vacanze* nous sommes rentrés hier des vacances # *è appena uscita dal parrucchiere* elle vient de sortir de chez le coiffeur ◇ (*fig.*) *contare da 1 a 100* compter de 1 jusqu'à 100; *passare dalla povertà alla ricchezza* passer de la pauvreté à la richesse **2** (*provenienza*) de; par: *hanno ricevuto un regalo da un amico* ils ont reçu un cadeau (de la part) d'un ami ‖ *apprendere una notizia dal giornale, dalla televisione* apprendre une nouvelle par le journal, par la télé ◇ (*fig.*) *dipende da te* cela dépend de toi **3** (*origine*) de: *Leonardo da Vinci* Léonard de Vinci; *è nato da umile famiglia* il est issu d'une famille modeste **4** (*separazione o allontanamento*) de: *distinguere il vero dal falso* distinguer le vrai du faux; *liberare qc. dai pericoli* délivrer qqn. des dangers; *lo hanno scagionato dall'accusa* on l'a disculpé de l'accusation ◇ (*fig.*) *è un ragazzo diverso dagli altri* c'est un garçon différent des autres; *è diverso dal solito* il n'est pas comme d'habitude ◇ (*indica il luogo da cui si calcola la distanza*) *negozio a pochi passi da casa* magasin tout près de chez soi; *dista 1000 chilometri da Roma* c'est à 1000 kilomètres de Rome; *non dista molto dal centro* ce n'est pas très loin du centre (de la ville) ◇ (*fig.*) *non sei distante dal vero* tu n'es pas loin du vrai **5** (*tempo, con indicazione della decorrenza*) depuis; à partir de: *ti aspetto da un'ora* je t'attends depuis une heure; *la legge è in vigore da un anno* la loi est en vigueur depuis un an ‖ *con decorrenza dal 1° gennaio* à partir, à compter du 1er janvier; *gli uffici sono aperti dalle 10* les bureaux sont ouverts à partir de 10 heures ◇ *loc.* FIN DA dès: *fin dall'infanzia* dès l'enfance ◇ (*in correlazione con la prep. 'a'*) de: *il dentista riceve dalle 9 alle 12* le dentiste reçoit de 9 heures à midi; *sarò in ferie dal 15 al 30 luglio* je prendrai mes vacances du 15 au 30 juillet **6** (*agente, causa efficiente*) de, par: *è ammirato da tutti* il est admiré de tous; *bagnato dalla pioggia* mouillé par la pluie; *è tormentata dal rimorso* elle est tourmentée par les remords **7** (*causa*) (à cause) de: *sudare dal caldo* transpirer à cause de la chaleur; *tremare dal freddo* trembler de froid; *ha fatto i salti dalla gioia* il a sauté de joie **8** (*mezzo*) par, à, sur: *ve lo invierò dal garzone* je vous le ferai parvenir par le garçon de courses; *l'ho riconosciuto dalla voce, dall'andatura* je l'ai reconnu à sa voix, à son pas; *non bisogna giudicare dalle apparenze* il ne faut pas juger sur les apparences **9** (*moto a luogo, se costituito da pron. pers. o da sost. che indica persona*) chez: *verrò da te a pranzo* je viendrai déjeuner chez toi; *sono andati dalla nonna* ils sont allés chez leur grand-mère; *sono andata dal parrucchiere* je suis allée chez le coiffeur ◇ *loc.* DA BASSO en bas: *scendo da basso* je vais aller en bas; *è caduta da basso* elle est tombée en bas → **basso** **10** (*moto per luogo*) par: *sono passati da Firenze* il sont passés par Florence; *sono entrato dalla porta di servizio* je suis entré par la porte de service; *non si passa da questa parte* on ne peut pas passer par ici **11** (*stato in luogo, se costituito da pron. pers. o da sost. che indica persona*) chez: *abbiamo trascorso la domenica dai nonni* nous avons passé le dimanche chez nos grands-parents; *da noi non c'è questa usanza* chez nous ce n'est pas la coutume # *ti aspetto dal tabaccaio* je t'attends au bureau de tabac ◇ (*anche con i sost. 'lato, parte' e sim.*) *la porta si apre dal lato destro* la porte s'ouvre du côté droit; *la mia casa riceve sole da tutti i lati* ma maison est exposée au soleil de tous les côtés ◇ (*nelle insegne degli esercizi pubblici*) *da Pino* chez Pino ◇ (*fig.*) DALLA PARTE DI QC. du côté de qqn.: *essere dalla parte dei deboli* être du côté des faibles → **parte** **12** (*fine, scopo*) de: *cane da caccia* chien de chasse; *abito da sera* (*gener.*) tenue de soirée; (*da donna*) robe du soir; *attrezzi da muratore* outils de maçon **13** (*qualità*) à: *una bambina dagli occhi azzurri* une petite fille aux yeux bleus; *un ragazzo dall'intelligenza vivace* un garçon à l'esprit vif ◇ (*loc.*) *non sono da meno di nessuno* je ne suis inférieur à personne ◇ (*nel senso di 'degno di, proprio di'*) de: *consiglio d'amico* conseil d'ami; *è un comportamento da maleducato* c'est une conduite de personne mal élevée # *non è cosa da te* cela ne te ressemble pas **14** (*limitazione*) de: *sordo da un orecchio* sourd d'une oreille # *cieco da un occhio* borgne; *zoppicante da un piede* boiteux **15** (*prezzo*) à; (*stima, valore*) de: *un gelato da 100 lire* une glace à cent lires; *pesche da 800 lire al chilo* des pêches à huit cents lires le kilo ‖ *un francobollo da 80 lire* un timbre de quatre-vingts lires; *è un regalo da poco* c'est un cadeau de peu de valeur **16** (*predicativo*) en: *comportati da galan-*

tuomo conduis-toi en honnête homme; *ti parlo da esperto* je te parle en connaisseur; *trattare qc. da amico* traiter qqn. en, comme un ami # *tirare avanti da poveri diavoli* tirer le diable par la queue ◇ (*con valore spreg.*) de: *trattare qc. da imbecille, da idiota* traiter qqn. d'imbécile, d'idiot ◇ (*con valore anche temporale, indicando età o condizione*) quand, lorsque: *da impiegato guadagnavo molto poco* quand j'étais employé de bureau, je gagnais très peu; *da vecchi si è molto più riflessivi che da giovani* lorsqu'on est vieux on est beaucoup plus sage que lorsqu'on est jeune ◇ (*per indicare una funzione*) de: *fungere da segretario, da interprete* faire fonction de secrétaire, d'interprète; *la 'roulotte' gli serviva da casa* la caravane lui servait de maison; *serviva loro da guida* il leur servait de guide # *mi ha fatto da padre* il a été un père pour moi ◇ (*con valore raff.*) *l'ha fatto da sé, da solo* il l'a fait lui-même, tout seul; *l'abbiamo fatto da noi* nous l'avons fait nous-mêmes; *c'è riuscito da solo* il y est arrivé tout seul ◇ (*prov.*) *chi fa da sé fa per tre* on n'est jamais si bien servi que par soi-même **II** (*davanti ad agg. numer., è usata per indicare approssimazione, in correlazione con la prep. 'a'*) de... a: *pesare dai 20 ai 30 chili* peser de 20 à 30 kilos; *guadagnare dalle 50 alle 60 mila lire* gagner de 50 à 60 mille lires # *avrà dai 18 ai 20 anni* il doit avoir entre 18 et 20 ans; *impiegheremo dalle 2 alle 3 ore* ça nous prendra deux ou trois heures **III** (*davanti all'inf. di un v., introduce varie prop. implicite*) **1** (*finali*) à (+ *inf.*): *macchina da scrivere* machine à écrire; *dar da mangiare a qc.* donner à manger à qqn.; *non ho niente da obiettare* je n'ai rien à objecter **2** (*consec.*) *era tanto coraggioso da suscitare l'ammirazione di tutti* il était tellement courageux qu'il suscitait l'admiration de tous; *sono stanco da morire* je suis las à en mourir; *c'è da impazzire* il y a de quoi devenir fou ◇ *loc.* AVERE DA (+ *inf.*) [*dovere*] avoir à (+ *inf.*): *ho da dirti una cosa importante* j'ai une chose importante à te dire; *ho ancora da fare i compiti* j'ai encore mes devoirs à faire **3** (*limitative*) (*dopo un agg.*) à (+ *inf.*): *una storia difficile da raccontare* une histoire difficile à raconter; *è facile da spiegare* c'est facile à expliquer **IV** (*forma diverse loc. avv. e prepositive, di solito con valore loc., per la cui fraseologia si rimanda alle rispettive parole*) **1** (*loc. avv.*) *da lontano* → **2 lontano**; *da vicino* → **2 vicino** **2** (*loc. prep.*) *di là da* → **là**; *di qua da* → **qua.**

dabbàsso |dab'basso| *avv.* [*in basso, giù*] en bas: *mi aspettano dabbasso* on m'attend en bas; *non c'è nessuno dabbasso?* n'y a-t-il personne en bas? # *scendere dabbasso* descendre.

dabbenàggine |dabbe'naddʒine| *s.f.* [*semplicioneria, credulità eccessiva*] naïveté, crédulité: *essere di una dabbenaggine straordinaria* être d'une rare naïveté; *tutti si approfittano della sua dabbenaggine* tout le monde profite de sa crédulité ◇ [*discorso, azione da semplicione*] naïveté, niaiserie.

dabbène |dab'bɛne| *agg.inv.* **1** [*che è onesto, costumato*] comme il faut *loc.*, de bien (*loc.*): *un uomo dabbene* un homme comme il faut, de bien; *una famiglia dabbene* une famille comme il faut → **onesto** **2** [*semplicione, ingenuo*] naïf* (*var.*): *un dabben uomo* un naïf *s.*

daccànto |dak'kanto| *avv.* **1** [*vicino, presso*] (au)près de (*loc. prep.*): *le si erano messi daccanto* ils s'étaient mis auprès d'elle; *ella gli era seduta daccanto* elle était assise (au)près de lui **2** [*accanto, di lato*] à côté; à côté de (*loc. prep.*): *abbiamo posteggiato daccanto* nous avons garé (la voiture) à côté ‖ *egli ci camminava daccanto* il marchait à côté de nous # *non è riuscito a toglierselo daccanto* il n'a pas réussi à s'en dépêtrer.

daccàpo |dak'kapo| *avv.*, **da càpo** |da'kapo| *loc.avv.* [*dal principio, dall'inizio*] depuis le début: *con voi bisogna sempre ricominciare daccapo* avec vous il faut toujours recommencer depuis le début; *hanno ripreso il lavoro daccapo* ils ont repris le travail depuis le début ◇ [*di nuovo, ancora, un'altra volta*] de (à) nouveau, encore: *si è messo daccapo a brontolare* il s'est mis de nouveau, encore à grogner; *eccolo daccapo con i suoi problemi!* le voilà encore avec ses problèmes ◇ (*loc.*) *eccoci daccapo* [*alle solite*] ça recommence!, nous y revoilà encore avec les mêmes histoires! ~ *andare daccapo* [*riprendere a scrivere in una riga nuova*] aller à la ligne ~ (*ass.*) *punto e daccapo* (un) point, à la ligne ✦ *s.m. inv.* (*mus.*) da capo *loc. avv.*

dacché |dak'ke| *cong.* **1** [*da quando*] depuis que: *dacché sono partiti non si sono fatti più vivi* depuis qu'ils sont partis ils n'ont plus donné signe de vie ◇ (*loc.*) *dacché mondo è mondo* depuis que le monde est monde **2** (*lett.*) [*giacché, dal momento che*] puisque (*corr*): *dacché lo vuoi, lo farò* puisque tu le veux, je le ferai.

dacèlide |da'tʃɛlide| *s.m.* (*t.zool.*) martin-chasseur: *dei dacelidi* des martins-chasseurs.

dàcia, cie |'datʃa, tʃe| *s.f.* datcha.

dàcron |'dakron| *s.m. inv.* dacron (*var.*): *tessuto in dacron* tissu en dacron.

dada |da'da| *s.m. inv.* **1** → **dadaismo** **2** [*chi segue il dadaismo*] dadaïste *var.* ✦ (*agg. inv.*) *i pittori dada* les peintres dada.

dadaismo |dada'izmo| *s.m.* (*arts.*) dadaïsme.

dadaista |dada'ista| *agg.* dada (*inv.*): *pittore dadaista* peintre dada; *movimento dadaista* mouvement dada ✦ (*s.*) *un dadaista* un dadaïste.

dadaistico, ci, ca, che |dada'istiko, tʃi, ka, ke| *agg.* (*arts.*) dada (*inv.*): *pittura dadaistica* peinture dada.

dàdo |'dado| *s.m.* **1** (*gioco*) dé: *dado truccato* dé pipé, chargé; *bussolotto per dadi* cornet à dés; *gettare i dadi* jeter les dés; *il dado è tratto* les dés sont jetés # *poker coi dadi* poker d'as ◇ (*loc.fig.*) *giocarsi q.c. ai dadi* [*mettere q.c. in gioco con sconsideratezza*] jouer qqch. sur un coup de dés ~ *gettare il dado* [*tentare la sorte*] jeter les dés ~ *scambiare i dadi in mano* [*cambiare sfrontatamente i termini della questione*] changer les données du jeu **2** [*qualsiasi materiale di forma cubica*] dé: *tagliare carote a dadi* couper des carottes en dés ◇ (*cuc.*) *dado per brodo* cube (de bouillon) **3** (*arch.*) dé **4** (*mecc.*) écrou.

daffàre |daf'fare|, **da fàre** |da'fare| *s.m. inv.* [*lavoro intenso, attività*] travail* (*var.*): *il daffare non mi manca!* ce n'est pas le travail qui me manque!; *ha il suo bel daffare* il a beaucoup à faire; il est débordé de travail ◇ (*loc.*) *avere molto daffare* avoir du pain sur la planche ~ DARSI DA FARE (PER Q.C.) [*impegnarsi al massimo in q.c. o in una situazione*] se remuer, se donner du mal (pour qqch.): *su, datti da fare!* allons, remue-toi!; débrouille-toi!

dàfne |'dafne| *s.f.* (*t.bot.*) daphné *m.*

dàfnia |'dafnja| *s.f.* (*t.zool.*) daphnie.

dàga, ghe |'daga, ge| *s.f.* dague.

dagherròtipo |dager'rɔtipo| *s.m.* daguerréotype.

1 **dàgli** |'daʎʎi| *prep.art.m.pl.* → **da.**

2 **dàgli** |'daʎʎi| *inter.* **1** [*addosso!, forza!*] *dàgli al ladro!* au voleur! **2** (*per indicare insofferenza, fastidio*) ça y est, encore: *e dàgli!* ça y est, encore!; *e dàgli con la solita lamentela!* ça y est, encore la plainte habituelle! **3** [*insisti, continua*] vas-y!: *dàgli, che ce la fai!* vas-y, tu y arrives! # *dàgli oggi, dàgli domani...* à force d'insister...

dahir |da'ir| *s.m. inv.* (*ar.*) dahir *var.*

1 **dài** |'dai| *prep.art.m.pl.* → **da.**

2 **dài** |'dai| *inter.* → **2 dàgli.**

dàimio |'daimjo| *s.m.inv.* (*st.giapp.*) daïmio *var.*

dàina |'daina| *s.f.* (*raro*) [*femmina del daino*] daine, dine → **daino.**

dàino |'daino| *s.m.* **1** (*t.zool.*) daim ◇ (*corr.*) *palco del daino* bois du daim; *i primi palchi del daino* le premier bois du daim # *il piccolo del daino* le faon **2** [*pelle di daino conciata*] daim: *soprabito, scarpe di daino* pardessus, chaussures de daim, en daim.

dal |dal| *prep.art.m.sing.* → **da.**

dàlia |'dalja| *s.f.* (*t.bot.*) dahlia.

dàlla |'dalla| *prep.art.f.sing.* → **da.**

dàlle |'dalle| *prep.art.f.pl.* → **da.**

dàllo |'dallo| *prep.art.m.sing.* → **da.**

dàlmata |'dalmata| *agg.* [*della Dalmazia*] dalmate: *paesaggi dalmati* paysages dalmates ◇ (*cani*) *razza dalmata* race du dalmatien.

dalmàtica, che |dal'matika, ke| *s.f.* **1** (*ant.*) [*tunica bianca*] dalmatique **2** (*liturg.*) dalmatique.

dalmàtico, ci, ca, che |dal'matiko, tʃi, ka, ke| **1** *agg.* [*della Dalmazia*] dalmate: *lido dalmatico* côte dalmate **2** (*s.m.*) *il dalmatico* [*la lingua*] le dalmate.

daltònico, ci, ca, che |dal'tɔniko, tʃi, ka, ke| *agg.* (*med.*) daltonien* ✦ (*s.*) *un daltonico* un daltonien.

daltonìsmo |dalto'nizmo| *s.m.* (*med.*) daltonisme.

d'altrónde |dal'tronde| *loc.avv.* → **altronde.**

1 **dàma** |'dama| *s.f.* **1** dame: *dama di corte* dame de la cour; *dama di compagnia* dame de compagnie; *fare la gran dama* agir en grande dame **2** [*donna che presta la sua opera in enti di beneficenza*] dame de charité, dame patronnesse **3** [*donna che danza in coppia con il cavaliere*] dame: *il cavaliere e la sua dama* le cavalier et sa cavalière **4** *al plur.* [*religiose di alcuni ordini cattolici*] dames **5** (*raro*) [*donna, regina, nel gioco delle carte*] dame.

2 **dàma** |'dama| *s.f.* **1** (*gioco*) dames (*pl.*): *giocare a dama* jouer aux dames **2** [*la scacchiera su cui si gioca*] damier *m.* ◇ (*per est.*) *andare a dama* aller à dame; *far dama* damer.

damàre |da'mare| *v.tr.* (*nel gioco della dama*) [*sovrapporre una pedina a un'altra sulla linea di fondo*] damer: *damare una pedina* damer un pion.
damascàre |damas'kare| *v.tr.* **1** [*lavorare il panno a damasco*] damasser: *damascare un tessuto* damasser un tissu **2** → **damaschinare.**
damascàto |damas'kato| *agg.* [*che è lavorato come il damasco*] damassé: *tovaglia damascata* nappe damassée.
damascatùra |damaska'tura| *s.f.* **1** [→ DAMASCARE 1] damassure **2** → **damaschinatura.**
damascèno |damaʃ'ʃɛno| *agg.* (*lett.*) de Damas *loc. inv.*, damascène: *S. Paolo Damasceno* Saint Paul de Damas.
damaschinàre |damaski'nare| *v.tr.* [*lavorare* (*un metallo*) *con intarsi d'oro e d'argento*] damasquiner.
damaschinatùra |damaskina'tura| *s.f.* [→ DAMASCHINARE] damasquinage *m.*, damasquinure.
damaschìno |damas'kino| **I** *agg.* de Damas (*loc. inv.*): *lama damaschina* lame (recouverte) de damas **II** *s.m.* **1** drap damassé **2** [*intarsio d'oro e d'argento nell'acciaio*] acier damassé **3** (*t.bot.*) damas.
damàsco, chi |da'masko, ki| *s.m.* (*tessuto*) damas.
damerìno |dame'rino| *s.m.* **1** [*chi fa il galante con le donne*] damoiseau: *fare il damerino con le donne* faire le damoiseau auprès des femmes **2** [*chi è ricercato nel vestire*] dandy: *è un perfetto damerino!* c'est un vrai dandy!
damièra |da'mjɛra| *s.f.* → **damiere.**
damière |da'mjɛre| *s.m.* damier.
damigèlla |dami'dʒɛlla| *s.f.* **1** (*lett.*) [*ragazza, giovinetta*] demoiselle (*corr.*) **2** (*ant.*) [*fanciulla di condizione elevata*] demoiselle: *damigella d'onore* demoiselle d'honneur; *damigella di compagnia* demoiselle de compagnie **3** (*t. zool.*) demoiselle de Numidie.
damigèllo |dami'dʒɛllo| *s.m.* [*giovane di nobile condizione non ancora armato cavaliere*] damoiseau → **paggio.**
damigiàna |dami'dʒana| *s.f.* dame-jeanne: *delle damigiane impagliate* des dames-jeannes clissées; *una damigiana di vino* une dame-jeanne de vin.
dàmma |'damma| *s.f.* → **daino.**
damméno |dam'meno| *agg.inv.* [*inferiore*] inférieur (*var.*): *voi non siete dammeno di noi* vous ne nous êtes pas inférieurs.
dàn |'dan| *s.m. inv.* (*judo*) dan *var.*
dànais |'danais| *s.f.inv.* (*t.zool.*) danaïde *var.*
danàro |da'naro| *s.m.* → **denaro.**
danaróso |dana'roso| *agg.* (*fam.*) → **ricco, benestante.**
dancing |'dɑ:nsiŋ| *s.m. inv.* (*ingl.*) dancing *var.*
dànde |'dande| *s.f.pl.* [*le due strisce usate per sostenere i bambini quando imparano a caminare*] ceintures, lisière *sing.* (*arc.*) ◇ (*fig.*) *avere ancora bisogno delle dande* avoir encore besoin de protection; ne pas savoir se débrouiller tout seul.
dandìsmo |dan'dizmo| *s.m.* dandysme.
dandy |'dændi| *s.m. inv.* (*ingl.*) dandy (*var.*): *dei dandy* des dandys; *fare il dandy* faire le dandy.
danése |da'nese| **I** *agg.* [*della Danimarca*] danois: *paesaggio danese* paysage danois **II** *s.m.* **1** *il danese* [*la lingua*] le danois **2** [*denominazione impropria del cane alano tedesco*] danois.
dannàre |dan'nare| **A** *v.tr.* **1** [*condannare all'inferno*] damner: *dannare l'anima* damner l'âme **2** (*fig.*) FAR DANNARE faire (45) damner: *il figlio la fa dannare da mattina a sera* son fils la fait damner du matin au soir; *mi hai fatto dannare l'anima e il corpo con questo maledetto aggeggio* tu m'as fait damner l'esprit et le corps avec ce maudit engin **3** (*lett.*) → **condannare B** *v.pron.rifl.* DANNARSI **1** [→ *tr.* 1] se damner: *anime che si dannano* âmes qui se damnent **2** (*fig.*) [*tormentarsi, affannarsi*] se casser la tête: *si è dannata per ore intere intorno a quel problema* elle s'est cassé la tête pendant des heures entières sur ce problème; *mi danno l'anima a pensarci* je me casse la tête à y penser; *non dannarti più in questi dubbi* ne te casse plus la tête sur ces doutes ◇ (*loc.*) *dannarsi l'anima per qc., per q.c.* se damner pour qqn., pour qqch.
dannàto |dan'nato| **I** *agg.* **1** damné: *anime dannate, spiriti dannati* âmes damnées, esprits damnés; *gridare come un'anima dannata* crier comme un damné **2** (*fig.*) ANIMA DANNATA [*persona scellerata*] démon (*s.m.*): *quell'anima dannata ha preteso anche questo da te* ce démon a même exigé cela de toi ◇ (*loc.*) *essere l'anima dannata di qc.* [*l'istigatore o l'esecutore dei suoi disegni malvagi*] être l'âme damnée de qqn. **3** (*fig.*) [*infelice, disgraziato*] d'enfer *loc.inv.*; sacré: *vita, esistenza dannata* vie, existence d'enfer ‖ *un freddo, un caldo dannato* un sacré froid, une sacrée chaleur; *c'è un vento dannato* il y a un sacré vent → **insopportabile, intenso, violento** # *una stagione dannata* une maudite saison → **inclemente** ◇ (*loc.*) *nella più dannata* (*delle*) *ipotesi* dans la pire des hypothèses **II** *s.* **1** damné: *gridare, bestemmiare come un dannato* crier, jurer comme un damné # *lavorare come un dannato* travailler comme un forçat, un nègre; *si sono gettati nell'impresa come tanti dannati* ils se sont lancés dans l'entreprise comme des enragés **2** (*fig.*) [*chi si dedica a q.c. fino all'eccesso*] enragé: *nel lavoro è un dannato* dans le travail c'est un enragé; *è un dannato della caccia* c'est un enragé de la chasse → **patito.**
dannazióne |dannat'tsjone| *s.f.* **1** [→ DANNARE A 1; B 1] damnation: *la dannazione di Faust* la damnation de Faust; *dannazione eterna* damnation éternelle; *morte e dannazione!* mort et damnation → **perdizione** # *pena della dannazione* peine du dam **2** [→ DANNARE A 2; B 2] désespoir *m.*, tourment (*m.*): *tu sei la mia dannazione* tu es mon désespoir, mon tourment; *cosa ho mai fatto per meritarmi una simile dannazione?* qu'ai-je fait pour mériter un pareil tourment? → **disperazione, tormento** ✦ (*ass., escl.*) *dannazione!* malédiction! → **maledizione.**
danneggiaménto |danneddʒa'mento| *s.m.* [→ DANNEGGIARE] dommage: *l'edificio ha subito un leggero danneggiamento* le bâtiment a subi un léger dommage; *non c'è stato danneggiamento* il n'y pas eu de dommage; *il danneggiamento dei raccolti* le dommage subi par les récoltes # *il tuo buon nome non ne riceve alcun danneggiamento* ta réputation n'en sort pas endommagée.
danneggiàre |danned'dʒare| **A** *v.tr.* **1** [*arrecare, procurare danno*] endommager (3): *la grandine ha danneggiato il raccolto* la grêle a endommagé la récolte; *ho danneggiato l'auto in un tamponamento* j'ai endommagé la voiture dans un tamponnement **2** [*guastare, deteriorare*] endommager, gâter: *il caldo danneggia certi cibi* la chaleur endommage, gâte certains aliments **3** (*fig.*) [*arrecare danno, nuocere*] nuire (50) *intr.* à, porter préjudice à: *quelle calunnie lo hanno danneggiato* ces calomnies lui ont nui, lui ont porté préjudice; *ha cercato di danneggiarmi* il a essayé de me nuire, de me porter préjudice → **ledere B** *v.pron.* DANNEGGIARSI **1** *intr.* [→ *tr.* 2] se détériorer: *gli impianti si sono danneggiati nell'incendio* les installations se sont détériorées dans l'incendie; *sono meccanismi delicati, facili a danneggiarsi* ce sont des mécanismes délicats, qui se détériorent facilement **2** *rifl.* [→ *tr.* 3] se nuire: *non voglio che ti danneggi da solo* je ne veux pas que tu te nuises à toi-même.
danneggiàto |danned'dʒato| **1** *agg.* [*che ha subito un danno*] endommagé: *colture danneggiate* cultures endommagées; *riparare una macchina danneggiata* réparer une voiture endommagée ◇ (*dir.*) *la parte danneggiata* la partie lésée, le plaignant → **leso 2** *s.* (*persone*) (*dir.*) celui, celle qui a subi un dommage; victime (*f.*): *risarcire un danneggiato* dédommager (celui) qui a subi un dommage; *il danneggiato ha fatto istanza di risarcimento* celui qui a subi un dommage a sollicité une indemnité ‖ *danneggiato di guerra* victime de guerre; *i danneggiati del terremoto* les victimes du tremblement de terre.
danneggiatóre |danneddʒa'tore| *s.m.* destructeur.
dànno |'danno| *s.m.* **1** [*ciò che nuoce, porta pregiudizio a qc. o q.c.*] dommage; dégât: *un danno leggero, irreparabile* un dommage léger, irréparable; *danno alle cose, alle persone* dommage matériel, moral; *danni di guerra* dommages de guerre; *arrecare danno a qc.* causer un dommage, porter préjudice à qqn.; *chiedere i danni* demander des dommages-intérêts; *accertare i danni* constater, évaluer les dommages ‖ *i danni del terremoto* les dégâts causés par le tremblement de terre; *il maltempo ha càusato danni rilevanti* le mauvais temps a causé d'importants dégâts # *risarcimento danni* dédommagement; *rifarsi dei danni* obtenir un dédommagement; *arrecare danno alla salute* nuire à la santé ◇ (*comm.*) *in caso di perdita o di danno* en cas de perte ou de dommage ◇ (*loc. scherz.*) *star col danno e con le beffe* être le dindon de la farce ~ *è più il danno che il guadagno* le jeu ne vaut pas la chandelle ~ *far danni* [*combinar guai*] faire des bêtises, en faire de belles ~ *fa più danni lui che il terremoto* il fait plus de dégâts qu'un tremblement de terre **2** (*per est.*) [*scapito, svantaggio*] *mio danno!* tant pis pour moi!; *a tutto danno di* (*qc.*) au détriment de (qqn.); au (grand) dam de (qqn.); *è un danno per la sua reputazione* cela porte préjudice à sa réputation ◇ [*fastidio, incomodo*] *che danno ti faccio se canto?*

en quoi cela te gêne-t-il si je chante? ◇ [*perdita economica*] préjudice; coup dur (*fam.*): *questa crisi è un danno per tutti* cette crise porte préjudice à tout le monde ‖ *la chiusura della ditta è stato un grave danno per gli operai* la fermeture de cette maison a été un coup dur pour les ouvriers ◇ [*perdita dolorosa*] (grande) perte: *la sua morte è stato un grave danno per tutti* sa mort a été une grande perte pour tout le monde **3** (*dir.*) préjudice; délit: *danno emergente* préjudice matériel éprouvé ‖ *danno criminale* délit **4** (*relig.*) *danno eterno* damnation *f.* éternelle → **dannazione;** *pena del danno* dam.

dannosaménte |dannosa'mente| *avv.* [→ DANNOSO 1] de façon nuisible, préjudiciable *loc.*

dannosità |dannosi'ta| *s.f.inv.* [*capacità, possibilità di nuocere*] nocivité *var.*

dannóso |dan'noso| *agg.* [*che arreca danno*] nuisible (à): *il gelo è dannoso alle colture* le gel est nuisible aux cultures; *gli strapazzi sono dannosi alla salute* les surmenages sont nuisibles à la santé → **nocivo** ◇ (*fig.*) [*che arreca danno; lesivo*] préjudiciable, néfaste (pour): *tutto ciò è dannoso per la tua carriera* tout ceci est préjudiciable à, néfaste pour ta carrière; *questi errori sono dannosi per tutti* ces erreurs sont préjudiciables à, néfastes pour tous.

dannunzianésimo |dannuntsja'nezimo| *s.m.* style de l'art de D'Annunzio; imitation *f.* de D'Annunzio.

dannunziàno |dannun'tsjano| **1** *agg.* de D'Annunzio (*loc. inv.*): *la poesia dannunziana* la poésie de D'Annunzio **2** (*s.*) *un dannunziano* un imitateur* de D'Annunzio.

dànte |'dante| *s.m.* (*raro*) → **daino.**

dantésco, chi, ca, che |dan'tesko, ki, ka, ke| *agg.* **1** de Dante (*loc. inv.*): *leggere l'opera dantesca* lire l'œuvre de Dante **2** [*secondo lo stile, le idee di Dante*] dantesque: *ha una concezione dantesca della vita* il a une conception dantesque de la vie ◇ (*per est.*) [*energico, profondo, organico*] *spettacolo dantesco!* spectacle dantesque!

dantìsmo |dan'tizmo| *s.m.* dantisme.

dantìsta |dan'tista| *s.* dantiste.

dantòlogo, gi, ga, ghe |dan'tɔlogo, dʒi, ga, ge| *s.* → **dantista.**

danubiàno |dunu'bjano| *agg.* danubien*.

dànza |'dantsa| *s.f.* **1** danse: *danze guerriere* danses guerrières; *passo, figura di danza* pas, figure de danse; *scuola di danza* école de danse; *danza classica* danse classique; *danza rituale, folcloristica* danse rituelle, folklorique; *danza del ventre* danse du ventre; *aprire le danze* ouvrir la danse; *accennare un passo di danza* esquisser un pas de danse ◇ (*fig.*) [*il susseguirsi tumultuoso, incalzante di q.c.*] tourbillon (*m.*): *una danza di immagini, di idee, di impressioni* un tourbillon d'images, d'idées, d'impressions; *una danza di desideri* un tourbillon de désirs **2** (*mus.*) danse: *comporre danze russe* composer des danses russes **3** (*fig., lett.*) [*imbroglio, intrigo*] danse: *menare la danza* mener la danse **4** [*ballata*] ballade.

danzànte |dan'tsante| *agg.* **1** [*che danza*] dansant: *il gruppo danzante* le groupe dansant **2** *serata danzante* soirée dansante; *tè danzante* thé dansant.

danzàre |dan'tsare| **A** *v.intr.* (*aus.* '*avere*') **1** [*muoversi secondo un ritmo musicale*] danser: *ho danzato fino al mattino* j'ai dansé jusqu'au matin → **ballare 2** (*fig.*) [*ondeggiare, tumultuare*] danser; tourbillonner: *la barca danzava dolcemente sulle onde* le bateau dansait légèrement sur les vagues ‖ *desideri fino allora inespressi gli danzavano nella mente* des désirs jusque-là inexprimés lui tourbillonnaient dans la tête **B** *v.tr.* [*eseguire danzando*] danser: *danzare un valzer* danser une valse.

danzatóre, trice |dantsa'tore, tritʃe| *s.* danseur*: *un danzatore classico, una danzatrice classica* un danseur, une danseuse classique.

dappertùtto |dapper'tutto| *avv.* [*in ogni parte, in ogni luogo*] partout: *l'ho cercata dappertutto* je l'ai cherchée partout; *sono stati dappertutto* ils ont été partout.

dappiè |dap'pjɛ| **1** *avv.* [*ai piedi, nella parte inferiore*] en bas (*loc.*): *giunsero dappiè* ils arrivèrent en bas **2** *prep.* DAPPIÈ DI au pied de, au bas de: *dappiè del letto* au pied du lit; *dappiè della pagina* au bas de la page.

dappiù |dap'pju| **1** *avv.* → **più 2** *agg. inv.* (*persone*) [*superiore, migliore per capacità*] supérieur (à): *essere, credersi dappiù* (*di un altro*) être, se croire supérieur (à qqn. d'autre) **3** *s.m. inv.* [*aggiunta superflua*] superflu: *questo è un dappiù* cela est du superflu.

dappocàggine |dappo'kaddʒine| *s.f.* **1** [*qualità di chi è incapace o di scarso valore*] bêtise, ineptie: *la sua dappocaggine è nota* sa bêtise est bien connue; *dar prova di dappocaggine* faire preuve de bêtise; *conosco la sua dappocaggine nel parlare* je sais qu'il tient des propos d'une rare ineptie → **inettitudine 2** [*azione di persona dappoco*] ineptie → **fesseria, idiozia.**

dappòco |dap'pɔko| *agg.inv.* **1** [*che ha poca abilità, capacità e sim.*] de rien *loc.*, de peu de valeur (*loc.*): *è un uomo dappoco* c'est un homme de rien; *un ingegnere dappoco* un ingénieur de peu de valeur **2** [*di scarso valore, di poca importanza*] de rien (du tout): *è una cosa dappoco* c'est une chose de rien (du tout) # *non si preoccupi, è una questione dappoco* ne vous inquiétez pas, c'est une question sans importance → **irrilevante.**

dappòi |dap'pɔi| *avv.* → **poi.**

dappoiché |dappoi'ke| *cong.* (*lett.*) **1** [*da quando*] depuis que (*corr.*): *dappoiché sei partito non ho potuto scriverti* depuis que tu es parti je n'ai pas pu t'écrire ◇ [*dopo che*] après (+ *inf.*) (*corr.*), après que (*corr.*): *verrò dappoiché mi avrà invitato* je viendrai après avoir été invité par lui, après qu'il m'aura invité **2** [*poiché*] puisque (*corr.*): *dappoiché la pensi così me ne vado* puisque c'est cela que tu penses, je m'en vais.

dapprèsso |dap'prɛsso| *avv.*, **da prèsso** |da'prɛsso| *loc. avv.* **1** *avv.* près de *loc. prep.*, à côté de (*loc. prep.*): *perché mi stai sempre dappresso?* pourquoi restes-tu toujours près de, à côté de moi? ◇ [*da vicino*] de près: *seguilo dappresso!* suis-le de près! **2** *agg.* (*raro*) → **seguente 3** *loc.prep.* (*raro*) DAPPRESSO A (*qc., q.c.*) [*vicino a, accanto a*] près de, à côté de: *stare dappresso a qc.* être près de, à côté de qqn.; *abita nella casa dappresso alla nostra* il habite la maison près de, à côté de la nôtre ◇ (*tempo*) [*dopo* (*di*)] après (*prep.*): *sono arrivati immediatamente dappresso a voi* ils sont arrivés immédiatement après vous.

dapprìma |dap'prima| *avv.* [*prima, in un primo tempo*] (tout) d'abord; au début: *chiediamogli dapprima il suo parere, decideremo in seguito* demandons-lui d'abord son avis, nous déciderons ensuite ‖ *dapprima m'era sembrato onesto* au début il m'avait semblé honnête **C** **poi, dopo, seguito (in).**

dapprincìpio |dapprin'tʃipjo| *avv.* [*in principio, in origine*] au début: *dapprincipio lo trovavo interessante* au début, je le trouvais intéressant; *dapprincipio non eri così* au début tu n'étais pas comme ça ◇ [*dall'inizio, dal principio*] depuis le début: *ho seguito la storia fin dapprincipio* j'ai suivi l'histoire depuis le début.

dàra |'dara| *s.f.* (*mar.*) drome.

dardeggiàre |darded'dʒare| **A** *v.tr.* [*prendere di mira, colpire con dardi*] lancer (2) des dards: *dardeggiare i nemici* lancer des dards contre les ennemis ◇ (*fig.*) darder: *lo dardeggiava con occhi penetranti* il dardait sur lui un regard pénétrant; *il sole dardeggiava l'asfalto* le soleil dardait ses rayons sur l'asphalte **B** *v.intr.* (*aus.* '*avere*') [*lanciare dardi*] lancer *tr.* des dards: *i soldati dardeggiavano da un'ora* les soldats lançaient des dards depuis une heure ◇ (*fig.*) [*sprigionare calore o sguardi infuocati*] darder *tr.*; lancer *tr.* des éclairs: *il sole dardeggia sulle case* le soleil darde ses rayons sur les maisons ‖ *i suoi occhi dardeggiavano* ses yeux lançaient des éclairs.

dàrdo |'dardo| *s.m.* **1** dard: *scagliare un dardo* lancer un dard **2** (*fig., poet.*) [*freccia*] flèches *f.pl.* de l'amour **3** *spec. al plur.* (*fig., lett.*) [*fulmine*] traits: *i dardi di Giove* les traits de Jupiter **4** (*bot.*) dard **5** *il dardo della fiamma ossidrica* le jet du chalumeau oxhydrique.

1 **dàre** |'dare| **A** *v.tr.* **I** (*con l'idea generica di 'trasmettere, trasferire'*) **1** [*porgere, offrire*] donner: *dare la mano, il braccio a qc.* donner la main, le bras à qqn.; *mi dai quel libro che è sullo scaffale?* veux-tu me donner le livre qui est sur l'étagère? ◇ [*consegnare, affidare*] *gli ho dato la tua lettera, il pacco* je lui ai donné ta lettre, le paquet; *dare le chiavi al portinaio* donner les clefs au concierge ◇ [*somministrare*] *dare la medicina a un malato* donner un médicament à un malade; *dare il latte al bambino* donner le sein à l'enfant, allaiter ◇ [*impartire*] *dare un ordine, una lezione* donner un ordre, une leçon; *dare un pugno, uno schiaffo a qc.* donner, allonger un coup de poing, une gifle à qqn. ◇ (*loc.fam.*) *quante* (*botte*) *gliene ho date, quante ne ho prese!* qu'est-ce que je lui ai flanqué comme baffes, qu'est-ce que j'en ai reçu! ◇ [*infliggere*] *dare un castigo* infliger (3) un châtiment # *gli hanno dato l'ergastolo, dieci anni di galera* il a été condamné (à réclusion) à perpétuité, à perpète (*pop.*), à dix ans (de prison) **2** [*donare, regalare*] donner, faire (45) cadeau de: *per il compleanno i miei mi hanno dato il motorino* pour mon an-

niversaire mes parents m'ont donné, fait cadeau d'un cyclomoteur # *dare l'elemosina ai poveri* faire l'aumône aux pauvres → **elargire** ◇ *loc.* DAR VIA se défaire de qqch.: *ho dato via dei libri, dei vestiti usati* je me suis défait, débarrassé de quelques livres, de quelques vêtements usagés **3** [*vendere*] donner: '*a quanto me la dai, la tua auto?*', '*te la do per mezzo milione*' 'pour combien me donnes-tu ta voiture?' 'je te la donne pour un demi-million' ◇ [*pagare, sborsare*] *dare una mancia* donner un pourboire; *dare una caparra per l'acquisto, per l'affitto* donner des arrhes pour l'acquisition, le loyer ◇ [*retribuire*] *quanto ti danno per questo lavoro?* combien te donne-t-on pour ce travail?; *ti hanno dato troppo poco* on t'a donné trop peu **4** [*attribuire, assegnare*] donner: *dare l'alloggio, una stanza a qc.* donner un logement, une chambre à qqn.; *dare un premio, un'onorificenza* donner, décerner un prix, une distinction honorifique ◇ (*fig.*) [*riconoscere*] *dare eccessiva importanza, peso a qc., a q.c.* donner, attacher trop d'importance, de poids à qqn., à qqch.; *dar torto, ragione a qc.* donner tort, raison à qqn. ◇ [*concedere*] *dare il permesso per q.c.* donner la permission pour qqch.; *dare via libera* laisser libre cours, donner le feu vert # *dare il passo a qc.* céder le pas à qqn. ◇ [*procurare, fornire*] *ti darò io la somma necessaria* c'est moi qui te donnerai l'argent nécessaire; *quel gesto gli ha dato un'immediata popolarità* ce geste lui a donné une popularité immédiate **5** [*dedicare*] donner: *dare il meglio delle proprie forze, di sé stesso per una causa, un ideale* donner le meilleur de ses forces, de soi-même pour une cause, un idéal **6** [*produrre*] donner: *quest'albero non dà più frutti* cet arbre ne donne plus de fruits; *è un terreno che dà poco* c'est un terrain qui donne peu ◇ [*causare* (*in altri*); *recare, arrecare*] *dare un dispiacere a qc.* donner, faire de la peine à qqn.; *dare un dolore a qc.* donner, causer du chagrin à qqn.; *dar fastidio, noia a qc.* gêner, ennuyer qqn.; *dar febbre, vomito* donner de la fièvre, des haut-le-cœur → **causare** **7** [*diffondere, emanare*] donner: *questa lampada dà poca luce* cette lampe donne peu de lumière # *dare un suono stridulo* rendre, produire un son strident → **emettere** ◇ [*comunicare*] *dare una buona, cattiva notizia* donner une bonne, mauvaise nouvelle; *dare il segnale d'allarme* donner l'alarme **8** [*organizzare, preparare*] donner: *dare una festa, un ricevimento, una rappresentazione* donner une fête, une réception, une représentation ◇ [*rappresentare, avere in programmazione*] *che cosa danno stasera alla Scala, al cinema?* qu'est-ce qu'on donne ce soir à la Scala, au cinéma? **II** (*in unione con alcuni sost., forma un'unica loc. verb., per il cui significato si rimanda al sost. stesso*) *dare aiuto* → **aiutare**; *dar consigli* → **consigliare**; *dare la vernice* → **verniciare**; *dare il lucido* → **lucidare**; *dar inizio* → **iniziare**; *dar fuoco* (*a q.c.*) → **incendiare** **III** (*in unione con alcune prep., dà luogo a loc. particolari*) **1** DARE A (+ *inf.*): *dare a vedere, a intendere, a bere q.c.* [*farla credere come vera*] faire accroire qqch.; *darla a vedere* en faire accroire **2** DARE DA (+ *inf.*) (*con idea di fine*) [*offrire, fornire*] donner à (+ *inf.*): *dar da mangiare q.c. a qc.* donner à manger qqch. à qqn.; *dare da dormire a qc.* donner un lit à qqn., coucher qqn.; *dare da fare a qc.* [*impegnare notevolmente*] donner du mal à qqn.; *dar da pensare a qc.* [*preoccuparlo*] donner du souci à qqn. ◇ (*loc.*) *dar da bere*: (*pr.*) donner à boire; (*fig.*) [*far credere*] faire avaler: *ma cosa mi vuoi dar da bere?* tu ne vas pas me faire avaler ça! **3** DARE DEL (+ *epiteto*) *a qc.* [*apostrofarlo*] *dare del cretino, dello stupido, del bugiardo a qc.* traiter qqn. de crétin, d'idiot, de menteur ◇ *loc.* DARE DEL 'TU', DEL 'LEI' *a qc.* tutoyer (14), vouvoyer (14) qqn.; dire (48) 'tu', 'vous' à qqn. **4** DARE IN (*con l'idea di destinazione*) [*concedere, offrire*] *dare in sposa la propria figlia a qc.* donner sa fille (en mariage) à qqn.; *dare in dono, in pegno, in garanzia* faire cadeau de, donner en gage, en garantie **5** DARE PER (+ *agg.*) [*dichiarare, considerare*] *dare q.c. per certo, per probabile, per scontato* tenir qqch. pour sûr, pour probable, pour acquis; *dare qc. per morto, per disperso* porter qqn. mort, disparu; *dare qc. per spacciato* déclarer qqn. perdu ◇ (*nelle scommesse*) *quel cavallo, quel pugile è dato,* (*pop.*) *lo danno* (*vincente*) *per 5 a 3* ce cheval, ce boxeur est donné gagnant par 5 à 3 **IV** (*altre loc. particolari*) *dar luogo, dar adito a sospetti, a critiche* donner lieu à des soupçons, des critiques ~ *darla vinta a qc.* [*cedere dopo lunga resistenza*] céder à qqn.: *gliele dà tutte vinte* il lui cède en tout ~ *dare il benvenuto a qc.* souhaiter la bienvenue à qqn. ~ *dare carta libera, carta bianca a qc.* donner carte blanche à qqn. ~ *dar fondo a q.c.* [*finirla, esaurirla*] épuiser qqch. ~ *la nave dà fondo* [*affonda l'ancora*] le navire donne fond ~ *gli ha dato di volta il cervello* il travaille du chapeau ~ *darsi delle arie* se donner des airs **B** *v.intr.* (*aus.* '*avere*') **1** [*inciampare, urtare contro*] donner contre, sur: *dare in un sasso sporgente* donner contre une pierre saillante; *ho dato con la testa in una trave* j'ai donné de la tête contre une poutre ◇ (*loc.fig.*) *dare nel segno* [*indovinare*] faire mouche **2** *loc. fig.* DARE IN [*prorompere, scoppiare*] *dare in escandescenza, in smanie* monter sur ses grands chevaux; *dare in un pianto diritto* fondre en larmes; *dare in una sonora risata* éclater de rire **3** *loc.* DARE SU (*detto di locali e sim.*) [*essere esposto*; *affacciarsi su*] donner sur: *il balcone dà sul giardino* le balcon donne sur le jardin; *il soggiorno dà sulla piazza* le salon donne sur la place ◇ (*detto di colore*) [*tendere verso*] *è un giallo che dà sull'arancione* c'est un jaune qui tire sur l'orange **4** *loc. particolari* DARE NELL'OCCHIO [*farsi notare*] attirer l'attention ~ DARE ALLA TESTA: *quel vino gli ha dato alla testa* [*lo ha ubriacato*] ce vin lui est monté à la tête; (*fig.*) *il successo gli ha dato alla testa* [*lo ha insuperbito*] le succès lui a fait tourner la tête ~ *dar contro, addosso a qc.* [*avversarlo, ostacolarlo*] s'acharner sur qqn. ~ DAR FUORI: (*pr.*) éclater: *non ho più resistito agli insulti e ho dato fuori* [*sono esploso dall'ira*] je n'ai plus supporté leurs insultes et j'ai éclaté; (*fig.*) *dopo un po' gli ha dato fuori la stanchezza* [*si è fatta sentire*] après quelque temps il a ressenti la fatigue ~ *dare sui nervi a qc.* [*irritarlo, innervosirlo*] taper sur les nerfs de qqn. (*fam.*); *il suo atteggiamento ostinato dà sui nervi a tutti* son entêtement tape sur les nerfs de tout le monde; *quell'individuo mi dà proprio sui nervi* ce type-là me tape vraiment sur les nerfs **C** *v.pron.* DARSI **1** *rifl.* [*dedicarsi, applicarsi*] se donner, s'adonner: *darsi allo studio, alla professione* se donner, s'adonner à l'étude au travail; *darsi a uno sport, a un hobby* se livrer à un sport, à un hobby ◇ [*abbandonarsi*] *darsi al vizio, all'alcool* s'adonner aux mauvaises habitudes, à la boisson; *darsi alla pazza gioia* s'en donner à cœur joie ◇ (*detto di donna che si abbandona al rapporto sessuale*) se donner → **conceder(si)** ◇ [*consegnarsi*] se livrer: *l'esercito si è dato prigioniero al nemico* l'armée s'est livrée à l'ennemi ◇ (*loc.*) *darsi per vinto* [*riconoscersi tale*; *abbandonare la lotta*] s'avouer vaincu ~ *darsi da fare* [*impegnarsi a fondo in una cosa*; *mettercela tutta*] se remuer, se donner du mal ~ *darsela a gambe* [*scappare precipitosamente*] s'enfuir à toutes jambes **2** *intr.* DARSI A (+ *inf.*) [*cominciare a*] commencer (2) à, de (+ *inf.*): *si diede a gridare* il commença à crier **3** *intr.* (*nella loc., spesso iron.*) *si dà il caso che* [*per caso avviene che*; *capita che*] il arrive que... (+ *congv.*), il se trouve que (+ *indic.*): *si dà il caso che tu non abbia capito* il arrive que tu n'aies pas compris, il se trouve que tu n'as pas compris **4** *intr.impers.* (*nella loc.*) PUÒ DARSI CHE (+ *congv.*) il se peut que (+ *congv.*): *può darsi che arriviamo domani* il se peut que nous arrivions demain; *può* (*anche*) *darsi che abbia ragione tu* il se peut que tu aies raison → **forse** **5** *recipr.* [→ *tr.* 1] se donner: *darsi la mano* se donner la main; *darsi un bacio* se donner un baiser; *darsi un appuntamento* se donner rendez-vous ◇ (*loc.*) *se le sono date* (*di santa ragione*) ils se sont flanqués une râclée Ⓒ A I **ricevere, prendere.**

2 **dàre** |'dare| *s.m. inv.* [*ciò che è dovuto*] doit *var.* → 1 **debito** ◇ (*comm.*) *il dare e l'avere* le doit et l'avoir ◇ (*negli inventari*) passif et actif ◇ (*nei bilanci*) débit et crédit ◇ (*nello scadenzario*) sommes à payer et sommes à recevoir.

dàrico, ci |'dariko, tʃi| *s.m.* (*antic. numism.*) darique *f.*

dàrsena |'darsena| *s.f.* **1** (*mar.*) darse, darce **2** → **arsenale.**

darwiniàno |darvi'njano| *agg.* darwinien*: *teoria darwiniana* théorie darwinienne ✦ *s.* → **darwinista.**

darwinismo |darvi'nizmo| *s.m.* (*filos.*) darwinisme.

darwinista |darvi'nista| *s.m.* (*filos.*) darwiniste.

dasiùro |dazi'uro| *s.m.* (*t.zool.*) dasyure.

dàta |'data| *s.f.* **1** date: *in che data?* à quelle date?; *in data del* en date du; *alla data del* à la date du; *in data odierna* en date d'aujourd'hui, en date de ce jour; *in data recente* en date récente; *in data da stabilirsi* à une date qui sera fixée ultérieurement; *lettera senza data* lettre sans date; *in ordine di data* dans l'ordre chronologique; *data di nascita, di morte* date de naissance, de mort;

indicare la data indiquer la date; *rinviare ad altra data* renvoyer à une date ultérieure; *correggere, cambiare, falsificare una data* corriger, changer, falsifier une date ◇ [*giorno di scadenza*] *data di pagamento di una cambiale* date de paiement d'un billet; *pagamenti a data fissa* paiements à date fixe; *a partire dalla prossima data* à partir de la prochaine date **2** [*epoca, tempo*] époque: *a quella data tu eri ancora in fasce* à cette époque-là tu étais encore dans les langes; *chissà se ci saremo ancora a quella data?* qui sait si nous y serons encore à cette époque?; *sono date troppo lontane nel tempo* c'est une époque trop éloignée dans le temps ◇ *loc.* DI (DA) VECCHIA (LUNGA, ANTICA) DATA [*di* (*da*) *molto tempo addietro*] de vieille, de longue, d'ancienne date: *un'amicizia di vecchia data* une amitié de vieille date; *lo conosco da lunga data* je le connais de longue date ~ DI FRESCA DATA de fraîche date: *è una conoscenza di fresca data* c'est une connaissance de fraîche date **3** (*nel gioco delle carte*) donne.

datàbile |da'tabile| *agg.* [→ DATARE A 2] datable: *documento facilmente databile* document aisément datable; *una tela databile alla prima metà del '700* une toile datable de la première moitié du XVIIIe siècle.

databilità |databili'ta| *s.f.inv.* databilité *var.*

datàre |da'tare| **A** *v.tr.* **1** [*indicare, mettere la data*] dater: *non data mai le sue lettere* il ne date jamais ses lettres; *datare un contratto, un testamento* dater un contrat, un testament ✦ (*al p.p.*) *lettera datata 10 luglio* lettre datée du 10 juillet **2** [*stabilire l'epoca di un fatto*] dater: *non è possibile datare con certezza l'avvenimento* il n'est pas possible de dater avec certitude l'événement ◇ [*attribuire un fatto o un'opera a una determinata epoca*] situer: *questi mutamenti sono datati attorno al IV secolo d.C.* on situe ces changements autour du IVe siècle après J.C.; *datare un quadro nel primo Rinascimento* situer un tableau au début de la Renaissance ◇ [*caratterizzare come appartenente a una determinata epoca*] situer **B** *v.intr.* (*raro ai tempi composti*) (*aus. 'essere'*) [*aver inizio, decorrere*] entrer en vigueur: *l'efficacia della legge data dall'inizio del mese prossimo* la loi entrera en vigueur au début du mois prochain ◇ [*risalire*] dater: *queste usanze datano da almeno un secolo* ces coutumes datent d'au moins un siècle ◇ *loc.* A DATARE DA à dater de: *a datare da oggi, dal prossimo mese* à dater d'aujourd'hui, du mois prochain ◇ (*bur.*) *a dieci giorni datare* [*dopo dieci giorni*] dans un délai de dix jours.

dataria |data'ria| *s.f.* (*eccl.*) daterie.

1 **datàrio, i** |da'tario, i| *s.m.* **1** [*timbro che imprime l'indicazione della data*] timbre dateur **2** (*negli orologi*) [*indicatore di data*] calendrier: *orologio* (*con*) *datario* montre-calendrier.

2 **datàrio, i** |da'tario, i| *s.m.* (*eccl.*) dataire ✦ (*agg.*) *cardinale datario* cardinal dataire.

datàto |da'tato| *agg.* daté: *lettera datata 10 agosto* lettre datée du 10 août; *quadro datato* tableau daté.

datazióne |datat'tsjone| *s.f.* [→ DATARE A] datation: *datazione di un atto di vendita* datation d'un acte de vente; *datazione di un testo* datation d'un texte; *opera d'incerta, di difficile datazione* œuvre de datation incertaine, difficile.

dateria |date'ria| *s.f.* → **dataria.**

1 **dativo** |da'tivo| *s.m.* (*gram.*) datif ✦ (*agg.*) *il caso dativo* le datif *s.m.*

2 **dativo** |da'tivo| *agg.* (*dir.*) datif*: *tutore dativo* tuteur datif.

1 **dàto** |'dato| *agg.* **1** [*fornito, garantito*] donné: *le informazioni date non sono risultate esatte* les renseignements donnés se sont révélés faux # *venir meno alla parola data* manquer à sa parole **2** [*dedito, votato*] adonné: *è un uomo* (*tutto*) *dato al vizio, al gioco, al lavoro* c'est un homme adonné aux vices, au jeu, au travail **3** [*determinato, stabilito*] donné, certain: *prendere una medicina a date ore* prendre un médicament à une heure donnée; *in dati momenti, in dati casi...* à un moment donné, dans un cas donné; *eseguire un lavoro entro un dato periodo* exécuter un travail avant une date donnée, dans un certain délai → 2 **certo 4** (*in espressioni ass., unito a un sost., con valore caus.*) [*visto, considerato, constatato*] étant donné: *date le circostanze abbiamo cambiato programma* étant donné (données) les circonstances nous avons changé de programme; *non può salire data l'età avanzata* il ne peut pas monter étant donné son âge avancé; *data la distanza prenderò il rapido* étant donné la distance je prendrai le rapide; *data l'amicizia che ci lega...* étant donné l'amitié qui nous lie... ◇ (*nelle esercitazioni di matematica*) [*determinato, posto*] *dato il lato, calcolare l'area del quadrato* étant donné le côté, calculez la surface du carré ◇ *loc.* DATO CHE (+ *indic.*) (*con valore caus.*) [*perché, siccome*] *dato che tu eri assente, ho provveduto io* étant donné que tu n'étais pas là, je m'en suis chargé; *dato che siete qui tutti, decidiamo subito* étant donné que vous êtes tous là, décidons tout de suite ~ (ANCHE) DATO CHE (+ *congv.*) (*con valore conc.*) [*ammesso che, supposto che*] en supposant que (+ *congv.*): (*anche*) *dato che si sia pentito, questa non gliela perdonerò* (même) en supposant qu'il se soit repenti, je ne lui pardonnerai pas ça ~ DATO E NON CONCESSO CHE (+ *congv.*) [*ammesso anche solo per ipotesi, in teoria*] à supposer que (+ *congv.*): *dato e non concesso che avessi torto io, tu dovevi almeno avvertirmi* à supposer même que j'eusse tort, tu devais au moins me prévenir.

2 **dàto** |'dato| *s.m.* [*elemento noto, certo o accertato*] donnée (*f.*): *i dati statistici* les données statistiques; *i dati dell'esperienza, della scienza* les données de l'expérience, de la science; *l'elaborazione dei dati* le traitement des données; *conoscere bene i dati di una questione* bien connaître les données d'une question; *non abbiamo dati sufficienti per esprimere un giudizio fondato* nous n'avons pas de données suffisantes pour exprimer une opinion fondée # *è un dato di fatto che...* c'est un fait établi que ◇ (*mat.*) *i dati di un problema* les données d'un problème.

datóre, trice |da'tore, trit∫e| *s.* [*chi dà, distribuisce*] donneur*: *datore di sangue* donneur de sang # *datore di lavoro* employeur; *datori di lavoro e prestatori d'opera* patrons et ouvriers; *datore di luci* chef électricien.

dàttero |'dattero| *s.m.* **1** [*frutto della palma da datteri*] datte *f.* **2** (*t.zool.*) datte de mer.

dattilico, ci, ca, che |dat'tiliko, t∫i, ka, ke| *agg.* (*metr.*) dactylique: *metro, verso dattilico* mètre, vers dactylique.

dàttilo- |'dattilo| *pref.* (*significa 'dito', corrisponde gener. a*) dactylo: *dattilografico* dactylographique.

-dàttilo |'dattilo| *suff.* (*significa 'dito', corrisponde gener. a*) dactyle: *perissodattilo* périssodactyle.

dàttilo |'dattilo| *s.m.* (*metr. gr., lat.*) dactyle.

dattilografàre |dattilogra'fare| *v.tr.* [*scrivere a macchina*] dactylographier: *dattilografare una lettera* dactylographier une lettre.

dattilografìa |dattilogra'fia| *s.f.* dactylographie.

dattilogràfico, ci ca, che |dattilo'grafiko, t∫i, ka, ke| *agg.* dactylographique.

dattilògràfo |datti'lɔgrafo| *s.* dactylo(graphe).

dattiloscopia |dattilosko'pia| *s.f.* dactyloscopie.

dattiloscritto |dattilos'kritto| *agg.* [*scritto a macchina*] dactylographié: *una lettera dattiloscritta* une lettre dactylographiée ✦ (*s.m.*) *un dattiloscritto* un texte dactylographié *agg.*

dattiloscrivere |dattilos'krivere| *v.tr.* [*scrivere a macchina*] dactylographier: *ho dattiloscritto gli appunti* j'ai dactylographié des notes ✦ (*ass.*) [*saper scrivere a macchina*] dactylographier → **dattilografare.**

dattórno |dat'torno| **1** *avv.* [*intorno, vicino*] autour: *avere qc. dattorno* avoir qqn. autour de soi; *non sopporto che tu mi stia sempre dattorno* je ne supporte pas que tu me tournes toujours autour → **addosso**; *andare dattorno* tourner autour # *cercalo, deve essere qui attorno* cherche-le, il doit être par là ◇ *loc.* TOGLIERSI, LEVARSI QC. DATTORNO [*liberarsene*] se débarrasser de qqn.; *finalmente sono riuscito a togliermelo dattorno* je suis finalement arrivé à me débarrasser de lui ~ TOGLIERSI, LEVARSI DATTORNO [*allontanarsene, andarsene*] s'en aller, laisser la paix; *togliti dattorno* va-t'en, laisse-moi la paix ~ *darsi dattorno* [*darsi da fare*] se donner de la peine, du mal **2** *loc.prep.* DATTORNO A [*intorno a, vicino a*] autour de; près de: *non girare dattorno al tavolo* ne tourne pas autour de la table; *mettere una rete metallica dattorno al giardino* mettre un grillage autour du jardin ‖ *stare dattorno a qc.* être près de qqn. ◇ (*fig.*) *star dattorno a qc.* [*occuparsene, seguirlo*] s'occuper de qqn.; *star dattorno a q.c.* [*darsene cura*] prendre soin de qqch. **3** *agg. inv.* [*circostante*] présent; environnant: *le persone dattorno cercavano di calmarlo* les personnes présentes essayaient de le calmer ‖ *i paesi dattorno* les pays environnants.

datùra |da'tura| *s.f.* (*t.bot.*) datura *m.*

davànti |da'vanti| **I** *avv.* **1** (*in funzione loc.*) devant: *abito che si chiude davanti* vêtement qui se ferme devant; *camminare davanti* marcher devant; *andare, essere davanti* aller, être devant;

messo, posto davanti placé devant → **innanzi** ◇ [*nella parte anteriore*] par--devant *loc. inv.*, à l'avant (*loc. inv.*): *si scende, si sale davanti* on descend, on monte par-devant, à l'avant; *auto danneggiata, edificio danneggiato davanti* voiture endommagée, bâtiment endommagé par-devant; *sedersi davanti* s'asseoir à l'avant # *levati* (*da*) *davanti* ôte-toi de là **2** (*posposto ad altri avv. di luogo, in loc.*) QUI DAVANTI en face: *abita qui davanti* il habite en face; *il caffè qui davanti* le café d'en face ~ *là, lì davanti* là devant ◇ (*fig.*) *aveva davanti l'esempio di suo padre* il avait sous les yeux l'exemple de son père; *aveva davanti una brillante carriera* il avait devant lui une carrière brillante ◇ (*in funzione temporale*) *hai davanti 24 ore per pagare* tu as 24 heures pour payer **II** *prep.* (*sempre unito alla prep.* '*a*') [*dinnanzi, di fronte a*] devant: *avere qc., q.c. davanti agli occhi* avoir qqn., qqch. devant les yeux; *era seduto davanti a me* il était assis devant moi; *mi, ci stava davanti* il était devant moi, devant nous; *camminavamo davanti a loro* nous marchions devant eux; *si è fermato davanti al cinema* il s'est arrêté devant le cinéma # *comparire davanti al notaio* comparaître par-devant (le) notaire ◇ (*fig.*) *cedere davanti all'evidenza* se rendre à l'évidence; *ha un avvenire davanti a sé* il a un avenir devant lui ◇ [*al cospetto di, in presenza di*] *davanti al tribunale, ai giudici* devant le tribunal, les juges **III** *agg.inv.* [*anteriore*] antérieur *var.*, de devant *loc.*; avant: *i denti, le zampe davanti* les dents, les pattes antérieures, de devant ‖ *le ruote davanti dell'auto* les roues avant d'une voiture **IV** *s.m.* IL DAVANTI devant: *il davanti della casa, della giacca* le devant de la maison, de la veste [C] **dietro.**

davantino |davan'tino| *s.m.* [*pettorina che si applica agli abiti femminili come guarnizione*] plastron.

davanzàle |davan'tsale| *s.m.* rebord, appui (de fenêtre).

davvéro |dav'vero| *avv.* **1** [*veramente, effettivamente*] vraiment, réellement: *si è messo davvero a studiare, a lavorare* il s'est vraiment, réellement mis à étudier, à travailler; *ho dovuto davvero insistere per convincerlo* j'ai vraiment dû insister pour le convaincre; *davvero, non lo vuoi?* vraiment tu ne le veux pas?; *è davvero un capolavoro* c'est vraiment un chef-d'œuvre ◇ (*raff. di un agg.*) vraiment: *ti vedo davvero stanco* tu me sembles vraiment fatigué; *è uno spettacolo davvero divertente* c'est un spectacle vraiment amusant → **molto, assai** ◇ (*iron.*) vraiment: *è davvero una bella azione* c'est vraiment une grande action; *sei davvero un imbecille* tu es vraiment un imbécile → 2 **proprio** ✦ *ass. escl.* (*per esprimere stupore*) sans blague?: '*mi hanno insultato*' '*davvero?*' 'on m'a insulté' 'sans blague?' ✦ *ass. inter.* (*per chiedere conferma*) vraiment, réellement: '*si sono convinti a partire*' '*davvero?*' 'ils se sont décidés à partir' 'vraiment, réellement?' ◇ (*raff. di una neg.*) [*di certo, assolutamente*] franchement: *no davvero*, non franchement; *non voglio davvero saperne di questa storia* je ne veux franchement pas entendre parler de cette histoire; *non vuoi davvero accettare?* franchement, tu ne veux pas accepter? **2** [*sul serio*] sérieusement, pour de bon (*loc. inv.*): *fare, dire davvero* faire, dire sérieusement, pour de bon; *non scherzateci, quello fa davvero* ne plaisantez pas, il fait ça pour de bon; '*dici proprio davvero?*' '*sì, dico davvero*' 'tu parles sérieusement?' 'oui, je parle sérieusement' ◇ *loc.* PER DAVVERO pour de bon: *l'ha detto per davvero* il l'a dit pour de bon.

day-hospital |dei'hɔspitl| *s.m. inv.* (*ingl.*) hôpital* *var.* de jour.

daziàrio, i |dat'tsjarjo, i| *agg.* [*relativo al dazio*] de l'octroi (*loc. inv.*): *cinta daziaria* barrière de l'octroi; *una guardia daziaria* un employé de l'octroi; *ufficio daziario* bareau de l'octroi # *tariffa daziaria* octroi ✦ *s.m.* → **daziere.**

dazière |dat'tsjɛre| *s.m.* employé de l'octroi.

dàzio, i |'dattsjo, i| *s.m.* **1** [*tassa dovuta allo Stato per le merci che si introducono nel paese*] droit: *dazio di entrata, d'uscita* droit d'entrée, de sortie; *dazio d'importazione, d'esportazione* droit d'importation, d'exportation; *dazi doganali* droits de douane; *merce esente da dazio* marchandise exemptée de droits **2** [*tassa che si doveva al comune per le merci introdotte nel territorio dello stesso*] octroi: *casello del dazio* (bureau d') octroi.

dazióne |dat'tsjone| *s.f.* (*dir.*) dation: *dazione di tutore* dation de tuteur; *dazione in pagamento* dation en paiement.

de' |de| *prep.art. apocopata* → **di.**

dèa |'dɛa| *s.f.* **1** [*divinità femminile*] déesse: *Minerva, dea della saggezza* Minerve, déesse de la sagesse; *la dea dalle cento bocche* la déesse aux cent bouches; *la dea Ragione* la déesse Raison **2** (*fig.*) [*donna bellissima*] déesse: *quella ragazza è proprio una dea!* cette jeune fille est vraiment une déesse!

dead-heat |'ded'h:it| *s.m.inv.* (*ingl.*) (*ippica*) dead-heat.

deambulàre |deambu'lare| *v.intr.* (*aus.* '*avere*') (*raro, lett., scherz.*) → **passeggiare, camminare.**

deambulatòrio, i |deambula'tɔrjo, i| **1** *s.m.* (*arch.*) déambulatoire **2** *agg.* [*relativo alla deambulazione*] déambulatoire: *un disturbo deambulatorio* un trouble déambulatoire.

deambulazióne |deambulat'tsjone| *s.f.* [→ DEAMBULARE] déambulation.

'débâcle'|debɑkl(ə)| *s.f. inv.* débâcle *var.*

debbiàre |deb'bjare| *v.tr.* (*agr.*) [*trattare un terreno col debbio*] écobuer: *debbiare un campo* écobuer un champ.

debbiatùra |debbja'tura| *s.f.* (*agr.*) écobuage *m.*

débbio, i |'debbjo, i| *s.m.* (*agr.*) écobuage.

debellàre |debel'lare| *v.tr.* (*lett.*) [*vincere in modo decisivo*] mettre (71) en déroute: *debellare il nemico* mettre l'ennemi en déroute ◇ (*fig.*) *debellare il vizio* déraciner, vaincre (54) le vice; *debellare la tubercolosi* vaincre la tuberculose.

debellatóre, trice |debella'tore, tritʃe| *agg.* (*raro, lett.*) → **distruttore.**

debellazióne |debellat'tsjone| *s.f.* (*lett.*) [→ DEBELLARE] anéantissement *m.*; déracinement *m.* → **eliminazione.**

dèbile |'dɛbile| *agg.* → **debole.**

debilitànte |debili'tante| *agg.* débilitant: *un clima debilitante* un climat débilitant ◇ (*fig.*) *un'atmosfera debilitante* une atmosphère débilitante.

debilitàre |debili'tare| **A** *v.tr.* [*rendere debole*] débiliter: *la malattia l'ha debilitata* la maladie l'a débilitée → **indebolire B** *v.pron.intr.* DEBILITARSI [*diventare debole*] s'affaiblir: *si è debilitato visibilmente* il s'est visiblement affaibli.

debilitazióne |debilitat'tsjone| *s.f.* [→ DEBILITARE] faiblesse, affaiblissement (*m.*): *è in uno stato di grave debilitazione* il est dans un état de faiblesse extrême.

debitaménte |debita'mente| *avv.* [→ 2 DEBITO 1] dûment: *scheda debitamente compilata* fiche dûment remplie.

1 **débito** |'debito| *s.m.* **1** [*ciò che è dovuto ad altri, spec. in denaro*] dette (*f.*): *l'ammontare di un debito* le montant d'une dette; *debiti d'onore* dettes d'honneur; *debiti ereditari* dettes héréditaires; *il debito pubblico* la dette publique, de l'État; *fare, contrarre un debito* contracter une dette; *accollarsi un debito* se charger d'une dette; *pagare, estinguere un debito* payer, éteindre une dette; *essere senza debiti* ne pas avoir de dettes; *essere pieno di debiti* être criblé de dettes; *affogare nei debiti* être perdu de dettes; *essere nei debiti fino al collo, alla gola, ai capelli, agli occhi* être endetté jusqu'aux yeux, avoir des dettes par-dessus la tête # *essere in debito con qc.* être endetté envers qqn.; *comperare a debito* acheter à crédit ◇ (*per est.*) [*la somma dovuta da qc., credito*] *riscuotere, incassare un debito* toucher une dette ◇ (*fig.*) *essere in debito di una spiegazione con qc.* devoir une explication à qqn.; *devi ancora pagarmi il debito di una visita* tu me dois encore une visite ◇ (*prov.*) *ogni promessa è debito* chose promise, chose due **2** [*obbligo, impegno, dovere*] dette: *un debito di riconoscenza, di gratitudine* une dette de reconnaissance, de gratitude; *adempiere ai propri debiti verso la società* s'acquitter de ses dettes envers la société # *mi sento in debito con voi* je me sens votre débiteur; *per debito di coscienza* par acquit de conscience; *debito coniugale* devoir conjugal; *l'educazione dei figli è un debito dei genitori* l'éducation des enfants est un devoir des parents; *non ho alcun debito verso di te* je ne te dois rien; *dovevi sentirti in debito di aiutarlo* tu devais te sentir dans l'obligation de l'aider; *non voglio aver debiti con nessuno* je ne veux rien devoir à personne.

2 **débito** |'debito| *agg.* **1** [*doveroso, dovuto*] dû, voulu: *trattare coi debiti riguardi* traiter avec tous les égards dus, voulus; *agire con la debita prudenza* agir avec la prudence voulue; *questo atto non è compilato nelle debite forme* cet acte n'est pas rédigé en bonne et due forme ◇ [*adeguato, adatto, conveniente*] voulu, nécessaire: *adottare le debite precauzioni* prendre les précautions voulues, nécessaires; *rispettare le debite forme* respecter les formes voulues ◇ [*opportuno, adatto*] voulu, utile: *fare q.c. a tempo debito* faire qqch. en temps voulu, en temps utile # *ogni cosa a tempo debito* chaque chose en son temps **2** (*per est.*) [*meritato, giusto*] mérité: *ottenere la debita riconoscenza* obtenir une reconnaissance méritée #

ha ricevuto la debita punizione il a reçu la punition qu'il méritait Ⓒ 1 **indebito, inopportuno**; 2 **immeritato.**

debitóre, trice |debi'tore, tritʃe| *s.* débiteur*: *un debitore moroso, puntuale* un débiteur retardataire, ponctuel; *debitore di una somma prestata, anticipata* débiteur d'une somme prêtée, avancée; *debitore di una rendita* débiteur d'une rente, débirentier ◇ (*fig.*) *resto vostro debitore* je reste votre débiteur # *gli sono debitore del mio successo* je lui dois mon succès, je lui suis redevable de mon succès.

débole |'debole| **I** *agg.* **1** [*che ha poca forza fisica; fiacco*] faible: *una donna, un uomo debole* une femme, un homme faible; *il sesso debole* le sexe faible; *sentirsi debole* se sentir faible; *essere di debole costituzione fisica* avoir une faible constitution physique; *essere debole di gambe* avoir les jambes faibles, en coton (*fam.*); *essere debole di vista, di cuore* avoir la vue, le cœur faible; *essere debole di petto, di stomaco* être faible de la poitrine, de l'estomac ◇ (*loc. pop.*) *essere debole di reni* [*non trattenere l'urina*] être faible des reins ~ *essere debole di nervi* ne pas avoir les nerfs solides ~ *essere debole di orecchi* être dur d'oreille; (*iron.*) ne pas l'entendre de cette oreille ◇ (*di facoltà della mente*) *essere debole di memoria, avere la memoria debole* avoir peu de mémoire, une mauvaise mémoire; *essere debole di mente* avoir un esprit, un jugement faible **2** (*cose*) [*poco solido, poco robusto*] fragile: *una sedia, un'impalcatura debole* une chaise, un échafaudage fragile ◇ [*poco convincente, poco efficace*] faible: *una scusa, un ragionamento debole* une excuse, un raisonnement faible ◇ [*fiacco, scialbo*] faible: *stile debole* style faible ◇ *loc.fig.* IL PUNTO, IL LATO DEBOLE le point, le côté faible: *individuare il punto debole di una questione* deviner le point faible d'une question **3** (*per est.*) [*poco efficiente, poco preparato*] faible: *un esercito, una squadra debole* une armée, une équipe faible; *un governo debole* un gouvernement faible; *debole all'attacco, in difesa* faible à l'attaque, en défense ◇ *loc.* DEBOLE IN faible en: *un alunno debole in matematica* un élève faible en maths; *in queste materie sono molto debole* dans ces matières je suis très faible **4** (*per est.*) [*inferiore al normale, insufficiente*] faible: *voce, udito debole* voix, ouïe faible; *una luce debole* une faible lumière → 1 **fiacco, scarso** ◇ (*spec.*) *vino debole* [*di bassa gradazione*] vin faible ◇ (*comm.*) *moneta debole* monnaie faible; *mercato debole* marché faible **5** (*fig.*) [*privo di energia, di forza morale*] faible: *carattere debole* caractère faible; *un padre debole con i figli* un père faible avec ses enfants ✦ (*s.*) *un debole* un faible; *sei sempre stato un debole* tu as toujours été un faible **II** *s.m.* **1** [*persona socialmente indifesa*] faible: *la legge deve difendere i deboli* la loi doit défendre les faibles; *sono sempre i deboli a pagare* ce sont toujours les faibles qui paient **2** (*fig.*) [*preferenza, simpatia*] faible: *ha un debole per il figlio maggiore* il a un faible pour son fils aîné ◇ [*passione, mania*] passion (*f.*): *ha il debole della fotografia* il a la passion de la photo ◇ [*vizio, difetto*] faiblesse (*f.*): *ha il debole del fumo* fumer est sa faiblesse; *ognuno ha il suo debole* chacun a ses faiblesses **3** (*fig.*) IL DEBOLE [*il punto debole*] le point, le côté faible: *qui sta il debole* voilà le point faible; *il suo debole è l'inesperienza* son point faible est l'inexpérience.

debolézza |debo'lettsa| *s.f.* **1** [*mancanza di efficienza, di vigore fisico*] faiblesse: *debolezza di gambe, di braccia, di vista* faiblesse des jambes, des bras, de la vue; *oggi mi sento una gran debolezza addosso* aujourd'hui je sens une grande faiblesse # *ho una debolezza di stomaco* j'ai un creux à l'estomac ◇ (*fig.*) [*insufficienza, scarsezza*] faiblesse; insuffisance: *debolezza di una prova, di un'argomentazione* faiblesse d'une preuve, d'un argument ‖ *debolezza di memoria* insuffisance de mémoire ◇ (*med.*) *debolezza congenita* faiblesse congénitale; *debolezza mentale* faiblesse d'esprit **2** [*mancanza di robustezza, di solidità*] fragilité: *debolezza di un tessuto, di un materiale* fragilité d'un tissu, d'un matériau ◇ (*fig.*) [*scarsa efficienza, precarietà*] faiblesse: *la debolezza di un governo* la faiblesse d'un gouvernement **3** (*fig.*) [*mancanza di energia, di forza morale*] faiblesse: *debolezza di carattere* faiblesse de caractère; *dimostrare debolezza* montrer de la faiblesse; *comportarsi con debolezza* se conduire avec faiblesse ◇ [*lato, punto debole; difetto*] *qui sta la debolezza del suo piano* voilà où réside la faiblesse de son plan; *approfittare della debolezza altrui* profiter des faiblesses des autres → **debole** II 3 ◇ (*per est.*) [*azione da debole; sbaglio*] *commettere una debolezza* avoir une faiblesse; *è stata una grave debolezza* ce fut une grande faiblesse; *essere comprensivi per le debolezze di qc.* comprendre les faiblesses de qqn. **4** [*inclinazione, propensione; preferenza*] faible (*m.*): *ha una debolezza per tutto ciò che è raffinato* il a un faible pour tout ce qui est raffiné; *avere una debolezza per qc., q.c.* avoir un faible pour qqn., qqch.; *ho una debolezza per i film d'avventura* j'ai un faible pour les films d'aventure → **debole** II 2 Ⓒ 1; 2 **robustezza, forza.**

debolménte |debol'mente| *avv.* [→ DEBOLE I] faiblement: *spingere debolmente* pousser faiblement; *il fuoco arde debolmente* le feu brûle faiblement; *hanno reagito debolmente* ils ont faiblement réagi # *comportarsi debolmente* agir avec faiblesse → **fiaccamente.**

debordàre |debor'dare| **A** *v.intr.* (*aus.* '*avere*') [*traboccare, straripare*] déborder: *il liquido debordava dal recipiente* le liquide débordait du récipient **B** *v.tr.* (*mar.*) [*allontanare dal bordo*] déborder: *debordare una nave* déborder un navire.

debòscia, sce |de'bɔʃʃa, ʃe| *s.f.* débauche.

debosciàto |deboʃ'ʃato| *agg.* débauché: *un uomo debosciato, una donna debosciata* un homme débauché, une femme débauchée → **dissoluto** ✦ (*s.*) *un debosciato* un débauché.

debragliàta |debraʎ'ʎata|, **debraiàta** |debra'jata| *s.f.* → **'débrayage'.**

debraiàre |debra'jare| *v.intr.* (*aus.* '*avere*') [*disinnescare il collegamento fra motore e organi di trasmissione*] débrayer (9): *è pericoloso debraiare in curva* il est dangereux de débrayer dans un virage.

'débrayage' |debrɛjaʒ| *s.m. inv.* débrayage *var.*

debuttànte |debut'tante| *agg.* débutant ✦ (*s.*) *un debuttante* un débutant: *il ballo delle debuttanti* le bal des débutantes.

debuttàre |debut'tare| *v.intr.* (*aus.* '*avere*') [*esordire sulle scene, in una attività*] débuter, faire (45) *tr.* ses débuts: *debuttare in società* débuter, faire ses débuts dans le monde; *quella compagnia debutterà domani* cette compagnie débutera demain ◇ [*aprire una stagione teatrale*] ouvrir (23) *tr.* la saison: *l'anno scorso la Scala ha debuttato con i balletti russi* l'année dernière la Scala a ouvert la saison par les ballets russes.

debùtto |de'butto| *s.m.* débuts (*pl.*): *debutto in società* débuts dans le monde; *un debutto strepitoso* des débuts éblouissants; *ha fatto il suo debutto alla 'Comédie Française'* il a fait ses débuts à la Comédie-Française.

dèca- |'dɛka| *pref.* (*significa 'dieci', corrisponde gener. a*) déca: *decalitro* décalitre.

dèca, che |'dɛka, ke| *s.* **1** *s.f.* → **decade** **2** *s.f.* (*letter. lat.*) *le Deche di Tito Livio* les Décades de Tite-Live **3** *s.m.* (*pop.*) *sganciami un deca* [*diecimila lire*] file-moi dix mille balles.

dècade |'dɛkade| *s.f.* **1** décade: *nella prima decade di ottobre* dans la première décade d'octobre ◇ [*paga militare per 10 giorni*] prêt (*m.*): *riscuotere la decade* toucher le prêt **2** (*raro*) → **decina.**

decadènte |deka'dɛnte| *agg.* décadent: *periodo decadente* période décadente ✦ *s.* (*letter.*) → **decadentista.**

decadentismo |dekaden'tizmo| *s.m.* (*letter.*) école *f.* décadente.

decadentista |dekaden'tista| *agg.* (*letter.*) décadent: *la scuola decadentista* l'école décadente; *i poeti decadentisti* les poètes décadents ✦ (*s.*) *i decadentisti* les décadents.

decadentistico, ci, ca, che |dekaden'tistiko, tʃi, ka, ke| *agg.* décadent → **decadentista.**

decadènza |deka'dɛntsa| *s.f.* **1** décadence: *la decadenza di una civiltà* la décadence d'une civilisation; *decadenza di un artista* décadence d'un artiste; *essere in decadenza* être en décadence # *decadenza fisica* déchéance physique → **declino** ◇ (*letter.*) *i poeti della decadenza* les poètes de la décadence **2** (*dir.*) déchéance: *decadenza della patria potestà* déchéance de la puissance paternelle.

decadére |deka'dere| (121) *v.intr.* (*aus.* '*essere*') **1** [*perdere la forza, la potenza, la prosperità e sim.*] déchoir* (*aus.* être, avoir): *è decaduto dal suo rango* il est, il a déchu de son rang; *decadere nella stima di qc.* déchoir dans l'estime de qqn.; *decadere fisicamente* déchoir physiquement; *la sua fortuna è molto decaduta* sa fortune a beaucoup déchu ◇ [*essere in declino; perdere importanza, valore*] *è una civiltà che sta decadendo* c'est une civilisation en décadence; *una vecchia usanza destinata a decadere* un usage ancien destiné à disparaître, à se perdre **2** (*dir.*) [*perdere l'esercizio di un diritto*] déchoir: *decadere da un diritto* être déchu d'un droit; *decadere da un ufficio* déchoir

de son poste ◇ [*scadere*] échoir* (*aus.* être, avoir): *i termini per la domanda decadono il...* le terme pour présenter la demande échoit le...; *far decadere i termini* laisser échoir le terme.
decadiménto |dekadi'mento| *s.m.* **1** → **decadenza** **2** (*fis. nucl.*) désintégration *f.*, transmutation (*f.*): *decadimento degli atomi* désintégration, transmutation des atomes; *decadimento beta* transmutation bêta.
decadùto |deka'duto| *agg.* **1** [*che ha perduto il prestigio di un tempo*] déchu: *i nobili decaduti* les nobles déchus ◇ [*che è in declino o è scomparso*] *civiltà decadute* civilisations déchues ◇ (*relig.crist.*) *gli angeli decaduti* les anges déchus **2** (*bur.*) → **scaduto.**
decaèdrico, ci, ca, che |deka'ɛdriko, tʃi, ka, ke| *agg.* (*geom.*) décaèdre.
decaèdro |deka'ɛdro| *s.m.* (*geom.*) décaèdre.
decaffeinàre |dekaffei'nare| *v.tr.* [*eliminare la caffeina del caffè*] décaféiner ♦ (*al p.p.*) *caffè decaffeinato* café décaféiné.
decaffeinàto |dekaffei'nato| *agg.* décaféiné.
decaffeinizzàto |dekaffeinid'dzato| *agg.* → **decaffeinato.**
decàgono |de'kagono| *s.m.* (*geom.*) décagone.
decagràmma |deka'gramma|, **decagràmmo** |deka'grammo| *s.m.* décagramme.
decalcàre |dekal'kare| *v.tr.* [*riportare su una superficie il calco di un disegno*] décalquer: *decalcare i figurini della moda* décalquer les gravures de mode.
decalcificànte |dekaltʃifi'kante| *agg.* décalcifiant: *regime decalcificante* régime décalcifiant.
decalcificàre |dekaltʃifi'kare| **A** *v.tr.* [*privare del calcio*] décalcifier: *decalcificare l'organismo* décalcifier l'organisme **B** *v.pron.intr.* DECALCIFICARSI [*rimanere privo del calcio*] se décalcifier: *le sue ossa si sono decalcificate* ses os se sont décalcifiés.
decalcificazióne |dekaltʃifikat'tsjone| *s.f.* [→ DECALCIFICARE] décalcification: *decalcificazione ossea* décalcification osseuse; *decalcificazione del terreno* décalcification du terrain.
decalcomanìa |dekalkoma'nia| *s.f.* décalcomanie.
decàlitro |de'kalitro| *s.m.* décalitre.
decàlogo, ghi |de'kalogo, gi| *s.m.* **1** (*teol.*) décalogue: *i precetti del decalogo* les préceptes du décalogue **2** (*per est., fig.*) [*regole fondamentali di una data attività*] décalogue: *il decalogo dell'artista, del bravo guidatore* le décalogue de l'artiste, du parfait chauffeur.
decàmetro |de'kametro| *s.m.* décamètre.
decampàre |dekam'pare| *v.intr.* (*aus.* '*avere*') **1** (*raro, mil.*) [*togliersi dal campo*] décamper (*arc.*) → **ritirare, smobilitare** **2** [*recedere dalle proprie idee, posizioni*] démordre (53): *non decamperò mai dalle mie opinioni, dai miei diritti* je ne démordrai jamais de mes opinions, de mes droits.
decanàto |deka'nato| *s.m.* (*eccl.*) décanat.
decàno |de'kano| *s.* **1** *s.m.* [*titolo di dignità eccl.*] doyen* *s.* **2** *s.* [*nelle università di certi paesi, il preside di facoltà*] doyen, président: *il decano della facoltà di lettere* le doyen, le président de la faculté des lettres **3** *s.* [*la persona più autorevole o anziana*] doyen (d'âge): *il decano della corte di appello* le doyen de la cour d'appel **4** *s.m.* (*st. rom.*) décan, décurion **5** *s.m.* (*astrol.*) décan.
1 **decantàre** |dekan'tare| *v.tr.* [*lodare, spec. in modo esagerato*] vanter, exalter: *decantare i meriti di qc.* vanter, exalter les mérites de qqn.
2 **decantàre** |dekan'tare| **A** *v.tr.* **1** (*chim.*) [*sottoporre alla decantazione*] décanter: *decantare un liquido* décanter un liquide **2** (*fig., lett.*) [*purificare un sentimento, uno stile e sim.*] décanter: *decantare le proprie idee* décanter ses idées **B** *v.intr.* (*aus.* '*essere*') [→ *tr.* 1] décanter (*aus.* avoir.).
decantatóre |dekanta'tore| *s.m.* (*tecnol.*) décanteur: *decantatore industriale* décanteur industriel.
decantazióne |dekantat'tsjone| *s.f.* décantation, décantage *m.*
decapàggio, i |deka'paddʒo, i| *s.m.* [→ DECAPARE] décapage: *decapaggio chimico, meccanico* décapage chimique, mécanique # *operaio addetto al decapaggio* décapeur.
decapàre |deka'pare| *v.tr.* [*pulire una superficie metallica con sostanze sgrassanti e leggermente acide*] décaper: *decapare il rame* décaper le cuivre.
decapatóre |dekapa'tore| *s.m.* [*operaio addetto al decapaggio*] décapeur.
decapitàre |dekapi'tare| *v.tr.* **1** [*uccidere tagliando il capo*] décapiter: *fu decapitato* on le décapita **2** (*cose*) [*tagliare alla sommità*] décapiter: *decapitare un albero* décapiter un arbre.
decapitazióne |dekapitat'tsjone| *s.f.* **1** [→ DECAPITARE] décapitation: *essere condannato alla decapitazione* être condamné à la décapitation ◇ (*per anal.*) *decapitazione della chioma di un albero* décapitation de la chevelure d'un arbre **2** [*gioco enigmistico*] énigme.
Decàpodi |de'kapodi| *s.m. pl.* (*t. zool.*) **1** (*molluschi*) Décapodes **2** (*crostacei*) Décapodes.
decappottàbile |dekappot'tabile| *agg.* [→ DECAPPOTTARE] décapotable: *auto decappottabile* voiture décapotable.
decappottàre |dekappot'tare| *v.tr.* [*scoprire un'auto, togliendo la 'capote'*] décapoter: *decappottare l'auto* décapoter sa voiture.
decapsulàre |dekapsu'lare| *v.tr.* [*togliere la capsula a q.c.*] décapsuler: *decapsulare un medicinale* décapsuler un médicament; *decapsulare un tubetto, una bottiglia* décapsuler un tube, une bouteille.
decarburànte |dekarbu'rante| *agg.* (*chim.*) décarburant.
decarburàre |dekarbu'rare| *v.tr.* (*metall.*) [*ridurre il contenuto di carbonio di un acciaio*] décarburer: *decarburare la ghisa* décarburer la fonte.
decarburazióne |dekarburat'tsjone| *s.f.* (*metall.*) [→ DECARBURARE] décarburation: *decarburazione della ghisa* décarburation de la fonte.
decasillabo |deka'sillabo| *s.m.* (*metr.*) décasyllabe: *poema in decasillabi* poème en décasyllabes ♦ (*agg.*) *verso decasillabo* vers decasyllabe.
dècathlon |'dɛkatlon| *s.m. inv.* décathlon *var.*
decathlonèta |dekatlo'nɛta| *s.m.* decathlonien.
decatissàggio, i |dekatis'saddʒo, i| *s.m.* (*tess.*) décatissage.
decatizzàre |dekatid'dzare| *v.tr.* (*tess.*) [*sottoporre un tessuto a una bagnata che toglie il lustro*] décatir: *decatizzare una stoffa* décatir une étoffe.
decatizzazióne |dekatiddzat'tsjone| *s.f.* → **decatissaggio.**
dècatlon |'dɛkatlon| *e deriv.* → **decathlon** *e deriv.*
'decauville' |dəkovil| *s.f. inv.* (*ferr.*) decauville *m.var.*
decèdere |de'tʃɛdere| *v.intr.* (*aus.* '*essere*') (*dir., corr.*) [*morire*] décéder (8): *è deceduto da due anni* il est décédé depuis deux ans ♦ (*al p.p.*) *deceduto il...* décédé le...
decedùto |detʃe'duto| *agg.* décédé: *persona deceduta* personne décédée → **morto** ♦ (*s.*) *un deceduto* un mort.
deceleràre |detʃele'rare| **A** *v.tr.* [*sottoporre a decelerazione*] ralentir: *decelerare il motore* ralentir le moteur **B** *v.intr.* (*aus.* '*avere*') [*diminuire la velocità*] ralentir: *nelle curve devi decelerare* dans les virages tu dois ralentir **C** **accelerare.**
decelerazióne |detʃelerat'tsjone| *s.f.* **1** [→ DECELERARE] décélération: *l'aereo subì una brusca decelerazione* l'avion subit une brusque décélération **2** (*fis.*) décélération.
decem- |detʃem| *pref.* (*significa 'dieci', corrisponde gener. a*) décem: *decemviro* décemvir.
decemviràto |detʃenvi'rato| *s.m.* (*st.rom.*) décemvirat.
decèmviro |de'tʃɛnviro| *s.m.* (*st.rom.*) décemvir.
decennàle |detʃen'nale| **I** *agg.* **1** décennal*: *un incarico decennale* une charge décennale **2** [*che si ripete ogni dieci anni*] décennal: *premio decennale* prix décennal; *gara decennale* course décennale **II** *s.m.* [*il decimo anniversario*] dixième anniversaire: *il decennale della vittoria* le dixième anniversaire de la victoire.
decènne |de'tʃɛnne| **I** *agg.* **1** (âgé) de dix ans: *un bambino decenne* un enfant (âgé) de dix ans **2** (*lett.*) [*che dura dieci anni, o da dieci anni*] décennal* **II** *s.* [*chi ha dieci anni di età*] enfant âgé(e) de dix ans: *una decenne* une enfant (âgée) de dix ans.
decènnio, i |de'tʃɛnnjo, i| *s.m.* dix ans *pl.*, dix années *f.pl.*; décennie (*f.*): *ha lavorato in fabbrica per un decennio* il a travaillé à l'usine pendant dix ans; *nell'ultimo decennio* au cours des dix dernières années ‖ *il 'decennio dello sviluppo' delle Nazioni Unite* la 'décennie du développement' des Nations Unies.
decènte |de'tʃɛnte| *agg.* **1** décent: *contegno decente* tenue décente; *egli vive in modo decente* il vit d'une manière décente → **conveniente, decoroso** **2** [*accettabile, adeguato*] acceptable: *mi ha fatto un'offerta decente* il m'a fait une offre acceptable; *è un lavoro decente* c'est un travail acceptable; *fanno un trattamento decente* ils offrent un traitement acceptable # *suona il piano in modo decente* elle joue convenablement du piano.
decenteménte |detʃente'mente| *avv.* **1** [→ DECENTE 1] décemment: *comportarsi, esprimersi decentemente* se te-

nir, s'exprimer décemment **2** [→ DECENTE 2] décemment; suffisamment: *sa suonare decentemente la chitarra* il sait jouer décemment de la guitare || *sono pagato decentemente* je suis suffisamment payé.

decentralizzàre |detʃentralid'dzare| *v.tr.* → **decentrare.**

decentralizzazióne |detʃentraliddzat'tsjone| *s.f.* → **decentramento.**

decentraménto |detʃentra'mento| *s.m.* **1** [→ DECENTRARE 1] décentralisation *f.*, déconcentration (*f.*): *decentramento della popolazione* décentralisation de la population **2** [→ DECENTRARE 2] décentralisation: *decentramento politico* décentralisation politique; *decentramento amministrativo* décentralisation admenistrative.

decentràre |detʃen'trare| *v.tr.* **1** [*spostare, allontanare dal centro*] décentraliser, déconcentrer: *decentrare le scuole* décentraliser les écoles **2** (*bur.*) [*affidare a organi periferici*] décentraliser, déconcentrer: *decentrare il pagamento delle imposte* décentraliser le paiement des impôts.

decènza |de'tʃɛntsa| *s.f.* **1** décence: *mantenere una certa decenza* garder une certaine décence **2** [*pudore, modestia*] décence; pudeur: *è vestita con decenza* elle est vêtue avec décence || *è un'offesa alla decenza* c'est un outrage à la pudeur ◇ (*per est.*) *luogo di decenza* lieu d'aisance.

decèsso |de'tʃɛsso| *s.m.* décès: *constatare il decesso* constater le décès.

dèci- |'dɛtʃi| *pref.* (*significa 'decimo', corrisponde gener. a*) déci: *decimetro* décimètre; *decigrammo* décigramme.

decibàr |detʃi'bar| *s.m.inv.* (*fis.*) décibar *var.*

decibèl |detʃi'bɛl| *s.m.inv.* (*fis.*) décibel *var.*

decidere |de'tʃidere| (130) **A** *v.tr.* **1** [*definire, risolvere*] décider: *decidere una questione, una lite* décider une question, un différend; *questo non decide nulla* cela ne décide rien → **concludere** ◇ (*dir.*) [*concludere una sentenza*] juger (3): *decidere una causa* juger une cause; *deciderà il giudice chi è il colpevole* le juge décidera qui est le coupable ◇ [*stabilire, fissare*] fixer: *decidere il luogo, il giorno* fixer le lieu, le jour; *decidere una data* fixer une date # *decidiamo i turni* décidons les roulements; *il programma non è stato ancora deciso* le programme n'a pas encore été décidé; *decidiamo di ritrovarci alle otto* nous décidons de nous retrouver à 8 h **2** [*prendere la decisione di fare q.c.*] décider: *ha deciso di partire* il a décidé de partir; *i chirurghi hanno deciso l'amputazione* les chirurgiens ont décidé l'amputation; *ho deciso che ci andrò* j'ai décidé que j'irai ✦ *ass.* [*prendere una decisione*] *non ho ancora deciso* je n'ai pas encore décidé; *spetta a te decidere* c'est à toi de décider; *decidetevi una buona volta!* décidez-vous une bonne fois; *non esser in grado, capace di decidere* ne pas être capable de décider; *vuoi che decida io per te?* veux-tu que je décide à ta place? **3** [*scegliere* (*fra cose o possibilità diverse*)] choisir: *decidere un modello* choisir un modèle; *decidi il colore che preferisci* choisis la couleur que tu préfères; *l'ha deciso spontaneamente* il l'a choisi spontanément ✦ (*ass.*) *non ho ancora deciso fra i due* je n'ai pas encore choisi entre les deux **4** [*avere valore decisivo, determinante per*] décider: *questo deciderà il suo avvenire* cela décidera son avenir; *sono scelte che decidono la vita* ce sont des choix qui décident la vie ◇ [*essere in gioco, in ballo, in questione*] *qui si decide il nostro avvenire* ici on décide notre avenir; *oggi si decidono le iniziative da prendere* aujourd'hui on décide les initiatives à prendre; *sono cose che non si decidono dall'oggi al domani* ce sont des choses qui ne se décident pas du jour au lendemain **5** [*convincere, indurre, persuadere*] décider: *l'ho deciso a curarsi* je l'ai décidé à se soigner; *solo questo motivo può decidermi a lasciarti* cette seule raison peut me décider à te quitter **B** *v.intr.* (*aus.* '*avere*') [*prendere una decisione definitiva, risolutiva*] décider: *il capo di Stato decide della pace e della guerra* le chef de l'État décide de la paix et de la guerre; *non spetta a te decidere su questo problema* ce n'est pas à toi de décider de ce problème; *decidiamo sul da farsi* nous décidons ce qu'il faut faire ◇ [→ *tr.* 4] *è un fattore che decide del buon esito dell'iniziativa* c'est un facteur qui décide de la bonne issue de l'initiative; *sono queste le scelte che decideranno del futuro dell'azienda* voilà les choix qui décideront de l'avenir de l'entreprise **C** *v.pron.intr.* DECIDERSI [*risolversi a fare q.c.*; *prendere una decisione*] se décider (à): *decidersi a un'operazione* se décider à une opération; *coraggio, decidetevi!* allons, décidez-vous!; *finalmente si sono decise!* elles se sont finalement décidées! ⓒ A 1 **rinviare, 5 distogliere.**

decidua |de'tʃidua| *s.f.* (*anat., med.*) (membrane) caduque.

deciduàle |detʃidu'ale| *agg. f.* (*anat., med.*) déciduale.

deciduo |de'tʃiduo| *agg.* (*scient.*) → **caduco.**

decifràbile |detʃi'frabile| *agg.* **1** [→ DECIFRARE 1] déchiffrable: *messaggio facilmente decifrabile* message facilement déchiffrable **2** [→ DECIFRARE 2] déchiffrable: *manoscritto difficilmente decifrabile* manuscrit difficilement déchiffrable; *calligrafia ben decifrabile* écriture facilement déchiffrable **3** [→ DECIFRARE 3] pénétrable: *intenzioni a stento decifrabili* des intentions à peine pénétrables.

deciframénto |detʃifra'mento| *s.m.* [→ DECIFRARE 1, 2] déchiffrement: *deciframento di un telegramma* déchiffrement d'un télégramme; *deciframento di un manoscritto* déchiffrement d'un manuscrit.

decifràre |detʃi'frare| *v.tr.* **1** [*interpretare una scrittura in cifra*] déchiffrer: *decifrare un messaggio* déchiffrer un message; *il telegramma è stato decifrato* on a déchiffré le télégramme **2** (*per est.*) [*scoprire il significato di una scrittura sconosciuta o poco chiara*] déchiffrer: *decifrare un manoscritto antico* déchiffrer un manuscrit ancien; *è difficile decifrare la tua scrittura* il est difficile de déchiffrer ton écriture **3** (*fig.*) [*indovinare, arrivare a capire ciò che è difficile, misterioso*] percer (2), deviner: *decifrare i pensieri, i sentimenti di qc.* chercher à percer, deviner les pensées, les sentiments de qqn.

decifratóre, trice |detʃifra'tore, tritʃe| *s.* [*esperto delle decifrazioni*] déchiffreur*: *è un decifratore di codici eccezionale* c'est un déchiffreur de codes exceptionnel.

decifrazióne |detʃifrat'tsjone| *s.f.* **1** → **deciframento 2** (*mus.*) déchiffrage *m.*

decigràmma |detʃi'gramma| *s.m.* → **decigrammo.**

decigràmmo |detʃi'grammo| *s.m.* décigramme.

decìlitro |de'tʃilitro| *s.m.* décilitre.

dècima |'dɛtʃima| *s.f.* **1** (*st.*) dîme: *pagare la decima* payer la dîme ◇ (*dir. fiscale*) décime *m.* **2** (*mus.*) dixième.

decimàle |detʃi'male| *agg.* (*mat.*) décimal*: *i numeri decimali* les nombres décimaux; *frazione decimale* fraction décimale; *sistema metrico decimale* système métrique décimal ✦ (*s.m.*) *un* (*numero*) *decimale* une décimale *f.*

decimàre |detʃi'mare| *v.tr.* **1** [*uccidere* (*un soldato*) *ogni dieci per punizione*] décimer: *i dittatori decimavano gli eserciti che tentavano la fuga* les dictateurs décimaient les troupes qui tentaient de fuir **2** (*per est., fig.*) [*ridurre di numero facendo grande strage*] décimer: *la peste decimò la popolazione* la peste décima la population # *gli esaminatori hanno decimato gli studenti* les examinateurs ont provoqué une hécatombe chez les étudiants.

decimazióne |detʃimat'tsjone| *s.f.* **1** [→ DECIMARE 1] décimation: *condannare alla decimazione* condamner à la décimation **2** (*per est., fig.*) [*eccessiva diminuzione*] hécatombe, extermination: *l'epidemia ha provocato una vera decimazione di bambini* l'épidémie a provoqué une véritable hécatombe d'enfants # *decimazione dei concorrenti* élimination des concurrents.

decimetro |de'tʃimetro| *s.m.* décimètre: *doppio decimetro* double décimètre.

dècimo |'dɛtʃimo| **1** *agg. numer. ord.* dixième: *nel decimo secolo* au Xe siècle; *sono riuscito appena a classificarmi decimo* j'ai à peine réussi à me classer dixième # *Carlo decimo* (*X*) Charles dix (X) **2** *s.m.* dixième: *un decimo dello spazio disponibile* un dixième de l'espace disponible ◇ (*oculistica*) *gli mancano due decimi* il lui manque deux dixièmes.

decimoprimo |detʃimo'primo| *agg. numer. ord.* → **undecimo.**

decimosecóndo |detʃimose'kondo| *agg. numer. ord.* → **dodicesimo.**

decina |de'tʃina| *s.f.* **1** [*gruppo di dieci elementi della stessa specie*] dizaine: *cento decine formano un migliaio* cent dizaines forment un millier; *una decina di matite* une dizaine de crayons ◇ (*con valore approssimativo o iperb.*) *una decina di persone* une dizaine de personnes; *un lavoro che richiede una decina di giorni* un travail qui demande une dizaine de jours; *erano una decina circa* ils étaient environ une dizaine; *l'ho ripetuto una decina di volte* je l'ai répété une dizaine de fois **2** (*mat.*) dizaine.

decisaménte |detʃiza'mente| *avv.* **1** [*senza dubbio*] décidément: *decisamente ha ragione* décidément il a raison **2** [→ DECISO 1] avec décision *loc.inv.*; résolument: *gli ha risposto decisamente* il lui a répondu avec décision || *sosteneva decisamente il suo sguardo* il soutenait résolument son regard.

decisionàle |detʃizjo'nale| *agg.* [*che può adottare decisioni*] délibérant, délibératif*: *i centri decisionali* les centres délibérants, de décision; *organo senza potere decisionale* organe sans pouvoir délibératif, de décision # *il processo decisionale* le processus de (prise de) décision.
decisióne |detʃi'zjone| *s.f.* **1** [→ DECIDERE A 1, 2; B] décision: *una decisione sbagliata, affrettata* une décision erronée, hâtive; *una decisione irrevocabile* une décision irrévocable; *non esitare a prendere una drastica decisione* ne pas hésiter à prendre une décision énergique; *rimettersi alle decisioni altrui* s'en remettre aux décisions d'autrui → **deliberazione, risoluzione, scelta** **2** (*bur.*) décision: *decisione amministrativa* décision administrative ◇ (*dir.*) arrêt (*m.*): *decisione della corte d'appello, della corte di cassazione* arrêt de la cour d'appel, de la cour de cassation → **pronunzia, sentenza** **3** [*fermezza, energia*] décision, détermination: *ha decisione* il a de la décision; *mancare di decisione* manquer de décision; *in certi casi occorre decisione* dans certains cas il faut de la décision **C** **indecisione.**
decisìvo |detʃi'zivo| *agg.* décisif*: *momento decisivo* moment décisif; *prova decisiva di un processo* preuve décisive d'un procès; *intervento decisivo* intervention décisive → **risolutivo, determinante.**
decìso |de'tʃizo| *agg.* **1** [*che mostra fermezza*] décidé, résolu: *sono degli uomini decisi* ce sont des hommes décidés, résolus; *essere deciso a tutto* être décidé à tout; *ha un carattere deciso* il a un caractère décidé, résolu; *parlare con tono deciso* parler d'un ton décidé, résolu → **risoluto** **2** [*che è stato risolto, definito*] décidé: *è un affare deciso* c'est une affaire décidée.
decisòrio, i |detʃi'zɔrjo, i| *agg.* (*dir.*) décisoire: *giuramento decisorio* serment décisoire.
declamàre |dekla'mare| **A** *v.tr.* [*leggere o recitare con tono eloquente, enfatico*] déclamer: *declamare un discorso, un'orazione* déclamer un discours, une oration ♦ (*ass.*) *declamare in pubblico* déclamer en public **B** *v.intr.* (*aus. 'avere'*) **1** [*parlare con enfasi eccessiva*] déclamer: *anche per le cose più semplici declama* il déclame même pour les choses les plus simples **2** [*inveire*] invectiver: *declamare contro i vizi* invectiver contre les vices.
declamatóre, trice |deklama'tore, tritʃe| *s.* déclamateur*: *è uno scadente declamatore di poesie* c'est un mauvais déclamateur de poésies.
declamatòrio, i |deklama'tɔrjo, i| *agg.* déclamatoire: *stile declamatorio* style déclamatoire → **enfatico.**
declamazióne |deklamat'tsjone| *s.f.* **1** [→ DECLAMARE A] déclamation: *declamazione di un sonetto* déclamation d'un sonnet; *scuola di declamazione* école de déclamation **2** (*per est.*) [→ DECLAMARE B] déclamation: *cade spesso nella declamazione* il tombe souvent dans la déclamation.
declaratòria |deklara'tɔrja| *s.f.* (*dir.*) acte *m.* déclaratoire: *declaratoria d'incompetenza* acte déclaratoire d'incompétence.
declaratòrio, i |deklara'tɔrjo, i| *agg.* (*dir.*) déclaratoire: *sentenza declaratoria* sentence déclaratoire.
declassaménto |deklassa'mento| *s.m.* [→ DECLASSARE] déclassement: *declassamento di un treno* déclassement d'un train; *declassamento di un albergo* déclassement d'un hôtel; *declassamento di un giocatore di serie A* déclassement d'un joueur de première division; *declassamento della scuola* déclassement de l'école # *declassamento morale* décheance morale.
declassàre |deklas'sare| *v.tr.* [*far passare a una classe o categoria inferiore*] déclasser: *declassare un vagone* déclasser un wagon; *declassare un capoluogo a città di provincia* déclasser un chef-lieu au rang de ville de province; *declassare un albergo* déclasser un hôtel ◇ (*fig.*) *queste abitudini ti declassano* ces habitudes te déclassent ◇ (*sport*) déclasser.
declassàto |deklas'sato| *agg.* déclassé: *albergo declassato* hôtel déclassé; *treno declassato* train déclassé; *squadra calcistica declassata* équipe de football déclassée; *scuola declassata* école déclassée.
declinàbile |dekli'nabile| *agg.* **1** (*gram.*) déclinable **2** *invito non declinabile* [→ DECLINARE B 2] une invitation qu'on ne peut décliner *loc.*
declinànte |dekli'nante| *agg.* déclinant: *l'età declinante* l'âge déclinant → **calante.**
1 **declinàre** |dekli'nare| **A** *v.intr.* (*aus. 'avere'*) **1** [*abbassarsi gradatamente*] descendre (53) (*aus.* avoir, être): *l'acqua del fiume comincia a declinare* l'eau du fleuve commence à descendre; *il paese declina verso il mare* le village descend vers la mer; *collina che declina in dolce pendio* colline qui descend en pente douce # *il sole comincia a declinare* le soleil commence à décliner → **tramontare** **2** (*fig.*) [*avvicinarsi, volgere alla fine*] finir, décliner: *l'anno, l'estate sta declinando* l'année, l'été est en train de finir; *il giorno comincia a declinare* le jour commence à décliner ◇ [*diminuire, calare di intensità*] décliner; baisser: *le forze del malato declinano di giorno in giorno* les forces du malade déclinent de jour en jour; *la sua salute declina* sa santé décline ‖ *la febbre declina* la fièvre baisse, tombe; *il suo prestigio declina* son prestige baisse, est sur son déclin **3** [*dirigersi in direzione diversa; deviare*] pencher: *declinare a destra* pencher vers la droite ◇ (*fig.*) *declinare dalla retta via* s'écarter du droit chemin, de la bonne voie **B** *v.tr.* **1** (*gram.*) [*enumerare le forme dei paradigmi dei v., nomi, agg.*] décliner: *declinare un aggettivo, un nome* décliner un adjectif, un nom **2** [*rifiutare, scansare, eludere*] décliner: *declinare un invito, un onore* décliner une invitation, un honneur; *declinare ogni responsabilità* décliner toute responsabilité ◇ (*dir.*) [*muovere un'eccezione di competenza; contestare*] *declinare la competenza* décliner la compétence **3** [*dichiarare, dire*] décliner: *declinare il proprio nome, le proprie generalità* décliner ses nom, prénoms, titres et qualités **4** (*lett.*) [*abbassare, piegare*] baisser: *declinare il capo* baisser la tête # *declinare le ginocchia* s'agenouiller.
2 **declinàre** |dekli'nare| *s.m. inv.* [*ultima fase, declino*] déclin (*var.*): *il declinare della vita, degli anni* le déclin de la vie, de l'âge; *il declinare di una civiltà* le déclin d'une civilisation; *il declinare del giorno, della notte* le déclin du jour, de la nuit; *essere al declinare, sul declinare* être sur son déclin.
declinatòrio, i |deklina'tɔrjo, i| *agg.* (*dir.*) déclinatoire: *pronuncia declinatoria* prononcé déclinatoire # *sollevare un'eccezione declinatoria* élever un déclinatoire ♦ *s.f.* (*dir.*) *la declinatoria* un déclinatoire *m.*
declinazióne |deklinat'tsjone| *s.f.* (*astron., fis., gram., ling.*) déclinaison.
declìno |de'klino| *s.m.* **1** déclin: *il declino della gioventù, della bellezza* le déclin de la jeunesse, de la beauté; *mondo, società in declino* monde, société à son déclin; *è in declino* il est sur son déclin **2** (*lett.*) → **declivio.**
declinòmetro |dekli'nɔmetro| *s.m.* (*fis.*) déclinomètre.
declìvio, i |de'klivjo, i| *s.m.* [*superficie, terreno in graduale discesa*] pente *f.*, déclivité (*f.*): *il gradevole declivio di queste terre* la pente agréable de ces terres; *il declivio della montagna* la pente, la déclivité de la montagne.
declività |deklivi'ta| *s.f.inv.* déclivité (*var.*): *declività di un terreno* déclivité d'un terrain.
declorazióne |deklorat'tsjone| *s.f.* déchloration.
declorurazióne |deklorurat'tsjone| *s.f.* (*med.*) déchloruration.
decodificàre |dekodifi'kare| *v.tr.* **1** (*informatica*) [*ricavare dai codici l'informazione originaria*] décoder: *decodificare una scheda perforata* décoder une carte perforée **2** (*rad., tel.*) [*trasformare opportunamente segnali codificati*] décoder **3** (*per est.*) [*tradurre un contenuto espresso in codice*] décoder: *decodificare un messaggio* décoder un message.
decodificatóre, trice |dekodifika'tore, tritʃe| *s.* [*persona, apparato che esegue la decodificazione*] décodeur *m.*
decodificazióne |dekodifikat't-sjone| *s.f.* [→ DECODIFICARE] décodage *m.*
1 **decollàre** |dekol'lare| *v.tr.* → **decapitare.**
2 **decollàre** |dekol'lare| *v.intr.* (*aus. 'avere'*) (*aer.*) [*alzarsi in volo*] décoller: *l'aereo ha decollato* l'avion a décollé ◇ (*fig.*) *far decollare l'economia di una regione* faire décoller l'économie d'une région **C** **atterrare.**
decollazióne |dekollat'tsjone| *s.f.* → **decapitazione.**
'décolleté' |dekɔlte| *agg.inv. e s.m. inv.* décolleté (*var.*): *ha un bel 'décolleté'* elle a un beau decolleté.
decòllo |de'kɔllo| *s.m.* [→ 2 DECOLLARE] décollage: *il decollo dell'aereo* le décollage de l'avion; *aereo a decollo e atterraggio corti-verticali* (*STOL-VTOL*) avion à décollage et atterrissage courts-verticaux (ADAC-ADAV); *aeroporto per aerei a decollo e atterraggio corti-verticali* ADAC-port, ADAV-port ◇ (*fig.*) *il decollo dell'economia* le décollage de l'économie.
decolonizzàre |dekolonid'dzare| *v.tr.* [*liberare dal colonialismo*] décoloniser: *decolonizzare un paese* décoloniser un pays ♦ (*al p.p.*) *i popoli decolonizzati* les décolonisés.
decolonizzazióne |dekolonidd-dzat'tsjone| *s.f.* [→ DECOLONIZZARE] décolonisation.

decolorànte |dekolo'rante| *agg. e s.m.* décolorant.
decoloràre |dekolo'rare| **A** *v.tr.* [*togliere il colore*] décolorer: *decolorare un tessuto* décolorer un tissu □ *decolorarsi i capelli* se décolorer les cheveux **B** *v.pron.rifl.* DECOLORARSI [*scolorarsi*] se décolorer → *tr.* □ ♦ (*ass.*) *quella ragazza si è decolorata* cette jeune fille s'est décolorée.
decoloràto |dekolo'rato| *agg.* décoloré: *capelli decolorati* cheveux décolorés.
decolorazióne |dekolorat'tsjone| *s.f.* **1** [→ DECOLORARE A] décoloration: *la decolorazione dei capelli* la décoloration des cheveux **2** (*chim.*) décoloration: *decolorazione dei tessuti* décoloration des tissus.
decomponìbile |dekompo'nibile| *agg.* **1** [→ DECOMPORRE A 1] décomposable; démontable: *sostanza facilmente decomponibile* substance facilement décomposable ‖ *mobilio decomponibile* mobilier démontable **2** [→ DECOMPORRE A 2] décomposable: *numero decomponibile* nombre décomposable.
decomponibilità |dekomponibili'ta| *s.f. inv.* aptitude *var.* à se décomposer; possibilité *var.* de se démonter.
decompórre |dekom'porre| (168) **A** *v.tr.* **1** (*chim., corr.*) [*dividere un composto nei suoi elementi*] décomposer: *decomporre l'acqua* décomposer l'eau → **disgregare, scomporre** ◇ (*fis.*) *decomporre la luce solare* décomposer la lumière solaire **2** (*mat.*) [*scomporre*] décomposer: *decomporre un numero* décomposer un nombre **3** [*alterare una sostanza organica*] décomposer: *il calore decompone le carni* la chaleur décompose les viandes ◇ (*fig.*) [*alterare i lineamenti*] décomposer: *l'ira decompose i suoi lineamenti* la colère décomposa ses traits → **alterare** **4** (*per est., fig.*) [*analizzare minuziosamente*] décomposer, disséquer (8): *decomporre i termini di un problema* décomposer les termes d'un problème **B** *v.pron. intr.* DECOMPORSI **1** (*chim.*) [*dividersi nei propri elementi costitutivi*] se décomposer: *quella sostanza tende a decomporsi* cette matière a tendance à se décomposer **2** [*alterarsi, corrompersi*] se décomposer: *il cadavere si decompone* le cadavre se décompose Ⓒ A 1, 2 **comporre.**
decomposizióne |dekompozit't-sjone| *s.f.* **1** [→ DECOMPORRE A 3; B 2] décomposition: *in stato di decomposizione* en décomposition; *la decomposizione di un cadavere* la décomposition d'un cadavre → **putrefazione** **2** [→ DECOMPORRE A 1; B 1] décomposition: *decomposizione di una sostanza nei suoi elementi* décomposition d'une matière en ses éléments ◇ (*chim.*) *decomposizione elettrolitica* décomposition électrolytique → **dissociazione** **3** (*mat.*) décomposition.
decompósto |dekom'posto| *agg.* **1** [*putrefatto*] décomposé: *cadavere decomposto* cadavre décomposé **2** (*chim., mat.*) décomposé *p.p.*
decompressióne |dekompres's-sjone| *s.f.* (*fis.*) décompression: *camera di decompressione* chambre de décompression.
deconcentrazióne |dekontʃentrat'tsjone| *s.f.* (*econ.*) déconcentration ◇ (*psicol.*) déconcentration # *essere in stato di deconcentrazione* (*mentale*) être déconcentré.
decongelaménto |dekondʒela'mento| *s.m.* → **decongelazione.**
decongelàre |dekondʒe'lare| *v.tr.* **1** (*comm.*) [*svincolare un credito*] débloquer: *decongelare un credito* débloquer un crédit **2** → **scongelare.**
decongelazióne |dekondʒelat'tsjone| *s.f.* **1** [→ DECONGELARE 1] déblocage (*m.*): *decongelazione di un credito* déblocage d'un crédit **2** → **scongelamento.**
decongestionaménto |dekondʒestjona'mento| *s.m.* **1** (*med.*) décongestion *f.* **2** (*fig.*) [→ DECONGESTIONARE 2] décongestion, décongestionnement: *decongestionamento del traffico* décongestion, décongestionnement du trafic.
decongestionàre |dekondʒestjo'nare| *v.tr.* **1** (*med.*) [*far cessare la congestione*] décongestionner: *decongestionare i polmoni* décongestionner les poumons **2** (*fig.*) [*liberare da ingorghi*] décongestionner: *decongestionare il traffico* décongestionner le trafic.
decontaminàre |dekontami'nare| *v.tr.* (*fis.*) [*diminuire o eliminare la contaminazione radioattiva*] décontaminer.
decontaminazióne |dekontaminat'tsjone| *s.f.* (*fis.*) [→ DECONTAMINARE] décontamination.
decontràtto |dekon'tratto| *agg.* [*disteso, rilassato*] décontracté.
decoràre |deko'rare| *v.tr.* **1** [*ornare, abbellire*] décorer: *decorare le pareti di un appartamento* décorer les murs d'un appartement → **adornare** **2** [*conferire un'onorificenza*] décorer: *decorare un soldato con una medaglia* décorer un soldat d'une médaille; *decorare con la Croce di guerra* décorer de la Croix de guerre; *decorare qc. al valor civile* décorer qqn. de la médaille à la valeur civile.
decorativìsmo |dekorati'vismo| *s.m.* (*arts.*) prédominance *f.* des éléments décoratifs.
decoratìvo |dekora'tivo| *agg.* **1** [*che serve a decorare*] décoratif*: *scultura decorativa* sculpture décorative; *le arti decorative* les arts décoratifs, les arts déco (*fam.*); *elementi decorativi* éléments décoratifs → **ornamentale** **2** [*che conferisce lustro, nonostante un normale o scarso valore intrinseco*] décoratif: *un invitato molto decorativo* un convive très décoratif ◇ (*iron.*) *una moglie decorativa* une femme décorative; *un personaggio decorativo* un personnage décoratif.
decoràto |deko'rato| *agg.* **1** [*ornato, abbellito*] décoré: *soffitto decorato* plafond décoré # *stile decorato* gothique rayonnant **2** [*che è insignito di una decorazione*] décoré # *è decorato al valor civile* il a une décoration civile ♦ (*s.m.*) *un decorato* un décoré.
decoratóre, trice |dekora'tore, tritʃe| *s.* décorateur*.
decorazióne |dekorat'tsjone| *s.f.* **1** [→ DECORARE 1] décoration: *una decorazione murale* une décoration murale → **ornamento** **2** [*ciò che serve per decorare*] décoration: *acquistare la decorazione di una sala* acheter la décoration d'un salon; *decorazione scenica* → **addobbo** **3** [→ DECORARE 2] décoration, distinction: *conferimento di decorazioni* remise de décorations; *conferire, ottenere una decorazione* décerner, obtenir une décoration, une distinction; *portare una decorazione all'occhiello* porter une décoration à la boutonnière # *decorazione al valor militare* médaille militaire.
decòro |de'kɔro| *s.m.* **1** [*prestigio di chi (o di ciò che) garantisce il rispetto altrui*] honneur, décorum: *il decoro della famiglia, della nazione* l'honneur de la famille, de la nation; *salvaguardare, mantenere il decoro* garder le décorum **2** [*sentimento della propria dignità*] dignité (*f.*): *vivere con decoro* vivre avec dignité; *avere decoro* avoir de la dignité; *essere privo di decoro* manquer de dignité → **dignità** # *comportarsi, vestirsi con decoro* se conduire, s'habiller dignement, convenablement; *il decoro impone...* l'honneur veut, exige... **3** (*fig.*) [*vanto, lustro*] honneur, gloire (*f.*): *essere il decoro della patria* être l'honneur de sa patrie → **onore** ◇ [*ornamento, pompa*] décor: *quella fontana è il solo decoro della sua casa* ce bassin est le seul décor de sa maison # *decoro di stile* noblesse de style.
decorosaménte |dekorosa'mente| *avv.* **1** [→ DECOROSO 1] convenablement: *vestire decorosamente* s'habiller convenablement; *comportarsi decorosamente* se conduire convenablement **2** [→ DECOROSO 2] convenablement: *vivere decorosamente* vivre convenablement.
decoróso |deko'roso| *agg.* **1** [*che è adatto alle circostanze, alla condizione sociale e sim.; che è conveniente*] convenable; digne: *un salario decoroso* un salaire convenable; *casa decorosa* maison convenable; *un abito decoroso* une tenue convenable; *lavoro che consente una vita decorosa* travail qui permet une vie convenable ‖ *un contegno decoroso* un maintien digne → **decente, appropriato** **2** [*che ha o conferisce decoro, prestigio*] convenable: *contegno, atteggiamento decoroso* conduite, attitude convenable; *non è decoroso accettare simili compromessi* il n'est pas convenable d'accepter de tels compromis → **dignitoso.**
decorrènte |dekor'rɛnte| *agg.* **1** [*che ha inizio a partire da un termine fissato*] qui court (courent) (*loc.*): *interessi decorrenti dal...* intérêts qui courent à partir de... **2** (*bot.*) décurrent: *foglie decorrenti* feuilles décurrentes.
decorrènza |dekor'rɛntsa| *s.f.* point *m.* de départ; entrée en vigueur # *con decorrenza da* à partir, à compter du ◇ (*comm.*) *decorrenza degli interessi da...* jouissance des intérêts à partir de, à compter de...
decórrere |de'korrere| (127) *v.intr.* (*aus.* 'essere') **1** [*cominciare a valere, a essere computato*] courir (17) (*aus.* avoir), partir (21): *gli interessi decorrono dal* les intérêts courent (à partir) du; *lo stipendio decorre dal 1º ottobre* le traitement part du 1er octobre; *a decorrere da* à partir de, à compter de **2** [*trascorrere, scadere*] passer, échoir* (*aus.* avoir, être): *lasciamo decorrere un mese* laissons passer un mois; *non lasciate decorrere il termine* ne laissez pas échoir le terme **3** (*lett.*) [*scorrere dall'alto in basso*] couler (*corr.*) (*aus.* avoir): *l'acqua decorre verso il piano* l'eau coule vers la plaine.

1 **decórso** |de'korso| *agg.* [*che è passato, trascorso, scaduto*] passé: *nel decorso mese di febbraio* le mois de février passé → **scorso** ◇ [*scaduto*] échu: *il termine è decorso* le délai est échu ◇ (*comm.*) *interessi decorsi* intérêts échus.
2 **decórso** |de'korso| *s.m.* **1** [*l'andamento, l'evoluzione nel tempo*] cours: *il decorso di una malattia* le cours d'une maladie; *il decorso degli avvenimenti* le cours des événements **2** [*il passare, il trascorrere del tempo*] cours: *il decorso della vita* le cours de la vie; *il decorso delle stagioni* le cours des saisons ◇ *loc. avv.* NEL DECORSO DI au cours de: *nel decorso della sua carriera* au cours de sa carrière → **durante.**
decorticàre |dekorti'kare| *v.tr.* [*privare della corteccia*] décortiquer: *decorticare una radice* décortiquer une racine.
decorticazióne |dekortikat'tsjone| *s.f.* [→ DECORTICARE] décortication: *la decorticazione degli alberi* la décortication des arbres ◇ (*med.*) décortication.
1 **decòtto** |de'kɔtto| *s.m.* (*farm.*) décoction (*f.*): *decotto di malva, di tiglio* décoction de mauve, de tilleul.
2 **decòtto** |de'kɔtto| *agg.* (*dir.*) en déconfiture *loc.inv.* → **fallito** ♦ (*s.m.*) *un decotto* un débiteur en déconfiture ◇ (*econ.*) *credito decotto* crédit gelé.
1 **decozióne** |dekot'tsjone| *s.f.* (*farm.*) décoction → 1 **decotto.**
2 **decozióne** |dekot'tsjone| *s.f.* (*dir.*) déconfiture: *decozione di un banchiere* déconfiture d'un banquier ◇ (*econ.*) *decozione di un credito* gel *m.* d'un crédit.
decreménto |dekre'mento| *s.m.* (*scient.*) décrément; (*gener.*) décroissance *f.*, diminution *f.*
decrepitézza |dekrepi'tettsa| *s.f.* [*estrema vecchiezza*] délabrement *m.*; décrépitude: *decrepitezza di una costruzione* délabrement d'une construction || *decrepitezza di una persona* décrépitude d'une personne ◇ (*fig.*) *la decrepitezza di una istituzione, di un'ideologia* la désuétude d'une institution, d'une idéologie.
decrèpito |de'krɛpito| *agg.* délabré; décrépit: *una casa decrepita* une maison délabrée || *un vecchio decrepito* un vieillard décrépit ◇ (*fig.*) [*superato*] dépassé, désuet*: *mentalità decrepita* mentalité dépassée; *leggi decrepite* des lois désuètes, dépassées.
decrepitùdine |dekrepi'tudine| *s. f.* → **decrepitezza.**
decrescèndo |dekreʃ'ʃɛndo| *s.m. inv.* (*mus.*) decrescendo *avv.*
decrescènte |dekreʃ'ʃɛnte| *agg.* décroissant: *ampiezza decrescente* amplitude décroissante; *classificare per ordine decrescente* classer par ordre décroissant; *l'analfabetismo è in fase decrescente* l'analphabétisme est en phase décroissante # *la luna è in fase decrescente* la lune est dans, sur son décroît → **calante** ◇ (*fig.*) *il suo umore è in fase decrescente* son humeur est en baisse ◇ (*mat.*) *curva decrescente* courbe décroissante Ⓒ **crescente.**
decrescènza |dekreʃ'ʃɛntsa| *s.f.* [→ DECRESCERE] décroissance, décroissement (*m.*): *decrescenza di un'epidemia* décroissance d'une épidémie; *la decrescenza della luna* le décroissement de la lune # *la sua notorietà è in decrescenza* sa notoriété est en baisse → **diminuzione** ◇ [*abbassamento*] *la decrescenza delle acque* la décrue des eaux; *la decrescenza dei prezzi* la baisse des prix ◇ (*econ.*) *fase di decrescenza dei costi* phase de baisse des coûts Ⓒ **crescita, aumento, incremento.**
decréscere |de'kreʃʃere| (128) *v. intr.* (*aus.* '*essere*') [*diminuire di entità, volume, prezzo e sim.*] décroître (70) (*aus.* avoir, être), être (*aus.* avoir) en baisse: *le acque sono decresciute* les eaux ont décru, sont décrues; *il prezzo della carne sta decrescendo* le prix de la viande est en baisse; *le sue forze decrescono ogni giorno di più* ses forces décroissent chaque jour qui passe # *le provviste decrescono a vista d'occhio* les provisions diminuent à vue d'œil Ⓒ **crescere.**
decretàle |dekre'tale| *agg. e s.f.* (*dir.eccl.*) *una* (*lettera*) *decretale* une décrétale ◇ (*spec. al plur.*) *le Decretali* les Décrétales.
decretàre |dekre'tare| *v.tr.* **1** [*ordinare con decreto*] décréter (8): *decretare l'arresto di qc.* décréter l'arrestation de qqn.; *decretare una nomina* décréter une nomination → **ordinare** **2** [*accordare, concedere con autorità*] décerner, accorder: *decretare ricompense al valore* décerner, accorder des récompenses au mérite (civil).
decréto |de'kreto| *s.m.* **1** (*dir.*) arrêt: *decreto della corte d'appello* arrêt de la cour d'appel: *decreto di citazione, di condanna* arrêt de citation, de condamnation; *decreto ingiuntivo* arrêt d'injonction → **sentenza** **2** [*atto normativo del potere esecutivo*] arrêté, décret: *decreto ministeriale, prefettizio* arrêté ministériel, préfectoral; *decreto presidenziale* décret-loi; *decreto legislativo* décret législatif; *emanare un decreto* prendre un arrêté, un décret → **deliberazione, ordinanza** **3** (*per est., fig.*) [*ciò che è deciso da una forza superiore*] décret: *i decreti della sorte, della moda* les décrets du sort, de la mode.
decriptàre |dekrip'tare| *v.tr.* → **decifrare.**
decriptazióne |dekriptat'tsjone| *s.f.* [→ DECRIPTARE] décryptement *m.*, décryptage *m.*
decùbito |de'kubito| *s.m.* décubitus # *piaga da decubito* escarre ◇ (*ginnastica, med.*) *decubito dorsale* décubitus dorsal*.
de cuius |de'kujus| *loc. sost. m. inv.* (*lat.*) (*dir.*) de cujus (*s.m.*): *la volontà del de cuius* la volonté du de cujus.
decumàno |deku'mano| *agg.* décuman.
decuplicàre |dekupli'kare| **A** *v.tr.* [*moltiplicare per dieci, considerare o rendere dieci volte maggiore*] décupler: *decuplicare una somma* décupler une somme ◇ (*fig.*) [*aumentare notevolmente*] *la collera gli decuplicava le forze* la colère décuplait ses forces **B** *v.intr.* (*aus.* '*essere*') [→ *tr.*] décupler (*aus.* avoir): *il costo della vita è decuplicato* le coût de la vie a décuplé.
dècuplo |'dɛkuplo| *agg.* dix fois supérieur, décuple (*raro*): *cifra decupla rispetto a quella reale* chiffre dix fois supérieur au chiffre réel, décuple par rapport au chiffre réel ♦ (*s.m.*) *il decuplo* nombre, quantité *f.*, somme *f.* dix fois supérieur(e), le décuple (*raro*): *raggiungere il decuplo nelle entrate* atteindre des recettes dix fois supérieures, atteindre le décuple des recettes.
decurióne |deku'rjone| *s.m.* (*st. mil. rom.*) décurion.
decurtàre |dekur'tare| *v.tr.* **1** [*ridurre*] diminuer: *decurtare un debito* diminuer une dette; *decurtare un salario* diminuer un salaire **2** [*detrarre*] déduire (75); retrancher: *decurtare le spese da una somma* déduire ses frais d'une somme; *decurtare una somma da un salario* retrancher une somme d'un salaire.
decurtazióne |dekurtat'tsjone| *s. f.* [→ DECURTARE] réduction; déduction: *decurtazione dello stipendio* réduction du traitement || *decurtazione di una cifra da una somma* déduction d'une somme d'un total.
decuscutàre |dekusku'tare| *v.tr.* (*agr.*) [*liberare dai semi o dalle piante della cuscute*] décuscuter: *decuscutare un terreno, una semente* décuscuter un terrain, une semence.
decuscutatrice |dekuskuta'tritʃe| *s.f.* (*agr.*) décuscuteuse.
decussàto |dekus'sato| *agg.* [*fatto, disposto a forma di X*] décussé: *croce decussata* [*croce di S. Andrea*] croix décussée ◇ (*bot.*) *foglie decussate* feuilles décussées.
dedàleo |de'daleo| *agg.* (*lett., fig.*) dédaléen* ◇ (*poet.*) → **ingegnoso.**
dèdalo |'dɛdalo| *s.m.* dédale: *smarrirsi in un dedalo di viuzze* s'égarer dans un dédale de ruelles → **labirinto.**
dèdica, che |'dɛdika, ke| *s.f.* dédicace: *fare una dedica su un libro* écrire une dédicace dans un livre # *libro con dedica* livre dédicacé.
dedicàre |dedi'kare| **A** *v.tr.* **1** [*offrire la propria opera letteraria, artistica e sim.*] dédier: *dedicò l'opera al suo maestro* il dédia l'œuvre à son maître **2** [*destinare la propria attività a favore di qc. o q.c.*] consacrer: *dedicare del tempo a qc.* consacrer du temps à qqn.; *dedicare la propria giovinezza allo studio* consacrer sa jeunesse à l'étude; *dedicare la propria energia a un compito* consacrer son énergie à une tâche ◇ [*impegnare*] dédier: *ha dedicato tutto sé stesso a quell'impresa* il a dédié toute sa personne à cette entreprise **3** [*legare il nome* (*di un edificio*) *alla memoria di qc.*] dédier: *dedicare un monumento* dédier un monument; *dedicare una scuola al Manzoni* dédier une école à Manzoni **4** [*consacrare al culto divino*] consacrer: *dedicare una chiesa* consacrer une église **B** *v.pron. rifl.* DEDICARSI [*offrire interamente la propria opera a qc., q.c.*] se consacrer, se vouer: *dedicarsi a un'opera* se consacrer à une œuvre; *si è dedicata tutta ai figli* elle s'est consacrée entièrement à ses enfants; *si dedica solo al teatro* il se voue seulement au théâtre ◇ [*occuparsi di q.c., ma non in modo esclusivo*] *si dedica di quando in quando anche al pattinaggio* il se consacre aussi de temps en temps au patinage.
dedicatàrio, i |dedika'tarjo, i| *s.* dédicataire.
dedicatòria |dedika'tɔrja| *s.f.* (*letter.*) (*lettera*) *dedicatoria* épître dédicatoire.
dedicatòrio, i |dedika'tɔrjo, i| *agg.* dédicatoire: *frase dedicatoria* phrase dédicatoire; *lettera dedicatoria* → **dedicatoria.**

dedicazióne |dedikat'tsjone| *s.f.* **1** [*cerimonia di consacrazione di una chiesa, di una cappella al culto*] dédicace: *la dedicazione è riservata ai vescovi* la dédicace est réservée aux évêques → **consacrazione** **2** (*st. rom.*) dédicace.

dèdito |'dɛdito| *agg.* **1** [*che si dedica assiduamente a q.c.*] adonné *p.p.* à, porté *p.p.* à: *un individuo dedito al bere* un individu adonné, porté à la boisson # *è tutta dedita ai suoi figli* elle s'est entièrement consacrée à ses enfants; *essere dedito a* s'adonner à **2** (*raro, lett.*) → **disposto** ◇ [*devoto, affezionato*] dévoué: *servitore dedito* serviteur dévoué.

dedizióne |dedit'tsjone| *s.f.* [→ DEDICARE B] dévouement (*m.*): *la dedizione di una madre* le dévouement d'une mère; *dedizione cieca, assoluta* dévouement aveugle, absolu; *dedizione al proprio lavoro, al dovere* dévouement à son travail, à son devoir.

dedótto |de'dotto| *agg.* [*detratto, tolto*] déduit *p.p.* → **dedurre** 4.

deducìbile |dedu'tʃibile| *agg.* **1** [→ DEDURRE 1] qu'on peut déduire (*loc.*): *soluzione deducibile dall'ipotesi* solution qu'on peut déduire de l'hypothèse **2** [→ DEDURRE 2] à déduire (*loc. inv.*): *la cosa era facilmente deducibile* la chose était facile à déduire **3** [→ DEDURRE 3] tiré: *la notizia è deducibile dai giornali* la nouvelle est tirée des journaux **4** [→ DEDURRE 4] déductible: *spese deducibili* frais déductibles.

dedùrre |de'durre| (108) *v.tr.* **1** (*filos.*) [*raggiungere una soluzione particolare, movendo da un principio gener.*] déduire (75): *la capacità umana di dedurre* la capacité de l'homme à déduire **2** (*per est.*) [*concludere, desumere in base a un ragionamento o una ricerca*] déduire: *dai tuoi preparativi posso dedurre che verrai con noi* je peux déduire de tes préparatifs que tu viendras avec nous; *da ciò si può dedurre che...* on peut en déduire que... # *dal fumo dedussero che c'era un incendio* la fumée les amena à la conclusion qu'il s'agissait d'un incendie → 1 **argomentare, arguire** **3** [*trarre, ricavare*] tirer de: *dedurre il piano di un'opera dall'indice* tirer le plan d'un ouvrage de la table des matières; *dedurre proverbi dalle Scritture* tirer des proverbes des Écritures **4** [*sottrarre, togliere*] déduire: *dedurre le proprie spese* déduire ses frais → **detrarre** ◆ (*al p.p.*) *dedotte le spese* tous frais déduits; *dedotto il 10%* une fois déduit 10% **5** (*st.rom.*) *dedurre una colonia* [*trapiantarla altrove*] fonder une nouvelle colonie **6** (*dir.*) [*far conoscere al magistrato le proprie argomentazioni*] exposer: *dedurre le proprie ragioni in giudizio* exposer ses raisons au procès.

deduttivaménte |deduttiva'mente| *avv.* [→ DEDUTTIVO] par déduction (*loc. inv.*): *procedere deduttivamente* procéder par déduction.

deduttìvo |dedut'tivo| *agg.* (*filos.*) déductif*: *metodo deduttivo* méthode déductive.

deduttóre |dedut'tore| *agg. m.* (*anat.*) abducteur.

deduzióne |dedut'tsjone| *s.f.* **1** (*filos.*) déduction **2** [→ DEDURRE 2] déduction: *una deduzione avventata, affrettata* une déduction hasardeuse, hâtive **3** [→ DEDURRE 4] déduction: *deduzione della caparra* déduction des arrhes → **detrazione** **4** [→ DEDURRE 5] fondation **C** 1 **induzione, ipotesi**; 3 **aggiunta.**

de facto |de'fakto| *loc. avv.* (*dir.*) de facto.

'défaillance' |defajɑ̃s| *s.f. inv.* défaillance *var.*

defalcaménto |defalka'mento| *s. m.* (*raro*) → **defalco.**

defalcàre |defal'kare| *v.tr.* **1** [*detrarre, sottrarre*] défalquer, déduire (75): *defalcare le spese generali dall'incasso lordo* défalquer, déduire ses frais généraux de la recette brute → **decurtare** **2** (*lett., fig.*) → **diminuire.**

defalcazióne |defalkat'tsjone| *s.f.* → **defalco.**

defàlco, chi |de'falko, ki| *s.m.* [→ DEFALCARE] défalcation *f.*, déduction (*f.*): *fatto il defalco delle spese, vi resta tanto* défalcation, déduction faite des frais, il vous reste tant ◇ (*per est.*) [*quantità, cifra defalcata*] réduction (*f.*): *gli hanno fatto un defalco del cinque per cento* on lui a fait une réduction de cinq pour cent.

defatigàre |defati'gare| *v.tr.* lasser, fatiguer.

defecàre |defe'kare| **A** *v.tr.* (*chim.*) [*purificare un liquido*] déféquer (8), clarifier: *defecare per precipitazione* déféquer, clarifier par précipitation **B** *v. intr.* (*aus. 'avere'*) [*espellere le feci*] déféquer.

defecazióne |defekat'tsjone| *s.f.* **1** (*chim.*) défécation, clarification **2** [→ DEFECARE B] défécation.

defenestràre |defenes'trare| *v.tr.* **1** (*fig.*) [*allontanare qc. da un ufficio, da una carica spec. in modo clamoroso e improvviso*] limoger (3): *defenestrare un prefetto* limoger un préfet → **destituire, licenziare** **2** [*buttare dalla finestra*] défénestrer.

defenestrazióne |defenestrat't-tsjone| *s.f.* **1** (*fig.*) [→ DEFENESTRARE 1] limogeage (*m.*): *la defenestrazione di un ministro* le limogeage d'un ministre → **destituzione, licenziamento** **2** [→ DEFENESTRARE 2] défénestration.

deferènte |defe'rɛnte| *agg.* **1** [*che manifesta deferenza, ossequio*] déférent: *mostrarsi deferente nei confronti di qc.* se montrer déférent envers, à l'égard de qqn.; *è sempre molto deferente* il est toujours très déférent # *ti porge il suo deferente saluto* il t'adresse ses respectueuses salutations **2** [*che permette il deflusso di q.c.*] déférent: *canale deferente* canal déférent **3** (*anat.*) déférent: *dotti deferenti* canaux déférents ◆ (*s.m.plur.*) *i deferenti* les déférents **4** (*astron.*) déférent: *cerchio deferente* cercle déférent ◆ (*s.m.*) *il deferente* le déférent.

deferenteménte |deferente'mente| *avv.* [→ DEFERENTE 1] avec déférence *loc.inv.*, respectueusement: *trattare qc. deferentemente* traiter qqn. avec déférence; *salutare qc. deferentemente* saluer qqn. avec déférence, respectueusement → **ossequiosamente.**

deferènza |defe'rɛntsa| *s.f.* déférence: *fare q.c. per deferenza verso qc.* faire qqch. par déférence pour qqn.; *avere deferenza per qc.* avoir de la déférence pour qqn.; *mostrare una grande deferenza verso i superiori* montrer une grande déférence envers ses supérieurs; *salutare con deferenza* saluer avec déférence; *trattare qc. con deferenza* traiter qqn. avec déférence → **ossequio.**

deferìre |defe'rire| (197) **A** *v.tr.* **1** (*dir.*) [*demandare q.c. o sottoporre qc. al giudizio di altri*] déférer (8): *deferire qc. alla giustizia* déférer qqn. à la justice; *deferire una causa al tribunale* déférer une affaire à un tribunal; *deferire il giuramento* déférer le serment **2** (*per est., lett.*) → 1 **dare, affidare** **B** *v. intr.* (*aus. 'avere'*) (*lett.*) [*sottomettersi alle decisioni di qc., per rispetto e sim.*] déférer, obtempérer (8).

defervescènza |defervеʃ'ʃɛntsa| *s.f.* (*chim., med.*) défervescence.

defettìbile |defet'tibile| *agg.* (*lett.*) → **fallibile.**

defezionàre |defettsjo'nare| *v. intr.* (*aus. 'avere'*) [*venire meno a un impegno, a una parola*] déserter *tr.*, faire (45) *tr.* défection (*ass.*): *defezionare dal partito* déserter son parti; *defezionare dall'esercito* déserter → **disertare, abbandonare.**

defezióne |defet'tsjone| *s.f.* [→ DEFEZIONARE] défection: *una defezione in massa* une défection massive; *defezione di un gruppo dissidente* défection d'un groupe dissident; *temere una defezione* redouter une défection.

deficiènte |defi'tʃɛnte| **I** *agg.* **1** (*cose*) insuffisant: *alimentazione deficiente di proteine* alimentation insuffisante en protéines; *illuminazione deficiente* éclairage insuffisant → **mancante, scarso** **2** (*persone*) déficient: *persona, alunno deficiente* personne déficiente, élève déficient → **incapace, stupido** ◇ [*debole in q.c.*] faible: *è deficiente in matematica* il est faible en mathématiques **II** *s.* (*psicol., corr.*) débile: *lo considerano tutti un deficiente* ils le considèrent tous comme un débile; *secondo il test psicologico è un deficiente* d'après le test psychologique c'est un débile ◇ (*spreg.*) [*cretino, imbecille*] idiot: *sei proprio un deficiente* tu es vraiment un idiot! ◇ (*fam.*) dingue: *ma sei deficiente?* mais tu es dingue?

deficiènza |defi'tʃɛntsa| *s.f.* **1** [*l'essere deficiente*] bêtise, stupidité: *la sua deficienza è irritante* sa bêtise est irritante **2** (*psicol.*) déficience: *deficienza mentale* déficience mentale **3** [*scarsezza, mancanza*] insuffisance, manque (*m.*): *deficienza di provviste alimentari* insuffisance, manque de provisions alimentaires; *deficienza di strumenti didattici* insuffisance d'instruments pédagogiques → **carenza** **4** [*carenza, lacuna*] faiblesse, lacune: *deficienze organizzative* faiblesses dans l'organisation; *ha gravi deficienze in storia* il a de graves lacunes en histoire; *c'è qualche deficienza nelle sue conoscenze scolastiche* il y a quelques lacunes dans ses connaissances scolaires.

deficit |'dɛfitʃit| *s.m. inv.* (*lat.*) (*fin., corr.*) déficit (*var.*): *deficit di bilancio* déficit budgétaire; *deficit di cassa* déficit de caisse; *lo Stato è in deficit* l'État est en déficit; *il bilancio si chiude in deficit* le bilan se solde par un déficit; *colmare il deficit* combler, éponger le déficit; *questo mese sono già in deficit* ce mois-ci je suis déjà en déficit → **disavanzo** ◇ (*med., psicol.*) déficit.

deficitàrio, i |defitʃi'tarjo, i| *agg.* **1** (*fin., corr.*) déficitaire: *bilancio de-*

ficitario, budget déficitaire ◇ (*fig.*) *politica deficitaria* politique déficitaire **2** [*che è insufficiente, inferiore al normale*] déficitaire, insuffisant: *raccolto deficitario* récolte déficitaire; *alimentazione deficitaria* alimentation insuffisante.

defiggere |de'fiddʒere| (109) *v.tr.* [*staccare, togliere*] décoller: *defiggere un manifesto* décoller une affiche © **affiggere.**

defilàre |defi'lare| **A** *v.tr.* (*mil.*) [*sottrarre alla vista del nemico, tramite un ostacolo interposto*] abriter: *defilare le truppe* abriter les troupes **B** *v.intr.* (*aus.* '*avere*') (*mar.*) [*fare una manovra di parata*] défiler.

defilàto |defi'lato| *agg.* **1** [*sottratto al tiro*] défilé **2** (*per est.*, *detto di zone o strade con poco traffico*) avec peu de trafic (*loc. inv.*): *una via defilata* une rue avec peu de trafic **3** [*sparso qua e là*] éparpillé: *oggetti defilati ovunque* des objets éparpillés n'importe où; *le truppe erano defilate su tutto il territorio* les troupes étaient éparpillées sur tout le territoire.

'défilé' |defile| *s.m.inv.* présentation *f.var.*, défilé *var.* (de mode).

definìbile |defi'nibile| *agg.* [→ DEFINIRE] définissable: *confini ben definibili* limites bien définissables; *un concetto difficilmente definibile* un concept difficilement définissable → **determinabile** # *una questione facilmente definibile* une question facile à régler → **risolvibile** © **indefinibile.**

definire |defi'nire| (197) *v.tr.* **1** [*determinare logicamente tramite l'esame degli aspetti essenziali*] définir: *definire il concetto di giusto e di ingiusto* définir le concept de justice et d'injustice; *il Codice definisce in questi termini il reato di furto* le code définit en ces termes le délit de vol; *definire una persona* [*descriverne il carattere, le qualità*] définir une personne ◇ (*ling.*) *definire un verbo, un sostantivo* définir un verbe, un substantif **2** [*determinare q.c. fissandone i limiti*] définir, établir: *la Costituzione definisce i compiti del presidente della Repubblica* la Constitution définit, établit les devoirs du président de la République; *definire le attribuzioni di un funzionario* définir, établir les attributions d'un fonctionnaire ◇ (*per est.*) [*stabilire in termini precisi*] *definire il valore di una merce* définir, établir la valeur d'une marchandise **3** [*risolvere, dirimere*] régler (8); conclure (46): *definire un affare, una transazione* conclure une affaire, une transaction # *definire una lite* résoudre un différend.

definitivaménte |definitiva'mente| *avv.* **1** [*per sempre*] définitivement: *ci lascia definitivamente* il nous quitte définitivement **2** [→ DEFINITIVO 1] définitivement: *si sono accordati definitivamente* ils se sont mis définitivement d'accord **3** [→ DEFINITIVO 2] définitivement: *il tribunale ha sentenziato definitivamente* le tribunal a définitivement rendu son jugement.

definitività |definitivi'ta| *s.f. inv.* caractère *m. var.* définitif: *la definitività di una scelta* le caractère définitif d'un choix.

definitivo |defini'tivo| *agg.* **1** définitif*: *dare una soluzione definitiva a un problema* apporter une solution définitive à un problème; *l'accordo definitivo prevede...* l'accord définitif prévoit... → **conclusivo, risolutivo** ◇ [*stabilito, sicuro*] *ha finalmente ottenuto un impiego definitivo* elle a finalement obtenu un emploi définitif ◇ *loc.* IN DEFINITIVA en définitive: *in definitiva, c'è poco da sperare* en définitive, il y a peu à espérer; *queste sono in definitiva le possibili soluzioni* ce sont en définitive les solutions possibles **2** (*dir., corr.*) définitif: *sentenza definitiva* jugement définitif; *un provvedimento definitivo* un acte définitif; *la mia è una decisione definitiva* ma décision est définitive © **provvisorio, transitorio.**

definito |defi'nito| *agg.* **1** défini: *gli hanno affidato un incarico ben definito* on lui a donné une fonction bien définie **2** [*concluso, risolto*] défini: *sono molti i punti non definiti* les points non définis sont nombreux © 1 **imprecisato, vago**; 2 **sospeso.**

definitòrio, i |defini'tɔrjo, i| *agg.* définitoire: *metodo definitorio* méthode définitoire.

definizióne |definit'tsjone| *s.f.* **1** [→ DEFINIRE 1] définition: *definizione corretta, chiara* définition exacte, claire ◇ (*mat.*) *definizioni matematiche* définitions mathématiques ◇ (*ling.*) *definizione di una espressione* définition d'une expression ◇ (*teol.*) *definizione ex cathedra di un dogma* définition ex cathedra d'un dogme ◇ *loc.* PER DEFINIZIONE par définition: *il deserto è arido per definizione* le désert est aride par définition; *è un matto per definizione* c'est un fou par définition **2** [→ DEFINIRE 3] règlement (*m.*): *definizione di una controversia* règlement d'un différend → **risoluzione, decisione** **3** [*precisazione, puntualizzazione*] définition: *sto cercando una più esatta definizione dell'argomento* je suis en train de chercher une définition plus exacte du sujet **4** (*tv*) définition.

defissióne |defis'sjone| *s.f.* [*distacco da una parete*] décollement (*m.*): *defissione di un avviso* décollement d'un avis © **affissione.**

deflagrànte |defla'grante| *agg.* déflagrant: *materie deflagranti* matières déflagrantes.

deflagràre |defla'grare| *v.intr.* (*aus.* '*avere*') **1** [*infiammarsi esplodendo*] déflagrer: *l'ordigno ha deflagrato senza danno alcuno* l'engin a explosé sans causer de dégâts **2** (*fig.*) [*esplodere improvvisamente e violentemente*] se déchaîner (*pron.*): *le passioni e gli odi deflagrarono rapidamente* les passions et les haines se déchaînèrent rapidement → 1 **scoppiare.**

deflagrazióne |deflagrat'tsjone| *s.f.* **1** [→ DEFLAGRARE 1] déflagration: *la deflagrazione d'un esplosivo* la déflagration d'un explosif → **scoppio, esplosione** **2** (*fig.*) [→ DEFLAGRARE 2] déchaînement (*m.*): *la deflagrazione delle passioni* le déchaînement des passions.

deflazióne |deflat'tsjone| *s.f.* **1** (*econ.*) déflation **2** (*geol.*) déflation © 1 **inflazione.**

deflazionìstico, ci, ca, che |deflattsjo'nistiko, tʃi, ka, ke| *agg.* (*econ.*) déflationniste: *politica deflazionistica* politique déflationniste © **inflazionistico.**

deflessióne |defles'sjone| *s.f.* (*med., tecnol.*) déflexion.

deflèttere |de'flɛttere| (145) *v.intr.* (*aus.* '*avere*') **1** [*deviare dalla direzione prestabilita*] dévier: *l'aereo dovette deflettere dalla rotta normale* l'avion fut obligé de dévier de sa route normale **2** (*fig.*) [*rinunciare, desistere, piegarsi*] renoncer (2), s'écarter (*pron.*): *deflettere dai propri principi* renoncer à, s'écarter de ses principes; *deflettere da un proposito* renoncer à un projet; *non deflettere dalla propria linea di condotta* ne pas s'écarter de sa ligne de conduite.

deflettóre |deflet'tore| *s.m.* **1** [*parte orientabile del finestrino di un'auto*] déflecteur **2** (*mar., tecnol.*) déflecteur.

defloràre |deflo'rare| *v.tr.* [*far perdere la verginità*] déflorer.

deflorazióne |deflorat'tsjone| *s.f.* défloration.

defluire |deflu'ire| (197) *v.intr.* (*aus.* '*essere*') **1** (*di acque*) [*scorrere* (*in giù o verso un'uscita*)] s'écouler (*pron.*): *l'acqua defluisce attraverso un condotto* l'eau s'écoule par un conduit **2** (*fig.*) [*sfollare, uscire*] s'écouler, se déverser: *la folla defluiva dal cinema* la foule s'écoulait du cinéma; *buona parte del capitale defluisce verso banche straniere* une bonne partie du capital s'écoule vers les banques étrangères.

deflùsso |de'flusso| *s.m.* **1** [→ DEFLUIRE 1] reflux, écoulement: *deflusso della marea, dell'inondazione* reflux de la marée, de l'inondation; *deflusso delle acque piovane* écoulement des eaux de pluie **2** [→ DEFLUIRE 2] écoulement: *deflusso della folla* écoulement de la foule # *deflusso di capitali all'estero* fuite de capitaux à l'étranger **3** (*idrografia*) débit: *deflusso di un corso d'acqua* débit d'un cours d'eau © 2 **afflusso.**

defoliànte |defo'ljante| *agg. e s.* (*chim.*) défoliant.

defoliàre |defo'ljare| *v.tr.* [*provocare la caduta delle foglie*] défolier: *defoliare una pianta con sostanze chimiche* défolier une plante avec des produits chimiques.

deformàbile |defor'mabile| *agg.* [→ DEFORMARE] déformable: *oggetto, idea facilmente deformabile* objet, idée facilement déformable.

deformabilità |deformabili'ta| *s.f. inv.* déformabilité (*var.*): *materiale con alto grado di deformabilità* matière ayant un haut degré de déformabilité, hautement déformable.

deformànte |defor'mante| *agg.* déformant: *specchio deformante* miroir déformant ◇ (*med.*) *artrite deformante* arthrite déformante.

deformàre |defor'mare| *v.tr.* [*alterare, guastare nella forma*] déformer; défigurer: *deformare le scarpe* déformer ses chaussures; *specchio che deforma le immagini* miroir qui déforme les images ‖ *una cicatrice le deformava il volto* une cicatrice lui défigurait le visage ◇ (*fig.*) déformer, dénaturer: *deformare un fatto raccontandolo* déformer un fait en le racontant; *deformare il pensiero di qc.* dénaturer la pensée de qqn.

deformazióne |deformat'tsjone| *s.f.* **1** [→ DEFORMARE] déformation: *deformazione del cranio* déformation du crâne; *deformazione della verità* déformation de la vérité; *deformazione professionale* déformation professionnelle; *la vostra recensione è una deformazione del pensiero dell'autore* votre compte rendu est une déformation de la pensée de l'auteur **2** (*fis.*) déformation: *deformazione di un corpo sottoposto a forze* déformation d'un corps soumis à des forces.

defórme |de'forme| *agg.* **1** [*brutto, sfigurato, sformato*] difforme: *membra deformi* membres difformes; *bambino deforme* enfant difforme # *un uomo dal corpo deforme* un homme au corps contrefait ✦ (*s.m.*) *il gusto del deforme* le goût du difforme **2** (*lett.*) → **sgradevole.**

deformità |deformi'ta| *s.f.inv.* difformité (*var.*): *deformità fisiche* difformités physiques → **deformazione.**

defraudàre |defrau'dare| *v.tr.* [*privare con inganno di quanto è dovuto*] frustrer: *defraudare un erede della sua parte* frustrer un héritier de sa part; *defraudare qc. di un diritto* frustrer qqn. d'un droit.

defraudatóre, trice |defrauda'tore, tritʃe| *s.* → **frodatore.**

defraudazióne |defraudat'tsjone| *s.f.* [→ DEFRAUDARE] frustration: *defraudazione di un erede* frustration d'un héritier; *la defraudazione di una parte dello stipendio* la frustration d'une partie du salaire.

defùnto |de'funto |*agg.* **1** feu*, défunt (*lett.*): *il suo defunto padre* son défunt père, feu son père → **morto, deceduto** ✦ (*s.*) *un defunto* un défunt, un mort: *preghiera per i defunti* prière pour les défunts, les morts; *vegliare un defunto* veiller un mort; *commemorazione dei defunti* commémoration des morts **2** (*per est.*) [*passato, dimenticato, finito*] défunt: *il nostro defunto amore* notre amour défunt # *un passato ormai defunto* un passé désormais révolu.

degasolinàggio, i |degazoli'naddʒo, i| *s.m.* [*processo di lavaggio del gas naturale con olio pesante*] dégasolinage.

degassaménto |degassa'mento| *s.m.* [→ DEGASSARE] dégazage.

degassàre |degas'sare| *v.tr.* [*eliminare i gas da un composto o da un recipiente*] dégazer: *degassare una petroliera* dégazer un pétrolier.

degassificare |degassifi'kare| *v. tr.* → **degassare.**

degeneràre |dedʒene'rare| **A** *v. intr.* (*aus. 'avere, essere', spec. nel senso* 2) **1** [*perdere le qualità originarie della propria stirpe*] dégénérer (8) (*aus.* avoir): *questa pianta comincia a degenerare* cette plante commence à dégénérer # *quest'uomo ha degenerato dalle virtù dei padri* cet homme a perdu, laissé se dégrader en lui les vertus de ses ancêtres → **tralignare** **2** (*per est.*) [*cambiare in peggio*] dégénérer: *il suo raffreddore degenera in bronchite* son rhume dégénère en bronchite; *l'allegria è degenerata in baldoria* la joie a dégénéré en bombance; *la disputa degenerò in rissa* la dispute dégénéra en rixe **B** *v.tr.* (*raro*) [*rendere peggiore*] pervertir (*corr.*): *l'eccessivo benessere degenera i costumi* trop d'aisance pervertit les mœurs 🄲 A 1 **rigenerare,** 2 **migliorare.**

degenerativo |dedʒenera'tivo| *agg.* dégénératif*: *processo degenerativo* processus dégénératif.

degeneràto |dedʒene'rato| *agg.* **1** dégénéré: *pianta degenerata* plante dégénérée; *animale degenerato* animal dégénéré ◇ (*med.*) *tessuti organici degenerati* tissus organiques dégénérés **2** (*fig.*) [*vizioso, pervertito, corrotto*] dégénéré, perverti: *è un giovane degenerato* c'est un jeune dégénéré, perverti ✦ (*s.*) *un degenerato* un dégénéré.

degenerazióne |dedʒenerat'tsjone| *s.f.* **1** [→ DEGENERARE A] dégénérescence: *la degenerazione dei costumi* la dégénérescence des mœurs **2** (*med.*) dégénérescence: *degenerazione cellulare, somatica, psichica* dégénérescence cellulaire, somatique, mentale.

degènere |de'dʒɛnere| *agg.* [*che ha perduto le qualità originarie*] indigne: *figlio, moglie degenere* fils, épouse indigne # *genitori degeneri* parents dénaturés.

degènte |de'dʒɛnte| *agg.* [*costretto a letto da malattia*] hospitalisé; alité: *è degente all'ospedale da due settimane* il est hospitalisé depuis deux semaines ‖ *è degente da un mese* il est alité, il garde le lit depuis un mois ✦ (*s.*) *i degenti di un ospedale* les malades, les patients d'un hôpital.

degènza |de'dʒɛntsa| *s.f.* [*periodo in cui un malato è costretto a letto*] alitement *m.*; période d'hospitalisation: *degenza ospedaliera* période d'hospitalisation; *giorni di degenza rimborsati dalla previdenza sociale* jours d'hospitalisation remboursés par la sécurité sociale; *è stato dimesso dopo tre settimane di degenza* il est sorti après trois semaines d'hospitalisation # *è stato costretto a due mesi di degenza* il a été contraint à deux mois de lit.

dégli |'deʎʎi| *prep. art. m. pl.* → **di.**

deglutìre |deglu'tire| (197) *v.tr.* [*inghiottire, ingoiare*] déglutir, avaler: *deglutire la saliva, una pillola* déglutir, avaler la salive, une pilule ✦ (*ass.*) *non riesce a deglutire* il n'arrive pas à déglutir.

deglutizióne |deglutit'tsjone| *s.f.* [→ DEGLUTIRE] déglutition.

degnaménte |deɲɲa'mente| *avv.* [→ DEGNO 1, 2] dignement, avec dignité (*loc. inv.*): *ricompensare degnamente qc.* récompenser dignement qqn.; *comportarsi degnamente* agir avec dignité, dignement → **convenientemente** 🄲 **indegnamente.**

degnàre |deɲ'ɲare| **A** *v.tr.* [*giudicare degno*] daigner: *mi ha degnato di uno sguardo* il a daigné me regarder; *non mi ha degnato di una risposta* il n'a pas daigné me répondre **B** *v.pron.intr.* DEGNARSI [*accondiscendere, acconsentire, concedere*] daigner (*tr.*): *non si è neppure degnato di ricevermi* il n'a même pas daigné me recevoir; *si degnasse almeno di salutare!* si au moins il daignait me saluer!

degnazióne |deɲɲat'tsjone| *s.f.* **1** [→ DEGNARE] bienveillance, complaisance: *non si aspettava tanta degnazione* il ne s'attendait pas à tant de bienveillance; *abbia la degnazione di ricevermi!* ayez la complaisance de me recevoir! → **condiscendenza** ◇ (*iron.*) *troppa degnazione!, che degnazione!* vous êtes trop bon!, trop aimable! **2** [*benevolenza ostentata*] condescendance # *lo accolse con aria di degnazione* il l'accueillit d'un air condescendant.

degnità |deɲɲi'ta| *s.f.inv.* → **dignità.**

dégno |'deɲɲo| *agg.* **1** digne: *degno di lode, comprensione, stima, disprezzo* digne d'éloge, compréhension, estime, mépris; *degno di un premio, di un castigo* digne d'un prix, d'un châtiment; *degno di fede* digne de foi; *è degno di vincere* il est digne de vaincre → **meritevole** ◇ (*fam.*) *non è degno neanche di legargli le scarpe* il n'est pas digne de dénouer les cordons de ses souliers, il ne lui arrive pas à la cheville **2** [*adeguato, conveniente, proporzionato*] digne: *ricevere una degna ricompensa* recevoir une digne récompense; *dare una degna risposta* répondre dignement; *è un incarico degno della sua preparazione* c'est une charge digne de sa préparation; *sono persone degne di lui* ce sont des personnes dignes de lui ◇ (*iron.*) *è una prodezza degna di te!* c'est un exploit digne de toi! **3** [*stimabile, onorato, dabbene*] digne: *è una degna persona* c'est une personne digne 🄲 **indegno.**

degradaménto |degrada'mento| *s.m.* dégradation *f.*

degradànte |degra'dante| *agg.* dégradant: *comportamento degradante* conduite dégradante; *condizione degradante* condition dégradante.

degradàre |degra'dare| **A** *v.tr.* **1** [*punire con la degradazione*] dégrader: *degradare un ufficiale, un sacerdote* dégrader un officier, un prêtre **2** (*fig.*) [*rendere abietto, privare della dignità*] dégrader: *il vizio degrada l'uomo* le vice dégrade l'homme **3** (*chim., fis.*) [*sottoporre a degradazione, trasformare*] dégrader: *degradare energia elettrica in energia termica* dégrader l'énergie électrique en énergie thermique **4** (*geogr.*) [*provocare una degradazione meteorica*] dégrader: *gli agenti atmosferici degradano le rocce* les agents atmosphériques dégradent les roches **B** *v.pron. rifl.* (*fig.*) DEGRADARSI [*avvilire la propria dignità, infangarsi*] se dégrader.

degradazióne |degradat'tsjone| *s.f.* [→ DEGRADARE A] dégradation: *la degradazione di un membro della Legione d'onore* la dégradation d'un membre de la Légion d'honneur; *degradazione morale* dégradation morale ◇ (*chim., fis.*) *degradazione dell'energia* dégradation de l'énergie ◇ (*geogr.*) *degradazione meteorica* dégradation météorique.

degràdo |de'grado| *s.m.* détérioration (*f.*): *il degrado urbano* la détérioration urbaine.

degrassàggio, i |degras'saddʒo, i| *s.m.* → **sgrassatura.**

degusciàre |deguʃ'ʃare| *v.tr.* → 2 **sgusciare.**

degustàre |degus'tare| *v.tr.* [*assaggiare, gustare, assaporare*] déguster: *degustare un caffè, un bicchierino di liquore* déguster un café, un petit verre de liqueur.

degustatóre |degusta'tore| *s.m.* dégustateur.

degustazióne |degustat'tsjone| *s.f.* [→ DEGUSTARE] dégustation.

dèh |dɛ| *inter.* (*lett., poet.*) (*escl. che precede una preghiera o un desiderio*) de grâce.

déi |'dei| *prep. art. m. pl.* → **di.**

deicida |dei'tʃida| *s.* déicide ✦ (*agg.*) *un popolo deicida* un peuple déicide.

deicidio, i |dei'tʃidjo, i| *s.m.* déicide.

deiezióne |dejet'tsjone| *s.f.* **1** (*fisiol.*) déjection ◇ *spec. al plur.* [*feci, escrementi*] déjections: *esaminare le deiezioni dell'intestino* examiner les déjections de l'intestin **2** [*deposito di materiali trasportati dalle acque*] déjection: *conoide di deiezione* cône de déjection(s) **3** (*geol.*) *fase di deiezione* phase de déjection.

deificàre |deifi'kare| *v.tr.* **1** [*divinizzare*; *annoverare fra gli dei*] déifier, diviniser: *deificare un imperatore* déifier, diviniser un empereur **2** (*per est.*) [*esaltare, glorificare*] diviniser: *deificare un attore, un atleta* diviniser un acteur, un athlète; *deificare la bellezza* diviniser la beauté.

deificazióne |deifikat'tsjone| *s.f.* [→ DEIFICARE] déification.

deifórme |dei'forme| *agg.* (*lett.*) déiforme.

deiscènte |deiʃ'ʃɛnte| *agg.* (*bot.*) déhiscent: *frutti deiscenti* fruits déhiscents.

deiscènza |deiʃ'ʃɛntsa| *s.f.* (*bot.*) déhiscence.

deìsmo |de'izmo| *s.m.* (*filos.*) déisme.

deìsta |de'ista| *s.* déiste.

deità |dei'ta| *s.f.inv.* **1** [*divinità*] déité *var.*, divinité (*var.*): *le deità pagane* les déités, les divinités païennes **2** (*raro*) [*natura, essenza divina*] nature *var.* divine.

de iure |de'jure| *loc. avv.* (*lat.*) (*dir.*) de jure.

del |del| *prep. art. m. sing.* → **di.**

delabializzàre |delabjalid'dzare| *v. tr.* (*fon.*) [*togliere il carattere labiale a un fonema*] délabialiser.

delatóre, trice |dela'tore, tritʃe| *s.* délateur*: *i congiurati furono traditi da un delatore* les conjurés furent trahis par un délateur → **spia.**

delazióne |delat'tsjone| *s.f.* **1** [*denunzia segreta, spiata*] dénonciation: *la polizia ha ricevuto una delazione* la police a reçu une dénonciation **2** (*dir.*) délation: *delazione di giuramento* délation de serment # *delazione di un atto* notification d'un acte.

delcrédere |del'kredere| *s.m.* (*comm.*) ducroire.

deleatur |dele'atur| *s.m.inv.* (*tip.*) deleatur.

delèbile |de'lɛbile| *agg.* (*raro*) [*che si può cancellare*] délébile: *inchiostro delebile* encre délébile ◇ (*fig.*) qui s'efface(nt), s'estompe(nt) (*loc.*): *ricordi, sentimenti delebili* des souvenirs, des sentiments qui s'effacent, qui s'estompent Ⓒ **indelebile, incancellabile; indimenticabile.**

dèlega, ghe |'dɛlega, ge| *s.f.* **1** [→ DELEGARE 1] délégation, procuration: *agire per delega* agir par délégation; *votare per delega* voter par procuration; *verificare le deleghe* vérifier les procurations → **procura, mandato 2** [→ DELEGARE 2] délégation: *avere la delega a risolvere una questione* avoir la délégation pour résoudre une question ◇ (*dir.*) *legge delega* [*emanata dal potere esecutivo per incarico di quello legislativo*] délégation législative ◇ (*in Italia*) loi déléguée.

delegàre |dele'gare| *v.tr.* **1** [*nominare come proprio rappresentante*] déléguer (8): *delegare qc. a un'assemblea, a un congresso* déléguer qqn. à une assemblée, à un congrès **2** [*affidare, ad altri, incarichi o poteri propri*] déléguer: *delegare qc. a ritirare una somma* déléguer qqn. pour le retrait d'une somme d'argent; *una commissione fu delegata a negoziare* une commission fut déléguée pour la négociation.

delegatàrio, i |delega'tarjo, i| *s.m.* (*dir.*) délégataire *s.*

delegàto |dele'gato| **I** *agg.* délégué: *amministratore delegato* administrateur délégué **II** *s.* délégué: *un delegato sindacale* un délégué syndical # *un delegato di pubblica sicurezza* un commissaire de police ◇ (*eccl.*) *il delegato apostolico* le délégué apostolique.

delegazióne |delegat'tsjone| *s.f.* **1** [→ DELEGARE] délégation: *delegazione di poteri* délégation de pouvoirs; *delegazione legislativa* délégation législative; *agire per delegazione* agir par délégation → **delega, procura 2** [*gruppo di persone con incarico di rappresentanza*] délégation: *inviare, ricevere una delegazione* envoyer, recevoir une délégation **3** [*circoscrizione territoriale di un delegato*] délégation: *delegazione apostolica* délégation apostolique **4** (*dir.*) délégation: *delegazione di un credito* délégation d'une créance.

deletèrio, i |dele'tɛrjo, i| *agg.* [*nocivo, dannoso*] nuisible; funeste (*fig., lett.*); délétère: *è una sostanza deleteria* c'est une substance nuisible; *è un clima deleterio per la sua salute* c'est un climat nuisible à sa santé ‖ *questo può avere conseguenze deleterie* cela peut avoir des conséquences funestes; *i cattivi esempi sono deleteri per i giovani* les mauvais exemples sont funestes aux jeunes → **rovinoso, esiziale** Ⓒ **salutare 1, benefico.**

dèlfico |'dɛlfiko| *agg.* delphique, delphien.

delfìna |del'fina| *s.f.* (*st.fr.*) dauphine.

Delfìnidi |del'finidi| *s.m.pl.* (*t.zool.*) Delphinidés, Delphiniens.

delfìnio, i |del'finjo, i| *s.m.* (*t.bot.*) dauphinelle *f.*

1 **delfìno** |del'fino| *s.m.* **1** (*t.zool.*) dauphin **2** (*nuoto*) papillon-dauphin: *nuotare a delfino* nager le papillon-dauphin.

2 **delfìno** |del'fino| *s.m.* (*st.fr.*) dauphin: *il Gran Delfino* le Grand Dauphin ◇ (*per est.*) [*probabile successore di un personaggio rappresentativo*] dauphin.

delibàre |deli'bare| *v.tr.* **1** (*dir.*) [*attribuire efficacia giuridica a una sentenza di un tribunale straniero*] donner l'exequatur: *delibare una sentenza di divorzio* donner l'exequatur d'un divorce **2** (*lett.*) [*gustare, assaggiare*] déguster (*corr.*), savourer (*corr.*): *delibare un vino pregiato* déguster, savourer un vin réputé ◇ (*fig.*) *delibare i piaceri, le gioie dell'amore* goûter aux plaisirs, aux joies de l'amour → **assaporare** ◇ (*raro*) [*trattare, esaminare superficialmente*] effleurer: *deliberare un argomento, un problema* effleurer un sujet, un problème.

delibazióne |delibat'tsjone| *s.f.* **1** (*dir.*) *giudizio di delibazione* jugement d'exequatur **2** (*lett.*) → **assaggio, degustazione.**

delìbera |de'libera| *s.f.* → **deliberazione.**

deliberànte |delibe'rante| *agg.* délibérant: *assemblea deliberante* assemblée délibérante Ⓒ **consultivo, referente.**

deliberàre |delibe'rare| **A** *v.tr.* **1** [*determinare, stabilire dopo discussione o matura riflessione*] décider, délibérer (8): *il governo ha deliberato la nomina di un ambasciatore* le gouvernement a décidé la nomination d'un ambassadeur; *il ministro ha deliberato di sospendere i lavori* le ministre a décidé de suspendre les travaux ♦ (*ass.*) *la corte si ritira per deliberare* la cour se retire pour délibérer **2** (*per est.*) [*prendere una decisione*] décider: *ha deliberato di partire* il a décidé de partir **3** (*nelle vendite all'asta*) [*aggiudicare*] adjuger (3): *il quadro è stato deliberato per due milioni* on a adjugé le tableau à deux millions **B** *v.intr.* (*aus.* '*avere*') [*prendere una deliberazione, disporre, provvedere*] décider de: *la giuria ha deliberato sull'innocenza dell'imputato* le jury a décidé de l'innocence de l'accusé.

deliberataménte |deliberata'mente| *avv.* [→ DELIBERATO 1] délibérément: *affrontare deliberatamente il pericolo, il nemico* affronter délibérément le danger, l'ennemi; *compiere un atto deliberatamente* accomplir un acte délibérément → **risolutamente, volutamente.**

deliberatàrio, i |delibera'tarjo, i| *s.m.* (*raro, dir.*) → **aggiudicatario.**

deliberatìvo |delibera'tivo| *agg.* **1** délibératif*: *voto deliberativo* voix délibérative; *assemblea deliberativa* assemblée délibérative; *potere deliberativo* pouvoir délibératif **2** (*gram.*) délibératif: *modo, discorso deliberativo* mode, discours délibératif ◇ (*eloquenza ant.*) *genere deliberativo* genre délibératif.

deliberàto |delibe'rato| **1** *agg.* [*risoluto, deciso*] délibéré: *affrontare qc. con animo deliberato* affronter qqn. de propos délibéré # *sono venuto con il deliberato proposito di parlarvene* je suis venu tout exprès pour vous en parler ◇ [*voluto, fatto di proposito*] *atto deliberato* acte délibéré **2** *s.m.* délibération (*f.*): *i deliberati dell'assemblea* les délibérations de l'assemblée Ⓒ **1 esitante, indeciso.**

deliberazióne |deliberat'tsjone| *s.f.* **1** [→ DELIBERARE A 1, 2] délibération; décision: *la deliberazione della giuria fu laboriosa* la délibération du jury fut laborieuse; *le deliberazioni prese dal Parlamento* les délibérations prises par le Parlement; *prendere parte a una deliberazione* prendre part à une délibération ‖ *ha preso la deliberazione di suicidarsi* il a pris la décision de se suicider **2** (*psicol.*) délibération.

delicataménte |delikata'mente| *avv.* [→ DELICATO 1, 4] délicatement: *maneggiare, prendere delicatamente un oggetto* manipuler, saisir délicatement un objet → **lievemente** Ⓒ **violentemente, brutalmente.**

delicatézza |delika'tettsa| *s.f.* **1** [*qualità di ciò che è delicato, fine*] finesse, délicatesse (*lett.*): *la delicatezza dei suoi lineamenti* la finesse, la délicatesse de ses traits; *la delicatezza dei suoi capelli* la finesse de ses cheveux **2** [*qualità di ciò che è fragile*] délicatesse, finesse: *la delicatezza di un vaso cinese, di un cristallo* la délicatesse, la finesse d'un vase chinois, d'un cristal → **fragilità** ◇ (*fig.*) *delicatezza di salute* délicatesse de santé **3** [*gentilezza di maniere, sensibilità*] délicatesse: *delicatezza d'animo* délicatesse d'esprit; *delicatezza di gusto* délicatesse de goût **4** [*riguardo, tatto*] délicatesse: *parlare, agire con delicatezza* parler, agir avec délicatesse;

non ha alcuna delicatezza il manque de délicatesse # *trattare un affare con delicatezza* traiter une affaire avec circonspection ◇ [*discrezione, riservatezza*] *non parla per delicatezza* il se tait par délicatesse, par discrétion; *abbi la delicatezza di non parlarne con nessuno* aie la délicatesse, la discrétion de n'en parler à personne **5** [*gesto premuroso, azione riguardosa*] délicatesse, gentillesse: *una persona piena di delicatezze* une personne pleine de délicatesses, de gentillesses; *ha avuto la delicatezza di scrivermi* il a eu la gentillesse de m'écrire → **premura, gentilezza** **6** *al plur.* [*comodità, agi*] confort (*m. sing.*): *essere abituato alle delicatezze* être habitué au confort; *vivere in mezzo alle delicatezze* vivre dans le confort C 1, 3 **grossolanità, ruvidezza**; 4 **brutalità**; 5 **sgarbatezza.**

delicàto |deli'kato| *agg.* **1** [*che dà una sensazione gradevole*] délicat; moelleux*: *un profumo delicato* un parfum délicat; *una tinta delicata, un colore delicato* une teinte, une couleur délicate → **gradevole, tenue** ‖ *un suono delicato* un son moelleux → **dolce, leggero** # *un tessuto molto delicato* un tissu très fin → 3 **fine, morbido** ◇ (*di cibo*) délicat: *un piatto delicato* un plat délicat **2** [*facile a guastarsi, a sciuparsi*; *fragile*] délicat: *un congegno, un oggetto delicato* un mécanisme, un objet délicat; *un fiore delicato* une fleur délicate **3** (*per est.*) [*gracile, debole, spec. di salute*] délicat; sensible: *stomaco delicato* estomac délicat; *un organismo delicato* un organisme délicat; *è di salute delicata* il a une santé délicate ‖ *è delicato di gola* il a la gorge sensible; *avere i piedi delicati* avoir les pieds sensibles # *avere i nervi delicati* avoir les nerfs fragiles, irritables ◇ [*raffinato, esigente*] fin: *avere un odorato delicato* avoir l'odorat fin; *essere di palato delicato* avoir le palais fin # *essere di gusti delicati* avoir des goûts raffinés ◇ (*loc.*) *fare il delicato* faire le délicat **4** [*che richiede prudenza, tatto*] délicat: *una faccenda, una questione delicata* une affaire, une question délicate; *questo è un momento molto delicato* c'est un moment très délicat → 1 **complesso, difficile, critico** ◇ (*persone*) *un tipo delicato* un type délicat ◇ [*che mette in imbarazzo, che richiede discrezione*] *un tasto delicato* un sujet délicat; *non è delicato far certe domande* ce n'est pas délicat de poser certaines questions **5** (*fig.*) [*gentile, fine, sensibile*] délicat: *un animo delicato* une âme délicate; *un gesto delicato* un geste délicat, plein de tact; *hai avuto un pensiero delicato* tu as eu une pensée délicate ◇ (*persone*) [*discreto, riservato*] *una persona sempre delicata* une personne toujours délicate; *sei stato delicato a non dirmelo in pubblico* tu as été délicat de ne pas me le dire en public C 1 **grossolano**; 2, 3 **resistente, forte** 1; 5 **rozzo, sgarbato, indiscreto.**

delimitàre |delimi'tare| *v.tr.* **1** [*segnare il limite, il confine*] délimiter: *delimitare con muri un podere* délimiter une propriété par des murs → **circoscrivere** **2** (*fig.*) [*definire, circoscrivere*] délimiter: *delimitare la sfera di azione di un'organizzazione* délimiter le champ d'action d'une organisation; *delimitare i compiti di un funzionario* délimiter les attributions d'un fonctionnaire.

delimitazióne |delimitat'tsjone| *s.f.* [→ DELIMITARE 1] délimitation: *delimitazione delle frontiere* délimitation des frontières; *delimitazione dei campi* délimitation, bornage des champs → **limite.**

delineaménto |delinea'mento| *s. m.* [→ DELINEARE A] tracé, contour: *il delineamento di una figura* le tracé, le contour d'une figure # *il delineamento di un argomento* l'exposition d'un sujet dans ses grandes lignes ◇ *al plur.* (*arc.*) → **lineamenti.**

delineàre |deline'are| **A** *v.tr.* **1** [*raffigurare con linee sommarie*] délinéer, tracer (2) (les contours de): *delineare una figura* délinéer, tracer (les contours d') une figure → **schizzare, tratteggiare** **2** (*per est.*) [*indicare a grandi linee, descrivere per sommi capi*] esquisser, tracer: *delineare un programma di studio* tracer un programme d'études # *delineare un quadro della situazione* brosser un tableau de la situation → 1 **abbozzare, tracciare** **B** *v.pron. intr.* DELINEARSI [*prospettarsi, apparire*] se dessiner, se profiler; s'annoncer (2): *un'ombra si delineava sul muro* une ombre se dessinait, se profilait sur le mur → **profilar(si)** ‖ *la situazione si delinea piuttosto difficile* la situation s'annonce plutôt difficile.

delineàto |deline'ato| *agg.* **1** [*precisato, definito, chiaro*] défini: *carattere ben delineato* caractère bien défini **2** [*abbozzato, tratteggiato*] ébauché, esquissé: *un programma appena delineato* un programme à peine ébauché, esquissé.

delineazióne |delineat'tsjone| *s.f.* (*lett.*) → **delineamento.**

delinquènte |delin'kwɛnte| *s.* **1** (*dir.*) délinquant: *delinquente abituale, occasionale* délinquant récidiviste, primaire; *è un deliquente pericoloso* c'est un délinquant dangereux → **criminale** **2** (*per est.*) [*persona malvagia e perversa*] crapule *f.*, canaille (*f.*): *faccia da delinquente* tête de crapule, de canaille; *comportamento da delinquente* comportement de crapule, de canaille; *in questa casa non c'è posto per simili delinquenti* dans cette maison il n'y a pas de place pour de telles crapules, canailles ◇ (*loc.*) *delinquente nato* [*chi fin da piccolo tende a commettere reati*] délinquant de naissance **3** (*fig., scherz.*) [*birbante, briccone*] fripon*: *guarda cosa ha combinato quel delinquente* regarde ce qu'a fabriqué ce fripon.

delinquènza |delin'kwɛntsa| *s.f.* délinquance: *la delinquenza organizzata* la délinquance organisée; *la delinquenza giovanile aumenta ogni giorno* la délinquance juvénile augmente de jour en jour # *delinquenza minorile, giovanile* enfance, jeunesse délinquante ◇ [*indole perversa*; *attitudine al delitto*] *è nota a tutti la sua delinquenza* tout le monde sait que c'est un délinquant.

delinquenziàle |delinkwen'tsjale| *agg.* [*tendente alla delinquenza*] délinquant # *inclinazioni delinquenziali* des penchants à, pour la délinquance.

delinquere |de'linkwere| *v.intr.* (*aus.* '*avere*') (*disusato al p.p. e tempi comp.*) [*trasgredire abitualmente la legge*] commettre (71) un crime, un délit # *istigazione, tendenza a delinquere* instigation, tendance au crime; *associazione a, per delinquere* association de malfaiteurs.

deliquescènte |delikweʃ'ʃɛnte| *agg.* (*chim.*) déliquescent.

deliquescènza |delikweʃ'ʃɛntsa| *s.f.* (*chim.*) déliquescence.

deliquio, i |de'likwjo, i| *s.m.* [*svenimento*] évanouissement # *cadere in deliquio* s'évanouir.

deliránte |deli'rante| *agg.* **1** délirant: *il malato è delirante per la febbre* le malade est délirant, délire de fièvre ◇ [*proprio del delirio*] *idea delirante* idée délirante, démentielle **2** (*per est.*) (*cose*) [*irrefrenabile, frenetico, smisurato*] délirant: *entusiasmo delirante* enthousiasme délirant; *passioni deliranti* des passions délirantes ◇ (*persone*) [*infatuato, esaltato*] *la folla è delirante per lui* la foule délire pour lui C 2 **calmo, tranquillo, placido.**

deliràre |deli'rare| *v.intr.* (*aus.* '*avere*') **1** (*med.*) [*essere in preda a delirio*] délirer: *delirare per la febbre* délirer de fièvre; *il malato sta delirando* le malade délire, est délirant → **vaneggiare** **2** (*per est.*) [*dire o fare cose senza senso*] délirer: *delirare di passione, d'amore, di paura* délirer de passion, d'amour, de peur; *ma sta delirando!* mais il délire! → **farneticare** ◇ [*entusiasmarsi, infatuarsi*] *gli spettatori deliravano per lui* il faisait délirer l'assistance → **esaltar(si)** C 1 **ragionare.**

delìrio, i |de'lirjo, i| *s.m.* **1** (*med.*) délire: *delirio febbrile* délir fébrile **2** (*per est.*) [*profondo turbamento*] délire: *essere in preda al delirio dei sensi, al delirio mistico, poetico* être en proie au délire des sens, au délire mystique, poétique ◇ [*fanatico entusiasmo collettivo*] *mandare in delirio qc.* faire délirer qqn.; *lo spettacolo mandò in delirio la folla* le spectacle fit délirer la foule; *andare, essere in delirio* délirer C 1 **lucidità**; 2 **calma.**

delirium tremens |de'lirjum 'trɛmens| *s.m. inv.* (*lat.*) (*med.*) delirium tremens.

delitto |de'litto| *s.m.* **1** (*dir., corr.*) délit, crime: *delitto comune, politico* délit de droit commun, délit politique; *delitto doloso, colposo, preterintenzionale* délit dolosif, par imprudence, involontaire; *delitto contro la società, la morale* délit contre la société, la morale; *l'arma, il luogo del delitto* l'arme, le lieu du crime; *delitto passionale, d'onore* crime passionnel, d'honneur; *delitto di lesa maestà* crime de lèse-majesté; *delitto contro lo stato* crime contre la sûreté de l'État; *delitto perfetto* crime parfait; *commettere, perpetrare un delitto* commettre, perpétrer un crime → **crimine** # *macchiarsi di un delitto* souiller ses mains de sang **2** (*per est.*) [*mancanza grave, errore*] crime: *è stato un vero delitto avere abbattuto alberi tanto belli* c'est un véritable crime d'avoir abattu de si beaux arbres; *non ha scritto ai genitori? non è poi un delitto!* il n'a pas écrit à ses parents? ce n'est pas un grand crime! ◇ (*scherz.*) *buttar via questa roba sarebbe un delitto!* ce serait un crime de jeter ces choses! → **colpa.**

delittuosaménte |delittuosa'mente| *avv.* [→ DELITTUOSO] criminellement.

delittuóso |delittu'oso| *agg.* délictueux*, criminel*: *fatto delittuoso* fait

délictueux; *intenzione delittuosa* intention délictueuse.
delìzia |de'littsja| *s.f.* **1** délice *m. sing.*, délices *pl.*, plaisir (*m.*): *che delizia ascoltarlo!* quel délice de l'écouter!; *quella ragazza canta che è una delizia* c'est un délice que d'écouter chanter cette jeune fille; *luogo di delizie* lieu de délices; *le delizie della tavola* les plaisirs de la table; *le delizie della musica, dell'arte* le plaisir de la musique, de l'art; *assaporare ogni delizia* goûter à tous les plaisirs → 2 **piacere, gioia** **2** (*per est.*) [*cosa squisita, deliziosa, delicata*] délice: *quel frutto, quel biscotto è una vera delizia* ce fruit, ce biscuit est un vrai délice # *quella bambina è la delizia dei suoi genitori* cette enfant fait la joie de ses parents ◇ (*iron.*) *piove che è una delizia* il pleut à verse, c'est charmant!; *urlava che era una delizia* il hurlait à vous déchirer le tympan, à tue-tête; *che delizia sentirlo strepitare!* c'est gai de l'entendre criailler! **3** (*agr.*) pomme starking delicious.
deliziàre |delit'tsjare| **A** *v.tr.* [*colmare di delizia, far godere*] charmer: *deliziare i sensi, l'animo* charmer les sens, l'âme; *quella musica ci aveva deliziato* cette musique nous avait charmés ◇ (*iron.*) *ci ha deliziato per un'ora con il racconto delle sue disgrazie* il nous a délectés pendant une heure en nous racontant ses malheurs **B** *v.pron. intr.* DELIZIARSI se délecter: *si deliziava nella contemplazione del panorama* il se délectait dans la contemplation du panorama; *deliziarsi ascoltando la musica* se délecter à écouter de la musique.
deliziosaménte |delittsjosa'mente| *avv.* [→ DELIZIOSO] délicieusement.
deliziόso |delit'tsjoso| *agg.* délicieux*, exquis: *un luogo delizioso* un lieu délicieux; *un profumo delizioso* un parfum délicieux; *una donna deliziosa* une femme délicieuse; *una giornata, una serata deliziosa* une journée, une soirée exquise; *un sorriso delizioso* un sourire exquis.
dèlla |'della| *prep. art. f. sing.* → **di.**
dèlle |'delle| *prep. art. f. pl.* → **di.**
dèllo |'dello| *prep. art. m. sing.* → **di.**
dèlta |'dɛlta| *s.* **1** *s.m. o f. inv.* [*lettera dell'alfabeto greco*] delta *m.* ◇ (*per est.*) *aereo con ali a delta* avion à ailes (en) delta ◇ (*fis.*) *raggi delta* rayons delta **2** *s.m. inv.* (*geogr.*) *il delta del Rodano* le delta du Rhône.
deltaplàno |delta'plano| *s.m.* deltaplane.
deltìzio, i |del'tittsjo, i| *agg.* (*geogr.*) deltaïque # *foce deltizia* embouchure en delta.
deltòide |del'tɔide| *s.m.* (*anat.*) deltoïde ✦ (*agg.*) *muscolo deltoide* muscle deltoïde.
deltoidèo |deltoi'dɛo| *agg.* → **deltoide.**
delucidàre |delutʃi'dare| *v.tr.* **1** [*rendere comprensibile*] élucider, éclaircir: *delucidare dei dubbi* élucider des doutes **2** (*tess.*) [*togliere il lucido al tessuto prima della confezione*] délustrer, décatir → **decatizzare.**
1 **delucidaziόne** |delutʃidat'tsjone| *s.f.* élucidation, précision: *chiedere, ottenere delucidazioni* demander, obtenir des élucidations; *vorrei delle delucidazioni in proposito* je voudrais des élucidations à ce propos # *per ulteriori delucidazioni rivolgersi a...* pour tous renseignements complémentaires, s'adresser à...
2 **delucidaziόne** |delutʃidat'tsjone| *s.f.* (*tess.*) décatissage *m.*
deludénte |delu'dente| *agg.* [*che provoca delusione*] décevant: *un viaggio deludente* un voyage décevant; *l'atleta ha fornito una prova deludente* l'athlète a fourni une performance décevante.
delùdere |de'ludere| (106) *v.tr.* **1** [*venir meno alle aspettative*] décevoir (33): *lo spettacolo ha deluso le aspettative del pubblico* le spectacle a déçu l'attente du public; *la realtà mi ha deluso* la réalité m'a déçu; *le mie speranze sono state deluse* mes espérances ont été déçues **2** (*lett.*) [*tradire, ingannare*] décevoir (*corr.*): *la sua fiducia è stata delusa* sa confiance a été déçue.
delusiόne |delu'zjone| *s.f.* [→ DELUDERE 1] déception, désillusion: *causare, provare una delusione* causer, éprouver une déception, une désillusion; *la vita è piena di delusioni* la vie est pleine de déceptions; *la partita è stata una vera delusione* le match a été une vraie déception # *subire delle delusioni* essuyer des déboires.
delùso |de'luzo| *agg.* (*persone*) [*disingannato, tradito nelle aspettative*] déçu: *sono profondamente deluso di te* tu m'as profondément déçu ◇ (*cose*) [*non realizzato, svanito*] *ambizioni, speranze deluse* des ambitions, des espérances déçues Ⓒ **illuso, soddisfatto.**
demagnetizzàre |demaɲɲetid'dzare| *v.tr.* → **smagnetizzare.**
demagogìa, gìe |demago'dʒia, dʒie| *s.f.* démagogie.
demagogicaménte |demagodʒika'mente| *avv.* [→ DEMAGOGICO] de façon démagogique *loc.inv.*
demagògico, ci, ca, che |dema'gɔdʒiko, tʃi, ka, ke| *agg.* démagogique: *politica demagogica* politique démagogique; *un discorso demagogico* un discours démagogique.
demagògo, ghi |dema'gɔgo, gi| *s.m.* démagogue: *non è un politico, ma un demagogo* ce n'est pas un politicien mais un démagogue ◇ (*st.ant.*) démagogue → **capopopolo.**
demandàre |deman'dare| *v.tr.* (*dir., corr.*) [*affidare, trasferire*] déférer (8): *demandare una questione all'organo competente* déférer une question à l'organe compétent; *l'inchiesta è stata demandata all'autorità giudiziaria* l'enquête a été déférée à l'autorité judiciaire.
demanìale |dema'njale| *agg.* domanial*: *beni demaniali* biens domaniaux; *foresta demaniale* forêt domaniale.
demanialità |demanjali'ta| *s.f. inv.* (*dir.*) domanialité *var.*
demànio, i |de'manjo, i| *s.m.* **1** (*dir.*) domaine (de l'État): *demanio pubblico, privato* domaine public, privé **2** [*amministrazione dei beni demaniali*] domaine.
demarcàre |demar'kare| *v.tr.* (*raro*) [*tracciare, delimitare*] tracer (2); délimiter: *demarcare la linea di confine* tracer la ligne de démarcation ‖ *demarcare i confini* délimiter les frontières.
demarcaziόne |demarkat'tsjone| *s.f.* [→ DEMARCARE] démarcation: *superare la linea di demarcazione* franchir la ligne de démarcation → **delimitazione.**
'd'emblée' |dɑ̃ble| *loc. avv.* d'emblée.
demènte |de'mɛnte| *s.* dément ✦ (*agg.*) *è una donna demente* c'est une femme démente.
demènza |de'mɛntsa| *s.f.* démence.
demenziàle |demen'tsjale| *agg.* démentiel*.
demeritàre |demeri'tare| **A** *v.intr.* (*aus.* '*avere*') [*comportarsi in modo indegno nei confronti di qc. o di q.c.*] démériter (auprès de qqn.); ne plus être (43) digne (de qqch.): *demeritare dei propri genitori* démériter auprès de ses parents ‖ *demeritare della patria, della società* ne plus être digne de la patrie, de la société; *demeritare della fiducia degli amici* ne plus être digne de la confiance de ses amis **B** *v.tr.* [*perdere per propria colpa*] perdre (53): *demeritare la stima, l'affetto di qc.* perdre l'estime, l'affection de qqn.
demèrito |de'mɛrito| *s.m.* démérite (*lett.*): *valutare attentamente i meriti e i demeriti di qc.* évaluer soigneusement les mérites et les démérites de qqn. # *questo torna a tuo demerito* ceci ne tourne pas à ton honneur; *un voto di demerito* une mauvaise note; *una nota di demerito* un blâme.
demilitarizzàre |demilitarid'dzare| *e deriv.* → **smilitarizzare** *e deriv.*
demineralizzàre |demineralid'dzare| *v.tr.* [*eliminare o ridurre la presenza di sostanze minerali*] déminéraliser.
demineralizzaziόne |demineraliddzat'tsjone| *s.f.* [→ DEMINERALIZZARE] déminéralisation.
'demi-sec' |d(ə)misɛk| *agg. inv.* demi-sec (*var.*): *vini 'demi-sec'* des vins demi-secs.
demistificàre |demistifi'kare| *v. tr.* [*riportare a dimensioni o valori reali; demitizzare*] démystifier, démythifier: *demistificare il significato di una proposta demagogica* démystifier, démythifier le sens d'une proposition démagogique; *certi aspetti del benessere devono essere demistificati* certain aspects du bien-être doivent être démystifiées.
demistificaziόne |demistifikat'tsjone| *s.f.* [→ DEMISTIFICARE] démystification, démythification.
demitizzàre |demitid'dzare| *v.tr.* [*ricondurre a una valutazione realistica; demistificare*] démythifier, démystifier: *demitizzare l'efficacia di certi prodotti* démythifier, démystifier l'efficacité de certains produits.
demiùrgico |demi'urgiko| *agg.* (*filos.*) démiurgique.
demiùrgo, gi, ghi |de'mjurgo, dʒi, gi| *s.m.* (*filos., st.gr.*) démiurge.
dèmo- |'dɛmo| *pref.* (*significa 'popolo', corrisponde gener. a*) démo: *demografia* démographie.
dèmo |'dɛmo| *s.m.* (*st.gr.*) dème: *i demi ateniesi* les dèmes athéniens.
democraticaménte |demokratika'mente| *avv.* [→ DEMOCRATICO 1] démocratiquement: *agire, votare, vivere democraticamente* agir, voter, vivre démocratiquement; *l'elezione si farà democraticamente* l'élection se fera démocratiquement ◇ (*per est.*) [→ DEMOCRATICO 2] simplement: *ci ha ricevuti democraticamente* il nous a reçus simplement.

democraticìsmo |demokrati'tʃizmo| *s.m.* → **democratismo.**

democraticità |demokratitʃi'ta| *s.f. inv.* (*cose*) caractère *m. var.* démocratique: *la democraticità di una legge, di un partito* le caractère démocratique d'une loi, d'un parti ◇ (*per est.*) (*persone*) [*affabilità, semplicità di modi*] affabilité (*var.*): *il nuovo direttore ha colpito tutti per la sua democraticità* le nouveau directeur a frappé tout le monde par son affabilité.

democràtico, ci, ca, che |demo'kratiko, tʃi, ka, ke| *agg.* **1** démocratique, démocrate: *una legge democràtica* une loi démocratique; *uno spirito democratico* un esprit démocratique, démocrate; *un partito democratico* un parti démocratique, démocrate ♦ (*s.*) *un democratico* un démocrate **2** (*per est.*) [*affabile, semplice, popolare*] affable; simple: *professore democratico* professeur affable ‖ *maniere democratiche* manières simples.

democratismo |demokra'tizmo| *s.m.* démocratie *f.*, esprit démocratique.

democratizzàre |demokratid'dzare| **A** *v.tr.* [*rendere democratico, popolare*] démocratiser: *democratizzare le istituzioni, le idee* démocratiser les institutions, les idées; *democratizzare un popolo* démocratiser un peuple **B** *v.intr.* (*aus.* '*avere*') (*raro*) [*ostentare tendenze democratiche*] avoir (28) *tr.*, montrer *tr.* des tendances démocratiques.

democratizzazióne |demokratiddzat'tsjone| *s.f.* [→ DEMOCRATIZZARE A] démocratisation: *la democratizzazione dell'insegnamento* la démocratisation de l'enseignement; *la democratizzazione delle leggi* la démocratisation des lois; *la democratizzazione di un popolo* la démocratisation d'un peuple.

democrazìa |demokrat'tsia| *s.f.* **1** démocratie: *democrazia diretta* démocratie directe; *democrazia parlamentare, socialista* démocratie parlementaire, socialiste; *credere nella democrazia* croire en la démocratie **2** *spec. al plur.* [*paesi ordinati e retti con tale forma di governo*] démocraties: *le democrazie occidentali* les démocraties occidentales; *le democrazie popolari* les démocraties populaires **3** (*per est.*) *democrazia cristiana* démocratie chrétienne.

democristiàno |demokris'tjano| *agg.* démocrate-chrétien*: *partito, programma democristiano* parti, programme démocrate-chrétien ♦ (*s.*) *un democristiano* un démocrate-chrétien.

'démodé' |demɔde| *agg. inv.* démodé: *vestiti 'démodé'* vêtements démodés, robes démodées ◇ (*iron.*) *una signora piuttosto 'démodé'* une dame plutôt démodée.

demofobia |demofo'bia| *s.f.* phobie de la foule.

demografia |demogra'fia| *s.f.* démographie.

demogràfico, ci, ca, che |demo'grafiko, tʃi, ka, ke| *agg.* démographique: *uno studio demografico* une étude démographique; *esplosione demografica* explosion démographique; *incremento demografico* poussée démographique.

demolire |demo'lire| (197) *v.tr.* **1** (*detto di costruzioni, edifici e sim.*) [*abbattere*] démolir: *demolire l'ala di un edificio* démolir l'aile d'un édifice; *quelle vecchie case saranno demolite* ces vieilles maisons seront démolies; *demolire una nave, uno scafo* démolir un bateau, une coque ◇ (*per est., sport*) *demolire a poco a poco la resistenza dell'avversario* démolir petit à petit la résistance de l'adversaire **2** (*fig.*) (*cose*) [*sottoporre a una critica distruttiva*] démolir: *demolire una dottrina* démolir une doctrine; *demolire, in un processo, tutte le ipotesi della difesa* démolir, au cours d'un procès, toutes les hypothèses de la défense ◇ (*persone*) [*screditare*] *demolire una persona, la sua carriera* démolir une personne, sa carrière.

demolitóre |demoli'tore| **1** *agg.* démolisseur*; destructeur*: *un operaio demolitore* un ouvrier démolisseur ‖ *martello demolitore* marteau destructeur # *il piccone demolitore* la pioche du démolisseur ◇ (*fig.*) *una critica demolitrice* une critique destructrice **2** *s.* [*chi demolisce* (1)] démolisseur ◇ [*chi smantella autoveicoli fuori uso*] démolisseur de voitures.

demolizióne |demolit'tsjone| *s.f.* [→ DEMOLIRE] démolition: *una nave in demolizione* un bateau en démolition; *la demolizione di uno stabile* la démolition d'un immeuble; *opera di demolizione* travail de démolition.

demològico, ci, ca, che |demo'lɔdʒiko, tʃi, ka, ke| *agg.* → **folcloristico.**

demoltiplica, che |demol'tiplika, ke| *s.f.* (*mecc.*) démultiplicateur *m.*

demoltiplicàre |demoltipli'kare| *v.tr.* (*tecnol.*) [*ridurre una grandezza secondo un determinato rapporto*] démultiplier.

demoltiplicatóre |demoltiplika'tore| *s.m.* (*tecnol.*) démultiplicateur ♦ *agg.* (*mecc.*) *sistema demoltiplicatore* démultiplicateur *s.m.* → **demoltiplica.**

demoltiplicazióne |demoltiplikat'tsjone| *s.f.* [→ DEMOLTIPLICARE] démultiplication: *demoltiplicazione di frequenze* démultiplication de fréquences; *demoltiplicazione di impulsi* démultiplication d'impulsions.

dèmone |'dɛmone| *s.m.* **1** (*st.relig.*) démon **2** (*fig., lett.*) [*passione sfrenata, irresistibile*] démon: *il demone della discordia, del gioco* le démon de la discorde, du jeu; *essere dominato dal demone della concupiscenza* être dominé par le démon de la concupiscence **3** (*lett.*) → **demonio.**

demonetizzàre |demonetid'dzare| *v.tr.* [*privare di valore monetario*] démonétiser: *demonetizzare un metallo* démonétiser un métal.

demonetizzazióne |demonetiddzat'tsjone| *s.f.* [→ DEMONETIZZARE] démonétisation.

demoniaco, ci, ca, che |demo'niako, tʃi, ka, ke| *agg.* démoniaque, diabolique: *potere demoniaco* pouvoir démoniaque; *invenzione demoniaca* invention diabolique.

demònico, ci, ca, che |de'mɔniko, tʃi, ka, ke| **I** *agg.* **1** (*lett.*) → **demoniaco** **2** [*dovuto a influssi soprannaturali*] démoniaque: *potenza demonica* puissance demoniaque **II** *s.m.* [*manifestazione magica del soprannaturale*] démon.

demoniétto |demo'njetto| *s.m.* diablotin, petit diable: *quel bambino è proprio un demonietto* cet enfant est un véritable diablotin.

demònio, i |de'mɔnjo, i| *s.m.* **1** démon: *le tentazioni del demonio* les tentations du démon; *ascoltare la voce del demonio* écouter la voix du démon → **diavolo** ◇ (*raro*) [*passione, tentazione al male*] (le) démon (de): *avere il demonio del gioco* avoir le démon du jeu → **demone 2** ◇ (*loc. fig.*) *essere brutto come il demonio* être laid comme un pou ~ *avere il demonio addosso, in corpo*: (*pr.*) [*essere indemoniato*] être habité, possédé par le démon; (*fig.*) [*essere in preda a nervosismo, irrequietezza e sim.*] avoir le diable au corps **2** (*fig.*) [*persona abbietta, perversa*] démon: *questa infamia non può essere opera che di un demonio* cette infamie ne peut être que l'œuvre d'un démon # *quel tipo non è poi il demonio!* ce type n'est pas si épouvantable, si terrible que ça! ◇ [*persona invasata dall'ira, dall'odio*] diable, possédé (*s.*): *gridare, agitarsi come un demonio* crier, s'agiter comme un diable, un possédé # *a quelle parole diventò un demonio* ces mots le mirent en furie ◇ (*loc.*) *fare il demonio* (*a quattro*) faire le diable à quatre ~ *correre come un demonio* avoir le diable à ses trousses **3** (*fig.*) [*persona molto astuta*] *è un demonio che riesce in tutto* c'est un diable d'homme à qui tout réussit; *negli affari è un demonio* dans les affaires il est d'une habileté diabolique **4** (*fig.*) [*bambino, ragazzo molto vivace*] petit démon, diable: *tieni calmo quel demonio di tuo figlio* tiens tranquille ce petit démon, ton diable de fils → **peste.**

demoralizzànte |demoralid'dzante| *agg.* démoralisant, décourageant Ⓒ **incoraggiante.**

demoralizzàre |demoralid'dzare| **A** *v.tr.* [*scoraggiare, abbattere, avvilire*] démoraliser, décourager (3): *il suo discorso l'ha demoralizzato* son discours l'a démoralisé, l'a découragé **B** *v.pron. intr.* DEMORALIZZARSI [→ *tr.*] se démoraliser, se décourager: *si è demoralizzata* elle s'est démoralisée, découragée Ⓒ A **incoraggiare, esortare.**

demoralizzàto |demoralid'dzato| *agg.* démoralisé: *è un po' demoralizzato* il est un peu démoralisé → **scoraggiato, sfiduciato.**

demoralizzazióne |demoraliddzat'tsjone| *s.f.* [→ DEMORALIZZARE] démoralisation, découragement *m.* → **scoraggiamento.**

demòrdere |de'mɔrdere| (156) *v. intr.* (*dif. del p.p.*) (*soprattutto neg.*) [*cedere, rinunciare*] démordre (53) (de).

demoscopìa |demosko'pia| *s.f.* démoscopie.

demoscòpico, ci, ca, che |demos'kɔpiko, tʃi, ka, ke| *agg.* démoscopique.

demotivàre |demoti'vare| *v.tr.* [*privare di motivazione*] décourager (3).

denàro |de'naro| *s.m.* **1** [*monete; soldi, quattrini*] argent: *denaro contante, liquido* argent comptant, liquide; *denaro fresco* argent frais; *rifornirsi di denaro* se pourvoir en argent; *rimanere senza denaro* rester sans argent; *essere a corto, ben provvisto di denaro* être à court, être pourvu d'argent; *avere il denaro contato* avoir juste ce qu'il faut d'argent; *fare il denaro a palate* ramasser de l'argent à la pelle; *il denaro apre ogni porta* l'argent ouvre toutes les portes # *denaro pubblico* deniers publics; *pagare in denaro contante* payer comptant ◇ (*loc. fig.*) *buttare il denaro* [*spenderlo male*] jeter l'argent par les fenêtres ~ *contare i denari in tasca a qc.* [*calcolarne la ricchezza*] se mêler des finances de qqn. **2** [*ant. moneta rom.*] denier **3** *al plur.* (*carte da gioco*) [*uno dei quattro semi*] asso di denari as de carreau ◇ (*loc. fig.*) *chiamare, bussare a denari* [*chiedere quattrini*] taper qqn. **4** (*Borsa*) *mercato del denaro* marché de l'argent **5** (*tess.*) *calze a quindici denari* bas de quinze deniers.

denatalità |denatali'ta| *s.f.inv.* dénatalité *var.*

denaturànte |denatu'rante| *s.m.* (*chim.*) dénaturant ♦ (*agg.*) *una sostanza denaturante* une substance dénaturante.

denaturàre |denatu'rare| *v.tr.* (*chim.*) [*snaturare, alterare una sostanza con speciali additivi*] dénaturer: *denaturare l'alcool, il sale* dénaturer l'alcool, le sel.

denaturàto |denatu'rato| *agg.* dénaturé: *alcool denaturato* alcool dénaturé.

denazificàre |denattsifi'kare| *v.tr.* [*epurare da elementi, idee o princìpi del nazismo*] dénazifier.

denazificazióne |denattsifikat'tsjone| *s.f.* [→ DENAZIFICARE] dénazification.

denazionalizzàre |denatsjonalid'dzare| *v.tr.* → **snazionalizzare.**

dendrite |den'drite| *s.f.* (*miner.*) dendrite.

dèndro- |'dɛndro| *pref.* (*significa 'albero' o 'aspetto arborescente', corrisponde gener. a*) dendro: *dendrologia* dendrologie.

-dèndro |'dɛndro| *suff.* (*significa 'albero' o 'aspetto arborescente', corrisponde gener. a*) dendron: *rododendro* rhododendron.

denegàre |dene'gare| *v.tr.* (*lett.*) [*negare risolutamente, non ammettere*] dénier (*corr.*): *denegare la propria responsabilità* dénier sa responsabilité ◇ [*rifiutare, ricusare*] *denegare a qc. un suo legittimo diritto* dénier un droit légitime à qqn.

denegazióne |denegat'tsjone| *s.f.* (*dir.*) [→ DENEGARE] dénégation, déni (*m.*): *la denegazione di un diritto* la dénégation d'un droit.

denicotinizzàre |denikotinid'dzare| *v.tr.* [*togliere la nicotina*] dénicotiniser ♦ (*al p.p.*) *sigarette denicotinizzate* cigarettes dénicotinisées.

denigràre |deni'grare| *v.tr.* [*screditare, calunniare, diffamare*] dénigrer: *denigrare un amico* dénigrer un ami; *denigrare l'opera di uno scrittore* dénigrer l'œuvre d'un écrivain # *denigrare accanitamente qc.* déchirer qqn. à belles dents 🄲 **approvare.**

denigratóre, trice |denigra'tore, tritʃe| *s.* détracteur*: *i denigratori di un uomo politico* les détracteurs d'un homme politique → **diffamatore, calunniatore** ♦ *agg.* dénigrant: *libello denigratore* pamphlet dénigrant.

denigratòrio, i |denigra'tɔrjo, i| *agg.* dénigrant: *parole denigratorie* des paroles dénigrantes.

denigrazióne |denigrat'tsjone| *s.f.* [→ DENIGRARE] dénigrement (*m.*): *essere oggetto di denigrazione* être un objet de dénigrement.

denocciolàre |denottʃo'lare| *v.tr.* [*togliere il nòcciolo alla frutta*] dénoyauter: *denocciolare le albicocche* dénoyauter les abricots.

denominàle |denomi'nale| *agg.* → **denominativo.**

denominàre |denomi'nare| **A** *v.tr.* [*designare, contraddistinguere con un nome*] dénommer, nommer: *denominare una nuova specie con il nome del suo scopritore* dénommer une nouvelle espèce du nom de celui qui l'a découverte **B** *v.pron. intr.* (*raro*) DENOMINARSI [→ *tr.*] porter *tr.* le nom, se nommer: *quella clinica si denomina 'Villa serena'* cette clinique porte le nom de 'Villa serena'.

denominativo |denomina'tivo| *agg.* (*ling.*) dénominatif*: *verbo denominativo* verbe dénominatif ♦ (*s.m.pl.*) *i denominativi* les dénominatifs.

denominatóre |denomina'tore| *s.m.* **1** (*mat.*) dénominateur: *il minimo, il massimo comun denominatore* le plus petit, le plus grand dénominateur commun; *cercare il denominatore comune a più frazioni* chercher le dénominateur commun à plusieurs fractions **2** (*per est.*) [*elemento comune, punto di convergenza*] dénominateur: *le due tesi non hanno alcun denominatore comune* les deux thèses n'ont aucun dénominateur commun.

denominazióne |denominat'tsjone| *s.f.* **1** [→ DENOMINARE A] dénomination, nom (*m.*): *denominazione di un fiore* dénomination d'une fleur; *cambiare la denominazione di una città* changer le nom d'une ville # *denominazione d'origine controllata* (*D.O.C.*) appellation d'origine contrôlée (A.O.C.) **2** (*gram.*) *complemento di denominazione* complément de nom.

denotàre |deno'tare| *v.tr.* [*indicare, designare*] dénoter: *i suoi occhi denotano intelligenza* ses yeux dénotent son intelligence; *aveva un'espressione che denotava profonda tristezza* il avait une expression qui dénotait une profonde tristesse.

denotazióne |denotat'tsjone| *s.f.* **1** [→ DENOTARE] dénotation **2** (*filos.*) dénotation.

densaménte |densa'mente| *avv.* [→ DENSO 2] très: *una città, una regione densamente popolata* une ville, une région très peuplée.

densìmetro |den'simetro| *s.m.* densimètre.

densità |densi'ta| *s.f.inv.* densité (*var.*): *la densità della nebbia, dei vapori, di un liquido* la densité du brouillard, des vapeurs, d'un liquide; *la densità di un bosco, del fogliame* la densité d'un bois, du feuillage; *la densità delle citazioni, di una corrispondenza* la densité des citations, d'une correspondance; *densità della popolazione* densité de la population ◇ (*fig.*) *densità di concetti, di idee* densité des concepts, des idées ◇ (*fig.*) *densità assoluta, relativa* densité absolue, relative; *densità elettrica, magnetica, ottica* densité electrique, magnétique, optique.

dènso |'dɛnso| *agg.* **1** (*di liquido*) [*che ha grande massa in piccolo volume*] épais*, dense: *olio denso* huile épaisse; *l'acqua è più densa dell'aria* l'eau est plus dense que l'air # *petrolio denso* pétrole visqueux **2** (*per est.*) [*fitto, spesso, folto*] épais: *una nebbia densa* un brouillard épais; *un fumo denso* une épaisse fumée; *nubi dense* des nuages épais # *una vegetazione densa* une végétation dense ◇ [*oscuro, cupo*] *buio denso* obscurité épaisse; *dense tenebre* épaisses ténèbres **3** [*ricco, abbondante, pieno*] plein: *cielo denso di stelle* ciel plein d'étoiles ◇ (*fig.*) *parole dense di minacce* paroles pleines de menaces; *discorso denso di idee* discours plein d'idées; *periodo denso di avvenimenti* période riche en événements 🄲 **1 liquido; 2 raro; chiaro.**

1 **dentàle** |den'tale| *agg.* **1** (*fon.*) dental*: *la consonante dentale* la consonne dentale ♦ (*s.f.pl.*) *le dentali* les dentales **2** [*relativo ai denti*] dentaire: *ascesso dentale* abcès dentaire; *chirurgia dentale* chirurgie dentaire → **dentario.**

2 **dentàle** |den'tale| *s.m.* [*parte dell'aratro*] cep, sep → **ceppo.**

3 **dentàle** |den'tale| *s.m.* → **dentice.**

dentària |den'tarja| *s.f.* (*bot.*) dentaire.

dentàrio, i |den'tarjo, i| *agg.* dentaire: *protesi dentaria* prothèse dentaire; *carie dentaria* carie dentaire → **1 dentale.**

dentar(u)òlo |denta'r(w)ɔlo| *s.m.* [*piccolo oggetto, spec. di gomma, che si dà a mordere ai bambini durante la dentizione*] *hochet.

dentàta |den'tata| *s.f.* coup *m.* de dent # *dare una dentata alla mela* mordre dans une pomme ◇ [*ferita da morso*] morsure: *gli è rimasta la mano piena di dentate* il avait la main pleine de morsures.

dentàto |den'tato| *agg.* **1** denté: *ruota dentata* roue dentée **2** (*anat., bot.*) dentelé: *muscoli dentati* muscles dentelés; *foglie dentate* feuilles dentelées ♦ *s.m.* (*anat.*) *il gran dentato* le grand dentelé.

dentatùra |denta'tura| *s.f.* **1** [*la serie e la disposizione dei denti*] denture; dents (*pl.*): *avere una sana e bella dentatura* avoir une saine et belle denture ‖ *la dentatura di latte* les dents de lait ◇ (*loc. fig.*) *di buona dentatura* (*di buon appetito*) de bon appétit **2** (*mecc.*) denture: *la dentatura di un pettine, di una ruota, di un ingranaggio* la denture d'un peigne, d'une roue, d'un engrenage.

dènte |'dɛnte| *s.m.* **1** dent (*f.*): *dente di latte, del giudizio* dent de lait, de sagesse; *dente artificiale* fausse dent, dent artificielle; *i denti superiori, inferiori* les dents du haut, du bas; *spazzolino da denti* brosse à dents; *il bambino ha messo il primo dente* l'enfant a fait, a percé sa première dent; *lavarsi i denti* se laver les dents; *dente che dondola* dent qui branle, qui se déchausse; *avere mal di denti* avoir mal aux dents; *avere un terribile mal di denti* avoir une rage de dents; *otturare un dente* obturer, plomber une dent ◇ *loc.* AL DENTE pas trop cuit, cuit à point: *pasta al dente* des pâtes pas trop cuites ~ *essere, restare a denti asciutti, a denti secchi* n'avoir rien à se mettre sous la dent ~ *mettersi q.c. sotto i denti* se mettre qqch. sous la dent ◇ (*loc. fig.*) *il dente dell'invidia* la morsure de la jalousie ~ *accettare, ridere a denti stretti* accepter, rire du bout des dents, à contrecœur ~ *rispondere a denti stretti* répondre entre ses dents ~ *parlare fuori dai denti* parler net, franchement ~ *difendere qc. con i denti* défendre qqn. d'arrache-pied ~ *mostrare i denti* montrer les dents ~ *rompersi i denti* se casser le nez ~ *stringere i denti* serrer les dents ~ *tenere l'anima con i denti* être près de la tombe, avoir un pied dans la tombe ~ (*pop.*) *tirare l'anima coi denti* avoir une vie de chien ~ *discorso tirato coi denti* discours tiré par les cheveux ~ *avere il dente avvelenato contro qc.* avoir, garder une dent contre qqn. ~ *battere i denti dal freddo* claquer des dents de froid ~ *arrotare, digrignare i denti* grincer les dents ~ *essere armato fino ai denti* être armé jusqu'aux dents ◇ (*prov.*) *la lingua batte dove il dente duole* on revient toujours au point sensible ~ *occhio per occhio, dente per dente* œil pour œil, dent pour dent ~ *fuori il dente, fuori il dolore* plus vite fait, plus vite fini **2** (*geogr.*) dent **3** (*t.bot.*) dent-de-lion *f.* **4** (*tecnol.*) dent: *i denti di un rastrello, di una sega* les dents d'un rateau, d'une scie; *i denti di un pettine* les dents d'un peigne; *i denti di una ruota* les dents d'une roue # *dente di arresto* griffe d'arrêt **5** [*dentellatura di un tessuto*] dentelure *f.*

dentellàre |dentel'lare| *v.tr.* [*tagliare a dentelli, seghettare*] denteler (4): *dentellare una lama, un francobollo* denteler une lame, un timbre.

dentellària |dentel'larja| *s.f.* (*t. bot.*) dentelaire.

dentellàto |dentel'lato| *agg.* dentelé: *foglia dentellata* feuille dentelée, dentée; *lama dentellata* lame dentelée; *bordo, orlo dentellato* bord, ourlet dentelé.

dentellatùra |dentella'tura| *s.f.* **1** [→ DENTELLARE] dentelure: *curare la dentellatura di un orlo, di una lama* soigner la dentelure d'un ourlet, d'une lame **2** [*i dentelli nel loro insieme*] dentelure: *la dentellatura della foglia, dei francobolli* la dentelure de la feuille, des timbres **3** (*arch.*) dentelure.

'dentelle' |dɑ̃tɛl| *s.f.inv.* dentelle *var.*

1 **dentèllo** |den'tɛllo| *s.m.* **1** [*ciascuno dei rilievi di una dentellatura*] dentelure (*f.*): *i dentelli di una ruota d'orologio* la dentelure d'une roue d'horloge; *i dentelli di un francobollo* → **dentellatura** **2** (*arch.*) denticules *pl.* **3** (*ricamo*) dentelure.

2 **dentèllo** |den'tɛllo| *s.m.* → **'dentelle'.**

dèntice |'dɛntitʃe| *s.m.* (*t.zool.*) denté.

dentièra |den'tjɛra| *s.f.* **1** [*dentatura artificiale, protesi dentaria*] dentier (*m.*): *portare la dentiera* porter un dentier **2** (*mecc.*) crémaillère: *ferrovia a dentiera* chemin de fer à crémaillère.

dentifrìcio, i |denti'fritʃo, i| *s.m.* dentifrice: *tubetto di dentifricio* tube de dentifrice ✦ (*agg.*) *saponi dentifrici* savons dentifrices; *creme dentifricie* crèmes dentifrices.

dentìna |den'tina| *s.f.* (*anat.*) dentine.

dentista |den'tista| *s.* dentiste: *andare dal dentista* aller chez son dentiste ✦ (*agg.*) *medico dentista* chirurgien dentiste; *meccanico dentista* → **odontotecnico.**

dentìstico, ci, ca, che |den'tistiko, tʃi, ka, ke| *agg.* de dentiste (*loc. inv.*): *gabinetto dentistico* cabinet de dentiste.

dentizióne |dentit'tsjone| *s.f.* dentition: *prima, seconda dentizione* première, deuxième dentition # *età della dentizione* âge de l'éruption dentaire.

déntro |'dentro| **I** *avv.* **1** [*nella parte interna*] dedans, à l'intérieur (*loc. inv.*): *essere dentro* être dedans, à l'intérieur; *andare, entrare dentro* aller à l'intérieur, entrer; *spingere dentro* pousser en dedans, à l'intérieur ◇ (*loc. fig.*) *andare, essere dentro* [*in prigione*] aller, être en prison ~ *mettere dentro* mettre dedans (*pop.*) ~ *o dentro o fuori!*: (*pr.*) entre ou sors!; (*fig.*) (*invito a prendere subito una risoluzione*) décide-toi! c'est oui ou non **2** (*unito ad altri avv. di luogo*) dedans: *qui, qua dentro* là-dedans; *lì, là dentro* là-dedans ◇ *loc.* DA DENTRO, DI DENTRO [*dalla parte interna*] de dedans, de l'intérieur: *passare da dentro* passer par l'intérieur ~ IN DENTRO en dedans: *piegato in dentro* plié en dedans # *pancia in dentro!* rentre (rentrez) le ventre! **3** (*fig.*) [*interiormente, nell'animo*] au-dedans de: *avere q.c. dentro* avoir qqch. au-dedans de soi; *nascondere dentro il proprio dolore* cacher au-dedans (de soi) sa douleur # *tenere tutto dentro* [*avere un carattere chiuso*] garder tout pour soi **II** *prep.* **1** [*internamente a; in*] à l'intérieur de, dans: *dentro la città* à l'intérieur de, dans la ville; *mettere tutto dentro la valigia* mettre tout dans la valise # *vieni dentro casa!* entre chez moi! ◇ (*loc.fig.*) *darci dentro* [*impegnarsi a fondo*] s'y mettre à fond, en mettre un coup (*fam.*) ◇ [*indovinare*] tomber juste **2** *loc.prep.* DENTRO A, DENTRO IN dans: *dentro al palazzo* dans l'immeuble; *è dentro nell'armadio* il est dans l'armoire ◇ (*fig.*) *essere dentro a un affare* être dans, sur une affaire; *essere dentro nella politica* être dans la politique # *dar dentro a qc.* [*urtarlo*] heurter qqn. ~ DENTRO DI (*seguito da pron. pers.*): *dentro di me, dentro di noi* en moi-même, en nous-mêmes; *nascondeva tutto dentro di sé* il cachait tout en lui-même **3** [*entro*] dans: *ti pagherò il debito dentro l'anno* je te paierai ma dette dans l'année; *dentro lo spazio di pochi giorni* dans l'espace de quelques jours → **tra** **III** *s.m.* (*nella loc.*) IL DI DENTRO [*la parte interna*] le dedans: *il di dentro di q.c.* le dedans de qqch. ◇ (*fig.*) *esprimere un sentimento che viene proprio dal di dentro* exprimer un sentiment qui vient vraiment du dedans.

denuclearizzàre |denukleari'd'dzare| *v.tr.* [*bandire l'uso delle armi nucleari*] dénucléariser.

denudàre |denu'dare| **A** *v.tr.* **1** [*spogliare, privare degli indumenti*] dévêtir (25), dénuder: *denudare un bambino prima del bagno* dévêtir, dénuder un enfant avant le bain; *denudare il braccio per un'iniezione* dénuder son bras pour une piqûre □ *denudarsi il petto, le braccia* dénuder sa poitrine, ses bras **2** (*fig.*) [*ridurre in miseria*] dénuer, dépouiller: *quel creditore l'ha denudato di ogni bene* ce créancier l'a dénué, dépouillé de tous ses biens; *l'alluvione ha denudato i contadini di ogni avere* l'inondation a dépouillé les paysans de tout leur avoir **3** (*per est.*) [*rendere nudo, spoglio degli ornamenti, della vegetazione e sim.*] dépouiller; dénuder: *denudare una città dei suoi monumenti* dépouiller une ville de ses monuments; *denudare una chiesa degli arredi sacri* dépouiller une église des objets de culte ‖ *denudare il filo della corrente elettrica* dénuder le fil électrique **4** (*fig., lett.*) [*palesare, svelare*] dévoiler **B** *v. pron. rifl.* DENUDARSI [→ *tr.* 1] se dénuder, se dévêtir: *denudarsi in pubblico* se dénuder, se dévêtir en public ✦ → *tr.* □ C A 1 **rivestire,** 2 **coprire.**

denudazióne |denudat'tsjone| *s.f.* **1** [→ DENUDARE A 1, 3] dénudation **2** (*geol.*) dénudation.

denùncia, ce |de'nuntʃa, tʃe| *s.f.* → **denunzia.**

denunciàre |denun'tʃare| *v.tr.* → **denunziare.**

denùnzia |de'nuntsja| *s.f.* [→ DENUNZIARE 1, 3] dénonciation; déclaration: *la denunzia di un furto, di un ladro* la dénonciation d'un vol, d'un voleur; *la denunzia di un contratto, di un'alleanza* la dénonciation d'un contrat, d'une alliance ‖ *la denunzia dei redditi, delle nascite, dei decessi* la déclaration des revenus, des naissances, des décès # *presentare, sporgere denunzia* porter plainte; *denunzia di un matrimonio* publication de bans.

denunziànte |denun'tsjante| *agg. e s.* → **denunziatore.**

denunziàre |denun'tsjare| *v.tr.* **1** (*cose*) [*rendere noto alla competente autorità*] déclarer: *denunziare un furto* déclarer, dénoncer un vol; *denunziare i propri redditi* déclarer ses revenus; *denunziare la nascita di un figlio* déclarer la naissance d'un enfant ◇ (*persone*) [*accusare, incriminare di un reato*] dénoncer: *denunziare un ladro* dénoncer un voleur **2** [*rendere noto, manifesto; svelare*] dénoncer, révéler (8): *le sue parole denunziano il suo turbamento* ses mots dénoncent, révèlent son trouble; *l'amministratore ha denunziato la situazione fallimentare* l'administrateur a révélé la faillite **3** (*di accordo*) [*disdire*] dénoncer: *denunziare un trattato, un contratto* dénoncer un traité, un contrat.

denunziatóre, trice |denuntsja'tore, tritʃe| *s.* dénonciateur*: *il denunziatore di un abuso* le dénonciateur d'un abus.

denutrito |denu'trito| *agg.* [*deperito per insufficiente alimentazione*] sous-alimenté: *un organismo denutrito* un organisme sous-alimenté.

denutrizióne |denutrit'tsjone| *s.f.* dénutrition: *stato di denutrizione* état de dénutrition; *alcune malattie sono causate dalla denutrizione* certaines maladies ont pour cause la dénutrition.

deodorànte |deodo'rante| *s.m.* déodorant, désodorisant: ✦ (*agg.*) *liquido deodorante* liquide désodorisant.

deodoràre |deodo'rare| *v.tr.* [*privare degli odori, spec. cattivi*] désodoriser: *deodorare un ambiente* désodoriser une pièce.

deodorizzazióne |deodoriddzat'tsjone| *s.f.* [→ DEODORARE] désodorisation.

deontologìa, gie |deontolo'dʒia, dʒie| *s.f.* (*filos.*) déontologie ◇ [*le regole morali inerenti a una professione*] *deontologia medica* déontologie médicale.

deontològico, ci, ca, che |deonto'lɔdʒiko, tʃi, ka, ke| *agg.* (*filos.*) déontologique.

deostruire |deostru'ire| (197) *v.tr.* (*raro*) [*liberare da un'ostruzione*] désobstruer (*corr.*), déboucher (*corr.*): *deo-*

struire un condotto désobstruer, déboucher une conduite.

depauperaménto |depaupera'mento| *s.m.* [→ DEPAUPERARE] appauvrissement: *il depauperamento del suolo, della flora* l'appauvrissement du sol, de la flore.

depauperàre |depaupe'rare| *v.tr.* [*impoverire, sottraendo risorse, energie*] appauvrir: *depauperare il suolo, l'ambiente* appauvrir le sol, le milieu; *depauperare l'erario* appauvrir le trésor public; *depauperare un organismo* appauvrir un organisme.

depauperazióne |depauperat'tsjone| *s.f.* → **depauperamento.**

'dépendance' |depɑ̃dɑ̃s| *s.f.inv.* dépendance *var.*, annexe *var.*

depennàre |depen'nare| *v.tr.* (*bur.*) [*cancellare, togliere*] rayer (9), biffer: *depennare una cifra da un conto* rayer, biffer un chiffre d'un compte; *depennare un nome da una lista, da una graduatoria* rayer un nom d'une liste, d'un classement.

deperìbile |depe'ribile| *agg.* [→ DEPERIRE 2] périssable: *merce deperibile* marchandise périssable.

deperibilità |deperibili'ta| *s.f.inv.* nature *var.* périssable.

deperiménto |deperi'mento| *s.m.* [→ DEPERIRE] dépérissement: *deperimento dovuto alla mancanza di sonno* dépérissement dû au manque de sommeil → **indebolimento** # *il deperimento di una merce* la détérioration d'une marchandise Ⓒ **accrescimento, sviluppo.**

deperire |depe'rire| (197) *v.intr.* (*aus.* '*essere*') **1** (*persone*) [*indebolirsi, perdere vigore, bellezza e sim.*] dépérir (*aus.* avoir): *deperire per una grave malattia* dépérir à cause d'une grave maladie; *quel bambino continua a deperire* cet enfant continue à dépérir **2** (*raro, cose*) [*deteriorarsi, guastarsi*] se détériorer *pron.* (*corr.*): *la merce è deperita durante il viaggio* la marchandise s'est détériorée pendant le voyage.

deperito |depe'rito| *agg.* **1** (*persone*) [*sciupato, smagrito*] affaibli; amaigri: *un ragazzo molto deperito* un garçon très affaibli || *avere un volto deperito* avoir le visage amaigri **2** (*cose*) [*deteriorato, avariato*] détérioré, avarié: *una merce deperita* une marchandise détériorée, avariée.

depersonalizzazióne |depersonaliddzat'tsjone| *s.f.* (*med., psicol.*) dépersonnalisation.

depicciolàre |depittʃo'lare| *v.tr.* (*raro*) [*privare del picciolo*] équeuter.

depilàre |depi'lare| **A** *v.tr.* [*privare dei peli*] épiler; dépiler: *depilare le sopracciglia, le ascelle* épiler les sourcils, les aisselles || *depilare le pelli prima della concia* dépiler les peaux avant le tannage □ *depilarsi le gambe* s'épiler les jambes **B** *v.pron.rifl.* DEPILARSI [→ *tr.*] s'épiler: *depilarsi sotto le ascelle* s'épiler sous les aisselles ✦ → *tr.* □.

depilatóre |depila'tore| *agg. e s.m.* dépilatoire.

depilatòrio, i |depila'tɔrjo, i| *agg.* dépilatoire: *crema depilatoria* crème dépilatoire ✦ (*s.m.*) *un depilatorio* un dépilatoire.

depilazióne |depilat'tsjone| *s.f.* [→ DEPILARE] épilation; dépilage (*m.*): *la depilazione delle gambe* l'épilation des jambes || *la depilazione delle pelli prima della concia* le dépilage des peaux avant le tannage.

depistàre |depis'tare| *v.tr.* [*portare su una pista falsa, sviare*] dépister: *depistare la polizia* dépister la police.

deplezióne |deple'tsjone| *s.f.* (*med., scient.*) déplétion.

'dépliant' |deplijɑ̃| *s.m.inv.* dépliant *var.*, prospectus.

deploràbile |deplo'rabile| *agg.* → **deplorevole.**

deploràre |deplo'rare| *v.tr.* **1** [*biasimare, condannare*] déplorer: *deplorare la condotta, il comportamento di qc.* déplorer la conduite, le comportement de qqn.; *deploro le sue convinzioni* je déplore ses convictions **2** (*raro*) [*compiangere, compassionare*] déplorer (*corr.*): *deplorare la sventura di un amico* déplorer le malheur d'un ami Ⓒ 1 **lodare, esaltare**; 2 **rallegrar(si).**

deplorazióne |deplorat'tsjone| *s.f.* [→ DEPLORARE 1] désapprobation ◇ (*bur.*) *infliggere a qc. la deplorazione* infliger un blâme à qqn.

deplorévole |deplo'revole| *agg.* **1** [→ DEPLORARE 1] déplorable: *gusto, esempio deplorevole* goût, exemple déplorable → **biasimevole** ◇ *loc.* È DEPLOREVOLE CHE (+ *congv.*) il est déplorable que (+ *congv.*): *è deplorevole che tu agisca in tal modo* il est déplorable que tu agisses de la sorte **2** [→ DEPLORARE 2] déplorable: *situazione deplorevole* situation déplorable.

deplorevolménte |deplorevol'mente| *avv.* [→ DEPLOREVOLE 1] déplorablement: *si comporta deplorevolmente* il se conduit déplorablement.

depolarizzàre |depolarid'dzare| *v.tr.* [*impedire o attenuare la polarizzazione*] dépolariser: *depolarizzare una pila* dépolariser une pile.

depoliticizzàre |depolititʃid'dzare| *v.tr.* → **spoliticizzare.**

1 **deponènte** |depo'nɛnte| *agg.* **1** (*gram.lat.*) déponent: *verbo deponente* verbe déponent ✦ (*s.m.*) *un deponente* un déponent **2** (*raro, dir.*) déposant (*corr.*): *proprietario deponente* propriétaire déposant → **depositante** ✦ (*s.*) *un deponente* un déposant.

2 **deponènte** |depo'nɛnte| *s.m.* (*tip.*) inférieur.

depórre |de'porre| (168) **A** *v.tr.* **1** [*posare, mettere giù*] déposer: *deporre una valigia per terra* déposer une valise par terre; *depose un fiore sulla tomba* il déposa une fleur sur la tombe; *il fiume ha deposto molto limo* le fleuve a déposé beaucoup de limon → **depositare** # *la gallina ha deposto l'uovo* la poule a pondu (un œuf); *le camicie furono deposte in un cassetto* les chemises furent rangées dans un tiroir → **sistemare** **2** (*fig.*) [*abbandonare, rinunciare*] abandonner, déposer: *deporre un'idea, ogni velleità artistica* abandonner une idée, toute prétention artistique; *deporre le armi* déposer les armes; *deporre la corona* déposer la couronne, renoncer au pouvoir # *deporre un grado, un ufficio* renoncer à un grade, à une charge; *deporre l'abito talare* [*abbandonare il sacerdozio*] se défroquer; *deporre l'orgoglio, l'odio* mettre de côté l'orgueil, la haine **3** [*destituire, rimuovere da una carica*] déposer, destituer: *deporre un re* déposer un roi; *il presidente fu deposto* le président fut destitué **4** (*dir.*) [*testimoniare, dichiarare davanti al giudice*] faire (45) une déposition: *deporre il falso* faire une fausse déposition ✦ (*ass.*) *è stato chiamato a deporre* il a été appelé pour déposer **B** *v.intr.* (*aus.* '*avere*') (*fig.*) [*fornire elementi per un giudizio*] déposer: *tale atteggiamento non depone a tuo favore* une telle attitude dépose contre toi, ne joue pas en ta faveur.

deportàre |depor'tare| *v.tr.* **1** [*trasferire, portare, con la violenza, lontano del proprio paese*] déporter: *deportare intere popolazioni* déporter des populations entières **2** (*dir.*) [*punire qc. privandolo dei diritti politici e civili*] déporter: *Napoleone fu deportato a Santa Elena* Napoléon fut déporté à Sainte-Hélène.

deportàto |depor'tato| *s.* déporté: *ex deportato e prigioniero di guerra* ancien déporté et prisonnier de guerre; *i deportati a Cayenne erano dei forzati* les déportés à Cayenne étaient des forçats ✦ (*agg.*) *popolazioni deportate* populations déportées; *gli Ebrei deportati in Germania* les Juifs déportés en Allemagne.

deportazióne |deportat'tsjone| *s.f.* [→ DEPORTARE] déportation: *essere condannato alla deportazione* être condamné à la déportation; *ci furono deportazioni in massa* il y eut des déportations en masse.

depositànte |depozi'tante| *s.* [*persona che effettua un deposito*] déposant: *firma del depositante* signature du déposant.

depositàre |depozi'tare| **A** *v.tr.* **1** [*affidare in custodia, consegnare temporaneamente*] déposer: *depositare il soprabito in guardaroba* déposer son pardessus au vestiaire; *depositare denaro in banca* déposer de l'argent à la banque → 1 **versare**; *depositare una merce in magazzino* déposer une marchandise dans un entrepôt **2** [*posare, deporre*] déposer: *depositare un sacco, un fardello per terra* déposer un sac, un fardeau par terre **3** (*di liquidi*) [*lasciare cadere sul fondo le parti solide*] déposer: *questo fiume deposita molto limo* ce fleuve dépose beaucoup de limon ✦ (*ass.*) *questo vino deposita in breve tempo* ce vin dépose rapidement **4** [*far registrare ufficialmente*] déposer: *depositare un marchio di fabbrica* déposer une marque de fabrique; *depositare la firma, un brevetto* déposer sa signature, un brevet ✦ (*al p.p.*) *marchio depositato* marque déposée **B** *v.pron.intr.* DEPOSITARSI [*posarsi*] se déposer: *la polvere si deposita sui mobili* la poussière se dépose sur les meubles; *lo zucchero si è depositato sul fondo della tazza* le sucre s'est déposé au fond de la tasse Ⓒ A 1 **ritirare.**

depositàrio, i |depozi'tarjo, i| *s.* dépositaire: *il depositario delle chiavi* le dépositaire des clés; *il depositario di un atto, di un documento* le dépositaire d'un acte, d'un document ◇ (*fig.*) *essere il depositario di un segreto* être le dépositaire d'un secret; *è un depositario delle tradizioni regionali* c'est un des dépositaires des traditions régionales ✦ (*agg.*) *cassiere depositario* caissier dépositaire.

depositàto |depozi'tato| *agg.* déposé: *marchio depositato* marque déposée; *firma depositata* signature déposée.

depòsito |de'pɔzito| *s.m.* **1** [→ DEPOSITARE A 1] dépôt: *deposito di una valigia* dépôt d'une valise; *deposito di un ombrello al guardaroba* dépôt d'un parapluie au vestiaire; *dare, lasciare, ricevere in deposito* confier, laisser, recevoir en dépôt **2** [→ DEPOSITARE A 3; B] dépôt: *il deposito dello zucchero in fondo alla tazza* le dépôt du sucre dans le fond de la tasse; *il deposito del vino, di una caldaia* le dépôt du vin, le dépôt dans une chaudière **3** (*dir.*) [→ DEPOSITARE A 4] dépôt: *il deposito di una firma, di un brevetto* le dépôt d'une signature, d'un brevet; *deposito di un testamento presso un notaio* dépôt d'un testament chez un notaire **4** [*valore, oggetto depositato*] *deposito bancario* dépôt bancaire; *avere un deposito in banca* avoir un compte en banque; *ritirare un deposito* retirer de l'argent de la banque; *cassa depositi e prestiti* caisse des dépôts et consignations **5** [*luogo destinato a raccogliere e custodire oggetti, merci, auto e sim.*] dépôt, entrepôt: *deposito di merci* dépôt, entrepôt de marchandises; *deposito di legna* dépôs de bois; *deposito di locomotive, di tram, di autobus* dépôt de locomotives, de tramways, d'autobus # *lasciare le valigie al deposito* laisser ses valises à la consigne; *recarsi al deposito dei bagagli* se rendre à la consigne **6** (*geol.*) dépôt **7** (*mil.*) dépôt (d'armée).

deposizióne |depozit'tsjone| *s.f.* **1** [→ DEPORRE A 3] déposition: *la deposizione di un dittatore, di un re* la déposition d'un dictateur, d'un roi **2** [→ DEPORRE A 4] déposition: *i testi firmarono la loro deposizione* les témoins signèrent leur déposition **3** (*relig.crist., arts.*) *la deposizione di Cristo* la déposition de croix ◇ (*per est.*) la descente de croix.

depravàre |depra'vare| *v.tr.* [*pervertire, corrompere*] dépraver: *depravare i giovani* dépraver les jeunes; *i cattivi esempi l'hanno depravata* les mauvais exemples l'ont dépravée ◇ (*fig.*) corrompre (44): *depravare i costumi, i gusti* corrompre les mœurs, les goûts.

depravàto |depra'vato| *agg.* dépravé: *persona depravata* personne dépravée; *gusto depravato* goût dépravé # *costumi depravati* mœurs corrompues ✦ (*s.*) *un depravato* un dépravé.

depravazióne |depravat'tsjone| *s.f.* [→ DEPRAVARE] dépravation: *la depravazione di un giovane* la dépravation d'un jeune homme; *depravazione dei costumi* dépravation des mœurs; *è una vera e propria depravazione* c'est de la dépravation → **corruzione, pervertimento.**

deprecàbile |depre'kabile| *agg.* **1** [*degno di biasimo, deplorevole*] déplorable, blâmable: *un comportamento deprecabile* un comportement déplorable; *un'abitudine deprecabile* une habitude blâmable **2** [*malaugurato, indesiderabile*] regrettable, facheux*: *nella deprecabile ipotesi che...* dans l'hypothèse regrettable où...

deprecàre |depre'kare| *v.tr.* **1** [*biasimare, deplorare*] désapprouver, blâmer: *tutti deprecarono il suo comportamento* tout le monde désapprouva sa conduite → **disapprovare 2** (*lett.*) [*tentare di tener lontano, di scongiurare*] conjurer (*corr.*).

deprecazióne |deprekat'tsjone| *s.f.* [→ DEPRECARE 1] réprobation: *la deprecazione della bestemmia* la réprobation du blasphème.

depredàre |depre'dare| *v.tr.* **1** [*saccheggiare*] piller: *depredare una regione, una città* piller une région, une ville **2** [*rubare, sottrarre*] dépouiller: *fu depredato di tutte le sue sostanze, del suo patrimonio* il fut dépouillé de tous ses biens, de sa fortune ◇ [*derubare*] *è stato depredato di tutti i suoi averi* il a été dépouillé de tous ses avoirs.

depredatóre, trice |depreda'tore, trittʃe| *agg.* déprédateur* → **saccheggiatore, predone** ✦ (*s.*) *un depredatore* un déprédateur.

depredazióne |depredat'tsjone| *s.f.* **1** [→ DEPREDARE 1] pillage *m.* **2** [→ DEPREDARE 2] dépouillement *m.*

depressionàrio, i |depressjo'narjo, i| *agg.* (*meteor.*) dépressionnaire.

depressióne |depres'sjone| *s.f.* **1** (*geogr.*) dépression: *depressione valliva* dépression marécageuse; *la depressione del mar Morto* la dépression de la mer Morte **2** (*meteor.*) *area, zona di depressione* zone de dépression → **ciclone 3** (*econ.*) dépression, crise → **recessione 4** (*med.*) dépression: *depressione psichica* dépression mentale → **esaurimento** [c] 1 **elevazione, sollevamento**; 2 **anticiclone**; 4 **eccitazione.**

depressìvo |depres'sivo| *agg.* dépressif* ◇ (*med.*) *stato depressivo* état dépressif [c] **esaltante.**

deprèsso |de'prɛsso| *agg.* **1** (*geogr.*) déprimé: *terreno depresso* terrain déprimé **2** (*fig., econ., corr.*) sous-développé, deshérité: *zona, area depressa* zone, région sous-développée, deshéritée ◇ (*med., corr.*) déprimé: *malato depresso* malade déprimé; *essere, sentirsi depresso* être, se sentir déprimé.

depressurizzàre |depressurid'dzare| *v.tr.* [*eliminare la pressurizzazione; ridurre la pressione dell'aria*] dépressuriser: *depressurizzare una capsula spaziale* dépressuriser une capsule spatiale.

depressurizzazióne |depressuriddzat'tsjone| *s.f.* (*tecnol.*) [→ DEPRESSURIZZARE] dépressurisation.

deprezzaménto |deprettsa'mento| *s.m.* [→ DEPREZZARE] dépréciation (*f.*): *deprezzamento di una merce* dépréciation d'une marchandise; *deprezzamento dell'oro, dell'argento* dépréciation de l'or, de l'argent → **svalutazione** [c] **rivalutazione.**

deprezzàre |depret'tsare| *v.tr.* [*ridurre di valore, svalutare*] déprécier, dévaloriser: *deprezzare una casa, una merce* déprécier une maison, une marchandise ◇ (*fig.*) *deprezzare una persona* déprécier une personne; *deprezzare l'opera di un collega* déprécier l'œuvre d'un confrère [c] **valorizzare.**

depriménte |depri'mɛnte| *agg.* **1** déprimant: *clima deprimente* climat déprimant → **debilitante**; *notizia deprimente* nouvelle déprimante → **demoralizzante 2** (*farm.*) sédatif*: *sostanze deprimenti* substances sédatives ✦ (*s.m.*) *un deprimente* un sédatif.

deprimere |de'primere| (124) **A** *v.tr.* **1** [*abbattere, indebolire fisicamente o moralmente*] déprimer, abattre (76): *questo caldo afoso mi deprime* cette chaleur étouffante me déprime, m'abat; *quella brutta notizia l'ha depressa* cette mauvaise nouvelle l'a déprimée → **scoraggiare 2** [*reprimere, umiliare, rintuzzare*] humilier; abattre: *deprimere gli altri per accrescere la propria importanza* humilier autrui pour accroître sa propre importance ‖ *deprimere l'arroganza di qc.* abattre l'arrogance de qqn. **B** *v.pron. intr.* DEPRIMERSI [*perdersi d'animo, avvilirsi*] se décourager (3): *si deprime per un nonnulla* il se décourage pour un rien.

deprimìbile |depri'mibile| *agg.* [→ DEPRIMERE A 1] qui se déprime facilement *loc.*, enclin à la dépression: *temperamento facilmente deprimibile* tempérament qui se déprime facilement, enclin à la dépression.

de profundis |dɛpro'fundis| *s.m. inv.* (*lat.*) de profundis.

depuraménto |depura'mento| *s.m.* → **depurazione.**

depuràre |depu'rare| **A** *v.tr.* **1** [*liberare dalle impurità*] dépurer; épurer: *depurare il sangue* dépurer le sang; *depurare un metallo* dépurer un métal ‖ *depurare le acque luride* épurer les eaux usées → **purificare 2** (*raro*) → **epurare B** *v.pron.intr.* DEPURARSI [*affinarsi, diventar puro*] s'épurer: *il liquido si depura sedimentando* le liquide s'épure par sédimentation.

depurativo |depura'tivo| *agg.* dépuratif*: *sostanze depurative* substances dépuratives ✦ (*s.m.*) *un depurativo* un dépuratif.

depuratóre |depura'tore| *s.m.* **1** [*persona addetta a processi di depurazione*] épurateur **2** (*chim.*) épurateur ✦ (*agg.*) *filtro depuratore* filtre épurateur.

depuratòrio, i |depura'tɔrjo, i| **1** *agg.* dépuratif*: *procedimento depuratorio* procédé dépuratif **2** *s.m.* (*tecnol.*) épurateur.

depurazióne |depurat'tsjone| *s.f.* [→ DEPURARE A 1] dépuration; épuration: *la depurazione di un liquido, di un prodotto* la dépuration d'un liquide, d'un produit ‖ *impianto di depurazione delle acque* usine d'épuration des eaux.

deputàre |depu'tare| *v.tr.* **1** [*scegliere qc. per lo svolgimento di un compito*] déléguer, députer: *deputare qc. al Parlamento* déléguer, députer qqn. au Parlement; *deputare il proprio rappresentante per un'importante missione* députer son représentant pour une mission importante; *lo deputarono a esprimere le loro lagnanze* ils le déléguèrent pour exprimer leurs plaintes → **delegare, incaricare 2** (*raro, lett.*) [*destinare, assegnare*] assigner (*corr.*): *deputare una somma a un istituto di beneficenza* assigner une somme à un institut de bienfaisance.

1 **deputàto** |depu'tato| *s.* député (*m.*): *la Camera dei deputati* la Chambre des députés → 1 **parlamentare.**

2 **deputàto** |depu'tato| *agg.* député, délégué: *le persone deputate a tale missione sono degli incompetenti* les personnes députées, déléguées pour une telle mission sont incompétentes → **delegato, incaricato** ✦ (*s.*) *i deputati a rappresentare la cittadinanza* les délégués qui représentent la population.

deputazióne |deputat'tsjone| *s.f.* **1** [→ DEPUTARE 1] députation: *rifiutare una deputazione* refuser une députation → **missione, delegazione 2** [*gruppo di persone con un incarico particolare*] députation, délégation: *il prefetto ha ricevuto una deputazione di cittadini* le préfet a reçu une députation, une délégation de citoyens.

deragliaménto |deraʎʎa'mento| *s.m.* [→ DERAGLIARE] déraillement: *il deragliamento di un treno* le déraillement d'un train.

deragliàre |deraʎ'ʎare| *v.intr.* (*aus.* '*avere, essere*') [*uscire dalle rotaie*] dérailler (*aus.* avoir): *i vagoni hanno deragliato e si sono capovolti* les wagons ont déraillé et se sont renversés.

'dérapage' |deʀapaʒ| *s.m. inv.* (*aer.*) dérapage *var.* ◇ (*sport*) '*dérapage*' *controllato* dérapage contrôlé.

derapàggio, i |dera'paddʒo, i| *s.m.* → **'dérapage'**.

derapàre |dera'pare| *v.intr.* (*aus.* '*avere*') (*aer.*, *auto.*) [*scivolare, slittare lateralmente*] déraper.

derapàta |dera'pata| *s.f.* (*aer.*, *auto.*, *sci*) dérapage *m.*

derattizzàre |derattid'dzare| *v.tr.* [*liberare dai ratti, dai topi*] dératiser: *derattizzare un'abitazione, una nave* dératiser une maison, un navire.

derattizzazióne |derattiddzat't-tsjone| *s.f.* [→ DERATTIZZARE] dératisation: *la derattizzazione di una vecchia casa* la dératisation d'une vieille maison.

derby |'da:bi, 'dɛrbi| *s.m. inv.* (*ingl.*) (*calcio*) derby (*var.*): *il derby della Madonnina* le derby de Milan ◇ (*ippica*) *il derby di Epsom* le derby d'Epsom.

derelitto |dere'litto| *agg.* [*abbandonato da tutti, privo di risorse*] abandonné: *gli orfani derelitti* les orphelins abandonnés; *sentirsi derelitto* se sentir abandonné ✦ (*s.*) *aiutare i derelitti* aider les personnes *f.* abandonnées # *ospizio per derelitti* hospice.

deresponsabilizzàre |deresponsabilid'dzare| *v.tr.* **1** [*sollevare* (*qc.*) *dalla responsabilità di q.c.*] décharger (3): *sono stato deresponsabilizzato del settore amministrativo* j'ai été déchargé du secteur administratif **2** (*per est.*) [*far perdere il senso di responsabilità*] ôter toute responsabilité (à): *questi metodi indulgenti deresponsabilizzano i giovani* ces méthodes indulgentes ôtent toute responsabilité aux jeunes.

deresponsabilizzazióne |deresponsabiliddzat'tsjone| *s.f.* [→ DERESPONSABILIZZARE] perte de responsabilité.

deretàno |dere'tano| *s.m.* [*il sedere, il posteriore*] derrière.

deridere |de'ridere| (130) *v.tr.* [*schernire, dileggiare*] se moquer *pron.* de: *deridere qc. per un suo difetto* se moquer de qqn. pour un de ses défauts; *fu deriso da tutti* tout le monde se moqua de lui.

derisióne |deri'zjone| *s.f.* [→ DERIDERE] dérision: *mettere qc., q.c. in derisione* tourner qqn., qqch. en dérision; *essere oggetto di derisione* être, faire l'objet de dérision.

derisòrio, i |deri'zɔrjo, i| *agg.* dérisoire: *discorso, gesto, atteggiamento derisorio* discours, geste, attitude dérisoire.

deriva |de'riva| *s.f.* **1** (*aer.*, *mar.*) dérive: *correnti di deriva* courants de dérive; *angolo di deriva* angle de dérive; (*lama di*) *deriva* dérive ◇ (*loc.*) *andare alla deriva*: (*pr.*, *fig.*) aller à la dérive **2** (*geol.*) dérive: *deriva dei continenti* dérive des continents.

derivabilità |derivabili'ta| *s.f. inv.* dérivabilité *var.*

1 **derivàre** |deri'vare| **A** *v.intr.* (*aus.* '*essere*') **1** [*avere origine, provenire*] dériver (*aus.* avoir); découler (*aus.* avoir), résulter (*aus.* avoir): *questa parola deriva dal latino* ce mot dérive du latin ‖ *le conseguenze che derivano dal suo comportamento* les conséquences qui découlent, qui résultent de son attitude # *il Tevere deriva dal monte Fumaiolo* le Tibre prend sa source au mont Fumaiolo; *egli deriva da nobile famiglia* il provient, il est issu d'une famille noble ◇ (*fig.*) *ogni verità deriva da Dio* toute vérité dérive, vient de Dieu; *la sua sicurezza deriva dal fatto di sentirsi protetto* son assurance vient du fait, tient au fait qu'il se sent protégé ✦ (*impers.*) *ne deriva che* (+ *indic.*) il en résulte, il s'ensuit que (+ *indic.*) **2** [*essere prodotto, provocato, determinato*] provenir (27), découler: *questo prodotto deriva dal carbone* ce produit provient du charbon; *la benzina deriva dal petrolio* l'essence provient du pétrole; *ogni effetto deriva da una causa* tout les effets proviennent, découlent d'une cause **B** *v.tr.* **1** (*di acqua, energia elettrica e sim.*) [*ottenere mediante derivazione*] dériver: *derivare un canale da un fiume* dériver un canal d'un fleuve; *derivare una corrente da un circuito* dériver un courant d'un circuit **2** (*fig.*) [*ricavare, trarre*] tirer: *non so da che cosa egli derivi tanta serenità* je ne sais pas d'où il tire tant de sérénité **3** (*di vocaboli*) [*dedurre*] dériver (*intr.*): *molte parole sono state derivate dal greco o dal latino* beaucoup de mots dérivent du grec ou du latin **4** (*mat.*) [*calcolare la derivante*] dériver.

2 **derivàre** |deri'vare| *v.intr.* (*aus.* '*essere*') (*di galleggiante o aeromobile*) [*andare alla deriva*] dériver (*aus.* avoir): *la nave, l'aereo derivò per ben un'ora* le navire, l'avion dériva pendant une bonne heure.

derivàta |deri'vata| *s.f.* (*mat.*) dérivée: *derivata seconda, terza* dérivée seconde, troisième.

derivativo |deriva'tivo| **1** *agg.* (*ling.*) dérivatif* **2** *agg. e s.m.* (*med.*) révulsif*.

derivàto |deri'vato| **I** *agg.* dérivé: *parola derivata* mot dérivé; *tempo derivato* temps dérivé; *corrente derivata* courant dérivé **II** *s.m.* **1** dérivé: *i derivati del petrolio* les dérivés du pétrole **2** (*ling.*) dérivé: *i derivati di un verbo* les dérivés d'un verbe **3** (*mat.*) dérivé.

derivatóre |deriva'tore| *agg. m. e s.m.* dériveur.

derivazióne |derivat'tsjone| *s.f.* **1** [→ 1 DERIVARE B 1] dérivation: *derivazione di corrente elettrica* dérivation de courant électrique; *derivazione di un corso d'acqua* dérivation d'un cours d'eau → **deviazione** **2** (*ling.*) [→ 1 DERIVARE A 1] dérivation: '*datore*' *è una derivazione di* '*dare*' 'donneur' est une dérivation de 'donner'; *la parola* '*filosofia*' *è di derivazione greca* le mot 'philosophie' est de dérivation grecque **3** (*mat.*) dérivation **4** (*tel.*) dérivation.

-dèrma |'dɛrma| *suff.* (*significa* '*pelle, cute*', *corrisponde gener. a*) derme: *pachiderma* pachyderme.

dèrma |'dɛrma| *s.m. inv.* (*anat.*) derme *var.*

dermatite |derma'tite| *s.f.* (*med.*) dermatite.

dèrmato- |'dɛrmato|, **dèrmo-** |'dɛrmo| *pref.* (*significano* '*pelle, cute*', *corrispondono gener. a*) dermato, derm(o): *dermatologo* dermatologiste; *dermografia* dermographie.

dermatofitòsi |dermatofi'tɔzi| *s.f.inv.* → **dermatomicosi.**

dermatòide |derma'tɔide| *s.f.* → **dermoide** 1.

dermatologia, gie |dermatolo'dʒia, dʒie| *s.f.* dermatologie.

dermatològico, ci, ca, che |dermato'lɔdʒiko, tʃi, ka, ke| *agg.* dermatologique.

dermatòlogo, ghi, gi |derma'tɔlogo, gi, dʒi| *s.m.* dermatologiste *s.*, dermatologue *s.*

dermatomicòsi |dermatomi'kɔzi| *s.f.inv.* (*med.*) dermatomycose *var.*

dermatòsi |derma'tɔzi| *s.f.inv.* (*med.*) dermatose *var.*

dèrmico, ci, ca, che |'dɛrmiko, tʃi, ka, ke| *agg.* (*anat.*) dermique.

dermite |der'mite| *s.f.* → **dermatite.**

dèrmo- |'dɛrmo| *pref.* → **dermato-.**

dermografia |dermogra'fia| *s.f.* dermographie.

dermòide |der'mɔide| **1** *s.f.* [*imitazione del cuoio*] similicuir *m.inv.* **2** *agg. e s.m.* (*med.*) (*cisti*) *dermoide* kyste dermoïde *agg.*

dermosifilopatia |dermosifilopa'tia| *s.f.* (*med.*) dermosyphilopathie.

Dermòtteri |der'mɔtteri| *s.m. pl.* (*t.zool.*) Dermatoptères.

dèrno |'dɛrno| *s.m.* (*mar.*) (*solo nella loc.*) *bandiera in derno* (drapeau) en berne.

dèroga, ghe |'dɛroga, ge| *s.f.* [*eccezione, dispensa, esenzione*] dérogation: *non è concessa alcuna deroga* aucune dérogation n'est permise ◇ (*loc.*) *in deroga a* [*facendo un'eccezione*] par dérogation à.

derogàre |dero'gare| **A** *v.intr.* (*aus.* '*avere*') **1** [*fare eccezione, abrogare parzialmente e limitatamente*] déroger (3): *derogare a una legge, a una norma* déroger à une loi, à une disposition **2** [*venir meno, sottrarsi, contravvenire*] enfreindre (66) *tr.*, contrevenir (27) (*aus.* être): *derogare al regolamento* enfreindre le règlement, contrevenir au règlement; *derogare alle prescrizioni del medico* enfreindre les prescriptions du médecin ◇ (*fig.*) [*rinunciare, togliere valore*] manquer à: *derogare alla propria dignità* manquer à sa dignité **B** *v.tr.* [*trasgredire*] enfreindre, transgresser: *derogare un ordine* enfreindre un ordre.

derogativo |deroga'tivo| *agg.* → **derogatorio.**

derogatòrio, i |deroga'tɔrjo, i| *agg.* (*dir.*) dérogatoire: *atto derogatorio* acte dérogatoire.

derogazióne |derogat'tsjone| *s.f.* → **deroga.**

derràta |der'rata| *s.f. spec. al plur.* **1** [*prodotto agricolo destinato all'alimentazione*] denrées, vivres (*m.*): *magazzino di derrate* magasin de denrées, de vivres; *le derrate scarseggiano* les denrées, les vivres manquent **2** (*per est.*) [*qualunque prodotto, spec. alimentare, destinato al consumo*] *derrate deperibili* denrées périssables ◇ (*loc. fig.*) *è più la giunta che la derrata* [*è più il superfluo che il necessario*] c'est le nécessaire qui manque le plus.

derrick |'derik| *s.m. inv.* (*ingl.*) (*tecnol.*) tour *f. var.* (de forage), derrick *var.*

derubàre |deru'bare| *v.tr.* [*privare qc. con furto di ciò che gli appartiene*]

voler, dévaliser: *farsi derubare* se faire voler, dévaliser; *lo hanno derubato dell'orologio* on lui a volé sa montre.
derubàto |deru'bato| *s.* [*persona vittima di un furto*] victime *f.* (d'un vol): *il derubato si lanciò all'inseguimento del ladro* la victime (du vol) se lança à la poursuite du voleur ✦ (*agg.*) *una persona derubata* une personne volée; *restituire le sostanze derubate* restituer les biens volés.
derubricàre |derubri'kare| *v.tr.* (*dir.*) [*togliere un reato dalla rubrica in cui è stato incluso*] dérépertorier.
deruralizzazióne |deruralid-dzat'tsjone| *s.f.* exode *m.* rural.
dervìscio, i |der'viʃʃo, i|, **dervìs** |der'vis| *s.m.* derviche.
desalinizzàre |desalinid'dzare| *v. tr.* [*eliminare i sali da un liquido*] dessaler: *desalinizzare l'acqua marina* dessaler l'eau de la mer.
deschétto |des'ketto| *s.m.* **1** [*tavolino da lavoro*] table *f.* de travail # *il deschetto del calzolaio* l'établi du cordonnier **2** (*lett.*) [*piccolo desco*] tablette *f.* (*corr.*).
dèsco, chi |'desko, ki| *s.m.* (*lett.*, *scherz.*) → **tavola**; **mensa**.
descrittìvo |deskrit'tivo| *agg.* descriptif*: *stile descrittivo* style descriptif; *geometria descrittiva* géométrie descriptive; *grammatica descrittiva* grammaire descriptive; *anatomia descrittiva* anatomie descriptive.
descrittóre, trice |deskrit'tore, tritʃe| *s. e agg.* descripteur (*s.m.*): *è un descrittore impareggiabile* c'est un descripteur sans pareil.
descrìvere |des'krivere| (182) *v.tr.* **1** [*rappresentare, per iscritto o oralmente; illustrare, esporre*] décrire (51): *descrivere un paesaggio* décrire un paysage; *descrivere minuziosamente* décrire par le détail, en détail; *descrivere una scena* décrire une scène ◇ [*raffigurare, ritrarre*] représenter: *il dipinto descrive una scena familiare* le tableau représente une scène de famille **2** [*tracciare, delineare*] décrire: *descrivere un cerchio* décrire un cercle; *la strada descrive una curva* la route décrit une courbe ◇ (*di corpi in movimento*) *il proiettile descrisse un'ampia curva nel cielo* le projectile décrivit une large courbe dans le ciel.
descrivìbile |deskri'vibile| *agg.* [→ DESCRIVERE 1] descriptible.
descrizióne |deskrit'tsjone| *s.f.* [→ DESCRIVERE 1] description: *descrizione orale, scritta* description orale, écrite; *fare una descrizione esatta di una persona* faire une description exacte d'une personne # *una descrizione della società del Seicento* une peinture de la société du XVIIe siècle.
desensibilizzàre |desensibilid'dzare| *v.tr.* **1** (*foto.*) [*diminuire la sensibilità di (un'emulsione fotografica)*] désensibiliser **2** (*med.*) [*ridurre la sensibilità; praticare l'antianafilassi*] désensibiliser.
desensibilizzazióne |desensibiliddzat'tsjone| *s.f.* [→ DESENSIBILIZZARE] désensibilisation.
desèrtico, ci, ca, che |de'zertiko, tʃi, ka, ke| *agg.* désertique: *clima desertico* climat désertique; *pianta desertica* plante désertique; *zona desertica* zone désertique → **arido**.
desèrto |de'zerto| **I** *agg.* **1** désert: *strada deserta* rue déserte; *casa deserta* maison déserte; *la città era deserta* la ville était déserte # *teatro deserto* [*vuoto di spettatori*] théâtre vide **2** (*per est.*) (*cose*) [*incolto, senza vegetazione*] désert, désolé: *campagna deserta* campagne déserte, désolée ◇ (*persone*) (*lett.*) [*abbandonato, derelitto*] délaissé (*corr.*) **3** (*dir.*) *causa deserta* péremption de l'instance # *l'asta è andata deserta* il n'y a pas eu d'enchère **II** *s.m.* **1** (*geogr.*, *corr.*) désert: *deserti freddi, caldi* déserts froids, chauds; *deserto di sabbia, di pietre* désert de sable, de pierres **2** (*per est.*) [*zona sterile; squallida*] désert ◇ (*loc. fig.*) *parlare, predicare al deserto* prêcher dans le désert Ⓒ I 1 **abitato, frequentato.**
'déshabillé' |dezabije| *s.m.inv.* déshabillé *var.*
desiàre |dezi'are| *v.tr.* (*poet.*) → **desiderare.**
desideràbile |deside'rabile| *agg.* [→ DESIDERARE 1] désirable, souhaitable: *la salute è un bene desiderabile* la santé est un bien désirable, souhaitable; *non è affatto desiderabile* ce n'est guère souhaitable; *donna desiderabile* femme désirable ◇ *loc.* È DESIDERABILE CHE (+ *congv.*) [*augurabile, auspicabile*] il est souhaitable que (+ *congv.*): *è desiderabile che tu sia presente* il est souhaitable que tu sois présent Ⓒ **indesiderabile.**
desiderabilità |desiderabili'ta| *s.f. inv.* (*raro, econ.*) désidérabilité *var.*
desideràre |deside'rare| *v.tr.* **1** [*sentire il bisogno di q.c. e aspirare, tendere a soddisfarlo*] désirer: *desiderare il successo, la ricchezza, la fortuna* désirer le succès, la richesse, la fortune; *desidero un po' di riposo* je désire un peu de repos; *desiderare una donna* désirer une femme; *non avere più nulla da desiderare* n'avoir plus rien à désirer ◇ (*loc.*) *farsi desiderare* se faire désirer ~ *lasciare a desiderare* laisser à désirer ~ *far desiderare qc.* [*non soddisfare le richieste di qc. per stimolarne maggiormente il desiderio*] tenir la dragée haute à qqn. **2** [*volere, esigere*] désirer: *desiderare la pace* désirer la paix ◇ *loc.* DESIDERARE CHE (+ *congv.*) désirer que (+ *congv.*): *desidero che eseguiate subito i miei ordini* je désire que vous exécutiez immédiatement mes ordres; *suo padre desiderava che avesse più interesse al lavoro* son père désirait qu'il eût plus d'intérêt au travail ~ DESIDERARE (DI) (+ *inf.*) désirer (+ *inf.*): *desidero intrattenermi con voi* je désire m'entretenir avec vous; *non desidera assolutamente (di) incontrarlo* il ne désire absolument pas le rencontrer; *desidera essere lasciato da solo* il désire qu'on le laisse seul **3** [*richiedere, chiamare*] demander: *ti desiderano al telefono* on te demande au téléphone **4** (*domanda di chi si mette a servizio di qc.*) (*che cosa*) *desidera?* que désirez-vous?, vous désirez?; *non desidera altro?* vous désirez autre chose? ◇ (*nei negozi*) *desidera, desiderate altro?* et avec ceci?, (est-ce que) ce sera tout?
desideràta |deside'rata| *s.m.pl.* desiderata: *manifestare i propri desiderata* exprimer ses desiderata.
desiderativo |desidera'tivo| *agg.* (*gram.*) optatif* # *il congiuntivo desiderativo* l'optatif.
desidèrio, i |desi'derjo, i| *s.m.* **1** désir: *desiderio di gloria, di ricchezza, di piaceri* désir de gloire, de richesse, de plaisirs; *desiderio di comandare* désir de commander; *appagare i propri desideri* satisfaire ses désirs; *esprimere, formulare un desiderio* exprimer, formuler un désir; *tenere a freno i desideri* refréner ses désirs; *per noi i vostri desideri sono ordini* vos désirs sont pour nous des ordres ◇ (*loc.*) *è un pio desiderio* [*proposito assurdo o irrealizzabile*] c'est un vœu pieux **2** [*l'oggetto desiderato*] désir: *il mio solo desiderio è di partire* mon seul désir est de partir **3** [*bisogno*] besoin: *desiderio di affetto* besoin d'affection; *sentire il desiderio di essere amato* sentir le besoin d'être aimé **4** [*rimpianto*] regret # *lasciare vivo desiderio di sé* se faire regretter.
desideróso |deside'roso| *agg.* désireux*, avide: *desideroso di sapere* désireux, avide de savoir; *occhi, sguardi desiderosi* des yeux, des regards avides, pleins de désirs → **bramoso**; *desideroso di denaro, di ricchezze* avide d'argent, de richesses; *essere desideroso di fare meglio* être désireux de mieux faire.
design |di'zain| *s.m. inv.* (*ingl.*) design *var.*, esthétique *f. var.* industrielle.
designàre |des(z)iɲ'ɲare| *v.tr.* **1** [*proporre per un ufficio, una carica*] désigner: *è stato designato per le ricerche* il a été désigné pour les recherches; *lo designarono a comandare la spedizione* il fut désigné pour commander l'expédition → **incaricare** **2** [*fissare, stabilire*] fixer: *designare il luogo di un incontro* fixer le lieu d'un rendez-vous **3** [*denominare, significare*] désigner: *non sempre c'è un termine appropriato che designa ogni singolo fenomeno* il n'y a pas toujours de terme exact pour désigner chaque phénomène.
designàto |desiɲ'ɲato| *agg.* désigné: *la vittima designata* la victime désignée.
designazióne |des(z)iɲɲat'tsjone| *s.f.* [→ DESIGNARE 1, 2] désignation: *designazione di un successore* désignation d'un successeur; *la designazione dei rappresentanti* la désignation des représentants # *la designazione del luogo e del giorno di un incontro* le choix du lieu et du jour d'un rendez-vous.
designer |di'zainə| *s.m. inv.* (*ingl.*) designer *var.*
1 **desinàre** |dezi'nare| *v.intr.* (*aus. 'avere'*) → **pranzare.**
2 **desinàre** |dezi'nare| *s.m.* → **pranzo.**
desinènza |dezi'nentsa| *s.f.* (*ling.*, *corr.*) désinence, terminaison.
desinenziàle |dezinen'tsjale| *agg.* (*ling.*) désinentiel*: *elemento desinenziale* élément désinentiel.
desìo, ii |de'zio, ii| *s.m.* (*poet.*) → **desiderio.**
desióso |dezi'oso| *agg.* (*poet.*) → **desideroso.**
desistènza |desis'tentsa| *s.f.* (*dir.*) désistement (*m.*): *desistenza da un'azione giudiziaria* désistement d'une action judiciaire; *desistenza da querela* désistement d'instance.
desìstere |de'sistere| (116) *v.intr.* (*aus. 'avere'*) [*rinunciare, smettere, cessare*] se désister *pron.*, renoncer (2): *desistere da un'impresa* se désister d'une entreprise, renoncer à une entreprise; *desisto!* j'y renonce!; *desistere dal cer-*

care renoncer à chercher ◇ (*dir.*) *desistere da una querela* [*ritirarla*] abandonner une poursuite [C] **insistere.**
desmopatìa |desmopa'tia| *s.f.* (*med.*) desmopathie.
desolànte |dezo'lante| *agg.* désolant: *una scena desolante* une scène désolante [C] **consolante, confortante.**
desolàre |dezo'lare| **A** *v.tr.* **1** (*persone*) [*rattristare, affliggere*] désoler: *quell'insuccesso l'ha desolato* cet échec l'a désolé **2** (*di luoghi, lett.*) [*devastare, saccheggiare*] dévaster (*corr.*): *la guerra ha desolato la regione* la guerre a dévasté la région; *la grandine ha desolato le campagne* la grêle a dévasté les campagnes **B** *v.pron.rifl.* DESOLARSI [*piombare nello sconforto*] se désoler, s'affliger (3): *si è desolata per la morte del figlio* elle s'est désolée, affligée à cause de la mort de son fils [C] A 1; B **rallegrare.**
desolataménte |dezolata'mente| *avv.* [→ DESOLATO 1] désespérément, d'un air désolé (*loc.*): *piangere desolatamente* pleurer désespérément ◇ (*davanti ad agg.*) *era desolatamente solo* il était désespérément seul.
desolàto |dezo'lato| *agg.* **1** (*persone*) [*profondamente afflitto, accorato*] désolé: *madre desolata* mère désolée; *avere l'aria desolata* avoir l'air désolé ◇ (*formule di rammarico*) [*vivamente dispiaciuto*] *sono desolato di avervi fatto aspettare* je suis désolé, au désespoir de vous avoir fait attendre **2** (*luoghi*) [*abbandonato, privo di vita*] désolé: *campagna desolata* campagne désolée; *un paesaggio desolato* un paysage désolé [C] 1 **gaio, contento**; 2 **ridente.**
desolazióne |dezolat'tsjone| *s.f.* [→ DESOLARE A] désolation: *la desolazione delle campagne* la désolation des campagnes; *essere in preda alla desolazione* être plongé dans la désolation; *la sua morte ci ha gettati nella più profonda desolazione* sa mort nous a jetés dans la désolation la plus profonde.
desonorizzàre |desonorid'dzare| *v.tr.* (*tecnol.*) (*detto di un locale*) [*isolare completamente dai suoni*] insonoriser.
dèspota |'dɛspota| *s.m.* **1** despote → **tiranno** **2** (*per est.*) [*persona troppo autoritaria*] despote: *il nostro presidente è un despota* notre président est un despote **3** (*st.gr., biz.*) despote.
desquamàre |deskwa'mare| **A** *v. tr.* (*med.*) [*provocare la formazione di squame sulla pelle*] desquamer **B** *v.pron. intr.* DESQUAMARSI **1** (*med.*) [*formare squame*] se desquamer: *la pelle si desquama* la peau se desquame **2** (*geol.*) [*sfaldarsi a scaglie*] s'exfolier: *rocce che si desquamano* roches qui s'exfolient.
desquamativo |deskwama'tivo| *agg.* (*scient.*) desquamatif*.
desquamazióne |deskwamat'tsjone| *s.f.* (*geol., med.*) desquamation.
déssa |'dessa| *pron. dim. f.* (*raro, lett.*) → **essa.**
'dessert' |desɛʀ| *s.m.inv.* dessert (*var.*): *vino da 'dessert'* vin de dessert.
désso |'desso| *pron. dim. m.* (*raro, lett.*) → 2 **esso.**
destabilizzazióne |destabilid-dzat'tsjone| *s.f.* destabilisation.
destalinizzàre |destalinid'dzare| *v.tr.* (*polit.*) destaliniser.
destalinizzazióne |destalinid-dzat'tsjone| *s.f.* [→ DESTALINIZZARE] destalinisation.
destàre |des'tare| **A** *v.tr.* **1** (*svegliare*) réveiller: *destare qc. nel cuore della notte* réveiller qqn. en pleine nuit; *il rumore lo ha destato* le bruit l'a réveillé **2** (*fig.*) [*scuotere dal torpore e dall'inerzia*] réveiller: *destare la volontà di qc.* réveiller la volonté de qqn. ◇ [*eccitare, stimolare*] éveiller: *destare la curiosità, l'interesse generale* éveiller la curiosité, l'intérêt général ◇ [*suscitare*] *destare entusiasmo e ammirazione* éveiller l'enthousiasme et l'admiration; *destare sospetti, preoccupazioni* éveiller les soupçons, les préoccupations; *destare dei felici, dolorosi ricordi* éveiller des souvenirs heureux, douloureux **3** (*per est.*) [*ravvivare*] raviver: *destare il fuoco, la fiamma* raviver le feu, la flamme **B** *v.pron. intr.* DESTARSI **1** [→ *tr.* 1, 2] se réveiller; (s')éveiller: *destarsi di buon mattino, di soprassalto* se réveiller de bon matin, en sursaut ‖ *attorno a quella notizia si è destato l'interesse generale* cette nouvelle a éveillé l'intérêt général **2** (*raro, fig.*) [*nascere, risvegliarsi*] naître (74) (*intr.*): *oggi si stanno destando nuovi ideali* de nos jours naissent de nouveaux idéaux.
destinàre |desti'nare| *v.tr.* **1** [*stabilire, decidere irrevocabilmente*] destiner: *gli uomini sono destinati a morire* les hommes sont destinés à mourir # *il cielo ha destinato così* le ciel en a décidé ainsi ◇ *loc.* È DESTINATO CHE (+ *congv.*) le destin veut que (+ *congv.*): *è destinato che tu soccomba* le destin veut que tu succombes ~ ESSERE DESTINATO A être destiné, voué à: *la sua iniziativa era destinata al fallimento* son initiative était destinée, vouée à l'échec **2** [*assegnare, riservare*] affecter; destiner: *sono stato destinato a questo ufficio* j'ai été affecté à ce bureau ‖ *fu destinato al fronte* il fut destiné au front ◇ [*devolvere*] destiner: *destinare una notevole somma ai poveri* destiner une somme considérable aux pauvres **3** [*indirizzare, avviare a una attività*] destiner: *i suoi genitori lo destinarono alla carriera militare* ses parents le destinèrent à la carrière militaire **4** (*di lettere e sim.*) [*indirizzare*] adresser: *quel pacco è destinato a te* ce paquet t'est adressé ◇ (*per est.*) [*rivolgere, dirigere*] destiner: *quel complimento non era destinato a voi* ce compliment ne vous était pas destiné.
destinatàrio, i |destina'tarjo, i| *s.* destinataire: *destinatario di un pacco* destinataire d'un colis [C] **mittente.**
destinazióne |destinat'tsjone| *s.f.* **1** [→ DESTINARE 2] destination, affectation: *la destinazione di una somma* la destination, l'affectation d'une somme **2** [*ufficio e residenza assegnati a un funzionario*] affectation: *essere in attesa di destinazione* attendre son affectation; *raggiungere la propria destinazione* rejoindre son affectation **3** [*luogo d'arrivo, meta*] destination: *giungere a destinazione* arriver à destination; *partire per destinazione ignota* partir pour une destination inconnue ◇ (*di lettere o sim.*) *il pacco non è ancora arrivato a destinazione* le paquet n'est pas encore arrivé à destination **4** (*mil.*) destination: *è ancora ignota la destinazione delle reclute* la destination des recrues est encore inconnue.
destìno |des'tino| *s.m.* **1** destin, destinée (*f.*): *seguire il proprio destino* suivre son destin, sa destinée; *prendersela col destino* s'en prendre au destin, à la malchance; *credere al destino* croire au destin # *abbandonare qc. al proprio destino* abandonner qqn. à son (triste) sort; *rassegnarsi al destino* se résigner à son sort ◇ *loc.* ERA DESTINO CHE (+ *congv.*) [*era fatale che*] le destin voulait que (+ *congv.*): *era destino che s'incontrassero* le destin voulait qu'ils se rencontrent **2** [*avvenire, sorte, fortuna*] destin, destinée: *il destino di una civiltà* le destin d'une civilisation; *si poteva prevedere il destino della sua opera* on pouvait prévoir le destin réservé à son œuvre ◇ *al plur.* [*i grandi eventi storici*] sort (*sing.*): *i destini della patria* le sort de la patrie **3** (*bur., comm.*) destination (*f.*): *la nave ha raggiunto il destino* le navire est arrivé à destination.
destituìbile |destitu'ibile| *agg.* [→ DESTITUIRE] destituable.
destituìre |destitu'ire| (197) *v.tr.* [*deporre, allontanare da un impiego, ufficio e sim.*] destituer: *destituire un funzionario* destituer un fonctionnaire; *destituire un ufficiale* destituer un officier (de son commandement) → **rimuovere, degradare.**
destituìto |destitu'ito| *agg.* [*privo, mancante*] dénué: *notizia, accusa destituita d'ogni fondamento* nouvelle, accusation dénuée de tout fondement.
destituzióne |destitut'tsjone| *s.f.* [→ DESTITUIRE] destitution: *la destituzione di un funzionario disonesto* la destitution d'un fonctionnaire malhonnête → **deposizione, degradazione.**
désto |'desto| *agg.* **1** [*che non dorme, sveglio*] éveillé: *restò desto tutta la notte* il resta éveillé toute la nuit; *il frastuono m'ha tenuto desto fino a mattina* ce tintamarre m'a tenu éveillé jusqu'au matin # *sogno o son desto?* (*domanda che esprime stupore*) je me demande si je rêve **2** (*fig.*) [*vivace, pronto, attento*] éveillé: *un bambino desto* un enfant éveillé; *uno spirito desto* un esprit éveillé; *avere l'occhio desto* avoir l'œil éveillé [C] 1 **addormentato, sonnolento**; 2 **indolente, pigro.**
dèstra |'dɛstra| *s.f.* **1** droite: *alla mia destra* à ma droite; *tenere la destra* garder sa droite; *svoltare a destra* tourner à droite; *lo troverai a destra entrando* tu le trouveras à droite en entrant ◇ (*in segno di rispetto*) *dare la destra* céder la droite; *dare, stringere la destra* donner, serrer la main ◇ (*mil.*) *fianco, squadra, fronte a destra, marsc'!* demi-tour, droite!, demi-tour à droite! marche! **2** (*polit.*) droite: *fare una politica di destra* faire une politique de droite; *tutta la destra ha votato per lui* toute la droite a voté pour lui ◇ (*per est.*) *la destra socialdemocratica* la droite sociale-démocrate; *la destra hegeliana, crociana* la droite hégélienne, de Croce.
destraménte |destra'mente| *avv.* [*con destrezza*] adroitement → **abilmente.**
destreggiaménto |destreddʒa'mento| *s.m.* (*raro*) [→ DESTREGGIARSI] manœuvres *f.pl.* (*corr.*).
destreggiàrsi |destred'dʒarsi| *v. pron.intr.* [*agire con destrezza; operare accortamente e speditamente*] se débrouiller: *destreggiarsi fra mille difficoltà* se débrouiller au milieu de, entre des difficultés; *si destreggia molto bene* il se débrouille très bien; *sa destreggiarsi*

anche con pochi soldi il sait se débrouiller même avec peu d'argent # *destreggiarsi con abilità in un argomento spinoso* se tirer avec habileté d'un sujet épineux.

destrézza |des'trettsa| *s.f.* [*agilità, sveltezza di movimenti*] adresse, dextérité: *giochi di destrezza* jeux d'adresse; *la destrezza di un prestigiatore* l'adresse d'un prestidigitateur; *quel chirurgo opera con grande destrezza* ce chirurgien opère avec une grande dextérité → **abilità, scioltezza** ◇ (*fig.*) [*avvedutezza, sagacia*] habileté, dextérité: *condurre un affare con destrezza* mener une affaire avec habileté, dextérité → **capacità.**

destrière |des'trjɛre| *s.m.* → **destriero.**

destrièro |des'trjɛro| *s.m.* (*lett.*) destrier.

dest'riga |dest'riga| *inter.* (*mil.*) (*usata come comando*) alignez-vous.

destrìna |des'trina| *s.f.* (*chim.*) dextrine.

destrìsmo |des'trizmo| *s.m.* **1** [*il normale prevalere della mano destra su quella sinistra*] dextralité *f.* **2** [*il tendere politicamente a destra*] tendance *f.* droitiste.

dèstro- |'dɛstro-| *pref.* (*significa 'destro', corrisponde gener. a*) dextro: *destrogiro* dextrogyre.

dèstro |'dɛstro| **I** *agg.* **1** droit: *il fianco, il piede destro* le côté, le pied droit; *la mano destra* la main droite; *il guanto destro, la scarpa destra* le gant droit, la chaussure droite; *la riva destra di un corso d'acqua* la rive droite d'un cours d'eau ◇ (*loc. fig.*) *essere il braccio destro di qc.* être le bras droit de qqn. **2** (*fig.*) [*che ha destrezza, abile, astuto*] adroit: *essere destro di mano* être adroit de ses mains; *un giocatore assai destro* un joueur très adroit **II** *s.m.* **1** [*occasione propizia, opportunità*] occasion: *aspettare, cogliere il destro di fare q.c.* attendre, saisir l'occasion de faire qqch.; *lo farò quando mi si presenterà il destro* je le ferai quand j'en aurai l'occasion **2** (*pugilato*) [*colpo portato col pugno destro*] direct du droit: *abbattere l'avversario con un destro* abattre l'adversaire par un, d'un direct du droit.

destrogìro |destro'dʒiro| *agg.* **1** (*chim., geom.*) dextrogyre **2** → **destrorso.**

destròide |des'trɔide| *s. e agg.* (*polit.*) droitiste → **destrorso** Ⓒ **sinistroide.**

destròrso |des'trɔrso| *agg.* **1** [*che va da sinistra a destra*] dextrorsum # *scrittura destrorsa* écriture qui penche à droite **2** (*geom.*) dextrogyre ◇ (*mecc.*) à droite *loc. inv.* **3** (*fig., fam.*) [*che tende politicamente a destra*] droitier*, droitiste Ⓒ 1; 3 **sinistrorso.**

destròsio, i |des'trɔzjo, i| *s.m.* (*chim.*) dextrose → **glucosio.**

destrutturàre |destruttu'rare| *v. tr.* [*abolire, togliere le vecchie strutture* (*di un organismo o sim.*) *per modificarne la composizione o la situazione*] destructurer: *destrutturare un piano di lavoro, una società per azioni* destructurer un plan (de travail), une société par actions.

destrutturazióne |destruttu-rat'tsjone| *s.f.* [→ DESTRUTTURARE] destructuration.

desuèto |desu'ɛto| *agg.* (*lett.*) désuet*: *parola desueta* mot désuet → **disusato** Ⓒ **usato.**

desuetùdine |desue'tudine| *s.f.* **1** (*lett.*) [*assenza, mancanza di consuetudine*] désuétude: *cadere in desuetudine* tomber en désuétude **2** (*dir.*) désuétude: *legge caduta in desuetudine* loi tombée en désuétude.

desùmere |de'sumere| (118) *v.tr.* **1** [*trarre, ricavare*] tirer: *desumere dalle favole una morale* tirer des fables une moralité # *desumere una notizia dai giornali* prendre une nouvelle dans les journaux **2** [*dedurre, intuire, comprendere*] déduire (75), arguer: *da ciò che esponete, si può desumere che...* de ce que vous exposez, on peut déduire que... → **arguire, congetturare.**

detective |di'tektiv| *s.m. inv.* (*ingl.*) détective *var.*

detector |di'tektə| *s.m. inv.* (*ingl.*) (*rad.*) détecteur *var.*

detenére |dete'nere| (188) *v.tr.* **1** [*possedere, avere nelle proprie mani*] détenir (27): *detenere la refurtiva* détenir les objets volés; *detenere un primato* détenir un record ◇ (*dir.*) [*avere in custodia o a disposizione*] *il creditore detiene i beni del debitore* le créancier détient les biens du débiteur **2** [*tenere in carcere*] détenir: *detenere un fuorilegge* détenir un hors-la-loi; *essere detenuto per furto* être détenu pour vol.

detentìvo |deten'tivo| *agg.* (*dir.*) de détention *loc. inv.*, d'emprisonnement (*loc. inv.*): *pena detentiva* peine de détention, d'emprisonnement.

detentóre, trice |deten'tore, tritʃe| *s.* détenteur*: *detentore di un record* détenteur d'un record; *detentore di un immobile* détenteur d'un immeuble; *i detentori abusivi di armi saranno puniti* les détenteurs abusifs d'armes seront punis ✦ (*agg.*) *la squadra detentrice del titolo di campione* l'équipe qui détient le titre de champion.

detenùto |dete'nuto| *s.* détenu: *i detenuti della prigione di Milano* les détenus de la prison de Milan; *è un detenuto politico* c'est un détenu politique → **carcerato** ✦ (*agg.*) *le donne detenute furono liberate* les femmes détenues furent libérées.

detenzióne |deten'tsjone| *s.f.* [→ DETENERE] détention: *detenzione abusiva di armi* détention abusive d'armes; *detenzione di un bene* détention d'un bien; *fu condannato a due anni di detenzione* il fut condamné à deux ans de détention → **carcerazione.**

detergènte |deter'dʒɛnte| *agg.* détergent: *olio detergente* huile détergente # *latte detergente* lait démaquillant; *crema detergente* crème démaquillante ✦ (*s.m.*) *un detergente* un détergent, un détersif.

detèrgere |de'tɛrdʒere| (114) *v.tr.* **1** [*pulire, asportando impurità*] déterger (3), nettoyer (10): *detergere una piaga* déterger, nettoyer une plaie; *detergere il parabrezza dell'auto* nettoyer le pare-brise d'une auto **2** [*asciugare, togliere via*] essuyer (11): *detergere le lacrime* essuyer ses larmes.

deterioràbile |deterjo'rabile| *agg.* [→ DETERIORARE] qui peut se détériorer (*loc.*): *merci deteriorabili* marchandises qui peuvent se détériorer.

deterioraménto |deterjora'mento| *s.m.* [→ DETERIORARE] détérioration (*f.*): *deterioramento di merci* détérioration de marchandises; *il deterioramento di una macchina* la détérioration d'une machine → **avaria** ◇ (*psichiatria*) *deterioramento mentale* détérioration mentale.

deterioràre |deterjo'rare| **A** *v.tr.* [*alterare, guastare, rendere peggiore*] détériorer, abîmer: *il caldo deteriora i prodotti alimentari* la chaleur détériore, abîme les produits alimentaires; *i colori di questa tela si sono deteriorati* les couleurs de cette toile se sont détériorées → **avariare, danneggiare** **B** *v. pron.* DETERIORARSI [→ *tr.*] se détériorer.

deteriorazióne |deterjorat'tsjone| *s.f.* (*raro*) → **deterioramento.**

deterióre |dete'rjore| *agg.* [*di qualità inferiore, peggiore, scadente*] de mauvaise qualité (*loc. inv.*): *prodotto deteriore* produit de mauvaise qualité # *qualità deteriore* qualité inférieure.

determinàbile |determi'nabile| *agg.* [→ DETERMINARE A 1, 2] déterminable: *prezzo determinabile* prix déterminable; *i confini della zona sono determinabili con esattezza* les limites de la zone sont déterminables avec exactitude → **definibile.**

determinànte |determi'nante| **I** *agg.* déterminant, décisif*: *argomento determinante* argument déterminant, décisif; *voti determinanti* des voix décisives → **decisivo** **II** *s.* **1** *s.f.* élément *m.* déterminant: *la determinante di una decisione* l'élément déterminant d'une décision **2** *s.m.* (*mat.*) déterminant ◇ (*biol.*) *teoria dei determinanti* théorie des déterminants **3** *s.m.* (*gram.*) *i determinanti specifici* les déterminants spécifiques.

determinàre |determi'nare| **A** *v. tr.* **1** [*delimitare, indicare con precisione i termini*] déterminer: *determinare i confini di una provincia* déterminer les limites d'une province; *determinare il significato di un vocabolo* déterminer le sens d'un mot **2** [*precisare, fissare, stabilire*] déterminer: *determinare la natura di una malattia* déterminer la nature d'une maladie; *determinare il giorno della partenza* déterminer le jour du départ; *determinare il prezzo di un prodotto* déterminer le prix d'un produit # *determinare un animale, una pianta* [*classificarli sistematicamente*] classer un animal, une plante **3** [*provocare, cagionare, causare*] provoquer: *la crisi economica ha determinato il rialzo dei prezzi* la crise économique a provoqué la hausse des prix **4** [*indurre, persuadere*] déterminer: *le difficoltà incontrate lo determinarono a desistere* les difficultés rencontrées le déterminèrent à se désister **5** [*decidere, deliberare*] décider: *determinò di accettare l'offerta* il décida d'accepter l'offre; *l'amministrazione ha determinato di sospendere i finanziamenti* l'administration a décidé de suspendre les financements **B** *v.pron.rifl.* DETERMINARSI [*decidersi, risolversi, convincersi*] se déterminer, se décider: *dopo l'insuccesso si determinò ad abbandonare la politica* après l'échec il se détermina, se décida à abandonner la politique.

determinataménte |determinata'mente| *avv.* déterminément.

determinatézza |determina'tettsa| *s.f.* **1** [*esattezza, precisione*] précision: *la determinatezza di un'idea, di un vocabolo* la précision d'une idée, d'un mot **2** [*risolutezza, decisione*] détermination: *agire con determinatezza* agir avec détermination Ⓒ 1 **indetermina-**

tezza, imprecisione; 2 **irresolutezza, indecisione.**

determinativo |determina'tivo| *agg.* (*gram.*) déterminatif*: *aggettivo determinativo* adjectif déterminatif Ⓒ **indeterminativo.**

determinàto |determi'nato| *agg.* **1** (*cose*) [*stabilito, fissato, indicato*] déterminé: *riunirsi in un luogo determinato* se réunir dans un lieu déterminé; *partire in un giorno determinato* partir un jour déterminé; *comprare al prezzo determinato* acheter au prix déterminé ◇ [*particolare*] *in determinate situazioni* dans des situations déterminées; *a determinate condizioni* à certaines conditions ◇ (*mat.*) *equazione determinata* équation déterminée **2** (*persone*) [*risoluto, deciso*] déterminé: *è determinata a rifiutare* elle est déterminée à refuser Ⓒ 1 **indeterminato, indefinito**; 2 **irresoluto, esitante.**

determinazióne |determinat'tsjone| *s.f.* **1** [→ DETERMINARE A 1, 2] détermination: *la determinazione della longitudine, della latitudine di un luogo* la détermination de la longitude, de la latitude d'un lieu; *la determinazione del significato di un vocabolo* la détermination du sens d'un mot **2** [→ DETERMINARE A 5] détermination: *prendere una determinazione affrettata* prendre une détermination hâtive; *agire con determinazione* agir avec détermination.

determinìsmo |determi'nizmo| *s.m.* (*filos.*) déterminisme: *determinismo economico* déterminisme économique; *determinismo psicologico* déterminisme psychologique.

determinìsta |determi'nista| *s.* déterministe.

determinìstico, ci, ca, che |determi'nistiko, tʃi, ka, ke| *agg.* déterministe: *filosofia deterministica* philosophie déterministe; *concetto deterministico* concept déterministe.

deterrènte |deter'rɛnte| *s.m.* [*arma o mezzo di tale potenza da scoraggiare ogni nemico*] force *f.* de dissuasion: *deterrente atomico* force de dissuasion atomique ✦ *agg.* de dissuasion (*loc. inv.*): *arma, forza deterrente* arme, force de dissuasion.

detersìvo |deter'sivo| *agg.* détersif*: *prodotto detersivo* produit détersif ✦ (*s.m.*) *un detersivo* un détersif, une lessive *f.*

detestàbile |detes'tabile| *agg.* [*orribile, spaventoso*] affreux*: *è un essere, un delitto detestabile* c'est un être, un crime affreux → **abominevole** ◇ (*per est.*) [*pessimo*] détestable: *una abitudine detestabile* une habitude détestable; *ha un carattere detestabile* il a un caractère détestable Ⓒ **amabile, piacevole, sgradevole.**

detestàre |detes'tare| **A** *v.tr.* [*provare odio, avversione; condannare come riprovevole*] détester: *detestare la dittatura* détester la dictature; *detesto la menzogna* je déteste le mensonge; *detestare qc.* détester qqn.; *detesto dover aspettare* je déteste devoir attendre → **aborrire** **B** *v.pron. recipr.* DETESTARSI [*provare avversione reciproca*] se détester: *quei due fratelli si detestano* ces deux frères se détestent Ⓒ **approvare, lodare.**

detestazióne |detestat'tsjone| *s.f.* (*raro*) → **avversione.**

detonànte |deto'nante| *agg.* détonant: *esplosivo, miccia detonante* explosif, cordeau détonant; *miscela detonante* mélange détonant ✦ (*s.m.*) *un detonante* un détonant.

detonàre |deto'nare| *v.intr.* (*aus.* '*avere*') [*scoppiare, esplodere fragorosamente*] détoner: *la bomba detonò all'improvviso* la bombe détona soudainement.

detonatóre |detona'tore| *s.m.* détonateur: *detonatore a scoppio ritardato* détonateur à retardement; *detonatore elettrico* détonateur électrique.

detonazióne |detonat'tsjone| *s.f.* [→ DETONARE] détonation, explosion: *la detonazione di una bomba* la détonation d'une bombe.

detràrre |de'trarre| (190) *v.tr.* **1** [*sottrarre, togliere*] déduire (75): *detrarre le spese da una somma* déduire les frais d'une somme ◇ (*fig.*) *detrarre valore a un'impresa* soustraire de la valeur à une entreprise **2** (*raro*) [*diffamare, denigrare*] calomnier # *detrarre la fama di qc.* attenter par des calomnies à la réputation de qqn. → **calunniare** Ⓒ 1 **aggiungere**; 2 **lodare.**

detrattóre, trice |detrat'tore, tritʃe| *s.* détracteur*: *un detrattore del regime* un détracteur du régime → **denigratore, diffamatore** Ⓒ **ammiratore.**

detrazióne |detrat'tsjone| *s.f.* [→ DETRARRE 1] déduction: *la detrazione di una somma* la déduction d'une somme; *detrazione fiscale* déduction fiscale.

detriménto |detri'mento| *s.m.* [*diminuzione, danno morale o materiale*] détriment; préjudice: *quell'azione va a suo detrimento* cette action va à son détriment; *ciò torna a nostro detrimento* cela tourne à notre détriment || *subire un grave detrimento nell'onore, negli interessi* subir un grave préjudice à son honneur, à ses intérêts ◇ *loc.* A DETRIMENTO DI au détriment de: *questa decisione va a detrimento del suo onore* cette décision va au détriment de son honneur, nuit à son honneur.

detrìtico, ci, ca, che |de'tritiko, tʃi, ka, ke| *agg.* (*geol.*) détritique: *rocce detritiche* roches détritiques.

detrito |de'trito| *s.m. spec. al plur.* **1** [*frammento inutilizzabile; rifiuto, scoria*] déchets: *i detriti delle acciaierie* les déchets des aciéries; *i detriti furono gettati nella pattumiera* on jeta les déchets dans la poubelle ◇ (*fig.*) *i detriti della società* [*persone al di fuori di ogni legge e di ogni morale*] les rebuts de la société **2** (*geol.*) détritus: *i fiumi trasportano spesso enormi quantità di detriti* les fleuves transportent souvent une énorme quantité de détritus.

detronizzàre |detronid'dzare| *v. tr.* [*deporre dal trono*] détrôner: *il re fu detronizzato* le roi fut détrôné ◇ (*per est.*) [*privare di un primato, di una posizione di privilegio*] *detronizzare il campione in carica* détrôner le champion en titre; *quel grande artista fu detronizzato dal suo allievo* ce grand artiste fut détrôné par son élève.

détta |'detta| *s.f. solo nella loc.* A DETTA DI [*secondo quanto dice...*] au dire de: *a detta del capoufficio tu sei un abile lavoratore* au dire du chef de service tu es un employé consciencieux; *a detta di tutti egli è un commerciante onesto* au dire de tout le monde c'est un honnête commerçant ~ *a sua detta* [*secondo lui, lei*] à son avis.

dettagliànte |dettaʎ'ʎante| *s.m.* (*comm.*) détaillant *s.* Ⓒ **grossista.**

dettagliàre |dettaʎ'ʎare| *v.tr.* **1** [*esporre con tutti i particolari*] détailler: *dettagliò minuziosamente l'accaduto* il détailla minutieusement ce qui était arrivé; *dettagliare le condizioni di vendita* détailler les conditions de vente **2** (*raro*) [*vendere al minuto*] détailler.

dettagliataménte |dettaʎʎata'mente| *avv.* [→ DETTAGLIATO] en détail (*loc.*): *esporre dettagliatamente la propria storia* exposer en détail son histoire.

dettagliàto |dettaʎ'ʎato| *agg.* [*descritto con abbondanza di particolari*] détaillé: *racconto dettagliato* récit détaillé; *esposizione dettagliata* exposé détaillé → **circostanziato.**

dettàglio, i |det'taʎʎo, i| *s.m.* **1** [*elemento, circostanza particolare*] détail: *i dettagli di un ritratto* les détails d'un portrait; *conoscere i dettagli di un fatto* connaître les détails d'un fait; *curare i dettagli* soigner les détails; *entrare, perdersi nei dettagli* entrer, se perdre dans les moindres détails ◇ (*loc.*) *in dettaglio* en détail → **dettagliatamente** ◇ *loc. comm.* AL DETTAGLIO au détail: *vendere al dettaglio* vendre au détail; *commercio, negozio al dettaglio* commerce, magasin de détail ◇ (*cine.*) détail **2** (*mar.*) *ufficiale al dettaglio* officier de détail.

dettàme |det'tame| *s.m. spec. al plur.* [*norma, precetto*] principes; préceptes: *secondo i dettami della ragione, della scienza* selon les principes de la raison, de la science || *i dettami della morale* les préceptes de la morale ◇ [*suggerimento, ispirazione, consiglio*] impératifs: *seguire i dettami della moda* suivre les impératifs de la mode.

dettàre |det'tare| *v.tr.* **1** [*pronunciare ad alta voce affinché altri possa scrivere*] dicter: *dettare una lettera* dicter une lettre ✦ (*ass.*) *sono stanco di dettare* je suis fatigué de dicter ◇ (*fig.*) [*suggerire*] *dettare la soluzione di un problema al compagno vicino* dicter la solution d'un problème à son voisin **2** [*consigliare, ispirare*] dicter: *il suo comportamento è stato dettato dall'esperienza* son comportement a été dicté par l'expérience; *ha scritto come il cuore gli dettava* il a écrit ce que son cœur lui dictait **3** [*prescrivere, imporre*] dicter: *dettare le condizioni della pace* dicter les conditions de la paix ◇ (*loc.*) *dettare legge* [*di chi ha grande autorità o cercare d'imporre la propria volontà*] faire la loi **4** (*lett.*) [*comporre, scrivere*] composer: *dettare poesie* composer des poèmes.

1 **dettàto** |det'tato| *s.m.* **1** dictée (*f.*): *prova di dettato* épreuve de dictée; *dettato musicale* dictée musicale; *rileggere, correggere un dettato* relire, corriger une dictée; *aveva tre errori nel proprio dettato* il avait trois fautes dans sa dictée **2** (*lett.*) [*modo di scrivere, stile*] style: *dettato chiaro ed elegante* style clair et élégant.

2 **dettàto** |det'tato| *s.m.* (*lett.*) **1** [*motto, prov., detto com.*] dicton: *dettato popolare* dicton populaire **2** [*prescrizione, precetto*] prescription (*f.*): *agire secondo il dettato della legge* agir selon la prescription de la loi.

dettatùra |detta'tura| *s.f.* [→ DETTARE 1] dictée: *scrivere sotto dettatura* écrire sous la dictée.

détto |'detto| **I** *agg.* **1** [*soprannominato, chiamato*] dit: *Michelangelo Merisi detto il Caravaggio* Michelange Merisi dit le Caravage; *Bianchi Giuseppe detto Pino* Bianchi Joseph dit Pino **2** [*già nominato, anzidetto, sopraddetto*] susdit; fixé: *il detto individuo è da me sconosciuto* je ne connais pas le susdit individu ‖ *ti aspetto nel detto giorno* je t'attends au jour fixé → **stabilito** ◇ (*dir.*) *il detto acquirente* le dit acquéreur ◇ (*teat.*) *Arlecchino e detti* Arlequin et les mêmes **II** *s.m.* **1** [*espressione, locuzione, parola*] dicton: *è un detto dialettale* c'est un dicton dialectal # *stando al suo detto* s'en tenant à ses paroles, d'après ce qu'il dit ◇ (*prov.*) *dal detto al fatto v'è un gran tratto* [*agire non è facile come parlare*] il y a loin de la parole au fait; promettre et tenir font deux **2** [*sentenza, massima*; *prov.*] dicton; dits (*pl.*): *un detto popolare* un dicton populaire ‖ *i detti di Socrate* les dits de Socrate **3** (*letter. mediev.*) dit.

deturpaménto |deturpa'mento| *s.m.* (*raro*) → **deturpazione.**

deturpàre |detur'pare| *v.tr.* **1** [*alterare, deformare*] souiller, défigurer: *deturpare un quadro, un dipinto* souiller, défigurer un tableau, une peinture; *alcune cicatrici le deturpavano il volto* quelques cicatrices lui défiguraient le visage → **sfregiare** **2** (*fig.*) [*corrompere, rovinare, imbruttire*] gâcher; souiller: *questo capitolo deturpa tutto il libro* ce chapitre gâche tout le livre; *i molti cartelli pubblicitari deturpano il paesaggio* les nombreux panneaux publicitaires gâchent le paysage ‖ *la corruzione deturpa l'innocenza dei fanciulli* la corruption souille l'innocence des enfants ◇ (*per est.*) [*insudiciare, macchiare*] souiller: *il vizio deturpa l'animo* le vice souille l'âme.

deturpatóre, trice |deturpa'tore, trit∫e| *s.* qui défigure(nt) *loc.*, qui mutile(nt) (*loc.*): *ecco il deturpatore di quel quadro, di quella statua* voilà celui qui a défiguré ce tableau, qui a mutilé cette statue ✦ (*agg.*) *ferite deturpatrici* blessures qui défigurent.

deturpazióne |deturpat'tsjone| *s.f.* [→ DETURPARE] défiguration, défigurement (*m.*): *la deturpazione del paesaggio* la défiguration du paysage; *il quadro recava alcune deturpazioni* le tableau portait quelques signes de défigurements.

deus ex machina |'dɛuseks 'makina| *loc. sost. m. inv.* (*lat.*) deus ex machina (*s.m.*): *è il deus ex machina della situazione* c'est le deus ex machina de la situation ◇ [*mente direttrice e organizzatrice di un'attività illecita*] *era il deus ex machina del colpo alla banca* c'était le deus ex machina du coup à la banque.

deutèrio, i |deu'tɛrjo, i| *s.m.* (*chim.*) deutérium.

deuter(o)- |deuter(o)| *pref.* (*significa 'secondo', corrisponde gener. a*) deutér(o): *deuterocanonico* deutérocanonique.

deutóne |deu'tone| *s.m.* (*fis.*) deutéron, deuton.

deutschemark |dɔjt∫ə'marʀk| *s. m.inv.* (*ted.*) deutschemark *var.*

devalutazióne |devalutat'tsjone| *s.f.* → **svalutazione.**

devastàre |devas'tare| *v.tr.* **1** [*saccheggiare, rovinare*] dévaster: *i barbari devastavano i paesi che invadevano* les barbares dévastaient les pays qu'ils envahissaient; *la grandine ha devastato il raccolto* la grêle a dévasté la récolte → **distruggere** **2** (*per est.*) [*deturpare, sfigurare*] ravager (3): *il suo viso è devastato dal vaiolo* son visage est ravagé par la variole ◇ (*fig.*) *una mente devastata dal terrore* un esprit ravagé par la terreur.

devastatóre, trice |devasta'tore, trit∫e| *s.* destructeur*, dévastateur* (*raro*): *un esercito di devastatori* une armée de destructeurs → **saccheggiatore, distruttore** ◇ (*agg.*) *barbari devastatori* barbares destructeurs; *ciclone devastatore* cyclone dévastateur.

devastazióne |devastat'tsjone| *s.f.* [→ DEVASTARE 1] dévastation: *devastazioni causate dalle inondazioni* dévastations causées par les inondations; *seminare dovunque rovina e devastazione* semer partout la ruine et la dévastation → **rovina.**

deviàbile |devi'abile| *agg.* [→ DEVIARE] déviable: *un percorso deviabile* un parcours déviable; *una traiettoria non deviabile* une trajectoire non déviable.

deviaménto |devia'mento| *s.m.* [→ DEVIARE] déviation *f.*; détournement: *il deviamento del traffico* la déviation de la circulation ‖ *il deviamento di un corso d'acqua* le détournement d'un cours d'eau # *il deviamento del treno* le déraillement du train → **deragliamento** ◇ (*fig.*) *una vita piena di deviamenti* une vie pleine de déviations.

deviànte |devi'ante| *agg.* **1** (*fis.*) déviant: *traiettoria deviante* trajectoire déviante **2** (*fig.*) [*che svia, distoglie*] déviant: *discorsi, argomenti devianti* propos, sujets déviants ◇ [*che si allontana dalla linea ufficiale*] *una tesi deviante* une thèse déviante, dissidente.

deviànza |devi'antsa| *s.f.* (*psicol.*) déviance.

deviàre |devi'are| **A** *v.intr.* (*aus. 'avere'*) [*modificare la propria direzione*] dévier: *in quel punto la strada devia verso la montagna* à cet endroit la route dévie vers la montagne; *il proiettile ha deviato dalla sua traiettoria* le projectile a dévié de sa trajectoire # *deviare a destra* tourner à droite; *il treno ha deviato* le train a déraillé → **deragliare** ◇ (*fig.*) [*allontanarsi*] dévier, s'écarter (*pron.*): *deviare dai propri principi, dalla retta via* dévier, s'écarter de ses principes, du droit chemin; *deviare dal proprio progetto* dévier de son projet; *deviare dall'argomento del discorso* s'écarter du sujet du discours **B** *v.tr.* [*avviare su un percorso diverso, sviare*] détourner, dévier: *deviare un convoglio dal suo itinerario* détourner un convoi de son itinéraire; *deviare un corso d'acqua* détourner un cours d'eau; *deviare la palla in calcio d'angolo* dévier le ballon en corner; *deviare la circolazione* dévier la circulation → **dirottare**; *il prisma devia i raggi luminosi* le prisme dévie les rayons lumineux # *deviare la rotta* changer de cap ◇ (*fig.*) détourner: *deviare qc. dalla retta via* détourner qqn. du droit chemin; *deviare qc. dal proprio dovere* détourner qqn. de son devoir; *deviare i sospetti su di un'altra persona* détourner les soupçons sur une autre personne.

deviatóio, i |devia'tojo, i| *s.m.* → **scambio.**

deviatóre |devia'tore| *s.m.* **1** [*ferroviere addetto agli scambi*] aiguilleur **2** (*elettr.*) *deviatore elettrico* commutateur.

deviazióne |deviat'tsjone| *s.f.* **1** [→ DEVIARE] déviation: *deviazione di una strada* déviation d'une route; *deviazione dell'ago della bussola* déviation de l'aiguille aimantée; *deviazione di un proiettile* déviation d'un projectile # *deviazione di un corso d'acqua, del traffico* détournement d'un cours d'eau, de la circulation ◇ (*fig.*) *deviazione politica* déviation politique # *deviazione dalla propria fede* écart de sa foi; *ha fatto una deviazione dal filo del discorso* il a fait une digression dans son discours **2** (*fis.*) *deviazione di un raggio luminoso* déviation d'un rayon lumineux; *deviazione in un prisma* déviation d'un prisme; *deviazione della luce in un prisma* déviation de la lumière dans un prisme **3** (*med.*) déviation: *deviazione della colonna vertebrale* déviation de la colonne vertébrale # *deviazione oculare* strabisme ◇ (*psicol.*) déviance.

deviazionìsmo |deviattsjo'nizmo| *s.m.* déviationnisme.

deviazionìsta |deviattsjo'nista| *s.* déviationniste: *deviazionista di sinistra* déviationniste de gauche.

deviazionìstico, ci, ca, che |deviattsjo'nistiko, t∫i, ka, ke| *agg.* déviationniste.

de visu |de'vizu| *loc. avv.* (*lat.*) de visu: *constatare de visu q.c.* se rendre compte de visu de qqch.

devitalizzàre |devitalid'dzare| *v. tr.* (*odontoiatria*) [*distruggere la polpa dentaria*] dévitaliser: *devitalizzare un dente* dévitaliser une dent.

devitalizzazióne |devitaliddzat'tsjone| *s.f.* (*odontoiatria*) *la devitalizzazione di un dente* la dévitalisation d'une dent.

devitaminizzàto |devitaminid'dzato| *agg.* dévitaminé.

devoltàre |devol'tare| *v.tr.* (*elettr.*) [*diminuire il voltaggio di*] dévolter **C** **survoltare.**

devoluzióne |devolut'tsjone| *s.f.* [→ DEVOLVERE A 1] (*dir.*) dévolution: *devoluzione dei beni* dévolution des biens.

devòlvere |de'vɔlvere| **A** *v.tr.* **1** [*trasmettere, trasferire ad altri in proprietà o in godimento*] transmettre (71); affecter: *devolvere un'eredità* transmettre un héritage; *devolvere la propria autorità, il proprio potere a qc.* transmettre son autorité, son pouvoir à qqn. ‖ *devolvere l'incasso a favore degli handicappati* affecter la recette aux handicapés **2** (*lett.*) [*riversare, rovesciare*] déverser (*corr.*): *devolvere l'acqua da una chiusa in un bacino* déverser l'eau d'une écluse dans un bassin **B** *v. pron.* DEVOLVERSI **1** *intr.* [→ *tr.* 1] se léguer (8), se transmettre: *diritto che si devolve di padre in figlio* droit que l'on se lègue de père en fils, qui se transmet de père en fils **2** *rifl.* (*lett.*) [*riversarsi*] se déverser: *l'acqua si devolve nel bacino* l'eau se déverse dans le bassin **C** A 1 **mantenere, conservare.**

devoniàno |devo'njano| *agg.* (*geol.*) dévonien*: *fossile devoniano* fossile dévonien ✦ (*s.m.*) *il devoniano* le dévonien.

devònico, ci, ca, che |de'vɔniko, tʃi, ka, ke| *agg.* → **devoniano.**

devotaménte |devota'mente| *avv.* [→ DEVOTO 1, 2] dévotement, avec dévotion (*loc. inv.*): *pregare devotamente* prier dévotement, avec dévotion; *salutare, servire devotamente qc.* saluer, servir qqn. avec dévotion # *devotamente suo* votre dévoué.

devòto |de'vɔto| *agg.* **1** dévot, pieux*: *persona devota* personne dévote, pieuse; *gesti devoti* gestes pieux # *essere devoto alla Vergine* avoir une grande dévotion pour la Vierge; *ascoltare in devoto silenzio* [*ispirato a devozione*] écouter dans un silence religieux ♦ (*s.*) *i devoti* les dévots **2** [*sinceramente affezionato*] dévoué: *servitore devoto* serviteur dévoué; *essere devoto alla* (*propria*) *moglie* être (tout) dévoué à sa femme → **fedele**; *è il mio amico più devoto* c'est le plus dévoué de mes amis # *amore devoto* dévotion, amour fervent ◇ (*nelle formule di chiusura delle lettere*) *il suo, il vostro devotissimo* votre (tout) dévoué; *devoti ossequi* veuillez croire à mes sentiments dévoués **3** (*lett.*) [*votato, consacrato*] voué: *devoto al trionfo di una causa* voué au triomphe d'une cause; *devoto al sacrificio* voué au sacrifice.

devozionàle |devottsjo'nale| *agg.* (*eccl.*) de dévotion (*loc. inv.*): *oggetti devozionali* objets de dévotion.

devozióne |devot'tsjone| *s.f.* **1** dévotion: *pregare con devozione* prier avec dévotion, dévotement; *essere compreso di devozione* être plein de dévotion **2** *al plur.* [*pratiche religiose; preghiere*] dévotions: *fare, dire le devozioni* faire ses dévotions **3** [*affetto deferente verso qc.; dedizione*] dévouement (*m.*): *devozione a un partito* dévouement à un parti; *devozione a un ideale, al dovere* dévouement à un idéal, au devoir; *devozione verso un benefattore, verso il padre* dévouement à son bienfaiteur, à son père; *curare qc. con grande devozione* soigner qqn. avec beaucoup de dévouement.

déy, déi |'dei| *s.m.inv.* dey *var.*

di- |di| *pref.* (*significa 'due, doppio', corrisponde gener. a*) di: *dicotiledoni* dicotylédones.

di |di| *prep. N.B. 'di' si elide davanti a parole che iniziano per voc.* (*forme contratte possibili*):

m.sing.	(1)	[*di ~~+ il~~*]	→ *del*	**du**	→ (1)	*prep.* **de** (*fr.*)	[*davanti a cons., eccetto 'gn, ps, s + cons., z'*]
	(2)	[*di ~~+ lo~~*]	→ *dello*	**du**	→ (3)	' ' '	[*davanti a 'gn, ps, s + cons., z'*]
	(3)	[*di ~~+ l'~~*]	→ *dell'*	**de l'**	→ (5)	' ' '	[*davanti a voc.*]
m.pl.	(4)	[*di ~~+ i~~*]	→ *dei*	**des**	→ (7)	' ' '	[*nei casi di* (1)] *N.B. la 'i' di 'dei' non si elide mai, eccetto in poesia*
	(5)	[*di ~~+ gli~~*]	→ *degli*	**des**	→ (9)	' ' '	[*nei casi di* (2)] *N.B. la 'i' di 'degli' si elide molto raramente*
f.sing.	(6)	[*di ~~+ la~~*]	→ *della*	**de la**	→ (11)	' ' '	[*davanti a cons.*]
	|(7)|	[*di ~~+ l'~~*]	→ *dell'*	**de l'**	→ (13)	' ' '	[*davanti a voc.*]
f.pl.	(8)	[*di ~~+ le~~*]	→ *delle*	**des**	→ (15)	' ' '	[*davanti a cons. o voc.*] *N.B. davanti a voc. la 'e' di 'delle' non si elide*

I (*introduce i compl. di*) **1** (*specificazione*) de: *la regina d'Inghilterra* la reine d'Angleterre; *la cinghia dei calzoni* la ceinture du pantalon; *l'inizio dell'inverno* le début de l'hiver; *le foglie degli alberi* les feuilles des arbres; *la porta della cantina* la porte de la cave; *il cortile della scuola* la cour de l'école; *i vetri delle finestre* les carreaux des fenêtres ◇ (*con valore poss.*) de: *è il padre di Francesco* c'est le père de François; *sono i giocattoli di Marco* ce sont les jouets de Marc; *sono i libri di mio zio* ce sont les livres de mon oncle ◇ (*preceduta immediatamente dal v.*) à: *questi dischi sono di Maria* ces diques sont à Marie; *quella macchina è* (*quella*) *di papà* cette voiture est à papa ◇ (*per indicare l'autore di una opera*) *un quadro di Raffaello, del Tiziano* un tableau de Raphaël, du Titien; *il poema di Dante* le poème de Dante ◇ (*nelle date*) de (*non si traduce davanti al numero indicante l'anno*): *il, al 27 del mese di settembre* le 27 du mois de septembre; *nel luglio del* 1975 en juillet 1975; *il gennaio del 1975* au mois de janvier 1975 **2** (*partitivo*) de: *molti di noi* beaucoup d'entre nous; *una dozzina di uova* une douzaine d'œufs; *un po' di tutto* un peu de tout; *alcuni dei miei amici* certains (de mes) copains → **tra,** 1 **fra** ◇ (*dopo un sup. rel.*) *il migliore di tutti* le meilleur de tous; *il più affezionato degli amici* le plus cher des amis; *il re dei re* le roi des rois; *il Cantico dei Cantici* le Cantique des Cantiques **3** (*paragone*) que: *Paolo è più ricco di Giovanni* Paul est plus riche que Jean; *è più studioso di suo fratello* il est plus appliqué que son frère → 3 **che** **4** (*moto da luogo*) de: *è appena uscito di casa* il vient de sortir de chez lui; *vattene via di qui!* va-t'-en d'ici!; *il treno di Parigi è in ritardo* le train de Paris est en retard → **da** ◇ (*in correl. con la prep. 'in'*) *andare di casa in casa* aller de maison en maison; *girare di città in città* aller de ville en ville ◇ (*loc.fig.*) *di bene in meglio* de mieux en mieux; *di male in peggio* de mal en pis, de pis en pis **5** (*moto per luogo, spec. con avv.*) par: *passeremo di lì* nous allons passer par là; *non passare* (*per*) *di qui* ne passe pas par ici **6** (*origine, provenienza*) de: *un uomo di umili origini* un homme de modeste origine; *frutti di mare* fruits de mer; *Luigi* (*figlio*) *di Giuseppe* Louis, fils de Joseph ◇ (*davanti a nome pr. di città o regione*) *un tale di Milano* un tel de Milan; *il mio direttore è di Roma, del sud* mon directeur est de Rome, du sud **7** (*tempo determinato*) en: *d'estate, d'inverno* en été, en hiver; ◇ (*si traduce con l'art. quando indica tempi brevi*) *di giorno, di notte, di sera, di mattina* le jour, la nuit, le soir, le matin; *di lunedì, i negozi sono chiusi* le lundi, les magasins sont fermés ◇ (*per indicare durata*) de: *la guerra dei Cento Anni* la guerre de Cent Ans; *un viaggio di tre giorni* un voyage de trois jours ◇ (*in correl. con la prep. 'in'*) *di giorno in giorno* de jour en jour; *di ora in ora* d'heure en heure **8** (*argomento*) de: *non parla mai del suo lavoro* il ne parle jamais de son travail; *parlar bene, parlar male di qc.* dire du bien, du mal de qqn.; *discute sempre di politica* il discute toujours (de) politique **9** (*qualità*) de: *una ragazza di media statura* une fille de taille moyenne; *era di umore nero* il était d' (une) humeur noire # *un uomo di nobili sentimenti* un homme aux nobles sentiments **10** (*età*) de: *un uomo di quarant'anni* un homme de quarante ans; *una bottiglia di Barolo di dieci anni* une bouteille de Barolo vieux de dix ans **11** (*peso o misura*) de: *un carico di dieci quintali* un poids de dix quintaux; *una torre di venti metri* une tour de vingt mètres de haut, haute de vingt mètres **12** (*materia*) de, en: *un bicchiere di cristallo* un verre de, en cristal; *una statua di bronzo* une statue de, en bronze; *un sacchetto di plastica* un sac en, de plastique **13** (*abbondanza o privazione*) de: *la città pullulava di turisti* la ville grouillait de touristes; *essere privo di risorse* être dépourvu de ressources # *abbondare di materie prime* être riche en matières premières **14** (*limitazione*) de: *è largo di spalle* il est large d'épaules # *essere superiore di numero* être supérieur en nombre; *un ragazzo pronto d'ingegno* un garçon à l'esprit vif **15** (*quantità, davanti a comparativo*) *è più vecchio di te di tre anni* il est plus âgé que toi de trois ans; *sei più alto di qualche centimetro* tu le dépasses de quelques centimètres **16** (*causa*) de: *ha esultato di gioia* il a été fou de joie; *morire di fame, di tumore* mourir de faim, d'une tumeur; *ho urlato di dolore* j'ai crié de douleur **17** (*modo*) de: *hanno accettato di cuore* ils ont accepté de grand cœur; *mi sono alzato di cattivo umore* je me suis levé de mauvaise humeur # *lavorare di malavoglia* travailler sans entrain; *abbiamo riso di gusto* nous avons ri à gorge déployée **18** (*mezzo*) de: *nutrirsi di carne* se nourrir de viande; *l'ho coperto di insulti* je l'ai couvert d'insultes # *lavorare di scalpello* travailler au ciseau **19** (*fine*) de: *muro di cinta* mur de clôture; *linea di confine* ligne de frontière # *essere di aiuto, d'impaccio a qc.* aider, gêner qqn. **20** (*prezzo*) de: *un gioiello di inestimabile valore* un bijou d'inestimable valeur; *un regalo di poche lire* un cadeau de quatre sous **21** (*colpa*) de: *è accusato di furto, di spionaggio* il est accusé de vol, d'espionnage; *era colpevole di alto tradimento* il était coupable de haute trahison ◇ (*pena*) *è stato multato di cinquemila lire* il a attrapé une contravention de cinq mille lires **22** (*denominazione*) *il nome di Paolo* le nom de Paul; *la città di Roma* la ville de Rome; *il regno d'Inghilterra* le royaume d'Angleterre; *il mese di gennaio* le mois de janvier; *il titolo di cavaliere* le titre de chevalier ◇ *loc.* DARE A QC. DEL (+ *agg.*) traiter qqn. de: *mi ha dato dell'idiota, del cretino* il m'a traité d'idiot, de crétin ~ (+ *pron.*) *darsi del tu* se tutoyer; *darsi del lei* se vouvoyer **II** (*stabilisce varie relazioni sintattiche*) **1** (*con valore partitivo o indef. sostituisce l'art. indet. o l'agg. indef.*) de: (*introduce un sogg.*): *si presentarono delle persone* des personnes se présentèrent; *verranno degli amici* des amis viendront; (*introduce un compl. ogg.*) *voglio del latte, del pane* je veux du lait, du pain; *comprare del pesce* acheter du poisson; (*introduce un compl. indiretto*) *l'ho fatto per dei motivi precisi* je l'ai fait pour des raisons précises; *verrò a cena con degli amici* je viendrai dîner avec des amis **2** (*posto tra due sost., dà al secondo un valore di attributo o di appos., con un particolare effetto enf. o escl.*) de: *quel monello di Giacomo* ce garnement de Jacques; *razza di imbecille!* espèce d'imbécile!; *che pezzo di ragazza!* quel beau brin de fille! **3** (*con valore raff. che può essere dichiarativo o pleon., in espressioni escl.*) de: *ne hai dette, di cretinate!* tu en as dit, des bêtises; *di questo, non parliamone più!* ne parlons plus de cela! ◇ (*in alcune espressioni con valore pleon.*) *cosa? farmi di questi scherzi?* quoi? me jouer de ces mauvais tours?; *ne va della vita, del mio onore* il y va de ma vie, de mon honneur # *dicono di sì* ils disent que oui; *hanno cercato (di) te* on t'a cherché **4** (*introduce il compl. di vari v. intr.*) de: *sa di sale, di tabacco* cela a un goût de sel, de tabac # *sentire, sapere di muffa* sentir le moisi **III** (*davanti all'inf. di un v., introduce varie prop. implicite*) **1** (*soggettive*) de: *gli fu comandato di tacere* on lui ordonna de se taire; *non mi è mai capitato di vederlo* il ne m'est jamais arrivé de le voir # *mi sembra di aver capito bene* il me semble avoir bien compris ◇ (*quando l'inf. ha valore di sost., la prep. 'di' è preferibilmente soppressa; in fr. va tradotta*) (*è*) *vietato* (*di*) *fumare* il est interdit de fumer, défense de fumer; *è permesso* (*di*) *entrare* il est permis d'entrer **2** (*oggettive*) (*non si traduce con i v. di opinione e sim.*) *credo di aver capito tutto* je crois avoir tout compris; *speriamo di riuscirci* nous espérons réussir; *sostiene di essere il migliore* il affirme qu'il est le meilleur; *penso di aver sbagliato* je pense que je me suis trompé ◇ (*in dipendenza da alcuni v. servili*) *ho tentato di capire* j'ai essayé de comprendre; *ho rifiutato di pagare* j'ai refusé de payer; *non si è degnato di rivolgermi la parola* il n'a pas daigné m'adresser la parole **3** (*finali*) de: *ti prego di aiutarmi* je te prie de m'aider; *gli ho consigliato di affrettarsi* je lui ai conseillé de se presser **4** (*consecutive*) de: *è un uomo degno di essere ammirato* c'est un homme digne d'admiration; *è un quadro degno di essere esposto* c'est un tableau digne d'être exposé # *è arrivato al punto di odiarmi* il en est arrivé à me détester **IV** (*forma varie loc., prep. e avv. per la cui fraseologia si rimanda alla rispettiva parola principale*) **1** (*loc. prep.*) *prima di* → 1 **prima** I 4; *dopo di* → **dopo**, *ecc.* **2** (*loc.avv.*) *di qua* → **qua**; *di là* → **là**, *ecc.*

dì |'di| *s.m.inv.* (*lett. o in alcune loc. fam.*) [*giorno*] jour: *il dì di festa* le jour de fête; *sul far del dì* à la pointe du jour, à l'aube; *il dì innanzi* le jour avant; *notte e dì* nuit et jour → **giorno** ◇ (*loc. fam.*) *conciare qc. per il dì delle feste* [*ridurlo a mal partito*] soigner qqn. aux petits oignons ◇ (*arc.*) (*premesso alla data*) *a dì* → **addì**; *buon dì* → **buondì**; *oggi dì* → **oggidì**.

dia- |'dia| *pref.* (*significa 'attraverso, mediante' o indica 'differenza, separazione', corrisponde gener. a*) dia: *diacritico* diacritique; *dialisi* dialyse.

diabàse |dia'baze| *s.m.* (*miner.*) diabase *f.*

diabète |dia'bɛte| *s.m.* (*med.*) diabète.

diabètico, ci, ca, che |dia'bɛtiko, tʃi, ka, ke| *agg.* **1** diabétique: *coma diabetico* coma diabétique; *disturbi diabetici* troubles diabétiques **2** [*affetto da diabete*] diabétique ✦ (*s.*) *un diabetico* un diabétique; *regime per diabetici* régime pour diabétiques.

diabolicaménte |djabolika'mente| *avv.* [→ DIABOLICO 2] diaboliquement, d'une manière diabolique (*loc. inv.*): *inganno diabolicamente architettato* duperie diaboliquement construite; *ghignava diabolicamente* il ricanait d'une manière diabolique.

diabolicità |djabolitʃi'ta| *s.f. inv.* [*astuzia, malizia diabolica*] ruse *var.*, méchanceté *var.* diabolique: *si è comportato con una diabolicità sconcertante* il s'est conduit avec une méchanceté diabolique qui déconcerte.

diabòlico, ci, ca, che |dja'bɔliko, tʃi, ka, ke| *agg.* **1** diabolique: *tentazione diabolica* tentation diabolique; *potere diabolico* pouvoir diabolique **2** (*per est.*) [*astuto, perverso, maligno*] diabolique; sarcastique: *perfidia diabolica* perfidie diabolique; *macchinazione diabolica* machination diabolique → **infernale, cattivo** || *ingegno diabolico* esprit sarcastique ◇ [*insopportabile, pessimo*] d'enfer (*loc. inv.*): *tempo, caldo diabolico* temps, chaleur d'enfer ⓒ **buono, 1 benigno, angelico.**

diàbolo |'djabolo| *s.m.* (*gioco*) diabolo.

diàclasi |di'aklazi| *s.f.inv.* (*geol.*) diaclase *var.*

diaconàle |diako'nale| *agg.* diaconal*: *ornamenti diaconali* ornements diaconaux.

diaconàto |diako'nato| *s.m.* (*relig. crist.*) diaconat: *ricevere il diaconato* recevoir le diaconat.

diaconéssa |diako'nessa| *s.f.* (*relig.crist.*) diaconesse.

diàcono |di'akono| *s.m.* (*relig.crist.*) diacre.

diacrìtico, ci, ca, che |dia'kritiko, tʃi, ka, ke| *agg.* diacritique: *segni diacritici* signes diacritiques.

diacronìa |diakro'nia| *s.f.* (*ling.*) diachronie ⓒ **sincronia.**

diacrònico, ci, ca, che |dia'krɔniko, tʃi, ka, ke| *agg.* diachronique: *studio diacronico* étude diachronique.

diacùstica, che |dia'kustika, ke| *s.f.* diacoustique.

diadèma |dia'dɛma| *s.m.* **1** diadème: *diadema regale* diadème royal; *aveva un magnifico diadema in testa* elle avait un magnifique diadème sur la tête **2** (*t.zool.*) diadème.

diàdoco, chi |di'adoko, ki| *s.m.* diadoque.

diàfano |di'afano| *agg.* diaphane: *corpo diafano* corps diaphane; *cristallo diafano* cristal diaphane → **trasparente** ◇ (*per est.*) [*pallido; esile, sottile*] *mani diafane* mains diaphanes; *volto diafano* visage diaphane; *questa ragazza ha una pelle diafana* cette fille a une peau diaphane.

diafràmma |dia'framma| *s.m.* **1** [*elemento di separazione tra due parti*] cloison (*f.*): *un piccolo diaframma di roccia separa in due la galleria* une petite cloison de roche sépare en deux la galerie ◇ (*fig.*) *abbattere i diaframmi sociali* abattre les cloisons sociales **2** (*anat., foto.*) diaphragme **3** (*in apparecchi acustici*) [*membrana vibrante*] diaphragme: *il diaframma di un altoparlante, di un microfono* le diaphragme d'un haut-parleur, d'un micro **4** [*anticoncezionale per donna*] diaphragme.

diaframmàre |diafram'mare| *v. tr.* [*regolare l'apertura del diaframma*] diaphragmer (*intr.*): *avresti dovuto diaframmare di più* tu aurais dû diaphragmer davantage; *diaframmare l'obiettivo* diaphragmer.

diàgnosi |di'aɲɲozi| *s.f.inv.* **1** [*la identificazione di una malattia*] diagnostic (*m. var.*): *una diagnosi laboriosa, sicura* un diagnostic difficile, sûr; *errore di diagnosi* erreur de diagnostic **2** (*per est.*) [*giudizio analitico di un fenomeno*] diagnostic: *fare la diagnosi della situazione economica, politica* faire le diagnostic de la situation économique, politique.

diagnòsta |diaɲ'ɲɔsta| *s.m.* [*medico abile nel fornire diagnosi*] diagnostiqueur.

diagnòstica, che |diaɲ'ɲɔstika, ke| *s.f.* [*l'arte e la tecnica della diagnosi*] diagnose.

diagnosticàre |diaɲɲosti'kare| *v. tr.* (*med.*) [*effettuare una diagnosi*] diagnostiquer: *il medico ha diagnosticato la malattia* le médecin a diagnostiqué la maladie ◇ (*per est.*) *il sociologo ha diagnosticato il male di questa società* le sociologue a diagnostiqué le malaise de cette société.

diagnòstico, ci, ca, che |diaɲ'ɲɔstiko, tʃi, ka, ke| *agg.* diagnostique # *accertamento diagnostico, indagine diagnostica* examens, épreuves (cliniques, etc.) en vue d'un diagnostic; *fare indagini diagnostiche* faire un diagnostic ✦ (*s.m.*) *un diagnostico* un diagnostiqueur: *è un diagnostico di rara bravura* c'est un diagnostiqueur d'une rare habileté.

diagonàle |diago'nale| **I** *s.f.* **1** (*geom.*) diagonale: *le due diagonali di un quadrato* les deux diagonales d'un carré **2** (*per est.*) [*linea, direzione obliqua*] diagonale: *tracciare una diagonale* tracer une diagonale ◇ *loc.* IN DIAGONALE, LUNGO LA DIAGONALE [*trasversalmente*] en diagonale: *tagliare un pezzo di carta in diagonale* couper un morceau da papier en diagonale; *attraversare la piazza lungo la diagonale* traverser la place en diagonale **II** *s.m.* **1** [*tessuto, vestito con trama diagonale*] diagonale (*f.*): *portava un golf con un bel diagonale grigio* il portait un pull avec une belle diagonale grise **2** (*calcio, tennis*) renvoi en diagonale **III** *agg.* (*geom.*) *linea diagonale* ligne diagonale ◇ (*per est.*) *tiro diagonale* tir en diagonale.

diagonalménte |diagonal'mente| *avv.* [→ DIAGONALE III] diagonalement: *avanzava, procedeva diagonalmente* il avançait diagonalement # *rigare un foglio diagonalmente* tracer des diagonales sur une feuille de papier.

diagràmma |dia'gramma| *s.m.* (*mat.*) diagramme: *il diagramma di una funzione* le diagramme d'une fonction # *diagramma cartesiano* graphique cartésien ◇ (*per est.*) diagramme; courbe (*f.*): *diagramma della temperatura, della produzione* diagramme de la température, de la production ‖ *diagramma del traffico* courbe du trafic.

diagrammàre |diagram'mare| *v. tr.* [*raffigurare, descrivere mediante un diagramma*] porter sur un diagramme: *diagrammare la produzione, la temperatura* porter sur un diagramme la production, la température.

diagrammàtico, ci, ca, che |diagram'matiko, tʃi, ka, ke| *agg.* (*ling.*) diagrammatique.

dialèfe |dia'lɛfe| *s.f.* (*metr.*) *hiatus *m.*

dialettàle |dialet'tale| *agg.* dialectal*: *espressione dialettale* expression dialectale; *poesia dialettale* poésie dialectale ◇ [*che scrive in dialetto*] *poeta dialettale* poète dialectal.

dialettalismo |dialetta'lizmo|, **dialettismo** |dialet'tizmo| *s.m.* (*ling.*) dialectalisme.

dialèttica, che |dia'lɛttika, ke| *s.f.* (*filos., corr.*) dialectique: *ha una dialettica diabolica* il a une dialectique diabolique.

dialetticaménte |dialettika'mente| *avv.* [→ DIALETTICO I] dialectiquement.

dialèttico, ci, ca, che |dia'lɛttiko, tʃi, ka, ke| **I** *agg.* dialectique: *processo, metodo, procedimento dialettico* processus, méthode, procédé dialectique # *ha un'enorme abilità dialettica* il est très habile dans la dialectique **II** *s.* **1** [*chi è esperto nella disputa*] dialecticien*: *quell'avvocato è un dialettico formidabile* cet avocat est un dialecticien formidable **2** [*filosofo, logico*] sophiste.

dialettismo |dialet'tizmo| *s.m.* → **dialettalismo.**

dialètto |dia'lɛtto| *s.m.* dialecte ◇ [*locale*] patois: *parlare in dialetto* parler en dialecte, en patois.

dialettologìa, gie |dialettolo'dʒia, dʒie| *s.f.* dialectologie.

dialipètalo |diali'pɛtalo| *agg.* (*bot.*) dialypétale.

diàlisi |di'alizi| *s.f.inv.* (*chim., ling., med.*) dialyse (*var.*): *scomporre una sostanza per dialisi* décomposer une substance par dialyse.

dialìtico, ci, ca, che |dia'litiko, tʃi, ka, ke| *agg.* **1** (*chim., med.*) de dialyse (*loc. inv.*): *processo dialitico* procédé de dialyse; *trattamento dialitico* traitement de dialyse **2** (*ling.*) *un costrutto dialitico* une dialyse *s.f.*

dializzatóre |dialiddza'tore| *s.m.* (*chim.*) dialyseur.

diàllage |di'alladʒe| *s.f.* (*retorica*) conclusion (d'un syllogisme).

dialogàre |dialo'gare| **A** *v.tr.* [*ridurre, scrivere in forma di dialogo*] dialoguer: *dialogare una scena, una commedia* dialoguer une scène, une comédie **B** *v.intr.* (*aus.* '*avere*') [*conversare, parlare, discutere*] dialoguer: *dialogare con qc.* dialoguer avec qqn.

dialogàto |dialo'gato| **1** *agg.* dialogué: *le parti dialogate di una commedia* les parties dialoguées d'une comédie **2** *s.m.* (*per est.*) partie *f.* dialoguée: *il dialogato di un'opera, di un film* la partie dialoguée d'un opéra, d'un film → **dialogo.**

dialoghìsta |dialo'gista| *s.* dialoguiste.

dialògico, ci, ca, che |dia'lɔdʒiko, tʃi, ka, ke| *agg.* dialogique.

dialogista |dialo'dʒista| *s.* → **dialoghista.**

dialogizzàre |dialodʒid'dzare| *v. tr. e intr.* (*aus.* '*avere*') → **dialogare.**

diàlogo, ghi |di'alogo, gi| *s.m.* **1** [*colloquio, conversazione fra due o più persone*] dialogue: *ascoltare un dialogo* écouter un dialogue; *prendere parte a un dialogo* prendre part à un dialogue; *c'è stato un dialogo molto animato* il y a eu un dialogue très animé **2** [*tentativo di comporre i propri dissensi*] dialogue: *aprire, avviare un dialogo* ouvrir, engager un dialogue; *il dialogo tra governo e opposizione si è arenato* le dialogue entre le gouvernement et l'opposition s'est enlisé 🄲 1 **monologo.**

diamànte |dia'mante| *s.m.* **1** (*miner.*) diamant: *collana di diamanti* rivière de diamants; *duro come il diamante* dur comme du diamant ◇ (*loc. fig.*) *carattere, cuore di diamante* [*saldo, fermo, duro*] caractère, cœur dur ~ *nozze di diamante* noces de diamant **2** (*aer.*) *ala a diamante* aile triangulaire ◇ (*arch.*) *a* (*punta di*) *diamante* à pointes de diamant **3** [*strumento con punta di diamante per tagliare il vetro*] diamant **4** (*baseball*) le carré de jeu **5** (*mar.*) diamant **6** (*tip.*) *edizioni diamante* éditions diamant; *caratteri diamante* caractères diamant.

diamantìfero |diaman'tifero| *agg.* (*miner.*) diamantifère.

diamantino |diaman'tino| *agg.* (*raro*) **1** [*di diamante; simile a diamante*] diamantaire: *pietra diamantina* pierre diamantaire **2** (*fig.*) [*fermo, costante, saldo*] adamantin: *carattere diamantino* caractère adamantin → **adamantino.**

diametralménte |diametral'mente| *avv.* [*secondo la linea del diametro*] diamétralement: *dividere diametralmente un cerchio* diviser diamétralement un cercle ◇ (*loc.*) *diametralmente opposto* diamétralement opposé: *abita in un quartiere diametralmente opposto al mio* il habite un quartier diamétralement opposé au mien; *procedeva nella direzione diametralmente opposta* il avançait dans la direction diamétralement opposée ◇ (*fig.*) *pareri, concetti diametralmente opposti* opinions, idées diamétralement opposées.

diàmetro |di'ametro| *s.m.* (*geom., corr.*) diamètre: *diametro di una curva, di una conica* diamètre d'une courbe, d'une conique; *il diametro d'un albero, di un tubo* le diamètre d'un arbre, d'un tube.

diàmine! |'djamine| *inter.* (*fam.*) (*escl. di meraviglia, di irritazione*) diable!, diantre!: *che diamine state combinando!* que diable êtes-vous en train de combiner! → **diavolo** ◇ (*si usa anche come risposta energicamente aff.*) '*prendi un caffè?*' '*diamine, se lo prendo!*' 'prends-tu un café?' 'bien sûr que je le prends!'

diàna |'djana, di'ana| *s.f.* **1** [*stella del mattino*] lucifer *m.* **2** (*per est.*) [*segnale di sveglia per i soldati*] diane: *suonare, battere la diana* sonner, battre la diane ◇ (*fig.*) *la diana della rivolta, della vittoria* la diane de la révolte, de la victoire **3** (*mar.*) diane.

diàncine |'djantʃine| *inter.* (*euf., scherz.*) → **diamine, diavolo.**

diànzi |'djantsi| *avv.* (*lett.*) [*poco tempo fa*] tout à l'heure (*corr.*): *l'ho visto dianzi* je l'ai vu tout à l'heure.

diàpason |di'apazon| *s.m. inv.* **1** (*mus.*) diapason *var.* ◇ (*fig.*) [*culmine, grado massimo*] *la lite raggiunse il diapason* la querelle atteignit son point culminant **2** [*piccolo strumento che percosso emette il 'la'*] diapason.

diapositiva |diapozi'tiva| *s.f.* diapositive.

diària |di'arja| *s.f.* indemnité journalière, per diem *loc. inv.*

diàrio, i |di'arjo, i| *s.m.* **1** [*cronaca o relazione quotidiana dei fatti o delle esperienze vissute*] journal*: *diario intimo, d'amore* journal intime; *diario di viaggio* journal de voyage; *diario di guerra* journal de guerre; *scrivere il diario della propria vita* écrire le journal de sa vie **2** [*registro giornaliero*] cahier: *diario di classe* cahier de notes; *diario scolastico* [*quaderno su cui gli allievi annotano quotidianamente i compiti loro assegnati*] cahier de textes # *diario degli esami* tableau des examens → **calendario.**

diarista |dia'rista| *s.* auteur *m.* de mémoires.

diarrèa |diar'rɛa| *s.f.* (*med., corr.*) diarrhée: *avere la diarrea* avoir la diarrhée.

diarròico, ci, ca, che |diar'rɔiko, tʃi, ka, ke| *agg.* (*med.*) diarrhéique.

diàspora |di'aspora| *s.f.* diaspora.

diàspro |di'aspro| *s.m.* (*miner.*) jaspe.

diastasàto |diasta'zato| *agg.* diastasé: *farina diastasata* farine diastasée.

diàstasi |di'astazi|, **diastàsi** |dias'tazi| *s.f. inv.* **1** (*med.*) → **lussazione** **2** (*chim.*) diastase *var.* → **amilasi.**

diàstole |di'astole| *s.f.* (*fisiol., metr.*) diastole.

diatermìa |diater'mia| *s.f.* (*med.*) diathermie.

diàtesi |di'atezi| *s.f.inv.* (*med.*) diathèse *var.*

Diatomée |diato'mee| *s.f. pl.* (*t. bot.*) Diatomées.

diatòmico, ci, ca, che |dia'tɔmiko, tʃi, ka, ke| *agg.* (*chim.*) diatomique.

diatònico, ci, ca, che |dia'tɔniko, tʃi, ka, ke| *agg.* diatonique: *scala, gamma diatonica* échelle, gamme diatonique.

diàtriba |di'atriba| *s.f.* (*filos.*) diatribe ◇ [*disputa violenta*] *una lunga diatriba contro il malcostume* une longue diatribe contre les mœurs corrompues.

diàvola |'djavola| *s.f.* (*solo nella loc.*) *alla diavola* à la diable: *lavorare alla diavola* travailler à la diable # *vivere alla diavola* vivre comme un diable ◇ (*cuc.*) *pollo alla diavola* poulet à la diable.

diavolàccio, ci, cia, ce |djavo'lattʃo, tʃi, tʃa, tʃe| *s.* **1** *s.* (*persone*) [*bonario; umile o sventurato*] diable: *un buon diavolaccio* un bon diable; *in fondo è un povero diavolaccio* au fond c'est un pauvre diable **2** *s.m.* (*caccia*) trappe *f.*

diavolerìa |djavole'ria| *s.f.* **1** [*atto perfido, diabolico*] diablerie ◇ (*per est.*) [*accorgimento sagace, ingegnoso*] astuce: *è capace di qualsiasi diavoleria* il est capable de n'importe quelle astuce **2** (*scherz.*) [*stravaganza, singolarità*] diablerie: *i bambini inventano mille diavolerie per distrarsi* les enfants ne cessent d'inventer mille diableries pour se distraire.

diavolèssa |djavo'lessa| *s.f.* **1** diablesse **2** (*scherz.*) [*donna cattiva e brutta*] diablesse.

diavoléto |djavo'leto| *s.m.* → **fracasso, scompiglio.**

diavolétto |djavo'letto| *s.m.* **1** [*piccolo diavolo*] diablotin **2** (*scherz.*) [*bambino vivace*] diablotin **3** → **bigodino** **4** [*macchina per il sollevamento di carri pesanti*] vérin hydraulique ◇ (*fis.*) *il diavoletto di Cartesio* le ludion.

diavolìno |djavo'lino| *s.m.* **1** → **diavoletto** 1, 2 **2** → **bigodino.**

diavolìo, ii |djavo'lio, ii| *s.m.* → **strepito, baccano.**

diàvolo |'djavolo| **I** *s.* **1** *s.m.* diable: *la tentazione del diavolo* la tentation du diable → **demonio** ◇ (*loc.*) *abitare a casa del diavolo* [*in un luogo lontano o scomodo*] habiter au diable (vauvert) ~ *saperne una più del diavolo* [*essere furbo e avveduto*] avoir plus d'un tour dans son sac ~ *fare il diavolo* (*a quattro*) faire le diable (à quatre) ~ *avere il diavolo in corpo* avoir le diable au corps ~ *avere un diavolo per capello* [*essere di pessimo umore, assai adirato*] être hors de soi ~ *mandare qc. al diavolo* envoyer qqn. au diable ~ *andare al diavolo* aller au diable ~ *avere una sete, una fame del diavolo* avoir une soif, une faim du diable ~ *fa un freddo, un caldo del diavolo* il fait un froid, une chaleur de tous les diables ~ *fare un chiasso del diavolo* faire un vacarme de tous les diables ~ *fare la parte del diavolo* faire la part du diable ~ *fare l'avvocato del diavolo* se faire l'avocat du diable ~ *essere come il diavolo e l'acqua santa* [*di persone o cose inconciliabili tra loro*] être comme chien et chat ~ *il diavolo ci ha messo la coda, lo zampino, le corna* [*di cosa che va male*] le diable s'en est mêlé ◇ (*prov.*) *la farina del diavolo va tutta in crusca* [*ciò che si accumula con la frode non dà frutti*] bien mal acquis ne profite jamais ~ *il diavolo non è così brutto come lo si dipinge* le diable n'est pas si noir qu'on le dit ~ *il diavolo fa le pentole ma non i coperchi* tout se découvre et tout se paie **2** *s.m.* (*si usa come escl. di meraviglia, di dispetto e sim. e come energica aff.*) diable: *per tutti i diavoli!* par tous les diables!; *che il diavolo se lo porti!* que le diable l'emporte!; *il diavolo mi porti se ci capisco q.c.!* le diable m'emporte si j'y comprends qqch.!; *che diavolo fai?* que diable fais-tu?; *dove diavolo si è cacciato?* où diable s'est-il caché?; *che diavolo ti prende?* que diable te prend-il?; *chi diavolo mi vuole?* qui diable me demande?; *vuoi un po' di torta? diavolo, se la voglio!* veux-tu un peu de tarte? ah, diable, si j'en veux! **3** *s.* (*fam.*) (*persone*) [*mite, bonario; povero, perseguitato dalla sfortuna*] diable: *è un buon diavolo* c'est un bon diable; *a quel povero diavolo non gliene va bene una* à ce pauvre diable rien ne lui réussit **4** *s.m.* (*fam.*) (*persone*) [*abile, spregiudicato; di eccezionali capacità*] diable: *è un diavolo d'uomo, di corridore* c'est un diable d'homme, de coureur; *quel diavolo di un giovane riesce sempre in tutto* ce diable de garçon réussit toujours dans tout; *quel diavolo d'una donna me l'ha fatta ancora una volta* cette diablesse de femme m'a eu encore une fois **5** *s.m.* (*gioco dei tarocchi*) diable **6** *s.m.* (*t.zool.*) *diavolo orsino* diable de Tasmanie **7** *s.m.* (*geogr.*) *diavolo del deserto* tourbillon de poussière **II** *inter.* [→ I 2].

dibàttere |di'battere| **A** *v.tr.* **1** [*discutere un problema, vagliandone il pro e il contro*] débattre (76): *dibattere una questione* débattre une question; *la proposta è stata dibattuta da un'apposita commissione* la proposition a été débattue par une commission ad hoc **2** (*raro*) [*agitare, sbattere fortemente*] battre (76) fortement **B** *v.pron.rifl.* DIBATTERSI [*agitarsi, divincolarsi*] se débattre: *dibattersi come un ossesso* se débattre comme un beau diable; *l'uccello si dibatteva nella gabbia* l'oiseau se débattait dans la cage ◇ (*fig.*) *dibattersi tra le difficoltà della vita* se débattre contre les difficultés de la vie; *dibattersi nel dubbio* se débattre dans le doute.

dibattiménto |dibatti'mento| *s.m.* **1** [→ DIBATTERE A 1] débat: *il dibattimento di una questione politica* le débat d'une question politique → **discussione, controversia** **2** (*dir.*) débats (*pl.*): *è iniziato il dibattimento della causa* les débats judiciaires ont commencé.

dibàttito |di'battito| *s.m.* [*disputa, discussione pubblica*] débat: *dibattito vivo, appassionato* débat vif, passionné; *dibattito televisivo* débat télévisé; *entrare nel vivo, nel cuore del dibattito* entrer dans le vif, dans le cœur du débat; *partecipare a un dibattito* participer à un débat # *dibattito televisivo a due* face à face télévisé ◇ [*discussione in Parlamento*] *alla Camera si è aperto il dibattito sulla censura* à la Chambre des députés s'est ouvert le débat sur la censure.

dibattùto |dibat'tuto| *agg.* **1** [*dibattuto, discusso*] discuté, controversé: *è una questione assai dibattuta* c'est une question très discutée, controversée; *è un argomento già dibattuto* c'est un argument déjà discuté **2** [*afflitto, angosciato*] tourmenté: *un essere dibattuto* un être tourmenté.

diboscaménto |diboska'mento|, **disboscaménto** |disboska'mento| *s.m.* [→ DIBOSCARE] déboisement.

diboscànte |dibos'kante| *agg.* (*tecnol. agr.*) débroussaillant.

diboscàre |dibos'kare|, **disboscàre** |disbos'kare| *v.tr.* [*tagliare completamente o sfoltire un bosco*] déboiser: *diboscare una collina* déboiser une colline ✦ (*al p.p.*) *montagne disboscate* montagnes déboisées.

dicàce |di'katʃe| *agg.* (*lett.*) → **mordace, satirico.**

dicacità |dikatʃi'ta| *s.f.inv.* (*lett.*) → **mordacità, maldicenza.**

dicastèro |dikas'tɛro| *s.m.* [*ministero*] ministère: *il dicastero dell'Agricoltura, degli Affari Esteri* le ministère de l'Agriculture, des Affaires étrangères; *il deputato X ha assunto il dicastero della Giustizia* le député X a pris la direction du ministère de la Justice ◇ (*nella Curia Romana*) [*congregazione*] dicastère.

dìcco, chi |'dikko, ki| *s.m.* (*geol.*) dyke → 1 **filone.**

dicèmbre |di'tʃɛmbre| *s.m.* [*dodicesimo mese dell'anno*] décembre: *il mese di dicembre* le mois de décembre; *in dicembre* en décembre, au mois de décembre.

dicembrìno |ditʃem'brino| *agg.* (*raro*) de décembre (*loc. inv.*): *freddo dicembrino* froid de décembre.

dicerìa |ditʃe'ria| *s.f.* **1** [*notizia senza fondamento, voce maligna, pettegolezzo*] cancan *m.*, racontar (*m.*): *fare delle dicerie su qc.* faire des cancans sur qqn. # *sono circolate delle dicerie sul tuo conto* on a dit beaucoup de choses sur ton compte → **chiacchiera** **2** (*raro*) [*discorso lungo e noioso*] discours *m.*, laïus *m.* (*fam.*).

dichiaràbile |dikja'rabile| *agg.* [→ DICHIARARE A] déclarable.

dichiarànte |dikja'rante| *s.* **1** [*chi fa una dichiarazione*] déclarant **2** (*bridge*) joueur* qui fait une annonce.

dichiaràre |dikja'rare| **A** *v.tr.* **1** [*manifestare, svelare, rendere palese*] déclarer: *dichiarare le proprie intenzioni, il proprio amore* déclarer ses intentions, son amour ◇ (*carte*) [*annunciare le proprie combinazioni*] annoncer (2) **2** [*affermare, ammettere formalmente*] déclarer: *dichiarare la propria fede politica* déclarer sa foi politique; *dichiarò di non conoscere l'imputato* il déclara ne pas connaître l'accusé; *il candidato dichiarò di non essersi preparato all'esame* le candidat déclara ne pas s'être préparé à l'examen ◇ *loc.* DICHIARARE CHE (+ *indic.*) déclarer que (+ *indic.*): *il sottoscritto dichiara che...* je soussigné déclare que... ◇ (*per est.*) *dichiarare qc. in arresto* arrêter qqn.; *dichiarare il proprio reddito, lo stato di famiglia* déclarer ses revenus, sa situation de famille; *dichiarare lo sciopero* [*fissarlo, indirlo*] lancer (2) un ordre de grève ◇ (*loc. pr., fig.*) *dichiarare guerra a qc.* déclarer la guerre à qqn. **3** [*sentenziare, giudicare*] déclarer; décréter (8): *dichiarare qc. colpevole, innocente* déclarer qqn. coupable, innocent; *dichiarare qc. idoneo a ricoprire una carica* déclarer qqn. apte à assumer une charge ‖ *il contratto è stato dichiarato nullo* on a décrété la nullité du contrat **4** [*proclamare, nominare*] proclamer: *la commissione lo dichiarò dottore in lettere* la commission le proclama licencié ès lettres; *la giuria lo dichiarò vincitore* le jury le proclama vainqueur; *fu* *dichiarato erede universale* on le proclama héritier universel # *dichiarare tolta una seduta* lever la séance ◇ (*di un ufficio amministrativo*) [*attestare*] attester: *l'anagrafe dichiara che...* le registre de état civil atteste que... **5** (*arc.*, *lett.*) [*fare, rendere chiaro, spiegare*] élucider (*corr.*) expliquer (*corr.*) **B** *v.pron. rifl.* DICHIARARSI **1** [*proclamarsi, mostrarsi*] se déclarer: *dichiararsi fortunato, soddisfatto, favorevole* (*a*) se déclarer heureux, satisfait, favorable (à); *dichiararsi vinto* se déclarer vaincu; *si è dichiarata innocente* elle s'est déclarée innocente ◇ (*in formule epistolari, di cortesia*) *mi dichiaro suo devotissimo* je me déclare votre tout dévoué **2** [*manifestare, confessare i propri sentimenti, opinioni e sim.*] se déclarer: *tutti si dichiarano contro la violenza* ils se déclarent tous contre la violence; *ti dichiari a favore o contro?* tu te déclares pour ou contre? ◇ [*confessare il proprio amore alla persona amata*] *finalmente è riuscito a dichiararsi!* il a finalement réussi à se déclarer!

dichiaratamente |dikjarata'mente| *avv.* [→ DICHIARATO] ouvertement, franchement.

dichiarativo |dikjara'tivo| *agg.* déclaratif*: *nota dichiarativa* note déclarative: *documento dichiarativo* document déclaratif → **esplicativo, illustrativo** ◇ (*gram.*) *verbi dichiarativi* verbes déclaratifs.

dichiaràto |dikja'rato| *agg.* déclaré: *un nemico dichiarato* un ennemi déclaré.

dichiaratòrio, i |dikjara'tɔrjo, i| *agg.* (*raro*) → **declaratorio.**

dichiarazióne |dikjarat'tsjone| *s. f.* **1** [→ DICHIARARE A] déclaration; proclamation: *secondo la sua dichiarazione* selon sa propre déclaration; *una dichiarazione sotto giuramento* une déclaration sous serment; *dichiarazione di amore* déclaration d'amour; *fare una dichiarazione* faire une déclaration; *fare la dichiarazione a una donna* faire sa déclaration (à une femme) ‖ *dichiarazione d'indipendenza* proclamation d'indépendance; *procedere alla dichiarazione del vincitore* procéder à la proclamation du vainqueur **2** (*dir.*) *dichiarazione di fallimento* déclaration de faillite **3** DICHIARAZIONE DEI REDDITI déclaration des revenus, d'impôts: *dichiarazione dei redditi delle persone fisiche, delle persone giuridiche* déclaration des revenus des personnes physiques, des personnes morales → **reddito.**

diciannòve |ditʃan'nɔve| **1** *agg. numer. card. inv.* dix-neuf: *ha diciannove anni* il a dix-neuf ans **2** *s.m. inv.* [*il numero 19*] dix-neuf: *il diciannove di settembre* le dix-neuf septembre; *sono le diciannove e quindici* il est dix-neuf heures et quart.

diciannovènne |ditʃanno'vɛnne| *agg.* âgé de dix-neuf ans ✦ (*s.*) *un, una diciannovenne* un garçon, une fille de dix-neuf ans; *è un diciannovenne* il a dix-neuf ans.

diciannovèsimo |ditʃanno'vɛzimo| *agg. numer. ord.* dix-neuvième: *nel secolo diciannovesimo* au dix-neuvième (XIXe) siècle; *si è classificato diciannovesimo* il s'est classé dix-neuvième ✦ (*s.m.*) *un diciannovesimo* un dix-neuvième.

diciassètte |ditʃas'sɛtte| **1** *agg. numer. card. inv.* dix-sept: *ieri ha compiuto diciassette anni* hier il a eu dix-sept ans **2** *s.m. inv.* [*il numero 17*] dix-sept: *il diciassette dicembre* le dix-sept décembre.

diciassettènne |ditʃasset'tɛnne| *agg.* âgé de dix-sept ans ✦ (*s.*) *un, una diciassettenne* un garçon, une fille de dix-sept ans; *è un diciassettenne* il a dix-sept ans.

diciassettèsimo |ditʃasset'tɛzimo| *agg. numer. ord.* dix-septième: *nel diciassettesimo secolo* au dix-septième (XVIIe) siècle # *Luigi diciassettesimo* (*XVII*) Louis dix-sept (XVII) ✦ (*s.m.*) *un diciassettesimo* un dix-septième.

diciottènne |ditʃot'tɛnne| *agg.* âgé de dix-huit ans ✦ (*s.*) *un, una diciottenne* un garçon, une fille de dix-huit ans; *è un diciottenne* il a dix-huit ans.

diciottèsimo |ditʃot'tɛzimo| *agg. numer. ord.* dix-huitième: *festeggia il suo diciottesimo compleanno* il fête son dix-huitième anniversaire ✦ (*s.m.*) *un diciottesimo* un dix-huitième.

diciòtto |di'tʃɔtto| **1** *agg. numer. card. inv.* dix-huit: *diciotto persone* dix-huit personnes; *ritornerò a casa fra diciotto giorni* je rentrerai chez moi dans dix-huit jours **2** *s.m. inv.* [*il numero 18*] dix-huit: *dal diciotto dicembre* depuis le dix-huit décembre.

dicitóre, trice |ditʃi'tore, tritʃe| *s.* **1** diseur*: *un fine dicitore* un fin diseur; *è un buon dicitore* c'est un excellent diseur **2** (*arc.*) [*buon parlatore, oratore*] (beau*)diseur (*corr.*) # *dicitore in rima* → **poeta.**

dicitùra |ditʃi'tura| *s.f.* **1** [*breve frase didascalica; scritta, testo*] légende; mention: *la dicitura era poco intelligibile* la légende était inintelligible ‖ *sul flacone si legge la dicitura*: '*agitare prima dell'uso*' sur le flacon on lit la mention: 'agiter avant de s'en servir' **2** (*lett.*) [*modo di esprimersi o di scrivere*] forme (*corr.*), tournure (*corr.*): *dicitura semplice, chiara* forme, tournure simple, claire.

dicotilèdone |dikoti'lɛdone| *agg.* (*bot.*) dicotylédone.

Dicotilèdoni |dikoti'lɛdoni| *s.f. pl.* (*t.bot.*) Dicotylédones.

dicotomia |dikoto'mia| *s.f.* dichotomie ◇ (*astron.*) *dicotomia lunare* dichotomie lunaire ◇ (*bot.*, *filos.*) dichotomie.

dicotòmico, ci, ca, che |diko'tɔmiko, tʃi, ka, ke| *agg.* dichotomique.

dicromia |dikro'mia| *s.f.* dichromie.

didascalìa |didaska'lia| *s.f.* **1** [*breve testo esplicativo, illustrativo*] légende, explication: *le didascalie di un catalogo illustrato* les légendes, les explications d'un catalogue illustré → **spiegazione, indicazione** **2** (*cine.*, *teat.*) sous-titre *m.*, notes *pl.* ◇ (*teat. gr.*, *lat.*) didascalie.

didascàlico, ci, ca, che |didas'kaliko, tʃi, ka, ke| *agg.* **1** [*che si propone di ammaestrare*] didactique: *poesia, letteratura didascalica* poésie, littérature didactique; *scrittore, poeta didascalico* écrivain, poète du genre didactique **2** [*che è proprio dell'insegnamento*] didactique: *metodo, tono didascalico* méthode, ton didactique.

didàtta |di'datta| *s.* (*lett.*) didacte.

didàttica, che |di'dattika, ke| *s.f.* (méthode d')enseignement (*m.*): *la didattica delle lingue straniere* l'enseignement des langues étrangères.

didatticaménte |didattika'mente| *avv.* [→ DIDATTICO] didactiquement.

didàttico, ci, ca, che |di'dattiko, tʃi, ka, ke| *agg.* **1** [*che concerne l'insegnamento*] pédagogique, d'enseignement (*loc. inv.*): *metodo, criterio, programma didattico* méthode, critère, programme pédagogique, d'enseignement ◇ (*per est.*) *circolo didattico* [*ripartizione amministrativa di scuole elementari*] ⊠; *direttore didattico* [*di un circolo didattico*] directeur d'école primaire **2** (*per est.*) [*istruttivo, moraleggiante*] didactique: *le opere di Boileau sono capolavori del genere didattico* les œuvres de Boileau sont des chefs-d'œuvre du genre didactique.

didattìsmo |didat'tizmo| *s.m.* didactisme.

didéntro |di'dentro| **1** *avv.* → **dentro** **2** *s.m. inv.* [*la parte interna*] dedans: *il didentro di un armadio, di una casa* le dedans d'une armoire, d'une maison.

didiètro |di'djɛtro| **I** *avv.* → **dietro** **II** *s.m.* **1** [*la parte posteriore*] derrière: *il didietro della casa* le derrière de la maison ✦ (*agg.inv.*) *le zampe di dietro* les pattes de derrière **2** (*fam.*) [*il sedere, il deretano*] derrière: *prendere un calcio nel didietro* prendre un coup de pied dans le derrière.

dièci |'djɛtʃi| *agg. numer. card. inv.* dix: *dieci metri* dix mètres; *componimento di dieci versi* pièce de dix vers; *ritornerò fra dieci giorni* je rentrerai dans dix jours ✦ *s.m. inv.* [*il numero 10*] dix: *due per dieci* (*fa*) *venti* deux fois dix font vingt; *arriverà col treno delle dieci* il arrivera par le train de dix heures; *il dieci del mese* le dix du mois.

diecimila |djetʃi'mila| *agg. numer. card. inv.* dix mille: *hai un biglietto da diecimila* (*lire*)? as-tu un billet de dix mille (lires)? ◇ (*con valore iperb.*) [*un gran numero*] mille: *te l'ho detto diecimila volte* je te l'ai dit mille fois ✦ *s.m. inv.* (*fam.*) *ha perduto un diecimila* il a perdu un billet de dix mille.

diecimillèsimo |djetʃimil'lɛzimo| *agg. numer. ord.* dix millième ✦ (*s.m.*) *un diecimillesimo* un dix millième.

diecina |dje'tʃina| *s.f.* → **decina.**

dièdro |di'ɛdro| *s.m.* **1** (*geom.*) dièdre ✦ (*agg.*) *angolo diedro* angle dièdre **2** (*aer.*) *diedro alare* dièdre des ailes ◇ (*alpinismo*) dièdre.

dielèttrico |die'lɛttriko| *agg.* diélectrique.

dièresi |di'ɛrezi| *s.f.inv.* (*chir.*, *fon.*, *metr.*) diérèse *var.*

diesàre |die'zare|, **diesizzàre** |diezid'dʒare| *v.tr.* (*mus.*) [*apporre i diesis*] diéser (8).

diesel |'di:zəl| *s.m. inv.* (*ted.*) (*mecc.*) diesel (*var.*): *un diesel a due, quattro tempi* un diesel à deux, quatre temps ✦ (*agg.*) *motore diesel* moteur diesel.

dies irae |'die'sire| *s.m. inv.* (*lat.*) **1** (*liturg.*) dies irae ◇ (*loc. fig.*) *cantare il dies irae a qc., a q.c.* [*considerarli morti, perduti*] considérer comme mort qqn., qqch. **2** (*per est.*) le jour du jugement dernier ◇ (*fam.*) [*resa dei conti*] *verrà anche il suo dies irae* le jour de son règlement de comptes arrivera aussi.

dièsis |di'ɛzis| *s.m.inv.* (*mus.*) dièse (*var.*): *doppio diesis* double dièse; *ci sono due diesis in chiave* il y a deux dièses à la clef.

1 **dièta** |'djɛta| *s.f.* **1** (*med.*) diète: *dieta lattea, proteica, per diabetici* diète

lactée, protéique, pour diabétiques **2** [*astinenza temporanea dal cibo o da determinati cibi*] diète, régime (*m.*): *mettersi, stare a dieta* se mettre, être à la diète, au régime.

2 **dièta** |ˈdjɛta| *s.f.* (*st. polit.*) diète.

dietètica, che |dieˈtɛtika, ke| *s.f.* diététique.

dietètico, ci, ca, che |dieˈtɛtiko, tʃi, ka, ke| *agg.* diététique: *fattori dietetici* facteurs diététiques; *regime dietetico* régime diététique.

dietista |djeˈtista|, **dietetista** |dieteˈtista| *s.* → **dietologo.**

dietologia, gie |djetoloˈdʒia, dʒie| *s.f.* → **dietetica.**

dietòlogo, gi, ghi, ga, ghe |djeˈtɔlogo, dʒi, gi, ga, ge| *s.* [*specialista in dietetica*] diététicien*.

dietoterapia |djetoteraˈpia| *s.f.* (*med.*) diétothérapie.

diètro |ˈdjɛtro| **I** *avv.* **1** [*nella parte posteriore*] *auto danneggiata dietro* voiture endommagée à l'arrière (*loc. inv.*); *si sale dietro* on monte par, à l'arrière; *star, restar dietro* rester en arrière (*loc.*); *guardar dietro* regarder en arrière; *abito che si abbottona dietro* vêtement qui se boutonne derrière ◇ (*in unione ad altri avv. di luogo*) derrière: *là, lì dietro* là derrière; *cerca là dietro* cherche là derrière ◇ *loc.* DI DIETRO derrière: *le ruote di dietro* les roues de derrière, arrière; *le zampe di dietro* les pattes de derrière, postérieures; *non stare di dietro* ne reste pas derrière → **posteriore, didietro** **2** (*fig.*) derrière: *non sappiamo chi c'è dietro* nous ne savons pas qui il y a derrière; *quello che sta dietro nessuno lo conosce* ce qu'il y a derrière personne ne le sait; *non c'è niente dietro* il n'y a rien derrière; *ha qc. dietro* il a quelqu'un derrière lui; *c'è dietro qualcun altro* il y a quelqu'un derrière (lui); # *non mi convince; qui c'è dietro q.c.* ce n'est pas convaincant; il y a quelque chose là-dessous **II** *prep.* **1** (*spesso seguita dalle prep. 'a' o 'di'*) [*nella parte posteriore di, nel retro di*] derrière: *dietro la, alla porta* derrière la porte; *dietro a, di loro* derrière eux; *mettere, tener le mani dietro la schiena* mettre, avoir les mains derrière le dos ◇ [*sul lato posteriore di*] par derrière (*loc.*): *passare dietro la casa* passer par derrière la maison **2** [*al di là di, di là da*] derrière: *star dietro la scrivania* être derrière son bureau; *osservare da dietro una siepe* observer de derrière une haie # *il bar dietro l'angolo* le bar du coin ◇ (*fig.*) *dietro la sua cordialità si scorge dell'odio* derrière sa cordialité on devine de la haine ◇ (*loc. fig.*) *star dietro le quinte* tirer les ficelles **3** [*al seguito di, appresso*] derrière: *camminare uno dietro l'altro* marcher l'un derrière l'autre; *vienimi dietro* marche derrière moi # *se non volete sbagliare strada, venite dietro a me* si vous ne voulez pas vous tromper de chemin, suivez-moi ◇ (*fig.*) [*al seguito, in appoggio*] *ha tutti dietro di sé* tous sont derrière lui ◇ (*loc. pop.*) ANDAR DIETRO *a q.c., a qc.* suivre qqch., qqn.: *andate dietro alle indicazioni* suivez les indications **4** (*fig.*) [*alle spalle, di nascosto*] derrière le dos: *ridere dietro a qc.* rire derrière le dos de qqn.; *parlare, mormorare dietro a qc.* parler, murmurer derrière le dos de qqn. **5** (*loc. fig.*) *correr dietro a qc.* [*cercarlo; seguirlo con passione*] courir après qqn.: *chi vuoi che ti corra dietro?* qui veux-tu que te coure après?; *tutti gli corrono dietro* tout le monde lui court après ~ *correre dietro a q.c.* [*cercare attivamente di ottenerla*] rêver de, convoiter qqch. ~ *andare dietro a qc.* [*imitarlo, seguirlo passivamente*] imiter, suivre qqn. ~ *farsi correre dietro* [*farsi desiderare, fare il prezioso*] se faire désirer ~ *tener dietro a qc.* [*seguirlo, stargli appresso*] suivre qqn.; être toujours derrière, après qqn. ~ *star dietro a qc.* [*sorvegliarlo*] être toujours après qqn.; [*cercare di abbordarlo*] courir après qqn. ~ *star dietro a q.c.* [*curarla*] soigner qqch. ~ (*pop.*) *essere dietro a* (+ *inf.*) [*stare* (+ *ger.*)] être en train de (+ *inf.*) ~ *essere dietro a q.c., a qc.* [*prendersene cura, occuparsene*] s'occuper de qqch., être aux petits soins pour qqn. ~ *lasciarsi dietro qc.* [*abbandonarlo*] abandonner qqn.; [*superarlo notevolmente*] laisser qqn. loin derrière soi, dépasser qqn. ~ *lasciarsi, gettarsi dietro* (*le spalle*) *q.c.* [*dimenticarla, liberarsene*] se débarrasser de qqch. ~ *tirarsi dietro qc.* [*farsi seguire da qc.*] traîner qqn. après soi, trimbal(l)er qqn. (*fam.*) ~ *tirarsi dietro q.c.* [*procurarsi, attirarsi q.c.*] s'attirer qqch.: *si tirò dietro il biasimo, le risate di tutti* il s'attira la désapprobation, les risées de tout le monde **6** (*con valore temporale*) [*dopo, in successione a*] après: *i guai vengono uno dietro l'altro* les ennuis arrivent les uns après les autres; *dietro il temporale arriva il sole* après l'orage voilà le soleil ◇ (*bur.*) [*in seguito a*] *dietro consegna* à la livraison; *dietro cauzione* sous caution; *dietro richiesta* sur demande ◇ (*loc.*) *dietro parere di* sur (l') avis de **III** *agg. inv.* derrière (*s.m.*): *la parte dietro della villa* le derrière de la villa → **posteriore, retrostante** **IV** *s.m.* derrière, dos: *il dietro della casa* le derrière d'une maison; *il dietro di un vestito* le dos d'un vêtement; *il dietro è meno rovinato* le dos est moins abîmé → **didietro, retro.**

dietro front |ˈdjɛtroˈfront| **1** *inter.* (*comando rivolto a militari, ginnasti, per invertire la direzione*) demi-tour, droite! **2** *s.m.inv.* [*il volgersi in direzione opposta*] demi-tour, volte-face (*f.*): *fare dietro-front* faire demi-tour, volte-face ◇ (*fig.*) [*cambiamento, voltafaccia*] volte-face: *fece un brusco dietro-front* il fit subitement volte-face.

difàtti |diˈfatti| *cong.* → **infatti.**

difèndere |diˈfɛndere| (105) **A** *v.tr.* **1** [*proteggere da pericoli, danni, attacchi e sim.*] défendre (53): *difendere una frontiera, un paese* défendre une frontière, un pays; *difendere qc. a rischio della propria vita* défendre qqn. au péril de sa vie; *difendere bene la propria vita* défendre chèrement sa vie ◇ [*preservare, custodire*] *difendere i propri interessi* défendre ses intérêts; *difendere la libertà* défendre la liberté ◇ [*riparare, proteggere*] défendre (de), protéger (3) (de, contre): *abito che difende dal freddo* vêtement qui défend, protège du froid; *difendere una casa dall'umidità* défendre une maison de l'humidité, protéger une maison contre l'humidité ◇ (*sport*) *difendere la porta* défendre les buts **2** (*dir.*) [*sostenere qc. contro un'accusa*] défendre: *l'avvocato difende il suo cliente* l'avocat défend son client; *difendere un innocente* défendre un innocent # *difendere il signor X in giudizio* être le défenseur de M. X ◇ (*corr.*) *difendere una causa* défendre une cause ◇ [*sostenere, affermare*] *difendere un diritto* défendre un droit **3** [*farsi protettore, sostenitore di qc.*] défendre: *difendere i deboli, gli oppressi* défendre les faibles, les opprimés **4** [*appoggiare, sostenere, far valere*] défendre: *difendere la reputazione di qc. contro i calunniatori* défendre la réputation de qqn. contre les médisances; *difendere un'opinione, un punto di vista* défendre une opinion, un point de vue; *non hai saputo difendere le tue idee* tu n'as pas su défendre tes idées **5** (*lett.*) → **allontanare** **B** *v.pron.rifl.* DIFENDERSI **1** [→ *tr.* 1] se défendre; se protéger: *difendersi con le armi* se défendre les armes à la main; *difendersi attaccando* se défendre en attaquant; *difendersi dagli attacchi nemici* se défendre contre les attaques ennemies ‖ *difendersi dal freddo, dalla pioggia* se défendre, se protéger du froid, de la pluie → 1 **riparar(si), protegger(si)** ◇ (*sport*) opposer *tr.* une résistance: *la squadra si è difesa a oltranza* l'équipe a opposé une résistance acharnée **2** [*farsi valere*] se défendre: *non sa difendersi* il ne sait pas se défendre; *difendersi con forza, con coraggio* se défendre avec force, avec courage **3** (*dir. corr.*) [*discolparsi, giustificarsi*] se défendre: *difendersi in giudizio* se défendre dans un procès; *difendersi da un'accusa* se défendre contre une accusation **4** (*fig.*) [*opporre resistenza a*] se défendre, lutter *intr.* contre: *difendersi da un sentimento di pietà* se défendre d'un, lutter contre un sentiment de pitié; *non riesce a difendersi dagli istinti* il ne réussit pas à se défendre de ses instincts **5** (*fam.*) [*saper fare, cavarsela*] se défendre: *ia affari si difende bene* il se défend bien en affaires; '*sai guidare?*' '*mi difendo*' 'tu sais conduire?' 'je me défends'; *non hanno brillato ma si sono difese* elles n'ont pas brillé, mais elles se sont défendues → **arrangiar(si)** 🄲 A 1 **attaccare, aggredire, esporre**, 2 **accusare**, 4 **demolire**; B 4 **cedere.**

difendìbile |difenˈdibile| *agg.* [→ DIFENDERE A] défendable: *una città difendibile* une ville défendable; *una tesi difendibile* une thèse défendable → **sostenibile.**

difenile |difeˈnile| *s.m.* (*chim.*) diphényle.

difensìva |difenˈsiva| *s.f.* défensive: *stare, essere sulla difensiva*: (*pr., fig.*) se tenir, être sur la défensive.

difensìvo |difenˈsivo| *agg.* (*mil., corr.*) défensif*: *sistema difensivo* système défensif; *arma difensiva* arme défensive; *alleanza difensiva* alliance défensive; *azione difensiva* action défensive ◇ (*per est.*) *mantenere un atteggiamento difensivo* être toujours sur la défensive.

difensóre |difenˈsore| *s.m.* **1** défenseur: *difensore della patria* défenseur de la patrie; *difensore degli oppressi* défenseur des opprimés, redresseur de torts; *difensore della libertà* défenseur de la liberté **2** (*dir.*) défenseur: *difensore di fiducia, d'ufficio* défenseur de choix, d'office ✦ (*agg.*) *avvocato difensore* avocat plaidant, défenseur *s.m.*

3 (*sport*) arrière: *i difensori di una squadra* les arrières d'une équipe.

difésa |di'fesa| *s.f.* **1** [→ DIFENDERE] défense: *una difesa pronta, coraggiosa* une défense prompte, courageuse; *la difesa di un debole* la défense d'un faible; *legittima difesa* légitime défense; *mezzi di offesa e di difesa* moyens d'offense et de défense; *la difesa di un ideale* la défense d'un idéal; *correre alla difesa di qc.* courir à la défense de qqn.; *prendere le difese di qc.* prendre la défense de qqn.; *non avere nulla da dire in propria difesa* n'avoir rien à dire pour sa défense; *essere, stare, mettersi in, sulla difesa* être, se mettre sur la défensive **2** (*per est.*) [*persona o elemento che difende, che offre protezione*] défense, protection: *difesa dal caldo, dal freddo* défense, protection contre le chaud, contre le froid; *essere privo di difesa* être sans défense; *gli argini sono una difesa contro gli straripamenti* les digues sont une défense, une protection contre les inondations # *tu sei la mia unica difesa* tu es mon seul soutien **3** (*mil.*) *mezzi di difesa* moyens de défense; *difesa antiaerea* défense contre avions (D.C.A.); *opere di difesa* ouvrages de défense → **fortificazione**; *difesa ad oltranza* défense à outrance; *restare, mettersi in difesa* rester, se mettre en position de défense; *rompere le difese avversarie* rompre les défenses ennemies ◇ (*per est.*) *ministero della Difesa* ministère de la Défense **4** (*dir.*) défense: *difesa d'ufficio* défense d'office; *la difesa di un imputato* la défense d'un inculpé; *rinunciare alla difesa* renoncer à la défense ◇ [*l'avvocato o il collegio degli avvocati difensori*] *la parola alla difesa* la parole à la défense; *la difesa ha sollevato un'obiezione* la défense a soulevé une objection; *la difesa si è dimessa in blocco* la défense s'est démise en bloc **5** (*sport*) défense: *giocare, stare in difesa* jouer, être en défense; *mantenersi in difesa* rester en défense ◇ (*calcio*) [*giocatori che svolgono azione difensiva*] *battere la difesa avversaria* battre la défense adverse; *sostituire un uomo della difesa* remplacer un joueur de la défense; *il punto debole di quella squadra è la difesa* le point faible de cette équipe est sa défense; *restare, ritirarsi in difesa* rester, se regrouper en défense **6** *al plur.* [*zanne*] *le difese del cinghiale* les défenses du sanglier **7** (*mar.*) défense Ⓒ 1, 2, 4 **attacco, offensiva**; 3 **accusa**.

diféso |di'feso| *agg.* **1** [*protetto, sicuro*] défendu: *persone difese* personnes défendues; *luogo ben difeso* lieu bien défendu # *località difesa dalle intemperie* localité à l'abri des intempéries → **riparato** **2** [*munito di difese, fortificato*] fortifié: *postazione difesa* emplacement fortifié.

difettàre |difet'tare| *v.intr.* (*aus.* '*avere*') **1** [*mancare*] manquer; faire (45) défaut: *difettare di coraggio* manquer de courage; *difettare di viveri, di munizioni* manquer de vivres, de munitions ‖ *difettano i viveri* les vivres font défaut **2** [*essere difettoso*] être (43) défectueux*; présenter *tr.* des imperfections, des défauts: *difetta nel ragionare* son raisonnement est défectueux ‖ *è una macchina che difetta nei particolari* c'est une voiture qui présente des imperfections, des défauts dans les détails.

difettivo |difet'tivo| *agg.* **1** (*gram.*) défectif* **2** (*raro*) [*manchevole, incompleto*] défectueux*.

difètto |di'fɛtto| *s.m.* **1** [*mancanza, scarsità di q.c.*] défaut, manque: *un difetto d'organizzazione* un défaut, un manque d'organisation; *difetto d'attenzione, di esercizio* défaut d'attention, d'exercice → **mancanza** ◇ (*fig.*) [*deficienza, carenza*] défaut: *i difetti di un sistema* les défauts d'un système ◇ (*loc.*) *far difetto* faire défaut: *la memoria non gli fa difetto* la mémoire ne lui fait pas défaut ◇ (*fis.*) *difetto di massa* défaut de masse ◇ (*mat.*) *calcolo per difetto* calcul par défaut **2** [*imperfezione fisica, morale o estetica*] défaut: *difetti grossi, piccoli* de gros, de petits défauts; *difetto di pronuncia* défaut de prononciation; *è una persona piena di difetti* c'est une personne pleine de défauts; *ha scritto un'opera piena di difetti* il a écrit une œuvre pleine de défauts; *correggersi dei propri difetti* se corriger de ses défauts ◇ [*parte difettosa in un'opera, in una materia*] *difetto del legno, di un acciaio* défaut du bois, d'un acier; *difetto di fabbricazione* défaut de fabrication; *difetto di una pietra preziosa* défaut d'une pierre précieuse; *c'è un difetto nella tela del quadro* il y a un défaut dans la toile du tableau ◇ [*tendenza riprovevole, vizio*] *ha il difetto di arrivare sempre in ritardo* il a le défaut d'arriver toujours en retard **3** [*colpa*] tort, défaut: *essere, sentirsi in difetto* être, se sentir en tort, en défaut.

difettosità |difettosi'ta| *s.f.inv.* défectuosité (*var.*): *ha notato la difettosità di quel motore* il a remarqué la défectuosité de ce moteur.

difettóso |difet'toso| *agg.* **1** défectueux*: *attrezzo difettoso* outil défectueux; *impianto difettoso* installation défectueuse → **imperfetto** **2** [*che non è completo*; *manchevole*] imparfait; insuffisant: *un'opera difettosa* une œuvre imparfaite ‖ *un'alimentazione difettosa* une alimentation insuffisante **3** [*che ha difetti fisici*; *che è fatto male*] imparfait, mal fait: *naso difettoso* nez imparfait; *corpo difettoso* corps mal fait, mal proportionné # *scultura difettosa* sculpture qui présente des imperfections Ⓒ 1, 3 **perfetto**; 2 **completo**.

diffalcàre |diffal'kare| *e deriv.* → **defalcare** *e deriv.*

diffamànte |diffa'mante| *agg.* diffamant: *parole diffamanti* des paroles diffamantes → **diffamatorio.**

diffamàre |diffa'mare| *v.tr.* (*dir.*, *corr.*) [*danneggiare la buona fama di qc. con calunnie o maldicenze*] diffamer: *diffamare un avversario* diffamer un adversaire; *è accusato di aver diffamato il suo superiore* il est accusé d'avoir diffamé son supérieur → **denigrare, screditare.**

diffamàto |diffa'mato| *agg.* **1** diffamé (*p.p.*): *persona gravemente diffamata* personne gravement diffamée **2** (*arald.*) diffamé: *leone diffamato* lion diffamé.

diffamatóre, trice |diffama'tore, tritʃe| *s.* diffamateur*: *è un diffamatore* c'est un diffamateur ◆ *agg.* diffamatoire: *scritto diffamatore* écrit diffamatoire; *lettera diffamatrice* lettre diffamatoire.

diffamatòrio, i |diffama'tɔrjo, i| *agg.* diffamatoire: *scritto diffamatorio* écrit diffamatoire; *lettera diffamatoria* lettre diffamatoire; *libello diffamatorio* pamphlet diffamatoire → **diffamante, denigratorio.**

diffamazióne |diffamat'tsjone| *s.f.* [→ DIFFAMARE] diffamation: *diffamazione di un nemico* diffamation d'un ennemi ◇ (*dir.*) *promuovere querela per diffamazione* porter plainte pour diffamation.

differènte |diffe'rɛnte| *agg.* différent: *due personalità differenti* deux personnalités différentes; *donna differente da tutte* femme différente des autres; *bottiglie differenti per la forma* bouteilles différentes par leur forme; *vestiti differenti di colore* vêtements différents par leur couleur; *avere ideologie differenti* avoir des idéologies différentes; *le mie aspirazioni sono differenti dalle tue* mes aspirations sont différentes des tiennes → **diverso** Ⓒ **uguale.**

differentemé nte |differente'mente| *avv.* **1** [→ DIFFERENTE] différemment; autrement (que): *i colori sono accostati differentemente* les couleurs sont différemment disposées ‖ *pensano differentemente da noi, da loro* ils pensent autrement que nous, qu'eux # *differentemente da te, io partirò* contrairement à toi, je partirai **2** [*altrimenti*] autrement, sinon: *se vuoi venire ti aspetto, differentemente parto subito* si tu veux venir je t'attends, autrement (sinon) je pars tout de suite Ⓒ 1 **ugualmente.**

differènza |diffe'rɛntsa| *s.f.* **1** différence: *leggera, grande, piccola differenza* légère, grande, petite différence; *differenza sostanziale* différence essentielle; *differenza di condizione* différence de condition; *differenza impercettibile* différence imperceptible; *differenza di età* différence d'âge; *differenza d'opinione* différence, divergence d'opinions; *differenza di colore* différence du couleur → **diversità** ◇ (*loc.*) *fare differenza* faire une, la différence: *non fare differenza tra due persone* ne pas faire de différence entre deux personnes; *fare differenza tra due cose* faire la différence entre deux choses # *non fa differenza* [*è la stessa cosa*] c'est la même chose ~ *c'è una bella differenza* il y a une grande différence ~ *differenza in più, in meno* différence en plus, en moins ~ *a differenza di* à la différence de, contrairement à ~ *con la differenza che* à la différence que, à cette différence près que **2** (*mat.*) différence: *differenza di insiemi* différence d'ensembles ◇ (*stat.*) *differenza media* différence moyenne **3** (*raro*) [*contrasto, controversia*] divergence: *appianare le differenze* aplanir les divergences Ⓒ **uguaglianza.**

differenziàbile |differen'tsjabile| *agg.* [→ DIFFERENZIARE A 1] différentiable.

differenziàle |differen'tsjale| **I** *agg.* différentiel* ◇ (*comm.*) *tariffa differenziale* tarif différentiel ◇ (*mat.*) *calcolo differenziale* calcul différentiel; *equazione differenziale* équation différentielle ◇ (*med.*) *diagnosi differenziale* diagnostic différentiel ◇ (*scuola*) *classi differenziali* classes de transition **II** *s.m.* **1** (*mecc.*) différentiel: *il differenziale trasmette il movimento* le différentiel transmet le mouvement **2** (*mat.*) différentielle (*f.*): *il differenziale di una fun-*

zione a più variabili la différentielle d'une fonction à plusieurs inconnues.
differenziaménto |differentsja'mento| *s.m.* **1** [→ DIFFERENZIARE A 1] différenciation *f.*, évolution (*f.*): *c'è stato un differenziamento progressivo nelle nostre idee* il y a eu une évolution progressive dans nos idées **2** (*biol.*) → **differenziazione.**
differenziàre |differen'tsjare| **A** *v.tr.* **1** [*rendere differente*] distinguer: *la sua forza di carattere lo differenzia dai fratelli* sa force de caractère le distingue de ses frères **2** (*mat.*) [*calcolare il differenziale*] différencier, différentier **B** *v.pron.intr.* DIFFERENZIARSI [*essere o diventare differente*] se différencier: *i due gemelli si differenziano solo per l'altezza* les deux jumeaux se différencient seulement par leur taille; *le nostre scelte si sono differenziate col tempo* nos choix se sont différenciés avec le temps → **distinguer(si).**
differenziàto |differen'tsjato| *agg.* différencié ◇ (*biol.*) *tessuti differenziati* tissus différenciés ◇ (*scuola*) *insegnamento differenziato* enseignement pour enfants retardés; *classi differenziate* cours de rattrapage.
differenziazióne |differentsjat'tsjone| *s.f.* [→ DIFFERENZIARE A 1] différence, distinction ◇ (*biol., geol., med.*) différenciation ◇ (*ling.*) différenciation, dissimulation ◇ (*mat.*) différentiation.
differìbile |diffe'ribile| *agg.* [→ 2 DIFFERIRE] qui peut être différé, renvoyé (*loc.*): *partenza, colloquio differibile* départ, entretien qui peut être différé, renvoyé → **prorogabile** Ⓒ **improrogabile.**
differiménto |differi'mento| *s.m.* [→ 2 DIFFERIRE] renvoi: *differimento della partenza, di un'udienza* renvoi du départ, d'une audience; *chiedere, ottenere un differimento* demander, obtenir un renvoi.
1 **differìre** |diffe'rire| (197) *v.intr.* (*aus. 'avere, essere'*) [*essere differente, distinguersi*] différer (8) (*aus.* avoir): *differire da qc.* différer de qqn.; *le nostre idee differiscono alquanto* nos idées diffèrent de beaucoup; *differire nelle idee, nei modi* différer dans les opinions, les manières; *le tue scarpe differiscono dalle mie solo per il colore* tes chaussures diffèrent des miennes uniquement par leur couleur; *la terza edizione differisce dalla seconda* la troisième édition diffère de la deuxième → **diversificare.**
2 **differìre** |diffe'rire| (197) *v.tr.* [*rinviare ad altro momento*] différer (8): *differire la partenza* différer le départ; *differire il pagamento delle tasse* différer le paiement des impôts; *hanno differito di un mese le nozze* ils ont différé d'un mois le mariage ♦ (*ass.*) *non si può sempre differire* on ne peut pas toujours différer (*lett.*) → **rinviare.**
differìto |diffe'rito| *agg.* différé: *pagamento differito* paiement différé; *udienza differita* audience différée ◇ (*per est., tv*) *telecronaca differita* [*registrata e trasmessa dopo*] reportage (en) différé.
difficile |dif'fitʃile| **I** *agg.* **1** difficile: *impresa, questione difficile* entreprise, question difficile; *un lavoro difficile* un travail difficile → **arduo, impegnativo, laborioso**; *musica difficile* musique difficile; *scrittori difficili* écrivains difficiles → **complicato, oscuro**; *una pagina difficile* une page difficile; *è difficile convincerlo* il est difficile de le convaincre ◇ *loc.* DIFFICILE DA (+ *inf.*) difficile à (+ *inf.*): *è difficile da fare, da capire* c'est difficile à faire, à comprendre **2** [*scomodo, disagevole, pericoloso*] difficile: *percorso difficile* parcours difficile; *un guado difficile* un gué difficile **3** [*preoccupante, critico, delicato*] difficile: *situazione, momento difficile* situation, moment difficile; *attraversiamo un periodo difficile* nous traversons une période difficile; *son tempi difficili* ce sont des temps difficiles; *la vita diventa sempre più difficile* la vie devient toujours plus difficile → **complicato, pesante** ◇ (*loc.*) *rendere la vita difficile a qc.* rendre la vie difficile à qqn. **4** [*poco trattabile, suscettibile*] difficile: *un ragazzo difficile* un garçon difficile; *carattere difficile* caractère difficile → **scontroso, scorbutico** ♦ *s.* (*spec. nella loc.*) *fare il difficile* faire le difficile **5** [*non facile da contentare, esigente*] difficile: *un cliente difficile* un client difficile; *come sei difficile!* comme tu es difficile!; *essere di gusti difficili* avoir des goûts difficiles **6** [*poco probabile, raro*] peu probable; rare: *è difficile che sia in ufficio* il est peu probable qu'il soit au bureau; *è difficile che tu riesca, che io ci vada* il est peu probable que tu y réussisses, que j'y aille ‖ *è difficile che egli esca di sera* il est rare qu'il sorte le soir **II** *s.m.* [*momento critico, situazione delicata*] difficile, difficulté (*f.*): *ora arriva il difficile* maintenant arrive le difficile, la difficulté; *qui sta il difficile* ici réside le difficile, la difficulté; *il difficile è passato* la difficulté est passée Ⓒ I 1, 2; II **semplice, facile**; I 3 **tranquillo.**
difficilménte |diffitʃil'mente| *avv.* [*con difficoltà*] difficilement: *le sue proposte erano difficilmente accettabili* ses propositions étaient difficilement acceptables ◇ [*con scarsa probabilità*] probablement pas: *lo troverai difficilmente* tu ne le trouveras probablement pas; *difficilmente mi capiterà un'altra occasione* je n'aurai probablement pas une autre occasion.
difficoltà |diffikol'ta| *s.f.inv.* **1** difficulté (*var.*): *difficoltà di un lavoro* difficulté d'un travail; *difficoltà di un problema* difficulté d'un problème; *evitare una difficoltà* éluder, tourner une difficulté; *questa traduzione presenta molte difficoltà* cette traduction présente beaucoup de difficultés; *superare una difficoltà* surmonter une difficulté → **ostacolo**; *ottenere q.c. senza difficoltà* obtenir qqch. sans difficulté; *fare fronte alle difficoltà* faire face aux difficultés; *le difficoltà che solleva questa questione* les difficultés que soulève cette question → **complicazione** ◇ [*impaccio, impedimento*] *avere difficoltà nel leggere* avoir de la difficulté à lire; *ormai cammina senza difficoltà* désormais il marche sans difficulté ◇ [*situazione precaria, difficile*] *essere in difficoltà* être en difficulté; *essere in, avere difficoltà finanziarie* avoir des difficultés financières **2** [*obiezione; opposizione*] difficulté: *fare difficoltà* faire des difficultés; *sollevare continuamente delle difficoltà* soulever sans cesse des difficultés; *non ha fatto difficoltà a venire* il n'a pas fait de difficultés pour venir → **obiezione, contestazione, opposizione** Ⓒ 1 **facilità.**
difficoltóso |diffikol'toso| *agg.* [*pieno di difficoltà*] difficile: *impresa difficoltosa* entreprise difficile; *lettura difficoltosa di un testo* lecture difficile d'un texte; *un percorso difficoltoso* un parcours difficile → **difficile, impegnativo,** 1 **scomodo, faticoso.**
diffìda |dif'fida| *s.f.* (*dir.*) sommation, mise en demeure: *fare, ricevere una diffida* faire, recevoir une sommation, une mise en demeure # *pubblicare una diffida* publier un arrêt.
diffidàre |diffi'dare| **A** *v.intr.* (*aus. 'avere'*) [*non fidarsi di qc. o q.c.*] se méfier (*pron.*): *diffidare di tutti* se méfier de tout le monde; *diffido delle sue gentilezze* je me méfie de ses attentions; *diffidate dalle imitazioni* méfiez-vous, gardez-vous des imitations → **dubitare, sospettare** **B** *v.tr.* (*dir.*) [*intimare a qc. di eseguire q.c. o di astenersi da un certo comportamento*] mettre (71) en demeure, sommer: *diffidare qc. a pagare un debito* mettre qqn. en demeure de, sommer qqn. de payer une dette; *diffidare qc. a mantenere i suoi impegni* mettre qqn. en demeure de, sommer qqn. de respecter ses engagements Ⓒ A **fidar(si).**
diffidènte |diffi'dɛnte| *agg.* [*che non si fida*] méfiant, défiant: *individuo diffidente* individu méfiant, défiant; *è molto diffidente con gli sconosciuti* il est très méfiant à l'égard des inconnus → **sospettoso** ◇ [*sospettoso*] *aria diffidante* air méfiant, défiant; *sguardo diffidente* regard méfiant.
diffidènza |diffi'dɛntsa| *s.f.* [*mancanza di fiducia*] méfiance, défiance: *ascoltare con diffidenza* écouter avec méfiance, avec défiance; *provare diffidenza verso qc.* éprouver de la méfiance à l'égard de qqn.; *ispirare, suscitare diffidenza in qc.* inspirer, éveiller de la méfiance, de la défiance chez qqn.; *accogliere una notizia con diffidenza* accueillir une nouvelle avec méfiance; *lo guardava con diffidenza* il le regardait avec méfiance.
diffóndere |dif'fondere| (146) **A** *v.tr.* **1** [*spandere attorno*] répandre (53): *quel fiore diffondeva uno strano profumo* cette fleur répandait un étrange parfum **2** (*fig.*) [*divulgare, propagare*] diffuser, répandre: *diffondere una notizia, un'idea* diffuser, répandre une nouvelle, une idée; *diffondere un giornale* diffuser un journal **B** *v.pron.intr.* DIFFONDERSI **1** [→ *tr.* 1] se répandre, se diffuser: *il calore si diffondeva nella stanza* la chaleur se répandait, se diffusait dans la pièce ◇ (*fig.*) [*emanare*] émaner (*intr.*): *una grande serenità si diffondeva dal suo sguardo* une grande sérénité émanait de son regard **2** (*fig.*) [→ *tr.* 2] se répandre: *si erano diffuse brutte notizie* de mauvaises nouvelles s'étaient répandues **3** [*dilungarsi a parlare, a scrivere*] s'étendre (53): *si è diffuso troppo su questo argomento* il s'est trop étendu sur ce sujet **4** (*lett.*) [*cospargersi*] se couvrir (23), s'inonder.
diffórme |dif'forme| *agg.* **1** [*differente, diverso*] différent: *copia difforme dall'originale* copie différente de l'original **2** (*lett.*) → **deforme.**
difformità |difformi'ta| *s.f.inv.* **1** [*qualità di ciò che è difforme*] diversité (*var.*): *difformità di idee, di opinioni* diversité d'idées, d'opinions ◇ (*dir.*) *in difformità da* par dérogation à → **di-**

versità, dissomiglianza **2** (*lett.*) → **deformità.**

diffràngere |dif'frandʒere| *v.intr. e rifl.* (se) diffracter.

diffrazióne |diffrat'tsjone| *s.f.* (*fis.*) diffraction: *diffrazione della luce* diffraction de la lumière; *diffrazione ottica* diffraction optique.

diffusaménte |diffuza'mente| *avv.* **1** [→ DIFFUSO 3] d'une manière diffuse (*loc. inv.*): *scrivere diffusamente* écrire d'une manière diffuse; *trattare diffusamente un argomento* traiter un sujet d'une manière diffuse **2** [→ DIFFUSO 2] communément: *idee note diffusamente* idées communément connues ◇ [*indistintamente, vagamente*] vaguement: *ho avvertito diffusamente un qualcosa di ostile* j'ai vaguement ressenti un quelque chose d'hostile.

diffusióne |diffu'zjone| *s.f.* **1** [→ DIFFONDERE] diffusion: *diffusione del suono, della luce* diffusion du son, de la lumière; *diffusione termica* diffusion thermique; *diffusione di una sostanza nell'organismo* diffusion d'une substance dans l'organisme; *rete di diffusione* réseau de diffusion ◇ (*fis.*) *la diffusione di un programma della radio* la diffusion d'un programme à la radio **2** (*fig.*) diffusion → **divulgazione, propagazione 3** (*bur.*) *diffusione dell'imposta* diffusion de l'impôt; *la diffusione di una cultura, dell'istruzione* la diffusion d'une culture, de l'instruction; *avere grande diffusione* avoir une grande diffusion.

diffùso |dif'fuzo| **I** *agg.* **1** diffus: *illuminazione diffusa* éclairage diffus **2** (*fig.*) [*generale, comune*] répandu: *esiste uno stato diffuso di malumore* il existe un état de mauvaise humeur diffuse ◇ [*notorio, risaputo*] *è una opinione abbastanza diffusa* c'est une opinion assez répandue ◇ [*affermato sul mercato*] *prodotti molto, poco diffusi* produits très, peu répandus ◇ [*indeterminato, generale*] diffus: *avvertire un senso diffuso di malessere* éprouver une sensation diffuse de malaise **3** (*fig.*) [*prolisso, ampio*] diffus: *stile diffuso* style diffus **4** (*bot.*) diffus: *pannocchia diffusa* épi diffus **II** *avv.* [→ *agg.* 3] d'une manière diffuse (*loc. inv.*): *parlare diffuso* parler d'une manière diffuse → **diffusamente.**

diffusóre |diffu'zore| *s.m.* **1** [*chi diffonde, divulga q.c.*] divulgateur* *s.*, propagateur* (*s.*): *diffusore di notizie false* divulgateur de fausses nouvelles; *i diffusori del cristianesimo* les propagateurs du christianisme **2** (*tecnol.*) diffuseur ✦ (*agg.*) *elemento diffusore* élément diffuseur; *filtro diffusore* filtre diffuseur **3** (*elettron.*) *diffusore* (*acustico*) enceinte *f.* acoustique.

difilàto |difi'lato| **I** *agg.* [*rapido, veloce*] tout droit (*loc. inv.*): *andarono difilati dal commissario* ils allèrent tout droit au commissariat; *si è diretto difilato verso la chiesa* il s'est dirigé tout droit vers l'église **II** *avv.* **1** [*direttamente, rapidamente*] tout droit (*loc. inv.*): *andare difilato a casa* aller tout droit à la maison **2** [*di seguito, ininterrottamente*] d'affilée (*loc. inv.*): *parlò tre ore difilato* il parla trois heures d'affilée.

diftèrico, ci, ca, che |dif'tɛriko, tʃi, ka, ke| *agg.* (*med.*) diphtérique: *angina difterica* angine diphtérique; *batterio difterico* bactérie diphtérique.

difterite |difte'rite| *s.f.* (*med.*) diphtérie.

diga, ghe |'diga, ge| *s.f.* **1** digue, barrage (*m.*): *diga di ritenuta* digue, barrage de retenue; *diga marittima* digue maritime; *diga in alto mare* digue en haute mer; *diga d'invaso* barrage de retenue → **sbarramento, argine 2** (*fig.*) [*argine, riparo*] digue, barrière: *una legge che serve da diga* une loi qui sert de digue, de barrière; *rompere tutte le dighe* rompre toutes les digues.

digàmma |di'gamma| *s.m.* digamma.

digerènte |didʒe'rɛnte| *agg.* [*che serve alla digestione*] digestif*: *apparato digerente* appareil digestif; *tubo digerente* tube digestif.

digerìbile |didʒe'ribile| *agg.* **1** [→ DIGERIRE 1] digestible: *alimento digeribile* aliment digestible **2** (*fig.*) → **tollerabile, sopportabile** Ⓒ 1 **indigesto.**

digeribilità |didʒeribili'ta| *s.f.inv.* digestibilité *var.*

digerìre |didʒe'rire| (197) *v.tr.* **1** (*fisiol., corr.*) [*trasformare gli alimenti rendendoli assimilabili*] digérer (8): *digerire faticosamente la cena* digérer péniblement le dîner ✦ (*ass.*) *digerire bene* bien digérer **2** [*riuscir ad accettare; sopportare*] digérer; supporter: *digerire q.c. di sgradevole* digérer qqch. de désagréable; *non ha ancora digerito quell'affronto* il n'a pas encore digéré cet affront → **tollerare** ‖ *non posso digerire quella donna* je ne peux pas supporter cette femme **3** (*fig.*) [*riuscir a dominare, a controllare*] ravaler: *digerire una arrabbiatura, il malumore* ravaler sa colère, sa mauvaise humeur → **smaltire 4** (*fig.*) [*credere, accettare*] digérer: *questa storia non la digerisco* cette histoire, je ne la digère pas **5** (*fig.*) [*far proprio mentalmente, assimilare*] digérer: *digerire l'algebra* digérer l'algèbre **6** (*chim.*) [*sottoporre al processo di digestione*] digérer.

digest |'daidʒest| *s.m. inv.* (*ingl.*) digest *var.* → **condensato.**

digestióne |didʒes'tjone| *s.f.* (*fisiol., corr.*) digestion: *digestione difficile* digestion difficile; *il momento della digestione* le moment de la digestion; *bloccare la digestione* bloquer la digestion ◇ [*assimilazione*] assimilation ◇ (*loc. fig.*) *rovinar la digestione a qc.* [*procurargli dispiaceri, arrabbiature*] échauffer la bile de qqn. ~ *guastarsi la digestione* [*arrabbiarsi*] s'échauffer la bile.

digestìvo |didʒes'tivo| *agg.* **1** digestif*: *apparato digestivo* appareil digestif; *funzioni digestive* fonctions digestives **2** [*che favorisce la digestione*] digestif: *sostanze digestive* substances digestives ✦ (*s.m.*) *un digestivo* un digestif.

digèsto |di'dʒɛsto| *s.m.* (*dir.rom.*) digeste.

digitàle |didʒi'tale| **I** *agg.* **1** digital*: *impronta digitale* empreinte digitale **2** (*elettron.*) numérique: *calcolatore elettronico-digitale* ordinateur numérique; *orologio digitale* horloge, montre numérique **II** *s.f.* (*t.bot.*) digitale.

digitalìna |didʒita'lina| *s.f.* (*farm.*) digitaline.

digitazióne |didʒitat'tsjone| *s.f.* → **diteggiatura.**

digiti- |'didʒiti| *pref.* (*significa 'dito', corrisponde gener. a*) digit(o), (i): *digitigrado* digitigrade.

digiunàre |didʒu'nare| *v.intr.* (*aus. 'avere'*) **1** [*astenersi dal cibo*] jeûner: *digiuna da tre giorni* il jeûne depuis trois jours; *digiunare per motivi di salute* jeûner pour des raisons de santé ◇ (*per est.*) [*mangiare meno di quanto si desidera*] *con questa poca roba vuoi farmi digiunare!* avec si peu de chose tu veux me faire jeûner! **2** [*fare il digiuno per una norma religiosa*] jeûner: *digiunare durante la quaresima* jeûner pendant le carême **3** (*fig.*) → **privar(si)** Ⓒ 1 **mangiare** 1, **saziar(si).**

digiunatóre, trice |didʒuna'tore, tritʃe| *s.* [*chi digiuna lungamente*] jeûneur*.

1 **digiùno** |di'dʒuno| *s.m.* **1** [→ DIGIUNARE 1, 2] jeûne: *digiuno forzato* jeûne forcé; *osservare il digiuno* observer le jeûne; *costringere al digiuno* contraindre au jeûne; *rompere il digiuno* rompre le jeûne; *essere indebolito da continui digiuni* être exténué par des jeûnes continuels ◇ *loc.avv.* A DIGIUNO à jeun: *restare a digiuno* rester à jeun; *tenere a digiuno* tenir à jeun; *prendere una medicina a digiuno* prendre un remède à jeun **2** (*fig.*) [→ DIGIUNARE 3] privation (*f.*): *un lungo digiuno di svaghi, di successi* une longue privation de distractions, de succès.

2 **digiùno** |di'dʒuno| *agg.* **1** à jeun (*loc. inv.*): *essere digiuno da due giorni* être à jeun depuis deux jours # *essere a stomaco digiuno* avoir l'estomac vide ◇ (*loc.avv.*) *da digiuno* à jeun **2** (*fig.*) [*privo, mancante*] *essere digiuno di notizie* être sans nouvelles ◇ [*privo di conoscenze su q.c.*] *essere completamente digiuno di chimica* ignorer complètement la chimie, être ignare en chimie **3** (*anat.*) *intestino digiuno* jéjunum *s.m.* ✦ (*s.m.*) *il digiuno* le jéjunum.

digiunoileo |di'dʒuno'ileo| *s.m.* (*anat.*) jéjuno-iléon.

dignità |diɲɲi'ta| *s.f.inv.* **1** dignité *var.*, grandeur (*var.*): *la dignità dell'uomo* la dignité de l'homme; *la dignità di un lavoro onesto* la dignité d'un travail honnête; *la dignità di un nobile casato* la grandeur d'une famille noble; *opera piena di slancio e di dignità* œuvre pleine d'élan et de grandeur ◇ [*aspetto signorile, maestoso e severo*] dignité: *la grande dignità del vecchio ci ispirava soggezione* la grande dignité du vieillard nous intimidait **2** [*rispetto di sé stesso*] dignité: *vivere con dignità* vivre avec dignité; *avere dignità* avoir de la dignité; *mancare di dignità* manquer de dignité; *comportarsi con grande dignità* se conduire avec une grande dignité; *mantieni la calma e la tua dignità!* garde ton calme et ta dignité! **3** [*carica, onore*] dignité: *dignità papale* dignité papale; *essere innalzato alla dignità di...* être élevé à la dignité de... ◇ *al plur.* [*di persone rivestite di tale dignità*] dignités: *le più alte dignità* les plus hautes, grandes dignités ◇ [*privilegio*] dignité: *privare qc. di una dignità* priver qqn. d'une dignité.

dignitàrio, i |diɲɲi'tarjo, i| *s.m.* dignitaire: *i dignitari dello Stato, della Chiesa* les dignitaires de l'État, de l'Église.

dignitosaménte |diɲɲitosa'mente| *avv.* **1** [→ DIGNITOSO 1] dignement: *rifiutò dignitosamente quel suo aiuto* il refusa dignement son aide; *rispondeva dignitosamente all'interroga-*

torio il répondait dignement à l'interrogatoire **2** [→ DIGNITOSO 2] dignement: *vestire, vivere dignitosamente* s'habiller, vivre dignement.

dignitóso |diɲɲi'toso| *agg.* **1** [*che ha o mostra dignità*] digne; fier*: *persona dignitosa* personne digne; *aspetto dignitoso* maintien digne || *opporre un dignitoso rifiuto* opposer un fier refus # *diede una risposta dignitosa* il donna une réponse pleine de dignité **2** [*che è conforme alla propria dignità; adatto alle circostanze*] digne; convenable, correct: *alloggio povero ma dignitoso* logement pauvre mais digne; *avere modi dignitosi* avoir des manières dignes || *indossava un vestito semplice ma dignitoso* il portait un costume simple mais convenable; *non è dignitoso arrendersi così* ce n'est pas correct de se rendre ainsi.

digradaménto |digrada'mento| *s.m.* (*raro*) → **digradazione.**

digradàre |digra'dare| *v.intr.* (*aus.* '*avere*') **1** [*abbassarsi a poco a poco, gradatamente*] descendre (53) (*aus.* avoir, être): *le colline digradano dolcemente verso la vallata* les collines descendent doucement vers la vallée **2** (*fig.*) [*diminuire gradatamente d'intensità*] faiblir: *il suo entusiasmo sta digradando* son enthousiasme est en train de faiblir ◇ (*di suoni, colori*) [*sfumare, smorzarsi*] se dégrader (*pron.*): *un celeste che digrada* un bleu clair qui se dégrade.

digradazióne |digradat'tsjone| *s.f.* [→ DIGRADARE] dégradation.

digràmma |di'gramma| *s.m.* (*gram.*) digramme.

digrassàre |digras'sare| **A** *v.tr.* [*rendere meno grasso, meno untuoso*] dégraisser; dessuinter: *digrassare la carne* dégraisser, délarder la viande; *digrassare una salsa* dégraisser une sauce || *digrassare la lana* dessuinter la laine → **sgrassare** ◇ [*togliere le macchie di grasso, sgrassare*] dégraisser, nettoyer (10): *digrassare un vestito* dégraisser, nettoyer un costume → **smacchiare B** *v.intr.* (*aus.* '*essere*') (*raro*) [*dimagrire*] maigrir (*aus.* être, avoir).

digrassatùra |digrassa'tura| *s.f.* → **sgrassatura.**

digressióne |digres'sjone| *s.f.* **1** [*l'allontanarsi dalla propria strada*] détour (*m.*): *fare una digressione* faire un détour **2** (*fig.*) [*l'andare fuori dall'argomento*] digression: *nel discorso ha fatto tre lunghe digressioni* dans son discours il a fait trois longues digressions → **divagazione 3** (*astron.*) digression.

digressivo |digres'sivo| *agg.* plein de digressions, de parenthèses: *discorso digressivo* discours plein de digressions, de parenthèses.

digrezzàre |digred'dzare| *v.tr.* (*tess.*) [*sottoporre fibre tessili alle prime operazioni di candeggio*] dégraisser.

digrignaménto |digriɲɲa'mento| *s.m.* [→ DIGRIGNARE] grincement de dents.

digrignàre |digriɲ'ɲare| *v.tr.* [*mostrare i denti facendoli stridere*] grincer (2) des dents: *digrignava i denti per la collera* il grinçait des dents de colère.

digrossàre |digros'sare| **A** *v.tr.* **1** [*rendere meno grosso, sgrossare*] dégrossir: *digrossare una trave, un bastone* dégrossir une poutre, un bâton ◇ (*per est.*) [*sbozzare*] ébaucher: *digrossare un diamante* ébaucher un diamant **2** (*fig.*) [*impartire i primi insegnamenti, ammaestrare*] dégrossir, débrouiller (*fam.*): *digrossare un alunno* dégrossir, débrouiller un élève **3** (*fig.*) [*affinare, ingentilire*] affiner, épurer: *digrossare la lingua* affiner, épurer la langue **B** *v.pron.rifl.* DIGROSSARSI [→ *tr.* 3] se dégrossir, s'affiner: *vivendo in città si sono digrossati* en vivant en ville ils se sont dégrossis, affinés.

diguazzàre |digwat'tsare| **A** *v.tr.* (*raro, di liquido*) [*agitare, scuotere*] agiter, remuer **B** *v.intr.* (*aus.* '*avere*') [*agitarsi nell'acqua*] patauger (3), barboter: *diguazzare allegramente nei ruscelli* patauger allègrement dans les ruisseaux; *diguazzare nel bagno* barboter dans son bain → **sguazzare.**

diktàt |dik'tat| *s.m.inv.* (*ted.*) diktat *var.*

dilaceràre |dilatʃe'rare| *v.tr.* **1** (*lett.*) → **lacerare 2** (*lett., fig.*) → **tormentare.**

dilacerazióne |dilatʃerat'tsjone| *s.f.* → **lacerazione.**

dilagàre |dila'gare| *v.intr.* (*aus.* '*essere*') **1** [*straripare inondando il terreno*] inonder (*tr.*): *il fiume dilagò per la campagna* le fleuve inonda la campagne ◇ (*per est.*) [*estendersi rapidamente*] déferler (*aus.* avoir): *i barbari dilagavano dal nord* les barbares déferlaient du nord **2** (*fig.*) [*diffondersi rapidamente*] se répandre (53) *pron.*, s'étendre (53) (*pron.*): *il malcostume dilaga dappertutto* la corruption se répand partout; *le idee sovversive dilagano rapidamente* les idées subversives se répandent rapidement, gagnent rapidement du terrain; *la peste dilagava in tutto il paese* la peste s'étendait dans tout le pays.

dilamàre |dila'mare| *v.intr.* (*aus.* '*essere*') → **smottare.**

dilaniàre |dila'njare| **A** *v.tr.* **1** [*fare a pezzi*] déchiqueter (5): *la tigre dilaniò la preda* la tigre déchiqueta sa proie → **lacerare, strappare** ◇ [*strappare, stracciare*] déchirer: *dilaniare gli abiti* déchirer ses vêtements **2** (*fig.*) [*provocare uno strazio morale*] déchirer: *quella perdita lo dilania* cette perte le déchire; *il rimorso mi dilania* le remords me déchire → **straziare** ◇ [*danneggiare gravemente il buon nome di qc. e sim.*] *dilaniare il prossimo* déchirer son prochain; *quelle calunnie hanno dilaniato la sua reputazione* ces calomnies ont déchiré sa réputation **B** *v.pron.* DILANIARSI **1** *recipr.* [*sbranarsi, ferirsi, tormentarsi reciprocamente*] se mettre (71) en pièces; se déchirer: *le due belve si sono dilaniate* les deux fauves se sont mis en pièces || *quei coniugi si dilaniano da anni* ces conjoints se déchirent, s'entredéchirent depuis des années # *i duellanti si sono dilaniati con la spada* les duellistes se sont blessés avec leurs épées **2** *rifl.* (*lett.*) [*tormentarsi ferendosi, strappandosi vesti e sim.*] se déchirer (*corr.*): *per la disperazione si dilaniava fisicamente e moralmente* il se déchirait de désespoir physiquement et moralement.

dilapidàre |dilapi'dare| *v.tr.* [*dissipare i propri o altrui beni*] dilapider: *dilapidare dei beni, una fortuna* dilapider des biens, une fortune → **sperperare.**

dilapidatóre, trice |dilapida'tore, tritʃe| *s.* dilapidateur*: *un dilapidatore di patrimonio* un dilapidateur de patrimoine → **scialacquatore, dissipatore** ✦ *agg.* dépensier*, dilapidateur: *un figlio dilapidatore* un fils dépensier Ⓒ **risparmiatore.**

dilapidazióne |dilapidat'tsjone| *s.f.* [→ DILAPIDARE] dilapidation: *la dilapidazione della propria fortuna* la dilapidation de sa fortune → **dissipazione, sperpero.**

dilatàbile |dila'tabile| *agg.* [→ DILATARE A] dilatable: *corpo dilatabile* corps dilatable → **estensibile.**

dilatabilità |dilatabili'ta| *s.f. inv.* (*fis.*) dilatabilité *var.*

dilataménto |dilata'mento| *s.m.* → **dilatazione.**

dilatànte |dila'tante| *agg.* **1** dilatant **2** (*med.*) *periodo dilatante* période dilatante.

dilatàre |dila'tare| **A** *v.tr.* **1** [*rendere più largo, ampliare*] agrandir: *dilatare una cavità* agrandir une cavité → **allargare** # *dilatare la bocca* ouvrir grand la bouche ◇ (*med.*) *i cibi che dilatano lo stomaco* les aliments qui dilatent l'estomac ◇ (*fig.*) étendre (53); grossir: *continua a dilatare la sua sfera di influenza* il continue à étendre sa sphère d'influence → **estendere, aumentare, ingrandire** || *dilatare una notizia* grossir une nouvelle **2** (*fis.*) [*aumentare di volume*] dilater: *il calore dilata i metalli* la chaleur dilate les métaux **3** (*raro, fig.*) → **diffondere B** *v.pron. intr.* DILATARSI **1** [*allargarsi, ampliarsi*] s'agrandir, s'élargir: *la città si è dilatata enormemente* la ville s'est énormément agrandie; *salendo, l'orizzonte si dilata* l'horizon s'élargit à mesure que l'on monte → **estender(si)** ◇ (*med.*) *i tessuti si sono dilatati* les tissus se sont distendus; *la tumefazione si è dilatata* la tuméfaction a grossi *intr.* ◇ (*fig.*) *mi si è dilatato il cuore dalla gioia* mon cœur s'est dilaté de joie **2** [*aumentare di volume*] se dilater: *i gas si dilatano* les gaz se dilatent Ⓒ A 1, 2 **restringere.**

dilatàto |dila'tato| *agg.* dilaté: *pori dilatati* pores dilatés; *narici dilatate* narines dilatées; *stomaco dilatato* estomac dilaté.

dilatatóre, trice |dilata'tore, tritʃe| *agg.* (*anat.*) dilatateur*: *muscolo dilatatore* muscle dilatateur ✦ *s.m.* (*ostetricia*) *un dilatatore* un dilatant, un dilatateur.

dilatazióne |dilatat'tsjone| *s.f.* **1** [→ DILATARE A 1] dilatation: *dilatazione di un pallone* dilatation d'un ballon; *dilatazione di un metallo* dilatation d'un métal **2** (*med.*) dilatation: *la dilatazione della pupilla* la dilatation de la pupille; *la dilatazione dello stomaco* la dilatation de l'estomac; *dilatazione dell'aorta* dilatation de l'aorte **3** (*fis.*) dilatation: *la dilatazione dei liquidi, dei gas* la dilatation des liquides, des gaz; *dilatazione cubica* dilatation cubique; *dilatazione termica* dilatation thermique.

dilatòrio, i |dila'tɔrjo, i| *agg.* dilatoire: *manovra dilatoria* manœuvre dilatoire; *tattica dilatoria* tactique dilatoire; *usare espedienti dilatori* se servir d'expédients dilatoires ◇ (*dir.*) *eccezione dilatoria* exception dilatoire.

dilavàre |dila'vare| *v.tr.* **1** [*far scorrere una sostanza del terreno o il terreno stesso, per l'azione di acqua, spec. piovana*] délaver, détremper: *dilavare le terre* délaver les terres; *la pioggia ha dilavato il terreno* la pluie a délavé, a détrempé le terrain **2** [*sbiadire per effetto dell'acqua*] décolorer: *dilavare il colore di un tessuto* décolorer un tissu.

dilavàto |dila'vato| *agg.* **1** [*che è stato eroso*] délavé, détrempé: *terra dilavata* terre délavée, détrempée **2** [*smorto*] blafard: *viso dilavato* visage blafard → **slavato** **3** [*sbiadito*] fade, délavé: *un colore dilavato* une couleur fade, délavée ◇ (*letter.*, *fig.*) *prosa dilavata* prose fade ⓒ 2; 3 **intenso, vivo.**

dilazionàre |dilattsjo'nare| *v.tr.* [*differire, rimandare nel tempo*] différer (8): *dilazionare una decisione* différer une décision; *dilazionare un pagamento, una scadenza* différer un paiement, une échéance.

dilazionàto |dilattsjo'nato| *agg.* [*che si può fare secondo una serie di scadenze successive*] échelonné: *pagamento dilazionato* paiement échelonné.

dilazióne |dilat'tsjone| *s.f.* [→ DILAZIONARE] délai (*m.*): *senza dilazione* sans délai; *chiedere, concedere, ottenere una dilazione per la consegna del lavoro* demander, accorder, obtenir un délai pour la remise de son travail; *dilazione nella scadenza dei documenti* délai dans l'expiration des papiers → **rimando, proroga** ◇ (*econ.*) *dilazione di un pagamento* [*suo scaglionamento nel tempo*] atermoiement, délai de paiement.

dileggiàre |diled'dʒare| *v.tr.* (*lett.*) [*prendersi gioco di qc. o di q.c.*] tourner en dérision (*corr.*), se moquer de *pron.* (*corr.*): *dileggiare la religione* turner en dérision la religion, se moquer de la religion; *tutti lo dileggiavano senza pietà* tout le monde se moquait de lui sans pitié → **beffare, deridere.**

dileggiatóre, trice |dileddʒa'tore, tritʃe| *agg. e s.m.* moqueur* *agg. e s.*, railleur* *agg. e s.*

diléggio, i |di'leddʒo, i| *s.m.* (*lett.*) [→ DILEGGIARE] risée *f.* (*corr.*), moquerie *f.* (*corr.*): *subire il dileggio di qc.* être la risée de qqn.; *quell'azione è un vero dileggio* cette action est une vraie moquerie → **scherno.**

dileguàre |dile'gware| **A** *v.tr.* [*disperdere*] dissiper: *il sole dileguò le nubi* le soleil dissipa les nuages **B** *v.intr.* (*aus.* 'essere') [*svanire*] se dissiper (*pron.*): *la nebbia è dileguata* le brouillard s'est dissipé ◇ (*fig.*) *la sua tristezza è dileguata subito* sa tristesse s'est vite dissipée **C** *v.pron. intr.* DILEGUARSI **1** [*svanire, scomparire*] se dissiper, disparaître (72) (*intr.*): *la nebbia si è già dileguata* le brouillard s'est déjà dissipé; *l'apparizione si era dileguata* l'apparition avait disparu **2** [*disperdersi, allontanarsi*] se disperser: *la folla si dileguò* la foule se dispersa.

diléguo |di'legwo| *s.m.* (*ling.*) chute *f.*

dilèmma |di'lɛmma| *s.m.* **1** (*filos.*) dilemme **2** (*per est.*) [*necessità di scelta fra due opposte soluzioni*] dilemme: *essere davanti a un dilemma* être devant un dilemme; *porre qc. di fronte a un dilemma* mettre qqn. devant un dilemme ◇ [*problema non risolvibile*] *ero in un terribile dilemma* j'étais dans un terrible dilemme.

dilettànte |dilet'tante| *agg.* **1** [*che fa uno sport, che coltiva un'arte per diletto*] amateur (*m.*): *ciclista dilettante* cycliste amateur; *un pittore dilettante* un peintre amateur ✦ (*s.*) *un dilettante* un amateur: *un dilettante di musica, di arte* un amateur de musique, d'art **2** (*spec. spreg.*) [*che svolge un'attività non avendone l'esperienza; incapace, superficiale*] dilettante: *fa l'attore dilettante* c'est un acteur dilettante; *è un pittore dilettante* c'est un peintre dilettante; *in confronto a te è un medico dilettante* par rapport à toi c'est un médecin dilettante ✦ *s.* (*spreg.*) *un dilettante* un dilettante, un amateur; *è solo un dilettante* ce n'est qu'un dilettante; *fare q.c. da dilettante* faire qqch. en dilettante, en amateur # *è una cosa da dilettante* c'est un jeu d'enfant.

dilettantésco, chi, ca, che |dilettan'tesko, ki, ka, ke| *agg.* → **dilettantistico.**

dilettantismo |dilettan'tizmo| *s.m.* **1** (*sport*) dilettantisme **2** [*l'atteggiamento di chi pratica q.c. solo per diletto*] dilettantisme, amateurisme: *da noi la musica è solo a livello di dilettantismo* chez nous la musique est seulement du dilettantisme ◇ (*spreg.*) [*superficialità, inesperienza*] *il suo dilettantismo incosciente è ormai evidente* son dilettantisme, son amateurisme inconscient est désormais évident.

dilettantìstico, ci, ca, che |dilettan'tistiko, tʃi, ka, ke| *agg.* d'amateur(s) *loc.*, en amateur(s) (*loc.*): *corsa dilettantistica* course d'amateurs; *ha un modo dilettantistico di affrontare i problemi* il les affronte toujours les problèmes en amateur # *sport dilettantistico* sport amateur.

dilettàre |dilet'tare| **A** *v.tr.* [*dare piacere e sim.*] amuser, délecter: *uno spettacolo che diletta il pubblico* un spectacle qui amuse le public; *dilettare i sensi, lo spirito* délecter les sens, l'esprit → **divertire** ✦ (*ass.*) *è una musica che diletta* c'est une musique qui plaît **B** *v.pron.intr.* DILETTARSI **1** [*divertirsi e sim.*] s'amuser, se délecter: *si diletta a dir male degli altri* il s'amuse à dire du mal des autres; *dilettarsi con gli amici* s'amuser avec des amis; *dilettarsi a una lettura* se délecter à une lecture **2** [*coltivare un'arte, uno sport e sim. solo per svagarsi*] s'amuser (à): *dilettarsi di cinema* s'amuser à filmer; *dilettarsi di collezione di vasi* s'amuser à collectionner des vases.

dilettévole |dilet'tevole| **1** *agg.* [*che procura piacere, diletto*] agréable: *una lettura dilettevole* une lecture agréable; *una giornata dilettevole* une journée agréable; *un lavoro dilettevole* un travail agréable → **piacevole** **2** *s.m.* *il dilettevole* [*ciò che procura diletto*] l'agréable ◇ (*loc.*) *unire l'utile al dilettevole* joindre l'utile à l'agréable.

1 **dilètto** |di'lɛtto| *agg.* [*che è amato e gradito in modo particolare*] chéri, cher*: *la mia diletta moglie* ma femme chérie; *i suoi diletti amici* ses chers amis → **prediletto** ✦ *s.* (*lett.*) [*persona amata*] bien-aimé: *la mia diletta* ma bien-aimée.

2 **dilètto** |di'lɛtto| *s.m.* **1** [*piacevole emozione che si ricava soddisfacendo una tendenza fisica o spirituale*] plaisir, satisfaction (*f.*): *la musica mi procura diletto* la musique me donne du plaisir; *le passeggiate sono il suo solo diletto* son seul plaisir est de se promener ◇ (*loc.*) *con diletto di tutti* à la satisfaction générale ~ *l'ha fatto a bel diletto* il l'a fait exprès **2** [*gradevole svago, piacevole distrazione, sollievo*] divertissement, distraction (*f.*): *si è dedicato a quel lavoro per diletto* il s'est livré à ce travail pour son divertissement personnel; *il teatro è il suo unico diletto* le théâtre est sa seule distraction → **svago.**

dilettóso |dilet'toso| *agg.* (*lett.*) [*che reca diletto*] agréable (*corr.*), plaisant (*corr.*).

dilezióne |dilet'tsjone| *s.f.* **1** (*relig.*) dilection → **amore** **2** (*lett.*) dilection.

diligènte |dili'dʒɛnte| *agg.* **1** [*che si applica con cura a ciò che fa*] appliqué, zélé: *uno scolaro diligente* un écolier appliqué; *un segretario diligente* un secrétaire zélé ◇ (*spec.spreg.*) [*lavoratore scrupoloso ma privo di inventiva personale*] assidu: *un diligente esecutore, raccoglitore di dati* un compilateur assidu de données **2** (*cose*) [*fatto con cura*] *un lavoro diligente* un travail soigné → **accurato** ⓒ **negligente.**

diligenteménte |dilidʒente'mente| *avv.* [→ DILIGENTE] diligemment: *eseguire diligentemente gli ordini* exécuter diligemment les ordres # *lavorare diligentemente* travailler soigneusement.

1 **diligènza** |dili'dʒɛntsa| *s.f.* **1** diligence, application: *con diligenza* avec diligence, diligemment; *studiare, lavorare con diligenza* étudier, travailler avec diligence, avec application; *la sua diligenza è ammirevole* son application est admirable **2** (*lett.*) [*sollecitudine, premura*] diligence: *dare prova di diligenza* faire preuve de diligence; *fare diligenza* faire diligence → **accuratezza, sollecitudine** **3** (*dir.*) diligence.

2 **diligènza** |dili'dʒɛntsa| *s.f.* [*antica carrozza pubblica da viaggio*] diligence: *viaggiare in diligenza* voyager en diligence; *cocchiere, conduttore di diligenza* cocher, conducteur de diligence.

diligere |di'lidʒere| (170) *v.tr.* (*lett.*) → **prediligere.**

diliscàre |dilis'kare| *v.tr.* [*levare le lische a*] ôter les arêtes, désosser: *diliscare un pesce* ôter les arêtes d'un poisson, désosser un poisson.

dilollàre |dilol'lare| *v.tr.* (*agr.*) [*separare dalla lolla*] décortiquer: *dilollare il grano* décortiquer le blé.

dilombàrsi |dilom'barsi| *v.pron. intr.* (*raro*) → **sfiancar(si).**

dilombàto |dilom'bato| *agg.* **1** [*slombato, sfiancato*] éreinté: *cavallo dilombato* cheval éreinté **2** (*fig.*) → 1 **fiacco, spossato.**

dilucidàre |dilutʃi'dare| *v.tr.* → **delucidare.**

diluènte |dilu'ɛnte| *agg.* diluant: *sostanza diluente* substance diluante ✦ *s.m.* (*chim.*) *un diluente* un diluant.

diluire |dilu'ire| (197) *v.tr.* **1** [*stemperare, sciogliere una sostanza in un liquido*] diluer, délayer (9): *diluire un colore nell'acqua* diluer, délayer une couleur dans l'eau → **sciogliere, stemperare**; *diluire a freddo, a caldo* délayer à chaud, à froid **2** [*rendere una sostanza meno densa aggiungendovi un liquido adatto*] allonger (3): *diluire una salsa* allonger une sauce **3** (*fig.*) [*dire, esprimere q.c. in modo prolisso*] délayer: *diluire un'idea, un concetto* délayer une idée, un concept ⓒ 2 **addensare;** 3 **concentrare.**

diluito |dilu'ito| *agg.* **1** [*allungato*

con altro liquido] dilué, coupé: *vino diluito con acqua* du vin coupé d'eau **2** [*reso liquido o meno spesso*] dilué: *una pastiglia, una pillola diluita* une pastille, une pilule diluée.

diluizióne |diluit'tsjone| *s.f.* [→ DILUIRE 1, 2] dilution, délayage (*m.*): *agitare una miscela per facilitare la diluizione* remuer un mélange pour faciliter la dilution; *diluizione del cioccolato in polvere* délayage du chocolat en poudre # *diluizione dell'alcool* dédoublage de l'alcool.

dilungàrsi |dilun'garsi| *v.pron. intr.* **1** [*continuare, durare a lungo*] se prolonger (3): *i colloqui si dilungarono fino a sera* les entretiens se prolongèrent jusqu'au soir **2** (*fig.*) [*soffermarsi a lungo*] s'étendre (53), s'appesantir: *dilungarsi su un argomento* s'étendre, s'appesantir sur un sujet; *non voglio dilungarmi oltre* je ne veux pas m'étendre davantage (là-dessus) **3** (*ippica*) [*distaccare di parecchie lunghezze gli altri cavalli in gara*] distancer (2) *tr.* ♦ (*s.m. inv.*) *il dilungarsi* le prolongement *var.* # *il dilungarsi della seduta* la prolongation de la séance.

diluviàle |dilu'vjale| *agg.* **1** diluvien*: *era diluviale* ère diluvienne ◇ [*torrenziale*] *pioggia diluviale* pluie diluvienne # *stagione diluviale* saison pluvieuse **2** (*geol.*) diluvial*.

diluviàre |dilu'vjare| **A** *v.intr.* (*aus.* '*essere, avere*') **1** *impers.* [*piovere dirottamente*] pleuvoir (29) (*aus.* avoir) à verse: *diluviava da alcuni giorni* il pleuvait à verse depuis quelques jours **2** (*fig.*) [*venir giù abbondantemente*] tomber (*aus.* être) dru, pleuvoir: *i pugni diluviavano nella rissa* les coups de poings tombaient dru, pleuvaient dans la bagarre; *gli insulti diluviavano* les injures pleuvaient **B** *v.tr.* → **tranguqiare.**

dilùvio, i |di'luvjo, i| *s.m.* **1** [*pioggia dirotta, nubifragio*] déluge, pluie *f.* diluvienne: *è uscito sotto un vero diluvio* il est sorti sous un vrai déluge, sous une pluie diluvienne ◇ [*inondazione*] inondation *f.*, eaux (*f.pl.*): *i campi sono sommersi dal diluvio* les champs sont submergés par l'inondation, par les eaux ◇ (*Bibbia*) *il diluvio* (*universale*) le déluge ◇ (*loc. scherz.*) *del tempo del diluvio* [*vecchissimo, antiquato*] antédiluvien* *agg.*, qui remonte au déluge: *è una bicicletta del tempo del diluvio* c'est une bicyclette antédiluvienne, qui remonte au déluge **2** (*fig.*) [*eccessiva quantità di q.c.*] déluge, flot: *un diluvio di lacrime, di parole, di richieste* un déluge, un flot de larmes, de paroles, de demandes; *un diluvio di visitatori* un flot de visiteurs → **torrente, fiume** ◇ [*invasione*] invasion (*f.*): *un diluvio di cavallette* une invasion de sauterelles **3** [*enorme rete per catturare, di notte, gli uccelli*] panneau ◇ (*caccia*) filet de chasse.

diluzióne |dilut'tsjone| *s.f.* → **diluizione.**

dimagraménto |dimagra'mento| *s.m.* (*raro*) [→ DIMAGRARE A 1] amaigrissement, épuisement ◇ (*agr.*) *dimagramento del terreno* appauvrissement, épuisement du sol → **impoverimento.**

dimagrànte |dima'grante| **1** *agg.* [*che fa dimagrire*] amaigrissant: *cura, dieta dimagrante* cure amaigrissante, régime amaigrissant ♦ (*s.m.*) *un dimagrante* un amaigrissant **2** *s.m.* (*ceramica*) dégraissant, antiplastique.

dimagràre |dima'grare| **A** *v.tr.* **1** [*rendere magro*] amaigrir: *dimagrare dopo lunghi digiuni* amaigrir après de longs jeûnes **2** (*agr.*) [*rendere sterile, impoverire*] appauvrir: *dimagrare un terreno* appauvrir un sol **B** *v.intr.* (*aus.* '*essere*') maigrir (*aus.* avoir): *è dimagrato* il a maigri **C** **ingrassare.**

dimagrìre |dima'grire| *v.tr.* → **dimagrare.**

dimandàre |diman'dare| *v.tr.* → **domandare.**

dimàne |di'mane| *avv.* e *s.f.inv.* (*poet.*), **dimàni** |di'mani| *avv. e s.m. inv.* (*poet.*) → **domani.**

dimenaménto |dimena'mento| *s.m.* agitation *f.*, remuement.

dimenàre |dime'nare| **A** *v.tr.* **1** [*agitare, muovere*] agiter, remuer: *dimenare le gambe, le braccia* agiter les jambes, les bras; *il cane dimena la coda* le chien remue la queue **2** (*fig.*) *dimenare un problema* [*dibatterlo animatamente*] agiter un problème avec animation **B** *v.pron. rifl.* DIMENARSI [*muoversi in qua e in là, agitarsi*] se démener (6), s'agiter: *dimenarsi come un pazzo* se démener comme un fou, s'agiter comme un (beau) diable; *il malato si dimena nel letto* le malade se démène, s'agite dans son lit ◇ (*fig.*) [*adoperarsi, affaccendarsi*] se démener: *dimenarsi per trarsi fuori dai guai* se démener pour se tirer d'embarras ◇ (*prov.*) *chi va a letto senza cena, tutta notte si dimena* qui s'en va coucher sans souper s'agite toute la nuit.

dimenìo, ii |dime'nio, ii| *s.m.* [*un agitarsi intenso, prolungato*] trémoussement.

dimensionàre |dimensjo'nare| *v. tr.* → **ridimensionare.**

dimensióne |dimen'sjone| *s.f.* **1** dimension, taille: *le dimensioni di una porta* les dimensions d'une porte → **misura**; *un edificio di grandi dimensioni* un édifice de grandes dimensions, de grande taille; *studiare le dimensioni di una stanza* étudier les dimensions d'une pièce → **ampiezza**; *che dimensioni ha il tuo bagaglio?* quelles dimensions ont tes bagages? → **volume** ◇ (*fig.*) *un'opera di vasta dimensione* une œuvre de vaste envergure; *la dimensione del disastro è impressionante* l'ampleur du désastre est impressionante **2** (*fis., geom., mat.*) dimension ◇ (*fig.*) [*fattore, elemento, componente*] *la dimensione del tempo* le facteur *m.* temps; *la quarta dimensione* la quatrième dimension.

dimenticàbile |dimenti'kabile| *agg.* [→ DIMENTICARE A] oubliable (*raro*), qui peut être oublié (*loc.*): *nozioni facilmente dimenticabili* notions facilement oubliables, qui peuvent être facilement oubliées **C** **indimenticabile.**

dimenticàggine |dimenti'kaddʒine| *s.f.* (*raro*) [*dimenticanza abituale*] oubli *m.*, étourderie, distraction → **smemorataggine.**

dimenticànza |dimenti'kantsa| *s.f.* **1** [→ DIMENTICARE A 1, 2] oubli (*m.*): *la dimenticanza di un particolare importante* l'oubli d'un détail important; *una dimenticanza imperdonabile* un oubli impardonnable; *cadere in dimenticanza* tomber dans l'oubli **2** [*distrazione passeggera*] oubli, étourderie: *commettere uno sbaglio per dimenticanza* commettre une faute dans un moment d'oubli, par étourderie.

dimenticàre |dimenti'kare| **A** *v. tr.* **1** [*perdere la memoria di q.c., non ricordare*] oublier: *dimenticare i nomi, le date* oublier les noms, les dates; *hai dimenticato il mio indirizzo?* as-tu oublié mon adresse?; *bere per dimenticare* boire pour oublier **2** [*cancellare dalla memoria, scordare*] oublier: *dimenticare un'offesa* oublier une offense; *non potrò dimenticare quello che hai fatto per me* je ne pourrai pas oublier ce que tu as fait pour moi; *cerca di dimenticare queste brutte esperienze* essaie d'oublier ces mauvaises expériences ◇ (*fig.*) [*lasciar correre, essere indulgente*] *è uno che non dimentica* c'en est un qui n'oublie pas; *per questa volta dimentichiamo!* oublions pour cette fois! ◇ (*fig.*) [*trascurare, essere noncurante di*] *dimenticare i propri doveri* oublier ses devoirs ◇ (*fig.*) [*lasciare in abbandono, abbandonare*] *dimenticare i figli* oublier ses enfants; *tutti mi hanno dimenticato* tous m'ont oublié # *dimenticare un malato in ospedale* négliger un malade à l'hôpital **3** [*lasciare, tralasciare q.c. per distrazione*] oublier: *ho dimenticato la cartella in ufficio* j'ai oublié ma serviette au bureau; *hai dimenticato di avvertirmi* tu as oublié de m'avertir ◇ [*non prendere con sé*] *ha dimenticato l'ombrello, la patente* il a oublié son parapluie, son permis de conduire **B** *v.pron. intr.* DIMENTICARSI **1** [*scordarsi*] oublier (*tr.*): *tutti si dimenticano di lui* tout le monde l'oublie ◇ [*non ricordarsi*] *dimenticarsi i particolari* oublier les détails; *dimenticarsi di un appuntamento* oublier un rendez-vous; *si sono dimenticate di venire* elles ont oublié de venir **2** (*fig.*) [*non pensare più a q.c.*] oublier: *dimenticatelo!* oublie-le!; *cercherò di dimenticarmi di tutto ciò* j'essaierai d'oublier tout ça **C** **ricordare.**

dimenticatóio, i |dimentika'tojo, i| *s.m.* (*scherz.*) [*sede immaginaria delle cose dimenticate*] oubliettes (*f. pl.*): *mettere nel dimenticatoio* mettre, jeter aux oubliettes (*fam.*) ◇ (*cose*) *cadere nel dimenticatoio* tomber dans les oubliettes, dans l'oubli.

diméntico, chi, ca, che |di'mentiko, ki, ka, ke| *agg.* **1** [*che non ricorda, che ha dimenticato*] oublieux*: *uomo dimentico del suo passato* homme oublieux de son passé **2** (*fig.*) [*trascurato, noncurante*] négligent: *impiegato dimentico* employé négligent **C** 1 **memore**; 2 **scrupoloso.**

dimessaménte |dimessa'mente| *avv.* [→ DIMESSO 2, 3] d'une manière modeste *loc.inv.*; humblement: *vestire dimessamente* s'habiller d'une manière modeste || *parlare dimessamente* parler humblement.

dimésso |di'messo| *agg.* **1** [*modesto, umile*] humble: *tono, atteggiamento dimesso* ton, attitude humble; *con volto dimesso* avec un visage humble **2** [*andante, modesto*] familier*; modeste: *usare uno stile dimesso* utiliser un style familier || *un abito dimesso* une mise modeste ◇ (*spreg.*) [*trascurato, trasandato*] négligé: *un'andatura dimessa* une allure négligée; *essere dimesso nel vestire, nel parlare* être négligé dans sa façon de s'habiller, de parler **3** [*moderato, sommesso*] bas*: *con voce dimessa* à voix basse **C** 1 **spavaldo**; 2 **curato.**

dimestichézza |dimesti'kettsa| *s.f.* **1** [*familiarità, confidenza*] familiarité: *trattare qc. con grande dimestichezza* traiter qqn. avec une grande familiarité # *avere dimestichezza con qc.* être en rapports familiers avec qqn. **2** (*fig.*) *prendere dimestichezza con q.c.* [*diventare pratico, esperto di, in q.c.*] se familiariser avec qqch. # *ha molta dimestichezza col francese* le français lui est familier; il connaît très bien le français ◇ (*scherz.*) *non avere familiarità con q.c.* [*ignorarla*] ne pas s'y connaître en matière de.

dimèstico, ci, ca, che |di'mɛstiko, tʃi, ka, ke| *agg.* → **domestico.**

diméttere |di'mettere| (155) **A** *v.tr.* **1** [*fare uscire, lasciar andare*] congédier, faire (45) *intr.* sortir: *dimettere i visitatori* congédier, faire sortir les visiteurs; *mi dimetteranno in giornata* on me fera sortir au cours de la journée # *il malato è stato dimesso dall'ospedale* le malade est sorti de l'hôpital, a quitté l'hôpital → **congedare** ◇ [*rilasciare, liberare*] relâcher: *dimettere un prigioniero, un carcerato* relâcher un prisonnier, un détenu **2** (*bur.*) [*esonerare, destituire*] démettre (71), congédier: *dimettere qc. dal suo impiego* démettre qqn. de son emploi; *dimettere un impiegato* congédier un employé → **licenziare** # *dimettere un magistrato* destituer un magistrat **3** (*arc.*) → **abbandonare** **B** *v.pron.rifl.* DIMETTERSI [*rinunciare a un posto di lavoro, a una carica*] démissionner *intr.*, se démettre (de ses fonctions): *il ministro, il governo si è dimesso* le ministre, le gouvernement a démissionné; *si sono dimessi in massa* ils ont démissionné en bloc; *costringere qc. a dimettersi* contraindre qqn. à démissionner.

dimezzaménto |dimeddza'mento| *s.m.* **1** [→ DIMEZZARE 1] partage en deux: *dimezzamento di una parete* partage en deux d'un mur **2** [→ DIMEZZARE 2] réduction *f.* de moitié: *dimezzamento dei guadagni* réduction de moitié des gains ◇ (*fis. nucl.*) *periodo di dimezzamento* (*di un radioelemento*) période de radioactivité (d'un radioélément).

dimezzàre |dimed'dzare| *v.tr.* **1** [*dividere a metà*] partager (3) en deux: *dimezzare una mela* partager une pomme en deux **2** [*ridurre della metà*] réduire (75) de moitié: *dimezzare gli utili* réduire de moitié les bénéfices; *dimezzare il costo dei generi alimentari* réduire de moitié le coût des denrées alimentaires; *hanno dimezzato il percorso* ils ont réduit de moitié le parcours; *sono stati dimezzati i tempi di lavoro* les temps de travail ont été réduits de moitié ◇ (*fig.*) [*ridurre di molto*] *ha dimezzato il patrimonio* il a réduit de moitié son patrimoine; *gli stravizi gli hanno dimezzato la vita* les excès ont réduit de moitié sa vie [C] **2 raddoppiare**; **accrescere.**

dimezzàto |dimed'dzato| *agg.* **1** coupé en deux: *un pollo dimezzato* un poulet coupé en deux **2** [*ridotto a metà, della metà*] réduit de moitié: *utili, guadagni dimezzati* bénéfices, gains réduits de moitié; *un percorso dimezzato* un parcours réduit de moitié; *una pena dimezzata* une peine réduite de moitié ◇ (*fig.*) [*ridotto di molto*] considérablement réduit: *ricchezze dimezzate* richesses considérablement réduites ◇ (*fig.*) [*incompleto, parziale*] incomplet*: *notizia dimezzata* nouvelle incomplète.

diminuèndo |diminu'ɛndo| *s.m.* **1** (*mat.*) le plus grand nombre (dans une soustraction) → **minuendo** **2** (*mus.*) diminuendo *avv.* [C] 1 **addendo**; 2 **crescendo.**

diminuìre |diminu'ire| (197) **A** *v.tr.* [*rendere minore, ridurre*] diminuer: *diminuire le spese, le entrate, i prezzi* diminuer les dépenses, les recettes, les prix; *diminuire una pena* diminuer une peine; *diminuire la densità di una salsa* diminuer l'épaisseur d'une sauce → **diluire**; *diminuire le dimensioni di un oggetto* diminuer les dimensions d'un objet; *diminuire la durata* diminuer la durée → **abbreviare, accorciare**; *diminuire la velocità* diminuer la vitesse → **moderare, rallentare**; *diminuire il rendimento* diminuer le rendement → **abbassare**; *lo Stato ha diminuito le imposte* l'État a diminué les impôts → **alleggerire, abbassare**; *diminuire le proprie risorse* diminuer ses ressources → **intaccare**; *diminuire l'entusiasmo* diminuer l'enthousiasme ◇ (*fig.*) [*sminuire, impoverire*] *tutto ciò diminuisce il tuo prestigio* tout cela diminue ton prestige **B** *v.intr.* (*aus.* '*essere*') [*diventare minore, ridursi*] diminuer (*aus.* avoir): *la pioggia è diminuita di intensità* la pluie a diminué d'intensité; *la nebbia è diminuita questa mattina* le brouillard a diminué ce matin; *i prezzi sono diminuiti* les prix ont diminué; *a poco a poco la nostra fiducia diminuisce* peu à peu notre confiance diminue; *il vostro impegno non deve diminuire* votre application ne doit pas diminuer → **calare** ◇ (*misure*) [*calare, scendere*] *è diminuito di 10 kg* il a diminué de 10 kg; *l'acqua è diminuita di 10 cm* l'eau a diminué de 10 cm ◇ [*attenuarsi, moderarsi*] *il male non accenna a diminuire* le mal ne semble pas vouloir diminuer; *il freddo, il caldo sta diminuendo* le froid, la chaleur est en train de diminuer.

diminuìto |diminu'ito| *agg.* **1** [*minore, ridotto*] réduit: *prezzi diminuiti* prix réduits; *correre con velocità diminuita* courir à une vitesse réduite ◇ (*fig.*) [*sminuito, danneggiato*] diminué: *è uscito da questa vicenda molto diminuito* il est sorti de cette affaire très diminué **2** (*mus.*) diminué: *intervalli diminuiti* intervalles diminués.

diminutìvo |diminu'tivo| *agg.* **1** (*gram.*) diminutif*: *suffisso diminutivo* suffixe diminutif ♦ (*s.m.*) *un diminutivo* un diminutif: *usare troppi diminutivi* employer trop de diminutifs **2** (*raro*) [*che diminuisce, svaluta*] qui diminue: *questi sono elementi diminutivi del suo prestigio* ce sont des éléments qui diminuent son prestige [C] 1 **accrescitivo.**

diminuzióne |diminut'tsjone| *s.f.* **1** [→ DIMINUIRE A] diminution: *diminuzione di volume* diminution de volume; *diminuzione delle forze, di un male* diminution des forces, d'un mal; *diminuzione del valore della moneta* diminution de la valeur de la monnaie → **svalutazione**; *diminuzione di qualità* diminution de qualité → **scadimento**; *diminuzione di larghezza* diminution de largeur → **restringimento**; *diminuzione di lunghezza* diminution de longueur → **accorciamento**; *diminuzione della lunghezza di un testo* diminution de la longueur d'un texte → **abbreviazione**; *diminuzione di attività* diminution d'activité; *diminuzione di velocità* diminution de vitesse → **rallentamento**; *diminuzione di valore, di prezzo* diminution de valeur, de prix → **calo**; *diminuzione di imposta* diminution d'impôt → **sgravio** **2** (*mus.*) diminution [C] 1 **aumento, accrescimento.**

dimissionàre |dimissjo'nare| *v.tr.* (*bur.*) [*licenziare, esonerare*] renvoyer (14), destituer: *la direzione ha dimissionato due vice-direttori* la direction a renvoyé, destitué deux sous-directeurs; *molti saranno dimissionati nei prossimi giorni* beaucoup seront renvoyés dans les prochains jours.

dimissionàrio, i |dimissjo'narjo, i| *agg.* démissionnaire: *ministro, governo dimissionario* ministre, gouvernement démissionnaire; *il direttore è dimissionario* le directeur est démissionnaire.

dimissióne |dimis'sjone| *s.f.* **1** [→ DIMETTERE A 1] sortie: *la dimissione di un ricoverato* la sortie d'un (patient) hospitalisé **2** *al plur.* (*dir., corr.*) démission (*sing.*): *le dimissioni del governo* la démission du gouvernement; *dimissioni d'ufficio* démission d'office; *dare, rassegnare le dimissioni* donner sa démission; *accettare, respingere le dimissioni di qc.* accepter, refuser la démission de qqn.; *presentare, ritirare le dimissioni* présenter, retirer sa démission.

dimissòrio, i |dimis'sɔrjo, i| *agg.* (*relig.*) dimissoire.

dimólto |di'molto| *avv. e agg.indef.* → **molto.**

dimònio, i |di'mɔnjo, i| *s.m.* → **demonio.**

dimòra |di'mɔra| *s.f.* **1** [*luogo in cui si abita*] demeure, domicile (*m.*): *scegliere una dimora ricca, umile* choisir une demeure riche, humble; *ha preso dimora a Milano* il a fixé son domicile, il s'est installé à Milan ◇ (*fig.*) *ultima, estrema dimora* la dernière demeure → **tomba** ◇ (*dir.*) domicile: *senza fissa dimora* sans domicile fixe; *dimora stabile, abituale* domicile permanent, habituel **2** (*agr.*) *mettere a dimora un albero* planter un arbre ◇ (*tecnol.*) *messa a dimora* mise en place, installation **3** (*lett.*) [*permanenza in un luogo*] séjour *m.* → **soggiorno, sosta** ◇ [*indugio, ritardo*] retard *m.*

dimoràre |dimo'rare| *v.intr.* (*aus.* '*avere*') **1** [*risiedere in un luogo*] demeurer, vivre (58): *dimorare a lungo nella stessa città* demeurer, vivre longtemps dans la même ville ◇ (*fig.*) [*essere presente*] *è un sospetto che ha dimorato a lungo in me* c'est un soupçon que j'ai longtemps porté en moi **2** (*fig., lett.*) [*persistere, perseverare*] persister, s'obstiner (*pron.*): *dimorare nel vizio* persister, s'obstiner à vivre dans le vice.

dimorfìsmo |dimor'fizmo| *s.m.* dimorphisme.

dimostràbile |dimos'trabile| *agg.* [→ DIMOSTRARE A 1, 2, 3] démontrable: *una tesi dimostrabile* une proposition démontrable; *prove non dimostrabili* des preuves non démontrables.

dimostrabilità |dimostrabili'ta| *s.f.inv.* [*qualità di ciò che può essere dimostrato*] démontrable (*agg. var.*): *la dimostrabilità di una prova* une preuve démontrable [C] **indimostrabilità.**

dimostrànte |dimos'trante| **1** *s.* [*chi partecipa a una dimostrazione pubblica*] manifestant: *corteo di dimostranti* cortège de manifestants; *disperdere la moltitudine dei dimostranti* disperser la foule des manifestants → **manifestante 2** *agg.* (*raro*) → **dimostrativo.**

dimostràre |dimos'trare| **A** *v.tr.* **1** [*stabilire la verità di q.c., provare*] démontrer, prouver: *dimostrare la propria innocenza* démontrer son innocence; *dimostrare un'affermazione* prouver une affirmation ◇ [*verificare*] *dimostrare un teorema* démontrer un théorème ◇ [*fornire la prova di q.c.*] *questi fatti dimostrano la necessità di una riforma* ces faits démontrent la nécessité d'une réforme → **indicare, mostrare 2** [*spiegare, mostrare*] montrer: *dimostrare a qc. il funzionamento di un apparecchio* montrer à qqn. le fonctionnement d'un appareil **3** [*manifestare, far apparire*]: *dimostrare a qc. il proprio affetto* montrer, témoigner à qqn. son affection; *non dimostra la sua emozione* il ne montre pas son émotion; *non dimostrò nessun stupore* il ne manifesta aucun étonnement; *dimostra trent'anni* on lui donne trente ans; *quella donna ha l'età che dimostra* cette femme a l'âge qu'on lui donne, qu'elle paraît; *non dimostra davvero la sua età* elle paraît vraiment plus jeune que son âge **4** *ass.* [*partecipare a una manifestazione*] manifester: *hanno dimostrato nelle strade* ils ont manifesté dans les rues **B** *v.pron. rifl.* DIMOSTRARSI [*rivelarsi, mostrarsi*] se montrer: *dimostrarsi coraggioso* se montrer courageux ◇ [*risultare*] s'avérer (8), se révéler (8): *la scienza medica si è dimostrata impotente* la médecine s'est avérée, révélée impuissante; *questo lavoro si è dimostrato più facile del previsto* ce travail s'est avéré, révélé plus facile que prévu.

dimostrativaménte |dimostrativa'mente| *avv.* (*raro*) [→ DIMOSTRATIVO 1] démonstrativement (*corr.*).

dimostrativo |dimostra'tivo| *agg.* **1** démonstratif*: *metodo dimostrativo* méthode démonstrative; *prove altamente dimostrative* des preuves très démonstratives ◇ (*loc.*) *fare q.c. a scopo dimostrativo* faire qqch. uniquement pour l'exemple, dans un but de démonstration ~ *in modo dimostrativo* d'une manière démonstrative, démonstrativement ◇ (*mil.*) *azione dimostrativa* action de démonstration **2** (*gram.*) démonstratif: *aggettivo dimostrativo* adjectif démonstratif; *pronomi dimostrativi* pronoms démonstratifs; *genere dimostrativo* genre démonstratif ♦ (*s.m.*) *un dimostrativo* un démonstratif.

dimostratóre, trice |dimostra'tore, tritʃe| *s.* [*presentatore, illustratore*] démonstrateur*.

dimostrazióne |dimostrat'tsjone| *s.f.* **1** [→ DIMOSTRARE A 1] démonstration: *dimostrazione di un teorema, di una teoria* démonstration d'un théorème, d'une théorie **2** [*attestazione, prova*] preuve, démonstration: *dimostrazione di buona volontà* preuve de bonne volonté; *dare la dimostrazione della propria innocenza* apporter la preuve de son innocence; *dimostrazioni di gioia, di felicità* démonstrations de joie, de bonheur **3** [→ DIMOSTRARE A 2] démonstration: *dimostrazione fatta da un venditore* démonstration faite par un vendeur → **presentazione, illustrazione 4** [→ DIMOSTRARE A 4] manifestation, (*abbrev. fam.*) manif: *dimostrazione pacifica* manifestation pacifique; *indire una dimostrazione* organiser une manifestation **5** (*mil.*) démonstration: *dimostrazione navale, aerea* démonstration navale, aérienne.

din |din| *s.m.* (*foto.*) D.I.N.

dina |'dina| *s.f.* (*fis.*) dyne.

dinàmica, che |di'namika, ke| *s.f.* **1** (*fis.*) dynamique: *la dinamica terrestre* la dynamique terrestre; *dinamica dei gas* dynamique des gaz → **aerodinamica**; *dinamica dei liquidi* dynamique des liquides → **idrodinamica 2** (*per est.*) [*successione di eventi, di fenomeni*] *la dinamica di un fatto* le déroulement *m.* d'un fait; *la dinamica di un racconto* le mouvement *m.* d'un récit; *la dinamica salariale* l'évolution des salaires → **svolgimento, sviluppo 3** (*mus.*) dynamique.

dinamicaménte |dinamika'mente| *avv.* (*mecc.*) [→ DINAMICO 1] dynamiquement.

dinamicità |dinamitʃi'ta| *s.f. inv.* dynamisme *m. var.*

dinàmico, ci, ca, che |di'namiko, tʃi, ka, ke| *agg.* **1** dynamique: *una persona dinamica* une personne dynamique; *condurre una vita dinamica* mener une vie dynamique **2** (*fis.*) dynamique: *analisi dinamica* analyse dynamique **3** (*mus.*) *indicazione dinamica* indication dynamique.

dinamìsmo |dina'mizmo| *s.m.* **1** (*fig.*) dynamisme # *un ragazzo pieno di dinamismo* un jeune garçon dynamique → **vitalità 2** (*filos.*) dynamisme.

dinamitàrdo |dinami'tardo| *s.* dynamiteur* ♦ (*agg.*) *attentato dinamitardo* attentat à la dynamite, (*per est.*) au plastic.

dinamite |dina'mite| *s.f.* dynamite.

dinam(o)- |dinam(o)| *pref.* (*significa 'forza', corrisponde gener. a*) dynam(o): *dinamometro* dynamomètre.

dìnamo |'dinamo| *s.f. inv.* (*elettr.*) dynamo *var.*

dinamoelèttrico, ci, ca, che |dinamoe'lɛttriko, tʃi, ka, ke| *agg.* (*elettr.*) dynamo-électrique.

dinamòmetro |dina'mɔmetro| *s.m.* (*fis., fisiol.*) dynamomètre.

dinànzi |di'nantsi| *avv.* → **davanti.**

dinaro |'dinaro| *s.m.* dinar.

dinàsta |di'nasta| *s.m.* dynaste ◇ (*lett.*) [*monarca, principe*] monarque.

dinastìa |dinas'tia| *s.f.* dynastie: *la dinastia dei Savoia* la dynastie de Savoie; *estinzione di una dinastia* extinction d'une dynastie ◇ (*per est.*) *una dinastia di banchieri, di pittori* une dynastie de banquiers, de peintres.

dinàstico, ci, ca, che |di'nastiko, tʃi, ka, ke| *agg.* dynastique: *diritto dinastico* droit dynastique; *guerre dinastiche* guerres dynastiques.

din din, dindin |din'din| **1** *inter. onomat.* (*riproduce il suono di campanelli, spec. elettrici*) dring dring **2** *s.m. inv.* dring dring (*var.*): *ho sentito un* (*breve*) *din din* j'ai entendu un (petit) dring dring.

dindio, i |'dindjo, i|, **dindo** |'dindo| *s.m.* (*dial. sett.*) → **tacchino.**

din don, dindòn |din'dɔn| **1** *inter. onomat.* (*riproduce il suono di campane, campanelli*) ding dong **2** *s.m. inv.* ding dong (*var.*): *un din don prolungato* un ding dong prolongé; *il din don del campanone* le ding dong de la grosse cloche.

dine |'dine| *s.f.* → **dina.**

dinghy |'diŋgi| *s.m.inv.*, **dingo, ghi** |'dingo, gi| *s.m.* dinghy *var.*

dingo, ghi |'dingo, gi| *s.m.* (*t.zool.*) dingo.

diniègo, ghi |di'njɛgo, gi| *s.m.* [*negazione, rifiuto*] dénégation *f.*, refus: *gesto di diniego* geste (signe) de dénégation, de refus; *scuotere la testa in segno di diniego* hocher la tête en signe de dénégation, de refus; *opporre un netto diniego* opposer un net refus.

dinnànzi |din'nantsi| *avv.* → **davanti.**

dinoccolàto |dinokko'lato| *agg.* [*che ha un'andatura cascante e sciolta*] dégingandé: *uno spilungone dinoccolato* un grand escogriffe dégingandé.

Dinoficée |dinofit'tʃee| *s.f. pl.* (*biol.*) Dinoflagellés *m.*, Péridiniens *m.*

Dinosàuri |dino'sauri| *s.m.pl.* (*paleont.*) Dinosauriens.

dinosàuro |dino'sauro| *s.m.* (*paleont.*) dinosaure.

dinotàre |dino'tare| *v.tr.* → **denotare.**

dintórno, d'intórno |din'torno| **1** *avv.* → **intorno 2** (*loc. prep.*) *dintorno a* → **intorno (a) 3** *s.m. pl.* [*i luoghi circostanti*] environs, alentours: *abitare nei dintorni della città* habiter dans les environs, aux alentours de la ville → **vicinanza.**

dìo |'dio| *s.m.* **I** (*con l'iniziale maiuscola*) **1** Dieu: *Dio padre* Dieu le Père; *la casa di Dio* [*la chiesa*] la maison du Seigneur, de Dieu; *un uomo, un servo di Dio* un homme de Dieu; *senza Dio* sans-Dieu → **ateo**; (*non*) *credere in Dio* (ne pas) croire en Dieu # *essere in grazia di Dio* être en état de grâce **2** (*loc.*) *la mano, il castigo di Dio* la main, le châtiment de Dieu ~ *non sprecate la grazia di Dio!* ne gaspillez pas toutes ces bonnes choses! ~ *è tutta grazia di Dio* ce sont toutes sortes de bonnes choses ~ *guarda che, quanta grazia di Dio su questa tavola!* regarde quelle table bien garnie! ~ *c'è ogni ben di Dio* il y a tout ce qu'on veut ~ *che ben di Dio!* quelle abondance! ~ *fare un'ira di Dio* faire un vacarme de tous les diables ~ *questo bambino è proprio un'ira di Dio* cet enfant est vraiment terrible ~ *fare un lavoro come Dio comanda* [*per bene*] faire un travail bien, comme il faut ~ *un lavoro fatto come Dio vuole* [*alla peggio*] un travail fait à la va comme je te pousse ~ *comportati come Dio comanda* conduis-toi comme Dieu commande ~ *viene giù che Dio la manda* [*piove a dirotto*] il pleut à verse, des cordes ~ *è ancora nella mente di Dio* il n'a pas encore été conçu ~ *è senza timor di Dio* il ne craint ni Dieu ni diable ~ *come è vero Dio* aussi vrai que je te le dis ~ *lo giuro su Dio* je le jure devant Dieu ~ *se Dio vuole* s'il plaît à Dieu, si Dieu veut ~ *sarà come Dio vuole* ce sera comme il plaît à Dieu ~ *come Dio volle arrivammo* Dieu merci, finalement nous arrivâmes ~ *Dio sia lodato* Dieu soit loué ~ *grazie a Dio* grâce à Dieu ~ *ringraziando Dio* Dieu merci ~ *a Dio piacendo* s'il plaît à Dieu, Dieu aidant ~ *con l'aiuto di Dio* avec l'aide de Dieu ~ *vai con Dio!* que Dieu t'accompagne! ~ (*che*) *Dio vi salvi, vi assista, vi protegga!* Dieu vous sauve, vous assiste, vous protège! ~ *che Dio ve ne renda merito!*

que Dieu vous le rende! ~ (*che*) *Dio ce la mandi buona!* Dieu nous assiste! ~ *Dio me ne guardi!* Dieu m'en garde! ~ *Dio ce ne scampi* (*e liberi*) Dieu nous en préserve, nous en protège ~ *Dio sa quando, come* Dieu sait quand, comment ~ (*lo*) *sa Dio* (*se*) Dieu sait (si) ~ *Dio solo sa...* Dieu seul sait... ~ *Dio m'è testimone che...* Dieu m'est témoin que... ~ *Dio mi perdoni* Dieu me pardonne ~ *vi supplico in nome di Dio* je vous supplie au nom de Dieu ~ *Dio voglia, non voglia che...* Dieu le veuille, à Dieu ne plaise que... ~ *volesse Dio che..., a Dio piacesse che...* plût à Dieu que... ~ (*formula di giuramento*) *davanti a Dio e agli uomini* devant Dieu et devant les hommes ~ (*scherz.*) *lavorare per l'amor di Dio* travailler pour la gloire ~ *Dio del cielo!* Dieu du ciel! ~ *ah Dio mio!, mio Dio!* ah mon Dieu! ~ *per l'amor di Dio!* pour l'amour de Dieu! ~ *in nome di Dio!* au nom de Dieu! ~ *per Dio!* nom de Dieu! ~ *viva Dio* (*vivaddio*) *te la farò pagare* je te jure que tu me le paieras! ~ (*ass.*) *Dio!* (mon) Dieu! ~ *Dio che sfacelo, che disastro, che meraviglia!* mon Dieu, quelle ruine, quel désastre, quelle merveille! **3** (*prov.*) *l'uomo propone e Dio dispone* l'homme propose et Dieu dispose ~ *ognuno per sé e Dio per tutti* chacun pour soi et Dieu pour tous ~ *non cade foglia che Dio non voglia* tout va comme il plaît à Dieu ~ *voce di popolo, voce di Dio* la voix du peuple est la voix de Dieu ~ *Dio non paga il sabato* la justice est boîteuse, elle vient à pas lents mais elle vient ✦ (*loc.inter.*) *Dio buono! Dio santo!* bon Dieu! grand Dieu! **II** (*con l'iniziale minuscola*) **1** dieu: *gli dei di Roma* les dieux romains; *il dio dei venti* le dieu des vents; *il dio della guerra* le dieu de la guerre **2** (*per est.*) (*persone*) dieu: *è il dio delle folle* c'est le dieu des foules # *nel suo paese è diventato un dio* il est devenu l'idole de son pays → **idolo** ◇ (*cose*) *il dio quattrino* le dieu argent; *il denaro è il suo dio* il fait de l'argent son dieu; *non ha altro dio che l'ambizione* il ne connaît d'autre dieu que son ambition **3** (*fig.*) *per suonare il violino è un dio* [*di una bravura eccezionale*] il joue divinement du violon.

diocesàno |diotʃe'zano| *agg.* diocésain: *vescovo diocesano* évêque diocésain; *il clero diocesano* le clergé diocésain ✦ (*s.*) *un diocesano* un diocésain: *lettera* (*pastorale*) *del vescovo ai diocesani* mandement de l'évêque à ses diocésains.

diòcesi |di'ɔtʃezi| *s.f.inv.* (*eccl., st. rom.*) diocèse *m.var.*

diodo |'diodo| *s.m.* (*elettr.*) diode *f.*

diòico, ci, ca, che |di'ɔiko, tʃi, ka, ke| *agg.* (*bot.*) dioïque.

dionèa |dio'nɛa| *s.f.* (*t.bot.*) dionée.

dionisiaco, ci, ca, che |dioni'ziako, tʃi, ka, ke| *agg.* **1** [*relativo a Dionisio*] dionysiaque: *culto dionisiaco* culte dionysiaque; *feste dionisiache* fêtes dionysiaques **2** (*per est.*) [*che eccita, che esalta*] dionysiaque: *delirio dionisiaco* délire dionysiaque ◇ [*che è pieno di vitalità, che è esaltato*] *poesia dionisiaca* poésie dionysiaque.

dioràma |dio'rama| *s.m.* diorama.

diorìte |dio'rite| *s.f.* (*miner.*) diorite.

Dioscoreàcee |dioskore'atʃee| *s.f.pl.* (*t.bot.*) Dioscoréacées.

diossìna |dios'sina| *s.f.* (*chim.*) dioxine.

diòttra |di'ɔttra| *s.f.* (*topografia*) alidade.

diottrìa |diot'tria| *s.f.* (*fis., ott.*) dioptrie.

diòttro |di'ɔttro| *s.m.* (*fis.*) dioptre.

dipanaménto |dipana'mento| *s.m.* → **dipanatura.**

dipanàre |dipa'nare| *v.tr.* **1** [*svolgere il filo di una matassa raccogliendolo in un gomitolo*] dévider: *dipanare una matassa* dévider un écheveau **2** (*fig.*) [*chiarire, sbrogliare*] démêler, débrouiller: *dipanare un imbroglio* démêler, débrouiller un imbroglio; *dipanare una situazione difficile* démêler une situation difficile ◇ (*loc. fig.*) *dipanare la matassa* [*chiarire una situazione confusa*] démêler, débrouiller l'écheveau.

dipanatóio, i |dipana'tojo, i| *s.m.* → **arcolaio.**

dipanatùra |dipana'tura| *s.f.* (*raro*) [→ DIPANARE 1] dévidage (*m.*): *dipanatura delle matasse* dévidage des écheveaux.

dipartimentàle |dipartimen'tale| *agg.* départemental*: *strada dipartimentale* route départementale # *capoluogo dipartimentale* chef-lieu de département.

dipartiménto |diparti'mento| *s.m.* **1** [*circoscrizione amministrativa del territorio fr.*] département: *dipartimento del 'Pas-de-Calais'* département du Pas-de-Calais; *capoluogo di dipartimento* chef-lieu de département ◇ (*in vari paesi anglosassoni*) [*ministero*] *dipartimento di Stato* département d'État **2** (*mar. mil.*) région (*f.*): *dipartimento militare marittimo* région militaire maritime.

1 **dipartìre** |dipar'tire| (197) *v.tr.* (*lett.*) → **separare, dividere.**

2 **dipartìre** |dipar'tire| **A** *v.intr.* (*aus.* '*essere*') **1** (*lett.*) [*partire, allontanarsi*] partir (21), s'en aller (13) *pron.* **2** (*euf.*) [*morire*] mourir (24), trépasser (*aus.* être, avoir) **B** *v.pron. intr.* DIPARTIRSI (*fig., lett.*) [*discostarsi*] se départir (21) ◇ [*morire*] mourir *intr.*

dipartìta |dipar'tita| *s.f.* **1** (*lett.*) → **partenza 2** (*euf.*) [*morte*] trépas *m.*, mort.

dipendènte |dipen'dɛnte| **1** *agg.* [*che dipende, che è subordinato ad altri*] *uffici, organi dipendenti* bureaux, services d'un organisme; *uffici dipendenti di un ministero* les bureaux d'un ministère ◇ (*gram.*) *proposizione dipendente* proposition subordonnée **2** *s.m.* [*persona che dipende da un ente o dall'autorità di un'altra persona*] employé; subordonné: *i dipendenti del comune* les employés municipaux; *questa ditta ha molti dipendenti* cette entreprise a beaucoup d'employés ‖ *obbedienza, indisciplina dei dipendenti* obéissance, indiscipline des subordonnés # *dipendente statale* fonctionnaire.

1 **dipendènza** |dipen'dɛntsa| *s.f.* **1** dépendance: *la dipendenza economica di un Stato* la dépendance économique d'un État; *essere in una situazione di dipendenza* être dans une situation de dépendance ◇ (*loc.*) *essere alle dipendenze di qc.* être au service, aux ordres de qqn. ~ *avere qc. alle proprie dipendenze* avoir qqn. à son service, sous ses ordres **2** [*legame, correlazione*] dépendance # *fatti, idee che sono in rapporto di reciproca dipendenza* faits, idées en interdépendance ◇ (*loc.*) *in dipendenza di ciò* par conséquent, en conséquence **3** (*psicol.*) dépendance.

2 **dipendènza** |dipen'dɛntsa| *s.f.* [*edificio minore annesso a quello principale*] dépendance: *le dipendenze di un albergo* les dépendances d'un hôtel.

dipèndere |di'pɛndere| (105) *v.intr.* (*aus.* '*essere*') **1** [*derivare per necessaria conseguenza da*] dépendre (53) (*aus.* avoir): *la nostra partenza dipendeva da lui* notre départ dépendait de lui; *la vittoria è dipesa da quella battaglia* notre victoire a dépendu de cette bataille; *se dipendesse da me* si cela ne dépendait que de moi; *dipende dalle circostanze* cela dépend des circonstances; '*verrete?*' '*dipende*' 'viendrez-vous?' 'ça dépend' ◇ [*derivare, trarre origine da*] être (43) (*aus.* avoir) dû à: *la sua riuscita dipende dal caso* sa réussite est due au hasard; *tutto dipende dalla tua negligenza* tout est dû à ta négligence **2** [*essere sotto l'autorità di qc.*] dépendre de: *nazione che dipende da un'altra* pays qui dépend d'un autre; *non dipendere da nessuno* ne dépendre de personne; *dipendere da sé stesso* ne dépendre que de soi ◇ (*fig.*) *dipendere dai propri genitori* dépendre économiquement, être à la charge de ses parents **3** (*gram.*) [*essere retto da*] dépendre de: *verbi che dipendono l'uno dall'altro* verbes qui dépendent l'un de l'autre.

dipìngere |di'pindʒere| (119) **A** *v.tr.* **1** [*riprodurre q.c. con l'arte della pittura*] peindre (66): *dipingere paesaggi* peindre des paysages; *dipingere dal vero* peindre d'après nature; *dipingere ad acquarello* peindre à l'aquarelle; *dipingere a tempera* peindre en, à la détrempe; *dipingere a olio* peindre à l'huile; *dipingere a fresco* peindre à fresque; *dipingere col pennello* peindre au pinceau; *dipingere su tela, su porcellana* peindre sur toile, sur porcelaine **2** [*coprire, abbellire col colore*] peindre: *dipingere un muro a calce* peindre un mur au badigeon, badigeonner un mur; *dipingere di nero, di blu* peindre en noir, en bleu; *dipingere un cancello di verde* peindre une grille en vert; *dipingere gli occhi, le labbra* farder, peindre (*pegg.*) ses yeux, ses lèvres □ *dipingersi gli occhi, le labbra* se farder les yeux, les lèvres; *dipingersi le unghie* se peindre les ongles **3** (*fig.*) [*descrivere vivacemente, dare l'idea di q.c.*] peindre, dépeindre (66): *dipingere gli uomini come dovrebbero essere* peindre les hommes comme ils devraient être; *con poche parole ha dipinto l'ambiente* en quelques mots il a dépeint le milieu; *l'autore dipinge nei suoi scritti la società* l'auteur peint, dépeint dans ses écrits la société # *è impossibile dipingere la sua felicità* il est impossible de décrire son boneheur **B** *v.pron.* DIPINGERSI **1** *intr.* [*manifestarsi, diventare visibile*] se peindre, se manifester: *la costernazione si era dipinta sul suo volto* la consternation s'était peinte, manifestée sur son visage **2** *rifl.* [*truccarsi, tingersi*] se farder, se maquiller: *abitualmente si dipinge bene* d'habitude elle se farde, elle se maquille bien; *si dipinge troppo* elle se farde, elle se maquille trop ✦ → *tr.* 2 □.

dipìnto |di'pinto| **I** *agg.* **1** [*colorato; ornato con raffigurazioni a colori*] peint: *una finestra dipinta in verde* une fenêtre peinte en vert; *vaso dipinto* vase peint; *vetrate dipinte* vitraux peints **2** [*truccato, spec. in maniera vistosa*] peint; maquillé: *labbra dipinte* lèvres peintes || *una donna dipinta* une femme maquillée → **truccato, imbellettato** **3** (*pop.*) [*che colpisce per la sua rara bellezza*] *questo paesaggio sembra dipinto* ce paysage est un vrai tableau; *quel bambino sembra dipinto* cet enfant est à peindre ◇ (*loc. pop.*) *non lo voglio più vedere nemmeno dipinto* je ne peux pas le voir en peinture; *non voglio andare in quel posto nemmeno dipinto* il faudrait me payer cher pour que j'y aille **II** *s.m.* [*opera di pittura*] peinture (*f.*): *un dipinto di Raffaello* une peinture de Raphaël; *un dipinto su legno, su metallo* une peinture sur bois, sur métal → 2 **quadro, affresco.**

dipintóre, trice |dipin'tore, triʧe| *s.* → **pittore.**

dìplo- |diplo| *pref.* (*significa 'doppio', corrisponde gener. a*) dipl(o): *diplodoco* diplodocus.

diplòdoco, chi |di'plɔdoko, ki| *s.m.* (*paleont.*) diplodocus.

dìploe |'diploe| *s.m.* (*anat.*) diploé.

diplòma |di'plɔma| *s.m.* **1** diplôme: *diploma di interprete* diplôme d'interprète; *candidato a un diploma* candidat à un diplôme; *conseguire, conferire un diploma* obtenir, décerner un diplôme; *prendere il diploma di maestra* obtenir un diplôme d'institutrice ◇ (*iron., scherz.*) [*patente, riconoscimento generale*] *così ha ricevuto il diploma di deficiente* il a ainsi remporté le prix d'imbécillité **2** [*attestazione che garantisce un diritto, un privilegio*] diplôme: *diploma di cittadino onorario* diplôme de citoyen d'honneur; *diploma di socio di un club* diplôme de membre d'un club **3** [*atto di cancelleria imperiale e reale*] diplôme: *diploma imperiale e reale* diplôme impérial et royal.

diplomàre |diplo'mare| **A** *v.tr.* [*dare un diploma scolastico*] diplômer: *diplomare un candidato su due* diplômer un candidat sur deux **B** *v.pron.intr.* DIPLOMARSI [*conseguire un diploma scolastico*] obtenir (27) *tr.* un diplôme: *diplomarsi in elettronica* obtenir un diplôme d'électronicien; *diplomarsi a pieni voti* obtenir un diplôme avec mention.

1 **diplomàtica, che** |diplo'matika, ke| *s.f.* diplomatique.

2 **diplomàtica, che** |diplo'matika, ke| *s.f.* [*valigetta da viaggio; ventiquattr'ore*] attaché-case.

diplomaticaménte |diplomatika'mente| *avv.* **1** [→ DIPLOMATICO I 1, 2] diplomatiquement: *scrivere, parlare diplomaticamente* écrire, parler diplomatiquement; *comportarsi diplomaticamente* se comporter diplomatiquement **2** [*conformemente agli usi della diplomazia*] avec diplomatie (*loc. inv.*): *ricevere qc. diplomaticamente* recevoir qqn. avec diplomatie.

diplomàtico, ci, ca, che |diplo'matiko, tʃi, ka, ke| **I** *agg.* **1** diplomatique: *agente diplomatico* agent diplomatique; *corriere diplomatico* courrier diplomatique; *corpo diplomatico* corps diplomatique; *missione diplomatica* mission diplomatique; *rompere le relazioni diplomatiche con uno Stato* rompre les relations diplomatiques avec un État; *fare la carriera diplomatica* faire la carrière diplomatique **2** (*per est., fig.*) (*persone*) [*che è avveduto, convincente, abile*] diplomate: *negoziatore diplomatico* négociateur diplomate; *se vuole sa essere diplomatico* quand il veut il sait être diplomate; *per fortuna ha una moglie molto diplomatica* heureusement, il a une femme très diplomate ◇ (*atti, maniere*) diplomatique: *modo di fare, atteggiamento diplomatico* façon de faire, attitude diplomatique; *discorso diplomatico* discours diplomatique ◇ (*iron.*) *malattia diplomatica* maladie diplomatique **3** [*che concerne i documenti antichi*] diplomatique: *archivi diplomatici* archives diplomatiques; *scrittura diplomatica* écriture diplomatique **II** *s.* diplomate: *un diplomatico affermato* un diplomate confirmé ◇ (*fig.*) *è proprio un diplomatico!* c'est vraiment un diplomate!; *darsi arie da diplomatico* se donner des airs de diplomate.

diplomàto |diplo'mato| *agg.* diplômé: *interprete diplomato* interprète diplômé ♦ (*s.*) *un diplomato* un diplômé.

diplomazìa |diplomat'tsia| *s.f.* **1** diplomatie: *avere una lunga esperienza della diplomazia* avoir une longue expérience de la diplomatie ◇ [*persone e organi con funzioni di rappresentanza di uno Stato*] *entrare in, nella diplomazia* entrer dans la diplomatie, dans la carrière **2** (*fig.*) [*tatto nel trattare faccende importanti*] diplomatie: *condurre un affare con molta diplomazia* conduire une affaire avec beaucoup de diplomatie; *dar prova di diplomazia* déployer toutes ses ressources de diplomatie; *usare diplomazia con qc.* user de diplomatie avec qqn.; *si è impegnato con diplomazia* il s'est engagé avec diplomatie → **abilità, tatto, avvedutezza.**

dipòi |di'pɔi| **1** *avv.* → **poi, seguito (in)** **2** *agg.* → **seguente.**

diportàrsi |dipor'tarsi| *v.pron.intr.* → **comportar(si), agire.**

diportìsta |dipor'tista| *s.m.* [*chi pratica lo sport della vela*] plaisancier.

dipòrto |di'pɔrto| *s.m.* [*spasso, svago*] plaisir: *fare q.c. per diporto* faire qqch. pour le plaisir # *viaggio di diporto* voyage d'agrément; *andare a diporto* aller se promener ◇ (*sport*) *imbarcazione da diporto* bateau de plaisance; *navigazione da diporto* (navigation de) plaisance.

diprèsso |di'prɛsso| *avv.* *solo nella loc.* A UN DIPRESSO [*pressappoco, all'incirca*] à peu près *loc. inv.*, environ: *occorreranno a un dipresso due anni* il faudra à peu près deux ans; *il luogo dista dieci km a un dipresso* le lieu est distant de dix kilomètres environ → **circa.**

Dipsacàcee |dipsa'katʃee| *s.f.pl.* (*t.bot.*) Dipsacées.

dìptero |'diptero| *agg.* (*arch.*) diptère: *tempio diptero* temple diptère.

diradaménto |dirada'mento| *s.m.* [→ DIRADARE] démariage, éclaircie (*f.*): *diradamento delle barbabietole* démariage, éclaircie des betteraves # *il diradamento della nebbia* la dissipation du brouillard; *il diradamento delle visite* l'espacement des visites.

diradàre |dira'dare| **A** *v.tr.* **1** [*rendere più rado, meno fitto*] espacer (2), éclaircir: *diradare gli alberi di un viale* espacer les arbres d'une allée; *diradare gli spinaci* éclaircir les épinards # *diradare le barbabietole* démarier des betteraves ◇ (*per est.*) [*dissipare, disperdere*] dissiper: *il sole dirada le nubi* le soleil dissipe les nuages **2** [*rendere meno frequente*] espacer: *diradare le visite* espacer ses visites; *diradare i pagamenti* espacer ses paiements **B** *v.intr.* (*aus. 'essere'*) [*divenire meno denso, meno fitto*] se dissiper *pron.*, se lever *pron.* (6): *la foschia dirada* la brume se dissipe; *la nebbia dirada* le brouillard se lève **C** *v.pron. intr.* DIRADARSI [→ *intr.*] s'éclaircir, se disperser: *gli si diradano i capelli* ses cheveux s'éclaircissent; *la folla si diradò dopo lo spettacolo* la foule se dispersa après le spectacle 🄲 **infittire**; A 1 **infoltire,** 2 **intensificare.**

diramàre |dira'mare| **A** *v.tr.* **1** (*fig.*) [*diffondere, trasmettere*] diffuser transmettre (71): *diramare una notizia* diffuser une nouvelle; *diramare un'informazione* transmettre une information → **propagare, spargere** # *diramare un appello* lancer un appel; *diramare degli inviti* envoyer des invitations → **inviare** **2** (*raro*) [*sfoltire i rami di una pianta*] ébrancher (*corr.*), élaguer (*corr.*) **B** *v. intr.* (*aus. 'essere'*) **1** (*raro*) [*dividersi in rami*] s'ébrancher *pron.* **2** (*per est.*) [*aver origine, derivazione*] se ramifier *pron.* (*corr.*): *dal centro diramano le arterie stradali più importanti* c'est en partant du centre que se ramifient les grandes artères ◇ (*fig.*) sortir (21): *le due famiglie diramano dallo stesso ceppo* les deux familles sortent, sont issues de la même souche → **discendere,** 1 **derivare** **C** *v.pron. intr.* DIRAMARSI **1** [→ *intr.* 1] se ramifier: *albero che si dirama* arbre qui se ramifie **2** (*per est., di strada, corso d'acqua e sim.*) [*ramificarsi, dividersi in ramificazioni*] bifurquer (*intr.*): *strada che si dirama* route qui bifurque; *da quel punto si diramano molte linee ferroviarie* de nombreuses lignes de chemin de fer bifurquent à cet endroit **3** (*fig.*) [*spargersi, diffondersi*] se répandre (53): *una notizia che si dirama* une nouvelle qui se répand.

diramatùra |dirama'tura| *s.f.* → **potatura.**

diramazióne |diramat'tsjone| *s.f.* **1** [→ DIRAMARE B 2; C 2] embranchement *m.*, bifurcation: *alla diramazione delle due strade* à l'embranchement des deux routes; *la diramazione di una strada ferrata* la bifurcation d'une voie ferrée # *diramazioni vascolari, bronchiali* ramifications vasculaires, bronchiques ◇ (*fig.*) [*agenzia, succursale*] succursale: *società avente diramazioni in provincia* société ayant des succursales en province **2** [→ DIRAMARE A 1; C 3] diffusion: *diramazione di un comunicato* diffusion d'un communiqué → **diffusione.**

diraspàre |diras'pare| *v.tr.* [*dividere gli acini d'uva dai raspi*] égrapper: *diraspare l'uva* égrapper le raisin.

diraspatrice |diraspa'tritʃe| *s.f.* (*tecnol., agr.*) égrappoir *m.*

diraspatùra |diraspa'tura| *s.f.* [→ DIRASPARE] égrappage *m.*

1 **dire** |'dire| (132) **A** *v.tr.* **I** (*nel suo senso gener. di 'enunciare, comunicare'*) **1** [*pronunciare, esprimere con parole*] dire (48): *dire parole sensate, insensate* dire des choses sensées, des bêtises; *mi ha detto queste precise parole* il m'a dit exactement ces mots ◇ *loc.* DIRE CHE (+ *indic.*): *mi ha detto che farà tardi* il ma dit qu'il arri-

vera tard; *io non ho detto che hai ragione tu* je n'ai pas dit que tu as raison ~ DIRE CHE (+ *congv.*): *non dico che tu abbia torto* je ne dis pas que tu aies tort; *non direi che tutti fossero d'accordo* je ne dirais pas que tout le monde était d'accord ~ DIRE DI (+ *inf.*): *diceva di aver fatto tutto il possibile* il disait qu'il avait fait tout son possible; *dicevi di voler fare tutto* tu disais vouloir tout faire ◇ (*introduce una prop. interrog. indiretta*) *ditemi chi è stato!* dites-moi qui l'a fait!; *non so proprio* (*che*) *cosa dirti* je ne sais vraiment pas quoi, que te dire **2** (*per est.*) [*esprimere, manifestare, anche per mezzo di scritti, segni e sim.*] dire: *dire la verità, una bugia* dire la vérité, un mensonge; *ognuno voleva dire la sua* (*opinione*) tous voulaient avoir leur mot à dire; *me lo ha detto nell'ultima lettera* il m'a dit ça dans sa dernière lettre; *questo, il giornale non lo dice* cela, le journal ne le dit pas; *il libro dice che...* le livre dit que...; *come dice la canzone...* comme le dit la chanson... ◇ (*fig.*) *il suo atteggiamento dice tante cose!* son attitude dit beaucoup, en dit long!; *quel quadro, quella poesia non mi dice niente* ce tableau, ce poème ne me dit rien **3** [*esprimere in una determinata lingua*] dire: *come si dice 'casa' in francese? 'casa' in francese si dice 'maison'* comment dit-on 'casa' en français? 'casa' se dit 'maison' en français; *come dici questo concetto nel tuo dialetto?* comment dis-tu cela dans ton dialecte? ◇ *loc.* VOLER DIRE [*significare*] vouloir dire: *che cosa vuol dire 'lumière' in francese?* que veut dire 'lumière' en français?; *non so che cosa voglia dire questa espressione* je ne sais pas ce que cette phrase veut dire; *non sapevo che cosa volesse dire con quelle minacce, con quelle insinuazioni* je ne savais pas ce qu'il voulait dire avec ces menaces, avec ces insinuations ~ (*fig.*) *che cosa vuol dire che non mi rivolge più la parola?* [*perché?*] qu'est-ce à dire qu'il ne m'adresse plus la parole? **4** [*presentare, indicare come*] considérer (8): *lo dicevano un uomo onesto* on disait que c'était un honnête homme, tout le monde le considérait comme un honnête homme **5** (*in forma impers.*) SI DICE [*è fama, corre voce*] on dit: *si dice che nello scandalo sia implicato un pezzo grosso* on dit qu'une grosse légume est impliquée dans le scandale; *si dice che ci sarà un rincaro dei prezzi* on dit qu'il va y avoir une hausse des prix ◆ (*in funzione di s.m.*) *non si può credere a tutti i 'si dice'* on ne peut pas croire à tous les 'on-dit' **6** (*al p.p.*) *detto questo, ciò detto se ne andò* ceci dit il s'en alla; *non è detto che non possa farcela* il n'est pas dit qu'il n'y réussisse pas; (*sia*) *detto tra noi* entre nous soit dit; *non è* (*ancora*) *detta l'ultima parola* tout n'est pas (encore) dit **II** *ass.* dire: *dire tra sé e sé* dire à part soi, se dire (*pron.*); *dir bene, dir male di qc.* dire du bien, du mal de qqn.; *dire sul serio, per scherzo* dire pour de bon, (dire pour) plaisanter; *ehi, dico a voi, sbrigatevi!* dites-donc, vous (là--bas!), dépêchez-vouz!; *dica, dica pure* dites, dites donc! # *puoi dire liberamente* tu peux parler librement; *dici a me?* c'est à moi que tu parles? → 1 **parlare** ◇ (*loc.*) *non fo, non faccio per dire* [*per vantarmi*] ce n'est pas pour dire ~ *si fa presto a dire* c'est vite dit! ~ *si fa* (*tanto*) *per dire* histoire de parler, façon de parler ~ *altro è dire, altro è fare* c'est plus facile à dire qu'à faire **III** (*in sostituzione di altri v. più determinati*) **1** [*raccontare, riferire*] dire: *dimmi come si sono svolti i fatti* dis-moi comment cela s'est passé; *ti dirò tutto a quattr'occhi* je te dirai tout entre quatre-z-yeux **2** [*esporre, recitare quanto si è imparato*] dire, réciter: *dire la poesia, la lezione di storia* dire, réciter une poésie, la leçon d'histoire; *dire le preghiere, le orazioni* dire ses prières ◇ (*liturg. catt.*) *dire la messa* [*celebrarla*] dire la messe **3** [*continuare, riprendere*] dire: *'e poi', disse, 'non preoccuparti: ci sono qua io!'* 'et surtout', dit-il, 'ne t'inquiète pas: tu peux compter sur moi'; *dopo una breve pausa mi disse che...* après une courte pause il me dit que... **4** [*affermare, sostenere*] dire: *lo disse apertamente, di fronte a testimoni* il le dit ouvertement, en présence de témoins; *non si può dire che ti sia comportato bene* on ne peut pas dire que tu t'es bien conduit → **proclamare** ◇ [*replicare, rispondere*] *a chi lo accusava diceva di essere innocente* à ceux qui l'accusaient, il disait qu'il était innocent; *alla domanda 'ne sai qualcosa?' disse di non saperne niente* à la question 'tu en sais quelque chose?' il dit qu'il n'en savait rien ◇ [*ammettere, confessare*] *alla fine disse tutta la verità* enfin, il dit toute la vérité; *a te dirò tutto* c'est à toi que je dirai tout **5** (*fig.*) [*essere indizio di*] dire: *quei nuvoloni non dicevano nulla di buono* ces gros nuages ne disaient rien de bon; *non mi dice niente di buono* cela ne me dit rien qui vaille ◇ [*preannunciare*] *tutto mi dice che oggi ci sarà battaglia* tout me dit qu'aujourd'hui il va y avoir une bataille; *il cuore mi dice che ci rivedremo* mon cœur me dit que nous nous reverrons **6** [*supporre, pensare*] dire: *non si direbbe che sia poi tanto furbo* on ne dirait pas qu'il est tellement rusé; *chi l'avrebbe* (*mai*) *detto che sarebbe cambiato tanto?* qui l'eût dit qu'il changerait tellement? → 1 **credere** **7** [*consigliare, suggerire*] dire: *dimmi tu cosa devo fare* dis-mois ce que je dois faire; *farò come tu dici* je ferai comme tu dis **8** [*comandare, ordinare*] dire: *gli disse di entrare, di uscire immediatamente* il lui dit d'entrer, de sortir tout de suite; *te lo dico per l'ultima volta: vattene!* c'est la dernière fois que je te le dis: va-t-en! → **intimare, ingiungere** **IV** (*loc. particolari*) *dire e non dire* [*parlare in modo sibillino*] parler à mots couverts ~ *dir di sì, dir di no* dire oui, dire non ~ *dire addio a qc.* dire adieu à qqn. ~ DIRE ADDIO A Q.C. [*rinunciarvi definitivamente*] dire adieu à qqch.: *ho dovuto dire addio a tutti gli ideali della giovinezza* j'ai dû dire adieu à tous les idéaux de ma jeunesse ~ *dirle grosse* [*dire degli spropositi*] dire des énormités ~ *gliene ha dette un sacco e una sporta, gliene ha dette di tutti i colori* [*lo ha ricoperto di insulti*] il lui en a dit de toutes les couleurs ~ *questa proprio non gliela mando a dire* [*gliela dico in faccia, gliela dico di persona*] cela, je ne le lui envoie pas dire ~ *vuol sempre dire l'ultima* (*parola*) il veut toujours avoir le dernier mot ~ *quando gli offrirono quella carica non se lo fece dire due volte* quand on lui proposa cette charge il ne se le fit pas dire deux fois ~ *volevo ben dire che avrebbe rifiutato* [*ero certo*] je le disais bien qu'il allait refuser ~ VUOL DIRE CHE... [*ne viene di conseguenza; allora*] alors, eh bien: *se non mi dai una mano, vuol dire che mi arrangio da sola* si tu ne me donnes pas un coup de main, eh bien, je me débrouillerai toute seule ~ AVERE DA DIRE, TROVARE DA DIRE [*lamentarsi, criticare*] avoir à dire: *che cosa avete da dire di quei due?* qu'avez-vous à dire sur ces deux-là; *non hanno trovato da dire nulla sul suo conto* on n'a rien trouvé à dire sur son compte ~ *avere a che dire con qc.* [*litigarci*] se disputer avec qqn., s'entendre comme chien et chat ~ *questo non vuol dire nulla* cela ne veut rien dire ~ DIRSELA CON (*riferito a persone*) [*avere relazione con*] s'entendre avec: *se la dice con gli elementi meno raccomandabili* il s'entend avec tous les voyous; (*riferito a cose*) [*accordarsi*] *il blu non se la dice, non si dice con il marrone* le bleu ne va pas avec le brun ◇ *loc.agg.* DA NON DIRE, DA NON DIRSI: (*pr.*) [*segreto*] à ne pas mettre au grand jour: *è una cosa da non dire, da non dirsi in giro* ce n'est pas à mettre au grand jour; (*fig.*) [*straordinario*] *l'edizione dell''Aida' è stata una cosa da non dirsi* la représentation d''Aïda' a été formidable ~ CHE NON TI DICO [*indescrivibile*] incroyable, indicible: *c'era un rumore che non ti dico* il y avait un boucan incroyable ◇ (*loc. usate come intercalare o in frasi incidentali*) SAREBBE A DIRE c'est-à-dire: *come sarebbe a dire che non ti eri impegnato?* qu'est-ce à dire, tu n'étais pas engagé dans cette affaire?; comment cela, tu n'étais pas engagé dans cette affaire? ~ *vale a dire* c'est-à-dire, à savoir → **cioè** ~ E DIRE CHE... (*per esprimere rammarico*) dire que...: *e dire che te l'avevo raccomandata io!* dire que c'est moi qui te l'avais recommandée! ~ *a dirla schietta, a dirla in* (*tutta*) *confidenza, a dirla fra noi* pour parler franchement, en confidence, entre nous ~ NON DICO DI NO [*lo ammetto*] je ne dis pas non: *hai ragione anche tu, non dico di no, però...* toi aussi tu as raison, je ne dis pas non, mais... ~ *sto per dire, starei* (*quasi*) *per dire* j'irai jusqu'à dire que ~ *per così dire* pour ainsi dire ~ *se così posso dire* si j'ose dire ~ *che dico?* qu'est-ce que je dis (là)?; *saranno stati in trenta, che dico? in cinquanta* ils étaient peut-être trente, qu'est-ce que je dis?, cinquante ~ NON C'È CHE DIRE [*è proprio così*] il faut le dire, il n'y a pas à dire: *è una brava ragazza non c'è che dire* c'est une bonne fille, il faut le dire, il n'y a pas à dire ~ *è tutto dire* [*non occorre aggiungere altro*] je ne dis que ça, c'est tout dire: *è peggio di Mario, ed è tutto dire* il est pire que Marius, je ne vous dis que ça, c'est tout dire ~ *e dico poco* ce n'est pas peu dire: *occorre niente di meno che un decreto del ministro, e dico poco!* il ne faut rien de moins qu'un arrêté ministériel, ce n'est pas peu dire! ~ A DIR POCO [*se non di più*] si ce n'est plus, au bas mot: *per questa spesa occorreranno a dir poco due milioni* il faudra deux millions au bas mot pour ces frais→

almeno **B** *v.pron.* DIRSI **1** *rifl.* [→ *tr.* I 4] prétendre (53), dire: *si dice sicuro del fatto suo* il dit être sûr de son fait; il se prétend sûr de son fait; *eppure si diceva mio amico* pourtant il se disait mon ami, il prétendait être mon ami **2** *recipr.* [→ *tr.* I 1] *si sono detti addio* ils se sont dit adieu; *quei due amici sono molto affiatati, si dicono tutto* ces deux amis sont très unis, ils se confient tout; *moglie e marito se ne sono dette di tutti i colori* femme et mari s'en sont dit des vertes et des pas mûres.

2 **dire** |'dire| *s.m.* **1** dire: *stando al suo dire...* selon ses dires, d'après ce qu'il dit; *secondo il dire della gente, stando al dire di tutti* au dire des gens, au dire de tout le monde; *hai un bel dire che è facile, ma dovresti provare tu* tu as beau dire que c'est facile, tu n'as qu'à essayer; *si ha un bel dire di fare sempre il proprio dovere, ma in certe circostanze...* on a beau dire qu'il faut toujours faire son devoir, mais il y a des circonstances où... → **parola** ◇ (*prov.*) *tra il dire e il fare* (*dal dire al fare*) *c'è di mezzo il mare* du dire au fait il y a de la marge; promettre et tenir font deux **2** (*lett.*) [*discorso*] discours: *cominciò così il suo dire* il commença ainsi son discours **3** (*letter.*) *l'arte del dire* l'art de bien dire → **retorica.**

direttaménte |diretta'mente| *avv.* **1** [*per la via più breve, senza deviazioni*] directement, (tout) droit: *rientrare direttamente a casa* rentrer directement à la maison ◇ (*loc. fig.*) *andare direttamente allo scopo* aller droit au but → **immediatamente**; *è una cosa che mi tocca direttamente* cela me touche directement → **personalmente** **2** [*senza intermediari*] directement: *trattare direttamente con qc.* traiter directement avec qqn.; *direttamente dal produttore al consumatore* directement du producteur au consommateur # *mettersi direttamente in contatto con qc.* se mettre en rapport direct avec qqn. ◇ [*specificatamente*] spécialement: *la questione non è direttamente di mia competenza* la question n'entre pas spécialement dans mes compétences Ⓒ **indirettamente.**

direttissima |diret'tissima| *s.f.* **1** [*il collegamento più rapido fra due località*] ligne directe: *la direttissima Roma-Firenze* la ligne directe Rome-Florence ◇ (*alpinismo*) voie directe **2** *loc. dir.* PER DIRETTISSIMA en référé (*m.*): *giudicare per direttissima* juger en référé, un référé.

direttissimo |diret'tissimo| *s.m.* (*ferr., corr.*) (train) express.

direttiva |diret'tiva| *s.f.* directive: *impartire, dare direttive a qc.* donner des directives à qqn.; *chiedere, ricevere direttive* demander, recevoir des directives; *seguire le direttive di qc.* suivre les directives de qqn. → **indirizzo, disposizione** ◇ [*indirizzo, orientamento*] orientation, ligne (directrice): *le direttive della politica estera* les orientations de la politique étrangère; *una nuova direttiva politica* une nouvelle ligne politique.

direttivo |diret'tivo| **I** *agg.* **1** [*che riguarda l'apparato dirigente*] de (la) direction (*loc.*): *uffici direttivi* bureaux de la direction; *funzioni direttive* fonctions de direction **2** [*che dirige*] directeur*, de direction (*loc. inv.*): *comitato direttivo* comité directeur, de direction ◇ (*fig.*) [*ispiratore, conduttore*] directeur, directif*: *avere un principio direttivo* avoir un principe directeur, directif; *l'idea direttiva di un'opera* l'idée directrice d'un ouvrage **II** *s.m.* [*organo che ha funzioni direttive*] direction (*f.*): *il direttivo di un'associazione, di un partito* la direction d'une association, d'un parti; *convocare il direttivo* convoquer la direction.

dirètto |di'rɛtto| **I** *agg.* **1** direct: *un percorso diretto* un parcours direct; *la strada più diretta per arrivare in città* la route la plus directe pour arriver en ville → **rapido, veloce** ◇ [*che è, avviene in linea retta*] *luce diretta* lumière directe; *successione in linea diretta* succession en ligne directe ◇ (*artiglieria*) *tiro, puntamento diretto* tir, pointage direct ◇ (*ferr.*) *treno diretto* (train) direct ◇ (*loc. fig.*) *seguire la via diretta, agire per via diretta* [*seguire la via più spedita, agire senza intermediari*] aller droit au but **2** (*fig.*) [*rivolto direttamente, in modo chiaro*] direct: *accuse dirette* des accusations directes; *rimproveri diretti* des reproches directs; *fare un'allusione diretta* faire une allusion directe **3** [*immediato*] direct: *contatto diretto* contact direct; *conseguenza diretta* conséquence directe ◇ (*agr.*) *coltivatore diretto* propriétaire exploitant ◇ (*astrol.*) *movimento diretto dei pianeti* mouvement direct des planètes ◇ (*bot.*) *impollinazione diretta* pollinisation directe ◇ (*chim.*) *colorante diretto* colorant direct ◇ (*comm.*) *costo diretto* coût direct ◇ (*dir.*) *azione diretta* action directe ◇ (*fin.*) *imposta diretta* impôt direct ◇ (*gram.*) *complemento diretto* complément direct; *proposizione diretta* proposition directe; *costruzione diretta* construction directe; *discorso diretto* discours direct **4** (*rad., tv*) en direct (*loc. inv.*): *trasmissione in ripresa diretta, in collegamento diretto* émission en direct ◇ *loc.* IN DIRETTA en direct: *trasmettere un programma in diretta* diffuser un programme en direct **5** [*indirizzato, rivolto*] en route (pour) (*loc. inv.*): *una nave diretta al nord* un bateau en route pour le nord; *vettura diretta a Roma* voiture (en route) pour Rome # *dove sei diretto?* où vas-tu? ◇ (*fig.*) adressé; destiné: *discorso diretto al popolo* discours adressé au peuple; *questo appunto è diretto a te* cette remarque t'est adressée ‖ *progetto diretto a incrementare la produzione* projet destiné, tendant à augmenter la production ◇ (*loc.*) *essere diretto a* se diriger vers → **diriger(si)** **II** *s.m.* **1** [*treno diretto*] (train) direct: *il diretto delle 16* le direct de 16 heures **2** (*pugilato*) direct: *un diretto destro* un direct du droit; *portare un diretto* décocher un direct **III** *avv.* [*direttamente*] directement, tout droit (*loc. inv.*): *andare diretto a casa* aller directement, tout droit à la maison; *si è recato diretto dal capoufficio* il est allé tout droit chez le chef de bureau Ⓒ I 1, 2, 3 **indiretto.**

direttóre, trice |diret'tore, tritʃe| **I** *s.* **1** directeur*: *direttore generale* directeur général; *direttore commerciale, amministrativo, tecnico* directeur commercial, administratif, technique; *direttore del personale* directeur du personnel; *direttore delle Poste e Telegrafi* directeur des P. et T. (P.T.T.); *direttore di fabbrica* directeur d'usine; *direttore didattico* directeur d'école primaire; *direttore responsabile* directeur de la publication, gérant → **direttrice** ◇ (*teat.*) *direttore artistico* directeur artistique; *direttore d'orchestra* chef d'orchestre ◇ (*sport*) *direttore tecnico* manager; *direttore sportivo* directeur sportif; *direttore di gara* directeur de course ◇ (*mar.*) *direttore di macchina* chef mécanicien ◇ (*mil.*) *direttore di tiro* directeur de tir ◇ (*relig.*) *direttore spirituale* directeur spirituel, de conscience **2** (*st. fr.*) directeur: *i direttori* les directeurs **II** *agg.* [*che dà direttive, che indirizza*] directeur: *norma direttrice* règle directrice; *avere un principio direttore* avoir un principe directeur ◇ (*geom.*) *piano direttore di un conoide* plan directeur d'un conoïde; *cono direttore* cône directeur; *linea direttrice* (ligne) directrice ◇ (*mil.*) *piano direttore* plan directeur ◇ (*tecnol.*) *ruota direttrice di una bicicletta* roue directrice d'une bicyclette; *biella direttrice* bielle directrice.

direttoriàle |diretto'rjale| *agg.* directorial*: *uffici direttoriali* bureaux directoriaux; *mansioni direttoriali* fonctions directoriales ◇ (*iron.*) dictatorial*: *atteggiamento direttoriale* attitude dictatoriale; *tono direttoriale* ton dictatorial # *assumere un atteggiamento direttoriale* prendre de grands airs.

direttòrio, i |diret'tɔrjo, i| *s.m.* **1** directoire: *eleggere un direttorio* élire un directoire ✦ *agg.* (*raro*) *funzioni direttorie* fonctions directoriales **2** (*st. fr.*) Directoire: *alla Direttorio* de style Directoire ✦ (*agg. inv.*) *stile direttorio* style Directoire **3** (*eccl.*) directoire.

direttrice |diret'tritʃe| *s.f.* **1** directrice: *direttrice di un collegio* directrice d'un collège; *direttrice di una rivista* directrice d'une revue; *direttrice didattica* directrice d'école primaire **2** (*geom.*) (ligne) directrice ◇ (*geogr.*) *direttrice montuosa* ligne de faîte d'une montagne **3** (*fig.*) [*linea d'azione, di sviluppo; indirizzo*] ligne directrice: *muoversi secondo le direttrici della storia* se mouvoir selon les lignes directrices de l'histoire; *seguire una nuova, diversa direttrice* suivre une nouvelle, différente ligne directrice ◇ (*mil.*) directrice ◇ (*polit.*) ligne directrice.

direzionàle |direttsjo'nale| *agg.* **1** [*che ha funzioni direttive*] de direction (*loc. inv.*): *consiglio direzionale* conseil de direction # *gruppo direzionale* cadres dirigeants (d'une entreprise); *centro direzionale* centre, quartier des affaires **2** [*che indica la direzione*] de direction, de signalisation, (*in Belgio*) directionnel*: *freccia direzionale* flèche de direction, de signalisation; *cartello, isola direzionale* panneau, îlot de signalisation, directionnel **3** (*tecnol.*) directionnel: *antenna direzionale* antenne directionnelle.

direzióne |diret'tsjone| *s.f.* **1** direction: *cambiamento di direzione* changement de direction; *la direzione nord-sud* la direction nord-sud; *che direzione ha preso?* quelle direction a-t-il prise?; *cercare la buona direzione* chercher sa direction; *cambiare direzione* changer de direction; *mantenere la stessa direzione* garder la même direction → **senso,** 2 **verso** ◇ (*loc.*) *in direzione di* en direction de, dans la direction de → 1 **verso** ~ *nella direzione sud* dans la direction (du) sud ~ *in tutte le direzioni* dans toutes les directions ~ *andare, muoversi nella stessa direzione di qc.* aller dans la même direction que qqn. ~ *prendere la direzione sbagliata* se tromper de direction, prendre la mauvaise direction ◇ (*fig.*) *seguire la direzione del vento* être une girouette, être un mouton de Panurge ~ *prendere la direzione giusta* aller dans la bonne direction ◇ (*mat.*) *la direzione di una forza* la direction d'une force; *direzione orientata* direction orientée **2** (*fig.*) direction: *mutare direzione* changer de direction; *fare delle ricerche in nuova direzione* faire des recherches dans une direction nouvelle; *la faccenda sta prendendo una brutta direzione* l'affaire prend une mauvaise direction, un mauvais pli → **indirizzo, orientamento, piega** **3** [→ DIRIGERE A 3] direction: *assumere la direzione dei lavori di una società* assumer la direction des travaux d'une société; *occuparsi della direzione di una squadra* être chargé de la direction d'une équipe ◇ (*loc.*) *sotto la direzione di* sous la direction de ~ *essere alla direzione di un'azienda* être à la tête d'une entreprise, diriger une entreprise ~ *essere nominato alla direzione del personale* être nommé à la direction du personnel ◇ (*mus.*) *una perfetta direzione* une direction parfaite **4** [*organismo direttivo*] direction: *ha chiesto di parlare con la direzione* il a demandé à parler à la direction; *rivolgersi alla direzione di un giornale* s'adresser à la direction d'un journal ◇ [*ufficio, sede di tale organismo*] *andare in direzione* aller à la direction; *chiamare qc. in direzione* appeler qqn. à la direction, chez le directeur.

dirigènte |diri'dʒɛnte| **1** *agg.* dirigeant: *la classe dirigente* la classe dirigeante # *il personale dirigente di una ditta* les cadres d'une entreprise **2** *s.* dirigeant: *i dirigenti di un partito* les dirigeants, les leaders d'un parti; *i dirigenti d'azienda* les dirigents, les cadres d'entreprise ◇ (*ferr.*) *dirigente del movimento* chef du mouvement Ⓒ **dipendente, subalterno.**

dirigènza |diri'dʒɛntsa| *s.f.* [*l'organismo direttivo di un'azienda, di un partito e sim.*] direction: *la dirigenza di una società* la direction d'une société.

dirigenziàle |diridʒent'tsjale| *agg.* dirigeant, de direction *loc.inv.* ◇ *la categoria dirigenziale* [*i dirigenti*] les (cadres) dirigeants *m.pl.*

dirigere |di'ridʒere| (133) **A** *v.tr.* **1** [*volgere, indirizzare verso un punto determinato*] diriger (3): *dirigere i propri passi verso casa* diriger ses pas, se diriger *pron.* vers sa maison; *dirigere lo sguardo verso* diriger, tourner son regard vers; *dirigere la propria attenzione su qc., q.c.* diriger son attention sur qqn., qqch. ◇ (*per est.*) *dirigere un convoglio verso Parigi* diriger un convoi vers Paris; *dirigere il fuoco* diriger le feu; *dirigere una luce* diriger une lumière → 1 **puntare** # *dirigere il colpo, la mira* régler le tir, viser ◇ (*loc.*) *dirigere contro, su, verso* diriger contre, sur, vers **2** (*fig.*) [*rivolgere, indirizzare*] diriger: *dirigere i propri sforzi a q.c. per ottenere q.c.* diriger ses efforts sur qqch. pour obtenir qqch. → **coordinare, concentrare** # *dirigere il pensiero a, verso qc., q.c.* tourner sa pensée vers qqn., qqch. **3** [*regolare l'andamento di; guidare*] diriger: *dirigere i pubblici affari* diriger les affaires publiques; *dirigere una fabbrica, una scuola* diriger une usine, une école; *dirigere dei lavori* diriger des travaux; *dirigere una squadra* diriger une équipe; *dirigere il traffico* diriger la circulation; *dirigere l'orchestra* diriger l'orchestre; *dirigere spiritualmente qc.* diriger la conscience de qqn. → **assistere** # *dirigere uno spettacolo* mettre en scène un spectacle **B** *v.pron.* DIRIGERSI **1** *rifl.* [→ *tr.* 1] se diriger: *dirigersi verso la porta* se diriger vers la porte; *si sono diretti in centro* ils se sont dirigés vers le centre **2** *intr.* (*cose*) [→ *tr.* 1] se diriger: *la nave si dirige al porto* le bateau se dirige vers le port **3** *rifl.* (*fig.*) [→ *tr.* 2] s'orienter: *dirigersi verso gli studi scientifici* s'orienter vers des études scientifiques **4** *rifl.* [*rivolgersi*] s'adresser: *dirigersi a qc. per un'informazione* s'adresser à qqn. pour un renseignement.

dirigìbile |diri'dʒibile| **1** *agg.* [→ DIRIGERE A 1] dirigeable: *pallone dirigibile* ballon dirigeable **2** *s.m.* [*aerostato, aeromobile*] dirigeable.

dirigìsmo |diri'dʒizmo| *s.m.* (*polit.*) dirigisme: *dirigismo statale* dirigisme d'État.

dirigìsta |diri'dʒista| (*polit.*) **1** *agg.* → **dirigistico** **2** *s.* dirigiste.

dirigìstico, ci, ca, che |diri'dʒistiko, tʃi, ka, ke| *agg.* (*polit.*) dirigiste: *metodi dirigistici* méthodes dirigistes.

dirimènte |diri'mɛnte| *agg.* (*dir. canonico*) *impedimento dirimente* empêchement dirimant.

dirìmere |di'rimere| *v.tr.* (*dif. del p.p.*) (*lett.*) [*interrompere, annullare, risolvere*] trancher (*corr.*): *dirimere una lite* trancher un litige; *dirimere una questione* trancher une discussion ◇ (*dir.*) [*annullare*] annuler: *dirimere un contratto* annuler un contrat.

dirimpettàio, i |dirimpet'tajo, i| *s.* (*fam.*) voisin d'en face (*corr.*).

dirimpètto |dirim'pɛtto| **1** *avv.* [*di fronte*] en face (*loc. inv.*): *abita dirimpetto* il habite en face; *le due case erano dirimpetto* les deux maisons étaient en face l'une de l'autre, se faisaient face **2** *loc.prep.* DIRIMPETTO A en face de, vis-à-vis de: *abitare dirimpetto a qc.* habiter en face de qqn.; *stava dirimpetto a me* il habitait en face de chez moi **3** *agg. inv.* d'en face (*loc. avv.*): *la casa dirimpetto* la maison d'en face.

dirìtta |di'ritta| *s.f.* (*lett.*) main droite.

dirittaménte |diritta'mente| *avv.* directement, droitement.

dirittézza |dirit'tettsa| *s.f.* (*fig.*) → **rettitudine.**

1 **dirìtto** |di'ritto| **I** *agg.* **1** droit: *una linea diritta* une ligne droite; *strada diritta* route droite; *aveva delle gambe diritte* elle avait des jambes droites; *tenere la testa diritta* tenir la tête droite → **eretto** **2** [*verticale*] droit: *un muro, un palo diritto* un mur, un poteau droit ◇ (*loc.*) *diritto come un fuso* [*quasi rigido*] droit comme un cierge ~ *stare, tenersi diritto* se tenir droit **3** [*destro*] droit: *mano diritta* main droite **4** (*fig.*) droit → **retto, giusto** **5** (*fig., pop.*) → **dritto** **II** *avv.* **1** [*in linea retta*] droit: *camminare diritto* marcher droit (devant soi); *proseguire diritto* [*senza mutar direzione*] continuer tout droit ◇ [*direttamente*] tout droit: *corse diritto a casa* il courut tout droit chez lui; *è finito diritto all'ospedale* il a fini tout droit à l'hôpital ◇ (*raff.*) *il sasso l'ha colpito diritto diritto sulla fronte* la pierre l'a frappé juste au front; *sono andato diritto diritto nel fosso* je suis allé tout droit dans le fossé ◇ (*loc. fig.*) *andare, tirare diritto* [*pensare ai fatti propri*] aller son petit bonhomme de chemin ~ [*puntare direttamente, speditamente allo scopo*] aller droit au but ~ *fila, tira diritto* [*togliti dai piedi*] va-t'en, fiche le camp ~ *filar, rigar diritto* [*comportarsi bene, disciplinatamente*] marcher droit; *è da un po' che filano, rigano diritto* cela fait un peu de temps qu'ils marchent droit; *ora vi faccio filar diritto* maintenant je vais vous faire marcher droit **2** (*fig.*) [*direttamente, speditamente*] droit: *punta, mira diritto al successo* il vise droit au succès; *è uno che va diritto all'argomento* c'est quelqu'un qui va droit au sujet ◇ (*raff.*) *puntar diritto diritto al diploma* viser droit au diplôme **III** *s.m.* **1** [*la faccia principale di un oggetto con due facce*] avers, face (*f.*): *il diritto di una medaglia, di una moneta* l'avers d'une médaille, d'une monnaie ◇ (*loc.*) *non ha né diritto né rovescio* [*è intrattabile*] il est acariâtre; *per diritto e per traverso* d'une façon ou d'une autre; *sa prenderlo per il suo diritto* il sait bien le prendre **2** (*tennis*) coup droit **3** *il diritto di una stoffa, di una maglia* l'endroit d'une étoffe, d'un tricot.

2 **dirìtto** |di'ritto| *s.m.* **1** [*complesso di norme giuridiche; la scienza relativa*] droit: *diritto naturale* droit naturel; *diritto pubblico, privato, civile, penale* droit public, privé, civil, pénal; *professore di diritto* professeur de droit **2** [*interesse personale tutelato dalla legge*] droit: *diritto di prelazione* droit de préemption; (*ant.*) droit de prélation; *diritto di proprietà* droit de propriété; *diritto alle ferie* droit aux congés; *diritto di voto* droit de vote; *diritti politici, civili* droits politiques, civils; *diritto di asilo* droit d'asile; *diritto di famiglia* droit de famille; *riconoscere, consacrare i diritti di qc.* reconnaître, consacrer les droits de qqn.; *violare un diritto* violer un droit; *privare qc. dei suoi diritti* priver qqn. de ses droits **3** [*facoltà, possibilità, spec. morale*] droit: *i diritti della vecchiaia, degli ammalati* les droits des personnes âgées, des malades; *il diritto del più forte* le droit du plus fort; *non avete il diritto di dire ciò* vous n'avez pas le droit de dire cela; *chi vi ha dato il diritto di fare ciò?* qui vous a donné le droit de faire cela?; *avere il diritto di parlare, di esprimere un'opinione* avoir le droit de parler, d'exprimer une opinion; *avere diritto di vita e di morte su qc.* avoir droit de vie et de mort sur qqn.; *avere diritto a delle scuse* avoir droit à des excuses; *parlare a buon diritto* parler à bon droit; *ne ho il diritto* j'en ai le droit; *è nel mio, nel suo diritto di...* c'est mon (bon) droit, son droit; *non so con quale diritto...* je ne sais pas de quel droit... ◇ *loc.* DI DIRITTO de droit: *membro di diritto* membre de plein droit; *mi spetta di diritto* j'y ai (absolument) droit, cela me revient de droit ~ PER DIRITTO par droit:

per diritto d'anzianità par droit d'ancienneté ~ *a* (*buon*) *diritto* à bon escient → **giustamente** ~ *a maggior diritto* à plus forte raison **4** *spec. al plur.* [*tassa, onere, compensi dovuti*] droits: *diritti d'autore* droits d'auteur; *diritti di segreteria* droits (de délivrance, de documents, de certificats, etc.); *diritti di dogana* droits de douane; *diritti di successione, di bollo* droits de succesion, de timbre → **compenso.**

dirittùra |dirit'tura| *s.f.* **1** [*direzione in linea retta*] droiture (*arc.*) ◇ [*tratto rettilineo di strada*] ligne droite: *la dirittura d'arrivo* la ligne droite précédant l'arrivée ◇ (*raro*) [*linea retta*] (ligne) droite: *trovarsi sulla dirittura di due punti* se trouver sur une droite passant par deux points **2** (*fig.*) [*rettitudine, onestà*] droiture, rectitude: *la grande dirittura morale di questa persona è lodevole* la grande droiture de cette personne est louable.

dirizzàre |dirit'tsare| *v.tr. e pron.* → **drizzare.**

dirizzóne |dirit'tsone| *s.m.* (*solo nella loc.*) *prendere, pigliare un dirizzone* [*prendere un abbaglio, una cantonata*] commettre une bévue *f.*

dirlindàna |dirlin'dana| *s.f.* → **tirlindana.**

dìro |'diro| *agg.* (*lett.*) → **crudele, doloroso.**

diroccaménto |dirokka'mento| *s.m.* [→ DIROCCARE A] démolition *f.*, démantèlement: *il diroccamento del muro* la démolition, le démantèlement du mur.

diroccàre |dirok'kare| **A** *v.tr.* [*far crollare, demolire*] démolir: *diroccare un muro, un edificio* démolir un mur, un bâtiment → **abbattere B** *v.intr.* (*aus. 'essere'*) (*raro*) [*cadere in maniera rovinosa dall'alto*] se précipiter *pron.*

diroccàto |dirok'kato| *agg.* en ruine (*loc. inv.*): *castello diroccato* château en ruine.

dirompènte |dirom'pɛnte| *agg.* **1** (*di esplosivi*) [*che spezza, frantuma*] brisant: *bomba dirompente* bombe brisante # *effetto dirompente* brisance ◇ (*fig.*) [*che provoca forti reazioni psicologiche*] explosif*: *una proposta, una dichiarazione dirompente* une proposition, une déclaration explosive **2** (*bot.*) *frutto dirompente* fruit déhiscent.

dirómpere |di'rompere| (176) **A** *v.tr.* (*raro*) [*squarciare, rompere*] écanguer ◇ (*tecnol.*) *dirompere la canapa* écanguer le chanvre **B** *v.intr.* (*aus. 'essere'*) **1** (*raro, lett.*) [*cadere in gran quantità*] tomber à verse (*corr.*): *le acque dirompevano per la pianura* la pluie tombait à verse sur la plaine **2** (*fig.*) *dirompere in lacrime* [*abbandonarsi a un pianto irrefrenabile*] fondre (53) (*aus.* avoir) en larmes **C** *v.pron. intr.* DIROMPERSI (*raro*) [*abituarsi con l'esercizio*] se faire (45) (*corr.*): *dirompersi alle fatiche* se faire à la fatigue.

dirompiménto |dirompi'mento| *s.m.* (*agr.*) défonçage, défoncement: *dirompimento del terreno* défonçage, défoncement du terrain.

dirottaménte |dirotta'mente| *avv.* → **dirotto (a).**

dirottaménto |dirotta'mento| *s.m.* **1** [→ DIROTTARE A 1] déroutement: *dirottamento in seguito a un'avaria* déroutement par suite d'une avarie **2** [→ DIROTTARE A 2] *dirottamento aereo* détournement d'avion.

dirottàre |dirot'tare| **A** *v.tr.* **1** [*far cambiare rotta, direzione*] dérouter: *dirottare una nave, un aereo* dérouter un navire, un avion **2** (*per est.*) [*deviare, incanalare in una data direzione*] détourner: *dirottare il traffico in periferia* détourner le trafic vers la périphérie; *gli automezzi sono stati dirottati su strade secondarie* les véhicules ont été detournés vers des routes secondaires ◇ [*sviare*] induire (75) en erreur: *mi hanno dirottato le sue errate indicazioni* ses fausses indications m'ont induit en erreur **B** *v.intr.* (*aus. 'avere'*) [*cambiare rotta*] virer; changer (3) de route, de cap: *la nave ha dirottato su un altro porto* le navire a viré vers un autre port ◇ (*per est.*) [*perdere l'esatta direzione*] s'égarer (*pron.*): *l'aereo ha dirottato per la nebbia* l'avion s'est égaré à cause du brouillard.

dirottatóre, trice |dirotta'tore, tritʃe| *s.* pirate *m.* de l'air.

dirótto |di'rotto| *agg.* **1** [*che scende violento, che è impossibile frenare*] *pioggia dirotta* pluie battante → **scrosciante**; *pianto dirotto* déluge de larmes; *dare in un pianto dirotto* fondre en larmes ◇ *loc. avv.* A DIROTTO à verse: *piovere a dirotto* pleuvoir à verse **2** (*lett.*) [*dirupato, scosceso*] escarpé (*corr.*): *un sentiero dirotto* un sentier escarpé.

dirozzaménto |diroddza'mento| *s.m.* [→ DIROZZARE] dégrossissage, dégrossissement.

dirozzàre |dirod'dzare| **A** *v.tr.* **1** [*rendere meno ruvido, meno rozzo*] dégrossir: *dirozzare un blocco di marmo, un pezzo di metallo* dégrossir un bloc de marbre, une pièce de métal → **sbozzare 2** [*rendere meno imperfetto, meno grossolano*] élaguer: *dirozzare un manoscritto, una relazione* élaguer un manuscrit, un exposé **3** (*fig.*) [*iniziare a istruire, educare*] dégrossir, débrouiller: *dirozzare un allievo, un apprendista, una recluta* dégrossir, débrouiller un élève, un apprenti, une recrue ◇ [*ingentilire, affinare*] dégrossir; affiner: *dirozzare un montanaro* dégrossir un montagnard ‖ *dirozzare l'ingegno* affiner son esprit **B** *v.pron.intr.* DIROZZARSI [→ *tr.* 3] se dégrossir # *si è dirozzato nelle maniere* il a un peu affiné ses manières → **incivilir(si), raffinar(si).**

dirozzàto |dirod'dzato| *agg.* **1** [*reso meno ruvido, meno grossolano*] dégrossi: *pezzo di legno dirozzato* pièce de bois dégrossie; *lavoro già dirozzato* travail déjà dégrossi **2** (*fig.*) [*istruito, educato*] dégrossi: *contadino dirozzato* paysan dégrossi ◇ (*per est.*) *ora usa modi molto più dirozzati* [*affinati, ingentiliti*] à présent il a des manières bien moins rudes.

diruggginàre |diruddʒi'nare| *v.tr.* → **dirugginire.**

diruggìnio, ii |diruddʒi'nio, ii| *s.m.* [*cigolio prodotto dallo sfregamento di due ferri tra di loro*] grincement ◇ (*fig.*) *diruggìnio di denti* grincement de dents → **scricchiolio.**

diruggìnire |diruddʒi'nire| (197) *v.tr.* [*ripulire dalla ruggine*] dérouiller: *diruggìnire una canna di fucile* dérouiller un canon de fusil ◇ (*fig.*) [*rimettere in attività*] *diruggìnire la propria memoria* se dérouiller la mémoire; *diruggìnire le gambe* se dérouiller les jambes.

dirupàto |diru'pato| *agg.* [*pieno di dirupi, scosceso*] escarpé, abrupt: *stradina dirupata* chemin escarpé; *sentiero dirupato* sentier abrupt; *sponde dirupate* rives escarpées.

dirùpo |di'rupo| *s.m.* [*luogo ripido e roccioso*] escarpement: *il dirupo di una scarpata, di una scogliera* l'escarpement d'un talus, des rochers ◇ [*burrone, precipizio*] précipice: *cadere in un dirupo* tomber dans un précipice → **burrone.**

dirùto |di'ruto| *agg.* (*lett.*) → **diroccato.**

dis- |dis| *pref.* **1** (*indica 'separazione, dispersione, opposizione'*, *corrisponde gener.* *a*) dé; dés; dis: *disfare* défaire ‖ *disonorare* déshonorer ‖ *discontinuità* discontinuité **2** (*significa 'anomalia, mancanza'*, *corrisponde gener. a*) dys: *dispepsia* dyspepsie.

disabbellìre |dizabbel'lire| (197) **A** *v.tr.* (*lett.*) [*privare della bellezza, dei pregi soliti*] enlaidir, déparer: *disabbellire qc.* enlaidir, déparer qqn.; *le fabbriche disabbelliscono questo paesaggio* les usines, enlaidissent, déparent ce paysage **B** *v.pron.intr.* (*lett.*) DISABBELLIRSI [*divenire meno bello*] perdre (53) *tr.* son charme (*corr.*): *tutti i suoi sogni di ricchezza si erano disabbelliti* tous ses rêves de richesses avaient perdu leur charme **C** **abbellire.**

disabitàto |dizabi'tato| *agg.* [*spopolato, deserto*] inhabité: *regioni, terre disabitate* régions, terres inhabitées; *appartamento disabitato* appartement inhabité, inoccupé.

disabituàre |dizabitu'are| **A** *v.tr.* [*togliere un'abitudine a qc.*] déshabituer (de), désaccoutumer (de): *disabituare qc. dal vizio del fumo* déshabituer qqn. de fumer **B** *v.pron.intr.* DISABITUARSI [*perdere l'abitudine a q.c.*] se déshabituer (de), se désaccoutumer (de): *disabituarsi a mentire* se désaccoutumer de mentir # *ci siamo disabituati ai sacrifici* nous avons perdu l'habitude des sacrifices **C** **abituare, assuefare.**

disaccentàre |dizattʃen'tare| *v.tr.* (*ling.*) [*privare dell'accento*] ôter l'accent (à).

disaccóncio, ci, cia, ce |dizak'kontʃo, tʃi, tʃa, tʃe| *agg.* (*lett.*) → **disadatto, sconveniente.**

disaccoppiàre |dizakkop'pjare| *v.tr.* [*dividere due cose accoppiate*] désaccoupler: *disaccoppiare due 'pendant'* désaccoupler deux pendants ◇ (*caccia*) *disaccoppiare i cani* découpler, désaccoupler les chiens ◆ (*al p.p.*) *colori disaccoppiati* couleurs discordantes, mal assorties.

disaccordàre |dizakkor'dare| **A** *v.tr.* (*mus.*) [*togliere l'accordo dei suoni a*] désaccorder: *il calore, l'umidità disaccorda i pianoforti* la chaleur, l'humidité désaccorde les pianos **B** *v.pron. intr.* DISACCORDARSI **1** [*essere discordante*] ne pas s'accorder, jurer (*intr.*): *sono colori che si disaccordano* ce sont des couleurs qui ne s'accordent pas, qui jurent entre elles **2** (*raro*) [*venire in contrasto*] être (43) *intr.*, tomber *intr.* en désaccord (*corr.*) **C** **accordare.**

disaccòrdo |dizak'kɔrdo| *s.m.* **1** désaccord: *trovarsi in disaccordo su un fatto* être en désaccord sur un fait ◇ [*divergenza, discordanza*] incompatibilité (*f.*): *divorzio per disaccordo di caratteri* divorce pour incompatibilité d'humeur **2** (*mus.*) discordance (*f.*): *disaccordo di suoni, di strumenti* discordan-

ce de sons, d'instruments de musique.
disacerbàre |dizatʃer'bare| *v.tr. e pron.* (*lett.*) → **addolcire, mitigare.**
disacidàre |dizatʃi'dare| *v.tr.* désacidifier.
disadattaménto |dizadatta'mento| *s.m.* (*psicol.*) inadaptation *f.*
disadattàre |dizadat'tare| *v.tr.* [*provocare una situazione di conflitto psicologico con l'ambiente sociale in cui si vive*] désadapter: *individuare le cause che disadattano gli immigrati* déterminer les causes qui désadaptent les immigrés, les causes de l'inadaptation des immigrés → **disadattato.**
disadattàto |dizadat'tato| *agg.* (*psicol.*) inadapté, désadapté ✦ (*s.*) *un disadattato* un inadapté.
disadàtto |diza'datto| *agg.* **1** qui ne convient pas (à) *loc.*; inadéquat: *abito disadatto alla circostanza* tenue qui ne convient pas à la circonstance ‖ *termine disadatto* terme inadéquat; *espressione disadatta* expression inadéquate ◇ [*inadeguato*] impropre: *un locale disadatto per abitazione* un local impropre à l'habitation **2** [*che non ha sufficienti attitudini per q.c.*] inapte, impropre: *essere disadatto a un lavoro, a fare q.c.* être inapte, impropre à un travail, à faire qqch. → **inabile** C **adatto, atto** 2, **abile.**
disadórno |diza'dorno| *agg.* **1** [*privo di ornamenti, sobrio*] dépouillé, sobre: *stile disadorno* style dépouillé, sobre; *arte disadorna* art sobre ◇ [*misero, scialbo*] austère, pauvre: *questo vestito è un po' disadorno* cette robe est un peu austère; *linguaggio disadorno* langage pauvre **2** [*spoglio, nudo*] dépouillé, nu: *un albero disadorno* un arbre dépouillé, nu; # *linguaggio disadorno* langage pauvre; *stanza povera e disadorna* pièce pauvre et nue C 1 **adorno, ornato.**
disaeràto |dizae'rato| *agg.* (*tecnol.*) désaéré: *calcestruzzo disaerato* béton désaéré.
disaffezionàre |dizaffettsjo'nare| **A** *v.tr.* [*allontanare dall'affetto, dall'interesse per qc., o q.c.*] détourner: *disaffezionare qc. dallo studio* détourner qqn. de l'étude **B** *v.pron.intr.* DISAFFEZIONARSI [→ *tr.*] se détourner: *si sono disaffezionati dal proprio lavoro* ils se sont détournés de leur travail C **affezionare.**
disaffezióne |dizaffet'tsjone| *s.f.* désaffection: *disaffezione dalla famiglia* désaffection pour la famille; *disaffezione dal lavoro* désaffection pour le travail → **disamore, disinteresse** C **attaccamento, interesse.**
disagévole |diza'dʒevole| *agg.* [*difficoltoso, faticoso*] pénible: *camminata disagevole* marche pénible ◇ [*scomodo*] inconfortable, incommode: *abitazione disagevole* habitation inconfortable C **agevole, facile, comodo** 1.
disàggio, i |di'zaddʒo, i| *s.m.* (*econ.*) moins-value (*f.*): *dei disaggi* des moins-values.
disaggradévole |dizaggra'devole| *agg.* → **sgradevole.**
disaggregàre |dizaggre'gare| *v.tr.* (*chim., stat.*) [*separare ciò che è aggregato*] désagréger (8): *la pioggia disaggrega le pietre tenere* la pluie désagrège les pierres tendres ✦ (*al p.p.*) *dati disaggregati* données désagrégées → **disgregare** C **aggregare.**
disaggregazióne |dizaggregat'tsjone| *s.f.* [→ DISAGGREGARE] désagrégation.
disagiataménte |dizadʒata'mente| *avv.* **1** [→ DISAGIATO 1] pauvrement: *vivere disagiatamente* vivre pauvrement **2** [→ DISAGIATO 2] inconfortablement, incommodément: *viaggiare disagiatamente* voyager inconfortablement, incommodément.
disagiàto |diza'dʒato| *agg.* **1** [*che non ha i mezzi materiali ed economici necessari*] nécessiteux*, indigent: *aiutare le famiglie disagiate* aider les familles nécessiteuses, indigentes # *essere, vivere in condizioni disagiate* être, vivre dans l'indigence; *essere disagiato, essere in condizioni disagiate* être dans la gêne, dans le besoin → **povero, bisognoso** **2** [*privo di comodità; scomodo*] inconfortable, incommode: *una casa disagiata* une maison inconfortable, incommode C 1 **agiato, ricco**; 2 **comodo** 1.
disàgio, i |di'zadʒo, i| *s.m.* **1** [*mancanza di comodità, di agio*] ennui, incommodité *f.* (*lett.*): *il disagio di dormire a bordo* l'ennui de dormir à bord; *il disagio di abitare lontano dal proprio luogo di lavoro* l'ennui d'habiter loin de son lieu de travail → **scomodità** **2** (*per est.*) [*privazione, difficoltà, stento*] privation *f.*, gêne (*f.*): *patire disagi* souffrir de privations; *vivere fra mille disagi* vivre dans la gêne # *alleviare i disagi degli ammalati* soulager les souffrances des malades → **sofferenza**; *sopportare i disagi di un lungo viaggio* supporter les inconvénients d'un long voyage **3** (*fig.*) [*imbarazzo, difficoltà*] gêne, embarras: *provare disagio* éprouver de la gêne; *mettere qc. a disagio* mettre qqn. dans l'embarras # *essere a disagio* être gêné, embarrassé; *un senso di disagio* un sentiment de malaise; *sentirsi a disagio* être mal à l' (son) aise C **agio**; 1; 2 **comodità.**
1 **disalberàre** |dizalbe'rare| *v.tr.* (*mar.*) [*privare dell'alberatura*] démâter: *disalberare una nave* démâter un navire.
2 **disalberàre** |dizalbe'rare| *v.tr.* (*raro*) → **diboscare.**
disalienàre |dizalje'nare| *v.tr.* [*far cessare l'alienazione; liberare*] désaliéner.
disamàre |disa'mare| *v.tr.* [*non provare più affetto, interesse per qc. o q.c.*] cesser d'aimer: *vado sempre più disamando le vecchie abitudini* je cesse de plus en plus d'aimer les vieilles habitudes.
disambientàto |dizambjen'tato| *agg.* [*non ancora ambientato, inserito in un ambiente nuovo*] dépaysé: *sono qui da poco e mi sento ancora disambientato* je suis là depuis peu et me sens encore dépaysé ◇ [*che non si sente a proprio agio*] *in città si trova disambientato* en ville il est dépaysé → **spaesato.**
disàmina |di'zamina| *s.f.* (*dir., corr.*) examen *m.* minutieux, attentif # *fare una disamina del problema* examiner minutieusement, attentivement le problème.
disamoràre |dizamo'rare| **A** *v.tr.* [*raffreddare nell'amore, allontanare*] dégoûter: *quella bocciatura lo ha disamorato dallo studio* ce recalage l'a dégoûté des études **B** *v.pron.intr.* DISAMORARSI [→ *tr.*] se détacher, prendre (73) *tr.* en dégoût: *disamorarsi dalla famiglia* se détacher de la famille; *disamorarsi del proprio lavoro* prendre son travail en dégoût.
disamoràto |dizamo'rato| *agg.* [*che non ha più alcun interesse; indifferente*] détaché, las*: *essere disamorato di tutto* être détaché, las de tout # *sono sempre più disamorato di questo lavoro* je me détache, je me lasse de plus en plus de ce travail.
disamóre |diza'more| *s.m.* [*indifferenza, freddezza, avversione*] détachement, désaffection (*f.*): *disamore per mancanza di interesse* détachement par manque d'intérêt; *il disamore del popolo per il regime* la désaffection du peuple pour le régime # *disamore per lo studio* manque d'intérêt pour l'étude → **disinteresse** C **attaccamento, passione.**
disancoràre |dizanko'rare| **A** *v.tr.* **1** (*mar.*) [*liberare dall'ancora*] lever (6) l'ancre: *disancorare una nave* lever l'ancre (d'un bateau) **2** (*econ.*) [*svincolare (il valore di una moneta dall'oro o da un rapporto fisso di cambio)*] dissocier **B** *v.pron.* DISANCORARSI **1** *intr.* [→ *tr.* 1] lever *tr.* l'ancre: *tutte le imbarcazioni si sono disancorate* toutes les imbarcations ont levé l'ancre **2** *rifl.* (*fig.*) [*rendersi indipendente da qc. o q.c.*] se libérer (8), s'affranchir: *disancorarsi da una tutela* se libérer d'une tutelle → **liberar(si)** C **ancorare.**
disanimàre |dizani'mare| **A** *v.tr.* [*far perdere d'animo, di fiducia; scoraggiare*] décourager (3), détourner: *disanimare qc.* décourager qqn.; *disanimare qc. da un proposito* détourner qqn. d'un projet **B** *v.pron.intr.* DISANIMARSI [*scoraggiarsi, perdersi d'animo*] se décourager, se démoraliser: *vi siete disanimati troppo presto* vous vous êtes découragés, démoralisés trop vite → **avvilir(si)** C **incoraggiare.**
disanimàto |dizani'mato| *agg.* [*sconfortato, scoraggiato*] découragé, démoralisé: *essere disanimato* être découragé, démoralisé → **sfiduciato** C **fiducioso.**
disappaiàre |dizappa'jare| *v.tr.* → **disaccoppiare, spaiare.**
disappetènza |dizappe'tentsa| *s.f.* → **inappetenza.**
disapprèndere |dizap'prɛndere| (105) *v.tr.* → **disimparare.**
disapprovàre |dizappro'vare| *v.tr.* [*non approvare, biasimare*] désapprouver; désavouer: *disapprovare un'impresa* désapprouver une entreprise; *disapprovo il comportamento di mio figlio* je désapprouve la conduite de mon fils ‖ *il presidente disapprova i propri ministri* le président désavoue ses ministres ✦ (*ass.*) *non potevo far altro che disapprovare* je ne pouvais que désapprouver C **approvare.**
disapprovazióne |dizapprovat'tsjone| *s.f.* [→ DISAPPROVARE] désapprobation: *mormorio di disapprovazione* murmure de désapprobation; *fece un cenno di disapprovazione* il fit un signe de désapprobation; *esprimere disapprovazione* marquer sa désapprobation → **biasimo.**
disappùnto |dizap'punto| *s.m.* [*delusione causata da contrarietà inaspettate*] déception *f.*, désappointement: *provare un vivo disappunto* éprouver une vive déception; *nascondere il proprio disappunto* cacher son désappointement # *con mio grande disappunto fui co-*

stretto ad andarmene à mon grand regret je dus m'en aller.

disarcionàre |dizartʃo'nare| *v.tr.* **1** [*gettare giù d'arcione*] désarçonner, démonter: *uno scatto improvviso lo disarcionò* une saccade le désarçonna, le démonta ◆ (*al p.p.*) *amazzone disarcionata* amazone désarçonnée **2** (*fig.*) [*rimuovere improvvisamente da una carica, ufficio e sim.*] destituer, mettre (71) à pied ◆ (*al p.p.*) *sindaco disarcionato* maire destitué, relevé de ses fonctions.

disargentàre |dizardʒen'tare| *v. tr.* [*togliere lo strato superficiale d'argento*] désargenter.

disarginàre |dizardʒi'nare| **A** *v.tr.* (*raro*) [*privare dell'argine*] détruire (75) les rives, les digues: *la piena ha disarginato il fiume* la crue a détruit les rives du fleuve **B** *v.intr.* (*aus. 'avere'*) [*travolgere gli argini*] rompre (44) *tr.* les digues: *il fiume ha disarginato* le fleuve a rompu ses digues.

disarmànte |dizar'mante| *agg.* désarmant: *uno sguardo disarmante* un regard désarmant; *bontà disarmante* bonté désarmante.

disarmàre |dizar'mare| **A** *v.tr.* **1** [*privare delle armi*] désarmer: *disarmare dei soldati* désarmer des soldats; *disarmare l'avversario* désarmer l'adversaire; *disarmare un forte* désarmer un fort ◇ (*per est.*) *disarmare un fucile* désarmer un fusil **2** (*fig.*) [*privare della forza e sim.*; *rabbonire*] désarmer: *i fischi hanno disarmato l'oratore* les sifflets ont désarmé l'orateur; *la sua bontà l'ha disarmata* sa bonté l'a désarmée **3** (*mar.*) [*togliere una nave dall'esercizio attivo*] désarmer **4** (*edil., teat.*) [*liberare dalle impalcature, dalle scene*; *dalle casseforme*] démonter; décoffrer: *disarmare una costruzione* démonter l'échaffaudage d'un bâtiment; *disarmare una scena* démonter une scène ‖ *disarmare il cemento armato* décoffrer le béton armé **B** *v.intr.* (*aus. 'avere'*) **1** [*ridurre gli armamenti*] désarmer: *nessun Stato vuole disarmare per primo* aucun État ne veut désarmer le premier **2** (*fig.*) [*perdersi d'animo*; *abbandonare un sentimento ostile*] désarmer: *di fronte a tante difficoltà bisogna per forza disarmare* devant tant de difficultés il faut forcément désarmer; *il suo sorriso disarma* son sourire désarme Ⓒ A 1, 3 **armare.**

disarmàto |dizar'mato| *agg.* [*privato delle armi*] désarmé: *soldati disarmati* soldats désarmés ◇ (*mar.*) *flotta disarmata* flotte désarmée, mise en réserve ◇ (*fig.*) [*indifeso, inerme*] désarmé, sans armes (*loc. inv.*): *essere disarmato di fronte alle difficoltà della vita* être désarmé, sans armes devant les difficultés de la vie Ⓒ **armato, agguerrito.**

disàrmo |di'zarmo| *s.m.* **1** [*limitazione o abolizione degli armamenti*] désarmement: *disarmo delle grandi potenze* désarmement des grandes puissances; *conferenza per il disarmo* conférence pour le désarmement **2** [→ DISARMARE A] désarmement: *disarmo del prigioniero* désarmement du prisonnier ◇ (*fig.*) *la sua bontà mi ha ridotto al disarmo* sa bonté m'a complètement désarmé ◇ (*edil.*) *disarmo di un edificio* démontage de l'échafaudage d'un bâtiment; *disarmo del cemento armato* décoffrage du béton armé ◇ (*mar.*) *nave in disarmo* bateau désarmé, mis en réserve ◇ (*teat.*) *disarmo di una scena* démontage d'une scène.

disarmonìa |dizarmo'nia| *s.f.* **1** [*discordanza di colori, di suoni*] discordance, dissonance: *disarmonia di colori* discordance de couleurs; *disarmonia di toni in un quadro* dissonances de tons dans un tableau ◇ (*per est.*) [*sproporzioni*] manque *m.* d'harmonie: *c'è una evidente disarmonia in quella costruzione* il y a un manque d'harmonie évident dans ce bâtiment ◇ (*per est., fig.*) [*contrasto, dissenso*] discordance, dissonance: *disarmonia dei caratteri, delle opinioni* discordance des caractères, des opinions **2** (*mus.*) dissonance **3** (*med.*) dysharmonie Ⓒ 1; 2 **armonia.**

disarmonicaménte |dizarmonika'mente| *avv.* [→ DISARMONICO] d'une façon inharmonieuse (*loc. inv., lett.*): *statua scolpita disarmonicamente* statue sculptée d'une façon inharmonieuse; *suonare disarmonicamente* jouer d'une façon inharmonieuse # *distribuire disarmonicamente i colori* disposer les couleurs sans souci d'harmonie; *muoversi disarmonicamente* se mouvoir d'une façon disgracieuse.

disarmònico, ci, ca, che |dizar'mɔniko, tʃi, ka, ke| *agg.* [*che non ha armonia*] dissonant, discordant: *suoni disarmonici* sons dissonants, discordants ◇ (*per est.*) [*che non è gradevole*; *che non si accorda con q.c.*] peu harmonieux*, inharmonieux* (*lett.*): *voce disarmonica* voix peu harmonieuse; *movimenti disarmonici* mouvements peu harmonieux; *stile disarmonico* style peu harmonieux, rocailleux # *colori disarmonici* couleurs discordantes ◇ (*per est.*) [*che non è proporzionato*] peu harmonieux: *figura disarmonica* silhouette peu harmonieuse Ⓒ **armonico, armonioso.**

disarmonizzàre |dizarmonid'dzare| **A** *v.intr.* (*aus. 'avere'*) [*essere in contrasto, in disarmonia*] être (43) en désaccord, en discordance # *quelle note disarmonizzano tra loro* ces notes sont dissonantes **B** *v.tr.* (*raro*) [*rendere disarmonico*] ôter (toute) harmonie à Ⓒ **armonizzare.**

disarticolàre |dizartiko'lare| **A** *v.tr.* (*med.*) [*tagliare nell'articolazione*] désarticuler: *disarticolare un arto* désarticuler un membre **B** *v.pron.intr.* DISARTICOLARSI [*slogarsi*] se désarticuler: *gli si è disarticolata la spalla* l'os de son épaule s'est désarticulé.

disarticolàto |dizartiko'lato| (*agg.*) *arto disarticolato* membre désarticulé; *caviglia disarticolata* cheville foulée ◇ (*fig.*) [*indistinto*; *articolato male*] *emetteva suoni disarticolati* il émettait des sons inarticulés; *un discorso disarticolato* un discours décousu; *un piano disarticolato* un plan incohérent.

disarticolazióne |dizartikolat'tsjone| *s.f.* [→ DISARTICOLARE] désarticulation: *la disarticolazione di un arto* la désarticulation d'un membre.

disasprìre |dizas'prire| (197) *v.tr.* **1** (*enol.*) [*eliminare l'asprezza*] adoucir (*corr.*): *disasprire il vino* adoucir le vin **2** (*fig., raro*) [*addolcire, mitigare*] adoucir Ⓒ **inasprire.**

disassortìto |dizassor'tito| *agg.* désassorti, dépareillé: *servizio disassortito* service désassorti, dépareillé Ⓒ **assortito.**

disassuefàre |dizassue'fare| (103) *v.tr. e pron.* → **disabituare.**

disassuefazióne |dizassuefat'tsjone| *s.f.* [*il fatto di dissuefarsi a q.c.*] désaccoutumance.

disastràre |dizas'trare| *v.tr.* [*danneggiare, recare disastro*] faire (45) des dégâts, ravager (3): *la grandine ha disastrato i vigneti* la grêle a fait des dégâts dans les vignobles, a ravagé les vignobles; *il cane ha disastrato l'orto* le chien a fait des dégâts, a ravagé le potager.

disastràto |dizas'trato| *agg.* **1** [*che è colpito da gravi danni materiali*] ravagé, dévasté: *fabbrica disastrata* usine ravagée; *raccolto disastrato* récolte dévastée; *campo disastrato* champ dévasté **2** (*persone*) sinistré: *soccorrere le popolazioni disastrate* secourir les populations sinistrées ◆ (*s.*) *i disastrati* les sinistrés: *provvedimenti in favore dei disastrati* mesures en faveur des sinistrés.

disàstro |di'zastro| *s.m.* **1** désastre: *i disastri delle guerre* les désastres des guerres; *scongiurare un disastro* conjurer un désastre; *accorrere sul luogo del disastro* accourir sur le lieu du désastre # *disastro ferroviario* catastrophe ferroviaire **2** [*danno irreparabile*] désastre: *la morte della madre fu un disastro in quella famiglia* la mort de la mère fut un désastre pour la famille ◇ (*per est., fig.*) [*confusione*] pagaïe *f.*, désordre: *che disastro quella camera!* quelle pagaïe, quel désordre dans cette chambre! **3** [*persona incapace, indolente*] nullité (*f.*): *suo figlio è un vero disastro!* votre fils est une vraie nullité! # *questo ragazzo è un disastro in matematica* ce garçon est nul en mathématiques ◇ [*cosa mal riuscita*] *il suo ultimo film è un disastro* son dernier film est un désastre.

disastrosaménte |dizastrosa'mente| *avv.* **1** [→ DISASTROSO 1] de (d'une) façon désastreuse (*loc.*): *il fiume inondava disastrosamente i campi* le fleuve inondait les champs d'une façon désastreuse **2** [→ DISASTROSO 2] de (d'une) façon désastreuse: *ha risposto disastrosamente all'esaminatore* il a répondu de façon désastreuse à l'examinateur; *ho viaggiato disastrosamente* j'ai voyagé de façon désastreuse.

disastróso |dizas'troso| *agg.* **1** [*che causa disastri*] désastreux*: *un'inondazione disastrosa* une inondation désastreuse **2** [*che causa contrarietà, deludente*] désastreux: *un raccolto disastroso* une récolte désastreuse; *ha fatto un esame disastroso* son examen a été désastreux; *abbiamo fatto un viaggio disastroso* nous avons fait un voyage désastreux.

disatomizzàre |disatomid'dzare| *v.tr.* dénucléariser.

disattèndere |dizat'tendere| (105) *v.tr.* (*dir.*) [*non osservare, non applicare*] ne pas observer: *disattendere un parere, una norma* ne pas observer un avis, une règle ◆ (*al p.p.*) *norma disattesa* règle non observée.

disattènto |dizat'tɛnto| *agg.* [*che non è attento*] inattentif*: *alunno disattento* élève inattentif ◇ [*distratto*] distrait: *una lettura disattenta* une lecture distraite Ⓒ **attento.**

disattenzióne |dizatten'tsjone| *s.f.* **1** [*qualità di chi, di ciò che è disat-*

tento] inattention: *disattenzione generale* inattention générale; *errore di disattenzione* faute d'inattention, d'étourderie; *basta un attimo di disattenzione per provocare un disastro* il suffit d'un instant d'inattention pour provoquer un désastre ◇ (*loc.*) *per disattenzione* par inadvertance **2** [*svista*] distraction, bévue: *è una grave disattenzione* c'est une distraction grave, une grosse bévue **3** [*mancanza di premurosa attenzione*] distraction, étourderie (*fam.*): *le tue disattenzioni sono davvero imperdonabili* tes distractions, tes étourderies sont vraiment impardonnables Ⓒ **attenzione.**

disattivàre |dizatti'vare| *v.tr.* (*mil.*) [*rendere inoffensivo un ordigno*] désamorcer (2): *disattivare bombe inesplose* désamorcer des bombes non explosées → **disinnescare** ♦ (*al p.p.*) *mina disattivata* mine désamorcée ◇ (*chim.*) désactiver ◇ (*elettr.*) débrancher, désenclencher Ⓒ **attivare.**

disattivazióne |dizattivat'tsjone| *s.f.* (*mil.*) désamorçage *m.* ◇ (*chim.*) désactivation ◇ (*elettr.*) débranchement *m.*, désenclenchement *m.*

disattrezzàre |dizattret'tsare| *v.tr.* (*mar.*) [*togliere l'attrezzatura a una nave*] déséquiper ♦ (*al p.p.*) *nave disattrezzata* bateau déséquipé Ⓒ **attrezzare.**

disavànzo |diza'vantso| *s.m.* → **deficit.**

disavvedutaménte |dizavveduta'mente| *avv.* → **sconsideratamente.**

disavvedùto |dizavve'duto| *agg.* [*incauto, malaccorto*] inconsidéré; maladroit: *parole disavvedute* propos inconsidérés ‖ *movimento disavveduto* mouvement maladroit.

disavventùra |dizavven'tura| *s.f.* **1** [*fatto inaspettato e contrariante*] mésaventure: *è stata una gita piena di disavventure* ç'a été une excursion pleine de mésaventures **2** (*per est.*) [*disgrazia, sfortuna*] malheur (*m.*): *gli è capitata una grande disavventura* il lui est arrivé un grand malheur ◇ (*loc.*) *per disavventura* par malheur.

disavvertènza |dizavver'tɛntsa| *s.f.* [*mancanza di attenzione*] inattention: *la sua disavvertenza è ormai abituale* son inattention est désormais habituelle ◇ [*svista*] distraction, bévue; *commettere disavvertenze* commettre des distractions, des bévues # *per disavvertenza* par inadvertance.

disavvertitaménte |dizavvertita'mente| *avv.* → **sbadatamente.**

disavvezzàre |dizavvet'tsare| **A** *v.tr.* [*far perdere un'abitudine spec. nociva*] déshabituer, désaccoutumer: *disavvezzare un fumatore incallito* déshabituer (de fumer) un fumeur invétéré → **disabituare B** *v.pron.rifl.* DISAVVEZZARSI [*liberarsi da un'abitudine spec. nociva*] se désaccoutumer, se déshabituer: *la bambina si è disavvezzata dal succhiotto* la fillette s'est déshabituée de la sucette.

disavvézzo |disav'vettso| *agg.* [*che ha perso o non ha mai avuto un'abitudine*] déshabitué *p.p.*, désaccoutumé (*p.p.*): *disavvezzo all'alcool* déshabitué de l'alcool; *disavvezzo a fumare* désaccoutumé de fumer Ⓒ **avvezzo.**

disbórso |diz'borso| *s.m.* (*raro, comm.*) débours (*corr.*): *ricuperare un disborso* récupérer un débours # *sono, mi trovo in disborso* on me doit de l'argent.

disboscàre |dizbos'kare| *e deriv.* → **diboscare** *e deriv.*

disbrigàre |dizbri'gare| **A** *v.tr.* [*sbrigare sollecitamente*] expédier: *disbrigare un affare* expédier une affaire → **sbrigare** ♦ (*al p.p.*) *commissione disbrigata in fretta* commission vite expédiée **B** *v.pron. rifl.* (*lett.*) DISBRIGARSI [*liberarsi da impacci*] se dégager (3) (*corr.*): *si sono ben disbrigati dai lacci* ils se sont bien dégagés des liens ◇ (*fig.*) [*liberarsi da una difficile situazione*] se dépêtrer (*corr.*): *sa disbrigarsi in ogni situazione* il sait se dépêtrer dans n'importe quelle situation.

disbrìgo, ghi |diz'brigo, gi| *s.m.* [*svolgimento di un lavoro ordinario, spec. burocratico*] expédition *f.* (*bur.*): *disbrigo di una pratica* expédition, instruction d'un dossier; *disbrigo dell'ordinaria amministrazione* expédition des affaires courantes # *attendere al disbrigo delle faccende domestiche* vaquer aux soins du ménage.

disbrogliàre |dizbroʎ'ʎare| *v.tr.* → **sbrogliare.**

discacciàre |diskat'tʃare| *v.tr.* → **scacciare.**

discapitàre |diskapi'tare| *v.intr.* (*aus.* '*avere*') → **scapitare.**

discàpito |dis'kapito| *s.m.* → **scapito.**

discàrica, che |dis'karika, ke| *s.f.* **1** [*luogo di scarico di materiali di scavo, di rifiuti*] décharge: *discarica pubblica* décharge publique **2** (*mar.*) déchargement.

discaricàre |diskari'kare| *v.tr.* → **scaricare.**

discàrico, chi |dis'kariko, ki| *s.m.* **1** (*dir., corr.*) décharge (*f.*): *testimone a discarico* temoin à décharge; *a mio discarico* à ma décharge **2** (*raro*) → **discarica** 1.

discàro |dis'karo| *agg.* (*ant., lett.*) → **spiacevole sgradito.**

discatóre, trice |diska'tore, tritʃe| *s.* (*sport*) **1** (*hockey*) hockeyeur *m.* **2** (*raro*) → **discobolo.**

discendènte |diʃʃen'dɛnte| **I** *agg.* descendant, décroissant: *curva, linea discendente* ligne descendante, courbe décroissante ◇ (*spec.*) *corsa discendente* [*di una linea urbana di trasporto collettivo, che va dalla perferia al centro*] retour *s.m.* ◇ (*astron.*) *nodo discendente* nœud descendant ◇ (*ling.*) *dittongo discendente* diphtongue descendante, décroissante ◇ (*metr.*) *ritmo discendente* rythme descendant ◇ (*tip.*) *lettera discendente* lettre à queue *loc. inv.* **II** *s.* **1** [*chi discende da altri per vincolo di sangue*] descendant: *un discendente di 3º grado* un descendant au 3ᵉ degré; *i discendenti di Abramo* les descendants d'Abraham **2** (*edil.*) tuyau *m.* de descente Ⓒ **I ascendente**; **II 1 avo, antenato.**

discendènza |diʃʃen'dɛntsa| *s.f.* **1** [*origine*] origine, souche: *di antica discendenza* d'origine ancienne, de vieille souche # *vantava una nobile discendenza* il descendait d'une famille noble ◇ [*stirpe, generazione*] race: *la discendenza umana* la race humaine **2** [*discendenti*] descendance, lignée: *la discendenza di Abramo* la descendance d'Abraham; *avere una numerosa discendenza* avoir une nombreuse descendance; *ha una bella discendenza* il a une belle lignée.

discéndere |diʃ'ʃendere| (105) **A** *v.intr.* (*aus.* '*essere*') **1** [*calare, venire giù, scendere*] descendre (53) (*aus.* avoir, être): *è disceso dai tetti* il est descendu des toits; *è disceso a valle* il est descendu dans la vallée; *discendere in un pozzo* descendre dans un puits; *discendere dal treno* descendre du train; *discendere da una nave* [*sbarcare*] descendre à terre ◇ [*scorrere, verso il basso*] couler (*aus.* avoir), descendre: *l'acqua discende lentamente* l'eau coule lentement; *il fiume discende a valle* le fleuve descend dans la vallée ◇ [*tramontare, declinare*] se coucher (*pron.*): *il sole discenderà tra un'ora* le soleil se couchera dans une heure ◇ [*calare, abbassarsi*] baisser (*aus.* avoir): *la temperatura accenna a discendere* la température tend à baisser **2** (*fig.*) [*trarre origine, derivare*] descendre: *discendere da nobile famiglia* descendre d'une famille noble ◇ [*venire come conseguenza, derivare*] découler (*aus.* avoir), dériver (*aus.* avoir): *effetti che discendono da una causa* effets qui découlent, qui dérivent d'une cause # *ne discende che...* il s'ensuit que... **B** *v.tr.* [*scendere*] descendre: *ha disceso lentamente le scale* il a descendu lentement l'escalier; *discendere un dirupo* descendre un escarpement Ⓒ A 1; B **salire**; A 1, 2 **risalire.**

discènte |diʃ'ʃɛnte| *s.* (*lett.*) [*che impara*] disciple *m.* (*corr.*), élève (*corr.*): *i docenti e i discenti* les maîtres et les disciples, les professeurs et les élèves → **discepolo** ♦ *agg.* (*eccl.*) *la chiesa discente* les fidèles *m.pl.* Ⓒ **docente.**

discépolo |diʃ'ʃepolo| *s.* **1** [*allievo, alunno*] disciple (*m.*): *Aristotele fu discepolo di Platone* Aristote fut disciple de Platon; *i discepoli di Gesù* les disciples de Jésus **2** [*chi professa i principi e le dottrine di un maestro*] disciple: *è stato uno dei suoi discepoli* il a été un de ses disciples → **seguace** Ⓒ **maestro.**

discèrnere |diʃ'ʃɛrnere| (180) *v.tr.* **1** [*vedere, scorgere distintamente*] discerner, distinguer: *discernere male i colori* mal discerner les couleurs; *discernere una persona nell'ombra* discerner une personne dans l'ombre; *discernere un amico fra la folla* discerner, distinguer un ami au milieu de la foule → **distinguere, riconoscere** ◇ (*fig.*) *discernere il bene dal male* discerner le bien du mal; *discernere il vero dal falso* distinguer, discerner le vrai du faux; *discernere la causa di un fenomeno* discerner la cause d'un phénomène; *discernere il pro e il contro* distinguer le pour et le contre **2** (*arc.*) → **giudicare** Ⓒ 1 **confondere.**

discernìbile |diʃʃer'nibile| *agg.* [→ DISCERNERE 1] discernable → **distinguibile, riconoscibile.**

discerniménto |diʃʃerni'mento| *s.m.* [→ DISCERNERE 1] discernement; jugement: *spirito di discernimento* esprit de discernement; *mancare di discernimento* manquer de discernement; *avere discernimento* avoir du discernement; *agire senza discernimento* agir sans discernement → **giudizio, assennatezza** ‖ *uomo di molto discernimento* homme de jugement # *aver l'età del discernimento* avoir l'âge de raison ◇ (*fam.*) *non ha alcun discernimento* il n'a pas pour deux sous de jugeote.

discésa |diʃ'ʃesa| *s.f.* **1** [→ DISCENDERE A 1; B] descente: *discesa in una* *miniera, in un baratro* descente dans une mine, dans un gouffre; *discesa in picchiata* descente en piqué ◇ [*calata*] *la discesa dei Longobardi in Italia* la descente des Lombards en Italie → **invasione** ◇ (*sci*) *discesa libera* descente ◇ (*alpinismo*) *discesa a doppia corda* descente en rappel ◇ (*calcio e sim.*) descente: *effettuare una discesa* effectuer une descente **2** [*pendenza, declivio*] descente, pente: *terreno in discesa* terrain en pente; *in basso alla discesa* au bas de la descente; *cadere in una discesa* tomber dans une descente; *a quel villaggio si arriva per una lunga discesa* on arrive à ce village par une longue descente **3** (*elettr.*) *discesa d'antenna* descente d'antenne 🄲 1; 2 **salita.**

discesìsmo |diʃʃe'sizmo| *s.m.* (*sci*) (la spécialité *f.*, les spécialistes *s. pl.* de la) descente *f.*

discesìsta |diʃʃe'sista| *s.* (*ciclismo, sci*) descendeur*.

discettàre |diʃʃet'tare| *v.tr.* (*lett.*) → **dissertare.**

discettazióne |diʃʃettat'tsjone| *s.f.* (*lett.*) → **dissertazione.**

dischiodàre |diskjo'dare| *v.tr.* → **schiodare.**

dischiùdere |dis'kjudere| (106) *v. tr.* **1** [*aprire, schiudere*] ouvrir (23), entrouvrir (23): *dischiudere le labbra, gli occhi, le dita* ouvrir, entrouvrir les lèvres, les yeux, les doigts **2** (*fig.*) [*aprire*] ouvrir: *dischiudere il suo cuore* ouvrir son cœur ◇ [*svelare*] dévoiler: *dischiudere i propri pensieri* dévoiler ses pensées 🄲 1 **chiudere**; 2 **nascondere.**

dischiùso |dis'kjuso| *agg.* [*non del tutto chiuso, un po' aperto*] entrouvert: *porta, finestra dischiusa* porte, fenêtre entrouverte ♦ *al p.p.* [*aperto, sbocciato*] *un fiore dischiuso* une fleur à peine éclose.

discìngere |diʃ'ʃindʒere| (119) *v.tr.* (*lett.*) [*staccare ciò che cinge*] détacher (*corr.*): *discingere la spada* détacher l'épée.

discìnto |diʃ'ʃinto| *agg.* [*vestito disordinatamente o in modo troppo succinto*] débraillé: *donna discinta* femme débraillée ◇ [*vestito miseramente*] *è in abiti laceri e discinti* il est déguenillé et débraillé.

disciògliere |diʃ'ʃɔʎʎere| (123) **A** *v.tr.* **1** [*liberare da ciò che lega*] défaire (45), délier: *disciogliere i capelli* défaire, dénouer ses cheveux ◇ (*di legame*) [*disfare*] défaire: *disciogliere un nodo* défaire un nœud **2** (*fig.*) [*districare, sbrogliare*] démêler: *disciogliere un groviglio* démêler un enchevêtrement **3** [*ridurre allo stato liquido*] faire (45) *intr.* fondre: *il calore discioglie la neve* la chaleur fait fondre la neige ◇ [*stemperare, diluire*] dissoudre (63): *disciogliere il sale, lo zucchero nell'acqua* dissoudre le sel, le sucre dans l'eau **B** *v.pron.* DISCIOGLIERSI **1** *intr.* [*sciogliersi, liquefarsi*] se dissoudre: *lo zucchero si discioglie nel caffè* le sucre se dissout dans le café **2** *rifl.* [*liberarsi da ciò che stringe*] se dégager (3), se libérer (8): *si è disciolta violentemente da quell'abbraccio* elle s'est dégagée, libérée violemment de cette étreinte 🄲 A 1; B 2 **legare 1.**

disciòlto |diʃ'ʃɔlto| *agg.* **1** [*libero, sciolto*] défait, délié: *capelli disciolti* cheveux défaits, dénoués ◇ (*per est.*) *terreno disciolto* ◇ [*facile da lavorare*] terrain mou **2** [*diluito, stemperato*] dissous*: *zucchero disciolto nell'acqua* sucre dissous dans l'eau.

disciplìna |diʃʃi'plina| *s.f.* **1** discipline: *discipline filosofiche* disciplines philosophiques; *eccellere in una disciplina* exceller dans une discipline → **materia, scienza** **2** [*direzione, guida*] direction: *mettersi sotto la disciplina di qc.* se mettre sous la direction de qqn. ◇ (*fig.*) [*ammaestramento*] école: *la disciplina della sofferenza* l'école de la souffrance **3** [*regola, norma*] discipline: *disciplina rigida, ferrea* discipline rigoureuse, de fer; *disciplina militare* discipline militaire; *consiglio di disciplina* conseil de discipline; *violare la disciplina* enfreindre la discipline; *tenere la disciplina* maintenir, faire régner la discipline; *imporsi la disciplina* s'imposer une discipline; *assoggettarsi a una severa disciplina* s'astreindre à une discipline sévère **4** (*dir., corr.*) réglementation: *disciplina contrattuale* réglementation contractuelle; *disciplina dei prezzi* réglementation des prix; *disciplina giuridica del lavoro* réglementation du travail ◇ (*per est.*) *disciplina del traffico* régulation du trafic **5** [*flagello usato per far penitenza*] discipline: *frustarsi con la disciplina* se donner la discipline.

disciplinàbile |diʃʃipli'nabile| *agg.* (*raro*) [→ 1 DISCIPLINARE A 1] disciplinable: *bambino disciplinabile* enfant disciplinable → **regolabile.**

disciplinaménto |diʃʃiplina'mento| *s.m.* disciplinement.

1 **disciplinàre** |diʃʃipli'nare| **A** *v.tr.* **1** [*regolare con norme, con regolamenti*] réglementer: *disciplinare il diritto di sciopero* réglementer le droit de grève; *disciplinare gli scambi* réglementer les échanges # *disciplinare il traffico* régler la circulation **2** (*fig.*) [*organizzare, indirizzare con ordine*] discipliner: *disciplinare le proprie cognizioni* discipliner ses connaissances; *disciplinare gli affetti* discipliner ses affections ◇ [*moderare, controllare*] diriger (3): *disciplinare gli istinti* diriger ses instincts **3** [*abituare alla disciplina*] discipliner, contrôler: *disciplinare un esercito* contrôler une armée; *disciplinare una scolaresca* discipliner une classe **4** (*raro*) → **flagellare** **B** *v.pron. rifl.* DISCIPLINARSI [*imporsi una disciplina*] s'imposer une discipline.

2 **disciplinàre** |diʃʃipli'nare| **I** *agg.* disciplinaire: *norme disciplinari* règles disciplinaires; *poteri disciplinari* pouvoirs disciplinaires; *sanzione, pena disciplinare* sanction, peine disciplinaire; *provvedimento disciplinare* mesure disciplinaire **II** *s.m.* **1** [*complesso delle disposizioni che regolano un'attività o le caratteristiche di un prodotto*] réglementation *f.*; caractéristiques (*f.pl.*): *disciplinare di vendita* réglementation de vente ‖ *disciplinare di un vino* caractéristiques d'un vin **2** (*dir.*) cahier des charges.

disciplinataménte |diʃʃiplinata'mente| *avv.* [→ DISCIPLINATO] de façon disciplinée *loc. inv.*

disciplinàti |diʃʃipli'nati| *s.m.pl.* (*st.mediev.*) flagellants.

disciplinàto |diʃʃipli'nato| *agg.* **1** discipliné: *scolari disciplinati* écoliers disciplinés **2** (*per est.*) [*ordinato, regolare*] ordonné, régulier*: *traffico disciplinato* trafic ordonné.

disco- |disko| *pref.* (*significa 'disco'*, *corrisponde gener. a*) disco: *discobolo* discobole.

dìsco, chi |'disko, ki| *s.m.* **1** (*atletica*) disque: *lancio del disco* lancer du disque ◇ (*hockey*) palet ◇ (*in Svizzera*) *disco sul ghiaccio* hockey sur glace **2** (*per est.*) disque: *un disco di carta, di plastica* un disque en papier, en plastique; *disco orario* disque (de stationnement); *disco magnetico* disque magnétique # *disco volante* soucoupe volante; *zona disco* zone bleue, zone à stationnement réglementé ◇ (*mecc.*) *freni a disco* freins à disque ◇ (*tel.*) *disco combinatore* cadran d'appel; *disco forato* cadran mobile **3** (*anat.*) *ernia del disco* hernie discale *agg.* **4** *disco fonografico* disque (de phonographe); *disco microsolco* (disque) microsillon; *un disco a lunga durata* un disque de longue durée, un trente-trois tours; *incidere un disco* enregistrer un disque ◇ (*loc. fig.*) *cambiare disco* changer de disque **5** [*cerchio apparente di un astro*] disque: *disco solare, lunare* disque du soleil, de la lune **6** (*bot.*) disque **7** (*ferr.*) disque: *disco chiuso* disque d'arrêt; *disco aperto* disque de voie libre.

discòbolo |dis'kɔbolo| *s.* discobole.

discofilìa |diskofi'lia| *s.f.* discophilie.

discòfilo |dis'kɔfilo| *s.* discophile.

discografìa |diskogra'fia| *s.f.* discographie.

discogràfico, ci, ca, che |disko'grafiko, tʃi, ka, ke| *agg.* de, du disque (*loc.*): *casa discografica* maison (d'edition) de disques # *registrazione discografica* enregistrement sur disque ♦ (*s.*) *un discografico* un industriel *m.* de disque, un éditeur* de disques.

discoiàre |disko'jare| *v.tr.* (*lett.*) → **scoiare.**

discòide |dis'kɔide| *agg.* discoïde: *corpuscolo discoide* corpuscule discoïde ♦ *s.m.* (*farm.*) *un discoide* un comprimé.

discoidèo |diskoi'dɛo| *agg.* → **discoide.**

dìscolo |'diskolo| *agg.* **1** [*scapestrato, scavezzacollo*] débauché: *un uomo discolo* un homme débauché ♦ (*s.*) *un discolo* un débauché **2** (*ragazzi*) [*vivace, sbarazzino*] polisson*; ingrat: *scolari discoli* des écoliers polissons ‖ *età discola* âge ingrat ♦ (*s.*) *un discolo* un garnement (*m.*): *un gruppo di discoli* un groupe de garnements.

discólpa |dis'kolpa| *s.f.* **1** [*giustificazione, scusa*] décharge: *cosa avete da dire a vostra discolpa?* qu'avez-vous à dire à votre décharge? **2** (*dir.*) décharge: *a sua discolpa* à sa décharge → **discarico.**

discolpàre |diskol'pare| **A** *v.tr.* [*difendere, scagionare da un'accusa*] disculper: *discolpare un amico dalle accuse rivolte contro di lui* disculper un ami des accusations portées contre lui; *discolpare un imputato* disculper un accusé → **giustificare** **B** *v.pron.rifl.* DISCOLPARSI [→ *tr.*] se disculper: *discolparsi presso qc., agli occhi di qqn.* se disculper auprès de qqn.; *tentare di discolparsi* chercher à se disculper 🄲 **accusare, incolpare.**

Discomicéti |diskomi'tʃeti| *s.m. pl.* (*t.bot.*) Discomycètes.

disconnéttere |diskon'nettere| (112) **A** *v.tr.* (*raro*) → **sconnettere, disunire** **B** *v.pron.* → **disunir(si), disfar(si).**

disconoscènte |diskonoʃ'ʃɛnte| *agg.* → **ingrato.**

disconoscènza |diskonoʃ'ʃɛntsa| *s.f.* 1 → **ingratitudine** 2 → **ignoranza.**
disconóscere |disko'noʃʃere| (126) *v.tr.* [*rifiutarsi di riconoscere*] dénier; désavouer: *disconoscere una firma* dénier une signature ‖ *disconoscere la paternità di un bambino* désavouer la paternité d'un enfant ◇ [*non riconoscere una cosa per quella che è; rifiutare di ammettere*] méconnaître (72): *disconoscere le regole della società* méconnaître les règles de la société; *disconoscere i meriti di una persona* méconnaître les mérites d'une personne Ⓒ **riconoscere.**
disconosciménto |diskonoʃʃi'mento| *s.m.* [→ DISCONOSCERE] dénégation *f.*; désaveu: *disconoscimento di una firma* dénégation de signature ‖ *disconoscimento di paternità* désaveu de paternité Ⓒ **riconoscimento.**
discontinuità |diskontinui'ta| *s.f. inv.* 1 discontinuité (*var.*): *discontinuità di un ritmo* rythme discontinu; *discontinuità di una superficie* surface discontinue ◇ (*mat.*) *discontinuità di una funzione* discontinuité d'une fonction 2 (*fig.*) [*mancanza di unità*] incohérence: *la discontinuità di un tema* l'incohérence d'une rédaction # *discontinuità di stile* style décousu; *discontinuità di una conversazione* conversation décousue Ⓒ **continuità.**
discontinuo |diskon'tinuo| *agg.* 1 discontinu, intermittent: *movimento, rumore discontinuo* mouvement, bruit discontinu, intermittent; *linee discontinue* lignes discontinues; *lavoro discontinuo* travail intermittent; *febbre discontinua* fièvre intermittente; *polso discontinuo* pouls intermittent, irrégulier; *sforzo discontinuo* effort intermittent ◇ (*persone*) irrégulier*, inégal*: *impiegato, atleta, alunno discontinuo* employé, athlète, élève irrégulier, inégal 2 (*mat.*) discontinu: *funzione discontinua* fonction discontinue; *quantità discontinua* quantité discontinue Ⓒ 1 **continuo.**
disconvenévole |diskonve'nevole| *agg.* → **sconveniente.**
disconvenire |diskonve'nire| (202) *v.intr.* (*aus.* '*essere*') 1 (*lett.*) → **dissentire, discordare** 2 (*raro*) [*essere sconveniente*] porter *tr.* préjudice (*corr.*): *questi traffici disconvengono al tuo grado sociale* ces menées portent préjudice à ton rang social Ⓒ 1 **convenire**; 2 **addirsi.**
discoprire |disko'prire| (186) *v.tr.* → **scoprire.**
discordànte |diskor'dante| *agg.* discordant: *colori discordanti* couleurs discordantes, qui jurent; *opinioni discordanti* opinions discordantes ◇ (*geol.*) *stratificazioni discordanti* stratifications discordantes.
discordànza |diskor'dantsa| *s.f.* 1 discordance: *discordanza di colori* discordance de couleurs; *discordanza di opinioni* discordance d'opinions → **diversità** 2 (*geol.*) *discordanza di stratificazioni* discordance de stratifications.
discordàre |diskor'dare| *v.intr.* (*aus.* '*avere*') 1 [*non essere d'accordo, non concordare*] ne pas être (43) d'accord; diverger (3): *io discordo da te* je ne suis pas d'accord avec toi ‖ *le sue idee discordano dalle mie* ses idées divergent des miennes ◇ [*non essere conforme, contrastare*] ne pas être conforme: *i risultati discordano dalle promesse* les résultats ne sont pas conformes aux promesses 2 (*di suoni, colori e sim.*) [*non armonizzare*] être discordant, jurer: *suoni che discordano* sons discordants; *questi colori discordano* ces couleurs sont discordantes, jurent (entre elles) Ⓒ 1 **concordare**; 2 **armonizzare.**
discòrde |dis'kɔrde| *agg.* (*cose*) [*che è in contrasto*] discordant, divergent: *interessi discordi* intérêts discordants, divergents; *caratteri discordi* caractères discordants; *pareri discordi* avis divergents ◇ (*persone*) en désaccord (*loc. inv.*): *persone discordi* personnes en désaccord ◇ [*diverso, differente*] discordant: *risultati discordi* résultats discordants Ⓒ **concorde.**
discordeménte |diskorde'mente| *avv.* [→ DISCORDE] en plein désaccord (*loc. inv.*): *agire, decidere discordemente* agir, décider en plein désaccord Ⓒ **concordemente.**
discòrdia |dis'kɔrdia| *s.f.* 1 discorde: *seminare la discordia* semer la discorde; *fomentare, portare, alimentare la discordia* fomenter, apporter, attiser la discorde ◇ (*loc.*) *entrare, venire in discordia con qc.* se fâcher avec qqn.; *essere in discordia con qc.* être fâché avec qqn. ◇ (*fig.*) *pomo della discordia* pomme, brandon de discorde 2 [*divergenza, disaccordo*] désaccord (*m.*): *discordia in famiglia* désaccord en famille # *discordia di opinioni, di giudizi, di pareri* divergence d'opinions, de jugements, d'avis Ⓒ 1 **concordia**; 2 **accordo, intesa.**
discórrere |dis'korrere| (127) *v. intr.* (*aus.* '*avere*') [*parlare di q.c. senza un ordine prestabilito*] parler: *discorrere di politica, di filosofia, di morale* parler (de) politique, (de) philosophie, (de) morale; *ha passato la serata a discorrere con gli amici* il a passé la soirée à parler avec ses amis; *discorrere a vanvera* parler à tort et à travers; *discorrere alla buona* parler sans façon ◇ (*loc.*) *e via discorrendo* [*così di seguito*] et ainsi de suite ~ *non se ne discorre!* [*è superfluo parlarne*] n'en parlons pas!, il n'en est pas question! ~ (*fig.*) *discorrere del più e del meno* [*senza un argomento ben preciso*] parler de la pluie et du beau temps, de choses et d'autres ✦ (*s.m.*) *se ne fa un gran discorrere* on en parle beaucoup; il en est fortement question.
discorritóre, trice |diskorri'tore, tritʃe| *s.* discoureur*, causeur*.
discorsivaménte |diskorsiva'mente| *avv.* [→ DISCORSIVO 1, 2] d'une manière discursive *loc. inv.*
discorsività |diskorsivi'ta| *s.f.inv.* [*facilità, semplicità, affabilità di linguaggio*] fluidité (*var.*): *la discorsività di uno stile* la fluidité d'un style.
discorsivo |diskor'sivo| *agg.* 1 [*proprio del discorso; piano, facile*] aisé, fluide: *stile discorsivo* style aisé, fluide; *tono discorsivo* ton aisé 2 (*raro*) (*persone*) [*loquace, che ama parlare*] causeur* (*corr.*): *non è affatto discorsivo* il n'est guère causeur 3 (*filos.*) discursif*: *metodo discorsivo* méthode discursive.
discórso |dis'korso| *s.m.* 1 discours: *discorso inaugurale* discours inaugural, d'ouverture; *discorso di chiusura* discours de clôture; *discorso elettorale* discours électoral; *discorso programmatico* discours-programme; *discorso della Corona* discours du trône; *discorso in lode, in difesa di qc.* discours à la louange, pour la défense de qqn.; *fare, pronunciare un discorso* faire, prononcer un discours 2 [*conversazione, colloquio*] discours, conversation (*f.*): *discorso senza capo né coda* discours sans queue ni tête; *pochi discorsi!* assez de discours!; *attaccare discorso con qc.* engager la conversation avec qqn.; *entrare in discorso* entrer dans, se mêler à la conversation; *perdere il filo del discorso* perdre le fil de la conversation, du discours; *sviare il discorso* détourner la conversation; *il discorso cadde su...* la conversation tomba sur... # *discorsi frivoli, scherzosi* propos frivoles, badins; *discorsi a vanvera* propos en l'air; *senza tanti discorsi* sans faire trop d'histoires; *che discorsi!* quelles bêtises!; *tutti discorsi!* c'est, ce n'est que du vent, du blablabla!; *cambiare discorso* changer de sujet; *i discorsi spiritosi che mi ha fatto* les propos spirituels qu'il m'a tenus ◇ (*fig.*) *fare, portare avanti un discorso* faire des considérations; mener une action 3 (*gram.*) *le nove parti del discorso* les neuf parties du discours; *discorso diretto, indiretto* discours direct, indirect.
discostaménto |diskosta'mento| *s.m.* éloignement, écartement.
discostàre |diskos'tare| *v.tr.* éloigner, écarter.
discòsto |dis'kɔsto| 1 *agg.* [*lontano*] éloigné: *racconto discosto dal vero* récit éloigné de la vérité 2 *avv.* [*lontano*] loin: *ti aspetta poco discosto* il t'attend pas loin 3 *loc.prep.* DISCOSTO DA loin de: *tenersi discosto dal fuoco* se tenir loin du feu Ⓒ 1; 2 **accosto, vicino** 1, 2.
discotèca, che |disko'tɛka, ke| *s.f.* discothèque ◇ [*locale dove si balla con musica registrata*] discothèque.
discrédere |dis'kredere| **A** *v.tr.* (*lett.*) [*cessare di credere, non prestar più fede*] ne plus ajouter foi à **B** *v.pron. intr.* DISCREDERSI (*raro*) → **ricredersi.**
discreditàre |diskredi'tare| **A** *v.tr.* (*lett.*) [*privare della stima; screditare*] discréditer (*corr.*): *discreditare un rivale* discréditer un rival → **screditare** ◇ (*comm.*) *discreditare una moneta* discréditer une monnaie **B** *v.pron.intr.* DISCREDITARSI [*perdere credito; screditarsi*] se discréditer: *discreditarsi presso l'opinione pubblica* se discréditer dans, auprès de l'opinion publique; *si è discreditato a causa della sua cattiva condotta* il s'est discrédité à cause de sa mauvaise conduite Ⓒ **accreditare.**
discrédito |dis'kredito| *s.m.* discrédit, déconsidération *f.* (*lett.*): *gettare il discredito su qc.* jeter le discrédit sur qqn.; *cadere in discredito* tomber dans le discrédit; *essere, trovarsi in discredito presso qc.* être en discrédit auprès de qqn. # *mettere qc. in discredito* discréditer qqn.; *tornare in discredito, a discredito di qc.* tourner au désavantage de qqn. ◇ (*comm.*) discrédit Ⓒ **considerazione, stima; credito.**
discrepànte |diskre'pante| *agg.* [*che presenta discrepanze*] discordant, divergent: *pareri discrepanti* opinions discordantes, divergentes.
discrepànza |diskre'pantsa| *s.f.* 1 (*mat.*) différence 2 [*diversità* (*di opinioni*)] désaccord *m.*, divergence.
discrepàre |diskre'pare| *v.intr.* (*aus.* '*avere*') (*raro*) [*essere differente*] discorder → **discordare.**
discretaménte |diskreta'mente|

avv. **1** [*con discrezione, con tatto*] discrètement: *fare q.c. discretamente* faire qqch. discrètement **2** [*abbastanza, sufficientemente*] assez (bien): *guadagna discretamente* il gagne assez bien (sa vie); *come sta? discretamente, grazie* comment allez-vous? assez bien, merci **3** [*moderatamente, sobriamente*] raisonnablement, avec discrétion (*loc.*): *usare discretamente di una cosa* se servir raisonnablement, avec discrétion d'une chose Ⓒ 1; 3 **indiscretamente.**

discretézza |diskre'tettsa| *s.f.* → **discrezione.**

discréto |dis'kreto| *agg.* **1** discret*: *domanda, allusione discreta* question, allusion discrète; *sguardo discreto* regard discret; *è una persona discreta* c'est une personne discrète; *fare una corte discreta a qc.* faire une cour discrète à qqn. ◇ [*fidato, che sa mantenere un segreto*] *amico discreto* ami discret **2** [*ragionevole, moderato*] raisonnable: *richiesta, prezzo discreto* demande, prix raisonnable **3** [*abbastanza buono; considerevole*] assez bon*, pas mal *loc. inv.* (*fam.*): *un discreto pittore* un assez bon peintre; *questo vino è discreto* ce vin est assez bon, n'est pas mal; *avere discrete attitudini per lo studio* avoir d'assez bonnes dispositions pour les études; *questo quadro è discreto* ce tableau est assez bon; *fare una discreta figura* faire, donner assez bonne impression; *avere una discreta fama* jouir d'une assez bonne renommée ◇ (*iron.*) *avere una discreta dose di stupidità* avoir une bonne dose de sottise **4** (*geom., mat., med.*) discret Ⓒ 1 **indiscreto**; 3 **insufficiente.**

discrezionàle |diskrettsjo'nale| *agg.* (*dir.*) discrétionnaire: *potere discrezionale* pouvoir discrétionnaire.

discrezionalità |diskrettsjonali'ta| *s.f.inv.* (*dir.*) pouvoir *m.var.* discrétionnaire.

discrezióne |diskret'tsjone| *s.f.* **1** discrétion: *agire con, senza discrezione* agir avec, sans discrétion ◇ [*capacità di mantenere un segreto*] *contare sulla discrezione di qc.* compter sur la discrétion de qqn. **2** [*capacità di distinzione, di giudizio*] discernement *m.* # *età della discrezione* âge de raison **3** [*libero volere, arbitrio*] discrétion: *essere alla discrezione di qc.* être à la discrétion de qqn. # *agisca a sua discrezione* agissez comme bon vous semble ◇ (*per est.*) *pane e vino a discrezione* [*a volontà*] pain et vin à discrétion, à volonté; *arrendersi a discrezione* [*senza condizioni*] se rendre sans conditions Ⓒ 1 **indiscrezione.**

1 **discriminànte** |diskrimi'nante| *s.m.* (*mat.*) discriminant.

2 **discriminànte** |diskrimi'nante| *s.f.* (*dir.*) preuve libératoire; circonstance atténuante.

discriminàre |diskrimi'nare| *v.tr.* **1** [*distinguere, differenziare*] distinguer, discriminer (*lett.*): *discriminare i buoni dai cattivi* distinguer les bons des méchants, discriminer les bons et les méchants **2** (*dir.*) [*togliere o attenuare una incriminazione*] atténuer.

discriminatòrio, i |diskrimina'tɔrjo, i| *agg.* discriminatoire: *provvedimenti discriminatori* mesures discriminatoires.

discriminatùra |diskrimina'tura| *s.f.* → **scriminatura.**

discriminazióne |diskriminat'tsjone| *s.f.* [→ DISCRIMINARE 1] discrimination: *discriminazione razziale* discrimination raciale; *senza discriminazione* sans discrimination, sans distinction.

discussióne |diskus'sjone| *s.f.* **1** discussion: *la discussione del bilancio* la discussion du budget; *discussione di un disegno di legge* la discussion d'un projet de loi; *partecipare alla discussione* prendre part à la discussion; *sollevare una discussione* soulever une discussion; *aprire, iniziare una discussione* ouvrir, entamer une discussion; *chiudere una discussione* mettre fin à une discussion # *mettere in discussione* [*criticare*] discuter, mettre en cause; *non c'è discussione* [*non c'è dubbio*] il n'y a pas de doute **2** (*per est.*) [*controversia, contrasto*] discussion: *discussione tempestosa, violenta* discussion orageuse, violente **3** (*mat.*) discussion: *discussione di un'equazione* discussion d'une équation **4** (*dir.*) discussion Ⓒ 2 **accordo.**

discùsso |dis'kusso| *agg.* discuté: *un uomo discusso* un homme discuté; *una teoria molto discussa* une théorie très discutée.

discùtere |dis'kutere| (134) **A** *v.tr.* **1** [*esaminare un argomento, raffrontando diverse opinioni*] discuter: *discutere una questione* discuter une question; *discutere un fatto* discuter un fait; *discutere una proposta di legge* discuter une proposition de loi → **dibattere 2** [*mettere in dubbio, considerare come poco certo*] discuter: *discutere l'esistenza di qc., di q.c.* discuter l'existence de qqn., de qqch.; *la sua serietà può essere discussa* on peut discuter son sérieux; *discutere la colpevolezza di un imputato* discuter la culpabilité d'un accusé # *non lo discuto* je n'en doute pas; j'en suis sûr ◇ [*criticare, avversare, contestare*] *discutere un ordine* discuter un ordre **3** [*litigare*] discuter: *finiscila di discutere* arrête de discuter!; *discutere aspramente* discuter âprement **4** [*negoziare, trattare*] discuter: *discutere con il nemico* discuter avec l'ennemi → 2 **parlamentare** # *discutere sul prezzo* débattre un prix → **mercanteggiare B** *v.intr.* (*aus.* '*avere*') [→ *tr.* 1] discuter (de) (*tr., intr.*): *discutere di politica* discuter (de) politique; *abbiamo discusso del tuo problema* nous avons discuté de ton problème.

discutìbile |disku'tibile| *agg.* **1** [→ DISCUTERE A 2, 3] discutable: *affermazione discutibile* affirmation discutable; *metodo discutibile* méthode discutable; *gusti discutibili* [*scadenti, cattivi*] des goûts discutables **2** (*per est.*) [*dubbio, incerto*] douteux*: *moralità discutibile* moralité douteuse.

disdegnàre |dizdeɲ'ɲare| **A** *v.tr.* [*considerare con sdegno; respingere con disprezzo*] dédaigner: *disdegnare i consigli, le minacce di qc.* dédaigner les conseils, les menaces de qqn. → **sdegnare, disprezzare B** *v.pron. intr.* (*lett.*) DISDEGNARSI → **sdegnar(si)** Ⓒ **apprezzare, stimare, rispettare.**

disdégno |diz'deɲɲo| *s.m.* [*sdegno, disprezzo*] dédain: *disdegno degli onori, delle ricchezze* dédain des honneurs, des richesses; *rifiutare con disdegno* refuser avec dédain ◇ (*loc.*) *avere a disdegno qc., q.c.* [*disprezzare*] mépriser qqn., qqch. ~ *avere in disdegno* [*odiare*] haïr Ⓒ **stima, rispetto, simpatia.**

disdegnosaménte |dizdeɲɲosa'mente| *avv.* [→ DISDEGNOSO] dédaigneusement, avec dédain *loc. inv.*

disdegnóso |dizdeɲ'ɲoso| *agg.* [*che dimostra disprezzo, o distacco*] dédaigneux*: *sguardo disdegnoso* regard dédaigneux → **sprezzante** Ⓒ **rispettoso, umile.**

disdétta |diz'detta| *s.f.* **1** [→ 1 DISDIRE 2] congé (*m.*): *dare la disdetta a un inquilino* donner congé à un locataire **2** [*sfortuna*] malheur *m.*, déveine (*fam.*): *che disdetta!* quel malheur!, quelle déveine!; *portare disdetta a qc.* porter malheur à qqn. # *avere disdetta nel gioco* être malheureux, ne pas avoir de chance au jeu **3** (*dir.*) *disdetta di contratto* dédit *m.* d'un contrat; *dare la disdetta* donner son dédit ◇ *disdetta di abbonamento* désabonnement Ⓒ 1 **conferma**; 2 **fortuna.**

disdettàre |dizdet'tare| *v.tr.* [*disdire*] annuler, décommander # *disdettare un abbonamento* se désabonner.

disdicévole |dizdi'tʃevole| *agg.* → **sconveniente.**

disdicevolézza |dizditʃevo'lettsa| *s.f.* → **sconvenienza.**

1 **disdire** |diz'dire| (132) *v.tr.* **1** [*negare, dire il contrario di quanto detto in precedenza*] nier: *disdire tutto quello che si è detto* nier tout ce qu'on a dit ◇ [*negare le affermazioni altrui*] contredire (48): *disdire le parole dell'avversario* contredire les assertions de l'adversaire ◇ [*ritrattare*] rétracter: *disdire le accuse* rétracter les accusations **2** [*annullare; rescindere, sciogliere*] annuler, décommander: *disdire un invito, un appuntamento* annuler, décommander une invitation, un rendez-vous; *disdire un contratto* annuler, résilier un contrat **3** [*smentire, contraddire*] contredire: *i fatti disdicono le sue affermazioni* les faits contredisent ses affirmations Ⓒ **dire, confermare; mantenere, conservare.**

2 **disdire** |diz'dire| (132) **A** *v.intr. dif.* (*usato solo nelle terze pers. dei tempi semplici*) [*essere inadatto, sconveniente*] convenir (27) mal, seoir (39) mal: *tale atteggiamento disdice con la tua dignità* une telle attitude convient, sied mal à ta dignité **B** *v.pron.intr.* DISDIRSI [*non addirsi*] seoir mal (*intr.*): *quell'abito ti si disdice* cette robe te sied mal Ⓒ A **convenire**; B **addirsi.**

disdòro |diz'dɔro| *s.m.* → **disonore, vergogna.**

diseducàre |dizedu'kare| *v.tr.* [*educare male*] mal élever (6): *quella gente non può che diseducare i propri figli* ces gens ne peuvent que mal élever leurs enfants Ⓒ **educare.**

diseducativo |dizeduka'tivo| *agg.* peu éducatif*: *esempio diseducativo* exemple peu éducatif.

diseducazióne |dizedukat'tsjone| *s.f.* [→ DISEDUCARE] mauvaise éducation.

disegnàre |diseɲ'ɲare| *v.tr.* **1** [*rappresentare mediante linee e segni*] dessiner: *disegnare a matita* dessiner au crayon; *disegnare col pennello* dessiner au pinceau; *disegnare un ritratto, un fiore, un triangolo* dessiner un portrait, une fleur, un triangle ✦ (*ass.*) *quel ragazzo già disegna molto bene* ce garçon dessine déjà très bien ◇ (*per est.*) [*tracciare*] tracer (2): *disegnare il circuito delle mura* tracer le pourtour des remparts **2** (*fig.*) [*descrivere, esporre ver-*

balmente] dessiner: *disegnare il carattere di un personaggio* dessiner le caractère d'un personnage **3** (*fig.*) [*proporsi, stabilire*] projeter (5): *ho disegnato di fare un viaggio all'estero* j'ai projeté de faire un voyage à l'étranger → **progettare.**

disegnatóre, trice |diseɲɲa'tore, trit∫e| *s.* dessinateur*: *disegnatore di moda* dessinateur de mode; *disegnatore pubblicitario* dessinateur de publicité; *disegnatore tecnico* dessinateur industriel.

diségno |di'seɲɲo| *s.m.* **1** [*rappresentazione grafica*] dessin: *disegno a matita, a carboncino* dessin au crayon, au fusain; *disegno a mano libera* dessin à main levée; *disegno geometrico* dessin géométrique; *carta, tavolo da disegno* papier, table à dessin ◇ [*arte, modo di disegnare*] *scuola, lezione, professore di disegno* école, leçon, professeur de dessin; *studiare disegno* étudier le dessin; *è dotato per il disegno* il est doué pour le dessin **2** [*traccia schematica di una opera artistica o lett.*] esquisse *f.*, plan: *il disegno di un romanzo* l'esquisse, le plan d'un roman **3** [*progetto di un'opera da costruire o da fabbricare*] projet: *il disegno di una macchina agricola* le projet d'une machine agricole; *il disegno di un'autostrada, di un edificio* le projet d'une autoroute, d'un édifice **4** [*motivo ornamentale*] dessin: *è una coperta dal disegno vivace* c'est une couverture au dessin vif **5** (*fig.*) [*proposito, intenzione, progetto*] dessein: *avere in mente un disegno audace* avoir dans l'esprit un dessein audacieux; *non riuscì a portare a termine il suo infame disegno* il n'arriva pas à achever son infâme dessein ◇ (*loc.*) *far disegno su q.c.* [*farvi assegnamento*] compter sur qqch. **6** (*dir.*) *disegno di legge* projet de loi ◇ (*cine.*) *disegni animati* dessins animés; *un film a disegni animati* un dessin animé.

diseguàle |dize'gwale| *agg.* → **disuguale.**

disequazióne |dizekwat'tsjone| *s.f.* (*mat.*) inéquation.

disequilibràre |disekwili'brare| *v.tr. e pron.* (*raro*) → **squilibrare.**

disequilibrio, i |dizekwi'librjo, i| *s.m.* → **squilibrio.**

diserbànte |dizer'bante| *agg.* [*che libera un terreno dalle erbe infestanti*] désherbant, herbicide: *prodotto diserbante* produit désherbant, herbicide ◆ (*s.m.*) *un diserbante* un désherbant, un herbicide.

diserbàre |dizer'bare| *v.tr.* [*liberare dalle erbe nocive*] désherber: *diserbare un campo coltivato* désherber un camp cultivé.

diserbatùra |dizerba'tura| *s.f.*, **disèrbo** |di'zɛrbo| *s.m.* [→ DISERBARE] désherbage *m.*

diseredàre |dizere'dare| *v.tr.* [*privare dell'eredità*] déshériter: *diseredare un figlio* déshériter un enfant.

diseredàto |dizere'dato| **I** *agg.* **1** [*escluso dalla successione ereditaria*] déshérité: *un figlio diseredato* un fils déshérité **2** (*per est.*) [*indigente, povero*] déshérité: *soccorrere i fanciulli diseredati* secourir les enfants déshérités **II** *s.* (*spec. al plur.*) *i diseredati* les déshérités © I 2 **abbiente, agiato.**

disertàre |dizer'tare| **A** *v.tr.* **1** [*abbandonare*] déserter: *disertare il proprio posto di lavoro* déserter son poste; *disertare i campi* déserter les champs; *disertare la propria casa* déserter son foyer ◇ (*per est.*) *disertare la scuola, un'adunanza, il teatro, la chiesa* déserter, délaisser l'école, une réunion, le théâtre, l'église **2** (*lett.*) [*devastare, distruggere*] dévaster (*corr.*) ◇ (*persone*) [*mandare in rovina*] ruiner (*corr.*): *lo hanno disertato* on l'a ruiné **B** *v.intr.* (*aus.* '*avere*') **1** (*mil.*) [*abbandonare l'esercito*] déserter: *un intero reparto ha disertato* un détachement entier a déserté **2** (*per est.*) [*abbandonare una causa, un partito*] déserter (*tr.*): *disertare da un'associazione, da un partito* déserter une association, un parti.

disertóre, trice |dizer'tore, trit∫e| *s.* (*mil.*) déserteur (*m.*): *i disertori sono puniti con la pena di morte* les déserteurs sont punis de mort ◇ (*per est.*) [*chi abbandona una causa, un partito*] renégat, déserteur → **traditore.**

diserzióne |dizer'tsjone| *s.f.* [→ DISERTARE B] désertion: *fu fucilato per diserzione* il fut fusillé pour désertion; *la sua diserzione dal partito era prevedibile* sa désertion du parti était prévoir © **fedeltà.**

disestesia |diseste'zia| *s.f.* (*med., psicol.*) dysesthésie.

disestésico, ci, ca, che |dises'teziko, t∫i, ka, ke| *agg.* (*med., psicol.*) dysesthésique.

disfaciménto |disfat∫i'mento| *s.m.* [*decomposizione, putrefazione*] décomposition (*f.*): *cadavere in disfacimento* cadavre en décomposition ◇ (*fig.*) [*rovina, dissoluzione*] désagrégation (*f.*): *il disfacimento attuale della famiglia* l'actuelle désagrégation de la famille © **integrità.**

disfàre |dis'fare| (103) **A** *v.tr.* **1** [*scomporre un lavoro recuperandone il materiale*] défaire (45): *disfare un vestito, un lavoro a maglia* défaire un vêtement, un tricot **2** [*smontare, sciogliere, scomporre nelle singole parti*] défaire: *disfare un impianto* défaire une installation; *disfare un nodo, una treccia* défaire un nœud, une tresse; *disfare il letto* défaire le lit **3** [*demolire, distruggere*] démolir, détruire (75): *disfare un edificio* démolir, détruire un édifice ◇ [*sconfiggere, sbaragliare*] *disfare l'esercito nemico* défaire l'armée ennemie **4** [*liquefare*] fondre (53): *il sole ha disfatto la neve* le soleil a fondu la neige **B** *v.pron.* DISFARSI **I** *intr.* **1** [*decomporsi, guastarsi*] se décomposer; s'abîmer: *i cadaveri si disfano nella tomba* les cadavres se décomposent dans la tombe ‖ *quei fiori si disfano senz'acqua* ces fleurs s'abîment sans eau ◇ [*sciogliersi, liquefarsi*] fondre (*intr.*): *la neve si sta disfacendo ai raggi del sole* la neige fond aux rayons du soleil **2** (*fig.*) [*consumarsi, struggersi*] fondre (*intr.*): *disfarsi in lacrime* fondre en larmes # *disfarsi dal caldo* mourir de chaleur, être écrasé par la chaleur **II** *rifl.* **1** (*persone*) [*liberarsi*] se défaire de: *disfarsi di un amico importuno* se défaire d'un ami importun **2** (*cose*) [*privarsi*] se défaire de # *disfarsi di un oggetto inutile* se débarrasser d'un objet inutile © A 1 **fare** 1, 3 **costruire.**

disfàtta |dis'fatta| *s.f.* défaite: *l'esercito ha subito una disfatta* l'armée a essuyé une défaite → **sconfitta** ◇ (*fig.*) *disfatta elettorale* défaite électorale.

disfattismo |disfat'tizmo| *s.m.* défaitisme.

disfattista |disfat'tista| *s.* défaitiste ◆ (*agg.*) *propaganda disfattista* propagande défaitiste.

disfattìstico, ci, ca, che |disfat'tistiko, t∫i, ka, ke| *agg.* défaitiste.

disfàtto |dis'fatto| *agg.* **1** [*scomposto, demolito*] défait: *letto disfatto* lit défait ◇ [*liquefatto, sciolto*] fondu: *neve disfatta* neige fondue **2** [*affranto, consumato, estenuato*] défait: *viso disfatto* visage défait; *uomo disfatto dalla fatica* homme défait par la fatigue **3** [*vinto*] défait, battu: *un esercito disfatto* une armée battue **4** [*putrefatto, corrotto*] pourri: *un corpo disfatto* un corps pourri © 1 **fatto** 1, **intatto; solido.**

disfavóre |disfa'vore| *s.m.* (*lett.*) → **svantaggio.**

disfida |dis'fida| *s.f.* → **sfida.**

disfidàre |disfi'dare| *v.tr.* (*lett.*) → **sfidare.**

disfiguràre |disfigu'rare| *v.tr.* (*lett.*) → **sfigurare.**

disforia |disfo'ria| *s.f.* (*med.*) dysphorie.

disfórme |dis'forme| *agg.* (*raro*) → **difforme.**

disfrenàre |disfre'nare| *v.tr.* → **sfrenare.**

disfunzióne |disfun'tsjone| *s.f.* (*med., corr.*) disfonctionnement *m.* ◇ (*fig.*) mauvais fonctionnement (*m.*): *la disfunzione delle istituzioni scolastiche* le mauvais fonctionnement des institutions scolaires.

disgelàre |dizdʒe'lare| **A** *v.tr.* [*sciogliere il ghiaccio*] dégeler (6): *il sole disgela i prati* le soleil dégèle les prés → **sgelare** ◇ [*scongelare*] *disgelare la carne prima di cuocerla* dégeler la viande avant de la cuire **B** *v.intr.* (*aus.* '*essere, avere*') [*liberarsi dal gelo*] dégeler (*aus.* avoir): *il fiume è, ha disgelato* la rivière a dégelé **C** *v.impers.* (*aus.* '*essere*') dégeler (*aus.* avoir): *non fa più freddo, disgela* il ne fait plus froid, il dégèle © **gelare, congelare.**

disgèlo |diz'dʒɛlo| *s.m.* dégel: *fra poco verrà il disgelo* dans peu de temps ce sera le dégel ◇ (*fig.*) *c'è disgelo nei rapporti internazionali* c'est le dégel dans les relations internationales © **gelo.**

disgiùngere |diz'dʒundʒere| (150) **A** *v.tr.* [*dividere, separare*] disjoindre (61), séparer: *disgiungere il bene dal male* disjoindre, séparer le bien du mal; *disgiungere due amiche* séparer deux amies ◇ (*fig.*) *disgiungere due questioni* [*esaminarle separatamente*] disjoindre deux questions **B** *v.pron. recipr.* DISGIUNGERSI se disjoindre: *le assi del 'parquet' si sono disgiunte per effetto del calore* les planches se sont disjointes sous l'effet de la chaleur © **congiungere, unire.**

disgiuntaménte |dizdʒunta'mente| *avv.* → **separatamente.**

disgiuntivo |dizdʒun'tivo| *agg.* disjonctif* ◇ (*gram.*) *congiunzione disgiuntiva* conjonction disjonctive; *una proposizione disgiuntiva* une disjonctive *s.f.* ◇ (*filos.*) *sillogismo disgiuntivo* syllogisme disjonctif.

disgiùnto |diz'dʒunto| *agg.* disjoint, séparé: *appartamenti disgiunti* appartements disjoints, séparés.

disgiuntóre |dizdʒun'tore| *s.m.* (*elettr.*) disjoncteur.

disgiunzióne |dizdʒun'tsjone| *s.f.* [→ DISGIUNGERE A] disjonction, séparation.

disgràzia |diz'grattsja| *s.f.* **1** [*avvenimento improvviso e funesto; calamità*] malheur (*m.*): *che disgrazia!* quel malheur!; *è successa una disgrazia* il est arrivé un malheur; *le disgrazie non vengono mai sole* un malheur n'arrive, ne vient jamais seul → **avversità** **2** [*caso spiacevole e involontario*] accident (*m.*): *è stata una disgrazia, non un delitto* cela a été un accident, pas un crime ◇ (*loc.*) *per disgrazia* [*involontariamente*] par malheur **3** [*sorte avversa, sfortuna*] malheur, malchance: *per colmo di disgrazia* pour comble de malheur, de malchance; *è perseguitato dalla disgrazia* il est poursuivi par le malheur, la malchance; *ha la disgrazia di non essere ricco* son malheur est de ne pas être riche; *ognuno ha le sue disgrazie* chacun a ses malheurs; *portar disgrazia* porter malheur **4** [*perdita della benevolenza, del favore altrui*] disgrâce, défaveur: *in disgrazia di Dio* rejeté par Dieu; *essere in disgrazia presso qc.* être en disgrâce, en défaveur auprès de qqn.; *cadere in disgrazia* tomber en disgrâce; *avere qc. in disgrazia* tenir qqn. en disgrâce.

disgraziataménte |dizgrattsjata'mente| *avv.* [*per disgrazia*] malheureusement: *disgraziatamente siamo arrivati tardi* malheureusement nous sommes arrivés tard.

disgraziàto |dizgrat'tsjato| **I** *agg.* **1** (*persone*) [*sfortunato, sventurato*] malheureux*: *fortunato al gioco, disgraziato in amore* heureux au jeu, malheureux en amour; *è un giovane disgraziato* c'est un jeune malheureux **2** (*cose*) [*che ha avuto esito dannoso o sfortunato*] malheureux: *un'impresa disgraziata* une entreprise malheureuse; *matrimonio disgraziato* mariage malheureux # *è stato un anno disgraziato* cela a été une mauvaise année ◇ (*delle membra*) [*senza grazia, malformato*] disgracieux*: *viso disgraziato* visage disgracieux **II** *s.* **1** [*persona colpita dalla sventura*] malheureux: *aiutare i disgraziati* aider les malheureux → **infelice** **2** [*chi è degno di pietà e disprezzo*] vaurien*, salaud *m.* (*pop.*), salope *f.* (*pop.*): *quel disgraziato* ce vaurien, ce salaud! → **sciagurato** [C] **I fortunato.**

disgregàbile |dizgre'gabile| *agg.* [→ DISGREGARE A] qui peut être désagrégé *loc.*

disgregàre |dizgre'gare| **A** *v.tr.* [*scomporre, separare, scindere*] désagréger (3): *il gelo disgrega le rocce* le gel désagrège les roches → **smembrare, frantumare** ◇ (*fig.*) désunir, désagréger: *questo avvenimento ha disgregato quella famiglia* cet événement a désuni cette famille **B** *v.pron.intr.* DISGREGARSI [*scomporsi minutamente, frantumarsi*] se désagréger: *la roccia comincia a disgregarsi* la roche commence à se désagréger → **decompor(si)** ◇ (*fig.*) *il loro partito si è disgregato* leur parti s'est désagrégé; *il suo sistema di difesa si è disgregato* son système de défense s'est désagrégé.

disgregativo |dizgrega'tivo| *agg.* [*atto a disgregare*] capable de désagréger.

disgregazióne |dizgregat'tsjone| *s.f.* [→ DISGREGARE] désagrégation: *disgregazione delle rocce* désagrégation des roches; *disgregazione di una forza armata* désagrégation d'une force armée; *disgregazione di un impero* désagrégation d'un empire.

disguìdo |diz'gwido| *s.m.* [*errore, ritardo di spedizione o di recapito*] erreur *f.*, retard dans l'acheminement: *disguido postale* erreur, retard dans l'acheminement du courrier ◇ (*per est.*) [*errore; malinteso; ritardo*] erreur; malentendu; retard.

disgustàre |dizgus'tare| **A** *v.tr.* [*stomacare, nauseare*] dégoûter, écœurer: *quel cibo mi disgusta* cette nourriture me dégoûte, m'écœure ◇ (*fig.*) répugner, dégoûter: *questo lavoro mi disgusta* ce travail me répugne, me dégoûte → **infastidire** **B** *v.pron. intr.* DISGUSTARSI **1** [*provare nausea*] se dégoûter (de): *si è disgustato delle patate* il s'est dégoûté des pommes de terre **2** (*fig.*) [*non essere più in buoni rapporti*] se fâcher, se brouiller: *disgustarsi con qc.* se fâcher, se brouiller avec qqn. → **guastar(si).**

disgustàto |dizgus'tato| *agg.* dégoûté: *sono disgustato del suo modo di fare* je suis dégoûté de sa façon de faire.

disgùsto |diz'gusto| *s.m.* dégoût: *mangiare, bere con disgusto* manger, boire avec dégoût ◇ (*fig.*) *provo un grande disgusto per quanto è accaduto* j'éprouve un grand dégoût pour ce qui s'est passé; *tutto questo mi dà solo disgusto* tout ceci ne m'inspire que du dégoût.

disgustosaménte |dizgustosa'mente| *avv.* [→ DISGUSTOSO] dégoûtamment.

disgustóso |dizgus'toso| *agg.* [*che provoca disgusto*] dégoûtant: *è un piatto disgustoso* c'est un plat dégoûtant; *il caffè che ci ha offerto era disgustoso* le café qu'il nous a offert était dégoûtant → **nauseante, ripugnante** ◇ (*fig.*) *quest'uomo è disgustoso* cet homme est dégoûtant; *è uno spettacolo disgustoso* c'est un spectacle dégoûtant, révoltant.

disiàre |dizi'are| *v.tr.* (*lett.*) → **desiderare.**

disidratànte |dizidra'tante| *agg. e s.m.* (*chim.*) déshydratant.

disidratàre |dizidra'tare| *v.tr.* [*sottrarre, togliere acqua*] déshydrater: *disidratare la pelle* déshydrater la peau; *la sete lo ha disidratato* la soif l'a déshydraté.

disidratàto |dizidra'tato| *agg.* déshydraté: *organismo disidratato* organisme déshydraté; *pelle disidratata* peau déshydratée; *cibi disidratati* aliments déshydratés [C] **idratato.**

disidratazióne |dizidratat'tsjone| *s.f.* [→ DISIDRATARE] déshydratation: *la disidratazione della pelle* la déshydratation de la peau; *disidratazione degli alimenti* déshydratation des aliments.

disillàbico, ci, ca, che |disil'labiko, tʃi, ka, ke| *agg.* → **bisillabo.**

disillabo |di'sillabo| *agg. e s.m.* → **bisillabo.**

disillùdere |dizil'ludere| (106) **A** *v.tr.* [*disingannare, togliere dall'illusione*] désillusionner: *la realtà lo ha disilluso sull'amicizia* la réalité l'a désillusionné sur l'amitié ◇ [*deludere*] décevoir (33): *disilludere le speranze di qc.* décevoir les espoirs de qqn. **B** *v.pron.rifl.* DISILLUDERSI se détromper: *si è disilluso* il s'est détrompé [C] **illudere.**

disillusióne |dizillu'zjone| *s.f.* désillusion: *un'amara disillusione* une amère désillusion → **delusione, disinganno** [C] **illusione.**

disillùso |dizil'luzo| *agg.* [*privo di illusioni*] désillusionné: *un uomo disilluso dalla vita* un homme désillusionné par la vie ♦ (*s.*) *un disilluso* un désabusé [C] **illuso.**

disimballàggio, i |dizimbal'laddʒo, i| *s.m.* [→ DISIMBALLARE] déballage: *il disimballaggio di libri, di porcellane* le déballage de livres, de porcelaines [C] **imballaggio.**

disimballàre |dizimbal'lare| *v.tr.* [*liberare dall'imballaggio*] déballer: *disimballare merci* déballer des marchandises [C] **imballare** 1.

disimpacciàre |dizimpat'tʃare| *v.tr.* (*raro*) [*liberare da impacci*] débarrasser (qqn. de qqch.) (*corr.*): *disimpacciami da questi pacchi!* débarrasse-moi de ces paquets! [C] **impacciare.**

disimpacciàto |dizimpat'tʃato| *agg.* → **disinvolto.**

disimparàre |dizimpa'rare| *v.tr.* [*dimenticare, scordare*] oublier, désapprendre (73) (*lett.*): *ha disimparato il poco inglese che sapeva* il a oublié, désappris le peu d'anglais qu'il savait ◇ (*fig.*) [*perdere l'abitudine*] perdre (53) l'habitude: *dovete disimparare a rientrare tardi la sera* vous devez perdre l'habitude de rentrer tard le soir [C] **imparare, ricordare.**

disimpegnàre |dizimpeɲ'ɲare| **A** *v.tr.* **1** (*persone*) [*sciogliere da un impegno*] délier: *disimpegnare qc. da una promessa* délier qqn. d'une promesse **2** (*per est.*) (*cose date in pegno*) [*riscattare, svincolare*] dégager (3): *disimpegnare un orologio* dégager une montre **3** [*liberare da impedimenti*] dégager: *disimpegnare il carretto dal fango* dégager la charrette de la boue ◇ (*di stanze, di locali*) [*rendere indipendente*] desservir (21): *disimpegnare le stanze con un corridoio* desservir les pièces par un couloir **4** (*mil.*) [*liberare dalla pressione dell'avversario*] dégager: *disimpegnare delle truppe dall'accerchiamento* dégager des troupes encerclées **5** [*svolgere, adempiere un incarico*] s'acquitter *pron.* de: *disimpegnare le proprie mansioni* s'acquitter de ses fonctions **B** *v. pron. rifl.* DISIMPEGNARSI [*liberarsi da un impegno; cavarsela in una situazione*] se dégager; se tirer d'affaire: *disimpegnarsi da ogni obbligo* se dégager de toute obligation ‖ *si disimpegna bene come capo famiglia* il se tire bien d'affaire comme chef de famille; *disimpegnarsi nel servire a tavola* se tirer d'affaire pour servir à table [C] A 1 **impegnare.**

disimpégno |dizim'peɲɲo| *s.m.* **1** [→ DISIMPEGNARE A 4] désengagement, dégagement: *politica di disimpegno* politique de dé(sen)gagement, de non-engagement **2** [*locale che dà libertà di passaggio ad altri locali*] dégagement.

disimpiègo, ghi |dizim'pjɛgo, gi| *s.m.* [*le forze di lavoro disoccupate o parzialmente occupate*] sous-emploi.

disincagliaménto |dizinkaʎʎa'mento| *s.m.* (*mar.*) → **disincaglio.**

disincagliàre |dizinkaʎ'ʎare| *v. tr.* [*liberare da un incaglio*] déséchouer, renflouer: *disincagliare una nave* déséchouer, renflouer un bateau ◇ (*fig.*) désensabler: *disincagliare una proposta di legge* désensabler un projet de loi.

disincàglio, i |dizin'kaʎʎo, i| *s.m.* (*mar.*) [→ DISINCAGLIARE] renflouage: *manovre di disincaglio* manœuvres de renflouage.
disincantàre |dizinkan'tare| *v.tr.* **1** (*fig.*) [*richiamare alla realtà*] désenchanter, désillusionner: *disincantare qc.* désenchanter, désillusionner qqn. **2** (*raro*) [*sciogliere da un incantesimo*] désensorceler (4) Ⓒ **incantare.**
disincantàto |dizinkan'tato| *agg.* [*senza illusioni*] désabusé: *una poesia amara e disincantata* une poésie amère et désabusée ◇ (*fig.*) [*smaliziato, accorto, pronto*] dégourdi: *è un ragazzo disincantato* c'est un garçon dégourdi.
disincànto |dizin'kanto| *s.m.* (*raro*) [→ DISINCANTARE] désenchantement.
disincarnàto |dizinkar'nato| *agg.* désincarné.
disinceppàre |dizintʃep'pare| *v.tr.* (*tecnol.*) [*riattivare un meccanismo inceppato*] désenrayer (9): *disinceppare una mitragliatrice* désenrayer une mitrailleuse.
disincrostànte |dizinkros'tante| *agg.* (*chim. industriale*) désincrustant, détartrant: *prodotti disincrostanti* produits désincrustants ◆ (*s.m.*) *un disincrostante* un désincrustant, un détartrant (détartreur).
disincrostàre |dizinkros'tare| *v. tr.* [*liberare da incrostazioni*] désincruster, détartrer: *disincrostare le pareti di una caldaia* désincruster, détartrer les parois d'une chaudière Ⓒ **incrostare.**
disincrostazióne |dizinkrostat'tsjone| *s.f.* [→ DISINCROSTARE] désincrustation, détartrage *m.*
disinfestànte |dizinfes'tante| *s.m.* [*sostanza atta a distruggere gli insetti*] insecticide; [*i parassiti*] pesticide; [*le erbacce*] désherbant, herbicide ◆ (*agg.*) *sostanza disinfestante* (substance) insecticide; pesticide; herbicide, désherbant *s.m.*
disinfestàre |dizinfes'tare| *v.tr.* [*liberare da insetti, parassiti e sim.*] désinsectiser, détruire (75) les insectes; détruire les parasites ◇ [*decontaminare*] décontaminer # *disinfestare una casa dai topi* dératiser une maison; *disinfestare un campo dall'erbaccia* désherber un champ.
disinfestazióne |dizinfestat'tsjone| *s.f.* [→ DISINFESTARE] désinsectisation; destruction des parasites # *disinfestazione dai topi* dératisation; *disinfestazione dalle erbacce* désherbage ◇ [*decontaminazione*] décontamination.
disinfettànte |dizinfet'tante| *s.m. e agg.* désinfectant.
disinfettàre |dizinfet'tare| *v.tr.* [*distruggere i germi causa di infezioni*] désinfecter: *disinfettare una stanza* désinfecter une pièce; *disinfettare degli strumenti chirurgici* désinfecter, stériliser des instruments de chirurgie; *disinfettare una ferita* désinfecter une blessure → **sterilizzare.**
disinfezióne |dizinfet'tsjone| *s.f.* [→ DISINFETTARE] désinfection: *disinfezione di una stanza d'ospedale* désinfection d'une salle d'hôpital.
disingannàre |dizingan'nare| *v. tr.* [*togliere qc. dall'errore, dalle illusioni*] détromper → **disilludere, disincantare** Ⓒ **ingannare.**
disingànno |dizin'ganno| *s.m.* [→ DISINGANNARE] désillusion *f.*, déboire: *i disinganni dell'amore* les désillusions, les déceptions de l'amour; *avere molti disinganni* essuyer, éprouver de nombreux déboires.
disingranàre |dizingra'nare| *v.tr.* [*separare due ingranaggi*] désengrener (6) → **disinnestare** ◇ (*auto.*) *disingranare la marcia* débrayer (9).
disinibìto |dizini'bito| *agg.* [*senza inibizioni; disinvolto*] décomplexé: *gioventù disinibita* jeunesse décomplexée.
disinnamoraménto |dizinnamora'mento| *s.m.* (*lett.*) [→ DISINNAMORARE] désaffection *f.*, détachement Ⓒ **innamoramento.**
disinnamoràre |dizinnamo'rare| **A** *v.tr.* [*far perdere l'amore*] détacher **B** *v.pron. intr.* DISINNAMORARSI se détacher, se déprendre (73) (*lett.*) Ⓒ A **innamorare**; B **innamorar(si).**
disinnescàre |dizinnes'kare| *v.tr.* [*togliere l'innesco*] désamorcer (2): *disinnescare una mina, una bomba* désamorcer une mine, une bombe Ⓒ **innescare.**
disinnésco, chi |dizin'nesko, ki| *s.m.* [→ DISINNESCARE] désamorçage Ⓒ **innesco.**
disinnestàre |disinnes'tare| *v.tr.* [*disinserire, distaccare due congegni*] débrancher, déclencher: *disinnestare una spina* débrancher une fiche (de prise de courant) # *disinnestare dei pezzi meccanici* déconnecter des pièces mécaniques ◇ (*auto.*) *disinnestare la frizione* débrayer (9).
disinnèsto |dizin'nɛsto| *s.m.* [→ DISINNESTARE] débranchement, déclenchement ◆ (*auto.*) *doppio disinnesto* double débrayage.
disinquinaménto |dizinkwina'mento| *s.m.* [→ DISINQUINARE] dépollution *f.*
disinquinàre |dizinkwi'nare| *v.tr.* [*bonificare da un inquinamento*] dépolluer: *disinquinare un acquedotto* dépolluer un aqueduc.
disinseriménto |dizinseri'mento| *s.m.* (*tecnol.*) [→ DISINSERIRE] débranchement, déconnection (*f.*): *disinserimento di un circuito* débranchement d'un circuit.
disinserìre |dizinse'rire| (197) *v.tr.* (*elettr.*) [*escludere, togliere da una linea d'alimentazione elettrica*] débrancher, déconnecter: *disinserire un motore, un microfono* débrancher un moteur, un micro.
disinserzióne |dizinser'tsjone| *s.f.* → **disinserimento.**
disintasàre |dizinta'sare| *v.tr.* [*liberare da ostruzioni*] désengorger (3), déboucher: *disintasare una tubazione* désengorger, déboucher une tuyauterie → **sturare.**
disintasatùra |dizintasa'tura| *s.f.* [→ DISINTASARE] désengorgement *m.*
disintegràre |dizinte'grare| *v.tr.* **1** [*ridurre in frammenti*] désintégrer (8): *l'esplosione disintegrò l'edificio* l'explosion désintégra le bâtiment ◇ (*fig.*) [*provocare una scissione*] *disintegrare le forze di un partito* désintégrer les forces d'un parti **2** (*fis.*) [*rompere il legame fra le parti di un atomo e sim.*] désintégrer: *disintegrare l'atomo* désintégrer l'atome.
disintegrazióne |dizintegrat'tsjone| *s.f.* **1** [→ DISINTEGRARE 1] désintégration ◇ (*fig.*) *disintegrazione di un partito* désintégration d'un parti **2** (*fis.*) *disintegrazione dell'atomo* désintégration de l'atome.
disinteressàre |dizinteres'sare| **A** *v.tr.* **1** [*far sì che qc. non abbia più interesse a q.c.*] détourner (qqn. de qqch.): *i divertimenti disinteressano i giovani dallo studio* les distractions détournent les jeunes de l'étude **2** (*comm.*) [*escludere dalla partecipazione agli utili*] désintéresser **B** *v.pron.intr.* DISINTERESSARSI [→ *tr.*] se désintéresser: *disinteressarsi di politica* se désintéresser de la politique; *si disinteressa dei suoi affari* il se désintéresse de ses affaires Ⓒ **interessare.**
disinteressataménte |dizinteressata'mente| *avv.* [→ DISINTERESSATO] d'une façon désintéressée (*loc.*): *agire, parlare disinteressatamente* agir, parler d'une façon désintéressée.
disinteressàto |dizinteres'sato| *agg.* désintéressé: *comportamento disinteressato* conduite désintéressée; *è una donna disinteressata* c'est une femme désintéressée Ⓒ **interessato.**
disinterèsse |dizinte'rɛsse| *s.m.* **1** désintéressement # *operare con disinteresse* agir de façon désintéressée → **generosità** ◇ [*imparzialità*] impartialité (*f.*): *giudicare con disinteresse* juger avec impartialité **2** [*noncuranza, indifferenza*] indifférence *f.*, manque d'intérêt: *mostrare disinteresse per il lavoro* montrer de l'indifférence, un manque d'intérêt pour son travail Ⓒ **interesse.**
disintossicàre |dizintossi'kare| **A** *v.tr.* [*guarire da un'intossicazione; liberare da sostanze tossiche*] désintoxiquer: *disintossicare un tossicomane* désintoxiquer un toxicomane □ *disintossicarsi l'organismo, il fegato* désintoxiquer l'organisme, le foie ◇ (*fig.*) *disintossicare l'opinione pubblica da certi pregiudizi* désintoxiquer l'opinion publique de certains préjugés **B** *v.pron. rifl.* DISINTOSSICARSI [→ *tr.*] se désintoxiquer: *con quella cura si è sufficientemente disintossicata* avec ce traitement elle s'est suffisamment désintoxiquée ◆ → *tr.* □ Ⓒ **intossicare.**
disintossicazióne |dizintossikat'tsjone| *s.f.* [→ DISINTOSSICARE] désintoxication, détoxication.
disinvoltaménte |dizinvolta'mente| *avv.* [→ DISINVOLTO 1] avec désinvolture (*loc. inv.*): *comportarsi, conversare disinvoltamente* se conduire, converser avec désinvolture; *quell'uomo cambia disinvoltamente opinione* cet homme change d'avis avec désinvolture.
disinvòlto |dizin'vɔlto| *agg.* **1** désinvolte: *un uomo disinvolto* un homme désinvolte; *modi disinvolti* des manières désinvoltes ◇ [*senza ritegno, sfacciato*] *una ragazza troppo disinvolta nel mentire* une jeune fille qui ment avec trop de désinvolture **2** (*di stile*) [*scorrevole, semplice*] aisé: *stile disinvolto* style aisé; *linguaggio disinvolto* langage aisé Ⓒ **impacciato.**
disinvoltùra |dizinvol'tura| *s.f.* **1** désinvolture: *agire, parlare con disinvoltura* agir, parler avec désinvolture **2** [*agilità, scioltezza*] aisance: *camminare con disinvoltura* marcher avec aisance **3** [*spregiudicatezza, mancanza di ritegno*] désinvolture: *rispondere con disinvoltura* répondre avec désinvolture ◇ [*leggerezza, faciloneria*] *simili problemi non possono essere affrontati con tanta disinvoltura* de tels problèmes ne peuvent pas être abordés avec tant de désinvolture Ⓒ **impaccio.**

disìo, ii |di'zio, ii| *s.m.* (*lett.*) → **desiderio.**

disistìma |dizis'tima| *s.f.* [*scarsa considerazione*] mésestime: *tenere qc. in disistima* tenir qqn. en mésestime # *cadere in disistima presso qc.* baisser dans l'estime de qqn. ◇ (*lett.*) [*disprezzo*] mépris *m.* (*corr.*): *nutrire disistima verso qc.* avoir du mépris pour qqn. Ⓒ **stima.**

disistimàre |dizisti'mare| *v.tr.* → **disprezzare.**

disistivàre |dizisti'vare| *v.tr.* (*mar.*) [*togliere dalla stiva*] désarrimer: *disistivare le merci* désarrimer les marchandises.

dislacciàre |dizlat'tʃare| *v.tr.* → **slacciare.**

disleàle |dizle'ale| *agg.* → **sleale.**

dislessìa |disles'sia| *s.f.* (*med.*) dyslexie.

dislivèllo |dizli'vɛllo| *s.m.* [*differenza di livello fra due punti*] dénivellation *f.*, dénivellement: *superare un dislivello di pochi metri* franchir une dénivellation, un dénivellement de quelques mètres ◇ (*fig.*) différence (*f.*): *c'è un dislivello sociale fra di loro* il y a une différence de classe entre eux.

dislocaménto |dizloka'mento| *s.m.* **1** (*mil.*) répartition *f.* **2** (*mar.*) déploiement.

dislocàre |dizlo'kare| *v.tr.* **1** (*mil.*) [*disporre, trasferire in zone strategiche*] déployer (10), poster: *dislocare le truppe sulla collina* déployer, poster les troupes sur la colline ◇ (*per est.*) [*disporre in luoghi opportuni*] affecter, poster: *dislocare i vigili dove la circolazione è più difficile* affecter, poster les agents là où la circulation est plus difficile **2** (*mar.*) (*di navi*) [*spostare una massa d'acqua corrispondente al proprio peso*] déplacer (2): *la nave disloca mille tonnellate* le navire déplace mille tonnes.

dislocazióne |dizlokat'tsjone| *s.f.* **1** [→ DISLOCARE 1] emplacement *m.*, localisation: *la dislocazione delle biblioteche* l'emplacement, la localisation des bibliothèques; *verificare la dislocazione degli ospedali, dei posti di pronto soccorso* vérifier la localisation des hôpitaux, des postes de secours # *la dislocazione delle truppe sul fronte* le déplacement des troupes sur le front **2** (*psicol.*) transfert (*m.*): *dislocazione di sentimenti* transfert des sentiments **3** (*geol.*) dislocation.

dismenorrèa |dizmenor'rɛa| *s.f.* (*med.*) dysménorrhée.

dismisùra |dizmi'sura| *s.f.* [*mancanza della giusta misura*] démesure → **eccesso** ◇ (*loc.*) *a dismisura* démesurément *avv.* → **eccessivamente.**

disobbedìre |dizobbe'dire| *e deriv.* → **disubbidire** *e deriv.*

disobbligàre |dizobbli'gare| **A** *v. tr.* [*liberare da un obbligo*] dégager (3), délier: *disobbligare da una promessa* dégager d'une promesse; *disobbligare da un voto* délier d'un vœu → **disimpegnare B** *v.pron.rifl.* DISOBBLIGARSI [*sdebitarsi, contraccambiare ciò che si è ricevuto*] s'acquitter: *disobbligarsi con qc. per i benefici ricevuti* s'acquitter envers qqn. des bienfaits reçus Ⓒ **obbligare.**

disoccupàto |dizokku'pato| *agg.* **1** (*persone*) [*privo di lavoro*] en chômage (*loc. inv.*): *operaio disoccupato* ouvrier en chômage; *mio padre è disoccupato* mon père est en chômage ◇ (*raro*) [*ozioso*] inoccupé (*corr.*), oisif* (*corr.*): *quella persona se ne sta tutto il giorno disoccupata* cette personne reste inoccupée, oisive toute la journée ◆ (*s.*) *i disoccupati* les chômeurs, les demandeurs d'emploi (*bur.*) **2** (*cose*) (*raro*) [*libero, vuoto*] libre (*corr.*), inoccupé (*corr.*): *in quel palazzo c'è un appartamento disoccupato* dans cet immeuble il y a un appartement libre, inoccupé Ⓒ **occupato.**

disoccupazióne |dizokkupat'tsjone| *s.f.* [*mancanza di lavoro*] chômage (*m.*): *disoccupazione operaia* chômage des ouvriers; *la lotta contro la disoccupazione* la lutte contre le chômage; *indennità di disoccupazione* indemnité de chômage; *disoccupazione strutturale* chômage structurel; *disoccupazione congiunturale, frizionale* chômage conjoncturel; *disoccupazione stagionale* chômage saisonnier; *disoccupazione tecnologica* chômage dû à l'automatisation Ⓒ **occupazione.**

disoleàre |dizole'are| (*v.tr.*) *disoleare mandorle, noci* [*estrarne l'olio*] extraire (62) l'huile (des amandes, des noix).

disoleazióne |dizoleat'tsjone| *s.f.* [→ DISOLEARE] déshuilage *m.*

disonestà |dizones'ta| *s.f.inv.* **1** [*mancanza di onestà, di rettitudine*] malhonnêteté (*var.*): *disonestà negli affari* malhonnêteté dans les affaires # *comportarsi con disonestà* agir malhonnêtement ◇ **2** [*mancanza di pudore o di dignità*] indécence (*var.*): *la disonestà di una donna* l'indécence d'une femme **3** [*atto disonesto*] inconvenance (*var.*): *è una disonestà* c'est une inconvenance Ⓒ **onestà.**

disonestaménte |dizonesta'mente| *avv.* [→ DISONESTO 1] malhonnêtement.

disonèsto |dizo'nɛsto| *agg.* **1** [*che è privo di onestà*] malhonnête: *commerciante disonesto* commerçant malhonnête; *politica disonesta* politique malhonnête ◇ [*che è privo di pudore o è contrario al pudore*] déshonnête, inconvenant: *pensieri disonesti* pensées déshonnêtes, inconvenantes; *discorsi disonesti* propos inconvenants **2** [*moralmente corrotto*] immoral*: *condotta disonesta* conduite immorale; *donna disonesta* femme immorale Ⓒ **onesto.**

disonorànte |dizono'rante| *agg.* déshonorant: *azione disonorante* action déshonorante; *colpa disonorante* faute déshonorante → **infamante** Ⓒ **degno, onorevole.**

disonoràre |dizono'rare| *v.tr.* **1** [*privare dell'onore, del prestigio*] déshonorer: *ha disonorato la sua famiglia* il a déshonoré sa famille; *quell'atto l'ha disonorato* cette action l'a déshonoré **2** [*sedurre*] déshonorer: *disonorare una ragazza* déshonorer une jeune fille → **violentare** Ⓒ 1 **onorare.**

disonoràto |dizono'rato| *agg.* déshonoré (*p.p.*): *nome disonorato* nom déshonoré; *vita disonorata* vie déshonorée.

disonóre |dizo'nore| *s.m.* **1** déshonneur: *preferì la morte al disonore* il préféra la mort au déshonneur **2** [*atto o contegno riprovevole*] *honte (*f.*): *sarebbe un disonore accettare tali condizioni* accepter de pareilles conditions serait une honte ◇ [*motivo di infamia, di vergogna*] *è il disonore della famiglia* c'est la honte de la famille Ⓒ **onore.**

disonorévole |dizono'revole| *agg.* → **disonorante.**

disonorevolménte |dizonorevol'mente| *avv.* [→ DISONOREVOLE] *honteusement.

disópra |di'sopra| **I** *avv.* **1** [*nel luogo o nella parte superiore*] au-dessus: *abita disopra* il habite au-dessus; *andare disopra* aller au-dessus, monter → **2 sopra 2** [*prima, in precedenza*] plus haut *loc.*, précédemment: *come ho già detto disopra* comme je l'ai dit plus haut, ainsi que je l'ai dit précédemment **II** *agg. inv.* [*superiore*] au-dessus: *il piano disopra* l'étage au-dessus ◇ *loc. fig.* AL DISOPRA (DI) [*al di fuori*] au-dessus (de): *è un uomo al disopra di ogni sospetto* c'est un homme au-dessus de tout soupçon; *al disopra della mischia* au-dessus de la mêlée **III** *s.m.inv.* [*la parte esterna o superiore* (*di q.c.*)] dessus: *il disopra di un tavolo* le dessus d'une table; *il disopra di un tessuto* le dessus d'un tissu.

1 **disordinàre** |dizordi'nare| *v.tr.* [*mettere in disordine*] mettre (71) en désordre: *aveva disordinato le mie carte* il avait mis mes papiers en désordre # *il vento gli disordinava i capelli* le vent lui ébouriffait les cheveux ◇ (*mil.*) *disordinare le schiere nemiche* [*scompigliarle*] semer (8) le désordre dans les rangs ennemis.

2 **disordinàre** |dizordi'nare| *v.tr.* (*raro*) [*revocare un ordine*] révoquer, casser.

disordinataménte |dizordinata'mente| *avv.* [→ DISORDINATO 1] d'une façon désordonnée *loc. inv.*

disordinàto |dizordi'nato| *agg.* **1** désordonné: *casa disordinata* maison désordonnée ◆ (*s.*) *un disordinato* un désordonné ◇ [*confuso, caotico*] confus, décousu: *idee disordinate* idées confuses; *discorsi disordinati* propos décousus **2** [*sregolato*] désordonné, déréglé: *vita disordinata* vie désordonnée, déréglée # *è disordinato nel bere e nel mangiare* il fait des excès (de table) Ⓒ **ordinato.**

disórdine |di'zordine| *s.m.* **1** désordre: *che disordine!* quel désordre!; *in casa regna un gran disordine* il y a un grand désordre dans la maison; *c'è molto disordine nelle sue idee* il y beaucoup de désordre dans ses idées ◇ *loc.* IN DISORDINE en désordre: *gli abiti sono tutti in disordine* les vêtements sont tous en désordre # *fuggire in disordine* faire une fuite désordonnée **2** [*mancanza di freno, di sobrietà*] excès: *disordine nel bere, nel mangiare* excès de boisson, de nourriture; *i disordini accorciano la vita* les excès raccourcissent la vie → **sregolatezza 3** [*funzionamento irregolare*] désordre: *disordine nell'amministrazione pubblica* désordre dans l'administration publique **4** *spec. al plur.* [*tumulti popolari*] désordres: *provocare disordini* causer des désordres; *ci sono stati violenti disordini durante lo sciopero* il y a eu de violents désordres pendant la grève Ⓒ 1; 2 **ordine.**

disorgànico, ci, ca, che |dizor'ganiko, tʃi, ka, ke| *agg.* [*che manca di organicità*] décousu, incohérent: *stile disorganico* style décousu → **inorganico.**

disorganizzàre |dizorganid'dzare| **A** *v.tr.* [*sconvolgere, turbare le strutture e le funzioni di una istituzione*] désorganiser: *disorganizzare un ufficio* désorganiser un bureau; *disorganizzare l'esercito* désorganiser l'armée; *disorganizzare i piani di qc.* désorganiser, bouleverser les plans de qqn. **B** *v.pron. intr.* DISORGANIZZARSI [*disgregarsi*] se désorganiser: *il partito si è disorganizzato* le parti s'est désorganisé **C** **organizzare.**

disorganizzàto |dizorganid'dzato| *agg.* désorganisé: *partito disorganizzato* parti désorganisé → **disordinato.**

disorganizzazióne |dizorganiddzat'tsjone| *s.f.* désorganisation: *disorganizzazione d'una amministrazione* désorganisation d'une administration; *disorganizzazione di un paese* désorganisation d'un pays # *disorganizzazione sociale* troubles sociaux **C** **organizzazione.**

disorientaménto |dizorjenta'mento| *s.m.* [*mancanza dell'orientamento*] désorientation *f.* (*raro*) ◇ (*fig.*) *il disorientamento morale del dopoguerra* le désarroi de l'après-guerre **C** **orientamento.**

disorientàre |dizorjen'tare| **A** *v. tr.* [*far perdere l'orientamento*] désorienter: *l'immensità del mare lo disorientò* l'immensité de la mer le désorienta ◇ (*fig.*) désorienter, déconcerter: *la domanda l'ha disorientata* la question l'a désorientée, déconcertée **B** *v.pron. intr.* DISORIENTARSI [*smarrirsi*] s'égarer: *mi sono disorientato nel bosco* je me suis égaré dans le bois ◇ (*fig.*) être désorienté, déconcerté # *alla minima domanda si disorienta* la moindre question le désoriente, le déconcerte **C** **orientare, rassicurare.**

disorientàto |dizorjen'tato| *agg.* désorienté: *si aggirava disorientato per le vie della città* il errait désorienté dans les rues de la ville ◇ (*fig.*) *sembrava disorientato da tante novità* il semblait désorienté par tant de nouveautés.

disormeggiàre |dizormed'dʒare| *v.tr.* (*mar.*) [*liberare dagli ormeggi*] démarrer: *disormeggiare una nave* démarrer un navire **C** **ormeggiare.**

disorméggio, i |dizor'meddʒo, i| *s.m.* (*mar.*) démarrage: *il disormeggio di un'imbarcazione* le démarrage d'une embarcation.

disossaménto |dizossa'mento| *s.m.* [→ DISOSSARE] désossement: *disossamento di un tacchino* désossement d'un dindon.

disossàre |dizos'sare| *v.tr.* [*levare le ossa a un animale ucciso*] désosser: *disossare un coniglio* désosser un lapin.

disossàto |dizos'sato| *agg.* **1** désossé: *pollo disossato* poulet désossé ◇ (*fig.*) [*rammollito, fiacco*] *un cristianesimo disossato* un christianisme désossé **2** → **dinoccolato.**

disossidànte |dizossi'dante| *agg.* (*chim.*) désoxydant.

disossidàre |dizossi'dare| *v.tr.* (*chim.*) [*togliere l'ossigeno a un composto*] désoxyder: *disossidare un metallo* désoxyder un métal.

disossidazióne |dizossidat'tsjone| *s.f.* (*chim.*) désoxydation.

disótto |di'sotto| **1** *avv.* [*nel luogo sottostante*] au-dessous: *il tuo amico abita disotto* ton ami habite au-dessous → **sotto** ◇ (*in uno scritto*) [*successivamente*] ci-dessous: *devi leggere quanto è detto disotto* tu dois lire ce qui est dit ci-dessous **2** *agg. inv.* [*inferiore*] au-dessous: *il piano disotto* l'étage au-dessous **3** *s.m. inv.* [*la parte inferiore*] dessous: *il disotto della mano* le dessous de la main ◇ *loc. fig.* AL DISOTTO (DI) [*in condizione d'inferiorità*] au dessous (de): *essere al disotto* être au dessous.

dispàccio, i |dis'pattʃo, i| *s.m.* **1** dépêche (*f.*): *dispaccio militare* dépêche militaire; *inviare, ricevere un dispaccio* envoyer, recevoir une dépêche **2** (*per est.*) [*comunicazione scritta*] lettre *f.*, missive (*f.*): *dispaccio telegrafico* dépêche (télégraphique) → **lettera.**

dispaiàre |dispa'jare| *v.tr.* (*raro*) → **spaiare, separare.**

disparàto |dispa'rato| *agg.* disparate: *idee disparate* idées disparates; *i tipi più disparati* les genres les plus disparates # *raccogliere gli oggetti più disparati* ramasser les objets les plus hétéroclites **C** **uguale.**

disparére |dispa'rere| *s.m.* [*parere contrastante, opinione diversa*] dissentiment, désaccord: *c'era disparere tra le due parti* il y avait dissentiment, désaccord entre les deux parties → **dissenso, disaccordo.**

dìspari |'dispari| *agg.inv.* **1** (*mat.*) impair (*var.*): *numero dispari* nombre impair **2** (*raro*) [*diverso, disuguale, differente*] différent *var.* (*corr.*): *essere dispari di educazione* avoir reçu une éducation différente ◇ (*mus.*) *coro a voci dispari* chœur à plusieurs voix **C** **pari** 1; 2 **uguale.**

disparìre |dispa'rire| (197) *v.intr.* (*aus.* '*essere*') → **sparire.**

disparità |dispari'ta| *s.f.inv.* disparité *var.*, différence (*var.*): *disparità di idee* disparité des idées; *disparità di trattamento* différence de traitement ◇ (*dir. canonico*) *disparità di culto* différence de confession **C** **parità.**

dispàrte |dis'parte| *solo nella loc. avv.* IN DISPARTE [*in luogo appartato*] à l'écart; de côté: *tenersi, starsene in disparte* [*vivere appartato*] se tenir à l'écart; *prendere qc. in disparte* prendre, tirer qqn. à l'écart, à part ‖ *tenere, lasciare q.c. in disparte* [*trascurare*] laisser qqch. de côté # *mettere in disparte q.c.* oublier, laisser tomber qqch.

dispèndio, i |dis'pɛndjo, i| *s.m.* **1** [*consumo eccessivo*] gaspillage: *dispendio di energie, di tempo* gaspillage d'énergies, de temps **2** (*raro*) [*impiego eccessivo, spreco di danaro*] gaspillage (*corr.*), dépense *f.* (*corr.*): *le mie entrate non permettono un simile dispendio* mes recettes ne me permettent pas un pareil gaspillage, une pareille dépense **C** **economia.**

dispendiosaménte |dispendjosa'mente| *avv.* [→ DISPENDIOSO] dispendieusement.

dispendióso |dispen'djoso| *agg.* dispendieux*: *abitudini dispendiose* habitudes dispendieuses; *un tenore di vita dispendioso* un train de vie dispendieux.

dispènsa |dis'pɛnsa| *s.f.* **1** [*locale per provviste alimentari*] dépense ◇ (*mar.*) *la dispensa di bordo* la cambuse du bord ◇ [*mobile in cui si conserva il cibo*] garde-manger (*m. inv.*): *la dispensa è vuota* le garde-manger est vide **2** [*ciascuno dei fascicoli di un'opera pubblicata periodicamente*] livraison, fascicule (*m.*): *le dispense di un'enciclopedia* les livraisons, les fascicules d'une encyclopédie; *pubblicare a dispense* publier par livraisons ◇ (*spec.*) *dispense universitarie* [*fascicoli dattiloscritti, contenenti le lezioni*] (cours) polycopiés *m.* **3** (*raro*) [*distribuzione*] distribution (*corr.*): *dispensa di viveri* distribution de vivres **4** (*dir.*) dispense: *dispensa dal servizio militare* dispense du service militaire ◇ (*dir. canonico*) *dispensa matrimoniale* dispense de mariage.

dispensàre |dispen'sare| *v.tr.* **1** [*distribuire generosamente*] dispenser; distribuer: *i favori che Dio ci dispensa* les bienfaits que Dieu nous dispense ‖ *dispensare servizi* distribuer des services **2** [*liberare da un obbligo, da un impegno*] dispenser (de): *dispensare qc. da un voto, dalle tasse* dispenser qqn. d'un vœu, d'impôts; *dispensare qc. dal servizio militare* dispenser qqn. du service militaire; *la sua fortuna personale lo dispensa dal lavorare* sa fortune personnelle le dispense de travailler.

dispensàrio, i |dispen'sarjo, i| *s.m.* dispensaire: *dispensario antitubercolare* dispensaire antituberculeux.

dispensatóre, trice |dispensa'tore, tritʃe| *s.* dispensateur*: *dispensatore di ricchezze, di beni* dispensateur de richesses, de biens.

dispensazióne |dispensat'tsjone| *s.f.* [→ DISPENSARE] dispensation.

dispensièra |dispen'sjɛra| *s.f.* dispensatrice.

dispensière |dispen'sjɛre| *s.* **1** [*chi è addetto alla sorveglianza della dispensa*] économe: *dispensiere di un collegio* économe d'un collège **2** (*lett.*) [*chi dispensa, dona*] dispensateur* (*corr.*).

dispepsìa |dispep'sia| *s.f.* (*med.*) dyspepsie.

dispèptico, ci, ca, che |dis'pɛptiko, tʃi, ka, ke| *agg. e s.* (*med.*) dyspeptique, dyspepsique.

disperàre |dispe'rare| **A** *v.tr.* [*privare qc. della speranza*] désespérer (8): *la situazione economica lo dispera* la situation économique le désespère ✦ (*ass.*) *non bisogna disperare* il ne faut pas désespérer; *non disperate!* ne désespérez pas! **B** *v.intr.* (*aus.* '*avere*') **1** [*perdere la speranza*] désespérer (8) (de): *disperare della vittoria* désespérer de la victoire; *ormai disperano della buona riuscita* désormais ils désespèrent de la réussite; *i medici disperano di salvarlo* les médecins désespèrent de le sauver ◇ *loc.* DISPERARE CHE (+ *congv.*) désespérer que (+ *congv.*): *non dispero che egli riesca* je ne désespère pas qu'il (ne) réussisse **2** (*loc.*) *far disperare qc.* [*spingerlo alla disperazione*] réduire (75) *tr.* qqn. au désespoir ◇ [*far perdere la pazienza*] faire (45) *tr.* le désespoir de qqn.: *i figli mi fanno disperare* les enfants font mon désespoir **C** *v.pron. intr.* DISPERARSI [*abbandonarsi allo sconforto, alla disperazione*] se désespérer: *piange e si dispera per quell'insuccesso* il pleure et se désespère à cause de cet échec → **abbatter(si), avvilir(si)** **C** A **consolare** 1, **riconfortare**; B **sperare** 1.

disperataménte |disperata'mente| *avv.* [→ DISPERATO I] désespérément: *rimpiangere qc. disperatamente* regretter désespérément qqn.; *lottare disperatamente contro qc.* lutter désespérément contre qqn. # *lavorare disperatamente* travailler d'arrache-pied, avec acharnement → **accanitamente.**

disperàto |dispe'rato| **I** *agg.* **1** (*persone*) [*abbandonato da ogni speranza*] désespéré: *un uomo disperato* un homme désespéré → **desolato** ◇ [*inconsolabile, senza conforto*] *è disperata per la morte del figlio* elle est désespérée de la mort de son fils **2** (*cose*) [*irrimediabile, privo di una possibile soluzione*] désespéré: *caso disperato* cas désespéré; *situazione disperata* situation désespérée ◇ [*molto rischioso*] *si è messo in una impresa disperata* il s'est lancé dans une entreprise désespérée ◇ [*che è effetto di disperazione*] *tentativo, sforzo disperato* tentative désespérée, effort désespéré ◇ [*incessante, accanito*] acharné: *uno studio disperato* une étude acharnée **II** *s.* **1** [*chi non ha più speranza*] désespéré **2** (*persone*) [*impegnato con tutte le forze*] forcené: *lavorare come un disperato* travailler comme un forcené; *gridare come un disperato* crier comme un forcené; *agitarsi come un disperato* s'agiter comme un forcéné, un (beau) diable # *correre come un disperato* courir comme un dératé **3** (*fam.*) [*spiantato, squattrinato*] pauvre type, pauvre diable: *è un disperato* c'est un pauvre type, un pauvre diable.

disperazióne |disperat'tsjone| *s.f.* **1** [→ DISPERARE A] désespoir *m.*, désespérance (*lett.*): *il coraggio della disperazione* l'énergie, la force du désespoir; *abbandonarsi alla disperazione* s'abandonner au désespoir; *piombare nella disperazione* se plonger, sombrer dans le désespoir; *essere in preda a una cupa disperazione* être en proie à un sombre désespoir; *strapparsi i capelli dalla disperazione* s'arracher les cheveux de désespoir; *darsi al bere per disperazione* s'adonner à l'alcool par désespoir **2** [*motivo di preoccupazione, di avvilimento*] désespoir: *quella bambina è la disperazione dei genitori* cette petite fille est, fait le désespoir de ses parents # *la matematica è la sua disperazione* les mathématiques sont sa bête noire; *non fa che piangere, è una vera disperazione* il ne fait que pleurer, c'est désespérant.

disperdènte |disper'dɛnte| *s.m.* (*chim.*) agent de dispersion.

dispèrdere |dis'pɛrdere| (163) **A** *v.tr.* **1** [*dividere, sparpagliare*] disperser: *la corrente d'aria gli ha disperso i fogli* le courant d'air a dispersé ses papiers; *la polizia ha disperso i dimostranti* la police a dispersé les manifestants; *il vento ha disperso le nubi* le vent a dispersé les nuages; *i colonizzatori disperdevano le tribù indigene* les colonisateurs dispersaient les tribus indigènes **2** [*mettere in fuga, sconfiggere*] disperser, chasser: *disperdere il nemico* disperser, chasser l'ennemi **3** [*consumare, dissipare*] disperser, dissiper: *disperdere le energie, le forze* disperser son énergie, ses forces; *disperdere il proprio patrimonio* dissiper son patrimoine **B** *v.pron. intr.* DISPERDERSI **1** [→ *tr.* 1] se disperser, s'éparpiller: *i soldati si sono dispersi in direzioni diverse* les soldats se sont dispersés dans différentes directions **2** [*sprecare le proprie risorse fisiche o intellettuali*] se disperser: *si disperde in molte attività* il se disperse dans mille activités **C** A 1 **riunire,** 3 **accumulare.**

dispèrgere |dis'pɛrdʒere| (114) *v. tr.* → **disperdere.**

dispersióne |disper'sjone| *s.f.* **1** [→ DISPERDERE] dispersion: *la dispersione delle forze nemiche* la dispersion des forces ennemies; *la dispersione di un gruppo di dimostranti* la dispersion d'un groupe de manifestants # *la dispersione dei voti* l'éparpillement des voix **2** (*chim., elettr.*) dispersion: *la dispersione di energia, di calore* la dispersion d'énergie, de chaleur.

dispersività |dispersivi'ta| *s.f.inv.* [*mancanza di concentrazione, di continuità*] manque *m.var.* de concentration.

dispersivo |disper'sivo| *agg.* **1** [*privo di concentrazione, di organicità*] incohérent: *mente dispersiva* esprit incohérent; *discorso dispersivo* discours incohérent # *lavoro dispersivo* travail désordonné **2** (*fis.*) dispersif*.

dispèrso |dis'pɛrso| *agg.* **1** [*smarrito, irreperibile*] égaré: *foglio disperso* feuille égarée; *documenti dispersi* documents égarés ✦ *s.* (*spec. al plur.*) *i dispersi* les disparus: *dopo l'alluvione molti erano i dispersi* après l'inondation, nombreux étaient les disparus **2** (*mil.*) disparu: *soldati dati per dispersi* soldats portés disparus ✦ *s.* (*spec. al plur.*) *i dispersi della campagna di Russia* les disparus de la campagne de Russie **3** (*chim.*) dispersif*: *sistema dispersivo* système dispersif.

dispètto |dis'petto| *s.m.* **1** [*azione compiuta per molestare, irritare o per dare dispiacere*] (petite) méchanceté (*f.*): *fare un dispetto a qc.* faire une (petite) méchanceté à qqn., taquiner qqn. ◇ *loc.* PER DISPETTO [*per ripicca*] par dépit: *l'ha fatto per dispetto* il l'a fait par dépit ~ A DISPETTO DI [*malgrado, nonostante*] en dépit de: *perseguire uno scopo a dispetto di tutto e di tutti* poursuivre un but en dépit de tout et de tous; *partiremo a dispetto del maltempo* nous partirons en dépit du mauvais temps **2** [*irritazione, dispiacere provocato da invidia*] dépit: *provare dispetto per la fortuna altrui* éprouver du dépit de la fortune d'autrui; *non riuscì a nascondere il suo dispetto* il ne réussit pas à cacher son dépit **C** 1 **cortesia, gentilezza**; 2 **rispetto.**

dispettosaménte |dispettosa'mente| *avv.* [→ DISPETTOSO] par dépit *loc. inv.*

dispettóso |dispet'toso| *agg.* **1** [*che si compiace di far dispetti*] taquin: *bambino dispettoso* enfant taquin ◇ (*per est.*) [*irritante, fastidioso*] contrariant, agaçant: *che vento dispettoso!* quel vent contrariant, agaçant! **2** [*che è fatto o detto per dispetto*] irritant: *gesto dispettoso* geste irritant; *comportamento dispettoso* attitude irritante **C** 1 **cortese, gentile** 1.

dispiacènte |dispja'tʃɛnte| *agg.* **1** (*raro*) [*spiacevole, sgradevole*] déplaisant (*corr.*), désagréable (*corr.*): *quella donna non è dispiacente* cette femme n'est pas déplaisante, désagréable; *notizia dispiacente* nouvelle désagréable **2** [*rammaricato, dolente*] désolé, navré: *siamo dispiacenti di avervi fatto aspettare* nous sommes désolés, navrés de vous avoir fait attendre **C** 1 **piacente, piacevole.**

1 **dispiacére** |dispja'tʃere| *s.m.* [*affezione, pena, amarezza*] chagrin, peine (*f.*): *dispiaceri amorosi* chagrins d'amour; *provare grande dispiacere* éprouver un grand chagrin, une grande peine; *i dispiaceri l'hanno invecchiato anzitempo* les chagrins l'ont vieilli avant l'âge; *mi hai dato un gran dispiacere* tu m'as fait beaucoup de peine ◇ (*per est.*) [*dolore*] *quel figlio è il più grande dispiacere della mia vita* cet enfant est le plus grand chagrin de ma vie **C** **piacere** 2, **gioia** 1, **soddisfazione.**

2 **dispiacére** |dispja'tʃere| (149) *v.tr.* (*aus.* '*essere*') **1** [*causare disgusto, avversione*] déplaire (68) (*aus.* avoir): *il suo comportamento dispiace a tutti* son attitude déplaît à tout le monde ✦ (*ass.*) *non dispiacere* [*essere abbastanza gradevole*] ne pas déplaire: *quella donna non mi dispiace* cette femme ne me déplaît pas **2** [*essere motivo di dolore, di rammarico, di noia e sim.*] regretter *tr.* (+ *inf., congv.*): *mi dispiace di dovermene andare così presto* je regrette d'être obligé de partir si tôt; *ci dispiace che dobbiate subire simili ricatti* nous regrettons que vous deviez subir de tels chantages; *mi dispiace che tu non stia bene* je regrette que tu ne sois pas bien ◇ (*in formule di cortesia*) ennuyer (11) (*tr.*): *ti dispiacerebbe chiudere la porta?* cela ne t'ennuierait pas de fermer la porte?; *se non le dispiace, accendo una sigaretta* si cela ne vous ennuie pas, j'allume une cigarette; *se non ti dispiace, vorrei rifletterci un momento* si cela ne t'ennuie pas, je voudrais y réfléchir un instant; *ora lasciami solo, se non ti dispiace* maintenant laisse-moi seul, si cela ne t'ennuie pas **C** 1 **piacere** 1.

dispiacévole |dispja'tʃevole| *agg.* (*lett.*) → **spiacevole, sgradevole.**

dispiaciménto |dispjatʃi'mento| *s.m.* (*raro*) → 1 **dispiacere.**

dispiegaménto |dispjega'mento| *s.m.* → **spiegamento.**

dispiegàre |dispje'gare| *v.tr.* → 1 **spiegare.**

displuviàle |displu'vjale| *agg.* de la ligne de partage des eaux *loc.inv.* # *linea displuviale* ligne de partage des eaux.

displùvio, i |dis'pluvjo, i| *s.m.* **1** (*geogr.*) *linea di displuvio* ligne de partage des eaux **2** (*tecnol.*) faîte (d'un toit).

dispnèa |disp'nɛa| *s.f.* (*med.*) dyspnée.

dispogliàre |dispoʎ'ʎare| *v.tr.* → **spogliare.**

disponénte |dispo'nente| *s.* (*dir.*) disposant.

disponibile |dispo'nibile| *agg.* **1** (*persone*) disponible: *cercare collaboratori disponibili* chercher des collaborateurs disponibles → **libero** **2** (*cose*) disponible: *appartamento disponibile* appartement disponible; *la somma disponibile non è sufficiente* la somme disponible n'est pas suffisante ✦ *s.m.* (*banca*) *il disponibile di un conto* le disponible d'un compte **3** (*dir.*) *quota disponibile* quotité disponible ✦ (*s.f.*) *la disponibile* la quotité disponible *agg.* **C** 1; 2 **indisponibile, occupato.**

disponibilità |disponibili'ta| *s.f. inv.* **1** disponibilité (*var.*): *la disponibilità dei capitali* la disponibilité des capitaux; *la disponibilità di una persona* la disponibilité d'une personne **2** *spec. al plur.* [*risorse, danaro, mezzi disponibili*] disponibilités: *le mie disponibilità sono limitate* mes disponibilités sont limitées **3** [*la condizione di un funzionario sospeso temporaneamente dal servizio*] disponibilité: *collocamento in disponibilità* mise en disponibilité **4** (*mar.*) *nave in disponibilità* navire en avarie [C] 1 **indisponibilità.**

dispórre |dis'porre| (168) **A** *v.tr.* **1** [*sistemare, ordinare secondo un certo criterio*] disposer: *disporre i coperti sulla tavola* disposer les couverts sur la table; *disporre i libri nello scaffale* disposer des livres sur l'étagère **2** [*provvedere, preparare*] préparer: *disporre tutto per la partenza* tout préparer pour le départ ◇ (*fig.*) *disporre un malato a subire un'operazione* disposer, préparer un malade à subir une opération **3** [*prevedere, decidere, stabilire*] prévoir (38); décider: *la legge dispone l'ergastolo per gli omicidi* la loi prévoit la réclusion à perpétuité pour les homicides ‖ *il governo ha disposto l'aumento degli stipendi* le gouvernement a décidé l'augmentation des salaires ◇ *loc.* DISPORRE CHE (+ *congv.*): *il ministro dispose che le vacanze fossero prorogate di due giorni* le ministre décida que les congés seraient prolongés de deux jours ~ DISPORRE DI (+ *inf.*): *il giudice ha disposto di rinviare il processo* le juge a décidé de renvoyer le procès ✦ (*ass.*) *partiamo pure!, anche se avevo disposto diversamente* eh bien, partons!, même si j'en avais décidé autrement ◇ (*prov.*) *l'uomo propone e Dio dispone* l'homme propose et Dieu dispose **B** *v.intr.* (*aus.* '*avere*') [*possedere, avere a disposizione*] disposer: *disponiamo di due stanze* nous disposons de deux pièces; *dispongono di una grossa somma di denaro* ils disposent d'une importante somme d'argent **C** *v.pron. rifl.* DISPORSI **1** [*apprestarsi a fare q.c.*] se disposer, se préparer: *si dispone a partire* il se dispose, se prépare à partir **2** [*mettersi, collocarsi in un certo ordine*] se mettre (71): *disporsi in riga* se mettre en ligne, s'aligner.

disposàre |dispo'zare| *v.tr.* → **sposare.**

1 **dispositivo** |dispozi'tivo| *s.m.* **1** dispositif: *dispositivo di sicurezza* dispositif de sûreté # *dispositivo di vigilanza* mouchard, contrôleur **2** (*mil.*) dispositif: *dispositivo di attacco* dispositif d'attaque **3** (*dir.*) *dispositivo di una sentenza* dispositif d'un jugement.

2 **dispositivo** |dispozi'tivo| *agg.* [*che contiene una decisione*] dispositif (*s.m.*): *la parte dispositiva di una convenzione* le dispositif d'une convention.

disposizióne |dispozit'tsjone| *s.f.* **1** [*collocazione, distribuzione secondo criteri determinati*] disposition: *la disposizione delle parole in una frase* la disposition des mots dans une phrase; *la disposizione dei mobili* la disposition des meubles; *la disposizione dei libri nello scaffale* la disposition des livres sur l'étagère **2** [*inclinazione, attitudine*] disposition: *ha una particolare disposizione per la matematica* il a une disposition particulière pour les mathématiques → **propensione** ◇ [*stato d'animo*] *avere una disposizione favorevole, sfavorevole verso qc.* être dans de bonnes, de mauvaises dispositions à l'égard de qqn.; *approfitta ora che è in una disposizione d'animo favorevole* profites-en maintenant qu'il est dans une disposition d'esprit favorable **3** [*facoltà di servirsi di qc. o di q.c.*] disposition: *ha a sua disposizione molti impiegati* il a beaucoup d'employés à sa disposition; *metto a vostra completa disposizione le migliori stanze dell'albergo* je mets les meilleures chambres de l'hôtel à votre entière disposition; *essere, mettersi, tenersi a disposizione di qc.* être, se mettre, se tenir à la disposition de qqn. ◇ (*bur.*) *a disposizione* à la disposition **4** [*comando, ordine; volere*] disposition: *attenersi alle disposizioni ministeriali* s'en tenir aux dispositions ministérielles; *rispettare le disposizioni del defunto* respecter les dispositions du défunt ◇ (*dir.*) *disposizioni testamentarie* dispositions testamentaires ◇ [*prescrizione, norma*] *le disposizioni del contratto, del regolamento* les dispositions du contrat, du règlement **5** (*med., retorica*) disposition.

dispósto |dis'posto| *agg.* **1** [*collocato, ordinato secondo un determinato criterio*] disposé, placé: *quadri disposti con gusto* tableaux disposés, placés avec goût # *c'erano molti bambini disposti in fila* il y avait beaucoup d'enfants mis en rang **2** [*preparato, pronto; incline, propenso*] disposé, prêt: *è disposto a morire per i suoi ideali* il est disposé, prêt à mourir pour ses idéaux; *ha un carattere disposto al perdono* il a un caractère disposé, prêt au pardon # *il combustibile disposto per l'inverno non è sufficiente* le combustible prévu pour l'hiver n'est pas suffisant **3** [*stabilito, decretato*] établi: *attenersi a quanto disposto dalla legge* s'en tenir à ce qui est établi par la loi, aux dispositions de la loi ✦ *s.m.* (*dir.*) *un disposto* une disposition (*f.*): *un disposto dell'autorità giudiziaria* une disposition de l'autorité judiciaire → **disposizione.**

dispoticaménte |dispotika'mente| *avv.* [→ DISPOTICO 1] despotiquement: *governare dispoticamente* gouverner despotiquement.

dispòtico, ci, ca, che |dis'pɔtiko, tʃi, ka, ke| *agg.* **1** despotique: *sovrano dispotico* souverain despotique; *regime dispotico* régime despotique → **tirannico** **2** (*per est.*) *marito dispotico* mari despotique, despote → **prepotente, autoritario** [C] 1 **liberale.**

dispotìsmo |dispo'tizmo| *s.m.* despotisme: *dispotismo orientale* despotisme oriental; *combattere il dispotismo* combattre le despotisme ◇ (*st.*) *dispotismo illuminato* despotisme éclairé ◇ (*per est.*) *il dispotismo del nuovo capitano* le despotisme du nouveau capitaine.

dispregévole |dispre'dʒevole| *agg.* (*lett.*) → **disprezzabile, spregevole.**

dispregiàre |dispre'dʒare| *v.tr.* → **disprezzare.**

dispregiativo |dispredʒa'tivo| *agg.* **1** [*che esprime disprezzo*] arrogant, méprisant: *aria, tono dispregiativo* air, ton arrogant → **sprezzante** **2** (*gram.*) péjoratif*: *aggettivo dispregiativo* adjectif péjoratif → **peggiorativo, spregiativo.**

dispregiatóre, trice |dispredʒa'tore, tritʃe| *s.* (*lett.*) [*che, chi dispregia*] contempteur*: *i dispregiatori della morale* les contempteurs de la morale.

disprègio, i |dis'prɛdʒo, i| *s.m.* → **disprezzo.**

disprezzàbile |dispret'tsabile| *agg.* **1** [*che merita disprezzo*] méprisable: *un individuo disprezzabile* un individu méprisable **2** [*di scarsa importanza*] négligeable: *valore, quantità disprezzabile* valeur, quantité négligeable → **insignificante** ◇ (*in espressioni neg.*) [*considerevole, apprezzabile*] *ha fatto progressi non disprezzabili* il a fait des progrès non négligeables [C] **importante, apprezzabile.**

disprezzàre |dispret'tsare| *v.tr.* **1** [*ritenere indegno della propria stima*] mépriser: *disprezzare gli stranieri* mépriser les étrangers → **disdegnare, sprezzare** ◇ [*giudicare abietto, spregevole*] *disprezzare l'ipocrisia di qc.* mépriser l'hypocrisie de qqn.; *disprezzare i poveri* mépriser les pauvres ◇ (*prov.*) *chi disprezza compra* tel refuse qui après achète **2** [*non tenere in alcun conto*] mépriser, dédaigner: *disprezzare gli onori* mépriser, dédaigner les honneurs; *disprezzare il pericolo, la morte* mépriser le danger, la mort ◇ [*non osservare, trasgredire*] négliger (3): *disprezzare gli ordini, le leggi* négliger les ordres, les lois [C] **stimare, apprezzare.**

disprèzzo |dis'prɛttso| *s.m.* [*mancanza di stima, di considerazione*] mépris: *disprezzo del successo* mépris du succès; *disprezzo per le ricchezze* mépris des richesses; *nutrire disprezzo per gli ipocriti* éprouver du mépris pour les hypocrites → **disistima** ◇ [*noncuranza*] *con disprezzo del pericolo, della morte* au mépris du danger, de la mort; *disprezzo delle leggi, delle chiacchiere della gente* mépris des lois, des bavardages des gens [C] **stima, rispetto, considerazione.**

dìsputa |'disputa| *s.f.* **1** [*discussione, dibattito vivace*] discussion, débat (*m.*): *disputa filosofica* discussion, débat philosophique; *partecipare a una disputa* prendre part à un discussion, à un débat **2** [*lite, contesa*] dispute: *tra moglie e marito nacque una violenta disputa* une violente dispute éclata entre (le) mari et (la) femme → **alterco, litigio** **3** [*gara, competizione sportiva*] épreuve.

disputàbile |dispu'tabile| *agg.* [→ DISPUTARE] disputable.

disputàre |dispu'tare| **A** *v.intr.* (*aus.* '*avere*') **1** [*discutere, dibattere*] discuter (de) (*tr., intr.*): *disputare di filosofia* discuter (de) philosophie ✦ (*ass.*) *son più di tre ore che quelle persone stanno disputando* cela fait plus de trois heures que ces personnes discutent **2** [*competere, rivaleggiare*] rivaliser: *disputare per il primato* rivaliser pour la première place **B** *v.tr.* **1** [→ *intr.* 1] discuter (de): *hanno disputato varie questioni* ils ont discuté (de) plusieurs questions **2** [*avversare, contendere*] disputer: *disputare il successo a qc.* disputer le succès à qqn. ◇ (*sport*) [*giocare, condurre una gara*] *disputare un incontro, un combattimento* disputer un match, un combat; *quella squadra ha disputato un'ottima partita, un eccellente campionato* cette équipe a disputé une excellente partie, un excellent championnat # *disputare il giro di Francia* [*prendervi parte*] participer, prendre part au tour de France **C** *v.pron.rifl.recipr.* DISPUTARSI [*contendersi q.c.*] se disputer: *disputarsi l'onore di fare q.c.* se disputer l'honneur de faire qqch.

disquilìbrio, i |diskwi'librjo, i| *s.m.* → **squilibrio.**

disquisizióne |diskwizit'tsjone| *s.f.* [*indagine minuziosa e accurata*] recherche: *disquisizione dotta, sottile, inutile* recherche savante, subtile, inutile → **ricerca** ◇ [*esposizione, trattazione particolareggiata*] dissertation: *leggere,*

ascoltare una disquisizione filosofica lire, écouter une dissertation philosophique.
dissacralizzazióne |dissakraliddzat'tsjone| *s.f.* désacralisation.
dissacrànte |dissa'krante| *agg.* [*che tende a dissacrare*] désacralisant: *assumere un atteggiamento dissacrante* prendre une attitude désacralisante.
dissacràre |dissa'krare| *v.tr.* (*lett.*) [*sconsacrare, privare del carattere sacro*] désaffecter: *dissacrare una chiesa, una cappella* désaffecter une église, une chapelle ◇ (*fig.*) [*profanare, smitizzare*] désacraliser, démythifier: *dissacrare le tradizioni* désacraliser, démythifier les traditions.
dissacratóre, trice |dissakra'tore, tritʃe| *agg.* → **dissacrante.**
dissacratòrio, i |dissakra'tɔrjo, i| *agg.* [*che tende a dissacrare*] désacralisant: *atteggiamento dissacratorio* attitude désacralisante.
dissacrazióne |dissakrat'tsjone| *s.f.* [→ DISSACRARE] désaffectation ◇ (*fig.*) désacralisation, démythification.
dissalaménto |dissala'mento| *s.m.* → **dissalazione.**
dissalàre |dissa'lare| *v.tr.* **1** (*di alimenti conservati sotto sale*) [*liberare dal sale eccessivo*] dessaler: *dissalare il merluzzo, le acciughe, i prosciutti* dessaler la morue, les anchois, les jambons **2** (*detto di acque*) [*eliminarne la salinità*] dessaler: *dissalare l'acqua del mare* dessaler l'eau de la mer.
dissalatóre |dissala'tore| *s.m.* (*tecnol.*) dessaleur.
dissalazióne |dissalat'tsjone| *s.f.*, **dissalaménto** |dissala'mento| *s.m.* [→ DISSALARE] dessalement *m.*, désalinisation (*f.*): *impianto di dissalazione dell'acqua di mare* usine de dessalement de l'eau de mer.
dissaldàre |dissal'dare| *v.tr.* [*separare rompendo la saldatura*] dessouder: *dissaldare due tubi* dessouder deux tubes ◇ (*fig.*) briser: *dissaldare una lunga amicizia* briser une longue amitié.
dissanguaménto |dissangwa'mento| *s.m.* [*perdita totale del sangue*] hémorragie (*f.*): *morire per dissanguamento* mourir d'une hémorragie ◇ (*fig.*) [*esaurimento di energie, di risorse*] hémorragie, épuisement: *la guerra provoca il dissanguamento delle finanze* la guerre provoque l'hémorragie, l'épuisement des finances.
dissanguàre |dissan'gware| **A** *v. tr.* [*privare del sangue*] faire (45) *intr.* perdre tout son sang (à): *dissanguare un ferito* faire perdre tout son sang à un blessé # *dissanguare un maiale* saigner un cochon ◇ (*fig.*) [*esaurire, impoverire economicamente o moralmente*] épuiser: *dissanguare il proprio patrimonio* épuiser son patrimoine; *dissanguare le ricchezze di un paese* épuiser les richesses d'un pays **B** *v.pron.* DISSANGUARSI **1** *intr.* [*perdere molto sangue*] perdre (53) *tr.* tout son sang: *dissanguarsi per le ferite* perdre tout son sang du fait, à la suite de ses blessures ◇ (*fig.*) [*impoverirsi, rovinarsi spec. economicamente*] se saigner aux quatre veines: *dissanguarsi per la propria famiglia* se saigner aux quatre veines pour sa famille **2** *rifl.* [*privarsi del proprio sangue*] s'ouvrir (23) les veines: *ha tentato di dissanguarsi* il a essayé de s'ouvrir les veines.
dissanguàto |dissan'gwato| *agg.* [*esangue, privo di sangue*] qui a perdu tout son sang *loc.*, exsangue: *animale dissanguato* animal qui a perdu tout son sang, exsangue # *morire dissanguato* mourir d'une hémorragie ◇ (*fig.*) [*immiserito, privo di risorse*] saigné à blanc, épuisé: *paese dissanguato dalla guerra* pays saigné à blanc, épuisé par la guerre → **impoverito.**
dissanguatóre |dissangwa'tore| *s.m.* (*fig.*) sangsue *f.*, vampire.
dissapóre |dissa'pore| *s.m.* [*screzio, dissenso*] désaccord: *dissapore tra coniugi* désaccord entre (les) époux; *sono sorti dissapori con i familiari* des désaccords ont surgi avec les autres membres de la famille.
dissecàre |disse'kare| *v.tr.* (*anat.*) [*sezionare, anatomizzare*] disséquer (8): *dissecare un cadavere* disséquer un cadavre.
disseccaménto |dissekka'mento| *s.m.* [→ DISSECCARE] dessèchement ◇ (*chim.*) dessiccation *f.*
disseccàre |dissek'kare| **A** *v.tr.* [*inaridire, rendere secco, asciutto*] dessécher (8): *la siccità ha disseccato la vegetazione* la sécheresse a desséché la végétation → **seccare** ◇ (*fig.*) *disseccare il cuore, lo spirito* dessécher le cœur, l'esprit **B** *v.pron.intr.* DISSECCARSI [*seccarsi, prosciugarsi*] se dessécher; (se) tarir: *la pelle si dissecca al sole* la peau se dessèche au soleil ‖ *il pozzo si è disseccato* le puits s'est tari, a tari → **seccar(si)** ◇ (*fig.*) se tarir: *la sua vena poetica si è disseccata* sa veine poétique s'est tarie.
disseccazióne |dissekkat'tsjone| *s.f.* [→ DISSECCARE A] dessèchement (*m.*): *disseccazione della pelle, del legno* dessèchement de la peau, du bois.
disselciàre |dissel'tʃare| *v.tr.* [*togliere il selciato*] dépaver: *disselciare una piazza* dépaver une place Ⓒ **lastricare.**
dissellàre |dissel'lare| *v.tr.* [*levare la sella a*] desseller: *dissellare un cavallo* desseller un cheval Ⓒ **sellare.**
disseminàre |dissemi'nare| *v.tr.* [*sparpagliare, spargere qua e là*] disperser: *disseminare gli indumenti per la stanza* disperser, jeter ses vêtements dans la chambre ◇ (*fig.*) [*diffondere*] semer (7); propager (3): *disseminare il malcontento, l'odio* semer le mécontentement, la haine ‖ *i germi di questa malattia si sono disseminati* les germes de cette maladie se sont propagés; *disseminare chiacchiere, notizie false* propager de faux bruits, de fausses nouvelles.
disseminatìvo |dissemina'tivo| *agg.* (*bot.*) disséminatif*.
disseminatóre, trice |dissemina'tore, tritʃe| *s.* (*fig.*) [*chi dissemina q.c.*] semeur*: *disseminatore di false notizie* semeur de fausses nouvelles.
disseminazióne |disseminat'tsjone| *s.f.* (*bot.*) dissémination, dispersion: *la disseminazione di molti semi avviene per opera del vento* la dissémination, la dispersion de beaucoup de graines se produit par l'action du vent Ⓒ **raccolta.**
dissennataménte |dissennata'mente| *avv.* [→ DISSENNATO] follement.
dissennatézza |dissenna'tettsa| *s.f.* [*mancanza di senno*] insanité, folie.
dissennàto |dissen'nato| *agg.* [*avventato, insensato*] insensé, fou*: *idee dissennate* idées insensées, folles → **demente** ✦ (*s.*) *un dissennato* un fou, un dément Ⓒ **assennato.**
dissensióne |dissen'sjone| *s.f.* (*raro*) [→ DISSENTIRE] dissension, dissentiment (*m.*): *dissensione familiare* dissension familiale → **discordia, contrasto.**
dissènso |dis'senso| *s.m.* **1** [*mancanza di consenso, discordanza di giudizi*] dissentiment, désaccord: *c'è dissenso tra noi circa il problema* il y a dissentiment, désaccord entre nous sur le problème; *mettere fine ai dissensi* mettre fin aux désaccords → **disaccordo, discordia** **2** [*disapprovazione*] désapprobation (*f.*): *manifestare il proprio dissenso* manifester sa désapprobation **3** [*gruppo di dissidenti*] dissidence (*f.*): *il dissenso in Europa orientale* la dissidence en Europe orientale; *passare, unirsi al dissenso* rejoindre la dissidence **4** *il dissenso cattolico* la dissension *f.* catholique Ⓒ **consenso, assenso.**
dissenterìa |dissente'ria| *s.f.* (*med., corr.*) dysenterie.
dissentèrico, ci, ca, che |dissen'teriko, tʃi, ka, ke| *agg.* (*med.*) dysentérique.
dissentìre |dissen'tire| *v.intr.* (*aus.* 'avere') [*essere di parere, di avviso contrario*] n'être pas d'accord: *dissentire da qc. su q.c.* n'être pas d'accord avec qqn. sur qqch.; *su questo punto permettetemi di dissentire da voi* sur ce point permettez-moi de n'être pas d'accord avec vous → **discordare** Ⓒ **assentire, consentire.**
dissenzïènte |dissen'tsjɛnte| *agg.* qui n'est pas d'accord *loc.*, qui n'est pas du même avis (*loc.*): *ci sono molti deputati dissenzienti* il y a beaucoup de députés qui ne sont pas d'accord, qui ne sont pas du même avis → **discorde, dissidente** ✦ (*s.*) *un dissenziente, una dissenziente* celui, celle qui n'est pas d'accord (*loc.*): *i dissenzienti se ne andarono* ceux qui n'étaient pas d'accord s'en allèrent Ⓒ **consenziente, assenziente.**
disseppelliménto |disseppelli'mento| *s.m.* → **dissotterramento.**
disseppellire |disseppel'lire| (197) *v.tr.* → **dissotterrare.**
dissequestràre |dissekwes'trare| *v.tr.* **1** (*dir.*) [*liberare dal sequestro*] dessaisir: *dissequestrare un mobile, della merce* dessaisir un meuble, de la marchandise **2** (*per est.*) [*liberare una persona tenuta illegalmente prigioniera per motivi di ricatto o di vendetta*] disséquestrer, libérer (8).
dissequèstro |disse'kwestro| *s.m.* **1** (*dir.*) dessaisissement **2** (*per est.*) [→ DISSEQUESTRARE 2] disséquestration *f.*, libération *f.*
disserràre |disser'rare| *v.tr.* (*lett.*) **1** [*schiudere, aprire*] desserrer ◇ (*fig.*) [*manifestare*] manifester **2** [*vibrare*] *disserrare un colpo* donner, assener (6) un coup.
dissertàre |disser'tare| *v.intr.* (*aus.* 'avere') [*discutere su un argomento con serietà e competenza*] disserter: *dissertare di filosofia* disserter sur la, de philosophie.
dissertatóre, trice |disserta'tore, tritʃe| *s.* dissertateur*, disserteur*.
dissertazióne |dissertat'tsjone| *s.f.* [→ DISSERTARE] dissertation.
disservìzio, i |disser'vittsjo, i| *s.m.* [*cattivo funzionamento di un servizio pubblico*] mauvais fonctionnement: *il*

disservizio postale le mauvais fonctionnement de la poste.

dissestàre |disses'tare| *v.tr.* **1** [*mettere in disordine, ridurre in condizioni precarie*] disloquer, déranger (3): *il temporale ha dissestato le tegole* l'orage a disloqué, dérangé les tuiles → **sconquassare** **2** [*danneggiare sul piano economico*] bouleverser: *la rivoluzione ha dissestato le finanze dello Stato* la révolution a bouleversé les finances de l'État; *dissestare il bilancio familiare* bouleverser le budget familial **C** 1 **assestare.**

dissestàto |disses'tato| *agg.* **1** [*ridotto in cattive condizioni*] défoncé, déformé: *strada dissestata* route défoncée, déformée; *terreno dissestato* terrain défoncé **2** [*compromesso finanziariamente*] en difficulté (*loc. inv.*): *azienda dissestata* entreprise en difficulté # *bilancio dissestato* budget mal équilibré ✦ (*s.*) *un dissestato* une personne ruinée **C** 1 **assestato.**

dissèsto |dis'sɛsto| *s.m.* [*grave situazione economica, fallimento*] débâcle *f.*, déconfiture (*f.*): *il dissesto di una fortuna* la débâcle, la fin, la ruine d'une fortune; *il dissesto finanziario* la débâcle financière; *quel banchiere ha subito un grave dissesto* ce banquier a subi une grave déconfiture; *essere, cadere in dissesto* être, tomber en déconfiture → **crollo, rovina** ◇ (*tecnol.*) *dissesto idrogeologico dei terreni* dégradation hydrogéologique des terrains.

dissetànte |disse'tante| *agg.* [*che disseta*] désaltérant ✦ (*s.m.*) *un dissetante* une boisson *f.* désaltérante *agg.*

dissetàre |disse'tare| **A** *v.tr.* [*togliere la sete*] désaltérer (8): *dissetare un ferito* désaltérer un blessé; *il caffè freddo mi disseta molto* le café froid me désaltère beaucoup ◇ (*fig.*) [*appagare, saziare*] assouvir, satisfaire (45): *dissetare la propria curiosità* assouvir, satisfaire sa curiosité **B** *v.pron.rifl.* DISSETARSI [→ *tr.*] se désaltérer: *si dissetò alla fontana* il se désaltéra à la fontaine **C** A **assetare.**

dissezióne |disset'tsjone| *s.f.* dissection: *dissezione anatomica* dissection anatomique.

dissidènte |dissi'dɛnte| *agg.* dissident: *partito dissidente* parti dissident ✦ (*s.*) *un dissidente* un dissident.

dissidènza |dissi'dɛntsa| *s.f.* dissidence: *essere in dissidenza* être en dissidence; *unirsi alla dissidenza* rejoindre la dissidence → **disaccordo.**

dissìdio, i |dis'sidjo, i| *s.m.* [*contrasto, dissenso*] dissension *f.*, désaccord: *dissidi familiari* dissensions familiales; désaccords familiaux; *essere in dissidio con qc.* être en désaccord avec qqn. # *comporre un dissidio* régler un différend ◇ (*per est.*) [*litigio, discordia*] dispute (*f.*): *non conosco la causa del dissidio* je ne connais pas la cause de la dispute **C** **accordo.**

dissigillàre |dissidʒil'lare| *v.tr.* [*aprire ciò che è sigillato*] décacheter (5): *dissigillare una lettera* décacheter une lettre.

dissimigliàre |dissimiʎ'ʎare| *v.tr.* → **dissomigliare.**

dissimilàre |dissimi'lare| **A** *v.tr.* (*raro*) [*rendere dissimile*] rendre (53) dissemblable → **diversificare** **B** *v.pron. intr.* DISSIMILARSI (*ling.*) [*subire una dissimilazione*] subir une dissimilation.

dissimilazióne |dissimilat'tsjone| *s.f.* (*ling.*) dissimilation.

dissìmile |dis'simile| *agg.* [*che non ha somiglianza con qc. o q.c.*] dissemblable, différent: *caratteri dissimili* caractères dissemblables; *opinioni dissimili* opinions différentes → **diverso** **C** **simile.**

dissimilitùdine |dissimili'tudine| *s.f.* (*lett.*) dissimilitude, dissemblance → **diversità** **C** **similitudine.**

dissimmetrìa |dissimme'tria| *s.f.* (*raro*) dissymétrie (*corr.*).

dissimmètrico, ci, ca, che |dissim'mɛtrico, tʃi, ka, ke| *agg.* dissymétrique: *disposizione dissimmetrica* disposition dissymétrique **C** **simmetrico.**

dissimulàre |dissimu'lare| *v.tr.* **1** [*evitare di far trasparire*] dissimuler, taire (69) (*lett.*): *dissimulare la propria gelosia* dissimuler sa jalousie; *dissimulare le proprie intenzioni* dissimuler ses intentions; *dissimulare la propria pena* dissimuler, taire son chagrin ✦ *ass.* [*fingere*] dissimuler: *ha imparato molto bene a dissimulare* il a très bien appris à dissimuler **2** (*raro*) [*nascondere, celare*] dissimuler: *dissimulava un pugnale sotto la giacca* il dissimulait un poignard sous sa veste.

dissimulàto |dissimu'lato| *agg.* dissimulé: *profitto dissimulato* profit dissimulé; *invidia mal dissimulata* envie mal dissimulée.

dissimulatóre, trice |dissimula'tore, tritʃe| *s. e agg.* dissimulateur*.

dissimulazióne |dissimulat'tsjone| *s.f.* [→ DISSIMULARE 1] dissimulation: *la dissimulazione del proprio turbamento, delle proprie intenzioni* la dissimulation de son trouble, de ses intentions; *parlare, agire senza dissimulazione* parler, agir sans dissimulation → **finzione** **C** **sincerità, franchezza.**

dissipàre |dissi'pare| **A** *v.tr.* **1** [*dissolvere, disperdere*] dissiper: *il sole dissipa la nebbia* le soleil dissipe le brouillard; *dissipare i dubbi, i sospetti* dissiper les doutes, les soupçons → **scacciare, dileguare** **2** [*spendere senza freno, scialacquare*] dissiper, dilapider: *dissipare il proprio patrimonio* dissiper, dilapider son patrimoine → **dilapidare, sperperare** **B** *v.pron.intr.* DISSIPARSI [*dileguarsi, scomparire*] se dissiper: *la tempesta si è dissipata* la tempête s'est dissipée ◇ (*fig.*) *tutti i miei sospetti si sono dissipati* tous mes soupçons se sont dissipés → **disperder(si).**

dissipataménte |dissipata'mente| *avv.* [→ DISSIPATO] avec dissipation *loc.inv.*

dissipatézza |dissipa'tettsa| *s.f.* [*corruzione materiale e spirituale*] dissipation # *dissipatezza di vita* vie dissipée.

dissipàto |dissi'pato| *agg.* [*disordinato; senza misura*] dissolu, corrompu: *un ragazzo dissipato* un garçon dissolu, corrompu; *condurre una vita dissipata* mener une vie dissolue, corrompue → **dissoluto, corrotto** ✦ (*s.*) *un dissipato* un débauché.

dissipatóre, trice |dissipa'tore, tritʃe| *s.* [*dissipatore, scialacquatore*] gaspilleur*, dissipateur* **C** **economo, risparmiatore.**

dissipazióne |dissipat'tsjone| *s.f.* **1** [*sregolatezza di vita*] débauche, dissipation (*lett.*): *vivere nella dissipazione* vivre dans la dissipation, dans la débauche → **dissolutezza, vizio** **2** [*sperpero, spreco*] dissipation: *dissipazione di un patrimonio* dissipation d'un patrimoine → **dilapidazione** **3** (*fis.*) *dissipazione di energia* dégradation d'énergie **C** 1 **morigeratezza**; 2 **risparmio, parsimonia.**

dissociàbile |disso'tʃabile| *agg.* [→ DISSOCIARE] dissociable: *le due questioni sono dissociabili* les deux questions sont dissociables.

dissociabilità |dissotʃabili'ta| *s.f. inv.* dissociabilité *var.*

dissociàre |disso'tʃare| *v.tr.* **1** [*separare, disgiungere*] dissocier, séparer: *dissociare la teoria dalla pratica* dissocier, séparer la théorie de la pratique; *dissociare la propria responsabilità da quella altrui* dissocier sa responsabilité de celle d'autrui **2** (*chim.*) (*di un composto*) [*scinderlo negli elementi costituenti*] dissocier, décomposer: *dissociare l'acqua per elettrolisi* dissocier, décomposer l'eau par électrolyse; *dissociare una sostanza* dissocier, décomposer une substance.

dissociativo |dissotʃa'tivo| *agg.* de dissociation (*loc. inv.*): *problemi dissociativi* problèmes de dissociation; *fenomeno dissociativo* phénomène de dissociation **C** **associativo.**

dissociazióne |dissotʃat'tsjone| *s.f.* **1** [→ DISSOCIARE 1] dissociation, séparation **2** (*chim.*) dissociation: *dissociazione elettrolitica* dissociation électrolytique; *dissociazione termica* dissociation thermique **3** (*psicol.*) dissociation: *dissociazione mentale* dissociation mentale → **sdoppiamento** **C** 1; 3 **associazione.**

dissodaménto |dissoda'mento| *s.m.* [→ DISSODARE] défrichage, défrichement: *il dissodamento di un terreno* le défrichage, le défrichement d'un terrain.

dissodàre |disso'dare| *v.tr.* (*di terreni incolti*) [*rendere adatto alla coltura*] défricher: *dissodare un terreno* défricher un terrain ◇ (*fig.*) [*educare, formare*] ouvrir (23), former: *l'istruzione dissoda la mente dei giovani* l'instruction ouvre, forme l'esprit des jeunes.

dissolùbile |disso'lubile| *agg.* [→ DISSOLVERE A] dissoluble (*raro*) **C** **indissolubile.**

dissolubilità |dissolubili'ta| *s.f. inv.* dissolubilité *var.*

dissolutaménte |dissoluta'mente| *avv.* [→ DISSOLUTO] d'une manière dissolue *loc.inv.*

dissolutézza |dissolu'tettsa| *s.f.* **1** [*licenziosità, sregolatezza*] dissolution: *la dissolutezza dei costumi* la dissolution des mœurs → **sfrenatezza, corruzione** **2** [*abitudine, azione dissoluta*] vice (*m.*): *le sue dissolutezze l'hanno rovinato* ses vices l'ont ruiné **C** **morigeratezza.**

dissolutivo |dissolu'tivo| *agg.* dissolutif*.

dissolùto |disso'luto| *agg.* [*corrotto, vizioso, sregolato*] dissolu: *una donna dissoluta* une femme dissolue; *costumi dissoluti* mœurs dissolues, relâchées; *condurre una vita dissoluta* mener une vie dissolue ✦ (*s.*) *un dissoluto* un débauché **C** **morigerato, onesto.**

dissoluzióne |dissolut'tsjone| *s.f.* **1** dissolution: *la dissoluzione della materia, dei corpi* la dissolution de la matière, des corps → **decomposizione** ◇ (*fig.*) [*decadenza, sfacelo*] dissolution, écroulement (*m.*): *dissoluzione di una civiltà, di un sistema, di un impero, di una famiglia* dissolution, écroulement d'une civilisation, d'un système, d'un empire, d'une famille **2** [*corruzione, dissolutezza, sregolatezza*] dissolution, corruption: *dissoluzione dei costumi* dissolution, corruption des mœurs; *vivere nella dissoluzione* vivre dans la dissolution, dans la corruption **3** [*scioglimento di una sostanza in un liquido*] dissolution: *dissoluzione dello zucchero nell'acqua* dissolution du sucre dans l'eau.

dissolvènte |dissol'vɛnte| **1** *agg.* dissolvant: *azione dissolvente dell'alcool* action dissolvante de l'alcool **2** *s.m.* → **solvente.**

dissolvènza |dissol'vɛntsa| *s.f.* (*cine.*) fondu (*m.*): *dissolvenza incrociata* fondu enchaîné; *dissolvenza in apertura* ouverture en fondu; *dissolvenza in chiusura* fermeture en fondu.

dissòlvere |dis'sɔlvere| (117) **A** *v.tr.* **1** [*dissipare, fugare*] dissiper: *il vento ha dissolto le nubi* le soleil a dissipé les nuages; *la fede dissolve ogni dubbio* la foi dissipe tous les doutes **2** [*disgregare, disfare, disunire*] désagréger (3, 8): *spesso gli interessi dissolvono anche le amicizie più vere* souvent les intérêts désagrègent même les amitiés les plus vraies **3** (*arc.*) [*sciogliere*] dissoudre (63) (*corr.*): *dissolvere il sale nell'acqua* dissoudre le sel dans l'eau **B** *v.pron.intr.* DISSOLVERSI [*sciogliersi, svanire, dileguarsi*] se dissiper, s'évanouir: *ogni mio dubbio si è dissolto* tous mes soupçons se sont dissipés, évanouis; *l'immagine si dissolse nell'aria* l'image s'évanouit dans l'air.

dissolviménto |dissolvi'mento| *s.m.* (*lett.*) → **dissoluzione.**

dissomigliànte |dissomiʎ'ʎante| *agg.* dissemblable: *sono cose molto dissomiglianti* ce sont des choses très dissemblables → **differente, diverso** Ⓒ **somigliante.**

dissomigliànza |dissomiʎ'ʎantsa| *s.f.* [*diversità, differenza*] dissemblance: *c'è una grande dissomiglianza tra questi due fratelli* il y a une grande dissemblance entre ces deux frères Ⓒ **somiglianza.**

dissomigliàre |dissomiʎ'ʎare| *v. intr.* (*aus.* '*essere*') [*essere dissimile, diverso*] différer (8) (*aus.* avoir): *quei due fratelli dissomigliano molto nel carattere* ces deux frères diffèrent beaucoup par leur caractère Ⓒ **assomigliare.**

dissonànte |disso'nante| *agg.* (*mus.*) dissonant, discordant: *suoni dissonanti* sons dissonants, discordants ◇ (*fig.*) *opinioni dissonanti* opinions discordantes → **divergente.**

dissonànza |disso'nantsa| *s.f.* **1** (*mus.*) dissonance **2** (*fig.*) [*discordanza, disaccordo*] discordance: *dissonanza di opinioni* discordance d'opinions; *dissonanza di colori* discordance de couleurs Ⓒ **accordo; 2 somiglianza.**

dissonàre |disso'nare| *v.intr.* (*aus.* '*avere*') (*mus.*) [*produrre dissonanza*] dissoner ◇ (*fig.*) [*essere discordante*] jurer; être (43) en désaccord: *due colori che dissonano* deux couleurs qui jurent ‖ *opinioni dissonanti* opinions (qui sont) en désaccord.

dissono |'dissono| *agg.* (*lett.*) → **dissonante; discordante.**

dissotterraménto |dissotterra'mento| *s.m.* [→ DISSOTTERRARE] déterrement.

dissotterràre |dissotter'rare| *v.tr.* **1** [*disseppellire, esumare*] déterrer, exhumer: *dissotterrare un corpo* déterrer, exhumer un corps, un cadavre ◇ (*per est.*) [*riportare alla luce mediante scavi*] déterrer: *dissotterrare un tesoro, una statua, i resti di un tempio antico* déterrer un trésor, une statue, les restes d'un temple ancien **2** (*fig.*) [*riproporre all'attenzione; rimettere in uso*] déterrer, exhumer: *dissotterrare i propri ricordi* déterrer, exhumer ses souvenirs; *dissotterrare vecchi rancori* déterrer, exhumer de vieilles rancunes; *dissotterrare antiche abitudini* exhumer de vieilles habitudes Ⓒ 1 **sotterrare.**

dissuadére |dissua'dere| (164) *v.tr.* [*distogliere, far desistere*] dissuader: *non sono riuscito a dissuaderlo dall'impresa* je ne suis pas arrivé à le dissuader d'abandonner son projet Ⓒ **persuadere.**

dissuasióne |dissua'zjone| *s.f.* [→ DISSUADERE] dissuasion: *forze di dissuasione* forces de dissuasion Ⓒ **persuasione.**

dissuasìvo |dissua'zivo| *agg.* dissuasif*.

dissuefàre |dissue'fare| (103) *v.tr.* [*far perdere un'abitudine, spec. nociva; disabituare*] déshabituer, désaccoutumer: *dissuefare qc. dalla droga* déshabituer, désaccoutumer qqn. de la drogue.

dissuèto |dissu'ɛto| *agg.* (*lett.*) désuet*.

dissuetùdine |dissue'tudine| *s.f.* (*lett.*) → **desuetudine.**

dissuggellàre |dissuddʒel'lare| *v. tr.* [*togliere i sigilli, dissigillare*] décacheter (5): *dissuggellare una lettera* décacheter une lettre ◇ (*fig., lett.*) *dissuggellare le labbra* entrouvrir (23) (*corr.*) les lèvres; *dissuggellare un segreto* dévoiler (*corr.*) un secret.

distaccaménto |distakka'mento| *s.m.* **1** (*mil.*) détachement: *un distaccamento di fanteria* un détachement d'infanterie **2** (*raro*) [→ DISTACCARE A 1] détachement: *il distaccamento dalle passioni terrene* le détachement des passions de ce monde → **distacco.**

distaccàre |distak'kare| **A** *v.tr.* **1** [*separare, allontanare, staccare*] détacher: *distaccare la motrice dal treno* détacher la locomotive du train; *distaccare un manifesto dal muro* détacher une affiche du mur; *distaccare un fanciullo dalla madre* détacher un petit garçon de sa mère **2** [*mandare, trasferire altrove*] détacher: *distaccare un impiegato presso una succursale* détacher un employé dans une succursale; *tutto il reparto fu distaccato a Roma* tout le service fut détaché à Rome **3** (*sport*) [*lasciare dietro di sé; vincere con distacco*] distancer (2): *distaccare il gruppo, gli inseguitori* distancer le groupe, les poursuivants; *ha distaccato tutti di dieci minuti* il les a tous distancés de dix minutes → 2 **distanziare B** *v.pron. intr.* DISTACCARSI **1** [*allontanarsi, disaffezionarsi*] se détacher: *distaccarsi dagli amici* se détacher des amis; *distaccarsi dalle cose del mondo* se détacher des choses de ce monde **2** (*fig.*) [*emergere, distinguersi*] se distinguer: *è un uomo che si distacca da tutti per zelo e devozione* c'est un homme qui se distingue de tous par son zèle et son dévouement **3** [*separarsi, staccarsi*] se détacher: *il frutto maturo si distacca facilmente dal ramo* le fruit mûr se détache facilement de la branche; *è difficile che le due parti del meccanismo si distacchino* il est difficile que les deux parties du mécanisme se détachent ◇ (*aer.*) [*decollare*] décoller (*intr.*): *l'aereo si distaccò dal suolo lentamente* l'avion décolla lentement.

distaccàto |distak'kato| *agg.* **1** [*separato, disgiunto*] détaché: *sezione distaccata* section détachée ◇ (*mil.*) *fa parte del plotone distaccato al fronte* il fait partie du peloton désigné pour le front **2** (*fig.*) [*indifferente, freddo*] détaché: *ci rispose con tono distaccato* il nous répondit d'un ton détaché **3** (*ciclismo*) distancé: *è arrivato distaccato di tre minuti* il est arrivé distancé de trois minutes.

distàcco, chi |dis'takko, ki| *s.m.* **1** [*allontanamento, separazione*] séparation (*f.*): *è sempre doloroso il distacco dai propri cari* la séparation d'avec sa famille est toujours douloureuse ◇ [*rimozione, asportazione*] décollement: *provvedere al distacco di un affresco* procéder au décollement d'une fresque ◇ [*rinuncia, abbandono*] détachement: *esortava al distacco dai beni del mondo* il exhortait au détachement des biens de ce monde ◇ (*med.*) *il distacco della retina* le décollement de la rétine ◇ (*aer.*) décollage → **decollo** **2** [*indifferenza, disinteresse*] détachement: *rispondere, parlare con distacco* répondre, parler avec détachement **3** (*ciclismo*) avance (*f.*): *vincere con un distacco di 5 minuti* gagner avec 5 minutes d'avance # *il corridore seguiva con notevole distacco* le coureur suivait nettement distancé.

distàle |dis'tale| *agg.* (*anat., med.*) distal* Ⓒ **prossimale.**

distànte |dis'tante| *agg.* **1** [*lontano*] éloigné: *abita in una casa distante dal paese* il habite dans une maison éloignée du village; *l'ospedale è distante circa un chilometro dal centro* l'hôpital est éloigné du centre d'environ un kilomètre # *l'ora tanto attesa è ancora distante* l'heure tant attendue est encore loin **2** (*fig.*) [*diverso, differente*] éloigné: *mi sembra che abbiano mentalità molto distanti dalla tua* il me semble qu'ils ont des mentalités fort éloignées de la tienne **3** (*fig.*) distant: *ci accolse con atteggiamento distante* il nous reçut avec une certaine hauteur ◆ *avv.* [*lontano*] loin: *abito molto distante* j'habite très loin.

distànza |dis'tantsa| *s.f.* **1** distance; intervalle (*m.*): *la distanza tra le nostre abitazioni è minima* la distance entre nos habitations est très petite; *che distanza c'è tra Milano e Bergamo?* quelle distance y a-t-il entre Milan et Bergame? ‖ *c'è molta distanza tra le due ricorrenze* il y a grand intervalle entre les deux fêtes # *a distanza di alcuni giorni* après quelques jours, au bout de quelques jours ◇ (*med.*) *risultati a distanza* résultés éloignés ◇ (*auto., mil.*) *distanza di sicurezza* marge de sécurité ◇ (*loc. fig.*) *mantenersi a rispettosa, a debita distanza* se tenir à distance respectueuse ~ *mantenere le distanze* garder, conserver ses distances **2** [*differenza, disparità*] distance: *c'è una distanza insormontabile tra le vostre opinioni* il y a une distance, un abîme infranchissable entre vos opinions; *grande* *è la distanza tra l'allievo e il maestro* grande est la distance entre l'élève et le maître → **dislivello** **3** (*sport*) distance: *ha coperto la distanza in 40'30"* il a couvert la distance en 40'30"; *i cavalli correranno sulla distanza di 2000 metri* les chevaux vont courir sur une distance de 2000 mètres; *vincere, venir fuori alla distanza* s'imposer à la distance Ⓒ 1; 2 **vicinanza, contatto.**

distanziaménto |distantsja'mento| *s.m.* [→ 1 DISTANZIARE] espacement: *distanziamento degli alberi di un viale* espacement des arbres d'une allée ◇ (*fig.*) distanciation *f.*

1 **distanziàre** |distan'tsjare| *v.tr.* [*disporre a una certa distanza*] espacer (2), distancer (2): *distanziare due quadri* espacer deux tableaux Ⓒ **avvicinare.**

2 **distanziàre** |distan'tsjare| *v.tr.* **1** (*sport*) [*avvantaggiarsi sull'avversario*] distancer (2): *ha distanziato tutti* il a distancé tout le monde **2** (*per est.*) [*lasciare dietro di sé*] distancer: *distanziare gli inseguitori* distancer ses poursuivants; *il ladro è riuscito a distanziare i carabinieri* le voleur a réussi à distancer les carabiniers **3** [*essere superiore*] distancer: *l'allievo ha distanziato tutti i suoi compagni* l'élève a distancé tous ses camarades → **superare.**

distanziàto |distan'tsjato| *agg.* (*ciclismo, ippica*) distancé: *è rimasto distanziato da tutti i suoi avversari* il a été distancé par tous ses adversaires.

distanziatóre |distantsja'tore| *s.m.* (*mecc.*) pièce *f.* d'entretoisement ✦ *agg.* (*foto.*) *anello distanziatore* doubleur de focale.

distanziòmetro |distan'tsjɔmetro| *s.m.* distanciomètre.

distàre |dis'tare| *v.intr.* (*dif., usato solo al pres. indic.*: *'io disto, disti, dista, distiamo, distate, distano'*) [*essere situato a una certa distanza*] être (43) distant: *le due città distano pochi chilometri* les deux villes sont distantes de peu de kilomètres ◇ (*fig.*) [*differire, discordare*] différer (8): *i nostri pareri distano alquanto* nos avis diffèrent quelque peu.

distèndere |dis'tɛndere| (105) **A** *v.tr.* **1** [*stendere, allargare, allungare, spiegare*] étendre (53): *distendere le lenzuola ad asciugare* étendre les draps pour qu'ils sèchent; *distese una coperta addosso all'ammalato* il étendit une couverture sur le malade; *distesero il manifesto sul tavolo* ils étendirent l'affiche sur la table; *distendere le braccia, le gambe* étendre les bras, les jambes # *distendere le ali, le vele* déployer les ailes, les voiles ◇ [*spalmare sottilmente*] étendre, appliquer: *distendere il colore, la vernice* étendre, appliquer la couleur, le vernis; *distendere un po' di marmellata sul pane* étendre un peu de confiture sur le pain ◇ (*mar.*) *distendere l'ancora* [*affondarla e tendere poi la catena cui è fissata*] jeter l'ancre ◇ (*fig.*) *distendere la voce* [*cantare a voce spiegata*] déployer sa voix ~ *distendere la mano* [*chiedere o dare soccorso*] tendre la main **2** [*collocare; buttare a terra; uccidere*] étendre: *distendere un malato sul letto, sulla barella* étendre un malade sur le lit, sur la civière; *gli sferrò un pugno al mento e lo distese a terra* il lui décocha un coup de poing au menton et l'étendit par terre; *con un colpo di rivoltella lo distese morto sulla piazza* d'un coup de revolver il l'étendit mort sur la place **3** (*fig.*) [*allentare*] détendre (53): *la vita in campagna distende i nervi* la vie à la campagne détend les nerfs **4** (*raro*) [*scrivere*] rédiger (3) (*corr.*): *distendere un articolo* rédiger un article → **stilare** **B** *v.pron.* DISTENDERSI **1** *rifl.* [*mettersi a giacere, sdraiarsi*] s'étendre: *distendersi sul letto per riposare* s'étendre sur le lit pour se reposer ◇ (*per est.*) [*riposarsi, allentare la tensione*] se détendre, se décontracter: *dopo l'esame vado a distendermi un po' in montagna* après l'examen je vais me détendre un peu à la montagne → **rilassar(si)** **2** *intr.* [*estendersi; spargersi*] s'étendre: *il paese si distende ai piedi della montagna* le village s'étend au pied de la montagne; *il deserto si distende fino al mare* le désert s'étend jusqu'à la mer ◇ (*fig.*) [*dilungarsi, diffondersi*] *si è disteso eccessivamente su un argomento insignificante* il s'est trop étendu, étendu à l'excès sur un sujet insignifiant.

distendìbile |disten'dibile| *agg.* extensible.

distensióne |disten'sjone| *s.f.* **1** [*cessazione di uno stato di tensione*] détente ◇ (*fra Stati, enti, ecc.*) *tra le forze politiche si è creato un clima di distensione* un climat de détente s'est créé entre les forces politiques; *c'è distensione nei rapporti internazionali* il y a une détente dans les rapports internationaux; *perseguire una politica di distensione* poursuivre une politique de détente; *le comunità religiose stanno attraversando un periodo di distensione* les communautés religieuses traversent une période de détente ◇ (*persone*) *la distensione degli animi* la détente des esprits; *ho bisogno di distensione e di riposo* j'ai besoin de détente et de repos **2** (*sollevamento pesi*) développé (*m.*): *distensione lenta, a due braccia* développé lent, à deux bras Ⓒ 1 **tensione.**

distensivo |disten'sivo| *agg.* [*che serve a distendere*] distrayant: *lettura distensiva* lecture distrayante ◇ (*fig.*) de détente (*loc. inv.*): *politica distensiva* politique de détente; *clima distensivo* climat de détente.

distésa |dis'tesa| *s.f.* **1** [*superficie di grandi dimensioni*] étendue: *la distesa del mare* l'étendue de la mer → **estensione** **2** [*oggetti ordinati l'uno accanto all'altro*] rangée: *una distesa di banchi* une rangée de bancs ◇ *loc.avv.* (*detto di campane*) *suonare a distesa* sonner à toute volée ~ *cantare a distesa* [*a voce spiegata*] chanter à pleine voix.

distesaménte |distesa'mente| *avv.* [*con abbondanza di particolari*] en détail *loc. inv.*, par le menu (*loc. inv.*): *raccontare q.c. distesamente* raconter qqch. en détail, par le menu.

distéso |dis'teso| **I** *agg.* **1** [*allungato, spiegato*] étendu: *lo trovarono supino con le braccia distese sul pavimento* ils le trouvèrent allongé sur le dos, les bras étendus sur le sol; *raccogliere i panni distesi al sole* retirer le linge étendu au soleil # *la barca procedeva a vele distese* le bateau avançait les voiles déployées ◇ [*sdraiato, coricato*] *se ne sta tutto il giorno disteso sul letto* il reste toute la journée étendu sur son lit ◇ (*per est.*) *capelli distesi* [*lisci*] cheveux lisses ◇ (*loc.*) *a voce distesa* [*a voce spiegata*] à pleine voix **2** [*esteso, ampio*] étendu: *distese pianure* des plaines étendues → **vasto** **3** (*fig.*) [*rilassato, riposato*] détendu: *avere l'animo disteso, i nervi distesi* avoir l'esprit détendu, les nerfs détendus ◇ [*cordiale, amichevole*] cordial*, amical*: *i nostri rapporti sono distesi* nos rapports sont cordiaux, amicaux **II** *loc. avv.* PER DISTESO [*diffusamente, con ogni particolare*] en détail, par le menu: *raccontò l'accaduto per disteso* il raconta en détail, par le menu ce qui était arrivé.

1 **distico, ci** |'distiko, tʃi| *s.m.* (*metr. ant.*) distique.

2 **distico, ci, ca, che** |'distiko, tʃi, ka, ke| *agg.* (*bot.*) distique.

distillàbile |distil'labile| *agg.* [→ DISTILLARE] distillable.

distillàre |distil'lare| **A** *v.tr.* **1** (*chim.*) [*sottoporre a, ottenere per distillazione*] distiller: *distillare acqua* distiller de l'eau; *distillare alcool* distiller de l'alcool **2** [*far uscire goccia a goccia*] distiller: *il pino distilla resina odorosa* le pin distille de la résine parfumée → **stillare** □ (*fig.*) *distillarsi il cervello* [*lambiccarsi, scervellarsi*] se creuser la cervelle ◇ (*fig.*) [*instillare, infondere*] distiller: *in questo libro ha distillato tutto il proprio sapere* dans ce livre il a distillé tout son savoir **B** *v.intr.* (*aus.* '*essere*') [*colare, cadere goccia a goccia*] distiller (*aus.* avoir): *dai favi distillava abbondante miele* les rayons distillaient un miel abondant.

distillatóio, i |distilla'tojo, i| *s.m.* → **alambicco.**

distillatóre, trice |distilla'tore, tritʃe| *s.* **1** *s.* distillateur* ◇ [*produttore di acquavite*] distillateur; bouilleur *m.* de cru **2** *s.m.* → **alambicco.**

distillazióne |distillat'tsjone| *s.f.* [→ DISTILLARE] distillation: *prodotti derivati dalla distillazione del petrolio* produits de la distillation du pétrole.

distillerìa |distille'ria| *s.f.* distillerie.

distilo |'distilo| *agg.* **1** (*arch.*) distyle **2** (*bot.*) à deux styles *loc.inv.*

distinguere |dis'tingwere| (135) **A** *v.tr.* **1** [*differenziare, separare mediante l'intelletto*] distinguer: *distinguere il bene dal male* distinguer le bien du mal ◇ [*discernere, individuare mediante i sensi*] *senza occhiali non distinguo nulla* sans lunettes je ne distingue rien; *non è riuscito a distinguere i suoni dei vari strumenti* il n'a pas réussi à distinguer les sons des différents instruments **2** [*dividere, ripartire*] diviser: *ha distinto il suo discorso in due parti* il a divisé son discours en deux parties → **distribuire** **3** [*contrassegnare, marcare, rendere riconoscibile*] distinguer; marquer: *distinguere con un'etichetta, con una sigla* distinguer par une étiquette, un sigle ‖ *distinguere il bestiame con un marchio* marquer le bétail ◇ [*caratterizzare, differenziare*] distinguer: *il suo altruismo lo distingue da tutti* son altruisme le distingue de tous; *la parola distingue gli uòmini da tutti gli altri esseri* la parole distingue les hommes de tous les autres êtres **B** *v.pron.intr.* DISTINGUERSI [*segnalarsi, rendersi insigne*] se distinguer: *distinguersi per valore e coraggio* se distinguer par sa valeur et son courage Ⓒ A 1 **confondere.**

distinguìbile |distin'gwibile| *agg.* [→ DISTINGUERE A] distinguable.

distìnta |dis'tinta| *s.f.* (*comm.*) liste; note: *distinta dei prezzi* liste des prix, tarif || *distinta delle spese* note de frais → **elenco, nota** # *distinta di versamento* bordereau de versement.
distintaménte |distinta'mente| *avv.* **1** [→ DISTINTO 2] distinctement: *sentire distintamente* entendre distinctement **2** [→ DISTINTO 3] avec distinction (*loc. inv.*): *l'ha salutata molto distintamente* il l'a saluée avec beaucoup de distinction ◇ (*nella chiusura delle lettere*) *vi, la saluto distintamente* avec mes salutations (les plus) distinguées.
distintivo |distin'tivo| **1** *agg.* distinctif*: *attributo distintivo* attribut distinctif; *segno, carattere distintivo* signe, caractère distinctif → **caratteristico** ◇ (*ling.*) *elemento distintivo* trait distinctif **2** *s.m.* [*simbolo, contrassegno*] insigne: *distintivo di un club sportivo* insigne d'un club sportif; *distintivo di un reggimento, di un partito* insigne d'un régiment, d'un parti ◇ (*fig.*) [*caratteristica*] caractéristique (*f.*): *l'amore del prossimo è il distintivo del vero cristiano* l'amour du prochain est la caractéristique du vrai chrétien.
distìnto |dis'tinto| *agg.* **1** distinct: *il vocabolo ha tre distinti significati* ce mot a trois significations distinctes; *questi sono due oggetti ben distinti* ce sont deux objets bien distincts → **differente, diviso** **2** [*individuato, percepito dai sensi o dall'intelletto*] distinct: *idee chiare e distinte* idées claires et distinctes; *i suoni giungevano all'orecchio ben distinti* les sons arrivaient bien distincts à l'oreille **3** [*signorile, garbato*] distingué: *portamento distinto, modi distinti* démarche distinguée, manières distinguées; *è una donna molto distinta* c'est une femme très distinguée ◇ (*nelle formule epistolari*) *alla distinta signora* madame; *alla distinta famiglia* Monsieur et Madame ... et leurs enfants; *distinti saluti* salutations distinguées ◇ (*nei locali di pubblico spettacolo*) *posti distinti* [*quelli migliori*] premières places.
1 **distinzióne** |distin'tsjone| *s.f.* **1** [→ DISTINGUERE A 1] distinction **2** [*differenza, diversità*] distinction: *senza distinzione* sans distinction; *non afferrare la distinzione tra due concetti* ne pas saisir la distinction entre deux idées; *abolire ogni distinzione razziale* abolir toute distinction raciale; *fare distinzione* faire la distinction → **discriminazione.**
2 **distinzióne** |distin'tsjone| *s.f.* **1** distinction: *è una donna che veste con distinzione* c'est une femme qui s'habille avec distinction → **signorilità** **2** [*deferenza, riguardo*] déférence: *trattare qc. con distinzione* traiter qqn. avec déférence **C** 1 **volgarità.**
distocia, cie |disto'tʃia, tʃie| *s.f.* (*med.*) dystocie.
distòcico, ci, ca, che |dis'tɔtʃiko, tʃi, ka, ke| *agg.* (*med.*) dystocique.
distògliere |dis'tɔʎʎere| (123) *v.tr.* [*allontanare, rimuovere*] détourner: *distogliere gli occhi, lo sguardo da...* détourner les yeux, son regard de... ◇ (*fig.*) *distogliere qc. da un progetto* détourner qqn. d'un projet; *niente lo distoglie dal suo lavoro* rien ne le détourne de son travail → **dissuadere** **C** **applicar(si), dedicar(si).**
distomatòsi |distoma'tɔzi| *s.f.inv.* (*med.*) distomatose *var.*
distonia |disto'nia| *s.f.* (*med.*) dystonie.
distònico, ci, ca, che |dis'tɔniko, tʃi, ka, ke| *agg.* (*med.*) dystonique.
distòrcere |dis'tɔrtʃere| (189) **A** *v.tr.* **1** (*lett.*) [*deformare, contrarre con una smorfia*] (dis)tordre (53): *distorcere la bocca* tordre la bouche ◇ (*fig.*) déformer: *distorcere il senso di una frase* déformer le sens d'une phrase **2** (*raro*) [*prodursi una distorsione*] se fouler (*pron.*): *distorcere una caviglia, un polso* se fouler la cheville, le poignet □ *distorcersi un piede* se fouler le pied **3** (*fis.*) [*provocare la distorsione di un suono o di un segnale*] produire (75) distorsion **B** *v.pron. rifl.* DISTORCERSI [*contorcersi*] se fouler → *tr.* 2 □.
distorsióne |distor'sjone| *s.f.* **1** (*med., corr.*) [→ DISTORCERE A 2] distorsion: *distorsione articolare* distorsion articulaire **2** (*fis.*) distorsion.
distòrto |dis'tɔrto| *agg.* **1** [*che ha subìto una distorsione*] foulé: *piede distorto* pied foulé → **slogato** **2** (*fis.*) déformé, altéré: *immagine distorta* image déformée.
distraìbile |distra'ibile| *agg.* [*che si distrae facilmente*] distrayable.
distràrre |dis'trarre| (190) **A** *v.tr.* **1** [*distogliere, sviare*] détourner: *questo rumore mi distrae dalla lettura* ce bruit me détourne de la lecture; *non mi distrarre continuamente dallo studio!* ne me détourne pas constamment de l'étude! → **disturbare** # *distrailo finché non sarò di ritorno* occupe-le jusqu'à mon retour **2** [*spostare altrove*; *trarre via*] détourner: *distrarre lo sguardo da un turpe spettacolo* détourner le regard d'un spectacle abject; *distrarre i soldati dal fronte* détourner les soldats du front ◇ (*comm.*) *distrarre una somma* [*impiegarla a fini non preventivati*] détourner une somme **B** *v.pron.rifl.* DISTRARSI **1** [→ *tr.* 1] se distraire (62): *è un alunno che di distrae facilmente* c'est un élève qui se distrait facilement; *non distrarti mentre leggi!* ne te distrais pas pendant que tu lis! **2** [*divertirsi, svagarsi*] se distraire: *vado in campagna per distrarmi un po'* je vais à la campagne (pour) me distraire un peu → **ricrear(si)** **C** A 1 **applicare**; B 2 **annoiar(si).**
distrattaménte |distratta'mente| *avv.* [→ DISTRATTO 1] distraitement.
distràtto |dis'tratto| *agg.* **1** distrait: *sei spesso distratto durante la lezione* tu es souvent distrait durant la leçon; *è una persona molto distratta* c'est une personne très distraite → **svagato, sbadato** ◆ (*s.*) *sei un gran distratto* tu es un grand distrait **2** [*sottratto o impiegato per altro uso*] détourné: *somma distratta, beni illegalmente distratti* somme détournée, biens détournés illégalement.
distrazióne |distrat'tsjone| *s.f.* **1** [*l'essere distratto anche momentaneamente*] étourderie: *errore di distrazione* faute d'étourderie; *ho avuto un momento di distrazione* j'ai eu un moment d'étourderie → **storditezza** ◇ [*motivo d'impedimento a un'attività*] distraction: *quei ragazzi studiano poco perché hanno troppe distrazioni* ces enfants étudient peu parce qu'ils ont trop de distractions **2** [*svago, divertimento*] distraction: *prendersi, concedersi qualche distrazione* s'accorder quelques distractions; *in campagna mancano le distrazioni* les distractions manquent à la campagne → **diversivo** ◇ [*infedeltà coniugale*] escapade → **scappatella** **3** [*utilizzazione di danaro per scopi non preventivati*] détournement (*m.*): *la distrazione di un'ingente somma dal bilancio* le détournement d'une somme considérable du budget **4** (*med.*) élongation.
distrétta |dis'tretta| *s.f.* **1** (*lett.*) [*necessità, bisogno urgente*] besoin *m.* (*corr.*) **2** (*raro*) [*strettezza economica*] embarras *m.* (*corr.*) d'argent.
distrétto |dis'tretto| *s.m.* **1** [*circoscrizione giudiziaria o amministrativa*] district; circonscription (*f.*): *distretto ferroviario* district (ferroviaire); *fa il giudice nel distretto di Parigi* il est juge dans le district de Paris || *distretto amministrativo* circonscription administrative; *distretto militare* circonscription militaire **2** *distretto industriale* [*regione in cui vengono sfruttate direttamente le risorse naturali*] zone *f.* industrielle.
distrettuàle |distrettu'ale| *agg.* du, de district (*loc.*): *autorità distrettuali* autorités du district; *ufficio distrettuale* bureau de district ◇ (*mil.*) de la place (*loc. inv.*): *ufficio del comando distrettuale* bureau de la place.
distribuire |distribu'ire| (197) **A** *v.tr.* **1** [*assegnare, dare*] distribuer: *distribuire le parti agli attori* distribuer les rôles aux acteurs; *distribuire manifestini ai dimostranti* distribuer des tracts aux manifestants; *distribuire gli incarichi, i premi* distribuer les charges, les récompenses; *distribuire elemosine ai poveri* distribuer l'aumône aux pauvres → 1 **ripartire**; **consegnare** ◇ (*fig.*) *distribuire sorrisi, carezze, strette di mano* [*dispensarli generosamente*] distribuer des sourires, des caresses, des poignées de main **2** [*disporre, ripartire*] disposer; répartir (21), distribuer: *distribuire i soldati nei punti strategici* disposer les soldats aux points stratégiques || *distribuire il lavoro nelle ore della giornata* distribuer le travail pendant les heures de la journée → **dislocare, suddividere** # *distribuire il carico sul camion in modo uniforme* répartir le chargement sur le camion d'une manière uniforme **3** [*mettere in commercio*; *diffondere*] distribuer; diffuser **B** *v.pron. rifl.* DISTRIBUIRSI [→ *tr.* 2] se disposer: *la folla si distribuì ordinatamente lungo il tragitto* la foule se disposa en ordre le long du trajet.
distributività |distributivi'ta| *s.f. inv.* (*mat.*) distributivité *var.*
distributivo |distribu'tivo| *agg.* **1** distributif*: *giustizia distributiva* justice distributive **2** (*gram.*) distributif: *aggettivo distributivo* adjectif distributif **3** (*mat.*) distributif: *proprietà distributiva* propriété distributive.
distributóre, trice |distribu'tore, tritʃe| *s.* **1** *s.* distributeur*: *distributore di giornali, di libri* distributeur de journaux, de livres; *distributore cinematografico* distributeur de films **2** *s.m.* (*tecnol., corr.*) distributeur: *distributore di benzina* distributeur d'essence; *distributore automatico* distributeur automatique; *distributore di sigarette* distributeur de cigarettes.
distribuzionàle |distributtsjo'nale| *agg.* (*ling.*) distributionnel*.
distribuzióne |distribut'tsjone|

s.f. **1** [→ DISTRIBUIRE A] distribution: *la distribuzione della posta, dei giornali* la distribution du courrier, des journaux; *la distribuzione degli incarichi, dei premi* la distribution des charges, des prix; *la distribuzione dell'acqua, del gas, dell'energia elettrica* la distribution de l'eau, du gaz, de l'électricité; *la distribuzione delle parti agli attori* la distribution des rôles aux acteurs; *la distribuzione delle pellicole cinematografiche* la distribution des films; *la rete di distribuzione commerciale* le réseau de distribution commerciale → **ripartizione, assegnazione, suddivisione** ◇ (*arch.*) *la distribuzione dei locali, degli appartamenti di un edificio* la distribution des locaux, des appartements d'un immeuble **2** (*auto.*) distribution: *la distribuzione dei motori a combustione interna* la distribution des moteurs à combustion interne **3** (*econ.*) distribution: *la distribuzione delle ricchezze, delle imposte* la distribution des richesses, des impôts **4** (*ling., stat., tecnol., tel.*) distribution.

districàbile |distri'kabile| *agg.* [→ DISTRICARE A] qui peut être démêlé *loc.*

districàre |distri'kare| **A** *v.tr.* [*liberare da un intrico, sciogliere*] démêler: *districare una matassa di lana* démêler un écheveau de laine → **sbrogliare** ◇ (*fig.*) [*chiarire, risolvere*] *districare un caso molto complicato* démêler un cas très compliqué **B** *v.pron. rifl.* DISTRICARSI [→ *tr.*] se dégager (3), se délivrer: *non riusciva a districarsi da quel groviglio di lacci* il ne réussissait pas à se dégager, à se délivrer de cet enchevêtrement de lacets ◇ (*fig.*) [*trarsi d'impaccio, caversela*] se débrouiller, se tirer d'affaire: *sa districarsi molto bene in ogni situazione difficile* il sait très bien se débrouiller, se tirer d'affaire dans toute situation difficile → **destreggiarsi.**

distrigàre |distri'gare| *v.tr. e pron.* → **districare.**

distrofìa |distro'fia| *s.f.* (*med.*) dystrophie: *distrofia muscolare* dystrophie musculaire.

distrùggere |dis'truddʒere| (136) **A** *v.tr.* **1** [*annientare, demolire, ridurre al nulla*] (*cose*) détruire (75): *distruggere un muro, un edificio* détruire un mur, un édifice; *distruggere una città con un bombardamento aereo* détruire une ville par un bombardement aérien; *il fuoco ha distrutto completamente il raccolto* le feu a complètement détruit la récolte; *questo bambino distrugge tutti i suoi giocattoli* cet enfant détruit, casse tous ses jouets ◇ (*persone*) anéantir: *un flagello ha distrutto la popolazione del villaggio* un fléau a anéanti la population du village; *distruggere un esercito* anéantir une armée → **uccidere, abbattere** **2** [*rendere inutile, vanificare*] annihiler: *distruggere gli sforzi di qc.* annihiler les efforts de qqn. ◇ [*consumare, ridurre in cattive condizioni*] dévorer: *il male lo distrugge* le mal le dévore; *la passione, la tristezza lo distrugge* la passion, la tristesse le dévore # *le rughe gli hanno distrutto il viso* les rides lui ont ravagé le visage **B** *v. pron.intr.* DISTRUGGERSI [→ *tr.* 2] se consumer: *distruggersi d'amore, di dolore* se consumer d'amour, de douleur → **strugger(si).**

distruggìbile |distrud'dʒibile| *agg.* (*raro*) → **distruttibile.**

distruggitóre, trice |distruddʒi'tore, tritʃe| *s. e agg.* (*lett.*) → **distruttore.**

distruttìbile |distrut'tibile| *agg.* [→ DISTRUGGERE A] destructible → **indistruttibile.**

distruttìvo |distrut'tivo| *agg.* destructif*: *potere distruttivo* pouvoir destructif; *idea distruttiva* idée destructive.

distrùtto |dis'trutto| *agg.* [*demolito, annientato*] détruit: *città distrutta* ville détruite; *raccolto distrutto* récolte détruite; *ricostruire i ponti distrutti* reconstruire les ponts détruits # *buttar via i giocattoli distrutti* jeter les jouets cassés ◇ (*fig.*) *è un uomo distrutto* c'est un homme détruit, fini.

distruttóre, trice, (*pop.*) **tora** |distrut'tore, tritʃe, tora| *s.* destructeur*: *i Romani furono i distruttori di Cartagine* les Romains furent les destructeurs de Carthage → **devastatore, demolitore** ✦ (*agg.*) *mania distruttrice* manie destructrice Ⓒ **costruttore.**

distruzióne |distrut'tsjone| *s.f.* **1** [→ DISTRUGGERE A 1] destruction: *la distruzione di un edificio* la destruction d'un édifice; *la distruzione degli animali novici* la destruction des animaux nuisibles # *la distruzione di un popolo* l'extermination d'un peuple → **sterminio, massacro** ◇ [*rovina*] ruine: *le distruzioni della guerra* les ruines de la guerre **2** (*psican.*) *istinti di distruzione* instincts de destruction Ⓒ 1 **costruzione, edificazione.**

disturbàre |distur'bare| **A** *v.tr.* **1** [*impedire il normale svolgimento*] troubler; gêner: *disturbare la conferenza, la lezione* troubler la conférence, le cours ‖ *il vento disturba la marcia dei corridori* le vent gêne l'avance des coureurs # *il maltempo ha disturbato ininterrottamente la trasmissione televisiva* le mauvais temps a constamment perturbé l'émission télévisée; *disturbare il radar nemico* brouiller le radar ennemi **2** [*distogliere, interrompere*] déranger (3): *mentre lavoro non voglio essere disturbato* pendant que je travaille je ne veux pas être dérangé ◇ [*molestare, infastidire, urtare*] *disturbare i vicini con schiamazzi* déranger les voisins en faisant du vacarme; *certi cibi mi disturbano lo stomaco* certains aliments me dérangent l'estomac # *il caldo mi disturba* la chaleur m'incommode ✦ *ass.* (*formule di cortesia per annunciarsi*) *disturbo?, disturbiamo?* je dérange?, on dérange? **B** *v.pron. rifl.* DISTURBARSI [*scomodarsi*] se déranger: *non vi disturbate per noi* ne vous dérangez pas pour nous.

disturbàto |distur'bato| *agg.* **1** (*cose*) [*perturbato, molestato*] troublé (par): *un luogo disturbato dal chiasso* un lieu troublé par le vacarme ◇ (*rad., tel.*) *una registrazione molto disturbata* un enregistrement très brouillé **2** (*fam.*) (*persone*) [*indisposto*] indisposé # *essere disturbato di stomaco* avoir l'estomac dérangé, déréglé.

disturbatóre, trice |disturba'tore, tritʃe| *s.* [*chi disturba*] perturbateur*: *disturbatore dell'ordine e della quiete pubblica* perturbateur de l'ordre et de la tranquillité publique → **perturbatore, sobillatore** ✦ (*agg.*) *elementi disturbatori* éléments perturbateurs; *una presenza disturbatrice* une présence importune.

distùrbo |dis'turbo| *s.m.* **1** [→ DISTURBARE A 2] trouble: *disturbo della quiete pubblica* trouble de la tranquillité publique # *non vorrei esserti di disturbo* je ne voudrais pas te déranger ◇ (*formule di cortesia*) *perdoni il disturbo* pardonnez-moi de vous déranger; (*le*) *tolgo il disturbo* je vais prendre congé, je m'en vais **2** [*malessere, indisposizione*] trouble: *disturbi cardiaci, nervosi* troubles cardiaques, nerveux; *avere disturbi alla vista, allo stomaco* avoir des troubles de la vue, de l'estomac **3** (*rad., tel.*) brouillage: *disturbo radiofonico* brouillage radiophonique ◇ (*mil.*) *azione di disturbo* action de diversion *f.*

disubbidiènte |dizubbi'djɛnte| *agg.* désobéissant: *è un bambino disubbidiente* c'est un enfant désobéissant Ⓒ **ubbidiente.**

disubbidiènza |dizubbi'djɛntsa| *s.f.* [→ DISUBBIDIRE] désobéissance: *disubbidienza ai genitori* désobéissance aux parents # *ha commesso una disubbidienza* il a désobéi Ⓒ **ubbidienza.**

disubbidìre |dizubbi'dire| (197) **A** *v.intr.* (*aus.* '*avere*') [*rifiutarsi di obbedire*] désobéir: *disubbidire ai capi* désobéir à ses chefs; *disubbidire alla mamma* désobéir à sa mère; *disubbidire alla legge* désobéir à la loi → **trasgredire** **B** *v.tr.* [→ *intr.*] désobéir *intr.* à: *disubbidire il padre* désobéir à son père ✦ (*ass.*) *questo ragazzo disubbidisce spesso* ce garçon désobéit souvent Ⓒ **ubbidire, rispettare.**

disuguagliànza |dizugwaʎ'ʎantsa| *s.f.* **1** [*diversità, disparità*] inégalité; différence: *disuguaglianza sociale* inégalité sociale ‖ *disuguaglianza di età* différence d'âge ◇ [*irregolarità, mancanza di uniformità*] inégalité: *le disuguaglianze di un terreno* les inégalités d'un terrain **2** (*mat.*) inégalité Ⓒ 1 **uguaglianza.**

disuguàle |dizu'gwale| *agg.* **1** [*diverso, differente*] différent: *tessuti disuguali* tissus différents; *essere di condizione disuguale* être de condition différente **2** [*non uniforme*] irrégulier*; accidenté: *il regime di quel fiume è disuguale* le régime de ce fleuve est irrégulier ‖ *terreno disuguale* terrain accidenté → **accidentato, irregolare, ineguale** ◇ [*non costante*] inégal*: *umore disuguale* humeur inégale; *comportamento, stile disuguale* comportement, style inégal → **mutevole** Ⓒ **uguale.**

disugualménte |dizugwal'mente| *avv.* [→ DISUGUALE] inégalement.

disumanaménte |dizumana'mente| *avv.* [→ DISUMANO 1] inhumainement.

disumàno |dizu'mano| *agg.* **1** [*spietato, privo di umanità*] inhumain: *crudeltà disumana* cruauté inhumaine; *è disumano godere della sofferenza altrui* il est inhumain de jouir de la souffrance des autres **2** [*che non sembra umano*] inhumain: *grida disumane* des cris inhumains ◇ [*che supera la capacità di sopportazione umana*] *dolore inumano* douleur inhumaine → **atroce** Ⓒ **umano.**

disumàre |dizu'mare| *v.tr.* → **esumare.**

disumazióne |dizumat'tsjone| *s.f.* → **esumazione.**

disunióne |dizu'njone| *s.f.* [→ DISUNIRE A] désassemblage *m.* ◇ [*di-*

saccordo, discordia] désunion C **unione.**
disunire |dizu'nire| (197) **A** *v.tr.* [*dividere, disgiungere*] désunir: *disunire due pezzi* désunir deux morceaux → **separare, scindere** ◇ (*fig.*) *disunire due amici* désunir deux amis; *disunire una coppia di sposi* désunir un ménage **B** *v.pron.rifl.* DISUNIRSI (*sport*) [*perdere la coordinazione dei movimenti*] se désunir: *l'atleta si è disunito durante la corsa* l'athlète s'est désuni pendant la course ◇ (*ippica*) [*rompere*] se désunir C **unire.**
disunito |dizu'nito| *agg.* désuni: *famiglia disunita* famille désunie; *esercito disunito* armée désunie → **diviso, discorde, separato** ◇ [*mancante di omogeneità*] *galoppo disunito* galop désuni # *stile disunito* style inégal C **unito.**
disùria |di'zurja| *s.f.* (*med.*) dysurie.
disusànza |dizu'zantsa| *s.f.* → **disuso.**
disusàre |dizu'zare| *v.tr.* [*cessare di usare*] cesser *intr.* d'utiliser # *disusare un cappotto* cesser de mettre un manteau.
disusàto |dizu'zato| *agg.* **1** [*non più usato, fuori moda*] désuet*: *parola disusata* mot désuet **2** (*lett.*) → **insolito,** 1 **straordinario** **3** [*privo di abitudine, disavvezzo*] inaccoutumé (*lett.*): *essere disusato a un tipo di lavoro* être inaccoutumé à un certain type de travail C 1 **usato.**
disùso |di'zuzo| *s.m.* [*cessazione di un uso*] désuétude (*f.*): *cadere in disuso* tomber en désuétude C **uso** 1.
disùtile |di'zutile| **1** *agg.* [*che non è utile*] inutile; dommageable **2** *s.m.* chose *f.* inutile; chose dommageable ◇ (*persone*) propre à rien.
disutilità |dizutili'ta| *s.f.inv.* inutilité *var.*; préjudice *m.var.*
disvalóre |dizva'lore| *s.m.* (*filos.*) valeur *f.* négative.
disvelàre |dizve'lare| *v.tr.* → **svelare.**
disvèllere |diz'vɛllere| (187) *v.tr.* → **svellere.**
disvestire |dizves'tire| (100) *v.tr.* → **svestire.**
disviàre |dizvi'are| **A** *v.tr.* (*lett.*) [*sviare, allontanare*] dérouter ◇ (*fig.*) *i cattivi esempi disviano dalla retta via* les mauvais exemples font dévier du droit chemin **B** *v.intr.* (*lett.*) [*abbandonare, deviare*] dévier.
disvio, ii |diz'vio, ii| *s.m.* **1** (*raro*) → **disguido** **2** (*lett.*) → **sviamento.**
disvitaminòsi |dizvitami'nɔzi| *s. f. inv.* (*med.*) dysvitaminose *var.*
ditàle |di'tale| *s.m.* dé (à coudre) ◇ [*cappuccio per proteggere un dito malato*] doigtier.
ditàta |di'tata| *s.f.* **1** coup *m.* de doigt # *mi ha dato una ditata in un occhio* il m'a mis le doigt dans l'œil **2** [*impronta lasciata da un dito*] trace de doigt: *ci sono ditate su quel foglio* il y a des traces de doigts sur cette feuille de papier **3** [*quantità di q.c. che si può raccogliere con un dito*] doigt (*m.*): *una ditata di panna montata* un doigt de crème fouettée.
diteggiàre |dited'dʒare| *v.tr.* (*mus.*) [*porre la diteggiatura su un testo musicale*] doigter.
diteggiatùra |diteddʒa'tura| *s.f.* (*mus.*) doigté (*m.*): *questo pianista ha un'eccellente diteggiatura* ce pianiste a un excellent doigté.
ditiràmbico, ci, ca, che |diti'rambiko, tʃi, ka, ke| *agg.* dithyrambique: *poesia ditirambica* poème dithyrambique ◇ (*fig.*) [*che loda in modo enfatico*] *parole ditirambiche* paroles dithyrambiques.
ditiràmbo |diti'rambo| *s.m.* (*metr.*) dithyrambe ◇ (*fig.*) [*lode entusiastica*] *l'elogio che ne fece fu un vero ditirambo* l'éloge qu'il en fit fut un vrai dithyrambe (*lett.*).
ditìsco, chi |di'tisko, ki| *s.m.* (*t. zool.*) dytique.
dito |'dito|, *pl.f.* **dita** |'dita|, *pl.m.* **diti** |'diti|(*nel significato* 2) *s.m.* **1** doigt; orteil: *le cinque dita della mano* les cinq doigts de la main; *dita affusolate* doigts fuselés; *tenere q.c. tra le dita* tenir qqch. entre ses doigts; *stringere q.c. tra le dita* serrer qqch. avec ses doigts; *mangiare con le dita* manger avec ses doigts ‖ *le cinque dita del piede* les cinq orteils; *il dito grosso* le gros orteil → **alluce** ◇ (*loc. fig.*) *mettere il dito sulla piaga* mettre le doigt sur la difficulté ~ *mostrare a dito* montrer du doigt ~ *legarsela al dito* [*nutrire propositi di vendetta*] n'être pas près de l'oublier ~ *avere dita di fata* avoir des doigts de fée ~ *non muovere un dito in favore di qc.* ne pas remuer le petit doigt en faveur de qqn. ~ *sapere, avere q.c. sulla punta delle dita* connaître qqch. sur le bout des doigts ~ *contare sulle dita* compter sur les doigts (de la main) ~ *mordersi le dita* se mordre les doigts ~ *toccare il cielo con un dito* [*essere al colmo della gioia*] être au septième ciel ~ *leccarsi le dita* (*per un cibo molto gustoso*) se lécher les doigts **2** *al plur.* (*presi singolarmente*) doigts: *i diti mignoli* les petits doigts **3** [*parte del guanto che protegge le dita*] doigt: *il tuo guanto ha un dito scucito* ton gant a un doigt décousu **4** [*larghezza, quantità equivalente a un dito*] doigt: *bere un dito di vino* boire un doigt de vin; *su quel tavolo ci sono due dita di polvere* sur cette table il y a deux doigts de poussière; *bisognerebbe accorciare la gonna di quattro dita* il faudrait raccourcir la jupe de quatre doigts ◇ (*fig.*) A UN DITO DA [*vicinissimo*] à un doigt de: *il masso è caduto a un dito dalla macchina* le rocher est tombé à un doigt de la voiture.
ditola |'ditola| *s.f.* (*pop.*) → **clavaria.**
ditta |'ditta| *s.f.* **1** (*dir., corr.*) firme, maison **2** (*teat.*) compagnie.
dittàfono |dit'tafono| *s.m.* dictaphone.
dittamo |'dittamo| *s.m.* (*t.bot.*) dictame.
dittatóre |ditta'tore| *s.m.* **1** (*st. rom.*) dictateur **2** [*chi esercita un potere assoluto e antidemocratico*] dictateur **3** (*per est.*) [*persona dispotica, autoritaria*] dictateur: *fare il dittatore in fabbrica, in famiglia* faire le dictateur à l'usine, en famille → **despota, tiranno.**
dittatoriàle |dittato'rjale| *agg.* dictatorial*: *poteri dittatoriali* pouvoirs dictatoriaux ◇ (*fig.*) *regolamento dittatoriale* règlement dictatorial → **imperioso.**
dittatòrio, i |ditta'tɔrjo, i| *agg.* [*proprio di un dittatore*] dictatorial*: *sistema dittatorio* système dictatorial; *metodi dittatori* méthodes dictatoriales → **dittatoriale.**
dittatùra |ditta'tura| *s.f.* **1** (*st.rom.*) dictature: *la dittatura di Silla, di Cincinnato* la dictature de Sulla (Sylla), de Cincinnatus **2** dictature: *la dittatura di Cromwell* la dictature de Cromwell- *dittatura militare* dictature militaire; *dittatura del proletariato* dictature du prolétariat; *liberarsi dalla dittatura* se libérer de la dictature **3** (*per est.*) [*dominio assoluto*] dictature: *dittatura letteraria* dictature littéraire → **autoritarismo.**
Ditteri |'ditteri| *s.m.pl.* (*t.zool.*) Diptères.
dittero |'dittero| *agg.* (*arch.*) diptère: *un tempio dittero* un temple diptère.
dìttico, ci |'dittiko, tʃi| *s.m.* **1** (*st. ant.*) diptyque ◇ (*st.rom.*) *dittici consolari* diptyques consulaires **2** (*arts.*) diptyque: *dittico bizantino* diptyque byzantin.
dittinèlla |ditti'nɛlla| *s.f.* → **dentaria.**
dittongàre |ditton'gare| **A** *v.tr.* [*unire in dittongo*] diphtonguer **B** *v.intr.* (*aus. 'avere'*) *vocale che dittonga* [*che forma dittongo*] voyelle qui se diphtongue *pron.*
dittongazióne |dittongat'tsjone| *s.f.* (*ling.*) [→ DITTONGARE] diphtongaison.
dittòngo, ghi |dit'tɔngo, gi| *s.m.* (*fon., corr.*) diphtongue *f.*
diurèsi |diu'rɛzi| *s.f.inv.* (*med.*) diurèse *var.*
diurètico, ci, ca, che |diu'rɛtiko, tʃi, ka, ke| *agg. e s.m.* (*med., corr.*) diurétique.
diùrna |di'urna| *s.f. solo nella loc. avv.* IN DIURNA [*durante l'orario diurno*] en matinée: *spettacolo in diurna* (spectacle en) matinée.
diurnista |diur'nista| *s.* [*impiegato retribuito a giornata*] journalier*.
diùrno |di'urno| **I** *agg.* **1** [*del giorno, relativo al giorno*] de, du jour (*loc.*): *le ore diurne* les heures du jour ◇ (*lett.*) *l'astro diurno* l'astre du jour ◇ (*spec.*) *albergo diurno* [*luogo in cui sono a disposizione vari servizi: igienici, di barbiere, ecc.*] établissement de bains ◇ (*astron.*) *moto, arco diurno* mouvement, arc diurne **2** [*che si mostra o avviene durante il giorno*] diurne; de jour (*loc. inv.*): *uccelli diurni* oiseaux diurnes; *fiore diurno* fleur diurne ‖ *lavoro, servizio diurno* travail, service de jour ◇ (*spec.*) *spettacolo diurno, rappresentazione diurna* [*che si svolge nel mattino o nel pomeriggio*] matinée *s.f.* **II** *s.m.* (*liturg.*) diurnal*: *recitare il diurno* réciter le diurnal.
diuturnaménte |diuturna'mente| *avv.* [→ DIUTURNO] durablement.
diutùrno |diu'turno| *agg.* [*che dura a lungo*] durable; persistant: *un diuturno ricordo* un souvenir durable ‖ *dolori diuturni* douleurs persistantes ◇ [*continuo*] continuel*, incessant: *fare diuturni sforzi* faire des efforts continuels, incessants.
diva |'diva| *s.f.* **1** [*attrice, cantante famosa*] vedette, étoile: *diva del cinema* vedette de cinéma, star **2** (*lett.*) [*dea*] déesse.
divagaménto |divaga'mento| *s.m.* (*raro*) → **divagazione.**
divagàre |diva'gare| **A** *v.intr.* (*aus. 'avere'*) [*allontanarsi dal tema prefisso*] divaguer: *stai divagando dietro particolari irrilevanti* tu divagues sur des dé-

tails insignifiants ♦ (*ass.*) *rispondi a tono e non divagare* tiens-toi à la question et ne t'écarte pas du sujet **B** *v.tr.* [*distrarre, divertire*] distraire (62): *basta un nonnulla per divagare un bambino* il suffit d'un rien pour distraire un enfant **C** *v.pron.rifl.* DIVAGARSI [→ *tr.*] se distraire: *è stanco e ha bisogno di divagarsi* il est fatigué et a besoin de se distraire.

divagazióne |divagat'tsjone| *s.f.* **1** [→ DIVAGARE A] digression: *esposizione con troppe divagazioni* discours exposé avec trop de digressions; *fare una divagazione* faire une digression → **digressione 2** (*raro*) [*distrazione, svago*] distraction.

divampaménto |divampa'mento| *s.m.* [→ DIVAMPARE] flamboiement.

divampàre |divam'pare| *v.intr.* (*aus.* '*essere*') [*accendersi e ardere con grande fiamma*] flamber (*aus.* avoir); éclater (*aus.* avoir): *il petrolio divampa con estrema facilità* le petrole flambe très facilement ‖ *l'incendio è divampato in un batter d'occhio* l'incendie a éclaté en un clin d'œil ◇ (*fig.*) éclater: *la guerra era divampata in tutto il paese* la guerre avait éclaté dans tout le pays # *divampare d'amore* brûler d'amour; *divampare di collera* flamber de colère [C] **spegner(si), estinguer(si).**

divàno |di'vano| *s.m.* **1** [*con spalliera*] canapé, sofa; [*senza spalliera*] divan → **sofà, canapè, ottomana** # *divano letto* canapé-lit (transformable), divan-lit **2** (*st. ottomana*) divan.

divaricaménto |divarika'mento| *s.m.* (*raro*) → **divaricazione.**

divaricàre |divari'kare| *v.tr.* [*far divergere, allargare*] écarter, ouvrir (23): *divaricare le gambe* écarter, ouvrir les jambes; *divaricare i labbri di una ferita* écarter les lèvres d'une plaie [C] **stringere, serrare.**

divaricàta |divari'kata| *s.f.* (*ginnastica*) grand écart (*m.*): *divaricata in fuori* grand écart avant.

divaricàto |divari'kato| *agg.* [*allargato*] écarté, ouvert.

divaricatóre |divarika'tore| *s.m.* (*chir.*) écarteur → **dilatatore.**

divaricazióne |divarikat'tsjone| *s.f.* [→ DIVARICARE] écart *m.*, écartement *m.* ◇ [*spazio tra due parti divaricate*] écartement, distance.

divàrio, i |di'varjo, i| *s.m.* [*notevole diversità*] écart, divergence (*f.*): *il divario tra le nostre opinioni è notevole* la divergence de nos opinions est remarquable [C] **uguaglianza.**

divedére |dive'dere| (192) *v.tr.* (*solo nella loc. verb.*) DARE A DIVEDERE [*far capire, mostrare*] manifester: *egli non dà a divedere il suo stupore* il ne manifeste pas son étonnement; *dare a divedere i propri sentimenti* manifester ses sentiments ◇ [*far credere, dare a intendere*] faire (45) *intr.* croire: *cosa vuoi darmi a divedere?* que veux-tu me faire croire là? [C] **nascondere.**

divèllere |di'vɛllere| (187) *v.tr.* **1** (*lett.*) [*estirpare*] arracher: *divellere una pianta, dell'erba* arracher une plante, de l'herbe → **sradicare** ◇ (*fig.*) *divellere i dubbi dalla mente di qc.* dissiper les doutes (de l'esprit) de qqn. **2** (*per est.*) [*asportare con violenza*] arracher: *una carica di tritolo ha divelto i tralicci dell'alta tensione* une charge de T.N.T. a arraché les pylônes de haute tension [C] 1 **piantare, conficcare, radicare.**

1 **divenire** |dive'nire| (202) *v.intr.* (*aus.* '*essere*') [*diventare*] devenir (27): *divenire grande, adulto, vecchio* devenir grand, adulte, vieux; *è divenuto ricco* il est devenu riche; *questo lavoro mi diviene sempre più facile* ce travail devient toujours plus facile pour moi.

2 **divenire** |dive'nire| *s.m. inv.* (*filos.*) le devenir *var.* ◇ (*loc.*) *in divenire* en évolution, en transformation [C] **essere** 2.

diventàre |diven'tare| *v.intr.* (*aus.* '*essere*') [*trasformarsi, acquistare forme, qualità nuove*] devenir (27): *diventare sindaco, ministro* devenir maire, ministre; *diventare buono, cattivo* devenir bon, méchant # *il vino è diventato aceto* le vin a tourné à l'aigre; *diventa sempre più vecchio* il se fait toujours plus vieux ◇ (*loc. fig.*) *diventare di tutti i colori* devenir de toutes les couleurs ~ *diventare matto* devenir fou ~ *diventare di sasso* [*rimanere stupefatto*] être stupéfait, sidéré.

divèrbio, i |di'vɛrbjo, i| *s.m.* **1** [*discussione violenta*] dispute *f.*, querelle (*f.*): *avere un diverbio con qc.* avoir une dispute, une querelle avec qqn. → **alterco** # *sono venuti a diverbio per un nonnulla* ils se sont disputés pour un rien **2** (*teat. lat.*) altercation *f.*

divergènte |diver'dʒɛnte| **I** *agg.* **1** divergent: *strade divergenti* routes divergentes ◇ (*fig.*) *idee, principi divergenti* idées divergentes, principes divergents **2** (*ott.*) *lente divergente* lentille divergente **3** (*geom.*) *serie divergenti* séries divergentes; *linee divergenti* lignes divergentes **II** *s.m.* (*mar.*) flotteur divergent [C] I **convergente**; I 1 **concordante.**

divergènza |diver'dʒɛntsa| *s.f.* **1** divergence: *la divergenza di due fiumi* la divergence de deux fleuves; *la divergenza dei raggi luminosi riflessi* la divergence des rayons lumineux réfléchis ◇ (*balistica*) *angolo di divergenza* angle de divergence ◇ (*meteor.*) écart *m.* **2** (*fig.*) *divergenza di opinioni* divergence d'opinions [C] **convergenza; accordo.**

divèrgere |di'vɛrdʒere| (114) *v.intr.* (*raro al p. rem. e dif. del p.p.*) [*dirigersi in direzioni diverse*] diverger (3): *la strada diverge dal fiume* la route et le fleuve divergent ◇ (*fig.*) [*differire, contrastare*] *le mie opinioni divergono dalle tue* mes opinions et les tiennes divergent [C] **convergere.**

diversaménte |diversa'mente| *avv.* [→ DIVERSO 1, 2] différemment, diversement: *fatti diversamente interpretati* faits différemment, diversemment interprétés # *si comporta diversamente da quel che pensa* il agit autrement qu'il (ne) pense ◇ [*altrimenti*] sinon, sans quoi (*loc.*): *scrivici, diversamente verremo* écris-nous, sinon, sans quoi nous viendrons.

diversi- |diversi| *pref.* (*significa* '*diverso*', *corrisponde gener. a*) diversi: *diversificare* diversifier.

diversificàre |diversifi'kare| *v.tr.* [*rendere diverso*] diversifier → **distinguere.**

diversificazióne |diversifikat'tsjone| *s.f.* [→ DIVERSIFICARE] diversification.

diversióne |diver'sjone| *s.f.* **1** [*deviazione*] diversion, détournement (*m.*): *la diversione di un corso d'acqua* le détournement d'un cours d'eau ◇ (*raro, fig.*) [*deviazione dall'argomento*] digression **2** (*mil.*) diversion: *operare una diversione* opérer une diversion.

diversità |diversi'ta| *s.f. inv.* **1** [*differenza, disuguaglianza*] différence (*var.*): *diversità di forze, di peso* différence de forces, de poids; *si nota bene la diversità fra i due colori* on remarque bien la différence entre les deux couleurs; *c'è una grande diversità di carattere fra i due* il y a une grande différence de caractère entre les deux → **divario** ◇ [*discordanza, difformità*] *diversità di giudizi, di idee* différence d'opinions, d'idées → **dissonanza 2** [*molteplicità, varietà*] diversité (*var.*): *grande diversità di oggetti, di argomenti, di forme* grande diversité d'objets, de sujets, de formes.

diversivo |diver'sivo| **I** *agg.* [*atto a divergere, a deviare*] de diversion (*loc. inv.*): *manovra, tecnica diversiva* manœuvre, technique de diversion ◇ (*idraul.*) *canale diversivo* canal de dérivation **II** *s.m.* **1** [*distrazione, svago*] dérivatif, distraction (*f.*): *cercare un diversivo alla noia* chercher un dérivatif à l'ennui; *occorre un diversivo per questi ragazzi* ces jeunes gens ont besoin d'un dérivatif, de distraction; *la caccia è per lui un diversivo* la chasse est pour lui un dérivatif **2** [*espediente diretto a sviare l'attenzione altrui*] expédient, manœuvre (*f.*): *trovare un diversivo* trouver un expédient (pour détourner l'attention); *quella mossa è soltanto un diversivo* ce n'est qu'une manœuvre (pour détourner l'attention).

divèrso |di'vɛrso| *agg.* **1** [*orientato, volto in altra direzione*] différent: *ci sono due strade diverse per arrivarci* il y a deux routes différentes pour y arriver ◇ (*fig.*) *aspirazioni diverse* aspirations différentes → **opposto 2** [*differente, dissimile*] différent: *caratteri, gusti diversi* caractères, goûts différents; *persone, lingue diverse* personnes, langues différentes # *rendere diverso* diversifier **3** *al plur.* (*premesso al sost.*) [*parecchi, molti*] divers, différents, plusieurs: *i diversi significati di una parola* les divers, différents sens d'un mot; *mi hanno fatto diverse proposte* on m'a fait plusieurs, différentes propositions [C] 2 **uguale.**

divertènte |diver'tɛnte| *agg.* [*che rallegra, che diverte*] amusant, drôle: *un passatempo divertente* un passetemps amusant; *una storiella divertente* une lecture amusante; *un uomo divertente* un homme amusant, drôle → **piacevole, gaio, ameno** [C] **noioso, triste.**

divertévole |diver'tevole| *agg.* (*raro*) → **divertente.**

diverticolo |diver'tikolo| *s.m.* **1** (*anat.*) diverticule **2** (*lett.*) [*via traversa*] chemin, sentier ◇ (*fig.*) [*pretesto, sotterfugio*] subterfuge.

divertiménto |diverti'mento| *s.m.* **1** [*ciò che serve a ricreare lo spirito*] divertissement, amusement: *un divertimento costoso* un divertissement coûteux; *ama troppo i divertimenti* il aime trop les divertissements; *studia per divertimento* il étudie pour son divertissement personnel; *i giocattoli servono al divertimento del fanciullo* les jouets servent à l'amusement des enfants → **svago, passatempo** # *parco di divertimento* parc d'attractions **2** [*piacere, godimento*] plaisir: *è un divertimento ascoltarlo* c'est un plaisir de l'écouter; *è* *un divertimento illecito* c'est un plaisir illicite ◇ (*iron.*) *bel divertimento ci hai offerto!* drôle d'amusement que tu nous as offert! ◇ (*persone*) [*zimbello, spasso*] souffre-douleur (*inv.*): *è il divertimento di tutti* c'est le souffre-douleur de tout le monde **3** (*mus.*) divertissement, divertimento **4** (*arc.*) [*allontanamento*] divertissement (*corr.*), détournement (*corr.*).

divertìre |diver'tire| **A** *v.tr.* **1** [*distrarre, dilettare, ricreare*] amuser: *quello spettacolo ci ha divertiti* ce spectacle nous a amusés ◇ [*attrarre*] intéresser: *il calcio non mi diverte più* le football ne m'intéresse plus **2** (*lett.*) [*allontanare, distogliere*] divertir (*corr.*), détourner (*corr.*) **B** *v.pron. rifl.* DIVERTIRSI [→ *tr.* 1] s'amuser, se distraire (62): *non pensa che a divertirsi* il ne pense qu'à s'amuser; *sembra che vi divertiate molto* vous avez l'air de bien vous amuser; *è stanco: ha bisogno di divertirsi un po'* il est fatigué: il a besoin de se distraire un peu; *si divertono con poco* un rien les amuse ◇ (*loc.*) *divertirsi a spese, alle spalle di qc.* s'amuser, rire aux dépens de qqn.

divertìto |diver'tito| *agg.* [*allegro, spensierato, giocoso*] amusé: *guardare con aria divertita* regarder d'un air amusé; *ci rispose con tono divertito* il nous répondit d'un ton amusé [C] **annoiato, rattristato.**

divétta |di'vetta| *s.f.* [*attrice, cantante giovane*] starlette.

divezzaménto |divettsa'mento| *s.m.* → **svezzamento.**

divezzàre |divet'tsare| **A** *v.tr.* **1** (*di poppanti*) [*slattare, svezzare*] sevrer (6): *divezzare un bambino* sevrer un enfant **2** (*raro*) [*disavvezzare, disabituare*] déshabituer (de) **B** *v.pron.intr.* DIVEZZARSI [→ *tr.* 2] se déshabituer: *divezzarsi dall'alcool* se déshabituer de l'alcool [C] A 1 **allattare**, 2 **avvezzare**; **abituare.**

diviàto |divi'ato| *avv.* (*raro, lett.*) → **difilato.**

dividèndo |divi'dɛndo| *s.m.* **1** (*mat.*) dividende **2** (*fin.*) dividende: *percepire, ricevere un dividendo* toucher, recevoir un dividende.

divìdere |di'videre| (130) **A** *v.tr.* **1** [*scomporre, ripartire, separare*] diviser, répartir (21): *dividere una parola in sillabe* diviser un mot en syllabes; *dividere gli alunni in gruppi secondo l'altezza* répartir les élèves en groupes selon leur taille; *dividere un libro in capitoli* diviser un livre en chapitres # *dividere le piante, gli animali in famiglie* classer les plantes, les animaux en familles; *dividere il bene dal male* séparer le bien du mal; *l'Atlantico divide l'America dall'Europa* l'Atlantique sépare l'Amérique de l'Europe → **distinguere, disgiungere** ◇ (*fig.*) [*mettere in disaccordo*] diviser: *le opinioni diverse spesso dividono gli animi* les opinions différentes divisent souvent les esprits ♦ *ass.* (*mat.*) [*eseguire una divisione*] diviser **2** [*spartire*] partager (3): *dividere l'eredità* partager l'héritage; *dividere a, per metà* partager en deux; *dividere gli utili con un socio* partager les bénéfices avec un associé → **distribuire** ◇ (*loc. fig.*) *dividere le gioie, i dolori di un amico* partager les joies, les douleurs d'un ami ~ *non avere niente da dividere con qc.* n'avoir rien à faire avec qqn. **B** *v.pron.rifl.* DIVIDERSI **1** [*separarsi, allontanarsi*] se séparer: *dividersi dalla famiglia* se séparer de sa famille ◇ (*di coniugi*) [*cessare di convivere*] *si sono divisi dopo appena un mese dal loro matrimonio* ils se sont séparés après un mois à peine de mariage **2** [*dedicarsi contemporaneamente a più attività*] partager *tr.* son temps (entre plusieurs occupations): *si divide tra gli affari e la politica* il partage son temps entre les affaires et la politique **3** [*suddividersi in parti, scomporsi in gruppi*] se partager, se diviser: *il popolo si divise in fazioni* le peuple se divisa en factions [C] A 1 **unire, riunire; riconciliare;** B 1 **riavvicinar(si).**

divièto |di'vjɛto| *s.m.* [*proibizione*] défense *f.*, interdiction (*f.*): *divieto di fumare* défense de fumer; *divieto di accesso* défense d'entrer # *divieto di sosta* stationnement interdit ◇ *loc.* FAR DIVIETO DI Q.C. [*proibire, vietare*] interdire qqch.: *è fatto formalmente divieto di entrare* il est formellement interdit d'entrer [C] **concessione, autorizzazione.**

divinaménte |divina'mente| *avv.* **1** [*in modo divino*] divinement **2** [*ottimamente, deliziosamente*] divinement: *si sta divinamente qui* on est divinement bien ici; *suona divinamente il piano* il joue divinement du piano.

divinàre |divi'nare| *v.tr.* [*predire il futuro mediante l'arte divinatoria*] deviner ◇ (*per est.*) [*indovinare, prevedere*] entrevoir (37), pressentir (21): *divinare il risultato di un'impresa* entrevoir l'issue d'une entreprise.

divinatóre, trice |divina'tore, tritʃe| **1** *s.* (*lett.*) [*chi pratica la divinazione*] devin* (*corr.*) → **mago, indovino** **2** *agg.* [*che predice il futuro*] divinatoire, divinateur*: *scienza divinatrice* science divinatoire, divinatrice.

divinatòrio, i |divina'tɔrjo, i| *agg.* divinatoire: *arte divinatoria* art divinatoire ◇ [*profetico*] divinateur*: *potenza divinatoria* puissance divinatrice.

divinazióne |divinat'tsjone| *s.f.* [→ DIVINARE] divination.

divincolaménto |divinkola'mento| *s.m.* [→ DIVINCOLARE B] tortillement, remuement → **contorcimento.**

divincolàre |divinko'lare| **A** *v.tr.* (*raro*) [*muovere quà e là*] remuer: *divincolare la coda* remuer la queue → **dimenare, scodinzolare** **B** *v.pron.rifl.* DIVINCOLARSI [*dimenarsi, contorcersi*] se débattre (76); remuer (*intr.*): *si divincolava per liberarsi* il se débattait pour se dégager || *si divincolava come un'anguilla* il remuait comme une anguille [C] B **irrigidir(si).**

divincolìo, ii |divinko'lio, ii| *s.m.* → **divincolamento.**

divinità |divini'ta| *s.f.inv.* **1** divinité (*var.*): *le divinità pagane* les divinités païennes; *gli antichi adoravano molte divinità* les peuples de l'antiquité adoraient beaucoup de divinités → **dio** **2** [*essenza divina*] divinité: *ammettere la divinità di Gesù Cristo* reconnaître la divinité de Jésus-Christ **3** (*raro*) [*perfezione, eccellenza*] sublimité (*var.*): *la divinità della poesia* la sublimité de la poésie.

divinizzàre |divinid'dzare| *v.tr.* [*considerare divino, collocare tra gli dei*] diviniser: *i Romani divinizzarono molti imperatori* les Romains divinisèrent beaucoup d'empereurs → **deificare** ◇ (*fig.*) [*onorare, esaltare*] glorifier: *divinizzare l'arte* glorifier l'art → **innalzare** [C] **umanizzare; umiliare.**

divinizzazióne |diviniddzat'tsjone| *s.f.* [→ DIVINIZZARE] divinisation.

divìno |di'vino| *agg.* **1** divin: *giustizia, grazia divina* justice, grâce divine; *castigo divino* châtiment divin; *onori divini* honneurs divins ♦ (*s.m.*) *il divino* [*essenza o natura divina*] le divin: *l'idea del divino* l'idée du divin **2** (*per est.*) [*sacro*] divin: *ufficio divino* office divin; *rito divino* rite divin # *le divine scritture* les saintes écritures ◇ [*soprannaturale*] *fenomeno, fatto divino* phénomène, fait divin **3** [*perfetto, straordinario*] divin: *bellezza, poesia divina* beauté, poésie divine; *musica divina* musique divine → **eccellente, sublime** # *arte divina* [*divinatoria*] art divinatoire ◇ (*per anton.*) *il divino poeta* [*Dante*] le divin poète ◇ (*fam.*) merveilleux* (*corr.*): *uno spettacolo, un abito divino* un spectacle, un habit merveilleux; *abbiamo passato una settimana divina* nous avons passé une semaine merveilleuse [C] 1 **umano, terreno** 1.

1 **divìsa** |di'viza| *s.f.* **1** [*uniforme*] uniforme *m.*; tenue: *divisa di aviatore, di marinaio* uniforme d'aviateur, de marin; *divisa di collegiale* uniforme de lycéen; *presentarsi in divisa* se présenter en uniforme; *mettersi in divisa di gala* se mettre en uniforme de gala || *divisa militare* tenue militaire # *divisa di portiere* livrée de portier **2** (*arald.*) devise: *la divisa della bandiera francese è 'Onore e Patria'* la devise du drapeau français est 'Honneur et Patrie'.

2 **divìsa** |di'viza| *s.f.* (*fin.*) devise: *corso, prezzo delle divise estere* cours, prix de devises étrangères.

divisàre |divi'zare| *v.tr.* [*pensare, stabilire*] penser, projeter.

divisaménto |diviza'mento| *s.m.* → **proposito, disegno.**

divisìbile |divi'zibile| *agg.* [→ DIVIDERE A] divisible: *patrimonio divisibile* patrimoine divisible ◇ (*mat.*) *numero divisibile* nombre divisible [C] **indivisibile.**

divisibilità |divizibili'ta| *s.f.inv.* divisibilité *var.* ◇ (*mat.*) *criteri di divisibilità* critères de divisibilité [C] **indivisibilità.**

divisionàle |divizjo'nale| *agg.* **1** (*mil.*) divisionnaire **2** → **divisionario** 1.

divisionàrio, i |divizjo'narjo, i| **1** (*agg.*) *moneta divisionaria* monnaie divisionnaire **2** *s.m.* (*mil.*) divisionnaire.

divisióne |divi'zjone| *s.f.* **1** [→ DIVIDERE A] division; partage (*m.*): *divisione di un libro in capitoli* division d'un livre en chapitres; *divisione di un terreno* division d'un terrain; *divisione del lavoro, dei compiti* division du travail, des devoirs; *divisione di una parola in sillabe* division d'un mot en syllabes; *divisione degli animi* division des âmes; *divisione dei poteri* division des pouvoirs || *divisione di un'eredità* partage d'un héritage; *divisione di una torta* partage d'un gâteau ◇ (*dir.*) *divisione consensuale, giudiziale* partage consensuel, judiciaire **2** (*mil.*) division: *divisione di fanteria* division d'infanterie **3** (*mat.*) division: *eseguire una divisione* faire une division **4** [*settore d'amministrazione*] division: *capo della seconda divisione* chef de la seconde division **5** (*sport*) division: *il campionato di divisione A, B* le championnat de première, deuxième division.

divisionismo |divizjo'nizmo| *s.m.* (*pitt.*) divisionnisme.
divismo |di'vizmo| *s.m.* **1** [*fanatica ammirazione per i divi, spec. del cinema*] fanatisme; culte des vedettes: *divismo sportivo* fanatisme sportif **2** [*comportamento presuntuoso ed eccentrico*] exhibitionnisme: *gli atteggiamenti di quel cantante rivelano un divismo accentuato* les attitudes de ce chanteur révèlent un exhibitionnisme prononcé.
diviso |di'vizo| *agg.* **1** [*distinto, staccato, separato*] séparé: *vive diviso dalla moglie da alcuni anni* il vit séparé de sa femme depuis quelques années ◇ [*discorde, disunito*] divisé; partagé: *famiglia, città divisa* famille, ville divisée || *su questo argomento i pareri sono divisi* les avis sont partagés sur la question **2** (*mat.*) *quattro diviso due* quatre divisé par deux.
divisóre |divi'zore| *s.m.* **1** (*mat.*) diviseur: *divisore comune* commun diviseur; *massimo comun divisore* (*M.C.D.*) plus grand commun diviseur (P.G.C.D.) **2** (*mecc.*) poupée *f.* à diviser: *divisore universale* poupée universelle.
divisòrio, i |divi'zɔrjo, i| *agg.* [*che separa ambienti, terreni contigui*] mitoyen*: *muro divisorio* mur mitoyen ✦ (*s.m.*) *un divisorio* une cloison *f.*
divistico, ci, ca, che |di'vistiko, tʃi, ka, ke| *agg.* [*proprio di un divo o del divismo*] de vedette (*loc. inv.*): *atteggiamenti divistici* des attitudes de vedette ◇ (*spec. di una diva del cinema*) de star *loc. inv.*
1 **divo** |'divo| *agg.* (*lett.*) → **divino.**
2 **divo** |'divo| *s.* **1** [*personaggio famoso, popolare*] vedette *f.*, étoile (*f.*): *un divo del cinema* une vedette de cinéma; *i divi del calcio* les vedettes du football **2** (*lett.*) → **dio, nume.**
divoràre |divo'rare| *v.tr.* **1** (*di animali, spec. feroci*) [*sbranare*] dévorer: *la tigre divorò la preda in un batter d'occhio* le tigre dévora sa proie en un clin d'œil; *il cane ha divorato il suo pasto* le chien a dévoré son repas **2** (*persone*) [*mangiare voracemente*] dévorer: *ha divorato la cena ed è uscito* il a dévoré son dîner, puis il est sorti ◇ (*fig.*) *ha divorato tutte le sue sostanze* il a dévoré toutes ses substances → **sperperare** **3** (*di passioni; di malattia; di fuoco*) [*consumare, distruggere*] dévorer: *essere divorato dall'invidia, dall'ambizione* être dévoré par l'envie, par l'ambition; *un male incurabile lo sta divorando* un mal inguérissable le dévore; *l'edificio fu divorato dalle fiamme* l'édifice fut dévoré par les flammes **4** [*fare, portare a termine in gran fretta o con avidità*] dévorer: *divorare la strada, un libro* dévorer de la route, un livre ◇ (*loc.*) *divorare con gli occhi* [*guardare con cupidigia*] dévorer des yeux **C** 2 **assaporare, gustare.**
divoratóre, trice |divora'tore, tri'tʃe| **I** *s.* **1** [*gran mangiatore*] grand mangeur*, bouffeur* (*pop.*): *è un gran divoratore di carne* c'est un grand mangeur de viande ◇ (*fig.*) *quel ragazzo è un divoratore di fumetti* ce garçon est un dévoreur (*raro*) de bandes dessinées, dévore les bandes dessinées **2** [*scialacquatore, sperperatore*] mangeur: *quel giovane è un divoratore di danari* ce jeune est un mangeur d'argent **II** *agg.* [*distruttore*] dévorant: *fuoco divoratore* feu dévorant ◇ (*fig.*) *passione divoratrice* passion dévoratrice (*lett.*), dévorante.
divorziàre |divor'tsjare| *v.intr.* (*aus.* 'avere') [*far divorzio*] divorcer (2): *ha divorziato da poco* il a divorcé depuis peu; *ha divorziato dal marito* elle a divorcé d'avec son mari ◇ (*raro, fig.*) rompre (53): *quell'atleta ha divorziato dal suo gruppo sportivo* cet athlète a rompu avec son groupe sportif.
divorziàto |divor'tsjato| *agg. e s.* divorcé: *il numero dei divorziati aumenta ogni anno* le nombre des divorcés augmente chaque année.
divòrzio, i |di'vɔrtsjo, i| *s.m.* **1** divorce: *ha chiesto il divorzio* il a demandé le divorce **2** (*fig.*) [*scissione, rottura*] divorce: *il divorzio tra i due partiti è imminente* le divorce entre les deux partis est imminent.
divorzismo |divor'tsizmo| *s.m.* mouvement, attitude *f.* favorable au divorce.
divorzista |divor'tsista| *s.* partisan du divorce ✦ (*agg.*) *avvocato divorzista* avocat partisan du divorce.
divorzistico, ci, ca, che |divor'tsistiko, tʃi, ka, ke| *agg.* **1** du, de divorce *loc.* **2** *loc.* favorable au divorce: *movimento divorzistico* mouvement favorable au divorce.
divòto |di'vɔto| *agg.* → **devoto.**
divulgaménto |divulga'mento| *s.m.* → **divulgazione.**
divulgàre |divul'gare| **A** *v.tr.* **1** [*rendere di dominio pubblico*] divulguer; répandre (53): *divulgare un segreto* divulguer un secret; *divulgare una notizia* divulguer une nouvelle || *divulgare una notizia ai quattro venti* répandre une nouvelle aux quatre vents **2** [*far conoscere, esporre una dottrina in forma accessibile a molti*] divulguer, vulgariser: *divulgare i principi di una nuova scienza* divulguer, vulgariser les principes d'une nouvelle science # *divulgare un prodotto* diffuser un produit **B** *v.pron.intr.* DIVULGARSI [*diffondersi, acquistar popolarità*] se divulguer, se répandre: *la notizia si è divulgata rapidamente* la nouvelle s'est rapidement divulguée, répandue.
divulgativo |divulga'tivo| *agg.* de vulgarisation (*loc. inv.*): *un'opera divulgativa* un ouvrage de vulgarisation; *un mezzo divulgativo* un moyen de vulgarisation.
divulgatóre, trice |divulga'tore, tri'tʃe| *s.* divulgateur*: *un divulgatore di notizie false* un divulgateur de fausses nouvelles ◇ (*per est.*) *quello studioso è solo un divulgatore di opere scientifiche* ce savant n'est qu'un vulgarisateur d'ouvrages scientifiques.
divulgazióne |divulgat'tsjone| *s.f.* **1** [→ DIVULGARE A 1] divulgation: *la divulgazione di un libro* la divulgation d'un livre **2** [→ DIVULGARE A 2] vulgarisation: *opera di divulgazione* ouvrage de vulgarisation; *divulgazione scientifica* vulgarisation scientifique.
dizionarietto |dittsjona'rjetto| *s.m.* dictionnaire de poche.
dizionàrio, i |dittsjo'narjo, i| *s.m.* dictionnaire: *dizionario bilingue* dictionnaire bilingue; *dizionario italiano-francese, francese-italiano* dictionnaire italien-français, français-italien; *dizionario tascabile* dictionnaire de poche; *cercare una parola sul, nel dizionario* chercher un mot dans le dictionnaire → **vocabolario.**
dizionarista |dittsjona'rista| *s.* → **lessicografo.**
dizióne |dit'tsjone| *s.f.* **1** [*modo di leggere o di recitare chiaro e intelligibile*] diction: *una dizione corretta* une diction correcte; *scuola, corso di dizione* école, cours de diction ◇ (*per est.*) [*declamazione, recitazione in pubblico*] récital (*m.*): *assistere a una dizione di poesia contemporanea* assister à un récital de poésie contemporaine **2** (*retorica*) diction: *una dizione dotta* une diction savante → **elocuzione** **3** (*raro*) [*vocabolo, espressione, modo di dire*] locution.
do |dɔ| *s.m.inv.* (*mus.*) do, ut.
doblóne |do'blone| *s.m.* (*numism.*) doublon.
dóccia, ce |'dottʃa, tʃe| *s.f.* **1** douche: *farsi la doccia* prendre une douche, se doucher ◇ (*spec.*) *doccia scozzese* douche écossaise # *fare la doccia a un bambino* doucher un enfant ◇ (*loc. fig.*) *una doccia fredda* une douche froide ~ *aver bisogno di una doccia fredda* avoir besoin d'une douche froide **2** [*l'impianto*] douche: *prenotare una camera con doccia* réserver une chambre avec douche **3** → **grondaia** ◇ [*canale per convogliare l'acqua verso la ruota del mulino*] bief *m.* **4** (*anat.*) gouttière.
docciàre |dot'tʃare| *v.tr.* (*raro*) **1** [*sottoporre a una doccia, spec. curativa*] doucher: *docciare un bambino* doucher un enfant; *docciare un malato* doucher un malade **2** (*di liquidi*) [*far colare a guisa di doccia*] faire (45) *intr.* couler: *docciare l'acqua sul corpo* faire couler de l'eau sur son corps.
docciatùra |dottʃa'tura| *s.f.* (*raro*) [→ DOCCIARE 1] douche # *fare una docciatura a un malato* doucher un malade.
doccióne |dot'tʃone| *s.m.* **1** (*arch.*) gargouille *f.* **2** (*alpinismo*) couloir.
docènte |do'tʃɛnte| **1** *agg.* [*che insegna*] enseignant: *il personale docente* le corps enseignant; *la Chiesa docente* l'Église enseignante **2** *s.* [*insegnante*] professeur (*m.*): *un docente di matematica* un professeur de mathématiques; *un docente universitario* un professeur d'université, un universitaire ◇ (*spec.*) *libero docente* professeur titulaire d'un cours libre; (*nei paesi di lingua ted.*) privatdozent.
docènza |do'tʃɛntsa| *s.f.* (*solo nella loc.*) *libera docenza* [*titolo che abilita all'insegnamento in cattedre universitarie; titolo analogo, per alcune facoltà fr.*] agrégation.
dòcile |'dɔtʃile| *agg.* **1** (*persone*) docile: *carattere docile* caractère docile; *intelligenza docile* intelligence docile; *docile ai comandamenti, ai consigli* docile aux commandements, aux conseils ◇ (*per est.*) [*mite, trattabile*] *è un bambino docile come un agnello* c'est un enfant docile comme un agneau **2** (*animali*) docile: *cane, cavallo docile* chien, cheval docile; *buoi poco docili al giogo* bœufs peu dociles au joug **3** (*cose*) *pietra, legno docile allo scalpello* pierre, bois docile au ciseau; *strumento, macchina docile ai comandi* instruments, machine docile aux commandes; *capelli docili* cheveux dociles.
docilità |dotʃili'ta| *s.f.inv.* docilité (*var.*): *docilità agli impulsi* docilité aux impulsions; *fanciullo che si distingue*

per la sua docilità enfant remarquable pour sa docilité.
docilménte |dotʃil'mente| *avv.* [→ DOCILE 1] docilement.
docimologìa, gìe |dotʃimolo'dʒia, dʒie| *s.f.* (*psicol.*) docimologie.
docimològico, ci, ca, che |dotʃimo'lɔdʒiko, tʃi, ka, ke| *agg.* docimologique.
docimòlogo, gi (ghi), ga, ghe |dotʃi'mɔlogo, dʒi (gi), ga, ge| *s.* docimologue.
dock |dɔk| *s.m. inv.* (*ingl.*) dock *var.*
documentàbile |dokumen'tabile| *agg.* [→ DOCUMENTARE A] qui peut être documenté *loc.*
documentàle |dokumen'tale| *agg.* [*che si riferisce a un documento*] documentaire: *prova documentale* preuve documentaire.
documentalista |dokumenta'lista| *s.* documentaliste.
documentàre |dokumen'tare| **A** *v.tr.* **1** [*provare, confermare con documenti*] documenter: *documentare un'accusa, un'affermazione* documenter une accusation, une affirmation ◇ [*illustrare, convalidare con precisi riferimenti*] *documentare un'esposizione* documenter un exposé; *documentare una teoria scientifica* documenter une théorie scientifique **2** [*corredare dei documenti prescritti*] documenter: *documentare una domanda, un'istanza* documenter une demande, une instance **3** [*fornire a qc. il materiale necessario a una ricerca, uno studio e sim.*] documenter: *documentare uno scienziato, uno studioso* documenter un homme de science, un savant **B** *v.pron. rifl.* DOCUMENTARSI [*informarsi*] se documenter: *documentarsi sugli ultimi avvenimenti politici* se documenter sur les derniers événements politiques; *si è accuratamente documentato* il s'est soigneusement documenté.
documentàrio, i |dokumen'tarjo, i| **I** *agg.* **1** [*informativo, divulgativo*] documentaire: *servizio documentario* service documentaire; *libro, film documentario* livre, film documentaire **2** [*relativo ai documenti e alla documentazione*] documentaire: *materiale, interesse documentario* matériel, intérêt documentaire **II** *s.m.* documentaire: *documentario sulla pesca della balena* documentaire sur la pêche à la baleine; *documentario sulla fame nel mondo* documentaire sur la faim dans le monde.
documentarista |dokumenta'rista| *s.* documentariste.
documentarìstico, ci, ca, che |dokumenta'ristiko, tʃi, ka, ke| *agg.* de documentaire(s) (*loc.*): *produzione documentaristica* production de documentaires.
documentàto |dokumen'tato| *agg.* documenté: *tesi solidamente documentata* thèse solidement documentée; *è uno storico ben documentato* c'est un historien bien documenté.
documentazióne |dokumentat'tsjone| *s.f.* **1** [→ DOCUMENTARE A 1; B] documentation: *la documentazione di una verità* la documentation d'une vérité; *la documentazione dei fatti* la documentation des faits; *lo scienziato è molto rigoroso nella sua documentazione* le savant est très rigoureux dans sa documentation **2** [*i documenti probanti*] documentation, pièces *pl.* (à l'appui): *la documentazione di un processo, di un contratto, di un'istanza* la documentation d'un procès, d'un contrat, d'une instance; *fornire la documentazione in duplice copia* fournir la documentation, les pièces à l'appui en deux exemplaires; *avallare una tesi con la necessaria documentazione* confirmer une thèse par la documentation nécessaire ◇ (*bur.*) papiers *m.pl.*, dossier *m.* **3** [*raccolta, classificazione di materiale dimostrativo*] documentation: *documentazione bibliografica* documentation bibliographique; *schede di documentazione storica* fiches de documentation historique.
documénto |doku'mento| *s.m.* **1** (*dir., corr.*) document; papier: *documento autentico, originale* document authentique, original; *documento dichiarativo, dispositivo* document déclaratif, normatif; *infirmare la validità di un documento* infirmer la validité d'un document ‖ *presentare i documenti per un concorso* présenter les papiers pour un concours ◇ [*attestato comprovante l'identità di una persona o la legittimità di un esercizio o utenza*] papier, pièce (*f.*): *viaggiare senza documenti* voyager sans papiers; *(ri)chiedere i documenti* demander les papiers; *documenti di riconoscimento* papiers, pièces d'identité **2** [*qualsiasi materiale informativo*] document: *documento plastico, grafico, visivo* document plastique, graphique, visuel **3** [*testimonianza, illustrazione*] témoignage, document: *la democrazia ateniese è un documento di una grandiosa civiltà* la démocratie athénienne est le témoignage d'une civilisation grandiose; *il film è un documento degli orrori della guerra* le film est un document sur les horreurs de la guerre.
dòdeca- |'dɔ(o)deka| *pref.* (*significa 'dodici', corrisponde gener. a*) dodéca: *dodecafonico* dodécaphonique.
dodecaèdro |dodeka'ɛdro| *s.m.* (*mat.*) dodécaèdre.
dodecafonìa |dodekafo'nia| *s.f.* (*mus.*) dodécaphonisme *m.*
dodecafònico, ci, ca, che |dodeka'fɔniko, tʃi, ka, ke| *agg.* (*mus.*) dodécaphonique.
dodecàgono |dode'kagono| *s.m.* (*mat.*) dodécagone.
dodecasillabo |dodeka'sillabo| *agg.* (*metr.*) dodécasyllabe ✦ (*s.m.*) *un dodecasillabo* un dodécasyllabe.
dodicènne |dodi'tʃɛnne| (*s.*) *un dodicenne, una dodicenne* un garçon *m.*, une fille *f.* de douze ans ✦ (*agg.*) *una ragazza dodicenne* une fille (âgée) de douze ans.
dodicèsimo |dodi'tʃɛzimo| **I** *agg. numer. ord.* douzième: *il dodicesimo giorno* le douzième jour; *secolo dodicesimo* douzième (XIIe) siècle # *capitolo dodicesimo* chapitre douze; *Luigi dodicesimo (XII), re di Francia* Louis douze (XII), roi de France; *il papa Pio dodicesimo (XII)* le pape Pie douze (XII) **II** *s.* **1** *s.m.* (*mat.*) douzième: *calcolare i due dodicesimi di cinquanta* calculer les deux douzièmes de cinquante ◇ (*tip.*) *in dodicesimo* in-douze **2** *s.f.* (*mus.*) douzième.
dódici |'doditʃi| **1** *agg. numer. card. inv.* douze: *i dodici mesi dell'anno* les douze mois de l'année; *i dodici apostoli* les douze apôtres; *paragrafo, capitolo, pagina dodici* paragraphe, chapitre, page douze; *abita al numero dodici di via Mozart* il habite (au numéro) douze (de la) rue Mozart **2** *s.m. inv.* [*il numero 12*] douze: *il due nel dodici sta sei volte* il y a six fois deux dans douze; *dov'è la fermata del dodici?* où est l'arrêt du douze?; *ha ottenuto lo sconto del dodici per cento* il a obtenu une réduction de douze pour cent ◇ (*nell'espressione dell'ora*) *sono le dodici* il est midi (minuit).
dóga, ghe |'doga, ge| *s.f.* [*asse utilizzata per la costruzione della botte*] douve: *una doga di abete* une douve en bois de sapin.
dogàle |do'gale| *agg.* de (du) doge *loc.*, des doges (*loc.*): *veste dogale* habit de doge; *città dogale* ville du doge; *palazzo dogale* palais des doges.
dogàna |do'gana| *s.f.* **1** douane: *bollo della dogana* timbre de la douane; *dichiarare la merce alla dogana* déclarer les marchandises à la douane ◇ [*il personale dell'ufficio*] les douaniers (*m. pl.*): *la dogana sale a bordo* les douaniers montent à bord; *oggi la dogana sciopera* aujourd'hui les douaniers font grève **2** [*la sede di tale ufficio*] douane: *passare alla dogana* passer à la douane; *la merce è bloccata in dogana* la marchandise est bloquée à la douane **3** [*dazio, tassa*] douane: *pagare la dogana* payer la douane; *diritti di dogana* droits de douane.
doganàle |doga'nale| *agg.* [*della dogana*] douanier*; de douane (*loc. inv.*): *politica doganale* politique douanière; *tariffa doganale* tarif douanier; *unione doganale* union douanière ‖ *dazio doganale* droits de douane; *dazi, diritti doganali* droits de douane.
doganière |doga'njɛre| *s.m.* [*impiegato della dogana*] douanier: *questi bagagli sono stati ispezionati dal doganiere* ces bagages ont été fouillés par le douanier.
dogàre |do'gare| *v.tr.* (*raro*) [*applicare le doghe*] mettre (71) les douves à: *dogare una botte* mettre les douves à un tonneau.
dogaréssa |doga'ressa| *s.f.* (*st.*) dogaresse.
dòge |'dɔdʒe| *s.m.* doge ◇ (*fig.*) *stare, vivere come un doge* [*sontuosamente*] vivre en grand seigneur.
dòglia |'dɔʎʎa| *s.f.* **1** *al plur.* [*dolori che precedono il parto*] les douleurs de l'accouchement: *avere le doglie* être dans les douleurs **2** (*lett.*) [*dolore, patimento*] douleur (*corr.*), souffrance (*corr.*).
dogliànza |doʎ'ʎantsa| *s.f.* **1** (*raro*) [*lamentela, rimostranza*] plainte, doléances (*pl.*): *presentare le proprie doglianze* présenter, faire ses doléances → **lagnanza** **2** (*arc., lett.*) → **dolore.**
dòglio, i |'dɔ(o)ʎʎo, i| *s.m.* [*vaso di creta, orcio*] jarre *f.*
doglióso |doʎ'ʎoso| *agg.* (*lett.*) → **dolente, sofferente.**
dògma |'dɔgma| *s.m.* dogme: *il dogma della Trinità* le dogme de la Trinité ◇ (*per est.*) *i dogmi letterari* les dogmes littéraires.
dogmàtica, che |dog'matika, ke| *s.f.* dogmatique.
dogmaticaménte |dogmatika'mente| *avv.* [→ DOGMATICO 1] dogmatiquement.
dogmàtico, ci, ca, che |dog'matiko, tʃi, ka, ke| *agg.* **1** dogmatique: *testi dogmatici* textes dogmatiques; *teologia dogmatica* théologie dogmatique; *studio dogmatico* étude dogmatique **2**

[*basato sui principi assiomatici*; *privo di verifica sperimentale*] dogmatique: *mentalità dogmatica* mentalité dogmatique; *ragionamento dogmatico* raisonnement dogmatique **3** (*per est.*) [*indiscutibile, perentorio*] dogmatique: *affermazione dogmatica* affirmation dogmatique; *esposizione dogmatica* exposition dogmatique; *tono dogmatico* ton dogmatique ♦ (*s.*) *un dogmatico* un dogmatique.

dogmatismo |dogma'tizmo| *s.m.* dogmatisme.

dogmatizzàre |dogmatid'dzare| *v.intr.* (*aus. 'avere'*) [*parlare in modo dogmatico*] dogmatiser: *dogmatizza su tutto* il dogmatise sur tout.

dolatóra |dola'tora| *s.f.* (*tecnol.*) doleau *m.*

dólce |'doltʃe| **I** *agg.* **1** doux*; sucré: *mandorle dolci* amandes douces; *mele, arance, ciliegie dolci* pommes, oranges, cerises douces; *liquore dolce* liqueur douce; *patata dolce* patate douce → **batata** ‖ *bevanda dolce* boisson sucrée; *caffè dolce* café sucré # *farina dolce* farine de châtaigne ◇ (*spec.*) *acqua dolce* [*quella dei fiumi e dei laghi*] eau douce **2** (*per est.*) [*facile a lavorarsi o a sopportarsi*] doux: *ferro dolce* fer doux; *pendio dolce* pente douce; *clima, temperatura dolce* climat doux, température douce; *carbone dolce* charbon doux # *legno, pietra dolce* bois, roche tendre ◇ (*loc.*) *ha i piedi dolci* [*piatti*] il a les pieds plats ◇ (*fon.*) *vocali, consonanti dolci* voyelles, consonnes douces; *spirito dolce* esprit doux **3** [*gradevole ai sensi*] doux: *canto, suono dolce* chant, son doux; *musica, voce dolce* musique, voix douce; *colore, paesaggio dolce* couleur douce, paysage doux; *un dolce profumo* un doux parfum; *vento, zefiro dolce* vent doux, doux zéphyr; *ha un viso dolce e malinconico* elle a un visage doux et mélancolique ◇ (*loc.*) *la dolce vita* la vie douce, la 'dolce vita' ~ *il dolce far niente* la douce oisiveté, le farniente **4** (*fig.*) [*che suscita tenerezza, abbandono*] doux: *una dolce carezza* une douce caresse; *un dolce bacio, sguardo* un doux baiser, regard; *un abbraccio dolce* une douce étreinte; *i dolci ricordi dell'infanzia* les doux souvenirs de l'enfance; *far gli occhi dolci a qc.* faire les yeux doux à qqn. **5** (*fig.*) [*improntato a mitezza, a comprensione*] doux: *un dolce rimprovero* un doux reproche; *carattere, indole dolce* caractère, naturel doux; *è una moglie dolce e affettuosa* c'est une femme douce et affectueuse **II** *s.m.* **1** (*cuc.*) gâteau: *un dolce di mandorle* un gâteau aux amandes; *offrire, mangiare un dolce* offrir, manger un gâteau ◇ (*spec.*) *essere al dolce* [*verso la fine del pranzo*] en être au dessert **2** [*sapore dolce*] doux: *preferisco il dolce all'amaro* je préfère le doux à l'amer **III** *avv.* (*lett.*) [*soavemente, piacevolmente*] avec douceur *loc.inv.* Ⓒ I 1 **amaro, aspro, secco, salato**; II 2 **duro.**

dolceamàro |doltʃea'maro| *agg.* doux* et amer*, aigre-doux.

dolceménte |doltʃe'mente| *avv.* [→ DOLCE I] doucement.

dolcétta |dol'tʃetta| *s.f.* (*t.bot.*) mâche, doucette (*fam.*).

dolcézza |dol'tʃettsa| *s.f.* **1** [*gusto, sapore dolce*] douceur: *la dolcezza di un frutto, del miele* la douceur d'un fruit, du miel ◇ (*per est.*) *la dolcezza di un paesaggio* la douceur d'un paysage; *la dolcezza di un suono, di una melodia* la douceur d'un son, d'une mélodie; *la dolcezza di uno sguardo, di un sorriso* la douceur d'un regard, d'un sourire **2** [*mitezza, moderazione, comprensione*] douceur: *la dolcezza della stagione, del clima* la douceur de la saison, du climat; *la dolcezza di carattere* la douceur de caractère; *parlare, trattare, rimproverare con dolcezza* parler, traiter, reprocher avec douceur ◇ [*attenzione, delicatezza*] *prendere con dolcezza* prendre avec douceur **3** *spec. al plur.* [*gioie, piaceri*] douceurs: *le dolcezze della vita, dell'amore* les douceurs de la vie, de l'amour Ⓒ 1 **amarezza**; 2 **brutalità, durezza, violenza.**

dolciàrio, i |dol'tʃarjo, i| *agg.* [*relativo alla fabbricazione dei dolci*] de la confiserie (*loc. inv.*): *industria dolciaria* industrie de la confiserie.

dolciàstro |dol'tʃastro| *agg.* douceâtre, doucereux*: *sapore dolciastro* goût douceâtre, doucereux ◇ (*fig.*) doucereux, mielleux*: *parlare con tono dolciastro* parler d'un ton doucereux, mielleux → **mellifluo.**

dolcière |dol'tʃɛre| *s.m.* → **pasticciere.**

dolcificànte |doltʃifi'kante| *s.m.* [*sostanza additiva per dolcificare*] édulcorant.

dolcificàre |doltʃifi'kare| *v.tr.* **1** [*rendere dolce*] adoucir, édulcorer: *dolcificare una medicina* adoucir, édulcorer un médicament ◇ (*fig.*) *dolcificare un rimprovero con un sorriso* adoucir, atténuer un reproche avec un sourire **2** (*chim.*) [*eliminare i sali da un'acqua dura*] adoucir.

dolcificazióne |doltʃifikat'tsjone| *s.f.* [→ DOLCIFICARE 1] adoucissement *m.*, édulcoration.

dolcigno |dol'tʃiɲɲo| *agg.* → **dolciastro.**

dolcissimo |dol'tʃissimo| *avv.* (*mus.*) dolcissimo.

dolciùme |dol'tʃume| *s.m.* **1** *al plur.* [*i prodotti dell'industria dolciaria, della pasticceria*] confiseries *f.*, friandises (*f.*): *i dolciumi gli hanno rovinato i denti* les confiseries, les friandises lui ont gâté les dents # *negozio di dolciumi* confiserie, pâtisserie **2** (*raro*) [*sapore molto dolce*] saveur *f.* trop sucrée: *non riesco a togliermi dalla bocca questo dolciume* je n'arrive pas à m'enlever de la bouche cette saveur trop sucrée.

dolènte |do'lɛnte| *agg.* **1** [*rammaricato, dispiaciuto, addolorato*] désolé: *sono dolente per l'accaduto* je suis désolé de ce qui est arrivé **2** [*dolorante, afflitto da dolore*] douloureux*; endolori: *medicare, fasciare la parte dolente* panser, bander l'endroit douloureux ‖ *si sentiva tutto dolente per le percosse ricevute* il se sentait tout endolori à cause des coups reçus → **indolenzito 3** [*che esprime dolore*] dolent: *sguardo, voce dolente* regard dolent, voix dolente ◇ (*loc.*) *le dolenti note* [*le voci dei condannati nell'inferno dantesco*] les accents plaintifs; (*fig.*) [*situazione difficile e spiacevole*] le moment critique.

dolenzìa |dolen'tsia| *s.f.* → **indolenzimento.**

dolére |do'lere| (137) **A** *v.intr.* (*aus. 'essere'*) **1** [*provare sofferenza fisica*] avoir (28) (*aus.* avoir) mal: *mi duole il capo* j'ai mal à la tête; *mi dolgono i denti* j'ai mal aux dents **2** [*rincrescere, dispiacere*] être (43) (*aus.* avoir) désolé, regretter: *mi duole di non poterti vedere* (*in*) *questi giorni* je suis désolé de, je regrette de ne pas pouvoir te voir ces jours-ci; *ci duole di non poterli aiutare* nous sommes désolés, nous regrettons de ne (pas) pouvoir les aider # *mi duole di sentire queste menzogne* cela me fait mal au cœur d'entendre ces mensonges; *mi duole dirvi che...* j'ai le regret de vous dire que... **B** *v.pron.intr.* DOLERSI **1** [*rammaricarsi, affliggersi*] être *intr.* désolé de, regretter (*tr.*): *dolersi di un errore* regretter une erreur ◇ [*pentirsi*] se repentir (21): *dolersi dei propri peccati* se repentir de ses péchés **2** [*lamentarsi*] se lamenter: *dolersi della propria sorte* se lamenter sur son sort ◇ [*manifestare il proprio compianto*] s'apitoyer (10) sur: *dolersi dell'altrui male* s'apitoyer sur le malheur des autres → **condolersi** Ⓒ A 2 **gioire**; B 1 **rallegrar(si).**

dòlico- |'dɔliko| *pref.* (*significa 'lungo', corrisponde gener. a*) dolicho: *dolicocefalo* dolichocéphale.

dòlico, chi |'dɔliko, ki| *s.m.* (*t.bot.*) dolic, dolique.

dolicocèfalo |doliko'tʃɛfalo| *agg. e s.* dolichocéphale.

dolìna |do'lina| *s.f.* (*geogr.*) doline.

dòllaro |'dɔllaro| *s.m.* dollar: *area del dollaro* zone dollar.

dòlman |'dɔlman| *s.m.inv.* dolman *var.*

dòlmen |'dɔlmen| *s.m.inv.* dolmen *var.*

dòlo |'dɔlo| *s.m.* (*dir.*) dol: *contratto viziato dal dolo* contrat entaché de dol.

dolòmia |do'lɔmja| *s.f.* (*geol., miner.*) dolomite.

dolomite |dolo'mite| *s.f.* (*miner.*) dolomite ◇ (*geogr.*) *le Dolomiti* [*Alpi italiane*] les Dolomites.

dolomìtico, ci, ca, che |dolo'mitiko, tʃi, ka, ke| *agg.* (*geol., miner.*) dolomitique: *calcare dolomitico* calcaire dolomitique ◇ (*geogr.*) des Dolomites (*loc. inv.*): *paesaggio, lago dolomitico* paysage, lac des Dolomites.

doloránte |dolo'rante| *agg.* [*colpito da sensazioni dolorose*] endolori: *era tutto dolorante per la caduta* il était tout endolori par la chute.

doloràre |dolo'rare| *v.intr.* (*lett.*) → **soffrire.**

dolóre |do'lore| *s.m.* **1** douleur (*f.*): *dolore atroce, insopportabile, lancinante* douleur atroce, insupportable, lancinante; *letto di dolore* lit de douleur; *essere tutto un dolore* avoir des douleurs partout → **sofferenza** # *dolore di testa, di denti, di stomaco* mal de tête, de dents, d'estomac ◇ *al plur.* (*pop.*) *è un vecchio pieno di dolori* (*reumatici*) c'est un vieillard plein de douleurs rhumatismales; *i dolori* (*del parto*) *sono cominciati mezz'ora fa* les douleurs (de l'accouchement) ont commencé il y a une demi-heure **2** [*sofferenza morale*] douleur: *dolore inconsolabile, disperato* douleur inconsolable, désespérée; *vivere nel dolore* vivre dans la douleur; *partecipare al dolore di qc.* partager la douleur de qqn. → **tristezza, cordoglio** ◇ (*relig.*) *atto di dolore* acte de contrition (*f.*); *la Madonna dei sette dolori* Notre-Dame des sept douleurs **3** [*avvenimento, persona che reca dolore*] chagrin:

quel fatto è stato il più grande dolore della mia vita cet événement a été le plus grand chagrin de ma vie; *quel figlio è il dolore della sua vecchiaia* cet enfant est le chagrin de sa vieillesse.
dolorìfico, ci, ca, che |dolo'rifiko, tʃi, ka, ke| *agg.* **1** [*relativo alla percezione del dolore fisico*] douloureux*, à la douleur (*loc. inv.*): *sensibilità dolorifica* sensibilité douloureuse, à la douleur **2** [*che dà dolore fisico*] douloureux, algique: *stimolo dolorifico* stimulation douloureuse, algique → **doloroso.**
dolorosaménte |dolorosa'mente| *avv.* [→ DOLOROSO] douloureusement.
doloróso |dolo'roso| *agg.* **1** douloureux*: *operazione dolorosa* opération douloureuse; *circostanza dolorosa* circonstance douloureuse; *separazione, notizia dolorosa* séparation, nouvelle douloureuse → **tormentoso, penoso** ◇ (*relig.catt.*) *i misteri dolorosi* les mystères douloureux **2** [*che si riferisce al dolore*] douloureux: *sensazione dolorosa* sensation douloureuse ◇ (*lett.*) *il regno doloroso* [*l'inferno*] l'enfer *s.m.* **3** [*che esprime dolore*] douloureux: *grido, sguardo doloroso* cri, regard douloureux; *espressione dolorosa* expression douloureuse ◇ [*pieno di dolore*] pénible: *vita dolorosa* vie pénible 🄲 1 **indolore, piacevole**; 3 **allegro, gaio.**
dolosaménte |dolosa'mente| *avv.* → **fraudolentemente.**
dolosità |dolosi'ta| *s.f.inv.* (*arc.*) → **fraudolenza.**
dolóso |do'loso| *agg.* **1** (*dir., corr.*) dolosif*; criminel*: *manovre dolose* manœuvres dolosives ‖ *incendio doloso* incendie criminel **2** (*lett.*) → **fraudolento, ingannevole.**
domàbile |do'mabile| *agg.* [→ DOMARE] domptable: *animale domabile* animal domptable ◇ (*fig.*) *rivolta domabile* révolte domptable.
domànda |do'manda| *s.f.* **1** [→ DOMANDARE A 1] question: *domanda ragionevole, assurda, imbarazzante* question raisonnable, absurde, embarrassante; *fare, rivolgere una domanda a qc.* poser une question à qqn. → **quesito**; *è una domanda da farsi?* est-ce une question à poser? ◇ [*interrogazione*; *indagine, inchiesta*] *domanda facile, difficile* question facile, difficile; *domanda di storia, di grammatica, di matematica* question d'histoire de grammaire, de mathématiques; *rispose a tutte le domande del professore* il répondit à toutes les questions du professeur; *non diede nessuna risposta alle domande del commissario* il ne donna aucune réponse aux questions du commissaire # *rispondete a tutte le domande del questionario* répondez à tout le questionnaire **2** [→ DOMANDARE A 2] demande: *domanda orale, in carta semplice, in carta da bollo* demande orale, sur papier libre, sur papier timbré; *domanda d'impiego, di ammissione, d'aumento, di trasferimento* demande d'emploi, d'admission, d'augmentation, de mutation; *fare, presentare una domanda* faire, présenter une demande; *accogliere, respingere una domanda* accepter, refuser une demande # *la domanda di grazia è stata respinta* le recours en grâce a été refusé ◇ (*dir.*) *domanda giudiziale, processuale* demande, requête; *domanda di divorzio* demande en divorce **3** (*econ.*) demande: *la legge della domanda e dell'offerta* la loi de l'offre et de la demande; *la curva della domanda* la courbe de la demande 🄲 1 **risposta**; 3 **offerta.**
domandàre |doman'dare| **A** *v.tr.* **1** [*chiedere per sapere*] demander: *domandare un'informazione, la strada, il prezzo di q.c.* demander un renseignement, la route, le prix de qqch.; *domandale come si chiama* demande-lui comment elle s'appelle; *certe cose non si domandano!* certaines choses ne se demandent pas! ◇ (*loc.*) *domando e dico se il tuo è un comportamento ragionevole* je me demande vraiment si ton comportement est raisonnable ~ *mi domando cosa devo fare* je me demande ce que je dois faire ~ *si domanda spesso dove andremo a finire di questo passo* il se demande souvent où nous irons finir de ce pas ~ *si domandano se tu abbia ragione...* ils se demandent si tu as raison... **2** [*chiedere per ottenere*] demander: *domandare un consiglio, un aiuto, un permesso* demander un conseil, une aide, une permission; *mi ha domandato una sigaretta e un fiammifero* il m'a demandé une cigarette et une allumette; *domandare la parola* demander la parole ◇ (*per est.*) [*esigere, volere*] vouloir (40): *quanto domandi per tutta questa merce?* combien veux-tu pour toute cette marchandise? **B** *v.intr.* (*aus.* '*avere*') (*solo nella loc.*) *domandare di qc.* [*chiedere notizie*; *desiderare parlargli o vederlo*] demander *tr.* qqn. 🄲 A 1 **rispondere.**
domàni |do'mani| **I** *avv.* **1** demain: *domani mattina, domani sera, domani notte* demain matin, demain soir, demain dans la nuit; *domani alle dieci, alle sedici* demain à 10 heures, à 16 heures; *domani a mezzogiorno, a mezzanotte* demain à midi, à minuit; *a domani* à demain; *arriverò, telefonerò domani* j'arriverai, je téléphonerai demain; *domani a otto, a quindici* demain en huit, en quinze; *domani l'altro, dopo domani* après-demain **2** (*unito a 'oggi', indica genericamente 'tempo avvenire'*) demain: *oggi o domani* [*prima o poi*] aujourd'hui ou demain; *da oggi a domani* [*subito, in fretta*] d'ici à demain # *dall'oggi al domani* du jour au lendemain; *dagli oggi, dagli domani* [*a lungo andare*] à force d'insister ◇ (*iron.*) [*mai*] '*restituiscimi i denari*', '*sì, domani!*' 'rends-moi l'argent!' 'tu peux toujours courir' **II** *s.m.* **1** lendemain: *decisero di attendere il domani* ils décidèrent d'attendre le lendemain → **indomani 2** (*per est.*) [*il futuro, l'avvenire*] lendemain: *pensare al domani* penser au lendemain; *non avere un domani* ne pas avoir de lendemain # *in un prossimo domani* dans un très proche avenir 🄲 I 1 **oggi.**
domàre |do'mare| *v.tr.* **1** (*animali*) [*ammansire, addomesticare*] dompter: *domare un cavallo, un leone, una belva* dompter un cheval, un lion, une bête féroce **2** (*fig.*) (*persone*) [*rendere ubbidiente*; *assoggettare, soggiogare*] dompter: *domare un ragazzo ribelle* dompter un garçon rebelle; *domare un popolo con le armi* dompter un peuple par les armes **3** (*cose*) [*sedare, estinguere*; *sottomettere, frenare*] maîtriser: *domare un incendio, un fiume in piena* maîtriser un incendie, un fleuve en crue; *domare una rivolta, la resistenza del nemico* maîtriser une révolte, la résistence de l'ennemi; *domare gli istinti, le passioni* maîtriser ses instincts, ses passions; *domare il proprio ingegno, la propria lingua* maîtriser son intelligence, sa langue ◇ [*rendere lavorabile, ammorbidire*] assouplir: *domare il cuoio, la tela* assouplir le cuir, la toile.
domatóre, trice |doma'tore, tri'tʃe| *s.* [*chi addestra animali al lavoro*] dompteur*; dresseur*: *domatore di cavalli* dompteur de chevaux ‖ *domatore di buoi* dresseur de bœufs ◇ (*circo*) *un domatore di leoni, di tigri* un dompteur de lions, de tigres.
domattìna |domat'tina| *avv.* demain matin: *lo faremo domattina* on le fera demain matin; *arrivederci* (*a*) *domattina* au revoir, à demain matin.
domeneddìo |domened'dio| *s.m.* → **domined(d)io.**
domènica, che |do'menika, ke| *s.f.* **1** [*settimo giorno della settimana*] dimanche (*m.*): *verrò a trovarti domenica* j'irai te voir dimanche; *tutte le domeniche va alla partita di calcio* tous les dimanches il va à la partie de football ◇ (*per est.*) [*festa*] *per lui è sempre domenica* pour lui c'est toujours dimanche; *il vestito della domenica* l'habit du dimanche # *mettere il vestito della domenica* s'endimancher ◇ (*fig.*) *è nato di domenica* [*fortunato*] il est chanceux *agg.* **2** (*liturg. crist.*) dimanche: *la domenica delle Palme, di Passione, di Pasqua* le dimanche des Rameaux, de la Passion, de Pâques; *rompere la domenica* travailler le dimanche # *osservare la domenica* observer le repos dominical; *la domenica in Albis* la Quasimodo, le dimanche de Quasimodo.
domenicàle |domeni'kale| *agg.* **1** dominical*: *riposo domenicale* repos dominical; *gita domenicale* promenade dominicale → **festivo** ◇ (*fig.*) [*allegro*] de fête (*loc.*): *si respira un'aria domenicale* on respire un air de fête **2** (*liturg. catt.*) *orazione domenicale* oraison dominicale; *funzione domenicale* office dominical.
1 **domenicàno** |domeni'kano| *agg.* dominicain: *ordine domenicano* ordre dominicain ✦ (*s.m.*) *i Domenicani* les Dominicains.
2 **domenicàno** |domeni'kano| *s.m.* (*t. zool.*) souchet.
domèstica, che |do'mɛstika, ke| *s.f.* [*donna di servizio*] bonne; femme de ménage: *una domestica fissa* bonne, domestique; *una domestica tutto fare* une bonne à tout faire ‖ *una domestica a mezza giornata* femme de ménage à la demi-journée; *domestica a ore* femme de ménage (payée à l'heure).
domesticàre |domesti'kare| *v.tr.* → **addomesticare.**
domestichézza |domesti'kettsa| *s.f.* → **dimestichezza.**
domesticità |domestitʃi'ta| *s.f. inv.* → **domestichezza.**
domèstico, ci, ca, che |do'mɛstiko, tʃi, ka, ke| **I** *agg.* **1** domestique, ménager*: *vita domestica* vie domestique; *lavori domestici* travaux domestiques, ménagers; *rifiuti domestici* déchets ménagers; *economia domestica* économie domestique, enseignements ménagers # *abitudini, tradizioni domestiche* habitudes, traditions familiales ◇ (*st. rom.*) *le divinità domestiche* les dieux domestiques **2** [*familiare, intimo*] fa-

milier*: *essere domestico con qc.* être familier avec qqn. **3** (*animali*) [*non selvatico, non feroce*] domestique: *il cane, il gatto, il cavallo sono animali domestici* le chien, le chat, le cheval sont des animaux domestiques ◇ (*terreno, pianta*) [*coltivabile*] cultivable **II** *s.* domestique: *non riesco a trovare una domestica* je n'arrive pas à trouver une domestique.

1 **domiciliàre** |domitʃi'ljare| **A** *v.tr.* (*banca*) [*designare il luogo in cui un effetto è pagabile*] domicilier: *ha domiciliato la tratta presso la sua banca* il a domicilié la traite à sa banque **B** *v.pron.rifl.* DOMICILIARSI [*prendere domicilio*] s'établir, s'installer: *si è domiciliato a Milano* il s'est établi, installé à Milan; *domiciliarsi in città* s'établir en ville.

2 **domiciliàre** |domitʃi'ljare| *agg.* domiciliaire: *perquisizione domiciliare* perquisition domiciliaire.

domiciliatàrio, i |domitʃilja'tarjo, i| *s.m.* (*banca*) domiciliataire.

domiciliàto |domitʃi'ljato| *agg.* domicilié: *domiciliato a Parigi* domicilié à Paris ◇ (*banca*) *cambiale domiciliata* traite domiciliée.

domiciliazióne |domitʃiljat'tsjone| *s.f.* (*banca*) domiciliation.

domicìlio, i |domi'tʃiljo, i| *s.m.* **1** domicile: *eleggere domicilio* élire domicile; *ha il suo domicilio a Parigi* il a son domicile à Paris ◇ (*dir.*) *domicilio coatto* résidence *f.* forcée, surveillée → **confino**; *domicilio fiscale, legale* domicile fiscal, légal **2** (*per est.*) [*casa, abitazione*] domicile: *consegna a domicilio* livraison à domicile; *lavoro a domicilio* travail à domicile ◇ *franco domicilio* franco *avv.*, franc de port (*loc. inv.*): *merce franco domicilio* marchandise franco, franc de port ◇ (*dir.*) *violazione di domicilio* violation de domicile.

dominàbile |domi'nabile| *agg.* [→ DOMINARE B 1, 2] maîtrisable: *temperamento dominabile* tempérament maîtrisable; *è una passione dominabile* c'est une passion maîtrisable; *quell'avversario non è dominabile* cet adversaire n'est pas maîtrisable.

dominànte |domi'nante| **1** *agg.* dominant: *la nazione, lo Stato dominante* la nation dominante, l'État dominant ◇ [*prevalente, precipuo, saliente*] *la religione dominante* la religion dominante; *le idee, le opinioni dominanti* les idées, les opinions dominantes; *il motivo dominante* le motif dominant ◇ (*meteor.*) *venti dominanti* vents dominants **2** *s.f.* (*mus.*) *la dominante* la dominante.

dominànza |domi'nantsa| *s.f.* (*biol.*) dominance.

dominàre |domi'nare| **A** *v.intr.* (*aus.* '*avere*') **1** [*esercitare un potere unico e indiscusso*] dominer (*tr.*): *dominare in un paese, in una nazione* dominer un pays, une nation; *l'Inghilterra ha dominato sui mari per molto tempo* l'Angleterre a dominé les mers pendant longtemps → **comandare** **2** [*primeggiare, eccellere*] dominer, exceller: *dominare su tutti per coraggio, per ingegno* dominer tout le monde par son courage, son talent; *dominare in un'arte, uno sport, una gara* dominer, exceller dans un art, un sport, une compétition **3** (*fig.*) [*prevalere, imporsi*] dominer, l'emporter: *l'opinione della minoranza dominò sulle altre* l'opinion de la minorité domina les autres, l'emporta sur les autres; *in quell'opera il sentimento domina sugli altri motivi* dans cette œuvre, le sentiment domine les autres thèmes, l'emporte sur les autres thèmes; *in quella casa domina il disordine* le désordre domine dans cette maison **B** *v.tr.* **1** [*assoggettare al proprio arbitrio; tiranneggiare*] dominer: *si lascia dominare dalla moglie, dagli eventi* il se laisse dominer par sa femme, par les événements ◇ [*trascinare, affascinare*] *ha dominato l'uditorio con la sua appassionata eloquenza* il a dominé l'auditoire par son éloquence passionnée ◇ (*sport*) [*sconfiggere*] *dominare gli avversari* dominer les adversaires **2** (*fig.*) [*frenare, controllare, padroneggiare*] dominer, maîtriser: *dominare la situazione, una rivolta* dominer, maîtriser la situation, une révolte; *dominare i propri impulsi, i propri sentimenti* dominer, maîtriser ses impulsions, ses sentiments; *essere dominato dall'ira, dal vizio del bere* être dominé par la colère, par le vice de la boisson → **domare** # *quel pensiero gli dominava la mente* cette pensée le hantait ◇ [*conoscere perfettamente; usare con maestria*] *dominare una lingua straniera* dominer, maîtriser une langue étrangère; *dominare uno stile, una materia* dominer un style, une matière **3** [*sovrastare un luogo, una costruzione*] dominer: *la torre domina la piazza e il paese* la tour domine la place et le pays; *un masso enorme dominava il passo* un rocher énorme dominait le passage ◇ [*signoreggiare con lo sguardo*] *dall'alto del castello dominava tutto il paese* du haut du château il dominait tout le village **C** *v.pron.rifl.* DOMINARSI [*controllarsi*] se dominer, se maîtriser: *quando beve riesce difficilmente a dominarsi* quand il boit, il a du mal à se dominer, se maîtriser © B 1 **obbedire, servire,** 2 **cedere.**

dominatóre, trice |domina'tore, tritʃe| *s.* dominateur*: *gli antichi dominatori dei mari* les anciens dominateurs des mers; *l'Inghilterra fu la dominatrice dei mari* l'Angleterre fut la dominatrice des mers; *è stato il dominatore della gara* il a été le dominateur de la course ♦ *agg.* dominateur: *un popolo dominatore* un peuple dominateur; *aveva uno sguardo dominatore* il avait un regard dominateur.

dominazióne |dominat'tsjone| *s.f.* **1** [→ DOMINARE A 1] domination: *dominazione tirannica* domination tyrannique; *la dominazione napoleonica lasciò tracce in Italia* la domination napoléonienne laissa des traces en Italie **2** (*arc.*) [*possedimento territoriale*] domaine *m.* (*corr.*): *la sua dominazione si estendeva oltre il fiume* son domaine s'étendait au-delà du fleuve → **dominio, proprietà** **3** *al plur.* (*teol. catt.*) *le Dominazioni* les Dominations.

domine(d)dio |domine(d)'dio| *s.m.* (*fam.*) [*Dio*] bon Dieu: *prega domineddio che non ti prenda!* prie le bon Dieu que je ne t'attrape pas!

dominicàle |domini'kale| *agg.* **1** [→ DOMENICALE 1] dominical* **2** [*del padrone, padronale*] de, du propriétaire (terrien) *loc.*, de, du maître (*loc.*): *reddito dominicale* revenu du propriétaire (terrien); *casa dominicale* maison du propriétaire, du maître.

dominicàno |domini'kano| *agg.* [*della Repubblica Dominicana*] dominicain.

dominio, i |do'minjo, i| *s.m.* **1** [*padronanza, potere indiscusso*] pouvoir; domination (*f.*): *sete di dominio* soif de pouvoir; *dominio spirituale, temporale* pouvoir spirituel, temporel ‖ *esercitare il dominio sui mari* exercer sa domination sur les mers ◇ [*giogo politico*] domination: *il dominio austriaco in Italia* la domination autrichienne en Italie; *liberarsi dal dominio straniero* se libérer de la domination étrangère ◇ [*crollo*] contrôle, maîtrise (*f.*): *dominio di sé* contrôle de soi-même; *il dominio dei propri nervi* la maîtrise de ses nerfs; *avere il dominio della situazione, della produzione agricola* avoir le contrôle de la situation, de la production agricole **2** [*proprietà, fondo, possedimento*] domaine: *possedere un vasto dominio* posséder un vaste domaine ◇ (*loc.*) *diventare di dominio pubblico* (*di opere letterarie, ecc.*) tomber dans le domaine public ◇ (*fig.*) *notizia di dominio pubblico* [*conosciuta da tutti*] nouvelle de notoriété publique **3** [*territorio su cui si domina*] domaine: *i domini coloniali spagnoli* les domaines coloniaux espagnols ◇ (*fig.*) [*campo; settore specifico*] *argomento di dominio scientifico* sujet du domaine scientifique; *il dominio della letteratura, della filosofia* le domaine de la littérature, de la philosophie.

dominion |dəˈminjən| *s.m. inv.* (*ingl.*) dominion *var.*

dòmino |'dɔmino| *s.m.inv.* **1** [*vestito da maschera; la persona mascherata*] domino (*var.*): *mettersi in domino* se mettre en domino **2** (*gioco*) domino: *giocare a domino* jouer aux dominos ◇ (*polit.*) *teoria del domino* théorie du domino.

dòmma |'dɔmma| *s.m.* → **dogma.**

1 **dòmo** |'dɔmo| *s.m.* → 1 **duomo.**

2 **dòmo** |'dɔmo| *s.m.* **1** (*lett.*) [*cupola*] dôme **2** (*geol.*) dôme.

don |dɔn, don| *s.m.inv.* **1** [*titolo eccl.*] abbé *var.*; (*benedettini, certosini, trappisti*) dom (*var.*): *don Abbondio* l'abbé Abbondio **2** (*st. sp.*) don* (*var.*): *don Carlos* don Carlos # *mastro don Gesualdo* maître don Gesualdo.

donànte |do'nante| *s.* (*dir.*) donateur*, disposant: *rispettare la volontà del donante* respecter la volonté du donateur, du disposant ◇ (*per est.*) [*chi dona organi del corpo, mediante prelievo*] donneur* → **donatore.**

donàre |do'nare| **A** *v.tr.* **1** [*regalare, dare gratuitamente*] faire (45) don de: *donare i propri beni* faire don de ses biens ◇ (*fig.*) *donare il cuore* donner son cœur; *donare tutto sé stesso (a qc.)* [*dare tutto il proprio affetto*] se consacrer (à qqn.) ♦ *ass.* (*dir.*) [*far donazione*] faire une donation **2** [*dare*] donner: *donare il sangue* donner son sang **B** *v.intr.* (*aus.* '*avere*') **1** [*conferire bellezza, convenire, addirsi*] bien aller (13) (*aus.* être), seoir* (*lett.*): *quel colore, quell'abito le dona molto* cette couleur, cette robe lui va bien, lui sied **2** (*raro*) [*concedere attenuanti*] pardonner (*corr.*): *donare all'inesperienza, all'età* pardonner à l'inexpérience, à l'âge **C** *v.pron. rifl.* DONARSI [*dedicarsi*] se donner.

donatàrio, i |dona'tarjo, i| *s.* (*dir.*) donataire.

donativo |dona'tivo| *s.m.* [*dono, elargizione*] cadeau, présent: *un donativo generoso* un cadeau, un présent généreux; *fare un donativo* faire un cadeau, un présent → 2 **presente** ◇ [*mancia*] étrennes (*f. pl.*): *i donativi di fine d'anno* les étrennes de fin d'année.

donatóre, trice |dona'tore, triʧe| *s.* **1** donneur*: *donatore di sangue* donneur de sang ◇ (*nei trapianti d'organo*) donneur ✦ (*agg.*) *la fortuna donatrice di beni* la fortune bienfaitrice **2** (*dir.*) donateur*.

donazióne |donat'tsjone| *s.f.* (*dir.*) donation: *donazione tra vivi, mortis causa* donation entre vifs, pour cause de décès; *donazione testamentaria* donation testamentaire; *fare, ricevere una donazione* faire, recevoir une donation.

donchisciòtte |donkiʃ'ʃɔtte| *s.m.* don Quichotte: *fare il donchisciotte* jouer les don Quichottes.

donchisciottismo |donkiʃʃot'tizmo| *s.m.* don-Quichottisme.

dónde |'donde| (*lett.*) **I** *avv.* **1** [*da dove, dal luogo in cui*] d'où: *donde arrivi?* d'où arrives-tu?; *non si sa donde viene* on ne sait pas d'où il vient; *sono ritornati al punto donde erano partiti* ils sont revenus au point d'où ils étaient partis; *la città donde vengono* la ville d'où ils viennent → **dove (da)** **2** [*da cui, dalla qual cosa*] d'où; dont: *donde si deduce che...* d'où l'on déduit que... ‖ *la famiglia donde discendeva* la famille dont il descendait ◇ (*loc.*) *si è seccato e ne aveva ben donde* [*avere buone ragioni per farlo*] il s'est fâché et pour cause! **3** [*per dove, attraverso cui*] par où: *le strade donde passavano erano fangose* les routes par où ils passaient étaient couvertes de boue → **dove** **4** [*di cui*] de quoi: *non avere donde vivere* ne pas avoir de quoi vivre **II** *cong.* [*per cui*] d'où: *donde io concludo che...* d'où je conclus que... → **onde.**

dondolaménto |dondola'mento| *s.m.* → **dondolio.**

dondolàre |dondo'lare| **A** *v.tr.* [*far oscillare; muovere in qua e in là*] balancer (2): *dondolare la culla, la sedia* balancer le berceau, la chaise; *dondolare una gamba, le braccia* balancer une jambe, les bras # *dondolare la testa* dodeliner de la tête ◇ [*cullare*] bercer (2): *dondolare un bambino fra le braccia* bercer un enfant dans ses bras **B** *v.intr.* (*aus.* 'avere') [*oscillare*] osciller: *la lampada, l'altalena dondola* la lampe, la balançoire oscille **C** *v.pron. rifl.* DONDOLARSI [→ *tr.*] se balancer: *dondolarsi sulla sedia* se balancer sur la chaise; *la barca si dondolava sull'acqua* la barque se balançait sur l'eau ◇ (*fig.*) [*gingillarsi, perdere tempo*] tourner en rond: *non fa che dondolarsi per casa* il ne cesse de tourner en rond dans la maison.

dondolio, ii |dondo'lio, ii| *s.m.* [*un dondolare, un dondolarsi continuo*] balancement continuel: *il dondolio della barca* le balancement continuel de la barque.

dóndolo |'dondolo| *s.m.* **1** [*oggetto fatto in modo che possa dondolare*] bascule (*f.*): *sedia a dondolo* fauteuil à bascule, rocking-chair; *cavallo a dondolo* cheval à bascule ◇ (*loc. fig.*) *andare, stare a dondolo* [*bighellonare, perdere tempo*] flâner **2** (*per est., pop.*) [*altalena*] balançoire *f.* (*corr.*): *giocare con il dondolo* jouer avec la balançoire **3** (*arc.*) [*pendolo*] pendule (*f.*): *un orologio a dondolo* une pendule.

dondolóne |dondo'lone| *s.* [*gingillone, bighellone*] flâneur* # *fare il dondolone* flâner ✦ (*agg.*) *ragazzo dondolone* garçon flâneur.

dondolóni |dondo'loni| *avv.* en se dandinant *loc.*

dongiovannésco, chi, ca, che |dondʒovan'nesko, ki, ka, ke| *agg.* donjuanesque: *orgoglio dongiovannesco* orgueil donjuanesque.

dongiovànni |dondʒo'vanni| *s.m. inv.* don Juan: *è un dongiovanni* c'est un don Juan → **seduttore.**

dònna |'dɔnna| *s.f.* **1** femme: *donna bella, brutta, piccola, alta* femme belle, laide, petite, grande; *donna intelligente, equilibrata, gentile, generosa* femme intelligente, équilibrée, gentille, généreuse; *donna corrotta, perversa, pettegola* femme corrompue, perverse, cancanière; *voce, abito, cappello, lavoro da donna* voix, vêtement, chapeau, travail de femme; *quella bambina è già una donna* cette enfant est déjà une femme; *è ancora una ragazzina, ma si comporta da donna* c'est encore une petite fille, mais elle se conduit en femme ◇ (*spec.*) *donna di mondo* femme du monde; *è una donna di classe* c'est une femme qui a de la classe; *donna di casa* [*che ama vivere ritirata in casa*] femme d'intérieur **2** (*spec. preceduto dall'agg. poss.*) [*moglie, sposa*] femme: *la mia, la sua donna* ma, sa femme ◇ [*concubina, amante*] *vivere con una donna* vivre avec une femme ◇ [*prostituta, donna compiacente*] *donna di mondo, di vita, di malaffare* femme de mauvaise vie; *donna di strada* femme qui fait le trottoir; *donna di facili costumi* femme de mœurs légères, de petite vertu # *donna perduta, pubblica* fille perdue, publique; *andare a donne* aller avec les filles **3** [*domestica, cameriera*] *donna a mezzo servizio* femme de ménage; *donna a giornata* femme de journée, de ménage (payée à l'heure); *donna tuttofare* bonne à tout faire; *donna a tutto servizio* bonne, domestique; *cercare, licenziare una donna* chercher, licencier une bonne **4** (*titolo onorifico*) Madame: *donna Francesca, Laura* Madame Françoise, Laure ◇ (*in Spagna*) doña ◇ (*raro*) *Nostra Dama* [*la Vergine*] Notre-Dame **5** (*teat.*) *prima donna* prima donna **6** (*carte*) dame: *la donna di picche* la dame de pique ◇ (*scacchi*) reine: *muovere la donna* déplacer la reine.

donnàccia, ce |don'nattʃa, tʃe| *s.f.* femme de mauvaise vie → **prostituta.**

donnaiòlo |donna'jɔlo| *s.m.* [*chi corteggia troppo le donne*] coureur (de filles, de jupons) → **dongiovanni.**

donnésco, chi, ca, che |don'nesko, ki, ka, ke| *agg.* [*di, da donna*] féminin: *lavori donneschi* travaux féminins → **femminile** ◇ [*effeminato*] efféminé: *maniere donnesche* manières efféminées Ⓒ **maschile; virile.**

donnétta |don'netta| *s.f.* **1** [*donna semplice di mezza età*] bonne femme: *è una povera donnetta* c'est une pauvre bonne femme **2** (*spreg.*) → **donnicciola.**

donnicciòla |donnit'tʃɔla| *s.f.* [*donna chiacchierona, di umili condizioni*] commère: *chiacchiere da donnicciola* bavardages de commère ◇ (*detto di uomo*) [*meschino, maldicente*] femmelette: *non fare la donnicciola!* ne joue pas à la femmelette!

donnina |don'nina| *s.f.* **1** [*donna piccola e graziosa; saggia, amante del lavoro*] un joli petit bout *m.* de femme: *è una donnina a modo* c'est un joli petit bout de femme comme il faut ◇ [*bambina assennata*] petite femme: *è già una donnina* elle est déjà une petite femme **2** *donnina allegra* [*leggera, di facili costumi*] une femme de petite vertu.

donnino |don'nino| *s.m.* **1** → **donnina** **2** [*uomo effeminato*] femmelette *f.*

dònnola |'dɔnnola| *s.f.* (*t.zool.*) belette.

donnóne |don'none| *s.m.* [*donna grossa*] dondon *f.* (*fam.*), (grosse) mémère *f.* (*fam.*).

dóno |'dono| *s.m.* **1** [→ DONARE A] don: *portare q.c. in dono* apporter qqch. en don; *far dono del proprio amore* faire don de son amour ◇ (*dir.*) *far dono di q.c. a qc.* faire don de qqch. à qqn. → **donazione** **2** [*regalo, presente*] cadeau: *i doni di Natale* les cadeaux de Noël; *accettare, rifiutare un dono* accepter, refuser un cadeau; *fare, ricevere un dono* faire, recevoir un cadeau ◇ (*loc. fig.*) *dono di natura* don de nature ~ *i doni della terra* les dons de la terre ~ (*teol.*) *i doni dello Spirito Santo* les dons du Saint-Esprit.

donzèlla |don'dzɛlla| *s.f.* **1** (*lett.*) jeune fille (*corr.*) **2** (*t.zool.*) donzelle.

donzèllo |don'dzɛllo| *s.m.* (*st.*) damoiseau → **paggio.**

doping |'doupiŋ| *s.m.inv.* (*ingl.*) dopage *var.*, doping *var.*

dópo |'dopo| **1** *avv.* [*in seguito, poi, successivamente*] après, ensuite, plus tard: *dopo parleremo del tuo problema* après, ensuite nous parlerons de ton problème; *ci andremo dopo* nous y irons après, plus tard; *due mesi dopo* deux mois après, plus tard; *un'ora, una settimana dopo* une heure, une semaine après # *venir dopo* [*succedere*] succéder à: *Alessandro Magno venne dopo Filippo* Alexandre le Grand succéda à Philippe **2** *prep.* (*indica posteriorità nel tempo; talvolta si unisce direttamente ai sost.*) après: *dopo cena, dopo la festa* après dîner, après la fête; *dopo il tramonto del sole* après le coucher du soleil; *dopo domani* (*dopodomani*) après-demain ◇ (*si unisce ai pron. pers. mediante la loc. propositiva* '*dopo di*') *dopo di te, dopo di voi* après toi, après vous **3** *cong.* (*introduce una prop. temporale*) DOPO CHE (+ *indic.*) après que (+ *indic.*), après (+ *inf.*): *dopo che ebbi mangiato* après que j'eus mangé, après avoir mangé; *dopo che ebbi udito le sue parole non ebbi più dubbi* après avoir entendu ses mots, je n'eus plus de doutes ~ DOPO (+ *p.p., o inf.*) après (+ *inf.*): *dopo letto il giornale* après avoir lu le journal; *dopo mangiato vado sempre a letto* après avoir mangé, je vais toujours au lit; *dopo aver parlato per due ore, uscimmo* après avoir parlé pendant deux heures, nous sortîmes; *dopo esserci resi conto della situazione, decidemmo sul da farsi* après nous être rendus compte de la situation, nous décidâmes ce qu'il fallait faire **4** *agg. inv.* (*con valore temporale e locale*) suivant, d'après: *il* *giorno, la sera dopo* le jour, le soir suivant; *la strada, la casa dopo* la rue, la maison d'après ◻ **prima** 1.

dopobàrba |dopo'barba| *s.m.inv.* [*lozione per dopo la rasatura*] lotion *f. var.* après-rasage, after-shave *var.*

dopocéna |dopo'tʃena| *s.m.inv.* [*tempo successivo alla cena*] après-dîner (*var.*): *i dopocena* les après-dîners.

dopoché |dopo'ke| *cong.* [*da quando, dacché*] après (que): *dopoché ebbi udito le sue parole, non ebbi più dubbi* je ne doutai plus après avoir entendu ses paroles; *dopoché avremo mangiato partiremo* nous partirons après avoir mangé; *arrivai alla stazione dopoché il treno era partito* j'arrivai à la gare après le départ du train ◇ (*raro*) dopoché (+ *congv.*) [*quando, una volta che*] quand: *ci sposeremo dopoché tu sia guarito* quand tu seras guéri nous nous marierons.

dopodiché |dopodi'ke| *avv.* [*infine, poi*] après quoi, puis: *finimmo in fretta, dopodiché partimmo* nous finîmes vite, après quoi, puis nous partîmes.

dopodomàni |dopodo'mani| *avv.* après-demain: *la partenza è stata rinviata a dopodomani* le départ a été renvoyé à après-demain; *torneremo dopodomani* nous reviendrons après-demain ✦ *s.m.* après-demain (*avv.*): *arrivederci a dopodomani* au revoir à après-demain.

dopoguèrra |dopo'gwɛrra| *s.m.inv.* [*periodo che segue immediatamente una guerra*] après-guerre (*var.*): *i dopoguerra* les après-guerres.

dopolavóro |dopola'voro| *s.m.inv.* [*ente che organizza le attività ricreative e culturali per i lavoratori*] cercle *var.* de loisirs.

dopoprànzo |dopo'prandzo| **1** *avv.* [*nel pomeriggio*] (cet) après-midi: *dopopranzo uscirò* cet après-midi je sortirai **2** *s.m. inv.* [*il pomeriggio*] l'après-midi (*m. o f.*): *fu un dopopranzo noioso* ce fut un (une) après-midi ennuyeux (ennuyeuse).

doposci |dopoʃ'ʃi| *s.m.inv.* [*capo di vestiario che gli sciatori portano durante il riposo*] après-ski.

doposcuòla |dopos'kwɔla| *s.m.inv.* [*assistenza degli scolari dopo le ore regolari di insegnamento*] étude *f.var.* (surveillée).

dopotùtto |dopo'tutto| *avv.* [*alla fin fine, in conclusione*] après tout: *fa' quel che vuoi, dopotutto sei tu il responsabile* fais ce que tu voudras, après tout c'est toi le responsable.

doppiàggio, i |dop'pjaddʒo, i| *s.m.* (*cine.*) doublage, postsynchronisation *f.*

doppiaménte |doppja'mente| *avv.* **1** [*in misura doppia o per doppia ragione*] doublement: *le sono doppiamente obbligato* je vous suis doublement obligé # *guadagnare doppiamente* gagner deux fois plus **2** [*ambiguamente, falsamente*] de façon ambiguë (*loc.*): *parlare, agire doppiamente* parler, agir de façon ambiguë.

1 **doppiàre** |dop'pjare| *v.tr.* **1** (*mar.*) [*oltrepassare, aggirare*] doubler: *doppiare un promontorio* doubler un promontoire **2** (*auto., ciclismo*) [*superare l'avversario di un giro*] doubler: *la macchina in testa ha doppiato quella in coda* la voiture de tête a doublé celle (qui est) en dernière position; *il corridore sta doppiando il suo avversario* le coureur est en train de doubler son adversaire **3** (*lett.*) [*raddoppiare*] redoubler (*corr.*): *doppiare lo sforzo* redoubler d'effort, ses efforts ◇ (*pugilato*) *doppiare i colpi* [*reiterare*] redoubler les coups.

2 **doppiàre** |dop'pjare| *v.tr.* (*cine.*) [*effettuare il doppiaggio* (*di un film, di un attore*)] doubler, postsynchroniser: *in questo film l'attore X doppia l'attore Y* dans ce film l'acteur X double l'acteur Y.

1 **doppiàto** |dop'pjato| *agg.* **1** [*oltrepassato, superato*] doublé: *il promontorio doppiato* le promontoire doublé **2** (*auto., ciclismo*) doublé: *corridore doppiato* coureur doublé ◇ (*pugilato*) *dei colpi doppiati* un une-deux.

2 **doppiàto** |dop'pjato| (*cine.*) **1** *agg.* doublé, postsynchronisé: *film doppiato* film doublé, postsynchronisé **2** *s.m.* [*colonna sonora prodotta successivamente alle riprese filmate*] doublage, postsynchronisation *f.*

doppiatóre, trice |doppja'tore, tritʃe| *s.* acteur* qui fait un doublage.

1 **doppiatùra** |doppja'tura| *s.f.* (*mar.*) doublage *m.*

2 **doppiatùra** |doppja'tura| *s.f.* (*raro*) → **doppiaggio.**

doppière |dop'pjɛre| *s.m.* [*candeliere a più bracci*] candélabre, torchère *f.* → **candelabro.**

doppiétta |dop'pjetta| *s.f.* **1** [*fucile a due canne*] fusil *m.* à double canon, à deux canons: *andare a caccia con la doppietta* aller à la chasse avec le fusil à double canon, à deux canons **2** [*doppio colpo di fucile*] doublé *m.* → **coppiola** **3** (*auto., corr.*) double débrayage (*m.*): *fare la doppietta* faire un double débrayage **4** (*calcio, corr.*) deux buts (*m. pl.*): *segnare, fare una doppietta* marquer deux buts **5** [*moneta d'oro del '700*] doublon *m.*

doppiétto |dop'pjetto| *s.m.* **1** [*doppio colpo di fucile*] doublé → **doppietta** **2** (*auto.*) double débrayage → **doppietta.**

doppiézza |dop'pjettsa| *s.f.* (*fig.*) [*ipocrisia, falsità, slealtà*] duplicité: *la doppiezza di un animo, di un carattere* la duplicité d'une âme, d'un caractère.

dóppio, i |'doppjo, i| **I** *agg.* **1** double: *doppia paga, razione, fatica, responsabilità* double paye, ration, fatigue, responsabilité; *numero doppio* numéro, nombre double **2** [*che consta di due elementi uguali*] double: *finestra con doppi vetri* fenêtre à doubles vitres; *fucile a doppia canna* fusil à double canon; *valigia a doppio fondo* valise à double fond → **duplice** # *appartamento con doppi servizi* appartement avec deux salles de bains; *filo doppio* fil double ◇ (*alpinismo*) *corda doppia* corde de rappel; *discesa a corda doppia* descente en rappel ◇ (*per est.*) *doppio mento* double menton; *doppio senso* double sens; *doppio sorpasso* dépassement en seconde position ◇ (*loc. fig.*) *fare il doppio gioco* jouer un double jeu ~ *vivere una doppia vita* mener une double vie ◇ (*astron.*) *stella doppia* étoile double ◇ (*comm.*) *partita doppia* partie double ◇ (*filos.*) *doppia verità* double vérité **3** (*fig.*) [*ipocrita, falso*] faux*, ambigu*: *un uomo, un individuo doppio* un homme, un individu faux, ambigu; *un animo doppio* un esprit faux → **ambiguo** **4** (*ling.*) double: *consonanti doppie* consonnes doubles **5** (*bot.*) double: *fiore doppio* fleur double **II** *s.m.* **1** [→ *agg.* 1] double: *il doppio di stipendio* le double de salaire; *il doppio di tre è sei* le double de trois est six; *oggi la vita costa il doppio di ieri* aujourd'hui la vie coûte le double d'hier; *pagare il doppio* payer le double **2** (*tennis*) double: *doppio maschile, femminile, misto* double messieurs, dames, mixte; *giocatori di doppio* joueurs de double **3** (*bridge*) doubleton **4** (*teat.*) doublure *f.* **III** *avv.* (*nella loc.*) *vederci doppio*: (*pr.*) y voir double; (*fig.*) [*avere le traveggole*] avoir la berlue.

doppiofóndo |doppjo'fondo| *s.m.* **1** double fond: *dei doppifondi* des doubles fonds; *valigia con doppiofondo* valise à double fond **2** (*mar.*) double(-)fond.

doppióne |dop'pjone| *s.m.* **1** [*esemplare di una collezione o serie identica a un'altra*] double: *cedere, scambiarsi i doppioni* céder, échanger les doubles ◇ (*per est.*) [*ripetizione, duplicazione*] double emploi: *evitare i doppioni* éviter les doubles emplois **2** → **allotropo** **3** (*teat.*) double rôle: *a quell'attore è stato assegnato un doppione* on a assigné un double rôle à cet acteur **4** (*tip.*) doublon: *quella parola è un doppione* ce mot est un doublon **5** (*zool.*) cocon double.

doppiopètto |doppjo'pɛtto| *s.m. inv.* [*abito in cui la giacca ha i due davanti sovrapposti*] complet *var.* à veston croisé ✦ *agg.* croisé: *giacca, cappotto doppiopetto* veste croisée, manteau croisé.

doràre |do'rare| *v.tr.* **1** [*rivestire di un leggero strato d'oro*] dorer: *dorare una cornice, un mobile* dorer un cadre, un meuble; *dorare un bracciale, un vassoio, la costola di un volume* dorer un bracelet, un plateau, la tranche d'un volume; *dorare ad amalgama, a bagno galvanico, a foglia* dorer au mercure, par galvanoplastie, à la feuille ◇ (*fig.*) *dorare la pillola* dorer la pilule **2** (*cuc.*) [*passare una pasta nell'uovo sbattuto prima di cuocere*] dorer: *dorare un dolce* dorer un gâteau ◇ [*rosolare, far prendere una tinta dorata*] faire (45) *intr.* rissoler, faire *intr.* revenir: *dorare le cipolle* faire rissoler, revenir les oignons **3** (*lett.*) [*rendere di colore simile all'oro*] dorer: *il sole dorava i suoi capelli* le soleil dorait ses cheveux.

doràto |do'rato| *agg.* doré: *giallo dorato* jaune doré; *i suoi capelli erano dorati* ses cheveux étaient dorés.

doratóre, trice |dora'tore, tritʃe| *s.* doreur*.

doratùra |dora'tura| *s.f.* **1** [→ DORARE 1] dorure: *provvedere alla doratura di una cornice* s'occuper de la dorure d'un cadre **2** [*rivestimento, fregio d'oro*] dorure: *mobile antico con dorature* meuble ancien avec des dorures; *la doratura degli stucchi è da rifare* la dorure des stucs est à refaire.

dorèlla |do'rɛlla| *s.f.* → **camelina.**

dòrico, ci, ca, che |'dɔriko, tʃi, ka, ke| **1** *agg.* dorien*: *invasioni doriche* invasions doriennes; *dialetto dorico* dialecte dorien; *poesia dorica* poésie dorienne ◇ (*arch.*) dorique: *ordine, capitello, fregio dorico* ordre, chapiteau, frise dorique; *colonna dorica* colonne dorique ◇ (*mus.*) *modo dorico* mode dorien **2** (*s.m.*) *il dorico* [*il dialetto*] le dorien.

dorifora |do'rifora| *s.f.* (*t.zool.*) doryphore *m.*
dorifоro |do'riforo| *s.m.* (*st.gr.*) doryphore.
'dormeuse' |dɔRmøz| *s.f.inv.* dormeuse *var.*
dormicchiàre |dormik'kjare| *v. intr.* (*aus.* 'avere') [*dormire un sonno leggero*] sommeiller, somnoler: *dormicchiare un po' dopo i pasti* sommeiller, somnoler un peu après les repas → **sonnecchiare** ◇ (*fig.*) [*cedere a momenti di stanchezza*] *dormicchiare nello studio, nella vita dello spirito* sommeiller, somnoler dans l'étude, dans la vie de l'esprit.
dormiènte |dor'mjente| *s.* **1** *s.* dormeur*: *destare i dormienti* réveiller les dormeurs ✦ (*agg.*) *ragazzo dormiente* garçon qui dort *loc.*, dormant (*raro*) **2** *s.m.* [*ponticello provvisorio*] ponceau ◇ (*t.bot.*) champignon de mars ◇ (*mar.*) dormant ✦ (*agg.*) *manovre dormienti* manœuvres dormantes.
dormiglióne |dormiʎ'ʎone| *s.* [*chi ama dormire*] dormeur*: *è un gran dormiglione* c'est un grand dormeur.
dormire |dor'mire| **A** *v.intr.* (*aus.* 'avere') **1** [*riposarsi per mezzo del sonno; essere nel sonno*] dormir (21): *dormire su un fianco, bocconi, supino* dormir sur le flanc, sur le ventre, sur le dos; *dormire come un ghiro, come una marmotta* dormir comme un loir, comme une marmotte; *andare a dormire* aller dormir, aller se coucher # *mandare i bambini a dormire* envoyer les enfants au lit; *mettersi a dormire* s'endormir ◇ (*loc.*) *cercare, trovare da dormire* [*un alloggio per la notte*] chercher, trouver un endroit pour dormir ~ *dormire in piedi, a occhi aperti* [*cascare dal sonno*] dormir debout, tomber de sommeil ~ *ma va a dormire!* [*smettila*] va te coucher! ◇ (*loc. fig.*) *dormirci sopra* [*rinviare una decisione importante per vagliarla meglio*] prendre conseil de son bonnet de nuit ~ *non bisogna dormirci sopra* il ne faut pas s'endormir dessus ~ *dormire con un occhio solo* ne dormir que d'un œil ~ *mettere a dormire q.c.* [*rimandare q.c. indefinitivamente*] laisser dormir qqch. ✦ *s.m.* [*il sonno*] *il mangiare e il dormire sono vitali per ogni vivente* le manger et le dormir sont essentiels à tous les êtres vivants **2** (*fig.*) [*essere morto; giacere nel sepolcro*] dormir, reposer: *dormire in pace, eternamente* dormir, reposer en paix, pour l'éternité; *qui dormono per sempre le sue spoglie mortali* ici repose pour toujours sa dépouille mortelle **3** [*starsene tranquillo, inerte, inattivo*] dormir: *su sbrigati, non dormire!* allons, dépêche-toi, ne dors pas!; *quando si lavora non bisogna dormire* quand on travaille, il ne faut pas dormir; *è un tipo che non dorme* c'est un type qui ne dort pas ◇ (*loc. fig.*) *dormire tra due guanciali* [*essere tranquillo, non temere di nulla*] dormir sur ses deux oreilles ◇ (*prov.*) *chi dorme non piglia pesci* [*chi non si dà da fare non trae profitto*] il ne faut pas attendre la fortune en dormant **4** (*luogo*) [*essere silenzioso, quieto*] dormir: *la città dormiva sotto il sole d'agosto* la ville dormait sous le soleil d'août; *la campagna dorme sotto la neve* la campagne dort sous la neige ◇ (*bur.*) [*essere trascurato, fermo*] *la mia pratica seguita a dormire* mon dossier continue à dormir **B** *v.tr.* (*con l'ogg. interno*) [→ *intr.* 1] *dormire sonni agitati, tranquilli* avoir un sommeil agité, tranquille ◇ (*loc.*) *dormire il sonno del giusto* dormir du sommeil du juste ~ *dormirsela, dormire del(la) grossa* [*profondamente*] dormir à poings fermés, d'un sommeil de plomb ◇ (*loc. fig.*) *dormire il sonno dei giusti* [*essere morto*] dormir de son dernier sommeil.
dormita |dor'mita| *s.f.* **1** [*sonno lungo e riposante*] somme (*m.*): *fare una bella dormita* faire un bon somme # *ha fatto una dormita di otto ore filate* il a dormi huit heures d'affilée **2** [*periodo di sonno dei bachi da seta*] mue: *la prima, la seconda dormita* la première, la seconde mue.
dormitina |dormi'tina| *s.f.* [*breve sonno, pisolino*] petit somme (*m.*): *nel pomeriggio mi faccio sempre una dormitina* l'après-midi je fais toujours un petit somme → **pisolino.**
dormitòrio, i |dormi'tɔrjo, i| *s.m.* **1** [*locale di riposo di una comunità*] dortoir: *un dormitorio con trenta letti* un dortoir de trente lits # *dormitorio pubblico* asile de nuit ◇ (*per est.*) *città dormitorio* ville-dortoir **2** (*fig.*) [*gruppo di gente inattiva, assonnata*] endormis (*pl.*): *che cos'è questo dormitorio?* qu'est-ce que c'est que ces endormis?
dormivéglia |dormi'veʎʎa| *s.m. e f. inv.* [*stato fra il sonno e la veglia*] demi-sommeil (*m. var.*): *dei dormiveglia* des demi-sommeils; *stato di dormiveglia* état de demi-sommeil.
dormizióne |dormit'tsjone| *s.f.* (*teol.catt.*) dormition.
dorsàle |dor'sale| **I** *agg.* **1** (*anat., corr.*) dorsal*: *spina, regione dorsale* épine, région dorsale **2** (*fon.*) dorsal **II** *s.m.* [*spalliera, schienale*] chevet; dos, dossier: *il dorsale del letto* le chevet du lit → **testata** ‖ *il dorsale di una poltrona, di una sedia* le dos, le dossier d'un fauteuil, d'une chaise **III** *s.f.* (*geogr.*) chaîne: *la dorsale appenninica, alpina* la chaîne des Apennins, des Alpes.
dorsista |dor'sista| *s.* (*nuoto*) nageur* sur le dos.
dórso- |'dorso| *pref.* (*significa 'dorso', corrisponde gener. a*) dorso-: *dorsopalatale* dorso-palatal; *dorsovelare* dorso-vélaire.
dòrso |'dɔ(o)rso| *s.m.* **1** (*anat., corr.*) (*persone*) dos: *avere il dorso rivolto al muro* avoir le dos tourné au mur; *portare un peso sul dorso* porter un poids sur le dos → **schiena** ◇ (*loc. fig.*) *piegare il dorso* courber, plier le dos ~ *dare, voltare il dorso* tourner le dos ~ *spianare il dorso a qc.* [*bastonarlo*] rouer qqn. de coups ◇ (*animali*) *andare, viaggiare, trasportare a dorso di mulo* aller, voyager, transporter à dos de mulet **2** (*per est.*) (*cose*) [*parte superiore o posteriore, faccia esterna*] dos: *il dorso della mano, del piede* le dos de la main, du pied; *il dorso di un libro, di un monte* le dos d'un livre, d'un mont **3** (*nuoto*) dos: *fare il dorso* faire le dos; *nuotare il dorso* nager sur le dos.
dosàbile |do'zabile| *agg.* [→ DOSARE 1] dosable.
dosàggio, i |do'zaddʒo, i| *s.m.* [→ DOSARE 1] dosage: *il dosaggio di una medicina* le dosage d'un médicament.
dosàre |do'zare| *v.tr.* **1** [*proporzionare le dosi*] doser: *dosare gli ingredienti di un dolce* doser les ingrédients d'un gâteau; *dosare un condimento* doser un assaisonnement → **determinare, pesare** ◇ [*suddividere in dosi*] *il contagocce serve a dosare una medicina* le compte-gouttes sert à doser un remède **2** (*fig.*) [*impiegare, distribuire con parsimonia, con cautela*] doser: *dosare le forze, le parole, le spese* doser ses forces, ses mots, ses dépenses ◇ [*somministrare con grettezza; razionare*] donner au compte-gouttes: *gli dosava i soldi per le spese voluttuarie* il lui donnait l'argent au compte-gouttes pour les dépenses superflues.
dosatóre, trice |doza'tore, tritʃe| *s.* **1** *s.* celui *m.*, celle *f.* qui dose: *dosatore di ingredienti chimici, dolciari* celui qui dose les d'ingrédients chimiques, de la confiserie ✦ (*agg.*) *tappo dosatore di una boccetta* bouchon doseur d'un flacon **2** *s.m.* (*tecnol.*) doseur.
dosatùra |doza'tura| *s.f.* → **dosaggio.**
dòse |'dɔse| *s.f.* **1** dose: *una forte dose, una dose massiccia di chinino* une forte dose, une dose massive de quinine; *aumentare la dose* augmenter la dose; *misurare la dose con un cucchiaio* mesurer la dose avec une cuiller; *prendere una medicina a forti dosi* prendre un médicament à haute dose **2** [*quantità determinata di una sostanza in un composto*] dose: *l'acqua contiene una certa dose di sali minerali* l'eau contient une certaine dose de sels minéraux ◇ (*fig.*) *ha avuto una bella dose di coraggio ad agire così!* il lui a fallu une bonne dose de courage pour agir ainsi! → **quantità, parte** ◇ [*razione*] (*anche fig.*) dose, ration: *ha bevuto la sua dose giornaliera di vino* il a bu sa dose, sa ration quotidienne de vin; *rincarare la dose di punizioni* doubler la dose de punitions.
dossàle |dos'sale| *s.m.* **1** [*copertura artistica per mobili o oggetti preziosi*] couverture: *il dossale di un libro antico* la couverture d'un livre ancien **2** (*edil.*) madrier **3** (*liturg.*) [*parte anteriore dell'altare*] devant d'autel, antependium ◇ [*paliotto*] parement d'autel.
'dossier' |dosje| *s.m.inv.* dossier *var.* → **pratica, fascicolo.**
-dòsso |'dɔsso| *suff.* (*significa 'opinione', corrisponde gener. a*) doxe: *ortodosso* orthodoxe.
dòsso |'dɔsso| *s.m.* **1** [*dorso, schiena*] dos: *il dosso della mano* le dos, le revers de la main ◇ (*fig.*) *ha molti anni sul dosso* il est chargé d'ans ◇ *loc. avv.* DI DOSSO: *levarsi di dosso un abito* enlever, ôter un vêtement; *strappare di dosso a qc. un mantello* arracher son manteau à qqn.; *scuotersi di dosso la polvere, la neve* secouer la poussière la neige de ses vêtements ◇ (*fig.*) *levarsi di dosso un peso, una preoccupazione* se libérer *pron.* d'un poids, d'un souci; *togliersi di dosso un seccatore* se débarrasser d'un casse-pieds ◇ *loc. avv.* in dosso → **indosso** **2** (*per est.*) [*prominenza, sommità*] dos, mamelon: *i dossi di un monte* les dos d'un mont; *dossi erbosi, nevosi* des mamelons herbeux, neigeux **3** [*rialzo del fondo stradale*] dos d'âne: *effettuare un sorpasso in prossimità di un dosso* effectuer un dépassement à proximité d'un dos d'âne.
dossologia, gie |dossolo'dʒia, dʒie| *s.f.* (*eccl.*) doxologie.
dotàle |do'tale| *agg.* (*dir.*) dotal*: *rendita dotale* rente dotale; *regime dotale* régime dotal.

dotàre |do'tare| *v.tr.* **1** [*fornire di una dote*] doter: *ha dotato riccamente sua figlia* il a richement doté sa fille ◇ (*per est.*) [*assegnare adeguati mezzi finanziari a un istituto e sim.*] doter: *dotare un ospedale* doter un hôpital → **fornire** **2** [*provvedere, corredare di cose utili*] (*anche fig.*) doter, équiper: *dotare un quartiere di scuole* doter un quartier d'écoles; *dotare una fabbrica di macchinari nuovi* doter, équiper une usine d'un matériel neuf; *la natura l'ha dotato di forza fisica e di intelligenza* la nature l'a doté, doué de force physique et d'intelligence.

dotàto |do'tato| *agg.* **1** [*che è fornito di q.c.*] doué; doté: *è una donna dotata di intuizione, di sensibilità* c'est une femme douée d'intuition, de sensibilité || *scuola dotata di moderni strumenti didattici* école dotée d'un équipement pédagogique moderne ◇ (*loc.*) *dotato per un lavoro, per un'attività* doué pour un travail, pour une activité ✦ *ass.* [*che è ricco di qualità fisiche e intellettuali*] doué: *atleta dotato* athlète doué; *artista molto dotato* artiste très doué; *è un giovane veramente dotato* c'est un jeune homme vraiment doué **2** (*raro*) [*che ha ricevuto o ereditato una dote*] avec dot (*loc. inv.*): *ha sposato una giovane dotata* il a épousé une jeune fille avec une dot.

dotazióne |dotat'tsjone| *s.f.* **1** [→ DOTARE 1] dotation: *dotazione di un orfanotrofio* dotation d'un orphelinat; *dotazione della corona* dotation de la couronne **2** [*attrezzatura di cui dispone un'organizzazione*] équipement (*m.*): *dotazione di una scuola, di un ospedale* équipement d'une école, d'un hôpital; *dotazione minima* équipement minimum # *assegnare, dare in dotazione* doter, équiper; *dare in dotazione un bene a una fondazione* faire un don à une fondation, donner d'un bien à une fondation; *dare in dotazione materiale nuovo a una fabbrica* doter, équiper une usine d'un matériel neuf ◇ (*per est.*) *fondo di dotazione* [*patrimonio originario di un ente*] fonds de dotation ◇ (*mar., mil.*) équipement.

dòte |'dɔte| *s.f.* **1** dot: *avere una bella dote* avoir une belle dot; *l'ha sposata per la dote* il l'a épousée pour sa dot; *sposare la dote* épouser une dot; *sposarsi senza dote* se marier sans dot; *è un cacciatore di dote* c'est un coureur de dot # *dare una ricca dote alla propria figlia* doter richement sa fille ◇ (*per est.*) [*beni personali attribuiti al convento, all'atto della monacazione*] dot **2** [*dotazione finanziaria, fondo*] dotation: *dote di un ospedale* dotation d'un hôpital **3** (*fig.*) [*qualità, dono naturale*] qualité: *la pazienza è una grande dote* la patience est une grande qualité → **dono** ◇ [*capacità, risorsa*] capacité: *le doti di un giornalista* les capacités d'un journaliste; *non ha buone doti di recupero* il n'a pas de bonnes capacités de récupération ◇ [*qualità, caratteristica, pregio*] qualité: *questa macchina ha doti eccezionali* cette machine a des qualités exceptionnelles.

dottaménte |dotta'mente| *avv.* [→ DOTTO] savamment, doctement (*scherz.*): *parlare dottamente* parler doctement.

-dótto |'dotto| *suff.* (*significa 'condotto, canale', corrisponde gener. a*) duc; ducte: *acquedotto* aqueduc || *ovidotto* oviducte.

dòtto |'dɔtto| *agg.* **1** (*persone*) savant: *persona dotta* personne savante; *gli uomini dotti del paese* les hommes savants du pays; *essere dotto in scienze, in matematica* être savant en sciences, en mathématiques → **istruito, colto** ✦ (*s.*) *un dotto* un savant: *circolo di dotti* cercle de savants → **sapiente** **2** (*cose*) [*ricco di sapere, erudito*] savant: *un'opera dotta* une œuvre savante; *citazioni dotte* citations savantes ◇ (*per est.*) *lingue dotte* [*lingue antiche*] langues savantes ◇ [*ricercato, non popolare*] *parola dotta* mot savant; *studi dotti* études savantes.

dótto |'dotto| *s.m.* (*anat.*) canal*, conduit: *dotto biliare* canal biliaire → **canale, 2 condotto.**

dottoràle |dotto'rale| *agg.* doctoral*: *toga dottorale* toge doctorale ◇ (*iron.*) *darsi arie dottorali* prendre un air doctoral.

dottoràto |dotto'rato| *s.m.* [*titolo universitario di 2° grado*] doctorat ◇ (*per est.*) [*titolo universitario di 1° grado*] licence *f.*, diplôme: *dottorato in lettere, in scienze, in medicina, in legge* licence ès lettres, ès science, en médecine, en droit; *dottorato in scienze politiche, in ingegneria* diplôme de sciences politiques, d'ingénieur; *conseguire il dottorato* passer sa licence, son diplôme.

dottóre |dot'tore| *s.m.* **1** (*titolo accademico*) docteur; licencié, diplômé → **dottorato** **2** (*titolo per laureati, seguito dal nome proprio*) monsieur: *buongiorno, dottor Rossi!* bonjour, Monsieur Rossi; *desiderano il dottor Bianchi al telefono* on demande Monsieur Bianchi au téléphone ✦ (*ass.*) *si accomodi, dottore!* asseyez-vous, Monsieur; *arrivederla, dottore* au revoir, Monsieur; *è arrivato il dottore?* est-ce que Monsieur X est arrivé?; *il dottor X è in ufficio* Monsieur X est dans son bureau **3** *ass.* (*fam.*) [*medico*] médecin: *chiamare il dottore* appeler le médecin; *è un bravo dottore* c'est un bon médecin **4** (*st. crist.*) docteur: *i dottori della Chiesa* les docteurs de l'Église **5** (*lett.*) [*persona dotta, colta*] docteur: *i dottori della legge* les docteurs de la loi **6** (*teat.*) (*maschera*) docteur.

dottoreggiàre |dottored'dʒare| *v. intr.* (*aus. 'avere'*) (*spreg.*) [*ostentare la propria cultura*] pontifier: *ha un modo urtante di dottoreggiare* il a une manière odieuse de pontifier → **pontificare** ◇ (*iron.*) [*darsi arie di grande esperto*] *è un tipo che dottoreggia* c'est un type qui pontifie.

dottorésco, chi, ca, che |dotto'resko, ki, ka, ke| *agg.* (*spreg.*) [*dottorale, saputo*] doctoral*, doctrinaire: *un tono dottoresco* un ton doctoral, doctrinaire → **pedantesco.**

dottoréssa |dotto'ressa| *s.f.* [*donna laureata, spec. in medicina*] docteur (*m.*): *la dottoressa X è arrivata* le docteur X est arrivée; *mia moglie è dottoressa* ma femme est docteur → **2 medico.**

dottorùcolo |dotto'rucolo| *s.m.* (*spreg.*) [*medico da strapazzo*] médicastre.

dottrina |dot'trina| *s.f.* **1** doctrine: *dottrina politica* doctrine politique; *dottrine religiose* doctrines religieuses; *la dottrina di Marx* la doctrine de Marx; *la dottrina del libero scambio* la doctrine du libre-échange → **1 teoria, scienza, disciplina** **2** [*cultura, sapere, scienza*] culture: *è un uomo di grande dottrina* c'est un homme de grande culture **3** (*raro, lett.*) [*conoscenza, informazione*] connaissance, culture **4** (*dir.*) doctrine **5** (*relig. crist.*) *dottrina cristiana* doctrine chrétienne ◇ [*opuscolo contenente i principi della fede cristiana*] catéchisme *m.* → **catechismo.**

dottrinàle |dottri'nale| *agg.* doctrinal*: *disputa dottrinale* querelle doctrinale; *commento dottrinale* commentaire doctrinal ◇ (*dir.*) *interpretazione dottrinale* interprétation doctrinale.

dottrinalménte |dottrinal'mente| *avv.* [→ DOTTRINALE] doctrinalement.

dottrinàrio, i |dottri'narjo, i| *agg.* doctrinaire: *insegnamento dottrinario* enseignement doctrinaire; *una persona dottrinaria* une personne doctrinaire ✦ (*s.*) *un dottrinario* un doctrinaire.

dottrinarìsmo |dottrina'rizmo| *s.m.* doctrinarisme.

'double face' |dubl(ə)fas| *loc. agg. inv.* double face: *stoffa 'double face'* étoffe double face.

dóve |'dove| **I** *avv.* **1** (*in frasi interrog. o escl.*) [*in quale luogo*] où: *dove vai?* où vas-tu?; *chissà dove andremo a finire?* qui sait où cela finira?; *non so dove sia andato* je ne sais pas où il est allé ◇ *loc.* DA, DI DOVE [*da quale luogo*] d'où: *da dove venite?* d'où venez-vous?; *non si sa da, di dove venga* on ne sait pas d'où il vient ~ DA, PER DOVE [*attraverso quale luogo*] par où: *da, per dove siete passati?* par où êtes-vous passés?; *non gli ho chiesto da, per dove è passato* je ne lui ai pas demandé par où il est passé **2** (*con valore rel.*) [*nel luogo in cui*] (là) où: *restate dove siete* restez (là) où vous êtes; *da dove abito vedo la vostra casa* d'où j'habite je vois votre maison ◇ *loc.* DA, DI DOVE [*dal luogo in cui*] d'où: *partite da dove comincia la salita* partez d'où commence la montée ~ DA, PER DOVE [*per il luogo, per cui*] par où: *sono passato da, per dove mi hai indicato tu* je suis passé par où tu m'as indiqué **3** (*preceduto da un sost.*) [*in cui*] où: *la città dove io sono nato* la ville où je suis né ◇ *loc.* DA, DI DOVE [*da cui*] d'où: *la città da, di dove vengono* la ville d'où ils viennent ~ DA, PER DOVE [*per cui*] par où: *la regione da, per dove sono passati* la région par où ils sont passés **4** (*in funzione correl.*) [*in qualche luogo*] où: *dove più dove meno* où plus où moins **II** *cong.* **1** (*con valore ipotetico*) [*nel caso che*] au cas où (+ *cond.*): *dove sorgessero difficoltà, avvertimi* au cas où des difficultés surviendraient, préviens-moi → **qualora, 1 se** **2** (*con valore avvers.*) [*mentre, laddove*] alors que: *fu una disfatta dove si aspettava la vittoria* alors qu'on attendait la victoire, ce fut une défaite **III** *s.m.inv.* [*luogo*] lieu: *non voglio sapere né il dove né il quando* je ne veux savoir ni le lieu, ni la date, ni où ni quand ◇ (*loc.*) *in ogni dove* partout → **dappertutto.**

1 **dovére** |do'vere| (138) **A** *v.intr.* (*aus. 'avere, essere'*) **1** [*avere l'obbligo di*] devoir (34) (*aus.* avoir): *voi dovete mantenere le promesse* vous devez tenir vos promesses; *non dovevi allarmarlo* tu ne devais pas l'alarmer ◇ [*essere opportuno, conveniente*] falloir*:

comportati come si deve tiens-toi comme il faut ◇ (+ *inf.*) [*essere opportuno, bene, necessario che*] devoir, falloir: *devi sapere certe cose* tu dois savoir certaines choses, il te faut savoir, il faut que tu saches certaines choses; *dovete aver pazienza* vous devez avoir de la patience, il vous faut avoir de la patience; *dovrai giustificarti di questo ritardo* tu devras justifier ce retard; *dovresti smetterla una buona volta* tu devrais arrêter une bonne fois (une fois pour toute); *dovresti rispondermi presto* tu devrais me répondre vite; *dovresti fare più attenzione* tu devrais faire plus attention; *dovrei controllare l'olio della macchina* je devrais vérifier l'huile de la voiture; *dovete dunque sapere...* il faut vous dire que...; *perché non dovrei saperlo?* pourquoi ne devrais-je pas le savoir? **2** [*avere necessità, bisogno di*] devoir, falloir: *deve riposare un po'* il doit se reposer un peu; *è dovuto partire improvvisamente* il a dû partir à l'improviste; *devo assolutamente parlarti* je dois absolument te parler, il faut absolument que je te parle ◇ [*ritenere opportuno, necessario*] *devo proprio ringraziarlo* je dois vraiment le remercier, il faut vraiment que je le remercie ◇ [*essere costretto, obbligato a*] *ho dovuto dirgli tutto* j'ai dû tout lui dire, il a fallu que je lui dise tout **3** *raff.* devoir: *dovessi anche morire* dussé-je mourir **4** (*pleon.*) devoir, falloir: *deve proprio essere pazzo* il doit être vraiment fou; *devi essere proprio stanco* tu dois être bien fatigué; *anche se la cosa dovesse finir male* même si cela doit finir mal ◇ (*inter.*) *perché devi sempre fare a modo tuo?* pourquoi dois-tu toujours faire à ta façon, en faire à ta tête?; pourquoi faut-il toujours que tu en fasses à ta tête?; *perché non dovete ascoltarmi?* pourquoi ne devez-vous pas m'écouter? **5** [*essere probabile*] devoir: *devono essere le due* il doit être deux heures; *lo spettacolo deve essere già finito* le spectacle doit être déjà fini **6** [*essere sul punto di*] devoir: *dovevo parlargli, ma poi è accaduta quella disgrazia* je devais lui parler, mais c'est alors qu'arriva ce malheur ◇ [*aver stabilito, deciso di*] *dovevo partire ma ho rinviato il mio viaggio* je devais partir mais j'ai renvoyé mon voyage **B** *v.tr.* [*essere debitore di, dover dare*] devoir: *egli mi deve molto denaro* il me doit beaucoup d'argent; *quanto mi devi ancora?* combien me dois-tu encore?; *ti devo forse q.c.?* je te dois peut-être qqch.? ◇ (*fig.*) *ti dobbiamo la vita* nous te devons la vie; *mi dovete molta riconoscenza* vous me devez beaucoup de reconnaissance.

2 **dovére** |do'vere| *s.m.* **1** [*ciò che si deve fare*] devoir: *doveri morali, civili, religiosi* devoirs moraux, civils, religieux; *i doveri del cittadino* les devoirs du citoyen; *la voce del dovere* la voix du devoir; *il senso del dovere* le sentiment du devoir; *fare il proprio dovere* faire son devoir; *mancare al proprio dovere* manquer à son devoir; *farsi un dovere di* se faire un devoir de → **obbligo**; (*è*) *vittima del dovere* (il est) victime du devoir ◇ [*obbligo, impegno*] obligation (*f.*): *adempiere i doveri del proprio ufficio* s'acquitter des obligations de sa charge **2** [*ciò che è giusto, conveniente*] *far le cose a dovere* faire les choses comme il faut; *fa più del dovere suo* il fait plus que son devoir; *far più del dovere* en faire plus qu'on ne devrait ◇ (*loc.*) *far stare qc. a dovere* [*farlo rigare dritto*] faire marcher droit qqn. **3** *al plur.* [*saluti, complimenti*] devoirs, respects: *fare i propri doveri a qc.* présenter ses devoirs, ses respects à qqn. → **omaggio, rispetto.**

doverosaménte |doverosa'mente| *avv.* [→ DOVEROSO] comme il se doit *loc.*, comme de juste *loc.*

doveróso |dove'roso| *agg.* [*che è di dovere*] juste, dû*: *doveroso riserbo* juste réserve; *cosa doverosa* chose due ◇ [*giusto, opportuno*] juste: *è doveroso dirgli la verità* il est juste de lui dire la vérité # *è per me doveroso riconoscere...* j'ai le devoir de reconnaître... 🄲 **indebito; inopportuno.**

dovìzia |do'vittsja| *s.f.* (*lett.*) [*grande abbondanza*] abondance (*corr.*): *dovizia di particolari* abondance de détails → **ricchezza** ◇ (*loc.*) *a gran dovizia* en abondance, à profusion 🄲 **penuria, scarsezza.**

doviziosaménte |dovittsjosa'mente| *avv.* → **abbondantemente.**

dovizióso |dovit'tsjoso| *agg.* (*lett.*) (*persone*) → **ricco** ◇ (*cose*) → **abbondante.**

dovùnque |do'vunkwe| *avv.* **1** [*in qualunque luogo in cui*] où que (+ *congv.*): *dovunque tu sia* où que tu sois **2** [*in qualunque luogo, dappertutto*] partout, n'importe où: *lo puoi trovare dovunque* tu peux le trouver partout, n'importe où; *c'è dovunque un gran disordine* un grand désordre règne partout; *ovunque andrai...* partout où (que) tu ailles.

dovutaménte |dovuta'mente| *avv.* (*raro*) → **debitamente, convenientemente.**

dovùto |do'vuto| **I** *agg.* **1** [*che si deve*] dû*: *gli ho consegnato la somma dovuta* je lui ai remis la somme due ◇ [*che spetta, debito, conveniente*] *trattare col dovuto rispetto* traiter qqn. avec le respect qui lui est dû **2** [*causato da*] dû (à); causé (par): *il successo di questo attore è dovuto alla sua spontaneità* le succès de cet acteur est dû à sa spontanéité ‖ *il crollo è dovuto all'esplosione* l'écroulement a été causé par l'explosion **3** [*conforme alla norma*] dû: *atto in buona e dovuta forma* acte en bonne et due forme **II** *s.m.* [*ciò che si è tenuti a dare*] dû: *pretendere il dovuto* réclamer son dû; *restituire, pagare il dovuto* restituer, payer son dû.

dozzìna |dod'dzina| *s.f.* **1** douzaine: *una dozzina di ostriche* une douzaine d'huîtres; *dodici dozzine* douze douzaines → 2 **grossa**; *cento lire la dozzina* cent lires la douzaine ◇ (*indeterminato*) [*circa dodici*] douzaine: *ragazza di una dozzina d'anni* fille d'une douzaine d'années ◇ *loc.* A DOZZINE [*in gran quantità*] à la douzaine: *vendere a dozzine* vendre à la douzaine ~ DI, DA DOZZINA [*di poco pregio, scadente*] ordinaire, de qualité inférieure: *una macchina di dozzina* une voiture ordinaire; *un tessuto da dozzina* un tissu de qualité inférieure → **dozzinale** **2** [*pensione presso una famiglia privata*] pension.

dozzinàle |doddzi'nale| *agg.* [*di poco pregio, scadente; grossolano*] bon marché *loc. inv.*, ordinaire: *articoli dozzinali* articles bon marché; *merce dozzinale* marchandise bon marché; *gioielli dozzinali* bijoux bon marché ◇ (*persone*) grossier*: *uomo dozzinale* homme grossier → 1 **comune, ordinario** 🄲 **pregiato, fine** 3.

dozzinalménte |doddzinal'mente| *avv.* [→ DOZZINALE] grossièrement: *disegno scolpito dozzinalmente* motif grossièrement sculpté.

dozzinànte |doddzi'nante| *s.* → **pensionante.**

dràba |'draba| *s.f.* (*t.bot.*) drave.

dracèna |dra'tʃɛna| *s.f.* (*t.bot.*) dracéna *m.*, dragonnier *m.*

dràcma |'drakma|, **dràmma** |'dramma| *s.f.* drachme ◇ (*fig., lett.*) [*parte piccolissima*] once (*corr.*).

draconiàno |drako'njano| *agg.* draconien*: *è un provvedimento draconiano* c'est une mesure draconienne.

dràga, ghe |'draga, ge| *s.f.* **1** drague: *draga a tazze, ad aspirazione* drague à godets, suceuse; *draga a tenaglia* drague à benne preneuse **2** [*rete a strascico*] chalut *m.* → **sciabica.**

dragàggio, i |dra'gaddʒo, i| *s.m.* [→ DRAGARE] dragage: *il dragaggio di un fiume* le dragage d'un fleuve; *dragaggio di mine subacquee* dragage de mines sous-marines.

dragamìne |draga'mine| *s.m.inv.* (*mar. mil.*) dragueur *var.* (de mines).

1 **dragànte** |dra'gante| *s.m.* (*mar.*) lisse *f.*

2 **dragànte** |dra'gante| *agg.* → **adragante.**

dragàre |dra'gare| *v.tr.* **1** [*scavare con la draga*] draguer: *dragare un porto, un canale* draguer un port, un chenal **2** [*liberare dalle mine mediante la draga*] draguer: *dragare uno stretto, un tratto di mare* draguer un détroit, un bras de mer.

dragatóre |draga'tore| *s.m.* → **draghista.**

dragatùra |draga'tura| *s.f.* → **dragaggio.**

draghinàssa |dragi'nassa| *s.f.* (*scherz.*) flamberge, rapière.

draghìsta |dra'gista| *s.m.* [*operaio che manovra una draga*] dragueur.

dràglia |'draʎʎa| *s.f.* (*mar.*) draille.

dràgo, ghi |'drago, gi| *s.m.* **1** dragon: *S. Giorgio e il drago* St. Georges et le dragon ◇ (*fig., fam.*) [*persona astuta, brava*] as (*corr.*), chef (*pop.*): *negli affari è un vero drago* c'est un as dans les affaires **2** *drago volante* cerf-volant → **aquilone** ◇ (*aer.*) *pallone drago* ballon captif **3** (*zool.*) dragon.

dragomànno |drago'manno| *s.m.* drogman.

dragóna |dra'gona| *s.f.* (*mil.*) dragonne.

dragoncèllo |dragon'tʃɛllo| *s.m.* (*t.bot.*) estragon, armoise *f.*

dragóne |dra'gone| *s.m.* **1** → **drago** 1 **2** (*mil.*) dragon: *drappello di dragoni* détachement de dragons **3** (*mar.*) dragon.

dragonéssa |drago'nessa| *s.f.* **1** (*fig.*) [*donna minacciosa, furiosa*] dragon (*m.*): *che dragonessa quella donna!* quel dragon, cette femme! **2** (*raro*) [*femmina del drago*] dragon *m.* femelle.

dragontèa |dragon'tɛa| *s.f.* (*t.bot.*) estragon *m.*

draisìna |drai'zina| *s.f.* [*antica bicicletta*] draisienne.

dràkar |'drakkar| *s.m. inv.* (*st. mar.*) drakkar *var.*

-dràmma |'dramma| *suff.* (*significa 'azione', corrisponde gener. a*) drame: *melodramma* mélodrame.

1 **dràmma** |'dramma| *s.m.* **1** (*lett., corr.*) drame: *il dramma greco-romano* le drame gréco-romain; *il dramma satiresco* le drame satyrique; *il dramma sacro, liturgico* le drame sacré, liturgique; *il dramma storico, borghese* le drame historique, bourgeois # *un dramma pastorale* une pastorale **2** [*elemento di contrasto o di tensione spirituale in un'opera d'arte*] drame: *il dramma nella musica di Beethoven* le drame dans la musique de Beethoven; *l'autore vuol raffigurare il dramma dei giovani* l'auteur veut représenter le drame des jeunes ◇ (*per est.*) [*forza, tensione drammatica*] *è un romanzo privo di dramma* c'est un roman sans intensité dramatique **3** (*fig.*) [*vicenda dolorosa, tragica*] drame: *il dramma della miseria, della fame* le drame de la misère, de la faim; *un dramma coniugale, familiare* un drame conjugal, familial ◇ (*scherz.*) (*di un fatto insignificante che minaccia gravi conseguenze*) *non deve farne un dramma!* il ne doit pas en faire un drame!

2 **dràmma** |'dramma| *s.f.* → **dracma.**

drammàtica, che |dram'matika, ke| *s.f.* art *m.* dramatique.

drammaticaménte |drammatika'mente| *avv.* [→ DRAMMATICO] dramatiquement.

drammaticità |drammatitʃi'ta| *s.f. inv.* [*forza, potenza drammatica in un'opera d'arte*] intensité *var.* dramatique: *la drammaticità di un'opera teatrale* l'intensité dramatique d'une œuvre théâtrale; *la drammaticità della musica di Beethoven* l'intensité dramatique de la musique de Beethoven ◇ (*fig.*) tragique (*m. var.*): *la drammaticità di una situazione* le tragique d'une situation.

drammàtico, ci, ca, che |dram'matiko, tʃi, ka, ke| *agg.* **1** dramatique: *arte, forma drammatica* art, forme dramatique; *stile, tono, genere drammatico* style, ton, genre dramatique ◇ [*che scrive o interpreta drammi*] *attore, poeta drammatico* auteur, poète dramatique ◇ (*per anal.*) *compagnia drammatica* [*di prosa teatrale*] compagnie théâtrale **2** (*fig.*) [*commovente, doloroso, tragico*] dramatique: *situazione drammatica* situation dramatique; *narrazione drammatica* récit dramatique; *ore drammatiche* des heures dramatiques.

drammatizzàre |drammatid'dzare| *v.tr.* **1** (*fig.*) [*esagerare la gravità di una situazione*] dramatiser: *è portato a drammatizzare ogni piccolezza* il est porté à dramatiser toutes les vétilles ✦ (*ass.*) *non drammatizziamo!* ne dramatisons pas! **2** (*raro*) [*adattare per il teat.*] dramatiser: *drammatizzare un romanzo, una novella* dramatiser un roman, une nouvelle.

drammatizzazióne |drammatiddzat'tsjone| *s.f.* [→ DRAMMATIZZARE] dramatisation.

drammaturgia, gie |drammatur'dʒia, dʒie| *s.f.* dramaturgie.

drammatùrgo, ghi |dramma'turgo, gi| *s.* dramaturge.

drappeggiaménto |drappeddʒa'mento| *s.m.* (*raro*) [→ DRAPPEGGIARE A 1; B] drapement.

drappeggiàre |draped'dʒare| **A** *v.tr.* **1** [*disporre in drappeggi*] draper: *drappeggiare una stoffa su un manichino* draper une étoffe sur un mannequin; *drappeggiare una gonna, una tenda* draper une jupe, une tenture **2** [*avvolgere in panni sontuosi*] draper # *drappeggiare la propria persona in un mantello* se draper dans une cape **B** *v.pron.rifl.* DRAPPEGGIARSI [→ *tr.* 2] se draper: *drappeggiarsi in un mantello* se draper dans une cape.

drappéggio, i |drap'peddʒo, i| *s.m.* [*drappo, tendaggio a pieghe*] draperie (*f.*): *soggiorno con drappeggi* salon avec des draperies ◇ [*gruppo di pieghe ornamentali*] drapé; plis (*pl.*): *il drappeggio di un vestito* le drapé d'un vêtement ‖ *il drappeggio di una tenda* les plis d'une tenture.

drappèlla |drap'pɛlla| *s.f.* (*mil.*) fanion *m.*

1 **drappèllo** |drap'pɛllo| *s.m.* (*raro, lett.*) → **bandiera, insegna.**

2 **drappèllo** |drap'pɛllo| *s.m.* **1** (*mil.*) détachement: *un drappello di soldati* un détachement de soldats → **manipolo, 2 squadra** **2** (*per est.*) [*gruppo di persone*] groupe, équipe (*f.*): *un drappello di pescatori* un groupe de pêcheurs; *un drappello di volontari* une équipe de volontaires.

drapperìa |drappe'ria| *s.f.* draperie; tissus *m.pl.* de laine ◇ [*fabbrica, negozio di drappi o tessuti*] draperie.

drappière |drap'pjɛre| *s.m.* drapier.

dràppo |'drappo| *s.m.* **1** drap: *drappo di seta, di lana* drap de soie, de laine; *drappo intessuto d'oro, a fiori* drap d'or, à fleurs; *drappo mortuario* drap mortuaire # *i sacri drappi* les linges sacrés **2** *spec. al plur.* (*raro*) [*veste*] vêtements luxueux: *le piace avvolgersi in drappi* elle aime porter des vêtements luxueux **3** (*arc.*) [*palio*] fanion, gonfanon.

drasticità |drastitʃi'ta| *s.f. inv.* [*risolutezza pronta ed energica*] sévérité (*corr.*) draconienne: *la drasticità di un provvedimento* la sévérité draconienne d'une mesure; *intervenire con drasticità* intervenir avec une sévérité draconienne.

dràstico, ci, ca, che |'drastiko, tʃi, ka, ke| *agg.* [*efficace, energico*] draconien*: *decisione drastica* décision draconienne; *provvedimenti drastici* mesures draconiennes ◇ (*med.*) *purgante drastico* purgatif drastique Ⓒ **blando.**

dràvida |'dravida| *agg. inv.* dravidien* (*var.*): *popolazione, lingua dravida* population, langue dravidienne → **dravidico**; *donne dravida* femmes dravidiennes.

dravìdico, ci, ca, che |dra'vidiko, tʃi, ka, ke| *agg.* dravidien*: *villaggio dravidico* village dravidien; *razza dravidica* race dravidienne; *lingua dravidica* langue dravidienne.

drenàggio, i |dre'naddʒo, i| *s.m.* **1** (*agr., tecnol.*) drainage: *drenaggio longitudinale, a talpa* drainage longitudinal, en galeries; *drenaggio di una palude* drainage d'un marais **2** (*chir.*) drainage: *drenaggio tubolare, laminare* drainage par drain, par mèche; *garze di drenaggio* gazes de drainage; *praticare un drenaggio* pratiquer un drainage.

drenàre |dre'nare| *v.tr.* **1** (*agr., tecnol.*) [*prosciugare mediante drenaggio*] drainer: *drenare un acquitrino* drainer un marécage; *questa prateria è stata drenata* cette prairie a été drainée **2** (*chir.*) [*liberare da secrezioni*] drainer: *drenare una ferita* drainer une blessure.

'dressage' |drɛsaʒ| *s.m. inv.* dressage *var.*

dressàggio, i |dres'saddʒo, i| *s.m.* → **'dressage'.**

drìade |'driade| *s.f.* **1** (*mitol.*) dryade **2** (*t.bot.*) dryade.

dribblàggio, i |drib'bladdʒo, i| *s.m.* → **dribbling.**

dribblàre |drib'blare| **A** *v.tr.* (*calcio*) [*superare, ingannare con il dribbling*] dribbler: *dribblare l'avversario* dribbler l'adversaire **B** *v.intr.* (*aus.* '*avere*') (*calcio*) [*eseguire un dribbling*] dribbler.

dribblatóre, trice |dribbla'tore, tritʃe| *s.* (*calcio*) dribbleur*, feinteur*.

dribbling |'dribliŋ| *s.m. inv.* (*ingl.*) (*calcio*) dribble *var.*, dribbling (*var.*): *quell'attaccante ha un dribbling strettissimo* cet avant a un dribble très serré.

drift |drift| *s.m. inv.* (*ingl.*) (*geol.*) drift *var.*

drìllo |'drillo| *s.m.* (*t.zool.*) drill.

drin |drin| *s.m.* → **drindrin.**

drindrìn, drin drìn |drin'drin| **1** *inter.* (*riproduce il suono di un campanello*) dring **2** *s.m.inv.* [*il suono stesso*] dring (*var.*): *il drindrin del campanello* le dring de la sonnette.

dring dring |dring'dring| *inter.* e *s.m.* → **drindrin.**

drink |driŋk| *s.m.inv.* (*ingl.*) drink *var.*

drìtta |'dritta| *s.f.* **1** droite: *a dritta e a manca* à droite et à gauche; *tenere la dritta* tenir sa droite; *volgere a dritta* tourner à droite → **dritto** I 3 **2** (*mar.*) tribord (*m.*): *virare a dritta* virer à tribord.

drìtto |'dritto| **I** *agg.* **1** droit: *strada dritta* route droite; *gambe dritte* jambes droites; *albero, muro dritto* arbre, mur droit; *star su dritto* [*in posizione eretta*] se tenir droit → 1 **diritto** **2** (*fig.*) [*retto, giusto, onesto*] droit: *una coscienza dritta* une conscience droite; *è un giovane moralmente dritto* c'est un jeune moralement droit **3** [*destro, che sta a destra*] droit: *mano dritta* main droite; *fianco dritto* côté droit → **dritta** 1 **II** *avv.* [*in modo lineare, dirittamente*] droit: *scrivi più dritto* écris plus droit ◇ *loc.* PER DIRITTO [*parallelamente a una linea convenuta*] droit: *queste assi vanno inchiodate per dritto* ces planches doivent être clouées droit ~ *raff.* DRITTO DRITTO [*direttamente*] tout droit: *è precipitato dritto dritto nel burrone* il est tombé tout droit dans le ravin ◇ (*loc. fig.*) *rigar, filar dritto* marcher, filer droit ~ *tirare dritto per la propria strada* [*disinteressarsi degli altri*] faire son petit bonhomme de chemin **III** *s.* **1** *s.* (*persone*) [*chi sa il fatto suo, furbo, astuto*] malin: *è un dritto* c'est un malin **2** *s.m.* (*cose*) [*la faccia principale o la parte esterna*] endroit; face *f.*; recto: *il dritto di una camicia, di un guanto, di una stoffa* l'endroit d'une chemise, d'un gant, d'une étoffe ‖ *il dritto di una moneta, di una medaglia* la face d'une monnaie, d'une médaille ‖ *il dritto di un foglio di carta* le recto d'une feuille de papier ◇ (*prov.*) *ogni dritto ha il suo rovescio* toute médaille a son revers ◇ (*tennis*) coup droit.

drittofilo |dritto'filo| *s.m.inv.* droit fil *var.* ◇ *spec. nella loc.* IN DRITTOFILO [*secondo il filo della trama*] *tagliare in drittofilo* couper droit fil.

drive |draiv| *s.m.inv.* (*ingl.*) (*sport*) drive *var.*

driver |ˈdraivə| *s.m.inv.* (*ingl.*) (*golf, tennis, hockey*) driver *var.*
drìzza |ˈdrittsa| *s.f.* (*mar.*) drisse.
drizzàre |dritˈtsare| **A** *v.tr.* **1** [*raddrizzare, far tornare dritto*] redresser: *drizzare un chiodo* redresser un clou ◇ (*loc. fig.*) *voler drizzare le gambe ai cani* [*tentare un'impresa disperata*] vouloir blanchir la tête d'un nègre **2** [*dirigere, rivolgere verso una meta*] diriger (3): *drizzare gli occhi, lo sguardo* diriger ses yeux, son regard ◇ (*fig.*) tourner: *drizzare i pensieri, la mente a qc.* tourner ses pensées, son esprit vers qqn. ◇ (*loc. fig.*) *drizzare le orecchie* dresser l'oreille **3** [*innalzare, elevare, mettere in posizione verticale*] élever (6); dresser: *drizzare un muro* élever un mur ‖ *drizzare una scala contro un muro* dresser une échelle contre un mur # *drizzare una vela* hisser une voile **B** *v.pron.rifl.* DRIZZARSI [*mettersi in posizione dritta, eretta*] se dresser: *drizzarsi sulla punta dei piedi* se dresser sur la pointe des pieds → **alzar(si), rizzar(si).**
dròga, ghe |ˈdrɔga, ge| *s.f.* **1** *spec. al plur.* [*sostanze aromatiche per condire*] épices: *il pepe, la cannella sono droghe* le poivre, la cannelle sont des épices → **spezie** **2** [*sostanza stupefacente*] drogue: *prendere la droga* prendre de la drogue ◇ (*fig.*) *quelle letture sono una droga per i giovani* ces lectures sont une drogue pour les jeunes.
drogàggio, i |droˈgaddʒo, i| *s.m.* (*tecnol.*) dopage.
drogàre |droˈgare| **A** *v.tr.* **1** [*aromatizzare con droghe*] épicer (2): *drogare una salsa* épicer une sauce **2** [*somministrare stupefacenti, droghe*] doper; droguer: *drogare un cavallo da corsa* doper un cheval de course ‖ *drogare una persona* droguer une personne **B** *v.pron.rifl.* DROGARSI [*far uso di stupefacenti, di droga*] se droguer: *ha cominciato a drogarsi* il a commencé à se droguer.
drogàto |droˈgato| *agg.* **1** (*cose*) [*aromatizzato, condito con droghe*] épicé: *salame drogato* saucisson épicé; *vivanda drogata* mets épicé # *vino drogato* vin aromatisé ◇ (*animali*) [*sottoposto all'azione di sostanze eccitanti*] dopé: *cavallo drogato* cheval dopé **2** (*persone*) [*che fa uso di sostanze stupefacenti o eccitanti*] drogué; dopé: *ha uno sguardo drogato* il a un regard drogué ‖ *giocatore drogato* joueur dopé ✦ (*s.*) *un drogato* un drogué.
drogheria |drogeˈria| *s.f.* [*negozio di droghe, generi coloniali*] droguerie; épicerie: *vai a comprare dei detersivi e del sapone in drogheria* va acheter des lessives et du savon à la droguerie ‖ *in drogheria abbiamo comperato il cacao, il caffè e lo zucchero* à l'épicerie on a acheté le cacao, le café et le sucre.
droghière |droˈgjɛre| *s.* [*chi vende coloniali al minuto*] droguiste, marchand de couleurs; épicier*: *dal droghiere ho comperato il lucido per le scarpe e una scopa* chez le droguiste, le marchand de couleurs j'ai acheté du cirage et un balai ‖ *siamo andati dal droghiere per comperare il caffè, i cioccolatini* nous sommes allés chez l'épicier acheter du café, des chocolats.
droghìsta |droˈgista| *s.* (*raro*) marchand en gros de denrées coloniales.
dròma |ˈdrɔma| *s.f.* (*mar.*) drome.
dromedàrio, i |dromeˈdarjo, i| *s.m.* (*t.zool.*) dromadaire.
-drómo |ˈdromo| *suff.* (*significa 'luogo riservato alle corse', corrisponde gener. a*) drome: *velodromo* vélodrome; *ippodromo* hippodrome; *autodromo* autodrome.
dròmo |ˈdrɔmo| *s.m.* (*mar.*) amer.
drónte |ˈdronte| *s.m.* (*t.zool.*) dronte.
drop |drɔp| *s.m. inv.* (*ingl.*) (*rugby*) drop-goal *var.*, coup *var.* de pied tombé.
dròsera |ˈdrɔzera| *s.f.* (*t.bot.*) drosera *m.*, rossolis *m.*
drosòfila |droˈzɔfila| *s.f.* (*t.zool.*) drosophile.
drùdo |ˈdrudo| *s.m.* (*lett.*) amant.
drugstore |ˈdrʌgstɔ:| *s.m. inv.* (*ingl.*) drug(-)store (*var.*): *dei drugstore* des drug-stores.
drùida |ˈdruida| *s.m.* druide.
druìdico, ci, ca, che |druˈidiko, tʃi, ka, ke| *agg.* druidique: *religione druidica* religion druidique.
druidìsmo |druiˈdizmo| *s.m.* druidisme.
drùido |ˈdruido| *s.m.* → **druida.**
drùpa |ˈdrupa| *s.f.* (*bot.*) drupe.
drùsa |ˈdruza| *s.f.* (*miner.*) géode.
dry |drai| *agg. inv.* (*ingl.*) dry; sec*: *liquore dry* liqueur dry ‖ *vino, spumante dry* vin, mousseux sec.
dry-farming |draiˈfa:miŋ| *s.m.inv.* (*ingl.*) aridoculture *f.var.*, dry-farming *var.* → **aridocoltura.**
duàle |duˈale| *s.m.* (*gram.*) duel ✦ *agg.* duel*: *numero, forma duale* nombre duel, forme duelle.
dualismo |duaˈlizmo| *s.m.* **1** (*filos.*) dualisme: *il dualismo platonico* le dualisme platonicien **2** (*fig.*) [*antagonismo, opposizione, contrasto*] antagonisme, dichotomie *f.* (*lett.*): *bisogna superare ogni dualismo* il faut dépasser tous les antagonismes.
dualista |duaˈlista| *s.* dualiste.
dualistico, ci, ca, che |duaˈlistiko, tʃi, ka, ke| *agg.* dualiste: *teoria dualistica* théorie dualiste.
dualità |dualiˈta| *s.f.inv.* **1** dualité (*var.*): *la dualità dell'essere umano* la dualité de l'être humain **2** (*filos., mat.*) dualité.
dubbiézza |dubˈbjettsa| *s.f.* (*raro*) → **incertezza, indecisione.**
1 **dùbbio, i** |ˈdubbjo, i| *agg.* **1** [*la cui esistenza o realizzazione è incerta, non sicura*] douteux*: *è un successo dubbio* c'est un succès douteux; *è dubbio se* il est douteux que, on ne sait si; *è dubbio che sia stato lui il colpevole* il est douteux que ce soit lui le coupable # *è dubbio che sia stata lei o un'altra* on ne sait si ce fut elle ou une autre → **incerto** **2** [*la cui natura non si conosce con esattezza; indistinto, indefinibile*] douteux: *significato dubbio di una frase* sens douteux d'une phrase; *oggetto di dubbia origine* objet d'origine douteuse; *tessuto di colore dubbio* tissu d'une couleur douteuse → **incerto, indefinibile** ◇ (*fig., polit.*) *è di colore dubbio* il a des idées politiques peu claires **3** [*esitante, indeciso*] indécis: *questa persona ha un carattere dubbio* cette personne a un caractère indécis **4** [*equivoco, ambiguo*] douteux: *persona di dubbia fama* personne d'une renommée douteuse; *ricevere delle proposte dubbie* recevoir des propositions douteuses; *la sua onestà è dubbia* son honnêteté est douteuse **5** [*instabile, variabile*] instable: *è un clima dubbio* c'est un climat instable.
2 **dùbbio, i** |ˈdubbjo, i| *s.m.* **1** doute: *vivere nel dubbio* vivre dans le doute; *avere dei dubbi sulla riuscita di un affare* avoir des doutes sur la bonne réussite d'une affaire → **incertezza** ◇ (*fig., iron.*) *è un dubbio amletico* c'est un doute déchirant; *senza dubbio* sans (aucun) doute; *non c'è dubbio* il n'y a pas de doute, l'ombre d'un doute; cela ne fait aucun doute; *ha messo in dubbio la sua affermazione* il a mis en doute son affirmation; *essere, sembrare fuori (di ogni) dubbio* être, paraître hors de doute; *avere molti dubbi su q.c.* avoir beaucoup de doutes sur qqch.; *lasciare qc. nel dubbio* laisser qqn. dans le doute **2** [*timore; inquietudine*] doute: *i tuoi dubbi sono infondati* tes doutes ne sont pas fondés; *non avere questi dubbi!* n'aie pas ces doutes! **3** [*questione, dilemma*] doute, question (*f.*): *ha molti dubbi di natura religiosa* il a beaucoup de doutes de nature religieuse; *è un dubbio difficile da risolvere* c'est une question difficile à résoudre; *sussiste ancora un dubbio* il subsiste encore un doute ◇ (*loc.*) *scherzo di dubbio gusto* plaisanterie de mauvais goût **4** (*filos.*) doute **C** **certezza.**
dubbiosaménte |dubbjosaˈmente| *avv.* **1** [→ DUBBIOSO 1] d'une manière douteuse (*loc. inv.*): *vivere dubbiosamente* vivre d'une manière douteuse **2** [→ DUBBIOSO 2] d'une manière douteuse: *mi guardava dubbiosamente* il me regardait d'une manière douteuse.
dubbiosità |dubbjosiˈta| *s.f.inv.* [*situazione di incertezza, di dubbio*] incertitude (*var.*): *dubbiosità di un risultato* incertitude d'un résultat.
dubbióso |dubˈbjoso| *agg.* **1** [*che dubita*] sceptique: *è un uomo dubbioso di tutto* c'est un homme sceptique; *ha un carattere dubbioso* il a un caractère sceptique; *ha una mente dubbiosa* c'est un esprit sceptique # *è dubbiosa di tutto* [*sospettosa*] elle doute de tout ✦ (*s.*) *un dubbioso* un sceptique, un douteur* (*lett.*) **2** [*che dimostra preoccupazione, perplessità*] plein de doute: *aveva uno sguardo dubbioso* il avait un regard plein de doute; *le sue parole erano state dubbiose* ses paroles avaient été pleines de doute → **esitante, perplesso** **3** [*che suscita incertezza, perplessità, dubbi*] douteux*: *quest'ultima votazione è stata dubbiosa* ce dernier scrutin a été douteux **4** [*equivoco, ambiguo*] douteux: *comportamento dubbioso* comportement douteux **5** (*lett.*) [*che dà preoccupazione, timore*] incertain, inquiétant: *la sua sorte era dubbiosa* son sort était incertain, inquiétant ◇ [*rischioso*] incertain, *hasardeux*: *sono imprese dubbiose* ce sont des entreprises incertaines, hasardeuses **6** (*lett.*) [*tenue, incerto*] faible (*corr.*), incertain (*corr.*).
dubitàbile |dubiˈtabile| *agg.* [*di cui si può dubitare*] douteux*: *il suo successo è dubitabile* son succès est douteux # *non è dubitabile che lui abbia ragione* il est hors de doute qu'il a raison **C** **indubitabile, indubbio, certo 1.**
dubitànte |dubiˈtante| *agg.* (*lett.*) → **esitante, vacillante.**
dubitàre |dubiˈtare| *v.intr.* (*aus. 'avere'*) **1** [*essere incerto su, circa q.c.; non avere la sicurezza che*] douter: *dubitare dell'autenticità di una notizia* dou-

ter de l'authenticité d'une nouvelle; *non dubito che verrà* je ne doute pas qu'il viendra; *ne dubito molto* j'en doute fort; *non ne dubito* je n'en doute pas ✦ (*ass.*) *non dubiti* n'en doutez pas, soyez tranquille **2** [*mettere in dubbio q.c.*] douter (de): *dubitare dell'esistenza di una vita soprannaturale* douter de l'existence d'une vie surnaturelle; *nessuno può dubitare di ciò* personne ne peut en douter **3** [*non avere fiducia, diffidare*] douter: *dubitare della sincerità di qc.* douter de la sincérité de qqn. → **sospettare** ◇ [*essere insicuro*] *dubitare delle proprie forze* douter de ses forces; *dubitare di sé, di tutto e di tutti* douter de soi, de tout et de tous **4** [*nutrire timori; essere preoccupato*] craindre (65): *dubito che l'operazione sia più pericolosa di quel che sembra* je crains que l'opération ne soit plus dangereuse qu'elle ne semble; *dubitavamo molto per la tua salute* nous craignions fort pour ta santé → **temere.**

dubitativaménte |dubitativa'mente| *avv.* [→ DUBITATIVO 1] dubitativement: *rispose dubitativamente alla mia domanda* il répondit dubitativement à ma question.

dubitativo |dubita'tivo| *agg.* **1** dubitatif*: *un tono dubitativo* un ton dubitatif ◇ (*dir.*) *assolvere qc. con formula dubitativa* acquitter qqn. au bénéfice du doute, pour insuffisances de preuves **2** (*gram.*) dubitatif: *proposizione, congiunzione dubitativa* proposition, conjonction dubitative.

dubitazióne |dubitat'tsjone| *s.f.* **1** (*retorica*) dubitation **2** (*raro, lett.*) → 2 **dubbio.**

dubitóso |dubi'toso| *agg.* **1** (*lett.*) → **incerto; dubbioso** **2** (*raro*) → **temibile** **3** (*lett.*) → **misterioso.**

dùca, chi, |'duka, ki| *s.m.* duc.

ducàle |du'kale| *agg.* ducal*: *il palazzo ducale* le palais ducal ◇ (*a Venezia*) le palais des doges.

1 **ducàto** |du'kato| *s.m.* **1** titre de duc **2** [*territorio retto da un duca*] duché.

2 **ducàto** |du'kato| *s.m.* [*antica moneta it.*] ducat.

ducatóne |duka'tone| *s.m.* (*ant.*) ducaton.

dùce |'dutʃe| *s.m.* **1** (*lett.*) [*capo, condottiero*] chef (*corr.*) # *il duce Agamennone* le roi Agamemnon **2** (*st. it.*) duce.

ducènto |du'tʃɛnto| *e deriv.* → **duecento** *e deriv.*

duchéssa |du'kessa| *s.f.* **1** duchesse: *la duchessa di Parma* la duchesse de Parme **2** [*varietà di pera*] duchesse *inv.*

'duchesse' |dyʃɛs| *s.f.inv.* **1** [*tessuto*] duchesse *var.* **2** [*sdraia con spalliera*] duchesse.

duchessìna |dukes'sina| *s.f.* fille de duc.

duchìno |du'kino| *s.m.* fils de duc.

dùe |'due| **I** *agg. numer. card. inv.* **1** deux: *i due lati della strada* les deux côtés de la route; *ogni due settimane* toutes les deux semaines; *in due tempi diversi* en deux temps (différents); *fra due o tre giorni* dans deux ou trois jours; *a due a due* deux par deux, deux à deux; *tutti e due* tous (les) deux; *due volte* (*di più*) deux fois (plus); *le possibilità sono due* il y a deux possibilités; *afferrare con due mani* attraper des deux mains; *allungare la strada di 2 km* allonger la route de 2 km; *mi ci vorrà un'ora o due* il me faudra une heure ou deux; *sono arrivati in due* ils sont arrivés à deux; *sono stati quei due* ce sont ces deux-là; *i due se la sono svignata* les deux ont déguerpi; *a noi due!* à nous deux!; *essere in due* être deux; *marciare per due* marcher par deux; *spezzare q.c. in due* casser qqch. en deux; *essere due contro uno* être deux contre un; *hanno vinto per due a uno* ils ont gagné par deux (buts) à un; *hanno pareggiato due a due* ils ont fait match nul, deux partout; *dammene ancora due!* donne-m'en encore deux!; *ce ne sono altri due* il y en a encore deux ◇ (*nei calcoli*) *dividere, moltiplicare per due* diviser, multiplier par deux; *due terzi, due quinti* deux tiers, deux cinquièmes; *contare per due* compter de deux en deux; *due e due* (*fanno*) *quattro* deux et deux (font) quatre; *il due per cento* deux pour cent ◇ (*pleon.*) *mi guardava con due occhi!* il me regardait avec des yeux!; *che* (*due*) *gambe, che* (*due*) *spalle!* quelles jambes, quelles épaules! ◇ (*posposto al sost.*) *abita al numero due di via...* il habite au numéro deux de la rue...; *leggi a pagina due* lis page deux; *calibro due* calibre deux ◇ (*loc.*) *una delle due: o non sei informato, o sei in malafede* de deux choses l'une: ou tu ne le sais pas, ou tu es de mauvaise foi ~ *mangiare per due* manger comme quatre ~ (*fig.*) *dividersi in due* se mettre en quatre ~ (*pr., fig.*) *contare, valere per due* compter pour deux ◇ (*loc. escl.*) *e due!* et de deux! ◇ (*loc. sost.*) *tiro a due* [*carrozza a due cavalli*] attelage à deux (chevaux) ~ (*canottaggio*) *un due con* un deux avec barreur; *un due senza* un deux sans barreur ~ (*mar.*) *un due alberi* un deux-mâts ◇ (*prov.*) *non c'è due senza tre* jamais deux sans trois **2** (*per est.*) (*con valore indet.*) *te lo spiego in due parole* je te l'explique en deux mots; *facciamo due chiacchiere* faisons un brin de causette; *esci a fare due passi* va faire quelques pas, (un tour) dehors; *mi ha scritto appena due righe* il m'a écrit à peine deux lignes, un petit mot; *abita a due passi da qui* il habite à deux pas d'ici; (*lo*) *si fa in due minuti* c'est fait en deux minutes; *non vale due soldi* ça ne vaut pas deux sous, quatre sous; *è alto due soldi di cacio* il est haut comme trois pommes → 3 **poco** ◇ (*iron.*) *dirne due a qc.* dire ses quatre vérités à qqn.; *ora gliene dico due!* je vais lui dire deux mots, ce que je pense!; *ne hai sentite due da tua moglie!* ta femme t'en a dit de belles! **II** *s. inv.* **1** *s.m. sing.* [*il numero 2*] deux: *scrivi un due* écris un deux; *metti la virgola prima del due* mets la virgule avant le deux ◇ (*per est.*) *ti metto un due sul registro* je te mets un deux sur le cahier de notes; *devo rimediare un due in matematica* je dois rattraper mon deux en maths ◇ (*nelle date dei mesi*) *il due marzo* le deux mars; *con scadenza al due di ottobre* avec échéance le deux octobre ◇ (*in certi giochi*) *è uscito il due* c'est le deux qui est sorti; *giocare, scartare il due di fiori* jouer le deux de trèfle, se défausser du deux de trèfle; *accusare tre due* accuser trois deux ◇ (*loc. fig.*) *vale meno del due di coppe* il est au-dessous de tout **2** *s.f. pl.* (*nell'indicazione delle ore*) deux heures: *è uscito alle due* il est sorti à deux heures; *sono le due meno un quarto* il est deux heures moins le quart, moins un quart.

duecentésco, chi, ca, che |duetʃen'tesko, ki, ka, ke| *agg.* du XIIIe siècle (*loc. inv.*): *la letteratura duecentesca* la littérature du XIIIe siècle.

duecentèsimo |duetʃen'tɛzimo| *agg. numer. ord.* deux centième; *è duecentesimo in graduatoria, in classifica* il est deux centième sur la liste, au classement ✦ (*s.m.*) *un duecentesimo* un deux centième.

duecentista |duetʃen'tista| *s. e agg.* **1** (artiste) du XIIIe siècle: *poeta, scrittore duecentista* poète, écrivain du XIIIe siècle **2** (*sport*) coureur* de 200 mètres.

duecènto |due'tʃɛnto| *agg. numer. card. inv.* deux cent(s) (*var.*). *correre i duecento metri* courir les deux cents mètres; *una casa di duecentocinquanta metri quadri* une maison de deux cent cinquante mètres carrés ✦ (*s.m.*) *il Duecento* le XIIIe siècle: *l'arte del Duecento* l'art du XIIIe siècle.

duellànte |duel'lante| *s.* [*chi prende parte a un duello*] duelliste *m.*

duellàre |duel'lare| *v.intr.* (*aus.* '*avere*') [*battersi in duello*] se battre (76) *pron.* en duel.

duellatóre, trice |duella'tore, tritʃe| *s.* (*lett.*) → **duellante.**

duellista |duel'lista| *s.m.* → **duellante.**

duèllo |du'ɛllo| *s.m.* **1** duel: *duello alla sciabola, alla spada, alla pistola* duel au sabre, à l'épée, au pistolet; *duello all'ultimo sangue* duel à mort; *duello rusticano* [*senza testimoni e, gener., con il coltello*] duel en champ clos: *sfidare a duello* provoquer en duel; *battersi in duello* se battre en duel **2** (*fig.*) [*gara, contesa aspra*] duel: *duello oratorio, lettarario, diplomatico* duel oratoire, littéraire, diplomatique ◇ (*sport*) *ha perso il duello con l'avversario* il a succombé devant son adversaire.

duemila |due'mila| *agg. numer. card. inv.* deux mille: *l'albergo ospitava duemila persone* l'hôtel abritait deux mille personnes ✦ (*s.m.*) *il Duemila* l'an deux mille.

duennàle |duen'nale| *agg.* (*raro*) → **biennale.**

duepèzzi, dùe pèzzi |due'pɛttsi| *s.m.inv.* **1** [*costume da bagno*] deux-pièces → **bikini** **2** [*abito f. composto di giacca e gonna*] deux-pièces.

due-quàrti |due'kwarti| *s.m.inv.* (*mus.*) deux-quatre.

duétto |du'etto| *s.m.* (*mus.*) duo: *duetto per violino e pianoforte* duo de violon et de piano; *eseguire, ascoltare un duetto* exécuter, écouter un duo ◇ (*fig., scherz.*) [*scontro, diverbio o accoppiamento ben assortito fra due persone*] duo: *quella coppia costituisce un simpatico duetto* ce couple forme un duo sympathique # *quei due litiganti fanno un bel duetto* ces deux querelleurs font une belle paire, un beau duo.

dugènto |du'dʒɛnto| *agg. e s.m. inv.* → **duecento.**

dùglia |'duʎʎa| *s.f.* (*mar.*) glène.

dugòngo, ghi |du'gɔngo, gi| *s.m.* (*t. zool.*) dugon, dugong.

1 **dulcamàra** |dulka'mara| *s.f.* (*t. bot.*) morelle, douce-amère (*fam.*).
2 **dulcamàra** |dulka'mara| *s.m.* → **ciarlatano.**
dulcinèa |dultʃi'nɛa| *s.f.* (*scherz.*) dulcinée: *spasima per la sua dulcinea* il soupire auprès de sa dulcinée.
dulcite |dul'tʃite| *s.f.* (*chim.*) dulcite.
dulìa |du'lia| *s.f.* (*teol.*) dulie.
dum-dum |dum'dum| (*agg. inv.*) *pallottola dum-dum* (balle) dum-dum *f. var.*
dumping |'dʌmpiŋ| *s.m.inv.* (*ingl.*) (*econ.*) dumping *var.*
dùna |'duna| *s.f.* dune.
dunóso |du'noso| *agg.* de dunes (*loc. inv.*): *una zona dunosa* une région de dunes.
dùnque |'dunkwe| **I** *cong.* **1** (*con valore concl.*) donc: *era qui poco fa: dunque non può essere molto lontano* il était là tout à l'heure: il ne peut donc être très loin; *dunque?* donc? → **quindi, perciò** **2** (*per riprendere il discorso*) donc: *dicevamo dunque che...* nous disions donc que...; *parlavamo dunque di quell'incidente* nous parlions donc de cet accident; *dunque, siamo d'accordo?* donc, on est d'accord? → **allora**; *è dunque la tua ultima parola?* c'est donc ton dernier mot?; *dunque abitate qui?* vous habitez donc là? **3** *raff.* donc: *sbrigatevi, dunque!* dépêchez-vous donc!; *dunque, qual è il tuo problema?* quel est donc ton problème?; *credi dunque che io sia matto?* tu crois donc que je suis fou? **II** *s.m. inv.* (*il dunque*) [*la conclusione*] *veniamo al dunque!* venons-en au fait!; *siamo arrivati al dunque* nous sommes arrivés au moment décisif.
dùo |'duo| *s.m. inv.* (*mus.*) → **duetto** ◇ [*coppia di artisti, spec. esecutori*] duo (*var.*): *duo pianistico* duo de piano; *duo vocale* duo vocal.
duodecimàle |duodetʃi'male| *agg.* (*mat.*) duodécimal*.
duodècimo |duo'dɛtʃimo| *agg. numer. ord. e s.* (*lett.*) → **dodicesimo.**
duodenàle |duode'nale| *agg.* (*anat.*) duodénal*: *ulcera duodenale* ulcère duodénal.
duodenìte |duode'nite| *s.f.* (*med.*) duodénite.
duodèno |duo'dɛno| *s.m.* (*anat.*) duodénum.
duòlo |'dwɔlo| *s.m.* (*lett.*) → **dolore.**
1 **duòmo** |'dwɔmo| *s.m.* dôme, cathédrale (*f.*): *il duomo di Firenze* le dôme de Florence.
2 **duòmo** |'dwɔmo| *s.m.* (*tecnol.*) dôme: *il duomo di una caldaia, di un alambicco* le dôme d'une chaudière, d'un alambic.
duòviro |du'ɔviro|, **duùnviro** |du'unviro| *s.m.* (*st. rom.*) duumvir.
dùplex |'dupleks| **1** *s.m.inv.* duplex ◇ (*per est.*) *trasmissione in duplex* émission (en) duplex **2** (*agg.inv.*) *collegamento duplex* liaison duplex; *appartamento duplex* (appartement) duplex.
duplicàbile |dupli'kabile| *agg.* [→ DUPLICARE 1] dont on peut faire le duplicata *loc.*; que l'on peut reproduire, multiplier *loc.*
duplicàre |dupli'kare| *v.tr.* **1** [*sostituire con una copia valida burocraticamente*] faire (45) un duplicata: *duplicare un documento* faire le duplicata d'un document ◇ [*riprodurre, per est., al ciclostile*] reproduire (75), multiplier **2** (*raro*) → **raddoppiare.**
duplicàto |dupli'kato| *s.m.* duplicata (*inv.*): *richiedere, rilasciare un duplicato* demander, délivrer un duplicata ◇ (*fig.*) *costituire un duplicato di q.c.* faire double emploi avec qqch. ◆ *agg.* (*raro*) → **raddoppiato.**
duplicatóre |duplika'tore| *s.m.* duplicateur: *duplicatore ad alcool* duplicateur à alcool.
duplicatùra |duplika'tura| *s.f.* (*raro*) → **duplicazione.**
duplicazióne |duplikat'tsjone| *s.f.* duplication: *la duplicazione di una superficie* la duplication d'une superficie → **raddoppiamento.**
dùplice |'duplitʃe| **1** *agg.* [*doppio, raddoppiato, duplicato*] double: *duplice alleanza, intesa* double alliance, entente; *una duplice fila di alberi* une double rangée d'arbres; *un duplice vantaggio, incarico* un double avantage, une double charge; *documento in duplice copia* papier en double exemplaire; *il problema presenta un duplice aspetto* le problème se présente sous un double aspect **2** *s.f.* (*ippica*) couplé: *duplice accoppiata* pari couplé **C** 1 **semplice.**
duplicità |duplitʃi'ta| *s.f.inv.* [*coesistenza di due elementi distinti*] double (*m. var.*): *la duplicità di un filo* le double d'un fil → **doppiezza** # *la questione presenta una duplicità di aspetti* la question présente un double aspect ◇ (*raro, fig.*) [*ipocrisia, falsità*] duplicité *var.*
dùra |'dura| *s.f.* → **sorgo.**
duràbile |du'rabile| *agg.* (*raro*) → **durevole.**
durabilità |durabili'ta| *s.f.inv.* (*raro*) → **durevolezza.**
durabilménte |durabil'mente| *avv.* (*raro*) → **durevolmente.**
duràcino |du'ratʃino| (*agg.*) *pesca duracina* [*la cui polpa resta attaccata al nòcciolo*] pavie (*s.f.*); *ciliegia duracina* bigarreau *s.m.*
durallumìnio, i |durallu'minjo, i| *s.m.* (*metall.*) duralumin.
dùra màdre, duramàdre |dura'madre| *s.f.* (*anat.*) dure-mère.
duràme |du'rame| *s.m.* (*bot.*) duramen.
duraménte |dura'mente| *avv.* **1** [*con eccessiva severità; con crudeltà, insensibilità*] durement: *rimproverare, punire duramente* blâmer, punir durement; *trattare qc. duramente* traiter qqn. durement → **aspramente, rigorosamente** **2** [*violentemente, gravemente*] durement: *fu colpito duramente al ventre* il fut frappé durement au ventre ◇ (*fig.*) *la notizia lo colpì duramente* la nouvelle le frappa durement.
duránte |du'rante| *prep.* [*mentre, nel corso di, nel tempo in cui*] pendant, durant, au cours de: *durante la guerra, lo spettacolo* pendant la guerre, le spectacle; *gli attori sono stati applauditi durante la rappresentazione* les acteurs ont été applaudis durant, au cours de la représentation ◇ (*posposto nella loc.*) *vita natural durante* sa vie durant.
duràre |du'rare| **A** *v.intr.* (*aus.* '*essere, avere*') **1** [*mantenersi, conservarsi senza deteriorarsi*] durer (*aus.* avoir): *questi fiori non durano molto* ces fleurs ne durent pas longtemps; *è un prodotto, un tessuto che dura a lungo* c'est un produit, un tissu qui dure longtemps ◇ [*bastare*] *questi viveri debbono durare tutto l'anno* ces vivres doivent durer toute l'année **2** [*continuare, prolungarsi, protrarsi*] durer, se prolonger (3) (*pron.*): *questo stato di cose non può durare* cet état de choses ne peut durer; *i dibattiti durarono a lungo* les débats durèrent longtemps, se prolongèrent; *questo brutto scherzo è durato persino troppo* cette mauvaise plaisanterie n'a que trop duré; *il temporale durò tre ore* l'orage dura trois heures ◆ (*impers.*) *speriamo che duri!* pourvu que ça dure! **B** *v.tr.* (*nella loc.*) DURARE FATICA A [*stentare, aver difficoltà*] avoir (28) du mal à, de la peine à: *ha durato fatica a guadagnarsi il pane* il a eu du mal, de la peine à gagner son pain ◇ (*prov.*) *chi la dura la vince* la patience vient au bout de tout.
duràta |du'rata| *s.f.* **1** [*periodo di tempo in cui si svolge q.c.*] durée: *la durata della lezione, delle vacanze* la durée de la leçon, des vacances; *per tutta la durata della manifestazione* pendant toute la durée de la manifestation ◇ *loc.* DI BREVE, DI LUNGA DURATA de courte, de longue durée: *tessuto di lunga durata* tissu de longue durée # *materiale, cibo di lunga durata* matériel, nourriture de longue conservation **2** (*fon.*) durée: *la durata di una vocale* la durée d'une voyelle **3** (*mus.*) durée: *la durata di una nota* la durée d'une note.
duratività |durativi'ta| *s.f. inv.* (*ling.*) durativité *var.*
duratìvo |dura'tivo| *agg.* (*ling.*) *aspetto durativo* aspect duratif → **imperfettivo** **C** **momentaneo.**
duratùro |dura'turo| *agg.* [*che è destinato a durare*] durable: *un affetto duraturo* une affection durable; *amicizia duratura* amitié durable → **durevole** **C** **passeggero, effimero, transitorio.**
durévole |du'revole| *agg.* durable: *un sentimento durevole* un sentiment durable; *pace durevole* paix durable → **duraturo** ◇ (*econ.*) *beni di consumo durevoli* biens de consommation durables.
durevolézza |durevo'lettsa| *s.f.* [*stabilità, resistenza, conservazione nel tempo*] durabilité: *la durevolezza di un profumo* la durabilité d'un parfum; *la durevolezza di una plastica* la durabilité d'une matière plastique.
durevolménte |durevol'mente| *avv.* [→ DUREVOLE] durablement → **stabilmente.**
durézza |du'rettsa| *s.f.* **1** dureté: *la durezza del ferro, del marmo, del diamante* la dureté du fer, du marbre, du diamant ◇ (*per est.*) *la durezza della carne, del pane* la dureté de la viande, du pain **2** (*fig.*) [*severità, intransigenza*] dureté: *trattare qc. con durezza* traiter qqn. avec dureté ◇ [*mancanza di sensibilità, asprezza*] *durezza di cuore, di animo, di modi* dureté de cœur, d'âme, de manières **3** (*chim.*) dureté: *durezza dell'acqua* dureté de l'eau.
dùrio, i |'durjo, i| *s.m.* (*t.bot.*) durion.
durlindàna |durlin'dana| *s.f.* [*la spada di Orlando*] durendal, durandal.
dùro |'duro| **I** *agg.* **1** dur: *duro come il ferro* dur comme le fer; *uovo duro* œuf dur → **sodo**; *carne dura* viande dure; *pane duro* pain dur → **raffermo**; *letto duro* lit dur; *barba dura* barbe dure; *questo cassetto è duro* ce tiroir est dur # *tessuto duro* tissu rêche; *cappello duro* chapeau melon ◇ (*fig.*) *lineamenti duri* traits durs; *contorni duri di un disegno* contours durs d'un dessin

◇ (*loc. fig.*) *essere duro d'orecchi* être dur d'oreille ~ *avere il sonno duro* avoir le sommeil dur ~ *avere la testa dura* avoir la tête dure ~ *avere la pelle dura* avoir la peau dure ~ *è un osso duro* c'est un dur à cuire ~ *a muso duro* en montrant les dents **2** [*difficile, faticoso*] dur: *è un lavoro duro* c'est un dur travail; *è duro convincerlo* c'est dur de le convaincre **3** *loc.* DURO DA (+ *inf.*) dur à (+ *inf.*): *è una macchina dura da guidare* c'est une voiture dure à conduire ◇ (*fig.*) DURO DA (+ *inf.*) difficile à (+ *inf.*): *è un'offesa dura da sopportare* c'est une offense difficile à supporter; *è un libro duro da leggere* c'est un livre difficile à lire **4** (*fig.*) [*severo, inflessibile, insensibile*] dur: *essere duro con i figli* être dur avec ses enfants; *il tuo atteggiamento è troppo duro* ton attitude est trop dure; *è una persona dura* c'est une personne dure **5** (*fig.*) [*triste, spiacevole*] dur: *com'è dura la vita!* comme la vie est dure!; *tempi duri!* les temps sont durs!; *è un inverno duro* c'est un hiver dur → **rigido** # *è la dura verità!* c'est la triste vérité! **6** (*scient.*) dur: *acqua dura* eau dure; *acciaio duro* acier dur; *pietre dure* pierres dures **7** (*sport*) *fare, praticare un gioco duro* [*eseguire interventi contro il regolamento*] jouer dur **II** *s.m.* **1** [*ciò che è duro, parte dura*] dure (*f.*): *dormire sul duro* coucher sur la dure **2** (*fig.*) [*persona decisa, energica*] dur: *il loro capo è un duro* leur chef est un dur; *fare il duro* jouer les durs **3** [*antica moneta d'argento spagnola*] douro **III** *avv.* **1** [*con forza, intensamente*] dur: *lavorare, picchiare duro* travailler, cogner dur → **sodo** # *dormire duro* dormir profondément; *tener duro* tenir bon → **resistere** **2** [*severamente*] durement: *parlare duro* parler durement.

durónе |du'rone| *s.m.* **1** → **callo** **2** [*ciliegia dolce*] bigarreau.

dùrra |'durra| *s.f.* → **sorgo.**

dùttile |'duttile| *agg.* **1** (*metalli*) ductile: *l'oro è notevolmente duttile* l'or est remarquablement ductile ◇ (*per est.*) *materia duttile* matière ductile **2** (*fig.*) [*docile, arrendevole, trattabile*] docile: *carattere duttile* caractère docile # *ingegno duttile* esprit brillant; *stile duttile* style souple **3** (*lett.*) [*pieghevole, flessuoso*] flexible.

duttilità |duttili'ta| *s.f.inv.* ductilité (*var.*): *la duttilità dei metalli* la ductilité des métaux ◇ (*fig.*) [*adattabilità, elasticità*] souplesse (*var.*): *la duttilità di carattere, d'ingegno, di stile* la souplesse de caractère, d'esprit, de style.

duunviràto |duunvi'rato| *s.m.* (*st. rom.*) duumvirat.

duùnviro |du'unviro| *s.m.* (*st. rom.*) duumvir.

E

1 **e** |e| *s.m. o f.* **1** [*quinta lettera dell'alfabeto*] e (*m.*): *E maiuscolo* E majuscule; *e minuscola* e minuscule; *e accentata* e accentué; *e muta* e muet ◇ (*tel.*) *E come Empoli*: (*in Francia*) E comme Eugène; (*in Belgio*) E comme Émile **2** (*usi convenzionali*) *E* (*punto cardinale*) [*Est*] E.

2 **e** |e| *cong. N.B. per eufonia diventa 'ed' davanti a voc. 'e'; raramente davanti ad altre voc.* **1** (*in funzione coordinativa e aggiuntiva*) et: *Piero, Paolo e Giovanni* Pierre, Paul et Jean; *operai e impiegati* ouvriers et employés; *schietto e generoso* franc et généreux; *mangiare e bere* boire et manger; *ti prego di vestirti e di venire subito da me* je te prie de t'habiller et de venir tout de suite me trouver; *e aggiungerei anche questo* et je dirais même ceci **2** (*ripetuta, è usata in funzione correl.*; *spesso con valore ints.*) [*sia... sia*] et; à la fois... et; d'une part... d'autre part: *sono stanco e per il viaggio e per il gran caldo* le voyage et la grande chaleur m'ont fatigué; *bisogna tener conto e del peso e del volume* il faut tenir compte du poids et du volume ‖ *ti telefono e per salutarti e per chiederti un favore* je te téléphone à la fois pour te dire bonjour et pour te demander un service **3** (*con valore avvers.*) [*invece, mentre, eppure*] et, mais, et pourtant: *racconta storie e tu non lo smentisci* il te raconte des histoires et tu ne le démens pas; *tutti accorrono e tu non ti muovi* tout le monde accourt, mais toi tu ne bouges pas **4** (*all'inizio di periodo, con valore enf. esortativo*) [*ebbene!*; *orsù!*; *suvvia!*] eh bien!; allons!; allez!: *e muoviti!* eh bien!, bouge!; va, dépêche-toi # *e smettila!* ça suffit; finis donc!; *e vattene!* va-t'en! ◇ (*con valore enf. interrog.*) [*ebbene?*; *dunque?*; *allora?*] et alors?, eh bien?: *e non mi dai una mano?* eh bien, et alors, tu ne me donnes pas un coup de main? ◇ (*con valore enf. conc.*) [*con tutto ciò*; *nonostante questo*; *pur tuttavia*] et: *e vi meravigliate!* et vous vous étonnez! **5** (*con valore ints.*) et c'est: *ti lascio, e per sempre* je te quitte, et c'est pour toujours # *te lo dico, e per l'ultima volta* c'est la dernière fois que je te le dis ◇ (*pleon.*) *tutti e due* tous les deux **6** *loc.* BELL'E..., BELLI E... bel et bien, vraiment: *sei bell'e spacciato* tu es bel et bien fichu # *bell'e fatto* tout fait; *un imbroglio bell'e buono* une escroquerie pure et simple.

ebanista |eba'nista| *s.* ébéniste.

ebanisteria |ebaniste'ria| *s.f.* **1** [*l'attività dell'ebanista*] ébénisterie **2** atelier *m.* de l'ébéniste.

ebanite |eba'nite| *s.f.* ébonite.

èbano |'ɛbano| *s.m.* (*t.bot.*) ébénier ◇ [*il legno*] ébène *f.* ◇ (*loc.*) *nero come l'ebano* noir comme l'ébène ✦ (*agg. inv.*) *un nero ebano* un noir d'ébène (*loc. inv.*); *capelli di un nero ebano* cheveux d'ébène.

ebbène |eb'bɛne| *cong.* **1** (*con valore concl.*) [*dunque*] donc, ainsi: *ebbene, (egli) ha vinto* donc, ainsi il a gagné; *ebbene, dicevo che...* je disais donc que... **2** (*quando introduce una prop. interrog. diretta o un'escl.*) [*allora*] eh bien, et alors: *ebbene, cosa ne pensate?* eh bien, qu'en pensez-vous?; *ebbene, chi l'ha ucciso?* et alors, qui l'a tué? **3** (*da solo, in forma interrog., per sollecitare un parere o una risposta*) et bien: *ebbene?* et bien?, et alors?

èbbio, i |'ɛbbjo, i| *s.m.* (*t. bot.*) hièble *f.*

ebbrézza |eb'brettsa| *s.f.* **1** [*stato momentaneo di ubriachezza*] ébriété: *in stato di ebbrezza* en état d'ébriété **2** (*fig.*) [*eccitazione, emozione intensa*] ivresse, griserie: *l'ebbrezza del successo, del potere* l'ivresse du succès, du pouvoir; *l'ebbrezza della velocità* la griserie de la vitesse Ⓒ 1 **sobrietà; 2 pacatezza, freddezza.**

ebbrietà |ebbrje'ta| *s.f. inv.* → **ebrietà.**

èbbro |'ɛbbro| *agg.* **1** [*chi è in uno stato di ebbrezza* (1)] gris **2** (*fig.*) [*esaltato, fuori di sé*] ivre: *ebbro di gioia* ivre de joie Ⓒ 2 **pacato, freddo.**

ebdòmada |eb'dɔmada| *s.f.* (*lett.*) → **settimana.**

ebdomadàrio, i |ebdoma'darjo, i| *s.m.* (*lett.*) hebdomadaire (*corr.*): *un ebdomadario illustrato* un hebdomadaire illustré → **periodico, settimanale** ✦ (*agg.*) *una pubblicazione ebdomadaria* une publication hebdomadaire ◇ (*eccl.*) hebdomadier* *s.*

ebefrenia |ebefre'nia| *s.f.* (*med.*) hébéphrénie, schizophrénie.

ebefrènico, ci, ca, che |ebe'frɛniko, tʃi, ka, ke| *s.* hébéphrénique.

Ebenàcee |ebe'natʃee| *s.f. pl.* (*t. bot.*) Ébénacées.

ebetàggine |ebe'taddʒine| *s.f.* [*comportamento, azione da ebete*] stupidité, bêtise → **stupidata.**

èbete |'ɛbete| *agg.* **1** [*ottuso, stupido*] idiot: *espressione ebete* air idiot ✦ (*s.*) *un ebete* un ahuri **2** (*come epiteto ingiurioso*) [*scemo, imbecille*] imbécile, abruti: *che ebete!* espèce d'imbécile, d'abruti! Ⓒ 1 **sveglio, intelligente.**

ebetismo |ebe'tizmo| *s.m.* (*med.*) hébétude *f.*

ebetùdine |ebe'tudine| *s.f.* → **ebetismo.**

ebollitóre |ebolli'tore| *s.m.* (*chim., fis.*) cornue *f.*

ebollizióne |ebollit'tsjone| *s.f.* **1** (*fis.*) ébullition: *punto di ebollizione* point d'ébullition **2** (*loc. fig.*) *in ebollizione* [*in tumulto*] en ébullition: *tutta la città è in ebollizione* toute la ville est en ébullition.

ebraicista |ebrai'tʃista| *s.* → **ebraista.**

ebràico, ci, ca, che |e'braiko, tʃi, ka, ke| **1** *agg.* [*che riguarda gli Ebrei*] (*ant.*) hébraïque, juif*, hébreu*: *lingua ebraica* langue hébraïque, l'hébreu (*s.m.*); *popolo ebraico* peuple juif, hébreu; *un testo ebraico* un texte hébreu; (*dei nostri tempi*) juif, israélite **2** (*s.m.*) *l'ebraico* [*la lingua*] l'hébreu.

ebraismo |ebra'izmo| *s.m.* **1** [*relig., cultura degli Ebrei*] judaïsme **2** (*ling.*) hébraïsme.

ebraista |ebra'ista| *s.* [*studioso di ebraismo*] hébraïsant, hébraïste.

ebraizzàre |ebraid'dzare| **A** *v.tr.* [*conformare alla cultura, alla relig. degli Ebrei*] hébraïser **B** *v.intr.* (*aus. 'avere'*) (*raro*) [*comportarsi conformemente ai princìpi e costumi ebr.*] hébraïser.

ebrèo |e'brɛo| *agg.* [*appartenente agli Ebrei*] (*ant.*) hébraïque, juif*, hébreu*; (*dei nostri tempi*) juif, israélite ✦ (*s.*) *l'Ebreo errante* le Juif errant.

ebrietà |ebrje'ta| *s.f. inv.* (*lett.*) → **ebbrezza.**

ebulliometria |ebulljome'tria| *s.f.* (*chim.*) ébulliométrie, ébullioscopie.

ebulliòmetro |ebul'ljɔmetro| *s.m.* (*chim.*) ébulliomètre, ébullioscope.

ebullioscopia |ebulljosko'pia| *s.f.* → **ebulliometria.**

ebullioscòpico, ci, ca, che |ebulljos'kɔpiko, tʃi, ka, ke| *agg.* ébullioscopique, ébulliométrique.

ebùrneo |e'burneo| *agg.* **1** [*fatto di avorio*] en, d'ivoire (*loc.*): *statuetta eburnea* statuette d'ivoire **2** (*fig.*) [*bianco e prezioso come l'avorio*] d'ivoire (*loc. inv.*): *un collo eburneo* un cou d'ivoire.

ecatómbe |eka'tombe| *s.f.* **1** (*fig.*) [*strage, sterminio generale*] hécatombe, massacre (*m.*): *la guerra si è risolta in un'ecatombe* la guerre fut une hécatombe, un massacre → **eccidio, carneficina**; *gli esami sono stati un'ecatombe quest'anno* cette année les examens ont été une hécatombe **2** (*st. gr.*) hécatombe.

ecbàl(l)ium |ek'bal(l)ium| *s.m.* (*t.bot.*) ecballium.

eccedènte |ettʃe'dɛnte| **I** *agg.* **1** excédant: *la quantità eccedente* la quantité excédante, en excédent **2** (*mus.*) augmenté ✦ (*s.m.*) *un eccedente* un intervalle augmenté **II** *s.m.* [*quantità in più, superflua*] excédent, surplus: *l'eccedente verrà consumato* le surplus, l'excédent sera consommé.

eccedènza |ettʃe'dɛntsa| *s.f.* **1** [*il fatto di eccedere*] excédent *m.*, excès (*m.*): *eccedenza di bagagli* excédent de bagages; *eccedenza di ossigeno* excès d'oxygène → **eccesso** ◇ *loc.* IN ECCEDENZA en surplus, en excédent: *somma in eccedenza* somme en excédent # *prodotti in eccedenza* produits excédentaires **2** [*la quantità che eccede*] excédent, surplus (*m.*): *eccedenza delle entrate sulle uscite* excédent des recettes sur les dépenses; *eccedenza di produzione* surplus, excédent de production; *eccedenza di prodotti sul mercato* excédent, surplus de produits sur le marché # *eccedenza netta* revenant-bon, boni.

eccèdere |et'tʃɛdere| *v.tr.* **1** [*andare oltre i limiti stabiliti e ragionevoli*] dépasser, excéder (8): *eccede la mia competenza* cela dépasse mes compétences; *gli introiti eccedono le spese* les recettes excèdent les dépenses → **superare, oltrepassare** **2** *ass.* [*superare la misura giusta, normale*] (de)passer la mesure, les bornes; exagérer (8): *non bisogna eccedere* il ne faut pas dépasser la mesure, exagérer; *tu eccedi!, stai eccedendo!* tu exagères! → **esagerare** # *fuma, ma senza eccedere* fume, mais sans excès; *eccede nel mangiare, nel bere* il mange, il boit avec excès; *eccedere nello spendere* dépenser outre mesure Ⓒ 2 **scarseggiare.**

ecce homo |'ɛttʃe'ɔmo| *s.m. inv.* (*lat.*) ecce homo.

ecceità |ettʃei'ta| *s. f. inv.* (*filos.*) eccéité *var.*

eccellènte |ettʃel'lɛnte| *agg.* **1** excellent, remarquable: *è un eccellente pianista* c'est un excellent pianiste, un pianiste remarquable **2** [*ottimo*] excellent: *un vino eccellente* un vin excellent Ⓒ **scadente, mediocre.**

eccellenteménte |ettʃellente'mente| *avv.* [→ ECCELLENTE] parfaitement, merveilleusement: *nonostante le difficoltà, se l'è cavata eccellentemente* en dépit des difficultés, il s'en est parfaitement tiré.

eccellentìssimo |ettʃellen'tissimo| *agg. sup.* excellentissime (*arc.*) # *l'eccellentissimo vescovo di Bergamo* Son Excellence l'évèque de Bergame.

eccellènza |ettʃel'lɛntsa| *s.f.* **1** excellence: *l'eccellenza di un vino* l'excellence d'un vin # *l'eccellenza del suo ingegno* la supériorité de son esprit ◇ *loc. avv.* PER ECCELLENZA par excellence: *Salomone, il saggio per eccellenza* Salomon, le sage par excellence **2** [*titolo onorifico dato ad alti dignitari eccl. e laici*] excellence: *sua eccellenza l'ambasciatore* son Excellence l'ambassadeur; *Sua Eccellenza l'arcivescovo di...* son Excellence l'archevêque de...

eccèllere |et'tʃɛllere| (139) *v.intr.* (*aus. 'essere, avere'; raro ai tempi comp.*) [*distinguersi in modo assoluto*] exceller (*aus.* avoir); être (43) (*aus.* avoir) très fort (en): *eccelle nella sua professione* il excelle dans sa profession ‖ *questo ragazzo eccelle nella matematica* ce garçon est très fort en mathématiques → **emergere.**

eccelsaménte |ettʃelsa'mente| *avv.* [→ ECCELSO 1] *hautement: *è eccelsamente qualificato* il est hautement qualifié.

eccèlso |et'tʃɛlso| *agg.* **1** [*altissimo*] très élevé, très *haut: *cime eccelse* sommets très élevés → **sommo** ✦ (*s.m.*) *l'Eccelso* [*Dio*] le Très-Haut **2** (*fig.*) [*sublime, eminente*] sublime; noble: *eccelse bellezze* de sublimes beautés ‖ *sentimenti eccelsi* nobles sentiments Ⓒ 1 **basso;** 2 **infimo.**

eccentricaménte |ettʃentrika'mente| *avv.* [→ ECCENTRICO I 3] excentriquement.

eccentricità |ettʃentritʃi'ta| *s.f. inv.* **1** (*astron., scient.*) excentricité *var.* ◇ [*distanza dal centro*] *l'eccentricità di un quartiere* l'excentricité d'un quartier **2** (*fig.*) [*l'essere eccentrico, bizzarro*] excentricité, bizarrerie (*var.*): *detesto l'eccentricità del suo carattere* je déteste son excentricité → **stravaganza** ◇ (*per est.*) *farsi notare per le proprie eccentricità* se faire remarquer par ses excentricités Ⓒ 1 **centralità;** 2 **normalità.**

eccèntrico, ci, ca, che |et'tʃɛntriko, tʃi, ka, ke| **I** *agg.* **1** excentrique ◇ (*scient.*) *cerchi eccentrici* cercles excentriques; *curva eccentrica* courbe excentrique **2** [*distante dal centro*] excentrique: *quartieri eccentrici* quartiers excentriques → **periferico** **3** (*fig.*) [*di persona, atteggiamento o cosa che si discosta dall'abituale*] excentrique, extravagant: *una donna eccentrica* une femme excentrique, extravagante → **bizzarro, stravagante;** *un abbigliamento eccentrico* un costume extravagant; une toilette excentrique # *una costruzione dalle forme eccentriche* un edifice biscornu ✦ (*s.*) *un eccentrico* un excentrique, un extravagant **II** *s.m.* (*mecc.*) excentrique Ⓒ I 1 **concentrico,** 2 **centrale,** 3 **equilibrato, normale.**

eccepìbile |ettʃe'pibile| *agg.* [→ ECCEPIRE] discutable, contestable: *affermazione eccepibile* affirmation discutable; *idea eccepibile* idée contestable.

eccepire |ettʃe'pire| (197) *v.tr.* **1** [*addurre come obiezione*] objecter → **obiettare** ✦ (*ass.*) *non ho nulla da eccepire* je n'ai rien à objecter **2** (*dir.*) [*fare eccezione, addurre come eccezione*] exciper *intr.* (de) ✦ (*ass.*) arguer d'une exception Ⓒ 1 **ammettere, approvare;** 2 **accettare.**

eccessivaménte |ettʃessiva'mente| *avv.* [→ ECCESSIVO] avec excès *loc. inv.*, excessivement: *bere eccessivamente* boire avec excès.

eccessività |ettʃessivi'ta| *s.f. inv.* [*l'essere eccessivo*] excès (*m.*): *l'eccessività delle sue richieste* l'excès de ses demandes: ses demandes excessives.

eccessìvo |ettʃes'sivo| *agg.* excessif*, exorbitant: *prezzi eccessivi* prix excessifs, exorbitants → **esagerato.**

eccèsso |et'tʃɛsso| *s.m.* **1** excès: *eccesso di velocità, di zelo* excès de vitesse, de zèle; *eccesso nel mangiare, nel bere* excès de table, de boisson; *abbandonarsi agli eccessi* se laisser entraîner à des excès # *è un eccesso* c'est trop fort; *andare agli eccessi* (dé)passer les bornes, la mesure **2** (*mat.*) *approssimazione per eccesso* approximation par excès **3** (*dir.*) *eccesso di potere* excès de pouvoir ◇ (*loc. fig.*) *dare in eccessi* [*perdere la calma, il controllo*] s'emporter, se mettre en colère ~ *loc. avv.* ALL'ECCESSO, FINO ALL'ECCESSO à l'excès, jusqu'à l'excès: *essere scrupoloso, meticoloso fino all'eccesso* être scrupuleux, méticuleux à l'excès # *spingere q.c. all'eccesso* pousser qqch. trop loin, tirer trop sur la corde ~ IN ECCESSO en excédent, en surplus ~ PER ECCESSO (DI) par excès (de): *peccare per eccesso* pécher par excès → **soprappiù** **4** [*la quantità eccedente*] excédent, surplus → **eccedenza** Ⓒ 1 **moderazione;** 3 **scarsità.**

eccètera |et'tʃɛtera| **1** *loc. inv.* (*di solito abbrev. in 'ecc.', o 'etc.'*) [*e tutto il resto, e così via*] etc. (*abbrev. corr.*), et caetera (*raro*) **2** *s.m. inv.* et caetera, et cetera, etc. (*abbrev.*).

eccètto |et'tʃɛtto| **1** *prep.* [*fuorché, tranne, all'infuori di*] excepté, sauf, à part, à l'exception de: *uscirono tutti, eccetto due* ils sortirent tous, excepté deux d'entre eux; *ha invitato tutti, eccetto l'amico più caro* il a invité tout le monde, sauf son meilleur ami; *il medico riceve tutti i giorni, eccetto il lunedì* le médecin reçoit tous les jours, excepté, sauf le lundi; *tutti sono contenti di te, eccetto tuo padre* tout le monde est content de toi, à l'exception de ton père → 2 **salvo** # *eccetto ciò* à part cela, à cela près ◇ *loc. prep.* ECCETTO CHE excepté; sauf que; si ce n'est que: *l'ha dato a tutti i compagni, eccetto che a lui* il l'a donné à tous ses camarades, excepté à lui **2** *loc. cong.* (*con valore eccettuativo: con l'indic. o congv. nelle prop. esplicite*) ECCETTO CHE [*a meno che, salvo il caso che*] à moins que (+ ne + *congv.*) excepté que (+ *indic.*), sauf que (+ *indic.*), si ce n'est que (+ *indic.*): *egli verrà, eccetto che non debba partire* il viendra, à moins qu'il ne doive partir # *è sempre lo stesso, eccetto che è ingrassato un po'* sauf, à ceci près qu'il a un peu grossi, il est toujours le même ◇ (*con l'inf. nelle prop. implicite*) sauf # *si può fare tutto, eccetto che fumare* on peut tout faire, excepté fumer.

eccettuàbile |ettʃettu'abile| *agg.* [→ ECCETTUARE] que l'on peut excepter, exclure *loc.*

eccettuàre |ettʃettu'are| *v.tr.* [*escludere da un elenco; considerare come eccezione*] excepter, exclure (46) → **escludere** ◇ *loc.* SE SI ECCETTUA... si l'on excepte...: *l'affare va ottimamente, se si eccettua questo piccolo problema* l'affaire va à merveille, exception faite pour, si l'on excepte ce petit problème Ⓒ **comprendere, includere.**

eccettuativo |ettʃettua'tivo| *agg.* qui sert à excepter *loc.*

1 **eccettuàto** |ettʃettu'ato| *agg.* [*escluso da un elenco*] exclu, excepté: *gli stranieri erano eccettuati* les étrangers étaient exclus Ⓒ **compreso, incluso.**

2 **eccettuàto** |ettʃettu'ato| *prep.* [*eccetto, tranne*] excepté, à l'exception de, sauf: *sono arrivati tutti, eccettuato il mio amico* ils sont tous arrivés, à l'exception de, excepté mon ami # *sono tutti contenti, nessuno eccettuato* ils sont tous contents, sans exception.

eccezionàle |ettʃettsjo'nale| *agg.* **1** [*che rappresenta un'eccezione*] exceptionnel*: *questo è un caso del tutto eccezionale* c'est un cas tout à fait exceptionnel # *trattamento eccezionale* traitement de faveur; *in via del tutto eccezionale* exceptionnellement **2** [*straordinario, insolito*] exceptionnel: *un'intelligenza eccezionale* une intelligence exceptionnelle; *misure eccezionali* mesures exceptionnelles; *sconti eccezionali* remises exceptionnelles; *questa impresa non* *ha nulla di eccezionale* cet exploit n'a rien d'exceptionnel # *legge eccezionale* loi d'exception [C] 1 **normale, abituale;** 2 **comune** 2.

eccezionalità |ettʃettsjonali'ta| *s.f. inv.* [*l'essere eccezionale*] rareté *var.* # *l'eccezionalità di un avvenimento* le caractère exceptionnel d'un événement [C] **normalità.**

eccezionalménte |ettʃettsjonal'mente| *avv.* **1** [→ ECCEZIONALE 1] exceptionnellement: *la riunione si è tenuta eccezionalmente oggi* la réunion s'est tenue exceptionnellement aujourd'hui **2** [→ ECCEZIONALE 2] exceptionnellement: *una situazione eccezionalmente complessa* une situation exceptionnellement complexe.

eccezióne |ettʃet'tsjone| *s.f.* **1** exception ◇ (*loc.*) *senza eccezione* sans (aucune) exception ~ *fare eccezione* faire exception ~ *fatta eccezione per* exception faite pour ~ *a eccezione di* à l'exception de, sauf ~ *un provvedimento* D'ECCEZIONE une mesure d'exception ~ *in via d'eccezione* exceptionnellement ~ *salvo eccezioni* sauf exceptions ~ *con qualche rara eccezione* à quelques exceptions près ~ *per eccezione* par exception **2** [*qualunque atteggiamento che si allontana dalla norma*] exception: *quell'uomo è un'eccezione* cet homme est une exception; *il fatto non costituisce eccezione* ce fait ne constitue pas, n'est pas une exception ◇ [*parzialità*] *fare un'eccezione per qc., in favore di qc.* faire une exception pour qqn., en faveur de qqn. ◇ (*prov.*) *l'eccezione conferma la regola* l'exception confirme la règle **3** [*riserva, obiezione*] objection, critique: *avanzare eccezione* soulever des objections **4** (*dir.*) exception: *eccezione dilatoria* exception dilatoire [C] **normalità; imparzialità.**

ecchìmosi |ek'kimozi| *s.f. inv.* (*med., corr.*) ecchymose *var.*

ecci |et'tʃi| *inter.* (*voce onomat. che riproduce il suono dello starnuto*) atchoum!

eccidio, i |et'tʃidjo, i| *s.m.* [*sterminio, massacro*] massacre, carnage, tuerie *f.* → **strage.**

eccipiènte |ettʃi'pjɛnte| *s.m.* (*farm.*) excipient ◆ (*agg.*) *una sostanza eccipiente* une substance servant d'excipient.

eccitàbile |ettʃi'tabile| *agg.* [→ ECCITARE] excitable: *un carattere facilmente eccitabile* un caractère facilement excitable → **emotivo** [C] **imperturbabile, impassibile.**

eccitabilità |ettʃitabili'ta| *s.f. inv.* **1** excitabilité *var.* → **emotività** **2** (*biol.*) excitabilité [C] 1 **impassibilità, imperturbabilità.**

eccitaménto |ettʃita'mento| *s.m.* **1** [*l'atto dell'eccitare; stimolo all'eccitazione*] excitation (*f.*): *uno stato di eccitamento* un état d'excitation → **eccitazione** ◇ [*istigazione*] excitation, incitation (*f.*): *eccitamento all'odio, alla violenza* excitation, incitation à la haine, à la violence **2** (*med.*) excitation: *eccitamento nervoso* excitation nerveuse; *eccitamento di un nervo* excitation d'un nerf [C] 1 **freno.**

eccitànte |ettʃi'tante| *agg.* **1** excitant, passionnant: *lettura eccitante* lecture excitante, passionnante → **stimolante** **2** (*med.*) excitant, euphorisant ◆ (*s.m.*) *un eccitante* un excitant, un euphorisant: *il caffè è un eccitante* le café est un excitant [C] 2 **calmante, sedativo.**

eccitàre |ettʃi'tare| **A** *v.tr.* **1** [*risvegliare, stimolare*] exciter, éveiller: *eccitare l'appetito* exciter, aiguiser l'appetit; *eccitare i sensi* exciter, éveiller les sens ◇ (*med.*) *eccitare un nervo, un muscolo* exciter un nerf, un muscle **2** [*suscitare, provare*] exciter, susciter: *eccitare la collera* exciter la colère; *eccitare l'interesse* susciter l'intérêt # *eccitare la curiosità* éveiller la curiosité **3** [*incitare, istigare*] exciter, inciter: *eccitare un popolo alla ribellione* inciter un peuple à la révolte; *eccitare qc. allo studio* inciter qqn. à étudier # *non eccitatelo* ne le mettez pas en colère **4** (*elettr.*) [*inviare corrente in un circuito per magnetizzarlo e generare poi un flusso*] exciter **B** *v.pron. intr.* ECCITARSI [*agitarsi, turbarsi*] s'énerver, s'emporter: *non vi eccitate in questo modo!* ne vous énervez pas ainsi!; *si eccita per niente* il s'emporte pour un rien [C] A 1 **calmare;** 2, 3 **frenare.**

eccitativo |ettʃita'tivo| *agg.* [*che è in grado di eccitare*] excitant → **eccitante** [C] **calmante.**

eccitàto |ettʃi'tato| *agg.* excité, agité: *è troppo eccitato per ascoltarvi* il est trop excité pour vous écouter [C] **calmo.**

eccitatóre, trice |ettʃita'tore, tritʃe| *s.* **1** (*lett.*) excitateur* → **fomentatore** **2** (*med.*) excitant → **eccitante** **3** (*elettr.*) excitateur.

eccitatrice |ettʃita'tritʃe| *s.f.* (*elettr.*) excitatrice.

eccitazióne |ettʃitat'tsjone| *s.f.* **1** [→ ECCITARE A 3] excitation, incitation: *eccitazione alla violenza* excitation, incitation à la violence **2** [*stato di forte tensione*] agitation: *era in preda a una grande eccitazione* il était en proie à une grande agitation → **turbamento, agitazione** **3** (*elettr.*) excitation: *eccitazione in serie, in derivazione* excitation en série, en dérivation.

eccitomotóre, trice |ettʃitomo'tore, tritʃe| *agg.* (*fisiol.*) excito-moteur*.

ecclesiàle |ekkle'zjale| *agg.* ecclésial*: *la comunità ecclesiale* la communauté ecclésiale; *lo spirito ecclesiale* l'esprit ecclésial.

ecclesiàstico, ci, ca, che |ekkle'zjastiko, tʃi, ka, ke| **I** *agg.* ecclésiastique: *beneficio ecclesiastico* bénéfice ecclésiastique # *diritto ecclesiastico* droit canon **II** *s.m.* **1** [*membro del clero*] ecclésiastique # *gli ecclesiastici* le clergé **2** (*lett. ebr.*) ecclésiastique [C] I **laico, secolare.**

eclèttico |ek'klɛttiko| *e deriv.* → **eclettico** *e deriv.*

ecclìssi |ek'klissi| *e deriv.* → **eclissi** *e deriv.*

ecclìttico |ek'klittiko| *e deriv.* → **eclittico.**

ècco |'ɛkko| **I** *avv.* **1** (*per indicare persone o cose vicine*) voici, voilà: *ecco qua la tua matita* le voici, le voilà, ton crayon!; *ecco qua i nostri amici* voilà nos amis; *ecco i miei figli* voici mes enfants; *ecco la giacca* voilà mon veston; *ecco il punto* voilà le hic, c'est bien là le hic; *ecco il nocciolo della questione* voilà le nœud de l'affaire # *ecco il problema* c'est là le problème ◇ (*per indicare persona o cosa lontana*) voilà: *ecco laggiù il fiume* voilà, là-bas, la rivière; *ecco il pescatore nella barca* voilà le pêcheur dans sa barque **2** (*con valore temporale*) ◇ (*per indicare cosa che sta per accadere*) voici: *ecco la sera* voici le soir ◇ *loc.* QUAND'ECCO et voilà: *eravamo tutti in attesa del suo arrivo, quand'ecco la notizia dell'incidente* nous attendions tous son arrivée, et voilà la nouvelle de l'accident ~ QUAND'ECCO CHE quand voilà (que): *stavano uscendo, quand'ecco che si mette a piovere* ils sortaient quand voilà, il se met à pleuvoir ~ ECCO, QUAND'ECCO (+ *inf.*) voilà, voici que (+ *indic.*), voilà, voici (+ *inf.*): *eravamo ormai alla fine, quand'ecco sorgere quella complicazione* nous étions parvenus à la fin, quand voilà que surgit cette complication; *ecco arrivare il temporale* voici venir l'orage ◇ (*per indicare cosa di cui si sta per parlare in un discorso*) voici, voilà: *ecco ciò che voglio dirvi...* voici ce que je veux vous dire...; *ecco quel che è successo...* voilà ce qui est arrivé ◇ (*per indicare cosa di cui si è già parlato in un discorso*) voilà: *avevo sbagliato, ecco il fatto* je m'étais trompé, voilà la vérité; *ci hanno licenziato, ecco quel che hanno fatto* ils nous ont renvoyés, voilà ce qu'ils ont fait ◇ (*iron.*) *ecco i risultati della tua spavalderia!* voilà le résultat de ta fanfaronnade! **3** (*unito in posizione enclitica con le particelle pron. 'mi, ti, lo, la, ci, vi, li, le' in funzione di compl. diretti*) voici, voilà: *eccomi* me voici; *eccoti contento!* te voilà satisfait!; *eccovi sistemati per le feste!* vous voilà dans de beaux draps; *eccolo che arriva* le voilà, le voici qui arrive ~ ECCOMI, ECCOMI! voilà, voilà!: *'cameriere!' 'eccomi, eccomi!'* 'garçon!' 'voilà, voilà!' ◇ (*con le particelle pron. pleon. 'ti, vi' raro 'ci', in funzione di compl. di termine*) voilà, voici: *eccoti quel che ti spetta* voilà ce qui te revient; *eccovi la vostra parte* voici votre part; *eccoci un caso non previsto* nous voici devant un cas imprévu ◇ *loc.* ECCOVELO, ECCOTELO le voici (pour vous, pour toi) ~ *sul più bello, eccoti un masso in mezzo alla strada* soudain, voilà une grosse pierre au beau milieu de la route ~ ECCONE en voilà, en voici: *eccotene per diecimila lire* en voilà pour dix mille lires; *eccone due che non vanno d'accordo* en voilà deux qui ne s'entendent pas; *eccone, eccovene altri* en voilà d'autres **4** (*per introdurre prop. compl.*) ~ ECCO COME voilà, voici comment: *ecco come si deve fare, dire* voici comment il faut faire, dire ~ ECCO PERCHÉ voici, voilà pourquoi ~ ECCO QUANDO voilà quand: *ecco quando bisogna intervenire* voilà quand il faut intervenir ~ ECCO CHI voilà celui, celle qui: *ecco chi ci farà da guida* voilà celui, celle qui va nous guider ~ ECCO, ECCO CHE (*con valore raff.*) voilà, voilà que: *ecco, siamo alle solite* voilà, c'est comme toujours; *ecco che ricomincia* voilà qu'il recommence; *ecco che arriva finalmente* le voilà enfin qui arrive ◇ (*seguito dal p.p.*) *ecco spiegato il motivo delle sue incertezze* voilà donc la raison de ses incertitudes; *ecco detto* voilà qui est dit; *ecco finito* voilà qui est fait; *ed ecco risolto il problema* et voilà le problème résolu ◇ *loc.* ECCO FATTO (*anche nel senso di 'non c'è altro, è così'*) c'est fait, c'est fait: *sono stati sconfitti,* *ecco fatto* ils ont été battus, c'est fait, c'est fait ~ ECCO TUTTO voilà tout: *non mi interessa, ecco tutto* cela ne m'intéresse pas, voilà tout **II** *inter.* (*pleon. con valore ints., spec. fam.*) voilà: *non volevo rattristarvi ma, ecco, ho preferito essere sincero* je ne voulais pas vous attrister, mais, voilà, j'ai préféré être sincère ◆ *ass.* (*per assentire o per esprimere soddisfazione*) voilà: *ecco! così va bene* voilà! comme ca, ça va; *ah! ecco!* ah, voilà!

eccóme |ek'kome| *avv. e inter.* (*per confermare categoricamente*) [*sì, certamente, senza alcun dubbio*] et comment!, évidemment!: '*ti piace?*' '*eccome!*' 'ça te plaît?' 'et comment!'; *eccome se si sbaglia!* évidemment, il se trompe! ◇ *eccome no!?* [*certamente*] bien sûr (que oui) ◇ (*nelle risposte*) '*posso prenderla?*' '*eccome!*' 'puis-je la prendre?' 'mais comment donc!, certainement!, bien sûr!'

echeggiaménto |ekeddʒa'mento| *s.m.* [*prolungato effetto dell'eco*] retentissement, écho prolongé.

echeggiàre |eked'dʒare| *v.intr.* (*aus.* '*avere, essere*') **1** [*risuonare per effetto dell'eco*] retentir (*aus.* avoir), résonner (*aus.* avoir): *il teatro aveva, era echeggiato dagli applausi degli spettatori* le théâtre avait retenti des applaudissements des spectateurs; *dei passi echeggiavano sul marciapiede* des pas résonnaient sur le trottoir **2** (*fig., lett.*) → **riecheggiare.**

èchide |'ɛkide| *s.m.* (*t.zool.*) vipère *f.* des Pyramides.

echìdna |e'kidna| *s.f.* (*t.zool.*) échidné *m.*

echìno |e'kino| *s.m.* **1** (*t.zool.*) oursin **2** (*arch.*) échine *f.*

echinocàctus |ekino'kaktus| *s.m. inv.* (*t.bot.*) échinocactus.

echinocòcco, chi |ekino'kɔkko, ki| *s.m.* (*t.zool.*) échinocoque.

echinococcòsi |ekinokok'kɔzi| *s.f. inv.* (*med.*) échinococcose *var.*

Echinodèrmi |ekino'dɛrmi| *s.m. pl.* (*t.zool.*) Échinodermes.

èchio, i |'ɛkjo, i| *s.m.* (*t.bot.*) échium, vipérine *f.*

eclampsìa |eklam'psia| *s.f.* (*med.*) éclampsie.

ecletticaménte |eklettika'mente| *avv.* [→ ECLETTICO] éclectiquement.

eclettichismo |ekletti'tʃizmo| *s.m.* → **eclettismo.**

eclетticità |eklettitʃi'ta| *s.f. inv.* → **eclettismo.**

eclèttico, ci, ca, che |e'klɛttiko, tʃi, ka, ke| *agg.* **1** (*fig.*) éclectique ◆ (*s.*) *è un eclettico* c'est un esprit *m.* éclectique *agg.* **2** (*fig.*) [*di un tipo di arte composita*] composite **3** (*filos.*) éclectique ◆ (*s.*) *gli eclettici* les éclectiques.

eclettìsmo |eklet'tizmo| *s.m.* (*filos., corr.*) éclectisme.

eclissàre |eklis'sare| **A** *v.tr.* **1** (*astron.*) [*provocare l'eclissi di un astro*] éclipser **2** (*per est.*) [*offuscare, coprire temporaneamente*] éclipser: *nuvola che eclissa il sole* nuage qui éclipse le soleil → **oscurare** **3** (*fig.*) [*mettere in secondo piano, in ombra*] éclipser: *eclissare i propri rivali* éclipser ses rivaux **B** *v. pron. intr.* ECLISSARSI **1** [→ *tr.* 1] s'éclipser **2** (*fig.*) [*dileguarsi, scomparire*] s'évanouir, s'envoler: *le sue ricchezze si sono eclissate* ses richesses se sont envolées ◇ (*fig., scherz.*) s'éclipser (*fam.*), s'esquiver: *si è eclissata prima della fine della cerimonia* elle s'est éclipsée avant la fin de la cérémonie.

eclìssi |e'klissi|, **eclisse** |e'klisse| *s.f. inv.* **1** (*astron.*) éclipse (*var.*): *eclissi solare, lunare* éclipse de soleil, de lune; *eclissi totale, parziale* éclipse totale, partielle **2** (*fig.*) [*scomparsa, sparizione*] éclipse.

eclìttica, che |e'klittika, ke| *s.f.* (*astron.*) écliptique *m.*

èco, chi |'ɛko, ki| *s.m. o f.* (*plur. solo m.*) **1** écho (*m.*): *eco semplice, multiplo* écho simple, multiple; *in quella sala si sentiva un eco* il y avait un écho dans la salle ◇ (*tv*) *immagine d'eco* image fantôme **2** [*risonanza di notizie e avvenimenti presso un pubblico più vasto*] écho, bruit (*m.*): *farsi l'eco di qc., q.c.* se faire l'écho de qqn., qqch.; *non trovare nessun eco* ne pas trouver d'écho; *la mia protesta è rimasta senza eco* ma protestation est restée sans écho # *è ancora vivo l'eco delle sue parole* ses paroles retentissent encore à nos oreilles; *suscitare vasta eco* avoir un grand retentissement.

ecofobìa |ekofo'bia| *s.f.* (*med.*) échophobie.

ecogoniòmetro |ekogo'njɔmetro| *s.m.* (*mar.*) sondeur à ultra-sons.

ecolalìa |ekola'lia| *s.f.* (*psichiatria*) écholalie.

ecologìa, gie |ekolo'dʒia, dʒie| *s.f.* écologie.

ecològico, ci, ca, che |eko'lɔdʒiko, tʃi, ka, ke| *agg.* (*biol.*) écologique.

ecòlogo, gi |e'kɔlogo, dʒi| *s.m.* écologiste *s.*, environnementaliste *s.*

economàto |ekono'mato| *s.m.* [*carica e ufficio dell'economo*] économat, administration *f.*, caisse *f.*

econometrìa |ekonome'tria| *s.f.* (*econ.*) économétrie.

econometrìsta |ekonome'trista| *s.* économétricien*.

economìa |ekono'mia| *s.f.* **1** [*gestione dei beni economici, amministrazione*] gestion: *una sana economia* une saine gestion → **amministrazione** # *lavori in economia* travaux en régie; *economia di spazio, di tempo* économie d'espace, de temps **2** [*tendenza al risparmio*] économie: *fare economia* faire des économies → **risparmio** ◇ *loc.* IN ECONOMIA: *vivere in economia* vivre chichement; *spendere in economia* dépenser avec parcimonie; *spendere senza economia* dépenser sans compter ◇ (*fig.*) *saper fare economia del proprio tempo, delle proprie forze* savoir économiser son temps, ses forces; *fare economia fino all'osso* épargner jusqu'au dernier centime; rogner sur tout (*pegg.*) **3** *spec. al plur.* [*danaro accantonato, risparmi*] économies: *avere qualche economia da parte* avoir des économies, de l'argent de côté **4** [*scienza, dottrina economica*] économie: *economia agraria* économie agricole, rurale; *ha fatto economia politica all'Università* il a fait de l'économie politique (à la faculté) # *studente di economia* étudiant en sciences économiques; *economia domestica* enseignement ménager **5** [*risorse e attività economiche di un paese; produzione e distribuzione di tali risorse*] économie: *economia aziendale* économie d'entreprise; *economia capitalista, collettivistica* économie capitaliste, collectiviste **6** [*disposizione delle parti in un'opera, spec. lett.*] structure: *l'economia di un'opera* la structure d'une œuvre (littéraire) Ⓒ 1; 2 **prodigalità, sperpero.**

económica, che |eko'nɔmika, ke| *s.f.* → **economia.**

economicaménte |ekonomika'mente| *avv.* **1** [→ ECONOMICO 2] économiquement **2** [*dal punto di vista economico*] économiquement, du point de vue économique *loc. inv.* # *ha fatto un investimento economicamente poco redditizio* il a fait un placement peu avantageux.

economicità |ekonomitʃi'ta| *s.f. inv.* caractère *m. var.*, aspect *m. var.* économique: *l'economicità di un prodotto* le caractère économique d'un produit.

econòmico, ci, ca, che |eko'nɔmiko, tʃi, ka, ke| *agg.* **1** économique: *i fenomeni economici* les phénomènes économiques; *crisi economica* crise économique # *annunci economici* petites annonces **2** [*di poco costo; a buon mercato*] économique; (à) bon marché (*inv.*): *riscaldamento economico* chauffage économique ‖ *edizione economica* édition à bon marché; *articoli economici* articles bon marché # *prezzi economici* prix avantageux Ⓒ 1 **antieconomico**; 2 **costoso, caro** 2, **dispendioso.**

economìsmo |ekono'mizmo| *s.m.* économisme.

economìsta |ekono'mista| *s.* économiste.

economizzàre |ekonomid'dzare| **A** *v.tr.* [*impiegare con oculatezza; amministrare saggiamente; risparmiare*] économiser: *economizzare il proprio denaro* économiser son argent **B** *v.intr.* (*aus.* '*avere*') [*limitarsi alle spese necessarie*] économiser, faire (45) *tr.* des économies: *erano costretti a economizzare al massimo* ils étaient contraints d'économiser au maximum → **risparmiare** Ⓒ A **sperperare, sprecare**; B **prodigare.**

economizzatóre, trice |ekonomiddza'tore, tritʃe| *s.* **1** [*persona che economizza, che sa fare economia*] personne *f.* économe **2** *s.m.* (*mecc.*) économiseur.

ecònomo |e'kɔnomo| **1** *s.* économe **2** *agg.* économe: *una persona economa* une personne économe ◇ (*fig.*) *essere economo del proprio tempo* être économe de son temps Ⓒ **spendaccione.**

ecoscandàglio, i |ekoskan'daʎʎo, i| *s.m.* (*mar.*) échosondeur, échomètre.

ecosistèma |ekosis'tɛma| *s.m.* écosystème.

-ectasìa |ekta'zia| *suff.* (*significa* '*distensione*', *corrisponde gener. a*) ectasie: *bronchiectasia* bronch(i)ectasie.

ectasìa |ekta'zia| *s.f.* (*med.*) ectasie.

ectìma |ek'tima| *s.m.* (*med.*) ecthyma.

ècto- |'ɛkto| *pref.* (*significa* '*fuori, esterno*', *corrisponde gener. a*) ecto: *ectoplasma* ectoplasme.

ectodèrma |ekto'dɛrma| *s.m.* (*biol.*) ectoderme.

-ectomìa |ecto'mia| *suff.* (*significa* '*ablazione*', *corrisponde gener. a*) ectomie: *appendicectomia* appendicectomie.

ectoparassìta |ektoparas'sita| *s.m.* (*zool.*) ectoparasite.

ectoplàsma |ekto'plazma| *s.m.* (*biol., metapsichica*) ectoplasme.

ectròpion |ek'trɔpjon| *s.m. inv.* (*med.*) ectropion *var.*

ecuadoriàno, equatoriàno |ekwado'rjano, ekwato'rjano| *agg.* [*dell'Ecuador*] équatorien*.

ecumène |eku'mɛne| *s.f.* (*geogr.*) écoumène *m.*, œkoumène *m.* **C anecumene.**

ecumenicità |ekumenitʃi'ta| *s.f. inv.* (*relig.*) œcuménicité *var.*

ecumènico, ci, ca, che |eku'mɛniko, tʃi, ka, ke| *agg.* **1** [*universale*] universel* **2** (*teol.*) œcuménique: *concilio ecumenico* concile œcuménique ◇ [*che aspira all'unione di tutte le chiese crist.*] *movimento ecumenico* mouvement œcuménique → **ecumenismo.**

ecumenìsmo |ekume'nizmo| *s.m.* (*teol.*) œcuménisme.

eczèma |ek'dzɛma| *s.m.* (*med.*, *corr.*) eczéma.

eczematico, ci, ca, che |ekdze'matiko, tʃi, ka, ke| *agg.* → **eczematoso.**

eczematóso |ekdzema'toso| *agg.* (*med.*) eczémateux*.

ed |ed| *cong.* (*variante della cong.* '*e*') → 2 e.

edàce |e'datʃe| *agg.* (*lett.*) [*che consuma, divora*] vorace (*corr.*).

edàfico, ci, ca, che |e'dafiko, tʃi, ka, ke| *agg.* (*bot.*) édaphique.

edelweiss |'e:dəlvais| *s.m. inv.* (*ted.*) (*t.bot.*) edelweiss, étoile *f. var.* des neiges (*corr.*).

edèma |e'dɛma| *s.m.* (*med.*) œdème.

edemàtico, ci, ca, che |ede'matiko, tʃi, ka, ke| *agg.* (*med.*) œdémateux*.

edematóso |edema'toso| *agg.* (*med.*) œdémateux* ✦ (*s.m.*) *un edematoso* un œdémateux.

èden |'ɛden| *s.m. inv.* (*ebr.*) **1** éden *var.*, paradis terrestre *var.* **2** (*fig.*) [*luogo incantevole*] éden # *questo posto è un eden* cet endroit est un paradis → **paradiso** ◇ [*condizione molto piacevole, estasi*] extase *f. var.*, enivrement *var.* **C** 2 **inferno** 2.

edènico, ci, ca, che |e'dɛniko, tʃi, ka, ke| *agg.* (*raro*, *lett.*) édénique, paradisiaque (*corr.*) → **paradisiaco.**

édera |'edera| *s.f.* (*t.bot.*) lierre *m.*

ederèlla |ede'rɛlla| *s.f.* (*t.bot.*) véronique.

edìcola |e'dikola| *s.f.* **1** [*chiosco adibito alla vendita della stampa periodica*] kiosque *m.* à journaux **2** (*arch.*) édicule.

edicolànte |ediko'lante| *s.* [*chi vende giornali e sim. in un'edicola*] marchand de journaux: *una edicolante* une marchande de journaux.

edicolìsta |ediko'lista| *s.m.* → **edicolante.**

edificàbile |edifi'kabile| *agg.* **1** [*detto di area su cui è preventivata la costruzione di edifici*] à bâtir *loc. inv.*, constructible: *terreno edificabile* terrain à bâtir → **fabbricabile 2** (*raro*) [→ EDIFICARE] qui peut être édifié, bâti, construit *loc.*

edificabilità |edifikabili'ta| *s.f. inv.* possibilité *var.* d'être édifié, permis *m.* de construire.

edificànte |edifi'kante| *agg.* édifiant, exemplaire: *condotta edificante* conduite édifiante, exemplaire; *virtù edificante* vertu exemplaire → **1 esemplare.**

edificàre |edifi'kare| *v.tr.* **1** [*costruire, spec. in muratura*] édifier, bâtir: *edificare una casa* édifier, bâtir, construire une maison ◇ (*loc. fig.*) *edificare sulla sabbia, sulla roccia* bâtir sur le sable, sur le roc **2** [*dar principio, fondare*] édifier, bâtir: *edificare una teoria* bâtir, édifier une théorie; *edificare un sistema filosofico* édifier un système philosophique **3** [*indurre al bene con il buon esempio*] édifier: *edificare i giovani* édifier les jeunes **C** 1 **demolire**; 3 **corrompere.**

edificatóre, trice |edifika'tore, tritʃe| *s.* (*raro*) [*chi costruisce*] constructeur* (*corr.*), bâtisseur* (*corr.*) → **costruttore C demolitore, distruttore.**

edificatòrio, i |edifika'tɔrjo, i| *agg.* → **edificante.**

edificazióne |edifikat'tsjone| *s.f.* **1** [→ EDIFICARE] construction, édification **2** [*incitamento al bene per mezzo del buon esempio*] édification → **sprone 3** (*raro*) [*edificio*] édifice *m.*

edifìcio, i |edi'fitʃo, i|, **edifìzio, i** |edi'fittsjo, i| *s.m.* **1** [*costruzione solida e stabile in muratura*] édifice, bâtiment: *edificio pubblico, privato* édifice public, privé; *edificio scolastico* bâtiment, établissement scolaire # *edificio di abitazione* maison d'habitation **2** (*fig.*) [*qualunque struttura organica*] édifice; monument: *edificio sociale* édifice social || *l'edificio della filosofia di Kant* le monument philosophique de Kant ◇ [*ingegnoso complesso di argomentazione*] échafaudage: *il pubblico ministero fece crollare l'edificio della difesa* le ministère public renversa l'échafaudage de la défense.

edìle |e'dile| **I** *agg.* [*che riguarda l'edil.*] de bâtiment *loc. inv.*; du bâtiment (*loc. inv.*): *impresa edile* entreprise de bâtiment || *industria edile* industrie du bâtiment # *costruttore edile* entrepreneur (en bâtiment) **II** *s.m.* **1** [*operaio che lavora nell'edil.*] ouvrier* *s.* du bâtiment **2** (*st. rom.*) édile.

edilità |edili'ta| *s.f. inv.* **1** (*raro*) administration *var.* des travaux de la commune **2** (*st. rom.*) édilité *var.*

edilìzia |edi'littsja| *s.f.* [*l'insieme delle attività rivolte alla costruzione e manutenzione degli edifici*] construction; bâtiment (*m.*): *materiali per edilizia* matériaux de construction; *l'edilizia scolastica* la construction scolaire || *la crisi dell'edilizia* la crise du bâtiment # *l'edilizia popolare* les habitations à loyer modéré (H.L.M.).

edilìzio, i |edi'littsjo, i| *agg.* **1** [*che riguarda l'edil., intesa come attività economica*] du bâtiment *loc. inv.*; de bâtiment (*loc. inv.*): *la legislazione edilizia* la législation du bâtiment; *la crisi edilizia* la crise du bâtiment || *società edilizia* entreprise de bâtiment # *rendita edilizia* revenu immobilier **2** (*st. rom.*) édilitaire.

edìpico, ci, ca, che |e'dipiko, tʃi, ka, ke| *agg.* d'Oedipe (*loc. inv.*): *complesso edipico* complexe d'Oedipe.

editàre |edi'tare| *v.tr.* (*raro*) → **pubblicare.**

editio princeps |e'dittsjo'printʃeps| *loc. sost. f. inv.* (*lat.*) edition *var.* princeps.

èdito |'ɛdito| *agg.* [*pubblicato per mezzo della stampa*] publié, édité: *libro edito da...* livre publié par..., édité chez... **C inedito.**

editóre, trice |edi'tore, tritʃe| **1** *agg.* éditeur*, d'édition (*loc. inv.*): *un libraio editore* un libraire éditeur; *società editrice* maison d'édition ✦ (*s.*) *un editore* un éditeur **2** *s.* [*studioso che cura la pubblicazione di un'opera inedita*] éditeur.

editorìa |edito'ria| *s.f.* [*industria libraria*] édition: *lavorare nell'editoria* travailler dans l'édition ◇ [*il complesso degli editori*] édition.

editoriàle |edito'rjale| **I** *s.m.* éditorial*, article de fond, leader **II** *agg.* **1** [*che riguarda l'editore o l'editoria*] de l'édition (*loc. inv.*): *l'arte editoriale* l'art de l'édition # *non svolge più una attività editoriale* il ne travaille plus dans l'édition; *la professione editoriale* la profession d'éditeur; *un successo editoriale* un succès de librairie **2** *articolo editoriale* [*articolo di fondo*] éditorial* *s.m.*, (article) leader *s.m.*

editorialìsta |editorja'lista| *s.* éditorialiste.

edittàle |edit'tale| *agg.* (*dir.*) édicté, qui résulte d'un édit *loc.*

editto |e'ditto| *s.m.* **1** édit, ordonnance *f.* **2** (*dir. rom.*) édit: *editto pretorio* édit du préteur.

edizióne |edit'tsjone| *s.f.* **1** édition: *prima, seconda edizione* première, deuxième édition; *nuova edizione riveduta e corretta* nouvelle édition revue et corrigée; *edizione critica* édition critique; *edizione economica, di lusso* édition de poche, de luxe # *edizione fuori commercio* tirage hors commerce **2** [*l'insieme degli esemplari pubblicati*] édition: *edizione esaurita* édition épuisée; *edizione a tiratura limitata, ristretta* édition à tirage limité ◇ [*ciascun esemplare*] *mi hanno regalato un'edizione originale di quell'opera* on m'a fait cadeau d'une édition originale de cette œuvre **3** [*tiratura di un quotidiano, effettuata in momenti stabiliti*] édition: *l'edizione odierna del giornale* l'édition d'aujourd'hui, le journal du jour ◇ (*per est.*) [*riferita anche a un notiziario televisivo o radiofonico*] *l'edizione del giornale radio delle 13.30* le journal *m.* parlé, les informations de 13.30 **4** [*esecuzione di uno spettacolo*] *l'edizione scaligera del melodramma* le mélodrame monté à la Scala; *l'edizione hollywoodiana del capolavoro di Shakespeare* le chef-d'œuvre de Shakespeare tourné à Hollywood ◇ [*svolgimento di una manifestazione ricorrente*] *la trentesima edizione della Fiera di Milano* la trentième Foire de Milan; *la cinquantacinquesima edizione del Giro d'Italia* le cinquante-cinquième du Tour d'Italie **5** (*fig.*, *scherz.*) *si è presentato in una nuova edizione* [*in un modo nuovo, sconosciuto*] il s'est présenté sous un nouveau jour *m.*

edonìsmo |edo'nizmo| *s.m.* (*filos.*, *corr.*) hédonisme.

edonìsta |edo'nista| *s.* hédoniste.

edonìstico, ci, ca, che |edo'nistiko, tʃi, ka, ke| *agg.* **1** hédonistique, hédoniste: *principi edonistici* principes hédonistiques; *morale edonistica* morale hédoniste **2** (*filos.*) hédoniste: *filosofia edonistica* philosophie hédoniste.

edòtto |e'dɔtto| *agg.* [*informato, messo al corrente*] renseigné, informé: *essere edotto su q.c.* être renseigné sur, informé de, sur qqch. # *rendere edotto qc. di q.c.* informer qqn. de qqch.; mettre qqn. au courant de qqch. **C ignaro.**

edredóne |edre'done| *s.m.* (*t.zool.*) eider.

-èdro |'ɛdro| *suff.* (*in geom.*, *significa*

'faccia', *corrisponde gener. a*) èdre: *poliedro* polyèdre.
educàbile |edu'kabile| *agg.* [→ EDUCARE] éducable.
educànda |edu'kanda| *s.f.* [*ragazza che viene educata in un istituto, spec. religioso*] pensionnaire (chez les sœurs) ◇ (*per est.*) *un'educanda* [*timida, ingenua*] une Agnès, une pensionnaire, une novice: *essere ingenua come una educanda* être naïve comme une Agnès, une pensionnaire, une novice.
educandàto |edukan'dato| *s.m.* [*istituto per l'educazione di ragazze*] couvent ◇ [*periodo trascorso nell'istituto stesso*] années *f. pl.* de couvent.
educàre |edu'kare| *v.tr.* **1** [*stimolare qc. a sviluppare le proprie attitudini intellettuali e morali*] élever (6): *non sa educare i suoi figli* il ne sait pas élever ses enfants; *mi hanno educato cristianamente* on m'a élevé chrétiennement → **istruire** **2** [*affinare, perfezionare*] éduquer, former: *educare i sensi, la volontà* éduquer les sens, la volonté; *educare le facoltà dell'intelletto* former l'intelligence → **esercitare** # *educare la memoria* exercer sa mémoire **3** [*abituare, allenare a un fine specifico*] accoutumer, habituer: *non sei stato educato al lavoro* on ne t'a pas habitué à travailler; *sono educato alla fatica* on m'a habitué à la fatigue Ⓒ **diseducare.**
educataménte |edukata'mente| *avv.* [→ EDUCATO] poliment, courtoisement: *egli rifiutò educatamente* il refusa poliment, courtoisement; *rispondere educatamente* répondre courtoisement → **garbatamente.**
educatìvo |eduka'tivo| *agg.* **1** [*che riguarda l'educazione*] pédagogique: *concezioni educative* théories pédagogiques **2** [*che mira a educare*] éducatif*, éducateur*: *spettacolo educativo* spectacle éducatif; *metodo educativo* méthode éducative → **istruttivo** Ⓒ 1 **diseducativo.**
educàto |edu'kato| *agg.* [*cortese, garbato*] bien élevé, poli: *un bambino educato* un enfant bien élevé, poli → **compito**; *un ragazzo mal educato* un garçon mal élevé → **maleducato** Ⓒ **maleducato.**
educatóre, trice |eduka'tore, tritʃe| **I** *s.* **1** (*persone*) éducateur*: *è un educatore coscienzioso* c'est un éducateur consciencieux ◇ (*fig.*) (*cose*) *l'esempio è un ottimo educatore* l'exemple est un grand maître *m.* **2** [*pedagogista*] éducateur, maître*: *è un grande educatore* c'est un grand éducateur, maître **II** *agg.* (*detto di cosa che contribuisce alla educazione*) éducatif*, éducateur: *la funzione educatrice dell'arte* le rôle éducatif de l'art Ⓒ I 1 **corruttore.**
educazióne |edukat'tsjone| *s.f.* **1** [→ EDUCARE] éducation; formation: *impartire, ricevere una buona educazione* donner, recevoir une bonne éducation → **istruzione, formazione** ‖ *l'educazione del gusto* la formation du goût **2** [*comportamento sociale ispirato a rispetto, garbo, creanza*] politesse, savoir-vivre *m.*, éducation: *è senza educazione* il manque de savoir-vivre # *un ragazzo senza educazione* un garçon mal élevé ◇ (*loc.*) *dire, fare q.c. per educazione* dire, faire qqch. par politesse ~ *bella educazione!, ma che razza di educazione!* en voilà des manières! ~ *non sapere neppure dove sta di casa l'educazione* manquer de la politesse la plus élementaire ~ *chi ti ha insegnato l'educazione?, dove hai imparato l'educazione?* où as-tu été élevé? Ⓒ 2 **maleducazione, rozzezza.**
edulcorànte |edulko'rante| *agg. e s.m.* édulcorant.
edulcoràre |edulko'rare| *v.tr.* (*raro*) [*addolcire*] édulcorer (*corr.*).
edùle |e'dule| *agg.* [*commestibile, mangereccio, detto spec. di funghi*] comestible.
efebia |efe'bia| *s.f.* (*st. gr.*) éphébie.
efèbico, ci, ca, che |e'fɛbiko, tʃi, ka, ke| *agg.* [*di efebo*] d'éphèbe (*loc. inv.*): *un corpo, un aspetto efebico* un corps, un aspect d'éphèbe.
efèbo |e'fɛbo| *s.m.* **1** (*raro*) [*giovinetto, adolescente*] adolescent (*corr.*) ◇ (*spreg.*) [*adolescente dai tratti delicati e femminei*] éphèbe **2** (*st. gr.*) éphèbe.
efedrina |efe'drina| *s.f.* (*farm.*) éphédrine.
efèlide |e'fɛlide| *s.f.* (*med.*) éphélide → **lentiggine.**
efèmera |e'fɛmera| *s.f.* (*t.zool.*) éphémère.
efemèride |efe'mɛride| *s.f.* → **effemeride.**
efesino |efe'zino| *agg.* [*di Efeso*] éphésien*.
effemèride |effe'mɛride| *s.f.* **1** [*pubblicazione periodica, spec. di carattere lett. o sc.*] bulletin *m.* (d'information littéraire, scientifique) **2** (*astrol.*) éphémérides *pl.* **3** (*arc.*) [*registro che annotava minutamente gli eventi quotidiani*] éphéméride.
effeminàre |effemi'nare| **A** *v.tr.* [*rendere femmineo*] rendre (53) efféminé, efféminer (*lett.*) ◇ (*per est., spreg.*) [*indebolire moralmente; fiaccare nell'animo o nei costumi*] affaiblir, amollir: *effeminare gli uomini* amollir les hommes → **infiacchire, rammollire** **B** *v.pron. intr.* EFFEMINARSI [*diventare effeminato*] devenir (27) *intr.* efféminé.
effeminataménte |effeminata'mente| *avv.* [→ EFFEMINATO] de manière efféminée *loc. inv.*
effeminatézza |effemina'tettsa| *s.f.* aspect *m.* efféminé, manières *pl.* efféminées.
effeminàto |effemi'nato| *agg.* **1** efféminé: *modi effeminati* manières efféminées ◆ (*s.m.*) *un effeminato* un efféminé **2** [*privo di vigore*] faible: *un uomo effeminato* un homme faible ◆ (*s.m.*) *un effeminato* un mou (*fam.*) Ⓒ **virile, maschio** 1; **forte, vigoroso.**
ef(f)èndi |e(f)'fɛndi| *s.m. inv.* [*titolo onorifico turco*] (*posposto al nome*) ef(f)endi *var.* ◇ (*in Turchia*) (*comm.*) [*signore*] effendi, éfendi.
efferataménte |efferata'mente| *avv.* [→ EFFERATO] cruellement, atrocement.
efferatézza |effera'tettsa| *s.f.* [*ferocia, crudeltà*] cruauté, atrocité: *l'efferatezza di un'azione* la cruauté d'un acte; *l'efferatezza di un delitto* l'atrocité d'un crime ◇ [*atto efferato*] *commettere efferatezze* commettre des atrocités Ⓒ **mitezza, dolcezza.**
efferàto |effe'rato| *agg.* [*oltremodo crudele e feroce*] atroce, affreux*: *un efferato delitto* un crime atroce, affreux.
efferènte |effe'rɛnte| *agg.* (*anat., fis.*) efférent: *vasi efferenti* vaisseaux efférents Ⓒ **afferente.**
effervescènte |efferveʃ'ʃɛnte| *agg.* **1** effervescent: *una bibita effervescente* une boisson effervescente **2** (*fig.*) [*vivace, brioso*] effervescent, bouillonnant: *spirito effervescente* esprit effervescent; *idee effervescenti* idées bouillonnantes Ⓒ 2 **freddo, pacato.**
effervescènza |efferveʃ'ʃɛntsa| *s.f.* (*fis., corr.*) effervescence: *calce in effervescenza* chaux en effervescence ◇ (*fig.*) [*vivacità, agitazione*] effervescence; bouillonnement (*m.*): *l'effervescenza degli animi* l'effervescence des esprits → **fermento** ‖ *l'effervescenza delle passioni* le bouillonnement des passions # *gli spettatori sono in grande effervescenza* la salle est très agitée Ⓒ **freddezza, pacatezza.**
effettivaménte |effettiva'mente| *avv.* [→ EFFETTIVO I] effectivement, réellement # *lei fa effettivamente quel che vuole* en vérité, elle n'en fait qu'à sa tête ◇ [*in realtà*] en effet *loc. inv.*, en réalité (*loc. inv.*): *effettivamente, è molto conosciuto* il est, en effet, très connu.
effettìvo |effet'tivo| **I** *agg.* **1** (*cose*) effectif*, réel*: *lavoro effettivo* travail effectif; *valore effettivo di una moneta* valeur réelle d'une monnaie **2** (*persone*) [*che opera in modo permanente e a pieni titoli in un'organizzazione*] actif*: *membro effettivo* membre actif **II** *s.m.* **1** *solo al plur.* [*quantità di persone operanti in un ente, spec. mil.*] effectif *sing.* → **organico** **2** [*membro di una associazione sportiva*] membre **3** [*quantità reale, consistenza, spec. dal punto di vista economico*] ensemble: *l'effettivo dei suoi beni immobiliari* l'ensemble de ses biens immobiliers Ⓒ I 1 **immaginario, apparente.**
effètto |ef'fɛtto| *s.m.* **1** [*ciò che è determinato da una causa*] effet, conséquence (*f.*): *la medicina ha fatto il suo effetto* le remède a fait son effet; *si possono prevedere gli effetti della sua visita* on peut prévoir les conséquences de sa visite ◇ (*dir., fis.*) effet ◇ (*tv*) *effetto neve* effet de neige **2** (*fig.*) [*impressione viva, anche di somiglianza*] effet: *cercare l'effetto* chercher, rechercher l'effet; *scena d'effetto* scène à effet; *mi fa l'effetto di un bravo ragazzo* il me fait l'effet d'un bon garçon **3** [*realizzazione, attuazione*] effet, exécution (*f.*): *dare effetto a q.c.* mettre à exécution, en acte qqch. ◇ (*loc. avv.*) IN EFFETTI en effet, en réalité **4** [*titolo di credito*] effet: *effetti da pagare* effets à payer → **cambiale** **5** (*sport*) *dare l'effetto a una palla da bigliardo, a una palla da tennis, al pallone* donner de l'effet à une boule de billard, couper une balle de tennis, donner de l'effet au ballon **6** (*raro*) [*fine, scopo*] *a tale effetto* à cet effet (*corr.*) **7** *solo al plur.* [*capi di vestiario, biancheria*] effets: *effetti personali* effets personnels Ⓒ 1 **causa.**
effettóre, trice |effet'tore, tritʃe| *agg. e s.m.* (*fisiol.*) effecteur*.
effettuàbile |effettu'abile| *agg.* [→ EFFETTUARE] réalisable → **realizzabile** Ⓒ **ineffettuabile, irrealizzabile.**
effettuabilità |effettuabili'ta| *s.f. inv.* possibilité (*var.*) de réalisation, d'exécution → **realizzabilità.**
effettuàle |effettu'ale| *agg.* (*lett.*) [*effettivo, reale*] effectif* (*corr.*), réel* (*corr.*).

effettuàre |effettu'are| **A** *v.tr.* [*mandare a effetto; eseguire, realizzare*] réaliser: *effettuare una riduzione televisiva di un romanzo* réaliser l'adaptation d'un roman à la télévision ◇ [*compiere*] *ha effettuato il servizio militare* il a fait son service militaire **B** *v.pron. intr.* EFFETTUARSI [*realizzarsi, accadere*] se réaliser, avoir (28) *intr.* lieu: *la riunione non si è effettuata* la réunion n'a pas eu lieu.

effettuazióne |effettuat'tsjone| *s.f.* [→ EFFETTUARE] accomplissement *m.*, réalisation → **realizzazione.**

efficàce |effi'katʃe| *agg.* efficace, actif*: *un rimedio efficace* un remède efficace, actif → **valido** ◇ (*teol.*) *grazia efficace* grâce efficace [C] **inefficace.**

efficaceménte |effikatʃe'mente| *avv.* [→ EFFICACE] efficacement: *la medicina ha agito efficacemente* le médicament a agi efficacement.

efficàcia, cie |effi'katʃa, tʃe| *s.f.* **1** [*idoneità a raggiungere un determinato effetto*] efficacité: *l'efficacia di un metodo* l'efficacité d'une méthode → **validità** ◇ [*forza, capacità espressiva*] vigueur, force: *l'efficacia di uno stile* la force, la vigueur d'un style **2** (*dir.*) efficacité [C] 1 **inefficacia, inutilità.**

efficiènte |effi'tʃɛnte| *agg.* **1** (*cose*) [*idoneo a produrre l'effetto per cui è stato predisposto*] efficace → **efficace** # *è una macchina efficiente* c'est une bonne voiture ◇ (*gram.*) *complemento di causa efficiente* complément de cause ◇ (*filos.*) *causa efficiente* cause efficiente **2** (*per est.*) (*persone*) capable [C] **inefficiente.**

efficiènza |effi'tʃɛntsa| *s.f.* **1** [*capacità di adempiere al proprio compito*] efficacité; rendement (*m.*): *l'efficienza di un'organizzazione* l'efficacité d'une organisation ‖ *è un motore di grande efficienza* ce moteur a un bon rendement # *controllare l'efficienza di un impianto* contrôler la bonne marche d'une installation; *è un atleta nel pieno della sua efficienza* c'est un athlète au sommet de sa forme **2** (*econ.*) efficience **3** (*aer.*) *efficienza aerodinamica* rendement aérodynamique [C] 1 **inefficienza.**

effige |ef'fidʒe| *s.f.* → **effigie.**

effigiàre |effi'dʒare| *v.tr.* **1** [*ritrarre*] faire (45) le portrait de: *effigiare sé stesso* faire son propre portrait # *il pittore l'ha effigiato sotto le sembianze di...* le peintre l'a représenté sous les traits de... → **raffigurare** **2** [*ornare con raffigurazioni artistiche*] orner (de sculptures, peintures): *effigiare l'abside di una chiesa* orner de sculptures l'abside d'une église.

effigie, ge, gi |ef'fidʒe, dʒe, dʒi| *s.f.* **1** effigie: *una moneta con l'effigie della regina* une monnaie à l'effigie de la reine **2** [*l'oggetto, l'opera che rappresenta l'immagine stessa*] effigie, image: *ardere, impiccare in effigie* brûler, pendre en effigie.

effìmera |ef'fimera| *s.f.* → **efemera.**

effimerità |effimeri'ta| *s.f. inv.* → **caducità.**

effìmero |ef'fimero| *agg.* [*di brevissima durata; caduco*] éphémère, fragile: *un successo effimero* un succès éphémère → **passeggero**; *felicità effimera* bonheur éphémère → **fugace** [C] **durevole, duraturo.**

efflorescènte |effloreʃ'ʃɛnte| *agg.* (*chim.*) efflorescent.

efflorescènza |effloreʃ'ʃɛntsa| *s.f.* (*chim., geol.*) efflorescence ◇ (*med.*) efflorescence, exanthème *m.*

effluènte |efflu'ɛnte| **1** *agg.* effluent **2** *s.m.* [*l'insieme dei rifiuti liquidi che sgorgano dalle fognature*] effluent (urbain).

effluìre |efflu'ire| (197) *v.intr.* (*aus.* 'essere') (*raro*) [*sgorgare, gener. con impeto*] s'écouler *pron.*; se déverser *pron.*

efflùsso |ef'flusso| *s.m.* [*fuoruscita impetuosa di gas o liquidi*] sortie *f.*, émanation *f.*; écoulement: *l'efflusso di un gas* la sortie, l'émanation d'un gaz ‖ *l'efflusso di un liquido* l'écoulement d'un liquide.

efflùvio, i |ef'fluvjo, i| *s.m.* **1** (*lett.*) effluve → **profumo** **2** (*iron.*) [*odore sgradevole, nauseante*] effluve → **lezzo** **3** (*per est.*) [*irradiazione*] effluve; rayonnement: *effluvio elettrico* effluve électrique ‖ *effluvio di luce* rayonnement de la lumière.

effóndere |ef'fondere| (146) **A** *v.tr.* **1** (*lett.*) [*versare in più direzioni; spargere*] verser (*corr.*), répandre (53) (*corr.*): *effondere acqua* verser, répandre de l'eau **2** (*fig.*) [*comunicare, manifestare in modo commosso*] épancher: *effondere l'animo* épancher son cœur **B** *v. pron. intr.* EFFONDERSI [→ *tr.* 1, 2] se confier ◇ [*dilungarsi*] *effondersi in complimenti* se répandre en compliments [C] A 1 **trattenere.**

effossòrio, i |effos'sɔrjo, i| *agg.* [*atto a scavare*] qui excave *loc.* ◇ *macchina effossoria* excavatrice *s.f.*, excavateur *s.m.*

effrazióne |effrat'tsjone| *s.f.* (*dir.*) effraction: *furto con effrazione* vol avec effraction → **scasso.**

effusióne |effu'zjone| *s.f.* **1** effusion: *effusione di sangue* effusion de sang ◇ [*fuoriuscita di gas o lava*] émanation: *effusione di gas* émanation de gaz **2** (*fig.*) [*cordiale dimostrazione di affetto, di simpatia*] effusion, chaleur: *mi accolsero con grandi effusioni* ils m'accueillirent avec beaucoup de chaleur; *ringraziare qc. con effusione* remercier qqn. avec effusion [C] 1 **ritenzione**; 2 **freddezza.**

effusìvo |effu'zivo| *agg.* (*geol.*) effusif*.

efìmero |e'fimero| *agg.* → **effimero.**

èfod |'ɛfod| *s.m. inv.* (*st. ebr.*) éphod *var.*

eforàto |efo'rato| *s.m.* (*st. gr.*) éphorat.

èforo |'ɛforo| *s.m.* (*st. gr.*) éphore.

egalitàrio, i |egali'tarjo, i| *agg.* → **egualitario.**

egalitarismo |egalita'rizmo| *s.m.* → **ugualitarismo.**

egèmone |e'dʒɛmone| **1** *s.m.* [*condottiero*] chef: *l'egemone di un esercito* le chef d'une armée ◇ [*guida*] guide **2** *agg.* [*predominante, egemonico*] dominant: *stato egemone* état dominant.

egemonìa |edʒemo'nia| *s.f.* **1** (*st. gr.*) hégémonie ◇ [*predominio di un gruppo o di una classe sociale*] *l'egemonia della borghesia, del proletariato* l'hégémonie de la bourgeoisie, du prolétariat **2** (*fig.*) [*condizione di chi è riconosciuto come guida*] suprématie: *egemonia culturale* suprématie culturelle [C] 1 **soggezione, dipendenza** 1.

egemònico, ci, ca, che |edʒe'mɔniko, tʃi, ka, ke| *agg.* **1** [*che ha raggiunto un'egemonia*] dominant: *potenza egemonica* puissance dominante **2** [*che aspira all'egemonia*] d'hégémonie *loc. inv.*, de domination (*loc. inv.*): *politica egemonica* politique d'hégémonie, de domination; *mire, ambizioni egemoniche* visées, ambitions de domination.

egemonizzàre |edʒemonid'dzare| *v.tr.* [*dominare; soggiogare*] dominer, asservir (21) ◇ [*imporre il proprio prestigio, la propria preminenza*] s'imposer *pron.*

egèo |e'dʒɛo| *agg.* [*relativo al mar Egeo*] égéen* ◇ (*st.*) *civiltà egea* civilisation égéenne.

egèria |e'dʒɛrja| *s.f.* (*fig.*) *ninfa Egeria* [*persona che esercita la sua influenza su un'altra*] égérie ◇ (*st. rom.*) égérie.

ègida |'ɛdʒida| *s.f.* **1** (*fig.*) [*protezione, patrocinio*] égide (*lett.*); patronage (*m.*): *mettersi sotto l'egida dell'esercito* se mettre sous l'égide de l'armée ‖ *sotto l'egida del presidente della Repubblica* sous le patronage du président de la République **2** (*pr., mitol.*) égide.

eginéta |edʒi'neta| *agg.* [*di Egina*] eginète.

egìoco |e'dʒioko| *agg. inv.* (*mitol.*) armé de l'égide, du bouclier.

ègira |'ɛdʒira| *s.f. solo sing.* (*st. ar.*) hégire.

egittologìa, gie |edʒittolo'dʒia, dʒie| *s.f.* égyptologie.

egittòlogo, gi, ghi |edʒit'tɔlogo, dʒi, gi| *s.m.* égyptologue *s.*

egiziaco, ci, ca, che |edʒit'tsiako, tʃi, ka, ke| *agg.* (*lett.*) → **egiziano.**

egiziàno |edʒit'tsjano| **I** *agg.* [*dell'Egitto; che riguarda l'Egitto*] égyptien* **II** *s.m.* **1** *l'egiziano* [*la lingua*] l'égyptien ancien **2** (*tip.*) égyptienne *f.*

egìzio, i |e'dʒittsjo, i| *agg.* [*che riguarda l'antico Egitto*] de l'Égypte (ancienne) *loc. inv.*, égyptien*: *le piramidi egizie* les pyramides d'Égypte; *arte egizia* art égyptien; *mummia egizia* momie égyptienne.

eglefino |egle'fino| *s.m.* (*t.zool.*) églefin, aiglefin.

égli |'eʎʎi| *pron.* **1** (*pron. pers. di 3ª pers. m. sing., usato come sogg., riferito a persona N.B. in italiano è spesso sottinteso*) il; lui: (*egli*) *è partito* il est parti ‖ *egli stesso* lui-même; *me l'ha detto egli stesso* il me l'a dit lui-même, c'est lui-même qui me l'a dit → **lui** 1; *anch'egli* lui aussi; *anch'egli partirà* il partira lui aussi **2** (*lett., pop., tosc.*) (*riferito anche a esseri inanimati, con valore pleon.*) ce (*corr.*), il (*corr.*): *non è egli vero?* n'est-ce pas vrai?, est-ce vrai?; *egli è vero, l'ho perso* c'est vrai, je l'ai perdu; *è egli piovuto?* a-t-il vraiment plu?; *egli è vero che...* il est vrai que...

églino |'eʎʎino| *pron.* (*lett., pop., tosc.*) (*pron. pers. di 3ª pers. pl. m.*) [*essi*] ils → 1 **esso.**

ègloga, ghe |'ɛgloga, ge| *s.f.* **1** (*lett.*) églogue: *le egloghe di Virgilio* les églogues de Virgile → **bucolica** **2** (*mus.*) églogue musicale.

ègo |'ɛgo| *s.m. inv.* (*lat.*) (*filos., psicol.*) ego, moi → **io** ◇ (*spec.*) *alter ego* alter ego.

egocentricità |egotʃentritʃi'ta| *s.f. inv.* égocentrisme *m. var.*

egocèntrico, ci, ca, che |ego'tʃɛntriko, tʃi, ka, ke| **1** *agg. e s.*

(*persone*) égocentrique → **egoista** 2 *agg.* (*cose*) égocentrique.
egocentrìsmo |egotʃen'trizmo| *s.m.* égocentrisme.
egoìsmo |ego'izmo| *s.m.* égoïsme Ⓒ **altruismo, disinteresse.**
egoìsta |ego'ista| *s.* égoïste: *sei proprio un egoista* tu es un vrai égoïste ♦ (*agg.*) *un sentimento egoista* un sentiment égoïste Ⓒ **altruista, altruistico.**
egoisticaménte |egoistika'mente| *avv.* [→ EGOISTICO] égoïstement.
egoìstico, ci, ca, che |ego'istiko, tʃi, ka, ke| *agg.* égoïste: *atteggiamento egoistico* attitude égoïste Ⓒ **altruistico.**
egolàtra |ego'latra| *s.* égolâtre.
egopòdio, i |ego'pɔdjo, i| *s.m.* (*t. bot.*) ægopodium, ægopode, herbe *f.* aux goutteux (*corr.*).
egotìsmo |ego'tizmo| *s.m.* égotisme.
egotìsta |ego'tista| *s.* égotiste.
egotìstico, ci, ca, che |ego'tistiko, tʃi, ka, ke| *agg.* égotiste.
egregiaménte |egredʒa'mente| *avv.* [→ EGREGIO 1] remarquablement, d'une manière remarquable (*loc. inv.*): *è riuscito egregiamente* il a remarquablement réussi; *dipinge egregiamente* il peint d'une manière remarquable → **ottimamente.**
egrègio, i |e'grɛdʒo, i| *agg.* **1** (*cose*) [*che si distingue dagli altri; straordinario*] remarquable, excellent: *un vino egregio* un vin excellent; *un egregio risultato* un résultat remarquable # *una somma egregia* une somme considerable → **cospicuo** **2** (*persone*) [*formula di cortesia, spec. nella corrispondenza*] *egregio signore* Monsieur; *egregia signora* Madame; *egregi signori* Messieurs; *egregio dottore* (*sulla busta della lettera*) Monsieur le docteur → **distinto, esimio**; (*all'interno della lettera*) cher docteur Ⓒ 1 **comune** 1, **ordinario.**
egrétta |e'gretta| *s.f.* **1** (*t.zool.*) aigrette **2** [*ciuffo di peli o penne, come ornamento di cappelli femminili*] aigrette → **aspri.**
ègro |'ɛgro| *agg.* (*poet.*) → **infermo, sofferente.**
eguàle |egwa'le| *e deriv.* → **uguale** *e deriv.*
egualitàrio, i |egwali'tarjo, i| *adj.* égalataire.
egualitarìsmo |egwalita'rizmo| *s.m.*→ **ugualitarismo.**
eh |ɛ| *inter.* **1** (*esprime 'rincrescimento, perplessità, rassegnazione'*) eh, aïe; oh: *eh! che brutto affare* eh, aïe, quelle sale affaire!; *eh! non saprei cosa consigliarti* eh! je ne saurais trop quoi te conseiller → **mah** ‖ *eh!, al tuo posto non mi farei più illusioni!* oh, à ta place je ne me ferais plus d'illusions! ◇ (*per disapprovare*) *eh! non è così che si risponde!* eh! on ne répond pas comme cela! ◇ (*per richiamare l'attenzione*) hé: *eh! vieni un po' qui* hé!, viens un peu par ici → **ehi** ◇ (*raff.*) *eh via!* allons donc!; *eh là!* hé là! → **ehi, suvvia** **2** (*in tono interrog., spec. per chiedere approvazione*) hein: *ti piacerebbe, eh?* ça te plairait, hein?; *che pasticcio, eh?* quelle affaire, hein? ◇ (*con senso di sorpresa*) *eh? e tu sei stato zitto?* et toi, tu n'as rien dit? **3** (*fam.*) (*come risposta a una chiamata*) *'Giovanni!' 'eh!'* 'Jean!' 'voilà, voilà!' → **sì** ◇ (*fam.*) (*per farsi ripetere una richiesta non ben compresa*) comment: *eh? cosa vuoi?* comment? que dis-tu? → **come.**
éhi |'ei| *inter.* **1** (*per richiamare l'attenzione di qc.*) hé: *ehi tu, cosa fai?* hé! toi, que fais-tu?; *ehilà* hé là!; *ehi (quel) signore! mi sa indicare...* hé! Monsieur, pourriez-vous m'indiquer... **2** (*fam., per rispondere a chi chiama*) [*eccomi! son qui!*] voilà: *'ehi!' rispose Luigi da lontano* 'voilà!' répondit Louis de loin **3** (*esprime 'meraviglia, stupore'*) [*caspita!*] oh!: *ehi!, come sei dimagrita!* oh! comme tu as maigri!
ehm |m| *inter.* (*esprime gener. 'dubbio, reticenza'*) hum!: *così sarebbe guarito ehm?* on dit qu'il est guéri, hum!; *ehm!, è meglio non scendere in particolari* hum!, mieux vaut ne pas approfondir ◇ (*con tono insinuante o leggermente minaccioso*) hum; hen: *ehm! tu mi nascondi qualcosa* hum! tu me caches quelque chose ‖ *e se volessi vederci chiaro, ehm?* et si je voulais faire la clarté là-dessus, hen?
éi |'ei| *pron.* (*lett.*) **1** *sing., pron. pers. m.* 3ª *pers.* → **egli** 1 **2** *pron. pers. m. pl.,* 3ª *pers.* [*essi*] → **esso.**
èia |'ɛja| *inter.* (*indica 'stupore'*) [*oh!*] oh! ◇ (*lett.*) (*grido guerresco*) [*orsù, evviva*] *hourra! ◇ (*grido fascista*) *eia, eia, alalà!* ⊠.
eiaculàre |ejaku'lare| *v.intr.* (*aus. 'avere'*) (*fisiol.*) [*emettere lo sperma*] éjaculer.
eiaculatóre |ejakula'tore| *agg. m.* (*anat.*) éjaculateur* (*m. o f.*): *dotto eiaculatore* canal éjaculateur.
eiaculatòrio, i |ejakula'tɔrjo, i| *agg.* éjaculatoire → **eiaculatore.**
eiaculazióne |ejakulat'tsjone| *s.m.* (*med.*) éjaculation.
eidètico, ci, ca, che |ei'dɛtiko, tʃi, ka, ke| *agg.* (*filos.*) eidétique ◇ (*psicol.*) *immagini eidetiche* images eidétiques.
èidophor |'ɛidofɔr| *s.m. inv.* (*tecnol.*) éidophore *var.*
eiettàbile |ejet'tabile| *agg.* (*aer.*) éjectable: *seggiolino eiettabile* siège éjectable.
eiettóre |ejet'tore| *s.m.* (*mecc.*) éjecteur.
eiezióne |ejet'tsjone| *s.f.* (*raro*) → **espulsione** ◇ (*aer.*) *l'eiezione del pilota* l'éjection du pilote.
einsteiniàno |ainsta'njano| *agg.* einsteinien* # *teorie einsteniane* théories d'Einstein.
èira |'ɛira| *s.m. inv.* (*t.zool.*) eyra *var.*
elaboràre |elabo'rare| *v.tr.* **1** [*comporre, portare a compimento q.c. con scrupolosa attenzione*] élaborer: *un piano elaborato con cura* un plan soigneusement élaboré **2** [*sottoporre a elaborazione mediante un calcolatore elettronico*] traiter: *elaborare dati statistici* traiter des données statistiques **3** *elaborare un motore* [*truccarlo*] trafiquer un moteur **4** (*biol.*) [*produrre, secernere*] sécréter (8): *queste ghiandole elaborano sostanze note* ces glandes sécrètent des substances connues ◇ [*digerire*] digérer (8): *elaborare un cibo, degli alimenti* digérer un repas, des aliments.
elaboràto |elabo'rato| **I** *agg.* **1** [*preparato con cura eccessiva, ricercato*] affecté, recherché: *stile elaborato* style affecté, recherché **2** (*auto.*) *motore elaborato* moteur trafiqué **II** *s.m.* **1** (*biol.*) élaboration *f.* **2** [*compito scritto svolto a scuola o come prova di un concorso*] copie *f.* (*corr.*), devoir (*corr.*): *correggere gli elaborati* corriger les copies, les devoirs.
elaboratóre, trice |elabora'tore, tritʃe| **I** (*agg.*) *capacità elaboratrici* [*di elaborare*] facultés d'élaboration *loc. inv.* **II** *s.m.* **1** (*anat.*) *il fegato è un elaboratore della bile* le foie produit la bile **2** (*elettron.*) *elaboratore elettronico* ordinateur.
elaborazióne |elaborat'tsjone| *s.f.* **1** [→ ELABORARE 1] élaboration, préparation: *elaborazione di un piano* élaboration d'un plan; *elaborazione di un romanzo* construction, préparation d'un roman → **formulazione** **2** (*med.*) élaboration: *elaborazione della linfa* élaboration de la sève **3** (*elettron.*) traitement *m.*
elaeis |ele'is|, **elàide** |e'laide| *s.f.* (*t.bot.*) éléis *m.*, élæis *m.*
élape |'elape| *s.m.* (*t.zool.*) élaps.
Elàpidi |e'lapidi| *s.m.pl.* (*t.zool.*) Élaphés.
elargire |elar'dʒire| (197) *v.tr.* [*donare con generosità*] prodiguer: *elargire milioni* prodiguer les millions ◇ (*fig.*) *elargire consigli* prodiguer des conseils → **prodigare.**
elargizióne |elardʒit'tsjone| *s.f.* **1** [→ ELARGIRE] largesse (*arc.*) # *fare elargizione di q.c. a qc.* faire don de qqch. à qqn. **2** [*la cosa elargita*] largesses *pl.*, libéralités (*pl.*): *fare elargizioni* faire des largesses, des libéralités → **dono, elemosina.**
Elasmobrànchi |elazmo'branki| *s.m. pl.* (*t.zool.*) Élasmobranches.
elasticaménte |elastika'mente| *avv.* [→ ELASTICO I] de manière élastique *loc. inv.*, avec souplesse (*loc. inv.*): *applicare una legge elasticamente* appliquer une loi de manière élastique.
elasticimetrìa |elastitʃime'tria| *s.f.* élasticimétrie.
elasticità |elastitʃi'ta| *s.f. inv.* **1** (*fis.*) élasticité *var.* **2** (*fig.*) [*capacità di adattamento intellettuale o morale alle più svariate situazioni*] souplesse *var.*, agilité (*var.*): *elasticità mentale* souplesse, agilité d'esprit **3** [*scioltezza nei movimenti e nelle articolazioni del corpo*] élasticité; agilité: *elasticità delle membra* élasticité des membres → **agilità** ‖ *elasticità di movimenti* agilité dans les mouvements # *l'elasticità del suo passo* sa démarche souple; *avere molta elasticità* être très souple **4** (*econ.*) élasticité Ⓒ 1 **durezza**; 2 **rigidezza, rigidità.**
elasticizzàre |elastitʃid'dzare| *v. tr.* (*tecnol.*) élastifier.
elasticizzàto |elastitʃid'dzato| *agg.* (*detto di tessuti*) [*reso elastico*] élastique ◇ (*tecnol.*) élastifié.
elàstico, ci, ca, che |e'lastiko, tʃi, ka, ke| **I** *agg.* **1** [*dotato di elasticità*] élastique: *tessuto elastico* tissu élastique → **flessibile** ◇ (*fig.*) *coscienza elastica* conscience élastique ◇ [*incerto, ambiguo*] ambigu*, équivoque: *è una risposta molto elastica* c'est une réponse très ambiguë, très équivoque **2** [*agile, sciolto nei movimenti del corpo*] élastique; souple: *muscoli elastici* muscles élastiques ‖ *un passo elastico* une allure souple ◇ (*fig.*) [*versatile, aperto intellettualmente*] souple: *intelligenza elastica* esprit souple **3** (*econ., mil.*) élastique **II** *s.m.* **1** [*piccola striscia di gomma,*

gener. a forma di anello] élastique: *ho messo l'elastico ai calzini* j'ai mis des élastiques à mes chaussettes ◇ [*giarrettiera*] jarretière *f.* **2** [*ripiano molleggiato del letto*] sommier (à ressorts) Ⓒ I 1 **inflessibile, duro,** 2 **rigido.**

elastòmero |elas'tɔmero| *s.m.* (*chim.*) élastomère.

Elatèridi |ela'teridi| *s.m. pl.* (*t.zool.*) Elatéridés.

elatèrio, i |ela'tɛrjo, i| *s.m.* **1** (*t. bot.*) élatérium, élatérion **2** (*t.zool.*) élater.

élce |'eltʃe| *s.m. o f.* (*lett.*) → **leccio.**

elcéto |el'tʃeto| *s.m.* (*lett.*) → **lecceto.**

eldoràdo |eldo'rado| *s.m.* (*fig.*) eldorado → **eden, paradiso.**

eleàtico, ci, ca, che |ele'atiko, tʃi, ka, ke| *agg.* (*filos.*) éléatique, d'Élée (*loc. inv.*): *la scuola eleatica* l'école éléatique, d'Élée ✦ (*s.*) *un eleatico* un éléate.

elèctron |e'lɛktron| *s.m. inv.* (*metall.*) électron *var.*

elefànte, essa |ele'fante, essa| *s.m.* **1** (*t.zool.*) éléphant ~ *elefante marino* éléphant de mer ~ *elefante di mare* homard (d'Europe) **2** (*fig.*) [*persona goffa e sgraziata nei movimenti*] éléphant: *che elefante!* quel éléphant!

elefantésco, chi, ca, che |elefan'tesko, ki, ka, ke| *agg.* **1** d'éléphant *loc. inv.*, éléphantin (*raro*): *testa elefantesca* tête d'éléphant **2** (*fig.*) [*enorme*] gigantesque, éléphantesque (*fam.*) # *è di mole elefantesca* c'est un armoire à glace ◇ [*sgraziato, goffo*] pataud: *un portamento elefantesco* une allure pataude Ⓒ 2 **esile, sottile; leggero, snello.**

elefantiaco, ci, ca, che |elefan'tiako, tʃi, ka, ke| *agg.* **1** (*fig.*) [*enorme, sproporzionato*] pléthorique: *amministrazione elefantiaca* administration pléthorique **2** (*med.*) éléphantiasique.

elefantiasi |elefan'tiazi| *s.f. inv.* **1** (*fig.*) [*sviluppo esagerato e sproporzionato, quanto inutile*] hypertrophie *var.*, développement *m. var.* excessif: *l'elefantiasi di certe industrie* l'hypertrophie, le développement excessif de certaines industries **2** (*med.*) éléphantiasis Ⓒ **atrofia.**

elefantiàsico, ci, ca, che |elefanti'aziko, tʃi, ka, ke| *agg.* → **elefantiaco.**

elefantino |elefan'tino| **I** *s.m.* [*il piccolo dell'elefante*] éléphanteau **II** *agg.* **1** (*raro*) [*di elefante, sim. all'elefante*] éléphantin, d'éléphant *loc. inv.* (*corr.*) **2** (*lett.*) [*d'avorio*] d'ivoire *loc. inv.* **3** (*med.*) *morbo elefantino, lebbra elefantina* éléphantiasis *s.f.*

elegànte |ele'gante| *agg.* **1** (*cose*) élégant: *abito* (*da uomo*) *elegante* costume élégant; *portamento elegante* manières élégantes ◇ (*persone*) *una donna elegante* une femme élégante, chic *inv.* **2** (*fig.*) [*appropriato e ingegnoso*] élégant: *è un modo elegante di mettermi alla porta* c'est une façon élégante de me mettre à la porte Ⓒ 1 **sciatto, trasandato.**

elegantemente |elegante'mente| *avv.* **1** [→ ELEGANTE 1] élégamment, avec élégance (*loc. inv.*): *si veste elegantemente* il s'habille avec élégance; *elegantemente vestita* élégamment vêtue **2** (*fig., spec. iron.*) [→ ELEGANTE 2] élégamment: *si è disimpegnato molto elegantemente* il s'est tiré d'affaire fort élégamment.

elegantóne |elegan'tone| *s.* (*spec. iron.*) [*chi veste in modo molto accurato*] personne *f.* élégante *agg.*, coquette *agg.* # *ma che elegantone!* quelle élégance!

elegànza |ele'gantsa| *s.f.* **1** élégance, aisance: *esprimersi con eleganza* s'exprimer avec élégance, avec aisance → **grazia** **2** (*spec.*) [*modo di vestire curato e raffinato*] élégance: *vestirsi con eleganza* s'habiller avec élégance → **classe, stile** **3** *al plur.* [*espedienti stilistici raffinati*] élégance *sing.*, élégances (*spesso spreg.*): *le eleganze del Poliziano* les élégances du Politien Ⓒ 2 **trascuratezza, sciatteria.**

elèggere |e'lɛddʒere| (154) *v.tr.* **1** [*designare a una carica o a un ufficio, mediante votazione*] élire (55): *eleggere il presidente* élire le président **2** (*lett.*) → **scegliere** ◇ (*dir.*) [*scegliere, stabilire*] élire: *eleggere il proprio domicilio* élire domicile Ⓒ 1 **destituire;** 2 **scartare.**

eleggìbile |eled'dʒibile| *agg.* [→ ELEGGERE] éligible Ⓒ **ineleggibile.**

eleggibilità |eleddʒibili'ta| *s.f. inv.* (*dir., corr.*) éligibilité *var.* Ⓒ **ineleggibilità.**

elegia, gie |ele'dʒia, dʒie| *s.f.* **1** (*letter.*) élégie **2** (*mus.*) élégie musicale.

elegiaco, ci, ca, che |ele'dʒiako, tʃi, ka, ke| *agg.* **1** (*letter.*) élégiaque: *distico elegiaco* distique élégiaque **2** (*fig.*) [*mesto, melanconico*] élégiaque, mélancolique: *tono elegiaco* ton élégiaque, mélancolique **3** [*compositore di elegie*] élégiaque ✦ (*s.*) *un elegiaco* un (poète) élégiaque Ⓒ 2 **allegro, gaio.**

elegiàmbo |ele'dʒambo| *s.m.* (*metr., ant.*) vers élégiambique *agg.* (*raro*).

elegiògrafo |eledʒi'ɔgrafo| *s.m.* (*raro*) → **elegiaco.**

elèktron |e'lɛkron| *s.m. inv.* (*metall.*) → **electron.**

elementàre |elemen'tare| *agg.* **1** élémentaire: *matematica elementare* mathématiques élémentaires ◇ (*chim., fis.*) élémentaire **2** *maestro elementare* [*che insegna i primi elementi nella scuola it.*] instituteur; *scuola elementare* [*il primo ciclo di studi nella scuola it.*] école primaire **3** (*spreg.*) [*semplice, poco approfondito*] primaire: *una cultura elementare* une culture primaire; des connaissances limitées **4** [*basilare, fondamentale*] élémentaire: *precauzioni elementari* précautions élémentaires → **basilare, fondamentale** Ⓒ 3 **complesso** 1, **elevato, astruso.**

elementarità |elementari'ta| *s.f. inv.* caractère *m. var.* élémentaire # *sono concetti di una elementarità assoluta* ce sont des idées parfaitement élémentaires → **semplicità, facilità.**

elementarizzàre |elementarid'dzare| *v.tr.* [*rendere semplice, elementare*] simplifier, vulgariser: *elementarizzare una teoria* simplifier, vulgariser une théorie.

eleménto |ele'mento| *s.m.* **1** [*ciascuna delle parti semplici di un insieme o di un complesso organico*] élément: *dosare gli elementi di un miscuglio* doser les éléments d'un mélange ◇ (*chim., filos., ling., mat.*) élément ◇ [*ciascuna delle parti di un meccanismo fisico*] *gli elementi di una pila, di un termosifone* les éléments d'une pile, d'un radiateur **2** [*ciascuno dei dati di fatto da cui si ricava una visione d'insieme*] donnée *f.*, élément: *gli elementi di un problema* les données, les éléments d'un problème; *non avere elementi di giudizio* manquer d'éléments d'appréciation → 2 **dato, argomento** # *non avere elementi di prova* manquer de preuves **3** [*persona, individuo, spec. in relazione a un gruppo*] élément: *quell'impiegato è un buon elemento* cet employé est un bon élément; *è un elemento di punta della squadra* c'est l'un des éléments d'élite de l'équipe ◇ (*spreg.*) phénomène: *che elemento che sei!* quel phénomène tu fais! **4** [*ambiente in cui vive o può vivere un essere*] élément: *i pesci non possono vivere fuori dal loro elemento* les poissons ne peuvent vivre hors de leur élément ◇ (*loc. fig.*) *essere, trovarsi nel proprio elemento* être, se sentir dans son élément **5** *al plur.* (*meteor.*) éléments: *la furia degli elementi* le déchaînement des éléments **6** *al plur.* [*i principi fondamentali, basilari di una scienza o attività*] éléments, notions (*f.*): *elementi di chimica* éléments, notions de chimie → **rudimento** Ⓒ 1 **totalità.**

elemòsina |ele'mɔzina| *s.f.* **1** [*offerta di un aiuto materiale*] aumône, charité: *dare, fare l'elemosina* faire l'aumone, la charité → **beneficenza, carità** ◇ (*loc.*) *vivere di elemosina* vivre d'aumône; *ridursi all'elemosina* être réduit à la mendicité ~ *dare q.c. in elemosina* donner qqch. en aumône; apporter son obole ◇ [*l'offerta data alla chiesa o a una associazione religiosa*] aumône, offrande: *raccogliere le elemosine* recueillir des aumônes, les offrandes, faire la quête → **offerta, obolo** # *la cassetta delle elemosine* le tronc; *la borsa dell'elemosina* l'aumônière **2** (*spreg.*) [*ciò che è frutto di una donazione arrogante e umiliante*] charité, aumône: *ti chiedo un favore, non un'elemosina* je demande un service, je ne demande pas la charité.

elemosinàre |elemozi'nare| *v.tr.* [*chiedere in elemosina*] mendier: *elemosinare un tozzo di pane* mendier un morceau de pain → **mendicare, questuare** ◇ (*fig.*) *elemosinare un po' di lavoro* mendier un peu de travail # *elemosinare l'aiuto altrui* implorer l'aide, le secours d'autrui → **implorare, chiedere** ✦ *ass.* mendier, demander l'aumône: *va sempre elemosinando per le strade* il ne fait que mendier au coin des rues # *è povero, ma non osa elemosinare* il est pauvre, mais c'est un pauvre honteux.

elemosinière |elemozi'njɛre| *s.m.* (*eccl.*) aumônier.

elencàre |elen'kare| *v.tr.* **1** [*ordinare in un elenco*] dresser, faire (45) une liste de: *elencare gli alunni di una classe* dresser la liste des élèves d'une classe → **registrare** # *le merci qui elencate* les marchandises énumérées ci-après **2** (*per est.*) [*numerare, riferire in modo particolareggiato*] énumérer (8): *elencava i titoli dei film* il énumérait les titres des films → **citare.**

elencazióne |elenkat'tsjone| *s.f.* **1** [→ ELENCARE 1] liste: *l'elencazione dei soci di una società* la liste des membres d'une société → **lista, repertorio, elenco** **2** (*raro*) [→ ELENCARE 2] énumération (*corr.*), liste (*corr.*): *un'elencazione interminabile e noiosa* une énumération interminable et fastidieuse; *fece una elencazione metodica e particolareggiata di tutti gli oggetti* il dressa une liste méthodique et détaillée de tous les objets → **enumerazione.**

elènco, chi |e'lɛnko, ki| *s.m.* **1** [*annotazione, lista*] liste (*f.*): *l'elenco degli assenti, dei contribuenti* la liste des absents, des contribuables → **lista** # *lo elenco telefonico* l'annuaire du téléphone; *l'elenco del personale di bordo* le rôle d'équipage; *l'elenco delle spese, delle merci spedite* l'état des frais, des marchandises expédiées; *l'elenco dei premiati* le palmarès **2** (*filos.*) réfutation *f.* → **confutazione.**

elettivaménte |elettiva'mente| *avv.* [→ ELETTIVO 2] volontairement, délibérément.

elettività |elettivi'ta| *s.f. inv.* → **eleggibilità.**

elettivo |elet'tivo| *agg.* **1** electif*: *carica elettiva* charge, fonction élective; *monarchia elettiva* monarchie élective ◇ (*persone*) électif; élu: *presidente elettivo* président électif ‖ *membro elettivo* membre élu; *corpi elettivi* corps élus **2** [*che è frutto di una libera scelta*] élu: *domicilio elettivo* domicile élu → **volontario** # *affinità elettive* affinitées électives.

elètto |e'lɛtto| *agg.* **1** élu: *l'assemblea eletta* l'assemblée élue ✦ (*s.*) *l'eletto* l'élu **2** (*relig.*) *il popolo eletto* [*scelto da Dio*] le peuple élu ✦ (*s.m. pl.*) *gli eletti* les élus **3** [*che si distingue per particolare nobiltà d'animo o altri pregi*] choisi, élevé: *un pubblico eletto* un public choisi → **scelto**; *un'anima eletta* une âme élevée, d'élite *loc. inv.*

elettoràle |eletto'rale| *agg.* **1** électoral*: *collegio elettorale* collège électoral # *scheda elettorale* bulletin de vote; *cabina elettorale* isoloir; *broglio elettorale* truquage des élections; *certificato elettorale* carte d'électeur **2** (*st. mediev.*) électoral.

elettoralìsmo |elettora'lizmo| *s.m.* électoralisme.

elettoràto |eletto'rato| *s.m.* **1** électorat: *l'elettorato femminile* l'électorat féminin **2** (*st. mediev.*) électorat.

elettóre, trice |elet'tore, tritʃe| *s.* électeur*.

elettràuto |elet'trauto| *s.m.* [*tecnico degli impianti elettrici delle autovetture*] électricien-auto ◇ [*la sua officina*] électricité-auto *f.* ◇ (*per est.*) fournisseur d'équipement électrique pour automobiles.

elettricaménte |elettrika'mente| *avv.* [→ ELETTRICO 1] électriquement.

elettricista |elettri'tʃista| *s.m.* électricien.

elettricità |elettritʃi'ta| *s.f. inv.* **1** électricité (*var.*): *elettricità positiva, negativa* électricité positive, négative → **2 corrente** **2** (*fig.*) [*irrequietezza, tensione*] électricité: *c'è dell'elettricità nell'aria* il y a de l'électricité dans l'air → **nervosismo.**

elèttrico, ci, ca, che |e'lɛttriko, tʃi, ka, ke| *agg.* **1** électrique: *scossa elettrica* secousse électrique; *apparecchio elettrico* appareil électrique ✦ *s.m.* (*spec. al plur.*) *gli elettrici* [*lavoratori dell'industria elettrica*] les électriciens **2** (*fig.*) (*persone*) [*irrequieto, nervoso*] tendu # *è elettrico, oggi* il est comme une pile électrique, aujourd'hui **3** [*blu elettrico*] électrique.

elettrificàre |elettrifi'kare| *v.tr.* [*modificare o attrezzare un impianto in modo che possa funzionare a energia elettrica*] électrifier: *elettrificare una linea ferroviaria* électrifier une ligne de chemin de fer.

elettrificazióne |elettrifikat'tsjone| *s.f.* [→ ELETTRIFICARE] électrification.

elettrizzàbile |elettrid'dzabile| *agg.* [→ ELETTRIZZARE] électrisable.

elettrizzànte |elettrid'dʒante| *agg.* excitant, électrisant: *uno spettacolo elettrizzante* un spectacle excitant → **eccitante** ◇ [*che provoca agitazione, frenesia*] électrisant; frénétique: *ritmo elettrizzante* rythme électrisant ‖ *danza elettrizzante* danse frénétique → **frenetico.**

elettrizzàre |elettrid'dzare| **A** *v.tr.* **1** (*elettr.*) [*dare una carica di energia elettrica*] électriser: *elettrizzare un corpo* électriser un corps **2** (*fig.*) [*eccitare, entusiasmare*] électriser: *ha elettrizzato la folla* il a électrisé la foule **B** *v.pron. intr.* ELETTRIZZARSI **1** [→ *tr.* 1] s'électriser **2** (*fig.*) [→ *tr.* 2] s'enflammer, s'enthousiasmer: *a quell'idea si è elettrizzata* elle s'est enflammée à cette idée 🄲 A 2 **calmare**; B 2 **calmar(si), raffreddar(si).**

elettrizzàto |elettrid'dzato| *agg.* électrisé ◇ (*fig.*) *il pubblico è elettrizzato* le public est électrisé, excité 🄲 **calmo, freddo.**

elettrizzatóre, trice |elettriddza'tore, tritʃe| *agg.* (*elettr.*) électrisant ✦ (*s.*) *un elettrizzatore* celui *m.* qui électrise.

elettrizzazióne |elettriddzat'tsjone| *s.f.* [→ ELETTRIZZARE] électrisation.

elèttro- |e'lɛttro| *pref.* (*significa 'elettrico, dell'elettricità, azionato dall'energia elettrica', corrisponde gener. a*) électro(-): *elettrocalamita* électro-aimant; *elettrochimica* électrochimie.

elèttro |e'lɛttro| *s.m.* **1** (*lett.*) [*ambra gialla*] succin **2** (*st. ant.*) électrum.

elettroacùstica |elettroa'kustika| *s.f. sing.* électro-acoustique.

elettrobisturi |elettro'bisturi| *s.m. inv.* (*chir.*) bistouri *var.* électrique, bistouri à haute fréquence.

elettrocalamita |elettrokala'mita| *s.f.* → **elettromagnete.**

elettrocardiografia |elettrokardjogra'fia| *s.f.* (*med.*) électrocardiographie.

elettrocardiògrafo |elettrokar'djɔgrafo| *s.* (*med.*) électrocardiographe.

elettrocardiogràmma |elettrokardjo'gramma| *s.m.* (*med., corr.*) électrocardiogramme.

elettrocautèrio, i |elettrokau'tɛrjo, i| *s.m.* (*med.*) électrocautère.

elettrochimico, ci, ca, che |elettro'kimiko, tʃi, ka, ke| **1** *agg.* (*fig.*) électrochimique: *potenziale elettrochimico* potentiel électrochimique **2** *s.* expert en électrochimie ◇ [*chi lavora nell'industria elettrochimica*] électro-chimiste.

elettrochòc |elettroʃ'ʃɔk| *s.m. inv.* → **elettroshock.**

elettrocoagulazióne |elettrokoagulat'tsjone| *s.f.* (*med.*) électrocoagulation.

elettrocuzióne |elettrokut'tsjone| *s.f.* → **elettroesecuzione.**

elettrodiagnòstica, che |elettrodiaɲ'ɲɔstika, ke| *s.f.* (*med.*) électrodiagnostic *m.*

elettrodinàmica, che |elettrodi'namika, ke| *s.f.* (*elettr.*) électrodynamique.

elettrodinàmico, ci, ca, che |elettrodi'namiko, tʃi, ka, ke| *agg.* (*elettr.*) électrodynamique.

elettrodinamismo |elettrodina'mizmo| *s.m.* (*fis.*) électrodynamique *f.*

elettrodinamòmetro |elettrodina'mɔmetro| *s.m.* (*elettr., fis.*) électrodynamomètre.

elèttrodo |e'lɛttrodo| *s.m.* (*fis.*) électrode *f.*

elettrodomèstico, ci, ca, che |elettrodo'mɛstiko, tʃi, ka, ke| *agg.* [*apparecchio elettrico per usi domestici*] électroménager (*m.*): *articoli elettrodomestici* appareils électroménagers ✦ (*s.m.*) *un negozio di elettrodomestici* un magasin d'électroménagers.

elettrodótto |elettro'dotto| *s.m.* (*elettr.*) ligne *f.* électrique, cable à *haute tension.

elettroencefalografia |elettroentʃefalogra'fia| *s.f.* (*med.*) électro-encéphalographie.

elettroencefalogràmma |elettroentʃefalo'gramma| *s.m.* (*med.*) électro-encéphalogramme.

elettroesecuzióne |elettroezekut'tsjone| *s.f.* électrocution.

elettrofiltro |elettro'filtro| *s.m.* (*fis.*) électrofiltre.

elettroforèsi |elettrofo'rɛzi| *s.f. inv.* électrophorèse *var.*

elettrògeno |elet'trɔdʒeno| *agg.* (*elettr.*) électrogène: *gruppo elettrogeno* groupe électrogène.

elettròlisi |elet'trɔlizi| *s.f. inv.* (*chim., fis.*) électrolyse *var.*

elettrolitico, ci, ca, che |elettro'litiko, tʃi, ka, ke| *agg.* (*chim., fis.*) électrolytique.

elettròlito |elet'trɔlito| *s.m.* (*chim., fis.*) électrolyte.

elettrolizzàre |elettrolid'dzare| *v. tr.* (*chim., fis.*) [*sottoporre a elettrolisi*] électrolyser.

elettrolizzatóre |elettroliddza'tore| *s.m.* (*chim., fis.*) électrolyseur.

elettrolizzazióne |elettroliddzat'tsjone| *s.f.* (*chim., fis.*) électrolyse.

elettrologia, gie |elettrolo'dʒia, dʒie| *s.f.* électrologie.

elettromagnète |elettromaɲ'ɲɛte| *s.m.* (*fis.*) électro-aimant: *degli elettromagneti* des électro-aimants.

elettromagnètico, ci, ca, che |elettromaɲ'ɲɛtiko, tʃi, ka, ke| *agg.* électromagnétique: *onde elettromagnetiche* ondes électromagnétiques.

elettromagnetismo |elettromaɲɲe'tizmo| *s.m.* (*fis.*) électromagnétisme.

elettromeccànica, che |elettromek'kanika, ke| *s.f.* (*mecc.*) électromécanique.

elettromeccànico, ci, ca, che |elettromek'kaniko, tʃi, ka, ke| **1** *agg.* (*fis.*) électromécanique **2** *s.m.* [*chi lavora nell'industria elettromeccanica*] électromécanicien.

elettrometallurgia, gie |elettrometallur'dʒia, dʒie| *s.f.* (*metall.*) électrométallurgie.

elettromotóre, trice |elettromo'tore, tritʃe| **I** *agg.* (*elettr.*) électro-

moteur*: *forza elettromotrice* force électromotrice **II** *s.* **1** *s.m.* [*motore elettrico*] moteur électrique **2** *s.f.* → **elettromotrice.**
elettromotrice |elettromo'tritʃe| *s.f.* (*ferr.*) automotrice électrique, locomotive électrique.
elettróne |elet'trone| *s.m.* (*fis.*) électron.
elettronegativo |elettronega'tivo| *agg.* (*chim.*) électronégatif*.
elettrònica, che |elet'trɔnika, ke| *s.f.* électronique.
elettrònico, ci, ca, che |elet'trɔniko, tʃi, ka, ke| *agg.* électronique: *fisica elettronica* physique électronique; *musica elettronica* musique électronique # *calcolatore elettronico* ordinateur.
elettronvòlt, elettron-vòlt |elettron'vɔlt| *s.m. inv.* (*fis.*) électron-volt *var.*
elettropómpa |elettro'pompa| *s.f.* (*elettr.*) électropompe, pompe à moteur électrique.
elettropositivo |elettropozi'tivo| *agg.* (*chim.*) électropositif*.
elettropuntùra |elettropun'tura| *s.f.* (*med.*) électropuncture, électroponcture.
elettroscòpio, i |elettros'kɔpjo, i| *s.m.* (*fis.*) électroscope.
elettroshòck |elettroʃ'ʃɔk| *s.m. inv.* (*med., corr.*) électrochoc *var.*
elettrostàtica, che |elettros'tatika, ke| *s.f.* (*fis.*) électrostatique.
elettrostàtico, ci, ca, che |elettros'tatiko, tʃi, ka, ke| *agg.* (*fis.*) électrostatique.
elettrotècnica, che |elettro'tɛknika, ke| *s.f.* électrotechnique.
elettrotècnico, ci, ca, che |elettro'tɛkniko, tʃi, ka, ke| **1** *agg.* électrotechnique **2** *s.m.* [*tecnico, esperto di elettr.*] électricien.
elettroterapìa |elettrotera'pia| *s.f.* (*med.*) électrothérapie.
elettrotermìa |elettroter'mia| *s.f.* électrothermie.
elettrotrèno |elettro'trɛno| *s.m.* (*ferr.*) électrotrain.
eleusino |eleu'zino| *agg.* **1** [*di Eleusi*] d'Éleusis *loc. inv.* **2** (*st. gr.*) *misteri eleusini* mystères d'Éleusis; (*fig., scherz.*) [*cose segrete, volutamente misteriose*] arcanes *s.m. pl.*
elevàbile |ele'vabile| *agg.* [→ ELEVARE] qu'on peut élever *loc.*
elevaménto |eleva'mento| *s.m.* → **elevazione.**
elevàre |ele'vare| **A** *v.tr.* **1** [*innalzare, sollevare*] lever (6): *elevare le mani, gli occhi al cielo* lever les mains, les yeux au ciel → **alzare** ◇ (*per est.*) surélever (6): *elevare la casa di un piano* surélever la maison d'un étage ◇ (*fig.*) [*migliorare, spec. dal punto di vista economico e sociale*] élever (6): *elevare il tenore di vita* élever le niveau de vie ◇ (*fig.*) [*sollevare al di sopra della realtà terrena*] élever: *elevare la mente a Dio* élever son esprit vers Dieu ◇ (*fig.*) [*rivolgere, indirizzare con la mente*] adresser: *elevare il pensiero a qc.* adresser sa pensée a qqn. **2** (*fig.*) [*promuovere a una carica o a una dignità*] élever: *elevare alla dignità senatoriale* élever à la dignité sénatoriale # *elevare qc. al trono* placer qqn. sur le trône **3** (*mat.*) [*calcolare la potenza di un numero*] élever: *elevare un numero alla ennesima potenza* élever un nombre à la puissance n ◇ (*per anal.*) *elevare i prezzi* hausser, augmenter les prix **4** (*bur.*) [*intimare, comminare*] dresser: *elevare una contravvenzione* dresser un procès-verbal; *elevare un protesto* dresser un protêt → **contestare B** *v.pron.* ELEVARSI **1** *intr.* [→ *tr.* 1] s'élever, se dresser: *la cattedrale si eleva in mezzo alla piazza* la cathédrale se dresse au milieu de la place ◇ [*aumentare, crescere*] s'élever, monter (*intr.*): *la temperatura si è elevata* la température s'est élevée, a monté **2** *rifl.* (*fig.*) [*migliorare la propria condizione economica e sociale*] s'élever, atteindre (66) (*tr.*): *si è elevato a un tenore di vita superiore* il a atteint un niveau de vie supérieur ◇ (*fig.*) *elevarsi nella preghiera* s'élever par la prière ◇ [*rivolgersi con la mente a*] s'adresser, adresser *tr.* ses pensées **C** A 1 **abbassare**; 2 **destituire.**
elevatézza |eleva'tettsa| *s.f.* [*dignità, nobiltà d'animo*] élévation, noblesse: *elevatezza di sentimenti* élévation, noblesse de sentiments **C** **bassezza.**
elevàto |ele'vato| *agg.* **1** [*alto*] élevé, *haut: *un monte elevato* une montagne élevée ◇ (*fig.*) *tenore di vita elevato* niveau de vie élevé **2** (*fig.*) [*nobile*] élevé, noble: *un pensiero elevato* une pensée élevée, noble **C** 1 **basso**; 2 **ignobile, abietto.**
elevatóre, trice |eleva'tore, tritʃe| **I** *agg.* [*che eleva*] élévateur* # *macchine elevatrici* appareils de levage ◇ (*anat.*) *muscolo elevatore* muscle élévateur **II** *s.m.* **1** [*operaio addetto ai montacarichi degli altiforni*] préposé aux montecharge **2** (*mecc.*) élévateur, appareil de levage, appareil élévateur **3** (*balistica*) *hausse *f.*
elevazióne |elevat'tsjone| *s.f.* **1** [→ ELEVARE B 1] élévation, *hausse: *l'elevazione della temperatura* l'élévation, la hausse de la température # *la elevazione del polso* l'accélération du pouls ◇ (*sport*) élan *m.* **2** [*luogo elevato*] élévation: *un'elevazione del terreno* une élévation de terrain → **altura** **3** (*liturg. catt.*) élévation **4** (*mat.*) élévation: *elevazione a potenza, al cubo* élévation à une puissance, au cube **5** (*mil.*) *angolo d'elevazione* angle d'élévation **6** (*aer.*) montée **7** (*astron.*) *elevazione di un astro* *hauteur d'un astre.
elezióne |elet'tsjone| *s.f.* **1** [→ ELEGGERE 1] élection: *l'elezione del presidente della Repubblica* l'élection du président de la République **2** *al plur.* [*il complesso delle operazioni di voto*] élections: *indire le elezioni* fixer les élections **3** (*lett.*) [*libera scelta*] élection (*corr.*): *patria d'elezione* patrie d'élection ◇ (*dir.*) *elezione di domicilio* élection de domicile.
èlfo |'ɛlfo| *s.m.* (*mitol. germ.*) elfe.
eliantémo |eljan'temo| *s.m.* (*t.bot.*) hélianthème, gerbe *f.* d'or (*corr.*), herbe *f.* d'or (*corr.*).
eliànto |e'ljanto| *s.m.* (*t.bot.*) hélianthe, soleil (*corr.*), tournesol (*corr.*).
èlica, che |'ɛlika, ke| *s.f.* **1** (*aer., mar.*) hélice: *a doppia elica* à hélices jumelles; *elica bipala, tripala* hélice bipale, à trois pales; *elica a passo variabile* hélice à pas variable; *elica sinistra* (*destrorsa*) hélice rétrograde (dextrorsum); *elica destra* (*sinistrorsa*) hélice directe (sinistrorsum); *elica a pale reversibili* hélice réversible **2** (*mat.*) hélice.
èlice |'ɛlitʃe| *s.m.* **1** (*anat.*) hélix **2** (*arch.*) hélice.
elicicoltùra |elitʃikol'tura| *s.f.* héliciculture (*raro*).
elicoidàle |elikoi'dale| *agg.* hélicoïdal* ◇ [*a forma di elica*] hélicoïdal; hélicoïde: *moto elicoidale* mouvement hélicoïdal ‖ *parabola elicoidale* parabole hélicoïde.
elicòide |eli'kɔide| **1** *agg.* hélicoïde, hélicoïdal* → **elicoidale** **2** (*s.m.*) *un elicoide* un hélicoïde.
elicotterista |elikotte'rista| *s.* pilote d'hélicoptère.
elicòttero |eli'kɔttero| *s.m.* hélicoptère.
elìdere |e'lidere| (130) **A** *v.tr.* **1** (*ling.*) [*sopprimere la voc. finale di una parola davanti ad altra voc.*] élider → 2 **apostrofare** **2** (*raro*) [*annullare, sopprimere*] annuler (*corr.*) **B** *v.pron.* ELIDERSI **1** *recipr.* [→ *tr.* 2] s'annuler, se neutraliser: *sono due forze che si elidono* ce sont deux forces qui s'annulent, se neutralisent **2** *passivo* (*ling.*) [*essere soggetto a elisione*] s'élider: *queste vocali si elidono* ces voyelles s'élident.
elìdromo |e'lidromo| *s.m.* → **eliporto.**
eliminàre |elimi'nare| **A** *v.tr.* **1** [*rimuovere, allontanare*] rejeter (5): *eliminare idee preconcette* rejeter des idées préconçues ◇ (*sport*) [*estromettere da un torneo*] éliminer: *la squadra è stata eliminata dalla Coppa* l'équipe a été éliminée de la Coupe ◇ [*escludere*] *eliminare un candidato* refuser, éliminer un candidat, **2** [*mandar fuori, emanare*] éliminer: *eliminare gas venefici* éliminer des gaz toxiques **3** [*far sparire, sopprimere*] supprimer: *ha eliminato un testimonio* il a supprimé un témoin; *questo farmaco non elimina il dolore* ce médicament ne supprime pas la douleur ◇ (*pop.*) [*uccidere brutalmente*] massacrer: *i prigionieri sono stati eliminati* les prisonniers ont été massacrés **4** (*mat.*) [*far scomparire una o più incognite*] éliminer: *eliminare un'incognita* éliminer une inconnue **B** *v.pron. recipr.* ELIMINARSI **1** [*annullarsi reciprocamente*] se supprimer, s'éliminer **2** (*mat.*) [→ *tr.* 4] s'éliminer.
eliminàto |elimi'nato| *agg.* (*sport*) éliminé: *squadre eliminate* équipes éliminées; *concorrenti eliminati* concurrents éliminés.
eliminatòria |elimina'tɔrja| *s.f.* (*sport*) éliminatoire: *la squadra partecipa alle eliminatorie* l'équipe participe aux éliminatoires.
eliminatòrio, i |elimina'tɔrjo, i| *agg.* éliminatoire: *prove eliminatorie* épreuves éliminatoires ◇ (*sport*) *gironi, turni eliminatori* éliminatoires *s.f. pl.*
eliminazióne |eliminat'tsjone| *s.f.* **1** [→ ELIMINARE A 1] élimination, renvoi (*m.*): *ha proceduto all'eliminazione dei meno efficienti* il a procédé à l'élimination des moins bons; *eliminazione delle sostanze tossiche* élimination des substances toxiques ◇ (*fig.*) *eliminazione di una squadra da un torneo* élimination d'une équipe d'un tournoi **2** [→ ELIMINARE A 3] destruction ◇ (*persone*) extermination: *campi di eliminazione* camps d'extermination **3** (*mat.*) élimination: *l'eliminazione di una variabile* l'élimination d'une variable.
èlio, i |'ɛljo, i| *s.m.* (*chim.*) hélium.
eliocèntrico, ci, ca, che

|eljo'tʃɛntriko, tʃi, ka, ke| *agg.* (*astron.*) héliocentrique.
eliografìa |eljogra'fia| *s.f.* **1** (*graf.*) héliogravure **2** (*foto.*) photogravure.
eliòmetro |e'ljɔmetro| *s.m.* (*astron.*) héliomètre.
elióne |e'ljone| *s.m.* (*fis.*) hélion.
elioscòpio, i |eljos'kɔpjo, i| *s.m.* (*astron.*) hélioscope.
eliòstato |e'ljɔstato| *s.m.* (*astron.*) héliostat.
elioterapìa |eljotera'pia| *s.f.* (*med.*) héliothérapie.
elioteràpico, ci, ca, che |eljote'rapiko, tʃi, ka, ke| *agg.* héliothérapique: *colonia elioterapica* colonie de vacances héliothérapique.
eliotipìa |eljoti'pia| *s.f.* **1** (*foto.*) phototypie **2** (*tip.*) héliotypie.
eliotròpio, i |eljo'trɔpjo, i| *s.m.* **1** (*t.bot.*) héliotrope ◇ (*lett.*) [*girasole*] tournesol **2** (*miner.*) héliotrope.
eliotropismo |eljotro'pizmo| *s.m.* (*bot.*) héliotropisme.
eliportàto |elipor'tato| *agg.* héliporté.
elipòrto |eli'pɔrto| *s.m.* héliport, héligare *f.*
eliportuàle |eliportu'ale| *agg.* d'(un) héliport (*loc.*): *traffico eliportuale* trafic d'un héliport; *servizi eliportuali* services d'héliport.
elisabettiàno |elizabet'tjano| *agg.* (*st. ingl.*) élisabéthain: *il teatro elisabettiano* le théâtre élisabéthain.
eliscàlo |elis'kalo| *s.m.* → **eliporto.**
elìsio, i |e'lizjo, i| **1** *s.m. spec. al plur.* (*st. ant.*) élysée *sing.* **2** *agg.* [*relativo all'Elisio*] élyséen* # *campi elisi* champs élysées.
elisióne |eli'zjone| *s.f.* **1** [→ ELIDERE A 1] annulation, suppression **2** (*ling., mus.*) élision.
elisir |eli'zir|, **elisìre** |eli'zire|, **elixir** |eli'ksir| *s.m.* **1** (*farm., corr.*) élixir: *elisir di china* élixir de quinquina **2** (*fig.*) *elisir d'amore* élixir d'amour; *elisir di lunga vita* élixir de longue vie.
'élite' |elit| *s.f. inv.* élite (*var.*): *l''élite' di una città* l'élite d'une ville.
èlitra |'ɛlitra| *s.f.* (*zool.*) élytre *m.*
elitròpia |eli'trɔpja| *s.f.* → **eliotropio 2.**
elitròpio, i |eli'trɔpjo, i| *s.m.* (*lett.*) → **eliotropio.**
élla |'ella| *pron. pers. f. di 3ª pers. sing.* **1** (*lett.*) (*riferito a persona, in funzione di sogg. f. sing.*) *N.B. in it. è spesso sottinteso* [*essa*] elle: *ella cantava* elle chantait → **lei, essa;** *ella stessa* elle-même; *me l'ha detto ella stessa* elle me l'a dit elle-même, c'est elle-même qui me l'a dit **2** (*raro*) (*usato come forma di cortesia quando ci si rivolge a persona, anche di sesso m., con cui non si abbia particolare familiarità*) [*lei*] vous: *ella sa bene cosa succede* vous savez bien ce qui se passe → **lei 3** (*lett.*) (*anche riferito a cosa, con valore pleon.*) *ella è una gran calamità!* c'est une terrible calamité!; *ell'è pure cosa vera che...* c'est tout de même vrai que...
elleborìna |ellebo'rina| *s.f.* (*bot., farm.*) ellébore *m.*
ellèboro |el'lɛboro| *s.m.* (*t.bot.*) ellébore ~ *elleboro puzzolente* ellébore fétide, pied de griffon (*corr.*) ~ *elleboro nero* ellébore noir, rose de Noël (*corr.*).
ellènico, ci, ca, che |el'lɛniko, tʃi, ka, ke| *agg.* hellénique, grec*, hellène: *la civiltà ellenica* la civilisation hellénique; *le repubbliche elleniche* les républiques grecques; *il popolo ellenico* le peuple hellène → **greco.**
ellenìsmo |elle'nizmo| *s.m.* (*ling., st. gr.*) hellénisme ◇ (*lett.*) [*gusto ricercato, amante dell'erudizione*] érudition *f.*
ellenìsta |elle'nista| *s.* helléniste, hellénisant.
ellenìstico, ci, ca, che |elle'nistiko, tʃi, ka, ke| *agg.* hellénistique: *la poesia ellenistica* la poésie hellénistique ◇ [*di gusti lett. raffinati; erudito*] cultivé, érudit.
ellenizzànte |ellenid'dzante| *agg.* hellénisant.
ellenizzàre |ellenid'dzare| *v.tr.* [*acquisire alla cultura gr.*] helléniser.
ellenizzazióne |elleniddzat'tsjone| *s.f.* [→ ELLENIZZARE] hellénisation.
éllera |'ellera| *s.f.* → **edera.**
ellìsse |el'lisse| *s.f.*, **ellìssi** |el'lissi| *s.f. inv.* (*geom.*) ellipse *var.*
ellìssi |el'lissi| *s.f. inv.* (*ling.*) ellipse *var.*
ellissògrafo |ellis'sɔgrafo| *s.m.* (*mat.*) ellipsographe.
ellissoidàle |ellissoi'dale| *agg.* (*geom.*) ellipsoïdal*.
ellissòide |ellis'sɔide| *s.m.* (*geom.*) ellipsoïde: *ellissoide di rotazione, di rivoluzione* ellipsoïde de révolution.
ellitticaménte |ellittika'mente| *avv.* [→ 1 ELLITTICO] elliptiquement, par ellipse *loc. inv.*
1 **ellìttico, ci, ca, che** |el'littiko, tʃi, ka, ke| *agg.* (*ling.*) elliptique: *costruzione ellittica* construction elliptique.
2 **ellìttico, ci, ca, che** |el'littiko, tʃi, ka, ke| *agg.* (*geom.*) elliptique: *un'orbita ellittica* une orbite elliptique ◇ (*bot.*) ovale: *una foglia ellittica* une feuille ovale.
elmétto |el'metto| *s.m.* [*copricapo protettivo*] casque: *elmetto da minatore* casque de mineur → **1 casco.**
elmintologìa, gie |elmintolo'dʒia, dʒie| *s.f.* helmintologie.
1 **élmo** |'elmo| *s.m.* **1** [*copricapo protettivo*] casque: *elmo da pompiere, da minatore* casque de pompier, de mineur → **casco 2** (*arald.*) *heaume **3** (*t.zool.*) casque.
2 **Élmo** |'elmo| *s.m.* (*spec.*) *fuochi di s. Elmo* feu *sing.*, feux saint-Elme.
elocuzióne |elokut'tsjone| *s.f.* (*lett., ling.*) élocution.
elodèa |elo'dɛa| *s.f.* (*t.bot.*) élodée.
elogiàre |elo'dʒare| *v.tr.* [*esaltare, lodare solennemente*] faire (45) l'éloge de, louer: *lo hanno elogiato* on a fait son éloge, on l'a loué; *elogiare la bontà, la prudenza di qc.* louer la bonté, la prudence de qqn.; *elogiare qc. per q.c.* louer qqn. de qqch. → **encomiare** Ⓒ **biasimare, disapprovare.**
elogiativaménte |elodʒativa'mente| *avv.* [→ ELOGIATIVO] en termes élogieux *loc. inv.*, élogieusement.
elogiatìvo |elodʒa'tivo| *agg.* (*raro*) [*che mira a elogiare*] élogieux*.
elogiatóre, trice |elodʒa'tore, tritʃe| *s.* (*raro*) [*chi elogia*] louangeur*, adulateur*.
elògio, i |e'lɔdʒo, i| *s.m.* **1** éloge: *elogio funebre* éloge funèbre; *fare l'elogio di qc.* faire l'éloge de qqn. → **panegirico 2** *spec. al plur.* [*omaggio*] éloge; félicitation (*f.*): *colmare qc. di elogi* combler qqn. d'éloges ‖ *rivolgere parole di elogio* adresser, faire des félicitations # *le faccio i miei elogi, signora!* je vous en fais mon compliment, madame! Ⓒ 2 **biasimo, disapprovazione.**
elongazióne |elongat'tsjone| *s.f.* (*astron., fis.*) élongation.
eloquènte |elo'kwɛnte| *agg.* **1** (*persone*) éloquent: *un oratore eloquente* un orateur éloquent **2** (*fig.*) (*cose*) [*molto significativo*] éloquent; parlant: *sguardo, silenzio eloquente* regard, silence éloquent ‖ *delle prove eloquenti* des preuves parlantes Ⓒ 2 **insignificante.**
eloquenteménte |elokwente'mente| *avv.* [→ ELOQUENTE] éloquemment.
eloquènza |elo'kwɛntsa| *s.f.* **1** éloquence: *l'eloquenza forense* l'éloquence du barreau; *un fiume di eloquenza* un flux d'éloquence ◇ (*letter.*) éloquence → **retorica 2** (*fig.*) *l'eloquenza dei gesti* l'éloquence des gestes # *l'eloquenza del denaro* la puissance de l'argent.
elòquio, i |e'lɔkwjo, i| *s.m.* [*stile, modo di parlare*] élocution (*f.*): *un eloquio facile* une élocution rapide; *avere un eloquio facile* avoir une grande facilité d'élocution.
élsa |'elsa| *s.f.* [*traversa metallica che separa la lama della spada dalla sua impugnatura*] garde ◇ (*fig.*) *tenere una mano sull'elsa* [*stare in guardia*] être (43), se tenir (27) sur ses gardes.
elucidàre |elutʃi'dare| *v.tr.* (*raro*) → **delucidare.**
elucidazióne |elutʃidat'tsjone| *s.f.* (*raro*) → **delucidazione.**
elucubràre |eluku'brare| *v.tr.* [*elaborare con cura meticolosa*] élaborer ◇ (*spec. iron.*) inventer, imaginer, cogiter (*fam.*): *cosa state elucubrando voi?* qu'allez-vous inventer là?; qu'allez-vous imaginer là?; qu'est-ce que vous cogitez? ◆ (*ass.*) *tu stai elucubrando!* tu cogites! Ⓒ **improvvisare.**
elucubrazióne |elukubrat'tsjone| *s.f.* [→ ELUCUBRARE] méditation → **ricerca** ◇ (*spec. iron.*) élucubration, cogitation: *sono elucubrazioni* ce sont des élucubrations.
elùdere |e'ludere| (106) *v.tr.* [*evitare con destrezza e astuzia*] éluder: *eludere un problema, una domanda imbarazzante* éluder un problème, une question embarrassante; *eludere i regolamenti* éluder les règlements # *eludere la legge* tourner la loi; *eludere la sorveglianza dei custodi* éviter, tromper la surveillance des gardes → **schivare** Ⓒ **affrontare.**
eluènte |elu'ɛnte| *agg. e s.m.* (*chim.*) éluant.
eluìre |elu'ire| (197) *v.tr.* (*chim.*) [*asportare con un solvente una sostanza mescolata ad altre*] éluer.
eluizióne |eluit'tsjone| *s.f.* (*chim.*) élution.
elusióne |elu'zjone| *s.f.* (*raro*) → **evasione.**
elusivaménte |eluziva'mente| *avv.* [→ ELUSIVO] évasivement.
elusìvo |elu'zivo| *agg.* évasif*, élusif*: *una risposta elusiva* une réponse évasive, élusive; *uno sguardo elusivo* un regard évasif Ⓒ **aggressivo.**
eluviàle |elu'vjale| *agg.* (*geol.*) éluvial*.

elùvio, i |e'luvjo, i| *s.m.* (*geol.*) éluvion *f.*
elvèlla |el'vɛlla| *s.f.* (*t.bot.*) helvelle.
elvètico, ci, ca, che |el'vɛtiko, tʃi, ka, ke| *agg.* helvétique, suisse: *la Confederazione elvetica* la Confédération helvétique, suisse.
elvetìsmo |elve'tizmo| *s.m.* (*ling.*) helvétisme.
elzeviriàno |eldzevi'rjano| *agg.* (*tip.*) elzévirien*, elzévir: *formato elzeviriano* format elzévirien, elzévir; *carattere elzeviriano* caractère elzévirien.
elzevirìsta |eldzevi'rista| *s.* [*autore di elzeviri*] chroniqueur *m.* littéraire.
elzevìro |eldze'viro| **I** *agg.* [*elzeviriano*] elzévirien*, elzévir: *carattere, formato elzeviro* caractère, format elzévirien, elzévir **II** *s.m.* **1** [*articolo giornalistico spec. lett., stampato in terza pagina*] article littéraire **2** (*tip.*) elzévir **3** [*edizione in piccolo formato*] elzévir.
emaciàre |ema'tʃare| **A** *v.tr.* (*raro*) [*rendere magro, macilento*] émacier **B** *v.pron. intr.* EMACIARSI [*diventare magro*] s'émacier: *il suo viso si è emaciato* son visage s'est émacié → **dimagrire.**
emaciàto |ema'tʃato| *agg.* [*smunto, magro*] émacié: *un viso emaciato* un visage émacié # *un tipo emaciato* un type maigre Ⓒ **florido.**
emaciazióne |ematʃat'tsjone| *s.f.* (*raro*) [→ EMACIARE] émaciation (*lett.*).
emanàre |ema'nare| **A** *v.tr.* **1** [*emettere, effondere*] émettre (71), dégager (3): *emanare odori, profumi* émettre, dégager des odeurs, des parfums → **esalare**; *emanare calore* émaner, dégager de la chaleur; *emanare dei suoni* émettre des sons **2** (*bur.*) [*pubblicare, promulgare*] publier, promulguer: *emanare un decreto* promulguer, publier un décret # *emanare uno statuto* édicter un statut; *emanare una sentenza* prononcer une sentence **B** *v.intr.* (*aus. 'essere'*) [*diffondersi nello spazio circostante*] se dégager *pron.*, émaner (*aus.* avoir): *un odore piacevole emana da quel fiore* un parfum agréable se dégage de cette fleur ◇ (*fig.*) *un fascino particolare emana dalla sua arte* un charme particulier émane, se dégage de son art Ⓒ A 1 **immettere, assorbire.**
emanazióne |emanat'tsjone| *s.f.* **1** [→ EMANARE A 1] émanation, dégagement (*m.*): *emanazione di gas* émanation, dégagement de gaz **2** [*esalazione, irradiazione*] émanation, exhalaison: *un'emanazione pestifera* une émanation pestilentielle; *emanazioni solforose* exhalaisons sulfureuses ◇ (*chim.*) dégagement, émission: *emanazione di calore* dégagement, émission de chaleur ◇ (*fis.*) émanation, émission: *emanazione della luce* émanation, émission de la lumière **3** [→ EMANARE A 2] publication, promulgation: *l'emanazione di un decreto* la publication, la promulgation d'un décret; *l'emanazione di una legge* la promulgation d'une loi.
emancipàre |emantʃi'pare| **A** *v.tr.* **1** [*attribuire a un minorenne alcune capacità giuridiche di agire*] émanciper **2** (*fig.*) [*liberare da qualunque vincolo di soggezione*] émanciper, libérer (8): *emancipare un popolo* libérer un peuple ◇ (*dir. rom.*) *emancipare uno schiavo* affranchir, libérer un esclave **B** *v.pron. rifl.* EMANCIPARSI [→ *tr.* 2] s'émanciper: *i costumi si sono emancipati* les mœurs se sont émancipées Ⓒ A 1 **sottomettere,** 2 **vincolare** 1.
emancipàto |emantʃi'pato| *agg.* **1** [*progredito, maturo*] émancipé # *nazioni emancipate* nations indépendantes **2** [*libero da pregiudizi, anticonformista*] émancipé ◆ (*s.*) *un emancipato* une personne *f.* émancipée *agg.* **3** (*dir.*) émancipé ◆ (*s.*) *un emancipato* un mineur émancipé *agg.* ◇ (*dir. rom.*) *un servo emancipato* un serf affranchi, libéré ◆ (*s.*) *un emancipato* un (esclave) affranchi.
emancipatóre, trice |emantʃipa'tore, tritʃe| *agg. e s.* émancipateur*.
emancipazióne |emantʃipat'tsjone| *s.f.* (*dir.*) [→ EMANCIPARE A 2] émancipation ◇ (*dir. rom.*) affranchissement *m.* ◇ (*fig.*) émancipation, libération: *l'emancipazione della donna* l'émancipation, la libération de la femme Ⓒ **dipendenza** 1, **soggezione; conformismo.**
emarginàre |emardʒi'nare| *v.tr.* **1** [*mettere ai margini, estromettere*] exclure (46): *emarginare qc. da un partito, da un sindacato* exclure qqn. d'un parti, d'un syndicat → **espellere, allontanare** ◇ [*ridurre o tenere in condizione di inferiorità*] tenir (27) (qqn.) à l'écart **2** (*bur.*) [*annotare sul margine di un documento*] émarger (3), marginer.
emarginàto |emardʒi'nato| *agg.* **1** [*messo ai margini; estromesso*] exclu: *i membri emarginati* les membres exclus → **espulso** ◆ *s. spec. al plur.* [*chi è in condizione di inferiorità*] marginaux: *sono degli emarginati* ils vivent en marge de la société, ce sont des marginaux **2** [*annotato sul margine di un documento*] émargé, marginé ◆ *s.m.* (*bur.*) *un emarginato* une annotation *f.* en marge, un émargement.
emarginazióne |emardʒinat'tsjone| *s.f.* [→ EMARGINARE 1] exclusion; mise à l'écart.
emàrtro |e'martro| *s.m.* (*med.*) hémarthrose *f.*
emasculazióne |emaskulat'tsjone| *s.f.* **1** (*med.*) émasculation **2** (*bot.*) démasclage.
ematèmesi |ema'tɛmezi| *s.f. inv.* (*med.*) hématémèse *var.*
emàtico, ci, ca, che |e'matiko, tʃi, ka, ke| *agg.* (*med.*) hématique.
ematina |ema'tina| *s.f.* (*biol.*) hématine.
ematite |ema'tite| *s.f.* (*miner.*) hématite.
èmato- |'ɛmato| *pref.* (*significa 'sangue, del sangue, sanguigno', corrisponde gener. a*) hémato: *ematosi* hématose.
ematologìa, gie |ematolo'dʒia, dʒie| *s.f.* (*med.*) hématologie.
ematològico, ci, ca, che |emato'lɔdʒiko, tʃi, ka, ke| *agg.* hématologique.
ematòlogo, gi, (*pop.*) **ghi** |ema'tɔlogo, dʒi, gi| *s.* (*med.*) hématologiste, hématologue.
ematòma |ema'tɔma| *s.m.* (*med.*) hématome.
ematòsi |ema'tɔzi| *s.f. inv.* (*med.*) hématose *var.*
Ematozòi |ematod'dzɔi| *s.m. pl.* (*t. zool.*) Hématozoaires.
ematùria |ema'turja| *s.f.* (*med.*) hématurie.
emàzia |e'mattsja| *s.f.* (*biol., med.*) hématie → **globulo (rosso).**
embàrgo, ghi |em'bargo, gi| *s.m.* **1** (*dir. internazionale*) embargo: *sottoporre delle merci a embargo* mettre l'embargo sur des marchandises **2** (*comm. internazionale*) embargo: *togliere l'embargo* lever l'embargo; *quelle navi sono state sottoposte a embargo* on a mis l'embargo sur ces bateaux.
emblèma |em'blɛma| *s.m.* **1** symbole, emblème: *la bilancia è l'emblema della giustizia* la balance est le symbole, l'emblème de la justice → **simbolo** **2** (*st., arts.*) emblème.
emblematicaménte |emblematika'mente| *avv.* [→ EMBLEMATICO] symboliquement.
emblemàtico, ci, ca, che |emble'matiko, tʃi, ka, ke| *agg.* **1** emblématique: *figure emblematiche* des figures emblématiques → **simbolico** **2** [*esemplare*] exemplaire, significatif* → **rivelativo.**
embolìa |embo'lia| *s.f.* (*med., corr.*) embolie.
1 **embolìsmo** |embo'lizmo| *s.m.* → **embolia.**
2 **embolìsmo** |embo'lizmo| *s.m.* (*st. ant., liturg. catt.*) embolisme.
èmbolo |'ɛmbolo| *s.m.* (*med.*) embole, embolus ◇ (*tecnol.*) bulle *f.* d'air, gazeuse.
embricàre |embri'kare| *v.tr.* (*edil.*) [*ricoprire di embrici*] imbriquer, couvrir (23) avec des tuiles.
embricàto |embri'kato| *agg.* (*edil.*) imbriqué: *tetto embricato* toit imbriqué ◇ (*per est.*) [*unito mediante parziale sovrapposizione*] imbriqué: *squame embricate* écailles imbriquées.
embricatùra |embrika'tura| *s.f.* [→ EMBRICARE] imbrication.
èmbrice |'embritʃe| *s.f.* (*edil.*) nouette, tuile imbriquée ◇ *loc.* A EMBRICI imbriqué *agg.*
èmbrio- |'ɛmbrjo| *pref.* (*significa 'embrione, feto', corrisponde gener. a*) embryo: *embriologia* embryologie.
embriogènico, ci, ca, che |embrjo'dʒɛniko, tʃi, ka, ke| *agg.* (*biol.*) embryogénique.
embriologìa, gie |embrjolo'dʒia, dʒie| *s.f.* (*biol.*) embryologie.
embriològico, ci, ca, che |embrjo'lɔdʒiko, tʃi, ka, ke| *agg.* (*biol.*) embryologique.
embriòlogo, gi, (*pop.*) **ghi** |embri'ɔlogo, dʒi, gi| *s.* (*biol.*) embryologiste, embryologue.
embrionàle |embrio'nale| *agg.* **1** (*fig.*) [*che è ancora in formazione, immaturo*] embryonnaire: *allo stato embrionale* à l'état embryonnaire **2** (*biol.*) *sviluppo embrionale* développement embryonnaire.
embrionàrio, i |embrio'narjo, i| *agg.* (*biol.*) embryonnaire → **embrionale.**
embrionàto |embrio'nato| *agg.* (*biol.*) embryon(n)é.
embrióne |embri'one| *s.m.* **1** (*fig.*) embryon → **abbozzo; germe** ◇ (*loc.*) *in embrione* à l'état embryonnaire **2** (*biol., bot.*) embryon.
embriònico, ci, ca, che |embri'ɔniko, tʃi, ka, ke| *agg.* (*raro, biol.*) → **embrionale.**
embriotomìa |embrjoto'mia| *s.f.* (*chir.*) embryotomie.
embriòtomo |embri'ɔtomo| *s.m.* (*chir.*) embryotome.
embrocazióne |embrokat'tsjone| *s.f.* embrocation, embroc (*fam.*).

emendàbile |emen'dabile| *agg.* [→ EMENDARE] réparable: *errore emendabile* erreur réparable → **correggibile, riparabile** ◇ (*agr.*) amendable: *un terreno emendabile* un terrain amendable.

emendaménto |emenda'mento| *s.m.* [→ EMENDARE A 2] **1** amendement: *proporre degli emendamenti a una legge* proposer des amendements à une loi **2** (*raro*) → **correzione** ◇ (*filol.*) émendation *f.* **3** (*agr.*) amendement.

emendàre |emen'dare| **A** *v.tr.* **1** [*correggere*] corriger (3): *emendare il proprio carattere* corriger son caractère ◇ (*filol.*) [*correggere l'errore di un testo con una congettura*] corriger **2** [*modificare il testo di una legge, durante la discussione in Parlamento*] amender: *emendare un disegno di legge* amender un projet de loi **3** (*agr.*) [*correggere e integrare la costituzione fisica di un terreno*] amender **B** *v.pron. rifl.* EMENDARSI (*fig.*) [*correggersi, spec. moralmente*] s'amender, se corriger: *non si è emendata* elle ne s'est pas corrigée Ⓒ A 1 **sbagliare.**

emendativo |emenda'tivo| *agg.* → **emendatore.**

emendatóre, trice |emenda'tore, tritʃe| *agg. e s.* [*che emenda*] correcteur* → **correttore.**

emendazióne |emendat'tsjone| *s.f.* (*raro*) [→ EMENDARE] correction ◇ (*filol.*) émendation.

emergènte |emer'dʒɛnte| *agg.* **1** (*raro*) [*che emerge*] qui émerge(nt) *loc.* **2** (*fig.*) [*imprevisto, imprevedibile*] imprévu: *difficoltà emergenti* difficultés imprévues ◇ (*dir.*) *danno emergente* dommage occurrent.

1 **emergènza** |emer'dʒɛntsa| *s.f.* (*raro*) → **sporgenza.**

2 **emergènza** |emer'dʒɛntsa| *s.f.* **1** [*situazione di pericolo eccezionale, soprattutto per una comunità*] urgence, danger (*m.*): *stato di emergenza* état d'urgence; *in caso d'emergenza* en cas de danger, d'urgence; *misure d'emergenza* mesures d'urgence; *servizio di emergenza* service des urgences ◇ (*ferr.*) *freno d'emergenza* signal d'arrêt; *arresto d'emergenza* arrêt d'urgence **2** [*circostanza imprevista*] imprévu (*m.*): *sono rimasto bloccato da un'emergenza* un imprévu m'a retenu.

emèrgere |e'mɛrdʒere| (114) *v.intr.* (*aus. 'essere'*) **1** [*uscire, affiorare da un liquido*] émerger (3) (*aus.* avoir); faire (45) *tr.* surface: *quell'isolotto emerge con la bassa marea* cet îlot émerge à marée basse ‖ *il sommergibile è emerso immediatamente* le sous-marin a fait immédiatement surface → 1 **affiorare** ◇ [*uscire fuori, apparire*] sortir (21), se détacher (*pron.*): *una figura indistinta emerse dal buio* une silhouette indistincte sortit de l'obscurité ◇ (*fig.*) [*apparire evidente, risultare chiaro*] se faire *pron.* jour, émerger: *la verità emergerà prima o poi* la vérité finira bien par se faire jour **2** [*innalzarsi, levarsi più in alto*] se dresser *pron.*, s'élever (6) (*pron.*): *la torre emergeva fra quelle case* la tour se dressait au-dessus de ces maisons → **elevar(si)**; *le montagne emergono all'orizzonte* les montagnes s'élèvent, se dressent à l'horizon ◇ (*fig.*) [*distinguersi fra gli altri; eccellere*] se distinguer *pron.*, se signaler *pron.*; exceller (*aus.* avoir): *vuole emergere a tutti i costi* il cherche à se distinguer, à se signaler à tout prix; *emerge per le sue virtù* il se distingue par ses vertus → **segnalar(si)** ‖ *emergere nella propria professione* exceller dans sa profession # *emergere su qc. per q.c.* dominer qqn. par qqch. Ⓒ 1 **immerger(si), sommerger(si), scomparire**; 2 **abbassar(si).**

emèrito |e'mɛrito| *agg.* **1** (*persone*) [*che conserva il grado e la dignità dell'ufficio che ha cessato di esercitare*] honoraire: *consigliere emerito* conseiller honoraire; *professore emerito* professeur honoraire **2** (*per est.*) [*famoso, insigne*] éminent, illustre: *il mio emerito collega* mon éminent, illustre collègue; *uno scrittore emerito* un écrivain illustre ◇ (*scherz.*) *un'emerita canaglia* un coquin fieffé.

èmero |'ɛmero| *s.m.* (*t.bot.*) coronille.

emerocàllide |emero'kallide| *s.f.* (*t.bot.*) hémérocalle, belle-d'un-jour (*corr.*), lis jaune (*corr.*).

emerotèca |emero'tɛka| *s.f.* hémérothèque.

emersióne |emer'sjone| *s.f.* **1** [→ EMERGERE 1] émersion ◇ (*spec.*) *un sommergibile in emersione* un sous-marin qui fait surface, en surface **2** (*astron.*) émersion Ⓒ 1 **immersione.**

emèrso |e'mɛrso| *agg.* [*affiorato alla superficie*] émergé: *le terre emerse* les terres émergées ◇ (*fig.*) [*divenuto manifesto, sorto*] surgi: *rinviare un progetto per le difficoltà emerse all'ultimo momento* renvoyer un projet à cause des difficultés surgies à la dernière minute.

emètico, ci, ca, che |e'mɛtiko, tʃi, ka, ke| *agg.* (*farm.*) émétique ♦ (*s.m.*) *un emetico* un émétique.

eméttere |e'mettere| (155) *v.tr.* **1** [*mandar fuori, diffondere intorno*] émettre (71): *emettere un suono, raggi* émettre un son, des rayons → **diffondere** # *emettere un grido* lancer un cri; *emettere un profumo dolce* dégager un doux parfum → **effondere** **2** (*fig.*) [*esprimere, pronunciare*] émettre, exprimer: *emettere parere favorevole* émettre, exprimer un avis favorable → **manifestare** ◇ (*comm.*) *emettere un prestito* lancer, émettre un emprunt; *emettere assegni* tirer des chèques; *emettere un ordine di pagamento* émettre un ordre de paiement **3** [*emanare, proclamare*] rendre (53): *emettere una sentenza, un verdetto* rendre un jugement, un verdict ◇ (*bur.*) [*pubblicare*] publier: *emettere un decreto* publier un décret **4** [*mettere in circolazione*] émettre, mettre (71) en circulation: *emettere una serie di francobolli* émettre une série de timbres; *emettere biglietti* émettre, mettre en circulation des billets de banque Ⓒ 1 **immettere**; **trattenere.**

emettitóre, trice |emetti'tore, tritʃe| *s.* **1** *s.* émetteur* ♦ (*agg.*) *ufficio emettitore* bureau émetteur **2** *s.m.* (*elettr.*) émetteur.

-emìa |e'mia| *suff.* (*significa 'sangue', corrisponde gener. a*) émie: *leucemia* leucémie.

emiciclo |emi'tʃiklo| *s.m.* hémicycle.

emicrània |emi'kranja| *s.f.* (*med., corr.*) migraine.

emicrànico, ci, ca, che |emi'kraniko, tʃi, ka, ke| *agg.* [*relativo all'emicrania*] migraineux*.

emigrànte |emi'grante| *agg.* [*chi emigra*] émigrant ♦ (*s.*) *un emigrante* un émigrant Ⓒ **immigrante.**

emigràre |emi'grare| *v.intr.* (*aus. 'essere'*; *in senso ass. 'avere'*) **1** [*abbandonare la propria terra d'origine*] émigrer (*aus.* avoir): *molti abitanti hanno emigrato* beaucoup d'habitants ont émigré; *emigrare per trovare un lavoro* émigrer, s'expatrier pour trouver du travail → **espatriare** **2** (*raro*) [*migrare*] émigrer: *le rondini emigrano in primavera* les hirondelles émigrent au printemps **3** (*detto di capitali*) [*essere trasferito all'estero*] fuir (22) (*aus.* avoir) # *capitali che emigrano* la fuite, l'exode des capitaux à l'étranger Ⓒ 1 **immigrare, rimpatriare.**

emigràto |emi'grato| *agg. e s.* émigré → **emigrante** ◇ (*per est.*) [*un esule politico*] un émigré → **esule** Ⓒ **immigrato, rimpatriato.**

emigratòrio, i |emigra'tɔrjo, i| *agg.* migratoire: *i movimenti emigratori* les mouvements migratoires → **migratorio.**

emigrazióne |emigrat'tsjone| *s.f.* **1** [→ EMIGRARE 1] émigration: *l'Italia è un paese di grande emigrazione* l'Italie est un pays à forte émigration → **espatrio; esilio** ◇ [*spostamento in massa di una popolazione*] exode *m.*, migration: *l'emigrazione degli Ebrei* l'exode, la migration des Juifs ◇ (*raro*) [→ EMIGRARE 2] migration: *l'emigrazione delle rondini* la migration des hirondelles → **migrazione** **2** (*raro*) [*la comunità degli emigrati*] immigrés *m.pl.*, migrants (*m.pl.*): *l'emigrazione africana* les immigrés, les migrants africains **3** [→ EMIGRARE 3] fuite: *l'emigrazione di capitali all'estero* la fuite des capitaux à l'étranger → **esodo, fuga.**

emiliàno |emi'ljano| *agg.* [*dell'Emilia*] émilien*.

eminènte |emi'nɛnte| *agg.* **1** [*che sovrasta in altezza*] élevé: *al punto più eminente* au point le plus élevé → **elevato** # *collina eminente il villaggio* colline qui domine le village **2** (*fig.*) (*persone*) éminent, remarquable: *uomini eminenti* des hommes éminents → **insigne, eccellente** **3** (*fig.*) (*cose*) principal*, essentiel*: *gli aspetti eminenti del problema* les aspects principaux, essentiels du problème → **principale, caratteristico** Ⓒ 1 **basso**; 2 **mediocre.**

eminenteménte |eminente'mente| *avv.* [*essenzialmente, principalmente*] avant tout *loc. inv.*, principalement: *è eminentemente un artista* c'est avant tout un artiste.

eminentìssimo |eminen'tissimo| *agg.* éminentissime.

eminènza |emi'nɛntsa| *s.f.* **1** [*elevazione, sporgenza*] éminence, saillie: *le eminenze di una roccia* les éminences, les saillies d'une roche; *l'osservatorio è situato su un'eminenza* l'observatoire est établi sur une éminence, une hauteur → **prominenza** ◇ (*anat.*) éminence, protubérance: *eminenza ossea* éminence, protubérance osseuse → **protuberanza** **2** (*fig.*) [*elevatezza d'ingegno, superiorità morale*] élévation, noblesse: *eminenza di sentimenti* élévation, noblesse de sentiments; *eminenza d'ingegno* noblesse d'esprit → **superiorità** **3** [*titolo riservato a cardinali*] éminence: *Sua Eminenza il cardinale* son Eminence le cardinal ◇ (*spec.*) *l'eminenza grigia* l'éminence grise © 1 **depressione**; 2 **bassezza**.

emiòno |e'mjɔno|, **emiòne** |e'mjɔne| *s.m.* (*t.zool.*) hémione.

emiparési |emipa'rezi| *s.f. inv.* (*med.*) hémiparésie *var.*

emiplegìa, gie |emiple'dʒia, dʒie| *s.f.* (*med.*) hémiplégie.

emiplègico, ci, ca, che |emi'plɛdʒiko, tʃi, ka, ke| *agg. e s.* (*med.*) hémiplégique.

emiràto |emi'rato| *s.m.* émirat ◇ (*per est.*) durée *f.* de l'émirat.

emiro |e'miro| *s.m.* émir.

emisfèrico, ci, ca, che |emis'fɛriko, tʃi, ka, ke| *agg.* hémisphérique.

emisfèro |emis'fɛro| *s.m.* hémisphère.

1 **emissàrio, i** |emis'sarjo, i| *s.m.* **1** émissaire **2** (*anat.*) émissaire.

2 **emissàrio, i** |emis'sarjo, i| *s.* [*agente segreto*] émissaire → **agente** ◇ [*spia*] espion* ◇ [*sabotatore*] saboteur* ◇ [*sicario*] tueur* à gages.

emissióne |emis'sjone| *s.f.* [→ EMETTERE 1] émission: *emissione di un liquido, di un suono* émission d'un liquide, d'un son ◇ (*comm.*) *emissione di assegni, di francobolli* émission de chèques, de timbres-poste; *emissione di azioni, di obbligazioni* émission d'actions, d'obligations ◇ (*fis.*) *emissione di onde radio* émission d'ondes hertziennes © **immissione.**

emissivo |emis'sivo| *agg.* émissif* ◇ (*fis.*) *potere emissivo* pouvoir émissif.

emistichio, i |emis'tikjo, i| *s.m.* (*metr.*) hémistiche.

emitoràce |emito'ratʃe| *s.m.* (*med.*) hémithorax.

emittènte |emit'tɛnte| **I** *agg.* [*che emette, fa uscire*] émetteur* ◆ *s.* (*comm.*) *un emittente* un souscripteur* **II** *s.f.* **1** (*comm.*) *un'emittente* une société émettrice **2** (*radio, tv*) émetteur (*m.*): *un'emittente radiofonica* un émetteur radiophonique; *emittenti televisive* des émetteurs de télévision.

Emitteri |e'mitteri| *s.m.pl.* (*t.zool.*) Hémiptères.

emmenagògo, ghi, ga, ghe |emmena'gɔgo, gi, ga, ge| *agg. e s.* (*farm.*) emménagogue.

emmenthal |'ɛmənta:l| *s.m. inv.* (*ted.*) emmenthal *var.*

emmètrope |em'mɛtrope| *agg.* (*fisiol.*) emmétrope ◆ (*s.*) *un emmetrope* un emmétrope.

emmetropìa |emmetro'pia| *s.f.* (*fisiol.*) emmétropie.

emmetròpico, ci, ca, che |emme'trɔpiko, tʃi, ka, ke| *agg.* (*fisiol.*) emmétrope → **emmetrope.**

èmo- |'ɛmo| *pref.* (*significa 'sangue, sanguinoso', corrisponde gener. a*) hémo, héma: *emoglobina* hémoglobine.

emocianina |emotʃa'nina| *s.f.* (*biol., chim.*) hémocyanine.

emocultùra |emokul'tura| *s.f.* (*biol.*) hémoculture.

emodiàlisi |emodi'alizi| *s.f. inv.* (*med.*) hémodialyse *var.*

emofilìa |emofi'lia| *s.f.* (*med.*) hémophilie.

emofiliaco, ci, ca, che |emofi'liako, tʃi, ka, ke| *agg.* → **emofilico.**

emofilico, ci, ca, che |emo'filiko, tʃi, ka, ke| *agg.* (*med.*) hémophile ◆ (*s.*) *un emofilico* un hémophile.

emoglobìna |emoglo'bina| *s.f.* (*biol.*) hémoglobine.

emòlisi |e'mɔlizi| *s.f. inv.* (*med.*) hémolyse *var.*

emolisìna |emoli'zina| *s.f.* (*biol.*) hémolysine.

emolliènte |emol'ljɛnte| *agg.* (*farm.*) émollient: *sostanza emolliente* substance émolliente ◆ (*s.m.*) *un emolliente* un émollient.

emoluménto |emolu'mento| *s.m.* (*bur.*) [*compenso per prestazioni professionali*] rétribution *f.*, émolument: *percepire un emolumento* toucher une rétribution, des émoluments → 2 **onorario.**

emopatìa |emopa'tia| *s.f.* (*med.*) hémopathie.

emorragìa, gie |emorra'dʒia, dʒie| *s.f.* **1** (*med., corr.*) hémorragie: *emorragia cerebrale* hémorragie cérébrale **2** (*fig.*) *emorragia di capitali* hémorragie, fuite de capitaux → **fuga.**

emorràgico, ci, ca, che |emor'radʒiko, tʃi, ka, ke| *agg.* (*med.*) hémorragique.

emorroidàle |emorroi'dale| *agg.* (*med.*) hémorroïdal*.

emorròide |emor'rɔide| *s.f.* (*med.*) hémorroïde.

emòstasi |e'mɔstasi| *s.f. inv.* (*med.*) hémostase *var.*

emostàtico, ci, ca, che |emos'tatiko, tʃi, ka, ke| *agg.* (*farm., corr.*) hémostatique: *pinze emostatiche* pinces hémostatiques; *matita emostatica* crayon hémostatique ◆ (*s.m.*) *un emostatico* un hémostatique.

emotèca, che |emo'tɛka, ke| *s.f.* [*ambiente e contenitore dove si conserva il sangue per trasfusioni*] banque du sang.

emotisi |emo'tizi| *s.f. inv.* → **emottisi.**

emotività |emotivi'ta| *s.f. inv.* (*raro*) émotivité *var.* ◇ (*corr.*) [*impressionabilità, facilità a commuoversi*] émotivité, impressionnabilité (*var.*): *la sua emotività gli impedì di rispondere* son émotivité l'empêcha de répondre © **insensibilità, impassibilità.**

emotivo |emo'tivo| *agg.* **1** émotif*: *un bambino molto emotivo* un enfant très émotif ◆ (*s.*) *un emotivo* un émotif **2** [*di temperamento incostante, instabile*] inconstant ◆ (*s.*) *un emotivo* un inconstant (*raro*), un émotif (*raro*) **3** [*emozionante*] émouvant: *una scena emotiva* une scène émouvante; *uno spettacolo emotivo* un spectacle émouvant © 1; 2 **impassibile, calmo.**

emottìsi |emot'tizi| *s.f. inv.* (*med.*) hémoptysie *var.*

emottòico, ci, ca, che |emot'tɔjko, tʃi, ka, ke| *agg.* (*med.*) hémoptysique.

emozionàbile |emottsjo'nabile| *agg.* [→ EMOZIONARE B] émotif*, émotionnable: *è un tipo emozionabile* il est émotif, emotionnable → **emotivo** © **calmo, impassibile.**

emozionàle |emottsjo'nale| *agg.* (*psicol.*) émotionnel*: *stato emozionale* état émotionnel.

emozionànte |emottsjo'nante| *agg.* [*che provoca emozione, eccitazione*] émouvant, bouleversant: *un racconto emozionante* un récit émouvant, bouleversant ◇ [*commovente, affascinante*] captivant, passionnant: *un film emozionante* un film captivant, passionnant; *uno spettacolo emozionante* un spectacle passionnant.

emozionàre |emottsjo'nare| **A** *v. tr.* [*provocare uno stato di apprensione o di commozione*] émouvoir (32), émotionner (*fam.*) → **commuovere** ◇ [*impressionare, turbare*] émouvoir, toucher: *queste disgrazie hanno emozionato i suoi amici* ces malheurs ont ému ses amis; *la sua morte l'ha emozionato* sa mort l'a touché # *lo spettacolo l'ha emozionato profondamente* ce spectacle l'a bouleversé **B** *v.pron. intr.* EMOZIONARSI **1** [*cedere alla emozione o alla commozione*] s'émouvoir, se troubler: *lei si emoziona subito* elle est prompte à s'émouvoir **2** [*turbarsi, lasciarsi impressionare*] se laisser impressionner, émouvoir: *non ti emozionare!* ne te laisse pas impressionner!

emozionàto |emottsjo'nato| *agg.* [*che prova commozione, turbamento*] ému: *egli era così emozionato che non riusciva a parlare* il était si ému qu'il ne pouvait pas parler → **commosso.**

emozióne |emot'tsjone| *s.f.* émotion: *svenire, piangere per l'emozione* s'évanouir, pleurer d'émotion; *mostrare una fortissima emozione* trahir une très forte émotion; *l'emozione l'ha tradito* son émotion l'a trahi; *non senza emozione* non sans émotion; *andare in cerca, a caccia di emozioni* chercher les émotions fortes.

empetigine |empe'tidʒine| *s.f.* → **impetigine.**

empiaménte |empja'mente| *avv.* **1** [→ 1 EMPIO 1] d'une manière sacrilège *loc. inv.*; d'une manière impie *loc. inv.* **2** [→ 1 EMPIO 2] impitoyablement, cruellement.

empiàstro |em'pjastro| *s.m.* → **impiastro.**

empièma |em'pjɛma| *s.m.* (*med.*) empyème.

émpiere |'empjere| *v.tr.* → **riempire.**

empietà |empje'ta| *s.f. inv.* **1** [*atto sacrilego*] sacrilège *m. var.*, profanation *var.*, impiété *var.* (*lett.*) → **sacrilegio** ◇ (*fig.*) *è un'empietà l'aver fatto, detto...* c'est un sacrilège d'avoir fait, dit... **2** [*scelleratezza, crudeltà*] cruauté *var.*, férocité (*var.*): *trattare qc. con empietà* traiter qqn. avec cruauté, férocité → **delitto, atrocità** © 1 **religiosità**; 2 **bontà.**

empiménto |empi'mento| *s.m.* (*raro*) → **riempimento.**

1 **émpio, i** |'empjo, i| *agg.* **1** [*sacrilego, irriverente*] sacrilège, impie: *azione empia* action sacrilège; *parole empie* paroles impies ◆ (*s.*) *un empio* un impie, un profanateur **2** [*spietato*] cruel*, impitoyable → **disumano** ◆ (*s.*) *un empio* une personne *f.* cruelle *agg.* © 1 **religioso, pio**; 2 **pietoso, buono.**

2 **émpio, i** |'empjo, i| *agg.* (*raro*) [*pieno, sazio*] rassasié, repu.

empire |em'pire| *v.tr. e pron.* → **riempire.**

empireo |em'pireo| **1** *s.m.* (*filos., lett.*) empyrée **2** *agg.* (*lett.*) → **celeste.**

empireumàtico, ci, ca, che |empireu'matiko, tʃi, ka, ke| *agg.* (*chim.*) empyreumatique: *oli empireumatici* huiles empyreumatiques.

empirìa |empi'ria| *s.f.* (*filos.*) empirisme *m.*

empiricaménte |empirika'mente| *avv.* [→ EMPIRICO 1] empiriquement, par des procédés empiriques *loc. inv.*

empirico, ci, ca, che |em'piriko, tʃi, ka, ke| *agg.* **1** empirique: *rimedio empirico* remède empirique; *metodi empirici* procédés empiriques ♦ *s.* (*persone*) *un empirico* un guérisseur* **2** (*chim.*) empirique **3** (*filos.*) empiriste ♦ (*s.*) *un empirico* un empiriste.

empirismo |empi'rizmo| *s.m.* **1** empirisme **2** (*filos.*, *med.*) empirisme.

empirista |empi'rista| *s.* empiriste ◇ (*fig.*) [*superficiale, di scarsa dottrina*] superficiel*.

empiristico, ci, ca, che |empi'ristiko, tʃi, ka, ke| *agg.* empirique, empiriste: *teoria empiristica* théorie empirique ◇ (*spreg.*) [*superficiale, approssimativo*] superficiel*, approximatif* → **empirico.**

émpito |'empito| *s.m.* (*lett.*) [*forza travolgente, violenta*] fougue *f.*, impétuosité *f.* ◇ (*fig.*) [*smania, impulso violento*] ardeur *f.*, ferveur *f.*, exaltation *f.* # *un empito di furore* un accès de fureur.

empòrio, i |em'pɔrjo, i| *s.m.* **1** [*grande magazzino per la vendita di ogni genere di prodotti*] bazar → **bazar** ◇ (*per est.*) [*ammassamento disordinato di oggetti vari*] bazar → **accozzaglia** **2** [*centro comm. di una o più regioni*] centre commercial* → **centro** ◇ [*centro di confluenza e smercio di un particolare prodotto*] marché → **mercato, 1 fiera.**

empùsa |em'puza| *s.f.* **1** (*t.zool.*) empuse **2** (*t.bot.*) empuse.

emù |e'mu| *s.m. inv.* (*t.zool.*) émeu *var.*, émou *var.*

emulàre |emu'lare| *v.tr.* [*sforzarsi di uguagliare o superare qc.*] rivaliser *intr.* avec: *emulare l'eleganza di qc.* rivaliser d'élégance avec qqn. ◇ [*cercare di imitare; seguire l'esempio*] égaler (en) → **rivaleggiare, gareggiare, competere** # *è difficile emulare la sua generosità* il est difficile d'être aussi généreux que lui.

emulativo |emula'tivo| *agg.* [*che tende a emulare, che è proprio dell'emulazione*] d'émulation *loc. inv.*, qui provoque l'émulation (*loc.*): *spirito emulativo* esprit d'émulation.

emulatóre, trice |emula'tore, tritʃe| **1** *s.* [*chi cerca di uguagliare o superare qc.*] concurrent, émule (*lett.*) → **competitore** **2** *agg.* [*imitatore*] imitateur*.

emulazióne |emulat'tsjone| *s.f.* [→ EMULARE] émulation: *agire per spirito d'emulazione* agir par esprit d'émulation.

èmulo |'ɛmulo| *agg.* **1** [*che si sforza di imitare o superare qc. in modo lodevole*] concurrent, émule (*lett.*) ♦ (*s.*) *un emulo* un émule **2** (*pegg.*) [*che tende a superare gli altri per invidia, per rivalità; competitore*] rival*, concurrent → **rivale** ♦ (*s.*) *un emulo* un rival, un concurrent.

emulsìna |emul'sina| *s.m.* (*chim.*) émulsine.

emulsionàbile |emulsjo'nabile| *agg.* (*chim.*) émulsifiable.

emulsionànte |emulsjo'nante| *agg. e s.m.* (*chim.*, *farm.*) émulsif*.

emulsionàre |emulsjo'nare| *v.tr.* (*chim.*) [*ridurre a emulsione*] émulsionner.

emulsionatóre, trice |emulsjona'tore, tritʃe| *agg.* (*tecnol.*) émulsif* ♦ (*s.m.*) *un emulsionatore* un émulseur.

emulsióne |emul'sjone| *s.f.* (*chim.*, *fis.*, *foto.*) émulsion.

emulsìvo |emul'sivo| *agg. e s.m.* (*chim.*) émulsif*.

enàllage |e'nalladʒe| *s.f.* (*ling.*) énallage.

enantèma |enan'tɛma| *s.m.* (*med.*) énanthème.

enantiòtropo |enan'tjɔtropo| *agg.* (*chim.*) énantiotrope.

enarmonia |enarmo'nia| *s.f.* (*mus.*) énharmonie.

enarmònico, ci, ca, che |enar'mɔniko, tʃi, ka, ke| *agg.* (*mus.*) enharmonique.

enartròsi |enar'trɔzi| *s.f. inv.* (*anat.*) énarthrose *var.*

encàrpo |en'karpo| *s.m.* (*arch.*) encarpe.

encàustica, che |en'kaustika, ke| *s.f.* (*pitt.*) encaustique.

encàusto |en'kausto| *s.m.* **1** (*pitt.*) encaustique **2** (*chim.*) encaustiquage, encaustique.

encefàlico, ci, ca, che |entʃe'faliko, tʃi, ka, ke| *agg.* (*anat.*) encéphalique.

encefalite |entʃefa'lite| *s.f.* (*med.*) encéphalite.

encefalitico, ci, ca, che |entʃefa'litiko, tʃi, ka, ke| *agg.* (*med.*) encéphalitique ♦ (*s.*) *un encefalitico* une personne *f.* atteinte d'encéphalite.

encèfalo |en'tʃɛfalo| *s.m.* (*anat.*) encéphale.

encefalografia |entʃefalogra'fia| *s.f.* (*med.*) encéphalographie.

encefalogràmma |entʃefalo'gramma| *s.m.* (*med.*) encéphalogramme.

encefalòide |entʃefa'lɔide| *agg.* (*med.*) encéphaloïde.

encefalopatia |entʃefalopa'tia| *s.f.* (*med.*) encéphalopatie.

enciclica, che |en'tʃiklika, ke| *s.f.* (*eccl.*) encyclique.

enciclopedìa |entʃiklope'dia| *s.f.* **1** encyclopédie: *enciclopedia medica* encyclopédie médicale **2** (*fig.*) [*persona di grande cultura e informazione*] encyclopédie: *è un'enciclopedia ambulante* c'est une encyclopédie ambulante **3** (*st. fr.*) *l'Enciclopedia* l'Encyclopédie.

enciclopedicaménte |entʃiklopedika'mente| *avv.* [→ ENCICLOPEDICO] d'une manière encyclopédique *loc. inv.*

enciclopèdico, ci, ca, che |entʃiklo'pɛdiko, tʃi, ka, ke| *agg.* encyclopédique: *dizionario enciclopedico* dictionnaire encyclopédique ◇ (*fig.*) (*persone*) *ha una mente enciclopedica* il a un esprit encyclopédique; *ha una cultura enciclopedica* il a des connaissances encyclopédiques.

enciclopedismo |entʃiklope'dizmo| *s.m.* (*filos.*) encyclopédisme.

enciclopedìsta |entʃiklope'dista| *s.* (*filos.*, *st. fr.*) encyclopédiste.

ènclisi |'ɛnklisi| *s.f. inv.* (*ling.*) enclise *var.*

enclitica, che |en'klitika, ke| *s.f.* (*ling.*) enclitique.

enclitico, ci, ca, che |en'klitiko, tʃi, ka, ke| *agg.* (*ling.*) de l'enclise *loc. inv.*; de l'enclitique *loc. inv.*

encomiàbile |enko'mjabile| *agg.* [→ ENCOMIARE] louable, digne de louange(s), d'éloges: *un sentimento encomiabile* un sentiment louable.

encomiàre |enko'mjare| *v.tr.* [*tributare lodi in modo solenne e pubblico; elogiare*] louer; faire (45) l'éloge de: *fu encomiato per quell'azione* on le loua d'avoir agi ainsi; *encomiare il coraggio di qc.* louer qqn. pour son courage → **lodare** [C] **biasimare, criticare, denigrare.**

encomiasticaménte |enkomjastika'mente| *avv.* [→ ENCOMIASTICO] en termes élogieux *loc. inv.*

encomiàstico, ci, ca, che |enko'mjastiko, tʃi, ka, ke| *agg.* [*diretto a elogiare; celebrativo*] élogieux*, louangeur* (*lett.*): *un articolo encomiastico* un article élogieux; *discorso encomiastico* discours louangeur; *parlare di qc. in termini encomiastici* parler de qqn. en termes élogieux [C] **ignominioso.**

encòmio, i |en'kɔmjo, i| *s.m.* **1** [*solenne riconoscimento di lode, di ammirazione*] éloge, louange *f.* (*lett.*): *rivolgere un encomio, parole di encomio a qc.* faire l'éloge de qqn. → **elogio** # *parole di encomio* des mots élogieux; *una lettera d'encomio* une lettre de félicitations **2** (*mil.*) citation *f.* **3** (*letter.*) dithyrambe [C] **1 biasimo, disapprovazione.**

endecasillabo |endeka'sillabo| *agg.* (*metr.*) hendécasyllabe: *verso endecasillabo* vers hendécasyllabe ♦ (*s.m.*) *un endecasillabo* un hendécasyllabe.

endemia |ende'mia| *s.f.* endémie.

endemicità |endemitʃi'ta| *s.f. inv.* endémicité *var.*

endèmico, ci, ca, che |en'dɛmico, tʃi, ka, ke| *agg.* **1** endémique ◇ (*fig.*) *una povertà endemica* une pauvreté endémique **2** (*biol.*) endémique.

èndice |'enditʃe| *s.m.* [*uovo vero o finto lasciato nel nido delle galline, perché tornino a deporvi le uova*] nichet, œuf en plâtre.

endivia |en'divja| *s.f.* → **indivia.**

èndo- |'ɛndo| *pref.* (*significa 'dentro, interno, posto all'interno', corrisponde gener. a*) endo: *endocrino* endocrine.

endocàrdio, i |endo'kardjo, i| *s.m.* (*anat.*) endocarde.

endocardite |endokar'dite| *s.f.* (*med.*) endocardite.

endocàrpio, i |endo'karpjo, i|,

endocàrpo |endo'karpo| *s.m.* (*bot.*) endocarpe.

endòcrino |en'dɔkrino| *agg.* (*fisiol.*) endocrinien*; endocrine: *sistema endocrino* système endocrinien ‖ *ghiandole endocrine* glandes endocrines.

endocrinologìa, gie |endokrinolo'dʒia, dʒie| *s.f.* endocrinologie.

endocrinòlogo, gi |endokri'nɔlogo, dʒi| *s.* endocrinologiste, endocrinologue.

endodèrma |endo'dɛrma| *s.m.* (*biol.*, *bot.*) endoderme.

endofasia |endofa'sia| *s.f.* (*psicol.*) endophasie.

endòfita |en'dɔfita| *agg.* (*bot.*, *zool.*) endophyte: *pianta endofita* plante endophyte; *insetto endofita* insecte endophyte ♦ (*s.*) *un endofita* un endophyte.

endogamìa |endoga'mia| *s.f.* (*sociol.*, *zool.*) endogamie.

endogàmico, ci, ca, che |endo'gamiko, tʃi, ka, ke| *agg.* endogamique.

endògamo |en'dɔgamo| *agg.* endogame.

endògeno |en'dɔdʒeno| *agg.* (*biol.*, *fisiol.*, *geol.*, *med.*) endogène.

endometrite |endome'trite| *s.f.* (*med.*) endométrite.

endoparassìta |endoparas'sita| *s.m.* (*biol.*) endoparasite.

endoplàsma |endo'plazma| *s.m.* (*biol.*) endoplasme.
endoreattóre |endoreat'tore| *s.m.* (*aer.*) propulseur anaérobie.
endorèico, ci, ca, che |endo'rɛiko, tʃi, ka, ke| *agg.* (*geogr.*) endoréique.
endoscopìa |endosko'pia| *s.f.* (*med.*) endoscopie.
endoscòpio, i |endos'kɔpjo, i| *s.m.* (*med.*) endoscope.
endosmòsi |endoz'mɔzi| *s.f. inv.* (*fis.*) endosmose *var.*
endoteliàle |endote'ljale| *agg.* (*anat.*) endothélial*.
endotèlio, i |endo'tɛljo, i| *s.m.* (*anat.*) endothélium.
endotèrmico, ci, ca, che |endo'tɛrmiko, tʃi, ka, ke| *agg.* **1** (*chim.*) endothermique **2** (*mecc.*) à combustion interne *loc. inv.* Ⓒ 1 **esotermico.**
endotossìna |endotos'sina| *s.f.* (*biochimica*) endotoxine.
endòttico, ci, ca, che |en'dɔttiko, tʃi, ka, ke|, **entòptico** |en'tɔptiko|, **entòttico** |en'tɔttiko| *agg.* (*fisiol.*) entoptique: *immagini endottiche* images entoptiques.
endovéna |endo'vena|, **endovenósa** |endove'nosa| *s.f.* [*iniezione praticata direttamente in una vena*] intraveineuse.
endovenóso |endove'noso| *agg.* [*che penetra all'interno della vena*] intraveineux*: *iniezione endovenosa* → **endovena.**
-ène |'ɛne| *suff.* (*indica 'un idrocarburo aromatico, un idrocarburo alifatico non saturo, un composto ciclico, un radicale bivalente', corrisponde gener. a*) ène: *benzene* benzène; *etilene* éthylène; *mentene* menthène.
energètica, che |ener'dʒɛtika, ke| *s.f.* (*fis., fisiol.*) énergétique.
energètico, ci, ca, che |ener'dʒɛtiko, tʃi, ka, ke| *agg.* **1** énergétique: *risorse energetiche* ressources énergétiques # *fonte energetica* source d'énergie **2** [*che stimola e rafforza le energie dell'organismo*] energétique; tonique: *cibi energetici* aliments énergétiques ‖ *farmaco energetico* médicament tonique ✦ (*s.m.*) *un efficace energetico* un stimulant, un tonique efficace **3** (*fig.*) [*efficace, corroborante*] énergique → **stimolante.**
energìa, gie |ener'dʒia, dʒie| *s.f.* **1** énergie: *persona piena di energia* personne pleine d'énergie; *riacquistare, perdere le energie* retrouver, perdre son énergie ◇ (*fig.*) force, énergie: *l'energia dello stile* la force du style; *un farmaco che agisce con energia* un médicament qui agit avec énergie **2** [*forza morale o di carattere*] énergie: *ha abbastanza energia per continuare la lotta* il a assez d'énergie pour continuer la lutte **3** (*fis.*) *energia cinetica, potenziale, termica, elettrica, nucleare* énergie cinétique, potentielle, thermique, électrique, nucléaire Ⓒ 1 **debolezza, fiacchezza, indolenza.**
energicaménte |enerdʒika'mente| *avv.* [→ ENERGICO] énergiquement, avec énergie (*loc. inv.*): *reagire, intervenire energicamente* réagir, intervenir énergiquement, avec énergie.
enèrgico, ci, ca, che |e'nɛrdʒiko, tʃi, ka, ke| *agg.* **1** énergique: *carattere energico* caractère énergique ◇ (*fig.*) *una medicina energica* un remède énergique **2** [*forte, vigoroso*] énergique: *una donna energica* une femme énergique Ⓒ **debole, fiacco** 1.
energùmeno |ener'gumeno| *s.* énergumène: *gridare come un energumeno* crier comme un énergumène → **forsennato.**
enervàre |ener'vare| *v.tr.* (*med.*) [*privare dell'innervazione*] pratiquer l'énervation ◇ (*raro, fig.*) [*rendere fiacco, indolente*] affaiblir, amollir → **snervare.**
enervazióne |enervat'tsjone| *s.f.* (*chir.*) énervation.
'enfant prodige' |ɑ̃fɑ̃pʀɔdiʒ| *s.inv.* enfant prodige *var.*
ènfasi |'ɛnfazi| *s.f. inv.* **1** emphase (*var.*): *scrivere con enfasi* écrire avec emphase; *parlare senza enfasi* parler sans emphase **2** (*ling.*) emphase Ⓒ 1 **moderatezza, misura.**
enfàtico, ci, ca, che |en'fatiko, tʃi, ka, ke| *agg.* emphatique: *stile, gesto enfatico* style, geste emphatique Ⓒ **calmo, pacato, misurato, moderato.**
enfiàre |en'fiare| *e deriv.* → **gonfiare** *e deriv.*
enfisèma |enfi'zɛma| *s.m.* (*med.*) emphysème: *enfisema polmonare* emphysème pulmonaire.
enfisemàtico, ci, ca, che |enfize'matiko, tʃi, ka, ke| *agg.* (*med.*) emphysémateux*.
enfisematóso |enfizema'toso| *agg.* (*med.*) emphysémateux* ✦ (*s.*) *un enfisematoso* un emphysémateux.
enfitèusi |enfi'tɛuzi| *s.f. inv.* (*dir.*) emphytéose *var.*
enfitèuta |enfi'tɛuta| *s.m.* (*dir.*) emphytéote.
enfitèutico, ci, ca, che |enfi'tɛutiko, tʃi, ka, ke| *agg.* (*dir.*) emphytéotique: *contratto, canone enfiteutico* contrat, loyer emphytéotique.
'engagé' |ɑ̃gaʒe| *agg. inv. e s. inv.* engagé (*var.*): *un artista 'engagé'* un artiste engagé.
engràmma |en'gramma| *s.m.* (*psicol.*) engramme.
enìgma |e'nigma| *s.m.* **1** énigme (*f.*): *risolvere un enigma* résoudre une énigme, trouver le mot de l'énigme → **indovinello 2** (*fig.*) énigme; mystère: *questo problema è un vero enigma* ce problème est une véritable énigme; *parlare per enigmi* parler par énigmes ‖ *quell'uomo è un enigma* cet homme est un mystère.
enigmaticaménte |enigmatika'mente| *avv.* [→ ENIGMATICO] énigmatiquement, d'une manière énigmatique (*loc. inv.*): *esprimersi, comportarsi enigmaticamente* s'exprimer, se comporter d'une manière énigmatique.
enigmàtico, ci, ca, che |enig'matiko, tʃi, ka, ke| *agg.* énigmatique Ⓒ **chiaro, semplice, facile, comprensibile.**
enigmista |enig'mista| *s.* [*persona abile nell'enigmistica*] inventeur* d'énigmes, amateur* d'énigmes.
enigmìstica, che |enig'mistika, ke| *s.f.* art *m.* de faire, de résoudre les énigmes.
enigmìstico, ci, ca, che |enig'mistiko, tʃi, ka, ke| *agg.* [*relativo all'enigmistica*] d'énigme (*loc.*): *gioco enigmistico* jeu d'énigmes; *pagina enigmistica* page des énigmes, des jeux.
enimma |e'nimma| *e deriv.* → **enigma** *e deriv.*
ennagonàle |ennago'nale| *agg.* (*geom.*) ennéagonal*.
ennàgono |en'nagono| *s.m.* (*geom.*) ennéagone.
enneacòrdo |ennea'kɔrdo| *s.m.* (*mus.*) ennéacorde.
ennèade |en'nɛade| *s.f.* (*raro*) ennéade.
enneasìllabo |ennea'sillabo| *agg.* (*metr.*) ennéasyllabe → **novenario** ✦ (*s.m.*) *un enneasillabo* un ennéasyllabe, un vers de neuf pieds.
ennèsimo |en'nɛzimo| *agg.* **1** (*mat.*) nième, énième: *l'ennesima potenza* la nième puissance # *elevare all'ennesima potenza* élever à la puissance n **2** (*fam.*) [*l'ultimo di una serie molto prolungata*] nième, énième: *ve lo ripeto per l'ennesima volta* je vous le répète pour la nième, pour l'énième fois; *farò un ennesimo tentativo* je ferai une énième tentative → **ultimo.**
enòfilo |e'nɔfilo| **1** *agg.* œnophyle **2** *s.m.* (*scherz. iron.*) [*un buon bevitore*] œnophyle.
enologìa, gie |enolo'dʒia, dʒie| *s.f.* œnologie.
enològico, ci, ca, che |eno'lɔdʒiko, tʃi, ka, ke| *agg.* œnologique.
enòlogo, gi |e'nɔlogo, dʒi| *s.* œnologue.
enometrìa |enome'tria| *s.f.* (*tecnol.*) œnométrie.
enomètrico, ci, ca, che |eno'mɛtriko, tʃi, ka, ke| *agg.* (*tecnol.*) œnométrique.
enopòlio, i |eno'pɔljo, i| *s.m.* coopérative *f.* vinicole.
enórme |e'norme| *agg.* énorme; disproportionné: *alberi enormi* des arbres énormes ‖ *uno sviluppo enorme* un développement disproportionné ◇ (*fig.*) énorme: *un errore enorme* une erreur énorme; *avere ambizioni enormi* avoir d'énormes ambitions Ⓒ **minuscolo; minimo.**
enormeménte |enorme'mente| *avv.* [→ ENORME] (*col v. o col p.p.*) énormément: *questo problema mi interessa enormemente* ce problème m'intéresse énormément ◇ (*davanti a agg. o p. pres.*) extrêmement: *è enormemente ricco* il est extrêmement riche, il est très, très riche.
enormità |enormi'ta| *s.f. inv.* **1** énormité *var.*, exagération (*var.*): *l'enormità delle sue pretese* l'énormité, l'exagération de ses prétentions → **esagerazione** ◇ (*fig.*) [*errore inammissibile; sciocchezza*] énormité: *hai scritto delle enormità* tu as écrit des énormités **2** (*per est.*) [*atto malvagio, scelleratezza*] atrocité *var.*, crime (*m. var.*): *commettere ogni sorta di enormità* commettre toute sorte d'atrocités, de crimes.
enotèca, che |eno'tɛka, ke| *s.f.* œnothèque ◇ [*cantina*] cave.
enotècnica, che |eno'tɛknika, ke| *s.f.* œnotechnie, technique de la production vinicole.
enotècnico, ci, ca, che |eno'tɛkniko, tʃi, ka, ke| *s. e agg.* œnotechnique.
enotèra |eno'tɛra| *s.f.* (*t.bot.*) œnothera *m.*, œnothère *m.*, onagre *m.*
Enoteràcee |enote'ratʃee| *s.f. pl.* (*t.bot.*) Onagrariacées, Oenothéracées.
'en passant' |ɑ̃pasɑ̃| *loc. avv.* en passant.
'en plein' |ɑ̃plɛ̃| *s.m. inv.* en plein.
ensifórme |ensi'forme| *agg.* (*bot.*)

ensiforme: *una foglia ensiforme* une feuille ensiforme.
entalpia |ental'pia| *s.f.* (*fis.*) enthalpie.
ènte |'ɛnte| *s.m.* **1** (*filos.*) être: *ente di ragione* être de raison **2** (*dir.*) personne (*f.*): *ente morale* personne morale **3** [*ufficio; azienda, attività amministrativa*] organisme, office (*bur.*): *ente pubblico* organisme d'intérêt public; *ente assistenziale* organisme d'assistance; *ente autonomo del Turismo* office du Tourisme, Syndicat d'initiative.
entelechìa |entele'kia| *s.f.* (*filos.*) entéléchie.
enteralgìa, gie |enteral'dʒia, dʒie| *s.f.* (*med.*) entéralgie.
-entère |en'tɛre| *suff.* (*significa 'intestino', corrisponde gener. a*) entère: *mesentere* mésentère.
entèrico, ci, ca, che |en'tɛriko, tʃi, ka, ke| *agg.* (*med.*) intestinal*, entérique: *succo enterico* suc intestinal.
enterite |ente'rite| *s.f.* (*med.*) entérite.
èntero- |'ɛntero| *pref.* (*significa 'intestino', corrisponde gener. a*) entér(o)(-): *enterocolite* entérocolite; *enterorenale* entéro-rénal.
enterochinàsi |enteroki'nazi| *s.f. inv.* (*fisiol.*) entérokinase *var.*
enteroclìsi |entero'klizi| *s.f. inv.* (*med.*) lavement *m. var.* → **clistere.**
enteroclisma |entero'klizma| *s.m.* (*med.*) **1** [*apparecchio per praticare l'enteroclisi*] poire *f.* à lavement (*corr.*) **2** [*enteroclisi, clistere*] lavement.
enterocòcco, chi |entero'kɔkko, ki| *s.m.* (*biol.*) entérocoque.
enterocolite |enteroko'lite| *s.f.* (*med.*) entérocolite.
enteropatia |enteropa'tia| *s.f.* (*med.*) entéropathie.
enterorenàle |enterore'nale| *agg.* (*med.*) entéro-rénal*.
entimèma |enti'mɛma| *s.m.* (*filos.*) enthymème.
entità |enti'ta| *s.f. inv.* **1** [*valore, importanza*] valeur *var.*, importance *var.* # *patrimonio di notevole entità* patrimoine important **2** [*l'esatto ammontare, importo*] montant *m. var.* **3** (*filos.*) entité *var.*
entolóma |ento'loma| *s.m.* (*t.bot.*) entolome.
èntomo- |'ɛntomo| *pref.* (*significa 'insetto', corrisponde gener. a*) entom: *entomologia* entomologia.
entomòfago, gi |ento'mɔfago, dʒi| *s.m.* (*zool.*) entomophage.
entomòfilo |ento'mɔfilo| *agg.* (*bot.*) entomophile ◆ (*s.f.pl.*) *le entomofile* les plantes entomophiles *agg.*
entomologìa, gie |entomolo'dʒia, dʒie| *s.f.* entomologie.
entomològico, ci, ca, che |entomo'lɔdʒiko, tʃi, ka, ke| *agg.* entomologique.
entomòlogo, gi |ento'mɔlogo, dʒi| *s.* entomologiste.
'entourage' |ɑ̃tuʀaʒ| *s.m. inv.* entourage (*var.*): *l''entourage' del ministro* l'entourage du ministre.
'entraîneuse' |ɑ̃tʀɛnøz| *s.f. inv.* entraîneuse *var.*
entràmbi |en'trambi| *m.*, **entràmbe** |en'trambe| *f.* **1** *pron. pl.* [*tutti e due; l'uno e l'altro*] tous (toutes) les deux; tous (toutes) deux; l'un(e) et l'autre: *li conosco entrambi* je les connais tous (les) deux; *sono venuti entrambi* ils sont venus tous (les) deux; *ho parlato con entrambe* j'ai parlé avec l'une et l'autre, à toutes deux; *me l'hanno confermato entrambe* toutes (les) deux me l'ont confirmé → **ambedue 2** *agg. pl.* [*tutti e due*] les deux: *conosco entrambi i fratelli* je connais les deux frères; *entrambe le ragazze sono partite* les deux jeunes filles sont parties → **ambedue.**
entrànte |en'trante| *agg.* **1** [*che sta per iniziare, prossimo*] prochain: *il, nel mese entrante* le mois prochain **2** (*fig.*) [*persona abile a introdursi in ambienti o situazioni nuove o difficili*] insinuant ◇ [*persuasivo*] persuasif*: *con un tono di voce entrante* d'un ton de voix persuasif; *un argomento entrante* une argumentation persuasive → **suadente** C **1 uscente.**
1 **entràre** |en'trare| *v.intr.* (*aus. 'essere'*) **1** [*passare dall'esterno; introdursi, penetrare*] entrer: *entrare in casa, in una casa* entrer à la maison, dans une maison; *entrare in acqua* entrer dans l'eau ◇ (*fig.*) [*essere ammesso*] *entrare in magistratura* entrer dans la magistrature; *entrare in convento* entrer au couvent; entrer dans les ordres # *entrare in ruolo* être titularisé ◇ (*fig.*) [*insinuarsi*] s'insinuer (*pron.*): *gli entrò il sospetto* le soupçon s'insinua dans son esprit **2** (*cose*) (*spec. unito alla particella enclitica 'ci'*) [*essere contenuto, trovar posto, essere pertinente*] entrer, y aller (13): *l'ombrello non entra nella valigia* le parapluie n'entre pas dans la valise # *'quante volte il due entra nel sei?' 'tre volte'* 'en six combien de fois deux?' 'trois fois' ◇ (*fig.*) *è un discorso che non c'entra* c'est un discours qui n'a rien à voir, à faire ici; *c'entra come i cavoli a merenda* ça, il arrive comme de la moutarde après dîner; *queste scarpe non gli entrano* ces chaussures le serrent trop; *la giacca gli entra due volte* sa veste est deux fois trop grande pour lui **3** (*fig.*) [*aderire, partecipare*] entrer, adhérer (8) (*aus.* avoir): *entrare in un partito* entrer dans, adhérer à un parti; *entrare in lizza* entrer en lice ◇ (*per est.*) *entrare nel personaggio* [*immedesimarsi*] entrer dans le personnage, dans la peau du personnage; *entrare nelle faccende altrui* [*immischiarsi*] se mêler des affaires des autres **4** [*mettersi in una diversa condizione o situazione*] entrer: *entrare in guerra* entrer en guerre **5** (*in senso fig., assume significati particolari a seconda del compl. che lo accompagna*) *entrare nelle simpatie di qc.* [*divenire simpatico*] devenir (27) sympathique à qqn.; *entrare nelle grazie di qc.* entrer dans les bonnes grâces de qqn.; *entrare in argomento* [*iniziarne la trattazione*] aborder un sujet, entrer dans le vif du sujet; *entrare in ballo* se présenter *pron.*; entrer en danse (*fam.*); *entrare in amore* devenir amoureux, tomber amoureux, s'éprendre de qqn.; *entrare in bestia, in collera* entrer en fureur, en colère; piquer une rage; *entrare in forse* entrer dans le domaine des hypothèses **6** [*dare inizio*] commencer (2) (*tr.*): *entrare a trattare* commencer les négociations ◆ (*ass.*) *la messa è entrata* [*ha avuto inizio, è incominciata*] la messe est commencée **7** (*sport*) [*effettuare un'entrata*] faire (45) *tr.* une intervention: *entrare di testa* faire une intervention de tête # *entrare in area* entrer dans la surface de réparation **8** (*mus.*) [*esordire*] attaquer (*tr.*): *entrare fuori tempo* attaquer à contretemps; *gli archi entrano dopo dieci battute* les instruments à cordes attaquent après la dixième mesure C **1 uscire.**
2 **entràre** |en'trare| *s.m. inv.* **1** [*inizio, principio*] début (*var.*): *sull'entrare della primavera* au début du printemps **2** (*raro, lett.*) [*accesso, entrata*] entrée *f. var.* (*corr.*).
entràta |en'trata| *s.f.* **1** [*passaggio dall'esterno all'interno di un determinato luogo*] entrée, arrivée: *l'entrata del treno nella, in stazione* l'entrée, l'arrivée du train en gare → **ingresso** ◇ (*per est.*) [*luogo di accesso; apertura*] entrée, porte: *l'entrata di servizio* l'entrée, la porte de service → **porta, ingresso 2** [*inizio, orario d'ingresso*] début (*m.*): *all'entrata dell'anno nuovo* au début de la nouvelle année ◇ [*inizio di carriera*] entrée: *l'entrata in magistratura* l'entrée dans la magistrature # *l'entrata in ruolo* la titularisation → **immissione** ◇ (*mus., teat.*) entrée → **attacco, esordio** ◇ (*sport*) intervention **3** (*fig.*) [*introiti, guadagni*] rentrée (d'argent), recette: *aumentare le entrate* augmenter les rentrées (d'argent), les recettes ◇ [*rendita*] rente: *vivere di entrate* vivre de rentes **4** *l'entrata in orbita di un missile* l'entrée en orbite d'un missile C 1; 2; 3 **uscita.**
entratùra |entra'tura| *s.f.* **1** (*raro*) [*modo di entrare*] entrée (*corr.*) → **entrata** ◇ (*letter., teat.*) entrée **2** (*fig.*) [*possibilità di accesso presso ambienti o persone autorevoli*] entrée, admission ◇ (*per est.*) [*familiarità*] familiarité **3** (*ippica*) entrées *pl.*
éntro |'entro| **I** *prep.* **1** (*in senso temporale*) [*prima della fine di*] dans; d'ici; avant: *entro oggi* dans la journée; *entro la settimana* dans la semaine ‖ *entro domani* d'ici demain; *entro la prossima settimana* d'ici la semaine prochaine ‖ *entro il mese, l'anno* avant la fin du mois, de l'année; *entro la primavera* avant la fin du printemps ◇ [*prima di, fra*] dans; avant: *entro due giorni* dans deux jours; *entro otto giorni* dans huit jour, dans la huitaine, sous huitaine; *entro quindici giorni* dans quinze jours, dans la quinzaine, sous quinzaine ‖ *entro il 10 del mese* avant le dix du mois **2** (*raro, lett.*) → **dentro II** *avv.* (*raro*) (*da solo o come raff. di altri avv. di luogo*) [*dentro*] dedans, à l'intérieur (*loc. inv.*): *si erano seduti entro* ils s'étaient assis dedans, à l'intérieur; *qua, là entro* là-dedans ◇ (*raro, lett.*) *loc.* D'ENTRO [*interno*] intérieur (*agg.*): *il muro d'entro* le mur intérieur.
entrobórdo |entro'bordo| *s.m. inv.* [*imbarcazione da diporto con motore interno*] canot *var.* à moteur.
èntroco, chi |'ɛntroko, ki| *s.m.* (*geol.*) entroque: *calcari a entrochi* calcaires à entroques.
entropìa |entro'pia| *s.f.* (*fis.*) entropie.
entròpion |en'trɔpjon| *s.m. inv.* (*med.*) entropion *var.*
entrotèrra |entro'tɛrra| *s.m. inv.* [*l'interno di una fascia costiera*] hinterland *var.*, arrière-pays → **retroterra.**
entusiasmànte |entuzjaz'mante| *agg.* enthousiasmant, passionnant C **deprimente, noioso.**
entusiasmàre |entuzjaz'mare| **A**

v.tr. **1** [*suscitare entusiasmo, appassionare*] enthousiasmer, passionner: *questa lettura mi ha entusiasmato* cette lecture m'a enthousiasmé **2** [*infiammare, eccitare*] enflammer: *entusiasmare la folla con discorsi demagogici* enflammer la foule, déchaîner l'enthousiasme de la foule par des discours démagogiques **B** *v.pron.* ENTUSIASMARSI **1** *intr.* [→ *tr.* 1] s'enthousiasmer: *entusiasmarsi per un gioco* s'enthousiasmer pour un jeu **2** *rifl.* [→ *tr.* 2] s'enthousiasmer, s'enflammer: *entusiasmarsi facilmente, per un nonnulla* s'enthousiasmer facilement, pour un rien → **esaltar(si)** Ⓒ A **deludere, avvilire;** B **prostrar(si), avvilir(si).**

entusiàsmo |entu'zjazmo| *s.m.* enthousiasme: *entusiasmo patrio* enthousiasme pour la patrie; ardent patriotisme ◇ [*ammirazione esagerata, infatuazione*] enthousiasme, engouement: *un cieco entusiasmo* un enthousiasme aveugle; *accettare con entusiasmo* accepter avec enthousiasme, engouement Ⓒ **indifferenza.**

entusiàsta |entu'zjasta| *agg.* **1** [*pieno di entusiasmo*] passionné: *essere entusiasta di musica classica* être passionné de musique classique ♦ (*s.*) *un entusiasta* un enthousiaste, un passionné **2** (*per est.*) [*pienamente soddisfatto*] ravi # *è entusiasta del tuo lavoro* son travail l'enchante Ⓒ 1 **indifferente.**

entusiasticaménte |entuzjastika'mente| *avv.* [→ ENTUSIASTICO] avec enthousiasme *loc. inv.*

entusiàstico, ci, ca, che |entu'zjastiko, tʃi, ka, ke| *agg.* enthousiaste, chaleureux*: *un'accoglienza entusiastica* un accueil enthousiaste, chaleureux Ⓒ **freddo, tranquillo.**

enucleàre |enukle'are| *v.tr.* **1** [*mettere in evidenza con chiarezza*] dégager (3), tirer l'idée essentielle de (*corr.*) **2** (*chir.*) [*isolare o asportare un organo dai tessuti circostanti*] énucléer.

enucleazióne |enukleat'tsjone| *s.f.* **1** (*raro*) [→ ENUCLEARE 1] élucidation, explication (*corr.*) → **spiegazione** **2** (*chir.*) [→ ENUCLEARE 2] énucléation: *enucleazione di un tumore* énucléation d'une tumeur.

ènula |'ɛnula| *s.f.* (*t.bot.*) aunée.

enumeràre |enume'rare| *v.tr.* [*esporre ordinatamente, elencare*] énumérer (8): *enumerare le circostanze* énumérer les circonstances ◇ (*gener.*) [*raccontare*] raconter, énumérer: *enumerare le proprie disavventure* raconter ses propres aventures.

enumerazióne |enumerat'tsjone| *s.f.* **1** [→ ENUMERARE] énumération ◇ (*per est.*) énumération, liste: *enumerazione parziale, totale* énumération, liste partielle, totale **2** (*ling.*) énumération.

enunciàre |enun'tʃare| *v.tr.* [*esporre in forma appropriata*] énoncer (2): *enunciare i principi di q.c.* énoncer les principes de qqch.; *enunciare un teorema* énoncer un théorème Ⓒ **tacere** 1.

enunciativa |enuntʃa'tiva| *s.f.* (*ling.*) proposition énonciative.

enunciativo |enuntʃa'tivo| *agg.* (*ling.*) énonciatif*.

enunciàto |enun'tʃato| **1** *agg.* énoncé → **esposto** **2** *s.m.* (*filos., mat.*) énoncé, texte: *l'enunciato di un problema* l'énoncé, le texte d'un problème.

enunciazióne |enuntʃat'tsjone| *s.f.* [→ ENUNCIARE] énonciation → **esposizione** ◇ (*ling.*) énonciation.

enunziàre |enun'tsjare| *v.tr.* → **enunciare.**

enurèsi |enu'rɛzi| *s.f. inv.* (*med.*) énurésie (*var.*): *enuresi notturna dei bambini* énurésie nocturne des enfants.

enzìma |en'dzima| *s.m.* (*biol., chim.*) enzyme *f. o m.* → **fermento.**

enzimàtico, ci, ca, che |endzi'matiko, tʃi, ka, ke| *agg.* (*biol., chim.*) enzymatique.

enzimologìa, gie |endzimolo'dʒia, dʒie| *s.f.* enzymologie.

eocène |eo'tʃɛne| *s.m.* (*geol.*) éocène.

eocènico, ci, ca, che |eo'tʃɛniko, tʃi, ka, ke| *agg.* (*geol.*) éocène.

1 **eòlico, ci, ca, che** |e'ɔliko, tʃi, ka, ke| *agg.* **1** éolien*, éolique: *erosione eolica* érosion éolienne, éolique **2** (*mitol.*) éolien.

2 **eòlico, ci, ca, che** |e'ɔliko, tʃi, ka, ke| *agg.* **1** (*geogr.*) éolien*, éolique **2** (*ling.*) éolien: *il dialetto eolico* le dialecte éolien, l'éolien *s.m.*

1 **eòlio, i** |e'ɔljo, i| *agg.* [*relativo al vento e ai suoi effetti*] éolien*, éolique: *grotte eolie* grottes éoliennes, éoliques; *arpa eolia* harpe éolienne, éoliharpe *s.f.*

2 **eòlio, i** |e'ɔljo, i| *agg.* (*ling. gr.*) éolique.

eòlito |e'ɔlito| *s.m.* (*antrop., miner.*) éolithe.

eóne |e'one| *s.m.* (*filos. ant.*) éon.

eosinòfilo |eozi'nɔfilo| *agg. e s.m.* (*biol.*) éosinophile.

èpa |'ɛpa| *s.f.* (*arc.*) → **pancia.**

'épagneul' |epaɲœl| *s.m. inv.* (*t. zool.*) épagneul *var.*

epanàfora |epa'nafora| *s.f.* (*ling.*) → **anafora.**

eparchìa |epar'kia| *s.f.* (*st. biz.*) éparchie.

epàrco, chi |e'parko, ki|, **epàrca, chi** |e'parka, ki| *s.m.* (*st. gr.*) éparque: *dignità di eparco* dignité d'éparque.

eparìna |epa'rina| *s.f.* (*biol.*) héparine.

epàtica, che |e'patika, ke| *s.f.* (*t.bot.*) hépatique.

Epàtiche |e'patike| *s.f. pl.* (*t.bot.*) Hépatiques.

epàtico, ci, ca, che |e'patiko, tʃi, ka, ke| *agg.* hépatique: *insufficienza epatica* insuffisance hépatique ♦ (*s.*) *un epatico* un hépatique.

epatìte |epa'tite| *s.f.* (*med., corr.*) hépatite: *epatite virale* hépatite virale.

epatologìa, gie |epatolo'dʒia, dʒie| *s.f.* (*med.*) hépatologie.

epatòsi |epa'tɔzi| *s.f. inv.* (*med.*) hépatose *var.*

epàtta |e'patta| *s.f.* (*astron.*) épacte.

epèira |e'pɛira| *s.f.* (*t.zool.*) épeire.

epèndima |e'pɛndima| *s.f.* (*anat.*) épendyme *m.*

epèntesi |e'pɛntezi| *s.f. inv.* (*ling.*) épenthèse *var.*

eperlàno |eper'lano| *s.m.* (*t.zool.*) éperlan → **sperlano.**

èpi- |'ɛpi| *pref.* (*significa 'sopra, in; di nuovo', corrisponde gener. a*) épi: *epiciclo* épicycle; *epidemia* épidémie.

èpica, che |'ɛpika, ke| *s.f.* (*letter.*) poème *m.* épique.

epicaménte |epika'mente| *avv.* **1** [→ EPICO 1, 2] d'une manière épique *loc. inv.*, héroïquement → **eroicamente** **2** (*letter.*) avec un ton, un style épique *loc. inv.*

epicàrdio, i |epi'kardjo, i| *s.m.* (*anat.*) épicarde.

epicàrpio, i |epi'karpjo, i|, **epicàrpo** |epi'karpo| *s.m.* (*bot.*) épicarpe.

epicèno |epi'tʃɛno| *agg.* (*raro, ling.*) épicène → **promiscuo.**

epicèntro |epi'tʃɛntro| *s.m.* **1** (*fig.*) [*centro da cui si espande un fenomeno fisico o culturale*] foyer: *l'epicentro di una epidemia* le foyer d'une épidémie; *l'epicentro della contestazione* le foyer de la contestation **2** (*geol.*) épicentre.

epicìclo |epi'tʃiklo| *s.m.* (*astron.*) épicycle.

epicità |epitʃi'ta| *s.f. inv.* caractère *m. var.* épique, aspect *m. var.* épique: *l'epicità del primo volo umano* le caractère, l'aspect épique du premier vol humain.

èpico, ci, ca, che |'ɛpiko, tʃi, ka, ke| *agg.* **1** (*fig.*) [*eccezionale*] épique, héroïque: *resistenza epica* résistance épique, héroïque ◇ (*scherz.*) épique: *una scenata epica* une scène épique (*fam.*) # *una scorpacciata epica* une ripaille mémorable **2** (*letter.*) épique: *poeta epico* poète épique → **eroico** **3** (*lett.*) [*recente, oggettivo, descrittivo*] objectif*, descriptif* → **oggettivo.**

epicòndilo |epi'kɔndilo| *s.m.* (*anat.*) épicondyle.

epicureìsmo |epikure'izmo| *s.m.* **1** (*fig.*) épicurisme, hédonisme → **edonismo** **2** (*filos.*) épicurisme, épicuréisme.

epicurèo |epiku'rɛo| *agg.* **1** (*fig., spreg.*) épicurien* → **edonistico** **2** (*filos.*) épicurien ♦ (*s.*) *un epicureo* un épicurien.

epidemìa |epide'mia| *s.f.* épidémie: *epidemia d'influenza* épidémie de grippe ◇ (*fig.*) épidémie, contagion.

epidemicaménte |epidemika'mente| *avv.* [→ EPIDEMICO] de manière épidémique *loc. inv.*

epidemicità |epidemitʃi'ta| *s.f. inv.* épidémicité *var.*

epidèmico, ci, ca, che |epi'dɛmiko, tʃi, ka, ke| *agg.* (*med.*) épidémique: *malattia epidemica* maladie épidémique.

epidemiologìa, gie |epidemjolo'dʒia, dʒie| *s.f.* épidémiologie.

epidèrmico, ci, ca, che |epi'dɛrmiko, tʃi, ka, ke| *agg.* **1** (*fig.*) épidermique, superficiel*: *contatti epidermici* contacts épidermiques, superficiels; *sensibilità epidermica* sensibilité épidermique **2** (*anat.*) épidermique: *malattia epidermica* maladie épidermique.

epidèrmide |epi'dɛrmide| *s.f.* (*anat., bot.*) épiderme *m.*

epidiascòpio, i |epidjas'kɔpjo, i| *s.m.* (*tecnol.*) épidiascope.

epidìdimo |epi'didimo| *s.m.* (*anat.*) épididyme.

epìfane |e'pifane| *agg.* (*st. gr., rom.*) épiphane.

epifanìa |epifa'nia| *s.f.* (*relig. crist.*) épiphanie, fête des rois ◇ (*lett.*) [*manifestazione, apparizione*] manifestations (*pl.*): *l'epifania del pensiero* les manifestations de la pensée.

epifenomenìsmo |epifenome'nizmo| *s.m.* (*filos.*) épiphénoménisme.

epifenòmeno |epife'nɔmeno| *s.m.* (*filos., med.*) épiphénomène.

epifìllo |epi'fillo| **1** *agg.* (*bot.*) épiphylle **2** *s.m.* (*t.bot.*) épiphylle.

epìfisi |e'pifizi| *s.f. inv.* (*anat.*) **1** [*estremità delle ossa lunghe*] épiphyse *var.* **2** [*ghiandola endocrina*] glande *var.* pinéale, épiphyse.

epifita |e'pifita| *s.f.* (*bot.*) (plante) épiphyte.
epifitia |epifi'tia| *s.f.* (*bot.*) épiphytie.
epifito |e'pifito| *agg.* (*bot.*) épiphyte.
epifonèma |epifo'nɛma| *s.m.* (*ling.*) épiphonème.
epifora |e'pifora| *s.f.* **1** (*ling.*) → **epistrofe** **2** (*med.*) épiphora *m.*
epigàstrico, ci, ca, che |epi'gastriko, tʃi, ka, ke| *agg.* épigastrique: *dolore epigastrico* douleur épigastrique.
epigàstrio, i |epi'gastrjo, i| *s.m.* (*anat.*) épigastre.
epigènesi |epi'dʒɛnezi| *s.f. inv.* (*biol.*) épigénèse *var.*
epigenìa |epidʒe'nia| *s.f.* (*geol.*, *miner.*) épigénie.
epigèo |epi'dʒɛo| *agg.* (*bot.*) épigé.
epigino |e'pidʒino| *agg.* (*bot.*) épigyne.
epiglòttico, ci, ca, che |epi'glɔttiko, tʃi, ka, ke| *agg.* épiglottique.
epiglòttide |epi'glɔttide| *s.f.* (*anat.*) épiglotte.
epìgono |e'pigono| *s.m.* **1** épigone → **imitatore** ◇ *al plur.* (*raro*) [*discendenti, spec. inferiori*] descendants **2** *al plur.* (*st. gr.*) *gli Epigoni* les Épigones.
epìgrafe |e'pigrafe| *s.f.* inscription, épigraphe: *epigrafe ai caduti* inscription sur le monument aux morts à la guerre; *epigrafe tombale* inscription tombale ◇ [*iscrizione sul frontespizio di un libro*] inscription en exergue, épigraphe.
epigrafìa |epigra'fia| *s.f.* **1** épigraphie **2** art *m.* de composer les épigraphes **3** [*raccolta di epigrafi*] épigraphes *pl.*, inscriptions (*pl.*): *epigrafia funeraria* épigraphes, inscriptions funéraires; *epigrafia militare* inscriptions sur les monuments aux morts (à la guerre).
epigraficaménte |epigrafika'mente| *avv.* [→ EPIGRAFICO] en un style concis *loc. inv.*
epigràfico, ci, ca, che |epi'grafiko, tʃi, ka, ke| *agg.* **1** épigraphique: *studi epigrafici* études épigraphiques **2** (*fig.*) *stile epigrafico* [*conciso, essenziale*] style concis.
epigrafista |epigra'fista| *s.* **1** [*studioso, esperto di epigrafia*] épigraphiste **2** auteur* d'épigraphes *pl. inv.*
epigràmma |epi'gramma| *s.m.* (*letter.*) épigramme *f.*
epigrammàtica, che |epigram'matika, ke| *s.f.* **1** (*letter.*) [*genere lett. degli epigrammi*] genre *m.* épigrammatique ◇ (*per est.*) l'art *m.* de composer des épigrammes **2** (*letter.*) [*raccolta di epigrammi*] épigrammes *pl.*
epigrammàtico, ci, ca, che |epigram'matiko, tʃi, ka, ke| *agg.* **1** [*conciso*] concis: *stile epigrammatico* style concis ◇ [*mordace, caustico*] épigrammatique: *detto epigrammatico* dicton épigrammatique **2** (*letter.*) épigrammatique: *stile epigrammatico* style épigrammatique.
epigrammista |epigram'mista| *s.* épigrammatiste.
epilatòrio, i |epila'tɔrjo, i| *agg.* → **depilatorio.**
epilazióne |epilat'tsjone| *s.f.* → **depilazione.**
epilessìa |epiles'sia| *s.f.* (*med.*, *corr.*) épilepsie.
epilèttico, ci, ca, che |epi'lɛttiko, tʃi, ka, ke| *agg.* (*med.*, *corr.*) épileptique: *convulsioni epilettiche* convulsions épileptiques ◆ (*s.*) *un epilettico* un épileptique.
epilettifórme |epiletti'forme| *agg.* (*med.*) épileptiforme.
epilòbio, i |epi'lɔbjo, i| *s.m.* (*bot.*) épilobe.
epilogàre |epilo'gare| *v.tr.* (*raro*) → **riepilogare.**
epìlogo, ghi |e'pilogo, gi| *s.m.* **1** épilogue, conclusion (*f.*): *l'epilogo della guerra* l'épilogue, la fin de la guerre; *l'epilogo di un viaggio* la conclusion, l'épilogue d'un voyage → **conclusione** **2** (*letter.*) épilogue, dénouement © **prologo.**
epinìcio, i |epi'nitʃo, i| *s.m.* (*letter. gr.*) épinicies (*f. pl.*) ◆ *agg.* épinicien*.
epìploon |e'piploon| *s.m. inv.* (*gr.*) (*anat.*) épiploon *var.*
epirogenètico, ci, ca, che |epirodʒe'nɛtiko, tʃi, ka, ke| *agg.* (*geol.*) épirogénique, épeirogénique.
epiròta |epi'rɔta| *agg.* [*dell'Epiro*] épirote.
episcopàle |episko'pale| *agg.* (*eccl.*) épiscopal*: *dignità episcopale* dignité épiscopale ◇ (*relig.*) *la Chiesa episcopale* l'Eglise épiscopale.
episcopàto |episko'pato| *s.m.* (*eccl.*) épiscopat: *l'episcopato cattolico* l'épiscopat catholique.
1 **episcòpio, i** |epis'kɔpjo, i| *s.m.* (*eccl.*) évêché → **vescovado.**
2 **episcòpio, i** |epis'kɔpjo, i| *s.m.* (*fis.*) épiscope.
epìscopo |e'piskopo| *s.m.* **1** (*st. gr.*) épiscopos **2** (*raro*, *eccl.*) → **vescovo.**
episodicaménte |epizodika'mente| *avv.* **1** [→ EPISODICO 1] épisodiquement → **saltuariamente** **2** [→ EPISODICO 2] épisodiquement → **frammentariamente.**
episodicità |epizoditʃi'ta| *s.f. inv.* caractère *m. var.* épisodique: *l'episodicità di un avvenimento* le caractère épisodique d'un événement.
episòdico, ci, ca, che |epi'zɔdiko, tʃi, ka, ke| *agg.* **1** épisodique: *fenomeni episodici* phénomènes épisodiques → **occasionale** ◇ (*fig.*) [*irrilevante, incidentale*] épisodique, secondaire: *è un fatto episodico* c'est un événement épisodique, secondaire **2** (*detto di opera lett.*) [*che si articola in vari episodi*] à épisodes (*loc. inv.*): *romanzo episodico* roman à épisodes # *narrazione episodica* narration fragmentaire.
episòdio, i |epi'zɔdjo, i| *s.m.* **1** épisode: *un episodio della vita, di guerra* un épisode de la vie, de guerre ◇ (*gener.*) [*situazione, vicenda*] circonstance *f.*; épisode: *è un episodio imbarazzante* c'est une circonstance embarrassante ‖ *un triste episodio della sua vita* un triste épisode de sa vie **2** [*fatto di secondaria importanza*] épisode: *è un semplice episodio* c'est un simple épisode ◇ (*med.*) syndrome, complication *f.* accessoire **3** (*letter.*, *teat. gr.*, *mus.*) épisode.
epistàssi |epis'tassi| *s.f. inv.* (*med.*) épistaxis.
epistemologìa, gie |epistemolo'dʒia, dʒie| *s.f.* (*filos.*) épistémologie.
epistemològico, ci, ca, che |epistemo'lɔdʒiko, tʃi, ka, ke| *agg.* (*filos.*) épistémologique.
epistemòlogo, gi |episte'mɔlogo, dʒi| *s.* épistémologue, épistémologiste.
epìstola |e'pistola| *s.f.* **1** (*lett.*) → **lettera** ◇ (*scherz.*) [*lettera prolissa o troppo solenne*] épître: *mi ha scritto un'epistola* il m'a écrit une épître **2** (*letter.*, *st. crist.*, *liturg. catt.*) épître.
epistolàre |episto'lare| *agg.* épistolaire: *stile epistolare* style épistolaire; *romanzo epistolare* roman épistolaire # *raccolta epistolare* recueil d'épîtres.
epistolàrio, i |episto'larjo, i| *s.m.* **1** [*raccolta delle lettere di un personaggio importante*] lettres *f.pl.*, correspondance (*f.*): *l'epistolario di Leopardi* les lettres, la correspondance de Leopardi **2** (*liturg. catt.*) épistolier.
epistolografìa |epistologra'fia| *s.f.* **1** [*l'arte della composizione epistolare*] traité *m.*, guide *m.* épistolaire **2** [*le lettere di un determinato periodo o di un determinato genere*] recueils *m. pl.* de lettres: *l'epistolografia del Quattrocento* les recueils de lettres du XVe siècle.
epìstrofe |e'pistrofe| *s.f.* (*ling.*) épistrophe.
epistrofèo |epistro'fɛo| *s.m.* (*anat.*) axis.
epitàffio, i |epi'taffjo, i| *s.m.* **1** épitaphe *f.* ◇ (*fig.*, *iron.*) [*scritto confuso e ampolloso*] galimatias **2** (*letter. gr.*) oraison *f.* funèbre.
epitalàmio, i |epita'lamjo, i| *s.m.* (*letter.*) épithalame.
epitelìale |epite'ljale| *agg.* (*biol.*) épithélial*: *tessuto epiteliale* tissu épithélial.
epitèlio, i |epi'tɛljo, i| *s.m.* (*biol.*) épithélium.
epiteliòma |epite'ljɔma| *s.m.* (*med.*) épithéliome, épithélioma.
epitèma |epi'tɛma| *s.m.* (*bot.*) épithème.
epìtesi |e'pitezi| *s.f. inv.* (*ling.*) épithèse *var.*
epitètico, ci, ca, che |epi'tɛtiko, tʃi, ka, ke| *agg.* (*ling.*) épithétique.
epìteto |e'piteto| *s.m.* **1** épithète (*f.*): *degli epiteti irripetibili* des épithètes qu'on ne peut répéter **2** (*gram.*) épithète.
epitomàre |epito'mare| *v.tr.* → **compendiare.**
epìtome |e'pitome| *s.f.* (*lett.*) → **riassunto.**
epizoòtico, ci, ca, che |epiddzo'ɔtiko, tʃi, ka, ke| *agg.* (*veter.*) épizootique: *malattia epizootica* maladie épizootique # *afta epizootica* fièvre aphtheuse.
epizoozìa |epiddzoot'tsia|, **epizootìa** |epiddzoo'tia| *s.f.* (*veter.*) épizootie.
època, che |'ɛpoka, ke| *s.f.* **1** époque: *l'epoca napoleonica* l'époque napoléonienne → 2 **età**; *mobile d'epoca* meuble d'époque, authentique **2** [*particolare momento*; *periodo*] époque; période: *viviamo in un'epoca difficile* nous vivons à une époque difficile ‖ *l'epoca della villeggiatura* la période des vacances ◇ [*età della vita umana*] époque, âge (*m.*): *l'epoca della giovinezza* l'époque de la jeunesse, l'âge de jeunesse ◇ *loc.* FARE EPOCA faire époque, faire date **3** (*comm.*, *geol.*) époque.
epòdo |e'pɔdo| *s.m.* (*letter.*, *metr.*, *teat. gr.*) épode *f.*
eponimìa |eponi'mia| *s.f.* (*st. gr.*, *rom.*) éponymie.
epònimo |e'pɔnimo| *agg.* **1** éponyme: *la dea eponima di Atene* la déesse

éponyme d'Athènes ♦ (*s.*) *un eponimo* un éponyme **2** (*st. gr.*) éponyme ♦ (*s.m.*) *l'eponimo* l'éponyme.
epopèa |epo'pɛa| *s.f.* **1** [*poesia epica*] épopée: *l'epopea greca* l'épopée grecque **2** (*per est.*) [*serie di imprese straordinarie ed eroiche*] épopée: *l'epopea napoleonica* l'épopée napoléonienne.
èpos |'ɛpos| *s.m. inv.* (*letter.*) poème *var.* épique, épopée (*f. var.*): *l'epos di Omero* l'épopée d'Homère → **epica** # *l'epos bretone* la chanson du cycle breton.
epperò |eppe'rɔ| *cong.* → **però** (e).
eppùre |ep'pure| *cong.* **1** (*con valore avvers.*) [*tuttavia, nondimeno*] et pourtant, mais, cependant: *è stanco, eppure continua a lavorare* il est fatigué, et pourtant il continue à travailler; *sono ben coperto, eppure ho freddo* je suis bien couvert, et pourtant j'ai froid; *è di solito tranquillo, eppure talvolta si arrabbia* d'habitude, il est tranquille, mais parfois il s'emporte **2** (*nelle escl., con valore raff.*) (et) pourtant: *eppure è così* et pourtant, c'est comme ça; *eppure, è così semplice!* et pourtant, c'est si simple!; c'est pourtant si simple!; *eppur, si muove!* et pourtant, elle tourne!
èpsilon |'ɛpsilon| *s.m. o f. inv.* (*ling. gr.*) epsilon *m. var.*
eptacòrdo |epta'kɔrdo| *s.m.* (*mus.*) heptacorde.
eptaèdro |epta'ɛdro| *s.m.* (*geom.*) → **ettaedro.**
eptasillabo |epta'sillabo| *agg.* (*metr.*) heptasyllabe → **settenario** ♦ (*s.m.*) *un eptasillabo* un heptasyllabe.
epùlide |e'pulide| *s.f.* (*med.*) épulide, épulie, épulis *m.*
epulóne |epu'lone| *s.m.* **1** [*persona ingorda e ghiotta*] bon vivant → **ghiottone** **2** (*st. rom.*) épulon.
epuràre |epu'rare| *v.tr.* **1** [*estromettere da un ufficio o da un incarico*] épurer: *epurare un partito* épurer un parti **2** (*raro*) [*liberare dalle impurità*] épurer (*corr.*).
epuràto |epu'rato| *agg.* (*persone*) frappé par l'épuration: *la rivolta fu guidata dagli ufficiali epurati* la révolte a eu pour chefs les officiers frappés par l'épuration ♦ (*s.*) *un epurato* une personne *f.* qu'on a épurée.
epurazióne |epurat'tsjone| *s.f.* [→ EPURARE 1] épuration.
equàbile |e'kwabile| *agg.* [*distribuito in modo uguale*] uniforme ◇ (*per est.*) [*giusto, equo*] équitable.
equabilità |ekwabili'ta| *s.f. inv.* (*lett.*) → **uniformità.**
equaménte |ekwa'mente| *avv.* [→ EQUO] équitablement.
equànime |e'kwanime| *agg.* [*di animo sereno e senza prevenzioni*] équitable ◇ [*disinteressato, imparziale*] désintéressé; impartial*: *un comportamento equanime* un comportement désintéressé ‖ *un giudizio equanime* un jugement impartial **C** **ingiusto**; **parziale.**
equanimeménte |ekwanime'mente| *avv.* [→ EQUANIME] équitablement: *comportarsi equanimemente con tutti* se conduire équitablement avec tous.
equanimità |ekwanimi'ta| *s.f. inv.* équanimité *var.* ◇ [*bontà d'animo, comprensione*] équanimité: *ha punito con equanimità le loro mancanze* il a puni leurs fautes avec équanimité **C** **parzialità**; **iniquità.**

equatóre |ekwa'tore| *s.m.* (*geogr.*) équateur ◇ (*astron.*) *equatore celeste* équateur céleste ◇ (*fis.*) *equatore magnetico, termico* équateur magnétique, thermique.
equatoriàle |ekwato'rjale| **1** *agg.* équatorial*: *clima equatoriale* climat équatorial **2** *s.m.* (*astron.*) équatorial.
equazióne |ekwat'tsjone| *s.f.* **1** (*mat.*) équation: *equazione di primo, di secondo grado* équation du premier, du second degré **2** (*astron.*) *equazione del tempo, della luce* équation du temps, de la lumière **3** (*chim.*) équation chimique **4** (*raro, fig.*) [*corrispondenza perfetta*] identité.
equèstre |e'kwɛstre| *agg.* **1** équestre: *circo equestre* cirque équestre **2** (*arald., st. rom.*) équestre.
èqui- |'ɛkwi| *pref.* (*significa 'uguale', corrisponde gener. a*) équi: *equidistante* équidistant.
equiàngolo |ekwi'angolo| *agg.* (*geom.*) équiangle: *triangolo equiangolo* triangle équiangle.
Èquidi |'ɛkwidi| *s.m. pl.* (*t.zool.*) Équidés.
equidimensionàle |ekwidimensjo'nale| *agg.* (*fis.*) de mêmes dimensions (*loc. inv.*): *grandezze equidimensionali* des grandeurs de mêmes dimensions.
equidistànte |ekwidis'tante| *agg.* équidistant: *due rette equidistanti* deux droites équidistantes.
equidistànza |ekwidis'tantsa| *s.f.* équidistance.
equidistàre |ekwidis'tare| (104) *v.intr.* (*aus. 'essere'*) [*essere a uguale distanza rispetto a uno stesso punto di riferimento*] être (43) (*aus.* avoir) équidistant.
equilàtero |ekwi'latero| *agg.* (*geom.*) équilatéral*: *triangolo equilatero* triangle équilatéral ♦ (*s.m.*) *un equilatero* un triangle, un polygone équilatéral *agg.*
equilibraménto |ekwilibra'mento| *s.m.* (*mecc.*) équilibrage.
equilibrànte |ekwili'brante| *agg.* (*fis.*) équilibrant.
equilibràre |ekwili'brare| **A** *v.tr.* [*uguagliare le forze per ottenere una condizione di stabilità*] équilibrer: *equilibrare i piatti di una bilancia* équilibrer les plateaux d'une balance ◇ (*fig.*) [*raggiungere una giusta proporzione delle parti o dei valori*] équilibrer → **compensare** **B** *v.pron.* EQUILIBRARSI **1** *recipr.* [*essere su un piano di parità*] s'équilibrer: *virtù e vizi si equilibrano in lui* ses vertus et ses vices s'équilibrent ◇ [*uguagliarsi, annullarsi*] *le due forze di equilibrano* les deux forces s'équilibrent ◇ [*essere nella giusta proporzione*] s'harmoniser: *i vari elementi architettonici si equilibrano* les différents éléments architecturaux s'harmonisent **2** *rifl.* [*mettersi, tenersi in equilibrio*] (*spec. fig.*) équilibrer (*tr.*): *equilibrarsi nelle spese* équilibrer ses dépenses **C** **squilibrare.**
equilibràto |ekwili'brato| *agg.* **1** (*fis.*) équilibré: *una bilancia equilibrata* une balance équilibrée, en équilibre **2** (*fig.*) équilibré: *un carattere equilibrato* un caractère (bien) équilibré; *una dieta equilibrata* un régime équilibré **C** 2 **squilibrato.**
equilibratóre, trice |ekwilibra'tore, tritʃe| *agg.* équilibreur*: *organo equilibratore* organe équilibreur ♦ *s.m.* (*mecc.*) *un equilibratore* un équilibreur.
equilibratrice |ekwilibra'tritʃe| *s.f.* (*tecnol.*) équilibreur *m.*
equilibratùra |ekwilibra'tura| *s.f.* → **equilibramento.**
equilibrio, i |ekwi'librjo, i| *s.m.* **1** (*fis., corr.*) équilibre: *perdere l'equilibrio* perdre l'équilibre **2** (*fig.*) [*moderazione*] équilibre: *è un uomo privo di equilibrio* c'est un homme qui manque d'équilibre **3** (*fig.*) [*giusta proporzione, armonia*] harmonie *f.*, équilibre: *l'equilibrio dei volumi, delle proporzioni in un quadro* l'harmonie, l'équilibre des volumes, des proportions dans un tableau ◇ (*econ.*) équilibre **C** **squilibrio, sbilancio.**
equilibrismo |ekwili'brizmo| *s.m.* **1** [*le regole e gli esercizi d'equilibrio*] tour, exercice d'équilibre **2** (*fig.*) [*opportunismo*] équilibrisme, opportunisme.
equilibrista |ekwili'brista| *s.* **1** équilibriste → **acrobata** **2** (*fig.*) [*opportunista*] équilibriste, opportuniste.
equimolecolàre |ekwimoleko'lare| *agg.* (*chim.*) équimoléculaire.
equimùltiplo |ekwi'multiplo| *agg.* (*mat.*) équimultiple.
equinismo |ekwi'nizmo| *s.m.* (*med.*) equinisme.
equino |e'kwino| **I** *agg.* **1** [*pertinente al cavallo*] chevalin: *macelleria equina* boucherie chevaline # *carne equina* viande de cheval **2** (*med.*) équin: *piede equino* pied équin **II** *s.* [*ogni animale della famiglia degli Equidi*] *un equino* un mammifère de la famille des équidés → **Equidi.**
equinoziàle |ekwinot'tsjale| *agg.* (*astron., geogr.*) équinoxial*.
equinòzio, i |ekwi'nɔttsjo, i| *s.m.* (*astron., geogr.*) équinoxe: *equinozio di primavera* équinoxe de printemps.
equipaggiaménto |ekwipaddʒa'mento| *s.m.* **1** [*il complesso degli oggetti e degli strumenti necessari in una determinata attività*] équipement: *equipaggiamento di una nave* équipement d'un navire **2** (*raro*) [→ EQUIPAGGIARE] équipement.
equipaggiàre |ekwipad'dʒare| **A** *v.tr.* [*fornire di personale e di mezzi*] équiper: *equipaggiare un esercito* équiper une armée; *equipaggiare una macchina* équiper une machine; *equipaggiare una nave* équiper, armer un navire **B** *v.pron. rifl.* EQUIPAGGIARSI [→ *tr.*] s'équiper: *equipaggiarsi per il mare* s'équiper pour des vacances à la mer **C** A **sfornire.**
equipaggiàto |ekwipad'dʒato| *agg.* [*dotato dei mezzi necessari per il conseguimento di un determinato scopo*] équipé: *è equipaggiato per la caccia* il est équipé pour la chasse ◇ (*mar.*) armé **C** **sprovvisto, sfornito.**
equipàggio, i |ekwi'paddʒo, i| *s.m.* équipage: *equipaggio di un aereo, di una nave* équipage d'un avion, d'un navire ◇ (*sport*) équipage; équipiers (*pl.*): *l'equipaggio di un'auto da corsa* l'équipage d'une voiture de course ‖ *l'equipaggio del bob* les équipiers du bobsleigh ◇ (*caccia*) équipage.
equiparàbile |ekwipa'rabile| *agg.* [→ EQUIPARARE] assimilable; comparable: *l'operaio specializzato non è equiparabile al manovale* l'ouvrier qualifié n'est pas assimilable au manœuvre ‖

queste situazioni non sono equiparabili le une alle altre ces situations ne sont pas comparables les unes aux autres.
equiparàre |ekwipa'rare| *v.tr.* [*mettere alla pari, uguagliare*] assimiler; égaliser: *equiparare due professioni* assimiler deux professions ‖ *equiparare gli stipendi* égaliser les salaires ◇ [*mettere a confronto*] comparer (à), confronter (avec): *equiparare due calligrafie* comparer deux écritures 🄲 **differenziare.**
equiparàto |ekwipa'rato| *agg.* [*messo alla pari*] assimilé; égalisé: *stipendio equiparato a un altro* traitement assimilé à un autre ‖ *i loro diritti sono equiparati* leurs droits sont égalisés.
equiparazióne |ekwiparat'tsjone| *s.f.* [→ EQUIPARARE] égalisation: *equiparazione degli stipendi* égalisation des traitements.
equipartizióne |ekwipartit'tsjone| *s.f.* (*fis.*) équipartition.
'équipe' |ekip| *s.f. inv.* **1** équipe (*var.*): *un'*'*équipe*' *di ricercatori* une équipe de chercheurs; *l'intervento è stato eseguito dall'*'*équipe*' *del dott. X* l'opération a été pratiquée par l'équipe du dr. X; *lavorare in* '*équipe*' travailler en équipe ◇ (*dir.*) *contratto d'*'*équipe*' contrat d'équipe **2** (*sport*) [*squadra*] équipe: *la nostra* '*équipe*' *è in perfette condizioni* notre équipe est en excellente forme.
equipollènte |ekwipol'lɛnte| *agg.* [*di pari valore ed efficacia*] équivalent ◇ (*bur.*) *titoli equipollenti* titres équivalents; *dichiarazioni equipollenti* déclarations équivalentes ◇ (*geom.*) équipollent ◇ (*ling.*) *proposizioni equipollenti* propositions équipollentes.
equipollènza |ekwipol'lɛntsa| *s.f.* [*equivalenza di valore e di efficacia*] équivalence: *l'equipollenza dei due ragionamenti* l'équivalence des deux raisonnements ◇ (*geom.*) *l'equipollenza di due vettori* l'équipollence de deux vecteurs ◇ (*bur.*) équivalence: *l'equipollenza dei diplomi* l'équivalence des diplômes.
equipotenziàle |ekwipoten'tsjale| *agg.* (*elettr.*) équipotentiel*: *superfici equipotenziali* surfaces équipotentielles.
Equisetàcee |ekwise'tatʃee| *s.f. pl.* (*t.bot.*) Équisétacées.
equisèto |ekwi'sɛto| *s.m.* (*t.bot.*) prêle *f.*, équisétum.
equità |ekwi'ta| *s.f. inv.* **1** (*dir., corr.*) équité (*var.*): *giudicare con equità* juger selon l'équité, en équité **2** (*per est.*) équité: *trattare un nemico con equità* traiter un ennemi avec équité→ **giustizia.**
equitatìvo |ekwita'tivo| *agg.* [*ispirato a criteri di equità*] équitable: *arbitraggio equitativo* arbitrage équitable.
equitazióne |ekwitat'tsjone| *s.f.* équitation: *scuola di equitazione* école d'équitation, manège *s.m.*
equivalènte |ekwiva'lɛnte| **I** *agg.* **1** équivalent ◇ (*dir.*) *due quote ereditarie equivalenti* deux parts d'héritage équivalentes ♦ (*s.m.*) *l'equivalente* l'équivalent **2** (*geom.*) équivalent: *figure piane equivalenti* surfaces équivalentes **II** *s.m.* (*chim.*) équivalent, valence-gramme *f.*
equivalènza |ekwiva'lɛntsa| *s.f.* équivalence: *equivalenza di ricchezze* équivalence de richesses ◇ (*mat.*) équivalence.
equivalére |ekwiva'lere| (191) (*aus.* '*essere, avere*') **A** *v.intr.* [*essere di uguale valore o efficacia*] équivaloir (35) (*aus.* avoir): *questa risposta equivale a un rifiuto* cette réponse équivaut à un refus; *due grammi di pesce equivalgono a uno di carne* deux grammes de poisson équivalent à un gramme de viande **B** *v.pron. recipr.* EQUIVALERSI se valoir (35), s'équilibrer: *le forze in campo si equivalgono* les forces en présence se valent, s'équilibrent; *i due ragionamenti si equivalgono* les deux raisonnements se valent.
equivocaménte |ekwivoka'mente| *avv.* [→ EQUIVOCO II 1] de manière équivoque, ambiguë *loc. inv.* ◇ [→ EQUIVOCO II 2] de manière équivoque, louche *loc. inv.*
equivocàre |ekwivo'kare| *v.intr.* (*aus.* '*avere*') [*sbagliare o confondersi sul significato delle parole o sull'aspetto di q.c.*] se méprendre (73) (*pron.*): *non equivocare sul significato delle sue parole* ne te méprends pas sur le sens de ses paroles.
equivocità |ekwivotʃi'ta| *s.f. inv.* [*ambiguità; incertezza d'interpretazione*] équivoque *var.* ◇ [*situazione o comportamento di dubbia moralità*] caractère *m. var.*, aspect *m. var.* louche 🄲 **chiarezza, certezza.**
equìvoco, ci, ca, che |e'kwivoko, tʃi, ka, ke| **I** *s.m.* équivoque (*f.*): *evita ogni equivoco!* évite toute équivoque!; *per non dare adito a equivoci* pour ne pas prêter à équivoque ◇ [*sbaglio*] méprise *f.*, erreur (*f.*): *per equivoco, l'ho preso per un altro* par erreur, je l'ai pris pour un autre # *cadere in equivoco* se méprendre ◇ [*malinteso*] malentendu: *c'è stato un equivoco* il y a eu un malentendu; *a scanso di equivoci* pour éviter tout malentendu # *giocare sull'equivoco* jouer sur les mots **II** *agg.* **1** équivoque, ambigu*: *delle frasi equivoche* des phrases équivoques, ambiguës ◇ (*metr.*) *rime equivoche* rimes équivoques **2** [*che desta sospetto; ambiguo, losco*] équivoque, louche: *tipo equivoco* individu équivoque, louche; *comportamento equivoco* conduite équivoque, louche 🄲 II **chiaro.**
èquo |'ɛkwo| *agg.* **1** [*conforme a giustizia; rispettoso dei valori umani*] équitable: *giudizio equo* jugement équitable **2** [*equilibrato, proporzionato*] équitable; raisonnable: *compenso equo* rétribution équitable ‖ *prezzo equo* prix raisonnable 🄲 1 **iniquo, ingiusto**; 2 **sproporzionato.**
equòreo |e'kwɔreo| *agg.* (*lett.*) [*relativo al mare*] marin (*corr.*).
èra |'ɛra| *s.f.* **1** ère: *l'era di Cristo* l'ère chrétienne ◇ [*epoca caratterizzata da avvenimenti di un certo rilievo*] période, ère, âge (*m.*): *era romantica* période romantique; *era delle Crociate* l'âge des Croisades # *l'era del consumismo* la société de consommation **2** (*geol.*) ère: *era secondaria* ère secondaire, mésozoïque.
erariàle |era'rjale| *agg.* [*relativo alle finanze dello stato*] du Trésor public *loc. inv.* ◇ (*econ.*) *ufficiale erariale* trésorier-payeur; *ufficio erariale* bureau des contributions; *imposte erariali* contributions directes.
eràrio, i |e'rarjo, i| *s.m.* **1** [*denaro, tesoro pubblico; le finanze dello stato*] le Trésor public ◇ (*per est.*) [*l'amministrazione fin. dello stato*] le Trésor (public) **2** (*st. rom.*) Trésor.
èrba |'ɛrba| **I** *s.f.* **1** (*t.bot.*) herbe ~ *erba brusca* oseille ~ *erba da gatti* herbe à chats ~ *erba medica* luzerne ~ *erba lucciola* luzule ~ *erba mazzolina* dactyle ◇ (*corr.*) *il grano in erba* le blé en herbe; *la mala erba* la mauvaise herbe, les mauvaises herbes; *fare l'erba per i conigli* couper de l'herbe pour les lapins # *togliere l'erba* désherber ◇ (*loc.*) *non è erba del tuo orto* ce n'est pas de ton cru ~ *fare d'ogni erba un fascio* mettre tout dans le même sac ~ (*prov.*) *l'erba voglio non cresce nemmeno nel giardino del re* le roi dit: nous voulons **2** (*gener. con valore coll.*) [*l'insieme delle piante erbacee che crescono su un terreno*] herbe: *ciuffo, filo d'erba* touffe, brin d'herbe; *correre, camminare sull'erba* courir, marcher sur l'herbe ◇ [*tappeto erboso*] gazon (*m.*): *è vietato calpestare l'erba* il est interdit de marcher sur le gazon → **prato** ◇ *loc. fig.* IN ERBA en herbe: *scrittore in erba* écrivain en herbe **3** *al plur.* ERBE [*verdure*] herbes, légumes (*m.*): *erbe aromatiche* herbes aromatiques; *il mercato delle erbe* le marché aux légumes; *frittata con le erbe* omelette aux fines herbes **II** *agg.* **1** *verde erba* vert tendre **2** *punto erba* point de tige.
erbàccia, ce |er'battʃa, tʃe| *s.f.* [*ogni tipo di erba dannosa*] mauvaise herbe: *togliere l'erbaccia* arracher les mauvaises herbes.
erbàceo |er'batʃeo| *agg.* herbacé.
erbàggio, i |er'baddʒo, i| *s.m.* **1** [*ogni erba commestibile*] légumes *pl.* verts **2** *al plur.* ERBAGGI [*l'insieme delle verdure da tavola*] légumes: *ha un negozio di erbaggi* il est marchand de légumes # *coltura di erbaggi* culture maraîchère, potagère.
erbàio, i |er'bajo, i| *s.m.* **1** [*luogo in cui crescono solo piante erbacee*] herbage **2** [*coltura foraggera stagionale*] fourragère *f.*
erbaiòlo |erba'jɔlo| *s.* **1** [*chi vende ortaggi*] marchand de légumes ◇ [*ambulante*] marchand des quatre-saisons **2** [*chi raccoglie erba nei prati o nei campi*] personne *f.* qui fait de l'herbe **3** (*arc.*) [*erborista*] herboriste (*corr.*).
erbàrio, i |er'barjo, i| *s.m.* **1** [*raccolta di piante essiccate, ordinata secondo criteri scient.*] herbier **2** [*libro che illustra le piante medicinali e le loro proprietà*] livre des simples.
erbàtico, ci |er'batiko, tʃi| *s.m.* (*dir. mediev.*) droit de fauche.
erbétta |er'betta| *s.f.* **1** herbe fine, tendre **2** *al plur.* LE ERBETTE [*erbe odorose per condimento*] les fines herbes.
erbicida |erbi'tʃida| *agg. e s.m.* (*chim.*) herbicide → **diserbante.**
èrbio, i |'ɛrbjo, i| *s.m.* (*chim.*) erbium.
erbivéndolo |erbi'vendolo| *s.* marchand de fruits et légumes → **fruttivendolo** ◇ [*ambulante*] marchand des quatre-saisons.
erbìvoro |er'bivoro| *agg. e s.* herbivore ♦ *s.* (*scherz.*) *un erbivoro* un végétarien* ♦ *s.m. pl.* (*t.zool.*) *gli Erbivori* les Herbivores.
erbolàto |erbo'lato| *s.m.* **1** (*cuc.*) timbale *f.* de légumes **2** cataplasme d'herbes médicinales **3** → **erborista.**
erboràre |erbo'rare| *v.intr.* (*aus.* '*avere*') [*andare alla ricerca di erbe per uso terapeutico o per motivi di studio o di collezione*] herboriser.

erborazióne |erborat'tsjone| *s.f.* [→ ERBORARE] herborisation.
erborinàto |erbori'nato| (*agg.*) *formaggio erborinato* [*con sottili striature di colore verdastro*] fromage aux herbes.
erborista |erbo'rista| *s.* **1** [*esperto nella raccolta di erbe medicinali e nella conoscenza delle loro proprietà*] herborisateur* (*raro*) **2** [*chi vende erbe medicinali*] herboriste.
erboristerìa |erboriste'ria| *s.f.* **1** l'art *m.* d'herboriser **2** [*bottega dell'erborista*] herboristerie.
erborizzàre |erborid'dzare| *v.intr.* (*aus.* '*avere*') → **erborare.**
erborizzatóre, trice |erborid-dza'tore, tritʃe| *s.* [*chi raccoglie erbe a scopo medico, di studio o di collezione*] herborisateur* (*raro*) → **erborista.**
erborizzazióne |erboriddzat'-tsjone| *s.f.* **1** [→ ERBORARE] herborisation **2** [*trattamento dei formaggi per renderli più piccanti*] persillage *m.*
erbóso |er'boso| *agg.* herbeux*, herbu: *sentiero erboso* sentier herbeux, herbu # *spiazzo erboso* pelouse; *tappeto erboso* gazon; *pascolo erboso* pâturage.
erciniàno |ertʃi'njano|, **ercinico, ci, ca, che** |er'tʃiniko, tʃi, ka, ke| *agg.* (*geol.*) hercynien*.
èrcole |'ɛrkole| *s.m.* (*per anton.*) hercule: *questo uomo è un ercole* cet homme est un hercule # *spalle da ercole* des épaules de lutteur; *fare le fatiche d'Ercole* suer sang et eau.
ercùleo |er'kuleo| *agg.* (*fig.*) [*d'Ercole*] herculéen*: *forza erculea* force herculéenne; *lavoro erculeo* travail herculéen # *statura erculea* taille colossale.
erède |e'rɛde| *s.* **1** [*chi subentra nel godimento del patrimonio di una persona*] héritier*: *erede legittimo, presunto* héritier légitime, présomptif ◇ (*scherz.*) [*figlio*] héritier **2** (*fig.*) héritier: *l'ultimo erede di una corrente filosofica* le dernier héritier d'un courant de pensée # *scrittore erede della tradizione classica* écrivain dans la tradition classique.
eredità |eredi'ta| *s.f. inv.* **1** [*i beni divenuti oggetto di successione*] héritage (*m. var.*): *lasciare q.c. in eredità* laisser un bien en héritage ◇ (*fig.*) *eredità spirituale* héritage spirituel **2** (*biol.*) hérédité *var.* **3** (*dir.*) legs *m.*
ereditàre |eredi'tare| *v.tr.* **1** [*subentrare nel godimento dei beni di una persona morta*] hériter *intr.* de, hériter: *ereditare un terreno, una casa* hériter (d')un terrain, (d')une maison; *ereditare una grande fortuna dai propri genitori* hériter une grande fortune de ses parents ◇ (*fig.*) [*ricevere e conservare come patrimonio morale o ideale*] hériter: *ereditare una tradizione, una cultura* hériter une tradition, une culture **2** (*biol.*) [*ricevere per trasmissione biologica*] hériter, hériter de: *la malattia che ha ereditato da suo padre* la maladie qu'il a héritée de son père; *la malattia che ha ereditato era incurabile* la maladie dont il avait hérité était incurable ◇ (*fig.*) hériter: *ereditare una tradizione, una cultura* hériter une tradition, une culture.
ereditariaménte |ereditarja'-mente| *avv.* [→ EREDITARIO 1] héréditairement.
ereditarietà |ereditarje'ta| *s.f. inv.* (*biol., dir.*) hérédité *var.*
ereditàrio, i |eredi'tarjo, i| *agg.* **1** héréditaire: *diritto ereditario* droit héréditaire; *carica ereditaria* charge héréditaire **2** [*che è destinato alla successione*] héréditaire: *principe ereditario* prince héréditaire **3** (*fig.*) [*tradizionale; permanente*] héréditaire: *nemico ereditario* ennemi héréditaire **4** (*biol.*) héréditaire: *malattia ereditaria* maladie héréditaire.
ereditièra |eredi'tjɛra| *s.f.* héritière.
eremita |ere'mita| *s.* **1** *s.* ermite **2** *s.* (*fig.*) *vivere da eremita* vivre en (comme un) ermite, mener une vie érémitique (*lett.*) **3** *s.m.* (*t.zool.*) pagure (Bernard-l')ermite (*corr.*).
eremitàggio, i |eremi'taddʒo, i| *s.m.* ermitage.
eremìtico, ci, ca, che |ere'-mitiko, tʃi, ka, ke| *agg.* érémitique (*lett.*): *vita eremitica* vie érémitique.
èremo |'ɛremo| *s.m.* [*luogo isolato e solitario dove si ritirano gli eremiti*] ermitage ◇ (*per est.*) [*dimora appartata, tranquilla*] ermitage, maison isolée.
erèpsina |e'rɛpsina| *s.f.* (*chim.*) érepsine.
-èresi |'ɛresi| *suff.* (*significa 'togliere', corrisponde gener. a*) érèse: *aferesi* aphérèse.
eresìa |ere'zia| *s.f.* **1** (*relig., corr.*) hérésie ◇ (*per est.*) *eresia scientifica, letteraria* hérésie scientifique, littéraire **2** [*sproposito; errore madornale*] énormité: *aveva detto un'eresia* il avait dit une énormité ◇ [*bestemmia*] juron *m.*
eresiàrca, chi |ere'zjarka, ki| *s.m.* hérésiarque.
ereticàle |ereti'kale| *agg.* [*che si riferisce a persona o teoria eretica*] hérétique.
ereticaménte |eretika'mente| *avv.* [→ ERETICO] d'une manière hérétique *loc. inv.*, comme un hérétique *loc.*
erètico, ci, ca, che |e'rɛtiko, tʃi, ka, ke| *agg.* **1** (*relig., corr.*) hérétique ✦ (*s.*) *un eretico* un hérétique ◇ (*per est.*) *un eretico* [*ateo; irriverente*] un athée, un mécréant **2** [*relativo a deviazione ideologica o a comportamento aberrante*] hérétique ✦ (*s.*) *un eretico* un hérétique 🄲 **1 credente; 2 ortodosso.**
eretìsmo |ere'tizmo| *s.m.* (*med.*) éréthisme.
erèttile |e'rɛttile| *agg.* (*anat., bot.*) érectile.
erètto |e'rɛtto| *agg.* [*che è in posizione verticale*] droit: *il capo eretto* la tête (bien) droite → **1 diritto** 🄲 **curvo.**
erettóre, trice |eret'tore, tritʃe| *agg.* (*anat.*) érecteur*: *muscolo erettore* muscle érecteur ✦ (*s.m.*) *un erettore* un muscle érecteur *agg.*
ereutofobìa |ereutofo'bia| *s.f.* (*psicol.*) éreuthophobie.
erezióne |eret'tsjone| *s.f.* **1** érection (*lett.*): *erezione di una statua* érection d'une statue **2** [*fondazione; costituzione di un organo sociale*] fondation; établissement (*m.*): *erezione di un ospedale* fondation d'un hôpital ‖ *erezione di un tribunale* établissement d'un tribunal **3** (*med.*) érection.
erg |ɛrg| *s.m. inv.* (*fis.*) erg *var.*
ergastolàno |ergasto'lano| *s.* [*chi sta scontando una pena a vita*] condamné à vie, bagnard *m.*, forçat (*m.*): *una ergastolana* une femme condamnée (à la prison) à vie.
ergàstolo |er'gastolo| *s.m.* **1** [*pena detentiva a vita*] travaux *pl.* forcés à perpétuité, prison *f.* à vie: *essere condannato all'ergastolo* être condamné aux travaux forcés à perpétuité, à la prison à vie **2** (*per est.*) [*luogo dove si scontano le pene a vita*] bagne # *gente da ergastolo* gibier de potence ◇ [*luogo segregato, squallido*] galetas, bouge: *quella casa? è un ergastolo!* cette maison? c'est un galetas, c'est un bouge! **3** (*st. rom.*) ergastule.
èrgere |'ɛrdʒere| (119) **A** *v.tr.* **1** [*edificare, costruire*] dresser, ériger (3): *ergere un monumento* dresser, ériger un monument → **erigere** **2** [*levare in alto, elevare*] dresser, lever (6): *ergere il capo* dresser, lever la tête ◇ (*fig.*) [*innalzare*] élever (6): *ergere la mente a Dio* élever son esprit vers Dieu **B** *v.pron.* ERGERSI **1** *intr.* [*mettersi dritti, innalzarsi*] se dresser, s'élever: *montagna che si erge all'orizzonte* montagne qui se dresse, s'élève à l'horizon **2** *rifl.* (*fig.*) ERGERSI A [*schierarsi risolutamente pro o contro qc.*] prendre (73) *tr.* fait et cause pour qqn.; prendre parti pour, contre qqn.: *ergersi a difensore di qc.* prendre fait et cause pour qqn. # *ergersi a difensore di un'idea* prendre la défense d'une idée.
èrgo- |'ɛrgo| *pref.* (*significa 'lavoro, forza', corrisponde gener. a*) ergo: *ergonomia* ergonomie.
èrgo |'ɛrgo| **1** *cong.* (*lat.*) (*scherz., con valore concl.*) [*dunque, pertanto*] par conséquent, donc **2** *s.m. inv.* (*raro, scherz.*) [*punto decisivo del problema, conclusione*] nœud (*var.*): *essere all'ergo della discussione* être au nœud du débat; *venire all'ergo* en venir au point, au cœur de la question → **dunque.**
ergògrafo |er'gɔgrafo| *s.m.* (*fis.*) ergographe.
ergonomìa |ergono'mia| *s.f.* ergonomie.
ergosterìna |ergoste'rina| *s.f.* (*chim.*) → **ergosterolo.**
ergosteròlo |ergoste'rɔlo| *s.m.* (*chim.*) ergostérol.
ergoterapìa |ergotera'pia| *s.f.* (*med.*) ergothérapie.
ergotìna |ergo'tina| *s.f.* (*farm.*) ergotine.
ergotìsmo |ergo'tizmo| *s.m.* (*med.*) ergotisme.
èrica, che |'ɛrika, ke| *s.f.* (*t.bot.*) bruyère.
Ericàcee |eri'katʃee| *s.f. pl.* (*t.bot.*) Éricacées.
erigèndo |eri'dʒɛndo| *agg.* [*che sta per essere eretto, costruito*] que l'on doit bâtir *loc. inv.*, à bâtir (*loc. inv.*): *l'erigendo ospedale* l'hôpital que l'on doit bâtir, à bâtir ◇ (*fig.*) qui doit être fondé, constitué # *aderire all'erigenda società sportiva* adhérer à l'association sportive en voie de formation.
erìgere |e'ridʒere| (133) **A** *v.tr.* **1** [*innalzare, costruire*] élever (6), dresser: *erigere una barriera, un edificio* élever, dresser une barrière, un édifice **2** [*istituire, fondare, organizzare*] fonder, créer: *erigere una società* fonder, créer une société ◇ (*lett.*) *erigere un beneficio* ériger un bénéfice **3** (*fig.*) [*elevare a una superiore condizione giuridica*] ériger (3): *erigere una fondazione in ente morale* ériger, constituer une fondation en personne morale ◇ (*per est.*) [*assumere come principio gener.*; *elevare*]

erigere a norma il proprio comportamento ériger sa propre conduite en règle universelle **B** *v.pron. rifl.* ERIGERSI **1** [*assumere una posizione eretta, verticale*] se dresser; se redresser: *l'orso si eresse sulle zampe posteriori* l'ours se dressa sur ses pattes de derrière || *si erigeva con tutte le forze* il se redressait de toutes ses forces **2** (*fig.*) [*assumere una mansione o una qualità impropria o occasionale*] s'ériger (en): *erigersi a tutore* s'ériger en tuteur → **eriger(si)** **3** (*fig.*) [*costituirsi, organizzarsi*] s'organiser C A 1 **abbassare, abbattere, demolire.**

erigeron |e'ridʒeron| *s.m. inv.* (*t. bot.*) érigéron *var.*, vergerette *f. var.* (*corr.*).

erigibile |eri'dʒibile| *agg.* qu'on peut ériger *loc.*

eringio, i |e'rindʒo, i| *s.m.* (*t.bot.*) panicaut, chardon-Roland (*corr.*).

erinòsi |eri'nɔzi| *s.f. inv.* (*bot.*) black-rot *m. var.*

erisipela |eri'zipela| *s.f.* (*med.*) érysipèle *m.*, érésipèle *m.*

eristalis |e'ristalis| *s.f. inv.* (*t.zool.*) éristale *m. var.*

eristica, che |e'ristika, ke| *s.f.* (*filos.*) éristique.

eristico, ci, ca, che |e'ristiko, tʃi, ka, ke| *agg.* (*filos.*) éristique.

eritèma |eri'tɛma| *s.m.* (*med.*) érythème.

eritematóso |eritema'toso| *agg.* (*med.*) érythémateux*.

eritrèo |eri'trɛo| *agg.* [*dell'Eritrea*] érythréen # *mar Eritreo* mer d'Érythrée.

eritrina |eri'trina| *s.f.* **1** (*t.bot.*) érythrine **2** (*miner.*) érythrine.

eritrite |eri'trite| *s.f.* **1** → **eritrina** 2 **2** (*chim.*) érytrite.

eritro- |e'ritro| *pref.* (*significa 'rosso', corrisponde gener. a*) érythro: *eritrocita* érythrocyte.

eritroblàsto |eritro'blasto| *s.m.* (*biol.*) érythroblaste.

eritrocita |eritro'tʃita|, **eritrocito** |eritro'tʃito| *s.m.* (*biol.*) érythrocyte, hématie *f.*

eritrofobìa |eritrofo'bia| *s.f.* (*med.*) érythrophobie, éreuthophobie.

eritròsi |eri'trɔzi| *s.f. inv.* (*med.*) érythrose *var.*

eritrosina |eritro'zina| *s.f.* (*chim.*) érythrosine.

èrma |'ɛrma| *s.f.* (*st. gr.*) hermès *m.* ◇ (*per est.*) [*qualsiasi scultura di testa o a mezzo busto, appoggiata su un pilastro*] hermès.

ermafroditismo |ermafrodi'tizmo| *s.m.* (*biol.*) hermaphrodisme.

ermafrodito |ermafro'dito| *agg.* **1** hermaphrodite → **androginico** ◆ (*s.m.*) *un ermafrodito* un hermaphrodite **2** (*spreg.*) [*invertito*] inverti, homosexuel* ◆ (*s.m.*) *un ermafrodito* un inverti, un homosexuel C 1 **unisessuale.**

ermellino |ermel'lino| *s.m.* (*t.zool.*) hermine *f.* ◇ (*per est.*) *pelliccia d'ermellino* hermine; *una toga orlata di ermellino* une robe bordée d'hermine.

ermenèuta |erme'nɛuta| *s.* expert en herméneutique.

ermenèutica, che |erme'nɛutika, ke| *s.f.* (*filol.*) herméneutique.

ermenèutico, ci, ca, che |erme'nɛutiko, tʃi, ka, ke| *agg.* (*filol.*) herméneutique.

ermeticaménte |ermetika'mente| *avv.* **1** [→ ERMETICO 1] hermétiquement **2** (*fig.*) obscurément.

ermeticità |ermetitʃi'ta| *s.f. inv.* [*condizione di chiusura perfetta*] étanchéité *var.*, hermeticité *var.* (*raro*) ◇ (*fig.*) [*scarsa comprensibilità*] hermétisme *m. var.*, ésotérisme (*m. var.*): *l'ermeticità di certi poeti* l'hermétisme, l'ésotérisme de certains poètes → **oscurità.**

ermètico, ci, ca, che |er'mɛtiko, tʃi, ka, ke| *agg.* **1** hermétique, étanche: *una scatola ermetica* une boîte hermétique, étanche **2** (*fig.*) obscur, impénétrable: *una frase ermetica* une phrase obscure; *il suo viso aveva una espressione ermetica* son visage était impénétrable → **oscuro** # *poesia ermetica* poésie hermétique ◆ (*s.m.*) *un ermetico* un écrivain (un poète) hermétique *agg.* **3** (*filos. gr.*) hermétique ◆ (*s.m.*) *un ermetico* un philosophe hermétique *agg.* C 2 **aperto, chiaro, palese.**

ermetismo |erme'tizmo| *s.m.* **1** [*oscurità, misteriosità*] obscurité (*f.*): *l'ermetismo di certe leggi* l'obscurité de certaines lois **2** (*letter.*) hermétisme: *l'ermetismo in poesia* l'hermétisme en poésie **3** (*filos. gr.*) hermétisme.

érmo |'e(ɛ)rmo| **1** *agg.* (*poet.*) [*solitario, deserto*] désert **2** *s.m.* (*raro*) [*eremo*] ermitage (*corr.*) C 1 **popoloso, frequentato.**

èrnia |'ɛrnja| *s.f.* **1** (*med., corr.*) hernie: *ernia del disco* hernie discale **2** (*bot.*) hernie.

erniària |er'njarja| *s.f.* (*t.bot.*) herniaire.

erniàrio, i |er'njarjo, i| *agg.* (*med.*) herniaire.

erniàto |er'njato| *agg.* (*med.*) hernié.

eródere |e'rodere| (175) *v.tr.* [*consumare in modo lento e progressivo*] éroder, ronger (3): *gli acidi erodono i metalli* les acides érodent, rongent les métaux → ◇ (*fig.*) **corrodere.**

erodibile |ero'dibile| *agg.* qui peut s'éroder *loc.*

eròe |e'rɔe| *s.m.* **1** *héros: *morire da eroe* mourir en héros **2** (*letter.*) héros: *l'eroe di un romanzo* le héros d'un roman → **protagonista** # *un eroe da poltrona* un fanfaron, un tartarin ◇ (*scherz.*) *l'eroe della serata* le héros de la soirée **3** (*mitol.*) héros: *gli dei e gli eroi della mitologia greca* les dieux et les héros de la mythologie grecque C 1 **vile, vigliacco, pusillanime.**

erogàbile |ero'gabile| *agg.* que l'on peut débiter *loc.*, qui peut être débité *loc.*

erogabilità |erogabili'ta| *s.f. inv.* possibilité *var.* de débiter, d'être débité: *erogabilità del gas, della luce* possibilité de débiter le gaz, l'électricité.

erogàre |ero'gare| *v.tr.* **1** [*stanziare, spendere per un determinato scopo*] affecter: *erogare fondi per la Croce Rossa* affecter des crédits à la Croix Rouge **2** [*fornire con appositi impianti, a una rete di distribuzione*] distribuer: *erogare l'acqua a una città* distribuer l'eau dans une ville C 1 **accumulare.**

erogatóre |eroga'tore| **1** *agg.* [*che eroga*] de distribution (*loc. inv.*): *ente erogatore* société de distribution **2** *s.m.* (*tecnol.*) valve *f.*, soupape *f.* à clapets.

erogazióne |erogat'tsjone| *s.f.* **1** [→ EROGARE 1] affectation: *erogazione di fondi per la pubblica istruzione* affectation de crédits à l'éducation nationale ◇ (*per est.*) [*la somma assegnata*] crédit *m.*, somme allouée: *l'erogazione non è più sufficiente* les crédits sont devenus insuffisants, la somme allouée ne suffit plus **2** [→ EROGARE 2] distribution: *erogazione dell'acqua, della luce elettrica, del gas* distribution de l'eau, de l'électricité, du gaz C 1 **introito.**

erògeno |e'rɔgeno| *agg.* (*med., psican.*) érogène, érotogène: *zone erogene* zones érogènes, érotogènes.

eroicaménte |eroika'mente| *avv.* [→ EROICO 1] héroïquement, d'une manière héroïque *loc. inv.*

eroicizzàre |eroitʃid'dzare| *v.tr.* (*raro*) → **esaltare.**

eroicizzazióne |eroitʃiddzat'tsjone| *s.f.* [→ EROICIZZARE] héroïsation.

eròico, ci, ca, che |e'rɔiko, tʃi, ka, ke| *agg.* **1** héroïque: *una decisione eroica* une décision héroïque ◇ (*per est.*) [*sovrumano, straordinario*] exceptionnel*: *sforzo eroico* effort exceptionnel **2** (*mitol.*) héroïque: *i secoli eroici* les temps héroïques **3** (*letter.*) héroïque, épique ◇ (*metr.*) *verso eroico* vers hexamètre C 1 **vile; vigliacco, pusillanime.**

eroicòmico, ci, ca, che |eroi'kɔmiko, tʃi, ka, ke| *agg.* (*letter., corr.*) tragi-comique.

1 **eroina** |ero'ina| *s.f.* (*letter., corr.*) héroïne.

2 **eroina** |ero'ina| *s.f.* (*farm.*) héroïne.

eroismo |ero'izmo| *s.m.* **1** héroïsme **2** (*per est.*) [*atto o atteggiamento coraggioso*] acte d'héroïsme, héroïsme: *sono veri eroismi* ce sont de vrais actes d'héroïsme; *in questo mondo il rimanere onesto è un eroismo* rester honnête, en ce monde, c'est de l'héroïsme; *ha compiuto un eroismo* il a fait preuve d'héroïsme C **viltà, vigliaccheria, pusillanimità.**

erómpere |e'rompere| (176) *v.intr.* (*aus. 'avere'*) → **prorompere.**

èros |'ɛros| *s.m. inv.* (*psicol.*) éros.

erosióne |ero'sjone| *s.f.* **1** (*geogr.*) érosion # *erosione degli argini di un fiume* affouillement des bords d'un fleuve **2** (*med.*) ulcération.

erosivo |ero'zivo| *agg.* (*geol.*) érosif*.

eroticaménte |erotika'mente| *avv.* [→ EROTICO] érotiquement.

eroticità |erotitʃi'ta| *s.f. inv.* caractère *m. var.* érotique: *l'eroticità di un film* le caractère érotique d'un film.

erotismo |ero'tizmo| *s.m.* **1** érotisme **2** (*psicol.*) sensualité *f.*

eròtico, ci, ca, che |e'rɔtiko, tʃi, ka, ke| *agg.* érotique: *desideri erotici* désirs érotiques; *letteratura erotica* littérature érotique ◇ [*afrodisiaco*] érotique, aphrodisiaque: *stimolante erotico* stimulant érotique, aphrodisiaque.

erotizzàre |erotid'dzare| *v.tr.* [*rivestire di significato erotico*] érotiser.

erotizzazióne |erotiddzat'tsjone| [→ EROTIZZARE] *s.f.* érotisation.

erotògeno |ero'tɔdʒeno| *agg.* → **erogeno.**

erotòmane |ero'tɔmane| *agg. e s.* érotomane.

erotomania |erotoma'nia| *s.f.* (*med., psicol.*) érotomanie.

èrpete |'ɛrpete| *s.m.* (*med.*) herpès.

erpètico, ci, ca, che |er'pɛtiko, tʃi, ka, ke| *agg.* (*med.*) herpétique ◆ (*s.*) *un erpetico* un malade atteint d'herpès # *è un erpetico* il souffre d'herpétisme.

erpetismo |erpe'tizmo| *s.m.* (*med.*) herpétisme.

erpetologìa, gie |erpetolo'dʒia, dʒie| *s.f.* (h)erpétologie.
erpetòlogo, gi |erpe'tɔlogo, dʒi| *s.* herpétologiste.
erpicàre |erpi'kare| *v.tr.* (*agr.*) [*lavorare con l'erpice*] *herser.
erpicatùra |erpika'tura| *s.f.* (*agr.*) *hersage *m.*
érpice |'erpitʃe| *s.m.* (*agr.*) *herse *f.*
errabóndo |erra'bondo| *agg.* (*lett.*) → **errante.**
errànte |er'rante| *agg.* **1** errant, vagabond: *popolazioni erranti* populations vagabondes; *l'Ebreo errante* le Juif errant → **nomade** ♦ (*s.*) *un errante* un vagabond **2** [*instabile, incerto*] flottant, errant: *il pensiero errante* la pensée flottante; *aveva lo sguardo errante* son regard était errant, vague, vide → **vagante** **3** [*che agisce e vive al di fuori della verità e della rettitudine*] dévoyé → **peccatore** ♦ (*s.*) *un errante* un dévoyé.
erràre |er'rare| **A** *v.intr.* (*aus.* '*avere*') **1** [*muoversi senza una mèta o una direzione stabilita*] errer: *errare per valli e monti* errer par monts et par vaux; *il suo sguardo errava sulle cose vicine* son regard errait sur les objets les plus proches; *lascia errare la propria immaginazione* il laisse errer son imagination; il donne libre cours à son imagination → **vagare** **2** [*allontanarsi dalla verità*] se tromper (*pron.*): *quando erro, ditemelo* dites-moi quand je me trompe; *se non erro, si se non vado errato* si je ne m'abuse, si je ne me trompe → **sbagliare, ingannar(si)** ◇ *loc.* ERRARE NEL, NELLO (+ *inf.*) [*sbagliare, cadere in errore*] se tromper *pron.* (+ *p. pres.*): *errare nel leggere, nello scrivere* se tromper en lisant, en écrivant → **sbagliare** ◇ [*commettere una colpa*] commettre (71) *tr.* une faute → **peccare** **B** *v.tr.* [*sbagliare; mancare un obiettivo*] se tromper *pron.* de; manquer: *errare la strada, la risposta* se tromper de chemin, de réponse → **sbagliare** ‖ *errare il colpo* manquer son coup.
errata corrige |er'rata'kɔrridʒe| *s.m. inv.* (*lat.*) **1** [*elenco degli errori di una pubblicazione*] errata **2** [*ciascuno degli errori che compaiono nella lista stessa*] erratum *sing.*
erràtico, ci, ca, che |er'ratiko, tʃi, ka, ke| *agg.* **1** (*bot.*) *pianta erratica* mauvaise herbe, plante qui pousse comme le chiendent **2** (*geol.*) erratique: *massi erratici* bloc, roches erratiques # *pianura erratica* plaine glaciaire **3** (*med., zool.*) erratique.
erràto |er'rato| *agg.* [*che è sbagliato*] erroné, faux*: *calcolo errato* calcul erroné, faux; *la soluzione del problema è errata* la solution du problème est fausse, erronée; *queste conclusioni sono errate* ces conclusions sont erronées → **sbagliato** ♦ (*loc.*) *andare errato* s'abuser, se tromper: *se non vado errato* si je ne m'abuse, me trompe → **sbagliare, sbagliar(si)** Ⓒ **giusto, esatto.**
erroneaménte |erronea'mente| *avv.* [→ ERRONEO] erronément, faussement.
erroneità |erronei'ta| *s.f. inv.* (*raro*) [*l'essere erroneo*] fausseté *var.*
erròneo |er'rɔneo| *agg.* erroné, faux*: *un'erronea interpretazione dei fatti* une interprétation erronée, fausse des faits → **falso, errato** Ⓒ **giusto, esatto.**
erróre |er'rore| *s.m.* **1** [*giudizio non corrispondente al vero, opinione sbagliata*] erreur (*f.*): *indurre in errore* induire en erreur, tromper (*v.tr.*); *essere in errore* être dans l'erreur, se tromper *v.pron.* ◇ (*loc.*) *per errore* par erreur ~ *salvo errore e omissione* sauf erreur ou omission → **sbaglio** **2** [*azione non corrispondente al giusto*] erreur: *è un errore di gioventù* c'est une erreur de jeunesse → **peccato** ◇ [*atto svantaggioso, inopportuno*] erreur, faute (*f.*): *questo affare è un grosso errore* cette affaire est une grosse erreur, faute → **sbaglio** ◇ [*infrazione di una norma*] faute: *cogliere in errore* prendre en faute ◇ (*prov.*) *errore confessato è mezzo perdonato* faute avouée est à moitié pardonnée **3** [*sbaglio, inesattezza in uno scritto, in un compito e sim.*] faute: *errore di battuta* faute de frappe **4** (*dir., fis., stat.*) erreur **5** (*lett.*) [*peregrinazione; lungo e tormentato viaggio*] erreurs *pl.* (*arc.*): *gli errori di Ulisse* les erreurs d'Ulysse Ⓒ **1 vero; 2 giusto, esatto.**
érta |'erta| *s.f.* [*salita ripida e faticosa*] raidillon *m.*, escarpement (*m.*): *prendere l'erta del colle* s'engager sur le raidillon, l'escarpement de la colline ♦ *loc. escl.* ALL'ERTA! [*attenzione! in guardia!*] alerte! ~ STARE ALL'ERTA [*fare attenzione, vigilare*] être sur ses gardes Ⓒ **discesa, declivio, china 1.**
ertézza |er'tettsa| *s.f.* (*raro*) → **ripidezza.**
érto |'erto| *agg.* → **ripido.**
erubescènte |erubeʃ'ʃente| *agg.* (*lett.*) [*di colore rosso*] érubescent, vermeil* (*corr.*): *frutta erubescente* des fruits érubescents ◇ [*che arrossisce*] érubescent Ⓒ **pallido, smorto.**
erubescènza |erubeʃ'ʃentsa| *s.f.* (*lett.*) [*rossore*] rougeur (*corr.*) ◇ [*tendenza ad arrossire*] érubescence, tendance à rougir Ⓒ **pallore.**
erucifórme |erutʃi'forme| *agg.* (*zool.*) éruciforme: *larva eruciforme* larve éruciforme.
erudiménto |erudi'mento| *s.m.* (*raro*) instruction *f.* (*corr.*).
erudire |eru'dire| (197) **A** *v.tr.* **1** (*lett.*) [*istruire; ammaestrare*] instruire (75) (*corr.*): *erudire qc. nella filosofia* instruire qqn. aux études philosophiques **2** [*informare*] informer: *mi ha erudito sulle ultime vicende* il m'a informé sur les derniers événements **B** *v.pron. rifl.* ERUDIRSI **1** (*lett.*) [→ *tr.* 1] s'instruire, se cultiver: *istruirsi nell'arte, in una scienza* s'instruire, se cultiver dans un art, une science **2** [→ *tr.* 2] s'informer.
eruditaménte |erudita'mente| *avv.* (*raro*) [→ ERUDITO] savamment, avec érudition *loc. inv.*
eruditismo |erudi'tizmo| *s.m.* érudition *f.* pédante.
erudito |eru'dito| *agg.* cultivé, érudit: *è un uomo eruditissimo* c'est un homme très cultivé, très érudit → **colto, 1 dotto** ♦ (*s.*) *un erudito* un érudit: *un lavoro da erudito* un travail d'érudit Ⓒ **ignorante, incolto.**
erudizióne |erudit'tsjone| *s.f.* érudition, connaissances (*pl.*): *è un uomo di grande erudizione* c'est un homme de vaste érudition, de vastes connaissances → **1 cultura** ◇ (*spreg.*) [*informazione nozionistica*] notions *pl.* → **nozionismo** Ⓒ **ignoranza.**
eruttàre |erut'tare| **A** *v.tr.* [*emettere dal cratere materiali e gas vulcanici*] vomir, cracher: *il vulcano eruttava la lava* le volcan vomissait, crachait de la lave; *i fumaioli eruttano un fumo denso* les cheminées crachent une fumée épaisse ◇ (*fig., spreg.*) [*parlare in modo sconveniente*] cracher, vomir: *eruttare insulti, bestemmie* cracher, vomir des injures, des blasphèmes **B** *v.intr.* (*aus.* '*avere*') [*ruttare*] roter (*volg.*), éructer (*lett.*).
eruttazióne |eruttat'tsjone| *s.f.* [→ ERUTTARE B] éructation (*lett.*), rot *m.* (*volg.*).
eruttivo |erut'tivo| *agg.* (*geol., med.*) éruptif*.
eruzióne |erut'tsjone| *s.f.* (*astron., geol., med.*) éruption.
èrvo |'ɛrvo| *s.m.* → **ervum.**
èrvum |'ɛrvum| *s.m. inv.* (*t.bot.*) ers, lentille *f. var.* bâtarde (*corr.*).
erziàno |er'tsjano| *agg.* → **hertziano.**
esacerbaménto |ezatʃerba'mento| *s.m.* → **esacerbazione.**
esacerbàre |ezatʃer'bare| *v.tr.* **1** [*accentuare l'aspetto sgradevole di q.c.*] exacerber, exaspérer (8): *esacerbare un dolore* exacerber, exaspérer une douleur; *esacerbare una pena* exaspérer une souffrance → **inasprire** **2** [*esasperare qc.*] exaspérer, exacerber: *mi esacerba la sua ostinazione* son entêtement m'exaspère Ⓒ **1 attenuare, mitigare.**
esacerbàto |ezatʃer'bato| *agg.* (*lett.*) [*molto amareggiato*] attristé (*corr.*), chagriné (*corr.*): *animo esacerbato* cœur attristé, chagriné ◇ (*persone*) [*esasperato*] exacerbé; à vif (*loc. inv.*): *sono esacerbato* je suis exacerbé.
esacerbazióne |ezatʃerbat'tsjone| *s.f.* **1** [*accentuazione di uno stato di ostilità, di irritazione*] exaspération → **esasperazione** **2** [*l'aggravarsi di una malattia*] aggravation, exacerbation (*lett.*): *esacerbazione di un dolore* aggravation, exacerbation d'une douleur → **aggravamento.**
esacòrdo |eza'kɔrdo| *s.m.* (*mus.*) hexacorde.
esaèdro |eza'ɛdro| *s.m.* (*geom.*) hexaèdre.
esageràre |ezadʒe'rare| **A** *v.tr.* **1** [*porre in rilievo eccessivo, sproporzionato*] exagérer (8), grossir: *esagerava i suoi meriti* il exagérait ses mérites; *esagerare l'importanza di un incidente* grossir l'importance d'un accident **2** [*rendere eccessivo*] exagérer; forcer (2): *esagerare il trucco* exagérer le maquillage ‖ *esagerare la dose* forcer la dose **B** *v.intr.* (*aus.* '*avere*') [*superare il giusto limite*] exagérer, charrier (*pop.*): *adesso esageri* tu exagères, tu charries → **eccedere** Ⓒ A 2 **attenuare, moderare.**
esagerataménte |ezadʒerata'mente| *avv.* [→ ESAGERATO] exagérément, à l'excès (*loc. inv.*): *una critica esageratamente laudativa* une critique exagérément louangeuse, louangeuse à l'excès.
esageràto |ezadʒe'rato| *agg.* **1** exagéré, excessif*: *prezzi esagerati* prix exagérés, excessifs → **sproporzionato** **2** [*smoderato, intemperante*] extrême, excessif: *era conosciuto per le sue idee esagerate* il était célèbre pour ses opinions extrêmes, excessives # *come sei esagerato!* que tu exagères! ♦ (*inter.*) *esagerato!* exagéré! ♦ (*s.*) *un esagerato* un exalté Ⓒ **1 giusto; 2 sobrio, moderato.**
esagerazióne |ezadʒerat'tsjone| *s.f.* **1** [→ ESAGERARE A 1, 2] exagération: *lo dice, ma è un'esagerazione* il

l'affirme, mais c'est une exagération; *senza esagerazione* sans exagération, sans blague (*pop.*) **2** [*pretesa o condizione eccessiva, esorbitante*] exagération ◇ (*spec.*) *costa un'esagerazione* il coûte les yeux de la tête.

esageróne |ezadʒe'rone| *s.* (*raro, fam.*) [*persona che è solita esagerare*] hâbleur* → **spaccone.**

esagitàre |ezadʒi'tare| *v.tr.* **1** [*turbare, agitare*] troubler, agiter: *questi due eventi lo esagitarono* ces deux événements le troublèrent, l'agitèrent **2** [*eccitare fortemente*] exciter, échauffer: *esagitare gli animi* exciter, échauffer les esprits ⓒ 2 **calmare, placare.**

esagitàto |ezadʒi'tato| *agg.* [*fortemente eccitato*] excité, agité: *una banda di giovani esagitati* une bande de jeunes excités, agités, exaltés → **scalmanato** ✦ (*s.*) *un esagitato* un excité ⓒ **calmo, tranquillo.**

esagitazióne |ezadʒitat'tsjone| *s.f.* [→ ESAGITARE] agitation: *la folla era in preda a una esagitazione febbrile* la foule était en proie à une agitation fébrile → **agitazione, turbamento** ◇ [*forte turbamento*] trouble (*m.*): *la sua esagitazione era evidente* son trouble était évident.

esagonàle |ezago'nale| *agg.* (*geom.*) hexagonal*.

esàgono |e'zagono| *s.m.* (*geom.*) hexagone.

esalaménto |ezala'mento| *s.m.* → **esalazione.**

esalàre |eza'lare| **A** *v.tr.* **1** [*mandar fuori, effondere nell'aria*] exhaler, dégager (3): *esalare un profumo* exhaler, dégager un parfum **2** (*fig.*) *esalare l'anima, l'ultimo respiro* exhaler le dernier soupir **B** *v.intr.* (*aus.* '*essere*') [*venir fuori, diffondersi*] sortir (21), s'exhaler (*pron.*): *dal fumaiolo esalava un fumo bianco* une fumée blanche sortait de la cheminée ⓒ A 1 **contenere, trattenere.**

esalatóre |ezala'tore| *s.m.* [*apertura di sfogo, sfiatatoio*] soupirail*: *esalatore di una cantina* soupirail d'une cave # *esalatore di una cucina* aérateur de cuisine ✦ (*agg.*) *tubo esalatore* conduit d'aération *loc.*

esalazióne |ezalat'tsjone| *s.f.* [→ ESALARE] exhalaison, émanation: *esalazione di cattivi odori*, exhalaison, émanation de mauvaises odeurs; *esalazione pestilenziale* émanation pestilentielle.

esaltaménto |ezalta'mento| *s.m.* → **esaltazione.**

esaltànte |ezal'tante| *agg.* exaltant: *tenere un discorso esaltante* tenir un discours exaltant.

esaltàre |ezal'tare| **A** *v.tr.* **1** [*magnificare, celebrare con grandi lodi qc. o q.c.*] exalter: *esaltare i meriti di qc.* exalter les mérites de qqn. → **celebrare** # *esaltare qc. al cielo, alle stelle* porter qqn. aux nues ◇ [*onorare, nobilitare*] ennoblir **2** [*innalzare, elevare qc. a una carica o a un onore*] élever (6): *esaltare qc. ad alti gradi* élever qqn. à de hautes charges → **elevare** **3** [*entusiasmare, eccitare*] enthousiasmer, électriser: *la notizia esaltò gli invitati* la nouvelle enthousiasma les invités; *l'oratore esaltò la folla* l'orateur électrisa la foule **B** *v. pron.* ESALTARSI **1** *rifl.* [→ *tr.* 1] se vanter **2** *intr.* [*insuperbire; inorgoglirsi*] s'enorgueillir de, devenir (27) *intr.* superbe (*lett.*): *non finisce di esaltarsi* il s'enorgueillit de plus en plus; il devient de plus en plus superbe; *si esalta per i suoi successi* il s'enorgueillit de ses succès **3** *intr.* [→ *tr.* 3] s'enthousiasmer: *esaltarsi per un'idea* s'enthousiasmer pour une idée ⓒ A 1 **disprezzare, umiliare,** 2 **destituire,** 3 **calmare.**

esaltàto |ezal'tato| *agg.* **1** exalté, surexcité: *le menti sono esaltate* les esprits sont exaltés, surexcités → **eccitato** # *una testa esaltata* une tête brûlée ✦ (*s.*) *un esaltato* un exalté, un fanatique: *un partito di esaltati* un parti d'exaltés, de fanatiques **2** [*che si è montato la testa, pieno di boria*] présomptueux* → **borioso** ✦ (*s.*) *un esaltato* un présomptueux ⓒ 1 **calmo, freddo**; 2 **umile.**

esaltatóre, trice |ezalta'tore, tritʃe| *agg.* [*che celebra con grandi lodi*] laudatif* ✦ (*s.*) *un esaltatore* un laudateur* (*lett.*).

esaltazióne |ezaltat'tsjone| *s.f.* **1** [→ ESALTARE A 1] glorification, exaltation (*lett.*): *l'esaltazione del nome di Dio* la glorification du nom de Dieu → **celebrazione** **2** [→ ESALTARE A 2] élévation: *esaltazione a una dignità ecclesiastica* élévation à une dignité ecclésiastique **3** (*fig.*) [→ ESALTARE A 3] exaltation; fanatisme (*m.*): *esaltazione di mente* exaltation intellectuelle ‖ *esaltazione religiosa* exaltation religieuse, fanatisme (*pegg.*) religieux **4** (*med.*) exaltation **5** (*geol.*) émanation: *esaltazione vulcanica* émanation volcanique ⓒ 3 **calma, freddezza, impassibilità.**

esàme |e'zame| *s.m.* **1** examen; considération (*f.*): *fare l'esame di coscienza* faire son examen de conscience → **studio, ricerca** ‖ *degno di essere preso in esame* digne de considération; *prendere in esame le proposte di qc.* prendre en considération les propositions de qqn. → **considerazione** # *fare l'esame di un'opera* examiner une œuvre ◇ (*per est.*) examen; étude (*f.*): *l'esame di un esperto* un examen d'expert → **giudizio, indagine** ‖ *l'esame di un preventivo* l'étude d'un devis # *l'esame delle merci depositate* l'estimation des marchandises déposées ◇ (*dir.*) *esame dei testimoni* audition *f.* des témoins ◇ (*loc.*) *dietro esame di* vu (*inv.*): *dietro esame di questi documenti* vu ces documents, au vu de ces documents **2** [*analisi delle caratteristiche e delle proprietà di una sostanza*] examen; analyse (*f.*): *esame microscopico* examen au microscope; *l'esame di un liquido* l'examen d'un liquide ‖ *esame del sangue, delle urine* l'analyse du sang, des urines # *esame necroscopico* autopsie **3** [*verifica della preparazione culturale o delle attitudini professionali di un candidato*] examen; test: *esame di maturità* examen du bachot, du bac (*fam.*), baccalauréat (*lett.*); *esami finali* examen de fin d'études; *concorso per titoli ed esami* concours sur titres et par examen; *essere bocciato agli esami* être collé, recalé (*fam.*) (aux examens); *sostenere, dare gli esami* se présenter à, passer l'examen; *superare, passare un esame* être reçu à un examen; *prepararsi a un esame* préparer un examen ‖ *esame psicotecnico* test psychotechnique; *esame attitudinale* test d'aptitude # *si è presentato all'esame di latino* il s'est présenté à l'épreuve de latin; *superare l'esame di guida* obtenir son permis de conduire.

esàmetro |e'zametro| *s.m.* (*metr. ant.*) hexamètre.

esaminàndo |ezami'nando| *s.* [*chi si presenta a sostenere un esame*] candidat → **candidato** ⓒ **esaminatore.**

esaminànte |ezami'nante| *s.* → **esaminatore.**

esaminàre |ezami'nare| *v.tr.* **1** [*valutare, giudicare con attenzione in vista di un giudizio*] examiner, étudier: *esaminare una pratica, una questione* examiner, étudier un dossier, une affaire → **considerare, osservare** # *esaminare una cosa sotto tutti gli aspetti* considérer une chose sous tous ses angles, sous toutes ses faces ◇ (*loc.*) *esaminare il pro e il contro* considérer, peser le pour et le contre **2** (*chim., fis.*) [*analizzare*] examiner, analyser: *esaminare un preparato al microscopio* examiner une préparation au microscope; *esaminare l'acqua di un pozzo* analyser l'eau d'un puits **3** [*verificare la preparazione di un candidato*] examiner: *esaminare un candidato* examiner un candidat.

esaminatóre, trice |ezamina'tore, tritʃe| *s.* examinateur* ✦ *agg.* d'examen (*loc. inv.*): *commissione esaminatrice* jury d'examen ⓒ **esaminando.**

esamotóre |ezamo'tore| *agg.* hexamoteur ✦ *s.m.* (*aer.*) *un esamotore* un (avion) hexamoteur.

esàngue |e'zangwe| *agg.* **1** exsangue: *organi esangui* organes exsangues ◇ (*per est.*) [*pallido, smorto*] exsangue, blême: *un viso esangue* un visage exsangue, blême ◇ [*morto, privo di vita*] inanimé: *è caduto esangue* il est tombé inanimé **2** (*fig.*) [*debole, fiacco*] faible ◇ (*fig., lett.*) [*scritto privo di vigore stilistico*] exsangue: *arte esangue* art exsangue.

esanguino-trasfusióne |ezangwinotrasfu'zjone| *s.f.* exsanguino-transfusion.

esanimàre |ezani'mare| *v.tr.* (*lett.*) [*privare della fiducia*] décourager (3) → **scoraggiare, abbattere.**

esànime |e'zanime| *agg.* **1** [*privo di sensi, svenuto*] évanoui, sans connaissance (*loc. inv.*): *cadde esanime sulla poltrona* il tomba évanoui dans le fauteuil **2** [*privo di vita*] mort, inanimé: *giacere esanime al suolo* être étendu par terre inanimé → **morto** ⓒ 1 **vitale**; 2 **vivo.**

esantèma |ezan'tɛma| *s.m.* (*med.*) exanthème.

esantemàtico, ci, ca, che |ezante'matiko, tʃi, ka, ke| *agg.* (*med.*) exanthématique, exanthémateux*: *tifo esantematico* typhus exanthématique, exanthémateux; *eruzione esantematica* éruption exanthémateuse.

esapodìa |ezapo'dia| *s.f.* (*metr. ant.*) hexapodie.

Esàpodi |e'zapodi| *s.m. pl.* (*t.zool.*) Hexapodes.

esarazióne |ezarat'tsjone| *s.f.* (*geol.*) érosion glaciaire.

esàrca, chi |e'zarka, ki| *s.m.* (*st. biz.*) exarque.

esarcàto |ezar'kato| *s.m.* (*st. biz.*) exarchat.

esasperànte |ezaspe'rante| *agg.* exaspérant: *un rumore esasperante* un bruit exaspérant → **irritante**; *è esasperante!* c'est exaspérant!

esasperàre |ezaspe'rare| **A** *v.tr.* **1** [*irritare, provocare*] exaspérer (8): *col tuo comportamento lo esasperi* ta conduite l'exaspère → **esacerbare** **2** [*rendere oltremodo aspro*] exacerber: *esacerbare il dolore di qc.* exacerber la douleur de qqn. → **inasprire** **B** *v.pron. intr.* [→ *tr.* 1] s'exaspérer → **risentir(si), adirarsi** [C] A 1 **placare, calmare**; B **calmar(si).**

esasperàto |ezaspe'rato| *agg.* **1** exaspéré **2** [*spinto agli eccessi*] exagéré → **eccessivo** [C] 1 **impassibile**; **calmo.**

esasperazióne |ezasperat'tsjone| *s.f.* **1** [→ ESASPERARE A 1] exaspération; indignation: *essere al colmo, al massimo dell'esasperazione* être au comble de l'exaspération → **risentimento** || *portare qc. all'esasperazione* provoquer l'indignation de qqn. **2** [→ ESASPERARE A 2] intensité; aggravation: *l'esasperazione di un sentimento* l'intensité d'un sentiment || *l'esasperazione del male* l'aggravation du mal.

esàstico, ci, ca, che |e'zastiko, tʃi, ka, ke| *agg.* (*metr. ant.*) de six vers *loc. inv.*

esattaménte |ezatta'mente| *avv.* [→ ESATTO] exactement ◇ [*proprio*] exactement, tout à fait (*loc. inv.*): *lei è esattamente l'opposto di sua madre* elle est exactement, tout à fait le contraire de sa mère.

esattézza |ezat'tettsa| *s.f.* **1** [*mancanza di errori; precisione*] exactitude, précision: *l'esattezza di una misura* l'exactitude, la précision d'une mesure → **rigore** **2** [*scrupolosa attenzione e diligenza*] soin *m.*, minutie: *un lavoro fatto con la massima esattezza* un travail exécuté avec le plus grand soin, la plus grande minutie → **accuratezza** **3** (*per est.*) [*puntualità*] exactitude, ponctualité [C] 1 **inesattezza**; 2 **trascuratezza.**

esàtto |e'zatto| *agg.* **1** [*conforme a verità; privo di errori*] exact; correct: *è l'esatta verità* c'est l'exacte vérité! → **vero, corretto** || *le frasi sono grammaticalmente esatte* les phrases sont grammaticalement correctes # *ha detto delle cose esatte* il a dit des choses justes ◇ (*per est.*) *le scienze esatte* les sciences exactes **2** (*cose*) [*compiuto con scrupolosa attenzione e diligenza*] soigné, minutieux*: *un lavoro esatto* un travail soigné, minutieux → **accurato, diligente** ◇ [*che funziona con massima precisione*] exact: *un orologio esatto* une montre exacte ◇ [*preciso*] exact, précis: *l'ora, la misura esatta* l'heure, la mesure exacte; *siamo arrivati alle due esatte* nous sommes arrivés à deux heures précises; *mi ha dato esatte istruzioni* il m'a donné des instructions précises ◇ [*particolareggiato, analitico*] détaillé, minutieux: *un'esposizione esatta* un exposé minutieux, détaillé → **dettagliato** **3** (*persone*) [*che opera con precisione e diligenza*] précis, scrupuleux*: *è un uomo esatto* c'est un homme précis; *è molto esatto nell'eseguire gli ordini* il est très scrupuleux dans l'accomplissement des ordres → **diligente, preciso** ◇ [*puntuale*] exact: *essere esatto all'appuntamento* être exact au rendez-vous [C] 1 **inesatto** 1, **falso**; 2, 3 **trascurato, impreciso.**

esattóre, trice |ezat'tore, tritʃe| *s.* [*chi riscuote imposte per conto spec. di aziende pubbliche*] percepteur (*m.*): *l'esattore delle tasse* le percepteur.

esattorìa |ezatto'ria| *s.f.* **1** [*ufficio dell'esattore*] (bureau *m.* de) perception, bureau du percepteur, la perception **2** [*contratto di appalto di esazione*] perception.

esattoriàle |ezatto'rjale| *agg.* [*dell'esattore; dell'esattoria*] du percepteur *loc. inv.*; des contributions *loc. inv.* # *cartella esattoriale* feuille d'impôts.

esaudìbile |ezau'dibile| *agg.* [→ ESAUDIRE] qui peut être agréé, satisfait *loc.*; qu'on peut agréer, satisfaire (*loc.*): *richiesta esaudibile* demande qui peut être reçue, satisfaite ◇ (*relig.*) *preghiera esaudibile* prière qui peut être exaucée [C] **inesaudibile.**

esaudiménto |ezaudi'mento| *s.m.* (*raro*) → **accoglimento.**

esaudìre |ezau'dire| (197) *v.tr.* [*accogliere una richiesta o una preghiera*] agréer, accueillir (18): *esaudire una richiesta* agréer, accueillir une demande → **soddisfare** ◇ (*relig.*) exaucer (2): *le sue preghiere sono state esaudite* ses prières ont été exaucées [C] **negare, rifiutare.**

esauribilità |ezauribili'ta| *s.f. inv.* possibilité *var.* de s'épuiser.

esauribile |esau'ribile| *agg.* [→ ESAURIRE] épuisable [C] **inesauribile.**

esauriènte |ezau'rjɛnte| *agg.* **1** [*completo nella documentazione e nell'analisi, approfondito*] exhaustif*, complet*: *uno studio esauriente* une étude exhaustive, complète → **dettagliato, soddisfacente** **2** (*per est.*) [*probante, convincente*] probant, convaincant: *un argomento esauriente* un argument probant, convaincant [C] 1 **incompleto, incompiuto.**

esaurientemente |ezaurjente'mente| *avv.* [→ ESAURIENTE 1] d'une manière exhaustive *loc. inv.*, exhaustivement: *trattare esaurientemente un argomento* traiter un sujet d'une manière exhaustive.

esauriménto |ezauri'mento| *s.m.* **1** [*fine dell'attività o della disponibilità di q.c.*] épuisement, appauvrissement: *esaurimento del terreno* épuisement, appauvrissement du sol; *esaurimento delle scorte* épuisement des provisions **2** (*med., corr.*) épuisement # *esaurimento nervoso* dépression nerveuse **3** [*prosciugamento*] tarissement; épuisement: *esaurimento di una sorgente* tarissement d'une source || *pompa d'esaurimento* pompe d'épuisement ◇ (*mar.*) épuisement.

esaurire |ezau'rire| (197) **A** *v.tr.* **1** [*consumare del tutto, dar fondo a q.c.*] épuiser: *esaurire una miniera* épuiser une mine; *esaurire le riserve* (*di magazzino*) épuiser le stock; *esaurire le proprie forze* épuiser son énergie **2** [*fiaccare, debilitare, spossare*] épuiser, exténuer: *la malattia l'ha esaurita* la maladie l'a épuisée; *quelle lunghe camminate lo hanno esaurito* ces longues marches l'ont exténué **3** [*compiere, trattare in modo accurato*] épuiser: *esaurire un argomento* épuiser un sujet ◇ [*portare a termine, concludere*] achever (6), terminer: *esaurire un lavoro* achever, terminer un travail # *esaurire una pratica* régler, terminer une affaire **4** (*mar.*) [*liberare dall'acqua i locali interni di navi*] assécher (8) **B** *v.pron.* ESAURIRSI **1** *intr.* [→ *tr.* 1] tarir *intr.*, se tarir; s'épuiser: *quella sorgente si sta esaurendo* cette source tarit, se tarit || *la miniera si è esaurita* la mine s'est épuisée ◇ (*fig.*) *la sua vena poetica si è esaurita* sa veine poétique s'est tarie **2** *rifl.* [→ *tr.* 2] s'épuiser; s'affaiblir: *si è esaurita in* (*con*) *quel lavoro* elle s'est épuisée sur ce travail || *il malato si esaurisce lentamente* le malade s'affaiblit peu à peu → **deperire, logorar(si)** [C] A 3 **cominciare**; B 2 **rinvigorirsi.**

esaurito |ezau'rito| *agg.* **1** [*consumato, svuotato*] épuisé: *una miniera esaurita* une mine épuisée ◇ [*inaridito*] tari: *una sorgente esaurita* une source tarie **2** [*non più disponibile*] épuisé: *questi moduli sono tutti esauriti* ces formulaires sont épuisés ◇ [*che non ha più posti disponibili*] complet*: *il teatro è esaurito* le théâtre affiche 'complet'; *è tutto esaurito* c'est complet ◇ (*loc.*) *fare il tutto esaurito* faire salle comble; jouer à guichets fermés **3** [*fiaccato, debilitato spec. nel sistema nervoso; depresso*] épuisé, à bout de force (*loc. inv.*): *è esaurito* il est épuisé; il est à bout de forces [C] 2 **disponibile**; 3 **forte.**

esaustióne |ezaus'tjone| *s.f.* (*raro*) → **esaurimento.**

esaustività |ezaustivi'ta| *s.f. inv.* exhaustivité *var.*

esaustìvo |ezaus'tivo| *agg.* (*lett.*) → **esauriente.**

esàusto |e'zausto| *agg.* **1** [*del tutto vuoto*] épuisé: *terreno esausto* terre épuisée → **esaurito** **2** (*fig.*) (*persone*) [*stremato, sfinito*] épuisé, vanné: *sentirsi esausto per il troppo lavoro* se sentir épuisé, vanné à force de travailler → **spossato** ◇ (*cose*) [*consumato, finito*] *le sue energie erano esauste* il était à bout de forces [C] 1 **inesausto**; 2 **vigoroso, forte** 1.

esautoraménto |ezautora'mento| *s.m.* → **esautorazione.**

esautoràre |ezauto'rare| *v.tr.* [*privare dell'autorità, del potere*] priver de l'autorité: *esautorare un'assemblea* priver d'un droit, de son autorité une assemblée ◇ [*destituire*] destituer; casser: *esautorare un magistrato* destituer un magistrat || *esautorare un ufficiale, un funzionario* casser un officier, un fonctionnaire ◇ [*screditare*] discréditer: *esautorare una dottrina* discréditer une théorie.

esautoràto |esauto'rato| *agg.* privé d'autorité: *un'assemblea esautorata* une assemblée privée d'autorité ◇ [*destituito*] destitué: *un prefetto esautorato* un préfet destitué ◇ [*screditato*] discrédité: *teorie esautorate* théories discréditées.

esautorazióne |ezautorat'tsjone| *s.f.* [*privazione dell'autorità*] retrait *m.* de l'autorité ◇ [*destituzione*] destitution, limogeage *m.* (*fam.*): *esautorazione di un ufficiale* destitution, limogeage d'un officier ◇ [*privazione del prestigio*] discrédit *m.*

esavalènte |ezava'lɛnte| *agg.* (*chim.*) hexavalent.

esazióne |ezat'tsjone| *s.f.* **1** [*riscossione di denaro per conto di terzi*] recouvrement (*m.*): *esazione di un credito* recouvrement d'une créance ◇ [*riscossione di imposte*] recouvrement, perception: *esazione dell'imposta diretta* recouvrement, perception des impôts directs **2** [*la somma riscossa*] somme perçue ◇ [*imposta*] impôt *m.* ◇ [*tassa*] taxe ◇ [*contributo*] contribution ◇ [*canone*] redevance ◇ [*credito*] créance ◇ [*debito*] dette ◇ [*onere*] charge ◇ [*rendita*] rente [C] 1 **pagamento, versamento.**

esborsàre |ezbor'sare| *v.tr.* (*bur.*) [*pagare, spec. in contanti; sborsare*] débourser **C** **versare 1, incassare.**

esbórso |ez'borso| *s.m.* (*bur.*) [*pagamento di una somma*] dépenses *f. pl.* → **pagamento, spesa** ◇ [*somma sborsata*] débours.

ésca, che |'eska, ke| *s.f.* **1** [*cibo che si offre agli animali per catturarli*] amorce, appât (*m.*): *i vermi sono usati come esche* les vers servent d'amorces, d'appât; *attaccare, mettere l'esca all'amo* mettre l'appât à l'hameçon, amorcer l'hameçon ◇ (*pesca*) appât, èche ◇ (*fig.*) [*allettamento, lusinga*] appât: *l'esca del guadagno* l'appât du gain; *servire da esca* servir d'appât ◇ (*loc.*) *prendere qc. all'esca* attirer qqn. dans ses filets **2** (*fig.*) [*pretesto, occasione*] prétexte (*m.*): *l'esca della rivolta* le prétexte de la révolte ◇ *loc.* DAR ESCA *a q.c.* provoquer qqch.: *ciò darà esca a delle reazioni* cela va provoquer des réactions **3** [*sostanza vegetale infiammabile usata ant. per accendere il fuoco*] amadou *m.* ◇ (*loc. fig.*) *dare esca al fuoco* attiser les passions ~ *aggiungere esca al fuoco* jeter de l'huile sur le feu ~ *prendere, pigliare fuoco come l'esca* monter comme une soupe au lait ~ *essere asciutto come l'esca* être fauché comme les blés (*fam.*) ◇ *mettere l'esca accanto al fuoco* [*procurare ad altri l'occasione di innamorarsi*] allumer les désirs de qqn.; (*a sé stessi*) s'exposer aux feux de l'amour (*lett.*); [*procurare ad altri il pretesto di adirarsi*] agacer qqn. **4** (*fig.*) [*incitamento a una passione*] provocation: *esca amorosa* provocation → **stimolo.**

escalation |ˌeskə'leiʃən| *s.f. inv.* (*ingl.*) [*intensificazione graduale e progressiva*] escalade (*var.*): *porre un freno all'escalation delle spese correnti* freiner l'escalade des dépenses courantes; *la escalation di una azione militare* l'escalade d'une action militaire.

escandescènza |eskandeʃ'ʃɛntsa| *s.f. spec. al plur.* [*improvvisa e violenta manifestazione d'ira*] emportement *m.* ◇ (*loc.*) *dare in escandescenze* monter sur ses grands chevaux, s'emporter **C** **calma; freddezza.**

èscara |'ɛskara| *s.f.* (*med.*) escarre, eschare: *un'escara provocata dalla cancrena* une escarre provoquée par la gangrène.

escarificàre |eskarifi'kare| *v.tr.* (*med.*) [*produrre un'escara su*] escarrifier.

escarificazióne |eskarifikat'tsjone| *s.f.* (*med.*) escarrification.

escàtico, ci |es'katiko, tʃi| *s.m.* (*ant.*) → **ghiandatico.**

escatologìa, gie |eskatolo'dʒia, dʒie| *s.f.* (*teol.*) eschatologie.

escatològico, ci, ca, che |eskato'lɔdʒiko, tʃi, ka, ke| *agg.* (*teol.*) eschatologique.

escatologismo |eskatolo'dʒizmo| *s.m.* (*filos., relig.*) eschatologie.

escavàre |eska'vare| *v.tr.* → **scavare.**

escavatóre, trice |eskava'tore, tritʃe| **I** *agg.* [*che scava*] qui déblaie(nt) *loc.* → **scavatore** # *società escavatrice* entreprise de déblai, de déblayage ✦ *s.m.* (*raro*) *un escavatore* un terrassier **II** *s.* **1** *s.m. o f.* (*mecc.*) *un escavatore, un'escavatrice* un excavateur, une excavatrice; une pelle *f.* mécanique: *escavatore a tazze* excavateur à godets # *escavatore a trattore cingolato* bulldozer **2** *s.m.* (*chir.*) *un escavatore* une gouge *f.*

escavatrice |eskava'tritʃe| *s.f.* → **escavatore** II 1.

escavazióne |eskavat'tsjone| *s.f.* **1** forage *m.*; excavation: *l'escavazione di un pozzo* le forage, l'excavation d'un puits ‖ *escavazione naturale* excavation naturelle **2** (*med.*) cavité.

eschimése |eski'mese| **1** *agg.* [*dell'Artide americana*] esquimau*, eskimo *inv.* **2** (*s.m.*) *l'eschimese* [*la lingua*] l'idiome esquimau *agg.*

escis(s)ióne |eʃʃi(s)'sjone| *s.f.* (*chir.*) excision: *escissione di un tumore* excision d'une tumeur.

esclamàre |eskla'mare| *v.tr.* [*pronunciare ad alta voce, mossi da un impulso emotivo*] s'écrier *pron.*, s'exclamer (*pròn.*): *'no!', esclamò* 'non!', s'écria-t-il.

esclamativo |esklama'tivo| *agg.* exclamatif*: *frase esclamativa* phrase exclamative ◇ (*ling.*) *punto esclamativo* (!) point d'exclamation.

esclamazióne |esklamat'tsjone| *s.f.* **1** [→ ESCLAMARE] exclamation ◇ [*parola pronunciata da chi esclama*] exclamation: *prorompere in esclamazioni* pousser des exclamations **2** (*ling.*) exclamation, interjection: *un discorso costellato di esclamazioni* un discours parsemé d'exclamations → **interiezione.**

esclùdere |es'kludere| (106) **A** *v.tr.* **1** [*chiudere fuori; tenere fuori*] exclure (46), expulser: *fu escluso dalla squadra* il fut exclus, expulsé de l'équipe; *quei ragazzi vennero esclusi dall'aula* ces garçons furent expulsés de la salle ◇ [*eccettuare*] excepter, exclure: *escludendo questo, gli altri casi sono interessanti* si l'on excepte celui-ci, exception faite pour celui-ci, les autres cas sont intéressants # *mi aiutarono tutti, nessuno escluso* ils m'aidèrent tous, sans exception ◇ [*tenere fuori da un elenco; non ammettere*] exclure: *quel candidato è stato escluso dall'elenco* ce candidat a été exclu de la liste ◇ [*negare una possibilità, anche ipotetica*] *escludo l'ipotesi di un delitto* j'exclus l'hypothèse d'un délit; *non escludo che parta domani* il n'est pas exclu qu'il parte demain # *la corte ha escluso le circostanze attenuanti* la cour a rejeté les circonstances atténuantes; *non ci credo, lo escludo* je n'y crois pas; c'est tout à fait exclu **2** [*impedire, proibire*] interdire (48), empêcher: *il loro atteggiamento esclude ogni speranza di riconciliazione* leur attitude interdit tout espoir de réconciliation → **vietare**; *ciò non esclude che...* cela n'empêche pas que...; il n'empêche que... # *il tuo lavoro esclude qualsiasi disattenzione* ton travail ne permet pas une seconde d'inattention **B** *v.pron.* ESCLUDERSI **1** *recipr.* [*elidersi, eliminarsi a vicenda*] s'exclure, s'annuler: *le due supposizioni si escludono* les deux hypothèses s'excluent; les deux suppositions s'excluent l'une l'autre; *queste forze si escludono* ces forces s'annulent **2** *rifl.* [*togliersi, porsi al di fuori*] s'exclure: *mi sono escluso dalla compagnia* je me suis exclu de la compagnie **C** A 1 **includere**; 2 **ammettere, accogliere.**

esclusióne |esklu'zjone| *s.f.* [→ ESCLUDERE] exclusion: *esclusione dal partito* exclusion du parti # *esclusione dalla scuola* renvoi; *esclusione dal voto* interdiction du droit de vote; *procedere per esclusione* procéder par élimination ◇ (*loc. fig.*) *senza esclusione, senza alcuna esclusione* sans exception → **eccezione**; *senza esclusione di colpi* sans ménager les coups ~ A ESCLUSIONE DI à l'exception de, a l'exclusion de: *tutte le bottiglie sono vuote a esclusione di quella* toutes les bouteilles sont vides, à l'exception de celle-là → **eccetto** **C** **inclusione.**

esclusìva |esklu'ziva| *s.f.* [*godimento di un diritto da cui sono esclusi gli altri*] exclusivité: *avere, dare l'esclusiva di un prodotto* avoir, donner l'exclusivité d'un produit ◇ *loc.* IN ESCLUSIVA en exclusivité.

esclusivaménte |eskluziva'mente| *avv.* [→ ESCLUSIVO 1] exclusivement, ne... que... (*loc. congv.*): *legge esclusivamente romanzi gialli* il lit exclusivement des romans policiers, il ne lit que des romans policiers → **soltanto, unicamente.**

esclusivìsmo |eskluzi'vizmo| *s.m.* exclusivisme (*raro*): *è di un raro esclusivismo* il est d'un rare exclusivisme.

esclusivista |eskluzi'vista| **I** *s.* **1** [*persona che tende all'esclusivismo*] intransigeant: *è un esclusivista* c'est un intransigeant **2** (*comm.*) agent exclusif **II** *agg.* [*ispirato a esclusivismo*] exclusif*, intransigeant: *individuo esclusivista* individu exclusif, intransigeant.

esclusività |eskluzivi'ta| *s.f. inv.* **1** caractère *m. var.* exclusif: *l'esclusività di quella rappresentazione* le caractère exclusif de cette représentation **2** [*esclusiva*] exclusivité: *avere l'esclusività di un prodotto, di una marca* avoir l'exclusivité d'un produit, d'une marque.

esclusìvo |esklu'zivo| *agg.* **1** exclusif*: *privilegio esclusivo* privilège exclusif; *è un modello esclusivo* c'est un modèle exclusif; *avere un amore esclusivo per qc.* avoir un amour exclusif pour qqn. ◇ (*loc.*) *riservarsi il diritto esclusivo di* se réserver le droit exclusif de ◇ (*ling.*) *proposizioni esclusive* propositions exclusives **2** [*esclusivista*] exclusif, absolu: *è troppo esclusivo nelle sue opinioni* il est trop absolu dans ses opinions, il est trop exclusif **C** 1 **generale 1, comune 1**; 2 **tollerante.**

esclùso |es'kluzo| *agg.* **1** exclu, tenu à l'écart: *tutti i membri esclusi hanno reagito* tous les membres exclus ont réagi; *si sentiva esclusa* elle se sentait tenue à l'écart → **espulso, respinto** ✦ (*s.*) *un escluso* un exclu **2** [*non compreso; considerato al di fuori*] exclu, non compris: *fino al capitolo decimo escluso* jusqu'au chapitre dix exclu, non compris # *abbiamo speso 20.000 lire, esclusa la mancia* on a payé vingt mille lires, sans compter le pourboire **3** [*ritenuto impossibile; improbabile*] ◇ (*loc.*) *è assolutamente escluso!* c'est tout à fait exclu! ~ È ESCLUSO CHE il est impossible, improbable que ~ NON È ESCLUSO CHE il n'est pas exclu que, il n'est pas impossible que **4** *ass.* [*emarginato*] exclu ✦ *s.* (*spec. al plur.*) *gli esclusi* les exclus **5** [*eccettuato*] excepté (*var. dopo il sost.*; *inv. prima del sost.*), sauf (*prima del sost.*), à l'exception de (*prima del sost.*) (*loc.*): *esclusi gli stranieri* excepté les étrangers → **eccetto** # *nessuno escluso* sans exception **C** **incluso.**

-ésco |'esko| *suff.* (*significa 'appartenente a, relativo a', anche con significato pegg., corrisponde gener. a*) esque: *dantesco* dantesque; *burlesco* burlesque.

escogitàre |eskodʒi'tare| *v.tr.* [*trovare, inventare dopo matura riflessione*] imaginer, inventer: *bisogna escogitare un altro espediente* il faut imaginer, inventer un autre expédient; *cosa state escogitando?* qu'allez-vous inventer-là?; qu'est-ce que vous cogitez? (*fam.*) → **elucubrare.**

escogitazióne |eskodʒitat'tsjone| *s.f.* (*raro*) [→ ESCOGITARE] invention: *escogitazione di un espediente* invention d'un expédient ◇ [*cosa escogitata*] *le sue escogitazioni erano diaboliche* ses inventions étaient diaboliques.

escoriàre |esko'rjare| **A** *v.tr.* [*produrre lacerazioni superficiali sulla pelle*] écorcher, excorier (*med.*): *escoriare la pelle* écorcher, excorier la peau □ *mi sono escoriata la mano* je me suis éraflé la main **B** *v.pron. rifl.* ESCORIARSI s'écorcher, s'érafler: *si è escoriata* elle s'est écorchée, éraflée ✦ → *tr.* □.

escoriàto |esko'rjato| *agg.* [*che presenta ferite superficiali*] écorché, éraflé: *ha un ginocchio escoriato* son genou est, écorché éraflé.

escoriazióne |eskorjat'tsjone| *s.f.* [→ ESCORIARE A] excoriation.

escorporàre |eskorpo'rare| *v.tr.* → **scorporare.**

escorporazióne |eskorporat'tsjone| *s.f.* → **scorporo.**

escrementìzio, i |eskremen'tittsjo, i| *agg.* [*di escremento*] excrémentiel* # *rifiuti escrementizi* immondices.

escreménto |eskre'mento| *s.m.* excrément → **escreto** ◇ *spec. al plur.* [*sterco, feci*] excréments, excrétions *f.*

escrescènza |eskreʃ'ʃɛntsa| *s.f.* **1** (*med., corr.*) excroissance **2** (*per est.*) protubérance, saillie: *un'escrescenza del terreno* une protubérance, une saillie du terrain.

escretìvo |eskre'tivo| *agg.* excréteur*; excrétoire: *canale escretivo* canal excréteur, excrétoire.

escrèto |es'krɛto| *agg.* (*med.*) excrété: *sostanze escrete* matières excrétées ✦ (*s.m.*) *un escreto* une excrétion *f.*

escretóre, trice |eskre'tore, tritʃe|, **escretòrio, i** |eskre'tɔrjo, i| *agg.* excrétoire, excréteur*: *ghiandola escretrice* glande excrétoire, excrétrice; *condotto escretore* canal excréteur.

escrezióne |eskret'tsjone| *s.f.* (*fisiol., med.*) **1** excrétion → **secrezione 2** [*la materia organica eliminata*] excréments *m.pl.* → **escremento, escreto.**

esculènto |esku'lɛnto| *agg.* (*lett.*) → **commestibile.**

esculìna |esku'lina| *s.f.* (*chim.*) esculine.

escursióne |eskur'sjone| *s.f.* **1** excursion, promenade: *ho preso parte a una bellissima escursione* j'ai participé à une très belle excursion; *un'escursione in bicicletta* une excursion à bicyclette; *fare una lunga escursione* faire une longue promenade → **gita, passeggiata** # *dare un'escursione nei dintorni* excursionner aux environs ◇ [*gita in montagna*] excursion, promenade en montagne, ascension **2** (*raro*) [*sconfinamento; scorreria*] incursion (*corr.*) **3** (*meteor.*) amplitude: *escursione annuale media* amplitude moyenne annuelle **4** (*fis.*) amplitude.

escursionìsmo |eskursjo'nizmo| *s.m.* excursionnisme ◇ [*pratica di esercitazioni alpinistiche non troppo impegnative*] excursionnisme, alpinisme → **alpinismo.**

escursionìsta |eskursjo'nista| *s.* excursionniste.

escursionìstico, ci, ca, che |eskursjo'nistiko, tʃi, ka, ke| *agg.* d'excursions *loc. inv.*, excursionniste: *programmi escursionistici* programmes d'excursions.

escussióne |eskus'sjone| *s.f.* (*dir.*) audition, interrogatoire (*m.*): *procedere all'escussione dei testi* procéder à l'audition des témoins.

escùtere |es'kutere| (134) *v.tr.* (*dir.*) **1** *escutere i testimoni* [*interrogarli durante un processo*] entendre (53), interroger (3) les témoins **2** *escutere il debitore* [*citarlo in giudizio*] assigner un débiteur.

esecràbile |eze'krabile| *agg.* abominable, exécrable (*lett.*): *un crimine esecrabile* un crime abominable, exécrable → **detestabile** ◇ [*riprovevole, condannabile*] condamnable, déplorable: *un atteggiamento esecrabile* une attitude condamnable → **biasimabile.**

esecrabilità |ezekrabili'ta| *s.f. inv.* [*indegnità che desta ripugnanza*] exécration *var.*

esecrabilménte |ezekrabil'mente| *avv.* [→ ESECRABILE] exécrablement.

esecràndo |eze'krando| *agg.* → **esecrabile.**

esecràre |eze'krare| *v.tr.* [*avere in orrore, aborrire*] exécrer (8) ◇ [*condannare con indignazione*] condamner, blâmer → **biasimare** Ⓒ **encomiare, approvare.**

esecratòrio, i |ezekra'tɔrjo, i| *agg.* exécratoire (*lett.*) # *formula esecratoria* formule de condamnation.

esecrazióne |ezekrat'tsjone| *s.f.* **1** [→ ESECRARE] exécration, horreur: *crimine che provoca esecrazione in qc.* crime qui suscite l'exécration de qqn., qui remplit d'horreur qqn.; *avere qc. in esecrazione* avoir qqn. en exécration → **orrore, 2 sgomento 2** [*viva condanna; riprovazione*] blâme *m.*, réprobation: *la pubblica esecrazione* le blâme public, la réprobation publique → **biasimo.**

esecutività |ezekutivi'ta| *s.f. inv.* (*dir.*) caractère *m. var.* exécutif*.

esecutìvo |ezeku'tivo| *agg.* **1** propre à être exécuté, accompli **2** [*incaricato di realizzare le direttive di un gruppo*] exécutif* ✦ (*s.m.*) *un esecutivo* un exécutif **3** (*dir.*) exécutif; exécutoire: *potere esecutivo* pouvoir exécutif ‖ *formula esecutiva* formule exécutoire; *forza esecutiva di un atto* force exécutoire d'un acte ✦ (*s.m.*) *l'esecutivo* [*il governo*] l'exécutif.

esecutóre, trice |ezeku'tore, tritʃe| *s.* **1** [*chi realizza quanto è stato programmato*] exécutant: *è un semplice esecutore* c'est un simple exécutant ◇ (*dir.*) *esecutore testamentario* exécuteur testamentaire ◇ (*per anal.*) *esecutore di giustizia* [*boia, carnefice*] bourreau *m.*, exécuteur* (des hautes œuvres) **2** [*chi esegue una composizione musicale*] exécutant: *è un esecutore mediocre* c'est un médiocre exécutant → **interprete.**

esecutorietà |ezekutorje'ta| *s.f. inv.* (*dir.*) caractère *m. var.* exécutoire.

esecutòrio, i |ezeku'tɔrjo, i| *agg.* (*dir.*) exécutoire.

esecuzióne |ezekut'tsjone| *s.f.* **1** [→ ESEGUIRE 1, 2] exécution, réalisation: *esecuzione di un progetto, di un ordine* exécution d'un projet, d'un ordre; *l'esecuzione dei lavori è stata affidata a un'impresa straniera* l'exécution, la réalisation des travaux a été confiée à une entreprise étrangère; *mettere in esecuzione* mettre à exécution → **attuazione** # *dare esecuzione a un progetto, a un ordine* exécuter, réaliser un projet, un ordre; *avere esecuzione* se réaliser ◇ *loc.* DI FACILE (DIFFICILE) ESECUZIONE facile (difficile) à exécuter **2** [*il modo, la tecnica di esecuzione*] exécution: *l'esecuzione di un lavoro* l'exécution d'un travail → **realizzazione** ◇ (*mus.*) exécution: *questa sonata non presenta difficoltà di esecuzione* cette sonate ne présente aucune difficulté d'exécution → **interpretazione 3** (*dir.*) exécution: *l'esecuzione di una sentenza* l'exécution d'un jugement **4** [*uccisione di chi è stato condannato a morte*] exécution: *l'esecuzione di un condannato* l'exécution d'un condamné.

esèdra |e'zɛ(e)dra| *s.f.* (*arch.*) exèdre.

esegèsi |eze'dʒɛzi| *s.f. inv.* (*ling.*) exégèse *var.*

esegèta |eze'dʒɛta| *s.* (*ling.*) exégète.

esegètica, che |eze'dʒɛtika, ke| *s.f.* (*ling.*) méthode exégétique.

esegètico, ci, ca, che |eze'dʒɛtiko, tʃi, ka, ke| *agg.* (*ling.*) exégétique: *commento esegetico* commentaire exégétique.

eseguìbile |eze'gwibile| *agg.* [→ ESEGUIRE] exécutable, qui peut être exécuté (*loc.*): *un piano facilmente eseguibile* un plan facilement exécutable, réalisable → **realizzabile** Ⓒ **ineseguibile.**

eseguibilità |ezegwibili'ta| *s.f. inv.* [*possibilità o capacità di essere eseguito*] possibilité *var.* d'exécution, d'être exécuté → **realizzabilità, attuabilità** # *un progetto di facile eseguibilità* un projet facile à exécuter, d'exécution facile.

eseguìre |eze'gwire| (204) *v.tr.* **1** [*attuare un ordine, un progetto e sim.*] exécuter: *eseguire un progetto* exécuter un projet → **attuare**; *eseguire gli ordini di qc.* exécuter les ordres de qqn. → **adempiere** ◇ (*dr.*) *eseguire una sentenza, un contratto* exécuter un jugement, un contrat **2** [*realizzare concretamente q.c.*] exécuter, réaliser: *eseguire un affresco* exécuter une fresque ◇ [*rappresentare davanti a un pubblico*] exécuter; représenter: *eseguire un passo di danza* exécuter un pas de danse ‖ *eseguire uno spettacolo* représenter un spectacle ◇ (*mus.*) exécuter: *eseguire un pezzo al piano* exécuter un morceau au piano → **interpretare 3** (*comm.*) [*effettuare*] effectuer: *eseguire un pagamento* effectuer un paiement.

esèmpio, i |e'zɛmpjo, i| *s.m.* **1** exemple: *questo monumento è un esempio di stile gotico* ce monument constitue un exemple du style gothique → **tipo**; *citare l'esempio di* citer l'exemple de; *offrire parecchi, pochi esempi di* offrir plusieurs, peu d'exemples de; *un fatto senza esempio* un fait sans exemple, sans précédent ◇ *loc.* A MO' DI ESEMPIO à titre d'exemple **2** [*frase citata a dimostrazione di una regola teorica, spec. gram.*] exemple: *esempio tratto da un buon autore* exemple tiré d'un bon auteur; *un esempio azzeccato, sba-*

gliato un exemple pertinent, mal choisi; *addurre, citare, portare, fare, dare un esempio* donner un exemple **3** [*fatto proposto all'imitazione, come ammonimento*] exemple: *è un esempio da seguire, da evitare* c'est un exemple à suivre, à éviter ◇ (*loc.*) *prendere esempio da qc., imitare l'esempio di qc.* suivre l'exemple de qqn., imiter qqn., prendre exemple sur qqn.; *dare l'esempio* donner l'exemple; *ti servirà di esempio* cela te servira d'exemple; *portarsi a esempio* prêcher d'exemple; *tanto per dare un esempio, il buon esempio* pour l'exemple, ne serait-ce que pour donner l'exemple; *l'ha punito per dare il buon esempio* il l'a puni pour l'exemple → **lezione** **4** [*persona o animale proposto all'ammirazione e all'imitazione*] exemple, modèle: *quel maestro rimane un esempio di onestà* ce maître reste un exemple, un modèle d'honnêteté → **modello** # *citare q.c., qc. come esempio* citer en exemple qqch., qqn.* ◇ *loc.* SULL'ESEMPIO DI QC. l'exemple de qqn. **5** [*individuo tipico di una specie*] exemplaire, exemple: *questo è un bell'esempio di animale raro* voilà un bel exemplaire d'un animal rare → 2 **esemplare**.

1 **esemplàre** |ezem'plare| *agg.* **1** exemplaire: *virtù esemplare* vertu exemplaire; *un castigo esemplare* un châtiment exemplaire; *madre, sposa esemplare* mère, épouse exemplaire **2** [*rappresentativo, caratteristico*] représentatif*, typique, caractéristique.

2 **esemplàre** |ezem'plare| *s.m.* **1** exemplaire: *un esemplare di pianta rampicante* un exemplaire de plante grimpante; *un bellissimo esemplare di stile barocco* un très bel exemplaire de style baroque; *ne esistono purtroppo pochi esemplari* malheureusement, il en existe peu d'exemplaires **2** [*ciascuna copia di un libro a stampa*] exemplaire: *ne sono stati stampati duemila esemplari* on en a imprimé deux mille exemplaires **3** [*persona proposta all'ammirazione e all'imitazione*] exemple, modèle: *tuo padre è stato un esemplare di virtù* ton père a été un exemple, un modèle de vertu → **modello, esempio** **4** [*originale*] original* ◇ [*modello*] modèle.

3 **esemplàre** |ezem'plare| *v.tr.* (*lett.*) [*copiare da un modello*] copier (*corr.*) ◇ (*per est.*) [*imitare*] copier. imiter ◇ [*trascrivere*] transcrire (51).

esemplarità |ezemplari'ta| *s.f. inv.* [*l'essere* (2) *esemplare* (3)] exemplarité *var.*

esemplarménte |ezemplar'mente| *avv.* [→ 1 ESEMPLARE 1] de manière exemplaire *loc. inv.*, exemplairement: *vivere esemplarmente* vivre de manière exemplaire.

esemplificàre |ezemplifi'kare| *v. tr.* [*chiarire, spiegare per mezzo di esempi*] exemplifier → **spiegare, chiarire, illustrare.**

esemplificativo |ezemplifika'tivo| *agg.* [*che tende ad esemplificare*] explicatif*; qui sert d'exemple (*loc.*): *una nota esemplificativa* une note explicative ◇ [*che si basa sull'esemplificazione*] qui illustre par un exemple, se sert d'exemple (*loc.*): *una lezione esemplificativa* une leçon illustrée par des exemples.

esemplificazióne |ezemplifikat'tsjone| *s.f.* [→ ESEMPLIFICARE] exemplification ◇ [*gli esempi citati*] exemples *m. pl.*

esentàre |ezen'tare| **A** *v.tr.* [*liberare da un obbligo, da un dovere*] exempter, dispenser, exonérer (8): *esentare qc. dal servizio militare* exempter qqn. du service militaire; *esentare un alunno dalla frequenza alle lezioni di ginnastica* dispenser un élève de gymnastique; *esentare qc. dal pagamento delle imposte* exonérer qqn. d'impôts → **dispensare, esimere, esonerare** # *è stato esentato dall'incarico* on l'a relevé de ses fonctions **B** *v.pron. rifl.* ESENTARSI se soustraire (62) (à), se dérober (à), s'exempter (de), se dispenser (de): *esentarsi da un obbligo* se soustraire à un devoir; *esentarsi da un lavoro* se dérober à un travail → **esimer(si)** Ⓒ **obbligare, imporre.**

esentàsse |ezen'tasse| *agg. inv.* (*bur.*) exempt *var.* d'impôts.

esènte |e'zɛnte| *agg.* **1** (*sogg. di persona*) [*dispensato da un obbligo o da un dovere*] exempt: *esente da obblighi militari, di leva* exempt du service militaire → **esonerato** ◇ [*non soggetto a carichi fiscali*] *esente da tasse* exempt d'impôt ◇ (*sogg. di cosa*) *esente da bollo* exempt de timbre; *esente da dogana* exempt de droits de douane **2** (*per est.*) [*libero, immune da un male o da un difetto*] exempt: *esente da malattie* exempt de toute maladie # *essere esente da difetti* être sans défauts; *essere esente da un contagio* être à l'abri d'une contagion Ⓒ 1 **obbligato, soggetto 1.**

esenzióne |ezen'tsjone| *s.f.* [→ ESENTARE] exemption, exonération: *esenzione fiscale* exonération fiscale → **esonero**; *chiedere, ottenere un'esenzione* demander, obtenir une exemption, une exonération ◇ (*mil.*) exemption: *esenzione dal servizio militare* exemption du service militaire.

esèquie |e'zɛkwje| *s.f. pl.* [*riti e onoranze rese al defunto; funerale*] obsèques: *le esequie religiose* les obsèques religieuses.

esercènte |ezer'tʃɛnte| *s.* [*chi mantiene in esercizio un negozio o un locale pubblico*] *l'esercente* (*di un negozio*) le détaillant → **commerciante, bottegaio** ◇ [*di cinema o di azienda agricola*] exploitant ◇ [*di bar, tabaccheria, ecc.*] débitant # *prezzo per gli esercenti* prix marchand ◆ (*agg.*) *la ditta esercente* la maison exploitante.

esercìre |ezer'tʃire| (197) *v.tr.* **1** [*esercitare una professione o un'attività*] exercer (2) **2** [*amministrare, come proprietario o gestore*] gérer (8) → 2 **gestire.**

esercitàbile |ezertʃi'tabile| *agg.* [→ ESERCITARE] qu'on peut exercer *loc.*

esercitàre |ezertʃi'tare| **A** *v.tr.* **1** [*tenere in attività mediante opportuni esercizi*] exercer (2); cultiver: *esercitare la memoria, la mente* exercer sa mémoire, son esprit; *esercitare l'occhio* exercer sa vue → **coltivare, formare** ‖ *esercitare l'intelligenza* cultiver son intelligence ◇ (*loc.*) *esercitare la lingua* avoir la langue bien pendue ~ *esercitare la pazienza di qc.* exercer la patience de qqn. ◇ [*addestrare, allenare*] exercer, entraîner: *esercitare qc. in q.c.* exercer qqn. à qqch., entraîner qqn. à qqch.; *esercitare qc. a fare q.c.* exercer qqn. à faire qqch. ◇ (*per est.*) [*abituare, assuefare*] exercer, habituer: *esercitare il corpo alla fatica, allo sforzo* exercer son corps à supporter la fatigue, l'effort **2** [*dedicarsi a una attività o professione*] exercer, pratiquer: *esercitare una professione, un mestiere* exercer, pratiquer une profession, un métier; *esercitare la medicina, l'avvocatura* exercer la médecine, la profession d'avocat; *esercitare le funzioni di* exercer les fonctions de → **praticare, professare** ◆ (*ass.*) *quel medico non esercita più* ce médecin n'exerce plus **3** [*detenere, far valere*] exercer: *esercitare il potere* exercer le pouvoir; *esercitare un controllo, una azione su q.c.* exercer un contrôle, une action sur qqch. # *esercitare pressioni su qc.* faire pression sur qqn. ◇ [*avvalersi di una capacità giuridica*] *esercitare un diritto* exercer un droit **B** *v.pron. rifl.* ESERCITARSI [→ *tr.* 1] s'exercer (à), s'entraîner (à): *egli si esercitava al tennis tutti i giorni* il s'exerçait tous les jours au tennis; *esercitarsi a leggere* s'exercer à lire ◆ (*ass.*) prendre de l'exercice, faire de l'exercice ◇ [*fare pratica nell'esercizio di una professione*] faire (45) son stage, un stage ◇ [*fare esercizi pratici*] faire des exercices.

esercitàto |ezertʃi'tato| *agg.* [*che ha molto esercizio, esperto*] exercé: *un orecchio esercitato* une oreille exercée # *una penna esercitata* une bonne plume.

esercitazióne |ezertʃitat'tsjone| *s.f.* **1** [*attività rivolta all'applicazione di norme teoriche*] exercice (*m.*): *esercitazioni scolastiche* exercices scolaires → **pratica** **2** [*esercizio fisico*] exercice: *mi è stato raccomandato di fare un po' di esercitazioni* on m'a recommandé de faire un peu d'exercice → **allenamento** ◇ *spec. al plur.* (*mil.*) exercice, manœuvre: *i soldati vanno a fare le esercitazioni* les soldats vont à l'exercice, en manœuvres → **manovra.**

esèrcito |e'zɛrtʃito| *s.m.* **1** [*l'insieme delle forze armate di uno Stato*] armée (*f.*): *l'esercito regolare* l'armée régulière ◇ (*loc.*) *entrare nell'esercito* entrer dans l'armée ◇ [*le forze armate terrestri*] l'armée de terre **2** (*fig.*) [*grande quantità o moltitudine*] armée, multitude (*f.*): *un esercito di cavallette sta devastando la zona* une armée, des nuages, des nuées de sauterelles dévastent la zone: *un esercito di amici è venuto a farci visita* une multitude d'amis est venue nous rendre visite **3** (*relig.*) *l'esercito di Cristo* l'Église *f.* militante; *l'esercito della Salvezza* l'armée du Salut.

eserciziàrio, i |ezertʃit'tsjarjo, i| *s.m.* recueil d'exercices (scolaires).

esercìzio, i |ezer'tʃitsjo, i| *s.m.* **1** exercice: *fare una serie di esercizi di* faire une série d'exercices de # *tenere in esercizio la memoria, la mente* exercer sa mémoire, son esprit ◇ (*spec.*) [*esercitazione fisica, allenamento*] exercice, entraînement: *fare un po' d'esercizio* faire un peu d'exercice; *sono fuori esercizio* je manque d'entraînement ◇ (*loc.*) *tenersi in esercizio* s'entraîner; se tenir en forme; *tenersi in esercizio per il campionato* s'entraîner, se tenir en forme en vue du championnat ◇ [*applicazione pratica di nozioni teoriche*] exercice: *esercizi grammaticali* exercices de grammaire → **esercitazione** ◇ (*loc.*) *fare esercizi di* faire des exercices de ◇ (*relig.*) *esercizi spirituali* exercices spirituels **2** [*pratica di una professione o attività*] exercice: *l'esercizio di una professione, di un mestiere* l'exercice d'une profession, d'un métier ◇ [*il mettere in pratica, il far valere*] exercice: *l'esercizio del potere* l'exercice du pouvoir **3** [*gestione di un'azienda o di un'attività*] exploitation (*f.*): *spese, costi d'esercizio* frais d'exploitation ◇ [*azienda*] exploitation, établissement: *esercizio commerciale* exploitation commerciale, établissement commercial → **negozio, bottega 4** [*l'attività economica di un'impresa, rapportata a un periodo di tempo ben determinato*] exercice: *chiusura di esercizio* clôture d'un exercice; *l'esercizio finanziario dello Stato* l'exercice budgétaire de l'État.

esèrgo, ghi |e'zεrgo, gi| *s.m.* (*numis.*) exergue.

eserìna |eze'rina| *s.f.* (*farm.*) ésérine.

esfoliazióne |esfoljat'tsjone| *s.f.* (*med.*) exfoliation.

esibìre |ezi'bire| (197) **A** *v.tr.* **1** [*mostrare, presentare*] exhiber, montrer: *esibire i documenti* exhiber, montrer ses papiers **2** [*mettere in mostra, ostentare*] exhiber, étaler: *esibire le proprie conoscenze* exhiber, étaler son savoir **3** [*offrire, mettere a disposizione*] proposer, offrir (23): *esibire il proprio aiuto* proposer, offrir son aide; *esibire la propria amicizia* offrir, proposer son amitié **B** *v. pron. rifl.* ESIBIRSI **1** [→ *tr.* 3] proposer (*tr.*): *si esibì di aiutarli* il proposa de les aider **2** [→ *tr.* 2] s'offrir, se montrer: *esibirsi agli sguardi di tutti* s'offrir, se montrer à tous les regards; *gli piace esibirsi con belle ragazze* il aime se montrer en compagnie de jolies filles **3** [*dare spettacolo, prodursi in scena*] se produire (75), s'exhiber: *esibirsi sulla scena di un teatro* se produire, s'exhiber sur la scène d'un théâtre **C** A 1, 2 **nascondere, celare.**

esibizióne |ezibit'tsjone| *s.f.* **1** [→ ESIBIRE A 1] exhibition, présentation: *esibizione dei documenti* exhibition, présentation des pièces d'identité → **presentazione** ◇ [*profferta, offerta*] proposition **2** [→ ESIBIRE A 2] exhibition, étalage (*m.*): *l'esibizione delle sue ricchezze ci scandalizzava* l'étalage de ses richesses nous scandalisait **3** [*numero di spettacolo*] numéro (*m.*): *è una buona esibizione di circo* c'est un bon numéro de cirque # *esibizione teatrale* représentation théâtrale ◇ (*sport*) manifestation sportive.

esibizionìsmo |ezibittsjo'nizmo| *s.m.* (*psicol.*) exhibitionnisme.

esibizionista |ezibittsjo'nista| *s.* (*psicol., corr.*) exhibitionniste.

esibizionistico, ci, ca, che |ezibittsjo'nistiko, tʃi, ka, ke| *agg.* [*relativo all'esibizionismo*] exhibitionniste, de l'exhibitionnisme (*loc. inv.*): *manifestazione esibizionistica* manifestation d'exhibitionnisme ◇ [*relativa all'esibizionista*] pour exhibitionnistes: *moda esibizionistica* mode pour exhibitionnistes.

esigènte |ezi'dʒεnte| *agg.* exigeant; difficile: *è troppo esigente con lei* il est trop exigeant avec elle ‖ *è un critico esigente* c'est un critique difficile **C** **moderato.**

esigènza |ezi'dʒεntsa| *s.f.* **1** [*ciò che una situazione richiede o comporta*] nécessité, besoin (*m.*): *le esigenze della vita* les nécessités, les besoins de la vie; *esigenza di cambiamento* besoin de changement; *secondo le esigenze del momento, della situazione* selon les nécessités, les besoins du moment, de la situation → **necessità, opportunità** # *per esigenze di ordine* par amour de l'ordre **2** [*bisogno, necessità*] besoin, exigence: *le esigenze dell'uomo* les besoins de l'homme; *un'esigenza interna, profonda* une exigence intérieure, profonde; *soddisfare le esigenze di qc.* satisfaire les besoins de qqn. **3** [*richiesta esagerata, pretesa*] exigence: *le sue esigenze sono eccessive* ses exigences sont excessives # *avere molte esigenze, essere pieno di esigenze* être trop exigeant.

esìgere |e'zidʒere| (141) *v.tr.* **1** [*pretendere come cosa dovuta*] exiger (3): *esigere obbedienza, sottomissione* exiger l'obéissance, la soumission ◇ (*fig.*) *questo lavoro esige molta attenzione* ce travail exige beaucoup d'attention → **richiedere** ◇ *loc.* ESIGERE CHE (+ *congv.*), exiger que (+ *congv.*): *esigere q.c. da qc.*, exiger qqch. de qqn. **2** [*riscuotere*] percevoir (33): *esigere gli interessi* percevoir les intérêts **C** 1 **concedere**; 2 **pagare.**

esigìbile |ezi'dʒibile| *agg.* (*comm., dir.*) [→ ESIGERE 2] exigible: *debito esigibile* dette exigible.

esigibilità |ezidʒibili'ta| *s.f. inv.* exigibilité (*var.*): *esigibilità di un debito* exigibilité d'une dette.

esiguità |ezigui'ta| *s.f. inv.* [*scarsezza, insufficienza*] manque *m. var.*, insuffisance (*var.*): *l'esiguità di viveri* le manque de vivres; *l'esiguità di mano d'opera* le manque, la pénurie de main-d'œuvre; *l'esiguità delle prove* l'insuffisance des preuves → **mancanza, penuria** ◇ [*irrilevanza*] petitesse: *l'esiguità di un dono* la petitesse d'un don → **piccolezza, pochezza.**

esìguo |e'ziguo| *agg.* **1** [*scarso, insufficiente*] exigu*, insuffisant: *esigue risorse* resources exiguës, insuffisantes; *una quantità esigua* une quantité insuffisante → **trascurabile 1, ridotto** # *una paga esigua* un salaire modeste **2** [*irrilevante*] insignifiant, négligeable: *una somma esigua* une somme insignifiante, négligeable; *un numero esiguo* une quantité négligeable **C** 1 **abbondante**; 2 **enorme.**

esilarànte |ezila'rante| *agg.* **1** [*che fa ridere, che procura allegria*] hilarant: *una storiella esilarante* une histoire hilarante → **spassoso, divertente 2** (*chim.*) *gas esilarante* gaz hilarant.

esilaràre |ezila'rare| **A** *v.tr.* [*suscitare grande ilarità, provocare allegria*] provoquer, déclencher l'hilarité: *le sue barzellette esilaravano la platea* ses bonnes histoires provoquaient, déclenchaient l'hilarité du parterre → **divertire B** *v.pron. intr.* ESILARARSI [*lasciarsi prendere dall'allegria*; *spassarsi, divertirsi*] se tordre (53) de rire **C** A **deprimere**; B **annoiar(si).**

èsile |'εzile| *agg.* **1** [*tenue*; *sottile*] faible; mince: *una voce esile* une voix faible → **debole** ‖ *una donna esile* une femme mince ◇ [*gracile*] frêle: *una ragazza esile* une jeune fille frêle **2** (*fig.*) [*di scarso valore*] mince, négligeable: *un esile pretesto* un prétexte bien mince, négligeable → **irrilevante, esiguo** **C** 1 **grosso, robusto**; 2 **importante.**

esiliàre |ezi'ljare| **A** *v.tr.* **1** [*condannare all'esilio*] exiler: *è stato esiliato dalla Francia* il a été exilé de France **2** (*per est.*) [*cacciar via qc. da un luogo, escludere*] expulser, exclure (46) → **espellere, scacciare B** *v.pron. rifl.* ESILIARSI **1** [*espatriare*] s'exiler **2** (*fig.*) [*appartarsi, isolarsi*] se tenir (27) à l'écart → **estraniarsi** **C** A 1 **rimpatriare,** 2 **richiamare.**

esiliàto |ezi'ljato| *agg.* **1** [→ ESILIARE A 1] exilé → **espatriato** ♦ (*s.*) *un esiliato* un exilé → **esule 2** (*fig.*) [*allontanato, estromesso*] expulsé, exclu → **espulso** **C** 1 **rimpatriato.**

esilio, i |e'ziljo, i| *s.m.* **1** exil: *condannare qc. all'esilio* condamner qqn. à l'exil; *cacciare, mandare qc. in esilio* envoyer qqn. en exil **2** [*scelta volontaria di espatrio*] exil volontaire → **espatrio 3** [*luogo di esilio*] exil, terre *f.* d'exil: *essere in esilio* être en exil, en terre d'exil; *vivere in esilio* vivre en exil ◇ [*l'esistenza terrena rispetto a quella celeste*] exil, terre d'exil ◇ (*fig.*) *un esilio dorato* un exil doré; *è per me un duro esilio* c'est pour moi un dur exil **C** 1 **rimpatrio.**

esilità |ezili'ta| *s.f. inv.* **1** [*gracilità*] gracilité (*var.*): *l'esilità di un bambino* la gracilité d'un enfant ◇ [*sottigliezza*] minceur (*var.*): *l'esilità di uno stelo* la minceur d'une tige **2** (*fig.*) [*debolezza*] faiblesse (*var.*): *l'esilità di una prova* la faiblesse d'une preuve → **fiacchezza** **C** 1 **robustezza, grossezza**; 2 **fortezza.**

esìmere |e'zimere| (124) (*dif. del p.p.*) **A** *v.tr.* [*esentare da un obbligo, dispensare*] exempter, dispenser: *esimere qc. da un servizio* exempter, dispenser qqn. d'une tâche **B** *v.pron. rifl.* ESIMERSI [→ *tr.*] s'exempter, se dispenser: *esimersi da un obbligo* s'exempter, se dispenser d'une obligation ◇ *loc.* ESIMERSI DAL (+ *inf.*) se dispenser de (+ *inf.*).

esìmio, i |e'zimjo, i| *agg.* [*che eccelle, egregio*] éminent: *un medico esimio* un éminent médecin # *esimio direttore* Monsieur le directeur; *una donna di esimie virtù* une femme de grande vertu ◇ (*iron.*) *sei un esimio furfante* tu es un sacré chenapan (*scherz.*) **C** **abietto.**

esistènte |ezis'tεnte| *agg.* existant: *ho raccolto ogni prova esistente* j'ai recueilli toutes preuves existantes **C** **inesistente.**

esistènza |ezis'tεntsa| *s.f.* **1** existence: *scoprire l'esistenza di un'opera* découvrir l'existence d'une œuvre; *dimostrare l'esistenza di un errore* démontrer l'existence d'une erreur ◇ (*filos.*) *l'esistenza di Dio* l'existence de Dieu **2** [*vita*; *sopravvivenza*] existence, vie: *diritto all'esistenza* droit à la vie, droit d'exister; *lotta per l'esistenza* lutte pour la vie, pour l'existence; *ha sofferto per tutta la sua esistenza* il a souffert durant toute son existence; *avere un'esistenza tribolata* avoir une existence tourmentée **C** 1 **inesistenza**; 2 **morte.**

esistenziàle |ezisten'tsjale| *agg.* (*filos., corr.*) existentiel*: *filosofia esistenziale* philosophie existentielle.

esistenzialìsmo |ezistentsja'lizmo| *s.m.* (*filos.*) existentialisme.

esistenzialista |ezistentsja'lista| *agg.* (*filos., corr.*) existentialiste: *romanzo esistenzialista* roman existentialiste → **esistenzialistico** ♦ (*s.*) *un esistenzialista* un existentialiste.

esistenzialìstico, ci, ca,

che |ezistentsja'listiko, tʃi, ka, ke| *agg.* (*filos.*) existentialiste: *angoscia esistenzialistica* angoisse existentialiste.
esistere |e'zistere| (116) *v.intr.* (*aus.* 'essere') **1** [*essere nella realtà temporale e concreta*] exister (*aus.* avoir): *Dio esiste* Dieu existe; *tutto ciò che esiste* tout ce qui existe ◇ [*esserci, essere a disposizione*] exister, y avoir (28) (*aus.* avoir): *non esistono prove della sua colpevolezza* il n'existe pas, il n'y a pas de preuves de sa culpabilité **2** [*vivere*] vivre (58) (*aus.* avoir): *ha cessato di esistere* il a cessé de vivre **C** 2 **morire** 1.
esitàbile |ezi'tabile| *agg.* [→ 2 ESITARE] vendable **C** **invendibile.**
esitabilità |ezitabili'ta| *s.f. inv.* possibilité *var.* de vendre (une chose), d'être vendu: *l'esitabilità di un articolo di mercato* la possibilité de vendre un article de marché.
esitaménto |ezita'mento| *s.m.* → **vendita.**
esitànte |ezi'tante| *agg.* hésitant, indécis: *rispondere con voce esitante* répondre d'une voix hésitante, indécise → **titubante** **C** **disinvolto, deciso.**
esitànza |ezi'tantsa| *s.f.* (*raro*) [*atteggiamento di chi è esitante*] hésitation: *senza esitanza* sans hésitation → **esitazione** **C** **risolutezza, decisione, prontezza.**
1 **esitàre** |ezi'tare| *v.intr.* (*aus.* 'avere') [*essere, mostrarsi dubbioso, incerto*] hésiter: *il cavallo esita davanti all'ostacolo* le cheval hésite devant l'obstacle; *esitare fra due soluzioni* hésiter entre deux solutions; *esita a parlargli* il hésite à lui parler ◇ [*indugiare*] hésiter, tergiverser: *prendere una decisione senza esitare* prendre une décision sans hésiter, tergiverser **C** **decidere.**
2 **esitàre** |ezi'tare| *v.tr.* (*comm.*) [*smerciare, vendere*] vendre (53): *merce che si esita molto bene* une marchandise qui se vend bien.
3 **esitàre** |ezi'tare| *v.intr.* (*aus.* 'avere') (*raro, med.*) [*risolversi*] se terminer *pron.* (par): *esitare in guarigione* se terminer par la guérison.
esitazióne |ezitat'tsjone| *s.f.* [→ 1 ESITARE] hésitation, doute (*m.*): *ha finito coll'accettare dopo molte esitazioni* il a fini par accepter après maintes hésitations, après bien des doutes; *non ho più nessuna esitazione* je n'ai plus aucune hésitation; je n'ai plus le moindre doute; *corse senza esitazione* il courut sans hésitation → **indecisione.**
èsito |'ɛzito| *s.m.* **1** [*conclusione, riuscita*] issue *f.*, résultat: *lo sfortunato esito della conferenza* l'issue malheureuse de la conférence; *l'esito degli esami* le résultat des examens → **risultato** ◇ [*buona riuscita, successo*] réussite *f.*, succès: *ne garantiscono l'esito* ils en garantissent la réussite, le succès ◇ (*med.*) *l'intervento ha avuto buon esito* l'opération a réussi **2** [*uscita, sbocco*] issue # *l'esito dell'acqua* la sortie de l'eau ◇ (*bur.*) réponse (*f.*): *in esito alla vostra lettera* en réponse à votre lettre **3** (*comm.*) [*sbocco commerciale*] débit: *questi articoli sportivi non hanno esito* ces articles de sport ne sont pas d'un bon débit, ne se vendent pas bien ◇ [*spesa, uscita*] dépenses (*f. pl.*): *gli esiti di questa attività commerciale sono superiori alle entrate* les dépenses de cette entreprise commerciale sont supérieures aux recettes **4** (*ling.*) résultat.
esiziàle |ezit'tsjale| *agg.* **1** [*estremamente dannoso*] fatal*, néfaste: *un errore esiziale* une erreur fatale, néfaste; *politica esiziale* politique néfaste → **dannoso, micidiale** **2** [*funesto, mortale*] funeste, mortel*: *un incidente esiziale* un coup funeste, mortel **3** [*irrimediabile*] irrémédiable: *disastro esiziale* désastre irrémédiable **C** 1 **vantaggioso**; 2 **provvidenziale.**
èskimo |'ɛskimo| *s.m.* (*abbigl.*) parka.
èso- |'ɛzo| *pref.* **1** (*significa 'dentro, interno', corrisponde gener. a*) éso: *esoterico* ésotérique **2** (*significa 'in fuori, esterno, da o verso l'esterno', corrisponde gener. a*) exo: *esogamia* exogamie.
esocèto |ezo'tʃɛto| *s.m.* (*t.zool.*) exocet, poisson volant (*corr.*).
esòcrino |e'zɔkrino| *agg.* (*fisiol.*) exocrine.
èsodo |'ɛzodo| *s.m.* **1** exode: *l'esodo dei contadini dalle campagne* l'exode rural; *l'esodo di ferragosto* l'exode du quinze août ◇ [*pensionamento contemporaneo di impiegati statali*] *l'esodo dei superburocrati* le départ volontaire à la retraite de hauts fonctionnaires **2** [*emigrazione in massa*] exode, émigration (*f.*): *l'esodo degli Ebrei* l'exode des Hébreux **3** [*trasferimento all'estero di capitali*] exode, fuite (*f.*): *l'esodo dei capitali* l'exode, la fuite des capitaux **4** (*teat. gr.*) exodos **C** 1 **affluenza, rientro.**
esofagèo |ezofa'dʒɛo| *agg.* (*anat., med.*) œsophagien*: *contrazioni esofagee* contractions œsophagiennes.
esòfago, gi |e'zɔfago, dʒi| *s.m.* (*anat.*) œsophage.
esoftalmìa |ezoftal'mia| *s.f.* (*med.*) exophtalmie.
esoftàlmico, ci, ca, che |ezof'talmiko, tʃi, ka, ke| *agg.* (*med.*) exophtalmique.
esoftàlmo |ezof'talmo| *s.m.* (*med.*) exophtalmie *f.*
esogamìa |ezoga'mia| *s.f.* (*sociol.*) exogamie **C** **endogamia.**
esogàmico, ci, ca, che |ezo'gamiko, tʃi, ka, ke| *agg.* (*biol.*) exogamique.
esògamo |e'zɔgamo| *agg.* (*sociol.*) exogame.
esogènesi |ezo'dʒɛnezi| *s.f. inv.* (*biol., geol.*) exogénèse *var.*
esògeno |e'zɔdʒeno| *agg.* (*geol., med.*) exogène **C** **endogeno.**
esoneràre |ezone'rare| **A** *v.tr.* [*liberare da un obbligo, da un onere*] exonérer (8), dispenser → **dispensare, esentare** ◇ *loc.* ESONERARE DAL(L') dispenser de: *esonerare dalle tasse qc.* exonérer, dispenser d'impôts qqn.; *esonerare dall'obbligo di leva* dispenser, exonérer du service militaire ◇ [*rimuovere da una carica*] relever (6), destituer: *esonerare qc. da un incarico* relever, destituer qqn. d'une charge → **destituire** **B** *v.pron. rifl.* ESONERARSI [→ *tr.*] se dispenser (de): *esonerarsi dai propri obblighi* se dispenser de ses devoirs **C** **obbligare, gravare.**
esoneràto |ezone'rato| *agg.* *dispensato, destituito*] dispensé; destitué: *esonerato dagli esami* dispensé d'examen ‖ *esonerato da una funzione* destitué d'une fonction ◆ (*s.*) *un esonerato* un exempt **C** **obbligato.**
esònero |e'zɔnero| *s.m.* **1** [*dispensa dall'adempiere un onere, un obbligo*] exemption (*f.*): *esonero da obblighi* exemption d'obligations ◇ [*destituzione*] destitution *f.* **2** [*esenzione da un pagamento*] exonération *f.*, exemption: *esonero dal pagamento delle tasse* exonération, exemption d'impôts; *esonero fiscale* exonération fiscale **C** 1 **incarico**; 2 **aggravio.**
esorbitànte |ezorbi'tante| *agg.* exorbitant, excessif*: *prezzi esorbitanti* des prix exorbitants, excessifs → **eccessivo.**
esorbitànza |ezorbi'tantsa| *s.f.* → **eccessività.**
esorbitàre |ezorbi'tare| *v.intr.* (*aus.* 'avere') [*uscire dai giusti limiti*] sortir (21) (*aus.* être), s'écarter *pron.* de: *discorso che esorbita dal tema* discours qui sort, qui s'écarte du sujet; *ciò esorbita dalla mia competenza* ceci sort de ma compétence, n'entre pas dans mes compétences → **eccedere, esulare.**
esorcìsmo |ezor'tʃizmo| *s.m.* (*eccl.*) exorcisme ◇ (*corr.*) [*scongiuro*] conjuration (*f.*): *fare i debiti esorcismi* faire les conjurations nécessaires.
esorcìsta |ezor'tʃista| *s.m.* exorciste, exorciseur ◇ (*eccl.*) exorciste.
esorcistàto |ezortʃis'tato| *s.m.* (*eccl.*) exorcistat.
esorcìstico, ci, ca, che |ezor'tʃistiko, tʃi, ka, ke| *agg.* [*che riguarda l'esorcismo*] d'exorcisme (*loc. inv.*): *rituale esorcistico* rituel d'exorcisme.
esorcizzàre |ezortʃid'dzare| *v.tr.* (*relig.*) [*sottoporre a esorcismi*] exorciser (*anche fig.*).
esorcizzatóre, trice |ezortʃiddza'tore, tritʃe| *s.* exorciseur *m.*, exorciste *m.*
esorcizzazióne |ezortʃiddzat'tsjone| *s.f.* [→ ESORCIZZARE] exorcisation.
esordiènte |ezor'djɛnte| *s.* [*chi compie i primi passi in una attività o professione*] débutant: *gara sportiva per esordienti* compétition sportive pour débutants → **principiante** ◆ (*agg.*) *un cantante esordiente* un chanteur débutant.
esòrdio, i |e'zɔrdjo, i| *s.m.* **1** [*inizio solenne di un discorso*] exorde, introduction (*f.*): *dopo un breve esordio, cominciò il suo discorso* après un bref exorde, une brève introduction, il commença son discours → **preambolo** **2** [*inizio di una attività o professione*] début: *l'esordio di una carriera* le début d'une carrière # *fare il proprio esordio* faire ses débuts ◇ (*teat.*) débuts *pl.* ◇ (*sport*) *l'esordio in serie A* l'entrée *f.* en première division ◇ (*letter.*) début **C** **epilogo.**
esordìre |ezor'dire| (197) *v.intr.* (*aus.* 'avere') **1** [*dare inizio, con tono solenne, a un discorso*] commencer (2) (par): *ha esordito con queste parole* il a commencé par ces mots **2** [*iniziare un'attività o professione*] débuter: *esordire nel cinema, nel teatro* débuter dans le cinéma, dans l'art dramatique (au théâtre) **C** **concludere, congedar(si).**
esoreattóre |ezoreat'tore| *s.m.* propulseur aérobie.
esornàre |ezor'nare| *v.tr.* (*raro*) → **adornare, abbellire.**
esornatìvo |ezorna'tivo| *agg.* (*lett.*) [*che tende ad abbellire, adornare*] ornemental*.
esortàre |ezor'tare| *v.tr.* [*indurre, persuadere a fare q.c.*] exhorter: *esortare alla pazienza* exhorter à la patience ◇ *loc.* ESORTARE QC. A (+ *inf.*) exhorter qqn. à (+ *inf.*) **C** **dissuadere.**

esortatìvo |ezorta'tivo| *agg.* [*che mira a esortare*] d'encouragement *loc. inv.*, d'exhortation (*loc. inv.*): *discorso esortativo* discours d'encouragement ◇ (*gram.*) *congiuntivo esortativo* subjonctif de souhait.

esortatòrio, i |ezorta'tɔrjo, i| *agg.* (*raro*) → **esortativo.**

esortazióne |ezortat'tsjone| *s.f.* [→ ESORTARE] exhortation: *un'esortazione a resistere* une exhortation à résister, à la résistance.

esosfèra |ezos'fɛra| *s.f.* exosphère.

esòs(i)o, i |ezɔz(j)o, i| *s.m.* (*chim.*) hexose.

esosità |ezozi'ta| *s.f. inv.* **1** [*avidità*] avidité (*var.*): *l'esosità di un commerciante* l'avidité d'un commerçant **2** (*detto di prezzi*) [*esagerazione*] exagération *var.* **3** [*odiosità*] caractère *m. var.* odieux.

esòso |e'zɔzo| *agg.* **1** (*persone*) [*avido*] avide: *un uomo esoso* un homme avide → **gretto** ✦ (*s.*) *un esoso* un rapace **2** (*cose*) excessif*, exorbitant: *sono prezzi esosi* ce sont des prix excessifs, exorbitants **3** (*persone*) [*odioso, antipatico*] odieux*: *ha un atteggiamento esoso* il a une attitude odieuse 🄲 1 **generoso, prodigo**; 2 **modico**; 3 **amabile, simpatico 1.**

esotèrico, ci, ca, che |ezo'tɛriko, tʃi, ka, ke| *agg.* **1** (*fig.*) ésotérique, hermétique: *linguaggio esoterico* langage ésotérique, hermétique **2** (*filos., relig.*) ésotérique 🄲 **essoterico.**

esoterìsmo |ezote'rizmo| *s.m.* (*filos., relig.*) ésotérisme 🄲 **essoterismo.**

esotèrmico, ci, ca, che |ezo'tɛrmiko, tʃi, ka, ke| *agg.* (*fis.*) exothermique 🄲 **endotermico.**

esoticìsmo |ezoti'tʃizmo| *s.m.* → **esotismo.**

esoticità |ezotitʃi'ta| *s.f. inv.* [*caratteristica di ciò che è esotico*] exotisme (*m. var.*): *mettere un tocco di esoticità in una casa* mettre une note d'exotisme dans une maison.

esòtico, ci, ca, che |e'zɔtiko, tʃi, ka, ke| **I** *agg.* **1** exotique: *frutti esotici* des fruits exotiques ✦ (*s.*) *un esotico* un exotique **2** (*per est.*) [*stravagante e ricercato*] excentrique, extravagant: *moda esotica* mode excentrique, extravagante **II** *s.m.* [*tutto ciò che ha il fascino di paesi lontani*] exotisme: *il gusto per l'esotico* le goût de l'exotisme → **esotismo.**

esotìsmo |ezo'tizmo| *s.m.* **1** exotisme: *esotismo nella moda* exotisme dans la mode **2** (*letter.*) exotisme ◇ (*ling.*) barbarisme.

esotizzànte |ezotid'dzante| *agg.* qui tend à l'exotisme *loc.*

espàndere |es'pandere| (184) **A** *v.tr.* **1** [*allargare, estendere*] étendre (53), agrandir: *espandere il proprio impero* étendre, agrandir son empire **2** [*diffondere attorno*] répandre (53): *il ciclamino espande un profumo caratteristico* le cyclamen répand un parfum caractéristique; *espandere il benessere in tutto il paese* répandre le bien-être dans tout le pays → **emanare** **B** *v. pron. intr.* ESPANDERSI **1** [→ *tr.* 1] s'étendre: *la macchia si espande* la tache s'étend # *espandersi a macchia d'olio* faire tache d'huile **2** [→ *tr.* 2] se répandre: *il profumo si espande* le parfum se répand **3** (*raro, fig.*) → **confidar(si)** 🄲 A 1 **restringere,** 2 **condensare, concentrare.**

espansìbile |espan'sibile| *agg.* [→ ESPANDERE B] expansible, dilatable: *un gas espansibile* un gaz expansible.

espansibilità |espansibili'ta| *s.f. inv.* (*fis.*) expansibilité *var.*

espansióne |espan'sjone| *s.f.* **1** expansion: *espansione dell'aria, di un gas* expansion de l'air, d'un gaz # *fase di espansione del motore a scoppio* temps de la détente du moteur à explosion ◇ (*astron.*) *la teoria dell'espansione dell'universo* la théorie de l'expansion de l'univers **2** [*aumento del proprio territorio, aumento di potere*] expansion: *l'espansione coloniale* l'expansion coloniale ◇ (*fig.*) *l'espansione del cristianesimo* l'expansion du christianisme ◇ [*aumento esagerato*] accroissement (*m.*): *l'espansione delle spese correnti dello stato* l'accroissement des dépenses courantes de l'état **3** (*fig.*) [*calda manifestazione d'affetto, effusione*] effusion: *la salutò con espansioni esagerate* il la salua avec des effusions exagérées 🄲 1 **condensazione**; 3 **ritegno.**

espansionìsmo |espansjo'nizmo| *s.m.* expansionnisme: *espansionismo coloniale* expansionnisme colonial.

espansionìsta |espansjo'nista| *agg.* expansionniste: *paese espansionista* pays expansionniste ✦ (*s.*) *un espansionista* un expansionniste.

espansionìstico, ci, ca, che |espansjo'nistiko, tʃi, ka, ke| *agg.* expansionniste: *politica espansionistica* politique expansionniste → **espansionista.**

espansività |espansivi'ta| *s.f. inv.* expansivité *var.*, extroversion *var.* → **cordialità** ◇ [*affettuosità*] caractère *m.* affectueux 🄲 **introversione.**

espansìvo |espan'sivo| *agg.* **1** expansif*: *avere un carattere espansivo* avoir un caractère expansif; être d'un naturel expansif, extraverti, extroverti → **cordiale** ◇ [*affettuoso*] affectueux* **2** [*capace di estendersi e diffondersi*] expansible 🄲 1 **burbero, chiuso, introverso.**

espànso |es'panso| **1** *agg.* (*tecnol.*) expansé: *polistirolo espanso* polystyrène expansé **2** *agg. e s.m.* → **dilatato.**

espatriàre |espa'trjare| *v.intr.* (*aus.* 'essere', *raro* 'avere') [*abbandonare la propria patria*] s'expatrier *pron.*, émigrer (*aus.* avoir): *è espatriato per trovare lavoro* il s'est expatrié, il a émigré pour trouver du travail; *espatriare per motivi politici* s'expatrier pour des raisons politiques 🄲 **rimpatriare.**

espatriàto |espatri'ato| *agg. e s.* expatrié 🄲 **rimpatriato.**

espàtrio, i |es'patrjo, i| *s.m.* [→ ESPATRIARE] expatriation (*f.*): *espatrio definitivo* expatriation définitive ◇ [*pena dell'esilio*] exil, expatriation: *condannare all'espatrio* condamner à l'exil, à l'expatriation 🄲 **rimpatrio.**

espediènte |espe'djɛnte| *s.m.* expédient: *cercare un espediente efficace* chercher un expédient efficace → **stratagemma**; *è ricorso a tutti gli espedienti per...* il a eu recours à tous les expédients pour... → **trucco**; *vivere di espedienti* vivre d'expédients.

espedìre |espe'dire| (197) *v.tr.* (*bur.*) [*sbrigare*] expédier: *espedire un affare* expédier une affaire.

espèllere |es'pɛllere| (143) *v.tr.* **1** [*estromettere, spec. per punizione*] expulser: *è stato espulso dal suo paese* il a été expulsé de son pays → **cacciare, bandire** # *essere espulso dalla scuola* être renvoyé de l'école ◇ (*sport*) [*allontanare dal terreno di gioco*] expulser **2** (*med.*) [*emettere come secrezione o escrezione*] expulser → **evacuare** 🄲 1 **ammettere**; 2 **trattenere.**

esperantìsta |esperan'tista| *s. e agg.* espérantiste.

esperànto |espe'ranto| (*ling.*) **1** *s.m. inv.* espéranto *var.* **2** *agg. inv.* de l'espéranto *loc.*

esperiènza |espe'rjɛntsa| *s.f.* **1** expérience: *possedere una vasta esperienza in un mestiere* posséder une vaste expérience d'un métier → **competenza** **2** [*partecipazione personale a una certa attività*] expérience, essai (*m.*): *fu quella la mia prima esperienza di recitazione* ce fut là ma première expérience de diction; *le prime esperienze poetiche del Manzoni* les premiers essais poétiques de Manzoni ◇ (*per est.*) [*conoscenza dovuta alla pratica della vita, del mondo*] expérience → 2 **sapere** **3** [*riproduzione di fenomeni*] expérience → **esperimento** **4** (*filos.*) expérience 🄲 1 **inesperienza, imperizia.**

esperimentàre |esperimen'tare| *e deriv.* → **sperimentare** *e deriv.*

esperiménto |esperi'mento| *s.m.* **1** [*prova pratica per accertare le qualità di q.c. o di qc.*] essai: *far q.c. in via di esperimento* faire qc. à titre d'essai → **sperimentale** ◇ (*spec.*) *esperimento di latino* épreuve *f.* de latin **2** [*riproduzione di un fenomeno fisico*] expérience (*f.*): *esperimento chimico* expérience de chimie **3** (*dir.*) *l'esperimento di tutte le vie legali* le recours à tous les procédés légaux.

esperìre |espe'rire| (197) *v.tr.* **1** [*tentare, sperimentare spec. nel linguaggio giuridico*] recourir (17) *intr.* à: *esperire i mezzi legali, la via legale* recourir à la justice **2** (*lett.*) → **provare.**

èspero |'ɛspero| *s.m.* **1** vent d'ouest **2** (*lett.*) → **occidente** **3** (*astron.*) crépuscule.

espertaménte |esperta'mente| *avv.* [→ ESPERTO I 1] habilement, adroitement: *si è comportato espertamente* il s'est conduit habilement, adroitement.

espèrto |es'pɛrto| **I** *agg.* **1** expert, expérimenté # *chirurgo esperto* chirurgien habile → **specialista** ◇ *loc.* ESPERTO IN (+ *sost.*) expert dans (en) (+ *sost.*): *esperto in un mestiere* expert dans un métier; *è esperto in materia* il est expert en la matière ~ ESPERTO IN (+ *inf.*) expert à (+ *inf.*): *esperto nel maneggiare le armi* expert à manier les armes **2** [*dotato di notevole esperienza*] chevronné, expérimenté: *è un esperto autista* c'est un conducteur chevronné → **navigato** **II** *s.* **1** [*specialista*] spécialiste, expert **2** [→ *agg.* 2] expert 🄲 **inesperto.**

espettorànte |espetto'rante| *agg.* (*farm.*) expectorant: *uno sciroppo espettorante* un sirop expectorant ✦ (*s.m.*) *un espettorante* un expectorant.

espettoràre |espetto'rare| *v.tr.* (*fisiol.*) [*espellere il muco per via orale*] expectorer.

espettoratìvo |espettora'tivo| *agg.* (*farm.*) expectorant → **espettorante.**

espettoràto |espetto'rato| *agg.* (*fisiol.*) expectoré ✦ (*s.m.*) *l'espettorato* l'expectoration *f.*
espettorazióne |espettorat'tsjone| *s.f.* (*fisiol.*) expectoration.
espiàbile |espi'abile| *agg.* [→ ESPIARE] expiable.
espiabilità |espiabili'ta| *s.f. inv.* expiabilité *var.*
espiaménto |espia'mento| *s.m.* → **espiazione.**
espiànto |espi'anto| *s.m.* (*biol.*) explant.
espiàre |espi'are| *v.tr.* [*emendare una colpa, un reato; scontare*] expier: *espiare un errore, le proprie imprudenze* expier une faute, ses imprudences ◇ (*relig.*) *espiare i propri peccati* expier ses péchés.
espiatóre, trice |espia'tore, tri-tʃe| *agg.* (*raro*) expiateur* (*lett.*).
espiatòrio, i |espia'tɔrjo, i| *agg.* expiatoire: *rito espiatorio* rite expiatoire ◇ (*fig.*) *capro espiatorio* bouc émissaire.
espiazióne |espiat'tsjone| *s.f.* [→ ESPIARE] expiation # *l'espiazione dell'ergastolo* la peine de la prison à vie, l'incarceration → **riparazione** ◇ (*relig. catt.*) expiation ◇ (*relig. ebr.*) *la festa ebraica dell'Espiazione* la fête juive de l'Expiation, des Expiations.
espiràre |espi'rare| **A** *v.tr.* [*emettere dai polmoni*] expirer **B** *v.intr.* (*aus. 'avere'*) (*fisiol., corr.*) [*emettere aria dai polmoni*] expirer: *inspirate, espirate!* aspirez, expirez! Ⓒ **aspirare, inspirare.**
espiratóre |espira'tore| *agg. m.* (*anat.*) expirateur: *muscolo espiratore* muscle expirateur.
espiratòrio, i |espira'tɔrjo, i| *agg.* [*relativo all'espirazione*] d'expiration (*loc. inv.*): *movimento espiratorio* mouvement d'expiration.
espirazióne |espirat'tsjone| *s.f.* [→ ESPIRARE] expiration: *aria espulsa durante l'espirazione* air chassé pendant l'expiration.
espletaménto |espleta'mento| *s.m.* (*bur.*) accomplissement: *dopo lo espletamento delle formalità di rito* après l'accomplissement des formalités de usage.
espletàre |esple'tare| *v.tr.* **1** [*adempiere, compiere*] remplir: *espletare le proprie mansioni* remplir sa tâche **2** [*portare a termine, sbrigare*] achever (6): *espletare un lungo lavoro* achever un long travail → **terminare, concludere** ◇ (*bur.*) [*eseguire, evadere*] expédier: *espletare una pratica* expédier une affaire.
espletazióne |espletat'tsjone| *s.f.* → **espletamento.**
espletìvo |esple'tivo| *agg.* (*ling.*) explétif*.
esplicàbile |espli'kabile| *agg.* (*raro*) [→ ESPLICARE 2] explicable, compréhensible: *questo errore è esplicabile* cette erreur est explicable, compréhensible Ⓒ **inspiegabile.**
esplicàre |espli'kare| *v.tr.* **1** [*esercitare, svolgere*] exercer (2): *esplicare un'attività importante* exercer une activité importante **2** (*lett.*) [*spiegare, esporre*] expliquer, exposer: *esplicare un concetto* expliquer, exposer une idée.
esplicativo |esplika'tivo| *agg.* explicatif*: *una nota esplicativa* une note explicative ◇ (*filos.*) analytique.
esplicazióne |esplikat'tsjone| *s.f.* **1** (*raro*) [→ ESPLICARE 1] exercice *m.* → **svolgimento** **2** (*raro*) [→ ESPLICARE 2] explication.
esplicitaménte |esplitʃita'mente| *avv.* **1** [→ ESPLICITO] d'une manière explicite *loc. inv.*, explicitement: *parlare esplicitamente* parler d'une manière explicite **2** [*con franchezza*] franchement.
esplicitàre |esplitʃi'tare| *v.tr.* [*rendere esplicito*] expliciter.
esplìcito |es'plitʃito| *agg.* explicite, clair: *la sua risposta fu esplicita* sa réponse fut explicite, claire ◇ (*ling.*) *proposizioni esplicite* propositions explicites Ⓒ **implicito, sottinteso.**
esplodènte |esplo'dɛnte| *agg.* [*che può esplodere*] explosible, explosif: *gas esplodente* gaz explosible, explosif → **esplosivo** ✦ *s.m.* (*spec. al plur.*) *gli esplodenti* les explosifs.
esplòdere |es'plɔdere| (144) **A** *v. intr.* (*aus. 'essere; avere' solo se riferito ad arma*) **1** [*produrre un'esplosione, scoppiare*] exploser (*aus.* avoir), éclater (*aus.* avoir): *una bomba è esplosa ieri* une bombe a explosé hier ◇ [*disgregarsi in seguito a esplosione*] exploser, sauter (*aus.* avoir): *l'aereo è esploso in volo* l'avion a explosé en vol **2** (*fig.*) [*manifestarsi in modo violento e immediato*] exploser, éclater: *esplodere in ingiurie* exploser en injures; *la sua collera esplose* sa colère éclata; *è esploso il* il explosa **3** (*fig.*) [*manifestarsi improvvisamente e intensamente*] éclater: *è esplosa l'estate* l'été a éclaté # *è esplosa una certa moda* une certaine mode s'est établie tout d'un coup, brusquement **4** [*eruttare*] vomir *tr.*, cracher (*tr.*): *vulcano che esplode* volcan qui vomit, crache la lave **B** *v.tr.* [*sparare, far scoppiare*] tirer: *esplodere un colpo di fucile* tirer un coup de fusil.
esploditóre |esplodi'tore| *s.m.* (*tecnol.*) exploseur.
esploràbile |esplo'rabile| *agg.* [→ ESPLORARE] explorable, qu'on peut explorer *loc.* Ⓒ **inesplorabile.**
esploràre |esplo'rare| *v.tr.* **1** [*percorrere una regione per conoscerla*] explorer: *esplorare una zona, un paese* explorer une zone, un pays ◇ (*med.*) explorer **2** (*fig.*) [*scrutare attentamente*] explorer, scruter: *esplorare l'inconscio* explorer l'inconscient; *esplorare le profondità dell'anima* scruter les profondeurs de l'âme → **scrutare, sondare.**
esplorativo |esplora'tivo| *agg.* [*che tende a esplorare*] d'exploration (*loc. inv.*): *mezzi esplorativi* moyens d'exploration ◇ (*polit.*) explorateur*: *incarico esplorativo* mission exploratrice ◇ (*med.*) explorateur.
esploratóre, trice |esplora'tore, tritʃe| **I** *agg.* [*abile nell'esplorare* (2)] observateur*: *mente esploratrice* esprit observateur **II** *s.* **1** *s.* [*chi esplora* (1)] explorateur* # *giovane esploratore* éclaireur **2** *s.m.* (*mil.*) éclaireur → **ricognitore** **3** *s.m.* (*mar.*) patrouilleur.
esploratòrio, i |esplora'tɔrjo, i| *agg.* (*med.*) explorateur: *stiletto esploratorio* stylet explorateur → **esplorativo.**
esplorazióne |esplorat'tsjone| *s.f.* **1** [→ ESPLORARE 1] exploration, expédition: *partire, andare in esplorazione* partir en exploration; *organizzare una esplorazione* organiser une expédition **2** (*med.*) exploration **3** (*mil.*) reconnaissance: *esplorazione di un terreno* reconnaissance d'un terrain → **ricognizione.**
esplosióne |esplo'zjone| *s.f.* **1** explosion, déflagration: *l'esplosione di una bomba* l'explosion d'une bombe; *si è verificata un'esplosione nel suo appartamento* une explosion s'est produite dans son appartement → **schianto, deflagrazione** ◇ (*auto.*) explosion → **scoppio** **2** (*fig.*) [→ ESPLODERE A 2] explosion: *esplosione di gioia, d'ira* explosion de joie, de colère **3** (*fig.*) [→ ESPLODERE A 3] succès (*m.*): *l'esplosione della nuova moda* le succès soudain de la nouvelle mode.
esplosività |esplozivi'ta| *s.f. inv.* explosivité *var.*
esplosivo |esplo'zivo| *agg.* **1** explosif* **2** [*che può esplodere*] explosible, explosif: *miscuglio esplosivo* mélange explosible, explosif ✦ (*s.m.*) *un esplosivo* un explosif **3** (*fig.*) [*immediato e incontenibile; critico*] explosif: *avere un temperamento esplosivo* avoir un tempérament explosif; *una situazione politica esplosiva* una situation politique explosive # *una bellezza esplosiva* une beauté éclatante **4** (*ling.*) explosif: *consonante esplosiva* consonne explosive.
esponènte |espo'nɛnte| *s.* **1** *s.* [*rappresentante di una corrente, di un partito e sim.*] représentant: *gli esponenti di un partito* les représentants d'un parti → **rappresentante** ✦ *s.m. pl.* [*i capi, i dirigenti*] dirigeants; responsables: *gli esponenti di un'azienda* les dirigeants d'une entreprise; *gli esponenti sindacali* les responsables syndicaux **2** *s.* [*chi presenta un'istanza*] requérant ◇ [*relatore*] rapporteur* **3** *s.m.* (*ling.*) article → **lemma** **4** *s.m.* (*mat.*) exposant: *esponente variabile* exposant variable **5** *s.m.* (*mar.*) exposant: *esponente di carico* exposant de charge.
esponenziàle |esponen'tsjale| **1** *agg.* (*mat.*) exponentiel*: *funzione, equazione esponenziale* fonction, équation exponentielle **2** *s.f.* (*mat.*) courbe exponentielle # *un'esponenziale* une exponentielle.
espórre |es'porre| (168) **A** *v.tr.* **1** [*mettere in mostra, alla vista di molti*] exposer, étaler: *esporre in vetrina* exposer en vitrine: *esponeva frutta e verdura sul bancone* il étalait sur son comptoir des fruits et des légumes → **mostrare** ✦ *ass.* [*fare un'esposizione*] exposer: *espone per la prima volta* c'est la première fois qu'il expose ◇ [*affiggere*] afficher: *esporre i risultati* afficher les résultats ◇ [*issare*] *esporre la bandiera* hisser le drapeau **2** (*foto.*) exposer **3** [*riferire in modo particolareggiato*] exposer, décrire (51): *esporre un fatto particolareggiatamente* exposer un fait en détails → **raccontare, riferire** ◇ [*dichiarare, manifestare*] déclarer, manifester: *esporre le proprie intenzioni* déclarer, manifester ses intentions → **rivelare** ◇ (*raro*) [*commentare un testo*] commenter, expliquer: *esporre una poesia* commenter, expliquer un poème → **interpretare** **4** [*abbandonare alla pubblica pietà*] abandonner, exposer (*lett.*): *esporre un neonato* abandonner un enfant, exposer un nouveau-né **5** [*mettere a repentaglio, arrischiare*] exposer, risquer: *esporre la propria vita* exposer, risquer sa vie; *esporre qc. a un rischio, a un pericolo* exposer qqn. à un risque, à un danger **B** *v.pron. rifl.* ESPORSI

1 [*porsi allo scoperto, avventurarsi*] se découvrir (23): *è un pugile che si espone troppo* c'est un boxeur qui se découvre trop # *esporsi alle critiche* prêter le flanc à la critique → **scoprir(si)** **2** [*rischiare, compromettersi*] s'exposer, se compromettre (71): *teme di esporsi* il a peur de s'exposer, de se compromettre → **compromettere(si)** Ⓒ A 1 **nascondere, celare**.

esportàbile |espor'tabile| *agg.* [→ ESPORTARE] exportable.

esportabilità |esportabili'ta| *s.f. inv.* possibilité *var.* d'exportation.

esportàre |espor'tare| *v.tr.* **1** [*portare e vendere una merce fuori dei confini nazionali*] exporter: *esportare dei manufatti* exporter des produits manufacturés **2** (*fig.*) *esportare una moda* exporter une mode Ⓒ **importare** 1.

esportatóre, trice |esporta'tore, tritʃe| *agg.* exportateur*: *i paesi esportatori di petrolio* les pays exportateurs de pétrole # *una ditta esportatrice* une maison d'exportation ✦ (*s.*) *un esportatore* un exportateur Ⓒ **importatore**.

esportazióne |esportat'tsjone| *s.f.* **1** [→ ESPORTARE] exportation: *esportazione di materie prime* exportation de matières premières **2** [*il totale delle merci esportate*] exportation: *abbiamo aumentato le esportazioni* nous avons augmenté les exportations.

esposìmetro |espo'zimetro| *s.m.* (*foto.*) posemètre.

espositìvo |espozi'tivo| *agg.* [*che mira a esporre, a spiegare*] explicatif*: *una nota espositiva* une note explicative → **esplicativo** ◇ [*che riguarda l'esposizione orale o scritta*] d'exposition (*loc. inv.*): *difficoltà di tipo espositivo* difficultés d'exposition.

espositóre, trice |espozi'tore, tritʃe| *s.* **1** *s.* [*artista o industriale che espone in una mostra o in una fiera*] exposant: *gli espositori di una fiera, di un salone* les exposants à une foire, à un salon ✦ (*agg.*) *le ditte espositrici* les maisons qui exposent *loc.* **2** *s.* [*narratore, oratore*] narrateur*, orateur*: *un espositore geniale, convincente* un narrateur de talent, persuasif ◇ [*lettore e commentatore di testi*] commentateur*: *espositore della Bibbia* commentateur de la Bible → **commentatore** **3** *s.m.* [*supporto per l'esposizione dei vari articoli*] présentoir.

esposizióne |espozit'tsjone| *s.f.* **1** [→ ESPORRE A 1] exposition; étalage (*m.*): *esposizione del Santissimo* exposition du Saint-Sacrement; *esposizione di merci in una vetrina* exposition de marchandises en vitrine, à une devanture → **presentazione** ‖ *una bella esposizione di articoli da viaggio* un bel étalage d'articles de voyage ◇ [*mostra, spec. di opere d'arte*] exposition: *l'esposizione delle opere di Modigliani* l'exposition des œuvres de Modigliani; *l'Esposizione Internazionale di Bruxelles* l'Exposition Internationale de Bruxelles, l'Expo (*fam.*) → **mostra, 1 fiera** **2** (*foto.*) exposition: *tempo, durata d'esposizione* durée d'exposition → **posa** **3** [→ ESPORRE A 3] exposition, présentation: *l'esposizione di un sistema filosofico* l'exposition d'un système philosophique; *una esposizione molto confusa* une présentation très confuse → **presentazione** ◇ [*commento, interpretazione*] commentaire *m.*, explication: *ha fatto un'ampia esposizione dell'opera* il a fait un large commentaire de l'œuvre; *l'esposizione di un testo* l'explication d'un texte **4** [→ ESPORRE A 4] exposition: *esposizione di un neonato* abandon *m.* d'un nouveau-né, exposition (*lett.*) d'un nouveau-né → **abbandono** **5** [*posizione di q.c. rispetto ai quattro punti cardinali*] exposition: *esposizione a occidente* exposition à l'ouest; *un'ottima esposizione* une très bonne exposition **6** (*mus.*) exposition **7** (*comm.*) découvert *m.*

espósto |es'posto| **I** *agg.* **1** exposé, étalé: *merce esposta in vetrina* marchandise exposée en devanture; *oggetti diversi esposti sul tavolo* des objets divers étalés sur la table ◇ [*affisso*] affiché: *i risultati esposti* les résultats affichés **2** [*rivolto, collocato* (*spec. rispetto ai punti card.*)] exposé: *esposto a nord* exposé au nord ◇ [*soggetto all'azione di elementi meteor.*] *esposto al caldo* exposé à la chaleur ✦ (*ass.*) *quella casa è in una posizione troppo esposta* cette maison est trop exposée au mauvais temps **3** [*che è alla mercé del giudizio o dell'azione altrui*] exposé: *esposto alle critiche* exposé aux critiques, qui prête le flanc à la critique; *esposto ai rischi, ai pericoli* exposé aux risques, aux dangers **4** [*già detto, spiegato*] exposé: *i fatti esposti* les faits exposés; *per le ragioni su esposte* pour les raisons exposées ci-dessus → **suesposto** **5** (*med.*) ouvert: *frattura esposta* fracture ouverte **II** *s.* **1** *s.m.* [*ciò che si è sottoposto all'attenzione di una autorità perché vi provveda*] exposé: *fare, presentare un esposto* faire, présenter un exposé → **richiesta** ◇ [*lo scritto stesso*] pétition *f.*, requête (*f.*): *inoltrare un esposto* présenter, adresser une pétition; *accogliere un esposto* satisfaire à une requête **2** *s. e agg.* [*bimbo abbandonato alla pubblica pietà*] trouvé (*agg.*): *un* (*bambino*) *esposto* un enfant trouvé → **trovatello** Ⓒ I 1 **nascosto**.

espressaménte |espressa'mente| *avv.* **1** [→ 1 ESPRESSO] expressément, explicitement: *proibì espressamente di parlare di lui* il défendit expressément qu'on parlât de lui; *chiede espressamente di essere chiamato da te* il demande expressément, explicitement que tu l'appelles **2** [*di proposito, a bella posta*] exprès: *viene espressamente da Roma per vederlo* il vient exprès de Rome pour le voir → **appositamente**; **volutamente** Ⓒ 2 **casualmente, involontariamente**.

espressióne |espres'sjone| *s.f.* **1** [→ ESPRIMERE A] expression: *la libertà di stampa è la più alta espressione della democrazia* la liberté de la presse est la plus haute expression de la démocratie ◇ (*spec.*) *un'espressione figurata* une expression figurée; *espressione di gioia* expression de joie → **manifestazione** ◇ (*bur.*) *voglia gradire l'espressione dei mei più distinti ossequi* veuillez agréer l'expression de mes sentiments très distingués ◇ [*capacità espressiva*] *è una prosa ricca di espressione* c'est une prose pleine d'expression; *suonare, recitare con molta espressione* jouer, réciter avec beaucoup de sentiment, d'expression → **efficacia, calore** ◇ (*loc.*) *dare espressione ai propri sentimenti* exprimer, manifester ses sentiments **2** (*ling.*) expression: *è un'espressione popolare* c'est une expression populaire → **termine, vocabolo; locuzione** **3** [*atteggiamento della persona o del volto*] expression: *i suoi occhi privi di espressione* son regard sans expression, inexpressif → 2 **aria**, 1 **aspetto** # *avere una espressione triste* avoir un air triste **4** (*mat.*) expression: *espressioni algebriche* expressions algébriques.

espressionìsmo |espressjo'nizmo| *s.m.* (*arts.*) expressionnisme.

espressionista |espressjo'nista| *agg. e s.* expressionniste.

espressionìstico, ci, ca, che |espressjo'nistiko, tʃi, ka, ke| *agg.* expressionniste.

espressivaménte |espressiva'mente| *avv.* [→ ESPRESSIVO] de façon expressive *loc. inv.*, expressivement (*raro*).

espressività |espressivi'ta| *s.f. inv.* caractère *m. var.* expressif*, expressivité (*var.*): *l'espressività del suo stile* le caractère expressif de son style # *l'espressività del suo viso* ses traits expressifs, l'expressivité (*lett.*) de son visage ◇ [*efficacia espressiva*] puissance d'expression *loc. inv.*, puissance expressive.

espressìvo |espres'sivo| *agg.* expressif*: *una parola espressiva* un terme expressif; *un gesto espressivo* un geste expressif → **significativo** Ⓒ **inespressivo**.

1 **esprèsso** |es'prɛsso| *agg.* [*esplicito, formale*] explicite: *per un'espressa clausola del contratto* en vertu d'une clause explicite du contrat # *un espresso divieto di...* une défense expresse de... Ⓒ **inespresso, implicito**.

2 **esprèsso** |es'prɛsso| *agg.* **1** [*veloce*] *treno espresso* (train) express *inv.* → 3 **espresso** **2** [*bevanda, o cibo, preparati sul momento*] express: *caffè espresso* café express ✦ (*s.m.*) *un espresso* un express **3** [*francobollo spec. per corrispondenze celeri*] exprès (*inv.*): *un francobollo espresso* un timbre exprès ✦ (*s.m.*) *un espresso* [*lettera con francobollo espresso*] un exprès, une lettre *f.* exprès: *per, mediante espresso* par exprès; *spedire, recapitare un espresso* envoyer, remettre un exprès.

3 **esprèsso** |es'prɛsso| *s.m.* [*treno per lunghi viaggi*] (train) express.

esprìmere |es'primere| (124) **A** *v. tr.* [*manifestare un sentimento, un'idea con atti, parole*] exprimer, manifester: *esprimere il proprio pensiero* exprimer sa pensée; *esprimere un'idea* exprimer une idée; *esprimere la propria gioia* manifester sa joie; *esprimere la propria opinione* manifester son opinion → **manifestare** ◇ [*raffigurare*] exprimer: *l'artista ha saputo esprimere tutto il suo mondo interiore* l'artiste a su exprimer son univers intérieur; *la 'Divina Commedia' esprime tutto il mondo morale e religioso del medio evo* la 'Divine Comédie' décrit toute la société morale et religieuse, peint tout le tableau moral et religieux du monde au moyen âge # *che cosa esprimono questi simboli?* que signifient ces symboles? **B** *v.pron. intr.* ESPRIMERSI [*esporre le proprie idee*] s'exprimer: *esprimersi correttamente* s'exprimer correctement; *esprimersi con, a gesti* s'exprimer par gestes; *si esprime bene in francese* il s'exprime bien en français → **manifestar(si)**, 1 **parlare, spiegar(si)** Ⓒ A **tacere** 1.

esprimìbile |espri'mibile| *agg.* [→ ESPRIMERE A] exprimable: *un sentimento difficilmente esprimibile* un sentiment difficilement exprimable → **manifestabile** Ⓒ **inesprimibile.**

espromissióne |espromis'sjone| *s.f.* (*dir.*) expromission.

espropriànte |espro'prjante| *s.* (*dir.*) expropriant.

espropriàre |espro'prjare| **A** *v.tr.* **1** [*privare qc. della proprietà di q.c. con atto legittimo*] exproprier: *espropriare qc. per ragioni di pubblico interesse* exproprier qqn. pour cause d'utilité publique → **requisire** **2** (*per est.*) [*privare di qualunque bene*] déposséder (8): *espropriare qc. di tutti i suoi beni* déposséder qqn. de ses biens, dépouiller qqn. → **spogliare** **B** *v.pron. rifl.* ESPROPRIARSI [→ *tr.* 2] se dépouiller de; renoncer (2) *intr.* à: *espropriarsi dei propri beni in favore di qc.* se dépouiller de ses biens, renoncer à ses biens en faveur de qqn.

espropriatóre, trice |esproprja'tore, tritʃe| *s.* expropriant, expropriateur*.

espropriazióne |esproprjat'tsjone| *s.f.* (*dir., corr.*) expropriation: *procedura, decreto d'espropriazione* procédure, ordonnance d'expropriation.

espròprio, i |es'prɔprjo, i| *s.m.* → **espropriazione.**

espugnàbile |espuɲ'ɲabile| *agg.* [→ ESPUGNARE] prenable; qui peut être conquis *loc.* → **conquistabile** Ⓒ **inespugnabile.**

espugnabilità |espuɲɲabili'ta| *s.f. inv.* possibilité *var.* de prendre (un lieu): *espugnabilità di una roccaforte* possibilité de prendre une citadelle.

espugnàre |espuɲ'ɲare| *v.tr.* **1** [*occupare con le armi un luogo o una posizione fortificata*] s'emparer *pron.* de, prendre (73): *i nemici espugnarono la città* les ennemis s'emparèrent de la ville; *la piazza fu espugnata* la place fut prise, conquise → **conquistare** **2** (*fig.*) [*costringere a cedere, spec. con mezzi subdoli*] circonvenir (27); séduire (75) → **sopraffare, circuire** ◇ [*vincere, abbattere*] triompher *intr.* de: *espugnare la resistenza, l'ostinazione di qc.* triompher de la résistence, de l'entêtement de qqn.

espugnatóre, trice |espuɲɲa'tore, tritʃe| *s.* (*raro*) [*chi espugna*] conquérant (*corr.*) → **conquistatore, vincitore.**

espugnazióne |espuɲɲat'tsjone| *s.f.* [→ ESPUGNARE] enlèvement *m.*, prise: *l'espugnazione di una piazza* l'enlèvement, la prise d'une place.

espulsióne |espul'sjone| *s.f.* **1** [→ ESPELLERE 1] expulsion, renvoi (*m.*): *espulsione di uno straniero indesiderato* expulsion d'un étranger indésirable; *espulsione di un alunno dalla classe, da scuola* renvoi d'un élève de la classe, de l'école → **cacciata** ◇ (*sport*) exclusion: *decidere l'espulsione di un giocatore* prononcer l'exclusion d'un joueur **2** (*med.*) expulsion: *l'espulsione della placenta* l'expulsion du placenta → **eliminazione, evacuazione** **3** (*balistica*) éjection: *espulsione delle cartucce* éjection des cartouches.

espulsìvo |espul'sivo| *agg.* expulsif*: *periodo espulsivo del parto* période expulsive de l'accouchement.

espùlso |es'pulso| *agg.* expulsé; exclu: *gli stranieri espulsi* les étrangers expulsés → **cacciato** || *i membri espulsi* les membres exclus → **radiato** ◇ (*sport*) expulsé: *i calciatori espulsi* les footballeurs expulsés ♦ (*s.*) *un espulso* un expulsé, un exclu Ⓒ **introdotto, ammesso; incluso.**

espulsóre |espul'sore| *agg.* expulseur* # *il meccanismo espulsore* l'éjecteur; *seggiolino espulsore* siège éjectable ♦ *s.m.* (*balistica*) *l'espulsore* l'éjecteur.

espùngere |es'pundʒere| (150) *v. tr.* [*eliminare da un testo o da uno scritto*] supprimer: *espungere una parola, un passo da un'opera* supprimer un mot, un passage d'une œuvre, dans une œuvre → **eliminare, sopprimere** ◇ (*tip.*) déléaturer (*raro*) Ⓒ **aggiungere, inserire.**

espunzióne |espun'tsjone| *s.f.* [→ ESPUNGERE] suppression: *l'espunzione di una parola* la suppression d'un mot → **cancellazione, soppressione.**

espurgàre |espur'gare| *v.tr.* **1** (*raro*) [*ripulire, liberare da incrostazioni*] purger (3) (*corr.*): *espurgare un radiatore* purger un radiateur → **ripulire** ◇ [*disinfettare, rendere puro*] épurer: *espurgare un liquido* épurer un liquide → **purificare** **2** [*eliminare parole o brani da un testo lett.*] expurger (3): *espurgare un testo destinato agli alunni* expurger un texte destiné aux enfants.

espurgatòrio, i |espurga'tɔrjo, i| *agg.* expurgatoire: *indice espurgatorio* index expurgatoire → **emendativo.**

espurgazióne |espurgat'tsjone| *s.f.* **1** [→ ESPURGARE 2] expurgation: *l'espurgazione di un libro* l'expurgation d'un livre **2** (*raro, med.*) → **spurgo.**

esquimése |eskwi'mese| *agg. e s.* → **eschimese.**

éssa |'essa|, **ésse** |'esse| *pron. pers. f. di 3ª pers.* **I** *sogg. N.B. in it. è spesso sottinteso* **1** (*persone*) elle: *essa soltanto può confermarlo* elle seule peut le confirmer; *credi che essa non lo sappia ancora?* crois-tu qu'elle ne le sache pas encore?; *l'ha dichiarato essa stessa* elle l'a déclaré elle-même → **lei, ella** ◇ *al plur.* elles: *esse non erano d'accordo con noi* elles n'étaient pas d'accord avec nous; *immagino che esse non accetteranno* j'imagine qu'elles n'accepteront pas; *anch'esse lo sapevano* elles aussi le savaient **2** (*animali, cose*) elle: *non avvicinarti ai cuccioli quando c'è la madre, (essa) potrebbe morderti* ne t'approche pas des chiots quand leur mère est là, elle pourrait te mordre; *ti ringrazio per l'informazione, (essa) mi è stata molto utile* je te remercie pour cette information, elle m'a été très utile ◇ *al plur.* elles: *dove hai comprato queste mele? (esse) sono tutte marce* où as-tu acheté ces pommes? elles sont toutes pourries **II** *compl.* **1** (*persone*) elle; lui (*solo compl. di termine*): *per essa tutto è facile* à elle tout est facile → **lei** || *ho parlato con essa poco fa* je viens de lui parler → **le** ◇ *al plur.* (*meno frequente di 'loro'*) elles; leur (*solo compl. di termine*): *da molto tempo non ho più notizie di esse* je n'ai plus de nouvelles d'elles depuis longtemps; *con esse è impossibile parlare* il est impossible de parler avec elles → 1 **loro** || *ho appena telefonato a esse* je viens de leur téléphoner; *non è facile per esse venire fin qui* il ne leur est pas facile de venir jusqu'ici; *a esse ho già spiegato tutto per telefono* je leur ai déjà tout expliqué par téléphone **2** (*animali, cose*) en: *è una razza in via d'estinzione, di essa esistono soltanto pochi esemplari* c'est une race en voie d'extinction, il n'en existe plus que quelques exemplaires → 1 **ne**; *questa casa minaccia di crollare, non avvicinatevi a essa* cette maison menace de s'écrouler ne vous en approchez pas → **ci** # *è un'opera fondamentale, a essa si può ricorrere senza timore* c'est une œuvre fondamentale, on peut y recourir sans aucune crainte → **ci,** 1 **vi** ◇ *al plur.* elles: *ho dovuto sostituire le sedie, alcune di esse erano in cattivo stato* j'ai dû remplacer les chaises, certaines d'entre elles étaient en mauvais état # *non parlarmi delle vacanze estive: di esse ho un pessimo ricordo* ne me parle pas des grandes vacances: j'en ai un très mauvais souvenir → **ne**; *ho letto le sue ultime pubblicazioni ma in esse non ho trovato niente di nuovo* je viens de lire ses dernières œuvres, mais je n'y ai rien trouvé de nouveau → **ci.**

'essai' |esɛ| *s.m. inv.* essai *var.* ◇ (*loc.*) *d''essai'* d'essai: *cinema d''essai'* cinéma d'essai.

ésse |'esse| *pron. pers.* → **essa.**

essendoché |essendo'ke| *cong.* (*raro*) → **poiché; giacché.**

essenìsmo |esse'nizmo| *s.m.* (*st. ebr.*) essénisme.

essèno |es'sɛno| *s.* (*st. ebr.*) essénien*.

essènza |es'sɛntsa| *s.f.* **1** (*filos.*) essence: *l'esistenza precede l'essenza* l'existence précède l'essence ◇ (*per anal.*) *l'essenza dell'uomo* l'essence de l'homme → **natura** **2** [*elemento caratterizzante*] fond (*m.*): *l'essenza del problema* le fond du problème → **nocciolo** # *l'essenza di una teoria* les principes essentiels d'une théorie **3** [*estratto di piante*] essence: *essenza di limone* essence de citron → **estratto** ◇ (*raro*) *quinta essenza* quintessence → **quintessenza.**

essenziàle |essen'tsjale| *agg.* **1** essentiel*: *gli elementi essenziali di un composto* les éléments essentiels d'une composition; *è un dato essenziale per la comprensione del fenomeno* c'est une donnée essentielle à la compréhension du phénomène # *hai colto l'aspetto essenziale del problema* tu as saisi le nœud de la question, le fond du problème ♦ (*s.m.*) *l'essenziale* l'essentiel: *l'essenziale è che tu venga* l'essentiel est que tu viennes, ce qui compte c'est que tu viennes; *limitarsi, fermarsi all'essenziale* se limiter à l'essentiel **2** (*chim.*) *olio essenziale* essence *s.f.* → **essenza** Ⓒ 1 **secondario.**

essenzialità |essentsjali'ta| *s.f, inv.* (*raro*) essentialité *var.* Ⓒ **secondarietà.**

essenzialménte |essentsjal'mente| *avv.* [→ ESSENZIALE 1] essentiellement: *il nostro compito consiste essenzialmente nel* (+ *inf.*) notre tâche consiste essentiellement à (+ *inf.*) # *sono due cose essenzialmente diverse* ce sont deux choses fondamentalement différentes ◇ [*effettivamente*] effectivement, réellement.

1 **èssere** |'ɛssere| (96) **A** *v.intr.* (*aus. 'essere'*) **I** (*nel suo valore fondamentale*) **1** [*esistere*] être (43) (*aus.* avoir): *es-*

sere o non essere être ou ne pas être ◇ (*mat.*) *sia un triangolo...* soit un triangle... **2** (*raro*) [*vivere*] être: *il ricordo di coloro che non sono più* le souvenir de ceux qui ne sont plus **3** (*in unione con prep. che introducono compl. di luogo, con avv. o loc. avv. di luogo*) [*trovarsi*] être: *siamo in casa* nous sommes à la maison; *l'uscita è a destra* la sortie est à droite; *l'ingresso è da questa parte* l'entrée est par ici; *è da te Giuseppe?* Joseph, est-il chez toi?; *essere in collegio* être en pension → **stare** ◇ (*loc. fig.*) *essere altrove* [*pensare ad altro*] être ailleur ~ *essere in sé* [*essere nel pieno possesso delle proprie facoltà*] avoir toute sa tête ~ *essere fuori di sé* être hors de soi; n'avoir plus sa tête à soi ◇ [*essere situato*] *il paese è in collina* le village est sur la colline; *il suo ufficio è in centro* son bureau est au centre de la ville ◇ [*essere volto, orientato*] être orienté: *essere a nord, a sud* être orienté au nord, au sud; *la casa è verso mezzogiorno* la maison est orientée au sud ◇ [*abitare*] habiter (*aus.* avoir), être: *non sono più con i miei* je n'habite plus avec ma famille; *durante le vacanze sarò da mia madre* pendant les vacances je serai chez ma mère **4** (*in unione con varie prep., spec. 'a, in'*) [*trovarsi in una particolare situazione*] être: *essere al sicuro* être en lieu sûr, en sûreté; *essere al verde* être fauché; *essere all'inzio, alla fine* être au début, à la fin; *essere in povertà* être dans la misère; *essere in buono, in cattivo stato* être en bon, en mauvais état; *essere in dubbio, in forse* ne pas être sûr ◇ (*loc. fig.*) *siamo alle solite* nous revoilà ~ *essere con l'acqua alla gola* être aux abois; *essere in cattive acque* être dans de beaux draps ◇ (*in unione con la prep. 'in', con riferimento all'abbigl.*) *essere in uniforme* être en uniforme; *essere in maniche di camicia* être en manches de chemise ◇ (*loc. fig.*) *essere nei panni di qc.* être à la place de qqn. ◇ (*in unione con le prep. 'in, su' per indicare 'stagione, periodo, età'*) *siamo in primavera, in estate* nous sommes au printemps, en été; *essere nel fiore degli anni* être dans la fleur de l'âge # *essere sui quarant'anni* avoir la quarantaine **5** (*con valore risultante, seguito dalle prep. 'a, da'*) [*essere arrivato, giunto*] être, arriver: *fra due ore saremo a Milano* dans deux heures nous serons, nous arriverons à Milan; *un attimo e sono da lei* je serai à vous dans un instant ◇ (*loc. fig.*) *siamo al dunque* [*siamo a un punto decisivo, al nocciolo della questione*] voilà le hic, c'est bien là le hic (*fam.*) **6** (*nelle forme comp., seguito dalle prep. 'a, da, in, su'*) [*andare, visitare*] être, aller (13): *sei mai stato a Venezia?* n'as-tu jamais été à Venise?; *sono stato dalla nonna* j'ai été, je suis allé chez ma grand-mère; *non sono mai stato in Francia* je n'ai jamais été, je ne suis jamais allé en France; *sono stato sul monte Bianco* j'ai été sur le mont Blanc **7** [*avvenire, succedere*] survenir (27), avoir (28) (*aus.* avoir) lieu: *la sua morte fu nel 1950* sa mort survint, eut lieu en 1950 → **capitare, accadere** # *che sarà di noi?* que deviendrons-nous?; qu'adviendra-t-il de nous?; *sarà quel che sarà* advienne que pourra; *quel che è stato è stato* n'en parlons plus, passons l'éponge **8** (*seguito dalle prep. 'con, per'*) [*essere favorevole a, parteggiare per*] être: *era sempre con il più forte* il était toujours du côté du plus fort; *siamo per l'abolizione della pena capitale* nous sommes pour l'abolition de la peine de mort **9** [*costare, ammontare, pesare*] *quant'è oggi il pesce?* combien vaut le poisson aujourd'hui?; *quant'è* (*il conto*)*?* ça fait combien?; combien cela fait-il?; *quant'è* (*il peso*)*?* ça pèse combien?; *è più di un chilo* ça fait plus d'un kilo ◇ (*fig.*) *non siamo da meno degli altri* nous ne valons pas moins que les autres **II** (*in unione con le varie prep. può assumere significati particolari*) **1** ESSERE A être à [*essere ridotto a*] *essere alla fame, alla disperazione* être (réduit) à la misère, au désespoir ◇ [*toccare, spettare*] *la parola è all'accusa, al ministro* la parole est à l'accusation, au ministre **2** ESSERE CON [*trovarsi, essere in compagnia di*] être avec: *ero con mia madre* j'étais avec ma mère **3** ESSERE DA [*essere degno di; essere proprio di*] *non è da te* ce n'est pas digne de toi; *è da manuale* il atteint la perfection ◇ (*loc. fig.*) *essere dalla parte dei potenti* [*parteggiare per*] être du côté des puissants ~ *siamo tutti dalla tua, loro* (*parte*) nous sommes tous de ton, de leur côté **4** ESSERE DI [*servire a, avere la funzione di*] *essere di aiuto, di conforto a qc.* aider *tr.*, réconforter *tr.* qqn.; *mia madre mi è stata di grande aiuto* ma mère m'a beaucoup aidé ◇ [*avere origine, discendere*] *essere di illustri antenati* avoir d'illustres ancêtres; *essere di origini modeste* être de modeste origine, avoir des origines modestes ◇ [*essere originario di*] être de: *di dove siete?* d'où êtes-vous?; *è di Parigi* il est de Paris ◇ [*far parte di*] être de, faire (45) (*aus.* avoir) partie de: *siete dei nostri* vous êtes de nôtres; *è del partito avversario* il est du parti adverse; *è della famiglia* il est de la famille; *è del gruppo bretone* il fait partie du groupe breton ◇ [*essere proprietà di, appartenere a*] être à: *questo libro è di Maria* ce livre est à Marie; *questo disco è mio* ce disque est à moi ◇ [*essere opera di*] être de: *questo libro è di Sartre* ce livre est de Sartre; *quel quadro è di Picasso* ce tableau est de Picasso ◇ (*per indicare 'qualità'*) être de; avoir: *essere di buon umore* être de bonne humeur; *essere di opinione contraria* être d'avis contraire ‖ *essere di poca, di grande importanza* avoir peu, beaucoup d'importance ◇ (*per indicare materia*) [*essere fatto di*] être en, de: *quella maglia è di lana* ce chandail est en, de laine; *essere di ferro, d'oro* être en fer, en or ◇ (*per indicare tempo*) *queste uova sono di giornata* ces œufs sont d'aujourd'hui; *questo vino è del '64* c'est un vin de 1964; *la notizia è di ieri* la nouvelle date d'hier **5** ESSERE IN [*consistere, stare*] *la felicità non è nel denaro* l'argent ne fait pas le bonheur; *in questo è la difficoltà* la difficulté réside en ceci ◇ [*dipendere da, stare in*] *farò tutto quanto è in me* je ferai tout mon possible ◇ (*con la prep. 'in' pleon.*) *essere in pochi, in gran numero* être peu, très nombreux; *essere in quattro, in sei* être quatre, six **6** ESSERE PER [*essere destinato a*] être pour ◇ [*servire a*] servir à: *questi attrezzi sono per potare* ces outils servent à élaguer ◇ [*essere fissato, stabilito*] être pour: *la riunione è per oggi o per domani* la réunion est (fixée) pour aujourd'hui ou pour demain **III** **1** ESSERCI, (*raro*) ESSERVI (*con valore impers.*) [*esistere*] y avoir (*aus.* avoir), exister (*aus.* avoir), être (*lett.*): *ci sono mille difficoltà* il y a, il existe mille difficultés; *non c'è niente di più bello* il n'y a rien, il n'est rien de plus beau → **ci** ◇ (*tosc.*) (*senza concordanza con il sogg.*) y avoir: *non c'è camere da affittare* il n'y a pas de chambres à louer ◇ ESSERCENE y en avoir: *ce n'è per tutti* il y en a pour tout le monde; *ce n'è d'avanzo* il y en a plus qu'il n'en faudrait; *ce ne sono ancora* il y en a encore; *non ce n'è* il n'y en a pas **2** [*vivere*] être: *c'era una volta* il était une fois **3** [*essere presente in un luogo, trovarsi*] être là; y être: *c'è papà?* est-ce que papa est là? ‖ *ci sarò anch'io* j'y serai moi aussi **4** (*con valore risultante*) [*essere arrivato, giunto in un luogo*] y être: *ci saremo fra due ore* nous y serons dans deux heures ♦ *ass.* (*fam.*) [*aver capito*] y être, avoir compris: *ci sei?* tu y es?, tu as compris?; *ci siete?* vous y êtes?, vous avez compris?; *ora ci sono* [*ho capito*] j'y suis ♦ *ass.* [*essere arrivato a un momento decisivo, alla mèta*] y être: *ci siamo!* ça y est!, nous y sommes! **5** [*avvenire, accadere*] y avoir; avoir lieu: *ci fu un incidente* il y eut un accident; *che cosa c'è adesso?* qu'est-ce qu'il y a maintenant?, qu'y-a-t-il à présent?; *c'è seduta* il y a réunion ‖ *in maggio ci saranno le elezioni* les élections auront lieu en mai **6** [*restare, rimanere, mancare*] y avoir: *c'è ancora molto da fare* il y a encore beaucoup à faire; *non c'è nulla da dire* il n'y a rien à dire # *c'è poca strada* c'est tout près ◇ *loc.* NON C'È CHE (DA)... (+ *inf.*): *non c'è che da aspettare* il n'y a qu'à attendre; *non c'è che* (*da*) *rassegnarsi* il ne reste qu'à se résigner ~ NON C'È (PIU) NULLA, NIENTE DA... (+ *inf.*): *non c'è nulla, niente da...* il n'y a (plus) rien à...: *non c'è più niente da fare* il n'y a plus rien à faire; *non c'è più nulla da sperare* il n'y a plus rien à espérer **7** (*quando ha come sogg. un sost. verb., assume il significato del v. corrispondente*) y avoir: *c'è scarsità di benzina* [*scarseggia*] il y a pénurie d'essence **8** *loc. particolari* ESSERCI DA (+ *inf.*) [*doversi*] falloir* (+ *inf.*): *c'è da lavorare sodo* il faut travailler dur; *c'è da dire che...* il faut dire que... ◇ (*con valore consec.*) *c'è da impazzire* il y a de quoi devenir fou!; c'est à devenir fou! ◇ *loc.* NON C'È DI CHE (+ *inf.*) il n'y a pas de quoi (+ *inf.*): *non c'è di che lamentarsi* il n'y a pas de quoi se plaindre ♦ *ass.* [*in frasi di cortesia*] NON C'È DI CHE il n'y a pas de quoi **B** *v. impers.* **1** (*introduce un predicato che indica un fenomeno meteorologico*) faire: *oggi è bello* aujourd'hui il fait beau; *è freddo, è caldo* il fait froid, il fait chaud → 1 **fare** # *è nuvoloso* le temps est nuageux **2** (*introduce un predicato con valore temporale*) être: *è Pasqua* c'est Pâques; *è presto, è tardi* il est tôt, il est tard; *è il 15 del mese* c'est le 15 du mois; *è inverno, è primavera* c'est l'hiver, c'est le printemps; *che ore sono, che ora è?* quelle heure est-il?; *sono le quattro meno un quarto* il est quatre heures moins le quart; *è l'una* il est une heure; *è mezzogiorno, è mezzanotte* il est midi, il est minuit; *è ora di partire* il est temps de partir # *è giorno, è notte* c'est le jour, c'est la nuit; il fait jour, il fait nuit; *in America a quest'ora è giorno* en Amérique à cette heure-ci il fait (encore) jour; *è già notte* il fait déjà nuit **3** (*introduce una relazione morale*) être: *è come dici tu* c'est comme tu le dis; *è veramente così?* en est-il vraiment ainsi? ◇ *loc.* SAI COM'È tu sais comment ça se passe **4** *loc.* PUÒ ESSERE (CHE)... [*è possibile, probabile, vero*] il se peut (que); il est possible (que); il peut se faire (que) (*lett.*): *può essere che tu riesca* il se peut que tu réussisses # *non può essere* ce n'est pas possible, c'est impossible; *non può essere che tu sbagli?* ne pourrait-il pas se faire que tu te trompes? ~ SARÀ!... [*forse*] c'est possible, peut-être: *l'hanno dichiarato innocente: sarà! ma ho i miei dubbi* on l'a déclaré innocent: c'est possible! mais je n'en suis pas sûr **5** *loc.* È... CHE (*pleon., con valore raff. dell'elemento frapposto*) c'est... que: *è a te che mi rivolgo* c'est à toi que je m'adresse; *fu allora che decidemmo di entrare in azione* ce fut alors que nous décidâmes d'entrer en action ~ È CHE... (*con valore pleon.*) *quand'è che ci vediamo?* quand est-ce que nous nous voyons?; quand nous verrons-nous?; *com'è che si fa?* comment est-ce qu'on fait? ◇ (*in funzione coordinativa, con valore avvers.*) c'est que: *è che ho già preso un appuntamento...* c'est que j'ai déjà pris un rendez-vous ◇ *loc.* NON È CHE... (*in funzione coordinativa, con valore causale*) ce n'est pas que: *non è che voglia incolparlo* ce n'est pas que je veuille l'inculper **C** *loc. particolari* ESSERE IN GRADO DI [*potere; essere capace di*] être capable de, être à même de, être en état de → 2 **grado** ~ (*fam.*) *sarebbe a dire?* [*cioè?*] c'est-à-dire? ~ SAREBBE A DIRE CHE [*significa che*] cela signifie que: *mi hai tolto il saluto: sarebbe a dire che ce l'hai con me* tu ne me salues plus: cela signifie que tu m'en veux ~ *come sarebbe a dire?* (*ridondante per 'come?'*) comment, quoi, qu'est-ce que cela signifie? ~ SIA PURE!, E SIA! [*bene; d'accordo*] d'accord!, entendu!: *vuoi andare alla festa? e sia! però devi rientrare per mezzanotte* tu veux aller à la fête? eh bien, d'accord!, mais tu dois rentrer à minuit ~ COSÌ SIA [*a conclusione di una preghiera*] ainsi soit-il → **amen** ~ (*fam.*) CHE È CHE NON È [*tutto a un tratto; in un momento*] tout à coup: *che è che non è, scoppiò il temporale* tout à coup l'orage a éclaté ~ SIA... SIA → **sia** ~ OR È, OR SONO il y a: *or sono due anni* il y a deux ans → 2 **fa** ~ ESSERE DA (+ *inf.*) [*doversi*] être à, devoir (34): *questa questione è ancora da definire* cette question est encore à définir, doit encore être définie ~ ESSERE PER, SUL PUNTO DI (+ *inf.*) [*accingersi a; stare per*] aller, être sur le point de (+ *inf.*): *essere per partire* aller partir, être sur le point de partir ~ COM'È! [*come capita, come avviene*] *bisogna prendere la vita così com'è* il faut prendre la vie comme elle vient **D** (*in funzione di copula unisce direttamente al sogg. un predicato costituito gener. da un sost., un pron., un agg., un inf.; inoltre può avere valore copulativo seguito da avv. o compl. indiretti*) **1** *s.* être: *mio padre è avvocato* mon père est avocat; *la birra è una bevanda* la bière est une boisson ◇ (*quando il sogg. non è espresso e il sost. è det.*) ce (+ être) (*gener. nei tempi non comp.*): *sono fogli scritti a mano* ce sont des feuilles écrites à la main; *era un libro interessante* c'était un livre intéressant; *è stato Pietro a parlare* c'est Pierre qui a parlé; *non è il caso di parlarne* ce n'est pas le cas d'en parler; il n'y a pas lieu d'en parler; *era un piacere ascoltarlo* c'était un plaisir que de l'ecouter ◇ (*con sost. senza alcuna determinazione*) il (ils, elle, elles) (+ être): *è avvocato, è medico* il est avocat, il est médecin; *è infermiera* elle est infirmière **2** *pron.* être: *sono io, sei tu, è lui, è lei, siamo noi, siete voi, sono loro* (*essi*), *sono esse* c'est moi, c'est toi, c'est lui, c'est elle, c'est nous, c'est vous, ce sont eux, ce sont elles ◇ (*loc.*) *è questo, questo è; è questa, questa è* c'est (là)..., voilà...: *è questo il monumento di cui ti ho parlato* c'est, voilà le monument dont je t'ai parlé; *sono questi gli argomenti da trattare* ce sont là les sujets à traiter ~ *mio zio non è più lo stesso* mon oncle n'est plus lui-même, n'est plus le même ◇ (*ai tempi comp.*) *è stato lui a dirmelo* c'est lui qui me l'a dit; *sono stato io il primo* ç'a été (*fam.*) moi le premier, c'est moi qui ai été le premier; *è stato quello il mio successo* ç'a été là mon premier succès **3** *agg.* être: *quelle signore sono molto belle* ces dames sont très belles; *questa cartella è mia* cette serviette est à moi ◇ (*agg.* + '*essere*' *in espressioni impers. senza espansione*) ce (+ être): *è giusto, è vero* c'est juste, c'est vrai; *non è possibile* ce n'est pas possible; *è stato meraviglioso* ç'a été merveilleux (*fam.*) ◇ (*agg.* + '*essere*' + *inf. o prop. sogg. introdotta da 'che'*) il (+ être): *è opportuno prendere delle precauzioni* il est bon de prendre des précautions; *è pericoloso sporgersi* il est dangereux de se pencher au dehors; *è impossibile che si sia sbagliato* il est impossible qu'il se soit trompé ◇ (*in frasi neg.*) il, ce (+ être): *non è necessario che veniate* il, ce n'est pas nécessaire que vous veniez; *non era opportuno contraddirlo* il, ce n'était pas opportun de le contredire **4** (*inf.*) *partire è un po' morire* partir, c'est mourir un peu; *il mio solo scopo è fargli cambiare opinione* mon seul but est de le faire changer d'avis **5** (*avv., compl. indiretto*) *così è meglio* comme ça c'est mieux; *quella insinuazione era di cattivo gusto* cette insinuation était de mauvais goût **E** (*usato come aus.*) (*aus.* avoir) **1** (*nelle forme comp. del v. 'essere' stesso*) avoir: *essere stato* avoir été; *siete stati imprudenti* vous avez été imprudents; *saremmo state felici di incontrarlo* nous aurions été heureuses de le rencontrer **2** (*in tutti i tempi della forma passiva dei v. tr.*) être: *la sua franchezza è apprezzata dai suoi compagni* sa franchise est appréciée par ses camarades; *questi candidati sono stati scelti dalla commissione esaminatrice* ces candidats ont été choisis par le jury ◇ (*con il 'si' passivante nei tempi comp.*) *si sono fatti molti progressi nella scienza medica* on a fait beaucoup de progrès, beaucoup de progrès ont été faits dans la science médicale; *tuo zio non si è ancora visto* on n'a pas encore vu ton oncle **3** (*nei tempi comp. della maggior parte dei v. intr.*) (*gener.*) avoir: *questa moto mi è costata un occhio dalla testa* cette moto m'a coûté les yeux de la tête; *è riuscito a finire* il a réussi à finir; *ne sono esistiti pochi* il en a existé peu; *i nuovi articoli mi sono parsi interessanti* les nouveaux articles m'ont paru intéressants; *è sfuggito alla polizia* il a échappé à la police ◇ (*in v. che esprimono per lo più 'movimento o cambiamento di condizione' come: 'andare, venire, entrare, uscire, arrivare, partire, nascere, morire, cadere' e pochi altri*) être: *sono andati dai loro amici e vi sono rimasti a lungo* ils sont allés chez leurs amis et y sont restés longtemps; *sono scivolati e sono caduti* ils ont glissé et sont tombés **4** (*nelle forme comp. dei v. pron.*): (*essenzialmente pron.*) être: *ci siamo pentiti* nous nous sommes repentis; *si sono accorti del loro errore* ils se sont aperçus de leur faute ◇ (*rifl.*) *si era guardata allo specchio* elle s'était regardée dans la glace; *ci siamo vestiti in tutta fretta* nous nous sommes habillés en toute hâte ◇ (*recipr.*) *ci siamo visti alla stazione e ci siamo parlati* nous nous sommes vus à la gare et nous nous sommes parlé; *i soldati si sono battuti per due giorni* les soldats se sont battus pendant deux jours **5** (*nelle forme comp. dei v. impers.*) avoir: *è piovuto a dirotto, ma non è nevicato* il a plu a verse, mais il n'a pas neigé; *ci era sembrato impossibile che potesse lasciarci* il nous avait semblé impossible qu'il pût nous quitter → 1 **avere** ◇ (*accidentalmente impers.*) être, avoir: *è successo che...* il est arrivé que...; *sarebbe bastato che egli fosse presente* il aurait suffi qu'il fût là **6** (*nelle forme comp. dei v. servili o semiausiliari*) avoir: *ci saremmo dovuti accordare prima* nous aurions dû nous accorder avant; *non sono potuto venire* je n'ai (pas) pu venir; *perché non siete voluti entrare?* pourquoi n'avez-vous pas voulu entrer? → 1 **avere.**

2 **èssere** |'ɛssere| *s.m.* **1** [*l'atto, il fatto di esistere*] être: *discutere dell'essere e del non essere* discuter de l'être et du non-être → **esistenza, realtà,** 1 **vita** ◇ [*ciò che esiste*] être: *l'Essere Supremo* l'Être Suprême; *gli esseri animati e inanimati* les êtres animés et inanimés ◇ (*loc.*) *porre in essere q.c.* [*realizzarla*] réaliser *v.tr.*, concrétiser qqch. **2** [*condizione, modo di essere*] nature (*f.*): *conoscere qc., q.c. nel suo vero essere* connaître la vraie nature de qqn., de qqch.; *l'essere dell'uomo* la nature de l'homme → **stato, essenza** **3** (*fam.*) [*individuo, tipo*] type, être: *sei un essere strano* tu es un type curieux, tu es un drôle de type, d'être; *non farci caso, è un povero essere* n'y prête pas attention, c'est un pauvre type; *è un essere insopportabile* c'est un être insupportable; *che essere!* quel être!

esserino |esse'rino| *s.m.* [*bambinello*] petit être ◇ (*per est.*) [*qualunque essere animato minuto e indifeso*] petite, pauvre créature *f.*

éssi |'essi| *pron. pers.* → 1 **esso.**

essiccaménto |essikka'mento| *s.m.* → **essiccazione.**

essiccànte |essik'kante| *agg. e*

s.m. siccatif*, dessiccatif*: *olio essiccante* huile siccative, dessiccative ◆ *s.m.* (*chim.*, *med.*) *un essiccante* un siccatif.

essiccàre |essik'kare| **A** *v.tr.* **1** [*eliminare i liquidi di una sostanza*] sécher (8), dessécher (8): *essiccare piante, frutta* sécher des plantes, des fruits **2** [*prosciugare*] dessécher; assécher (8): *essiccare la terra* dessécher la terre → **asciugare** ‖ *essiccare un terreno paludoso* assécher un terrain marécageux ◇ (*med.*) *essiccare una piaga* assainir une plaie **B** *v.pron. intr.* ESSICCARSI [*diventare secco, asciutto*] se dessécher; s'assécher: *piante che si essiccano al sole* des plantes qui se dessèchent au soleil ‖ *la terra si essicca* la terre s'assèche © A 1, 2 **inumidire, bagnare.**

essiccativo |essikka'tivo| *agg.* siccatif*, dessiccatif*: *olio essiccativo* huile siccative, dessiccative.

essiccàto |essik'kato| *agg.* [*che è stato sottoposto a essiccazione*] séché, desséché ◇ [*prosciugato*] asséché ◇ [*asciutto, arido*] sec*: *terreno essiccato* terrain sec © **bagnato, inumidito.**

essiccatóio, i |essikka'tojo, i| *s.m.* **1** [*impianto per l'essiccazione*] séchoir: *essiccatoio per legname* séchoir à bois ◇ (*spec.*) [*impianto per l'essiccazione delle fibre tessili*] sécheuse *f.* **2** [*luogo dove avviene l'essiccazione*] séchoir, sécherie (*f.*): *essiccatoio per tabacco* séchoir à tabac; *essiccatoio del pesce* sécherie de poisson.

essiccatóre, trice |essikka'tore, tritʃe| *s.* **1** *s.m.* [*essiccatoio, impianto per l'essiccazione*] séchoir ◇ [*dispositivo per togliere l'umidità*] séchoir, dessicateur ◇ [*macchina per essiccare la biancheria*] sécheuse *f.* de linge **2** *s.* [*operaio addetto all'essiccazione*] préposé au séchage © 1 **umidificatore.**

essiccazióne |essikkat'tsjone| *s.f.* [→ ESSICCARE A 1] séchage *m.*; dessèchement (*m.*): *essiccazione della biancheria* séchage, essorage du linge ‖ *essiccazione del legno* dessèchement du bois ◇ (*chim.*) *essiccazione del latte* dessication du lait ◇ (*raro*) [→ ESSICCARE A 2] assèchement (*m.*): *essiccazione di un acquitrinio* assèchement d'un marais.

1 **ésso** |'esso|, **éssi** |'essi| *pron. pers. m. di 3ª pers.* **I** *sogg.* **1** (*raro*) (*persone*) il (*corr.*); lui (*corr.*): (*esso*) *ormai si è dimenticato di noi* il nous a désormais oubliés → **egli, 1 lui** ‖ *esso stesso ha dovuto ammettere di avere sbagliato* lui-même a dû admettre son erreur ◇ *al plur.* ils; eux: (*essi*) *ci avevano avvertito* ils nous avaient prévenus → 1 **loro** ‖ *essi soltanto potrebbero riuscire* eux seuls pourraient réussir; *saranno essi stessi a chiedervelo* ce sont eux-mêmes qui vous le demanderont; *essi non dimenticano!* eux, ils n'oublient pas! **2** (*animali, cose*) il: *ho letto il vostro libro,* (*esso*) *mi è sembrato molto interessante* j'ai lu votre livre, il m'a semblé fort intéressant ◇ *al plur.* ils: *ecco i dischi, spero che essi vi piacciano* voici les disques, j'espère qu'ils vous plairont **II** *compl.* **1** (*raro*) (*persone*) lui (*corr.*): *vai a parlare con esso* va parler avec lui → **1 lui** ◇ (*bur.*) *firma del padre o di chi per esso* signature du père ou de la personne qui en tient lieu ◇ *al plur.* eux; leur (*solo compl. di termine*): *è ad essi che mi sono rivolto* c'est à eux que je me suis adressé → 1 **loro** ‖ *chiederò ad essi cosa ne pensano* je leur demanderai ce qu'ils en pensent ◇ (*bur.*) *occorre il consenso dei genitori o di chi per essi* il faut le consentement des parents ou des personnes qui en tiennent lieu **2** (*animali, cose*) lui: *dammi il bastone, con esso cammino meglio* donne-moi mon bâton, je marche mieux avec lui; *ho comperato un cane lupo: con esso mi sento più tranquillo* j'ai acheté un chien-loup: avec lui je me sens plus tranquille # *prende sempre un sonnifero, senza di esso non riesce a dormire* il prend toujours un somnifère, sans quoi il ne réussit pas à dormir; *rileggo volentieri questo libro, in esso trovo sempre qualcosa di nuovo* je relis volontiers ce livre, j'y trouve toujours quelque chose de nouveau → **ci,** 1 **vi**; *penso spesso al mio paese, di esso conservo un ricordo nostalgico* je pense souvent à mon village, j'en garde un souvenir nostalgique → **1 ne**; *ha visto un giocattolo e si è messo a giocare con esso* il a vu un jouet et s'est mis à jouer avec (*fam.*) ◇ (*raro, pleon.*) *questo racconto contiene in esso una morale* ce conte enferme une morale ◇ *al plur.* eux: *ho dovuto disfarmi dei canarini, non potevo più occuparmi di essi* j'ai dû me défaire des canaris, je ne pouvais plus m'occuper d'eux, m'en occuper → 1 **ne**; *ho dimenticato gli attrezzi e senza di essi non posso fare nulla* j'ai oublié mes outils et sans eux je ne peux rien faire.

2 **ésso** |'esso| *agg. dim.* (*arc.*, *lett.*) → **questo, quello.**

essotèrico, ci, ca, che |esso'tɛriko, tʃi, ka, ke| *agg.* (*filos.*) exotérique © **esoterico.**

essoterismo |essote'rizmo| *s.m.* (*filos.*) exotérisme © **esoterismo.**

essudàre |essu'dare| *v.intr.* (*aus.* '*essere*') [*uscire per essudazione*] exsuder (*aus.* avoir) *intr. e tr.* → **trasudare.**

essudativo |essuda'tivo|, **essudatizio, i** |essuda'tittsjo, i| *agg.* (*med.*) exsudatif*.

essudàto |essu'dato| *s.m.* (*med.*) exsudat.

essudazióne |essudat'tsjone| *s.f.* (*med.*) exsudation.

est |ɛst| **1** *s.m.* est: *verso, a, da est* vers, à, de l'est → **oriente** ◇ (*per est.*) [*i paesi dell'Europa orient.*] Est: *i rapporti fra Est e Ovest* les relations entre l'Est et l'Ouest, les rapports Est-Ouest; *la Germania dell'Est* l'Allemagne de l'Est, la République démocratique allemande (R.D.A.) **2** *agg. inv.* [*orientale*] est, oriental* (*var.*): *longitudine est* longitude est; *la parete est del monte Bianco* la paroi est, orientale du mont Blanc © **ovest.**

establishment |is'tæbliʃmənt| *s.m. inv.* (*ingl.*) establishment *var.*

èstasi |'ɛstazi| *s.f. inv.* **1** extase (*var.*): *cadere, andare in estasi* tomber en extase → **visibilio (in)** **2** (*loc.*) *essere, andare in estasi per qc.* être en extase devant qqn.; *andare in estasi per q.c.* s'extasier sur qqch., de qqch.; *far andare in estasi qc.* ravir qqn.; *essere in estasi* être aux anges ◇ (*fam., scherz.*) [*essere distratto*] être dans la lune.

estasiàre |esta'zjare| **A** *v.tr.* [*affascinare, entusiasmare*] enchanter, ravir: *quella musica mi estasiava* cette musique m'enchantait, me ravissait **B** *v. pron. intr.* ESTASIARSI [*andare in estasi*] être (43) *intr.*, tomber *intr.* en extase (devant qqn., sur qqch.) © A **inorridire.**

estasiàto |esta'zjato| *agg.* [*trasognato, affascinato*] ravi, enchanté: *ne fui estasiato* j'en fus ravi, enchanté; *lo guardava estasiata* elle le contemplait d'un air ravi, extasié → **estatico** # *è rimasto lì estasiato* il est demeuré là en extase © **inorridito.**

estàte |es'tate| *s.f.* **1** été (*m.*): *d'estate, in estate* en été; *durante l'estate* pendant l'été; *passare, trascorrere l'estate al mare* passer l'été à la mer; *estate di S. Martino* l'été de la Saint-Martin **2** (*fig.*) *seconda estate* second printemps *m.*

estaticaménte |estatika'mente| *avv.* [→ ESTATICO] d'un air extasié (*loc. inv.*): *guardare q.c. estaticamente* contempler qqch. d'un air extasié.

estàtico, ci, ca, che |es'tatiko, tʃi, ka, ke| *agg.* **1** extatique: *visione estatica* vision extatique **2** [*rapito in estasi*; *affascinato*] extatique, extasié: *una persona estatica* une personne extatique; *un atteggiamento, un viso estatico* un air, un visage extasié → **estasiato, rapito** ◇ (*fig.*) [*assorto, meditabondo*] pensif*, méditatif*: *avere un'espressione estatica* avoir un air pensif, méditatif **3** (*cose*) (*fig.*) [*incantato*; *rasserenante*] enchanteur*, ravissant: *un paesaggio estatico* un paysage enchanteur, ravissant © 2 **esterrefatto, inorridito.**

estatino |esta'tino| *agg.* d'été (*loc. inv.*): *uccelli estatini* oiseaux d'été ◆ (*s.m.*) *gli estatini* les oiseaux d'été.

estatùra |esta'tura| *s.f.* → **alpeggio.**

estemporaneaménte |estemporanea'mente| *avv.* [→ ESTEMPORANEO 1] impromptu, en improvisant (*loc. inv.*): *comporre estemporaneamente* composer impromptu # *tradurre estemporaneamente* traduire à livre ouvert, en direct, simultanément.

estemporàneo |estempo'raneo| *agg.* **1** [*scritto o pronunciato senza preparazione*] improvisé, impromptu: *un discorso estemporaneo* un discours improvisé, impromptu → **improvvisato** # *fare un discorso estemporaneo* improviser un discours; *traduzione estemporanea* traduction istantanée, à livre ouvert, en direct ◇ [*istantaneo, immediato*] immédiat: *decisione estemporanea* décision immédiate **2** (*detto di chi compone o parla improvvisando*) qui improvise *loc.*, improvisateur* (*s.*): *un poeta estemporaneo* un poète qui improvise; *estro estemporaneo* talent d'improvisateur © 1 **pensato, meditato, elaborato.**

estèndere |es'tɛndere| (105) **A** *v.tr.* **1** [*rendere più lungo e più ampio, allargare*] étendre (53), agrandir: *estendere la proprietà* étendre sa propriété; *estendere un possesso* agrandir un domaine → **ampliare** **2** [*rendere più completo, sviluppare*] étendre; accroître (70): *estendere la propria azione, il proprio dominio* étendre son action, sa puissance ‖ *estendere le proprie cognizioni* accroître l'étendue de ses connaissances, élargir ses connaissances **3** [*attribuire a un maggior numero di persone*] étendre: *estendere il beneficio di q.c. a qc.* étendre à qqn. le bénéfice de qqch. **4** (*raro*) [*compilare, redigere*] → **stendere** **B** *v. pron. intr.* ESTENDERSI **1** [→ *tr.* 1] s'étendre: *la città si è estesa fino al mare* la ville s'est étendue jusqu'à la mer **2** [→ *tr.* 2] s'étendre; se développer: *le nostre conoscenze si sono estese* nos connaissances se sont étendues || *i nostri affari si sono estesi* nos affaires se sont développées **3** [*diffondersi, propagarsi*] s'étendre, se propager (3): *il contagio si era esteso con molta rapidità* l'épidémie s'était propagée très rapidement; *l'incendio si sta estendendo* l'incendie se propage # *quest'uso si va estendendo a poco a poco* cet usage se répand peu à peu **4** [*avere una data lunghezza e superficie*] s'étendre, s'étaler: *la mia proprietà si estende lungo il fiume* ma propriété s'étend le long du fleuve; *il villaggio si estende sulla pianura* le village s'étale dans la plaine [C] A 1 **accorciare, restringere,** 2 **limitare** 2, **abbreviare.**

estendìbile |esten'dibile| *agg.* → **estensibile.**

estendiménto |estendi'mento| *s.m.* action *f.* d'étendre.

estènse |es'tɛnse| *agg.* [*dell'antica famiglia dei duchi d'Este*] de la maison d'Este *loc.* ✦ (*s.*) *un estense* un descendant de la famille d'Este ◇ (*al plur.*) *gli Estensi* les ducs d'Este.

estensìbile |esten'sibile| *agg.* **1** (*fig.*) [→ ESTENDERE A 3] extensible: *auguri estensibili a tutta la famiglia* vœux extensibles à toute la famille ◇ (*ling.*) *senso estensibile di una parola* sens extensible d'un mot **2** [→ ESTENDERE A 1] extensible: *filo estensibile* fil extensible → **elastico.**

estensibilità |estensibili'ta| *s.f. inv.* extensibilité *var.*

estensìmetro |esten'simetro| *s.m.* (*tecnol.*) extensomètre.

estensióne |esten'sjone| *s.f.* **1** [→ ESTENDERE A 1] extension: *l'estensione di una molla* l'extension d'un ressort ◇ [→ ESTENDERE A 3] extension ◇ [→ ESTENDERE A 2] propagation, développement *m.*, accroissement (*m.*): *l'estensione di un'epidemia* la propagation d'une épidémie; *l'estensione del commercio* le développement du commerce; *l'estensione degli affari* l'accroissement des affaires # *raggiungere una notevole estensione* prendre une extension considérable ◇ *loc.* PER ESTENSIONE par extension ◇ (*filos.*) extension ◇ (*ling.*) extension, étendue: *estensione di un nome* extension, étendue d'un nom **2** (*raro*) [→ ESTENDERE A 4] → **stesura 3** (*fisiol.*) extension **4** [*dimensione; superficie*] étendue: *l'estensione dei territori occupati* l'étendue des territoires occupés **5** (*mus.*) étendue: *estensione di uno strumento, di una voce* étendue d'un instrument, d'une voix.

estensivaménte |estensiva'mente| *avv.* [→ ESTENSIVO] par extension *loc. inv.*, d'une manière extensive (*loc. inv.*): *questo diritto può essere applicato estensivamente ai comuni vicini* ce droit peut être appliqué par extension aux communes limitrophes.

estensìvo |esten'sivo| *agg.* extensif*: *forza estensiva* force extensive; *coltura estensiva* culture extensive ◇ (*ling.*) *parola usata in modo estensivo* mot pris dans un sens extensif.

estènso |es'tɛnso| *agg.* (*raro*) → **esteso.**

estensóre |esten'sore| **I** *agg. m.* [*che estende*] extenseur: *muscoli estensori* muscles extenseurs **II** *s.m.* **1** [*chi redige, compila uno scritto*] rédacteur* *s.* **2** (*anat., sport*) extenseur.

estenuànte |estenu'ante| *agg.* exténuant, épuisant: *lavori estenuanti* travaux exténuants, éreintants; *uno sforzo estenuante* un effort épuisant ◇ [*snervante*] énervant, agaçant: *un rumore estenuante* un bruit énervant, agaçant # *un'attesa estenuante* une attente pénible, anxieuse.

estenuàre |estenu'are| **A** *v.tr.* **1** [*rendere magro e debole*] amaigrir: *il digiuno mi ha estenuato* le jeûne m'a amaigri → **indebolire** ◇ [*fiaccare, spossare*] exténuer, épuiser: *la lunga passeggiata li ha estenuati* la longue promenade les a exténués; *questa malattia mi sta estenuando* cette maladie m'épuise **2** (*fig.*) [*rendere povero*] appauvrir, épuiser: *tutte queste spese hanno estenuato il popolo* toutes ces dépenses ont appauvri le peuple; *estenuare le casse dello stato* épuiser le trésor public, les caisses de l'état → **depauperare** ◇ (*agr.*) *estenuare un terreno* épuiser une terre **B** *v.pron. intr.* ESTENUARSI [→ *tr.* 1] s'exténuer, s'épuiser: *si è estenuato a forza di gridare* il s'est exténué à crier, il s'est épuisé à force de crier [C] A 1 **rinforzare, ingrassare; rinvigorire, rinfrancare,** 2 **arricchire;** B **rifar(si).**

estenuatìvo |estenua'tivo| *agg.* → **estenuante.**

estenuàto |estenu'ato| *agg.* exténué, épuisé → **sfinito, spossato.**

estenuazióne |estenuat'tsjone| *s.f.* [→ ESTENUARE] exténuation, épuisement *m.* → **sfinimento, esaurimento.**

èstere |'estere| *s.m.* (*chim.*) ester.

esterificàre |esterifi'kare| *v.tr.* (*chim.*) [*convertire un acido in estere*] estérifier.

esterificazióne |esterifikat'tsjone| *s.f.* (*chim.*) estérification.

esterióre |este'rjore| *agg.* **1** extérieur: *mondo esteriore* monde extérieur → **esterno** ✦ (*s.m.*) *l'esteriore* l'extérieur **2** [*che è apparente*] extérieur, apparent: *aspetto esteriore* aspect extérieur; *senza una causa esteriore* sans cause apparente → 1 **manifesto** ✦ (*s.m.*) *l'esteriore* l'apparence (*f.*): *non si deve giudicare dall'esteriore* on ne doit pas juger sur les apparences → **apparenza** [C] 1 **interiore, interno;** 2 **intimo.**

esteriorità |esterjori'ta| *s.f. inv.* [*quanto appare all'esterno*] apparence (*var.*): *non devi farti ingannare dalle esteriorità* il ne faut pas te fier aux apparences; *badare solo all'esteriorità, curare solo l'esteriorità* ne se soucier que des apparences → **apparenza** ◇ (*cose*) *la sua gentilezza è tutta, solo esteriorità* sa politesse n'est qu'apparence, est toute superficielle → **superficialità** ◇ (*persone*) *è solo esteriorità* c'est une personne affectée [C] **interiorità.**

esteriorizzàre |esterjorid'dzare| *v.tr.* (*raro*) [*esternare*] extérioriser, manifester: *esteriorizzare i propri sentimenti* extérioriser, manifester ses sentiments → **manifestare, esprimere.**

esteriorizzazióne |esterjoriddzat'tsjone| *s.f.* **1** [→ ESTERIORIZZARE] extériorisation: *esteriorizzazione di un sentimento* extériorisation d'un sentiment → **manifestazione 2** (*chir., psicol.*) extériorisation.

esteriorménte |esterjor'mente| *avv.* **1** [*all'esterno*] extérieurement, à l'extérieur (*loc. inv.*): *esteriormente, la chiesa è più bella* extérieurement, l'église est plus belle **2** [*superficialmente, apparentemente*] en apparence (*loc. inv.*): *è allegro solo esteriormente* il n'est gai qu'en apparence.

estermìnio, i |ester'minjo, i| *s.m.* → **sterminio.**

esternaménte |esterna'mente| *avv.* [→ ESTERNO I] extérieurement, à l'extérieur (*loc. inv.*): *esternamente il palazzo è brutto* extérieurement, à l'extérieur le palais est laid → **esteriormente** ◇ [*apparentemente*] en apparence (*loc. inv.*): *esternamente tutto è calmo* en apparence, tout est tranquille.

esternàre |ester'nare| **A** *v.tr.* [*manifestare q.c. di interiore*] manifester, exprimer: *esternare le proprie perplessità, la propria simpatia* manifester, exprimer ses doutes, sa sympathie **B** *v. pron.* ESTERNARSI **1** *intr.* [→ *tr.*] se manifester → **mostrar(si) 2** *rifl.* [*confidarsi, aprirsi*] se confier, s'ouvrir (23) à: *esternarsi con qc.* se confier, s'ouvrir à qqn. [C] A **nascondere, celare, dissimulare;** B **nasconder(si).**

esternàto |ester'nato| *s.m.* externat [C] **internato** 2.

estèrno |es'tɛrno| **I** *agg.* [*che si trova al di fuori*] extérieur, externe: *una scala esterna* un escalier extérieur; *le parti esterne di q.c.* les parties externes de qqch. ◇ [*esteriore*] extérieur: *il mondo esterno* le monde extérieur ◇ (*mat.*) *angoli esterni* angles externes; *circonferenza esterna* circonférence extérieure ◇ (*med.*) externe ◇ (*sport*) *una partita esterna* [*fuori casa*] un match en visiteurs **II** *s.m.* **1** [*il lato, la parte visibile dal di fuori*] extérieur ◇ *loc.* ALL'ESTERNO à l'extérieur ~ DALL'ESTERNO de l'extérieur: *vedere, giudicare q.c. dall'esterno* voir, juger qqch. de l'extérieur, sur les apparences **2** (*arch.*) extérieur **3** (*cine.*) extérieur (*spec. al plur.*): *gli esterni di un film* les extérieurs d'un film; *girare in esterno* tourner en extérieur **4** (*sport*) externe **III** *s.* [*alunno che frequenta un collegio solo per le lezioni*] externe [C] **interno.**

èstero |'estero| *agg.* [*che è in relazione con stati stranieri*] étranger*: *politica estera* politique étrangère; *le lingue estere* les langues étrangères; *portafoglio estero* portefeuille de valeurs étrangères → 1 **straniero** ✦ (*s.m.*) *l'estero* l'étranger: *vivere, andare all'estero* vivre, aller à l'étranger; *notizie dall'estero* nouvelles de l'étranger; *corrispondente dall'estero* correspondant à l'étranger # *Ministero degli Esteri* Ministère des Affaires étrangères.

esterofilìa |esterofi'lia| *s.f.* [*esagerata predilezione per ciò che è straniero*] xénophilie [C] **xenofobia.**

esteròfilo |este'rɔfilo| *agg.* [*che predilige esageratamente ciò che è straniero*] xénophile # *politica esterofila* politique amicale (envers les étrangers) ✦ (*s.*) *un esterofilo* un xénophile [C] **xenofobo.**

esterofobia |esterofo'bia| *s.f.* → **xenofobia.**

esterrefàtto |esterre'fatto| *agg.* [*che è in preda al terrore*] effrayé, terrifié: *ne ero esterrefatto* j'en étais effrayé, terrifié → **atterrito, terrorizzato** ◇ [*sbigottito, allibito*] abasourdi, effaré: *guardare con aria esterrefatta* regarder d'un air abasourdi, effaré; regarder avec effarement; *mi guardò esterrefatta* elle me regarda effarée, d'un air effaré → **sbalordito** ⓒ estatico; **impassibile.**

estesaménte |estesa'mente| *avv.* [→ ESTESO 1, 2] largement, amplement: *esporre estesamente una faccenda* exposer amplement une affaire ◇ (*fig.*) [*dettagliatamente*] en détail *loc. inv.*, par le menu (*loc. inv.*): *raccontaglielo estesamente* raconte-lui cela en détail → **diffusamente.**

-estesìa |este'zia| *suff.* (*significa 'sensazione, sensibilità', corrisponde gener. a*) esthésie: *iperestesia* hyperesthésie.

estèsio- |es'tεzjo| *pref.* (*significa 'sensazione, sensibilità', corrisponde gener. a*) esthési: *estesiologia* esthésiologie.

estéso |es'teso| *agg.* **1** [*vasto, spazioso*] étendu, vaste: *un giardino molto esteso* un jardin très étendu, un vaste jardin → **ampio 2** [*diffuso ampiamente*] vaste, étendu; diffus: *avere conoscenze molto estese* avoir de vastes connaissances, des connaissances très étendues ‖ *un dolore esteso* une douleur diffuse # *un'influenza estesa in tutti i settori* une influence qui s'exerce dans tous les domaines **3** *loc. avv.* PER ESTESO [*per intero*] en entier, in extenso: *un testo, un discorso pubblicato per esteso* un texte, un discours publié in extenso, intégralement; [*particolareggiatamente*] en détail, par le menu: *raccontare per esteso* raconter en détail, par le menu **4** [*traslato*] extensif*, étendu: *significato esteso di una parola* signification extensive d'un mot ⓒ 1 **stretto** 1, **ristretto**; 2 **limitato.**

estèta |es'tεta| *s.* esthète.

estètica, che |es'tεtika, ke| *s.f.* **1** (*filos.*) esthétique: *l'estetica romantica* l'esthétique des romantiques, romantique **2** [*l'insieme degli elementi che determinano la bellezza*] beauté, esthétique: *l'estetica di un edificio* la beauté d'un édifice ◇ (*cose*) *non avere nessuna estetica* n'avoir rien d'esthétique.

esteticaménte |estetika'mente| *avv.* [→ ESTETICO] esthétiquement: *esteticamente è riuscito* esthétiquement, c'est une réussite.

esteticità |estetitʃi'ta| *s.f. inv.* esthétique *var.*; caractère *m. var.* esthétique.

estètico, ci, ca, che |es'tεtiko, tʃi, ka, ke| *agg.* **1** (*filos.*) esthétique: *teorie estetiche* théories esthétiques **2** [*che riguarda il bello*] esthétique: *senso estetico* sens esthétique; *questa facciata non è per niente estetica* cette façade n'a rien d'esthétique ⓒ **antiestetico.**

estetìsmo |este'tizmo| *s.m.* **1** (*filos.*) esthétisme ◇ [*ostentata raffinatezza di gusto*] préciosité *f.* **2** [*critica lett. o artistica che si limita all'esame degli aspetti formali dell'opera*] étude *f.*, analyse *f.* formelle.

estetìsta |este'tista| *s.* [*persona esperta in cosmesi*] esthéticien*.

estetizzànte |estetid'dzante| *agg.* → **esteta.**

estetizzàre |estetid'dzare| *v.intr.* (*aus. 'avere'*) (*spec. spreg.*) [*ispirarsi all'estetismo*] se poser *pron.*, juger (3) en esthète.

estimàbile |esti'mabile| *agg.* → **stimabile.**

estimàre |esti'mare| *v.tr.* (*raro*) → **stimare.**

estimatìvo |estima'tivo| *agg.* (*raro*) estimatif*, appréciatif*.

estimatóre, trice |estima'tore, tritʃe| *s.* **1** [*chi è qualificato a esprimere una valutazione*] expert: *il parere di un estimatore* l'avis d'un expert → **esperto 2** [*chi sa apprezzare q.c. o qc.*; *intenditore*] connaisseur*; amateur (*m.*): *estimatore di vini* connaisseur en vins → **amatore** ‖ *estimatore di musica classica* amateur de musique classique.

estimatòrio, i |estima'tɔrjo, i| *agg.* estimatoire.

estimazióne |estimat'tsjone| *s.f.* **1** (*raro, comm.*) estimation: *l'estimazione di un'opera d'arte* l'estimation d'une œuvre d'art → **estimo, valutazione 2** (*lett.*) [*stima, valutazione*] estime, considération: *tenere qc. in grande estimazione* avoir, tenir qqn. en haute, en grande estime; *essere in grande estimazione* jouir de la considération générale ⓒ 2 **disistima, discredito.**

èstimo |'εstimo| *s.m.* **1** [*valutazione, stima del valore comm. di un bene*] estimation *f.*, évaluation (*f.*): *l'estimo di lavori da eseguire* l'estimation des travaux à exécuter; *l'estimo di un danno* l'évaluation d'un dommage # *fare l'estimo di q.c.* estimer, expertiser qqch. → **perizia** ◇ [*tributo applicato ai beni immobili*] impôt foncier → **catasto 2** [*parte dello studio dell'econ. che ha come oggetto la valutazione dei beni*] (étude *f.* du) cadastre.

estìnguere |es'tingwere| (135) **A** *v.tr.* **1** [*spegnere, esaurire completamente*] éteindre (66): *estinguere il fuoco, un incendio* éteindre le feu, un incendie # *estinguere la sete* étancher la soif **2** (*fig.*) [*eliminare, annullare*] éteindre: *estinguere un sentimento* éteindre un sentiment ◇ (*dir.*) *estinguere un debito* éteindre une dette # *estinguere un'ipoteca* purger une hypothèque ◇ (*comm.*) *estinguere una fattura* acquitter une facture; *estinguere un conto* régler un compte **B** *v.pron. intr.* ESTINGUERSI **1** [→ *tr.* 1, 2] s'éteindre: *il fuoco si sta estinguendo per mancanza di legna* faute de bois, le feu s'éteint; *quest'odio non potrà mai estinguersi* cette haine ne pourra jamais s'éteindre ◇ (*fig.*) *il vecchio si andava estinguendo a poco a poco* le vieil homme s'éteignait peu à peu **2** (*di una famiglia o dinastia*) [*restare senza discendenti*] s'éteindre: *una razza, una famiglia che si estingue* une race, une famille qui s'éteint ⓒ A 1 **accendere**; B **nascere** 1.

estinguìbile |estin'gwibile| *agg.* [→ ESTINGUERE] qui peut être éteint *loc.* ◇ (*comm.*) amortissable: *prestito estinguibile* emprunt amortissable → **pagabile, rimborsabile** ⓒ **inestinguibile.**

estìnto |es'tinto| *agg.* **1** [*spento*] éteint: *astro estinto* astre éteint **2** [*scomparso definitivamente dalla terra*] disparu: *una civiltà estinta* une civilisation disparue **3** [*morto*] disparu ◆ (*s.*) *l'estinto* le défunt, le disparu: *il nostro caro estinto* notre cher disparu ⓒ 1 **acceso**; 3 **vivo, vivente.**

estintóre |estin'tore| *s.m.* extincteur.

estinzióne |estin'tsjone| *s.f.* **1** [→ ESTINGUERE A 1] extinction: *estinzione di un incendio* extinction d'un incendie **2** [*scomparsa di specie animali dalla terra*] extinction: *estinzione di una famiglia* extinction d'une famille → **scomparsa 3** (*dir.*) extinction: *estinzione di un privilegio* extinction d'un privilège → **abolizione, prescrizione, annullamento** ◇ (*comm.*) extinction, acquittement *m.*; amortissement (*m.*): *estinzione di un debito* extinction, acquittement d'une dette → **pagamento** ‖ *estinzione di un prestito* amortissement d'un emprunt.

estirpàbile |estir'pabile| *agg.* [→ ESTIRPARE] extirpable.

estirpaménto |estirpa'mento| *s.m.* [→ ESTIRPARE] arrachement, déracinement; arrachage, extirpation (*f.*): *estirpamento degli alberi* arrachement, déracinement des arbres → **estrazione** ‖ *estirpamento delle erbe cattive* arrachage, extirpation des mauvaises herbes ◇ (*fig.*) *estirpamento di un pregiudizio* extirpation d'un préjugé.

estirpàre |estir'pare| *v.tr.* **1** [*strappare dalle radici*] extirper, arracher: *estirpare le erbacce* extirper, arracher les mauvaises herbes; *estirpare un tumore* extirper une tumeur; *estirpare dei peli* arracher des poils; *estirpare un dente* arracher une dent → **sradicare 2** (*fig.*) [*debellare, distruggere del tutto*] extirper, déraciner: *estirpare i vizi, gli abusi* extirper les vices, les abus # *estirpare gli errori* redresser les erreurs ⓒ **configgere.**

estirpatóre, trice |estirpa'tore, tritʃe| **1** (*agg.*) *strumento estirpatore* [*che estirpa*] arrachoir *s.m.*, arracheuse *s.f.* **2** *s.m.* (*agr.*) arrachoir, arracheuse *f.*

estirpatùra |estirpa'tura| *s.f.* → **estirpamento.**

estirpazióne |estirpat'tsjone| *s.f.* **1** [→ ESTIRPARE] extirpation, arrachement (*m.*): *estirpazione di un tumore* extirpation d'une tumeur → **estirpamento** # *estirpazione delle erbacce* arrachage des mauvaises herbes; *estirpazione di un dente* extraction d'une dent **2** (*fig.*) extirpation, déracinement (*m.*): *estirpazione degli abusi* extirpation, déracinement des abus.

estivànte |esti'vante| *s.* estivant.

estivàre |esti'vare| *v.tr.* [*condurre il bestiame in estate al pascolo in alta montagna*] estiver.

estivazióne |estivat'tsjone| *s.f.* **1** [*migrazione estiva del bestiame verso i pascoli d'alta montagna*] estivage *m.* → **alpeggio 2** [*tipo particolare di letargo*] estivation **3** (*bot.*) estivation.

estìvo |es'tivo| *agg.* [*dell'estate*; *che avviene d'estate*] estival*, d'été (*loc. inv.*): *temperatura estiva* température estivale; *stazioni estive* stations estivales; *il periodo estivo* la période estivale; *moda estiva* mode d'été; *stagione estiva* saison d'été; *durante i mesi estivi* pendant les mois d'été, la période estivale; *residenza estiva* résidence d'été; *durante il calore estivo* pendant les chaleurs de l'été; *abbigliamento estivo* tenue d'été; *le vacanze estive* les vacances d'été, les grandes vacances; *vestirsi con abiti estivi* se mettre en tenue d'été # *corso estivo* cours de vacances ◇ (*bot.*) estival: *pianta estiva* plante estivale.

estòllere |es'tɔllere| (123) *v.tr.* (*lett.*) → **innalzare, celebrare.**

èstone |'εstone| **1** *agg.* [*dell'Estonia*] extonien*, d'Estonie (*loc. inv.*): *il popolo estone* le peuple estonien **2** (*s.m.*) *l'estone* [*la lingua*] l'estonien.

estòrcere |es'tɔrtʃere| (189) *v.tr.* [*strappare, carpire con la violenza o con l'inganno*] extorquer, arracher: *estorcere una promessa* extorquer une promesse; *estorcere denaro* escroquer, ar-

racher de l'argent; *estorcere una confessione, un segreto* arracher un aveu, un secret → **carpire.**
estorsióne |estor'sjone| *s.f.* [→ ESTORCERE] chantage *m.*; extorsion: *bisogna punire le estorsioni* il faut punir le chantage || *estorsione di denaro* extorsion de fonds # *l'estorsione è un reato* l'escroquerie est un délit.
èstra- |'ɛstra|, **èxtra-** |'ɛkstra| *pref.* **1** (*con significato loc.*) (*significa 'fuori, situato al di fuori', corrisponde gener. a*) extra: *estradizione* extradition **2** (*con valore sup.*) (*significa 'fuori del comune, eccezionale, eccezionalmente', corrisponde gener. a*) extra: *piselli extrafini* petits pois extra-fins; *olio extravergine* huile extra-vierge.
estraconiugàle |estrakonju'gale| *agg.* → **extraconiugale.**
estracontrattuàle |estrakontrattu'ale| *agg.* → **extracontrattuale.**
estradàre |estra'dare| *v.tr.* (*dir.*) [*consegnare mediante estradizione*] extrader: *estradare un criminale* extrader un criminel.
estradizióne |estradit'tsjone| *s.f.* (*dir.*) extradition: *l'estradizione di un assassino* l'extradition d'un assassin.
estradòsso |estra'dɔsso| *s.m.* (*aer., arch.*) extrados Ⓒ **intradosso.**
estradotàle |estrado'tale| *agg.* (*dir.*) paraphernal*.
estraeuropèo |estraeuro'pɛo| *agg.* → **extraeuropeo.**
estragalàttico |estraga'lattiko| *agg.* → **extragalattico.**
estragiudiziàle |estradʒudit'tsjale| *agg.* (*dir.*) extrajudiciaire.
estragóne |estra'gone| *s.m.* (*t.bot.*) estragon ◇ (*cuc.*) estragon.
estraìbile |estra'ibile| *agg.* [*che si può estrarre; che è fatto per essere estratto a piacere*] arrachable; retirable: *dente difficilmente estraibile* dent difficilement arrachable || *radio estraibile* poste (de radio) retirable ◇ (*sostanze*) extractible: *vitamine estraibili dai vegetali* vitamines extractibles des végétaux.
estràle |es'trale| *agg.* œstral*: *ciclo estrale* cycle œstral.
'estran' |estrɑ̃| *s.m. inv.* estran *var.*
estraneazióne |estraneat'tsjone|, **estraniazióne** |estranjat'tsjone| *s.f.* [→ ESTRANIARSI] éloignement *m.*
estraneità |estranei'ta| *s.f. inv.* [*il fatto di essere estraneo a q.c.*] étrangeté *var.* # *ha dimostrato la propria estraneità al delitto* il a montré qu'il était étranger au délit.
estràneo |es'traneo| *agg.* **1** [*che non appartiene a una determinata comunità*] étranger*: *mi sento estraneo in questo ambiente* je me sens étranger dans ce milieu ✦ (*s.*) *un estraneo* un étranger → **2 straniero, forestiero** **2** [*che non ha attinenza con l'argomento o l'oggetto in questione*] étranger, extérieur: *è un fatto estraneo alla causa* c'est un fait étranger à la cause; *corpo estraneo* corps étranger; *sono considerazioni estranee all'argomento* ce sont des considérations extérieures au sujet **3** [*che non partecipa a una certa attività; alieno*] étranger: *essere estraneo a un complotto* être étranger à un complot.
estraniàrsi |estra'njarsi| *v.pron. rifl.* [*rendersi estraneo a una comunità, a un gruppo*] s'éloigner, se tenir (27) à l'écart, en dehors de: *estraniarsi da un gruppo* s'éloigner d'un groupe; *si è estraniato dalla vita politica* il s'est tenu à l'écart, en dehors de la vie politique → **allontanar(si)** # *mi sono ormai estraniato* je me suis mis à l'écart ◇ (*fig.*) vivre (58) *intr.* à l'écart, s'éloigner: *estraniarsi dal mondo* vivre à l'écart du monde; *estraniarsi dalla realtà* s'éloigner de la réalité → **astrar(si).**
estrànio, i |es'tranjo, i| *agg. e s.* → **estraneo.**
estraparlamentàre |estraparlamen'tare| *agg.* → **extraparlamentare.**
estrapolàre |estrapo'lare| *v.tr.* **1** (*mat.*) [*fare un'estrapolazione*] extrapoler **2** (*per est.*) [*isolare da un contesto particolare per generalizzare*] extrapoler.
estrapolazióne |estrapolat'tsjone| *s.f.* (*filos., mat., stat.*) extrapolation.
estraprocessuàle |estraprotʃessu'ale| *agg.* (*dir.*) → **extraprocessuale.**
estràrre |es'trarre| (190) *v.tr.* **1** [*tirar fuori*] extraire (62), arracher; tirer, sortir (21): *estrarre un dente* extraire, arracher une dent; *estrarre un proiettile da una ferita* extraire un projectile d'une blessure; *estrarre carbon fossile da una miniera* extraire de la houille d'une mine → **cavare, trarre** || *estrarre il fazzoletto dalla tasca* tirer, sortir son mouchoir de sa poche ◇ (*mat.*) *estrarre la radice quadrata di un numero* extraire la racine carrée d'un nombre **2** [*tirare a sorte*] tirer: *estrarre un numero al lotto* tirer un numéro de loterie → **sorteggiare** ✦ (*ass.*) *estrarre a sorte* tirer au sort **3** (*chim.*) [*ricavare, produrre*] extraire, tirer: *estrarre q.c. per, mediante distillazione* extraire qqch. par distillation Ⓒ 1 **introdurre, immettere.**
estrasìstole |estra'sistole| *s.f.* (*fisiol.*) → **extrasistole.**
estratemporàle |estratempo'rale| *agg.* → **extratemporale.**
estraterritoriàle |estraterrito'rjale| *agg.* → **extraterritoriale.**
estrattivo |estrat'tivo| *agg.* (*tecnol.*) extractif*: *industrie estrattive* industries extractives ✦ (*s.m.*) *l'estrattivo* [*estratto*] l'extrait.
estràtto |es'tratto| **I** *agg.* **1** [*tratto fuori, ricavato*] extrait; tiré: *il minerale estratto* le minerai extrait || *un brano estratto da un libro* un passage tiré d'un livre **2** [*sorteggiato*] sortant, gagnant: *i numeri estratti* les numéros sortants, gagnants **II** *s.m.* **1** extrait: *estratto di lavanda* extrait, essence de lavande → **essenza**; *estratto di carne* extrait de viande **2** [*copia di alcuni dati di un documento*] extrait: *estratto dell'atto di nascita* extrait de naissance; *estratto del casellario giudiziale* extrait du casier judiciaire → **certificato** # *estratto dell'atto di morte* certificat de décès ◇ (*comm.*) *estratto conto* relevé de compte; *estratto fatture* relevé de factures ◇ (*mil.*) *estratto del foglio matricolare* livret militaire (individuel) **3** [*opuscolo, fascicoletto inserito in una rivista o parte di un libro*] extrait ◇ [*sommario*] sommaire, abrégé: *l'estratto di un libro* le sommaire, l'abrégé d'un livre.
estrattóre |estrat'tore| *s.m.* **1** [*operaio addetto alle operazioni di estrazione*] mineur-extracteur **2** [*dispositivo che espelle il bossolo dopo lo sparo*] éjecteur ◇ (*mecc.*) extracteur, arracheur **3** (*chim., tecnol.*) extracteur.
estravagànte |estrava'gante| *agg.* (*arc.*) → **stravagante.**
estrazióne |estrat'tsjone| *s.f.* **1** [→ ESTRARRE 1] extraction, arrachement (*m.*): *estrazione di un dente* extraction, arrachement d'une dent; *estrazione di pietre, di sabbia da una cava* extraction de pierres, de sable dans une carrière ◇ (*mat.*) extraction: *estrazione della radice quadrata* extraction de la racine carrée **2** [→ ESTRARRE 2] tirage (*m.*): *estrazione della lotteria* tirage de la loterie → **sorteggio** **3** (*chim.*) extraction: *estrazione di un gas mediante distillazione* extraction d'un gaz par distillation **4** [*origine, nascita*] origine: *si nota bene la sua estrazione contadina* on sent bien sont origine paysanne → **ceto** # *essere di alta, di bassa estrazione sociale* être de haute, de basse estraction.
estremaménte |estrema'mente| *avv.* [→ 1 ESTREMO] extrêmement: *una famiglia estremamente povera* une famille extrêmement pauvre.
estremismo |estre'mizmo| *s.m.* extrêmisme.
estremista |estre'mista| *agg. e s.* extrémiste.
estremistico, ci, ca, che |estre'mistiko, tʃi, ka, ke| *agg.* → **estremista.**
estremità |estremi'ta| *s.f., inv.* **1** extrémité *var.*; bout (*m. var.*): *le due estremità di una retta* les deux extrémités d'un segment || *l'estremità di un bastone* le bout d'une canne → 1 **punta** ◇ [*margine esterno*] bout: *l'estremità del dito* le bout du doigt; *l'estremità di una tavola* le bout d'une table → 1 **bordo, orlo** # *l'estremità di un bosco* la lisière, l'orée d'un bois **2** (*lett.*) [*estremo, eccesso*] extrême (*m. var.*): *egli passa da un'estremità all'altra* il passe d'un extrême à l'autre **3** *solo al plur.* [*gli arti; le mani e soprattuto i piedi*] extrémités: *ho le estremità gelate, le mie estremità sono gelate* j'ai les extrémités glacées.
1 **estrèmo** |es'trɛmo| *agg.* **1** [*ultimo, nello spazio o nel tempo*] extrême, dernier*: *limite estremo* extrême limite; *grado estremo* dernier degré; *è giunto all'ora estrema* il est arrivé à sa dernière heure; son heure est venue # *gli estremi onori* les honneurs suprêmes, funèbres **2** [*radicale; intransigente*] extrême: *ricorrere a misure estreme* recourir, avoir recours à des mesures extrêmes; *spingere fino alle estreme conseguenze* pousser jusqu'aux conséquences extrêmes → **estremista** ◇ (*prov.*) *a mali estremi, estremi rimedi* aux grands maux, les grands remèdes **3** [*di grande intensità e urgenza*] extrême, extraordinaire: *con estrema prudenza* avec une extrême prudence; *provare un estremo bisogno di q.c.* éprouver un extrême besoin de qqch.; *avere un estremo desiderio di fare q.c.* avoir une extraordinaire envie de faire qqch. → **massimo.**
2 **estrèmo** |es'trɛmo| *s.m.* **1** [*il punto estremo*] extrémité *f.*, bout: *all'estremo della via* à l'extrémité, au bout de la rue; *arrivare all'estremo, agli estremi della vita* arriver au bout de sa vie; *essere agli estremi* être à toute extrémité, à la dernière extrémité → **estremità** ◇ [*il punto massimo; l'apice*] comble, faîte: *giungere agli estremi della gioia* être au comble de la joie; *giungere agli estremi della potenza* être au faîte du pouvoir # *toccare l'estremo* atteindre son maximum ◇ [*l'estremità; ec-*

cesso, esagerazione] extrême, extrémité: *passare da un estremo all'altro* passer d'un extrême à l'autre; *gli estremi si toccano* les extrêmes se touchent ◇ (*loc. avv.*) *all'estremo* [*in massimo grado*] à l'extrême **2** *solo al plur.* (*dir.*) chefs: *gli estremi per un processo* les chefs d'un procès ◇ (*bur.*) *gli estremi di una pratica* les pièces *f.* principales d'un dossier **3** (*mat.*) extrême, extrémité: *gli estremi di una proporzione* les extrêmes d'une proportion; *gli estremi di un segmento* les extrémités d'un segment **4** (*calcio*) ailier ◇ (*rugby*) arrière.

estrinsecaménte |estrinseka'mente| *avv.* [→ ESTRINSECO] d'une manière expressive *loc. inv.*, manifestement.

estrinsecaménto |estrinseka'mento| *s.m.* → **estrinsecazione.**

estrinsecàre |estrinse'kare| **A** *v. tr.* [*far apparire all'esterno q.c. di interiore; manifestare, esprimere*] exprimer, manifester: *estrinsecare il proprio pensiero* exprimer sa pensée; *estrinsecare le proprie intenzioni* manifester ses intentions **B** *v.pron. intr.* ESTRINSECARSI [→ *tr.*] s'exprimer, se manifester: *il suo genio si estrinseca liberamente* son génie s'exprime librement → **esternar(si), manifestar(si).**

estrinsecazióne |estrinsekat'tsjone| *s.f.* [→ ESTRINSECARE] manifestation, expression: *estrinsecazione della propria scontentezza* manifestation de son mécontentement; *estrinsecazione di un bisogno* expression d'un besoin.

estrìnseco, ci, ca, che |es'trinseko, tʃi, ka, ke| *agg.* extrinsèque; extérieur: *valore estrinseco di una moneta* valeur extrinsèque d'une monnaie ‖ *per ragioni estrinseche* pour des raisons extérieures # *sono argomenti estrinseci* ce sont des digressions [C] **intrinseco.**

1 **èstro** |'ɛstro| *s.m.* **1** [*stimolo; istinto*] esprit; tendance (*f.*): *estro guerriero* esprit belliqueux ‖ *estro artistico* tendance artistique **2** [*disposizione innata alla fantasia e alla creazione artistica*] génie; inspiration (*f.*): *estro poetico* génie poétique → **genialità, inventiva** ‖ *abbandonarsi all'estro* suivre son inspiration # *avere estro* avoir du talent, du génie **3** [*capriccio improvviso, ghiribizzo*] fantaisie *f.*, caprice: *gli è venuto, saltato l'estro di cantare* il lui a pris la fantaisie de chanter ◇ (*loc.*) *agire secondo l'estro e non secondo la ragione* agir par humeur et non par raison ~ *fare q.c. a estro* faire qqch. selon son humeur.

2 **èstro** |'ɛstro| *s.m.* **1** (*zool.*) œstre **2** (*biol.*) *estro venereo* œstrus.

estrofìa |estro'fia| *s.f.* (*med.*) extrophie, inversion.

estrògeno |es'trɔdʒeno| *agg.* (*biol.*) œstrogène ✦ *s.m.* (*biol., farm.*) *un estrogeno* un œstrogène.

estrométtere |estro'mettere| (155) *v.tr.* [*escludere, espellere*] *si è fatto estromettere* il s'est fait expulser; *estromettere qc. da un posto* priver qqn. de son poste; *estromettere qc. da un'assemblea, da una compagnia* exclure (46) qqn. d'une assemblée, d'une compagnie → **escludere, espellere** [C] **includere, ammettere.**

estromissióne |estromis'sjone| *s.f.* [→ ESTROMETTERE] expulsion, exclusion: *l'estromissione di alcuni membri* l'expulsion de quelques membres; *estromissione da un partito* exclusion d'un parti.

estròrso |es'trɔrso| *agg.* (*bot.*) extrorse.

estrosaménte |estrosa'mente| *avv.* **1** [→ ESTROSO 1] bizarrement, capricieusement: *abbigliarsi estrosamente* s'accoutrer bizarrement; *comportarsi estrosamente* agir capricieusement **2** [→ ESTROSO 2] avec originalité *loc. inv.*

estróso |es'troso| *agg.* **1** (*persone*) [*bizzarro, capriccioso*] bizarre, capricieux*: *un uomo estroso* un homme bizarre; *un bambino estroso* un enfant capricieux ✦ (*s.*) *un estroso* un fantaisiste **2** (*cose*) [*fatto con fantasia*] inspiré, original*: *un libro estroso* un livre inspiré, original.

estroversióne |estrover'sjone| *s.f.* (*psicol.*) extroversion, extraversion [C] **introversione.**

estrovèrso |estro'vɛrso| *agg. e s.* (*psicol., corr.*) extroverti, extraverti [C] **introverso.**

estrovertito |estrover'tito| *agg. e s.* → **estroverso.**

estrùdere |es'trudere| (106) *v.tr.* **1** (*tecnol.*) [*sottoporre a processo di lavorazione tramite compressione*] filer à la presse; soumettre (71) à l'extrusion **2** (*arc.*) → **scacciare, espellere.**

estrusióne |estru'zjone| *s.f.* **1** (*geol., tecnol.*) extrusion **2** (*arc.*) → **espulsione.**

estrusivo |estru'zivo| *agg.* (*geol.*) extrusif* [C] **intrusivo.**

estrusóre |estru'zore| *s.m.* (*tecnol.*) presse *f.* d'extrusion.

estuàrio, i |estu'arjo, i| *s.m.* (*geogr.*) estuaire.

esuberànte |ezube'rante| *agg.* **1** (*persone*) exubérant: *carattere esuberante* caractère exubérant; *un ragazzo esuberante* un garçon exubérant → **vivace** **2** (*cose*) exubérant, luxuriant: *vegetazione esuberante* végétation exubérante, luxuriante; *immaginazione esuberante* imagination exubérante → **fervido** # *stile esuberante* style abondant.

esuberanteménte |ezuberante'mente| *avv.* [→ ESUBERANTE] avec exubérance *loc. inv.*

esuberànza |ezube'rantsa| *s.f.* **1** exubérance: *esternare i propri sentimenti con esuberanza* manifester ses sentiments avec exubérance **2** [*grande abbondanza*] exubérance; surabondance: *esuberanza della vegetazione* exubérance de la végétation ‖ *esuberanza di prodotti sul mercato* surabondance de produits sur le marché ◇ [*eccedenza*] excédent *m.*, excès (*m.*): *un'esuberanza di produzione* un excédent de production; *un'esuberanza di ossigeno* un excès d'oxygène ◇ (*loc. avv.*) *in esuberanza* en excédent [C] 1 **fiacchezza, inerzia**; 2 **insufficienza.**

esulàre |ezu'lare| *v.intr.* (*aus. 'avere'*) **1** [*essere estraneo, non pertinente*] sortir (21) (*aus.* être) de: *ciò esula dalla questione* cela sort de la question; *questo esula dalla mia competenza* cela sort de ma compétence # *considerazioni che esulano dall'argomento* considérations extérieures au sujet **2** (*raro*) [*andare in volontario esilio*] s'exiler *pron.* (*corr.*) [C] 2 **rimpatriare.**

esulceràre |ezultʃe'rare| *v.tr.* **1** (*med.*) [*ulcerare; coprire di piaghe o ferite*] exulcérer (8) → **piagare** **2** (*fig.*) [*esasperare; addolorare sommamente*] ulcérer (8) [C] **lenire.**

esulcerativo |ezultʃera'tivo| *agg.* [*che tende a esulcerare, a piagare*] ulcéreux*.

esulcerazióne |ezultʃerat'tsjone| *s.f.* (*med.*) exulcération.

èsule |'ɛzule| *s.* [*chi va in esilio, chi vive in esilio*] exilé: *gli esuli politici* les exilés politiques ✦ (*agg.*) *un patriota esule* un patriote exilé, proscrit; *andare esule* partir en exil, s'exiler; *essere esule* être en exil.

esultànte |ezul'tante| *agg.* [*che manifesta gioia piena e irrefrenabile*] joyeux*, qui exulte (*loc.*): *grida esultanti* cris joyeux; *i bambini esultanti* les enfants tout joyeux → **gioioso, festoso** ◇ (*detto della folla*) en liesse (*loc. inv.*): *il popolo esultante* le peuple en liesse [C] **abbattuto.**

esultànza |ezul'tantsa| *s.f.* [*manifestazione esteriore di gioia e allegrezza*] joie, exultation (*lett.*) → **allegrezza, 1 gioia.**

esultàre |ezul'tare| *v.intr.* (*aus. 'avere'*) **1** [*manifestare una gioia intensa*] être (43) ravi; exulter: *vedendoci insieme il bambino esultava* l'enfant était ravi de nous voir ensemble **2** [*provare una grande gioia*] se réjouir *pron.* à: *esultare in cuor proprio* se réjouir dans son cœur → **gioire** # *il pensiero di partire mi fece esultare* l'idée de partir me combla de joie [C] 1 **rattristar(si)**; 2 **soffrire, penare.**

esumàre |ezu'mare| *v.tr.* **1** [*togliere dalla tomba*] exhumer: *esumare una salma per farne l'autopsia* exhumer un corps pour pratiquer l'autopsie → **dissotterrare, disseppellire** **2** (*fig.*) [*riproporre all'attenzione e allo studio dei contemporanei*] exhumer: *esumare vecchi ricordi* exhumer de vieux souvenirs → **riesumare** [C] 1 **inumare, seppellire.**

esumazióne |ezumat'tsjone| *s.f.* **1** [→ ESUMARE 1] exhumation: *l'esumazione di una salma* l'exhumation d'un corps **2** (*fig.*) [→ ESUMARE 2] exhumation: *l'esumazione di un documento* l'exhumation d'un document → **riesumazione.**

esùvia |e'zuvja| *s.f. inv.* (*t.zool.*) exuvie *var.*

èta |'ɛta| *s.m. o f. inv.* (*ling. gr.*) êta *m. var.*

età |e'ta| *s.f. inv.* **1** [*ciascuno dei periodi in cui si suole dividere la vita dell'uomo*] âge (*m. var.*): *la prima età, la tenera età* l'âge tendre → **infanzia, pubertà**; *l'età della ragione* l'âge de raison; *la verde età* le bel âge → **adolescenza, giovinezza**; *un uomo di mezza età* un homme entre deux âges; *età mentale, critica* âge mental, critique; *età prescolare* âge prescolaire # *la maggiore età* la majorité; *la minore età* la minorité **2** [*gli anni di vita che uno ha*] âge: *che età avete?* quel âge avez-vous? quel est votre âge?; *non dimostra l'età che ha* il ne paraît pas, elle ne porte pas son âge; *non ti dò l'età che hai* tu fais plus jeune que ton âge; *ha la stessa età di tuo fratello* il a le même âge que ton frère; *non ha età, è di età indefinibile* il n'a pas d'âge; *un uomo di una certa età* un homme d'un certain âge, d'un âge avancé; *avere la stessa età* être du même âge; *essere maggiore di età, minore di età* être majeur, mineur ◇ [*gli anni di vita che uno deve aver compiuto per qc.*] *avere l'età per...* être en âge de...; *essere in età da marito* être en age de se marier, avoir l'âge nubile; *raggiungere i limiti di età* atteindre la limite d'âge **3** (*poet.*) [*vita*] vie (*corr.*) **4** [*lungo periodo di tempo*; *epoca*] âge; époque, période: *l'età contemporanea* l'âge actuel, notre âge ‖ *l'età di Augusto* l'époque d'Auguste; *le età storiche* les périodes historiques → **periodo 5** [*periodo geologico*] âge: *l'età della pietra* l'âge de (la) pierre → **era** ◇ [*suddivisione cronologica della preistoria*] âge.

etacìsmo |eta'tʃizmo| *s.m.* (*ling.*) étacisme.

etàno |e'tano| *s.m.* (*chim.*) éthane.

etci |et'tʃi| *inter.* (*voce onomat. che riproduce il rumore di uno starnuto*) atchoum.

etèra |e'tɛra| *s.f.* **1** (*st. gr.*) hétaïre, courtisane grecque **2** [*donna di liberi costumi*] prostituée → **prostituta.**

1 **ètere** |'ɛtere| *s.m.* (*lett.*) [*cielo, aria*] éther.

2 **ètere** |'ɛtere| *s.m.* (*chim., corr.*) éther.

1 **etèreo** |e'tɛreo| *agg.* **1** [*dell'etere*] éthéré: *sostanze eteree* substances éthérées **2** (*fig.*) [*evanescente, inconsistente*] éthéré, évanescent (*lett.*) ◇ (*lett.*) [*del cielo*] éthéré, céleste → **celeste 3** (*per est.*) [*angelico*; *puro*; *cristallino*] éthéré (*lett.*), sublime: *una creatura eterea* une créature éthérée; *bellezza eterea* sublime beauté ⓒ 1 **terrestre, terreno** 1.

2 **etèreo** |e'tɛreo| *agg.* (*chim.*) éthéré.

eterìa |ete'ria| *s.f.* (*st. gr.*) hétairie, hétérie.

etèrico, ci, ca, che |e'tɛriko, tʃi, ka, ke| *agg.* (*chim.*) éthéré → **2 etereo.**

eterificàre |eterifi'kare| **A** *v.tr.* (*chim.*) [*trasformare in etere*] éthérifier **B** *v.pron. intr.* ETERIFICARSI [→ *tr.*] se transformer en éther; s'éthérifier.

eterificazióne |eterifikat'tsjone| *s.f.* (*chim.*) etérification.

eterìsmo |ete'rizmo| *s.m.* (*med.*) éthérisme.

eterizzàre |eterid'dzare| *v.tr.* (*med.*) [*praticare la narcosi eterea*] éthériser.

eterizzazióne |eteriddzat'tsjone| *s.f.* (*med.*) éthérisation.

eternàle |eter'nale| *agg.* → **eterno.**

eternaménte |eterna'mente| *avv.* [*in eterno, per tutta l'eternità*] éternellement: *non si può vivere eternamente* on peut pas vivre éternellement ◇ [*per tutta la vita*] à jamais *loc. inv.*, éternellement, pour toujours (*loc. inv.*): *ti amerò eternamente* je t'aimerai à jamais, pour toujours ◇ [*continuamente*; *sempre*] éternellement, sans cesse (*loc. inv.*): *ripete eternamente la stessa cosa* il répète éternellement la même chose; *bisogna eternamente lavorare* il faut travailler sans cesse.

eternàre |eter'nare| **A** *v.tr.* [*rendere immortale mediante gli scritti o la rappresentazione artistica*] immortaliser; perpétuer: *eternare la memoria di qc.* immortaliser la mémoire de qqn. → **immortalare** ‖ *eternare il ricordo di qc.* perpétuer le souvenir de qqn. ◇ [*rendere durevole*] perpétuer: *eternare gli abusi* perpétuer les abus → **mantenere B** *v.pron.* ETERNARSI **1** *rifl.* [*acquistarsi fama immortale*] s'immortaliser → **immortalar(si) 2** *intr.* [*continuare a lungo*; *perpetuarsi*] se perpétuer.

eternit |eter'nit|, **ètern it** |'ɛternit| *s.m.* (*edil.*) fibrociment, éternit.

eternità |eterni'ta| *s.f. inv.* **1** éternité (*var.*): *l'eternità di Dio* l'éternité de Dieu ◇ (*fig.*) *l'eternità di una verità* l'éternité d'une vérité **2** (*fam.*) [*tempo spropositamente lungo, interminabile*] éternité: *è durato un'eternità* cela a duré une éternité; *è un'eternità che mi prometti di scrivermi* il y a des éternités que tu m'a promis de m'écrire **3** [*la vita ultraterrena*] éternité: *la sicurezza dell'eternità* l'assurance de l'éternité ◇ [*il ricordo eterno da parte dei posteri*] immortalité (*var.*): *aspirare all'eternità* aspirer à l'immortalité → **immortalità.**

etèrno |e'tɛrno| *agg.* **1** éternel*: *verità, idee eterne* vérités, idées éternelles → **infinito, perpetuo** ✦ *s.m.* [*eternità*] l'éternel, l'éternité *f.* ✦ (*s.m.*) *l'Eterno* [*Dio*] l'Éternel, Dieu **2** [*che, pur avendo avuto principio, non avrà fine*] éternel, immortel*: *l'anima è eterna* l'âme est immortelle; *un amore eterno* un amour éternel → **immortale**; *la pena eterna* les peines éternelles; *il premio eterno* la vie éternelle ◇ [*destinato a durare per tutta la vita*] éternel: *una riconoscenza eterna* une reconnaissance éternelle ◇ *loc. avv.* IN ETERNO à jamais, pour l'éternité ◇ [*che continua senza interruzioni*] éternel: *è un eterno scontento* c'est un éternel mécontent → **continuo, ininterrotto 3** (*fam.*) [*spropositatamente lungo, interminabile*] éternel, interminable: *eterne accuse* d'éternelles récriminations; *un discorso eterno* un discours interminable → **incessante.**

eterocìclico, ci, ca, che |etero'tʃikliko, tʃi, ka, ke| *agg.* (*chim.*) hétérocyclique.

eteròclito |ete'rɔklito| *agg.* **1** (*ling.*) hétéroclite: *parola eteroclita* mot hétéroclite **2** (*lett.*) [*irregolare, non usato*] irrégulier* (*corr.*): *frasi eteroclite* phrases irrégulières → **anomalo** ⓒ 2 **normale, regolare 1.**

eterodina |etero'dina| *s.f.* (*rad.*) hétérodyne.

eterodossìa |eterodos'sia| *s.f. inv.* hétérodoxie *var.* ⓒ **ortodossia.**

eterodòsso |etero'dɔsso| *agg.* hétérodoxe ⓒ **ortodosso.**

eterogamìa |eteroga'mia| *s.f. inv.* (*biol.*) hétérogamie *var.* ⓒ **isogamia.**

eterogeneità |eterodʒenei'ta| *s.f. inv.* hétérogénéité *var.* ⓒ **omogeneità.**

eterogèneo |etero'dʒɛneo| *agg.* **1** hétérogène: *sostanze eterogenee* éléments hétérogènes ◇ (*fig.*) *gruppi eterogenei di una comunità* groupes hétérogènes d'une communauté **2** (*ling.*) hétérogène ⓒ 1 **omogeneo.**

eteroinnèsto |eteroin'nɛsto| *s.m.* (*chir.*) hétérogreffe *f.*

eteròmane |ete'rɔmane| *s.* (*med.*) éthéromane.

eteromanìa |eteroma'nia| *s.f.* (*med.*) éthéromanie.

eteronimìa |eteroni'mia| *s.f.* (*ling.*) hétéronymie ⓒ **omonimia.**

eteronomìa |eterono'mia| *s.f.* (*filos.*) hétéronomie ⓒ **autonomia.**

eteròonomo |ete'rɔnomo| *agg.* (*filos., ling.*) hétéronome ⓒ **autonomo.**

eterosessuàle |eterosessu'ale| *agg.* hétérosexuel*.

eterozigòte |eterodzi'gɔte| *agg.* (*biol.*) hétérozygote.

etèsii |e'tɛzii| *s.m. pl.* [*venti periodici estivi del Mediterraneo orient.*] vents étésiens *agg.*

etèsio, ii |e'tɛzjo, ii| *agg.* (*lett.*) [*proprio di venti etesii*] étésien: *venti etesii* vents étésiens.

ètica, che |'ɛtika, ke| *s.f.* (*filos.*) éthique, morale: *l'etica politica* l'éthique politique; *l'etica di Spinoza* l'éthique de Spinoza; *l'etica di Kant, kantiana* la morale kantienne ◇ [*i doveri inerenti a una particolare professione*] déontologie: *etica medica* déontologie médicale → **deontologia.**

eticaménte |etika'mente| *avv.* [→ 1 ETICO 1] du point de vue éthique *loc. inv.* → **moralmente.**

1 **etichétta** |eti'ketta| *s.f.* **1** étiquette: *mettere un'etichetta su un pacco* attacher, mettre une étiquette sur un colis **2** (*fig.*) [*designazione generica e astratta di un movimento culturale*] étiquette: *è uno scrittore che rifiuta qualsiasi etichetta* c'est un écrivain qui refuse de se laisser attribuer une étiquette.

2 **etichétta** |eti'ketta| *s.f.* **1** [*norme di comportamento da osservare nell'alta società*] étiquette: *lo impone l'etichetta* l'étiquette l'exige **2** (*per est.*) [*norme di comportamento esteriore, spec. in particolari cerimonie*] étiquette: *è contrario all'etichetta* c'est contraire à l'étiquette → **cerimoniale; galateo** # *tenere all'etichetta* être à cheval sur l'étiquette; *senza etichetta* sans façon, simplement.

etichettàre |etiket'tare| *v.tr.* **1** [*munire di etichetta*] étiqueter (5): *bisogna etichettare i pacchi* il faut étiqueter les colis **2** (*fig.*) [*classificare, qualificare in modo sommario e sbrigativo*] étiqueter: *lo hanno etichettato come razzista* on l'a étiqueté comme raciste → **catalogare, bollare.**

etichettatrice |etiketta'tritʃe| *s.f.* [*macchina per etichettare*] marqueuse.

etichettatùra |etiketta'tura| *s.f.* [→ ETICHETTARE 1] étiquetage *m.* ◇ [*etichetta*] étiquette.

eticità |etitʃi'ta| *s.f. inv.* [*corrispondenza ai principi etici*; *liceità morale*] moralité *var.*, caractère *m. var.* étique d'un acte → **moralità** ⓒ **immoralità.**

1 **ètico, ci, ca, che** |'ɛtiko, tʃi, ka, ke| *agg.* **1** (*filos., corr.*) éthique → **morale 2** (*ling.*) éthique: *dativo etico* datif éthique.

2 **ètico, ci, ca, che** |'ɛtiko, tʃi, ka, ke| *agg.* → **tisico.**

etile |e'tile| *s.m.* (*chim.*) éthyle.

etilène |eti'lɛne| *s.m.* (*chim.*) éthylène.

etilènico, ci, ca, che |eti'lɛniko, tʃi, ka, ke| *agg.* (*chim.*) éthylénique.

etìlico, ci, ca, che |e'tiliko, tʃi, ka, ke| *agg.* (*chim.*) éthylique: *alcool etilico* alcool éthylique, éthanol (*s.m.*); *etere etilico* éther éthylique.

etilìsmo |eti'lizmo| *s.m.* (*med.*) éthylisme, alcoolisme.

ètimo |'ɛtimo| *s.m.* (*ling.*) étymologie (*f.*): *etimo incerto, confuso, sconosciuto* étymologie incertaine, obscure, inconnue; *cercare l'etimo di una parola* rechercher l'étymologie d'un mot → **etimologia.**

etimologìa, gie |etimolo'dʒia, dʒie| *s.f.* (*ling.*) étymologie → **etimo.**

etimologicaménte |etimolodʒika'mente| *avv.* [→ ETIMOLOGICO] étymologiquement.

etimològico, ci, ca, che |etimo'lɔdʒiko, tʃi, ka, ke| *agg.* étymologique: *dizionario etimologico* dictionnaire étymologique; *il significato etimologico di una parola* le sens étymologique d'un mot.

etimologista |etimolo'dʒista| *s.* étymologiste.
etimologizzàre |etimolodʒid'dzare| *v.tr.* [*studiare l'etimologia; proporre etimologie*] rechercher, donner l'étymologie.
etimòlogo, gi |eti'mɔlogo, dʒi| *s.* étymologiste.
etiologia |etjolo'dʒia| *e deriv.* → **eziologia** *e deriv.*
etiope, etiòpico |e'tiope, eti'ɔpiko| *agg.* [*dell'Etiopia*] éthiopien*, d'Éthiopie *loc. inv.* → **abissino.**
etiòpico, ci, ca, che |eti'ɔpiko, tʃi, ka, ke| **1** *agg.* [*dell'Etiopia*] éthiopique, éthiopien*, d'Ethiopie (*loc. inv.*): *l'anno etiopico* l'année éthiopique **2** (*s.m.*) *l'etiopico* [*la lingua*] la langue *f.* éthiopienne *agg.*
etiòpide |eti'ɔpide| *agg.* de l'Éthiopie (*loc. inv.*): *razza etiopide* race de l'Éthiopie.
etisia |eti'zia| *s.f.* (*med.*) tuberculose pulmonaire → **tubercolosi, tisi.**
etmoidàle |etmoi'dale| *agg.* (*anat.*) ethmoïdal*.
etmòide |et'mɔide| *s.m.* (*anat.*) ethmoïde.
etnàrca, chi |et'narka, ki| *s.m.* (*st. gr., crist.*) éthnarque.
etnèo |et'nɛo| *agg.* [*dell'Etna*] de l'Etna *loc. inv.* ♦ *s. spec. al plur.* les habitants (des pentes) de l'Etna.
etnìa |et'nia| *s.f.* ethnie.
ètnico, ci, ca, che |'ɛtniko, tʃi, ka, ke| **1** *agg.* ethnique: *gruppi etnici* groupes ethniques **2** *s.m. pl.* (*st. crist.*) gentil *sing.* → **pagano, idolatra.**
etnocentrismo |etnotʃen'trizmo| *s.m.* ethnocentrisme.
etnografia |etnogra'fia| *s.f.* ethnographie.
etnograficaménte |etnografika'mente| *avv.* [→ ETNOGRAFICO] du point de vue ethnographique *loc. inv.*
etnogràfico, ci, ca, che |etno'grafiko, tʃi, ka, ke| *agg.* ethnographique.
etnolinguìstico, ci, ca, che |etnolin'gwistiko, tʃi, ka, ke| *agg.* ethnolinguistique.
etnolinguìstica, che |etnolin'gwistika, ke| *s.f.* ethnolinguistique.
etnògrafo |et'nɔgrafo| *s.* ethnographe.
etnologia, gie |etnolo'dʒia, dʒie| *s.f.* ethnologie.
etnologicaménte |etnolodʒika'mente| *avv.* [→ETNOLOGICO] du point de vue ethnologique *loc. inv.*
etnològico, ci, ca, che |etno'lɔdʒiko, tʃi, ka, ke| *agg.* ethnologique.
etnòlogo, gi, ga, ghe |et'nɔlogo, dʒi, ga, ge| *s.* ethnologue.
ètolo |'ɛtolo| *agg.* [*dell'Etolia*] etolien*.
etologia, gie |etolo'dʒia, dʒie| *s.f.* éthologie.
etopèa |eto'pɛa| *s.f.* (*ling.*) éthopée.
etrusco, chi |e'trusko, ki| **1** *agg.* [*dell'ant. Etruria*] étrusque: *l'arte etrusca* l'art etrusque **2** (*s.m.*) *l'etrusco* [*la lingua*] l'étrusque.
etruscologia, gie |etruskolo'dʒia, dʒie| *s.f.* (*st. ant.*) étruscologie.
etruscòlogo, gi |etrus'kɔlogo, dʒi| *s.* (*st. ant.*) étruscologue.
ettaèdrico, ci, ca, che |etta'ɛdriko, tʃi, ka, ke| *agg.* (*geom.*) heptaédrique.
ettaèdro |etta'ɛdro| *s.m.* (*geom.*) heptaèdre.
ettagonàle |ettago'nale| *agg.* (*geom.*) heptagonal*.
ettàgono |et'tagono| *s.m.* (*geom.*) heptagone.
èttaro |'ɛttaro| *s.m.* hectare.
ètte |'ɛtte| *s.m. solo sing.* (*fam.*) **1** [*nulla; un bel nulla*] goutte *f.* (*iron.*), que dalle (*loc. pop.*): *non ci capiva un ette* il n'y entendait goutte, il n'y entravait que dalle (*pop.*); *non vedere un ette* n'y voir goutte → **niente** **2** [*quantità minima; un nonnulla*] de justesse (*loc. inv.*): *c'è mancato un ette che perdesse il posto* il a évité de justesse de perdre sa place; il s'en est fallu d'un rien, d'un poil (*fam.*), qu'il ne perdît sa place → **poco.**
ètto- |'ɛtto| *pref.* (*anteposto a una unità di misura, la moltiplica per 'cento', corrisponde gener. a*) hecto: *ettolitro* hectolitre; *ettogrammo* hectogramme.
-étto |'etto|, **-étta** |'etta| *suff.* (*alternativo di agg. e nomi, con valore dim., vezz., talvolta spreg., corrisponde gener. a*) et, ette: *libretto* livret; *Giulietta* Juliette.
ètto |'ɛtto| *s.m.* (*pop.*) [*ettogrammo*] cent grammes: *un etto di formaggio grattugiato* cent grammes de fromage râpé # *vorrei due etti e mezzo di burro* je voudrais une demi-livre de beurre.
ettogràmmo |etto'grammo| *s.m.* cent grammes, hectogramme.
ettòlitro |et'tɔlitro| *s.m.* hectolitre, cent litres.
ettòmetro |et'tɔmetro| *s.m.* cent mètres, hectomètre.
èttowatt |'ɛttovat| *s.m.* (*elettr.*) cent watts, hectowatt.
èu- |'ɛu| *pref.* (*significa 'bene, buono', corrisponde gener. a*) eu: *eugenetica* eugénique, eugénisme.
eubèo |eu'bɛo| *agg.* [*dell'Eubea*] eubéen*.
eucalipto |euka'lipto| *s.m.* (*t.bot.*) eucalyptus.
eucaliptòlo |eukalip'tɔlo| *s.m.* (*farm.*) eucalyptol.
eucaristia |eukaris'tia|, **eucarestia** |eukares'tia| *s.f.* (*relig. crist.*) eucharistie ◇ [*l'ostia consacrata*] hostie.
eucarìstico, ci, ca, che |euka'ristiko, tʃi, ka, ke| *agg.* eucharistique: *congresso eucaristico* congrès eucharistique # *sacramento eucaristico* sacrement de l'eucharistie.
euclidèo |eukli'dɛo| *agg.* d'Euclide (*loc. inv.*): *il postulato euclideo* le postulat d'Euclide ◇ (*mat.*) euclidien*: *metodo euclideo* méthode euclidienne.
eucològio, i |euko'lɔdʒo, i| *s.m.* (*relig.*) eucologe.
eudemonia |eudemo'nia| *s.f.* (*filos.*) eudémonisme *m.*
eudemonismo |eudemo'nizmo| *s.m.* (*filos.*) eudémonisme.
eudiometria |eudjome'tria| *s.f.* (*fis.*) eudiométrie.
eudiòmetro |eu'djɔmetro| *s.m.* (*fis.*) eudiomètre.
eudista |eu'dista| *s.m. spec. al plur.* (*relig. catt.*) eudistes.
eufemismo |eufe'mizmo| *s.m.* (*ling.*) euphémisme: *per eufemismo* par euphémisme.
eufemisticaménte |eufemistika'mente| *avv.* [→ EUFEMISTICO] euphémiquement.
eufemìstico, ci, ca, che |eufe'mistiko, tʃi, ka, ke| *agg.* (*ling.*) euphémique.
eufonia |eufo'nia| *s.f.* (*ling.*) euphonie **C** **cacofonia.**
eufonicaménte |eufonika'mente| *avv.* [→ EUFONICO] euphoniquement.
eufònico, ci, ca, che |eu'fɔniko, tʃi, ka, ke| *agg.* (*ling.*) euphonique.
eufòrbia |eu'fɔrbja| *s.f.* (*t.bot.*) euphorbe.
Euforbiàcee |eufor'bjatʃee| *s.f. pl.* (*t.bot.*) Euphorbiacées.
euforia |eufo'ria| *s.f.* euphorie: *vivere in piena euforia* vivre en pleine euphorie; *questi stupefacenti provocano una certa euforia* ces stupéfiants provoquent une certaine euphorie **C** **abbacchiamento, abbattimento.**
eufòrico, ci, ca, che |eu'fɔriko, tʃi, ka, ke| *agg.* euphorique: *essere in uno stato euforico* être dans un état euphorique **C** **abbacchiato, abbattuto.**
eufràsia |eu'frazja| *s.f.* (*t.bot.*) euphraise, euphrasia.
eufuismo |eufu'izmo| *s.m.* (*letter. ingl.*) euphuisme.
eugàneo |eu'ganeo| *agg.* (*geogr.*) *i colli Euganei* les monts Euganéens.
eugenètica, che |eudʒe'nɛtika, ke| *s.f.* eugénique, eugénisme *m.*
eugenètico, ci, ca, che |eudʒe'nɛtiko, tʃi, ka, ke| *agg.* (*biol.*) eugénique.
eugènia |eu'dʒɛnja| *s.f. inv.* (*t.bot.*) eugenia.
eugènica, che |eu'dʒɛnika, ke| *s.f.* → **eugenetica.**
eugènico, ci, ca, che |eu'dʒɛniko, tʃi, ka, ke| *agg.* → **eugenetico.**
eugenista |eudʒe'nista| *s.* eugéniste.
euglèna |eu'glɛna| *s.f.* (*t.bot.*) euglène.
eulogia, gie |eulo'dʒia, dʒie| *s.f.* (*liturg. crist.*) eulogie.
Eumicèti |eumi'tʃɛti| *s.m. pl.* (*t. bot.*) Eumycètes.
eunuchismo |eunu'kismo| *s.m.* (*med.*) eunuchisme.
eunùco, chi |eu'nuko, ki| *s.m.* **1** eunuque, castrat → **castrato** ◇ (*fig.*) incapable, eunuque (*fam.*) **2** [*guardiano castrato degli harem*] eunuque.
eunucòide |eunu'kɔide| *agg.* eunuchoïde.
eupatòrio, i |eupa'tɔrjo, i| *s.m.* (*t.bot.*) eupatoire *f.*, chanvre d'eau (*corr.*).
eupepsia |eupep'sia| *s.f.* (*med.*) eupepsie.
eupèptico, ci, ca, che |eu'pɛptiko, tʃi, ka, ke| *agg. e s.m.* (*med.*) eupeptique, peptogène.
eurasiàno |eura'sjano| *agg.* [*dell'Eurasia*] eurasien* → **eurasiatico.**
eurasiàtico, ci, ca, che |eura'zjatiko, tʃi, ka, ke| *agg.* **1** eurasiatique: *il continente eurasiatico* le continent eurasiatique **2** [*nato da padre europeo e madre asiatica o viceversa*] eurasien*.
èureka |'ɛureka, (*pop.*) eu'rɛka| *inter.* (*esprime 'soddisfazione'*) [*ho trovato, ce l'ho fatta*] eurêka.
eurìstica, che |eu'ristika, ke| *s.f.* (*scient.*) (h)euristique.
eurìstico, ci, ca, che |eu'ristiko, tʃi, ka, ke| *agg.* (*scient.*) (h)euristique.
euritmìa |eurit'mia| *s.f.* (*med., mus.*) eurythmie **C** **disarmonia.**
euritmico, ci, ca, che |eu'-

ritmiko, tʃi, ka, ke| *agg.* (*med.*, *mus.*) eurythmique ⓒ **disarmonico.**

èuro- |'ɛuro| *pref.* (*significa 'europeo', corrisponde gener. a*) euro(-): *euroarabo* euro-arabe; *eurocomunismo* eurocommunisme.

èuro |'ɛuro| *s.m.* (*lett.*) → **scirocco.**

euroafricàno |euroafri'kano| *agg.* eurafricain.

eurocomunismo |eurokomu'nizmo| *s.m.* (*polit.*) eurocommunisme.

euròcrate |eu'rɔkrate| *s.m.* eurocrate.

eurodivìsa |eurodi'viza| *s.f.* (*fin.*) euromonnaie.

eurodòllaro |euro'dɔllaro| *s.m.* (*fin.*) eurodollar.

euromercàto |euromer'kato| *s.m.* (*fin.*) euromarché.

europeìsmo |europe'ismo| *s.m.* **1** européanisme, européisme ◇ (*per est.*) mouvement européen **2** (*ling.*) caractère commun à plusieurs langues européennes.

europeìsta |europe'ista| *s.* partisan de l'Europe Unie ✦ *agg.* → **europeìstico.**

europeìstico, ci, ca, che |europe'istiko, tʃi, ka, ke| *agg.* [*ispirato all'europeismo*] pro-européen* # *politica europeistica* politique européenne.

europeizzàre |europeid'dzare| *v. tr.* [*rendere conforme agli usi e alla cultura europea*] européaniser.

europeizzazióne |europeiddzat'tsjone| *s.f.* [→ EUROPEIZZARE] européanisation, européisation.

europèo |euro'pɛo| *agg.* [*dell'Europa*] européen*.

euròpio, i |eu'rɔpjo, i| *s.m.* (*chim.*) europium.

eurovisióne |eurovi'zjone| *s.f.* eurovision.

eurovisìvo |eurovi'zivo| *agg.* de l'eurovision (*loc. inv.*): *programma eurovisivo* programme de l'eurovision, émission en eurovision.

eustàtico, ci, ca, che |eus'tatiko, tʃi, ka, ke| *agg.* (*geol.*) eustatique.

eustatismo |eusta'tizmo| *s.m.* (*geol.*) eustatisme.

eutanasia |eutana'zia| *s.f.* (*med.*) euthanasie.

eutèttico, ci, ca, che |eu'tɛttiko, tʃi, ka, ke| *agg.* (*fis.*) eutectique: *punto eutettico* point eutectique, d'eutexie ✦ (*s.m.*) *un eutettico* un eutectique.

euzòne |eud'dzɔne|, **euzòno** |eud'dzɔno| *s.m.* evzone.

evacuaménto |evakua'mento| *s.m.* [*abbandono di un luogo, per motivi di emergenza*] évacuation *f.*, abandon: *evacuamento di una nave in pericolo* évacuation, abandon d'un navire en perdition; *evacuamento di un territorio* évacuation, abandon d'un territoire → **abbandono** ◇ [*espulsione, svuotamento*] évacuation, expulsion *f.*

evacuànte |evaku'ante| *agg. e s.m.* (*farm.*) évacuant.

evacuàre |evaku'are| **A** *v.tr.* **1** [*abbandonare per motivi di emergenza*] évacuer, vider: *evacuare un cinema per ragioni di sicurezza* évacuer un cinéma par mesure de sécurité → **sgomberare** **2** (*fisiol.*) [*espellere, eliminare*] évacuer ✦ *ass.* [*andar di corpo*] aller (13) *intr.* à la selle **B** *v.intr.* (*aus. 'avere'*) [*allontanarsi da un luogo per motivi di emergenza*] évacuer *tr.*, quitter (*tr.*): *evacuare dalla zona in pericolo* évacuer la zone dangereuse.

evacuatìvo |evakua'tivo| *agg.* (*farm.*) évacuant.

evacuàto |evaku'ato| *agg.* **1** (*cose*) [*abbandonato, sgomberato dalla popolazione*] évacué: *zone, case evacuate* zones, maisons évacuées **2** (*persone*) [*che ha abbandonato il proprio territorio*] évacué, déplacé: *la popolazione evacuata* la population évacuée ✦ (*s.*) *un evacuato* un évacué, un réfugié, une personne *f.* déplacée *agg.* → **sfollato.**

evacuazióne |evakuat'tsjone| *s.f.* **1** [→ EVACUARE A 1] évacuation → **sgombero** **2** [→ EVACUARE A 2] (le fait *m.* d'aller à) la selle.

evàdere |e'vadere| (153) **A** *v.intr.* (*aus. 'essere'*) **1** [*fuggire da un luogo in cui si è rinchiusi*] s'évader *pron.* de, s'échapper *pron.* de: *evadere dal carcere* s'évader de, s'échapper de prison ◇ (*per est.*) [*tentare di sottrarsi agli oneri fiscali*] frauder *tr.* **2** (*fig.*) [*liberarsi temporaneamente da una situazione monotona o opprimente*] s'évader de, échapper (*aus.* avoir) à: *evadere dalla realtà* s'évader du réel; *evadere dalla noia di tutti i giorni* échapper à la grisaille quotidienne **B** *v.tr.* **1** (*bur.*) [*portare a compimento*] régler (8), expédier: *evadere un affare* régler, expédier une affaire; *evadere la corrispondenza* faire le courrier → **sbrigare** **2** [*evitare di pagare*] esquiver: *evadere le tasse* esquiver les impôts ◇ [*eludere*; *imbrogliare*] frauder: *evadere il fisco* frauder le fisc.

evaginàre |evadʒi'nare| *v.tr.* (*arc.*) → **sguainare.**

evaginazióne |evadʒinat'tsjone| *s.f.* (*biol.*) évagination.

evanescènte |evaneʃ'ʃɛnte| *agg.* **1** évanescent (*lett.*); fugitif*: *impressione evanescente* impression évanescente ‖ *ricordo evanescente* souvenir fugitif **2** (*ling.*) voilé: *vocale evanescente* voyelle voilée.

evanescènza |evaneʃ'ʃɛntsa| *s.f.* **1** évanescence (*lett.*) **2** (*rad.*) évanouissement *m.*, fading *m.*

evangeliàrio, i |evandʒe'ljarjo, i| *s.m.* (*liturg. catt.*) évangéliaire.

evangelicaménte |evandʒelika'mente| *avv.* [→ EVANGELICO 1] évangéliquement.

evangèlico, ci, ca, che |evan'dʒɛliko, tʃi, ka, ke| *agg.* **1** évangélique: *la dottrina evangelica* la doctrine évangélique; *perdono evangelico* pardon évangélique **2** [*protestante*] évangélique: *chiesa evangelica* église évangélique ✦ (*s.*) *un evangelico* un évangélique, un protestant → **protestante.**

evangelismo |evandʒe'lizmo| *s.m.* évangélisme.

evangelìsta |evandʒe'lista| *s.m.* **1** évangéliste **2** [*predicatore laico valdese*] évangéliste.

evangelizzàre |evandʒelid'dzare| *v.tr.* [*cercare di convertire al cristianesimo*] évangéliser ◇ (*per est.*) [*indottrinare*] endoctriner.

evangelizzatóre, trice |evandʒeliddza'tore, tritʃe| *s.* évangélisateur* ◇ (*per est.*) [*propagandista*] propagandiste.

evangelizzazióne |evandʒeliddzat'tsjone| *s.f.* [→ EVANGELIZZARE] évangélisation.

evangèlo |evan'dʒɛlo| *s.m.* évangile: *gli evangeli* les évangiles → **vangelo.**

evaporàbile |evapo'rabile| *agg.* [→ EVAPORARE] évaporable, volatil (*lett.*).

evaporabilità |evaporabili'ta| *s.f. inv.* capacité *var.* d'évaporation, aptitude *var.* à s'évaporer.

evaporaménto |evapora'mento| *s.m.* → **evaporazione.**

evaporàre |evapo'rare| **A** *v.intr.* **1** (*aus. 'essere'*) [*passare dallo stato liquido a quello gassoso*] s'évaporer *pron.*, se vaporiser (*pron.*): *gli alcool evaporano con facilità* les alcools s'évaporent facilement; *liquido che evapora* liquide qui se vaporise, qui s'évapore **2** (*aus. 'avere'*) [*perdere liquido per effetto dell'evaporazione*] s'évaporer: *la cisterna ha evaporato* l'eau de la citerne s'est évaporée **3** (*aus. 'essere'*) [*svanire*; *svaporare*] s'évaporer: *il contenuto di quel flacone è evaporato* le contenu de ce flacon s'est évaporé **B** *v.tr.* [*trasformare un liquido in vapore*] faire (45) *intr.* évaporer: *per ottenere il sale occorre evaporare l'acqua marina* il faut faire évaporer l'eau de mer pour obtenir le sel ⓒ A 1; B **condensare.**

evaporatóre |evapora'tore| *s.m.* **1** (*tecnol.*) évaporateur **2** [*dispositivo atto a mantenere l'umidità*] saturateur: *evaporatore di un radiatore* saturateur d'un radiateur ⓒ 1 **condensatore.**

evaporazióne |evaporat'tsjone| *s.f.* [→ EVAPORARE] évaporation.

evaporizzàre |evaporid'dzare| *e deriv.* → **vaporizzare** *e deriv.*

evapotraspirazióne |evapotraspirat'tsjone| *s.f.* (*climatologia*) évapotranspiration.

evasióne |eva'zjone| *s.f.* **1** [→ EVADERE A 1] évasion: *un'evasione riuscita, fallita* une évasion réussie, manquée → **fuga** **2** (*fig.*) [→ EVADERE A 2] évasion: *evasione dalla realtà* évasion (hors) de la réalité ◇ [*disimpegno*] *film, letteratura d'evasione* film, littérature d'évasion **3** [→ EVADERE B 2] évasion: *evasione fiscale* évasion fiscale **4** [→ EVADERE B 1] expédition: *evasione di una pratica* expédition d'une affaire # *dare evasione a un'ordinazione* livrer une commande ◇ [*risposta*] *dare evasione a una lettera* donner suite à une lettre, répondre à une lettre ◇ (*bur.*) IN EVASIONE A en réponse à, (comme) suite à.

evasivaménte |evaziva'mente| *avv.* [→ EVASIVO] évasivement.

evasìvo |eva'zivo| *agg.* évasif*, ambigu*: *risposta evasiva* réponse évasive, ambiguë; *comportamento evasivo* comportement ambigu.

evàso |e'vazo| *agg.* **1** (*persone*) [*fuggito da un luogo di pena*] évadé, fugitif* ✦ (*s.*) *un evaso* un évadé **2** [*imposta non pagata*] impayé: *tassa evasa* impôt impayé **3** [*pratica bur. portata a compimento*] réglé, expédié.

evasóre |eva'zore| *s.m.* [*chi si sottrae agli obblighi fiscali*] fraudeur* *s.*

evèllere |e'vellere| (187) *v.tr.* → **estirpare.**

evemerismo |eveme'rizmo| *s.m.* (*filos.*) évhémérisme.

eveniènza |eve'njɛntsa| *s.f.* [*circostanza possibile*; *occorrenza*] éventualité, cas (*m.*): *essere pronto a ogni evenienza* être prêt à toute éventualité; *nell'evenienza che non venga, telefonami* au cas où tu ne viendrais pas, téléphone-moi → **caso, eventualità** # *per ogni evenienza puoi chierdergli aiuto* quoi qu'il arrive, tu peux faire appel à lui.

evènto |e'vɛnto| *s.m.* [*avvenimento di una certa importanza*] événement: *fausto, felice evento* événement heureux ◇ [*caso*; *evenienza*] cas; événement: *un evento imprevisto* un cas imprévu ‖ *aspettare, attendere gli eventi* attendre la suite (des événements) ◇ (*stat.*) cas: *evento favorevole, possibile* cas favorable, possible.

eventrazióne |eventrat'tsjone| *s.f.* (*med.*) éventration.

eventuàle |eventu'ale| *agg.* [*che può accadere*] éventuel*, possible: *guadagni eventuali* profits éventuels → **possibile** ◇ (*bur.*) *varie e eventuali* varia *s.m. pl.*; divers *s.m. pl.*

eventualità |eventuali'ta| *s.f. inv.* **1** éventualité (*var.*): *è prevista l'eventualità di una sostituzione* l'éventualité d'un remplacement est prévue → **possibilità** **2** [*caso, evenienza*] cas *m. var.*, éventualité: *nell'eventualità della morte del re* en cas de mort du roi; *fronteggiare ogni eventualità* faire face à toute éventualité; *in ogni caso* en tout cas # *aveva messo da parte un'arancia nell'eventualità che avesse sete* il gardait une orange pour la soif.

eventualménte |eventual'mente| *avv.* [→ EVENTUALE] éventuellement.

eversióne |ever'sjone| *s.f.* (*dir., lett.*) éversion.

eversìvo |ever'sivo| *agg.* [*che tende a distruggere radicalmente*] subversif*, destructeur*: *discorsi sediziosi ed eversivi* des propos séditieux et subversifs → **sedizioso; sovversivo.**

eversóre |ever'sore| *s.m.* (*lett.*) → **distruttore.**

evezióne |evet'tsjone| *s.f.* (*astron.*) évection.

evidènte |evi'dɛnte| *agg.* **1** évident, apparent: *è evidente che* il est évident que; *senza ragione evidente* sans raison apparente ◇ [*manifesto*] évident, notoire: *fatto evidente* fait évident, notoire **2** [*certo, irrefutabile*] évident, éclatant: *un pericolo evidente* un danger évident; *verità evidente* vérité éclatante, évidente # *stile evidente* style clair 🄲 **2 incerto, dubbio 1.**

evidenteménte |evidente'mente| *avv.* **1** [→ EVIDENTE] de toute évidence (*loc. inv.*): *evidentemente non aveva mai pensato a tutto ciò* de toute évidence, il n'avait jamais pensé à tout cela **2** [*naturalmente, ovviamente*] évidemment: *evidentemente è arrivato in ritardo* évidemment il est arrivé en retard.

evidènza |evi'dɛntsa| *s.f.* **1** évidence: *l'evidenza dei fatti* l'évidence des faits; *mettersi in evidenza* se mettre en évidence **2** [*chiarezza, indubitabilità*] évidence: *arrendersi all'evidenza* se rendre à l'évidence → **certezza** **3** (*bur.*) duplicata *inv.* 🄲 **2 incertezza.**

evidenziàre |eviden'tsjare| *v.tr.* [*mettere in evidenza*] mettre (71) en évidence.

evìncere |e'vintʃere| (193) *v.tr.* **1** (*dir.*) [*rivendicare*; *ricuperare*] évincer (2) **2** (*bur.*) [*dedurre*] déduire (75) (*corr.*): *dal testo della legge si evince che...* du texte de la loi, on déduit que...

eviràre |evi'rare| *v.tr.* [*privare di virilità, anche fig.*] émasculer → **castrare.**

eviràto |evi'rato| *agg.* **1** [*castrato*] émasculé, châtré # *i cantori evirati* les castrats ♦ (*s.m.*) *un evirato* un homme châtré *agg.* **2** (*fig.*) [*fiacco, smidollato*] ramolli ♦ (*s.m.*) *un evirato* un ramolli.

evirazióne |evirat'tsjone| *s.f.* (*med.*) émasculation, castration.

eviscerazióne |eviʃʃerat'tsjone| *s.f.* (*chir.*) éviscération.

evitàbile |evi'tabile| *agg.* [→ EVITARE] évitable 🄲 **inevitabile.**

evitabilità |evitabili'ta| *s.f. inv.* caractère *m. var.* évitable, possibilité *var.* d'éviter.

evitàre |evi'tare| *v.tr.* **1** [*allontanare da sé*] éviter; esquiver: *evitare qc. che non si vuole incontrare* éviter qqn. qu'on ne veut pas voir ‖ *evitare un pugno* esquiver un coup de poing → **scansare, schivare** **2** [*astenersi da q.c. di proibito o dannoso*] éviter, s'abstenir (27) (*pron.*): *evita di fare domande* évite, abstiens-toi de poser des questions → **astenersi** ◇ *loc.* EVITARE DI (+ *inf.*) éviter de (+ *inf.*) (*con lo stesso sogg.*); éviter que (+ *congv.*) (*con sogg. diverso*): *evito d'incontrarlo* j'évite de le rencontrer ‖ *sono riuscito a evitare che venisse a prendermi* j'ai réussi à éviter qu'il (ne) vienne me chercher **3** [*togliere ad altri*; *liberare qc. da impegni o preoccupazioni*] éviter, épargner: *vuole evitargli dispiaceri* il veut lui éviter des tracas; *evitare un disturbo a qc.* épargner un dérangement à qqn.

evizióne |evit'tsjone| *s.f.* (*dir.*) éviction, exclusion.

èvo |'ɛvo| *s.m.* [*ciascuno dei periodi in cui si suole dividere la st.*] époque *f.*, période *f.* # *l'evo antico* l'antiquité; *il medio evo* le moyen-âge, le moyen âge.

evocàre |evo'kare| *v.tr.* **1** [*richiamare dal mondo dei morti*] évoquer: *evocare l'anima dei morti* évoquer l'âme des morts, les esprits (disparus) **2** (*fig.*) [*richiamare alla memoria*; *celebrare*] évoquer: *evocare ricordi* évoquer des souvenirs.

evocativo |evoka'tivo| *agg.* [*che serve a evocare*] évocateur*; suggestif*: *potere evocativo* pouvoir évocateur ‖ *la grazia evocativa dei luoghi* le charme suggestif, évocateur des lieux.

evocatóre, trice |evoka'tore, tri'tʃe| *s.* évocateur*.

evocatòrio, i |evoka'tɔrjo, i| *agg.* évocatoire: *rito evocatorio* rite évocatoire.

evocazióne |evokat'tsjone| *s.f.* [→ EVOCARE] évocation.

evoè |evo'ɛ| *inter.* (*relig. gr.*) évoé, évohé.

evoluìre |evolu'ire| (197) *v.intr.* (*aus.* '*avere*') (*aer., mar.*) [*fare evoluzioni*] évoluer, manœuvrer.

evolùta |evo'luta| *s.f.* (*mat.*) développée.

evolutìvo |evolu'tivo| *agg.* évolutif*.

evolùto |evo'luto| *agg.* évolué: *popolo evoluto* peuple évolué → **moderno** ◇ (*persone*) [*non soggetto a pregiudizi e convenzioni*] *una persona evoluta* une personne évoluée → **emancipato** 🄲 **involuto, arretrato.**

evoluzióne |evolut'tsjone| *s.f.* **1** [→ EVOLVERE] devenir *m.*, évolution: *la coscienza è in continua evoluzione* la conscience est en perpétuel devenir; *evoluzione del pensiero* évolution des idées # *evoluzione linguistica* changements linguistiques **2** (*biol.*) évolution: *teoria dell'evoluzione* doctrines de l'évolution, évolutionnisme *m.* **3** [*serie di movimenti preordinati secondo uno schema ben preciso*] évolution ◇ (*spec. al plur.*) *le evoluzioni di una ballerina* les évolutions d'une danseuse; *le evoluzioni di un aereo sopra la città* les évolutions d'un avion au-dessus de la ville.

evoluzionìsmo |evoluttsjo'nizmo| *s.m.* **1** (*biol.*) évolutionnisme, transformisme **2** (*filos.*) évolutionnisme.

evoluzionìsta |evoluttsjo'nista| *s.* **1** (*biol.*) évolutionniste, transformiste **2** (*filos.*) évolutionniste.

evoluzionìstico, ci, ca, che |evoluttsjo'nistiko, tʃi, ka, ke| *agg.* (*biol.*) évolutionniste.

evòlvere |e'vɔlvere| (117) **A** *v.tr.* (*raro*) [*svolgere, sviluppare*] développer **B** *v.pron. intr.* EVOLVERSI [*trasformarsi gradualmente*; *mutare*] évoluer (*intr.*): *le diverse specie si evolvono nel tempo* les diverses espèces évoluent avec le temps; *i costumi si evolvono* les mœurs évoluent 🄲 **regredire.**

evònimo |e'vɔnimo| *s.m.* (*t.bot.*) fusain évonymus.

evvìva |ev'viva| **I** *inter.* **1** (*esprime 'plauso e approvazione'*; *anche abbrev.* '*W*') bravo!, vive! (*per esseri animati e inanimati al sing. o plur.*); vivent! (*solo per esseri animati al plur.*): *evviva la sposa* vive la mariée!; *evviva gli sposi* vive, vivent les mariés!; *evviva la libertà* vive la liberté!; *evviva le vacanze* vive les vacances! → **viva** ◇ (*ripetuto*) *evviva!, evviva!* bravo!, bravo! ◇ (*iron.*) *evviva la sincerità* la sincérité ne t'étouffe pas (*fam.*); *evviva la modestia* ce n'est pas la modestie qui t'étouffe (*fam.*) **2** (*esprime 'gioia, esultanza'*) *hourra! **3** (*come forma di augurio, spec. nei banchetti*) [*salve, salute*] à ta, à votre santé ◇ (*rivolto a qc. che starnuta*) à tes, à vos souhaits **II** *s.m. inv.* [*grido di esultanza e di approvazione*] bravo *var.*, hourra (*var.*): *gridare evviva* lancer des bravos, des hourras → **applauso** 🄲 **abbasso.**

ex |ɛks| (*lat.*) **I** *prep.* (*premessa a un sost., indica la condizione, la carica o l'ufficio che si è cessato di ricoprire*) [*già, non più*] ancien* *agg.*, ex-: *l'ex ministro del tesoro* l'ancien ministre, l'ex-ministre des finances; *l'ex direttore* l'ancien directeur, l'ex-directeur; *associazione degli ex allievi, degli ex combattenti* association des anciens élèves, des anciens combattants **II** *s.* (*con ell. del sost., intuibile dal contesto, indica chi ha cessato una funzione o un'attività*) ancien* *agg.* (+ *sogg. sottinteso*): *gli ex del collegio* les anciens élèves du lycée; *gli ex dell'ufficio* les anciens collègues de bureau ◇ (*per anton., indica la persona con cui si sono interrotti rapporti amorosi, gener. con valore spreg.*) ex-: *il mio ex fidanzato* mon ex-fiancé (*fam.*).

ex abrupto |ɛgza'brupto| *loc. avv.* (*lat.*) ex abrupto, sans préambule; de but en blanc.

ex aequo |ɛg'zɛkwo| *loc. avv.* (*lat.*) ex æquo: *sono primi ex aequo* ils sont premiers ex æquo.

ex cathedra |ɛks'katedra| *loc. avv.*

(*lat.*) ex cathedra ◇ (*fig.*) *parlare ex cathedra* parler ex cathedra.
excursus |eks'kursus| *s.m. inv.* (*lat.*) [*digressione, divagazione*] digression *f. var.*
exeat |'ɛkseat| *s.m. inv.* (*lat.*) (*dir. eccl.*) exeat.
exequatur |egze'kwatur| *s.m. inv.* (*lat.*) (*dir.*) exequatur.
exèresi |eg'zɛrezi| *s.f. inv.* (*chir.*) exérèse *var.*
exeunt |'ekzeunt| *s.m. inv.* (*lat.*) (*arc., teat.*) exeunt.
exit |'ɛksit| *s.m.* (*lat.*) (*arc., teat.*) exit.
ex libris |ɛks'libris| *s.m. inv.* (*lat.*) ex-libris.
ex novo |ɛks'nɔvo| *loc. avv.* (*lat.*) [*daccapo; di sana pianta*] entièrement *avv.*, à zéro: *rifare q.c. ex novo* refaire qqch. entièrement; *ricominciare ex novo* recommencer au début, repartir à zéro.
'exploit' |ɛksplwa| *s.m. inv.* exploit (*var.*): *fare un 'exploit'* réaliser un exploit; *la nostra squadra ha rimontato lo svantaggio con un 'exploit' nel finale* notre équipe a rattrapé son retard par un exploit final.
ex professo |ɛkspro'fɛsso| *loc. avv.* (*lat.*) ex professo → **deliberatamente.**
exsanguino-trasfusióne |ekssangwinotrasfu'zjone| *s.f.* (*med.*) exsanguino-transfusion.
èxtra- |'ɛkstra| *pref.* (*significa 'fuori', corrisponde gener. a*) extra(-): *extralegale* extra-légal.
1 **èxtra** |'ɛkstra| *prep.* (*raro*) [*fuori di; non incluso in*] en dehors de (*corr.*): *spese extra bilancio* dépenses en dehors du budget.
2 **èxtra** |'ɛkstra| *agg. inv.* **1** [*di qualità superiore*] extra (*fam.*), excellent (*var.*): *carne extra* viande extra; *vino extra* vin excellent → **superlativo** **2** [*straordinario; insolito*] extra # *fare delle spese extra* faire des faux-frais.
3 **èxtra** |'ɛkstra| *s.m. inv.* **1** [*il sovrappiù, ciò che non è previsto, spec. in alberghi e ristoranti*] supplément *var.*, extra: *in questo ristorante gli extra raddoppiano il conto* dans ce restaurant les suppléments doublent l'addition ◇ [*cifra che qc. guadagna in aggiunta al proprio salario*] à-côté: *guadagna tot, senza contare gli extra* il gagne tant, sans compter les à-côtés **2** (*persone*) *assumere due extra* engager deux extra.
extracellulàre |ekstratʃellu'lare| *agg.* (*biol., chim.*) extra(-)cellulaire.
extraconiugàle |ekstrakonju'gale| *agg.* extra-conjugal*.
extracontrattuàle |ekstrakontrattu'ale| *agg.* [*che è fuori del rapporto contrattuale; non compreso nel contratto*] non contractuel*, non stipulé par contrat: *obbligo extracontrattuale* obligation non contractuelle, qui n'est pas stipulée par contrat.
extracorrènte |ekstrakor'rɛnte| *s.f.* (*elettr.*) extra-courant *m.*
extradotàle |ekstrado'tale| *agg.* → **estradotale.**
extraeuropèo |ekstraeuro'pɛo| *agg.* [*non compreso tra gli europei*] qui est hors de l'Europe *loc.*, extra-européen*: *una nazione extraeuropea* une nation qui est hors de l'Europe.
extrafino |ɛkstra'fino| *agg.* extra-fin: *olio extrafino* huile extra-fine; *piselli extrafini* petits pois extra-fins.
extrafòrte |ɛkstra'fɔrte| *loc. agg.* extra-fort: *aceto extraforte* vinaigre extra-fort # *tessuto extraforte* tissu très résistant.
extragalàttico, ci, ca, che |ekstraga'lattiko, tʃi, ka, ke| *agg.* (*astron.*) extragalactique.
extragiudiziàle |ekstradʒudit'tsjale| *agg.* (*dir.*) → **estragiudiziale.**
extralegàle |ekstrale'gale| *agg.* (*dir.*) extra-légal*.
extraparlamentàre |ekstraparlamen'tare| *agg. e s.* extra-parlementaire ♦ (*s.*) *un extraparlamentare di sinistra* un gauchiste.
extrapatrimoniàle |ekstrapatrimo'njale| *agg.* (*dir.*) extra(-)patrimonial*.
extrapolàre |ekstrapo'lare| *e deriv.* → **estrapolare** *e deriv.*
extraprocessuàle |ekstraprotʃessu'ale| *agg.* (*dir.*) extrajudiciaire.
extraràpido |ekstra'rapido| *agg.* → **ultrarapido.**
extrarèddito |ekstra'rɛddito| *s.m.* revenu extraordinaire.
extrasécco, chi, ca, che |ɛkstra'sekko, ki, ka, ke| *agg.* très sec*.
extrasensibile |ekstrasen'sibile| *agg.* extra-sensible, suprasensible.
extrasensoriàle |ekstrasenso'rjale| *agg.* (*psicol.*) extra-sensoriel*.
extrasistole |ekstra'sistole| *s.f.* (*fisiol.*) extra-systole.
extratemporàle |ekstratempo'rale| *agg.* extra-temporel*, qui est hors du temps *loc.*
extraterrèstre |ekstrater'rɛstre| *agg.* extra-terrestre.
extraterritoriàle |ekstraterrito'rjale| *agg.* (*dir.*) extra-territorial*.
extraterritorialità |ekstraterritorjali'ta| *s.f. inv.* (*dir.*) extra-territorialité *var.*, exterritorialité *var.*
extraurbàno |ekstraur'bano| *agg.* extra-urbain, extraurbain.
extrauterino |ekstraute'rino| *agg.* (*med.*) extra-utérin.
extremis (in) |ineks'trɛmis| *loc. avv.* (*lat.*) **1** in extremis: *matrimonio in extremis* mariage in extremis; *battezzare un moribondo in extremis* baptiser un moribond in extremis **2** [*all'ultimo momento*] in extremis, au finish.
ex voto |ɛks'vɔto| *s.m. inv.* (*lat.*) ex-voto.
eye-liner |ai'lainə| *s.m. inv.* (*ingl.*) eye-liner *var.*
eziandio |ettsjan'dio| *cong.* (*ant., lett.*) → **anche.**
eziologia, gie |ettsjolo'dʒia, dʒie| *s.f.* (*biol., med.*) étiologie.
eziologicaménte |ettsjolodʒika'mente| *avv.* (*med.*) étiologiquement.
eziològico, ci, ca, che |ettsjo'lɔdʒiko, tʃi, ka, ke| *agg.* (*letter., med.*) étiologique.

F

f |f| *s.m. o f. inv.* **1** [*sesta lettera dell'alfabeto*] f: *f minuscolo* f minuscule, petit f; *F maiuscola* F majuscule, grand F; *doppia f* deux f ◇ (*tel.*) *F come Firenze*: (*in Francia*) F comme François; (*in Belgio*) F comme Frédéric **2** (*usi convenzionali*) [*femminile*] f: *vitamina F* vitamine F ◇ (*bur.*) *f.f.* [*facente funzione*] a.i. (ad interim).

1 **fa** |fa| *s.m. inv.* [*quarta nota della scala musicale*] fa: *la 6ª sinfonia in fa maggiore di Beethoven* la 6ᵉ symphonie en fa majeur de Beethoven.

2 **fa** |fa| *voce del v. 'fare'* (*impers. in funzione di prep. posposta*: *forma il compl. di tempo che indica un punto del passato*) [*or è, or sono*] il y a: *un anno, dieci giorni fa* il y a un an, il y a dix jours; *poco tempo fa* il y a peu de temps; *non molto tempo fa* il n'y a pas longtemps; *tempo fa* il y a quelque temps # *poco fa* tout à l'heure.

fabbisógno |fabbi'zo(ɔ)ɲɲo| *s.m.* [*ciò che è necessario; l'occorrente*] besoins (*pl.*): *provvedere al fabbisogno della famiglia* pourvoir aux besoins de sa famille; *il fabbisogno di petrolio, di energia dell'Italia* les besoins en pétrole, en énergie de l'Italie.

fàbbrica, che |'fabbrika, ke| *s.f.* **1** usine; fabrique: *fabbrica di scarpe* usine, fabrique de chaussures; *fabbrica di automobili* usine d'automobiles; *una fabbrica con diecimila operai* une usine de dix mille ouvriers; *andare, lavorare in fabbrica* aller à l'usine, travailler en usine; *prezzo di fabbrica* prix départ usine, à la production ‖ *marchio di fabbrica* marque de fabrique # *difetto di fabbrica* défaut de fabrication; *consiglio di fabbrica* conseil (syndical) d'entreprise **2** (*fig.*) [*centro di origine, di diffusione*] machine à: *la fabbrica delle illusioni* la machine à fabriquer des illusions # *è una fabbrica di menzogne* il ment comme il respire **3** [*organizzazione che ha il compito di costruire un edificio, spec. sacro*] conseil *m.* de fabrique, fabrique: *la fabbrica del Duomo di Milano* le conseil de fabrique du Dôme de Milan **4** [*costruzione, fabbricazione*] construction: *ultimare la fabbrica dell'ospedale* achever la construction de l'hôpital ◇ (*loc. fig.*) *essere lungo come la fabbrica di S. Pietro* [*essere interminabile*] être comme la toile de Pénélope **5** (*raro*) [*edificio ultimato o in corso di costruzione; fabbricato*] bâtiment *m.*, bâtisse: *corpo di fabbrica* corps, aile d'un bâtiment.

fabbricàbile |fabbri'kabile| *agg.* **1** [*destinato a costruzioni edilizie*] à bâtir (*loc. inv.*): *area, zona, terreno fabbricabile* lot, zone, terrain à bâtir → **edificabile** **2** (*raro*) qui peut être fabriqué *loc.*

fabbricànte |fabbri'kante| *s.* **1** fabricant: *un fabbricante di mobili* un fabricant de meubles # *dal fabbricante al consumatore* du producteur au consommateur **2** (*raro*) [*chi fabbrica; costruttore*] fabricant.

fabbricàre |fabbri'kare| *v.tr.* **1** [*produrre, costruire spec. industrialmente*] fabriquer: *fabbricare elettrodomestici* fabriquer des (appareils) électroménagers ◇ [*costruire opere edilizie, edificare* (*anche ass.*)] construire (75), bâtir: *fabbricare una villetta* (se faire) construire, bâtir une petite villa; *avere la smania di fabbricare* avoir très envie de (faire) construire qqch.; avoir la maladie de la pierre **2** [*comporre, mettere insieme*] fabriquer: *fabbricare una bambola* fabriquer une poupée ◇ (*detto di prodotti alimentari*) [*sofisticare*] falsifier, frelater: *fabbricare il vino, l'olio* falsifier, frelater le vin, l'huile **3** (*fig.*) [*inventare, immaginare, escogitare*] fabriquer; forger (3): *fabbricare menzogne* fabriquer des mensonges; *fabbricare prove false* fabriquer de fausses preuves ‖ *fabbricare un alibi* forger un alibi; *fabbricare una parola nuova* forger un mot nouveau # *fabbricare castelli in aria* faire, bâtir des châteaux en Espagne ✦ (*ass.*) *fabbricare sulla sabbia* bâtir sur le sable ◇ [*ordire, architettare*] *fabbricare tranelli* dresser, tendre (53) des pièges; *fabbricare frodi* commettre (71) des fraudes Ⓒ **distruggere, demolire.**

fabbricativo |fabbrika'tivo| *agg.* (*raro*) → **fabbricabile, edificabile.**

fabbricàto |fabbri'kato| **1** *s.m.* [*edificio in muratura*] bâtiment, immeuble: *fabbricato di civile abitazione, rurale* immeuble d'habitation, bâtiment rural; *il fabbricato si affaccia sulla piazza centrale* l'immeuble donne sur la place centrale # *imposta sui fabbricati* impôt immobilier → **edificio** **2** *agg.* [*artificioso; non genuino*] fabriqué: *accuse fabbricate* accusations fabriquées (de toutes pièces) # *vino fabbricato* vin trafiqué, frelaté.

fabbricatóre, trice |fabbrika'tore, tritʃe| *agg.* **1** [*che fabbrica; costruttore*] constructeur* ✦ (*s.*) *un fabbricatore* un constructeur # *un fabbricatore di pianoforti* un facteur de pianos; *la legge punisce i fabbricatori di biglietti falsi* la loi punit les fabricateurs, les contrefacteurs de fausse monnaie ✦ *s.m.* (*raro*) [*muratore*] maçon **2** (*fig.*) qui invente *loc.*, qui trame *loc.* ✦ (*s.*) *un fabbricatore* un fabricateur*: *fabbricatore di inganni* un fabricateur de tromperies.

fabbricazióne |fabbrikat'tsjone| *s.f.* **1** [→ FABBRICARE 1] fabrication: *fabbricazione in serie* fabrication en série; *prodotto di fabbricazione francese* produit de fabrication française; *difetto di fabbricazione* défaut de fabrication **2** [*produzione*] production, fabrication: *aumentare la fabbricazione della carta* augmenter la production du papier; *imposta di fabbricazione* (*sugli spiriti*) droit de fabrication, d'accise (sur l'alcool).

fabbricerìa |fabbritʃe'ria| *s.m.* (*eccl.*) conseil *m.* de fabrique, fabrique → **fabbrica.**

fabbricière |fabbri'tʃɛre| *s.m.* (*eccl.*) fabricien, marguillier.

fabbricóne |fabbri'kone| *s.m.* (*spec. spreg.*) [*casamento enorme, privo di armonia o stonato con l'ambiente*] caserne *f.* (*fam.*) → **casermone.**

fàbbro |'fabbro| *s.m.* **1** [*artigiano che lavora in ferramenti*] forgeron: *gli attrezzi del fabbro* les outils du forgeron; *il fabbro ferraio* le forgeron ◇ [*magnano*] serrurier ◇ [*stagnaio*] étameur **2** (*fig., lett.*) [*ideatore, orditore*] forgeur* *s.*, fabricant (*s.*): *fabbro di inganni* forgeur de contes **3** (*raro, lett.*) [*artefice, creatore*] créateur* (*s.*): *il fabbro dell'universo* le Créateur de l'univers ◇ [*elaboratore raffinato*] virtuose (*s.*): *è un fabbro della penna* c'est un virtuose de la plume **4** (*st. rom.*) forgeron.

fabulóso |fabu'loso| *agg.* → **favoloso.**

faccènda |fat'tʃɛnda| *s.f.* **1** [*fatto, situazione; problema*] affaire: *è una faccenda seria* c'est une affaire sérieuse; *è una faccenda che non ti interessa* c'est une affaire qui ne te regarde pas # *gli è capitata una brutta faccenda* il lui est arrivé une sale histoire **2** (*per est.*) [*impegno, occupazione*] affaire, occupation: *avere una faccenda da sbrigare* avoir une affaire à régler; *mi resta poco tempo per le mie faccende* il me reste peu de temps pour m'occuper de mes affaires, pour mes occupations ◇ (*loc.*) *essere in faccende* être affairé, occupé **3** *le faccende domestiche* le ménage (*m. sing.*): *accudire alle faccende di casa* vaquer aux soins du ménage.

faccendière |fattʃen'djɛre| *s.* [*intrigante, maneggione*] mouche *f.* du coche: *è un faccendiere* c'est la mouche du coche, c'est un intrigant → **maneggione** ✦ *agg.* intrigant: *gente faccendiera* des gens intrigants.

faccendóne |fattʃen'done| *s.* [*chi si dà molto da fare, ma in modo inconcludente*] mouche *f.* du coche → **inconcludente.**

faccenduòla |fattʃen'dwɔla| *s.f.* [*lavoro che richiede poca applicazione*] petite affaire: *sbrigo poche faccenduole e poi vengo* j'expédie quelques petites affaires et je viens ◇ (*fig.*) [*fatto o problema di poca rilevanza*] bagatelle, rien *m.* → **inezia, bazzecola.**

faccétta |fat'tʃetta| *s.f.* **1** [*volto piccolo e grazioso*] minois *m.*, frimousse **2** [*faccia di una pietra preziosa*] facette

◇ (*geom.*) facette **3** (*anat.*) facette.
facchinàggio, i |fakki'naddʒo, i| *s.m.* **1** [*prestazione del facchino*] factage ◇ (*fam.*) [*lavoro faticoso*; *la parte noiosa di un lavoro*] corvée (*f.*): *che facchinaggio riordinare la biblioteca* quelle corvée, ranger la bibliothèque! # *la messa a punto dell'impianto si deve a lui, io ho fatto solo opera di facchinaggio* c'est à lui que l'on doit la mise au point de l'installation; moi, je n'ai fait que le manœuvre **2** [*retribuzione del facchino*; *spese di carico e scarico di materiali*] factage: *al prezzo normale si devono aggiungere le spese di facchinaggio* au prix normal, il faut ajouter les frais de factage.
facchinàta |fakki'nata| *s.f.* → **sfacchinata.**
facchinésco, chi, ca, che |fakki'nesko, ki, ka, ke| *agg.* de porteur *loc.* ◇ (*spreg.*) [*rozzo, volgare*] grossier*, vulgaire # *linguaggio facchinesco* langage de charretier.
facchino |fak'kino| *s.m.* **1** [*persona addetta al trasporto di bagagli, spec. nelle stazioni e nei porti*] porteur; docker: *fa il facchino alla stazione centrale* il est porteur à la gare centrale → **portabagagli** || *il porto è fermo per lo sciopero dei facchini* le port est paralysé à cause de la grève des dockers ◇ (*spreg.*) [*persona rozza, triviale*] rustre: *è un comportamento da facchino* ce sont des manières de rustre ◇ (*loc. fig.*) *vita da facchino* vie de chien ~ *lavoro da facchino* travail de chien ~ *far la parte del facchino* [*svolgere le mansioni più fastidiose e pesanti*] trimer **2** (*t.zool.*) dromie *f.*, dromia.
fàccia, ce |'fattʃa, tʃe| *s.f.* **1** [*viso, volto*] figure: *una faccia magra, grassa* une figure maigre, ronde; *una faccia abbronzata* une figure hâlée; *lavarsi la faccia* se laver la figure; *ricevere un colpo in faccia* recevoir un coup à la figure, en pleine figure ◇ (*loc. fig.*) *salvare, perdere la* (*propria*) *faccia* sauver, perdre la face ~ *che faccia di bronzo!* il est vraiment gonflé (*fam.*), culotté (*fam.*) ~ *aver la faccia tosta di fare q.c.* avoir le toupet, le culot de faire qqch. ~ *ci vuole una bella faccia* (*tosta*) *per comportarsi in quel modo* il faut un sacré toupet pour se conduire ainsi ~ *e dovrei fare questo per la sua bella faccia?* et je devrais faire cela pour ses beaux yeux? ~ (*inter.*) *alla faccia! quanto hai bevuto!* dis-donc, ce que tu as bu! ~ *alla faccia di chi ci vuole male!* au diable ceux qui nous veulent du mal! ◇ *loc.* IN FACCIA en face: *guardare, fissare in faccia qc.* regarder, fixer qqn. en face; *avere il sole, il vento in faccia* avoir le soleil, le vent en face ◇ (*fig.*) *non guardare in faccia a nessuno* n'avoir peur de personne ~ *ridere in faccia a qc.* rire au nez de qqn. ~ *l'ha scritto in faccia, glielo si legge in faccia* il le porte écrit sur sa figure, on le lit sur sa figure ~ *gettare q.c. in faccia a qc.* jeter qqch. à la figure de qqn. **2** (*per est.*) [*aspetto, figura*] figure; tête: *una faccia amica, simpatica* une figure amie, sympathique; *una faccia burbera, arcigna* une figure bourrue, revêche → **fisionomia** || *una faccia da funerale* une tête d'enterrement; *una faccia da schiaffi* une tête à gifles; *non fare quella faccia!* ne fais pas cette tête!; *a quelle parole ha fatto una faccia!* à ces mots il a fait une de ces têtes! # *fare la faccia scura* s'assombrir; *fare la faccia feroce* prendre un air féroce ◇ (*cose*) aspect (*m.*): *le mille facce di un problema* les mille aspects d'un problème; *il paese ha cambiato faccia* le village a changé d'aspect **3** (*mat.*) face: *le facce di un poliedro, di un cubo* les faces d'un polyèdre, d'un cube ◇ (*per est.*) *le facce dei dadi, di una moneta* les faces des dés, d'une monnaie; *le due facce di un foglio* les deux pages d'une feuille → **facciata** ◇ (*fig.*) *è il più gran bugiardo che esista sulla faccia della terra* c'est le plus grand menteur qui existe sur la face de la terre **4** *loc. agg.* DI FACCIA en face: *abitare nella casa di faccia* habiter (dans) la maison d'en face **5** *loc. avv.* DI FACCIA, IN FACCIA en face: *di faccia, in faccia c'è il duomo* en face il y a la cathédrale ~ (A) FACCIA A FACCIA face à face: *parlare, discutere* (*a*) *faccia a faccia* parler, discuter face à face; *trovarsi a faccia a faccia con qc.* se trouver face à face avec qqn. **6** *loc. prep.* DI FACCIA A, IN FACCIA A en face de: *egli abita di faccia a, in faccia a noi* il habite en face chez nous.
facciàle |fat'tʃale| *agg.* **1** (*anat.*) facial*: *nervo facciale* nerf facial; *angolo facciale* angle facial **2** (*filat.*) nominal* ♦ (*s.m.*) *il facciale* la valeur *f.* nominale *agg.*
facciàta |fat'tʃata| *s.f.* **1** façade: *la facciata del duomo* la façade de la cathédrale; *l'entrata è sulla facciata laterale* l'entrée est sur la façade latérale **2** [*ciascuna delle due superfici di un foglio*] page: *scrivere su una sola facciata* écrire sur une seule page **3** (*fig.*) [*esteriorità, apparenza*] façade: *nascondersi dietro una facciata d'onestà* se cacher derrière une façade d'honnêteté # *giudicare dalla facciata* juger sur la mine, sur les apparences.
faccìna |fat'tʃina| *s.f.* petit visage *m.*, minois *m.* ◇ [*volto grazioso*] minois, frimousse → **musetto.**
faccìno |fat'tʃino| *s.m.* [*volto grazioso*] minois, frimousse *f.* → **musetto.**
facciòla |fat'tʃɔla| *s.f.* (*eccl.*) rabat *m.*
faccióna |fat'tʃona| *s.f.* → **faccione.**
faccióne |fat'tʃone| *s.m.* grosse face *f.* # *che bel faccione!* quel beau visage rubicond! ◇ (*scherz.*) [*faccia florida*; *aspetto sano e allegro*] visage rubicond: *ha un faccione che è il ritratto della salute* il a un visage rubicond qui respire la santé.
fàce |'fatʃe| *s.f.* (*lett.*) **1** [*fiaccola*] flambeau *m.* **2** (*per est.*) [*luce, fiamma, splendore*] flambeau, lumière ◇ (*fig.*) [*scintilla*; *causa*] brandon (*m.*): *la face della discordia* le brandon de discorde → **origine.**
facèlla |fa'tʃɛlla| *s.f.* (*poet.*) petit flambeau *m.*
facènte |fa'tʃɛnte| (*solo nella loc. sost.*) intérinaire *s. e agg.*, par intérim (*loc. inv.*): *il facente funzione del presidente* le président intérinaire, le président par intérim → **sostituto** ◇ (*abbrev.*) *f.f.* a.i. (ad intérim).
facetaménte |fatʃeta'mente| *avv.* (*raro*) [→ FACETO] facétieusement Ⓒ **seriamente.**
facèto |fa'tʃɛto| *agg.* [*piacevole, spiritoso*] facétieux*, moqueur*: *persona faceta* une personne facétieuse, moqueuse # *un detto faceto* un mot d'esprit, un bon mot Ⓒ **serio.**
facèzia |fa'tʃɛttsja| *s.f.* facétie, plaisanterie ◇ *al plur.* (*scherz.*) [*frottole, corbellerie*] sornettes, balivernes (*plur.*): *non raccontar facezie!* ne conte pas de sornettes!, ne plaisante pas!
fachirismo |faki'rizmo| *s.m.* fakirisme.
fachiro |fa'kiro| *s.m.* fakir, faquir ◇ (*fig.*) *esercizi da fachiro* tours de fakir.
facies |'fatʃes| *s.f. inv.* (*scient.*) facies *m.*, faciès *m.*
fàcile |'fatʃile| **I** *agg.* **1** facile: *un lavoro facile* un travail facile; *un'ascensione, un sentiero facile* une ascension, un sentier facile → **agevole** ◇ [*che si ottiene senza difficoltà*] *i facili guadagni* les gains faciles # *essere facile preda dell'ira* se laisser emporter facilement par la colère; *fa sempre tutto facile* il est trop optimiste ◇ [*che si comprende senza difficoltà*] *un libro, una lettura facile* un livre, une lecture facile → **chiaro, comprensibile**; *una lezione facile* une leçon facile; *stile facile* style facile ◇ (*cose*) [*duttile*; *facilmente lavorabile*] *metallo facile alla fusione* métal très fusible; *un'automobile dallo sterzo facile* une voiture à la direction souple **2** (*persone*) [*propenso, incline*] enclin: *essere facile all'ira, all'entusiasmo* être enclin à la colère, à l'enthousiasme # *avere la mano facile alla pittura, alla scultura* être doué pour la peinture, pour la sculpture ◇ (*per est., cose*) (*fam.*) *avere la pistola, il pugno, l'insulto facile* avoir le coup de pistolet, le coup de poing, l'insulte facile ◇ [*pronto, brillante*] vif*: *un uomo di facile ingegno* un homme à l'esprit vif **3** (*loc.*) *una donna facile, di facili costumi* une femme facile, de mœurs légères **4** [*affabile, docile*] facile: *un uomo di facile carattere* un homme facile à vivre; *il suo facile temperamento lo rende simpatico a tutti* son tempérament facile le rend sympathique à tout le monde **5** [*probabile, possibile*] probable; facile: *domani è facile che piova* il est probable qu'il pleuvra demain; *è facile che vinca lui* il est probable que ce soit lui qui gagne || '*ci vedremo?*' '*niente di più facile*' 'nous nous verrons?' 'rien de plus facile' **II** *avv.* (*fam.*) avec facilité (*loc. inv.*): *parlare, scrivere facile* parler, écrire avec facilité ◇ (*loc.*) *vai facile* [*senza problemi o difficoltà*] vas-y sûrement Ⓒ I 1, 4, 5; II **difficile.**
facilità |fatʃili'ta| *s.f. inv.* **1** [*agevolezza*] facilité (*var.*): *la facilità di un lavoro* la facilité d'un travail; *facilità di manovra* facilité de manœuvre ◇ [*semplicità, chiarezza*] *la facilità di un problema* la facilité d'un problème **2** [*disposizione, inclinazione*] inclination (*var.*): *avere facilità ai lavori manuali* avoir une inclination pour les travaux manuels # *avere facilità a stringere amicizie* se lier facilement d'amitié ◇ [*prontezza, capacità*] facilité: *facilità di parola* facilité de parole # *avere una grande facilità di orientamento* avoir le sens de l'orientation **3** *loc.* CON FACILITÀ facilement (*avv.*): *è una cosa che si può trovare con facilità* c'est une chose que l'on peut trouver facilement; *si arrabbia con facilità* il se met facilement en colère ~ CON (TUTTA) FACILITÀ... il

est fort probable que...: *con tutta facilità, ci ritroveremo tutti a Natale* il est fort probable que nous nous retrouverons tous à Noël [C] **difficoltà.**

facilitàre |fatʃili'tare| *v.tr.* [*render facile, agevolare*] faciliter: *facilitare un compito* faciliter une tâche; *questo facilita la soluzione del problema* ceci facilite la solution du problème → **semplificare** [C] **complicare, ostacolare.**

facilitazióne |fatʃilitat'tsjone| *s.f.* **1** [→ FACILITARE] facilités *pl.*, avantage (*m.*): *con tutte le facilitazioni che hai avuto, non sei riuscito a...* avec toutes les facilités que tu as eues, tu n'as pas réussi à... **2** *al plur.* (*comm.*) facilités: *facilitazioni di pagamento* facilités de paiement; *facilitazioni creditizie* facilités de crédit # *facilitazione di prezzo* [*sconto*] rabais, remise [C] 1 **complicazione, ostacolo, difficoltà.**

facilménte |fatʃil'mente| *avv.* **1** [→ FACILE I 1] facilement, avec facilité *loc. inv.* → **agevolmente 2** [*con tutta probabilità*] probablement: *facilmente arriverò domani* j'arriverai probablement demain [C] **difficilmente.**

facilóne |fatʃi'lone| *s.* personne *f.* superficielle ♦ (*agg.*) *un tipo facilone* un type superficiel.

faciloneria |fatʃilone'ria| *s.f.* [*superficialità o leggerezza nel giudicare e nell'agire*] superficialité; légèreté.

facinoróso |fatʃino'roso| *agg.* [*violento, ribelle; suscitatore di disordini*] turbulent → **scalmanato** ♦ (*s.*) *un facinoroso* un violent, un énergumène: *avere a che fare con un gruppo di facinorosi* avoir affaire à une bande d'énergumènes, d'enragés [C] **pacifico.**

facitóre, trice |fatʃi'tore, tritʃe| *s.* (*lett.*) [*chi fa, chi ha capacità di realizzare q.c.*] faiseur* ◇ (*raro, spreg.*) *è un facitore di romanzi* c'est un faiseur de romans.

facitùra |fatʃi'tura| *s.f.* **1** (*raro*) [*lavorazione, fattura*] fabrication (*corr.*): *articoli di ottima, pessima facitura* articles d'excellente, de très mauvaise fabrication **2** (*arc.*) → **opera.**

facocèro |fako'tʃɛro| *s.m.* (*t.zool.*) phacochère.

fàcola |'fakola| *s.f.* (*astron.*) facule.

facoltà |fakol'ta| *s.f. inv.* **1** (*persone*) faculté (*var.*): *facoltà mentali* facultés mentales; *facoltà di intendere e volere* faculté de comprendre et de vouloir # *facoltà espressive* capacités d'expression; *facoltà creative* capacités créatrices ◇ (*loc.*) *perdere l'uso delle proprie facoltà* perdre l'usage de ses facultés **2** (*persone*) [*potere, autorità*] faculté, possibilité (*var.*): *avere la facoltà di fare q.c.* avoir la faculté, la possibilité de faire qqch. → **prerogativa** # *questo non rientra nelle mie facoltà* ceci ne rentre pas dans mes compétences ◇ [*permesso, autorizzazione*] droit (*m. var.*): *avere, concedere facoltà di parola* avoir, accorder le droit à la parole; avoir, donner la parole **3** (*cose*) [*proprietà, qualità specifica*] propriété (*var.*): *gli acidi hanno facoltà di corrodere i metalli* les acides ont la propriété de corroder les métaux; *un'erba che ha facoltà curative* une herbe qui a des propriétés curatives **4** [*unità didattica dell'università*] faculté: *la facoltà di lettere, di medicina* la faculté des lettres, de médecine; *le facoltà umanistiche, tecniche* les facultés des lettres, de droit, des sciences; *il consiglio di facoltà* le conseil de la faculté.

facoltativaménte |fakoltativa'mente| *avv.* [→ FACOLTATIVO] facultativement [C] **obbligatoriamente.**

facoltativo |fakolta'tivo| *agg.* **1** facultatif*: *esercizio, esame facoltativo* exercice, examen facultatif; *materie facoltative* matières facultatives; *fermata facoltativa* arrêt facultatif **2** [*che concede autonomia di scelta o di effettuazione*] facultatif: *obbligazione facoltativa* obligation facultative; *diritti facoltativi* droits facultatifs; *disposizioni facoltative* dispositions facultatives [C] 1 **obbligatorio.**

facoltóso |fakol'toso| *agg.* [*benestante, ricco*] aisé: *appartiene a una famiglia facoltosa* il appartient à une famille aisée ♦ (*s.*) *un facoltoso* un riche [C] **bisognoso, povero, indigente.**

facondaménte |fakonda'mente| *avv.* (*lett.*) [→ FACONDO] éloquemment, avec éloquence *loc. inv.* ◇ (*spreg.*) [*in modo prolisso; verbosamente*] avec volubilité *loc. inv.* [C] **semplicemente, sobriamente, concisamente.**

facóndia |fa'kondja| *s.f.* (*lett.*) [*facilità e ricchezza di parole*] éloquence: *parlare con facondia* parler avec éloquence ◇ (*spreg.*) [*verbosità, prolissità*] loquacité, faconde: *mi ha annoiato con tutta quella sua facondia* sa loquacité m'a ennuyé [C] **semplicità; sobrietà, concisione.**

facóndo |fa'kondo| *agg.* [*che ha facilità di parola*] éloquent, disert (*lett.*): *è un oratore facondo* c'est un orateur éloquent ◇ (*spreg.*) [*verboso, prolisso*] verbeux*, prolixe [C] **semplice; sobrio, conciso.**

facsìmile |fak'simile| *s.m. inv.* **1** fac-similé (*var.*): *presentare il facsimile di un documento* présenter le fac-similé d'un document; *non ho copie autentiche, ma solo dei facsimile* je n'ai pas de copies conformes mais seulement des fac-similés → **riproduzione,** 1 **copia 2** (*fig.*) copie (*f.*): *la tua auto è un facsimile della mia* ton auto est la copie de la mienne; *sembra il facsimile di suo fratello* on dirait la copie de son frère.

factòtum |fak'tɔtum| *s. inv.* **1** [*persona tuttofare*] factotum *m. var.*, intendant (*var.*): *è il factotum della famiglia* c'est le factotum de la famille; *non ha aiutanti, è lui il factotum della ditta* il n'a pas d'aide, c'est lui le factotum de la maison **2** [*persona di fiducia*] homme *m.var.*, personne *f.var.* de confiance: *è il factotum del principale* c'est l'homme, la personne de confiance du patron ◇ (*iron., scherz.*) *è arrivato il factotum!* le factotum est arrivé!; *ha l'aria del factotum* il a tout l'air du factotum → **faccendone.**

fading |'feidiŋ| *s.m. inv.* (*ingl.*) (*rad.*) fading *var.*

fado |'fadu| *s.m. inv.* (*mus. port.*) fado *var.*

faentina |faen'tina| *s.f.* [*ceramica di Faenza*] faïence.

faesite |fae'zite| *s.f.* [*impasto di fibre legnose usato come materiale da costruzione*] panneau de fibres (de bois), isorel (nom déposé).

fagedènico, ci, ca, che |fadʒe'dɛniko, tʃi, ka, ke| *agg.* (*med.*) phagédénique.

fagedenismo |fadʒede'nizmo| *s.m.* (*med.*) phagédénisme.

faggéta |fad'dʒeta| *s.f.*, **faggéto** |fad'dʒeto| *s.m.* [*bosco di faggi*] *hêtraie *f.*

faggìna |fad'dʒina| *s.f.* → **faggiola.**

fàggio, i |'faddʒo, i| *s.m.* (*t.bot.*) *hêtre ◇ [*il legno*] *mobile in faggio* meuble en hêtre.

faggiòla |fad'dʒɔla| *s.f.* [*il frutto del faggio*] faîne.

-fagìa |fa'dʒia| *suff.* (*significa 'mangiare', corrisponde gener. a*) phagie: *aerofagia* aérophagie.

fagianàia |fadʒa'naja| *s.f.* [*luogo dove si allevano fagiani; l'allevamento stesso*] faisanderie.

fagianèlla |fadʒa'nɛlla| *s.f.* (*t. zool.*) canepetière.

fagiàno |fa'dʒano| *s.* (*t.zool.*) faisan ~ *fagiano alpestre* coq de bruyère, tétras, grouse *f.* ~ *fagiano argentato* faisan argenté ~ *fagiano di monte* faisan de montagne ~ *fagiano dorato* faisan doré ~ *fagiano venerato* faisan vénéré.

fagiolàta |fadʒo'lata| *s.f.* **1** potage *m.* aux *haricots ◇ (*fam.*) *mi sono fatto una bella fagiolata* [*una scorpacciata di fagioli*] je me suis gavé de haricots **2** (*raro, fig.*) [*insulsaggine, fesseria*] niaiserie, fadaise.

1 **fagiolìno** |fadʒo'lino| *s.m.* **1** petit *haricot **2** *spec. al plur.* [*baccello tenero di fagiolo*] haricot vert: *contorno di fagiolini al burro* garniture de haricots verts au beurre → **cornetto.**

2 **fagiolìno** |fadʒo'lino| *s.m.* [*mobiletto in stile, dal caratteristico profilo di fagiolo*] table *f.*, *haricot.

fagiòlo |fa'dʒɔlo| *s.m.* **1** (*t.bot.*) *haricot ~ *fagiolo americano* haricot commun ~ *fagiolo cinese* [*soia*] soja (soya) **2** [*il seme commestibile della pianta stessa*] haricot, fayot (*pop.*): *fagioli in umido* haricots en sauce; *minestra con fagioli* soupe, potage aux haricots ◇ (*loc. fam.*) *capitare a fagiolo* [*arrivare al momento giusto*] tomber à pic ~ *andare a fagiolo* [*adattarsi perfettamente*] être au poil ~ *il suo modo di fare non mi va a fagiolo* ses manières ne me reviennent pas, ne me plaisent pas **3** (*chir.*) haricot.

1 **fàglia** |'faʎʎa| *s.f.* (*geol.*) faille: *piano di faglia* plan de faille; *faglia diretta, inversa* faille normale, inverse.

2 **fàglia** |'faʎʎa| *s.f.* (*tess.*) faille.

fagliàre |faʎ'ʎare| *v.tr. e intr.* → **sfagliare.**

fàglio |'faʎʎo| *s.m.* → **sfaglio.**

fàgo- |'fago| *pref.* (*significa 'che mangia', corrisponde gener. a*) phag(o): *fagocito* phagocyte.

-fàgo |'fago| *suff.* (*significa 'che mangia', corrisponde gener. a*) phage: *antropofago* antropophage; *necrofago* nécrophage.

fagocìta |fago'tʃita| *s.m.* (*biol.*) phagocyte.

fagocitàre |fagotʃi'tare| *v.tr.* (*biol.*) [*inglobare e assimilare sostanze estranee e solide*] phagocyter ◇ (*fig.*) [*incorporare, assorbire*] *i grandi monopoli hanno fagocitato le imprese minori* les grands monopoles ont phagocyté les petites entreprises.

fagocitàrio, i |fagotʃi'tarjo, i| *agg.* (*biol.*) phagocytaire.

fagocìto |fago'tʃito| *s.m.* → **fagocita.**

fagocitòsi |fagotʃi'tɔzi| *s.f. inv.* (*biol.*) phagocytose *var.*

fagopìro |fago'piro| *s.m.* (*t.bot.*) sarrasin, blé noir → **grano (saraceno).**

fagottista |fagot'tista| *s.* [*sonatore di fagotto*] basson, bassoniste.
1 **fagòtto** |fa'gɔtto| *s.m.* **1** [*involto, più o meno ingombrante*] paquet: *un fagotto di biancheria* un paquet de linge; *carico di fagotti* chargé de paquets ◇ (*loc. fam.*) *far fagotto* [*andarsene*] plier bagage; [*morire*] casser sa pipe ~ *ha un vestito che fa fagotto* elle est mal fagotée, elle est ficelée comme l'as de pique **2** (*fig., spreg.*) [*persona impacciata, goffa nel portamento o nel vestire*] empoté *s.*
2 **fagòtto** |fa'gɔtto| *s.m.* (*mus.*) basson.
fahrenheit |'fa:rənhait| *s.m. e agg. inv.* (*ted.*) fahrenheit.
fàida |'faida| *s.f.* [*vendetta privata*] vendetta, vengeance ◇ (*st. mediev.*) droit *m.* de vengeance.
faina |fa'ina| *s.f.* **1** (*t.zool.*) fouine **2** (*fig.*) [*persona di sgradevole aspetto o subdola*] fouine: *ha un muso di faina* il a une tête de fouine ◇ *loc.* DI FAINA chafouin (*agg.*): *muso di faina* mine chafouine # *non farti raggirare da quella faina* ne te fais pas tromper par ce renard.
fair play |fɛə'plei| *loc. sost. m. inv.* (*ingl.*) franc-jeu (*t.racc.*) *s.m.*, fair-play *s.m. inv.*
1 **falànge** |fa'landʒe| *s.f.* **1** [*folla, moltitudine di persone*] foule: *si è fatta avanti una falange di creditori* une foule de créanciers s'est présentée → **moltitudine** **2** (*st.*) phalange.
2 **falànge** |fa'landʒe| *s.f.* (*anat.*) phalange.
falangétta |falan'dʒetta| *s.f.* (*anat.*) phalangette.
falangìna |falan'dʒina| *s.f.* (*anat.*) phalangine.
falangìsmo |falan'dʒizmo| *s.m.* (*st. sp.*) mouvement phalangiste.
1 **falangìsta** |falan'dʒista| *agg.* (*st. sp.*) phalangiste ✦ (*s.*) *un falangista* un phalangiste.
2 **falangìsta** |falan'dʒista| *s.m.* (*t.zool.*) phalanger.
falansteriàno |falanste'rjano| *agg. e s.* phalanstérien*.
falanstèrio, i |falan'stɛrjo, i| **falanstèro** |falan'stɛro| *s.m.* (*st. fr.*) phalanstère ◇ (*per est., spreg.*) [*grosso fabbricato pop.*] phalanstère.
falàrica, che |fa'larika, ke| *s.f.* (*st. rom.*) falarique.
falàsco, chi |fa'lasko, ki| **1** *s.m.* (*bot.*) jonc des marais **2** (*t.bot.*) carex, laîche *f.* (*corr.*).
fàlbo |'falbo| *agg.* (*lett.*) [*giallo scuro, detto spec. di cavalli o altri animali*] fauve # *cavallo falbo* cheval alezan.
falcàre |fal'kare| *v.tr.* **1** (*raro*) [*munire di falce o falcastro*] munir de faux **2** *ass.* (*detto del cavallo*) [*procedere a falcate*] faucher *intr.* **3** (*mar.*) [*montare le falche sulle imbarcazioni*] munir (une embarcation) de plats-bords, monter les plats-bords.
falcàta |fal'kata| *s.f.* **1** [*salto in avanti del cavallo*] courbette ◇ [*lunghezza del passo del cavallo*] foulée **2** (*atletica*) foulée: *con ampie falcate superò l'avversario* avec de longues foulées il dépassa l'adversaire.
falcàto |fal'kato| *agg.* **1** en (forme de) croissant (*loc. inv.*): *schieramento falcato* disposition en (forme de) croissant # *luna falcata* croissant de lune **2** [*munito di una o più falci*] muni, armé de faux (*loc.*): *carro falcato* char armé de faux.
falcatùra |falka'tura| *s.f.* [*incurvamento, curvatura a forma di falce*] échancrure, courbure: *la falcatura della luna* l'échancrure en croissant de la lune # *la costa è a falcature* la côte est échancrée.
fàlce |'faltʃe| *s.f.* **1** faux: *tagliare il grano con la falce* couper le blé avec une faux # *falce fienaia* faux, fauchon ◇ (*loc.*) *falce e martello* la faucille et le marteau **2** [*tipo di arma antica tagliente e ricurva*] faux de guerre **3** (*fig.*) [*ciò che ha l'aspetto o la forma di falce*] croissant (*m.*): *falce di luna* croissant de lune **4** (*anat.*) *falce del cervello, del cervelletto* faux du cerveau, du cervelet.
falcétto |fal'tʃetto| *s.m.* **1** [*piccola falce*] faucille *f.*, faucillon **2** [*piccola falce per la potatura di rami*] serpe *f.*, serpette *f.* → **potatoio.**
falchétta |fal'ketta| *s.f.* (*mar.*) plat-bord (*m.*): *delle falchette* des plats-bords.
falchétto |fal'ketto| *s.m.* **1** [*piccolo falco*] fauconneau → **falco** ◇ (*t. zool.*) crécerelle *f.* **2** [*ragazzo vivace e discolo*] garnement, galopin.
falciàre |fal'tʃare| *v.tr.* **1** [*tagliare con la falce, o la falciatrice*] faucher: *falciare il grano, il fieno* faucher le blé, le foin ◇ (*fig.*) [*far vittime*] décimer: *l'epidemia ha falciato la popolazione* l'épidemie a décimé la population → **falcidiare** **2** (*fig., mil.*) [*abbattere nemici con mitragliamento a ventaglio*] faucher: *gli attaccanti furono falciati dal fuoco nemico* les attaquants furent fauchés par le feu de l'ennemi **3** (*calcio*) [*atterrare un avversario in corsa con uno sgambetto*] faucher: *l'ala destra è stata falciata in area di rigore* l'ailier droit a été fauché dans la surface de réparation.
falciàta |fal'tʃata| *s.f.* **1** coup *m.* de faux ◇ [*quanto viene tagliato con un colpo di falce*] fauchée: *una falciata di fieno* une fauchée de foin **2** (*calcio*) croc-en-jambe *m.*
falciàto |fal'tʃato| *agg.* fauché.
falciatóre, trice |faltʃa'tore, tritʃe| *s.* [*chi taglia l'erba con la falce, o la falciatrice*] faucheur*: *i falciatori partono per la Maremma* les faucheurs partent pour la Maremme ✦ (*agg.*) *una macchina falciatrice* une faucheuse *s.f.* → **falciatrice.**
falciatrìce |faltʃa'tritʃe| *s.f.* (*agr.*) faucheuse.
falciatùra |faltʃa'tura| *s.f.* [→ FALCIARE 1] fauchage *m.*, fauchaison ◇ [*periodo in cui avviene detta operazione*] fauchaison.
falcìdia |fal'tʃidja| *s.f.* **1** forte diminution, baisse: *l'aumento dei prezzi ha provocato una falcidia del potere d'acquisto* la hausse des prix a provoqué une forte diminution, une baisse du pouvoir d'achat → **diminuzione** **2** (*per est.*) [*massacro, sterminio*] hécatombe: *l'inquinamento del fiume ha causato una falcidia di pesci* la pollution du fleuve a causé une hécatombe de poissons → **strage** ◇ (*fig.*) [*severa selezione*] *la difficoltà del tema ha provocato una falcidia di candidati* la difficulté du sujet a provoqué une hécatombe chez les candidats; *c'è stata una falcidia di concorrenti per il freddo* il y a eu une hécatombe de concurrents à cause du froid **3** (*dir. rom.*) falcidie → **selezione.**
falcidiàre |faltʃi'djare| *v.tr.* **1** [*diminuire, ridurre in modo massiccio e indiscriminato*] réduire (75): *le tasse falcidiano gli stipendi* les impôts réduisent les salaires **2** (*per est.*) [*sterminare, fare strage*] décimer; ravager (3): *la caccia indiscriminata ha falcidiato la fauna locale* la chasse sans discrimination a décimé la faune locale || *l'artiglieria ha falcidiato i villaggi di confine* l'artillerie a ravagé les villages frontaliers ◇ (*fig.*) [*selezionare in modo drastico*; *eliminare*] faire (45) une hécatombe: *la commissione ha falcidiato i candidati* le jury a fait une hécatombe de candidats.
falcifórme |faltʃi'forme| *agg.* falciforme.
falcióne |fal'tʃone| *s.m.* (*agr.*) **1** [*grossa lama applicata al volano del trinciaforaggio*] *hache-paille *inv.* **2** [*tipo di assolcatore per seminatrice meccanica*] buttoir.
fàlco, chi |'falko, ki| *s.m.* **1** (*t.zool.*) faucon **2** (*fig.*) [*persona fiera e di intelligenza acuta*] aigle: *occhi di falco* yeux d'aigle ◇ (*spreg.*) [*persona di grande astuzia, individuo rapace*] vautour, requin: *negli affari è un falco* c'est un homme d'affaires rapace, c'est un requin **3** (*fig.*) [*fautore delle soluzioni di forza nelle controversie internazionali*] faucon: *i falchi hanno prevalso sulle colombe* les faucons l'ont emporté sur les colombes.
falcóne |fal'kone| *s.m.* **1** (*t.zool.*) faucon ~ *falcone d'Islanda* gerfaut ~ *falcone bozzago* buse *f.* ~ *falcone di torre* autour **2** (*ant.*) [*la più piccola delle colubrine*] faucon, fauconneau.
falconerìa |falkone'ria| *s.f.* fauconnerie.
falconétto |falko'netto| *s.m.* **1** (*t. zool.*) fauconneau **2** → **falcone** 2.
Falcònidi |fal'kɔnidi| *s.m. pl.* (*t. zool.*) Falconidés.
falconière |falko'njɛre| *s.m.* fauconnier.
Falconifórmi |falkoni'formi| *s.m. pl.* (*t.zool.*) Falconiformes.
fàlda |'falda| *s.f.* **1** [*striscia o strato largo e sottile*; *fascia*] langue; bande: *falda di fuoco* langue de feu → **striscia** || *falda di cotone* bande de coton # *falda di pasta* feuille de pâte ◇ (*loc.*) *nevica a larghe falde* [*con grossi fiocchi*] il neige à gros flocons **2** [*lamina di metallo*; *scaglia, lastra di pietra*] lame, feuille; plaque, dalle: *falda di rame* lame, feuille de cuivre || *falda di pietra* plaque, dalle de pierre ◇ (*edil.*) pan (*m.*): *falda del tetto* pan de comble **3** (*geol.*) nappe, couche: *falda tettonica* nappe tectonique; *falda freatica* nappe d'eau (souterraine); *falda acquifera, idrica* nappe, couche aquifère; *falda impermeabile* couche imperméabile **4** [*pendice di monte o collina*] pied (*m.*): *alle falde del Vesuvio* au pied du Vésuve → **pendice** **5** [*lembo posteriore della giacca o del soprabito*] basque: *una giacca dalle falde stropicciate* une jaquette aux basques fripées → **lembo** ◇ (*loc. fig.*) *mettersi in falde* [*in abito di gala*] se mettre en habit ~ *essere attaccato alle falde di qc.* [*stargli sempre intorno*] être pendu aux basques de qqn. ~ *tirare qc. per le falde* [*dargli avvertimenti di nascosto*] tirer qqn. par la manche

6 [*tesa del cappello*] bord *m.* → **tesa** 7 [*prolungamento anteriore e posteriore della corazza*] garde-reins *m. inv.* 8 [*taglio di carne bovina vicino alla lombata o alla coscia*] bavette 9 *al plur.* [*cinghia, bretelle per reggere i bambini ai primi passi*] lisières → **briglia.**

faldàto |fal'dato| *agg.* → **faldoso.**

faldèlla |fal'dɛlla| *s.f.* 1 [*piccola falda*] bandelette 2 (*med.*) bande (Velpeau), bandage *m.* 3 (*tess.*) bandelette, charpie.

faldìglia |fal'diʎʎa| *s.f.* [*crinolina, guardinfante*] crinoline, panier *m.*

faldistòrio, i |faldis'tɔrjo, i| *s.m.* (*eccl.*) faldistoire.

faldóso |fal'doso| *agg.* lamellé.

falècio, i |fa'lɛtʃo, i|, **falecèo** |fale'tʃɛo| *agg.* (*metr. ant.*) phalécien* ♦ (*s.m.*) *un falecio* un phalécien.

falegnàme |faleɲ'ɲame| *s.m.* [*artigiano che lavora il legno*] menuisier: *attrezzi da falegname* outils de menuisier.

falegnamerìa |faleɲɲame'ria| *s.f.* 1 [*arte, mestiere del falegname*] menuiserie: *è un lavoro di alta falegnameria* c'est de la menuiserie d'art 2 [*laboratorio del falegname*] (atelier *m.* de) menuiserie: *ho ordinato dei mobili alla falegnameria Rossi* j'ai commandé des meubles à la menuiserie Rossi.

falèna |fa'lɛna| *s.f.* 1 (*t.zool.*) phalène *m. o f.* 2 (*fig.*) [*persona volubile; ragazzo irrequieto*] papillon *m.* ◇ [*prostituta* (*che di notte staziona vicino ai lampioni*)] prostituée 3 [*sottile velo di cenere che si solleva con la fiamma*] cendres *pl.* de papier.

fàlera |'falera| *s.f.* 1 (*cavalli*) phalères *pl.* 2 (*st. rom.*) phalères.

falèrno |fa'lɛrno| *agg.* de Falerne *loc. inv.* ♦ (*s.m.*) *il falerno* [*vino pregiato di detta regione*] le falerne.

falèsia |fa'lɛzja| *s.f.* (*geogr.*) falaise.

falèucio, i |fa'lɛutʃo, i| *agg.* → **falecio.**

fàlla |'falla| *s.f.* 1 [*squarcio, rottura di una parete a contatto con l'acqua*] renard *m.*; brèche: *riparare le falle di una nave* boucher les renards d'un navire ‖ *la piena ha provocato una falla sull'argine sinistro del fiume* la crue a ouvert une brèche sur la digue gauche du fleuve 2 (*fig.*) [*frattura, rottura*] brèche: *si è aperta una falla nel fronte degli avversari* une brèche s'est ouverte sur le front des adversaires ◇ [*perdita in attività econ.*] trou (*m.*): *porre drastici rimedi alle falle del bilancio* remédier de façon draconienne aux trous du budget 3 (*per est.*) [*carenza, lacuna*] lacune: *ci sono molte falle nella tua preparazione* il y a de nombreuses lacunes dans ta préparation 4 (*mil.*) brèche.

fallàce |fal'latʃe| *agg.* 1 (*cose*) fallacieux*: *argomento fallace* argument fallacieux; *promesse fallaci* promesses fallacieuses; *speranze fallaci* espoirs fallacieux → **falso, ingannevole, illusorio** ◇ (*persone*) *persona fallace* personne fallacieuse 2 (*per est.*) (*detto di colore che stinge facilmente*) qui déteint *loc.*

fallaceménte |fallatʃe'mente| *avv.* [→ FALLACE 1] fallacieusement.

fallàcia, cie |fal'latʃa, tʃie| *s.f.* 1 manque *m.* de fondement, caractère *m.* fallacieux: *rilevare la fallaccia di una prova, di un ragionamento* relever le manque de fondement d'une preuve, le caractère fallacieux d'un raisonnement ◇ [*falsità, inganno*] fausseté: *abbiamo sperimentato la fallacia delle sue promesse* nous avons fait l'expérience de la fausseté de ses promesses 2 (*per est.*) [*inefficacia, inutilità*] inanité, inutilité: *constatare la fallacia dei provvedimenti adottati* constater l'inanité, l'inutilité des mesures prises 🄲 2 **efficacia, utilità.**

fallàre |fal'lare| **A** *v.intr.* (*aus.* '*avere*') (*raro, lett.*) [*commettere un errore, uno sbaglio*] faillir*; errer → **sbagliare** ◇ (*prov.*) *chi non fa non falla* il n'y a que ceux qui ne font rien qui ne se trompent pas **B** *v.tr.* (*raro, lett.*) [*sbagliare*] manquer (*corr.*): *non fallare un colpo* ne pas manquer un coup; *fallare la mira* manquer le but # *il mio orologio non falla un secondo* ma montre n'avance ni ne retarde d'une seconde → **fallire.**

fallìbile |fal'libile| *agg.* (*raro*) [→ FALLIRE A 1, 3] faillible 🄲 **infallibile.**

fallibilità |fallibili'ta| *s.f.inv.* (*raro*) faillibilité *var.* 🄲 **infallibilità.**

fàllico, ci, ca, che |'falliko, tʃi, ka, ke| *agg.* 1 phallique: *simbolo fallico* symbole phallique; *forma fallica* forme phallique, phalloïde 2 (*st. gr.*) phallique: *riti fallici* phalliques *s. f.pl.* ◇ (*metr. ant.*) priapée (*s.f.*): *verso fallico* priapée → **priapeo.**

fallimentàre |fallimen'tare| *agg.* 1 de (la) faillite (*loc.*): *vendita, asta fallimentare* vente, vente aux enchères pour cause de faillite; *procedura fallimentare* procédure de faillite; *curatore fallimentare* syndic de la faillite 2 (*fig.*) [*che conduce al fallimento*] ruineux*, désastreux*: *gestione fallimentare* gestion ruineuse; *attività fallimentare* activité ruineuse, désastreuse; *iniziativa fallimentare* initiative désastreuse ◇ [*che è sull'orlo della rovina*] au bord, près de la faillite (*loc. inv.*): *azienda fallimentare* entreprise au bord, près de la faillite # *situazione fallimentare* situation proche de la faillite 3 (*per est., fig.*) [*negativo, deludente*] négatif*: *esperienza fallimentare* expérience négative # *vita fallimentare* vie ratée 🄲 3 **positivo, valido.**

falliménto |falli'mento| *s.m.* 1 (*dir., corr.*) faillite (*f.*): *far fallimento* faire faillite; *essere sull'orlo del fallimento* être au bord de la faillite; *dichiarazione di fallimento* jugement déclaratif de faillite → **crac** 2 (*fig.*) [*insuccesso, cattiva riuscita; disastro*] faillite, échec: *il fallimento della spedizione* la faillite, l'échec de l'expédition; *tutta la sua vita è stata un fallimento* toute sa vie a été une faillite, un échec # *l'organizzazione è stata un vero fallimento* l'organisation a complètement échoué 🄲 2 **successo, riuscita.**

fallina |fal'lina| *s.f.* (*chim.*) phalline.

fallire |fal'lire| (197) **A** *v.intr.* 1 (*aus.* '*essere*') [*non raggiungere uno scopo; non riuscire*] échouer (*aus.* avoir): *tutti i tentativi sono falliti* toutes les tentatives ont échoué; *il progetto è fallito* le plan a échoué ◇ [*rimaner deluso*] être (43) deçu: *è fallita la speranza* les espérances ont été déçues; *è fallita la aspettativa* l'attente a été déçue 2 FALLIRE A (*aus.* '*avere*') [*venir meno a*] manquer à; décevoir (33) (*tr.*): *fallire al proprio dovere* manquer à son devoir ‖ *ha fallito alle speranze riposte su di lui* il a déçu les espoirs que l'on fondait sur lui → **deludere, tradire** 3 (*aus.* '*essere*'; *raro* '*avere*') [*far fallimento*] faire (45) *tr.* faillite: *la ditta è fallita* la maison a fait faillite; *l'impresario è fallito* l'entrepreneur a fait faillite **B** *v.tr.* [*non colpire; mancare*] manquer, rater: *non fallire un colpo* ne pas manquer, rater son coup; *fallire la mira* manquer son but ◇ (*calcio*) *fallire l'intervento* manquer, rater l'interception; *fallire la palla* manquer la balle ♦ (*ass.*) *ha tirato molte volte al bersaglio senza mai fallire* il a tiré plusieurs fois sur la cible sans jamais manquer son coup 🄲 A 1 **riuscire.**

fallito |fal'lito| *agg.* failli, qui a fait faillite (*loc.*): *un impresario fallito* un entrepreneur failli, qui a fait faillite; *ditta fallita* maison qui a fait faillite ♦ (*s.*) *un fallito* un failli: *il bollettino dei falliti* la liste des faillis ◇ (*fig.*) manqué: *è un artista fallito* c'est un artiste manqué ♦ (*s.*) *un fallito* un raté.

1 **fàllo** |'fallo| *s.m.* 1 [*errore, sbaglio*] erreur (*f.*): *cadere in fallo* tomber dans l'erreur ◇ (*loc.*) *mettere un piede in fallo* [*scivolare*] faire un faux pas 2 [*colpa, errore morale*] faute *f.*, défaut; erreur: *cogliere qc. in fallo* prendre qqn. en faute, en défaut; *essere in fallo* être en défaut ‖ *un fallo di gioventù* une erreur de jeunesse 3 [*difetto, mancamento*] défaut, manque # *un fallo di memoria* un trou de mémoire; *la mano gli ha fatto fallo* sa main l'a trahi ◇ (*loc.*) *andare in fallo* [*andare a vuoto*] rater, échouer ~ *senza fallo* sans faute 4 [*difetto, imperfezione di un prodotto, spec. tess.*] défaut: *un fallo di produzione* un défaut de production; *quel tessuto è pieno di falli* ce tissu est plein de défauts → **imperfezione** 5 (*sport*) [*errore involontario, infrazione a una regola tecnica*] → **infrazione** ◇ (*calcio*) *fallo laterale* (ballon en) touche (*f.*); *mettere in fallo laterale* mettre en touche; *fallo di fondo* sortie *f.* de but; *fallo di mano* faute de main ◇ (*tennis*) *fallo di battuta, doppio fallo* faute de service, double faute; *fallo di piede* faute de pied 6 (*sport*) [*errore intenzionale, scorrettezza*] irrégularité (*f.*): *fallo intenzionale* irrégularité intentionnelle; *commettere un fallo sull'avversario* commettre des irrégularités à l'encontre de l'adversaire.

2 **fàllo** |'fallo| *s.m.* (*anat.*) phallus.

fallocèntrico, ci, ca, che |fallo'tʃɛntriko, tʃi, ka, ke| *agg.* phallocentrique.

fallòcrate |fal'lɔkrate| *s.* phallocrate.

fallocrazìa |fallokrat'tsja| *s.f.* phallocratie.

falloidéo |falloi'deo| *agg.* phalloïde.

fallòppa |fal'lɔppa|, **falòppa** |fa'lɔppa| *s.f.* 1 [*bozzolo imperfetto del baco da seta*] cocon *m.* défectueux ◇ [*seta di qualità deteriore*] bourrette 2 (*fig.*) [*persona boriosa e millantatrice*] fanfaron* *s.*

fallosità |fallosi'ta| *s.f. inv.* jeu* *m. var.* incorrect: *la fallosità di un giocatore, di una squadra* le jeu incorrect d'un joueur, d'une équipe.

fallóso |fal'loso| *agg.* 1 [*che presenta imperfezioni o difetti di fabbricazione*] défectueux*: *è un prodotto, un articolo falloso* c'est un produit, un article défectueux → **difettoso** 2 (*sport*) incorrect, irrégulier*: *gioco falloso* jeu incorrect, irrégulier; *giocatore falloso* joueur incorrect → **scorretto** ⓒ 1 **regolare** 1; 2 **corretto.**

fall-out |fɔ:laut| *s.m. inv.* (*ingl.*) [*ricaduta di sostanze radioattive*] retombées *f. pl.* radioactives.

falò |fa'lɔ| *s.m. inv.* [*fuoco acceso all'aperto*] feu de bois, de camp, de joie: *scaldarsi al fuoco del falò* se chauffer devant un feu de bois ◇ (*per est.*) *ho fatto un falò di tutti i giornali vecchi* j'ai mis le feu à tous les vieux journaux.

falòppa |fa'lɔppa| *s.f.* → **falloppa.**

falòtico, ci, ca, che |fa'lɔtiko, tʃi, ka, ke| *agg.* (*raro*) [*stravagante*] fantasque → **balzano.**

falpalà |falpa'la| *s.f.inv.* falbala *m. var.*

falsaménte |falsa'mente| *avv.* [→ FALSO I 1, 5] faussement.

falsàre |fal'sare| *v.tr.* **1** [*esporre in modo diverso dal vero*; *alterare*] fausser: *falsare una statistica* fausser une statistique; *è una luce che falsa i colori* c'est une lumière qui fausse les couleurs ◇ [*interpretare in modo deformante e tendenzioso*] fausser, dénaturer: *il mio pensiero è stato volutamente falsato* ma pensée a été intentionnellement faussée, dénaturée → **deformare, travisare** **2** (*lett.*) [→ FALSIFICARE] falsifier, contrefaire (45): *falsare un documento* falsifier un document ⓒ 1 **rispettare**; 2 **correggere, rettificare.**

falsariga, ghe |falsa'riga, ge| *s.f.* **1** [*foglio rigato posto sotto il foglio su cui si scrive per favorire una scrittura diritta*] transparent *m.* **2** (*fig.*) [*modello che si segue in modo fedele o servile*] modèle *m.*, exemple (*m.*): *agire, operare sulla falsariga di qc.* agir, travailler sur le modèle, à l'imitation de qqn.; *dare la falsariga* donner l'exemple.

falsàrio, i |fal'sarjo, i| *s.* [*falsificatore di banconote o monete*] faux-monnayeur *m.*, faussaire: *la banda dei falsari* la bande des faux-monnayeurs, des faussaires → **falsificatore** ◇ [*falsificatore di documenti o atti pubblici*] faussaire, falsificateur*.

falsàto |fal'sato| *agg.* faussé.

falsatóre, trice |falsa'tore, tritʃe| *s.* **1** (*lett.*) [*chi altera la realtà*] falsificateur* **2** (*raro*) → **falsario.**

falsatùra |falsa'tura| *s.f.* **1** [*guarnizione, spec. di merletto, posta tra due tessuti*] entre-deux *m.inv.* **2** [*tessuto applicato sopra l'abbottonatura*] patte.

falsétto |fal'setto| *s.m.* (*mus.*) fausset.

falsificàbile |falsifi'kabile| *agg.* [→ FALSIFICARE] falsifiable.

falsificaménto |falsifika'mento| *s.m.* → **falsificazione.**

falsificàre |falsifi'kare| *v.tr.* **1** [*imitare per un fine doloso*; *contraffare, alterare*] falsifier, contrefaire (45): *falsificare una firma* falsifier, contrefaire une signature; *falsificare l'atto di nascita* falsifier, contrefaire l'acte de naissance; *falsificare monete, banconote* contrefaire des monnaies, des billets de banque **2** [*travisare, falsare*] dénaturer: *falsificare una notizia* dénaturer une nouvelle.

falsificatóre, trice |falsifika'tore, tritʃe| *s.* falsificateur* ◇ [*falsario*] faussaire.

falsificazióne |falsifikat'tsjone| *s.f.* **1** [→ FALSIFICARE] falsification, contrefaçon: *falsificazione di una firma* falsification, contrefaçon d'une signature; *falsificazione di un'opera d'arte* contrefaçon d'une œuvre d'art; *falsificazione di un documento* falsification d'un document **2** [*documento falso*] faux (*m.*): *questo quadro è una falsificazione* ce tableau est un faux.

falsità |falsi'ta| *s.f. inv.* **1** fausseté (*var.*): *la falsità di una notizia* la fausseté d'une nouvelle; *dimostrare la falsità di un documento* démontrer la fausseté d'un document **2** [*mancanza di sincerità*; *finzione*] fausseté, déloyauté (*var.*): *la falsità di un teste* la fausseté, la deloyauté d'un témoin # *falsità d'animo* mauvaise foi → **slealtà** ◇ [*ipocrisia*] hypocrisie *var.*, fausseté: *non mi fido di lui, perché si comporta sempre con falsità* je n'ai pas confiance en lui parce qu'il agit toujours avec hypocrisie **3** [*menzogna*; *bugia*] mensonge (*m. var.*): *non dire falsità!* ne dis pas de mensonges! ⓒ 1 **verità, veridicità.**

fàlso |'falso| **I** *agg.* **1** [*difforme dalla realtà o dalla verità*] faux*: *notizie false* de fausses nouvelles; *una falsa supposizione* une fausse supposition; *falsi indizi* de faux indices; *formarsi un falso concetto* se faire une fausse opinion ◇ [*errato*] *passo falso* faux pas; *seguire una falsa strada* faire fausse route ◇ (*loc. fig.*) *toccare un tasto falso* faire une gaffe ◇ (*mus.*) *nota falsa* fausse note; *suono falso* son faux; *falso bordone* faux-bourdon *s.m.* → **falsobordone** **2** (*sport*) [*non valido*] faux: *falsa partenza* faux départ ◇ (*pugilato*) *falsa guardia* fausse garde **3** [*che è diverso da come appare*] faux: *oro falso* or faux; *falso allarme* fausse alarme; *falso magro* faux maigre ◇ [*sostituito artificialmente*; *posticcio*] *denti falsi* de fausses dents → **artificiale** ◇ [*non autentico, illusorio*] *false gioie* de fausses joies; *falsi ideali* de faux idéals; *luce falsa* lumière fausse ◇ (*loc. fig.*) *presentare qc. sotto falsa luce* montrer qqn. sous un faux jour **4** [*contraffatto per fini dolosi*; *falsificato*] faux: *documenti falsi* faux papiers; *moneta falsa* fausse monnaie; *chiavi false* fausses clefs; *presentarsi sotto falso nome* se présenter sous un faux nom; *quel mobile è un falso veneziano* ce meuble est un faux vénitien **5** [*privo di sincerità*; *ipocrita*] faux: *falsa testimonianza* faux témoignage; *giuramento falso* faux serment; *un animo falso* une âme fausse; *un falso amico*: (*pr., fig.*) un faux ami; *sostenere una falsa accusa* soutenir une fausse accusation ◆ (*s.*) *un falso* un homme faux *agg.*, un hypocrite ◇ [*finto, simulato*] faux, affecté: *falsa modestia* fausse modestie; *false lacrime* fausses larmes, larmes de crocodile; *false scuse* des excuses affectées ◇ [*privo di naturalezza*; *artificioso*] faux, étudié; trompeur: *eloquenza falsa* éloquence étudiée ‖ *stile falso* style trompeur **II** *s.m.* **1** faux: *riconoscere il vero dal falso* discerner le vrai du faux; *giurare il falso* jurer le faux → **falsità** **2** [*contraffazione*; *falsificazione*] faux: *un falso storico* un faux historique; *un falso del Settecento* un faux du XVIIIe siècle; *questo documento è un falso* ce document est un faux ◇ (*dir.*) *falso materiale, falso ideologico* faux matériel, intellectuel; *falso in atto pubblico* faux en écriture; *impugnare di falso* s'inscrire en faux contre... **III** *avv.* (*raro*) [*falsamente*] faux: *le sue parole suonano falso* ses paroles sonnent faux ⓒ I 1 **vero**, 3 **genuino, autentico**, 4 **originale**, 5 **sincero, naturale**; II 1 **verità, vero.**

falsobordóne |falsobor'done| *s.m.* (*mus.*) faux-bourdon: *dei falsibordoni* des faux-bourdons.

falsopiàno |falso'pjano| *s.m.* (*geogr., corr.*) faux-plat: *dei falsopiani* des faux-plats.

fàma |'fama| *s.f.* **1** [*notizia riferita e accettata dalla gente*; *diceria*] réputation: *lo conosco solo di fama* je ne le connais que de réputation ◇ (*lett.*) *è fama che...* le bruit *m.* court que... (*corr.*) **2** [*stima, reputazione*] renommée, réputation: *godere di ottima, pessima fama* jouir d'une excellente, d'une très mauvaise réputation; *ha fama di turbolento* il a la réputation d'être turbulent **3** [*ottima reputazione*; *rinomanza, gloria*] célébrité: *raggiungere la fama* atteindre la célébrité # *un personaggio di fama mondiale* un personnage de renommée mondiale, universellement connu → **notorietà** ⓒ 3 **discredito.**

fàme |'fame| *s.f.* **1** faim: *patire la fame* souffrir de la faim; *morire di fame* mourir de faim; *sciopero della fame* grève de la faim; *quel ragazzo ha sempre fame* ce garçon a toujours faim; *avere molta fame* avoir très faim, grand faim (*lett.*) ◇ (*lett.*) *sentire i morsi della fame* sentir les tiraillements de la faim; *cavarsi la fame* rassasier sa faim ◇ (*loc.*) *ho una fame che non ci vedo* j'ai l'estomac dans les talons ~ *una fame da leoni, da lupi* une faim de loup ~ *fame canina* faim canine ~ *ingannare la fame* tromper sa faim ~ *un morto di fame* un crève-la-faim *inv.*, un meurt-de-faim *inv.* ~ *brutto come la fame* laid comme un pou ~ *lungo come la fame* long comme un jour sans pain **2** (*per est.*) [*mancanza generale di viveri*; *carestia*] faim, famine: *il problema della fame nel mondo* le problème de la faim dans le monde; *gli anni della fame* la période de la famine; *prendere una città per fame* prendre une ville par la famine ◇ (*loc.*) *fare la fame* [*trovarsi in grande indigenza*] tirer le diable par la queue **3** (*fig.*) [*ardente desiderio*] soif: *fame di onori, di gloria* soif d'honneurs, de gloire; *fame di vendetta* soif de vengeance; *avere fame di ricchezza, di denaro* avoir soif de richesses, être assoiffé d'argent → **brama, avidità** ⓒ 1 **sazietà.**

famèdio, i |fa'mɛdjo, i| *s.m.* [*tempietto eretto in un cimitero in onore di personaggi illustri*] temple de la Renommée, monument funéraire.

famelicaménte |famelika'mente| *avv.* [→ FAMELICO] d'un air famélique *loc. inv.*, avidement.

famèlico, ci, ca, che |fa'mɛliko, tʃi ka, ke| *agg.* **1** famélique: *lupi famelici* loups faméliques **2** (*lett.*) [*avido, bramoso*] avide: *una persona famelica* une personne avide ⓒ 1 **sazio, satollo.**

famigeràto |famidʒe'rato| *agg.* tristement célèbre: *un famigerato bandito* un bandit tristement célèbre, notoire # *le famigerate imprese di...* les tristes exploits de...

famiglia |fa'miʎʎa| *s.f.* **1** famille: *famiglia povera, agiata* famille pauvre, aisée; *amico di famiglia* ami de famille; *una buona madre di famiglia* une bonne mère de famille; *padre di famiglia* père de famille; *capo famiglia* chef de famille → **capofamiglia**; *appartenere a una famiglia numerosa* appartenir à une famille nombreuse; *avere, non avere famiglia* avoir de la famille, ne pas avoir de famille; *vivere, stare in famiglia* vivre, habiter en famille; *essere di buona famiglia* être de bonne famille, appartenir a une bonne famille # *legami, vincoli di famiglia* liens familiaux, obligations familiales ◇ (*loc.*) *farsi una famiglia, metter su famiglia* [*prendere moglie*] fonder un foyer, une famille ~ *un uomo tutto famiglia* un homme qui se consacre entièrement à sa famille ~ *fare una cosa in famiglia* faire qqch. sans façon, à la bonne franquette ~ *trattare una cosa in famiglia* traiter une affaire en famille, sans témoins ~ *formato famiglia* format familial; *vino, roba da famiglia* [*di seconda qualità*] vin, chose ordinaire ◇ (*loc. fig.*) *essere di famiglia* [*essere amico intimo*] faire partie de la famille ~ *lavare i panni sporchi in famiglia* laver son linge sale en famille ~ *capita anche nelle migliori famiglie* ça arrive dans les meilleures familles ◇ (*bur.*) *stato di famiglia* situation de famille; *imposta di famiglia* impôt communal sur le revenu global de la famille ◇ (*dir.*) *diritto di famiglia* droit de la famille ◇ (*relig. crist.*) *la Sacra Famiglia* la Sainte Famille **2** [*insieme di persone avente antenati e tradizioni comuni*; *casata*] famille: *famiglia reale, imperiale* famille royale, impériale; *famiglia decaduta* famille déchue; *lo stemma di famiglia* les armoiries de la famille; *virtù, vizi di famiglia* vertus, tares de famille; *essere di nobile famiglia* appartenir à une famille noble ◇ (*st.*) *patto di famiglia* pacte de famille **3** (*arc.*) [*il seguito, la corte di un personaggio illustre*] suite: *la famiglia pontificia* la suite pontificale → **seguito** **4** (*per est.*) [*gruppo avente caratteristiche e proprietà comuni, spec. nelle classificazioni*] famille, école: *la famiglia umana* la famille humaine; *scrittori della stessa famiglia* écrivains de la même famille, école littéraire → **gruppo, classe** ◇ (*bot.*) *la famiglia delle Rosacee* la famille des Rosacées ◇ (*chim.*) *la famiglia degli idrocarburi* le groupe *m.* des hydrocarbures ◇ (*ling.*) *famiglia linguistica* famille de langues; *famiglia di vocaboli* famille de mots ◇ (*mus.*) *la famiglia degli ottoni, degli archi* les cuivres *m.pl.*, les instruments *m.pl.* à corde ◇ (*zool.*) *la famiglia degli Equini* la famille des Equidés.

famigliàre |famiʎ'ʎare| *e deriv.* → **familiare** *e deriv.*

famìglio, i |fa'miʎʎo, i| *s.m.* **1** *famiglio del comune* [*usciere*] huissier municipal* **2** [*chi si occupa del bestiame in un'azienda agricola*] vacher* *s.* **3** (*arc.*) → **domestico.**

famigliòla |famiʎ'ʎɔla| *s.f.* **1** (*spec. in tono affettivo*) petite famille: *che bella famigliola!* quelle belle petite famille! **2** (*t.bot.*) armillaire *m.* ~ *famigliola buona* armillaire de miel.

familiàre |fami'ljare|, **famigliàre** |famiʎ'ʎare| *agg.* **1** [*della famiglia, appartenente alla stessa famiglia*] familial*, domestique: *le preoccupazioni familiari* les ennuis familiaux, domestiques; *il patrimonio familiare* le patrimoine familial; *lavoro familiare* travail familial; *esercizio a conduzione familiare* établissement à gestion familiale; *formato familiare* format familial ♦ *s.m.* I FAMILIARI [*membri della stessa famiglia*] la famille *f. sing.*, les membres de la famille: *rivedere i propri familiari* revoir sa famille, ses parents; *i familiari delle vittime sono stati avvertiti* les familles des victimes ont été prévenues **2** (*fig.*) [*che ha l'affabilità e la semplicità proprie di una famiglia*] familier*, de famille (*loc. inv.*): *conversazione familiare* conversation familière; *nel linguaggio familiare* dans le langage familier; *locuzione, stile familiare* locution familière, style familier; *pensione familiare* pension de famille → **affabile, semplice** **3** (*fig.*) [*aperto, confidenziale*; *intimo*] familier, accessible: *tono familiare* ton familier; *modi troppo familiari* manières trop familières; *è un tipo molto familiare* c'est un type très accessible **4** [*noto per lunga pratica*; *abituate, solito*] familier: *modi familiari* manières familières; *quei luoghi mi sono familiari* ces lieux me sont familiers; *la lingua francese gli è familiare* la langue française lui est familière **5** [*automobile dalla carrozzeria particolarmente adatta per l'uso di una famiglia*] *una Fiat 128 familiare* une Fiat 128 break ♦ (*s.f.*) *una familiare* un break *m.*, une familiale **C** 1 **estraneo;** 2, 3 **altezzoso.**

familiarità |familjari'ta| *s.f.inv.* **1** familiarité (*var.*): *trattare qc. con familiarità* traiter qqn. avec familiarité; *essere in grande familiarità con qc.* être dans la plus grande familiarité avec qqn.; *prendere troppa familiarità* prendre, se permettre des familiarités **2** [*conoscenza di q.c. dovuta a esercizio e pratica*; *dimestichezza*] familiarité: *avere familiarità con una scienza, con un'arte* avoir une longue familiarité avec une science, un art # *acquistare familiarità con l'opera di un poeta* se familiariser avec l'œuvre d'un poète; *prendere familiarità con una lingua straniera* se familiariser avec une langue étrangère **C** 1 **distacco, alterigia.**

familiarizzàre |familjarid'dzare| **A** *v.intr.* (*aus.* '*avere*') [*stringere rapporti di familiarità e di amicizia*] se lier *pron.* d'amitié, lier (amitié): *familiarizzare con qc.* lier (amitié) avec qqn., se lier (d'amitié) avec qqn.; *è un ragazzo che familiarizza subito con tutti* c'est un garçon qui se lie facilement **B** *v.pron. intr.* FAMILIARIZZARSI **1** [→ *intr.*] se familiariser (avec): *familiarizzarsi con qc.* se familiariser avec qqn.; *non si è ancora familiarizzato con i nuovi colleghi* il ne s'est pas encore familiarisé avec ses nouveaux collègues ◇ (*animali*) [*addomesticarsi*] s'apprivoiser, se familiariser: *è un animale che non si familiarizza facilmente* c'est un animal qui ne s'apprivoise, se familiarise pas facilement **2** [*acquisire conoscenza di q.c. mediante pratica ed esercizio*] se familiariser (avec): *non mi sono ancora familiarizzato con la guida di quell'automobile* je ne me suis pas encore familiarisé avec la conduite de cette voiture → **impratichir(si)** ◇ (*per est.*) [*abituarsi*] s'habituer (à), se faire (45) (à): *familiarizzarsi a un'idea* s'habituer, se faire à une idée.

familiarménte |familjar'mente| *avv.* [→ FAMILIARE 2, 3, 4] familièrement: *trattare familiarmente qc.* traiter qqn. familièrement ◇ (*per est.*) [*alla buona, senza etichetta*] simplement: *accogliere familiarmente qc.* accueillir qqn. simplement ◇ (*loc.*) *familiarmente detto* dit familièrement.

famóso |fa'moso| *agg.* **1** (*persone*) [*noto, celebre*] célèbre, fameux* (*dopo il sost.*): *un famoso scrittore, artista* un écrivain, un artiste célèbre, renommé; *un eroe famoso per le sue imprese* un héros fameux, célèbre pour (par) ses entreprises → **illustre** **2** (*cose*) [*di cui si parla molto, rinomato*] fameux (*davanti al sost.*): *il famoso processo di Norimberga* le fameux procès de Nuremberg; *una famosa marca di cioccolato* une fameuse marque de chocolat, une marque de chocolat réputée ◇ (*iron.*) *dov'è il tuo famoso capolavoro?* où est ton fameux chef-d'œuvre? **3** (*arc.*) *libello famoso* [*diffamatorio*] pamphlet diffamatoire **C** 1 **oscuro, ignoto.**

fan |fæn| *s. inv.* (*ingl.*) fan (*var.*): *i fan di un divo della canzone, dello spettacolo* les fans d'une vedette de la chanson, du spectacle.

fanàle |fa'nale| *s.m.* [*apparecchio che serve a illuminare o a segnalare luminosamente*] feu*, phare: *accendere, spegnere i fanali* allumer, éteindre les feux, les phares; *i fanali abbaglianti, anabbaglianti di un autoveicolo* les phares de route, les phares code d'un véhicule automobile ◇ (*mar.*) *fanali di navigazione* feux de navigation; *fanale di fonda* feu de mouillage ◇ (*aer.*) *fanali di via* feux de position.

fanalerìa |fanale'ria| *s.f.* appareils *m.pl.* d'éclairage: *la fanaleria di bordo* les appareils d'éclairage de bord.

fanalìno |fana'lino| *s.m.* petit feu*. petit phare ◇ (*loc.*) *fanalino di coda*: (*pr.*) [*luce rossa posteriore di un veicolo*] feu arrière; (*fig.*) [*l'ultimo in una classifica, graduatoria e sim.*] lanterne *f.* rouge: *quella squadra è il fanalino di coda della serie A* cette équipe est la lanterne rouge de la première division.

fanalìsta |fana'lista| *s.* [*addetto alla manutenzione di fari o fanali*] gardien* de phare.

fanaticaménte |fanatika'mente| *avv.* [→ FANATICO] fanatiquement.

fanàtico, ci, ca, che |fa'natiko, tʃi, ka, ke| *agg.* **1** fanatique: *un credente fanatico* un croyant fanatique; *un attivista fanatico* un activiste fanatique → **settario** ♦ (*s.*) *un fanatico* un fanatique **2** (*per est.*) [*appassionato di q.c.*] fanatique, fana (*fam.*): *essere fanatico della musica* être fanatique de musique → **patito** ♦ (*s.*) *un fanatico* un fanatique, un enragé: *è un fanatico dei film western* c'est un fanatique, un mordu des westerns; *è un fanatico del calcio* c'est un fanatique, un enragé du football **3** [*che ammira e sostiene appassionatamente una persona*] fanatique, fan (*s.m.*): *essere fanatico di un attore cinematografico* être fanatique, être le fan d'un acteur de cinéma → **tifoso** ♦ (*s.*) *un fanatico* un fanatique, un fan ◇ (*sport*) supporter *m.*, supporteur *m.* **C** 1 **freddo;** 2 **indifferente.**

fanatìsmo |fana'tizmo| *s.m.* fanatisme: *scene di fanatismo* scènes de fanatisme; *la sua fede rasenta il fanatismo* sa foi frise le fanatisme # *alla prima rete si scatenò il fanatismo sugli spalti* le premier but déchaîna l'enthousiasme des supporteurs sur les gradins.

fanatizzàre |fanatid'dzare| *v.tr.* [*indurre al fanatismo*] fanatiser.
fanciùlla |fan'tʃulla| *s.f.* **1** [*ragazza, giovinetta*] jeune fille: *che graziosa fanciulla!* quelle jolie jeune fille! **2** (*raro*) [*nubile, zitella*] célibataire: *è rimasta fanciulla* elle est restée célibataire.
fanciullàccia, ce |fantʃul'lattʃa, tʃe| *s.f.* (*t.bot.*) nigelle, quatre-épices *m. o f. inv.*
fanciullàggine |fantʃul'laddʒine| *s.f.* [*azione o comportamento immaturo, puerile*] enfantillage *m.*, gaminerie: *perdere tempo in fanciullaggini* perdre son temps en enfantillages.
fanciullàta |fantʃul'lata| *s.f.* (*raro*) [*azione ingenua, degna di un fanciullo*] gaminerie (*corr.*), enfantillage *m.* (*corr.*) → **ragazzata.**
fanciullescaménte |fantʃulleska'mente| *avv.* [→ FANCIULLESCO] puérilement: *comportarsi fanciullescamente* se conduire puérilement ◇ [*scioccamente*] bêtement, sottement.
fanciullésco, chi, ca, che |fantʃul'lesko, ki, ka, ke| *agg.* [*di fanciullo, dell'età puerile*] enfantin: *giochi fanciulleschi* jeux enfantins; *atto fanciullesco* acte enfantin → **infantile** ◇ (*per est.*) [*immaturo, puerile*] infantile, puéril: *comportamento fanciullesco* comportement infantile, puéril; *ripicche fanciullesche* réactions infantiles, puériles → **sciocco.**
fanciullétta |fantʃul'letta| *s.f.* petite fille.
fanciullétto |fantʃul'letto| *s.m.* petit garçon, garçonnet.
fanciullézza |fantʃul'lettsa| *s.f.* **1** [*l'età infantile*] enfance: *gli anni della fanciullezza* les années de l'enfance; *i ricordi della fanciullezza* les souvenirs d'enfance; *fin dalla fanciullezza* dès son enfance; *ha avuto una fanciullezza triste* il a eu une enfance malheureuse **2** (*fig., lett.*) [*il periodo più antico di un fenomeno, spec. spirituale*] enfance: *la fanciullezza dell'arte, della poesia* l'enfance de l'art, de la poésie → **origine.**
fanciùllo |fan'tʃullo| **I** *s.m.* **1** enfant: *letture per fanciulli* lectures pour enfants; *semplice, ingenuo come un fanciullo* candide, naïf comme un enfant; *da fanciullo, quand'ero ancora fanciullo* tout enfant, quand j'étais encore enfant # *è discolo fin da fanciullo* il est espiègle depuis son enfance ◇ (*loc.*) *fanciullo prodigio* enfant prodige **2** (*fig.*) [*persona immatura e ingenua*] enfant: *sei un eterno fanciullo* tu es resté très enfant **II** *agg.* **1** [*fanciullesco, puerile*] d'enfant *loc. inv.*, jeune: *un viso fanciullo* un visage d'enfant; *aspetto fanciullo* aspect jeune **2** (*si dice di cose o fenomeni sorti da poco e ancora indefiniti*) jeune: *una scienza ancora fanciulla* une science encore jeune, dans son enfance *loc.*
fanciullóne |fantʃul'lone| *s.* [*persona ingenua*; *semplicione* (*spec. con tono affettivo*)] grand enfant: *sei proprio un fanciullone!* tu n'es qu'un grand enfant! → **bambinone.**
fandàngo, ghi |fan'dango, gi| *s.m.* (*mus.*) fandango.
fandònia |fan'dɔnja| *s.f.* [*cosa non vera, detta per vanità o per burla*] histoire, blague: *sono tutte fandonie* ce ne sont que des histoires; *che fandonie mi vai raccontando?* quelles blagues es-tu en train de me raconter? → **menzogna, frottola** Ⓒ **verità.**
fanèllo |fa'nɛllo| *s.m.* (*t.zool.*) linotte *f.*
fànera |'fanera| *s.f.* (*t.zool.*) phanère.
fanerògama |fane'rɔgama| *agg.* (*bot.*) phanérogame.
Fanerògame |fane'rɔgame| *s.f. pl.* (*t.bot.*) Phanérogames.
fanerogàmico, ci, ca, che |fanero'gamiko, tʃi, ka, ke| *agg.* (*bot.*) phanérogamique.
fanfalùca, che |fanfa'luka, ke| *s.f.* **1** [*fandonia, frottola*] histoire, baliverne: *non raccontare fanfaluche!* ne raconte pas d'histoires!, ne dis pas de balivernes! ◇ [*schiocchezza, bagatella*] bêtise: *son tutte fanfaluche* ce sont des bêtises ◇ [*capriccio*] lubie: *hai troppe fanfaluche per la testa* tu as trop de lubies dans la tête **2** (*arc.*) [*frasca o carta che, bruciata, si leva in aria*] cendres *pl.* (de papier) → **falena.**
fanfàra |fan'fara| *s.f.* fanfare: *la fanfara del reggimento* la fanfare du régiment ◇ (*loc. fig.*) *suonar la fanfara, mettersi a suonare la fanfara* [*richiamare ostentatamente l'attenzione*] sonner la cloche.
fanfaronàta |fanfaro'nata| *s.f.* fanfaronnade.
fanfaróne |fanfa'rone| *s.* fanfaron* → **spaccone.**
fangàia |fan'gaja| *s.f.* lieu *m.* bourbeux, chemin *m.* bourbeux.
fangatùra |fanga'tura| *s.f.* (*med.*) bains *m.pl.* de boue, fangothérapie.
fanghìglia |fan'giʎʎa| *s.f.* [*melma, fango*] vase, boue ◇ [*deposito terroso lasciato dall'acqua*] bourbe ◇ (*geol.*) *fanghiglia glaciale* boue glaciaire; *fanghiglia a diatomee* boue de diatomées.
fàngo, ghi |'fango, gi| *s.m.* **1** [*poltiglia di terra e acqua*] boue (*f.*): *una strada coperta di fango* une route couverte de boue; *imbrattarsi di fango* se salir de boue, se crotter ◇ [*residuo melmoso di alcune industrie*] *fanghi rossi* boues rouges **2** (*geol.*) boues (*pl.*): *fango argilloso* boues argileuses; *fanghi silicei* boues siliceuses **3** (*al plur.*) *fanghi termali* boues thermales ✦ (*ass.*) *i fanghi* [*la cura dei fanghi*] les bains de boue, la fangothérapie (*f.sing.*): *andare a fare i fanghi* aller prendre des bains de boue, faire de la fangothérapie ✦ (*ass.*) *i fanghi di Fiuggi* [*gli stabilimenti dove si pratica la cura*] les bains de boue de Fiuggi, l'établissement thermal de Fiuggi **4** (*fig.*) [*stato di estrema abiezione morale*] boue, fange *f.* (*lett.*): *cadere, vivere nel fango* tomber, vivre dans la boue, dans la fange ◇ (*loc.*) *gettare qc. nel fango, gettare fango su qc.* [*disonorare, diffamare qc.*] traîner qqn. dans la boue, couvrir qqn. de boue.
fangosità |fangosi'ta| *s.f. inv.* état *m. var.* boueux.
fangóso |fan'goso| *agg.* **1** [*pieno di fango*] boueux*, fangeux*: *pozza fangosa* mare fangeuse ◇ [*imbrattato di fango*] crotté: *scarpe fangose* souliers crottés → **infangato** **2** (*raro, fig.*) [*spregevole, abietto*] abject, fangeux: *vita fangosa* vie abjecte.
fangoterapìa |fangotera'pia| *s.f.* fangothérapie, (traitement *m.* à base de) bains *m.pl.* de boue.
fangoteràpico, ci, ca, che |fangote'rapiko, tʃi, ka, ke| *agg.* de fangothérapie *loc.*, de bains de boue (*loc.*): *cure fangoterapiche* traitements de fangothérapie, de bains de boue.
fannullàggine |fannul'laddʒine| *s.f.* [*l'essere fannullone*] fainéantise.
fannullóne |fannul'lone| *s.* [*ozioso, bighellone*] fainéant, paresseux*: *sveglia, fannulloni!* debout, fainéants! ✦ (*agg.*) *un ragazzo fannullone* un garçon fainéant, paresseux ◇ (*st. fr.*) *i re fannulloni* les rois fainéants.
fannulloneria |fannullone'ria| *s.f.* [*il non aver voglia di far nulla*] fainéantise.
-fàno |'fano|, **-fania** |fa'nia| *suff.* (*significano 'apparire', corrispondono gener. a*) phane; phanie: *diafano* diaphane ‖ *litofania* lithopanie.
fàno |'fano| *s.m.* (*archeol.*) fanum.
1 **fanóne** |fa'none| *s.m. pl.* (*zool.*) fanon.
2 **fanóne** |fa'none| *s.m.* (*eccl.*) fanon.
fànta- |'fanta| *pref.* (*significa 'fantasia', corrisponde gener. a*) -fiction: *fantascienza* science-fiction; *fantapolitica* politique-fiction.
fantaccìno |fantat'tʃino| *s.m.* **1** (*scherz.*) [*umile, simpatico soldato semplice*] bidasse (*pop.*) **2** (*arc.*) [*soldato semplice della fanteria*] fantassin, biffin (*pop.*).
fantapolìtica, che |fantapo'litika, ke| *s.f.* politique-fiction.
fantascientìfico, ci, ca, che |fantaʃʃen'tifiko, tʃi, ka, ke| *agg.* futuriste; de science-fiction *loc. inv.*, d'anticipation *loc. inv.*
fantasciènza |fantaʃ'ʃɛntsa| *s.f.* science-fiction; anticipation: *un film di fantascienza* un film de science-fiction; *un romanzo di fantascienza* un roman de science-fiction, d'anticipation.
fantasìa |fanta'zia| **I** *s.f.* **1** [*facoltà dello spirito di creare dal nulla, o di interpretare liberamente i dati dell'esperienza*] imagination: *una fantasia ricca, vivace* une imagination fertile, vive; *mancare di fantasia* manquer d'imagination; *rivivere con la fantasia* revivre par l'imagination; *uno scrittore povero di fantasia* un écrivain qui n'a pas beaucoup d'imagination → **inventiva,** 1 **estro** # *un artista ricco di fantasia* un artiste plein de fantaisie; *un racconto di fantasia* un conte, un récit de faits imaginaires, de fiction ◇ (*filos.*) imagination **2** [*rappresentazione distorta della realtà*] rêveries *pl.*; imagination: *perdersi in fantasie* se perdre dans des rêveries, fantasmer; *essere assorto nelle proprie fantasie* être absorbé dans ses rêveries ‖ *i suoi sospetti sono frutto di una fantasia malata* ses soupçons sont le produit d'une imagination malsaine ◇ [*invenzione*; *bugia*] invention; imagination: *questa è una tua fantasia* c'est une de tes inventions! ‖ *sono tutte fantasie!* c'est de la pure imagination! **3** [*capriccio, bizzarria*; *voglia*] fantaisie: *mi è venuta la fantasia di partire* il m'a pris la fantaisie de partir; *non dar peso alle fantasie di qc.* ne pas se plier aux fantaisies de qqn. # *aver fantasia di q.c.* avoir envie de qqch. **4** (*per est.*) fantasmagorie: *una fantasia di luci* une fantasmagorie de lumières; *una fantasia di colori* une fantasmagorie de couleurs ◇ (*moda*) [*tessuto dai colori vivaci e accostati in modo originale*] fantaisie: *una fantasia in seta* une fantaisie de soie; *accessori di fan-*

tasia accessoires de fantaisie **5** (*mus.*) [*composizione musicale non legata a rigidi schemi*] fantaisie: *le fantasie cromatiche di Bach* les fantaisies chromatiques de Bach → **toccata**; [*composizione musicale che si ispira a diversi motivi, rielaborandoli*] pot-pourri (*m.*): *una fantasia di canti popolari italiani* un pot-pourri de chants populaires italiens **6** (*etn.*) fantasia **II** *agg. inv.* (*posposto al sost.*) **1** (*detto di tessuti o sim. dai colori vivaci o accostati in modo originale*) de fantaisie (*loc. inv.*): fantaisie (*appos.*): *un abito fantasia* un vêtement de fantaisie; *un tessuto fantasia* un tissu fantaisie; *disegni, ricami fantasia* dessins, broderies fantaisie ◇ (*detto di oggetti di bigiotteria*) (de) fantaisie: *gioielli fantasia* bijoux de fantaisie; *collana fantasia* collier fantaisie **2** (*detto di piatto elaborato e con vari ingredienti*) varié: *antipasto fantasia* hors-d'œuvre variés **3** (*tip.*) fantaisie (*appos.*): *caratteri fantasia* caractères fantaisie.

fantasiosaménte |fantazjosa'mente| *avv.* [→ FANTASIOSO] avec fantaisie *loc. inv.*

fantasióso |fanta'zjoso| *agg.* **1** (*persone*) [*dotato di estro e fantasia*] imaginatif*, qui a beaucoup d'imagination (*loc.*): *è un tipo fantasioso* il est très imaginatif, il a beaucoup d'imagination → **immaginoso** ◇ (*cose*) [*che è frutto di estro e fantasia*] plein de fantaisie: *racconto fantasioso* un récit plein de fantaisie; *spettacolo fantasioso* un spectacle plein de fantaisie → **brioso, vivace** **2** (*per est.*) [*stravagante, bizzarro*] fantaisiste: *avere idee fantasiose* avoir des idées fantaisistes.

fantasìsta |fanta'zista| *s.* fantaisiste.

fantàsma |fan'tazma| **I** *s.m.* **1** fantôme: *credere ai fantasmi* croire aux fantômes ◇ (*loc. fig.*) *è il fantasma di sé stesso* [*è irriconoscibile*] il n'est plus que l'ombre de lui-même **2** [*frutto dell'immaginazione*] fantasme, phantasme: *sono solo fantasmi di una mente malata* ce ne sont que les fantasmes d'un esprit malade **II** *agg. inv.* (*posposto al sost. in alcune loc. fig.*) *un re fantasma* [*privo di effettivo potere*] un fantôme de roi, un roi fantoche ~ *governo fantasma* [*clandestino*] gouvernement clandestin; ~ *nave fantasma* vaisseau fantôme ◇ (*med.*) *arto fantasma* membre fantôme ◇ (*tel.*) *circuito fantasma* circuit fantôme ◇ (*tv*) *immagine fantasma* image fantôme.

fantasmagorìa |fantazmago'ria| *s.f.* **1** fantasmagorie: *una fantasmagoria di luci e suoni* une fantasmagorie de lumières et de sons **2** (*fig.*) *quello scrittore ricorre spesso a una fantasmagoria di aggettivi* cet écrivain a souvent recours à une fantasmagorie d'adjectifs **3** (*fig.*) [*illusione fantastica di una mente malata o alterata*] fantasme *m.*, phantasme (*m.*): *ha mille fantasmagorie per la testa* il a mille fantasmes dans la tête → **fantasia.**

fantasmagoricaménte |fantazmagorika'mente| *avv.* [→ FANTASMAGORICO] de manière fantasmagorique *loc. inv.*

fantasmagòrico, ci, ca, che |fantazma'gɔriko, tʃi, ka, ke| *agg.* fantasmagorique.

fantasticàggine |fantasti'kaddʒine| *s.f.* (*raro*) [*fantasticheria*] rêverie (*corr.*) ◇ [*stravaganza, bizzarria*] extravagance (*corr.*).

fantasticaménte |fantastika'mente| *avv.* [→ FANTASTICO] fantastiquement.

fantasticàre |fantasti'kare| **A** *v.tr.* [*ideare, immaginare con la fantasia*] rêver *intr.* à: *che vai fantasticando?* à quoi rêves-tu?; *fantasticare progetti irrealizzabili* rêver à des projets irréalisables → **almanaccare** **B** *v.intr.* (*aus.* '*avere*') [*abbandonarsi all'immaginazione*] rêvasser, fantasmer: *passare le ore fantasticando* passer des heures à rêvasser ◇ [*far ipotesi, progetti indeterminati*] songer (3) à: *fantasticare sull'avvenire dei figli* songer à l'avenir de ses enfants.

fantasticherìa |fantastike'ria| *s.f.* **1** [*idea, progetto frutto di fantasia*] rêvasserie: *queste sono solo fantasticherie* ce ne sont que des rêvasseries **2** [*attività del fantasticare*] rêverie: *perdersi in fantasticherie* se perdre dans des rêveries, fantasmer.

fantàstico, ci, ca, che |fan'tastiko, tʃi, ka, ke| *agg.* **1** [*della fantasia*] imaginaire: *creazione fantastica* création imaginaire ◇ [*della creatività artistica*] d'imagination (*loc. inv.*): *la potenza fantastica di Picasso* la puissance d'imagination de Picasso **2** [*che è frutto dell'immaginazione, della fantasia*] fantastique: *la trama del film è fantastica, ma verosimile* l'intrigue du film est fantastique, mais vraisemblable → **immaginario** **3** [*suggestivo, straordinario*] fantastique, extraordinaire: *è una spiaggia fantastica* c'est une plage fantastique; *un tramonto fantastico* un coucher de soleil extraordinaire ◇ [*stupefacente, incredibile*] fabuleux*, fantastique: *guadagni fantastici* gains fabuleux; *ha una resistenza fantastica al lavoro* il a une résistance fantastique au travail → **favoloso** ✦ (*s.m.*) *il fantastico* le fantastique, ce qui est fantastique: *il fantastico è che in quelle condizioni sia riuscito a vincere* ce qui est fantastique c'est que dans ces conditions il ait réussi à l'emporter → **incredibile** ◇ (*escl.*) *fantastico!* c'est fantastique!; *fantastico! ce l'abbiamo fatta!* c'est fantastique! nous avons réussi!

fantasticóne |fantasti'kone| *s.* (*raro*) [*chi è solito fantasticare*] rêvasseur*.

fànte |'fante| *s.m.* **1** [*soldato di fanteria*] fantassin **2** (*carte*) valet: *il fante di picche* valet de pique; *il fante di briscola* valet d'atout ◇ (*prov.*) *scherza coi fanti e lascia stare i santi* il ne faut pas mêler le sacré au profane.

fanterìa |fante'ria| *s.f.* infanterie: *soldato di fanteria* soldat d'infanterie; *l'arma di fanteria* l'infanterie.

fantésca, che |fan'teska, ke| *s.f.* (*lett., scherz.*) → **domestica.**

fantìno |fan'tino| *s.m.* [*chi guida il cavallo nelle gare ippiche*] jockey ◇ [*tipo di cappello*] casquette *f.* de jockey.

fantocciàta |fantot'tʃata| *s.f.* spectacle *m.* de marionnettes ◇ (*fig.*) [*balordaggine, ragazzata*] pitrerie.

fantòccio, i |fan'tɔttʃo, i| *s.m.* **1** fantoche, pantin → **marionetta** ◇ [*sagoma, bersaglio*] silhouette *f.* de tir **2** (*fig.*) [*persona senza carattere*] fantoche, pantin: *lo manovrano come un fantoccio* on le manœuvre comme un pantin ◇ (*loc. fig.*) *governo fantoccio* gouvernement fantoche.

fantomàtico, ci, ca, che |fanto'matiko, tʃi, ka, ke| *agg.* [*inafferrabile, misterioso*; *illusorio*] mystérieux*; fallacieux*: *il fantomatico autore di lettere anonime* le mystérieux auteur de lettres anonymes ‖ *promesse tanto declamate quanto fantomatiche* promesse aussi proclamées que fallacieuses ◇ [*immaginario, irreale*; *evanescente*] chimérique: *progetti fantomatici* projets chimériques Ⓒ **reale 1, consistente.**

farabolóne |farabo'lone| *s.* (*raro*) [*chiacchierone*; *imbroglione*] *hâbleur* (*corr.*) ✦ (*agg.*) *un tipo farabolone* un type hâbleur.

farabùtto |fara'butto| *s.* [*persona senza scrupoli, mascalzone*] salaud (*pop.*) → **canaglia** ◇ (*usato anche come epiteto*): *farabutto! proprio tu mi tradisci!* salaud! c'est bien toi qui me trahis! ✦ (*agg.*) *ha un fratello farabutto* son frère est un salaud *s.m.* Ⓒ **galantuomo.**

farad |'færəd| *s.m. inv.* (*ingl.*) (*fis.*) farad *var.*

faraday |'færədi| *s.m. inv.* (*ingl.*) (*fis.*) faraday.

faraglióne |faraʎ'ʎone| *s.m.* (*geogr.*) îlot rocheux.

faràndola |fa'randola| *s.f.* (*danza*) farandole.

faraóna |fara'ona| *s.f.* (*t.zool.*) pintade ✦ (*agg.*) *gallina faraona* pintade *s.f.*

1 **faraóne** |fara'one| *s.m.* (*st. egiz.*) pharaon.

2 **faraóne** |fara'one| *s.m.* (*carte*) pharaon.

faraònico, ci, ca, che |fara'ɔniko, tʃi, ka, ke| *agg.* (*st. egiz.*) pharaonique, pharaonien*: *le tombe faraoniche* les tombes pharaoniques ◇ (*fig.*) [*sfarzoso*; *monumentale*] somptueux*, fastueux*: *un corteo faraonico* un cortège somptueux → **grandioso.**

fàrcia, ce |'fartʃa, tʃe| *s.f.* (*cuc.*) farce → **ripieno.**

farcìre |far'tʃire| (197) *v.tr.* [*imbottire (con ripieno) carne o altre vivande*] farcir: *farcire un tacchino, un pollo* farcir une dinde, un poulet.

farcìto |far'tʃito| *agg.* farci: *olive farcite* olives farcies ◇ (*fig.*) [*pieno, zeppo*] bourré, farci: *un compito farcito di errori* un devoir bourré de fautes → **infarcito.**

'fard' |faʀ| *s.m. inv.* fard *var.*

fardèllo |far'dɛllo| *s.m.* **1** fardeau: *camminava curvo sotto il suo fardello* il marchait courbé sous le poids de son fardeau → 1 **fagotto, bagaglio** ◇ (*loc.*) *far fardello* [*far fagotto, andarseme*] plier bagage **2** (*fig.*) poids; fardeau: *il fardello della vecchiaia* le poids des années ‖ *il fardello delle responsabilità* le fardeau, le poids des responsabilités → 1 **peso.**

1 **fàre** |'fare| (103) **A** *v.tr.* **I** **1** [*realizzare, costruire*] faire (45): *fare un lavoro, una riparazione* faire un travail, une réparation; *fare un palazzo, un mobile* faire un immeuble, un meuble; *la rondine ha fatto il nido* l'hirondelle a fait son nid; *hai fatto un'opera d'arte* tu as fait une œuvre d'art; *fare un poema* faire un poème; *fare una legge* faire une loi; *ha fatto testamento* il a

fait son testament □ *farsi una frittata, un cappello di paglia* se faire une omelette, un chapeau de paille → **comporre**; (*fig.*) *farsi un'idea esatta di q.c., qc.* se faire une idée exacte de qqch., de qqn. **2** [*eseguire, effettuare*] faire: *fare la volontà di qc.* faire la volonté de qqn.; *fare un passo, un salto* faire un pas, un saut; *hanno fatto dei segnali* ils ont fait des signaux; *fare un errore* faire une erreur; *ha già fatto i compiti, gli esercizi* il a déjà fait ses devoirs, ses exercices; *sia fatta la tua volontà* que ta volonté soit faite ◇ (*loc.*) *ne ha fatta ancora una delle sue* il a encore fait des siennes ◇ [*adempiere*] faire, accomplir: *ha fatto il proprio dovere* il a fait, accompli son devoir ◇ (*detto dei pasti*) *ho appena fatto colazione* je viens de prendre mon petit déjeuner; *far merenda* goûter **3** [*operare, realizzare*] (*con valore indet. e ass.*) faire: *non fare* (*altro*) *che* ne faire que; *ha fatto tutto da solo* il a tout fait lui-même; *non sa più cosa fare* il ne sait plus que faire; *non c'è* (*più*) *niente da fare* il n'y a plus rien à faire; *non se ne fa nulla* on n'en fait rien # *non se ne fa più nulla* on laisse tomber; *fatti i fatti tuoi!* mêle-toi de tes affaires!, occupe-toi de tes oignons! (*fam.*); *non ne so niente, faccio solo i fatti miei* je ne suis pas au courant; ce n'est pas mon affaire ◇ (*loc.*) *farsela con qc.* [*intendersela*] être de mèche avec qqn. ~ *farla* (*in barba*) *a qc.* [*ingannarlo*] avoir (*fam.*) qqn.: *gliel'ha fatta* il l'a eu ~ *non ce la faccio più* je n'en peux plus ~ *ce la farai* (*a*) (+ *inf.*)? tu arriveras à (+ *inf.*)? ~ FAR TANTO CHE faire tant que...: *fece tanto che concluse l'affare* il fit tant qu'il conclut l'affaire; *tanto fece che alla fine ruppe il vetro* il fit tant qu'à la fin il cassa la vitre ~ FARE IN MODO, FAR SÌ CHE, DI faire en sorte que, s'arranger pour que...: *farà sì, in modo che tutti lo capiscano* il s'arrangera pour que tous le comprennent; *hanno fatto in modo di accontentare tutti* ils se sont arrangés pour que tous soient contents ~ FA DI, FATE DI (+ *inf.*) tâche de, tâchez de...: *fa di riuscire bene* tâche de bien réussir; *fate di arrivare in tempo* tâchez d'arriver à temps **4** [*provocare*] faire: *far guasti, danni* faire des dégâts; *far rumore, baccano* faire du bruit, du tapage: *gli hanno fatto del male* on lui a fait du mal ◇ (*fig.*) *fare effetto* faire de l'effet; *la notizia ha fatto colpo* la nouvelle a fait du bruit **5** [*procurarsi*] faire: *far provviste* faire des provisions; *far proseliti* faire des prosélytes ◇ (*per anal.*) *far legna, erba* [*raccogliere*] ramasser du bois, de l'herbe ◇ [*fornirsi*] *fare il pieno* (*di benzina*) faire le plein (d'essence) ◇ [*guadagnare*] *far quattrini* faire des sous; *far denari a palate* remuer l'argent à la pelle **6** [*produrre*] faire: *far fiori* faire des fleurs; *quell'albero ha fatto molti frutti* cet arbre a fait beaucoup de fruits; *far foglie* faire des feuilles ◇ (*detto degli animali*) [*partorire*] *la gatta ha fatto cinque gattini* la chatte a fait cinq petits ◇ (*loc. fam., detto anche della donna*) *far figli* faire des enfants ~ *far pipì, fare i propri bisogni* faire pipi, faire ses besoins ~ *farsela addosso* faire dans sa culotte **7** [*creare*] faire: *Dio ha fatto il cielo e la terra* Dieu a fait le ciel et la terre **8** [*percorrere*] faire: *ho fatto dieci chilometri a piedi, in bicicletta* j'ai fait dix kilomètres à pied, à bicyclette; *questa macchina fa i 100 all'ora* cette voiture fait du 100 à l'heure # *abbiamo fatto le scale* nous avons monté les escaliers ◇ (*sport*) *fare i 100 metri* faire un 100 mètres ◇ (*loc.*) *strada, cammin facendo* chemin faisant **9** [*porre in essere*] faire: *fare il bene, il male* faire le bien, le mal; *ha fatto difficoltà a, per* (+ *inf.*) il a fait des difficultés, des histoires pour (+ *inf.*) ◇ (*loc.*) *far causa a qc.* déposer une plainte, porter plainte contre qqn. → **intentare**; *far credito a qc.*: (*pr., fig.*) faire crédit à qqn.; *avere* (*non avere*) *a che fare con qc., q.c.* avoir (n'avoir rien) à voir, à faire avec qqn., qqch. ◇ [*imitare* (*un suono, un rumore*)] *fare il verso della civetta* faire le cri de la chouette ◇ (*prov.*) *una rondine non fa primavera* une hirondelle ne fait pas le printemps **10** [*preparare, cucinare*] faire: *far da mangiare* faire à manger; *fammi un caffè, per favore* fais-moi un café, s'il te plaît; *ho fatto la pastasciutta al pomodoro* j'ai fait des pâtes à la sauce tomate; *fare un dolce, la torta di mele* faire un gâteau, une tarte aux pommes ◇ [*riordinare, rassettare*] *ho appena fatto il letto* je viens de faire le lit; *fare il salotto, la camera* faire le salon, la chambre **11** [*rendere, far diventare*] *far bella una casa* arranger une maison; *quell'abito ti fa più giovanile* ce vêtement te rajeunit; *fare di una casa un albergo* transformer une maison en hôtel ◇ (*loc. fig.*) *fare il bello e il cattivo tempo* faire la pluie et le beau temps ~ FAR COSA PROPRIA, FAR PROPRIO faire une chose sienne, faire sien: *fare proprie le idee di qc.* faire siennes les idées de qqn. ~ FARNE DI QC., DI Q.C. (en) faire de qqn., de qqch.: *'che ne faremo di nostro figlio'? 'ne faremo un ingegnere'* 'que ferons-nous de notre fils'? 'nous en ferons un ingénieur'; *che cosa ne ho fatto degli occhiali?* qu'ai-je fait de mes lunettes?; *ne ha fatto un dramma* il en a fait (tout) un drame **12** [*eleggere, nominare*] faire, élire (55): *fare qc. sindaco, presidente* faire, élire qqn. maire, président; *è stato fatto deputato* il a été élu député **13** [*pensare, stimare, giudicare*] croire (56): *ti facevo diverso* je te croyais différent; *lo facevo più intelligente, più furbo* je le croyais plus intelligent, plus malin; *lo facevano già morto* ils le croyaient déjà mort; *ti facevo a Roma* je te croyais à Rome **14** (*mat., corr.*) [*dare come risultato*] faire: *due più due fa quattro* deux et deux font quatre; *sei diviso due fa tre* six divisés par deux font trois ◇ [*valere, costare*] (*fam.*) *quanto fa il latte, il formaggio?* combien coûte le lait, le fromage? ~ *quanto fa* (*il mio conto*)? combien ça fait? ◇ [*contare*] avoir (28): *Roma fa tre milioni di abitanti* Rome a trois millions d'habitants **15** (*detto spec. di liquidi*) [*lasciar uscire o entrare*] *la ferita fa sangue* la blessure saigne ◇ (*loc.*) *far acqua*: (*pr.*) perdre; (*fig.*) être branlant ~ *far acqua da tutte le parti*: (*pr.*) perdre de tous les côtés; (*fig.*) ne pas tenir debout **16** [*formare*] faire: *la strada fa angolo* la rue fait un angle; *un tubo che fa gomito* un tube qui fait un coude; *un tessuto che fa delle pieghe* un tissu qui fait des plis **17** (*cine., teat.*) [*rappresentare*] jouer: *fare l''Aida' all'Arena di Verona* jouer, donner 'Aida' aux Arènes de Vérone # *stasera fanno un film di Fellini* ce soir on donne un film de Fellini ◇ [*impersonale*] *fare Jago nell''Otello'* jouer Iago dans 'Othello'; *fare la parte del protagonista* jouer le rôle du protagoniste ~ (*per est.*) *fare lo stupido* faire l'idiot ~ *fa sempre il finto tonto* il fait toujours l'innocent; *non fare il difficile!* ne fais pas le difficile! ◇ [*cercare di imitare, di passare per*] *alla sua età vuol fare il giovanotto* à son âge il veut faire le jeune homme; *fare il morto* faire le mort # *adesso fa l'estremista* maintenant il joue à l'extrémiste **18** [*dare l'impressione, l'apparenza di*] faire: *fa 'chic'* cela fait chic; *fa tanto provinciale* cela fait tellement provincial **19** [*dire*] (*solo per introdurre un discorso diretto*) faire: ... *e lui mi fece*: *'ne sei proprio sicuro?'* ... et lui me fit: 'tu en es vraiment sûr?'; *'non accetterò mai', mi fece* 'je n'accepterai jamais', me fit-il, me dit-il **20** [*esercitare* (*un mestiere, una professione e sim.*)] être (43): *fa l'idraulico* il est plombier; *fa il fruttivendolo* il est marchand de légumes; *faceva l'avvocato, il dottore* il était avocat, docteur ◇ [*rivestire una carica, una funzione*] *fare il sindaco* être maire; *fare il presidente, il segretario di seggio* être le président, le secrétaire du bureau de vote **21** (*in rapporto al suo compl. oggetto, assume vari significati, per i quali si rimanda al rispettivo sost. o al v. corrispondente*) *far fuoco* → **fuoco**; *fare la barba* → **barba**; *fare un sogno* → **sognare**; *fare un saluto* → 2 **salutare** **II** (*spesso sostituisce un v. della prop. precedente, per evitarne la ripetizione*) faire: *vorrei raggiungerlo, avvertirlo, ma non so come fare* je voudrais le joindre, l'avertir, mais je ne sais pas comment faire; *avrei voluto fuggire, ma come avrei potuto fare?* j'aurais voulu fuir, mais comment aurais-je pu faire? **III** FARE (+ *inf.*) **1** [*comandare, ordinare*] faire (+ *inf.*): *far costruire un ponte* faire construire un pont; *far abbattere un vecchio edificio* faire démolir un bâtiment vétuste; *far lucidare le scarpe* faire cirer ses chaussures ◇ [*costringere*] *l'ho fatto uscire su due piedi* je l'ai fait sortir sur-le-champ; *alla fine lo hanno fatto parlare* à la fin ils l'ont fait parler ◇ [*spingere a, fare in modo che*] *è una cosa che mi fa piangere, ridere* cela me fait pleurer, rire **2** [*provvedere, curare che*] faire: *far funzionare un apparecchio* faire marcher un appareil # *far quadrare i conti* mettre en ordre la comptabilité **3** (*riferito a un'opera lett.*) faire: *Fedro, La Fontaine fanno parlare gli animali nelle loro favole* Phèdre, La Fontaine font parler les animaux dans leurs fables ◇ [*affermare, dare per certo*] *gli storici fanno finire il medio evo con la scoperta dell'America* les historiens font finir le moyen âge à la découverte de l'Amérique; *i suoi biografi lo fanno nascere alla fine del sesto secolo* ses biographes le font naître à la fin du VIe siècle **4** FAR FARE faire faire: *far fare un abito, delle ricerche* faire faire un vêtement, des recherches; *mi hai fatto fare un errore* tu m'as fait faire une erreur **B** *v.impers.*

(*aus.* '*avere*') **1** (*riferito alle condizioni atmosferiche*) [*essere*] il fait: *fa freddo, fa caldo* il fait froid, il fait chaud; *fa bello* (*bel tempo*), *fa brutto* (*tempo*) il fait beau, il fait mauvais ◇ (*per est.*) *fa giorno, fa notte* il fait jour, il fait nuit; *fa chiaro* il fait clair **2** [*compiersi*] cela fait: *oggi fa un mese, un anno che*... cela fait un mois, un an aujourd'hui que... ◇ (*loc.*) *un anno, due giorni fa* → 2 **fa** **C** *v.intr.* (*aus.* '*avere*') **1** [*agire, comportarsi*] faire: *ha fatto bene, male* il a bien, mal fait; *fa presto!* fais vite!; *fai come il papà* fais comme papa # *far da solo* agir seul; se débrouiller tout seul; *ha fatto tardi* il a tardé ◇ (*loc.*) *ci sa fare* il sait s'en tirer; il sait y faire (*pop.*) ~ *darsi da fare* se donner du mal ~ *ho molto da fare* j'ai beaucoup à faire ~ *lasciar fare* laisser faire; *lascialo fare!* laisse-le faire! ~ *non fa niente, nulla* [*non importa*] cela ne fait rien, peu importe ~ *fare e disfare* faire et défaire ~ *non fò per dire, per criticare* ce n'est pas pour dire, pour critiquer ~ *hai fatto bene a* (+ *inf.*) tu as bien fait de (+ *inf.*) ~ *fa tu!* fais comme tu veux! ~ *fai male a* (+ *inf.*) tu as tort de (+ *inf.*) ~ *avere a che fare con qc.*; *con q.c.* avoir affaire à qqn., qqch. ◇ (*prov.*) *chi fa da sé, fa per tre* on n'est jamais si bien servi que par soi-même ◇ (*come formula di cortesia*) *fa pure, faccia pure* fais donc, faites donc; *faccia come a casa sua* faites comme chez vous **2** [*essere adatto, conveniente a*] faire: *questo non fa al nostro caso* cela ne fait pas notre affaire # *non fa per te* cela n'est pas pour toi **3** FARE DA [*adempiere alle funzioni di*] tenir (27) lieu de: *fare da padre, da madre a qc.* tenir lieu de père, de mère à qqn.; *un ceppo gli faceva da sedile* une bûche lui tenait lieu de tabouret **4** (*raro*) [*attecchire*] pousser, prendre (73): *la vite non fa in pianura* la vigne ne pousse, ne prend pas dans la plaine **5** (*in loc. particolari, sempre unito con la prep.* '*a*') *hanno fatto a pugni, a calci* ils se sont battus à coups de poing, à coups de pied ~ *sono due concetti che fanno a pugni* ce sont deux idées qui ne s'accordent pas ~ *due colori che fanno a pugni* deux couleurs qui jurent ~ *facciamo a chi resiste di più* voyons celui qui résiste le plus ~ *non ho fatto a tempo* je ne suis pas arrivé à temps ~ *facciamo a metà, a mezzo* partageons (en deux) ~ *fare a meno di qc., q.c.,* (+ *inf.*) se passer de qqn., qqch. (+ *inf.*): *non poter fare a meno di* (+ *inf.*) ne pouvoir s'empêcher de (+ *inf.*) **D** *v.pron.* FARSI **I** *intr.* **1** [*diventare*] se faire, devenir (27): *si è fatto grande* il s'est fait grand, il a grandi; *è un progetto che si fa sempre più difficile* c'est un projet qui se fait, qui devient de plus en plus difficile; *si fa più bella, più carina di giorno in giorno* elle se fait, devient plus belle, plus jolie de jour en jour; *si è fatto rosso dalla vergogna* il est devenu rouge de honte **2** [*iniziare il racconto*] remonter: *farsi dalle origini* remonter aux origines → **rifar(si)** **II** *rifl.* **1** [*rendersi*] se faire: *farsi prete* se faire prêtre; *farsi cattolico* se faire catholique # *fatti furbo!* ne te laisse pas faire! ◇ *loc.* FARSI BELLO DI Q.C. [*vantarsene*] s'attribuer le mérite de qqch. ~ (*fam.*) *farsi bella* [*truccarsi*] se faire belle ~ (*fig.*) *farsi in quattro* se mettre en quatre **2** → *tr.* I 1 ◻ **3** (*seguito da avv. di luogo*) *farsi avanti*: (*pr.*) s'avancer; (*fig.*) se proposer; *fatevi sotto!* allez-y; *farsi vicino, dappresso* (s')approcher **4** *loc.* NON SAPERE CHE FARSENE (*di qc., di q.c.*) ne (pas) savoir que (qu'en) faire de qqn., de qqch.: *non so che farmene di un tipo come lui* je ne sais (pas) que faire d'un type comme lui; *non sapeva che farsene di tutti quei soldi* il ne savait (pas) que faire de tout cet argent **E** (*pass.*) *essere fatto per* → 1 **fatto**.

2 **fàre** |'fare| *s.m. inv.* **1** [*l'azione dell'operare, dell'agire*] faire (*var.*): *una cosa è il dire, un'altra è il fare* il y a loin du dire au faire ◇ (*loc.*) *avere il proprio da fare* → **daffare** ◇ (*prov.*) *tra il dire e il fare c'è di mezzo il mare* dire et faire sont deux; du dire au fait il y a une grande marge **2** [*modo esteriore di comportarsi*] façons *f.pl.*, manières (*f. pl.*): *ha un fare distaccato e antipatico* il a des façons lointaines et antipathiques ◇ [*tono di voce*] voix (*f.*): *me lo disse con un fare ambiguo e suadente* il me le dit d'une voix ambiguë et insinuante **3** (*in alcune loc.*) [*fase iniziale*]: *sul fare del giorno* au lever du jour ~ *sul fare della sera* au crépuscule ~ *sul fare della notte* à la tombée de la nuit ~ *essere sul fare della vita* être à l'aube de la vie.

farètra |fa'rɛtra| *s.f.* [*custodia portatile delle frecce*] carquois *m.*

farfàlla |far'falla| *s.f.* **1** (*t.zool.*) papillon *m.* ~ *farfalla diurna* papillon de jour, diurne ~ *farfalla notturna* papillon de nuit, nocturne **2** (*loc.*) *correre dietro alle farfalle, andare a caccia di farfalle* courir après les papillons **3** (*fig.*) [*persona volubile*] papillon, étourneau *m.* ◇ [*donna leggera*] femme légère **4** *loc.* A FARFALLA (FORMA DI) papillon (*appos.*): *cravatta, nodo a farfalla* nœud papillon ◇ (*sport*) *nuoto a farfalla* papillon ◇ (*tecnol.*) *valvola a farfalla* papillon ◇ *al plur.* [*tipo di pasta da minestra*] papillons **5** (*fig., scherz.*) [*qualunque foglio volante che giunga non gradito*: *cambiale, ordine di servizio e sim.*] papillon.

farfallaménto |farfalla'mento| *s.m.* → **sfarfallamento.**

farfallìna |farfal'lina| *s.f.* petit papillon *m.* ◇ (*fig., scherz.*) [*cambiale*] papillon *m.*, traite (*corr.*).

farfallìno |farfal'lino| *s.m.* **1** [*cravattino a farfalla*] nœud papillon **2** (*t. zool.*) charançon du blé ◇ [*maschio della farfalla del baco da seta*] bombyx du mûrier.

farfallìsta |farfal'lista| *s.* (*nuoto*) nageur* de brasse papillon.

farfallóne |farfal'lone| *s.m.* **1** gros papillon **2** (*fig.*) [*corteggiatore instancabile*] homme volage → **dongiovanni** **3** (*fig., scherz.*) [*sfarfallone, sproposito*] bévue *f.*

fàrfaro |'farfaro| *s.m.* (*t.bot.*) tussilage, pas d'âne (*corr.*).

farfugliàre |farfuʎ'ʎare| **A** *v.intr.* (*aus.* '*avere*') [*parlare in modo indistinto*; *borbottare*] bafouiller, bredouiller: *farfugliava come un ubriaco* il bafouillait, bredouillait comme un ivrogne ◇ [*balbettare*] balbutier **B** *v.tr.* [*dire farfugliando*] bredouiller, marmonner: *farfugliava delle scuse inconsistenti* il bredouillait ses excuses inconsistantes → **borbottare.**

farfuglióne |farfuʎ'ʎone| *s.* [*chi farfuglia abitualmente*] bredouilleur*, bafouilleur* ◇ (*fig.*) [*confusionario, arruffone*] brouillon*.

farina |fa'rina| *s.f.* **1** farine: *fior di farina* fleur de farine; *farina di patate* farine de pomme de terre, fécule; *farina gialla* farine de maïs; *farina lattea* farine lactée ◇ (*loc.*) *non è farina del tuo sacco* [*non è opera tua*] ce n'est pas de ton cru ~ *vendere a qc. semola per farina* [*darla a intendere, imbrogliare*] rouler qqn. ~ (*prov.*) *la farina del diavolo va tutta in crusca* bien mal acquis ne profite jamais **2** (*per est.*) *farina di pesce* farine de poisson; *farina di carne* farine de viande; *farina di legno* farine de bois; *farina d'ossa* farine d'os ◇ (*geol.*) *farina fossile* farine fossile.

farinàccio, i |fari'nattʃo, i| *s.m.* **1** (*t.bot.*) orange, amanide *f.* des césars **2** (*al plur.*) *i farinacci* les résidus de farine.

farinàceo |fari'natʃeo| **1** *agg.* farineux*, farinacé: *semi farinacei* graines farineuses; *sostanze farinacee* substances farinacées **2** (*s.m. pl.*) *i farinacei* [*sostanze ricche di amido*] les féculents.

farinàta |fari'nata| *s.f.* **1** (*cuc.*) bouillie de farine **2** [*pappa data ai bambini durante lo svezzamento*] bouillie.

faringe |fa'rindʒe| *s.f.* (*anat.*) pharynx *m.*

faringèo |farin'dʒɛo| *agg.* (*anat.*) pharyngien*.

faringite |farin'dʒite| *s.f.* (*med.*) pharyngite.

faringo- |faringo| *pref.* (*significa* '*gola*', *corrisponde gener. a*) pharyngo: *faringoscopia* pharyngoscopie.

faringolaringite |faringolarin'dʒite| *s.f.* (*med.*) pharyngo-laryngite.

faringoscopìa |faringosko'pia| *s.f.* pharyngoscopie.

farinóso |fari'noso| *agg.* **1** farineux*: *semi farinosi* graines farineuses; *patate farinose* pommes de terre farineuses **2** [*che ha la consistenza della farina*] poudreux*: *neve farinosa* neige poudreuse **3** (*bot.*) farineux.

farisaicaménte |farizaika'mente| *avv.* **1** [→ FARISAICO 1] hypocritement, de manière pharisaïque *loc. inv.* **2** [→ FARISAICO 2] de manière pharisaïque *loc. inv.*

farisàico, ci, ca, che |fari'zaiko, tʃi, ka, ke| *agg.* **1** (*fig.*) [*ipocrita, falso*] hypocrite, pharisaïque: *una premura farisaica* un empressement hypocrite # *comportamento farisaico* comportement de pharisien **2** [*di fariseo*] pharisaïque **C** 1 **sincero, leale.**

fariseìsmo |farize'izmo|, **farisaìsmo** |fariza'izmo| *s.m.* **1** (*fig.*) [*mentalità, comportamento falso e ipocrita*] pharisaïsme, hypocrisie *f.* **2** (*st. ebr.*) pharisaïsme.

farisèo |fari'zɛo| *s.* **1** [*persona falsa e ipocrita*] pharisien*, hypocrite: *comportarsi da fariseo* avoir un comportement de pharisien **2** (*st. ebr.*) pharisien ◆ *agg.* (*raro*) *setta farisea* secte pharisaïque.

farmacèutica, che |farma'tʃɛutika, ke| *s.f.* pharmaceutique.

farmacèutico, ci, ca, che |farma'tʃɛutiko, tʃi, ka, ke| *agg.* pharmaceutique: *le industrie farmaceutiche* les industries pharmaceutiques; *prodotti farmaceutici* produits pharmaceutiques

armadio farmaceutico armoire à pharmacie.

farmacia, cie |farma'tʃia, tʃie| *s.f.* **1** pharmacie: *farmacia di turno* pharmacie de garde; *farmacia notturna* pharmacie ouverte la nuit ◇ (*fig., scherz.*) *sei una farmacia ambulante!* tu es une pharmacie ambulante! ◇ (*per est.*) *studente di farmacia* étudiant en pharmacie **2** [*nome familiare dell'armadio farmaceutico*] pharmacie: *la farmacia domestica* la pharmacie de la maison.

farmacìsta |farma'tʃista| *s.* pharmacien*.

fàrmaco- |'farmako| *pref.* (*significa 'rimedio', corrisponde gener. a*) pharmaco: *farmacologia* pharmacologie.

fàrmaco, ci, (*raro*) **chi** |'farmako, tʃi, ki| *s.m.* [*medicina, rimedio*] médicament, remède ◇ (*per est.*) *un viaggio in paesi lontani è un ottimo farmaco contro l'esaurimento nervoso* un voyage dans les pays lointains est un excellent remède contre la dépression nerveuse.

farmacodinamìa |farmakodina'mia|, **farmacodinàmica, che** |farmakodi'namika, ke| *s.f.* pharmacodynamie.

farmacodinàmico, ci, ca, che |farmakodi'namiko, tʃi, ka, ke| *agg.* pharmacodynamique.

farmacogenètica, che |farmakodʒe'nɛtika, ke| *s.f.* pharmacogénétique.

farmacognosìa |farmakoɲo'zia| *s.f.* pharmacognosie.

farmacologìa, gie |farmakolo'dʒia, dʒie| *s.f.* pharmacologie.

farmacològico, ci, ca, che |farmako'lɔdʒiko, tʃi, ka, ke| *agg.* pharmacologique.

farmacòlogo, gi |farma'kɔlogo, dʒi| *s.* pharmacologiste.

farmacomanìa |farmakoma'nia| *s.f.* pharmacomanie.

farmacopèa |farmako'pɛa| *s.f.* pharmacopée, codex *m.*

farmacoterapìa |farmakotera'pia| *s.f.* pharmacothérapie.

farmacovigilànza |farmakovidʒi'lantsa| *s.f.* pharmacovigilance.

farneticaménto |farnetika'mento| *s.m.* [*stato in cui si trova chi farnetica*] délire ◇ [*le parole pronunciate da chi farnetica*] divagation (*f.*): *si lasciava andare a continui farneticamenti* il se laissait aller à des divagations sans fin.

farneticàre |farneti'kare| *v.intr.* (*aus. 'avere'*) **1** [*parlare in modo disarticolato e sconclusionato*] délirer: *per tutta la notte non ha fatto che farneticare* il n'a fait que délirer toute la nuit → **delirare** **2** (*per est.*) [*dire cose insensate e cervellotiche*] délirer, déraisonner → **sragionare** © 2 **ragionare.**

farnètico, chi, ca, che |far'nɛtiko, ki, ka, ke| **I** *s.m.* **1** [*farneticamento, accesso di delirio*] (accès de) délire: *la notte scorsa gli è venuto il farnetico* la nuit dernière il a eu un accès de délire **2** [*smania, frenesia*] manie *f.*, passion (*f.*): *gli è venuto il farnetico del campeggio* il a été pris par la passion du camping ◇ [*desiderio vivo e impaziente*] envie *f.* irrépressible: *gli è venuto il farnetico di andarsene* il a l'irrépressible envie de partir **II** *agg.* (*raro*) [*che farnetica*] délirant → **delirante** © II **sensato.**

fàro |'faro| *s.m.* **1** phare: *il faro di un'isola* le phare d'une île ◇ (*aer.*) feu*, phare: *fari d'atterraggio* feux d'atterrissage, de balisage; *fari di rotta* feux de route; *faro radio* → **radiofaro** **2** (*per est.*) [*dispositivo di illuminazione negli autoveicoli*] feu, phare: *fari abbaglianti* feux de route, phares; *fari anabbaglianti* feux de croisement, phares code; *fari antinebbia* (phares) antibrouillards **3** (*fig., lett.*) phare: *un faro di civiltà* un phare de civilisation.

farràgine |far'radʒine| *s.f.* **1** (*cose*) [*mucchio, moltitudine eterogenea e disordinata*] fatras *m.*, fouillis (*m.*): *una farragine di libri e incartamenti* un fatras de livres et de dossiers; *una farragine di citazioni e di concetti* un fatras, un fouillis de citations et de notions → **confusione, guazzabuglio** **2** [*varietà di farro*] épeautre *m.*

farraginóso |farradʒi'noso| *agg.* [*disordinato, confuso; eterogeneo*] désordonné, confus: *erudizione farraginosa* érudition désordonnée; *discorso farraginoso* discours confus → **sconclusionato** © **ordinato.**

fàrro |'farro| *s.m.* (*t.bot.*) épeautre.

fàrsa |'farsa| *s.f.* **1** (*teat.*) farce: *farsa dialettale in un atto* farce en dialecte en un acte **2** (*fig.*) [*messinscena, buffonata*] farce, comédie: *a volte la vita è una farsa* parfois la vie est une farce; *è tutta una farsa!* tout cela est pure comédie! # *le sue lacrime non erano che una farsa* c'étaient des larmes de crocodile © **tragedia.**

farsésco, chi, ca, che |far'sesko, ki, ka, ke| *agg.* [*di farsa*] burlesque ◇ [*buffo, ridicolo*] burlesque, comique: *era una scena farsesca ed esilarante* c'était une scène burlesque et désopilante; *una situazione farsesca e imbarazzante* une situation comique et embarrassante © **serio.**

farsétto |far'setto| *s.m.* **1** [*antico giubbetto maschile*] pourpoint **2** *farsetto (a maglia)* [*specie di maglione indossato dai militari*] tricot militaire.

fasatùra |faza'tura| *s.f.* (*aer.*) calage *m.* ◇ (*auto.*) mise en phase.

fascèra |faʃ'ʃɛra| *s.f.* (*region.*) [*forma per la lavorazione del formaggio*] caserette (*corr.*), caseret *m.* (*corr.*).

fascétta |faʃ'ʃetta| *s.f.* **1** [*piccola fascia*] bandelette ◇ (*spec.*) [*striscia che avvolge le stampe per la spedizione e reca l'indirizzo*] bande (de journal), bande-adresse; *fascetta editoriale* [*striscia sovrapposta alla copertina di un libro*] bande (de lancement) **2** [*busto da donna leggero e basso*] gaine **3** [*anello metallico del fucile*] collier *m.*

fascettàrio, i |faʃʃet'tarjo, i| *s.m.* [*blocco di fascette per la spedizione della stampa periodica*] répertoire de bandes de journal; fichier d'adressographe.

fàscia, sce |'faʃʃa, ʃe| *s.f.* **1** [*striscia di tessuto che serve ad avvolgere, ornare*] écharpe; bande: *la fascia tricolore del sindaco* l'écharpe tricolore du maire; *la fascia azzurra dell'ufficiale di picchetto* l'écharpe bleue de l'officier de garde; *mettersi la fascia* ceindre l'écharpe; *portava una fascia rossa sull'abito bianco* elle portait une écharpe rouge sur son habit blanc ‖ *fasce di garza* bande de gaze; *fascia elastica* bande, ceinture élastique **2** *spec. al plur.* [*strisce di tessuto che servono ad avvolgere il neonato*] langes *m.*, maillot (*m. sing.*): *un bambino in fasce, nelle fasce* un enfant dans les langes, au maillot; *morire in fasce* mourir au berceau ~ (*prov.*) *bello in fascia, brutto in piazza* bel enfant ne sera point bel homme ◇ *loc. fig.* ESSERE IN FASCE (*detto di cosa che è all'inizio, sul nascere*) être dans les langes: *questa nuova scienza è ancora in fasce* cette nouvelle science est encore dans les langes **3** *al plur.* [*indumento militare*] bandes molletières **4** (*per est.*) [*striscia per avvolgere e tenere uniti oggetti*] bande: *stringere un pacchetto di banconote con una fascia* mettre sous bande un paquet de billets de banque; *spedire una stampa sotto fascia* (*sottofascia*) envoyer un journal sous bande → **fascètta** **5** (*per est.*) [*striscia di territorio*] bande, zone: *fascia costiera* bande côtière; *fascia smilitarizzata* zone démilitarisée; *fascia torrida* zone, région torride → **zona** ◇ (*mil.*) *fascia di resistenza, fortificata* zone de résistance, fortifiée **6** (*bur.*) *fascia retributiva* éventail des salaires, fourchette des rémunérations **7** (*mecc.*) *fascia elastica* bande élastique **8** (*arch.*) plate-bande **9** (*arald.*) fasce **10** (*anat.*) fascia *m.*

fasciacóda |faʃʃa'koda| *s.m. inv.* [*striscia con cui si fascia o si tiene ripiegata la coda del cavallo*] trousse-queue (*var.*): *dei fasciacoda* des trousse-queues.

fasciàme |faʃ'ʃame| *s.m.* (*mar.*) bordé, bordages *pl.*

fasciapiède |faʃʃa'pjɛde| *s.m.inv.* (*tecnol.*) trousse-pied (*var.*): *dei fasciapiede* des trousse-pieds.

fasciàre |faʃ'ʃare| **A** *v.tr.* **1** [*avvolgere con una fascia o con fasce*] bander; langer (3): *fasciare una ferita* bander une blessure → **bendare** ‖ *fasciare un neonato* langer un nouveau-né ◇ (*prov.*) *non bisogna fasciarsi il capo prima d'averlo rotto* il ne faut pas crier avant qu'on ne nous écorche **2** (*per est.*) [*coprire, rivestire*] recouvrir (23): *fasciare un libro, un registro* recouvrir un livre, un registre → **ricoprire** **3** [*circondare, attorniare*] entourer: *una città fasciata da monti e colline* une ville entourée de montagnes et de collines ✦ *ass.* (*di un abito*) [*essere attillato*] mouler, serrer: *quell'abito ti fascia troppo* ce vêtement te moule, te serre trop **4** (*mar.*) *fasciare una nave* border un navire **B** *v.pron. rifl.* FASCIARSI [*avvolgersi in fasce o abiti attillati*] se mouler: *fasciarsi in lunghi abiti da sera* se mouler dans de longues robes du soir © A 1 **sfasciare** 1.

fasciàto |faʃ'ʃato| **1** *agg.* [*ricoperto con fasce*] bandé: *avere gli occhi fasciati*: (*pr., fig.*) avoir les yeux bandés → **bendato** **2** *s.m.* (*arald.*) écu fascé © 1 **sfasciato** 2.

fasciatóio, i |faʃʃa'tojo, i| *s.m.* table *f.* à langer.

fasciatùra |faʃʃa'tura| *s.f.* **1** [→ FASCIARE A 1] bandage (*m.*): *fasciatura a otto, a T* bandage croisé, en T; *fasciatura stretta* bandage serré **2** [*le fasce, le bende*] bandage: *fasciatura per l'ernia* bandage herniaire; *fasciatura elastica* bandage élastique **3** (*mar.*) bordages *m.pl.*

fasciazióne |faʃʃat'tsjone| *s.f.* (*bot.*) fasciation.

fascicolàre |faʃʃiko'lare| *agg.* (*bot.*) fasciculaire.

fascicolàto |faʃʃiko'lato| *agg.*

(*bot.*) fasciculé: *radici fascicolate* racines fasciculées → **affastellato.**

fascicolo |faʃ'ʃikolo| *s.m.* **1** [*ciascun numero di una pubblicazione periodica*] fascicule, livraison (*f.*): *fascicoli settimanali* fascicules, livraisons hebdomadaires; *ho fatto rilegare tutti i fascicoli di quella rivista* j'ai fait relier tous les fascicules de cette revue; *mi manca solo l'ultimo fascicolo* il ne me manque que le dernier fascicule → **dispensa 2** [*l'insieme delle carte relative a una pratica*] dossier → **incartamento 3** (*anat.*) faisceau: *fascicolo muscolare, nervoso* faisceau musculaire, nerveux.

fascina |faʃ'ʃina| *s.f.* [*fascio di sterpi o legna minuta, usata per bruciare; come riparo*] fagot *m.*; fascine: *bruciare una catasta di fascine* brûler un tas de fagots ‖ *rinforzare un parapetto con fascine* consolider un parapet avec des fascines ◇ (*loc. fig.*) *far fascina* [*far fagotto, andarsene*] plier bagage ~ *scaldarsi a una fascina, a una bella fascina* [*consolarsi con delle illusioni*] se consoler d'illusions.

1 **fascinàre** |faʃʃi'nare| *v.tr.* (*raro*) [*radunare in fascine*] mettre (71) en fagots (*corr.*).

2 **fascinàre** |faʃʃi'nare| *v.tr.* (*lett.*) → 1 **affascinare.**

fascinatóre, trice |faʃʃina'tore, tritʃe| *agg. e s.* (*lett.*) fascinateur*, charmeur*.

fascinazióne |faʃʃinat'tsjone| *s.f.* [→ 1 FASCINARE] fascination.

fàscino |'faʃʃino| *s.m.* [*potenza di attrazione e seduzione; attrattiva*] charme: *una donna ricca di fascino* une femme pleine de charme; *subire il fascino di una persona* être sous le charme d'une personne © **ripulsione.**

fascinóso |faʃʃi'noso| *agg.* [*ricco di fascino*] charmant, charmeur* → **attraente** © **ripugnante, repellente.**

fàscio, i |'faʃʃo, i| *s.m.* **1** [*insieme di oggetti legati, raccolti fra loro*] gerbe *f.*, botte (*f.*): *un fascio di fiori, di spighe* une gerbe de fleurs, d'épis; *un fascio di fieno, di paglia* une botte de foin, de paille # *un fascio di legna* un fagot; *legare in fascio* lier, nouer en faisceau ◇ [*ammasso disordinato di oggetti*] liasse *f.*; amas: *un fascio di documenti, di lettere* une liasse de documents, de lettres ‖ *un fascio di notizie* un amas de nouvelles ◇ (*loc. fig.*) *mettere in fascio, mettere in un fascio* mettre dans le même sac ~ *andare in un fascio* se briser en mille morceaux ~ *far d'ogni erba un fascio* faire flèche de tout bois **2** (*anat.*) *fascio di nervi, muscolare* faisceau nerveux, musculaire ◇ (*bot.*) *fascio vascolare* faisceau vasculaire ◇ (*ferr.*) *fascio di binari* faisceau de voies ◇ (*fis.*) *fascio luminoso* faisceau lumineux ◇ (*mat.*) *fascio di rette, di piani* faisceau de droites, de plans ◇ (*rad.*) *fascio catodico* faisceau cathodique **3** (*st. rom.*) *fascio littorio* faisceau de licteur **4** (*st. it.*) *i fasci dei Lavoratori* les faisceaux des Travailleurs; *i fasci di combattimento* les faisceaux de combat ◇ (*pop.*) [*partito nazionale fascista*] parti (national) fasciste: *la Casa del Fascio* le siège (local) du parti national fasciste; *essere iscritto al Fascio* être inscrit au parti fasciste.

fascismo |faʃ'ʃizmo| *s.m.* fascisme.

fascista |faʃ'ʃista| **1** *s.* fasciste, facho (*fam.*) **2** *agg.* fasciste: *dittatura fascista* dictature fasciste; *era fascista* ère fasciste # *il ventennio fascista* les vingt ans du fascisme ◇ (*per est.*) *metodi fascisti* méthodes fascistes.

fascisteggiànte |faʃʃisted'dʒante| *agg.* [*di tendenza fascista*] fascisant.

fàse |'faze| *s.f.* **1** (*astron.*) phase: *le fasi di Mercurio, di Venere* les phases de Mercure, de Vénus; *le fasi lunari* les phases de la Lune **2** (*per est.*) [*momenti di uno sviluppo di un processo*] phase: *le varie fasi di una malattia* les différentes phases d'une maladie; *il negoziato è giunto alla fase conclusiva* la négociation est parvenue à sa phase finale; *le varie fasi della produzione* les différentes phases de la production # *la fase istruttoria del processo* l'instruction du procès → **stadio 3** (*tecnol.*) phase: *le varie fasi di una eruzione vulcanica* les différentes phases d'une éruption volcanique; *fase di avviamento di un motore* phase de démarrage d'un moteur; *regolare le fasi di un motore, metterlo in fase* régler les phases d'un moteur, le mettre en phase; *il motore è fuori fase* le moteur est hors phase, déphasé *agg.* ◇ (*loc. fig., fam.*) *essere in fase* être en forme; *essere fuori fase* ne pas être dans son assiette, être déphasé **4** (*chim.*) phase ◇ (*fig.*) *differenza di fase* déphasage *m.*

Fasiànidi |fa'zjanidi| *s.m.pl.* (*t. zool.*) Phasianidés.

Fàsmidi |faz'midi| *s.m.pl.* (*t.zool.*) Phasmidés.

fasòmetro |fa'zɔmetro| *s.m.* (*fis.*) phasomètre.

fastèllo, i |fas'tɛllo, i| *s.m.* [*fascio non troppo voluminoso*] fagot; botte (*f.*): *un fastello di sterpi* un fagot de brindilles → **fascio** ‖ *un fastello di fieno* une botte de foin ◇ (*per est.*) [*ammasso disordinato*] fatras: *un fastello di bugie* un fatras de mensonges.

fàsti |'fasti| *s.m.pl.* **1** (*st. rom.*) fastes: *i fasti consolari* les fastes consulaires **2** (*fig.*) [*memorie di avvenimenti gloriosi*] *i fasti di una città* les vestiges de grandeur, les grandes heures *f.* d'une ville; *i fasti della scienza* les grandes découvertes *f.* de la science; *i fasti della nazionale di calcio* les victoires *f.* de l'équipe nationale de football.

fastìdio, i |fas'tidjo, i| *s.m.* **1** [*senso di molestia persistente*] gêne (*f.*): *provar fastidio* éprouver de la gêne → **molestia** ◇ *loc. verb.* DAR FASTIDIO déranger (3), gêner: *quel rumore assordante mi dà fastidio* ce bruit assourdissant me dérange, me gêne ~ *ti dà fastidio il fumo?* la fumée te gêne? ~ *mi sento un fastidio allo stomaco* [*nausea, malessere*] j'ai un peu mal au cœur; *questo dolce mi ha dato fastidio* je n'ai pas digéré ce gâteau **2** [*disgusto, avversione*] aversion (*f.*): *pigliare in fastidio, avere in fastidio qc., q.c.* avoir de l'aversion pour, contre qqn., qqch. **3** [*tutto ciò che è causa di molestia o affanno; cruccio*] *i fastidi della vecchiaia* les inconvénients de la vieillesse; *i fastidi di una famiglia numerosa* les difficultés *f.* d'une famille nombreuse → **disagio** © 1 **piacere** 2; 2 **simpatia.**

fastidiosaménte |fastidjosa'mente| *avv.* [→ FASTIDIOSO] fastidieusement.

fastidióso |fasti'djoso| *agg.* **1** fastidieux*: *un lavoro fastidioso* un travail fastidieux, ennuyeux; *una lettura fastidiosa* une lecture fastidieuse → **irritante, noioso** # *insetti fastidiosi* insectes agaçants **2** [*irritabile, insofferente*] ennuyeux*: *il bambino oggi è fastidioso* l'enfant est ennuyeux aujourd'hui © 1 **piacevole, divertente.**

fastìgio, i |fas'tidʒo, i| *s.m.* **1** (*arch.*) faîte ◇ (*per est.*) *linea di fastigio di una montagna* [*sommità, cima*] le sommet, la ligne de faîte d'une montagne **2** *spec. al plur.* (*fig.*) [*il sommo grado, apice*] faîte *sing.*, sommet (*sing.*): *raggiungere i fastigi della gloria* atteindre le faîte de la gloire; *essere elevato ai fastigi della gerarchia* être élévé au sommet de la hiérarchie → **culmine.**

1 **fàsto** |'fasto| *agg.* (*st. rom.*) faste: *giorni fasti* jours fastes ◇ (*fig.*) [*propizio, favorevole*] *giorno fasto* jour faste; *il lunedì è il suo giorno fasto* le lundi est un jour faste pour lui © **nefasto, infausto.**

2 **fàsto** |'fasto| *s.m.* faste: *il fasto delle antiche corti* le faste des anciennes cours.

fastosaménte |fastosa'mente| *avv.* [→ FASTOSO] fastueusement © **modestamente, dimessamente.**

fastosità |fastosi'ta| *s.f. inv.* [*sfarzosità*] faste (*m.var.*): *la fastosità di un matrimonio* le faste d'un mariage.

fastóso |fas'toso| *agg.* fastueux*: *arredamento fastoso* décor fastueux; *lusso fastoso* luxe fastueux → **sontuoso** © **povero, modesto.**

fasùllo |fa'zullo| *agg.* **1** [*non autentico*] faux*: *una moneta fasulla* une fausse pièce; *oro fasullo* or faux → **falso 2** (*per est., fam.*) (*persone*) [*che non dà affidamento, inetto*] incapable: *un avvocato, un medico fasullo* un avocat, un médecin incapable ◇ (*cose*) [*senza valore; inefficace*] toc *inv.*; inefficace: *un mobile fasullo* un meuble toc ‖ *un rimedio fasullo* un remède inefficace © 1 **autentico**; 2 **capace, efficace.**

fàta |'fata| *s.f.* **1** [*figura femminile della mitologia pop., dotata di poteri magici*] fée: *il paese delle fate* le pays des fées; *la bacchetta della fata* la baguette de la fée ◇ (*spec.*) *fata Morgana* → **fatamorgana 2** (*fig.*) [*donna affascinante per bellezza e operosità*] fée ◇ (*loc.*) *mani di fata* doigts de fée **3** (*fig.*) [*benefattrice*] bonne fée: *è stata la nostra buona fata nei momenti più difficili* elle a été notre bonne fée dans les moments les plus difficiles **4** (*region., fam.*) [*bella ragazza, donna*] beau brin *m.* de fille, beau morceau *m.*

fatàle |fa'tale| *agg.* **1** [*stabilito dal destino, inevitabile*] fatal*: *necessità fatale* nécessité fatale; *fu un avvenimento fatale per la storia di quel popolo* ce fut un événement fatal pour l'histoire de ce peuple; *l'incontro fatale che diede una svolta alla sua vita* la rencontre fatale qui marqua un tournant dans sa vie **2** [*che cagiona la morte, la distruzione*] fatal, mortel*: *l'ora fatale* l'heure fatale; *quell'imprudenza gli è stata fatale* cette imprudence lui a été fatale; *le ultime grandinate sono state fatali per la vendemmia* les dernières grêles ont été fatales pour les vendanges → **mortale, letale 3** (*fig.*) [*dal fascino irresistibile*] fatal: *donna fatale* femme fatale; *sguardo fatale* regard fatal → **seducente.**

fatalìsmo |fata'lizmo| *s.m.* (*filos.*,

corr.) fatalisme: *il fatalismo degli Arabi* le fatalisme des Arabes.
fatalista |fata'lista| *s.* fataliste.
fatalistico, ci, ca, che |fata'listiko, tʃi, ka, ke| *agg.* fataliste.
fatalità |fatali'ta| *s.f. inv.* **1** fatalité (*var.*): *la fatalità di un avvenimento* la fatalité d'un événement; *è stata una vera fatalità* cela a été une vraie fatalité **2** [*destino avverso, contrario*] malchance, malheur (*m.*): *è proprio la fatalità che lo perseguita* c'est vraiment la malchance qui le poursuit → **sfortuna** ◇ (*per est.*) *la morte dell'amico è stata per lui una fatalità* [*disgrazia*] la mort de son ami a été pour lui un grand malheur 🄲 2 **fortuna.**
fatalménte |fatal'mente| *avv.* [→ FATALE] fatalement: *quel triste fenomeno è destinato a ripetersi fatalmente* ce triste phénomène est fatalement destiné à se répéter ◇ [*disgraziatamente*] malheureusement.
fatalóne |fata'lone| *s.* [*chi ha o presume di avere grandi doti di seduzione*] séducteur* # *una fatalona* une femme fatale.
fatamorgàna |fatamor'gana| *s.f.* **1** fée Morgane **2** [*fenomeno ottico dovuto a una anormale rifrazione della luce*] mirage *m.*
fatàto |fa'tato| *agg.* [*dotato di proprietà magiche*] magique; enchanté: *bacchetta fatata* baguette magique; *anello fatato* anneau magique ‖ *bosco fatato* bois enchanté # *un oggetto fatato* un objet fée ◇ (*loc. fig.*) *avere le mani fatate* avoir des doigts de fée; travailler comme une fée.
fatica, che |fa'tika, ke| *s.f.* **1** fatigue; peine: *fatica fisica, mentale* fatigue physique, mentale; *resistere alla fatica* résister à la fatigue; *non reggersi (in piedi) dalla fatica* tomber de fatigue; *cascare, morire dalla fatica* tomber, mourir de fatigue ‖ *fatica da bestie, da facchino* peine énorme; *è una fatica inutile* c'est peine perdue; *è tutta fatica risparmiata* ce n'est que peine remise # *ammazzarsi di fatica* s'éreinter ◇ (*loc.*) *animale da fatica* bête de somme ~ *persona da, di fatica* homme de peine ~ *abito di, da fatica* vêtement de travail ~ (*iron.*) *bella fatica!* (*detto di una azione che non richiede grande sforzo*) quel travail! **2** [*difficoltà, pena*] peine ◇ (*loc.*) *a fatica* avec peine, à grand-peine ~ *senza fatica* sans peine ~ *far, durar fatica a...* [*stentare a*] avoir de la peine, du mal à...: *fa fatica a studiare, a respirare* il a de la peine à étudier, à respirer ~ *mi costa fatica obbedirgli* il m'en coûte de lui obéir **3** [*lavoro, occupazione*] travail (*m.*): *illustri, nobili fatiche* illustres, nobles travaux ◇ (*spec.*) *le fatiche d'Ercole*: (*pr., fig.*) les travaux d'Hercule ◇ [*risultato concreto di un lavoro*] œuvre: *quella commedia, quel romanzo è la sua ultima fatica* cette comédie, ce roman est sa dernière œuvre ◇ (*agr.*) *la fatica del terreno* la fatigue du sol ◇ (*med.*) *la fatica di un organo* la fatigue d'un organe ◇ (*tecnol.*) *le prove di fatica dei metalli* les essais de résistance des métaux.
faticàccia, ce |fati'kattʃa, tʃe| *s.f.* (*fam.*) [*fatica particolarmente penosa e difficile*] corvée (*corr.*), sacré travail *m.* (*corr.*).
faticàre |fati'kare| *v.intr.* (*aus. 'avere'*) **1** [*sostenere grandi sforzi e fatiche*] peiner, trimer: *faticare da mattina a sera* peiner, trimer du matin au soir; *faticare per tutta la vita* trimer toute sa vie → **lavorare** ◇ (*loc.*) *ha finito di faticare* [*è morto dopo una vita di fatiche*] il a cessé de souffrir **2** [*incontrare grandi difficoltà nel fare q.c.*] avoir (28) *tr.* de la peine, du mal à: *ho faticato molto a spostare la lavatrice* j'ai eu beaucoup de mal à déplacer la machine à laver; *fatica a leggere, a scrivere* il a de la peine à lire, à écrire; *ho faticato molto a convincerlo* j'ai eu beaucoup de mal, de peine à le convaincre; *faticare a far quadrare il bilancio familiare* avoir du mal à équilibrer le budget familial 🄲 1 **riposare** 1, **oziare.**
faticàta |fati'kata| *s.f.* [*sforzo, fatica eccezionale*] corvée: *che faticata!* quelle corvée! # *è stata una faticata raggiungere la vetta a piedi* gagner le sommet à pied a été épuisant.
faticatóre, trice |fatika'tore, tritʃe| *s.* (*raro*) [*chi si impegna molto nel lavoro*] travailleur* (*corr.*).
faticóne |fati'kone| *s.* (*fam.*) [*persona che lavora molto*] bûcheur*, piocheur* → **sgobbone.**
faticosaménte |fatikosa'mente| *avv.* [→ FATICOSO] péniblement.
faticóso |fati'koso| *agg.* [*che comporta sforzo e fatica*] fatigant, pénible: *lavoro faticoso* travail fatigant, pénible; *impegno faticoso* occupation fatigante, pénible; *un sentiero faticoso* un sentier pénible; *una lettura faticosa* une lecture fatigante ◇ [*ottenuto con fatica*; *laborioso*] laborieux*: *è stato un accordo faticoso* l'accord a été laborieux.
fatidico, ci, ca, che |fa'tidiko, tʃi, ka, ke| *agg.* **1** fatidique: *augurio fatidico* augure fatidique; *segno fatidico* signe fatidique → **profetico** **2** [*risolutivo, memorabile*] fatidique: *data fatidica* date fatidique; *in questo giorno fatidico* en ce jour fatidique; *manca ancora una settimana al fatidico 27* il manque encore une semaine avant le jour fatidique # *qual è il giorno fatidico?* quel est le jour J? → **fatale.**
fatiscènte |fatiʃ'ʃɛnte| *agg.* (*lett.*) croulant, délabré.
fàto |'fato| *s.m.* [*destino ineluttabile*; *sorte*] destin, sort: *così ha voluto il fato* ainsi en a voulu le destin, le sort ◇ (*lett.*) → **morte.**
1 **fàtta** |'fatta| *s.f.* [*specie, genere*] acabit *m.*, espèce: *una persona di questa fatta* une personne de cet acabit; *cose, questioni, problemi di quella fatta* choses, questions, problèmes de cette espèce; *d'ogni fatta* de toute espèce ◇ (*spec.*) *le male fatte* [*cattive azioni*] les méfaits *m.* → **malefatta.**
2 **fàtta** |'fatta| *s.f.* [*escrementi di animali, usati come traccia dai cacciatori*] fumées *pl.*, laissées *pl.* ◇ (*loc.*) *essere sulla fatta* [*sulla traccia*] être sur les traces.
fattàccio, i |fat'tattʃo, i| *s.m.* **1** [*grave delitto*; *crimine odioso*] crime: *il giornale della sera riporta i particolari di quel fattaccio di cronaca* le journal du soir rapporte tous les détails du crime **2** [*avvenimento scandaloso e riprovevole*] scandale, affaire (*f.*): *in quel fattaccio sono coinvolte alte personalità di governo* dans ce scandale, cette affaire sont impliquées de hautes personnalités du gouvernement → **pasticciaccio.**
fatterèllo |fatte'rɛllo| *s.m.* [*fatto di poca importanza*] petit fait, historiette *f.*, anecdote (*f.*): *questa non è storia, ma una serie di fatterelli* ce n'est pas une histoire mais une série de petits faits; *è un fatterello molto istruttivo* c'est une historiette, une anecdote très instructive.
fattézza |fat'tettsa| *s.f. spec. al plur.* [*aspetto, lineamenti spec. del viso*] traits; (*m.*): *fattezze delicate, grossolane* des traits délicats, grossiers → **forma, sembianza.**
fattibile |fat'tibile| *agg.* [→ 1 FARE A I 1, 2] faisable: *questa cosa è fattibile* c'est une chose faisable → **possibile, eseguibile** ◆ (*s.m.*) *il fattibile* [*il possibile*] le possible: *ho fatto tutto il fattibile per convincerlo* j'ai fait tout mon possible pour le convaincre 🄲 **impossibile, irrealizzabile.**
fattibilità |fattibili'ta| *s.f. inv.* [*possibilità di realizzazione di q.c.*] faisabilité (*var.*): *studio di fattibilità* étude de faisabilité.
fattispècie |fattis'pɛtʃe| *s.f. inv.* [*caso concreto, particolare*] espèce (*var.*): *nella fattispecie* en l'espèce, dans le cas d'espèce ◇ (*dir.*) les tenants et les aboutissants *m.pl.* (de l'affaire).
fattivo |fat'tivo| *agg.* **1** [*efficace, concreto*] efficace: *il fattivo interessamento di un amico, delle autorità* l'appui efficace d'un ami, des autorités **2** (*raro*) [*attivo, operoso*] actif* (*corr.*), laborieux* (*corr.*): *è un impiegato, un dirigente fattivo* c'est un employé, un dirigeant actif, laborieux → **laborioso** 🄲 2 **inattivo, neghittoso.**
fattìzio, i |fat'tittsjo, i| *agg.* **1** (*raro*) factice: *copertina fattizia* couverture factice; *bellezza fattizia* beauté factice **2** (*filos.*) *idee fattizie* idées factices.
1 **fàtto** |'fatto| *agg.* **1** [*compiuto, realizzato*] fait: *una cosa ben fatta* une chose bien faite; *oramai è (cosa) fatta* désormais c'est chose faite ◇ (*loc.*) *così fatto, sì fatto* → **siffatto, tale** ~ *detto fatto* [*immediatamente*] sitôt dit sitôt fait ~ *a conti fatti*: (*pr., fig.*) [*in conclusione, tutto considerato*] tout compte fait, en somme ◇ (*inter.*) *ben fatto!* (*come segno di approvazione*) bien fait! ~ *ecco fatto!* voila qui est fait! **2** [*formato, costituito*] fait: *una persona, una ragazza ben fatta* une personne, une fille bien faite # *un busto fatto di marmo* un buste en marbre; *una decorazione fatta a quadri* une décoration à carreaux **3** [*che ha raggiunto il suo pieno sviluppo, maturo*] fait; mûr: *un uomo fatto* un homme fait ‖ *frutti fatti* des fruits mûrs ◇ (*loc.*) *a giorno fatto, a notte fatta* en plein jour, en pleine nuit ◇ (*per est.*) [*cotto*] cuit: *la pasta è fatta, è troppo fatta* les pâtes sont cuites, trop cuites **4** [*adatto*] fait: *essere fatto per q.c.* être fait pour qqch.; *questa professione non è fatta per me* cette profession n'est pas faite pour moi.
2 **fàtto** |'fatto| *s.m.* **1** fait: *un fatto eccezionale, funesto, memorabile* un fait exceptionnel, funeste, mémorable; *un fatto di cronaca* un fait divers; *fatto d'arme* fait d'armes; *fatto di sangue* crime, fait sanglant # *il fatto sta in questi termini* l'affaire se résume en ces termes ◇ (*loc.*) *cogliere qc. sul fatto* prendre qqn. sur le fait ~ *mettere qc. davanti al fatto compiuto* mettre qqn. devant le fait accompli ~ *i fatti parlano chiaro* les

faits sont clairs **2** [*la vicenda, la trama di un'opera artistica*] action *f.*, intrigue (*f.*): *il fatto si svolge all'epoca della rivoluzione francese* l'action, l'intrigue se déroule à l'époque de la révolution française # *fatti e personaggi sono puramente immaginari* les événements et les personnages sont purement imaginaires **3** (*dir.*) fait: *distinguere la questione di fatto dalla questione di diritto* distinguer le problème de fait du problème de droit; *è stato assolto perché il fatto non costituisce reato* il a été acquitté parce que son fait ne constitue pas délit **4** [*affare, interesse*] affaire (*f.*): *fatti di famiglia, di casa* affaires de famille, de ménage; *è un fatto personale* c'est une affaire personnelle; *questi son fatti miei* c'est mon affaire; *badare ai fatti propri* s'occuper, se mêler de ses affaires; *impicciarsi dei, immischiarsi nei fatti altrui* s'occuper, se mêler des affaires d'autrui ◇ (*loc.*) *dire a qc. il fatto suo* dire son fait à qqn. ~ *dare a qc. il fatto suo* [*dargli quello che si merita*] ne donner à qqn. que ce qu'il mérite ~ (*fam.*) *non per sapere i fatti tuoi, ma...* (*formula di cortesia, usata prima di porre una domanda leggermente indiscreta*) je ne voudrais pas me mêler de tes affaires, mais... ~ *è uno che sa il fatto suo* il connaît son affaire, son métier; il s'y connaît ~ *essere sicuro del fatto suo* être sûr de son fait **5** [*realtà concreta, tangibile*] fait: *lasciamo le apparenze e veniamo ai fatti* laissons les apparences et venons aux faits; *non divagare, vieni al fatto, ai fatti!* ne t'écarte pas du sujet, va (viens) au fait!; *è un dato di fatto che...* c'est un fait que... # *alla prova dei fatti* à la lumière des événements; (*ci vogliono*) *fatti, non parole!* des actes et non des paroles! ◇ (*loc.*) *passare a vie di fatto* passer aux voies de fait **6** *loc.* IL FATTO DI, IL FATTO CHE (*per introdurre un enunciato o una proposizione*) le fait que: *il fatto di essere lontano non deve farti dimenticare gli amici* le fait que tu es loin ne doit pas te faire oublier les amis; *il fatto che tu sia diventato famoso non cambia il mio giudizio su di te* le fait que tu sois devenu célèbre ne change pas l'opinion que j'ai de toi ◇ (*loc.*) *il fatto è che, è un fatto che, il fatto si è che* (*con valore prevalentemente pleon. o raff.*) le fait est que, c'est un fait que, il est de fait que ~ (*loc. avv.*) *in fatti* → **infatti** ~ *di fatti* → **infatti** ~ (*lett.*) GRAN FATTO (*in frasi neg.*) beaucoup (*corr.*), grand chose (*corr.*): *non ne sa gran fatto* il n'en sait pas beaucoup, il n'en sait pas grand chose ~ *loc. prep.* IN FATTO DI en fait de: *in fatto di vino, è il migliore intenditore* en fait, en matière de vin, c'est le plus grand connaisseur.

1 **fattóre** |fat'tore|, **fattoréssa** |fatto'ressa|, (*pop.*) **fattóra** |fat'tora| *s.* **1** *s.m.* (*lett.*) [*chi fa; creatore*] auteur (*corr.*), créateur* *s.* (*corr.*); faiseur* *s.* (de) ◇ (*per anton.*) *il sommo, il supremo Fattore* [*Dio*] le Créateur **2** *s.* [*chi dirige un'azienda agricola*] fermier* **3** (*s.f.*) *fattrice* [*animale selezionato per la riproduzione*] reproductrice → **stallone.**

2 **fattóre** |fat'tore| *s.m.* facteur: *i fattori del successo, della vittoria* les facteurs du succès, de la victoire; *i fattori climatici* les facteurs climatiques; *il fattore ambientale* le facteur environnement → **elemento** ◇ (*biol.*) *fattore ereditario* facteur de l'hérédité; *fattore Rh* facteur rhésus (Rh) ◇ (*econ.*) *i fattori di produzione, produttivi* les facteurs de la production ◇ (*mat.*) *scomporre in fattori primi* décomposer en facteurs premiers ◇ (*tecnol.*) *fattore di assorbimento* facteur d'absorption; *fattore di carico* facteur de charge; *fattore di potenza* facteur de puissance ◇ (*sport*) *il fattore campo* l'avantage de jouer sur son propre terrain, dans sa salle.

fattoréssa |fatto'ressa| *s.f.* → 1 **fattore.**

fattoria |fatto'ria| *s.f.* **1** [*azienda agricola*] ferme: *fattoria modello* ferme modèle # *fattoria collettiva* ferme, exploitation collective **2** [*la casa del fattore*] ferme.

fattoriàle |fatto'rjale| *agg.* **1** (*mat.*) factoriel*: *analisi fattoriale* analyse factorielle # *facoltà fattoriale* factorielle ♦ (*s.f.*) *una fattoriale* [*una facoltà*] une factorielle **2** (*psicol.*) *psicologia fattoriale* psychologie des facteurs, expérimentale.

fattorino |fatto'rino| *s.m.* [*commesso incaricato di piccoli servizi, spec. di recapito*] coursier, garçon de courses: *consegnare il plico al fattorino* remettre le pli au coursier, au garçon de courses ◇ [*qualifica professionale di impiegati delle Poste*] facteur: *il fattorino postale, delle Poste* [*postino*] le facteur; *il fattorino del telegrafo* le (facteur) télégraphiste ◇ (*trasporti pubblici*) [*l'addetto alla distribuzione dei biglietti*] receveur*.

fattrice |fat'tritʃe| *s.f.* → 1 **fattore** 3.

fattucchière |fattuk'kjɛre| *s.* [*chi compie fattucchierie*] sorcier* → **stregone, strega.**

fattucchieria |fattukkje'ria| *s.f.* [*pratica di arti magiche popolari*] sorcellerie → **stregoneria** ◇ (*fig.*) [*imbroglio*] tromperie.

1 **fattùra** |fat'tura| *s.f.* **1** [*il fare una cosa; confezione a mano*] façon, exécution: *la fattura di un abito* la façon d'une robe; *la fattura di un oggetto di artigianato* l'exécution d'un objet d'artisanat; *quella giacca mi è costata 60.000 lire di fattura* cette veste m'a coûté 60.000 lires de façon # *salario a fattura* [*a cottimo*] salaire à la tâche **2** [*il modo con cui è stato realizzato un lavoro*] facture: *un'opera di pregevole, ottima fattura* une œuvre de bonne, d'excellente facture; *una poesia, una opera d'arte di squisita fattura* une poésie, une œuvre d'art d'une exquise facture **3** (*pop.*) [*stregoneria, malia*] sort *m.* (*corr.*), maléfice *m.* (*corr.*).

2 **fattùra** |fat'tura| *s.f.* [*conto, nota delle spese*] facture, note: *la fattura del sarto, dell'elettricista* la facture, la note du tailleur, de l'électricien ◇ (*comm.*) *fattura commerciale* facture commerciale; *fattura definitiva, finale* facture définitive, finale; *fattura di deposito* facture de dépôt.

fatturàle |fattu'rale| *agg.* (*filos.*) factuel: *dati fatturali* données factuelles.

fatturàre |fattu'rare| *v.tr.* **1** [*adulterare una sostanza con altre simili di minor prezzo*] falsifier, frelater: *fatturare il vino* falsifier, frelater le vin → **sofisticare** **2** [*mettere in conto per mezzo di fattura*] facturer: *fatturare solo una parte della merce spedita* facturer une partie seulement de la marchandise expédiée **3** (*raro*) [*ammaliare, stregare*] enchanter (*corr.*), ensorceler (4) (*corr.*) → **affatturare.**

fatturàto |fattu'rato| **1** *agg.* [*manipolato, adulterato*] frelaté, falsifié: *vino fatturato* vin frelaté, trafiqué; *olio fatturato* huile falsifiée → **sofisticato** **2** *s.m.* (*comm.*) chiffre d'affaires: *quella ditta ha un fatturato di cento miliardi* cette maison a un chiffre d'affaires de cent milliards.

fatturatrice |fattura'tritʃe| *s.f.* (*tecnol.*) facturière, machine à facturer.

fatturazióne |fatturat'tsjone| *s.f.* [→ FATTURARE 2] facturation.

fatturista |fattu'rista| *s.* [*persona addetta alla compilazione delle fatture comm.*] facturier*.

fatuità |fatui'ta| *s.f. inv.* fatuité *var.*

fàtuo |'fatuo| *agg.* **1** (*persone*) [*sciocco, insulso*] fat *m.*, poseur*: *è un ragazzo fatuo* c'est un enfant un peu fat; *è una donna un po' fatua* c'est une femme un peu poseuse → **leggero, frivolo** ◇ (*cose*) [*insulso, di poco conto*] vain: *discorsi fatui* de vains propos **2** *fuoco fatuo* [*fiammella che appare presso le tombe*] feu follet ◇ (*fig.*) [*passione di breve durata*] feu de paille (*loc.*): *quell'amore si rivelò un fuoco fatuo* cet amour se révéla un feu de paille [C] **1 serio, posato, sensato.**

fàuci |'fautʃi| *s.f.pl.* **1** [*la zona tra la bocca e la faringe*] gosier (*m. sing.*): *l'istmo delle fauci* l'isthme du gosier ◇ [*la gola, spec. di animali feroci*] gueule (*sing.*): *finì tra le fauci di un leone* il finit dans la gueule d'un lion ◇ (*fig.*) [*rapacità*] griffe (*sing.*): *finire tra le fauci di un usurario* tomber sous la griffe d'un usurier → **grinfia** **2** (*fig.*) [*apertura*] gueule: *le fauci di un vulcano* la gueule d'un volcan.

fault |fɔ:lt| *s.m. inv.* (*ingl.*) (*sport*) faute *f. var.* → 1 **fallo.**

fàuna |'fauna| *s.f.* faune: *fauna marina* faune marine; *il rispetto della fauna alpina* le respect de la faune alpine.

faunésco, chi, ca, che |fau'nesko, ki, ka, ke| *agg.* faunesque: *atteggiamento, sguardo faunesco* attitude, regard faunesque; *orecchie faunesche* oreilles faunesques.

faunistica, che |fau'nistika, ke| *s.f.* faunistique.

faunistico, ci, ca, che |fau'nistiko, tʃi, ka, ke| *agg.* faunique, faunistique: *patrimonio faunistico* patrimoine faunique, faunistique; *equilibrio faunistico* équilibre faunique.

fàuno |'fauno| *s.m.* (*mitol.*) faune.

faustaménte |fausta'mente| *avv.* [→ FAUSTO] heureusement [C] **infaustamente.**

fàusto |'fausto| *agg.* **1** [*lieto, fortunato*] faste, heureux*: *fausto giorno* jour faste, heureux; *fausta ricorrenza* heureuse circonstance; *fausto evento* (*detto spec. di una nascita*) heureux événement; *segno fausto* signe heureux **2** (*lett.*) → **propizio** [C] **infausto.**

fautóre, trice |fau'tore, tritʃe| *s.* [*chi favorisce, sostiene qc. o q.c.*] partisan: *fautore della libertà, della dittatura* partisan de la liberté, de la dictature; *fautore del libero scambio* partisan du libre-échange.

'fauve' |fov| *agg. inv.* (*pitt.*) fauve

(*var.*): *un quadro 'fauve'* un tableau fauve; *una esposizione 'fauve'* une exposition fauve ◆ (*s.m. inv.*) *un 'Fauve'* un Fauve.

'fauvisme' |fovism(ə)| *s.m. inv.* (*pitt.*) fauvisme *var.*

fauvìsmo |fo'vizmo| *s.m.* → **'fauvisme'.**

fàva |'fava| *s.f.* **1** (*t.bot.*) fève ◇ (*corr.*) [*il seme*] *fave fresche, secche* fèves fraîches, sèches; *fava brusca* [*arrostita*] fève grillée; *zuppa di fave* soupe de fèves ◇ (*prov.*) *prendere due piccioni con una fava* [*ottenere due scopi in una sola volta*] faire d'une pierre deux coups **2** (*cuc.*) *le fave dei morti, le fave dolci* [*piccoli dolci croccanti*] ⊠ **3** (*volg.*) [*glande*] gland *m.* (*corr.*).

favagèllo |fava'dʒɛllo| *s.m.* (*t.bot.*) ficaire *f.*, fausse-renoncule *f.*, éclairette *f.*

favarèlla |fava'rɛlla| *s.f.* → **faverella.**

favàta |fa'vata| *s.f.* soupe de fèves.

favèlla |fa'vɛlla| *s.f.* **1** [*la facoltà di parlare*] parole: *il dono della favella* le don de la parole → **parola** ◇ (*loc.*) *riacquistare la favella* recouvrer l'usage de la parole ~ (*pr., fig.*) *perdere la favella* perdre l'usage de la parole **2** (*lett.*) → **idioma, lingua.**

favellàre |favel'lare| *v.intr.* (*aus.* '*avere*') (*lett.*) → 1 **parlare.**

faverèlla |fave'rɛlla|, **favarèlla** |fava'rɛlla| *s.f.* [*impasto di fave macinate*] pâtée de fèves.

favétta |fa'vetta| *s.f.* **1** petite fève **2** (*t.bot.*) feverole, faverole.

favìlla |fa'villa| *s.f.* **1** [*frammento minutissimo di materiale incandescente*] étincelle: *le faville di un tizzone, di un falò* les étincelles d'un tison, d'un feu de bois; *le faville si sprigionavano dal ferro battuto sull'incudine* les étincelles fusaient au-dessus du fer forgé sur l'enclume ◇ (*loc. fig.*) *i suoi occhi mandavano faville* ses yeux jetaient des éclairs ~ (*fam.*) *far faville* faire des étincelles **2** (*fig.*) [*principio; causa di q.c.*] source # *la favilla dell'odio* le germe de la haine; *la favilla della discordia* le brandon, la pomme de discorde.

favìsmo |fa'vizmo| *s.m.* (*med.*) favisme.

fàvo |'favo| *s.m.* **1** [*le celle di api in un'arnia*] rayon: *un favo di miele* un rayon de miel **2** (*med.*) anthrax.

fàvola |'favola| *s.f.* **1** fable: *le favole di Esopo, di La Fontaine* les fables d'Ésope, de La Fontaine; *la favola del lupo e dell'agnello* la fable du loup et de l'agneau ◇ (*loc.*) *la morale della favola è che devo pagare di tasca mia* la morale de l'histoire c'est que je dois payer de ma poche **2** [*racconto fantastico, spec. indirizzato ai bambini; fiaba*] conte *m.*, histoire: *le favole di Andersen, dei fratelli Grimm* les contes d'Andersen, des frères Grimm; *la favola di Biancaneve, di Cenerentola* l'histoire, le conte de Blanche-neige, de Cendrillon **3** [*leggenda; mito*] légende: *le origini di Roma sono avvolte nella favola* les origines de Rome se confondent avec la légende ◇ (*loc.*) *essere la favola del paese, della gente* [*essere oggetto di chiacchiere, spec. malevole*] être la fable du village, de tous **4** [*cosa non vera; invenzione, fandonia*] histoire, blague (*fam.*): *son tutte favole!* ce ne sont que des histoires!; *credimi, non è una favola* crois-moi, ce n'est pas une blague → 1 **bugia** **5** (*lett.*) [*dramma, commedia*] comédie (*corr.*), roman *m.* (*corr.*): *la favola pastorale* la comédie pastorale, la pastorale **6** (*fig., lett.*) [*il corso della vita umana*] *la favola breve è finita* ainsi s'achève le conte trop bref de la vie.

favolàre |favo'lare| *v.intr.* → **favoleggiare.**

favoleggiàre |favoled'dʒare| **A** *v. intr.* (*aus.* '*avere*') [*raccontar favole, cose di fantasia*] raconter *tr.* des histoires, des fables **B** *v.tr.* [*dire in modo sconclusionato*] raconter: *ma che cosa stai favoleggiando?* mais qu'est-ce que tu racontes? → **cianciare.**

favoleggiatóre, trice |favoleddʒa'tore, tritʃe| *s.* (*raro*) [*chi favoleggia*] fabuliste *m.*

favolèllo |favo'lɛllo| *s.m.* (*letter. fr.*) fabliau.

favolétta |favo'letta| *s.f.* petite fable.

favolìsta |favo'lista| *s.* [*scrittore di favole*] fabuliste *m.*

favolìstica, che |favo'listika, ke| *s.f.* (*letter.*) fables *pl.*, contes (*m.pl.*): *la favolistica nordica, orientale* les contes nordiques, orientaux; *la favolistica medievale* les contes médiévaux.

favolìstico, ci, ca, che |favo'listiko, tʃi, ka, ke| *agg.* de la fable *loc.*, du conte (*loc.*): *genere favolistico* genre de la fable.

favolosaménte |favolosa'mente| *avv.* [→ FAVOLOSO 2] fabuleusement.

favolosità |favolosi'ta| *s.f.inv.* (*raro*) caractère *m.var.* fabuleux (*corr.*).

favolóso |favo'loso| *agg.* **1** fabuleux*: *divinità favolosa* divinité fabuleuse; *le origini favolose di un popolo* les origines fabuleuses d'un peuple **2** (*per est.*) [*esagerato, grandissimo*] fabuleux: *guadagni, ricchezze favolose* gains fabuleux, richesses fabuleuses; *uno stipendio favoloso* un salaire fabuleux → **enorme** ◇ [*straordinario, eccezionale*] fabuleux, extraordinaire: *uno spettacolo favoloso* un spectacle fabuleux; *prezzi favolosi* prix fabuleux; *sconti favolosi* rabais extraordinaires 🄲 2 **comune** 1, **ordinario.**

favònio, i |fa'vɔnjo, i| *s.m.* (*lett.*) → **zefiro.**

favóre |fa'vore| *s.m.* **1** faveur (*f.*): *il favore popolare* la faveur du peuple; *il favore del pubblico, degli elettori* la faveur du public, des électeurs; *conciliarsi, godere il favore di qc.* gagner la faveur, jouir de la faveur de qqn. ◇ [*successo*] *quell'opera ha incontrato molto, scarso favore presso il pubblico* cette œuvre a rencontré une grande faveur, peu de faveur auprès du public ◇ (*cose*) [*aiuto, soccorso*] *col favore del vento, della corrente* à la faveur du vent, du courant; *dileguarsi con il favore delle tenebre* disparaître à la faveur des ténèbres **2** [*azione concreta che dimostra benevolenza, simpatia*] faveur, service: *fatemi il piacere di...* faites-moi la faveur de...; *fare, chiedere un favore* accorder, demander une faveur, un service; *fare un favore a qc.* rendre un service à qqn. → 2 **piacere** ◇ (*escl.*) *ma mi faccia il favore!* (*per esprimere disappunto o sdegno*) ne me faites pas rire! ◇ *al plur.* (*di donna*) [*accondiscendenza sessuale, amore*] faveurs: *concedere i propri favori* accorder ses faveurs → **grazia** **3** *loc. avv.* PER FAVORE (*formula di cortesia per chiedere q.c.*) s'il vous te plaît: *per favore, prenda quel libro* prenez ce livre, s'il vous plaît; *apri la porta, per favore* ouvre la porte, s'il te plaît; *cameriere, due caffè, per favore!* garçon, deux cafés, s'il vous plaît! → 2 **piacere, cortesia** **4** *loc. agg.* DI FAVORE (*detto di cosa non dovuta, ma concessa*) de faveur (*loc. inv.*): *prezzo di favore* prix de faveur; *biglietto di favore* billet de faveur # *firma di favore* [*di avallo*] signature de complaisance **5** *loc. prep.* A FAVORE DI, IN FAVORE DI [*a vantaggio di; per*] (*astratto*) en faveur de: *votare a favore di qc., di una proposta* voter en faveur de qqn., d'une proposition # *testimone a favore* (*di qc.*) témoin à décharge; *essere, dichiararsi a favore di qc., q.c.* [*essere favorevole a*] être, se déclarer en faveur de qqn., de qqch. ◇ (*concr.*) au profit de: *versare una somma di danaro a favore di un ente* verser une somme d'argent au profit d'une société.

favoreggiaménto |favoreddʒa'mento| *s.m.* (*dir.*) [→ FAVOREGGIARE] *favoreggiamento del nemico* connivence *f.* avec l'ennemi; *è stato condannato per favoreggiamento della prostituzione* il a été condamné pour proxénétisme.

favoreggiàre |favored'dʒare| *v. tr.* [*favorire in modo illecito o contrario alla legge*] être (43) *intr.* de connivence avec; aider (à): *favoreggiare i colpevoli* être de connivence avec les coupables ‖ *favoreggiare la corruzione* aider à la corruption ◇ (*raro*) [*favorire*] favoriser (*corr.*).

favoreggiatóre, trice |favoreddʒa'tore, tritʃe| *s.* [*chi favoreggia*] complice.

favorévole |favo'revole| *agg.* favorable: *una risposta favorevole* une réponse favorable; *giudizio favorevole* jugement favorable → **positivo, benevolo** ◇ (*per est.*) *un vento favorevole alla navigazione* un vent favorable à la navigation; *tempo favorevole* temps favorable; *aspettare il momento favorevole* attendre le moment favorable → **propizio** # *voti favorevoli, contrari a una proposta* voix pour, contre une proposition 🄲 **sfavorevole, avverso 1, contrario.**

favorevolménte |favorevol'mente| *avv.* [→ FAVOREVOLE] favorablement 🄲 **sfavorevolmente.**

favorire |favo'rire| (197) *v.tr.* **1** [*aiutare; proteggere*] favoriser: *favorire un giovane meritevole* favoriser un jeune méritant; *favorire le inclinazioni, i desideri di qc.* favoriser les penchants, les désirs de qqn. → **incoraggiare** ◆ (*al p.p.*) *è una persona favorita dalla sorte* c'est une personne que le sort favorise ◇ (*con un'idea di parzialità*) *favorire un concorrente* favoriser un concurrent → **favoreggiare** **2** [*essere favorevole a q.c.; agevolare*] favoriser; encourager (3): *favorire lo sviluppo dell'industria, del commercio* favoriser le développement de l'industrie, du commerce; *favorire i rapporti sociali* favoriser les rapports sociaux **3** [*far dono di q.c.*] gratifier, favoriser (*lett.*): *la natura lo ha favorito di un fisico eccezionale* la nature l'a gratifié d'un physique exceptionnel → **fornire** ◇ (*nelle formule di cortesia*) *la preghiamo di favorirci di una sua visita* nous vous prions de nous faire l'honneur d'une visite, de nous honorer de votre visite **4** [*dare in prestito, in uso e sim.*] offrir (23): *un amico mi ha favorito due biglietti per lo spettacolo* un ami m'a offert deux billets pour le spectacle ◇ (*nelle formule di cortesia*) *mi favorisci il sale?* tu me passes le sel, s'il te plaît?; *mi favorisce un attimo il suo giornale?* vous me passez un instant le journal, s'il vous plaît? ◇ (*in tono perentorio*) [*esibire, presentare*] s'il vous, te plaît!: *favorisca la patente, i documenti* votre permis de conduire, vos papiers, s'il vous plaît!; *favoriscano il biglietto* vos billets, s'il vous plaît! **5** (*usato ass. o + inf. espresso o sottointeso*) [*accettare un invito di cortesia*] *favoriscano in salotto* voulez-vous passer au salon?; *favorisca alla cassa* passez à la caisse, s'il vous plaît ◇ (*offrendo a qc. un cibo o una bevanda*) *vuol favorire?* je vous en prie, servez-vous! ◇ (*loc.*) *tanto per favorire* rien que, juste pour vous faire plaisir ◇ (*in tono perentorio*) *favorisca seguirmi al commissariato* veuillez me suivre, je vous prie de me suivre au commissariat; *favorisca in questura* veuillez me suivre à la (préfecture de) police.

favorita |favo'rita| *s.f.* favorite: *la favorita del sultano, di Luigi XIV* la favorite du sultan, de Louis XIV.

favoritìsmo |favori'tizmo| *s.m.* favoritisme: *ha vinto il concorso per favoritismo* il a gagné le concours par favoritisme.

favorìto |favo'rito| **I** *agg.* **1** [*preferito, prediletto*] favori*, préféré: *il mio scrittore, il mio poeta favorito* mon auteur, mon poète favori, préféré → **beniamino** ◆ (*s.*) *il favorito* le favori, le chouchou: *Marco è il favorito della maestra* Marc est le favori, le chouchou de l'institutrice; *il favorito del re* le favori du roi **2** [*che gode dei pronostici in una gara*] favori: *la squadra favorita* l'équipe favorite; *il cavallo che parte favorito* le cheval (qui part) favori ◆ (*s.*) *il favorito* [*cavallo, atleta*] le favori; *la favorita* [*la squadra favorita*] l'équipe favorite *agg.* ◇ (*persone*) *il favorito, la favorita* celui, celle qui a la faveur du pronostic **II** *s.m.pl.* [*fedine*] favoris.

fazènda |fa'zɛnda| *s.f. inv.* (*port.*) fazenda *var.*

fazióne |fat'tsjone| *s.f.* faction: *un paese lacerato dalle fazioni* un pays en proie aux factions ◇ (*nel linguaggio sportivo*) [*tifosi di due squadre o atleti avversari*] (groupe *m.* de) supporteurs *m. pl.* ◇ *stare di fazione* être en faction.

faziosaménte |fattsjosa'mente| *avv.* factieusement.

faziosità |fattsjosi'ta| *s.f. inv.* [*l'essere fazioso; parzialità*] attitude *var.* factieuse; partialité *var.*

fazióso |fat'tsjoso| *agg.* **1** [*che si ispira a una cieca adesione alla propria ideologia; settario*] partial*: *giudice fazioso* juge partial; *sentenza faziosa* sentence partiale; *giudizio fazioso* jugement partial ◆ (*s.*) *un fazioso* un homme *m.* partial *agg.*, sectaire *agg.* **2** (*per est.*) [*sovversivo, fanatico*] factieux*, subversif*: *fare discorsi faziosi* tenir des propos subversifs → **ribelle, rivoluzionario** ◆ (*s.*) *un fazioso* un factieux: *una minoranza di faziosi* une minorité de factieux.

fazzolétto |fattso'letto| *s.m.* **1** mouchoir; pochette (*f.*): *fazzoletto da naso* mouchoir (de poche); *fazzoletto da uomo, da donna* mouchoir d'homme, de femme ‖ *mettere un fazzoletto al taschino* mettre, porter une pochette à sa veste ◇ (*loc. fig.*) *farsi un nodo al fazzoletto* faire un nœud à son mouchoir ◇ (*abbigl.*) foulard; *fazzoletto da collo, da testa* foulard; *il fazzoletto del cow-boy* le foulard du cow-boy ◇ (*fig.*) *un fazzoletto di terra* un lopin de terre, un terrain grand comme un mouchoir de poche **2** (*tess.*) échantillon.

fé |fe| *s.f. inv.* (*poet.*) → **fede.**

febbràio, i |feb'brajo, i| *s.m.* [*secondo mese dell'anno*] février: *nel mese di febbraio, in febbraio* au mois de février, en février.

fèbbre |'fɛbbre| *s.f.* **1** fièvre: *un accesso di febbre* un accès, une poussée de fièvre; *febbre alta, intermittente* forte fièvre, fièvre intermittente; *avere la febbre* avoir de la fièvre, de la température; *avere una febbre da cavallo* avoir une fièvre de cheval # *provare, misurare la febbre a un bambino* prendre la température à un enfant ◇ (*per est.*) *febbre da fieno* rhume *m.* des foins; *febbre gialla* fièvre jaune; *febbre maltese* fièvre de Malte ◇ *solo al plur.* [*febbre palustre*] fièvres → **malaria** **2** (*pop.*) [*vescichetta che compare talora sulle labbra*] bouton *m.* de fièvre **3** (*fig.*) [*passione, desiderio ardente*] soif, fièvre: *la febbre del denaro, dell'oro* la soif de l'argent, de l'or; *la febbre del sapere* la soif de connaître ◇ (*loc.*) *aver la febbre addosso* [*essere in timore, in ansia*] être sur des charbons ardents ~ *far venire la febbre a qc.* [*metterlo in uno stato d'ansia*] mettre qqn. hors de lui.

febbriciàttola |febbri'tʃattola| *s.f.* fébricule, petite fièvre.

febbricitànte |febbritʃi'tante| *agg.* [*che ha la febbre*] fiévreux*: *si presentò al lavoro benché febbricitante* il se présenta au travail bien que fiévreux.

febbrìcola |feb'brikola| *s.f.* → **febbriciattola.**

febbrìfugo, ghi, ga, ghe |feb'brifugo, gi, ga, ge| *agg.* fébrifuge → **antipiretico** ◆ (*s.m.*) *un febbrifugo* un fébrifuge.

febbrìle |feb'brile| *agg.* **1** fébrile, fiévreux*: *stato febbrile* état fébrile; *polso febbrile* pouls fébrile, fiévreux # *accesso febbrile* accès de fièvre **2** (*fig.*) [*concitato, intenso*] fiévreux, fébrile: *lavoro, attività febbrile* travail fiévreux, activité fiévreuse; *passione, impazienza febbrile* passion, impatience fébrile → **instancabile, dinamico.**

febbrilménte |febbril'mente| *avv.* [→ FEBBRILE 2] fiévreusement, fébrilement: *lavorare febbrilmente* travailler fiévreusement.

febbróne |feb'brone| *s.m.* fièvre *f.* violente, fièvre de cheval.

fecàle |fe'kale| *agg.* fécal*: *materia fecale* matière fécale.

fèccia, ce |'fɛttʃa, tʃe| *s.f.* **1** [*deposito di sedimentazione del vino*] lie: ◇ (*loc. fig.*) *bere il calice fino alla feccia* boire le calice, la coupe jusqu'à la lie ◇ (*scient.*) lie **2** (*fig.*) [*la parte peggiore, spec. in senso morale*] lie, racaille: *la feccia della società* la lie de la société ◇ [*canaglia*] fumier *m.*, ordure: *sei una feccia!* tu es un fumier!, une ordure!

fecciόso |fet'tʃoso| *agg.* plein de lie: *vino feccioso* vin plein de lie ◇ [*torbido, impuro*] trouble, impur: *olio feccioso* huile trouble.

fecciùme |fet'tʃume| *s.m.* **1** [*quantità di feccia*] lie (*f.*): *un fiasco pieno di fecciume* une fiasque pleine de lie **2** (*raro, fig.*) [*la parte più spregevole*] lie, racaille *f.* → **canaglia.**

fèci |'fɛtʃi| *s.f.pl.* fèces, selles: *espulsione delle feci* expulsion des fèces; *analisi delle feci* analyse des selles.

feciàle |fe'tʃale| *s.m.* → **feziale.**

fècola |'fɛkola| *s.f.* fécule: *fecola di castagne* fécule de châtaigne *fecola* (*di patate*) fécule de pomme de terre.

fecondàbile |fekon'dabile| *agg.* [→ FECONDARE] fécondable.

fecondabilità |fekondabili'ta| *s.f. inv.* fécondabilité *var.*

fecondaménte |fekonda'mente| *avv.* [→ FECONDO] avec fécondité *loc. inv.*

fecondàre |fekon'dare| *v.tr.* **1** [*provocare la formazione e lo sviluppo del germe embrionale*] féconder **2** (*per est.*) [*rendere fertile*] féconder: *l'acqua e il sole fecondano la terra* l'eau et le soleil fécondent la terre → **fertilizzare** ◇ (*fig.*) [*arricchire su un piano spirituale*] *fecondare lo spirito, la mente* féconder l'esprit.

fecondativo |fekonda'tivo| *agg.* fécondant, fécondateur* (*lett.*).

fecondatóre, trice |fekonda'tore, tritʃe| *agg. e s.* fécondateur*: *il sole fecondatore* le soleil fécondateur; *uno spirito fecondatore* un esprit fécondateur.

fecondazióne |fekondat'tsjone| *s.f.* [→ FECONDARE] fécondation: *fecondazione artificiale* fécondation, insémination artificielle; *fecondazione incrociata* fécondation croisée.

fecondità |fekondi'ta| *s.f.inv.* **1** fécondité *var.* **2** (*per est.*) [*fertilità*] fécondité: *la fecondità di un terreno* la fécondité d'un sol ◇ (*fig.*) *la fecondità dell'ingegno* la fécondité de l'esprit; *fecondità poetica* fécondité poétique; *la fecondità di uno scrittore* la fécondité d'un écrivain [C] 1 **sterilità, infecondità**; 2 **aridità.**

fecóndo |fe'kondo| *agg.* **1** fécond: *donna feconda* femme féconde # *rendere feconda* féconder **2** (*per est.*) [*che produce frutti abbondanti*] fécond: *albero, campo fecondo* arbre, champ fécond → **fertile** ◇ (*fig.*) *ingegno fecondo* esprit fécond; *idea feconda* idée féconde; *un tema fecondo* un sujet fécond; *scrittore fecondo* écrivain fécond ◇ *loc.* FECONDO DI fécond en: *fecondo di idee* fécond en idées [C] 1 **infecondo, sterile**; 2 **sterile, improduttivo.**

feculènto |feku'lɛnto| *agg.* (*raro*) féculent → **feccioso.**

fedain |feda'in| *s.m.inv.* fed(d)ayin *var.*

féde |'fede| *s.f.* **1** [*l'atto di credere a un'idea, a un fatto, a una persona*] foi ◇ *loc.* AVER FEDE IN avoir foi en; croire à, en: *aver fede nell'uomo* avoir foi en l'homme, croire en l'homme; *avere fede nei valori della democrazia* croire aux valeurs de la démocratie → 1 **credere** ~ PRESTAR FEDE A QC., A Q.C. croire qqn., qqch.: *prestar fede a una notizia* croire une nouvelle, ajouter foi à une nouvelle ◇ [*fiducia, credito*] foi, confiance: *un testimonio degno di fede* un témoin digne de foi: *buona fede, mala fede* → **buonafede, malafede**; *aver* *fede in un medico, nell'efficacia di una medicina* avoir foi, confiance en un médecin, en l'efficacité d'un remède; *aver fede nella vittoria di una giusta causa* avoir foi en, croire à la victoire d'une juste cause **2** [*l'insieme dei principi in cui si crede*] foi: *la fede politica di qc.* la foi politique de qqn. → **credo 3** (*ass.*) *la fede* [*il credere nell'esistenza di Dio*] la foi: *avere, non avere fede* avoir, ne pas avoir la foi; *perdere, riacquistare la fede* perdre, retrouver la foi ◇ [*l'insieme delle credenze proprie di una relig.*] *i principi basilari della fede cristiana, musulmana* les principes fondamentaux de la foi chrétienne, musulmane; *predicare, propagandare la fede* prêcher, répandre la foi ◇ (*spec.*) [*la relig. crist.*] foi chrétienne: *i martiri della fede* les martyrs de la foi chrétienne; *convertirsi alla vera fede* se convertir à la foi chrétienne **4** (*teol. crist.*) foi: *dogma di fede* dogme de foi; *l'atto di fede* l'acte de foi # *i conforti della fede* les secours de la religion ◇ (*loc.*) *un uomo di poca fede* un homme de peu de foi **5** [*osservanza di una promessa, di un patto*] foi; fidélité: *fede d'amico, d'amante, di sposo* foi, fidélité d'ami, d'amant, d'époux || *fede coniugale* fidélité conjugale # *mantener fede a una promessa* tenir une promesse, demeurer fidèle à une promesse → **fedeltà, lealtà** ◇ [*la cosa promessa o giurata*] foi: *violare, tradire la fede* violer, trahir sa foi ◇ (*lett.*) *fede greca, punica* [*slealtà, tradimento*] mauvaise foi **6** [*anello nuziale*] alliance **7** [*testimonianza certa e fedele*] foi: *far fede* faire foi # *quei monumenti fanno fede delle glorie passate* ces monuments attestent la gloire de jadis → 1 **attestare** ◇ (*bur.*) certificat (*m.*): *fede di stato libero, di battesimo* certificat de célibat, de baptême ◇ (*econ.*) *fede di credito* chèque (*m.*); *fede di deposito* warrant *m.* ◇ *loc.* IN FEDE (DI CHE), IN FEDE DI CIÒ (*formule con cui si conclude un documento*) en foi de quoi **8** (*arald.*) foi.

fedecommésso |fedekom'messo| *s.m.* (*dir.*) fidéicommis.

fedecomméttere |fedekom'mettere| (155) *v.tr.* (*dir.*) [*lasciare in fedecommesso*] laisser en fidéicommis.

fedecommissàrio, i |fedekommis'sarjo, i| *agg.* (*dir.*) d'un fidéicommis (*loc. inv.*): *disposizione fedecommissaria* disposition d'un fidéicommis ✦ (*s.*) *un fedecommissario* un fidéicommissaire.

fedéle |fe'dele| **I** *agg.* **1** fidèle: *amico, sposa fedele* ami, épouse fidèle; *rimanere fedele ai propri ideali* rester fidèle à ses idéaux; *essere fedele alla promessa, ai patti* être fidèle à sa promesse, à ses engagements; *essere fedele all'appuntamento* être fidèle au rendez-vous **2** [*esatto, corrispondente a verità*] fidèle: *racconto, esposizione fedele* récit, exposé fidèle; *traduzione fedele* traduction fidèle **II** *s.* **1** *spec. al plur.* [*seguaci di una fede religiosa*] fidèles: *i fedeli cristiani, maomettani* les fidèles chrétiens, mahométans → **credente** ✦ (*ass.*) *i fedeli* les fidèles **2** (*per est.*) [*seguace di un'idea, di una persona*] fidèle: *i fedeli della monarchia* les fidèles de la monarchie; *i fedeli del partito* les fidèles du parti **3** (*st. mediev.*) très fidèle [C] **I infedele.**

fedelissimo |fede'lissimo| *agg.* très fidèle ✦ (*s.f.*) *la Fedelissima* l'Arme des Carabiniers.

fedelménte |fedel'mente| *avv.* **1** [*con fedeltà, lealmente*] fidèlement: *servire fedelmente* servir fidèlement **2** [*in modo esatto e rigoroso*] fidèlement → **esattamente** # *tradurre, riprodurre fedelmente* traduire, reproduire fidèlement; *eseguire fedelmente* exécuter fidèlement [C] 1 **infedelmente.**

fedeltà |fedel'ta| *s.f. inv.* **1** fidélité (*var.*): *fedeltà coniugale* fidélité conjugale; *fedeltà ai propri doveri* fidélité à son devoir → **lealtà, devozione** # *uomo di provata fedeltà* homme très dévoué; *giurare, serbare fedeltà ai propri doveri* jurer d'être, de rester fidèle à ses devoirs **2** [*conformità all'originale, corrispondenza alla verità*] fidélité: *la fedeltà di una copia, di una traduzione* la fidélité d'une copie, d'une traduction; *la fedeltà di un racconto giornalistico* la fidélité d'un reportage journalistique → **esattezza 3** (*fis.*) fidélité ◇ (*di apparecchio elettroacustico*) *alta fedeltà* *haute-fidélité, *hi-fi *inv.* [C] 1 **infedeltà.**

fèdera |'fɛdera| *s.f.* [*telo della biancheria del letto che copre il guanciale*] taie d'oreiller.

federàle |fede'rale| *agg.* fédéral*: *Stato, governo federale* État, gouvernement fédéral; *polizia federale* police fédérale; *consiglio federale* conseil fédéral ✦ *s.m.* (*st. it.*) *il federale* le secrétaire d'une fédération du parti fasciste.

federalismo |federa'lizmo| *s.m.* fédéralisme.

federalista |federa'lista| *s.* fédéraliste: *i federalisti europei* les fédéralistes européens ✦ (*agg.*) *sistema federalista* système fédéraliste → **federalistico.**

federalistico, ci, ca, che |federa'listiko, tʃi, ka, ke| *agg.* fédéraliste, fédérateur*.

federàre |fede'rare| *v.tr.* [*unire in federazione*] fédérer (8), fédéraliser.

federativo |federa'tivo| *agg.* fédératif*, fédéraliste, fédérateur*: *movimento federativo* mouvement fédéraliste.

federàto |fede'rato| *agg. e s.* fédéré.

federazióne |federat'tsjone| *s.f.* **1** fédération: *giurare fedeltà alla federazione* jurer fidélité à la fédération; *federazione europea* fédération européenne → **confederazione 2** [*associazione di enti*] fédération, union: *federazione sindacale* fédération syndicale, ouvrière; *federazione consorzi agrari* union des coopératives agricoles.

fedifrago, ghi, ga, ghe |fe'difrago, gi, ga, ge| *agg.* (*raro*) [*che rompe i patti, che manca di fedeltà*] traître* (*corr.*), parjure (*corr.*) ◇ (*scherz.*) *marito fedifrago, moglie fedifraga* [*infedele*] mari, femme infidèle.

1 **fedìna** |fe'dina| *s.f.* (extrait *m.* du) casier *m.* judiciaire: *avere la fedina* (*penale*) *sporca, pulita* avoir un casier judiciaire chargé, vierge.

2 **fedìna** |fe'dina| *s.f. spec. al plur.* [*sorta di basette lunghe*] favoris *m.pl.*

feed-back |'fi:dbæk| *s.m. inv.* (*ingl.*) (*elettron.*) rétroaction *f. var.*, feed-back *var.*

feeder |'fi:də| *s.m. inv.* (*ingl.*) (*elettr., rad.*) feeder *var.*

feérico, ci, ca, che |fe'eriko, tʃi, ka, ke| *agg.* (*lett.*) [*fantastico*] féerique.

'féerie' |fe(e)ʀi| *s.f. inv.* féerie *var.*

fegatàccio, i |fega'tattʃo, i| *s.m.* [*persona audace e coraggiosa*] risque-tout *inv.*, casse-cou (*inv.*): *è un fegataccio* c'est un risque-tout, un casse-cou.

fegatèlla |fega'tɛlla| *s.f.* (*t.bot.*) **1** [*pianta delle Marcanziacee*] marchantie, marchantia **2** [*pianta delle Epatiche*] hépatique.

fegatèllo |fega'tɛllo| *s.m.* (*cuc.*) (petit morceau de) foie de porc rôti: *un piatto di fegatelli allo spiedo* une assiette de brochettes de foie de porc ◇ (*loc. fig.*) *rinvoltarsi come un fegatello* [*coprirsi molto per ripararsi dal freddo*] s'emmitoufler.

fegatino |fega'tino| *s.m. spec. al plur.* [*fegato di animale da cortile*] foies de volaille: *risotto con fegatini* risotto aux foies de volaille.

fégato |'fegato| *s.m.* **1** (*anat., corr.*) foie: *avere il fegato ingrossato* avoir le foie gros, avoir une congestion du foie **2** (*spec.*) *fegato di vitello, di maiale* foie de veau, de porc; *pasticcio di fegato d'oca* pâté de foie gras; *olio di fegato di merluzzo* huile de foie de morue ◇ (*loc. fig.*) *mangiarsi, rodersi il fegato* [*consumarsi per la rabbia*] enrager, rager; être dévoré par la colère ~ *farsi venire il mal di fegato* [*preoccuparsi eccessivamente per q.c.*] se manger, se ronger les foies, les sangs; se faire de la bile **3** (*fig.*) [*audacia, coraggio*; *temerità*] cran, estomac ◇ (*loc.*) *aver* (*del*) *fegato, aver un bel fegato* avoir du cran, de l'estomac ~ *avere il fegato di fare q.c.* avoir le cran, le toupet de faire qqch. ~ *che fegato!* quel aplomb!, quel courage! ~ *ci vuole del fegato a...* il faut de l'estomac pour... **4** (*chim.*) foie: *fegato di zolfo* foie de soufre.

fegatóso |fega'toso| *agg.* **1** [*che soffre di fegato*] hépatique ✦ (*s.*) *un fegatoso* un hépatique **2** (*fig.*) [*irascibile, astioso*] bilieux*: *carattere fegatoso* tempérament bilieux ✦ (*s.*) *un fegatoso* une personne *f.* bilieuse *agg.* **3** (*raro, fig.*) [*audace, coraggioso*] audacieux*, courageux* ✦ (*s.*) *un fegatoso* un homme courageux *agg.*, un casse-cou *inv.*

félce |'feltʃe| *s.f.* (*t.bot.*) fougère: ~ *felce comune* fougère commune ~ *felce aquilina* fougère grand aigle ~ *felce dolce, quercina* polypode *m.* ~ *felce femmina* fougère femelle ~ *felce maschio* fougère mâle.

felcéta |fel'tʃeta| *s.f.*, **felcéto** |fel'tʃeto| *s.m.* [*terreno cosparso di felci*] fougeraie *f.*

Félci |'feltʃi| *s.f. pl.* (*t.bot.*) Filicinées.

feldmaresciàllo |feldmareʃ'ʃallo| *s.m.* (*mil.*) feld-maréchal*.

feldspàtico, ci, ca, che |feld'spatiko, tʃi, ka, ke| *agg.* (*miner.*) feldspathique.

feldspàto |feld'spato| *s.m.* (*miner.*) feldspath.

felibrismo |feli'brizmo| *s.m.* (*letter. fr.*) félibrige.

felibro |fe'libro| *s.m.* (*letter. fr.*) félibre.

felice |fe'litʃe| *agg.* **1** (*persone*) [*pienamente soddisfatto nei suoi desideri*; *sereno*] heureux*: *è un uomo felice* c'est un homme heureux ◇ (*loc.*) *far felice, rendere felice qc.* faire le bonheur de qqn., rendre heureux qqn.; *sii felice* sois heureux ◇ (*spec. nelle formule di cortesia*) très heureux, enchanté: *felice di fare la sua conoscenza* très heureux, enchanté de faire votre connaissance;

sarei felice di avervi a cena stasera je serais très heureux de vous avoir à dîner ce soir ◇ [*fortunato, beato*] heureux: *te felice che...* heureux toi qui... **2** (*fig.*) (*cose*) [*che dà gioia, felicità*] heureux, bon*: *un esito felice* une heureuse issue # *l'età felice* [*l'infanzia*] le bel âge ◇ (*come formula di augurio*) *felice notte, felice viaggio* bonne nuit, bon voyage; *felice anno nuovo* bonne et heureuse année ◇ (*loc.*) *di felice memoria* (*detto di defunto ricordato con affetto*) pauvre: *lo zio di felice memoria* mon pauvre oncle **3** (*fig.*) (*cose*) [*dai buoni risultati; favorevole*] heureux: *idea, decisione felice* heureuse idée, décision; *un'espressione assai felice* une expression fort heureuse → **fortunato** ◇ (*loc.*) *avere la mano felice* avoir la main heureuse.

feliceménte |felitʃe'mente| *avv.* **1** [→ FELICE 1] heureux* (*agg.*): *vivere felicemente* vivre heureux **2** [→ FELICE 3] heureusement, avec succès (*loc. inv.*): *superare felicemente la prova* passer une épreuve avec succès; *la spedizione lunare si è conclusa felicemente* l'expédition lunaire s'est conclue avec succès, a été couronnée de succès → **brillantemente** **3** (*bur.*) *felicemente regnante* heureusement régnant.

felicità |felitʃi'ta| *s.f. inv.* **1** [*l'esser appagato nei propri desideri; serenità*] bonheur (*m. var.*): *aspirare alla felicità* aspirer au bonheur, rechercher le bonheur # *la felicità celeste, eterna* la béatitude céleste, éternelle ◇ [*gioia, letizia*] joie *var.*, bonheur: *provare una grande felicità* éprouver une grande joie, un grand bonheur ◇ [*avvenimento che procura gioia*] bonheur: *ti auguro ogni felicità* je te souhaite tout le bonheur du monde **2** [*qualità di ciò che è riuscito bene; opportunità*] *la felicità di una scelta* l'opportunité *var.* d'un choix; *la felicità di una frase, di un neologismo* l'à-propos *m.* d'une phrase, d'un néologisme.

felicitàre |felitʃi'tare| **A** *v.tr.* (*lett.*) [*rendere felice; accontentare*] rendre (53) heureux* # *che Dio vi feliciti!* que Dieu vous bénisse! **B** *v.pron.intr.* FELICITARSI **1** [*congratularsi*] féliciter (*tr.*): *felicitarsi con qc.* féliciter qqn.; *mi felicito con te per il tuo successo* je te félicite de ton succès **2** (*raro*) [*rallegrarsi, gioire*] se réjouir de: *mi felicito del buon esito di quest'impresa* je me réjouis de la réussite de cette entreprise.

felicitazióne |felitʃitat'tsjone| *s.f. spec. al plur.* [→ FELICITARE B 1] félicitations (*pl.*): *felicitazioni vivissime* toutes mes (nos) félicitations; *presentare le proprie felicitazioni* adresser, faire ses félicitations → **rallegramento.**

Fèlidi |'fɛlidi| *s.m.pl.* (*t.zool.*) Félidés.

felinaménte |felina'mente| *avv.* [→ FELINO I 2] d'une manière féline *loc. inv.*

felino |fe'lino| **I** *agg.* **1** [*proprio dei Felidi*] félin: *le razze feline* les races félines **2** [*di gatto, dei gatti*] *mostra, esposizione felina* exposition féline ◇ (*fig.*) de félin *loc. inv.*, félin: *occhio felino* œil de félin, de chat; *astuzia felina* une ruse féline **II** *s.m.pl.* (*t.zool.*) *i Felini* les Félins.

fellàga |fel'laga| *s.m.inv.* fellag(h)a *var.*

fellàh |fel'la| *s.m. inv.* fellah *var.*

fellazióne |fellat'tsjone| *s.f.* fellation.

fellèma |fel'lɛma| *s.m.* → **sughero.**

fellodèrma |fello'dɛrma| *s.m.* (*bot.*) phelloderme.

fellògeno |fel'lɔdʒeno| *s.m.* (*bot.*) phellogène.

fellóne |fel'lone| *s.m.* **1** (*scherz.*) [*birbante, briccone*] coquin: *ah, fellone!* ah, coquin! **2** (*arc.*) félon → **traditore.**

fellonésco, chi, ca, che |fello'nesko, ki, ka, ke| *agg.* (*raro*) [*da fellone*] (de) traître *loc.*

fellonìa |fello'nia| *s.f.* (*st. mediev.*) félonie.

félpa |'felpa| *s.f.* (*tess.*) peluche.

felpàto |fel'pato| *agg.* **1** [*di felpa; rivestito di felpa*] peluché, molletonné: *tessuto felpato* étoffe peluchée; *guanti felpati* gants molletonnés ♦ (*s.m.*) *un felpato* [*tessuto felpato*] un molleton **2** (*fig.*) [*che non provoca rumori*] feutré: *passo felpato* pas feutré → **silenzioso.**

feltràre |fel'trare| **A** *v.tr.* [*lavorare un panno per ridurlo a feltro, imbottire di feltro*] feutrer → **infeltrire** **B** *v.pron. intr.* FELTRARSI [*divenire compatto come il feltro*] feutrer (*intr.*): *lana che si feltra* laine qui feutre → **infeltrir(si).**

feltratùra |feltra'tura| *s.f.* [→ FELTRARE A] feutrage *m.*

feltrino |fel'trino| *s.m.* [*piccolo feltro* (3)] feutre: *applicare dei feltrini alle gambe delle sedie* appliquer des feutres aux pieds des chaises; *sostituire i feltrini del registratore* changer les feutres du magnétophone.

féltro |'feltro| *s.m.* **1** (*tess.*) feutre **2** [*capo di abbigl.; spec. cappello*] feutre: *un elegante feltro da uomo, da signora* un élégant feutre d'homme, de femme **3** [*pezzo di feltro adibito a svariati usi*] molleton; feutre: *stendere un feltro sul materasso del bambino* étendre un molleton sur le matelas de l'enfant ‖ *i feltri della lucidatrice* les feutres de la cireuse.

felùca, che |fe'luka, ke| *s.f.* **1** [*cappello bicorno*] bicorne *m.* ◇ (*fig.*) *aspirare alla feluca* [*carica, dignità*] briguer l'habit vert (d'académicien); aspirer à la carrière des armes, à la carrière (diplomatique) **2** [*antica imbarcazione bassa e veloce*] felouque.

fémmina |'femmina| **I** *s.f.* **1** femelle: *la femmina del lupo, dell'aquila* la femelle du loup, de l'aigle ◇ (*posposto ai sost. promiscui*) femelle: *topo maschio, topo femmina* souris mâle, souris femelle; *aquila maschio, aquila femmina* aigle mâle, aigle femelle **2** (*persone*) *ha due figli, un maschio e una femmina* il a deux enfants, un garçon et une fille; *gli è nata una femmina* il a eu une fille ◇ (*spreg.*) femelle (*pop. pegg.*): *è proprio una femmina* c'est une vraie femelle # *mala femmina* [*femmina disonesta*] garce → **donnaccia, prostituta** **3** (*fig.*) [*uomo debole, vile*] femmelette: *si è dimostrato una femmina* il s'est comporté comme une femmelette **4** (*tecnol.*) femelle (*agg.*): *la femmina del gancio* l'agrafe femelle; *il maschio e la femmina di un incastro* les pièces mâle et femelle d'un emboîtement **II** *agg.* **1** (*detto di donna fisicamente dotata e attraente*) femme: *è molto femmina* elle est très femme → **femminile** **2** (*tecnol.*) femelle: *il gancio femmina* l'agrafe femelle; *la presa femmina* la prise femelle **3** (*raro, fig.*) [*instabile, volubile*] capricieux*: *la fortuna è femmina* la fortune est capricieuse → **capriccioso.**

femminàccia, ce |femmi'nattʃa, tʃe| *s.f.* femme dépravée, débauchée → **donnaccia.**

femminèlla |femmi'nɛlla| *s.f.* **1** (*nelle allacciature*) [*ansa in cui si inserisce il gancio*] porte d'agrafe **2** (*raro*) [*donna piccola e debole*] femmelette.

femmìneo |fem'mineo| *agg.* (*lett.*) [*di donna*] féminin (*corr.*) → **femminile** ◇ [*effeminato*] efféminé, féminin: *lineamenti femminei* traits efféminés, féminins.

femminésco, chi, ca, che |femmi'nesko, ki, ka, ke| *agg.* (*raro, spreg.*) [*da donna*] de femme (*loc. inv.*): *un comportamento femminesco* un comportement de femme.

femminétta |femmi'netta| *s.f.* (*raro*) [*donna umile; donna giovane*] pauvre femme, jeune femme.

femminile |femmi'nile| **I** *agg.* **1** [*di femmina, della donna*] féminin, de(s) femme(s) (*loc.*): *sesso femminile* sexe féminin; *psicologia femminile* psychologie féminine, des femmes; *giacca di taglio femminile* veste de coupe féminine; *abito femminile* vêtement de femme ◇ (*biol.*) femelle, de la femme (*loc. inv.*): *gamete femminile* gamète femelle; *caratteri sessuali secondari femminili* caractères sexuels secondaires de la femme ◇ (*fig.*) *una grazia squisitamente femminile* une grâce délicieusement féminine **2** [*riservato alle donne*] *scuola, classe femminile* école, classe de filles; *istituto tecnico femminile* collège technique de jeunes filles; *gara, torneo femminile* compétition féminine, tournoi féminin **3** (*gram.*) féminin: *il genere femminile* le genre féminin **4** (*metr. ant.*) féminin: *cesura femminile* césure féminine **II** *s.m.* **1** (*gram.*) féminin: *i femminili regolari e irregolari* les féminins réguliers et irréguliers; *il sostantivo 'casa' è un femminile* le substantif 'maison' est du féminin **2** [*gara, torneo riservato alle donne*] compétition *f.* féminine, tournoi féminin: *il femminile di pallacanestro, di tennis* la compétition féminine, le tournoi féminin de basket, de tennis.

femminilìsmo |femmini'lizmo| *s.m.* (*med.*) féminisme.

femminilità |femminili'ta| *s.f. inv.* féminité (*var.*): *donna piena, priva di femminilità* femme qui a beaucoup de féminité, dépourvue de féminité ◇ (*per est.*) [*delicatezza, tenerezza*] féminité, délicatesse *var.*

femminilménte |femminil'mente| *avv.* (*raro*) [→ FEMMINILE I 1] d'une façon féminine *loc. inv.*, en femme *loc. inv.*

femminìno |femmi'nino| *agg.* (*lett.*) féminin ♦ (*s.m.*) *l'eterno femminino* l'éternel féminin.

femminìsmo |femmi'nizmo| *s.m.* féminisme.

femminìsta |femmi'nista| *s.* féministe ♦ (*agg.*) *il movimento femminista* le mouvement féministe.

femminìstico, ci, ca, che |femmi'nistiko, tʃi, ka, ke| *agg.* féministe → **femminista.**

femminùccia, ce |femmi'nuttʃa, tʃe| *s.f.* petite fille ◇ (*fig.*) [*uomo debole e timido*] femmelette: *orsù, non fare la femminuccia!* allons donc, ne fais pas la femmelette!

femoràle |femo'rale| *agg.* (*anat.*)

fémoral*: *muscolo, nervo femorale* muscle, nerf fémoral; *arteria femorale* artère fémorale.
fèmore |ˈfɛmore| *s.m.* **1** (*anat., corr.*) fémur **2** (*arch.*) métope *f.*
fenachistoscòpio, i |fenakistosˈkɔpjo, i|, **fenacistiscòpio, i** |fenatʃistisˈkɔpjo, i| *s.m.* (*tecnol.*) phénakistiscope, phénakisticope.
fenantrène |fenanˈtrɛne| *s.m.* (*chim.*) phénanthrène.
fenàto |feˈnato|, **fenolàto** |fenoˈlato| *s.m.* (*chim.*) phénate, phénolate.
fendènte |fenˈdɛnte| *s.m.* [*colpo di sciabola vibrato di taglio dall'alto in basso*] coup du tranchant: *tirare, menare un fendente* donner un coup du tranchant ◇ (*calcio*) shoot, canon.
fèndere |ˈfɛndere| (105) *v.tr.* **1** [*spaccare con un taglio; dividere in due*] fendre (53): *fendere una pietra, un masso* fendre une pierre, un rocher ◇ (*per est.*) [*lacerare*] fendre, déchirer ◇ [*solcare*] fendre: *fendere la terra con l'aratro* fendre la terre avec la charrue **2** (*fig.*) [*attraversare; aprirsi un varco*] *fendere la nebbia* fendre le brouillard; *fendere l'aria, i flutti* fendre l'air, les flots; *fendere la calca, la folla* fendre la cohue, la foule.
fendinébbia |fendiˈnebbja| *s.m. inv.* (*auto.*) [*faro per migliorare la visibilità nella nebbia*] antibrouillard: *fendinebbia allo iodio* (phares) antibrouillards à l'iode ♦ (*agg.*) *fari fendinebbia* (phares) antibrouillards.
fenditóio, i |fendiˈtojo, i| *s.m.* (*raro*) [*strumento adatto a fendere*] fendoir ◇ [*strumento usato per l'innesto a spacco*] greffoir.
fenditùra |fendiˈtura| *s.f.* [*effetto del fendersi, spacco*] fente, fissure: *osservare attraverso una fenditura* observer à travers une fente, une fissure → **apertura, crepa** # *fenditura di una roccia* crevasse d'une roche ◇ (*biol.*) *fenditure branchiali* fentes branchiales ◇ (*fis.*) *fenditura luminosa* fente lumineuse.
feneratizio, i |feneraˈtittsjo, i| *agg.* (*raro*) [*relativo all'usura*] usuraire: *patto, mutuo feneratizio* pacte, prêt usuraire; *condizioni feneratizie* conditions usuraires.
fenestratùra |fenestraˈtura| *s.f.* (*tecnol.*) fenestration.
fenestrazióne |fenestratˈtsjone| *s.f.* (*chir.*) fénestration.
fenicàto |feniˈkato| *agg.* (*chim.*) phéniqué: *cotone fenicato* coton phéniqué.
fenice |feˈnitʃe| *s.f.* (*st. egiz.*) phénix (*m.*): *l'araba fenice* le phénix ◇ (*fig.*) [*persona o cosa più unica che rara*] *quella donna è la fenice delle spose fedeli* cette femme est le phénix des épouses fidèles.
fenicio, ci, cia, cie |feˈnitʃo, tʃi, tʃa, tʃe| **1** *agg.* [*dell'antica Fenicia*] phénicien*: *alfabeto fenicio* alphabet phénicien ♦ *s.* (*st.*) *i Fenici* les Phéniciens **2** (*s.m.*) *il fenicio* [*la lingua degli antichi Fenici*] le phénicien.
fènico, ci, ca, che |ˈfɛniko, tʃi, ka, ke| *agg.* (*chim.*) phénique: *acido fenico* acide phénique.
fenicòttero |feniˈkɔttero| *s.m.* (*t. zool.*) flamant, phénicoptère.
fenil- |fenil| *pref.* (*indica la presenza del radicale 'fenile', corrisponde gener. a*) phényl: *fenilammina* phénylamine.
fenilico, ci, ca, che |feˈniliko, tʃi, ka, ke| *agg.* (*chim.*) phénylique.
fennèc |fenˈnɛk| *s.m. inv.* (*t.zool.*) fennec *var.*
fenòlo |feˈnɔlo| *s.m.* (*chim.*) phénol.
fenologìa, gie |fenoloˈdʒia, dʒie| *s.f.* phénologie.
fenomenàle |fenomeˈnale| *agg.* phénoménal!*, extraordinaire: *una memoria, una intelligenza fenomenale* une mémoire, une intelligence phénoménale → **formidabile.**
fenomenalismo |fenomenaˈlizmo| *s.m.* (*filos.*) → **fenomenismo.**
fenomenalità |fenomenaliˈta| *s.f. inv.* phénoménalité *var.*
fenomenicità |fenomenitʃiˈta| *s.f. inv.* phénoménicité *var.*
fenomènico, ci, ca, che |fenoˈmɛniko, tʃi, ka, ke| *agg.* (*filos.*) phénoménal*: *mondo fenomenico* monde phénoménal; *conoscenza fenomenica* connaissance phénoménale.
fenomenismo |fenomeˈnizmo| *s.m.* (*filos.*) phénoménisme.
fenòmeno |feˈnɔmeno| *s.m.* **1** phénomène: *fenomeni fisici, chimici* phénomènes physiques, chimiques; *fenomeno acustico, elettrico* phénomène acoustique, électrique; *fenomeni storici, sociali* phénomènes historiques, sociaux → 2 **fatto** ◇ [*fatto o evento particolare*] *il fenomeno della contestazione giovanile* le phénomène de la contestation des jeunes **2** (*fig., fam.*) [*persona o cosa straordinaria, eccellente*] phénomène: *quell'attore è un fenomeno* cet acteur est un phénomène; *nel fare i calcoli è un fenomeno* pour faire des calculs c'est un phénomène; *la sua memoria è un fenomeno* sa mémoire est un phénomène ♦ *agg. inv.* phénoménal* (*var.*): *un atleta fenomeno* un athlète phénoménal; *una ragazza fenomeno* une jeune fille phénoménale ◇ [*tipo strano, simpaticamente bizzarro*] phénomène: *ma sai che sei un fenomeno!* mais tu sais que tu es un phénomène!; *tuo figlio è proprio un fenomeno* ton fils est un vrai phénomène **3** (*filos., stat.*) phénomène.
fenomenologìa, gie |fenomenoloˈdʒia, dʒie| *s.f.* (*filos.*) phénoménologie.
fenomenològico, ci, ca, che |fenomenoˈlɔdʒiko, tʃi, ka, ke| *agg.* (*filos.*) phénoménologique.
fenomenòlogo, gi |fenomeˈnɔlogo, dʒi| *s.m.* phénoménologue.
fenoplàsto |fenoˈplasto| *s.m.* (*chim.*) phénoplaste.
fenotipico, ci, ca, che |fenoˈtipiko, tʃi, ka, ke| *agg.* (*biol.*) phénotypique.
fenotipo |fenoˈtipo| *s.m.* (*biol.*) phénotype.
Feoficee |feoˈfitʃee| *s.f.pl.* (*t.bot.*) Phéophycées.
fèra |ˈfɛra| *s.f.* (*poet.*) → 2 **fiera.**
feràce |feˈratʃe| *agg.* (*lett.*) [*fertile, fecondo*] fertile, fécond: *un terreno ferace* un sol fertile ◇ (*fig.*) *fantasia, intelligenza ferace* imagination, intelligence fertile; *ingegno ferace* esprit fécond.
feracità |feratʃiˈta| *s.f. inv.* (*lett.*) → **fertilità, fecondità.**
feràle |feˈrale| *agg.* (*lett.*) [*funesto*] funeste: *la ferale notizia* la funeste nouvelle; *presagio ferale* présage funeste.
fèretro |ˈfɛretro| *s.m.* [*bara ricoperta dal drappo funebre*] cercueil, bière *f.* ◇ (*per est.*) (*con tono di solennità e ufficialità*) [*bara*] catafalque: *rendere gli onori militari al feretro* rendre les honneurs militaires au catafalque # *seguire, accompagnare il feretro* suivre, accompagner le corbillard.
ferìale |feˈrjale| *agg.* **1** [*riferito a giorno o periodo non festivo*] ouvrable: *giorno feriale* jour ouvrable; *orario feriale* horaire des jours ouvrables; *l'ufficio è aperto tutti i giorni feriali, tranne il sabato* le bureau est ouvert tous les jours ouvrables, sauf le samedi **2** (*raro*) [*relativo alle ferie*] de(s) vacances *loc.*, de(s) congé(s) (*loc.*): *periodo feriale* période de vacances, de congé **3** (*liturg. catt.*) férial*: *messa feriale* office férial **4** (*st. rom.*) férial.
fèrie |ˈfɛrje| *s.f.pl.* **1** [*periodo di riposo retribuito, spec. estivo*] vacances; congé(s) (*m.*): *le ferie estive* les vacances d'été, les grandes vacances; *trascorrere le ferie al mare, in montagna* passer les vacances à la mer, à la montagne; *prendersi le ferie* prendre ses vacances; *essere in ferie* être en vacances → **vacanza** ‖ *ferie pagate* congés payés; *prendere un giorno di ferie* prendre un jour de congé; *la ditta è chiusa per ferie* la maison est fermée pour congé(s) annuel(s) **2** (*dir.*) vacances: *ferie giudiziarie* vacances judicaires **3** *sing.* (*liturg. catt.*) férie **4** *sing.* (*st. rom.*) férie.
feriménto |feriˈmento| *s.m.* **1** [→ FERIRE A 1] agression *f.* # *gli incidenti hanno provocato il ferimento di molte persone* les incidents ont fait plusieurs blessés **2** [*il riportare una ferita*] blessure (*f.*): *ferimento seguito da morte* blessure suivie de mort.
ferinità |feriniˈta| *s.f.inv.* (*lett.*) [*qualità ferina*] férocité *var.*, cruauté *var.*
ferino |feˈrino| *agg.* [*di ferocia e crudeltà bestiale*] féroce, cruel*: *istinto ferino* instinct cruel; *un cuore ferino* un cœur féroce ◇ (*lett.*) [*di fiera, di belva*] féroce.
ferire |feˈrire| (197) **A** *v.tr.* **1** [*colpire in modo da provocare una ferita*] blesser: *ferire di coltello, di spada* blesser d'un coup de couteau, d'un coup d'épée; *ferire con un sasso, con la pistola* blesser avec une pierre, avec un revolver; *ferire alle gambe, nella testa* blesser aux jambes, à la tête; *ferire gravemente, a morte* blesser grièvement, mortellement, à mort □ *si è ferita una mano* elle s'est blessée à une main ◇ (*prov.*) *chi di spada ferisce, di spada perisce* quiconque frappera de l'épée, périra par l'épée **2** (*fig.*) [*offendere, addolorare*] blesser: *ferire qc. nell'onore, nell'amor proprio* blesser qqn. dans son honneur, dans son amour-propre; *ferire l'orgoglio, la suscettibilità di qc.* blesser l'orgueil, la susceptibilité de qqn. → **colpire** ◇ [*addolorare, umiliare*] blesser, froisser: *le tue parole lo hanno ferito* tes paroles l'ont blessé, froissé ◇ (*loc.*) *ferire il cuore di qc., a qc.* [*farlo innamorare*] inspirer de l'amour à qqn. **3** (*lett.*) (*riferito ai sensi*) *ferire l'orecchio* blesser l'oreille; *la luce improvvisa gli ferì gli occhi, la vista* la lumière soudaine lui blessa les yeux, la vue ◇ (*loc.*) *senza colpo ferire* sans coup férir **B** *v.pron.rifl.* FERIRSI [→ *tr.* 1] se blesser: *si sono feriti in un incidente* ils se sont blessés dans un accident;

si è ferita alla testa, alle mani elle s'est blessée à la tête, aux mains ♦ → *tr.* 1 □.
ferita |fe'rita| *s.f.* **1** [*lesione della pelle o dei tessuti sottostanti*] blessure: *ferita leggera, grave, mortale* blessure légère, grave, mortelle; *ferita aperta, rimarginata* blessure béante, cicatrisée; *ferita da proiettile* blessure due à un projectile # *ferita d'arma da taglio* entaille, estafilade; *ha riportato una ferita alla testa, alle gambe* elle a été blessée à la tête, aux jambes; *si è prodotta una ferita al piede* elle s'est blessée au pied **2** (*fig.*) [*dolore intimo e profondo*] blessure: *quell'insuccesso fu una ferita per il suo amor proprio* cet insuccès fut une blessure pour son amour-propre; *riaprire una ferita nel cuore di qc.* rouvrir, raviver une blessure dans le cœur de qqn. # *le ferite d'amore* les chagrins d'amour, les flèches de l'amour.
ferità |feri'ta| *s.f. inv.* (*lett.*) → **crudeltà, ferocia.**
ferito |fe'rito| *agg.* [*che ha subito ferite*] blessé: *essere gravemente, leggermente ferito* être grièvement, légèrement blessé; *è rimasto ferito in un incidente stradale* il a été blessé dans un accident de la route; *curare il braccio ferito* soigner le bras blessé ♦ (*s.*) *un ferito, i feriti* un blessé, les blessés: *i feriti di guerra* les blessés de guerre; *i feriti più gravi* les blessés les plus graves; *trattare lo scambio dei feriti* négocier l'échange des blessés.
feritóia |feri'toja| *s.f.* **1** (*mil.*) meurtrière, barbacane **2** [*qualunque piccola apertura o fessura*] fente; soupirail* (*m.*): *introdurre un gettone nella feritoia* introduire un jeton dans la fente ‖ *la feritoia della cantina* le soupirail de la cave.
feritóre, trice |feri'tore, tritʃe| *s.* [*chi provoca ferite*] agresseur (*m.*): *non ha potuto riconoscere il suo feritore* il n'a pas pu reconnaître son agresseur.
férma |'ferma| *s.f.* **1** [*il periodo del servizio militare di leva*] service *m.* (militaire): *finire la ferma* finir son service (militaire) # *rinnovare, prolungare la ferma* (se) rengager, rempiler **2** (*caccia*) arrêt (*m.*): *cane da ferma* chien d'arrêt, chien couchant; *cane in ferma* chien à l'arrêt; *cadere in ferma* tomber en arrêt.
fermacàrro |ferma'karro| *s.m.* (*ferr.*) butoir.
fermacàrte |ferma'karte| *s.m. inv.* **1** [*arnese a molla per tenere uniti vari fogli*] pinces *f.pl.* à papiers **2** [*oggetto pesante che tiene fermi sul tavolo fogli sparsi*] presse-papiers.
fermacravàtta |fermakra'vatta| *s.m. inv.* épingle *f. var.* de cravate, fixe cravate (*var.*): *dei fermacravatta* des fixe cravates, des épingles de cravate.
fermàglio, i |fer'maʎʎo, i| *s.m.* **1** [*fibbia o borchia che unisce o chiude* (*due lembi di un vestito, una cintura, ecc.*)] *il fermaglio di una cintura* la boucle *f.* d'une ceinture; *il fermaglio di una collana* le fermoir d'un collier; *ha un bel fermaglio sul collo del vestito* elle a une jolie broche *f.* au col de sa robe ◊ [*fibbia che trattiene una ciocca di capelli*] barrette *f.* **2** [*arnese che tiene uniti più fogli di un incartamento*] trombone, attache *f.*
fermaménte |ferma'mente| *avv.* [→ FERMO I 1, 4, 5] fermement: *il gancio è fissato fermamente* le crochet est fixé fermement; *sono fermamente convinto che...* je suis fermement convaincu que...
fermanèllo |ferma'nɛllo| *s.m.* [*anello infilato davanti a uno più grosso per impedirgli di sfilarsi*] bague *f.* de sûreté.
fermapièdi |ferma'pjɛdi| *s.m.inv.* [*nelle biciclette, dispositivo che tiene fisso il piede sul pedale*] cale-pied ♦ (*agg.*) *cinghia fermapiedi* courroie d'un cale-pied.
fermapòrta |ferma'pɔrta| *s.m. inv.* [*dispositivo che limita l'apertura di una porta*] arrêt *var.* (d'une porte).
fermàre |fer'mare| **A** *v.tr.* **1** [*arrestare, trattenere qc. o q.c. in movimento*] arrêter: *fermare un ladro che fugge* arrêter un voleur qui s'enfuit; *fermare l'avanzata nemica* arrêter l'avance ennemie; *fermare il motore* arrêter le moteur; *fermare il treno* arrêter le train; *tu vorresti fermare il tempo!* tu voudrais arrêter le temps!; *fermare il sangue* arrêter l'écoulement du sang; *fermare la circolazione* arrêter, bloquer la circulation ◊ (*escl.*) *fermalo!* arrête-le! ◊ [*trattenere, intrattenere una persona*] arrêter; retenir (27): *fermare qc. per strada* arrêter qqn. dans la rue; *fermare il primo passante per chiedergli la strada* arrêter le premier passant pour lui demander son chemin ‖ *il capufficio mi ha fermato oltre l'orario di lavoro* le chef de bureau m'a retenu au-delà de l'horaire de travail **2** [*sospendere, interrompere q.c.*] arrêter: *fermare il lavoro* arrêter le travail; *fermare il gioco* arrêter le jeu **3** (*sport*) *fermare l'avversario* [*interromperne l'azione*] contrer un adversaire; *fermare una squadra* [*sconfiggerla*] battre (76) une équipe ◊ [*bloccare*] bloquer: *fermare un assegno bancario* bloquer un chèque bancaire # *fermare una casa, un appartamento in affitto* prendre à loyer, louer une maison, un appartement ◊ (*fig.*) [*fissare q.c.*; *tendere verso q.c.*] arrêter, fixer: *fermare gli occhi, lo sguardo su q.c.* arrêter, fixer ses yeux, son regard sur qqch.; *fermare l'attenzione, il pensiero su q.c.* arrêter son attention, sa pensée sur qqch. **4** [*sottoporre una persona al fermo di polizia*] arrêter: *la polizia ha fermato un individuo sospetto* la police a arrêté un individu suspect **5** [*rendere stabile, saldo*; *fissare*] fixer: *fermare un bottone ciondolante* fixer, recoudre (60) un bouton qui pend; *fermare le imposte, le persiane* fixer les volets; *fermare il colore* fixer la couleur # *fermare il punto di un lavoro a maglia* arrêter une maille, un point de tricot ◊ (*per est.*) *fermare le carni* [*impedirne la frollatura con una prima e sommaria cottura*] faire (45) revenir la viande ◊ (*fig.*) *fermare sulla carta i propri pensieri* fixer ses pensées sur le papier; *fermare una data nella memoria* fixer une date dans sa mémoire **B** *v.intr.* (*aus.* '*avere*') **1** [*cessare il proprio movimento*; *effettuare una sosta*] s'arrêter *pron.*, arrêter: *questo treno ferma a tutte le stazioni* ce train s'arrête à toutes les gares; *l'autobus ferma proprio sotto casa mia* l'autobus (s')arrête juste devant chez moi → **fermar(si)** ◊ (*loc.*) *ferma!, ferma là!*; *fermate!* (*intimazioni ad arrestarsi*) arrête-toi!, arrête!; arrêtez-vous!, arrêtez! **2** (*di cane*) [*mettersi in posizione di ferma*] arrêter **C** *v.pron.intr.* FERMARSI **1** [→ *intr.* 1] s'arrêter: *a metà strada ci siamo fermati per riprendere fiato* à mi-chemin, nous nous sommes arrêtés pour reprende haleine; *il treno si fermò in aperta campagna* le train s'arrêta en rase campagne ◊ [*trattenersi, intrattenersi*] rester *intr.*, s'arrêter: *oggi mi fermerò in ufficio fino a tardi* aujourd'hui je resterai tard au bureau; *fermarsi a parlare col primo che capita* s'arrêter pour parler au premier venu; *mi sono fermato alcuni giorni a Milano* je me suis arrêté quelques jours à Milan; *si fermi da noi questa sera* restez chez nous ce soir ◊ [*stabilirsi*] se fixer: *fermarsi definitivamente in una città* se fixer définitivement dans une ville ◊ [*fare una pausa*; *trattenersi dal fare q.c.*] s'arrêter: *non fermarti ogni momento nella lettura!* ne t'arrête pas de lire à chaque instant!; *lavorare senza fermarsi mai* travailler sans jamais s'arrêter; *stavo per mollargli un ceffone, ma mi sono fermato in tempo* j'allais lui flanquer une gifle, mais je me suis arrêté à temps; *stavo per rivelargli il segreto, ma mi sono fermato* j'allais lui révéler le secret, mais je me suis arrêté **2** (*tecnol.*) [*guastarsi, cessare di funzionare*] s'arrêter; caler (*intr.*): *mi si è fermato l'orologio* ma montre s'est arrêtée ‖ *il motore si è fermato improvvisamente* soudain, le moteur a calé.
fermasàngue |ferma'sangwe| *agg.inv.* → **emostatico.**
fermàta |fer'mata| *s.f.* **1** [→ FERMARE C 1] arrêt *m.*, *halte: *nel nostro viaggio faremo due fermate* au cours de notre voyage nous ferons deux arrêts; *è stata programmata una fermata del lavoro di cinque minuti* on à prévu un arrêt de travail de cinq minutes; *facciamo una fermata al bar* faisons une halte au bar → **sosta, pausa** **2** (*di mezzi di trasporto*) arrêt: *fermata obbligatoria, facoltativa, provvisoria* arrêt obligatoire, facultatif, provisoire; *fermata in stazione* arrêt en gare; *la fermata del tram è stata spostata dieci metri avanti* l'arrêt du tram a été avancé de dix mètres; *il treno non effettua fermate fino a Roma* le train ne fait pas d'arrêts jusqu'à Rome ◊ (*ferr.*) [*stazione di minore importanza*] halte.
fermàto |fer'mato| *s.m.* personne *f.* arrêtée: *i fermati sono stati rilasciati ieri* les personnes arrêtées ont été relâchées hier ♦ (*agg.*) *le persone fermate* les personnes arrêtées.
fermatùra |ferma'tura| *s.f.* [*sistema di chiusura di un abito*] fermeture → **chiusura, allacciatura.**
fermentàbile |fermen'tabile| *agg.* [→ FERMENTARE] fermentescible, fermentable (*raro*).
fermentàre |fermen'tare| **A** *v.intr.* (*aus.* '*avere*') **1** [*subire un processo di fermentazione*] fermenter: *il mosto sta fermentando nel tino* le moût est en train de fermenter dans la cuve → **ribollire** **2** (*fig.*) [*essere in agitazione*] fermenter: *fermentava tra i sudditi uno spirito di rivolta* un esprit de révolte fermentait parmi les sujets **B** *v.tr.* (*raro*) [*sottoporre a fermentazione*] faire (45) *intr.* fermenter: *i microrganismi fermentano alcune sostanze* les micro-organismes font fermenter certaines substances.
fermentativo |fermenta'tivo| *agg.*

1 [*che può provocare fermentazione*] fermentatif* **2** [*che può subire fermentazione*] fermentescible.
fermentàto |fermen'tato| *agg.* fermenté: *formaggio a pasta fermentata* fromage à pâte fermentée.
fermentazióne |fermentat'tsjone| *s.f.* (*chim.*) [→ FERMENTARE A 1; B] fermentation: *fermentazione del vino* fermentation du vin; *fermentazione aerobica, anaerobica* fermentation aérobie, anaérobie; *fermentazione acetica, lattea* fermentation acétique, lactique; *fermentazione intestinale* fermentation intestinale.
fermentescìbile |fermenteʃ'ʃibile| *agg.* (*raro*) fermentescible → **fermentabile.**
ferménto |fer'mento| *s.m.* **1** (*chim.*) ferment → **enzima** ◇ (*raro*) [*fermentazione*] fermentation (*f.*): *il mosto è in fermento* le moût est en fermentation **2** (*fig.*) [*agitazione e inquietudine*] effervescence *f.*, agitation (*f.*): *la classe operaia era in fermento* la classe ouvrière était en effervescence; *essere in fermento* être en effervescence, agité (*agg.*); *il fermento serpeggiava tra gli studenti* l'agitation gagnait les étudiants → **agitazione** ◇ [*ciò che provoca tale agitazione e inquietudine*] ferment, germe: *i fermenti della rivolta, della libertà*, les ferments, les germes de la révolte, de la liberté.
fermézza |fer'mettsa| *s.f.* **1** fermeté: *fermezza del braccio, della mano* fermeté du bras, de la main **2** (*fig.*) [*saldezza morale, risolutezza*] fermeté: *fermezza d'animo, di propositi* fermeté d'âme dans ses résolutions; *superare con fermezza le avversità della vita* surmonter avec fermeté les difficultés de la vie **3** (*raro*) [*fermaglio di collane e sim.*] fermoir *m.*
férmio, i |'fermjo, i| *s.m.* (*chim.*) fermium.
fermióne |fer'mjone| *s.m.* (*fis.*) fermion.
férmo |'fermo| **I** *agg.* **1** [*che non si muove*] arrêté: *un treno fermo in stazione* un train (arrêté) en gare; *un orologio fermo* une montre arrêtée # *stare fermi con i piedi* ne pas remuer les pieds; *tenere il braccio fermo, la mano ferma* ne pas bouger le bras, la main; *sta fermo con le mani!* bas les mains!, bas les pattes (*fam.*)!; *sta fermo!* reste tranquille! ◇ (*loc.*) *fermo!, fermo là!, fermi tutti!* arrêtez!, arrêtez-vous!, que personne ne bouge! **2** *partenza, salto da fermo* départ, saut sans élan; *acqua ferma* eau dormante, stagnante; *aria ferma* air lourd, immobile; *stagione ferma* saison stable; morte-saison; *terra ferma* → **terraferma**; *terreno fermo* sol ferme; *affari fermi* affaires calmes, au point mort; *tener ferma una merce* [*occultarla per speculazione*] stocker une marchandise ◇ (*gram.*) *punto fermo* point (final) ◇ (*mus.*) *canto fermo* chant grégorien, plain-chant **3** (*per est.*) [*fissato, fisso*] fixé, fixe: *restare con gli occhi fermi a quello spettacolo* demeurer les yeux fixés sur le spectacle **4** (*fig.*) [*coerente, deciso*] ferme: *un carattere, un animo fermo* un caractère, un esprit ferme → **energico**; *un uomo fermo nei propri principi* un homme ferme dans ses principes; *un tono di voce fermo* un ton ferme; *avere una mano ferma, un polso fermo* avoir la main ferme; *è mio fermo proposito di...* j'ai la ferme intention de... ◇ (*loc. fig., fam.*) *star fermo al chiodo* [*essere ostinatamente saldo nella propria idea*] rester sur ses positions **5** [*stabilito con certezza; convenuto*] entendu, convenu: *resta fermo che ci vediamo domani* il est entendu, convenu que nous nous verrons demain; *fermo restando che...* étant bien entendu que... → **inteso** ◇ (*loc. lett.*) *per fermo* [*certamente, con sicurezza*] certainement **6** (*econ.*) *mercato fermo* marché ferme **II** *s.m.* **1** (*loc.*) *dare un fermo alla carne* [*fermarla*] faire (45) *intr.* revenir la viande ~ *mettere il fermo su un assegno* [*bloccarlo*] bloquer un chèque, faire opposition à un chèque ~ *porre in fermo q.c.* [*accettarla*] s'assurer de qqch. ◇ (*econ.*) *contratto a fermo* contrat à terme **2** (*dir.*) *il fermo di polizia* arrestation *f.* **3** (*tecnol.*) arrêt: *il fermo automatico di un giradischi* l'arrêt automatique d'un tourne-disque; *il fermo delle imposte* l'arrêt des volets; *il fermo della baionetta* l'arrêt d'une baïonette **III** *avv.* **1** (*raro, lett.*) → **fortemente** **2** (*fam.*) *tener fermo* [*resistere con tenacia*] tenir bon.
férmo pòsta, fermopòsta |'fermo'posta| **1** *loc. avv.* poste restante: *spedire una lettera, un pacco fermo posta* expédier une lettre, un colis poste restante; *scrivere fermo posta* écrire poste restante **2** *agg. inv.* poste restante: *lettere, pacchi fermo posta* lettres, colis poste restante **3** *s.m. inv.* poste *f.* restante: *servirsi del fermo posta* se servir de la poste restante; *presentarsi al fermo posta per ritirare una lettera* se présenter à la poste restante pour retirer une lettre.
fernèt |fer'nɛt| *s.m. inv.* (*nome depositato*) [*liquore amaro a base di erbe e radici*] ⊠.
-fero |fero| *suff.* (*significa 'che produce', 'che porta', corrisponde gener. a*) fère: *fiorifero* florifère; *diamantifero* diamantifère.
feróce |fe'rotʃe| *agg.* **1** (*animali*) féroce: *gli animali feroci, le bestie feroci* les bêtes féroces, les fauves *s.m.* **2** (*persone*) féroce: *un tiranno feroce* un tyran féroce → **crudele** ◇ (*scherz.*) [*molto severo*] sévère, vache (*fam.*): *un professore feroce* un professeur sévère, vache **3** (*cose*) féroce: *occhio, sguardo feroce* œil, regard féroce; *propositi feroci* propos féroces **4** (*fig.*) féroce: *una smania, una voglia feroce* une envie féroce; *sete, appetito feroce* soif, appétit féroce; *una critica feroce* une critique féroce; *uno scherzo feroce* une plaisanterie féroce.
feroceménte |ferotʃe'mente| *avv.* [→ FEROCE 1, 2] férocement, avec férocité *loc.inv.* ◇ (*per est.*) [*in modo accanito, tenacemente*] férocement, farouchement: *è ferocemente attaccato alle sue idee* il est férocement, farouchement attaché à ses idées.
feròcia, cie |fe'rɔtʃa, tʃe| *s.f.* **1** [*l'essere feroce; crudeltà*] férocité: *ferocia inumana, bestiale* férocité inhumaine, animale; *la ferocia di un tiranno, di un nemico* la férocité d'un tyran, d'un ennemi ◇ *al plur.* [*atti di crudeltà*] actes *m.* de barbarie, de cruauté: *le ferocie commesse dal nazismo* les actes de barbarie commis par les nazis **2** [*accanimento, tenacia*] acharnement (*m.*): *difendere con ferocia il proprio punto di vista* défendre son point de vue avec acharnement.
ferocità |ferotʃi'ta| *s.f. inv.* (*lett.*) → **ferocia.**
feròdo |fe'rɔdo| *s.m.* (*mecc.*) (*nome depositato*) garniture *f.* (de frein).
fèrola |'fɛrola|, **fèrula** |'fɛrula| *s.f.* (*t.bot.*) férule, férula.
ferràccio, i |fer'rattʃo, i| *s.m.* **1** [*ferro fuso prima della raffinazione*] fer fondu **2** [*rottami di ferro*] ferraille *f.* **3** [*ghisa*] fonte *f.*
ferràglia |fer'raʎʎa| *s.f.* ferraille ◇ (*spreg.*) *un rumore di ferraglia* un grand bruit de ferraille; *una vettura ferroviaria ridotta a ferraglia* un wagon bon à mettre à la ferraille, bonne pour la ferraille.
ferragósto |ferra'gosto| *s.m.* [*la festività del 15 agosto*] le quinze août, la mi-août (*f.*): *quest'anno il ferragosto cade in lunedì* cette année, le quinze août tombe un lundi ◇ (*per est.*) [*le ferie di metà agosto*] les fêtes *f.pl.* du quinze août: *trascorrere il ferragosto al mare, in montagna* passer les fêtes du quinze août à la mer, à la montagne.
ferràio, i |fer'rajo, i| *agg.* qui travaille le fer *loc.* # *fabbro ferraio* forgeron.
ferraiòlo |ferra'jɔlo| *s.m.* **1** [*operaio specializzato nella messa in opera di armature di ferro*] ferrailleur **2** [*ampio mantello gener. senza maniche*] cape *f.*
ferràme |fer'rame| *s.m.* [*quantità, ammasso di oggetti di ferro*] ferraille *f.*
ferraménta |ferra'menta| *s.f. pl.* [*oggetti, strumenti di ferro*] quincaillerie (*sing.*): *un negozio di ferramenta*, (*fam.*) *un ferramenta* un magasin de quincaillerie.
ferraménto |ferra'mento| *s.m.* [*oggetto di ferro, predisposto per certi usi*] ferrure *f.*, ferrement: *i ferramenti della porta, delle finestre* les ferrures d'une porte, des fenêtres ◇ *spec. al plur.* [*arnesi per ferrare il cavallo*] outils du maréchal-ferrant.
ferràre |fer'rare| *v.tr.* [*munire di ferro*] ferrer: *ferrare un uscio, una botte* ferrer une porte, un tonneau; *ferrare le scarpe, gli stivali* ferrer les chaussures, les bottes ◇ (*spec.*) *ferrare un cavallo, un bue* ferrer un cheval, un bœuf.
ferraréccia, ce |ferra'rettʃa, tʃe| *s.f.* (*raro*) [*arnesi o strumenti di ferro, spec. per uso agricolo e domestico*] quincaillerie d'outillage, outils (*m.pl.*): *un negozio di ferrarecce* un magasin d'outils → **ferramenta** ◇ [*il negozio dove si vendono*] quincaillerie.
ferrarése |ferra'reze| *agg.* [*di Ferrara*] ferrarais.
1 **ferràto** |fer'rato| *agg.* **1** ferré: *bastone, palo ferrato* bâton, poteau ferré; *strada ferrata* voie ferrée, chemin de fer; *scarponi, stivali ferrati* bottes ferrées, brodequins ferrés **2** (*fig.*) [*molto preparato, esperto in un campo determinato*] ferré: *è ferratissimo in geometria, nei verbi francesi* il est très ferré en géométrie, sur les verbes français.
2 **ferràto** |fer'rato| *s.m.* (*chim.*) ferrate.
ferratóre |ferra'tore| *s.m.* → **maniscalco.**
ferratùra |ferra'tura| *s.f.* **1** [→ FERRARE] ferrage (*m.*): *ferratura a freddo, a caldo* ferrage à froid, à chaud **2** [*ferri che armano imposte, mobili e sim.*] ferrements *m.pl.*, ferrures (*pl.*): *la fer-*

ratura dell'uscio deve essere sostituita les ferrures de la porte doivent être remplacées.

ferravècchio, i |ferra'vɛkkjo, i| *s.m.* [*chi compra e rivende ferri vecchi*] ferrailleur → **rigattiere** ◇ (*loc. fig.*) *questa stanza pare la bottega del ferravecchio* [*un luogo ingombro e pieno di disordine*] cette pièce ressemble à un bazar (*fam.*).

fèrreo |'fɛrreo| *agg.* **1** de fer (*loc. inv.*): *la corona ferrea di Monza* la couronne de fer de Monza **2** (*fig.*) [*robusto, tenace, rigoroso*] de fer: *braccio ferreo* bras de fer; *salute ferrea* santé de fer; *una memoria ferrea* une mémoire de fer; *una disciplina ferrea* une discipline de fer; *governare con mano ferrea* gouverner avec une poigne de fer ◇ (*geol.*) *età ferrea* âge du fer **3** (*nella classificazione di alcuni periodi storici*) *l'età ferrea della letteratura latina* la période de déclin de la littérature latine; *l'età ferrea del papato* la période de décadence de la papauté.

ferrétto |fer'retto| *s.m.* (*fam.*) [*qualunque piccolo arnese di ferro*] petit fer ◇ [*ferro da calza*] aiguille *f.* à tricoter.

fèrri- |'fɛrri| *pref.* (*nella terminologia chim. indica la presenza di 'ferro trivalente', corrisponde gener. a*) ferri: *ferrico* ferrique.

ferricianùro |ferritʃa'nuro| *s.m.* (*chim.*) ferricyanure.

fèrrico, ci, ca, che |'fɛrriko, tʃi, ka, ke| *agg.* (*chim.*) ferrique.

ferrièra |fer'rjɛra| *s.f.* [*stabilimento per la lavorazione dei lingotti di ferro*] forge: *il padrone delle ferriere* le maître de forges.

ferrìfero |fer'rifero| *agg.* (*min.*) ferrifère.

ferrìgno |fer'riɲɲo| *agg.* **1** semblable au fer ◇ [*di color ruggine*] rouille (*agg. inv.*): *mattoni ferrigni* briques rouille **2** (*fig.*) [*duro, rigido*] dur, sévère: *uno sguardo, un volto ferrigno* un regard, un visage dur, sévère.

ferrite |fer'rite| *s.f.* (*miner.*) ferrite.

fèrro- |'fɛrro| *pref.* (*nella terminologia chim. indica la presenza di 'ferro', spec. di 'ferro bivalente', corrisponde gener. a*) ferro: *ferrocianuro* ferrocyanure ◇ (*in alcuni termini, significa 'ferrovia'*) *ferrotranvieri* cheminots et traminots.

fèrro |'fɛrro| **I** *s.m.* **1** (*metallo*) fer: *ferro dolce, crudo* fer doux, cru; *ferro battuto* fer battu, forgé; *lavorare il ferro* travailler le fer ◇ (*geol.*) *l'età del ferro* l'âge du fer ◇ (*loc. fig.*) *toccar ferro* [*fare gli scongiuri*] toucher du bois ~ *digerire il ferro* [*avere uno stomaco forte*] avoir un estomac d'autruche ~ *sentirsi, essere in una botte, in un cerchio di ferro* [*sentirsi, essere al sicuro*] être à couvert, hors de toute atteinte **2** *loc. fig.* DI FERRO [*robusto, tenace, rigoroso*] de fer: *uno stomaco di ferro* un estomac de fer; *avere una salute di ferro* avoir une santé de fer; *braccio di ferro* bras de fer; *avere una memoria di ferro* avoir une mémoire de fer; *governare con polso di ferro, con pugno di ferro* gouverner avec une main de fer, une poigne de fer → **ferreo**; [*crudele, spietato*] de pierre: *hai un cuore di ferro* tu as un cœur de pierre; [*inattaccabile, sicuro*] en or: *ho un alibi di ferro* j'ai un alibi en or # *è un raccomandato di ferro* il est rudement pistonné (*fam.*) **3** [*oggetto, arnese di ferro o di altro metallo*] fer: *colpire qc. con un ferro alla testa* frapper qqn. à la tête avec une barre de fer → **attrezzo, utensile** ◇ (*loc. sost.*) *ferro da stiro, ferro da stirare* fer (à repasser) ~ *ferri* (*da calza*) aiguilles *f.* (à tricoter) ~ *ferro di cavallo* fer à cheval ~ *a ferro di cavallo* en fer à cheval ◇ (*fig.*) *battere il ferro finché è caldo* battre le fer pendant qu'il est chaud ~ (*pr., fig.*) *i ferri del mestiere* les instruments de travail, l'outillage *sing.* ~ *i ferri chirurgici, del chirurgo* les instruments du chirurgien; *essere, morire sotto i ferri* être, mourir sur la table *f.sing.* d'opération **4** (*lett.*) [*arma da taglio*] fer ◇ (*loc.*) *incrociare i ferri* croiser le fer ~ *venire ai ferri*: (*pr.*) en venir aux armes; (*fig.*) en arriver à la conclusion ~ *essere, venire ai ferri corti* [*a un contrasto forte e decisivo*] être à couteaux tirés ~ *mettere a ferro e fuoco* mettre à feu et à sang **5** *al plur.* [*catena per prigionieri*] fers: *mettere ai ferri* mettre aux fers; *condannare ai ferri* condamner aux fers **6** *al plur.* (*in loc. particolari*) [*graticola per la cottura dei cibi*] gril (*sing.*): *cuocere ai ferri, sui ferri* cuire au gril, griller; *bistecca, pesce ai ferri* bifteck, poisson cuit sur le gril, grillé **7** (*t.zool.*) *ferro di cavallo* fer-à-cheval **II** *agg. inv.* [*di colore sim. al ferro*] fer: *grigio ferro, color ferro* gris fer, couleur fer.

ferrochìna |ferro'kina| *s.m.inv.* [*denominazione comm. di un liquore tonico a base di ferro e di china*] ⊠.

ferrocianùro |ferrotʃa'nuro| *s.m.* (*chim.*) ferrocyanure.

ferrocròmo |ferro'krɔmo| *s.m.* (*metall.*) ferrochrome, fer-chrome.

ferrolèga, ghe |ferro'lega, ge| *s.f.* (*metall.*) ferro-alliage *m.*

ferromagnètico, ci, ca, che |ferromaɲ'ɲɛtiko, tʃi, ka, ke| *agg.* (*fis.*) ferromagnétique.

ferromodellismo |ferromodel'lizmo| *s.m.* construction *f.*, collection *f.* de trains miniatures; modélisme ferroviaire.

ferromodellista |ferromodel'lista| *s.* constructeur*, collectionneur* de trains miniatures; modéliste ferroviaire.

ferróso |fer'roso| *agg.* (*chim.*) ferreux* *m.*

ferrotipìa |ferroti'pia| *s.f.* (*foto.*) ferrotypie.

ferrotranviàrio, i |ferrotran'vjarjo, i| *agg.* des chemins de fer et des tramways (*loc. inv.*): *sciopero ferrotranviario* grève des chemins de fer et des tramways ◇ (*per est.*) des chemins de fer et des transports en commun *loc. inv.*

ferrotranvièri |ferrotran'vjɛri| *s. m. pl.* [*i lavoratori delle ferr. e tranvie*] cheminots et traminots.

ferrovìa |ferro'via| *s.f.* chemin *m.* de fer, voie ferrée: *ferrovia a un binario, a doppio binario* chemin de fer à voie unique, à voie double; *ferrovia monorotaia* chemin de fer monorail; *ferrovia a scartamento normale, ridotto* chemin de fer à voie normale, étroite; *ferrovia a trazione elettrica, a vapore* chemin de fer, voie ferrée à traction électrique, à vapeur; *viaggiare in, per ferrovia* voyager en chemin de fer ◇ *spec. al plur.* [*i servizi ferroviari*] chemins de fer: *le Ferrovie dello Stato* les Chemins de fer (italiens) de l'État; *lavora alle ferrovie* il travaille aux chemins de fer.

ferroviàrio, i |ferro'vjarjo, i| *agg.* de(s) chemin(s) de fer *loc.*, ferroviaire: *orario ferroviario* horaire des chemins de fer; [*libretto in cui sono indicati gli orari dei treni*] indicateur *s.m.*; *vettura ferroviaria* voiture, wagon de chemin de fer; *stazione ferroviaria* gare, station de chemin de fer, ferroviaire; *rete ferroviaria* réseau ferroviaire # *un incidente, uno scontro ferroviario* un accident, un tamponnement de trains.

ferrovière |ferro'vjɛre| *s.m.* [*chi lavora in un'azienda ferr.*] cheminot ◇ (*mil.*) *genio ferrovieri* sapeurs des chemins de fer et des communications.

ferruginóso |ferrudʒi'noso| *agg.* ferrugineux*: *acqua ferruginosa* eau ferrugineuse.

ferruminàre |ferrumi'nare| *v.tr.* (*raro*) [*saldare a fuoco*] souder.

ferruminatòrio, i |ferrumina'tɔrjo, i| *agg.* (*tecnol.*) *cannello ferruminatorio* chalumeau oxhydrique.

ferry-boat |'feri'bout| *s.m.inv.*(*ingl.*) transbordeur *var.* (*t.racc.*), ferry (-boat) *var.*

fèrtile |'fɛrtile| *agg.* **1** fertile: *terra fertile* terre fertile; *terreni fertili* terrains fertiles → **produttivo** ◇ *loc.* FERTILE DI fertile en: *campo fertile di grano* champ fertile en blé ◇ (*detto di pianta*) fécond ◇ (*raro*) (*detto di donna o animale*) fécond **2** (*fig.*) [*ricco di talento*] fertile, fécond: *immaginazione fertile* imagination fertile; *ingegno fertile* esprit fécond; *fertile di trovate, d'idee* fertile en trouvailles, en idées.

fertilità |fertili'ta| *s.f. inv.* fertilité (*var.*): *la fertilità di un podere* la fertilité d'une terre → **fecondità** ◇ (*fig.*) [*ricchezza, fecondità*] *fertilità di immaginazione* fertilité d'imagination.

fertilizzàbile |fertilid'dzabile| *agg.* [→ FERTILIZZARE] fertilisable.

fertilizzànte |fertilid'dzante| *agg.* (*agr.*) fertilisant ✦ (*s.m.*) *un fertilizzante, i fertilizzanti* un engrais, les engrais → **concime.**

fertilizzàre |fertilid'dzare| *v.tr.* (*agr.*) [*rendere fertile un terreno mediante concimazione*] fertiliser → **concimare.**

fertilizzazióne |fertiliddzat'tsjone| *s.f.* [→ FERTILIZZARE] fertilisation.

fertilménte |fertil'mente| *avv.* (*raro*) [→ FERTILE 1] fertilement.

fertirrigàre |fertirri'gare| *v.tr.* (*agr.*) [*irrigare mediante fertilizzanti*] procéder (8) à une irrigation fertilisante.

1 **fèrula** |'fɛrula| *s.f.* **1** (*med.*) attelle ◇ (*fig., lett.*) → **rimprovero** **2** (*liturg. catt.*) crosse.

2 **fèrula** |'fɛrula| *s.f.* → **ferola.**

fervènte |fer'vɛnte| *agg.* **1** (*cose*) fervent: *un fervente amore* un amour fervent; *ferventi preghiere* de ferventes prières # *con voti ferventi* avec des vœux chaleureux ◇ (*persone*) [*saldamente attaccato alle proprie idee o credenze*] *un cattolico fervente* un catholique fervent; *un fervente patriota* un fervent patriote **2** (*lett.*) [*caldo, scottante*] brûlant (*corr.*).

ferventeménte |fervente'mente| *avv.* [→ FERVENTE 1] avec ferveur *loc. inv.* → **fervidamente.**

fèrvere |'fɛrvere| *v.intr. dif. del p.p.*

1 (*detto di un liquido*) [*ribollire*] bouillonner: *il mosto ferve nei tini* le moût bouillonne dans les cuves **2** (*fig.*) [*essere particolarmente intenso*] battre (76) son plein: *là dove più ferve la battaglia* là où la bataille bat son plein, fait rage # *fervono i preparativi* on est en pleins préparatifs, on est en plein dans les préparatifs **3** (*lett.*) [*essere cocente, ardere*] être (43) brûlant (*corr.*), brûler (*corr.*).

fervidaménte |fervida'mente| *avv.* [→ FERVIDO 1] avec ferveur *loc. inv.*, ardemment.

fervidézza |fervi'dettsa| *s.f.* (*raro, lett.*) → **fervore.**

fèrvido |'fɛrvido| *agg.* **1** [*ardente, appassionato*] fervent, ardent: *una fervida preghiera* une prière fervente, ardente ◇ [*vivace, fervente*] vif*: *una fervida immaginazione* une vive imagination ◇ [*intenso*] intense: *una fervida attività* une activité intense ◇ [*cordiale, sincero*] chaleureux*, sincère: *con i più fervidi auguri* avec les souhaits les plus chaleureux, les plus sincères **2** (*lett.*) [*caldo, scottante*] brûlant (*corr.*).

fervóre |fer'vore| *s.m.* **1** ferveur (*f.*): *il fervore di una passione* la ferveur d'une passion; *fervore di carità* ferveur d'amour, de charité; *pregare con fervore* prier avec ferveur **2** *al plur.* [*bollori, eccitazioni*] ferveur *sing.*, ferveurs: *i fervori dell'età giovanile* la ferveur, les ferveurs du jeune âge **3** [*momento di particolare intensità; foga, impeto*] feu: *nel fervore della disputa non ho saputo controllarmi* dans le feu de la discussion je n'ai pas su me maîtriser; *nel fervore dell'attività, della creazione poetica* dans le feu de l'activité, de la création poétique **4** (*lett.*) [*calore, bollore*] ardeur *f.*, chaleur *f.* (*corr.*).

fervorino |fervo'rino| *s.m.* [*breve discorso di ammonizione, che fa leva sugli affetti*] sermon: *il fervorino del prete ai comunicandi, agli sposi* le sermon du prêtre aux premiers communiants, aux époux ◇ (*scherz.*) [*ramanzina, rimprovero*] *gli farò un bel fervorino!* je lui ferai un de ces sermons!

fervorosaménte |fervorosa'mente| *avv.* [→ FERVOROSO] avec ferveur *loc. inv.*

fervoróso |fervo'roso| *agg.* [*pieno di fervore*] fervent.

fèrzo |'fɛrtso| *s.m.* (*mar.*) laize *f.*

fésa |'feza| *s.f.* (*macelleria*) noix de veau.

fessacchiòtto |fessak'kjɔtto| *s.* (*fam.*) [*un povero fesso*] petit imbécile, petit crétin ✦ (*agg.*) bête (*inv.*): *un tipo fessacchiotto* un type, un peu bête.

fesserìa |fesse'ria| *s.f.* (*fam.*) **1** [*comportamento, discorso da fesso*] sottise, bêtise: *non dire fesserie!* ne dis pas de sottises, d'âneries!; *quante fesserie mi hai combinato!* tu en as fait des bêtises! → **stupidaggine** **2** (*per est.*) [*bazzecola, inezia*] bêtise: *ti stai perdendo in mille fesserie* tu es en train de te perdre dans des bêtises; *questo lavoro per me è una fesseria* pour moi ce travail est une bêtise, c'est de la foutaise!

1 **fésso** |'fesso| *s.* [*imbecille, scemo*] imbécile, idiot: *un povero fesso* un pauvre idiot, imbécile; *non fare il fesso!* ne fais pas l'imbécile, le crétin!; *fesso!* (*come epiteto*) imbécile!, idiot! ✦ *agg.* (*raro*) *una persona fessa* une personne idiote, un idiot ◇ (*loc.*) *far fesso qc.* [*ingannarlo, turlupinarlo*] rouler (*fam.*), avoir (*fam.*) qqn.

2 **fésso** |'fesso| **1** *agg.* (*detto di recipiente incrinato*) fêlé: *una brocca fessa* une cruche fêlée ◇ (*per est.*) *suono fesso* son fêlé; *voce fessa* voix fêlée **2** *s.m.* (*raro*) [*apertura, fessura*] fente *f.* # *il fesso dell'uscio* l'entrebâillement de la porte.

fessùra |fes'sura| *s.f.* **1** [*spaccatura in una superficie continua*] fente; fissure: *spiare attraverso una fessura* épier à travers une fente ‖ *le fessure di una parete* les fissures d'un mur ◇ [*piccola apertura di un uscio, di un'imposta*] interstice (*m.*): *le fessure di una finestra* les interstices d'une fenêtre ◇ (*prov.*) *aria di fessura porta alla sepoltura* ne restez pas dans ce courant d'air, vous allez prendre la mort ◇ (*alpinismo*) fissure, couloir *m.* rocheux # *un'arrampicata su fessura* une varappe **2** (*anat.*) fente, fissure: *fessura branchiale* fente branchiale → **fenditura.**

fessuràrsi |fessu'rarsi| *v.pron.intr.* [*incrinarsi con crepe o spaccature*] se fissurer.

fessurazióne |fessurat'tsjone| *s.f.* [→ FESSURARSI] fissuration: *fessurazione delle rocce, del cemento armato, del legname, del formaggio* fissuration des roches, du béton armé, du bois, du fromage.

fèsta |'fɛsta| *s.f.* **1** fête: *feste civili, religiose* fêtes civiles, religieuses; *festa nazionale* fête nationale; *una festa di famiglia* une fête de famille; *la festa del papà* la fête des pères; *la festa dei lavoratori, del lavoro* la fête du travail; *la festa di Natale* (la fête de) Noël, la Noël; *la festa di Pasqua* (la fête de) Pâques; *la festa di S. Giuseppe, di S. Anna* la Saint-Joseph, la Sainte-Anne; *le feste di precetto* les fêtes d'obligation; *le feste mobili* les fêtes mobiles; *celebrare una festa* célébrer une fête → **festività** ◇ *al plur.* [*serie di giorni festivi vicini al Natale, alla Pasqua, ecc.*] fêtes: (*formula di augurio*) *buone feste!* bonnes fêtes!; *trascorrere le feste in famiglia* passer les fêtes en famille; *essere sotto le feste* être à l'approche des fêtes **2** (*fam.*) [*il giorno dell'onomastico*] fête (*corr.*): *domani sarà la festa della zia* demain, c'est la fête de ma tante ◇ [*compleanno*] anniversaire (*m.*): *oggi è la mia festa* aujourd'hui c'est mon anniversaire ◇ (*fam.*) [*giorno di riposo, vacanza*] fête: *domani è festa* demain c'est fête ◇ (*loc.*) *far festa* [*non andare al lavoro*] chômer: *oggi si fa festa* aujourd'hui on chôme ~ (*detto delle campane*) *suonare a festa* sonner à toute volée ~ *c'è aria di festa* il y a un air de fête ~ *il vestito della festa, delle feste* le costume du dimanche ~ *vestirsi a festa* s'endimancher ~ *far male le feste* passer de mauvaises fêtes **3** [*la solennità, l'apparato con cui si celebra una ricorrenza*] fête: *una festa splendida, ben riuscita* une fête splendide, très réussie; *sei invitato alla festa* tu es invité à la fête # *organizzare una festa danzante* organiser une soirée dansante; *oggi Daniela dà una festa in casa sua* aujourd'hui Danièle donne une surprise-partie (chez elle); *la festa delle matricole* le bizutage ◇ (*loc.*) *essere in festa*: (*pr., fig.*) être en fête ~ *essere, non essere della festa* être, ne pas être de la fête ~ *guastare la festa* troubler la fête **4** [*tutto ciò che è motivo di gioia e allegria*] fête: *l'arrivo del circo fu una festa per i bambini* l'arrivée du cirque fut une fête pour les enfants **5** (*loc.*) *far festa a qc., fare molte feste a qc.* faire fête à qqn., faire une grande fête à qqn. ~ (*detto di animali*) *il cane ha fatto le feste al padrone* le chien a fait fête à son maître ~ *far la festa a qc.* [*ammazzarlo*] faire son affaire à qqn., descendre qqn. ~ *far la festa al cappone, al coniglio* [*ammazzarlo in occasione di un pranzo*] tuer un chapon, un lapin ~ *far la festa a una pietanza, a un dolce* [*consumarla in fretta, con evidente gradimento*] manger, dévorer un plat, un gâteau ~ *far festa a un regalo* [*gradirlo moltissimo*] recevoir avec joie un cadeau ~ *conciare qc. per le feste, per il dì delle feste* [*ridurre in cattivo stato, trattarlo in malo modo*] arranger qqn.

festaiòlo |festa'jɔlo| **1** *agg.* qui aime s'amuser *loc.*, noceur* # *è una compagnia festaiola* ce sont des fêtards ✦ (*s.*) *un festaiolo* un fêtard (*raro al f.*), un noceur **2** *s.* organisateur* de fêtes.

festànte |fes'tante| *agg.* [*che è in festa*] joyeux*, en liesse *loc. inv.* (*lett.*): *lo accolse una folla festante* il fut accueilli par une foule joyeuse, en liesse; *una città festante* une ville en liesse → **allegro, festoso** ◇ (*fig., lett.*) [*gioioso*] joyeux, en fête (*loc. inv.*): *la natura festante* la nature en fête.

festeggiaménto |festeddʒa'mento| *s.m.* [→ FESTEGGIARE] célébration (*f.*): *indire un solenne festeggiamento* proclamer une célébration solennelle ◇ *spec. al plur.* [*manifestazioni con cui si festeggia una persona o una ricorrenza*] fêtes *f.*, réjouissances (*f.*): *il comitato per i festeggiamenti* le comité pour les fêtes et réjouissances.

festeggiàre |fested'dʒare| *v.tr.* **1** [*celebrare con una festa, con festa*] fêter: *festeggiare il compleanno di qc.* fêter l'anniversaire de qqn.; *festeggiare una ricorrenza* fêter l'anniversaire d'un événement; *festeggiare la vittoria, la pace* fêter la victoire, la paix; *festeggiare l'arrivo del presidente* fêter l'arrivée du président **2** [*onorare con feste una persona*] fêter, faire (45) fête à: *festeggiare gli sposi* fêter les époux; *festeggiare una personalità* faire fête à une personnalité; *festeggiare un collega* faire fête à un collègue.

festeggiàto |fested'dʒato| *agg.* que l'on fête (*loc.*): *ecco i soldati festeggiati* voilà les soldats qu'on fête, fêtés ✦ (*s.*) *il festeggiato* le *héros de la fête; *la festeggiata* celle que l'on fête, l'héroïne de la fête.

festévole |fes'tevole| *agg.* **1** [*festoso, allegro*] joyeux*, gai: *ricevere qc. con accoglienze festevoli* faire un joyeux accueil à qqn. **2** [*amante delle feste, di piacevole compagnia*] joyeux, gai: *una compagnia festevole* une joyeuse compagnie.

festevolézza |festevo'lettsa| *s.f.* (*raro*) → **festosità, allegria.**

festevolménte |festevol'mente| *avv.* [→ FESTEVOLE] joyeusement, gaiement.

festicciòla |festit'tʃɔla| *s.f.* petite fête.

festino |fes'tino| *s.m.* [*trattenimento* (*gener. notturno*) *con danze e rinfreschi*] fête (*f.*): *invitare a un festino* inviter à une fête → **veglione** ◇ (*per est.*) [*banchetto abbondante e succulento*] festin: *una compagnia amante dei festini* une compagnie qui aime les festins; *il festino di nozze* le festin de noces.

fèstival |ˈfɛstival| *s.m.inv.* **1** festival* (*var.*): *dei festival* des festivals; *il festival di Sanremo, di Venezia* le festival de Sanremo, de Venise **2** [*festa pop. all'aperto*] → **festa.**

festività |festiviˈta| *s.f.inv.* [*la ricorrenza di una festa solenne*] fête (*var.*): *la festività del Corpus Domini* la fête du Corpus Domini, la Fête-Dieu; *l'elenco delle festività civili e nazionali* la liste des fêtes civiles et nationales.

festivo |fesˈtivo| *agg.* [*di festa, della festa*] férié, de fête (*loc. inv.*): *giorno festivo* jour férié; *abito festivo* habit de fête, du dimanche ◇ [*che si fa nei giorni di festa*] *lavoro festivo* travail du dimanche; *scuole festive, corsi festivi* écoles, cours du dimanche; *tariffe festive* tarifs des dimanches et jours fériés; *orario festivo* horaire des dimanches et jours fériés; *riposo festivo* repos hebdomadaire, dominical.

festonàto |festoˈnato| *agg.* (*raro*) festonné.

festóne |fesˈtone| *s.m.* **1** feston ◇ (*scherz.*) *un festone di salsicce* une guirlande *f.*, un chapelet de saucisses **2** (*arts.*) feston **3** [*smerlo*] feston: *punto* (*a*) *festone* point de feston **4** (*raro*) [*grande festa*] grande fête (*f.*): *gli hanno fatto un festone* on lui a fait grande fête.

festosaménte |festosaˈmente| *avv.* [→ FESTOSO] joyeusement, gaiement.

festosità |festosiˈta| *s.f.inv.* **1** [*manifestazione di gioia, di festa*] air *m. var.* de fête **2** [*l'essere festoso*] joie *var.*, cordialité *var.*

festóso |fesˈtoso| *agg.* **1** (*cose*) [*che manifesta goia*] joyeux*, chaleureux*: *grida festose* des cris joyeux; *fare accoglienze festose a qc.* faire un accueil chaleureux à qqn., accueillir qqn. joyeusement **2** (*persone, animali*) qui fait toujours fête (*loc.*): *un cane festoso* un chien qui fait toujours fête # *gli amici lo accolsero festosi* les amis l'accueillirent chaleureusement, avec joie.

festùca, che |fesˈtuka, ke| *s.f.* **1** [*fuscello di paglia*] fétu *m.* (de paille) ◇ (*loc.*) *vedere la festuca nell'occhio degli altri e non la trave nel proprio* voir une paille dans l'œil de son voisin et ne pas voir la poutre qui est dans le sien **2** (*t.bot.*) fétuque *f. o m.*

fetàle |feˈtale| *agg.* (*biol.*) fœtal*: *annessi fetali* annexes fœtales.

fetènte |feˈtɛnte| *agg.* **1** [*che emana fetore, puzzolente*] fétide, puant: *una piaga fetente* une plaie fétide; *locali fetenti* des locaux puants **2** (*fig.*) [*meschino, vile*] ignoble: *un comportamento, un'azione fetente* un comportement, une action ignoble ✦ (*s.*) *un fetente* un salaud: *sei un fetente!* tu es un salaud!; *non fare il fetente!* ne fais pas le salaud! → **carogna.**

feticcio, i |feˈtittʃo, i| *s.m.* **1** fétiche **2** (*fig.*) fétiche; idole (*f.*): *l'automobile è un feticcio della società contemporanea* l'automobile est un des fétiches de la société contemporaine ‖ *non fare del denaro un feticcio!* ne fais pas de l'argent ton idole!

feticismo |fetiˈtʃizmo| *s.m.* **1** (*fig.*) fétichisme → **fanatismo** **2** (*etn., psicol.*) fétichisme.

feticista |fetiˈtʃista| *agg. e s.* **1** (*fig.*) fétichiste **2** (*etn., psicol.*) fétichiste.

feticistico, ci, ca, che |fetiˈtʃistiko, tʃi, ka, ke| *agg.* fétichiste → **feticista.**

fetidaménte |fetidaˈmente| *avv.* [→ FETIDO 1] d'une manière fétide *loc. inv.*

fètido |ˈfɛtido| *agg.* **1** fétide: *odore fetido* une odeur fétide **2** (*fig.*) [*disonesto, meschino*] malhonnête, mesquin → **fetente.**

fetidùme |fetiˈdume| *s.m.* [*cose fetide*] saletés *f. pl.*, immondices (*f. pl.*): *il giardino era pieno di fetidume* le jardin était plein de saletés ◇ (*fig.*) [*corruzione, vizio*] corruption *f.*, vice: *nella sua vita non c'è che fetidume* dans sa vie il n'y a que corruption, vice.

fèto |ˈfɛto| *s.m.* (*biol., corr.*) fœtus.

fetónte |feˈtonte| *s.m.* (*t.zool.*) phaéton.

fetóre |feˈtore| *s.m.* [*puzzo nauseante e insopportabile*] puanteur (*f.*): *il fetore dei cadaveri* la puanteur des cadavres.

fétta |ˈfetta| *s.f.* **1** [*parte di cibo, tagliata in forma larga e più o meno sottile*] tranche: *una fetta di pane, di torta* une tranche de pain, de gâteau; *una fetta di prosciutto* une tranche de jambon ◇ (*di forma rotonda*) rondelle: *una fetta di limone* une rondelle de citron; *una fetta di salame* une rondelle de saucisson; *fare, tagliare a fette* couper en tranches, en rondelles # *fette biscottate* biscottes ◇ (*loc. fig.*) *fare a fette qc.* [*ammazzarlo, distruggere la sua reputazione*] mettre en pièces qqn. **2** (*per est.*) [*striscia, gener. piccola*] *una fetta di terra* un lopin de terre; *una fetta di territorio* une bande de territoire ◇ *al plur.* (*scherz.*) [*le falde della giubba o della marsina*] basques *m.*, pans *m.* **3** (*fig.*) [*parte, porzione*] part: *una fetta di guadagno* une part de gain ◇ (*loc.*) *una fetta di torta* [*una porzione di guadagno, spec. disonesto*] une part de gâteau **4** *spec. al plur.* (*dial.*) [*piedi*] panards *m.* (*pop.*).

fettìna |fetˈtina| *s.f.* petite tranche; rondelle: *tagliare a fettine* couper en petites tranches ‖ *fettine di patate* pommes de terre en rondelles ◇ [*taglio sottile di carne*] petite tranche mince: *mi dia una fettina di manzo, di maiale* donnez-moi une petite tranche de bœuf, de porc.

fettóne |fetˈtone| *s.m.* **1** [*parte dello zoccolo dei cavalli*] fourchette *f.* **2** *spec. al plur.* (*dial.*) [*piedi*] panards (*pop.*).

fettùccia, ce |fetˈtuttʃa, tʃe| *s.f.* **1** [*striscia di tessuto usata per rifinire biancheria, abiti e sim.*] ruban *m.*; extra-fort (*m.*): *attaccare delle fettucce ai cuscini per abbellirli* mettre des rubans aux coussins pour les embellir ‖ *fare l'orlo con una fettuccia* faire l'ourlet avec un extra-fort ◇ (*per anal.*) *fettuccia metrica* [*nastro graduato*] mètre *m.* à ruban **2** *fettucce di barbabietola* [*piccole strisce di radici di barbabietola da zucchero*] cossettes.

fettuccìna |fettutˈtʃina| *s.f.* **1** petit ruban *m.* **2** *spec. al plur.* [*tagliatelle*] nouilles.

feudàle |feuˈdale| *agg.* (*st. mediev.*) féodal*: *diritto feudale* droit féodal; *ordinamento feudale* système féodal; *regime feudale* régime féodal; *privilegio feudale* privilège féodal.

feudalésimo |feudaˈlezimo|, **feudalismo** |feudaˈlizmo| *s.m.* (*st. mediev.*) féodalité *f.*

feudalità |feudaliˈta| *s.f. inv.* (*st. mediev.*) [*la classe dei feudatari*] les feudataires *m.pl.* ◇ [*condizione di feudale*] féodalisme *m.var.* ◇ [*feudalesimo*] féodalité *var.*

feudatàrio, i |feudaˈtarjo, i| *s.* **1** gros* propriétaire terrien* **2** (*st. mediev.*) feudataire ✦ (*agg.*) *nobiltà feudataria* grands feudataires *s.* → **feudale.**

feudista |feuˈdista| *s.m.* (*dir.*) feudiste.

fèudo |ˈfɛudo| *s.m.* **1** [*grande possedimento terriero, latifondo*] grande propriété *f.* foncière, latifundium* **2** (*st. mediev.*) fief: *concedere, ricevere un territorio in feudo* octroyer, recevoir un territoire en fief; *i confini del feudo* les limites du fief **3** (*fig.*) [*ambito su cui si estende un dominio, spec. illegittimo*] fief: *i feudi della mafia* les fiefs de la mafia; *feudo elettorale* fief électoral.

'feuilleton' |fœjtɔ̃| *s.m.inv.* feuilleton *var.* ◇ (*per est.*) [*uno scritto di scarso valore artistico*] (roman-)feuilleton *var.*

fez |fɛts| *s.m. inv.* fez.

feziàle |fetˈtsjale|, **feciàle** |feˈtʃale| *s.m.* (*st. rom.*) fécial* ✦ (*agg.*) *il diritto feziale* le droit fécial.

fi |fi| *s.m. o f. inv.* [*lettera dell'alfabeto gr.*] phi *m. var.*

fiàba |ˈfjaba| *s.f.* **1** conte *m.* (de fée): *le fiabe della nonna* les contes de grand-mère; *le fiabe nordiche* les contes nordiques → **favola** ◇ (*loc.*) *di fiaba, da fiaba* de conte(s) de fée, féerique (*agg.*): *un paesaggio di fiaba* un paysage de conte(s) de fée **2** (*per est.*) [*racconto inverosimile, fandonia*] histoire: *non raccontar fiabe!* ne raconte pas d'histoires! → **frottola.**

fiabésco, chi, ca, che |fjaˈbesko, ki, ka, ke| *agg.* **1** [*favoloso, fantastico*] féerique; fabuleux*: *paesaggio, spettacolo fiabesco* paysage, spectacle féerique ‖ *un racconto fiabesco* un récit fabuleux ✦ (*s.m.*) *il fiabesco* le fantastique, le merveilleux: *il fiabesco dell'arte medievale* le fantastique, le merveilleux de l'art médiéval **2** [*sfarzoso, principesco*] fastueux*: *un ricevimento fiabesco* une réception fastueuse ◇ [*irreale*] fabuleux: *il tuo resoconto dei fatti è fiabesco* ton récit des faits est fabuleux.

fiàcca, che |ˈfjakka, ke| *s.f.* **1** [*debolezza, spossatezza*] lassitude # *avere la fiacca* se sentir las; *ho una fiacca addosso che non mi reggo in piedi* je me sens si las que je ne tiens plus debout → **fiacchezza, stanchezza** **2** [*svogliatezza, lentezza*] nonchalance: *lavorare con troppa fiacca* travailler avec trop de nonchalance; *parla con una fiacca!* il parle avec une telle nonchalance! ◇ (*loc.*) *battere la fiacca* [*lavorare con svogliatezza*] avoir la flemme, tirer sa flemme **3** (*pop., tosc.*) → **abbondanza.**

fiaccaménte |fjakkaˈmente| *avv.* [→ 1 FIACCO] [*con fiacca, svogliatamente*] sans entrain *loc. inv.*, nonchalamment: *lavorare fiaccamente* travailler sans entrain, nonchalamment ◇ [*debolmente*] faiblement: *reagire fiaccamente* réagir faiblement.

fiaccàre |fjakˈkare| **A** *v.tr.* **1** [*privare di forza ed energia, spossare*] affaiblir: *la grave malattia l'ha fiaccata* cette grave maladie l'a affaiblie # *la salita mi ha fiaccato le gambe* cette montée m'a coupé les jambes; *fiaccare la resistenza di qc.* briser la résistance de qqn. → **indebolire, infiacchire** **2** [*rompere, spezzare*] briser: *il vento ha fiaccato i rami* le vent a brisé les branches ◇ (*loc.*) *fiaccare le costole, le ossa, il collo a qc.* [*percuoterlo, bastonarlo*] rouer de coups qqn. ~ (*fig.*) *fiaccare le corna a qc.* [*umiliarlo nella sua arroganza*] rabattre, rabaisser le caquet de qqn. □ *fiaccarsi il collo* se casser le cou **B** *v.pron. intr.* FIACCARSI [→ *tr.* 2] se rompre (44), se briser.

fiaccatùra |fjakka'tura| *s.f.* (*raro*) [*atto del fiaccare*] brisement *m.* ◇ [*effetto del fiaccare*] cassure, brisure # *le fiaccature del cavallo* l'épuisement du cheval.

fiaccheràio, i |fjakke'rajo, i| *s.m.* (*dial.*) cocher de fiacre.

fiacchézza |fjak'kettsa| *s.f.* [*debolezza, spossatezza*] lassitude # *mi sento una gran fiacchezza addosso* je me sens très las → **fiacca** ◇ (*fig.*) [*mancanza di vigore o di efficacia*] faiblesse: *fiacchezza d'animo* faiblesse d'âme; *fiacchezza di stile* faiblesse du style.

1 **fiàcco, chi, ca, che** |'fjakko, ki, ka, ke| *agg.* [*spossato, debole*] fatigué, las*: *oggi mi sento fiacco* aujourd'hui je me sens fatigué, las ◇ (*fig.*) [*privo di energia e di vigore*] faible, mou*: *un governo fiacco* un gouvernement faible, mou; *opporre una fiacca resistenza* opposer une faible, molle résistance ◇ (*fig.*) [*privo di efficacia, di mordente*] plat; fade: *uno stile fiacco* un style plat → 1 **piatto** || *una battuta di spirito fiacca* un trait d'esprit fade.

2 **fiàcco, chi** |'fjakko, ki| *s.m.* (*nella loc.*) *buscarsi, dare un fiacco* (*di bastonate*) [*una gran quantità*] recevoir, donner une volée *f.* (de coups), une raclée *f.* → **fracco.**

fiàccola |'fjakkola| *s.f.* **1** [*lume costituito da materiale infiammabile posto su un supporto*] flambeau (*m.*): *la fiaccola olimpica* le flambeau olympique; *seguire una processione con la fiaccola* suivre une procession avec le flambeau **2** (*fig.*) [*diffusione, irradiazione di valori morali o culturali; simbolo*] flambeau: *la fiaccola della libertà* le flambeau de la liberté; *la fiaccola del sapere* le flambeau du savoir **3** (*fig.*) [*origine, causa*] *la fiaccola della discordia* le brandon *m.* de la discorde; *la fiaccola dell'odio* le germe *m.* de la haine.

fiaccolàta |fjakko'lata| *s.f.* retraite aux flambeaux.

fiaccóne |fjak'kone| *s.* [*persona svogliata, pigra*] flemmard (*fam.*).

'fiacre' |fjakʀ(ə)| *s.m.inv.* fiacre *var.*

fiàla |'fjala| *s.f.* **1** [*piccolo recipiente di vetro*] ampoule **2** (*lett.*) [*ampolla, bottiglia*] fiole (*corr.*).

fialétta |fja'letta| *s.f.* petite fiole.

fiàmma |'fjamma| *s.f.* **1** flamme; feu (*m.*): *la fiamma di una candela, del gas* la flamme d'une chandelle, du gaz; *le fiamme dell'inferno* les flammes de l'enfer || *riscaldarsi alla fiamma del camino* se réchauffer au feu de la cheminée # *fiamma ossidrica* chalumeau oxhydrique; *fiamma ossiacetilenica* chalumeau oxyacétylénique ◇ (*loc.*) *essere in fiamme* être en feu, en flammes ~ *andare in fiamme* [*prendere fuoco*] prendre feu ~ *dare alle fiamme* jeter, livrer aux flammes ~ *mettere a fuoco e fiamme* mettre à feu et à sang ~ *condannare alle fiamme* condamner au bûcher, livrer aux flammes ~ *vivanda alla fiamma* mets flambé ◇ (*loc. fig.*) *far fuoco e fiamme* [*agitarsi*] péter du feu, des flammes; [*far di tutto per ottenere uno scopo*] faire des pieds et des mains, remuer ciel et terre **2** (*fig.*) [*ardore di un sentimento e passione*] flamme: *la fiamma del desiderio, dell'amore* la flamme du désir, de l'amour; *la fiamma della libertà* la flamme de la liberté ♦ *ass.* (*scherz.*) *la fiamma* [*la persona amata*] le béguin *m.* (*fam.*), l'amour *m.* # *una vecchia fiamma* un ancien soupirant **3** *loc. fig.* (*di fiamma*) [*colore rosso acceso*] rouge feu *agg. inv.*; embrasé (*agg.*): *un tramonto di fiamma* un coucher de soleil rouge feu || *un cielo di fiamma* un ciel embrasé ♦ *agg.inv.* feu: *rosso fiamma* rouge feu # *punto fiamma* [*particolare punto di ricamo*] point lancé ◇ (*loc.*) *avere, sentirsi venire le fiamme al viso* avoir le feu qui monte au visage, se sentir les joues en feu ~ *diventare di fiamma* [*arrossire*] rougir, piquer un fard (*fam.*) **4** (*in pirotecnica*) feu de bengale de gros calibre **5** *al plur.* [*mostrine militari*] écussons *m.* **6** (*mar.*) flamme **7** (*arts.*) flamme ◇ *spec. al plur.* [*estremità superiori dei seggiolini cinquecenteschi*] flammes.

fiammànte |fjam'mante| *agg.* [*di colore molto acceso e brillante*] vif*, éclatant: *rosso fiammante* rouge vif, éclatant; *colori fiammanti* couleurs vives → **sgargiante** ◇ [*nuovissimo*] flambant neuf: *un cappello fiammante, nuovo fiammante* un chapeau flambant neuf; *una casa fiammante* une maison flambant neuf, (neuve).

fiammàta |fjam'mata| *s.f.* **1** [*il prodursi di una fiamma rapida e intensa*] flambée: *l'aereo fece una fiammata ed esplose* l'avion flamba et explosa; *i tizzoni ardevano nel camino facendo una bella fiammata* les tisons brûlaient dans la cheminée en faisant une belle flambée ◇ [*breve accensione, spec. di impianto di riscaldamento*] *nei primi giorni di freddo diamo una fiammata al mattino e alla sera* pendant les premiers jours de froid nous faisons une flambée matin et soir ◇ (*loc.*) *fare una fiammata di q.c.* [*bruciarla*] brûler qqch. **2** (*fig.*) [*sentimento intenso ma di breve durata*] flambée: *una fiammata di odio* une flambée de haine # *il suo amore si dimostrò solo una fiammata* son amour n'a été qu'un feu de paille **3** [*vivanda alla fiamma*] plat *m.* flambé.

fiammàto |fjam'mato| *agg.* (*tess.*) flammé ♦ (*s.m.*) *un bel fiammato* un beau tissu flammé *agg.*

fiammeggiànte |fjammed'dʒante| *agg.* **1** [*risplendente, brillante*] flamboyant: *un trono fiammeggiante di oro e gioielli* un trône flamboyant d'or et de joyaux; *occhi fiammeggianti* yeux flamboyants ◇ [*di color rosso acceso*] flamboyant, vif*; embrasé: *rosso fiammeggiante* rouge flamboyant, vif || *cielo fiammeggiante* ciel embrasé ◇ (*fig.*) [*ardente, appassionato*] ardent, brûlant # *essere fiammeggiante di zelo* brûler de zèle **2** (*arts.*) flamboyant: *gotico fiammeggiante* gothique flamboyant.

fiammeggiàre |fjammed dʒare| **A** *v.intr.* (*aus. 'avere'*) **1** [*bruciare, mandar fiamme*] flamboyer (10) **2** (*fig.*) [*risplendere, scintillare*] flamboyer: *i suoi occhi fiammeggiavano di collera* ses yeux flamboyaient de colère # *il cielo fiammeggiava nella luce del tramonto* le ciel était embrasé par le soleil couchant **B** *v.tr.* **1** *fiammeggiare un pollo* [*bruciare la peluria*] flamber un poulet → **strinare** **2** [*dare fuoco a una vivanda alla fiamma*] flamber, faire (45) *intr.* flamber.

fiammèlla |fjam'mɛlla| *s.f.* petite flamme.

fiàmmeo |'fjammeo| *agg.* (*lett.*) de flamme(s) *loc.* (*corr.*), flamboyant (*corr.*): *fiammeo orizzonte* horizon de flamme, flamboyant.

fiammiferàio, i |fjammife'rajo, i| *s.* marchand d'allumettes.

fiammifero |fjam'mifero| *s.m.* allumette (*f.*): *fiammifero da cucina* allumette de cuisine; *fiammifero svedese* allumette suédoise, de sûreté; *fiammifero di cera* → **cerino** ◇ *loc. fig.* (*persone*) *accendersi come un fiammifero, prender fuoco come un fiammifero* s'enflammer comme une allumette.

1 **fiammingo, ghi, ga, ghe** |fjam'mingo, gi, ga, ge| **I** *agg.* **1** [*delle Fiandre*] flamand: *le città fiamminghe* les villes flamandes **2** [*della parte settentrionale del Belgio*] flamand: *lingua, letteratura fiamminga* langue, littérature flamande **3** (*arts.*) flamand: *la pittura fiamminga* la peinture flamande; *stile fiammingo* style flamand **II** (*s.m.*) *il fiammingo* [*la lingua*] le flamand.

2 **fiammingo, ghi** |fjam'mingo, gi| *s.m.* → **fenicottero.**

fiancàre |fjan'kare| *v.tr.* **1** (*edil.*) [*rinforzare ai fianchi*] flanquer: *fiancare una volta, un arco* flanquer une voûte, un arc **2** (*raro, fig.*) [*apostrofare con parole pungenti e mordaci*] harceler (6) (*corr.*).

fiancàta |fjan'kata| *s.f.* **1** [*parete laterale, spec. di veicolo, palazzo e sim.*] flanc *m.*; côté (*m.*): *la fiancata di un bastimento* le flanc d'un bateau || *nell'urto la mia automobile è stata colpita nella fiancata sinistra* dans la collision, ma voiture a reçu un coup sur le côté gauche **2** coup *m.* de *hanche ◇ [*colpo di speroni nei fianchi del cavallo*] coup d'éperon **3** (*raro, fig.*) [*frase pungente e mordace*] pointe (*corr.*): *dare una fiancata a qc.* lancer, décocher des pointes à qqn. **4** (*raro, mar.*) bordée → **bordata.**

fiancheggiaménto |fjanked-dʒa'mento| *s.m.* [*opera di copertura, di protezione* (*di un altro reparto mil.*)] flanquement: *tiro di fiancheggiamento* tir de flanquement; *elementi di fiancheggiamento* éléments de flanquement ◇ (*fig.*) [*aiuto indiretto* (*a uno schieramento o partito politico*)] soutien, appui.

fiancheggiànte |fjanked'dʒante| *agg.* flanquant.

fiancheggiàre |fjanked'dʒare| *v.tr.* **1** [*delimitare ai fianchi; stare di fianco a q.c. o qc.*] border, longer (3): *le case che fiancheggiano la strada* les maisons qui bordent la rue; *il sentiero fiancheggiava il fiume* le sentier longeait la rivière → **costeggiare** ♦ (*al p.p.*) *una strada fiancheggiata da alberi* une route bordée d'arbres ◇ [*accompagnare qc. stando ai suoi fianchi*] escorter: *due corazzieri fiancheggiavano il presidente* deux cuirassiers escortaient le président

2 (*mil.*) [*proteggere* (*un'unità militare o un'opera di difesa*)] flanquer 3 (*fig.*) [*sostenere, dare il proprio appoggio a qc.*] appuyer (11), soutenir (27): *fiancheggiare un amico, un collega* appuyer, soutenir un ami, un collègue → **spalleggiare.**

fiancheggiàto |fjanked'dʒato| *agg.* flanqué, bordé.

fiancheggiatóre, trice |fjankeddʒa'tore, tritʃe| *s.* → **sostenitore.**

fiànco, chi |'fjanko, ki| *s.m.* 1 [*parte laterale del corpo*] côté, flanc: *una ferita al fianco destro, al fianco sinistro* une blessure au côté droit, au côté gauche; *i fianchi del cavallo* les flancs du cheval; *dormire sul fianco, su un fianco* dormir sur le côté, se coucher sur le flanc ◇ (*loc.*) *stare a fianco di qc.* être aux côtés de qqn. ~ (*di donne*) *larga, stretta di fianchi* [*di bacino*] large, étroite de hanches ~ *mettersi le mani sui fianchi* mettre les poings sur les hanches ◇ (*loc. fig.*) *essere, stare al fianco di qc.* [*assisterlo, sostenerlo*] épauler qqn. ~ *essere, stare ai fianchi di qc.* [*spronarlo, stimolarlo*] inciter qqn. ~ *tenersi i fianchi* (*per non scoppiare dal ridere*) se tenir les côtes ~ *presentare il fianco al nemico, alla critiche, al biasimo* prêter le flanc à l'ennemi, aux critiques, au blâme 2 [*parte laterale di q.c.*] côté, flanc: *il fianco destro di un edificio* le côté droit d'un édifice; *il fianco di una nave* le flanc, le côté d'un navire ◇ (*di alture, versante, declivio*) flanc: *i fianchi di un monte* les flancs d'une montagne ◇ (*geol.*) flanc: *i fianchi delle pieghe* les flancs des plis ◇ (*mil.*) flanc, aile (*f.*): *il fianco dello schieramento* le flanc d'une colonne ◇ (*loc.*) *di fianco* de côté ~ *a fianco* à côté ~ *di fianco a, a fianco di* [*lungo il fianco di, presso*] à côté de ~ *affrontare, prendere di fianco un argomento, una questione* [*affrontarla in modo indiretto e da lontano*] aborder un sujet de biais ~ *fianco destr!, fianco sinistr!* (*ordine di manovra mil. o ginnica*) demi-tour, droite!, demi-tour, gauche!

fianconàta |fjanko'nata| *s.f.* 1 (*nella scherma*) [*azione di filo che termina al fianco*] attaque de flanc 2 [*fianco di opera fortificata*] flanc *m.* → **fiancata.**

fiàndra |'fjandra| *s.f.* lin *m.* des Flandres.

fiàsca, che |'fjaska, ke| *s.f.* flasque.

fiascàio, i |fjas'kajo, i| *s.* [*operaio addetto alla rivestitura di fiaschi*] ouvrier* qui clisse les fiasques ◇ [*operaio addetto alla soffiatura dei fiaschi*] souffleur *m.* de fiasques ◇ [*venditore di fiaschi*] marchand de fiasques.

fiaschétta |fjas'ketta| *s.f.* petite flasque ◇ [*recipiente usato dai cacciatori per custodirvi la polvere da sparo*] poire à poudre.

fiaschetteria |fjaskette'ria| *s.f.* débit *m.* de boissons.

fiàsco, chi |'fjasko, ki| *s.m.* 1 fiasque (*f.*): *un fiasco da un litro e tre quarti* une fiasque d'un litre trois quarts; *riempire i fiaschi di vino, di olio* remplir des fiasques de vin, d'huile; *vendere, comprare il vino a fiaschi, in fiaschi* vendre, acheter le vin en fiasques ◇ (*per est.*) *bere un fiasco* boire une fiasque de vin 2 (*fig.*) [*insuccesso*] fiasco; four: *far fiasco* faire fiasco; *la commedia, l'opera ha fatto fiasco* la pièce, l'opéra a fait fiasco ‖ *quella rappresentazione è stata un fiasco solenne* cette représentation a été une four complet, noir # *ha fatto fiasco agli esami, al concorso* il a échoué (il a été collé) aux examens, au concours.

fiat |'fiat| *s.m. inv.* (*nella loc.*) *in un fiat* [*in un istante, in un attimo*] en un clin d'œil.

fiàta |'fjata| *s.f.* (*raro*) → 1 **volta.**

fiatàre |fja'tare| *v.intr.* (*aus.* '*avere*') 1 (*spec. in frasi neg.*) [*fare un rumore anche minimo*; *parlare di una cosa da tenere nascosta o segreta*] ouvrir (23) *tr.* la bouche, souffler *tr.* mot: *guai a te se fiati!* gare à toi si tu ouvres la bouche!; *di questo segreto non fiatare con anima viva!* ne souffle mot à personne de ce secret! # *non fiatare!* motus et bouche cousue!; *non voglio sentir neanche fiatare* je ne veux pas entendre un seul mot ◇ [*reagire, obiettare*] dire (48) *tr.* un seul mot: *ha obbedito senza fiatare* il a obéi sans dire un mot 2 [*alitare, respirare*] souffler, respirer: *non ho avuto neanche il tempo di fiatare* je n'ai même pas eu le temps de souffler, de respirer.

fiatàta |fja'tata| *s.f.* 1 (*raro*) [*respiro*] souffle *m.* ◇ (*per est.*) [*zaffata d'alito cattivo*] bouffée de mauvaise haleine 2 (*nel gergo della malavita*) [*spiata*] cafardage *m.*, mouchardage *m.* → **soffiata.**

fiàto |'fjato| *s.m.* 1 [*l'aria che viene emessa dalla bocca e dal naso durante l'espirazione*; *alito*] souffle; haleine (*f.*): *trattenere il fiato* retenir son souffle; *scaldarsi le mani con il fiato* se réchauffer les mains avec son souffle ‖ *avere il fiato buono, cattivo* avoir bonne, mauvaise haleine; *avere il fiato che sa di vino, di sigaro* avoir l'haleine qui sent le vin, le cigare; *gli puzza il fiato* il a mauvaise haleine # *strumenti a fiato* instruments à vent ◇ (*al plur.*) *i fiati* les instruments à vent ◇ (*loc.*) *mandare, esalare l'ultimo fiato* rendre le dernier soupir ~ *dar fiato alle trombe* emboucher la trompette ~ *avere il fiato grosso*: (*pr.*) [*affannoso*] avoir le souffle court, être essoufflé; (*fig.*) [*essere sfinito, vicino al crollo*] être à bout de souffle ◇ (*prov.*) *finché c'è fiato c'è speranza* tant qu'il y a de la vie il y a de l'espoir ◇ (*loc. avv.*) *in un fiato* en un instant ~ *d'un fiato, tutto d'un fiato* d'un trait, d'un seul coup ~ *a perdita di fiato* à perdre haleine (*corr.*) 2 *in alcune loc.* [*voce, parola*] *buttar via il fiato, sprecare il fiato* user sa salive ~ *fiato sprecato* peine perdue ~ *risparmiare il fiato* ménager son souffle 3 [*forza di respirare*] souffle ◇ (*loc. fig.*) *non aver fiato* ne pas avoir de souffle ~ *restare, lasciare senza fiato* avoir le souffle coupé, rester sans souffle ~ *mi sentivo mancare il fiato* je sentais le souffle me manquer ~ *prendere, riprendere fiato* reprendre haleine, son souffle ~ *finché avrò fiato* (*in corpo*) jusqu'à mon dernier souffle → **respiro** ◇ (*sport*) *aver poco fiato, molto fiato* avoir peu, beaucoup de souffle; *fare il fiato* entraîner son souffle ◇ (*per est.*) [*resistenza a un determinato lavoro*; *attitudine a esso*] *aver fiato per un dato lavoro* avoir du souffle pour un travail donné; *uno scrittore che ha il fiato corto* un écrivain au souffle court 4 (*raro, in loc. neg.*) [*nulla*] *non valer un fiato* ne pas valoir un clou 5 (*lett.*) [*puzza*] puanteur *f.* (*corr.*).

fiatóne |fja'tone| *s.m.* [*fiato grosso, respiro affannoso*] *halètement, essoufflement # *avere il fiatone* être essoufflé, hors d'haleine.

fibbia |'fibbja| *s.f.* [*sistema di chiusura di una cintura, un vestito, una collana e sim.*] boucle: *fibbia da cintura* boucle de ceinture; *fibbia per scarpe* boucle de chaussures.

fiberglass |'faibəglɑ:s| *s.m. inv.* (*ingl.*) fibre *f.var.* de verre.

fibra |'fibra| *s.f.* 1 (*anat.*) fibre: *fibre muscolari, nervose* fibres musculaires, nerveuses ◇ (*bot.*) *fibre vegetali* fibres végétales 2 (*per est.*) [*sostanza filamentosa*] fibre: *fibre tessili, sintetiche, artificiali* fibres textiles, synthétiques, artificielles; *fibre di vetro, ottiche* fibres de verre, optiques; *una valigia, una borsa di fibra* une valise, un sac en fibre 3 (*fig.*) [*costituzione fisica*] constitution: *è un uomo di forte fibra, di fibra robusta* c'est un homme de forte constitution, de constitution robuste; *la sua debole fibra non ha resistito al male* sa faible constitution n'a pas résisté au mal ◇ [*la parte più interna, l'intimo*] fibre: *le più riposte fibre del cuore, dell'animo umano* les fibres les plus secrètes du cœur, de l'âme humaine.

fibràto |fi'brato| *agg.* fibreux*.

fibrilla |fi'brilla| *s.f.* (*anat.*) fibrille.

fibrillàre |fibril'lare| *agg.* (*med.*) fibrillaire.

fibrillazióne |fibrillat'tsjone| *s.f.* (*med.*) fibrillation.

fibrìna |fi'brina| *s.f.* (*biol.*) fibrine.

fibrinògeno |fibri'nɔdʒeno| *s.m.* (*biol.*) fibrinogène.

fibrinóso |fibri'noso| *agg.* (*biol.*) fibrineux*.

fibro- |fibro| *pref.* (*significa* '*fibra*', *corrisponde gener. a*) fibro.

fibroceménto |fibrotʃe'mento| *s.m.* (*nome depositato*) (*edil.*) fibrociment → **eternit.**

fibròma |fi'brɔma| *s.m.* (*med.*) fibrome.

fibroscopia |fibrosko'pia| *s.f.* (*med.*) fibroscopie.

fibrosità |fibrosi'ta| *s.f.* fibrosité.

fibróso |fi'broso| *agg.* 1 fibreux*: *materiale fibroso* matériau fibreux ◇ (*biol.*) *tessuto fibroso* tissu fibreux 2 [*che è ricco di filamenti, legnoso*] fibreux: *carne fibrosa* viande fibreuse, filandreuse.

fìbula |'fibula| *s.f.* 1 (*anat.*) péroné (*m.*): *la testa della fibula* la tête du péroné → **perone** 2 (*archeol.*) fibule.

fica, che |'fika, ke| *s.f.* (*volg.*) [*vulva*] con *m.*

ficàia |fi'kaja| *s.f.* (*region.*) [*pianta di fico*] figuier *m.* ◇ [*piantagione di fichi*] figuerie.

ficàio, i |fi'kajo, i| *s.* marchand de figues.

-ficàre |fi'kare| *suff.* (*serve alla formazione di v. con valore di* '*fare, fabbricare*', *corrisponde gener. a*) fier: *purificare* purifier; *sacrificare* sacrifier.

ficària |fi'karja| *s.f.* (*t.bot.*) ficaire.

ficcanàso |fikka'naso|, *pl. m.* **ficcanàsi** |fikka'nasi|, *pl. f. inv.*, *s.* [*persona indiscreta, impicciona*] fouinard (*fam.*), fouineur*: *sei proprio un gran ficcanaso* tu es vraiment un grand fouinard; *una ficcanaso, delle ficcanaso* une fouineuse, des fouineuses.

ficcàre |fik'kare| **A** *v.tr.* **1** [*spingere dentro, introdurre con forza*] enfoncer (2), planter: *ficcare un chiodo nel muro* enfoncer, planter un clou dans le mur; *ficcare un palo in terra* enfoncer, planter un pieu en terre → **conficcare** **2** (*fam.*) [*mettere, introdurre*] fourrer: *dove diavolo hai ficcato le chiavi?* où donc as-tu fourré les clès? □ *ficcarsi le dita nel naso* fourrer ses doigts dans son nez; *ficcarsi le mani in tasca* fourrer ses mains dans ses poches → **cacciare** ◇ (*loc. fig.*) *ficcare il naso in q.c., dappertutto* [*essere troppo curioso e invadente*] fourrer son nez dans qqch., partout ~ *ficcare gli occhi* [*fissare intensamente*] planter son regard ~ *ficcarsi in testa, in capo q.c.* [*ostinarsi in essa*] se fourrer qqch. dans la tête **B** *v.pron.rifl.* FICCARSI **1** [→ *tr.* 1] s'enfoncer, se planter: *il chiodo non si è ficcato bene* le clou ne s'est pas bien enfoncé **2** *rifl.* (*fam.*) [*rinchiudersi, nascondersi; intromettersi*] se fourrer, s'enfoncer: *ficcarsi sotto le lenzuola* se fourrer, s'enfoncer sous les draps; *dove sarà andato a ficcarsi Marco?* où Marc a-t-il pu se fourrer?; *ficcarsi dappertutto* se fourrer partout # *ficcarsi in casa, nella propria camera* se confiner chez soi, dans sa chambre → **rintanarsi** ✦ → *tr.* 2 □ ◇ (*fig.*) *ficcarsi in una brutta faccenda* se fourrer dans une mauvaise affaire; *ficcarsi nei guai, nei pasticci* se fourrer dans le pétrin; *ti sei ficcato in un bell'imbroglio* tu t'es fourré dans un beau pétrin.

ficchìno |fik'kino| *s.* (*fam., spreg.*) → **ficcanaso.**

'fiche' |fiʃ| *s.f. inv.* (*ant.*) fiche *var.* ◇ (*mod.*) plaque *var.*, jeton *m.var.*

fichéto |fi'keto| *s.m.* [*terreno piantato a fichi*] figuerie *f.*

fico- |'fiko| *pref.* (*significa 'alga', corrisponde gener. a*) phyco: *Ficomiceti* Phycomycètes.

-fico |'fiko| *suff.* (*significa 'che rende, che fa', corrisponde gener. a*) fique: *malefico* maléfique; *prolifico* prolifique.

fico, chi |'fiko, ki| *s.m.* **1** (*t.bot.*) figuier ◇ (*loc. fig.*) *attaccare la veste, il collare al fico* [*spretarsi, sfratarsi*] se défroquer **2** [*il frutto*] figue (*f.*): *fare una scorpacciata di fichi* se gaver de figues; *fico secco* → **ficosecco** ◇ *fico d'India* → **ficodindia** ◇ (*loc. fig.*) *far fico* [*fallire in un'impresa, in un tentativo*] faire fiasco; se casser les dents ~ (*fam., con valore raff. in frasi neg.*) [*nulla, un bel nulla*] *non vale un fico, un fico secco*: (*cose*) ça ne vaut pas un clou; (*persone*) c'est une nullité ~ *non me ne importa un fico, un fico secco* je m'en fiche royalement, je m'en moque comme de l'an quarante **3** (*fig.*) [*rammendo mal fatto*] rafistolage ◇ (*pop.*) [*il pomo d'Adamo*] la pomme *f.* d'Adam.

ficodindia, fico d'Ìndia |fiko'dindja| **1** *s.m.* (*t.bot.*) figuier de Barbarie: *dei fichidindia* des figuiers de Barbarie **2** [*il frutto*] figue *f.* de Barbarie.

Ficomicèti |fikomi'tʃɛti| *s.m.pl.* (*t.bot.*) Phycomycètes.

ficosécco, fichisécchi |fiko'sekko, fiki'sekki| *s.m.* **1** [*fico essiccato al sole*] figue *f.* sèche: *dei fichisecchi* des figues sèches ◇ (*loc. fig.*) *diventare un ficosecco* [*dimagrire molto*] devenir maigre comme un clou ~ (*fam., con valore raff. in frasi neg.*) [*nulla, un bel nulla*] *non vali un ficosecco* tu ne vaux rien ~ *non me ne importa un ficosecco* je m'en fiche royalement, je m'en fiche et m'en contrefiche **2** (*fig., pop.*) [*rammendo mal fatto*] rafistolage (*fam.*) → **fico.**

fìcus |'fikus| *s.m.inv.* (*t.bot.*) ficus, arbre *var.* à caoutchouc.

fidànza |fi'dantsa| *s.f.* (*lett.*). → **fiducia.**

fidanzaménto |fidantsa'mento| *s.m.* [*promessa reciproca di matrimonio*] fiançailles (*f.pl.*): *l'anello di fidanzamento* la bague de fiançailles; *annunciare il proprio fidanzamento, il fidanzamento della figlia* annoncer ses fiançailles, les fiançailles de sa fille; *sciogliere, rompere il fidanzamento* rompre ses fiançailles ◇ (*per est.*) [*la cerimonia che sancisce ufficialmente tale promessa*] *è stato un fidanzamento molto fastoso* ce furent des fiançailles très fastueuses ◇ (*per est.*) [*il periodo compreso tra la promessa stessa e il matrimonio*] *un lungo, un breve fidanzamento* de longues, de brèves fiançailles; *si sono sposati dopo tre mesi di fidanzamento* ils se sont mariés après trois mois de fiançailles.

fidanzàre |fidan'tsare| **A** *v.tr.* [*promettere in matrimonio*] fiancer (2): *fidanzare la propria figlia* fiancer sa fille **B** *v.pron.* FIDANZARSI **1** *rifl.* [*impegnarsi al matrimonio*] se fiancer: *fidanzarsi con qc.*, (*raro*) *fidanzarsi a qc.* se fiancer avec qqn. **2** (*recipr.*) [*scambiarsi reciprocamente promessa di matrimonio*] se fiancer; *Marco e Luisa si sono fidanzati ufficialmente* Marc et Louise se sont fiancés officiellement.

fidanzàto |fidan'tsato| *s.* fiancé: *il fidanzato, la fidanzata* le fiancé, la fiancée; *ti presento la mia fidanzata* je te présente ma fiancée ✦ (*agg.*) *ha due figlie già fidanzate* il, elle a deux filles déjà fiancées.

fidàre |fi'dare| **A** *v.tr.* **1** (*raro*) [*affidare, dare con fiducia*] confier **2** (*raro*) [*fissare saldamente, assicurare*] fixer solidement: *fidare un chiodo, una scala a pioli* fixer solidement un clou, une échelle **B** *v.intr.* (*aus.* '*avere*') [*avere fede in qc.; confidare in q.c.*] avoir (28) *tr.* foi en, croire (56) en, à: *fidare in Dio* avoir foi, croire en Dieu; *fidare nella propria stella* avoir foi en, croire à sa bonne étoile **C** *v.pron.intr.* FIDARSI (DI) [→ *intr.*] faire (45) *tr.* confiance (à), se fier (à): *fidarsi di un amico* faire confiance à un ami, se fier à un ami; *mi fido della tua parola* je me fie à ta parole, j'ai confiance en ta parole ◇ *loc.* FIDARSI A (+ *inf.*) [*avere il coraggio di*] oser (+ *inf.*): *non mi fido ancora a guidare l'automobile da solo* je n'ose pas encore conduire l'automobile tout seul ◇ (*prov.*) *fidarsi è bene, non fidarsi è meglio* méfiance est mère de sûreté.

fidataménte |fidata'mente| *avv.* (*raro*) [→ FIDATO 1] sûrement.

fidatézza |fida'tettsa| *s.f.* fidélité: *la fidatezza di quel domestico è fuori discussione* la fidélité de ce domestique est hors de question ◇ [*affidabilità*] fiabilité.

fidàto |fi'dato| *agg.* (*persone*) **1** [*meritevole di piena fiducia*] sûr, (digne) de confiance (*loc. inv.*): *è una persona fidata* c'est une personne sûre, (digne) de confiance ◇ (*cose*) [*di provata efficacia e funzionalità*] sûr: *è una marca fidata* c'est une marque sûre **2** (*raro, cose*) [*ben assicurato, sicuro*] fixé: *quel lampadario non è ben fidato al soffitto* ce lustre n'est pas bien fixé au plafond.

fidecommésso |fidekom'messo| *s.m.* (*dir.*) → **fedecommesso.**

fidecommissàrio, i |fidekommis'sarjo, i| *agg. e s.* → **fedecommissario.**

fideìsmo |fide'izmo| *s.m.* (*filos., teol.*) fidéisme.

fideìsta |fide'ista| *s.* (*filos., teol.*) fidéiste.

fideìstico, ci, ca, che |fide'istiko, tʃi, ka, ke| *agg.* (*filos., teol.*) fidéiste: *atteggiamento fideistico* attitude fidéiste.

fideiussióne |fidejus'sjone| *s.f.* (*dir.*) fidéjussion; garantie bancaire.

fideiussóre |fidejus'sore| *s.m.* fidéjusseur; garant *s.*

fideiussòrio, i |fidejus'sɔrjo, i| *agg.* (*dir.*) *contratto fideiussorio* contrat fidéjussoire.

fidènte |fi'dɛnte| *agg.* (*lett.*) → **fiducioso.**

fidìaco, ci, ca, che |fi'diako, tʃi, ka, ke| *agg.* de Phidias *loc. inv.*

1 **fido** |'fido| *agg.* (*lett.*) [*fedele, leale*] fidèle (*corr.*) ✦ (*s.m. spec. al plur.*) *i suoi fidi* ses fidèles, ses (fidèles) compagnons.

2 **fido** |'fido| *s.m.* **1** (*comm.*) crédit, découvert: *far fido a qc.* faire crédit à qqn.; accorder un découvert ◇ (*per est.*) *cifra di fido* plafond **2** (*raro*) [*fiducia*] confiance *f.*

fidùcia, ce |fi'dutʃa, tʃe| *s.f.* **1** [*sentimento che consiste nel fidarsi, nel credere* (*negli altri, nelle loro buone intenzioni*)] confiance: *fiducia piena, assoluta* pleine confiance, confiance absolue; *abuso di fiducia* abus de confiance; *avere, nutrire fiducia in qc., in q.c.* avoir confiance en qqn., en qqch.; *avere fiducia in Dio, negli uomini, in qc.* avoir confiance en Dieu, dans les hommes, en qqch.; *avere fiducia nelle proprie forze, nella buona stella* faire confiance à ses propres forces, à sa bonne étoile; *godere della fiducia di qc.* jouir de la confiance de qqn.; *riporre, collocare male la propria fiducia* mal placer sa confiance ◇ *loc.* PERSONA DI FIDUCIA, DI MIA FIDUCIA personne de confiance, qui a toute ma confiance; *medico, avvocato di fiducia* médecin, avocat de confiance; *incarico, ufficio di fiducia* charge, poste de confiance **2** [*approvazione da parte del parlamento del programma pol. del governo*] confiance: *voto di fiducia* vote de confiance; *mozione di fiducia* motion de confiance; *porre la questione di fiducia* poser la question de confiance **3** [*credito comm.*] crédit (*m.*): *quella ditta gode di molta fiducia* cette maison jouit d'un grand crédit **4** (*dir. rom.*) fiducie.

fiduciàrio, i |fidu'tʃarjo, i| *agg.* **1** [*che si fonda sulla fiducia*] de confiance (*loc. inv.*): *tra quelle due persone c'è un rapporto fiduciario* entre ces deux personnes, il y a un rapport de confiance ✦ (*s.*) *un fiduciario* [*persona di fiducia, delegato*] un homme de confiance, un délégué: *farsi rappresentare da un fiduciario* se faire représenter par un homme de confiance # *il fiduciario della sezione locale di un partito* le responsable de la section locale d'un parti **2** (*dir.*) fiduciaire: *atto, contratto fidu-*

ciario acte, contrat fiduciaire; *erede fiduciario* héritier fiduciaire ✦ (*s.*) *il fiduciario* le fiduciaire.
fiduciosaménte |fidutʃosa'mente| *avv.* [→ FIDUCIOSO] avec confiance *loc. inv.*
fiducióso |fidu'tʃoso| *agg.* [*pieno di fiducia*] confiant, sûr: *fiducioso nelle proprie forze* confiant dans, sûr de ses propres forces; *sono fiducioso che...* je suis sûr que...
fièle |'fjɛle| *s.m.* **1** fiel ◇ (*loc.*) *amaro come il fiele* amer comme la suie, comme chicotin **2** (*fig.*) [*amaro rancore, odio spec. dissimulato*] *parole di fiele* paroles fielleuses (*agg.*); *avere del fiele contro qc.* avoir, garder une dent contre qqn.; *tra di loro c'è del fiele* ils s'en veulent mutuellement ◇ (*loc.*) *intingere la penna nel fiele* tremper sa plume dans le venin, dans le fiel ~ *masticar fiele* se ronger de colère.
fienagióne |fjena'dʒone| *s.f.* fenaison: *i lavori della fienagione* les travaux de la fenaison ◇ [*il tempo della fienagione*] *durante la fienagione* pendant la fenaison.
fienàia |fje'naja| *s.f.* → **fienile.**
fienàio, i |fje'najo, i| *agg.* [*che serve per il taglio del fieno*] à foin (*loc. inv.*): *falce, forca fienaia* faux, fourche à foin.
fienaiòlo |fjena'jɔlo| *agg.* à foin (*loc. inv.*): *erba fienaiola* herbe à foin; foins *s.m.pl.* ✦ *s.m.* (*raro*) *un fienaiolo* un marchand *s.* de foin.
fienile |fje'nile| *s.m.* [*locale destinato alla conservazione dei foraggi secchi*] fenil, grange *f.* (à foin) ◇ (*fig.*) [*luogo sudicio, in disordine*] taudis: *vivere in un fienile* vivre dans un taudis.
fièno |'fjɛno| *s.m.* foin: *fare il fieno* faire les foins; *raffreddore da fieno* rhume des foins; *febbre da fieno* fièvre des foins ◇ (*t.bot.*) *fieno santo* → **lupinella** ~ *fieno greco* fenugrec.
1 **fièra** |'fjɛra| *s.f.* **1** [*mercato locale periodico*] foire: *la fiera di S. Lucia* la foire de la Sainte-Lucie; *fiera del libro* foire du livre ◇ (*loc.*) *roba da, di fiera* [*oggetto di poco conto*] camelote, pacotille **2** [*grande mercato, spec. internazionale*] foire; salon (*m.*): *la fiera del bestiame* la foire aux bestiaux; *la fiera di Milano, di Bari* la foire de Milan, de Bari ‖ *la fiera degli elettrodomestici* le salon des arts ménagers ◇ (*spec.*) *fiera campionaria* [*dove si espongono solo i campioni e si accettano ordinazioni della merce*] foire-exposition **3** *fiera di beneficenza* [*esposizione e vendita di oggetti a scopo di beneficenza*] vente de charité **4** (*fig.*) [*grande disordine e confusione*] foire: *cos'è questa fiera?* qu'est-ce que c'est que cette foire?→**baraonda, caos** ◇ (*prov.*) *tre donne fanno un mercato e quattro una fiera* trois femmes font un grand caquet, quatre un plein marché.
2 **fièra** |'fjɛra| *s.f.* **1** [*bestia feroce, animale selvatico*] fauve (*m.*): *il pasto delle fiere* le repas des fauves **2** (*fig.*) [*persona selvaggia*] tigre *m.*
fieraménte |fjera'mente| *avv.* [→ FIERO 1] fièrement, avec fierté *loc.inv.*
fierézza |fje'rettsa| *s.f.* [*senso, manifestazione di forza e di dominio*] fierté: *fierezza di carattere, d'animo* fierté de caractère, d'âme; *la fierezza del volto, dello sguardo* la fierté du visage, du regard; *rispondere, replicare con fierezza* répondre, riposter avec fierté.
fieristico, ci, ca, che |fje'ristiko, tʃi, ka, ke| *agg.* de (la) foire (*loc.*): *il quartiere fieristico* le quartier de la foire.
fièro |'fjɛro| *agg.* **1** fier*: *un uomo fiero* un homme fier; *carattere fiero* caractère fier; *una risposta fiera* une réponse fière; *essere, andar fiero di qc., di q.c.* être fier de qqn., de qqch. ◇ (*lett.*) [*audace, coraggioso*] vaillant, brave: *fiero in armi* vaillant aux armes **2** [*sentimento ardente, veemente*] ardent, profond: *una fiera passione* une ardente passion; *rispondere, parlare con fiero sdegno* répondre, parler avec une profonde indignation **3** (*lett.*) [*persona, crudele, spietata*] féroce, cruel*: *un fiero tiranno* un tyran féroce, cruel → **feroce** ◇ [*ostile, avverso*] cruel: *fiero destino, fiera sorte* destin cruel ◇ [*atteggiamento che incute timore; corrucciato*] courroucé: *lo guardò con fiero cipiglio* il le regarda d'un air courroucé ◇ [*aspro, accanito*] âpre, acharné: *una fiera lotta, battaglia* une lutte âpre, une bataille acharnée ◇ [*orribile, spaventoso*] horrible, affreux*: *una fiera pestilenza* une horrible, affreuse épidémie de peste.
fièvole |'fjɛvole| *agg.* [*debole, fioco*] faible: *voce fievole* voix faible; *fievoli suoni* de faibles sons; *una luce fievole* une faible lumière.
fievolézza |fjevo'lettsa| *s.f.* (*raro*) [*debolezza*] faiblesse (*corr.*).
fievolménte |fjevol'mente| *avv.* [→ FIEVOLE] faiblement.
1 **fifa** |'fifa| *s.f.* (*fam., spec. scherz.*) [*grande paura*] frousse (*pop.*), trouille (*pop.*): *avevo una gran fifa* j'avais une frousse, une trouille terrible # *essere pieno di fifa* avoir le trouillomètre à zéro, avoir les jetons.
2 **fifa** |'fifa| *s.f.* → **pavoncella.**
fifóne |fi'fone| *s.* (*fam.*) [*chi si spaventa anche per futili motivi*] froussard (*pop.*), trouillard (*pop.*) ✦ (*agg.*) *un tipo fifone* un type froussard, trouillard.
fifty-fifty |'fifti'fifti| *loc. avv.* (*ingl.*) fifty-fifty, moitié-moitié.
figa, ghe |'figa, ge| *s.f.* (*volg.*) → **fica.**
figaro |'figaro| *s.m.* **1** (*scherz.*) figaro (*fam.*) **2** [*corto giacchino alla spagnola*] boléro → **bolero.**
figgere |'fiddʒere| (110) *v.tr.* **1** (*lett.*) [*ficcare, conficcare*] ficher, enfoncer (2) (*corr.*) ◇ (*loc. fig.*) *figgersi in mente, in capo q.c.* [*ostinarsi in q.c.*] se fourrer qqch. dans la tête **2** (*arc.*) [*fissare*] fixer (*corr.*): *figgere gli occhi su q.c.* fixer les yeux sur qqch. **3** (*lett.*) [*trafiggere*] percer (2) (*corr.*), transpercer (2) (*corr.*).
figlia |'fiʎʎa| *s.f.* **1** fille: *figlia primogenita, maggiore* fille aînée; *figlia cadetta, minore* fille cadette; *figlia da marito, da maritare* fille à marier ◇ (*per est., con tono affettuoso o di commiserazione*) [*ragazza, donna*] fille, enfant: *ascolta, figlia mia!* écoute, ma fille!; *quanto ha sofferto, povera figlia!* combien elle a souffert, la pauvre enfant! ◇ (*loc. fig.*) *le figlie di Eva* [*le donne*] les filles d'Eve, les femmes **2** *spec. al plur.* [*appartenenti a congregazioni religiose femminili*] filles, sœurs: *le Figlie del Carmelo* les Filles du Carmel; *le Figlie della Carità* les Sœurs de Charité # *le Figlie di Maria* les Enfants de Marie **3** (*fig.*) [*tutto ciò che trae origine da un'altra cosa*] fille: *la superbia è figlia dell'ignoranza* la vanité est fille de l'ignorance **4** [*tagliando di ricevuta, staccato da un bollettario*] volant (*m.*): *staccare la figlia dalla matrice* détacher le volant de la souche # *blocchetto a madre e figlia* carnet à souches.
figliàle |fiʎ'ʎale| *agg.* → **filiale.**
figliàre |fiʎ'ʎare| *v.tr.* (*usato gener. ass.*) (*detto di bestie*) [*partorire, generare*] mettre (71) bas: *la mucca ha figliato ieri* la vache a mis bas, a vêlé hier; *la scrofa ha figliato dodici maialini* la truie a mis bas douze cochonnets ◇ (*per est.*) [*produrre frutti*] donner, produire (75) des fruits.
figliàstra |fiʎ'ʎastra| *s.f.* [*figlia nata al proprio coniuge da una precedente unione*] belle-fille.
figliàstro |fiʎ'ʎastro| *s.m.* [*figlio nato al proprio coniuge da una precedente unione*] beau-fils ◇ (*plur. coll.*) *figliastri* beaux-enfants.
figliàta |fiʎ'ʎata| *s.f.* [*l'insieme degli animali nati in un parto*] portée: *una figliata di coniglietti* une portée de lapereaux → **nidiata.**
figliatùra |fiʎʎa'tura| *s.f.* [→ FIGLIARE] mise bas ◇ [*periodo in cui gli animali figliano*] époque de la mise bas.
figliazióne |fiʎʎat'tsjone| *s.f.* → **filiazione.**
figlio, i |'fiʎʎo, i| *s.* **1** *s.m.* fils: *mio figlio Roberto* mon fils Robert; *figlio primogenito, maggiore* fils aîné; *figlio cadetto, minore* fils cadet; *Daniela ha sposato il figlio del direttore* Danièle a épousé le fils du directeur ◇ (*per anton.*) *il Figlio* (*di Dio*) [*Cristo*] le Fils (de Dieu); *il Figlio dell'Uomo* le Fils de l'Homme **2** *s.* [*la prole, dell'uno e dell'altro sesso*] enfant: *figlio naturale, legittimo* enfant naturel, légitime; *figlio adottivo* enfant adoptif ◇ (*loc.*) *figlio di primo, di secondo letto* enfant du premier, du second lit ~ *figlio di papà* fils à papa ~ *figlio dell'amore* enfant de l'amour ◇ (*fig.*) *sembri proprio un figlio di nessuno* [*una persona trascurata, abbandonata*] tu as l'air d'un pauvre orphelin ~ *essere il figlio della serva* [*non contare niente*] être la cinquième roue du carrosse ◇ (*usato come epiteto ingiurioso*) *figlio d'un cane!* ordure! ~ *figlio di buona donna!* fils de putain! **3** *s.m.pl.* [*i nati, maschi e femmine*] enfants: *il problema dell'educazione dei figli* le problème de l'éducation des enfants; *ha tre figli, due maschi e una femmina* il a trois enfants, deux garçons et une fille ◇ (*loc.*) *salute e figli maschi!* (*augurio scherz., spec. a chi starnutisce*) santé et prospérité! ~ *auguri e figli maschi!* (*augurio, spec. agli sposi novelli o a chi è in attesa di un figlio*) meilleurs vœux et que ce soit un garçon! ◇ [*i discendenti*] fils, enfants: *siamo tutti figli di Adamo* nous sommes tous fils d'Adam; *tramandare ai figli e ai figli dei figli* transmettre à ses enfants et aux enfants de ses enfants **4** *s.* (*per est.*) [*persona particolarmente cara, prediletta*] fils *m.*, enfant: *Giovanni era per lui un figlio* Jean était un fils pour lui ◇ (*in tono affettuoso, spec. da parte di una persona anziana*) *figlio mio!* mon enfant!, mon fils! ◇ (*loc.*) *figli dilettissimi, carissimi figli* (*nell'esordio delle allocuzioni degli ecclesiastici*) mes enfants bien-aimés, mes très chers enfants, mes très chers fils **5** *s.* (*fig.*)

[*persona o cosa, rispetto alla sua origine non materiale*] enfant; produit *m.*, fruit (*m.*): *figlio del dolore, del vizio* enfant de la douleur, du vice || *i tuoi problemi attuali sono figli di errori altrui* tes problèmes actuels sont le produit, le fruit des erreurs d'autrui ◇ (*loc.*) [*persona, rispetto alla sua estrazione sociale o al suo tempo*] *figlio del popolo* fils du peuple; *figlio del suo tempo, del suo secolo* enfant de son siècle ~ *figlio d'arte* [*chi è nato da una famiglia di artisti*] enfant de la balle ◇ [*cittadino, rispetto alla sua patria*] fils (*m.*): *i figli d'Italia, di Francia* les fils de l'Italie, de la France **6** *s.m. pl.* [*appartenenti a congregazioni religiose maschili*] enfants: *i Figli della Sacra Famiglia* les Enfants de la Sainte Famille.

figliòccio, i |fiʎ'ʎɔttʃo, i| *s.* [*chi è stato tenuto a battesimo o a cresima da un padrino o da una madrina*] filleul.

figliolàme |fiʎʎo'lame| *s.m.* (*scherz.*) nichée *f.* d'enfants.

figliolànza |fiʎʎo'lantsa| *s.f.* **1** (*fam.*) [*l'insieme dei figli*] enfants *m. pl.* (*corr.*), progéniture: *è arrivato Roberto con tutta la figliolanza* Robert est arrivé avec tous ses enfants, avec sa progéniture **2** (*raro*) [*il rapporto di parentela che intercorre tra padre e figlio*] filiation ◇ (*fig.*) [*stretto rapporto di dipendenza*] fraternité: *figliolanza spirituale* fraternité spirituelle.

figliolétto |fiʎʎo'letto| *s.* jeune enfant.

figliòlo |fiʎ'ʎɔlo| *s.* **1** *s.* (*fam.*) [*figlio, spec. in tono affettuoso*] fils *m.*; enfant: *i miei figlioli*: (*maschi*) mes fils; (*maschi e femmine*) mes enfants; *l'ha allevato come un figliolo* il l'a élevé comme un fils ◇ (*relig. crist.*) *Padre, Figliolo e Spirito Santo* le Père, le Fils et le Saint-Esprit ◇ (*fig.*) *il figliol prodigo* l'enfant prodigue **2** *s.m.* (*per est.*) [*ragazzo, uomo per cui si nutre stima e affetto*] enfant, garçon: *pensaci, figliolo!* penses-y, mon enfant!; *è un bravo figliolo* c'est un brave garçon; *povero figliolo!* pauvre garçon! **3** *s.* (*per est.*) [*ragazzo, giovane*] garçon *m.*, jeune fille (*f.*): *fidanzarsi con un bravo figliolo* se fiancer avec un brave garçon; *è proprio una bella figliola!* c'est vraiment une belle jeune fille.

figliuòlo |fiʎ'ʎwɔlo| *s.* → **figliolo.**

figulìna |figu'lina| *s.f.* (*lett.*) [*l'arte del vasaio*] poterie (*corr.*) ◇ [*oggetto prodotto dal vasaio*] figuline.

figùra |fi'gura| *s.f.* **1** [*aspetto esterno, forma di una cosa*] forme: *la figura di un edificio* la forme d'un édifice; *le bizzarre figure delle nuvole* les formes bizarres des nuages ◇ [*forma di un corpo umano, sembianze*] silhouette: *una figura snella, tozza* une silhouette élancée, trapue; *conservare, mutare la propria figura* garder, changer sa silhouette **2** [*personaggio, nelle sue qualità interiori o in riferimento al suo tempo*] individu *m.*; personnage *m.*, figure: *una sporca figura* un sale individu || *una simpatica figura* un personnage sympatique; *le figure più rappresentative del Risorgimento* les grandes figures du Risorgimento ◇ *mezza figura* [*persona mediocre*] demi-portion → **schiappa** ◇ [*personaggio di un'opera lett. o drammatica*] personnage: *Don Abbondio è la figura più simpatica dei 'Promessi Sposi'* Don Abbondio est le personnage le plus sympathique des 'Fiancés' **3** [*immagine disegnata, dipinta*] figure: *un libro con molte figure a colori* un livre avec beaucoup de figures, d'illustrations en couleurs; *la figura centrale del quadro rappresenta un santo* la figure centrale du tableau représente un saint → **illustrazione** ◇ (*arts.*) *paesaggio con figure* paysage avec des figures; *figura al naturale* figures grandeur nature **4** [*immagine concreta di un'altra realtà, simbolo*] image: *il buon pastore è figura di Cristo* le bon pasteur est l'image du Christ → **allegoria** ◇ (*loc.*) *parlare in figure* s'exprimer par des images **5** [*apparenza, mostra*] effet (*m.*): *fare una bella figura* faire bon effet, bonne impression; *fare una cattiva, una magra figura* faire mauvais effet, mauvaise impression # *fare una figura barbina* faire piètre figure ✦ (*ass.*) *un vestito di figura* une robe qui fait de l'effet, qui fait son petit effet; *quel soprammobile ci sta solo per figura* ce bibelot fait seulement de l'effet, est là seulement pour l'effet ◇ [*figuraccia*] piètre figure: *una figura così non l'avevo mai fatta* je n'avais jamais fait une aussi piètre figure; *non farmi fare simili figure* ne me fais pas faire d'aussi piètres figures; *che figura!* quelle piètre figure! # *che figura hai fatto!* tu as eu (vraiment) bonne mine! ◇ (*iron.*) *bella figura vincere con quelle carte!* [*troppo facile*] c'est un jeu d'enfants de gagner avec ces cartes **6** (*mat.*) *figura piana* figure plane ◇ (*fis.*) *figura d'interferenza* figure d'interférence **7** (*danza*) *le principali figure del tango, del valzer* les principales figures du tango, de la valse ◇ (*aer.*) *figura acrobatica* acrobatie aérienne → **acrobazia** ◇ (*sport*) *figure obbligatorie, libere* figures obligatoires, libres **8** (*carte, scacchi*) figure **9** (*mus.*) figure **10** (*dir.*) *figura di reato* forme de délit; *una particolare figura di processo* une forme particulière de procès **11** (*filos.*) *le figure del sillogismo* les figures du syllogisme **12** (*gram.*) *figura retorica* figure de rhétorique **13** (*arald.*) figure, meuble *m.*

figuràccia, ce |figu'rattʃa, tʃe| *s.f.* piètre figure.

figurànte |figu'rante| *s.* (*cine., teat.*) figurant → **comparsa** ◇ (*per est.*) [*figura di secondo piano*] *in quel consiglio egli è solo un figurante* il n'est qu'un figurant dans ce conseil.

figuràre |figu'rare| **A** *v.intr.* (*aus.* '*avere*') **1** [*far figura, mostra*] *figurare bene, figurare male* faire (45) *tr.* bonne, mauvaise impression ✦ *ass.* [*far bella figura, risaltare*] faire (de l')effet: *è un abito che figura* c'est un habit qui fait de l'effet; *vuol figurare a ogni costo* il veut faire (de l') effet à tout prix **2** [*trovarsi, comparire*] figurer: *figurare nell'elenco telefonico* figurer dans l'annuaire du téléphone; *queste spese non figurano nel bilancio* ces frais ne figurent pas dans le bilan **3** [*apparire*] *figura lui come titolare* c'est lui qui fait fonction de titulaire **B** *v.tr.* **1** (*raro*) [*plasmare, modellare*] modeler (6): *figurare il bronzo, il rame* modeler le bronze, le cuivre **2** (*raro*) [*raffigurare, rappresentare artisticamente*] figurer: *la Morte è di solito figurata con la falce in mano* on figure habituellement la Mort, la faux à la main ◇ (*raro*) [*ritrarre, descrivere*] décrire (51), représenter: *figurare un ambiente con ricchezza di particolari* décrire un cadre avec une grande richesse de détails ◇ (*raro, riferito a cose astratte*) [*rappresentarle simbolicamente*] symboliser: *il leone figura la forza* le lion symbolise la force; *il cane figura la fedeltà* le chien symbolise le fidélité **3** [*fingere, far finta*] faire semblant: *figura di cascar dalle nuvole* il fait semblant de tomber des nues ◇ [*mostrare, far supporre*] faire *intr.* croire: *figurare di essere lui il padrone* il fait croire qu'il est le patron **C** *v.pron.rifl.* FIGURARSI [*rappresentarsi alla mente, immaginare*] se figurer: *me lo figuravo del tutto diverso* je me le figurais tout autrement; *figuratevi la faccia del direttore!* figurez-vous la tête du directeur!; *figurati che io non ne sapevo niente* figure-toi que (moi) je n'en savais rien; *te lo figuri che sorpresa vedermelo davanti!* tu te figures quelle surprise de le voir devant moi! → **pensare** ◇ *loc.* (*spec. nelle risposte, per confermare o negare con risolutezza*) *figurati!* tu penses! (penses-tu!), tu parles!; *figuriamoci!, si figuri!, figurarsi!* vous pensez! (pensez-vous!) ~ '*disturbo?*', '*si figuri!*' 'je vous dérange?', 'pas du tout!, pensez donc!' ~ '*grazie per il favore*' '*figurati!*' 'merci pour le service que tu m'as rendu' 'de rien!' ◇ *loc.* FIGURARSI SE... (*per indicare l'improbabilità di un fatto*) *figurarsi se una volta tanto lui era puntuale!* pensez-vous si pour une fois il était à l'heure!

figurataménte |figurata'mente| *avv.* [→ FIGURATO 3] figurément, au (sens) figuré (*loc.*): *parlare figuratamente* parler figurément, au (sens) figuré.

figurativismo |figurati'vizmo| *s.m.* (*arts.*) art figuratif.

figuratìvo |figura'tivo| *agg.* **1** [*che rappresenta la realtà per mezzo di figure o raffigurazioni*] plastique: *le arti figurative* les arts plastiques **2** (*arts.*) figuratif*: *un pittore figurativo* un peintre figuratif ✦ (*s.*) *un figurativo* un figuratif.

figuràto |figu'rato| *agg.* **1** figuré: *vaso, vetro figurato* vase, verre figuré # *libro figurato* [*illustrato*] livre illustré ◇ (*letter.*) *carme figurato* poésie figurée, figurative **2** (*mus.*) figuré: *canto figurato* chant figuré; *accordo figurato* accord figuré **3** [*espresso mediante simboli, allegorie e sim.*] figuré: *senso figurato* sens figuré; *espressione figurata* expression figurée; *linguaggio figurato* langage figuré, imagé ◇ (*loc. avv.*) *parlar figurato* s'exprimer de façon imagée.

figurazióne |figurat'tsjone| *s.f.* **1** [*rappresentazione artistica*] représentation: *la figurazione di una battaglia* la représentation d'une bataille ◇ *spec. al plur.* [*insieme di figure o ornamenti*] figures: *una parete affrescata con figurazioni allegoriche* un mur décoré de fresques représentant des figures, des scènes allégoriques **2** (*danza*) [*insieme di figure*] figures *pl.* **3** (*raro, mus.*) → **figura.**

figurétta |figu'retta| *s.f.* → **figurina** 4.

figurìna |figu'rina| *s.f.* **1** (*raro*) petite figure, figurine **2** [*statuetta*] figurine **3** [*piccola immagine stampata su cartoncino*] image: *fare una raccolta di figurine* faire une collection d'images ◇ [*cartoncino con figure, incluso nella confezione di alcuni prodotti, che dà diritto a un premio immediato o all'estra-*

zione di un premio] bon *m.*, image: *spedire le figurine del detersivo X per partecipare all'estrazione dei premi* envoyer les bons de la lessive X pour participer au tirage des différents prix **4** [*corpo leggiadro, fattezze, spec. di donna*] jolie silhouette: *ha una bella figurina* elle a une jolie silhouette.
figurinàio, i |figuri'najo, i| *s.m.* (*raro*) marchand de figurines: *i figurinai lucchesi* les marchands de figurines de Lucques ◇ [*artigiano che modella statuette*] figuriste.
figurinista |figuri'nista| *s.* [*disegnatore di figurini*] modéliste.
figurino |figu'rino| *s.m.* **1** (*raro*) [*piccola figura*] figurine *f.* ◇ (*per est.*) [*persona minuta, delicata*] microbe **2** [*disegno che raffigura un abito, un capo d'abbigl. o i suoi particolari*] dessin de mode **3** (*fig.*) [*persona che veste secondo la moda*] minet* (*s.*): *è un figurino* c'est un minet, une minette ◇ (*per est.*) [*persona che veste con ricercatezza*] dandy.
figurista |figu'rista| *s.* figuriste.
figùro |fi'guro| *s.m.* [*individuo dall'aspetto losco o di cattiva reputazione*] individu louche: *ha incontrato strani figuri* il a rencontré de louches individus.
figuróna |figu'rona| *s.f.*, **figuróne** |figu'rone| *s.m.* [*ottima impressione; grande successo*] excellente impression *f.*, succès *m.* monstre: *fare un figurone, una figurona* faire une excellente impression, remporter un succès monstre.
fila |'fila| *s.f.* **1** file: *una fila di soldati, di scolari* une file de soldats, d'écoliers; *una fila interminabile di automobili* une file interminable de voitures; *una fila di alberi* une file d'arbres ◇ [*disposizione una accanto all'altra di più persone o cose*] rang *m.*; rangée: *stare in fila* rester en rang; *schierare in fila* disposer par rangs; *mettersi in fila per due, per tre* se mettre en rangs par deux, par trois; *disporre su due, tre file* placer sur deux, trois rangs || *una fila di sedie, di case* une rangée de chaises, de maisons ◇ *loc.* (*ordini di manovra*) *in fila!* à vos rangs, fixe!; *per fila destr, destr!* à droite, droite!; *per fila sinistr, sinistr!* à gauche, gauche! ~ *in fila indiana* à la, en file indienne ~ *in doppia fila, su due file* en double file ~ *fare la fila* faire la queue ~ *in fila!* à la queue! ~ *c'è la fila, una lunga fila* il y a la queue, il y a une longue file ~ *risalire la fila* resquiller ~ *serrare, stringere le file* serrer les rangs ~ *rompere le file, la fila* rompre les rangs ~ *disertare le file* quitter les rangs ◇ (*loc. fig.*) *essere, mettersi in prima fila* [*esporsi al pericolo*] s'exposer au danger ◇ [*essere impegnato in q.c.*] etrê au premier rang ◇ (*in un teat., cine., stadio e sim.*) [*serie trasversale di posti a sedere*] rang: *è seduto in prima fila* il est assis au premier rang ◇ (*nella scacchiera*) [*ciascuna serie verticale di otto caselle contigue*] colonne **2** [*serie continua, senza interruzione*] série: *una fila di disgrazie* une série de malheurs, une série noire; *una fila di domande* une série de questions ◇ *loc. avv.* DI FILA [*continuamente, senza interruzioni*] de suite, d'affilée: *è nevicato per tre giorni di fila* il a neigé trois jours de suite; *ho scritto tre pagine di fila* j'ai écrit trois pages de suite, d'affilée # *ha bevuto tre bicchieri di fila* il a bu trois verres à la file ◇ (*loc.*) *fuoco di fila* [*serie continua di spari*; (*fig.*) *susseguirsi rapido di domande e sim.*] feu roulant.
filàbile |fi'labile| *agg.* [→ 1 FILARE A 1] filable.
filàccia, ce |fi'lattʃa, tʃe| *s.f.* **1** [*massa di fili pendenti da un'orlatura sfilacciata*] effilochures *pl.* **2** [*il primo elemento ricavato per torcitura dalla lavorazione dei cavi vegetali*] filasse **3** (*mar.*) fil *m.* de caret.
filaccicóso |filattʃi'koso| *agg.* (*raro*) → **filaccioso.**
filàccio, i |fi'lattʃo, i| *s.m.* [*filo ricavato dai cavi disfatti*] filasse *f.*
filaccióso |filat'tʃoso| *agg.* (*raro*) qui s'effiloche *loc.* # *carne filacciosa* viande filandreuse.
filagràna |fila'grana| *s.f.* → **filigrana.**
filaménto |fila'mento| *s.m.* **1** filament **2** (*anat.*) fibre (*f.*): *i filamenti nervosi* les fibres nerveuses **3** (*bot.*) filet **4** (*elettr., elettron.*) filament: *filamento di tungsteno* filament de tungstène; *tensione di filamento* tension en filament.
filamentóso |filamen'toso| *agg.* filamenteux*; filandreux*: *materia filamentosa* matière filamenteuse → **fibroso** || *una carne filamentosa* une viande filandreuse.
filànca, che |fi'lanka, ke| *s.f.* [*fibra sintetica elastica*] hélanca (*inv.*): *calze, maglia di filanca* bas, pull-over en hélanca.
filànda |fi'landa| *s.f.* [*opificio nel quale si lavorano le fibre tess.*] filature.
filandàia |filan'daja| *s.f.* [*operaia di una filanda*] fileuse.
filandière |filan'djɛre| *s.m.* [*proprietario o direttore di una filanda*] filateur.
filandìna |filan'dina| *s.f.* → **filandaia.**
filàndra |fi'landra| *s.f.* (*tess.*) déchets *m.pl.* de laine, de coton.
filànte |fi'lante| **I** *agg.* **1** filant*: *gruviera filante* gruyère filant **2** *stella filante*: (*astron.*) étoile filante; [*striscialina di carta colorata che si lancia nei giorni di carnevale*] serpentin *s.m.* **II** *s.m.* [*malattia del vino bianco, che lo rende torbido e mucillaginoso*] graisse *f.*
filànto |fi'lanto| *s.m.* (*t.zool.*) philante.
filantropìa |filantro'pia| *s.f.* philanthropie: *una persona di grande filantropia* une personne d'une grande philanthropie → **umanitarismo.**
filantròpico, ci, ca, che |filan'trɔpiko, tʃi, ka, ke| *agg.* philanthropique.
filantropìsmo |filantro'pizmo| *s.m.* philanthropisme, philanthropie *f.*
filàntropo |fi'lantropo| *s.* philanthrope: *è un vero filantropo* c'est un vrai philanthrope ✦ (*agg.*) *uomini filantropi* hommes philanthropes.
filàrco, chi |fi'larko, ki| *s.m.* (*st. gr.*) phylarque.
1 **filàre** |fi'lare| **A** *v.tr.* **1** [*ridurre in filo*] filer: *filare la lana, la canapa* filer la laine, le chanvre; *filare a mano, a macchina* filer à la main, à la machine; *filare sottile, grosso* filer finement, grossièrement ◇ (*per est.*) *filare l'oro, l'argento* filer de l'or, de l'argent # *filare lo zucchero* faire filer le sucre **2** (*di ragno o baco da seta*) [*far la tela, il bozzolo*] tisser: *il ragno fila la ragnatela* l'araignée tisse sa toile **3** (*fig.*) [*condurre in modo sciolto, lineare*] filer (*lett.*): *filare un'idea, un discorso* filer une idée, un discours ◇ (*per est.*) *filare il perfetto amore* filer le parfait amour ◇ [*lasciare fluire in modo lento e continuato*] *filare un suono* filer un son # *la cannella fila l'acqua* le robinet fait couler un filet d'eau **4** (*mar.*) [*lasciare scorrere con moto uniforme*] filer: *filare un cavo, una gomena* filer un câble, une amarre # *filare i remi* [*smettere di remare*] lâcher les rames **5** *loc.* FILARSELA [*svignarsela*] filer (*intr.*): *se la sono filata in fretta e furia* ils ont filé à toutes jambes; *filarsela all'inglese* filer à l'anglaise **B** *v.intr.* (*aus. 'avere' nei sensi* 2, 3, 4, 5, 6, 7; *'essere' nei sensi* 1, 3, 4, 7) **1** [*diventare filamentoso, vischioso*] filer (*aus.* avoir): *il gruviera sciolto fila* le gruyère fondu file **2** (*per est.*) *il lume ha filato* [*manda un filo di fumo*] la lampe a filé **3** [*fluire in modo lento e continuo, in forma di filo*] filer (*aus.* avoir): *l'olio aveva, era filato dalla bottiglia* l'huile avait filé de la bouteille **4** (*fig.*) [*scorrere sciolto, svilupparsi in modo chiaro*] couler (*aus.* avoir): *il discorso fila via liscio* le discours coule bien # *è un ragionamento che non fila* c'est un raisonnement qui ne tient pas debout **5** (*fig., detto del gatto*) [*far le fusa*] ronronner: *il gatto ha filato tutta la sera* le chat a ronronné toute la soirée **6** (*fig., scherz.*) [*amoreggiare; procedere in armonia, in pieno accordo*] flirter: *hanno filato a lungo* ils ont flirté pendant longtemps # *filano d'amore e d'accordo* ils s'entendent très bien, à merveille **7** (*fig.*) [*andar veloce*] filer (*aus.* avoir): *la macchina è filata via come un razzo* la voiture a filé comme une flèche; *abbiamo filato a cento all'ora* nous avons filé à cent à l'heure; *come fila questa macchina!* comme elle file cette voiture! ◇ *loc.* FILAR VIA [*andarsene*] *son filati via come razzi* ils ont filé comme des zèbres; *fila via, se non vuoi guai!* file, si tu ne veux pas avoir d'ennuis! ✦ (*ass.*) *fila!, filate!* [*vai, vattene*] file!, filez! ◇ (*loc.*) *filar dritto* [*comportarsi in modo irreprensibile*] filer doux ~ *far filare* (*dritto*) *qc.* faire filer doux qqn. ~ *filare per la tangente* [*svignarsela*] filer, prendre la tangente; s'échapper par la tangente.
2 **filàre** |fi'lare| *s.m.* **1** [*serie regolare di alberi*] rangée (*f.*): *un filare di cipressi* une rangée de cyprès; *un doppio filare* une double rangée; *filari semplici, doppi* des rangées simples, doubles **2** (*edil.*) assise (*f.*): *un filare di mattoni* une assise de briques **3** (*mar.*) hiloire *f.*
filarino |fila'rino| *s.m.* (*scherz.*) [*corteggiatore, innamorato*] soupirant ◇ [*flirt*] flirt.
filariòsi |fila'rjɔzi| *s.f. inv.* (*med., veter.*) filariose *var.*
filarmònica, che |filar'mɔnika, ke| *s.f.* philharmonie: *la filarmonica ha organizzato un concerto all'aperto* la philharmonie a organisé un concert en plein air # *la filarmonica di Berlino* l'orchestre philharmonique de Berlin ◇ [*sede dell'associazione stessa*] *il concerto si terrà nel salone della filarmonica* le concert aura lieu dans le salon de la société philharmonique.
filarmònico, ci, ca, che |filar'mɔniko, tʃi, ka, ke| *agg.* philharmonique: *società, compagnia filarmonica*

société, compagnie philharmonique ♦ *s.m.* (*spec. al plur.*) *i filarmonici* les mélomanes.
filastròcca, che |filas'trɔkka, ke| *s.f.* **1** [*componimento in versi brevi, cadenzato, spec. per divertire i bambini*] comptine: *la filastrocca della nonna* la comptine de grand-mère → **cantilena, nenia** **2** (*per est.*) [*serie di parole lunga, noiosa e monotona*] litanie, kyrielle: *non tirarmi fuori la solita filastrocca dei tuoi malanni* ne recommence pas la litanie de tous tes ennuis → **tiritera.**
filatelìa |filate'lia|, **filatèlica, che** |fila'tɛlika, ke| *s.f.* philatélie.
filatèlico, ci, ca, che |fila'tɛliko, tʃi, ka, ke| *agg.* philatélique: *catalogo filatelico* catalogue philatélique; *una rarità filatelica* une rareté philatélique # *mercato filatelico* marché aux timbres ♦ (*s.*) *un filatelico* un philatéliste.
filatelìsta |filate'lista| *s.* philatéliste.
filatìccio, i |fila'tittʃo, i| *s.m.* [*seta di bozzoli sfarfallati*; *filo o tessuto che se ne ricava*] filoselle *f.*
filàto |fi'lato| **I** *agg.* **1** [*ridotto in fili*] filé: *lana filata* laine filée # *zucchero filato* barbe à papa **2** (*fig.*) [*continuo, senza interruzioni*] ininterrompu: *fare un discorso filato* faire un discours ininterrompu # *parlare per due ore filate* parler deux heures de suite, d'affilée **II** *s.m.* [*il prodotto della filatura delle fibre tess.*] fil, filé: *filato ritorto* (fil) retors; *filato cardato, pettinato* fil cardé, peigné; *filati di cotone* filés de coton.
filatóio, i |fila'tojo, i| *s.m.* **1** (*tecnol.*) métier à filer **2** [*reparto della filanda*] filature *f.*
filatóre, trice, (*pop.*) **tora** |fila'tore, tritʃe, tora| *s.* fileur* ♦ (*agg.*) *macchina filatrice* machine, métier à filer, *loc. inv.*
filatrìce |fila'tritʃe| *s.f.* (*tecnol.*) machine, métier *m.* à filer.
filattèrio, i |filat'tɛrjo, i| *s.m.* (*liturg. ebr.*) phylactère.
filatùra |fila'tura| *s.f.* **1** (*tess.*) *filatura a mano* filage (*m.*); *filatura a macchina* filature; *filatura della seta* moulinage *m.* (de la soie) **2** [*filanda*] filature **3** (*bot.*) *la filatura della vite* les vrilles de la vigne.
fileggiàre |filed'dʒare| *v.intr.* (*aus.* '*avere*') (*mar.*) [*sbattere delle vele quando ricevono il vento parallelamente alla loro superficie*] faseyer (8), (faseiller).
filellènico, ci, ca, che |filel'lɛniko, tʃi, ka, ke| *agg.* philhellénique, philhellène.
filellenìsmo |filelle'nizmo| *s.m.* philhellénisme.
filellèno |filel'lɛno| *agg.* philhellène, philhellénique ♦ (*s.*) *un filelleno* un philhellène.
filètico, ci, ca, che |fi'lɛtiko, tʃi, ka, ke| *agg.* (*biol.*) phylétique.
filettàre |filet'tare| *v.tr.* **1** [*adornare, guarnire con filetti*] border, passementer: *filettare di rosso un abito bianco* border une robe blanche de rouge; *filettare un cappello* passementer un chapeau **2** [*munire di filetto*] *filettare una vite* fileter (7) une vis; *filettare col maschio* tarauder.
filettàto |filet'tato| *agg.* **1** [*adorno di filetti*] bordé, passementé: *un abito filettato* une robe bordée, passementée **2** (*di pezzo meccanico*) [*fornito di filetto*] fileté, taraudé: *vite filettata* vis filetée ‖ *dado filettato* écrou taraudé.
filettatóre |filetta'tore| *s.m.* [*operaio addetto alla filettatura*] filetier.
filettatrìce |filetta'tritʃe| *s.f.* (*tecnol.*) tour *m.* à fileter; taraudeuse.
filettatùra |filetta'tura| *s.f.* **1** [→ FILETTARE 1] ornementation de galons, de filets: *una filettatura in oro* une ornementation de galons d'or ◇ [*l'insieme dei filetti*] filets (*m.pl.*): *un libro con una bella filettatura in oro* un livre avec de beaux filets dorés **2** [→ FILETTARE 2] filetage (*m.*): *filettatura esterna, interna* filetage externe, interne; *filettatura destrorsa, sinistrorsa* filetage à droite, à gauche ◇ [*la parte filettata*] filet: *questa vite ha la filettatura quasi consumata* cette vis a le filet presque entièrement usé.
1 **filétto** |fi'letto| *s.m.* **1** [*ornamento filiforme, spec. di tessuto*] galon, liseré: *un berretto rosso con filetti d'oro* un béret rouge avec des galons dorés ◇ [*tratto sottile che unisce due lettere*] délié ◇ (*tip.*) filet **2** [*piccolo filo*] filet ◇ (*anat., corr.*) filet, frein **3** (*pesca*) filet **4** [*morso del cavallo*] mors.
2 **filétto** |fi'letto| *s.m.* **1** (*macelleria, corr.*) filet: *una gustosa bistecca di filetto* un bon bifteck dans le filet **2** (*per est.*) *filetto di sogliola* filet de sole # *filetto di pollo* blanc de poulet.
-filìa |fi'lia| *suff.* (*significa 'amore, simpatia, affinità', corrisponde gener. a*) philie: *bibliofilia* bibliophilie; *anglofilia* anglophilie.
filiàle |fi'ljale| **1** *agg.* filial*: *amore, rispetto filiale* amour, respect filial; *doveri filiali* devoirs filiaux **2** *s.f.* [*sede secondaria, periferica di un'impresa*] filiale ◇ [*azienda alla dipendenza di una altra di maggiore importanza*] succursale.
filialménte |filjal'mente| *avv.* [→ FILIALE 1] filialement.
filiazióne |filjat'tsjone| *s.f.* **1** (*dir.*) filiation: *filiazione legittima, naturale* filiation légitime, naturelle **2** (*per est.*) [*rapporto di derivazione, provenienza*] filiation.
filibustière |filibus'tjɛre| *s.m.* **1** flibustier, pirate **2** (*st.*) filibustier.
Filicìne |fili'tʃine| *s.f.pl.* (*t.bot.*) Filicinées.
filièra |fi'ljɛra| *s.f.* (*tecnol., zool.*) filière.
filifórme |fili'forme| *agg.* filiforme.
filigràna |fili'grana| *s.f.* **1** (*oreficeria*) filigrane *m.* ◇ (*fig.*) *questa descrizione era una filigrana* cette description était un prodige *m.* d'exactitude; *questa lirica è una filigrana* ce poème lyrique est un chef-d'œuvre *m.* de délicatesse **2** [*contrassegno*; *marca impressa sulla carta, visibile solo in controluce*] filigrane: *è molto difficile falsificare la filigrana di una banconota* il est très difficile de falsifier le filigrane d'un billet de banque.
filigranàto |filigra'nato| (*agg.*) *carta filigranata* papier filigrane *appos.*
filìno |fi'lino| *s.m.* [*piccolo filo*] brin: *un filino d'erba* un brin d'herbe.
filipèndola |fili'pɛndola|, **filipèndula** |fili'pɛndula| *s.f.* (*t.bot.*) filipendule, spirée.
filìppica, che |fi'lippika, ke| *s.f.* philippique: *fare una filippica, uscire in una filippica* faire une philippique.
filippìno |filip'pino| *agg.* [*delle Filippine*] philippin.
filisteìsmo |filiste'izmo| *s.m.* philistinisme.
filistèo |filis'tɛo| *s.* **1** (*fig.*) [*persona gretta, contraria a qualunque novità*] philistin ♦ (*agg.*) *mentalità filistea, pregiudizi filistei* mentalité de philistin, préjugés philistins **2** (*st. ebr.*) philistin.
-fìlla |'filla| *suff.* (*significa 'foglia', corrisponde gener. a*) phylle: *clorofilla* chlorophylle.
fillade |'fillade| *s.f.* (*miner.*) phyllade *m.*
fillio, i |'filljo, i| *s.m.* (*t.zool.*) phyllie *f.*
fill(o)- |'fill(o)| *pref.* (*significa 'foglia', corrisponde gener. a*) phyll(o): *fillade* phyllade; *fillossera* phylloxéra.
Fillòpodi |fil'lɔpodi| *s.m.pl.* (*t.zool.*) Phyllopodes.
filloptòsi |fillop'tɔzi| *s.f. inv.* (*bot.*) effeuillaison *var.*, effeuillement *m. var.*
fillòssera |fil'lɔssera| *s.f.* (*t.zool.*) phylloxéra *m.*
fillosseràto |fillosse'rato| *agg.* phylloxéré.
fillossérico, ci, ca, che |fillos'seriko, tʃi, ka, ke| *agg.* phylloxérien*, phylloxérique.
film |film| *s.m. inv.* **1** [*pellicola fotografica o cinematografica*] film *var.*, pellicule (*f. var.*): *è uscito il film dal caricatore* le film, la pellicule est sorti(e) du chargeur **2** [*opera cinematografica*] film: *un bel, un brutto film* un beau (bon), un mauvais film; *film d'animazione* film d'animation; *film western* film de cow-boys, (film) western; *film dell'orrore* film d'horreur, d'épouvante; *film di guerra* film de guerre; *andare a vedere un film d'avventure* aller voir un film d'aventure **3** [*il cinema come arte e attività economica*] cinéma *var.*, film: *una diva del film muto* une vedette du cinéma muet.
filmàbile |fil'mabile| *agg.* [→ FILMARE] filmable.
filmàre |fil'mare| *v.tr.* **1** [*riprendere con cinepresa*] filmer: *filmare un avvenimento storico* filmer un événement historique ◇ (*scherz.*) *questa scena è da filmare* cette scène est à filmer **2** (*raro*) [*ridurre in versione cinematografica*] faire (45) un film d'après..., tirer un film de...: *filmare un romanzo* faire un film d'après un roman, tirer un film d'un roman.
filmàto |fil'mato| *agg.* **1** [*ripreso con macchina cinematografica*] filmé: *il telegiornale alterna notizie con inserti filmati* le journal télévisé fait alterner les nouvelles et les séquences filmées ♦ *s.m.* (*tv*) *un filmato* une séquence *f.* filmée *agg.*, un film **2** *un romanzo, un racconto filmato* [*ridotto in versione cinematografica*] une adaptation (cinématographique) d'un roman, d'un récit.
fìlmico, ci, ca, che |'filmiko, tʃi, ka, ke| *agg.* filmique.
filmìna |fil'mina| *s.f.* [*striscia di pellicola i cui singoli fotogrammi sono altrettante diapositive per proiezione*] film *m.* fixe.
filmìstico, ci, ca, che |fil'mistiko, tʃi, ka, ke| *agg.* (*raro*) → **filmico.**
filmografìa |filmogra'fia| *s.f.* filmographie.
filmogràfico, ci, ca, che |filmo'grafiko, tʃi, ka, ke| *agg.* filmographique.

filmologìa, gie |filmolo'dʒia, dʒie| *s.f.* filmologie.
filmològico, ci, ca, che |film'lɔdʒiko, tʃi, ka, ke| *agg.* filmologique.
filmotèca, che |filmo'tɛka, ke| *s.f.* filmothèque.
fil(o)- |'fil(o)| *pref.* (*significa 'che ha amore, simpatia', corrisponde gener. a*) phil(o): *filantropia* philantropie; *filologico* philologique.
filo- |'filo| *pref.* **1** (*significa 'che ha simpatia, amore per', corrisponde gener. a*) pro: *filocinese* prochinois; *filoamericano* proaméricain **2** (*significa 'linea aerea; cavo', corrisponde gener. a*) *filodiffusione* radiodistribution, télédiffusion; *filobus* trolleybus **3** (*in bot. e zool., significa 'discendenza', corrisponde gener. a*) phylo: *filogenesi* phylogénèse.
-filo |filo|, **-filìa** |fi'lia| *suff.* (*significano 'amore, simpatia', corrispondono gener. a*) phile; philie: *bibliofilo* bibliophile || *bibliofilia* bibliophilie.
1 **filo** |'filo|, *pl. m.* **fili** |'fili|, *pl. f.* (*in alcune loc.*) **fila** |'fila| *s.m.* **1** fil: *filo di cotone, di lino, di nailon* fil de coton, de lin, de nylon; *filo doppio, ritorto* fil double, retors; *filo forte, da macchina* fil à coudre; *filo da ricamo, da imbastire* fil à broder, à bâtir; *filo di Scozia* fil d'Écosse; *matassa, gomitolo di filo* bobine de fil; *calze di filo* chaussettes de fil ◇ (*per est.*) *filo di ferro, di rame* fil de fer, de cuivre; *i fili elettrici, del telefono* les fils électriques, téléphoniques; *telegrafo senza fili* télégraphe sans fil; *filo spinato* fil de fer barbelé; *questi fagiolini hanno il filo* ces haricots verts ont des fils # *un filo d'erba, di fieno* un brin d'herbe, de foin; *un filo di perle* un rang de perles; *spezzarsi il filo della schiena* [*la spina dorsale*] se rompre la colonne vertébrale ◇ (*fig.*) fil: *la sua vita è attaccata a un filo* sa vie ne tient qu'à un fil; *essere ridotto a un filo* devenir mince comme un fil; *trovare il filo d'Arianna* trouver le fil d'Ariane, le fil conducteur # *le fila di un complotto* la trame d'un complot ◇ (*loc. fig.*) *tener le fila di una congiura* tenir les ficelles d'un complot ~ *tirar le fila di un discorso* tirer la conclusion d'un discours ~ *essere legato a doppio filo con qc.* être étroitement lié à qqn. ~ *dar del filo da torcere* donner du fil à retordre ~ *far il filo a qc.* [*far la corte*] faire la cour à qqn. ~ *marciare sul filo dei 100* (*km all'ora*) rouler à une moyenne de 100 (km à l'heure), à 100 de moyenne **2** (*fig.*) [*striscia esile; quantità minima*] filet: *un filo di fumo* un filet de fumée; *un filo di acqua* un filet d'eau; *dalla ferita usciva un filo di sangue* un filet de sang coulait de la blessure; *un filo di aria* un filet d'air; *dalla fessura entrava un filo di luce* un filet de lumière passait à travers l'interstice; *non ho più neanche un filo di voce* je n'ai même plus un filet de voix # *un filo di speranza* un brin d'espoir; *un filo di vento* un souffle de vent **3** [*linea diritta*] *il filo del muro, del tavolo* [*lo spigolo*] l'arête *f.* d'un mur, le coin d'une table; *lo scafo è spuntato sul filo dell'acqua* la coque est apparue à la surface de l'eau → 1 **livello**; *il filo del legno* [*venatura*] le fil du bois; *il filo della corrente* [*direzione*] le fil du courant; *il filo del vento* la direction du vent ◇ (*fig.*) *camminare sul filo, stare sul filo* [*comportarsi con molto controllo*] marcher droit; *essere sul filo del fallimento* être au bord de la faillite → **orlo**; *vincere sul filo del traguardo* gagner à un poil de la ligne d'arrivée **4** (*fig.*) [*corso, andamento*] fil: *il filo della vita, della storia* le fil de la vie, de l'histoire; *il filo degli avvenimenti* le fil des événements; *perdere, riprendere il filo del discorso* perdre, reprendre le fil du discours ◇ (*loc.*) *raccontare, riferire per filo e per segno* [*dettagliatamente e con esattezza*] raconter, répéter tout dans les moindres détails **5** (*di strumenti a lama*) [*taglio*] fil: *il filo di una lama, di un coltello, di un rasoio, di una spada* le fil d'une lame, d'un couteau, d'un rasoir, d'une épée # *coltello che ha perso il filo* couteau émoussé ◇ (*loc.*) *passare a fil di spada* passer au fil de l'épée ◇ (*fig.*) *essere, camminare sul filo del rasoio* [*trovarsi in una situazione di rischio*] marcher sur la corde raide.
2 **filo** |'filo| *s.m.* (*biol.*) phylum.
filoamericàno |filoameri'kano| *agg. e s.* proaméricain.
fìlobus |'filobus| *s.m.inv.* [*autobus che funziona con motore elettrico alimentato da una linea aerea*] trolleybus.
filocinése |filotʃi'nese| *agg. e s.* (*polit.*) prochinois.
filocomunista |filokomu'nista| *agg. e s.* [*simpatizzante comunista*] procommuniste, communisant.
filodèndro |filo'dɛndro| *s.m.* (*t. bot.*) philodendron.
filodiffusióne |filodiffu'zjone| *s.f.* [*trasmissione dei programmi radiofonici per mezzo di onde convogliate sulla linea telefonica*] (*in Belgio*) radiodistribution, (*in Svizzera*) télédiffusion: *i programmi della filodiffusione* les programmes de la radiodistribution, de la télédiffusion.
filodiffusóre |filodiffu'zore| *s.m.* [*apparecchio per la ricezione dei programmi della filodiffusione*] récepteur de radiodistribution, de télédiffusion.
filodrammàtica, che |filodram'matika, ke| *s.f.* compagnie d'acteurs amateurs.
filodrammàtico, ci |filodram'matiko, tʃi| *s.* [*amante di arte drammatica*] acteur* amateur: *una compagnia di filodrammatici* une compagnie d'acteurs amateurs ✦ (*agg.*) *società filodrammatica* → **filodrammatica**.
filofascista |filofaʃ'ʃista| *agg.* profasciste, fascisant.
filogènesi |filo'dʒɛnesi| *s.f.inv.* (*biol.*) phylogénèse *var.*, phylogénie *var.*
filogenètico, ci, ca, che |filodʒe'nɛtiko, tʃi, ka, ke| *agg.* (*biol.*) phylogénétique, phylogénique.
filogovernativo |filogoverna'tivo| *agg. e s.* progouvernemental*.
filogràna |filo'grana| *s.f.* (*raro*) → **filigrana**.
filologìa, gie |filolo'dʒia, dʒie| *s.f.* **1** philologie: *filologia classica, romanza* philologie classique, romane; *filologia greca, latina, germanica* philologie grecque, latine, germanique **2** [*l'insieme dei filologi di un certo periodo, di una certa scuola e sim.*] philologues (*m.pl.*): *la filologia romantica* les philologues romantiques; *la filologia tedesca dell'Ottocento* les philologues allemands du XIXe siècle.
filologicaménte |filolodʒica'mente| *avv.* [→ FILOLOGICO] philologiquement.
filològico, ci, ca, che |filo'lɔdʒiko, tʃi, ka, ke| *agg.* philologique: *studi filologici* études philologiques.
filòlogo, gi, (*pop.*) **ghi** |fi'lɔlogo, dʒi, gi| *s.m.* philologue (*s.*): *un insigne filologo* un philologue éminent # *un filologo greco, romanzo* un expert en philologie grecque, romane ✦ (*agg.*) (*talora spreg.*) *un critico filologo* un critique philologue ✦ (*appos.*) *uno storico filologo* un historien philologue.
filoncino |filon'tʃino| *s.m.* [*forma bislunga di pane*] ficelle *f.*
filondènte |filon'dɛnte| *s.m.* → **canovaccio.**
1 **filóne** |fi'lone| *s.m.* **1** (*miner.*) filon, veine (*f.*): *filone aurifero, carbonifero* filon, veine d'or, de charbon **2** (*geogr.*) *i filoni di un fiume* les rapides d'un fleuve # *filone di impluvio* thalweg **3** (*fig.*) [*tradizione culturale, spec. lett. o artistica*] mouvement, courant: *i vari filoni della letteratura italiana dell'Ottocento* les différents mouvements, courants de la littérature italienne du XIXe siècle ◇ (*per est.*) *il filone dei film western* le genre western **4** [*grosso pane di forma allungata*] baguette *f.* **5** *spec. al plur.* [*midollo spinale di bestie macellate*] amourettes *f.*
2 **filóne** |fi'lone| *s.* (*region.*) [*persona scaltra e maneggiona*] filou *m.* → **dritto.**
filóso |fi'loso| *agg.* **1** plein de fils **2** (*per est.*) [*fibroso, filamentoso*] filandreux*, filamenteux*: *un lesso filoso* un pot-au-feu filandreux, filamenteux.
filosofàle |filozo'fale| *agg.* **1** *pietra filosofale* pierre philosophale **2** (*scherz.*) [*serio, da filosofo*] de philosophe *loc. inv.*; doctoral*: *una barba filosofale* une barbe de philosophe || *parlare con tono filosofale* parler d'un ton doctoral.
filosofànte |filozo'fante| *s.* (*spreg.*) [*pedante cultore di filos.*] pseudo-philosophe ✦ (*agg.*) *discorsi filosofanti* des propos pseudo-philosophiques.
filosofàre |filozo'fare| *v.intr.* (*aus. 'avere'*) [*dedicarsi alla filos.; discutere di un problema filosofico*] philosopher: *filosofare sulla natura dell'essere, sull'immortalità dell'anima* philosopher sur la nature de l'être, sur l'immortalité de l'âme ◇ (*iron., spreg.*) [*discutere anche di argomenti banali in modo pedante e accademico*] philosopher, philosophailler: *non metterti a filosofare su queste sciocchezze!* ne commence pas à philosopher sur ces bêtises!
filosofàstro |filozo'fastro| *s.m.* (*spreg.*) [*filosofo da strapazzo, di poco conto*] *pseudo filosofastro* philosophe.
filosofeggiàre |filozofed'dʒare| *v.intr.* (*aus. 'avere'*) (*spreg.*) [*atteggiarsi presuntuosamente a filosofo*] jouer au philosophe, philosophailler.
filosofèma |filozo'fɛma| *s.f.* philosophème.
filosoferìa |filozofe'ria| *s.f.* (*spreg.*) [*atteggiamento di chi filosofeggia con ostentazione e pedanteria*] attitude prétendument philosophique ◇ [*affermazione apparentemente profonda, ma astrusa e inconcludente*] affirmation pseudo-philosophique.
filosofèssa |filozo'fessa| *s.f.* (*spreg.*) [*donna pedante e saccente*] bas-bleu (*m.*): *delle filosofesse* des bas-bleus.

filosofia |filozo'fia| *s.f.* **1** philosophie: *la filosofia di Kant, di Croce* la philosophie de Kant, de Croce; *la filosofia scolastica, idealistica* la philosophie scolastique, idéaliste; *la filosofia italiana del Novecento* la philosophie italienne du XXe siècle; *la filosofia del linguaggio, della scienza* la philosophie du langage, des sciences **2** [*disciplina che studia i problemi filosofici*] philosophie: *professore di filosofia* professeur de philosophie; *laurea in filosofia* licence de philosophie; *studiare filosofia* étudier la philosophie ◇ [*facoltà universitaria*] *studente del terzo anno di filosofia* étudiant en troisième année de philosophie; *iscriversi a filosofia* s'inscrire en philosophie **3** (*fam.*) [*modo pers. di considerare la vita e i suoi problemi*] philosophie: *ha una filosofia tutta sua* il a une philosophie très personnelle # *non è questo il momento di fare della filosofia!* ce n'est pas le moment de philosopher! **4** (*fig., fam*) [*serenità, imperturbabilità d'animo*] philosophie: *accettare le disgrazie con filosofia* accepter les revers de la fortune avec philosophie; *prendersela con filosofia* prendre son mal (son sort) avec philosophie # *filosofia spicciola* bon sens.

filosoficaménte |filozofika'mente| *avv.* **1** [*secondo i princìpi della filosofia*] philosophiquement, en philosophe(s) (*loc.*): *ragionare, discutere filosoficamente* raisonner, discuter philosophiquement, en philosophe # *il tuo giudizio si basa su princìpi filosoficamente errati* ton jugement se base sur des principes erronés du point de vue philosophique **2** (*fig., scherz.*) [*con serena rassegnazione*] philosophiquement, avec philosophie (*loc. inv.*): *prendersela filosoficamente* prendre son mal, son sort avec philosophie → **serenamente, imperturbabilmente.**

filosòfico, ci, ca, che |filo'zɔfiko, tʃi, ka, ke| *agg.* **1** philosophique: *studi filosofici* études philosophiques; *scuola, corrente filosofica* école, courant philosophique **2** (*fig., scherz.*) [*pedante, cavilloso*] docte: *un tono filosofico* un ton docte ◇ [*sereno, imperturbabile*] philosophique: *con filosofica rassegnazione* avec une résignation philosophique ◇ [*distratto; originale*] *vivere con filosofica trascuratezza* vivre avec un détachement philosophique.

filosofismo |filozo'fizmo| *s.m.* philosophisme.

filòsofo |fi'lɔzofo| *s.m.* **1** philosophe: *un filosofo idealista, positivista* un philosophe idéaliste, positiviste; *le varie scuole di filosofi* les différentes écoles de philosophes ✦ (*agg.*) *il poeta filosofo* le poète philosophe **2** (*scherz.*) [*persona serena e imperturbabile*] philosophe: *nella vita, bisogna saper essere filosofi!* dans la vie, il faut (savoir) être philosophe!

filosofùme |filozo'fume| *s.m.* (*spreg.*) [*accozzaglia di presunti argomenti filosofici, di presunti filosofi*] ramassis philosophique.

filòssera |fi'lɔssera| *s.f.* → **fillossera.**

filovìa |filo'via| *s.f.* ligne de trolleybus ◇ [*filobus*] trolleybus (*m.*): *prendere la filovia* prendre le trolleybus.

filoviàrio, i |filovi'arjo, i| *agg.* de trolleybus (*loc. inv.*): *linea, rete filoviaria* ligne, réseau de trolleybus.

filtràbile |fil'trabile| *agg.* **1** [→ FILTRARE A] qui peut être filtré *loc.* **2** (*biol.*) *virus filtrabile* virus filtrant, filtrable.

filtràggio, i |fil'traddʒo, i| *s.m.* [→ FILTRARE A] filtrage, filtration *f.*

filtrànte |fil'trante| *agg.* **1** filtrant: *schermo, parete filtrante* écran filtrant, paroi filtrante **2** (*biol.*) *virus filtrante* virus filtrant → **filtrabile.**

filtràre |fil'trare| **A** *v.tr.* [*far passare un fluido attraverso un filtro per purificarlo*] filtrer: *filtrare il tè, l'olio* filtrer le thé, l'huile ◇ (*elettron.*) *filtrare i suoni* filtrer les sons **B** *v.intr.* (*aus.* '*essere*') **1** (*detto di un fluido*) [*passare in piccole particelle attraverso un corpo poroso*] filtrer (*aus.* avoir): *l'umidità filtrava dalle pareti* l'humidité filtrait à travers les murs → **stillare** **2** (*per est.*) [*penetrare a fatica, attraverso una piccola apertura*] filtrer: *i raggi del sole filtravano attraverso le imposte* les rayons du soleil filtraient à travers les volets ◇ (*fig.*) [*trapelare*] *non è filtrata nessuna indiscrezione* aucune indiscrétion n'a filtré ◇ (*sport*) *filtrare attraverso le maglie della difesa avversaria* filtrer à travers les mailles de la défense adversaire → **infilar(si).**

filtràto |fil'trato| *agg.* **1** filtré: *un liquido filtrato* un liquide filtré ✦ (*s.m.*) *un filtrato* un filtrat; *filtrato dolce* [*mosto filtrato*] mistelle *f.* **2** (*detto di sostanza solida*) [*trattenuta da un filtro*] filtré: *il sedimento filtrato* le sédiment filtré.

filtrazióne |filtrat'tsjone| *s.f.* [→ FILTRARE A] filtration, filtrage *m.*

1 **fìltro** |'filtro| *s.m.* **1** filtre: *il filtro della caffettiera* le filtre de la cafetière; *il filtro dell'aria, dell'olio, del carburante* le filtre à air, à huile, à carburant ◇ (*nelle sigarette*) filtre, bout filtre, bout filtrant: *mi dia un pacchetto di sigarette con, senza filtro* donnez-moi un paquet de cigarettes (bout) filtre, sans filtre ◇ (*nelle pipe e nei bocchini*) filtre **2** (*elettron., fis., foto., ott.*) filtre **3** (*fig.*) [*elemento che purifica o chiarisce*] crible: *il filtro della ragione* le crible de la raison; *sottoporre un'idea al filtro di una più attenta analisi* passer une idée au crible pour une analyse plus attentive → **vaglio.**

2 **filtro** |'filtro| *s.m.* [*bevanda cui si attribuivano proprietà magiche*] philtre.

filtroprèssa |filtro'pressa| *s.f.* (*tecnol.*) filtre-presse *m.*

filugèllo |filu'dʒello| *s.m.* → **baco (da seta).**

fìlza |'filtsa| *s.f.* **1** [*serie di cose simili infilzate su un filo*] rang *m.*; chapelet (*m.*): *una filza di perle* un rang de perles ‖ *una filza di salsicce, di cipolle* un chapelet de saucisses, d'oignons # *una filza di polli allo spiedo* une broche de poulets **2** (*fig.*) [*serie numerosa e ininterrotta di cose simili*] enfilade, suite: *una filza di nomi, di esempi* une enfilade de noms, d'exemples; *una filza di case* une suite de maisons; *una filza d'ingiurie* une suite, une bordée d'injures → **sequela, sfilza** # *una filza di bambini* une ribambelle d'enfants **3** [*particolare punto di cucito*] faufilure, faufilage *m.* → **imbastitura** **4** (*negli archivi e nelle biblioteche*) [*fascio di documenti riuniti*] liasse de documents.

fimbriàto |fim'brjato| *agg.* **1** (*raro*) [*ornato di frangia, di orlo*] frangé, ourlé **2** (*bot.*) effrangé: *margine fimbriato di una foglia* bord effrangé d'une feuille.

fìmo |'fimo| *s.m.* (*lett.*) → **sterco, letame.**

fimòsi |fi'mɔzi| *s.f.inv.* (*med.*) phimosis *m.*

finàle |fi'nale| **I** *agg.* **1** final*: *sillaba, vocale finale* syllabe, voyelle finale; *prova, esame finale* épreuve finale, examen final ◇ [*conclusivo*] dernier*: *l'atto, la scena finale di un dramma* le dernier acte, la dernière scène d'une pièce dramatique; *il Giudizio finale* le Jugement dernier ◇ (*per est.*) [*definitivo, decisivo*] final, ultime: *la decisione finale* la décision finale, l'ultime décision; *la soluzione finale di una discussione* la solution finale, le point final d'une discussion **2** [*che riguarda il fine, lo scopo*] final: *causa, intenzione finale* cause, intention finale ◇ (*gram.*) *proposizioni, congiunzioni finali* propositions, conjonctions finales **II** *s.m.* [*parte conclusiva di uno spettacolo e sim.*] fin (*f.*): *il finale della commedia* la fin de la pièce; *non ho capito il finale del film* je n'ai pas compris la fin du film ◇ (*mus.*) finale: *il finale della Quinta, della Nona sinfonia di Beethoven* le finale de la cinquième, de la neuvième symphonie de Beethoven ◇ (*sport*) finale: *la squadra è crollata nel finale* l'équipe s'est effondrée dans le finale **III** *s.f.* **1** (*gram.*) finale: *la finale della frase, del periodo* la finale de la phrase, de la période # *la finale della sillaba* la voyelle finale de la syllabe ◇ (*al plur.*) *le finali* les propositions finales *agg.* **2** (*sport*) finale: *entrare in finale* arriver en finale; *disputare, vincere la finale* disputer, remporter la finale **C** I 1 **iniziale**; II **inizio.**

finalismo |fina'lizmo| *s.m.* (*filos.*) finalisme.

finalìssima |fina'lissima| *s.f.* (*sport*) (grande) finale.

finalista |fina'lista| *s.* **1** (*sport*) finaliste: *le finaliste dei campionati del mondo di calcio* les finalistes des championnats du monde de football ✦ (*agg.*) *la squadra finalista, gli atleti finalisti* l'équipe finaliste *appos.*, les athlètes finalistes **2** (*filos.*) finaliste ✦ (*agg.*) *un filosofo finalista* un philosophe finaliste.

finalìstico, ci, ca, che |fina'listiko, tʃi, ka, ke| *agg.* (*filos.*) finaliste.

finalità |finali'ta| *s.f. inv.* **1** [*fine, scopo*] fin *var.*, but (*m.var.*): *la sua azione aveva una finalità ben precisa* son action avait une fin bien précise, un but bien précis ◇ [*programma, obiettivo*] *questo ente morale non persegue finalità speculative* cette personnalité morale ne poursuit aucun but spéculatif **2** (*filos.*) finalité (*var.*): *il principio di finalità* le principe de finalité.

finalizzàre |finalid'dzare| *v.tr.* **1** [*indirizzare, orientare verso uno scopo, un fine*] orienter (vers un but précis) **2** → **strumentalizzare.**

finalizzàto |finalid'dzato| *agg.* **1** [*indirizzato verso una particolare finalità*] orienté (vers un but précis) **2** [*strumentalizzato*] utilisé comme un instrument.

fin allóra |final'lora| *loc. avv.*, **finallóra** |final'lora| *avv.* [*fino a quel momento*] jusqu'alors, jusqu'à ce moment-là: *ho atteso fin allora* j'ai attendu jusqu'à ce moment-là, jusqu'alors.

finalménte |final'mente| *avv.* **1** (*in frasi escl., per indicare soddisfazione dopo lunga attesa*) enfin, à la fin *loc. inv.*, finalement: *finalmente sei arrivato!* tu es enfin arrivé!; *finalmente ce l'ho fatta!* j'ai réussi, à la fin!; *si sono finalmente messi d'accordo!* ils se sont finalement, enfin mis d'accord! ✦ (*ass.*) *finalmente!, oh finalmente!* enfin!, oh enfin! **2** [*alla fine, da ultimo*] *parlò di tutto e finalmente anche dell'argomento principale* il parla de tout et à la fin, enfin du sujet principal ◇ (*con valore conclusivo*) [*infine, insomma*] en définitive *loc. inv.*, en fin de compte (*loc. inv.*): *finalmente, che cosa vuoi da me?* en fin de compte, en définitive que veux-tu de moi?

finànche |fi'nanke|, (*lett.*) **finànco** |fi'nanko| *avv.* [*anche, perfino*] même: *è inviso finanche ai suoi familiari* il est mal vu même de sa famille; *è finanche troppo facile* c'est même trop facile.

finànza |fi'nantsa| *s.f.* **1** (*dir., corr.*) finance ◇ (*spec.*) finances (*pl.*): *finanza statale, locale* finances publiques, locales; *scienza delle finanze* science des finances # *una politica di allegra finanza* une politique de dépenses excessives; *Guardia di Finanza* Gardes des Finances ◇ (*comm.*) *attuare una rigorosa finanza fiscale* mettre en œuvre une rigoureuse politique fiscale ◇ (*per est.*) *alta finanza* haute finance **2** *spec. al plur.* [*patrimonio di un ente pubblico*] finances: *riordinare le finanze dissestate di uno Stato, di un comune* mettre de l'ordre dans les finances mal en point d'un État, d'une commune; renflouer les finances d'un État, d'une commune ◇ (*fam., scherz.*) [*patrimonio personale o fam.*] *le mie finanze non mi permettono questa spesa* mes finances ne me permettent pas cette dépense.

finanziaménto |finantsja'mento| *s.m.* [→ FINANZIARE] financement: *provvedere al finanziamento di un partito, di una campagna elettorale* pourvoir au financement d'un parti, d'une campagne électorale ◇ [*il denaro ottenuto*] *il finanziamento copre solo una parte della spesa* le financement ne couvre qu'une partie de la dépense; *ottenere un finanziamento* obtenir un financement.

finanziàre |finan'tsjare| *v.tr.* [*fornire dei mezzi finanziari necessari*] financer (2): *finanziare una ricerca, un progetto* financer une recherche, un projet; *il comune ha finanziato la costruzione di due nuovi asili* la municipalité a financé la construction de deux nouvelles crèches ◇ (*per est.*) [*sostenere, appoggiare finanziariamente*] *alcuni partiti sono stati finanziati dai petrolieri* certains partis ont été financés par les compagnies pétrolières; *bisognerebbe accertare chi finanzia certi gruppi* il faudrait établir qui finance certains groupes.

finanziariaménte |finantsjarja'mente| *avv.* [*dal punto di vista finanziario*] financièrement.

finanziàrio, i |finan'tsjario, i| *agg.* financier*: *società finanziaria* société financière; *l'esercizio finanziario dello Stato* l'exercice financier de l'État; *trovarsi in difficoltà finanziarie* se trouver dans des difficultés financières # *amministrazione finanziaria* administration des finances.

finanziatóre, trice |finantsja'tore, tritʃe| *agg.* qui finance(nt) (*loc.*): *banca finanziatrice* banque qui finance; *le società finanziatrici della spedizione* les sociétés qui financent l'expédition ✦ (*s.*) *un finanziatore* un bailleur* de fonds.

finanzièra |finan'tsjɛra| *s.f.* **1** [*lunga giacca maschile per cerimonia*] redingote **2** (*cuc.*) financière.

finanzière |finan'tsjɛre| *s.* **1** *s.* [*chi svolge attività finanziarie*] financier* → **banchiere** **2** *s.m.* [*agente della Guardia di Finanza*] Garde des Finances.

finché |fin'ke| *cong.* **1** [*fino a quando, fino al momento in cui*] jusqu'à ce que (+ *congv.*): *mi fermerò da te finché avrò trovato alloggio altrove* je resterai chez toi jusqu'à ce que j'aie trouvé à me loger ailleurs, tant que je n'aurai pas trouvé à me loger ailleurs; *lo aspetterò finché tornerà* je l'attendrai jusqu'à ce qu'il revienne ◇ (*spesso seguito da un 'non' pleon.*) jusqu'à ce que (+ *congv.*): *non me ne andrò finché non avrò ottenuto una risposta* je ne m'en irai pas jusqu'à ce que j'aie obtenu une réponse, tant que je n'aurai pas obtenu de réponse; *fece di tutto finché non raggiunse il suo scopo* il fit de tout jusqu'à ce qu'il eût atteint son but **2** [*per tutto il tempo che*] tant que: *finché potrò, ti aiuterò* tant que je (le) pourrai, je t'aiderai; *finché c'è vita c'è speranza* tant qu'il y a de la vie il y a de l'espoir.

'fin de siècle' |fɛ̃dəsjɛkl(ə)| *loc. agg. inv.* fin de siècle: *mobile 'fin de siècle'* meuble fin de siècle.

1 **fine** |'fine| *s.f.* fin: *la fine del secolo* la fin du siècle; *la fine di un discorso, di uno spettacolo* la fin d'un discours, d'un spectacle; *seguire q.c. dal principio alla fine* suivre qqch. du début jusqu'à la fin; *mi pagherai alla fine del mese, dell'anno* tu me paieras à la fin du mois, de l'année; *la bella stagione volge alla fine* la belle saison touche à sa fin; *ci rivedremo il prossimo (la prossima) fine settimana* nous nous reverrons à la fin de la semaine, le prochain week-end ◇ [*morte*] *fare una tragica fine* faire une fin tragique; *fare una fine cristiana* mourir en chrétien; *che brutta fine!* quelle vilaine mort!, quelle triste fin! ◇ (*loc.*) *essere in fin di vita* [*in agonia*] approcher de la fin ~ *porre fine a q.c.* mettre fin, un terme à qqch. ~ (*fig.*) *che fine hanno fatto i miei occhiali?* [*dove sono andati a finire?*] où sont donc passées mes lunettes? ~ *che fine ha fatto il tuo amico Gianni?* qu'est devenu ton ami Jean? ~ *non fare la fine di tuo padre* ne finis pas comme ton père ~ *anche questa pratica farà la fine delle altre* ce dossier aura aussi le même sort que les autres ~ *uno spettacolo che è* LA FINE DEL MONDO un spectacle sensationnel *agg.*, extraordinaire *agg.* ~ (*cose*) *non avere né principio né fine*: (*pr., fig.*) être sans queue ni tête ◇ (*loc. avv.*) *alla fine* à la fin; finalement *avv.* ~ *alla fin fine* finalement; à la fin des fins (*fam.*) ~ *in fine* → **infine** ~ *in fin dei conti*, (*raro*) *alla fine dei conti* tout compte fait, en fin de compte © **inizio, principio.**

2 **fine** |'fine| *s.m.* **1** [*scopo*] but, fin (*f.*): *un fine onesto, lecito, turpe* une fin honnête, juste, abjecte; *prefiggersi, raggiungere un fine* se fixer, atteindre un but; *il fine giustifica i mezzi* la fin justifie les moyens ◇ (*loc.*) *un secondo fine* [*diverso da quello apparente*] une fin cachée, secrète ~ *fine a sé stesso* [*ass., non subordinato ad altri fini*] fin en soi ~ *a fin di bene* [*con buone intenzioni*] dans une bonne intention ~ *a tal fine* [*per ottenere tale scopo*] dans ce but, à cette fin, à cet effet ~ *a che fine?* [*per ottenere quale scopo?*] à quelle fin?, dans quel but? ~ (*lett.*) *a fine di* (+ *inf.*) [*per*] dans le but de (+ *inf.*), pour (+ *inf.*) **2** [*esito, conclusione*] fin: *portare, condurre a buon fine* mener à bonne fin # *concludersi con un lieto fine* finir bien; *una commedia, un romanzo a lieto fine* une pièce, un roman qui finissent bien ◇ (*comm.*) *salvo buon fine* sauf bonne fin **3** (*lett.*) [*freno, limite*] terme (*corr.*): *porre un fine alle proprie brame* mettre un terme à ses convoitises.

3 **fine** |'fine| **I** *agg.* **1** fin: *fine come un filo di seta* fin comme un fil de soie; *una lama fine* une fine lame; *uno spago troppo fine* une ficelle trop fine ◇ (*cose*) [*di grana fine, minuta*] *sabbia fine* sable fin; *un talco di cipria fine* un talc de poudre fine # *aria fine* air pur **2** (*fig.*) [*acuto, penetrante*] fin: *un udito fine* une ouïe fine; *un ingegno molto fine* un esprit très fin; *una fine ironia* une fine ironie ◇ [*astuto*] ingénieux*: *un fine espediente* un expédient ingénieux **3** [*eseguito con delicata fattura, con buon gusto*] distingué, élégant: *un trucco, una acconciatura fini* un maquillage, une coiffure distingués, raffinés; *un abito molto fine* une robe très élégante ◇ [*prezioso, squisito*] fin, précieux*: *un gioiello molto fine* un bijou très fin, précieux; *oro fine* or fin **4** (*persone*) [*gentile, raffinato*] distingué: *una signora molto fine* une dame très distinguée # *il tuo è stato un gesto molto fine* tu as eu un geste très noble ◇ (*per est.*) (*cose*) raffiné: *un ambiente molto fine* un milieu très raffiné; *è un locale troppo fine per i miei gusti* c'est un local trop raffiné à mon goût **II** *s.m.* (*raro*) [*la parte sottile di q.c.*] fil: *il fine di una lama* le fil d'une lame ◇ (*loc.*) *lavorare di fine* [*con delicatezza*] travailler finement.

fineménte |fine'mente| *avv.* **1** [→ 3 FINE I 2] finement: *ragionare, discutere finemente di q.c.* discuter finement de qqch.; *è stato finemente beffato* on s'est finement moqué de lui **2** [→ 3 FINE I 3] finement: *un gioiello finemente cesellato* un bijou finement ciselé.

fine settimàna |'finesetti'mana| *loc. sost. m. o f. inv.* fin *f. var.* de semaine, week-end (*m.var.*): *dove andiamo questo fine settimana?* où allons-nous cette fin de semaine, ce week-end?; *ci rivedremo alla prossima fine settimana* nous nous reverrons à la fin de la semaine, le week-end prochain → **week-end.**

finèstra |fi'nɛstra| *s.f.* **1** fenêtre: *finestra panoramica* fenêtre, baie panoramique; *finestra a tramoggia* fenêtre à abat-jour; *finestra doppia* double fenêtre, double vitrage (*m.*); *finestra finta* fausse fenêtre; *finestra a vetrata fissa* fenêtre à vitre fixe; *finestra a ghigliottina* fenêtre à guillotine; *finestra scorrevole* fenêtre coulissante, à glissière; *aprire, chiudere la finestra* ouvrir, fermer la fenêtre; *affacciarsi alla finestra* se mettre à la fenêtre ◇ (*loc. fig.*) *mettere alla finestra* [*divulgare i fatti propri*] mettre au grand jour ~ *buttare il denaro dalla finestra* jeter son argent par la (les) fenêtre(s) ~ *uscire dalla porta e rientrare dalla finestra* sortir par la porte et rentrer par la fenêtre ~ *o mangiar questa minestra o saltare questa finestra* [*essere costretto a una scelta comunque non piacevole*] il faut en passer par là ~ *entrare, passare per la finestra*: (*pr.*, *fig.*) [*usare mezzi irregolari*] entrer par la (les) fenêtre(s) **2** [*apertura, squarcio*] ouverture: *aprire, chiudere una finestra nel muro* pratiquer, boucher une ouverture dans un mur ◇ [*ferita*] blessure **3** (*giorn.*) entrefilet *m.* **4** (*anat.*) fenêtre.

finestràto |fines'trato| *s.m.* (*arch.*) fenêtrage, fenestrage.

finestrino |fines'trino| *s.m.* (petite) fenêtre (*f.*): *il finestrino del treno* la fenêtre du train # *il finestrino di un'automobile* la glace d'une voiture; *il finestrino di una cantina* le soupirail d'une cave.

finestróne |fines'trone| *s.m.* grande fenêtre *f.*, baie *f.* vitrée # *il finestrone di una chiesa* le vitrail d'une église.

finézza |fi'nettsa| *s.f.* **1** [*sottigliezza, esilità*] finesse: *la finezza di un capello* la finesse d'un cheveu; *la finezza di un panno* la finesse d'un tissu de laine, d'un drap **2** (*fig.*) [*acutezza, perspicacia*] finesse: *finezza d'ingegno* finesse d'esprit; *finezza di udito* finesse de l'ouïe **3** [*raffinatezza, squisitezza*] finesse; délicatesse: *la finezza di un ricamo* la finesse d'une broderie ‖ *trattare la gente con estrema finezza* traiter les gens avec délicatesse **4** [*atto di cortesia, di gentilezza*] gentillesse: *mi hanno colmato di finezze* j'ai été comblé de gentillesses.

fìngere |'findʒere| (119) **A** *v.tr.* **1** [*far credere cosa non vera, simulare*] feindre (66), faire (45) semblant (de) (+ *inf.*): *fingere indifferenza* feindre l'indifférence, faire l'indifférent; *fingere di non vedere, di non aver sentito* feindre de, faire semblant de ne pas voir, de ne pas avoir entendu ◆ (*ass.*) *saper fingere molto bene* savoir feindre à la perfection; *è una persona che non è capace di fingere* c'est une personne qui ne sait pas feindre **2** (*lett.*) [*immaginare, rappresentare*] imaginer (*corr.*): *Dante finge di compiere un viaggio nell'aldilà* Dante imagine qu'il fait un voyage dans l'au-delà **B** *v.pron.rifl.* FINGERSI [→ *tr.* 1] faire *tr.* semblant de (+ *inf.*): *fingersi malato* faire semblant d'être malade; *fingersi pazzo* faire semblant d'être fou, se faire passer pour fou.

fingiménto |findʒi'mento| *s.m.* → **finzione.**

finìbile |fi'nibile| *agg.* [→ 1 FINIRE A 1] faisable; qui peut être fini (*loc.*): *penso che questo lavoro sia finibile in un mese* je pense que ce travail est faisable en un mois.

finiménto |fini'mento| *s.m.* **1** (*raro*) [*rifinitura, compimento*] finition (*f.*): *occuparsi degli ultimi finimenti di una opera* s'occuper des dernières finitions d'une œuvre # *portare a finimento un lavoro* achever un travail ◇ [*decorazione, ornamento*] garniture (*f.*): *un finimento d'oro, di brillanti* une garniture d'or, de brillants **2** *al plur.* [*bardatura di un cavallo*] *harnachement *sing.*, *harnais *sing.*

finimóndo |fini'mondo| *s.m.* **1** fin *f.* du monde: *pareva il finimondo* on aurait dit la fin du monde **2** (*fig.*) [*trambusto, sconquasso*] *quei bambini scatenati facevano un finimondo* ces enfants déchaînés faisaient un boucan de tous les diables ◇ *loc.* FARE UN FINIMONDO [*sollevare uno scandalo*] faire toute une histoire: *farà un finimondo se non lo accontentiamo* il fera toute une histoire si nous ne le contentons pas.

1 **finire** |fi'nire| **A** *v.tr.* **1** [*portare a termine, a compimento*] finir (15), terminer: *finire un lavoro* finir un ouvrage; *finire un romanzo, un quadro* finir, terminer un roman, un tableau; *ho appena finito* (*di leggere*) *quel romanzo* je viens de finir (de lire) ce roman ◇ (*loc. fig.*) *non finirò mai di conoscerlo* je n'aurai jamais fini de le connaître ◇ [*concludere*] finir, achever (6): *finire un corso di studi* finir une année de cours; *finire la compilazione di un elenco* finir la compilation d'une liste; *finire i propri giorni, la vita* finir, achever ses jours, sa vie ◇ (*raro*) [*perfezionare, rifinire*] finir: *finire un mobile con intagli* finir un meuble par des sculptures, des ciselures **2** FINIRE DI (+ *inf.*) [*cessare, smettere di*] finir de (+ *inf.*): *finire di parlare, di raccontare* finir de parler, de raconter; *non finiva mai di lamentarsi* il ne finissait pas, n'arrêtait pas de se plaindre; *non finiva più di fargli delle raccomandazioni* il ne finissait plus de lui faire des recommandations ◇ *loc.* FINIRLA en finir: *è tempo di finirla!* il est temps d'en finir!; *è ora di finirla con queste chiacchiere* il est temps d'en finir avec ces bavardages; *ma finiscila!* vas-tu finir!; *finiamola, una buona volta!* finissons-en une bonne fois! ~ FINIRE CON, PER (+ *inf.*) finir par (+ *inf.*): *prima o poi finirai col darmi ragione* tôt ou tard tu finiras par me donner raison; *l'imputato ha finito con il confessare tutto* l'accusé a fini par tout avouer; *con quel gioco finirai per farti male* avec ce jeu tu finiras par te faire mal ◆ (*ass.*) *appena ho finito ti chiamo* dès que j'ai fini, je t'appelle; dès que j'aurai fini, je t'appellerai; *due minuti e ho finito* je finis dans deux minutes **3** [*esaurire, consumare del tutto*] finir: *finire le scorte* finir les provisions; *abbiamo finito la pasta e l'olio* nous avons fini les pâtes et l'huile ◇ [*mangiare o bere*] *finire un piatto di pastasciutta* finir une assiette de pâtes; *finire un fiasco di vino* finir une fiasque de vin **4** [*uccidere, spec. con il colpo di grazia*] achever: *finire un cavallo agonizzante* achever un cheval agonisant **B** *v.intr.* (*aus.* '*essere*') **1** [*aver fine, giungere alla conclusione*] finir: *le lezioni finiscono alle ore 12.30* les cours finissent à 12h.30; *l'estate è finita* l'été est fini ◇ (*loc. fig.*) *finir bene, finir male* finir bien, finir mal ~ (*espressione di minaccia*) *ma la cosa non finisce qui!* mais les choses n'en resteront pas là! ◇ (*prov.*) *tutto è bene quel che finisce bene* tout est bien qui finit bien ◇ *loc.* FINIRE DI (+ *inf. di v. impers.*) finir (*aus.* avoir) de, cesser (*aus.* avoir) de: *non finisce di piovere, di nevicare* il ne finit pas, il ne cesse pas de pleuvoir, de neiger **2** *loc.* FINIRE IN [*aver termine in; concludersi*] aboutir (*aus.* avoir) à; finir par, se terminer *pron.* par: *la strada finisce nella piazza principale* cette rue aboutit à, débouche sur la place principale ‖ *la parola 'casa' finisce in vocale* le mot 'casa' finit, se termine par une voyelle # *il Ticino finisce nel Po* le Tessin se jette dans le Pô ◇ (*loc. fig.*) *lo scherzo finì in tragedia* la plaisanterie tourna au tragique ~ *la cosa è finita in burla* la chose tourne en farce ~ *finire in, all'ospedale, in carcere* finir à l'hôpital, en prison ~ *dove sono finiti, andati a finire i miei occhiali?* où sont passées mes lunettes? ◇ *loc. fam.* ANDARE A FINIRE [*avere un certo esito, andare a parare*] *dove vuoi andare a finire con queste allusioni?* où veux-tu en venir avec ces allusions?; *come è andata a finire?* comment cela s'est-il terminé?; *è andata a finire che si sono riconciliati* ils ont fini par se réconcilier; *adesso va a finire che il torto è mio* bientôt ce sera moi qui aurai tort **3** (*fam.*) [*diventare*] finir (*corr.*), devenir (27) (*corr.*): *di questo passo finirai povero e malato* si tu continueras ainsi, tu finiras pauvre et malade; *è finito ministro* il est devenu ministre **4** [*esaurirsi*] finir, s'épuiser (*pron.*): *le scorte sono finite* les provisions sont finies; *spiacente, ma questo articolo è finito* je regrette, mais cet article est épuisé *agg.* **5** [*morire*] finir (*aus.* avoir); mourir (24): *è finito nella miseria più nera* il a fini dans la misère la plus noire ‖ *finire di vecchiaia, di malattia* mourir de vieillesse, de maladie Ⓒ A 1; B 1 **iniziare, incominciare.**

2 **finire** |fi'nire| *s.m. inv.* [*termine*] fin (*f. var.*): *il finire del giorno* la fin du jour; *sul finire dell'estate* vers la fin de l'été → **fine.**

finis |'finis| *s.m.inv.* (*solo nella loc.*) *dare, suonare il finis* (*delle lezioni*) annoncer la fin *f.var.* (des cours).

finish |'finiʃ| *s.m.inv.* (*ingl.*) (*sport*) finish *var.*

finissàggio, i |finis'saddʒo, i| *s.m.* (*tecnol.*) finissage.

finitézza |fini'tettsa| *s.f.* **1** [*perfezione, compiutezza*] perfection, fini (*m.*): *ammirare la finitezza di un'opera* admirer la perfection, le fini d'une œuvre; *finitezza di stile* perfection de style **2** [*limitatezza*] limites (*pl.*): *la finitezza della ragione umana* les limites de la raison humaine.

finìtimo |fi'nitimo| *agg.* (*lett.*) → **confinante, limitrofo.**

finito |fi'nito| **I** *agg.* **1** fini: *un lavoro ben finito* un travail bien fini; *arrivare a spettacolo finito* arriver quand le spectacle est fini, terminé ◇ (*cose*) [*completamente lavorato*] *un prodotto finito* un produit fini **2** *loc.* FARLA FINITA [*smettere, troncare definitivamente*] en finir: *è ora di farla finita con questo chiasso!* il est temps d'en finir avec ce vacarme!; *facciamola finita* (*una volta per tutte*)*!* finissons-en (une bonne fois, une fois pour toutes)!; *farla finita con la vita* en finir avec la vie; *farla finita con qc.* en finir avec qqn. **3** (*persone*) [*spacciato*] fini: *è un uomo finito* c'est un homme fini; *un artista ormai finito* un artiste désormais fini ◇ *loc. impers.* È FINITA PER QC. [*non c'è più niente da fare*] c'en est fait de qqn.: *per te ormai è finita* désormais c'en est fait de toi **4** (*persone*) [*abile, perfetto*] accompli: *è un artigiano, un artista finito* c'est un artisan, un artiste accompli ◇ (*iron.*) *è un farabutto fatto e finito* c'est un vaurien fini, un fieffé coquin **5** (*ling.*) personnel*: *i modi finiti* les modes personnels ◇ (*mat.*)

fini: *i numeri finiti* les nombres finis ◇ (*filos.*) fini **II** *s.m.* (*filos.*) fini.
finitùra |fini'tura| *s.f.* **1** (*tecnol.*) finissage *m.* ◇ [*rifinitura*] finition: *al tuo abito mancano soltanto le finiture* à ta robe il n'y a plus que les finitions à faire **2** (*edil.*) finition: *le opere di finitura di un edificio* les travaux de finition d'un édifice.
finlandése |finlan'dese| **1** *agg.* [*della Finlandia*] finlandais **2** (*s.m.*) *il finlandese* [*la lingua*] le finlandais.
finnico, ci, ca, che |'finniko, tʃi, ka, ke| *agg.* [*dei Finni*] finnois.
finno |'finno| *agg.* → **finnico.**
1 **fino** |'fino| **I** *prep.* (*troncata in 'fin'*) (*in unione con avv. o prep., indica estensione a un termine, o da un termine nello spazio o nel tempo*) **1** jusque: *fin qui, fin là* jusqu'ici, jusque-là; *fin lassù* jusque là-haut; *fin quando?* jusqu'à quand?, jusques à quand? (*lett.*); *fin dove?* jusqu'où?; *fin ora* → **finora** # *continuerò fin dove potrò* je continuerai aussi loin, autant que je pourrai **2** *loc. prep.* FINO A, FINO IN jusqu'à: *fino a oggi* jusqu'aujourd'hui; *fino a quando* jusqu'à quand; *continuerò il viaggio fino a Roma* je continuerai mon voyage jusqu'à Rome; *volare fino a 5.000 metri di quota* voler jusqu'à 5.000 mètres d'altitude; *aspetterò fino a domani, fino alla prossima settimana* j'attendrai jusqu'à demain, jusqu'à la semaine prochaine; *fino in cima, fino in fondo* jusqu'au sommet, jusqu'au bout; *resistere fino all'ultimo* résister jusqu'au bout; *fino a quel momento era uno sconosciuto* jusqu'à ce moment-là c'était un inconnu ◇ (*per indicare un limite massimo*) *per questo acquisto posso spendere fino a 100.000 lire* pour cet achat je peux dépenser jusqu'à 100.000 lires; *spendere fino all'ultimo centesimo* dépenser jusqu'au dernier centime; *il finanziamento è garantito fino a questa somma* le financement est assuré jusqu'à cette somme ◇ *loc. prep.* FINO A (+ *inf.*), jusqu'à (+ *inf.*): *gridare fino a sgolarsi* crier jusqu'à s'égosiller; *ne soffrì fino a morirne* il en souffrit jusqu'à en mourir; *lavorare fino ad ammalarsi* travailler jusqu'à en tomber malade **3** *loc. prep.* FIN DA, FINO DA (*con valore temporale*) dès: *fin da ora* (*fin d'ora*), *fin da stasera* dès maintenant, dès ce soir; *fin da oggi* dès aujourd'hui; *fin dalla nascita* dès la naissance; *fin da bambino* dès l'enfance # *fin da quando ci siamo conosciuti* depuis le moment où nous nous sommes connus ◇ (*con riferimento allo spazio*) depuis; même: *sono venuti fin dall'America* ils sont venus même de l'Amérique, jusque d'Amérique # *si vede fin da qua, fin dalla città* on le voit d'ici, de la ville **II** *avv.* [*perfino, anche*] même: *fino un bambino lo capirebbe* même un enfant le comprendrait # *ho detto fin troppo* j'en ai déjà trop dit.
2 **fino** |'fino| *agg.* **1** [→ 3 FINE I 1] fin **2** *oro, argento fino* [*purissimo*] or, argent fin.
fino a che |'finoak'ke| *loc. cong.* → **finché.**
fino allóra |'finoal'lora| *loc.avv.* → **fin allora, finallora.**
fino a tànto che |'finoat'tanto'ke| *loc. cong.* → **finché.**
finocchièlla |finok'kjɛlla| *s.f.* (*pop.*) → **mirride.**
finòcchio, i |fi'nɔkkjo, i| *s.m.* **1** (*t.bot.*) fenouil ~ *finocchio dolce* fenouil doux ~ *finocchio marino* crithme, Criste-marine *f.* **2** (*pop.*) [*pederasta, omosessuale*] tapette *f.*, tante *f.*
finóra |fi'nora| *avv.* [*fino a questo momento*] jusqu'à maintenant, jusqu'à présent, jusqu'ici.
finta |'finta| *s.f.* **1** [→ FINGERE A 1] feinte: *le sue lacrime sono soltanto una finta* ses larmes ne sont qu'une feinte; *è tutta una finta* ce n'est qu'une feinte, c'est de la frime (*fam.*) ◇ (*loc.*) *fare q.c. per finta* faire qqch. pour rire ~ FAR FINTA DI [*fingere*] faire semblant de: *far finta di non sentire* faire semblant de ne pas entendre; *far finta di crederci* faire semblant d'y croire; *far finta di niente* faire semblant, faire mine de rien **2** (*sport*) feinte: *con un'abile finta scartò il portiere e segnò goal* d'une feinte habile, il évita le gardien et marqua un but **3** → **piatta.**
fintàggine |fin'taddʒine| *s.f.* → **doppiezza.**
fintantoché |fintanto'ke| *cong.* → **finché.**
finto |'finto| **I** *agg.* **1** [*simulato*] faux*; simulé: *un finto assalto* une fausse attaque; *una finta porta, una finta finestra* une fausse porte, une fausse fenêtre ‖ *una finta pazzia* une folie simulée **2** [*posticcio*] postiche, faux: *barba finta* barbe postiche, fausse barbe; *baffi finti* moustache postiche, fausse moustache ◇ [*artificiale*] artificiel*: *fiori finti* fleurs artificielles # *una giacca in finta pelle* une veste en simili cuir **3** (*persone*) [*falso, che tende a ingannare*] faux ◇ (*loc.*) *fare il finto tonto* faire l'innocent, le niais **II** *s.m.* **1** [*persona falsa, ipocrita*] homme faux *agg.*, hypocrite **2** [*finzione*] faux: *distinguere tra il vero e il finto* distinguer le vrai du faux.
finzióne |fin'tsjone| *s.f.* **1** [*simulazione*] comédie, feinte: *la sua vita è tutta una finzione* sa vie n'est qu'une comédie; *il suo dolore è tutta una finzione* sa douleur n'est qu'une feinte, qu'une comédie ◇ [*la cosa simulata, finta*] mensonge (*m.*): *non credere alle sue finzioni* ne crois pas à ses mensonges ◇ (*teat.*) *finzione scenica* invention scénique ◇ (*dir.*) *finzione giuridica* fiction légale **2** (*lett.*) → **invenzione.**
fio |'fio| *s.m.inv.* (*solo nella loc.*) *pagare il fio* (*di q.c.*) payer, supporter les conséquences (de qqch.).
fiocaménte |fjoka'mente| *avv.* [→ FIOCO 1] faiblement.
fiòcca, che |'fjɔkka, ke| *s.f.* **1** [*fiocco di neve*] flocon *m.* de neige **2** [*grande quantità*] grêle: *una fiocca di legnate* une grêle de coups de bâton.
fioccàre |fjok'kare| *v.intr.* (*aus. 'essere'*) **1** (*detto della neve*) [*cadere a fiocchi*] neiger (3) (*aus.* avoir) (à gros flocons) ♦ (*ass.*) *oggi fiocca che è una meraviglia!* aujourd'hui c'est merveilleux, il neige à gros flocons! **2** (*fig.*) [*di cose che capitano in gran quantità e rapidità*] pleuvoir (29) (*aus.* avoir), tomber de toutes parts: *fioccavano i pugni da ogni parte* il pleuvait des coups de poing de toutes parts; *fioccavano le proteste, i rimproveri, le punizioni* les protestations, les reproches, les punitions tombaient de toutes parts; *fioccavano le cannonate come confetti* les coups de canon tombaient comme une pluie de dragées ◇ (*detto di persone che si adunano o concorrono in folla*) affluer: *in quella città i mercanti fioccano nei giorni di fiera* dans cette ville les marchands affluent les jours de foire.
fiocchettàre |fjokket'tare| *v.tr.* → **infiocchettare.**
fiocchettàto |fjokket'tato| *agg.* → **infiocchettato.**
fiocchettatùra |fjokketta'tura| *s.f.* [*applicazione, ornamento di fiocchetti*] fanfreluche: *la fiocchettatura del suo cappello era ridicola* les fanfreluches de son chapeau étaient ridicules.
fiocchétto |fjok'ketto| *s.m.* **1** [*piccolo fiocco*] chou* **2** [*fiocchetto a bottone per distintivo*] rosette *f.*
1 **fiòcco, chi** |'fjɔkko, ki| *s.m.* **1** [*annodatura* (*di un nastro*) *fatta in modo da avere due cocche e le estremità del nastro svolazzanti*] rosette *f.*; nœud: *il fiocco delle scarpe* la rosette des chaussures ‖ *il fiocco della cravatta* le nœud de la cravate; *fare, sciogliere un fiocco* faire, défaire un nœud ◇ (*loc. fig.*) *mettersi in fiocchi* [*in ghingheri, mettersi l'abito di gala*] se mettre sur son trente et un ~ COI FIOCCHI *è stato un matrimonio coi fiocchi* ce fut un mariage parfait *agg.*; *un professore coi fiocchi* un professeur du tonnerre; *un avvocato coi fiocchi* un excellent *agg.* avocat; *un pranzo coi fiocchi* un repas aux petits oignons (*fam.*), sensationnel *agg.* **2** [*bioccolo di lana, di cotone e sim.*] flocon # *acquistare seta, lana in fiocchi* acheter de la soie, de la laine en floches ◇ (*per est.*) *fiocco di neve* flocon de neige ◇ *fiocco della coda* [*peli della coda di alcuni animali*] panache **3** [*cereale pestato e trattato*] flocon: *fiocchi d'avena, di riso* flocons d'avoine, de riz.
2 **fiòcco, chi** |'fjɔkko, ki| *s.m.* (*mar.*) foc # *fiocco pallone* spinnaker.
fioccóne |fjok'kone| *s.m.* gros nœud.
fioccóso |fjok'koso| *agg.* **1** [*ricco, pieno di fiocchi*] floconneux*: *lana fioccosa* laine floconneuse ◇ [*fatto a bioccoli*] *nuvole fioccose* nuages floconneux **2** (*chim.*) floculeux*.
fiochézza |fjo'kettsa| *s.f.* → **fievolezza, tenuità.**
fiòcina |'fjɔtʃina| *s.f.* [*arnese da pesca*] *harpon *m.*, foène (foëne).
fiocinànte |fjotʃi'nante| *s.m.* → **fiocinatore.**
fiocinàre |fjotʃi'nare| **A** *v.intr.* (*aus. 'avere'*) [*pescare con la fiocina*] pêcher au *harpon, à la foène **B** *v.tr.* [*colpire con la fiocina*] *harponner: *fiocinare un grosso pesce* harponner un gros poisson.
fiocinàta |fjotʃi'nata| *s.f.* coup *m.* de *harpon, de foène: *una splendida fiocinata!* un splendide coup de harpon!
fiocinatóre |fjotʃina'tore| *s.m.* [*pescatore addestrato nel lanciare la fiocina*] *harponneur, foèneur.
fiòcine |'fjɔtʃine| *s.m.* **1** [*buccia dell'acino d'uva*] peau *f.* de raisin **2** (*tosc.*) [*seme d'uva, vinacciolo*] pépin.
fiocinière |fjotʃi'njɛre| *s.m.* → **fiocinatore.**
fiòco, chi, ca, che |'fjɔko, ki, ka, ke| *agg.* **1** (*di suono*) [*debole, sommesso*] faible: *l'ammalato si lamentava con voce fioca* le malade se plaignait d'une voix faible ◇ (*di luce*) *lavorare al fioco chiarore di una candela* travailler à la faible lumière, à la lueur d'une

bougie **2** (*fig., lett.*) [*inadeguato, insufficiente*] faible (*corr.*).

fiónda |ˈfjonda| *s.f.* **1** (*arma*) fronde **2** [*strumento con cui i ragazzi si divertono a scagliar sassi*] lance-pierre(s) *m. inv.* → **archetto.**

fioràio, i |fjoˈrajo, i| *s.* fleuriste, marchand de fleurs.

fioràle |fjoˈrale| *agg.* de fleur (*loc. inv.*): *peduncolo fiorale* pédoncule de fleur.

fioralìso |fjoraˈlizo| *s.m.* → **fiordaliso.**

fioràme |fjoˈrame| *s.m.* **1** (*raro*) [*i fiori da giardino*] fleurs *f.pl.* **2** *spec. al plur.* [*disegno a motivi floreali dipinto, tessuto, stampato per ornamento*] fleurage *sing.*, ramages ◇ *loc.* A FIORAMI à fleurs, à ramages: *stoffa, carta a fiorami* tissu, papier à fleurs, à ramages.

fioràto |fjoˈrato| *agg.* [*disegnato, stampato a motivi floreali*] fleuri, ramagé: *stoffa, carta fiorata* tissu, papier fleuri, ramagé.

fiordalìso |fjordaˈlizo|, **fioralìso** |fjoraˈlizo| *s.m.* **1** (*t.bot.*) bleuet, bluet **2** (*lett.*) [*giglio, spec. quello d'oro, motivo araldico dei re di Francia*] fleur *f.* de lys (lis).

fiòrdo |ˈfjɔrdo| *s.m.* fjord (fiord).

1 **fióre** |ˈfjore| *s.m.* **1** (*bot., corr.*) fleur (*f.*): *il fiore del mandorlo, del pesco* la fleur de l'amandier, du pêcher; *un bel mazzo di fiori rossi* un beau bouquet de fleurs rouges; *fiori di campo, di giardino, di serra* fleurs des champs, de jardin, de serre ◇ (*per est.*) *fiore artificiale* fleur artificielle; *a fiori* à fleurs; *in fiore* en fleur(s); *fiori d'arancio* fleurs d'oranger; *linguaggio dei fiori* langage des fleurs ◇ (*loc. fig.*) *essere in fiore* [*essere fiorente, prosperoso*] être florissant (*agg.*): *l'atletica oggi è in fiore* l'athlétisme est aujourd'hui florissant # *la bellezza di quella ragazza è in fiore* cette fille est dans tout l'éclat de sa beauté ~ *credere tutto rose e fiori* [*tutto bello*] voir la vie tout(e) en rose ~ *sembra tutto rose e fiori* tout semble rose ~ *spargere di fiori il cammino della vita* semer la vie de fleurs ~ *catena di fiori* [*legame piacevole e dolce*] douce chaîne ~ *la bellezza è fiore caduco* [*che appassisce presto*] la beauté est une fleur passagère ~ *primo fiore* [*peluria che prelude alla barba*] duvet *m.* **2** [*la pianta che produce fiori*] fleur: *seminare, coltivare, annaffiare fiori* semer, cultiver, arrosser des fleurs **3** (*pop.*) *fiore di passione* → **passiflora**; *fiore d'ogni mese* → **calendola**; *fiore di primavera* → **pratolina**; *fiore nobile* → **edelweiss**; *fiore di maggio* → **narciso** **4** (*fig.*) [*la parte migliore, scelta di q.c.*] fleur: *fior di farina* fleur de farine; *fiori retorici* fleurs de rhétorique; *scelse il fiore dei cavalieri* il choisit la fleur de la chevalerie # *fior di latte* [*panna*] crème fraîche; *il fiore della verginità* la pureté ◇ (*per anton.*) IL FIOR FIORE la fine fleur: *il fior fiore della borghesia* la fine fleur de la bourgeoisie ◇ (*loc.*) ESSERE NEL FIORE DI [*nel periodo migliore*] être dans la, à la fleur de: *essere nel fiore della vita* être dans la, à la fleur de l'âge **5** (*per est.*) [*di persona molto bella e florida*] beau *agg.* comme une fleur: *quella ragazza è un fiore* cette fille est belle comme une fleur **6** (*chim.*) *fiore di zolfo* fleur de soufre **7** (*lett.*) [*raccolta antologica*] *il fiore della lirica cinquecentesca* le florilège, l'anthologie de la poésie du XVIe siècle **8** *loc. fig.* FIOR DI [*una gran quantità di*] *con quella attività guadagna fior di quattrini* dans cette activité, il gagne un argent fou ◇ (*persone*) *un fior di* un parfait, un vrai...: *quel tuo amico è un fior di galantuomo* ton ami est un parfait gentleman; *quel ragazzo è un fior di mascalzone* cet enfant est un vrai voyou ~ A FIOR [*alla superficie di*] à fleur de: *galleggiare a fior d'acqua* flotter à fleur d'eau; *a fior di pelle* à fleur de peau # *sorridere, parlare a fior di labbra* [*lievemente*] sourire, parler du bout des lèvres **9** [*muffa biancastra del vino*] fleurs *pl.* → **fioretta** ◇ [*parte esterna della pelle conciata*] fleur **10** *il fiore del cavallo* [*piccola macchia di peli bianchi sulla fronte*] l'étoile *f.* du cheval **11** *al plur.* (*carte*) trèfles.

2 **fióre** |ˈfjore| *s.m. spec. al plur.* (*raro*) menstrues *f.* # *fiori bianchi* leucorrhée.

fiorellino |fjorelˈlino| *s.m.* petite fleur (*f.*): *aveva in mano un bel mazzo di fiorellini di campo* elle tenait dans ses mains un joli bouquet de (petites) fleurs de champ.

fiorènte |fjoˈrɛnte| *agg.* [*che è in pieno vigore; rigoglioso*] florissant: *industria fiorente* industrie florissante; *salute, civiltà fiorente* santé, civilisation florissante → **prosperoso** ◇ [*dotato di giovanile bellezza e vigore*] plein de santé; épanoui: *giovanotto fiorente* jeune homme plein de santé ‖ *corpo fiorente* corps épanoui.

fiorentina |fjorenˈtina| *s.f.* **1** (*cuc.*) [*bistecca alla fiorentina*] entrecôte grillée **2** [*lucerna a olio con tre becchi e alto fusto*] lampe à huile.

fiorentinaménte |fiorentinaˈmente| *avv.* [→ FIORENTINO 1] comme les Florentins (*loc. inv.*): *parlare fiorentinamente* parler comme les Florentins.

fiorentinizzàre |fjorentinidˈdzare| *v.tr.* [*tradurre in volg. fiorentino*] traduire (75) en florentin: *fiorentinizzare un libro* traduire un livre en florentin ◇ (*per est.*) [*italianizzare*] italianiser.

fiorentino |fjorenˈtino| **1** *agg.* [*di Firenze*] florentin: *usi fiorentini* coutumes florentines; *lingua fiorentina* langue florentine **2** (*s.m.*) *il fiorentino* [*la lingua*] le florentin.

fiorènza |fjoˈrɛntsa| *s.f.* (*tessuto*) florentine.

fiorétta |fjoˈretta| *s.f.* [*muffa biancastra del vino*] fleurs *pl.*

fiorettàre |fjoretˈtare| *v.tr.* [*ornare di espressioni fiorite, di leziosità e sim.*] orner: *fiorettare un discorso* orner un discours → **infiorettare.**

fiorettatùra |fjorettaˈtura| *s.f.* [*sfoggio e abuso di ornamenti spec. retorici*] fioritures (*pl.*): *brano musicale pieno di fiorettature* un morceau de musique plein de fioritures; *quello scrittore abusa di fiorettature* cet écrivain abuse des fioritures.

fiorettista |fjoretˈtista| *s.* (*scherma*) fleurettiste.

1 **fiorétto** |fjoˈretto| *s.m.* **1** (*lett.*) fleurette *f.* [*piccolo fiore*] **2** [*parte accuratamente selezionata*] fleuret: *il fioretto della lana, del cotone* le fleuret de la laine, du coton ◇ [*seta di scarto*] fleuret **3** *al plur.* [*raccolta di aneddoti, racconti, detti memorabili e sim.*] florilège *sing.* → **antologia** # *i 'Fioretti' di S. Francesco* les 'Fioretti' de saint François **4** [*astinenza o atto di volontaria rinuncia fatta per devozione*] privations (*f.pl.*): *fare dei fioretti in onore della Madonna* s'imposer de petites privations en l'honneur de la Vierge **5** *spec. al plur.* [*ornamento o abbellimento, spec. retorico*] fleurs (*f.*): *fioretti retorici* fleurs de la rhétorique.

2 **fiorétto** |fjoˈretto| *s.m.* **1** (*scherma*) fleuret: *scherma di fioretto* escrime au fleuret; *fioretto elettrico* fleuret électrique ◇ (*per est.*) bouton de fleuret **2** (*tecnol.*) fleuret.

fioricoltóre, trice |fjorikolˈtore, tritʃe| *s.* → **floricoltore.**

fioricoltùra |fjorikolˈtura| *s.f.* → **floricoltura.**

fioricultóre, trice |fjorikulˈtore, tritʃe| *s.* → **floricoltore.**

fiorièra |fjoˈrjɛra| *s.f.* **1** [*cassetta per vasi di fiori e piantine ornamentali*] jardinière **2** [*recipiente per fiori recisi*] vase *m.*

fiorifero |fjoˈrifero| *agg.* (*bot.*) florifère: *pianta fiorifera* plante florifère ◇ (*per est., lett.*) [*che porta fiori*] fleuri: *maggio fiorifero* mai fleuri.

fiorile |fjoˈrile| *s.m.* (*st. fr.*) floréal.

fiorino |fjoˈrino| *s.m.* florin.

fiorire |fjoˈrire| (197) **A** *v.intr.* (*aus.* 'essere') **1** [*mettere fiori, coprirsi di fiori*] se couvrir (23) *pron.* de fleurs; fleurir (*aus.* avoir): *a primavera tutta la campagna fiorisce* au printemps toute la campagne se couvre de fleurs → **sbocciare** ‖ *sono fiorite le violette* les violettes ont fleuri # *il grano fiorisce* le blé est en épi, en fleur ◇ (*prov.*) *se son rose fioriranno* [*bisogna attendere i risultati per giudicare*] laissons faire le temps **2** (*fig.*) [*prosperare, essere nel pieno rigoglio*] fleurir, prospérer (8) (*aus.* avoir): *nella nostra città fioriscono l'industria e il commercio* dans notre ville l'industrie et le commerce fleurissent, prospèrent # *sul suo viso fiorì un bel sorriso* un beau sourire éclaira son visage ◇ (*per est.*) [*essere adorno di*] être (43) (*aus.* avoir) riche de: *fiorire di possibilità* être riche de possibilités; *quell'università fiorisce di ottimi ingegni* cette université est riche de grands esprits # *fiorire di virtù* être paré de vertus **3** (*fig.*) (*di personalità, spec. della cultura*) [*operare o divenire illustre*] vivre (58) (*aus.* avoir): *Dante fiorì nel Duecento* Dante vécut au XIIIe siècle **4** (*cose*) [*coprirsi di muffa o di formazioni varie*] moisir (*aus.* avoir), se couvrir de moisissure: *quella pergamena sta fiorendo tutta* ce parchemin est en train de moisir; *quei muri fioriscono* ces murs se couvrent de moisissure ◇ (*vino*) [*fare la fioretta*] se couvrir de fleur(s) # *questo vino sta fiorendo* il se forme des fleurs sur ce vin ◇ (*persone*) [*divenire ruvido per foruncoli e sim.*] fleurir, bourgeonner (*aus.* avoir) **B** *v.tr.* **1** (*raro*) [*far fiorire*] faire (45) *intr.* fleurir: *la primavera fiorisce i campi* le printemps fait fleurir les champs **2** [*ornare, cospargere di fiori*] fleurir: *fiorire una stanza, una tomba* fleurir une pièce, une tombe **3** (*fig.*) [*abbellire, adornare*] orner: *fiorire uno scritto di belle metafore* orner un écrit de belles métaphores **4** [*dipingere, disegnare a fiori*] peindre (66), dessiner des fleurs: *fiorire il soffitto e le pareti di una stanza* peindre des fleurs sur le plafond et sur les parois d'une pièce.

fiorista |fjo'rista| *s.* fleuriste → **fioraio, floricoltore.**

fiorita |fjo'rita| *s.f.* **1** [*apparato di fiori e foglie in occasione di feste e sim.*] jonchée (de fleurs) ◇ (*fig., scherz.*) [*oggetti sparsi a terra disordinatamente*] *c'è una fiorita di stracci in quella stanza* dans cette pièce il y a une jonchée de chiffons ◇ (*per anal.*) *fiorita di neve* [*leggera nevicata*] légère couche de neige **2** [*antologia, florilegio*] florilège *m.*

fioritaménte |fjorita'mente| *avv.* (*raro*) [→ FIORITO 2] de manière fleurie *loc. inv.*; avec élégance (*loc. inv.*): *parlare fioritamente* parler avec élégance.

fiorito |fjo'rito| *agg.* **1** fleuri: *alberi fioriti* arbres fleuris; *i mandorli sono già tutti fioriti* les amandiers sont déjà tous fleuris, en fleur(s); *prati, colli fioriti* prés fleuris, collines fleuries; *i giardini sono fioriti* les jardins sont fleuris ◇ (*per est.*) *carta, seta fiorita* papier fleuri, soie fleurie **2** (*fig.*) [*ornato di eleganze o artifici*] fleuri: *conversazione fiorita* conversation fleurie; *stile fiorito* style fleuri # *gotico fiorito* gothique rayonnant, flamboyant ◇ (*per anal.*) *ragazza fiorita d'ogni virtù e grazia* [*dotata*] fille parée de toutes les vertus et de tous les charmes **3** (*fig., lett.*) [*felice, prospero*] heureux* (*corr.*), prospère: *avere una vita fiorita* mener une vie heureuse # *carità fiorita* [*atto di carità*] charité généreuse (*corr.*); *scuola fiorita* [*molto frequentata*] école très fréquentée (*corr.*) **4** [*coperto di muffa*] moisi; couvert de moisissure: *vino fiorito* vin moisi ‖ *carta fiorita* papier moisi, couvert de moisissure; *muro fiorito* mur moisi, couvert de moisissure ◇ [*coperto di eruzioni cutanee*] *viso fiorito di foruncoli* visage qui fleurit *loc.*, qui bourgeonne *loc.*

fioritùra |fjori'tura| *s.f.* **1** [→ FIORIRE A 1] floraison: *abbondante, scarsa fioritura* floraison abondante, maigre; *la fioritura degli alberi* la floraison des arbres ◇ [*il tempo in cui le piante fioriscono*] *durante la fioritura la campagna è molto bella* pendant la floraison la campagne est très belle; *siamo ormai alla fioritura* c'est déjà le temps de la floraison **2** (*fig.*) [*grande sviluppo e floridezza*] floraison: *assistiamo a una grande fioritura di ingegni* nous assistons à une grande floraison de talents **3** (*fig.*) [*eleganza formale, abbellimento retorico*] fioriture: *le fioriture dello stile ciceroniano* les fioritures du style cicéronien; *ha suonato un brano ricco di fioriture* il a joué un morceau riche de fioritures **4** [*macchia di umidità, di muffa e sim.*] moisissure ◇ [*eruzione cutanea*] bourgeonnement *m.* # *ha in viso una brutta fioritura di foruncoli* son visage bourgeonne, fleurit.

fioróne |fjo'rone| *s.m.* **1** [*il primo frutto del fico*] première figue *f.* **2** (*nell'arte got.*) [*motivo floreale*] fleuron.

fiorrancino |fjorran'tʃino| *s.m.* (*t. zool.*) roitelet.

fiorràncio, i |fjor'rantʃo, i| *s.m.* → **calendola.**

fiòsso |'fjɔsso| *s.m.* [*la parte stretta della scarpa tra il tacco e la pianta*] cambrure *f.*

fiottàre |fjot'tare| *v.intr.* (*aus.* '*avere*') **1** (*lett.*) [*ondeggiare, fluttuare vistosamente*] ondoyer (10), flotter (*corr.*) **2** [*gorgogliare, rumoreggiare*] gargouiller ◇ (*region.*) [*piagnucolare*] pleurnicher ◇ [*borbottare*] bougonner.

fiottio, ii |fjot'tio, ii| *s.m.* [*ondeggiamento continuo e insistente*] ondoiement ◇ (*region.*) [*piagnucolio, lamento di protesta*] pleurnichement (*fam.*), pleurnicherie *f.* (*fam.*).

fiòtto |'fjɔtto| *s.m.* **1** [*fuoruscita improvvisa e violenta di liquido*] flot: *fiotto di sangue, d'acqua* flot de sang, d'eau **2** (*raro*) [*piagnucolio, lamento*] pleurnichement (*fam.*).

fìrma |'firma| *s.f.* **1** [*sottoscrizione del proprio nome e cognome*] signature: *firma falsa* fausse signature; *registro delle firme* livre pour les signatures; *apporre la propria firma* apposer sa signature; *avere una firma illeggibile* avoir une signature illisible; *sottoporre una firma a perizia calligrafica* soumettre une signature à une expertise d'écriture; *raccogliere le firme* recueillir des signatures; *far fede, far onore alla propria firma* faire honneur à, honorer sa signature ◇ (*loc.*) *per onor di firma* [*per non mancare alla parola data*] pour tenir parole ~ (*fam.*) *ci farei, ci metterei la firma* [*accetterei volentieri*] je ne demanderais pas mieux **2** [*l'operazione, l'atto del firmare*] signature: *mandare i documenti alla firma* envoyer les papiers à la signature ◇ [*approvazione*] signature, approbation **3** (*fig.*) [*la stima, il credito goduto da una persona*] crédit (*m.*): *avere una buona firma* jouir d'un grand crédit ◇ (*per est.*) [*la persona stessa*] célébrité: *è una firma celebre* c'est une célébrité **4** (*raro*) [*impresa comm.*] firme, entreprise commerciale **5** [*potere di assumere obbligazioni per conto di terzi*] signature: *credito di firma* garantie bancaire d'une signature; *avere la firma per un'impresa* avoir la signature sociale, la faculté de signer pour une société **6** (*mil.*) rempilé *m.* → **firmaiolo.**

firmaiòlo |firma'jɔlo| *s.m.* (*mil.*) rempilé.

firmaménto |firma'mento| *s.m.* **1** firmament: *le stelle del firmamento* les étoiles du firmament **2** (*fig.*) [*persone che hanno raggiunto il successo in un determinato settore*] élite *f.*, fine fleur (*f.*): *il firmamento del teatro, del cinema, della letteratura* l'élite, la fine fleur du théâtre, du cinéma, de la littérature.

firmàno |fir'mano| *s.m.* (*st. ottomana*) firman.

firmàre |fir'mare| *v.tr.* [*apporre la propria firma*] signer: *firmare una lettera, un verbale* signer une lettre, un procès-verbal; *firmare un trattato* signer un traité → **sottoscrivere** ◇ (*fig.*) *firmare la propria condanna* signer sa propre condamnation.

firmatàrio, i |firma'tarjo, i| *s.* [*chi, mediante la firma, approva, ratifica quanto sottoscritto*] signataire: *i firmatari di un trattato, di una petizione* les signataires d'un traité, d'une pétition ◆ (*agg.*) *gli Stati firmatari* les États signataires (*appos.*).

firmàto |fir'mato| *agg.* [*autenticato, sottoscritto dall'autore*] signé: *quadro, tessuto firmato* tableau, tissu signé; *dichiarazione firmata* déclaration signée.

1 **fisàlia** |fi'zalja| *s.f.* (*t.zool.*) physalie.

2 **fisàlia** |fi'zalja| *s.f.* (*t.bot.*) physalis *m.*

fisarmònica, che |fizar'mɔnica, ke| *s.f.* accordéon *m.*

fisarmonicista |fizarmoni'tʃista| *s.m.* accordéoniste.

fiscàle |fis'kale| *agg.* **1** fiscal*: *imposizioni, oneri fiscali* impositions, charges fiscales; *reati fiscali* fraudes fiscales; *dazio fiscale* droit fiscal ◇ (*per est.*) *avvocato fiscale* procureur fiscal; *medico fiscale* médecin de contrôle **2** (*fig.*) [*inquisitorio, vessatorio*] inquisitorial*: *fare domande fiscali* poser des questions inquisitoriales ◇ [*meschino*] pointilleux*, ergoteur*: *un superiore troppo fiscale con i dipendenti* un supérieur trop pointilleux avec ses employés.

fiscalìsmo |fiska'lizmo| *s.m.* **1** fiscalité *f.* **2** (*pegg.*) [*eccessiva pignoleria*] méticulosité *f.*

fiscalista |fiska'lista| *s.* conseiller* en droit fiscal.

fiscalità |fiskali'ta| *s.f.inv.* **1** fiscalité *var.* **2** (*fig.*) [*eccessiva intransigenza e pignoleria*] intransigeance *var.*, méticulosité *var.*

fiscalizzàre |fiskalid'dzare| *v.tr.* [*trasferire (q.c.) a carico dello Stato*] fiscaliser: *fiscalizzare gli oneri sociali* fiscaliser les charges sociales.

fiscalizzazióne |fiskaliddzat'tsjone| *s.f.* [→ FISCALIZZARE] fiscalisation: *fiscalizzazione degli oneri sociali* fiscalisation des charges sociales.

fiscèlla |fiʃ'ʃɛlla| *s.f.* [*cestello di vimini o di giunchi*] faisselle.

fischiàbile |fis'kjabile| *agg.* [→ FISCHIARE B 1] qui mérite d'être sifflé (*loc.*): *è una commedia fischiabile* c'est une pièce qui mérite d'être sifflée.

fischiàre |fis'kjare| **A** *v.intr.* (*aus.* '*avere*') **1** [*emettere un suono acuto e stridulo*] siffler: *fischiare con le labbra, con un fischietto* siffler avec les lèvres, avec un sifflet; *il vento fischia tra i rami* le vent siffle à travers les branches; *la locomotiva fischiò* la locomotive siffla; *fischiare al cane, agli uccelli* siffler *tr.* le chien, les oiseaux ◇ (*loc. fam.*) *mi fischiano gli orecchi* les oreilles me tintent **2** [*pronunciare in modo difettoso le consonanti sibilanti*] siffler: *quando parla, fischia* quand il parle, il siffle **B** *v.tr.* **1** [*riprodurre una melodia con il fischio*] siffler: *fischiare un motivetto, una canzone, un ritornello* siffler un petit air, une chanson, un refrain **2** [*disapprovare con fischi*] siffler: *fischiare una cantante, un giocatore* siffler une chanteuse, un joueur; *fischiare una commedia, il suo autore* siffler une comédie, son auteur **3** (*sport, detto dell'arbitro*) [*segnare con un colpo di fischietto*] siffler: *fischiare un fallo* siffler une faute; *fischiare l'inizio, la fine di una partita* siffler le début, la fin d'un match.

fischiàta |fis'kjata| *s.f.* **1** *spec. al plur.* [*fischio di derisione o disapprovazione*] coups *m.* de sifflet, sifflets (*m.*): *accogliere q.c. a fischiate* accueillir qqn. par des sifflets **2** [*fischio particolare di richiamo o di riconoscimento*] (coup de) sifflet.

fischiatina |fiskja'tina| *s.f.* [*il fischiettare un breve e allegro motivo musicale*] sifflotement *m.* # *fare una fischiatina* siffler un petit air, siffloter ◇ (*loc.*) *dare una fischiatina a qc.* [*per chiamarlo*] siffler qqn.

fischiatóre, trice |fiskja'tore,

tritʃe| *s.* **1** [*persona o animale abile nel fischiare*] siffleur*: *essere un buon fischiatore* être un bon siffleur ◆ (*agg.*) *uccello fischiatore* oiseau siffleur **2** [*chi fischia* (*sistematicamente*) *per disapprovare*] siffleur: *i soliti fischiatori del loggione* les habituels siffleurs du poulailler.

fischierellàre |fiskjerel'lare| **A** *v.tr.* [*fischiare sommessamente e svagatamente*] siffloter: *fischierellare un motivo musicale, una canzone* siffloter un air, une chanson **B** *v.intr.* (*aus.* '*avere*') [→ *tr.*] siffloter: *è solito camminare fischierellando* il a l'habitude de siffloter en marchant.

fischiettàre |fiskjet'tare| *v.tr. e intr.* → **fischierellare.**

fischiettìo, ii |fiskjet'tio, ii| *s.m.* [*il fischiettare continuo e insistente*] sifflotement.

fischiétto |fis'kjetto| *s.m.* **1** [*piccolo strumento per fischiare*] sifflet: *il fischietto dell'arbitro* le sifflet de l'arbitre # *un fischietto per i tordi, per le pernici* (*per imitarne il sibilo o il verso*) un appeau pour les grives, pour les perdrix **2** (*fig., sport*) [*arbitro*] arbitre.

fìschio, i |'fiskjo, i| *s.m.* **1** [*sibilo, suono acuto*] sifflement: *il fischio del vento, del treno* le sifflement du vent, du train; *il fischio del serpente, del merlo* le sifflement du serpent, du merle # *accogliere qc. a, con fischi* accueillir qqn. par des sifflets ◇ (*scherz.*) *quando hai finito, fammi un fischio* quand tu auras fini, fais-moi signe ◇ (*loc. fig.*) *prendere fischi per fiaschi* prendre des vessies pour des lanternes **2** [*qualsiasi strumento per emettere fischi*] sifflet: *il fischio del capotreno, dell'arbitro* le sifflet du chef de train, de l'arbitre ◇ (*loc. fig.*) *non valere un fischio* ne rien valoir.

fischìo, ii |fis'kio, ii| *s.m.* → **fischiettio.**

fischióne |fis'kjone| *s.m.* **1** (*t.zool.*) canard siffleur **2** → **chiurlo.**

fisciù |fiʃ'ʃu| *s.m.inv.* fichu *var.*

fìsco, chi |'fisko, ki| *s.m.* **1** [*amministrazione finanziaria dello Stato*] fisc: *esattore del fisco* percepteur du fisc; *frodare il fisco* frauder le fisc **2** [*erario pubblico*] trésor public: *porre, incamerare nel fisco* verser au trésor public.

-fisi |fizi| *suff.* (*significa* '*accrescimento*', *corrisponde gener. a*) physe: *ipofisi* hypophyse.

fìsica, che |'fizika, ke| *s.f.* physique: *fisica matematica* physique mathématique; *fisica nucleare, atomica, elettronica* physique nucléaire, atomique, électronique.

fisicalìsmo |fizika'lizmo| *s.m.* physicalisme.

fisicaménte |fizika'mente| *avv.* [→ FISICO I] physiquement.

fìsico- |'fiziko| *pref.* (*significa* '*natura*', *corrisponde gener. a*) physico-: *fisicomatematico* physico-mathématique.

fìsico, ci, ca, che |'fiziko, tʃi, ka, ke| **I** *agg.* **1** [*che concerne i fenomeni naturali*] physique: *leggi, proprietà fisiche* lois, propriétés physiques; *carte fisiche* cartes de géographie physique **2** [*che riguarda il corpo umano*] physique: *malessere, difetto fisico* malaise, défaut physique; *debolezza fisica* faiblesse physique **II** *s.m.* **1** [*studioso di scienze fisiche*] physicien* (*s.*): *un illustre fisico nucleare* un illustre physicien nucléaire **2** [*corporatura*] physique: *avere un fisico robusto, cagionevole, piacevole* avoir un physique robuste, délicat, agréable.

fisicochìmico, ci, ca, che |fiziko'kimiko, tʃi, ka, ke| *agg.* (*scient.*) physico-chimique: *fenomeni fisicochimici* phénomènes physico-chimiques.

fisicomatemàtico, ci, ca, che |fizikomate'matiko, tʃi, ka, ke| *agg.* (*scient.*) physico-mathématique: *scienze fisicomatematiche* sciences physico-mathématiques.

fisicoteològico, ci, ca, che |fizikoteo'lɔdʒiko, tʃi, ka, ke| *agg.* (*teol.*) physico-théologique: *prove fisicoteologiche* preuves physico-théologiques.

fìsima |'fizima| *s.f.* [*idea fissa, mania*] marotte, manie: *ha la fisima del calcio, dei romanzi gialli* il a la marotte du football, des romans policiers; *è pieno di fisime* il est plein de manies → **fissazione.**

fisio- |'fizjo| *pref.* (*significa* '*natura, fisico*', *corrisponde gener. a*) physio: *fisiologia* physiologie; *fisiocrazia* physiocratie.

fisiòcrate |fi'zjɔkrate| *s.m.* (*st. econ.*) physiocrate.

fisiocrazìa |fizjokrat'tsia| *s.f.* (*st. econ.*) physiocratie.

fisiognomìa |fizjoɲɲo'mia|, **fisiognòmica, che** |fizjoɲ'ɲɔmika, ke| *s.f.* → **fisiognomonia.**

fisiognòmico, ci, ca, che |fizjoɲ'ɲɔmiko, tʃi, ka, ke| *agg.* → **fisiognomonico.**

fisiognomonìa |fizjoɲɲomo'nia| *s.f.* physiognomonie.

fisiognomònico, ci, ca, che |fizjoɲɲo'mɔniko, tʃi, ka, ke| *agg.* physiognomonique: *ricerche fisiognomoniche* recherches physiognomoniques.

fisiognomonìsta |fizjoɲɲomo'nista| *s.* physiognomoniste.

fisiologìa, gie |fizjolo'dʒia, dʒie| *s.f.* physiologie: *fisiologia vegetale, umana* physiologie végétale, humaine; *fisiologia comparata, patologica* physiologie comparée, pathologique.

fisiologicaménte |fizjolodʒika'mente| *avv.* [→ FISIOLOGICO] physiologiquement.

fisiològico, ci, ca, che |fizjo'lɔdʒiko, tʃi, ka, ke| *agg.* **1** physiologique: *condizioni fisiologiche* conditions physiologiques; *soluzione fisiologica* solution physiologique **2** [*naturale*] naturel*, physiologique: *bisogni fisiologici* besoins naturels, physiologiques.

fisiòlogo, gi, ga, ghe |fi'zjɔlogo, dʒi, ga, ge| *s.* physiologiste.

fisiomanzìa |fizjoman'tsia| *s.f.* physiomancie.

fisionomìa |fizjono'mia| *s.f.* **1** physionomie; traits (*m.pl.*): *fisionomia aperta, simpatica* physionomie, expression ouverte, sympathique ‖ *fisionomia regolare* traits réguliers # *una fisionomia nota* un visage connu **2** (*per est.*) (*cose*) *la fisionomia di un paesaggio, di un dato periodo storico, di un popolo* la physionomie d'un paysage, d'une période historique donnée, d'un peuple.

fisionomìsta |fizjono'mista| *s.* physionomiste: *è un buon fisionomista* c'est un bon physionomiste; *è un pessimo fisionomista* il n'est pas du tout physionomiste *agg.*

fisiònomo |fi'zjɔnomo| *s.* (*raro*) → **fisionomista.**

fisiopatologìa, gie |fizjopatolo'dʒia, dʒie| *s.f.* physiopathologie.

fisiopatòlogo, gi, ga, ghe |fizjopa'tɔlogo, gi, ga, ge| *s.* physiopathologiste.

fisioterapìa |fizjotera'pia| *s.f.* physiothérapie.

fisioteràpico, ci, ca, che |fizjote'rapiko, tʃi, ka, ke| *agg.* physiothérapique: *cura fisioterapica* traitement physiothérapique.

fisioterapìsta |fizjotera'pista| *s.* [*chi pratica la fisioterapia*] physiothérapeute.

fìso |'fizo| *agg.* (*lett.*) (*detto dello sguardo o del pensiero*) [*fisso, intento*] fixe (*corr.*) ◆ (*avv.*) *guardare, mirar fiso* regarder fixement.

fisonomìa |fizono'mia| *e deriv.* → **fisionomia** *e deriv.*

Fisòstomi |fi'zɔstomi| *s.m. pl.* (*t. zool.*) Physostomes.

fissàbile |fis'sabile| *agg.* [→ FISSARE A 1] fixable.

fissàggio, i |fis'saddʒo, i| *s.m.* **1** [*operazione di applicazione o stabilizzazione di q.c.*] mise *f.* en place: *il fissaggio di un quadro, di un uscio, di uno sportello* la mise en place d'un tableau, d'une porte, d'une portière ◇ (*tecnol.*) *fissaggio di un colore* fixage d'une couleur **2** (*foto.*) fixage.

fissaménte |fissa'mente| *avv.* [→ FISSO I 1, 3] fixement: *guardare fissamente* regarder fixement → **fermamente, stabilmente.**

fissàre |fis'sare| **A** *v.tr.* **1** [*rendere fisso, stabile*] fixer: *fissare un quadro* fixer un tableau; *fissare una finestra, uno sportello* fixer une fenêtre, une portière; *fissare un colore* fixer une couleur # *fissare la carne* [*sottoporla a una prima cottura*] rissoler la viande ◇ (*foto.*) *fissare una stampa, una fotografia* fixer un tirage, une photo **2** (*per est.*) [*tenere fisso su qc. o q.c.*] fixer, arrêter: *fissare il pensiero, l'attenzione su q.c.* fixer, arrêter sa pensée, son attention sur qqch. ◇ (*loc.*) *fissare q.c. nella mente* fixer qqch. dans son esprit ~ *fissare gli occhi su q.c.*: (*pr.*) fixer les yeux, arrêter ses regards sur qqch.; (*fig.*) [*progettare di procurarsela*] lorgner qqch.; jeter son dévolu sur qqch. ~ *fissare gli occhi su qc.*: (*pr.*) fixer les yeux, arrêter ses regards sur qqn.; (*fig.*) [*fare assegnamento su di lui*] compter sur qqn. **3** [*guardare intensamente e con insistenza*] fixer: *fissare a lungo una persona* fixer longuement une personne → **scrutare** **4** [*stabilire, determinare*] fixer: *fissare un appuntamento, una data* fixer un rendez-vous, une date; *fissare una riunione* fixer une réunion ◇ [*pattuire*] *fissare q.c. a un certo prezzo* fixer le prix de qqch. **5** [*impegnare, prenotare*] retenir (27), réserver; louer: *fissare una camera d'albergo* retenir, réserver une chambre d'hôtel ‖ *fissare una poltrona a teatro* louer un fauteuil d'orchestre au théâtre; *spiacente, ma quel palco è già stato fissato* désolé, cette loge a déjà été louée **B** *v.pron.intr.* FISSARSI **1** (*persone*) [*stabilirsi definitivamente*] se fixer, s'installer: *dopo tante incertezze si è fissato in campagna, a Milano* après de nombreuses hésitations il s'est fixé, installé à la campagne, à Milan ◇ (*cose*) *il tempo si è finalmente fissato sul bello* le temps est enfin au beau fixe **2** (*fig.*)

[*ostinarsi su q.c.*; *avere un'idea fissa*] s'obstiner; se mettre (71) dans la tête: *si è fissato su quell'idea* il s'obstine, s'entête dans cette idée || *si è fissato di diventare un artista* il s'est mis dans la tête de devenir un artiste; *s'è fissato* (*in testa*) *che tutti ce l'abbiano su con lui* il s'est mis dans la tête que tout le monde lui en veut ◇ (*fam.*, *compl. di persona*) en vouloir (40) *intr.* (à): *ti sei proprio fissato con me!* c'est donc à moi que tu en veux!

fissatìvo |fissa'tivo| *agg.* fixateur* (*raro*).

fissàto |fis'sato| **I** *agg.* [*stabilito, deciso*] fixé: *arrivare puntualmente nel giorno fissato* arriver ponctuellement le jour fixé; *raggiungere gli obiettivi fissati* atteindre les objectifs fixés → **convenuto** **II** *s.* **1** *s.* (*psican.*, *corr.*) fixé, obsédé: *è un fissato* c'est un fixé → **maniaco** **2** *s.m.* [*impegno, accordo*] engagement, accord: *stare al fissato* respecter un engagement, un accord.

fissatóre, trice |fissa'tore, tritʃe| **I** *s.* **1** *s.* [*chi, in tintoria, è addetto al fissaggio dei colori*] préposé au fixage ✦ (*agg.*) *operaio fissatore* ouvrier préposé au fixage **2** (*s.m.*) *fissatore per capelli* fixateur **II** *agg.* (*foto.*) *bagno fissatore* bain de fixage *loc. inv.*

fissazióne |fissat'tsjone| *s.f.* fixation.

fìssile |'fissile| *agg.* **1** fissile: *pietra, roccia fissile* pierre, roche fissile **2** (*fis.*) fissible → **fissionabile.**

fissionàbile |fissjo'nabile| *agg.* (*fis.*) fissible → **fissile.**

fissióne |fis'sjone| *s.f.* (*fis.*) fission.

fissìsmo |fis'sizmo| *s.m.* (*biol.*) fixisme.

fissità |fissi'ta| *s.f. inv.* fixité *var.* # *guardare con fissità* regarder fixement → **immutabilità.**

fìsso |'fisso| **I** *agg.* **1** [*fissato saldamente*] fixé: *chiodo fisso al muro* clou fixé au mur; *una poltrona fissa al pavimento* un fauteuil fixé au plancher ◇ (*fig.*) *idea fissa, pensiero, chiodo fisso* idée fixe ◇ (*loc. fig.*) *aver fisso nella mente, nel cuore qc., q.c.* avoir qqn., qqch. à jamais fixé dans son esprit, dans son cœur **2** [*fermo, immobile*] immobile: *stare fisso sull'attenti* demeurer immobile au garde-à-vous ◇ (*astron.*) *stelle fisse* étoiles fixes **3** (*per est.*) [*concentrato, intento*] fixé; fixe: *avere lo sguardo fisso, gli occhi fissi su qc., q.c.* avoir le regard fixé, les yeux fixés sur qqn., qqch. || *luce fissa* lumière fixe **4** [*stabile*] fixe: *stipendio fisso* traitement fixe; *senza fissa dimora* sans domicile fixe # *essere fisso in un impiego* avoir un emploi stable ✦ (*s.m.*) *un fisso, il fisso* [*stipendio, compenso fisso*] un fixe, le fixe: *guadagna un fisso di lire X più le percentuali e la trasferta* il gagne un fixe de X lires plus un pourcentage et l'indemnité de déplacement **5** (*cose*) [*costante, che non ammette variazioni*] fixe: *regola fissa* règle fixe; *prezzo fisso* prix fixe ◇ (*econ.*) *titoli a reddito fisso* valeurs à intérêt fixe **6** (*cose*) [*stabilito, determinato*] fixé: *resta fisso che il prossimo incontro è per domenica* notre prochaine rencontre reste fixée à dimanche → **fissato** ◇ (*persone*) [*risoluto, irremovibile*] ferme: *essere fisso in un proposito, in una idea* être ferme dans une résolution, une idée **II** *avv.* [*fissamente*] fixement: *guardar fisso* regarder fixement.

fistiàre |fis'tjare| *e deriv.* (*tosc.*) → **fischiare** *e deriv.*

fìstola |'fistola| *s.f.* **1** (*med.*, *corr.*) fistule: *fistola anale* fistule (à l'anus) **2** (*mus.*) syrinx *m. o f.*, flûte de Pan → **siringa.**

fìstolo |'fistolo| *s.m.* → **fistola.**

fistolóso |fisto'loso| *agg.* **1** (*med.*) fistuleux*: *tramite fistoloso* canal fistuleux **2** (*bot.*) tubuleux*.

fistulìna |fistu'lina| *s.f.* (*t.bot.*) fistuline, langue-de-bœuf (*corr.*).

-fita |fita| *suff.* → **-fito.**

fito- |'fito| *pref.* (*significa 'pianta'*, *corrisponde gener. a*) phyto: *fitobiologia* phytobiologie.

-fito |fito| *suff.* (*significa 'pianta'*, *corrisponde gener. a*) phyte: *saprofito* saprophyte.

fitobiologìa, gie |fitobiolo'dʒia, dʒie| *s.f.* phytobiologie.

fitòfago, gi |fi'tɔfago, dʒi| *agg.* (*zool.*) phytophage: *insetti fitofagi* insectes phytophages.

fitofarmacìa, cie |fitofarma'tʃia, tʃie| *s.f.* (*scient.*) phytopharmacie.

fitòftora |fi'tɔftora| *s.f.* (*t.bot.*) phytophthora.

fitogeografìa |fitodʒeogra'fia| *s.f.* phytogéographie.

fitopatologìa, gie |fitopatolo'dʒia, dʒie| *s.f.* phytopathologie.

fitoplàncton |fito'plankton| *s.m. inv.* phytoplancton *var.*

fitosociologìa, gie |fitosotʃolo'dʒia, dʒie| *s.f.* (*bot.*) phytosociologie.

fitotossìna |fitotos'sina| *s.f.* (*biol.*, *med.*) phytotoxine.

fitotróne |fito'trone| *s.m.* phytotron.

fìtta |'fitta| *s.f.* **1** [*breve, circoscritta, ma acuta sensazione dolorosa*] élancement *m.* # *ho delle fitte intercostali* j'ai des douleurs intercostales lancinantes → **trafittura** ◇ (*fig.*) coup (*m.*): *a quella notizia ho provato una fitta al cuore* j'ai reçu un coup au cœur à cette nouvelle **2** (*tosc.*) → **ammaccatura** **3** [*calca di persone*] foule: *nella fitta mi sentivo svenire* je me sentais défaillir au milieu de la foule ◇ (*raro*) [*spiacevole accumulo di cose*] amas (*m.*): *quel discorso è una fitta di bugie* ce discours n'est qu'un amas de mensonges.

fittàbile |fit'tabile|, **fittaiòlo** |fitta'jɔlo| *s.m.* → **fittavolo.**

fittaménte |fitta'mente| *avv.* → 1 **fitto II.**

fittàvolo |fit'tavolo| *s.m.* [*affittuario di un terreno agricolo*] fermier* *s.*, métayer* *s.*

fittézza |fit'tettsa| *s.f.* [*l'essere folto, compatto*] épaisseur: *la fittezza della nebbia* l'épaisseur du brouillard; *non si può proseguire per la fittezza del bosco* on ne peut plus avancer à cause de l'épaisseur du fourré ◇ (*fig.*) impénétrabilité: *sono disorientato dalla fittezza di questo mistero* je suis désorienté par l'impénétrabilité de ce mystère.

fìttile |'fittile| *agg.* en terre cuite (*loc. inv.*): *vaso fittile dell'antica Grecia* vase en terre cuite de la Grèce antique.

fittìzio, i |fit'tittsjo, i| *agg.* fictif*: *prove fittizie* preuves fictives; *un corpo fittizio* un corps fictif; *maggioranza fittizia* majorité fictive; *certa pubblicità crea bisogni fittizi* un certain genre de publicité crée des besoins fictifs → **apparente.**

1 **fìtto** |'fitto| **I** *agg.* **1** [*che è formato da elementi molto ravvicinati*; *folto*] épais*; serré: *fitto bosco* bois épais || *filtro dalla fitta retina* filtre à mailles serrées; *tessuto dalla trama fitta* tissu à trame serrée # *pettine fitto* peigne fin ◇ [*compatto, denso*] épais: *nebbia fitta* brouillard épais ◇ (*fig.*) impénétrable: *un fitto mistero* un mystère impénétrable **2** [*continuato*; *frequente*] continu; fréquent: *un fitto andirivieni* un va-et-vient continu || *fitti bagliori illuminavano il cielo* de fréquents éclairs illuminaient le ciel **II** *avv.* [*abbondantemente*; *rapidamente e senza sosta*] dru; sans arrêt (*loc. inv.*): *grandina, nevica fitto* la grêle, la neige tombe dru || *parlava fitto* il parlait sans arrêt **III** *s.m.* [*la zona o il punto più intricato e folto*] cœur: *smarrirsi nel fitto del bosco* s'égarer au cœur du bois **C** I 1 **rado.**

2 **fìtto** |'fitto| *s.m.* → **affitto.**

fittonànte |fitto'nante| *agg.* (*bot.*) *radica fittonante* racine pivotante.

fittóne |fit'tone| *s.m.* (*bot.*) pivot.

fiumàna |fju'mana| *s.f.* **1** flot *m.* (d'une rivière en crue): *arginare una fiumana* endiguer le flot d'une rivière en crue **2** (*fig.*) [*gran quantità di persone o cose*] multitude, flot: *una fiumana di viaggiatori* une multitude de gens, un flot de voyageurs; *una fiumana di parole* une multitude de mots, un flot de paroles.

fiùme |'fjume| *s.m.* **1** [*corso d'acqua importante o che sfocia in mare*] fleuve; [*che si getta in un altro corso d'acqua*] rivière (*f.*): *la foce di un fiume* l'embouchure d'un fleuve; *la sorgente, il corso, la portata di un fiume* la source, le cours, le débit d'un fleuve, d'une rivière # *fiume carsico* vallée fluviale karstique; *fiume pensile* vallée fluviale suspendue ◇ (*fig.*) *un fiume di lacrime, di sangue* un fleuve, un flot de larmes, de sang **2** [*gli argini o l'alveo del fiume*] grève (*f.*): *è andato a raccogliere sassi dal fiume* il est allé ramasser des cailloux sur la grève (du fleuve) **3** (*fig.*) [*grande quantità*] foule (*f.*): *c'era un fiume di gente* il y avait une foule de gens; *nel sonno aveva detto un fiume di parole senza senso* en dormant, il avait prononcé une foule de mots sans aucun sens ◇ (*loc. fig.*) *versare fiumi d'inchiostro su un argomento* faire couler des flots d'encre sur un sujet ~ *a fiumi* à flots ◇ (*prov.*) *tutti i fiumi vanno al mare* tous les chemins mènent à Rome ✦ *agg. inv.* [*che si protrae a lungo*; *lungo*] interminable (*var.*): *seduta fiume* séance interminable; *discorso fiume* discours interminable # *romanzo fiume* roman fleuve.

fiumiciàttolo |fjumi'tʃattolo| *s.m.* [*fiume piccolo, di secondaria importanza*] ruisseau: *è annegato in un fiumiciattolo* il s'est noyé dans un ruisseau.

fiutàre |fju'tare| *v.tr.* **1** [*sentire, riconoscere per mezzo dell'odorato*] flairer: *i cani fiutarono la preda* les chiens flairèrent la proie; *fiutare la lepre* flairer le lièvre → **annusare** ◇ (*fig.*) *fiutare un pericolo, un tranello* flairer un danger, un piège; *fiutare un grosso affare* flairer une grosse affaire **2** [*aspirare col naso l'odore*] priser: *gli piaceva fiutare un buon tabacco* il aimait priser du bon tabac ✦ *ass.* [*essere preso dal vizio di fiutare cocaina*] priser de l'héroïne.

fiutàta |fju'tata| *s.f.* [→ FIUTARE 2] *una fiutata di tabacco* une prise de tabac ◇ (*loc.*) *dare una fiutata qua e là* flairer de-ci de-là.
fiùto |'fjuto| *s.m.* **1** [→ FIUTARE 2] *tabacco da fiuto* tabac à priser ◇ (*loc. fig.*) *al primo fiuto* à l'instant, immédiatement ~ *andare a fiuto* procéder par intuition, au pifomètre (*fam.*) ~ *conoscere al fiuto* reconnaître à première vue **2** (*per est.*) [*odorato*] flair: *il fiuto del cane* le flair du chien ◇ (*fig.*) flair.
flabellàto |flabel'lato| *agg.* (*bot., zool.*) flabellé.
flaccidézza |flattʃi'dettsa| *s.f.* flaccidité: *la flaccidezza della pelle* la flaccidité de la peau.
flàccido |'flattʃido| *agg.* [*poco consistente e dall'aspetto molle, cascante*] flasque: *pelle, carne flaccida* peau, chair flasque.
flacóne |fla'kone| *s.m.* flacon: *un flacone vuoto* un flacon vide; *una confezione in flacone* présentation en flacon ◇ (*per est.*) [*il contenuto*] *il dottore gli ha prescritto due flaconi di ricostituente* le médecin lui a prescrit deux flacons de fortifiant.
flagellaménto |fladʒella'mento| *s.m.* → **flagellazione.**
flagellànte |fladʒel'lante| *s.m.* (*st. relig.*) flagellant.
flagellàre |fladʒel'lare| *v.tr.* **1** [*colpire col flagello, con la sferza*] flageller: *flagellare un condannato* flageller un condamné; *gli antichi flagellavano gli schiavi* dans l'antiquité on flagellait les esclaves **2** (*per est.*) [*colpire, imperversare con violenza*] fouetter: *la grandine ha flagellato i vigneti* la grêle a fouetté les vignobles ◇ (*fig.*) flageller, fustiger (3): *flagellare i vizi, la corruzione* flageller, fustiger les vices, la corruption.
Flagellàti |fladʒel'lati| *s.m.pl.* (*t. bot., t.zool.*) Flagellés.
flagellatóre |fladʒella'tore| *s.m.* flagellateur.
flagellazióne |fladʒellat'tsjone| *s.f.* [→ FLAGELLARE 1] flagellation.
flagèllo |fla'dʒɛllo| *s.m.* **1** [*calamità collettiva*] fléau: *il flagello del colera* le fléau du choléra; *il flagello della guerra* le fléau de la guerre # *i flagelli di Dio* les châtiments de Dieu ◇ (*per est.*) [*persona dannosa per la collettività*] *quel ragazzo è il flagello del condominio* ce garçon est le fléau de l'immeuble **2** (*fam.*) [*quantità enorme*] tas: *un flagello di sventure* un tas de mésaventures **3** [*sferza per supplizio o penitenza*] fouet; flagellation (*f.*): *percuotere col flagello* donner des coups de fouet ‖ *sottoporsi al flagello* se soumettre à la flagellation; *condannare al flagello* condamner à la flagellation, au fouet ◇ (*fig.*) [*chi critica aspramante istituzioni, personaggi e sim.*] censeur **4** [*il fitto susseguirsi di q.c.*] fléau: *il flagello della tempesta* le fléau de la tempête; *il flagello della grandine* le fléau de la grêle **5** (*biol., bot.*) flagelle, flagellum.
flagrànte |fla'grante| *agg.* **1** (*dir., corr.*) flagrant: *cogliere, sorprendere in flagrante adulterio* prendre, surprendre en flagrant délit d'adultère ◇ (*loc.*) *in flagrante* en flagrant délit **2** [*manifesto, evidente*] flagrant: *essere in flagrante contraddizione* être en contradiction flagrante → **lampante.**
flagrànza |fla'grantsa| *s.f.* (*dir.*) flagrance: *data la flagranza, ogni prova è superflua* étant donné la flagrance, toute preuve est superflue.
'flambé' |flɑ̃be| *agg.inv.* flambé *var.*
flambèrga, ghe |flam'bɛrga, ge| *s.f.* flamberge.
'flamboyant' |flɑ̃bwajɑ̃| *agg.inv.* flamboyant *var.* → **fiammeggiante.**
flaménco, chi |fla'menko, ki| *s.m.* (*mus.*) flamenco.
flaminàle |flami'nale| *agg.* (*st. rom.*) de, du flamine (*loc.*): *carica flaminale* charge de, du flamine.
flàmine |'flamine| *s.m.* (*st. rom.*) flamine.
flàmmeo |'flammeo| *agg.* (*lett.*) [*che ha il colore e lo splendore della fiamma*] flamboyant (*corr.*) → **fiammeggiante, luminoso.**
'flan' |flɑ̃| *s.m. inv.* **1** (*cuc.*) flan *var.*; gratin (*var.*): *flan di spinaci* gratin d'épinards **2** (*tip.*) flan.
flanèlla |fla'nɛlla| *s.f.* flanelle.
flàngia, ge |'flandʒa, dʒe| *s.f.* (*mecc.*) bride, flasque.
flangiatùra |flandʒa'tura| *s.f.* (*mecc.*) bridage *m.*
flàno |'flano| *s.m.* → **'flan'** 2.
flash |flæʃ| *s.m. inv.* (*ingl.*) **1** (*foto.*) flash (*var.*): *dei flash* des flashes **2** (*giorn.*) flash.
flashback |'flæʃbæk| *s.m. inv.* (*ingl.*) (*cine.*) flash-back *var.*, retour *var.* en arrière.
flàto |'flato| *s.m.* [*gas gastrico emesso dalla bocca o dal retto*] flatuosité *f.* → **rutto, soffio.**
flatulènto |flatu'lɛnto| *agg.* flatulent.
flatulènza |flatu'lɛntsa| *s.f.* flatulence.
flatuosità |flatuozi'ta| *s.f.inv.* → **flatulenza.**
flautàto |flau'tato| *agg.* (*mus.*) flûté ◇ (*per est.*) *voce flautata* voix flûtée, flûteau (*s.m.*); *suono flautato* son flûté.
flautino |flau'tino| *s.m.* (*mus.*) flutiau → **ottavino.**
flautista |flau'tista| *s.* flûtiste.
flàuto |'flauto| *s.m.* **1** (*mus.*) flûte (*f.*): *flauto traverso, diritto, a becco* flûte traversière, droite, à bec; *flauto di Pan* flûte de Pan, syrinx *m. o f.* **2** (*per est.*) flûtiste (*s.*): *è il primo flauto della Scala* c'est le premier flûtiste de la Scala.
flàvo |'flavo| *agg.* (*lett.*) [*biondo; di colore dorato*] flavescent → **giallo.**
flebectasia |flebekta'zia| *s.f.* → **varice.**
flebectomia |flebekto'mia| *s.f.* (*chir.*) phlébectomie.
flèbile |'flɛbile| *agg.* → **fievole, fioco.**
flebite |fle'bite| *s.f.* (*med.*) phlébite.
flèb(o)- |'flɛb(o)| *pref.* (*significa 'vena', corrisponde gener. a*) phléb(o): *flebite* phlébite; *flebotomia* phlébotomie.
fleboclìsi |flebo'klizi| *s.f.inv.* (*med.*) phléboclyse *var.*
flebografia |flebogra'fia| *s.f.* (*med.*) phlébographie.
flebologia, gie |flebolo'dʒia, dʒie| *s.f.* (*med.*) phlébologie.
fleborragìa, gie |feborra'dʒia, dʒie| *s.f.* (*med.*) phléborragie.
flebotomia |flebοto'mia| *s.f.* (*chir.*) phlébotomie.
flebòtomo |fle'bɔtomo| *s.m.* phlébotome.
flebotrombòsi |flebotrom'bɔzi| *s.f.inv.* (*med.*) phlébothrombose *var.*
flèmma |'flɛmma| *s.f.* **1** flegme (*m.*): *la nota flemma britannica* le célèbre flegme britannique; *lavorare con flemma* travailler avec flegme; *parla sempre con la sua solita flemma* il parle toujours avec son flegme habituel; *perdere la flemma* perdre son flegme **2** (*tecnol.*) flegme **3** (*med. ant.*) flegme.
flemmaticaménte |flemmatika'mente| *avv.* [*con flemma*] flegmatiquement → **imperturbabilmente, lentamente.**
flemmàtico, ci, ca, che |flem'matiko, tʃi, ka, ke| *agg.* flegmatique ◇ (*fig.*) *carattere flemmatico* caractère flegmatique → **lento, placido.**
flèmmone |'flɛmmone| *s.m.* (*med.*) phlegmon.
flemmonóso |flemmo'noso| *agg.* (*med.*) phlegmoneux*.
flèo |'flɛo| *s.m.* (*t.bot.*) fléole *f.*, phléole *f.*
flessibile |fles'sibile| *agg.* flexible, souple: *arco, ramo flessibile* arc, branche flexible, souple; *ha un corpo flessibile come un giunco* il a un corps flexible, souple comme un jonc ◇ (*fig.*) *animo, ingegno flessibile* âme, esprit flexible, souple; *carattere flessibile* caractère souple; *voce flessibile* voix souple ◇ (*dir.*) *costituzione flessibile* constitution souple, élastique [C] **inflessibile.**
flessibilità |flessibili'ta| *s.f.inv.* **1** flexibilité (*var.*): *la flessibilità di una molla* la flexibilité d'un ressort **2** (*fig.*) [*adattabilità, elasticità*] souplesse (*var.*): *flessibilità di linguaggio, di stile* souplesse de langage, de style # *flessibilità dei prezzi* élasticité des prix.
flèssile |'flɛssile| *agg.* (*lett.*) → **flessibile.**
flessionàle |flessjo'nale| *agg.* (*ling.*) flexionnel*: *forme flessionali* formes flexionnelles.
flessióne |fles'sjone| *s.f.* **1** [→ FLETTERE A 1] flexion: *flessione di un arco* flexion d'un arc; *esercizi di flessione*, (*ass.*) *flessioni* exercices de flexion, flexions → **piegamento 2** (*ling.*) flexion: *la flessione del nome* la flexion nominale; *la flessione del verbo* la flexion verbale **3** (*econ.*) fléchissement *m.*, baisse des prix.
flessivo |fles'sivo| *agg.* (*ling.*) flexionnel*: *lingua flessiva* langue flexionnelle.
1 **flèsso** |'flɛsso| *agg.* (*lett.*) [*piegato*] fléchi (*corr.*): *braccio flesso* bras fléchi.
2 **flèsso** |'flɛsso| *s.m.* (*geom.*) *punto di flesso* point d'inflexion.
flessóre |fles'sore| *s.m.* (*anat.*) fléchisseur ♦ (*agg.*) *muscolo flessore* muscle fléchisseur.
flessuosaménte |flessuosa'mente| *avv.* [→ FLESSUOSO] flexueusement.
flessuosità |flessuosi'ta| *s.f.inv.* flexuosité *var.*, souplesse (*var.*): *la flessuosità del corpo* la souplesse du corps; *la flessuosità della serpe* la flexuosité, la souplesse du serpent → **flessibilità.**
flessuóso |flessu'oso| *agg.* [*dotato di elasticità, di flessibilità*] flexible, souple: *corpo flessuoso* corps flexible, souple ◇ [*piegato, incurvato, sinuoso*] sinueux*: *il corso flessuoso di un fiume* le cours sinueux d'un fleuve.
flessùra |fles'sura| *s.f.* (*lett.*) [*piegatura, curvatura*] flexuosité.
flèttere |'flɛttere| (145) **A** *v.tr.* **1** [*piegare, curvare*] fléchir: *flettere le*

ginocchia, un giunco fléchir les genoux, ployer un jonc **2** (*gram.*) [*declinare; coniugare*] décliner; conjuguer: *flettere il pronome, l'aggettivo* décliner le pronom, l'adjectif ‖ *flettere il verbo* conjuguer le verbe **B** *v.pron.rifl.* FLETTERSI [→ *tr.* 1] fléchir (*intr.*): *il corpo si fletteva lentamente* son corps fléchissait lentement.

flicòrno |fli'kɔrno| *s.m.* (*mus.*) bugle.

flint |flint| *s.m. inv.* (*ingl.*) (*tecnol.*) flintglass, flint *var.*

flipper |'flipǝ| *s.m. inv.* (*ingl.*) flipper (*var.*): *giocare a flipper* jouer aux flippers.

flirt |flǝ:t| *s.m. inv.* (*ingl.*) flirt (*var.*): *passa di flirt in flirt* elle (il) passe d'un flirt à l'autre ◇ [*la persona con cui si stabilisce un simile rapporto*] *è stato il mio primo flirt* il a été mon premier flirt.

flirtàre |flǝ(ir)'tare| *v.intr.* (*aus.* '*avere*') [*intessere una relazione amorosa passeggera e senza impegno*] flirter.

fliscòrno |flis'kɔrno| *s.m.* → **flicorno.**

flittèna |flit'tɛna| *s.f.* (*med.*) phlyctène.

flocculàre |flokku'lare| *v.intr.* (*aus.* '*avere*') (*chim., di un precipitato*) [*coagularsi in aggregati di dimensioni più grandi*] floculer.

flocculazióne |flokkulat'tsjone| *s.f.* (*chim.*) floculation.

flogìstico, ci, ca, che |flo'dʒistiko, tʃi, ka, ke| *agg.* **1** (*med.*) phlogistique **2** (*lett.*) → **infiammabile.**

flogìsto |flo'dʒisto| *s.m.* (*st. scient.*) phlogistique.

flogòsi |flo'gɔzi| *s.f.inv.* (*med.*) phlogose *var.*

flòra |'flɔra| *s.f.* flore: *la flora della steppa* la flore de la steppe ◇ (*med.*) *flora batterica* flore microbienne.

floràle |flo'rale| *agg.* (*bot.*) floral*.

floreàle |flore'ale| *agg.* **1** floral*: *motivo floreale* motif floral; *composizione floreale* composition florale **2** (*arts.*) *stile floreale* modern style, art nouveau ✦ *s.m.* (*st. fr.*) *il floreale* le floréal.

florìcolo |flo'rikolo| *agg.* de floriculture *loc.inv.*, horticole: *impresa floricola* entreprise de floriculture # *mercato floricolo* marché aux fleurs.

floricoltóre, trice |florikol'tore, tritʃe| *s.* [*chi coltiva fiori per professione*] fleuriste, horticulteur*.

floricoltùra |florikol'tura| *s.f.* floriculture.

floricultóre |florikul'tore| *s.* → **floricoltore.**

floricultùra |florikul'tura| *s.f.* → **floricoltura.**

floridaménte |florida'mente| *avv.* [→ FLORIDO 1] d'une manière florissante (*loc. inv.*): *è cresciuto floridamente* il a grandi d'une manière florissante.

Florìdee |flo'ridee| *s.f.pl.* (*t.bot.*) Floridées.

floridézza |flori'dettsa| *s.f.* [*stato, aspetto di chi, di ciò che è prospero e rigoglioso*] état *m.* florissant, mine florissante; prospérité: *ha riacquistato tutta la sua solita floridezza* elle a retrouvé sa mine florissante habituelle ‖ *la floridezza del commercio* la prospérité du commerce # *la sua floridezza mi ha rallegrato* son aspect florissant m'a réjoui ◇ (*fig.*) [*efficacia*] vigueur: *stile pieno di floridezza* style plein de vigueur.

floridità |floridi'ta| *s.f.inv.* → **floridezza.**

flòrido |'flɔrido| *agg.* **1** [*che è prospero e rigoglioso*] florissant: *viso florido* mine florissante; *pelle florida* teint florissant ◇ [*sano, robusto*] robuste: *un bambino florido* un enfant robuste ◇ [*prosperoso, attraente*] plantureux*, bien en chair (*loc. inv.*): *una donna florida* une femme plantureuse, bien en chair ◇ [*giovanile*] jeune: *ha il corpo ancora florido* elle garde un physique jeune; *nonostante l'età ha ancora un aspetto florido* malgré son âge il garde un aspect jeune ◇ (*cose*) [*ben avviato, sicuro*] florissant: *commercio florido* commerce florissant; *finanze floride* finances florissantes **2** (*fig.*) [*fervido, vivace*] vif*: *ingegno florido* esprit vif ◇ [*fiorito, esuberante*] fleuri: *stile florido* style fleuri.

florilègio, i |flori'lɛdʒo, i| *s.m.* florilège: *florilegio di poesie del Quattrocento* florilège de poésies du XVe siècle → **antologia** ◇ (*scherz.*) *la sua vita è un florilegio di errori* sa vie est une collection d'erreurs.

floscézza |floʃ'ʃettsa| *s.f.* (*raro*) [*condizione di ciò che è floscio*] flaccidité: *la floscezza di quel cappello* la flaccidité de ce chapeau ◇ (*fig.*) [*fiacchezza*] mollesse.

flòscio, sci, scia, sce |'flɔʃʃo, ʃi, ʃa, ʃe| *agg.* **1** [*che è scarso o privo di consistenza; molle*] mou*: *stoffa floscia* étoffe molle; *cappello floscio* chapeau mou ◇ (*per est.*) [*che non ha robustezza*] avachi: *muscoli flosci* des muscles avachis ◇ [*flaccido*] flasque: *carne floscia* chair flasque → **moscio** **2** (*fig.*) [*che non ha forza morale, né vitalità*] mou, faible: *è un uomo floscio* c'est un homme mou, c'est un faible (*s.*); *carattere floscio* caractère mou, faible → **debole.**

flòsculo |'flɔskulo| *s.m.* (*bot.*) fleuron.

flòtta |'flɔtta| *s.f.* flotte: *la flotta americana* la flotte américaine; *flotta mercantile* flotte marchande, de commerce ◇ (*per est.*) *flotta aerea* flotte aérienne.

flottàggio, i |flot'taddʒo, i| *s.m.* **1** (*aer.*) flottage **2** (*chim.*) → **flottazione.**

flottànte |flot'tante| *agg.* **1** (*chim., dir., assicurazioni, mar.*) flottant **2** (*econ., Borsa*) fluctuant, flottant.

flottàre |flot'tare| **A** *v.intr.* (*aus.* '*avere*') [*galleggiare o muoversi in acqua*] flotter **B** *v.tr.* **1** (*riferito a legname*) [*spostarlo o trasportarlo sfruttando la corrente di un corso d'acqua*] flotter: *flottare il legname* flotter du bois **2** (*chim.*) [*sottoporre al procedimento di flottazione*] flotter.

flottazióne |flottat'tsjone| *s.f.* **1** [*galleggiamento*] flottement *m.* **2** [*il far fluitare legname; fluitazione*] flottage *m.*, flot *m.* **3** (*chim., miner.*) flottation.

flottìglia |flot'tiʎʎa| *s.f.* flottille.

fluènte |flu'ɛnte| *agg.* **1** [*che scorre regolarmente*] coulant ◇ (*fig.*) *stile fluente* style coulant **2** (*detto di capelli, barba e sim.*) [*sciolto, lungo e morbido*] flottant: *pettinava i fluenti capelli biondi* elle peignait ses blonds cheveux flottants ◇ [*che scende morbidamente*] *mantello fluente* manteau flottant.

fluidaménte |fluida'mente| *avv.* [→ FLUIDO I 1] avec fluidité *loc.inv.*

fluidificàre |fluidifi'kare| *v.tr.* [*far passare* (*un solido*) *allo stato fluido; rendere fluido*] fluidifier.

fluidificazióne |fluidifikat'tsjone| *s.f.* (*chim.*) [→ FLUIDIFICARE] fluidification.

fluidità |fluidi'ta| *s.f. inv.* **1** fluidité (*var.*): *la fluidità degli oli* la fluidité des huiles → **scorrevolezza** ◇ (*fig.*) [*scioltezza, disinvoltura*] aisance *var.*, facilité (*var.*): *colpisce la fluidità del suo stile* l'aisance, la facilité de son style est frappante **2** (*fig.*) [*mancanza di stabilità*] fluidité: *la fluidità dei sentimenti giovanili* la fluidité des sentiments juvéniles; *mi preoccupa la fluidità del loro rapporto* la fluidité de leurs rapports m'inquiète → **mutevolezza.**

flùido |'fluido| **I** *agg.* **1** fluide: *è un olio particolarmente fluido* c'est une huile particulièrement fluide → **scorrevole** ◇ (*fig.*) [*disinvolto, piacevole; sciolto*] *discorso fluido* discours fluide; *stile fluido* style fluide, coulant # *mi piace il suo modo di camminare fluido ed elegante* j'aime sa démarche souple et élégante **2** [*che può cambiare improvvisamente, che non è stabile*] fluide, instable: *situazione politica fluida* situation politique fluide; *la situazione meteorologica è ancora fluida* la situation météorologique est encore instable → **mutevole** **II** *s.m.* **1** (*fis.*) fluide **2** (*spiritismo*) fluide: *quell'ipnotizzatore ha un fluido eccezionale* cet hypnotiseur a un fluide exceptionnel.

fluìre |flu'ire| (197) *v.intr.* (*aus.* '*essere*') **1** [*scorrere, scendere, spec. regolarmente e abbondantemente*] couler (*aus.* avoir), s'écouler (*pron.*): *il sangue fluisce nelle vene, dalla ferita* le sang coule dans les veines, s'écoule de la blessure ◇ (*per est.*) [*scendere morbidamente*] tomber (souplement): *i suoi capelli fluivano morbidi sulle spalle* ses cheveux tombaient souples sur ses épaules **2** (*fig.*) [*svolgersi in modo chiaro e scorrevole*] couler: *il racconto fluiva incantevole* le récit coulait merveilleusement # *fluivano le note del canto* les notes du chant résonnaient claires.

fluitàre |flui'tare| *v.intr.* (*aus.* '*essere*') [*essere trasportato da una massa liquida, galleggiando in superficie*] flotter (*aus.* avoir).

fluitazióne |fluitat'tsjone| *s.f.* [→ FLUITARE] flottage *m.*

fluor- |fluor| *pref.* (*significa 'con presenza di fluoro o fluorescenza', corrisponde gener. a*) fluor: *fluorescente* fluorescent.

fluorescènte |fluoreʃ'ʃɛnte| *agg.* fluorescent: *schermo, tubo fluorescente* écran, tube fluorescent.

fluorescènza |fluoreʃ'ʃɛntsa| *s.f.* (*fis.*) fluorescence # *lampada a fluorescenza* lampe fluorescente.

fluorescìna |fluoreʃ'ʃina| *s.f.* (*chim.*) fluorescéine.

fluorìdrico, ci, ca, che |fluo'ridriko, tʃi, ka, ke| *agg.* (*chim.*) fluorhydrique.

fluorimetrìa |fluorime'tria| *s.f.* (*fig.*) fluorimétrie.

fluorìte |fluo'rite| *s.f.* (*miner.*) fluorine, spath fluor *m.*

fluòro |flu'ɔro| *s.m.* (*chim.*) fluor: *dentifricio al fluoro* dentifrice au fluor.

fluoròsi |fluo'rɔzi| *s.f. inv.* (*veter.*) fluorose *var.*

fluorùro |fluo'ruro| *s.m.* (*chim.*) fluorure.

flush |flʌʃ| *s.m. inv.* (*ingl.*) (*carta*) flush.
flussióne |flus'sjone| *s.f.* (*mat.*, *med.*) fluxion.
flùsso |'flusso| *s.m.* **1** flux, écoulement: *flusso regolare, costante* flux, écoulement régulier, constant; *aumentare, regolare, arrestare il flusso delle acque* augmenter, régler, arrêter le flux des eaux ◇ (*comm., med.*) flux ◇ (*fig.*) [*quantità di cose che si succedono in abbondanza*] *un flusso inarrestabile di parole* un flux de paroles irrépressible **2** (*per est.*) [*movimento continuo e costante*] flux: *il flusso della folla* le flux de la foule; *dall'inaugurazione della mostra il flusso dei visitatori è andato aumentando* depuis l'inauguration de l'exposition le flux des visiteurs n'a cessé d'augmenter; *regolare il flusso del traffico* régler le flux de la circulation **3** [*lo scorrere incessante nel tempo, di vicende, fenomeni e sim.*] cours: *il flusso del tempo, delle stagioni* le cours du temps, des saisons; *non si riesce a dominare il flusso degli avvenimenti* on n'arrive pas à dominer le cours des événements # *il flusso della fortuna* les hauts et les bas du destin; *il flusso e riflusso delle vicende umane* les hauts et les bas de la vie **4** [*marea*] flux: *flusso e riflusso* flux et reflux, flot et jusant **5** (*elettron.*) flux **6** (*fis.*) *flusso luminoso* flux lumineux; *flusso magnetico* flux magnétique.
flussòmetro |flus'sɔmetro| *s.m.* **1** (*fis.*) fluxmètre **2** (*tecnol.*) débitmètre ◇ [*contatore del distributore di benzina*] volucompteur.
flùtto |'flutto| *s.m.* (*lett.*) [*onda del mare*] flot (*corr.*).
fluttuànte |fluttu'ante| *agg.* **1** flottant; ondoyant: *una bandiera fluttuante* un drapeau flottant ‖ *superficie fluttuante* surface ondoyante **2** (*fig.*) (*persone*) [*incostante; incerto, titubante*] flottant, fluctuant: *non sai mai come la pensa, è un individuo fluttuante* on ne sait jamais ce qu'il pense, c'est un esprit flottant, il est fluctuant dans ses opinions; *mi trovo in uno stato d'animo fluttuante* je suis dans un état d'âme flottant ◇ (*cose*) [*soggetto a variazioni, instabile; irregolare*] instable, flottant: *è una situazione fluttuante* c'est une situation instable ◇ (*econ.*) *debito fluttuante* dette flottante; *mercato fluttuante* marché flottant; *moneta fluttuante* monnaie flottante **3** (*anat.*) *costole fluttuanti* côtes flottantes.
fluttuàre |fluttu'are| *v.intr.* (*aus.* '*avere*') **1** [*essere mosso, agitato dai flutti; ondeggiare*] onduler, flotter: *oggi il mare fluttua leggermente* aujourd'hui la mer ondule légèrement ◇ (*fig.*) [*muoversi ondeggiando*] *una enorme folla fluttuava nella piazza* une énorme foule ondulait sur la place **2** (*fig.*) (*persone*) [*essere mutevole, incerto; tentennare*] osciller, hésiter: *fluttuare tra due opinioni contrarie* osciller, hésiter entre deux opinions contraires ◇ (*cose*) [*essere soggetto a variazioni*] fluctuer, flotter: *i prezzi continuano a fluttuare* les prix continuent à fluctuer, à flotter ◇ (*econ.*) *far fluttuare una moneta* faire flotter une monnaie.
fluttuazióne |fluttuat'tsjone| *s.f.* **1** (*fig.*) [*instabilità*] fluctuation; flottement (*m.*): *fluttuazione di valori, di opinioni* fluctuation des valeurs, des opinions ‖ *fluttuazione della lira* flottement de la lire **2** (*raro*) [*movimento oscillatorio, ondeggiamento*] fluctuation **3** [*fluitazione*] flottage *m.* **4** (*econ., fis., mat., med.*) fluctuation.
fluviàle |flu'vjale| *agg.* **1** fluvial*: *bacino fluviale* bassin fluvial; *acque fluviali* eaux fluviales # *pesce fluviale* poisson de rivière, d'eau douce ◇ [*che avviene o si trova nei, lungo i fiumi*] *navigazione fluviale* navigation fluviale; *pesca, vegetazione fluviale* pêche, végétation fluviale **2** (*fig.*) *pianto fluviale* [*abbondante*] torrent, flot de larmes.
fluviàtile |flu'vjatile| *agg.* (*lett.*) fluviatile.
fluvioglaciàle |fluvjogla'tʃale| *agg.* (*geol.*) fluvio-glaciaire: *conoide fluvioglaciale* cône fluvio-glaciaire.
fluviòmetro |flu'vjɔmetro| *s.m.* (*tecnol.*) fluviomètre.
-fobìa |fo'bia| *suff.* (*significa* '*paura, avversione*', *corrisponde gener. a*) phobie: *claustrofobia* claustrophobie; *anglofobia* anglophobie.
fobia |fo'bia| *s.f.* **1** phobie: *ha la fobia dei ragni* il a la phobie des araignées → **orrore**; *ha la fobia dei giornalisti* il a la phobie des journalistes → **antipatia, ripugnanza** **2** (*psicol.*) phobie.
fòbico, ci, ca, che |'fɔbiko, tʃi, ka, ke| *agg.* (*psicol.*) phobique: *manifestazioni fobiche* manifestations phobiques ♦ (*s.*) *un fobico* un phobique.
-fobo |fobo| *suff.* (*significa* '*paura, avversione*', *corrisponde gener. a*) phobe: *xenofobo* xénophobe.
fòca, che |'fɔka, ke| *s.f.* **1** (*t.zool.*) phoque *m.* **2** (*fig.*) [*persona pingue e impacciata*] éléphant (*m.*): *quando cammina, è proprio una foca!* quand il marche, c'est vraiment un éléphant!
focàccia, ce |fo'kattʃa, tʃe| *s.f.* **1** (*region.*) [*pane di forma schiacciata cotto nel forno*] fouace, fougasse ◇ (*loc. fig.*) *rendere pan per focaccia* [*ricambiare il male ricevuto*] rendre à qqn. la monnaie de sa pièce **2** (*region.*) [*dolce di forma schiacciata*] ⊠.
focàia |fo'kaja| *agg.* (*solo f.*) *pietra focaia* [*che produce scintille*] pierre à feu *loc. inv.*, à fusil *loc. inv.*; silex *s.m.*
focàle |fo'kale| *agg.* **1** (*mat.*) focal*: *asse focale* axe focal **2** (*med.*) *infezione focale* infection focale **3** (*ott.*) *distanza focale* distance focale ♦ (*s.f.*) *la focale* la focale **4** (*fig.*) *punto focale* [*centrale*] point central, point capital.
focalizzàre |fokalid'dzare| *v.tr.* **1** (*foto.*) [*mettere a fuoco*] mettre (71) au point: *focalizzare l'immagine* mettre au point l'image **2** (*fig.*) [*accentrare, mettere a fuoco* (*gli elementi di un problema, e sim.*)] focaliser: *focalizzare i punti fondamentali di una questione* focaliser les points essentiels d'une question.
focàtico, ci, ca, che |fo'katiko, tʃi, ka, ke| *agg.* (*st. feud.*) *imposta focatica* fouage *s.m.*
focàto |fo'kato| (*agg.*) *cavallo baio focato* [*il cui mantello presenta macchie di color fulvo*] cheval miroité.
fóce |'fotʃe| *s.f.* **1** [*l'ultima parte di un corso d'acqua, nel punto in cui sbocca in mare*] embouchure: *la foce di un fiume* l'embouchure d'un fleuve # *foce a estuario* estuaire; *foce a delta* delta **2** (*raro*) [*gola di montagna*] gorge (*corr.*).
focèna |fo'tʃɛna| *s.f.* (*t.zool.*) marsouin *m.*
focése |fo'tʃese| *agg.* (*st. ant.*) phocéen* ♦ (*s.*) *i Focesi* les Phocéens.
fochìsta |fo'kista| *s.m.* **1** [*persona addetta alla manutenzione e alla sorveglianza del fuoco di una caldaia o di un forno*] chauffeur: *assumere un fochista* embaucher un chauffeur **2** (*raro*) [*persona che fabbrica o vende fuochi artificiali*] artificier (*corr.*).
fòco |'fɔko| *s.m.* (*poet.*) → **fuoco.**
focolàio, i |foko'lajo, i| *s.m.* **1** (*med.*) foyer: *focolaio d'infezione* foyer d'infection **2** (*fig.*) [*centro da cui si diffonde q.c.*] foyer: *il focolaio della rivolta* le foyer de la révolte **3** (*geol.*) foyer magmatique.
focolàre |foko'lare| *s.m.* **1** (*fig.*) [*l'intimità della famiglia, la casa*] foyer: *la donna è l'angelo del focolare* la femme est l'ange du foyer; *rifugiarsi nel proprio focolare* se réfugier dans son foyer; *gli orfani hanno bisogno di un focolare domestico* les orphelins ont besoin d'un foyer **2** [*camino; pietra del camino*] foyer, dalle *f.* du foyer: *in quella casa c'è un grande focolare* dans cette maison il y a un grand foyer **3** [*parte degli impianti di combustione in cui si brucia il combustibile*] foyer **4** (*geogr.*) foyer: *focolare sismico* foyer sismique; *focolare vulcanico* foyer volcanique.
focomèlico, ci, ca, che |foko'mɛliko, tʃi, ka, ke| *agg.* (*med.*) phocomèle ♦ (*s.*) *un focomelico* un phocomèle.
focometrìa |fokome'tria| *s.f.* (*ott.*) focométrie.
focòmetro |fo'kɔmetro| *s.m.* (*ott.*) phocomètre, focomètre.
focóne |fo'kone| *s.m.* (*st. mil.*) lumière *f.*
focosaménte |fokosa'mente| *avv.* → **appassionatamente, veementemente.**
focosità |fokosi'ta| *s.f.inv.* caractère *m.var.* fougueux, tempérament *m. var.* fougueux.
focóso |fo'koso| *agg.* fougueux*, plein de fougue: *cavallo focoso* cheval fougueux; *carattere, temperamento focoso* caractère, tempérament fougueux; *ha scritto una lettera focosa* il a écrit une lettre pleine de fougue, véhémente → **ardente, appassionato.**
fòdera |'fɔdera| *s.f.* **1** [*rivestimento esterno di un qualsiasi oggetto*] *housse; couverture, jaquette: *la fodera di un libro* la couverture, la jaquette d'un livre; *la fodera di metallo* la couverture en métal ◇ [*interno, spec. di un indumento*] doublure: *la fodera di un abito* la doublure d'un vêtement; *la fodera della valigia* la doublure de la valise; *fodera di seta, di carta* doublure de soie, de papier **2** (*mar.*) doublage *m.*
foderàme |fode'rame| *s.m.* [*materiale tess. per fodere di indumenti*] doublure *f.*, doublures (*f.pl.*): *casa del foderame* maison de la doublure.
foderàre |fode'rare| *v.tr.* **1** [*applicare la fodera a un indumento*] doubler: *foderare un cappotto* doubler un manteau **2** [*coprire, rivestire con una fodera*] recouvrir (23), couvrir (23): *foderare un libro* (re)couvrir un livre; *foderare una parete* recouvrir un mur (de papier-peint), tapisser un mur # *foderare un cassetto* garnir l'intérieur d'un tiroir (avec du papier, etc.).
foderàto |fode'rato| *agg.* **1** [*for-*

nito di fodera] doublé: *pantaloni foderati* pantalon doublé **2** [*ricoperto, rivestito*] recouvert: *una poltrona foderata di velluto* un fauteuil recouvert de velours ◇ (*loc. fig., fam.*) *avere gli orecchi foderati* (*di prosciutto*) [*sentirci poco*] avoir les oreilles bouchées, les portugaises ensablées (*pop.*).

foderatùra |fodera'tura| *s.f.* **1** (*raro*) [→ FODERARE 1] doublage *m.* ◇ [*tela di rinforzo applicata al retro di un dipinto*] doublage **2** → **fodera.**

1 **fòdero** |'fɔdero| *s.m.* [*guaina per le armi bianche*] fourreau; gaine (*f.*): *fodero della spada* fourreau de l'épée || *fodero di cuoio del pugnale* gaine en cuir du poignard ◇ (*loc. fig.*) *estrarre la spada dal fodero* tirer l'épée du fourreau; *rimettere la spada nel fodero* déposer les armes.

2 **fòdero** |'fɔdero| *s.m.* [*zattera per il trasporto del legname lungo la corrente di un fiume*] radeau ◇ [*il legname così trasportato*] train de bois.

foehn, fohn |fø:n| *s.m. inv.* foehn *var.*

fóga, ghe |'foga, ge| *s.f.* **1** fougue: *parlare con foga* parler avec fougue; *correre, combattere con foga* courir, combattre avec fougue # *nella foga del discorso* dans le feu du discours **2** (*raro*) [*forza violenta*] impétuosité: *fu travolto dalla foga delle acque* il fut emporté par l'impétuosité des eaux.

fòggia, ge |'fɔddʒa, dʒe| *s.f.* [*forma, linea caratterizzante*] forme: *posacenere a foggia di mela* cendrier en forme de pomme; *portapenne a foggia di cilindro* porte-plume en forme de cylindre ◇ [*moda, abbigl.*] mode, habillement (*m.*): *foggia stravagante* mode extravagante, habillement extravagant # *vestire in fogge antiquate* s'habiller vieux.

foggiàre |fod'dʒare| *v.tr.* [*dare una determinata forma*] modeler (6): *foggiare un vaso* modeler, façonner un vase → **modellare**; *foggiare un'acconciatura* modeler une coiffure ◇ (*fig.*) [*plasmare*] former, façonner: *le difficoltà foggiano il carattere* les difficultés forment le caractère → **formare** ◇ (*fig.*) [*formare seguendo un modello*] façonner, modeler: *foggiare la personalità sull'esempio del padre* façonner sa personnalité, se modeler sur l'exemple de son père; *foggiare lo stile sulla scia dei classici* modeler son style sur celui des classiques.

fòglia |'fɔʎʎa| *s.f.* **1** (*bot., corr.*) feuille: *le foglie di un albero* les feuilles d'un arbre; *foglia secca* feuille sèche; *in autunno le foglie cadono dagli alberi* en automne les feuilles tombent des arbres; *stanno spuntando le foglie* les feuilles sont en train de pousser **2** (*coll.*) [*l'insieme delle foglie usate come cibo per il bestiame*] herbe (pour les bêtes), fourrage (*m.*): *far la foglia* faire de l'herbe (pour les bêtes) ◇ [*il tabacco*] tabac (*m.*): *comprare, fumare la foglia* acheter, fumer du tabac ◇ (*loc.*) *tremare come una foglia* trembler comme une feuille ~ *non si muove foglia* pas une feuille ne bouge, il n'y a pas un souffle d'air ◇ (*loc. fig.*) *non muover foglia* [*lasciar tutto com'è*] ne pas lever le petit doigt ~ *mangiar la foglia* [*intuire un inganno, essere sull'avviso*] voir clair dans le jeu de qqn. ~ *più che foglie di maggio* [*in gran quantità*] à foison ~ (*prov.*) *non cade foglia che Dio non voglia* là où Dieu veut, il pleut **3** [*lamina d'oro, d'argento e sim.*] feuille: *dorare a foglia* dorer à la feuille **4** (*arts., mecc., tecnol.*) feuille.

fogliàccio, i |foʎ'ʎattʃo, i| *s.m.* (*spreg.*) [*giornale spudoratamente partigiano*] feuille *f.* de chou.

fogliàceo |foʎ'ʎatʃeo| *agg.* (*bot.*) foliacé.

fogliàme |foʎ'ʎame| *s.m.* [*l'insieme delle foglie di una o più piante*] feuillage: *albero dal fogliame folto* arbre au feuillage touffu; *sfoltire il fogliame* éclaircir le feuillage; *la luce filtra fra il fogliame* la lumière du jour filtre à travers le feuillage.

fogliànte |foʎ'ʎante| *s.m.* (*st. fr.*) feuillant.

1 **fogliàre** |foʎ'ʎare| *agg.* (*bot.*) foliaire.

2 **fogliàre** |foʎ'ʎare| *v.intr.* (*aus.* '*avere*') (*arc.*) [*mettere le foglie*] feuiller.

fogliàto |foʎ'ʎato| *agg.* **1** (*detto di metallo*) en feuille(s) (*loc.*): *oro fogliato* or en feuille(s) **2** (*raro, bot.*) folié.

fogliazióne |foʎʎat'tsjone| *s.f.* (*t. bot.*) feuillaison, foliation.

fogliétta |foʎ'ʎetta| *s.f.* (*raro*) [*misura per liquidi, di circa mezzo litro*] chopine.

fogliétto |foʎ'ʎetto| *s.m.* **1** petite feuille *f.* (de papier), feuillet: *ti scrivo i dati su un foglietto* je t'écris les données sur une petite feuille **2** (*biol.*) feuillet.

foglìfero |foʎ'ʎifero| *agg.* (*bot.*) feuillu, folié.

fòglio, i |'fɔʎʎo, i| *s.m.* **1** [*pezzo di carta, spec. a formato rettangolare*] feuille *f.* (de papier): *foglio bianco, a righe, a quadretti* feuille de papier blanc, rayé, quadrillé; *un foglio da disegno* une feuille de papier à dessin; *un foglio protocollo* une feuille de papier ministre; *scrivere su un foglio* écrire sur une feuille **2** (*per est.*) [*lastra sottile di metallo, legno e sim.*] feuille: *un foglio di stagnola, di compensato* une feuille de papier d'étain, de contre-plaqué; *alluminio, argento, oro in fogli* aluminium, argent, or en feuilles ◇ (*edil.*) *muro in foglio* boutisse *f.* **3** [*pezzo di carta scritta o stampata*] page *f.*; feuille: *è una relazione di pochi fogli* c'est un rapport qui tient en quelques pages; *in questo libro mancano dei fogli* dans ce livre il manque des pages || *fogli rilegati, mobili* feuilles reliées, mobiles; *un foglio volante* une feuille volante; *c'è un foglio allegato con tutte le istruzioni* il y a une feuille incluse avec le mode d'emploi # *foglio in bianco* [*firmato in bianco*] blanc-seing; *un foglio da mille, da cinquemila* un billet de mille, de cinq mille (lires) ◇ (*tip.*) *formato in foglio* format infolio ◇ (*loc.*) *presentare il foglio in bianco* [*senza avervi scritto nulla*] rendre copie *f.* blanche ◇ (*loc. fig.*) *porgere il foglio bianco* [*rimettersi alla discrezione altrui*] s'en remettre à qqn. s'en rapporter à qqn. ~ *dar foglio bianco* donner carte blanche, blanc-seing → **carta** ~ *voltar foglio* [*cambiare argomento*] tourner la page, changer de disque (*fam.*) → **pagina** **4** [*pubblicazione; giornale*] document; feuille, journal: *un foglio ufficiale* un document officiel || *il foglio locale* la feuille locale, le journal local; *il foglio di un partito, di una associazione* la feuille, le journal d'un parti, d'une association **5** (*usi particolari*): (*bur.*) *foglio di via* feuille de déplacement, de route; *foglio rosa* permis de conduire provisoire ◇ (*dir.*) *foglio di via obbligatorio* interdiction *f.* de séjour ◇ (*mil.*) *foglio d'ordine* ordre, directive *f.*

fogliolina |foʎʎo'lina| *s.f.* **1** petite feuille **2** (*bot.*) foliole.

foglióso |foʎ'ʎoso| *agg.* [*ricco di foglie*] feuillu: *ramo foglioso* branche feuillue.

fógna |'foɲɲa| *s.f.* **1** [*canale o conduttura per lo scolo delle acque luride*] égout (*m.*): *fogna intasata* égout engorgé; *costruire una fogna* construire un égout ◇ (*agr.*) drain *m.* **2** (*fig.*) [*ambiente sudicio e malsano*] écurie: *questa non è una abitazione, ma una fogna!* ce n'est pas une maison, c'est une véritable écurie! ◇ (*per est.*) [*individuo corrotto, equivoco*] ordure, pourri (*m.*): *sei una fogna!* tu n'es qu'une ordure, qu'un pourri!

fognaiòlo |foɲɲa'jɔlo| *s.m.* **1** [*persona addetta alla manutenzione delle fognature*] égoutier **2** (*pop.*) [*l'osso del muso dei suini*] os (*corr.*) du groin.

fognàre |foɲ'ɲare| *v.tr.* [*fornire di fognatura*] pourvoir (39) d'égouts: *fognare un terreno edificabile* pourvoir d'égouts un terrain à bâtir.

fognatùra |foɲɲa'tura| *s.f.* **1** [*condutture di scarico delle acque luride e piovane di un centro abitato*] égouts *m.pl.* **2** [*sistema di drenaggio per vasi da fiori*] rigole ◇ (*agr.*) *fognatura dei terreni* drainage *m.* des terrains → **drenaggio.**

föhn |fø:n| *s.m.inv.* **1** [*piccolo apparecchio elettrico per asciugare i capelli*] séchoir *var.* à cheveux, sèche-cheveux **2** → **foehn.**

fòia |'fɔja| *s.f.* **1** [*eccitazione sessuale negli animali*] rut *m.* **2** (*fig.*) [*desiderio incontrollabile*] soif → **frenesia.**

fòiba |'fɔiba| *s.f.* → **dolina.**

fòla |'fɔla| *s.f.* → **favola.**

fòlade |'fɔlade| *s.f.* (*t.zool.*) pholade.

fòlaga, ghe |'fɔlaga, ge| *s.f.* (*t. zool.*) foulque.

folàta |fo'lata| *s.f.* **1** coup *m.* de vent, rafale: *una folata di vento mi ha spettinata* un coup de vent m'a décoiffée **2** (*ippica*) foulée **3** (*lett.*) → **stormo.**

folclóre |fol'klore| *s.m.* folklore.

folclòrico, ci, ca, che |fol'klɔriko, tʃi, ka, ke| *agg.* → **folcloristico.**

folclorista |folklo'rista| *s.* folkloriste.

folcloristico, ci, ca, che |folklo'ristiko, tʃi, ka, ke| *agg.* folklorique: *canti folcloristici* chants folkloriques.

folgorànte |folgo'rante| *agg.* **1** [*improvviso e irresistibile*] irrésistible: *amore, passione folgorante* amour, passion irrésistible → **travolgente** ◇ [*pronto e mordace*] fulgurant: *risposta, obiezione folgorante* réponse, objection fulgurante **2** [*intenso, vivo*] fulgurant, foudroyant: *dolore folgorante* douleur fulgurante; *sguardo folgorante* regard foudroyant ◇ [*eccezionale, sbalorditivo*] éclatant, fulgurant: *una bellezza folgorante* une beauté éclatante; *un'idea folgorante* une idée fulgurante **3** (*lett.*) qui lance des foudres *loc.* (*corr.*).

folgoràre |folgo'rare| **A** *v.tr.* **1** [*colpire, spec. mortalmente, con una scarica elettrica*] electrocuter, foudroyer (10): *lo ha folgorato l'alta tensione* il a été électrocuté, foudroyé par le courant à haute tension; *due operai sono rimasti folgorati* deux ouvriers ont été électrocutés, foudroyés par la décharge électrique **2** (*fig.*) [*colpire improvvisamente e intensamente*] foudroyer: *rimase folgorato da quell'idea* il fut foudroyé par cette idée; *lo folgorò con lo sguardo* il le foudroya du regard **3** (*raro*) [*colpire con la folgore, col fulmine*] frapper de la foudre: *Giove folgorò i giganti* Jupiter frappa les géants de la foudre # *il temporale ha folgorato il campanile* pendant l'orage la foudre a frappé le clocher **B** *v.intr.* (*aus.* '*avere*') **1** [*lampeggiare*] faire (45) *tr.* des éclairs **2** (*per est.*) [*brillare con luce intensa*] étinceler (4), fulgurer: *le trombe dei bersaglieri folgoravano alla luce del sole* les trompettes des bersagliers étincelaient au soleil **3** (*fig.*) [*agire, muoversi con rapidità fulminea*] fondre (53) sur: *le pattuglie aeree folgorarono contro il nemico* les patrouilles aériennes fondirent sur l'ennemi.

folgorazióne |folgorat'tsjone| *s.f.* **1** (*fig.*) [→ FOLGORARE A 2] fulguration: *una folgorazione improvvisa* une fulguration soudaine # *allora ho avuto una folgorazione!* je fus alors foudroyé (par une idée)! **2** [→ FOLGORARE A 1] foudroiement *m.* (*raro*).

fólgore |'folgore| *s.f.* **1** [*fulmine, scarica elettrica distruttrice*] foudre: *è rimasto ucciso dalla folgore* il a été tué par la foudre **2** (*fig.*) (*cose, persone*) foudre *m.* de guerre: *è come una folgore* c'est un foudre de guerre.

folgoreggiànte |folgored'dʒante| *agg.* (*lett.*) → **sfolgorante.**

folk |fouk| *agg. inv.* (*ingl.*) folk.

folklóre |fol'klore| *e deriv.* → **folclore** *e deriv.*

folk-song |fouksɔŋ| *s.m. inv.* (*ingl.*) folk-song.

fólla |'folla| *s.f.* **1** foule: *salutava la folla della piazza sottostante* il saluait la foule sur la place au-dessous de lui **2** (*per est., spec. spreg.*) [*massa di persone mediocri*] foule: *ha facile presa sulla folla* il a beaucoup de prise sur la foule **3** (*fig.*) (*cose*) [*moltitudine*] foule: *mi assalì una folla di pensieri* une foule de pensées m'assaillit.

follàre |fol'lare| *v.tr.* **1** (*tess.*) [*sottoporre a follatura un tessuto di lana*] fouler **2** (*agr.*) [*pigiare l'uva*] fouler.

follatóio, i |folla'tojo, i| *s.m.* (*agr.*) fouloir.

follatóre |folla'tore| *s.* **1** [*persona addetta alla follatura dei tessuti*] fouleur* **2** (*agr.*) → **follatoio.**

follatrìce |folla'tritʃe| *s.f.* (*tess.*) fouleuse.

follatùra |folla'tura| *s.f.* (*agr., tess.*) foulage *m.*

fòlle |'fɔlle| **I** *agg.* **1** (*persone*) [*che agisce in modo sconsiderato; pazzo*] fou*: *un individuo folle* un individu fou **2** (*cose*) [*privo di buon senso, stolto*] fou: *azione, idea folle* action, idée folle; *spese folli* dépenses folles **3** (*mecc.*) fou: *ruota folle* roue folle **II** *s.* **1** *s.* [*persona pazza, squilibrata*] fou: *è un folle* c'est un fou; *sguardo da folle* regard de fou **2** *s.m.* (*mecc.*) point mort ◇ (*loc.*) *in folle* au point mort.

folleggiaménto |folleddʒa'mento| *s.m.* [*divertimento sfrenato*] divertissement: *è stata una notte di folleggiamenti* ce fut une nuit de divertissements.

folleggiàre |folled'dʒare| *v.intr.* (*aus.* '*avere*') **1** [*divertirsi in modo sfrenato*] s'amuser *pron.*, folâtrer: *ha folleggiato per tutta la giovinezza* elle s'est amusée, elle a folâtré pendant toute sa jeunesse **2** (*raro*) [*comportarsi da folle*] agir comme un fou (*corr.*); faire (45) *tr.* des folies (*corr.*).

folleménte |folle'mente| *avv.* [→ FOLLE I 1] follement.

follétto |fol'letto| *s.m.* **1** [*spiritello fiabesco astuto e bizzarro*] lutin **2** (*fig.*) [*giovane irrequieto e vivace*] lutin, follet* *s.* ✦ (*agg.*) *spirito folletto* esprit follet → **pazzerello.**

follìa |fol'lia| *s.f.* **1** folie: *amare alla follia* aimer à la folie; *desiderare q.c.* (*fino*) *alla follia* désirer qqch. à la folie **2** [*azione folle, sconsiderata*] folie: *i giovani compiono spesso delle follie* les jeunes font souvent des folies; *è stata una follia!* cela a été une folie!; *far follie* faire des folies **3** (*med., corr.*) folie: *follia collettiva* folie collective; *essere sull'orlo della follia* être au bord de la folie → **pazzia.**

follicolàre |folliko'lare| *agg.* (*anat.*) des follicules (*loc. inv.*): *angina follicolare* angine des follicules.

follicolìna |folliko'lina| *s.f.* (*biol.*) folliculine.

follicolìte |folliko'lite| *s.f.* (*med.*) folliculite.

follìcolo |fol'likolo| *s.m.* (*anat., bot.*) follicule.

follóne |fol'lone| *s.m.* (*tess.*) (moulin à) foulon.

foltaménte |folta'mente| *avv.* → **densamente.**

foltézza |fol'tettsa| *s.f.* (*raro*) [*l'essere folto*] épaisseur (*corr.*), densité (*corr.*).

fólto |'folto| **I** *agg.* **1** [*fitto, denso*] touffu; épais*: *bosco folto* bois touffu ‖ *nebbia folta* brouillard épais; *una folta capigliatura* une chevelure épaisse **2** (*per est.*) [*numeroso*] nombreux*: *un folto gruppo di persone invase la piazza* un groupe nombreux envahit la place **II** *s.m.* (*solo nella loc.*) NEL FOLTO DI [*nel punto più fitto, più interno*] au cœur de; au plus fort de: *entrare nel folto del bosco* entrer au cœur du bois ‖ *trovarsi nel folto della mischia* se trouver au plus fort de la mêlée.

fomènta |fo'menta| *s.f.* → **fomento.**

fomentàre |fomen'tare| *v.tr.* **1** [*istigare, accendere, spec. sentimenti non buoni*] fomenter: *fomentare l'odio, la discordia* fomenter la *haine, la discorde; *fomentare i disordini* fomenter les troubles ◇ (*per est.*) [*promuovere*] promouvoir (31), encourager (3) **2** (*raro, med.*) [*applicare impacchi medicamentosi*] appliquer un topique.

fomentatóre, trice |fomenta'tore, tritʃe| *s.* **1** fomentateur*: *uno spregiudicato fomentatore di rivalità* un fomentateur éhonté de rivalités → **sobillatore** ✦ (*agg.*) *misure fomentatrici del malcontento popolare* mesures qui incitent *loc.* au mécontentement populaire **2** (*per est., raro*) → **promotore.**

fomentazióne |fomentat'tsjone| *s.f.* **1** [→ FOMENTARE 1] fomentation: *la fomentazione dei sospetti* la fomentation des soupçons **2** (*med.*) fomentation → **fomento.**

foménto |fo'mento| *s.m.* **1** (*fig.*) [*istigazione o stimolo a q.c., spec. in senso malefico*] incitation (*f.*): *il tuo esempio è un fomento all'indisciplina* ton exemple est une incitation à l'indiscipline ◇ (*lett.*) [*sostanza per alimentare il fuoco*] amadou **2** (*med.*) fomentation *f.*

fòmite |'fɔmite| *s.m.* (*lett.*) → **istigazione, stimolo.**

1 **fon** |fɔn| *s.m.inv.* → **föhn.**

2 **fon** |fɔn| *s.m.inv.* (*fis.*) phone *var.*

fonatòrio, i |fona'tɔrjo, i| *agg.* phonateur*, phonatoire.

fonazióne |fonat'tsjone| *s.f.* phonation.

fónda |'fonda| *s.f.* **1** (*mar.*) mouillage (*m.*): *nave alla fonda* navire au mouillage; *posto di fonda* poste de mouillage **2** (*arc.*) [*fondo marino*] fond *m.* marin (*corr.*) **3** (*arc.*) [*custodia per armi appesa alla sella*] fonte (*corr.*), fontes *pl.* (*corr.*).

fondàbile |fon'dabile| *agg.* [→ FONDARE A 1] fondable.

fondàccio, i |fon'dattʃo, i| *s.m.* **1** [*feccia*] lie *f.*, dépôt **2** (*per est.*) [*rimanenza di merce scadente*] fonds *pl.* de magasin.

fóndaco, chi |'fondako, ki| *s.m.* **1** [*magazzino, deposito di merci, spec. di tessuti*)] magasin (*corr.*), entrepôt (*corr.*) **2** (*ant.*) comptoir.

fondàle |fon'dale| *s.m.* **1** [*profondità delle acque in un punto determinato*] fond: *scandagliare il fondale* sonder le fond; *basso, alto fondale* bas-fond, *haut-fond **2** (*teat.*) (toile *f.*, décor de) fond.

fondàme |fon'dame| *s.m.* (*raro*) [*residuo, deposito di un liquido*] fond (*corr.*), dépôt (*corr.*).

fondamentàle |fondamen'tale| *agg.* **1** fondamental*: *princìpi fondamentali* principes fondamentaux; *un problema fondamentale* un problème fondamental; *una questione fondamentale* une question fondamentale, essentielle; *di fondamentale importanza* d'une importance fondamentale, primordiale **2** (*mus.*) fondamental ✦ (*s.f.*) *la fondamentale* la base fondamentale *agg.*

fondamentalménte |fondamental'mente| *avv.* [*essenzialmente, sostanzialmente*] fondamentalement, essentiellement.

fondaménto |fonda'mento|, *pl. f.* **fondaménta** |fonda'menta| (*nel significato* 1), *pl. m.* **fondaménti** |fonda'menti| (*nel significato* 2) *s.m.* **1** *spec. al plur.* [*struttura su cui poggia un edificio*] fondations (*f.*): *gettare le fondamenta* jeter les fondations; *demolire dalle fondamenta* démolir depuis les fondations **2** (*fig.*) [*base di una scienza, di una teoria e sim.*] fondement: *i fondamenti di un sistema filosofico* les fondements d'un système philosophique ◇ (*loc.*) *con fondamento* [*con certezza di dati*] en connaissance de cause ~ SENZA FONDAMENTO, PRIVO DI FONDAMENTO sans fondement: *notizie prive di, senza fondamento* des nouvelles sans fondement ~ *far fondamento su q.c, qc.* compter sur qqch., faire confiance à qqn.

'fondant' |fɔ̃dɑ̃| *agg.inv.* fondant *var.*

fondàre |fon'dare| **A** *v.tr.* **1** [*gettare le fondamenta di una costruzione*] fonder: *fondare un edificio* fonder un édifice ✦ (*ass.*) *fondare sulla roccia, sulla sabbia*: (*pr., fig.*) fonder sur le roc, sur le sable **2** (*fig.*) [*erigere, organizzare*] fonder: *fondare una città* fonder une ville; *fondare una società, una fabbrica* fonder une société, une usine; *fondare un partito, un ordine religioso* fonder un parti, un ordre religieux **3** (*fig.*) [*dar inizio a, elaborare dall'inizio*] fonder: *fondare una teoria, una scuola* fonder une théorie, une école **4** (*fig.*) [*basare*] fonder: *fondare un'ipotesi, una teoria su dati sicuri* fonder une hypothèse, une théorie sur des données sûres **B** *v.pron.* FONDARSI (SU) [→ *tr.* 4] se fonder (sur): *queste prove si fondano su presupposti falsi* ces preuves se fondent sur de fausses prémisses; *su che cosa ti fondi per dire questo?* sur quoi te fondes-tu, te bases-tu pour dire cela?

fondataménte |fondata'mente| *avv.* [→ FONDATO] avec raison *loc. inv.*, à bon droit *loc. inv.*

fondatézza |fonda'tettsa| *s.f.* [*validità, corrispondenza ai fatti*] bien-fondé *m.*, fondement (*m.*): *dimostrare la fondatezza di una accusa* prouver le bien-fondé d'une accusation || *senza fondatezza* sans fondement.

fondàto |fon'dato| *agg.* (*fig.*) fondé (*p.p.*): *è un ragionamento fondato* c'est un raisonnement fondé → **valido**.

fondatóre, trice |fonda'tore, tritʃe| *s.* fondateur* ♦ (*agg.*) *socio fondatore* membre fondateur.

fondazióne |fondat'tsjone| *s.f.* **1** [→ FONDARE A 2] fondation → **istituzione** **2** *al plur.* [→ FONDARE A 1] fondations **3** (*dir.*) fondation.

fondèllo |fon'dɛllo| *s.m.* **1** [*parte che fa da fondo a oggetti vari*] fond, bout **2** [*il rinforzo applicato al cavallo dei pantaloni*] fond, renfort ◇ (*loc. fig.*) *prendere qc. per i fondelli* [*prenderlo in giro*] se moquer de qqn., tourner qqn. en ridicule **3** [*parte posteriore della cartuccia*] culot **4** (*raro*) [*anima del bottone*] moule (*corr.*).

fondènte |fon'dɛnte| *agg.* fondant ♦ *s.m.* (*metall.*) fondant ◇ (*pasticceria*) fondant.

fóndere |'fondere| (146) **A** *v.tr.* **1** [*sottoporre a fusione metalli o leghe*] fondre (53): *fondere l'oro, l'argento* fondre l'or, l'argent ◇ [*mettere nella forma il metallo fuso*] *fondere un candelabro* fondre un chandelier; *fondere in conchiglia* [*colando la materia fusa in una forma metallica*] couler **2** (*per est.*) [*far diventare liquido un solido*] fondre: *fondere la cera* fondre la cire; *il sole fonde il ghiaccio* le soleil fond la glace → **sciogliere** **3** *fondere il motore* [*per mancanza di lubrificanti*] couler les bielles d'un moteur ♦ (*ass.*) *ho fuso per strada* j'ai coulé une bielle en route **4** (*fig.*) [*dare unità e organicità a due o più elementi*] fusionner, fondre: *fondere due società, due partiti politici* fusionner, fondre deux sociétés, deux partis politiques **B** *v.intr.* (*aus.* '*avere*') [*diventare liquido per effetto del calore*] fondre: *l'oro fonde a una certa temperatura* l'or fond à une certaine température; *la cera fonde facilmente* la cire fond facilement **C** *v.pron.* FONDERSI **1** *intr.* [*sciogliersi*] fondre (*intr.*): *il formaggio si sta fondendo* le fromage est en train de fondre; *la neve si fonde al sole* la neige fond au soleil **2** *recipr.* (*fig.*) [*unirsi, formando un tutto unico*] fusionner *intr.*, se fondre: *le due società hanno deciso di fondersi* les deux sociétés ont décidé de fusionner, de se fondre.

fonderìa |fonde'ria| *s.f.* (*metall.*, *corr.*) fonderie: *lavorare in una fonderia* travailler dans une fonderie.

fondiàrio, i |fon'djarjo, i| *agg.* **1** [*di proprietà, costituita da beni immobili*] foncier*: *proprietà fondiaria* propriété foncière; *beni fondiari* biens fonciers **2** (*dir.*, *fin.*) foncier: *credito fondiario* crédit foncier; *cartella fondiaria* titre de propriété foncière; *tassa fondiaria* impôt foncier ♦ (*s.f.*) *la fondiaria* le foncier *m.*

fondìbile |fon'dibile| *agg.* **1** [→ FONDERE A 1] fusible: *sostanze fondibili* substances fusibles **2** (*fig.*) [→ FONDERE A 4] assimilable.

fondìglio, i |fon'diʎʎo, i|, **fondigliòlo** |fondiʎ'ʎɔlo| *s.m.* [*residuo torbido di un liquido*] fond, dépôt.

1 **fondìna** |fon'dina| *s.f.* [*custodia per pistola*] gaine: *estrarre la pistola dalla fondina* tirer le pistolet de sa gaine, de son étui.

2 **fondìna** |fon'dina| *s.f.* (*pop.*) [*piatto fondo*] assiette creuse (*corr.*).

fondìno |fon'dino| *s.m.* (*teat.*) petite toile *f.* de fond (derrière une porte, une fenêtre).

fondìsta |fon'dista| *s.* **1** (*sci*) fondeur *m.*, skieur* de fond **2** (*raro*) rédacteur* d'articles de fond (*corr.*).

fonditóre |fondi'tore| *s.m.* [*addetto ai lavori di fonderia o di fusione*] fondeur.

fonditrìce |fondi'tritʃe| *s.f.* (*tecnol.*) fondeuse.

fonditùra |fondi'tura| *s.f.* (*raro*) → **fusione**.

1 **fóndo** |'fondo| *s.m.* **1** [*parte inferiore di q.c.*] fond: *il fondo del mare* le fond de la mer; *doppio fondo* double fond ◇ *loc. fig.* SENZA FONDO insatiable (*agg.*): *uno stomaco senza fondo* un estómac insatiable ~ DAR FONDO A Q.C.: (*pr.*) [*esaurirla*] dilapider, gaspiller qqch.; (*fig.*) épuiser qqch.: *dar fondo alle proprie sostanze* dilapider, gaspiller tout son avoir || *dar fondo a tutti i propri argomenti* épuiser ses arguments ~ *andare a fondo*: (*pr.*) aller au fond, couler; (*fig.*) *mandare a fondo* envoyer par le fond, couler; être perdu, ruiné **2** *il fondo dei pantaloni* → **fondello** ◇ (*loc. fig.*) *prendere qc. per il fondo dei pantaloni* [*prenderlo in giro*] se moquer de qqn. **3** [*sostanza, spec. liquida, che resta nel fondo di un recipiente*] fond: *ha bevuto anche il fondo della bottiglia* il a bu aussi le fond de la bouteille **4** *spec. al plur.* [*deposito*] dépôt *sing.*; marc (*sing.*): *i fondi dell'aceto, del vino* le dépôt du vinaigre, du vin || *i fondi del caffè* le marc du café ◇ (*per est.*) [*rimasugli, rimanenze*] fonds: *fondi di magazzino* fonds de magasin, rossignols (*fam.*) **5** [*la parte più interna, più intima*] fond: *nel fondo della foresta* au fond de la forêt; *il fondo dell'anima* le fond de l'âme, du cœur ◇ *loc. fig.* IN FONDO (IN FONDO) au fond, dans le fond: *in fondo in fondo è un poveraccio* au fond, dans le fond ce n'est qu'un pauvre type ~ *loc. avv.* A FONDO à fond: *conoscere a fondo qc., q.c.* connaître à fond qqn., qqch. ~ *loc. agg.* DI FONDO de fond, fondamental* (*agg.*): *questione, problema di fondo* question de fond, fondamentale, problème fondamental **6** *loc.* IN FONDO au fond: *i servizi sono in fondo a destra* les toilettes sont au fond à droite ~ IN FONDO A au fond de; au bas de: *in fondo al mare* au fond de la mer; *in fondo alla stanza* au fond de la pièce; *in fondo al corridoio* au fond, au bout du couloir; *in fondo al cuore* au fond du cœur || *in fondo alla pagina* au bas de la page; *in fondo alle scale* au bas de l'escalier # *in fondo al libro* à la fin du livre; *in fondo all'anima* au plus profond du cœur, dans le profond du cœur ◇ (*loc. fig.*) *andare fino in fondo* aller jusqu'au fond, jusqu'au bout ~ *non avere né fine né fondo* n'avoir ni bornes ni mesure, être immense ~ *toccare il fondo di q.c.* toucher le fond de qqch.: *ha toccato il fondo dell'abiezione* il a touché le fond de l'abjection ~ *da cima a fondo*: (*pr.*) de fond en comble; (*fig.*) [*esaurientemente*] d'un bout à l'autre **7** [*strato di base*] *fondo stradale* chaussée (*f.*); *fondo tinta* fond de teint ◇ (*pitt.*) *dare il fondo, una mano di fondo* faire le fond, une première couche de fond ◇ (*nei tessuti*) [*colore base*] fond: *fantasia su fondo azzurro* fantaisie sur fond bleu **8** [*sfondo*] fond: *risaltare sul fondo* ressortir sur le fond ◇ (*per est.*) *rumore di fondo* bruit de fond **9** (*sport*) fond: *gare di fondo, di mezzo fondo* courses de fond, de demi-fond; *linea di fondo* (*del terreno di gioco*) ligne de but **10** (*giorn.*) *articolo di fondo* article de fond.

2 **fóndo** |'fondo| *s.m.* **1** (*dir.*, *corr.*) domaine, fonds (*inv.*): *fondo rustico, urbano* fonds, domaine rural, urbain **2** (*econ.*, *corr.*) fonds: *fondo di cassa, di rotazione* fonds de caisse, de roulement; *fondo comune di investimento* fonds commun d'investissement ◇ *loc.* A FONDO PERDUTO à fonds perdu: *contributi a fondo perduto* contributions à fonds perdu.

3 **fóndo** |'fondo| *agg.* **1** profond: *fiume fondo* fleuve profond; *fossa fonda cinque metri* fosse profonde de cinq mètres → **profondo** # *piatto fondo* assiette creuse → 2 **fondina** **2** (*per est.*) [*fitto, denso*] profond: *foresta fonda* forêt profonde ◇ (*loc.*) *è notta fonda* il fait nuit noire ~ *a notte fonda* en pleine nuit.

fondotìnta |fondo'tinta| *s.m.inv.* fond *var.* de teint.

fondovàlle |fondo'valle| *s.m.* fond de (la) vallée: *dei fondivalle* des fonds de vallée.

fondùta |fon'duta| *s.f.* (*cuc.*) fondue: *fonduta vallesana* fondue valaisanne; *fonduta 'bourguignonne'* 'fondue bourguignonne'.

fonèma |fo'nɛma| *s.m.* (*ling.*) phonème.

fonemàtica, che |fone'matika, ke| *s.f.* (*ling.*) phonématique.

fonemàtico, ci, ca, che |fone'matiko, tʃi, ka, ke| *agg.* (*ling.*) phonémique.

fonendoscòpio, i |fonendos'kɔpjo, i| *s.m.* (*med.*) phonendoscope.

fonètica, che |fo'nɛtika, ke| *s.f.* (*ling.*) phonétique.

foneticaménte |fonetika'mente| *avv.* [→ FONETICO] phonétiquement; du point de vue phonétique *loc. inv.*

fonètico, ci, ca, che |fo'nɛtiko, tʃi, ka, ke| *agg.* (*ling.*) phonétique: *alfabeto fonetico* alphabet phonétique # *le leggi fonetiche* les lois de la phonétique ◇ [*che riguarda la pronuncia*] phonéti-

que, de prononciation (*loc. inv.*): *difficoltà fonetiche* difficultés de prononciation.
fonetismo |fone'tizmo| *s.m.* (*ling.*) phonétisme.
fonetista |fone'tista| *s.* phonéticien*.
-fonia |fo'nia| *suff.* (*significa 'suono, voce', corrisponde gener. a*) phonie: *cacofonia* cacophonie; *eufonia* euphonie.
fonìa |fo'nia| *s.f.* (*tel.*) phonie: *communicazione in fonia* communication en phonie → **telefonia.**
foniàtra |fo'njatra| *s.* phoniatre.
foniatrìa |fonja'tria| *s.f.* (*med.*) phoniatrie.
-fònico |'fɔniko| *suff.* (*significa 'voce, suono', corrisponde gener. a*) phonique: *telefonico* téléphonique; *cacofonico* cacophonique.
fònico, ci, ca, che |'fɔniko, tʃi, ka, ke| **1** *agg.* phonique: *accento fonico* accent phonique **2** *s.m.* (*cine., tv*) [*tecnico del suono*] ingénieur du son.
fòn(o)- |'fɔn(o)| *pref.* (*significa 'voce, suono', corrisponde gener. a*) phon(o): *fonema* phonème; *fonografo* phonographe.
-fono |fono| *suff.* (*significa 'voce, suono'; 'che parla* (*una lingua*)', *corrisponde gener. a*) phone: *megafono* mégaphone; *i francofoni* les francophones.
fonoassorbènte |fonoassor'bɛnte| *agg.* (*detto di sostanza che assorbe o attutisce suoni o rumori*) insonorisant *p.pres.*
fonodettatùra |fonodetta'tura| *s.f.* (*tel.*) dépôt des télégrammes par téléphone.
fonogenìa |fonodʒe'nia| *s.f.* phonogénie.
fonogènico, ci, ca, che |fono'dʒɛniko, tʃi, ka, ke| *agg.* phonogénique.
fonografia |fonogra'fia| *s.f.* (*tecnol.*) phonographie ◇ [*registrazione radiofonica*] enregistrement *m.*
fonogràfico, ci, ca, che |fono'grafiko, tʃi, ka, ke| *agg.* phonographique: *riproduzione fonografica* reproduction phonographique.
fonògrafo |fo'nɔgrafo| *s.m.* **1** phonographe: *il fonografo di Edison* le phonographe d'Édison; *il fonografo a tromba* le phonographe à pavillon **2** (*per est.*) phonographe à disques, gramophone.
fonogràmma |fono'gramma| *s.m.* **1** télégramme transmis par téléphone, message téléphoné: *un fonogramma di Stato* un message officiel transmis par téléphone **2** (*ling.*) phonogramme.
fonoincisióne |fonointʃi'zjone| *s.f.* → **fonoregistrazione.**
fonoincisóre |fonointʃi'zore| *s.m.* (*elettron.*) enregistreur phonographique.
fonolite |fono'lite| *s.f.* (*miner.*) phonolit(h)e.
fonolitico, ci, ca, che |fono'litiko, tʃi, ka, ke| *agg.* (*miner.*) phonolit(h)ique.
fonologìa, gie |fonolo'dʒia, dʒie| *s.f.* (*ling.*) phonologie.
fonològico, ci, ca, che |fono'lɔdʒiko, tʃi, ka, ke| *agg.* (*ling.*) phonologique.
fonòlogo, gi |fo'nɔlogo, dʒi| *s.m.* phonologue.
fonometrìa |fonome'tria| *s.f.* (*fis.*) phonométrie.
fonométrico, ci, ca, che |fono'metriko, tʃi, ka, ke| *agg.* phonométrique.
fonòmetro |fo'nɔmetro| *s.m.* (*fis.*) phonomètre.
fonomontàggio, i |fonomon'taddʒo, i| *s.m.* (*rad.*) montage radiophonique.
fonoregistratóre |fonoredʒistra'tore| *s.m.* → **registratore.**
fonoregistrazióne |fonoredʒistrat'tsjone| *s.f.* enregistrement *m.* magnétique.
fonoriproduttóre |fonoriprodut'tore| *s.m.* **1** → **grammofono, registratore 2** [*altoparlante*] *haut-parleur.
fonoriproduzióne |fonoriprodut'tsjone| *s.f.* reproduction des sons, sonore.
fonorivelatóre |fonorivela'tore| *s.m.* → **pick-up.**
fonotéca, che |fono'teka, ke| *s.f.* phonothèque.
fonovaligia, gie |fonova'lidʒa, dʒe| *s.f.* [*giradischi portatile*] électrophone *m.* (portatif), pick-up *m. inv.* (portatif).
fontàna |fon'tana| *s.f.* **1** fontaine: *fontana a getto, a schizzo* fontaine en jet; *le fontane di Roma* les fontaines de Rome ◇ (*fig.*) [*efflusso abbondante*] torrent (*m.*): *una fontana di lacrime* un torrent de larmes **2** (*lett.*) → **sorgente 3** [*fuoco d'artificio che si sviluppa a forma di fontana*] pluie, gerbe (d'un feu d'artifice) **4** (*geol.*) fontaine, source: *fontana ardente* fontaine ardente, source de feu; *fontana di lava* fontaine de lave.
fontanèlla |fonta'nɛlla| *s.f.* **1** [*piccola fontana da cui sgorga acqua potabile*] fontaine ◇ [*tenue zampillo, spec. di acqua sorgiva*] jet *m.* **2** (*anat.*) fontanelle: *la piccola fontanella, la grande fontanella* la fontanelle postérieure, la grande fontanelle # *la fontanella della gola* le creux de la gorge.
fontanière |fonta'njɛre| *s.m.* [*tecnico addetto alle fontane pubbliche, agli acquedotti*] fontainier ◇ (*raro*) [*idraulico*] plombier.
fontanile |fonta'nile| *s.m.* **1** [*abbeveratoio in muratura*] abreuvoir **2** (*geol.*) source *f.* (résurgente, résurgence (*f.*): *la zona dei fontanili* la région des sources (résurgentes) → **risorgiva.**
fónte |'fonte| *s.* **I** *s.f.* **1** [*sorgente a getto continuo*] source: *la fonte di un fiume* la source d'un fleuve; *attingere acqua alla fonte* puiser l'eau à la source ◇ (*raro*) [*fontana*] fontaine (*corr.*) **2** (*fig.*) [*principio, origine*] source: *le fonti della vita, del sapere* la source de la vie, du savoir; *una fonte di guadagno, di ricchezza* une source de gains, de richesse ◇ (*econ.*) *fonti di reddito* sources de revenu; *tassare un reddito alla fonte* imposer un revenu à la source ◇ *spec. al plur.* (*filol.*) sources: *le fonti dell'*'*Orlando Furioso*' les sources du 'Roland Furieux' **3** *spec. al plur.* [*testimonianza, documento storico*] sources: *le fonti della storia medievale* les sources de l'histoire médiévale ◇ [*persona da cui si ricavano informazioni*] *ho saputo da fonte autorevole che...* je tiens, je sais de bonne source, de source sûre que...; *è una fonte poco attendibile* c'est une source peu sûre **4** (*mar.*) cockpit *m.* → **pozzetto II** *s.m.* (*relig. catt.*) *il fonte battesimale, il sacro fonte* les fonts *pl.* baptismaux.
fontina |fon'tina| *s.f.* [*formaggio tipico della Val d'Aosta*] ⊠.
football |'futbɔ:l| *s.m. inv.* (*ingl.*) football *var.*, foot *var.* (*fam.*), ballon (*var.*): *giocare al football* jouer au ballon.
footing |'futiŋ| *s.m. inv.* (*ingl.*) footing *var.*
foracchiàre |forak'kjare| *v.tr.* [*bucare, forare in più punti*] cribler de trous → **sforacchiare.**
foracchiàto |forak'kjato| *agg.* criblé de trous.
foraggèro |forad'dʒɛro| *agg.* fourrager*; de, à fourrage (*loc. inv.*): *produzione foraggera* production de fourrage ♦ (*s.f.*) *una foraggera* une plante fourragère *agg.*
foraggiaménto |foraddʒa'mento| *s.m.* [→ FORAGGIARE 1] approvisionnement en fourrage ◇ (*per est., spreg.*) [*rifornimento di quattrini*] provision *f.* d'argent.
foraggiàre |forad'dʒare| *v.tr.* **1** [*rifornire di foraggio o cibo*] approvisionner en fourrage: *foraggiare una mandria* approvisionner un troupeau en fourrage **2** (*per est., spreg.*) [*mantenere, sovvenzionare spec. per un secondo fine*] subventionner: *foraggiare un partito* subventionner un parti.
foraggièro |forad'dʒɛro| *agg.* → **foraggero.**
foràggio, i |fo'raddʒo, i| *s.m.* fourrage.
foràme |fo'rame| *s.m.* (*raro*) [*apertura, buco*] pertuis.
Foraminìferi |forami'niferi| *s.m. pl.* (*t.zool.*) Foraminifères.
foràneo |fo'raneo| *agg.* **1** (*raro*) [*che viene da fuori della città*] de la campagne *loc.inv.*,; de provenance extérieure (*loc. inv.*): *il bestiame foraneo destinato alla macellazione* le bétail de la campagne destiné à la boucherie ◇ (*eccl.*) *vicario foraneo* doyen rural* **2** (*detto di costruzione o struttura che si trova nelle vicinanze di un porto o di una rada*) forain: *promontorio, molo foraneo* promontoire, môle forain ◇ (*mar.*) *vento foraneo* vent du large *loc.* Ⓒ 1 **interno.**
foranéve |fora'neve| *s.m.inv.* → **bucaneve.**
forapàglie |fora'paʎʎe| *s.m.inv.* (*t. zool.*) rousserolle *f. var.*, rousserole *f. var.*
foràre |fo'rare| **A** *v.tr.* **1** [*trapassare operando un foro*] percer (2); poinçonner: *forare una lamiera, una parete* percer une tôle, une paroi; *la pallottola l'ha forato da parte a parte* la balle l'a percé de part en part, l'a transpercé ‖ *forare un biglietto* poinçonner un billet → **perforare, bucare** ◇ (*raro*) [*operare un traforo*] percer: *forare una montagna* percer une montagne **2** [*subire la foratura di un pneumatico*] crever (6): *ho forato la gomma anteriore sinistra* j'ai crevé mon pneu avant gauche ♦ (*ass.*) *ho forato a pochi metri dal traguardo* j'ai crevé à quelques mètres de l'arrivée → **bucare B** *v.pron. intr.* FORARSI [*bucarsi*] se déchirer, se fendre (53): *la tela si è forata in più punti* la toile s'est déchirée, s'est fendue à plusieurs endroits ◇ [→ *tr.* 2] crever (*intr.*): *mi si è forata una gomma* j'ai un pneu qui a crevé Ⓒ A 1 **turare, tappare, otturare.**
foratino |fora'tino| *s.m.* (*edil.*) petite brique *f.* creuse.
foràto |fo'rato| *agg.* [*bucato*] percé, troué # *un mattone forato* une brique

creuse ✦ *s.m.* (*edil.*) *i forati* les briques *f.* creuses.

foratóio, i |fora'tojo, i| *s.m.* (*raro*) → **punteruolo.**

foratóne |fora'tone| *s.m.* (*edil.*) grosse brique *f.* creuse.

foratóre |fora'tore| *s.m.* (*siderurgia*) [*operaio addetto alla foratura*] perceur: *foratore di lingotti* perceur de lingots.

foratrice |fora'tritʃe| *s.f.* (*tecnol.*) perceuse, foreuse: *una foratrice automatica* une perceuse, une foreuse automatique → **perforatrice.**

foratùra |fora'tura| *s.f.* [→ FORARE A 1] percement *m.*; poinçonnage (*m.*): *la foratura di una lamiera* le percement d'une tôle ‖ *la foratura di un biglietto* le poinçonnage d'un billet ◇ [*l'afflosciarsi di un pneumatico in cui si è prodotto un buco*] crevaison: *sono stato ritardato da una foratura* j'ai été retardé par une crevaison.

fòrbice |'fɔrbitʃe| *s.f. spec. al plur.* (*arc. e region. al sing.*) **1** ciseaux (*m.*): *forbici da sarto, da chirurgo* ciseaux de tailleur, de chirurgien; *forbici per unghie* ciseaux à ongles; *forbici da ricamo* ciseaux de brodeuse; *colpo di forbici*: (*pr., fig.*) coup *m.* de ciseaux → **forbiciata** # *forbici da giardiniere* cisaille de jardinier ◇ (*loc. fig.*) *adoperare le forbici* [*operare dei tagli in uno scritto*] couper ~ *le forbici della censura* les ciseaux de la censure ~ *questo libro è fatto con le forbici* [*fatto con materiale preso da altri testi*] ce livre est un véritable mosaïque **2** (*per est., pop.*) [*le chele dei granchi e degli scorpioni*] pinces → **tenaglia** ◇ *sing.* (*raro*) → **forbicina** 1 **3** (*atletica, lotta*) ciseaux.

forbiciàio, i |forbi'tʃajo, i| *s.m.* **1** (*siderurgia*) [*operaio addetto al taglio di lastre di metallo*] découpeur **2** (*raro*) [*chi fabbrica, vende forbici*] marchand, fabricant de ciseaux, coutelier en ciseaux.

forbiciàta |forbi'tʃata| *s.f.* **1** coup *m.* de ciseaux: *dare una forbiciata ai capelli* donner un coup de ciseaux aux cheveux ◇ (*fig.*) réduction # *dare una forbiciata alle spese voluttuarie* réduire les dépenses voluptuaires **2** (*atletica*) saut *m.* en ciseaux → **sforbiciata.**

forbicìna |forbi'tʃina| *s.f.* **1** (*t.zool.*) forficule *m.*, perce-oreille *m.* (*corr.*) **2** *spec. al plur.* [*piccole forbici*] petits ciseaux *m.*

forbire |for'bire| (197) *v.tr.* [*pulire; tergere*] nettoyer (10), essuyer (11) □ *forbirsi la bocca col tovagliolo* se nettoyer, s'essuyer la bouche avec une serviette ◇ (*raro*) [*asciugare*] essuyer: *forbirsi le lacrime* essuyer ses larmes ◇ [*lucidare*] fourbir: *forbire la spada* fourbir l'épée.

forbitaménte |forbita'mente| *avv.* [→ FORBITO 1] avec élégance *loc. inv.*

forbitézza |forbi'tettsa| *s.f.* **1** (*raro*) [*eleganza, compitezza*] élégance, pureté: *forbitezza di stile* élégance, pureté de style **2** (*raro*) [*nitidezza; lucentezza*] brillant *m.* (*corr.*).

forbito |for'bito| *agg.* **1** [*elegante, curato*] élégant, précieux*: *stile forbito* style élégant, précieux # *linguaggio forbito* langage choisi; *essere forbito nei modi* avoir des manières distinguées **2** (*lett.*) [*nitido, terso*] net* (*corr.*), clair (*corr.*).

forbitùra |forbi'tura| *s.f.* (*raro*) [*pulitura di metalli, cristalli e sim.*] fourbissage *m.* (*corr.*).

fórca, che |'forka, ke| *s.f.* **1** fourche: *forca da fieno, da letame* fourche à foin, à fumier ◇ *loc.* A FORCA [*biforcuto*] fourchu *agg.* **2** [*patibolo per l'impiccagione*] potence, gibet (*m.*): *condannare, mandare alla forca* condamner, envoyer à la potence, au gibet; *morire sulla forca* mourir sur la potence ◇ (*loc. fig.*) *mandare qc. alla forca* [*mandare in malora*] envoyer qqn. se faire pendre: *ma va' sulla forca!, alla forca!* va donc te faire pendre (ailleurs)! ~ *avanzo di forca, pendaglio da forca* [*persona disonesta*] gibier de potence **3** (*fig.*) [*ragazzo impertinente e discolo*] petite canaille: *quel ragazzo è una vera forca* cet enfant est une vraie petite canaille **4** (*loc. fig.*) *far la forca a qc.* [*danneggiarlo in modo subdolo*] tirer dans les pattes, dans les jambes de qqn. ◇ (*tosc.*) *far forca* [*marinare la scuola*] faire l'école buissonnière **5** (*per est.*) [*qualunque oggetto a forma di forca*] fourche ◇ (*geogr.*) col *m.* ◇ (*mar.*) fourche ◇ (*st. rom.*) *le Forche Caudine* les Fourches Caudines ◇ (*fig.*) *passare sotto le forche caudine* passer sous les fourches caudines.

forcaiòlo |forka'jɔlo| *s.m.* **1** [*chi propone o applica metodi repressivi*] partisan de la répression ◇ (*per est.*) [*conservatore, reazionario*] conservateur* *s.*, réactionnaire *s.* **2** (*tosc., scherz.*) enfant *s.* qui fait (d'habitude) l'école buissonnière (*corr.*).

forcàta |for'kata| *s.f.* coup *m.* de fourche ◇ [*quantità* (*di fieno, paglia*) *sollevata con la forca*] fourchée: *dare una forcata di fieno al cavallo* donner une fourchée de foin au cheval.

forcèlla |for'tʃɛlla| *s.f.* **1** [*qualunque organo meccanico di forma biforcuta*] fourche: *la forcella della bicicletta* la fourche de la bicyclette; *la forcella dell'apparecchio telefonico* la fourche de l'appareil téléphonique; *forcella per carrucola* fourche de poulie # *la forcella delle barche* la dame **2** [*forcina per capelli*] épingle (à cheveux) **3** (*pop.*) *la forcella del pollo* la fourchette d'un poulet → **forchetta** **4** (*geogr.*) col *m.* **5** (*mil.*) fourchette **6** (*econ.*) fourchette: *la forcella dei prezzi* la fourchette des prix.

forchétta |for'ketta| *s.f.* **1** fourchette: *forchetta d'argento* fourchette en argent; *forchetta da pesce, da dolce* forchette à poisson, à dessert ◇ (*loc. fig.*) *essere una buona forchetta* être une bonne, une belle fourchette; avoir un joli, un bon coup de fourchette ~ *parlare in punta di forchetta* [*con ricercatezza*] parler avec affectation **2** (*anat.*) fourchette: *forchetta sternale* fourchette du sternum ◇ (*pop.*) [*l'osso del petto dei volatili*] fourchette → **forcella** 3.

forchettàta |forket'tata| *s.f.* [*quantità di cibo che si può prendere in una volta con la forchetta*] fourchette: *una forchettata di spaghetti, di insalata* une fourchette de spaghetti, de salade ◇ (*per est.*) coup *m.* de fourchette.

forchettièra |forket'tjɛra| *s.f.* étui *m.* à couverts.

forchétto |for'ketto| *s.m.* [*asta biforcuta per attaccare o staccare oggetti sospesi*] fourchette *f.*

forchettóne |forket'tone| *s.m.* **1** [*grossa forchetta per preparare cibi o servirli in tavola*] fourchette *f.* (à long manche) **2** (*fig., spreg.*) [*chi ricava illeciti guadagni dalle cariche pubbliche*] requin.

forchìno |for'kino| *s.m.* (*agr.*) trident.

forcìna |for'tʃina| *s.f.* **1** épingle (à cheveux) **2** (*region.*) → **forchetta.**

forcing |'fɔ:siŋ| *s.m. inv.* (*ingl.*) (*sport*) forcing *var.*

fòrcipe |'fɔrtʃipe| *s.m.* (*chir.*) forceps.

fórcola |'forkola| *s.f.* **1** petite fourche **2** (*geogr.*) petit col *m.* **3** (*mar.*) dame, tolet *m.*

forconàta |forko'nata| *s.f.* [*quanto viene sollevato in una volta con il forcone*] fourchée ◇ (*per est.*) coup *m.* de fourche.

forcóne |for'kone| *s.m.* (*agr.*) grosse fourche *f.* (à trois dents).

forcùto |for'kuto| *agg.* [*a forma di forca*] fourchu: *bastone forcuto* bâton fourchu; *coda forcuta* queue fourchue.

forènse |fo'rɛnse| *agg.* [*che riguarda l'attività giudiziaria*] du Palais (de Justice) *loc. inv.*; du barreau (*loc. inv.*): *stile forense* style du Palais; *linguaggio forense* langage du Palais ‖ *eloquenza forense* éloquence du barreau; *una pratica forense* un usage du barreau # *la professione forense* la profession d'avocat.

forése |fo'rese| *s.* (*region.*) [*bracciante di piccole aziende agricole*] ouvrier*, journalier* agricole.

forèsta |fo'rɛsta| *s.f.* forêt: *foresta vergine, equatoriale* forêt vierge, équatoriale; *foresta tropicale* forêt tropicale; *foresta a galleria* forêt-galerie; *addentrarsi, sperdersi nella foresta* pénétrer, se perdre dans la forêt → **selva** ◇ (*fig.*) [*grande quantità, moltitudine*] *una foresta di capelli* une forêt de cheveux; *una foresta di torri* une forêt de tours.

forestàle |fores'tale| *agg.* forestier*: *le leggi forestali* le code forestier; *una guardia forestale* un (garde) forestier # *l'amministrazione forestale* l'administration des eaux et forêts ✦ (*s.f.*) *la forestale* [*le guardie del Corpo forestale dello Stato*] ⊠.

foresterìa |foreste'ria| *s.f.* [*i locali destinati a ospiti di passaggio, in conventi e sim.*] hôtellerie.

forestière |fores'tjɛre| *agg. e s.m.* → **forestiero.**

forestierismo |forestje'rizmo| *s.m.* (*ling.*) → **barbarismo** ◇ [*moda o costume venuto da fuori*] → **esotismo.**

forestièro |fores'tjɛro| *s.* **1** [*chi proviene da fuori*] étranger*: *un notevole afflusso di forestieri* un important afflux d'étrangers # *l'industria del forestiero* [*il turismo*] l'industrie du tourisme ✦ (*agg.*) *un'usanza forestiera* une coutume étrangère; *vocaboli forestieri* mots étrangers **2** (*raro*) [*ospite*] hôte (*corr.*): *oggi abbiamo dei forestieri a pranzo* aujourd'hui nous avons des hôtes à déjeuner ◇ [*avventore*] client (*corr.*) Ⓒ 1 **indigeno.**

forèsto |fo'rɛsto| *agg.* (*dial.*) étranger.

1 **'forfait'** |fɔʀfɛ| *s.m. inv.* (*comm., corr.*) forfait (*var.*): *lavorare a 'forfait'* travailler à forfait # *contratto a 'forfait'* contrat forfaitaire.

2 **'forfait'** |fɔʀfɛ| *s.m. inv.* (*sport*) forfait (*var.*): *dare, dichiarare 'forfait'* déclarer forfait; *vincere per 'forfait'* gagner par forfait.

forfécchia |for'fekkja| *s.f.* → **forbicina** 1.

forfet(t)ariaménte |forfet(t)arja'mente| *avv.* [→ FORFETTARIO] à forfait *loc. inv.*
forfet(t)àrio, i |forfet'(t)arjo, i| *agg.* forfaitaire: *contratto, stipendio forfettario* contrat, salaire forfaitaire; *prezzo forfettario* prix forfaitaire.
forfet(t)izzàre |forfet(t)id'dzare| *v.tr.* [*fissare un prezzo a 'forfait'*] forfaita(i)riser, forfaitiser.
fórfora |'forfora| *s.f.* [*piccole squame del cuoio capelluto*] pellicules *pl.*
forforóso |forfo'roso| *agg.* [*pieno di forfora*] pelliculeux*: *capelli forforosi* cheveux pelliculeux.
fòrgia, ge |'fɔrdʒa, dʒe| *s.f.* forge → **fucina.**
forgiàbile |for'dʒabile| *agg.* [→ FORGIARE A] forgeable.
forgiabilità |fordʒabili'ta| *s.f.inv.* (*metall.*) malléabilité *var.*
forgiàre |for'dʒare| **A** *v.tr.* **1** [*lavorare alla forgia, a caldo*] forger (3): *forgiare un ferro di cavallo* forger un fer à cheval; *forgiare col martello* forger au marteau; *forgiare a caldo, a freddo* forger à chaud, à froid → **fucinare** ◇ (*per est.*) [*modellare, fabbricare*] modeler (6): *forgiare una statuina di creta* modeler une statuette en argile **2** (*fig.*) [*plasmare, formare*] façonner, modeler: *forgiare l'animo dei fanciulli* façonner, modeler l'âme des enfants # *forgiare le coscienze* former les consciences ◇ [*temprare, rafforzare*] endurcir, tremper: *le difficoltà forgiano il carattere* les difficultés endurcissent, trempent le caractère **B** *v.intr.* (*aus. 'avere'*) (*detto del cavallo*) [*battere, camminando, con i piedi posteriori sui corrispondenti anteriori*] forger.
forgiatóre, trice |fordʒa'tore, tritʃe| *s.* **1** *s.m.* [*chi forgia metalli*] forgeur **2** *s.* (*fig.*) → **educatore.**
forgiatrice |fordʒa'tritʃe| *s.f.* (*metall.*) forge.
forgiatùra |fordʒa'tura| *s.f.* (*tecnol.*) forgeage *m.* → **fucinatura.**
forièro |fo'rjɛro|, **forière** |fo'rjɛre| **1** *agg.* [*che preannunzia, che lascia presagire*] porteur*; avant-coureur*: *nubi foriere di tempesta* nuages porteurs de tempête ‖ *sintomi forieri di malattia* symptômes avant-coureurs de la maladie → **presagio** **2** *s.m.* (*mil.*) *foriere di alloggiamento* [*furiere*] fourrier.
fórma |'forma| *s.f.* **1** forme: *forma circolare, triangolare* forme circulaire, triangulaire; *la forma del naso, delle gambe* la forme du nez, des jambes; *un solido di forma cilindrica* un solide de forme cylindrique, en forme de cylindre; *prender forma* prendre forme ◇ *loc.* A FORMA DI, IN FORMA DI en forme de: *in forma di pera* en forme de poire ~ SOTTO FORMA DI sous forme de: *gliel'ho detto sotto forma di rimprovero* je le lui ai dit sous forme de reproche **2** *spec. al plur.* [*aspetto del corpo umano*] formes: *forme tozze, slanciate* formes ramassées, élancées ◇ (*spec.*) [*rotondità del corpo femminile*] *quell'abito attillato fa risaltare le sue forme* cette robe collante fait ressortir ses formes **3** [*modo di esprimersi spec. scritto e artistico*] forme: *scrivere in forma corretta, chiara, scorrevole* écrire dans une forme correcte, claire, coulante; *un'opera in forma di dialogo* une œuvre en forme de dialogue → **stile** **4** [*modo esteriore di comportamento*] forme: *rivolgersi a qc. nelle forme dovute, nelle debite forme* s'adresser à qqn. dans les formes ◇ *spec. al plur.* [*convenzioni sociali*] formes: *rispettare le forme* respecter les formes ◇ *loc. agg.* PRO FORMA [*formale*] pour la forme, de pure forme: *è una precauzione pro forma* c'est une précaution pour la forme, de pure forme ~ *loc. sost. m.* PRO FORMA [*formalità*] formalité: *è un puro pro forma* ce n'est qu'une formalité **5** [*ordinamento, costituzione*] forme: *forma repubblicana, monarchica* forme républicaine, monarchique; *forma di governo* forme de gouvernement **6** (*filos.*) forme **7** (*bur., dir.*) forme: *forma di un processo* forme d'un procès; *vizio di forma* vice de forme; *nelle debite forme* en bonne et due forme **8** (*sport, corr.*) forme: *essere in forma, in ottima forma* être en forme, en pleine forme; *essere giù di forma, fuori forma* ne pas être (très) en forme ◇ (*loc.agg.*) *peso forma* poids normal **9** (*mat.*) forme: *forma geometrica* forme géométrique; *forma binaria, ternaria* forme binaire, ternaire **10** (*tecnol., corr.*) forme, modèle (*m.*): *forma del sarto* forme, modèle en bois de couturier; *forma per calzature* forme pour chaussures; *forma del cappellaio* forme de chapelier # *forma del muratore* moule à béton; *forma per dolci* [*stampo*] moule à gâteaux ◇ (*metall., tip.*) forme **11** *una forma di parmigiano, di gorgonzola* [*confezione a forma cilindrica*] un moule *m.*, une forme de parmesan, de gorgonzola.
formaggèlla |formad'dʒɛlla| *s.f.* [*formaggio fresco tipico*] ⊠.
formaggèra |formad'dʒɛra| *s.f.* → **formaggiera.**
formaggétta |formad'dʒetta| *s.f.* **1** → **formaggella** **2** (*mar.*) pomme.
formaggiàio, i |formad'dʒajo, i| *s.m.* [*chi produce o vende formaggio*] fromager: *cooperativa di formaggiai* coopérative de fromagers, fromagère *agg.*
formaggièra |formad'dʒɛra| *s.f.* récipient *m.* pour le fromage râpé.
formaggino |formad'dʒino| *s.m.* petit fromage: *ha fatto merenda con un formaggino* il a pris un petit fromage au goûter.
formàggio, i |for'maddʒo, i| *s.m.* fromage: *formaggio fresco, stagionato* fromage frais, fait (affiné): *formaggio dolce, piccante, molle* fromage pas fort, fort, mou (à pâte molle); *formaggio pecorino, caprino* fromage de brebis, de chèvre; *formaggio grasso, magro* fromage gras, maigre # *formaggio parmigiano, gorgonzola* parmesan, gorgonzola.
formaldèide |formal'dɛide| *s.f.* (*chim.*) formaldéhyde *m.*
formàle |for'male| *agg.* **1** [*che riguarda la forma, l'aspetto esteriore*] formel*: *gentilezza formale* politesse formelle; *basarsi sull'aspetto formale di un problema* se baser sur l'aspect formel d'un problème ◇ [*che riguarda la forma gram.*] formel; de la forme (*loc. inv.*): *chiarezza formale di uno scritto* clarté formelle d'un écrit ‖ *è un buon romanzo sia dal punto di vista formale che del contenuto* c'est un bon roman aussi bien du point de vue de la forme que du contenu ◇ [*compiuto nella forma prescritta dalle norme o dalla prassi*] formel: *esauriti gli adempimenti formali, abbiamo lasciato l'aeroporto* après les démarches formelles, les formalités, nous avons quitté l'aéroport # *curare l'elaborazione formale di una pratica, di un ricorso* soigner la mise en forme d'un dossier, d'un recours **2** (*per est.*) [*chiaro, esplicito; ufficiale*] formel: *dichiarazione formale* déclaration formelle; *invito formale* invitation formelle; *promessa formale di matrimonio* promesse formelle de mariage → **esplicito** **3** (*dir.*) formel: *istruzione formale* instruction formelle; *legge formale* loi formelle; *contratto formale* contrat formel **4** (*filos.*) formel: *causa, principio formale* cause formelle, principe formel; *logica, morale formale* logique, morale formelle **5** (*mat.*) formel: *proprietà formali* propriétés formelles Ⓒ 1 **sostanziale, intrinseco.**
formalina |forma'lina| *s.f.* (*chim.*) formol *m.* → **formolo.**
formalismo |forma'lizmo| *s.m.* **1** formalisme; formalité (*f.*): *il formalismo dei burocrati paralizza l'amministrazione statale* le formalisme des bureaucrates paralyse l'administration ‖ *con i suoi formalismi ha messo a disagio gli invitati* avec toutes ses formalités, il a mis ses invités dans l'embarras; *lascia stare i formalismi, veniamo al sodo!* laisse tomber les formalités, venons-en au fait! → **pignoleria** **2** (*letter. russa*) formalisme **3** (*filos., mat.*) formalisme.
formalista |forma'lista| *s.* **1** formaliste: *è una pratica incompleta, se trovi un formalista non te l'accetterà* c'est un dossier incomplet, si tu tombes sur un formaliste, il ne l'acceptera pas; *hai sempre da ridire su tutto, sei un formalista* tu trouves toujours à redire à tout, tu n'es qu'un formaliste → **pignolo** **2** [*seguace del formalismo*] formaliste: *i formalisti russi* les formalistes russes ✦ (*agg.*) *gli scrittori formalisti del XX secolo* les écrivains formalistes du XXe siècle.
formalìstico, ci, ca, che |forma'listiko, tʃi, ka, ke| *agg.* formaliste: *arte formalistica* art formaliste ◇ (*spreg.*) *giudizio, criterio formalistico* jugement, critère formaliste.
formalità |formali'ta| *s.f.inv.* **1** formalité (*var.*): *sbrigare le formalità doganali* expédier les formalités de douane; *informarsi sulle formalità del congresso* se renseigner sur les formalités du congrès ◇ (*per est., bur.*) formalité, forme: *rispettare le formalità del regolamento* respecter les formalités, les formes du règlement; *seguire scrupolosamente le formalità di rito* suivre scrupuleusement les formalités du rite → **prescrizione** ◇ (*dir.*) formalité, procédure: *osservare le formalità di legge* respecter les formalités de la loi; *formalità procedurali* (formalités de) procédure → **modalità** **2** [*convenzione sociale; piatta consuetudine*] formalité: *essere schiavi delle formalità* être esclave des formalités; *fra amici non c'è bisogno di tante formalità* entre amis, il ne faut pas tant de formalités ◇ (*loc.*) *persona senza formalità* [*semplice, alla mano*] personne très simple: *è per pura formalità, solo per formalità* c'est une simple formalité, ce n'est qu'une formalité.
formalizzàre |formalid'dzare| **A** *v.tr.* (*filos.*) [*ridurre un sistema di conoscenze a un sistema di simboli*] for-

maliser ◇ (*corr.*) *formalizzare un testo, un documento* mettre (71) en forme un texte, un document **B** *v. pron. intr.* FORMALIZZARSI [*offendersi o scandalizzarsi per l'inosservanza di convenzioni o di formalità esteriori*] se formaliser: *fra di noi non bisogna formalizzarsi* entre nous, il ne faut pas se formaliser; *ha il brutto difetto di formalizzarsi su ogni sciocchezza* il a le vilain défaut de se formaliser pour un rien.

formalizzazióne |formaliddzat'tsjone| *s.f.* [→ FORMALIZZARE A] formalisation.

formalménte |formal'mente| *avv.* [*esplicitamente, espressamente*] formellement: *mi ha formalmente assicurato il suo appoggio* il m'a formellement assuré de son appui; *lo ha formalmente diffidato* il l'a formellement mis en demeure; *ti ordino formalmente di andartene* je t'ordonne formellement de t'en aller ◇ [*apparentemente*] *ragionamento formalmente ineccepibile* raisonnement formellement irréprochable.

formamentis |'fɔrma'mentis| *loc. sost. f.* (*lat.*) [*abito mentale di una persona formata dagli elementi caratteriali, dalle acquisizioni ideologiche*] habitus *m.* mental*.

formàre |for'mare| **A** *v.tr.* **1** [*modellare, dare la forma voluta*] modeler (6): *formare una statua* modeler une statue; *formare una mano con la cera* modeler une main avec de la cire **2** [*comporre una figura; disporre, ordinare secondo un determinato criterio*] former: *formare un triangolo* former un triangle; *formare una scritta floreale* former une inscription avec des fleurs; *gli ascoltatori formavano un cerchio attorno al palco* les auditeurs formaient un cercle autour du podium # *ho formato una graduatoria delle cose più importanti* j'ai fait une liste des choses les plus importantes **3** (*fig.*) [*educare; preparare alla vita*] former: *formare le coscienze, le menti* former les consciences, les esprits; *la scuola forma i giovani* l'école forme les jeunes; *i sacrifici formano il carattere* les sacrifices forment le caractère ◇ (*per est.*) [*addestrare; perfezionare*] former, entraîner: *formare un artista* former un artiste; *formare un atleta* entraîner un athlète # *formare la voce* exercer sa voix **4** [*fondare, organizzare*] former, fonder: *formare un partito* former, fonder un parti; *formare un gruppo sportivo* former un groupe sportif; *formare un nuovo governo* former un nouveau gouvernement; *formare una famiglia* fonder une famille ◇ [*costituire; comporre*] former, constituer: *ogni classe è formata da venti alunni* chaque classe est formée de vingt élèves; *pur essendo di origini diverse, formano un gruppo omogeneo* tout en étant d'origines différentes, ils forment, ils constituent un groupe homogène # *formare un numero di telefono* composer un numéro de téléphone ◇ [*essere, rappresentare*] representer; faire (45): *questi pochi beni formano tutta la mia ricchezza* ces quelques biens représentent toute ma richesse || *questo tuo successo forma la soddisfazione di tutti* ton succès fait la satisfaction de tous **5** [*elaborare, inventare, creare*] faire, former: *formare una legge* faire, élaborer une loi; *formare una proposizione* former une proposition; *formare una rima* former, faire une rime; *formare parole nuove* former des mots nouveaux **B** *v.pron. intr.* FORMARSI **1** [*assumere forma, farsi; prodursi*] se former: *si era formato un ingorgo di macchine* il s'était formé un embouteillage; *sulla strada si è formata una crosta di ghiaccio* sur la route, il s'est formé une couche de verglas; *mi si formano chiazze sulla pelle* j'ai des taches qui se forment sur la peau **2** [*crescere, svilupparsi*] se former: *dalle gemme si formano le foglie* les feuilles se forment à partir des bourgeons; *l'organismo si forma gradualmente* l'organisme se forme graduellement ◇ [*maturarsi*] *si è formato da solo* il s'est formé tout seul; *si formerà col tempo* il se formera avec le temps **C** A ↔ **sformare.**

formatìvo |forma'tivo| *agg.* **1** (*fig.*) [*educativo, costruttivo*] formateur*, éducatif*: *esempi formativi* exemples formateurs; *insegnamento formativo* enseignement éducatif # *attività formativa* activité de formation **2** (*raro*) [*che dà forma; atto a dar forma*] formatif*.

1 **formàto** |for'mato| *s.m.* format: *formato piccolo* petit format; *formato medio* format moyen; *formato familiare, gigante* format famille, géant; *formato ridotto* petit format; *formato in-folio, in-ottavo* format in-folio, in-octavo; *formato tascabile* format de poche; *formato cartolina* format carte postale # *fotografia formato tessera* photo d'identité; *una bottiglia formato famiglia* un magnum.

2 **formàto** |for'mato| *agg.* [*cresciuto, sviluppato fisicamente o spiritualmente*] formé: *ben formato* bien formé.

formatóre, trice |forma'tore, trit∫e| *s.* **1** [*chi fa i calchi in gesso per statue; in fonderia, operaio addetto alle forme*] mouleur *m.*, modeleur* **2** (*fig.*) [*educatore*] formateur*, éducateur*.

formatrice |forma'trit∫e| *s.f.* (*mecc.*) machine à mouler; moule (*m.*): *formatrice meccanica* machine à mouler || *formatrice per burro* moule à beurre.

formatùra |forma'tura| *s.f.* **1** (*cera*) [*modellatura della pasta argillosa*] moulage *m.* **2** (*metall.*) usinage (*m.*): *formatura delle lamiere* usinage des tôles.

formazióne |format'tsjone| *s.f.* **1** [→ FORMARE A 4, 5] formation: *la formazione del governo* la formation du gouvernement; *la formazione delle rocce* la formation des roches; *la formazione delle parole* la formation des mots **2** (*fig.*) [→ FORMARE B 2] formation: *sono elementi utili alla formazione del carattere* ce sont des éléments utiles à la formation du caractère ◇ (*per est.*) [→ FORMARE A 3] *preoccuparsi per la formazione dei giovani* se préoccuper de la formation des jeunes; *abbiamo avuto una buona formazione* nous avons eu une bonne formation; *ha una solida formazione* il a une solide formation ◇ (*spec.*) *formazione professionale* formation professionnelle **3** [→ FORMARE A 2] formation: *formazione militare* formation militaire; *formazione aerea, navale* formation aérienne, navale; *rafforzare la formazione della squadra* renforcer la formation de l'équipe; *disporre una formazione d'attacco* préparer une formation d'attaque **4** (*bot., geol.*) formation.

-fórme |'forme| *suff.* (*significa 'di forma, che ha forma di'*, *corrisponde gener. a*) forme: *aeriforme* aériforme.

formèlla |for'mɛlla| *s.f.* **1** [*lastra a forma poligonale, usata per pavimentazione o decorazione*] carreau *m.*; panneau (*m.*): *formella di ceramica* carreau en faïence; *formella di terracotta* carreau en terre cuite || *formella di bronzo* panneau de bronze; *formella decorata* panneau décoré # *soffitto a formelle* [*a cassettone*] plafond à caissons **2** [*mattonella di materiale combustibile*] briquette **3** (*zool.*) vessigon *m.*

formentóne |formen'tone| *s.m.* → **mais, granturco.**

formiàto |for'mjato| *s.m.* (*chim.*) formiate.

fòrmica, che |'fɔrmika, ke| *s.f.* (*nome depositato*) formica (*m.*): *una cucina in formica* une cuisine en formica, en stratifié plastique.

formìca, che |for'mika, ke| *s.f.* (*t.zool.*) fourmi ~ *formica alata* fourmi ailée ~ *formica nera, rossa* fourmi noire, rouge ◇ (*loc. fig.*) *essere attivo come una formica* être actif comme une fourmi, être une fourmi ~ *essere previdente come una formica* être prévoyant comme une fourmi ~ *avere il cervello di una formica* avoir une cervelle d'oiseau ~ *a passo di formica* [*molto lentamente*] à petits pas.

formicàio, i |formi'kajo, i| *s.m.* [*nido di formiche o, per est., moltitudine di formiche*] fourmilière *f.* ◇ (*fig.*) (*persone*) *la città è un vero formicaio* la ville est une véritable fourmilière ◇ (*loc. fig.*) *stuzzicare il formicaio* [*procurarsi noie, inconvenienti*] s'attirer des ennuis.

formicaleóne |formikale'one| *s.m.* (*t.zool.*) fourmi-lion, fourmilion.

formichière |formi'kjɛre| *s.m.* (*t. zool.*) fourmilier.

fòrmico, ci, ca, che |'fɔrmiko, t∫i, ka, ke| *agg.* (*chim.*) formique: *acido formico* acide formique; *aldeide formica* aldéhyde formique → **formaldeide.**

formicolaménto |formikola'mento| *s.m.* → **formicolio.**

formicolànte |formiko'lante| *agg.* **1** [*brulicante, affollato*] fourmillant, grouillant: *una piazza, una strada formicolante di persone* une place, une rue fourmillante, grouillante de monde **2** [*che è in preda a formicolio*] fourmillant (*lett.*), qui fourmille (*loc.*): *un arto formicolante* un membre fourmillant, qui fourmille ◇ (*med.*) *polso formicolante* pouls rapide et faible.

formicolàre |formiko'lare| *v.intr.* **1** (*aus. 'avere'*) (*di insetti*) [*muoversi in continuazione*] fourmiller: *è un'acqua talmente putrida che vi formicolano i vermi* c'est une eau si putride que les vers y fourmillent → **brulicare** ◇ (*persone*) *la piazza formicolava di visitatori* la place formillait, était fourmillante de visiteurs **2** (*aus. 'essere'*) [*dare una sensazione di pizzicore, di formicolio*] fourmiller (*aus.* avoir): *mi formicola una mano* j'ai une main qui fourmille.

formicolìo, ii |formiko'lio, ii| *s.m.* **1** [*movimento continuo; andirivieni*] fourmillement: *su quel prato c'è un formicolio di insetti* dans ce pré, il y a un fourmillement d'insectes; *un formicolio di persone* un fourmillement de personnes → **brulichio** **2** [*sensazione di pizzicore in qualche parte del corpo*] fourmillement: *sento un formicolio alla* *gamba sinistra* je ressens un fourmillement dans ma jambe gauche → **prurito.**

formidàbile |formi'dabile| *agg.* **1** formidable: *ha fatto un discorso formidabile* il a fait un discours formidable; *si è scatenato un temporale formidabile* un orage formidable s'est déchaîné; *sei stato formidabile!* tu as été formidable! → 1 **straordinario, eccezionale** ✦ (*inter.*) *formidabile!* formidable! **2** (*per est.*) [*che eccede la norma*] formidable: *ha un appetito, una resistenza formidabile* il a un appétit, une résistance formidable → **enorme** ◇ [*tremendo; spaventoso*] épouvantable, terrible: *è stato un incidente formidabile* ce fut un accident épouvantable, terrible.

formidabilménte |formidabil'mente| *avv.* [→ FORMIDABILE] formidablement: *una festa formidabilmente ben organizzata* une fête formidablement bien organisée.

fòrmio, i |'fɔrmjo, i| *s.m.* (*t.bot.*) phormion, phormium.

formòlo |for'mɔlo| *s.m.* (*chim.*) formol → **formalina.**

formosità |formosi'ta| *s.f. inv.* **1** [*pienezza, piacevole appariscenza delle forme fisiche*] formes *pl.*, plénitude *var.* des formes: *attira gli sguardi di tutti per la sua formosità* elle attire tous les regards avec ses formes (pleines) **2** *spec. al plur.* [*le parti piene e tondeggianti del corpo, spec. della donna*] rondeurs: *quell'abito mette troppo in evidenza le tue formosità* cette robe met tes rondeurs trop en évidence.

formóso |for'moso| *agg.* [*che ha forme fisiche piene e ben fatte*] rond, bien fait: *braccia formose* bras ronds, bien faits; *gambe formose* jambes bien faites, bien tournées ◇ (*riferito a donna*) [*appariscente, vistoso*] plantureux*: *donna, ragazza formosa* femme, jeune fille plantureuse, bien en chair → **giunonico.**

fòrmula |'fɔrmula| *s.f.* **1** formule: *formula di un giuramento* formule d'un serment; *formule liturgiche* formules liturgiques; *formula di saluto, di augurio* formule de politesse, de vœux ◇ (*fig.*) [*comportamento abituale, usanza; etichetta*] formule, bonnes manières (*pl.*): *attenersi alle formule del galateo* se conformer aux formules, aux bonnes manières (du manuel) du savoir-vivre; *ha tenuto un comportamento contrario alle formule* il s'est conduit contrairement aux bonnes manières **2** (*fig.*) [*criterio, metodo; indirizzo spec. operativo*] formule: *sperimentare una nuova formula di governo* expérimenter une nouvelle formule de gouvernement; *la formula è buona, ma ci mancano i mezzi* la formule est bonne, mais il nous manque les moyens # *tratteremo gli argomenti secondo una precisa formula* nous traiterons les sujets suivant une méthode précise ◇ [*elemento caratterizzante di una teoria o di una azione*] formule, principe (*m.*): *la formula di Hegel è tesi e antitesi* la formule de Hegel est thèse et antithèse; *la formula del marxismo è la lotta di classe* le marxisme a pour principe la lutte des classes ◇ (*per est.*) [*segreto*] recette, secret (*m.*): *possiede la formula del successo* il possède la recette, le secret du succès **3** (*chim.*) formule: *formula chimica* formule chimique; *formula greggia* formule brute ◇ (*per est.*) [*elementi di un composto*] *la formula di un nuovo sapone* la formule d'un nouveau savon ◇ (*mat.*) *formula algebrica* formule algébrique **4** (*dir.*) formule: *formula esecutiva* formule exécutoire; *assolvere con formula piena, con formula dubitativa* acquitter pleinement, acquitter pour insuffisance de preuves **5** (*auto.*) formule: *gara di formula uno* course de voitures de formule 1; *macchina di formula due* voiture de formule 2 **6** (*st. rom.*) formule.

formulàbile |formu'labile| *agg.* [→ FORMULARE 2] formulable.

formulàre |formu'lare| *v.tr.* **1** [*esprimere in termini appropriati e tecnici*] formuler: *formulare una definizione* formuler une définition; *formulare una legge, un ordine del giorno* formuler une loi, un ordre du jour ◇ [*rispondere a dei quesiti scritti; completare un modulo*] remplir: *formulare un questionario* remplir un questionnaire; *le schede, debitamente formulate, vanno restituite alla direzione* les fiches, dûment remplies, doivent être retournées à la direction **2** (*per est.*) [*manifestare, esprimere; rivolgere*] formuler: *formulare un desiderio, una domanda* formuler un désir, une question; *formulare un augurio* formuler un vœu.

formulàrio, i |formu'larjo, i| *s.m.* **1** formulaire: *formulario farmaceutico* formulaire des pharmaciens, codex **2** [*modello o schema predisposto per la stesura di atti giuridici o burocratici*] formulaire, formule (*f.*): *compilare il formulario della mutua* remplir le formulaire de la mutuelle.

formulazióne |formulat'tsjone| *s.f.* [→ FORMULARE] formulation: *formulazione di una domanda, di una proposta* formulation d'une question, d'une proposition; *nella sua definitiva formulazione, la legge è più chiara* dans sa formulation définitive, la loi est plus claire.

fornàce |for'natʃe| *s.f.* **1** [*opera in muratura per la cottura di materiali da costruzione*] four *m.* → **forno** ◇ (*per est.*) [*impianto industriale costituito da uno o più forni*] briqueterie; tuilerie: **2** (*fig.*) [*luogo dove c'è un caldo insopportabile*] fournaise: *quest'appartamento, in estate, diventa una fornace* en été, cet appartement devient une fournaise.

fornaciàio, i |forna'tʃajo, i| *s.* **1** *s.m.* [*tecnico addetto ai fuochi nella fornace*] technicien des fours ◇ [*operaio di una fornace*] chaufournier **2** *s.m.* [*proprietario o gestore di una fornace*] propriétaire, gérant d'un chaufour **3** *s.f.* [*moglie del fornaciaio*] femme du chaufournier.

fornaciàta |forna'tʃata| *s.f.* [*quantità di mattoni, calce e sim., che si può cuocere nella fornace*] fournée.

fornàio, i |for'najo, i| *s.* **1** *s.* [*chi fa o vende il pane*] boulanger* ◇ [*proprietario di un forno o di una panetteria*] patron* boulanger ◇ (*loc.*) *farsi rincorrere dal fornaio* être criblé, perdu de dettes **2** *s.f.* [*moglie del fornaio*] femme du boulanger, boulangère **3** *s.m.* (*t. zool.*) *fornaio rosso* fournier roux.

fornaiòlo |forna'jɔlo| *s.m.* ouvrier des *hauts fourneaux.

fornellàta |fornel'lata| *s.f.* (*raro*) [*quantità di combustibile che può stare in un fornello*] plein fourneau *m.*

fornèllo |for'nɛllo| *s.m.* **1** [*apparecchio per la cottura dei cibi*] réchaud, fourneau: *fornello a carbone, elettrico, da campo* réchaud à charbon, électrique, de camping; *fornello a gas* réchaud, fourneau à gaz; *fornello a spirito* réchaud, fourneau à alcool # *togli la pentola dal fornello* enlève la marmite du feu ◇ [*ciascuno dei bruciatori della cucina a gas*] brûleur: *cucina a tre, quattro fornelli* cuisinière à trois, à quatre brûleurs; *pulire, regolare i fornelli* nettoyer, régler les brûleurs → **bruciatore** **2** (*tecnol.*) brûleur; fourneau: *il fornello dell'argentiere, dello stagnaio* le brûleur de l'argenteur, de l'etameur ‖ *il fornello della caldaia* le fourneau de la chaudière ◇ [*cavità della pipa*] fourneau **3** (*miner.*) cheminée (*f.*): *fornello di ventilazione* cheminée d'aération; *fornello di gettito* cheminée # *fornello di mina* fourneau de mine.

fornicàre |forni'kare| *v.intr.* (*aus.* '*avere*') (*lett.*) [*avere rapporti sessuali, ritenuti peccaminosi, con persona dell'altro sesso*] forniquer.

fornicatóre, trice |fornika'tore, tritʃe| *s.* (*lett.*) fornicateur* ✦ (*agg.*) *un uomo fornicatore* un fornicateur *s.*

fornicazióne |fornikat'tsjone| *s.f.* **1** [→ FORNICARE] fornication **2** (*fig., lett.*) [*eresia*] hérésie ◇ [*simonia*] simonie.

fòrnice |'fɔrnitʃe| *s.m.* **1** (*anat.*) trigone cérébral*, fornix **2** (*arch.*) arcade *f.*, arche *f.*

forniménto |forni'mento| *s.m.* **1** [*fornitura, equipaggiamento*] approvisionnement, équipement: *fornimento di viveri* approvisionnement, ravitaillement en vivres; *fornimenti per la marina* équipement, fourniment pour la marine **2** (*raro*) [*corredo, addobbo*] trousseau (*corr.*), parure *f.* (*corr.*): *fornimento di gioielli* parure de bijoux # *fornimento di camera* mobilier **3** *al plur.* (*nelle armi*) garnitures *f.*

fornire |for'nire| (197) **A** *v.tr.* **1** [*dare, procurare*] fournir: *fornire armi ai ribelli* fournir des armes aux rebelles; *fornire argomenti, informazioni* fournir des arguments, des informations **2** [*provvedere di ciò che è indispensabile o utile*] fournir: *fornire la città di viveri* fournir une ville de, en vivres, ravitailler une ville → **rifornire** ◇ [*dotare; corredare*] fournir, équiper: *fornire la casa di elettrodomestici* fournir, équiper la maison d'appareils électroménagers # *fornire di mobili il salotto* meubler le salon **B** *v.pron.rifl.* FORNIRSI [→ *tr.* 2] se fournir: *da chi ti fornisci?* chez qui te fournis-tu? # *fornirsi di tutto l'occorrente per il viaggio* se munir de tout le nécessaire pour le voyage → **rifornir(si).**

fornito |for'nito| *agg.* fourni: *un negozio (ben) fornito, scarsamente fornito* un magasin bien fourni, peu fourni # *è una fortezza ben fornita* c'est une forteresse bien munie ◇ (*fig.*) (*persone*) doué: *un individuo fornito di pazienza, di prontezza* un individu doué de patience, de promptitude Ⓒ **sprovvisto, sfornito.**

fornitóre, trice |forni'tore, tritʃe| *s.* **1** [*chi abitualmente rifornisce un'azienda, un negozio e sim.*] fournisseur*: *i fornitori di materie prime* les fournisseurs de matières premières; *richiedere, restituire la merce al fornitore* réclamer, rendre la marchandise au fournisseur ✦ (*agg.*) *i paesi fornitori di petrolio* les pays fournisseurs *appos.* de pétrole

2 [*negoziante da cui ci si serve abitualmente*] fournisseur: *mi servo sempre dallo stesso fornitore* je me sers toujours chez le même fournisseur; *il mio fornitore fa servizio a domicilio* mon fournisseur fait le service à domicile.

fornitùra |forni'tura| *s.f.* 1 fourniture: *una fornitura di viveri* une fourniture de vivres ◇ (*spec. al plur.*) *le forniture di carburante non sono più regolari* les fournitures en carburant ne sont plus régulières; *il costo delle forniture militari è eccessivo* le coût des fournitures militaires est excessif 2 [*quantità di ciò che si prende l'impegno di fornire*] commande: *rinnovare, raddoppiare la fornitura* renouveler, redoubler la commande.

fórno |'forno| *s.m.* 1 four: *accendere, scaldare il forno* allumer, faire chauffer le four; *mettere il pane in forno* mettre le pain au four; *forno da campagna* four de campagne ◇ [*parte della cucina domestica*] *coniglio al forno* lapin (cuit) au four; *alzare, abbassare il forno* augmenter, diminuer la flamme du four 2 (*fig.*) fournaise *f.*, four: *questo appartamento d'estate è un forno* en été, cet appartement est une vraie fournaise; *sembra di essere in un forno* on se croirait dans un four 3 (*fig., scherz.*) [*bocca molto larga o aperta*] four: *ha una bocca che è un forno* il a une bouche grande comme un four; *chiudi quel forno!* ferme ton four! 4 (*fig.*) (*nel gergo teat.*) [*sala vuota o semivuota*] four: *il teatro ha fatto forno* la pièce a fait un four 5 (*per est.*) [*negozio del fornaio, panetteria*] boulangerie (*f.*): *aprire un forno* ouvrir une boulangerie ◇ [*infornata*] fournée (*f.*): *il primo forno è gia esaurito* la première fournée est déjà terminée 6 (*tecnol.*) four; fourneau: *forno a riverbero, di ricottura* four à réverbère, à recuire; *forno crematorio* four crématoire → **crematorio** ‖ *forno fusorio* fourneau de fusion; *alto forno* haut fourneau → **altoforno** 7 (*med.*) étuve *f.* sèche # *fare i forni* faire des bains chauds.

-foro |-foro| *suff.* (*significa 'che porta, che produce, che genera', corrisponde gener. a*) phore: *semaforo* sémaphore; *fosforo* phosphore.

fóro |'foro| *s.m.* 1 [*apertura, gener. tonda e piccola*] trou: *aprire un foro nel muro* faire un trou dans le mur; *il gatto è passato attraverso un foro della siepe* le chat est passé à travers un trou de la haie → **buco** ◇ [*ferita di arma da fuoco*] *presentava un foro alla tempia* il présentait un trou à la tempe 2 (*tecnol.*) trou: *foro cieco, filettato* trou borgne, évidé; *foro passante, di colata, di mina* trou de passage, de coulée, de mine; *i fori degli strumenti a fiato* les trous des instruments à vent 3 *foro apicale* [*apertura di sfiato dell'aria nel paracadute*] cheminée *f.* 4 (*raro*) [*galleria, traforo*] tunnel.

fòro |'fɔro| *s.m.* 1 (*dir.*) tribunal*: *foro civile, penale* tribunal civil, pénal; *foro fiscale* tribunal administratif; *rimettere una causa giudiziaria al foro competente* porter une cause judiciaire devant le tribunal compétent; *recarsi nel foro* se rendre au tribunal 2 (*per est.*) [*la categoria degli avvocati*] barreau: *affidare la propria difesa a un principe del foro* confier sa défense à un maître du barreau ◇ [*la professione legale*] *l'eloquenza del foro* l'éloquence du barreau 3 (*teol.*) for (intérieur): *foro interno, esterno* for intérieur, extérieur 4 (*st. rom.*) forum: *foro romano, di Traiano* forum romain, de Trajan # *foro boario* marché aux bœufs 5 [*denominazione moderna di alcuni grandi complessi urbani*] forum: *il foro Bonaparte di Milano* le forum Bonaparte de Milan; *le gare si svolgeranno al foro italico di Roma* les compétitions se dérouleront au forum italique de Rome.

forosétta |foro'setta| *s.f.* (*lett.*) → **villanella.**

fórra |'forra| *s.f.* [*gola profonda, a pareti verticali e molto ravvicinate*] ravin *m.* → **burrone.**

fórse |'forse| I *avv.* 1 (*esprime 'dubbio, probabilità, speranza e sim.'*) [*probabilmente*] peut-être: *forse ci vedremo domenica* peut-être nous verrons-nous dimanche; nous nous verrons peut-être dimanche; peut-être que nous nous verrons dimanche; *forse è meglio così* peut-être, est-ce mieux ainsi; c'est peut-être mieux ainsi; *forse no; forse che sì, forse che no* peut-être (bien) que oui, peut-être (bien) que non ◇ *loc.* (*con valore raff.*) FORSE FORSE probablement: *forse forse sei fuori pericolo* tu es probablement hors de danger; *forse forse ti è andata bene* tu as probablement réussi ◇ (*per attenuare una affermazione troppo categorica*) peut-être: *forse è il miglior cantante del momento* c'est peut-être le meilleur chanteur du moment; *è forse il primo in senso assoluto* c'est peut-être le premier dans l'absolu 2 (*davanti a numer.*) [*circa*] environ: *saranno forse le otto* il doit être environ huit heures; *mancheranno forse due chilometri* il doit y avoir encore deux kilomètres environ 3 (*nelle prop. interrog. retoriche, con valore ints.*) *avresti forse paura?* aurais-tu peur, par hasard?; *non siamo forse amici?* ne sommes-nous pas amis?; *era questo forse che mi dovevo aspettare da te?* est-ce donc à cela que je devais m'attendre de toi? ◇ *loc.* FORSE CHE...? peut-être que...?: *forse che potevo evitarlo?* peut-être que j'aurais pu l'éviter? II *s.m.inv.* [*dubbio, incertezza*] doute *var.*, incertitude (*f.var.*): *non riesco a capire i tuoi forse* je n'arrive pas à comprendre tes doutes, tes incertitudes; *essere, rimanere in forse* être, demeurer dans le doute, dans l'incertitude; *mettere in forse* mettre en doute, en question # *mettere in forse la propria vita* mettre sa vie en danger: *lasciar le cose in forse* laisser les choses en suspens ◇ *loc.* SENZA FORSE sans faute, sans aucun doute: *ti aspetto domani senza forse* je t'attends demain sans faute, sans aucun doute; *la merce sarà pronta lunedì senza forse* la marchandise sera prête lundi sans faute ~ (*fam.*) *forse, o senza forse, questo è il più bel giorno della mia vita* c'est peut-être, ou même presque sûrement, le plus beau jour de ma vie.

forsennataménte |forsennata'mente| *avv.* [→ FORSENNATO II] furieusement.

forsennàto |forsen'nato| I *s.* forcené: *gridava, gesticolava come un forsennato* il criait, il gesticulait comme un forcené; *solo dei forsennati possono comportarsi così!* il n'y a que les forcenés qui agissent ainsi! II *agg.* 1 [*violento; insensato*] forcené: *un uomo forsennato* un homme forcené; *comportamento forsennato* comportement de forcené *s.* 2 [*affannoso; massacrante*] forcené: *una marcia, una corsa forsennata* une marche, une course forcenée.

1 **fòrte** |'fɔrte| I *agg.* 1 fort: *un esercito forte* une armée forte; *vino forte* vin fort; *un uomo, un carattere forte* un homme, un caractère fort → **robusto, vigoroso** ◇ (*per est.*) *sesso forte* sexe fort; *avere fianchi forti, seno forte* être forte des hanches, avoir une forte poitrine # *pezzo forte* [*quello in cui qc. eccelle*] cheval de bataille; *piatto forte* [*il migliore, il più consistente del pranzo*] plat de résistance ◇ (*loc.*) *dar man forte a qc.* prêter main-forte à qqn. ~ *farsi forte* [*dominarsi*] prendre son courage à deux mains 2 *loc.* FORTE IN fort en: *essere forte in latino, in matematica* être fort en latin, en mathématiques ~ FORTE DI fort de: *si presentò alle elezioni, forte del suo prestigio popolare* il se présenta aux élections, fort de son prestige populaire; *farsi forte di qc., di q.c.* se faire fort de qqn., de qqch. 3 (*carte*) *essere forte a cuori, a quadri* être maître en cœurs, en carreaux 4 [*resistente, solido*] fort: *tessuto, cartone forte* tissu, carton fort; *colla, colore forte* colle, couleur forte ◇ (*per anal.*) *grano forte* [*duro*] blé dur; (*raro*) *cassa forte* → **cassaforte** ◇ (*fig.*) *una forte memoria* une bonne mémoire; *un forte legame d'affetto* un étroit lien d'affection 5 [*intenso, violento*] fort: *un odore forte* une forte odeur; *una forte raffica di vento* une forte rafale de vent; *una forte passione* une forte passion # *un rumore forte, delle forti grida* un grand bruit, de grands cris ◇ [*energico, autoritario*] *un governo forte* un gouvernement fort; *usare le maniere forti* employer la manière forte ◇ [*efficace*] *disporre di argomenti forti* disposer de solides arguments, d'arguments massus; *un forte farmaco* un remède de cheval 6 [*notevole, grande, cospicuo*] gros*; fort: *una forte spesa* une grosse dépense ‖ *una forte multa* une forte amende # *ci sono forti sospetti su di lui* de graves soupçons pèsent sur lui ◇ (*loc.*) *essere un forte bevitore, un forte mangiatore* être un grand buveur, un grand mangeur; *essere un forte camminatore* être un grand marcheur 7 (*fig.*) [*nobile, elevato*] profond; noble: *sentimenti forti* des sentiments profonds ‖ *imprese forti* de nobles initiatives II *avv.* 1 [→ *agg.* 1] fort: *picchiare forte* frapper fort # *tieniti forte* tiens-toi solidement → **fortemente** 2 [→ *agg.* 5] fort: *il vento soffia forte* le vent souffle fort; *piove forte* il pleut fort → **violentemente** 3 [→ *agg.* 6] fort: *dubito forte di farcela* je doute fort de pouvoir m'en tirer → **molto, assai** # *dormire forte* dormir profondément ◇ (*fam.*) (*preceduto da un agg., ne forma il grado sup.*) *è intelligente forte* il est fort (*corr.*) intelligent; *sei tonto forte* tu es vraiment (*corr.*) bête 4 [*velocemente*] vite: *camminare, correre forte* marcher, courir vite ◇ (*loc. fam.*) *andar forte* aller vite; (*di automezzi*) rouler vite; (*fig.*) bien marcher: *questo prodotto va forte* (*sul mercato*) c'est un produit qui marche bien,

qui se vend bien **III** *s.m.* **1** fort: *il diritto del più forte* la raison du plus fort **2** [*la parte più importante, decisiva e sim.*] gros: *il forte dell'esercito, delle truppe* le gros de l'armée, des troupes # *il forte della battaglia* le moment décisif de la bataille **3** [*attitudine particolare; cosa in cui qc. è particolarmente abile*] fort: *il suo forte è il latino* le latin est son fort; *la memoria è il mio forte* la mémoire est mon fort; *la puntualità non è il suo forte* la ponctualité n'est pas son fort **4** [*sapore acido*] goût acide: *questo vino ha preso il sapore di forte, sa di forte* ce vin a pris un goût acide # *la carne ha preso di forte* cette viande a pris un mauvais goût **5** (*mus.*) forte *inv.* © I 1 **debole,** 5 **tenue, debole,** 6 **piccolo, minimo,** 7 **infimo;** III 1, 3 **debole.**

2 **fòrte** |'fɔrte| *s.m.* (*mil., corr.*) fort.

forteménte |forte'mente| *avv.* [*con forza, energicamente*] fortement, fort, avec force (*loc. inv.*): *stringere, tenere fortemente* serrer, tenir fortement, fort; *picchiare fortemente* frapper avec force ◇ [*con violenza*] violemment, fort: *la barca urtò fortemente sugli scogli* la barque heurta violemment les rochers ◇ [*molto, assai*] fortement; beaucoup (*con v.*), très (*con agg.*): *dubito, spero, temo fortemente* je doute, j'espère, je crains fortement; *è fortemente impressionato* il est fortement impressionné ‖ *correre fortemente* courir beaucoup; *era fortemente emozionato* il était très ému © **debolmente, lievemente.**

fortéto |for'teto| *s.m.* (*raro*) [*terreno malagevole ricoperto di boscaglia*] fourré.

fortézza |for'tettsa| *s.f.* **1** [*capacità di resistere e di reagire al dolore*] force, fermeté: *sopportò la disgrazia con grande fortezza d'animo* il supporta ce malheur avec une grande force, fermeté d'âme → **coraggio** ◇ [*fermezza di fronte agli ostacoli*] fermeté, vigueur: *ha respinto con fortezza tutte le pressioni* il a repoussé avec fermeté toutes les contraintes; *rivendicare con fortezza i propri diritti* revendiquer ses droits avec vigueur → **vigore** **2** [*una delle quattro virtù cardinali*] courage *m.* ◇ [*uno dei sette doni dello Spirito Santo*] force **3** (*mil.*) forteresse, château *m.* fort: *arresti in fortezza* arrêts de forteresse; *espugnare una fortezza* s'emparer d'une forteresse ◇ (*per est.*) *fortezza volante* forteresse volante ◇ (*fig.*) [*persona irremovibile nelle sue decisioni*] roc (*m.*): *inutile insistere, è una fortezza!* il est inutile d'insister, c'est un roc! **4** (*raro*) [*robustezza*] solidité (*corr.*), résistance (*corr.*): *è un tessuto di eccezionale fortezza* c'est un tissu d'une solidité, d'une résistance exceptionnelle ◇ [*forza*] force: *quel ragazzo è di una fortezza incredibile* ce garçon a une force incroyable **5** (*sartoria*) [*rinforzo, imbottitura*] renfort *m.*, rembourrage *m.* ◇ (*in una vela*) [*gherone*] renfort © 1; 4 **fragilità, debolezza.**

forticcio, i |for'tittʃo, i| *agg.* [*di sapore o odore acre; inacidito*] aigre, aigrelet*: *questo sugo è un po' forticcio* cette sauce est un peut aigre, est aigrelette ✦ (*s.m.*) *sapere di forticcio* sentir l'aigre.

fortificàbile |fortifi'kabile| *agg.* [→ FORTIFICARE A 1] fortifiable.

fortificaménto |fortifika'mento| *s.m.* (*lett.*) → **fortificazione.**

fortificànte |fortifi'kante| *agg.* fortifiant, réconfortant © **debilitante.**

fortificàre |fortifi'kare| **A** *v.tr.* **1** [*munire di opere di difesa*] fortifier: *fortificare una città* fortifier une ville # *fortificare una posizione* renforcer une position **2** [*rendere forte, irrobustire*] fortifier; tremper: *il nuoto fortifica l'organismo* la natation fortifie l'organisme ‖ *le difficoltà fortificano il carattere* les difficultés trempent le caractère **B** *v.pron.* FORTIFICARSI **1** *rifl.* [*munirsi di opere di difesa; mettersi in posizione di vantaggio difensivo*] se fortifier, se retrancher: *fortificarsi con tutti i materiali a disposizione* se fortifier avec tous les matériaux disponibles; *fortificarsi su un'altura, in una casa* se retrancher sur une hauteur, dans une maison **2** *intr.* [*diventare forte, irrobustire*] fortifier *tr.* son corps: *fortificarsi con l'esercizio fisico* fortifier son corps par l'exercice © A 2 **indebolire, debilitare.**

fortificativo |fortifika'tivo| *agg.* [*che ha capacità di fortificare*] fortifiant.

fortificàto |fortifi'kato| *agg.* fortifié *p.p.*

fortificatòrio, i |fortifika'tɔrjo, i| *agg.* de(s) fortification(s) (*loc.*): *la tecnica fortificatoria* l'art des fortifications.

fortificazióne |fortifikat'tsjone| *s.f.* **1** [→ FORTIFICARE A 1] fortification: *sistemi, tecniche di fortificazione* systèmes, techniques de fortification; *opere di fortificazione* travaux de fortification **2** [*opere di difesa; luogo fortificato*] fortification: *fortificazione permanente* fortification permanente; *assalire, abbattere le fortificazioni nemiche* attaquer, abattre les fortifications ennemies # *fortificazione temporanea* ouvrage de campagne → **fortezza.**

fortilìzio, i |forti'littsjo, i| *s.m.* [*piccola fortezza*] fortin.

fortino |for'tino| *s.m.* petit fort, fortin.

fortissimo |for'tissimo| **I** *s.m.* (*mus.*) fortissimo *inv.* **II** *agg.* [*molto forte*] très fort: *tirava un fortissimo vento* il soufflait un vent très fort ✦ (*in funzione avv.*) *l'auto andava fortissimo* l'auto roulait très vite.

fortóre |for'tore| *s.m.* **1** [*sapore acre*] aigreur *f.*, acidité *f.* ◇ [*odore acre*] odeur *f.* aigre **2** *al plur.* [*acidità di stomaco*] aigreurs.

fortuitaménte |fortuita'mente| *avv.* [→ FORTUITO] fortuitement, par hasard *loc. inv.*

fortùito |for'tuito|, (*raro*) |fortu'ito| *agg.* fortuit, imprévu: *un incontro fortuito* une rencontre fortuite, imprévue # *per un caso fortuito* par pur hasard → **accidentale.**

fortùna |for'tuna| *s.f.* **1** [*sorte favorevole, propizia*] chance, veine: '*buona fortuna!*' 'bonne chanche!'; *avere molta, poca fortuna* avoir beaucoup, peu de chance, de veine; *avere una fortuna sfacciata* avoir une chance insolente, avoir une veine de pendu (*fam.*); *è una vera fortuna che...* c'est une vraie chance que... ◇ *loc.* PER FORTUNA heureusement: *l'automobile ha sbandato, ma per fortuna la strada in quel momento era sgombra* la voiture a dérapé, mais heureusement la roûte était libre à ce moment-là → **fortunatamente** ~ (*fam.*) (PER) FORTUNA CHE heureusement que: (*per*) *fortuna che c'erano dei testimoni* heureusement qu'il y avait des témoins, encore heureux* *agg.* qu'il y ait eu des témoins ~ *un colpo di fortuna* un coup de chance ~ *tentare la fortuna* tenter sa chance ~ *fare, essere la fortuna di qc.* faire la fortune de qqn.: *quell'invenzione, quell'idea è stata la sua fortuna* cette invention, cette idée a fait sa fortune ~ *portar fortuna* porter chance, bonheur **2** [*successo*] succès (*m.*): *la fortuna di un romanzo, di un film* le succès d'un roman, d'un film; *quello scrittore ha avuto fortuna* cet écrivain a eu du succès ◇ (*lett.*) *la fortuna di Dante nel medioevo* la fortune, le succès de Dante au moyen-âge **3** [*ricchezza, patrimonio*] fortune, richesse: *i beni di fortuna* la fortune, les biens; *dissipare le proprie fortune* dissiper sa fortune, ses richesses; *ereditare un'ingente fortuna* hériter une fortune considérable; *possedere una grande fortuna* posséder une grande fortune **4** [*sorte, destino*] *hasard *m.*, sort (*m.*): *i capricci della fortuna* les caprices du hasard; *affidarsi alla fortuna* s'en remettre au sort, au hasard; *è uno scherzo della fortuna* c'est un tour du hasard # *nella buona e nella cattiva fortuna* dans le bonheur comme dans le malheur ◇ (*raro*) [*condizione economica*] situation financière (*corr.*): *trovarsi in bassa fortuna* se trouver dans une mauvaise situation financière **5** (*raro*) [*sorte avversa*] mauvaise fortune, malheur (*m.*): *essere forte contro la fortuna* être fort contre la mauvaise fortune; *prepararsi ai colpi della fortuna* se préparer contre les coups de la mauvaise fortune, de l'adversité → **disgrazia** **6** *loc. agg.* DI FORTUNA de fortune: *essere costretto a (compiere) un atterraggio di fortuna* être obligé de faire un atterrissage de fortune ◇ (*mar.*) *albero, timone di fortuna* mât, gouvernail de fortune.

fortunàle |fortu'nale| *s.m.* [*violenta perturbazione atmosferica; tempesta*] tempête (*f.*): *un violento fortunale ha devastato la regione* une violente tempête a dévasté la région → **bufera.**

fortunataménte |fortunata'mente| *avv.* [*per fortuna, per buona sorte*] heureusement: *fortunatamente non era quel che temevo* heureusement ce n'était pas ce que je craignais; *son caduto dall'albero, ma fortunatamente sono finito in un mucchio di fieno* je suis tombé de l'arbre, mais, heureusement, Dieu merci, j'ai atterri sur un tas de foin © **sfortunatamente.**

fortunàto |fortu'nato| *agg.* **1** [*che ha fortuna, che ottiene successo; favorito dalla sorte*] chanceux*; heureux*: *è sempre stato un uomo fortunato* il a toujours été chanceux, il a toujours eu de la chance ‖ *chi sono i fortunati vincitori della lotteria?* qui sont les heureux gagnants de la loterie? # *che fortunato!* quelle chance il a!, quel veinard! (*fam.*); *sei nato fortunato!* tu es né coiffé!, tu es né sous une heureuse étoile!; *non sei fortunato nella vita* tu n'as pas de chance dans la vie ✦ (*s.*) *i fortunati del Totocalcio* les heureux gagnants du 'Totocalcio' **2** *loc.* (*in espressioni escl., in unione a un pron. pers. compl.*) [*beato*] *fortunato te!* veinard! (*fam.*); *fortunati loro!* quelle chance ils ont! ◇ (*in espressioni di cortesia e nelle presentazioni,* *spec. al sup.*) [*felice, onorato*] *fortunatissimo!* enchanté!; *fortunatissimo di incontrarla!* très heureux de vous rencontrer!; *fortunatissimo di conoscerla!* enchanté, très heureux de faire votre connaissance! **3** [*di felice esito, ben riuscito*] heureux, bon*: *è stata un'impresa fortunata* ça a été une heureuse, une bonne entreprise ◇ [*vantaggioso, promettente*] heureux: *ho avuto un incontro fortunato* j'ai fait une heureuse rencontre ◇ [*che porta fortuna*] *numero fortunato* numéro porte-bonheur; *che giorno fortunato!* quel jour de chance! **4** [*destinato al successo*; *che ha possibilità di successo*] heureux, bon: *è un'idea fortunata* c'est une heureuse idée, une bonne idée ‖ *hai scelto un campo fortunato* tu as choisi un bon domaine Ⓒ 1 **sfortunato.**

fortunèllo |fortu'nɛllo| *s.m.* (*scherz.*) [*chi è molto favorito dalla fortuna*] petit veinard (*fam.*), petit verni (*fam.*).

fortunosaménte |fortunosa'mente| *avv.* [→ FORTUNOSO] aventureusement; d'une manière *hasardeuse *loc. inv.*

fortunóso |fortu'noso| *agg.* [*pieno di imprevisti, spec. sfavorevoli*] *hasardeux*; aventureux*: *vicende fortunose* des vicissitudes hasardeuses ‖ *un viaggio fortunoso* un voyage aventureux ◇ (*per est.*) [*travagliato, tormentato*] tourmenté, agité: *vita fortunosa* vie agitée, tourmentée; *tempi fortunosi* époque tourmentée.

forùncolo |fo'runkolo| *s.m.* (*med.*, *corr.*) furoncle, bouton: *ha la faccia piena di foruncoli* il a le visage plein de boutons.

foruncolòsi |forunko'lɔzi| *s.f.inv.* (*med.*) furonculose *var.*

foruncolòso |forunko'lɔso| *agg.* (*med.*) furonculeux*: *un'infiammazione foruncolosa* une inflammation furonculeuse ◇ (*corr.*) boutonneux*: *un viso foruncoloso* un visage boutonneux.

forviàre |forvi'are| **A** *v.tr.* **1** [*allontanare dalla rettitudine, dal giusto fine*] entraîner: *non farti forviare dai cattivi compagni* ne te laisse pas entraîner, dévoyer par de mauvaises fréquentations **2** [*allontanare dalla via giusta*] fourvoyer (10), égarer: *con le sue errate indicazioni ha forviato la comitiva* avec ses indications erronées il a fourvoyé le groupe **B** *v.intr.* (*aus.* '*avere*') **1** [*perdere di vista il giusto fine, la buona strada*] s'écarter *pron.* du droit chemin: *era un ottimo ragazzo, poi ha cominciato a forviare* c'était un très bon garçon, puis il a commencé à s'écarter du droit chemin **2** (*raro*) [*sbagliare percorso*] se tromper *pron.* de chemin (*corr.*) **C** *v.pron. intr.* FORVIARSI [*mettersi sulla cattiva strada*] se dévoyer (10): *ha cominciato a forviarsi da quando frequenta quegli ambienti* il a commencé à se dévoyer depuis qu'il fréquente ces milieux.

fòrza |'fɔrtsa| **I** *s.f.* **1** force: *forza fisica, muscolare, morale* force physique, musculaire, morale; *forza bruta* force brute; *camicia di forza* camisole de force; *non aver forza nelle gambe, nelle braccia* ne pas avoir de force, dans les jambes, dans les bras → **vigore** ◇ (*loc.*) *far forza* faire force ~ *farsi forza* se donner du courage ~ *bella forza!* (*detto di cosa che non richiede sforzo o fatica eccessiva*) le beau mérite! ◇ (*mar.*, *corr.*) *a tutta forza* à toute vitesse; à toute vapeur **2** *spec. al plur.* (*riferito al corpo umano*) forces: *essere in forze* être dans la plénitude de ses forces; *perdere, riprendere le forze* perdre, reprendre des forces → **vigore** **3** (*per est.*) (*cose*) [*intensità, potenza*] force; intensité: *la forza del destino* la force du destin; *la forza del vento, degli elementi* la force du vent, des éléments ‖ *la forza di un odore, di un sapore* l'intensité d'une odeur, d'une saveur # *la forza di un vino, di un liquore* le degré d'alcool d'un vin, d'une liqueur ◇ [*efficacia*] puissance; force: *la forza della parola* la puissance de la parole ‖ *la forza di un farmaco* la force, l'efficacité d'un médicament; *la forza delle sue argomentazioni* la force de ses arguments **4** [*violenza*] force: *usare la forza, ricorrere all'uso della forza* employer la force, recourir à la force; *resistere, opporsi alla forza* résister, s'opposer à la force; *cedere, soggiacere alla forza* céder, obéir à la force ◇ *loc.* A (VIVA) FORZA, DI FORZA de force, de vive force: *trascinare qc. a (viva) forza* traîner qqn. de force, de vive force ~ PER FORZA par force: *fare q.c. per forza* faire qqch. par force; *mangiare per forza* manger par force, à contrecœur # *per amore o per forza* de gré ou de force; bon gré, mal gré ~ *far forza a qc.* forcer qqn., faire violence à qqn. ~ *far forza a un testo, a un documento* forcer l'interprétation d'un texte, d'un document **5** [*necessità*] *è forza ammettere, riconoscere che...* il faut admettre, reconnaître que... → **giocoforza** **6** (*fis.*) force: *forza motrice, elettromotrice, magnetica* force motrice, électromotrice, magnétique; *una forza di 100 cavalli* une force de 100 chevaux **7** (*chim.*) force **8** (*dir.*, *corr.*) force: *decreto che ha forza di legge* arrêté ayant force de loi ◇ *loc.* (*è un caso di*) FORZA MAGGIORE (c'est un cas de) force majeure ~ IN FORZA DI [*in virtù di, a norma di*] en vertu de, sur la base de: *in forza del contratto* en vertu, sur la base du contrat # *in forza del suo prestigio personale* grâce à son prestige personnel, en s'appuyant sur son prestige personnel **9** *spec. al plur.* (*mil.*, *corr.*) *le forze armate* les forces armées; *le forze navali, aeree* les forces navales, aériennes; *le forze di polizia* les forces de police; *bassa forza* [*i soldati semplici, contrapposti ai graduati*] les hommes de troupe ◇ (*loc.*) *essere in forza a* [*far parte di un determinato contingente*] appartenir (27) à **10** (*mar.*) *mare forza 8* mer très grosse **11** (*tip.*) *forza di corpo* force de corps **II** *inter.* FORZA! (*esortazione di incitamento ad affrontare una prova e sim.*) vas-y!, allez-y! # *forza e coraggio!* allons!, courage! ◇ (*sport*) *forza Inter!, forza Italia!* allez Inter!, allez Italie!

forzàglia |for'tsaʎʎa| *s.f.* [*tela grezza per la controfodera degli abiti*] toile (pour) doublure.

forzaménto |fortsa'mento| *s.m.* → **forzatura** 1.

forzàre |for'tsare| **A** *v.tr.* **1** [*far forza su q.c.*; *premere con forza*] forcer (2); enfoncer (2): *forzare il piede nella scarpa* forcer le pied dans la chaussure; *se lo forzi ancora, si spezza* si tu le forces encore il se casse ‖ *forzare il tappo sulla bottiglia* enfoncer le bouchon dans la bouteille **2** [*sottoporre a uno sforzo inconsueto*] forcer, augmenter: *forzare la voce* forcer la voix; *forzare l'andatura* forcer, augmenter son allure; *forzare il passo* forcer, doubler le pas ◇ (*loc. fig.*) *forzare la mano* [*esagerare*] forcer la dose ◇ (*agr.*) *forzare una pianta* forcer une plante **3** [*far cedere con la forza*; *scardinare*] forcer: *forzare un blocco* forcer un blocus; *forzare una serratura* forcer, crocheter une serrure; *forzare un assedio* forcer, enfoncer un siège **4** (*fig.*) [*costringere, obbligare con la forza*] forcer, contraindre (65): *forzare una persona a fare q.c.* forcer, contraindre une personne à faire qqch.; *forzare qc. a dir di sì, a firmare* contraindre, forcer qqn. à dire oui, à signer; *forzare le decisioni della commissione* forcer les décisions de la commission ◇ (*loc.*) *forzare la mano a qc.* forcer la main à qqn. ~ (*raro*) *forzare una donna* [*violentarla*] forcer, violer (*corr.*) une femme **5** (*fig.*) [*distorcere, alterare*] forcer, déformer: *forzare il significato di una frase, di un'affermazione* forcer le sens d'une phrase, d'une affirmation; *forzare un testo* déformer un texte **B** *v.intr.* (*aus.* '*avere*') [*produrre uno sforzo eccessivo*; *premere*] forcer; appuyer (11): *forzi troppo su quel remo* tu forces trop sur cet aviron; *spingi piano, senza forzare* pousse doucement, sans forcer ‖ *il carico forza tutto sulla destra* le chargement appuie entièrement sur la droite; *la trave forza su un punto poco solido della parete* la poutre appuie, porte sur un point peu résistant de la paroi ◇ [*aderire con sforzo*; *non aver sufficiente gioco*] frotter: *la chiave forza nella serratura* la clé frotte dans la serrure; *porte, sportelli, cassetti che forzano* des portes, des portières, des tiroirs qui frottent # *ho le scarpe che mi sforzano* mes chaussures me serrent.

forzataménte |fortsata'mente| *avv.* **1** [*per forza, per causa maggiore*] par force (*loc. inv.*): *siamo dovuti partire forzatamente* nous avons dû partir par force, nous avons été forcés de partir ◇ [*malvolentieri*] à contrecœur *loc.inv.*, de mauvais gré (*loc. inv.*): *ci rinuncio forzatamente* j'y renonce à contrecœur; *fare q.c. forzatamente* faire qqch. de mauvais gré **2** [*in modo innaturale, senza spontaneità*] d'une manière forcée (*loc. inv.*): *sorrideva forzatamente* il souriait d'une manière forcée, il avait un sourire forcé # *cerca di essere allegro, ma si vede che lo fa forzatamente* il essaie d'être gai, mais on voit qu'il se force Ⓒ 1 **volontariamente, spontaneamente.**

forzàto |for'tsato| **I** *agg.* **1** [*dovuto a forza maggiore*; *non volontario*] forcé: *assenza forzata* absence forcée; *è stata una decisione forzata* ça a été une décision forcée; *la malattia mi ha costretto a un riposo forzato* la maladie m'a obligé à un repos forcé # *gioco forzato, mossa forzata* jeu, coup inévitable **2** [*obbligatorio, imposto dalla legge*] forcé; imposé par la loi: *risparmio, prestito forzato* épargne forcée, emprunt forcé → **forzoso** ‖ *espropriazione, esecuzione forzata* expropriation, exécution imposée par la loi ◇ (*per est.*) *lavori forzati* travaux forcés **3** [*che richiede uno sforzo superiore al normale*] forcé, soutenu: *marcia forzata* marche forcée; *a tappe* *forzate* à marches, par étapes forcées; *tenere un'andatura forzata* garder une allure soutenue ◇ (*idraul.*) *condotta, galleria forzata* conduite, galerie forcée ◇ (*agr.*) *prato forzato* champ forcé; *coltivazione forzata* culture forcée ◇ (*mus.*) *nota forzata* note forcée **4** [*non naturale*] forcé, affecté: *riso, saluto forzato* rire forcé, salutation affectée; *comportamento forzato* attitude forcée, affectée; *interpretazione forzata* interprétation forcée; *quando vuol essere severo assume un tono forzato* quand il veut être sévère, il prend un ton forcé **II** *s.m.* [*condannato ai lavori forzati, ergastolano*] forçat, bagnard Ⓒ I 4 **spontaneo.**

forzatùra |fortsa'tura| *s.f.* **1** [→ FORZARE A 3] forcement (*m.*): *forzatura di una serratura, di una cassaforte* forcement d'une serrure, d'un coffre-fort, effraction → **scasso** ◇ [*alterazione*] *forzatura della voce, del tono* altération de la voix, du ton ◇ [*interpretazione arbitraria o troppo estensiva*] *forzatura delle parole di qc., di un testo* interprétation forcée; *forzatura delle parole di qc., di un testo* interprétation forcée des propos de qqn., d'un texte **2** (*agr.*) forçage (*m.*): *serra di forzatura* serre de forçage.

forzière |for'tsjɛre| *s.m.* [*cofano rinforzato e munito di serratura di sicurezza*] coffre ◇ (*per est.*) [*cassaforte; camera blindata*] coffre-fort, coffre: *dei forzieri* des coffres-forts; *i forzieri della Banca d'Italia* les coffres de la Banque d'Italie.

forzosaménte |fortsosa'mente| *avv.* **1** [→ FORZOSO 1] sous le coup de la loi (*loc. inv.*): *espropriazioni eseguite forzosamente* expropriations faites sous le coup de la loi **2** (*arc.*) [→ FORZOSO 2] forcément, par force *loc. inv.*

forzóso |for'tsoso| *agg.* **1** [*obbligatorio; imposto dalla autorità*] forcé: *prestito forzoso* emprunt forcé; *corso forzoso della moneta* cours forcé de la monnaie # *conversione forzosa* conversion de rente **2** (*arc.*) → **1 forte, robusto.**

forzùto |for'tsuto| *agg.* [*che ha molta forza fisica, nerboruto*] fort, robuste: *un facchino forzuto* un porteur robuste, costaud (*fam.*) → **robusto, muscoloso, 1 forte.**

foschia |fos'kia| *s.f.* [*leggero oscuramento atmosferico dovuto a fumo o pulviscolo; caligine*] brume: *foschia tropicale* brume tropicale; *nelle zone industriali c'è sempre un po' di foschia* dans les zones industrielles il y a toujours un peu de brume ◇ (*meteor.*) brume → **nebbia.**

fósco, chi, ca, che |'fo(ɔ)sko, ki, ka, ke| *agg.* **1** [*di colore scuro, offuscato, caliginoso*] sombre; brumeux*: *cielo fosco* ciel sombre; *dipingere un paesaggio a tinte fosche* peindre un paysage avec des teintes sombres ‖ *aria, atmosfera fosca* air brumeux, atmosphère brumeuse **2** (*fig.*) [*cupo, tetro*] sombre: *viso, temperamento fosco* visage, tempérament sombre; *pensieri foschi* idées sombres ◇ [*torvo; poco promettente*] sombre, sinistre: *sguardo fosco* regard sombre; *aspetto fosco* aspect sinistre; *avvenire fosco* avenir sombre; *previsioni fosche* prévisions sombres, sinistres ◇ (*loc. fig.*) *rappresentare, dipingere una situazione a fosche tinte* (représenter, peindre) une situation sous un jour, une lumière sombre Ⓒ 1 **chiaro, limpido**; 2 **gaio, allegro.**

fosfatàggio, i |fosfa'taddʒo, i| *s.m.* (*agr.*) phosphatage.

fosfàtico, ci, ca, che |fos'fatiko, tʃi, ka, ke| *agg.* (*chim.*) phosphaté: *concimi fosfatici* engrais phosphatés # *rocce fosfatiche* roches phosphatiques.

fosfàto |fos'fato| *s.m.* (*chim.*) phosphate: *fosfato di calcio* phosphate de chaux; *fosfato sodico* phosphate de soude.

fosfatùria |fosfa'turia| *s.f.* (*med.*) phosphaturie.

fosfène |fos'fɛne| *s.m.* (*med.*) phosphène.

fosfina |fos'fina| *s.f.* (*chim.*) phosphine.

fosfito |fos'fito| *s.m.* (*chim.*) phosphite.

fosfolipide |fosfoli'pide| *s.m.* (*biol.*) phospholipide.

fosfoprotide |fosfopro'tide| *s.m.*, **fosfoproteina** |fosfoprote'ina| *s.f.* phosphoprotéide *m.*, phosphoprotéine *f.*

fosf(or)- |fosf(or)| *pref.* (*significa 'fosforo', corrisponde gener. a*) phosph(or): *fosforescenza* phosphorescence.

fosforàto |fosfo'rato| *agg.* (*chim.*) phosphoré.

fosfòreo |fos'fɔreo| *agg.* **1** → **fosforescente** **2** (*chim.*) phosphorique.

fosforescènte |fosforeʃ'ʃɛnte| *agg.* phosphorescent: *minerale, sostanza fosforescente* minéral phosphorescent, substance phosphorescente; *pesci fosforescenti* poissons phosphorescents ◇ (*per est.*) *il gatto ha gli occhi fosforescenti* le chat a des yeux phosphorescents ◇ (*raro, fig.*) [*brillante; effervescente*] brillant: *ingegno, oratore fosforescente* esprit, orateur brillant.

fosforescènza |fosforeʃ'ʃɛntsa| *s.f.* (*fis.*) phosphorescence ◇ (*per est.*) (*bot., zool.*) phosphorescence.

fosfòrico, ci, ca, che |fos'fɔriko, tʃi, ka, ke| *agg.* (*chim.*) phosphorique: *acido, etere fosforico* acide, éther phosphorique.

fosforile |fosfo'rile| *s.m.* (*chim.*) phosphoryle.

fosforismo |fosfo'rizmo| *s.m.* (*med.*) phosphorisme.

fosforite |fosfo'rite| *s.f.* (*chim.*) phosphorite.

fosforizzazióne |fosforiddzat'tsjone| *s.f.* phosphorisation.

fòsforo |'fɔsforo| *s.m.* **1** (*chim.*) phosphore **2** (*fam., fig.*) [*intelligenza, capacità mentale*] matière *f.* grise: *hai poco fosforo nel cervello* tu as peu de matière grise ◇ (*iron.*) *fatti una cura di fosforo* [*fai funzionare il cervello*] essaie de te dégourdir.

fosforóso |fosfo'roso| *agg.* (*chim.*) phosphoreux*.

fosfùro |fos'furo| *s.m.* (*chim.*) phosphure.

fosgène |foz'dʒɛne| *s.m.* (*chim.*) phosgène.

fòssa |'fɔssa| *s.f.* **1** fosse: *fossa da letame* fosse à purin, à fumier; *fossa biologica, settica* fosse d'aisances, septique → **buca, scavo** ◇ (*loc. fig.*) *fossa dei serpenti* [*luogo di angustie; bolgia*] enfer *m.* ◇ (*anat.*) *fosse iliache* fosses iliaques; *fosse craniche* cavités crâniennes → **cavità** ◇ (*auto.*) *fossa di lavaggio, di ingrassatura, di riparazione* fosse de lavage, de graissage, pour les réparations ◇ (*metall.*) *fossa fusoria* moule *m.* de fusion ◇ (*per est.*) *le fosse del viso* [*le guance infossate di persona magra*] les joues creuses **2** [*buca dove si cala la bara, sepoltura*] tombe, fosse: *fossa comune* fosse commune; *calare il morto nella fossa* descendre le mort dans la tombe → **tomba** ◇ (*per est.*) [*morte*] cimetière *m.*, mort: *quel male lo porterà alla fossa* cette maladie le conduira au cimetière, à la tombe; *dopo tanto soffrire, non gli resta che la fossa* après tant de souffrances, il ne lui reste que la mort ◇ (*loc. fig.*) *andare alla fossa* descendre dans la tombe ~ *essere con un piede nella fossa, avere un piede nella fossa* avoir un pied dans la tombe, être au bord de la tombe ~ *scavarsi la fossa con le proprie mani* creuser sa propre tombe **3** (*geol.*) *fossa tettonica* dislocation tectonique; *fossa oceanica* fosse océanique.

fossàto |fos'sato| *s.m.* **1** fossé: *scavare un fossato*: (*pr., fig.*) creuser un fossé; *strada costeggiata da un fossato* route bordée par un fossé → **fosso** **2** (*mil.*) fossé.

fossétta |fos'setta| *s.f.* **1** fossette: *ha due belle fossette* elle a deux belles fossettes **2** [*piccolo canale di scolo*] rigole d'écoulement.

fòssile |'fɔssile| **I** *agg.* (*geol., corr.*) fossile: *reperti fossili* pièces fossiles; *pianta, foresta, conchiglia fossile* plante, forêt, coquillage fossile; *impronta fossile* empreinte fossile; *combustibili fossili* combustibles fossiles # *carbon fossile* houille ◇ (*fig., iron.*) [*sorpassato, antiquato*] fossile, dépassé: *idee, programmi fossili* idées, programmes fossiles, dépassés **II** *s.m.* **1** (*geol., corr.*) fossile: *una collezione di fossili* une collection de fossiles ◇ (*zool.*) *fossili viventi* fossiles vivants **2** (*fig.*) [*persona antiquata, di concezioni sorpassate*] fossile: *è tempo che certi fossili smettano di pontificare!* il est temps que certains fossiles arrêtent de pontifier! **3** (*ling.*) fossile.

fossilìfero |fossi'lifero| *agg.* (*geol.*) fossilifère: *terreno, sedimento fossilifero* terrain, sédiment fossilifère.

fossilizzàre |fossilid'dzare| **A** *v. tr.* [*ridurre allo stato fossile*] fossiliser ◇ (*fig.*) [*impedire l'evoluzione di q.c.; isterilire*] *fossilizzare le proprie idee* fossiliser ses idées **B** *v.pron.intr.* FOSSILIZZARSI **1** [*subire un processo di fossilizzazione, diventar fossile*] se fossiliser: *alcuni vegetali si fossilizzano mediante il processo di carbonizzazione* certains végétaux se fossilisent par un processus de carbonisation **2** (*fig.*) [*rimanere arretrato, non aggiornarsi*] se fossiliser, se figer (3): *fossilizzarsi nei propri principi* se fossiliser, se figer dans ses principes ◇ [*intestardirsi*] s'entêter, s'obstiner: *è uno che si fossilizza nelle proprie convinzioni* c'est quelqu'un qui s'entête, s'obstine dans ses convictions.

fossilizzazióne |fossiliddzat'tsjone| *s.f.* [→ FOSSILIZZARE] (*geol.*) fossilisation ◇ (*fig.*) [*atto o effetto del fissarsi su posizioni o idee arretrate*] figement (*m.*): *l'inadeguatezza dell'apparato statale dipende dalla sua progressiva fossilizzazione* l'inadéquation des organismes d'État provient de leur figement progressif.

fòsso |'fɔsso| *s.m.* **1** fossé: *fosso di irrigazione* fossé d'irrigation; *il ciglio* *di un fosso* le bord d'un fossé; *cadere in un fosso* tomber dans un fossé ◇ (*loc. fig.*) *saltare il fosso* franchir, sauter le pas **2** (*mil.*) fossé → **fossato.**

fossóre |fos'sore| *s.m.* (*lett.*) → **becchino.**

fòt |fɔt| *s.m. inv.* (*fis.*) phot *var.*

fòto- |'fɔto| **1** *pref.* (*significa 'luce', corrisponde gener. a*) photo(-): *fotosintesi* photosynthèse; *fotoelettricità* photo-électricité **2** *pref.* (*significa 'fotografia', corrisponde gener. a*) photo(-): *fotomontaggio* photomontage; *fotoromanzo* photoroman; *fotoelettrico* photo-électrique.

fóto |'foto| *s.f. inv.* (*fam.*) photo (*var.*): *sfogliare l'album delle foto di famiglia* feuilleter l'album des photos de famille; *scattare una foto a colori* prendre une photo (en) couleurs → **fotografia.**

fotoallergìa, gie |fotoaller'dʒia, dʒie| *s.f.* allergie à la lumière solaire.

fotoallèrgico, ci, ca, che |fotoal'lɛrdʒiko, tʃi, ka, ke| *agg.* allergique à la lumière solaire.

fotobiologìa, gie |fotobiolo'dʒia, dʒie| *s.f.* photobiologie, photologie.

fotocàlco, chi |foto'kalko, ki| *s.m.* (*tecnol.*) photocalque.

fotocalcografia |fotokalkogra'fia| *s.f.* (*tip.*) photogravure.

fotocalcògrafo |fotokal'kɔgrafo| *s.m.* [*specialista in fotocalcografia*] photograveur.

fotocèllula |foto'tʃɛllula| *s.f.* (*elettron.*) cellule photo-électrique, photocellule.

fotochìmica, che |foto'kimika, ke| *s.f.* (*scient.*) photochimie.

fotochìmico, ci, ca, che |foto'kimiko, tʃi, ka, ke| *agg.* (*scient.*) photochimique.

fotocòlor |foto'kɔ(o)lor|, **fotocolóre** |fotoko'lore| *s.m. inv.* (*foto.*) photographie *f. var.* en couleurs.

fotocompositrice |fotokompozi'tritʃe| *s.f.* (*tecnol.*) photocomposeuse.

fotocomposizióne |fotokomposit'tsjone| *s.f.* (*tip.*) photocomposition.

fotoconduttivo |fotokondut'tivo| *agg.* (*fis.*) photoconducteur*.

fotoconduttóre, trice |fotokondut'tore, tritʃe| *agg.* (*fis.*) photoconducteur* ◆ (*s.m.*) *un fotoconduttore* un corps photoconducteur *agg.*

fotocòpia |foto'kɔpja| *s.f.* **1** photocopie: *mi sono procurato la fotocopia di quell'articolo* je me suis procuré une photocopie de cet article; *autenticare la fotocopia di un documento* authentifier la photocopie d'un document **2** (*raro*) [*copia fotografica, fotografia*] copie.

fotocopiàre |fotoko'pjare| *v.tr.* [*riprodurre con mezzi fotografici*] photocopier: *fotocopiare un documento, una lettera* photocopier un document, une lettre.

fotocopiatrice |fotokopja'tritʃe| *s.f.* (*tecnol., corr.*) photocopieur *m.*

fotocrònaca, che |foto'krɔnaka, ke| *s.f.* [*servizio giornalistico basato prevalentemente su immagini fotografiche*] reportage *m.* photographique: *la fotocronaca di una partita di calcio* le reportage photographique d'un match de football → **fotoreportage.**

fotocronista |fotokro'nista| *s.* [*chi procura o prepara fotocronache*] reporter *m.* photographe → **fotoreporter.**

fotodiodo |foto'diodo| *s.m.* (*elettr.*) photodiode *f.*

fotodissociazióne |fotodissotʃat'tsjone| *s.f.* (*chim.*) photodissociation.

fotoelasticimetria |fotoelastitʃime'tria| *s.f.* photo-élasticimétrie.

fotoelasticità |fotoelastitʃi'ta| *s.f.inv.* (*fis.*) photo-élasticité *var.*

fotoelèttrica, che |fotoe'lɛttrika, ke| *s.f.* (*mil.*) (installation de) projecteurs *m.pl.*

fotoelettricità |fotoelettritʃi'ta| *s.f.inv.* (*elettron.*) photo-électricité *var.*

fotoelèttrico, ci, ca, che |fotoe'lɛttriko, tʃi, ka, ke| *agg.* (*elettron.*) photo-électrique: *cellula fotoelettrica* cellule photo-électrique.

fotoelettrònica, che |fotoelet'trɔnika, ke| *s.f.* photo-électronique.

fotoeliografìa |fotoeljogra'fia| *s.f.* (*astron., foto.*) héliographie.

fotofinish |foto'finiʃ| *s.m. inv.* (*ingl.*) photo-finish *f. var.*

fotofobìa |fotofo'bia| *s.f.* (*med.*) photophobie.

fotòforo |fo'tɔforo| *s.m.* (*tecnol.*) photophore.

fotogenìa |fotodʒe'nia| *s.f.* photogénie.

fotogènico, ci, ca, che |foto'dʒɛniko, tʃi, ka, ke| *agg.* photogénique: *è un tipo particolarmente fotogenico* il est particulièrement photogénique; *ha un volto fotogenico* elle a un visage photogénique.

fotògeno |fo'tɔdʒeno| *agg.* photogène.

fotogiornàle |fotodʒor'nale| *s.m.* [*giornale o periodico, spec. a rotocalco, basato prevalentemente su servizi foto.*] illustré.

fotografàre |fotogra'fare| *v.tr.* **1** [*riprodurre per mezzo della foto.*] photographier, prendre (73) en photo: *fotografare un panorama, una persona* photographier un panorama, une personne ◆ (*ass.*) [*scattare fotografie*] *ha continuato a fotografare durante tutto il viaggio* il n'a pas arrêté de prendre des photos pendant tout le voyage **2** (*fig.*) [*descrivere con precisione ed efficacia; individuare*] photographier: *con poche parole ha fotografato la situazione* en quelques mots, il a photographié la situation; *ha veramente fotografato i difetti del sistema* il a véritablement photographié les défauts du système.

fotografìa |fotogra'fia| *s.f.* **1** photographie: *appassionarsi, dedicarsi alla fotografia* se passionner pour, se consacrer à la photographie; *è un esperto di fotografia a colori* c'est un expert en photographies en couleurs **2** (*per est.*) [*immagine fotografica*] photo, photographie: *fotografia ricordo* photo(graphie) souvenir; *fotografia contro luce* photo(graphie) à contre-jour; *fotografia (in) formato tessera, (in) formato cartolina* photo(graphie) d'identité, format carte postale; *fotografia in bianco e nero, a colori* photo(graphie) (en) noir et blanc, (en) couleurs; *scattare una fotografia* prendre une photo # *fotografia istantanea, a posa* un instantané, une pose → **foto** ◇ (*fig.*) [*somiglianza perfetta*] photographie, portrait (*m.*): *è la fotografia di suo padre* c'est la photographie, le portrait de son père ◇ (*loc. fig., sport*) *arrivo in fotografia* arrivée en photo-finish **3** (*fig.*) [*descrizione precisa, efficace di una persona o di un fatto*] portrait, description: *ha fatto la fotografia del suo carattere* il a fait le portrait détaillé de son caractère.

fotograficaménte |fotografika'mente| *avv.* [*per mezzo della foto.*] photographiquement # *ha documentato fotograficamente la sua ricerca* il a documenté sa recherche à l'aide de photographies ◇ (*fig.*) [→ FOTOGRAFICO 2] photographiquement, avec une exactitude photographique *loc. inv.*

fotogràfico, ci, ca, che |foto'grafiko, tʃi, ka, ke| *agg.* **1** photographique: *tecnica fotografica* technique photographique; *materiale, servizio fotografico* matériel, reportage photographique # *mostra fotografica* exposition de photographies; *macchina fotografica* appareil photo; *trucco fotografico* montage de photographies, photo montage; *studio fotografico* atelier, studio de photographe → **fotomontaggio** ◇ (*astron.*) *grandezza fotografica di un astro* grandeur photographique d'un astre **2** (*fig.*) [*fedele e dettagliato; efficace*] photographique: *avere una memoria fotografica* avoir une memoire photographique; *ha fatto un resoconto fotografico della manifestazione* il a fait un compte rendu photographique de la manifestation ◇ [*accentuatamente realistico*] *verismo fotografico* réalisme photographique; *pittura fotografica* peinture photographique.

fotògrafo |fo'tɔgrafo| *s.m.* photographe (*s.*): *un fotografo professionista, dilettante* un photographe professionnel, amateur; *è un ottimo fotografo* c'est un excellent photographe ◇ (*per est.*) [*studio, negozio di foto.*] *a questa ora i fotografi sono chiusi* à cette heure-ci les photographes sont fermés.

fotogràmma |foto'gramma| *s.m.* (*cine., foto.*) photogramme.

fotogrammetria |fotogramme'tria| *s.f.* (*tecnol.*) photogrammétrie.

fotoincisióne |fotointʃi'zjone| *s.f.* (*tip.*) photogravure.

fotoincisóre |fotointʃi'zore| *s.m.* [*operaio specialista nella fotoincisione*] photograveur.

fotointerpretazióne |fotointerpretat'tsjone| *s.f.* (*tecnol.*) photo-interprétation.

fotoistantànea |fotoistan'tanea| *s.f.* (*tecnol., corr.*) photomaton *m.*

fotokit |foto'kit| *s.m. inv.* (*ingl.*) (*tecnol.*) photo-robot *f.*

fotolettùra |fotolet'tura| *s.f.* (*tecnol.*) photolecture.

fotòlisi |fo'tɔlizi| *s.f. inv.* (*chim.*) photolyse *var.*

fotolitografìa |fotolitogra'fia| *s.f.* (*tip.*) photolithographie.

fotoluminescènza |fotolumineʃ'ʃɛntsa| *s.f.* (*fis.*) photoluminescence.

fotomagnètico, ci, ca, che |fotomaɲ'ɲɛtiko, tʃi, ka, ke| *agg.* photomagnétique.

fotomeccànica, che |fotomek'kanika, ke| *s.f.* (*tip.*) procédé *m.* photomécanique.

fotomeccànico, ci, ca, che |fotomek'kaniko, tʃi, ka, ke| *agg.* photomécanique.

fotometrìa |fotome'tria| *s.f.* (*scient.*) photométrie.

fotomètrico, ci, ca, che |foto'mɛtriko, tʃi, ka, ke| *agg.* (*scient.*) photométrique.

fotòmetro |fo'tɔmetro| *s.m.* (*scient.*) photomètre.
fotomodèlla |fotomo'dɛlla| *s.f.* [*donna, spec. ragazza, che posa per fotografie pubblicitarie o artistiche*] cover-girl: *delle fotomodelle* des cover-girls.
fotomontàggio, i |fotomon'taddʒo, i| *s.m.* photomontage.
fotóne |fo'tone| *s.m.* (*fis.*) photon.
fotoperiòdico, ci, ca, che |fotoperi'ɔdiko, tʃi, ka, ke| *agg.* (*bot.*) photopériodique.
fotoperiodismo |fotoperio'dizmo| *s.m.* (*t.bot.*) photopériodisme.
fotoperìodo |fotope'riodo| *s.m.* photopériode *f.*
fotopila |foto'pila| *s.f.* (*tecnol.*) photopile.
fotoreportàge |fotorepor'taʒ| *s.m. inv.* photo-reportage *var.*, reportage *var.* photographique.
fotorepòrter |fotore'pɔrter| *s.m. inv.* reporter *var.* photographe.
fotoriproduttóre |fotoriprodut'tore| *s.m.* photocopieur.
fotoriproduzióne |fotoriprodut'tsjone| *s.f.* photocopie, reprographie.
fotoromànzo |fotoro'mandzo| *s.m.* photoroman, roman-photo: *dei fotoromanzi* des photoromans, des romans-photo; *è un'accanita lettrice di fotoromanzi* c'est une lectrice acharnée de romans-photo, de photoromans; *fotoromanzo pubblicato a puntate* roman-photo à épisodes.
fotosensibile |fotosen'sibile| *agg.* (*scient.*) photosensible ◇ (*foto.*) *materiale fotosensibile* matériel photosensible.
fotosfèra |fotos'fɛra| *s.f.* (*astron.*) photosphère.
fotosintesi |foto'sintezi| *s.f.inv.* **1** (*biol., chim.*) photosynthèse (*var.*): *fotosintesi clorofilliana* photosynthèse chlorophylienne **2** (*nel linguaggio giornalistico*) photo-reportage *m.var.*
fotostàtico, ci, ca, che |fotos'tatiko, tʃi, ka, ke| *agg.* (*nella loc.*) *copia fotostatica di un documento* [*copia ricavata direttamente dall'originale*] photocopie *s.f.* d'un document.
fototattismo |fototat'tizmo| *s.m.* (*biol.*) phototactisme, phototaxie *f.*
fototèca, che |foto'tɛka, ke| *s.f.* photothèque.
fototècnico, ci, ca, che |foto'tɛkniko, tʃi, ka, ke| *s.* technicien* en photochimie.
fototerapia |fototera'pia| *s.f.* (*med.*) photothérapie.
fototipìa |fototi'pia| *s.f.* (*tecnol.*) phototypie.
fototònico, ci, ca, che |foto'tɔniko, tʃi, ka, ke| *agg.* (*fis.*) phototonique.
fototropismo |fototro'pizmo| *s.m.* (*bot., zool.*) phototropisme.
fóttere |'fottere| **A** *v.tr.* **1** (*volg.*) [*congiungersi carnalmente con una donna*] baiser **2** (*fig., pop.*) [*ingannare, imbrogliare*] rouler, avoir (28): *non farti fottere come al solito* ne te laisse pas rouler, avoir comme d'habitude → **fregare** ◇ (*loc.*) *ma va' a farti fottere!* [*ma va' al diavolo, alla malora!*] va te faire foutre! **B** *v.pron. intr.* (*pop.*) FOTTERSENE [*infischiarsi; ostentare disinteresse*] s'en fiche(r)*, s'en foutre*: *se ne fotte di tutto e di tutti* il se fiche de tout et de tous; *me ne fotto altamente* je m'en fous et m'en contrefous → **fregar(si)** ◇ (*loc. pop.*) *fottiti!* [*arrangiati!*] démerde-toi!, débrouille-toi!; *si fottano!* qu'ils se débrouillent!
fottìo, ii |fot'tio, ii| *s.m.* (*pop.*) [*gran quantità*] tripotée *f.*, tas (*corr.*): *c'era un fottio di gente, di bambini* il y avait une tripotée de gens, un tas d'enfants; *ci vuole un fottio di soldi* il faut un tas d'argent.
fottùto |fot'tuto| **I** *agg.* (*pop.*) [*sfortunato; buggerato*] couillon: *quante persone fottute a questo mondo!* que de couillons il y a (y a-t-il) sur cette terre! **II** *s.m.* **1** (*pop.*) [*chi non ha fortuna; chi è stato buggerato*] gogo, pigeon: *è un povero fottuto* c'est un pauvre gogo; *i fottuti son sempre quelli che non hanno i soldi* les pigeons sont toujours ceux qui n'ont pas d'argent **2** (*spreg.*) [*balordo; tipo poco raccomandabile*] vilain coco, sale type: *non fidarti di quel fottuto* ne te fie pas à ce vilain coco; *se incontro quel fottuto, gliela farò pagare* si je rencontre ce sale type, je le lui ferai payer.
'foulard' |fulaʀ| *s.m.inv.* foulard *var.*
fòvea |'fɔvea| *s.f.* (*anat.*) fovéa.
fox-terrier |fɔks'terjə| *s.m. inv.* (*ingl.*) fox-terrier (*var.*): *dei fox-terrier* des fox-terriers, des fox.
fox-trot |fɔkstrɔt| *s.m. inv.* (*ingl.*) (*danza*) fox-trot.
'foyer' |fwaje| *s.m.inv.* foyer *var.*
1 **fra** |fra| *prep.* → **tra.**
2 **fra** |fra| *s.m. inv.* (*troncamento del sost. 'frate' davanti a nome proprio cominciante per cons.*) [*frate*] frère: *fra Roberto* frère Robert.
frac |frak| *s.m. inv.* frac *var.*, habit *var.*
fracassaménto |frakassa'mento| *s.m.* (*raro*) [→ FRACASSARE A] fracassement.
fracassàre |frakas'sare| **A** *v.tr.* [*ridurre in pezzi, sconquassare*] fracasser, casser: *il cameriere ha fracassato piatti e bicchieri* le serveur a fracassé, cassé assiettes et verres; *aveva il cranio fracassato a colpi di bastone* il avait la tête fracassée par des coups de bâton; *stai attento a quei ragazzi, altrimenti fracassano tutto* fais attention à ces enfants, sinon ils cassent tout □ *si è fracassata la capoccia* elle s'est fracassée la caboche **B** *v.pron.* FRACASSARSI **1** *intr.* se fracasser: *la barca si è fracassata sugli scogli* la barque s'est fracassée sur les rochers; *l'auto è andata a fracassarsi contro un albero* l'auto est allée se fracasser contre un arbre **2** *rifl.* (*pop.*) se fracasser (*corr.*) → *tr.* □.
fracassatóre, trice |frakassa'tore, tritʃe| *agg.* (*raro*) [*che fracassa*] casseur* (*fam.*) ♦ (*s.*) *un fracassatore* un brise-tout *m. inv.*; un briseur*.
fracàsso |fra'kasso| *s.m.* **1** fracas: *la vetrina ha ceduto con grande fracasso* la devanture s'est effondrée avec un grand fracas ◇ (*per est.*) [*frastuono, rumore irritante*] tapage, tintamarre: *ragazzi, smettete di far fracasso!* arrêtez de faire tout ce tapage, les enfants!; *non mi piacciono le feste dove c'è troppo fracasso* je n'aime pas les fêtes où il y a trop de tintamarre → **caos** ◇ (*loc. fig.*) *far fracasso, fare gran fracasso* [*suscitare molti commenti; avere un improvviso successo*] faire du bruit, faire grand bruit: *sul momento fece un gran fracasso, poi non se ne sentì più parlare* sur le moment cela fit grand bruit, puis on n'en entendit plus parler **2** (*fig., fam.*) [*grande quantità*] tas: *un fracasso di gente* un tas de gens, de personnes; *ha preso un fracasso di legnate* il a reçu un tas, une volée de coups de bâton.
fracassóne |frakas'sone| *s.* [*chi, per sbadataggine, rompe di frequente roba o fa danni*] brise-tout *m.inv.*, brise-fer *m. inv.* ◇ (*per est.*) [*chi fa molto rumore*] tapageur*.
fràcco |'frakko| *s.m. solo sing.* (*dial.*) (*nell'espressione*) *ha preso un fracco di botte* [*una gran quantità*] il a reçu une volée *f.* de coups, une raclée *f.* (*fam.*).
fràcido |'fratʃido| *agg.* (*region.*) → **fradicio.**
fracidùme |fratʃi'dume| *s.m.* (*region.*) → **fradiciume.**
fràdicio, i |'fraditʃo, i| **I** *agg.* **1** [*marcio, guasto*] pourri, avarié: *frutta fradicia* des fruits pourris, avariés; *uova fradicie* œufs pourris # *ho un dente fradicio* j'ai une dent gâtée → **cariato** **2** (*fig.*) [*corrotto, degenerato*] pourri: *è una società sempre più fradicia* c'est une société de plus en plus pourrie; *risanare un ambiente fradicio* assainir un milieu pourri **3** (*per est.*) [*bagnato, inzuppato*] trempé: *avere gli abiti fradici di pioggia* avoir ses vêtements trempés par la pluie ◇ (*posposto a un altro agg. di significato affine, con valore raff.*) trempé: *essere sudato fradicio* être trempé de sueur, être en nage; *bagnato fradicio* trempé jusqu'aux os, trempé comme une soupe (*fam.*) # *ubriaco fradicio* ivre mort; saoul comme un cochon, comme un polonais; *innamorato fradicio* [*innamorato cotto*] amoureux fou*, follement épris **II** *s.m.* **1** [*parte guasta, marciume*] pourri, pourriture (*f.*): *togli il fradicio prima di mangiare quelle pere* enlève le pourri avant de manger ces poires **2** (*fig.*) [*corruzione*] pourriture: *scoprire, nascondere il fradicio* découvrir, cacher la pourriture **3** (*per est.*) [*fanghiglia*] boue (*f.*): *quella strada è ridotta a una pozzanghera di fradicio* cette route n'est plus qu'une mare de boue ◇ [*umidità*] humidité (*f.*): *in cantina c'è un gran fradicio* à la cave il y a une grande humidité [C] I 1, 2 **sano,** 3 **asciutto.**
fradiciùme |fradi'tʃume| *s.m.* **1** [*cose marce*] pourriture (*f.*): *scelga bene, non mi dia quel fradiciume!* choisissez bien, ne me donnez pas cette pourriture! # *è più il fradiciume che la frutta sana* il y a plus de fruits pourris que de beaux fruits → **putridume** ◇ (*fig.*) *bisogna liberare la città dal fradiciume della malavita* il faut délivrer la ville de la pourriture de la pègre **2** (*per est.*) [*umidità eccessiva, fastidiosa*] humidité (*f.*): *con tutta questa pioggia i campi sono pieni di fradiciume* avec toute cette pluie les champs sont pleins d'humidité; *non sopportavo più il fradiciume di quei locali a pianterreno* je ne supportais plus l'humidité de ces pièces du rez-de-chaussée.
fràgile |'fradʒile| *agg.* **1** fragile: *oggetti fragili* objets fragiles; *il vetro è fragile* le verre est fragile; *non può reggere, è un'impalcatura troppo fragile* ça ne peut pas tenir, c'est un échafaudage trop fragile ◇ (*fig.*) *salute, costituzione fragile* santé, constitution fragile; *non*

può fare strapazzi, è una ragazza molto fragile elle ne peut pas se surmener, c'est une jeune fille très fragile → **gracile, delicato** **2** (*fig.*) [*facile a cedere alle difficoltà, alle tentazioni*] faible, mou*: *la natura umana è fragile* la nature humaine est faible; *ha una volontà fragile* il a une volonté molle **3** (*fig.*) [*di poca consistenza; effimero*] fragile, chancelant: *una difesa fragile* une défense fragile; *un ragionamento fragile* un raisonnement chancelant; *speranze, propositi fragili* espoirs, desseins fragiles Ⓒ 1 **resistente, forte** 1, **vigoroso**; 2 **energico, forte** 1; 3 **consistente.**

fragilità |fradʒili'ta| *s.f.inv.* [*facilità a rompersi, a spezzarsi*] fragilité (*var.*): *la fragilità del vetro, della ceramica* la fragilité du verre, de la céramique ◇ (*fig.*) *la fragilità di un fiore* la fragilité d'une fleur; *la fragilità della salute* la fragilité de la santé; *la fragilità della donna* la fragilité de la femme; *la fragilità delle speranze, delle glorie umane* la fragilité des espérances, des gloires humaines # *la fragilità della natura umana* la faiblesse de la nature humaine Ⓒ **resistenza; energia, vigore.**

fragilménte |fradʒil'mente| *avv.* (*raro, fig.*) [→ FRAGILE 2, 3] fragilement; faiblement, avec faiblesse *loc. inv.*

fràgola |'fragola| *s.f.* (*t.bot.*) fraisier *m.* ◇ [*il frutto*] fraise: *fragole di serra,* (*fragoline*) *di bosco* fraises de serre, des bois; *marmellata di fragole* confiture de fraises; *gelato di fragole* glace à la fraise; *raccogliere fragole* cueillir des fraises ◆ (*agg. inv.*) *color fragola* couleur fraise (écrasée); *rosso fragola* rouge fraise.

fragoléto |frago'leto| *s.m.* [*piantagione di fragole*] fraiserie *f.*

fragolóne |frago'lone| *s.m.* [*varietà di fragola*] capron.

fragóre |fra'gore| *s.m.* [*rumore assordante, violento*] fracas, vacarme: *dopo il lampo arrivò il fragore del tuono* après l'éclair parvint le fracas du tonnerre; *il fragore delle urla mi ha stordito* le vacarme des hurlements m'a étourdi # *la sua voce fu coperta dal fragore degli applausi* sa voix fut couverte par un tonnerre, une tempête d'applaudissements.

fragorosaménte |fragorosa'mente| *avv.* [→ FRAGOROSO] bruyamment: *applaudire fragorosamente* applaudir bruyamment Ⓒ **silenziosamente.**

fragoróso |frago'roso| *agg.* [*che fa molto rumore, assordante*] assourdissant, retentissant: *l'albero si è abbattuto con uno schianto fragoroso* l'arbre s'est abattu avec un craquement assourdissant; *mi hanno accolto con applausi fragorosi* ils m'ont accueilli par des applaudissements retentissants ◇ (*fig.*) retentissant, éclatant: *ha riscosso un successo fragoroso* il a obtenu un succès retentissant, éclatant Ⓒ **silenzioso.**

fragrànte |fra'grante| *agg.* [*che manda un profumo intenso e naturale*] embaumé, parfumé: *respirare l'aria fragrante della pineta* respirer l'air embaumé, parfumé de la pinède; *ci ha servito un pane ancora caldo e fragrante* il nous a servi du pain encore chaud et sentant bon → **profumato** Ⓒ **puzzolente, fetido.**

fragrànza |fra'grantsa| *s.f.* [*profumo intenso e delicato; aroma*] odeur, parfum *m.*, fragrance (*lett.*): *la fragranza del pane ancora caldo* la bonne odeur, le parfum du pain encore chaud # *la fragranza di un buon arrosto* le fumet d'un excellent rôti Ⓒ **puzzo, fetore.**

fragràre |fra'grare| *v.intr.* (*lett.*) → **profumare.**

fraintèndere |frain'tɛndere| (105) **A** *v.tr.* [*capire una cosa per un'altra; travisare*] mal comprendre (73), mal interpréter (8), se méprendre (73) *pron.* (*lett.*) sur: *hai frainteso le mie parole* tu as mal compris ce que j'ai dit; *fraintendere un ordine* mal interpréter un ordre; *mi fraintende* il se méprend sur moi → **equivocare** ◆ (*ass.*) *cerca di non fraintendere* essaie de bien comprendre; *non fraintendermi!* ne me fais pas dire ce que je ne veux pas! **B** *v.pron.recipr.* FRAINTENDERSI [→ *tr.*] ne pas, mal se comprendre: *è facile fraintendersi* il est facile de ne pas se comprendre; *ci siamo fraintesi* nous nous sommes mal compris.

fraintéso |frain'teso| **1** *s.m.* [*malinteso, equivoco*] malentendu, quiproquo: *c'è stato un frainteso tra noi due* il y a eu un malentendu, un quiproquo entre nous **2** *agg.* [*non capito, incompreso*] incompris: *un'opera d'arte fraintesa* une œuvre d'art incomprise.

fràle |'frale| *agg.* (*lett.*) → **fragile.**

fralézza |fra'lettsa| *s.f.* (*lett.*) → **fragilità.**

framéttere |fra'mettere| *v.tr.* → **frammettere.**

framezzàre |framed'dzare| *v.tr.* → **frammezzare.**

framèzzo |fra'mɛddzo| *prep. e avv.* → **frammezzo.**

frammassóne |frammas'sone| *s.m.* → **massone.**

frammassonerìa |frammassone'ria| *s.f.* → **massoneria.**

frammentàre |frammen'tare| **A** *v.tr.* **1** [*ridurre in frammenti, spezzettare*] partager (3), fragmenter: *frammentare una proprietà fra gli eredi* partager un domaine entre les héritiers **2** (*fig.*) [*rendere frammentario, discontinuo*] fragmenter: *frammentare un'opera* fragmenter un ouvrage **B** *v.pron.intr.* FRAMMENTARSI [→ *tr.* 2] se fragmenter, se perdre (53): *il romanzo si frammenta in piccole vicende marginali* le roman se fragmente en petites histoires secondaires, se perd dans de petits faits secondaires.

frammentariaménte |frammentarja'mente| *avv.* [→ FRAMMENTARIO 3] fragmentairement: *non segue un discorso unitario, ma procede frammentariamente* il ne suit pas un discours cohérent, mais il procède fragmentairement # *ha svolto il lavoro frammentariamente* il a effectué le travail à plusieurs reprises, à titre temporaire, occasionnellement ◇ (*per est.*) [*in modo incompleto*] fragmentairement, en partie (*loc. inv.*): *conosco la questione solo frammentariamente* je ne connais cette question qu'en partie.

frammentarietà |frammentarje'ta| *s.f.inv.* [*mancanza di unità, disorganicità*] incohérence *var.*, manque *m. var.* d'homogénéité: *la frammentarietà di un discorso* l'incohérence d'un discours; *la frammentarietà di un libro* le manque d'homogénéité d'un livre ◇ (*per est.*) [*incompletezza*] caractère *m. var.* fragmentaire, incomplet: *la frammentarietà dei dati non consente di avere un quadro completo della situazione* les données fragmentaires, incomplètes ne permettent pas de dresser un tableau complet de la situation.

frammentàrio, i |frammen'tarjo, i| *agg.* **1** [*che è in frammenti*] fragmenté: *manoscritto frammentario* manuscrit fragmenté ◇ (*per est.*) [*costituito di frammenti; incompleto*] fragmentaire, partiel*: *testo frammentario* texte fragmentaire; *notizie frammentarie* nouvelles partielles, incomplètes → **lacunoso** **2** (*miner.*) détritique: *rocce frammentarie* roches détritiques → **detritico** **3** (*fig.*) [*disorganico, dispersivo*] incohérent, décousu: *discorso, libro frammentario* discours incohérent, livre décousu.

frammentarìsmo |frammenta'rizmo| *s.m.* caractère fragmentaire; tendance *f.* à la fragmentation.

frammentazióne |frammentat'tsjone| *s.f.* **1** [*divisione in più parti; spezzettamento*] fractionnement *m.*, morcellement (*m.*): *bisogna evitare la frammentazione delle iniziative* il faut éviter le fractionnement des initiatives; *la frammentazione delle campagne è un elemento negativo per l'agricoltura* le morcellement des terres est un élément négatif pour l'agriculture **2** (*biol., bot.*) fragmentation.

framménto |fram'mento| *s.m.* **1** fragment, éclat: *un frammento di vetro* un fragment, un éclat de verre # *il vassoio si è rotto in mille frammenti* le plateau s'est cassé en mille morceaux → **pezzo** ◇ [*parte staccata di opere d'arte*] fragment, morceau: *esaminare un frammento del Partenone* examiner un fragment du Parthénon **2** (*filol.*) fragment, morceau: *una raccolta di frammenti della lirica alessandrina* un recueil de fragments de la lyrique alexandrine **3** (*letter.*) fragment.

frammescolàre |frammesko'lare| *v.tr.* (*raro*) → **frammischiare.**

framméssо |fram'messo| *agg.* interposé, intercalé.

framméttere |fram'mettere| (155) **A** *v.tr.* [*mettere tra una cosa e l'altra; interporre*] intercaler, insérer (8): *frammettere dei segni fra le pagine di un libro* intercaler, insérer des signets dans un livre # *frammettere indugi alla partenza* tarder à partir → **frapporre** **B** *v.pron. rifl.* FRAMMETTERSI [*mettersi in mezzo*] s'insérer: *un braccio di mare si frammette tra le due scogliere* un bras de mer s'insère entre les deux falaises → **inserir(si)** ◇ (*fig.*) intervenir (27) (*intr.*): *perché vuoi frammetterti in queste beghe?* pourquoi veux-tu intervenir dans ces querelles? # *è un invadente, si frammette sempre dappertutto* c'est un indiscret, il fourre toujours son nez partout → **interferire.**

frammezzàre |frammed'dzare| *v. tr.* (*raro*) [*intercalare; interrompere*] entrecouper, entremêler: *frammezzare il discorso con battute di spirito* entrecouper, entremêler son discours de plaisanteries; *frammezzare il viaggio con alcune soste* entrecouper le voyage de quelques haltes ◇ [*alternare*] *frammezzare il lavoro con lo studio* travailler et étudier tour à tour.

frammèzzo |fram'mɛddzo| **I** *prep.* (*nella loc. prep.*) *frammezzo a* → **tra**

II *avv.* [*in mezzo, di mezzo, spec. fig.*] *essere frammezzo* être dedans, y être; *mettersi frammezzo* s'interposer *v.pron.*

frammischiàre |frammis'kjare| *v.tr.* [*mescolare insieme cose diverse*] entremêler: *frammischiare complimenti con rimproveri* entremêler des compliments et des reproches → **mischiare.**

frammìsto |fram'misto| *agg.* [*mescolato*] mélangé, entremêlé: *cotone frammisto a lana* du coton mélangé à de la laine; *ha detto alcune cose accettabili frammiste a molte schiocchezze* il a dit plusieurs choses acceptables entremêlées de nombreuses bêtises.

fràna |'frana| *s.f.* **1** [*distacco di terreno o di materiale roccioso lungo pendii o argini*] éboulement *m.*, effondrement (*m.*): *la pioggia ha provocato una frana* la pluie a provoqué un éboulement; *la frana ha aperto una voragine nella strada* l'effondrement a ouvert un trou dans la chaussée ◊ [*materiale franato*] éboulis *m.*, éboulement: *la strada è ostruita da una frana* la route est obstruée par un éboulis; *il traliccio è stato travolto da una frana* le pylône a été emporté par un éboulement; *è rimasto sepolto sotto una frana* il est resté enseveli sous un éboulement ◊ (*per est.*) [*quantità considerevole di oggetti che cadono, si rovesciano*] avalanche: *mi è arrivata in testa una frana di libri* une avalanche de livres m'est tombée sur la tête **2** (*fig.*) [*fallimento*] effondrement: *frana economica* effondrement économique → **crollo** ◊ [*disastro*] désastre (*m.*): *quell'iniziativa è stata una vera frana* cette initiative a été un véritable désastre ◊ (*loc.*) *sei una frana* [*combini guai*; *sei deludente*] tu n'es qu'un bon à rien.

franàbile |fra'nabile| *agg.* [→ FRANARE 1] ébouleux*: *terreno franabile* terrain ébouleux.

franaménto |frana'mento| *s.m.* [*crollo di materiale che frana*] éboulement: *il franamento di una massa rocciosa* l'éboulement d'une masse rocheuse → **cedimento** ◊ (*fig.*) → **fallimento, crollo.**

franàre |fra'nare| *v.intr.* (*aus.* '*essere*') **1** (*di terreno o rocce*) [*distaccarsi lungo pendii o argini*] s'écrouler *pron.*, s'effondrer (*pron.*): *un costone di montagna è franato sull'abitato* une arête de la montagne s'est écroulée sur l'agglomération # *le piogge hanno fatto franare la strada in più punti* les pluies ont provoqué l'effondrement de la route en plusieurs points ◊ (*per est.*) [*cadere*; *crollare*] tomber, s'effondrer: *ha fatto franare una pila di scatole* il a fait tomber une pile de boîtes; *è franato il muro di sostegno* le mur de soutien s'est effondré ◊ (*fig.*) *le azioni in Borsa sono franate paurosamente* les actions en Bourse ont terriblement baissé **2** (*fig.*) [*venir meno*] s'écrouler, sombrer (*aus.* avoir): *tutti i suoi ideali sono franati* tous ses idéals se sont écroulés, ont sombré.

francaménte |franka'mente| *avv.* **1** [*in modo schietto*; *apertamente*] carrément, franchement: *me lo devi dire francamente, senza riguardi* tu dois me le dire carrément, sans ménagement; *rispondere francamente* répondre franchement ◊ [*in modo disinvolto*] avec aisance (*loc. inv.*): *non essere timido, comportati francamente* ne sois pas timide, agis avec aisance **2** *ass.* [*in realtà, in verità*] vraiment, réellement: *francamente, non c'è più niente da sperare* il n'y a vraiment plus d'espoir; *francamente, non so cosa rispondere* je ne sais réellement pas quoi répondre **C** 1 **ipocritamente, slealmente.**

francàre |fran'kare| *v.tr.* **1** (*raro*) [*mettere l'affrancatura a ciò che si spedisce per posta*] affranchir: *francare una cartolina, un pacco* affranchir une carte postale, un colis → **affrancare 2** (*lett.*) → **liberare.**

francatùra |franka'tura| *s.f.* (*raro*) → **affrancatura.**

francescanaménte |frantʃeskana'mente| *avv.* (*fig.*) *vivere francescanamente* [*in modo francescano, con semplicità*] pratiquer la pauvreté franciscaine.

francescàno |frantʃes'kano| *agg.* **1** (*relig. catt.*) franciscain: *frate francescano* moine franciscain # *ordine francescano* ordre des franciscains; *regola francescana* règle des franciscains; *abito francescano* habit de franciscain; *suora francescana* franciscaine; *terziario francescano* tertiaire de saint François → **terziario** ✦ (*s.*) *un francescano* un franciscain: *convento, chiesa dei francescani* couvent, église de franciscains # *francescani cappuccini* capucins → 1 **cappuccino**; *francescani osservanti* frères mineurs de l'observance **2** (*per est.*) [*che è ispirato agli ideali di san Francesco d'Assisi*] franciscain: *semplicità, povertà francescana* simplicité, pauvreté franciscaine; *condurre una vita francescana* vivre dans la pauvreté franciscaine ✦ (*s.*) *un francescano* un ascète: *non ha esigenze, è un vero francescano* il n'est pas très exigeant, c'est un véritable ascète.

francése |fran'tʃeze| **1** *agg.* [*della Francia*] français: *nazione, letteratura francese* nation, littérature française; *lingua francese* langue française; *piatto francese* plat français # *storia francese* histoire de France; *mal francese* [*sifilide*] syphilis ◊ *loc.* ALLA FRANCESE à la française: *giardino alla francese* jardin à la française # *nasino alla francese* [*leggermente all'insù*] petit nez retroussé, en trompette **2** (*s.m.*) *il francese* [*la lingua*] le français: *libro in francese* livre en français; *studiare, imparare, parlare il francese* étudier, apprendre, parler le français; *essere rimandato in francese* ne pas être admis, être collé en français.

francesìna |frantʃe'zina| *s.f.* **1** [*giovane donna, ragazza fr.*] jeune fille française: *ha sposato una francesina* il a épousé une jeune fille française **2** [*panino rotondo con un taglio in mezzo*] pain *m.* français, petit panin *m.* **3** [*modello di scarpa con mascherina cucita*] chaussure à la française.

francesìsmo |frantʃe'zizmo| *s.m.* (*ling.*) → **gallicismo.**

francesìsta |frantʃe'zista| *s.* spécialiste en langue et culture françaises.

francesizzàre |frantʃezid'dzare| **A** *v.tr.* [*adattare alla cultura, ai costumi, alla lingua fr.*] franciser: *francesizzare la moda, il linguaggio* franciser la mode, le langage; *francesizzare il proprio cognome* franciser son nom de famille **B** *v.pron. intr.* FRANCESIZZARSI [→ *tr.*] prendre (73) *tr.* la nationalité française, se faire (45) naturaliser français: *molti emigranti si sono francesizzati* beaucoup d'immigrés ont pris la nationalité française.

francesizzàto |frantʃezid'dzato| *agg.* francisé; naturalisé (français).

francesizzazióne |frantʃeziddzat'tsjone| *s.f.* [→ FRANCESIZZARE A] francisation.

franchézza |fran'kettsa| *s.f.* **1** [*schiettezza, sincerità*] franchise: *franchezza d'animo* franchise; *gli ho parlato con franchezza* je lui ai parlé avec franchise → **lealtà** ◊ [*scioltezza, disinvoltura*] aisance: *parlare una lingua con franchezza* parler une langue avec aisance # *sa disimpegnarsi con franchezza* il sait aisément se tirer d'affaire ◊ [*decisione, prontezza, risolutezza*] décision, fermeté: *reagire con franchezza* réagir avec décision, avec fermeté; *ha affrontato la questione con franchezza* il a affronté le problème avec décision # *avere coraggio e franchezza* avoir du courage et de la résolution **2** (*per est.*) [*estrema disinvoltura*; *sfacciataggine*] impudence, effronterie: *mentire con franchezza* mentir avec impudence, avec effronterie **C** 1 **ipocrisia**; **imbarazzo.**

franchìa |fran'kia| *s.f.* (*mar.*) franche.

franchìgia, gie, (*raro*) **ge** |fran'kidʒa, dʒe| *s.f.* **1** [*esenzione dal pagamento di una tassa o di un dazio*] franchise: *franchigia postale, doganale* franchise postale, douanière; *senza franchigia* sans franchise **2** (*comm., dir.*) franchise **3** (*mar.*) quartier *m.* libre **4** (*st. mediev.*) *franchigie comunali* charte *sing.* d'affranchissement des communes **5** (*arc., lett.*) → **libertà.**

franchìsmo |fran'kizmo| *s.m.* (*st. sp.*) franquisme.

franchìsta |fran'kista| *agg.* (*st. sp.*) franquiste: *regime franchista* régime franquiste ✦ (*s.*) *un franchista* un franquiste.

fràncio, i |'frantʃo, i| *s.m.* (*chim.*) francium.

1 **frànco, chi, ca, che** |'franko, ki, ka, ke| *agg.* **1** [*schietto, aperto*; *leale*] franc*: *un ragazzo franco* un garçon franc; *un linguaggio, un discorso franco* un langage, un discours franc; *con me devi essere franco* tu dois être franc avec moi → **sincero** ◊ [*disinvolto, spedito*; *sicuro*] assuré, sûr: *venne avanti con passo franco* il s'avança d'un pas assuré; *ha una guida franca* il a une conduite sûre # *essere franco nei modi, nel comportamento* avoir de l'assurance, une liberté d'allures; *vai pure franco!* sois bien tranquille! → **sciolto, spigliato, deciso 2** [*non soggetto al pagamento di imposte o di altre particolari spese*] franc, exempt (de): *città, zona franca* ville, zone franche; *porto franco* port franc ‖ *merce franca di dogana, di dazio* marchandise exempte des droits de douane → **esente** ◊ (*loc. fig.*) *farla franca* [*uscire incolume da un pericolo*; *uscire impunito da un'azione poco lecita*] s'en sortir, se tirer d'affaire ◊ (*loc. comm.*) *franco di porto* [*netto di ogni spesa*] franc de port, franco ~ *franco vagone arrivo, partenza* franco wagon à l'arrivée, au départ ~ *franco stazione arrivo, partenza* franco en gare d'arrivées, de départ ~ *franco magazzino* franco entrepôt ~ *franco bordo* franco de bord ~ *franco banchina* franco long

du bord (F.L.B.) ~ *franco avaria* franc d'avaries ~ *prezzo franco fabbrica* prix départ usine **3** (*agr.*) *terra franca* terre franche; *albero franco* arbre franc → **selvatico** **4** (*per est.*, *raro*) [*libero da impegni*] libre # *oggi è la mia giornata franca* aujourd'hui c'est mon jour de liberté ◇ (*mar.*) *marinaio franco* matelot de quart *loc. inv.* **5** (*mil.*) *corpo franco* corps francs (*pl.*); *franco tiratore* → **franco tiratore** **6** (*arc.*) [*libero, affrancato*] libre, affranchi **C** 1 **ipocrita, sleale, timido, impaurito.**

2 **frànco, chi, ca, che** |'franko, ki, ka, ke| *agg.* **1** (*st. ant.*, *mediev.*) franc*: *la lingua franca* la langue franque, le francique *s.m.* → **germanico** ◇ (*filol.*) *scrittura franca* écriture franque ✦ *s.* (*st.*) *i Franchi* les Francs → **germanico** ◇ (*ling.*) *lingua franca* sabir *s.m.*, langue franque (*arc.*) **2** (*lett.*) [*francese*] français.

3 **frànco, chi** |'franko, ki| *s.m.* **1** [*unità monetaria*] franc: *franco francese, belga, svizzero* franc français, belge, suisse; *cambiare lire in franchi* changer des lires en francs **2** (*st. fr.*) franc **3** (*fam.*) [*lira*; *denaro*] lire *f.* (*corr.*), argent: *costa pochi franchi* ça ne coûte que quelques lires; *è un tipo pieno di franchi* c'est un type plein d'argent.

francobóllo |franko'bollo| **1** *s.m.* timbre, timbre-poste: *francobollo per espresso, per posta aerea* timbre pour un exprès, de poste aérienne; *francobollo commemorativo, pubblicitario* timbre commémoratif, publicitaire; *collezione, raccolta di francobolli* collection de timbres ◇ (*per est.*, *cine.*) → **fotogramma** **2** *agg. inv.* [*di dimensioni molto ridotte*] *formato francobollo* petit format; *libro francobollo* livre petit format.

francofilìa |frankofi'lia| *s.f.* francophilie.

francòfilo |fran'kɔfilo| *agg. e s.* francophile.

francofobìa |frankofo'bia| *s.f.* francophobie.

francòfobo |fran'kɔfobo| *agg. e s.* francophobe.

francofonìa |frankofo'nia| *s.f.* francophonie.

francòfono |fran'kɔfono| *agg. e s.* francophone.

francolìno |franko'lino| *s.m.* (*t. zool.*) francolin ~ *francolino di monte* gélinotte *f.*

fràncone |'frankone| **1** *agg.* [*della Franconia*] franconien* ✦ *s.* (*st.*) *i Franconi* les Franconiens **2** (*s.m.*) *il francone* [*la lingua*] la langue *f.* de la Franconie.

frànco tiratóre |'frankotira'tore| *s.m.* franc-tireur: *dei franchi tiratori* des francs-tireurs.

frangènte |fran'dʒɛnte| *s.m.* **1** [*onda che si abbatte spumeggiando*] lame *f.* ◇ [*il punto dove l'onda urta e si frange*] brisants *pl.* **2** (*fig.*) [*situazione critica, difficile*] situation *f.*, cas: *trovarsi in brutti frangenti* se trouver dans une situation difficile; *in simili frangenti occorre prudenza* dans ces cas-là, il faut être prudent.

fràngere |'frandʒere| (147) **A** *v.tr.* **1** (*lett.*) [*rompere, frantumare*] briser, rompre (44): *frangere le zolle* briser les mottes **2** [*macinare*] pressurer: *frangere le olive* pressurer les olives **3** (*fig.*, *lett.*) [*vincere, spezzare*; *fiaccare*] briser, rompre **B** *v.pron. intr.* FRANGERSI **1** (*detto delle onde*) [*infrangersi, abbattersi spumeggiando*] se briser, déferler (*intr.*): *le onde si infrangevano sugli scogli* les vagues se brisaient, déferlaient sur les rochers **2** (*fig.*, *lett.*) [*infrangersi, fiaccarsi*] se briser, échouer *intr.*

frangétta |fran'dʒetta| *s.f.* petite frange (de cheveux) → **frangia.**

fràngia, ge |'frandʒa, dʒe| *s.f.* **1** frange: *la frangia di una sciarpa, di un divano* la frange d'une écharpe, d'un divan **2** (*fig.*) [*aggiunta, spec. superflua o gratuita*] détail (*m.*): *riferire un fatto con molte frange* rapporter un fait avec beaucoup de détails; broder sur un fait → **fronzolo, lungaggine, divagazione** **3** [*ciuffo di capelli corti*] frange (de cheveux): *portare la frangia* porter une frange; *accorciare la frangia* raccourcir sa frange **4** [*fascia esterna, spec. costiera, di una regione*] littoral* (*m.*): *frangia corallina* littoral corallien, récif *m.* de corail # *frangia di scogli* récif → **litorale, margine** ◇ (*fig.*) [*gruppuscolo, settore periferico, spec. dissidente, di un partito e sim.*] frange: *una frangia estremista* une frange extrémiste **5** (*anat.*) appendice *m.* **6** (*ott.*) frange.

frangiàre |fran'dʒare| *v.tr.* (*raro*) [*ornare di frangia*] franger (3): *frangiare un vestito* franger une robe → **guarnire.**

frangiatùra |frandʒa'tura| *s.f.* application de franges ◇ (*per est.*) [*le frange applicate*] franges *pl.*

frangibiàde |frandʒi'bjade| *s.m. inv.* (*agr.*) concasseur *var.*, broyeur *var.* → **frantoio.**

frangìbile |fran'dʒibile| *agg.* → **fragile.**

frangibilità |frandʒibili'ta| *s.f.* (*raro*) → **fragilità.**

frangiflùtti |frandʒi'flutti| *s.m.inv.* [*sbarramento naturale o artificiale, contro cui si infrangono i flutti*] brise-lames ✦ (*agg. inv.*) *una diga frangiflutti* un brise-lames *s.m.*

frangióndе |frandʒi'onde| *s.m.inv.* → **frangiflutti.**

frangipiètre |frandʒi'pjɛtre|,

frangisàssi |frandʒi'sassi| *s.m.inv.* (*tecnol.*) casse-pierre(s) (*var.*): *dei frangipietre* des casse-pierres.

frangisóle |frandʒi'sole| *s.m.inv.* (*tecnol.*) casse-pierre(s) (*var.*): *dei frangipietre* des casse-pierres.

frangitóre |frandʒi'tore| *s.m.* (*agr.*) → **frantoio.**

frangitùra |frandʒi'tura| *s.f.* [→ FRANGERE A 2] pressurage *m.* → **torchiatura** ◇ (*per est.*) période de pressurage.

frangivènto |frandʒi'vɛnto| *s.m. inv.* [*riparo naturale o artificiale, che protegge dal vento*] brise-vent, abrivent *var.* ✦ (*agg. inv.*) *alberi frangivento* des brise-vent *s.m.*

frangizòlle |frandʒid'dzɔlle| *s.m. inv.* (*agr.*) émotteuse *f.var.* ✦ (*agg. inv.*) *rullo frangizolle* brise-mottes *s.m.*

franosità |franosi'ta| (*s.f. inv.*) *franosità di un terreno* disposition *var.* d'un terrain aux éboulements.

franóso |fra'noso| *agg.* [*soggetto a frane*] ébouleux*, avalancheux*: *terreno franoso* terrain ébouleux, avalancheux; *zona franosa* zone ébouleuse → **franabile.**

frantóio, i |fran'tojo, i| *s.m.* (*agr.*, *tecnol.*) broyeur, concasseur: *frantoio a mascelle, a martelli, a cono* broyeur à mâchoires, à marteaux, à cylindres; *frantoio di pietre* concasseur de pierres # *frantoio di olive* pressoir à olives ◇ (*per est.*) [*luogo dove si esegue la spremitura delle olive*] pressoir.

frantoìsta |franto'ista| *s.* [*operaio addetto al frantoio*] broyeur*.

frantumàre |frantu'mare| **A** *v.tr.* **1** [*ridurre in pezzi, in frammenti*] broyer (10), briser: *frantumare la pietra* broyer, concasser la pierre; *frantumare la vetrina di un negozio* briser la vitrine d'un magasin **2** (*fig.*) [*annullare, distruggere*] briser: *frantumare la resistenza del nemico* briser la résistance ennemie **3** (*raro*) [*fratturare*; *maciullare*] broyer, écraser: *l'ingranaggio gli ha frantumato la mano sinistra* il a eu la main gauche broyée dans l'engrenage **B** *v.pron.intr.* FRANTUMARSI **1** [*andare in frantumi, spezzettarsi*] se briser: *è un materiale così delicato che al minimo colpo si frantuma* c'est un matériel si délicat qu'il se brise au moindre choc **2** (*fig.*) [*annullarsi, svanire*] se briser, échouer (*intr.*): *speranze che si frantumano* espoirs qui se brisent; *con questo imprevisto i nostri progetti si frantumano* cet imprevu fait échouer nos projets **3** (*raro*) [*fratturarsi*] se briser, se rompre (44).

frantumatóre |frantuma'tore| *s.m.* **1** [*chi è addetto alla frantumazione dei minerali*] broyeur* *s.* **2** (*tecnol.*) → **frantumatrice.**

frantumatrìce |frantuma'tritʃe| *s.f.* (*tecnol.*) broyeur *m.*

frantumazióne |frantumat'tsjone| *s.f.* [→ FRANTUMARE A 1, 3; B 1] broyage *m.* ◇ [*l'effetto*] fait *m.* de se briser.

frantùme |fran'tume| *s.m. spec. al plur.* [*piccolo pezzo di q.c. che si è rotto*] éclat, morceau*: *andare in frantumi* voler en éclats, se casser en mille morceaux; *l'esplosione ha mandato in frantumi i vetri* l'explosion a fait voler en éclats les vitres # *ridurre in frantumi* réduire en miettes → **pezzetto, frammento** ◇ (*loc. fig.*) *essere, andare in frantumi* [*essere, andare in rovina, in sfacelo*] aller à la ruine, péricliter: *è una società che va in frantumi* c'est une société qui va à la ruine, qui périclite # *le nostre speranze sono ormai in frantumi* c'est désormais la ruine de nos espérances.

fràppa |'frappa| *s.f.* **1** [*guarnizione di stoffa increspata e smerlata*] volant *m.* festonné → **frangia** **2** (*raro*) [*minuta rappresentazione del fogliame in opere intagliate o dipinte*] feuillage *m.* **3** [*specie di frittella a forma di nastro dentellato*] merveille.

frappàre |frap'pare| *v.tr.* **1** [*guarnire con frappe*] festonner **2** [*riprodurre in modo minuzioso il fogliame in pittura o in opere di intaglio*] peindre (66), sculpter des feuillages (sur).

'frappé' |frappe| *agg. e s.m. inv.* → **frullato.**

frappórre |frap'porre| (168) **A** *v.tr.* [*mettere in mezzo, spec. fig.*] *frapporre ostacoli* faire (45) obstacle à; interposer un obstacle à; *frapporre difficoltà* faire, créer des difficultés # *senza frapporre indugi* sans (plus) différer → **interporre** **B** *v.pron. rifl.* FRAPPORSI → **intrometter(si).**

frapposizióne |frappozit'tsjone| *s.f.* (*raro*) [→ FRAPPORRE] interposition.

frappósto |frap'posto| *agg.* interposé.

frasàrio, i |fra'zarjo, i| *s.m.* **1** [*insieme di loc. e di termini caratteristici, usati abitualmente da una persona o da una categoria*] langage; jargon: *ha un frasario ricercato, colorito, grossolano* il a un langage recherché, coloré, grossier → **linguaggio** || *frasario politico, burocratico, medico* jargon des politiciens, des bureaucrates, des médecins → **gergo** **2** [*raccolta di frasi di uno scrittore, di uno stile letterario*] langue *f.*, style: *il frasario dantesco* la langue, le style de Dante # *il frasario retorico* la rhétorique; *il frasario epistolare* le style épistolaire.

fràsca, che |'fraska, ke| *s.f.* **1** [*ramoscello con foglie*] branche, branchage (*m.*): *c'è un'aria così calma che non si muove una frasca* l'air est si calme que pas une branche ne bouge; *un letto di frasche* un lit de branchages → 1 **fronda** ◇ (*coll.*) [*fogliame raccolto come cibo per gli animali*] feuilles *pl.* ◇ (*per est., pop.*) [*osteria, taverna*] auberge, taverne ◇ (*loc. fig.*) *saltar di palo in frasca* [*passare sconclusionatamente da un argomento all'altro*] passer du coq à l'âne, parler à bâtons rompus **2** (*fig.*) [*persona leggera, incostante, spec. donna*] tête de linotte → **fraschetta** **3** *spec. al plur.* (*fig.*) [*vanità, capriccio*] caprices *m.*, frivolités: *aver la testa piena di frasche* avoir mille frivolités en tête → **frivolezza**.

frascàme |fras'kame| *s.m.* [*le frasche*] feuillage, ramée *f.*

frascàto |fras'kato| *s.m.* [*riparo a tettoia fatto di frasche*] feuillée *f.*

frascheggiàre |frasked'dʒare| *v. intr.* (*aus.* '*avere*') **1** (*lett.*) → **stormire** **2** (*fig., raro*) (*detto spec. di donna*) [*comportarsi con leggerezza*] flirter, badiner.

frascherìa |fraske'ria| *s.f.* [*capriccio, frivolezza*] caprice *m.*, frivolité ◇ *spec. al plur.* [*fronzolo*] fanfreluches.

fraschétta |fras'ketta| *s.f.* **1** petite branche **2** (*fig.*) [*donna volubile, leggera*] tête de linotte.

fràse |'fraze| *s.f.* **1** phrase: *si esprime con frasi brevi e incisive* il s'exprime par des phrases brèves et incisives ◇ [*proposizione*] *frase interrogativa, esclamativa* phrase interrogative, exclamative; *comporre una frase col verbo al congiuntivo* faire une phrase avec le verbe au subjonctif **2** (*per est.*) [*concetto, argomento*] phrase: *non ripetere sempre le solite frasi!* ne répète pas toujours les mêmes phrases! ◇ (*loc.*) *frase fatta* phrase toute faite **3** (*mus.*) phrase.

1 **fraseggiàre** |frazed'dʒare| *v. intr.* (*aus.* '*avere*') **1** [*comporre frasi e disporle secondo un criterio stilistico e sintattico*] tourner *tr.* des phrases: *fraseggiare con scioltezza, con eleganza* tourner des phrases avec aisance, avec élégance **2** *ass.* [*esprimersi in modo ricercato, ma inconcludente*] faire (45) *tr.* des phrases **3** (*mus.*) [*dare opportuno risalto ai vari elementi di un discorso musicale*] phraser.

2 **fraseggiàre** |frazed'dʒare| *s.m. inv.* [*modo d'esprimersi*] tournure *f.var.* (de phrase), style (*var.*): *un fraseggiare alla latina* une tournure latine; *usa un fraseggiare pesante* il emploie une tournure (de phrase) lourde, un style lourd.

fraseggiatóre, trice |frazeddʒa'tore, tritʃe| *s.* phraseur*.

fraséggio, i |fra'zeddʒo, i| *s.m.* **1** [→ 1 FRASEGGIARE 1] tournure *f.* de phrases **2** (*mus.*) phrasé.

fraseologìa, gie |frazeolo'dʒia, dʒie| *s.f.* phraséologie: *un dizionario ricco di fraseologia* un dictionnaire riche en phraséologie.

fraseològico, ci, ca, che |frazeo'lɔdʒiko, tʃi, ka, ke| *agg.* phraséologique: *dizionario, repertorio fraseologico* dictionnaire, répertoire phraséologique.

frassinèlla |frassi'nɛlla| *s.f.*, **frassinèllo** |frassi'nɛllo| *s.m.* (*t.bot.*) fraxinelle *f.*

frassinéto |frassi'neto| *s.m.* [*bosco di frassini*] frênaie *f.*

fràssino |'frassino| *s.m.* (*t.bot.*) frêne ◇ [*il legno*] frêne.

frastagliaménto |frastaʎʎa'mento| *s.m.* [→ FRASTAGLIARE] découpage.

frastagliàre |frastaʎ'ʎare| *v.tr.* [*produrre rientranze e sporgenze mediante tagli*] découper: *frastagliare un abito, un foglio di carta* découper un vêtement, une feuille de papier.

frastagliataménte |frastaʎʎata'mente| *avv.* [→ FRASTAGLIATO 2] d'une manière irrégulière, discontinue *loc. inv.*

frastagliàto |frastaʎ'ʎato| *agg.* **1** [*molto articolato, con rientranze e sporgenze*] découpé, dentelé: *coste frastagliate* côtes découpées, dentelées; *cime frastagliate* cimes dentelées **2** (*per est.*) [*discontinuo; frammezzato di ostacoli*] accidenté: *terreno frastagliato* terrain accidenté **3** [*ornato di frastagli*] chargé d'ornements: *merletto frastagliato* dentelle chargée d'ornements, très ajourée.

frastagliatùra |frastaʎʎa'tura| *s.f.* **1** [*operazione del frastagliare*] découpure, découpage *m.* ◇ [*i frastagli*] découpures *pl.*, dentelures *pl.* **2** [*aspetto di ciò che è frastagliato*] découpure, dentelure.

frastàglio, i |fras'taʎʎo, i| *s.m.* **1** [*lavoro di intaglio a linee sporgenti e rientranti*] découpure *f.* **2** *spec. al plur.* [*ornamenti superflui e artificiosi*] ornements, fanfreluches *f.* → **fronzolo**.

fràstico, ci, ca, che |'frastiko, tʃi, ka, ke| *agg.* phrastique.

frastornaménto |frastorna'mento| *s.m.* [→ FRASTORNARE 2] étourdissement ◇ [→ FRASTORNARE 1] dérangement, distraction *f.*

frastornàre |frastor'nare| *v.tr.* **1** [*disturbare; distrarre da una occupazione*] déranger (3), distraire (62): *quando leggo non devi frastornarmi coi tuoi problemi* lorsque je lis, tu ne dois pas me déranger avec tes problèmes **2** [*stordire, intontire*] étourdir: *sono frastornato dai rumori della strada* je suis tout étourdi par les bruits de la rue ◇ [*disorientare, confondere*] déconcerter, désorienter: *tutte quelle proposte lo hanno frastornato* toutes ces propositions l'ont déconcerté, désorienté.

frastornàto |frastor'nato| *agg.* [*stordito, intontito*] étourdi: *era frastornata per il gridare dei bambini* elle était étourdie par les cris des enfants ◇ [*disorientato*] déconcerté, désorienté: *sono rimasto frastornato di fronte a tanti pareri contrastanti* je suis resté déconcerté devant tant d'opinions opposées.

frastornìo, ii |frastor'nio, ii| *s.m.* (*raro*) [*rumore continuato e fastidioso*] vacarme continu.

frastuòno |fras'twɔno| *s.m.* [*rumore forte e confuso*] vacarme, brouhaha: *non riesco a sopportare questo frastuono* je n'arrive pas à supporter ce vacarme, ce brouhaha → **baccano, fracasso.**

1 **fràte** |'frate| *s.m.* **1** (*troncato in* '*fra*' (*raro* '*frà*', '*fra*'') *davanti ai nomi propri comincianti per cons.*) [*chi appartiene a un ordine di religiosi cattolici, spec. mendicanti*] moine, frère: *frate di S. Francesco, di S. Domenico* moine franciscain, dominicain; *frate cappuccino, conventuale, minore* (frère) capucin, conventuel, mineur; *frate predicatore* frère prêcheur; *frate laico* frère laïc, frère lai; *frate cercatore* frère mendiant; *fra(te) Roberto* frère Robert; *frate Andrea* frère André ◇ (*loc. euf.*) *va' a farti frate!* [*togliti di mezzo!, va' al diavolo!*] va te faire fiche! (*volg.*), fiche le camp (*fam.*) ◇ (*prov.*) *sta coi frati e zappa l'orto* [*fa quello che vogliono gli altri*] obéissez, faites ce que l'on vous ordonne **2** (*arc.*) [*fratello*] frère (*corr.*).

2 **fràte** |'frate| *s.m.* (*tip.*) moine.

fratellànza |fratel'lantsa| *s.f.* **1** (*fig.*) [*reciproco sentimento d'affetto, come tra fratelli*] fraternité: *fratellanza d'armi* fraternité d'armes; *essere animati da sentimenti di fratellanza verso tutti* être animé de sentiments de fraternité envers tous ◇ (*etn.*) *fratellanza del sangue* serment *m.* de fraternité par le sang **2** [*vincolo naturale e affettivo che esiste tra fratelli*] fraternité: *rapporti, doveri di fratellanza* rapports, devoirs de fraternité **3** [*associazione laica di mutuo soccorso*] confrérie.

fratellàstro |fratel'lastro| *s.m.* [*chi è fratello per parte di uno solo dei genitori*] demi-frère.

fratellìno |fratel'lino| *s.m.* **1** [*fratello in tenera età*] petit frère, frérot (*fam.*) ◇ (*iron., vezzoso*) [*fratello*] petit frère, frangin (*pop.*): *e ora fratellino arrangiati da solo!* et maintenant, petit frère, débrouille-toi tout seul!; *che piacere rivedere il mio caro fratellino!* quel plaisir de revoir mon cher frangin! **2** *al plur.* [*fratelli, maschi e femmine, in tenera età*] petits frères.

fratèllo |fra'tɛllo| *s.m.* **1** [*persona di sesso maschile nata dagli stessi genitori*] frère: *il fratello maggiore, minore* le frère aîné, cadet; le grand, le petit frère (*fam.*); *il fratello di mia moglie* le frère de ma femme; *fratello adottivo, di adozione* frère adoptif; *fratello germano, consanguineo* frère germain, consanguin; *fratello uterino* frère utérin; *fratello di latte* frère de lait; *fratelli siamesi* frères siamois; *ho incontrato un suo fratello* j'ai rencontré un de ses frères # *fratello collaterale* [*che ha in comune uno solo dei genitori*] demi-frère ◇ (*raro*) *fratello cugino* [*cugino di primo grado*] cousin germain ◇ *al plur.* I FRATELLI [*i figli, maschi e femmine, nati dagli stessi genitori*] enfants; frère(s) et soeur(s): *siamo in cinque fratelli, due maschi e tre femmine* nous sommes cinq enfants, deux garçons et trois filles || *Marco e Daniela sono fratelli* Marc et Danièle sont frère et sœur **2** (*per est.*) [*chi ha in comune una stessa condizione di vita o medesimi ideali*] frère: *fratelli in Cristo* frères dans le Christ; *i nostri fratelli all'estero* nos frères à l'étranger; *amarsi come fratelli* s'aimer comme des frères ♦ (*agg.*) *due partiti fratelli* deux partis frères ◇ [*il prossimo*] *aiutiamo i nostri fratelli bisognosi* aidons nos frères dans le besoin ◇ *spec. al plur.* (*nell'oratoria sacra*) [*fedeli*] frères: *carissimi fratelli...* mes bien chers frères... ◇ (*spec. al plur.*) *fratelli massoni* frères maçons → **massone** ◇ [*compagno*] frère, compagnon: *fratello d'armi* frère, compagnon d'armes; *fratello di sventura, d'esilio* frère d'infortune, compagnon d'exil → **commilitone** **3** (*fig.*) [*ciò che ha la stessa natura, le stesse caratteristiche*] sœur *f.*; frère: *la speculazione e lo sfruttamento sono fratelli* la spéculation et l'exploitation sont sœurs ‖ *la trascuratezza e il disordine sono fratelli* la négligence et le désordre sont frères ◇ [*coppia*] *questo divano è il fratello del mio* ce divan est le frère du mien **4** (*relig. catt.*) frère.

fratería |frate'ria| *s.f.* [*i frati di un medesimo ordine*] confrérie ◇ (*dial.*) → **convento.**

fraternaménte |fraterna'mente| *avv.* [→ FRATERNO] fraternellement: *aiutarsi fraternamente* s'entraider fraternellement.

fraternità |fraterni'ta| *s.f.inv.* fraternité *var.*, communion (*var.*): *fraternità di intenti, di ideali* fraternité d'esprit, communion d'idéaux; *la fraternità fra i popoli* la fraternité entre les peuples; *ci lega un comune sentimento di fraternità* un sentiment commun de fraternité nous lie → **amicizia.**

fraternizzàre |fraternid'dzare| *v. intr.* (*aus. 'avere'*) **1** [*stringere legami di amicizia, spec. con chi prima era estraneo o nemico*] fraterniser: *i giovani fraternizzano più facilmente degli anziani* les jeunes fraternisent plus facilement que les personnes âgées **2** [*unirsi nel medesimo intento di qc.*] fraterniser: *gli studenti hanno fraternizzato con gli operai in lotta* les étudiants ont fraternisé avec les ouvriers en lutte.

fraternizzazióne |fraterniddzat'tsjone| *s.f.* [→ FRATERNIZZARE] fraternisation.

fratèrno |fra'tɛrno| *agg.* **1** [*proprio di un fratello; tra fratelli*] de(s) frère(s) (*loc.*): *diritto di eredità sui beni fraterni* droit d'hérédité sur les biens du, des frère(s); *curare gli interessi fraterni* s'occuper des intérêts de son, de ses frère(s) ◇ (*fig.*) [*relativo a persone della stessa condizione sociale o polit.*] de, entre frères (*loc.*): *rivalità fraterne* rivalités de frères, entre frères; *lotta, guerra fraterna* lutte, guerre entre frères, fratricide **2** (*per est.*) [*mosso da sentimenti di affetto e di comprensione come tra fratelli*] fraternel*: *carità, comprensione fraterna* charité, compréhension fraternelle; *saluti fraterni* salutations fraternelles.

fratésco, chi, ca, che |fra'tesko, ki, ka, ke| *agg.* [*proprio dei frati o del loro costume di vita*] de(s) moine(s) (*loc.*): *saio fratesco* froc de moine; *povertà fratesca* pauvreté de moine.

fraticèllo |frati'tʃɛllo| *s.m.* (petit) frère: *è un povero, umile fraticello* c'est un pauvre, un humble frère ◇ *al plur.* (*relig. catt.*) *i Fraticelli* les (petits) frères.

fratina |fra'tina| *s.f.* **1** [*tavolo lungo e stretto, tipico delle mense dei conventi*] table de moine **2** *taglio alla fratina* [*taglio di capelli adottato da alcuni frati*] coupe à la moine.

1 **fratino** |fra'tino| **1** *s.m.* (petit) frère, moinillon **2** *agg.* (*raro, spreg.*) [*fratesco*] de(s) moine(s) (*loc.*): *malafede fratina* mauvaise foi de moine.

2 **fratino** |fra'tino| *s.m.* (*t.zool.*) pluvier.

fratrìa |fra'tria| *s.f.* (*st. gr., etn.*) phratrie.

fratricida |fratri'tʃida| *s.* **1** fratricide ♦ (*agg.*) *uomo, donna fratricida* un, une fratricide (*s.*); *la mano fratricida* la main du (de la) fratricide *loc.* **2** (*per est.*) fratricide: *le rivolte spesso sono manovrate da spietati fratricidi* les révoltes sont souvent manœuvrées par d'impitoyables fratricides ♦ (*agg.*) *lotte, guerre fratricide* luttes, guerres fratricides.

fratricidio, i |fratri'tʃidjo, i| *s.m.* fratricide: *colpevole, accusato di fratricidio* coupable, accusé de fratricide ◇ (*per est.*) *la rivalità fra tribù sfocia spesso in crudeli fratricidi* la rivalité entre tribus entraîne souvent de cruels fratricides.

fràtta |'fratta| *s.f.* **1** [*boscaglia intricata di pruni e sterpi*] fourré *m.* ◇ (*loc. fig.*) *andare, essere per le fratte* [*trovarsi in gravi difficoltà economiche*] être sans le sou, sur la paille **2** (*region.*) [*siepe; cespuglio*] *haie; buisson (*m.*): *la strada è fiancheggiata da una fratta di bosso* la route est bordée par une haie de buis.

frattàglia |frat'taʎʎa| *s.f. spec. al plur.* [*interiora commestibili degli animali macellati*] abats *m.*, abattis *m.*

frattànto |frat'tanto| *avv.* [*in questo, in quel momento; nel medesimo tempo*] entre-temps: *frattanto comparve suo zio alla finestra* entre-temps son oncle apparut à la fenêtre ◇ (*con senso di durata*) [*nel frattempo*] en attendant: *cerca di fare in fretta, frattanto mi metterò a lavorare* essaie de faire vite, en attendant je me mettrai à travailler ◇ *raff.* E FRATTANTO (*per introdurre una constatazione poca lieta*) et en attendant: *e frattanto, tutti ci abbandonano* et en attendant, tout le monde nous abandonne.

frattàzzo |frat'tattso|, **fratàzzo** |fra'tattso| *s.m.* **1** (*edil.*) taloche *f.* **2** → **frettazzo** (*mar.*).

frattèmpo |frat'tɛmpo| *s.m.* (*solo in loc. avv.*) NEL FRATTEMPO [*intanto, frattanto*] en attendant: *nel frattempo guarderò la corrispondenza* en attendant, j'examinerai le courrier ~ IN QUESTO, IN QUEL FRATTEMPO [*in questo, in quel momento; durante tutto questo, quel tempo*] pendant (tout) ce temps; sur ces entrefaites: *in questo frattempo nessuno ci ha fatto sapere niente* pendant (tout) ce temps, personne ne nous a fait savoir quoi que ce soit ‖ *in quel frattempo bussarono alla porta* sur ces entrefaites, on frappa à la porte.

fràtto |'fratto| *agg.* **1** (*mat.*) *sei fratto due* [*diviso*] six sur deux ◇ (*mat.*) [*frazionario*] fractionnaire: *equazione fratta* équation fractionnaire **2** (*mus.*) *canto fratto* plain-chant.

frattùra |frat'tura| *s.f.* **1** (*med., corr.*) fracture: *frattura ossea* fracture osseuse; *frattura semplice, multipla* fracture simple, compliquée; *frattura comminuta, esposta* fracture comminutive, ouverte **2** (*fig.*) [*interruzione dei buoni rapporti reciproci; netto contrasto; distacco*] rupture, cassure: *una frattura politica, diplomatica* une rupture politique, diplomatique; *una frattura economica* une rupture dans l'économie; *fra le due posizioni c'è una frattura incolmabile* entre les deux prises de position il y a une cassure irrémédiable # *fra i due gruppi si è creata una frattura insanabile* les deux groupes ont rompu irrémédiablement **3** (*geol.*) cassure.

fratturàre |frattu'rare| **A** *v.tr.* [*produrre una frattura, spezzare*] fracturer: *con un calcio gli ha fratturato la tibia* d'un coup de pied, il lui a fracturé le tibia □ *cadendo si è fratturato un braccio* en tombant, elle s'est fracturé le bras; *si è fratturata una gamba* elle s'est fracturé la jambe **B** *v.pron.rifl.* FRATTURARSI [→ *tr.*] se fracturer → *tr.* □.

fraudolenteménte |fraudolente'mente| *avv.* [→ FRAUDOLENTO] frauduleusement, avec intention frauduleuse *loc. inv.*

fraudolènto |fraudo'lɛnto| *agg.* frauduleux*: *azione, intenzione fraudolenta* action, intention frauduleuse; *bancarotta fraudolenta* banqueroute frauduleuse ◇ (*persone*) *un individuo fraudolento* un individu frauduleux ♦ (*s.*) *un fraudolento* un fraudeur*.

fraudolènza |fraudo'lɛntsa| *s.f.* [*colpevole tendenza all'inganno*] fraude.

frazionàbile |frattsjo'nabile| *agg.* [→ FRAZIONARE A] divisible: *una proprietà non frazionabile* une propriété non divisible ◇ (*comm.*) *credito frazionabile* crédit à long terme.

frazionàle |frattsjo'nale| *agg.* fractionnel*.

frazionaménto |frattsjona'mento| *s.m.* [→ FRAZIONARE A] morcellement, fractionnement: *il frazionamento di un territorio* le morcellement, le fractionnement d'un territoire; *il frazionamento dei rischi di un'impresa* le fractionnement des risques d'une entreprise ◇ [*dispersione*] dispersion *f.*, fractionnement: *evitare l'eccessivo frazionamento delle iniziative* éviter l'excessive dispersion des initiatives → **divisione.**

frazionàre |frattsjo'nare| **A** *v.tr.* [*suddividere, ripartire in più parti*] partager (3), diviser, morceler (4): *frazionare una eredità* partager un héritage; *frazionare i rischi, gli utili di una impresa* partager les risques, les bénéfices d'une entreprise; *frazionare le spese* diviser, partager les charges → **dividere, distribuire** **B** *v.pron. intr.* FRAZIONARSI [*dividersi, spec. per diversità di opinioni*] se fractionner, se diviser: *l'assemblea si è frazionata su posizioni nettamente contrapposte* l'assemblée s'est fractionnée sur des positions nettement opposées; *evitiamo di frazionarci in un momento così delicato* évitons de nous diviser en un moment si délicat.

frazionàrio, i |frattsjo'narjo, i| *agg.* (*mat.*) fractionnaire: *numero frazionario* nombre fractionnaire ◇ (*comm.*) *buono frazionario* bon fractionnaire.

frazionàto |frattsjo'nato| *agg.* fractionné: *distillazione frazionata* distillation fractionnée.

frazióne |frat'tsjone| *s.f.* **1** fraction: *tutto è avvenuto in una frazione di secondo* tout s'est passé en une fraction de seconde ◇ (*atletica*) relais (*m.*): *ha vinto la prima frazione* il a gagné le premier relais ◇ (*ciclismo*) étape **2**

(*mat.*) fraction: *frazione continua, decimale* fraction continue, décimale ◇ (*chim.*) *frazione molare* fraction molaire **3** [*piccolo centro abitato, facente parte di un comune*] *hameau (*m.*): *tutte le frazioni sono servite da autobus e dotate di telefono* tous les hameaux sont desservis par des autobus et disposent du téléphone **4** (*liturg. catt.*) *la frazione del pane* la fraction du pain.

frazionìsmo |frattsjo'nizmo| *s.m.* fractionnisme.

frazionista |frattsjo'nista| *s.* **1** (*polit.*) fractionniste ✦ (*agg.*) *un gruppo frazionista* un groupe fractionniste **2** (*atletica, ciclismo*) relayeur (*m.*): *il primo e il terzo frazionista hanno ottenuto i tempi migliori* le premier et le troisième relayeur ont obtenu les meilleurs temps.

frazionìstico, ci, ca, che |frattsjo'nistiko, tʃi, ka, ke| *agg.* (*polit.*) fractionniste.

freàtico, ci, ca, che |fre'atiko, tʃi, ka, ke| *agg.* (*geol.*) phréatique: *falda freatica* nappe phréatique; *livello freatico* niveau phréatique.

fréccia, ce |'frettʃa, tʃe| *s.f.* **1** flèche: *una freccia avvelenata* une flèche empoissonnée; *scagliare una freccia* décocher une flèche ◇ (*loc. fig.*) *avere molte frecce nel proprio arco* avoir plusieurs cordes à son arc **2** (*fig.*) [*simbolo di velocità*] flèche: *partire, correre come una freccia* partir, filer comme une flèche **3** (*per est.*) [*indice, spec. di direzione; cartello*] flèche ◇ (*auto.*): (*ant.*) flèche; (*mod.*) [*lampeggiatore*] clignotant *m.*, clignoteur (*m.*): *mettere la freccia a destra, a sinistra* mettre le clignotant à droite, à gauche ◇ (*tecnol., corr.*) aiguille: *la freccia della bussola, dell'amperometro* l'aiguille de la boussole, de l'ampèremètre **4** *loc.* A FRECCIA [*a forma di freccia*] en flèche: *ala a freccia* aile en flèche **5** (*abbigl.*) baguette **6** (*arch.*) flèche: *la freccia di una volta, di un arco* la flèche d'une voûte, d'un arc **7** (*mar., mil.*) flèche.

frecciàre |fret'tʃare| *v.intr.* (*aus.* '*avere*') (*raro*) [*scagliare frecce*] décocher *tr.*, lancer *tr.* des flèches (*corr.*).

frecciàta |fret'tʃata| *s.f.* **1** (coup *m.* de) flèche; blessure de flèche: *con una sola frecciata ha colpito il bersaglio* d'un seul coup de flèche, d'une seule flèche, il a atteint la cible || *è morto dissanguato per le frecciate* il est mort d'hémorragie à la suite des blessures des flèches ◇ (*scherma*) fente → **affondo 2** (*fig.*) [*battuta polemica; allusione maligna*] pointe, flèche: *lanciare frecciate* lancer, décocher des pointes → **stoccata, frecciatina.**

frecciatina |frettʃa'tina| *s.f.* [*insinuazione polemica; allusione maliziosa*] pointe, flèche: *un discorso pieno di frecciatine* un discours plein de pointes, de flèches.

freddaménte |fredda'mente| *avv.* [→ FREDDO I 3] froidement, avec froideur (*loc. inv.*): *mi ha accolto freddamente* il m'a accueilli froidement; *tratta tutti molto freddamente* il traite tout le monde avec froideur ◇ [→ FREDDO I 2] *prende freddamente anche le decisioni più drammatiche* il prend froidement même les décisions les plus dramatiques.

freddàre |fred'dare| **A** *v.tr.* **1** [*abbassare la temperatura di q.c. a un grado conveniente*] refroidir: *freddare una bevanda col ghiaccio* refroidir une boisson avec de la glace; *freddare il brodo, il caffè* refroidir le bouillon, le café → **raffreddare 2** (*fig.*) [*uccidere in modo istantaneo, con determinazione*] foudroyer (10), descendre (53) (*fam.*): *gli agenti l'hanno freddato* les agents l'ont foudroyé; *con un colpo di pistola ha freddato l'avversario* il a foudroyé, descendu son adversaire d'un coup de pistolet → **uccidere, stendere, fulminare 3** (*fig.*) [*spegnere il fervore iniziale*] refroidir: *l'insuccesso ha freddato molto gli entusiasmi iniziali* l'insuccès a beaucoup refroidi les enthousiasmes initiaux; *sono rimasto freddato dalla triste notizia* la triste nouvelle m'a refroidi → **affievolire** ◇ [*intimidire qc. facendolo desistere da un'azione*] clouer sur place: *lo freddò con una occhiata* son regard le cloua sur place **B** *v.pron.intr.* FREDDARSI **1** [*diventar freddo, diminuire di temperatura*] refroidir *intr.*, se refroidir: *l'acqua si fredda più lentamente dei metalli* l'eau (se) refroidit plus lentement que les métaux; *ormai puoi bere il tè, si è freddato abbastanza* maintenant tu peux boire ton thé; il s'est assez refroidi → **raffreddar(si) 2** (*fig.*) [*affievolirsi*] se refroidir: *il suo sdegno si è alquanto freddato* son indignation s'est quelque peu refroidie ◇ (*loc. fig.*) *non lasciar freddarsi una cosa, un'occasione* [*metterla subito in atto, sfruttarla in tempo*] battre le fer pendant qu'il est chaud.

freddézza |fred'dettsa| *s.f.* **1** [*qualità di ciò che è freddo*] froid (*m.*): *la freddezza del marmo* le froid du marbre; *questo sarà un inverno di eccezionale freddezza* cet hiver il fera un froid exceptionnel → **freddo 2** (*fig.*) [*indifferenza, mancanza di cordialità; ostilità*] froideur; réserve: *trattare qc. con freddezza* traiter qqn. avec froideur || *la sua proposta è stata accolta con molta freddezza* sa proposition a été accueillie avec une grande réserve # *c'è molta freddezza nei loro rapporti* ils sont très en froid ◇ [*mancanza di vivacità, di calore*] froideur, sécheresse: *freddezza di stile* sécheresse de style **3** (*fig.*) [*lucidità, padronanza di sé*] sang-froid *m.*, froideur: *con molta freddezza è riuscito a bloccare il ladruncolo* avec beaucoup de sang-froid il a réussi à arrêter le maraudeur; *in certe situazioni bisognerebbe intervenire con freddezza* dans certaines situations il faudrait intervenir avec sang-froid ◇ [*assenza di qualsiasi reazione emotiva; impassibilità*] sang-froid, calme (*m.*): *ha ascoltato i capi di accusa con assoluta freddezza* il a écouté les chefs d'accusation avec un sang-froid, un calme absolu.

freddiccio, ci, cia, ce |fred'dittʃo, tʃi, tʃa, tʃe| *agg.* plutôt froid: *è un locale umido e freddiccio* c'est un endroit humide et plutôt froid ✦ *s.m.* [*temperatura piuttosto fredda*] frisquet: *è strano questo freddiccio a primavera già inoltrata* ce frisquet est étrange en ce printemps déjà bien avancé.

fréddo |'freddo| **I** *agg.* **1** froid: *acqua fredda* eau froide; *vento freddo* vent froid; *giornata, stagione fredda* journée, saison froide; *freddo come il ghiaccio, il marmo* froid comme la glace, comme le marbre; *vivanda fredda* mets froid; *piatti freddi* plats froids; *tavola fredda* buffet froid; *il caffè è ormai freddo* le café est froid maintenant; *ho fatto una doccia fredda* j'ai pris une douche froide ◇ (*per est.*) *animali a sangue freddo* animaux à sang froid; *sudore freddo* sueur froide ◇ (*loc. fig.*) *doccia fredda* douche froide ~ *guerra fredda* guerre froide **2** (*fig.*) [*che non si lascia suggestionare*] froid: *animo, temperamento freddo* caractère, tempérament froid; *testa, mente fredda* tête froide; *un tipo freddo e calcolatore* un type froid et calculateur ◇ (*loc.*) *a mente fredda* [*senza passionalità: nel pieno controllo di sé*] froidement *avv.* ~ A SANGUE FREDDO de, avec sang-froid: *uccidere a sangue freddo* tuer de sang-froid; *agire a sangue freddo* agir avec sang-froid **3** (*fig.*) [*insensibile, indifferente, distaccato*] froid: *individuo freddo* individu froid; *accoglienza fredda* accueil froid; *essere, mostrarsi freddo con qc.* être, se montrer froid avec qqn.; *ha fatto un discorso freddo* il a fait un discours froid ◇ (*loc.*) *fare il freddo* [*ostentare indifferenza*] faire l'indifférent **4** (*fig.*) [*privo di vivacità, di calore*] froid: *colori, toni freddi* couleurs froides, tons froids; *stile freddo* style froid, sec ◇ [*poco espressivo*] *voce fredda* voix froide; *una esecuzione musicale fredda* une exécution musicale froide **II** *s.m.* **1** froid: *freddo acuto, pungente, asciutto, umido* froid vif, piquant, sec, humide; *fa molto freddo* il fait très froid; *sentir freddo* avoir froid; *ripararsi dal freddo* se protéger du froid; *tremare, rabbrividire dal freddo* trembler, frissonner de froid; *avere un freddo cane* avoir un froid noir, de canard, de chien, de loup; *prender freddo* prendre, attraper froid ◇ *loc.* A FREDDO [*senza riscaldare*] à froid: *lavorare il ferro a freddo* battre, forger le fer à froid ~ (*loc. fig.*) *aver freddo* [*patire la miseria*] souffrir de faim et de froid ◇ (*agr.*) *danni del freddo* dégâts causés par le froid ◇ (*med.*) *malattie da freddo* maladies causées par le froid ◇ (*tecnol.*) *industria del freddo* applications industrielles du froid, froid industriel **2** (*fig.*) [*sensazione di brivido, di paura*] froid: *un racconto che fa venir freddo* un récit qui donne froid dans le dos; *quando ci ripenso, mi viene un brivido di freddo* quand j'y pense, cela me fait froid dans le dos ◇ [*indifferenza*] *c'era un gran freddo nell'uditorio* il y avait un grand froid dans l'auditoire ◇ (*loc.*) *non mi fa né caldo né freddo* cela ne me fait ni chaud ni froid ~ *loc. avv.* A FREDDO [*con impassibilità, con indifferenza*] à froid, de sang-froid: *far q.c. a freddo* faire qqch. à froid; *uccidere una persona a freddo* tuer une personne de sang-froid C I; II 1 **caldo.**

freddolosità |freddolosi'ta| *s.f. inv.* [*l'essere freddoloso*] frilosité *var.*

freddolóso |freddo'loso| *agg.* [*che sopporta poco il freddo*] frileux*: *sei freddoloso come un bambino* tu es frileux comme un enfant.

freddùra |fred'dura| *s.f.* [*motto spiritoso, facezia*] boutade, plaisanterie: *raccontar freddure* lancer des boutades, des plaisanteries ◇ (*scherz.*) [*argomento fasullo, sciocchezza*] *non pretenderai di convincermi con queste freddure!* tu ne penses pas me convaincre avec ces plaisanteries!

freddurista |freddu'rista| *s.* [*chi*

racconta freddure, spiritosaggini] pince--sans-rire *inv.*

freezer |'fri:zə| *s.m.inv.* (*ingl.*) freezer *var.*

fréga, ghe |'frega, ge| *s.f.* → **fregola.**

fregàccio, i |fre'gattʃo, i| *s.m.* (*pegg.*) gros trait de plume (de crayon).

fregagióne |frega'dʒone| *s.f.* (*pop.*) → **massaggio, frizione.**

fregaménto |frega'mento| *s.m.* [*massaggio, strofinamento*] frottement, massage.

fregàre |fre'gare| **A** *v.tr.* **1** [*strofinare, esercitando una notevole pressione*] frotter; passer sur: *a forza di fregare i pavimenti mi sono stancata* à force de frotter le plancher je me suis fatiguée || *fregare i mobili con la cera per lucidarli* passer la cire sur les meubles pour les astiquer ◇ [*stropicciare*] frotter □ *fregare, fregarsi le mani per il freddo* frotter ses mains, se frotter les mains à cause du froid; *continuava a fregarsi gli occhi per il sonno* il continuait à se frotter les yeux, lourds de sommeil ◇ [*massaggiare*] frotter, frictionner □ (*si*) *fregava il braccio che aveva sbattuto* il se frottait le bras qu'il avait cogné; *fregare, fregarsi le spalle con una crema antisolare* frictionner les épaules avec une crème solaire **2** (*pop.*) [*imbrogliare, ingannare*] rouler (*fam.*), avoir (28) (*fam.*): *cerca di non farti fregare come al solito* essaie de ne pas te faire rouler, avoir comme d'habitude ◇ [*anticipare, prevenire qc. in modo astuto*] battre (76) (*corr.*): *l'ho fregato sul tempo* je l'ai battu sur le temps ◇ (*per est.*) [*rubare*] piquer, faucher: *mi hanno fregato il motorino* on m'a piqué le vélemoteur **3** (*volg.*) [*avere rapporti sessuali*] baiser **4** (*raro*) [*tracciare un segno; cancellare con un frego*] rayer (9), barrer **B** *v.pron.* FREGARSI **1** *rifl.* [*strusciare*] se frotter: *stai attento a non fregarti sulla vernice fresca* attention à ne pas te frotter à la peinture fraîche ♦ → *tr.* 1 □ **2** *intr.* (*volg.*) FREGARSENE [*essere completamente disinteressato, indifferente; infischiarsene*] se fiche(r)* de (*fam.*), se foutre* (*pop.*) de: *me ne frego di tutto e di tutti* je me fiche de tout et de tous; *me ne frego* je m'en fiche, je m'en fous; *fregatene!* fiche-t'en!, fous-t'en! ◇ (*in espressioni neg. o interrog.*) [*importare o interessare*] faire (45) *intr.*, foutre (*intr.*): *che ti frega?, che te ne frega?* qu'est-ce que ça peut bien te faire, te foutre?; *chi se ne frega!* qu'est-ce que ça peut bien (me) faire, (me) foutre!; on s'en fout pas mal! *lo so che non te ne frega niente di me!* je sais que tu n'en as rien à foutre de moi!, que tu te fous éperdument de moi!

1 **fregàta** |fre'gata| *s.f.* **1** coup *m.* de chiffon: *do appena una fregata alle scarpe e scendo* je donne juste un coup de chiffon à mes chaussures et je descends → **fregatina** **2** (*volg.*) [*fregatura; delusione*] escroquerie (*corr.*), tromperie (*corr.*): *credevo che fosse un affare e invece è stata una gran fregata* je croyais que c'était une affaire, et en fait, ça a été une belle escroquerie.

2 **fregàta** |fre'gata| *s.f.* (*mar.*) frégate: *capitano di fregata* capitaine de frégate.

3 **fregàta** |fre'gata| *s.f.* (*t.zool.*) frégate.

fregatìna |frega'tina| *s.f.* **1** [*rapido strofinamento*] léger frottement (*m.*): *basta una fregatina per farlo diventar lucido* un léger frottement suffit pour le faire briller **2** [*breve e rapida stropicciatura delle mani, per indicare gioia*] frottement # *si è dato una fregatina alle mani e si è messo al lavoro* il se frotta joyeusement les mains et se mit au travail.

fregatùra |frega'tura| *s.f.* [→ FREGARE A 2] **1** (*volg.*) [*delusione*] escroquerie (*corr.*), tromperie (*corr.*): *non ti illudere, è tutta una fregatura!* ne te fais pas d'illusions, ce n'est qu'une escroquerie, qu'une tromperie! # *continua a prendere una fregatura dopo l'altra* il ne cesse de se faire rouler; *per dare ascolto a te ho preso una bella fregatura* en écoutant tes conseils, je me suis fait drôlement rouler, avoir ◇ (*pop.*) [*contrattempo*] contretemps (*m.*): *se non capitava quella fregatura del temporale, a quest'ora saremmo già arrivati* s'il n'y avait pas eu le contretemps de l'orage, à cette heure-ci nous serions déjà arrivés **2** (*raro*) [→ FREGARE A 1; B 1] frottement *m.*

fregiàre |fre'dʒare| **A** *v.tr.* [*ornare con fregi, decorare, spec. fig.*] orner, décorer: *fregiare l'orlo di una coperta, di un abito* orner l'ourlet d'une couverture, d'un vêtement; *fregiare di una onorificenza qc. per i suoi meriti* décorer qqn. (remettre une décoration à qqn.) pour ses mérites **B** *v.pron.rifl.* FREGIARSI [→ *tr.*] se décorer: *si fregia di molti titoli onorifici* il se décore de, il se décerne plusieurs titres honorifiques.

frégio, i |'fredʒo, i| *s.m.* **1** [*decorazione, spec. in rilievo e a fascia orizzontale*] décoration *f.*, ornement **2** (*fig.*, *raro*) [*ornamento morale*] qualité *f.*, mérite → **pregio** **3** (*arch.*) frise *f.* **4** (*graf.*) vignette *f.*

frégna |'freɲɲa| *s.f.* **1** (*volg.*) [*organo genitale femminile, vulva*] con *m.* **2** (*pop.*) [*stupidaggine, sciocchezza*] bêtise (*corr.*), sottise (*corr.*): *hai sempre qualche fregna per la testa* tu as toujours quelque bêtise qui te passe par la tête; *racconta un sacco di fregne* il raconte un tas de bêtises, de conneries (*volg.*) ◇ (*loc.*) *aver le fregne* [*essere di cattivo umore*] être de mauvais poil.

fregnàccia, ce |freɲ'ɲattʃa, tʃe| *s.f.* (*pop.*) [*stupidaggine, frottola*] bêtise (*corr.*), connerie (*volg.*): *non dir fregnacce!* ne dis pas de bêtises, de conneries!

fregnóne |freɲ'ɲone| *s.* (*pop.*) [*persona sciocca, babbeo*] sot*, crétin, con* (*volg.*).

frégo, ghi |'frego, gi| *s.m.* **1** [*segno tracciato su q.c., scarabocchio*] rayure *f.*, trait: *un muro pieno di freghi* un mur plein de rayures, de graffiti; *cancellare una parola con un frego* barrer un mot d'un trait; *tirare un frego su tutta la pagina* tirer un trait sur toute la page ◇ (*loc. fig.*) *dar di frego a q.c.*; *dare un frego, tirare un frego su q.c.* [*dimenticarla, considerarla finita*] rayer d'un trait qqch.: *tirare un frego sul passato* rayer d'un trait le passé, tirer un trait sur le passé **2** *loc. pop.* UN FREGO [*moltissimo*] énormément: *mi piace un frego* j'aime énormément, drôlement ça ◇ (*cose, animali*) [*in gran quantità o numero*] *un frego di pesci* des tonnes de poissons; *di questi fumetti ne ho letti un frego* de ces bandes dessinées, j'en ai lu des tonnes, un tas ◇ (*persone*) *un frego di gente* un tas de gens **3** (*raro*) [*sfregio*] balafre *f.*

frégola |'fregola| *s.f.* **1** [*stato di eccitazione sessuale degli animali*] chaleur, rut (*m.*): *essere, andare in fregola* être en chaleur, en rut → **calore, 2 estro** **2** (*fig.*) [*smania, frenesia*] envie, manie: *aver la fregola di q.c.* avoir une grande envie de qqch.; *gli è venuta la fregola della bicicletta* il brûle d'envie d'avoir une bicyclette.

fremebóndo |freme'bondo| *agg.* (*lett.*) [*fremente per collera o sdegno*] furieux*.

fremènte |fre'mɛnte| *agg.* [*agitato da sentimenti molto intensi*] frémissant: *fremente d'ira, di sdegno* frémissant de colère, d'indignation; *fremente d'impazienza* frémissant d'impatience ◇ (*lett.*) [*ardente, impaziente di desiderio*] tremblant (de désir).

frèmere |'frɛmere| *v.intr.* (*aus. 'avere'*) **1** [*essere intensamente agitato*] frémir: *fremere d'ira, di desiderio* frémir de colère, de désir; *fremere d'impazienza* frémir d'impatience; *dentro di me fremevo dalla rabbia* intérieurement, je frémissais de rage **2** (*detto di motori*) [*rombare*] vrombir ◇ (*di cavalli*) [*nitrire*] *hennir ◇ (*di bestie feroci*) [*ruggire*] rugir **3** (*lett.*) [*agitarsi con rumore*] rugir.

frèmito |'frɛmito| *s.m.* **1** [*intensa agitazione dovuta a una forte emozione*] frémissement, frisson: *un fremito di rabbia, di pietà* un frémissement de rage, de pitié ◇ (*per est.*) frémissement: *un fremito di commozione si levò dall'uditorio* un frémissement d'émotion s'éleva de l'auditoire; *lo hanno accolto con un fremito di applausi* il a été accueilli dans un frémissement d'applaudissemets **2** (*med.*) convulsion (*f.*): *fremito cardiaco* convulsion cardiaque **3** [*rumore cupo*] frisson; bruissement: *il fremito del mare* le frisson de la mer; *il fremito della selva* le bruissement de la forêt.

frenàbile |fre'nabile| *agg.* [→ FRENARE A 1] qu'on peut freiner *loc.* ◇ [→ FRENARE A 3] contrôlable: *l'aumento dei costi non è più frenabile* l'augmentation des prix n'est plus contrôlable.

frenàggio, i |fre'naddʒo, i| *s.m.* **1** freinage ◇ (*mil.*) repli: *azione di frenaggio* mouvement de repli **2** (*mecc.*) dispositif de freinage.

frenànte |fre'nante| *agg.* [*diretto, atto a frenare*] qui freine(nt) (*loc.*): *dispositivo frenante* dispositif qui freine, de freinage (*loc. inv.*); *le ruote frenanti* les roues qui freinent ◇ (*fig.*) qui freine(nt), modère(nt) (*loc.*): *predisporre misure frenanti contro la crescita dei prezzi* prendre des mesures qui freinent, tendant à freiner l'augmentation des prix.

frenàre |fre'nare| **A** *v.tr.* **1** [*ridurre la velocità o arrestare il movimento di q.c. o qc.*] freiner: *il forte vento ha frenato la nostra andatura* la violence du vent a freiné notre allure; *non è facile frenare un cavallo imbizzarrito* il n'est pas facile de freiner la course d'un cheval emballé → **rallentare, arrestare** **2** *ass.* [*azionare un dispositivo di frenatura; arrestarsi*] freiner: *ha frenato troppo tardi* il a freiné trop tard; *ho frenato a pochi centimetri dal muro* j'ai freiné à quelques centimètres du mur **3** (*fig.*) [*moderare, trattenere, contenere*] refréner (8), freiner: *frenare le proprie passioni, i propri impulsi* refréner, freiner ses passions, ses impulsions; *non è riuscito a frenare la paura* il n'a pas réussi à refréner sa peur; *frenare l'ambizione* freiner son ambition ◇ (*loc. fig.*) *frenare la lingua* tenir (27) sa langue **B** *v.pron.rifl.* FRENARSI **1** (*fig.*) [*moderarsi, controllarsi*] se contrôler, se maîtriser: *non riesce più a frenare* il ne réussit plus à se contrôler, à se maîtriser; *stavo per insultarlo, ma son riuscito a frenarmi* j'allais l'insulter, mais j'ai réussi à me contrôler, à me retenir **2** (*raro*) [*diminuire la propria velocità o arrestarsi*] ralentir *intr.*, s'arrêter **C** A 1, 2; B 2 **accelerare.**

frenàta |fre'nata| *s.f.* [→ FRENARE A 2] coup *m.* de frein; freinage (*m.*): *una frenata improvvisa* un coup de frein subit; *effettuare una frenata leggera, brusca* donner un léger, un brusque coup de frein ‖ *dispositivo di frenata* dispositif de freinage; *i segni della frenata* les traces du freinage.

frenàto |fre'nato| *agg.* bloqué par les freins: *spostare un'auto frenata* déplacer une voiture aux freins bloqués.

frenatóre, trice |frena'tore, tri'tʃe| *agg.* [*che è addetto ad azionare il freno o i congegni di frenatura*] freineur *s.m.* ✦ (*s.m.*) *un frenatore* un freineur.

frenatùra |frena'tura| *s.f.* **1** [→ FRENARE A 1, 2] freinage (*m.*): *tempo, spazio di frenatura* temps, distance de freinage **2** (*mecc.*) freins *m.pl.*, dispositif *m.* de freinage: *frenatura ad aria compressa* freins à air comprimé; *frenatura di sicurezza* freins de sécurité; *nel nuovo modello è stata perfezionata la frenatura* dans le nouveau modèle les freins ont été perfectionnés.

frenèllo |fre'nɛllo| *s.m.* **1** (*anat.*) frein, filet → **frenulo** **2** (*mar.*) drosse *f.*

frenesìa |frene'zia| *s.f.* **1** frénésie: *si è lasciato prendere dalla frenesia dei divertimenti* il s'est laissé prendre à la frénésie des divertissements # *la frenesia del risparmio* la manie de l'épargne **2** [*pazzia, delirio furioso*] frénésie.

freneticaménte |frenetika'mente| *avv.* [→ FRENETICO 1] frénétiquement ◇ [→ FRENETICO 3] frénétiquement, avec frénésie (*loc. inv.*): *lavorare freneticamente* travailler frénétiquement, avec frénésie.

frenètico, ci, ca, che |fre'nɛtiko, tʃi, ka, ke| *agg.* **1** [*furioso, incontrollato o incontrollabile*] furieux*, de fou* (*loc.*): *un pazzo frenetico* un fou furieux; *un urlo, un gesto frenetico* un hurlement, un geste de fou **2** (*per est.*) [*che è mosso da entusiasmo eccessivo o scomposto*] frénétique: *applausi frenetici* applaudissements frénétiques → **delirante** **3** (*fig.*) [*convulso, concitato; sfrenato*] frénétique: *danza frenetica* danse frénétique; *ha un ritmo frenetico di lavoro* il a un rythme de travail frénétique.

-frenìa |fre'nia| *suff.* (*significa 'mente', corrisponde gener. a*) phrénie: *schizofrenia* schizophrénie.

freniàtra |fre'njatra| *e deriv.* → **psichiatra** *e deriv.*

frènico, ci, ca, che |'frɛniko, tʃi, ka, ke| *agg.* (*anat.*) phrénique: *nervo frenico* nerf phrénique.

frèno- |'frɛno| *pref.* (*significa 'mente', corrisponde gener. a*) phréno: *frenologia* phrénologie.

fréno |'fre(ɛ)no| *s.m.* **1** (*mecc., corr.*) frein: *freno a mano, a pedale* frein à main, à pédale; *freno d'emergenza* frein à main; *freno idraulico, pneumatico* frein hydraulique, pneumatique; *freno a disco, a tamburo, a ganasce* frein à disque, à tambour, à mâchoires; *freno a ceppi* frein à sabot, à patin; *mettere, togliere il freno* mettre, enlever le frein; *schiacciare il freno* appuyer sur la pédale du frein; freiner; *azionare, bloccare i freni* actionner, bloquer les freins; *dare un colpo di freno* donner un coup de frein ◇ (*loc. fig.*) *tenere a freno q.c.* refréner (8), retenir (27) qqch. ~ *tenere a freno qc.* tenir qqn. en bride, tenir la bride haute à qqn. ~ *allentare il freno* lâcher la bride ~ *stringere il freno* serrer la vis ~ *a freno abbandonato, sciolto* [*senza controllo*] sans frein, la bride sur le cou ~ *mordere, rodere il freno* ronger son frein ~ (*pr., fig.*) *senza freno* sans frein **2** (*fig.*) frein: *il freno della legge, del buon senso* le frein de la loi, du bon sens; *porre un freno alle passioni, agli scandali* mettre un frein aux passions, aux scandales **3** → **frenulo.**

frenocòmio, i |freno'kɔmjo, i| *s.m.* (*med.*) → **manicomio.**

frenologìa, gie |frenolo'dʒia, dʒie| *s.f.* (*med.*) phrénologie.

frenològico, ci, ca, che |freno'lɔdʒiko, tʃi, ka, ke| *agg.* (*med.*) phrénologique.

frenòlogo, gi |fre'nɔlogo, dʒi| *s.* phrénologiste, phrénologue.

frenopatìa |frenopa'tia| *s.f.* (*med.*) maladie mentale.

frènulo |'frɛnulo| *s.m.* (*anat.*) frein, filet.

frequentàbile |frekwen'tabile| *agg.* [→ FREQUENTARE A 1] fréquentable: *compagnia, luogo poco frequentabile* compagnie, lieu peu fréquentable.

frequentàre |frekwen'tare| **A** *v.tr.* **1** [*visitare spesso*] fréquenter: *frequentare gli amici, una famiglia* fréquenter les amis, une famille ◇ [*trovarsi spesso o abitualmente in un luogo*] *frequentare i musei* fréquenter les musées; *frequentare il teatro* fréquenter les théâtres; *frequentare il bar, le sale da gioco* fréquenter les bars, les salles de jeu ◇ [*partecipare con assiduità a q.c.; assistere regolarmente*] *frequentare la scuola* fréquenter une école; *frequentare le lezioni, un corso di aggiornamento* fréquenter les cours, un cours de perfectionnement **2** [*aver familiarità, essere in cordiali rapporti con qc.*] fréquenter: *frequentare un personaggio illustre* fréquenter un personnage illustre # *frequentare una cattiva compagnia* avoir une mauvaise fréquentation **B** *v.intr.* (*aus. 'avere'*) (*raro*) [*recarsi con frequenza*] fréquenter (*tr.*): *frequentare nei luoghi pubblici* fréquenter les lieux publics **C** *v. pron.recipr.* FREQUENTARSI [*farsi visita con frequenza; essere in rapporti di familiarità reciproca*] se fréquenter: *si frequentano da molti anni, dalla fanciullezza* ils se fréquentent depuis plusieurs années, depuis leur enfance.

frequentativo |frekwenta'tivo| *agg.* (*gram.*) fréquentatif*: *verbo frequentativo* verbe fréquentatif.

frequentàto |frekwen'tato| *agg.* fréquenté: *una strada poco, molto, troppo frequentata* une rue peu, très, trop fréquentée; *mi sento più tranquilla nei luoghi frequentati* je me sens plus tranquille dans les endroits fréquentés → **affollato.**

frequentatóre, trice |frekwenta'tore, tri'tʃe| *s.* [*chi frequenta abitualmente determinati luoghi o ambienti*] habitué: *un frequentatore di locali notturni* un habitué des boîtes de nuit ◇ (*raro*) [*chi ha familiarità con determinate persone*] familier*.

frequentazióne |frekwentat'tsjone| *s.f.* (*raro*) [→ FREQUENTARE A 1] fréquentation.

frequènte |fre'kwɛnte| *agg.* **1** fréquent: *questi casi sono molto, poco frequenti* ces cas sont très, peu fréquents; *da un po' di tempo le tue visite sono meno frequenti* depuis quelque temps tes visites sont moins fréquentes # *polso, battito frequente* pouls, battement rapide ◇ (*raro*) [*numeroso*] nombreux*: *visitatori frequenti* visiteurs nombreux ◇ (*raro*) [*intenso*] intense: *traffico frequente* circulation intense, dense ◇ *loc. avv.* DI FREQUENTE [*spesso, frequentemente*] fréquemment *avv.*, souvent (*avv.*): *ti si vede di frequente da queste parti* on te voit souvent par ici **2** (*lett.*) → **affollato** **C** 1 **infrequente.**

frequenteménte |frekwente'mente| *avv.* [→ FREQUENTE 1] fréquemment, souvent: *capita frequentemente che...* il arrive fréquemment, souvent que... **C** 1 **raramente.**

frequènza |fre'kwɛntsa| *s.f.* **1** fréquence: *la frequenza degli incontri* la fréquence des rencontres; *la frequenza di simili incidenti è diventata preoccupante* la fréquence de tels accidents est devenue inquiétante ◇ *loc. avv.* CON FREQUENZA [*a brevi intervalli di tempo o di spazio, spesso*] fréquemment (*avv.*): *casi del genere avvengono con frequenza* des cas de ce genre arrivent fréquemment **2** (*per est.*) *frequenza obbligatoria* assistance obligatoire → **assistenza**; *aumentare la frequenza delle corse di un autobus* augmenter la fréquence des autobus; *controllare la frequenza del polso, dei battiti* contrôler la fréquence du pouls, des battements **3** [*partecipazione, assiduità in q.c.*] assiduité; assistance: *la frequenza alle lezioni* l'assiduité aux cours ‖ *ammettere alla frequenza, escludere dalla frequenza* admettre à l'assistance, exclure de l'assistance **4** [*afflenza*] affluence: *la frequenza dei visitatori è altissima* l'affluence des visiteurs est très grande → **concorso** **5** (*fis.*) fréquence ◇ (*elettron.*) *modulazione di frequenza* modulation de fréquence; *banda di frequenza* gamme de fréquence **6** (*stat.*) fréquence: *frequenza assoluta, relativa* fréquence absolue, relative.

frequenziòmetro |frekwen'tsjɔmetro| *s.m.* (*fis.*) fréquencemètre.

frèsa |'frɛza| *s.f.* **1** (*tecnol.*) fraise: *fresa cilindrica, a disco* fraise cylindrique, à disque; *fresa a denti riportati* fraise à dents rapportées **2** (*med.*) fraise, roulette (de dentiste).

fresàre |fre'sare| *v.tr.* [*operare su q.c. con la fresatrice*] fraiser.

fresatóre |freza'tore| *s.m.* [*chi lavora con la fresatrice*] fraiseur.

fresatrice |freza'tritʃe| *s.f.* (*tecnol.*) fraiseuse: *fresatrice meccanica* fraiseuse mécanique; *fresatrice verticale, univer-*

sale fraiseuse verticale, universelle # *fresatrice agricola* fraise.
fresatùra |freza'tura| *s.f.* [→ FRESARE] fraisage (*m.*): *fresatura laterale, frontale* fraisage latéral, de face.
frésca, che |'freska, ke| *s.f.* → **fregna 2.**
frescàccia, ce |fres'kattʃa, tʃe| *s.f.* → **fregnaccia.**
frescànte |fres'kante| *s.* (*lett.*) [*esecutore di affreschi*] fresquiste.
frescàta |fres'kata| *s.f.* (*dial.*) [*colpo di freddo*] (coup *m.* de) froid (*m.*): *ho preso una frescata e mi è venuta una bronchite* j'ai pris (un coup de) froid et j'ai attrapé une bronchite.
freschétto |fres'ketto| *s.m.* → **frescolino.**
freschézza |fres'kettsa| *s.f.* **1** [*qualità di ciò che è fresco*] fraîcheur: *la freschezza dell'acqua di sorgente* la fraîcheur de l'eau de source; *la freschezza della frutta, del pesce, delle uova* la fraîcheur des fruits, du poisson, des œufs ◇ (*fig.*) [*aspetto sano, naturale; carattere giovanile*] *freschezza di carnagione, di voce* fraîcheur du teint, de la voix **2** (*fig.*) [*spontaneità, semplicità originale; vivacità*] fraîcheur: *freschezza di fantasia, di immagini* fraîcheur de l'imagination, des images → **naturalezza.**
freschìno |fres'kino| *s.m.* → **frescolino.**
freschìsta |fres'kista| *s.* fresquiste.
1 **frésco, chi, ca, che** |'fresco, ki, ka, ke| **I** *agg.* **1** [*tra il caldo e il freddo*] frais*: *un luogo fresco* un endroit frais; *la brezza fresca del mattino* la brise fraîche du matin; *è meglio lavorare nelle ore fresche* il vaut mieux travailler pendant les heures fraîches; *dammi un bicchiere d'acqua fresca* donne-moi un verre d'eau fraîche ◇ (*per est.*) *fronte, mani fresche* front frais, mains fraîches; *terreno fresco* sol frais ◇ (*loc. fig.*) *se ti fidi di lui stai fresco!* si tu comptes sur lui, tu es frais! **2** (*per est.*) [*fatto, preparato di recente*] frais: *pane, latte fresco* pain, lait frais; *uova fresche* œufs frais; *vernice, pittura fresca* peinture fraîche; *intonaco fresco* crépi frais; *carni fresche, pesce fresco* viandes fraîches, poisson frais; *piselli, fiori freschi* petits pois frais, fleurs fraîches; *taglio fresco* [*taglio recente*] morceau frais; *pagina fresca* page fraîche; *letame fresco* fumier frais **3** (*per est.*) [*recente*] frais, récent: *notizia fresca* nouvelle (toute) fraîche, récente; *ferita fresca* blessure fraîche, récente; *ricordi freschi* des souvenirs encore frais # *un libro fresco di stampa* un livre fraîchement imprimé; *esser fresco di studi* [*averli appena terminati*] avoir à peine terminé ses études; être frais émoulu; *sposi freschi* [*novelli*] jeunes époux ◇ *loc. avv.* DI FRESCO [*di recente, da poco*] fraîchement *avv.*, récemment (*avv.*): *dipinto di fresco* fraîchement, récemment peint **4** (*fig.*) [*giovane, florido*] frais: *carnagione, colorito fresco* teint, coloris frais; *è fresca come una rosa* elle est fraîche comme une rose; *è una donna ancora fresca* c'est une femme encore fraîche ◇ [*riposato*] frais, reposé: *cavallo fresco* cheval frais, reposé; *truppe fresche* des troupes fraîches ◇ [*vivace, spontaneo*] frais: *uno stile fresco* un style frais; *risata fresca* rire frais **II** *s.m.* frais; fraîcheur (*f.*): *è, fa fresco* il fait frais; *stare al fresco* rester au frais; *camminare con il fresco* marcher au frais, à la fraîche || *godersi il fresco della sera, di un'ombra* profiter de la fraîcheur du soir, de l'ombre # *lavorare con il fresco* travailler pendant les heures fraîches ◇ [*luogo a temperatura refrigerante*] frais: *mettere una bevanda, un cibo al fresco* mettre une boisson, un aliment au frais; *tenere in fresco* garder au frais; *conservare al fresco* conserver au frais ◇ (*loc. fig.*) *essere, dormire, mandare al fresco* [*in prigione*] être, dormir, envoyer à l'ombre, au frais.
2 **frésco, chi** |'fresko, ki| *s.m.* **1** (*arc.*) → **affresco** **2** *loc.* DIPINGERE A FRESCO [*dipingere su intonaco fresco*] peindre à fresque.
frescolìno |fresko'lino| *s.m.* [*temperatura leggermente, piacevolmente fresca*] fraîcheur *f.* agréable, frisquet: *il frescolino della sera* la fraîcheur agréable du soir; *in terrazza c'è un frescolino che ti ristora* sur la terrasse il y fait un frisquet qui vous ravigote.
frescóne |fres'kone| *s.m.* → **fregnone.**
frescùra |fres'kura| *s.f.* [*temperatura piacevolmente fresca*] fraîcheur.
frétta |'fretta| *s.f.* **1** [*desiderio di far presto; urgenza*] *hâte: *aver fretta d'arrivare* avoir hâte d'arriver # *mostrar fretta* se montrer pressé ◇ [*il non aver tempo*] *ho fretta, lasciami andare* je suis pressé, j'ai hâte, laisse-moi partir; *fai con comodo, non ho fretta* ne te dépêche pas, je ne suis pas pressé ◇ (*loc.*) *far fretta a qc.* [*sollecitarlo*] presser qqn. ~ *in fretta e furia* [*precipitosamente, disordinatamente*] en toute hâte ◇ *loc. avv.* IN FRETTA, DI FRETTA à la hâte, vite (*avv.*): *lavorare in fretta* travailler à la hâte, vite; *camminare in fretta* marcher vite # *essere, andare di fretta* être pressé, avoir hâte **2** [*rapidità nel fare q.c.*] précipitation: *ti ha tradito la fretta* la précipitation t'a trahi; *non ci vuol fretta* il ne faut pas de précipitation, se précipiter.
frettàre |fret'tare| *v.tr.* (*mar.*) [*pulire le parti esterne di un bastimento*] passer le goret.
frettàzza |fret'tattsa| *s.f.*, **frettàzzo** |fret'tattso| *s.m.* **1** (*mar.*) goret *m.* **2** (*edil.*) → **frattazzo.**
frettolosaménte |frettolosa'mente| *avv.* **1** [→ FRETTOLOSO 1] à la *hâte (*loc. avv.*): *mangiare appena q.c. frettolosamente* manger juste qqch. à la hâte **2** [→ FRETTOLOSO 2] *hâtivement, à la hâte: *fa sempre i lavori frettolosamente* il travaille toujours hâtivement, à la hâte **C** 1 **lentamente**; 2 **accuratamente.**
frettolóso |fretto'loso| *agg.* **1** [*che agisce in fretta, che mostra di aver fretta*] pressé: *sei troppo frettoloso nel far le cose* tu es trop pressé quand tu fais quelque chose; *aveva un'andatura frettolosa* il avait une allure pressée **2** [*che è fatto in fretta, poco accurato*] *hâtif*, fait à la hâte: *soluzioni frettolose* solutions hâtives; *i lavori frettolosi non riescono mai perfetti* les travaux faits à la hâte ne sont jamais parfaits → **affrettato** ◇ (*prov.*) *la gatta frettolosa ha fatto i gattini ciechi* qui fait vite souvent fait mal **C** 1 **lento**; 2 **accurato, ponderato.**
freudiàno |froi'djano| *agg.* **1** freudien*: *studiare il sistema freudiano* étudier le système freudien ✦ (*s.*) *un freudiano* un freudien **2** (*per est.*) [*psicoanalitico*] psychanalytique: *metodo freudiano* méthode psychanalytique; *carattere, complesso freudiano* caractère, complexe psychanalytique.
freudìsmo |froi'dizmo| *s.m.* freudisme.
friàbile |fri'abile| *agg.* friable: *materiale, pasta friabile* matière, pâte friable; *rocce friabili* roches friables **C** **duro, resistente.**
friabilità |friabili'ta| *s.f. inv.* friabilité *var.*
fricandò |frikan'dɔ| *s.m. inv.* (*cuc.*) fricandeau *var.*
fricassèa |frikas'sɛa| *s.f.* **1** (*cuc.*) fricassée: *agnello, fegatini in fricassea* agneau, foies de volaille en fricassée; *fricassea di pollo* fricassée de poulet ◇ (*loc. fig.*) *fare qc. in fricassea* [*conciare per le feste*] arranger qqn. **2** (*fig.*) [*miscuglio, guazzabuglio*] fatras (*m.*): *una fricassea di nozioni* un fatras de connaissances.
fricatìva |frika'tiva| *s.f.* (*fon.*) fricative.
fricatìvo |frika'tivo| *agg.* (*fon.*) fricatif*: *consonanti fricative* consonnes fricatives → **fricativa.**
frigànea |fri'ganea| *s.f.* (*t.zool.*) phrygane.
friggere |'friddʒere| (148) **A** *v.tr.* [*cuocere in olio, burro o grasso bollente*] frire (51): *friggere le patate, il pesce* frire, faire frire les pommes de terre, le poisson ◇ (*loc. fig.*) *andare, mandare a farsi friggere* [*andare, mandare al diavolo, alla malora*] aller, envoyer se faire cuire un œuf (*volg.*), envoyer qqn. au diable: *va' a farti friggere!* va te faire cuire un œuf!, va au diable!; *ho mandato a farsi friggere lui e tutti i suoi progetti* je l'ai envoyé au diable, lui et tous ses projets # *a forza di speculazioni sbagliate ha mandato a farsi friggere tutti i suoi averi* à force de mauvaises spéculations tous ses avoirs sont partis en fumée **B** *v.intr.* (*aus.* '*avere*') **1** (*detto di olio o grassi*) [*bollire producendo cigolio e crepitio*] frire: *l'olio frigge* l'huile frit **2** (*per est.*) (*detto di metallo rovente immerso in liquido*) siffler: *il ferro rovente frigge nell'acqua* le fer brûlant siffle dans l'eau ◇ [*stridere, sfrigolare*] grésiller: *la frittata frigge nella padella* l'omelette grésille dans la poêle ◇ (*detto di legno verde che brucia*) crépiter: *la legna frigge nel camino* le bois crépite dans la cheminée **3** (*fig.*) [*struggersi, rodersi interiormente*] bouillir (20): *friggere per la rabbia* bouillir de colère # *son qui che friggo per la fretta* je suis ici en train de trépigner, de bouillir → **fremere** **4** (*raro*) → **frignare.**
friggio, ii |friddʒio, ii| *s.m.* [*rumore prodotto da ciò che frigge*] grésillement.
friggitorìa |friddʒito'ria| *s.f.* [*bottega del friggitore*] friterie.
'frigidaire' |fʀiʒidɛʀ| *s.m.inv.* frigidaire *var.* (*nome depositato*), réfrigérateur *var.* → **frigorifero.**
frigidàrio, i |fridʒi'darjo, i| *s.m.* (*archeol. rom.*) frigidarium.
frigidézza |fridʒi'dettsa| *s.f.* **1** → **frigidità** (*med.*) **2** (*lett.*) → **freddezza.**
frigidità |fridʒidi'ta| *s.f. inv.* **1** (*med., corr.*) fridigité *var.* ◇ (*fig., lett.*)

[*apatia, torpore*] froideur *var.* (*corr.*) → **insensibilità** 2 (*lett.*) [*qualità di ciò che è freddo*] froideur.

frìgido |'fridʒido| *agg.* 1 (*med., corr.*) frigide ✦ (*s.f.*) *una frigida* une femme frigide *agg.* ◇ (*fig.*) [*apatico, insensibile*] frigide, froid 2 (*lett.*) froid.

frìgio, gi, gia, gie |fridʒo, dʒi, dʒa, dʒe| *agg.* [*della Frigia*] phrygien*: *berretto frigio* bonnet phrygien ◇ (*mus.*) *modo frigio* mode phrygien ✦ *s.* (*st.*) *i Frigi* les Phrygiens.

frignàre |friɲ'ɲare| *v.intr.* (*aus.* '*avere*') (*detto spec. dei bambini*) [*piagnucolare*] pleurnicher: *non fa che frignare da mattina a sera* il ne fait que pleurnicher du matin au soir; *smettila di frignare!* arrête de pleurnicher! → **piagnucolare** ◇ (*per est.*) [*dimostrare scontentezza, lamentarsi*] pleurnicher.

frignóne |friɲ'ɲone| *s.* 1 [*chi frigna di continuo, piagnucolone*] pleurnicheur*, pleurnichard ✦ (*agg.*) *un tipo frignone* un type pleurnicheur; *che bambino frignone!* quel enfant pleurnicheur! 2 (*per est.*) [*chi si lamenta di tutto*] pleurnicheur: *non ti va bene niente, sei il solito frignone* rien ne te plaît, tu n'es qu'un pleurnicheur.

frigo |'frigo| *s.m. inv.* (*fam.*) frigo *var.* → **frigorifero II 1**.

frigorìa |frigo'ria| *s.f.* (*fis.*) frigorie.

frigorìfero |frigo'rifero| **I** *agg.* frigorifique: *impianto frigorifero* installation frigorifique; *cella frigorifera* chambre frigorifique; *catena frigorifera* chaîne frigorifique, du froid **II** *s.m.* 1 [*locale o mobile frigorifero*] réfrigérateur, frigidaire (*nome depositato*), frigo (*fam.*): *prodotti da conservare in frigorifero* produits à conserver au réfrigérateur, au frigidaire ◇ (*loc. fig.*) *mettere, lasciare in frigorifero* [*accantonare, tenere in sospeso*] mettre au réfrigérateur, au frigidaire (*fam.*): *il progetto è stato messo in frigorifero* le projet a été mis au réfrigérateur; *la sua candidatura è stata messa in frigorifero* sa candidature a été mise au frigidaire 2 (*fig.*) (*nel gergo giornalistico*) [*archivio biografico o foto.*] réfrigérateur, archives *f. pl.*

frigorìsta |frigo'rista| *s.* frigoriste.

frimàio, i |fri'majo, i| *s.m.* (*st. fr.*) frimaire.

Fringìllidi |frin'dʒillidi| *s.m.pl.* (*t. zool.*) Fringillidés.

fringuèllo |frin'gwɛllo| *s.m.* (*t. zool.*) pinson ◇ (*loc. fig.*) *cantare come un fringuello* chanter comme un pinson ~ *avere il cervello di un fringuello* avoir une cervelle d'oiseau.

frinire |fri'nire| (197) *v.intr.* (*aus.* '*avere*') [*fare il verso della cicala*] craqueter (5), striduler (*lett.*).

frinzèllo |frin'tsɛllo| *s.m.* 1 [*rammendatura grossolana*] ravaudage: *un vestito pieno di frinzelli* un vêtement plein de ravaudages 2 (*per est.*) [*cicatrice molto evidente*] balafre *f.*

frisàre |fri'zare| *v.tr.* (*detto spec. nel gioco del biliardo*) [*sfiorare, strisciare appena*] frapper de biais: *frisare una palla* frapper de biais une bille.

frisàta |fri'zata| *s.f.* (*mar.*) plat-bord (*m.*): *delle frisate* des plats-bords.

1 **frisóne** |fri'zone| **I** *agg.* [*della Frisia*; *per est., ol.*] frison* ✦ *s.* (*st.*) *i Frisoni* les Frisons **II** *s.* 1 (*s.m.*) *il frisone* [*la lingua*] le frison 2 (*s.f.*) *una frisona* [*una vacca frisona*] une vache frisonne *agg.* 3 (*s.m.*) *un frisone* [*un cavallo frisone*] un cheval frison *agg.*

2 **frisóne** |fri'zone| *s.m.* → **frosone.**

fritillària |fritil'larja| *s.f.* (*t.bot.*) fritillaire.

fritta |'fritta| *s.f.* (*tecnol.*) fritte.

frittàta |frit'tata| *s.f.* 1 (*cuc., corr.*) omelette: *frittata al burro* omelette au beurre; *frittata con cipolle, con spinaci* omelette aux oignons, aux épinards ◇ (*loc. fig.*) *rigirare, rivoltare la frittata* [*capovolgere il discorso per dargli un'interpretazione differente*] brouiller les cartes ~ *è uno che rigira la frittata come gli fa comodo* c'est quelqu'un qui brouille les cartes à sa façon 2 (*scherz.*) *fare una frittata* [*rompere accidentalmente uova o q.c. di fragile*] faire une omelette, faire de la casse 3 (*fig.*) [*guaio, pasticcio*] gâchis (*m.*): *hai combinato una bella frittata!* tu as fait un beau gâchis! # *ora tocca a me aggiustar la frittata!* maintenant, c'est à moi de payer les pots cassés!

frittèlla |frit'tɛlla| *s.f.* 1 (*cuc., corr.*) beignet (*m.*): *frittelle di riso, di mele* beignets de riz, aux pommes 2 (*fig.*) [*macchia di unto sugli abiti*] tache de graisse: *quella giacca è piena di frittelle* cette veste est pleine de taches de graisse.

frittellóne |frittel'lone| *s.* (*nella loc.*) *sei un frittellone* tu es toujours plein *agg.* de taches.

fritto |'fritto| *agg.* 1 frit: *pollo, pesce, fegato fritto* poulet, poisson, foie frit ✦ *s.m.* [*odore o sapore di cibo fritto*] odeur *f.*, goût de friture: *apri la finestra per far uscire quest'aria di fritto* ouvre la fenêtre pour faire partir cette odeur de friture; *sa di fritto* cela a un goût de friture, cela sent la friture ✦ *s.m.* [*pietanza fritta*; *frittura*] friture (*f.*): *servire il fritto in tavola* servir la friture à table; *fritto di pesce* friture; *fritto misto* friture de poissons variée ✦ *s.m.* (*per est.*) [*pesce da far friggere*] poisson de friture: *ho comperato un chilo di fritto* j'ai acheté un kilo de poisson de friture 2 (*fig.*) [*che si trova nei pasticci*; *spacciato*] frit: *son fritto, bell'e fritto* je suis frit; *ormai sono fritti* désormais ils sont frits ◇ (*loc. fig.*) *argomento fritto e rifritto* [*vecchio, stantio, ripetuto*] sujet rebattu, bateau *inv.* (*fam.*).

frittùra |frit'tura| *s.f.* 1 friture: *pranzare con una frittura di pesce* déjeuner d'une friture (de poissons) 2 (*per est.*) [*pesce da far friggere*] poisson *m.* de friture.

friulàno |frju'lano| *agg.* [*del Friuli*] frioulan.

frivolaménte |frivola'mente| *avv.* [→ FRIVOLO] frivolement.

frivoleggiàre |frivoled'dʒare| *v. intr.* (*aus.* '*avere*') [*parlare, comportarsi in modo leggero, superficiale*] parler, se conduire (75) *pron.* de façon frivole.

frivolézza |frivo'lettsa| *s.f.* [*leggerezza, superficialità*] frivolité: *non credevo che si comportasse con tanta frivolezza* je ne croyais pas qu'il se comportait avec une telle frivolité ◇ [*cosa futile, frivola*] frivolité, futilité: *non perderti in queste frivolezze* ne te perds pas en frivolités, futilités Ⓒ **serietà, gravità.**

frìvolo |'frivolo| *agg.* frivole, futile: *discorso frivolo* propos frivoles, futiles; *conversazione frivola* conversation frivole; *divertimenti frivoli* divertissements frivoles; *una donna, frivola* une femme frivole ◇ [*inconsistente, vacuo*; *privo di serietà*] *pretesti frivoli* prétextes frivoles, futiles.

frizionàle |frittsjo'nale| *agg.* (*fis.*) frictionnel*.

frizionàre |frittsjo'nare| *v.tr.* 1 [*praticare un massaggio*] frictionner: *frizionare la pelle* frictionner la peau → **massaggiare** 2 (*raro, auto.*) [*usare la frizione*] utiliser l'embrayage (*corr.*).

frizióne |frit'tsjone| *s.f.* 1 [*massaggio su parti del corpo*] friction: *farsi una frizione con acqua di colonia* se faire une friction à l'eau de cologne 2 [*sfregamento, attrito fra due corpi*] friction, frottement *m.* ◇ (*fig.*) [*contrasto, attrito fra persone o idee*] friction, frottement: *fra i due c'era una certa frizione* entre eux deux il y avait une certaine friction, du frottement 3 (*mecc., corr.*) embrayage *m.* (à friction): *innesto a frizione* embrayage; *frizione automatica* embrayage automatique # *staccare la frizione* débrayer ◇ (*per est.*) [*leva, pedale della frizione*] *tenere il piede sulla frizione* garder le pied sur l'embrayage; *schiacciare la frizione* débrayer.

frizzànte |frid'dzante| *agg.* 1 [*che frizza*] pétillant, gazeux*: *un vino frizzante* un vin pétillant; *acqua frizzante* eau pétillante, gazeuse; *le bibite frizzanti dilatano lo stomaco* les boissons gazeuses dilatent l'estomac ✦ (*s.m.*) *il frizzante* [*il sapore, la caratteristica tipica di ciò che frizza*] le piquant, le pétillant: *questo vino invecchiando perde il frizzante originario* en vieillissant, ce vin perd son piquant, son pétillant originaire 2 (*clima*) [*fresco, pungente*] piquant, vif*: *l'aria frizzante del mattino* l'air piquant, vif du matin 3 (*fig.*) [*arguto, vivace*] piquant, mordant: *un motto, un discorso frizzante* un mot, un discours piquant; *un oratore frizzante* un orateur mordant.

frizzàre |frid'dzare| *v.intr.* (*aus.* '*avere*') 1 [*dare una sensazione diffusa di leggere punture*] piquer *tr.*, brûler: *la mano frizza ancora per la scottatura* la main me pique encore à cause de la brûlure; *l'alcool frizza sulla ferita* l'alcool sur la blessure me brûle 2 (*detto di bibite gassate*) [*essere frizzante*] pétiller ◇ (*detto del vino*) [*avere un sapore leggermente acre e pungente*] pétiller, mousser 3 (*fig.*) [*essere pieno di euforia*] pétiller, frétiller: *frizza dalla gioia, dalla contentezza* il pétille, frétille de joie, d'allégresse 4 (*raro, fig.*) [*pronunciare battute pungenti*] lancer (2) *tr.* des pointes (*corr.*), des flèches (*corr.*) 5 (*per est.*) (*detto di metalli roventi immersi in un liquido*) [*stridere, sfrigolare*] grésiller.

frìzzo |'friddzo| *s.m.* [*battuta polemica, pungente*] pointe *f.*, flèche (*f.*): *lanciare dei frizzi* lancer des pointes, des flèches ◇ [*battuta arguta, spiritosa*] mot d'esprit: *con i suoi frizzi cercava di rompere la monotonia della conversazione* avec ses mots d'esprit il cherchait à rompre la monotonie de la conversation → **spiritosaggine.**

frodàre |fro'dare| *v.tr.* 1 [*sottrarre con la frode, con l'inganno*] voler: *frodare una somma di denaro a qc.* voler une somme d'argent à qqn. 2 [*ingannare, truffare*] tromper; frauder: *fro-*

dare il prossimo tromper son prochain || *frodare lo Stato, il fisco* frauder l'État, le fisc.

frodatóre, trice |froda'tore, tri'tʃe| *s.* (*raro*) [*chi froda*] fraudeur* (*corr.*).

fròde |'frɔde| *s.f.* [*inganno che mira a ledere un diritto altrui*] fraude: *frode fiscale* fraude à l'impôt, fiscale; *frode alimentare* fraude alimentaire; *commettere frodi in commercio* commettre des fraudes dans la vente des marchandises # *carpire una confessione, una confidenza con la frode* arracher un aveu, des confidences d'une façon déloyale.

fròdo |'frɔdo| *s.m.* (*solo sing.*) [*inganno messo in atto per non pagare dazi, imposte e sim.*] fraude (*f.*): *denunciare un frodo* dénoncer une fraude # *sorprendere in frodo* surprendre en train de frauder ◇ (*loc.*) *dichiarare in frodo* [*infliggere una contravvenzione, una multa*] dresser une contravention ~ *merce di frodo* [*di contrabbando*] marchandise de contrebande ~ *caccia, pesca di frodo* [*esercitare abusivamente*] braconnage ~ *cacciatore, pescatore di frodo* braconnier.

frògia, gie, ge |'frɔdʒa, dʒe| *s.f. spec. al plur.* [*narici degli equini*] naseau *m.* ◇ (*scherz.*) [*narici di persona che ha il naso molto grosso*] naseaux (*fam.*).

frollàre |frol'lare| **A** *v.tr.* [*lasciare che la carne diventi frolla, tenera*] faisander: *frollare la selvaggina, la cacciagione* faisander le gibier **B** *v.intr.* (*aus.* '*essere*') (*detto di carni*) [*diventar frollo*] se faisander (*pron.*): *è una carne che frolla lentamente* c'est une viande qui se faisande lentement ◇ (*loc. fig.*) *lasciar frollare q.c.* [*occuparsene senza premura*] laisser (*aus.* avoir) mariner, moisir qqch.: *mettere, lasciare qc. a frollare* [*costringerlo a essere inoperoso, spec. in carcere*] laisser moisir qqn. (en prison) **C** *v.pron. intr.* FROLLARSI [*divenir frollo*] se faisander.

frollatùra |frolla'tura| *s.f.* [→ FROLLARE A] faisandage *m.* ◇ (*per est.*) temps *m.* de faisandage.

fròllo |'frɔllo| *agg.* **1** (*detto di carne*) [*tenera, pronta da cucinare*] faisandé **2** (*cuc.*) *pasta frolla* pâte brisée ◇ (*loc. fig.*) *esser fatto di pasta frolla* [*essere debole, fiacco*] être une pâte molle **3** (*fig.*) [*fiacco, debole, senza energia*] mollasse → **rammollito.**

frómbola |'frombola| *s.f.* (*lett.*) [*fionda*] fronde (*corr.*).

frombolàre |frombo'lare| *v.intr.* (*aus.* '*avere*') (*lett.*) [*scagliare con la fionda*] lancer (2) *tr.* (un projectile) avec une fronde.

frombolière |frombo'ljɛre| *s.m.* **1** (*calcio*) buteur **2** (*lett.*) [*guerriero con la fionda*] frondeur.

1 **frónda** |'fronda| *s.f.* **1** [*ramoscello con foglie*] rameau (*m.*): *staccare una fronda dall'albero* détacher un rameau de l'arbre **2** *spec. al plur.* [*il fogliame di un albero*] feuillage *m.sing.*, feuilles: *ripararsi tra le fronde di una pianta* s'abriter sous le feuillage d'une plante; *ascoltare lo stormire delle fronde* écouter le bruissement des feuilles # *pianta da fronda* plante ornementale **3** (*bot.*) fronde **4** *spec. al plur.* (*fig.*) [*ornamento lett. superfluo*] → **fronzolo.**

2 **frónda** |'fronda| *s.f.* **1** (*st. fr.*) Fronde: *la fronda parlamentare* la Fronde de parlementaire; *la Fronda dei principi* la Fronde des princes **2** (*per est.*) [*segreto movimento di opposizione*] fronde ◇ (*loc.*) *aria, vento di fronda* air, vent de fronde: *c'è in giro aria di fronda* il y a dans l'air un vent de fronde.

frondeggiànte |fronded'dʒante| *agg.* (*lett.*) → **frondoso.**

frondeggiàre |fronded'dʒare| *v. intr.* (*aus.* '*avere*') (*lett.*) [*ricoprirsi di foglie*] se remplir *pron.*, se couvrir (23) *pron.* de feuilles (*corr.*).

frondista |fron'dista| *s.* [*dissidente, oppositore; ribelle*] frondeur* ◆ (*agg.*) *un atteggiamento frondista* un comportement frondeur.

frondosità |frondosi'ta| *s.f. inv.* **1** [*abbondanza, ricchezza di fogliame*] frondaison *var.* luxuriante **2** (*fig.*) [*sovrabbondanza di ornamenti superflui*] luxuriance *var.*

frondóso |fron'doso| *agg.* **1** [*ricco di fronde, di fogliame*] feuillu, touffu: *bosco, albero frondoso* bois, arbre feuillu; *ramo frondoso* branche touffue ◇ (*lett.*) (*di luogo circondato da vegetazione*) verdoyant (*corr.*) **2** (*fig.*) [*che è pieno di ornamenti superflui*] touffu: *stile, libro, discorso frondoso* style, livre, discours touffu; *scrittore frondoso* un écrivain au style touffu.

1 **frontàle** |fron'tale| *agg.* **1** frontal*: *regione, osso frontale* région frontale, os frontal; *lobo frontale* lobe frontal ◇ (*anat.*) *sezione frontale* section frontale **2** [*che è posto, si presenta o avviene di fronte*] de front (*loc. inv.*): *disposizione frontale* disposition de front; *attacco frontale* attaque de front; *le due auto si sono schiantate in uno scontro frontale* les deux voitures se sont écrasées l'une contre l'autre en se heurtant de front ◇ (*fig.*) *scontro frontale* [*netta contrapposizione, dissidio insanabile*] conflit ouvert: *i due gruppi sono arrivati ormai allo scontro frontale* les deux groupes sont désormais entrés en conflit ouvert **3** (*ling.*) *vocale frontale* voyelle antérieure.

2 **frontàle** |fron'tale| *s.m.* **1** [*ornamento prezioso o nastro applicato ai capelli sopra la fronte*] frontal*, ferronnière *f.* **2** [*parte della briglia del cavallo che passa attraverso la fronte*] frontail **3** [*piastra di ferro applicata al fondo del camino*] contrecœur.

frontalière |fronta'ljɛre|, **frontalièro** |fronta'ljɛro| *agg. e s.* frontalier*.

frontalino |fronta'lino| *s.f.* [*superficie verticale di uno scalino*] contremarche → **alzata.**

frontalménte |frontal'mente| *avv.* [→ 1 FRONTALE 2] de front (*loc. inv.*): *scontrarsi frontalmente* se heurter de front; *disporsi frontalmente* se mettre de front.

1 **frónte** |'fronte| *s.f.* **1** (*anat., corr.*) front (*m.*): *fronte alta, spaziosa* front haut, large; *avere le rughe sulla fronte* avoir des rides au front; *dare un bacio in fronte* donner un baiser sur le front ◇ (*nei comandi ginnici o mil.*) *fronte a destra, a sinistra!* à droite, droite!, à gauche, gauche!; *dietro front!* demi-tour! **2** (*per est., raro*) [*capo, testa*] front: *volger la fronte* tourner le front (*corr.*) **3** (*per est.*) [*volto, aspetto*] front (*lett.*): *fronte serena, turbata* front serein, soucieux; *mostrare la fronte* montrer son front; *gli si legge in fronte* c'est écrit sur son front ◇ (*loc. fig.*) *a fronte alta* le front haut, la tête haute ~ *a fronte bassa* le front bas, la tête basse ~ *a fronte a fronte* face à face, vis-à-vis **4** *loc. avv.* A FRONTE [*a confronto*] *mettere due testimoni a fronte* confronter deux témoins ~ *testo con traduzione a fronte* [*a lato*] texte avec traduction en regard ~ *stare a fronte* [*a tu per tu*] être en tête à tête ◇ (*fig.*) *nessuno può stargli a fronte* [*alla pari*] personne ne soutient la comparaison avec lui, personne ne peut lui être comparé **5** *loc. avv.* DI FRONTE [*di rimpetto, davanti*] en face: *essere, trovarsi di fronte* être, se trouver en face; *la casa di fronte* la maison d'en face; *il quadro che hai di fronte* le tableau que tu as en face, en face de toi ~ *loc. prep.* DI FRONTE A en face de: *la piazza di fronte al duomo* la place en face du dôme ~ (*fig., davanti a prep.*) *resistere di fronte al male* résister devant le mal **6** [*parte anteriore, testata*] front: *la fronte di un ghiacciaio* le front d'un glacier ◇ (*min.*) front de taille **7** (*mus.*) première partie de la strophe.

2 **frónte** |'fronte| *s.m.* **1** (*mil., corr.*) front: *fronte orientale, occidentale* front oriental, occidental; *cambiamento, spostamento di fronte* changement de front; *andare al, partire per il fronte* aller, partir au front ◇ (*fig.*) *far fronte comune contro le difficoltà* faire front commun aux difficultés ◇ (*loc.*) *far fronte a qc. o q.c.* [*tener testa a qc., fronteggiare q.c.*] faire front, faire face à qqn., à qqch. **2** (*per est.*) [*coalizione, alleanza*] front: *fronte popolare* front populaire; *fronte di liberazione nazionale* front de libération nationale **3** (*meteor.*) front: *fronte caldo, freddo* front chaud, froid.

fronteggiàre |fronted'dʒare| **A** *v.tr.* **1** [*opporsi decisamente a qc., contrastare con forza*] faire (45) front, faire face à: *fronteggiare un avversario, il nemico* faire front, faire face à un adversaire, à l'ennemi # *lo ha fronteggiato coraggiosamente sino all'ultimo* il lui a tenu tête courageusement jusqu'à la fin **2** (*fig.*) [*affrontare con sicurezza*] affronter: *prepararsi a fronteggiare una crisi economica* se préparer à affronter une crise économique; *fronteggiare le avversità* affronter les difficultés **3** [*essere posto di fronte, aver la vista su q.c.*] être (43) *intr.* en face de: *il mio giardino fronteggia la strada principale* mon jardin est en face de la rue principale **B** *v.pron.recipr.* FRONTEGGIARSI **1** [*contrastarsi reciprocamente con la forza*] se faire face: *i due eserciti si sono fronteggiati a lungo* les deux armées se sont longuement fait face **2** [*trovarsi uno di fronte all'altro*] être *intr.* face à face: *la mia casa e la sua si fronteggiano* ma maison et la sienne sont face à face.

frontespizio, i |frontes'pittsjo, i| *s.m.* **1** (*tip.*) frontispice **2** (*arch.*) frontispice (*arc.*) → **frontone.**

frontièra |fron'tjɛra| *s.f.* **1** frontière: *passare, varcare la frontiera* passer, franchir la frontière **2** (*fig.*) [*linea di divisione, delimitazione*] frontière: *in certi casi non è facile stabilire una frontiera fra la ragione e il torto* dans certains cas il n'est pas facile d'établir une frontière entre raison et tort ◇ [*limite, ostacolo*] frontière, limite: *la sua ambizione non conosce frontiere* son

ambition ne connaît pas de frontière, de limite **3** (*mat.*) frontière.
frontino |fron'tino| *s.m.* faux toupet.
frontismo |fron'tizmo| *s.m.* (*polit.*) frontisme.
frontispizio, i |frontis'pittsjo, i| *s.m.* → **frontespizio.**
frontista |fron'tista| *s.* **1** (*dir., corr.*) riverain **2** (*polit.*) frontiste.
frontistico, ci, ca, che |fron'tistiko, tʃi, ka, ke| *agg.* → **frontista.**
frontone |fron'tone| *s.m.* (*arch.*) fronton.
frónzolo |'frondzolo| *s.m.* [*ornamento inutile e banale*] fanfreluches (*f. pl.*): *un abito, un cappello pieno di fronzoli* une robe, un chapeau pleins de fanfreluches ◇ (*fig.*) *uno stile privo di fronzoli* un style sans fioritures # *dimmi la verità, senza tanti fronzoli* dis-moi la vérité, sans (faire) tant de salamalecs.
fronzùto |fron'dzuto| *agg.* (*lett.*) → **frondoso.**
frosóne |fro'zone| *s.m.* (*t.zool.*) gros-bec: *dei frosoni* des gros-becs.
fròtta |'frɔtta| *s.f.* [*gruppo di persone o animali, spec. in movimento*] bande: *sta arrivando una frotta di invitati* une bande d'invités est en train d'arriver; *una frotta di cavalli invase la prateria* une bande de chevaux envahit la prairie ◇ *loc.* IN FROTTA en bande: *i ragazzi correvano in frotta verso il fiume* les enfants couraient en bande vers la rivière ~ A FROTTE par bandes: *i manifestanti arrivarono a frotte da ogni parte* les manifestants arrivèrent par bandes de tous côtés.
fròttola |'frɔttola| *s.f.* **1** [*affermazione, discorso senza senso o infondato*] histoire, mensonge (*m.*): *non raccontar frottole* ne raconte pas d'histoires; *son tutte frottole!* tout ça ce n'est que des histoires, des mensonges → **fandonia 2** (*mus.*) frottola.
frottolóne |frotto'lone| *s.* [*chi ha l'abitudine di raccontar frottole*] menteur*.
fru-fru |fru'fru| **I** *s.m. inv.* **1** [*rumore simile a un frullio d'ali, a un fruscio e sim.*] frou(-)frou *var.*, bruissement (*var.*): *ho sentito un fru-fru nella stanza accanto* j'ai entendu un froufrou, un bruissement dans la pièce d'à côté ◇ (*per est.*) [*rumore confuso, agitazione*] frémissement (*var.*): *il suo intervento ha destato un gran fru-fru nella sala* son intervention a soulevé un grand frémissement dans la salle **2** *spec. al plur.* (*abbigl.*) [*fronzolo, civetteria*] falbalas, fanfreluches (*f.*): *a lei piacciono le acconciature piene di fru-fru* elle aime les coiffures ornées de falbalas, de fanfreluches **3** (*pasticceria*) [*tipo di biscotto con ripieno cremoso*] gaufrette *f.var.* **II** *agg.* [*frivolo, civettuolo*] coquet*: *ragazza fru-fru* fille coquette; *abito fru-fru* robe coquette.
frugacchiàre |frugak'kjare| *v. intr.* (*aus. 'avere'*) [*frugare qua e là in fretta o senza uno scopo preciso*] fureter (7), farfouiller (*fam.*): *intanto che ti aspettavo ho frugacchiato un po' fra i tuoi libri* pendant que je t'attendais, j'ai un peu fureté, farfouillé dans tes livres.
frugàle |fru'gale| *agg.* (*cose*) frugal*, simple: *una colazione frugale* un déjeuner frugal, simple; *essere di abitudini frugali* avoir des habitudes frugales; *condurre una vita frugale* mener une vie frugale ◇ (*persone*) *un uomo frugale* un homme frugal → **sobrio.**
frugalità |frugali'ta| *s.f.inv.* frugalité *var.* → **sobrietà, moderazione.**
frugalménte |frugal'mente| *avv.* [→ FRUGALE] frugalement, avec frugalité *loc. inv.* → **sobriamente.**
frugaménto |fruga'mento| *s.m.* (*raro*) → **frugata.**
frugàre |fru'gare| **A** *v.intr.* (*aus. 'avere'*) **1** [*cercare con cura, rovistare*] fouiller: *frugare in un cassetto, in una valigia* fouiller dans un tiroir, dans une valise; *ho frugato da ogni parte, in ogni angolo della casa* j'ai fouillé partout, dans toute la maison **2** (*fig.*) [*cercar di ricordare; investigare alla ricerca di q.c.*] fouiller: *frugare nella memoria, nel passato* fouiller dans sa mémoire, dans le passé; *ho frugato a lungo fra i documenti dell'epoca* j'ai longuement fouillé dans les documents de l'époque → **cercare B** *v.tr.* [*esaminare con cura; perquisire*] fouiller: *i ladri hanno frugato tutte le stanze dell'appartamento* les voleurs ont fouillé toutes les pièces de l'appartement; *la polizia ha frugato minuziosamente viaggiatori e bagagli* la police a fouillé minutieusement voyageurs et bagages.
frugàta |fru'gata| *s.f.* [→ FRUGARE A] (*spec. nell'espressione*) *dare una frugata* fouiller (*v.tr.*): *cercherò con più calma, finora ho dato appena una frugata* je chercherai avec un peu plus de calme, jusqu'ici je n'ai fait que fouiller très peu.
frugatóio, i |fruga'tojo, i| *s.m.* **1** (*pesca*) bouloir **2** → **sonda** (*med.*).
frugìfero |fru'dʒifero| *agg.* (*lett.*) → **fruttifero.**
frugìvoro |fru'dʒivoro| *agg.* frugivore.
frugnolàre |fruɲɲo'lare| *v.intr.* (*aus. 'avere'*) (*raro*) [*praticare la caccia col frugnolo*] chasser au feu.
frugnòlo |fruɲ'ɲɔlo| *s.m.* (*caccia*) fouée *f.* (*arc.*): *la caccia col frugnolo è vietata* la fouée est interdite.
frugolétto |frugo'letto| *s.* → **frugolo.**
frùgolo |'frugolo| *s.* [*bambino vispo, irrequieto*] petit diable *m.*, lutin (*m.*): *con questi frugoli non si riesce a riposare* à cause de ces petits diables on ne peut pas se reposer → **monello** ◇ (*gener.*) [*bambino*] petit enfant, gosse (*fam.*): *come stanno i tuoi frugoli?* comment vont tes enfants, tes gosses?
fruìbile |fru'ibile| *agg.* [→ FRUIRE A] dont. on peut jouir (*loc. inv.*): *beni fruibili* des biens dont on peut jouir, dont on a la jouissance; *concessione fruibile una sola volta* concession dont on ne peut jouir qu'une fois.
fruibilità |fruibili'ta| *s.f.inv.* jouissance *var.*; possibilité *var.* de jouir (de qqch.).
fruìre |fru'ire| (197) **A** *v.intr.* (*aus. 'avere'*) [*godere, poter disporre di q.c.*] jouir (de); bénéficier (de): *fruire di un diritto* jouir d'un droit ‖ *fruire di uno sconto, di una riduzione* bénéficier d'une remise, d'une réduction **B** *v.tr.* **1** (*raro*) [*godere, spec. per proprio merito*] savourer: *fruire la quiete della campagna* savourer la paix de la campagne **2** (*detto di prodotti artistici*) [*esserne il destinatario*] consommer.
1 **fruitóre** |frui'tore| *s.m.* **1** qui jouit de qqch. *loc.* # *i fruitori di beni di consumo* les consommateurs **2** [*utente*] utilisateur* *s.*, usager *m.*
2 **fruitóre, trice** |frui'tore, tritʃe| *s.* **1** [*chi fruisce di q.c.*] bénéficiare: *i fruitori di uno sconto speciale* les bénéficiaires d'une réduction spéciale → **utente, beneficiario 2** [*destinatario di un prodotto artistico*] consommateur*.
fruizióne |fruit'tsjone| *s.f.* **1** (*raro*) [→ FRUIRE A] jouissance (*corr.*) **2** [→ FRUIRE B 2] consommation.
frullàre |frul'lare| **A** *v.tr.* [*agitare, sbattere col frullino*] fouetter: *frullare le uova* fouetter des œufs ◇ [*ridurre in poltiglia col frullatore*] passer au mixeur: *devo frullare una mela per la merenda* je dois passer au mixeur une pomme pour le goûter **B** *v.intr.* (*aus. 'avere, essere'*) **1** [*levarsi in volo con un rapido battito d'ali*] s'envoler *pron.*, partir (*aus.* être) à tire d'aile: *al minimo rumore, i passeri frullano via* au moindre bruit, les moineaux s'envolent, partent à tire d'aile **2** [*saettare velocemente*] siffler (*aus.* avoir): *ho sentito frullare un sasso molto vicino* j'ai entendu siffler un caillou tout près d'ici ◇ [*girare velocemente, con un fruscio sim. al battito delle ali*] tournoyer (10) (*aus.* avoir): *la trottola frulla* la toupie tournoie ◇ (*fig.*) *far frullare qc.* [*farlo filare*] faire marcher droit qqn. **3** (*fig.*) [*passare per la mente*] passer (par la tête): *mi è frullato in testa di partire domani* il m'est passé par la tête de partir demain; *chissà che idee gli frullano in testa!* qui peut dire quelles idées lui passent par la tête! # *gli frulla il cervello!* il lui prend des lubies!
frullàto |frul'lato| *agg.* **1** [*sbattuto col frullino*] fouetté: *due uova frullate* deux œufs fouettés **2** [*ridotto in poltiglia col frullatore*] passé au mixeur: *pere frullate* des poires passées au mixeur ◆ (*s.m.*) *un frullato* [*bevanda a base di latte e di frutta, caffè, ecc., frullati*] un milk-shake, un fruitshake.
frullatóre |frulla'tore| *s.m.* [*elettrodomestico per frullare*] mixeur, mixer.
frullìno |frul'lino| *s.m.* **1** [*utensile da cucina a mano, usato per sbattere uova, cioccolata e sim.*] fouet, batteur: *sbattere una salsa col frullino* battre une sauce avec le fouet, le batteur ◇ [*frullino elettrico*] → **frullatore** ◇ (*loc. fig.*) *girare come un frullino* tourner comme un toton **2** (*t.zool.*) bécassine *f.* sourde.
frullìo, ii |frul'lio, ii| *s.m.* [*fruscio prolungato*] bruissement, murmure: *un continuo frullio di uccelli* un perpétuel bruissement, murmure d'oiseaux # *il frullio della trottola* le ronflement de la toupie.
frùllo |'frullo| *s.m.* **1** [*rumore del battito delle ali*] frémissement (d'ailes) ◇ [*battere delle ali*] battement d'ailes ◇ *loc.* A FRULLO → **volo (al) 2** (*aer.*) tonneau → **mulinello.**
frullóne |frul'lone| *s.m.* [*arnese per separare la farina dalla crusca*] blutoir → **buratto.**
frumentàceo |frumen'tatʃeo| *agg.* (*bot.*) frumentacé.
frumentàrio, i |frumen'tarjo, i| **1** *agg.* [*che riguarda il frumento*] de (du) blé *loc.*, à blé (*loc. inv.*): *mercato frumentario* marché du blé # *monte frumentario* réserve annonaire ◇ [*che produce frumento*] frumentacé: *pianta frumentaria* plante frumentacée ◇ (*st.*

rom., mediev.) *nave frumentaria* bateau à blé **2** *s.m.* (*st. rom.*) frumentaire.
fruménto |fru'mento| *s.m.* (*t.bot.*) froment, blé: *campi di frumento* des champs de froment, de blé # *coltivare un campo a frumento* emblaver un champ → **grano.**
frumentóne |frumen'tone| *s.m.* → **granturco.**
frusciàre |fruʃ'ʃare| *v.intr.* (*aus.* '*avere*') [*produrre fruscio, detto spec. di tessuti*] froufrouter, bruire*.
fruscio, ii |fruʃ'ʃio, ii| *s.m.* [*rumore di vesti che strisciano, di foglie, carte che si muovono e sim.*] froufrou, bruissement: *il fruscio di un abito di seta* le froufrou, le bruissement d'une robe en soie ◇ (*elettron.*) *fruscio di fondo* bruit de fond, pleurage.
frusóne |fru'zone| *s.m.* → **frosone.**
frùsta |'frusta| *s.f.* **1** [*bacchetta flessibile munita di una cordicella che serve per incitare gli animali da tiro*] fouet (*m.*): *spronare il cavallo con un colpo di frusta* lancer son cheval d'un coup de fouet → **sferza** ◇ (*loc. fig.*) *usare la frusta* [*adottare le maniere forti*] avoir une main de fer ~ *saper usare, maneggiare la frusta con qc.* savoir commander qqn. à la baguette ~ *mettere qc. alla frusta* commander, mener qqn. à la baguette **2** (*equitazione*) [*frustino*] cravache; fouet de manège ◇ (*per est.*) *essere una buona frusta* [*cavaliere*] être (un) bon cavalier *m.*, (une) bonne cavalière **3** [*filoncino di pane di forma allungata*] ficelle **4** (*cuc.*) fouet.
frustàio, i |frus'tajo, i| *s.m.* fabricant *s.*, marchand *s.* de fouets.
frustàre |frus'tare| *v.tr.* **1** [*colpire con la frusta*] fouetter: *frustare un cavallo* fouetter un cheval → **sferzare** ◇ [*infliggere la pena della frusta*] fouetter, fustiger (3): *il colpevole è stato frustato senza pietà* on a fouetté, fustigé le coupable sans pitié ◇ (*loc.*) *frustare a sangue* fouetter jusqu'au sang **2** (*fig.*) [*muovere critiche severe*] démolir: *la critica ha frustato senza riguardi il suo ultimo romanzo* les critiques ont démoli sans égards son dernier roman → **criticare, demolire.**
frustàta |frus'tata| *s.f.* **1** [*colpo di frusta*] coup *m.* de fouet: *prendere un mulo a frustate* frapper un mulet à coups de fouet → **sferzata** ◇ [*colpo di frustino*] coup de cravache **2** (*fig.*) [*incitamento energico, stimolo*] coup de fouet: *le sue parole sono state altrettante frustate* ses mots ont fait autant d'effet qu'un coup de fouet **3** (*fig.*) [*critica aspra, violenta*] critique cinglante: *con le sue frustate ha demolito quel film* avec ses critiques cinglantes il a démoli ce film ◇ [*giudizio pungente*] flèche, pointe → **stoccata.**
frustatóre |frusta'tore| *s.m.* fouetteur.
frustatùra |frusta'tura| *s.f.* **1** [*serie di frustate*] fouettée: *si è preso una solenne frustatura* on lui a donné une belle fouettée → **frustata** **2** (*raro*) [→ FRUSTARE 1] fouettement *m.*
frustino |frus'tino| *s.m.* **1** [*frusta che serve per frustare il cavallo*] cravache *f.* → **scudiscio** **2** (*dial., fig., iron.*) → **damerino, zerbinotto.**
1 **frùsto** |'frusto| *agg.* **1** [*logoro, consunto*] fruste, usé: *medaglie fruste* des pièces de monnaie frustes, usées; *ha degli abiti frusti* ses vêtements sont frustes, usés ◇ (*per est.*) [*malridotto, malconcio*] usé: *non l'ho mai visto con un aspetto così frusto* je ne l'ai jamais vu avec un aspect ainsi usé **2** (*fig.*) [*privo di originalità*] usé, banal*: *argomenti frusti* des arguments usés, banals **C** 1 **nuovo**; 2 **inedito.**
2 **frùsto** |'frusto| *s.m.* (*arc.*) [*pezzetto, tozzo*] morceau (*corr.*), bout (*corr.*).
frustrànte |frus'trante| *agg.* (*psicol., corr.*) frustrant.
frustràre |frus'trare| *v.tr.* **1** [*rendere vano, neutralizzare*] neutraliser: *frustrare i tentativi, gli sforzi del nemico* neutraliser les tentatives, les efforts de l'ennemi → **vanificare** **2** [*deludere, ingannare*] frustrer: *frustrare le speranze, i desideri di qc.* frustrer qqn. dans ses espérances, ses désirs **3** (*psicol.*) [*provocare avvilimento e mortificazione*] frustrer: *quello smacco l'ha frustrato* cet échec l'a frustré.
frustràto |frus'trato| *agg.* **1** [*deluso, ingannato*] déçu, frustré: *speranze frustrate* des espoirs déçus, frustrés ◇ [*vanificato*] neutralisé: *progetto frustrato* un projet neutralisé **2** (*psicol.*) frustré ♦ (*s.*) *un frustrato* un frustré.
frustratòrio, i |frustra'tɔrjo, i| *agg.* → **frustrante.**
frustrazióne |frustra'tsjone| *s.f.* **1** [→ FRUSTRARE 1, 2] frustration: *quel lavoro è stato per me una continua frustrazione* ce travail m'a causé des frustrations continuelles ◇ [*scoraggiamento, avvilimento*] découragement (*m.*): *non lasciarti vincere dalla frustrazione* ne te laisse pas gagner par le découragement **2** (*psicol.*) frustration: *senso di frustrazione* sentiment de frustration.
frutescènte |fruteʃ'ʃɛnte| *agg.* → **fruticoso.**
frùtice |'frutitʃe| *s.m.* → **arbusto.**
fruticóso |fruti'koso| *agg.* (*bot.*) frutescent: *pianta fruticosa* plante frutescente.
frùtta |'frutta| *s.f.* **1** [*i frutti commestibili*] fruits (*m.pl.*): *frutta acerba, matura* fruits verts, mûrs; *frutta secca* fruits séchés, secs; *frutta fresca* fruits frais; *frutta candita* fruits confits; *frutta di prima scelta, di scarto* fruits de premier choix, de deuxième choix; *frutta di stagione* fruits de saison; *marmellata di frutta* confiture de fruits; *conserva di frutta, frutta conservata* fruits en conserve # *succo di frutta* jus de fruit; *negozio di frutta e verdura* fruiterie; *piante, alberi da frutta* plantes fruitières, arbres fruitiers; *piatto, coltello da frutta, per la frutta* assiette, couteau à dessert **2** (*per est.*) [*una delle ultime pietanze del pasto*] dessert (*m.*): *non sono ancora alla frutta* ils n'en sont pas encore au dessert ◇ (*loc. fig.*) *arrivare alla frutta* [*arrivare alla fine o troppo tardi*] arriver comme les pompiers de Nanterre, arriver trop tard.
fruttàio, i |frut'tajo, i| *s.m.* (*raro*) [*locale dove si conserva la frutta*] fruitier, fruiterie *f.*
fruttaiòlo |frutta'jɔlo| *s.* → **fruttivendolo.**
fruttàre |frut'tare| **A** *v.tr.* **1** [*produrre*] produire (75): *la mia vigna ha fruttato poco vino* ma vigne a produit peu de vin **2** (*per est.*) [*rendere, produrre un utile*] rapporter: *i suoi risparmi gli fruttano comodamente da vivere* ses économies lui rapportent de quoi vivre aisément ◇ (*fig.*) [*procurare*] valoir (35): *la sua testardaggine gli ha fruttato l'antipatia di tutti* son entêtement lui a valu l'antipathie de tout le monde **B** *v.intr.* (*aus.* '*avere*') **1** [*fruttificare*] fructifier: *i terreni ombreggiati fruttano assai poco* les terrains ombragés fructifient très peu **2** (*per est.*) [*produrre utile*] fructifier, rapporter: *hai scelto una attività che frutta bene* tu as choisi une activité qui fructifie, qui rapporte bien.
fruttàto |frut'tato| **1** *s.m.* [*produzione di una pianta, di un terreno*] produits *pl.* ◇ [*rendita, guadagno*] revenu **2** *agg.* (*del vino e sim.*) fruité.
frutteria |frutte'ria| *s.f.* [*negozio di frutta*] fruiterie.
fruttescènza |frutteʃ'ʃɛntsa| *s.f.* (*bot.*) → **infruttescenza.**
fruttéto |frut'teto| *s.m.* [*terreno coltivato ad alberi da frutta*] verger, fruitier.
frutticolo |frut'tikolo| *agg.* [*che riguarda la coltivazione o il comm. della frutta*] fruitier*: *regione frutticola* région fruitière.
frutticoltóre, trice |fruttikol'tore, tritʃe|, **frutticultóre, trice** |fruttikul'tore, tritʃe| *s.* [*chi coltiva e cura alberi da frutta*] arboriculteur*, fruitier*.
frutticoltùra |fruttikol'tura|, **frutticultùra** |fruttikul'tura| *s.f.* arboriculture, fruitière.
fruttidòro |frutti'dɔro| *s.m.* (*st. fr.*) fructidor.
fruttièra |frut'tjɛra| *s.f.* [*vassoio o piatto per servire la frutta in tavola*] compotier (*m.*): *una fruttiera d'argento* un compotier d'argent.
fruttifero |frut'tifero| *agg.* **1** [*che produce frutti*] fruitier*: *albero fruttifero* arbre fruitier ◇ (*per est.*) [*fertile*] fertile: *terreno poco fruttifero* terrain peu fertile ◇ (*bot.*) fructifère: *calice fruttifero* calice fructifère; *corpo fruttifero* corps fructifère **2** (*comm.*) *capitale fruttifero* capital productif (d'intérêts); *libretto fruttifero* livret de caisse d'epargne; *buoni fruttiferi* titres de rente **C** **infruttifero, improduttivo.**
fruttificàre |fruttifi'kare| *v.intr.* (*aus.* '*avere*') **1** [*produrre frutti*] fructifier: *il nuovo vigneto comincerà a fruttificare fra tre anni* le nouveau vignoble commencera à fructifier d'ici trois ans ◇ [*iniziare la formazione del frutto*] *la maggior parte degli alberi fruttifica a primavera* la plupart des arbres fructifient au printemps **2** (*raro, fig.*) [*dare buoni frutti, produrre vantaggi*] fructifier (*corr.*): *i suoi insegnamenti fruttificano ancora* ses enseignements fructifient encore.
fruttificazióne |fruttifikat'tsjone| *s.f.* [→ FRUTTIFICARE 1] fructification.
fruttifico, ci, ca, che |frut'tifiko, tʃi, ka, ke| *agg.* (*raro*) → **fruttifero, fruttuoso.**
fruttivéndolo |frutti'vendolo| *s.* [*chi vende frutta e, per lo più, anche verdura*] marchand de légumes, fruitier*: *andare dal fruttivendolo* aller chez le marchand de légumes, chez le fruitier.
fruttivoro |frut'tivoro| *agg.* → **frugivoro.**
frùtto |'frutto| *s.m.* **1** (*bot., corr.*) fruit: *frutto maturo, acerbo* fruit mûr,

vert; *frutti selvatici* fruits sauvages; *frutto ricco di polpa* fruit charnu; *frutti secchi* fruits secs; *una terra che dà pochi, molti frutti* une terre qui donne peu, beaucoup de fruits # *alberi da frutto* arbres fruitiers ◇ (*loc. fig.*) *frutti di stagione, fuor di stagione* fruits de saison, hors saisons ~ *frutto poibito* fruit défendu ~ *dal frutto si conosce l'albero* c'est au fruit qu'on connaît l'arbre ~ *ogni frutto alla sua stagione* toute chose en son temps ◇ (*prov.*) *cogliere il frutto quando è maturo* [*scegliere il momento giusto*] battre le fer quand il est chaud **2** (*per est.*) (*persone, animali*) fruit: *frutto dell'amore* fruit de l'amour; *frutti di mare* fruits de mer # *animali da frutto* animaux propres à la reproduction; *mandare a frutto* [*far fecondare*] faire couvrir **3** (*fig.*) [*prodotto, risultato di una attività umana*] fruit, résultat: *godere i frutti del proprio lavoro* jouir du fruit de son travail; *la sua politica ha dato ottimi frutti* sa politique a donné de très bons résultats, a porté ses fruits; *questo è il frutto di un'educazione sbagliata* c'est le fruit d'une éducation erronée ◇ [*giovamento, vantaggio*] profit, fruit: *trarre frutto da un'esperienza* tirer profit d'une expérience; *ho ricavato poco frutto dai tuoi consigli* je n'ai tiré que peu de profit de tes conseils, je n'ai tiré aucun fruit de tes conseils ◇ (*loc.*) *senza frutto* sans fruit **4** (*fig.*) [*profitto economico, utile*] fruits (*pl.*): *un investimento che dà buoni frutti* un investissement qui donne des fruits → **reddito** ◇ (*loc.*) *mettere a frutto un capitale* [*farlo rendere*] faire fructifier un capital ~ *dare, prendere denari a frutto* [*a interesse*] prêter, emprunter de l'argent à intérêt.

fruttòsio, i |frut'tɔzjo, i| *s.m.* (*chim.*) fructose.

fruttuosaménte |fruttuosa'mente| *avv.* [→ FRUTTUOSO 2] fructueusement, avec succès (*loc. inv.*): *ha lavorato fruttuosamente* il a travaillé fructueusement → **utilmente, vantaggiosamente.**

fruttuóso |fruttu'oso| *agg.* **1** [*che produce molti frutti*] fertile: *terreno fruttuoso* terrain fertile **2** (*fig.*) fructueux*: *una ricerca fruttuosa* une recherche fructueuse; *un investimento fruttuoso* un placement fructueux ⓒ **infruttuoso, improduttivo.**

ftaleìna |ftale'ina| *s.f.* (*chim.*) phtaléine.

ftàlico, ci, ca, che |'ftaliko, tʃi, ka, ke| *agg.* (*chim.*) phtalique.

ftirìasi |fti'riazi| *s.f.inv.* (*med.*) phtiriase *var.*, phtiriasis *m.*

fu |fu| (*in funzione di agg. e sempre preposto a un nome pr. di pers.*) **1** (*bur.*) (*nei documenti, per indicare il rapporto di figliolanza con persona morta*) fils (fille) de feu: *Giovanni Rossi fu Luigi* Jean Rossi, fils de feu Louis **2** (*raro*) [*defunto*] feu: *il fu Mattia Pascal* feu Matthias Pascal.

Fucàcee |fu'katʃee| *s.f.pl.* (*t.bot.*) Fucacées.

fucilàre |futʃi'lare| *v.tr.* [*uccidere mediante fucilazione*] fusiller: *fucilare un traditore* fusiller un traître.

fucilàta |futʃi'lata| *s.f.* **1** coup *m.* de fusil: *fu ucciso da una fucilata* il fut tué par un coup de fusil; *le sue fucilate sono andate a vuoto* ses coups de fusil n'ont pas atteint la cible ◇ *loc.* A FUCILATE à coups de fusil: *la questione fu risolta a fucilate* la question fut réglée à coups de fusil **2** (*per est.*) [*rumore prodotto da un colpo di fucile*] détonation → 1 **sparo, detonazione** ◇ (*fig.*) [*notizia, circostanza improvvisa e scioccante*] choc (*m.*): *il suo voltafaccia è stato una fucilata per i suoi sostenitori* sa volte-face a été un choc pour ses fidèles; *la notizia della sua morte è stata una fucilata per tutti* la nouvelle de sa mort a été un choc pour tout le monde → **shock** **3** (*calcio*) coup de fusil, shoot *m.*, canon *m.*

fucilatóre |futʃila'tore| *s.m.* (*raro*) fusilleur (*corr.*): *è un vile fucilatore di ostaggi inermi* c'est un lâche fusilleur d'otages sans défense ◇ (*per est., spreg.*) [*chi è responsabile di fucilazioni*] *è stato un fucilatore di partigiani* il a été un fusilleur de partisans.

fucilazióne |futʃilat'tsjone| *s.f.* **1** [→ FUCILARE] exécution (par la fusillade); fusillade: *scampare alla fucilazione* échapper à l'exécution ‖ *fucilazione nel petto, nella schiena* fusillade à la poitrine, au dos **2** [*pena capitale comportante la morte mediante colpi di fucile*] fusillade, passage *m.* par les armes ◇ (*fig., fam.*) *meriteresti la fucilazione* tu mériterais une belle raclée.

fucile |fu'tʃile| *s.m.* **1** fusil: *fucile da caccia, da guerra* fusil de chasse, de guerre; *fucile automatico, a ripetizione* fusil automatique, à répétition; *fucile mitragliatore* fusil mitrailleur; *fucile subacqueo* fusil sous-marin; *uccidere a colpi di fucile* tuer à coups de fusil ◇ (*loc.*) *a un tiro di fucile, di schioppo* à portée de fusil **2** (*per est.*) *un buon fucile* [*tiratore*] un bon, un excellent fusil **3** → **acciarino.**

fucilerìa |futʃile'ria| *s.f.* **1** [*i fucili*] fusils (*m.pl.*): *curare la manutenzione della fucileria* soigner l'entretien des fusils ◇ [*azione di fuoco continuato per mezzo di molti fucili*] fusillade: *fuoco di fucileria* crépitement de la fusillade **2** [*corpo di fucilieri*] fusiliers (*m.pl.*): *reparto di fucileria* détachement de fusiliers **3** [*deposito di fucili, armeria*] arsenal* *m.*

fucilière |futʃi'ljɛre| *s.m.* **1** (*mil.*) [*soldato armato di fucile*] fusilier: *fucilieri di marina* fusiliers marins **2** (*tiro a segno*) tireur* *s.*

fucìna |fu'tʃina| *s.f.* **1** [*fornello per arroventare metalli in modo da renderne più agevole la lavorazione*] forge → **forgia** ◇ (*mil.*) *fucina volante, di campagna* forge portative, de campagne ◇ (*per est.*) [*bottega del fabbro; reparto di fucinatura*] forge, atelier *m.* de forgeron: *di fianco a casa mia c'è una fucina rumorosissima* à côté de chez moi, il y a une forge très bruyante **2** (*fig.*) [*ambiente, epoca da dove scaturiscono particolari fenomeni morali o culturali*] foyer *m.*; creuset (*m.*): *è una fucina di menzogne* c'est un foyer de mensonges → **fabbrica** ‖ *quel gruppo è una fucina di idee geniali* ce groupe est un creuset d'idées géniales.

fucinàre |futʃi'nare| *v.tr.* [*eseguire lavori di fucinatura*] forger (3): *fucinare il ferro* forger le fer → **forgiare** ◇ (*raro*) [*macchinare; formare*] ourdir, machiner: *fucinare un complotto* ourdir un complot → **ordire.**

fucinatóre |futʃina'tore| *s.m.* [*operaio che esegue lavori di fucinatura*] forgeron, forgeur → **forgiatore.**

fucinatùra |futʃina'tura| *s.f.* (*tecnol.*) forgeage *m.* → **forgiatura.**

1 **fùco, chi** |'fuko, ki| *s.m.* (*t.bot.*) fucus, goémon.

2 **fùco, chi** |'fuko, ki| *s.m.* [*il maschio dell'ape domestica*] faux bourdon → **pecchione.**

fùcsia |'fuksja| *s.f.* (*t.bot.*) fuchsia *m.*

fucsìna |fuk'sina| *s.f.* (*chim.*) fuchsine, rouge *m.* d'aniline.

fuegìno |fue'dʒino| *agg.* [*relativo alla Terra del Fuoco*] fuégien*.

fùga, ghe |'fuga, ge| *s.f.* **1** [→ FUGGIRE A 1] fuite: *fuga generale, precipitosa* fuite générale, précipitée; *salvarsi con la fuga* se sauver par la fuite, trouver son salut dans la fuite; *il nemico è stato costretto a una fuga ignominiosa* l'ennemi a été contraint à une fuite ignominieuse; *il suo arrivo ha messo in fuga i ladri* son arrivée a mis en fuite les voleurs; *darsi alla fuga* prendre la fuite ◇ *loc.* DI FUGA [*in fretta; di sfuggita*] à la *hâte: *gli ho parlato di fuga mentre stavo per prendere il treno* je lui ai parlé à la hâte au moment où j'allais prendre le train; *sull'argomento ho appena letto q.c. di fuga* sur le sujet, je viens juste de lire qqch. à la hâte ◇ (*relig.*) *la fuga in Egitto* la fuite en Egypte ◇ (*ciclismo*) échappée: *tentare una fuga* tenter une échappée **2** (*per est.*) [*fuoriuscita di q.c. in modo dannoso o irregolare*] fuite: *l'esplosione è stata provocata da una fuga di gas* l'explosion a été provoquée par une fuite de gaz ◇ (*comm.*) *fuga di capitali* fuite de capitaux ◇ (*fig.*) *fuga di cervelli* fuite de cerveaux; *c'è stata una fuga di notizie* il y a eu des fuites # *una retta di fuga* une fuyante **3** (*astron.*) fuite **4** (*per est., arch.*) suite, enfilade: *una fuga di archi, di colonne* une suite, une enfilade d'arcs, de colonnes **5** (*mus.*) fugue: *toccata e fuga* toccata et fugue **6** (*mat.*) fuite: *punto di fuga* point de fuite.

fugàce |fu'gatʃe| *agg.* **1** fugace (*lett.*), fugitif*; éphémère: *le gioie umane sono fugaci* les joies humaines sont fugaces, fugitives, éphémères; *l'età fugace della giovinezza* l'âge éphémère de la jeunesse → **passeggero, transitorio** ◇ [*rapido, fuggevole; breve*] bref*, rapide: *per ora ci ha dato solo poche spiegazioni fugaci* pour le moment, il ne nous a donné que quelques brèves, rapides explications **2** → **caduco.**

fugaceménte |fugatʃe'mente| *avv.* [→ FUGACE 1] à la hâte *loc.inv.*, rapidement: *mi ha informato fugacemente sulle ultime sue disavventure* il m'a fait part à la hâte, rapidement de ses dernières mésaventures ◇ [*di sfuggita*] en passant (*loc. inv.*): *quest'argomento l'ha solo accennato fugacemente* il n'a fait allusion à ce sujet qu'en passant.

fugacità |fugatʃi'ta| *s.f.inv.* fugacité *var.*, brièveté (*var.*): *la fugacità della vita, della bellezza* la fugacité, la brièveté de la vie, de la beauté → **provvisorietà, caducità.**

fugàre |fu'gare| *v.tr.* **1** [*dissipare, far svanire*] dissiper, chasser: *le sue parole hanno fugato ogni mio dubbio* ses paroles ont dissipé, chassé tous mes doutes; *fugare le preoccupazioni* chasser les soucis **2** (*lett.*) [*mettere in fuga; allontanare, disperdere*] mettre (71) en fuite (*corr.*), chasser (*corr.*): *fugare il*

nemico, gli avversari mettre en fuite, chasser l'ennemi, les adversaires; *un forte vento ha fugato le nubi* un vent fort a chassé les nuages.
fugàto |fu'gato| *agg.* **1** [*dissipato, allontanato*] dissipé, chassé: *restano alcuni dubbi non completamente fugati* il reste quelques doutes pas entièrement dissipés **2** (*mus.*) fugué ✦ (*s.m.*) *un fugato* une composition *f.* fuguée *agg.*
fuggènte |fud'dʒɛnte| *agg.* [*che fugge rapidamente*; *inafferrabile*] qui fuit *loc.*, fuyant: *cogliere l'attimo fuggente* cueillir l'instant qui fuit; *sono occasioni rare e fuggenti* ce sont des occasions rares et fuyantes.
fuggévole |fud'dʒevole| *agg.* [*che trascorre veloce*] fugitif*, bref*: *istanti fuggevoli* des instants fugitifs, de brefs instants → **rapido, breve** ◇ [*di breve durata, fugace*] fugitif: *un'emozione fuggevole* une émotion fugitive.
fuggevolézza |fuddʒevo'lettsa| *s.f.* (*raro*) → **fugacità.**
fuggevolménte |fuddʒevol'mente| *avv.* [→ FUGGEVOLE] rapidement, fugitivement.
fuggiàsco, chi, ca, che |fud'dʒasko, ki, ka, ke| *agg.* **1** [*che cerca scampo con la fuga o nascondendosi*] fugitif*: *banditi fuggiaschi* des bandits fugitifs → **fuggitivo** ✦ (*s.*) *un fuggiasco* un fugitif: *prestare aiuto ai fuggiaschi* prêter son aide aux fugitifs **2** (*lett.*) → **esule.**
fuggifùggi |fuddʒi'fuddʒi| *s.m. inv.* [*fuga precipitosa e disordinata*] sauve-qui-peut, débandade (*f.var.*): *ci fu un fuggifuggi generale* ce fut un sauve-qui-peut général!, la débandade générale, *in quel fuggifuggi ti ho perduto di vista* dans ce sauve-qui-peut je t'ai perdu de vue.
fuggìre |fud'dʒire| **A** *v.intr.* (*aus.* '*essere*') **1** [*correr via, allontanarsi* (*di nascosto*) *da un luogo o da qc.*] fuir (22) (*aus.* avoir), s'enfuir (22) (*pron.*): *fuggire dall'appartamento in fiamme* fuir, s'enfuir de son appartement en flammes; *siamo fuggiti dalle uscite di sicurezza* nous nous sommes enfuis, nous avons fui par les issues de secours; *fuggire di casa* s'enfuir, s'échapper de chez soi # *fuggire dalle mani dei nemici* échapper à l'ennemi ◇ [*scappare da un luogo dove si è relegati forzatamente*] *fuggire dal carcere, da un campo di concentramento* s'enfuir, s'évader *pron.* de prison, d'un camp de concentration; *il canarino è fuggito dalla gabbia* le canari s'est enfui de sa cage ◇ (*fig.*) [*sfuggire, scappare*] échapper (*aus.* avoire, être): *mi è fuggito di mente* ça m'échappe; *le parole mi sono fuggite di bocca* les mots m'ont échappé, me sont échappés ◇ (*fig.*) [*evitare, tenersi alla larga*] fuir (*tr.*): *fuggire dagli imbrogli* fuir les situations compliquées → **guardar(si), rifuggire** **2** (*per est.*) [*correre velocemente*; *andarsene in fretta*] courir (17) (*aus.* avoir), s'enfuir: *quel monello fugge come il vento* ce petit coquin court comme le vent; *è fuggito via senza neanche salutarmi* il s'est enfui, il est parti sans même me saluer # *aspettami, non fuggire!* attends-moi, ne te sauve pas! ◇ (*loc.*) *fuggire all'impazzata* fuir à toutes jambes **3** (*fig.*) [*rifugiarsi, mettersi in salvo*] s'enfuir, fuir: *fuggire sui monti* s'enfuir dans la montagne; *è sempre tallonato dai creditori, non sa più dove fuggire* il est toujours talonné par ses créanciers, il ne sait plus où fuir → 2 **riparare, nasconder(si)** **4** (*per est.*) [*scorrere, passar via rapidamente*] fuir: *dal treno ammiravo il bel paesaggio che mi fuggiva davanti agli occhi* du train, j'admirais le beau paysage qui fuyait devant mes yeux ◇ (*fig.*) *le vacanze fuggono troppo veloci* les vacances fuient trop rapidement; *gli anni della giovinezza fuggono* les années de la jeunesse fuient **5** (*fig.*) [*venir meno*; *scomparire, dileguarsi*] passer (*aus.* avoir), disparaître (72) (*aus.* avoir): *la salute e le forze fuggono cogli anni* la santé et les forces passent avec le temps; *sono fuggite le nostre paure di un tempo* nos craintes d'autrefois ont disparu, se sont dissipées; *la nebbia è fuggita in un attimo* le brouillard a disparu, s'est dissipé en un instant **6** (*ciclismo*) [*staccare gli altri concorrenti con una improvvisa accelerazione*] s'échapper (*pron.*): *in vista del traguardo sono fuggiti una decina di corridori* en vue de la ligne d'arrivée, une dizaine de coureurs se sont échappés **B** *v.tr.* **1** [*evitare, schivare*] fuir: *fuggire un pericolo, le tentazioni* fuir un danger, les tentations; *fuggire le cattive compagnie* fuir les mauvaises compagnies **2** [*appartarsi, allontanarsi da un luogo o da qc.*] fuir: *fuggire la società, un luogo* fuir la société, un lieu.
fuggitìvo |fuddʒi'tivo| *agg.* **1** [*che è in fuga, che è fuggito*] fugitif*: *ergastolano fuggitivo* forçat fugitif; *inseguire una lepre fuggitiva* poursuivre un lièvre fugitif, qui fuit *loc.* ✦ (*s.*) *un fuggitivo* un fugitif, un fuyard: *i fuggitivi sono nascosti in montagna* les fugitifs, les fuyards sont cachés dans la montagne → **fuggiasco** **2** (*lett., fig.*) [*sfuggente, schivo*] fuyant **3** (*raro, fig.*) [*fugace, fuggevole*] fugitif, passager*: *è stato un timore fuggitivo* cela a été une crainte fugitive, passagère.
führer |'fy:rər| *s.m. inv.* (*ted.*) führer *var.*
fùlcro |'fulkro| *s.m.* **1** (*mecc., corr.*) point d'appui: *il fulcro della leva* le point d'appui du levier # *il fulcro della bilancia* le couteau de la balance; *il fulcro della ruota* le pivot, l'axe d'une roue **2** (*fig.*) [*elemento fondamentale di un problema, di una questione*] nœud: *qui sta il fulcro della questione* c'est là le nœud de la question ◇ (*persone*) [*sostegno, elemento principale*] → **cardine** **3** (*bot.*) fulcre, fulcrum.
fulgènte |ful'dʒɛnte| *agg.* (*lett.*) → **splendente.**
fùlgere |'fuldʒere| (173) *v.intr.* (*dif. del p.p.*) (*raro, lett.*) → **rifulgere, risplendere.**
fulgidaménte |fuldʒida'mente| *avv.* (*lett.*) [→ FULGIDO] avec éclat *loc. inv.*, avec splendeur *loc. inv.* ◇ (*fig.*) [*splendidamente*] splendidement.
fulgidézza |fuldʒi'dettsa| *s.f.* (*lett.*) → **splendore.**
fulgidità |fuldʒidi'ta| *s.f.inv.* (*raro, lett.*) → **splendore.**
fùlgido |'fuldʒido| *agg.* [*che rifulge, risplende con luminosità intensa*] éclatant, resplendissant: *luce, gemma fulgida* lumière, gemme éclatante, resplendissante → **splendente, sfolgorante** ◇ (*fig.*) [*eccelso, sublime*] brillant: *una mente, un'intelligenza fulgida* un esprit brillant, une intelligence brillante → 1 **brillante.**
fulgóre |ful'gore| *s.m.* → **splendore.**
fulìggine |fu'liddʒine| *s.f.* **1** [*sostanza nerastra che si produce durante la combustione*] suie: *nero come la fuliggine* noir comme de la suie; *la fuliggine ha intasato la canna fumaria* la suie a obstrué le conduit de fumée → **nerofumo** ✦ (*agg. inv.*) *color fuliggine, nero fuliggine* couleur bistre **2** (*pop., agr.*) → **golpe.**
fuligginóso |fuliddʒi'noso| *agg.* fuligineux*: *camino fuligginoso* cheminée fuligineuse.
full |ful| *s.m. inv.* (*ingl.*) (*carte*) full *var.*, main *f. var.* pleine.
full-time |ful'taim| *s.m. inv.* (*ingl.*) **1** [*lavoro a tempo pieno, a orario completo*] travail* *var.* à plein temps: *con il prossimo mese otterrò il full-time* le mois prochain, j'obtiendrai le travail à plein temps ✦ (*loc. agg.*) *lavoro, impiego full-time* travail, emploi à plein temps **2** [*chi lavora a tempo pieno, con orario completo*] employé *s. var.* à plein temps: *la ditta assumerà dieci nuovi full-time* la maison embauchera dix nouveaux employés à plein temps ✦ (*loc. agg.*) *una impiegata full-time* une employée à plein temps.
fulmicotóne |fulmiko'tone| *s.m.* (*chim.*) fulmicoton, fulmi-coton → **nitrocellulosa.**
fulminànte |fulmi'nante| **I** *agg.* **1** (*fig.*) (*detto di malattia*) [*che colpisce in modo rapido e mortale*] foudroyant: *polmonite, meningite fulminante* pneumonie, méningite foudroyante ◇ (*detto di fatti o notizie*) [*improvviso, folgorante*] *è stata una notizia fulminante* ce fut une nouvelle foudroyante **2** (*fig.*) [*minaccioso, che incute soggezione*] foudroyant: *uno sguardo fulminante* un regard foudroyant **3** [*che scoppia in modo istantaneo*] fulminant: *polvere, capsula fulminante* poudre, capsule fulminante # *cotone fulminante* fulmicoton → **fulmicotone** **II** *s.m.* (*raro*) **1** (*pop.*) [*fiammifero*] allumette *f.* (*corr.*): *fammi luce con un fulminante* éclaire-moi avec une allumette **2** [*capsula esplosiva*] amorce *f.* → **innesco.**
fulminàre |fulmi'nare| **A** *v.tr.* **1** [*colpire, abbattere con un fulmine*] foudroyer (10): *il temporale ha fulminato tre persone* l'orage a foudroyé trois personnes **2** (*per est.*) [*colpire con una scarica elettrica mortale*] foudroyer, électrocuter: *lo ha fulminato una scarica di corrente ad alta tensione* il a été foudroyé, électrocuté par une décharge de courant à haute tension **3** [*provocare la fusione di una resistenza o di un circuito elettrico*] griller: *uno sbalzo di tensione ha fulminato le lampadine* un écart de tension a grillé les ampoules; *per un errore di voltaggio ho fulminato il rasoio elettrico* par une erreur de voltage, j'ai grillé mon rasoir électrique **4** (*fig.*) [*guardare in modo severo e minaccioso*] foudroyer: *mi ha fulminato con un'occhiata* il m'a foudroyé du regard ◇ (*raro*) [*scagliare maledizioni, condanne e sim. contro qc.*] fulminer: *fulminare gli eretici con la scomunica* fulminer l'excommunication contre les hérétiques **5** [*uccidere in modo rapido e inesorabile*] foudroyer: *è un veleno, una malattia che fulmina* c'est un poison, une maladie qui foudroie; *ha fulminato l'avversario con tre colpi di pistola* il a foudroyé son adversaire de trois coups de pistolet ◇ [*abbattere*]

terrasser; assommer: *lo ha fulminato con un diretto alla mascella* il l'a terrassé par un direct à la mâchoire || (*fig.*) *se ti muovi, ti fulmino* ne bouge pas, ou je t'assomme! # *che Dio mi fulmini, se non è vero!* que le diable m'emporte, si ce n'est pas vrai! ♦ *ass.* (*calcio*) [*realizzare un goal con un tiro rapido e violento*] shooter **B** *v.intr. impers.* (*aus. 'essere, avere'*) [*cader fulmini*] faire (45) *tr.* (*aus.* avoir) des éclairs: *piove e fulmina a più non posso* il pleut et il fait des éclairs sans arrêt **C** *v.pron. intr.* (*fam.*) FULMINARSI (*detto di resistenze o circuiti elettrici*) [*fondersi, guastarsi*] griller (*tr.*): *si è fulminata la luce delle scale* l'ampoule de l'escalier est grillée.

fulminàto |fulmi'nato| **I** *agg.* **1** [*colpito, ucciso da un fulmine*] foudroyé *p.p.* ◇ (*fig.*) *non mi aspettavo una simile tragedia, sono rimasto fulminato* je ne m'attendais pas à une telle tragédie, je suis resté foudroyé **2** (*per est.*) [*ucciso da una scarica elettrica, folgorato*] électrocuté: *il numero degli operai fulminati poteva essere maggiore* le nombre des ouvriers électrocutés aurait pu être plus élevé **3** (*per est.*) (*detto di lampadine o circuiti elettrici*) [*fuso, guasto*] grillé: *sostituire le lampadine fulminate* remplacer les ampoules grillées **II** *s.m.* (*chim.*) fulminate: *fulminato di mercurio* fulminate de mercure.

fulminatóre, trice |fulmina'tore, trit∫e| *s.m.* **1** (*raro*) [*chi scaglia fulmini*] foudroyeur* ♦ (*agg.*) *Giove fulminatore* Jupiter tonnant **2** (*calcio*) *un fulminatore* [*un potente realizzatore di goal*] un bon buteur.

fulminazióne |fulminat'tsjone| *s.f.* **1** [→ FULMINARE A] foudroiement *m.* **2** (*med.*) électrocution: *morte per fulminazione* mort par électrocution → **folgorazione.**

fùlmine |'fulmine| *s.m.* **1** (*meteor., corr.*) foudre (*f.*): *è caduto un fulmine sul campanile* la foudre est tombée sur le clocher ◇ (*per est.*) [*lampo*] éclair: *sono riuscito a fotografare un fulmine* j'ai réussi à photographier un éclair ◇ [*tuono*] tonnerre: *mi ha stordito un fulmine* le tonnerre m'a étourdi ◇ (*escl.*) *fulmini e saette!* (*per esprimere stupore, incredulità*) ô stupeur! ◇ (*loc. fig.*) *un fulmine a ciel sereno* un coup de tonnerre dans un ciel serein ~ *un colpo di fulmine* un coup de foudre **2** (*fig.*) [*persona che agisce con estrema rapidità o prontezza*] éclair: *quel ragazzo è un vero fulmine* cet enfant est rapide comme l'éclair; *sei stato un fulmine* tu as été prompt comme l'éclair ◇ (*mil.*) *un fulmine di guerra* un foudre de guerre **3** *spec. al plur.* [*collera, sdegno; condanna*] foudres: *si è attirati i fulmini del caporeparto* il s'est attiré les foudres du chef de service; *lanciare fulmini dal pulpito* lancer des foudres de la chaire ◇ (*relig.*) *i fulmini del Sant'Uffizio* les foudres du Saint-Office ◇ [*minaccia, maledizione*] *lanciava fulmini contro i suoi avversari* il lançait ses foudres contre ses adversaires.

fulmineaménte |fulminea'mente| *avv.* [→ FULMINEO 1] avec la rapidité de l'éclair *loc. inv.*, avec une rapidité foudroyante *loc. inv.*

fulmineità |fulminei'ta| *s.f.inv.* (*raro*) [*grande rapidità*] rapidité *var.* foudroyante.

fulmineo |ful'mineo| *agg.* **1** [*rapido; improvviso, inaspettato*] foudroyant: *ha avuto una reazione fulminea* il a eu une réaction foudroyante; *lo ha atterrato con una mossa fulminea* il l'a abattu d'un coup foudroyant; *la fulminea notizia della sua morte ci ha lasciati sgomenti* la foudroyante nouvelle de sa mort nous a laissés effarés ◇ [*pronto, vivace*] prompt, vif*: *ha una intelligenza fulminea* il a une intelligence vive, prompte comme l'éclair **2** [*minaccioso, terribile*] foudroyant: *uno sguardo fulmineo* un regard foudroyant **3** (*raro, lett.*) [*che è proprio, che è effetto del fulmine*] de la foudre *loc. inv.* (*corr.*).

fulmìnico, ci, ca, che |ful'miniko, t∫i, ka, ke| *agg.* (*chim.*) fulminique: *acido fulminico* acide fulminique.

fulminio, ii |fulmi'nio, ii| *s.m.* (*raro*) série *f.* d'éclairs et de coups de tonnerre.

fùlvo |'fulvo| *agg.* [*che ha un colore giallo rossiccio*] fauve; roux*: *la fulva criniera del leone* la crinière fauve du lion || *un ragazzo dai capelli fulvi* un garçon aux cheveux roux.

fumàbile |fu'mabile| *agg.* (*raro*) [→ FUMARE B 1] fumable.

fumàcchio, i |fu'makkjo, i| *s.m.* **1** [*tizzo di legno non ben spento o non ben acceso, che manda un fumo denso*] fumeron ◇ [*fumo che si leva da cose che ardono stentatamente*] fumée *f.* **2** → **soffione, fumarola.**

fumàggine |fu'madd ʒine| *s.f.* (*bot.*) fumagine.

fumaiòlo |fuma'jɔlo| *s.m.* [*parte terminale esterna di una canna fumaria*] cheminée (*f.*): *il fumaiolo di una locomotiva a vapore* la cheminée d'une locomotive à vapeur; *i fumaioli delle fabbriche* les cheminées des usines → **comignolo, ciminiera** ◇ (*per est., raro*) [*sfiatatoio di un vulcano o di una fumarola*] cheminée.

fumànte |fu'mante| *agg.* **1** [*che emette fumo o vapori*] fumant: *una selva di ciminiere fumanti* une forêt de cheminées fumantes; *ci ha servito una minestra fumante* il nous a servi une soupe fumante **2** (*raro, fig.*) [*che manifesta evidenti segni di eccitazione*] fumant (*corr.*): *era fumante di rabbia* il était fumant de colère.

fumàre |fu'mare| **A** *v.intr.* (*aus. 'avere'*) **1** [*mandare, emettere fumo*] fumer: *c'è solo un comignolo che fuma* il y a seulement une cheminée qui fume; *qualche tizzone fuma ancora* quelques tisons fument encore; *il vulcano ha ripreso a fumare* le volcan s'est remis à fumer **2** (*per est.*) [*emanare vapore*] fumer: *la minestra fuma nei piatti* le potage fume dans les assiettes; *è talmente freddo che la gente fuma per le strade* il fait si froid que les gens fument dans les rues **3** (*fig., fam.*) [*essere in collera*] être (43) mal luné, bouillir (20) de colère: *oggi gli fuma* il est mal luné aujourd'hui ~ *gli fuma il naso* il bout de colère ~ *mi fuma la testa* [*ho la mente molto affaticata, stanca*] ma tête est près d'éclater **B** *v.tr.* **1** [*aspirare ed espirare il fumo del tabacco e sim.*] fumer: *fumare sigari, sigarette, hascisc* fumer des cigares, des cigarettes, du hachisch; *fumare la pipa* fumer la pipe ♦ (*col 'si' pleon.*) *fumarsi un pacchetto di sigarette al giorno* fumer un paquet de cigarettes par jour **2** *ass.* [*avere il vizio, l'abitudine del fumo*] fumer: *fumo da vent'anni* je fume depuis vingt ans; *fuma, signora?* est-ce que vous fumez, madame?; *disturbo se fumo?* est-ce que la fumée vous dérange?; *si prega di non fumare* prière de ne pas fumer; *proibito, vietato fumare* défense de fumer ◇ (*loc.*) *fumare come un turco* fumer comme un sapeur **3** (*lett.*) [*esalare, emanare*] fumer.

fumària |fu'marja| *s.f.* (*t.bot.*) fumeterre.

Fumariàcee |fuma'rjat∫e| *s.f.pl.* (*t.bot.*) Fumariacées.

fumàrio, i |fu'marjo, i| *agg.* (*solo nella loc.*) *canna fumaria* conduit de fumée.

fumaròla |fuma'rɔla| *s.f.* (*geol.*) fumerolle.

fumàta |fu'mata| *s.f.* **1** [*nube, folata di fumo*] fumée: *la fumata di una ciminiera* la fumée d'une cheminée; *fare una segnalazione con una fumata* faire un signal avec une fumée ◇ (*loc.*) *fumata bianca, fumata nera* fumée blanche, fumée noire ~ *per l'accordo sindacale anche oggi c'è stata una fumata nera* encore un échec aujourd'hui sur le plan des négociations syndicales **2** [→ FUMARE B 1] *fare, farsi una fumata* fumer (une cigarette, un cigare); *non ho avuto neanche il tempo di fare una fumata* je n'ai même pas eu le temps de fumer (une cigarette).

fumatóre, trice |fuma'tore, trit∫e| *s.* [*chi fuma, chi ha l'abitudine o il vizio del fumo*] fumeur*: *un fumatore di pipa, di sigari* un fumeur de pipe, de cigares; *un accanito fumatore* un fumeur invétéré; *scompartimento per fumatori* compartiment fumeurs; *articoli per fumatori* articles pour fumeurs.

'fumé' |fyme| *agg. inv.* [*di colore grigio scuro*] gris foncé, anthracite: *tessuto, abito 'fumé'* tissu, robe gris foncé, anthracite.

fumeggiàre |fumed'd ʒare| **A** *v.tr.* (*pitt.*) [*sfumare*] estomper: *fumeggiare i contorni* estomper les contours; *fumeggiare le tinte, le tonalità* estomper les teintes, les tonalités **B** *v.intr.* (*aus. 'avere'*) *raro* → **fumare** A 1, 2.

fumeria |fume'ria| *s.f.* fumerie: *la polizia ha scoperto una fumeria di marijuana* la police a découvert une fumerie de marijuana.

fumettìsta |fumet'tista| *s.* auteur *m.* de bandes dessinées ◇ (*fig., spreg.*) [*scrittore banale o superficiale*] écrivailleur*, écrivassier*.

fumettìstico, ci, ca, che |fumet'tistiko, t∫i, ka, ke| *agg.* de (la), des bande(s) dessinée(s) (*loc.*): *la tecnica fumettistica* la technique des bandes dessinées, de la BD (*abbrev. fam.*) ◇ (*spreg.*) *un personaggio fumettistico* un personnage de photoroman; *letteratura fumettistica* littérature à l'eau de rose; *è una vicenda fumettistica* c'est une histoire de ciné-roman, à dormir debout.

1 **fumétto** |fu'metto| *s.m.* **1** [*spazio, spec. a forma di nuvoletta, in cui sono scritte le parole pronunciate da un personaggio*] bulle *f.* **2** *spec. al plur.* [*racconto a disegni*] bande(s) *f.* dessinée(s): *non sono un lettore di fumetti* je ne lis pas les bandes dessinées, la BD (*abbrev. fam.*); *si è montata la testa*

con i fumetti elle s'est montée la tête avec les bandes dessinées; *prestami un fumetto* prête-moi un magazine à bandes dessinées ◇ [*racconto a fotogrammi*] (*racconto, romanzo a*) *fumetti* photoroman *sing.*, ciné-roman *sing.* **3** (*spreg.*) [*opera narrativa o rappresentazione sciatta, banale*] (roman-)feuilleton: *questo non è un romanzo, ma un fumetto* ce n'est pas un roman, mais un feuilleton ◇ (*loc.*) *da fumetto, da fumetti* [*da strapazzo, privo di originalità*] *è uno scrittore da fumetti* c'est un écrivailleur; *un personaggio da fumetti* un personnage de roman-photo; *avere una cultura da fumetto* avoir une culture superficielle → **fumettistico.**

2 **fumétto** |fu'metto| *s.m.* [*liquore di anice*] anisette *f.*

fùmido |'fumido| *agg.* (*raro, lett.*) → **fumoso** 1.

fumigàre |fumi'gare| **A** *v.intr.* (*aus.* '*avere*') [*emanare fumo o vapore in modo leggero e continuato*] fumer: *c'è ancora qualche tizzo che fumiga* il y a encore des tisons qui fument **B** *v.tr.* [*trattare con fumigazioni*] fumiger (3).

fumigatòrio, i |fumiga'tɔrjo, i| *agg.* fumigatoire: *carta fumigatoria* papier fumigatoire.

fumigazióne |fumigat'tsjone| *s.f.* **1** (*med.*) fumigation → **suffumigio** ◇ (*agr.*) fumigation **2** [*affumicamento di prodotti alimentari*] boucanage *m.*

fumìsta |fu'mista| **1** *s.m.* fumiste **2** *s.* (*fig., raro*) fumiste *m.* → **imbroglione; burlone.**

fumisterìa |fumiste'ria| *s.f.* fumisterie: *non farti impressionare, son tutte fumisterie* ne te laisse pas impressionner, ce ne sont que des fumisteries, ce n'est que de la fumisterie.

fumìvoro |fu'mivoro| *agg. e s.m.* fumivore.

fùmo |'fumo| *s.m.* **1** fumée (*f.*): *il fumo del camino* la fumée de la cheminée; *far segnali con il fumo* faire des signaux avec la fumée; *far fumo* faire de la fumée, fumer ◇ (*loc. agg. inv.*) *grigio-fumo* gris anthracite ~ *di colore nero-fumo* de couleur bistre ~ *sapere di fumo* sentir la fumée ◇ (*loc. fig.*) *gettare fumo negli occhi* jeter de la poudre aux yeux ~ *vedere qc. come il fumo negli occhi* [*averlo a noia, detestarlo*] ne pas pouvoir souffrir, sentir qqn. ~ *andare in fumo* [*svanire, fallire*] s'en aller à vau-l'eau ~ *mandare in fumo* [*far fallire*] faire tomber à l'eau ~ (*abbigl.*) *fumo di Londra* anthracite *agg. inv.* **2** (*per anton.*) [*combustione del tabacco e suoi derivati; il fumare*] fumer *v.intr.*; fumée: *il vizio del fumo* la mauvaise habitude de fumer; *il fumo danneggia la salute* fumer est mauvais pour la santé ‖ *scusi, le dà fastidio il fumo?* pardon, est-ce que la fumée vous gêne? # *articoli da fumo* articles pour fumeurs **3** (*per est.*) [*ogni esalazione sim. al fumo*] fumée, vapeur (*f.*): *il fumo della pentola* la fumée de la marmite; *nei campi c'è un leggero strato di fumo* dans les champs, il y a un léger nuage de fumée, de vapeur **4** (*fig.*) [*vuota apparenza*] vent: *c'è molto fumo nei suoi discorsi* il y a beaucoup de vent dans ses discours; *non farti illusioni, è tutto fumo!* ne te fais pas d'illusions, ce n'est que du vent! ◇ [*vanità*] vanité (*f.*): *è pieno di fumo* il est plein de vanité, plein de soi ◇ (*loc. fig.*) *vendere fumo* [*darla a intendere, ingannare*] en faire accroire ~ *tutto fumo e niente arrosto* [*solo apparenza*] plus de bruit que de besogne **5** *al plur.* [*esaltazione, forte eccitazione*] fumées: *i fumi dell'ira* les fumées de la colère; *essere in preda ai fumi dell'alcool, del vino* être en proie aux fumées de l'alcool, du vin.

fumògeno |fu'mɔdʒeno| *agg.* **1** fumigène: *sostanze fumogene* substances fumigènes; *bomba, candelotto fumogeno* bombe, grenade fumigène ♦ (*s.m.*) *un fumogeno* [*candelotto fumogeno*] un fumigène: *la polizia è stata costretta a ricorrere ai fumogeni* la police a été obligée de recourir aux fumigènes **2** (*per est.*) [*che è fatto di fumo*] de fumée (*loc. inv.*): *cortina fumogena* rideau de fumée.

'fumoir' |fymwaʀ| *s.m. inv.* fumoir *var.*

fumosità |fumosi'ta| *s.f.inv.* **1** (*fig.*) [*mancanza di chiarezza*] nébulosité (*var.*): *c'è molta fumosità nei suoi ragionamenti* il y a beaucoup de nébulosité dans ses raisonnements; ses raisonnements sont plutôt fumeux **2** [*carattere di ciò che è fumoso, annebbiato; scarsa visibilità*] nébulosité: *la fumosità dei paesaggi autunnali* la nébulosité des paysages automnaux.

fumóso |fu'moso| *agg.* **1** fumeux*: *questa legna umida è troppo fumosa* ce bois humide est trop fumeux ◇ (*per est.*) plein de fumée: *un ambiente fumoso* une pièce pleine de fumée ◇ (*lett.*) (*detto di vino*) [*robusto, generoso*] généreux* (*corr.*), capiteux* (*corr.*) **2** (*fig.*) [*oscuro, incerto*] fumeux, nébuleux*: *parole fumose* paroles fumeuses; *uno scrittore fumoso* un écrivain nébuleux ◇ (*fig.*) [*vago, impreciso*] *proposte, promesse fumose* propositions, promesses fumeuses; *un discorso fumoso* un discours fumeux, nébuleux **3** (*raro, fig.*) (*detto di carattere o temperamento*) [*ombroso, borioso*] ombrageux* (*corr.*).

funàio, i |fu'najo, i|, **funaiòlo** |funa'jɔlo| *s.m.* [*chi fa o vende funi*] cordier ◇ (*loc. fig.*) *far come i funai* [*andar indietro, peggiorare*] aller, marcher à reculons, comme une écrevisse.

funambolésco, chi, ca, che |funambo'lesko, ki, ka, ke| *agg.* funambulesque: *esercizi funamboleschi* exercices funambulesques; *abilità funambolesca* habileté funambulesque ◇ (*fig.*) anticonformiste: *tenere una condotta funambolesca* avoir une conduite anticonformiste.

funambòlico, ci, ca, che |funam'bɔliko, tʃi, ka, ke| *agg.* → **funambolesco.**

funambolìsmo |funambo'lizmo| *s.m.* **1** [*arte del funambolo*] exercices *pl.* de funambule **2** (*fig.*) → **equilibrismo, opportunismo.**

funàmbolo |fu'nambolo| *s.* **1** funambule: *uno spettacolo, una compagnia di funamboli* un spectacle, une compagnie de funambules → **equilibrista** ◇ (*per est.*) (*calcio, pallacanestro*) [*giocatore abilissimo nel mantenere il possesso della palla*] artiste **2** (*fig.*) → **opportunista.**

funàme |fu'name| *s.m.* (*raro*) [*insieme, assortimento di funi*] cordages *pl.* (*corr.*) → **cordame.**

fùne |'fune| *s.f.* **1** [*corda, cavo*] corde; câble (*m.*): *il capo della fune* le bout de la corde; *legare, tirare con la fune* lier, tirer avec une corde ‖ *fune di canapa, di nailon, di acciaio* câble de chanvre, de nylon, d'acier; *fune portante* câble porteur ◇ *fare il tiro alla fune* [*gara di forza fra due squadre che tirano ciascuna a un capo della fune; anche fig.*] jouer à tirer la corde → **corda,** 2 **cavo** **2** (*ginnastica*) corde: *esercizi alla fune* exercices à la corde **3** (*loc. fig., raro*) *dare della fune, allungare la fune* [*concedere agio*] jeter du lest.

fùnebre |'funebre| *agg.* **1** funèbre: *veglia, rito, elogio, discorso funebre* veillée, rite, éloge, oraison funèbre; *corteo funebre* cortège funèbre; *carro funebre* char funèbre, corbillard; *impresa di pompe funebri* service des pompes funèbres # *avviso funebre* faire part de décès; *monumento funebre* monument funéraire → **mortuario, funerario** ◇ (*mus.*) *marcia funebre* marche funèbre **2** (*fig.*) [*mesto, triste, tetro*] funèbre, lugubre: *perché hai quella faccia funebre?* pourquoi cette mine, cet air funèbre, lugubre?; *in quella casa c'è sempre un'atmosfera funebre* dans cette maison il y a toujours une atmosphère funèbre → **funereo.**

funeràle |fune'rale| **I** *s.m.* **1** funérailles *f. pl.*, enterrement: *partecipare a un funerale* prendre part à des funérailles, à un enterrement; *il funerale sarà celebrato nel primo pomeriggio* les funérailles auront lieu en début d'après--midi → **esequie** ◇ (*per est.*) [*corteo funebre*] convoi, enterrement: *il funerale attraverserà le vie del centro* le convoi traversera les rues du centre; *seguire un funerale* suivre un convoi, un enterrement **2** (*fig.*) [*situazione, riunione triste o noiosa*] *questa serata è stata un funerale* cette soirée a été mortelle → **mortorio** ◇ (*loc. fig.*) *faccia, espressione da funerale* tête, mine d'enterrement; *essere un funerale* avoir un air d'enterrement **II** *agg.* (*raro*) [*funebre, funerario*] funèbre (*corr.*).

funeràrio, i |fune'rarjo, i| *agg.* funéraire; funèbre: *iscrizione, decorazione funeraria* inscription, décoration funéraire; *urna funeraria* urne funéraire → **mortuario, sepolcrale, tombale** ‖ *cerimonia funeraria* cérémonie funèbre.

funèreo |fu'nɛreo| *agg.* **1** funéraire: *drappo funereo* drap funéraire # *letto funereo* lit de mort → **funebre, mortuario** **2** (*fig.*) [*triste, cupo; luttuoso*] funèbre, lugubre: *avere un aspetto, uno sguardo funereo* avoir une mine funèbre, un regard lugubre → **mesto** # *ci hanno dato una notizia funerea* on nous a donné une funeste nouvelle → **funesto.**

funestàre |funes'tare| **A** *v.tr.* **1** [*affliggere con lutti, disgrazie, dolori e sim.*] endeuiller, attrister: *la guerra ha funestato migliaia di famiglie* la guerre à endeuillé des milliers de familles; *la gita è stata funestata da un grave incidente* l'excursion a été attristée par un grave accident **2** (*per est.*) [*danneggiare in modo grave*] frapper, dévaster: *molti paesi sono stati funestati dalla siccità* plusieurs pays ont été frappés, dévastés par la sécheresse **B** *v.pron. intr.* FUNESTARSI (*raro*) [*affliggersi, rattristarsi*] s'affliger (3) (*corr.*), s'attrister (*corr.*).

funèsto |fu'nɛsto| *agg.* **1** funeste: *una guerra, una discordia funesta* une guerre, une discorde funeste → **luttuoso** ◇ (*fig.*) *notizie funeste* des nouvelles funestes; *annunzio funesto* annonce funeste **2** (*per est.*) [*che arreca danni, sciagure*] funeste; dangereux*: *effetti funesti, conseguenze funeste* des effets, des conséquences funestes; *è stata una decisione funesta* ce fut une décision funeste; *un errore funesto* une erreur funeste → **dannoso** ‖ *una persona funesta* une personne dangereuse.

fungàia |fun'gaja| *s.f.* **1** [*luogo dove crescono funghi in abbondanza*] champignonnière **2** (*fig., spreg.*) [*quantità di cose o di persone*] foule: *sono alquanto diffidente verso questa fungaia di psicologi improvvisati* je suis très méfiant à l'égard de cette foule, flopée (*pop.*) de psychologues improvisés.

fùngere |'fundʒere| (150) *v.intr.*(*aus. 'avere'*) FUNGERE DA [*esercitare temporaneamente una carica, una funzione; sostituire, supplire qc. in q.c.*] faire (45) *tr.* fonction de: *fungere da sindaco, da presidente* faire fonction de maire, de président; *in assenza del titolare funge da coordinatore il signor X* en l'absence du titulaire, monsieur X fait fonction de coordonnateur; *fungere da padre* faire fonction de père ◇ (*cose*) [*sostituire, equivalere a q.c.*] remplacer (2) *tr.*, servir (21) de: *la carta d'identità può fungere da passaporto* la carte d'identité peut remplacer le passeport, servir de passeport.

funghéto |fun'geto| *s.m.* → **fungaia.**

funghétto |fun'getto| *s.m.* (petit) champignon: *funghetti sott'olio, sott'aceto* (petits) champignons confits dans l'huile, dans le vinaigre; *ho ordinato melanzane al funghetto* j'ai commandé des aubergines aux champignons; *rognone al funghetto* rognon aux champignons.

funghicoltóre, trice |fungikol'tore, tritʃe|, **funghicultóre, trice** |fungikul'tore, tritʃe| *s.* [*chi coltiva funghi mangerecci*] champignonniste.

funghicoltùra |fungikol'tura|, **funghicultùra** |fungikul'tura| *s.f.* culture des champignons: *un trattato, una rivista di funghicoltura* un traité, une revue sur la culture des champignons.

funghìre |fun'gire| (197) *v.intr.* (*aus. 'avere'*) (*raro*) → **ammuffire.**

fungìbile |fun'dʒibile| *agg.* (*dir.*) fongible: *beni fungibili* biens fongibles.

fungicìda |fundʒi'tʃida| *agg. e s.m.* (*chim.*) fongicide.

fungifórme |fundʒi'forme| *agg.* fongiforme: *papille fungiformi* papilles fongiformes.

fùngo, ghi |'fungo, gi| *s.m.* **1** (*t. bot., corr.*) champignon ~ *fungo prataiolo* champignon des prés ~ *fungo coltivato* champignon de couche, de Paris ◇ (*corr.*) *fungo velenoso* champignon vénéneux; *risotto con i funghi* risotto aux champignons; *funghi sott'olio* champignons confits dans l'huile ♦ *agg. inv.* (*fig.*) *città fungo* ville champignon ◇(*loc.*) *crescere, spuntare come un fungo* pousser comme un champignon ~ *far le nozze coi funghi secchi* vouloir faire de grandes choses avec de petits moyens **2** (*per est.*) [*oggetto di forma simile al fungo*] champignon: *fungo della rotaia* champignon de rail; *fungo della candela* champignon; *fungo atomico* champignon atomique **3** (*med.*) fongus → **fungosità.**

fungosità |fungosi'ta| *s.f. inv.* (*med.*) fongosité *var.*

fungóso |fun'goso| *agg.* **1** (*med.*) fongueux*: *escrescenza fungosa* excroissance fongueuse **2** [*di aspetto sim. al fungo*] fongiforme ◇ [*ammuffito*] moisi: *legname fungoso* du bois moisi.

funicèlla |funi'tʃɛlla| *s.f.*, **funicèllo** |funi'tʃɛllo| *s.m.* [*fune sottile*] ficelle *f.*, cordelette *f.*

funicolàre |funiko'lare| **I** *agg.* **1** (*anat.*) funiculaire: *ernia, cisti funicolare* hernie, kyste funiculaire **2** (*trasporti*) funiculaire: *trazione, trasmissione funicolare* traction, transmission funiculaire; *ferrovia funicolare* chemin de fer funiculaire **3** (*fis.*) *poligono funicolare* polygone funiculaire **II** *s.f.* **1** funiculaire (*m.*): *le due località sono collegate da una funicolare* les deux localités sont reliées par un funiculaire ◇ [*il veicolo adibito al trasporto*] *salire sulla funicolare* monter sur le funiculaire **2** *funicolare aerea* téléphérique *m.*, téléférique *m.* → **funivia, teleferica.**

funìcolo |fu'nikolo| *s.m.* **1** (*anat.*) funicule: *funicolo ombelicale* funicule ombilical **2** (*bot.*) funicule **3** [*parte di cui si compone una fune*] toron, brin.

funivìa |funi'via| *s.f.* téléphérique *m.*, téléférique *m.* ◇ [*ciascuna delle cabine*] télébenne, télécabine.

funzionàle |funtsjo'nale| *agg.* **1** fonctionnel*; efficace: *un mobile, una vettura funzionale* un meuble fonctionnel, une voiture fonctionnelle → **razionale** ‖ *il nuovo reparto è molto funzionale* le nouveau service est très efficace; *queste misure si sono rivelate funzionali* ces mesures se sont révélées efficaces ◇ [*pratico, maneggevole*] pratique: *è uno strumento perfetto ma poco funzionale* c'est un instrument parfait, mais peu pratique **2** [*che si ispira al funzionalismo*] fonctionnel: *architettura funzionale* architecture fonctionnelle **3** [*relativo o connesso alle funzioni di una persona*] de fonction (*loc. inv.*): *privilegi funzionali* privilèges de fonction **4** [*relativo al funzionamento di una struttura o di un organismo*] fonctionnel: *abbiamo migliorato gli aspetti funzionali della ditta* nous avons amélioré les aspects fonctionnels de la maison ◇ (*ling., mat., med.*) fonctionnel.

funzionalìsmo |funtsjona'lizmo| *s.m.* **1** fonctionnalisme: *il vero politico deve mirare al di là del semplice funzionalismo* le véritable homme politique doit viser au-delà du simple fonctionnalisme **2** (*arch., psicol.*) fonctionnalisme.

funzionalità |funtsjonali'ta| *s.f. inv.* **1** [*piena rispondenza agli scopi prefissati*] caractère *m.var.* fonctionnel: *i nostri articoli hanno raggiunto un alto grado di funzionalità* nos articles ont atteint un caractère hautement fonctionnel **2** [*efficienza di funzionamento*] bon fonctionnement (*m.var.*): *la funzionalità del complesso non è ancora ottimale* le bon fonctionnement du complexe n'est pas encore optimal ◇ (*med.*) fonction *var.*, fonctionnement: *la funzionalità epatica, renale* la fonction hépatique, rénale.

funzionalménte |funtsjonal'mente| *avv.* [→ FUNZIONALE 1, 2] de façon fonctionnelle *loc. inv.* ◇ [*relativamente a una funzione*] fonctionnellement.

funzionaménto |funtsjona'mento| *s.m.* [→ FUNZIONARE 1] fonctionnement: *il funzionamento di una macchina, di un ufficio* le fonctionnement d'une machine, d'un bureau ◇ [*modo di funzionare*] *cattivo, buon funzionamento* mauvais, bon fonctionnement; *spiegare il funzionamento di una macchina* expliquer le fonctionnement d'une machine.

funzionànte |funtsjo'nante| *agg.* qui fonctionne(nt) (bien) (*loc.*): *sono apparecchi perfettamente funzionanti* ce sont des appareilles qui fonctionnent parfaitement → **efficiente** ◇ [*che è in funzione, in attività*] en service (*loc. inv.*): *il nuovo laboratorio non è ancora funzionante* le nouveau laboratoire n'est pas encore en service → **operativo.**

funzionàre |funtsjo'nare| *v.intr.* (*aus. 'avere'*) **1** (*cose*) [*adempiere alle proprie funzioni specifiche*] fonctionner, marcher: *questo motore non funziona più* le moteur ne fonctionne, ne marche plus; *l'ascensore non funziona* l'ascenseur ne fonctionne, ne marche pas; *qui ci sono troppe cose che non hanno funzionato* il y a trop de choses qui n'ont pas marché; *il cuore funziona bene, male* le cœur fonctionne bien, mal ◇ (*raro*) (*persone*) travailler (*corr.*): *in questo ufficio ci sono troppi impiegati che non funzionano* dans ce bureau il y a trop d'employés qui ne travaillent pas **2** (*persone*) [*fungere*] faire (45) *tr.* fonction de: *funzionare da sindaco, da presidente* faire fonction de maire, de président.

funzionàrio, i |funtsjo'narjo, i| *s.* fonctionnaire: *alto funzionario* haut fonctionnaire; *i funzionari delle dogane sono in sciopero* les fonctionnaires des douanes sont en grève.

funzióne |fun'tsjone| *s.f.* **1** (*persone*) fonction: *le funzioni del presidente* les fonctions du président; *adempiere alle proprie funzioni* s'acquitter de ses fonctions → **mansione, 2 dovere, ufficio** ◇ *loc.* FAR LA FUNZIONE DI Q.C. [*funzionare da*] faire fonction de, jouer le rôle de: *far funzione di freno, di stimolo* faire fonction, jouer le rôle de frein, de stimulant ~ FACENTE FUNZIONE (*f.f.*) remplaçant *s.*, substitut *s.* (a.i., ad interim) **2** (*cose*) fonction: *la funzione del fegato, del nervo* la fonction du foie, du nerf; *la funzione della digestione, della respirazione* la fonction de la digestion, de la respiration ◇ (*biol.*) *la funzione clorofilliana* la fonction chlorophyllienne ◇ *loc.* METTERE IN FUNZIONE [*far funzionare*] mettre en marche, actionner; mettre en service **3** (*fig.*) [*ruolo, compito*] fonction, rôle (*m.*): *la funzione della cultura nella vita politica* la fonction, le rôle de la culture dans la vie politique; *la funzione sociale della scuola* la fonction sociale de l'école ◇ (*loc.*) *svolgere la funzione di* jouer le rôle de ◇ (*ling.*) *un infinito, un participio in funzione di sostantivo* un infinitif, un participe en fonction de substantif **4** (*mat.*) fonction: *funzione di x, dell'incognita* fonction de x, de l'inconnue ◇ (*chim., fis.*) fonction **5** [*rito, cerimonia relig.*] fonction, cérémonie religieuse: *assistere alla funzione domenicale* assister à la fonction dominicale; *le funzioni natalizie, pasquali* les cérémonies religieuses de Noël, de Pâques **6** (*fam.*) [*faccenda,* *lavoro, incombenza*] tâche (*corr.*): *una funzione noiosa, monotona* une tâche ennuyeuse, monotone.

fuochìsta |fwo'kista| *s.m.* → **fochista.**

fuòco, chi |'fwɔko, ki| *s.m.* **1** feu: *fuoco intenso, vivace* feu intense, vif; *fuoco di carbone, di legna* feu de charbon, de bois; *accendere, spegnere il fuoco* allumer, éteindre le feu ◇ (*per anal.*) *cuocere a fuoco lento* cuire à petit feu; *fuoco d'artificio, artificiale* feu d'artifice; *fuoco fatuo* feu follet; *fuoco di S. Elmo* feu Saint-Elme # *fuoco eterno* flammes éternelles **2** (*loc.*) *fare fuoco* [*accenderlo o ravvivarlo*] allumer, faire du feu ~ *andare a fuoco* [*bruciare*] être en feu, en flammes; brûler ~ *dar fuoco a q.c.* mettre le feu à qqch. ~ *mettere a ferro e fuoco* mettre à feu et à sang ~ A FUOCO [*per mezzo del calore*] à chaud: *lavorare, verniciare a fuoco* travailler, vernir à chaud ◇ (*loc. fig.*) *mettere la mano sul fuoco per qc. o q.c.* mettre sa main au feu pour qqn. ou qqch., donner sa tête à couper ~ *buttarsi nel fuoco per qc.* se jeter dans le feu pour qqn. ~ *far fuoco e fiamme* [*strepitare*] faire du vacarme, tempêter; [*tentare ogni mezzo per raggiungere lo scopo*] faire des pieds et des mains ~ *scherzare col fuoco* jouer avec le feu ~ *la prova del fuoco* l'épreuve du feu ~ *prender fuoco*: (*pr., fig.*) prendre feu **3** [*incendio*] feu: *il fuoco ha devastato tutta la città* le feu a dévasté toute la ville ◇ (*per est.*) *i vigili del Fuoco* les (sapeurs-) pompiers ◇ *loc. inter.* AL FUOCO! AL FUOCO! au feu! au feu! **4** *condannare gli eretici al fuoco* [*al rogo*] condamner les hérétiques au feu **5** (*per anton.*) [*il fuoco, per usi domestici*] feu: *raccogliersi attorno al fuoco* s'installer auprès du feu; *mettere q.c. sul fuoco* mettre qqch. sur le feu → **focolare** ◇ (*loc. fig.*) *mettere troppa carne al fuoco* entreprendre trop de choses à la fois; courir deux lièvres à la fois **6** *spec. al plur.* (*mar.*) feux: *alimentare, spegnere i fuochi* alimenter, éteindre les feux **7** [*sparo*] feu: *fuoco incrociato* feux croisés; *fuoco nutrito, continuo* feu nourri, continu; *arma da fuoco* arme à feu; *bocca da fuoco* bouche à feu; *linea di fuoco* ligne de feu; *far fuoco* faire feu; *aprire, cessare il fuoco* ouvrir, cesser le feu; *tenere sotto il fuoco* tenir sous le feu ◇ (*loc.*) *dar fuoco alle polveri*: (*pr., fig.*) mettre le feu aux poudres ~ *battesimo del fuoco*: (*pr., fig.*) baptême du feu; *un fuoco di fila di domande* un feu roulant de questions ~ *trovarsi tra due fuochi*: (*pr., fig.*) être, se trouver entre deux feux **8** *inter.* FUOCO! feu!: *fuoco a volontà* feu à volonté **9** (*per est., in alcuni giochi, per indicare l'avvicinarsi dell'oggetto da trovare*) *fuoco!* (*fuoco!*) tu brûles! **10** (*fig.*) feu: *una persona tutto fuoco* une personne tout feu, tout flamme; *essere divorato dal fuoco della febbre* être dévoré par le feu de la fièvre; *avere le mani, la fronte di fuoco* avoir les mains, le front en feu # *ardere dal fuoco dell'entusiasmo* brûler d'enthousiasme ◇ (*loc. fig.*) *soffiare sul fuoco* souffler sur le feu ~ *stuzzicare il fuoco* attiser le feu ~ *mettere legna al fuoco* [*aggiungere motivi di odio, ira e sim.*] jeter de l'huile sur le feu ~ *versare acqua sul fuoco* jeter de l'eau sur le feu ~ *avere il fuoco addosso, nelle vene* avoir du feu dans les veines ◇ *loc.* DI FUOCO: *lingue di fuoco* langues de feu; *farsi, diventare di fuoco* rougir, s'empourprer; *parole di fuoco* paroles enflammées **11** (*med., pop.*) *fuoco di S. Antonio* feu Saint-Antoine → **erpete** **12** (*lett.*) [*fulmine*] foudre *f.* ◇ [*splendore*] éclat, splendeur *f.* **13** (*mat.*) foyer: *fuoco di una conica* foyer d'une conique **14** (*ott.*) foyer: *obiettivo a fuoco fisso* objectif à foyer fixe ◇ (*loc.*) *mettere a fuoco*: (*pr., fig.*) mettre au point.

fuorché |fwor'ke| **1** *cong.* [*tranne che, eccetto che*] sauf, excepté: *so far tutto, fuorché cucinare* je sais tout faire, sauf, excepté cuisiner; *chiedimi tutto, fuorché di prestarti la moto* demande-moi tout, sauf, excepté de te prêter ma moto **2** *prep.* [*tranne, eccetto*] sauf, excepté: *ricordo ogni particolare, fuorché la data* je me rappelle tous les détails, sauf, excepté la date; *sopporto tutto, fuorché l'insolenza* je supporte tout, sauf, excepté l'insolence; *tutti lo sapevano, fuorché l'interessato* tout le monde le savait, sauf, excepté l'intéressé.

fuòri |'fwɔri| **I** *avv.* **1** [*all'esterno, dalla parte esterna*] dehors: *buttar fuori, cacciar fuori qc.* jeter qqn. dehors, chasser qqn.; *fuori piove* dehors il pleut; *guardare fuori* regarder dehors **2** (*loc.*) *lasciar fuori qc., q.c.* [*escluderlo, tralasciarlo*] laisser dehors, de côté qqn., qqch. ~ (*pop.*) *far fuori qc.* [*ucciderlo*] descendre qqn. ~ *far fuori q.c.* abîmer, casser qqch. ~ *far fuori una bottiglia* vider une bouteille ~ (*detto spec. di notizia mantenuta prima segreta*) *venir fuori, scappar fuori* filtrer ~ *mettere fuori una notizia* répandre une nouvelle ~ *metter fuori un articolo* publier un article ~ *cacciar fuori del denaro* débourser de l'argent ~ (*detto di liquido che trabocca*) *andar fuori, uscir fuori* déborder ~ *dar fuori, buttar fuori* [*germogliare*] bourgeonner, pousser des bourgeons ~ (*fam.*) *dar fuori da matto* [*dare in escandescenze*] monter sur ses grands chevaux, sortir de ses gonds ~ *essere tagliato fuori* être mis de côté, être laissé en dehors ~ *o dentro o fuori!*: (*pr.*) entre ou sors! (entrez ou sortez!); (*fig.*) (*invito a prendere una netta risoluzione*) c'est oui ou non! **3** (*unito ad altri avv.*) (là) dehors: *aspetta là fuori* attends (là) dehors; *sono qua fuori* je suis (là) dehors; *guarda lì fuori* regarde (là) dehors ◇ *loc.* IN FUORI, DI FUORI au-dehors, en dehors: *sporgersi in fuori* se pencher au-dehors, en dehors ~ (*fig.*) *avere gli occhi in fuori* [*sbarrati*] avoir les yeux ecarquillés **4** (*fam.*) [*fuori casa, fuori sede e sim.*] *cenare fuori* dîner dehors, dîner en ville; *è fuori* il est sorti; *sono stato fuori tutto il giorno* j'ai passé toute la journée dehors; *il direttore è fuori per una settimana* le directeur est absent pour une semaine; *è gente che viene da fuori* ce sont des gens qui ne sont pas d'ici; *abbiamo ospiti da fuori* nous avons des invités qui viennent de loin; *è appena uscito fuori* (*di prigione*) il vient de sortir de prison ◇ (*loc.*) *gente di fuori* des étrangers ~ *in Italia e fuori* en Italie et hors d'Italie **5** (*fig.*) [*esteriormente, all'apparenza*] extérieurement, apparemment: *fuori è tutto cerimonie, ma dentro è tutto invidia* extérieurement, apparemment il est tout simagrées, mais il est plein d'envie ◇ *loc.* DI FUORI extérieurement: *di fuori sembrava una persona onesta* extérieurement, il semblait une personne honnête **6** (*in tono di comando, con vari significati*): (*ordine, invito a uscire*) *fuori!* sors! (sortez!), hors d'ici!; *fuori il portafoglio!, fuori i soldi!* sortez le portefeuille!, sortez l'argent; *fuori le prove!* sortez vos preuves!, montrez vos preuves! ◇ (*mil.*) *fuori uno! fuori due!*: (*pr., fig.*) et d'un, et de deux! ◇ (*teat.*) *fuori! fuori l'autore!* en scène l'auteur! **7** *loc. sost.* (*fam.*) IL DI FUORI [*la parte esterna*] l'extérieur: *il di fuori della casa, della chiesa* l'extérieur de la maison, de l'église; *guardare, osservare dal di fuori* regarder, observer de l'extérieur, du dehors **II** *prep.* **1** [*all'esterno di, lontano da*] hors, hors de: *abitare fuori città* habiter hors de la ville # *essere fuori casa* n'être pas chez soi ◇ (*loc.*) *procedere, essere fuori strada, fuori mano* ne pas tenir sa droite ~ *essere, abitare fuori mano* être, habiter dans un lieu éloigné, écarté; habiter assez loin ◇ (*fig.*) en dehors de, hors de: *fuori orario* en dehors des heures de service; *mangiare fuori pasto* manger en dehors des repas, entre les repas; *essere fuori pericolo* être hors de danger # *essere fuori fase* être déphasé **2** *loc.* FUORI DI hors de: *fuori casa* hors de la maison; *fuori di qui!* hors d'ici! ◇ (*fig.*) *è fuori di sé dalla rabbia* il est hors de lui de rage; *mettersi, essere fuori della legge* être, se mettre hors la loi; *essere fuori della minore età* avoir atteint la majorité ~ (*loc. fig.*) *essere, andare fuori del seminato* [*fuori dell'argomento*] être hors du sujet, s'éloigner du sujet **3** *loc.* FUORI DA *è fuori* (*dalla porta*) il est dehors ~ *tirarsi fuori dai guai, dai pasticci* se tirer d'affaire, du pétrin (*fam.*) ~ *essere fuori dai gangheri* [*essere arrabbiato, in preda a una grande agitazione*] être hors de soi, sortir de ses gonds ~ *essere tagliato fuori dal giro* [*essere escluso da un certo ambiente*] être mis à l'écart.

fuoribordìsmo |fworibor'dizmo| *s.m.* (*sport*) courses *f.pl.* de hors-bord, motonautisme.

fuoribórdo |fwori'bordo| *s.m.inv.* *hors-bord: *gare per fuoribordo* courses de hors-bord ◆ (*agg. inv.*) *motore fuoribordo* moteur de hors-bord.

fuoricàmpo |fwori'kampo| *s.m. inv.* (*cine.*) *hors du champ ◆ (*agg. inv.*) *voce fuoricampo* voix off.

fuoricàsa |fwori'kaza| *avv.* **1** [*lontano dalla propria abitazione*] *hors de chez soi: *è fuoricasa* il est hors de chez lui; il n'est pas chez lui; il n'est pas à la maison; il est sorti **2** (*sport*) [*sul terreno della squadra avversaria*] sur le terrain de l'adversaire *loc.*; en salle adverse *loc.*

fuoriclàsse |fwori'klasse| *s.inv.* [*chi, nel proprio campo, possiede doti di abilità e di bravura superiori*] champion* *var.*, as (*m.*): *un fuoriclasse della pallacanestro* un champion, un as du basket-ball. ◆ (*agg. inv.*) *atleta fuoriclasse* athlète *hors classe, hors pair ◇ (*bur.*) *consigliere fuori classe* conseiller hors classe.

fuoricombattiménto |fwori-kombatti'mento| *s.m. inv.* (*pugilato*) knock-out *var.* (k.-o.): *vittoria per fuoricombattimento* victoire par knock-out; *subire, infliggere un fuoricombattimento* subir, infliger un knock-out; *perdere per fuoricombattimento, mettere fuoricombattimento* être battu par knock--out, mettre knock-out; *fuoricombattimento tecnico* knock-out technique ✦ (*avv.*) *essere fuoricombattimento* être knock-out (k.-o.) ◇ (*loc. fig.*) *mettere qc. fuoricombattimento* mettre qqn. *hors de combat, k.-o. ~ (*fam.*) *mettere q.c. fuoricombattimento* mettre qqch. hors d'usage.

fuoricórso |fwori'korso| *agg. inv.* **1** (*di monete, francobolli*) qui n'a plus cours *loc.* **2** (*detto di studente universitario, che non ha terminato gli studi negli anni previsti dal piano di studi*) ⊠.

fuorigiòco |fwori'dʒɔko| *s.m.inv.* (*sport*) *hors-jeu: *andare, trovarsi, mettere, mandare in fuorigioco* aller, être, mettre, envoyer hors-jeu; *l'arbitro ha fischiato un fuorigioco* l'arbitre a sifflé un hors-jeu ✦ (*agg. inv.*) *un giocatore fuorigioco* un joueur hors jeu ◇ (*fig.*) [*che è tagliato fuori, estromesso*] *hors de cause; *ormai sono fuorigioco* désormais je suis hors de cause, hors de circuit ✦ (*avv.*) hors jeu: *mettere, trovarsi fuorigioco* mettre, être hors jeu.

fuorilégge |fwori'leddʒe| *s.inv.* *hors-la-loi (*m.*): *un pericoloso fuorilegge* un hors-la-loi dangereux → **criminale, bandito** ✦ (*agg. inv.*) *individui fuorilegge* des hors-la-loi *s.m.* ✦ *avv.* [*illegalmente*] dans l'illégalité *loc. inv.*; en dehors de la loi (*loc.*): *vivere, agire fuorilegge* vivre, agir en hors-la-loi.

fuorimàno |fwori'mano| *avv.* (*region.*) → 2 **lontano.**

fuoriprogràmma |fworipro'gramma| *s.m. inv.* *hors programme (*agg.*): *presentare, mandare in onda un fuoriprogramma* présenter, mettre en ondes une émission hors programme ◇ (*cine.*) complément *var.* de programme ✦ (*agg. inv.*) *spettacolo, trasmissione fuoriprogramma* spectacle, émission hors programme ✦ (*avv.*) *trasmettere, rappresentare fuoriprogramma* transmettre, représenter hors programme.

fuorisàcco |fwori'sakko| *s.m. inv.* [*plico postale che, per maggiore rapidità di recapito, viaggia fuori dai sacchi normali*] ⊠.

fuorisèrie |fwori'sɛrje| *agg. inv.* **1** [*non prodotto in serie*] *hors série (*loc.*): *una macchina fuoriserie* une voiture hors série ✦ (*s.f. inv.*) *una fuoriserie* une voiture hors série *loc.* **2** (*fig.*) [*che è di eccezionale qualità*] hors pair: *uno spettacolo fuoriserie* un spectacle hors pair; *un tecnico fuoriserie* un technicien hors pair ✦ (*s.inv.*) *un fuoriserie* un homme *m.var.*, une personne *f.var.* hors pair, hors classe.

fuoristràda |fwori'strada| *s.m.inv.* [*autoveicolo speciale per terreni e percorsi accidentati*] tout terrain *agg.*, tous terrains (*agg.*): *abbiamo percorso la zona in fuoristrada* nous avons parcouru toute la région avec une voiture tout terrain ◇ [*lo sport*] *fare il fuoristrada* faire du tout terrain.

fuoriuscire |fworiuʃ'ʃire| (201) *v. intr.* (*aus.* '*essere*') [*uscir fuori da un recipiente o sim.*] déborder (*aus.* avoir), s'échapper (*pron.*): *l'acqua fuoriesce dalla vasca* l'eau déborde de la baignoire → **traboccare.**

fuoriuscita |fworiuʃ'ʃita| *s.f.* [*il riversarsi all'esterno, uscita*] fuite; écoulement (*m.*): *una fuoriuscita d'acqua* une fuite d'eau ‖ *tamponare la fuoriuscita del sangue da una ferita* tamponner l'écoulement de sang d'une blessure.

fuoriuscìto |fworiuʃ'ʃito| **1** *s.* [*chi vive fuori del proprio paese, spec. per motivi polit.*] réfugié (politique), exilé: *i fuoriusciti* les réfugiés (politiques), les exilés → **esule** **2** *agg.* [*uscito fuori da q.c.*] coulé: *asciugarsi il sangue fuoriuscito dal naso* essuyer le sang coulé de son nez.

fuorivìa |fwori'via| *avv.* (*region.*) → **lontano.**

fuoruscire |fworuʃ'ʃire| *e deriv.* → **fuoriuscire** *e deriv.*

fuorviàre |fworvi'are| *v.tr.* → **forviare.**

furbacchióne |furbak'kjone| *s.* [*persona molto astuta, scaltra*] gros* malin*; vieux renard *m.* → **volpone.**

furbacchiòtto |furbak'kjɔtto| *s.* [*chi cerca di cavarsela con astuzia o con eccessiva disinvoltura*] petit malin*, finaud → **dritto** ✦ (*agg.*) *uno studente furbacchiotto* un étudiant malin, finaud.

furbàccio, i |fur'battʃo, i| *s.* (*fam., scherz.*) [*persona scaltra, furbo matricolato*] vieux* malin*, vieux roublard.

furbaménte |furba'mente| *avv.* [*da furbo, astutamente*] astucieusement → **furbescamente.**

furbàstro |fur'bastro| *agg.* [*che tenta di fare il furbo in modo troppo scoperto o senza risultato*] faraud, crâneur* ✦ (*s.*) *un furbastro* un faraud, un crâneur.

furberìa |furbe'ria| *s.f.* **1** [*astuzia, scaltrezza*] ruse: *la sua furberia è proverbiale* sa ruse est proverbiale → **furbizia** **2** [*azione, comportamento da furbo*] ruse: *questa è una furberia fuori luogo!* c'est une ruse hors de propos! ◇ [*espediente, scappatoia*] ruse, stratagème (*m.*): *cavarsela con una furberia* se tirer d'affaire par une ruse, un stratagème → **trovata.**

furbescaménte |furbeska'mente| *avv.* [→ FURBESCO] avec ruse *loc. inv.*, adroitement ◇ [*con aria maliziosa, ammiccante*] d'un air rusé (*loc. inv.*): *sorridere furbescamente* sourire d'un air rusé.

furbésco, chi, ca, che |fur'besko, ki, ka, ke| *agg.* **1** plein de ruse: *modi furbeschi* des manières pleines de ruse **2** [*allusivo con malizia, ammiccante*] malin*, astucieux*: *occhiate furbesche* des regards malins; *risposta furbesca* réponse astucieuse ◇ (*spec.*) *lingua furbesca* langue verte, argot *m.*

furbétto |fur'betto| *s.* [*furbacchiotto, alquanto furbo*] petit malin, petit fripon* ✦ (*agg.*) *un tipo furbetto* un type finaud.

furbìzia |fur'bittsja| *s.f.* [*scaltrezza, furberia*] ruse ◇ (*raro*) [*atto o comportamento astuto, scaltro*] ruse (*corr.*), astuce (*corr.*) → **astuzia.**

fùrbo |'furbo| *agg.* **1** (*persone*) [*abile e accorto nel fare il proprio interesse o nel cavarsela in situazioni complicate*] rusé, malin*: *un ragazzo furbo* un garçon rusé, malin; *non ti credevo così furbo* je ne te croyais pas si malin ✦ (*s.*) *un furbo* un malin; *un furbo matricolato* un gros malin ◇ *loc. spreg.* FARE IL FURBO faire le malin: *con me non devi fare il furbo* avec moi, il ne faut pas faire le malin; *smettila di fare il furbo* arrête de faire le malin **2** (*cose*) [*scaltro, accorto*] astucieux*, malin: *una trovata furba* une idée astucieuse; une astuce *s.f.*, une ruse *s.f.* ‖ *sorriso furbo* sourire malin; *occhi furbi* yeux malins.

furbóne |fur'bone| *s.* → **furbacchione.**

furènte |fu'rɛnte| *agg.* [*che è preso dalla furia o dall'ira, furioso*] furieux*: *essere furente contro tutti* être furieux contre tous; *sono furente per tutti questi contrattempi* je suis furieux à cause de tous ces contretemps → **furibondo** ◇ (*cose*) *parole furenti* paroles furieuses; *ira, collera furente* colère furieuse, furibonde.

furerìa |fure'ria| *s.f.* (*mil.*) bureau *m.* de la compagnie.

furétto |fu'retto| *s.m.* (*t.zool.*) furet ◇ [*pelliccia di tale animale*] furet.

furfantàccio, i |furfan'tattʃio, i| *s.* [*gran furfante*] canaille *f.*, fripouille *f.*

furfantàggine |furfan'taddʒine| *s.f.* → **furfanteria.**

furfànte |fur'fante| *s.* [*persona senza scrupoli*] canaille *f.*, fripouille (*f.*): *non fidarti di quel furfante* ne te fie pas à cette canaille, à cette fripouille → **canaglia, imbroglione** ◇ (*scherz.*) *sei un furfante!* tu es un petit coquin!

furfanteggiàre |furfanted'dʒare| *v.intr.* (*aus.* '*avere*') (*raro*) [*comportarsi da furfante, commettere imbrogli*] se conduire (75) *pron.*, vivre (58) comme une canaille, comme une fripouille → **truffare.**

furfantèllo |furfan'tello| *s.* (*scherz.*) [*chi cerca di accattivarsi benevolenza o favori con astuzie innocue*] petit coquin, petit fripon* → **bricconcello.**

furfanterìa |furfante'ria| *s.f.* [*furberia, disonestà*] malhonnêteté: *tutti lo evitano per la sua furfanteria* tout le monde l'évite pour sa malhonnêteté ◇ [*azione da furfante, malefatta*] action malhonnête: *commettere furfanterie* commettre des actions malhonnêtes.

furfantésco, chi, ca, che |furfan'tesko, ki, ka, ke| *agg.* [*proprio, tipico di un furfante*] de fripouille *loc.*, de filou (*loc.*): *vita furfantesca* vie de fripouille.

furfantìno |furfan'tino| (*agg.*) *lingua furfantina* [*gergo della malavita*] langue verte, argot *s.m.*

furgoncìno |furgon'tʃino| *s.m.* **1** [*triciclo per trasporto di merci*] triporteur, tri-porteur **2** [*piccolo furgone*] fourgonnette *f.*

furgóne |fur'gone| *s.m.* fourgon: *furgone funebre* fourgon funèbre; *furgone postale* → **postale**; *furgone cellulare* → **cellulare.**

furgonìsta |furgo'nista| *s.* conducteur* de fourgon.

fùria |'furja| *s.f.* **1** [*stato di forte eccitazione collerica*] fureur, furie: *essere in furia* être en fureur, en furie; *andare, montare in furia, su tutte le furie* se mettre en furie, en fureur, monter sur ses grands chevaux; *lasciagli sbollire la furia* attends que sa fureur passe → **furore** **2** [*violenza impetuosa, scatenamento*] furie, fureur: *la furia dell'assalto, del combattimento* la furie, la fureur de l'assaut, du combat; *la furia del vento, del temporale* la furie, la fureur du vent, de l'orage; *resistere alla furia delle passioni* résister à la furie des passions; *non fu possibile contenere la furia del contagio* il n'a pas été possible de contenir la fureur de la contagion → **impeto** ◇ [*esplosione incontrollabile di un sentimento*] fureurs (*pl.*): *nella furia della disperazione* dans les fureurs du désespoir **3** *loc.* FURIA DI POPOLO fureur, colère populaire: *cacciare qc. a furia di popolo* chasser qqn. par la fureur, par la colère populaire ◇ *loc. prep.* A FURIA DI (+ *s.*) à coups de (+ *s.*): *a furia di spintoni* à coups de poussées violentes; *a furia di lettere* à coups de lettres ~ A FURIA DI (+ *inf.*) à force de (+ *inf.*): *a furia di chiedere, di insistere* à force de demander, d'insister **4** (*fig.*) [*persona che si infuria facilmente*] furieux* *agg.*; furax *agg. inv.* (*fam.*): *giragli alla larga, stamattina è una furia* éloigne-toi prudemment de lui, ce matin il est très furieux, il est furax ◇ (*detto delle donne*) furie: *quella donna è una furia* cette femme est une furie ◇ (*fig.*) [*persona che agisce in modo convulso, frenetico*] déchaîné (*agg.*): *non riesco a stargli dietro, è una furia* je ne réussis pas à le suivre, il est déchaîné; *quel calciatore è una furia* ce footballeur est déchaîné **5** [*fretta eccessiva*] *hâte: *che furia!, quanta furia!* quelle hâte!; *camminare in furia, di furia* marcher en toute hâte; *vestirsi in furia, di furia* s'habiller à la hâte; *agire con furia* agir à la hâte # *aver furia* être très pressé; *far furia a qc.* presser, bousculer qqn. ◇ (*loc.*) *in fretta e furia* en toute hâte ◇ (*per est.*) [*confusione, trambusto*] *quando c'è furia non so raccapezzarmi* quand ça presse, je ne sais plus où j'en suis; *in tutta quella furia ti ho perso di vista* dans toute cette confusion, je t'ai perdu de vue.

furiàta |fu'rjata| *s.f.* (*raro*) → **sfuriata.**

furibóndo |furi'bondo| *agg.* furibond: *occhiate, grida furibonde* regard, cris furibonds; *non l'ho mai visto così furibondo* je ne l'ai jamais vu si furibond → **furente, infuriato** # *menare colpi furibondi* donner des coups furieux.

furière |fu'rjɛre| *s.m.* [*sottufficiale addetto alla fureria*] fourrier.

furiosaménte |furjosa'mente| *avv.* [→ FURIOSO 1] furieusement, avec fureur (*loc. inv.*): *reagire furiosamente* réagir furieusement, avec fureur ◇ [*violentemente*] violemment: *combattere furiosamente* combattre violemment ◇ [*con furia, in modo eccessivamente frettoloso*] hâtivement: *partire furiosamente* partir hâtivement.

furióso |fu'rjoso| *agg.* **1** furieux*: *persona furiosa* personne furieuse; *pazzo furioso* fou furieux; *essere, diventare furioso* être, devenir furieux; *è furioso nei vostri confronti* il est furieux contre vous → **furente, furibondo, infuriato** ✦ (*s.*) *un furioso* un furieux: *reparto furiosi* service des furieux ◇ (*animali*) *cavallo, toro furioso* cheval, taureau furieux **2** (*per est.*) [*impetuoso, pieno di precipitazione*] furieux: *si sono slanciati in una corsa furiosa* ils se sont lancés dans une course furieuse → **precipitoso** # *non sopporto i tipi furiosi* je ne supporte pas les personnes qui s'emportent ◇ [*violento, veemente*] furieux, violent: *discorso furioso* discours furieux, violent; *gelosia furiosa* jalousie furieuse; *carattere furioso* caractère violent, emporté **3** (*per est.*) [*incontenibile, impetuoso*] furieux: *vento, assalto furioso* vent, assaut furieux; *una furiosa mareggiata ha devastato il litorale* une tempête furieuse a dévasté le littoral ◇ [*terribile, disastroso*] terrible: *un contagio furioso ha decimato la popolazione* une terrible contagion a décimé la population.

furlàna |fur'lana| *s.f.* forlane.

furóre |fu'rore| *s.m.* **1** fureur (*f.*): *essere pieno di furore* être dans une grande fureur; *accendere qc. di furore* mettre qqn. en fureur; *si calmerà presto, i suoi sono furori momentanei* il se calmera vite, ses fureurs sont passagères ◇ (*loc. fig.*) *essere cieco di furore* être dans une fureur aveugle, être aveuglé par la fureur ~ A FUROR DI POPOLO: *fu condannato a furor di popoli* il fut condamné par la colère populaire; *fu eletto a furor di popolo* il fut élu par la volonté du peuple **2** [*impeto sfrenato, violenza rabbiosa*] fureur: *il furore delle fiamme ha distrutto tutto* la fureur des flammes a tout détruit; *lottare con furore* lutter avec fureur; *si scagliò con furore contro l'avversario* il se jeta avec fureur contre son adversaire; *amare con furore* aimer avec fureur; *gridare, protestare con furore* crier, protester avec fureur, avec rage # *furore giovanile* ardeur juvénile ◇ [*forte passionalità*] fureurs (*pl.*): *non riesce a dominare i suoi furori* il ne réussis pas à dominer ses fureurs ◇ (*loc.*) *furore uterino* → **ninfomania** ~ *furore bestiale* → **libidine 3** [*bramosia, desiderio smodato*] convoitise (*f.*): *il furore delle ricchezze* la convoitise des richesses, la cupidité *f.* **4** [*esaltazione mentale, estro*] fureur, exaltation (*f.*): *il furore poetico* la fureur poétique; *mi è venuta l'ispirazione in un momento di furore* l'inspiration m'est venue dans un moment d'exaltation; *furore bacchico* [*esaltazione orgiastica*] fureur orgiaque **5** [*pieno successo, affermazione esplosiva*] fureur: *questa moda è in pieno furore* cette mode fait fureur ◇ *loc.* FAR FURORE faire fureur: *i suoi quadri fanno furore* ses tableaux font fureur; *è un libro che ha fatto furore* c'est un livre qui a fait fureur.

furoreggiàre |furored'dʒare| *v. intr.* (*aus.* 'avere') [*far furore, riscuotere un grande successo*] faire (45) *tr.* fureur, être (43) très en vogue: *furoreggiava la minigonna* la mini-jupe faisait fureur, était très en vogue; *i suoi dischi furoreggiano fra i giovani* ses disques font fureur parmi les jeunes.

furterèllo |furte'rɛllo| *s.m.* petit vol, larcin: *spesso si comincia con furterelli* on commence souvent par de petits vols, des larcins.

furtivaménte |furtiva'mente| *avv.* [→ FURTIVO 1] furtivement: *entrò furtivamente in casa* il entra furtivement à la maison → **nascostamente.**

furtìvo |fur'tivo| *agg.* **1** [*di ciò che si fa nascostamente, con circospezione*] furtif*: *sguardo, sorriso furtivo* regard, sourire furtif; *gesto furtivo* geste furtif **2** [*che proviene da un furto*] volé: *merce furtiva* marchandise volée; *oggetti di provenienza furtiva* objets volés.

fùrto |'furto| *s.m.* **1** [*l'impadronirsi con l'inganno di cose altrui*] vol: *commettere, scoprire un furto* commettre, découvrir un vol → **latrocinio, rapina** ◇ (*dir.*) *furto aggravato, con scasso* vol qualifié, avec effraction ◇ (*per est.*) *furto letterario* [*plagio*] plagiat ◇ (*per est.*) [*prezzo troppo alto pagato per q.c.*] *ma questo è un furto!* mais c'est du vol!, c'est un vol manifeste! → **frode 2** [*ciò che è stato rubato*] butin: *far sparire un furto ingente* faire disparaître un butin considérable → **1 bottino, refurtiva.**

fùsa |'fusa| *s.f.pl.* (*solo nella loc.*) *fare le fusa* (*detto del gatto*) [*ronfare*] ronronner *v.intr.*, faire (45) *v.tr.* ronron ◇ (*fig.*) (*persone*) [*far le moine*] minauder *v.intr.*

fusàggine |fu'saddʒine| *s.f.* (*t.bot.*) fusain *m.*, bonnet *m.* de prêtre.

fusàta |fu'sata| *s.f.* [*quantità di filo che si può avvolgere intorno al fuso*] fusée (*arc.*): *una fusata di cotone* une fusée de fil de coton.

fusàto |fu'sato| *agg.* **1** (*arald.*) fuselé **2** [*che è a forma di fuso*] fuselé: *colonna fusata* colonne fuselée.

fuscèllo |fuʃ'ʃɛllo| *s.m.* [*piccolo e sottile ramoscello secco*] brindille (*f.*): *raccogliere fuscelli per il fuoco* ramasser des brindilles pour faire du feu ◇ (*fig.*) *quella ragazza è un fuscello* [*esile, magra*] cette jeune fille est mince comme un fil.

fusciàcca, che |fuʃ'ʃakka, ke| *s.f.* [*sciarpa di stoffa che fascia la vita*] écharpe: *la fusciacca del sindaco* l'écharpe (tricolore) du maire; *fusciacca da torero* l'écharpe du torero.

fusciàcco, chi |fuʃ'ʃakko, ki| *s.m.* [*drappo decorato che sovrasta il crocefisso durante le processioni*] dais.

fùscina |'fuʃʃina| *s.f.* (*archeol. rom.*) fuscine.

fusellàto |fusel'lato| *agg.* (*arch.*) fuselé.

fusèllo |fu'sɛllo| *s.m.* **1** [*piccolo fuso per lavorare le trine sul tombolo*] fuseau ◇ (*tess.*) fuseau **2** (*tip.*) filet orné **3** (*mecc.*) fusée *f.*

fuselòlo |fuse'lɔlo| *s.m.* (*chim.*) fusel, huile *f.* de fusel.

fusìbile |fu'zibile| *agg.* [→ FONDERE A 1] fusible: *è un metallo facilmente fusibile* c'est un métal facilement fusible ✦ *s.m.* (*elettr.*) *un fusibile* un fusible.

fusibilità |fuzibili'ta| *s.f.inv.* fusibilité *var.*

fusifórme |fusi'forme| *agg.* fusiforme: *oggetti fusiformi* objets fusiformes.

fusióne |fu'zjone| *s.f.* **1** fusion: *fusione dei metalli* fusion des métaux; *la fusione del bronzo* la fusion du bronze; *metallo in fusione* métal en fusion ◇ (*fis.*) *leggi di fusione* lois de la fusion; *temperatura, calore, punto di fusione* température, chaleur, point de fusion ◇ (*chim.*) *tenere, mettere in fusione* tenir, mettre en fusion → **dissoluzione 2** (*per est.*) (*metall., arte fusoria*) fonte; fusion: *la fusione di una campana, di una moneta* la fonte d'une cloche, d'une monnaie; *eseguire la fusione di un cavallo in bronzo* exécuter la fonte, la coulée d'un cheval en bronze ‖ *fusione in conchiglia* fusion en coquille; *pezzi ottenuti per fusione* pièces obtenues par fusion **3** (*fig.*) [*unione, assimilazione*] fusion: *fusione di razze, di popoli* fusion de races, de peuples; *la fusione dei caratteri regionali di una nazione* la fusion des caractères régionaux de une nation; *realizzare la fusione di due culture diverse* réaliser la fusion de deux cultures différentes ◇ [*integrazione*] *la fusione dei due sistemi ha dato ottimi risultati* la fusion des deux systèmes a donné d'excellents résultats **4** (*fig.*) [*armonizzazione*] harmonisation: *fusione di colori, di suoni* harmonisation de couleurs, de sons; *fusione fra elementi architettonici e paesaggistici* harmonisation entre éléments architecturaux et éléments du paysage; *in questa ricetta c'è una perfetta fusione di sapori* dans cette recette il y a une parfaite harmonisation des saveurs ◇ [*accordo, intesa*] fusion: *fusione d'animi* fusion des cœurs, des esprits; *fra noi esiste una completa fusione di intenti e di interessi* entre nous il existe une parfaite fusion d'intentions et d'intérêts **5** (*dir.*) fusion: *fusione di Stati* fusion d'États; *fusione di società* fusion de sociétés; *fusione di partiti* fusion de partis → **unificazione, concentrazione, assorbimento** **6** (*ling.*) fusion.

1 **fùso** |'fuzo| *agg.* **1** [*che è passato allo stato liquido*] fondu: *metallo, burro fuso* métal, beurre fondu ◇ (*mecc.*) coulé: *bronzine fuse* bielles coulées ◇ [*disciolto in un liquido*] dissous* (*p.p.*): *colori fusi in acqua* couleurs dissoutes dans l'eau **2** (*per est.*) [*ottenuto per fusione*] fondu: *oggetto in bronzo fuso* objet en bronze fondu; *un candelabro fuso* un candélabre de métal fondu; *formaggi fusi* fromages fondus **3** (*fig.*) [*ben amalgamato, armonizzato*] fondu: *colori fusi* couleurs fondues, dégradé ◇ (*per est.*) qui ont fusionné (*loc.*): *partiti, popoli fusi* [*assimilati, unificati*] partis, peuples qui ont fusionné.

2 **fùso** |'fuzo| *s.m.* **1** (*tess., corr.*) fuseau: *fuso a mano, meccanico* fuseau à main, mécanique ◇ (*per est.*) *un fuso di filo* une fusée *f.* de fil → **fusata** ◇ (*loc.*) *a fuso* en fuseau → **fusiforme** ~ (*fam.*) *essere, camminare dritto come un fuso* être, marcher droit comme un cierge ~ *andare dritto come un fuso* [*senza deviare*] aller tout droit **2** (*tecnol.*) *fuso del tornio* touret du tour; *fuso del carro* fusée d'essieu de la charrette; *fuso a snodo* cône, cylindre orientable; *fuso dell'ancora* verge *f.* de l'ancre ◇ (*biol.*) *fuso acromatico* fuseau achromatique **3** (*aer., mat.*) fuseau ◇ (*geogr.*) *fuso orario* fuseau horaire ◇ (*corr.*) *cambiamento di fuso orario* décalage horaire.

fusolièra |fuzo'ljɛra| *s.f.* (*aer.*) fuselage *m.*

fusóre |fu'zore| *s.m.* (*raro*) → **fonditore.**

fusòrio, i |fu'zɔrjo, i| *agg.* de fusion *loc. inv.* # *forno fusorio* haut fourneau.

fustàgno |fus'taɲɲo| *s.m.* [*stoffa di cotone o lana*] futaine (*f.*): *indumenti di fustagno* vêtements en futaine.

fustàia |fus'taja| *s.f.* [*bosco costituito da alberi d'alto fusto*] futaie.

fustanèlla |fusta'nɛlla| *s.f.* fustanelle.

fustèlla |fus'tɛlla| *s.f.* **1** (*tecnol.*) emporte-pièce *m.inv.* **2** [*talloncino delle confezioni medicinali recante il prezzo e staccabile per il rimborso mutualistico*] vignette **3** → **sonda.**

fustellàre |fustel'lare| *v.tr.* (*tecnol.*) [*sagomare mediante una fustella*] prédécouper.

fustellatùra |fustella'tura| *s.f.* (*tecnol.*) prédécoupage *m.*

fusticino |fusti'tʃino| *s.m.* (*bot.*) tigelle *f.*

fustigàre |fusti'gare| *v.tr.* **1** (*fig.*) [*correggere con veemenza qc.; criticare aspramente q.c. o qc.*] fustiger (3) (*lett.*), blâmer: *fustigare i costumi corrotti* fustiger, blâmer la corruption des mœurs → **censurare** **2** [*battere, colpire con verghe o con la frusta qc.*] battre (76), fouetter: *fustigare a sangue un prigioniero* battre, fouetter un prisonnier jusqu'au sang → **frustare.**

fustigatóre, trice |fustiga'tore, tri'tʃe| *s.* (*fig.*) → **censore.**

fustigazióne |fustigat'tsjone| *s.f.* [→ FUSTIGARE 2] fustigation (*lett.*).

fustino |fus'tino| *s.m.* [*piccolo recipiente usato come contenitore*] tonnelet, baril: *un fustino di olio, di acquavite* un tonnelet d'huile, d'eau-de-vie; *un fustino di detersivo* un tonnelet, un baril de lessive.

1 **fùsto** |'fusto| *s.m.* **1** [*tronco di una pianta*] fût, tronc: *il fusto del pino* le fût, le tronc du pin; *piante, alberi, bosco d'alto fusto* plantes, arbres, bois de haut fût; *tagliare il fusto di una quercia* couper le tronc d'un chêne ◇ [*stelo*] tige (*f.*): *il fusto della canapa* la tige du chanvre **2** (*per est.*) [*parte centrale allungata di vari oggetti*] tige: *il fusto di un candeliere, di una stadera* la tige d'un chandelier, d'une balance romaine # *fusto del cannone* fût du canon → **affusto** ◇ [*intelaiatura, sostegno*] fût, carcasse (*f.*): *il fusto di un divano, di una sedia* le fût, la carcasse d'un canapé, d'une chaise ◇ (*arch.*) fût, tige ◇ (*zool.*) tige **3** (*per est.*) [*tronco della persona, busto*] tronc ◇ (*scherz.*) [*giovane atletico e di bell'aspetto*] gaillard, beau garçon: *che fusto!* quel beau garçon!; *è un fusto* c'est un grand gaillard.

2 **fùsto** |'fusto| *s.m.* [*contenitore di forma cilindrica*] fût, tonneau: *fusti di rovere* des fûts de rouvre; *un fusto di benzina* un fût d'essence; *un fusto di vino* un fût, un tonneau de vin; *un fusto di catrame* un fût de goudron → **barile, botte.**

fùtile |'futile| *agg.* futile: *discorso futile* discours futile; *litigare per futili motivi* se disputer pour des motifs futiles, pour des futilités; *addurre un futile pretesto* alléguer un prétexte futile → **irrisorio** [C] **importante.**

futilità |futili'ta| *s.f. inv.* futilité (*var.*): *futilità di un ragionamento* futilité d'un raisonnement; *perdersi in futilità* se perdre en futilités → **frivolezza, inutilità.**

futilménte |futil'mente| *avv.* [→ FUTILE] futilement → **scioccamente.**

futurìbile |futu'ribile| **1** *agg.* futurible ♦ (*s.*) *un futuribile* → **futurologo** **2** *s.m.* (*filos., teol.*) futur hypothétique.

futurismo |futu'rizmo| *s.m.* (*arts., letter.*) futurisme.

futurista |futu'rista| *agg.* futuriste: *scrittore, quadro, scultura futurista* écrivain, tableau, sculpture futuriste ♦ (*s.*) *un futurista* un écrivain *m.*, un artiste futuriste *agg.*

futurìstico, ci, ca, che |futu'ristiko, tʃi, ka, ke| *agg.* **1** *raro* (*arts., lett.*) futuriste **2** (*corr.*) futuriste: *casa, città futuristica* maison, ville futuriste; *architettura futuristica* architecture futuriste → **avveniristico.**

futùro |fu'turo| **I** *agg.* **1** (*cose*) futur: *il tempo futuro* le temps futur; *i fatti, gli avvenimenti futuri* les faits, les événements futurs; *la vita futura* la vie future; *progetti futuri* projets futurs ◇ (*gram.*) *tempo futuro* temps futur **2** (*persone*) futur: *il futuro sposo* le futur époux; *una futura mamma* une future maman; *chi sarà il futuro presidente?* qui sera le futur président? ◇ (*spec.*) *le speranze future* [*i giovani*] la jeune génération **II** *s.m.* **1** avenir, futur: *conoscere, ignorare il futuro* connaître, ignorer l'avenir, le futur; *vivere nell'incertezza del futuro* vivre dans l'incertitude du futur; *prevedere, predire il futuro* prévoir, prédire l'avenir; *leggere nel futuro* lire dans l'avenir; *il futuro è nelle mani di Dio* l'avenir est dans les mains de Dieu; *pensare al futuro* penser, songer à l'avenir ◇ *loc. avv.* IN FUTURO, PER IL FUTURO à l'avenir **2** [*sicurezza materiale e sociale dell'esistenza futura*] avenir: *garantirsi, costruirsi il futuro* assurer, construire son avenir; *lavorare per il futuro dei figli* travailler pour l'avenir de ses enfants ◇ (*raro*) *il suo futuro, la sua futura* [*il suo promesso sposo, la sua promessa sposa*] son futur, sa future **3** (*spec. al plur., raro*) *i futuri* [*i posteri*] les descendants, la postérité *f.sing.* (*corr.*) **4** (*gram.*) futur: *futuro semplice, anteriore* futur simple, antérieur.

futurologìa, gie |futurolo'dʒia, dʒie| *s.f.* futurologie.

futuròlogo, ghi |futu'rɔlogo, gi| *s.* futurologue.

G

g |dʒi| *s.m. o f.* **1** [*settima lettera dell'alfabeto*] g (*m.*): *g minuscolo* g minuscule; *G maiuscola* G majuscule ◇ (*tel.*) *G come Genova*: (*in Francia*) G comme Gaston; (*in Belgio*) G comme Gustave **2** (*usi convenzionali*) *g* [*grammo*] g. ◇ *g* [*gravità*] g.

gabardìna |gabar'dina| *s.f.* gabardine: *stoffa di gabardina* gabardine.

'gabardine' |gabaʀdin| *s.f. inv.* → **gabardina.**

gabàrra |ga'barra| *s.f.* (*mar.*) gaba(r)re.

gabbamóndo |gabba'mondo| *s. inv.* [*persona imbrogliona*] trompeur* *var.* # *credeva di poter fare impunemente il gabbamondo !* il croyait pouvoir tromper impunément (les gens) ◇ [*truffatore*] escroc (*m. var.*): *è una gabbamondo !* c'est un escroc!

gabbàna |gab'bana| *s.f.* [*impermeabile per marinai e pescatori*] caban (*m.*): ◇ (*loc. fig.*) *voltare gabbana* [*mutare facilmente opinione*] tourner casaque, retourner sa veste.

gabbanèlla |gabba'nɛlla| *s.f.* **1** [*camice bianco per medici e infermieri*] blouse (blanche) **2** [*vestaglia da camera non lussuosa*] robe de chambre.

gabbàno |gab'bano| *s.m.*→**gabbana.**

gabbàre |gab'bare| **A** *v.tr.* [*ingannare, frodare*] tromper: *gabbare il prossimo* tromper son prochain ◇ (*prov.*) *fatta la festa, gabbato lo santo* adieu la fête, adieu le saint ◇ [*deridere, beffare*] se moquer *pron.* de: *lo gabbava volentieri* il se moquait volontiers de lui **B** *v. pron. intr.* GABBARSI [*prendersi gioco, farsi beffe di qc.*] se moquer: *si gabbava sfrontatamente di loro* il se moquait d'eux effrontément.

gabbatóre, trice |gabba'tore, tritʃe| *s.* [*persona che è solita ingannare o deridere*] trompeur*.

gàbbia |'gabbja| *s.f.* **1** cage: *gabbia di canarini, di leoni, di scimmie* cage de canaris, des lions, des singes; *gabbia per conigli* cage à lapins; *animali in gabbia* animaux en cage ◇ (*fig.*) *una gabbia di matti* une maison de fous ◇ (*per est.*) [(*nei tribunali*) *recinto per gli imputati*] box *m.* des accusés **2** [*recinto protettivo*] enceinte (de protection) **3** (*fig.*) [*prigione*] cage (*fam.*), taule (*pop.*): *mettere, chiudere in gabbia* mettre en cage, en taule ◇ (*loc.*) *essere in gabbia* être en cage ~ *mettersi, entrare in gabbia* se mettre en cage **4** [*vano dell'ascensore*] cage **5** [*contenitore a intelaiatura rigida*] châssis (*m.*): *gabbia da imballaggio* châssis de protection ◇ [*il suo contenuto*] cage, caisse: *una gabbia di fieno* une pleine cage de foin ◇ (*anat.*) *gabbia toracica* cage thoracique ◇ (*edil.*) *gabbia metallica* armature du béton **6** (*ippica*) *haie: *doppia gabbia* double haie **7** (*mar.*) *hunier *m.* # *albero di gabbia* mât de hune.

gabbianèllo |gabbja'nɛllo| *s.m.* petite mouette *f.*, risse *f.*

gabbiàno |gab'bjano| *s.m.* (*t.zool.*) mouette *f.*

gabbière |gab'bjɛre| *s.m.* gabier.

gabbionàta |gabbjo'nata| *s.f.* (*mil.*) gabionnade (*raro*).

gabbióne |gab'bjone| *s.m.* **1** gabion: *munire il fiume di gabbioni* renforcer les rives d'un fleuve avec des gabions **2** (*mil.*) gabion.

gàbbo |'gabbo| *s.m.* (*solo nelle loc.*) *pigliare a gabbo q.c.* [*alla leggera*] prendre qqch. à la légère; *farsi gabbo di qc., di q.c.* [*burlarsene*] se moquer de qqn., de qqch.

gàbbro |'gabbro| *s.m.* (*miner.*) gabbro.

gabèlla |ga'bɛlla| *s.f.* (*raro*) [*dazio*] droits (*m. pl.*): *gabella di consumo* droits d'entrée ◇ [*imposta*] impôt *m.*; gabelle: *riscuotere la gabella* percevoir l'impôt, la gabelle ◇ (*loc. fig.*) *fare lo sciocco per non pagare gabella* [*fingersi tonto per non avere noie o fastidi*] faire l'idiot pour passer sans payer.

gabellàre |gabel'lare| *v.tr.* **1** [*riuscire a far passare per vero q.c. o qc.*] faire (45) *intr.* passer pour: *gabellare una notizia falsa per vera* faire passer pour vraie une fausse nouvelle → **spacciare** **2** (*raro*) [*accettare per buono, approvare*] gober (*fam.*) → **credere.**

gabellière |gabel'ljɛre| *s.m.* (*st. ant.*) gabelou.

gabellòtto |gabel'lɔtto| *s.m.* (*spreg.*) [*doganiere*] gabelou.

gabìna |ga'bina| *s.f.* → **cabina.**

gabinétto |gabi'netto| *s.m.* **1** [*luogo in cui lavora il libero professionista*] cabinet: *gabinetto dentistico, medico* cabinet dentaire, de consultation (d'un médecin); *gabinetto oculistico* cabinet ophtalmologique # *gabinetto fotografico* salon de photographe **2** [*laboratorio*] laboratoire: *gabinetto di fisica, di scienze naturali* laboratoire de physique, de sciences naturelles **3** [*stanza fornita di servizi igienici*] lavabo, toilette (*f.*): *andare al gabinetto* aller au lavabo; *gabinetto di decenza* toilette **4** [*ministero*] cabinet: *formare un nuovo gabinetto* former un nouveau cabinet; *il gabinetto X si è dimesso* le cabinet X, le gouvernement X a démissionné ◇ [*ufficio, sede di un ministro*] *il gabinetto degli Interni* le Ministère de l'Intérieur; le cabinet du ministre de l'Intérieur # *circolare di gabinetto* circulaire ministérielle.

gabonése |gabo'nese| *agg.* [*del Gabon*] gabonais.

gadget |'gædʒit| *s.m. inv.* (*amer.*) gadget *var.*

Gàdidi |'gadidi| *s.m. pl.* (*t.zool.*) Gadidés.

gaditàno |gadi'tano| *agg.* [*di Cadice*] gaditan.

gadolìnio, i |gado'linjo, i| *s.m.* (*chim.*) gadolinium.

gaèlico, ci, ca, che |ga'ɛliko, tʃi, ka, ke| **1** *agg.* [*della Scozia e dell'Irlanda*] gaélique: *costume gaelico* coutume gaélique **2** (*s.m.*) *il gaelico* [*la lingua*] le gaélique.

1 **gàffa** |'gaffa| *s.f.* (*mar.*) gaffe → **alighiero.**

2 **gàffa** |'gaffa| *s.f.* gaffe: *fare una gaffa* faire une gaffe.

gag |gæg| *s.f. inv.* (*ingl.*) gag *m. var.*

gagà |ga'ga| *s.m. inv.* [*uomo che ostenta eleganza o modi ricercati*] dandy (*var.*): *fa il gagà* il fait le dandy.

gaggìa, gìe |gad'dʒia, dʒie| *s.f.* (*t.bot.*) cassier *m.*, casse.

gagliàrda |gaʎ'ʎarda| *s.f.* (*mus., tip.*) gaillarde.

gagliardaménte |gaʎʎarda'mente| *avv.* **1** [→ GAGLIARDO 1] vigoureusement **2** [→ GAGLIARDO 2] courageusement.

gagliardétto |gaʎʎar'detto| *s.m.* **1** [*bandierina o insegna*] fanion **2** (*mar.*) flamme *f.*

gagliardìa |gaʎʎar'dia| *s.f.* [*forza; vigoria del corpo e dell'animo*] force, vigueur: *ha riacquistato tutta la sua gagliardia* il a retrouvé toute sa force, sa vigueur.

gagliàrdo |gaʎ'ʎardo| *agg.* **1** [*che è pieno di vigore; forte, robusto*] vigoureux*, robuste: *un giovane gagliardo* un garçon vigoureux, robuste ◇ (*loc.*) *vino gagliardo* [*che ha una forte gradazione*] vin fort, corsé ~ *vento gagliardo* [*impetuoso*] vent impétueux ~ *rimedio gagliardo* [*drastico*] remède énergique ◇ (*fig.*) [*vivace; ricco*] vif*, puissant: *spirito gagliardo* esprit vif; *ingegno gagliardo* esprit puissant # *immaginazione gagliarda* imagination fertile ◇ [*resistente, tenace*] résistant, tenace: *ponte gagliardo* pont résistant; *colla gagliarda* colle tenace # *terreno gagliardo* [*duro da lavorare*] terrain difficile (à labourer) **2** [*bravo, valoroso*] courageux*: *esercito gagliardo* armée courageuse.

gagliofàggine |gaʎʎof'faddʒine| *s.f.* **1** [*caratteristica di chi è goffo e incapace; azione da gaglioffo*] maladresse, balourdise: *gaglioffaggine vistosa* maladresse manifeste, évidente; *la sua iniziativa è stata una gaglioffaggine* son initiative a été une maladresse, une balourdise **2** [*azione scempia*] bêtise.

gaglioffería |gaʎʎoffe'ria| *s.f.* → **gaglioffaggine.**

gagliòffo |gaʎ'ʎɔffo| *agg.* [*incapace e goffo*] balourd, sot*: *un tipo gaglioffo* un (type) balourd, sot ◇ [*ribaldo*] fripon* ◆ (*s.*) *un gaglioffo* un fripon, un vaurien*.

gagnolàre |gaɲɲo'lare| *v.intr.* (*aus.* 'avere') (*riferito ai cani, alle volpi e sim.*) [*lamentarsi, piangere*] glapir: *il cane, la volpe gagnolano* le chien, le renard glapissent → **mugolare** ◇ (*per est.*) (*persone*) [*lamentarsi con insistenza fastidiosa, piagnucolare*] se plaindre (65) *pron.*, glapir.
gagnolìo, ii |gaɲɲo'lio, ii| *s.m.* [→ GAGNOLARE] glapissement.
gaiaménte |gaja'mente| *avv.* [→ GAIO] gaiement, gaîment.
gaiézza |ga'jettsa| *s.f.* gaieté, gaîté: *la gaiezza del suo atteggiamento era prorompente* la gaieté de son attitude était débordante; *viveva in uno stato di gaiezza continua* il vivait dans un état de gaieté permanent → 1 **gioia, allegrezza** [C] **tristezza.**
gàio, i |'gajo, i| *agg.* gai: *una persona gaia per natura* une personne gaie par nature; *ambiente gaio e ridente* ambiance gaie et riante; *colore gaio* couleur gaie [C] **triste.**
gal |gal| *s.m. inv.* (*fis.*) gal *var.*
1 **gàla** |'gala| *s.f.* **1** [*sfarzo, pompa magna, lusso*] faste *m.*, pompe # *è vestito in grande gala* il est en habit, en tenue de gala; *è vestita in grande gala* elle est en grande toilette ◇ (*loc.*) *stare, mettersi in gala* être, se mettre sur son trente et un ◇ *loc.* DI GALA de gala: *pranzo, serata di gala* dîner, soirée de gala; *abito di gala* habit de gala **2** [*ricevimento importante, festa ufficiale*] gala (*m.*): *gran gala a corte* grand gala de la cour.
2 **gàla** |'gala| *s.f.* (*mar.*) pavois (*m.*): *piccola gala* petit pavois; *gran gala* grand pavois → **pavesata.**
3 **gàla** |'gala| *s.f.* [*guarnizione di tessuto increspato*] volant *m.* ◇ [*nodo*] nœud *m.*
galalite |gala'lite| *s.f.* (*chim.*) galalithe.
galàno |ga'lano| *s.m.* gros nœud de rubans: *applicare un galano per guarnizione* orner avec un gros nœud de rubans.
galànte |ga'lante| *agg.* galant: *è un uomo veramente galante* c'est un homme vraiment galant ✦ (*s.*) *faceva il galante con le signore* il était (très) galant *agg.* avec les dames ◇ (*per est.*) *avventura galante* aventure galante; *parole galanti* propos galants.
galanteménte |galante'mente| *avv.* [→ GALANTE] galamment.
galanterìa |galante'ria| *s.f.* **1** galanterie: *esprimersi, comportarsi con galanteria* s'exprimer, agir avec galanterie ◇ (*per est., spec. al plur.*) [*atti o parole galanti*] galanteries: *i suoi modi mancano di galanteria* ses manières manquent de galanterie; *mi aveva assediata con le sue galanterie* il m'avait assaillie de galanteries **2** (*fig.*) [*soggetto ricercato, di gusto raro*] bijou* (*m.*): *questo regalo è una galanteria* ce cadeau est un vrai bijou.
galantìna |galan'tina| *s.f.* (*cuc.*) galantine.
galantomìsmo |galanto'mizmo| *s.m.* [*rispetto, a volte eccessivo e ostentato, delle regole di comportamento sociale*] courtoisie *f.*, civilités (*f. pl.*): *peccare di galantomismo* manquer de courtoisie.
galantuòmo |galan'twɔmo| *s.m.* **1** [*uomo che si comporta secondo le regole sociali ritenute migliori*] honnête homme: *comportarsi da galantuomo* agir en honnête homme; *sei un vero galantuomo !* tu es un parfait honnête homme! ◇ (*loc.*) *parola di galantuomo* parole d'honneur ✦ *agg.* [*onesto, giusto*] honnête, juste ◇ (*st. it.*) *il re galantuomo* (*Vittorio Emanuele II*) le roi Victor Emmanuel II, dit le roi gentilhomme ◇ (*loc. fig.*) *il tempo è galantuomo* le temps met chaque chose à sa vraie place **2** (*in espressioni vocative*) [*signore, uomo*] *venite, galantuomo* venez, mon ami, mon brave homme, mon bon Monsieur **3** (*region.*) [*gentiluomo, persona di riguardo*] gentilhomme.
galàssia |ga'lassja| *s.f.* (*astron.*) galaxie.
galatèo |gala'tɛo| *s.m.* **1** [*regole sociali, spec. formali, che rendono dignitoso il comportamento di una persona; buona educazione*] convenances *f. pl.*, bonnes manières (*f. pl.*): *comportarsi secondo il galateo* agir selon les convenances, les bonnes manières; *è schiavo del galateo* il est esclave des convenances **2** [*libro che descrive le norme di un comportamento educato*] manuel du savoir-vivre: *ho letto il galateo* j'ai lu le manuel du savoir-vivre.
galattagògo, ghi |galatta'gɔgo, gi| *s.m. e agg.* (*farm.*) galactagogue → **galattogeno.**
galàttico, ci, ca, che |ga'lattiko, tʃi, ka, ke| *agg.* (*astron.*) galactique: *sistema galattico* système galactique.
galattòforo |galat'tɔforo| *agg.* (*anat.*) galactophore: *canale galattoforo* vaisseau galactophore.
galattògeno |galat'tɔdʒeno| *s.m.* (*farm.*) galactogène.
galattòsio, i |galat'tɔzjo, i| *s.m.* (*chim.*) galactose.
galèa |ga'lɛa| *s.f.* (*mar.*) galère.
galeàzza |gale'attsa| *s.f.* (*mar. ant.*) galéasse, galéace.
galèna |ga'lɛna| *s.f.* (*miner.*) galène: *radio a galena* poste à galène.
galènico, ci, ca, che |ga'lɛniko, tʃi, ka, ke| *agg.* (*med., farm.*) galénique.
galeóne |gale'one| *s.m.* (*mar.*) galion.
galeopitèco, chi, ci |galeopi'tɛko, ki, tʃi| *s.m.* (*t.zool.*) galéopithèque.
galeòtta |gale'ɔtta| *s.f.* (*mar.*) galiote.
1 **galeòtto** |gale'ɔtto| *s.m.* **1** [*carcerato, spec. se ergastolano*] forçat, bagnard: *far la guardia ai galeotti* garder les forçats, les bagnards ✦ *s.* (*fig.*) [*furfante, birbante*] fripon*, coquin: *non c'è da fidarsi di quel galeotto* il ne faut pas se fier à ce fripon ✦ (*agg.*) *un tipo galeotto* un sale type, un salaud **2** [*rematore di galea, forzato nelle galee*] galérien.
2 **galeòtto** |gale'ɔtto| *agg.* [*che favorisce o provoca intese amorose*] galant: *passeggiata galeotta* promenade galante ✦ *s.* [*ruffiano, mezzano*] entremetteur*.
galèra |ga'lɛra| *s.f.* **1** [*prigione, carcere*] prison: *andare, restare in galera* aller, être en prison; *scontare la galera* purger une peine de prison # *tipo da galera* une tête de bagnard, un gibier de potence ◇ [*pena dei lavori forzati*] bagne *m.*, galères (*pl.*): *condannare alla galera* condamner au bagne, aux galères ◇ (*fig.*) [*situazione in cui ci si sente costretti, soffocati*] prison; enfer (*m.*): *quel collegio è una galera* ce collège est une prison, un bagne ‖ *questa vita è una galera* cette vie est un enfer; *quell'amore è ormai diventato una galera* cet amour est maintenant devenu un enfer **2** → **galea.**
galèro |ga'lɛro| *s.m.* (*eccl.*) chapeau de cardinal: *imposizione del galero* imposition du chapeau de cardinal.
galèstro |ga'lɛstro| *s.m.* glaise cohérente.
galilèico, ci, ca, che |gali'lɛiko, tʃi, ka, ke| *agg.* [*di Galileo, relativo a Galileo Galilei*] galiléen*.
galilèo |gali'lɛo| *agg.* [*della Galilea*] galiléen*: *territorio galileo* territoire galiléen ✦ (*ass.*) *il Galileo* [*Cristo*] le Galiléen.
1 **gàlla** |'galla| *s.f.* (*t.bot.*) galle: *noci di galla* noix de galle → **cecidio** # *galla moscata* [*noce moscata*] noix muscade.
2 **gàlla (a)** |a'galla| *loc. avv.* [*a fior d'acqua*] à la surface, sur l'eau ◇ (*loc.*) *rimanere a galla*: (*pr., fig.*) rester à la surface ~ *tenersi a galla*: (*pr.*) se maintenir à la surface; (*fig.*) [*far fronte agli impegni*] résister, tenir ses engagements ~ *tornare a galla* [*riapparire*] remonter à la surface.
gallàre |gal'lare| **A** *v.tr.* (*detto del gallo*) [*fecondare le uova*] féconder (les œufs) **B** *v.intr.* (*aus.* 'avere') (*detto delle uova*) [*essere fecondato*] être (43) fécondé.
gallatùra |galla'tura| *s.f.* [→ GALLARE] fécondation (des œufs).
galleggiabilità |galleddʒabili'ta| *s.f. inv.* (*fis., mar.*) flottabilité *var.*
galleggiaménto |galleddʒa'mento| *s.m.* [→ GALLEGGIARE] flottement, flottaison (*f.*): *linea di galleggiamento* ligne de flottaison.
galleggiànte |galled'dʒante| **I** *agg.* [→ GALLEGGIARE] flottant **II** *s.m.* **1** [*ciò che galleggia o può galleggiare*] flotteur ◇ [*barcone privo di mezzi di propulsione*] chaland: *rimorchiare un galleggiante* remorquer un chaland **2** (*mar.*) flotteur, bouée *f.* **3** (*pesca*) flotte *f.*, flotteur, bouchon, plume *f.* **4** (*aer., tecnol.*) flotteur.
galleggiàre |galled'dʒare| *v.intr.* (*aus.* 'avere') **1** [*essere sostenuto da un liquido*] flotter: *il sughero galleggia sull'acqua* le liège flotte sur l'eau ◇ [*muoversi galleggiando*] *la barca galleggiava alla deriva* la barque flottait à la dérive ◇ [*star sospeso sulla superficie di un liquido*] surnager (3): *l'olio galleggia sul vino* sur le vin, l'huile surnage **2** (*per est.*) [*star sospeso in aria*] planer: *il pallone sonda galleggiava nell'aria* le ballon-sonde planait dans les airs [C] 1 **affondare.**
gallerìa |galle'ria| *s.f.* **1** [*cunicolo sotterraneo*] tunnel (*m.*): *galleria ferroviaria* tunnel de chemin de fer; *una galleria artificiale* un tunnel artificiel, une galerie artificielle; *attraversare una galleria* traverser un tunnel ◇ (*per pedoni*) passage *m.* couvert ◇ (*mil.*) galerie, sape **2** [*locali destinati all'esposizione di opere d'arte*] galerie: *il catalogo della galleria X* le catalogue de la galerie X # *la galleria del Louvre* le musée du Louvre **3** (*arch., miner.*) galerie **4** (*tecnol.*) *galleria del vento* tunnel, soufflerie *f.* aérodynamique **5** (*cine., teat.*) galerie, balcon (*m.*): *prenotare un posto in galleria* réserver une place de galerie, de balcon.

gallerìsta |galle'rista| *s.* directeur* d'une galerie d'art.
galléşe |gal'lese| **1** *agg.* [*del Galles*] gallois: *lingua gallese* langue galloise **2** (*s.m.*) *il gallese* [*la lingua*] le gallois.
gallétta |gal'letta| *s.f.* **1** galette **2** (*mar.*) pomme (de mât).
gallétto |gal'letto| *s.m.* **1** jeune coq ◇ (*t.zool.*) *galletto di roccia* coq de roche ◇ (*loc. fig.*) *rivoltarsi come un galletto* se dresser sur ses ergots **2** (*fig.*) [*ragazzo vivace, irrequieto*] garnement: *è un galletto* c'est un garnement ◇ [*corteggiatore di donne*] don Juan ◇ (*loc. fig.*) *fare il galletto* être le coq du village **3** (*mecc., corr.*) écrou: *stringere un galletto* serrer un écrou.
gallicanésimo |gallika'nezimo|, **gallicanìsmo** |gallika'nizmo| *s.m.* gallicanisme.
gallicàno |galli'kano| *agg.* gallican: *dottrina gallicana* doctrine gallicane ◆ (*s.*) *un gallicano* un gallican.
gallicìsmo |galli'tʃizmo| *s.m.* gallicisme → **francesismo.**
gallicizzàre |gallitʃid'dzare| *v. intr.* (*aus.* '*avere*') **1** [*imitare il gusto, le usanze fr.*] imiter *tr.* (les Français) # *la moda femminile gallicizza* la mode féminine s'inspire de la (mode) française **2** (*ling.*) [*usare termini o modi espressivi fr.*] employer (10) *tr.*, faire (45) *tr.* des gallicismes.
1 **gàllico, ci, ca, che** |'galliko, tʃi, ka, ke| **1** *agg.* [*della Gallia o degli antichi Galli*] gaulois, de la Gaule *loc. inv.*, des Gaules (*loc. inv.*): *popolazioni galliche* populations gauloises; *guerra gallica* guerre des Gaules # *morbo gallico* mal français **2** (*s.m.*) *il gallico* [*la lingua*] le français, le gaulois.
2 **gàllico, ci, ca, che** |'galliko, tʃi, ka, ke| *agg.* (*chim.*) gallique: *acido gallico* acide gallique.
Gallifórmi |galli'formi| *s.m. pl.* (*t. zool.*) Galliformes, Gallinacés.
gallìna |gal'lina| *s.f.* [*femmina del gallo*] poule: *uova, carne di gallina* œufs, viande de poule # *un pollaio di galline* un poulailler; *gallina da brodo* poule à bouillir ◇ (*per anal.*) *gallina faraona* → **faraona** ~ *gallina prataiola* → **fagianella** ◇ (*pasticceria*) *latte di gallina* lait de poule ◇ (*loc.*) *andare a letto con le galline* [*al calar della sera*] se coucher avec, comme les poules ◇ (*loc. fig.*) *sentirsi venire la pelle di gallina* [*rabbrividire*] avoir la chair de poule ~ *avere un cervello di gallina* [*essere poco intelligente*] avoir une cervelle d'oiseau ~ *zampe di gallina* [*scrittura illeggibile*] pattes de mouche ◇ [*rughe all'angolo dell'occhio*] pattes-d'oie ◇ (*prov.*) *gallina vecchia fa buon brodo* c'est dans les vieux pots qu'on fait les bonnes soupes.
1 **gallinàccio, i** |galli'nattʃo, i| *s.m.* → **tacchino.**
2 **gallinàccio, i** |galli'nattʃo, i| *s.m.* (*t.bot.*) chanterelle *f.*, girolle *f.*
gallinàceo |galli'natʃeo| *agg.* gallinacé: *uccello gallinaceo* oiseau gallinacé ◆ (*s.m.*) *un gallinaceo* un gallinacé: *i Gallinacei* les Gallinacés → **Galliformi.**
gallinèlla |galli'nɛlla| *s.f.* **1** [*piccola gallina*] poulet *m.*, poulette: *sembra una gallinella* on dirait un petit poulet, une poulette ◇ (*loc. fig.*) *timida come una gallinella* timide comme une colombe **2** (*t.zool.*) *gallinella d'acqua* poule d'eau, gallinule ~ *gallinella del Signore* → **coccinella** ~ *gallinella palustre* → **schiribilla 3** (*t.bot.*) mâche, doucette **4** → **2 gallinaccio.**
1 **gàllio, i** |'galljo, i| *s.m.* (*chim.*) gallium.
2 **gàllio, i** |'galljo, i| *s.m.* → **2 caglio.**
gallìsmo |gal'lizmo| *s.m.* gallisme.
gàllo- |'gallo| *pref.* (*significa 'gallo, francese', corrisponde gener. a*) gallo(-): *gallo-romano* gallo-romain; *gallomania* gallomanie.
1 **gàllo** |'gallo| *s.m.* **1** (*t.zool.*) coq ~ *gallo cedrone* coq de bruyère ◇ (*corr.*) *allevamento di galli e galline* élevage de coqs et de poules, élevage de volaille ◇ (*loc.*) *al canto del gallo* au chant du coq ~ *camminare a gallo* marcher comme un coq ◇ (*loc. fig.*) *fare il gallo* [*fare il galante con le donne*] faire le coq (du village); [*inorgoglirsi*] faire le fier ~ *essere il gallo della Checca* [*essere il favorito delle donne*] être le coq du village, la coqueluche des femmes ~ *più bugiardo di un gallo* plus menteur qu'un arracheur de dents **2** *loc. agg. inv.* (*sport*) *peso gallo* poids coq.
2 **gàllo** |'gallo| **1** *agg.* [*delle Gallie*] gaulois **2** *s.m.* (*st. rom.*) galle.
gallòccia, ce |gal'lɔttʃa, tʃe| *s.f.* (*mar.*) taquet *m.*
gallofilìa |gallofi'lia| *s.f.* francophilie.
gallofobìa |gallofo'bia| *s.f.* francophobie.
gallomanìa |galloma'nia| *s.f.* gallomanie.
gallonàre |gallo'nare| *v.tr.* [*ornare con galloni*] galonner: *gallonare una giacca* galonner une veste.
gallonàto |gallo'nato| *agg.* galonné: *risvolti gallonati* revers galonnés.
1 **gallóne** |gal'lone| *s.m.* **1** galon: *galloni d'oro* galons d'or **2** (*mil., corr.*) galon ◇ (*loc.*) *guadagnarsi i galloni*: (*pr., fig.*) gagner ses galons ~ *togliere i galloni*: (*pr., fig.*) enlever les galons à qqn. ~ *bagnare i galloni*: (*pr., fig.*) arroser ses galons.
2 **gallóne** |gal'lone| *s.m.* [*misura anglosassone*] gallon: *un gallone di benzina* un gallon d'essence.
gallo-romàno |galloro'mano| *agg.* gallo-romain.
gallo-romànzo |galloro'mandzo| *agg.* (*ling.*) gallo-roman ◆ (*s.m.*) *il gallo-romanzo* [*la lingua*] le gallo-roman.
gallòzza |gal'lɔttsa|, **gallòzzola** |gal'lɔttsola| *s.f.* (*raro*) [*bolla*] bulle.
'galoche' |galɔʃ| *s.f. inv.* → **galoscia.**
'galop' |galo| *s.m. inv.* (*mus.*) galop *var.*
galoppànte |galop'pante| *agg.* galopant: *inflazione galoppante* inflation galopante ◇ (*med.*) *tisi galoppante* phtisie galopante.
galoppàre |galop'pare| *v.intr.* (*aus. 'avere'*) [*correre di galoppo*] galoper: *i cavalli galoppano verso il traguardo* les chevaux galopent vers la ligne d'arrivée ◇ (*fig.*) *ho galoppato tutta la giornata* j'ai galopé toute la journée ◇ (*scherz.*) *su, galoppa!* allons, file!, au galop!; *galoppare con la fantasia* avoir l'imagination qui galope.
galoppàta |galop'pata| *s.f.* galopade ◇ (*fig.*) [*corsa affannosa; sfacchinata*] *ho fatto una galoppata per arrivare in tempo* ça a été une vraie galopade pour arriver à temps; *che galoppata per portare a termine questo lavoro!* quelle galopade pour finir ce travail!
galoppatóio, i |galoppa'tojo, i| *s.m.* piste *f.* d'entraînement (des chevaux); allée *f.* cavalière; grand manège ouvert.
galoppatóre, trice |galoppa'tore, tritʃe| *s.* (*ippica*) galopeur*.
galoppìno |galop'pino| *s.m.* [*chi è sempre a disposizione altrui per piccole commissioni*] galopin, courrier, garçon de courses: *arrangiati, non sono il tuo galoppino!* débrouille-toi, je ne suis pas ton garçon de courses # *galoppino elettorale* agent électoral; *ha sguinzagliato i suoi galoppini* il a lâché ses hommes ◇ (*loc.*) *fare il galoppino* (*spec. di messaggi amorosi*) faire le messager.
galòppo |ga'lɔppo| *s.m.* **1** galop: *gare di galoppo* courses de galop; *mettere un cavallo al galoppo* mettre un cheval au galop ◇ (*calcio*) *galoppo di allenamento* échauffement des muscles ◇ (*loc. fig.*) *a* (*al, di*) *galoppo* au (grand) galop **2** (*danza*) → **galop.**
galòscia, sce |ga'lɔʃʃa, ʃe| *s.f.* galoche.
galtèlla |gal'tɛlla| *s.f.* (*mar.*) jottereau *m.*
galvànico, ci, ca, che |gal'vaniko, tʃi, ka, ke| *agg.* galvanique: *corrente galvanica* courant galvanique.
galvanìsmo |galva'nizmo| *s.m.* (*elettr.*) galvanisme.
galvanizzàre |galvanid'dzare| *v. tr.* **1** (*metall.*) [*rivestire mediante elettrolisi*] galvaniser: *galvanizzare il telaio di una seggiola* galvaniser le châssis d'une chaise **2** (*med.*) [*stimolare con la corrente elettrica un muscolo o un nervo*] galvaniser **3** (*fig.*) [*stimolare, concentrare l'attenzione o l'energia*] galvaniser: *con le sue parole ha galvanizzato l'uditorio* il a galvanisé l'auditoire par ses paroles; *bisogna galvanizzare tutti su questo obiettivo* il faut mobiliser toutes les énergies sur (pour atteindre) cet objectif.
galvanizzazióne |galvaniddza't'tsjone| *s.f.* [→ GALVANIZZARE] galvanisation.
galvàno- |gal'vano| *pref.* (*indica 'relazione con la corrente elettrica', corrisponde gener. a*) galvano: *galvanometro* galvanomètre.
galvàno |gal'vano| *s.m.* (*tip.*) galvano(type).
galvanocautèrio, i |galvanokau'tɛrjo, i| *s.m.* (*chir.*) galvanocautère.
galvanòmetro |galva'nɔmetro| *s.m.* (*elettr.*) galvanomètre: *galvanometro a bobina mobile* galvanomètre à aimant mobile; *galvanometro a forte intensità di campo* galvanomètre à champ élevé.
galvanoplàstica, che |galvano'plastika, ke| *s.f.* (*metall.*) galvanoplastie.
galvanoplàstico, ci, ca, che |galvano'plastiko, tʃi, ka, ke| *agg.* (*metall.*) galvanoplastique.
galvanotipìa |galvanoti'pia| *s.f.* (*tip.*) galvanotypie.
gàmba |'gamba| *s.f.* **1** (*anat., corr.*) (*persone*) jambe: *gambe diritte, storte* jambes droites, torses (arquées); *ferirsi a una gamba* se blesser à une jambe; *accavallare le gambe* croiser les jambes; *un tipo lungo, corto di gambe* une personne longue, courte de, en jambes;

esser tutto gambe avoir de grandes jambes, être tout en jambes ◇ (*mus.*) *viola da gamba* viole de gambe ◇ (*loc.*) *a mezza gamba* [*al polpaccio*] à mi-jambe ~ *correre a gambe levate* [*molto velocemente*] courir à toutes jambes ~ (*pugilato*) *gioco di gambe* jeu de jambes ◇ (*loc. fig.*) *aver le gambe che fanno giacomo giacomo* [*vacillare per la stanchezza o la paura*] avoir les jambes comme du coton, en coton, qui flageolent ~ *fare, sentir tremar le gambe* [*fare, aver paura*] faire, sentir trembler les jambes, les quilles (*pop.*) ~ *prendere qc. o q.c. sotto gamba* traiter qqn. ou qqch. par-dessous la jambe, à la légère ~ *fare una cosa sotto gamba* agir à la légère, avec désinvolture ~ *mettere i bastoni tra le gambe di qc.* mettre des bâtons dans les roues à qqn. ~ *stare, mettersi tra le gambe di qc.* se fourrer dans les pattes (*fam.*) de qqn. ~ *andare a gambe all'aria* [*in rovina*] faire faillite, se casser le nez ~ *fare il passo secondo la gamba* il faut couper l'habit selon l'étoffe ~ *fare il passo più lungo della gamba* aller au-delà de ses moyens ~ *essere, sentirsi in gamba* [*in buona salute*] être, se sentir en forme; être alerte ~ *rimettersi in gamba* [*guarire*] se remettre sur pied ~ *è in gamba, è un tipo in gamba* [*capace, che dà affidamento*] c'est un type très capable ~ *andare, partire con la coda fra le gambe* s'en aller, partir la queue entre les jambes ~ *mettere la via fra le gambe* [*partire*] se mettre en route, en marche ~ *sono andato dove le gambe mi portavano* [*senza una destinazione precisa*] je me suis baladé au hasard ~ *darsela a gambe* [*fuggire*] filer, s'enfuir à toutes jambes ~ *a quattro gambe* à quatre pattes (*fam.*) *stirar le gambe* [*morire*] casser sa pipe ~ (*scherz.*) *aver quarant'anni per gamba!* avoir quarante ans, et le pouce! ✦ *inter.* IN GAMBA!: *in gamba, non è un lavoro semplice!* prenez garde, attention, ce n'est pas un travail simple! ~ *sta' in gamba!* prends garde, fais attention! ~ (*come saluto e augurio*) *ci rivediamo domani, in gamba!* on se retrouve demain, et bonne chance! ◇ (*prov.*) *chi non ha* (*buona*) *testa ha buone gambe* quand on n'a pas de tête, il faut avoir des jambes **2** (*per est.*) [*ciascuna delle due parti dei pantaloni che ricoprono le gambe*] jambe: *accorciare, allungare le gambe dei pantaloni* raccourcir, allonger les jambes d'un pantalon; *hai una gamba sdrucita* tu as un accroc à une jambe de ton pantalon **3** (*animali*) jambe: *animali a due, a quattro gambe* animaux à deux, à quatre jambes ◇ (*loc. fig.*) *raddrizzar le gambe ai cani* [*tentare, pretendere l'impossibile*] vouloir la lune, faire parler les muets **4** (*cose*) pied (*m.*): *le gambe della sedia* les pieds d'une chaise; *inciampare nella gamba del tavolo* buter contre le pied de la table ◇ (*aer.*) jambe **5** (*per est.*) [*asta; linea verticale*] jambe, branche; queue: *le gambe del compasso* les jambes, les branches d'un compas ‖ *la gamba di una nota musicale* la queue d'une note de musique ◇ (*tip.*) (*sopra il rigo*) jambage *m.* ~ (*sotto il rigo*) queue.

gambacórta |gamba'korta| *s.* (*scherz.*) [*zoppo*] boiteux* ◇ [*di bassa statura*] bas*, court sur pattes.

gambàle |gam'bale| *s.m.* **1** [*parte dello stivale che copre la gamba*] jambière *f.*, guêtre *f.*, tige *f.* d'une botte ◇ (*per est.*) [*forma in legno per stivali*] embauchoir **2** [*parte dell'armatura a difesa delle gambe*] jambière.

gambalèsta |gamba'lɛsta| *s. inv.* (*scherz.*) *è un gambalesta* [*un individuo veloce, rapido*] il est rapide comme l'éclair.

gambalùnga |gamba'lunga| *s. inv.* (*scherz.*) [*individuo alto, spilungone*] grand diable *m. var.*, grande perche *f. var.*, (grand) échalas *m.*

gambàta |gam'bata| *s.f.* **1** [*colpo dato con una gamba*] enjambée, croc-en-jambe *m.* ◇ [*passo lungo*] (longue) enjambée: *con due gambate l'ho raggiunto* je l'ai rejoint en deux enjambées **2** longueur de jambe # *c'e una gambata di neve* il y a trois pieds de neige, on enfonce dans la neige jusqu'à la taille.

gamberàna |gambe'rana| *s.f.* (*pesca*) balance, pêchette.

gamberétto |gambe'retto| *s.m.* **1** petit *homard **2** (*t.zool.*) crevette *f.*

gàmbero |'gambero| *s.m.* (*t.zool.*) *gambero di mare* *homard ~ *gambero di fiume* écrevisse *f.* ◇ (*loc.*) *essere rosso come un gambero* être rouge comme une écrevisse, une pivoine ~ *fare come i gamberi* [*camminare all'indietro*]: (*pr.*, *fig.*) aller, marcher comme une écrevisse.

gamberóne |gambe'rone| *s.m.* (*di mare*) gros *homard, (*di fiume*) grosse écrevisse *f.*

gambétta |gam'betta| *s.f.* **1** → **combattente** 2 **2** → **sgambetto.**

gambétto |gam'betto| *s.m.* **1** → **sgambetto** **2** (*scacchi*) gambit.

gambièra |gam'bjɛra| *s.f.* **1** (*armi*) jambière **2** (*hockey*) cuissard *m.*

gambìna |gam'bina| *s.f.* (*scherz.*) petite jambe, jambette.

gambitto |gam'bitto| *s.m.* → **gambetto** 2.

gambizzàre |gambid'dzare| *v.tr.* (*gerg. polit.*) [*ferire, sparare alle gambe*] blesser aux jambes: *gambizzare un dirigente industriale* blesser aux jambes un chef d'entreprise.

gàmbo |'gambo| *s.m.* **1** (*bot.*) tige (*f.*): *gambo del fiore* tige de fleur → **stelo**; *gambo del fungo* tige de champignon # *un gambo di sedano* une branche de céleri; *gambo del frutto* queue d'un fruit → **picciolo** **2** (*per est.*) pied: *il gambo di un calice, di un lampadario* le pied d'un verre, d'un lampadaire **3** (*mecc.*) *gambo di valvola* tige d'une soupape.

gambùsia |gam'buzja| *s.f.* (*t.zool.*) gambusie.

gambùto |gam'buto| *agg.* aux longues jambes (*loc. inv.*): *un tipo gambuto* un type aux longues jambes, un grand fendu (*pop.*).

game |geim| *s.m. inv.* (*ingl.*) (*tennis*) jeu *var.*

gamèlla |ga'mɛlla| *s.f.* gamelle → **gavetta** ◇ (*fig.*) *mangiare alla gamella* [*fare il soldato*] manger à la gamelle.

gamète |ga'mɛte| *s.m.* (*biol.*) gamète.

-gamìa |ga'mia| *suff.* (*significa 'nozze, matrimonio'*, *corrisponde gener. a*) gamie: *monogamia* monogamie.

1 **gàmma** |'gamma| *s.m. inv.* **1** (*ling. gr.*) gamma **2** (*fis.*) gamma ✦ (*agg. inv.*) *raggi gamma* rayons gamma.

2 **gàmma** |'gamma| *s.f.* **1** (*rad.*) bande: *gamma d'onda* bande d'ondes; *gamma di frequenza* bande de fréquence **2** (*fig.*) [*serie, successione graduale*] gamme: *una vasta gamma di colori* une vaste gamme de couleurs; *la gamma dei gialli, dei rossi* la gamme des jaunes, des rouges; *delineare una vasta gamma di ipotesi* définir une vaste gamme d'hypothèses ◇ (*mus.*) *la gamma musicale* la gamme musicale.

gammaterapìa |gammatera'pia| *s.f.* (*med.*) gammathérapie.

gammàto |gam'mato| *agg.* gammé: *croce gammata* croix gammée.

gamo- |gamo| *pref.* (*significa 'riproduttore sessuale'*, *corrisponde gener. a*) gamo: *gamopetalo* gamopétale.

-gamo |gamo| *suff.* (*significa 'nozze, matrimonio'*, *corrisponde gener. a*) game: *poligamo* polygame.

gamopètalo |gamo'pɛtalo| *agg.* (*bot.*) gamopétale.

gamosèpalo |gamo'sɛpalo| *agg.* (*bot.*) gamosépale.

ganàscia, sce |ga'naʃʃa, ʃe| *s.f.* **1** (*anat.*, *corr.*) (*persone*) mâchoire ◇ (*loc. fig.*) *mangiare a due, a quattro ganasce* [*mangiare con avidità*] dévorer à belles dents ◇ (*animali*) mâchoire # *la ganascia del cavallo* la ganache du cheval **2** (*tecnol.*) mâchoire: *le ganasce di una morsa, di una tenaglia* les mâchoires d'un étau, d'une tenaille # *le ganasce della rotaia* les éclisses des rails.

ganascino |ganaʃ'ʃino| *s.m.* (*solo nella loc.*) *prendere per il ganascino* [*pizzicare la guancia*] pincer (2) la joue à qqn.

ganascióne |ganaʃ'ʃone| *s.m.* → **sganascione.**

gàncio, i |'gantʃo, i| *s.m.* **1** (*tecnol.*, *corr.*) crochet: *fissare un gancio nel muro* fixer un crochet au mur; *spostare il gancio di un quadro* déplacer le crochet d'un tableau; *attaccare i ganci a un abito* mettre des crochets, des agrafes à une robe; *gancio di trazione* crochet d'attelage # *staccare dal gancio* décrocher ◇ (*mar.*) *gancio all'accosto* gaffe *f.* **2** (*fig.*) (*pugilato*) crochet: *un gancio al mento* un crochet au menton.

gandùra |gan'dura| *s.f.* gandoura.

gang |gæŋ| *s.f. inv.* (*ingl.*) **1** gang *m. var.*, bande (*var.*): *una gang di ladri* un gang, une bande de voleurs **2** (*scherz.*) [*combriccola*] bande: *una gang di amici* une bande d'amis.

1 **gànga, ghe** |'ganga, ge| *s.f.* → **gang.**

2 **gànga, ghe** |'ganga, ge| *s.f.* (*miner.*) gangue.

gànghero |'gangero| *s.m.* **1** [*cardine*] gond ◇ (*loc. fig.*) *esser fuori dai gangheri* être hors de soi ~ *uscir dai gangheri* sortir de ses gonds **2** [*gancio metallico per allacciature di abiti*] agrafe *f.*, crochet.

gangliàre |gan'gljare| *agg.* (*anat.*) ganglionnaire.

gànglio, i |'gangljo, i| *s.m.* **1** (*anat.*) ganglion: *ganglio linfatico, nervoso* ganglion lymphatique, nerveux **2** (*fig.*) [*centro di particolare importanza*] centre: *quel porto è il ganglio del commercio cerealicolo* ce port est le centre du commerce des céréales.

ganglióma |gan'gljɔma| *s.m.* (*med.*) gangliome.

ganglionàre |gangljo'nare| *agg.* → **gangliare.**
gangrèna |gan'grena| *s.f.* → **cancrena.**
gangster |'gæŋstə| *s.m. inv.* (*ingl.*) gangster *var.*
gangsterìsmo |gangste'rizmo| *s.m.* gangstérisme → **banditismo.**
ganimède |gani'mɛde| *s.m.* [*giovane di aspetto bello e raffinato*] gandin, dandy.
Ganòidi |ga'nɔidi| *s.m. pl.* (*t.zool.*) Ganoïdes.
gànzo |'gandzo| *s.* (*spreg.*) [*amante*] jules (*scherz., fam.*) ◇ (*pop.*) [*furbacchione*] malin → **dritto.**
gap |gæp| *s.m. inv.* (*ingl.*) gap *var.*
gàra |'gara| *s.f.* **1** [*competizione fra più concorrenti o squadre per superarsi a vicenda*] épreuve, compétition: *gara di nuoto* épreuve de natation; *gara di velocità* épreuve de vitesse; *gara accesa, appassionante* épreuve très disputée, passionnante; *gara aperta* compétition ouverte; *fuori gara* hors compétition; *disputare, vincere una gara* disputer, gagner une épreuve, une compétition; *iscriversi a una gara* s'inscrire à une épreuve, à une compétition; *entrare, mettersi in gara* entrer en compétition # *gara di ciclismo* course cycliste; *gara podistica* course à pied ◇ (*loc.*) *fare a gara* faire (qqch.) à qui mieux mieux, à l'envi; *fanno a gara a chi fa peggio* c'est à qui fera pis, c'est à qui s'y prendra le plus mal; *fanno a gara per aiutarlo* c'est à qui l'aidera le plus; *facevano a gara a chi mangiava di più* c'était à qui mangerait le plus **2** (*per est.*) [*rivalità, competizione*] compétition: *la gara fra i partiti è aperta* la compétition entre les partis est commencée; *mettersi, entrare in gara con qc.* entrer en compétition avec qqn. **3** [*concorso per l'aggiudicazione di appalti e sim.*] concours *m.*, adjudication administrative; compétition: *bandire una gara* ouvrir un concours ‖ *sono in gara molte ditte* beaucoup de firmes sont en compétition.
'garage' |gaRaʒ| *s.m. inv.* garage *var.*
garagìsta |gara'dʒista| *s.m.* garagiste *s.*, mécanicien* *s.*
garànte |ga'rante| *agg.* (*dir., corr.*) garant: *rendersi, farsi garante di qc. o q.c.* se porter, être garant de qqn. ou de qqch. ✦ (*s.*) *essere il garante di qc.* être le garant de qqn.
garantìre |garan'tire| (197) **A** *v.tr.* **1** (*dir.*) [*assicurare il pagamento di un debito o il pieno godimento di un bene venduto*] garantir: *garantire un debito con un contratto di fideiussione* garantir une dette avec un contrat de fidéjussion ✦ (*ass.*) *garantire per un debitore* se porter garant pour un débiteur; cautionner, servir de caution (à) un débiteur **2** (*per est.*) [*dare per certo, per vero*] garantir: *ti garantisco che quello spettacolo è una meraviglia* je te garantis que ce spectacle est une merveille; *mi hanno garantito di venire* ils m'ont garanti qu'ils viendraient □ *si sono garantiti un posto* ils se sont assuré une place **B** *v.pron. rifl.* GARANTIRSI [*premunirsi contro un possibile danno*] se garantir; s'assurer: *si sono garantiti con un'ipoteca* ils se sont garantis par une hypothèque ‖ *vi siete garantiti contro la grandine?* êtes-vous assurés contre la grêle? ◇ [*assicurarsi*] s'assurer → *tr.* 2 □.
garantìto |garan'tito| *agg.* garanti.
garànza |ga'rantsa| *s.f.* (*t.bot.*) garance ✦ (*agg.*) *color garanza* garance *s.f. inv.*
garanzìa |garan'tsia| *s.f.* **1** garantie: *garanzia di qualità* garantie de qualité; *orologio con garanzia di due anni* montre ayant une garantie de deux ans; *chiedere, esigere, ottenere delle garanzie* demander, exiger, obtenir des garanties; *è una persona che non dà garanzia* c'est une personne qui n'offre aucune garantie **2** (*dir.*) garantie: *lettera di garanzia* lettre de garantie; *garanzie individuali, costituzionali* garanties individuelles, constitutionnelles; *garanzia per evizione* garantie d'éviction **3** (*fig.*) garantie: *ci sono garanzie sufficienti perché l'impresa riesca* il y a des garanties suffisantes pour que l'entreprise réussisse.
garbàre |gar'bare| *v.intr.* (*aus. 'essere'*) [*riuscir gradito*] plaire (68) (*aus.* avoir): *questo profumo mi garba molto* ce parfum me plaît beaucoup; *il tuo comportamento non gli garba* ton attitude ne lui plaît pas.
garbataménte |garbata'mente| *avv.* **1** [→ GARBATO 1] poliment: *rispondere garbatamente* répondre poliment **2** (*per est.*) [→ GARBATO 2] discrètement: *vestirsi garbatamente* s'habiller discrètement.
garbatézza |garba'tettsa| *s.f.* [*gentilezza di modi, cortesia*] amabilité, gentillesse # *con gli altri è sempre pieno di garbatezza* avec les autres il est toujours très aimable; *è un tipo sincero, ma manca di garbatezza* c'est un homme sincère, mais il n'est pas très aimable **C** **sgarbatezza.**
garbàto |gar'bato| *agg.* **1** [*gentile, cortese*] aimable: *modi garbati* des façons aimables; *risposta garbata* réponse aimable **2** (*per est.*) [*aggraziato, fine*] plein de charme: *lavoro garbato* œuvre pleine de charme # *ha un aspetto garbato* elle, il a beaucoup de grâce **C** 1 **sgarbato.**
garbìno |gar'bino| *s.m.* (*meteor.*) vent de sud-ouest.
gàrbo |'garbo| *s.m.* **1** [*modo cortese, gentile di trattare con gli altri*] amabilité (*f.*): *parlare, rispondere con garbo* parler, répondre avec amabilité # *persona piena di garbo* personne aimable; *persona senza garbo* personne grossière ◇ [*delicatezza e proprietà nell'agire*] délicatesse: *agire con garbo* agir avec délicatesse # *cantare, suonare con garbo* chanter, jouer de façon charmante; *quel medico ha molto garbo con gli ammalati* ce médecin a beaucoup d'attensions pour ses malades, a d'excellentes manières avec ses patients ◇ (*loc.*) *a, con garbo* [*in modo conveniente, a modo*] comme il faut ~ *senza garbo* [*malamente*] sans aucune grâce **2** (*per est.*) [*forma fine, aggraziata*] *questo mobile ha un bel garbo* ce meuble a une jolie forme (*f.*); *far prendere il garbo a un vestito* faire bien tomber, donner du chic (à) une robe **3** (*mar.*) gabarit **C** 1 **sgarbo.**
garbùglio, i |gar'buʎʎo, i| *s.m.* **1** [*groviglio, mescolanza disordinata*] enchevêtrement: *un garbuglio di fili* un enchevêtrement de fils ◇ (*fig.*) *un garbuglio di idee* un enchevêtrement d'idées **2** (*raro, fig.*) [*disordine, confusione*] pagaille *f.* (*fam.*): *creare garbugli* semer la pagaille.
'garçonne' |gaRsɔn| *s.f. inv.* garçonne *var.* ◇ (*loc.*) *capelli alla 'garçonne'* cheveux à la garçonne.
'garçonnière' |gaRsɔnjɛR| *s.f. inv.* garçonnière *var.*
gardènia |gar'dɛnja| *s.f.* (*t.bot.*) gardénia *m.*
gareggiaménto |gareddʒa'mento| *s.m.* → **competizione.**
gareggiàre |gared'dʒare| *v.intr.* (*aus. 'avere'*) [*cercar di superare gli altri in q.c.*] rivaliser (de), faire (45) *tr.* assaut (de): *gareggiare in astuzia, in generosità* rivaliser, faire assaut de finesse, de générosité ◇ [*competere, stare alla pari*] rivaliser: *nessuno può gareggiare con lui per precisione* personne ne peut rivaliser avec lui pour la précision; pour la précision, il est imbattable ✦ *ass.* [*partecipare a una gara*] s'affronter (*pron.*): *oggi non gareggiano i migliori* aujourd'hui ce ne sont pas les meilleurs qui s'affrontent.
garènna |ga'rɛnna| *s.f.* garenne.
garétta |ga'retta| *s.f.* → **garitta.**
garétto |ga'retto| *s.m.* → **garretto.**
garganèlla |garga'nɛlla| *s.f. solo nella loc. avv.* A GARGANELLA à la régalade: *bere a garganella* boire à la régalade.
gargantuésco, chi, ca, che |gargantu'esko, ki, ka, ke| *agg.* gargantuesque ◇ (*per est.*) [*enorme, gigantesco*] *fame gargantuesca* appétit gargantuesque, de Gargantua.
gargarìsmo |garga'rizmo| *s.m.* gargarisme: *fare dei gargarismi* faire des gargarismes, se gargariser (*v.pron.*): *soluzione per gargarismi* solution pour gargarismes.
gargarizzàre |gargarid'dzare| **A** *v.intr.* (*aus. 'avere'*) [*fare gargarismi*] se gargariser (*pron.*): *con questo mal di gola non riesco a gargarizzare* j'ai tellement mal à la gorge que je n'arrive pas à me gargariser **B** *v.tr.* [*far gorgogliare un liquido trattenendolo in fondo alla bocca*] se gargariser *pron.*, faire (45) des gargarismes avec: *gargarizzare un sorso di vino* se gargariser, faire des gargarismes avec une gorgée de vin.
gargaròzzo |garga'rɔttso| *s.m.* (*pop.*) [*gola, gozzo*] gosier (*corr.*) # *prendere per il gargarozzo* prendre, saisir à la gorge.
gargòtta |gar'gɔtta| *s.f.* gargote (*spreg.*), auberge.
'gargouille' |gaRguj| *s.f. inv.* (*arch.*) gargouille *var.*
garibaldìno |garibal'dino| *agg.* **1** garibaldien*: *truppe garibaldine* troupes garibaldiennes ✦ (*s.*) *i garibaldini* les garibaldiens **2** (*fig.*) [*audace, impetuoso*] impétueux*: *animo garibaldino* tempérament impétueux ◇ (*loc. avv.*) *alla garibaldina* [*con audacia, con spregiudicatezza*] lestement *avv.*, rondement *avv.*
garìtta |ga'ritta| *s.f.* (*ferr., mil.*) guérite.
garòfalo |ga'rɔfalo| *s.m.* → **garofano.**
garòfano |ga'rɔfano| *s.m.* **1** (*t.bot.*) œillet ~ *garofano indiano* → **tagete** ◇ (*corr.*) *chiodi di garofano* clous de girofle **2** (*t.zool.*) *garofano di mare* anémone *f.* de mer.
garrése |gar'rese| *s.m.* (*anat. ani-*

male) garrot ◇ (*veter.*) *mal del garrese* mal de garrot.
garrétto |gar'retto| *s.m.* (*anat. animale*) jarret.
garrire |gar'rire| (197) *v.intr.* (*aus. 'avere'*) **1** (*detto di alcuni uccelli*) [*emettere un verso stridulo*] crier, trisser (*raro*): *le rondini garrivano sotto la grondaia* les hirondelles criaient, trissaient sous la gouttière **2** (*raro, fig.*) [*parlare, gridare con voce aspra*] vociférer (8) (*corr.*): *mi infastidisce sentirla garrire in quel modo* cela m'agace de l'entendre vociférer ainsi **3** (*lett.*) [*sventolare*] claquer (*corr.*): *la bandiera garriva sul pennone* le drapeau claquait au vent.
garrito |gar'rito| *s.m.* cri (de l'hirondelle), piaillement.
garròtta |gar'rɔtta| *s.f.* garrotte.
garrulità |garruli'ta| *s.f. inv.* → **loquacità.**
gàrrulo |'garrulo| *agg.* **1** [*che garrisce*] qui gazouille *loc.* # *uno storno di rondini garrule* un vol d'hirondelles aux cris stridents **2** (*lett., fig.*) [*festoso, chiassoso*] jacassant: *bambini garruli e irrequieti* des enfants jacassant et turbulents.
1 **gàrza** |'gardza| *s.f.* gaze.
2 **gàrza** |'gardza| *s.f.* → **airone.**
garzàre |gar'dzare| *v.tr.* (*tess.*) [*ammorbidire i tessuti trattandoli con i garzi*] lainer: *garzare una stuoia* lainer une natte.
garzatóre, trice |gardza'tore, tritʃe| *s.* [*operaio tessile ai garzi o alla garzatura*] laineur*.
garzatrice |gardza'tritʃe| *s.f.* (*tess.*) laineuse, lainière.
garzatùra |gardza'tura| *s.f.* (*tess.*) lainage *m.*
gàrzo |'gardzo| *s.m.* **1** (*t.bot.*) carde *f.* **2** (*tess.*) *dare il garzo a una stoffa* lainer une étoffe **3** → **garzatura.**
garzonàto |gardzo'nato| *s.m.* [*tirocinio, apprendistato del garzone*] apprentissage.
garzoncèllo |gardzon'tʃɛllo| *s.m.* **1** jeune garçon **2** [*giovinetto, sbarbatello*] petit garçon, blanc-bec: *dei garzoncelli* des blancs-becs; *sei ancora un garzoncello* tu es encore un petit garçon, un blanc-bec.
garzóne |gar'dzone| *s.m.* **1** garçon: *il garzone del fornaio* le garçon boulanger, le commis; *il garzone del fruttivendolo* le garçon, le commis du marchand de légumes # *di stalla, di fattoria* valet d'écurie, de ferme; *garzone di bottega* commis; *garzone muratore* apprenti maçon, aide-maçon ◇ (*loc.*) *fare il garzone* [*essere a completa disposizione altrui*] faire le larbin **2** (*lett.*) [*giovinetto*] garçon.
gas |gas| *s.m. inv.* gaz: *gas naturali* gaz naturels; *gas asfissiante, lacrimogeno, esilarante* gaz asphyxiant, lacrymogène, hilarant; *gas illuminante* gaz d'éclairage; *gas delle paludi* gaz des marais, méthane; *gas nobili, rari* gaz nobles, rares; *gas di città* gaz de ville; *illuminazione, lampione a gas* éclairage, réverbère à gaz, bec de gaz; *cucina, fornello a gas* cuisinière, fourneau réchaud à gaz; *conduttura del gas* conduite de gaz; *fuga di gas* fuite de gaz; *contatore del gas* compteur à gaz; *pagare la bolletta del gas* payer la note, la quittance du gaz # *gas delle miniere* grisou ◇ (*per est.*) *camera a gas* chambre à gaz ◇ (*auto.*) *dare gas* mettre les gaz; *andare a tutto gas* rouler à pleins gaz (*fam.*) ~ (*fig.*) *lavorare a tutto gas* travailler à pleins gaz.
gasàre |ga'zare| *v.tr.* → **gassare.**
gasàrsi |ga'zarsi| *v.pron. rifl.* (*fig.*) [*caricarsi psicologicamente*] se remonter, se cuirasser: *dobbiamo prima gasarci per bene* il nous faut d'abord nous cuirasser.
gasàto |ga'zato| *agg.* → **gassato.**
gascromatografia |gazkromatogra'fia| *s.f.* (*chim., fis.*) gaz-chromatographie.
gasdótto |gaz'dotto| *s.m.* (*tecnol.*) gazoduc.
gasificàre |gazifi'kare| *e deriv.* → **gassificare** *e deriv.*
gasìsta |ga'zista| *s.m.* → **gassista.**
gasògeno |ga'zɔdʒeno| *s.m.* → **gassogeno.**
gasòlio, i |ga'zɔljo, i| *s.m.* (*chim., corr.*) gazole (*t.racc.*), gas-oil.
gasometrìa |gazome'tria| *s.f.* → **gassometria.**
gasòmetro |ga'zɔmetro| *s.m.* → **gassometro.**
gasósa |ga'zosa| *s.f.* → **gassosa.**
gasóso |ga'zoso| *agg.* → **gassoso.**
gàssa |'gassa| *s.f.* (*mar.*) nœud (*m.*): *gassa d'amante* nœud d'agui, de chaise.
gassàre |gas'sare| *v.tr.* **1** [*rendere effervescente un liquido sciogliendovi un gas*] gazéifier: *gassare l'acqua minerale* gazéifier (de) l'eau minérale **2** [*intossicare, asfissiare con gas venefici*] gazer.
gassàto |gas'sato| *agg.* (*di liquido*) [*effervescente per presenza di anidride carbonica disciolta*] gazéifié, gazeux*: *acque, bibite gassate* (des) eaux, (des) boissons gazéifiées, gazeuses.
gassificàre |gassifi'kare| *v.tr.* (*chim.*) [*portare un solido o un liquido allo stato gassoso*] gazéifier.
gassificazióne |gassifikat'tsjone| *s.f.* [→ GASSIFICARE] gazéification.
gassìsta |gas'sista| *s.m.* [*operaio addetto al gas*] gazier, employé du gaz.
gassògeno |gas'sɔdʒeno| *s.m.* (*tecnol.*) gazogène.
gassòmetro |gas'sɔmetro| *s.m.* gazomètre.
gassósa |gas'sosa| *s.f.* [*bevanda dissetante trattata con zucchero e anidride carbonica*] limonade: *bere una gassosa* boire de la limonade; *mescolare vino e gassosa* mélanger du vin et de la limonade ◇ (*spec.*) *una gassosa* [*una bottiglietta di tale acqua*] une limonade.
gassóso |gas'soso| *agg.* gazeux*: *allo stato gassoso* à l'état gazeux.
Gasteròpodi |gaste'rɔpodi| *s.m. pl.* (*t.zool.*) Gastéropodes.
Gasterosteifórmi |gasterostei'formi| *s.m. pl.* (*t.zool.*) Gastérostéidés.
gastralgìa, gie |gastral'dʒia, dʒie| *s.f.* (*med.*) gastralgie.
gastrectomìa |gastrekto'mia| *s.f.* (*chir.*) gastrectomie.
gàstrico, ci, ca, che |'gastriko, tʃi, ka, ke| *agg.* (*anat.*) gastrique.
gastrite |gas'trite| *s.f.* (*med., corr.*) gastrite.
gastroduodenàle |gastroduode'nale| *agg.* (*anat., med.*) gastro-duodénal*.
gastroentèrico, ci, ca, che |gastroen'tɛriko, tʃi, ka, ke| *agg.* (*anat.*) gastro-entérique, gastro-intestinal*.
gastroenterite |gastroente'rite| *s.f.* (*med.*) gastro-entérite.
gastroenterologìa, gie |gastroenterolo'dʒia, dʒie| *s.f.* (*med.*) gastro-entérologie.
gastrointestinàle |gastrointesti'nale| *agg.* (*anat.*) → **gastroenterico.**
Gastromicèti |gastromi'tʃɛti| *s.m. pl.* (*t.bot.*) Gastéromycètes.
gastronomìa |gastrono'mia| *s.f.* gastronomie.
gastronòmico, ci, ca, che |gastro'nɔmiko, tʃi, ka, ke| *agg.* gastronomique.
gastrònomo |gas'trɔnomo| *s.* gastronome.
gastroscopìa |gastrosko'pia| *s.f.* (*med.*) gastroscopie.
gastroscòpio, i |gastros'kɔpjo, i| *s.m.* (*med.*) gastroscope.
gàstrula |'gastrula| *s.f.* (*biol.*) gastrula.
1 **gàtta** |'gatta| *s.f.* [*la femmina del gatto domestico*] chatte: *la gatta ha partorito cinque gattini* la chatte a eu (une portée de) cinq chatons ◇ (*loc.*) *prendersi una gatta da pelare* [*accollarsi un compito oneroso, difficile*] se fourrer dans un guêpier, accepter de nettoyer les écuries d'Augias ~ *è una bella gatta da pelare!* c'est une affaire qui va me donner du fil à retordre! ~ *ho altre gatte da pelare!* [*ho ben altri problemi*] j'ai d'autres chats à fouetter! ~ *gatta ci cova!* [*c'è sotto q.c., è un tranello*] il y a anguille sous roche!, ça sent le traquenard ~ *gatta cieca* [*gioco da bambini*] colin maillard ~ *far la gatta morta* → **gattamorta** ◇ (*miner.*) *occhio di gatta* œil-de-chat ~ (*prov.*) *quando non c'è la gatta i topi ballano* quand le chat n'est pas là les souris dansent ~ *tanto va la gatta al lardo che ci lascia lo zampino* tant va la cruche à l'eau qu'à la fin elle se casse ~ *la gatta frettolosa fece i gattini ciechi* on ne peut pas faire à la fois vite et bien.
2 **gàtta** |'gatta| *s.f.* (*mar.*) gatte.
gattabùia |gatta'buja| *s.f.* (*pop., scherz.*) [*carcere, prigione*] violon (*m.*): *andrai a finire in gattabuia* tu vas finir par te faire mettre au violon, à l'ombre; tu finiras en taule.
gattaiòla |gatta'jɔla| *s.f.* [*apertura nella parte bassa di una porta, per il passaggio del gatto*] chatière.
gattamòrta |gatta'mɔrta| *s.f.* [*persona apparentemente mansueta, in realtà malevola e insidiosa*] chattemite (*fam.*): *delle gattemorte* des chattemites ◇ (*loc.*) *fare la gattamorta* faire la chattemite.
gatteggiaménto |gatteddʒa'mento| *s.m.* [→ GATTEGGIARE] chatoiement.
gatteggiàre |gatted'dʒare| *v.intr.* (*aus. 'avere'*) [*avere riflessi luminosi e iridescenti come quelli degli occhi di un gatto*] chatoyer (10): *è una gemma che gatteggia anche al buio* cette gemme chatoie même dans l'obscurité.
gattésco, chi, ca, che |gat'tesko, ki, ka, ke| *agg.* de chat (*loc. inv.*): *movimenti gatteschi* mouvements de chat # *scaltrezza gattesca* ruse de renard.
gàttice |'gattitʃe| *s.m.* (*t.bot.*) peuplier blanc, ypréau → **pioppo.**
Gattinàra |gatti'nara| *s.m.* [*vino rosso di Gattinara*] ⊠.
gattino |gat'tino| *s.m.* **1** (*pop.*) → **amento** **2** [*piccolo gatto*] chaton # *la gatta ha fatto i gattini* la chatte a fait, a eu ses petits ◇ (*loc. fig., fam.*) *ha*

fatto i gattini [*vomitato*] il a rendu, vomi.
gàtto |'gatto| **I** *s.m.* **1** (*t.zool.*) chat ~ *gatto tigre* margay, chat-tigre (*corr.*) ~ *gatto delle selve* → **servalo** ◇ (*corr.*) *gatto selvatico, soriano, d'angora, siamese* chat sauvage, tigré, angora, siamois # *furbo come un gatto* malin comme un singe; *il Gatto con gli stivali* [*personaggio fiabesco*] le Chat botté ◇ (*loc.*) *vedere al buio come un gatto* voir dans la nuit comme un chat ~ (*loc. fig.*) *essere come cani e gatti* être comme chien et chat ~ *erano in quattro gatti* [*essere in pochi*] ils étaient quatre pelés et un tondu ~ *essere gatto frustato* (*di persona umiliata, mogia*) être penaud, avoir un air de chien battu ~ *musica da gatti* [*chiassosa e stonata*] charivari; cacophonie ~ *gatto a nove code* chat à neuf queues ◇ (*prov.*) *di notte tutti i gatti sono bigi* la nuit tous les chats sont gris ~ *gatto scottato ha paura dell'acqua fredda* chat échaudé criant (même) l'eau froide ~ *quando il gatto non c'è i topi ballano* quand le chat n'est pas là les souris dansent **2** (*mecc.*) mouton **3** *gatto delle nevi* [*veicolo usato su terreni nevosi o paludosi*] autoneige *f.* **4** *gatto selvaggio* [*forma di sciopero*] grève *f.* sauvage **5** (*miner.*) *occhio di gatto* œil de chat **II** *agg. inv.* (*nella loc.*) *pesce gatto* poisson(-)chat (*var.*): *dei pesci gatto* des poissons(-)chats.
gattomammóne |gattomam'mone| *s.m.* [*mostro immaginario delle fiabe*] loup-garou: *i gattomammoni* les loups-garous.
gattonàre |gatto'nare| *v.intr.* (*aus.* '*avere*') [*strisciare sul terreno accovacciati come un gatto per avvicinare la preda*] avancer, s'approcher en tapinois ◇ [*modo di procedere dei bambini quando non sanno ancora camminare*] marcher à quatre pattes.
gattóne |gat'tone| *s.m.* **1** gros chat, gros matou **2** (*fig.*) [*sornione, furbo*] rusé, malin*, renard.
1 **gattóni** |gat'toni| *avv.* [*nella posizione di chi cammina con le mani e coi piedi*] à quatre pattes (*loc. inv.*): *procedeva gattoni* il avançait à quatre pattes ◇ (*raff.*) *gatton gattoni* [*di soppiatto*] en tapinois.
2 **gattóni** |gat'toni| *s.m. pl.* (*pop.*) [*parotite, orecchioni*] oreillons: *avere i gattoni* avoir les oreillons.
gattopàrdo |gatto'pardo| *s.m.* (*t. zool.*) guépard ~ *gattopardo africano* → **servalo** ~ *gattopardo americano* ocelot.
1 **gattùccio, i** |gat'tuttʃo, i| *s.m.* (*t.zool.*) roussette *f.*, chien de mer ~ *gattuccio stellato* → **gattopardo.**
2 **gattùccio, i** |gat'tuttʃo, i| *s.m.* [*sega a mano sottile per fare tagli curvi*] scie *f.*, égoïne *f.*
'gauche' |goʃ| *s.f. inv.* (*polit.*) gauche *var.*
'gauchiste' |goʃist(ə)| *agg. inv. e s. inv.* (*polit.*) gauchiste *var.*
gaucho |'gautʃo| *s.m. inv.* (*sp.*) gaucho *var.*
gaudènte |gau'dɛnte| *s.* [*chi vive fra gli agi e i piaceri*] jouisseur*, noceur*: *fa una vita da gaudente* il mène une vie de jouisseur, il mène joyeuse vie, c'est un noceur.
gàudio, i |'gaudjo, i| *s.m.* (*lett.*) [*gioia intensa, felicità*] joie *f.* (*corr.*): *il gaudio della vita religiosa* la joie de la vie religieuse; *vivere con gaudio* vivre dans la joie ◇ (*per anton.*) *il Sommo gaudio* [*Dio*] l'Être suprême ◇ (*prov.*) *mal comune, mezzo gaudio* une douleur partagée est moins dure à supporter.
gaudiosaménte |gaudjosa'mente| *avv.* [→ GAUDIOSO] joyeusement.
gaudióso |gau'djoso| *agg.* (*lett.*) [*pieno di letizia*] joyeux* ◇ (*relig. catt.*) *misteri gaudiosi* mystères joyeux.
'gaufreuse' |gofʀøz| *s.f. inv.* (*tecnol.*) → **goffratrice.**
gauss |'gaus| *s.m. inv.* (*ted.*) (*fis.*) gauss.
gavazzàre |gavat'tsare| *v.intr.* (*aus.* '*avere*') (*lett.*) → **gozzovigliare.**
gavétta |ga'vetta| *s.f.* [*contenitore di alluminio per vivande, usato spec. dai militari*] gamelle: *vuotare la gavetta* vider sa gamelle ◇ (*loc. fig.*) *venire dalla gavetta*: (*mil.*) [*aver iniziato la carriera come soldato semplice*] sortir du rang ~ (*civili*) [*essersi fatto dal nulla*] partir de rien, être parti de rien.
gavìna |ga'vina| *s.f.* (*t.zool.*) goéland *m.*
gavitèllo |gavi'tello| *s.m.* (*mar.*) bouée *f.*, balise *f.*
gavòtta |ga'vɔtta| *s.f.* (*mus.*) gavotte.
gazàre |gad'dzare| *v.tr.* (*tess.*) [*far prendere la gazatura*] gazer.
gazatùra |gaddza'tura| *s.f.* (*tess.*) gazage *m.*
gàzza |'gaddza| *s.f.* **1** (*t.zool.*) pie ◇ (*corr.*) *gazza ladra* pie voleuse **2** (*t. zool.*) *gazza marina* mergule *m.* **3** (*fig., pop.*) [*persona chiacchierona*] pie.
gazzàrra |gad'dzarra| *s.f.* [*baccano*] chahut (*m.*): *far gazzarra* faire du chahut, du boucan ◇ [*manifestazione chiassosa, confusione*] cohue: *gazzarra elettorale* cohue électorale; *star fuori dalla gazzarra* rester en dehors de la cohue.
gazzèlla |gad'dzɛlla| *s.f.* **1** (*t.zool.*) gazelle ◇ (*loc. fig.*) *agile, veloce come una gazzella* agile, rapide comme une flèche, comme une gazelle; *occhi da gazzella* des yeux de gazelle **2** (*fig.*) [*autovettura veloce delle forze di polizia*] ⊠.
gazzétta |gad'dzetta| *s.f.* [*giornale*] revue, journal* (*m.*): *gazzetta letteraria, medica* revue, journal littéraire, médical(e) ◇ (*spec.*) *Gazzetta Ufficiale* Journal Officiel ◇ (*fig.*) gazette: *quella donna è la gazzetta del villaggio* cette femme est, tient la gazette du village ◇ (*loc. fig.*) *essere, finire sulla gazzetta* [*essere oggetto della curiosità, delle chiacchiere di tutti*] être la coqueluche (de).
gazzettière |gaddzet'tjɛre| *s.m.* (*spreg.*) [*giornalista da strapazzo*] folliculaire (*raro*).
gazzettino |gaddzet'tino| *s.m.* **1** [*bollettino o parte di giornale in cui si pubblicano notizie particolari*] nouvelles *f. pl.*; chronique (*f.*): *gazzettino regionale* nouvelles régionales ‖ *gazzettino teatrale, commerciale* chronique théâtrale, commerciale ◇ (*spec.*) *gazzettino rosa* [*notiziario mondano*] chronique mondaine, carnet du jour ◇ (*per est.*) [*notiziario radiofonico regionale*] bulletin d'informations: *il gazzettino padano* le bulletin d'informations de la Lombardie **2** (*fig.*) [*persona curiosa e pettegola*] gazette *f.* → **comare.**
gazzettìstico, ci, ca, che |gaddzet'tistiko, tʃi, ka, ke| *agg.* (*spreg.*) [*di basso livello giornalistico*] de feuilles vulgaires *loc. inv.* ◇ (*pegg.*) *notizie gazzettistiche* des nouvelles à la main.
gazzósa |gad'dzosa| *s.f.* → **gassosa.**
gèco, chi |'dʒɛko, ki| *s.m.* (*t.zool.*) gecko → **tarantola.**
geènna |dʒe'ɛnna| *s.f.* (*relig.*) géhenne.
geisha |'ge:ʃa| *s.f. inv.* (*giapp.*) geisha *var.* ghesha *var.* ◇ (*per est.*) *maniche alla geisha* manches kimono.
gèl |dʒɛl| *s.m. inv.* (*chim., fis.*) gel *var.*
gelàre |dʒe'lare| **A** *v.tr.* [*rendere ghiaccio, congelare*] geler (6): *è un freddo che gela le mani* c'est un froid à vous geler les mains; il fait si froid qu'on a les mains gelées ◇ (*fig.*) glacer (2): *con il suo discorso ha gelato l'assemblea* son discours a glacé l'assemblée; *la tua replica l'ha gelata* ta réponse l'a glacée **B** *v.intr.* (*aus.* '*essere*') [*ghiacciarsi, diventar freddissimo*] geler (*aus.* avoir): *sotto zero l'acqua gela* l'eau gèle au-dessous de zéro degrés; *il lago è gelato* le lac a gelé **C** *v.impers.* [→ *intr.*] geler **D** *v.pron. intr.* GELARSI [→ *intr.*] geler (*intr.*): *mi si gelano le mani* j'ai les mains qui gèlent, j'ai les mains gelées; *si sono gelate le condutture* les tuyaux ont gelé ◇ (*fig.*) se glacer: *mi si è gelato il sangue nelle vene* mon sang s'est glacé dans mes veines.
gelàta |dʒe'lata| *s.f.* (*meteor.*) gelée: *le gelate rovinano le coltivazioni* les gelées détruisent les cultures, sont un désastre pour les cultures ◇ [*gelo, strato ghiacciato*] verglas (*m.*): *la strada è tutta una gelata* la route est couverte de verglas.
gelatàio, i |dʒela'tajo, i| *s.* [*chi fa o vende gelati*] glacier *m.*, marchand de glaces.
gelateria |dʒelate'ria| *s.f.* [*negozio dove si preparano e si vendono gelati*] glacier *m.*, café-glacier *m.*, pâtissier-glacier (*m.*): *delle gelaterie* des glaciers, des cafés-glaciers, des pâtissiers-glaciers.
gelatièra |dʒela'tjɛra| *s.f.* (*tecnol.*) sorbetière: *gelatiera elettrica* sorbetière électrique.
gelatière |dʒela'tjɛre| *s.* → **gelataio.**
gelatina |dʒela'tina| *s.f.* **1** (*cuc.*) gelée: *pollo in gelatina* poulet en gelée; *gelatina di frutta* gelée de fruits # *coperto di gelatina* gélatiné **2** (*chim.*) gélatine: *gelatina esplosiva* gélatine explosive, dynamite-gomme, plastic *m.* (*fam.*).
gelatinóso |dʒelati'noso| *agg.* gélatineux*: *salsa gelatinosa* sauce gélatineuse.
1 **gelàto** |dʒe'lato| *agg.* **1** gelé, glacé: *aria, acqua gelata* air gelé, glacé, eau glacée; *caffè gelato* café glacé → **freddo**; *avere le mani gelate* avoir les mains gelées, glacées # *minestra gelata* potage froid **2** (*fig.*) glacé: *restai gelato dall'orrore, dalla paura* je restai glacé par l'horreur, de peur.
2 **gelàto** |dʒe'lato| *s.m.* glace (*f.*): *gelato in coppa* glace dans une coupe; *gelato misto* glace panachée; *gelato alla fragola* glace à la fraise # *gelato da passeggio* esquimau.
gelicìdio, i |dʒeli'tʃidjo, i| *s.m.* (*meteor.*) gelée *f.*
gelidaménte |dʒelida'mente| *avv.* (*fig.*) [→ GELIDO 2] glacialement, d'une

manière glaciale *loc. inv.* # *mi trattava gelidamente* il était glacial avec moi.
gèlido |'dʒɛlido| *agg.* **1** [*che è molto freddo, come il gelo*] glacé, glacial*: *aria gelida* air glacé, glacial; *mani gelide* mains glacées; *vento gelido* vent glacé, glacial **2** (*fig.*) glacial: *temperamento gelido* tempérament glacial; *una gelida accoglienza* un accueil glacial; *mi diede un'occhiata gelida* il me jeta un regard glacial **C** **bollente.**
gelificànte |dʒelifi'kante| *s.m.* (*chim.*) gélifiant.
gelificàre |dʒelifi'kare| *v.tr.* [*trasformare in gel*] gélifier.
gelività |dʒelivi'ta| *s.f. inv.* (*geol.*) gelivité *var.*
gelivo |dʒe'livo| *agg.* (*geol.*) gélif*.
gellàba |dʒel'laba| *s.f. inv.* (*ar.*) djellaba *var.*
gèlo |'dʒɛlo| *s.m.* **1** gel, gelée (*f.*): *il gelo dell'inverno* le gel, les gelées de l'hiver ◇ (*per est.*) [*il gelo dell'inverno*] froid: *all'arrivo del gelo* à l'arrivée du froid, aux premières gelées ◇ (*poet.*) [*frescura*] fraîcheur (*f.*): *il notturno gelo* la fraîcheur de la nuit **2** [*ghiaccio*] glace (*f.*): *il fiume è coperto di gelo* la rivière est couverte de glace, est gelée **3** (*fig.*) *il gelo della morte* le froid (glacial) de la mort; *la notizia diffuse il gelo tra gli spettatori* la nouvelle glaça les spectateurs ◇ (*loc.*) *diventare di gelo* devenir de pierre, être glacé de...
gelóne |dʒe'lone| *s.m.* (*med., corr.*) engelure: *mi fanno male i geloni* mes engelures me font mal.
gelosaménte |dʒelosa'mente| *avv.* **1** [→ GELOSO 1] jalousement → **invidiosamente** **2** [→ GELOSO 2] jalousement: *custodire gelosamente un segreto* garder jalousement un secret → **zelantemente, premurosamente.**
1 **gelosìa** |dʒelo'sia| *s.f.* jalousie: *essere rosso dalla gelosia* être vert pâle, rongé de jalousie; *fare una scena di gelosia* faire une scène de jalousie ◇ [*invidia, rivalità*] *la sua bravura provoca la gelosia dei colleghi* son habileté provoque la jalousie de ses collègues ◇ [*zelo, scrupolosa cura*] soin *m.* jaloux: *ho custodito con gelosia le tue lettere* j'ai gardé tes lettres avec un soin jaloux; j'ai gardé jalousement tes lettres.
2 **gelosìa** |dʒelo'sia| *s.f.* [*persiana o parte mobile di essa*] jalousie.
gelóso |dʒe'loso| *agg.* **1** [*che sente e manifesta gelosia*] jaloux*: *fidanzato, marito geloso* fiancé, mari jaloux; *è gelosa delle sue amiche* elle est jalouse de ses amies ◇ [*che prova invidia, rivalità*] *è geloso del suo collaboratore* il est jaloux de son collaborateur **2** [*che è zelante, pieno di premure*] jaloux: *geloso dell'onore, della dignità* jaloux de son honneur, de sa dignité; *è geloso del suo mestiere* il est jalous de son métier # *è molto gelosa della sua salute* elle est très attentive à sa santé, elle prend grand soin de sa petite santé **3** [*segreto, molto riservato*] secret*: *notizie gelose* des informations secrètes **4** [*facile a guastarsi, delicato*] délicat: *è uno strumento geloso* c'est un instrument délicat.
gelséto |dʒel'seto| *s.m.* plantation *f.* de mûriers.
gelsicoltùra |dʒelsikol'tura| *s.f.* (*agr.*) culture de mûriers.
gèlso |'dʒɛlso| *s.m.* (*t.bot.*) mûrier.
gelsomìno |dʒelso'mino| *s.m.* (*t. bot.*) jasmin.
gemebóndo |dʒeme'bondo| *agg.* **1** [*che si lamenta e geme*] gémissant: *giaceva gemebondo sul letto* il gisait gémissant sur son lit **2** [*che ha l'abitudine di lamentarsi*] geignard: *è un tipo gemebondo* c'est un(e) (personne) geignard(e), qui se plaint tout le temps ◇ (*cose*) *una musica gemebonda* une musique geignarde.
gemellàggio, i |dʒemel'laddʒo, i| *s.m.* [*patto di unione culturale e comm. fra due città di Stati diversi*] jumelage.
1 **gemellàre** |dʒemel'lare| *agg.* gémellaire: *gravidanza gemellare* grossesse gémellaire # *carrozzina gemellare* landau pour jumeaux; *parto gemellare* accouchement de jumeaux.
2 **gemellàre** |dʒemel'lare| **A** *v.tr.* [*unire due città di stati diversi con stretti rapporti culturali e sociali*] jumeler (4) **B** *v.pron. recipr.* GEMELLARSI [→ *tr.*] se jumeler.
gemellarità |dʒemellari'ta| *s.f. inv.* gémellité *var.*
gemèllo |dʒe'mɛllo| **I** *agg.* **1** [*nato dallo stesso parto*] jumeau*: *fratelli gemelli* frères jumaux; *sorelle gemelle* sœurs jumelles **2** [*che è sim. o uguale*] jumeau: *case gemelle* maisons jumelles ◇ [*di elementi che formino una coppia completa e funzionale*] *letti gemelli* lits jumeaux # *anime gemelle* âmes sœurs **II** *s.m.* **1** jumeau (*s.*): *le sono nati tre gemelli* elle a eu trois jumeaux, des triplés ◇ (*med.*) *gemelli monocoriali, uniovulari* vrais jumeaux, jumeaux univitellins; *gemelli bicoriali* faux jumeaux, jumeaux bivitellins **2** *al plur.* [*bottoni per i polsini della camicia*] boutons de manchettes **3** *al plur.* (*astron.*) Gémeaux.
gemellologìa, gie |dʒemellolo'dʒia, dʒie| *s.f.* gémellologie.
gèmere |'dʒɛmere| **A** *v.intr.* (*aus.* '*avere*') **1** [*emettere suoni lamentosi; piangere singhiozzando sommessamente*] gémir: *il ferito ha gemuto tutta la notte* le blessé a gémi toute la nuit ◇ (*fig.*) *il popolo gemeva sotto il giogo del tiranno* le peuple gémissait sous le joug du tyran **2** [*emettere cigolii, scricchiolii*] gémir: *l'impiantito gemeva sotto quel peso* le plancher gémissait, grinçait sous ce poids; *la porta gemeva spinta dall'aria* la porte gémissait poussée par le vent **3** [*far rumori, fruscii ritmati o costanti*] gémir: *il vento gemeva fra le foglie degli alberi* le vent gémissait dans les feuilles des arbres ◇ (*detto di tortore e colombi*) [*emettere il proprio verso caratteristico*] gémir, roucouler **4** (*aus.* '*essere, avere*') [*trasudare, gocciolare*] suinter (*aus.* avoir): *il vino è, ha gemuto dal tino* le vin a suinté de la cuve; *il muro ha gemuto umidità* le mur a suinté du fait de l'humidité **B** *v.tr.* **1** [*emettere*] sécréter (8): *i pini gemono la resina* les pins sécrètent la résine; *l'albero del caucciù geme una sostanza gommosa* le caoutchoutier sécrète une substance gommeuse **2** (*poet.*) [*lamentare, piangere q.c.*] gémir (*corr.*).
geminàre |dʒemi'nare| **A** *v.tr.* [*far doppio, duplice*] doubler, géminer **B** *v. pron. intr.* (*chim., miner.*) se macler.
geminàto |dʒemi'nato| *agg.* **1** (*arch., archeol., biol., bot., ling.*) géminé **2** (*miner.*) maclé.
geminatùra |dʒemina'tura| *s.f.* → **geminazione.**
geminazióne |dʒeminat'tsjone| *s.f.* **1** [→ GEMINARE A] gémination ◇ (*ling.*) gémination **2** (*miner.*) hémitropie.
gèmino |'dʒɛmino| *agg.* → **geminato.**
gèmito |'dʒɛmito| *s.m.* [→ GEMERE A 1] gémissement: *emettere gemiti* pousser des gémissements.
gèmma |'dʒɛmma| *s.f.* **1** (*bot.*) bourgeon (*m.*): *gemma ascellare* bourgeon axillaire; *gemma apicale, terminale* bourgeon terminal **2** (*biol.*) bourgeon **3** pierre précieuse: *ho una gemma preziosa* j'ai une pierre précieuse **4** (*fig.*) [*stella, astro*] étoile, astre (*m.*): *le gemme del firmamento* les étoiles, les astres du firmament ◇ [*persona o cosa che abbia pregi particolari*] fleuron *m.*; perle: *quell'opera è una gemma della nostra letteratura* cette œuvre est un des (plus beaux) fleurons de notre littérature || *Venezia è la gemma dell'Adriatico* Venise est la perle de l'Adriatique **5** *gemma catarifrangente* pastille réfléchissante, cataphote.
gemmàre |dʒem'mare| **A** *v.intr.* (*aus.* '*avere*') (*bot.*) [*mettere le gemme*] bourgeonner: *gli alberi gemmano a primavera* les arbres bourgeonnent au printemps **B** *v.tr.* [*ornare di gemme*] orner, parer de pierres précieuses: *gemmare un bracciale* orner, sertir un bracelet de pierres précieuses.
gemmàrio, i |dʒem'marjo, i| *agg.* des pierres précieuses *loc. inv.* # *arte gemmaria* joaillerie.
gemmàto |dʒem'mato| *agg.* **1** (*bot.*) couvert de bourgeons **2** (*lett.*) [*che è ornato di gemme*] gemmé, orné de pierres précieuses (*corr.*): *capelli gemmati* cheveux gemmés.
gemmazióne |dʒemmat'tsjone| *s.f.* (*biol., bot.*) gemmation, gemmiparité.
gèmmeo |'dʒɛmmeo| *agg.* [*trasparente, lucente come una gemma*; *di gemma*] de gemme (*loc. inv.*): *chiarore gemmeo* clarté de gemme, éclat de pierre précieuse.
gemmifero |dʒem'mifero| *agg.* (*raro, bot.*) gemmifère.
gemmiparità |dʒemmipari'ta| *s.f. inv.* (*biol., bot.*) → **gemmazione.**
gemmóso |dʒem'moso| *agg.* gemmifère.
gèmmula |'dʒɛmmula| *s.f.* (*bot.*) gemmule.
gendàrme |dʒen'darme| *s.m.* **1** gendarme ◇ (*loc. fig.*) *faccia da gendarme* [*burbera*] air bourru, tête d'adjudant **2** (*fig.*) [*persona, spec. donna, molto robusta e autoritaria*] gendarme, adjudant.
gendarmerìa |dʒendarme'ria| *s.f.* gendarmerie ◇ (*per est.*) [*caserma dei gendarmi*] *è entrato in gendarmeria* il est entré dans la gendarmerie.
gène |'dʒɛne| *s.m.* (*biol.*) gène.
genealogìa, gie |dʒenealo'dʒia, dʒie| *s.f.* généalogie: *la genealogia dei Savoia* la généalogie de la maison de Savoie; *la genealogia di un puro sangue* la généalogie d'un pur-sang.
genealogicaménte |dʒenealodʒika'mente| *avv.* [→ GENEALOGICO] généalogiquement.
genealògico, ci, ca, che |dʒenea'lɔdʒiko, tʃi, ka, ke| *agg.* généalogique: *albero genealogico* arbre généalogique.
genealogista |dʒenealo'dʒista| *s.* généalogiste.

genepì |dʒene'pi| *s.m. inv.* (*t.bot.*) génépi *var.* ◇ [*il liquore*] génépi.

generalàto |dʒenera'lato| *s.m.* généralat.

1 **generàle** |dʒene'rale| **I** *agg.* **1** général*: *indice generale* table générale (des matières); *benessere, malessere generale* bien-être, malaise général; *prova generale* épreuve générale; *norma generale* règle générale; *linguistica generale* linguistique générale **2** [*che è comune alla maggior parte o a tutti*] général: *consenso generale* consentement général; *assemblea, sciopero generale* assemblée, grève générale; *soddisfazione, malcontento generale* satisfaction générale, mécontentement général; *a generale richiesta* à la demande générale; *quartiere generale* quartier général ◇ (*relig.*) *Madre generale* Mère supérieure [*a capo di una congregazione religiosa*]; générale *s.f.* **3** (*mil.*) général: *adunata generale* assemblée générale; *allarme generale* alarme générale ✦ *s.f.* (*ell.*) LA GENERALE la générale: *suonare la generale* battre la générale **4** [*generico, vago*] général: *risposta troppo generale* réponse trop générale; *teoria molto generale* théorie très générale ◇ *loc. avv.* IN GENERALE en général: *parlare in generale* parler en général; *in generale succede così* c'est (en général) ce qui arrive ◇ (*loc. ell.*) *stare, tenersi sulle generali* s'en tenir aux généralités **II** *s.m.* [*punto di vista o aspetto generale di q.c.*] (cas) général: *attenersi al generale* s'en tenir au (cas) général; *distinguere il generale dal particolare* distinguer le (cas) général du (cas) particulier Ⓒ I 1, 2, 4; II **particolare**.

2 **generàle** |dʒene'rale| *s.m.* **1** (*mil., corr.*) général*: *generale di corpo d'armata* général de corps d'armée; *il generale medico* le médecin général; *è stato promosso generale* il a été promu général **2** [*superiore massimo di un ordine o di una congregazione religiosa*] général: *il generale dell'ordine francescano* le général (de l'ordre) des franciscains.

generalésco, chi, ca, che |dʒenera'lesko, ki, ka, ke| *agg.* de général* (*loc.*): *un atteggiamento generalesco* une attitude de général.

generalèssa |dʒenera'lessa| *s.f.* **1** (*scherz.*) [*la moglie di un generale*] générale **2** [*superiora generale di un ordine di suore*] générale **3** (*fig.*) [*donna dal carattere molto autoritario*] gendarme *m.*, adjudant *m.*, dragon (*m.*): *non ci si può discutere: è una generalessa!* on ne peut pas discuter avec elle: un vrai dragon!

generalìssimo |dʒenera'lissimo| *s.m.* (*mil.*) généralissime.

generalità |dʒenerali'ta| *s.f. inv.* **1** généralité *var.*, caractère *m. var.* général*: *la generalità di un principio, di un giudizio* la généralité, le caractère général d'un principe, d'un jugement; *tenersi alle, stare sulle generalità* s'en tenir aux généralités **2** [*la maggior parte, la maggioranza*] majorité (*var.*): *nella generalità dei casi mi comporterei così* dans la majorité des cas, j'agirais ainsi; *la generalità degli uomini deve lavorare* la majorité des hommes doit travailler **3** *al plur.* identité *sing.*; nom, prénom et qualités: *chiedere, dare, declinare le generalità* demander, fournir, décliner son identité, ses nom, prénom(s) et qualités Ⓒ 1 **particolarità**.

generalìzio, i |dʒenera'littsjo, i| *agg.* (*relig.*) général*: *casa generalizia* maison générale, maison mère, procure générale.

generalizzàbile |dʒeneralid'dzabile| *agg.* [→ GENERALIZZARE] généralisable.

generalizzàre |dʒeneralid'dzare| *v.tr.* [*diffondere, estendere a una totalità*] généraliser: *generalizzare una dottrina, un metodo* généraliser une doctrine, une méthode; *la civiltà industriale ha generalizzato l'uso della macchina* la civilisation industrielle a généralisé l'usage de la voiture ✦ (*ass.*) *non generalizzare!* ne généralise pas!; *non bisogna generalizzare* il ne faut pas généraliser.

generalizzazióne |dʒeneraliddzat'tsjone| *s.f.* [→ GENERALIZZARE] généralisation.

generalménte |dʒeneral'mente| *avv.* [→ 1 GENERALE I 4] généralement, d'une manière générale (*loc. inv.*): *generalmente parlando* généralement parlant ◇ [*di solito, nella maggior parte dei casi*] généralement, en général (*loc. inv.*): *generalmente vado in ufficio a piedi* généralement, en général, je vais au bureau à pied ◇ [*dai più, dalla maggior parte*] généralement, en général: *si ritiene generalmente che...* on considère généralement, en général que...

generàre |dʒene'rare| **A** *v.tr.* **1** [*riprodurre nell'ambito della propria specie*] engendrer, procréer; donner naissance à: *generare un figlio* engendrer, procréer un enfant ‖ *questo è il seme da cui sarà generato il fiore* voici la graine qui donnera naissance à la fleur **2** (*per est.*) [*dare al mondo*] donner naissance: *la natura genera molte specie di animali* la nature donne naissance à de nombreuses espèces animales; *la nostra terra ha generato molti uomini illustri* notre terre a donné naissance à de nombreux hommes illustres ◇ [*produrre*] produire (75): *generare energia, elettricità* produire de l'énergie, de l'électricité **3** (*fig.*) [*suscitare, far sorgere*] engendrer, provoquer: *generare invidia, passioni, desideri* engendrer, provoquer l'envie, les passions, les désirs; *la violenza genera violenza* la violence engendre la violence ◇ (*ling., scient.*) générer (8) **B** *v.pron. intr.* GENERARSI [*formarsi, prodursi*] se former, se produire: *queste crepe si generano per la siccità* ces lézardes se forment, se produisent à cause de la sécheresse.

generatìvo |dʒenera'tivo| *agg.* générateur*: *potenza generativa* puissance génératrice ◇ (*bot.*) *nucleo generativo* noyau générateur.

generatóre, trice |dʒenera'tore, tritʃe| **I** *agg.* générateur*: *elemento generatore* élément générateur; *il principio generatore di queste idee* le principe générateur de ces idées ◇ (*mat.*) générateur **II** *s.* **1** *s.m.* (*tecnol.*) générateur: *generatore elettrico, idraulico* générateur d'électricité, hydraulique; *generatore a corrente continua* générateur à courant continu **2** *s.f.* (*geom.*) → **generatrice.**

generatrìce |dʒenera'tritʃe| *s.f.* (*geom.*) génératrice.

generazionàle |dʒenerattsjo'nale| *agg.* de la, d'une génération *loc.*

generazióne |dʒenerat'tsjone| *s.f.* **1** [→ GENERARE] génération **2** [*i discendenti*] génération: *prima, seconda generazione* première, deuxième génération; *appartenete a una stessa generazione* vous appartenez à une même génération **3** [*complesso di persone coetanee o quasi*] génération: *la generazione degli anni cinquanta* la génération des années cinquante; *la nuova generazione* la nouvelle génération; *un'intera generazione si è ispirata alle sue opere* une génération entière s'est inspirée de ses œuvres.

gènere |'dʒɛnere| *s.m.* **1** [*modo, stile*] genre, mode: *questo genere di vita è assurdo* ce genre, ce mode de vie est absurde ◇ [*tipo*] sorte (*f.*): *aveva riviste di ogni genere* il avait des revues de toute sorte; *frequentare persone di ogni genere* fréquenter toute sorte de gens # *non è il mio genere* [*non è secondo il mio gusto*] ce n'est pas mon genre **2** (*letter.*) genre: *genere drammatico, epico* genre dramatique, épique **3** [*insieme di persone o cose*] genre: *il genere umano* le genre humain **4** *loc.* IN GENERE en général **5** (*bot., zool.*) genre: *animali, piante dello stesso genere* animaux, plantes du même genre **6** (*gram.*) genre: *genere maschile, femminile, neutro* genre masculin, féminin, neutre **7** [*mercanzia, merce*] article, produit: *genere di lusso, andante, fine* article, produit de luxe, courant, élégant (de qualité).

genericaménte |dʒenerika'mente| *avv.* [→ GENERICO I] d'une manière générale ·*oc. inv.*, en termes généraux (*loc. inv.*): *parlare genericamente* parler d'une manière générale, en termes généraux.

genericità |dʒeneritʃi'ta| *s.f. inv.* [*l'essere generico, indeterminato*] généralité *var.*, vague (*m. var.*): *genericità delle accuse* la généralité des accusations; *genericità di un discorso* les vagues généralités d'un discours; *cadere nella genericità* tomber dans l'imprécision, dans les généralités.

genèrico, ci, ca, che |dʒe'nɛriko, tʃi, ka, ke| **I** *agg.* **1** général*: *caratteri generici* caractères généraux **2** (*per est.*) [*che non è precisato nei particolari, indeterminato*] général, vague; *mi ha dato indicazioni generiche* il m'a donné des indications générales, vagues; *risposta, accusa generica* réponse, accusation vague **3** [*che non è specializzato in un settore del suo lavoro*] *medico generico* généraliste, médecin de médecine générale **II** *s.m.* **1** [*ciò che non è precisato nei particolari*] vague: *quando parla cade sempre nel generico* quand il parle il reste toujours dans le vague, il tombe toujours dans les généralités **2** (*attori*) comparse *s.* Ⓒ I 1, 2 **specifico.**

gènero |'dʒɛnero| *s.m.* [*il marito della figlia rispetto ai genitori di lei*] gendre, beau-fils.

generosaménte |dʒenerosa'mente| *avv.* [→ GENEROSO] généreusement.

generosità |dʒenerosi'ta| *s.f. inv.* **1** générosité (*var.*): *atto di generosità* acte de générosité; *trattare qc. con generosità* traiter qqn. avec générosité → **magnanimità** **2** [*abbondanza, spec. nel donare, ricompensare e sim.*] générosité: *donare, ricompensare con generosità* donner, récompenser avec générosité; *li ha aiutati con molta generosità* il les a aidés avec beaucoup de générosité → **liberalità** ◇ (*per est.*) [*forte impegno*] zèle *m. var.*, application (*var.*): *mette molta generosità nel lavoro* il met beaucoup de zèle, de cœur, d'application dans son travail # *la generosità di un atleta* un athlète qui s'emploi à fond Ⓒ 1 **avarizia.**

generóso |dʒene'roso| *agg.* généreux*: *animo generoso* âme généreuse; *carattere generoso* caractère généreux; *offerta generosa* offre, offrande généreuse; *essere generoso con gli altri* être généreux avec, envers les autres ✦ (*s.*) *un generoso* un généreux ◇ (*per est.*) *terra generosa* terre généreuse; *vino generoso* vin généreux; *scollatura generosa* décolleté généreux Ⓒ **avaro, gretto.**

gènesi |'dʒɛnesi| *s.* **I** *s.f. inv.* **1** genèse (*var.*): *la genesi del diritto* la genèse du droit; *genesi dell'uomo* genèse de l'homme **2** [*formazione di q.c.*] genèse: *la genesi delle montagne* la genèse des montagnes; *la genesi di un romanzo, di un'opera d'arte* la genèse d'un roman, d'une œuvre d'art **II** *s.m. inv.* (*Bibbia*) Genèse *f. var.*

genètica, che |dʒe'nɛtika, ke| *s.f.* (*biol.*) génétique.

genètico, ci, ca, che |dʒe'nɛtiko, tʃi, ka, ke| *agg.* (*biol.*) génétique.

genetìsta |dʒene'tista| *s.* généticien*.

genetlìaco, ci, ca, che |dʒe-ne'tliako, tʃi, ka, ke| *agg.* (*lett.*) [*che è in relazione con la nascita di qc.*] anniversaire: *giorno genetliaco* jour anniversaire; *componimento genetliaco* composition, œuvre composée pour un anniversaire ✦ (*s.m.*) *il genetliaco* l'anniversaire (de naissance) → **compleanno.**

genétta |dʒe'netta| *s.f.* (*t.zool.*) genette.

gengìva |dʒen'dʒiva| *s.f.* (*anat.*) gencive.

gengivàrio, i |dʒendʒi'varjo, i| *s.m.* (*farm.*) collutoire.

gengivìte |dʒendʒi'vite| *s.f.* (*med.*) gingivite.

-genìa |dʒe'nia| *suff.* (*significa 'genesi', corrisponde gener. a*) génie: *patogenia* pathogénie.

genìa |dʒe'nia| *s.f.* (*spreg.*) [*un insieme o una stirpe di persone spregevoli*] race, engeance: *è una genìa di intriganti* c'est une race d'intrigants; *non voglio avere rapporti con una genia simile* je ne veux pas avoir affaire à une engeance pareille, à pareille engeance.

genìàccio, i |dʒe'njattʃo, i| *s.m.* **1** [*brutto carattere*] personne *f.* qui a un mauvais caractère **2** [*persona dall'ingegno acuto, stravagante*] *è un geniaccio* c'est un esprit brillant mais désordonné.

genìàle |dʒe'njale| *agg.* **1** génial*: *artista, opera geniale* artiste génial, œuvre géniale; *è una trovata geniale* c'est une idée géniale, c'est un trouvaille **2** [*conforme al proprio carattere*] adéquat, approprié: *studio, occupazione geniale* étude, occupation adéquate, appropriée ◇ [*gradevole, simpatico*] agréable, sympathique: *un volto geniale* un visage agréable, sympathique.

genialità |dʒenjali'ta| *s.f. inv.* **1** génie *m. var.*, génialité *var.*, caractère *m. var.* génial*: *genialità di un artista* le génie d'un artiste; *la genialità dell'opera è fuori discussione* le génie, le caractère génial de l'œuvre est hors de discussion # *è un pittore ricco di genialità* c'est un peintre génial ◇ [*capacità inventiva*] génie, talent (*m. var.*): *ha risolto il problema con genialità* il a résolu le problème avec talent **2** (*raro, lett.*) → **amabilità, simpatia.**

genialménte |dʒenjal'mente| *avv.* [→ GENIALE] génialement.

genialòide |dʒenja'lɔide| *s.* [*persona dotata d'ingegno bizzarro, stravagante*] génie lunatique.

genicìdio, i |dʒeni'tʃidjo, i| *s.m.* (*raro*) → **genocidio.**

genière |dʒe'njɛre| *s.m.* (*mil.*) sapeur.

1 **gènio, i** |'dʒɛnjo, i| *s.m.* **1** génie # *genio pratico, speculativo* esprit pratique, spéculatif; être extrêmement doué pour les arts ◇ [*talento*] *il genio di Leonardo* le génie de Léonard; *è un genio universale* c'est un génie universel ◇ (*iron.*) *sei un genio incompreso* (*di chi si stima troppo*) tu es un génie méconnu **2** [*peculiarità*] génie: *genio della lingua* génie de la langue **3** [*piacere, simpatia*] goût: *è un tipo di mio genio* c'est une personne à mon goût ◇ (*loc.*) *andare a genio* [*garbare*] plaire (68), aimer: *questa storia non mi va a genio* cette histoire ne me plaît pas, je n'aime pas cette histoire **4** [*entità astratta che si suppone presiedere agli eventi umani*] génie: *genio buono, cattivo* bon, mauvais génie; *genio del bene, del male* génie du bien, du mal; *essere il buono e il cattivo genio di qc.* être le bon, le mauvais génie de qqn.

2 **gènio, i** |'dʒɛnjo, i| *s.m.* génie: *genio civile* génie civil; *genio militare* génie militaire.

genitàle |dʒeni'tale| **1** *agg.* [*che ha rapporto con la riproduzione*] génital*: *organo genitale* organe génital **2** *s.m. pl.* (*anat.*) *i genitali* les organes génitaux *agg.*

genitìvo |dʒeni'tivo| *s.m.* (*gram.*) génitif ✦ (*agg.*) *il caso genitivo* le génitif *s.m.*

genitóre |dʒeni'tore| *s.m.* **1** (*lett., scherz.*) géniteur (*scherz.*), père (*corr.*), paternel (*pop.*): *che cosa ne dice il tuo genitore?* qu'en dit ton géniteur, ton père, ton paternel? **2** *al plur.* [*il padre e la madre*] parents, géniteurs (*scherz.*): *rispettare i propri genitori* respecter ses parents.

genitourinàrio, i |dʒenitouri'narjo, i| *agg.* (*anat.*) génito-urinaire.

genitrìce |dʒeni'tritʃe| *s.f.* (*lett., scherz.*) [*madre*] génitrice, mère (*corr.*).

genitùra |dʒeni'tura| *s.f.* engendrement *m.*

gennàio, i |dʒen'najo, i| *s.m.* [*primo mese dell'anno*] janvier: *il 1° di gennaio* le 1er janvier, le jour de l'an; *il 5 gennaio* le 5 janvier.

-geno |dʒeno| *suff.* (*significa 'che genera, che produce' o 'che è generato', corrisponde gener. a*) gène: *elettrogeno* électrogène; *endogeno* endogène.

genocìdio, i |dʒeno'tʃidjo, i| *s.m.* génocide.

genotìpo |dʒeno'tipo| *s.m.* (*biol.*) génotype.

genovése |dʒeno'vese| **1** *agg.* [*di Genova*] génois: *ricette genovesi* recettes génoises ◇ (*loc.*) *alla genovese* à la génoise **2** (*s.m.*) *il genovese* [*il dialetto*] le génois.

gentàglia |dʒen'taʎʎa| *s.f.* (*spreg.*) [*gente, massa spregevole*] racaille.

gènte |'dʒɛnte| *s.f.* **1** gens (*f. pl.*: *quando l'agg. che precede immediatamente 'gens' ha due forme: una per il f. e una per il m.*): *è brava gente* ce sont de bonnes gens; (*m. pl.*: *quando l'agg. che precede immediatamente 'gens' ha una sola forma o quando l'agg. è posposto a 'gens'*): *la brava gente* les braves gens; *vivere fra gente onesta* vivre parmi les honnêtes gens; *c'è troppa gente che fuma* il y a trop de gens qui fument # *il teatro è pieno di gente* il y a beaucoup de monde dans le théâtre ◇ [*categoria di persone*] gens (*m. pl.*): *gente di lettere* gens de lettres; *gente di servizio* gens de maison, personnel (de service); *gente di chiesa* gens d'église ◇ (*coll.*) [*persone*] gens; monde (*m.*): *hanno invitato tutta la gente che lavora* ils ont invité tous les gens qui travaillent; *la gente mormora* les gens murmurent; *la gente dice che è esperto* les gens disent que c'est un expert; *non mi preoccupo di quel che può dire la gente* je ne m'occupe pas de ce que peuvent dire les gens; je ne me soucie pas du qu'en dira-t-on; *è brava gente* [*alla buona*] ce sont de bonnes, de braves gens ‖ *c'è gente* il y a du monde; *oggi ho gente a cena* aujourd'hui j'ai du monde à dîner ◇ [*famiglia o persone del proprio ambiente d'origine*] *tutti gli anni torno dalla mia gente* tous les ans je retourne chez les miens; *la mia gente vive in montagna* ma famille vit à la montagne **2** [*popolo, razza*] gens *pl.*, peuple (*m.*): *le genti d'America* les gens, les peuples d'Amérique; *l'emancipazione della gente di colore* l'émancipation des gens de couleur; *rispettare il diritto delle genti* respecter le droit des gens, des peuples ◇ [*popolazione*] gens: *gente di città, di campagna* gens des villes, de la campagne **3** (*per gli ant. greci e romani*) [*gruppo di famiglie dello stesso ceppo*] gens (*f.*): *la gente Giulia, Claudia* la gens Julia, Claudia **4** *al plur.* [*i Gentili*] Gentils (*m.*): *S. Paolo, l'apostolo delle genti* St. Paul, l'apôtre des Gentils.

gentildònna |dʒentil'dɔnna| *s.f.* [*donna aristocratica*] dame ◇ (*per est.*) [*donna di nobili sentimenti e costumi*] *è una vera gentildonna* c'est une vraie dame, une grande dame.

1 **gentìle** |dʒen'tile| *agg.* **1** gentil*, aimable: *persona gentile* personne gentille, aimable; *essere gentile con tutti* être gentil, aimable avec tout le monde; *accoglienza, risposta gentile* accueil aimable, réponse gentille; *maniere gentili* de gentilles manières, d'aimables manières; *un pensiero gentile* une pensée gentille, aimable ◇ (*nello stile epistolare*) *gentile, gentilissimo signore; gentile, gentilissima signora* cher Monsieur, chère Madame **2** [*aggraziato, gradevole*] gracieux*: *aspetto, lineamenti gentili* aspect (air), traits gracieux # *avere il tratto gentile* avoir de bonnes manières ◇ (*per anton.*) *il gentil sesso* [*le donne*] le beau sexe ◇ [*tenue, delicato*] délicat: *aroma gentile* arôme délicat; *tocco gentile* main, touche délicate ◇ (*agr.*) *terreno gentile* terrain meuble ◇ (*per anal.*) *legno gentile* [*tenero, facile da lavorare*] bois tendre **3** [*di nobili sentimenti*] délicat: *animo, spirito gentile* âme délicate, noble **4** (*lett.*) [*colto, raffinato*] cultivé, raffiné Ⓒ 1; 2; 3 **sgarbato, villano.**

2 **gentìle** |dʒen'tile| *s.m.* (*st. relig.*) gentil, païen* *s.*

gentilézza |dʒenti'lettsa| *s.f.* **1** gentilesse: *gentilezza di modi, d'animo* gentilesse, délicatesse d'âme **2** [*comportamento, atto gentile, favore*] plaisir *m.*, service (*m.*): *fammi questa gentilezza* fais-moi ce plaisir, rends-mois ce service; *usare una gentilezza a qc.* rendre service à qqn. # *fammi la gentilezza di ritirare quel certificato* aie l'amabilité, la bonté de me prendre ce certificat; *dire una gentilezza* dire une parole, un mot aimable ◇ *al plur.* [*attenzioni, premure*] attentions, prévenances: *mi ha usato molte gentilezze* il a eu pour moi beaucoup d'attentions, de prévenances 🄲 **sgarbo, villania.**

gentilità |dʒentili'ta| *s.f. inv.* (*st. relig.*) gentilité *var.*

gentilìzio, i |dʒenti'littsjo, i| *agg.* → **nobiliare.**

gentilménte |dʒentil'mente| *avv.* [→ 1 GENTILE 1] aimablement, gentiment: *parlare gentilmente* parler aimablement, gentiment; *la prego gentilmente di...* (+ *inf.*) je vous prie de bien vouloir (+ *inf.*).

gentiluòmo |dʒenti'lwɔmo| *s.m.* **1** [*uomo di origine nobile*] gentilhomme: *sono gentiluomini* ce sont des gentilshommes ◇ (*per est.*) [*uomo dal comportamento leale ed educato*] gentleman, gentilhomme (*lett.*): *è un vero gentiluomo* c'est un vrai gentleman; *agire da gentiluomo* agir en gentleman # *parola di gentiluomo* parole d'honneur **2** [*titolo di nobili di corte*] gentilhomme: *gentiluomo del re, della corte* gentilhomme de la maison du roi, de la cour; *gentiluomo di camera* gentilhomme de chambre.

gentleman |'dʒentlmən| *s.m.* (*ingl.*) **1** gentleman: *dei gentlemen* des gentlemen **2** (*per est.*) [*uomo che ha un comportamento signorile e corretto*] gentleman: *sei un vero gentleman!* tu es un vrai gentleman!, tu es un chic type! **3** (*ippica*) jockey amateur.

gentlemen's agreement |'dʒentlmənz ə'gri:mənt| *s.m. inv.* (*amer.*) accord *var.* basé sur l'honneur, gentlemen's agreement *var.*

genuflessióne |dʒenufles'sjone| *s.f.* [→ GENUFLETTERSI] génuflexion.

genuflèsso |dʒenu'flɛsso| *agg.* agenouillé.

genuflessòrio, i |dʒenufles'sɔrjo, i| *s.m.* (*raro*) → **inginocchiatoio.**

genuflèttersi |dʒenu'flɛttersi| *v. pron. intr.* [*piegare uno o ambedue i ginocchi in segno di sottomissione e riverenza*] faire (45) *tr.* une génuflexion.

genuinaménte |dʒenuina'mente| *avv.* **1** [→ GENUINO 1] naturellement **2** [→ GENUINO 2] sincèrement **3** [→ GENUINO 3] authentiquement.

genuinità |dʒenuini'ta| *s.f. inv.* [*l'essere genuino*] qualité (*var.*): *la genuinità di un prodotto alimentare* la qualité d'un produit alimentaire ◇ [*schiettezza, sincerità*] sincérité (*var.*): *la genuinità dei suo sentimenti* la sincérité de ses sentiments ◇ [*autenticità*] authenticité (*var.*): *verificare la genuinità di una notizia* vérifier l'authenticité d'une nouvelle ◇ [*spontaneità, naturalezza*] spontanéité *var.*, naturel (*m. var.*): *genuinità di un gesto, di un sorriso* spontanéité, naturel d'un geste, d'un sourire.

genuino |dʒenu'ino| *agg.* **1** [*che è naturale, non contraffatto*] naturel*: *vino genuino* vin naturel; *cibi genuini* aliments naturels **2** [*spontaneo, schietto*] sincère: *sguardo, sorriso genuino* regard, sourire sincère; *persona genuina* personne sincère **3** [*autentico*] authentique, vrai: *notizia genuina* nouvelle authentique; *vino genuino* du vrai vin 🄲 **contraffatto, adulterato, sofisticato.**

genziàna |dʒen'tsjana| *s.f.* (*t.bot.*) gentiane.

genzianèlla |dʒentsja'nɛlla| *s.f.* (*t.bot.*) gentianelle.

gèo- |'dʒɛo| *pref.* (*significa 'terra, globo, superficie terrestre', corrisponde gener. a*) géo: *geologia* géologie.

geocèntrico, ci, ca, che |dʒeo'tʃɛntriko, tʃi, ka, ke| *agg.* (*astron.*) géocentrique.

geocentrismo |dʒeotʃen'trizmo| *s.m.* (*astron.*) géocentrisme.

geochìmica, che |dʒeo'kimika, ke| *s.f.* (*scient.*) géochimie.

geòde |dʒe'ɔde| *s.m.* (*miner.*) géode *f.*

geodesìa |dʒeode'zia| *s.f.* (*geogr.*) géodésie.

geodètico, ci, ca, che |dʒeo'dɛtiko, tʃi, ka, ke| *agg.* (*geogr.*) géodésique.

geodinàmica, che |dʒeodi'namika, ke| *s.f.* (*geol.*) géodynamique.

geodinàmico, ci, ca, che |dʒeodi'namiko, tʃi, ka, ke| *agg.* (*geol.*) géodynamique.

geofìsica, che |dʒeo'fizika, ke| *s.f.* géophysique.

geofìsico, ci, ca, che |dʒeo'fiziko, tʃi, ka, ke| *agg.* géophysique ♦ (*s.m.*) *un geofisico* un géophysicien.

geografìa |dʒeogra'fia| *s.f.* géographie: *geografia fisica, economica, politica, astronomica* géographie physique, économique, politique, astronomique.

geograficaménte |dʒeografika'mente| *avv.* [→ GEOGRAFICO] géographiquement.

geogràfico, ci, ca, che |dʒeo'grafiko, tʃi, ka, ke| *agg.* géographique: *carta geografica* carte géographique # *atlante geografico* atlas.

geògrafo |dʒe'ɔgrafo| *s.* géographe.

geoìde |dʒe'ɔide| *s.m.* (*scient.*) géoïde.

geologìa, gie |dʒeolo'dʒia, dʒie| *s.f.* géologie.

geologicaménte |dʒeolodʒika'mente| *avv.* [→ GEOLOGICO] géologiquement.

geològico, ci, ca, che |dʒeo'lɔdʒiko, tʃi, ka, ke| *agg.* géologique.

geòlogo, gi |dʒe'ɔlogo, dʒi| *s.* géologue *m.*

geomagnetìsmo |dʒeomaɲɲe'tizmo| *s.m.* géomagnétisme, magnétisme terrestre.

geomanzìa |dʒeoman'tsia| *s.f.* géomancie.

geòmetra |dʒe'ɔmetra| *s.* (arpenteur) géomètre *m.*

geometrìa |dʒeome'tria| *s.f.* géométrie: *geometria piana, solida* géométrie plane, dans l'espace ◇ (*fig.*) [*struttura precisa e rigorosa*] structure: *la geometria della 'Divina Commedia', di una sinfonia* la structure de la 'Divine Comédie', d'une symphonie.

geometricaménte |dʒeometrika'mente| *avv.* [→ GEOMETRICO] géométriquement.

geometricità |dʒeometritʃi'ta| *s.f. inv.* géométricité *var.*

geomètrico, ci, ca, che |dʒeo'mɛtriko, tʃi, ka, ke| *agg.* géométrique: *figura geometrica* figure géométrique ◇ (*fig.*) *con esattezza geometrica* avec une exactitude (précision) géométrique; *ingegno geometrico* esprit géométrique.

Geomètridi |dʒeo'mɛtridi| *s.m. pl.* (*t.zool.*) Géométridés.

geomorfologìa, gie |dʒeomorfolo'dʒia, dʒie| *s.f.* (*scient.*) géomorphologie.

geopolìtica, che |dʒeopo'litika, ke| *s.f.* géopolitique.

geopolìtico, ci, ca, che |dʒeopo'litiko, tʃi, ka, ke| *agg.* géopolitique.

georgiàno |dʒeor'dʒano| **I** *agg.* **1** [*della Georgia* (*statunitense o sovietica*)] géorgien*: *territorio georgiano* territoire géorgien **2** (*geol.*) géorgien ♦ (*s.m.*) *il georgiano* le géorgien **II** (*s.m.*) *il georgiano* [*la lingua parlata nella Georgia sovietica*] le géorgien.

geòrgico, ci, ca, che |dʒe'ɔrdʒiko, tʃi, ka, ke| *agg.* (*lett.*) géorgique: *poema georgico* poème géorgique.

geosinclinàle |dʒeosinkli'nale| *s.f.* (*geol.*) géosynclinal* *m.*

geostàtica, che |dʒeos'tatika, ke| *s.f.* (*fis.*) géostatique.

geostazionàrio, i |dʒeostattsjo'narjo, i| (*astronautica*) géostationnaire: *satellite geostazionario* satellite géostationnaire.

geotècnica, che |dʒeo'tɛknika, ke| *s.f.* géotechnique.

geotècnico, ci, ca, che |dʒeo'tɛkniko, tʃi, ka, ke| *agg.* géotechnique.

geotèrmico, ci, ca, che |dʒeo'tɛrmiko, tʃi, ka, ke| *agg.* (*geol.*) géothermique.

geotropìsmo |dʒeotro'pizmo| *s.m.* géotropisme.

Geraniàcee |dʒera'njatʃee| *s.f. pl.* (*t.bot.*) Géraniées, Géraniacées.

gerànio, i |dʒe'ranjo, i| *s.m.* (*t.bot.*) géranium.

geràrca, chi |dʒe'rarka, ki| *s.m.* **1** → **dignitario** **2** [*chi occupava le più alte cariche del fascismo*] ⊠ ◇ (*fig., spreg.*) [*chi fa pesare la propria presunta o reale autorità*] tyran.

gerarchìa |dʒerar'kia| *s.f.* *hiérarchie.

gerarchicaménte |dʒerarkika'mente| *avv.* [→ GERARCHICO] *hiérarchiquement.

geràrchico, ci, ca, che |dʒe'rarkiko, tʃi, ka, ke| *agg.* *hiérarchique: *ordinamento gerarchico* organisation hiérarchique; *ricorso gerarchico* recours (par la voie) hiérarchique; *far passare una pratica per via gerarchica* faire passer, transmettre un dossier par la voie hiérarchique.

gerarchizzàre |dʒerarkid'dzare| *v.tr.* [*organizzare secondo un ordine gerarchico*] *hiérarchiser.

gerarchizzazióne |dʒerarkiddzat'tsjone| *s.f.* [→ GERARCHIZZARE] *hiérarchisation.

gerbìllo |dʒer'billo| *s.m.* (*t.zool.*) gerbille *f.*

geremìade |dʒere'miade| *s.f.* jérémiade (*fam.*), plainte.

gerènte |dʒe'rɛnte| *s.* **1** (*raro*) → **gestore** **2** *gerente responsabile di un giornale* gérant, directeur* responsable d'un journal.

gerènza |dʒe'rɛntsa| *s.f.* → **gestione.**

gergàle |dʒer'gale| *agg.* [*attinente al gergo*] argotique: *linguaggio gergale* langue argotique, argot *s.m.*
gergalismo |dʒerga'lizmo| *s.m.* (*ling.*) jargon.
gèrgo, ghi |'dʒɛrgo, gi| *s.m.* **1** [*linguaggio particolare che un gruppo si dà per non essere capito dagli altri*] argot, jargon: *il gergo della malavita* l'argot du milieu **2** [*linguaggio tipico di una categoria di persone*] argot: *gergo studentesco* argot des écoles; *gergo militare* argot militaire **3** (*per est.*) [*modo di parlare allusivo o oscuro*] jargon # *parlare in gergo* jargonner.
geriatria |dʒerja'tria| *s.f.* (*med.*) gériatrie.
geriàtrico, ci, ca, che |dʒe'rjatriko, tʃi, ka, ke| *agg.* (*med.*) de gériatrie *loc. inv.*
gèrla |'dʒɛrla| *s.f.* [*alta cesta a forma di tronco di cono*] *hotte.
gèrlo |'dʒɛrlo| *s.m.* (*mar.*) garcette *f.*
germanèsimo |dʒerma'nɛzimo| *s.m.* → **germanismo.**
germànico, ci, ca, che |dʒer'maniko, tʃi, ka, ke| *agg.* **1** [*degli ant. Germani*] germanique: *tradizione germanica* tradition germanique **2** [*della Germania*] allemand; germanique: *pianura germanica* plaine allemande || *lingue germaniche* langues germaniques.
germanismo |dʒerma'nizmo| *s.m.* (*ling.*) germanisme.
germanista |dʒerma'nista| *s.* germaniste.
germanizzàre |dʒermanid'dzare| **A** *v.tr.* [*rendere germanico*] germaniser **B** *v.intr.* (*aus.* '*avere*') [*atteggiarsi agli usi, ai modi germanici*] se germaniser *pron.*
germanizzazióne |dʒermaniddzat'tsjone| *s.f.* [→ GERMANIZZARE] germanisation.
1 **germàno** |dʒer'mano| *agg.* germain: *fratello germano* frère germain.
2 **germàno** |dʒer'mano| *agg. e s.m.* (*st.*) germain.
3 **germàno** |dʒer'mano| *s.m.* (*t. zool.*) canard sauvage ~ *germano reale* canard souchet ~ *germano marino* → **codone** ~ *germano nero* → **folaga** ~ *germano piccolo* → **alzavola.**
germanofilia |dʒermanofi'lia| *s.f.* germanophilie.
germanòfilo |dʒerma'nɔfilo| *agg. e s.* germanophile.
germanofobìa |dʒermanofo'bia| *s.f.* germanophobie.
germanòfobo |dʒerma'nɔfobo| *agg. e s.* germanophobe.
gèrme |'dʒɛrme| *s.m.* **1** (*biol., corr.*) germe ◇ (*fig.*) *in germe* en germe **2** (*lett.*) → **germoglio 3** (*fig.*) germe: *il germe della discordia* le germe de (la) discorde.
germen |'dʒɛrmen| *s.m. inv.* (*lat.*) (*biol.*) germen *var.*
germicìda |dʒermi'tʃida| *agg. e s.m.* germicide.
germile |dʒer'mile| *s.m.* → 2 **germinale.**
1 **germinàle** |dʒermi'nale| *agg.* (*biol.*) germinal*.
2 **germinàle** |dʒermi'nale| *s.m.* (*st. fr.*) germinal.
germinàre |dʒermi'nare| *v.intr.* (*aus.* '*essere, avere*') **1** → **germogliare** 1, 2 **2** (*lett., fig.*) → **germogliare** 3.
germinativo |dʒermina'tivo| *agg.* (*biol.*) germinatif*.
germinatóio, i |dʒermina'tojo, i| *s.m.* (*tecnol.*) germoir.
germinazióne |dʒerminat'tsjone| *s.f.* [→ GERMINARE 1] germination.
germogliaménto |dʒermoʎʎa'mento| *s.m.* → **germogliazione.**
germogliàre |dʒermoʎ'ʎare| *v. intr.* (*aus.* '*essere*' *avere.*) **1** (*detto di seme*) [*svilupparsi*] germer (*aus.* avoir): *il grano germoglia* le grain germe **2** [*produrre germogli, getti*] bourgeonner (*aus.* avoir): *a primavera gli alberi germogliano* au printemps, les arbres bourgeonnent **3** (*raro, fig.*) [*nascere, derivare*] germer: *l'odio comincia a germogliare* la haine commence à germer, à naître.
germogliazióne |dʒermoʎʎat'tsjone| *s.f.* [→ GERMOGLIARE] débourrement *m.*
germóglio, i |dʒer'moʎʎo, i| *s.m.* **1** (*bot., corr.*) bourgeon: *sono spuntati i germogli* les bourgeons se sont formés **2** (*fig., lett.*) [*causa, origine*] germe.
gerocòmio, i |dʒero'kɔmjo, i| *s.m.* asile de vieillards.
geroglìfico, ci, ca, che |dʒero'glifiko, tʃi, ka, ke| *agg.* **1** (*ling.*) hiéroglyphique ✦ (*s.m.*) *un geroglifico* un hiéroglyphe **2** (*fig.*) [*scrittura difficile a decifrare*] hiéroglyphique ✦ (*s.m.*) *un geroglifico* un hiéroglyphe.
gerontocòmio, i |dʒeronto'kɔmjo, i| *s.m.* gérontocomium.
gerontocrazìa |dʒerontokrat'tsia| *s.f.* gérontocratie.
gerontoiatria |dʒerontoja'tria| *s.f.* → **geriatria.**
gerontologìa, gie |dʒerontolo'dʒia, dʒie| *s.f.* (*med.*) gérontologie.
gerontòlogo, gi |dʒeron'tɔlogo, dʒi| *s.* gérontologue, gérontologiste.
gerosolimitàno |dʒerosolimi'tano| *agg.* [*di Gerusalemme*] hiérosolymitain, de Jérusalem *loc. inv.*
gerùndio, i |dʒe'rundjo, i| *s.m.* (*gram.*) gérondif.
gerundivo |dʒerun'divo| *agg.* (*gram.*) gérondif: *modo gerundivo* mode gérondif ✦ (*s.m.*) *il gerundivo* le gérondif.
gessàia |dʒes'saja| *s.f.* carrière de gypse, de plâtre; plâtrière.
gessàio, i |dʒes'sajo, i|, **gessaiòlo** |dʒessa'jɔlo| *s.m.* [*artigiano che costruisce statuine di gesso*] plâtrier.
gessàre |dʒes'sare| *v.tr.* **1** [*cospargere di gesso terreni alcalini per correggerli*] plâtrer: *gessare il terreno* plâtrer le terrain **2** [*trattare il mosto col gesso per chiarificarlo*] plâtrer (du vin, des moûts) **3** → **ingessare.**
gessatùra |dʒessa'tura| *s.f.* **1** [→ GESSARE 1, 2] plâtrage (*m.*): *gessatura del terreno* plâtrage, amendement du terrain; *gessatura del mosto* plâtrage des moûts **2** → **ingessatura.**
gessétto |dʒes'setto| *s.m.* [*pezzo di gesso per scrivere su una lavagna*] (bâton de) craie (*f.*): *scrivere sulla lavagna col gessetto* écrire à la craie au tableau noir ◇ (*per est.*) *gessetto per sarti* craie de tailleur.
gessificàre |dʒessifi'kare| *v.tr.* [*trasformare in gesso*] transformer en plâtre.
gèsso |'dʒɛsso| **I** *s.m.* **1** (*miner.*) gypse: *cava di gesso* carrière de plâtre, de gypse, plâtrière **2** [*polvere che si ricava dalla macinazione del gesso*] plâtre: *pietra da gesso* pierre à plâtre, gypse ◇ [*composto di tale polvere per statue, stucchi e sim.*] *statua di gesso* statue en plâtre **3** [*statua e sim. fatta in gesso*] plâtre: *è un bel gesso* c'est un beau plâtre **4** [*pezzo di minerale di gesso per scrivere sulle lavagne*] (bâton de) craie (*f.*): *scrivere sulla lavagna col gesso* écrire à la craie au tableau noir → **gessetto 5** (*gerg.*) → **vino II** *agg. inv.* (*nella loc.*) *bianco gesso* blanc plâtre *inv.*, plâtreux.
gessóso |dʒes'soso| *agg.* **1** [*ricco di gesso*] gypseux*: *terreno gessoso* terrain gypseux **2** [*sim. al gesso*] plâtreux: *una sostanza gessosa* une substance plâtreuse.
gèsta |'dʒɛsta| *s.f. pl.* [*imprese famose, eroiche*] *hauts faits *m.*, exploits *m.*, geste (*sing.*): *le gesta dei Romani, degli antenati* les hauts faits, les exploits des Romains, de nos ancêtres; *canzoni di gesta* chansons de geste ◇ (*iron.*) [*azioni riprovevoli*] prouesses: *ho saputo delle tue gesta* on m'a raconté tes prouesses.
gestànte |dʒes'tante| *s.f.* femme enceinte.
gestatòrio, i |dʒesta'tɔrjo, i| *agg.* (*solo nella loc.*) *sedia gestatoria* sedia gestatoria.
gestazióne |dʒestat'tsjone| *s.f.* **1** (*fisiol.*) gestation **2** (*fig.*) [*preparazione, elaborazione*] gestation: *la lunga gestazione di una legge* la longue gestation d'une loi.
gesticolaménto |dʒestikola'mento| *s.m.* [→ GESTICOLARE] gesticulation *f.*
gesticolàre |dʒestiko'lare| *v.intr.* (*aus.* '*avere*') [*fare gesti concitati e confusi*] gesticuler: *discuteva gesticolando* il parlait en gesticulant; *non fa che gesticolare* il ne cesse de gesticuler ✦ (*s.m. inv.*) *il gesticolare* gesticulation *f. var.*
gesticolazióne |dʒestikolat'tsjone| *s.f.* [→ GESTICOLARE] gesticulation.
gesticolìo, ii |dʒestiko'lio, ii| *s.m.* [→ GESTICOLARE] gesticulations *f.pl.*
gestionàle |dʒestjo'nale| *agg.* (*comm.*) gestionnaire.
gestióne |dʒes'tjone| *s.f.* **1** gestion; gérance: *la gestione di un patrimonio* la gestion d'un patrimoine || *la gestione di un albergo, di un'impresa* la gérance d'un hôtel, d'une entreprise ◇ [*il periodo di tale amministrazione*] gérance: *la precedente gestione* la gérance précédente **2** (*dir.*) gestion: *gestione d'affari* gestion d'affaires # *conto di gestione* compte gestionnaire.
1 **gestìre** |dʒes'tire| (197) *v.intr.* (*aus.* '*avere*') [*accompagnare le parole con movimenti e gesti, non sempre appropriati*] faire (45) *tr.* des gestes, gesticuler: *quell'attore gestisce troppo* cet acteur fait trop de gestes, gesticule trop.
2 **gestìre** |dʒes'tire| (197) *v.tr.* [*curare, amministrare per conto di terzi*] gérer (8): *gestire una fabbrica, una azienda* gérer une usine, une entreprise ◇ [*amministrare nel proprio interesse beni altrui*] gérer: *gestisce il negozio dello zio* il gère le commerce de son oncle.
gèsto |'dʒɛsto| *s.m.* **1** geste: *gesto di dolore, di rabbia* geste de douleur, de colère; *gesto di intesa, di approvazione* geste d'approbation, approbateur; *con un gesto del capo, della mano*

d'un geste de la tête, de la main; *esprimersi a gesti* s'exprimer par gestes → **cenno** ◇ (*loc.*) *non fare un gesto*: (*pr.*) ne pas bouger; (*fig.*) ne pas lever le petit doigt, ne pas faire un geste **2** [*azione*] geste: *gesto folle, vile, generoso* geste de fou, de lâche, de générosité; *un bel gesto* un beau geste **3** [*atteggiamento, posa*] geste: *gesto declamatorio, teatrale* geste, mouvement déclamatoire, théâtral.

gestóre, trice, (*raro*) **tora** |dʒesˈtore, tritʃe, tora| *s.* [*chi gestisce*] gérant; tenancier*; directeur*: *il gestore di un cinema* le gérant d'un cinéma ‖ *il gestore di una casa da gioco* le tenancier d'une maison de jeux ‖ *il gestore di una scuola non statale* le directeur d'une école privée.

gestuàle |dʒestuˈale| *agg.* gestuel*.

gestualità |dʒestualiˈta| *s.f. inv.* gestualité *var.*

gesuìta |dʒezuˈita| *s.* **1** (*relig. catt.*) jésuite **2** (*spreg.*) [*ipocrita, simulatore*] jésuite: *sei proprio un gesuita!* tu n'es qu'un jésuite!

gesuitésco, chi, ca, che |dʒezuiˈtesko, ki, ka, ke| *agg.* → **gesuitico.**

gesuiticaménte |dʒezuitikaˈmente| *avv.* (*spreg.*) [→ GESUITICO 2] jésuitiquement.

gesuìtico, ci, ca, che |dʒezuˈitiko, tʃi, ka, ke| *agg.* **1** des jésuites (*loc. inv.*): *ordine gesuitico* ordre des jésuites # *compagnia gesuitica* compagnie de Jésus ◇ (*arts., letter.*) *stile gesuitico* style jésuite **2** (*fig.*) [*ipocrita, astuto*] jésuitique: *comportamento gesuitico* comportement jésuitique.

gesuitìsmo |dʒezuiˈtizmo| *s.m.* **1** (*relig. catt.*) jésuitisme **2** (*spreg.*) [*slealtà, ipocrisia*] jésuitisme: *il gesuitismo di certi politicanti* le jésuitisme de certains politicards.

gesummarìa |dʒezummaˈria| *inter.* (*pop.*) (*per indicare stupore, spavento e sim.*) Jésus, Marie!

gettàre |dʒetˈtare| **A** *v.tr.* **1** [*allontanare da sé con energia e rapidità*] jeter (5): *gettare sassi contro qc.* jeter des pierres à qqn.; *gettare acqua dalla finestra* jeter de l'eau par la fenêtre → **lanciare, buttare** □ *gettarsi un mantello sulle spalle, una sciarpa al collo* jeter un manteau sur ses épaules, une écharpe autour de son cou ◇ (*loc. fig.*) *gettare la tonaca alle ortiche* [*spretarsi*] jeter le froc aux orties ~ *gettarsi addosso, sulle spalle q.c.* [*vestirsi in fretta*] jeter qqch. sur ses épaules ~ *gettare a mare* [*rifiutare, non approfittare di una occasione*] laisser tomber, rater une occasion ~ *gettare le armi* [*arrendersi*] rendre, déposer les armes ~ *gettare in faccia a qc. il suo passato, gli errori giovanili* [*rinfacciarglieli*] jeter son passé, ses erreurs de jeunesse à la tête de qqn. ~ *gettare il denaro* [*sprecarlo*] gaspiller son argent, jeter l'argent par les fenêtres ~ *gettare qc. nella miseria, nella disperazione* jeter, plonger qqn. dans la misère, dans le désespoir ~ *gettare qc. sul lastrico* mettre, jeter qqn. sur le pavé ~ *gettare luce su q.c.* jeter une vive lumière sur qqch. ~ *gettare* (*la*) *polvere negli occhi a qc.* jeter de la poudre aux yeux de qqn. ◇ (*loc.*) *gettare qc. a terra*: (*pr.*) jeter qqn. à terre, par terre; (*fig.*) [*mandare in rovina*] ruiner qqn. ~ *gettare i dadi*: (*pr.*) jeter les dés; (*fig.*) [*tentare la sorte*] tenter sa chance, le sort ~ *gettare le fondamenta*: (*pr., edil.*) jeter les fondations; (*fig.*) *gettare le fondamenta di una scienza* jeter les bases d'une science ◇ *loc.* GETTARE GIÙ [*abbattere*] abattre (76), jeter bas: *gettare giù un muro* abattre, jeter bas un mur **2** [*mandar fuori, far sgorgare*] cracher, vomir (*lett.*): *gettare sangue dalla bocca* cracher du sang; *il vulcano gettava fiamme e lava* le volcan crachait, vomissait des flammes et de la lave ◇ (*loc.*) *gettare le radici*: (*pr., fig.*) prendre racine **3** (*fin.*) [*rendere, fruttare*] rapporter: *questa imposta getta molti miliardi allo Stato* cet impôt rapporte beaucoup de milliards à l'État **4** (*metall.*) [*versare metallo fuso e sim. nello stampo*] couler, jeter dans le moule: *gettare una statua in oro* couler une statue en or **B** *v.intr.* (*aus. 'avere'*) (*bot.*) [*germogliare*] bourgeonner: *la pianta getta ancora* la plante bourgeonne encore **C** *v.pron. rifl.* GETTARSI **1** [*lanciarsi, avventarsi*] se jeter: *gettarsi contro il nemico* se jeter sur, contre l'ennemi; *gettarsi dalla finestra* se jeter par la fenêtre; *i ladri si gettarono sul bottino* les voleurs se jetèrent sur le butin → **precipitar(si), buttar(si)** ✦ → *tr.* 1 □ ◇ (*loc.*) *gettarsi nella mischia*: (*pr.*) se jeter dans la mêlée, descendre dans l'arène; (*fig.*) [*prendere parte attivamente a q.c.*] se jeter dans qqch. ~ *gettarsi ai piedi, alle ginocchia di qc.*: (*pr., fig.*) se jeter aux pieds, aux genoux de qqn. **2** (*detto di un corso d'acqua*) [*sfociare, sboccare*] se jeter: *il fiume si getta nel mare* le fleuve se jette dans la mer ⓒ A 1 **raccogliere.**

gettàta |dʒetˈtata| *s.f.* **1** (*edil.*) coulée: *gettata di cemento* coulée de ciment ◇ (*metall.*) coulage (*m.*): *gettata di bronzo* coulage du bronze **2** [*diga marittima per arginare le acque*] jetée → **argine** **3** (*bot.*) jet *m.* **4** (*med.*) *gettata cardiaca* débit *m.* cardiaque.

gettàto |dʒetˈtato| *agg.* **1** [*sprecato, sciupato*] perdu, gaspillé: *è tutta fatica gettata, danaro gettato* ce n'est que peine perdue, qu'argent gaspillé; *è fiato gettato* (*al vento*) c'est peine perdue ◇ [*fatto senza impegno, alla buona*] jeté: *un accenno, una proposta gettata lì, nel mezzo del discorso* une allusion, une proposition jetée là, au milieu du discours **2** [*eseguito mediante getto di metallo fuso*] *una statuetta gettata* une statuette en métal coulé **3** (*tess.*) *maglia gettata* maille jetée ✦ (*s.m.*) *un gettato* un jeté.

gettatóre |dʒettaˈtore| *s.m.* [*operaio che getta metallo, cera e sim. nelle forme*] fondeur.

gèttito |ˈdʒɛttito| *s.m.* **1** [*entrata, resa*] produit, rendement: *il gettito delle tasse* le produit des impôts **2** (*mar.*) jet (à la mer).

1 **gètto** |ˈdʒɛtto| *s.m.* **1** [→ GETTARE A 1] jet, lancement: *armi da getto* armes de jet → **lancio** ◇ (*sport*) *getto del peso* jet, lancement du poids **2** [*emissione, fuoruscita di un liquido*] jet: *un getto d'acqua, di vapore, di sangue* un jet d'eau, de vapeur, de sang ◇ (*loc. fig.*) *a getto continuo* à jet continu ~ *di getto* d'un (seul) jet **3** (*edil., metall.*) coulée *f.*, coulage: *getto in conchiglia* coulée, coulage en coquille **4** (*bot.*) jet, pousse (*f.*): *piantare un getto di garofano* planter un jet, une pousse d'œillet **5** (*auto.*) gicleur.

2 **gètto** |ˈdʒɛtto| *s.m.* → **aviogetto, jet.**

gettonàre |dʒettoˈnare| *v.tr.* **1** [*chiamare mediante un telefono a gettoni*] téléphoner à, donner un coup de fil à: *gettonare un amico* téléphoner, donner un coup de fil à un ami **2** *gettonare una canzone* [*far suonare una canzone in un juke-box per mezzo di un gettone*] faire (45) *intr.* passer un disque dans un juke-box.

gettóne |dʒetˈtone| *s.m.* **1** jeton: *gettone del telefono, del juke-box* jeton de téléphone, de juke-box; *apparecchio a gettone* appareil automatique, appareil à jetons; *gettone di presenza* jeton de présence **2** (*gioco*) jeton.

gettonièra |dʒettoˈnjɛra| *s.f.* **1** [*fessura di macchine a gettone, spec. del telefono, ove s'introduce l'apposito gettone*] fente **2** distributeur *m.* de jetons: *la gettoniera è vuota* le distributeur de jetons est vide.

geyser |ˈgaizə| *s.m. inv.* (*ingl.*) (*geol.*) geyser *var.*

ghèiscia |ˈgɛiʃia| *s.f. inv.* → **geisha.**

ghènga, ghe |ˈgɛnga, ge| *s.f.* → 1 **ganga.**

ghepàrdo |geˈpardo| *s.m.* (*t.zool.*) guépard.

gherìglio, i |geˈriʎʎo, i| *s.m.* [*il seme del noce*] cerneau.

gherlìno |gerˈlino| *s.m.* (*mar.*) grelin.

gherminèlla |germiˈnɛlla| *s.f.* **1** (*gioco di prestigio*) tour *m.* de passe-passe **2** (*fig.*) *giocare una gherminella a qc.* [*ingannarlo abilmente*] jouer un tour à qqn.

ghermìre |gerˈmire| (197) *v.tr.* **1** [*afferrare con gli artigli*] saisir, agripper: *il falco ghermì la sua preda* le faucon saisit, agrippa sa proie **2** (*fig.*) arracher: *la morte lo ha ghermito all'affetto dei suoi* la mort l'a arraché à l'affection des siens.

gheronàto |geroˈnato| *s.m.* (*arald.*) gironné.

gheróne |geˈrone| *s.m.* **1** (*arald.*) gousset **2** (*abbigl.*) soufflet.

ghétte |ˈgette| *s.f. pl.* **1** guêtres **2** [*pantaloncini lunghi e stretti per bambini*] fuseaux *m.*

ghétto |ˈgetto| *s.m.* ghetto ◇ (*fig.*) [*quartiere, abitazione povera e sudicia*] *abita in un ghetto* il habite dans un ghetto.

ghiacciàia |gjatˈtʃaja| *s.f.* **1** [*locale ove si conserva il ghiaccio*] glacière ◇ (*fig.*) *questa camera è una ghiacciaia* cette chambre est une glacière **2** [*frigorifero*] réfrigérateur.

ghiacciàio, i |gjatˈtʃajo, i| *s.m.* (*geogr.*) glacier: *la fronte del ghiacciaio* le front du glacier; *porta, bocca del ghiacciaio* front du glacier.

ghiacciàre |gjatˈtʃare| **A** *v.intr.* (*aus. 'essere'*) [*diventare ghiaccio*] geler (6) (*aus.* avoir), se congeler (6) (*pron.*): *l'acqua ghiaccia a zero gradi* l'eau gèle, se congèle à zéro degré; *il fiume è ghiacciato durante la notte* la rivière a gelé pendant la nuit **B** *v.tr.* [*far diventare ghiaccio, congelare*] geler; congeler: *il freddo ha ghiacciato il fiume* le froid a gelé la rivière ‖ *ghiacciare le vivande* congeler les aliments **C** *v.impers.* (*aus. 'essere, avere'*) [*gelare*] geler (*aus.* avoir): *questa notte ha, è gelato* cette nuit il a gelé **D** *v.pron. intr.* GHIACCIARSI [→ *intr.*] geler (*intr.*): *il lago si è ghiacciato* le lac a gelé.

ghiacciàta |gjat'tʃata| *s.f.* [*bibita con ghiaccio tritato*] granité *m.* → **granita.**
ghiacciàto |gjat'tʃato| *agg.* **1** [*coperto di ghiaccio; gelato*] gelé; verglacé: *lago ghiacciato* lac gelé ‖ *strada ghiacciata* route verglacée ◇ (*per est.*) [*molto freddo*] glacé: *una bibita ghiacciata* une boisson glacée; *avere le mani ghiacciate* avoir les mains glacées, gelées **2** (*fig.*) *rimase ghiacciato* [*deluso sbigottito*] il resta pétrifié, médusé.
ghiàccio, ci, cia, ce |'gjattʃo, tʃi, tʃa, tʃe| **1** *s.m.* glace (*f.*): *campo di ghiaccio* mer de glace; *banco di ghiaccio* banc de glace; *lastra, cubetti di ghiaccio* plaque, cubes de glace (glaçons) # *ghiaccio secco* neige carbonique ◇ (*loc. fig.*) *mani di ghiaccio* [*freddissime*] mains gelées, glacées ~ *rimanere di ghiaccio* [*deluso, sbigottito*] rester pétrifié, médusé ~ *essere di ghiaccio* être de glace ~ *rompere il ghiaccio* rompre la glace **2** *agg.* [*gelido, freddo*] glacé, gelé: *mani ghiacce* mains glacées, gelées; *viso ghiaccio* visage glacé, gelé.
1 **ghiacciòlo** |gjat'tʃɔlo| *s.m.* **1** [*verghetta di ghiaccio formatasi per stillicidio*] glaçon, stalactite *f.* de glace: *pendevano ghiaccioli dalle grondaie* des glaçons pendaient des gouttières **2** [*gelato a base di ghiaccio*] ⊠ **3** [*macchia superficiale nelle pietre preziose*] glace *f.*
2 **ghiacciòlo** |gjat'tʃɔlo| *agg.* [*che si rompe facilmente*] cassant, fragile: *quercia ghiacciola* chêne cassant; *ramo ghiacciolo* branche cassante, fragile → **fragile** ◇ (*par anal.*) *pera, patata ghiacciola* [*con polpa friabile*] poire, pomme de terre friable.
ghiàia |'gjaja| *s.f.* **1** [*detriti di rocce levigati e trasportati dalle acque*] gravier *m.* **2** [*pietrame frantumato per costruire massicciate*] gravier *m.*, gravillon *m.*
ghiaìno |gja'ino| *s.m.* [*ghiaia sottile*] gravillon.
ghiaióne |gja'jone| *s.m.* → **morena.**
ghiaióso |gja'joso| *agg.* [*pieno di ghiaia*] graveleux*: *terreno ghiaioso* terrain graveleux.
ghiànda |'gjanda| *s.f.* **1** (*t.bot.*) gland *m.* **2** (*per est.*) [*nome di vari oggetti a forma di ghianda*] gland.
ghiandàia |gjan'daja| *s.f.* (*t.zool.*) geai *m.*
ghiandàtico, ci |gjan'datiko, tʃi| *s.m.* (*ant.*) [*tassa dovuta per condurre maiali a pascere nei boschi*] glandage, droit de glandée.
ghiàndola |'gjandola| *s.f.* (*anat.*) glande.
ghiandolàre |gjando'lare| *agg.* **1** [*relativo a una ghiandola*] glandulaire **2** [*che ha la forma, l'aspetto di una ghiandola*] glanduleux*, glandulaire.
ghiàra |'gjara| *s.f.* → **ghiaia.**
ghiaréto |gja'reto| *s.m.* → **greto.**
ghibellinìsmo |gibelli'nizmo| *s.m.* (*st., corr.*) gibelinisme (*raro*), doctrine *f.* des gibelins.
ghibellìno |gibel'lino| *s.m. e agg.* (*st.*) gibelin *s.m.*
ghibli |'gibli| *s.m. inv.* ghibli.
ghièra |'gjɛra| *s.f.* [*anello metallico di rinforzo all'estremità di certi oggetti*] **1** embout (*m.*): *la ghiera dell'ombrello, del bastone* l'embout du parapluie, du bâton (de la canne) **2** (*mecc.*) virole # *ghiera filettata* frette filetée **3** (*arch.*) frette.
ghigliottìna |giʎʎot'tina| *s.f.* guillotine ◇ (*per est.*) *sportello, finestrino a ghigliottina* guichet, fenêtre à guillotine.
ghigliottinàre |giʎʎotti'nare| *v. tr.* [*decapitare con la ghigliottina*] guillotiner.
ghìgna |'giɲɲa| *s.f.* (*fam.*) [*volto arcigno, minaccioso*] mine patibulaire ◇ (*loc. fig.*) *dire q.c. nella ghigna a qc.* dire brutalement, crûment qqch. à qqn., flanquer (*fam.*) qqch. à la tête de qqn. ~ *aver la ghigna* [*la faccia tosta*] avoir du toupet.
ghignàre |giɲ'ɲare| *v.intr.* (*aus. 'avere'*) [*ridere malignamente, beffardamente*] ricaner → **sogghignare.**
ghignàta |giɲ'ɲata| *s.f.* [→ GHIGNARE] ricanement *m.*
ghìgno |'giɲɲo| *s.m.* **1** [*espressione del volto beffarda e sinistra*] rictus **2** [*sorriso malizioso*] sourire malin.
ghimbàrda |gim'barda| *s.f.* (*tecnol.*) guimbarde.
ghimbèrga, ghe |gim'bɛrga, ge| *s.f.* (*arch.*) guimberge.
ghindàggio, i |gin'daddʒo, i| *s.m.* (*mar.*) guindage.
1 **ghinèa** |gi'nɛa| *s.f.* guinée.
2 **ghinèa** |gi'nɛa| *s.f.* (*tess.*) guinée.
ghìngheri |'gingeri| (*solo nella loc. avv.*) *in ghingheri* [*vestito con eleganza*] sur son trente et un: *mettersi in ghingheri per una serata danzante* se mettre sur son trente et un pour une soirée dansante.
ghiótta |'gjotta| *s.f.* → **leccarda.**
ghiottaménte |gjotta'mente| *avv.* [*con ghiottoneria*] avec gourmandise (*loc. inv.*), goulûment, gloutonnement ◇ (*fig.*) [*avidamente, curiosamente*] avidement.
ghiótto |'gjotto| *agg.* **1** (*persone*) [*amante di cibi gustosi*] gourmand: *ghiotto di dolciumi, di frutta* gourmand de sucreries, de fruits → **goloso** ◇ (*fig.*) [*desideroso, bramoso*] gourmand; avide: *ghiotto di buone letture, di applausi* gourmand de bonnes lectures, d'applaudissements → **avido, appassionato, curioso** ‖ *ghiotto di denaro* avide d'argent **2** (*cose*) [*appetitoso, prelibato*] appétissant: *cibo ghiotto* plat appétissant ◇ (*fig.*) [*interessante, eccitante*] savoureux*, piquant: *notizia ghiotta* nouvelle savoureuse, piquante.
ghiottóne |gjot'tone| *s.* **1** [*persona golosa e vorace*] glouton* **2** (*t.zool.*) glouton, goulu, carcajou.
ghiottonerìa |gjottone'ria| *s.f.* **1** [*ingordigia, golosità*] gourmandise, gloutonnerie: *è nota a tutti la sua ghiottoneria* tout le monde connaît sa gourmandise → **voracità** **2** [*cibo ghiotto, prelibato*] gourmandises *pl.*; régal* (*m.*): *amare le ghiottonerie* aimer les gourmandises ‖ *questo caviale è una ghiottoneria* ce caviar est un vrai régal **3** (*fig.*) [*cosa ricercata, stuzzicante*] régal (*fam.*): *quell'opera è una ghiottoneria per gli appassionati del bel canto* pour les amateurs de bel canto, cet opera est un vrai régal.
ghiòzzo |'gjɔddzo| *s.m.* **1** (*t.zool.*) goujon **2** (*fig.*) [*uomo ottuso e sciocco*] niais, sot.
ghìrba |'girba| *s.f.* **1** [*otre per la conservazione e il trasporto dell'acqua*] outre **2** (*gerg. mil.*) [*la pelle, la vita*] peau: *lasciarci la ghirba* y laisser la peau; *portare a casa la ghirba* sauver sa peau.
ghiribìzzo |giri'biddzo| *s.m.* [*capriccio improvviso e bizzarro, idea stravagante*] fantaisie (*f.*): *è un uomo pieno di ghiribizzi* c'est un homme plein de fantaisie, c'est un homme qui a des lubies; *gli è saltato il ghiribizzo di...* il lui a pris la fantaisie de...
ghirigòro |giri'gɔro| *s.m.* **1** [*intreccio bizzarro di linee, senza un disegno prestabilito*] gribouillis, griffonnage: *riempire un foglio di ghirigori* remplir une page de gribouillis **2** [*decorazione capricciosa, fregio a linee intrecciate*] entrelacs: *i ghirigori di un arabesco, di un ricamo* les entrelacs d'une arabesque, d'une broderie.
ghirlànda |gir'landa| *s.f.* **1** guirlande: *intrecciare una ghirlanda di rose e di gigli* tresser une guirlande de roses et de lis # *ghirlanda nuziale* couronne nuptiale **2** (*fig., lett.*) [*persone o cose disposte in circolo*] cercle (*m.*): *fare ghirlanda intorno a qc.* faire cercle autour de qqn. **3** [*scelta di poesie*] recueil *m.* de poèmes, anthologie: *una ghirlanda di liriche, di sonetti* un recueil de poèmes lyriques, de sonnets.
ghìro |'giro| *s.m.* (*t.zool.*) loir ◇ (*loc. fig.*) *dormire come un ghiro* dormir comme un loir.
ghirónda |gi'ronda| *s.f.* (*mus.*) vielle.
ghìsa |'giza| *s.f.* [*lega metallica con prevalenza di ferro e carbonio*] fonte: *ghisa bianca* fonte blanche, d'affinage; *ghisa grigia* fonte grise, de moulage; *ghisa grezza* fonte brute; *ghisa in pani* fonte en gueuses.
già |'dʒa| *avv.* **1** (*con valore raff.*) déjà: *era già partito* il était déjà parti; *sta già dormendo* il dort déjà; *è già tutto pronto* tout est déjà prêt; *per domani sarà già tutto finito* demain tout sera déjà fini ◇ (*anche in espressioni ell., davanti a un p.p. o a un agg.*) *già fatto!* déjà fait!; *già detto!* déjà dit!; *già pronto* déjà prêt **2** (*in prop. interrog. o escl., esprime 'meraviglia', stupore, rammarico' e sim.*) déjà: *sei già qui?* tu es déjà là?; *siamo già alla fine delle ferie* nous sommes déjà à la fin des vacances; *è già arrivato sulla vetta!* il est déjà arrivé au sommet!; *peccato che sia già uscito!* dommage qu'il soit déjà sorti! ◇ [*ormai*] *è già troppo tardi* il est déjà trop tard # *il treno sta già per partire* le train est dès maintenant sur le point de partir ◇ *loc.* DI GIÀ déjà: *'sono tornato' 'di già?'* 'je suis revenu' 'déjà?' **3** (*riferito al fut.*) [*fin d'ora*] (d'ores et) déjà: *posso già assicurarti che..* je peux (d'ores et) déjà t'assurer que...; *puoi considerare già accettata la tua domanda* tu peux déjà considérer ta demande comme acceptée ◇ (*riferito al passato*) [*fin da allora, fino da quel momento*] déjà: *già da bambino dimostrava quelle attitudini* déjà quand il était petit, il avait ces manières-là; *l'ho capito già dall'inizio* je l'ai déjà compris depuis le début **4** [*prima, precedentemente*] déjà: *te l'ho già detto* je te l'ai déjà dit; *non ci siamo già conosciuti?* ne nous sommes-nous pas déjà rencontrés? **5** (*davanti a sost.*) [*ex*] anciennement; ancien* (*agg.*): *piazza Matteotti, già piazza Roma* place Matteotti, anciennement place Roma ‖ *l'onorevole X, già ministro degli Esteri* Monsieur X, ancien ministre des Affaires Étrangères **6** (*per*

indicare un'affermazione o una constatazione) [*sì*] oui; eh oui!: *'sei stato tu a fare questo?' 'già!'* 'est-ce toi qui as fait cela?' 'oui' || *già, hai ragione* eh oui!, tu as raison ◇ (*raff.*) GIÀ GIÀ oui oui: *già già, è proprio vero!* oui oui, c'est bien vrai! ◇ (*iron.*) *già, dovevo aspettarmelo da te!* eh oui!, je devais m'attendre à cela de ta part!; *eh già, tu hai sempre ragione!* mais oui, tu as toujours raison! **7** (*pleon.*) (*con valore raff., in espressioni neg.*) *te l'ho detto non già per offenderti, ma per metterti sull'avviso* si je te l'ai dit ce n'est pas pour te vexer, c'est pour te mettre en garde; *sono qui non già per controllarti, ma per aiutarti* je ne suis pas ici pour te surveiller mais pour t'aider **8** *loc.* GIÀ CHE [*dal momento che*] puisque, étant donné que: *già che sei venuto tu sul discorso, voglio dirti la mia opinione in proposito* puisque c'est toi qui as abordé ce sujet, je veux te dire mon opinion à ce propos.

giàcca, che |'dʒakka, ke| *s.f.* [*parte superiore dell'abbigl.*] (*da uomo*) veste, veston (*m.*): *giacca a un petto* veston droit; *giacca doppio petto* veste croisée; *giacca da casa* veste d'intérieur ◇ (*da donna*) veste, jaquette: *giacca di renna* veste en daim; *giacca sportiva* veste de sport # *giacca a vento* anorak ◇ (*nel calcio*) *giacche nere* [*gli arbitri*] arbitres *m.* de football.

giacché |dʒak'ke| *cong.* [*poiché, dal momento che*] puisque: *giacché siete venuti, restate* puisque, maintenant que vous êtes là, restez → **poiché.**

giacchétta |dʒak'ketta| *s.* **1** *s.f.* [*piccola giacca*] (*da uomo*) veste, veston *m.* ◇ (*da donna*) jaquette **2** *s.m.* → **arbitro** 2.

giacchétto |dʒak'ketto| *s.m.* (*gioco*) jacquet: *fare una partita a giacchetto* faire une partie de jacquet.

giacchiàre |dʒak'kjare| *v.intr.* (*aus. 'avere'*) [*pescare col giacchio*] pêcher à l'épervier.

giàcchio, i |'dʒakkjo, i| *s.m.* (*pesca*) épervier.

giacènte |dʒa'tʃɛnte| *agg.* **1** [*disteso, coricato*] étendu; couché, gisant **2** (*comm.*) en stock *loc. inv.*; en souffrance (*loc. inv.*): *merce giacente in magazzino* marchandise en stock (dans un magasin) || *una partita giacente alla dogana* un stock en souffrance à la douane **3** (*bur.*) en souffrance, en suspens (*loc. inv.*): *una pratica giacente al ministero* un dossier en souffrance, en suspens au ministère **4** (*dir.*) vacant; en suspens: *eredità giacente* succession vacante || *processo giacente* procès en suspens.

giacènza |dʒa'tʃɛntsa| *s.f.* **1** (*comm.*) (*di merce*) stock (*m.*): *le giacenze di magazzino* les stocks d'un magasin ◇ (*di capitale*) improductivité **2** *loc.* IN GIACENZA: (*di merce*) en stock, stocké (*agg.*): *avere molte merci in giacenza* avoir beaucoup de marchandises stockées en magasin ◇ (*di capitale*) improductif* (*agg.*): *capitale in giacenza* capital improductif.

giacére |dʒa'tʃere| (149) *v.intr.* (*aus. 'essere', raro 'avere'*) **1** [*stare disteso*] être (43) (*aus.* avoir) couché, étendu, allongé: *giacere a letto, a terra* être couché, étendu par terre, sur le lit; *giacere supino, bocconi* être allongé sur le dos, à plat ventre # *giacere malato, infermo* être malade, infirme; *buttarsi, mettersi a giacere* (*su*) se laisser tomber (sur) ◇ (*nelle iscrizioni tombali*) *qui giace...* ci-gît... ◇ (*prov.*) *chi muore giace, chi vive si dà pace* la vie finit toujours par reprendre le dessus **2** [*essere situato, trovarsi*] se trouver *pron.*, être situé: *il paese giace in fondo alla valle* le village se trouve, est situé au fond de la vallée → **1 essere, stare** ◇ (*mat.*) *la retta giace nel piano* la droite est située dans un plan **3** [*stare inattivo, inerte*] se vautrer (*pron.*): *giacere nell'ozio, nei vizi* se vautrer dans l'oisiveté, dans les vices ◇ (*bur.*) *la pratica giace in quell'ufficio* le dossier est en souffrance, en suspens dans ce bureau ◇ (*comm.*) *quel capitale giace inutilizzato* ce capital demeure improductif.

già che |'dʒakke| *loc. cong.* → **giacché.**

giacìglio, i |dʒa'tʃiʎʎo, i| *s.m.* [*strato di cenci e sim. fatto per improvvisare un povero letto*] grabat: *mi sono fatto un giaciglio alla meglio* je me suis fabriqué un grabat tant bien que mal ◇ [*il luogo dove si coricano alcuni animali*] niche (*f.*): *giaciglio del cane* niche du chien.

giaciménto |dʒatʃi'mento| *s.m.* (*miner.*) gisement: *giacimento aurifero* gisement aurifère.

giacìnto |dʒa'tʃinto| *s.m.* **1** (*t.bot.*) jacinthe *f.* **2** (*miner.*) hyacinthe *f.*

giacitùra |dʒatʃi'tura| *s.f.* **1** [*modo di giacere*] posture, position → **positura, posizione** **2** (*geol.*) disposition.

giàco, chi |'dʒako, ki| *s.m.* [*cotta di maglia di acciaio per difendere il torace*] cotte *f.*

giacobinismo |dʒakobi'nizmo| *s.m.* (*st., corr.*) jacobinisme.

giacobìno |dʒako'bino| *s.m.* (*st.*) jacobin ✦ (*agg.*) *idee giacobine* idées jacobines.

giàcomo |'dʒakomo| *s.m.* (*solo nella loc. pop.*) *fare giacomo giacomo* (*detto delle gambe che vengono meno per debolezza e paura*) avoir les jambes en coton, qui flageolent: *ho le gambe che fanno giacomo giacomo* j'ai les jambes en coton' flageolantes; mes jambes flageolent.

giaconétta |dʒako'netta| *s.f.* [*tessuto di cotone molto leggero*] jaconas *m.*

giaculatòria |dʒakula'tɔrja| *s.f.* **1** (*eccl.*) oraison jaculatoire **2** (*scherz.*) [*serie monotona di parole e discorsi; discorso insistentemente ripetuto*] litanie: *è sempre la stessa giaculatoria* c'est toujours la même litanie ◇ (*fam.*) [*bestemmia*] jouron (*m.*): *snocciolare una serie di giaculatorie* lâcher un chapelet de jurons.

giàda |'dʒada| *s.f.* jade *m.* ✦ (*agg. inv.*) *color giada, verde giada* couleur jade, vert jade.

giadeite |dʒade'ite| *s.f.* (*miner.*) jadéite.

giaggiòlo |dʒad'dʒɔlo| *s.m.* (*t.bot.*) iris.

giaguàro |dʒa'gwaro| *s.m.* (*t.zool.*) jaguar ◇ (*loc. fig., fam.*) *sei l'amico del giaguaro?* [*chi, in buona fede, appoggia, più che l'amico, i nemici di lui*] à quel jeu joues-tu?

giaiétto |dʒa'jetto| *s.m.* (*miner.*) jais: *bottoni di giaietto* boutons de jais.

gialàppa |dʒa'lappa| *s.f.* (*t.bot.*) jalap.

giallàstro |dʒal'lastro| *agg.* [*tendente a un giallo sporco, opaco*] jaunâtre: *volto giallastro, carnagione giallastra* visage, teint jaunâtre.

gialliccio, i |dʒal'littʃo, i| *agg.* [*che ha un colore tendente al giallo*] jaune pâle (*inv.*): *viso, colorito gialliccio* visage (au teint) jaune pâle; *mani giallicce* des mains jaune pâle.

giallìgno |dʒal'liɲɲo| *agg.* [*giallo smorto*] jaune pâle, jaunâtre.

giallìno |dʒal'lino| *agg.* [*giallo pallido*] jaunet*.

giàllo |'dʒallo| **I** *agg.* **1** jaune: *luce gialla* lumière jaune; *fari gialli* phares jaunes; *farina gialla* [*di granoturco*] farine de maïs; *razza gialla* race jaune; *terra gialla* [*ocra*] terre ocre ◇ (*mar.*) *bandiera gialla* pavillon de quarantaine **2** (*ciclismo*) *la maglia gialla del Tour* le maillot jaune du Tour (de France) ◇ (*per est.*) *X è la maglia gialla* X porte le maillot jaune **3** (*fig.*) *diventare giallo dalla paura, dalla rabbia* verdir, blêmir de peur, de rage ◇ (*med.*) *febbre gialla* fièvre jaune **4** [*poliziesco*] policier*: *un film, un romanzo giallo* un film, un roman policier **II** *s.m.* **1** [→ *agg.* 1] jaune: *giallo dorato* jaune doré; *giallo paglierino* jaune paille; *questo colore si intona con il giallo* cette couleur va bien avec le jaune # *il semaforo era sul giallo* le feu était à l'orange; *passare col giallo* passer à l'orange **2** *il giallo dell'uovo* → **tuorlo** **3** (*chim.*) *giallo di cadmio* jaune de cadmium **4** [→ *agg.* 4] roman policier *agg.*, film policier (*agg.*): *un giallo televisivo* une adaptation d'un roman policier pour la télévision; *un giallo tascabile* un roman policier en édition de poche; *il finale del giallo* le dénouement du film policier ◇ [*delitto*] drame: *il giallo di via Roma* le drame de via Roma ◇ [*scandalo*] scandale: *il giallo delle recenti nomine governative* le scandale des récentes nominations du gouvernement **5** [*persona di razza mongolide*] jaune.

giallógnolo |dʒal'loɲɲolo| *agg.* [*tendente al giallo pallido*] jaunâtre.

giallóre |dʒal'lore| *s.m.* (*raro*) [*colorito giallo*] jaune (*corr.*) ◇ (*per est.*) matière *f.* jaunâtre.

giallùme |dʒal'lume| *s.m.* **1** [*giallo sgradevole*] jaunâtre ◇ (*per est.*) matière *f.* jaunâtre **2** [*macchia gialla, spec. della pelle*] tache *f.* jaune, jaunisse *f.* **3** (*bot.*) *il giallume della barbabietola* la jaunisse de la betterave.

giamaicàno |dʒamai'kano| *agg.* [*della Giamaica*] jamaïquain.

giàmbico, ci, ca, che |'dʒambiko, tʃi, ka, ke| *agg.* (*metr.*) iambique.

giàmbo |'dʒambo| *s.m.* (*metr.*) iambe.

giammài |dʒam'mai| *avv.* → **mai** ◇ (*enf., spec. nelle risposte*) jamais; au grand jamais: *'verrai con noi?' 'giammai!'* 'viendras-tu avec nous?' 'jamais!'; *giammai mi lascerò convincere da te!* jamais tu ne parviendras à me convaincre!

gianduiòtto |dʒandu'jɔtto| *s.m.* [*cioccolatino di gianduia*] ⊠.

giannétta |dʒan'netta| *s.f.* (*st. ant.*) pique.

giannétto |dʒan'netto| *s.m.* → **ginnetto.**

giannìzzero |dʒan'nittsero| *s.m.* **1** (*fig.*) [*sostenitore fanatico, attivista sfegatato*] homme de main: *ha sempre dei giannizzeri pronti a difenderlo* il a toujours des hommes de main prêts à le défendre; *è sempre circondato dai giannizzeri del suo partito* il est toujours entouré des hommes de main de son parti → **tirapiedi** **2** (*st. turca*) janissaire.

giansenismo |dʒanse'nizmo| *s.m.* (*st. relig.*) jansénisme.

giansenista |dʒanse'nista| *s.* (*st.*) janséniste ✦ (*agg.*) *morale giansenista* morale janséniste.

giansenistico, ci, ca, che |dʒanse'nistiko, tʃi, ka, ke| *agg.* janséniste: *spirito giansenistico* esprit janséniste.

giapponése |dʒappo'nese| **1** *agg.* [*del Giappone*] japonais # *lotta giapponese* judo **2** (*s.m.*) *il giapponese* [*la lingua*] le japonais.

giapponeserìa |dʒapponese'ria| *s.f. spec. al plur.* japonaiserie, japonerie.

giàra |'dʒara| *s.f.* jarre.

giàrda |'dʒarda| *s.f.* (*veter.*) jarde, jardon *m.*

giardinàggio, i |dʒardi'naddʒo, i| *s.m.* jardinage.

giardinétta |dʒardi'netta| *s.f.* (*auto.*) fourgonnette.

giardinétto |dʒardi'netto| *s.m.* **1** jardinet, petit jardin **2** (*mar.*) *hanche *f.*

giardinièra |dʒardi'njɛra| **I** *s.f.* **1** (*cuc.*) jardinière **2** [*mobile usato come sostegno di piante ornamentali da appartamento*] jardinière **II** *agg.* (*nella loc.*) *maestra giardiniera* [*maestra nei giardini d'infanzia*] jardinière *s.f.* d'enfants.

giardinière |dʒardi'njɛre| *s.m.* jardinier* *s.*

giardino |dʒar'dino| *s.m.* **1** jardin: *giardino pensile* jardin suspendu; *giardino all'italiana* jardin à l'italienne; *giardino all'inglese* jardin anglais; *giardino botanico* jardin botanique, jardin des plantes; *giardino pubblico* jardin public; *giardino zoologico* jardin zoologique ✦ (*agg.*) *città giardino* [*quartiere residenziale*] cité-jardin **2** *giardino d'infanzia* [*asilo infantile*] jardin d'enfants **3** (*fig.*) *l'Italia è considerata il giardino dell'Europa* l'Italie est considérée comme le jardin de l'Europe.

giargóne |dʒar'gone| *s.m.* [*zircone quasi incolore*] jargon.

giarrettièra |dʒarret'tjɛra| *s.f.* jarretière ◇ (*st. ingl.*) *l'Ordine della Giarrettiera* l'Ordre de la Jarretière.

giaùrro |dʒa'urro| *s.m.* (*st. turca*) giaour.

giàva |'dʒava| *s.f.* (*danza*) java.

giavanése |dʒava'nese| **1** *agg.* [*di Giava*] javanais **2** (*s.m.*) *il giavanese* [*la lingua*] le javanais.

giavellòtto |dʒavel'lɔtto| *s.m.* **1** [*arma da lancio*] javelot **2** (*sport*) *il lancio del giavellotto* le lancer du javelot; *lanciatore di giavellotto giavellottista* lanceur de javelot.

giavóne |dʒa'vone| *s.m.* (*t.bot.*) panic.

giazzista |dʒad'dzista| *s.m.* → **jazzista.**

giazzistico, ci, ca, che |dʒad'dzistiko, tʃi, ka, ke| *agg.* → **jazzistico.**

gibbóne |dʒib'bone| *s.m.* (*t.zool.*) gibbon.

gibbosità |dʒibbosi'ta| *s.f. inv.* (*med.*) gibbosité *var.* ◇ (*fig.*) *la gibbosità della terra* la gibbosité du globe terrestre (de la terre).

gibbóso |dʒib'boso|, **gibbùto** |dʒib'buto| *agg.* → **gobbo.**

gibèrna |dʒi'bɛrna| *s.f.* giberne.

gibollàre |dʒibol'lare| *v.tr.* (*region.*) → **ammaccare.**

gibóllo |dʒi'bollo| *s.m.* (*region.*) → **ammaccatura, bernoccolo.**

gibus |'dʒibus| *s.m. inv.* gibus.

giga, ghe |'dʒiga, ge| *s.f.* (*danza*) gigue.

gigànte |dʒi'gante|, **gigantéssa** |dʒigan'tessa| *s.* (*scherz., spreg.*) **1** [*persona di statura alta, imponente*] géant: *quel pugile è un gigante* ce boxeur est un géant ◇ *loc. fig.* DA GIGANTE, DI GIGANTE de géant: *fare, compiere passi da gigante* faire des pas de géant → **gigantesco** # *progredire a passi di gigante* progresser à grands pas ✦ (*agg.*) *uovo gigante* œuf géant; *pianta gigante* plante géante ◇ (*loc. agg.*) *formato gigante* format géant: *un dentifricio formato gigante* un (tube) dentifrice format géant **2** (*fig.*) [*persona eccellente in un campo determinato*] géant: *un gigante dell'arte, della poesia* un géant de l'art, de la poésie; *i giganti del pensiero* les géants de la pensée ◇ (*sport*) *i giganti della strada* les géants de la route.

giganteggiàre |dʒiganted'dʒare| *v.intr.* (*aus.* '*avere*') [*elevarsi al di sopra degli altri*; *eccellere*] dominer (*tr.*): *quel grattacielo giganteggia sugli altri edifici* ce gratte-ciel domine (de beaucoup) les autres édifices ◇ (*fig.*) *è un personaggio che giganteggia tra i suoi contemporanei* c'est un personnage qui domine ses contemporains, qui l'emporte de loin sur ses contemporains.

gigantescaménte |dʒiganteska'mente| *avv.* [→ GIGANTESCO] gigantesquement.

gigantésco, chi, ca, che |dʒigan'tesko, ki, ka, ke| *agg.* gigantesque → **enorme** ◇ (*fig.*) *progetto gigantesco* projet gigantesque.

gigantismo |dʒigan'tizmo| *s.m.* **1** (*bot., med.*) gigantisme: *essere affetto da gigantismo* être atteint de gigantisme **2** (*fig.*) manie *f.* du grandiose: *è un architetto, un regista che pecca di gigantismo* c'est un architecte, un metteur en scène qui a la manie du grandiose.

gigantografìa |dʒigantogra'fia| *s.f.* gigantographie.

gigantomachìa |dʒigantoma'kia| *s.f.* (*mitol.*) gigantomachie.

gìgaro |'dʒigaro| *s.m.* (*t.bot.*) arum.

gigionàta |dʒidʒo'nata| *s.f.* [*comportamento, atto da gigione*; *esibizione ridicola*] acte *m.*, action de m'as-tu-vu, cinéma *m.* (*pop.*): *è una delle sue solite gigionate* en voilà encore une de ses fanfaronnades, un de ses cinémas.

gigionerìa |dʒidʒone'ria| *s.f.* → **gigionismo.**

gigióne |dʒi'dʒone| *s.m.* [*persona che esaspera atti e parole per farsi ammirare*] m'as-tu-vu *inv.*

gigionésco, chi, ca, che |dʒidʒo'nesko, ki, ka, ke| *agg.* [*da gigione*] de m'as-tu-vu (*loc. inv.*): *atteggiamento, posa gigionesca* attitude, pose de m'as-tu-vu.

gigionismo |dʒidʒo'nizmo| *s.m.* [*comportamento da gigione*] attitude *f.* de m'as-tu-vu: *il suo gigionismo ha irritato tutti* son attitude de m'as-tu-vu a irrité tout le monde.

Gigliàcee |dʒiʎ'ʎatʃee| *s.f. pl.* (*t. bot.*) Liliacées.

gigliàceo |dʒiʎ'ʎatʃeo| *agg.* (*lett.*) lilial*.

gigliàto |dʒiʎ'ʎato| *agg.* **1** [*ornato di gigli*; *che porta l'impronta del giglio*] fleurdelisé: *bandiera gigliata* drapeau fleurdelisé, portant (l'image de) la fleur de lis **2** (*arald.*) fleurdelisé.

giglio, i |'dʒiʎʎo, i| *s.m.* **1** (*t.bot.*) lis, lys ~ *giglio gentile, selvatico* lis martagon ~ *giglio delle convalli* → **mughetto** **2** (*fig.*) [*persona che si distingue per candore e innocenza*] lis, lys (*lett.*) **3** (*arald.*) fleur *f.* de lys, de lis: *giglio di Francia* (fleur de) lys de France; *giglio di Firenze* (fleur de) lys de Florence.

'gigolette' |ʒigɔlɛt| *s.f. inv.* (*pop.*) gigolette *var.*

'gigolo' |ʒigɔlo| *s.m. inv.* gigolo *var.*

'gigot' |ʒigo| *s.m. inv.* gigot *var.*

gilè |dʒi'lɛ| *s.m. inv.* → **'gilet'.**

'gilet' |ʒilɛ| *s.m. inv.* gilet *var.*

gimcàna |dʒim'kana| *s.f.* → **gincana.**

Gimnospèrme |dʒimnos'pɛrme| *s.f. pl.* (*t.bot.*) Gymnospermes.

gimnòto |dʒim'nɔto| *s.m.* (*t.zool.*) gymnote.

gin |dʒin| *s.m. inv.* gin *var.*

gincàna |dʒin'kana| *s.f.* gymkhana *m.*

ginecèo |dʒine'tʃɛo| *s.m.* gynécée.

ginecologìa, gie |dʒinekolo'dʒia, dʒie| *s.f.* gynécologie.

ginecològico, ci, ca, che |dʒineko'lɔdʒiko, tʃi, ka, ke| *agg.* gynécologique.

ginecòlogo, gi |dʒine'kɔlogo, dʒi| *s.* gynécologue, gynécologiste.

ginepràio, i |dʒine'prajo, i| *s.m.* **1** terrain couvert de genévriers, genévrière *f.* (*raro*) **2** (*fig.*) [*situazione intricata*] guêpier, pétrin: *cacciarsi, ficcarsi in un ginepraio* se fourrer, tomber dans un guêpier → **imbroglio, intrico** ◇ (*fam.*) *non ne esci più, da quel ginepraio* tu n'en sors plus, de ce guêpier.

ginepréto |dʒine'preto| *s.m.* → **ginepraio.**

ginépro |dʒi'nepro| *s.m.* (*t.bot.*) genévrier ~ *ginepro rosso* genévrier oxycèdre, cade ◇ [*il frutto*] genièvre.

ginèstra |dʒi'nɛstra| *s.f.* (*t.bot.*) genêt *m.* ~ *ginestra spinosa* → **ginestrone.**

ginestrìna |dʒines'trina| *s.f.* (*t. bot.*) lotier *m.*

ginestróne |dʒines'trone| *s.m.* (*t. bot.*) ajonc.

ginevrìno |dʒine'vrino| *agg.* [*di Ginevra*] genevois.

gingillàrsi |dʒindʒil'larsi| *v.pron. intr.* **1** [*perdere il tempo in cose da nulla*] lanterner *intr.*, lambiner *intr.* (*fam.*): *non stare lì a gingillarti: studia!* ne reste pas là à lanterner: applique-toi! **2** [*trastullarsi con gingilli*] jouer *intr.*, s'amuser: *il bambino si gingillava con la corda della tenda* l'enfant jouait, s'amusait avec le cordon du rideau.

gingillino |dʒindʒil'lino| *s.m.* **1** [*piccolo gingillo*] bibelot **2** (*raro, fig.*) *quella donna è un gingillino* [*esile e carina*] cette femme est très mignonne *agg.* (*corr.*).

gingillo |dʒin'dʒillo| *s.m.* **1** [*balocco, giocattolo*] jouet ◇ [*ninnolo*] bibelot ◇ [*ciondolo*] breloque *f.* **2** (*fig.*) *perdersi in gingilli* [→ GINGILLARSI 1]

lanterner, lambiner (*fam.*): *si perde solo in gingilli* il ne fait que lanterner, lambiner.
gingillóne |dʒindʒil'lone| *s.* → **bighellone.**
ginkgo |'dʒinkgo|, **ginko, gìnco** |'dʒinko| *s.m. inv.* (*t.bot.*) ginkgo *var.*
ginnasiàle |dʒinna'zjale| *agg.* [*del ginnasio*] du 'ginnasio' (*loc. inv.*): *frequentare la quarta* (*classe*) *ginnasiale* être en quatrième au 'ginnasio' → **ginnasio** ✦ (*s.*) *un ginnasiale* un élève du 'ginnasio'.
ginnasiàrca, chi |dʒinna'zjarka, ki| *s.m.* (*st. gr.*) gymnasiarque.
ginnàsio, i |dʒin'nazjo, i| *s.m.* **1** [*corso biennale dopo la scuola media e prima del liceo classico*] ⊠ ✦ (*agg.*) *frequentare la quinta ginnasio* (*ginnasiale*) être en seconde au 'ginnasio' **2** (*st. gr.*) gymnase.
ginnàsta |dʒin'nasta| *s.* gymnaste.
ginnàstica, che |dʒin'nastika, ke| *s.f.* **1** gymnastique: *ginnastica ritmica, agonistica* gymnastique rythmique, acrobatique; *professore di ginnastica* professeur de gymnastique; *l'ora di ginnastica* l'heure de gymnastique # *ginnastica da camera* culture physique **2** (*fig.*) gymnastique: *ginnastica mentale* gymnastique de l'esprit.
ginnàstico, ci, ca, che |dʒin'nastiko, tʃi, ka, ke| *agg.* → **ginnico.**
ginnétto |dʒin'netto| *s.m.* [*cavallo piccolo e snello, di razza sp.*] genet.
gìnnica, che |'dʒinnika, ke| *s.f.* gymnique.
gìnnico, ci, ca, che |'dʒinniko, tʃi, ka, ke| *agg.* [*di ginnastica*] gymnastique, de gymnastique (*loc. inv.*): *allenamento ginnico* entraînement gymnastique; *saggio ginnico* séance de gymnastique # *attrezzi ginnici* agrès (d'un gymnase).
ginnosofista |dʒinnoso'fista| *s.m.* gymnosophiste.
Ginnospèrme |dʒinnos'pɛrme| *s.f. pl.* → **Gimnosperme.**
ginnòto |dʒin'nɔto| *s.m.* → **gimnoto.**
ginocchiàta |dʒinok'kjata| *s.f.* coup *m.* de genou; coup au genou: *dare una ginocchiata* donner un coup de genou ‖ *mi son preso una bella ginocchiata!* j'ai reçu un drôle de coup au genou!
ginocchièllo |dʒinok'kjɛllo| *s.m.* **1** [*ginocchiera del cavallo*] genouillère *f.* **2** [*taglio di carne suina corrispondente alle parti vicine al ginocchio*] jambonneau.
ginocchièra |dʒinok'kjɛra| *s.f.* **1** [*fascia, apparecchio per la protezione delle ginocchia*] genouillère **2** [*rinforzo interno dei calzoni*] renfort *m.* intérieur (à l'endroit du genou).
ginòcchio |dʒi'nɔkkjo|, *pl. m.* **ginòcchi** |dʒi'nɔkki|, *pl. f.* **ginòcchia** |dʒi'nɔkkja| (*in loc. fig.*) *s.m.* **1** genou* ◇ *loc.* IN GINOCCHIO à genoux: *mettere in ginocchio qc.* [*vincerlo clamorosamente*] (faire) mettre qqn. à genoux ~ *stare, mettersi in ginocchio* être, se mettre à genoux ~ *piegare il ginocchio*: (*pr., fig.*) ployer le(s) genou(x) ~ (*fam., fig.*) *far venire il latte alle ginocchia* [*annoiare*] embêter; casser les pieds ~ *gettarsi alle ginocchia di qc.* tomber aux genoux de qqn., se jeter aux pieds de qqn. **2** [*la parte corrispondente dei calzoni*] genou **3** (*mar.*) genou.
ginocchióni |dʒinok'kjoni| *avv.* à genoux (*loc. inv.*): *mettersi ginocchioni* se mettre à genoux; *pregare ginocchioni* prier à genoux ◇ (*loc. avv.*) *in ginocchioni* à genoux.
ginseng |'dʒinseng| *s.m. inv.* (*cin.*) (*t.bot.*) ginseng *var.*
giocàbile |dʒo'kabile| *agg.* jouable, qui peut être (bien) joué (*loc.*): *un pallone giocabile* une balle qui peut être (bien) jouée.
giocàre |dʒo'kare| **A** *v.intr.* (*aus.* '*avere*') **1** [*dedicarsi a un gioco*] jouer: *giocare a bocce, a(lla) palla* jouer aux boules, à la balle (au ballon); *giocare a guardie e ladri* jouer aux gendarmes et au(x) voleur(s); *giocare a rimpiattino, a mosca cieca* jouer à cache-cache, à colin-maillard; *giocare alle bambole* jouer à la poupée ◇ (*loc. fig.*) *a che gioco giochiamo?* (*esclamazione di stizza e sim.*) quel jeu jouez-vous là?; (*bambini*) à quoi on joue? ~ *giocare a carte scoperte*: (*pr., fig.*) [*agire con lealtà, senza misteri*] jouer cartes sur table ~ *giocare al sicuro, sul sicuro*: (*pr., fig.*) jouer à coup sûr ~ *giocare a un gioco pericoloso*: (*pr., fig.*) jouer un jeu dangereux ~ (*fig.*) *giocare colla propria vita, col fuoco* jouer avec sa vie, avec le feu ◇ [*spassarsi, divertirsi*] *il gatto gioca col topo* le chat joue avec la souris ◇ (*fam.*) [*trastullarsi*] jouer (*corr.*): *non giocare con la forchetta!* ne joue pas avec ta fourchette! ◇ [*scherzare*] *ma stai giocando o fai sul serio?* mais tu plaisantes, tu joues, ou c'est sérieux? ◇ (*loc. fig.*) *giocare con le parole* [*parlare per allusioni, doppi sensi*] jouer sur les mots **2** [*tentare la fortuna col gioco*] jouer: *giocare al lotto, al Totocalcio* jouer à la loterie, au Totocalcio; *giocare ai cavalli* jouer aux courses; *giocare d'azzardo* jouer aux jeux de hasard ◇ (*loc.*) *giocar forte* [*puntare forti somme*] jouer gros jeu **3** *giocare in Borsa* [*farvi delle speculazioni*] jouer à la Bourse **4** [*praticare uno sport*] jouer: *giocare a tennis* jouer au tennis; *gioca nell'Inter, all'Inter* (*pop.*) il joue dans l'équipe de l'Inter # *giocare di scherma* faire de l'escrime ◇ [*disputare un incontro*] jouer *tr.*, disputer *tr.* un match: *giocare in casa, in trasferta* jouer, disputer le match sur son terrain, en déplacement; *giocare in Nazionale* jouer dans l'équipe nationale; *a chi tocca giocare adesso?* c'est à qui de jouer maintenant? # *giocare ala destra, mezzala sinistra* être l'aile droite (l'ailier droit), l'inter gauche **5** (*loc.*) *giocare di mano* [*rubare*] faire main basse (sur); *giocare di gambe* [*fuggire*] fuir à toutes jambes, décamper ◇ (*fig.*) *giocare di astuzia, d'intelligenza* jouer au plus fin, au plus malin **6** (*mecc.*) [*muoversi agevolmente in un'articolazione*] jouer: *la chiave gioca bene nella serratura* la clef joue bien dans la serrure # *la frizione gioca troppo* l'embrayage a du jeu, a trop de jeu **7** (*fig.*) [*aver peso, entrare in gioco*] jouer: *in queste cose gioca molto la fortuna* dans ces choses-là, la chance joue beaucoup; *nelle sue azioni gioca molto l'ambizione* dans ses actions l'ambition joue beaucoup **8** (*fig.*) [*risaltare, riflettersi*] jouer: *la luce del tramonto giocava sul lago* la lumière du soleil couchant jouait sur le lac **B** *v.tr.* **1** [*inserire, impegnare nel gioco*] jouer: *giocare il settebello, l'asse* jouer le sept de carreau, l'as; *giocare una pedina* jouer un pion; *giocare un numero al lotto* jouer un numéro au loto ◇ (*loc.*) *giocare una carta*: (*pr.*) jouer la carte (de...); (*fig.*) avoir recours à un expédient ~ *giocare tutte le proprie carte*: (*pr., fig.*) jouer toutes ses cartes ~ *giocare un brutto tiro, un tiro mancino a qc.* jouer un mauvais tour à qqn. **2** [*scommettere al gioco*] jouer: *giocare una forte somma sul cavallo vincente* jouer une grosse somme sur le cheval gagnant; *giocare una fortuna al Casinò* jouer une fortune au Casino ◇ (*loc. fig.*) *giocarsi l'anima, l'osso del collo* [*rischiare tutto*] jouer le tout pour le tout ~ *giocarsi la camicia* jouer sa chemise **3** (*fig.*) [*mettere in pericolo*] risquer, jouer: *con il tuo comportamento ti stai giocando il posto* tu risques ta place avec ton comportement; ton attitude risque de te coûter ta place ◇ [*perdere*] perdre (53): ✦ (*col 'si' pleon.*) *e così ti sei giocato l'eredità* et ainsi tu as perdu ton patrimoine; *giocarsi la stima altrui* perdre l'estime d'autrui **4** (*fig.*) [*ingannare, truffare*] rouler, jouer: *ci siamo lasciati giocare dal primo venuto* nous nous sommes fait rouler par le premier venu ◇ [*burlare*] railler, berner.
giocàta |dʒo'kata| *s.f.* **1** [*partita di gioco*] partie: *la prima, la seconda giocata* la première, la deuxième partie; '*facciamo una giocata a carte?*' 'on fait une partie de cartes?' ◇ [*modo di giocare*] coup (*m.*): *fare una bella giocata* faire un coup de maître, bien jouer; *ha fatto una pessima giocata* il a très mal joué **2** [*la posta del gioco*] mise, enjeu (*m.*): *raddoppiare la giocata* doubler la mise, l'enjeu # *ho fatto una forte giocata* j'ai misé gros ◇ [*combinazione su cui si punta nel gioco*] combinaison: *questa settimana ho fatto sei giocate al Totocalcio* cette semaine j'ai joué six combinaisons au Totocalcio.
giocatóre, trice |dʒoka'tore, tritʃe| *s.* **1** [*chi gioca*] joueur*: *un abile, accanito giocatore* un joueur habile, enragé; *giocatore dilettante, professionista* joueur amateur, professionnel; *giocatore di basket* joueur de basket; *giocatore di calcio* → **calciatore** **2** [*chi ha il vizio del gioco*] joueur: *è diventato un vero giocatore* il est devenu joueur.
giocattolàio, i |dʒokatto'lajo, i| *s.* fabricant, marchand de jouets.
giocàttolo |dʒo'kattolo| *s.m.* [*balocco, trastullo*] jouet ◇ (*fig.*) *si è ridotto a essere un giocattolo nelle mani sue* il a fini par être son jouet.
giocherellàre |dʒokerel'lare| *v. intr.* (*aus.* '*avere*') [*trastullarsi, gingillarsi distrattamente*] jouer (distraitement): *giocherellare con la matita, con dei pezzetti di carta* jouer distraitement avec le crayon, avec des petits morcea ux de papier ◇ (*sport*) *la squadra in vantaggio si è limitata a giocherellare a metà campo* l'équipe s'est bornée à jouer au centre du terrain.
giocherellóne |dʒokerel'lone| *s. e agg.* [*chi, che gioca, scherza volentieri*] joueur*.
giochétto |dʒo'ketto| *s.m.* **1** [*gioco semplice, poco impegnativo*] petit jeu ◇ (*fig.*) [*lavoro facile, da poco*] *questo lavoro è un giochetto per me!* ce travail est pour moi un jeu d'enfant! **2** [*inganno, raggiro*] sale tour, crasse

(*f.*): *è un giochetto che non mi aspettavo da un amico* c'est un sale tour auquel, une crasse à laquelle je ne m'attendais pas de la part d'un ami ◇ [*espediente, trucco*] truc: *conosco il tuo giochetto* je connais le truc, ton truc.

giòco, chi |'dʒɔko, ki| *s.m.* **1** [*esercizio ricreativo*] jeu: *gioco ricreativo, istruttivo* jeu recréatif, éducatif; *giochi all'aperto* jeux de plein air; *gioco di destrezza, di abilità* jeux d'adresse; *giochi di società* jeux de société ◇ (*loc.*) *è un gioco da ragazzi*: (*pr., fig.*) c'est un jeu d'enfant ◇ (*prov.*) *ogni bel gioco dura poco* les plaisanteries les plus courtes sont les meilleures ~ *gioco di mano, gioco di villano* jeu de main, jeu de vilain ◇ [*giocattolo*] jeu; jouet: *la stanza dei giochi* la salle de jeu || *metti in ordine i tuoi giochi!* range tes jouets! **2** [*attività sportiva, agonistica*] jeu: *il gioco del calcio, del basket* le jeu de foot, de basket; *il campo da gioco* le terrain de jeu ◇ [*tecnica, tattica usata in essa*] *gioco di squadra* jeu d'équipe; *gioco difensivo* jeu défensif; *gioco corretto, scorretto* jeu correct, incorrect ◇ *spec. al plur.* [*manifestazione sportiva composta di più gare*] jeux: *i giochi olimpici* les jeux olympiques; *i giochi della gioventù* les jeux de la jeunesse **3** [*gara che si svolge secondo regole prestabilite*] jeu: *giochi di carte* jeux de cartes; *gioco d'azzardo* jeu de hasard; *perdere, vincere al gioco* perdre, gagner au jeu # *il* (*gioco del*) *poker, il bridge* le poker, le bridge; *il* (*gioco del*) *lotto, del Totocalcio* la loterie, le Totocalcio ◇ (*loc. fig.*) *fare il doppio gioco* jouer double jeu ~ *fare il gioco di qc.* faire le jeu de qqn. ~ *conoscere il gioco* [*i segreti, i retroscena di un'attività, di un ambiente e sim.*] connaître tous les trucs, toutes les ficelles ~ *stare al gioco*: (*pr.*) [*accettare una giocata*] accepter de jouer; (*fig.*) [*accettare il rischio*] être beau joueur, jouer le jeu ◇ [*giocata*] mise (*f.*): *alzare, raddoppiare il gioco* monter, doubler la mise ◇ [*passione, vizio del gioco, spec. d'azzardo*] jeu: *si è lasciato rovinare dal gioco* il a fini par se ruiner au jeu **4** (*carte*) [*combinazione che è a disposizione di ciascun giocatore*] jeu: *ho in mano un ottimo, un pessimo gioco* j'ai en main un très beau, un très mauvais jeu; j'ai une belle main, j'ai très mauvais jeu ◇ (*loc.*) *non aver gioco* [*avere carte pessime*] ne pas avoir de jeu ~ (*loc. fig.*) *fare buon viso a cattivo gioco* [*accettare la sfortuna*] faire contre mauvaise fortune bon cœur ~ *scoprire il proprio gioco* découvrir son jeu ~ *capire, scoprire il gioco di qc.*: (*pr.*) comprendre, découvrir le jeu de qqn.; (*fig.*) [*scoprirne le intenzioni più segrete*] voir clair dans le jeu de qqn., percer le jeu de qqn. ~ *mettere in gioco*: (*pr., fig.*) mettre en jeu ~ *essere in gioco*: (*pr., fig.*) être en jeu **5** (*per est.*) [*le carte, i pezzi e sim. per giocare*] jeu: *un gioco di scacchi in avorio* un jeu d'échecs en ivoire; *il gioco della dama* le jeu de dames **6** (*fig.*) [*situazione rischiosa, difficile*] jeu: *è un gioco pericoloso* c'est un jeu dangereux; *il vostro è un gioco che può finir male* votre jeu est (un) de ceux qui peut mal finir; vous jouez là un jeu dangereux; *entrare nel gioco* entrer dans le jeu **7** (*fig.*) [*azione, intervento*] jeu: *il gioco delle forze della natura* le jeu des forces de la nature; la force des choses # *il gioco del destino* la force du destin ◇ *loc.* ENTRARE IN GIOCO entrer en jeu: *qui entrano in gioco molti fattori, molti imprevisti* ici entrent en jeu plusieurs facteurs, de nombreux imprévus **8** (*fig.*) [*scherzo, beffa*] jeu; plaisanterie (*f.*): *per gioco* par jeu || *è stato un gioco un po' troppo pesante* c'était une plaisanterie un peu trop lourde ◇ (*loc.*) *farsi, prendersi gioco di qc.* [*beffarlo, metterlo in ridicolo*] se jouer, se moquer de qqn. ◇ [*zimbello*] souffre-douleur, tête de Turc: *è diventato il gioco di tutti* il est devenu le souffre-douleur de tout le monde **9** (*mecc.*) jeu: *il gioco di un ingranaggio* le jeu d'un engrenage; *il gioco della frizione* le jeu de l'embrayage **10** [*artificio*] jeu: *un gioco di parole* un jeu de mots; *giochi di luce, d'acqua* jeux de lumière, d'eau.

giocofòrza |dʒoko'fɔrtsa| *s.m. inv. solo nella loc.* ESSERE GIOCOFORZA [*essere inevitabile, necessario*] falloir absolument, être nécessaire, inévitable: *gli fu giocoforza accettare quelle condizioni* il fallut absolument, il fut nécessaire qu'il accepte ces conditions.

giocolàre |dʒoko'lare| *v.intr.* (*aus.* '*avere*') (*raro*) → **giocherellare.**

giocolière |dʒoko'ljɛre| *s.* **1** [*chi dà spettacoli di abilità, di destrezza*] jongleur* **2** (*per est.*) [*chi mostra virtuosismo, spec. nello sport*] virtuose.

giocondità |dʒokondi'ta| *s.f. inv.* **1** (*persone*) [*gioia, serenità*] sérénité *var.*, gaieté *var.*, joie *var.* **2** (*cose*) [*piacevolezza, amenità*] agrément *m. var.*, charme *m. var.*

giocóndo |dʒo'kondo| *agg.* **1** [*lieto, gaio*] joyeux*, gai: *espressione gioconda* mine joyeuse; *viso giocondo* visage gai, jovial **2** (*fam.*) [*sciocco, balordo*] sot* # *che, ci ho scritto in fronte 'giocondo'?* quoi, tu m'as pris pour un imbécile?

giocosità |dʒokosi'ta| *s.f. inv.* (*lett.*) [*l'essere motivo di gioia*] sérénité *var.*, gaieté *var.* (*corr.*).

giocóso |dʒo'koso| *agg.* **1** [*scherzoso, faceto*] gai, jovial*: *un carattere giocoso* un caractère gai, badin, jovial # *bugia giocosa* [*detta solo per scherzo*] mensonge innocent **2** (*letter.*) *poesia giocosa* poésie burlesque **3** (*mus.*) *opera giocosa* opéra bouffe.

1 **giogàia** |dʒo'gaja| *s.f.* [*piega della pelle dei bovini, che va dalla gola al petto*] fanon *m.*

2 **giogàia** |dʒo'gaja| *s.f.* (*geogr.*) chaîne (de montagnes), massif *m.*

giógo, ghi |'dʒogo, gi| *s.m.* **1** joug: *mettere i buoi sotto il giogo* atteler les bœufs au joug **2** (*fig.*) [*oppressione, schiavitù*] joug: *sottomettersi al giogo* se soumettre au joug; *scuotere il giogo* secouer le joug; *gemere sotto il giogo straniero* gémir sous le joug étranger **3** (*loc. fig.*) *passare sotto il giogo* [*subire una dura umiliazione*] passer sous les fourches caudines **4** [*la parte che sostiene i piatti della bilancia*] fléau **5** (*geogr.*) dôme.

1 **giòia** |'dʒɔja| *s.f.* joie: *saltare dalla gioia* sauter de joie; *sprizzava gioia da tutti i pori* sa joie éclatait par tous les pores; la joie éclatait sur son visage; *non stare in sé dalla gioia* être transporté de joie; *essere pazzo di gioia* être fou de joie ◇ (*loc.*) *darsi alla pazza gioia* [*a una vita spensierata*] s'en donner à cœur joie, faire la fête ◇ (*per est.*) [*soddisfazione, piacere*] *questa è stata l'unica gioia che ho avuto dalla vita* c'est la seule joie que la vie m'ait donnée; *le gioie della famiglia* les joies de la famille ◇ (*iron.*) [*dolore, amarezza*] *sai che gioia!* quelle joie! ◇ [*persona che dà felicità*] joie, bonheur (*m.*): *quel figlio era la sua unica gioia* cet enfant était sa seule joie, son unique bonheur # *ciao, bella gioia!* bonjour, mon chou! **C** **dolore.**

2 **giòia** |'dʒɔja| *s.f.* → **gioiello.**

gioielleria |dʒojelle'ria| *s.f.* [*oggetti preziosi*] bijouterie ◇ [*negozio dove questi si vendono*] bijouterie.

gioiellière |dʒojel'ljɛre| *s.* [*persona che confeziona o commercia gioielli*] bijoutier*.

gioièllo |dʒo'jɛllo| *s.m.* **1** [*oggetto prezioso*] bijou*: *lo scrigno dei gioielli* le coffret à bijoux; *comprare, regalare un gioiello* acheter, offrir un bijou **2** (*fig.*) (*persone*) trésor; perle (*f.*): *hai un figlio che è un gioiello* tu as un fils qui est un trésor || *hai un gioiello di segretaria* ta secrétaire est une perle ◇ (*cose*) bijou: *un gioiello di eleganza, di precisione* un bijou d'élégance, de précision; *un gioiello di poesia* un bijou de poésie; *una villetta, una moto che è un gioiello* une petite villa, une moto qui est un bijou.

gioiosaménte |dʒojosa'mente| *avv.* [→ GIOIOSO] joyeusement.

gioióso |dʒo'joso| *agg.* [*lieto, soddisfatto*] joyeux*, gai: *un'espressione gioiosa* une expression joyeuse, gaie; *un'accoglienza gioiosa* un joyeux accueil ◇ [*che è manifestazione di gioia*] joyeux: *parole gioiose* de joyeuses paroles ◇ [*che procura gioia, piacere*] joyeux, gai: *una notizia gioiosa* une joyeuse nouvelle; *quel paesaggio ha un che di gioioso* ce paysage a un je ne sais quoi de joyeux, de gai, de riant → **piacevole** **C** **triste.**

gioire |dʒo'ire| (197) *v.intr.* (*aus.* '*avere*') [*essere pieno di gioia, di soddisfazione*] se réjouir (*pron.*): *gioire per una notizia* se réjouir d'une nouvelle; *gioire del successo di un amico* se réjouir du succès d'un ami → **esultare, godere.**

giordàno |dʒor'dano| *agg.* [*della Giordania*] jordanien*.

giornalàccio, i |dʒorna'lattʃo, i| *s.m.* [*cattivo giornale*] canard (*fam.*), feuille de chou.

giornalàio, i |dʒorna'lajo, i| *s.* marchand de journaux.

giornàle |dʒor'nale| *s.m.* **1** journal*: *giornale sportivo, sindacale* journal sportif, syndical; *giornale indipendente, di partito* journal indépendant, d'un parti; *giornale del pomeriggio, della sera* journal de l'après-midi, du soir ◇ (*loc.*) *fare un giornale* [*dirigerlo*] diriger un journal ◇ (*per est.*) [*luogo in cui lo si redige*] *se mi cercano, sono al giornale* si on me cherche, je suis au journal ◆ *agg.* (*comm.*) *libro giornale* livre journal **2** (*per est.*) [*pubblicazione periodica*] journal: *giornale letterario, umoristico* journal littéraire, humoristique; *giornale di moda, di diritto* journal de mode, de droit **3** [*diario*] journal: *giornale di bordo, di navigazione* journal; de bord, de navigation # *giornale di viaggio* carnet, journal de voyage, de route ◇ (*comm.*) *giornale mastro* grand livre **4** (*loc.*) *giornale radio* [*notiziario radiofonico*] journal parlé; *le ultime notizie del giornale radio* les dernières nouvelles du journal parlé.

giornalétto |dʒorna'letto| *s.m.* [*fumetto*] illustré.

giornalièro |dʒorna'ljεro| **1** *agg.* journalier*, quotidien*: *la spesa giornaliera* la dépense journalière, quotidienne; *l'incasso giornaliero* la recette journalière, quotidienne → **quotidiano** **2** *s.* journalier*.

giornalìsmo |dʒorna'lizmo| *s.m.* **1** journalisme ◇ [*la professione del giornalista*] *fare del buon giornalismo* faire du bon journalisme **2** [*l'insieme dei giornalisti o dei giornali di un dato paese*] presse (*f.*): *è uno dei migliori esponenti del giornalismo internazionale* c'est l'un des meilleurs représentants de la presse internationale.

giornalìsta |dʒorna'lista| *s.* journaliste.

giornalìstico, ci, ca, che |dʒorna'listiko, tʃi, ka, ke| *agg.* journalistique: *stile giornalistico* style journalistique.

giornalménte |dʒornal'mente| *avv.* [*tutti i giorni*] quotidiennement, journellement: *segue giornalmente l'evolversi della situazione* il suit tous les jours, quotidiennement le développement de la situation → **quotidianamente.**

giornàta |dʒor'nata| *s.f.* **1** journée: *giornata piovosa, fredda* journée pluvieuse, froide; *giornata festiva, lavorativa* journée de repos, de travail; *trascorrere una giornata all'aria aperta* passer une journée en plein air # *le giornate si accorciano, si allungano* les jours raccourcissent, s'allongent ◇ *loc.* DI GIORNATA de, du jour: *sergente di giornata* sergent de jour; *uova di giornata* œufs du jour ~ IN GIORNATA dans la journée: *tornerò in giornata* je retournerai dans la journée; *ci vedremo in giornata* nous nous reverrons dans la journée ~ *lavorare a giornata, a mezza giornata* travailler à la journée, à mi-temps ◇ (*loc. fig.*) *vivere alla giornata* [*senza preoccuparsi del domani*] vivre au jour le jour ~ (*persone*) *andare a giornate* [*essere incostante, lunatico*] avoir (être dans) ses bons et ses mauvais jours, être lunatique ~ *giornata nera* mauvaise journée **2** [*la paga di un giorno di lavoro*] journée (de travail): *riscuotere, pagare la giornata* encaisser, payer la journée; *perdere la giornata* perdre une journée **3** [*cammino che si può percorrere in un giorno*] journée: *trovarsi a una giornata dalla mèta* se trouver à une journée du lieu de destination **4** [*giorno ricorrente dedicato a particolari manifestazioni o celebrazioni*] journée: *la giornata del risparmio* la journée de l'épargne; *la giornata della Croce Rossa* la journée de la Croix Rouge ◇ (*st.*) *le cinque giornate di Milano* les cinq journées de Milan **5** (*sport*) *la prima, l'ultima giornata del campionato* la première, la dernière journée du championnat; *la terza giornata del girone di ritorno* la troisième journée du deuxième tour.

giórno |'dʒorno| *s.m.* **1** jour: *giorno festivo, feriale* jour férié, ouvrable; *giorno lavorativo* jour ouvrable; *che giorno è oggi?* quel jour sommes-nous aujourd'hui?; *fare un'escursione di due giorni* faire une excursion de deux jours ◇ *loc.* AL (IL) GIORNO [*quotidianamente*] par jour: *prendere una pillola due volte al giorno* prendre une pilule deux fois par jour; *costa cinquemila lire il giorno* cela coûte cinq mille lires par jour ~ DEL GIORNO du jour: *i fatti del giorno* les faits du jour; *il piatto del giorno* le plat du jour; *l'ordine del giorno* l'ordre du jour; *è l'uomo, il fatto, il film del giorno* c'est l'homme, le fait, le film du jour ~ DI GIORNO IN GIORNO de jour en jour, d'un jour à l'autre: *i prezzi aumentano di giorno in giorno* les prix augmentent de jour en jour; *dovrebbe arrivare di giorno in giorno* il devrait arriver d'un jour à l'autre ~ DI TUTTI I GIORNI de tous les jours: *il vestito di tutti i giorni* la robe de tous les jours; *non è una cosa di tutti i giorni* ce n'est pas de tous les jours (*pop.*) ~ DI GIORNI de quelques jours: *sarà una cosa di giorni* ce sera l'affaire de quelques jours ~ A GIORNI, IN QUESTI GIORNI, (IN) UNO DI QUESTI GIORNI [*prossimamente*] dans quelques jours, un de ces jours: *a giorni ci rivedremo* nous nous reverrons dans quelques jours; (*in*) *uno di questi giorni andrò a trovarlo* un de ces jours j'irai le voir ~ UN GIORNO O L'ALTRO un jour ou l'autre: *un giorno o l'altro queste ricchezze saranno tue* un jour ou l'autre ces richesses seront à toi ~ DA UN GIORNO ALL'ALTRO d'un jour à l'autre: *lo aspettiamo da un giorno all'altro* [*presto*] nous l'attendons d'un jour à l'autre; *si trovò nella miseria da un giorno all'altro* [*improvvisamente*] il se trouva dans la misère du jour au lendemain ~ GIORNO PER GIORNO jour après jour: *l'ho seguito, l'ho aiutato giorno per giorno* je l'ai suivi, je l'ai aidé jour après jour ◇ (*loc.*) *dare gli otto giorni a qc.* [*licenziarlo*] donner ses huit jours a qqn. ~ *mettersi, tenersi a giorno* [*aggiornato*] se mettre, se tenir à jour, au courant ~ *l'ultimo giorno utile per q.c.* le dernier jour utile pour qqch. ~ *giorni fa, giorni or sono* il y a quelques jours ~ *due, tre giorni fa* il y a deux ou trois jours ~ *il giorno prima, dopo del tuo arrivo* le jour avant, après ton arrivée ~ *fra quindici giorni* dans quinze jours ◇ (*prov.*) *Roma non fu fatta in un giorno* Rome n'a pas été bâtie en un jour **2** [*le ore di luce del giorno*] jour: *si fa giorno* il commence à faire jour; *i giorni si allungano* les jours s'allongent; *è giorno fatto* il fait complètement, grand jour; *penso a te giorno e notte* je pense à toi jour et nuit ◇ (*loc.*) *sul far del giorno* [*all'alba*] au petit jour, au point du jour ◇ (*fig.*) *fare di notte giorno* faire de la nuit le jour; *chiaro come la luce del giorno* clair comme le jour; *illuminare a giorno* éclairer à giorno; *ci corre quanto dal giorno alla notte* c'est le jour et la nuit ◇ (*loc.*) *in pieno giorno*: (*pr., fig.*) en plein jour ~ *alla luce del giorno*: (*pr., fig.*) au grand jour, à la lumière du jour ~ *vedere la luce del giorno*: (*pr., fig.*) voir le jour ◇ (*prov.*) *il buon giorno si vede dal mattino* bon début promet bonne fin ✦ (*agg. inv.*) *il reparto giorno di un appartamento* le living *s.m.* **3** [*periodo di tempo indeterminato*] jour: *ai miei giorni, ai nostri giorni* de nos jours; *oggi giorno, al giorno d'oggi* de nos jours, (au jour d')aujourd'hui # *ai miei giorni* de mon temps ◇ (*loc.*) *finire i propri giorni* finir ses jours; *il giorno estremo* [*quello della morte*] notre dernier jour **4** [*festività, solennità*] jour: *il giorno di S. Valentino* le jour de (la) Saint-Valentin → **giornata** **5** (*tess.*) *loc.* A GIORNO à jour, ajouré (*agg.*): *lavorazione, punto a giorno* ouvrage, point à jour, ajouré **6** (*ott.*) *montatura a giorno* monture à jour.

giòstra |'dʒɔstra| *s.f.* **1** (*st. mediev.*) joute **2** (*gioco per bambini*) manège (de chevaux de bois): *andare sulla giostra* monter sur les chevaux de bois, faire un tour de manège ◇ (*loc. fig.*) *fare la giostra intorno a q.c.* [*girare sempre intorno*] tourner autour de qqch.

giostrànte |dʒos'trante| *s.m.* → **giostratore.**

giostràre |dʒos'trare| *v.intr.* (*aus.* '*avere*') **1** [*destreggiarsi con accortezza in una situazione difficile*] jongler (avec): *giostrare tra mille difficoltà* jongler avec mille difficultés **2** (*raro*) [*andare a zonzo, vagare inutilmente*] tourner en rond: *mi ha fatto giostrare tutto il giorno* il m'a fait tourner en rond toute la journée **3** (*st.*) [*partecipare a una giostra medievale*] jouter.

giostratóre |dʒostra'tore| *s.m.* (*st. mediev.*) jouteur.

giottésco |dʒot'tesko| *agg.* (*pitt.*) de Giotto.

giovaménto |dʒova'mento| *s.m.* [→ GIOVARE] avantage; utilité (*f.*): *non ne ho tratto alcun giovamento* je n'en ai tiré aucun avantage ‖ *non mi è stato di nessun giovamento* il ne m'a été d'aucune utilité # *dare, recare giovamento a qc.* faire du bien à qqn., être utile à qqn. → **utilità, aiuto.**

gióvane |'dʒovane|, **gióvine** |'dʒovine| **I** *agg.* **1** (*persone*) jeune: *una coppia di giovani sposi* un couple de jeunes mariés; *è molto più giovane di suo marito* elle est beaucoup plus jeune que son mari ◇ *loc.* DA GIOVANE tout jeune, quand il était jeune: *da giovane era pieno di entusiasmi* tout jeune, quand il était jeune, il était plein d'enthousiasme ◇ (*per est.*) [*giovanile*] *avere un aspetto giovane* avoir l'air jeune, faire jeune; *mantenersi giovani di mente, di spirito* être jeune de cœur, d'esprit ◇ (*loc.*) *il giovane Bianchi* [*il figlio o il fratello minore di un Bianchi già noto*] Bianchi le jeune, junior **2** (*animali, cose*) jeune: *un cavallo giovane* un jeune cheval; *una vigna giovane* une jeune vigne; *rami giovani* de jeunes branches; *uno Stato giovane* un État jeune # *foglie giovani* feuilles nouvelles ◇ (*cose*) [*non stagionato*] nouveau*; frais*: *vino giovane* vin nouveau ‖ *un formaggio troppo giovane* un fromage trop frais **II** *s.* **1** [→ *agg.* 1] jeune: *è un giovane che farà carriera* c'est un jeune qui fera carrière ✦ (*inter.*) *largo ai giovani!* place aux jeunes! **2** [*aiutante di un negoziante*] garçon (*m.*): *un giovane di bottega* un garçon de magasin → **garzone** ◇ [*aiutante di un professionista*] clerc *m.* (d'avocat) Ⓒ I; II 1 **vecchio.**

giovanétto |dʒova'netto| *s.m.* → **giovinetto.**

giovanìle |dʒova'nile| *agg.* juvénile: *delinquenza giovanile* délinquence juvénile; *entusiasmi giovanili* enthousiasmes juvéniles; *sincerità, schiettezza giovanile* sincérité, franchise juvénile

◇ [*di chi o di ciò che appare giovane*] jeune: *ha un aspetto, un carattere giovanile* il a un aspect, un caractère jeune ◇ [*che rende giovane*] *abito giovanile* vêtement qui fait jeune [C] **senile.**

giovanilménte |dʒovanil'mente| *avv.* [→ GIOVANILE] juvénilement.

giovannèo |dʒovan'nɛo| *agg.* **1** [*di S. Giovanni*] Johannique **2** de Jean XXIII *loc. inv.*

giovanòtta |dʒova'nɔtta| *s.f.* jeune fille robuste, beau brin *m.* de fille → **giovanotto.**

giovanòtto |dʒova'nɔtto| *s.m.* **1** [*giovane uomo, nel pieno delle sue forze*] jeune homme, garçon: *si è fidanzata con un bel giovanotto* elle s'est fiancée avec un beau jeune homme, un beau garçon **2** (*fam.*) [*scapolo*] garçon (*corr.*), célibataire (*corr.*): *è rimasto giovanotto perché non ha trovato moglie* il est resté garçon, célibataire parce qu'il n'a pas trouvé de femme.

giovàre |dʒo'vare| **A** *v.intr.* (*aus. 'essere, avere'*) [*essere di vantaggio, di utilità*] être (43) (*aus.* avoir) utile à, servir (21) (*tr.*): *giovare alla patria, alla famiglia, alla causa comune* être utile à, servir la patrie, la famille, la cause commune **B** *v.impers.* [*essere utile, opportuno, vantaggioso*] être bon, utile; servir: *giova sapere che i veri amici non ti tradiranno mai* il est bon, utile de savoir que les vrais amis ne te trahiront jamais ‖ *con te non giova essere buoni* il ne sert à rien d'être bon avec toi **C** *v.pron. intr.* GIOVARSI [*servirsi, valersi opportunamente e con vantaggio*] profiter *intr.* de, tirer *tr.* profit de: *giovarsi di un consiglio* profiter, tirer profit d'un conseil; *giovarsi dell'aiuto degli amici* profiter de l'aide de ses amis [C] **nuocere.**

giovedì |dʒove'di| *s.m. inv.* [*quarto giorno della settimana*] jeudi (*var.*): *giovedì santo* jeudi saint; *giovedì grasso* jeudi gras ◇ (*fig.*) *gli manca qualche giovedì* [*persona un po' tocca*] il lui manque une case *f.*

giovènca, che |dʒo'vɛnka, ke| *s.f.* [*vacca giovane*] génisse.

giovènco, chi |dʒo'vɛnko, ki| *s.m.* [*bue giovane*] jeune bœuf ◇ [*manzo*] bouvillon.

giovenìle |dʒove'nile| *agg.* → **giovanile.**

gioventù |dʒoven'tu| *s.f. inv.* **1** jeunesse (*var.*): *errori, amori di gioventù* erreurs, amours de jeunesse; *in gioventù si è allegri e spensierati* dans la jeunesse on est joyeux et sans soucis **2** [*i giovani*] jeunesse: *gioventù studentesca, cattolica* jeunesse étudiante, catholique; *alla gioventù piacciono i divertimenti* la jeunesse aime s'amuser; *spettacoli per la gioventù* spectacles pour la jeunesse.

giovévole |dʒo'vevole| *agg.* [*che reca o può recare utilità, giovamento*] utile, profitable: *medicina giovevole* médicament utile, profitable; *riposo giovevole* repos profitable → **vantaggioso.**

gioviàle |dʒo'vjale| *agg.* jovial*.

giovialità |dʒovjali'ta| *s.f. inv.* jovialité *var.*

giovialménte |dʒovjal'mente| *avv.* [→ GIOVIALE] jovialement.

giovialóne |dʒovja'lone| *s.* [*persona molto simpatica e scherzosa*] bon vivant *m.*, joyeux* luron*.

gioviàno |dʒo'vjano| *agg.* (*astron.*) jovien*.

giovinàstro |dʒovi'nastro| *s.m.* [*giovane dal comportamento riprovevole*] voyou, vaurien* *s.*

giovincèllo |dʒovin'tʃɛllo| *s.m.* (*lett.*, *scherz.*) → **giovinetto.**

gióvine |'dʒovine| *agg. e s.* → **giovane.**

giovinétta |dʒovi'netta| *s.f.* jeune fille.

giovinétto |dʒovi'netto| *s.m.* jeune garçon.

giovinézza |dʒovi'nettsa| *s.f.* jeunesse: *gli entusiasmi della giovinezza* les enthousiasmes de la jeunesse; *la giovinezza di un popolo* la jeunesse d'un peuple; *la giovinezza della mente, del cuore* la jeunesse de l'esprit, du cœur; *essere nella prima, seconda giovinezza* être dans sa première (prime) jeunesse, sa seconde jeunesse → **gioventù** 1 # *essere nel fiore della giovinezza* être dans la fleur de l'âge [C] **vecchiaia.**

giovinòtto |dʒovi'nɔtto| *s.m.* → **giovanotto.**

gip |dʒip| *s.f.* → **jeep.**

gipaèto |dʒipa'ɛto|, **gipèto** |dʒi'pɛto| *s.m.* (*t.zool.*) gypaète.

gippóne |dʒip'pone| *s.m.* grosse jeep *f.*, jeep tout terrain.

giràbile |dʒi'rabile| *agg.* qui peut être tourné *loc.*; qui peut être visité (*loc.*): *quella manovella è girabile solo a mano* cette manivelle ne peut être tournée qu'à la main ‖ *paese girabile con facilità e in breve tempo* pays qui peut être visité facilement et en peu de temps ◇ (*comm.*) endossable: *assegno, cambiale girabile* chèque, lettre de change endossable.

giracàpo |dʒira'kapo| *s.m. inv.* → **capogiro.**

giradischi |dʒira'diski| *s.m. inv.* tourne-disque (*var.*): *dei giradischi* des tourne-disques; *giradischi a pila* tourne-disques à piles; *giradischi portatile* tourne-disque portatif.

giradito |dʒira'dito| *s.m.* (*med.*) panaris, tourniole *f.*

giràffa |dʒi'raffa| *s.f.* **1** (*t.zool.*) girafe ◇ (*loc. fig.*) *avere un collo di giraffa* avoir un cou de girafe ~ *camminare a passi di giraffa* marcher à grands pas **2** (*cine.*, *rad.*, *tv*) girafe.

giraffìsta |dʒiraf'fista| *s.* (*cine.*, *tv*) → **microfonista.**

giraménto |dʒira'mento| *s.m.* **1** (*fam.*) *giramento di testa* [*vertigine, capogiro*] vertige (*corr.*) **2** (*fam.*) *giramento di scatole, di corbelli* [*cruccio intenso causato da contrarietà*] embêtement, ennui (*corr.*) # *sei un giramento unico* tu es vraiment (un) casse-pieds.

giramóndo |dʒira'mondo| *s.inv.* [*chi è sempre in giro senza uno scopo preciso*] globe-trotter *var.*

giràndola |dʒi'randola| *s.f.* **1** (*fuochi d'artificio*) girandole, soleil *m.* **2** [*giocattolo in forma di rosetta, mosso dal vento*] tourniquet *m.*, roue à vent **3** [*banderuola indicante la direzione del vento*] girouette ◇ (*fig.*) [*persona incostante, volubile*] girouette **4** (*fig.*) [*vertiginoso susseguirsi di fatti, vicende e sim.*] suite, série: *tutta una girandola di appuntamenti* toute une suite, une série de rendez-vous.

girandolàre |dʒirando'lare| *v.intr.* (*aus. 'avere'*) [*girare oziosamente qua e là senza meta*] flâner, se balader (*pron.*): *passare il proprio tempo girandolando* passer son temps à flâner, à se balader → **vagabondare.**

girandolóne |dʒirando'lone| *s.* [*chi ama girandolare*] flâneur* → **bighellone, girellone.**

girandolóni |dʒirando'loni| *avv.* [*girovagando senza mèta*] en flânant *loc. inv.* # *andare girandoloni* flâner ◇ (*nella loc. avv.*) *a girandoloni* flânant *agg.*

girànte |dʒi'rante| *s.* **1** *s.* (*comm.*) endosseur: *firma del girante* signature de l'endosseur **2** *s.f.* (*mecc.*) partie mobile: *la girante del compressore, del ventilatore* la partie mobile du compresseur, du ventilateur.

giràre |dʒi'rare| **A** *v.tr.* **1** [*far rotare*] tourner: *girare una manovella* tourner une manivelle; *girare la chiave nella toppa* tourner la clef dans la serrure ◇ (*per est.*) [*volgere all'intorno o da un'altra parte*] *girare lo sguardo* tourner son regard; *girare il capo, gli occhi* tourner la tête, les yeux **2** [*percorrere perifericamente o in ogni direzione*] faire (45) le tour de; courir (17): *questa strada gira tutta la collina* cette route fait le tour de la colline ‖ *girare tutta la città* courir toute la ville ◇ (*fig.*) [*evitare, scansare*] tourner, contourner: *girare la difficoltà, l'ostacolo* tourner la difficulté, contourner l'obstacle **3** [*volgere, passare q.c. ad altri*] *gli girai la domanda* je lui posai la même question ◇ (*calcio*) *girare il pallone in porta* [*tirare al volo in rete*] diriger le ballon dans le but ◇ (*comm.*) *girare un assegno, un credito, una cambiale* endosser un chèque, une créance, une lettre de change **4** (*cine.*) [*riprendere, riprodurre mediante macchina cinematografica*] tourner: *girare una scena, un film* tourner une scène, un film ✦ (*ass.*) *silenzio! si gira* silence! on tourne **5** [*volgere in altro senso o travisarne il significato*] détourner: *girare il discorso* détourner la conversation ◇ (*fam.*) *girala come vuoi, la conclusione è sempre la stessa* quoi que tu fasses, la conclusion est toujours la même ◇ (*per anal.*) *girare il periodo o la frase* [*invertirne l'ordine sintattico*] modifier, transformer une période, une phrase **B** *v. intr.* (*aus. 'avere, essere'*) **1** [→ *tr.* 1] tourner (*aus.* avoir): *la terra gira intorno al proprio asse* la terre tourne autour de son axe; *la ruota ha girato, è girata* la roue a tourné ◇ (*loc. fig.*) *mi gira la testa, il capo* [*avere le vertigini*] j'ai la tête qui tourne ~ *far girare la testa a qc.* faire tourner la tête à qqn. ~ *secondo come gira* [*secondo il capriccio del momento*] selon l'humeur du moment ~ *girare al largo* [*esser cauti*] s'éloigner *pron.* prudemment, passer au large ~ (*fam.*) *girare l'anima, le scatole* [*essere oltremodo seccati*] être hors de soi, dans tous ses états ~ (*fam.*) *cosa ti gira per la testa?* qu'est-ce qui te passe par la tête? **2** [*girovagare, passeggiare, muoversi*] se promener (6) (*pron.*): *nei giorni di riposo la gente gira per i giardini* pendant les jours de repos les gens se promènent dans les jardins ◇ [*circolare*] circuler: *il sangue gira nelle arterie e nelle vene* le sang circule dans les artères et dans les veines; *sulle strade non asfaltate si gira male* sur les routes non goudronnées on roule mal **3** [*voltare, deviare*] tourner: *all'angolo devi girare a destra* au coin, tu dois tourner à droite; *il sentiero gira in quella direzione* le sentier tourne dans cette direction **4** [*circondare, cingere*] faire *tr.* le tour de, entourer (*tr.*): *la strada gira tutto il lago* la route fait le tour du lac; *il reticolato gira tutto il giardino* le grillage entoure le jardin **5** (*fig., di denaro*) [*circolare*] circuler (*aus.* avoir): *l'oro, il danaro non gira più* l'or, l'argent ne circule plus ◇ (*di notizie, scritti, dicerie*) [*diffondersi*] courir (*aus.* avoir): *girano voci poco rassicuranti* il court des bruits peu rassurants # *le notizie nei piccoli centri girano rapidamente* dans les petites localités, les nouvelles se propagent rapidement **C** *v.pron. rifl.* GIRARSI [*voltarsi; cambiar posizione*] se tourner: *si girò d'improvviso e le sorrise* il se tourna subitement et lui sourit; *girati verso di me* tourne-toi vers moi; *si girava e rigirava nel letto senza poter prendere sonno* il se tournait et se retournait dans son lit sans pouvoir s'endormir.

girarròsto |dʒirar'rɔsto| *s.m.* [*spiedo girevole su cui si cuoce la carne al fuoco*] tournebroche, rôtissoire *f.*

girasóle |dʒira'sole| *s.m.* (*t.bot.*) tournesol.

giràta |dʒi'rata| *s.f.* **1** [→ GIRARE A 1] tour (*m.*): *una girata di chiave, di vite* un tour de clef, de vis **2** (*fam.*) [*passeggiata, lungo giro*] tour (*corr.*): *fare una bella girata in bicicletta* faire un grand tour à bicyclette **3** (*comm.*) endossement *m.*, endos (*m.*): *girata di una cambiale* endossement, endos d'une lettre de change; *girata in bianco* endossement en blanc; *girata in pegno* endos pignoratif **4** (*carte*) main **5** (*fam.*) [*rimprovero, sgridata, lavata di capo*] savon (*m.*): *prendersi una bella girata* recevoir un bon savon; *dare una (bella) girata a qc.* donner, passer un savon à qqn.

giratàrio, i |dʒira'tarjo, i| *s.m.* (*dir.*) endossataire *s.*

giràto |dʒi'rato| *agg.* **1** [*voltato, di spalle*] *non l'ho visto in faccia perché era girato* je n'ai pas vu son visage parce qu'il me tournait le dos **2** (*comm.*) endossé: *assegno girato* chèque endossé **3** (*cuc.*) à la broche (*loc. inv.*): *pollo girato* poulet à la broche.

giratòrio, i |dʒira'tɔrjo, i| *agg.* giratoire: *in senso giratorio* en sens giratoire.

giratùbi |dʒira'tubi| *s.m. inv.* (*tecnol.*) serre-tube.

giravìte |dʒira'vite| *s.m. inv.* → **cacciavite.**

giravòlta |dʒira'vɔlta| *s.f.* **1** [*rapido movimento rotatorio su sé stesso*] pirouette: *fare giravolte* faire des pirouettes; *i pagliacci entrarono in pista facendo mille giravolte* les clowns entrèrent en piste en faisant mille pirouettes **2** (*di strade, fiumi e sim.*) [*tortuosità, serpentina*] lacet (*m.*): *è una strada tutta a giravolte* c'est une route toute en lacets **3** (*fig.*) [*improvviso mutamento di opinione*] volte-face *inv.*

gìre |'dʒire| *v.intr. dif.* → 1 **andare.**

girèlla |dʒi'rɛlla| *s.* **1** *s.f.* [*carrucola*] poulie: *la girella del pozzo* la poulie du puits **2** *s.f.* (*giocattolo*) toupie **3** *s. inv.* [*persona volubile; voltafaccia*] girouette *f. var.*

girellàre |dʒirel'lare| *v.intr.* (*aus.* 'avere') [*girare oziosamente e senza meta*] flâner, traîner (*fam.*): *non fa altro che girellare dalla mattina alla sera* il ne fait que flâner, que traîner du matin au soir ◇ (*fig.*) *girellare per il capo* [*mulinare*] ruminer (*tr.*): *cosa ti girella per il capo?* qu'est-ce que tu rumines là?

girèllo |dʒi'rɛllo| *s.m.* **1** [*oggetto a forma di cerchio*] rondelle *f.* **2** [*sostegno per bambini che muovono i primi passi*] chariot d'enfant **3** (*macelleria*) rouelle *f.*; gîte **4** [*parte carnosa del carciofo*] cœur d'artichaut.

girellóne |dʒirel'lone| *s.* → **girandolone.**

girétto |dʒi'retto| *s.m.* petit tour: *fare un giretto per i giardini* faire un petit tour dans le(s) jardin(s).

girévole |dʒi'revole| *agg.* [*che può girare*] tournant: *palcoscenico girevole* plateau tournant; *piattaforma girevole* plaque tournante; *poltrona girevole* fauteuil tournant ◇ (*fig.*) → **volubile.**

girifàlco, chi |dʒiri'falko, ki| *s.m.* (*t.zool.*) gerfaut.

1 **girìno** |dʒi'rino| *s.m.* (*zool.*) têtard.

2 **girìno** |dʒi'rino| *s.m.* (*ciclismo*) coureur du Tour d'Italie.

gìro |'dʒiro| *s.m.* **1** tour: *la circonvallazione ha un giro di quindici chilometri* le boulevard extérieur a dix kilomètres de tour # *il giro delle mura* l'enceinte des murs ◇ (*loc.*) *giro collo* → **girocollo** ~ *giro maniche* [*punto in cui si attaccano le maniche*] emmanchure *f.* ~ *giro del cappello* [*la sua circonferenza interna*] tour de tête ◇ (*loc. fig.*) *prendere in giro* [*burlare, deridere*] se moquer *pron.* de qqn.; se payer *pron.* la tête de qqn. (*fam.*) ~ *giro di parole* [*perifrasi*] périphrase *f.*, détour ~ *giro del periodo* tournure *f.* de la phrase **2** [*movimento circolare o rotatorio*] tour: *un giro di chiave, di manovella* un tour de clef, de manivelle; *i giri del motore, dell'elica* les tours du moteur, de l'hélice # *il giro dei pianeti intorno al sole* la révolution des planètes autour du soleil ◇ (*loc. fig.*) *giro di vite* [*intervento restrittivo*] tour de vis ~ *essere su, giù di giri*: (*persone*) [*essere eccitati o demoralizzati*] être euphorique, avoir le moral à plat; (*motore*) [*essere a bassa o ad alta velocità*] s'emballer *pron.*, tourner lentement ~ *giro d'orizzonte* tour d'horizon ~ *giro di boa* tournant décisif **3** [*viaggio fatto per scopi determinati*] tournée (*f.*): *il giro di un commesso viaggiatore* la tournée d'un commis voyageur; *il giro del medico per le visite* la tournée du médecin pour ses visites # *giro turistico* tour, circuit touristique ◇ (*per est.*) [*passeggiata*] tour: *è uscito a fare un giro* il est sorti faire un tour # *andare in giro* se promener **4** (*sport*) tour: *Giro di Italia, di Francia* Tour d'Italie, de France; *giro d'onore* tour d'honneur ◇ (*ginnastica*) *mezzo giro, un quarto di giro, un ottavo di giro* un demi-tour, un quart de tour, un huitième de tour **5** [*circolazione*] circulation (*f.*): *il giro del danaro, dell'oro* la circulation de l'argent, de l'or # *vi sono troppe voci tendenziose in giro* il court trop de bruits tendancieux ◇ (*loc.*) *mettere in giro* [*diffondere, far circolare*] répandre, faire circuler ~ *c'è in giro la voce che...* le bruit court que... **6** [*periodo, spazio di tempo; ciclo*] espace: *nel giro di un mese, di un anno* en l'espace d'un mois, d'un an; *morì nel giro di una settimana* il mourut en l'espace d'une semaine ◇ [*turno, avvicendamento*] tour; rotation (*f.*): *è il tuo giro* c'est ton tour ‖ *il giro delle colture* la rotation des cultures **7** (*fig.*) [*persone che si dedicano ad attività, operazioni per lo più illegali*] milieu: *il giro del contrabbando, dello spionaggio* le milieu de la contrebande, de l'espionnage; *è un giro equivoco* c'est un milieu équivoque ◇ (*loc.*) *essere nel giro, fuori del giro* [*essere dentro o fuori una attività, un ambiente e sim.*] être dans le coup, n'être pas dans le coup **8** (*fig.*) [*fatturato*] chiffre: *ha un giro d'affari notevole* il a un chiffre d'affaires considérable **9** (*fig.*) (*carte*) [*mano*] tour ✦ *agg. inv.* (*nella loc.*) *angolo giro* [*angolo di 360°*] angle plein, de 360 degrés.

girobùssola |dʒiro'bussola| *s.f.* (*tecnol.*) gyrocompas *m.*

girocòllo |dʒiro'kɔllo| *s.m.* [*scollatura rotonda, alla base del collo*] encolure *f.* ◇ *spec. nella loc.* A GIROCOLLO ras le, de cou: *maglione a girocollo* tricot ras le, de cou, de débardeur.

girocónto |dʒiro'konto| *s.m.* (*comm.*) virement.

girodìna |dʒiro'dina| *s.f.* (*aer.*) girodyne *m.*

giromànica, che |dʒiro'manika, ke| *s.m.* [*apertura di un vestito dove viene poi cucita la manica*] emmanchure *f.*

giròmetro |dʒi'rɔmetro| *s.m.* (*aer.*) gyromètre.

girondolàre |dʒirondo'lare| *v.intr.* → **girandolare.**

giróne |dʒi'rone| *s.m.* **1** (*nella 'Divina Commedia'*) cercle **2** (*sport*) tour # *girone d'andata e di ritorno* matchs d'aller et (de) retour, de premier et deuxième tour ◇ (*loc.*) *girone all'italiana* tour à élimination directe **3** (*mar.*) portage.

gironzolàre |dʒirondzo'lare| *v.intr.* (*aus.* 'avere') [*andare qua e là oziosamente*] flâner, se balader *pron.* (*fam.*): *non fa altro che gironzolare per la città* il ne fait que flâner, que se balader dans la ville ◇ [*aggirarsi con aria e con fini sospetti*] rôder: *è da molto che quell'individuo gironzola da queste parti* ça fait longtemps que cet individu rôde par ici.

giropètto |dʒiro'pɛtto| *s.m.* tour de poitrine.

giropilòta |dʒiropi'lɔta| *s.m.* (*aer.*) gyropilote.

giroscòpico, ci, ca, che |dʒiros'kɔpiko, tʃi, ka, ke| *agg.* gyroscopique.

giroscòpio, i |dʒiros'kɔpjo, i| *s.m.* gyroscope.

giròstato |dʒi'rɔstato| *s.m.* (*scient.*) gyrostat.

girotóndo |dʒiro'tondo| *s.m.* [*gioco infantile in cui i bambini girano in cerchio tenendosi per mano*] ronde *f.*

giròtta |dʒi'rɔtta| *s.f.* [*lamina metallica girevole indicante la direzione del vento*] girouette.

girovagàre |dʒirova'gare| *v.intr.* (*aus.* 'avere') [*andare vagando senza mèta*] flâner, vagabonder → **bighellonare, gironzolare.**

giròvago, ghi, ga, ghe |dʒi'rɔvago, gi, ga, ge| *agg.* [*che non ha una* *dimora o un'attività fissa e viaggia continuamente*] ambulant: *suonatore girovago* musicien ambulant; *mercante girovago* marchand ambulant ♦ (*s.*) *un girovago* un vagabond # *compagnia di girovaghi* troupe de comédiens ambulants *agg.*

gita |ˈdʒita| *s.f.* [*viaggio breve di svago; escursione, scampagnata*] promenade, excursion: *gita in bicicletta, in auto* promenade à bicyclette, en voiture; *gita al mare* promenade au bord de la mer; *gita in montagna* promenade, excursion en montagne; *andare in gita* aller en promenade, faire une excursion # *gita di piacere* petit voyage d'agrément.

gitàno |dʒiˈtano| *s.* gitan.

gitànte |dʒiˈtante| *s.* [*persona che va a una gita*] excursionniste ◇ [*turista*] touriste: *la hostess spiegava l'itinerario ai gitanti* l'hôtesse expliquait l'itinéraire aux touristes.

gittaióne |dʒittaˈjone| *s.m.* (*t.bot.*) nielle *f.*, gerzeau (*fam.*).

gittàre |dʒitˈtare| *e deriv.* → **gettare** *e deriv.*

gittàta |dʒitˈtata| *s.f.* **1** (*mil.*) portée **2** → **gettata** 1.

giù |dʒu| **I** *avv.* [*in basso, a basso, verso il basso*] **1** (*unito a un v. di stato o di movimento*) en bas (*loc. inv.*): *trovarsi giù* être en bas; *rimanere giù* rester en bas; *saltare giù* sauter en bas; *portare giù* porter en bas; *guardare giù* regarder en bas; *aspettare giù* attendre en bas # *venire, scendere giù* descendre; *mettere giù* poser; *buttare giù* jeter **2** *loc.* IN GIÙ: *va in giù* descends; *portalo più in giù* descendes-le plus bas; *guarda in giù* regarde vers le bas; *star con la testa in giù* avoir la tête en bas; *cadere a testa in giù* tomber la tête en avant, la tête la première; *pendere in giù* pendre **3** (*preceduto da un compl. di provenienza*) ◇ (*spazio*) [*in poi, in avanti verso il basso*] *dalla testa in giù* de la tête aux pieds; *dalla strada in giù c'è un vigneto* à partir de la route, en contrebas en descendant, il y a un vignoble ◇ (*tempo*) [*in poi, in avanti*] depuis: *dal medioevo in giù* depuis le moyen âge; *da dieci anni in giù* depuis dix ans **4** *loc.* DA, DI GIÙ [*dal basso*] d'en bas: *te lo porgo da giù* je te le tends d'en bas; *questo cavo sale da giù* ce câble vient d'en bas ~ DI GIÙ [*da basso, in basso*] en bas: *di giù c'è una gran confusione* il y a un grand désordre en bas ~ *da, di giù in su* de bas en haut ~ *di qua, di là, di giù, di su* [*per ogni dove, dappertutto*] partout **5** *loc.* SU E GIÙ: *andare su e giù per* (*le scale*) monter et descendre les escaliers; *andare, camminare su e giù* (*per un viale*) [*avanti e indietro*] arpenter une avenue ◇ (*fig.*) *i prezzi vanno su e giù* les prix montent et baissent **6** *loc.* GIÙ GIÙ (*indica movimento continuato verso il basso*): *con una corda si è calato giù giù nel burrone* avec une corde il est descendu tout au fond du ravin; *ho cercato il mio anello giù giù per tutto il sentiero* j'ai redescendu tout le sentier pour chercher ma bague ◇ (*fig.*) *ha rifatto giù giù tutta la storia* il a répété mot à mot toute l'histoire **7** *ass.* (*con ell. del v. in prop. escl., imperative e sim.*) *giù le mani!* bas les mains!, bas les pattes (*fam.*); *giù il cappello!* ôte ton chapeau!, ôtez votre chapeau!; *giù la maschera!* jette (jetez) le masque; *giù da quell'albero* descends (descendez) de cet arbre ◇ *raff.* E GIÙ *e giù botte!* et les coups de pleuvoir!; *e giù improperi!* des jurons à n'en plus finir! **8** (*in unione con vari v. assume valori particolari*): BUTTAR GIÙ [*abbattere*] *buttar giù una casa* abattre une maison; *buttar giù il governo* faire tomber le gouvernement; *quella notizia mi ha battuto giù* cette nouvelle m'a déprimé, abattu; (*fam.*) *buttar giù la pasta* [*metterla a cuocere*] jeter les pâtes dans l'eau, faire cuire les pâtes; (*fam.*) *buttar giù un boccone* [*mangiar q.c. alla svelta*] avaler qqch., un morceau; *buttar giù uno schizzo* [*abbozzare*] griffonner un croquis; *buttar giù un'idea* [*abbozzare*] jeter une idée sur le papier ~ BUTTARSI GIÙ: (*pr.*) [*sdraiarsi*] s'étendre: *mi butto giù un momento* je m'étends un moment; (*fig.*) [*avvilirsi*] se laisser abattre: *dopo la disgrazia si è buttato giù* après ce malheur il s'est complètement laissé abattre ~ *andar giù*: (*pr.*) [*deperire*] décliner; (*fig.*) [*deprezzarsi, abbassarsi di prezzo*] baisser ~ *non mi va giù, non mi va né su né giù*: (*pr.*) [*non riesco a inghiottire*] je ne peux pas l'avaler; (*fig.*) [*non lo sopporto*] je ne peux pas l'avaler, le digérer ~ ESSERE GIÙ [*essere abbacchiato*] *oggi sono giù* aujourd'hui je suis abattu, déprimé ~ *essere giù di corda, di morale* avoir le moral bas, être abattu; [*essere deperito fisicamente*] *ti vedo piuttosto giù* tu m'as l'air assez fatigué ~ *essere giù di moda* ne plus être à la mode ~ MANDAR GIÙ: (*pr.*) [*inghiottire*] *non riesco a mandar giù un boccone* je n'arrive pas à avaler quoi que ce soit; (*fig.*) [*sopportare malvolentieri*] *ho dovuto mandar giù bocconi amari* j'ai dû avaler des couleuvres; *questa non la mando giù* ça, je ne l'avale pas, je ne le digère pas ~ TIRAR GIÙ: (*fig.*) [*far q.c. in fretta, arrabattare*] *l'ho tirato giù senza pensarci tanto* je l'ai fait à la *hâte sans trop y penser ~ *tirar giù bestemmie, improperi* [*bestemmiare, imprecare*] lâcher des jurons ~ *tirar giù i prezzi* [*cercare di ottenere sconti*] baisser les prix ~ VENIR GIÙ: (*pr., fig.*) [*crollare*] *è venuto giù il soffitto* le plafond s'est écroulé; *venga giù pure il mondo, non mi sposto* le monde peut (s'é)crouler, je ne bouge(rai) pas **9** *loc.* SU PER GIÙ [*pressappoco, più o meno*] à peu pres; environ: *su per giù è la stessa cosa* c'est à peu près la même chose ‖ *avrà su per giù trent'anni* il doit avoir environ trente ans ~ GIÙ DI LÌ [*più o meno, all'incirca, lì vicino*] *peserà 10 kg. o giù di lì* il doit peser environ 10 kg; *vive nel tuo paese o giù di lì* il habite ton village ou dans les parages, environs **II** *loc. prep.* GIÙ PER [*lungo*]: *scendeva giù per il sentiero* il descendait le long du sentier; *porta i capelli sciolti giù per le spalle* elle porte les cheveux sur les épaules ~ SU E GIÙ PER: *andare, camminare su e giù per il viale, la stanza* [*avanti e indietro*] arpenter l'avenue, la pièce; faire les cent pas; *andare su e giù per le scale* monter et descendre les escaliers **C** I 2, 3 **su**.

1 **giùbba** |ˈdʒubba| *s.f.* [*casacca, giacca lunga*] veste, veston *m.*; tunique, vareuse: *infilarsi la giubba* enfiler sa veste, son veston ‖ *la giubba dell'uniforme* la tunique, la vareuse, la veste de l'uniforme ◇ (*loc. fig.*) *rivoltare la giubba* [*cambiare idea, partito*] retourner sa veste, tourner casaque.

2 **giùbba** |ˈdʒubba| *s.f.* → **criniera.**

giubbétto |dʒubˈbetto| *s.m.* **1** petite veste *f.* ◇ *giubbetto da uomo* vareuse (*f.*); *giubbetto da donna* jaquette *f.* (de femme) **2** (*scherma*) gilet d'armes.

giubbóne |dʒubˈbone| *s.m.* **1** [*giacca di panno grossolano*] veste *f.*, blouson **2** [*giaccone di pelle da motociclista*] blouson de cuir.

giubbòtto |dʒubˈbɔtto| *s.m.* **1** [*giacca sportiva corta, spec. in pelle*] blouson # *giubbotto di pelle* canadienne **2** (*per est.*) *giubbotto antiproiettile, antipallottola* blouson antiprojectile, gilet pare-balles; *giubbotto di salvataggio* gilet de sauvetage; (*mar. mil.*) brassière *f.*

giubilànte |dʒubiˈlante| *agg.* → **gioioso, esultante.**

1 **giubilàre** |dʒubiˈlare| **A** *v.intr.* (*aus. 'avere'*) [*esultare, provare giubilo*] se réjouir *pron.*, jubiler (*fam.*): *giubilare di gioia* se réjouir vivement, jubiler **B** *v.tr.* **1** (*scherz.*) [*esonerare da una carica*] destituer # *giubilare un impiegato* licencier, mettre à la retraite un employé → **silurare** **2** (*per est.*) [*assegnare a qc. un posto di lavoro più redditizio, ma per toglierli influenza*] limoger (3).

2 **giubilàre** |dʒubiˈlare| *agg.* jubilaire: *anno, indulgenza giubilare* année, indulgence jubilaire.

giubilàto |dʒubiˈlato| *agg.* **1** (*scherz.*) mis à la retraite **2** [*che è esautorato*] licencié, limogé: *dirigente giubilato* dirigeant licencié, limogé.

giubilazióne |dʒubilatˈtsjone| *s.f.* [→ 1 GIUBILARE B] licenciement *m.*, mise à la retraite.

giubilèo |dʒubiˈlɛo| *s.m.* (*eccl.*) jubilé: *l'anno del giubileo* l'année du jubilé ◇ (*per est.*) *festeggiare il giubileo sacerdotale, episcopale* fêter le jubilé sacerdotal, épiscopal.

giùbilo |ˈdʒubilo| *s.m.* [*esultanza, tripudio*] jubilation (*f.*): *grida, canti di giubilo* cris, chants de jubilation.

giùda |ˈdʒuda| *s.m. inv.* [*traditore*] judas, traître* *s. var.*

giudàico, ci, ca, che |dʒuˈdaiko, tʃi, ka, ke| *agg.* judaïque: *religione giudaica* religion judaïque.

giudaismo |dʒudaˈizmo| *s.m.* judaïsme.

giudaizzàre |dʒudaidˈdzare| *v. intr.* (*aus. 'avere'*) [*seguire i riti giudaici*] judaïser.

giudècca, che |dʒuˈdɛkka, ke| *s.f.* (*st.*) juiverie.

giudèo |dʒuˈdɛo| *agg.* [*della Giudea, dei Giudei*] juif*.

giudeo-cristianésimo |dʒudeokristjaˈnezimo| *s.m.* judéo-christianisme.

giudeo-spagnòlo |dʒudeospaŋˈɲɔlo| *agg.* judéo-espagnol.

giudicàbile |dʒudiˈkabile| *agg.* [→ GIUDICARE] jugeable.

giudicànte |dʒudiˈkante| **1** *s.m.* → **giudice** **2** *agg.* chargé de juger: *la commissione giudicante* la commission chargée de juger.

giudicàre |dʒudiˈkare| **A** *v.tr.* **1** [*esprimere, formulare un giudizio su qc. o q.c.; valutare*] juger (3): *giudicare bene, male qc.* bien, mal juger qqn.;

lei ha giudicato avventatamente la mia proposta vous avez jugé inconsidérément ma proposition; *non dovete giudicarlo dalle apparenze* vous ne devez pas le juger sur les apparences; *si fa presto, è facile giudicare gli altri!* il est (bien) facile de juger les autres! # *giudicare il pro e il contro di una faccenda* peser le pour et le contre d'une affaire ✦ (*ass.*) *non avere elementi per giudicare* ne pas avoir d'éléments pour juger ◇ (*per est.*) [*valutare le responsabilità, gli errori di qc.*] *non mi sento di giudicarlo per quello che ha fatto* je ne me sens pas le courage de le juger pour ce qu'il a fait # *così ti esponi troppo, tutti ti giudicheranno* de cette façon tu t'exposes trop, tu seras critiqué → **criticare** **2** (*dir.*) [*decidere con una sentenza*] juger: *giudicare una causa, una lite, un delitto* juger une cause, un procès, un délit; *è stato giudicato in contumacia* il a été jugé par contumace ◇ (*per est.*) [*stabilire*] *chi può giudicare se ha torto o ragione?* qui peut juger s'il a tort ou raison?; *non è stato possibile giudicare chi sia il vero colpevole* il n'a pas été possible de juger qui est le vrai coupable **3** [*stimare, considerare, ritenere*] juger: *giudicare un lavoro ben fatto* juger un travail bien fait; *lo hanno giudicato adatto a quella mansione* on a jugé qu'il était apte à cette fonction # *non giudicatemi un fannullone* ne croyez pas que je sois un fainéant **B** *v.intr.* (*aus.* '*avere*') [*esprimere giudizi, valutazioni*] juger: *giudicare sul merito di una questione* juger des mérites d'une question; *ognuno giudica dal suo punto di vista* chacun juge de son point de vue; *come si fa a giudicare senza conoscere il problema?* comment peut-on juger sans connaître le problème?; *non spetta a noi, a te giudicare* ce n'est pas à nous, à toi de juger; *così stanno le cose, ora giudica tu!* voilà où en sont les choses, à toi de juger maintenant!; *ormai hai l'età per giudicare da solo* désormais tu as l'âge de juger tout seul **C** *v. pron.* **1** *rifl.* [→ *tr.* 1] se juger: *ti giudichi capace?* te juges-tu capable?, t'estimes-tu capable? **2** *recipr.* se juger: *si sono giudicati con poca comprensione* ils se sont (réciproquement) mal jugés.

giudicàto |dʒudi'kato| (*dir.*) **1** *agg.* jugé: *le cause giudicate* les procès jugés **2** *s.m.* jugé ◇ (*loc.*) *passare in giudicato* acquérir force de chose jugée.

giudicatóre, trice |dʒudika'tore, tritʃe| (*agg.*) *la commissione giudicatrice* la commission chargée de juger ✦ *s.* (*raro*) *il giudicatore dei vivi e dei morti* le juge suprême, le souverain juge.

giudicatòrio, i |dʒudika'tɔrjo, i| *agg.* (*lett.*) de jugement (*loc. inv.*): *la facoltà giudicatoria* la faculté de jugement.

giùdice |'dʒuditʃe| *s.m.* **1** juge: *giudice conciliatore* juge de paix; *giudice istruttore* juge d'instruction; *giudice di corte d'appello* juge d'appel; *giudice tutelare* juge des tutelles; *giudice del tribunale dei minorenni* juge des enfants # *giudice popolare* juré ◇ (*fig.*) *erigersi a giudice di qc.* s'ériger, se poser en juge de qqn. **2** (*sport*) juge: *giudice di gara* juge, arbitre de compétition; *giudice di corsa* juge des courses; *giudice d'arrivo, di partenza* juge d'arrivée, de départ; *giudice di campo* juge de camp **3** (*st. ebr.*) juge.

giudiziàle |dʒudit'tsjale| *agg.* (*dir.*) judiciaire: *errore, azione, casellario giudiziale* erreur, action, casier judiciaire → **giudiziario** # *le spese giudiziali* les frais de justice, les dépens.

giudizialménte |dʒudittsjal'mente| *avv.* (*dir.*) [→ GIUDIZIALE] judiciairement.

giudiziàrio, i |dʒudit'tsjarjo, i| *agg.* (*dir*) judiciaire: *atto, polizia giudiziaria* acte, police judiciaire; *la cronaca giudiziaria* la chronique judiciaire → **giudiziale** # *carcere giudiziario* maison d'arrêt; *ufficiale giudiziario* huissier, officier ministériel.

giudìzio, i |dʒu'dittsjo, i| *s.m.* **1** [→ GIUDICARE A 1] jugement **2** (*dir.*) justice *f.*; procès: *le spese di giudizio* les frais de justice; *citare in giudizio* citer en justice; *comparire in giudizio* comparaître en justice; *essere chiamato in giudizio* être appelé en justice ‖ *giudizio civile, penale* procès civil, criminel; *intentare un giudizio contro qc.* intenter un procès contre qqn. **3** [*senno, assennatezza*] jugement # *mettere giudizio* devenir raisonnable **4** [*opinione, parere*] jugement; avis: *giudizio affrettato* jugement hâtif; *mi sono basato sul tuo giudizio* je m'en suis remis à ton jugement; *stare, rimettersi al giudizio di qc.* se ranger, s'en remettre au jugement de qqn. ‖ *a mio giudizio* à mon avis **5** [*decisione, sentenza*] jugement: *fare appello contro un giudizio di condanna* faire appel d'un jugement de condamnation; *il giorno del Giudizio* le jour du Jugement; *Giudizio universale, finale* Jugement dernier ◇ (*st. med.*) *il Giudizio di Dio* le Jugement de Dieu, ordalie *f.*

giudiziosaménte |dʒudittsjosa'mente| *avv.* [→ GIUDIZIOSO] judicieusement.

giudizióso |dʒudit'tsjoso| *agg.* judicieux*, sensé: *è un tipo giudizioso* c'est un homme judicieux, sensé; *è un'osservazione giudiziosa* c'est une remarque judicieuse Ⓒ **avventato, sventato.**

giudò |dʒu'dɔ| *s.m.* → **judo.**

giùggiola |'dʒuddʒola| *s.f.* **1** [*frutto del giuggiolo*] jujube *m.* ◇ (*loc. fig.*) *andare in brodo di giuggiole* [*gongolare per la gioia*] se pâmer de joie; boire du lait, du petit-lait **2** (*fig.*) [*cosetta da nulla*] bagatelle: *è un furto di cento milioni, altro che giuggiole!* c'est un vol de cent millions, ce n'est pas une bagatelle!

giùggiolo |'dʒuddʒolo| *s.m.* (*t.bot.*) jujubier.

giuggiolóne |dʒuddʒo'lone| *s.* (*fig.*) [*persona bonacciona, ma bighellona*] bêta*, niais.

giùgno |'dʒuɲɲo| *s.m.* [*sesto mese dell'anno*] juin: *nel mese di giugno* au mois de juin; *il 15 giugno* le 15 juin; *in giugno* en juin.

1 **giugulàre** |dʒugu'lare| *agg.* (*anat.*) jugulaire: *vena giugulare* veine jugulaire.

2 **giugulàre** |dʒugu'lare| *v.tr.* **1** → **1 scannare** **2** (*fig.*) [*reprimere con durezza*] juguler: *giugulare una rivolta* juguler une révolte.

giugulazióne |dʒugulat'tsjone| *s.f.* [*lo sgozzare*] égorgement *m.*

giulebbàre |dʒuleb'bare| *v.tr.* (*cuc.*) confire*.

giulèbbe |dʒu'lɛbbe| *s.m.* **1** [*sciroppo dolciastro*] sirop: *preparare, bere un giulebbe* préparer, boire un sirop **2** (*fig.*) [*persona sdolcinata*] douceureux*.

giuliàno |dʒu'ljano| *agg.* [*della Venezia Giulia*] julien*.

giùlio, i |'dʒuljo, i| *agg.* (*st. rom.*) julien*: *la legge giulia* la loi julienne; *la gente giulia* le peuple julien, la gens julia.

giulivaménte |dʒuliva'mente| *avv.* [→ GIULIVO] joyeusement.

giulìvo |dʒu'livo| *agg.* [*allegro, gaio*] gai, joyeux*.

giullàre |dʒul'lare| *s.m.* (*st. med.*) jongleur ◇ [*buffone*] bouffon.

giullarésco, chi, ca, che |dʒulla'resko, ki, ka, ke| *agg.* de (du) jongleur *loc.*, de bouffon (*loc.*): *arte giullaresca* art du jongleur, du bouffon.

giullerìa |dʒulle'ria| *s.f.* **1** [*arte del giullare*] jonglerie, art *m.* du jongleur **2** [*i giullari*] les jongleurs *m.pl.*

giumèlla |dʒu'mɛlla| *s.f.* → **palmo (della mano).**

giuménta |dʒu'menta| *s.f.* [*cavalla da sella*] jument.

giuménto |dʒu'mento| *s.m.* bête *f.* de somme.

giùnca, che |'dʒunka, ke| *s.f.* (*mar.*) jonque.

Giuncàcee |dʒun'katʃee| *s.f. pl.* (*t.bot.*) Joncacées.

giuncàia |dʒun'kaja| *s.f.* [*luogo dove crescono molti giunchi*] jonchère, jonchaie (joncheraie).

giunchéto |dʒun'keto| *s.m.* → **giuncaia.**

giunchiglia |dʒun'kiʎʎa| *s.f.* (*t. bot.*) jonquille.

giùnco, chi |'dʒunko, ki| *s.m.* (*t. bot.*) jonc ~ *giunco fiorito* jonc fleuri ~ *giunco del Nilo* → **papiro** ~ *giunco marino* → **sparto** ~ *giunco di palude, da stuoie* jonc des chaisiers.

giùngere |'dʒundʒere| (150) (*aus.* '*essere*') **A** *v.intr.* [*arrivare, toccare la meta*] arriver: *siamo giunti a casa* nous sommes arrivés à la maison; *giungere a destinazione* arriver à destination # *è giunto al traguardo per primo* il a été le premier à l'arrivée ◇ (*fig*) *giungere in porto* [*ottenere ciò che si voleva, concludere un'impresa*] arriver à bon port, mener à bonne fin ~ *giungere all'orecchio* arriver, parvenir aux oreilles de qqn. ~ *è giunto a dire che non mi conosce!* [*è arrivato al punto di*] il a eu le toupet de dire qu'il ne me connaissait pas! ◇ (*fig.*) [*risultare, riuscire*] *questo mi giunge nuovo* voilà qui est nouveau; *non mi giunge nuovo* ce n'est pas du nouveau **B** *v.tr.* [*riunire, accostare*] joindre (61): *giungere le mani per pregare* joindre les mains pour prier ✦ (*al p.p.*) *a mani giunte* les mains jointes.

giùngla |'dʒungla| *s.f.* **1** jungle: *la legge della giungla* la loi de la jungle **2** (*fig.*) jungle: *giungla retributiva* [*sperequazione di stipendi basata su privilegi corporativi*] jungle des salaires.

giunóne |dʒu'none| *s.f.* femme plantureuse.

giunònico, ci, ca, che |dʒu'nɔniko, ci, ka, ke| *agg.* junonien* ◇ (*fig.*) *bellezza giunonica* beauté junonienne; *forme giunoniche* des formes junoniennes.

1 **giùnta** |'dʒunta| *s.f.* **1** [*aggiunta*]

rallonge: *fare una giunta al lenzuolo, all'abito* mettre une rallonge à un drap, à un habit ◇ (*loc.*) *per giunta* [*per di più*] par-dessus le marché, de surcroît ~ *dare di giunta* [*in più*] donner une rallonge **2** [*aggiunta, supplemento*] (*di peso*) supplément *m.*, surplus *m.* ◇ [*pezzo di carne o osso ricevuto come sovrappiù*] (*macelleria*) réjouissance (*arch.*).

2 **giùnta** |'dʒunta| *s.f.* commission, comité (*m.*): *giunta deliberativa, consultiva, esecutiva* commission chargée de déliberer, consultative, exécutive # *giunta comunale* conseil municipal.

giuntàre |dʒun'tare| *v.tr.* [*congiungere, spec. cucendo insieme*] joindre (61), unir; coudre (60) ensemble: *giuntare due tubi* joindre, unir deux tuyaux # *giuntare la manica alla spalla* monter la manche; *giuntare due fili elettrici* épisser deux fils électriques.

giuntatóre |dʒunta'tore| *s.m.* [*operaio che effettua le giunte*] assembleur* *s.*

giuntatrice |dʒunta'tritʃe| *s.f.* **1** (*cine.*) colleuse **2** (*tecnol.*) encolleuse; jointoyeuse.

giuntatùra |dʒunta'tura| *s.f.* **1** [→ GIUNTARE] jointement *m.*, épissure: *eseguire la giuntatura di due fili* exécuter le jointement de deux fils, l'épissure de deux brins **2** [*punto di giunzione fra due elementi*] joint (*m.*): *la barra ha un rigonfiamento sulla giuntatura* la barre s'est gonflée au joint.

giunteria |dʒunte'ria| *s.f.* (*lett.*) → **inganno, imbroglio.**

giùnto |'dʒunto| *s.m.* (*mecc.*) joint: *giunto a sfere* joint sphérique; *giunto cardanico* joint de cardan; *giunto obliquo, sfalsato, scorrevole* joint en biseau, emboîté, coulissant; *giunto di espansione* joint glissant.

giuntùra |dʒun'tura| *s.f.* [*punto in cui un pezzo è congiunto con un altro*] jointure, articulation ◇ (*anat.*) *sentire dolori alle giunture* avoir mal aux jointures, dans les articulations.

giunzióne |dʒun'tsjone| *s.f.* (*tecnol.*) jonction.

giuòco, chi |'dʒwɔko, ki| *s.m.* (*lett.*) → **gioco.**

giuraddio |dʒurad'dio| *inter.* → **vivaddio.**

giuraménto |dʒura'mento| *s.m.* **1** [→ GIURARE A 1] serment: *falso giuramento* faux serment; *giuramento militare* serment militaire; *osservare, sciogliere il giuramento* respecter, briser un serment (manquer à un serment); *dare, prestare giuramento* prêter serment ◇ (*loc. fig.*) *giuramento di marinaio* [*di scarso valore, di poca durata*] serment d'ivrogne **2** (*dir.*) serment: *giuramento del giudice* serment du juge.

giuràre |dʒu'rare| **A** *v.tr.* **1** [*promettere, affermare chiamando a testimone la divinità*] jurer: *giurare il vero, il falso* jurer le vrai, le faux; *giurare fedeltà, odio, amore, amicizia* jurer (sa) fidélité, sa haine, son amour, son amitié **2** (*iperb.*) [*affermare con certezza, assicurare*] jurer: *giuro che la cosa è andata proprio così* je jure que ça c'est vraiment passé comme cela, ainsi; *vi giuro che mi vendicherò* je vous jure que je me vengerai; *giurare su qc. o q.c.* [*esserne assolutamente sicuro*] jurer de qqch., ne jurer que par qqn. ◇ (*fam.*) *giurarla a qc.* [*proporsi di recargli offesa o danno*] garder à qqn. un chien de sa chienne **B** *v.intr.* (*aus.* '*avere*') [*prestar giuramento*] jurer, prêter *tr.* serment: *ieri i ministri hanno giurato nelle mani del presidente* hier les ministres ont prêté serment devant le, au président ⓒ A **spergiurare.**

giuràssico, ci, ca, che |dʒu'rassiko, tʃi, ka, ke| *agg.* (*geol.*) jurassique: *periodo giurassico* période jurassique ✦ (*s.m.*) *il giurassico* le jurassique.

giuràto |dʒu'rato| **1** *agg.* [*dichiarato, confermato con giuramento*] sous serment (*loc. inv.*): *testimonianza, dichiarazione giurata* témoignage, déclaration sous serment ◇ [*vincolato con giuramento*] assermenté: *guardia giurata* garde assermenté ◇ [*irriducibile, accanito*] juré, déclaré: *nemico giurato* ennemi juré, déclaré **2** *s.m.* [*membro di una giuria*] juré.

giuratòrio, i |dʒura'tɔrjo, i| *agg.* (*dir.*) juratoire.

giùre |'dʒure| *s.m.* → **diritto.**

giureconsùlto |dʒurekon'sulto| *s.m.* jurisconsulte.

giurése |dʒu'rese| *s.m. e agg.* → **giurassico.**

giurì |dʒu'ri| *s.m.* (*solo nella loc.*) *giurì d'onore* jury.

giurìa |dʒu'ria| *s.f.* jury (*m.*): *il verdetto della giuria* le verdict du jury; *la giuria del premio letterario* le jury du prix littéraire.

giuridicaménte |dʒuridika'mente| *avv.* [→ GIURIDICO] juridiquement.

giuridicità |dʒuriditʃi'ta| *s.f. inv.* (*dir.*) caractère *m. var.* juridique.

giurìdico, ci, ca, che |dʒu'ridiko, tʃi, ka, ke| *agg.* juridique.

giurisdizionàle |dʒurizdittsjo'nale| *agg.* (*dr.*) juridictionnel*: *potere giurisdizionale* pouvoir juridictionnel.

giurisdizióne |dʒurizdit'tsjone| *s.f.* juridiction: *essere sotto la giurisdizione di qc.* être sous la juridiction de qqn. # *conflitto di giurisdizione* conflit de compétence juridictionnelle; conflit de juridictions ◇ (*fig.*) *questo non rientra nella mia giurisdizione* cela ne rentre pas dans mes compétences, dans mes attributions.

giurisperito |dʒurispe'rito| *s.m.* → **giureconsulto.**

giurisprudènza |dʒurispru'dentsa| *s.f.* **1** (*dir.*) jurisprudence ◇ (*per est.*) [*complesso degli organi giurisdizionali*] *la giurisprudenza francese* la jurisprudence française **2** [*scienza del diritto*] droit (*m.*): *laurea in giurisprudenza* licence en droit.

giurisprudenziàle |dʒurisprudent'tsjale| *agg.* jurisprudentiel*.

giurista |dʒu'rista| *s.* juriste.

giùro |'dʒuro| *s.m.* (*poet.*) → **giuramento.**

giusquiamo |dʒus'kwiamo| *s.m.* (*t.bot.*) jusquiame *f.* ~ *giusquiamo bianco* jusquiame blanche.

giùsta |'dʒusta| *prep.* [*in conformità di, secondo*] suivant, selon, conformément à: *giusta le norme vigenti* suivant, selon les lois en vigueur; *giusta gli accordi stabiliti* conformément aux accors établis.

giustacuòre |dʒusta'kwɔre| *s.m.* justaucorps.

giustaménte |dʒusta'mente| *avv.* **1** [*in modo giusto, secondo giustizia*] selon la justice (*loc. inv*): *giudicare giustamente* juger selon la justice **2** [*esattamente*] exactement; justement: *rispondere giustamente* répondre exactement, donner une réponse exacte ‖ *hai detto giustamente che...* tu as (très) justement dit que... **3** (*fam.*) [→ GIUSTO II 2] justement (*corr.*).

giustapponibile |dʒustappo'nibile| *agg.* [→ GIUSTAPPORRE] juxtaposable.

giustappórre |dʒustap'porre| (168) *v.tr.* [*mettere accanto*] juxtaposer: *giustapporre due colori* juxtaposer deux couleurs; *giustapporre le frasi* juxtaposer les phrases.

giustapposizióne |dʒustappozit'tsjone| *s.f.* [→ GIUSTAPPORRE] juxtaposition.

giustézza |dʒus'tettsa| *s.f.* **1** justesse: *la giustezza della bilancia* la justesse de la balance; *la giustezza di un rimprovero* la justesse d'un reproche; *la giustezza di vedute* la justesse des idées; *giustezza di tiro* justesse du tir → **precisione** # *la giustezza del peso* l'exactitude du poids **2** (*tip.*) justification.

giustificàbile |dʒustifi'kabile| *agg.* [→ GIUSTIFICARE A 1, 2] excusable, justifiable: *assenza, ritardo giustificabile* absence, retard excusable, justifiable.

giustificànte |dʒustifi'kante| *agg.* (*relig.*) *grazia giustificante* grâce justifiante.

giustificàre |dʒustifi'kare| **A** *v.tr.* **1** [*rendere o dimostrare giusto, comprensibile*] justifier: *il fine non giustifica i mezzi* la fin ne justifie pas les moyens; *la situazione particolare giustifica questo provvedimento* la situation particulière justifie cette mesure; *giustificare una assenza* justifier une absence; *giustificare una reazione* justifier une réaction → **legittimare** **2** [*riconoscere privo di colpa*] justifier: *il tribunale ha giustificato il suo operato* le tribunal l'a justifié de ses actes; *non ci sono motivi sufficienti per giustificarlo* il n'y a pas de motifs suffisants pour le justifier **3** (*tip.*) [*portare la linea alla giustezza voluta*] justifier **B** *v.pron. rifl.* GIUSTIFICARSI [*rendere ragione delle proprie azioni*] se justifier; s'excuser: *mi sono giustificato agli occhi di tutti* je me suis justifié aux yeux de tous ‖ *giustificarsi per una mancanza* s'excuser d'une faute → **scusar(si).**

giustificativo |dʒustifika'tivo| *agg.* justificatif*: *documento giustificativo* document justificatif # *parole giustificative* des mots de justification, d'excuse.

giustificàto |dʒustifi'kato| *agg.* justifié ⓒ **ingiustificato.**

giustificatóre, trice |dʒustifika'tore, tritʃe| *agg. e s.m.* justificateur*.

giustificatòrio, i |dʒustifika'tɔrjo, i| *agg.* → **giustificatore.**

giustificazióne |dʒustifikat'tsjone| *s.f.* **1** [→ GIUSTIFICARE A 1, 2] justification: *è una colpa che non ammette giustificazioni* c'est une faute qui n'admet pas de justification → **scusa, discolpa** ◇ [*parole, documenti portati a discolpa*] *presentare, accettare una giustificazione* présenter, accepter une justification # *libretto delle giustificazioni* carnet de correspondance **2** (*teol.*) justification **3** (*tip.*) justification.

giustìzia |dʒus'tittsja| *s.f.* **1** justice: *agire, operare secondo giustizia* agir selon la justice; *punire, governare con giustizia* punir, gouverner avec justice → **equità, imparzialità** ◇ (*per est.*) [*conformità al diritto*] *la giustizia di un provvedimento* mesure qui n'est que justice; le caractère juste, équitable d'une mesure **2** [*l'esercizio della giustizia*] justice: *amministrare la giustizia* administrer la justice; *intralciare il corso della giustizia* entraver le cours de la justice ◇ (*bur.*) *ministero* (*ministro*) *di grazia e giustizia* ministère (ministre) de la justice ◇ [*autorità giudiziaria*] *corte di giustizia* cour de justice; *ricorrere alla giustizia* avoir recours à la justice; *consegnare qc. alla giustizia* livrer qqn. à la justice **3** [*sentenza o decisione conforme al diritto*] justice: *chiedere, ottenere giustizia* demander, obtenir justice ◇ (*loc. fig.*) *far giustizia di qc.* [*punirlo*] traiter qqn. comme il le mérite, punir qqn. ~ *luogo della giustizia* [*patibolo*] échafaud *m.* ~ *esecutore della giustizia* [*boia*] bourreau, exécuteur des hautes œuvres © 1 **ingiustizia.**

giustiziàre |dʒustit'tsjare| *v.tr.* [*eseguire una condanna a morte*] exécuter: *i traditori furono giustiziati all'alba* les traîtres furent exécutés à l'aube.

giustiziàto |dʒustit'tsjato| *s.* [*chi ha subito l'esecuzione capitale*] exécuté.

giustizière |dʒustit'tsjɛre| *s.m.* **1** justicier **2** [*esecutore di condanne a morte*] bourreau → **carnefice, boia.**

giùsto |'dʒusto| **I** *agg.* **1** juste: *premio, castigo giusto* juste récompense, châtiment; *uomo, giudice giusto* homme, juge juste; *non è giusto agire così* il n'est pas juste d'agir ainsi → **imparziale, equo** ◇ (*escl.*) *siamo giusti!* soyons justes! ◇ [*rispondente a verità*] *osservazione giusta* observation juste; *ora l'hai detta giusta* tu as dit une chose (très) juste **2** [*appropriato, conveniente*] juste: *non trovo la parola, l'espressione giusta* je ne trouve pas le mot, l'expression juste → **adeguato** # *è arrivato al momento giusto* il est arrivé au bon moment **3** [*preciso, esatto*] juste, exact: *calcolo, peso giusto* calcul, poids juste, exact; *ora giusta* heure juste, exacte ◇ [*che ha la misura dovuta; regolare*] à point *loc. inv.*; moyen*: *cotoletta giusta di sale, di cottura* côtelette salée comme il faut, cuite à point ‖ *statura, corporatura giusta* taille moyenne **II** *avv.* **1** [*esattamente, con precisione*] juste: *mirare, colpire giusto* viser, frapper juste; *hai visto giusto* tu as vu juste # *quell'abito ti sta giusto* cet habit te va bien **2** [*proprio, per l'appunto*] justement: *l'ho visto giusto ora* je viens justement de le voir; *si parlava giusto di te* on parlait justement de toi ◇ [*appena*] juste: *sono arrivato giusto giusto in tempo* je suis arrivé tout juste à temps **3** [*circa, quasi*] tout juste, à peine (*loc. inv.*): *saranno giusto dieci anni* il y aura tout juste dix ans **III** *s.m.* **1** (*persone*) juste: *Dio premierà i giusti* Dieu récompensera les justes ◇ (*loc. fig.*) *dormire il sonno dei giusti* dormir du sommeil du juste ~ *la sede dei giusti* [*il paradiso*] le royaume éternel **2** (*cose*) (ce qui est) juste; justice (*f.*): *essere nel giusto* être dans le juste; *pretendere più del giusto* prétendre, réclamer plus que ce qui est juste ‖ *desiderare, mirare al giusto* désirer la justice **IV** *inter.* **1** (*indica 'vivace consenso'*) c'est ça, c'est juste: '*debbo aiutarti?*' '*giusto!*' 'je dois t'aider?' 'c'est ça!' ◇ (*raff.*) '*era questo che volevi?*' '*giustappunto!*' 'c'était ce que tu voulais' 'tout juste!' ◇ (*iron.*) '*debbo chiederlo al tuo avversario?*' '*sì, giusto a lui!*' 'dois-je le demander à ton adversaire?' 'oui, bien sûr!', 'mais oui!', 'c'est ça!' **2** (*esprime 'la casuale tempestività di un atto'*) à propos (*loc. inv.*): *giusto!, volevo pregarti di un favore* à propos!, je voulais te demander un service © I 1 **ingiusto.**

glàbro |'glabro| *agg.* [*senza peli, liscio*] glabre: *viso glabro* visage glabre ◇ (*bot.*) *foglia glabra* feuille glabre.

'glacé' |glase| *agg. inv.* glacé (*var.*): *guanti 'glacé'* gants glacés, de cuir glacé.

glaciàle |gla'tʃale| *agg.* **1** (*geol.*) glaciaire: *epoca, periodo glaciale* époque, période glaciaire ◇ [*coperto di ghiaccio*] glacial*: *oceano glaciale* océan glacial **2** (*per est.*) [*molto freddo*] glacial: *vento glaciale* vent glacial; *temperatura glaciale* température glaciale; *quel settore della casa è glaciale* cette partie de la maison est glaciale **3** (*chim.*) glacial: *acido acetico glaciale* acide acétique glacial **4** (*fig.*) [*indifferente, ostile*] glacial: *uomo glaciale* homme glacial; *silenzio, occhiata glaciale* silence, regard glacial.

glacialità |glatʃali'ta| *s.f. inv.* (*fig.*) [*l'essere glaciale*] froideur *var.*

glaciazióne |glatʃat'tsjone| *s.f.* (*geol.*) glaciation.

glaciologìa, gie |glatʃolo'dʒia, dʒie| *s.f.* (*scient.*) glaciologie.

glaciològico, ci, ca, che |glatʃo'lɔdʒiko, tʃi, ka, ke| *agg.* glaciologique.

gladiatóre |gladja'tore| *s.m.* gladiateur.

gladiatòrio, i |gladja'tɔrjo, i| *agg.* **1** [*di gladiatori*] de gladiateurs (*loc. inv.*): *spettacolo gladiatorio* spectacle de gladiateurs **2** [*fiero, battagliero*] agressif*.

glàdio, i |'gladjo, i| *s.m.* (*st. rom.*) glaive.

gladiolo |gla'diolo|, **gladiòlo** |gla'djɔlo| *s.m.* (*t.bot.*) glaïeul.

glànde |'glande| *s.m.* (*anat.*) gland.

glàndola |'glandola| *s.f.* → **ghiandola.**

glarèola |gla'rɛola| *s.f.* (*t.zool.*) glaréole.

glàssa |'glassa| *s.f.* (*pasticceria*) glace.

glassàre |glas'sare| *v.tr.* [*ricoprire di glassa*] glacer (2).

glassatùra |glassa'tura| *s.f.* (*pasticceria*) glaçage *m.*

glàuco, chi, ca, che |'glauko, ki, ka, ke| *agg.* (*lett.*) glauque.

glaucòma |glau'kɔma| *s.m.* (*med.*) glaucome.

glèba |'glɛba| *s.f.* (*lett.*) glèbe ◇ (*st. mediev.*) *i servi della gleba* les serfs attachés à la glèbe.

glène |'glɛne| *s.f.* (*anat.*) glène.

glenoidàle |glenoi'dale| *agg.* → **glenoideo.**

glenòide |gle'nɔide| *s.f.* (*anat.*) glénoïde.

glenoidéo |glenoi'deo| *agg.* (*anat.*) glénoïdal*, glénoïde.

1 **gli** |ʎi| *art. det. m. pl.* → **1 lo.**

2 **gli** |ʎi| **I** *pron. pers. atono di 3ª pers. m. sing.* **1** [*a lui*] (*come compl. di termine*) lui: *gli ho detto la verità* je lui ai dit la vérité; *gli dovresti parlare subito* tu devrais lui parler tout de suite; *non so cosa scrivergli* je ne sais pas ce que je dois lui écrire; je ne sais pas quoi lui écrire; *digli che non ci sono* dis-lui que je ne suis pas là ◇ (*solitamente premesso a 'sì' e 'se ne'*) *gli si dice tutto?* on lui dit tout?; *gli se ne dà un altro* on lui en donne un autre **2** (*seguito dai pron. atoni 'la, le, li, lo', come compl. ogg., e dalla particella 'ne', come compl. di specificazione o partitivo, assume le forme*): GLIELA la lui: *gliela spiegherò io* je la lui expliquerai moi-même; *spiegategliela voi* expliquez-la-lui, vous; *dagliela* donne-la-lui, *gliela compero domani* je la lui achèterai demain ~ GLIELE les lui: *gliele darò* je les lui donnerai; *dategliele* donnez-les-lui; *devi restituirgliele* tu dois les lui rendre ~ GLIELO le lui: *ricordaglielo, se ti fa piacere* rappelle-le-lui, si ça te fait plaisir; *glielo abbiamo promesso* nous le lui avons promis; *glielo dirò* je le lui dirai ~ GLIELI les lui: *glieli porterò oggi stesso* je les lui (ap)porterai aujourd'hui même; *portaglieli subito* (ap)porte-les-lui tout de suite; *glieli ho consigliati io* c'est moi qui les lui ai conseillés ~ GLIENE lui en: *gliene parlerò* je lui en parlerai; *parlagliene tu* parle-lui en toi-même; *gliene ho dette di tutti i colori* je lui en ai dit de toutes les couleurs **II** *pron. pers. atono di 3ª pers. f. sing.* (*fam., dial.*) [*a lei, a essa*] (*come compl. di termine*) lui: *è venuta tua sorella ma non gli ho detto niente* ta sœur est venue, mais je ne lui ai rien dit; *se la vedi, digli che sto bene* si tu la vois, dis-lui que je vais bien **III** *pron. pers. atono di 3ª pers. m. e f. pl.* (*fam., tosc.*) [*a loro*] (*come compl. di termine*) leur: *mi hanno scritto gli amici, dovresti rispondergli tu* les amis m'ont écrit, tu devrais leur répondre, toi; *gli ho fatto sapere che la loro visita non mi è gradita* je leur ai fait savoir que je n'appréciais pas leur visite.

glicemìa |glitʃe'mia| *s.f.* (*fisiol.*) glycémie.

glicèmico, ci, ca, che |gli'tʃɛmiko, tʃi, ka, ke| *agg.* glycémique.

glicèrico, ci, ca, che |gli'tʃɛriko, tʃi, ka, ke| *agg.* (*chim.*) glycérique.

glicèride |gli'tʃɛride| *s.m.* (*chim.*) glycéride *f.*

glicerìna |glitʃe'rina| *s.f.* (*chim., corr.*) glycérine, glycérel *m.*

glicerofosfàto |glitʃerofos'fato| *s.m.* (*med.*) glycérophosphate.

glicìde |gli'tʃide| *s.m.* → **glucide.**

glicìna |gli'tʃina| *s.f.* → **glicocolla.**

glicine |'glitʃine| *s.m.* (*t.bot.*) glycine *f.*

glicirrìza |glitʃir'riddza| *s.f.* → **liquirizia.**

glicocòlla |gliko'kɔlla| *s.f.* (*chim.*) glycocolle.

glicogènesi |gliko'dʒɛnezi| *s.f. inv.* (*fisiol.*) glycogénèse *var.*

glicògeno |gli'kɔdʒeno| *s.m.* (*biol.*) glycogène.

glicol |'glikol| *s.m. inv.* (*chim.*) glycol *var.*

glicolisi |gliko'lizi| *s.f. inv.* (*chim.*) glycolyse *var.*

glicòsio, i |gli'kɔzjo, i| *s.m.* → **glucosio.**

glicosùria |gliko'zurja| *s.f.* (*med.*) glycosurie.

gliéla |'ʎela|, **gliéle** |'ʎele|, **gliéli** |'ʎeli|, **gliélo** |'ʎelo|, **gliéne** |'ʎene| *pron. pers.* → 2 **gli.**

glìfo |'glifo| *s.m.* (*ferr.*) coulisse *f.*

gliòma |gli'ɔma| *s.m.* (*med.*) gliome.

glittica, che |'glittika, ke| *s.f.* glyptique.

glittografìa |glittogra'fia| *s.f.* glyptographie.

glittotèca, che |glitto'tɛka, ke| *s.f.* glyptothèque.

globàle |glo'bale| *agg.* global*: *la spesa globale* la dépense globale ◇ (*pedag.*) *metodo globale* méthode globale.

globalismo |globa'lizmo| *s.m.* globalisme.

globalizzàre |globalid'dzare| *v.tr.* [*considerare, presentare in blocco*] globaliser.

globalizzazióne |globaliddzat'tsjone| *s.f.* [→ GLOBALIZZARE] globalisation.

globalità |globali'ta| *s.f. inv.* [*totalità*] totalité *var.*

globalménte |global'mente| *avv.* [→ GLOBALE] globalement.

globe-trotter |gloub'trɔtə| *s.m. inv.* (*ingl.*) globe-trotter *var.*

globigerìna |globidʒe'rina| *s.f.* (*t. zool.*) globigérine.

globìna |glo'bina| *s.f.* (*biol.*) globine.

glòbo |'glɔbo| *s.m.* (*geogr.*) globe: *globo terrestre* globe terrestre ◇ (*anat.*) *globo oculare* globe oculaire.

globulàre |globu'lare| *agg.* globulaire.

globulària |globu'larja| *s.f.* (*t.bot.*) globulaire.

globulina |globu'lina| *s.f.* (*biol.*) globuline.

globulinùria |globuli'nurja| *s.f.* (*med.*) globulinurie.

glòbulo |'glɔbulo| *s.m.* globule.

globulóso |globu'loso| *agg.* globuleux*.

gloglottàre |gloglot'tare| *v.intr.* (*aus.* '*avere*') [*fare glo glo*] glouglouter: *il tacchino gloglotta* le dindon glougloute ◇ [*gorgogliare*] gargouiller, faire (45) *tr.* glouglou (*fam.*): *l'acqua gloglottava scorrendo* l'eau gargouillait, faisait glouglou en s'écoulant.

glòmere |'glɔmere| *s.m.* (*t.zool.*) gloméris.

glomèrulo |glo'mɛrulo| *s.m.* (*anat.*, *t.bot.*) glomérule.

glòmo |'glɔmo| *s.m.* **1** (*anat.*) glomérule **2** (*veter.*) glome.

1 **glòria** |'glɔrja| *s.f.* **1** gloire: *gloria vera, effimera* gloire authentique, éphémère; *essere avido di gloria* être avide de gloire; *conseguire gloria imperitura* acquérir une gloire immortelle; *i soldati si coprirono di gloria* les soldats se couvrirent de gloire → **celebrità** ◇ (*loc.*) *oscurare la gloria di qc.* éclipser la gloire de qqn. ~ (*mil.*) *la gloria della bandiera, del reggimento* la gloire du drapeau, du régiment ~ (*scherz.*) *lavorare per la gloria* [*senza retribuzione*] travailler pour la gloire, pour le roi de Prusse **2** [*motivo di onore o di vanto*] gloire: *quell'uomo è la gloria del nostro paese* cet homme est la gloire de notre pays; *Dante è la gloria di Firenze* Dante est la gloire de Florence ◇ [*impresa, fatto degno di memoria*] actions *pl.* glorieuses, hauts faits (*m.pl.*): *le glorie degli antichi* les actions glorieuses, les hauts faits des anciens **3** (*teol.*) gloire: *la gloria di Dio, del paradiso* la gloire de Dieu, du paradis ◇ (*loc.*) *salire alla gloria* [*al paradiso*] aller au paradis ~ *a gloria di Dio* à la gloire de Dieu ~ *che Dio l'abbia in gloria* (*formula di benedizione e di compianto per i defunti, ma talora iron.*) Dieu ait son âme ◇ (*loc. fig.*) *andare in gloria* [*tripudiare*] être ravi, être transporté de joie, être au septième ciel ~ (*scherz.*) *essere in gloria* [*essere ubriaco*] être ivre, gris.

2 **glòria** |'glɔrja| *s.m. inv.* **1** gloria: *recitare un gloria* réciter un gloria ◇ (*prov.*) *tutti i salmi finiscono in gloria* [*certi casi finiscono sempre allo stesso modo*] c'est toujours la même chanson **2** [*parte della messa*] gloria: *intonare il gloria* entonner le gloria.

gloriàrsi |glo'rjarsi| *v.pron. intr.* [*compiacersi, vantarsi*] se glorifier: *gloriarsi delle proprie scelleratezze* se glorifier de ses scélératesses; *si gloriava delle lodi date al figlio* il se glorifiait des louanges faites à son fils.

glorificàre |glorifi'kare| *v.tr.* **1** [*esaltare, magnificare*] glorifier: *glorificare Dio, la nazione* glorifier Dieu, la nation; *glorificare il nome degli eroi* glorifier le nom des héros → **onorare** **2** [*rendere partecipe della gloria celeste*] glorifier, bénir: *Dio glorifica i giusti* Dieu glorifie, bénit les justes.

glorificativo |glorifika'tivo| *agg.* → **glorificatore.**

glorificatóre, trice |glorifika'tore, tritʃe| *s.* (*raro*) glorificateur* (*lett.*)

glorificazióne |glorifikat'tsjone| *s.f.* [→ GLORIFICARE] glorification.

gloriòla |glo'rjɔla| *s.f.* gloriole.

gloriosaménte |glorjosa'mente| *avv.* [→ GLORIOSO] glorieusement.

glorióso |glo'rjoso| *agg.* **1** glorieux*: *antenato, casato glorioso* ancêtre glorieux, maison glorieuse; *i gloriosi martiri della fede* les glorieux martyrs de la foi; *le anime gloriose dei beati* les âmes glorieuses des bienheureux ◇ (*liturg.*) *misteri gloriosi* mystères glorieux **2** [*che procura gloria*] glorieux: *azione, impresa gloriosa* action, entreprise glorieuse ◇ (*loc.*) *andar glorioso di q.c.* [*esserne compiaciuto*] être satisfait de qqch. ~ (*iron.*) *glorioso e trionfante* glorieux et triomphant.

glòssa |'glɔssa| *s.f.* glose.

glossàre |glos'sare| *v.tr.* [*fornire di glosse*] gloser: *glossare un testo* gloser un texte → **annotare.**

glossàrio, i |glos'sarjo, i| *s.m.* glossaire.

glossatóre |glossa'tore| *s.m.* glossateur.

glossèma |glos'sɛma| *s.m.* (*ling.*) glossème.

glossemàtica, che |glosse'matika, ke| *s.f.* glossématique.

glossìna |glos'sina| *s.f.* (*t.zool.*) glossine.

glossìte |glos'site| *s.f.* (*med.*) glossite.

glossofaringèo |glossofarin'dʒɛo| *agg.* (*anat.*) glosso-pharyngien*.

glottàle |glot'tale| *agg.* (*ling.*) glottal*.

glòttide |'glɔttide| *s.f.* (*anat.*) glotte.

glottologìa, gie |glottolo'dʒia, dʒie| *s.f.* → **linguistica.**

glottològico, ci, ca, che glotto'lɔdʒiko, tʃi, ka, ke| *agg.* → **linguistico.**

glottòlogo, gi |glot'tɔlogo, dʒi| *s.* → **linguista.**

glùcide |'glutʃide| *s.m.* (*chim.*) glucide.

glucìdico, ci, ca, che |glu'tʃidiko, tʃi, ka, ke| *agg.* glucidique.

glucòmetro |glu'kɔmetro| *s.m.* glucomètre, glycomètre.

glucoside |gluko'zide| *s.m.* (*chim.*) glucoside.

glucòsio, i |glu'kɔzjo, i| *s.m.* (*chim.*) glucose.

glu glu |gluglu| *s.m. inv. e inter.* glouglou *var.* (*fam.*) # *far glu glu* glou-glouter.

glùma |'gluma| *s.f.* (*bot.*) glume.

glumétta |glu'metta| *s.f.* (*bot.*) glumelle.

glutàmmico, ci, ca, che |glu'tammiko, tʃi, ka, ke| *agg.* glutamique.

glutammina |glutam'mina| *s.f.* (*chim.*) glutamine.

glùteo |'gluteo| *s.m.* (*anat.*) fesse *f.* ✦ *agg.* (*anat.*) fessier*.

glutinàto |gluti'nato| (*agg.*) *pasta, pastina glutinata* [*arricchita di glutine*] pâtes au gluten.

glùtine |'glutine| *s.m.* gluten.

glutinóso |gluti'noso| *agg.* **1** glutineux* **2** [*colloso*] adhésif*, gluant.

gnào |'ɲao|, **gnàu** |'ɲau| *s.m. inv.* miaou *var.*

gnaulàre |ɲau'lare| *v.intr.* → **miagolare.**

gnaulìo, ii |ɲau'lio, ii| *s.m.* → **miagolio.**

gnaùlo |'ɲaulo| *s.m.* [*verso del gatto*] miaulement.

gnaulóne |ɲau'lone| *s.* **1** (*raro*) [*gatto che miagola di continuo*] miauleur **2** (*fig.*) [*piagnone, lamentone*] pleurnicheur*, pleurnichard.

gnèiss |'gnɛis| *s.m.* (*miner.*) gniess.

gnòcco, chi |'ɲɔkko, ki| *s.m.* **1** gnocchi (*pl.*): *ho mangiato gli gnocchi* j'ai mangé des gnocchi **2** (*pop.*) [*bernoccolo, protuberanza*] bosse (*f.*): *cadendo si è fatta uno gnocco in fronte* en tombant, elle s'est fait une bosse au front **3** (*fig.*) [*uomo sgraziato, goffo*] avorton, gnome.

gnòmico, ci, ca, che |'ɲɔmiko, tʃi, ka, ke| *agg.* gnomique.

gnòmo |'ɲɔmo| *s.m.* gnome.

gnomóne |ɲo'mone| *s.m.* gnomon.

gnomònica, che |ɲo'mɔnika, ke| *s.f.* gnomonique.

gnòrri |'ɲɔrri| *s.m. inv.* (*solo nella loc.*) *fare lo gnorri* [*fingere di non sapere o di non capire niente*] faire l'innocent, le niais; faire celui qui ne comprend pas.

gnoseologìa, gie |ɲozeolo'dʒia, dʒie| *s.f.* (*filos.*) gnoséologie.

gnoseològico, ci, ca, che |ɲozeo'lɔdʒiko, tʃi, ka, ke| *agg.* (*filos.*) gnoséologique.

gnòsi |'ɲɔzi| *s.f. inv.* (*filos.*) gnose *var.*

gnosticismo |ɲosti'tʃizmo| *s.m.* (*filos.*) gnosticisme.

gnòstico, ci, ca, che |'ɲɔstiko, tʃi, ka, ke| *agg. e s.m.* (*filos.*) gnostique.

gnù |'ɲu| *s.m. inv.* (*t.zool.*) gnou *var.*

goal |goul| (*ingl.*), **gol** |gɔl| *s.m. inv.* but (*var.*): *il goal della bandiera* le point, le but qui sauve l'honneur; *segnare un goal* marquer un but.

gòbba |'gɔbba| *s.f.* [*protuberanza della colonna vertebrale*] bosse ◇ (*loc. fig.*) *spianare la gobba a qc.* [*bastonarlo*] rosser qqn. ~ *fare la gobba* [*sgobbare*] bosser (*pop.*), bûcher (*fam.*) ◇ (*per est.*) *la gobba del naso* la bosse, la proéminence du nez # *le gobbe del terreno* les bosses du terrain.

gòbbo |ˈgɔbbo| **I** *agg.* **1** (*spec. persone*) [*che ha la gobba*] bossu: *una persona gobba* une personne bossue ◇ (*per est.*) [*che sta con le spalle curve*] courbé, voûté: *andare gobbo* marcher courbé, voûté # *non startene così gobbo!* tiens--toi droit! **2** (*cose*) [*curvo*] courbé, plié # *naso gobbo* nez busqué ◇ (*loc. fig.*, *scherz.*) *un colpo gobbo* [*fortunato*] un coup de chance **II** *s.* **1** *s.* [→ *agg.* 1] *un gobbo* un bossu **2** *s.m.* [*gobba, protuberanza*] bosse *f.* **3** *s.m. in loc. fig. fam.* [*spalle, schiena*] *avere molti anni sul gobbo* être chargé d'ans ~ *avere qc.*, *q.c. sul gobbo* [*non riuscire a sopportarlo*] ne pas pouvoir souffrir qqn., qqch.; [*doverlo mantenere*] avoir qqn., qqch. sur les bras ~ *togliersi qc.*, *q.c. dal gobbo* [*liberarsene*] se débarrasser de qqn., de qqch.

gobbóni |gobˈboni| *avv.* (*solo in loc. avv.*) *andar*, *stare gobboni* [*con le spalle ricurve*] marcher, se tenir courbé.

'gobelin' |gɔblɛ̃| *s.m. inv.* gobelin *var.*

gocétto |gotˈtʃetto| *s.m.* (*fam.*) → **goccio.**

góccia, ce |ˈgottʃa, tʃe| *s.f.* **1** goutte: *una goccia d'acqua* une goutte d'eau; *cominciano a cadere le prime gocce* (*d'acqua*) voilà les premières gouttes qui commencent à tomber # *formaggio con la goccia* fromage très fait; *fichi con la goccia* des figues très mûres ◇ (*loc. fig.*) *somigliarsi come due gocce d'acqua* se ressembler comme deux gouttes d'eau ~ A GOCCIA A GOCCIA goutte à goutte ~ *una goccia dopo l'altra* petit à petit ~ *fino all'ultima goccia* jusqu'à la dernière goutte (de sang) ~ *la goccia che fa traboccare il vaso* la goutte (d'eau) qui fait déborder le vase ◇ (*prov.*) *a goccia a goccia si scava la pietra* la goutte creuse la pierre ◇ [*dose di medicine liquide*] *prendere due gocce al giorno per il cuore* prendre deux gouttes par jour pour le cœur ◇ [*una piccola quantità di liquido*] *lasciami una goccia di vino, di caffè* laisse-moi une goutte de vin, de café → **goccio** **2** [*cristallo, pietra preziosa lavorata a forma di goccia*] pendeloque: *lampadario a gocce* lustre à pendeloques ◇ (*miner.*) *goccia d'acqua* → **topazio.**

gocciàre |gotˈtʃare| *v.tr. e intr.* → **gocciolare.**

góccio, i |ˈgottʃo, i| *s.m.* [*quantità minima di liquido*] goutte *f.*, larme *f.* (*fam.*): *versami un goccio di vino* verse-moi une goutte de vin; *non ne hai lasciato neanche un goccio* tu n'en as même pas laissé une goutte.

gócciola |ˈgottʃola| *s.f.* **1** [*minima quantità di liquido*] goutte, larme (*fam.*) **2** → **goccia** 2.

gocciolaménto |gottʃolaˈmento| *s.m.* [→ GOCCIOLARE] égouttement.

gocciolàre |gottʃoˈlare| **A** *v.intr.* **1** (*aus.* '*essere*') [*uscire a gocce*] couler (*aus.* avoir) goutte à goutte, dégoutter (*aus.* avoir): *il sangue continuava a gocciolare dalla ferita* le sang continuait à couler goutte à goutte de la blessure → **stillare** **2** (*aus.* '*avere*') [*fare uscire liquido a gocce*] perdre (53), suinter: *la botte gocciolava* le tonneau perdait, suintait **B** *v.tr.* [*far cadere a gocce*] faire (45) *intr.* tomber des gouttes (de): *ti sei gocciolato il caffè sul vestito* tu as fait tomber des gouttes de café sur ton habit → 1 **versare.**

gocciolatóio, i |gottʃolaˈtojo, i| *s.m.* [*gronda*] égouttoir.

gocciolatùra |gottʃolaˈtura| *s.f.* → **gocciolamento.**

gocciolìo, ii |gottʃoˈlio, ii| *s.m.* [*continuo e costante gocciolamento*] égouttement continu.

gócciolo |ˈgottʃolo| *s.m.* → **goccio.**

gocciolóne |gottʃoˈlone| *s.m.* **1** grosse goutte *f.* **2** (*fam.*) [*lacrimone*] grosse larme (*f.*): *dalla commozione gli venivan giù dei goccioloni* d'émotion, de grosses larmes coulaient de ses yeux.

godè |goˈdɛ| *s.m.* → **godet.**

godére |goˈdere| (151) **A** *v.intr.* (*aus.* '*avere*') **1** [*essere felice e soddisfatto*] être (43) heureux: *mi gode l'animo* je suis heureux; *godere nell'ammirare un paesaggio* être heureux en admirant un paysage # *godere nell'animo*, *dentro di sé* se réjouir intérieurement ◇ (*prov.*) *chi si contenta gode* contentement passe richesse ◇ [*compiacersi, congratularsi*] se réjouir *pron.*, être heureux: *godere del successo dell'amico* se réjouir, être heureux du succès d'un ami; *godo nel vederti sistemato* je me réjouis, je suis heureux de te voir casé ◇ *loc.* GODERE A (+ *inf.*) [*provare piacere a...*] prendre (73) plaisir à: *gode a tormentare il prossimo* il prend plaisir à tourmenter son prochain **2** GODERE DI [*disporre di, avere*] jouir de: *godere di un ottimo stipendio* jouir d'un excellent traitement; *godere della vista sul mare* jouir de la vue sur mer ◇ [*trarre vantaggio, giovamento*] profiter: *questa pianta gode dell'umidità* cette plante profite de l'humidité **B** *v.tr.* [*fruire, disporre di*] *godere ottima salute* jouir *intr.* d'une très bonne santé; *godere il fresco* prendre le frais; *dalla terrazza si gode un ottimo spettacolo* de la terrasse on découvre, on a un très beau paysage; *godere i diritti civili e politici* jouir de ses droits civils et politiques; *godere poco credito* jouir de peu de crédit (auprès de qqn.) **C** *v.pron.* (*col 'si' pleon.*) GODERSI Q.C. [*gustarla*] jouir, profiter de qqch.; *godersi le vacanze*, *le ferie* profiter de ses vacances, de ses jours de congé; *godersi la vita* jouir, profiter de la vie # *godersi uno spettacolo* goûter, savourer un spectacle ◆ (*ass.*) *godersela* [*spassarsela*]: *godetevela, finché siete giovani!* amusez-vous bien, tant que vous êtes jeunes!, pendant que vous êtes encore jeunes.

goderéccio, ci, cia, ce |godeˈrettʃo, tʃi, tʃa, tʃe| *agg.* (*cose*) [*che dà godimento*] de plaisir (*loc. inv.*): *una vita godereccia* une vie de plaisir ◇ (*persone*) bon vivant (*s.*): *un tipo godereccio* un bon vivant.

'godet' |gɔdɛ| *s.m. inv.* (*sartoria*) godet (*var.*): *gonna a 'godet'* jupe à godets.

godìbile |goˈdibile| *agg.* [→ GODERE A 2] dont on peut jouir (*loc.*): *beni godibili* biens dont on peut jouir; *lo spazio godibile è poco* l'espace dont on peut jouir est limité (restreint).

godiménto |godiˈmento| *s.m.* **1** [*piacere, diletto*] plaisir; joie (*f.*): *provare godimento nell'assistere a uno spettacolo* éprouver du plaisir à assister à un spectacle ‖ *i godimenti dello spirito* les joies de l'esprit **2** (*dir.*) jouissance (*f.*): *il certificato di godimento dei diritti politici* le certificat de jouissance des droits politiques.

godùria |goˈdurja| *s.f.* (*fam.*) → **godimento, 2 piacere.**

'goémon' |gɔemɔ̃| *s.m. inv.* (*t.bot.*) goémon *var.*

goffàggine |gofˈfaddʒine| *s.f.* [*l'esser goffo*] gaucherie, maladresse: *non potrai mai piacergli con la tua goffaggine* tu ne pourras jamais lui plaire avec ta gaucherie, ta maladresse ◇ [*azione goffa*] gaucherie, balourdise: *le tue goffaggini sono state notate da tutti* tout le monde a remarqué tes gaucheries, tes balourdises.

goffaménte |goffaˈmente| *avv.* [→ GOFFO] gauchement.

gòffo |ˈgɔffo| *agg.* [*impacciato, sgraziato*] gauche, maladroit; ridicule: *un ragazzo goffo* un garçon gauche, maladroit ‖ *un abito goffo* un habit ridicule [C] **aggraziato.**

goffràggio, i |gofˈfraddʒo, i| *s.m.* → **goffratura.**

goffràre |gofˈfrare| *v.intr.* [*imprimere a rilievo mediante pressione su carta, cuoio, metalli, ecc.*] gaufrer.

goffratóre, trice |goffraˈtore, triˈtʃe| *s.* **1** [*persona che goffra*] gaufreur* **2** → **goffratrice.**

goffratrìce |goffraˈtritʃe| *s.f.* (*tecnol.*) gaufreuse.

goffratùra |goffraˈtura| *s.f.* [→ GOFFRARE] gaufrure.

gógna |ˈgoɲɲa| *s.f.* (*st.*) pilori *m.* ◇ (*loc. fig.*) *mettere qc. alla gogna* [*esporlo al biasimo e allo scherno generale*] mettre, clouer qqn. au pilori.

gogò |goˈgɔ| (*solo nella loc. avv.*) *a gogò* [*a profusione*] à gogo: *whisky a gogò* whisky à gogo.

goidèlico, ci, ca, che |goiˈdɛliko, tʃi, ka, ke| *agg.* → **gaelico.**

go-kart |ˈgouka:t| *s.m. inv.* (*ingl.*) → **kart.**

gol |gɔl| *s.m.* → **goal.**

góla |ˈgola| *s.f.* **1** (*anat.*) gorge: *mal di gola* mal de gorge; *avere la gola infiammata* avoir la gorge enflammée, irritée ◇ (*animali*) gosier *m.* ◇ (*loc. pr.*) *col boccone in gola* [*appena mangiato*] la bouche encore pleine ~ *gridare a piena gola* [*con forza*] crier à pleine gorge, à plein gosier ~ *cantare di gola*, *in gola* chanter avec une voix de gorge ◇ (*loc. fig.*) *avere un nodo alla gola* [*non riuscire a parlare per una forte emozione*] se sentir la gorge serrée ~ (*cose*) *rimanere in gola* [*essere oggetto di un vivo desiderio*] rester sur son envie ~ *gli ha fatto ricacciare in gola l'offesa*, *le sue parole* il lui a fait rentrer ses insultes, ses mots dans la gorge ~ *avere l'acqua alla gola* [*essere in seria difficoltà*] être dans le pétrin jusqu'au cou; *avere lavoro*, *impegni fino alla gola* [*averne molti, troppi*] être accablé de travail, d'engagements; être enfoncé dans le travail jusqu'au cou ~ PRENDERE QC. PER LA GOLA [*approfittare della debolezza di qc.*] prendre qqn. à la gorge: *ho firmato delle cambiali, perché sono stato preso per la gola dai creditori* j'ai signé des traites parce que j'ai été pris à la gorge par mes créanciers ◇ (*loc.*) *essere*, *restare a gola asciutta*: (*pr.*) [*senza cibo o bevande*] rester le gosier sec, l'estomac vide; (*fig.*) [*non soddisfatto in un vivo de-*

siderio] rester sur sa faim **2** [*golosità*] gourmandise: *peccato di gola* péché de gourmandise ◇ (*loc.*) *prendere qc. per la gola* [*approfittare della sua golosità*] profiter de la gourmandise de qqn. ◇ (*prov.*) *ne uccide più la gola che la spada* la gueule fait périr plus de gens que le glaive ◇ [*avidità, desiderio*] envie: *aver gola di q.c.* avoir envie de qqch. ◇ *loc.* FAR GOLA [*essere oggetto di un forte desiderio*] faire envie: *quel posto fa gola a tutti* cet emploi fait envie à tout le monde → 1 **allettare** **3** (*per est.*) [*apertura stretta*] gorge; goulot (*m*): *la gola di un burrone* la gorge d'un ravin || *la gola di una brocca, di un vaso* le goulot d'une cruche, d'un vase # *la gola del camino* le tuyau de la cheminée ◇ (*geogr.*) gorge ◇ (*mar.*) mâchoire ◇ (*tecnol.*) gorge: *la gola di una carrucola* la gorge d'une poulie **4** (*arch.*) doucine.

golden delicious |'gouldəndi'liʃəs| *loc. sost. m. inv.* (*ingl.*) golden, pomme *f. var.* golden.

goldoniàno |goldo'njano| *agg.* (*letter.*) goldonien*.

golèna |go'lɛna| *s.f.* (*geogr.*) franc-bord *m.*

1 **golétta** |go'letta| *s.f.* [*colletto*] col *m.* ◇ [*guarnizione ricamata applicata sullo scollo dell'abito femminile*] collerette.

2 **golétta** |go'letta| *s.f.* (*mar.*) goélette.

1 **golf** |gɔlf| *s.m. inv.* golf *var.*

2 **golf** |gɔlf| *s.m. inv.* [*giacca di maglia*] tricot *var.* ◇ [*accollata*] chandail *var.* ◇ [*scollata*] pull-over *var.* ◇ [*abbottonata davanti*] cardigan *var.*

golfìsta |gol'fista| *s.* (*sport*) golfeur*.

gólfo |'golfo| *s.m.* **1** (*geogr.*) golfe **2** (*mus.*) *golfo mistico* fosse *f.* de l'orchestre.

golìa |go'lia| *s.m. inv.* [*spaccone*] fanfaron* *s. var.*

goliardìa |goljar'dia| *s.f.* **1** [*lo spirito, la spensieratezza dei goliardi*] esprit *m.* estudiantin **2** [*i goliardi*] étudiants *m. pl.* de l'université.

goliàrdico, ci, ca, che |go'ljardiko, tʃi, ka, ke| *agg.* [*di, da goliardo*] estudiantin: *canto goliardico* chanson estudiantine # *poesia goliardica* poésie goliardique; *berretto goliardico* béret d'étudiant.

goliàrdo |go'ljardo| *s.m.* étudiant universitaire.

gollìsmo |gol'lizmo| *s.m.* (*polit.*) gaullisme.

gollìsta |gol'lista| *agg. e s.* (*polit.*) gaulliste.

golosaménte |golosa'mente| *avv.* [→ GOLOSO 1] goulûment.

goloserìa |golose'ria| *s.f.* → **golosità**.

golosità |golosi'ta| *s.f. inv.* **1** (*persone*) gourmandise (*var.*): *la sua golosità è proverbiale* sa gourmandise est proverbiale **2** (*cose*) [*ghiottoneria*] régal *m. var.*; gourmandises (*pl.*): *questo antipasto è proprio una golosità* ce hors-d'œuvre est un vrai régal ◇ (*fig.*) *quella notizia era una golosità* cette nouvelle fut accueillie avec délice.

golóso |go'loso| *agg.* **1** [*che ha il vizio della gola*] gourmand: *è un bambino molto goloso* c'est un enfant très gourmand; *essere goloso di dolci* être gourmand de friandises ◆ (*s.*) *un goloso* un gourmand ◇ (*fig.*) (*persone*) [*avido, bramoso*] gourmand, friand: *goloso di pettegolezzi, di scandali* gourmand, friand de commérages, de scandales **2** (*cose*) [*appetitoso, gustoso*] appétissant, exquis: *un bocconcino goloso* un morceau appétissant, exquis ◇ (*fig.*) *una notizia golosa* une nouvelle alléchante.

golosóne |golo'sone| *agg.* (*persone*) [*molto goloso*] grand gourmand, goinfre ◆ (*s.*) *sei proprio una golosona !* tu n'es qu'une grosse gourmande, une petite fille goinfre! (*agg.*); *sei proprio un golosone* tu es un vrai goinfre *m.*

gólpe |'golpe| *s.* **1** *s.f.* (*agr.*) nielle **2** *s.m.* coup d'État.

golpista |gol'pista| *s. e agg.* golpiste, auteur *s.m.* d'un coup d'État (militaire).

gómena |'gomena| *s.f.* (*mar.*) amarre.

gomenòlo |gome'nɔlo| *s.m.* (*farm.*) goménol.

gomitàta |gomi'tata| *s.f.* coup *m.* de coude: *dare, prendere una gomitata* donner, recevoir un coup de coude ◇ (*loc.*) *fare a gomitate* jouer des coudes ~ *farsi largo a gomitate*: (*pr., fig.*) se frayer un chemin à coups de coude, en jouant des coudes.

gomitièra |gomi'tjɛra| *s.f.* (*sport*) protège-coude *m.*

gómito |'gomito| *s.m.* **1** (*anat.*) coude: *dolore di gomito* douleur au coude; *appoggiare i gomiti alla tavola* s'accouder à la table, mettre les coudes sur la table ◇ (*loc. fig.*) *alzare il gomito* [*bere troppo*] lever le coude ~ *farsi largo a colpi di gomito*: (*pr., fig.*) [*a gomitate*] se frayer un chemin en jouant des coudes ~ *loc. avv.* A GOMITO A GOMITO [*molto vicino*] coude à coude ~ (*loc. prep.*) *essere, stare a gomito a gomito con qc.* coudoyer qqn. **2** (*per est.*) [*la parte dell'abito corrispondente*] coude: *cucire, rattoppare, rinforzare i gomiti* coudre, rapiécer, renforcer les coudes **3** (*tecnol.*) coude: *il gomito di un tubo, della grondaia* le coude d'un tuyau, d'une gouttière # *una strada tutta gomiti* une route pleine de tournants, en épingles à cheveux ◇ (*loc.*) *la strada, il fiume fa gomito* la route, le fleuve fait un coude ~ A GOMITO [*angolato*] coudé (*agg.*): *albero a gomito* essieu coudé # *curva a gomito* virage en épingle à cheveux.

gomìtolo |go'mitolo| *s.m.* [*massa di filo avvolta ordinatamente*] pelote (*f.*): *gomitolo di lana, di spago* pelote de laine, de ficelle; *il capo del gomitolo* le bout de la pelote ◇ (*per est.*) *fare un gomitolo della propria biancheria* enrouler son linge; *il gatto fa gomitolo* [*raggomitolarsi*] le chat se pelotonne.

gómma |'gomma| *s.f.* **1** (*chim., corr.*) caoutchouc (*m.*): *gomma sintetica* caoutchouc synthétique; *scarpe di gomma* chaussures de caoutchouc; *una palla di gomma* une balle de caoutchouc; *gomma americana* → **chewing-gum** **2** [*pezzo di gomma per cancellare*] gomme: *gomma di matita, da inchiostro* gomme à crayon, à encre; *gomma per macchine da scrivere* gomme pour machine à écrire **3** [*pneumatico*] pneu* (*m.*): *la gomma di scorta* le pneu de secours; *gomma rigenerata* pneu rechapé; *cambiare tutto un treno di gomme* changer un train de pneus; *avere una gomma a terra* avoir un pneu à plat, crevé ◇ (*sport*) *vincere di una gomma* gagner de justesse **4** (*med.*) gomme.

gommagùtta |gomma'gutta| *s.f.* (*bot., chim., farm.*) gomme-gutte.

gommalàcca |gomma'lakka| *s.f.* (*chim.*) gomme-laque.

gommapiùma |gomma'pjuma| *s.f. inv.* caoutchouc *m. var.* mousse.

gommàre |gom'mare| *v.tr.* **1** [*spalmare di gomma, di colla*] gommer: *gommare una striscia di carta* gommer une bande de papier **2** [*fornire di pneumatici*] mettre (71) des pneus: *gommare una ruota, un'automobile* mettre un pneu à une roue, des pneus à une voiture.

gommàto |gom'mato| *agg.* **1** [*rivestito di gomma, di colla*] gommé, collant: *carta gommata* papier gommé, collant # *tessuto gommato* tissu caoutchouté **2** muni de pneus: *ruota gommata* roue munie d'un pneu, caoutchoutée.

gommatùra |gomma'tura| *s.f.* **1** [→ GOMMARE 1] gommage *m.* **2** [*pneumatici di un veicolo*] pneus (*m. pl.*): *una gommatura nuova, logora* des pneus neufs, usés.

gommìfero |gom'mifero| *agg.* gummifère, gommifère.

gommifìcio, i |gommi'fitʃo, i| *s.m.* fabrique *f.* de caoutchouc.

gommìno |gom'mino| *s.m.* petit bouchon en caoutchouc.

gommìsta |gom'mista| *s.m.* vendeur et réparateur de pneus.

gommóne |gom'mone| *s.m.* canot pneumatique.

gommosità |gommosi'ta| *s.f. inv.* consistance *var.* gommeuse.

gommóso |gom'moso| *agg.* **1** gommeux*: *sostanza gommosa* substance gommeuse **2** [*di consistenza o aspetto sim. a gomma*] caoutchouteux*: *pane gommoso* pain caoutchouteux.

gònade |'gɔnade| *s.f.* (*anat.*) gonade.

gonàdico, ci, ca, che |go'nadiko, tʃi, ka, ke| *agg.* gonadique.

gonadostimolìna |gonadostimo'lina| *s.f.* gonadostimuline.

góndola |'gondola| *s.f.* **1** gondole **2** (*aer.*) nacelle.

gondolière |gondo'ljɛre| *s.m.* gondolier* *s.*

gonfalóne |gonfa'lone| *s.m.* gonfanon, gonfalon ◇ (*fig.*) *portare il gonfalone* [*essere a capo di q.c.*] être à la tête (de).

gonfalonière |gonfalo'njɛre| *s.m.* **1** gonfanonier, gonfalonier **2** *gonfaloniere di giustizia* gonfalonier de justice.

gonfiàggine |gon'fjaddʒine| *s.f.* → **boria.**

gonfiaménto |gonfja'mento| *s.m.* → **gonfiatura.**

gonfiàre |gon'fjare| **A** *v.tr.* **1** [*riempire d'aria un corpo dalle pareti elastiche*] gonfler: *gonfiare la palla, il pallone* gonfler une balle, un ballon; *gonfiare le gomme della bicicletta* gonfler les pneus d'une bicyclette; *gonfiare una vescica* gonfler une vessie ◇ (*per est.*) *il vento gonfia le vele* le vent gonfle les voiles; *gonfiare le gote* gonfler les joues; *le piogge hanno gonfiato il torrente* les pluies ont gonflé le torrent;

questo cibo gonfia lo stomaco cet aliment gonfle l'estomac # *gonfiare il vetro* [*soffiarlo*] souffler le verre ◇ (*loc. fam.*) *gonfiare la faccia* (*di schiaffi, di pugni*) *a qc.* [*pestarlo di santa ragione*] gifler à tour de bras qqn. **2** (*fig.*) (*ogg. di cosa*) [*aumentare, esagerare*] gonfler; grossir, exagérer (8): *gonfiare i prezzi* gonfler les prix || *gonfiare una notizia* grossir, exagérer une nouvelle; *la cosa è stata gonfiata dalla stampa* la chose a été grossie, exagérée par la presse ◇ (*ogg. di persona*) [*far insuperbire*] flatter: *si è montata la testa perché l'hanno gonfiata gli amici* elle s'est montée la tête parce-que ses amis l'ont flatée, lui ont fait des compliments **B** *v.intr.* (*aus.* '*essere*') (*sogg. di cosa*) [*diventar gonfio, aumentare di volume*] gonfler (*aus.* avoir): *il fiume è gonfiato* le fleuve a gonflé ◇ (*della pasta*) [*lievitare*] gonfler, lever (6) (*aus.* avoir): *la pasta gonfia* la pâte gonfle, lève **C** *v.pron.* **1** [→ *intr.*] se gonfler, grossir *intr.*; gonfler *intr.*, enfler (*intr.*): *il mare si gonfia durante la burrasca* la mer se gonfle, grossit pendant la tempête || *mi si è gonfiato il polso* mon poignet a gonflé, a enflé **2** (*sogg. di persona*) [*insuperbirsi*] se gonfler (d'orgueil): *non gonfiarti troppo per quel successo* ne te gonfle pas trop (d'orgueil) à cause de ce succès ⓒ **sgonfiare.**

gonfiàto |gon'fjato| *agg.* **1** [*riempito d'aria*] gonflé **2** (*fig.*) [*superbo, tronfio*] bouffi d'orgueuil: *è un tipo un po' gonfiato* c'est un type bouffi d'orgueil ◇ (*loc.*) *sei soltanto un pallone gonfiato* tu n'es qu'une baudruche *f.* ⓒ 1 **sgonfiato.**

gonfiatóio, i |gonfja'tojo, i| *s.m.* (*tecnol.*) gonfleur.

gonfiatùra |gonfja'tura| *s.f.* **1** [→ GONFIARE A 1] gonflage *m.* **2** [→ GONFIARE A 2] exagération, bluff (*m.*): *quelle voci scandalistiche si sono rivelate tutte una gonfiatura* ces bruits de scandale se sont révélés n'être qu'une exagération, qu'un bluff → **montatura** **3** [*adulazione*] adulation.

gonfiézza |gon'fjettsa| *s.f.* **1** (*cose*) [*l'essere gonfio*] gonflement *m.*, enflure **2** (*fig.*) [*ampollosità*] boursouflure, emphase: *gonfiezza di stile* boursouflure, emphase de style, style ampoulé.

gónfio, i |'gonfjo, i| **I** *agg.* **1** [*gonfiato*] gonflé; enflé: *avere gli occhi gonfi di pianto, di sonno* avoir les yeux gonflés de larmes, de sommeil; *le gomme sono gonfie* les pneus sont gonflés || *un ginocchio gonfio* un genou enflé ◇ (*loc. agg.*) *procedere a gonfie vele* [*in modo molto soddisfacente*] marcher comme sur des roulettes **2** (*fig.*) [*pieno, colmo*] crever, être plein de: *essere gonfio di rabbia* crever, être plein de rage ◇ (*per est.*) *stile gonfio* [*ampolloso*] style boursouflé, ampoulé; *un tipo gonfio* [*borioso*] un type bouffi d'orgueil; *avere il cuore gonfio* [*per un forte dispiacere*] avoir le cœur gros **II** *s.m.* [*rigonfiamento*] enflure (*f.*): *avere un gonfio vicino all'occhio* avoir une enflure près de l'œil ⓒ I 1 **sgonfio.**

gonfióre |gon'fjore| *s.m.* [*gonfiamento, tumefazione*] enflure (*f.*): *avere un gonfiore al ginocchio* avoir une enflure au genou, avoir le genou enflé.

gong |gɔng| *s.m. inv.* gong (*var.*): *al colpo di gong iniziò la seconda ripresa* au coup de gong le deuxième round commença.

gongolànte |gongo'lante| *agg.* [*esultante, lietissimo*] transporté de joie, jubilant: *ritornò dal colloquio tutto gongolante* il revint de l'entretien transporté d'une joie extrême, absolument ravi.

gongolàre |gongo'lare| *v.intr.* (*aus.* '*avere*') [*esultare, giubilare*] exulter, jubiler: *gongolare di gioia, dalla gioia* il exultait, il jubilait.

gongorìsmo |gongo'rizmo| *s.m.* gongorisme.

goniometrìa |gonjome'tria| *s.f.* (*geom.*) goniométrie.

goniomètrico, ci, ca, che |gonjo'mɛtriko, tʃi, ka, ke| *agg.* (*geom.*) goniométrique.

goniòmetro |go'njɔmetro| *s.m.* goniomètre.

gónna |'gonna| *s.f.* (*abbigl.*) jupe: *gonna a pieghe* jupe à plis, plissée; *gonna dritta* jupe droite; *gonna pantalone* jupe-culotte; *gonna a teli* jupe à panneaux, à lés; *gonna svasata* jupe évasée.

gonnèlla |gon'nɛlla| *s.f.* **1** [*gonna*] jupe: *si è infilata la sua gonnella* elle a enfilé sa jupe ◇ (*loc. fig.*) *stare attaccato alla gonnella della mamma* être toujours dans les jupes de sa mère **2** (*per est.*) [*donna*] jupon (*m.*): *stare sempre fra le gonnelle* être toujours parmi les jupons ◇ (*loc.*) *rincorrere le gonnelle* [*essere donnaiolo*] courir après les femmes, courir le jupon.

gonnellìno |gonnel'lino| *s.m.* petite jupe *f.* ◇ (*delle tenniste*) jupe de tennis ◇ (*di costumi nazionali maschili*) jupon # *gonnellino scozzese* kilt ◇ (*delle ballerine*) tutu.

gonocòcco, chi |gono'kɔkko, ki| *s.m.* (*med.*) gonocoque.

gonocorìsmo |gonoko'rizmo| *s.m.* (*biol.*) gonochorisme.

gonorrèa |gonor'rɛa| *s.f.* → **blenorragia.**

gónzo |'gondzo| *agg.* [*credulone, sempliciotto*] nigaud, niais: *quel tipo è proprio gonzo* ce type est vraiment nigaud, niais ♦ (*s.*) *un gonzo* un nigaud.

gòra |'gɔra| *s.f.* **1** [*canale d'acqua*] bief *m.* **2** [*riserva d'acqua per alimentare il mulino*] bief **3** [*stagno*] étang *m.* ◇ [*palude*] marais *m.* **4** [*alone, macchia*] auréole.

górbia |'gorbja| *s.f.* **1** [*puntale in ferro per conficcare in terra aste e sim.*] pointe en, de fer **2** [*scalpello a taglio semicircolare*] gouge → **sgorbia.**

gordiàno |gor'djano| *agg. m.* (*solo nella loc. fig.*) *nodo gordiano* nœud gordien.

gorgàta |gor'gata| *s.f.* (*raro*) → **sorsata.**

gorgheggiaménto |gorgeddʒa'mento| *s.m.* [→ GORGHEGGIARE] ramage, gazouillement.

gorgheggiàre |gorged'dʒare| **A** *v.intr.* (*aus.* '*avere*') **1** [*emettere suoni con rapidi e piacevoli passaggi*] gazouiller: *gli uccellini gorgheggiavano* les petits oiseaux gazouillaient ◇ (*per est.*) → **cantare** **2** (*persone*) faire (45) *tr.* des roulades: *la cantante lirica gorgheggia* la cantatrice fait des roulades **B** *v.tr.* [*cantare gorgheggiando*] faire des roulades (dans, pour): *gorgheggiare una cantata* faire des roulades dans une cantate.

gorgheggiatóre, trice |gorgeddʒa'tore, tritʃe| *agg.* [*che gorgheggia*] gazouilleur* # *quella soprano è una vera gorgheggiatrice* cette soprano exécute très bien les roulades.

gorghéggio, i |gor'geddʒo, i| *s.m.* **1** [*emissione di suoni con rapidi e piacevoli passaggi*] gazouillement, ramage: *ascoltare il gorgheggio degli uccelli* écouter le gazouillement, le ramage des oiseaux → 1 **canto** **2** (*persone*) gazouillement.

gòrgia, ge |'gɔrdʒa, dʒe| *s.f.* **1** (*lett.*) [*gola*] gorge (*corr.*) **2** (*fon.*) aspiration consonantique ◇ [*pronuncia gutturale della 'r'*] grasseyement *m.*

gorgièra |gor'dʒɛra| *s.f.* **1** (*ant.*) (*armi, scherma*) gorgerin *m.* **2** [*collaretto a ruota, increspato a fitti cannelli, in uso nel XVII sec.*] fraise.

górgo, ghi |'gorgo, gi| *s.m.* **1** [*piccola cavità del letto di un corso d'acqua*] gouffre ◇ [*vortice, mulinello*] tourbillon, remous **2** (*fig.*) [*forza travolgente; abisso morale*] gouffre: *lasciarsi andare nel gorgo della passione, dei vizi* se laisser aller dans le gouffre, l'abîme de la passion, des vices **3** (*lett.*) [*fiume*] fleuve.

gorgogliaménto |gorgoʎʎa'mento| *s.m.* **1** [→ GORGOGLIARE 1] bouillonnement, gargouillement **2** [→ GORGOGLIARE 2] murmure.

gorgogliàre |gorgoʎ'ʎare| *v.intr.* (*aus.* '*avere*') **1** [*fare il rumore tipico di un liquido che bolle o che scorre*] bouillonner, gargouiller: *la pentola gorgogliava allegramente* la marmite bouillonnait, chantonnait joyeusement **2** (*detto di ruscello*) murmurer: *il fiume gorgoglia* le fleuve murmure **3** (*detto degli intestini*) gargouiller.

gorgóglio, i |gor'goʎʎo, i| *s.m.* [*il rumore prodotto da un liquido che gorgoglia*] gargouillement, gargouillis.

gorgoglìo, ii |gorgoʎ'ʎio, ii| *s.m.* [*gorgogliamento insistente, continuato*] gargouillement continuel, gargouillis: *il gorgoglìo del fiume* le gargouillement continuel, le gargouillis du fleuve.

gorgoglióne |gorgoʎ'ʎone| *s.m.* (*raro, t.zool.*) puceron.

gorgònia |gor'gɔnja| *s.f.* (*t.zool.*) gorgone, gorgonie.

gorgonzòla |gorgon'dzɔla| *s.m. inv.* gorgonzola *var.*

gorìlla |go'rilla| *s.m.* **1** (*t.zool.*) gorille **2** (*fig.*) [*uomo nerboruto e grossolano*] gorille: *quel tipo è proprio un gorilla!* ce type est un vrai gorille! **3** [*uomo particolarmente robusto che affianca personaggi importanti o della malavita per proteggerli*] gorille: *quel gangster è sempre accompagnato dal suo gorilla personale* ce gangster est toujours accompagné de son gorille personnel ◇ (*fig., spreg.*) [*guardia del corpo*] gorille.

gospel |'gɔspəl| *s.m. inv.* (*ingl.*) gospel *var.*

gòta |'gɔta| *s.f.* (*lett.*) → **guancia.**

gòtico, ci, ca, che |'gɔtiko, tʃi, ka, ke| **I** *agg.* **1** (*st.*) gothique **2** (*arch.*) gothique: *stile gotico* style gothique **3** (*fig.*) [*astruso, primitivo, barbarico*] primitif*, barbare **II** *s.m.* **1** [*lingua gotica*] gothique, gotique: *capire il gotico* comprendre le gothique **2** (*arts.*) gothique **3** (*scrittura*) gothique *f.*

gòto |'gɔto| *agg.* (*st. ted.*) goth.

gòtta |'gɔtta| *s.f.* (*med., corr.*) goutte.

gottàzza |got'tattsa| *s.f.* → **sassola.**

gottóso |got'toso| *agg. e s.* goutteux*.
governàbile |gover'nabile| *agg.* [→ GOVERNARE 2, 4] gouvernable ⓒ **ingovernabile.**
governàle |gover'nale| *s.m.* (*aer.*) gouvernail, gouverne *f.*
1 **governànte** |gover'nante| *agg.* [*chi, che governa*] gouvernant ♦ *s.m.* dirigeant, gouvernant: *un bravo governante* un bon dirigeant.
2 **governànte** |gover'nante| *s.f.* [*donna stipendiata per la cura della casa e l'assistenza dei bambini*] gouvernante: *assumere una governante* engager une gouvernante.
governàre |gover'nare| *v.tr.* **1** [*esercitare il potere esecutivo*] gouverner: *governare uno Stato* gouverner un État ◇ (*per est.*) [*amministrare*] diriger (3), administrer: *governare una banca, una società* diriger, administrer une banque, une société **2** [*aver cura di q.c. o qc.*] s'occuper *pron.* de; soigner, garder: *governare i bambini* s'occuper des enfants; *governare il grano* s'occuper du blé ‖ *governare il bestiame* garder, soigner les bêtes # *governare il fuoco* [*alimentarlo*] nourrir le feu; *governare la famiglia* pourvoir aux besoins de la famille; *governare la casa, la fattoria* diriger la maison, la ferme ◇ (*agr.*) *governare i campi* [*concimarli*] fumer les champs **3** [*accudire alle varie fasi della vinificazione*] traiter: *governare il vino* traiter le vin **4** [*guidare, condurre*] conduire (75); dominer: *governare la macchina* conduire la voiture ‖ *lasciarsi governare dalla passione* se laisser dominer par la passion ◇ (*mar.*) [*dirigere una nave mediante il timone*] gouverner.
governativo |governa'tivo| *agg.* [*del governo*] gouvernemental*: *decreto governativo* décret du gouvernement, gouvernemental ◇ (*per est.*) d'État *loc. inv.* # *impiegato governativo* fonctionnaire.
governatoràto |governato'rato| *s.m.* **1** [*territorio sottoposto alla giurisdizione del governatore*] domaine, gouvernement **2** (*per est.*) dignité *f.* de gouverneur ◇ [*durata dello stesso*] gouvernement.
governatóre |governa'tore| *s.m.* **1** [*direttore generale di un grande istituto finanziario*] gouverneur: *il governatore della Banca d'Italia* le gouverneur de la Banque d'Italie **2** [*alto funzionario che rappresenta il governo centrale nelle regioni e sim.*] gouverneur: *governatore militare, civile* gouverneur militaire, civil **3** (*raro*) [*chi governa*] dirigeant: *un cattivo governatore* un mauvais dirigeant.
governatùra |governa'tura| *s.f.* [*l'atto, il risultato del governare animali*] soins *m. pl.*, pansage (*m.*): *una perfetta governatura degli animali* des soins parfaits, un pansage parfait des animaux ◇ (*agr.*) fumage *m.*, fumaison.
govèrno |go'vɛrno| *s.m.* **1** [→ GOVERNARE 1] gouvernement ◇ [*guida*] *il governo di un paese* le gouvernement d'un pays # *assumersi il governo della nave* se charger d'un navire **2** [*il governo*] gouvernement: *governo monarchico, repubblicano* gouvernement monarchique, républicain; *governo provvisorio* gouvernement provisoire **3** [*custodia, cura assidua di q.c. o qc.*] soins (*pl.*): *governo degli animali* soins donnés aux animaux # *attendere al governo dei figli* prendre soin, s'occuper des enfants; *governo di una casa* direction d'une maison **4** [→ GOVERNARE 3] traitement ◇ (*agr.*) *governo del terreno* fumage, fumaison *f.* d'un terrain.
gózzo |'gottso| *s.m.* **1** (*pop.*) [*ingluvie*] jabot **2** (*per est.*) [*stomaco dell'uomo*] estomac, panse *f.* (*fam.*): *riempirsi il gozzo* se remplir l'estomac, la panse ◇ (*loc. fig.*) *avere q.c. sul gozzo* [*non digerire un'offesa e sim.*] avoir qqch. sur l'estomac **3** (*med.*) goitre: *gozzo endemico* goitre endémique.
gozzovìglia |gottso'viʎʎa| *s.f.* [*baldoria, orgia*] bombe (*fam.*), noce (*fam.*): *passa il tempo in gozzoviglie* il passe son temps à faire la bombe, la noce.
gozzovigliàre |gottsoviʎ'ʎare| *v. intr.* (*aus.* '*avere*') [*far baldoria*] faire (45) *tr.* la bombe (*fam.*), la noce (*fam.*): *gli piaceva gozzovigliare* il aimait faire la bombe, la noce.
gozzùto |got'tsuto| *agg.* [*che ha il gozzo*] goitreux*.
gracchiaménto |grakkja'mento| *s.m.* **1** [→ GRACCHIARE 1] croassement **2** [→ GRACCHIARE 2] coassement **3** [→ GRACCHIARE 3] grognement.
gracchiàre |grak'kjare| *v.intr.* (*aus.* '*avere*') **1** [*emettere un suono roco, tipico di certi uccelli*] croasser: *il corvo gracchia* le corbeau croasse **2** [*gracidare*] coasser: *le ranocchie gracchiano* les grenouilles coassent ◇ (*raro*) [*frinire*] striduler: *la cicala gracchia* la cigale stridule **3** (*fig.*) [*brontolare*] grogner, grommeler (4): *quando smetterà di gracchiare?* quand finira-t-il de grogner, de grommeler?
gràcchio, i |'grakkjo, i| *s.m.* [*verso tipico del corvo, delle cornacchie e sim.*] croassement.
gracidaménto |gratʃida'mento| *s.m.* **1** [→ GRACIDARE 1] coassement **2** [→ GRACIDARE 2] grognement.
gracidàre |gratʃi'dare| *v.intr.* (*aus.* '*avere*') **1** [*fare il verso tipico delle rane*] coasser **2** (*fig.*) [*esprimersi in modo noioso, spec. brontolando*] grogner, grommeler (4): *quando finirai di gracidare?* quand arrêteras-tu de grogner, de grommeler?
gracidìo, ii |gratʃi'dio, ii| *s.m.* [*il gracidare* (1) *continuo*] coassements *pl.* ◇ (*fig.*) glapissements (*pl.*): *sono intontito da questo gracidio* je suis abruti par ces perpétuels glapissements.
gràcile |'gratʃile| *agg.* **1** [*che ha una struttura fisica sottile, delicata*] frêle, gracile: *corporatura gracile* corps frêle, gracile → **esile** ◇ [*debole*] chancelant, délicat: *salute gracile* santé chancelante, délicate **2** (*fig.*) [*senza forza, debole*] faible: *volontà gracile* volonté faible; *opera gracile* œuvre faible, qui manque de vigueur ⓒ **forte 1, robusto.**
gracilità |gratʃili'ta| *s.f. inv.* gracilité *var.*
gradàre |gra'dare| *v.tr.* (*raro*) → **graduare.**
gradassàta |gradas'sata| *s.f.* [*azione o iniziativa tipica del gradasso*] fanfaronnade, bravade: *è una vera gradassata!* c'est une véritable fanfaronnade! → **spacconata, smargiassata.**
gradàsso |gra'dasso| *agg.* [*fanfarone, smargiasso*] fanfaron*: *fare il gradasso* faire le fanfaron.
gradataménte |gradata'mente| *avv.* [*per gradi*] graduellement.
gradazióne |gradat'tsjone| *s.f.* **1** gradation: *gradazione di colori, di luci* gradation de couleurs, de lumières ◇ (*fam.*) *gradazione vocalica* alternance vocalique # *bambini disposti in gradazione secondo l'altezza* enfants mis en rang selon leur taille ◇ (*retorica*) gradation **2** *gradazione alcoolica* degré *m.* d'alcool **3** (*foto.*) gradation.
gradévole |gra'devole| *agg.* [*piacevole, attraente*] agréable: *una voce gradevole* une voix agréable; *una compagnia gradevole* une compagnie agréable ⓒ **sgradevole.**
gradevolézza |gradevo'lettsa| *s.f.* [*piacevolezza*] agrément (*m.*): *la gradevolezza di una conversazione* l'agrément d'une conversation # *gradevolezza di modi* gentillesse de manières; *la gradevolezza di un odore, di un profumo* la délicatesse d'une odeur, d'un parfum; *la gradevolezza di un suono* l'harmonie d'un son.
gradevolménte |gradevol'mente| *avv.* [→ GRADEVOLE] agréablement.
gradiènte |gra'djɛnte| *s.m.* (*fis., meteor.*) gradient: *gradiente termico* gradient de température; *gradiente barometrico* gradient de pression.
gradiménto |gradi'mento| *s.m.* **1** [*compiacimento, piacere, diletto*] goût: *mostrare il proprio gradimento per q.c.* montrer son goût pour qqch. **2** [*approvazione, consenso*] goût, approbation: *il tuo modo di agire non è di mio gradimento* ta façon d'agir n'est pas à mon goût; *la mia richiesta ha incontrato il suo gradimento* ma demande a reçu son approbation # *indice di gradimento* [*il grado di consenso manifestato dal pubblico*] cote de popularité.
gradina |gra'dina| *s.f.* (*tecnol.*) gradine.
gradinàre |gradi'nare| *v.tr.* **1** (*arch.*) [*lavorare, modellare con la gradina*] travailler à la gradine: *gradinare un blocco di marmo* travailler un bloc de marbre à la gradine **2** (*alpinismo*) [*scavare, tagliare gradini*] tailler des marches (dans): *gradinare una parete di ghiaccio* tailler des marches dans une paroi de glace → **scalinare.**
gradinàta |gradi'nata| *s.f.* **1** (*arch.*) escalier (*m.*): *le gradinate di un edificio* l'escalier d'un édifice → **scalinata 2** (*in stadi e sim.*) [*ordine di posti*] gradins *m. pl.* ◇ (*per est.*) [*il pubblico che occupa tali posti*] public *m.* des gradins: *la gradinata, in piedi, applaudiva* le public des gradins, debout, applaudissait.
gradìno |gra'dino| *s.m.* **1** [*piccolo ripiano di una scala*] marche (*f.*): *i gradini di quella scala sono di marmo* les marches de cet escalier sont en marbres; *attenzione ai gradini!* attention aux marches! → **scalino** ◇ (*loc. fig.*) *essere al primo gradino* [*agli inizi*] être au premier échelon, au premier degré ~ *salire, scendere di un gradino* [*crescere, diminuire nella stima di qc., nella posizione sociale*] avancer, descendre d'un échelon, d'un degré **2** (*alpinismo*) marche: *tagliare gradini nel ghiaccio* tailler des marches dans la glace.
gradire |gra'dire| (197) *v.tr.* [*accogliere con piacere, accettare di buon grado*] apprécier, accepter avec plaisir: *gradire un premio, un'offerta* accepter avec plaisir un prix, une offre; *gradire*

una bibita, un invito a pranzo accepter avec plaisir une boisson, une invitation à dîner ◇ (*formula di cortesia usata nell'offrire q.c.*) prendre (73); agréer: *vogliate gradire almeno un caffè* vous prendrez bien quand même un café? ‖ *gradisca i miei migliori saluti* veuillez agréer mes meilleures salutations ◇ (*loc.*) *accetto tanto per gradire* [*per mostrare di aver gradito l'offerta*] j'accepte juste pour vous faire plaisir ◇ (*per est.*) [*desiderare*] aimer: *gradirei avere un'informazione* j'aimerais avoir un renseignement.

gradito |gra'dito| *agg.* [*accolto, accettato con piacere*] apprécié: *dono molto gradito* cadeau très apprécié # *ho ricevuto la sua gradita lettera* j'ai bien reçu votre lettre; *in attesa dei vostri graditi ordini* dans l'attente de (recevoir) vos ordres ◇ [*che reca diletto, piacevole*] agréable: *compagnia poco gradita* compagnie peu agréable; *rendersi gradito a qc.* se rendre agréable à qqn. # *la sua presenza non è gradita* sa présence est indésirable; *spero di fargli cosa gradita* j'espère lui faire plaisir **C** **sgradito.**

1 **gràdo** |'grado| *s.m.* [*gradimento, piacere*] gré: *voglio fare il mio grado* je veux faire comme je l'entends, agir à mon gré, à ma guise ◇ (*loc.*) *di buon grado* [*volentieri*] de bon gré ~ *mio, tuo, suo malgrado* malgré moi, toi, lui (elle) ~ *andare a grado a qc.* [*andargli a genio*] plaire à qqn.

2 **gràdo** |'grado| *s.m.* **1** degré: *aumentare, diminuire di grado* augmenter, diminuer de degré; *raggiungere un alto grado di benessere, d'istruzione, di perfezione* atteindre un haut degré de bien-être, d'instruction, de perfection ◇ (*loc.*) *a grado a grado* [*poco per volta*] par degrés ~ *al massimo grado, in sommo grado* au plus haut degré **2** (*persone*) [*il posto occupato in un ordinamento gerarchico*] grade: *avanzare, essere promosso di grado* avancer, monter en grade; *non essere degno del proprio grado* ne pas être digne de son grade ◇ (*mil.*) grade; galon: *avere il grado di capitano* avoir le grade de capitaine ‖ *conquistare i gradi sul campo di battaglia* conquérir ses galons sur le champ de bataille; *perdere i gradi* perdre ses galons **3** (*per est.*) [*livello sociale*] rang; catégorie (*f.*): *tenere al proprio grado di nobiltà* tenir à son rang (de noblesse) → **rango** ‖ *frequentare persone di ogni grado* fréquenter des personnes de toutes catégories ◇ [*condizione*] mesure (*f.*): *sono in grado di aiutarti* je suis en mesure, à même de t'aider **4** (*cose*) [*posto occupato in una graduatoria di valori*] degré: *scottatura di secondo grado* brûlure au second degré; *cugini di primo grado* cousins au premier degré # *scuole di primo grado* écoles primaires; *interrogatorio di terzo grado* passage à tabac ◇ (*alpinismo*) *ascensione di terzo grado* ascension du troisième degré ◇ (*gram.*) *grado positivo, comparativo, superlativo* degré positif, comparatif, superlatif; *subordinazione di secondo grado* subordination du deuxième degré ◇ (*mus.*) degré **5** (*nel linguaggio tecnico e scient.*) [*misura, gradazione*] degré: *grado di calore, di luminosità* degré de chaleur, de luminosité → **intensità** ◇ (*chim.*) *grado di durezza di una sostanza* degré de dureté d'une substance ◇ (*enol.*) *grado alcoolico* degré alcoolique; *vino di 14 gradi* vin de 14 degrés ◇ (*geogr.*) *grado di latitudine, di longitudine* degré de latitude, de longitude ◇ (*geom., mat.*) *grado di un monomio, di un polinomio* degré d'un monôme, d'un polynôme; *grado d'una equazione algebrica* degré d'une équation algébrique; *grado centesimale, sessagesimale* degré centésimal, sexagésimal ◇ (*meteor.*) *grado igrometrico* degré hygrométrique; *la temperatura è scesa a due gradi sotto zero* la température est descendue à deux degrés au-dessous de zéro ◇ (*ott.*) dioptrie (*f.*): *gli sono state prescritte lenti di due gradi* on lui a ordonné des verres de deux dioptries.

graduàbile |gradu'abile| *agg.* [→ GRADUARE 1, 2] qu'on peut graduer *loc.*; susceptible de gradation.

graduàle |gradu'ale| **1** *agg.* graduel*: *preparazione graduale* préparation graduelle; *insegnamento graduale* enseignement graduel **2** *s.m.* (*liturg. catt.*) graduel.

gradualità |graduali'ta| *s.f. inv.* [*il procedere per gradi*] gradation (*var.*): *gradualità di effetti* gradation d'effets # *è una riforma che va attuata con gradualità* c'est une réforme qui doit être réalisée graduellement.

gradualménte |gradual'mente| *avv.* [→ GRADUALE 1] graduellement.

graduàre |gradu'are| *v.tr.* **1** [*segnare con gradi, fornire di gradi*] graduer: *graduare un termometro, una provetta* graduer un thermomètre, une éprouvette **2** [*far procedere, ordinare per gradi*] graduer: *graduare le difficoltà di un lavoro* graduer les difficultés d'un travail # *graduare le dosi di una medicina* augmenter (diminuer) graduellement les doses d'un médicament ◇ (*per est.*) [*classificare, ordinare in una graduatoria*] établir un classement: *graduare i partecipanti a un concorso* établir le classement des participants à un concours; *graduare i premiati* établir le classement des gagnants **3** (*mil.*) promouvoir (31): *graduare un soldato* promouvoir un soldat, accorder une promotion à un soldat **4** (*mat.*) graduer.

graduàto |gradu'ato| **1** *agg.* gradué: *barometro graduato* baromètre gradué ◇ [*ordinato per gradi*] *esercizi graduati* exercices gradués **2** *s.m.* (*mil.*) gradé.

graduatòria |gradua'tɔrja| *s.f.* [*elenco di persone compilato in base a requisiti o risultati individuali*] classement (*m.*): *occupare il primo, l'ultimo posto in graduatoria* occuper la première, la dernière place dans le classement; *la graduatoria dei vincitori di un concorso* le classement des gagnants d'un concours ◇ (*dir.*) *graduatoria dei creditori* collocation des créanciers.

graduazióne |graduat'tsjone| *s.f.* **1** [→ GRADUARE 1, 2] graduation **2** (*dir.*) collocation: *stato di graduazione* état de collocation; *la graduazione dei creditori* la collocation des créanciers **3** (*mat.*) graduation.

grafèma |gra'fɛma| *s.m.* (*ling.*) graphème.

gràffa |'graffa| *s.f.* **1** (*edil., tecnol.*) agrafe → **arpione, chiave** **2** [*segno grafico convenzionale*] accolade.

graffàre |graf'fare| *v.tr.* → **aggraffare.**

graffatùra |graffa'tura| *s.f.* → **aggraffatura.**

graffiaménto |graffja'mento| *s.m.* → **graffiata.**

graffiàre |graf'fjare| **A** *v.tr.* **1** [*lacerare leggermente la pelle*] égratigner, écorcher: *avere il viso graffiato* avoir le visage égratigné □ *cadendo mi sono graffiata* (*a*) *una mano* en tombant je me suis égratigné, écorché la main # *il gatto mi ha graffiato una mano* le chat m'a griffé la main; *in un impeto di disperazione si graffiò il viso* dans un accès de désespoir, elle se griffa le visage ◇ (*per est.*) [*scrostare, incidere superficialmente q.c.*] écorcher, érafler: *graffiare un muro con un chiodo* écorcher, érafler un mur avec un clou ✦ (*ass.*) *quel gatto graffia* ce chat griffe **2** (*fam.*) [*rubare*] chiper (*fam.*), piquer (*pop.*): *è riuscito a graffiargli parecchi milioni* il a réussi à lui chiper, piquer plusieurs millions → **sgraffignare** **B** *v.pron.* GRAFFIARSI **1** *rifl.* [*ferirsi con graffi*] s'égratigner, s'écorcher → *tr.* □ **2** *recipr.* [*ferirsi leggermente l'un l'altro con le unghie*] se griffer: *i due fratelli, durante un litigio, si graffiarono* pendant une dispute, les deux frères se griffèrent; *perché vi graffiate per un nonnulla?* pourquoi vous griffez-vous pour un rien?

graffiàta |graf'fjata| *s.f.* **1** coup *m.* de griffe: *il gatto le diede una graffiata in viso* le chat lui donna un coup de griffe au visage, lui griffa le visage **2** → **graffiatura.**

graffiatùra |graffja'tura| *s.f.* [*segno prodótto sulla pelle da un graffio*] égratignure, écorchure: *la sua mano era piena di graffiature* sa main était pleine d'égratignures, d'écorchures → **scalfittura** ◇ [*leggera ferita*] égratignure: *riportò da quell'incidente solo qualche graffitura* il se tira de l'accident avec quelques égratignures seulement.

graffiétto |graf'fjetto| *s.m.* **1** petite égratignure *f.* **2** (*tecnol.*) trusquin, troussequin.

graffignàre |graffiɲ'ɲare| *v.tr.* → **sgraffignare.**

gràffio, i |'graffjo, i| *s.m.* **1** → **graffiatura** **2** → **graffiata** 1.

graffìre |graf'fire| (197) *v.tr.* [*eseguire un graffito*] graver: *graffire un metallo* graver un métal.

graffito |graf'fito| *s.m.* (*archeol.*) graffiti (*pl.*) ✦ *agg.* [*inciso, scolpito*] gravé: *ceramica graffita* faïence gravée.

grafìa |gra'fia| *s.f.* graphie.

gràfica, che |'grafika, ke| *s.f.* **1** [*la tecnica della stampa*; *l'arte del libro*] art *m.* du livre **2** [*l'arte e la tecnica del disegno*] art graphique.

graficaménte |grafika'mente| *avv.* [→ GRAFICO I] graphiquement: *due parole graficamente identiche* deux mots graphiquement identiques; *rappresentare graficamente un concetto* représenter graphiquement une idée.

-gràfico |'grafiko| *suff.* (*significa 'scrittura, disegno', corrisponde gener. a*) graphique: *biografico* biographique; *calligrafico* calligraphique; *monografico* monographique.

gràfico, ci, ca, che |'grafiko, tʃi, ka, ke| **I** *agg.* **1** graphique: *segno grafico* signe graphique; *variante grafica* variante graphique **2** [*che si espri-*

me mediante il disegno] graphique: *arti grafiche* arts graphiques **II** *s.m.* **1** [*la rappresentazione grafica e schematica di un fenomeno*] graphique: *il grafico del funzionamento di una macchina* le graphique du fonctionnement d'une machine; *il grafico della produzione industriale* le graphique de la production industrielle **2** (*mat.*) graphique **3** [*disegnatore*] graphiste ◇ [*operaio*] imprimeur: *il sindacato, lo sciopero dei grafici* le syndicat, la grève des imprimeurs.

grafìsmo |graˈfizmo| *s.m.* graphisme.

grafitàggio, i |grafiˈtaddʒo, i| *s.m.* (*tecnol.*) graphitage.

grafitàre |grafiˈtare| *v.tr.* [*ricoprire un oggetto di grafite; trattare con grafite*] graphiter: *grafitare le balestre dell'auto* graphiter les ressorts à lames d'une voiture.

grafitazióne |grafitatˈtsjone| *s.f.* (*tecnol.*) graphitage *m.*

grafìte |graˈfite| *s.f.* (*miner.*) graphite.

grafìtico, ci, ca, che |graˈfitiko, tʃi, ka, ke| *agg.* (*miner.*) graphiteux*, graphitique.

gràfo |ˈgrafo| *s.m.* (*logica, mat.*) graphe.

grafologìa, gie |grafoloˈdʒia, dʒie| *s.f.* graphologie.

grafològico, ci, ca, che |grafoˈlɔdʒiko, tʃi, ka, ke| *agg.* graphologique: *analisi grafologica* analyse graphologique.

grafòlogo, gi |graˈfɔlogo, dʒi| *s.m.* graphologue.

grafomanìa |grafomaˈnia| *s.f.* graphomanie.

grafòmetro |graˈfɔmetro| *s.m.* graphomètre.

gragnòla |graɲˈɲɔla| *s.f.* [*grandine*] grêle ◇ (*fig.*) grêle, volée: *una gragnola di sassi, di colpi, di imprecazioni* une grêle (une volée) de pierres, de coups, d'imprécations.

gramàglia |graˈmaʎʎa| *s.f. spec. al plur.* **1** [*velo, abito da lutto*] vêtements de deuil: *quella vedova è sempre in gramaglie* cette veuve porte toujours des vêtements de deuil **2** (*per est.*) draps *m.* funéraires.

gramìgna |graˈmiɲɲa| *s.f.* **1** (*t. bot.*) chiedent *m.* ~ *gramigna dei prati* paturin *m.* des prés **2** (*loc. fig.*) *crescere, moltiplicarsi come la gramigna* [*diffondersi con rapidità*] croître, se multiplier, pousser comme la mauvaise herbe ~ *attaccarsi come la gramigna* [*insistere molestamente*] s'accrocher (à qqn.).

Graminàcee |gramiˈnatʃee| *s.f. pl.* (*t.bot.*) Graminacées, Graminées.

grammàtica, che |gramˈmatika, ke| *s.f.* grammaire: *grammatica latina, italiana, tedesca* grammaire latine, italienne, allemande; *studiare la grammatica* étudier la grammaire ◇ (*prov.*) *vale più la pratica della grammatica* expérience passe science.

grammaticàle |grammatiˈkale| *agg.* grammatical*: *analisi grammaticale* analyse grammaticale.

grammaticalità |grammatikaliˈta| *s.f. inv.* grammaticalité *var.*

grammaticalizzàre |grammatikalidˈdzare| *v.tr.* (*ling.*) [*conferire un carattere grammaticale*] grammaticaliser.

grammaticalménte |grammatikalˈmente| *avv.* [→ GRAMMATICALE] grammaticalement.

grammàtico, ci, ca, che |gramˈmatiko, tʃi, ka, ke| **1** *s.* grammairien*: *i grammatici alessandrini* les grammairiens alexandrins **2** *agg.* (*raro*) → **grammaticale.**

grammatìsta |grammaˈtista| *s.m.* (*st. gr.*) grammatiste.

grammatùra |grammaˈtura| *s.f.* poids *m.* en grammes (d'un mètre carré de papier) ◇ (*tecnol.*) grammage *m.*

gràmmo |ˈgrammo| *s.m.* gramme ◇ (*fig.*) *un grammo di buon senso* un gramme, un grain de bon sens.

grammoàtomo |grammoˈatomo| *s.m.* (*fis.*) atome-gramme.

grammòfono |gramˈmɔfono| *s.m.* → **fonografo, giradischi.**

grammomolècola |grammoˈmɔlɛkola| *s.f.* (*fis.*) molécule-gramme: *delle grammimolecola* des molécules--grammes.

gram-negativo |gramnegaˈtivo| *agg.* (*biol., med.*) gram-négatif *.

gràmo |ˈgramo| *agg.* **1** [*povero, scarso*] maigre: *raccolto gramo* maigre récolte ◇ [*doloroso*] triste, malheureux*: *vita grama* vie triste, malheureuse ◇ [*meschino, triste*] mesquin: *animo, ingegno gramo* esprit mesquin **2** (*lett.*) [*afflitto, mesto, infelice*] triste, malheureux.

gràmola |ˈgramola| *s.f.* **1** (*tecnol.*) pétrin *m.* **2** (*tess.*) écang *m.*

gramolàre |gramoˈlare| *v.tr.* **1** (*tecnol.*) [*battere l'impasto con la gramola*] pétrir **2** (*tess.*) [*separare le fibre tessili dalle legnose con la gramola*] écanguer (le lin).

gramolàta |gramoˈlata| *s.f.* → **granita.**

gramolatùra |gramolaˈtura| *s.f.* [→ GRAMOLARE] pétrissage *m.*; écangage *m.* du lin.

gram-positivo |grampoziˈtivo| *agg.* (*biol., med.*) gram-positif *.

gran |gran| *agg.* (*forma tronca di 'grande'*).

1 **gràna** |ˈgrana| *s.f.* [*granello, particella di una sostanza*] grain (*m.*): *grana grossa* gros grain; *grana sottile, porosa* grain fin, poreux; *la grana della ghisa, dell'oro, del marmo* le grain de la fonte, de l'or, du marbre.

2 **gràna** |ˈgrana| *s.f.* (*gerg.*) [*molestia, fastidio grave; questione spinosa*] histoire, ennui (*m.*): *il nuovo direttore è un tipo che non vuole grane* le nouveau directeur est un homme qui ne veut pas avoir d'histoires, d'ennuis; *non è riuscito a risolvere quella grana* il n'a pas réussi à résoudre cette histoire ◇ (*loc.*) *piantare grane* [*provocarle*] faire des histoires: *mi ha piantato una di quelle grane!* il m'a fait une de ces histoires!

3 **gràna** |ˈgrana| *s.f.* [*colore carminio*] écarlate.

4 **gràna** |ˈgrana| *s.f.* (*gerg.*) [*denaro*] fric *m.* (*pop.*): *come stai a grana?* ça va, le fric?; *essere pieno di grana* être plein de fric ◇ (*loc.*) *scuci la grana!* [*sborsa*] aboule (*gerg.*) le fric!

5 **gràna** |ˈgrana| *s.m. inv.* [*formaggio tipico dell'Emilia*] 'grana', parmesan *var.* (*corr.*) → **parmigiano(-reggiano).**

granadìglia |granaˈdiʎʎa| *s.f.* (*t. bot.*) grenadille.

granagliàre |granaʎˈʎare| *v.tr.* [*ridurre in grani*] grenailler: *granagliare l'oro* grenailler de l'or.

granàglie |graˈnaʎʎe| *s.f. pl.* **1** [*cereali destinati all'alimentazione*] grains (*m.*): *il commercio delle granaglie* le commerce des grains **2** (*oreficeria*) grenaille *sing.*

granàio, i |graˈnajo, i| *s.m.* **1** grenier ◇ (*per est.*) [*solaio, soffitta*] grenier **2** (*fig.*) grenier: *la Sicilia era chiamata il granaio d'Italia* la Sicile était appelée le grenier de l'Italie.

granàrio, i |graˈnarjo, i| *agg.* à blé *loc. inv.*; de blé (*loc. inv.*): *magazzino granario* magasin à blé ‖ *commercio granario* commerce du blé.

1 **granàta** |graˈnata| *s.f.* [*scopa di saggina*] balai *m.* ◇ (*loc. fig.*) *dipingere con la granata* [*grossolanamente*] peindre comme un badigeonneur.

2 **granàta** |graˈnata| *s.f.* (*mil.*) grenade; obus (*m.*): *granata a mano* grenade à main ‖ *granata a percussione* obus à percussion; *granata ad azione differita* obus à retardement.

3 **granàta** |graˈnata| **I** *s.f.* **1** [*frutto del melograno*] grenade **2** (*miner.*) grenat (*m.*): *una collana di granate* un collier de grenats **II** *agg. inv.* grenat: *un abito, un tappeto granata* un vêtement, un tapis grenat.

granatière |granaˈtjɛre| *s.m.* (*mil.*) grenadier ◇ (*fig., scherz.*) [*persona alta e robusta*] *è un vero granatiere* c'est un vrai grenadier.

granatìna |granaˈtina| *s.f.* [*bibita con ghiaccio tritato*] granité (*m.*): *una granatina di menta* une granité à la menthe ◇ [*sciroppo di melagrane*] grenadine.

granàto |graˈnato| **I** *agg.* **1** [*costituito di molti grani*] grenu # *mela granata* grenade **2** [*di colore rosso cupo*] grenat: *vino granato* vin grenat **II** *s.m.* **1** → **melograno** **2** (*miner.*) grenat.

grancancellière |grankantʃelˈljɛre| *s.m.* (*st.*) grand chancelier.

grancàssa |granˈkassa| *s.f.* (*mus.*) grosse caisse ◇ (*loc. fig.*) *battere la grancassa* [*fare una chiassosa pubblicità*] battre la (grosse) caisse, faire du battage.

grancèvola |granˈtʃɛvola| *s.f.* (*t. zool.*) araignée de mer.

grànchio, i |ˈgrankjo, i| *s.m.* **1** (*pop., zool.*) crabe **2** (*fig.*) [*sbaglio grossolano*] bévue (*f.*): *prendere un grosso granchio* commettre une grosse bévue ◇ (*loc.*) *avere un granchio alle mani, al borsellino* [*essere avaro*] être radin (*fam.*) **3** (*tecnol.*) valet d'établi.

granciporro |grantʃiˈpɔrro| *s.m.* **1** (*t. zool.*) tourteau **2** [*svista, errore*] bévue *f.*, gaffe *f.* (*fam.*): *ha preso un granciporro* il a fait une bévue, une gaffe → **granchio.**

grandangolàre |grandangoˈlare| *s.m. e agg.* (*foto.*) grand-angulaire.

grandàngolo |granˈdangolo| *agg. e s.m.* → **grandangolare.**

grànde |ˈgrande| **I** *agg.* **1** grand: *un grande ingegno* un grand esprit; *un grande concorso di folla* un grand concours, un grand nombre de gens, une grande foule; *si udì un grande frastuono* on entendit un grand vacarme; *avere una gran fame* avoir grand faim (*lett.*), bien faim, très faim; *avere una gran sete* avoir grand(-)soif, bien soif, très soif # *si fece un gran ridere* on rit beaucoup ◇ (*loc.*) *a gran voce* [*gridando*] à grands cris ~ (*fam.*) *gran cosa, gran che* grand-chose: *non hai mangiato gran che oggi* tu n'as pas mangé grand-chose aujourd'hui ◇ (*conferisce valore di sup. all'agg. seguente*) très *avv.*, fort *avv.*, bien (*avv.*): *un gran bel film* un très beau film; *una gran bella donna* une fort jolie femme; *una gran brutta notizia* une bien mauvaise nouvelle ◇ (*seguito da un sost. con funzione di raff.*) grand: *una grande bellezza* une grande beauté; *un gran fifone* un grand trouillard # *un gran imbroglione* un fieffé coquin **2** (*persone*) grand: *un gran filosofo, un gran poeta* un grand philosophe, un grand poète; *un grande spirito* un grand esprit; *quel tuo amico è un grande uomo* cet ami que tu as est un grand homme; *appartenere a un grande casato* faire partie d'une grande famille, d'une grande maison ◇ (*unito a nomi propri*) *il grande Michelangelo* le grand Michel-Ange; *il grande Napoleone* le grand Napoléon ◇ (*posposto al nome di monarchi illustri*) *Alessandro il Grande* Alexandre le Grand; *Pietro il Grande* Pierre le Grand ◇ (*preposto a titoli indicanti 'grado, dignità'*) *gran ciambellano* grand chambellan; *gran cancelliere* grand chancelier **3** (*persone*) [*grosso, alto, adulto*] grand: *ha un figlio già grande* il a un enfant déjà grand; *è quattro centimetri più grande di me* il est de quatre centimètres plus grand que moi # *come sei diventato grande!* comme tu as grandi! ◇ (*cose*) *haut: *alberi dal fusto grande* des arbres de haut fût; *Notre-Dame ha due grandi torri* Notre-Dame a deux hautes tours **4** [*importante, notevole, considerevole*] grand: *è una grande città* c'est une grande ville; *un grande monumento* un grand monument → **solenne** ◇ (*loc.*) *il grande giorno*: (*pr.*) le grand jour; (*fig.*) [*quello del giudizio*] le jour du jugement dernier **II** *s.m.* **1** [*persona adulta*] grande personne (*f.*): *spettacolo per grandi* spectacle pour grandes personnes; *quei bambini si comportano come i grandi* ces enfants se conduisent (se comportent) comme des grandes personnes ◇ *loc.* DA GRANDE [*in età adulta*] *da grande farò il medico* quand je serai grand je serai médecin **2** (*persone*) [*straordinario per scienza, cultura, ricchezza*] grand: *i grandi di questa terra* les grands de ce monde ◇ (*loc.*) *farsi grande* [*vantarsi*] prendre de grands airs **3** (*st. sp.*) *i grandi di Spagna* les grands d'Espagne **4** (*loc.*) *fare le cose in grande* faire les choses en grand; *riprodurre in grande* [*ingrandire*] reproduire en grand © I **piccolo**.

grandeggiàre |granded'dʒare| *v. intr.* (*aus. 'avere'*) **1** [*emergere per dimensioni o per valore*] dominer (*tr.*): *il monumento grandeggia al centro della piazza* le monument domine la place; *Galilei grandeggia tra gli artisti del suo tempo* Galilée domine (tous) les artistes de son temps **2** *ass.* [*darsi arie, agire con ostentazione*] prendre (73) *tr.* de grands airs: *è un uomo a cui piace grandeggiare* c'est un homme qui aime prendre de grands airs # *grandeggiare nello spendere* dépenser comme un grand seigneur, faire des largesses; jeter l'argent par les fenêtres.

grandeménte |grande'mente| *avv.* [→ GRANDE I 1, 4] grandement.

grandézza |gran'dettsa| *s.f.* **1** grandeur: *riproduzione in grandezza naturale* reproduction grandeur nature; *calcolare la grandezza di una costruzione* calculer la grandeur d'une construction # *la grandezza della montagna* la hauteur de la montagne **2** (*fig.*) grandeur: *la grandezza di un'iniziativa* la grandeur d'une initiative; *la grandezza degli avvenimenti storici* la grandeur des événements historiques; *l'antica grandezza di Roma* l'ancienne grandeur de Rome; *grandezza d'animo* grandeur d'âme **3** [*pompa, fasto*] grandeur; air *m.* de grandeur: *soffre di manie di grandezza* il a la folie des grandeurs ‖ *con le sue grandezze vuole darsi importanza* avec ses airs de grandeur il veut se donner de l'importance **4** (*fis., mat.*) grandeur: *grandezze omogenee* grandeurs homogènes **5** (*astron.*) magnitude © 2 **modestia**.

grandguignolésco, chi, ca, che |grandgiɲɲo'lesko, ki, ka, ke| *agg.* grand-guignolesque.

grandiloquènte |grandilo'kwɛnte| *agg.* grandiloquent.

grandiloquènza |grandilo'kwɛntsa| *s.f.* grandiloquence.

grandinàre |grandi'nare| **A** *v. impers.* (*aus. 'essere, avere'*) [*cadere la grandine*] grêler (*aus.* avoir): *ha grandinato per un'ora* il a grêlé pendant une heure; *era grandinato sui vigneti* il avait grêlé sur les vignobles **B** *v.intr.* (*aus. 'essere'*) (*fig.*) [*cadere violentemente come la grandine*] tomber comme grêle: *i lacrimogeni grandinavano* les grenades lacrymogènes tombaient comme (de la) grêle; *i proiettili erano grandinati per tutto il giorno* pendant toute la journée, les balles étaient tombées comme (de la) grêle # *grandinerà una sfilza di multe* il va y avoir une grêle d'amendes; *gli era grandinata addosso una sfilza di parolacce* il avait reçu une grêle de gros mots.

grandinàta |grandi'nata| *s.f.* **1** [*il grandinare; scroscio di grandine*] averse de grêle: *quella grandinata ha rovinato il raccolto* cette averse de grêle a abîmé la récolte **2** [*la grandine caduta*] grêle: *la grandinata ha coperto il terreno* la grêle a couvert le terrain ◇ (*fig.*) *una grandinata di botte, di insulti* une grêle de coups, d'insultes.

gràndine |'grandine| *s.f.* **1** (*meteor.*) grêle: *la grandine ha devastato il raccolto* la grêle a dévasté la récolte # *è caduta la grandine* il a grêlé **2** (*fig.*) grêle: *una grandine di pugni, di ingiurie* une grêle de coups de poing, d'injures; *una grandine di proiettili, di candelotti lacrimogeni* une grêle de balles, de grenades lacrymogènes ◇ (*loc. fig., scherz.*) *qui c'è passata la grandine* [*luogo messo a soqquadro*] (*detto anche di cibi consumati in un batter d'occhio*) cela a été le nettoyage par le vide.

grandinìfugo, ghi |grandi'nifugo, gi| *agg.* [*che serve a proteggere dalla grandine*] paragrêle (*inv.*): *bomba grandinifuga* fusée paragrêle.

grandinìo, ii |grandi'nio, ii| *s.m.* [*un grandinare fitto e continuo*] forte grêle *f.*

grandiosaménte |grandjosa'mente| *avv.* [→ GRANDIOSO] de façon grandiose *loc. inv.*

grandiosità |grandjosi'ta| *s.f. inv.* **1** [*vastità di concezione e di esecuzione*] caractère *m. var.* grandiose, grandiose *m. var.*, grandeur (*var.*): *la grandiosità di uno spettacolo, di un progetto* le caractère grandiose, le grandiose, la grandeur d'un spectacle, d'un projet **2** [*ostentazione di grandezza*] air *m. var.* de grandeur: *le sue grandiosità sono ormai ridicole* ses airs de grandeur sont désormais ridicules © 1 **modestia**.

grandióso |gran'djoso| *agg.* **1** (*cose*) grandiose: *uno spettacolo grandioso* un spectacle grandiose; *fare progetti grandiosi* faire des projets grandioses **2** (*persone*) (*pegg.*) *un uomo grandioso* un homme qui a la folie des grandeurs (*loc.*); *gli piace fare il grandioso* il aime jouer au grand seigneur © **modesto**.

granduca, chi |gran'duka, ki| *s.m.* grand-duc: *dei granduchi* des grands-ducs.

granducàle |grandu'kale| *agg.* grand-ducal*.

granducàto |grandu'kato| *s.m.* grand-duché.

grand'ufficiàle |granduffi'tʃale| *s.m.* grand officier: *grand'ufficiale della Legion d'onore* grand officier de la Légion d'honneur.

granèllo |gra'nɛllo| *s.m.* **1** [*chicco*] grain ◇ [*seme di alcuni frutti*] pépin: *un granello di pera, dell'uva* un pépin de poire, du raisin **2** (*per est.*) [*qualsiasi oggetto di piccole dimensioni*] grain: *granello di sabbia* grain de sable **3** (*fig.*) [*quantità minima di q.c.*] grain: *non ha un granello di buonsenso* il n'a pas un grain de bon sens.

granellóso |granel'loso| *agg.* [*costituito di granelli*] grenu: *la melagrana è un frutto granelloso* la grenade est un fruit grenu ◇ [*ruvido, scabro*] granuleux*: *parete granellosa* mur granuleux; *carta granellosa* papier granuleux.

grànfia |'granfja| *s.f.* [*artiglio*] griffe ◇ (*fig.*) *cadere nelle granfie di qc.* tomber sous la griffe de qqn.

granfiàre |gran'fjare| *v.tr.* [*prendere con le granfie*] griffer.

granfiàta |gran'fjata| *s.f.* **1** [→ GRANFIARE] griffure # *mi ha dato una granfiata sulla mano* il m'a griffé la main **2** [*segno, ferita provocati da un granfio*] égratignure: *ho ancora le granfiate sulla pelle* j'en porte encore les égratignures, j'en ai encore les égratignures sur la peau.

gràngia, ge |'grandʒa, dʒe| *s.f.* (*costruzione rurale*) grange.

granìcolo |gra'nikolo| *agg.* de (du) blé *loc.*; à blé (*loc. inv.*): *coltura granicola* culture de blé; *produzione granicola* production du blé ‖ *terreni granicoli* terrains à blé.

granicoltùra |granikol'tura| *s.f.* culture du blé: *dedicarsi alla granicoltura* se consacrer, s'adonner à la culture du blé.

granìfero |gra'nifero| *agg.* fertile en blé.

granigióne |grani'dʒone| *s.f.* → **granitura**.

granìglia |gra'niʎʎa| *s.f.* [*tritume di pietra impastato con cemento*] grenaille.

granigliàre |graniʎ'ʎare|, **granulàre** |granu'lare| *v.tr.* [*ridurre in granuli*] grenailler.

granigliatrice |graniʎʎa'tritʃe| *s.f.* (*tecnol.*) grenailleuse.

granigliatùra |graniʎʎa'tura| *s.f.* (*tecnol.*) grenaillage *m.*

graniménto |grani'mento| *s.m.* → **granitura**.

granire |gra'nire| (197) **A** *v.intr.* (*aus. 'essere'*) (*detto di cereali*) [*fare i chicchi, i granelli*] grener (6) (*aus.* avoir): *la biada granisce a maggio* l'avoine grène en mai **B** *v.tr.* [*ridurre in grani*] grener, grainer: *granire il sale* grener, grainer du sel.
granita |gra'nita| *s.f.* granité (*m.*): *granita di limone* granité au citron.
granitico, ci, ca, che |gra'nitiko, tʃi, ka, ke| *agg.* **1** granitique: *roccia granitica* roche granitique; *blocco granitico* bloc granitique **2** (*fig.*) [*incrollabile, inflessibile*] inébranlable; inflexible, granitique (*lett.*): *volontà granitica* volonté inébranlable ‖ *carattere granitico* caractère inflexible, granitique.
1 **granito** |gra'nito| *agg.* [*dalla struttura granulare*] grenu: *spiga granita* épi grenu.
2 **granito** |gra'nito| *s.m.* (*miner.*) granit, granite.
granitoide |grani'toide| *agg.* (*miner.*) granitoïde.
granitoso |grani'toso| *agg.* (*miner.*) graniteux*.
granitura |grani'tura| *s.f.* **1** [→ GRANIRE A] grenaison **2** [→ GRANIRE B] grenaillement *m.*, action de grenailler ◇ (*detto del sale e della polvere da sparo*) grenage *m.*, grainage *m.*
granivoro |gra'nivoro| *agg.* granivore.
grano |'grano| *s.m.* **1** (*t.bot.*) blé ~ *grano duro* blé dur ~ *grano tenero* blé tendre ~ *grano saraceno* sarrasin, blé noir **2** [*chicco, granello*] grain: *grani di pepe* grains de poivre **3** *i grani del rosario, della collana* les grains du chapelet, du collier **4** [*minima parte di q.c.*] grain: *non ha un grano di buonsenso* il n'a pas un grain de bon sens **5** [*unità di misura di farmacia*] grain ◇ [*quarta parte di un carato*] grain.
1 **granoso** |gra'noso| *agg.* (*scherz.*) [*pieno di soldi*] argenté (*fam.*), riche (*corr.*), plein aux as (*pop.*).
2 **granoso** |gra'noso| *agg.* **1** fertile en blé: *zona granosa* zone fertile en blé **2** (*raro*) [*costituito o pieno di grani*] granuleux*; grenu: *muro granoso* mur granuleux ‖ *frutto granoso* fruit grenu.
granturco, chi |gran'turko, ki|, **granoturco, chi** |grano'turko, ki| *s.m.* (*t.bot.*) maïs.
1 **granulare** |granu'lare| *agg.* **1** (*scient.*) granulaire; granulé: *struttura granulare* structure granulaire ‖ *frutto granulare* fruit granulé **2** [*ridotto in grani*] granulé: *prodotti granulari* produits granulés.
2 **granulare** |granu'lare| *v.tr.* [*ridurre in granuli*] granuler: *granulare il raccolto* granuler la récolte ◇ (*metall.*) *granulare il piombo* granuler, grenailler du plomb.
granulato |granu'lato| *agg.* granulé.
granulatore |granula'tore| *s.m.* [*operaio addetto alla granulazione*] broyeur ◇ (*tecnol.*) broyeur.
granulazione |granulat'tsjone| *s.f.* **1** [→ 2 GRANULARE] granulation ◇ (*metall.*) granulation, grenaillement *m.* ◇ (*esplosivi*) grenage *m.*, grainage *m.* **2** (*med.*) granulation.
granulia |granu'lia| *s.f.* (*med.*) granulie.
granulo |'granulo| *s.m.* **1** granule → **grano** 2, 4 **2** (*farm.*) granule.
granuloma |granu'lɔma| *s.m.* (*med.*) granulome.
granulometria |granulome'tria| *s.f.* (*scient.*) granulométrie.
granulosità |granulosi'ta| *s.f. inv.* consistance *var.* granuleuse; aspect *m. var.* granuleux: *la granulosità dei fichi* la consistance granuleuse des figues ‖ *la granulosità di un terreno* l'aspect granuleux d'un terrain ◇ (*foto.*) granularité *var.*
granuloso |granu'loso| *agg.* granuleux*: *frutto granuloso* fruit granuleux; *sostanza; superficie granulosa* substance, surface granuleuse.
1 **grappa** |'grappa| *s.f.* [*acquavite*] eau-de-vie (de marc).
2 **grappa** |'grappa| *s.f.* (*edil.*) crampon *m.* ◇ (*tecnol.*) griffe ◇ (*tip.*) → **graffa.**
grappetta |grap'petta| *s.f.* **1** [*molla di filo metallico per tenere uniti fogli e sim.*] agrafe ◇ (*chir.*) agrafe **2** (*alpinismo*) crampon *m.* → **griffa, rampone.**
1 **grappino** |grap'pino| *s.m.* petit verre d'eau-de-vie (de marc): *bere, farsi un grappino* boire un petit verre d'eau-de-vie (de marc).
2 **grappino** |grap'pino| *s.m.* (*mar., tecnol.*) grappin.
grappolino |grappo'lino| *s.m.* [*piccolo grappolo*] grappillon.
grappolo |'grappolo| *s.m.* **1** (*bot.*) grappe (*f.*): *grappolo d'uva* grappe de raisin **2** (*fig.*) [*raggruppamento che assomiglia a un grappolo*] grappe: *grappolo di persone* grappe de personnes; *si era formato un grappolo di api* il s'était formé une grappe d'abeilles.
grascella |graʃ'ʃɛlla| *s.f.* → **grassella.**
graspo |'graspo| *s.m.* → **raspo.**
grassaggio, i |gras'saddʒo, i| *s.m.* graissage.
grassamente |grassa'mente| *avv.* **1** [*con abbondanza*] grassement: *è retribuito grassamente* il est grassement rétribué **2** [*grossolanamente*] gras: *parlare, ridere grassamente* parler, rire gras.
grassella |gras'sɛlla| *s.f.* (*anat. animale*) grasset *m.*
1 **grassello** |gras'sɛllo| *s.m.* (*macelleria*) rillons *pl.*
2 **grassello** |gras'sɛllo| *s.m.* chaux *f.* éteinte.
grassetto |gras'setto| *agg. e s.m.* (*tip.*) (caractères) gras *pl.*
grassezza |gras'settsa| *s.f.* **1** [*l'essere grasso*] (*persone*) embonpoint (*m.*): *la sua grassezza è tale che riesce a stento a muoversi* son embonpoint est tel qu'il peut à peine se mouvoir, qu'il a du mal à bouger ◇ (*animali*) *polli di una grassezza impressionante* des poulets d'une grosseur impressionnante ◇ (*terreno*) [*fertilità*] fertilité **2** (*raro*) [*abbondanza, ricchezza*] abondance **3** [*parte grassa di un corpo liquido*] graisse 🄲 1 **magrezza.**
grasso |'grasso| **I** *agg.* **1** gras*: *brodo grasso* bouillon gras; *cibi grassi* aliments gras; *formaggio grasso* fromage gras; *cucina grassa* cuisine grasse ◇ [*untuoso, oleoso*] *capelli grassi* cheveux gras; *pelle grassa* peau grasse ◇ (*bot.*) *piante grasse* plantes grasses **2** [*ricco di sostanze*] gras: *terreno grasso* terre grasse; *argilla grassa* argile grasse **3** [*corpulento, grosso*] gros*: *donna grassa e sformata* femme grosse et sans formes; *uomo basso e grasso* homme petit et gros; *ha le mani grasse e tozze* il a des mains grosses, grasses et trapues; *diventare grasso* → **ingrassare** ◇ (*loc.*) *essere grasso come un maiale* être gras comme un cochon **4** [*abbondante, ricco*] abondant, bon*; gros: *raccolto grasso, annata grassa* récolte abondante, bonne année ‖ *grassi guadagni* de gros gains ◇ (*per est.*) *fare i conti grassi* [*largheggiare*] calculer large; *martedì grasso* mardi gras **5** (*fig.*) [*licenzioso, grossolano*] licencieux*; vulgaire: *discorsi grassi* propos licencieux ‖ *risate grasse* des rires vulgaires ♦ (*avv.*) *parlare grasso* parler gras **II** *s.m.* **1** graisse *f.*; gras: *il grasso di maiale, di oca* la graisse de porc, d'oie ‖ *il grasso del prosciutto* le gras du jambon; *mangiare di grasso* manger gras **2** [*traccia untuosa, oleosa*] graisse: *togliere le macchie di grasso dal vestito* enlever les taches de graisse du vêtement: *cucinando mi sono imbrattata di grasso* en cuisinant, je me suis tachée de graisse **3** (*chim.*) graisse: *grasso animale* graisse animale; *grasso vegetale* graisse végétale; *grasso idrogenato* graisse hydrogénée 🄲 I 1, 2, 3, 4 **magro.**
grassoccio, ci, cia, ce |gras'sɔttʃo, tʃi, tʃa, tʃe| *agg.* [*fresco, sano e alquanto grasso*] joufflu; grassouillet*: *viso grassoccio* visage joufflu ‖ *ragazza grassoccia* jeune fille grassouillette, rondelette.
grassona |gras'sona| *s.f.* (*spreg.*) [*donna sgradevolmente grassa*] grosse (bonne) femme, grosse dondon.
grassone |gras'sone| *s.m.* (*spreg.*) [*uomo sgradevolmente grasso*] gros père, gros patapouf, gros plein de soupe → **ciccione.**
grassoso |gras'soso| *agg.* → **adiposo.**
grassume |gras'sume| *s.m.* **1** [*quantità sgradevole di grasso o di unto*] graisse *f.* ◇ (*spreg.*) [*pinguedine, obesità*] embonpoint (*corr.*) **2** (*raro*) [*concime animale*] fumier.
grata |'grata| *s.f.* [*inferriata fatta di sottili sbarre incrociate*] grille: *la grata del confessionale, delle finestre della prigione* la grille du confessionnal, des fenêtres de la prison.
gratamente |grata'mente| *avv.* [→ GRATO 1] avec gratitude *loc. inv.*
gratella |gra'tɛlla| *s.f.* **1** petite grille ◇ [*retina metallica per condutture*] crépine **2** (*tosc.*) → **graticola.**
graticciare |gratit'tʃare| *v.tr.* [*recintare con graticci*] treillisser: *graticciare una finestra* treillisser une fenêtre ◇ [*proteggere con graticci*] clayonner: *graticciare l'orto* clayonner un potager.
graticciata |gratit'tʃata| *s.f.* [*chiusura, riparo o sostegno fatto con graticci*] clayonnage *m.*
graticciato |gratit'tʃato| *s.m.* [*piano di graticci per conservare e seccare la frutta*] claie *f.*, clisse *f.*
graticcio, i |gra'tittʃo, i| *s.m.* **1** [*stuoia di vimini, di canne e sim. per usi agricoli*] claie *f.* **2** [*intreccio di vimini o canne usato come mezzo di chiusura o riparo*] claie.
graticola |gra'tikola| *s.f.* **1** gril (*m.*): *cuocere sulla graticola* griller, cuire sur le gril # *carne in graticola* viande grillée **2** petite grille **3** [*antico strumento per il supplizio del fuoco*] gril **4** (*pitt.*) graticule.
graticolare |gratiko'lare| *v.tr.* **1** (*pitt.*) [*riprodurre mediante la graticola*] graticuler **2** (*raro*) [*chiudere, proteggere*

con una graticola] griller; grillager (3) ◆ (*al p.p.*) *finestra graticolata* fenêtre grillée.
graticolàto |gratiko'lato| *s.m.* **1** [*chiusura o riparo fatto di sottili sbarre intrecciate*] grillage **2** (*agr.*) treillage.
gratìfica, che |gra'tifika, ke| *s.f.* gratification: *dare, ottenere una gratifica* donner, obtenir une gratification.
gratificànte |gratifi'kante| *agg.* gratifiant.
gratificàre |gratifi'kare| *v.tr.* [*aggiungere un compenso straordinario al normale stipendio*] gratifier: *a Natale i miei dipendenti sono gratificati di trentamila lire* à Noël mes employés sont gratifiés de trente mille lires ◇ (*loc. fig., iron.*) *gratificare qc. di titoli, ingiurie* [*darglieli immeritatamente*] gratifier qqn. de titres, d'injures ◇ (*psicol.*) gratifier.
gratificazióne |gratifikat'tsjone| *s.f.* → **gratifica.**
gratìle |gra'tile| *s.m.* (*mar.*) ralingue *f.*
'gratin' |gRatɛ̃| *s.m. inv.* gratin (*var.*): *maccheroni al 'gratin'* macaronis au gratin, gratinés.
gratinàre |grati'nare| *v.tr.* [*cuocere al 'gratin'*] gratiner: *gratinare delle patate* faire gratiner des pommes de terre.
gratinàto |grati'nato| *agg.* (*cuc.*) gratiné, au gratin (*loc. inv.*): *finocchi, maccheroni gratinati* fenouils, macaronis gratinés, au gratin.
gràtis |'gratis| *avv.* (*lat.*) gratis, gratuitement: *assistere gratis a uno spettacolo* assister gratis, gratuitement à un spectacle ◇ (*loc. raff., scherz.*) *gratis et amore Dei* [*gratuitamente*] gratis; à l'œil (*pop.*), gratis pro Deo ◆ (*in funzione agg.*) *ingresso gratis* entrée gratuite.
gratitùdine |grati'tudine| *s.f.* gratitude; reconnaissance: *manifestare tutta la propria gratitudine* manifester toute sa gratitude ‖ *debito, dovere di gratitudine* dette de reconnaissance 🄲 **ingratitudine.**
gràto |'grato| *agg.* **1** [*riconoscente; memore dei benefici ricevuti*] reconnaissant: *essere grato ai propri benefattori* être reconnaissant envers ses bienfaiteurs; *ti sono grato per quello che hai fatto* je te suis reconnaissant pour ce que tu as fait; *essere grato a qc. di q.c.* être reconnaissant à qqn. de qqch., savoir gré à qqn. de qqch. # *con animo grato* avec gratitude, reconnaissance **2** [*piacevole, gradito, bene accetto*] agréable; apprécié: *profumo, ospite grato* parfum, hôte agréable ‖ *dono grato* cadeau apprécié 🄲 **1 ingrato.**
grattacàpo |gratta'kapo| *s.m.* [*motivo di preoccupazione*] souci: *i figli spesso sono grossi grattacapi* les enfants sont souvent (la cause) de gros soucis (pour les parents) ◇ [*molestia, noia, cruccio*] souci, désagrément; ennui: *dare continui grattacapi a qc.* donner de continuels soucis, désagréments à qqn. ‖ *non posso occuparmene, ho già abbastanza grattacapi* je ne peux pas m'en occuper, j'ai déjà assez d'ennuis, de soucis comme ça.
grattacièlo |gratta'tʃɛlo| *s.m.* gratte-ciel *inv.*
grattacùlo |gratta'kulo| *s.m.* (*bot.*) gratte-cul: *dei grattaculi* des gratte-culs.
grattaménto |gratta'mento| *s.m.* [→ GRATTARE A 1] grattement, grattage.
grattàre |grat'tare| **A** *v.tr.* **1** [*stropicciare, fregare con le unghie o altro*] gratter ◻ *grattarsi la schiena, la testa* se gratter le dos, la tête; *si grattava il naso con il tagliacarte* il se grattait le nez avec le coupe-papier; *il bue si grattava il fianco contro un albero* le bœuf se grattait le flanc contre un arbre ◇ (*loc. fig., volg.*) *grattarsi la pancia* [*stare in ozio*] se tourner les pouces ~ *grattare la rogna, la scabbia* [*pungere sul vivo*] piquer au vif ~ *grattare il corpo alla cicala* [*stuzzicare qc. perché parli*] taquiner qqn. pour le faire parler, tirer les vers du nez à qqn. **2** (*per est.*) [*raschiare*] gratter, racler: *grattare un mobile, la vernice con la carta vetrata* gratter, racler un meuble, le vernis avec du papier de verre ◇ [*grattugiare*] râper: *grattare il formaggio, il pane, una mela* râper le fromage, le pain, une pomme ◇ (*per anal.*) *grattare uno strumento* [*suonarlo male o goffamente*] racler, gratter d'un instrument **3** (*fig., pop.*) [*rubare, sgraffignare*] faucher, chiper: *gli hanno grattato il portafoglio* on lui a fauché, chipé son portefeuille **B** *v.intr.* (*aus. 'avere'*) **1** [*produrre rumore sfregando*] gratter: *la puntina di questo giradischi gratta* l'aiguille de ce tourne-disque gratte **2** (*nel gerg. automobilistico*) [*provocare lo sfregamento degli ingranaggi innestando la marcia*] grincer (2) (*corr.*): *quando metti la seconda, sta' attento a non grattare* quand tu passes en seconde, attention à ne pas faire grincer (l'embrayage) **C** *v.pron. rifl.* GRATTARSI [→ *tr.* 1] se gratter: *si gratta continuamente come se avesse la rogna* il se gratte continuellement comme s'il avait la gale ◆ → *tr.* 1 ◻.
grattaschièna |grattas'kjena| *s.m. inv.* gratte-dos.
grattàta |grat'tata| *s.f.* **1** [→ GRATTARE A 1] (*solo nella loc.*) *darsi una grattata* (*alla schiena*) se gratter (le dos) **2** (*fam.*) *fare una grattata* [*provocare lo sfregamento degli ingranaggi nel cambio delle marce*] faire grincer ses vitesses.
grattàto |grat'tato| *agg.* → **grattugiato.**
grattino |grat'tino| *s.m.* [*raschietto per cancellare uno scritto*] grattoir.
grattùgia, gie |grat'tudʒa, dʒe| *s.f.* [*arnese da cucina per grattare formaggio, pane e sim.*] râpe ◇ (*per est., scherz.*) *il tuo rasoio è una grattugia* ton rasoir est une vraie râpe.
grattugiàre |grattu'dʒare| *v.tr.* [*ridurre in minutissimi frammenti con la grattugia*] râper: *grattugiare il formaggio* râper le fromage.
grattugiàto |grattu'dʒato| *agg.* [*ridotto in piccoli frammenti con la grattugia*] râpé: *formaggio grattugiato* fromage râpé; *mela grattugiata* pomme râpée # *pane grattugiato* chapelure.
gratuità |gratui'ta| *s.f. inv.* gratuité (*var.*): *la gratuità dell'insegnamento* la gratuité de l'enseignement ◇ (*fig.*) *la gratuità di certe idee* la gratuité, le caractère gratuit de certaines idées.
gratuitaménte |gratuita'mente| *avv.* [→ GRATUITO] gratuitement.
gratùito |gra'tuito| *agg.* **1** gratuit: *viaggio, insegnamento gratuito* voyage, enseignement gratuit ◇ (*loc.*) *prestito gratuito* [*con restituzione senza interessi*] prêt d'honneur **2** (*fig.*) gratuit: *accusa gratuita* accusation gratuite; *affermazione gratuita* affirmation gratuite ◇ (*loc.*) *a titolo gratuito* à titre gracieux.
gratulatòrio, i |gratula'tɔrjo, i| *agg.* (*lett.*) congratulatoire (*raro, iron.*): *discorso gratulatorio* discours congratulatoire.
gravàbile |gra'vabile| (*agg.*) *beni, redditi gravabili* [*che si possono gravare d'imposta o di ipoteca*] biens, revenus imposables.
gravàme |gra'vame| *s.m.* **1** [*carico, peso a stento tollerabile*] charge *f.*, poids: *tale soma è un gravame impossibile per un cavallo* un tel fardeau est une charge impossible pour un cheval ◇ (*fig.*) *il gravame delle proprie responsabilità* le poids, la charge de ses responsabilités **2** [*imposta sulle rendite, sui beni*] charge: *gravami fiscali* charges fiscales **3** (*dir.*) appel, recours.
gravàre |gra'vare| **A** *v.tr.* **1** [*caricare, opprimere con pesi*] charger (3), surcharger (3): *il pavimento era gravato da blocchi di marmo* le sol (le dallage) était surchargé de blocs de marbre; *gravare una bestia da soma con un carico eccessivo* charger une bête de somme d'un poids excessif; *gravare un alunno di compiti* surcharger un élève de travail ◇ (*fig.*) charger: *gravarsi la coscienza di una colpa, di un rimorso* charger sa conscience d'une faute, d'un remords ◇ (*loc.*) *gravare la mano su qc.* [*punirlo con eccessiva durezza*] ne pas y aller de main morte **2** [*assoggettare a tributi, tasse e sim.*] surcharger: *gravare il popolo di tasse* surcharger le peuple d'impôts **3** (*raro*) [*pignorare, sequestrare*] saisir: *gravare l'automobile del debitore* saisir la voiture du débiteur **B** *v.intr.* (*aus. 'essere'*) **1** [*pesare, premere fortemente*] peser (6) (*aus.* avoir): *tutto il peso della volta grava su deboli pilastri* tout le poids de la voûte pèse, repose sur de faibles piliers # *le spese gravano sul fornitore* les frais sont à la charge du fournisseur; *le responsabilità gravano su di noi* les responsabilités reposent sur nous **2** (*fig., lett.*) [*affliggere, infastidire, recare dispiacere*] peser **C** *v.pron. rifl.* GRAVARSI [→ *tr.* 1] se charger: *gravarsi di responsabilità* se charger de responsabilités.
gravàto |gra'vato| *agg.* [*sottoposto a un peso o a un obbligo*] grevé; surchargé: *uomo gravato di debiti* homme grevé de dettes ‖ *alunni gravati di compiti* élèves surchargés de devoirs # *beni gravati di ipoteche* biens hypothéqués; *occhi gravati di sonno* des yeux lourds de sommeil.
gràve |'grave| **I** *agg.* **1** [*faticoso, pesante*] lourd, pesant: *carico grave* poids lourd, pesant ◇ [*greve, appesantito*] lourd: *avere gli occhi gravi di sonno* avoir les yeux lourds de sommeil; *sentirsi la testa grave a causa di un raffreddore* se sentir la tête lourde à cause d'un rhume # *essere grave d'anni, d'età* [*essere vecchio*] avoir un âge avancé, être chargé d'ans **2** (*fig.*) [*molesto, duro, difficile a sopportarsi*] grave; grand: *grave disagio* grave ennui; *una grave notizia* une nouvelle grave; *ci sono gravi ragioni* il y a des raisons graves ‖ *disgrazia, pena grave* grand malheur, grande douleur **3** (*fig.*) [*in-*

tenso, veemente, grande] grave, grand; lourd: *discordia, inimicizia grave* grave, grande discorde; *danno grave* grave, grand dommage ‖ *gravi perdite* lourdes pertes **4** (*fig.*) [*importante, notevole per impegno, rischio o per serie conseguenze*] grave: *malattia, accusa grave* maladie, accusation grave; *problema, errore grave* problème, erreur grave; *situazione, decisione grave* situation, décision grave; *caso, malato grave* cas, malade grave; *essere in grave pericolo* être dans, en un grave danger, courir un grand danger; *macchiarsi di una grave colpa* charger sa conscience d'une faute grave **5** (*fig.*) [*serio, austero, dignitoso, ponderato*] grave: *contegno, aspetto, pensiero grave* attitude, aspect, réflexion grave; *stile grave* style grave; *assumere un tono grave* prendre un ton grave **6** (*fig.*) [*tardo, lento, pigro*] lent: *essere grave nei movimenti* être lent dans ses mouvements **7** [*soggetto alla forza di gravità*] grave (*raro*): *corpo grave* corps grave **8** (*mus.*) grave: *nota, corda grave* note, corde grave **9** (*gram.*) grave: *accento grave* accent grave **II** *s.m.* **1** (*fis.*) corps: *la caduta dei gravi* la chute des corps **2** (*iron.*) *stare sul grave* [*darsi delle arie*] prendre l'air sérieux, grave.

graveménte |grave'mente| *avv.* **1** [*seriamente*] gravement: *è gravemente ammalato* il est gravement malade # *essere ferito gravemente* être grièvement blessé **2** [*severamente*] sévèrement: *rimproverare, riprendere gravemente qc.* gronder, reprendre sévèrement qqn. **3** [*con tono ponderato; solennemente*] gravement: *rispondere, parlare gravemente* répondre, parler gravement.

graveolènte |graveo'lɛnte| *agg.* (*lett.*) → **maleodorante.**

graveolènza |graveo'lɛnza| *s.f.* (*lett.*) → **fetore, puzzo.**

gravézza |gra'vettsa| *s.f.* [*pesantezza*] lourdeur: *gravezza di stomaco* lourdeur d'estomac; *la gravezza di un cibo* la lourdeur d'un aliment ◇ (*fig.*) [*molestia, fastidiosità, noia*] tracas (*m.*): *sgombrare la mente d'ogni gravezza* débarrasser son esprit de tout tracas.

gravidànza |gravi'dantsa| *s.f.* (*fisiol., corr.*) grossesse: *portare a termine una gravidanza* mener sa grossesse à terme; *interrompere una gravidanza* interrompre sa grossesse.

gravìdico, ci, ca, che |gra'vidiko, tʃi, ka, ke| *agg.* gravidique, de grossesse (*loc. inv.*): *stato gravidico* état de grossesse.

gràvido |'gravido| *agg.* **1** (*di donna*) [*incinta, gestante*] enceinte: *è gravida di cinque mesi* elle est enceinte de cinq mois ◇ (*di animali*) [*pregna*] gravide: *asina, cavalla gravida* ânesse, jument gravide **2** (*per est.*) [*carico, pieno*] chargé: *nubi gravide di pioggia* nuages chargés de pluie; *parole gravide di minacce* paroles chargées de menace.

gravimetrìa |gravime'tria| *s.f.* (*scient.*) gravimétrie.

gravimètrico, ci, ca, che |gravi'mɛtriko, tʃi, ka, ke| *agg.* (*scient.*) gravimétrique.

1 **gravìna** |gra'vina| *s.f.* (*agr.*) pioche, pic *m.*

2 **gravìna** |gra'vina| *s.f.* [*crepaccio*] crevasse ◇ [*solco profondo scavato dalle acque nella roccia*] rimaye.

gravità |gravi'ta| *s.f. inv.* **1** gravité (*var.*): *la gravità di una malattia, di una colpa* la gravité d'une maladie, d'une faute; *la gravità di un incidente* la gravité d'un accident **2** [*importanza*] gravité: *la gravità di una decisione, di una affermazione* la gravité d'une décision, d'une affirmation **3** [*comportamento dignitoso e solenne; austerità*] gravité: *gravità dottorale, burocratica* gravité doctorale, bureaucratique; *la gravità di uno sguardo* la gravité d'un regard; *parlare, comportarsi con gravità* parler, agir avec gravité **4** (*fis.*) gravité: *forza di gravità* force de gravité.

gravitàre |gravi'tare| *v.intr.* (*aus.* 'essere, avere') **1** (*fig.*) [*muoversi verso un punto o ruotare intorno a esso*] être (43) (*aus.* avoir) attiré (vers); graviter (*aus.* avoir) autour: *ogni corpo gravita verso il centro della terra* tous les corps sont attirés au centre de la terre ‖ *la terra gravita intorno al sole* la terre gravite, tourne autour du soleil **2** (*fig.*) [*muoversi intorno a un punto di interesse, di attrazione*] graviter autour: *molti gravitano intorno a quell'uomo* beaucoup (de gens) gravitent autour de cet homme; *gli Stati poveri gravitano intorno a quelli ricchi* les nations pauvres gravitent autour des riches **3** [*pesare, gravare*] peser (6) (*aus.* avoir), reposer (*aus.* avoir): *tutto il peso della volta gravita su questi quattro pilastri* tout le poids de cette voûte pèse, repose sur ces quatre piliers.

gravitazionàle |gravitattsjo'nale| *agg.* (*fis.*) gravitationnel*.

gravitazióne |gravitat'tsjone| *s.f.* (*astron., fis.*) [→ GRAVITARE 1] gravitation.

gravosaménte |gravosa'mente| *avv.* [→ GRAVOSO 1] lourdement.

gravosità |gravosi'ta| *s.f. inv.* [*pesantezza, onerosità, oppressione*] lourdeur (*var.*): *la gravosità di un carico* la lourdeur d'un chargement ◇ (*fig.*) *la gravosità di un'imposta, di un incarico* la lourdeur d'un impôt, d'une charge.

gravóso |gra'voso| *agg.* **1** [*che grava, che preme con il proprio peso*] lourd ◇ (*fig.*) lourd, difficile: *incarico, lavoro gravoso* une lourde tâche, une lourde charge; *condizioni gravose* de(s) dures conditions, des conditions difficiles # *imposte gravose* des impôts excessifs **2** (*raro*) (*persone*) [*intollerabile, molesto*] importun: *compagnia gravosa* compagnie importune.

gràzia |'grattsja| *s.f.* **1** grâce: *la grazia di un sorriso, di un gesto, d'uno sguardo* la grâce d'un sourire, d'un geste, d'un regard; *la grazia di un fiore, di un dipinto* la grâce d'une fleur, d'un tableau ◇ (*fig.*) finesse, délicatesse: *la grazia di questo profumo è rara* la finesse, la délicatesse de ce parfum est rare; *apprezzare la grazia di una vivanda, di un vino* apprécier la finesse, la délicatesse d'un mets, d'un vin **2** [*spontaneità, cortesia nei rapporti con gli altri*] gentillesse, douceur: *accogliere qc. con grazia* accueillir qqn. avec gentillesse, avec douceur ◇ (*loc.*) *senza garbo né grazia* [*rozzo, grossolano*] grossier* dans ses manières, rustre ~ *in grazia di* [*per opera, per merito di*] grâce à ~ *di grazia* [*per favore*] de grâce **3** *spec. al plur.* [*benevolenza, protezione, favore*] bonnes grâces: *godere le grazie di qc.* jouir des bonnes grâces de qqn.; *entrare, essere nelle grazie del superiore* entrer, être dans les bonnes grâces de son supérieur; *si è acquistato le grazie del ministro* il s'est acquis les bonnes grâces du ministre **4** [*concessione straordinaria, dovuta a generosità, magnanimità*] grâce: *chiedere, ottenere una grazia* demander, obtenir une grâce; *concedetemi questa grazia* accordez-moi cette grâce ◇ [*intervento miracoloso*] grâce: *Dio gli ha concesso la grazia* Dieu lui a accordé la grâce; *Vergine Santa, fatemi questa grazia!* Sainte Vierge, faites-moi cette grâce! ◇ (*loc. fam.*) *quanta grazia di Dio!* [*quanto benessere!*] quelle abondance! ~ *per grazia ricevuta* (*formula che accompagna gli ex-voto*) pour grâces rendues ~ *far grazia a qc. di q.c.* faire grâce à qqn. de qqch. ~ *a titolo di grazia* [*senza obbligo*] gracieusement ~ *troppa grazia!* [*di cosa concessa con troppa abbondanza*] c'est beaucoup plus qu'il n'en faut! ~ *colpo di grazia*: (*pr., fig.*) coup de grâce **5** (*dir.*) grâce: *concedere, negare la grazia* accorder, refuser la grâce **6** (*mitol.*) *le Grazie* les Grâces **7** (*st. ingl.*) grâce **8** (*teol. catt.*) grâce: *grazia santificante* grâce sanctifiante, habituelle; *grazia attuale* grâce actuelle **9** *spec. al plur.* (*tip.*) déliés *m.* **10** (*loc.*) *rendere grazie* [*ringraziare*] rendre grâce(s) ⓒ 1; 2 **goffaggine.**

graziàre |grat'tsjare| *v.tr.* **1** [*liberare dalla pena mediante la grazia*] gracier: *graziare un condannato a morte per buona condotta* gracier un condamné à mort pour bonne conduite **2** [*beneficare, concedere con liberalità*] accorder qqch. à qqn.: *graziare qc. di benefici* accorder des avantages à qqn. ⓒ 1 **condannare.**

graziàto |grat'tsjato| *agg.* [*che ha ottenuto la grazia*] gracié: *quell'uomo è un ergastolano graziato* cet homme est un ancien forçat gracié ♦ (*s.*) *un graziato* un homme gracié *p.p.* ⓒ **condannato.**

gràzie |'grattsje| **I** *inter.* **1** (*esprime 'ringraziamento, riconoscenza'*) merci: *grazie per la tua cortesia* merci pour ta gentillesse; *tante grazie!* merci beaucoup!; *grazie infinite!* merci mille fois! **2** (*esprime 'assenso, rifiuto'*) merci: '*gradisci un caffè?*' '*grazie!, ne ho proprio bisogno*' 'prends-tu un café?' 'oui, merci, j'en ai vraiment besoin'; '*una sigaretta?*' '*grazie!, non fumo*' 'une cigarette?' 'non, merci, je ne fume pas' ◇ (*iron.*) '*il tuo amico ha acquistato una Ferrari*', '*grazie!, lui è ricchissimo*' 'ton ami a acheté une Ferrari' 'merci, merci bien!, 'il est riche, lui' **3** (*nella loc. prep.*) GRAZIE A grâce à: *grazie al tuo interessamento ho ottenuto la promozione* grâce à ton appui, j'ai été promu, j'ai reçu de l'avancement ◇ (*iron.*) *grazie a te mi trovo nei guai* grâce à toi, je me trouve dans le pétrin ~ *grazie al cielo, grazie a Dio* grâce au ciel, grâce à Dieu; *grazie al cielo, è tornato sano e salvo* grâce au ciel, il est rentré sain et sauf **II** *s.m. inv.* [*ringraziamento*] merci (*var.*): *un grazie di cuore* un grand merci, merci de tout cœur.

graziòla |grat'tsjɔla| *s.f.* (*t.bot.*) gratiole, séné *m.* des prés.

graziosaménte |grattsjosa'mente| *avv.* **1** [*con grazia, leggiadria*] gracieusement, avec grâce (*loc. inv.*): *sorridere, muoversi graziosamente* sourire, se mouvoir gracieusement, avec grâce

2 [*cortesemente, benevolmente*] aimablement: *fu ricevuto graziosamente* il fut reçu aimablement **3** (*lett.*) [*generosamente, liberalmente*] gratuitement, gracieusement # *prestito fatto graziosamente* prêt à tire gratuit, gracieux.

graziosétto |grattsjo'setto| *agg.* [*leggiadramente amabile; carino, attraente*] mignon*: *che bambino graziosetto!* quel enfant mignon!, quel amour d'enfant!

grazióso |grat'tsjoso| **I** *agg.* **1** gracieux*, joli: *un sorriso, un oggetto grazioso* un sourire gracieux, un joli objet; *una graziosa fanciulla* une fille gracieuse, jolie **2** (*lett.*) [*che è fatto, eseguito con spontaneità e grazia*] gracieux (*corr.*), aimable (*corr.*): *ci salutò con un grazioso inchino* elle nous salua d'une gracieuse révérence; *movenze graziose* gestes gracieux, aimables **3** (*lett.*) [*che concede grazie*] gracieux (*corr.*): *la graziosa Maestà della regina* Sa gracieuse Majesté la reine ◇ [*gratuito, senza interessi*] *prestito grazioso* prêt gracieux; *a titolo grazioso* à titre gracieux **II** *s.* (*nella loc.*) *fare il grazioso* [*ostentare maniere eccessivamente aggraziate*] faire le joli cœur **C** I 1, 2 **sgraziato.**

grèca, che |'grɛka, ke| *s.f.* (*arts.*) grecque.

grecàle |gre'kale| *s.m.* vent grec ♦ (*agg.*) *vento grecale* vent grec.

grecaménte |greka'mente| *avv.* [→ GRECO I] à la grecque *loc. inv.*

grecheggiàre |greked'dʒare| *v. intr.* (*aus.* '*avere*') [*imitare i caratteri della civiltà e cultura gr.*] imiter *tr.* les grecs.

grecìsmo |gre'tʃizmo| *s.m.* (*ling.*) hellénisme.

grecìsta |gre'tʃista| *s.* [*cultore della lingua e letter. gr.*] helléniste.

grecità |gretʃi'ta| *s.f. inv.* grécité *var.*

grecizzàre |gretʃid'dzare| **A** *v.tr.* [*ridurre in forma greca*] gréciser **B** *v. intr.* (*aus.* '*avere*') [*imitare i Greci nella lingua, ecc.*] imiter *tr.* les Grecs.

grèco, ci, ca, che |'grɛko, tʃi, ka, ke| **I** *agg.* grec*: *la penisola greca* la péninsule grecque; *la scultura, la civiltà greca* la sculpture, la civilisation grecque; *l'arte greca* l'art grec; *lingua greca* langue grecque ◇ (*loc.*) *rito greco* rite grec ~ *croce greca* croix grecque ~ *naso, viso, profilo greco* nez, visage, profil grec ~ *grazia, bellezza greca* grâce, beauté grecque **II** *s.m.* **1** [*la lingua*] grec: *il greco moderno* le grec moderne, le néo-grec; *il greco antico* le grec ancien **2** → **grecale** **3** (*viticoltura*) vin grec.

greco-latìno |grekola'tino| *agg.* gréco-latin.

greco-romàno |grekoro'mano| *agg.* gréco-romain: *lotta greco-romana* lutte gréco-romaine.

gregàrio, i |gre'garjo, i| **I** *s.* **1** [*soldato semplice*] simple soldat ◇ (*per est.*) [*chi, nell'ambito di una organizzazione o partito, è escluso da ogni responsabilità*] partisan, acolyte (*spreg.*): *essere un semplice gregario* être un simple partisan, acolyte **2** (*ciclismo*) coéquipier* **II** *agg.* **1** grégaire: *ruolo, spirito gregario* rôle, esprit grégaire; *imitazione gregaria* imitation grégaire **2** (*biol.*) grégaire: *animale gregario* animal grégaire.

gregarìsmo |grega'rizmo| *s.m.* grégarisme.

grégge |'greddʒe|, *pl. f.* **gréggi** |'greddʒi| *s.m.* (*raro al f.*) **1** [*branco di pecore o di capre*] troupeau (*m.*): *guidare, condurre il gregge al pascolo* mener, conduire le troupeau au pâturage; *pascere il gregge* faire paître le troupeau **2** (*fig., anche spreg.*) (*persone*) troupeau: *un gregge di schiavi* un troupeau d'esclaves; *il gregge degli imitatori* le troupeau, la foule des imitateurs ◇ (*loc.*) *il gregge di Cristo, dei fedeli* [*il popolo cristiano*] le troupeau du Seigneur, des fidèles; les ouailles (*f. pl.*) ~ *uscire di, dal gregge* [*emergere dalla massa*] sortir du commun, se démarquer de la foule.

gréggio, gi, gia, ge |'greddʒo, dʒi, dʒa, dʒe| **I** *agg.* **1** [*che non ha subito alcuna lavorazione di raffinamento*] brut: *petrolio, metallo greggio* pétrole, métal brut; *pietra greggia* pierre brute # *seta greggia* soie grège, écrue ◇ (*loc.*) *lavoro greggio* [*non rifinito*] travail grossier ~ *materia greggia* matière brute **2** (*fig.*) grossier: *ingegno greggio* esprit grossier → **rozzo** **II** *s.m.* [*petrolio non lavorato*] pétrole brut **C** **raffinato**; I 1, II **lavorato.**

gregoriàno |grego'rjano| *agg.* grégorien*: *canto, calendario gregoriano* chant, calendrier grégorien.

grembiàle |grem'bjale| *s.m.* → **grembiule.**

grembialàta |grembja'lata|, **grembiulàta** |grembju'lata| *s.f.* [*quantità contenuta in un grembiule*] plein tablier (*m.*): *una grembiulata di mele, di noci* un plein tablier de pommes, de noix.

grembiùle |grem'bjule|, **grembiàle** |grem'bjale| *s.m.* [*indumento che si indossa per proteggere gli altri abiti*] tablier: *grembiule da scolaro* tablier d'écolier; *la ragazza si mise il grembiule prima di cucinare* la jeune fille mit son tablier avant de cuisiner; *grembiule col pettino* tablier à bavette # *grembiule da ufficio* blouse (de travail).

grèmbo |'grɛmbo| *s.m.* **1** [*in una persona seduta, spec. donna, la concavità compresa tra le ginocchia e il seno*] giron, genoux (*pl.*): *teneva in grembo un bambino* elle tenait un enfant dans son giron, sur ses genoux; *il piccolo dormiva in grembo alla madre* le petit dormait dans le giron, sur les genoux de sa mère **2** [*seno, ventre materno*] sein: *portare, avere in grembo un figlio* porter, avoir un enfant dans son sein **3** (*fig.*) [*la parte più interna, nascosta, misteriosa*] sein: *la terra nasconde nel suo grembo immensi tesori* la terre cache dans son sein d'immenses trésors ◇ [*comunità*] *morire nel grembo della Chiesa* mourir dans le (au) sein, dans le giron de l'Église; *il partito l'ha riaccettato nel proprio grembo* le parti l'a accepté de nouveau (l'a repris) dans son sein ◇ (*loc. fig.*) *buttarsi in grembo a qc.* [*affidarglisi ciecamente*] se jeter dans les bras de qqn. **4** (*arald.*) giron.

gremìre |gre'mire| (197) **A** *v.tr.* **1** [*riempire, colmare*] remplir: *gremire lo scaffale di libri* remplir l'étagère de livres **2** [*affollare, stipare*] remplir, encombrer: *la folla gremì in pochi istanti la piazza* la foule remplit, encombra en quelques instants la place; *gli studenti gremirono l'aula* les étudiants remplirent, encombrèrent la salle **B** *v.pron. intr.* GREMIRSI [→ *tr.* 2] se remplir: *le strade si gremivano di gente* les rues se remplissaient de monde.

gremìto |gre'mito| *agg.* [*pieno, affollato, carico*] plein, bondé; chargé: *il teatro era gremito di pubblico* le théâtre était plein, bondé archiplein || *un albero gremito di frutti* un arbre chargé de fruits.

gréppia |'greppja| *s.f.* **1** [*la rastrelliera sopra la mangiatoia*] râtelier *m.* ◇ (*per est.*) [*la mangiatoia stessa*] mangeoire **2** (*loc. fig.*) *la greppia dello Stato* [*impiego statale*] une place de fonctionnaire ~ *essere devoto alla greppia* [*lavorare solo per lo stipendio*] ne travailler que pour la paye ~ *darsi da fare per arrivare alla greppia* se donner du mal pour avoir un emploi sûr.

gréppo |'greppo| *s.m.* (*lett.*) [*pendio ripido e scosceso*] escarpement: *le capre s'inerpicano sui greppi* les chèvres grimpent aux, sur les escarpements ◇ [*sponda rialzata di una via o di un fosso*] bord, talus.

gres |grɛs| *s.m. inv.* grès.

gréto |'greto| *s.m.* **1** [*la parte asciutta e ghiaiosa del letto di un fiume*] grève *f.* **2** (*mar.*) grève.

grétola |'gretola| *s.f.* **1** [*ciascuna delle sbarre di una gabbia*] barreau *m.* **2** *spec. al plur.* [*stecche della rocca da filare*] tige *sing.*, rayon *m. sing.*

grettaménte |gretta'mente| *avv.* [→ GRETTO] avec avarice *loc. inv.*; mesquinement.

gretterìa |grette'ria| *s.f.* → **grettezza.**

grettézza |gret'tettsa| *s.f.* **1** (*fig.*) [*meschinità, ottusità d'animo*] mesquinerie, petitesse: *la sua grettezza è nota a tutti* tout le monde connaît sa mesquinerie, sa petitesse **2** [*eccessiva parsimonia, spilorceria*] avarice **C** **generosità.**

grétto |'gretto| *agg.* **1** [*avaro, tirchio*] avare: *persona gretta* personne avare **2** (*fig.*) [*meschino, angusto; limitato*] petit, mesquin; étroit: *animo gretto* âme petite, mesquine || *mentalità, educazione gretta* mentalité, éducation étroite **C** **generoso.**

grève |'grɛve| *agg.* **1** (*lett.*) [*pesante, grave*] lourd (*corr.*): *panni grevi* draps lourds; *è un carico greve come il piombo* c'est une charge lourde comme du plomb ◇ (*per anal.*) *aria greve* [*soffocante, afosa*] air lourd **2** (*lett., fig.*) [*penoso, doloroso*] lourd, accablant **C** **lieve.**

grézzo |'greddzo| *agg. e s.m.* → **greggio.**

grida |'grida| *s.f.* (*ant.*) [*bando, editto annunciato da un banditore*] ban *m.*

gridàre |gri'dare| **A** *v.intr.* (*aus.* '*avere*') **1** [*pronunciare parole con tono alto e concitato*] crier: *gridare a squarciagola* crier à tue-tête; *gridare a più non posso* crier de toutes ses forces, à n'en plus pouvoir; *gridare di dolore* crier de douleur; *gridava come una anima dannata* il criait comme un beau diable, comme un damné; *gridare contro, verso qc.* [*inveire*] crier contre, après qqn. → **urlare** **2** (*per est.*) [*parlare a voce troppo alta*] crier: *non gridare così, non sono mica sordo!* ne crie pas comme ça, je ne suis pas sourd! ◇ [*lamentarsi, protestare*] crier, protester: *gri-*

dare non giova, ormai la decisione è presa il ne sert à rien de crier, de protester, désormais la décision est prise **B** *v.tr.* **1** [*dire con voce alta e forte*] crier: *gridare vittoria, evviva, abbasso* crier victoire, bravo (des vivats) à bas; *gridare parole incomprensibili* crier des paroles incompréhensibles ◇ (*fig.*) (*anche fam., scherz.*) [*domandare, invocare*] *gridare aiuto* crier au secours; *questo delitto grida vendetta* ce délit crie vengeance **2** [*annunciare pubblicamente*] proclamer: *gridare un editto, un bando* proclamer un édit, un ban ◇ (*loc. fig.*) *gridare q.c. ai quattro venti* crier qqch. aux quatre vents **3** (*fam.*) → **sgridare** Ⓒ A; B 1 **bisbigliare, mormorare.**

gridàta |gri'data| *s.f.* **1** [*rimprovero, sgridata*] gronderie, réprimande: *mi son preso una bella gridata dal direttore* j'ai reçu une forte réprimande du directeur, je me suis fait attraper (*fam.*) par le directeur **2** (*raro*) → **grido** 1.

gridatóre, trice |grida'tore, tri'tʃe| *s.* (*raro*) **1** (*scherz.*) [*oratore instancabile*] braillard (*fam.*), brailleur* (*fam.*) **2** (*arc.*) [*banditore*] crieur*.

gridio, ii |gri'dio, ii| *s.m.* [*serie tumultuosa di gridi*] criaillerie (*f.*): *un assordante gridio di bambini* une assourdissante criaillerie d'enfants, cris assourdissants d'enfants.

grido |'grido|, *pl. f.* **grida** |'grida|, *pl. m.* **gridi** |'gridi| *s.m.* **1** (*persone, animali*) cri: *le grida delle donne e dei bambini* les cris des femmes et des enfants; *i gridi degli sciacalli, degli uccelli notturni* les cris des chacals, des oiseaux nocturnes; *un grido di paura, di dolore, di morte* un cri de peur, de douleur, de mort; *il grido di guerra* le cri de guerre; *emettere un grido* pousser un cri ◇ (*loc. fig.*) *l'ultimo grido della moda* [*l'ultima novità*] le dernier cri de la mode **2** (*Borsa*) *recinto delle grida* corbeille *f.* **3** (*fig.*) [*invocazione, implorazione*] cri: *il grido dei perseguitati, degli oppressi* le cri des persécutés, des opprimés **4** *loc. fig.* DI GRIDO [*famoso*] de renom, célèbre (*agg.*): *scrittore di grido* écrivain de renom; *è un matematico di grido* c'est un mathématicien célèbre, de renom Ⓒ 1; 3 **bisbiglio; 1 sussurro.**

grifàgno |gri'faɲɲo| *agg.* **1** (*lett.*) (*di uccello*) [*rapace*] rapace (*corr.*): *la aquila grifagna* l'aigle rapace **2** (*fig.*) [*minaccioso, sinistro*] farouche: *sguardo, aspetto grifagno* regard, aspect farouche.

grifàta |gri'fata| *s.f.* coup *m.* de groin.

grifèa |gri'fɛa| *s.f.* (*t.zool.*) gryphée.

griffa |'griffa| *s.f.* **1** (*mecc.*) agrafe, crampon *m.* ◇ (*cine.*) crochet *m.* **2** (*pattinaggio*) sangle **3** (*alpinismo*) clou *m.* à oreille.

griffóne |grif'fone| *s.m.* (*t.zool.*) griffon.

grifo |'grifo| *s.m.* **1** [*grugno del maiale*] groin **2** (*spreg.*) [*viso umano*] trogne *f.*

grifóne |gri'fone| *s.m.* **1** (*t.zool.*) griffon **2** [*cane da caccia*] griffon **3** [*mostro mitologico alato*] griffon.

grigiàstro |gri'dʒastro| *agg.* grisâtre: *tessuto grigiastro* tissu grisâtre; *cielo grigiastro* ciel grisâtre.

grìgio, gi, gia, gie |'gridʒo, dʒi, dʒa, dʒe| **I** *agg.* **1** gris: *camicia grigia* chemise grise; *tempo, cielo grigio* temps, ciel gris; *capelli grigi* cheveux gris; *materia, sostanza grigia* matière, substance grise (du cerveau); (*fig.*) *non avere materia grigia* ne pas avoir de matière grise ◇ (*agg. inv.*) *grigio azzurro* gris bleu; *grigio ferro* gris fer; *grigio topo* gris souris; *foulard grigio perla* foulard gris perle **2** [*squallido, scialbo, monotono*] gris: *città grigia* ville grise # *ha fatto una vita grigia* il a mené une vie, une existence terne; *un'anima grigia* une âme morne, sombre; *ore grigie* [*tristi, difficili*] heures tristes **II** *s.m.* gris: *il grigio è un colore freddo* le gris est une couleur froide.

grigióre |gri'dʒore| *s.m.* [*aspetto di ciò che è grigio*] (*anche fig.*) grisaille (*f.*): *il grigiore delle zone industriali* la grisaille des zones industrielles; *il grigiore di una città nebbiosa* la grisaille d'une ville brumeuse; *non sopporta il grigiore della vita quotidiana* il ne supporte pas la grisaille de la vie de tous les jours.

grigiovérde |gridʒo'verde| **1** *agg.* gris vert (*inv.*): *divise grigioverdi* des uniformes gris vert, vert-de-gris; *tappezzeria grigioverde* tapisserie gris vert **2** *s.m.* [*il colore delle divise mil. it. dal 1905 alla II guerra mondiale*] uniforme gris vert ◇ (*per est.*) [*la divisa stessa*] l'uniforme: *vestire il grigioverde* porter l'uniforme.

griglia |'griʎʎa| *s.f.* **1** gril (*m.*): *carne, pomodori alla griglia* viande, tomates cuites sur le gril, grillées **2** [*inferriata, grata; persiana*] grille **3** (*auto.*) *griglia di partenza* grille de départ **4** (*elettr.*) grille: *griglia-schermo* grille-écran **5** (*tecnol.*) grille.

grillàre |gril'lare| *v.intr.* (*aus. 'avere'*) **1** [*gorgogliare bollendo*] grésiller: *l'olio grilla nella padella* l'huile grésille dans la poêle **2** (*fig.*) [*di ghiribizzo o capriccio che si manifesta nel comportamento*] *chissà cosa mai gli grillava!* qui sait ce qui lui prenait!, ce qu'il mijotait, ce qu'il ruminait!

grillettàre |grillet'tare| **A** *v.intr.* (*aus. 'avere'*) [*sfrigolare*] grésiller: *già le patatine grillettavano nella padella* déjà les pommes de terre grésillaient dans la poêle **B** *v.tr.* [*far friggere nell'olio bollente*] faire (45) *intr.* frire: *la mamma grillettava le zucchine* la maman faisait frire les courgettes.

grillétto |gril'letto| *s.m.* (*armi*) détente *f.*, gâchette (*f.*): *il grilletto del fucile, della pistola* la détente, la gâchette d'un fusil, d'un pistolet; *premere il grilletto* appuyer sur la détente.

grillo |'grillo| *s.m.* **1** (*t.zool.*) grillon, cri-cri (*fam.*) ~ *grillo canterino* grillon chanteur ◇ (*corr.*) *sentir cantare i grilli* entendre chanter les grillons ◇ (*loc.*) *mangiare come un grillo* [*pochissimo*] manger comme un oiseau ~ *pare un grillo* [*è mingherlino*] on dirait un hareng saur ~ *cervello di grillo* [*poco intelligente*] cervelle d'oiseau ◇ (*loc. fig.*) *andare a sentir cantare i grilli* [*morire*] aller manger les pissenlits par la racine ~ *indovinala grillo!* (*detto in situazioni incerte o imbarazzanti*) allez donc savoir!; qui vivra verra! **2** (*fig.*) [*idea improvvisa e strana, capriccio*] lubie *f.*; fantaisie (*f.*): *ha troppi grilli per il capo* il a trop de lubies ‖ *gli salta il grillo di...* [*gli viene il capriccio*] il lui vient la fantaisie de... **3** (*tel.*) téléphone **4** [*ponte pensile in legno usato dai muratori*] pont suspendu.

grillotàlpa |grillo'talpa| *s.* (*t.zool.*) taupe-grillon *m.*, courtilière (*f.*): *le grillotalpe* les taupes-grillons.

grill(-room) |gril(ru:m)| *s.m. inv.* (*ingl.*) grill-room (*var.*): *dei grill-room* des grill-rooms.

grimaldèllo |grimal'dɛllo| *s.m.* [*ferro uncinato per forzare le serrature*] rossignol, crochet.

grìnfia |'grinfja| *s.f.* **1** (*pop.*) [*artiglio*] serre (*corr.*), griffe (*corr.*): *l'aquila aveva un uccello tra le grinfie* l'aigle tenait un oiseau dans ses serres **2** (*fig.*) [*mano rapace*] griffe: *cadere nelle grinfie di uno strozzino* tomber sous la griffe d'un usurier; *tenere qc. tra le proprie grinfie* tenir qqn. entre ses griffes.

grìnta |'grinta| *s.f.* **1** [*espressione severa o truce del viso*] (sale) tête: *ha una grinta che fa paura* il a une tête à faire peur **2** [*combattività, aggressività*] poigne: *quel pugile ha una grinta!* ce boxeur a de la poigne!; *nella lotta politica ci vuole grinta* dans la lutte politique il faut de la poigne ◇ [*faccia tosta*] toupet *m.*, culot *m.* (*fam.*), mordant: *ci vuole una bella grinta per chiedere certe cose* il faut un grand toupet pour demander certaines choses; *non è facile smontare la sua grinta* ce n'est pas facile de décourager son culot.

grintóso |grin'toso| *agg.* [*pieno di grinta; combattivo*] qui a de la poigne, du mordant *loc.*, à poigne (*loc. inv.*): *un tipo grintoso* un type qui a de la poigne, à poigne; *è un giocatore grintoso* c'est un joueur qui a de la poigne.

grìnza |'grintsa| *s.f.* [*corrugamento della pelle del viso*] ride: *ha gli occhi pieni di grinze* il a les yeux (tout) pleins de rides ◇ (*per est.*) [*piega nei tessuti e sim.*] pli (*m.*): *gonna sporca e piena di grinze* jupe sale et pleine de plis, toute froissée ◇ (*loc.*) *non fa una grinza*: (*pr.*) (*di abito che sta a pennello*) il ne fait pas un pli, il tombe très bien; (*fig.*) (*di ragionamento, e sim.*) [*perfetto*] il ne fait pas un pli, il est impeccable.

grìnzo |'grintso| *agg.* → **grinzoso.**

grinzosità |grintsosi'ta| *s.f. inv.* [*aspetto di ciò che è rugoso, ruvido*] aspect *m. var.* ridé.

grinzóso |grin'tsoso| *agg.* [*che presenta o fa grinze*] ridé: *viso grinzoso* visage ridé; *pelle grinzosa* peau ridée # *vestito grinzoso* [*sgualcito, pieno di pieghe*] vêtement (tout) froissé.

grippàggio, i |grip'paddʒo, i| *s.m.* (*tecnol.*) grippement, grippage.

grippàre |grip'pare| **A** *v.intr.* (*aus. 'avere'*) (*mecc.*) [*bloccarsi, arrestarsi per eccesso di attrito*] gripper: *il motore ha grippato* le moteur a grippé **B** *v.pron. intr.* GRIPPARSI [→ *intr.*] se gripper, gripper (*intr.*): *il motore si è grippato* le moteur s'est grippé, a grippé.

grìppia |'grippja| *s.f.* (*mar.*) orin *m.*

grisàglia |gri'zaʎʎa| *s.f.* grisaille.

'grisaille' |gʀizɑj| *s.f. inv.* → **grisaglia.**

grisatóio, i |griza'tojo, i| *s.m.* (*tecnol.*) grésoir.

grisèlla |gri'zɛlla| *s.f.* (*mar.*) enfléchure.

'grisou' |gʀisu|, **grisù** |gri'zu| *s.m. inv.* grisou *var.*

grissinifìcio, i |grissini'fitʃo, i| *s.m.* fabrique *f.* de gressins.

grissìno |gris'sino| *s.m.* gressin.

grisù |gri'zu| *s.m. inv.* → **'grisou'.**

grisùmetro |gri'zumetro| *s.m.* (*tecnol.*) grisoumètre.

grizzly |'grizli| *s.m. inv.* (*ingl.*) (*t.zool.*) grizzli *var.*, grizzly *var.*

groenlandése |groenlan'dese| *agg.* [*della Groenlandia*] groenlandais.

grog |grɔg| *s.m. inv.* (*ingl.*) grog *var.*

groggy |'grɔgi| *agg. inv.* (*ingl.*) (*pugilato*) groggy *var.*

grogré |gro'gre| *s.m. inv.* → **grosgrain.**

gromàtico, ci, ca, che |gro'matiko, tʃi, ka, ke| *agg.* gromatique ✦ *s.m.* (*presso gli ant. rom.*) [*agrimensore*] arpenteur.

grómma |'gromma| *s.f.* **1** [*incrostazione lasciata dal vino nelle botti*] tartre *m.* **2** (*per est.*) *la gromma della pipa* le culot *m.* de la pipe; *la gromma delle tubazioni* (*d'acqua*) le tartre des conduites (d'eau).

grommàre |grom'mare| **A** *v.tr.* [*incrostarsi di gromma*] entartrer **B** *v.pron. intr.* GROMMARSI [*ingrommarsi*] s'entartrer.

grommàto |grom'mato| *agg.* → **grommoso.**

grommóso |grom'moso| *agg.* [*incrostato di gromma*] couvert, incrusté de tartre.

grónda |'gronda| *s.f.* **1** [*parte del tetto sporgente*] avant-toit (*m.*): *ripararsi dalla pioggia sotto la gronda* s'abriter de la pluie sous l'avant-toit **2** (*per est.*) [*terreno inclinato*] pente: *quel tratto di terreno fa gronda* cette partie de terrain est en pente # *cappello a gronda* chapeau à bords baissés.

grondàia |gron'daja| *s.f.* [*il canale che, lungo la gronda, raccoglie l'acqua piovana*] gouttière, chéneau *m.* ◇ (*per est.*) [*la gronda stessa*] avant-toit *m.*

grondànte |gron'dante| *agg.* [*intriso, bagnato fradicio*] ruisselant: *grondante di pioggia, di sudore, di sangue* ruisselant de pluie, de sueur, de sang.

grondàre |gron'dare| **A** *v.intr.* **1** (*aus.* '*essere*') (*di liquido*) [*colare abbondantemente*] ruisseler (4) (*aus.* avoir), couler (*aus.* avoir): *la pioggia gronda dai rami* la pluie ruisselle des branches; *il sangue gli grondava dal naso* le sang ruisselait, coulait de son nez **2** (*aus.* '*avere*') [*versare, lasciar cadere copiosamente*] ruisseler: *grondare di sudore, di sangue* ruisseler de sueur, de sang; *i rami grondavano d'acqua piovana* les branches ruisselaient de pluie ◇ (*fig.*) *è una vittoria che gronda di lacrime e di sangue* c'est une victoire qui a coûté beaucoup de larmes et de sang **B** *v.tr.* [→ *intr.* 2] ruisseler de, couler de: *grondare sangue* ruisseler de, couler du sang; *i suoi abiti grondavano acqua* ses vêtements ruisselaient d'eau.

gróngo, ghi |'grongo, gi| *s.m.* (*t. zool.*) congre, anguille *f.* de mer (*corr.*).

gròppa |'grɔppa| *s.f.* **1** (*anat., corr.*) croupe # *balzare, salire in groppa al cavallo* sauter sur un cheval, monter un cheval **2** (*fam.*) [*le spalle, il dorso dell'uomo*] *avere molti anni sulla groppa* ne pas être dans sa première jeunesse ◇ (*loc. fig.*) *restare sulla groppa* [*di merce che non si riesce a vendere*] rester invendu **3** (*ginnastica*) croupe **4** (*raro*) [*cima tondeggiante di montagna*] croupe.

groppàta |grop'pata| *s.f.* → **sgroppata.**

groppièra |grop'pjɛra| *s.f.* croupière, becul *m.*

gróppo |'gro(ɔ)ppo| *s.m.* **1** [*nodo intricato, groviglio, viluppo*] nœud # *la matassa ha fatto groppo* la pelote s'est emmêlée ◇ (*loc. fig.*) *avere un groppo alla gola* avoir un nœud dans la gorge, avoir la gorge serrée **2** (*fig., lett.*) [*problema di difficile soluzione*] problème difficile à résoudre **3** (*meteor.*) *vento di groppo* grain.

groppóne |grop'pone| *s.m.* (*fam., scherz.*) [*schiena, spalle dell'uomo*] échine *f.*, dos ◇ (*loc.*) *dare quattro legnate sul groppone a qc.* frotter l'échine à qqn. ◇ (*fig.*) *piegare il groppone* [*rassegnarsi a lavori avvilenti*] trimer *v.intr.* ~ *accarezzare il groppone a qc.* [*bastonarlo*] administrer, flanquer une volée à qqn. ~ *avere molti anni sul groppone* ne pas être dans sa première jeunesse, être chargé d'ans.

'gros-grain' |GROGRɛ̃| *s.m. inv.* gros-grain *var.*

1 **gròssa** |'grɔssa| *s.f.* [*la terza dormita dei bachi da seta*] troisième mue ◇ (*fig.*) *dormire della grossa* [*profondamente*] dormir comme un loir, comme une souche.

2 **gròssa** |'grɔssa| *s.f.* [*dodici dozzine*] grosse: *una grossa di bottoni* une grosse de boutons.

3 **gròssa** |'grɔssa| *s.f.* (*nella loc.*) *vivere alla grossa* [*grossolanamente*] vivre simplement.

grossézza |gros'settsa| *s.f.* **1** grosseur; épaisseur: *valutare la grossezza di una noce, di un tubo, di una fune* évaluer la grosseur d'une noix, d'un tuyau, d'un cordage ‖ *la grossezza di un libro* l'épaisseur d'un livre **2** [*volume, densità, spessore notevole*] *la grossezza del suo fegato è preoccupante* le volume *m.* de son foie est inquiétant; *la grossezza del fiume fa temere uno straripamento* la crue du fleuve fait craindre une inondation ◇ (*fig.*) *grossezza di animo* [*malanimo, rancore*] rancœur **3** (*fig.*) [*ignoranza, ottusità; rozzezza*] grossièreté: *la grossezza di modi* la grossièreté des manières.

grossìsta |gros'sista| *s.* grossiste.

gròsso |'grɔsso| **I** *agg.* **1** gros*; grand: *una grossa automobile* une grosse voiture; *uomo grande e grosso* un homme grand et gros; *una grossa borgata* un gros bourg, une grosse bourgade; *una grossa eredità* un gros, un grand héritage ‖ *grosso complesso industriale* grand complexe industriel; *un grosso fabbricato* un grand immeuble; *un grosso esercito* une grande armée ◇ (*per est.*) *mare grosso* [*agitato*] grosse mer; *fiume grosso* [*in piena*] fleuve gros, gonflé, en crue; *sale grosso* gros sel ◇ (*loc.*) *avere il fiato grosso* [*affannoso*] être essoufflé ~ *artiglieria grossa* grosse artillerie, artillerie lourde ~ *aria grossa* [*pesante*] temps lourd ~ *dito grosso* [*pollice*] pouce; [*alluce*] orteil ~ *caccia grossa* chasse aux fauves ~ *donna grossa* [*incinta*] femme enceinte **2** [*importante, ragguardevole, valente*] grand: *un grosso scrittore, giocatore* un grand écrivain, joueur; *è una grossa squadra* c'est une grande équipe # *quell'uomo è un pezzo grosso nella politica* cet homme est un gros bonnet, une grosse légume de la politique **3** [*grave, faticoso a sopportarsi; che può avere gravi conseguenze*] gros: *un grosso guaio* un gros ennui; *un grosso errore* une grosse faute; *incontrare grosse difficoltà* rencontrer de grosses difficultés; *correre un grosso rischio* courir un gros risque ◇ (*loc.*) *dire parole grosse* [*gravemente spiacevoli*] prononcer des mots durs ~ *farla grossa* [*commettere uno sproposito*] jouer un mauvais tour ~ *dirle grosse* [*dire corbellerie*] dire des bêtises ~ *questa poi è grossa!* [*quasi incredibile a credersi*] elle est bonne, elle est un peu forte celle-là! **4** [*rozzo, non raffinato, grossolano*] gros: *panno grosso* gros drap; *vino grosso* gros vin ◇ (*persone*) [*ottuso, ignorante*] grossier*: *grosso di mente, di ingegno* à l'esprit grossier # *uomo di pasta grossa* gros lourdaud ◇ (*prov.*) *il pesce grosso mangia il piccolo* les gros poissons mangent les petits **II** *loc. avv.* IN GROSSO, ALL'INGROSSO [*approssimativamente; in grosse partite*] en gros: *calcolare all'ingrosso* calculer en gros; *vendita all'ingrosso* vente en gros ~ DI GROSSO [*di molto*] grossièrement: *sbagliare di grosso* se tromper grossièrement ~ *alla grossa* [*superficialmente, in modo approssimativo*] grossièrement ~ *grosso modo* [*all'incirca, press'a poco*] grosso modo ~ *qua sparano grosso* [*chiedono un prezzo esorbitante*] ici c'est le coup de fusil ~ *bere grosso* [*essere creduloni*] avaler, gober **III** *s.m.* **1** gros: *il grosso del lavoro* le gros du travail; *il grosso del pubblico* le gros du public; *il grosso della gamba, del braccio* le gros de la jambe, du bras ◇ (*mil.*) *il grosso della cavalleria, dell'esercito* le gros de la cavalerie, de l'armée ◇ (*ciclismo*) gros du peloton: *il grosso è in ritardo di due minuti* le gros du peloton a un retard de deux minutes **2** [*ant. moneta d'argento*] gros **C** I 1, 2 **piccolo**; I 1 **fine** 3, **sottile**; I 3 **tenue**; I 4 **fine** 3.

grossolanaménte |grossolana'mente| *avv.* [→ GROSSOLANO] grossièrement.

grossolanità |grossolani'ta| *s.f. inv.* **1** [*rozzezza, ruvidezza*] grossièreté (*var.*): *la grossolanità di un tessuto, di una pietra, di un lavoro* la grossièreté d'un tissu, d'une pierre, d'un travail **2** [*indelicatezza, inurbanità*] grossièreté: *grossolanità di ingegno* grossièreté d'esprit; *grossolanità di modi* grossièreté de manières ◇ [*atto, detto volgare*] *dire delle grossolanità* dire des grossièretés **C** **finezza, delicatezza.**

grossolàno |grosso'lano| *agg.* **1** (*cose*) [*rozzo, ruvido; che manca di precisione e di finezza*] grossier*: *stoffa grossolana* étoffe grossière, gros tissu; *lavoro grossolano* travail grossier ◇ (*loc. avv.*) *alla grossolana* [*grossolanamente*] grossièrement **2** (*persone*) [*volgare; senza raffinatezza e educazione*] grossier: *uomo grossolano* homme grossier; *modi, scherzi grossolani* manières, plaisanteries grossières **3** [*dovuto a ignoranza o imperizia*] grossier: *errore grossolano* erreur (faute) grossière **C** 1; 2 **fine** 3, **delicato.**

grossomòdo |grosso'mɔdo| *loc. avv.* grosso modo.

gròtta |'grɔtta| *s.f.* **1** grotte: *le grotte di Postumia* les grottes de Postumia; *esplorare una grotta* explorer une grotte → **caverna** **2** (*region.*) [*cantina; osteria*] cave, bistrot *m.* (*pop.*).

grottésca, che |grot'teska, ke| *s.f.* (*arts.*) grotesque.

grottescaménte |grotteska'mente| *avv.* [→ GROTTESCO] grotesquement.

grottésco, chi, ca, che |grot'tesko, ki, ka, ke| *s.m.* grotesque ♦ (*agg.*) *abbigliamento grottesco* accoutrement grotesque.
grovièra |gro'vjɛra| *s.m. o f. inv.* gruyère *m. var.*
groviglio, i |gro'viʎʎo, i| *s.m.* [*viluppo, intrico di fili*] enchevêtrement, emmêlement: *un groviglio di spago* un enchevêtrement, un emmêlement de ficelles ◇ (*per est.*) enchevêtrement: *un groviglio di rami, di corpi* un enchevêtrement de branches, de corps; *un groviglio di interessi, di passioni* un enchevêtrement d'intérêts, de passions; *un groviglio di notizie, di idee* un enchevêtrement de nouvelles, d'idées.
gru |gru| *s.f. inv.* **1** (*t.zool.*) grue *var.* ◇ (*fig.*) *avere un collo da gru* [*allungato e sottile*] avoir un cou de girafe **2** (*mecc., corr.*) grue: *gru girevole* grue pivotante **3** (*cine.*) grue de prise de vues **4** (*mil. ant.*) grue.
gruàggio, i |gru'addʒo, i| *s.m.* (*tecnol.*) grutage.
grùccia, ce |'gruttʃa, tʃe| *s.f.* **1** [*apparecchio ortopedico*] béquille: *camminare con le grucce* marcher à l'aide de béquilles → **stampella** ◇ (*loc.*) *reggersi sulle grucce*: (*pr.*) s'appuyer sur des béquilles; (*fig.*) [*essere in pessime condizioni*] filer un mauvais coton # *i tuoi argomenti si reggono sulle grucce* tes arguments clochent **2** [*arnese per appendere abiti*] cintre *m.* → **attaccapanni** ◇ (*tosc.*) [*maniglia per porte, finestre e sim.*] bec-de-cane *m.*, béquille ◇ [*appoggio per uccelli da richiamo*] perchoir *m.*
gruccióne |grut'tʃone| *s.m.* (*t.zool.*) guêpier.
grufolàre |grufo'lare| **A** *v.intr.* (*aus.* '*avere*') **1** [*frugare con il grifo*] fouiller (du groin): *il maiale grufola nel fango* le cochon fouille dans la boue avec son groin ◇ (*detto del cinghiale*) fouger (3) **2** (*fig., spreg.*) [*mangiare avidamente e rumorosamente*] se goinfrer (*pron.*) # *grufolare nel piatto* se jeter sur l'assiette comme un goinfre **B** *v. pron. rifl.* GRUFOLARSI [*avvoltolarsi nel sudiciume*] se vautrer: *il maiale si grufola nel fango* le cochon se vautre dans la boue ◇ (*fig.*) *grufolare negli scandali* se vautrer dans les scandales.
grugnire |gruɲ'ɲire| (197) **A** *v.intr.* (*aus.* '*avere*') **1** [*emettere grugniti*] grogner: *il porco grugnisce* le cochon grogne **2** (*fig.*) [*borbottare in modo sconveniente*] grogner **B** *v.tr.* [→ *intr.* 2] grogner: *si allontanò grugnendo parole incomprensibili* il s'éloigna en grognant des mots incompréhensibles.
grugnito |gruɲ'ɲito| *s.m.* [*il verso del porco*] grognement ◇ (*fig.*) [*brontolio incomprensibile e sconveniente*] *mi salutò con un grugnito* il me salua d'un grognement.
grùgno |'gruɲɲo| *s.m.* **1** [*il muso del porco*] groin **2** (*spreg.*) (*dell'uomo*) [*la faccia*] gueule (*f.*): *se mi provochi ancora ti rompo il grugno* si tu me provoques encore je te casse la gueule; *è caduto rompendosi il grugno* il est tombé et il s'est cassé la gueule **3** (*fig., fam.*) [*espressione imbronciata*] tête (*f.*): *mettere su grugno*; *fare, tenere il grugno* faire la tête, faire une sale gueule → **broncio.**
gruista |gru'ista| *s.m.* [*operaio che manovra una gru*] grutier.
grullàggine |grul'laddʒine| *s.f.* **1** [*stoltezza, ingenuità, stupidità*] niaiserie, bêtise **2** [*atto, detto da grullo*] bêtise: *fare, dire grullaggini* faire, dire des bêtises.
grulleria |grulle'ria| *s.f.* **1** [*balordaggine, stoltezza*] niaiserie, bêtise → **grullaggine** **2** [*atto, espressione da grullo*] bêtise: *taci!, non dire grullerie* tais-toi, ne dis pas de bêtises!; *fare una grulleria* faire une bêtise.
grùllo |'grullo| *agg.* **1** [*sciocco, stolto, credulone*] sot*, niais # *quanto sono grullo a darti retta!* (qu'est-)ce que je suis bête de t'écouter! ♦ (*s.*) *un grullo* un sot, un nigaud: *quell'uomo mangia sempre alle spalle dei grulli* cet homme vit toujours aux dépens des sots **2** [*istupidito, lento*] bête: *oggi sei proprio grullo!* aujourd'hui tu es vraiment bête!; tu es vraiment abruti, aujourd'hui # *questo dolore mi rende grullo* cette douleur m'abêtit, m'abrutit.
grùma |'gruma| *s.f.* → **gromma.**
grùmo |'grumo| *s.m.* **1** [*piccola quantità di liquido, spec. di sangue, rappreso*] caillot, grumeau*: *grumo di sangue* caillot, grumeau de sang → **coagulo** **2** (*per est.*) [*piccolo coagulo in impasti male amalgamati*] grumeau: *i grumi della crema, della polenta* les grumeaux de la crème, de la polenta.
grùmolo |'grumolo| *s.m.* (*bot.*) cœur: *il grumolo del cocomero, del finocchio* le cœur de la pastèque, du fenouil; *il grumolo del carciofo* le cœur, le fond de l'artichaut.
grumóso |gru'moso| *agg.* **1** [*pieno di grumi*] incrusté (de tartre); culotté: *botte grumosa* tonneau incrusté de tartre ‖ *pipa grumosa* pipe culottée **2** [*che contiene molti grumi*] grumeleux*: *polenta, crema grumosa* polenta, crème grumeleuse.
grup |grup| *s.m. inv.* → **crup.**
gruppétto |grup'petto| *s.m.* **1** petit groupe: *i convitati se ne andarono a gruppetti* les convives (re)partirent par petits groupes **2** (*mus.*) gruppetto.
grùppo |'gruppo| *s.m.* **1** [*persone o cose riunite insieme*] groupe: *un gruppo di gente, di soldati, di tifosi* un groupe de gens, de soldats, de supporters; *un gruppo di case, di alberi, di barche* un groupe de maisons, d'arbres, de bateaux; *dividersi in gruppi* se diviser par groupes; *uscivano dalla chiesa a gruppi* ils sortaient de l'église par groupes ◇ (*aer.*) groupe ◇ (*ciclismo*) peloton: *staccare, riprendere il gruppo* distancer, rejoindre le peloton; *gruppo di testa* peloton de tête ◇ (*elettr.*) *gruppo elettrogeno* groupe électrogène ◇ (*geogr., geol.*) *gruppo montuoso* massif montagneux ◇ (*mil.*) groupement: *gruppo tattico* groupement tactique **2** [*complesso omogeneo di persone considerate unitariamente*] groupe: *gruppo letterario, artistico* groupe littéraire, artistique; *gruppo parlamentare, di potere* groupe parlementaire, de pouvoir; *gruppo sportivo, etnico* groupe sportif, groupe ethnique **3** [*ripartizione basata su criteri amministrativi, scient. e sim.*] catégorie (*f.*): *i dipendenti statali di gruppo A, B* les fonctionnaires de première, deuxième catégorie, classe ◇ (*biol.*) *gruppo sanguigno* groupe sanguin ◇ (*chim.*) *gruppo chimico* groupe chimique ◇ (*mat.*) *la teoria dei gruppi* la théorie des groupes ◇ (*sociol.*) *gruppo primario, secondario* groupe primaire, secondaire **4** (*econ.*) groupe: *gruppo finanziario, economico* groupe financier, économique; *gruppo industriale* groupe industriel **5** (*arts.*) groupe: *gruppo marmoreo del Canova* groupe en marbre de Canova ◇ (*foto.*) *gruppo fotografico* photo de groupe ◇ (*mus.*) groupe.
gruppùscolo |grup'puskolo| *s.m.* groupuscule (*fam.*).
gruvièra |gru'vjɛra| *s.m. o f. inv.* → **groviera.**
grùzzolo |'gruttsolo| *s.m.* [*considerevole somma di danaro*] pécule, magot: *sono riuscito a mettere insieme un bel gruzzolo* j'ai réussi à amasser un pécule, un magot assez coquet; *quel giovane, a forza di risparmi, si è fatto un gruzzolo* ce jeune homme, à force d'économies, à mis de côté un pécule, un magot.
guadàbile |gwa'dabile| *agg.* [→ GUADARE] guéable.
guadagnàre |gwadaɲ'ɲare| *v.tr.* **1** [*avere, trarre un compenso o un profitto*] gagner: *guadagnare un salario irrisorio, buono* gagner un salaire dérisoire, un bon salaire; *guadagnare il trenta per cento (30%) sulle vendite* gagner trente pour cent sur les ventes; *guadagnare fior di quattrini* gagner un argent fou, gagner gros; *guadagnano un mensile di 500.000 lire* ils gagnent 500.000 lires par mois; *ho guadagnato un milione in quell'affare* dans cette affaire, j'ai gagné un million; cette affaire m'a rapporté un million ◇ (*loc.*) *guadagnarsi il pane, la vita* gagner son pain, sa vie; *con quella attività ora guadagna bene* avec cette activité, maintenant il gagne bien sa vie ♦ *ass.* gagner (de l'argent): *è un uomo che pensa solo a guadagnare* c'est un homme qui ne pense qu'à gagner de l'argent ◇ (*fig.*) avantager (3): *ci guadagni con la barba* la barbe t'avantage, t'embellit; *vestita così, non ci guadagna affatto* un tel habillement ne l'avantage pas du tout **2** [*ottenere, meritare, conquistare*] gagner: *guadagnar una medaglia, un premio, una promozione* gagner une médaille, un prix, un avancement □ *guadagnarsi la simpatia, la fiducia di qc.* gagner la sympathie, la confiance de qqn.; *si è guadagnata la simpatia di tutti* elle a gagné la sympathie de tout le monde; *si è guadagnata una medaglia* elle a gagné une médaille **3** (*fig.*) [*avvantaggiarsi, trarne beneficio*] gagner: *in questo affare c'è tutto da guadagnare* c'est une affaire où l'on ne peut que gagner, où l'on a tout à y gagner # *cosa ci guadagni a comportarti così?* qu'est-ce que cela te rapporte d'agir ainsi?, à quoi te sert-il d'agir comme ça? ◇ (*loc.*) *guadagnar tempo* gagner du temps ~ GUADAGNAR TERRENO: (*pr., fig.*) gagner du terrain: *l'esercito nemico sta guadagnando terreno* l'armée ennemie gagne du terrain; *i corridori in fuga guadagnano costantemente terreno* l'échappée gagne, les coureurs échappés gagnent constamment du terrain; *le tue idee guadagnano terreno* tes idées gagnent du terrain **4** [*vincere*] gagner: *guadagnare denaro al gioco* gagner de l'argent au jeu; *guadagnare una scommessa* gagner un pari **5** [*raggiungere attraverso difficoltà*] gagner: *guadagnare la cima di un monte* gagner le sommet d'une montagne; *guadagnare l'altra riva, il porto* gagner

le rivage, le port; *a stento riuscì a guadagnare la porta* il parvint avec peine à gagner la porte.

guadagnàto |gwadaɲ'ɲato| *s.m.* → **guadagno** 1, 3.

guadàgno |gwa'daɲɲo| *s.m.* **1** [*il guadagnare*] gain # *è un uomo che vive solo per il guadagno* c'est un homme qui ne vit que pour l'argent **2** [*compenso, stipendio*; *profitto, utile*] *guadagno misero, discreto* gain maigre, assez coquet; *guadagno turpe, onesto* gain malhonnête, honnête; *sperperare tutto il guadagno di un mese* gaspiller tout l'argent d'un mois; *trarre, ricavare pingui guadagni* tirer, retirer de gros gains; *che guadagno avrai da questo affare?* qu'est-ce qu'elle va te rapporter, cette affaire? **3** (*comm.*) bénéfice: *guadagno netto* bénéfice net ◇ (*loc.*) *bestie da guadagno* [*allevate per venderne i prodotti*] bêtes à... (laine, etc.) **4** (*fig.*) [*vantaggio, utilità*] avantage # *dimmi, che guadagno c'è a mentire?* dis-moi, qu'est-ce que cela te rapporte de mentir?, à quoi ça t'avance de mentir?; *il tuo aiuto mi è stato più di danno che di guadagno* ton aide m'a surtout causé des ennuis ◇ (*iron.*) affaire (*f.*): *ho fatto un bel guadagno a fidarmi di te!* j'ai fait là une belle affaire en te faisant confiance!

guadàre |gwa'dare| *v.tr.* [*attraversare a piedi, a cavallo e sim. un corso d'acqua*] passer à gué, guéer (*raro*): *guadare un torrente* passer à gué un torrent.

guadino |gwa'dino| *s.m.* (*pesca*) épuisette *f.*

1 **guàdo** |'gwado| *s.m.* **1** [*il tratto guadabile di un corso d'acqua*] gué: *guado facile, difficile, pericoloso* gué facile, difficile, dangereux; *quel fiume non ha molti guadi* ce fleuve n'a pas beaucoup de gués **2** [*attraversamento di un fiume*] passage à gué: *fu un guado drammatico* ce fut un passage à gué dramatique # *passare a guado* passer à gué **3** (*fig., lett.*) [*passaggio, accesso*] passage (*corr.*).

2 **guàdo** |'gwado| *s.m.* (*t.bot.*) guède *f.* ◇ [*il colorante che se ne estrae*] guède.

guài |'gwai| *inter.* (*escl. di minaccia*) gare: *guai a te!* gare à toi!, malheur à toi!; *guai a voi se non state zitti!* gare à vous si vous ne faites pas silence!, si vous ne vous taisez pas! # *guai ai vinti!* malheur aux vaincus! ◇ (*unito alla prep. 'a'*) (+ *inf.*) *guai a ricordargli il suo passato!* il ne faut surtout pas lui rappeler son passé!; *guai a lasciarlo fare di testa propria!* il ne faut surtout pas le laisser agir à sa guise!, de son propre chef!

guaiàco, chi |gwa'jako, ki| *s.m.* (*t.bot.*) gaïac.

guaiacòlo |gwaja'kɔlo| *s.m.* (*chim.*) gaïacol, gayacol.

guaiàva |gwa'java| *s.f.* (*t.bot.*) goyavier *m.*

guaìna |gwa'ina| *s.f.* **1** [*fodero* (*per armi*)] gaine: *rimettere il pugnale nella guaina* remettre le poignard dans sa gaine ◇ (*per est.*) [*custodia di vari oggetti*] gaine; fourreau (*m.*): *la guaina della bandiera* la gaine du drapeau ‖ *la guaina dell'ombrello* le fourreau du parapluie **2** (*anat., bot.*) gaine **3** (*nell'abbigl. femminile*) [*busto elastico*] gaine ◇ (*per est.*) [*abito molto aderente*] fourreau: *vestiva una guaina di velluto rosso* elle portait un fourreau en velours rouge **4** [*cucitura per il passaggio di elastici, nastri e sim.*] coulisse.

guàio, i |'gwajo, i| *s.m.* **1** [*disgrazia*; *situazione difficile, dolorosa*] ennui, souci: *a nessuno piace raccontare i propri guai* personne n'aime raconter ses ennuis, ses soucis # *essere in un mare di guai* être dans un beau pétrin, dans de sales draps ◇ (*loc. fig.*) *andare in cerca di guai* [*procurarseli da sé*] chercher des ennuis **2** [*inconveniente, fastidio*] ennui: *che guaio, sono rimasto senza soldi!* quel ennui, je n'ai plus d'argent!, il ne me reste plus d'argent! # *quel ragazzo mi combina un sacco di guai* ce garçon en fait de belles!, m'en fait voir!

guaiolàre |gwajo'lare| *v.intr.* → **guaire.**

guaire |gwa'ire| (197) *v.intr.* (*aus.* '*avere*') **1** [*emettere guaiti*] glapir, japper: *il cane guaiva per la fame e il dolore*, le chien glapissait, jappait de faim et de douleur **2** (*spreg., fig.*) (*persone*) [*lagnarsi, lamentarsi*] geindre (66): *smettila di guaire così!* arrête de geindre comme ça!

guaito |gwa'ito| *s.m.* [*verso lamentoso, spec. del cane*] glapissement, jappement ◇ (*fig.*) (*persone*) [*gemito, lamento*] gémissement, geignement ◇ (*spreg.*) [*stonatura, canto sgraziato*] fausse note *f.*

gualcàre |gwal'kare| *v.tr.* (*raro*) → **feltrare.**

gualchièra |gwal'kjɛra| *s.f.* → **follone.**

gualchieràio, i |gwalkje'rajo, i| *s.m.* (*tecnol.*) foulonnier.

gualcire |gwal'tʃire| (197) *v.tr. e pron.* (*raro*) → **sgualcire.**

gualdràppa |gwal'drappa| *s.f.* [*drappo ornamentale che si pone sulla groppa del cavallo*] *hausse ◇ (*ant.*) caparaçon *m.*

guanàco, chi |gwa'nako, ki| *s.m.* (*t.zool.*) guanaco.

guància, ce |'gwantʃa, tʃe| *s.f.* **1** (*anat.*) joue: *baciarsi sulle guance* s'embrasser sur les deux joues; *ballare guancia a guancia* danser joue contre joue; *le sue guance arrossirono di vergogna* le rouge de la honte lui monta aux joues # *avere le guance bianche e rosse come una mela* avoir un teint de pomme d'api ◇ (*loc. fig.*) *porgere l'altra guancia* présenter, tendre l'autre joue ◇ (*per est., lett.*) [*viso, faccia*] visage *m.* **2** [*parte laterale della testa di bestie macellate*] bajoue: *guancia di maiale, di vitello* bajoue de porc, de veau **3** (*per anal.*) *la guancia di un'arma da fuoco* la joue de la boîte de culasse; *la guancia dell'aratro* l'oreille d'une charrue.

guancìàle |gwan'tʃale| *s.m.* **1** [*cuscino da letto*] oreiller: *la federa del guanciale* la taie de l'oreiller ◇ (*loc. fig.*) *dormire fra due guanciali* [*essere senza preoccupazioni*] dormir sur ses deux oreilles *f.* **2** (*arc.*) [*parte dell'elmo*] oreillette *f.* **3** (*region.*) [*guancia carnosa e salata del maiale*] bajoue *f.* (de porc salée): *spaghetti al guanciale* spaghetti à la bajoue (de porc salée).

guancialétto |gwantʃa'letto| *s.m.* **1** [*piccolo guanciale*] coussinet **2** (*in sartoria*) [*imbottitura*] rembourrage; épaulette *f.* **3** *guancialetto da spilli* pelote *f.*

guancialìno |gwantʃa'lino| *s.m.* **1** [*piccolo guanciale*] coussinet **2** → **guancialetto** 3.

guanciàta |gwan'tʃata| *s.f.* (*tosc.*) → **schiaffo.**

guàno |'gwano| *s.m.* guano.

guantàio, i |gwan'tajo, i| *s.* gantier*.

guanterìa |gwante'ria| *s.f.* ganterie.

guantièra |gwan'tjɛra| *s.f.* **1** boîte à gants **2** [*elegante vassoio per dolci*] plateau *m.*, compotier *m.*

guànto |'gwanto| *s.m.* gant: *un paio di guanti* une paire de gants; *guanti di gomma, di lana, di pelle, di ferro* gants de caoutchouc, de laine, de peau, de fer; *guanti lunghi* gants longs; *guanti da sci, da sera, sportivi* gants de ski, de soirée, de sport; *mettersi, infilare, levarsi i guanti* mettre, enfiler, retirer ses gants # *calzare i guanti* se ganter; *guanto di ferro* gantet; *mezzi guanti* mitaines ◇ (*loc. fig.*) *ladro in guanti gialli* [*che ha l'aspetto da gentiluomo*] gentleman cambrioleur ~ *calzare* COME UN GUANTO [*adattarsi alla perfezione*] aller comme un gant: *quell'abito ti calza come un guanto* cet habit te va comme un gant ~ *trattare qc. con i guanti* [*con molta delicatezza, riguardo*] prendre des gants avec qqn., traiter qqn. avec beaucoup d'égards ◇ (*iron.*) *quel brutto ceffo non merita proprio di essere trattato con i guanti* ce mufle ne mérite certainement pas qu'on le traite avec des gants ~ *una mano di ferro in guanto di velluto* une main de fer dans un gant de velours ~ *gettare, raccogliere il guanto* jeter, relever le gant.

guantóne |gwan'tone| *s.m.* (*boxe*) gant de boxe: *mettere, togliere i guantoni* mettre, enlever ses gants (de boxe) ◇ (*loc.*) *incrociare i guantoni* [*combattere un incontro*] disputer un combat ◇ (*loc. fig.*) *appendere i guantoni al chiodo* [*abbandonare l'attività*] abandonner le ring, raccrocher (les gants).

guàppo |'gwappo| *s.m.* gouape *f.*

guardabarrière |gwardabar'rjɛre| *s.inv.* garde-barrière (*var.*): *dei guardabarriere* des gardes-barrière(s).

guardabòschi |gwarda'bɔski| *s.m. inv.* garde *var.* forestier: *dei guardaboschi* des gardes forestiers.

guardabuòi |gwarda'bwɔi| *s.m. inv.* (*t.zool.*) garde-bœuf (*var.*): *dei guardabuoi* des garde-bœufs.

guardacàccia |gwarda'kattʃa| *s.m. inv.* garde-chasse (*var.*): *dei guardacaccia* des gardes-chasses.

guardacòrpo |gwarda'kɔrpo| *s.m. inv.* (*mar.*) garde-corps.

guardacòste |gwarda'kɔste| *s.m. inv.* **1** (*mar.*) garde-côte (*var.*): *dei guardacoste* des garde-côtes **2** [*milizia che sorveglia la costa*] garde-côte.

guardafréni |gwarda'freni| *s.m. inv.* garde-frein (*var.*): *dei guardafreni* des gardes-freins.

guardalàto |gwarda'lato| *s.m.* → **parabordo.**

guardalinee |gwarda'linee| *s.m. inv.* **1** (*ferr.*) garde-ligne *var.* **2** (*calcio*) juge *var.* de touche

guardamàcchine |gwarda'makkine| *s.inv.* [*custode di posteggi per autovetture*] gardien* *var.* de parc de stationnement.

guardamàno |gwarda'mano| *s.m. inv.* **1** (*armi da taglio*) [*parte dell'im-*

pugnatura a protezione della mano] garde (*f. var.*): *il guardamano della spada, della sciabola* la garde de l'épée, du sabre ◇ (*armi da fuoco*) pontet (*var.*): *il guardamano del fucile* le pontet d'un fusil **2** (*in alcuni lavori*) [*manopola protettiva*] manicle *f. var.*, manique *f. var.* **3** [*cordone protettivo delle scale*] tire-veille *var.* **4** (*mar.*) tire-veille.

guardapésca |gwarda'peska| *s.m. inv.* garde-pêche (*var.*): *dei guardapesca* des gardes-pêche.

guardaportóne |gwardapor'tone| *s.m.* [*portiere di palazzi signorili, teat. e sim.*] portier.

guardàre |gwar'dare| **A** *v.tr.* **1** [*rivolgere, soffermare, fissare lo sguardo*] regarder: *guardare una ragazza, un paesaggio* regarder une fille, un paysage; *guardare attentamente, distrattamente, di sfuggita* regarder attentivement, distraitement, fugitivement; *guardare le stelle dalla finestra* regarder les étoiles par la fenêtre □ *guardarsi le mani* regarder ses mains ◇ (*loc.*) *guardare in cagnesco, storto, di traverso* [*con ostilità*] regarder de travers ~ *guardare con la coda dell'occhio* regarder du coin de l'œil ~ *guardare di buono, di mal occhio* regarder d'un bon œil, d'un œil désapprobateur ~ *guardare dall'alto in basso* [*con disprezzo*] regarder avec mépris, toiser ~ *non guardare in faccia a nessuno* [*agire con imparzialità*] ne faire d'exception pour personne, traiter tout le monde sur un même pied ~ *stare a guardare* [*disinteressarsi*] se contenter de regarder ◇ (*nelle escl.*) *guarda un po' chi si vede!* tiens, tiens! qui vois-je!; *guarda che roba deve capitarmi!* regarde donc ce qui m'est arrivé!; *guardare e non toccare!* regarde mais ne touche pas! **2** [*esaminare, considerare attentamente*] regarder: *guardare il programma d'esame, una ferita* regarder, examiner le programme d'examen, une blessure; *guardò la fattura e si accorse dell'imbroglio* il regarda la facture et s'aperçut de l'escroquerie ◇ (*loc.*) *non guardare troppo per il sottile* [*tralasciare i particolari*] ne pas avoir trop de scrupules; ne pas faire le difficile **3** [*custodire; sorvegliare, proteggere*] garder; surveiller: *Dio ti guardi!* que Dieu te garde!; *guardare le pecore, la casa, il podere* garder les moutons, la maison, la ferme ‖ *guardare un ponte, una porta d'accesso, una posizione* surveiller un pont, une porte d'accès, une position; *guardare un pregiudicato* [*sorvegliarlo*] surveiller un repris de justice ◇ (*loc.*) *guardare a vista* garder à vue ~ *guardare qc. alle spalle* [*difenderlo da eventuali insidie*] protéger qqn. ~ *Dio me ne guardi!* Dieu m'en préserve!, Dieu m'en garde! ~ (*prov.*) *dagli amici mi guardi Iddio che dai nemici mi guardo io* Seigneur gardez-moi de mes amis, (de) mes ennemis je m'en charge **B** *v.intr.* (*aus.* 'avere') **1** [*considerare*] regarder: *guardavano a lui come a un salvatore* ils le regardaient comme un sauveur **2** [*badare, fare attenzione; dare importanza*] *non guardare a spese* ne pas regarder à la dépense; *guardare soltanto ai risultati* ne tenir compte que des résultats; *guarda di non farti male* prends garde à ne pas te faire mal; *guarda di farti amare da tutti* tâche de te faire aimer de tous **3** [*essere orientato, esposto*] être (43) orienté, tourné; donner, s'ouvrir (23) sur: *la casa guarda a mezzogiorno* la maison est orientée au sud, est tournée vers le sud ‖ *le finestre guardano sulla piazza* les fenêtres donnent, s'ouvrent sur la place **C** *v.pron.* GUARDARSI **I** *rifl.* **1** [*osservare, rimirare il proprio corpo*] se regarder: *guardarsi allo specchio* se regarder dans une glace ✦ → *tr.* 1 □ **2** [*stare in guardia, difendersi; preservarsi, astenersi*] se garder: *guardati dal fumo, dal vino* garde-toi de fumer, de boire; *guardati dal contagio, dai cattivi compagni, da certi incontri* garde-toi, méfie-toi de la contagion, de la mauvaise compagnie, de certaines rencontres; *si è ben guardato dal parlarne* il s'est bien gardé d'en parler # *guardarsi alle spalle* regarder derrière soi, se tenir sur ses gardes **II** *recipr.* [*osservarsi l'un l'altro, rivolgersi scambievolmente lo sguardo*] se regarder: *guardarsi negli occhi* se regarder dans les yeux; *guardarsi in cagnesco* se regarder en chiens de faïence.

guardaròba |gwarda'rɔba| *s.m. inv.* (*raro al f. pl.*) **1** [*armadio per biancheria e indumenti*] armoire-penderie *f. var.*, garderobe (*f. var.*): *mettere in ordine il guardaroba* mettre de l'ordre dans l'armoire-penderie, dans la garde-robe ◇ (*per est.*) [*vestiario*] garde-robe: *il guardaroba invernale, estivo* la garde-robe d'hiver, d'été; *rinnovare tutto il guardaroba* renouveler toute sa garde-robe **2** [*stanza ove si ripongono indumenti e sim.*] lingerie *f. var.* ◇ (*nei locali pubblici*) vestiaire *var.*

guardarobièra |gwardaro'bjɛra| *s.f.* [*donna di servizio addetta alla custodia degli indumenti*] lingère ◇ (*nei locali pubblici*) dame, demoiselle du vestiaire.

guardarobière |gwardaro'bjɛre| *s.m.* préposé au vestiaire.

guardasàla |gwarda'sala| *s.m. inv.* surveillant *s. var.* de gare ◇ [*sorvegliante di una sala*] surveillant, gardien* (*s. var.*): *il guardasala di un museo* le surveillant, le gardien d'un musée.

guardascàmbi |gwardas'kambi| *s.m. inv.* [*addetto al controllo degli scambi nelle ferrovie*] aiguilleur *var.*

guardasigìlli |gwardasi'dʒilli| *s.m. inv.* [*ministro di grazia e giustizia*] garde *var.* des sceaux ✦ (*agg.*) *ministro guardasigilli* garde *s.m.* des sceaux.

guardàta |gwar'data| *s.f.* coup *m.* d'œil: *dare una guardata alla corrispondenza, al giornale* jeter un coup d'œil au courrier, au journal.

guardatàccia, ce |gwarda'tattʃa, tʃe| *s.f.* (*solo nella loc.*) *dare una guardataccia a qc.* regarder qqn. de travers.

guardatìna |gwarda'tina| *s.f.* petit coup *m.* d'œil: *ho dato una guardatina a quell'articolo* j'ai jeté un petit coup d'œil à cet article.

guardavìa |gwarda'via| *s.m. inv.* garde-fou (*var.*): *dei guardavia* des garde-fous.

1 **guàrdia** |'gwardja| *s.f.* **1** [*custodia, vigilanza e sim.*] garde: *fare cattiva, buona guardia* faire mauvaise, bonne garde; *essere di guardia* être de garde; *medico di guardia* médecin de garde # *montare la guardia a un prigioniero* garder un prisonnier ◇ (*loc. fig.*) *metter qc. in guardia* mettre en garde qqn. ~ *stare, mettersi in guardia* [*premunirsi contro eventuali insidie*] se tenir, se mettre sur ses gardes **2** (*scherma, pugilato*) garde: *guardia chiusa, stretta* garde fermée; *mettersi in guardia* se mettre en garde **3** [*gruppo, nucleo addetto alla vigilanza, alla custodia e sim.*] *guardia di finanza* ⊠; *guardia campestre, forestale* garde champêtre, forestier ◇ [*ogni membro appartenente a tale nucleo*] garde (*m.*): *guardia imperiale, reale* garde impérial, royal; *guardia carceraria* garde # *guardia daziaria* employé de l'octroi; *guardia di pubblica sicurezza* agent de police; *guardia notturna, giurata* veilleur de nuit, garde assermenté ◇ (*loc. fig.*) *essere della vecchia guardia* être de la vieille garde **4** (*cose*) (*di armi da taglio*) [*parte a protezione della mano*] garde: *la guardia della sciabola, della spada* la garde du sabre, de l'épée ◇ (*di un fiume*) [*il livello a cui l'acqua può elevarsi senza pericolo*] cote d'alerte: *segnale di guardia* signal de la cote d'alerte; *essere sotto la guardia* être au-dessous de la cote d'alerte; *superare la guardia* dépasser la cote d'alerte ◇ [*parte del morso del cavallo*] branche ◇ (*tip.*) gardes *pl.*, pages *pl.* de garde ◇ (*tecnol.*) garde.

2 **guàrdia** |'gwardja| *s.m.* (*region.*) → **guardaboschi; guardacaccia.**

guardiacàccia |gwardja'kattʃa| *s.m. inv.* → **guardacaccia.**

guardiamarìna |gwardjama'rina| *s.m. inv.* (*mar. mil.*) enseigne *var.* de vaisseau de 2e classe.

guardiàno |gwar'djano| *s.* **1** *s.* gardien*: *il guardiano di una villa, di un cimitero* le gardien d'une villa, d'un cimetière; *il guardiano del faro* le gardien du phare ◇ [*custode di animali*] gardeur* # *guardiano di pecore* berger; *guardiano di capre* chevrier ◇ *al m.* (*t. zool.*) *guardiano di coccodrilli* pluvian **2** *s.m.* [*il superiore di un convento, spec. francescano*] père gardien **3** *s.m.* (*raro*) → **secondino.**

guardìna |gwar'dina| *s.f.* [*camera di sicurezza provvisoria per gli arrestati*] chambre de sûreté, violon (*m.*): *essere portato in guardina* être amené au violon; *passare la notte in guardina* passer la nuit au violon.

guardìngo, ghi, ga, ghe |gwar'dingo, gi, ga, ge| *agg.* [*cauto, attento, circospetto*] circonspect # *procedere in modo guardingo* procéder avec circonspection; *dare un'occhiata guardinga* lancer un regard prudent.

guardiòla |gwar'djɔla| *s.f.* **1** (*nell'atrio di edifici*) [*stanzetta riservata al portinaio*] loge **2** [*casotto a uso delle guardie*] guérite: *la guardiola della dogana* la guérite de la douane **3** (*st. mil.*) poivrière.

guàrdo |'gwardo| *s.m.* → **sguardo.**

guardóne |gwar'done| *s.* (*pop.*) [*chi spia, morbosamente, scene erotiche o persone nude*] voyeur*.

guardrail |'gɑ:dreil| *s.m. inv.* (*ingl.*) garde-fou (*var.*): *dei guardrail* des garde-fous.

guarentìgia, gie |gwaren'tidʒa, dʒe| *s.f.* (*dir.*) garantie: *guarentigie costituzionali* garanties constitutionnelles ◇ (*st. it.*) *legge delle guarentigie* loi des garanties.

guàri |'gwari| *avv. e agg.* (*lett.*) → **alquanto, molto.**

guarìbile |gwa'ribile| *agg.* [→ GUA-

RIRE A] guérissable: *è una ferita guaribile in otto giorni* c'est une blessure guérissable en huit jours # *i medici lo giudicano guaribile in pochi giorni* les médecins estiment qu'il sera remis dans peu de jours © **inguaribile.**

guarigióne |gwari'dʒone| *s.f.* [*il fatto di guarire*] guérison: *una guarigione difficile, completa, miracolosa* une guérison difficile, complète, miraculeuse; *essere in via di guarigione* être en voie de guérison; *l'ammalato spera nella guarigione* le malade espère la guérison # *quel medico opera molte guarigioni* ce médecin guérit beaucoup de malades.

guarìre |gwa'rire| (197) **A** *v.tr.* **1** [*risanare, ridare salute*] guérir: *il riposo e le cure materne l'hanno guarito* le repos et les soins de sa mère l'ont guéri; *è un farmaco che ha guarito molti malati* c'est un remède qui a guéri beaucoup de malades; *sta' tranquillo! quel medico ti guarirà* aie confiance, ce médecin va te guérir ◇ (*fig.*) [*liberare da mali morali*] *guarire qc. dalla pigrizia, dall'orgoglio, da un'ossessione* guérir qqn. de la paresse, de l'orgueil, d'une obsession **2** (*detto di malattie*) [*far cessare, estinguere*] guérir: *guarire una bronchite, una polmonite* guérir une bronchite, une pneumonie **B** *v.intr.* (*aus.* 'essere') **1** [→ *tr.* 1] guérir (*aus.* avoir, être): *gli ci vorrà molto tempo per guarire* il lui faudra beaucoup de temps pour guérir; *è guarito per miracolo* il a guéri par miracle; *è del tutto guarito* il est complètement guéri ◇ (*fig.*) *finalmente è guarito da quel brutto vizio!* il est enfin guéri de cette mauvaise habitude! **2** [→ *tr.* 2] guérir: *la ferita, l'infezione guarirà in un mese* la blessure, l'infection guérira en un mois © A **ammalar**(**si**).

guarìto |gwa'rito| *agg.* [*rimesso in salute*] guéri.

guaritóre, trice |gwari'tore, tri'tʃe| *s.* **1** (*raro*) [*chi guarisce qc.*] guérisseur*: *quel medico è un bravo guaritore* ce médecin est un bon guérisseur **2** [*chi cura con mezzi empirici*] guérisseur.

guarnàcca, che |gwar'nakka, ke| *s.f.* [*sopravveste mediev.*] *houppelande.

guarnèllo |gwar'nɛllo| *s.m.* [*sottana o sottoveste senza maniche*] jupon.

guarnigióne |gwarni'dʒone| *s.f.* (*mil.*) garnison: *essere di guarnigione a un luogo* être en garnison, tenir garnison en un lieu ◇ (*per est.*) [*la località sede della guarnigione*] ville de garnison.

guarniménto |gwarni'mento| *s.m.* **1** (*raro*) → **guarnizione, guarnitura** **2** (*mar.*) garniture *f.*

guarnìre |gwar'nire| (197) *v.tr.* **1** [*dotare, provvedere di quanto serve come complemento, ornamento o difesa*] garnir, munir: *guarnire di nastri un vestito* garnir une robe de rubans; *guarnire di soldati, di armi una città* garnir, munir une ville de soldats, d'armes # *guarnire una nave, un vascello* armer un navire, un vaisseau ♦ *ass.* [*adornare, abbellire*] être (43) décoratif*: *i fiori guarniscono molto* les fleurs sont très décoratives **2** [*fornire* (*una pietanza*) *di un contorno*] garnir: *guarnire l'arrosto con patatine* garnir un rôti de pommes de terre.

guarnìto |gwar'nito| *agg.* **1** [*fornito di tutti gli elementi complementari o di ornamento*] garni; orné: *è una roccaforte ben guarnita di soldati e munizioni* c'est une citadelle bien garnie de soldats et de munitions ‖ *una camicetta troppo guarnita* une chemisette trop ornée ◇ (*fam.*) *ben guarnito* [*provvisto di danaro*] bien garni: *ha un portafoglio ben guarnito* il a un portefeuille bien garni **2** [*fornito di contorno*] garni: *piatto di carne guarnito* plat de viande garni © **sguarnito.**

guarnitóre, trice |gwarni'tore, tri'tʃe| *s.* garnisseur*.

guarnitùra |gwarni'tura| *s.f.* **1** [*la operazione diretta a guarnire*] *la guarnitura di un vestito* les garnitures *pl.* d'une robe; *la guarnitura di una città, di una nave* le garnissage *m.* d'une ville, l'armement *m.* d'un navire **2** [*motivo ornamentale*] garniture # *è bella quella guarnitura di nastri* elle est jolie, cette parure de rubans.

guarnizióne |gwarnit'tsjone| *s.f.* **1** [*quanto serve ad abbellire o a completare*] garniture: *guarnizione di trine, di merletti* garniture de dentelles; *guarnizione di una tenda* garniture d'un rideau **2** [*il contorno di una pietanza*] garniture: *roast beef con guarnizione di fagiolini* rosbif avec garniture de haricots verts, garni de haricots verts **3** (*tecnol.*) joint (*m.*): *la guarnizione del rubinetto* le joint d'un robinet; *guarnizione della testata* joint de culasse.

guasconàta |gwasko'nata| *s.f.* gasconnade.

guascóne |gwas'kone| **I** *agg.* [*della Guascogna*] gascon*: *dialetto guascone* dialecte gascon; *cavaliere guascone* chevalier gascon **II** *s.* **1** *s.* (*fig.*) [*fanfarone, spaccone, smargiasso*] gascon, fanfaron* **2** (*s.m.*) *il guascone* [*la lingua*] le gascon.

guastafèste |gwasta'fɛste| *s. inv.* [*chi turba l'allegria altrui*] trouble-fête *m. var.*, rabat-joie (*m.*): *dei guastafeste* des trouble-fêtes, des rabat-joie; *sei sempre la solita guastafeste* c'est toujours toi le trouble-fête, le rabat-joie ◇ (*fig.*) (*persone, cose*) *stavamo per partire quando giunse la pioggia a far da guastafeste* nous étions sur le point de partir quand la pluie vint tout gâcher, gâter.

guastamestièri |gwastames'tjɛri| *s. inv.* [*chi per incapacità danneggia il lavoro altrui*] bousilleur* *var.*, gâcheur* *var.* ◇ [*chi danneggia gli altri con una concorrenza disonesta*] gâte-métier *m. inv.*, personne *f. var.* qui gâte le métier.

guastàre |gwas'tare| **A** *v.tr.* **1** [*ridurre in cattive condizioni, deteriorare*] abîmer; endommager (3): *le gelate hanno guastato la strada in più punti* les gelées ont abîmé la route à plusieurs endroits ‖ *la pioggia ha guastato il raccolto* la pluie a endommagé la récolte ◇ [*rendere inservibile*] détraquer: *guastare una macchina, una bicicletta, il meccanismo di un orologio* détraquer une machine, une bicyclette, le mécanisme d'une montre ◇ (*di cibi*) [*avariare, mandare a male*] gâter: *il caldo ha guastato la carne*, la chaleur a gâté la viande **2** (*della salute*) [*danneggiare*] ruiner; déranger (3): *guastarsi la salute* ruiner sa santé ‖ *è una bevanda che guasta lo stomaco* c'est une boisson qui dérange, qui fait mal à l'estomac ◇ (*loc. fig.*) *guastarsi il sangue* [*arrabbiarsi*] se faire du mauvais sang, de la bile ◇ [*rendere brutto, sciupare*] gâcher; enlaidir: *quella parola guasta il verso* ce mot gâte le vers ‖ *quel trucco le guasta il viso* ce maquillage enlaidit son visage **3** (*fig.*) [*turbare, rompere*] gâcher, détruire (75): *guastare un'amicizia, un accordo* gâcher, détruire une amitié, un accord; *guastare una conversazione, un discorso* gâcher une conversation, un discours **4** (*fig.*) [*corrompere, depravare*] gâter: *certe letture guastano lo spirito, il cuore* certaines lectures gâtent l'esprit, le cœur; *le cattive compagnie guastano i giovani* les mauvaises fréquentations gâtent les jeunes **5** (*spec. di lavori a maglia*) [*disfare per rifare diversamente*] défaire (45): *guastare una camicetta, una maglia* défaire un corsage, un tricot **6** *ass.* [*riuscire sgradito, recar disturbo*] faire (45) du mal: *un atto gentile non guasta mai* un geste aimable ne fait jamais de mal # *il troppo guasta sempre* trop c'est trop **B** *v.pron.* GUASTARSI **1** *intr.* (*di congegni, meccanismi*) [*rompersi*] se détraquer: *la macchina si è guastata* la machine s'est détraquée; *s'è guastata la suoneria* la sonnerie s'est détraquée ◇ (*di cibi*) [*andare a male*] se gâter: *con il caldo le mele si sono guastate* avec la chaleur les pommes se sont gâtées ◇ (*del tempo*) [*volgere al brutto*] se gâter: *il tempo si sta guastando* le temps est en train de se gâter **2** *rifl.* [→ *tr.* 4] se gâter # *quei ragazzi si sono guastati* ces garçons ont mal tourné **3** *recipr.* [*inimicarsi*] se brouiller: *s'è guastato con l'amico* il s'est brouillé avec son ami; *si son guastati per danaro* ils se sont brouillés pour une question d'argent.

guastastòmaco, chi, ci |gwastas'tɔmako, ki, tʃi| *s.m.* (*fam.*) [*bevanda, cibo indigesto*] tord-boyaux.

guastatóre |gwasta'tore| *s.m.* [*soldato del genio*] sapeur.

1 **guàsto** |'gwasto| *agg.* **1** [*rotto, deteriorato, malconcio*] en panne *loc. inv.*, détraqué: *il motore è guasto* le moteur est en panne, détraqué; *l'orologio, il giradischi è guasto* la montre, le tourne-disque est détraqué; *l'ascensore è guasto* l'ascenseur est en panne, en dérangement # *testo guasto* [*alterato*] texte altéré, déformé, corrompu **2** (*di cibi*) [*andato a male*] tourné, caillé; pourri; gâté: *latte guasto* lait tourné, caillé ‖ *uova guaste* œufs pourris ‖ *frutta guasta* fruits gâtés ◇ (*di parti del corpo*) [*malato*] dérangé; gâté: *stomaco guasto* estomac dérangé ‖ *dente guasto* dent gâtée → **cariato** **3** (*fig.*) [*depravato, corrotto*] corrompu, dépravé: *animo guasto* âme corrompue; *costumi guasti* mœurs dépravées ◇ (*loc. fig.*) *avere il sangue guasto con qc.* [*avere risentimento o malanimo*] avoir une dent contre qqn., en vouloir à qqn. ~ *farsi il sangue guasto* [*arrabbiarsi*] se faire du mauvais sang © **sano, intatto, perfetto.**

2 **guàsto** |'gwasto| *s.m.* **1** [*danno, rovina*] dégât, dommage: *i guasti prodotti dalla guerra, dalla grandine* les dégâts, les dommages causés par la guerre, par la grêle ◇ [*rottura, avaria*] panne (*f.*): *riparare un guasto al motore, all'impianto elettrico* réparer une panne du moteur, de l'installation électrique

2 (*fig.*) [*corruzione, decadenza morale*] *c'è del guasto in quella amministrazione* il y a quelque chose de pourri dans cette administration ◇ [*dissapori, contrasti*] brouille *f.*, tirage (*fam.*): *c'è del guasto tra di voi* il y a du tirage entre vous.

guatàre |gwa'tare| (*lett.*) **A** *v.tr.* [*guardare ostilmente, minacciosamente, sospettosamente*] regarder (*corr.*) (d'un œil malveillant, d'un air menaçant, soupçonneux): *lo guatava torvamente* il le regardait d'un air torve **B** *v.pron. recipr.* GUATARSI [→ *tr.*] se regarder: *si guatarono furibondi* ils se regardèrent furibonds.

guatemaltèco, chi ca, che |guatemal'tɛko, ki, ka, ke| *agg.* [*del Guatemala*] guatémaltèque, guatémalien*.

guàzza |'gwattsa| *s.f.* → **rugiada**.

guazzabùglio, i |gwattsa'buʎʎo, i| *s.m.* [*miscuglio di cose eterogenee*] méli-mélo *inv.* (*fam.*), amalgame: *un guazzabuglio di pensieri, di sentimenti* un méli-mélo de pensées, de sentiments; *quel quadro è un guazzabuglio di colori* ce tableau est un amalgame de couleurs.

guazzàre |gwat'tsare| *v.intr.* → **sguazzare**.

guazzàta |gwat'tsata| *s.f.* → **rugiada**.

guazzétto |gwat'tsetto| *s.m.* (*cuc.*) ragoût.

guàzzo |'gwattso| *s.m.* **1** [*liquido copiosamente sparso*] flaque *f.*; mare (*f.*): *lavandosi ha fatto un gran guazzo per terra* en se lavant, il a fait une grande flaque par terre; *quella strada, dopo la pioggia, è piena di guazzi* cette route, après la pluie, est couverte de flaques → **pozzanghera, pozza** || *un guazzo di sangue* une mare de sang # *essere in un guazzo di sudore* être en nage **2** *ciliege, pesche in guazzo* [*sotto spirito*] cerises, pêches à l'eau-de-vie **3** (*pitt.*) gouache (*f.*): *dipingere a guazzo* peindre à la gouache.

guèlfo |'gwɛlfo| *agg. e s.* (*st. it.*) guelfe *s.*

'guêpière' |gɛpjɛʀ| *s.f. inv.* guêpière *var.*

guèrcio, ci, cia, ce |'gwɛrtʃo, tʃi, tʃa, tʃe| *agg.* **1** [*strabico*] qui louche (*loc.*): *ragazzo guercio* garçon qui louche # *essere guercio da un occhio* loucher d'un œil; *avere lo sguardo guercio* loucher, avoir une coquetterie dans l'œil (*fam.*) ♦ (*s.*) *un guercio* un loucheur*, un louchon* (*pop.*) **2** (*per est.*) [*privo di un occhio*] borgne.

guèrra |'gwɛrra| *s.f.* **1** guerre: *guerra civile, offensiva, difensiva* guerre civile, d'attaque, de défense; *guerra terrestre, navale, aerea* guerre terrestre, navale, aérienne; *le rovine, gli orrori della guerra* les dégâts, les horreurs de la guerre; *ferito, prigioniero di guerra* blessé, prisonnier de guerre; *entrare in guerra* entrer en guerre; *cadere, morire in guerra* tomber, mourir à la guerre ◇ (*loc.*) *guerra lampo* guerre éclair ~ *guerra di logoramento* guerre d'usure ~ *guerra di posizione* guerre de position ~ *guerra atomica, batteriologica* guerre atomique, bactériologique ~ *indennità di guerra* indemnité de guerre ~ *teatro, zona di guerra* théâtre de guerre; zone des combats, des opérations ~ *canti di guerra* chants de guerre ~ *grido di guerra* cri de guerre ~ *criminale di guerra* criminel de guerre ~ *essere in assetto, sul piede di guerra* être sur le pied de guerre **2** [*contrasto non armato tra Stati*] guerre: *guerra delle tariffe, dei prezzi* guerre des tarifs, des prix; *guerra doganale, economica* guerre douanière, économique ◇ (*loc.*) *guerra fredda* guerre froide ~ *guerra psicologica, dei nervi* guerre psychologique, des nerfs **3** (*fig.*) [*discordia, contesa tra persone o gruppi*] guerre, querelle: *guerra di partiti* guerre de partis; *la solita guerra tra suocera e nuora* l'éternelle guerre entre belle-mère et belle-fille; *guerra tra vicini* querelle entre voisins; *guerra tra letterati* querelle entre hommes de lettres; querelle d'écrivains # *essere in guerra con qc.* être en conflit avec qqn. ◇ (*loc.*) *guerra a coltello* lutte au couteau, à mort ~ *guerra a colpi di spillo* [*caratterizzata da dispettucci e malignità*] petite guerre, guerre de harcèlement ◇ [*lotta in nome di un ideale*] *guerra contro il peccato, contro la corruzione* guerre, lutte contre le péché, la corruption **C** 1 **pace**.

guerrafondàio, i |gwerrafon'dajo, i| *s.* (*spreg.*) [*chi sostiene la guerra a oltranza*] belliciste, fauteur* de guerre ♦ (*agg.*) *nazionalismo guerrafondaio* nationalisme belliciste.

guerraiòlo |gwerra'jɔlo| *s.m.* [*partigiano della guerra*] belliciste.

guerreggiàre |gwerred'dʒare| *v. intr.* (*aus. 'avere'*) [*fare la guerra*] faire (45) *tr.* la guerre (à), combattre (76): *guerreggiare contro qc.* faire la guerre à qqn., combattre contre qqn.; *gli Stati che guerreggiano* les États qui se font la guerre, en guerre, les États belligérants.

guerrésco, chi, ca, che |gwer'resko, ki, ka, ke| *agg.* [*relativo alla guerra*] guerrier*, de guerre (*loc. inv.*): *imprese guerresche* exploits guerriers; *preparativi guerreschi* préparatifs de guerre ◇ (*fig.*) *animo guerresco* [*bellicoso*] esprit belliqueux.

guerrièro |gwer'rjɛro| *s.* guerrier*: *i guerrieri romani, di Carlo Magno* les guerriers romains, de Charlemagne ♦ *agg.* [*combattivo, bellicoso*] guerrier, belliqueux*: *spirito, popolo guerriero* exprit, peuple guerrier (belliqueux).

guerrìglia |gwer'riʎʎa| *s.f.* guérilla.

guerriglièro |gwerriʎ'ʎɛro| *s.* guérillero.

gufàre |gu'fare| *v.intr.* (*aus. 'avere'*) **1** (*detto del gufo*) [*fare il proprio verso caratteristico*] *huer **2** [*fare un verso sim. a quello del gufo*] imiter le cri du hibou, huer, *hululer ◇ [*fare rumore mangiando troppo avidamente*] faire (45) *tr.*, en mangeant, du bruit avec sa bouche.

gùfo |'gufo| *s.m.* (*t.zool.*) *hibou*.

gùglia |'guʎʎa| *s.f.* [*elemento piramidale posto sopra chiese, cupole e sim.*] flèche ◇ [*formazione rocciosa appuntita e slanciata*] aiguille.

gugliàta |guʎ'ʎata| *s.f.* [*quantità di filo che si introduce ogni volta nell'ago*] aiguillée: *una gugliata di filo, di lana* une auguillée de fil, de laine.

guida |'gwida| *s.f.* **1** guide (*m.*): *guida esperta, coraggiosa, autorizzata* guide chevronné, courageux, autorisé; *una guida molto abile* un guide très habile ◇ *guida alpina* guide de montagne **2** (*fig.*) [*modello, ispiratore*] guide, modèle (*m.*): *Dante è la guida di tutti i buoni poeti* Dante est un modèle pour tous les bons poètes ♦ *agg. inv.* (*posposto al sost.*) *uomo guida* leader *s.m.*; *partito guida* parti leader **3** [*il guidare* (*qc.*)] direction: *lavorare sotto la guida di eccellenti esperti* travailler sous la direction d'excellents experts # *affidarsi alla guida di qc.* se laisser guider, conduire par qqn. ◇ (*auto.*) conduite: *lezioni, esame di guida* leçons, examen de conduite # *patente di guida* permis de conduire **4** guide # *la bussola, le stelle sono la guida dei naviganti* la boussole, les étoiles guident les navigateurs ◇ (*fig.*) *il vostro buon esempio ci è di guida* votre bon exemple nous sert de modèle **5** [*libro che illustra ai turisti luoghi, monumenti e sim.*] guide: *la guida di Londra, di Parigi* le guide de Londres, de Paris; *la guida ai monumenti di Roma* le guide des monuments de Rome ◇ [*manuale contenente i primi elementi di una disciplina*] introduction: *guida allo studio del greco, dell'arte, del Manzoni* introduction à l'étude du grec, de l'art, de Manzoni ◇ (*per anal.*) *guida telefonica* [*elenco degli abbonati al telefono*] annuaire *m.* (du téléphone) (*corr.*) **6** [*i comandi di un veicolo*] conduite: *guida a destra, a sinistra* conduite à droite, à gauche # *posto di guida* place du conducteur **7** [*tappeto disteso lungo un percorso*] tapis (*m.*): *camminare sulla guida* marcher sur le tapis **8** (*tecnol.*) coulisse: *guida di una vetrina* coulisse d'une vitrine # *guida di un cassetto* tasseaux d'un tiroir; *il carrello scorre entro due guide* le chariot glisse entre deux rails.

guidàbile |gwi'dabile| *agg.* [→ GUIDARE A 1] qu'on peut conduire *loc.*

guidàggio, i |gwi'daddʒo, i| *s.m.* (*tecnol.*) guidage.

guidàre |gwi'dare| **A** *v.tr.* **1** [*condurre* (*un veicolo*)] conduire (75), piloter: *guidare l'automobile, l'aeroplano, il fuoribordo* conduire une voiture, piloter un avion, un hors-bord; *guidare i cavalli, i muli, il carro* conduire des chevaux, des mulets, une charrette ♦ *ass.* conduire: *guidare bene, male* conduire bien, mal; *imparare a guidare* apprendre à conduire; *non sapere guidare* ne pas savoir conduire **2** [*accompagnare, condurre, fare da guida*] guider: *guidare una comitiva di turisti* guider un groupe de touristes; *guidare un cieco* guider un aveugle; *la bussola guida i marinai* la boussole guide les marins ◇ (*sport*) être (43) en tête de: *guidare il gruppo, la classifica* être en tête du groupe, du classement **3** [*dirigere, governare, comandare*] conduire; diriger (3): *guidare un popolo, un esercito* conduire un peuple, une armée || *guidare un'azienda* diriger une entreprise # *guidare le danze* mener la danse **4** (*fig.*) [*ammaestrare, illuminare*] conduire; guider: *guidare qc. al bene, sulla via dell'onestà* conduire qqn. au bien, dans la voie de l'honnêteté; *guidare un popolo verso il benessere, la pace* conduire un peuple au bien-être, à la paix || *guidare con il proprio esempio* guider par son propre exemple **B** *v.pron. rifl.* GUIDARSI [*regolarsi, comportarsi*] se conduire: *è maturo abbastanza per guidarsi da solo* il est assez grand pour se conduire tout seul, pour savoir comment se conduire.

guidasilùri |gwidasi'luri| *s.m. inv.* (*mar. mil.*) giro-pilote *var.*
guidatóre, trice |gwida'tore, tritʃe| *s.* [*pilota, conducente di un veicolo*] chauffeur *m.*, conducteur*: *è una guidatrice molto esperta* elle est un chauffeur très habile; elle est très bonne conductrice; *un guidatore di locomotive, di camion* un conducteur de locomotive, de camions ✦ (*agg.*) *mano guidatrice* main, flèche indicatrice.
guiderdonàre |gwiderdo'nare| *v. tr.* (*lett.*) → **ricompensare.**
guiderdóne |gwider'done| *s.m.* (*lett.*) → **ricompensa.**
guidóne |gwi'done| *s.m.* (*mar.*, *mil.*) guidon.
guidoslitta |gwidoz'litta| *s.f.* (*raro*) → **bob.**
guidrigìldo |gwidri'dʒildo| *s.m.* (*dir. mediev.*) wergeld, prix du sang.
guìggia, ge |'gwiddʒa, dʒe| *s.f. spec. al plur.* [*strisce di cuoio per l'allacciatura dei sandali*] lanière.
guìndolo |'gwindolo| *s.m.* → **arcolaio.**
guinzàglio, i |gwin'tsaʎʎo, i| *s.m.* **1** [*laccio o catena per cani*] laisse (*f.*): *condurre un cane al guinzaglio* mener un chien en laisse ◇ (*loc. fig.*) *tenere qc. al guinzaglio* tenir qqn. en laisse ~ *lasciarsi portare al guinzaglio* [*sottomettersi passivamente*] se laisser mener par le bout du nez **2** (*per est.*) [*striscia di cuoio per aiutare i bambini nei primi passi*] lisières *f. pl.* (*lett.*), ceintures *f. pl.*
'guipure' |gipyʀ| *s.f. inv.* guipure *var.*
guìsa |'gwiza| *s.f.* (*lett.*) [*modo, maniera*] façon (*corr.*), manière (*corr.*), guise (*corr.*): *agisci nella guisa che preferisci* agis de la façon, de la manière que tu préfères, à ta guise ◇ *loc.* A, IN GUISA DI [*a somiglianza, a modo di*] en guise de ~ IN GUISA CHE, DI GUISA CHE [*in modo che*] de manière, de sorte que.
guìtto |'gwitto| **I** *agg.* **1** → **miserabile** **2** [*gretto, meschino*] mesquin: *animo guitto* esprit mesquin **II** *s.m.* [*attore da strapazzo*] cabotin *s.* (*fam.*).
guizzànte |gwit'tsante| *agg.* [*che ha movimenti rapidi e sinuosi*] frétillant: *pesce guizzante* poisson frétillant ◇ (*per est.*) [*agile, veloce*] rapide: *movimento, mossa guizzante* mouvement rapide.
guizzàre |gwit'tsare| *v.intr.* **1** (*aus. 'avere'*) [*muoversi a scatti rapidi e sinuosi*] frétiller: *i pesci rossi guizzavano nella vasca* les poissons rouges frétillaient dans le bassin # *il fuoco guizza nel caminetto* la flamme danse dans la cheminée; *i lampi guizzavano* les éclairs sillonnaient le ciel ◇ (*loc. fig.*) *guizzare via come un'anguilla* glisser, s'échapper comme une anguille **2** (*per est.*) (*aus. 'essere'*) [*sfuggire, liberarsi abilmente*] échapper (*aus.* avoir): *il prigioniero è guizzato via dalle mani dei nemici* le prisonnier a échappé des mains de ses ennemis, a glissé entre les mains de l'ennemi ◇ [*balzare di scatto*] sauter (*aus.* avoir): *al segnale tutti guizzarono dal letto* au signal, tout le monde sauta hors du lit.
guìzzo |'gwittso| *s.m.* [*movimento agile e sinuoso*] frétillement: *il guizzo dei pesci* le frétillement des poissons # *il guizzo del fulmine* le passage de l'éclair; *il guizzo della fiamma* le vacillement de la flamme ◇ (*per est.*) [*scatto repentino*] mouvement brusque: *con un guizzo fuggì via* il s'échappa d'un mouvement brusque.
gulash |gulaʃ| *s.m. inv.* (*cuc. ungh.*) goulasch *m. o f. var.*, goulache *m. o f. var.*
gunite |gu'nite| *s.f.* (*tecnol.*) gunite.
gùra |'gura| *s.f.* (*t.zool.*) goura *m.*
gùru |'guru| *s.m. inv.* **1** (*in India*) [*maestro spirituale*] gourou *var.*, guru *var.* **2** [*giacca a casacca molto lunga*] tunique *f. var.*, veste *f. var.* de gourou.
gùscio, i |'guʃʃo, i| *s.m.* **1** [*l'involucro protettivo di certi organismi o frutti*] coque *f.*, coquille (*f.*): *guscio di uovo, di noce* coquille (coque) d'œuf, de noix; *guscio di nocciola, di mandorla* coque (coquille) de noisette, d'amande; *guscio di ostrica* coquille d'huître # *guscio della castagna* peau, bogue de châtaigne (de marron) ◇ *guscio* (*vuoto, di scarto, in genere*) coquille ◇ (*per anal.*) *il guscio di legumi* la cosse *f.* de légumes, *guscio di tartaruga* carapace *f.* de tortue **2** (*loc. fig.*) *chiudersi nel proprio guscio* se renfermer dans sa coquille ~ *uscire dal proprio guscio* sortir de sa coquille ~ *guscio di noce* [*casa piccola*] maison *f.* de poupée ~ *guscio d'uovo* [*barchetta fragile e leggera*] coquille de noix **3** (*per est.*) *il guscio di una nave, di una macchina, di una carrozza* la coque d'un bateau, d'une voiture **4** (*arch.*) cavet: *struttura a guscio* structure à cavet.
gustàre |gus'tare| **A** *v.tr.* **1** [*assaggiare per sentirne il sapore*] goûter: *gustare una salsa, un nuovo piatto* goûter une sauce, un nouveau plat ◇ (*per est.*) [*mangiare o bere in piccola quantità*] goûter (à, de): *gusta quanto è buono questo vino* goûte à, de ce vin, tu verras comme il est bon **2** [*assaporare, trovare gradito al palato*] goûter: *mangiare lentamente per gustare meglio i cibi* manger lentement pour mieux goûter les mets ✦ (*col 'si' pleon.*) *gustarsi un gelato, un bel pranzo* goûter une glace, un bon repas ◇ (*fig.*) *gustarsi un brano di musica classica* goûter un morceau de musique classique; *gustarsi la dolcezza, la pace della campagna* goûter la douceur, la paix de la campagne **B** *v.intr.* (*aus. 'essere, avere'*) [*riuscir gradito, andare a genio*] plaire (68): *è una proposta che non mi gusta affatto* c'est une proposition qui ne me plaît pas du tout → 1 **piacere** 🄲 B **disgustare.**
gustatìvo |gusta'tivo| *agg.* gustatif*: *organi gustativi* organes gustatifs; *sensibilità gustativa* sensibilité gustative.
gustatóre, trice |gusta'tore, tritʃe| *s.* → **intenditore.**
gustatòrio, i |gusta'tɔrjo, i| *agg.* → **gustativo.**
gùsto |'gusto| *s.m.* **1** [*il senso che percepisce il sapore*] goût: *una pietanza gradita al gusto* un mets agréable au goût; *medicina amara al gusto* médicament au goût amer **2** [*sapore*] goût: *gusto piccante, delicato, grossolano* goût piquant, délicat, peu délicat; *questa torta ha un gusto strano* ce gâteau a un drôle de goût ◇ (*per est.*) [*sensazione piacevole, godimento, soddisfazione*] *mangiare, fumare, bere di gusto* manger, fumer, boire avec goût **3** (*fig.*) [*compiacimento, godimento, diletto*] plaisir: *che gusto ci trovi a farlo soffrire così?* quel plaisir éprouves-tu à le faire souffrir ainsi?; *ci avrei un gusto matto se quell'impresa fallisse* j'aurais un plaisir fou si cette entreprise faisait faillite, à ce que cette entreprise rate # *ridere di gusto* rire de bon cœur; *non c'è gusto a ragionare con te* ce n'est vraiment pas amusant de discuter avec toi ◇ (*loc.*) *prendere gusto a q.c.* prendre goût à qqch. **4** [*desiderio, capriccio, voglia*] fantaisie *f.* # *levarsi il gusto del gioco, della caccia* donner libre cours à son goût pour le jeu, la chasse ◇ [*modo di sentire, di giudicare*] goût: *ha gusti molto strani* il a des goûts très bizarres; *sui gusti non si discute* des goûts et des couleurs ou ne dispute point; *fare uno scherzo di pessimo gusto* faire une plaisanterie de très mauvais goût **5** [*capacità di distinguere e apprezzare i valori estetici*] goût: *avere un gusto grossolano, fine* ne pas avoir beaucoup de goût, avoir du goût # *ha molto gusto per la poesia, la pittura, la musica* il sait apprécier la poésie, la peinture, la musique ◇ [*eleganza, distinzione*] *vestire con gusto* s'habiller avec goût; *arredare con gusto fine e signorile* meubler un intérieur avec beaucoup de goût **6** [*tendenza estetica che caratterizza un individuo, un ambiente, un'età*] goût: *gusto neoclassico, barocco, romantico* goût néo-classique, baroque, romantique 🄲 1 **disgusto.**
gustosaménte |gustosa'mente| *avv.* [→ GUSTOSO] savoureusement.
gustosità |gustosi'ta| *s.f. inv.* [*piacevolezza di sapore*] saveur *var.* agréable: *la gustosità di una vivanda* la saveur agréable d'un mets ◇ (*fig.*) [*soddisfazione, diletto*] agrément (*m. var.*): *la gustosità di una conversazione, di una situazione* l'agrément d'une conversation, d'une situation.
gustóso |gus'toso| *agg.* **1** [*gradevole al palato*] savoureux*: *un piatto gustoso* un plat savoureux # *un liquore gustoso* une liqueur délicieuse **2** (*fig.*) [*divertente, piacevole*] savoureux: *battuta, lettura gustosa* réplique, lecture savoureuse; *libro gustoso* livre savoureux # *compagnia gustosa* compagnie agréable 🄲 **disgustoso.**
guttapèrca |gutta'pɛrka| *s.f.* gutta-percha.
gutturàle |guttu'rale| *agg.* (*ling.*) guttural*.
gutturalìsmo |guttura'lizmo| *s.m.* prononciation *f.*, voix *f.* gutturale.
gutturalménte |guttural'mente| *avv.* [→ GUTTURALE] d'un ton guttural (*loc. inv.*): *parlare gutturalmente* parler d'un ton guttural, d'une voix gutturale.
gùzla |'guzla| *s.f.* (*mus.*) guzla.
gymkhana |dʒim'ka:nə| *s.f. inv.* (*ingl.*) → **gincana.**

H

h *s.m. o f.* [*ottava lettera dell'alfabeto*] h: *H maiuscolo* H majuscule; *h minuscola* h minuscule ◇ (*tel.*) *H come hôtel* H comme Henri.

habanera |aba'nera| *s.f. inv.* (*sp.*) *habanera *var.*

habitat |'abitat| *s.m.inv.* (*lat.*) habitat *var.*

'habitué' |abitɥe| *s.m.inv.* habitué *var.*

habitus |'abitus| *s.m.inv.* (*lat.*) (*med.*) habitus: *habitus fisiologico* habitus physiologique.

hàfnio, i |'afnjo, i| *s.m.* → **afnio.**

haik |'aik| *s.m.inv.* (*berbero*) *haïk *var.*

haitiàno |ai'tjano| *agg.* haïtien*: *costumi haitiani* coutumes haïtiennes.

hall |hɔ:l| *s.f.inv.* (*ingl.*) *hall (*m.var.*): *hall di albergo* hall d'hôtel.

hallali |alla'li| *inter.* hallali ✦ (*s.m.*) *suonare l'hallali* sonner l'hallali.

hallstattiàno |alstat'tjano| *agg.* (*scient.*) *hallstattien*.

hamburger |am'burger, hæmbə:gə| *s.m.inv.* (*ingl.*) bifteck *var.* *haché, *hamburger *var.*

handicap |'hændikæp| *s.m. inv.* (*ingl.*) **1** (*sport*) *handicap *var.* **2** (*fig.*) [*condizione di svantaggio*] handicap.

handicappàre |andikap'pare| *v. tr.* → **andicappare.**

'hangar' |ɑ̃gaʀ| *s.m. inv.* *hangar *var.* ◇ (*per est.*) [*capannone per foraggi*] hangar à récoltes, à fourrages.

hanseàtico, ci, ca, che |anse'atiko, tʃi, ka, ke| *agg.* → **anseatico.**

happening |'hæppəniŋ| *s.m.inv.* (*ingl.*) *happening *var.*

harakiri |(h)ara'kiri| *s.m. inv.* (*giapp.*) *harakiri *var.* ◇ (*per est., scherz.*) *fare harakiri* [*suicidarsi*] se faire harakiri.

hard-top |'ha:dtɔp| *s.m.inv.* (*ingl.*) hard-top *var.*

hardware |'(h)a:dwεə| *s.m.inv.* (*ingl.*) (*informatica*) matériel *var.* (*t.racc.*), hardware (*var.*): *lo hardware e il software* le matériel et le logiciel.

harem |a'rεm, arem| *s.m. inv.* *harem *var.*

harmonium |ar'mɔnjum| *s.m.inv.* → **armonium.**

hascisc |'(h)aʃ'ʃiʃ| *s.m.inv.* *hachisch *var.*, *haschisch *var.*

havaiàno |ava'jano| *agg. e s.* → **hawaiano.**

hawaiàno |ava'jano| *agg.* [*delle isole Hawaii*] hawaïen*: *chitarra hawaiana* guitare hawaïenne.

hegelianismo |(h)egelja'nizmo| *s.m.* → **hegelismo.**

hegeliàno |(h)ege'ljano| *agg.* (*filos.*) hégélien*: *la dialettica hegeliana* la dialectique hégélienne ✦ (*s.*) *un hegeliano* un hégélien.

hegelismo |(h)ege'lizmo| *s.m.* (*filos.*) hégélianisme.

hènna |'εnna| *s.f.* (*t.bot.*) *henné *m.* ◇ [*tintura ricavata da tale pianta*] henné.

'henné' |ene| *s.m.inv.* → **henna.**

henry |'henri| *s.m.inv.* (*ingl.*) (*elettr.*) henry (*var.*): *degli henry* des henrys.

herpes |'εrpes| *s.m.inv.* (*lat.*) → **erpete.**

hertz |'(h)εrts| *s.m.inv.* (*ted.*) (*elettr.*) hertz.

hertziàno |er'tsjano| *agg.* hertzien*: *onde hertziane* ondes hertziennes.

hevèa |e'vεa| *s.f.* (*t.bot.*) hévéa *m.*

hickory |'(h)ikəri| *s.m.inv.* (*ingl.*) (*t.bot.*) *hickory *var.*

hidalgo |i'dalgo| *s.m.inv.* (*sp.*) hidalgo *var.*

highlander |'hailəndə| *s.m. inv.* (*ingl.*) *highlander *var.*

himalaiàno |imala'jano| *agg.* himalayen*.

hindi |'indi| *agg. e s.m.inv.* hindi *var.*

hinterland |'intərlant| *s.m.inv.* (*ted.*) (*dr., geogr.*) arrière-pays, hinterland *var.*

hippy |'(h)ipi| *s.inv.* (*ingl.*) *hippy *var.* ✦ (*agg.*) *un giovane hippy* un jeune hippy.

hitleriàno |itle'rjano| *agg.* hitlérien* ✦ (*s.*) *un hitleriano* un hitlérien.

hit-parade |(h)itpə'reid| *s.f.inv.* (*ingl.*) palmarès *m.*, *hit-parade (*m.var.*): *delle hit-parade* des hit-parades.

hobbista |ob'bista| *s.* [*chi esegue piccoli lavori per divertimento*] bricoleur*.

hobby |'(h)ɔbi| *s.m.inv.* (*ingl.*) *hobby *var.*

hockeìsta |okke'ista| *s.m.* *hockeyeur.

hockey |'(h)ɔki| *s.m. inv.* (*ingl.*) *hockey (*var.*): *hockey su prato* hockey sur gazon; *hockey su ghiaccio* hockey sur glace.

holding |'(h)ouldiŋ| *s.f. inv.* (*ingl.*) (*econ.*) *holding *m. var.*

hollywoodiàno |ollivu'djano| *agg.* *hollywoodien*.

honoris causa |o'nɔris'kauza| *loc. agg. inv.* (*lat.*) honoris causa.

horse-power |hɔ:s'pauə| *s.m. inv.* (*ingl.*) (*mecc.*) *horse-power.

hostess |'(h)oustis| *s.f. inv.* (*ingl.*) hôtesse *var.* (de l'air) ◇ [*accompagnatrice, guida turistica*] hôtesse.

hot |'hɔt| *agg. e s.m.inv.* (*musica jazz*) *hot: *stile hot* style hot.

hot dog |'(h)ɔtdɔg| *s.m.inv.* (*ingl.*) (*mar.*) *hot-dog (*var.*): *degli hot dog* des hot-dogs.

'hôtel' |o(ɔ)tεl| *s.m.inv.* hôtel *var.*

hovercraft |'(h)ɔvəkra:ft| *s.m.inv.* (*ingl.*) [*veicolo a cuscino d'aria*] aéroglisseur *var.*, hovercraft *var.*

humour |'hju:mə| *s.m.inv.* (*ingl.*) humour *var.*

humus |'umus| *s.m.inv.* (*lat.*) humus ◇ (*fig.*) *humus culturale* humus cultivé.

huroniàno |uro'njano| *agg.* → **uroniano.**

hurrà |ur'ra| *inter.* → **urrà.**

hussìta |us'sita| *agg.* → **ussita.**

hypnum |'ipnum| *s.f.inv.* (*t.bot.*) hypne *var.*, hypnum *var.*

I

1 i |i| *s.m. o f.inv.* [*nona lettera dell'alfabeto*] i (*m.*): *i minuscolo* i minuscule; *I maiuscola* I majuscule ◇ (*tel.*) *I come Imola*: (*in Francia*) I comme Irma; (*in Belgio*) I comme Isidore ◇ (*loc.*) *mettere i puntini sulle i* mettre les points sur les i.

2 i |i| *art. det. m. pl.* les: *i compagni di mio fratello* les camarades de mon frère; *i libri di papà* les livres de papa # *i miei collaboratori sono in vacanza* mes collaborateurs sont en vacances; *non ammette i suoi difetti* il ne reconnaît pas ses défauts → 1 **il** *e N.B.*

iaboràndi |jabo'randi| *s.m. inv.* (*t. bot.*) jaborandi *var.*

iacarànda |jaka'randa| *s.f.* (*t.bot.*) jacaranda *m.*

iacèa |ja'tʃɛa| *s.f.* (*t.bot.*) jacée.

iacintèo |jatʃin'tɛo| *agg.* (*poet.*) de la jacinthe *loc. inv.* (*corr.*).

iàl(o)- |'jal(o)| *pref.* (*significa 'vetro', corrisponde gener. a*) hyal(o): *ialografia* hyalographie.

ialografìa |jalogra'fia| *s.f.* hyalographie.

iamatòlogo, gi |jama'tɔlogo, dʒi| *s.m.* [*studioso della civiltà giapp.*] japonisant *s.*

iàrda |'jarda| *s.f.* [*misura ingl. di lunghezza*] jard *m.*

iatàle |ja'tale| *agg.* (*anat., med.*) hiatal*: *ernia iatale* hernie hiatale.

iàto |i'ato, 'jato| *s.m.* **1** (*ling.*) *hiatus **2** (*anat.*) *iato esofageo* hiatus œsophagien, œsophagique **3** (*fig.*) [*interruzione*] hiatus: *c'è uno iato tra le due epoche della vita dello scrittore* il y a un hiatus entre les deux époques de la vie de l'écrivain.

iatrògeno |ja'trɔdʒeno| *agg.* iatrogène, iatrogénique.

iattànza |jat'tantsa| *s.f.* [*ostentazione di presunta superiorità*] jactance (*lett.*): *la sua iattanza è insopportabile* sa jactance est insupportable.

iattùra |jat'tura| *s.f.* [*danno, disgrazia*] malheur (*m.*): *la sua morte è una vera iattura* sa mort est un vrai malheur ◇ [*sfortuna*] *quella persona porta iattura* cette personne porte malheur → **iella.**

ibèrico, ci, ca, che |i'bɛriko, tʃi, ka, ke| *agg.* ibérique: *penisola iberica* péninsule ibérique; *lingua iberica* langue ibérique.

iberìsmo |ibe'rizmo| *s.m.* (*ling.*) ibérisme.

ibernaménto |iberna'mento| *s.m.* → **ibernazione.**

ibernànte |iber'nante| *agg.* (*t.zool.*) hibernant: *animale ibernante* animal hibernant.

ibernàre |iber'nare| *v.intr.* (*aus.* '*avere*') [*cadere nel letargo invernale*] hiberner.

ibernazióne |ibernat'tsjone| *s.f.* (*biol., med.*) hibernation.

ibidem |i'bidem| *avv.* (*lat.*) ibidem.

ibis |'ibis| *s.m. inv.* (*t.zool.*) ibis ~ *ibis sacro* ibis sacré ~ *ibis rosso* ibis rouge.

ibisco, chi |i'bisko, ki| *s.m.* (*t.bot.*) ibiscus ◇ [*la fibra tessile*] ibiscus.

ibridàre |ibri'dare| *v.tr.* (*biol.*) [*sottoporre a ibridazione*] hybrider.

ibridazióne |ibridat'tsjone| *s.f.* (*biol.*) hybridation.

ìbrido |'ibrido| **I** *agg.* (*biol.*) hybride: *pianta ibrida* plante hybride ◇ (*fig.*) *un'opera ibrida* une œuvre hybride; *una ibrida alleanza politica* une alliance politique hybride **II** *s.m.* **1** (*biol.*) hybride ◇ (*fig.*) *un ibrido di genialità e di pazzia* un (produit) hybride du génie et de la folie **2** (*ling.*) hybride.

icàrio, i |i'karjo, i| *agg.* (*lett.*) [*di, relativo a Icaro*] icarien*: *volo icario* vol icarien.

iceberg |'aisbə:g| *s.m. inv.* (*ingl.*) iceberg *var.*

icnèumone |ik'nɛumone| *s.m.* (*t. zool.*) ichneumon.

icòna |i'kɔ(o)na| *s.f.* icône.

icònico, ci, ca, che |i'kɔniko, tʃi, ka, ke| *agg.* iconique.

iconoclàsta |ikono'klasta| *s.* (*st.*) iconoclaste *m.* ◇ (*per est., fig.*) *è contrario a ogni concretizzazione simbolica dello Stato; è un vero iconoclasta* il s'oppose à toutes figurations symboliques de l'État; c'est un vrai iconoclaste → **anticonformista** ◆ (*agg.*) *la questione iconoclasta* la querelle iconoclaste; *furore iconoclasta* fureur iconoclaste.

iconoclastìa |ikonoklas'tia| *s.f.* (*st.*) iconoclasme *m.*, iconoclastie ◇ (*fig.*) [*rifiuto violento di istituzioni e credenze di una data società*] *il suo anticonformismo rasenta l'iconoclastia* son anticonformisme frise l'iconoclastie.

iconoclàstico, ci, ca, che |ikono'klastiko, tʃi, ka, ke| *agg.* iconoclaste: *decreti iconoclastici* décrets iconoclastes ◇ (*fig.*) *atteggiamento iconoclastico* attitude iconoclaste.

iconografìa |ikonogra'fia| *s.f.* iconographie: *l'iconografia napoleonica, manzoniana* l'iconographie napoléonienne, de Manzoni.

iconogràfico, ci, ca, che |ikono'grafiko, tʃi, ka, ke| *agg.* iconographique: *studio iconografico* étude iconographique.

iconògrafo |iko'nɔgrafo| *s.m.* iconographe.

iconolàtra |ikono'latra| *s.* iconolâtre (*raro*): *un iconolatra convinto* un iconolâtre convaincu ◆ (*agg.*) *consuetudini iconolatre* habitudes iconolâtres.

iconolatrìa |ikonola'tria| *s.f.* (*relig.*) iconolâtrie.

iconologìa, gie |ikonolo'dʒia, dʒie| *s.f.* iconologie.

iconoscòpio, i |ikonos'kɔpjo, i| *s.m.* (*tv*) iconoscope.

iconostàsi |ikonos'tazi| *s.f. inv.* (*arch., relig.*) iconostase *var.*

icóre |i'kore| *s.m.* (*med.*) ichor (*arc.*) → **pus.**

icoróso |iko'roso| *agg.* (*med.*) ichoreux*.

icosaèdro |ikoza'ɛdro| *s.m.* (*geom.*) icosaèdre.

ictus |'iktus| *s.m.* **1** (*metr., mus.*) ictus **2** *ictus apoplettico* ictus apoplectique → **attacco.**

idèa |i'dɛa| *s.f.* **1** idée: *l'idea del bello, del bene, del male* l'idée du beau, du bien, du mal; *si era fatto un'idea precisa di quella cosa* il s'était fait une idée précise de la chose; *avevo le idee confuse* j'avais l'esprit confus, des idées confuses; *non ci interessano le idee: sono i fatti che contano* ce qui compte pour nous ce sont les faits et non pas les idées; *sono idee che vi fanno perdere di vista la realtà* ce sont des idées qui vous font perdre de vue la réalité ◇ (*loc.*) *neanche per idea* (*detto di cosa irrealizzabile o falsa, o irreale*) jamais de la vie! ◇ [*conoscenza sommaria*] *finalmente ho potuto farmene un'idea* finalement, j'ai pu m'en faire une idée; *comincio a farmi un'idea della casa* je commence à me faire une idée de la maison; *non ne avevo la più pallida idea* je n'en avais pas la moindre idée **2** [*opinione, giudizio*] idées (*pl.*): *la libertà di esprimere le proprie idee* la liberté d'exprimer ses idées; *è una persona priva di idee* c'est une personne qui n'a pas d'idées; *condivido le tue idee* je partage tes idées; *questa è un'idea del tutto personale* ce sont des idées tout à fait personnelles ◇ (*loc.*) *avere idee larghe* avoir des idées larges ~ *in proposito aveva idee ristrette* il considérait la question sans largeur d'esprit **3** [*proposito, progetto*] idée; intention: *accarezzavo quell'idea da tanto tempo* je caressais cette idée depuis longtemps ‖ *ho* (*l'*)*idea di scrivere un libro* j'ai l'intention d'écrire un livre; *ho* (*l'*)*idea di fare un viaggio* j'ai l'intention de faire un voyage **4** [*iniziativa, trovata; ispirazione*] idée: *che idea !* quelle drôle d'idée!; *un artista ricco di idee* un artiste plein d'idées; *bella idea, la tua !* quelle drôle d'idée tu as là!; *avere un'idea luminosa* avoir une idée lumineuse; *ha avuto un'idea proprio balorda* il a eu une idée vraiment stupide ◇ [*capriccio*] volontés (*pl.*): *non è possibile stare dietro alle tue idee* on ne peut pas faire tes quatre (cents) volontés **5** [*impressione esteriore*] air (*m.*): *non mi dà l'idea di una persona per bene* il n'a pas l'air d'une personne comme il faut; *quella casa dà l'idea di una caserma* cette maison a l'air d'une caserne ◇ [*un poco*] un soupçon *m.* de, une ombre de: *ci vuole ancora un'idea di sale* *nella minestra* il faut encore un soupçon de sel dans la soupe **6** [*tema di fondo che caratterizza un'opera, uno scritto e sim.*] idée: *cogliere l'idea centrale di un discorso* saisir l'idée centrale d'un discours; *individuare l'idea guida di una opera, di un film* dégager l'idée directrice d'une œuvre, d'un film **7** [*ideologia, dottrina*] idées (*pl.*): *l'idea cristiana, marxista della vita* les idées chrétiennes, marxistes sur la vie; *dare la vita per un'idea* donner sa vie pour ses idées **8** (*filos.*) idée **9** (*psicol.*) idée: *idea fissa* idée fixe.

ideàbile |ide'abile| *agg.* [→ IDEARE] imaginable: *è un'opera, un progetto facilmente ideabile* c'est une œuvre, un projet facilement imaginable.

ideàle |ide'ale| **I** *agg.* **1** idéal*: *società ideale* société idéale; *bellezza ideale* beauté idéale ◇ (*fam.*) [*che soddisfa o potrebbe soddisfare in pieno le proprie esigenze o aspirazioni*] *una famiglia ideale* une famille idéale; *sarebbe un marito ideale* ce serait un mari idéal; *è il mio ambiente ideale* c'est mon milieu idéal **2** [*che esiste solo nella dimensione fantastica*] idéal: *un essere, un personaggio ideale* un être, un personnage idéal; *è una storia ideale* c'est une histoire idéale **II** *s.m.* **1** idéal: *ideale politico, religioso, sociale* idéal politique, religieux, social; *realizzare un ideale di vita* réaliser un idéal de vie; *morire per un ideale di giustizia* mourir pour un idéal de justice ◇ [*aspirazione morale, intellettuale o estetica*] *persona senza ideali* personne sans idéals; *vivere per un nobile ideale* vivre pour un noble idéal **2** [*ciò che può appagare in pieno le esigenze di una o più persone*] idéal: *l'ideale sarebbe di restare sempre uniti* l'idéal serait de rester toujours unis; *una casa così sarebbe l'ideale* une maison comme ça serait l'idéal; *l'ideale sarebbe che tutti fossero onesti* l'idéal serait que tout le monde soit honnête **3** [*ciò che è legato al mondo del pensiero*] idéal: *la sfera dell'ideale* le domaine de l'idéal.

idealìsmo |idea'lizmo| *s.m.* **1** idéalisme: *idealismo giovanile* l'idéalisme de la jeunesse ◇ [*scarso senso della realtà*] *si perde nell'idealismo più astratto* il se perd dans l'idéalisme le plus abstrait **2** (*st. filos.*) idéalisme.

idealista |idea'lista| *s.* **1** idéaliste: *alla sua età è ancora un idealista* à son âge c'est encore un idéaliste ◇ [*sognatore*] *è un idealista incorreggibile* c'est un idéaliste incorrigible **2** (*filos.*) idéaliste.

idealistico, ci, ca, che |idea'listiko, tʃi, ka, ke| *agg.* idéaliste: *corrente idealistica* courant idéaliste; *visione idealistica* vision idéaliste.

idealità |ideali'ta| *s.f. inv.* **1** caractère *m. var.* idéal, idéalité *var.* (*raro*): *l'idealità dei tuoi principi è fuori discussione* le caractère idéal de tes principes est hors discussion **2** [*aspirazione nobile*] idéal* (*m. var.*): *le idealità dei patrioti* l'idéal des patriotes.

idealizzàre |idealid'dzare| *v.tr.* [*trasfigurare una realtà secondo esigenze ideali o artistiche*] idéaliser: *idealizzare una persona* idéaliser une personne; *le sculture dell'antica Grecia idealizzavano la figura umana* les sculptures de la Grèce antique idéalisaient le corps humain; *idealizzare un amore* idéaliser un amour.

idealizzazióne |idealiddzat'tsjone| *s.f.* [→ IDEALIZZARE] idéalisation: *l'idealizzazione di una persona* l'idéalisation d'une personne.

idealménte |ideal'mente| *avv.* [→ IDEALE I] idéalement.

ideàre |ide'are| *v.tr.* [*concepire, immaginare q.c.*] concevoir (33), imaginer: *ideare un'opera, un poema, uno stratagemma* concevoir, imaginer une œuvre, un poème, un stratagème ◇ [*inventare*] inventer: *ideare un nuovo meccanismo* inventer un nouveau mécanisme ◇ [*stabilire, progettare*] projeter (5): *ideare una gita* projeter une promenade; *ideare un piano di lavoro* projeter un plan de travail.

ideativo |idea'tivo| *agg.* de l'idéation (*loc. inv.*): *è un problema ideativo* c'est un problème de l'idéation.

ideatóre, trice |idea'tore, tritʃe| *s.* **1** [*chi ha ideato q.c.*] auteur (*m.*): *l'ideatrice di questo poema* l'auteur de ce poème; *l'ideatore di una teoria* l'auteur d'une théorie **2** [*chi ha inventato q.c.*] inventeur*: *l'ideatore di un congegno elettrico* l'inventeur d'un mécanisme électrique.

ideazióne |ideat'tsjone| *s.f.* **1** idéation, agencement *m.* (des données): *la ideazione di un progetto* l'idéation, l'agencement d'un projet **2** (*psicol.*) idéation.

idem |'idem| *pron. dim. inv.* (*lat.*) idem ◇ (*fam.*) *idem come sopra* [*ugualmente, allo stesso modo*] idem.

identicaménte |identika'mente| *avv.* [→ IDENTICO] identiquement.

identicità |identitʃi'ta| *s.f. inv.* → **identità**.

idèntico, ci, ca, che |i'dɛntiko, tʃi, ka, ke| *agg.* identique: *è identico all'originale* il est identique à l'original # *mi ha detto le stesse identiche cose* il m'a dit exactement les mêmes choses.

identificàbile |identifi'kabile| *agg.* [→ IDENTIFICARE A 2] identifiable: *è un cadavere ancora identificabile* c'est un cadavre encore identifiable.

identificàre |identifi'kare| **A** *v.tr.* **1** [*considerare identico*] identifier: *identificare due teorie* identifier deux théories **2** [*scoprire, riconoscere*] identifier: *identificare l'assassino* identifier l'assassin; *hanno identificato il cadavere* ils ont identifié le cadavre; *identificare le ragioni di una decisione* identifier les raisons d'une décision **B** *v.pron.* IDENTIFICARSI **1** *intr.* [*essere identico*] être (43) *intr.* identique: *le due teorie si identificano* les deux théories sont identiques **2** *rifl.* [*immedesimarsi*] s'identifier: *si è identificato perfettamente col personaggio* il s'est tout à fait identifié au personnage.

identificazióne |identifikat'tsjone| *s.f.* **1** [→ IDENTIFICARE A 1] identification: *l'identificazione di due teorie* l'identification de deux théories **2** [→ IDENTIFICARE A 2] identification: *l'identificazione di un cadavere* l'identification d'un cadavre.

identikit |identi'kit| *loc. sost. m. inv.* [*sistema per indicare i criminali*] portrait-robot, photo-robot (*f.*): *fare, diffondere l'identikit di un assassino* faire, diffuser le portrait-robot, la photo-robot d'un assassin.

identità |identi'ta| *s.f. inv.* **1** identité (*var.*): *l'identità sostanziale di due teorie* l'identité essentielle de deux théories; *raggiungere un'identità di vedute* atteindre une identité de points de vue ◇ (*filos.*) *principio di identità* principe d'identité **2** [*l'insieme dei dati caratteristici che permettono di individuare qc., spec. nel campo anagrafico e bur.*] identité: *carta d'identità* carte d'identité; *provare la propria identità* prouver son identité; *riconoscere l'identità di qc.* reconnaître l'identité de qqn. **3** (*mat.*) identité.

ideografìa |ideogra'fia| *s.f.* idéographie.

ideogràfico, ci, ca, che |ideo'grafiko, tʃi, ka, ke| *agg.* idéographique.

ideogràmma |ideo'gramma| *s.m.* idéogramme.

ideologìa, gìe |ideolo'dʒia, dʒie| *s.f.* **1** idéologie: *ideologia marxista, cattolica* idéologie marxiste, catholique **2** (*st. filos.*) idéologie.

ideològico, ci, ca, che |ideo'lɔdʒiko, tʃi, ka, ke| *agg.* **1** idéologique: *contrasti ideologici* contrastes idéologiques **2** (*st. filos.*) idéologique.

ideologismo |ideolo'dʒizmo| *s.m.* **1** [*propensione ad affrontare i problemi politici in chiave ideologica*] idéologie (*f.*): *pecca di ideologismo* il pèche par idéologie **2** (*st. filos.*) idéologie.

ideologista |ideolo'dʒista| *s.m.* → **ideologo**.

ideòlogo, gi, (*pop.*) **ghi** |ide'ɔlogo, dʒi, gi| *s.m.* **1** idéologue: *conosco già l'ideologo del gruppo* je connais déjà l'idéologue du groupe ◇ (*spreg.*) [*chi pecca di ideologismo*] idéologue **2** (*st. filos.*) idéologue.

ideomotòrio, i |ideomo'tɔrjo,i| *agg.* (*psicol.*) idéo-moteur*.

-idi |idi| *suff.* (*scient.*) (*significa 'famiglia', corrisponde gener. a*) ide, idé: *glucidi* glucides; *Bovidi* Bovidés.

idi |'idi| *s.m. o f. pl. inv.* (*st. rom.*) ides (*f.*): *le idi di marzo* les ides de mars.

idillìaco, ci, ca, che |idil'liako, tʃi, ka, ke| *agg.* **1** (*fig.*) idyllique: *visione idilliaca* vision idyllique; *concezione idilliaca della vita* conception idyllique de la vie **2** → **idillico 1**.

idìllico, ci, ca, che |i'dilliko, tʃi, ka, ke| *agg.* **1** idyllique: *componimento idillico* composition idyllique **2** (*fig.*) [*che ha o fa ricordare la serenità e la delicatezza ricercate negli idilli*] idyllique: *paesaggio idillico* paysage idyllique; *amore idillico* amour idyllique.

idìllio, i |i'dilljo, i| *s.m.* **1** (*letter.*) idylle (*f.*): *comporre idilli* composer des idylles **2** (*fig.*) [*amore sentimentale, delicato*] idylle: *intrecciare un idillio* nouer une idylle ◇ (*per est., fig.*) [*vita appartata e tranquilla*] *la loro vita è un idillio* leur vie est une idylle.

idiolètto |idjo'lɛtto| *s.m.* (*ling.*) idiolecte.

idiòma |i'djɔma| *s.m.* **1** idiome: *l'idioma francese* l'idiome français ◇ [*dialetto*] *gli idiomi dell'Italia centrale* les idiomes de l'Italie centrale **2** (*poet.*) [*linguaggio*] idiome.

idiomàtico, ci, ca, che |idjo'matiko, tʃi, ka, ke| *agg.* idiomatique: *espressioni, frasi idiomatiche* expressions, phrases idiomatiques.

idiopatìa |idjopa'tia| *s.f.* (*med.*) idiopathie.

idiopàtico, ci, ca, che |idjo'patiko, tʃi, ka, ke| *agg.* (*med.*) idiopathique.

idiosincrasìa |idjosinkra'zia| *s.f.* **1** (*fig.*) [*invincibile avversione verso q.c. o qc.*] aversion, répulsion: *ha una vera idiosincrasia per i viaggi* il éprouve une véritable aversion pour les voyages **2** (*med.*) idiosyncrasie.

idiòta |i'djɔta| *s.* (*psicol., corr.*) idiot (*corr.*): *è un perfetto idiota* c'est un parfait idiot; *atteggiamento da idiota* comportement d'idiot, de débilité mentale # *livello da idiota* niveau de l'idiotie congénitale ✦ (*agg.*) *persona idiota* personne idiote; *discorso idiota* discours idiot.

1 **idiotìsmo** |idjo'tizmo| *s.m.* → **idiozia.**

2 **idiotìsmo** |idjo'tizmo| *s.m.* (*ling.*) idiotisme: *un discorso farcito di idiotismi* un discours farci d'idiotismes.

idiozìa |idjot'tsia| *s.f.* **1** (*psicol., corr.*) idiotie: *idiozia congenita* idiotie congénitale; *è di un'idiozia sconcertante* il est d'une idiotie déconcertante **2** [*azione o discorso da idiota*] idiotie: *vendere ora sarebbe un'idiozia* vendre maintenant serait une idiotie; *ha detto solo idiozie* il n'a dit que des idioties.

idolàtra |ido'latra| **I** *s.* **1** idolâtre **2** (*per est.*) [*chi ammira in modo esaltato qc. o q.c.*] idolâtre: *idolatra dei beni materiali* idolâtre des biens matériels → **fanatico** # *è idolatra dei figli* elle adore, au sens propre, ses enfants **II** *agg.* **1** idolâtre: *popolo idolatra* peuple idolâtre ◇ [*di, da idolatra*] *culto idolatra* culte idolâtre **2** (*per est.*) [*che ammira fanaticamente qc. o q.c.*] idolâtre # *è una madre idolatra dei propri figli* c'est une mère qui adore, au sens propre, ses enfants.

idolatràre |idola'trare| *v.tr.* **1** [*adorare gli idoli*] idolâtrer: *alcuni popoli antichi idolatravano oggetti e animali* certains peuples anciens idolâtraient objets et animaux **2** [*amare senza riserve; ammirare fanaticamente*] idolâtrer: *idolatrare un campione, un'attrice* idolâtrer, porter aux nues, avoir un culte pour un champion, une actrice # *idolatrare una donna* adorer fanatiquement une femme.

idolatrìa |idola'tria| *s.f.* **1** idolâtrie: *l'idolatria era praticata nell'antichità* l'idolâtrie était chose courante dans l'antiquité **2** (*fig.*) [*fanatica ammirazione; amore incondizionato*] idolâtrie: *per un cantante si arriva fino all'idolatria* on arrive jusqu'à l'idolâtrie pour un chanteur # *prova idolatria per la madre* il a un amour passionné pour sa mère.

idolàtrico, ci, ca, che |ido'latriko, tʃi, ka, ke| *agg.* idolâtre: *passione idolatrica* passion idolâtre; *culto idolatrico* culte idolâtre.

idoleggiàre |idoled'dʒare| *v.tr.* [*adorare qc. o q.c. come un idolo*] idolâtrer # *è idoleggiato da tutti i suoi seguaci* il est porté aux nues par tous ses disciples; tous ses disciples l'adorent comme un dieu.

ìdolo |'idolo| *s.m.* **1** idole (*f.*): *culto degli idoli* culte des idoles; *abbattere gli idoli* renverser les idoles **2** (*fig.*) [*oggetto o persona molto amata o ammirata*] idole: *è l'idolo delle folle* c'est l'idole des foules # *il suo idolo è il successo* ce qu'il recherche passionnément, c'est le succès ◇ *spec. al plur.* [*mito*] *infrangere gli idoli* briser les idoles **3** *al plur.* (*filos.*) idoles.

idoneaménte |idonea'mente| *avv.* [→ IDONEO] convenablement.

idoneità |idonei'ta| *s.f. inv.* [*qualità di chi, di ciò che è idoneo a o per q.c.*] aptitude (*var.*): *idoneità alla leva* aptitude pour le, au service militaire ◇ (*loc.*) *esami di idoneità* examens d'aptitude.

idòneo |i'dɔneo| *agg.* **1** [*che possiede le qualità o i requisiti per q.c.*] apte: *scolaro idoneo* étudiant apte; *essere idoneo all'insegnamento* être apte à l'enseignement; *essere dichiarato idoneo al servizio militare* être reconnu apte au service militaire, bon pour le service **2** [*adatto, appropriato*] propice: *è il luogo più idoneo per studiare* c'est l'endroit le plus propice à l'étude # *abbigliamento idoneo a una situazione* vêtement convenant à une (la) circonstance.

ìdra |'idra| *s.f.* **1** (*mitol.*) hydre: *l'idra di Lerna* l'hydre de Lerne ◇ (*raro, fig.*) [*male gravemente dannoso alla società e di difficile estirpazione*] *l'idra della guerra* l'hydre de la guerre; *l'idra della malavita* l'hydre de la pègre **2** (*t.zool.*) hydre.

idràcido |i'dratʃido| *s.m.* (*chim.*) hydracide.

idrànte |i'drante| *s.m.* **1** [*apparecchio installato su una conduttura d'acqua, che permette l'attacco di una lancia per l'annaffiamento di giardini, l'estinzione di incendi, ecc.*] bouche *f.* d'eau; bouche d'incendie; bouche d'arrosage **2** [*autobotte con impianti di presa, di deposito o di getto dell'acqua*] camion d'arrosage.

idrargirìsmo |idrardʒi'rizmo| *s.m.*, **idrargiròsi** |idrardʒi'rɔzi| *s.f. inv.* (*med.*) hydrargyrisme *m. var.*

idràrtro |i'drartro| *s.m.*, **idrartròsi** |idrar'trɔzi| *s.f. inv.* (*med.*) hydarthrose *f.var.*

idratànte |idra'tante| *agg.* (*chim.*) hydratant: *latte, crema idratante* lait hydratant, crème hydratante.

idratàre |idra'tare| *v.tr.* (*chim.*) [*trasformare una sostanza in idrato combinandola con acqua*] hydrater ◇ [*ristabilire in una sostanza o in un organismo un conveniente contenuto idrico*] *idratare la pelle* hydrater la peau.

idratàto |idra'tato| *agg. e s.m.* (*chim.*) hydraté *agg.*

idratazióne |idratat'tsjone| *s.f.* (*chim.*) hydratation ◇ (*cosmesi*) [*trattamento idratante*] hydratation.

idràto |i'drato| *s.m.* (*chim.*) hydrate: *idrato di calcio* hydrate de calcium; *idrato di carbonio* hydrate de carbone → **idrossido.**

idràulica, che |i'draulika, ke| *s.f.* hydraulique.

idraulicità |idraulitʃi'ta| *s.f. inv.* (*chim.*) hydraulicité *var.*

idràulico, ci, ca, che |i'drauliko, tʃi, ka, ke| **I** *agg.* **1** hydraulique: *fenomeno idraulico* phénomène hydraulique ◇ [*esperto in idraulica*] hydraulicien (*s.m.*): *ingegnere idraulico* (ingénieur) hydraulicien **2** (*detto di congegno che agisce per forza d'acqua*) hydraulique: *freno idraulico* frein hydraulique; *ruota idraulica* roue hydraulique ◇ (*detto di dispositivo che consente lo scorrimento e la distribuzione delle acque*) *impianto idraulico* équipement hydraulique **3** (*chim.*) hydraulique: *calce idraulica* chaux hydraulique **II** *s.m.* [*operaio addetto agli impianti idraulici e alle tubazioni del gas*] plombier.

idremìa |idre'mia| *s.f.* (*med.*) hydrémie, hydrohémie.

ìdrico, ci, ca, che |'idriko, tʃi, ka, ke| *agg.* hydrique: *bacino idrico* bassin hydrique; *dieta idrica* diète hydrique.

idr(o)- |'idr(o)| *pref.* **1** (*significa 'acqua', corrisponde gener. a*) hydr(o): *idrostatica* hydrostatique; *idromedusa* hydroméduse **2** (*nei composti chimici, indica 'presenza di idrogeno', corrisponde gener. a*) hydr(o): *idracido* hydracide.

idrocarbùro |idrokar'buro| *s.m.* (*chim.*) hydrocarbure.

idrocefalìa |idrotʃefa'lia| *s.f.* (*med.*) hydrocéphalie.

idrocefàlico, ci, ca, che |idrotʃe'faliko, tʃi, ka, ke| *agg. e s.* (*med.*) hydrocéphale.

idrocèfalo |idro'tʃɛfalo| *s.m.* (*med.*) hydrocéphale (*f.*): *idrocefalo interno, esterno* hydrocéphale interne, externe.

idrocorìa |idroko'ria| *s.f.* (*bot.*) hydrochorie.

idrocòro |idro'kɔro| *agg.* (*bot.*) hydrochore.

idrodinàmica, che |idrodi'namika, ke| *s.f.* hydrodynamique.

idrodinàmico, ci, ca, che |idrodi'namiko, tʃi, ka, ke| *agg.* **1** hydrodynamique: *pressione idrodinamica* pression hydrodynamique **2** [*che ha forma tale da offrire la minima resistenza nel movimento in acqua*] hydrodynamique: *fuoribordo idrodinamico* hors-bord hydrodynamique; *linee idrodinamiche* lignes hydrodynamiques.

idroelèttrico, ci, ca, che |idroe'lɛttriko, tʃi, ka, ke| *agg.* (*elettr.*) hydro-électrique: *centrale, energia idroelettrica* centrale, énergie hydro-électrique; *impianto idroelettrico* équipement hydro-électrique.

idroestrattóre |idroestrat'tore| *s.m.* (*tecnol.*) hydro-extracteur, essoreuse *f.*

idrofilìa |idrofi'lia| *s.f.* hydrophilie.

idròfilo |i'drɔfilo| **I** *agg.* **1** hydrophile: *cotone idrofilo* coton hydrophile **2** (*chim.*) hydrophile: *colloide idrofilo* colloïde hydrophile ✦ (*s.m.*) *un idrofilo* un hydrophile **3** (*bot.*) hydrophile: *piante idrofile* plantes hydrophiles; *impollinazione idrofila* pollinisation hydrophile **II** *s.m.* (*t.zool.*) *idrofilo piceo* hydrophile.

idrofobìa |idrofo'bia| *s.f.* (*med.*) hydrophobie ◇ (*per est.*) → **rabbia.**

idròfobo |i'drɔfobo| *agg. e s.* **1** (*med.*) hydrophobe: *cane idrofobo* chien hydrophobe **2** (*fig.*) (*persone*) [*fortemente arrabbiato*] enragé: *diventare, essere idrofobo* devenir, être enragé → **rabbioso, furioso** **3** (*chim., fis.*) hydrophobe.

idròfugo, ghi, ga, ghe |i'drɔfugo, gi, ga, ge| *agg.* hydrofuge: *tessuto idrofugo* tissu hydrofuge; *sostanza idrofuga* substance hydrofuge ◇ (*edil.*) *materiali idrofughi* matériaux hydrofuges → **isolante.**

idrogenàre |idrodʒe'nare| *v.tr.* (*chim.*) [*introdurre atomi di idrogeno in una molecola organica*] hydrogéner (8).

idrògeno |i'drɔdʒeno| *s.m.* (*chim.*) hydrogène: *elettrodo a idrogeno* électrode à hydrogène; *idrogeno fosforato* hydrogène phosphoré → **fosfina**; *perossido* di *idrogeno* péroxyde d'hydrogène → **acqua (ossigenata).**

idrogeologìa, gie |idrodʒeolo'dʒia, dʒie| *s.f.* hydrogéologie.

idrografìa |idrogra'fia| *s.f.* **1** hydrographie: *idrografia marittima, fluviale, lacustre* hydrographie maritime, fluviale, lacustre **2** [*distribuzione delle acque in una determinata regione*] hydrographie: *l'idrografia dell'Italia* l'hydrographie de l'Italie; *l'idrografia interna della Sicilia* l'hydrographie de la Sicile ◇ [*rappresentazione cartografica delle acque terrestri e marine*] *idrografia mondiale* hydrographie mondiale.

idrogràfico, ci, ca, che |idro'grafiko, tʃi, ka, ke| *agg.* hydrographique: *ricerche idrografiche* recherches hydrographiques; *carta idrografica* carte hydrographique.

idrògrafo |i'drɔgrafo| *s.m.* **1** hydrographe **2** (*tecnol.*) hydrographe.

idròlisi |i'drɔlizi| *s.f. inv.* (*chim.*) hydrolyse (*var.*): *idrolisi acida, alcalina* hydrolyse acide, alcaline.

idrolìtico, ci, ca, che| idro'litiko, tʃi, ka, ke| *agg.* (*chim.*) hydrolytique.

idrologìa, gie |idrolo'dʒia, dʒie| *s.f.* hydrologie.

idrològico, ci, ca, che |idro'lɔdʒiko, tʃi, ka, ke| *agg.* hydrologique: *ricerche idrologiche* recherches hydrologiques; *cura idrologica* traitement hydrologique.

idròlogo, gi |i'drɔlogo, dʒi| *s.* hydrologue, hydrologiste.

idromassàggio, i |idromas'saddʒo, i| *s.m.* massage hydrique.

idromeccànico, ci, ca, che |idromek'kaniko, tʃi, ka, ke| *agg.* (*fis.*) hydromécanique.

idròmetra |i'drɔmetra| *s.m.* (*t.zool.*) hydromètre *f.*

idrometrìa |idrome'tria| *s.f.* hydrométrie.

idròmetro |i'drɔmetro| *s.m.* (*tecnol.*) hydromètre.

idrometrògrafo |idrome'trɔgrafo| *s.m.* → **idrografo.**

idròpico, ci, ca, che |i'drɔpiko, tʃi, ka, ke| *agg.* **1** (*med.*) hydropique: *stato idropico* état hydropique **2** (*med.*) [*affetto da idropisia*] hydropique ♦ (*s.*) *un idropico* un hydropique.

idropisìa |idropi'zia| *s.f.* (*med.*) hydropisie.

idropneumàtico, ci, ca, che |idropneu'matiko, tʃi, ka, ke| *agg.* (*mecc.*) hydropneumatique: *campana idropneumatica* cloche hydropneumatique; *bagno idropneumatico* bain hydropneumatique.

idropòrto |idro'pɔrto| *s.m.* → **idroscalo.**

idrorepellènte |idrorepel'lɛnte| *agg.* [*che è impermeabile all'acqua*] hydrofuge: *tessuto idrorepellente* tissu hydrofuge.

idroscàlo |idros'kalo| *s.m.* [*aerodromo per idrovolanti*] hydrobase *f.*

idroscì |idroʃ'ʃi| *s.m. inv.* **1** *al plur.* skis nautiques **2** (*raro, sport*) ski nautique.

idrosciatóre, trice |idroʃʃia'tore, tritʃe| *s.* (*sport*) skieur* nautique.

idroscivolànte |idroʃʃivo'lante| *s.m.* (*mar.*) hydroglisseur.

idroscòpio, i |idros'kɔpjo, i| *s.m.* (*ott.*) hydroscope.

idrosfèra |idros'fɛra| *s.f.* (*geogr.*) hydrosphère.

idrosolfìto |idrosol'fito| *s.m.* (*chim.*) hydrosulfite → **iposolfito.**

idrosolùbile |idroso'lubile| *agg.* (*sc.*) hydrosoluble.

idròssido |i'drɔssido| *s.m.* (*chim.*) hydroxyde.

idrossìle |idros'sile| *s.m.* (*chim.*) hydroxyle.

idrostàtica, che |idros'tatika, ke| *s.f.* hydrostatique # *studioso di idrostatica* hydrostaticien.

idrostàtico, ci, ca, che |idros'tatiko, tʃi, ka, ke| *agg.* (*fis.*) hydrostatique: *bilancia idrostatica* balance hydrostatique; *spinta idrostatica* poussée hydrostatique; *punto, equilibrio idrostatico* point, équilibre hydrostatique.

idroterapèutico, ci, ca, che |idrotera'pɛutiko, tʃi, ka, ke| *agg.* → **idroterapico.**

idroterapìa |idrotera'pia| *s.f.* (*med.*) hydrothérapie.

idroteràpico, ci, ca, che |idrote'rapiko, tʃi, ka, ke| *agg.* (*med.*) hydrothérapique: *bagni idroterapici* bains hydrothérapiques; *reazione idroterapica* réaction hydrothérapique.

idrotermàle |idroter'male| *agg.* **1** hydrothermal*: *sorgente idrotermale* source hydrothermale **2** (*geol.*) hydrothermal: *giacimenti idrotermali* gisements hydrothermaux.

idrotropìsmo |idrotro'pizmo| *s.m.* (*biol., bot.*) hydrotropisme.

idrovìa |idro'via| *s.f.* [*via di comunicazione costituita da corsi d'acqua sistemati in modo da essere navigabili*] voie d'eau.

idrovolànte |idrovo'lante| *s.m.* [*velivolo capace di decollare e di posarsi sull'acqua*] hydravion.

idròvora |i'drɔvora| *s.f.* (*tecnol.*) pompe de drainage, d'épuisement.

ièlla |'jɛlla| *s.f.* (*dial.*) [*sfortuna*] guigne (*fam.*): *che iella!* quelle guigne!; *portare iella a qc.* porter la guigne à qqn.; *avere la iella addosso* avoir la guigne.

iellàto |jel'lato| *agg.* (*dial.*) [*che ha iella, sfortunato*] malchanceux* (*corr.*).

iemàle |je'male| *agg.* (*lett.*) [*invernale*] hiemal* (*raro*).

ièna |'jɛna| *s.f.* (*t.zool.*) *hyène ◇ (*fig.*) [*persona crudele e vile*] *quella donna è una iena* cette femme est une hyène.

ieraticaménte |jeratika'mente| *avv.* [→ IERATICO 1] hiératiquement.

ieraticità |jeratitʃi'ta| *s.f. inv.* **1** (*lett.*) [*aspetto, carattere ieratico; solennità*] hiératisme (*m. var.*): *la ieraticità dei suoi gesti* l'hiératisme, la noblesse de ses gestes **2** (*raro*) [*sacralità religiosa, sacerdotale*] hiératisme.

ieràtico, ci, ca, che |je'ratiko, tʃi, ka, ke| *agg.* **1** hiératique: *parlare con tono ieratico* parler d'un ton hiératique; *gesto, atteggiamento ieratico* geste, attitude hiératique **2** (*arc.*) [*sacerdotale, sacro*] hiératique (*corr.*) **3** (*st. egiz.*) hiératique: *scrittura ieratica* écriture hiératique ♦ (*s.m.*) *lo ieratico* [*la scrittura ieratica*] l'écriture hiératique *agg.*

ièri |'jɛri| **I** *avv.* [*il giorno che precede immediatamente l'oggi*] hier: *ieri era lunedì* hier c'était lundi ◇ (*loc.*) *ieri a otto* [*una settimana fa a partire da ieri*] il y a hier huit jours ~ *ieri mattina* → **iermattina** ~ *ieri notte* (*ier notte*) → **iernotte** ~ *ieri l'altro* → **ierlaltro** ~ *ieri sera* → **iersera** ◇ (*fig.*) *nato ieri* (*di persona ingenua, di poca esperienza*) né d'hier **II** *s.m.* **1** [→ *avv.*] hier: *il giornale di ieri* le journal d'hier; *da ieri a oggi* d'hier à aujourd'hui **2** (*per est.*) [*tempo passato più o meno recentemente*] *il mondo di ieri* le monde d'autrefois, de naguère.

ierlàltro |jer'latro| **1** *avv.* [*nel giorno precedente a ieri*] avant-hier: *doveva arrivare ierlaltro* il devait arriver avant-hier **2** *s.m.* [*il giorno precedente a ieri*] avant-hier: *è lo stesso spettacolo di ierlaltro* c'est le même spectacle qu'avant-hier.

iermattìna |jermat'tina| **1** *avv.* [*nella mattinata di ieri*] hier matin: *è accaduto iermattina* ça s'est passé hier matin **2** *s.m.* [*la mattinata di ieri*] hier matin: *il notiziario di iermattina* le bulletin d'hier matin.

iernòtte |jer'nɔtte| **1** *avv.* [*nella notte di ieri*] hier dans la nuit (*loc.*): *sono arrivato iernotte* je suis arrivé hier dans la nuit **2** *s.m.* [*la nottata di ieri*] hier dans la nuit: *il temporale di iernotte* l'orage d'hier dans la nuit, l'orage dans la nuit d'hier.

ieroglìfico, ci, ca, che |jero'glifiko, tʃi, ka, ke| *agg.* (*st. egiz.*) hiéroglyphique → **geroglifico** ♦ (*s.m.*) *il ieroglifico* l'hiéroglyphe.

ierosolimitàno |jerozolimi'tano| *agg. e s.* → **gerosolimitano.**

iersèra |jer'sera| **1** *avv.* [*nella serata di ieri*] hier (au) soir: *è arrivato proprio iersera* il est arrivé justement hier (au) soir **2** *s.m.* [*la serata di ieri*] hier soir: *il temporale di iersera è stato violentissimo* l'orage d'hier soir a été très violent.

iettàre |jet'tare| *v.tr.* (*dial.*) [*esercitare, gettare l'influsso malefico su q.c. o qc.*] jeter (5) un sort sur qqch., qqn. (*corr.*).

iettàto |jet'tato| *agg.* (*dial.*) [*che è soggetto all'influsso di una iettatura*] ensorcelé (*corr.*) ◇ (*fig.*) [*che è perseguitato dalla sfortuna*] malchanceux* (*corr.*): *non gliene va bene una, è proprio iettato* rien ne lui réussit, il est vraiment malchanceux, il a vraiment la poisse → **sfortunato.**

iettatóre, trice |jetta'tore, tritʃe| *s.* (*dial.*) jeteur* de sort (*corr.*), jettatore *m.* (*corr.*).

iettatùra |jetta'tura| *s.f.* (*dial.*) jettatura (*corr.*) → **malocchio** ◇ (*per est.*) [*sfortuna, disdetta*] guigne (*fam.*): *che iettatura!* quelle guigne! # *quell'uomo ha la iettatura addosso* cet homme joue de malheur; il y a un sort contre cet homme.

ifa |'ifa| *s.f.* (*bot.*) hyphe *m.*

Ifomicèti |ifomi'tʃɛti| *s.m.pl.* (*t. bot.*) Hyphomycètes.

igiène |i'dʒɛne| *s.f.* **1** hygiène: *igiene materna* hygiène maternelle; *igiene dell'infanzia* hygiène infantile; *igiene mentale* hygiène mentale; *igiene del lavoro* hygiène du travail ◇ (*per est.*) *ufficio d'igiene* bureau d'hygiène **2** [*l'insieme delle norme igieniche relative alla pulizia personale o degli ambienti*] hygiène: *l'igiene della casa* l'hygiène de la maison; *curare l'igiene del corpo* prendre, avoir soin de l'hygiène du corps; *trascurare le regole più elementari d'igiene* négliger, mépriser les règles les plus élémentaires de l'hygiène.

igienicaménte |idʒenika'mente| *avv.* [→ IGIENICO 1] du point de vue hygiénique *loc. inv.*, hygiéniquement: *am-*

biente igienicamente sano pièce convenable du point de vue hygiénique.
igienicità |idʒenitʃi'ta| *s.f. inv.* hygiénicité *var.*
igiènico, ci, ca, che |i'dʒɛniko, tʃi, ka, ke| *agg.* **1** hygiénique: *condizioni, precauzioni igieniche* conditions, précautions hygiéniques **2** [*che è conforme all'igiene*] sanitaire: *impianto igienico* installation sanitaire ◇ (*per est.*) [*sano, salutare*] hygiénique: *clima igienico* climat hygiénique; *cibo igienico* nourriture hygiénique **3** (*fig., scherz.*) [*opportuno, consigliabile, prudente*] prudent, malsain: *non è igienico disturbarlo* il n'est pas prudent de, il est malsain de le déranger; *quando due litigano, non è igienico mettersi in mezzo* quand deux personnes se disputent, il est malsain de s'en mêler.
igienista |idʒe'nista| *s.* hygiéniste ◇ (*per est.*) *è un igienista, cura la pulizia fino al parossismo* c'est un maniaque de l'hygiène.
igloo |'iglu:|, **iglò** |i'glɔ| *s.m. inv.* igloo *var.*, iglou *var.*
iglù |i'glu| *s.m. inv.* → **igloo.**
ignàme |iɲ'ɲame| *s.m.* (*t.bot.*) igname *f.*
ignàro |iɲ'ɲaro| *agg.* **1** ignorant: *ignaro degli avvenimenti* ignorant des événements; *ignaro della vita* ignorant de la vie → **inconsapevole 2** (*raro, lett.*) [*ignorante, non esperto*] ignare: *uomo ignaro delle lettere* homme ignare des lettres.
ignàvia |iɲ'ɲavja| *s.f.* (*lett.*) [*pigrizia, infingardaggine*] paresse (*corr.*) → **indolenza** ◇ [*viltà*] lâcheté (*corr.*).
ignàvo |iɲ'ɲavo| *agg.* (*lett.*) [*apatico, infingardo*; *vile*] paresseux* (*corr.*) ◇ (*per est.*) [*dovuto ad apatia, a viltà*] apathique (*corr.*): *gesto ignavo* geste apathique ✦ (*s. spec. al plur.*) *gli ignavi* les apathiques: *gli ignavi della 'Divina Commedia'* les apathiques de la 'Divine Comédie'.
igneo |'iɲɲeo| *agg.* **1** (*lett.*) igné **2** (*geol.*) igné: *rocce ignee* roches ignées → **eruttivo.**
ignifugazióne |iɲɲifugat'tsjone| *s.f.* (*tecnol.*) ignifugation, ignifugeage (*m.*): *ignifugazione di un tessuto* ignifugation d'un tissu.
ignifugo, ghi |iɲ'ɲifugo, gi| *agg. e s.m.* ignifuge.
ignipuntùra |iɲɲipun'tura| *s.f.* (*med.*) ignipuncture.
ignito |iɲ'ɲito| *agg.* (*lett.*) [*acceso, infiammato*] ignifugé ◇ (*fig.*) [*splendente come il fuoco*] ignifugé.
ignitróne |iɲɲi'trone| *s.m.* (*elettron.*) ignitron.
ignivomo |iɲ'ɲivomo| *agg.* (*lett.*) [*che vomita fuoco* (*detto spec. di vulcani*)] ignivome.
ignizióne |iɲɲit'tsjone| *s.f.* **1** (*etnol.*) → **cremazione, incinerazione 2** (*chim., fis.*) ignition: *temperatura d'ignizione* température d'ignition.
ignòbile |iɲ'ɲɔbile| *agg.* **1** ignoble: *contegno ignobile* conduite ignoble; *è un essere ignobile* c'est un être ignoble → **spregevole, turpe** ✦ (*s.*) *un ignobile* un ignoble *agg.* individu **2** (*raro, lett.*) [*che non è nobile di nascita*] roturier* ✦ (*s.*) *un ignobile* un roturier.
ignobilménte |iɲɲobil'mente| *avv.* [→ IGNOBILE 1] ignoblement.
ignobiltà |iɲɲobil'ta| *s.f. inv.* **1** [*volgarità, bassezza d'animo e di sentimenti*] bassesse (*var.*): *ignobiltà d'animo* bassesse d'âme → **meschinità 2** (*raro, lett.*) [*modesta condizione sociale*] roture *var.*
ignominia |iɲɲo'minja| *s.f.* **1** ignominie: *l'ignominia del tradimento* l'ignominie de la trahison; *coprirsi d'ignominia* se couvrir d'ignominie → **infamia 2** [*persona o cosa che è causa d'infamia*] brebis galeuse: *è l'ignominia della casa* il est la brebis galeuse de la famille ◇ (*fig., scherz.*) [*cosa bruttissima o di pessimo gusto*] *quel libro è una vera ignominia* ce livre est une ignominie.
ignominiosaménte |iɲɲominjosa'mente| *avv.* (*raro*) [→ IGNOMINIOSO] ignominieusement.
ignominióso |iɲɲomi'njoso| *agg.* **1** ignominieux*: *condotta ignominiosa* conduite ignominieuse → **infamante 2** [*coperto d'ignominia, disonorato*] ignominieux: *è un essere ignominioso* c'est un être ignominieux → **spregevole.**
ignoràbile |iɲɲo'rabile| *agg.* qu'on peut ignorer (*loc.*): *è un fatto difficilmente ignorabile* c'est un fait qu'on peut difficilement ignorer.
ignorantàccio, i |iɲɲoran'tattʃo, i| *s.m.* **1** (*spreg.*) [*persona che alla mancanza di cultura accompagna presunzione*] pauvre ignorant # *è un'azione da ignorantaccio* c'est une bêtise **2** (*spreg.*) [*chi manca dei principi della buona educazione*] impoli: *sei un ignorantaccio!* tu es un impoli! → **villano.**
ignorantàggine |iɲɲoran'taddʒine| *s.f.* **1** [*condizione d'ignoranza grossolana e abituale*] ignorance: *la sua ignorantaggine supera ogni limite* son ignorance dépasse les bornes **2** [*azione o discorso da persona ignorante e villana*] bêtise: *dice sempre delle ignorantaggini* il dit toujours des bêtises.
ignorànte |iɲɲo'rante| *agg.* **1** ignorant: *è un maestro ignorante* c'est un instituteur ignorant **2** [*che non possiede istruzione e cultura*] ignorant: *il popolo ignorante* le peuple ignorant → **illetterato** ✦ (*s.*) *un ignorante* un ignorant: *istruire gli ignoranti* instruire les ignorants **3** [*che manca di educazione*] ignorant ✦ (*s.*) *un ignorante* un ignorant; une personne *f.* manquant d'éducation # *il tuo gesto è da ignorante* tu n'as pas agi en personne bien élevée.
ignorantèllo |iɲɲoran'tɛllo| *s.* [*persona alquanto rozza e ignorante*] (petit) ignorant, petit sot*.
ignorantóne |iɲɲoran'tone| *s.* [*persona di grossolana ignoranza*] grosse bête *f.*, lourdaud.
ignorànza |iɲɲo'rantsa| *s.f.* **1** ignorance: *vivere nell'ignoranza dei propri doveri* vivre dans l'ignorance de ses devoirs; *confesso la mia ignoranza riguardo alle ultime vicende politiche* je confesse mon ignorance des derniers événements politiques **2** [*condizione di chi è privo di istruzione*] ignorance: *ignoranza crassa, supina* ignorance crasse; *ignoranza colpevole* ignorance coupable **3** [*mancanza di educazione*] manque *m.* de politesse, d'éducation → **rozzezza.**
ignoràre |iɲɲo'rare| *v.tr.* **1** [*non conoscere, non aver notizie di q.c.*] ignorer: *ignorare l'alfabeto* ignorer l'alphabet; *ignoro le cause dell'accaduto* j'ignore les causes de ce qui s'est passé; *ne ignoravo perfino l'esistenza* j'en ignorais même l'existence **2** [*non dare importanza*; *trascurare*] ignorer: *ignorare una persona* ignorer une personne; *ignorare le rivendicazioni degli operai* ignorer les revendications ouvrières ◇ [*fingere di non conoscere*] *l'ho visto al ricevimento ma l'ho ignorato* je l'ai vu à la réception, mais je l'ai ignoré.
ignòto |iɲ'ɲɔto| *agg.* **1** [*non conosciuto*] inconnu: *il Milite ignoto* le Soldat inconnu; *partire per ignota destinazione* partir vers une destination inconnue ✦ (*s.m.*) *l'ignoto* l'inconnu: *il terrore dell'ignoto* la terreur de l'inconnu **2** [*non identificato, difficilmente identificabile*] inconnu: *figlio di genitori ignoti* enfant né de parents inconnus; *una tela di autore ignoto del XV sec.* une toile du XVe siècle dont l'auteur est inconnu, d'auteur inconnu ✦ (*s.*) *un ignoto* un inconnu: *figlio d'ignoti* fils d'inconnus; *furto commesso dai soliti ignoti* vol commis (comme d'habitude) par des inconnus, par les habituels inconnus (*scherz.*) ✦ *s.* (*iron.*) *un illustre ignoto* un illustre inconnu **3** (*lett.*) [*di cosa di cui non si ha esperienza, o già conosciuta ma in grado meno intenso*] inconnu (*corr.*): *armonie ignote* des harmonies inconnues; *un'ignota dolcezza* une douceur inconnue.
ignùdo |iɲ'ɲudo| *agg.* **1** [*privo di abiti*] nu: *camminava con i piedi ignudi* il marchait les pieds nus, nu-pieds → **nudo** ✦ (*s.m. spec. al plur.*) *gli ignudi* ceux qui sont nus (*loc.*): *vestire gli ignudi* vêtir ceux qui sont nus ◇ (*tosc.*) *ignudo nato* [*completamente nudo*] tout nu, nu comme un ver **2** (*fig.*) [*privo, spoglio*] nu; dépourvu, dénué: *terra ignuda* terre nue ‖ *essere ignudo di cognizioni* être dépourvu, dénué de connaissances **3** (*lett.*) [*indifeso, scoperto*] à nu *loc. avv.* (*corr.*).
igro- |'igro| *pref.* (*significa 'acquosità, umidità', corrisponde gener. a*) hygro: *igroma* hygroma.
igròma |i'grɔma| *s.m.* (*med.*) hygroma.
igrometria |igrome'tria| *s.f.* hygrométrie.
igromètrico, ci, ca, che |igro'mɛtriko, tʃi, ka, ke| *agg.* hygrométrique: *carta igrometrica* carte hygrométrique.
igròmetro |i'grɔmetro| *s.m.* hygromètre.
igroscopia |igrosko'pia| *s.f.* (*fis.*) hygroscopie.
igroscòpico, ci, ca, che |igros'kɔpiko, tʃi, ka, ke| *agg.* hygroscopique ◇ (*bot.*) *movimento igroscopico* mouvement hygroscopique.
igroscòpio, i |igros'kɔpjo, i| *s.m.* hygroscope.
igròstato |i'grɔstato| *s.m.* (*tecnol.*) hygrostat.
iguàna |i'gwana| *s.f.* (*t.zool.*) iguane *m.*
Iguànidi |i'gwanidi| *s.m.pl.* (*t.zool.*) Iguanidés.
iguanodónte |igwano'donte| *s.m.* (*paleont.*) iguanodon.
ih |i| *inter.* **1** (*esprime 'stupore, disgusto, meraviglia' e sim.*) pouah; oh!: *ih, che schifo!* pouah, c'est dégoûtant! ‖ *ih, quanta roba!* oh, quel morceau de choses! ◇ (*esprime 'canzonatura scherzosa, disprezzo ironico' e sim.*) hé: *ih, ih, ci sei cascato!* hé, hé, tu es tombé dans le panneau! **2** (*esprime 'incita-*

mento' alle bestie da soma, spec. al cavallo) hue!, allez, hue!

1 **il** |il|, *pl.* **i** |i| *art. det. m.* **I** *N.B. 1: si usa davanti a parole che cominciano per cons., eccettuati i gruppi 'gn, pn, ps, x, s (seguita da cons.), w, z'; l'uso di 'il' è inoltre consigliato davanti a parole comincianti per 'i, y, j' seguite da voc.* (*il iato* = le hiatus; *il yoga* = le yoga; *il judo* = le judo) → 1 **lo,** 2 **i** *N.B. 2: in unione con le prep. 'a, con, da, di, in, per, su', 'il' dà luogo alle prep. art., per le quali si rimanda alle rispettive prep. semplici N.B. 3: si vedano anche le note agli art. fr.* le *e* les **II 1** (*determina un nome comune di cosa o persona*) le, les (*pl.*): *il treno parte alle quattro* le train part à quatre heures; *il lago è magnifico da qui* le lac est merveilleux, vu d'ici; *ho visto il nuovo professore di francese* j'ai vu le nouveau professeur de français; *i treni sono sempre pieni di gente* les trains sont toujours bondés; *i cani sono animali domestici* les chiens sont des animaux domestiques; *i ricchi hanno spesso più preoccupazioni dei poveri* les riches ont souvent plus de soucis que les pauvres ◇ (*non si traduce se seguito da un agg. poss. o se usato al posto di questo*) *il mio libro di francese è interessante* mon livre de français est intéressant; *i loro amici sono già al mare* leurs amis sont déjà au bord de la mer; *prestami il motorino* prête-moi ton cyclomoteur; *invitiamo i compagni di scuola alla festa* invitons les camarades de classe à notre surprise-partie ◇ (*non si traduce davanti a un inf. sost., eccetto in*) *il mangiare e il bere* le manger et le boire **2** (*in usi dialettali, scorretti, davanti a nomi propri di persona o a cognome*) *il Giovanni non è venuto in gita* Jean n'a pas participé à la promenade; *il Giuseppe è un tipo intelligente* Joseph est un homme intelligent; *il Ferrari è andato in pensione* M. Ferrari a pris sa retraite; *i Bianchi non sono a casa* les Bianchi ne sont pas chez eux ◇ (*per est.*) (*davanti a nomi di personaggi celebri*) le: *il Manzoni dei 'Promessi Sposi'* le Manzoni des 'Fiancés'; *il Napoleone dei cento giorni* le Napoléon des cent jours ◇ (*per anal.*) (*davanti ai titoli che in it. precedono un cognome*) *il dottor Rossi riceve dalle 4 alle 6* le docteur Rossi reçoit de 4 à 6 heures; *il ragionier Bianchi tiene la contabilità di quella ditta* M. Bianchi le comptable tient la comptabilité de cette entreprise ◇ (*con valore dim.*) [*quello*] *Plinio il vecchio* Pline l'Ancien; *Filippo il Bello* Philippe le Bel **3** (*nell'espressione del sup. rel.*) le, les: *sono i più bei libri dell'anno* ce sont les livres les plus beaux de l'année; *è il più bel film che abbia mai visto* c'est le film le plus beau que j'aie jamais vu **4** (*con valore distr.*) [*ogni, tutti*] le, les; par (*prep.*): *le fabbriche sono chiuse il sabato* les usines sont fermées le samedi; *le pere costano 900 lire al chilo* les poires coûtent 900 lires le kilo; *quella stoffa mi è costata 60.000 lire il metro* cette étoffe m'a coûté 60.000 lires le mètre || *guadagnano mezzo milione il mese* ils gagnent cinq cent mille lires par mois ◇ (*per est.*) (*con valore temporale*) le: *arriveranno il mese prossimo* ils arriveront le mois prochain; *sono stato assunto il 5 maggio* j'ai été engagé le 5 mai; *il 26 dicembre è morto il signor X* M. X est mort (décédé) le 26 décembre # *eravamo partiti il giorno prima* nous étions partis la veille.

2 **il** |il| *pron. pers.* (*arc., poet.*) → 2 **lo.**

ìla |'ila| *s.f.* → **raganella.**

ìlare |'ilare| *agg.* [*che è di buon umore, che mostra letizia e serenità*] gai, joyeux*: *aveva un atteggiamento ilare* il avait une expression gaie, joyeuse → **allegro, lieto** # *era ilare in volto* il avait une mine enjouée, un visage hilare.

ilàre |i'lare| *agg.* **1** (*bot.*) hilaire: *area ilare* zone hilaire **2** (*anat.*) hilaire: *zona ilare* zone hilaire.

ilarità |ilari'ta| *s.f. inv.* **1** [*disposizione alla gaiezza; al riso*] gaieté *var.*, gaîté (*var.*): *la sua ilarità è ammirevole* sa gaîté est admirable **2** [*risate, spec. prolungate e di più persone*] hilarité (*var.*): *le sue parole suscitarono l'ilarità dei presenti* ses paroles déclenchèrent l'hilarité générale ◇ [*reazione di scherno o di compatimento*] *destare l'ilarità* provoquer l'hilarité.

ìleo |'ileo| *s.m.* **1** (*anat.*) [*parte dell'intestino tenue, compresa tra il digiuno e il cieco*] iléon **2** → **ilio** 1 **3** (*med.*) iléus.

ileocecàle |ileotʃe'kale| *agg.* (*anat.*) iléo-caecal*: *valvola ileocecale* valvule iléo-caecale.

1 **ilìaco, ci, ca, che** |i'liako, tʃi, ka, ke| *agg.* (*anat.*) iliaque: *arteria iliaca* artère iliaque.

2 **ilìaco, ci, ca, che** |i'liako, tʃi, ka, ke| *agg.* (*lett.*) [*di Ilio, di Troia*] iliaque: *le iliache mura* les murs iliaques.

ìlice |'ilitʃe| *s.f.* (*lett.*) → **leccio.**

ìlio, i |'iljo, i| *s.m.* **1** (*anat.*) ilion, ilium **2** → **ileo** 1.

illacrimàbile |illakri'mabile| *agg.* (*lett.*) indigne de larmes (*corr.*).

illacrimàto |illakri'mato| *agg.* (*lett.*) non pleuré (*corr.*).

illanguidiménto |illangwidi'mento| *s.m.* [*il diventar languido; il venir meno di ogni efficacia fisica o spirituale*] *illanguidimento delle forze* alanguissement, diminution *f.* des forces.

illanguidire |illangwi'dire| (197) **A** *v.tr.* [*rendere languido, debole*] affaiblir: *l'ozio illanguidisce le forze* l'oisiveté affaiblit, enlève les forces → **indebolire B** *v.intr.* (*aus. 'essere'*) [*perdere efficacia, diventar debole*] s'affaiblir (*pron.*): *illanguidire per un lungo digiuno* s'affaiblir à cause d'un long jeûne **C** *v. pron. intr.* ILLANGUIDIRSI [*diventar languido, debole*] s'amenuiser: *le nostre speranze si illanguidiscono* nos espoirs s'amenuisent.

illanguidito |illangwi'dito| *agg.* [*indebolito, estenuato*] affaibli: *ho le membra illanguidite per il prolungato digiuno* j'ai les membres affaiblis par un jeûne prolongé ◇ (*fig.*) languissant: *speranze illanguidite* des espoirs languissants.

illazióne |illat'tsjone| *s.f.* [*processo mentale con cui si deduce da una premessa una conseguenza logica*] extrapolation: *illazione indebita* extrapolation illicite; *ragionare per illazione* raisonner par extrapolation ◇ [*conclusione logica formulata per via deduttiva*] déduction: *la tua illazione è arbitraria* ta déduction est arbitraire.

illeceità |illetʃei'ta| *s.f. inv.* → **illiceità.**

illecitaménte |illetʃita'mente| *avv.* [→ ILLECITO 1] illicitement.

illécito |il'letʃito| **1** *agg.* illicite: *comportamento illecito* attitude illicite; *guadagni illeciti* gains illicites; *mezzi illeciti* moyens illicites **2** *s.m.* (*dir.*) délit: *un illecito civile, penale, internazionale* un délit, un fait illicite de nature civile, pénale, internationale.

illegàle |ille'gale| *agg.* illégal*; illicite: *processo illegale* procès illégal || *comportamento illegale* attitude illicite Ⓒ **legale.**

illegalità |illegali'ta| *s.f. inv.* illégalité (*var.*): *l'illegalità di un provvedimento* l'illégalité d'une mesure ◇ [*atto illegale*] acte *m. var.* illicite: *commettere un'illegalità* commettre un acte illicite.

illegalménte |illegal'mente| *avv.* [→ ILLEGALE] illégalement: *agire illegalmente* agir illégalement.

illeggiadrire |illeddʒa'drire| (197) **A** *v.tr.* [*rendere leggiadro, abbellire*] orner: *la cultura illeggiadrisce lo spirito* la culture orne l'esprit → **ornare B** *v. intr.* (*aus. 'essere'*) [*acquistare leggiadria, grazia nell'aspetto o nel comportamento*] embellir (*aus.* avoir): *quella ragazza illeggiadrisce di giorno in giorno* cette jeune fille embellit de jour en jour **C** *v.pron. intr.* ILLEGGIADRIRSI [*diventare leggiadro*] embellir *intr.*

illeggìbile |illed'dʒibile| *agg.* [*che è difficile o impossibile a leggersi*] illisible: *firma illeggibile* signature illisible ◇ (*di scritto la cui lettura è pesante o ripugnante*) *in quella novella ci sono oscenità illeggibili* dans ce récit, il y a des obscénités illisibles.

illegittimaménte |illedʒittima'mente| *avv.* [→ ILLEGITTIMO] illégitimement.

illegittimità |illedʒittimi'ta| *s.f. inv.* illégitimité (*var.*): *l'illegittimità di un figlio* l'illégitimité d'un fils; *illegittimità costituzionale* illégitimité constitutionnelle.

illegìttimo |ille'dʒittimo| *agg.* **1** illégitime: *governo illegittimo* gouvernement illégitime; *pretesa illegittima* prétention illégitime **2** *figlio illegittimo* enfant illégitime ✦ (*s.*) *un illegittimo* un enfant illégitime *agg.* Ⓒ **legittimo.**

illeopardito |illeopar'dito| *agg.* (*arald.*) léopardé.

illéso |il'lezo| *agg.* (*di persona o cosa che non ha subito danni, offesa o lesioni*) indemne: *è uscito illeso da quell'incidente* il est sorti indemne de cet accident → **indenne, incolume** # *serbare illeso l'onore* conserver son honneur intact.

illetteràto |illette'rato| *agg.* **1** [*analfabeta*] illettré: *gente illetterata* personnes illettrées ✦ (*s.*) *un illetterato* un illettré **2** (*detto di persona che ha ricevuto un'istruzione molto scarsa*) illettré ✦ (*s.*) *un illetterato* un illettré Ⓒ **letterato.**

illibatézza |illiba'tettsa| *s.f.* → **purezza; verginità.**

illibàto |illi'bato| *agg.* [*puro, onesto, irreprensibile*] pur, sans tache (*loc. inv.*): *vita illibata* vie pure, sans tache ◇ (*di donna*) [*vergine*] vierge.

illiberalménte |illiberal'mente| *avv.* [*senza liberalità, in maniera non liberale*] non libéralement.

illiceità |illitʃei'ta| *s.f. inv.* (*dir.*) illégalité (*var.*): *illiceità penale* illégalité pénale.

illimitataménte |illimitata'mente| *avv.* sans limites *loc. inv.*
illimitatézza |illimita'tettsa| *s.f.* (*raro*) [*l'essere illimitato, mancanza di limiti*] infini *m.* (*corr.*): *l'illimitatezza dello spazio* l'infini de l'espace → **infinito.**
illimitàto |illimi'tato| *agg.* **1** illimité: *l'universo è illimitato* l'univers est illimité ◇ (*mil.*) *congedo illimitato* congé libérable ◇ (*per est.*) [*senza riserve, pieno, assoluto*] *fiducia illimitata* confiance illimitée; *potere illimitato* pouvoir illimité **2** (*mat.*) illimité.
illiquidìre |illikwi'dire| (197) *v.intr.* (*aus.* 'essere') (*raro*) [*divenir liquido, liquefarsi*] fondre (53) (*aus.* avoir): *con il sole la neve illiquidisce* la neige fond au soleil.
illìrico, ci, ca, che |il'liriko, tʃi, ka, ke| *agg.* [*dell'Illiria*] illyrien*: *popolazione illirica* population illyrienne.
illividiménto |illividi'mento| *s.m.* (*raro*) [*il diventar livido*] blêmissement (*corr.*).
illividìre |illivi'dire| (197) **A** *v.tr.* [*rendere, far livido*] rendre (53) livide: # *il freddo gli illividiva il volto* son visage était livide de froid ◇ [*coprire di lividi*] couvrir (23) de bleus **B** *v.intr.* (*aus.* 'essere') [*diventare, farsi livido*] blêmir (*aus.* avoir): *illividire per il freddo* blêmir de froid **C** *v.pron. intr.* ILLIVIDIRSI [*diventar livido*] blêmir (*intr.*): *mi si è illividito il volto* mon visage a blêmi.
illogicaménte |illodʒika'mente| *avv.* [→ ILLOGICO] d'une manière illogique (*loc. inv.*): *parlare, agire illogicamente* parler, agir d'une manière illogique.
illogicità |illodʒitʃi'ta| *s.f. inv.* **1** illogisme *m. var.*, manque *m. var.* de logique: *l'illogicità delle sue conclusioni era evidente* l'illogisme de ses conclusions était évident **2** [*detto o atto illogico*] contradiction (*var.*): *il tuo discorso è pieno di illogicità* ton discours est plein de contradictions, est totalement illogique → **assurdità.**
illògico, ci, ca, che |il'lɔdʒiko, tʃi, ka, ke| *agg.* illogique: *ragionamento, comportamento illogico* raisonnement, conduite illogique; *argomentazioni illogiche* argumentations illogiques Ⓒ **logico.**
illùdere |il'ludere| (106) **A** *v.tr.* [*ingannare qc. con false apparenze o suscitando vane speranze*] tromper: *la illuse con vane promesse* il la trompa par de vaines promesses **B** *v.pron. rifl.* ILLUDERSI se faire (45) *tr.* des illusions: *non c'è da illudersi, non è il caso di illudersi* il n'y a pas lieu de se faire des illusions # *s'illude di poter riuscire nell'impresa* il s'imagine qu'il pourra réussir dans cette entreprise.
illuminàbile |illumi'nabile| *agg.* (*raro*) [→ ILLUMINARE] illuminable.
illuminaménto |illumina'mento| *s.m.* **1** (*raro*) → **illuminazione** **2** (*ott.*) éclairement.
illuminànte |illumi'nante| *agg.* **1** [*che ha la capacità di diffondere luce*] éclairant: *gas illuminante* gaz éclairant ✦ *s.m. spec. al plur.* (*mil.*) *gli illuminanti* les fusées *f.* éclairantes *agg.* **2** (*fig.*) [*che chiarisce in modo determinante*] éclairant: *un'interpretazione illuminante* une interprétation éclairante ◇ (*teol.*) *grazia illuminante* grâce illuminante.
illuminàre |illumi'nare| **A** *v.tr.* **1** [*rendere luminoso, rischiarare diffondendo luce*] éclairer: *il sole illumina la terra* le soleil éclaire la terre; *una sola lampada illuminava la sala* une seule lampe éclairait la pièce; *illuminare a giorno* éclairer à giorno **2** (*fig.*) [*dare un'espressione radiosa; ravvivare*] éclairer: *il sorriso le illuminava il volto* un sourire éclairait son visage **3** (*fig.*) [*mostrare la verità, liberare la mente dall'ignoranza*] éclairer: *i suoi consigli mi illuminarono* ses conseils m'éclairèrent **4** (*per est.*) [*informare, istruire*] éclairer: *illuminare gli uomini sulla necessità della pace* éclairer les hommes sur la nécessité de la paix ◇ (*per anal.*) *illuminare la giustizia* [*metterla sulle tracce della verità*] éclairer la justice **B** *v.pron. intr.* ILLUMINARSI [*diventare luminoso, rischiararsi*] s'éclairer ◇ (*fig.*) [*acquistare una espressione raggiante; ravvivarsi*] *illuminarsi di gioia* s'éclairer de joie.
illuminatìvo |illumina'tivo| *agg.* (*raro, fig.*) [*che ha potere di illuminare*] éclairant (*corr.*).
illuminàto |illumi'nato| *agg.* **1** [*rischiarato, pieno di luce*] éclairé: *una strada illuminata* une rue éclairée **2** (*fig.*) [*rischiarato dalla luce dell'intelligenza, della sapienza, della verità*] éclairé: *mente illuminata* esprit éclairé; *un magistrato illuminato* un magistrat éclairé; *dispotismo illuminato* despotisme éclairé ◇ (*st.*) *principe, secolo illuminato* prince, siècle éclairé ✦ *s.m. spec. al plur.* (*st.*) *gli illuminati* les illuminés.
illuminatóre, trice |illumina'tore, tritʃe| *agg.* **1** (*raro*) [*che diffonde luce*] illuminant (*corr.*), éclairant (*corr.*) **2** (*raro, fig.*) [*che conferisce luce di sapienza e di verità*] éclairant → **illuminante.**
illuminazióne |illuminat'tsjone| *s.f.* **1** [→ ILLUMINARE A 1] éclairage(*m.*): *provvedere all'illuminazione di una città, di un ambiente* pourvoir à l'éclairage d'une ville, d'une pièce **2** [*il complesso dei mezzi che servono a illuminare artificialmente*] éclairage: *illuminazione elettrica, a gas, a petrolio, al neon* éclairage électrique, au gaz, au pétrole, au néon ◇ [*apparato di lumi in occasione di una festa pubblica*] illumination: *l'illuminazione in onore del santo patrono della città* l'illumination en l'honneur du saint patron de la ville → **luminaria** **3** (*fig.*) [*improvviso aprirsi della mente alla verità o all'acquisizione di un'idea*] illumination: *ebbe un'improvvisa illuminazione* il eut une illumination soudaine ◇ (*teol.*) *illuminazione divina* illumination divine **4** (*ott.*) → **illuminamento.**
illuminìsmo |illumi'nizmo| *s.m.* (*filos.*) illuminisme.
illuminìsta |illumi'nista| *s.* illuministe: *gli illuministi francesi* les illuministes français ✦ (*agg.*) *epoca illuminista* époque illuministe.
illuminìstico, ci, ca, che |illumi'nistiko, tʃi, ka, ke| *agg.* du siècle, de la philosophie des lumières (*loc. inv.*): *movimento illuministico* mouvement du siècle des lumières; *concezioni illuministiche* conceptions de la philosophie des lumières.
illuminotècnica, che |illumino'tɛknika, ke| *s.f.* technique de l'éclairage: *illuminotecnica teatrale, cinematografica* technique de l'éclairage théâtral, cinématographique.
illùne |il'lune| *agg.* (*lett.*) sans lune *loc. inv.* (*corr.*): *notte illune* nuit sans lune; *paesaggio illune* paysage sans lune.
illusióne |illu'zjone| *s.f.* **1** illusion: *illusione dei sensi, dell'immaginazione* illusion des sens, de l'imagination; *la prospettiva dà l'illusione della profondità* la perspective donne l'illusion de la profondeur ◇ (*spec.*) *illusione ottica* illusion d'optique **2** [*falsa rappresentazione del reale immaginato secondo i propri desideri e le proprie speranze*] illusion: *vivere di illusioni* vivre d'illusions; *non farsi illusioni* ne pas se faire d'illusions.
illusionìsmo |illuzjo'nizmo| *s.m.* illusionnisme.
illusionìsta |illuzjo'nista| *s.* illusionniste: *aveva tutto l'occorrente d'illusionista* il avait tout le matériel d'illusionniste → **prestigiatore** ◇ (*per est.*) [*chi è abile nell'incantare e nell'illudere*] illusionniste.
illusionìstico, ci, ca, che |illuzjo'nistiko, tʃi, ka, ke| *agg.* de l'illusionnisme (*loc. inv.*): *spettacolo illusionistico* spectacle de l'illusionnisme.
illùso |il'luzo| *agg.* **1** [*che è ingannato da vane speranze*] naïf* ✦ (*s.*) *un illuso* un naïf: *sei un povero illuso!* tu es un pauvre naïf! **2** [*che si è formato della realtà un'opinione errata*] naïf ✦ (*s.*) *un illuso* un naïf.
illusoriaménte |illuzorja'mente| *avv.* [→ ILLUSORIO 2] illusoirement.
illusòrio, i |illu'zɔrjo, i| *agg.* **1** [*che tende, serve a illudere*] trompeur*: *promesse illusorie* promesses trompeuses → **ingannevole** **2** [*che è effetto di una illusione*] illusoire: *miglioramento, benessere illusorio* amélioration, bien-être illusoire → **falso, fallace.**
illustràre |illus'trare| *v.tr.* **1** [*corredare un testo, una pubblicazione di disegni, di fotografie e sim.*] illustrer: *illustrare un libro con tavole fuori testo* illustrer un livre avec des hors-texte **2** [*rendere più chiaro, spiegare, commentare*] illustrer: *illustrò le sue teorie con degli esempi* il illustra ses théories avec des exemples; *illustrare un'opera letteraria, artistica* illustrer une œuvre littéraire, artistique **3** (*raro*) [*rendere famoso, onorato*] illustrer (*corr.*): *illustrare la propria vita con un atto eroico* illustrer sa vie par un acte héroïque.
illustratìvo |illustra'tivo| *agg.* [*che serve a spiegare, chiarire*] explicatif*: *note illustrative* notes explicatives; *materiale illustrativo* matériel explicatif.
illustràto |illus'trato| *agg.* illustré: *settimanale illustrato* hebdomadaire illustré; *cartolina illustrata* carte (postale illustrée).
illustratóre, trice |illustra'tore, tritʃe| *s.* **1** [*chi correda di illustrazioni un testo*] illustrateur *m.* **2** [*chi spiega un'opera lett. o artistica o chi fornisce notizie utili alla sua comprensione*] commentateur*.
illustrazióne |illustrat'tsjone| *s.f.* **1** illustration: *un settimanale ricco di illustrazioni* un hebdomadaire plein d'illustrations; *le illustrazioni di un libro* les illustrations d'un livre **2** [*commento, spiegazione*] explication: *l'illustrazione di un passo poetico oscuro* l'explication d'un passage poétique obscur **3** (*raro, scherz.*) [*persona illustre, che dà decoro*] *quel medico è l'illustrazione della medicina* ce médecin illustre

la médecine, est l'un des fleurons de la médecine.

illùstre |il'lustre| *agg.* **1** illustre: *scienziato, pensatore, cittadino illustre* savant, penseur, citoyen illustre → **celebre, chiaro, insigne** ◇ [*nobile, famoso*] *stirpe illustre* origine illustre # *di nascita illustre* de haute naissance ◇ (*scherz.*) *un illustre ignoto* un illustre inconnu ◇ (*negli indirizzi e nelle intestazioni delle lettere*) *Illustre signore* Monsieur → **illustrissimo 2** (*arc.*) → **luminoso, chiaro.**

illustrìssimo |illus'trissimo| *agg.* **1** [*che è particolarmente illustre*] très illustre: *è un cittadino illustrissimo* c'est un citoyen très illustre **2** [*epiteto di onore e di rispetto, alquanto cerimonioso, usato spec. negli indirizzi e nelle intestazioni epistolari*] illustrissime: *tante grazie, illustrissimo* merci beaucoup, illustrissime; *Vostra Signoria Illustrissima* illustrissime Seigneur # *illustrissimo presidente* Monsieur le président ✦ *s.* (*spec. scherz.*) *un illustrissimo* un homme très illustre *agg.*

illùvie |il'luvje| *s.f. inv.* **1** (*lett.*) [*sudiciume, sporcizia*] saleté *var.* (*corr.*) **2** (*fig.*) [*allagamento, inondazione*] inondation *var.* **3** (*lett., fig.*) [*grande afflusso di gente*] invasion *var.* (*corr.*).

ìlo |'ilo| *s.m.* **1** (*bot.*) *hile **2** (*anat.*) hile: *ilo epatico, polmonare* hile du foie, du poumon.

ilòta |i'lɔta| *s.* (*st. gr.*) ilote ◇ (*raro, fig.*) [*persona in stato di dura servitù morale o materiale*] ilote.

ilotìsmo |ilo'tizmo| *s.m.* (*st. gr.*) ilotisme.

ilozoìsmo |iloddzo'izmo| *s.m.* (*filos.*) hylozoïsme.

im- |im| *pref.* → **in.**

imàgine |i'madʒine| *s.f.* → **immagine.**

imàgo |i'mago| *s.f. inv.* → **im(m)ago.**

imalaiàno |imala'jano| *agg. e s.* → **himalaiano.**

imanàto |ima'nato| *s.m.* (*st. ar.*) imamat, imanat.

imàno |i'mano| *s.m.* (*st. ar.*) iman → **califfo.**

imbacuccàre |imbakuk'kare| **A** *v.tr.* [*coprire il capo e il corpo avvolgendoli con indumenti troppo ampi o pesanti*] emmitoufler: *ha imbacuccato la figlia in una pelliccia* elle a emmitouflé sa fille dans un manteau de fourrure → **infagottare B** *v.pron. rifl.* IMBACUCCARSI [→ *tr.*] s'emmitoufler: *si era imbacuccata dai piedi alla testa* elle s'était emmitouflée des pieds à la tête.

imbacuccàto |imbakuk'kato| *agg.* [*infagottato, ben coperto con abiti pesanti*] emmitouflé: *guarda tuo figlio come è imbacuccato!* regarde ton fils comment il est emmitouflé!

imbaldanzìre |imbaldan'tsire| (197) **A** *v.tr.* [*far diventare, rendere baldanzoso*] enhardir: *il successo l'ha imbaldanzito* le succès l'a enhardi **B** *v.intr.* (*aus. 'essere'*) [*divenir baldanzoso; assumere un atteggiamento di sfida o di ostentata fiducia in sé stesso*] s'enhardir (*pron.*): *se lo lodi, imbaldanzisce sempre più* si tu lui fais des compliments, il va s'enhardir encore plus fort **C** *v.pron. intr.* IMBALDANZIRSI [→ *intr.*] s'enhardir: *si imbaldanzì al primo successo* il s'enhardit au premier succès, le premier succès lui donna de l'audace.

imballàggio, i |imbal'laddʒo, i| *s.m.* **1** [*modo di sistemare le merci destinate a viaggiare entro contenitori protettivi*] emballage: *la tua tecnica d'imballaggio è ottima* ta technique d'emballage est excellente # *provvedere all'imballaggio dei mobili* emballer des meubles **2** [*qualsiasi materiale utilizzato per imballare merci*] emballage: *imballaggio resistente* emballage résistant **3** [*la spesa sostenuta per imballare*] frais *pl.* d'emballage: *franco di porto e d'imballaggio* frais de port et d'emballage **4** (*tecnol.*) emballage: *l'imballaggio del cotone* l'emballage du coton.

1 **imballàre** |imbal'lare| *v.tr.* **1** [*sistemare le merci in appositi involucri perché non subiscano danni durante il trasporto*] emballer: *imballare libri, quadri, porcellane* emballer des livres, des tableaux, des porcelaines **2** [*raccogliere, confezionare in balle*] emballer: *imballare la lana, il cotone* emballer la laine, le coton.

2 **imballàre** |imbal'lare| **A** *v.tr.* [*portare (un motore a scoppio) a un numero di giri superiore alla sua potenza massima*] emballer **B** *v.pron. intr.* IMBALLARSI (*detto del motore*) [*superare il numero di giri consentito*] s'emballer: *mi si è imballato il motore* le moteur s'est emballé.

1 **imballàto** |imbal'lato| *agg.* **1** (*merci*) [*sistemate in involucri adatti per trasporto*] emballé (*p.p.*): *un autotreno pieno di mobili imballati* un camion-remorque plein de meubles emballés **2** (*merci*) [*raccolte in balle*] emballé: *lana imballata* laine emballée.

2 **imballàto** |imbal'lato| *agg.* **1** (*detto del motore a scoppio*) [*portato a un numero di giri superiore alla sua potenza massima*] emballé *p.p.* **2** (*sport*) (*detto di atleta privo di scioltezza e agilità*) emballé, empoté (*fam.*).

imballatóre, trice |imballa'tore, tritʃe| *s.* [*operaio addetto all'imballaggio delle merci*] emballeur*: *un abile imballatore* un emballeur adroit.

imballatrìce |imballa'tritʃe| *s.f.* (*tecnol.*) **1** [*macchina che effettua l'imballaggio delle merci*] machine à emballer **2** → **pressaforaggio.**

1 **imballatùra** |imballa'tura| *s.f.* (*raro*) [→ 1 IMBALLARE 1] emballage *m.* (*corr.*) → **imballaggio.**

2 **imballatùra** |imballa'tura| *s.f.* (*raro*) [→ 2 IMBALLARE] emballage *m.*

imbàllo |im'ballo| *s.m.* **1** → **imballaggio 1 2** [*speciale tessuto per imballaggi*] toile *f.* d'emballage: *imballo di iuta* toile d'emballage en jute.

imbalsamàre |imbalsa'mare| *v.tr.* **1** [*trattare con sostanze speciali il cadavere d'un uomo o d'un animale per sottrarlo alla decomposizione*] embaumer: *gli antichi Egizi imbalsamavano i loro morti* les Égyptiens de l'antiquité embaumaient leurs morts ◇ (*per est.*) [*imbottire di paglia la pelle d'un animale per conservarne la forma*] empailler, naturaliser **2** (*raro*) [*profumare, rendere balsamico*] embaumer (*corr.*): *un mazzo di gelsomini imbalsamava l'aria della sua stanza* un bouquet de jasmins embaumait l'air de sa chambre.

imbalsamàto |imbalsa'mato| *agg.* **1** (*detto del cadavere di un uomo o d'un animale conservato mediante imbalsamazione*) embaumé (*p.p.*): *salma imbalsamata* dépouille embaumée **2** (*detto di un animale impagliato per conservarne la forma*) empaillé, naturalisé: *ho uno scoiattolo imbalsamato* j'ai un écureuil empaillé, naturalisé.

imbalsamatóre, trice |imbalsama'tore, tritʃe| *s.* [*persona addetta all'imbalsamazione*] embaumeur *m.*; (*di animali*) empailleur*, naturaliste.

imbalsamazióne |imbalsamat'tsjone| *s.f.* **1** [→ IMBALSAMARE 1] embaumement (*m.*): *nell'antico Egitto si praticava l'imbalsamazione* dans l'Égypte antique on pratiquait l'embaumement **2** [*arte di preparare e imbottire pelli di animali per conservarne la forma*] empaillage *m.*, naturalisation.

imbambinire |imbambi'nire| (197) *v.intr.* (*raro*) (*aus. 'essere'*) → → **rimbambire.**

imbambolàre |imbambo'lare| *v. intr.* (*aus. 'essere'*) (*raro*) [*avere una espressione smarrita e incantata, spec. nel volto e nello sguardo*] ébahir (*aus.* avoir) (*corr.*).

imbambolàto |imbambo'lato| *agg.* [*che ha un'espressione smarrita; incantato per stupore o per sonnolenza*] ébahi *p.p.*, stupéfait: *sguardo imbambolato* un regard ébahi, perdu # *non startene lì tutto imbambolato!* ne reste pas là cloué sur place!

imbandieraménto |imbandjera'mento| *s.m.* [→ IMBANDIERARE] pavoisement (*raro*) ◇ (*raro*) [*l'insieme delle bandiere esposte*] pavoisement # *l'imbandieramento dava alla città un volto nuovo* la ville pavoisée avait pris un visage nouveau.

imbandieràre |imbandje'rare| *v. tr.* [*ornare di bandiere (per una ricorrenza)*] pavoiser: *imbandierare la città in segno di festa* pavoiser la ville en signe de fête # *imbandierare la nave* hisser le (grand, petit) pavois.

imbandieràto |imbandje'rato| *agg.* [*ornato di bandiere*] pavoisé (*p.p.*): *le finestre imbandierate* les fenêtres pavoisées.

imbandigióne |imbandi'dʒone| *s.f.* (*raro, lett.*) [→ IMBANDIRE 1] repas *m.* (*corr.*) ◇ [*le vivande imbandite*] banquet *m.*, festin (*m.*): *preparare una ricca imbandigione* préparer un banquet, un festin plantureux.

imbandire |imban'dire| (197) *v.tr.* **1** [*preparare e disporre le vivande sulla mensa con una certa larghezza e sontuosità*] préparer: *imbandire un pranzo luculliano* préparer un repas somptueux ◇ (*scherz.*) [*preparare il solito pasto*] *cara, cosa mi hai imbandito oggi?* ma chérie, qu'est-ce que tu m'as préparé aujourd'hui? **2** (*fig., iron.*) [*presentare una lunga e noiosa dissertazione*] débiter: *aveva imbandito un gran discorso* il avait débité un long discours.

imbandito |imban'dito| *agg.* (*detto di tavola, mensa apparecchiata con sfarzo e sontuosità*) paré: *una tavola imbandita per tante persone* une table somptueusement parée pour un banquet de nombreux couverts ◇ (*loc.*) *tener tavola imbandita* [*avere di frequente ospiti a tavola*] tenir table ouverte.

imbàndo |im'bando| *s.m.* (*mar.*) embande.

imbarazzànte |imbarat'tsante| *agg.* [*che mette in uno stato di disagio e di confusione*] gênant, embarrassant: *domanda imbarazzante* question gênante, embarrassante; *situazione imbarazzante* situation embarrassante.

imbarazzàre |imbarat'tsare| **A** *v.tr.* **1** [*rendere difficile; ostacolare, impacciare*] gêner: *imbarazzare i movimenti* gêner les mouvements; *imbarazzare una manovra* gêner une manœuvre ◇ [*ingombrare un luogo*] encombrer: *imbarazzare una stanza con troppi mobili* encombrer une pièce avec trop de meubles; *una frotta di bambini imbarazzava il passaggio* une bande d'enfants encombrait le passage ◇ (*spec.*) *imbarazzare lo stomaco* [*appesantirlo con cibi indigesti*] embarrasser l'estomac **2** (*fig.*) [*mettere qc. in uno stato d'incertezza, di disagio*] gêner, embarrasser: *il suo atteggiamento libero e invadente lo imbarazzò* son attitude désinvolte et envahissante le gêna, l'embarrassa **B** *v.pron. intr.* IMBARAZZARSI [*essere in imbarazzo, incapace di orientamento*] être (43) *intr.* gêné, embarrassé: *alla sua presenza m'imbarazzai* en sa présence, je fus gêné, embarrassé ◇ (*region.*) → **impicciar(si).**

imbarazzàto |imbarat'tsato| *agg.* **1** [*ingombrato, ostacolato*] embarrassé: *i suoi movimenti imbarazzati destavano ilarità* ses mouvements embarrassés déclenchaient l'hilarité ◇ (*spec.*) *stomaco imbarazzato* estomac embarrassé **2** (*fig.*) [*confuso, impacciato*] embarrassé, gêné (*p.p.*): *si mostrò molto imbarazzato alla sua presenza* il se montra très embarrassé, gêné en sa présence ◇ [*incerto sul da farsi, perplesso*] embarrassé: *sono imbarazzato di fronte alle tue richieste* je suis embarrassé par tes requêtes.

imbaràzzo |imba'rattso| *s.m.* **1** [*difficoltà, ingombro che ostacola un movimento o un'azione*] gêne *f.*, embarras: *l'amico gli è stato più d'imbarazzo che di aiuto* son ami a été pour lui plutôt une gêne, un embarras qu'une aide → **impedimento** # *quest'abito mi è di imbarazzo* cette robe me gêne ◇ (*spec.*) *imbarazzo di stomaco* embarras gastrique **2** [*stato di disagio o di perplessità*] embarras, gêne: *mettere qc. in imbarazzo* mettre qqn. dans l'embarras; *levare qc. d'imbarazzo* lever qqn. d'embarras; *vi fu un momento di generale imbarazzo* il y eut un moment de gêne générale; *ti resta solo l'imbarazzo della scelta* tu n'as plus que l'embarras du choix → **impaccio.**

imbarbariménto |imbarbari'mento| *s.m.* [→ IMBARBARIRE A; C] retour à la barbarie: *imbarbarimento dei costumi, della lingua, della moda* retour à la barbarie des coutumes, de la langue, de la mode.

imbarbarire |imbarba'rire| (197) **A** *v.tr.* [*far decadere, ridurre a uno stato di minor civiltà o di barbarie*] rendre (53) barbare: *le invasioni imbarbarirono la civiltà romana* les invasions rendirent la civilisation romaine barbare ◇ (*spec.*) *imbarbarire una lingua* [*introdurvi barbarismi contaminandone la purezza*] corrompre (44) une langue par l'introduction de barbarismes **B** *v.intr.* (*aus.* '*essere*') [*diventar barbaro, rozzo; decadere*] devenir (27) barbare: *nella solitudine anche gli uomini più civili imbarbariscono* dans la solitude, même les hommes les plus civilisés deviennent barbares **C** *v.pron. intr.* IMBARBARIRSI [→ *intr.*] devenir *intr.* barbare: *nel Medioevo i costumi si imbarbarirono* au moyen-âge les mœurs devinrent barbares.

imbarcadèro |imbarka'dεro|, **embarcadèro** |embarka'dεro| *s.m.* débarcadère, embarcadère → **molo.**

imbarcaménto |imbarka'mento| *s.m.* [*tendenza delle tavole e delle travi di legno a incurvarsi, a deformarsi*] gondolage ◇ (*per est., raro*) [*deformazione di qualsiasi elemento strutturale posto sotto carico*] gauchissement.

imbarcàre |imbar'kare| **A** *v.tr.* **1** [*caricare o far salire a bordo persone, animali o cose*] embarquer: *imbarcare le truppe, i viveri, i passeggeri* embarquer des troupes, des vivres, des passagers ◇ (*spec.*) *imbarcare acqua* (*detto di imbarcazione in cui penetri acqua*) embarquer de l'eau **2** (*per est.*) [*far salire o caricare su un qualsiasi mezzo di trasporto passeggeri o merci*] embarquer: *imbarcarono tutto, soldati e viveri, su un aereo* ils embarquèrent tout, soldats et vivres, dans un avion **3** (*fig.*) [*mettere qc. in una situazione troppo impegnativa per le sue capacità*] embarquer: *l'imbarcai in un brutto affare* je l'embarquai dans une mauvaise affaire **B** *v.pron. rifl.* IMBARCARSI **1** [*salire a bordo di una nave come passeggero o come membro dell'equipaggio*] s'embarquer, embarquer (*intr.*): *si è imbarcato per l'Australia* il s'est embarqué, il a embarqué pour l'Australie; *imbarcare come mozzo* s'embarquer comme mousse **2** (*per est., scherz.*) [*salire su un qualsiasi mezzo di trasporto*] s'embarquer: *s'imbarcò su una vecchia auto insieme alla moglie e ai figli* il s'embarqua dans une vieille auto avec sa femme et ses enfants **3** (*fig.*) [*intraprendere un'impresa lunga e difficile o superiore ai propri mezzi*] s'embarquer: *mi sono imbarcato in una brutta avventura* je me suis, me voilà embarqué dans une drôle d'aventure → **impegnar(si) 4** (*arc., scherz.*) → **innamorar(si).**

imbarcàrsi |imbar'karsi| *v.pron. intr.* (*detto di assi di legno, di travi e sim.*) [*incurvarsi a forma di barca*] gondoler *intr.*, gauchir *intr.*

imbarcàto |imbar'kato| *agg.* (*detto di qualsiasi oggetto deformato da una incurvatura*) gauchi (*p.p.*): *la casa aveva le travi tutte imbarcate* la maison avait des poutres toutes gauchies.

imbarcatóio, i |imbarka'tojo, i| *s.m.* (*raro*) → **imbarcadero.**

imbarcatùra |imbarka'tura| *s.f.* [*deformazione, incurvamento del legno*] gauchissement (*m.*): *imbarcatura di una trave* gauchissement d'une poutre.

imbarcazióne |imbarkat'tsjone| *s.f.* **1** embarcation, bateau (*m.*): *imbarcazione da salvataggio* bateau de sauvetage; *imbarcazione monotipo* bateau monotype; *imbarcazione da diporto* embarcation, bateau de plaisance; *imbarcazione per la navigazione costiera* embarcation pour la navigation côtière **2** (*raro*) → **imbarco.**

imbàrco, chi |im'barko, ki| *s.m.* **1** [→ IMBARCARE A 1; B 1] embarquement: *la data dell'imbarco è stata fissata per il primo del mese* la date de l'embarquement est fixée au premier du mois; *ho potuto assistere all'imbarco delle truppe* j'ai pu assister à l'embarquement des troupes **2** [*il salire e permanere a bordo come membro dell'equipaggio*] embarquement # *ottenne un imbarco come cameriere, come mozzo* il s'est embarqué comme garçon de cabine, comme mousse ◇ [*durata della permanenza a bordo*] *un imbarco di due anni* un embarquement de deux ans ◇ [*contratto di imbarco*] *egli chiese e ottenne l'imbarco per il Brasile* il demanda et obtint son contrat d'embarquement pour le Brésil **3** [*luogo da cui si sale a bordo*] embarcadère.

1 **imbardàre** |imbar'dare| **A** *v.tr.* [*mettere la barda al cavallo*] barder **B** *v.pron. intr.* (*fig., scherz.*) IMBARDARSI [*innamorarsi*] se toquer (*fam.*).

2 **imbardàre** |imbar'dare| *v.intr.* (*aus.* '*avere*') (*aer.*) [*compiere un'imbardata*] faire (43) *tr.* une embardée: *il trimotore ha imbardato* le trimoteur a fait une embardée.

imbardàta |imbar'data| *s.f.* (*aer.*) embardée: *imbardata a sinistra* embardée à gauche.

imbarilàre |imbari'lare| *v.tr.* [*mettere in barili*] mettre (71) en baril # *imbarilare le aringhe* mettre les harengs en caque, caquer les harengs.

imbasaménto |imbaza'mento| *s.m.* (*raro*) [*basamento; zoccolo di un edificio e sim.*] soubassement (*corr.*): *imbasamento di cemento armato* soubassement en béton armé.

imbasciàta |imbaʃ'ʃata| *s.f.* (*raro*) → **ambasciata.**

imbasciatóre |imbaʃʃa'tore| *s.* (*raro*) → **ambasciatore.**

imbastardire |imbastar'dire| (197) **A** *v.tr.* **1** [*rendere bastardo; far perdere le caratteristiche della razza o della natura*] abâtardir: *imbastardire una razza canina* abâtardir une race canine **2** (*fig.*) [*deteriorare, corrompere*] abâtardir: *imbastardire una lingua* abâtardir une langue **B** *v.intr.* (*aus.* '*essere*') **1** [*diventar bastardo; perdere le qualità, le caratteristiche della propria razza o della propria natura*] s'abâtardir (*pron.*): *questo rosaio è imbastardito* ce rosier s'est abâtardi **2** (*fig.*) [*tralignare, degenerare*] s'abâtardir: *con il passar degli anni la nostra lingua imbastardisce* avec le temps notre langue s'abâtardit; *le tradizioni imbastardiscono* les traditions s'abâtardissent **C** *v.pron. intr.* IMBASTARDIRSI **1** [→ *intr.*] s'abâtardir # *quelle sementi si sono imbastardite* ces semences ont dégénéré, sont dégénérées **2** (*fig.*) [*corrompersi*] se corrompre (44): *la nostra civiltà si è imbastardita* notre civilisation s'est corrompue.

imbastardito |imbastar'dito| *agg.* **1** [*che ha perduto i caratteri della propria razza, che è diventato bastardo*] abâtardi (*p.p.*): *cane imbastardito* chien abâtardi; *stirpe imbastardita* lignée abâtardie # *pianta imbastardita* plante dégénérée **2** (*fig.*) [*decaduto, degenerato*] abâtardi: *popolo imbastardito* peuple abâtardi; *lingua imbastardita* langue abâtardie.

imbastàre |imbas'tare| *v.tr.* (*raro*) [*mettere il basto ad animali da soma*] bâter (*corr.*): *imbastare un asino* bâter un âne.

imbastire |imbas'tire| (197) *v.tr.* **1** [*unire provvisoriamente a punti lunghi e irregolari due parti di un tessuto*] bâtir, faufiler: *imbastire le maniche di una camicia* bâtir, faufiler les manches d'une chemise; *filo, cotone da imbastire* fil, coton à bâtir **2** (*fig.*) [*abbozzare, fissare sommariamente le idee principali o la linea d'azione*] ébaucher: *imbastire* *un discorso, un articolo* ébaucher un discours, un article; *imbastire un dramma* ébaucher un drame; *imbastire un piano d'attacco, un piano d'azione* ébaucher un plan d'attaque, un plan d'action ◇ [*ideare, fare q.c. in tutta fretta e senza alcun indugio*] *imbastì lì per lì tutto il piano di difesa* il ébaucha sur-le-champ un plan de défense # *imbastire una burla, uno scherzo* combiner une plaisanterie, une blague.

imbastito |imbas'tito| *agg.* **1** (*detto di due parti di tessuto unite a punti lunghi prima della cucitura definitiva*) bâti *p.p.*, faufilé (*p.p.*): *abito imbastito* robe bâtie, faufilée; *camicia imbastita* chemise bâtie **2** (*fig.*) (*detto di trama o di linea d'azione delineata per sommi capi*) ébauché # *è risultato un discorso mal imbastito* ce discours s'est révélé mal bâti, mal conçu **3** (*sport*) (*detto di atleta colto da improvvisa spossatezza in gara*) épuisé, à plat *loc. inv.*

imbastitrice |imbasti'tritʃe| *s.f.* (*tecnol.*) faufileuse.

imbastitùra |imbasti'tura| *s.f.* **1** [→ IMBASTIRE 1] bâti *m.*, faufilure: *l'imbastitura della camicia* le bâti, la faufilure d'une chemise; *fare un'imbastitura* faire un bâti; *togliere l'imbastitura* enlever le bâti **2** (*fig.*) [*abbozzo, schema*] ébauche: *l'imbastitura di un romanzo, di un articolo* l'ébauche d'un roman, d'un article **3** (*sport*)[*cotta*] éreintement *m.*, fatigue musculaire.

imbàttersi |im'battersi| *v.pron. intr.* **1** [*incontrare per caso o inaspettatamente qc., q.c.*] tomber *intr.* (sur), rencontrer (*tr.*): *imbattersi in un seccatore, in un vecchio amico* tomber sur un casse-pieds (*fam.*), rencontrer un vieil ami; *imbattersi in seri pericoli* rencontrer de sérieux dangers; *mi sono imbattuto in un ostacolo quasi insuperabile* j'ai rencontré un obstacle presqu'insurmontable **2** [*ottenere in sorte, avere per buona o mala sorte*] tomber (sur): *imbattersi in un padrone troppo esigente* tomber sur un patron trop exigeant # *imbattersi in una moglie economa e bella* avoir une femme économe et belle ◆ *ass.* [*capitare, trovarsi*] *imbattersi bene, male* tomber bien, mal.

imbattibile |imbat'tibile| *agg.* imbattable: *avversario imbattibile* adversaire imbattable; *squadra imbattibile* équipe imbattable → **invincibile** ◇ (*econ.*) [*che non può essere superato dalla concorrenza*] *prezzi imbattibili* prix imbattables.

imbattibilità |imbattibili'ta| *s.f. inv.* [*l'essere imbattibile*] invincibilité (*var.*): *la sua imbattibilità è durata per poco tempo* son invincibilité n'a pas duré # *quella squadra ha perso l'imbattibilità del proprio campo* cette équipe a été battue pour la première fois sur son terrain.

imbàtto |im'batto| *s.m.* **1** (*mar.*) *vento di imbatto* brise *f.* **2** (*balistica*) point d'impact.

imbattùto |imbat'tuto| *agg.* [*che non è mai stato sconfitto, vinto*] invaincu: *pugile, campione tuttora imbattuto* boxeur, champion encore invaincu; *squadra imbattuta* équipe invaincue ◇ (*per anal.*) *terreno, campo imbattuto* [*quello di una squadra che non ha mai perso in casa* (*nel corso di un campionato*)] terrain inviolé.

imbavagliàre |imbavaʎ'ʎare| *v. tr.* **1** [*mettere il bavaglio, tappare la bocca con il bavaglio*] bâillonner: *i malviventi lo legarono e lo imbavagliarono* les malfaiteurs le lièrent et le bâillonnèrent **2** (*fig.*) [*privare tirannicamente della libertà di parola o di espressione*] bâillonner, museler (4): *imbavagliare la stampa, i mezzi di comunicazione* bâillonner, museler la presse, les media(s); *furono approvate nuove leggi per imbavagliare gli intellettuali* de nouvelles lois pour bâillonner les intellectuels furent instaurées.

imbavagliàto |imbavaʎ'ʎato| *agg.* **1** [*legato con una benda sulla bocca*] bâillonné (*p.p.*): *malmenarono e condussero via la vittima imbavagliata* ils malmenèrent et emportèrent la victime bâillonnée **2** (*fig.*) [*privato della libertà di parola o di espressione*] bâillonné, muselé (*p.p.*): *gli intellettuali hanno smesso di leggere una stampa imbavagliata* les intellectuels ont cessé de lire une presse bâillonnée, muselée.

imbavàre |imba'vare| *v.tr.* (*raro*) [*sporcare, imbrattare di bava*] baver (*corr.*).

imbeccàre |imbek'kare| *v.tr.* **1** [*introdurre il cibo nel becco di volatili che non si nutrono da soli*] donner la becquée: *imbeccare i pulcini* donner la becquée aux poussins; *la colomba imbecca i suoi piccoli finché non sono in grado di volare* la colombe donne la becquée à ses petits jusqu'à ce qu'ils soient capables de voler **2** (*teat.*) [*suggerire una battuta*] souffler: *imbeccare un attore* souffler son rôle à un acteur ◇ (*per est.*) [*ammaestrare qc. perché si comporti o parli nel modo voluto*] souffler, dicter ses reponses à qqn.: *i testimoni erano stati imbeccati* on avait dicté aux témoins les reponses à faire ◇ [*insegnare, ammaestrare senza pretendere dagli alunni una rielaborazione personale*] apprendre (73) *intr.* à répéter la leçon comme des perroquets.

imbeccàta |imbek'kata| *s.f.* **1** [*quantità di cibo introdotto nel becco di un uccello in una sola volta*] becquée: *i rondinini con il becco spalancato aspettavano l'imbeccata* les petites hirondelles le bec grand ouvert attendaient la becquée **2** (*teat.*) [*suggerimento di una battuta*] *quello è un attore che ha sempre bisogno dell'imbeccata* cet acteur a toujours besoin du souffleur ◇ (*per est.*) [*suggerimenti e consigli forniti a qc. di nascosto perché si comporti o parli nel modo voluto*] *dare, aspettare l'imbeccata* souffler, attendre qu'on souffle ◇ (*raro*) *prendere l'imbeccata* [*lasciarsi corrompere*] se laisser graisser la patte (*fam.*).

imbecheràre |imbeke'rare| *v.tr.* (*pop., tosc.*) → **infinocchiare.**

imbecillàggine |imbetʃil'laddʒine| *s.f.* **1** [*l'essere imbecille*] imbécillité: *parla o agisce così per imbecillaggine* il parle et agit ainsi par imbécillité **2** [*atto, detto da imbecille*] sottise: *sta dicendo tante imbecillaggini* il est en train de dire un tas de sottises → **stupidaggine.**

imbecille |imbe'tʃille| *agg. e s.* **1** imbécile: *è un autentico imbecille* c'est un véritable imbécile ◆ (*s.*) *un imbecille* un imbécile: *non fare l'imbecille* ne fais pas l'imbécile; *fare la figura dell'imbecille* passer pour un imbécile ◆ (*inter.*) *imbecille!* imbécile, espèce d'imbécile! **2** (*psicol.*) imbécile ◆ (*s.m.*) *un imbecille* un imbécile.

imbecillìre |imbetʃil'lire| (197) *v. intr.* (*aus.* 'essere') → **rimbecillire.**

imbecillità |imbetʃilli'ta| *s.f. inv.* **1** imbécillité (*var.*): *la tua imbecillità ha suscitato l'indignazione di tutti* ton imbécillité a suscité une indignation unanime → **scemenza, stupidità** **2** [*atto, detto da imbecille*] sottise (*var.*): *disse, in quella occasione, una grossa imbecillità* il dit, en cette occasion, une grosse sottise; *commise ingenuamente una imbecillità grossolana* elle commit ingénument une grosse sottise → **stupidaggine, scempiaggine** **3** (*psicol.*) imbécillité.

imbèlle |im'bɛlle| *agg.* [*non bellicoso, non adatto alla guerra*] imbelliqueux* ◇ [*fiacco, vile*] pusillanime, lâche: *giovani dall'animo imbelle* jeunes à l'esprit pusillanime, lâche ◆ (*s.m.*) *un imbelle* un lâche.

imbellettaménto |imbelletta'mento| *s.m.* → **imbellettatura.**

imbellettàre |imbellet'tare| **A** *v. tr.* **1** [*coprire di belletto*] farder, maquiller → **truccare** # *imbellettare le guance* se farder, se maquiller **2** (*fig.*) [*nascondere l'aspetto reale ornandolo con artifizi*] enjoliver # *imbellettare il proprio stile* ajouter des ornements à son style **B** *v.pron. rifl.* IMBELLETTARSI **1** [*mettersi il belletto spec. in modo vistoso*] se farder, se maquiller: *imbellettarsi come una maschera* se farder, se maquiller outrageusement **2** (*raro, fig.*) [*adornarsi esteriormente e artificiosamente di qualità che non si hanno*] *imbellettarsi di filantropismo* faire quelque chose sous le couvert de la philanthropie.

imbellettàto |imbellet'tato| *agg.* **1** [*coperto di belletto*] fardé: *aveva il viso tutto imbellettato* elle était très fardée → **truccato** **2** (*fig., spreg.*) [*coperto, alterato da vistosi artifizi*] (trop) orné: *scritti imbellettati* écrits d'un style (trop) orné.

imbellettatùra |imbelletta'tura| *s.f.* **1** (*raro*) [→ IMBELLETTARE A 1; B 1] maquillage *m.* → **trucco** **2** (*fig., spreg.*) [*ornamento artificioso ed eccessivo*] enjolivement *m.*

imbellìre |imbel'lire| (197) **A** *v.intr.* (*aus.* 'essere') [*diventare più bello, più attraente*] embellir (*aus.* avoir): *quella ragazza imbellisce di giorno in giorno* cette jeune fille embellit de jour en jour **B** *v.tr.* [*abbellire, rendere più attraente*] embellir: *imbellire il viso* embellir son visage; *quest'abito ti imbellisce* cette robe t'embellit.

imbèrbe |im'bɛrbe| *agg.* **1** imberbe: *volto imberbe* visage imberbe ◇ (*raro, di adulto*) [*che non ha la barba, spec. nelle raffigurazioni*] *in quel quadro la figura del Cristo è imberbe* sur ce tableau le visage du Christ est imberbe (*corr.*) **2** (*fig., scherz.*) [*inesperto, ingenuo*] blanc-bec (*m.*): *ancora sei imberbe e pretendi di dar consigli!* tu n'es encore qu'un blanc-bec et tu prétends donner des conseils → **immaturo.**

imberciàre |imber'tʃare| *v.tr.* (*pop., tosc.*) → **centrare** ◇ (*fig.*) [*indovinare, azzeccare*] deviner: *finalmente ne hai imberciata una!* finalement tu as deviné juste! → 1 **imbroccare.**

imberrettàre |imberret'tare| **A** *v. tr.* [*coprire con un berretto*] coiffer d'un bonnet, d'une casquette □ *imberrettarsi il capo* coiffer sa tête d'un bonnet; mettre un bonnet, une casquette **B** *v. pron. rifl.* IMBERRETTARSI [→ *tr.*] se coiffer d'un bonnet: *si è imberrettato come se fosse in pieno inverno* il s'est coiffé d'un bonnet comme en plein hiver.

imberrettàto |imberret'tato| *agg.* [*coperto di un berretto*] coiffé *p.p.* d'un bonnet: *è venuto tutto imberrettato per paura del raffreddore* il est venu coiffé d'un bonnet de peur d'attraper un rhume.

imbestialìre |imbestja'lire| (197) **A** *v.intr.* (*aus. 'essere'*) [*diventare sim. a una bestia furiosa, andando in collera, arrabbiandosi eccessivamente*] devenir (27) fou* de rage # *di fronte alla sua testardaggine sono imbestialito* son entêtement m'a rendu fou de rage **B** *v.tr.* [*fare andare in collera, fare arrabbiare come una bestia*] rendre (53) fou de rage: *il suo rifiuto la imbestialì* son refus la rendit folle de rage **C** *v.pron. intr.* IMBESTIALIRSI [*arrabbiarsi eccessivamente, infuriarsi*] devenir *intr.* fou de rage: *per un nonnulla si imbestialisce* pour un rien il devient fou de rage.

imbestialìto |imbestja'lito| *agg.* [*divenuto furioso come una bestia*] en colère *loc. inv.*, enragé: *è imbestialito* il est en colère, fou de rage.

imbestiàre |imbes'tjare| **A** *v.intr.* (*aus. 'essere'*) **1** (*lett.*) [*diventar bestia, spec. a proposito di metamorfosi mitologiche*] se changer (3) *pron.* en bête, en animal (*corr.*) **2** (*fig., lett.*) [*abbrutire, assumere un atteggiamento paragonabile a quello di una bestia*] s'abrutir *pron.* (*corr.*) **B** *v.tr.* (*lett.*) [*trasformare, ridurre in bestia*] transformer en bête, en animal (*corr.*) **C** *v.pron. intr.* IMBESTIARSI **1** (*lett.*) [*trasformarsi in bestia, spec. in riferimento a metamorfosi mitologiche*] se changer en bête, en animal (*corr.*) **2** (*fig., lett.*) [*degradarsi, abbrutirsi*] s'abêtir (*corr.*), s'abrutir (*corr.*): *imbestia nell'ignoranza* il s'abêtit, s'abrutit dans l'ignorance.

imbévere |im'bevere| (120) **A** *v.tr.* **1** [*impregnare, inzuppare, bagnare*] imbiber; tremper: *imbevere d'alcool un batuffolo di cotone* imbiber d'alcool un tampon || *imbevere il pane nel caffelatte* tremper du pain dans du café au lait; faire trempette (avec son pain) dans le café au lait **2** (*raro*) → **assorbire B** *v. pron. intr.* IMBEVERSI **1** [*inzupparsi, assorbire o lasciarsi penetrare da un liquido*] s'imbiber, s'imprégner (8): *imbeversi di pioggia* s'imbiber, s'imprégner de pluie; *questo muro s'imbeve facilmente di umidità* ce mur s'imprègne facilement d'humidité → **impregnar(si) 2** (*fig.*) [*assimilare q.c. profondamente, lasciarsi permeare*] être (43) *intr.* bourré de: *si è imbevuto di false idee, di pregiudizi* il est bourré d'idées fausses, de préjugés.

imbevùto |imbe'vuto| *agg.* **1** [*impregnato, inzuppato*] trempé; imprégné: *sono tornato a casa con gli abiti imbevuti di pioggia* je suis revenu à la maison avec mes vêtements trempés; *ho mangiato un biscotto imbevuto nel latte* j'ai mangé une biscotte trempée dans du lait || *muro imbevuto di umidità* mur tout imprégné d'humidité → **bagnato 2** (*fig.*) [*che ha assimilato, fatto propria un'idea, un principio e sim.*] imbu: *un uomo imbevuto di sani principi morali* un homme imbu de hauts principes moraux.

imbiaccàre |imbjak'kare| **A** *v.tr.* **1** [*coprire, spalmare di biacca*] enduire (75) de céruse **2** (*per est.*) [*imbellettare esageratamente*] enfariner, plâtrer: *imbiaccare il viso* enfariner, plâtrer son visage **B** *v.pron. rifl.* IMBIACCARSI **1** [*tingersi, spalmarsi di biacca*] s'enduire de céruse **2** (*per est.*) [*coprirsi esageratamente di cosmetici*] s'enfariner, se plâtrer: *s'era tutta imbiaccata come una maschera* elle s'était toute plâtrée comme un masque → **truccar(si).**

imbiancaménto |imbjanka'mento| *s.m.* [→ IMBIANCARE B 1; C 1] blanchiment: *imbiancamento dei capelli* blanchiment, blanchissement des cheveux → **imbiancatura** # *provvedere all'imbiancamento delle pareti* blanchir les murs.

imbiancàre |imbjan'kare| **A** *v.tr.* **1** [*rendere, far diventare bianco*] blanchir: *imbiancare le pareti* blanchir, repeindre les murs; *la neve imbiancava i monti e le valli* la neige blanchissait les montagnes et les vallées ◇ [*lavare, mettere in bucato*] *imbiancare i panni sporchi, sudici* blanchir du linge sale, souillé ◇ (*tess.*) [*candeggiare*] *imbiancare fibre tessili, tessuti* blanchir des fibres textiles, des tissus → **imbianchire 2** (*per est.*) [*illuminare, rischiarare*] blanchir, éclairer: *ero già sulla vetta della montagna quando il sole incominciava a imbiancare l'orizzonte* j'étais déjà sur le sommet de la montagne lorsque le soleil commençait à blanchir l'horizon **B** *v.intr.* (*aus. 'essere'*) **1** [*diventar bianco, perdere il colore normale*] blanchir (*aus.* avoir): *le piante, poste al buio, imbiancano* les plantes, placées dans l'obscurité, blanchissent ◇ [*incanutire*] *i capelli imbiancano con l'età* les cheveux blanchissent avec l'âge; *comincio a imbiancare* je commence à blanchir **2** (*per est.*) [*diventar chiaro, luminoso*] s'éclairer *pron.*, s'illuminer (*pron.*): *il cielo imbiancava a poco a poco* le ciel blanchissait, s'éclairait peu à peu **3** (*fig.*) [*impallidire, scolorire in volto*] pâlir (*aus.* avoir): *imbiancò improvvisamente e svenne* il pâlit soudainement et s'évanouit → **sbiancare C** *v.pron. intr.* IMBIANCARSI **1** [*diventar bianco*] blanchir (*intr.*): *l'erba senza sole s'imbianca* privée de soleil, l'herbe blanchit; *i capelli s'imbiancano con l'età* les cheveux blanchissent avec l'âge # *la campagna si è imbiancata di neve* la campagne est blanche de neige **2** (*per est.*) [*illuminarsi, rischiararsi*] blanchir, s'éclairer: *al sopraggiungere dell'alba il cielo s'imbianca* à l'aube, le ciel blanchit, s'éclaire; *uscì di casa quando già l'orizzonte s'imbiancava* il sortit de chez lui quand l'aube blanchissait déjà l'horizon **3** (*fig., lett.*) [*diventar pallido, scolorirsi in volto*] blanchir → **sbiancar(si)** # *imbiancarsi in volto per la collera* pâlir de rage.

imbiancàto |imbjan'kato| *agg.* **1** [*coperto di bianco, divenuto bianco*] blanchi (*p.p.*): *le colline imbiancate di neve* les collines blanchies de neige; *capelli imbiancati* cheveux blanchis ◇ [*coperto con bianco di calce*] *pareti imbiancate* murs blanchis ◇ (*loc. fig.*) *sepolcro imbiancato* [*persona ipocrita, falsa*] sépulcre blanchi **2** (*per est.*) [*illuminato, rischiarato*] illuminé (*p.p.*): *il cielo imbiancato* le ciel illuminé.

imbiancatóre, trice, (*pop.*) **tora** |imbjanka'tore, tritʃe, tora| *s.* **1** [*operaio addetto al candeggio dei tessuti*] blanchisseur*, buandier* **2** (*raro*) → **imbianchino.**

imbiancatùra |imbjanka'tura| *s.f.* **1** [*tinteggiatura di una parete a colore unito, spec. con bianco di calce*] blanchiment *m.* # *le pareti della cucina hanno bisogno di una buona imbiancatura* les murs de la cuisine ont besoin d'être (re)blanchis **2** (*tess.*) blanchiment.

imbianchiménto |imbjanki'mento| *s.m.* **1** [→ IMBIANCHIRE B] blanchissement **2** [*processo di decolorazione di materiali e prodotti vari*] blanchiment; blanchissage: *imbianchimento della carta* blanchiment du papier; *imbianchimento degli ortaggi* blanchiment des légumes || *imbianchimento dei vini* blanchissage des vins; *imbianchimento dello zucchero, del cotone* blanchissage du sucre, du coton.

imbianchìno |imbjan'kino| *s.m.* **1** [*chi, per mestiere, imbianca, colora o tinteggia superfici in muratura*] peintre (en bâtiment) **2** (*spreg.*) [*pittore di nessun valore*] barbouilleur* *s.*, badigeonneur.

imbianchìre |imbjan'kire| (197) **A** *v.tr.* **1** [*sottoporre una sostanza a processo di imbianchimento*] blanchir: *imbianchire materiali tessili, carta* blanchir des matières textiles, du papier; *imbianchire vini* [*decolorarli*] blanchir des vins → **scolorire** ◇ [*schiarire carne o verdura, scottandola in acqua bollente e passandola poi in acqua fresca*] blanchir **2** (*raro*) → **imbiancare B** *v.intr.* (*aus. 'essere'*) (*raro*) [*diventar bianco, detto spec. dei capelli*] blanchir (*aus.* avoir): *i capelli imbianchiscono* les cheveux blanchissent → **incanutire.**

imbibizióne |imbibit'tsjone| *s.f.* (*fis.*) imbibition.

imbiellàggio, i |imbjel'laddʒo, i| *s.m.* (*mecc.*) embiellage.

imbiettàre |imbjet'tare| *v.tr.* (*tecnol.*) [*collegare, unire per mezzo di biette*] coincer (2).

imbiettatùra |imbjetta'tura| *s.f.* (*tecnol.*) coinçage *m.*

imbiondàre |imbjon'dare| *v.tr., intr.* (*aus. 'essere'*) *e pron.* → **imbiondire.**

imbiondìre |imbjon'dire| (197) **A** *v.tr.* [*rendere biondo*] éclaircir, blondir (*raro*): *imbiondire i capelli con l'acqua ossigenata* éclaircir, blondir les cheveux avec de l'eau oxygénée **B** *v.intr.* (*aus. 'essere'*) [*diventar biondo*] blondir (*aus.* avoir): *le messi imbiondiscono al sole* les moissons blondissent au soleil **C** *v. pron. intr.* IMBIONDIRSI [→ *intr.*] blondir (*intr.*): *i capelli s'imbiondiscono ossigenandoli* les cheveux blondissent quand (si) on les oxygène.

imbirbonìre |imbirbo'nire| (197) *v.intr.* (*aus. 'essere'*) [*diventare, farsi birbone*] devenir (27) *tr.* (un) vaurien*: *quel ragazzo imbirbonisce di giorno in giorno* ce garçon devient (un) vaurien de jour en jour.

imbitumàre |imbitu'mare| *v.tr.* (*raro*) → **bitumare.**

imbizzarriménto |imbiddzarri'mento| *s.m.* (*raro*) [→ IMBIZZARRIRE A 1; B 1] emballement (*corr.*) # *quel cavallo va spesso soggetto a imbizzarri-*

menti ce cheval s'emballe facilement.

imbizzarrire |imbiddzar'rire| (197) **A** *v.intr.* (*aus.* '*essere*') **1** (*spec. di cavalli*) [*diventare irrequieto, bizzarro*] s'emballer (*pron.*): *il mio cavallo imbizzarrisce con facilità* mon cheval s'emballe facilement **2** (*fig.*) (*persone*) [*incollerire, irritarsi*] mettre (71) *tr.* en colère: *badate di non farmi imbizzarrire* faites attention à ne pas me mettre en colère **3** [*manifestare un'eccessiva vivacità*] s'emporter *pron.*, s'emballer: *spesso imbizzarrisce nel gioco* il s'emporte souvent en jouant ◇ (*spec. di vino*) [*spumeggiare*] mousser (*aus.* avoir) **B** *v.pron. intr.* IMBIZZARRIRSI **1** [→ *intr.* 1] s'emballer: *il cavallo s'imbizzarrì all'improvviso* tout à coup le cheval s'emballa ◇ (*fig.*) [*andare in collera, irritarsi*] s'emporter: *di fronte al mio rifiuto s'imbizzarrì e uscì in escandescenze* devant mon refus, il s'emporta et sortit de ses gonds **2** [→ *intr.* 3] s'emballer.

imbizzarrito |imbiddzar'rito| *agg.* (*spec. di cavalli*) [*diventato bizzarro*] emballé (*p.p.*): *un cavallo imbizzarrito* un cheval emballé.

imbizzire |imbid'dzire| (197) *v.intr.* (*aus.* '*essere*') → **imbizzarrire** A 1; B 1.

imboccaménto |imbokka'mento| *s.m.* **1** [→ IMBOCCARE A 1] becquée (*f.*): *l'imboccamento di un bambino* la becquée d'un enfant **2** (*fig.*) [*suggerimento, ammaestramento*] leçon *f.* → **imbeccata** # *i testimoni deposero a suo sfavore dietro imboccamento* les témoins, dûment endoctrinés, déposèrent en sa faveur **3** (*tecnol.*) embouchure *f.*

imboccàre |imbok'kare| **A** *v.tr.* **1** [*mettere il cibo in bocca a chi non è in grado di farlo da solo*] nourrir à la cuiller: *imboccare un bambino, un ammalato* nourrir un enfant, un malade à la cuiller; *la malattia l'aveva così mal ridotto che era necessario imboccarlo* la maladie l'avait mis si mal en point qu'il fallait le nourrir à la cuiller **2** (*fig.*) [*suggerire; istruire, ammaestrare*] *i testimoni erano stati imboccati* on avait endoctriné les témoins; *quel ragazzo ha bisogno di essere imboccato dalla madre in ogni sua iniziativa* dans tout ce qu'il entreprend ce garçon a besoin que sa mère le tienne par la main → **imbeccare** **3** [*portare, adattare alla bocca uno strumento a fiato per suonarlo*] emboucher: *imboccare il clarino, la tromba* emboucher un clairon, une trompette ◇ [*ricevere o trattenere in bocca*] *i cavalli abitualmente sono restii a imboccare il morso* habituellement les chevaux n'aiment pas qu'on les embouche, qu'on leur mette le mors **4** [*entrare in un passaggio o inoltrarsi in un luogo da percorrere*] s'engager (3) *pron.* dans: *imboccare il corridoio* s'engager dans le couloir; *imboccare una strada, un sentiero* s'engager sur une route, dans un sentier # *imboccare la porta* passer par la porte; *la nave aveva imboccato il porto* le navire était entré dans le port ◇ (*loc.*) *avevamo imboccato la strada sbagliata*: (*pr., fig.*) nous nous étions engagés dans le mauvais chemin ~ *imboccare una feritoia, una cannoniera* [*centrarla con un proiettile*] atteindre une meurtrière, une embrasure **5** (*fig.*) [*mettersi in una situazione suscettibile di sviluppo positivo o negativo*] s'engager dans: *imboccare una strada pericolosa* s'engager dans un chemin dangereux; *imboccare la via giusta, sbagliata* s'engager dans le bon, le mauvais chemin # *imboccare la via del successo, della fortuna* prendre le chemin du succès, du bonheur **B** *v.intr.* (*aus.* '*avere*') **1** (*di strada, corso d'acqua e sim.*) [*immettersi, terminare*] déboucher: *il tubo di scarico imbocca nel canale* le tuyau de décharge débouche dans le canal; *il corso alla fine imbocca nella piazza* l'avenue débouche sur la place → **sboccare, sfociare** **2** (*detto di arnese o parte di un congegno*) [*entrare, adattarsi bene*] s'emboîter *pron.* # *il tappo imbocca nella bottiglia* le bouchon entre dans le goulot (de la bouteille) ◇ (*detto di organi meccanici*) [*inserirsi funzionalmente in una data sede*] s'emboîter.

imboccatùra |imbokka'tura| *s.f.* **1** [*apertura per cui si entra, si passa in qualche luogo*] entrée: *l'imboccatura di una valle, di una galleria* l'entrée d'une vallée, d'un tunnel; *l'imboccatura di un canale* l'entrée d'un canal, l'embouquement (d'un passe) → **entrata** ◇ [*apertura, bocca di un condotto*] ouverture, orifice (*m.*): *l'imboccatura della canna fumaria è troppo stretta* l'ouverture du tuyau de la cheminée est trop étroite, l'orifice du tuyau de la cheminée est trop étroit ◇ [*orifizio di un oggetto o meccanismo in cui si inserisce q.c.*] goulot (*m.*): *l'imboccatura del fiasco, della damigiana* le goulot de la fiasque, de la bonbonne **2** [*la parte di uno strumento a fiato a cui si applica la bocca per suonarlo*] embouchure: *l'imboccatura del sassofono* l'embouchure du saxophone ◇ (*raro*) [*maniera di adattare le labbra allo strumento*] *quel trombettista ha una buona imboccatura* ce trompettiste a une bonne embouchure ◇ (*loc. fig.*) *non avere l'imboccatura a q.c.* [*non essere adatto a q.c.*] ne pas être apte à (faire) qqch., ne pas être doué pour qqch. **3** [*la parte del morso che viene introdotta nella bocca del cavallo*] embouchure # *l'imboccatura rende docile il cavallo* le mors rend le cheval docile.

imbócco, chi |im'bokko, ki| *s.m.* [*punto di entrata, di accesso*] entrée (*f.*): *l'imbocco dell'autostrada, di una galleria* l'entrée de l'autoroute, d'un tunnel → **imboccatura.**

imbolsiménto |imbolsi'mento| *s.m.* (*raro*) [→ IMBOLSIRE 1] pousse *f.* (*corr.*).

imbolsìre |imbol'sire| (197) *v.intr.* (*aus.* '*essere*') **1** (*detto spec. del cavallo*) [*diventare bolso*] devenir (27) poussif*: *con l'età, il cavallo imbolsisce* en vieillissant, le cheval devient poussif **2** (*fig.*) [*perdere la consueta vitalità ed efficienza*] s'essouffler (*pron.*): *data la vita sedentaria, ingrasso e imbolsisco sempre più* avec cette vie sédentaire, je grossis et je m'essouffle de plus en plus.

imboniménto |imboni'mento| *s.m.* **1** [*presentazione propagandistica, spesso ostentata e ciarlatanesca di un prodotto o di un'idea*] boniment: *il valore delle merci in piazza è proporzionale all'imbonimento* le prix des marchandises sur le marché est proportionnel au boniment **2** (*per est.*) [*ogni discorso che tende a dar valore a cose che non ne hanno*] boniment.

imbonìre |imbo'nire| (197) *v.tr.* **1** (*detto del venditore ambulante o dello strillone*) [*attirare eventuali acquirenti esaltando i pregi di una merce o di uno spettacolo*] débiter des boniments: *imbonire il pubblico* débiter des boniment au public; *quel ciarlatano è abile nell'imbonire i passanti* ce charlatan est habile à débiter des boniments aux passants **2** (*per est.*) [*cercare di convincere qc. della qualità, del valore di q.c.*] débiter des boniments.

imbonitóre |imboni'tore| *s.m.* [*chi imbonisce*] camelot.

imborghesiménto |imborgezi'mento| *s.m.* [→ IMBORGHESIRE] embourgeoisement: *l'imborghesimento dei gusti, dei costumi* l'embourgeoisement des goûts, des coutumes.

imborghesire |imborge'zire| (197) **A** *v.intr.* (*aus.* '*essere*') [*acquistare abitudini e mentalità borghesi*] s'embourgeoiser (*pron.*): *imborghesire intellettualmente* s'embourgeoiser intellectuellement; *i giovani, anche quelli più contestatori, immessi nella società, imborghesiscono* les jeunes, même ceux qui contestent le plus, plongés dans la société, s'embourgeoisent **B** *v.tr.* (*spreg.*) [*rendere borghese, conformare le originarie caratteristiche civili o morali a quelle della borghesia*] embourgeoiser: *imborghesire i propri gusti, le proprie abitudini* embourgeoiser ses goûts, ses habitudes; *il benessere imborghesisce l'uomo* le bien-être embourgeoise l'homme **C** *v. pron. intr.* IMBORGHESIRSI [*uniformarsi ai gusti, alle tradizioni e alla mentalità della borghesia*] s'embourgeoiser: *quel rivoluzionario, con l'età, si è imborghesito* ce révolutionnaire s'est embourgeoisé en prenant de l'âge; *l'ideologia di quel partito si è imborghesita* l'idéologie de ce parti s'est embourgeoisée.

imborsàre |imbor'sare| *v.tr.* → **intascare.**

imboscaménto |imboska'mento| *s.m.* **1** [*occultamento nel folto di un bosco*] le fait de se cacher dans les bois **2** [*occultamento fraudolento di cose o persone*] stockage illicite, accaparement ◇ [*il sottrarsi o il sottrarre al servizio militare*] le fait de s'embusquer, d'embusquer **3** [*la salita del baco da seta sulle ramaglie per filarvi il bozzolo*] montée *f.*

imboscàre |imbos'kare| **A** *v.tr.* **1** [*nascondere nel folto di un bosco*] cacher dans un bois: *imboscare persone, animali, cose* cacher des personnes, des animaux, des choses dans un bois; *gli animali, nel pericolo, imboscano i loro piccoli* les animaux en danger cachent leurs petits dans les bois ◇ (*per est.*) [*occultare qc. per sottrarlo al servizio militare*] embusquer: *in tempo di guerra, quasi tutti i genitori sono tentati di imboscare i loro figli* en temps de guerre, presque tous les parents sont tentés d'embusquer leurs enfants ◇ [*nascondere q.c. per salvarla da un conferimento all'ammasso*] cacher, planquer (*pop.*): *imboscare i prodotti destinati all'ammasso* cacher, planquer les produits destinés à la réquisition ◇ [*accaparrare derrate alimentari*] accaparer, accumuler des stocks # *imboscare zucchero, olio, pasta* faire des stocks de sucre, d'huile, de pâtes **2** (*arc.*) → **imboschire** **B** *v. pron.* IMBOSCARSI **1** *rifl.* [*addentrarsi in un bosco per nascondersi*] se cacher dans un bois: *le fiere, quando si sentono in pericolo, s'imboscano* les fauves, lorsqu'ils flairent le danger, se cachent dans le bois ◇ (*per est.*) [*mettersi in agguato, nascondersi per tendere un'imboscata*] s'embusquer: *i briganti s'erano imboscati in un casolare diroccato* les brigands s'étaient embusqués dans une ferme en ruine **2** *rifl.* [*sottrarsi al servizio militare, spec. in tempo di guerra, o farsi assegnare compiti non rischiosi*] s'embusquer: *se non si fosse imboscato non avrebbe evitato il fronte* s'il ne s'était pas embusqué il n'aurait pas évité d'aller au front ◇ (*scherz.*) [*procacciarsi un impiego tranquillo*] trouver *tr.* une planque: *si è imboscato in un ufficio* il a trouvé une planque dans un bureau **3** *rifl.* (*detto dei bachi da seta*) [*salire, al termine della vita larvale, sulle ramaglie per tesservi il bozzolo*] s'enfermer dans son cocon: *il baco da seta dopo quattro mute s'imbosca* le ver à soie après quatre transformations s'enferme dans son cocon **4** *intr.* (*detto dei terreni*) [*rivestirsi di vegetazione*] se couvrir (23) de broussailles: *i prati, lasciati incolti, s'imboscano con rapidità* les champs, laissés en friche, se couvrent rapidement de broussailles.

imboscàta |imbos'kata| *s.f.* [*agguato teso per cogliere alla sprovvista*] embuscade: *cadere in un'imboscata* tomber dans une embuscade; *tendere una imboscata* tendre, dresser une embuscade; *sfuggire a un'imboscata* échapper à une embuscade.

imboscàto |imbos'kato| *agg.* **1** [*occultato, nascosto in un bosco*] rembuché: *stanare le fiere imboscate* débucher les fauves rembuchés **2** (*animali, cose*) [*sottratto ad una requisizione o a un conferimento all'ammasso*] stocké *p.p.*, planqué *p.p.* (*pop.*): *arricchirsi con la merce imboscata* s'enrichir avec de la marchandise stockée, planquée **3** (*persone*) [*che elude i doveri militari, spec. in tempo di guerra*] embusqué *p.p.* ◇ (*per est.*) [*che si sottrae a un preciso dovere*] embusqué ✦ (*s.*) *un imboscato* un embusqué: *quando c'è da fare qualcosa c'è sempre qualche imboscato* quand il y a quelque chose à faire, il y a toujours un embusqué.

imboscatóre, trice |imboska'tore, tritʃe| *s.* [*chi accaparra e nasconde derrate alimentari*] accapareur*, personne *f.* qui fait du stockage illicite: *imboscatore di grano, zucchero, olio* accapareur de grain, de sucre, d'huile.

imboschiménto |imboski'mento| *s.m.* → **rimboschimento.**

imboschìre |imbos'kire| (197) *v. tr., intr.* (*aus.* '*essere*') *e pron.* → **rimboschire.**

imbossolàre |imbosso'lare| *v.tr.* **1** [*introdurre, mettere in un bossolo*] mettre (71) (la poudre) dans la douille: *imbossolare la polvere da sparo* mettre la poudre dans la douille **2** → **imbussolare.**

imbottàre |imbot'tare| *v.tr.* [*mettere (il vino) in una botte*] mettre (71) en fût, en barrique, entonner: *a novembre i contadini imbottano il vino* en novembre, les paysans mettent le vin en fût, en barrique.

imbottatóio, i |imbotta'tojo, i| *s.m.* (*dial.*) → **imbottavino.**

imbottatùra |imbotta'tura| *s.f.* [→ IMBOTTARE] mise en fût, en barrique, en tonneau # *provvedere all'imbottatura del vino, dell'olio* mettre en fût le vin, l'huile.

imbottavìno |imbotta'vino| *s.m.* [*grosso imbuto per riempire le botti di vino*] entonnoir à vin, chantepleure *f.*

imbótte |im'botte| *s.f.* → **intradosso.**

imbottigliaménto |imbottiʎʎa'mento| *s.m.* **1** [→ IMBOTTIGLIARE A 1] mise *f.* en bouteilles: *gli operai addetti all'imbottigliamento dell'acqua minerale* les (ouvriers) préposés à la mise en bouteilles de l'eau minérale **2** (*mil.*) embouteillage **3** (*fig.*) [*ingorgo, intasamento*] embouteillage: *l'imbottigliamento del traffico cittadino nelle ore di punta* l'embouteillage en ville aux heures de pointe.

imbottigliàre |imbottiʎ'ʎare| **A** *v.tr.* **1** [*mettere in bottiglia (detto spec. di vini destinati all'invecchiamento)*] mettre (71) en bouteilles: *imbottigliare vino, acqua minerale, olio, liquori* mettre en bouteilles du vin, de l'eau minérale, de l'huile, des liqueurs **2** (*mil.*) [*accerchiare completamente il nemico*] encercler: *imbottigliare l'esercito in una valle* encercler une armée dans la vallée # *imbottigliare la flotta nemica in una insenatura, in un porto* bloquer la flotte ennemie dans une baie, dans un port ◇ (*sport*) [*rendere inoffensivo l'avversario con un'azione incalzante e continua*] *imbottigliare l'avversario all'angolo, alle corde* envoyer l'adversaire dans les cordes, acculer l'adversaire; *imbottigliare le ali della squadra avversaria* bloquer les ailiers de l'équipe adverse **3** (*fig.*) [*togliere ogni possibilità di movimento o di manovra*] provoquer un embouteillage: *quell'incidente ha imbottigliato il traffico* cet accident a provoqué un embouteillage **B** *v.pron. intr.* IMBOTTIGLIARSI (*detto di veicoli*) [*rimanere bloccato in un luogo stretto*] être (43) *intr.* pris dans un embouteillage.

imbottigliatóre, trice |imbottiʎʎa'tore, tritʃe| *s.* [*operaio addetto all'imbottigliamento*] embouteilleur *m.*

imbottigliatrice |imbottiʎʎa'tritʃe| *s.f.* (*tecnol.*) remplisseuse.

imbottinàre |imbotti'nare| *v.tr.* [*concimare con il letame liquido del pozzo nero*] répandre (53) du purin: *imbottinare i campi* répandre du purin sur les champs.

imbottìre |imbot'tire| (197) **A** *v.tr.* **1** [*riempire (di lana, e sim.) oggetti, indumenti per renderli confortevoli e funzionali*] rembourrer: *imbottire un materasso, una poltrona, una giacca* rembourrer un matelas, un fauteuil, une veste; *imbottire le spalle del cappotto* rembourrer les épaules d'un manteau ◇ (*per anal.*) *imbottire un panino* [*mettervi dentro prosciutto, formaggio e sim., dopo averlo tagliato a metà*] faire (45) un sandwich **2** (*fig.*) [*riempire, rimpinzare*] farcir: *imbottire il cervello di pregiudizi, di idee inutili e dannose* farcir la cervelle d'idées inutiles et nuisibles # *quell'uomo pensa solo a imbottire il portafoglio* cet homme ne pense qu'à avoir un portefeuille bien rembourré; *imbottire di pillole, di sedativi* bourrer de pilules, de calmants; *imbottire di pugni* bourrer (qqn.) de coups (de poings) **B** *v.pron. rifl.* IMBOTTIRSI **1** (*fig.*) [*riempirsi, rimpinzarsi*] se bourrer: *imbottirsi di pillole, di cibo* se bourrer de pilules, de nourriture **2** [*coprirsi bene con abiti pesanti*] s'emmitoufler → **imbacuccar(si).**

imbottìta |imbot'tita| *s.f.* [*coperta da letto ripiena di lana, piume e sim.*] édredon *m.* → **trapunta.**

imbottìto |imbot'tito| **I** *agg.* **1** [*dodato, fornito di imbottitura*] rembourré (*p.p.*): *sedia, poltrona imbottita* chaise rembourrée, fauteuil rembourré ◇ (*per anal.*) *panino imbottito* [*riempito di salumi, formaggio e sim.*] sandwich **2** [*protetto da indumenti pesanti e molteplici*] emmitouflé (*p.p.*): *non riusciva a muoversi imbottito com'era* il n'arrivait pas à bouger tellement il était emmitouflé **II** *s.m.* **1** [*parte imbottita (di mobili)*] rembourrage: *l'imbottito del sofà* le rembourrage du sofa → **imbottitura 2** (*raro*) [*il materiale adoperato per l'imbottitura*] rembourrage.

imbottitùra |imbotti'tura| *s.f.* **1** [→ IMBOTTIRE A 1] rembourrage *m.* # *provvedere all'imbottitura di una poltrona* rembourrer un fauteuil; *ha avuto un'imbottitura di pregiudizi e idee false* on lui a farci le crâne de préjugés et d'idées fausses **2** [*materiale impiegato per imbottire (indumenti)*] rembourrage: *ha comprato un materasso con l'imbottitura di crine* il a acheté un matelas avec un rembourrage en crin, rembourré de crin ◇ [*la parte imbottita*] *l'imbottitura delle spalle fa difetto* les épaulettes ont un défaut **3** (*tess.*) rembourrage, surpiqûre.

imbozzacchìre |imbottsak'kire| (197) *v.intr.* (*aus.* '*essere*') (*piante*) [*crescere stentatamente*] se rabougrir *pron.* ◇ (*detto delle susine*) [*guastarsi sull'albero*] se rabougrir ◇ (*fig.*) [*subire un processo di involuzione; intristire*] s'étioler *pron.*

imbozzacchìto |imbottsak'kito| *agg.* [*degenerato in bozzacchione*] ratatiné: *susine imbozzacchite* des prunes ratatinées ◇ (*fig.*) [*intristito, involuto*] étiolé: *un cervello imbozzacchito* un cerveau étiolé.

imbozzàre |imbot'tsare| *v.tr.* (*mar.*) [*ormeggiare una nave in modo da mantenerne costante l'orientamento*] bosser → 3 **abbozzare.**

imbozzatùra |imbottsa'tura| *s.f.* (*mar.*) embossage *m.*

imbozzimàre |imboddzi'mare| **A** *v.tr.* **1** (*agr., tess.*) [*trattare con bozzima*] encoller: *imbozzimare i tessuti* encoller les tissus; *è necessario imbozzimare le radici delle piante prima della messa a dimora* il faut encoller les racines des plantes avant de les planter **2** (*per est.*) [*spalmare, impiastrare con materie appiccicose*] poisser **B** *v.pron. rifl.* IMBOZZIMARSI [*imbrattarsi*] se poisser ◇ (*scherz.*) [*imbellettarsi*] se barbouiller: *guarda quella donna come s'è imbozzimata!* regarde cette femme comment elle s'est barbouillée!

imbozzimatóre, trice |imboddzima'tore, tritʃe| *s.* [*operaio addetto all'imbozzimatura*] encolleur*.

imbozzimatrìce |imboddzima'tritʃe| *s.f.* (*tess.*) encolleuse.

imbozzimatùra |imboddzima'tura| *s.f.* (*tess.*) encollage *m.*

imbozzolàre |imbottso'lare| *v.tr.* (*raro*) [*ridurre in bozzolo*] réduire (75) en cocons (*corr.*).

imbràca, che |im'braka, ke|, **imbràga, ghe** |im'braga, ge| *s.f.* **1** [*finimento degli animali da soma e* *da tiro, che passa intorno alle cosce dell'animale*] avaloire: *mettere l'imbraca al cavallo* mettre l'avaloire au cheval **2** [*catena metallica o fune robusta destinata a sollevare o trasportare oggetti pesanti*] élingue: *gli operai sollevarono il blocco di marmo con le imbrache* les ouvriers soulevèrent le bloc de marbre avec les élingues ◇ [*cintura di sicurezza usata dagli operai che lavorano sospesi nel vuoto*] (nœud *m.* de) chaise **3** (*raro*) → **braca.**

imbracàre |imbra'kare| *v.tr.* **1** [*cingere, legare con corde o catene oggetti pesanti da sollevare o da trasportare*] élinguer: *imbracare un pianoforte, un'automobile* élinguer un piano, une voiture; *gli operai inbracarono il monumento prima di sollevarlo con la gru* les ouvriers élinguèrent le monument avant de le soulever avec la grue; *imbracare un cannone* [*fermarlo perché non rinculi*] élinguer un canon **2** (*raro*) [*avvolgere con una tela assorbente i bambini in fasce*] langer (3) (*corr.*) **3** *imbracare un cavallo* [*impedirne lo slancio tirando le redini*] mettre (71) l'avaloire à un cheval.

imbracatùra |imbraka'tura| *s.f.* [→ IMBRACARE 1] élingage (*m.*): *imbracatura lenta, difettosa, buona* lent, défectueux, bon élingage ◇ [*le funi o le catene con cui si imbraca*] élingage.

imbracciàre |imbrat'tʃare| *v.tr.* [*infilare, mettere, adattare q.c. al braccio*] passer dans son bras: *imbracciare lo scudo* passer son bras dans le bouclier, se mettre le bouclier au bras # *imbracciare il fucile* [*metterlo in posizione di tiro appoggiandolo alla spalla*] épauler le fusil.

imbracciatùra |imbrattʃa'tura| *s.f.* **1** [→ IMBRACCIARE] épaulement (*m.*): *la sua ottima imbracciatura gli consente di far centro quasi sempre* son excellent épaulement lui permet d'atteindre presque toujours sa cible **2** [*la parte di un oggetto o di un congegno che serve per imbracciarlo*] *l'imbracciatura del fucile* la bretelle du fusil; *l'imbracciatura dello scudo* l'énarme du bouclier.

imbrachettàre |imbraket'tare| *v.tr.* (*legatoria*) [*fermare, unire, incollare tavole fuori testo o fogli staccati*] monter sur onglet.

imbrachettatùra |imbraketta'tura| *s.f.* [→ IMBRACHETTARE] montage *m.* sur onglet.

imbragàre |imbra'gare| *e deriv.* → **imbracare** *e deriv.*

imbranàto |imbra'nato| *agg.* (*pop.*) (*persone*) [*goffo, impacciato, inesperto*] empoté (*fam.*) ◆ (*s.*) *un imbranato* un empoté: *sei un imbranato!* tu es un empoté, quel empoté!

imbrancàre |imbran'kare| **A** *v.tr.* **1** [*mettere nel branco, raccogliere in branco*] rassembler, regrouper: *imbrancare un capo di bestiame* rassembler, regrouper une tête de bétail; *imbrancare le pecore* rassembler les moutons; *i pastori alla sera imbrancano il gregge* le soir les bergers rassemblent le troupeau **2** (*per est.*) [*ammassare, mettere insieme cose o persone*] rassembler, regrouper: *imbrancare la folla* rassembler la foule; *hanno imbrancato i prigionieri* ils ont regroupé les prisonniers **B** *v. pron. rifl.* IMBRANCARSI [*riunirsi in gruppo*] se grouper, se rassembler: *la mandria si era imbrancata e procedeva verso la valle* le troupeau s'était regroupé et avançait vers la vallée ◇ (*per est.*) [*unirsi a un gruppo di persone poco raccomandabili*] se joindre (61) à # *s'è imbrancato con certa gente!* il s'est embrigadé avec des gens impossibles!

imbrandìre |imbran'dire| (197) *v. tr.* (*raro*) → **brandire.**

imbrattacàrte |imbratta'karte| *s. inv.* (*spreg.*) [*scrittore di poco, di nessun valore*] écrivassier* *var.*, écrivailleur* *var.*

imbrattafògli |imbratta'fɔʎʎi| *s. inv.* → **imbrattacarte.**

imbrattaménto |imbratta'mento| *s.m.* (*raro*) [→ IMBRATTARE] barbouillage (*corr.*).

imbrattamùri |imbratta'muri| *s.inv.* (*spreg.*) [*decoratore o pittore di affreschi incapace, senza alcuna abilità*] barbouilleur* *var.*

imbrattàre |imbrat'tare| **A** *v.tr.* [*sporcare, insudiciare, spec. con sostanze liquide o appiccicose*] salir: *imbrattare le mani di colla* salir ses mains de colle; *scivolando ho imbrattato di fango tutti gli abiti* en glissant, j'ai sali tous mes vêtements ◇ (*fig.*) *imbrattare tele, muri* [*decorare, dipingere male*] barbouiller des toiles, des murs; *imbrattare fogli, carte* [*scrivere cose insulse*] barbouiller du papier □ *imbrattarsi le mani* [*essere coinvolto in un affare disonesto*] se salir les mains (dans une sale affaire), se salir (en trempant dans une sale affaire) **B** *v.pron. rifl.* IMBRATTARSI [→ *tr.*] se salir: *s'è imbrattato di vernice* il s'est sali avec de la peinture ◇ (*fig.*) *imbrattarsi di sangue* [*commettere un delitto*] tremper ses mains dans le sang.

imbrattatéle |imbratta'tele| *s.inv.* (*spreg.*) [*pittore di scarso valore, da strapazzo*] barbouilleur* *var.* (de toiles).

imbrattàto |imbrat'tato| *agg.* [*sporco, sudicio*] barbouillé *p.p.*, sale # *abito imbrattato di fango* vêtement crotté.

imbrattatóre, trice |imbratta'tore, tritʃe| *s.* [*chi imbratta*] barbouilleur*: *i soliti imbrattatori di muri* les habituels barbouilleurs.

imbrattatùra |imbratta'tura| *s.f.* (*raro*) [→ IMBRATTARE A] barbouillage *m.* (*corr.*).

imbràtto |im'bratto| *s.m.* **1** (*raro*) → **imbrattamento** **2** (*fig., spreg.*) [*dipinto o scritto di nessun pregio*] barbouillage, gribouillage: *il suo dipinto è un vero e proprio imbratto* son tableau est un vrai barbouillage, gribouillage; *cosa vorrebbe rappresentare questo imbratto?* que veut représenter ce barbouillage? **3** (*raro*) [*la brodaglia che si dà agli animali, spec. ai suini*] pâtée *f.* (*corr.*): *i tuoi maiali con quell'imbratto non ingrasseranno mai* tes porcs n'engraisseront jamais avec cette pâtée ◇ (*per est.*) [*piatto, pietanza mal cucinata o poco appetitosa*] ratatouille *f.* **4** (*raro, fig.*) [*persona o cosa fastidiosa*] plaie *f.* (*corr.*) → **impiastro.**

imbrecciàre |imbret'tʃare| *v.tr.* [*coprire, cospargere di breccia, pietrisco e sim.*] empierrer: *imbrecciare una strada* empierrer une route.

imbrecciàta |imbret'tʃata| *s.f.* [*strato di breccia, di ghiaia e sim. che si sparge su una strada sterrata*] couche de pierres, de gravier.

imbrecciatùra |imbrettʃa'tura| *s.f.* [→ IMBRECCIARE] empierrement *m.*

imbriacàre |imbria'kare| *e deriv.* → **ubriacare** *e deriv.*

imbricàto |imbri'kato| *agg.* (*detto di elementi che si coprono parzialmente a vicenda come le tegole del tetto*) imbriqué: *squame imbricate* écailles imbriquées → **embricato.**

imbrifero |im'brifero| *agg.* (*geogr.*) imbrifère: *bacino imbrifero* bassin imbrifère.

imbrigliaménto |imbriʎʎa'mento| *s.m.* [→ IMBRIGLIARE A 1] bridage # *provvedere all'imbrigliamento del cavallo* brider le cheval.

imbrigliàre |imbriʎ'ʎare| **A** *v.tr.* **1** [*mettere le briglie*] brider: *imbrigliare un cavallo* brider un cheval ◇ (*fig.*) [*assoggettare, tenere a freno*] brider, freiner: *imbrigliare un ragazzo ribelle* brider, freiner un garçon rebelle; *imbrigliare la fantasia, le passioni* brider, freiner la fantaisie, les passions; *la tirannide spesso riesce a imbrigliare anche i migliori ingegni* la tyrannie réussit souvent à brider même les meilleurs esprits ◇ (*loc.*) *imbrigliare l'asino per la coda* [*fare le cose alla rovescia*] mettre la charrue avant les bœufs **2** (*per est.*) [*consolidare, rafforzare, detto spec. di terreni*] consolider, clayonner: *imbrigliare un terreno franoso, un pendio* consolider, clayonner un terrain, une pente qui menace de glisser; *imbrigliare un edificio pericolante* consolider un édifice qui menace de s'écrouler ◇ (*detto di corsi d'acqua*) [*rallentarne o regolarne il corso*] placer (2) des épis: *imbrigliare un torrente montano* placer des épis dans un torrent de montagne; *i contadini imbrigliano i corsi d'acqua per l'irrigazione* les paysans placent des épis dans les cours d'eau pour l'irrigation **B** *v. pron. intr.* IMBRIGLIARSI (*detto del cavallo*) [*impigliarsi le gambe nelle redini*] s'empêtrer (dans les étrivières, brides): *il cavallo s'è imbrigliato* le cheval s'est empêtré (dans les étrivières, brides).

imbrigliàto |imbriʎ'ʎato| *agg.* **1** [*munito di briglie*] muni de brides: *i cavalli imbrigliati si lasciano cavalcare più facilmente* les chevaux munis de brides se laissent chevaucher plus facilement **2** (*fig.*) [*impedito, ostacolato*] embarrassé # *lo vedo imbrigliato* je le vois pieds et poings liés.

imbrigliatùra |imbriʎʎa'tura| *s.f.* **1** (*raro*) → **imbrigliamento** **2** [*le redini o il complesso dei mezzi per imbrigliare*] les rênes et le mors, bridage (*raro*): *l'imbrigliatura di quel cavallo è nuova* les rênes et le mors de ce cheval sont neufs; *l'imbrigliatura di quel torrente dev'essere riparata* les épis de ce torrent doivent être réparés **3** (*mar.*) haubans de martingale.

imbrillantinàre |imbrillanti'nare| **A** *v.tr.* (*raro*) [*ungere, cospargere abbondantemente i capelli di brillantina*] brillantiner → **impomatare** **B** *v.pron. rifl.* IMBRILLANTINARSI [→ *tr.*] se brillantiner: *guarda come s'è imbrillantinato quell'uomo!* regarde comment cet homme s'est brillantiné les cheveux!

imbrillantinàto |imbrillanti'nato| *agg.* (*detto di capelli*) [*cosparso di eccessiva brillantina*] brillantiné *p.p.* → **impomatato.**

1 **imbroccàre** |imbrok'kare| **A** *v.tr.* **1** [*colpire nel segno, cogliere il*

bersaglio] atteindre (66), toucher: *imbroccare un colpo, il bersaglio* atteindre, toucher la cible; faire mouche **2** (*per est.*) [*indovinare, azzeccare*] deviner, tomber juste: *imbroccare un affare, una risposta* deviner une affaire, une réponse; *ha imbroccato la risposta giusta* il a deviné la bonne réponse # *non ne imbrocca una!*: (*nel parlare*) il n'en rate jamais une!; (*nell'agire*) il fait tout de travers! **3** (*raro*) [*incontrare per caso la persona che si cercava*] tomber (sur): *l'ho imbroccato mentre stava per uscire* je suis tombé sur lui juste au moment où il sortait **B** *v.intr.* (*aus.* '*avere*') (*detto dell'olivo*) [*mettere i brocchi*] bourgeonner: *quest'anno gli ulivi hanno imbroccato in ritardo* cette année les oliviers ont bourgeonné en retard ◇ (*per est.*) [*mettere le gemme*] bourgeonner.

2 **imbroccàre** |imbrok'kare| *v.tr.* [*inchiodare, fermare con brocche*] clouer: *imbroccare la tomaia delle scarpe* clouer l'empeigne des chaussures.

1 **imbroccàto** |imbrok'kato| *agg.* [*azzeccato, indovinato*] mis *p.p.* dans le mille: *ogni colpo imbroccato vale un punto* chaque coup mis dans le mille vaut un point # *un buon affare imbroccato porta reputazione e ricchezza* trouver la réponse juste, donne réputation et richesse.

2 **imbroccàto** |imbrok'kato| *agg.* [*puntato, inchiodato con brocche*] cloué (*p.p.*): *tomaia imbroccata* empeigne clouée.

imbrodolaménto |imbrodola'mento| *s.m.* → **sbrodolamento.**

imbrodolàre |imbrodo'lare| *v.tr. e pron.* → **sbrodolare.**

imbrogliàccio, i |imbroʎ'ʎattʃo, i| *s.m.* (*pegg.*) [*grosso e brutto imbroglio*] embrouillamini (*fam.*) → **pasticcio** # *ti sei cacciato in un bell'imbrogliaccio* tu t'es mis dans de beaux draps.

imbrogliàre |imbroʎ'ʎare| **A** *v.tr.* **1** [*mescolare disordinatamente in modo da alterare la disposizione regolare*] embrouiller: *imbrogliare i fili, un gomitolo* embrouiller, emmêler les fils, un écheveau # *imbrogliare le carte* battre les cartes ◇ (*fig.*) [*rendere volutamente confuso, intricato un affare*; *creare di proposito disordine in una faccenda*] *imbrogliare la matassa* embrouiller une affaire; *i suoi lunghi discorsi tendono esclusivamente a imbrogliare la faccenda* ses longs discours cherchent uniquement à embrouiller l'affaire → **ingarbugliare** # *imbrogliare le carte* brouiller les cartes **2** (*mar.*) [*raccogliere le vele per sottrarle all'azione del vento*] carguer: *imbrogliare le vele* carguer les voiles **3** (*fig.*) [*ostacolare, frapporre difficoltà*] embrouiller: *imbrogliare un affare, una pratica* embrouiller une affaire → **intralciare** ◇ (*raro*) [*ingombrare*] *imbrogliare il traffico* entraver (*corr.*) la circulation; *tutte queste macchine imbrogliano la strada* toutes ces voitures encombrent (*corr.*) la route **4** (*fig.*) (*persone*) [*confondere le idee a qc., fargli perdere il filo del ragionamento*] embrouiller, brouiller: *quando discuto, le tue continue interruzioni mi imbrogliano* lorsque je discute, tes continuelles interruptions m'embrouillent ◇ (*per anal.*) *imbrogliare la testa, il cervello a qc.* [*complicargli, rendergli difficili volutamente i ragionamenti*] brouiller la tête, la cervelle de qqn. **5** (*fig.*) [*dare a intendere a una persona cose non vere*] tromper: *ho l'impressione che tu m'imbrogli* j'ai l'impression que tu me trompes → **ingannare, mentire** ◇ (*per est.*) [*ingannare qc. per trarne un vantaggio*] *i commercianti spesso imbrogliano i clienti nel peso o nella qualità della merce* souvent, les commerçants trompent, roulent (*fam.*) les clients sur le poids ou sur la qualité de leur marchandise; *quell'uomo vive imbrogliando la gente* cet homme vit en dupant son monde → **frodare, truffare** **B** *v.pron. intr.* IMBROGLIARSI **1** (*cose*) [*intrecciarsi, avvilupparsi disordinatamente*] s'emmêler, s'embrouiller: *le corde si sono imbrogliate* les cordes se sont emmêlées → **ingarbugliar(si), annodar(si)** **2** (*cose*) (*fig.*) [*complicarsi per il sopraggiungere di difficoltà*] s'embrouiller: *la faccenda si sta imbrogliando* l'affaire s'embrouille # *il tempo s'imbroglia* [*si guasta, minaccia un temporale*] le temps se brouille **3** (*persone*) [*confondersi, smarrirsi*] s'embrouiller: *s'imbroglia spesso nei calcoli* il s'embrouille souvent dans ses calculs; *voleva mentire ma s'imbrogliò* il voulait mentir, mais il s'embrouilla → **sbagliar(si)** # *per il troppo vino la lingua gli si imbrogliava* il avait la langue embarrassée pour avoir trop bu (de vin).

imbrogliàta |imbroʎ'ʎata| *s.f.* [*inganno, truffa*] tromperie, duperie → **imbroglio** # *mi ha dato una solenne imbrogliata* il m'a proprement roulé, bien eu (*fam.*).

imbrogliàto |imbroʎ'ʎato| *agg.* **1** [*intricato, aggrovigliato*] emmêlé (*p.p.*): *districare un gomitolo imbrogliato* démêler une pelote emmêlée; *non è facile dipanare i fili di una matassa imbrogliata* il n'est pas facile de dévider un écheveau emmêlé **2** (*fig.*) [*confuso, arruffato, poco chiaro*] embrouillé, enchevêtré (*p.p.*): *mi trovo in una situazione imbrogliata* je me trouve dans une situation embrouillée, enchevêtrée; *non ha fatto altro che ripetere frasi e discorsi imbrogliati* il n'a fait que répéter des phrases et des propos embrouillés **3** (*fig.*) [*complicato, spinoso, difficile*] embrouillé: *sta tentando di risolvere un problema molto imbrogliato* il essaie de résoudre un problème très embrouillé.

imbròglio, i |im'brɔʎʎo, i| *s.m.* **1** [*groviglio, intrico*] enchevêtrement: *imbroglio di fili metallici, di catene, di funi* enchevêtrement de fils métalliques, de chaînes, de câbles; *imbroglio di numeri, di cifre, di appunti* enchevêtrement de nombres, de chiffres, de notes ◇ (*fig.*) [*intralcio, complicazione*] complication (*f.*): *sono sorti nuovi imbrogli a ritardare la pratica* de nouvelles complications ont surgi qui retardent l'affaire; *bisogna superare l'imbroglio per poter risolvere la situazione* il y a des complications à surmonter pour résoudre la situation **2** (*fig.*) [*questione o situazione confusa, difficile, equivoca*] embrouillamini (*fam.*): *voglio uscire da un simile imbroglio* je veux me tirer de cet embrouillamini # *s'è cacciato in un grosso imbroglio* il s'est mis dans de beaux draps **3** (*fig.*) [*inganno, raggiro, truffa*] escroquerie (*f.*): *fiutare l'imbroglio* flairer l'escroquerie; *la sua offerta nasconde un imbroglio* son offre masque une tentative d'escroquerie # *cadere in un imbroglio* se tromper **4** (*mar.*) cargue (*f.*): *imbrogli di penna, di gola* cargues de penne, de mâchoire.

imbroglioncèllo |imbroʎʎon'tʃɛllo| *s.* [*chi abitualmente perpetra piccoli imbrogli per trarne un utile personale*] coquin # *non ti fidare di quella donna, è un'imbroglioncella* ne te fie pas à cette femme, elle cherche seulement à te filouter ✦ (*agg.*) *guardati da quel ragazzo imbroglioncello!* fais attention à cet aimable filou!

imbroglióne |imbroʎ'ʎone| *s.* [*chi abitualmente vive di espedienti, ingannando e raggirando la gente*] filou *m.*, escroc (*m.*): *quel fornaio è un imbroglione* ce boulanger est un filou, un escroc; *quella donna agisce da imbrogliona* cette femme se conduit comme une personne malhonnête → **impostore, truffatore** ✦ *agg.* escroc *s.m.*, voleur*: *un industriale imbroglione* un industriel escroc, voleur.

imbrogliùccio, i |imbroʎ'ʎuttʃo, i| *s.m.* [*piccolo imbroglio*] micmac (*fam.*): *ogni tanto ti permetti qualche imbrogliuccio* tu te permets de temps en temps quelques micmacs.

imbronciàre |imbron'tʃare| **A** *v. intr.* (*aus.* '*essere*') (*raro*) [*fare il broncio, assumere un'espressione infastidita e contrariata*] faire (43) *tr.* la tête, bouder (*aus.* avoir): *è un bambino che imbroncia facilmente* c'est un enfant qui fait facilement la tête, qui boude facilement **B** *v.pron. intr.* IMBRONCIARSI [→ *tr.*] faire *tr.* la tête, bouder (*intr.*): *imbronciarsi per un nonnulla* faire la tête, bouder pour un rien; *come si imbroncia facilmente!* il boude pour un rien!

imbronciàto |imbron'tʃato| *agg.* [*che ha il broncio*; *che ha un atteggiamento di sdegnoso riserbo*] maussade: *quell'uomo ha sempre la faccia imbronciata* cet homme a toujours un visage maussade; *mi è sembrato imbronciato* il m'a semblé maussade ◇ [*nuvoloso, tendente al brutto*] *cielo imbronciato* ciel maussade.

imbrunàre |imbru'nare| *v.intr.* (*aus.* '*essere*') (*poet.*) → 1 **imbrunire.**

1 **imbrunìre** |imbru'nire| (197) **A** *v.intr.* (*aus.* '*essere*') [*diventare scuro*] s'assombrir *pron.*, se noircir (*pron.*): *il cielo imbrunisce* le ciel s'assombrit **B** *v. impers.* [*farsi sera, farsi notte*] faire (45) (*aus.* avoir) nuit: *già comincia a imbrunire* il commence déjà à faire nuit; *d'inverno imbrunisce presto* l'hiver, il fait nuit de bonne heure **C** *v.tr.* (*raro*) [*rendere bruno*] brunir (*corr.*): *il sole imbrunisce la pelle* le soleil brunit la peau → **scurire** **D** *v.pron. intr.* IMBRUNIRSI [*farsi bruno, scuro*] se ternir; brunir (*intr.*): *mi si è imbrunita l'argenteria* mon argenterie s'est ternie ‖ *la mia pelle comincia a imbrunirsi* je commence à brunir, ma peau se hâle.

2 **imbrunìre** |imbru'nire| *s.m. inv.* [*l'ora che segue il tramonto*; *crepuscolo*] tombée *f. var.* du jour, crépuscule *var.* ◇ *loc.* SULL'IMBRUNIRE, ALL'IMBRUNIRE [*verso sera*] à la tombée du jour, à la brune: *partimmo sull'imbrunire, all'imbrunire* nous partîmes à la tombée du jour, à la brune.

imbrutiménto |imbruti'mento| *s.m.* (*raro*) → **abbrutimento.**

imbrutìre |imbru'tire| (197) **A** *v.*

intr. (*aus.* '*essere*') (*raro*) [*divenire sim. a un bruto*] s'avilir *pron.* (*corr.*): *imbrutire nel vizio, nell'ignoranza* s'avilir dans le vice, dans l'ignorance → **abbrutire** **B** *v.pron. intr.* IMBRUTIRSI [→ *intr.*] sombrer (*intr.*): *quell'uomo s'imbrutisce sempre più nell'alcool* cet homme sombre de plus en plus dans l'alcool.

imbruttiménto |imbrutti'mento| *s.m.* (*raro*) [→ IMBRUTTIRE B; C] enlaidissement.

imbruttìre |imbrut'tire| (197) **A** *v.tr.* [*privare della grazia o della bellezza abituale*] enlaidir: *quelle decorazioni imbruttiscono la parete* ces décorations enlaidissent les murs; *i dispiaceri l'hanno imbruttita* les chagrins l'ont enlaidie ◇ [*deformare, deturpare*] *quel racconto imbruttisce la realtà* ce récit enlaidit la réalité; *quel cappello ti imbruttisce* ce chapeau t'enlaidit; *imbruttire un bel libro con pessime illustrazioni* enlaidir un beau livre avec de détestables illustrations **B** *v.intr.* (*aus.* '*essere*') [*diventar brutto*] enlaidir (*aus.* avoir): *in questi ultimi anni è assai imbruttita* ces dernières années, elle a terriblement enlaidi **C** *v.pron. intr.* IMBRUTTIRSI [→ *intr.*] enlaidir *intr.*, s'enlaidir: *s'è imbruttita tanto in questi ultimi tempi* elle a beaucoup enlaidi ces derniers temps ⓒ A **abbellire.**

imbruttito |imbrut'tito| *agg.* [*divenuto brutto, peggiorato nell'aspetto*] enlaidi *p.p.* # *il dolore le conferiva un aspetto imbruttito* la douleur l'enlaidissait ◇ [*deformato, alterato, deturpato*] *una rappresentazione imbruttita della realtà* une représentation enlaidie de la réalité.

imbucàre |imbu'kare| **A** *v.tr.* **1** (*detto di corrispondenza*) [*mettere nell'apposita cassetta postale, introdurre nella buca delle lettere*] mettre (71) à la boîte (aux lettres), mettre à la poste, poster: *imbucare una lettera, una cartolina, un plico* poster, mettre à la boîte, à la poste une lettre, une carte postale, un pli → 2 **impostare** ♦ (*ass.*) *sono andato a imbucare* je suis allé mettre (une lettre) à la boîte, à la poste; *mi sono dimenticato di imbucare* j'ai oublié d'aller mettre (une lettre) à la boîte, à la poste **2** (*raro*) [*infilare, nascondere in un buco*] fourrer (*corr.*) (dans un trou) ◇ (*per est.*) [*collocare, riporre in luoghi nascosti*] cacher, planquer (*pop.*): *quel nostro amico ha la mania di imbucare tutto* notre ami a la manie de tout cacher, de tout planquer # *chi lo sa dove ho imbucato i miei occhiali?* qui sait où j'ai fourré mes lunettes? **B** *v. pron. rifl.* IMBUCARSI (*raro*) [*infilarsi in una buca*] se fourrer (*corr.*), se nicher (*corr.*) ◇ (*per est.*) [*nascondersi in luoghi inconsueti e fuori mano*] *dove si saranno imbucati i nostri amici?* où nos amis seront-ils allés se perdre, se fourrer?

imbudellàre |imbudel'lare| *v.tr.* [*insaccare carne tritata in un budello*] mettre (71) dans un boyau: *oggi sono state imbudellate le salsicce* aujourd'hui on a mis la chair à saucisse dans des boyaux.

imbuggeràrsi |imbuddʒe'rarsi| *v. pron. intr.* (*volg.*) [*infischiarsi, non curarsi*] se foutre* (*fam.*) de, se ficher de.

imbullettàre |imbullet'tare| *v.tr.* [*fissare con bullette*] clouer, fixer avec des clous: *imbullettare le suole delle scarpe* clouer les semelles des chaussures ◇ [*guarnire di bullette o di borchie*] garnir de clous, clouter: *imbullettare il rivestimento di un divano, di una poltrona* garnir de clous, clouter le revêtement d'un divan, d'un fauteuil.

imbullettàto |imbullet'tato| *agg.* [*fissato, chiodato con bullette*] clouté: *ho comprato un paio di scarpe con le suole imbullettate* j'ai acheté une paire de chaussures avec des semelles cloutées ◇ [*guarnito di borchie o di bullette*] *quel ragazzo porta sempre cinture imbullettate* ce garçon porte toujours des ceintures cloutées → **borchiato.**

imbullettatùra |imbulletta'tura| *s.f.* [→ IMBULLETTARE] cloutage *m.*

imbullonàre |imbullo'nare| *v.tr.* [*fissare, collegare mediante bulloni*] boulonner: *imbullonare due laminati* boulonner deux laminés.

imburràre |imbur'rare| *v.tr.* **1** [*spalmare di burro*] beurrer: *imburrare il pane, i crostini, il fondo di una teglia* beurrer du pain, des croûtons, le fond d'un plat à rôti ◇ (*raro*) [*condire con burro*] assaisonner avec du beurre: *imburrare la pasta, il riso* assaisonner les pâtes, le riz avec du beurre **2** (*fig., fam., region.*) [*lodare, adulare*] flatter → **incensare, leccare.**

imburràto |imbur'rato| *agg.* [*coperto, spalmato di burro*] beurré (*p.p.*): *pane imburrato* pain beurré ◇ (*raro*) [*condito con burro*] assaisonné de beurre.

imbuscheràrsi |imbuske'rarsi| *v. pron. intr.* (*raro, fam.*) [*infischiarsi, ridersi*] se ficher de, se moquer de (*corr.*).

imbussolaménto |imbussola'mento| *s.m.* (*raro*) [→ IMBUSSOLARE 1] mise *f.* dans l'urne: *l'imbussolamento delle schede elettorali* la mise dans l'urne des bulletins de vote.

imbussolàre |imbusso'lare| *v.tr.* **1** [*introdurre in un'urna biglietti, schede e sim. per l'estrazione a sorte*] mettre (71) dans l'urne: *imbussolare i numeri da sorteggiare* mettre dans l'urne les numéros à tirer au sort **2** → **imbossolare.**

imbutifórme |imbuti'forme| *agg.* [*che ha forma di imbuto*] en entonnoir *loc. inv.* ◇ (*bot.*) *corolla imbutiforme* corolle infundibuliforme.

imbutìre |imbu'tire| (197) *v.tr.* (*tecnol.*) [*dare forma cava a una lastra metallica piena mediante imbutitura*] emboutir: *imbutire una lamiera* emboutir une tôle.

imbutitrice |imbuti'tritʃe| *s.f.* (*tecnol.*) emboutisseuse.

imbutitóre |imbuti'tore| *s.m.* [*operaio addetto all'imbutitura*] emboutisseur.

imbutitùra |imbuti'tura| *s.f.* (*tecnol.*) emboutissage (*m.*): *imbutitura profonda* emboutissage profond; *imbutitura alla pressa* emboutissage à la presse; *imbutitura al tornio* emboutissage au tour.

imbùto |im'buto| *s.m.* [*arnese a forma di cono rovesciato, terminante con un cannello cavo*] entonnoir ◇ *loc. agg.* A IMBUTO en entonnoir: *calzoni a imbuto* pantalon à pattes d'éléphant; *portava un bel cappellino a imbuto* elle portait un beau petit chapeau en forme d'entonnoir.

imbuzzàre |imbud'dzare| *v.tr.* e *pron.* → **rimpinzare.**

1 **imène** |i'mεne| *s.m.* (*anat.*) hymen.

2 **imène** |i'mεne| *s.m.* (*fig., lett.*) [*nozze*] hymen, hyménée.

imenèo |ime'nεo| *s.m.* **1** (*letter. gr., lat.*) hyménée: *intonare un imeneo* entonner un chant d'hyménée **2** *spec. al plur.* (*fig., lett.*) [*nozze, matrimonio*] hyménée *sing.*, hymen (*sing.*): *celebrare gli imenei* célébrer l'hyménée.

imeniàle |ime'njale| *agg.* (*bot.*) hyménial*: *strato imeniale* couche hyméniale.

imènio, i |i'mεnjo, i| *s.m.* (*bot.*) hyménium.

imeno- |imeno| *pref.* (*significa* '*membrana, imene, imenio*', *corrisponde gener. a*) hymén(o): *Imenotteri* Hyménoptères.

Imenòtteri |ime'nɔtteri| *s.m.pl.* (*t. zool.*) Hyménoptères.

imitàbile |imi'tabile| *agg.* [→ IMITARE 1, 2] imitable: *stile, tecnica facilmente imitabile* style, technique facilement imitable ◇ (*per est.*) digne d'être imité, à suivre (*loc. inv.*): *contegno, azione imitabile* conduite, action digne d'être imitée; *esempio imitabile* exemple à suivre.

imitàre |imi'tare| *v.tr.* **1** [*riprodurre o tentare di riprodurre con la maggiore approssimazione possibile*] imiter: *imitare lo stile di uno scrittore* imiter le style d'un écrivain; *è un autore imitato da molti ma da nessuno uguagliato* c'est un écrivain imité par beaucoup mais que personne n'égale; *imitare l'antico* [*fabbricare mobili, gioielli e sim. di stile antico*] imiter l'ancien ◇ [*adeguare la propria personalità a un determinato modello; prendere a modello di comportamento*] *imitare l'esempio, le azioni degli uomini giusti* imiter l'exemple, les actions des hommes justes; *imitare il proprio padre* imiter son père → **seguire** **2** [*contraffare, simulare, fingere*] contrefaire (45): *imitare i gesti, la voce di un amico* contrefaire les gestes, la voix d'un ami ◇ [*scimmiottare*] imiter: *imitare modi altrui* imiter les manières des autres; *la scimmia imita i gesti dell'uomo* le singe imite les gestes de l'homme ◇ [*copiare, falsificare*] *imitare un brevetto* imiter, falsifier un brevet **3** [*rassomigliare, possedere uguale aspetto o carattere*] imiter: *questo vetro imita l'alabastro* ce verre imite l'albâtre; *questa fibra sintetica imita la seta* cette fibre synthétique imite la soie; *stoffa che imita il velluto, la pelliccia* tissu qui imite le velours, la fourrure.

imitativo |imita'tivo| *agg.* **1** d'imitation *loc. inv.*; imitatif*: *gesto imitativo* geste d'imitation ‖ *armonia imitativa* harmonie imitative **2** [*che concerne l'imitazione; di imitazione*] d'imitation: *capacità imitativa* capacité d'imitation; *doti imitative* dons d'imitation.

imitatóre, trice |imita'tore, tritʃe| *s.* **1** imitateur*: *è uno scrittore che ha molti imitatori* c'est un écrivain qui a beaucoup d'imitateurs ♦ (*agg.*) *abilità imitatrice* habileté imitatrice **2** [*artista dello spettacolo specializzato nel riprodurre, mediante contraffazione, gesti, voci o rumori caratteristici*] imitateur: *in quello spettacolo di varietà lavorano abili imitatori* d'habiles imitateurs se produisent dans ce spectacle de variétés **3** [*artigiano che copia prodotti od opere originali*] imitateur: *un imitatore in legno* un imitateur de bois;

un imitatore in marmo un imitateur de marbre.
imitazióne |imitat'tsjone| *s.f.* **1** imitation: *imitazione servile* imitation servile; *i bambini hanno l'istinto d'imitazione* les enfants ont l'instinct d'imitation # *la sua virtù è da proporre all'imitazione di tutti* sa vertu est à donner en exemple à tout le monde ◇ (*per anal.*) *l'Imitazione di Cristo* [*libro di pietà del cattolicesimo*] l'Imitation de Jésus Christ **2** [*l'oggetto o il prodotto che si ottiene imitando*] imitation: *una perfetta imitazione del marmo, del velluto, di una pelliccia* une parfaite imitation du marbre, du velours, de la fourrure; *è un'imitazione della ceramica antica molto ben riuscita* c'est une imitation de la céramique ancienne très bien réussie **3** (*mus.*) imitation: *imitazione per modo retrogrado* imitation par mode rétrograde; *imitazione all'unisono* imitation à l'unisson.
immacolàto |immako'lato| *agg.* **1** sans tache *loc. inv.*, immaculé: *condurre una vita immacolata* mener une vie sans tache; *conservare immacolato il proprio nome, l'onore* conserver son nom, son honneur immaculés → **incontaminato, puro** ◇ (*teol. catt.*) *Immacolata Concezione* Immaculée Conception; *l'Immacolata* [*epiteto di Maria Vergine*] la Vierge immaculée; *la festa dell'Immacolata* la fête de la Vierge immaculée **2** [*di un bianco abbagliante; candido*] immaculé: *neve immacolata* neige immaculée; *biancheria immacolata* linge immaculé.
immagazzinàbile |immagaddzi'nabile| *agg.* [→ IMMAGAZZINARE 1] qu'on peut emmagasiner (*loc.*): *merci immagazzinabili* marchandises qu'on peut emmagasiner, stocker.
immagazzinaménto |immagaddzina'mento| *s.m.* [→ IMMAGAZZINARE 1] emmagasinage, stockage: *immagazzinamento del grano* emmagasinage du blé; *immagazzinamento di merci* emmagasinage de marchandises, stockage.
immagazzinàre |immagaddzi'nare| *v.tr.* **1** [*riporre, raccogliere in magazzino*] emmagasiner: *immagazzinare il riso, lo zucchero, il cotone* emmagasiner du riz, du sucre, du coton **2** (*per est.*) [*accumulare, concentrare*] *immagazzinare salute, energie* faire (45) provision de santé, d'énergie ◇ (*fig.*) [*accogliere nella propria mente, spec. in modo disordinato e confuso*] *immagazzinare nozioni, idee* emmagasiner des notions, des idées.
immaginàbile |immadʒi'nabile| *agg.* **1** [→ IMMAGINARE 1] imaginable: *compiere tutti gli sforzi possibili e immaginabili* faire tous les efforts possibles et imaginables; *un simile crimine non è neppure immaginabile* un tel crime n'est même pas imaginable → **pensabile, concepibile** ✦ (*s.m.*) *l'immaginabile* l'imaginable **2** (*per est., spec. in frasi neg.*) [*che si può credere, ammettere*] imaginable: *non è neppure immaginabile che tu possa vincere* il n'est même pas imaginable que tu puisses gagner.
immaginàre |immadʒi'nare| *v.tr.* **1** [*rappresentarsi, raffigurarsi con la mente un oggetto del pensiero*] imaginer: *immagina due cerchi concentrici* imagine deux cercles concentriques; *immaginate un uomo enorme* imaginez un homme énorme ◇ [*vedere, concepire con la fantasia, con la mente*] *non riesco a immaginare cosa succederebbe se non ci fossi tu* je n'arrive pas à m'imaginer ce qui arriverait si tu n'étais pas là; *è la più grande sciagura che si possa immaginare* c'est le plus grand malheur qu'on puisse s'imaginer ◇ (*fam.*) (*serve a dare colorito e vivacità ad una narrazione*) *immaginate se potevo rifiutare un'offerta simile!* pensez si je pouvais refuser une offre pareille!; *immagina come sono rimasto male!* imagine la tête que j'ai faite! ✦ (*ass.*) (*si usa come cortese neg.*) *'disturbo se fumo?' 's'immagini!'* 'est-ce que je vous gêne, vous incommode si je fume?' 'mais pas du tout!, pensez-vous!' ◇ (*usato come calorosa risposta*) *'vuoi dunque davvero far parte del nostro gruppo?' 'immaginatevi!'* 'veux-tu donc faire vraiment partie de notre groupe?' '(mais) bien sûr!'; *'possiamo entrare?' 'immaginatevi!'* 'pouvons-nous entrer?' 'mais, bien sûr!' **2** [*ideare, escogitare*] imaginer: *chi ha immaginato un apparecchio così perfetto?* qui a imaginé un appareil aussi parfait?; *ha tentato tutti gli espedienti che si potevano immaginare* il a essayé tous les moyens que l'on pouvait imaginer ◇ [*rappresentarsi con la fantasia*] *immaginava paesi di sogno* il imaginait des pays de rêve; *immaginava di essere tornato bambino* il imaginait qu'il était redevenu enfant → **fantasticare** ◇ (*riferito all'attività poetica*) *l'Ariosto immagina che Astolfo salga sulla Luna a cavallo dell'ippogrifo* l'Arioste imagine qu'Astholphe va sur la Lune à cheval sur l'hippogriffe **3** [*credere, ritenere, supporre*] imaginer: *i fatti non stanno così come voi li immaginate* les faits ne sont pas tels que vous les imaginez; *immagino che abbia già portato a termine il lavoro* j'imagine qu'il a déjà terminé son travail; *immaginavo che tutti fossimo d'accordo* j'imaginais, je pensais que nous étions tous d'accord; *immagino che voi scherziate* j'imagine, je veux croire que vous plaisantez → **presumere, credere** ◇ [*intuire, prevedere*] *immagino già quale sarà l'esito di tale incontro* j'imagine déjà quel sera le résultat d'une telle rencontre; *vedendolo, immaginai subito le sue intenzioni* en le voyant, j'imaginai, je saisis tout de suite ses intentions ◇ [*illudersi*] *s'immagina di poter riuscire in ogni sua iniziativa* il s'imagine (pouvoir) réussir dans toutes ses initiatives; *chissà cosa immaginava di trovare!* qui sait ce qu'il s'imaginait trouver! ✦ *s.m. inv.* (*lett.*) [*immaginazione, pensiero*] imagination *f. var.*
immaginariaménte |immadʒinarja'mente| *avv.* [*in modo immaginario, per via d'immaginazione*] en imagination *loc. inv.*, par l'imagination *loc. inv.*
immaginàrio, i |immadʒi'narjo, i| *agg.* **1** imaginaire: *personaggio immaginario* personnage imaginaire; *timori, malattie, dolori immaginari* craintes, maladies, douleurs imaginaires; *necessità immaginarie* besoins imaginaires **2** (*mat.*) imaginaire: *numero immaginario* nombre imaginaire; *immaginario puro* nombre imaginaire pur; *retta immaginaria* ligne imaginaire; *punto, piano immaginario* point, plan imaginaire.
immaginatìva |immadʒina'tiva| *s.f.* [*la facoltà dell'immaginare; fantasia*] imagination: *è un ragazzo di grande immaginativa* c'est un garçon doué d'une grande imagination → **inventiva.**
immaginatìvo |immadʒina'tivo| *agg.* **1** d'imagination (*loc. inv.*): *forza, facoltà immaginativa* force, pouvoir d'imagination **2** [*che è dotato d'immaginazione vivace*] imaginatif*: *è uno scrittore molto immaginativo* c'est un écrivain très imaginatif → **fantastico.**
immaginàto |immadʒi'nato| *agg.* **1** [*ideato, escogitato, inventato con la mente*] imaginé: *l'apparecchio immaginato è irrealizzabile* l'appareil imaginé est irréalisable; *tutti gli espedienti immaginati sono falliti* tous les expédients imaginés ont échoué **2** [*pensato, supposto, presunto*] imaginé: *la situazione immaginata è molto diversa dalla realtà* la situation imaginée est très différente de la réalité ◇ [*intuito, previsto*] imaginé, prévu: *l'esito immaginato non si è verificato* le résultat imaginé, prévu ne s'est pas vérifié.
immaginazióne |immadʒinat'tsjone| *s.f.* **1** imagination: *opera d'immaginazione* œuvre d'imagination; *immaginazione viva, calda, feconda, povera, scarsa* imagination vive, ardente, fertile, pauvre, stérile; *potenza, freschezza d'immaginazione* puissance, fraîcheur d'imagination; *avere immaginazione* avoir de l'imagination; *esercitare l'immaginazione* exercer son imagination; *queste idee sono frutto della sua immaginazione malata* ces idées sont le fruit de son imagination malade → **fantasia** **2** [→ IMMAGINARE 1, 2] imagination **3** [*la cosa immaginata*] imagination: *in tutto ciò non c'è ombra di verità, è tutta immaginazione* dans tout cela il n'y a pas l'ombre de vérité, c'est pure imagination; *la realtà supera l'immaginazione* la réalité dépasse l'imagination → **invenzione.**
immàgine |im'madʒine| *s.f.* **I** (*concr.*) **1** image: *immagine rimpicciolita, ingrandita* image rapetissée, agrandie; *si vedeva la sua immagine riflessa nell'acqua* il voyait son image se refléter dans l'eau ◇ (*per anal.*) *l'immagine della voce* [*l'eco*] l'écho *m.* de la voix **2** (*ott.*) image: *immagine reale, virtuale, elettronica* image réelle, virtuelle, électronique ◇ (*foto.*) *immagine latente, visibile* image latente, visible **3** [*rappresentazione, raffigurazione grafica o plastica di un oggetto*] image: *immagine dipinta, disegnata, di bronzo, di cera* image peinte, dessinée, en bronze, en cire; *immagine ben riuscita, viva, parlante* image bien réussie, vivante, parlante ◇ [*illustrazione*] *è un libro ricco di immagini* c'est un livre riche en images ◇ [*figura dipinta o scolpita come oggetto di culto*] *il culto delle immagini* le culte des images; *immagini votive, sacre* images votives, sacrées; *l'immagine dei santi, della Vergine, di Cristo, degli dei* l'image des saints, de la Vierge, du Christ, des dieux → **simulacro, effigie** ◇ (*st. rom.*) *immagini degli antenati* images des ancêtres **4** (*per est.*) [*riproduzione* (*esatta o molto somigliante*) *di un essere o di una cosa*] image: *quella ragazza è l'immagine vivente di sua nonna* cette fille est l'image vivante de sa grand-mère; *l'uomo è fatto a im-*

magine e somiglianza di Dio l'homme est fait à l'image et à la ressemblance de Dieu; *questo racconto è solo una vaga immagine della realtà* ce récit ne donne qu'une vague image de la réalité → **ritratto, 1 copia** **5** (*per est., fig.*) [*rappresentazione concreta e sensibile di uno o più elementi astratti o indefinibili*] image: *quella donna è l'immagine del dolore e della disperazione* cette femme est l'image de la douleur et du désespoir; *quel giovane è l'immagine della giovinezza e della salute* ce jeune est l'image (même) de la jeunesse et de la santé; *il pensiero è l'immagine dell'anima* la pensée est l'image de l'âme → **emblema** ◇ [*rappresentazione simbolica*] *l'automobile è l'immagine del benessere* l'automobile est le signe *m.*, le symbole *m.* de l'aisance → **simbolo** ◇ [*rappresentazione letteraria o artistica della realtà fatta con vivacità ed efficacia*] *quello scrittore ha uno stile ricco d'immagini* cet écrivain a un style riche en images **6** (*mat.*) image **7** (*zool.*) imago *m.* **II** (*astratto*) **1** [*riproduzione, raffigurazione mentale o affettiva di ciò che è esistito o esiste realmente fuori di noi*] image: *serba viva nel cuore l'immagine della madre* elle conserve dans son cœur l'image vivante de sa mère; *conservare un'immagine sbiadita del passato, di un luogo* conserver une pâle image du passé, d'un lieu; *cancellare le immagini del tempo felice* effacer les images des temps heureux → **ricordo** **2** [*visione, apparizione; prodotto dell'immaginazione*] image: *ho avuto un sonno popolato di immagini angosciose* j'ai eu un sommeil peuplé d'images angoissantes.

immaginóso |immadʒi'noso| *agg.* **1** [*che è dotato di immaginazione feconda, di fantasia vivace*] imaginatif*: *scrittore, romanziere immaginoso* écrivain, romancier imaginatif **2** [*che è ricco di immagini*] imagé: *stile immaginoso* style imagé; *racconto immaginoso* récit imagé.

im(m)àgo |i'm(m)ago| *s.f. inv.* (*arc., lett.*) → **immagine.**

immalinconire |immalinko'nire| (197) **A** *v.tr.* [*far diventare malinconico*] rendre (53) mélancolique, attrister: *il tramonto mi immalinconisce* le coucher du soleil me rend mélancolique, m'attriste **B** *v. intr.* (*aus. 'essere'*) [*diventare malinconico*] devenir (27) mélancolique, tomber dans la mélancolie: *il nonno immalinconisce sempre di più* le grand-père devient de plus en plus mélancolique **C** *v.pron. intr.* IMMALINCONIRSI [→ *intr.*] devenir *intr.* mélancolique, s'attrister: *di sera, lei s'immalinconisce spesso* le soir, elle devient souvent mélancolique.

immalizzire |immalit'tsire| (197) **A** *v.intr.* (*aus. 'essere'*) [*diventare malizioso*] devenir (27) malicieux*: *in quell'ambiente è immalizzito* dans ce milieu, il est devenu malicieux **B** *v.tr.* (*raro*) [*rendere malizioso*] rendre (53) malicieux (*corr.*).

immancàbile |imman'kabile| *agg.* **1** immanquable: *l'immancabile pranzo fra amici* l'immanquable repas entre amis **2** [*sicuro, inevitabile*] certain: *un buon risultato è immancabile* un bon résultat est certain.

immancabilménte |immankabil'mente| *avv.* [→ IMMANCABILE] sans faute (*loc. inv.*): *verrò immancabilmente giovedì* je viendrai jeudi sans faute.

immàne |im'mane| *agg.* **1** [*terribile, molto grave*] épouvantable, horrible: *l'immane flagello della guerra* l'épouvantable, l'horrible fléau de la guerre **2** (*lett.*) [*di enorme, smisurata grandezza*] énorme (*corr.*): *montagna immane* montagne énorme ◇ (*fig.*) *superare difficoltà immani* surmonter d'énormes difficultés.

immanènte |imma'nɛnte| *agg.* (*filos.*) immanent: *principio immanente alla natura* principe immanent à la nature; *causa immanente* cause immanente ◇ [*che è e resta nella natura e nell'uomo*] *valori immanenti* valeurs immanentes.

immanentismo |immanen'tizmo| *s.m.* (*filos., relig. catt.*) immanentisme.

immanènza |imma'nɛntsa| *s.f.* (*filos.*) immanence: *principio d'immanenza* principe d'immanence.

immangiàbile |imman'dʒabile| *agg.* immangeable: *una pietanza immangiabile* un plat immangeable.

immanità |immani'ta| *s.f. inv.* [*enormità mostruosa*] énormité *var.*, monstruosité (*var.*): *l'immanità della tragedia* l'énormité, la monstruosité de la tragédie.

immantinènte |immanti'nɛnte| *avv.* (*lett.*) → **immediatamente.**

immarcescibile |immartʃeʃ'ʃibile| *agg.* (*lett.*) immarcescible: *sostanza immarcescibile* substance immarcescible ◇ (*fig., lett.*) [*incorruttibile, durevole*] *fama immarcescibile* renommée immarcescible.

immaterïale |immate'rjale| *agg.* **1** immatériel*: *l'anima è una realtà immateriale* l'âme est une réalité immatérielle ◇ (*dir.*) *beni immateriali* biens immatériels **2** (*per est.*) [*spirituale, delicato*] immatériel: *è di una leggerezza immateriale* c'est d'une légèreté immatérielle.

immaterialismo |immaterja'lizmo| *s.m.* (*st. filos.*) immatérialisme.

immaterialista |immaterja'lista| *s.* (*st. filos.*) immatérialiste *m.*

immaterialità |immaterjali'ta| *s.f. inv.* immatérialité (*var.*): *l'immaterialità dell'anima* l'immatérialité de l'âme; # *l'immaterialità dei toni coloristici di un quadro* l'apparence immatérielle des nuances dans le coloris d'un tableau.

immatricolàre |immatriko'lare| **A** *v.tr.* [*iscrivere su un registro con un numero di matricola*] immatriculer: *immatricolare un'auto* immatriculer une auto **B** *v.pron. rifl.* IMMATRICOLARSI [*registrarsi nella matricola*] s'inscrire (51): *si è immatricolato al 1 anno d'università* il s'est inscrit en première année à l'université.

immatricolazióne |immatrikolat'tsjone| *s.f.* [→ IMMATRICOLARE] immatriculation; inscription: *l'immatricolazione di un automobile* l'immatriculation d'une automobile ‖ *l'immatricolazione all'università* l'inscription à l'université.

immaturaménte |immatura'mente| *avv.* [→ IMMATURO 4] prématurément.

immaturità |immaturi'ta| *s.f. inv.* **1** (*persone*) [*situazione di chi non ha ancora raggiunto un pieno sviluppo*] immaturité (*var.*): *l'immaturità di un ragazzo* l'immaturité d'un garçon; *l'immaturità di un popolo* l'immaturité d'un peuple; *immaturità politica* immaturité politique **2** (*med.*) immaturité **3** [*precocità*] immaturité: *l'immaturità di una decisione* l'immaturité d'une décision.

immatùro |imma'turo| *agg.* **1** (*fig.*) [*che non ha ancora raggiunto un pieno sviluppo o equilibrio*] qui n'est pas mûr *loc.*, qui manque de maturité *loc.*, manquant *p. pres.* de maturité: *giovane immaturo* jeune qui n'est pas mûr, qui manque de maturité; *mente immatura* esprit qui manque de maturité; *uomo immaturo* homme manquant de maturité; *studente immaturo* étudiant manquant de maturité **2** (*raro*) (*di frutto ancora acerbo*) vert, pas mûr **3** (*med.*) immature **4** (*fig.*) [*prematuro rispetto alla norma*] prématuré: *nascita, morte immatura* naissance, mort prématurée ◇ (*per anal.*) *evento immaturo* [*non ancora attuabile*] événement prématuré Ⓒ 1; 2 **maturo.**

immedesimàre |immedezi'mare| **A** *v.tr.* [*fondere, unire*] identifier: *immedesimare due concetti in una sola teoria* identifier deux concepts à une seule théorie **B** *v.pron. rifl.* IMMEDESIMARSI [*fare tutt'uno con qc. o q.c.*] s'identifier # *si è immedesimato bene nel personaggio* il est bien entré dans la peau de son personnage; *si sono immedesimati nella gioia degli altri* ils se sont associés à la joie des autres.

immedesimazióne |immedezimat'tsjone| *s.f.* [→ IMMEDESIMARE] identification: *l'immedesimazione degli attori nella loro parte* l'identification des acteurs dans leur rôle.

immediataménte |immediata'mente| *avv.* [→ IMMEDIATO 1] immédiatement, tout de suite *loc. inv.*; directement: *ha risposto immediatamente* il a répondu immédiatement, tout de suite ‖ *la stanza dà immediatamente sul giardino* la chambre donne directement sur le jardin ◇ (*loc.*) *venire immediatamente dopo* venir tout de suite après, aussitôt après.

immediatézza |immedja'tettsa| *s.f.* [*estrema rapidità e tempestività*] rapidité: *ho ammirato l'immediatezza della tua decisione* j'ai admiré la rapidité de ta décision, combien ta décision avait été instantanée.

immediàto |imme'djato| *agg.* **1** immédiat: *intervento, soccorso immediato* intervention immédiate, secours immédiat; *pagamento immediato* paiement immédiat ◇ (*fig.*) [*impulsivo, precipitoso*] *è stata una decisione immediata e frettolosa* ce fut une décision immédiate et hâtive **2** [*che si produce senza mediazioni; diretto*] immédiat, direct: *contatto immediato* contact immédiat, direct; *nelle immediate vicinanze* dans le voisinage immédiat; *superiore immediato* supérieur immédiat.

immelanconire |immelanko'nire| (197) *v.tr., intr.* (*aus. 'essere'*) *e pron.* → **immalinconire.**

immelensire |immelen'sire| (197) **A** *v.tr.* [*rendere melenso*] rendre (53) idiot, abêtir: *la vecchiaia l'ha immelensito* la vieillesse l'a rendu idiot, l'a abêti **B** *v.intr.* (*aus. 'essere'*) [*diventare melenso*] devenir (27) idiot, s'abrutir (*pron.*): *col passare degli anni è immelensito notevolmente* avec l'âge il est devenu tout à fait idiot, il s'est considérablement abruti.

immelmàrsi |immel'marsi| *v.pron.*

rifl. [*affondare, sporcarsi nel fango*] s'embourber: *immelmarsi in un acquitrino* s'embourber dans un marécage; *immelmarsi nella mediocrità* s'embourber dans la médiocrité.

immemoràbile |immemo'rabile| *agg.* [*tanto remoto da non poter essere ricordato*] immémorial*: *un fatto immemorabile* un fait immémorial; *da tempo immemorabile* de temps immémorial, de tout temps.

immèmore |im'mɛmore| *agg.* [*che non ricorda q.c.*] oublieux*: *immemore dei favori ricevuti* oublieux des services reçus; *immemore di quello che gli avevano raccomandato* oublieux de ce qu'ils lui avaient recommandé ◇ [*ingrato*] *si era dimostrato immemore verso sua madre* il s'était démontré oublieux, ingrat envers sa mère.

immensaménte |immensa'mente| *avv.* **1** [→ IMMENSO I 1] immensément: *terre immensamente estese* terres immensément étendues **2** [→ IMMENSO I 2] immensément: *persona immensamente ricca* personne immensément riche; *piazza immensamente vasta* place immensément grande ◇ (*fig.*) *amare immensamente qc.* aimer immensément, énormément qqn.

immensità |immensi'ta| *s.f. inv.* **1** immensité (*var.*): *l'immensità del cielo* l'immensité du ciel; *l'immensità del suo amore* l'immensité de son amour; *perdersi nell'immensità* se perdre dans l'immensité **2** [*grande quantità*] infinité (*var.*): *un'immensità di grattacapi* une infinité de soucis; *l'immensità dei suoi beni* l'infinité de se biens.

immènso |im'mɛnso| **I** *agg.* **1** immense: *le immense distese degli oceani* les immenses étendues des océans; *gli immensi spazi celesti* les immenses espaces célestes **2** [*di grande estensione o entità*] immense: *una casa immensa* une immense maison; *un'immensa ricchezza* une immense richesse ◇ (*fig.*) [*di eccezionale entità*] *bontà immensa* immense bonté; *dolore, sacrificio immenso* douleur, sacrifice immense **II** *s.m.* (*poet.*) [*l'immensità*] immensité *f.* (*corr.*): *perdersi nell'immenso* se perdre dans l'immensité; *naufragare nell'immenso* faire naufrage dans l'immensité.

immensuràbile |immensu'rabile| *agg.* (*raro*) incommensurable (*corr.*): *altezza immensurabile* hauteur incommensurable; *odio immensurabile* haine incommensurable.

immèrgere |im'mɛrdʒere| (114) **A** *v.tr.* **1** [*introdurre q.c. in un liquido*] plonger (3), tremper: *immergere le mani nell'acqua* plonger, tremper ses mains dans l'eau; *immergere la pellicola nel bagno* (*fotografico*) plonger la pellicule dans le bain **2** [*far penetrare, conficcare*] plonger, enfoncer (2): *immerse la spada nel corpo del nemico* il plongea, enfonça son épée dans le corps de son adversaire → **affondare** **B** *v.pron. rifl.* IMMERGERSI **1** [→ *tr.* 1] se plonger: *si era immerso nell'acqua* il s'était plongé dans l'eau ◇ (*per est.*) [*penetrare, introdursi in un ambito particolare*] *immergersi nel folto di un bosco* s'enfoncer au cœur d'une forêt; *immergersi nel buio* se plonger dans l'obscurité; *immergersi tra la folla* se plonger dans la foule **2** [*lasciarsi andare a q.c.; essere completamente assorbito da q.c.*] se plonger, s'enfoncer: *immergersi nel riposo, nel sonno* se plonger, s'enfoncer dans le repos, dans le sommeil; *immergersi nello studio, nel lavoro* se plonger dans l'étude, dans le travail **3** [*scendere sotto una superficie d'acqua* (*spec. detto di sommergibili*)] plonger (*intr.*): *il sommergibile s'immerse rapidamente* le sous-marin plongea rapidement; *il palombaro s'immerse* le scaphandrier plongea.

immerita(ta)ménte |immerita(ta)'mente| *avv.* [→ IMMERITATO] injustement: *lo hanno immeritatamente punito* ils l'ont puni injustement # *è stato lodato immeritatamente* on lui a décerné des louanges qu'il ne méritait pas.

immeritàto |immeri'tato| *agg.* immérité: *un elogio immeritato* un éloge immérité; *un'immeritato rimprovero* un reproche immérité.

immeritévole |immeri'tevole| *agg.* [*non meritevole*] indigne: *persona immeritevole di aiuto, di comprensione* personne indigne de notre aide, de notre compréhension; personne qui ne mérite pas nostre aide, notre compréhension → **indegno.**

immeritevolménte |immeritevol'mente| *avv.* → **immerita(ta)mente.**

immersióne |immer'sjone| *s.f.* **1** [→ IMMÈRGERE A 1] immersion; plongée: *controllare l'immersione di un solido* contrôler l'immersion d'un solide ‖ *fare un'immersione in apnea* faire une plongée en apnée ◇ (*loc.*) *linea d'immersione* ligne de flottaison ~ *battesimo per immersione* baptême par immersion ~ *navigare in immersione* naviguer en plongée ~ *gara d'immersione* compétition de plongée **2** (*astron., geol.*) immersion.

immèrso |im'mɛrso| *agg.* **1** [*introdotto, sprofondato in un liquido*] immergé: *terre immerse* terres immergées; *la parte immersa di una nave* la partie immergée d'un navire **2** [*che è introdotto, sprofondato in un ambito particolare*] plongé (*p.p.*): *casa immersa nel buio* maison plongée dans l'obscurité **3** [*profondamente assorbito*] plongé: *persona immersa nelle preoccupazioni, nel lavoro, nel sonno* personne plongée dans les soucis, dans le travail, dans le sommeil.

immèttere |im'mettere| (155) **A** *v.tr.* [*introdurre, far entrare*] introduire (75): *immettere aria, ossigeno nei polmoni* introduire de l'air, de l'oxygène dans les poumons; *immettere un prodotto nuovo sul mercato* introduire un nouveau produit sur le marché → **lanciare**; *immettere il pubblico nel teatro* introduire le public dans le théâtre ◇ (*dir.*) *immettere qc. nel possesso di un bene* mettre en possession d'un bien **B** *v.pron. intr.* IMMETTERSI [*introdursi, insinuarsi*] s'engager (3); s'insinuer: *immettersi nella corsia di destra* s'engager dans la voie de droite ‖ *immettersi nella discussione* s'insinuer dans la discussion; *immettersi tra la folla* s'insinuer, se glisser dans la foule.

immigrànte |immi'grante| *agg.* immigrant: *popoli immigranti* peuples immigrants ✦ (*s.*) *un immigrante* un immigrant.

immigràre |immi'grare| *v.intr.* (*aus. 'essere'*) [*entrare in uno Stato straniero o in un'altra zona del proprio Paese per viverci*] immigrer (*aus.* avoir): *immigrare per motivi di lavoro* immigrer pour des raisons de travail; *è immigrato solo temporaneamente* il a immigré seulement temporairement ◇ (*di capitale che entra dall'estero in uno Stato*) *in Svizzera immigrano i capitali italiani* les capitaux italiens immigrent en Suisse.

immigràto |immi'grato| *agg.* immigré: *fare uno studio sui popoli immigrati* faire une étude sur les peuples immigrés ✦ (*s.*) *un immigrato* un immigré **[C]** **emigrato.**

immigrazióne |immigrat'tsjone| *s.f.* [→ IMMIGRARE] immigration: *immigrazione interna* immigration intérieure; *immigrazione per motivi di lavoro* immigration pour des raisons de travail; *ufficio immigrazione* office d'immigration.

imminchionire |imminkjo'nire| (197) *v.intr.* (*aus. 'essere'*) *e pron.* (*volg.*) → **rimbecillire.**

imminènte |immi'nɛnte| *agg.* **1** (*fig.*) imminent: *pericolo imminente* danger imminent; *il suo fallimento è imminente* sa faillite est imminente **2** (*lett.*) [*che è sospeso al di sopra, che sporge*] surplombant (*corr.*).

imminènza |immi'nɛntsa| *s.f.* imminence # *nell'imminenza della chiusura del negozio i prezzi sono ribassati* la fermeture du magasin étant imminente, les prix ont baissé.

immischiàre |immis'kjare| **A** *v.tr.* [*coinvolgere inopportunamente o indebitamente qc. in un'attività*] mêler: *lo immischiarono nel traffico d'armi* ils le mêlèrent à un trafic d'armes **B** *v.pron. intr.* IMMISCHIARSI [*intrufolarsi nei fatti degli altri*] se mêler (de): *non ti immischiare!* ne t'en mêle pas!; *non si è mai immischiato nelle faccende altrui* il ne s'est jamais mêlé des affaires d'autrui.

immiseriménto |immizeri'mento| *s.m.* [→ IMMISERIRE] appauvrissement: *assistevo impotente all'immiserimento delle sue sostanze* j'assistais impuissant à l'appauvrissement de ses ressources; *il suo immiserimento morale è evidente* son appauvrissement moral est évident.

immiserire |immize'rire| (197) **A** *v.tr.* [*fare diventare misero, anche fig.*] appauvrir: *la grandinata aveva immiserito il raccolto* la grêle avait appauvri la récolte; *le tasse eccessive hanno immiserito la popolazione* les lourds impôts ont appauvri la population **B** *v. intr.* (*aus. 'essere'*) [*diventare misero, anche fig.*] s'appauvrir (*pron.*): *è immiserito velocemente in mezzo alla crisi economica* il s'est rapidement appauvri du fait de la crise économique **C** *v.pron. intr.* IMMISERIRSI [→ *intr.*] s'appauvrir: *dopo la morte del padre si sono immiseriti in un batter d'occhio* après la mort de leur père, ils se sont appauvris en un clin d'œil; *si è immiserito nelle più losche faccende* il s'est appauvri dans les plus louches affaires.

immissàrio, i |immis'sarjo, i| *s.m.* (*geogr.*) cours d'eau tributaire (d'un lac): *l'immissario di un lago* le cours d'eau tributaire d'un lac **[C]** **emissario** 1.

immissióne |immis'sjone| *s.f.* **1** [→ IMMETTERE] introduction: *favorire l'immissione dell'aria nei polmoni* favoriser l'introduction de l'air dans les poumons **2** (*dir.*) installation, mise en possession **3** (*auto., mecc.*) aspiration.

immistióne |immis'tjone| *s.f.* immixtion: *questo intervento è una vera immistione negli affari altrui* cette intervention est une véritable immixtion dans les affaires d'autrui → **ingerenza.**
immite |im'mite| *agg.* (*lett.*) → **crudele.**
immòbile |im'mɔbile| **1** *agg.* immobile: *per i tolemaici la terra era immobile* pour les disciples de Ptolémée la terre était immobile # *restò incantato e immobile* il resta bouche bée, figé sur place ◇ (*dir.*) *bene immobile* bien immeuble **2** *s.m.* [*bene immobile*] immeuble: *acquistare, vendere un immobile* acheter, vendre un immeuble.
immobiliàre |immobi'ljare| *agg.* immobilier*: *vendita, patrimonio immobiliare* vente immobilière, patrimoine immobilier; *credito, società immobiliare* crédit immobilier, société immobilière.
immobilismo |immobi'lizmo| *s.m.* **1** immobilisme: *politica dell'immobilismo* politique de l'immobilisme **2** (*per est.*) [*atteggiamento di chi si oppone alle trasformazioni e tende a lasciare le cose come stanno*] immobilisme: *negli affari tende all'immobilismo* dans les affaires, il tend à l'immobilisme.
immobilìstico, ci, ca, che |immobi'listiko, tʃi, ka, ke| *agg.* immobiliste: *tendenza politica immobilistica* tendance politique immobiliste.
immobilità |immobili'ta| *s.f. inv.* **1** immobilité (*var.*): *quell'incidente l'ha costretta all'immobilità* cet accident l'a condamnée à l'immobilité **2** (*fig.*) [*situazione senza trasformazioni*] immobilité: *immobilità politica* immobilité politique.
immobilizzàre |immobilid'dzare| *v.tr.* **1** [*rendere immobile*] immobiliser: *la malattia lo immobilizzò a lungo* la maladie l'a longtemps immobilisé **2** [*investire in beni immobili*] immobiliser: *immobilizzare un capitale liquido* immobiliser un capital liquide.
immobilizzazióne |immobiliddzat'tsjone| *s.f.* **1** [→ IMMOBILIZZARE 1] immobilisation: *provocare una immobilizzazione totale del corpo* provoquer une immobilisation totale du corps **2** [→ IMMOBILIZZARE 2] immobilisation.
immobilizzo |immobi'liddzo| *s.m.* (*econ.*) immobilisation *f.*
immoderatézza |immodera'tettsa| *s.f.* (*raro*) [*mancanza di moderazione*] immodération, excès *m.* (*corr.*) → **smoderatezza.**
immoderàto |immode'rato| *agg.* immodéré: *immoderato desiderio* désir immodéré # *uomo immoderato nel bere* homme qui boit immodérément, avec excès.
immodèstia |immo'dɛstja| *s.f.* **1** [*mancanza di modestia*] manque *m.* de modestie: *forse pecco di immodestia, ma credo di saper fare quel lavoro* je manque peut-être de modestie, mais je crois savoir faire ce travail → **presunzione** **2** manque de pudeur: *l'immodestia di quella persona rasenta la volgarità* le manque de pudeur de cette personne frôle la vulgarité → **spudoratezza.**
immodèsto |immo'dɛsto| *agg.* **1** [*che ha o rivela una eccessiva stima di sé*] prétentieux*: *scelta immodesta* choix prétentieux; *si è fatta strada la persona più immodesta del gruppo* c'est la personne la plus prétentieuse du groupe qui est parvenue à percer → **presuntuoso** **2** [*spudorato, sfacciato*] impudique, indécent # *donna immodesta nel vestire* femme qui s'habille indécemment → **spudorato, sfacciato.**
immolaménto |immola'mento| *s.m.* → **immolazione.**
immolàre |immo'lare| **A** *v.tr.* [*sacrificare una vittima agli dèi*] immoler: *gli antichi immolavano animali agli dèi* les anciens immolaient des animaux aux dieux ◇ (*fig.*) sacrifier: *immolare la propria giovinezza, la vita per una causa* sacrifier sa jeunesse, sa vie pour une cause **B** *v.pron. rifl.* IMMOLARSI [*offrirsi in olocausto*] s'immoler: *Cristo si è immolato per l'umanità* le Christ s'est immolé pour l'humanité; *immolarsi per un ideale* s'immoler pour un idéal.
immolatóre, trice |immola'tore, tritʃe| *agg.* [*che immola*] sacrificateur* (*s.*): *un sacerdote immolatore* un sacrificateur ✦ (*s.*) *un immolatore* un sacrificateur.
immolazióne |immolat'tsjone| *s.f.* **1** [→ IMMOLARE A] immolation, sacrifice (*m.*): *cerimonia dell'immolazione* cérémonie de l'immolation, du sacrifice; *procedere all'immolazione della vittima* procéder à l'immolation de la victime **2** (*liturg. catt.*) immolation, sacrifice.
immollaménto |immolla'mento| *s.m.* (*raro*) [→ IMMOLLARE A] trempage (*corr.*), mouillage (*corr.*).
immollàre |immol'lare| **A** *v.tr.* [*immergere in acqua e sim.; bagnare*] tremper, mouiller: *immollare un tessuto* tremper, mouiller un tissu ◇ (*raro*) [*mettere in mollo*] mouiller: *immollare il cuoio* mouiller du cuir **B** *v.pron. intr.* IMMOLLARSI [*infradiciarsi, bagnarsi*] se (faire) tremper: *mi ero immollato tutto sotto la pioggia* je m'étais trempé, fait tremper sous la pluie.
immondaménte |immonda'mente| *avv.* (*raro*) [→ IMMONDO 1] de façon immonde *loc. inv.* (*corr.*): *vivere immondamente* vivre de façon immonde.
immondézza |immon'dettsa| *s.f.* **1** *spec. al plur.* immondices, ordures: *bruciare le immondezze del quartiere* brûler les immondices, les ordures du quartier → **immondizia** **2** [*l'essere immondo, moralmente degradante*] impureté: *è ormai evidente l'immondezza della sua coscienza* l'impureté de sa conscience est désormais évidente # *rifuggo dall'immondezza dei suoi vizi* j'ai horreur du caractère immonde de ses vices.
immondezzàio, i |immondet'tsajo, i| *s.m.* [*luogo in cui si raccolgono le immondezze*] poubelle *f.*, boîte *f.* à ordures: *pulire l'immondezzaio* nettoyer la poubelle, la boîte à ordures.
immondizia |immon'dittsja| *s.f.* **1** ordures *pl.*, immondices (*pl.*): *bidone delle immondizie* boîte à ordures, poubelle; *gettare q.c. nell'immondizia* jeter qqch. dans la boîte à ordures → **immondezza** # *il camion delle immondizie* le camion de la voirie, des éboueurs **2** (*raro*) → **immondezza** 2.
immóndo |im'mondo| *agg.* **1** (*relig.*, *corr.*, *fig.*) immonde: *animale immondo* animal immonde; *vizio, peccato immondo* vice, péché immonde; *anima immonda* âme immonde; *gli spiriti immondi* [*i demoni*] les esprits immondes **2** [*sporco*] immonde: *baracche immonde* baraques immondes.
immoràle |immo'rale| *agg.* immoral*: *persona immorale* personne immorale → **corrotto, depravato** ✦ (*s.*) *un immorale* une personne *f.* immorale *agg.* ◇ (*cose*) *libro, spettacolo immorale* livre, spectacle immoral.
immoralismo |immora'lizmo| *s.m.* (*filos.*, *corr.*) immoralisme: *l'immoralismo di Nietzsche* l'immoralisme de Nietzsche.
immoralista |immora'lista| *s.* immoraliste.
immoralità |immorali'ta| *s.f. inv.* immoralité (*var.*): *non si può scusare l'immoralità di certi artisti* on ne peut pas excuser l'immoralité de certains artistes; *l'immoralità di quel libro è evidente* l'immoralité de ce livre est évidente ◇ [*azione immorale*] *denunciare le immoralità* dénoncer les immoralités.
immoralménte |immoral'mente| *avv.* [→ IMMORALE] immoralement: *vivere immoralmente* vivre immoralement.
immorbidire |immorbi'dire| (197) *v.tr.*, *intr.* (*aus.* '*essere*') *e pron.* (*raro*) → **ammorbidire.**
immorsàre |immor'sare| *v.tr.* **1** [*collegare a incastro due pezzi di materiale solido*] emboîter → **calettare** **2** (*lett.*) [*mettere il morso al cavallo*] mettre (71) le mors (à un cheval), emboucher un cheval.
immorsatùra |immorsa'tura| *s.f.* **1** (*tecnol.*) emboîtement *m.* **2** (*edil.*) *harpe, pierre d'attente.
immortalàre |immorta'lare| **A** *v.tr.* [*rendere eterno qc. o q.c. nella memoria dei posteri*] immortaliser: *Manzoni ha immortalato le sofferenze dei deboli* Manzoni a immortalisé les souffrances des faibles → **perpetuare** **B** *v. pron. intr.* IMMORTALARSI [*rendere eterna la fama di sé stessi*] s'immortaliser.
immortàle |immor'tale| *agg.* **1** immortel*: *l'anima è immortale* l'âme est immortelle ✦ *s.* (*spec. al plur.*) *un immortale* un immortel: *essere annoverato tra gli immortali* être compté au nombre des immortels **2** (*fig.*) [*perenne, imperituro*] immortel: *acquistare gloria immortale* acquérir une gloire immortelle.
immortalità |immortali'ta| *s.f. inv.* immortalité (*var.*): *l'immortalità dell'anima* l'immortalité de l'âme; *gli antichi Greci credevano nella immortalità degli dèi* les anciens Grecs croyaient en l'immortalité des dieux ◇ (*per est.*) [*fama durevole, gloria imperitura*] *opera destinata all'immortalità* œuvre vouée à l'immortalité.
immortalménte |immortal'mente| *avv.* (*raro*) [→ IMMORTALE] immortellement → **perpetuamente.**
immotivàto |immoti'vato| *agg.* non motivé, immotivé (*raro*): *l'intervento della polizia è parso a molti immotivato* beaucoup ont estimé que l'intervention de la police était immotivée; *le tue sono richieste immotivate* tes demandes sont immotivées # *la tua partenza immotivata mi lascia perplesso* ton départ sans motif me laisse perplexe ◇ [*che, nel proprio comportamento, non è stimolato da un interesse sentito che costituisca un motivo di impegno*] *un ragazzo immotivato* un garçon

qui n'est motivé en rien; *sono persone immotivate e quindi apatiche* ce sont des personnes apathiques parce qu'immotivées.

immòto |im'mɔto| *agg.* (*lett.*) [*che non si muove, fermo*] immobile (*corr.*): *rimanere immoto* rester immobile.

immucidire |immutʃi'dire| (197) *v.intr.* (*aus.* '*essere*') → **ammuffire.**

immùne |im'mune| *agg.* **1** [*che non è soggetto a determinati obblighi*] exempt, exonéré: *immune dall'imposta sul valore aggiunto* (*I.V.A.*) exempt, exonéré de la taxe sur la valeur ajoutée (T.V.A.) → **esente** ◇ (*per est.*) [*incolume, illeso*] indemne: *uscire immune da un incidente, da una disavventura* sortir indemne d'un accident, d'une mésaventure → **indenne** ◇ [*libero*] exempt: *immune dal vizio del fumo* exempt de la mauvaise habitude de fumer; *immune da pregiudizi* exempt de préjugés **2** (*med.*) immun.

immunità |immuni'ta| *s.f. inv.* exemption (*var.*): *gli invalidi godono dell'immunità dal servizio militare* les invalides bénéficient de l'exemption du service militaire → **esenzione** # *gli enti morali godono di alcune immunità fiscali* les personnes morales bénéficient de quelques exonérations fiscales ◇ (*dir.*) immunité (*var.*): *immunità parlamentare* immunité parlementaire ◇ (*med.*) immunité.

immunitàrio, i |immuni'tarjo, i| *agg.* [*che gode dell'immunità, relativo all'immunità*] d'immunité (*loc. inv.*): *zona immunitaria* zone d'immunité; *sistema immunitario* système d'immunité ◇ (*med.*) *processo immunitario* processus d'immunité ◇ (*dir. mediev.*) jouissant du privilège de l'immunité.

immunizzànte |immunid'dzante| *agg.* (*med.*) immunisant: *siero immunizzante* sérum immunisant → **immunsiero**; *terapia immunizzante* thérapie immunisante → **immunoterapia.**

immunizzàre |immunid'dzare| **A** *v.tr.* [*conferire l'immunità da una malattia e sim.*] immuniser: *immunizzare il bestiame da malattie infettive* immuniser le bétail contre les maladies infectieuses; *immunizzare la popolazione col vaccino anticolerico* immuniser la population par le vaccin anticholérique **B** *v.pron. rifl.* IMMUNIZZARSI [*rendersi immune*] s'immuniser: *immunizzarsi contro il tetano* s'immuniser contre le tétanos.

immunizzazióne |immuniddzat'tsjone| *s.f.* [→ IMMUNIZZARE] immunisation # *vaccinandomi, ho una sicura immunizzazione dal vaiolo* en me faisant vacciner, je suis sûr de m'être immunisé contre la variole.

immuno- |immuno| *pref.* (*significa* '*immune, immunità*', *corrisponde gener. a*) immuno: *immunoglobina* immunoglobine; *immunocompetente* immunocompétent.

immunocompetènte |immunokompe'tente| *agg.* (*biol.*) immunocompétent.

immunodepressìvo |immunodepres'sivo| *agg.* (*med.*) immunodépressif*.

immunògeno |immu'nɔdʒeno| *agg.* (*med.*) immunogène.

immunoglobina |immunoglo'bina| *s.f.* (*biol.*) immunoglobine.

immunologìa, gìe |immunolo'dʒia, dʒie| *s.f.* immunologie.

immunològico, ci, ca, che |immuno'lɔdʒiko, tʃi, ka, ke| *agg.* (*med.*) immunologique: *ricerche immunologiche* recherches immunologiques.

immunòlogo, gi |immu'nɔlogo, dʒi| *s.* immunologiste.

immunosoppressìvo |immunosoppres'sivo|, **immunosopprimènte** |immunosoppri'mente| *s.m.* immunosuppresseur.

immunoterapìa |immunotera'pia| *s.f.* (*med.*) immunothérapie.

immunotolleránte |immunotolle'rante| *agg.* immunotolérant.

immunotrasfusióne |immunotrasfu'zjone| *s.f.* (*med.*) immunotransfusion.

immunochìmica, che |immuno'kimika, ke| *s.f.* immunochimie.

immunsièro |immun'sjɛro| *s.m.* (*med.*) sérum immunisant: *ho iniettato un immunsiero a scopo profilattico* comme prophilaxie, j'ai injecté un sérum immunisant.

immurazióne |immurat'tsjone| *s.f.* (*raro*) immuration.

immusonirsi |immuzo'nirsi| (197) *v.pron. intr.* [*diventare serio in viso e taciturno, mostrando scontentezza o risentimento; fare il broncio*] se renfrogner, s'assombrir: *improvvisamente si immusonì come un bambino viziato* soudain, il se renfrogna, s'assombrit comme un enfant capricieux ◇ (*fig.*) [*incupirsi, diventare scuro*] s'assombrir: *il cielo si era improvvisamente immusonito* le ciel s'était soudainement assombri.

immusonito |immuzo'nito| *agg.* [*che ha un'espressione corrucciata, risentita*] renfrogné: *un bambino immusonito* un enfant renfrogné; *da un po' di tempo ti vedo sempre immusonito* ça fait un bout de temps que je te vois toujours renfrogné ◇ (*fig.*) (*cose*) [*incupito, scuro*] sombre: *oggi c'è un cielo immusonito* aujourd'hui le ciel est sombre.

immutàbile |immu'tabile| *agg.* immuable: *decisione immutabile* décision immuable; *le leggi divine sono immutabili* les lois divines sont immuables → **stabile** # *con immutabile affetto, ti saluto* je t'adresse l'expression de ma fidèle affection ◇ (*raro, letter.*) → **costante** ◇ (*raro*) → **eterno.**

immutabilità |immutabili'ta| *s.f. inv.* immutabilité *var.*, immuabilité (*var.*): *l'immutabilità dei decreti divini* l'immutabilité, l'immuabilité des décrets divins → **costanza, invariabilità.**

immutabilménte |immutabil'mente| *avv.* [→ IMMUTABILE] immuablement → **invariabilmente.**

immutàto |immu'tato| *agg.* [*che è rimasto identico rispetto a un tempo precedente o a un luogo diverso*] inchangé: *la classifica è immutata* le classement est inchangé; *anche cambiando reparto, il suo rendimento è rimasto immutato* même en changeant de rayon, de service, son rendement est resté inchangé → **invariato.**

imo |'imo| **1** *agg.* (*lett.*) [*che si trova nella posizione più bassa o interna*] inférieur (*corr.*), profond (*corr.*) → **basso** ◇ (*fig.*) [*umile, ignoto o degradato*] humble → **infimo** **2** *s.m.* (*lett.*) [*il fondo, il punto più basso di q.c.*] fond (*corr.*).

impaccàre |impak'kare| *v.tr.* → **impacchettare.**

impaccatóre, trice |impakka'tore, tritʃe| *s.* [*persona assegnata (nei grandi magazzini) alla confezione di pacchi*] emballeur*.

impaccatùra |impakka'tura| *s.f.* [*la confezione di pacchi*] empaquetage *m.*

impacchettàre |impakket'tare| *v.tr.* [*involtare oggetti formando uno o più pacchetti*] empaqueter (5): *impacchettare le sigarette* empaqueter les cigarettes ◇ (*per est., fig.*) [*costringere uno a un viaggio o a qualcosa d'altro di spiacevole; imprigionare*] emballer (*fam.*), envoyer (14): *dopo averla circuita in mille modi l'hanno impacchettata e mandata in collegio* après l'avoir embobinée de mille façons, ils l'ont emballée et mise en pension; *il ladro l'hanno già impacchettato e messo dentro* le voleur a déjà été emballé et emprisonné.

impacchettatóre, trice |impakketta'tore, tritʃe| *s.* [*chi impacchetta merci varie*] empaqueteur*.

impacchettatùra |impakketta'tura| *s.f.* [→ IMPACCHETTARE] empaquetage *m.*, emballage *m.*

impacciàre |impat'tʃare| **A** *v.tr.* [*ritardare o intralciare i movimenti*] gêner: *non poteva correre perché il vestito lungo e stretto l'impacciava* elle ne pouvait pas courir parce que sa robe longue et entravée la gênait; *tutti questi pacchettini in mano m'impacciano* tous ces petits paquets à la main me gênent ◇ (*per est.*) [*dare noia, disturbo; intimidire*] embarrasser, gêner: *gli sguardi puntati su di lui lo impacciavano fino a farlo balbettare* tous les regards fixés sur lui l'embarrassaient, le gênaient à tel point qu'il en bégayait ◇ (*raro*) → **ingombrare** **B** *v.pron. intr.* (*raro*) IMPACCIARSI [*intromettersi (senza richiesta) nei fatti altrui*] se mêler (de): *non impacciarti nei fatti altrui* ne te mêle pas des affaires d'autrui, des autres → **impicciar(si), immischiar(si)** ◇ (*raro*) → **imbattersi.**

impacciataménte |impattʃata'mente| *avv.* [→ IMPACCIATO 2] avec embarras *loc. inv.*, gauchement: *impacciatamente salutai i presenti* je saluai gauchement l'assemblée.

impacciàto |impat'tʃato| *agg.* **1** [*che è ostacolato nel muoversi da q.c. o qc.*] embarrassé: *con tutti quei bambini da tenere per mano, si sentiva impacciata nell'attraversare la strada* avec tous ces enfants à tenir par la main, elle se sentait embarrassée pour traverser la rue **2** [*imbarazzato, insicuro*] embarrassé, gêné: *si sentiva impacciato nel parlare di fronte a tante persone* il se sentait embarrassé, gêné pour parler devant tant de monde # *ancora è impacciato nella guida* il conduit encore gauchement ◇ (*per est., fig.*) [*goffo*] gauche, emprunté: *mi sento impacciato con un abito così grossolano* je me sens gauche, emprunté avec un costume si ordinaire, un si vilain costume.

impàccio, i |im'pattʃo, i| *s.m.* **1** [*ostacolo, preoccupazione*] obstacle, empêchement: *quell'impaccio mi ha fatto ritardare la partenza* cet obstacle, cet empêchement a retardé mon départ # *dava impaccio a tutta la famiglia* il gênait toute la famille ◇ [*ostacolo nel movimento; oggetto ingombrante*] *nelle grandi città l'automobile è più un impaccio che un aiuto* dans les grandes villes la voiture est plus gênante qu'utile; *camminavo piano per l'impaccio dei tacchi alti* je marchais lentement car mes talons hauts me gênaient ◇ (*moda*) [*la fascia che restringeva la gonna all'altezza delle caviglie*] entrave *f.* **2** [*situazione imbarazzante o precaria*] embarras, affaire (*f.*): *trarsi d'impaccio* se tirer d'embarras, d'affaire # *si trova in un brutto impaccio da cui difficilmente potrà uscire* il se trouve dans un drôle de pétrin et s'en tirera difficilement.

impacciucàre |impattʃu'kare| **A** *v.tr.* [*impiastrare, imbrattare*] salir: *impacciucare il vestito* salir, tacher sa robe → **impiastricciare B** *v.pron. intr.* IMPACCIUCARSI [→ *tr.*] se barbouiller: *il bambino si è impacciucato di sugo fino ai capelli* l'enfant s'est barbouillé de sauce jusqu'aux cheveux.

impàcco, chi |im'pakko, ki| *s.m.* **1** [*applicazione di tessuti imbevuti di liquidi o di sostanze medicamentose, su parti del corpo*] compresse (*f.*): *ho fatto un impacco di acqua fredda sulla fronte* je me suis appliqué une compresse d'eau froide sur le front **2** (*raro*) [*confezione di pacchi*] emballage (*corr.*): *carta da impacco* papier d'emballage.

impadronìrsi |impadro'nirsi| (197) *v.pron. intr.* **1** [*impossessarsi di q.c. con la forza o l'inganno*] s'emparer: *gli autori del colpo di Stato si impadronirono subito della radio e dei giornali* les auteurs du coup d'État s'emparèrent aussitôt de la radio et des journaux; *i nemici si sono impadroniti del deposito di munizioni* l'ennemi s'est emparé du dépôt de munitions → **appropriar(si), prendere** # *si è impadronito della mia idea e ci ha fatto bella figura lui* il a fait sienne mon idée et c'est lui qui en a tiré tout le mérite ◇ [*accaparrarsi*] *un terzino si è impadronito del pallone* un arrière s'est emparé du balon ◇ [*rubare, sottrarre*] *i ladri si sono impadroniti dei suoi gioielli* les voleurs se sont emparés de ses bijoux ◇ [*occupare, prendere*] *a teatro mi sono impadronito del posto migliore* au théâtre je me suis emparé de la meilleure place ◇ [*prendere con rapacità, manifestando premura*] *il facchino s'impadronì prontamente dei miei bagagli* le porteur s'empara, se saisit rapidement de mes bagages **2** (*fig.*) [*sottomettere una persona fino a disporre della sua volontà*] s'emparer: *man mano che parlava si impadroniva di lui* tout en parlant, il s'emparait de sa personne → **soggiogare 3** [*acquistare piena conoscenza di q.c.; divenire esperto*] acquérir (26) *tr.* la maîtrise: *impadronirsi della lingua inglese* acquérir la maîtrise de la langue anglaise; *impadronirsi dell'arte pittorica* acquérir la maîtrise de la peinture; *impadronirsi delle tecniche più avanzate* acquérir la maîtrise des techniques les plus avancées **4** (*fig.*) [*pervadere; entrare in q.c. o qc.*] s'emparer: *un languore mortale si era impadronito dei suoi sensi* une langueur mortelle s'était emparée de ses sens # *una profonda tenerezza s'impadronì di me* une profonde tendresse m'envahit.

impagàbile |impa'gabile| *agg.* [*che ha un valore tale da superare ogni prezzo, ogni stima*] inestimable: *un quadro impagabile* un cadre inestimable → **inestimabile** ◇ (*per est.*) [*straordinario, eccezionale*] sans pareil* (*loc.*): *spettacolo impagabile* spectacle sans pareil ◇ [*insostituibile*] irremplaçable: *collaboratore impagabile* collaborateur irremplaçable ◇ [*appropriato*] approprié: *una risposta impagabile* une réponse appropriée.

impaginàre |impadʒi'nare| *v.tr.* [*ordinare gli elementi di uno stampato in pagine della misura desiderata*] mettre (71) en pages: *devo impaginare il primo fascicolo dell'opera* je dois mettre en pages le premier fascicule de cet ouvrage.

impaginàto |impadʒi'nato| **1** *agg.* [*che è già ripartito in pagine*] mis en pages: *delle bozze impaginate* des épreuves mises en pages **2** *s.m.* [*le pagine di un lavoro tipogràfico*] les pages *f.pl.*

impaginatóre, trice |impadʒina'tore, tritʃe| *s.* [*compositore specializzato nel lavoro di impaginazione*] metteur* en pages: *è stato assunto come impaginatore* il a été engagé comme metteur en pages.

impaginatùra |impadʒina'tura| *s.f.* mise en pages → **impaginazione** ◇ [*modo di impaginare*] *quel giornale ha un'ottima impaginatura* ce journal a une excellente mise en pages.

impaginazióne |impadʒinat'tsjone| *s.f.* (*tip.*) **1** → **impaginatura 2** [*disposizione delle pagine di un libro o giornale, secondo l'ordine voluto*] pagination.

impagliàre |impaʎ'ʎare| *v.tr.* **1** [*rivestire con paglia o altri elementi vegetali sim.*] (em)pailler: *impagliare una seggiola* (em)pailler une chaise **2** [*avvolgere, coprire con paglia per proteggere contro gli urti*] emballer dans la paille: *impagliare un servizio di ceramica* emballer dans la paille un service de porcelaine ◇ (*agr.*) [*coprire con paglia per proteggere dal freddo*] empailler: *bisogna impagliare queste piante prima dell'inverno* il faut empailler ces plantes avant l'hiver **3** [*imbottire con la paglia animali morti*] naturaliser, empailler: *impagliare un'aquila* naturaliser un aigle → **imbalsamare.**

impagliàto |impaʎ'ʎato| *agg.* **1** [*rivestito di paglia o di altri elementi vegetali sim.*] empaillé: *sgabello impagliato* tabouret empaillé **2** [*che è imbottito con la paglia*] empaillé: *fagiano impagliato* faisan empaillé → **imbalsamato.**

impagliatóre, trice |impaʎʎa'tore, tritʃe| *s.* **1** [*chi riveste o confeziona oggetti vari con paglia, vimini e sim.*] pailleur (*m.*): *impagliatore di fiaschi, di damigiane* pailleur de fiasques, de dames-jannes # *impagliatore di sedie* rempailleur **2** [*imbalsamatore di animali*] empailleur*.

impagliatùra |impaʎʎa'tura| *s.f.* [→ IMPAGLIARE 1] rempaillage *m.* # *queste seggiole hanno l'impagliatura rovinata* ces chaises sont à rempailler ◇ (*per est.*) [*trama scelta per una impagliatura*] *impagliatura a scacchi, a spina* rempaillage en damiers, en chevrons.

impàla |im'pala| *s.m. inv.* (*t.zool.*) impala *var.*

impalaménto |impala'mento| *s.m.* **1** [*antico supplizio per cui si infilzava longitudinalmente in un palo il corpo del condannato a morte*] empalement: *morte per impalamento* mort par empalement **2** (*raro, agr.*) échalassement, échalassage: *eseguire l'impalamento di un filare di vite* faire l'échalassement, l'échalassage d'un rang de vigne.

impalàre |impa'lare| **A** *v.tr.* **1** (*agr.*) [*applicare sostegni alle piante mediante pali e fili*] échalasser, ramer: *impalare le viti* échalasser les vignes; *impalare i pomodori* ramer les tomates **2** (*raro*) [*uccidere mediante il supplizio dell'impalamento*] empaler (*corr.*) **B** *v.pron. intr.* IMPALARSI [*stare immobile e dritto come un palo*] se figer (3): *impalarsi sull'attenti* se figer au garde-à-vous.

impalàto |impa'lato| *agg.* **1** [*che sta immobile, dritto, inespressivo*] raide comme un piquet; figé, cloué sur place: *starsene, rimanere impalato* être, rester raide comme un piquet || *fu tale lo sgomento, che rimanemmo lì impalati* notre frayeur fut telle, que nous restâmes figés, cloués sur place **2** (*raro*) [*chi ha subito il supplizio dell'impalamento*] empalé (*corr.*).

impalcàre |impal'kare| *v.tr.* **1** (*edil.*) [*costruire con assi e travi il palco di una stanza*] planchéier **2** (*arboricultura*) [*trattare il tronco di un albero in modo che i rami partano dal medesimo livello*] tailler: *il castagno viene impalcato piuttosto basso* le châtaignier est taillé plutôt bas.

impalcatùra |impalka'tura| *s.f.* **1** (*edil.*) échafaudage (*m.*): *impalcatura regolamentare* échafaudage réglementaire; *piazzare l'impalcatura* dresser l'échafaudage → **ponteggio** ◇ (*fig.*) [*struttura base su cui si reggono istituzioni, opere, ecc.*] charpente: *l'impalcatura dello Stato repubblicano* la charpente de l'État républicain; *l'impalcatura del romanzo* la charpente du roman **2** [*struttura portante stabile messa a sostegno di un'altra poco resistente*] renfort *m.* **3** (*agr.*) bifurcation, fourche → **inforcatura 4** [*le corna del cervo*] bois *m.pl.*

impallàre |impal'lare| **A** *v.tr.* (*biliardo*) [*mandare la propria palla al coperto*] couvrir (23) **B** *v.pron. intr.* IMPALLARSI (*fig.*) [*trovarsi in condizione d'inferiorità o d'impaccio*] s'embrouiller: *mi sono impallato e non sono più riuscito ad andare avanti* je me suis embrouillé et je n'ai plus été capable de continuer.

impallidiménto |impallidi'mento| *s.m.* le fait de pâlir # *era soggetto a impallidimenti frequenti* il pâlissait facilement (souvent).

impallidìre |impalli'dire| (197) *v. intr.* (*aus. 'essere'*) **1** [*sbiancarsi in volto*] pâlir (*aus.* avoir): *impallidire per (la) rabbia, per la paura, per un malore* pâlir de rage, de peur, à cause d'un malaise; *a quello spettacolo impallidì* à ce spectacle il pâlit **2** (*per est.*) [*perdere il consueto splendore o luminosità*] pâlir: *le stelle cominciavano già a impallidire* les étoiles commençaient déjà à pâlir; *i colori, esposti alla luce del sole, impallidiscono* les couleurs, exposées à la lumière du soleil, pâlissent → **scolorir(si)** ◇ (*fig.*) [*attenuarsi*] *la sua fama non impallidirà mai* sa renommée ne pâlira jamais → **offuscar(si).**

impallinàre |impalli'nare| *v.tr.* [*colpire o forare con pallini da caccia, intenzionalmente o per errore*] cribler de plomb: *impallinò due piccioni* il cribla de plomb deux pigeons; *tirò a un fagiano, ma per errore impallinò un al-*

tro cacciatore il tira sur un faisan, mais il cribla maladroitement de plomb un autre chasseur.

impalmàre |impal'mare| **A** *v.tr.* (*lett., scherz.*) [*fare promessa di matrimonio a una donna; sposare una donna*] épouser **B** *v.pron. intr.* IMPALMARSI (*raro*) (*detto della donna*) [*sposarsi*] se marier (*corr.*).

impalmatùra |impalma'tura| *s.f.* (*mar.*) surliure.

impalpàbile |impal'pabile| *agg.* impalpable: *talco, seta impalpabile* talc, soie impalpable → **sottile.**

impalpabilità |impalpabili'ta| *s.f. inv.* impalpabilité *var.*

impalpabilménte |impalpabil'mente| *avv.* [→ IMPALPABILE] impalpablement.

impaludaménto |impaluda'mento| *s.m.* **1** endroit réduit en marécage **2** [→ IMPALUDARE] marécage.

impaludàre |impalu'dare| **A** *v.tr.* (*raro*) [*trasformare in palude*] transformer en marécage (*corr.*) **B** *v.pron. intr.* IMPALUDARSI [→ *tr.*] se transformer en marécage: *in questo tratto il fiume si impaluda* cette partie de fleuve se transforme en marécage.

1 **impanàre** |impa'nare| *v.tr.* [*ricoprire col pangrattato*] paner: *impanare le polpette* paner les croquettes; *impanare il coniglio per friggerlo* paner le lapin avant de le faire frire.

2 **impanàre** |impa'nare| **A** *v.tr.* (*mecc.*) [*fare l'impanatura o la filettatura di una vite*] fileter (7) → **filettare B** *v.intr.* (*aus.* '*avere*') (*detto della vite*) [*penetrare nella madrevite*] entrer (*aus.* être) (dans l'écrou): *le viti arrugginite impanano con difficoltà* les vis rouillées entrent difficilement dans l'écrou.

1 **impanàto** |impa'nato| *agg.* [*ricoperto con pangrattato per la frittura*] pané: *cotolette impanate* côtelettes panées.

2 **impanàto** |impa'nato| *agg.* [*filettato*] fileté.

1 **impanatùra** |impana'tura| *s.f.* [→ 1 IMPANARE] *dare un'impanatura a una cotoletta* paner *v.tr.* une côtelette.

2 **impanatùra** |impana'tura| *s.f.* [*la filettatura o la disposizione delle spirali di una vite*] filetage (*m.*): *fare l'impanatura alle viti* faire le filetage des vis, fileter les vis; *queste viti hanno una cattiva impanatura* ces vis ont un mauvais filetage.

impanazióne |impanat'tsjone| *s.f.* (*teol.*) impanation.

impancàrsi |impan'karsi| *v.pron. intr.* **1** [*avere la presunzione di insegnare agli altri, di giudicare e sim.*] s'ériger (3) en: *impancarsi a maestro, a giudice* s'ériger en maître, en juge **2** [*mettersi, senza giusto titolo, fra persone di più alta condizione*] frayer (9): *cerca sempre di impancarsi coi notabili del luogo* il essaie toujours de frayer avec les notables du lieu.

impaniàre |impa'njare| **A** *v.tr.* **1** [*spalmare vischio su piccole bacchette, per prendere uccelli*] engluer → **invischiare 2** (*fig.*) [*tendere tranelli, ingannare*] duper: *impaniare qc. con promesse allettanti* duper qqn. par des promesses alléchantes → **accalappiare B** *v.pron. intr.* IMPANIARSI **1** (*detto degli uccelli*) [*restar preso nel vischio, invischiarsi*] s'engluer **2** (*fig.*) [*mettersi in una situazione complicata o trovarsi in un legame svantaggioso*] s'embarquer: *si è impaniata con uno scavezzacollo* elle s'est embarquée avec un casse-cou → **impegolar(si).**

impaniàto |impa'njato| *agg.* **1** [*spalmato di vischio*] enduit de glu: *rametti impaniati* des branchettes enduites de glu ◇ (*per est.*) (*detto della lingua patinata per cattiva digestione*) pâteaux* **2** [*preso nel vischio*] pris à la glu: *un uccellino impaniato* un petit oiseau pris à la glu.

impaniatóre, trice |impanja'tore, tritʃe| *s.* [*chi impania* (A 1)] personne *f.* qui englue ◆ (*agg.*) *un cacciatore impaniatore* un chasseur qui englue *loc.*

impaniatùra |impanja'tura| *s.f.* [→ IMPANIARE A 1] engluement *m.*, engluage *m.*

impannàre |impan'nare| *v.tr.* **1** [*applicare al telaio della finestra riquadri di panno o carta, per riparo*] garnir les châssis d'une fenêtre (de toile, de papier) **2** (*raro*) → **tessere.**

impannàta |impan'nata| *s.f.* [*telaio di legno per finestra su cui è stato applicato del panno o della carta, per riparo*] châssis *m.* ◇ (*per est.*) [*infisso con vetri*] châssis vitré.

impantanàre |impanta'nare| **A** *v.tr.* [*ridurre a pantano o sim. a un pantano*] réduire (75) à l'état de bourbier: *la pioggia ha impantanato le strade* la pluie a réduit les rues à l'état de bourbier **B** *v.pron. intr.* IMPANTANARSI **1** [*affondare in un pantano*] s'embourber: *mi si è impantanata l'auto* ma voiture s'est embourbée ◇ (*raro*) [*ridursi a pantano*] devenir (27) *intr.* (*corr.*), être (43) *intr.* rendu bourbeux* (*corr.*): *i campi si sono impantanati per le lunghe piogge* les champs ont été rendus bourbeux par les pluies incessantes **2** (*fig.*) [*impegolarsi in una situazione difficile da cui è complicato venir fuori*] s'enfoncer (2), s'embourber: *impantanarsi nei debiti* s'enfoncer dans les dettes; *impantanarsi nel vizio* s'enfoncer, s'embourber dans le vice → **ingolfar(si).**

impantanàto |impanta'nato| *agg.* **1** [*che è affondato in un pantano*] embourbé: *tirar fuori la macchina impantanata* sortir la voiture embourbée, retirer la voiture de la bourbe **2** (*fig.*) [*impelagato, ingolfato in una situazione difficile*] embourbé: *è un tipo sempre impantanato in un mare di impegni* c'est un type toujours embourbé dans un tas d'engagements.

impaperàrsi |impape'rarsi| *v.pron. intr.* [*impappinarsi, incepparsi nel parlare o nel recitare, spec. dopo aver fatto un errore*] s'embrouiller: *impaperarsi per l'emozione* s'embrouiller à cause d'une émotion; *il telecronista si è impaperato ben due volte* le reporter de la télévision s'est embrouillé deux fois.

impappinàre |impappi'nare| **A** *v.tr.* (*raro*) [*far confondere*] confondre (53) (*corr.*) **B** *v.pron. intr.* IMPAPPINARSI [*incepparsi, confondersi nel parlare o nel recitare*] s'embrouiller, s'empêtrer: *impappinarsi per la paura* s'embrouiller par peur; *ha perso il filo del discorso e si è impappinato* il a perdu le fil de ses idées et il s'est embrouillé, empêtré ◇ (*per est.*) [*confondersi, imbrogliarsi nel fare q.c.*] s'empêtrer: *si è impappinato nella guida* il s'est empêtré au volant de sa voiture.

imparàbile |impa'rabile| *agg.* (*sport*) impossible à parer: *tiro imparabile* tir impossible à parer; *gli è arrivato un pallone imparabile* il lui est arrivé un ballon impossible à parer.

imparacchiàre |imparak'kjare| *v.tr.* [*imparare poco e in modo superficiale per disinteresse o disimpegno*] apprendre (73) peu et mal: *ha imparacchiato q.c. a forza di rimproveri* il a appris peu et mal qqch. à force de gronderies.

imparagonàbile |imparago'nabile| *agg.* [*che non può essere paragonato*] incomparable: *campione imparagonabile* champion incomparable; *due case imparagonabili* deux maisons incomparables.

imparàre |impa'rare| *v.tr.* [*apprendere cognizioni o fare esperienze in funzione di una crescita personale*] apprendre (73): *imparare una lingua straniera* apprendre une langue étrangère; *imparare la storia, la fisica, la matematica* apprendre l'histoire, la physique, les mathématiques; *imparare a scalare una roccia* apprendre à escalader un rocher; *imparare a parlare in pubblico* apprendre à parler en public; *imparare come si balla il valzer* apprendre à danser la valse; *imparare una poesia a memoria* apprendre une poésie par cœur; *è necessario imparare a vivere onestamente* il faut apprendre à vivre honnêtement ◇ [*abituarsi*] *imparar a rispettare gli altri* apprendre à respecter les autres; *imparar a tacere* apprendre à se taire ◇ (*animali*) [*diventare ammaestrato*] *il cane ha imparato a guidare un cieco* le chien a appris à guider un aveugle ◇ (*loc.*) *così impari!* ça t'apprendra!: *così imparerete a non intromettervi!* ça vous apprendra à ne pas vous mêler de ce qui ne vous regarde pas!; *così imparerai a non dire bugie!* ça t'apprendra à dire des mensonges! ◇ (*prov.*) *sbagliando s'impara* c'est en forgeant qu'on devient forgeron ~ *impara l'arte e mettila da parte* ce qui a été bien appris servira tôt ou tard.

imparatìccio, i |impara'tittʃo, i| *s.m.* **1** [*nozioni apprese solo mnemonicamente; considerazioni impersonali*] à-peu-près *inv.*, à peu près (*inv.*): *la sua presunta scienza sa molto d'imparaticcio* son prétendu savoir semble fait d'à-peu-près **2** [*lavoro fatto da un principiante, spec. nei lavori di ricamo, maglia, ecc.*] (petit) travail* de débutant: *non guardare questo golfino: è un imparaticcio* ne regarde pas ce petit tricot: c'est un travail de débutant.

impareggiàbile |impared'dʒabile| *agg.* [*che non si può uguagliare, che non ha pari*] incomparable: *ha un fascino impareggiabile* elle a un charme incomparable → **incomparabile** ◇ (*per est.*) [*unico nel suo genere; insostituibile*] *ha un padre impareggiabile* il a un père incomparable; *è un maestro d'orchestra impareggiabile* c'est un chef d'orchestre incomparable.

impareggiabilménte |imparedd3abil'mente| *avv.* [→ IMPAREGGIABILE] incomparablement.

imparentàre |imparen'tare| **A** *v. tr.* (*raro*) [*far diventare parenti tramite un matrimonio*] allier (*corr.*): *è riuscito a imparentare due famiglie ostili* il a réussi à allier deux familles ennemies **B** *v.pron. intr.* IMPARENTARSI [*diventare parente per mezzo del matrimonio*] s'allier, devenir (27) *intr.* parent: *s'è imparentato con una famiglia borghese* il s'est allié à une famille bourgeoise ◇ (*polit.*) [*allearsi con i candidati di un'altra lista*] s'apparenter ◇ (*fig.*,) (*cose*) [*rassomigliarsi*] *molte caratteristiche del gatto si imparentano con quelle della tigre* beaucoup de caractéristiques du chat s'apparentent avec celles du tigre.

imparentàto |imparen'tato| *agg.* **1** [*che è diventato parente per effetto di un matrimonio*] apparenté # *è imparentato con la famiglia più ricca della città* il est entré par mariage dans la famille la plus riche de la ville **2** (*polit.*) apparenté: *liste imparentate* listes apparentées **3** (*fig.*) [*che somiglia a q.c., che è in rapporto con q.c.*] apparenté: *stile imparentato al liberty* style apparenté à l'art nouveau (au modern style).

impari |'impari| *agg.* **1** [*inferiore*] inférieur: *un risultato impari alle aspettative* un résultat inférieur à l'attente, aux prévisions # *si dimostrò impari al suo ufficio* il ne se montra pas à la hauteur de sa charge **2** [*disuguale*] inégal*: *lottare con forze impari* lutter avec des forces inégales ◇ [*che esclude la possibilità di un confronto*] inférieur: *l'esercito era impari di numero* l'armée était inférieure en nombre **3** (*mat.*) impair: *numeri impari* nombres impairs ◇ (*anat.*) *il cuore è un organo impari* le cœur est un organe impair.

imparidigitàto |imparididʒi'tato| *agg.* (*zool.*) imparidigité *m.*

imparipennàto |imparipen'nato| *agg.* (*bot.*) imparipenné: *robinia imparipennata* robinier imparipenné.

imparisillabo |impari'sillabo| *agg.* **1** (*gram. lat.*) imparisyllabique ♦ (*s.m.*) *un imparisillabo* un imparisyllabique; *gli imparisillabi della III declinazione latina* les imparisyllabiques de la 3e déclinaison latine **2** (*metr.*) imparisyllabique: *verso imparisillabo* vers imparisyllabique.

imparità |impari'ta| *s.f. inv.* imparité *var.*

imparruccàre |imparruk'kare| **A** *v.tr.* [*coprire con una parrucca*] coiffer d'une perruque ◇ (*fig.*) [*ricoprire, incappucciare*] coiffer: *la neve imparruccava il monte* la neige coiffait la montagne **B** *v.pron. rifl.* (*scherz.*) IMPARRUCCARSI [*mettersi la parrucca*] se coiffer d'une perruque.

imparruccàto |imparruk'kato| *agg.* coiffé d'une perruque: *le incipriate e imparruccate dame del Settecento* les dames du XVIIIe siècle, toutes poudrées et coiffées de perruques ◇ (*fig.*) → **tradizionalista.**

impartire |impar'tire| (197) *v.tr.* **1** [*dare q.c. a più persone*] donner: *impartire gli ordini* donner des ordres; *impartire la benedizione* donner la bénédiction # *impartire l'insegnamento* enseigner **2** (*raro*) [*concedere*] accorder: *impartire grazie, favori* accorder des grâces, des faveurs.

imparziàle |impar'tsjale| *agg.* impartial*: *storico imparziale* historien impartial; *giudice, arbitro imparziale* juge, arbitre impartial → **giusto** ◇ (*cose*) *arbitraggio imparziale* arbitrage impartial; *critica imparziale* critique impartiale.

imparzialità |impartsjali'ta| *s.f. inv.* impartialité (*var.*): *l'imparzialità dell'arbitro è fuori discussione* l'impartialité de l'arbitre ne fait aucun doute; *l'imparzialità della commissione giudicatrice* l'impartialité de la commission chargée de juger; *giudicare con imparzialità* juger avec impartialité → **obiettività.**

imparzialménte |impartsjal'mente| *avv.* [→ IMPARZIALE] impartialement: *hai risolto imparzialmente la questione* tu as résolu le problème impartialement.

'impasse' |ɛ̃pas| *s.f. inv.* **1** impasse (*var.*): *mi trovo in una 'impasse'* je suis dans une impasse **2** [*tipo di giocata nel bridge*] impasse.

impassìbile |impas'sibile| *agg.* **1** impassible: *assistere impassibile a un intervento chirurgico* assister impassible à une intervention chirurgicale; *ascoltò impassibile la sua condanna* impassible, il écouta sa condamnation → **imperturbabile** ◇ [*indifferente, insensibile*] *rimanere impassibile di fronte alle disgrazie altrui* rester impassible face aux malheurs d'autrui **2** (*lett.*) [*insensibile al dolore fisico e morale*] impassible ◇ (*teol.*) impassible **3** (*raro, lett.*) → **inalterabile.**

impassibilità |impassibili'ta| *s.f. inv.* impassibilité (*var.*): *raggiungere l'impassibilità con lo yoga* atteindre (à) l'impassibilité grâce au yoga; *ostentare impassibilità di fronte al dolore* montrer de l'impassibilité devant la douleur → **imperturbabilità.**

impastaménto |impasta'mento| *s.m.* **1** [→ IMPASTARE 1] pétrissage: *l'impastamento della farina* le pétrissage de la farine **2** (*med.*) pétrissage.

impastàre |impas'tare| *v.tr.* **1** [*amalgamare una o più sostanze per farne una pasta*] pétrir; gâcher: *impastare farina e acqua* pétrir de la farine et de l'eau; *impastare la creta* pétrir de l'argile ‖ *impastare il cemento, la calce* gâcher le ciment, la chaux ◇ (*per anal.*) *impastare i colori* [*mescolarli e diluirli*] mélanger (3) les couleurs **2** (*raro*) [*ricoprire di pasta collosa*] recouvrir (23) de colle (*corr.*): *impastare un cartone* recouvrir de colle un carton ◇ (*per est.*) [*incollare, affiggere*] coller (*corr.*): *impastare i manifesti al muro* coller les affiches sur le mur.

impastàto |impas'tato| *agg.* **1** [*che è amalgamato; che è in forma di pasta*] pétri; gâché (*p.p.*): *pane impastato* pain pétri ‖ *cemento, gesso impastato* ciment, plâtre gâché **2** [*che è pieno di pasta*] couvert de pâte: *mani impastate* mains couvertes de pâte; *tavola impastata* table couverte de pâte ◇ (*per est.*) [*sporco di sostanza pastosa*] couvert de: *stivali impastati di fango* bottes couvertes de boue; *ruote impastate di terra* roues couvertes de terre ◇ [*patinoso*] pâteux*: *sentirsi la lingua impastata* avoir la langue pâteuse **3** (*fig.*) [*costituito, formato*] pétri: *persona impastata di perfidia* personne pétrie de perfidie # *giornale impastato di oscenità* journal plein d'obscénités ◇ (*per metafora*) *occhi impastati di sonno* [*che si chiudono per il sonno*] des yeux chargés de sommeil **4** (*med.*) pétri.

impastatóre, trice |impasta'tore, tritʃe| *s.* **1** *s.* [*operaio addetto all'impastatura* (*della pasta*)] pétrisseur* **2** *s.m.* (*raro*) → **frantumatore.**

impastatrice |impasta'tritʃe| *s.f.* (*tecnol.*) pétrisseuse: *impastatrice per pane, per la pasta* pétrisseuse à pain, à pâtes alimentaires # *impastatrice per burro* baratte; *impastatrice per malta e calcestruzzo* bétonnière.

impastatùra |impasta'tura| *s.f.* [→ IMPASTARE 1] pétrissage (*m.*): *impastatura ben riuscita* pétrissage bien réussi; *sono addetto all'impastatura* je suis chargé du pétrissage.

impasticciàre |impastit'tʃare| **A** *v.tr.* **1** [*mescolare vari ingredienti per fare un pasticcio*] mélanger (3): *impasticciare bene gli ingredienti* bien mélanger les ingrédients **2** (*fig.*) [*mettere insieme in modo confuso, lavorare male*] bâcler (*fam.*): *impasticciare un lavoro* bâcler un travail; *impasticciare una commedia* bâcler une comédie → **abborracciare** ◇ [*ingarbugliare, scombinare*] embrouiller: *impasticciare gli affari* embrouiller les affaires; *impasticciare le cose* embrouiller les choses **3** (*raro*) [*sporcare, impiastrare*] salir (*corr.*): *impasticciare il vestito* salir sa robe **B** *v.pron. rifl.* IMPASTICCIARSI [*sporcarsi, impiastrarsi*] se salir # *si era impasticciata tutte le mani di colla* elle s'était poissé les mains avec de la colle.

impàsto |im'pasto| *s.m.* **1** [*amalgama di uno o più elementi solidi, spec. in unione con un agglomerante, per mezzo di un liquido*] gâchage: *impasto di calce* gâchage de chaux; *impasto di sabbia e cemento* gâchage de mortier ◇ [*il miscuglio ottenuto*] mélange: *impasto di colori, di cemento* mélange de couleurs, de ciment; *impasto magro* mélange pauvre ◇ (*fig.*) [*mescolanza, combinazione di più elementi*] *la vita è un impasto di gioie e di dolori* la vie est un mélange de joies et de douleurs **2** (*raro*) → **impastatura** **3** (*agr.*) composition *f.* du terrain.

impastocchiàre |impastok'kjare| *v.tr.* [*portare avanti pretesti confusi, mettere insieme bugie per uscire da una situazione difficile o per raggirare qc.*] débiter: *ha impastocchiato certe scuse che non stavano né in cielo né in terra* il a débité des excuses qui n'avaient ni queue ni tête ◇ (*raro*) [*ingannare, raggirare qc.*] embobiner (*fam.*): *l'ha impastocchiato per bene* il l'a bien embobiné.

impastoiàre |impasto'jare| *v.tr.* [*mettere le pastoie a un animale*] entraver: *impastoiare le mucche* entraver les vaches ◇ (*per est.*) [*ostacolare o impedire nei movimenti*] gêner: *questo cappotto mi impastoia troppo* ce manteau me gêne beaucoup (dans mes mouvements), entrave mes mouvements → **impacciare, intralciare** ◇ (*fig.*) [*ridurre entro limiti ristretti, mettere in difficoltà*] entraver: *queste regole servono solo a impastoiargli la fantasia* ces règles ne servent qu'à entraver son imagination.

impataccàre |impatak'kare| **A** *v.tr.* [*sporcare con grosse macchie, con patacche*] tacher: *hai impataccato tutto il vestito nuovo* tu as (tout) taché ta robe neuve, tu as couvert ta robe neuve de taches ◇ (*per est.*) [*riempire una superficie di ritagli, decalcomanie e sim.*] garnir: *ha impataccato la macchina di 'souvenir'* il a garni sa voiture de souvenirs **B** *v.pron. rifl.* IMPATACCARSI [*sporcarsi*] se salir: *il bambino s'è impataccato di sugo* l'enfant s'est sali avec la sauce; *hanno cominciato a lanciarsi ciliege e si sono impataccati tutti* ils ont commencé à se lancer des cerises et ils se sont tous salis → **macchiar(si).**

impattàre |impat'tare| **A** *v.tr.* (*di un gioco*) [*chiuderlo alla pari*] terminer à égalité: *impattare una partita di carte* terminer une partie de cartes à égalité ◇ (*loc.*) *impattarla con qc.* [*stargli alla pari, uguagliarlo*] égaler qqn. ~ *lavoro sempre da mattina a sera, ma non riesco mai a impattarla* j'ai beau travailler du matin au soir, je n'arrive jamais à hauteur, à jour **B** *v.intr.* (*aus. 'avere'*) (*nel gioco*) [*restare alla pari*] égaliser: *abbiamo impattato* nous avons égalisé.

impàtto |im'patto| *s.m.* (*aer., mil.*) impact: *angolo d'impatto* angle d'impact; *l'impatto della capsula spaziale è stato regolare* l'impact de la capsule spatiale a été régulier ◇ (*per est.*) [*scontro, cozzo*] choc: *l'impatto fra i due automezzi è stato violentissimo* le choc des deux voitures a été très violent → **urto** ◇ (*fig.*) [*scontro fra realtà o con una troppo nuova e traumatizzante*] rencontre (*f.*): *l'impatto fra due mentalità opposte* la rencontre de deux mentalités opposées; *l'impatto con la nuova linea politica provocherà forti contrasti* la rencontre avec la nouvelle ligne politique provoquera de violents désaccords ◇ (*fig.*) [*incidenza, influsso*] influence (*f.*): *l'impatto di una cultura su un'altra* l'influence d'une culture sur une autre → **influenza.**

impaurire |impau'rire| (197) **A** *v.tr.* [*provocare, far sentire paura a qc.*] effrayer (9): *la folla lo impaurisce* la foule l'effraie; *con la maschera ha impaurito tutti i bambini* il a effrayé tous les enfants avec son masque; *lo impauriva con minacce terrificanti* il l'effrayait avec des menaces terrifiantes → **intimorire, spaventare B** *v.intr.* (*aus. 'essere'*) (*raro*) [*provare, prendere paura*] avoir (28) *tr.* peur (*corr.*) **C** *v.pron. intr.* IMPAURIRSI [*spaventarsi*] (s')effrayer: *sentendo gridare, la bambina s'impaurì* les cris ont effrayé l'enfant.

impaurito |impau'rito| *agg.* [*che è preso dalla paura*] effrayé: *all'abbaiare del cane, fuggì impaurito* quand le chien aboya, il s'enfuit effrayé → **spaventato** # *aspettava impaurita d'essere chiamata per l'esame* elle attendait dans la crainte d'être appelée pour l'examen.

impavesàre |impave'zare| *v.tr.* (*mar.*) [*dotare una nave di parapetti di difesa*] pavoiser.

impavesàta |impave'zata| *s.f.* (*mar.*) [*parapetto attorno ai ponti scoperti della nave*] bastingage *m.* ◇ [*cassoni in cui si ripongono le brande dell'equipaggio*] bastingage.

impavidaménte |impadiva'mente| *avv.* [*in modo coraggioso, senza paura*] avec intrépidité *loc. inv.*, intrépidement (*raro*).

impàvido |im'pavido| *agg.* [*che è senza timori, che affronta impassibilmente le situazioni pericolose*] intrépide: *domatore impavido* dompteur intrépide; *è un uomo impavido* c'est un homme intrépide; *attese impavido il nemico* intrépide, il attendit l'ennemi → **coraggioso, intrepido.**

impazientàre |impattsjen'tare| *v. tr. e pron.* (*raro*) → **impazientire.**

1 **impazïènte** |impat'tsjɛnte| *agg.* **1** impatient: *essere impaziente con gli alunni* se montrer impatient avec les élèves → **nervoso** # *coi figli era sempre impaziente* il manquait toujours de patience avec ses enfants ◇ (*per est.*) [*di atto o cosa che tradisce l'impazienza*] *parole impazienti* paroles impatientes; *gesto impaziente* geste impatient; *mani impazienti* mains impatientes **2** [*che non riesce ad attendere con calma una cosa molto desiderata*] impatient: *ero impaziente di rivederti* j'étais impatient de te revoir → **ansioso** # *gli alunni erano impazienti di uscire da scuola* les élèves attendaint impatiemment l'heure de la sortie **3** [*che non tollera, non sopporta ciò che richiede sacrificio*] *essere impaziente di ogni freno* ne supporter aucun obstacle → **insofferente, intollerante.**

2 **impazïènte** |impat'tsjɛnte| *s.f.* → **balsamina.**

impazienteménte |impattsjente'mente| *avv.* **1** [→ 1 IMPAZIENTE 2] impatiemment: *attendeva impazientemente di partire* impatiemment, il attendait de partir **2** [→ 1 IMPAZIENTE 1] avec impatience (*loc. inv.*): *comportarsi impazientemente* agir avec impatience.

impazientire |impattsjen'tire| (197) **A** *v.tr.* [*rendere impaziente, far innervosire*] impatienter: *i rumori lo impazientivano* les bruits l'impatientaient **B** *v.intr.* (*aus. 'essere'*) [*perdere la pazienza, il controllo*] s'impatienter (*pron.*): *impazientire nell'attesa* s'impatienter d'attendre **C** *v.pron. intr.* IMPAZIENTIRSI [*innervosirsi*] (s')impatienter, perdre (53) *tr.* patience: *s'impazientiva per ogni piccolezza* la moindre chose l'impatientait; *m'impazientisco appena lo vedo* dès que je le vois, je sens que je vais perdre patience.

impazientito |impattsjen'tito| *agg.* [*che ha perso la pazienza, la calma*] impatienté → **innervosito, arrabbiato** # *ti ho visto molto impazientito* tu m'as semblé très impatient.

impazïènza |impat'tsjɛntsa| *s.f.* **1** impatience: *ebbe un moto di impazienza* il eut un geste d'impatience; *il viso tradiva un'impazienza mal repressa* le visage trahissait une impatience mal contenue # *ho impazienza di arrivare a casa* je suis impatient d'arriver à la maison; *aveva impazienza di concludere l'affare* il était impatient de conclure l'affaire **2** (*lett.*) [*incapacità di sopportare q.c.*] incapacité de supporter (qqch.): *impazienza del freddo* incapacité de supporter le froid.

impazzàre |impat'tsare| *v.intr.* (*aus. 'avere' nel significato* 1; *aus. 'essere' nei significati* 2, 3) **1** [*manifestarsi con rumorosa allegria*] battre (76) *tr.* son plein: *il carnevale impazza per le strade* le carnaval bat son plein dans les rues # *l'allegra compagnia impazzava da ore* la joyeuse compagnie s'amusait follement depuis des heures ◇ (*fig.*) [*affermarsi vistosamente*] *l'ultima moda impazza dappertutto* la dernière mode bat son plein **2** [*raggrumarsi*] se cailler *pron.*, tourner (*aus.* avoir): *attento a non lasciar impazzare il latte* attention à ne pas laisser tourner le lait **3** (*raro, fig.*) [*impazzare*] devenir (27) fou* (*corr.*): *impazzare per una donna* devenir fou du fait d'une femme; *impazzava per completare la sua collezione* il ne pensait qu'à compléter sa collection, il en devenait fou.

impazzàta |impat'tsata| *s.f.* (*nella loc. avv.*) ALL'IMPAZZATA [*in maniera pazza, a velocità pazzesca*] comme un fou*: *fuggire all'impazzata* courir comme un fou; *scendere all'impazzata* descendre comme un fou ◇ [*alla cieca, in modo indiscriminato*] n'importe où: *dare, menare colpi all'impazzata* donner des coups n'importe où; *le forze dell'ordine sparavano all'impazzata* les forces de l'ordre tiraient n'importe où.

impazzàto |impat'tsato| *agg.* **1** [*raggrumato, inacidito*] tourné, caillé: *crema impazzata* crème tournée, caillée **2** (*raro*) [*che ha perso ogni controllo, che è fuori di sé*] fou* (*corr.*).

impazziménto |impattsi'mento| *s.m.* (*raro*) [*perdita della ragione*] folie *f.* (*corr.*): *impazzimento collettivo* folie collective → **pazzia** ◇ (*fig.*) [*ciò che fa perdere la pazienza; briga, rompicapo*] *con tutti quei figli è un vero impazzimento* avec tous ces enfants, il y a de quoi devenir fou; *è un bell'impazzimento risolvere questo problema* il y a de quoi devenir fou à tenter de résoudre ce problème.

impazzire |impat'tsire| (197) *v. intr.* (*aus. 'essere'*) **1** [*perdere l'uso della ragione, diventare pazzo*] devenir (27) fou*: *temevo che impazzisse per il dolore* j'avais peur qu'il en devienne fou de douleur; *improvvisamente impazzì* tout à coup il devint fou → **ammattire** ◇ (*per est.*) [*essere dominati da una forte passione*] *impazzivo dal desiderio di rivederti* j'avais une envie folle de te revoir; *impazzire per una donna* devenir fou d'une femme → **smaniare** ◇ [*desiderare fortemente q.c., perdendovisi dietro*] être (43) (*aus.* avoir) fou: *impazziva per il teatro* il était fou de théâtre; *ormai era impazzito dietro alle automobili* désormais il était fou d'automobiles **2** (*fig.*) [*avere la mente assillata in cose difficili o noiose*] devenir fou: *dopo una giornata di quel lavoro mi pareva di impazzire* après une journée de ce travail, j'avais l'impression de devenir fou; *questo rebus fa impazzire* ce rebus fait devenir fou; *sono impazzito per trovare quel documento* pour trouver ce document j'ai cru devenir fou → **scervellarsi 3** [*non fornire più le indicazioni esatte*] *la bussola è impazzita* la boussole est affolée, l'aiguille de la boussole est folle; *la calcolatrice è impazzita* la machine à calculer est détraquée **4** → **impazzare** 2.

impazzito |impat'tsito| *agg.* **1** [*che ha perso l'uso della ragione*] fou*: *non avvicinarti: è un uomo impazzito* ne t'approche pas de lui: il est fou **2** [*che è travolto da una passione; che si perde dietro a q.c.*] fou: *è impazzito dietro a quell'attrice* il est fou de cette actrice; *ho un fratello impazzito per lo sport* j'ai un frère fou de sport **3** (*detto della bussola o di altri strumenti che non funzionano più*) affolé, détraqué: *bussola impazzita* boussole affolée, *sostituisci quelle apparecchiature impazzite con queste nuove* remplace ces appareils détraqués par ceux-là **4** → **impazzato** 1.

impeccàbile |impek'kabile| *agg.* **1** impeccable: *trucco impeccabile* maquillage impeccable; *il tuo comporta-*

mento è impeccabile ton comportement est impeccable → **inappuntabile** ◇ [*elegante, perfettamente curato*] *signora impeccabile* femme impeccable; *abito impeccabile* habit impeccable ◇ [*raffinato, di squisita qualità*] *stile impeccabile* style impeccable; *forma impeccabile* forme impeccable **2** [*che non può peccare, sbagliare*] infaillible: *a questo mondo nessuno è impeccabile* en ce monde, personne n'est infaillible **3** (*teol.*) infaillible: *Gesù Cristo è impeccabile* Jésus Christ est infaillible.

impeccabilità |impekkabili'ta| *s.f. inv.* **1** [*modo di essere di chi o di ciò che è impeccabile*] impeccabilité *var.* → **perfezione** # *l'impeccabilità del servizio* un service impeccable; *impeccabilità di contegno* tenue impeccable ◇ [*eleganza*] *impeccabilità di vestiti* vêtements *m. pl.* impeccables *agg.* **2** (*teol.*) infaillibilité (*var.*): *l'impeccabilità di Cristo è dogma cattolico* l'infaillibilité du Christ est un dogme catholique.

impeccabilménte |impekkabil'mente| *avv.* [→ IMPECCABILE 1] impeccablement: *agire impeccabilmente* agir impeccablement; *vestire impeccabilmente* s'habiller impeccablement; *comportarsi impeccabilmente* se comporter impeccablement → **perfettamente, elegantemente.**

impecettàre |impetʃet'tare| *v.tr.* **1** (*pop.*) [*applicare cerotti*] mettre (71) un sparadrap (*corr.*) □ *impecettarsi la faccia* mettre un sparadrap sur son visage **2** (*per est.*) [*sporcare con materiale attaccaticcio*] poisser: *via quella gomma da masticare! ti impecetterai tutte le mani* jette ce chewing-gum! tu vas te poisser les mains.

impeciàre |impe'tʃare| **A** *v.tr.* [*ricoprire di pece o altra sostanza sim.*] poisser: *impeciare lo spago* poisser la ficelle; *impeciare il legno* poisser le bois ◇ [*insudiciare di pece e sim.*] *ho impeciato perfino il vestito* j'ai même poissé la robe ◇ (*fig.*) [*chiudere le orecchie, fingere di non sentire*] se boucher (*pron.*): *impeciarsi le orecchie* se boucher les oreilles **B** *v.pron. intr.* IMPECIARSI **1** (*fig.*) [*rimanere invischiato in una situazione spiacevole*] être (43) *intr.* mêlé (à): *impeciarsi in una truffa* être mêlé à une escroquerie → **impegolar(si)** **2** (*loc. fig.*) *impeciare le orecchie* [*fingere di non sentire*] se boucher les oreilles.

impecorire |impeko'rire| (197) **A** *v.intr.* (*aus. 'essere'*) [*diventare timido, servile, sim. a pecora*] devenir (27) doux* comme un agneau: *davanti ai superiori impecorisce subito* devant ses supérieurs, il devient tout de suite doux comme un agneau **B** *v.tr.* (*raro*) [*far diventare sottomesso, vile, non autonomo*] amollir (*corr.*), rendre (53) lâche (*corr.*): *quel tipo di insegnamento non matura gli alunni, anzi li impecorisce* ce genre d'enseignement ne fortifie pas les élèves, au contraire, il les amollit.

impedènza |impe'dɛntsa| *s.f.* (*elettr.*) impédance ◇ (*fis.*) *impedenza acustica* impédance acoustique ◇ (*mecc.*) impédance.

impediènte |impe'djɛnte| *agg.* (*dir.*) prohibitif*: *impedimento impediente* empêchement prohibitif.

impediménto |impedi'mento| *s.m.* **1** [*cosa che costituisce ostacolo, che impedisce il movimento*] empêchement: *le promesse vanno rispettate, salvo impedimento* les promesses doivent être respectées, sauf empêchement # *per venire da te ho superato ogni impedimento* pour venir chez toi, j'ai surmonté tous les obstacles **2** [→ IMPEDIRE 1] empêchement **3** (*dir.*) empêchement: *impedimento impediente* empêchement prohibitif; *impedimento dirimente* empêchement dirimant.

impedire |impe'dire| (197) *v.tr.* **1** [*togliere la possibilità di fare una cosa*] empêcher: *mi ha impedito di uscire* il m'a empêché de sortir; *nessuno ti impedisce di pensare liberamente* personne ne t'empêche de penser librement; *mi hanno impedito di continuare gli studi* on m'a empêché de continuer les études ◇ [*non permettere, proibire*] *chi te lo impedisce?* qui te l'empêche? → **vietare** **2** [*ingombrare, mettere ostacoli*] entraver: *la manifestazione impediva il traffico* la manifestation entravait la circulation → **intralciare** # *l'albero abbattuto impedisce il transito* l'arbre abattu barre le passage; *la nave impediva la bocca del porticciolo* le bateau obstruait l'entrée du petit port **3** [*impacciare*] gêner: *non potevo correre perché ero impedita dai tacchi alti* je ne pouvais pas courir, gênée que j'étais par mes talons hauts **4** (*raro*) [*menomare, rendere inabile*] paralyser (*corr.*): *l'incidente gli ha impedito per sempre la parte destra del corpo* l'accident lui a paralysé pour toujours la partie droite du corps.

impedito |impe'dito| *agg.* **1** [*chiuso da qualche ostacolo*] bloqué: *vide la strada impedita* il vit la rue bloquée ◇ (*raro*) [*vietato*] *è impedito l'accesso ai non addetti ai lavori* accès interdit (*corr.*) aux personnes étrangères au chantier **2** (*arc.*) → **inaccessibile** **3** [*che è menomato nelle sue funzioni*] paralysé: *braccio impedito* bras paralysé **4** [*occupato, impegnato da qualcos'altro*] occupé: *non posso stare con te: sono impedito* je ne peux pas rester avec toi: je suis occupé.

impegnàre |impeɲ'ɲare| **A** *v.tr.* **1** [*cedere q.c. in pegno, a garanzia del prestito ottenuto*] engager (3): *impegnare una collana di valore* engager un collier de valeur; *di questo passo impegnerai anche la camicia* du train où tu vas, tu finiras par engager aussi ta chemise ◇ (*per est.*) [*vincolare, mettere in gioco*] *in questa faccenda ho impegnato il mio onore* dans cette affaire j'ai engagé mon honneur **2** [*prenotare, assicurarsi la disponibilità di q.c.*] réserver; retenir (27): *impegnare un posto sul vagone-letto* réserver une cabine, un lit dans le wagon-lit ‖ *impegnare un taxi* retenir un taxi ◇ [*assicurarsi il godimento di un bene che viene offerto*] retenir # *impegnare un appartamento in affitto* louer un appartement ◇ [*accaparrare qc. per una prestazione, un incarico*] engager: *per il prossimo anno ho già impegnato due segretarie* pour l'année prochaine j'ai déjà engagé deux nouvelles secrétaires # *impegnare l'idraulico* faire venir le plombier ◇ [*vincolare qc., spec. con una promessa*] *ho impegnato una ragazza per il matrimonio* je me suis fiancé avec une fille **3** [*tenere, mettere a disposizione, riservare*] retenir: *impegnare (qc.) a un ballo* retenir (qqn.) pour une danse; *ti ho impegnato un palco a teatro* je t'ai retenu une loge au théâtre **4** [*obbligare a fare q.c.*] *la malattia del padre l'impegna a stare sempre in casa* la maladie de son père la retient toujours à la maison; *la sua posizione sociale lo impegna a vestirsi elegantemente* sa position sociale l'oblige à s'habiller avec élégance **5** [*tenere occupato in un'attività*] prendre (73): *questo lavoro mi ha impegnato per due anni* ce travail m'a pris deux ans ◇ [*richiedere*] exiger (3): *la villa impegna ben quattro persone di servizio* le service de la villa exige bien quatre domestiques **6** (*mil.*) [*impiegare le proprie unità in combattimento*] engager: *impiegare le unità navali* engager les unités navales ◇ [*costringere il nemico a combattere*] obliger (3) à s'engager à fond: *abbiamo impegnato il nemico su tutta la linea del fronte* nous avons obligé l'ennemi à s'engager à fond sur toute la ligne du front ◇ (*sport*) [*costringere, con la propria bravura, l'avversario a rendere al massimo*] *impegnare l'avversario* obliger l'adversaire à s'engager à fond; *impegnare il portiere* obliger le gardien de but à s'engager à fond **7** (*mil.*) [*iniziare*] engager: *impegnare il combattimento* engager le combat **B** *v.pron. rifl.* IMPEGNARSI **1** [*obbligarsi con qc. a fare o a portare a termine q.c.*] s'engager: *impegnarsi a scrivere un articolo* s'engager à écrire un article; *impegnarsi a consegnare il lavoro in tempo* s'engager à livrer le travail à temps; *mi sono impegnato ad aiutarlo* je me suis engagé à l'aider **2** [*impiegare con coscienza le proprie capacità in un'impresa, affinché riesca*] s'appliquer: *impegnarsi nel lavoro* s'appliquer dans le travail # *impegnarsi nella lotta* s'engager (à fond) dans la lutte; *si era impegnato nell'allestimento del padiglione* il s'était engagé à la préparation du stand ◇ (*loc.*) *impegnarsi a fondo* [*dedicarsi completamente*] se donner à fond.

impegnativa |impeɲɲa'tiva| *s.f.* (*spec. bur.*) [*atto tendente a stabilire un impegno verso altri o nel proprio interesse*] engagement (*m.*): *dare, ritirare l'impegnativa* prendre, retirer l'engagement; *ho fatto l'impegnativa per il ricovero in ospedale* j'ai retenu ferme pour un lit à l'hôpital.

impegnativo |impeɲɲa'tivo| *agg.* **1** [*che richiede molto impegno*] absorbant: *è un lavoro impegnativo* c'est un travail absorbant **2** [*che vincola*] compromettant: *rapporto impegnativo* rapport compromettant; *promessa impegnativa* promesse compromettante.

impegnàto |impeɲ'ɲato| *agg.* **1** [*che è ceduto in pegno*] mis en gage: *ritirerò il bracciale impegnato* je retirerai le bracelet mis en gage ◇ (*fig.*) [*che è in gioco, ne va di mezzo*] engagé: *in questa faccenda è impegnato il nostro buon nome* notre renommée est engagée dans cette affaire **2** [*che è prenotato*] retenu: *disdico la camera impegnata* j'annule (*fam.*) la chambre retenue **3** [*che è legato a una promessa*] fiancé: *circuire una ragazza già impegnata* faire la cour à une jeune fille déjà fiancée **4** [*tenuto occupato, impiegato; indaffarato*] occupé: *volevo parlarti, ma vedo che sei troppo impegnato* je voulais te parler, mais je vois que tu es trop occupé # *se c'è qualcuno non impegnato, venga a darmi una mano* s'il y a quelqu'un de libre, qu'il vienne m'aider; *non posso venire alla riunione, sono già impegnato* je ne peux pas venir à la réunion, je suis pris, j'ai un engagement **5** [*che si tiene seriamente informato e prende una posizione pubblica sui problemi sociali e politici*] engagé: *giovane molto impegnato* jeune très engagé; *regista impegnato* metteur en scène engagé; *intellettuali impegnati* intellectuels engagés ◇ (*per est., detto di opera lett. o artistica, che riflette un simile impegno*) *cinema impegnato* cinéma engagé; *romanzo impegnato* roman engagé; *letteratura impegnata* littérature engagée.

impégno |im'peɲɲo| *s.m.* **1** [*promessa, obbligo*] engagement: *senza impegno* sans engagement; *assumere, mantenere un impegno* prendre, maintenir un engagement **2** [*faccenda, briga*] occupation (*f.*): *ha sempre molti impegni* il a toujours beaucoup d'occupations ◇ [*appuntamento*] rendez-vous: *liberarsi da un impegno* se dégager d'un rendez-vous **3** [*applicazione diligente delle proprie forze e capacità in un lavoro e sim.*] zèle: *lavora sempre con impegno* il travaille toujours avec zèle; *ha dato prova di grande impegno* il a fait preuve de beaucoup de zèle → **zelo** ◇ *loc.* D'IMPEGNO à cœur: *ci si è messo d'impegno* il a pris son travail à cœur **4** [*presa di posizione e scelta di un ruolo attivo di fronte ai problemi della società*] engagement: *l'impegno di uno scrittore, di un artista* l'engagement d'un écrivain, d'un artiste; *credere nell'impegno* croire à l'engagement.

impegolàre |impego'lare| **A** *v.tr.* [*ricoprire, impiastrare di pece*] poisser: *impegolare del filo, del legno* poisser du fil, du bois **B** *v.pron. rifl.* IMPEGOLARSI (*fig.*) [*mettersi in una situazione difficile o sgradevole*] se fourrer: *s'era impegolato in un brutto affare* il s'était fourré dans une vilaine affaire # *s'è impegolato con un tipo sospetto* il s'est embarqué avec un type suspect.

impelagàrsi |impela'garsi| *v.pron. rifl.* [*impegolarsi*] s'embarquer, s'engager (3) # *s'è impelagato nei debiti* il (s')est couvert de dettes.

impelagàto |impela'gato| *agg.* [*che è finito in una situazione intricata o sgradevole*] embarqué: *è un individuo impelagato in un affare rischioso* c'est un individu embarqué dans une affaire dangereuse; *persona impelagata in una discussione sterile* personne embarquée dans une discussion stérile.

impelàre |impe'lare| *v.tr.* (*raro*) [*ricoprire di peli*] couvrir (23) de poils (*corr.*): *il cane ha impelato tutto il tappeto* le chien a couvert tout le tapis de poils; *un golfino d'angora che impela i vestiti* un tricot d'angora qui couvre de poils les vêtements.

impellènte |impel'lɛnte| *agg.* [*che spinge ad agire o a dare una pronta risposta*] impérieux*: *causa impellente* cause impérieuse; *motivo impellente* motif impérieux ◇ [*pressante, urgente*] *necessità impellente* nécessité impérieuse; *bisogno impellente* besoin impérieux.

1 **impellicciàre** |impellit'tʃare| **A** *v.tr.* **1** [*foderare di pelliccia*] fourrer, doubler de fourrure **2** (*raro*) [*coprire, avvolgere con una pelliccia*] couvrir (23) d'une fourrure (*corr.*) **B** *v.pron. rifl.* IMPELLICCIARSI [*mettersi la pelliccia*] s'envelopper dans une fourrure: *si impellicciò bene e uscì* elle s'enveloppa bien dans sa fourrure et sortit.

2 **impellicciàre** |impellit'tʃare| *v.tr.* → **impiallacciare.**

1 **impellicciàto** |impellit'tʃato| *agg.* enveloppé dans un manteau de fourrure: *quella signora impellicciata è la persona che aspettavo* cette dame enveloppée dans un manteau de fourrure est la personne que j'attendais ◇ [*foderato con pelliccia*] fourré, doublé de fourrure: *ho comprato un cappotto impellicciato* j'ai acheté un manteau fourré, doublé de fourrure; (*per uomo*) une pelisse.

2 **impellicciàto** |impellit'tʃato| *agg.* → **impiallacciato.**

impellicciatùra |impellittʃa'tura| *s.f.* (*raro*) → **impiallacciatura.**

impenetràbile |impene'trabile| *agg.* **1** impénétrable: *impenetrabile alla luce* impénétrable à la lumière; *i corpi sono impenetrabili da altri corpi* les corps sont réciproquement impénétrables ◇ (*di luogo per cui non si può passare*) *foresta impenetrabile* forêt impénétrable; *parete impenetrabile* mur impénétrable **2** (*fig.*) [*che non si lascia toccare dai sentimenti*] impénétrable: *impenetrabile all'invidia, all'amore* impénétrable à l'envie, à l'amour → **insensibile** **3** (*persone*) [*che non lascia trapelare sentimenti o pensieri*] impénétrable: *è un uomo impenetrabile* c'est un homme impénétrable ◇ (*per est.*) *volto, sguardo impenetrabile* visage, regard impénétrable; *segreto, mistero impenetrabile* secret, mystère impénétrable.

impenetrabilità |impenetrabili'ta| *s.f. inv.* **1** impénétrabilité *var.* (*raro*): *l'impenetrabilità della fortezza* l'impénétrabilité de la forteresse **2** (*fis.*) impénétrabilité: *l'impenetrabilità dei corpi* l'impénétrabilité des corps **3** [*il non lasciar trapelare i propri sentimenti*] impénétrabilité: *l'impenetrabilità è il suo fascino* l'impénétrabilité fait son charme # *l'impenetrabilità di quella persona è irritante* le caractère impénétrable de cette personne est irritant ◇ (*cose*) *l'impenetrabilità dei misteri della natura* l'impénétrabilité des mystères de la nature.

impenitènte |impeni'tɛnte| *agg.* **1** impénitent: *scapolo impenitente* célibataire impénitent ◇ (*scherz.*) [*che è incorreggibile, incallito nel suo vizio*] *bevitore, fumatore impenitente* buveur, fumeur impénitent **2** [*che non prova pentimento per le proprie colpe*] impénitent: *assassino, peccatore impenitente* assassin, pécheur impénitent.

impenitènza |impeni'tɛntsa| *s.f.* (*raro*) impénitence (*corr.*): *l'impenitenza in punto di morte* le fait *m.* de mourir dans l'impénitence finale.

impennacchiàre |impennak'kjare| **A** *v.tr.* [*ornare con uno o più pennacchi*] empanacher, mettre (71) un panache: *impennacchiare il cappello* empanacher son chapeau, mettre un panache à son chapeau **B** *v.pron. rifl.* IMPENNACCHIARSI [*ornarsi con pennacchi e sim.*] s'empanacher: *si è impennacchiata vistosamente* elle s'est empanachée d'une manière voyante ◇ (*per est., scherz.*) [*vestirsi con cattivo gusto, in modo ridicolo*] se fagoter: *ogni volta che riceve ospiti si impennacchia* chaque fois qu'elle reçoit du monde, elle se fagote.

impennàggio, i |impen'naddʒo, i| *s.m.* (*aer.*) empennage: *l'impennaggio del velivolo* l'empennage de l'aéroplane.

1 **impennàre** |impen'nare| *v.tr.* **1** [*fornire, rivestire di penne*] (re)couvrir (23) de plumes # *gli aquilotti già impennano le ali* les aiglons se (re)couvrent déjà de plumes **2** [*cospargere di penne*] couvrir de plumes: *le galline hanno impennato tutto il prato* les poules ont couvert le pré de plumes **3** [*dotare di alette o d'impennaggio*] empenner: *impennare una freccia, un missile* empenner une flèche, un missile.

2 **impennàre** |impen'nare| **A** *v.tr.* (*aer.*) [*far eseguire un'impennata all'aereo*] cabrer: *il pilota ha impennato l'aereo* le pilote a cabré l'avion **B** *v. pron. intr.* IMPENNARSI **1** [*eseguire una impennata*] se cabrer **2** (*fig.*) → **inalberar(si), risentir(si).**

impennàta |impen'nata| *s.f.* **1** [*atteggiamento che prende il cavallo sollevandosi sugli arti posteriori*] cabrement *m.* **2** (*aer.*) cabrage *m.* **3** (*fig.*) [*improvviso scatto d'ira; atteggiamento di risentimento caparbio*] emportement *m.* # *spesso ha le sue impennate* il s'emporte souvent; *ha preso un'impennata* il s'est emporté ◇ [*recupero inaspettato*] élan (*m.*): *ha recuperato lo svantaggio con un'impennata finale* dans un ultime élan, il a repris l'avantage.

impennàto |impen'nato| *agg.* **1** (*raro*) [*coperto o ornato di penne*] couvert de plumes (*corr.*): *cappello impennato* chapeau couvert de plumes → **piumato** ◇ (*lett.*) → **alato** **2** (*aer.*) [*munito di alette*] muni d'un empennage: *missile impennato* missile muni d'un empennage.

impensàbile |impen'sabile| *agg.* **1** impensable, inconcevable: *è un progetto impensabile* c'est un projet impensable → **impossibile** ◇ (*detto di cosa reale, ma ritenuta assurda*) *per me è impensabile che sia stata lei a rubare* pour moi il est impensable que ce soit elle la voleuse **2** [*imprevedibile*] imprévisible: *questo temporale era impensabile* cet orage était imprévisible **3** [*che non può essere pensato, perché superiore alla capacità della mente umana*] inconcevable: *l'infinito è impensabile* l'infini est inconcevable → **inconcepibile.**

impensataménte |impensata'mente| *avv.* **1** [*senza averci pensato, non di proposito*] sans y penser (*loc. inv.*): *l'ho detto impensatamente* je l'ai dit sans y penser → **inavvertitamente** **2** [*inaspettatamente*] à l'improviste (*loc. inv.*): *fortuna giunta impensatamente* chance arrivée à l'improviste, chance imprévue.

impensàto |impen'sato| *agg.* [*che non si poteva prevedere, aspettare*] imprévu: *le azioni hanno subito un ribasso impensato* les actions ont subi une baisse imprévue → **imprevedibile.**

impensierire |impensje'rire| (197) **A** *v.tr.* → **preoccupare, inquietare** **B** *v. pron. intr.* IMPENSIERIRSI [*mettersi in uno stato di preoccupazione, di ansia*] s'inquiéter (8): *m'impensierisco ogni volta che mio figlio esce con la moto* je m'inquiète chaque fois que mon fils est parti, part en moto.

impensierito |impensje'rito| *agg.* [*preoccupato, inquieto*] préoccupé: *lo vidi impensierito per il tuo ritardo* je le vis préoccupé de ton retard ◇ [*perplesso, pensieroso*] *ti ho visto impensierito sul da farsi* je t'ai vu préoccupé de ce qu'il (te) faut faire.

impepàre |impe'pare| *v.tr.* → **pepare.**

imperànte |impe'rante| *agg.* **1** [*che condiziona fortemente i costumi o le azioni della massa; che va per la maggiore*] dominant: *moda imperante* mode dominante; *l'arrivismo è la caratteristica imperante dell'attuale società* l'arrivisme est la caractéristique dominante de l'actuelle société **2** [*che è titolare di un impero*] régnant: *il sovrano imperante* le souverain régnant.

imperàre |impe'rare| *v.intr.* (*aus.* '*avere*') **1** [*esercitare, detenere l'autorità imperiale*] régner (8): *Augusto imperò per molti anni* Auguste régna de longues années ◇ (*fig.*) *dove impera l'anarchia non può esistere il diritto* où règne l'anarchie le droit n'existe pas **2** (*per est.*) [*avere il predominio*] régner: *imperare sui mari* régner sur les mers; *Roma imperò a lungo sui popoli del Mediterraneo* Rome régna longtemps sur les peuples méditerranéens → **dominare 3** (*lett.*) → **ordinare, comandare.**

imperativàle |imperati'vale| *agg.* (*gram.*) qui contient un impératif (*loc.*): *locuzioni imperativali* locutions qui contiennent un impératif.

imperativaménte |imperativa'-mente| *avv.* [*autoritariamente*] impérativement: *disse imperativamente*: '*tornate al lavoro*' il dit impérativement: 'retournez au travail'.

imperativo |impera'tivo| **I** *agg.* **1** impératif*: *frase imperativa* phrase impérative; *modo imperativo del verbo* mode impératif du verbe ◇ (*dir.*) *norme imperative* normes impératives **2** (*per est.*) [*rigido, severo*] impératif: *tono imperativo* ton impératif; *gesto, sguardo imperativo* geste, regard impératif **II** *s.m.* **1** (*gram.*) impératif: *l'imperativo del verbo* '*andare*' l'impératif du verbe 'aller' **2** (*filos.*) *imperativo ipotetico, categorico* impératif hypothétique, catégorique **3** (*dir.*) impératif.

imperatóre |impera'tore| *s.m.* **1** [*sovrano, capo di un impero*] empereur: *imperatore della Cina* empereur de (la) Chine **2** (*st. rom.*) empereur: *imperatore dell'Impero romano* empereur de l'Empire romain.

imperatòrio, i |impera'tɔrjo, i| *agg.* [*dell'imperatore o dovuto a un imperatore*] impérial*: *insegne imperatorie* insignes impériaux; *potere imperatorio* pouvoir impérial ◇ (*fig.*) [*autoritario, risoluto*] impérieux*: *sguardo imperatorio* regard impérieux; *voce imperatoria* voix impérieuse.

imperatrìce |impera'tritʃe| *s.f.* impératrice.

impercettìbile |impertʃet'tibile| *agg.* **1** imperceptible: *rumore impercettibile* bruit imperceptible; *sorriso impercettibile* sourire imperceptible; *nei tuoi occhi c'è una differenza impercettibile* il y a entre tes deux yeux une imperceptible différence **2** (*filos.*) imperceptible: *la realtà impercettibile* la réalité imperceptible.

impercettibilità |impertʃettibili'ta| *s.f. inv.* imperceptibilité (*var.*): *l'impercettibilità di un rumore* l'imperceptibilité d'un bruit.

impercettibilménte |impertʃettibil'mente| *avv.* [→ IMPERCETTIBILE 1] imperceptiblement: *mi ha sorriso impercettibilmente* il m'a souri imperceptiblement.

imperciocché |impertʃok'ke| *cong.* **1** [*per il fatto che, in quanto*] du fait que... **2** (*raro, lett.*) → **affinché.**

imperdìbile |imper'dibile| *agg.* (*raro*) [*che non si può o si è convinti che non si possa perdere*] imperdable.

imperdonàbile |imperdo'nabile| *agg.* impardonnable: *nessun errore è imperdonabile* aucune erreur n'est impardonnable ◇ (*per est.*) (*di cosa così grave da non essere rimediabile*) *una svista imperdonabile* une méprise impardonnable; *sarebbe un errore imperdonabile* ce serait une erreur impardonnable Ⓒ **perdonabile.**

imperdonabilménte |imperdonabil'mente| *avv.* [→ IMPERDONABILE] d'une façon impardonnable (*loc. inv.*): *hai agito imperdonabilmente* tu as agi d'une façon impardonnable.

imperfettaménte |imperfetta'-mente| *avv.* [→ IMPERFETTO I] imparfaitement: *hai eseguito imperfettamente il mio ordine* tu as exécuté imparfaitement mon ordre # *la casa è costruita imperfettamente* la maison est mal construite.

imperfettìbile |imperfet'tibile| *agg.* (*raro*) imperfectible.

imperfettibilità |imperfettibili'-ta| *s.f. inv.* imperfectibilité *var.* (*raro*).

imperfettìvo |imperfet'tivo| *agg.* (*ling.*) imperfectif*: *aspetto imperfettivo* aspect imperfectif.

imperfètto |imper'fɛtto| **I** *agg.* **1** imparfait: *un lavoro imperfetto* un travail imparfait; *un'esecuzione imperfetta* une exécution imparfaite; *quel quadro è un'imitazione imperfetta dell'originale* ce tableau est une copie imparfaite de l'original **2** [*non completato*] imparfait: *lasciare un'opera imperfetta* laisser une œuvre imparfaite ◇ (*gram.*) *tempo imperfetto del verbo* temps imparfait du verbe **II** *s.m.* imparfait: *l'imperfetto* (*dell'*) *indicativo*, (*del*) *congiuntivo* l'imparfait de l'indicatif, du subjonctif Ⓒ I 1 **perfetto.**

imperfezióne |imperfet'tsjone| *s.f.* **1** imperfection: *un'imperfezione nel meccanismo* une imperfection dans le mécanisme; *gioiello con una piccola imperfezione* bijou ayant une petite imperfection; *una leggera imperfezione dell'udito* une ouïe légèrement imparfaite **2** [*l'essere imperfetto*] imperfection: *l'imperfezione di un lavoro* l'imperfection d'un travail.

imperforàbile |imperfo'rabile| *agg.* [*che non si può perforare*] imperforable (*raro*): *materiali imperforabili* matériaux imperforables.

imperforàto |imperfo'rato| *agg.* imperforé (*raro*): *teca imperforata* étui imperforé ◇ (*anat.*) *narici imperforate* narines imperforées.

imperforazióne |imperforat'-tsjone| *s.f.* (*anat.*) imperforation (*raro*).

1 **imperiàle** |impe'rjale| **1** *agg.* impérial*: *potere, politica imperiale* pouvoir impérial, politique impériale; *corona imperiale* couronne impériale; *soldato, suddito imperiale* soldat, sujet impérial ◆ *s.m.* (*spec. al plur.*) *gli Imperiali* [*i partigiani, i soldati dell'imperatore*] les Impériaux ◇ (*raro, fig.*) → **maestoso 2** *s.m.* (*numism.*) impériel.

2 **imperiàle** |impe'rjale| *s.m.* **1** [*formato di carta per stampati dello Stato*] papier impérial* *agg.* **2** [*piccolo pizzo appuntito sotto il labbro inferiore*] impériale *f.* **3** [*cassa per bagagli applicata sopra il tetto dei veicoli da viaggio*] impériale **4** (*ferr.*) impériale.

imperialìsmo |imperja'lizmo| *s.m.* **1** impérialisme: *l'imperialismo per Lenin è la fase estrema del capitalismo* l'impérialisme est pour Lénine la phase extrême du capitalisme **2** (*st.*) impérialisme: *l'imperialismo di Alessandro, di Napoleone* l'impérialisme d'Alexandre, de Napoléon ◇ (*fig.*) [*autoritarismo, tendenza a monopolizzare*] *imperialismo letterario, artistico* impérialisme littéraire, artistique.

imperialìsta |imperja'lista| *s.* **1** impérialiste ◆ (*agg.*) *politica imperialista* politique impérialiste → **imperialistico 2** (*raro*) [*chi parteggia per l'imperatore o l'impero*] impérialiste (*corr.*).

imperialìstico, ci, ca, che |imperja'listiko, tʃi, ka, ke| *agg.* impérialiste: *ambizioni imperialistiche* ambitions impérialistes; *ideologia, economia imperialistica* idéologie, économie impérialiste.

impèrio, i |im'pɛrjo, i| *s.m.* (*arc., lett.*) → **impero.**

imperiosaménte |imperjosa'-mente| *avv.* **1** [→ IMPERIOSO 1] impérieusement; *ordinò imperiosamente di uscire* il ordonna impérieusement de sortir **2** [→ IMPERIOSO 2] impérieusement # *avevo imperiosamente bisogno di parlargli* j'avais un impérieux besoin de lui parler.

imperióso |impe'rjoso| *agg.* **1** impérieux*: *capo imperioso* chef impérieux; *direttore imperioso* directeur impérieux → **deciso** ◇ (*per est.*) (*di cosa che si impone con autorità*) *chiamata imperiosa* appel impérieux; *linguaggio, gesto imperioso* langage, geste impérieux; *ha un fare imperioso che indispone* il a une façon de faire impérieuse, qui indispose **2** (*fig.*) [*che forza a fare q.c., che è impellente*] impérieux: *bisogno imperioso* besoin impérieux; *sentivo un'imperiosa necessità di sfogarmi con qc.* je sentais un impérieux besoin de m'épancher avec qqn. → **urgente.**

imperìto |impe'rito| *agg.* (*lett.*) → **inesperto, incapace.**

imperitùro |imperi'turo| *agg.* [*destinato a non venir mai meno, a durare perennemente*] impérissable: *gloria, fama imperitura* gloire, renommée impérissable; *una memoria imperitura* une mémoire impérissable → **perenne.**

imperìzia |impe'rittsja| *s.f.* **1** [*mancanza di abilità e di pratica, spec. nel proprio lavoro*] maladresse; incapacité: *impresa condotta con imperizia* entreprise conduite avec maladresse; *la sua rovina è da ricondurre alla sua imperizia* sa ruine est due à sa maladresse ‖ *l'imperizia dell'avvocato l'ha condannato all'ergastolo* il a été condamné à la prison à vie par l'incapacité de son avocat → **incapacità, inesperienza 2** (*dir.*) inhabilité # *accusa di imperizia* accusation d'être malhabile.

imperlàre |imper'lare| **A** *v.tr.* **1** (*fig.*) [*coprire di gocce sim. a perle*] perler *intr.* sur, couvrir (23) de perles: *il sudore mi imperlava la fronte* la sueur perlait sur mon front; *la rugiada imperlava l'erba* la rosée couvrait l'herbe de perles **2** [*ornare di perle*] orner de perles: *imperlare i capelli* orner de perles les cheveux; *imperlare il vestito da sera* orner de perles la robe du soir **B** *v.pron. intr.* IMPERLARSI [*coprirsi di goccioline lucenti*] (se) couvrir de perles: *s'era imperlato di sudore per la paura* la peur avait couvert son front de perles de sueur.

impermalire |imperma'lire| (197) **A** *v.tr.* [*provocare risentimento; offendere*] vexer: *le tue allusioni l'hanno impermalito* tes allusions l'ont vexé → **indispettire B** *v.pron. intr.* IMPERMALIRSI [→ *tr.*] se vexer: *impermalire anche per uno scherzo* se vexer même d'une plaisanterie; *appena lo trascuravo un po' s'impermaliva* dès que je le négligeais un peu, il se vexait → **offender(si).**

impermeàbile |imperme'abile| **1** *agg.* imperméable: *tessuto impermeabile all'acqua* tissu imperméable à l'eau; *impermeabile ai gas* imperméable aux gaz; *carta impermeabile* papier imperméable # *orologio impermeabile* montre étanche ◇ (*raro, fig.*) (*persone*) [*che è inaccessibile a q.c.*] *è impermeabile alle raccomandazioni* les recommandations glissent sur lui **2** *s.m.* imperméable: *un impermeabile con cappuccio* un imperméable avec une capuche ⓒ 1 **permeabile.**

impermeabilità |impermeabili'ta| *s.f. inv.* imperméabilité (*var.*): *impermeabilità di un terreno* imperméabilité d'un terrain.

impermeabilizzàre |impermeabilid'dzare| *v.tr.* [*rendere impermeabile con opportuno trattamento*] imperméabiliser; hydrofuger (3): *impermeabilizzare un tessuto* imperméabiliser un tissu || *impermeabilizzare un muro* hydrofuger un mur.

impermeabilizzàto |impermeabilid'dzato| *agg.* imperméabilisé: *pareti impermeabilizzate* murs imperméabilisés; *carrozzina impermeabilizzata* poussette imperméabilisée.

impermeabilizzazióne |impermeabiliddzat'tsjone| *s.f.* [→ IMPERMEABILIZZARE] imperméabilisation: *l'impermeabilizzazione del tetto* l'imperméabilisation du toit; *l'impermeabilizzazione della carta* l'imperméabilisation du papier.

impernàre |imper'nare| *v.tr. e pron.* → **imperniare.**

imperniàre |imper'njare| **A** *v.tr.* [*fissare su un perno, collegare due pezzi tramite uno o più perni*] fixer sur pivot ◇ (*fig.*) [*fondare*] baser, fonder: *la difesa dell'avvocato è tutta imperniata su questa prova* la défense de l'avocat est totalement basée, fondée sur cette preuve → **basare B** *v.pron. intr.* IMPERNIARSI [*fondarsi, basarsi*] se baser, se fonder: *l'opera si impernia su questa idea* l'œuvre se base, se fonde sur cette idée.

imperniatùra |imperja'tura| *s.f.* (*tecnol.*) mise sur pivot: *operai addetti all'imperniatura* ouvriers chargés de la mise sur pivot ◇ [*il complesso dei perni di un macchinario*] pivots *m.pl.*

impèro |im'pɛro| *s.m.* **1** [*organismo politico soggetto alla giurisdizione di un imperatore*] empire: *l'impero romano, austro-ungarico, napoleonico* l'empire romain, austro-hongrois, napoléonien ◇ [*il territorio soggetto a tale giurisdizione*] Empire: *difendere i confini dell'Impero* défendre les limites de l'Empire ◇ [*l'autorità imperiale*] empire: *durante l'impero di Napoleone I* sous l'empire de Napoléon Ier; *innalzare all'impero* élever à l'empire ♦ *agg. inv.* (*posposto al sost.*) *stile impero* style Empire **2** (*per est.*) [*i territori, le colonie appartenenti ad uno stato*] Empire: *l'impero coloniale spagnolo, britannico* l'Empire colonial espagnole, britannique **3** (*lett.*) → **2 potere, dominio; comando.**

imperocché |imperok'ke| *cong.* (*lett.*) → **imperciocché** 1.

imperscrutàbile |imperskru'tabile| *agg.* [*che non può essere indagato dalla mente*] insondable: *i disegni divini sono imperscrutabili* les desseins de la Providence sont insondables → **impenetrabile; oscuro** ◇ (*scherz.*) [*misterioso, segreto*] *avrà delle ragioni imperscrutabili per agire così* il doit avoir des raisons insondables pour agir ainsi.

imperscrutabilità |imperskrutabili'ta| *s.f. inv.* le caractère *m. var.* impénétrable, impénétrabilité *var.* (*raro*): *l'imperscrutabilità del volere divino* l'impénétrabilité de la volonté divine.

impersonàle |imperso'nale| *agg.* **1** impersonnel*: *arredamento impersonale* ameublement impersonnel; *stile impersonale* style impersonnel → **banale, 1 piatto 2** [*che non fa riferimento a una persona in particolare*] impersonnel, objectif*: *una critica impersonale* une critique impersonnelle, objective → **generico 3** [*che prescinde dalla propria personalità per essere obiettivo*] impersonnel, objectif: *riesce a essere impersonale nel giudicare* il réussit à être impersonnel, pleinement objectif dans ses jugements → **distaccato** ◇ (*arts.*) *il verismo propugna un'arte impersonale* le vérisme défend un art impersonnel **4** (*gram.*) impersonnel: *verbo impersonale* verbe impersonnel; *costruzione impersonale di un verbo* construction impersonnelle d'un verbe; *forma impersonale della frase* forme impersonnelle de la phrase ♦ (*s.m.*) *un impersonale* un impersonnel.

impersonalismo |impersona'lizmo| *s.m.* impersonnalité *f.*

impersonalità |impersonali'ta| *s.f. inv.* impersonnalité *var.*; objectivité (*var.*): *impersonalità dei modi* impersonnalité des modes; *l'impersonalità dell'arte verista* l'impersonnalité de l'art vériste || *l'impersonalità di un giudizio* l'objectivité d'un jugement.

impersonalménte |impersonal'mente| *avv.* **1** [→ IMPERSONALE 1] d'une manière impersonnelle *loc. inv.*, impersonnellement: *le camere d'albergo sono ammobiliate impersonalmente* les chambres d'hôtel sont meublées d'une manière impersonnelle; *esprimersi impersonalmente* s'exprimer impersonnellement **2** [→ IMPERSONALE 2] impersonnellement # *non volevo alludere: parlavo impersonalmente* je ne voulais pas faire d'allusions personnelles: je parlais en général **3** [→ IMPERSONALE 3] impersonnellement: *giudicare impersonalmente* juger impersonnellement → **obiettivamente 4** (*gram.*) impersonnellement: *questo verbo si costruisce impersonalmente* ce verbe se construit impersonnellement, à la forme impersonnelle.

impersonàre |imperso'nare| **A** *v. tr.* **1** [*dare vita concreta a un concetto o a una qualità attraverso una figura umana*] symboliser, personnifier: *è così armoniosa da impersonare la bellezza* elle est belle au point de symboliser la beauté; *Molière è riuscito a impersonare tanti vizi umani* Molière a réussi à personnifier de nombreux vices humains **2** [*interpretare una parte a teatro o nel cinema*] incarner: *ha potuto finalmente impersonare Ofelia* finalement elle a pu incarner Ophélie **B** *v.pron.* IMPERSONARSI **1** *rifl.* (*detto di un attore*) [*immedesimarsi nella parte, nel personaggio da interpretare*] se mettre (71) dans la peau du personnage **2** *intr.* [*incarnarsi*] incarner (*tr.*): *in lei si impersona la generosità* elle incarne la générosité.

impertèrrito |imper'territo| *agg.* [*che non si lascia impressionare o intimorire; impassibile*] imperturbable: *rimanere imperterrito alle minacce* rester imperturbable devant les menaces; *ha ascoltato imperterrito la condanna* il a écouté, imperturbable, la (sa) condamnation ◇ [*deciso, senza tentennamenti*] *prosegue imperterrito il suo piano* imperturbable, il poursuit son plan.

impertinènte |imperti'nente| *agg.* **1** impertinent: *un ragazzo impertinente* un garçon impertinent ♦ (*s.*) *un impertinente* un impertinent: *sei un bell'impertinente!* tu es un bel impertinent! **2** [*insolente, provocatorio*] impertinent: *discorso, comportamento impertinente* discours, comportement impertinent; *lettera impertinente* lettre impertinente **3** (*bur.*) inopportun: *domanda, richiesta impertinente* demande inopportune.

impertinenteménte |impertinente'mente| *avv.* [→ IMPERTINENTE 1] impertinemment.

impertinènza |imperti'nɛntsa| *s.f.* **1** impertinence: *è ben noto con quale impertinenza ha preteso queste concessioni* on sait bien avec quelle impertinence il a exigé ces concessions; *la tua impertinenza supera ogni limite* ton impertinence dépasse toutes les bornes **2** [*atto, discorso irriguardoso, insolente*] impertinence: *non tollero queste impertinenze* je n'admets pas ces impertinences.

imperturbàbile |impertur'babile| *agg.* imperturbable: *in tutta quella confusione rimase imperturbabile* dans toute cette confusion il resta imperturbable → **impassibile** ◇ (*cose*) *calma, tranquillità imperturbabile* calme, tranquillité imperturbable → **inalterabile.**

imperturbabilità |imperturbabili'ta| *s.f. inv.* caractère *m.var.* imperturbable, imperturbabilité *var.* (*raro*) ◇ [*sicurezza di atteggiamento*] *la sua imperturbabilità è il più delle volte solo una posa* son imperturbabilité n'est le plus souvent que de la pose.

imperturbabilménte |imperturbabil'mente| *avv.* [→ IMPERTURBABILE] imperturbablement.

imperturbàto |impertur'bato| *agg.* [*che non si è lasciato turbare, che appare tranquillo*] tranquille: *quiete imperturbata* repos tranquille.

imperversàre |imperver'sare| *v.*

intr. (*aus.* 'avere') 1 (*detto degli elementi naturali, catastrofici e sim.*) [*manifestarsi con cieca violenza*] faire (45) *tr.* rage; sévir: *il maltempo imperversava* le mauvais temps faisait rage → **infuriare** ‖ *sta imperversando un'epidemia di colera* une épidémie de choléra sévit actuellement 2 (*persone*) [*dare in escandescenze, agire con violenza*] devenir (27) (*aus.* être) furieux* # *urlando, imperversava per la rabbia* il hurlait, furieux de rage ◇ [*sfogare violentemente su qc. la rabbia; infierire*] s'en prendre (73) *pron.* à: *imperversava perfino sui figli* il s'en prenait même à ses enfants 3 (*di moda o costume che si afferma decisamente e in modo diffuso*) faire *tr.* fureur: *ora imperversano le gonne lunghe* maintenant ce sont les jupes longues qui font fureur; *in quegli anni imperversava la pop-art* en ce temps-là le pop'art faisait fureur.

impervietà |impervje'ta| *s.f. inv.* [*carattere impervio; stato di ciò che è inaccessibile*] inaccessibilité *var.*

impèrvio, i |im'pεrvjo, i| *agg.* (*detto di luogo difficile da percorrere o raggiungere*) inaccessible: *strada impervia di montagna* route de montagne inaccessible; *è un luogo impervio, ma bello* c'est un lieu inaccessible, mais beau → **malagevole, impraticabile.**

impestàre |impes'tare| *v.tr.* 1 (*pop.*) [*contagiare di sifilide*] empester (*raro*) 2 (*pop.*) [*contagiare di peste*] empester (*raro*) 3 (*fig.*) [*rendere fetente, sgradevole*] empester: *non mi impestàre la stanza con quel sigaro!* n'empeste pas ma chambre avec ce cigare!

impetìgine |impe'tidʒine| *s.f.* (*med.*) impétigo *m.*

impetiginóso |impetid'ʒi'noso| *agg.* (*med.*) impétigineux*.

ìmpeto |'impeto| *s.m.* 1 [*forza, pressione violenta*] violence (*f.*): *il comignolo è crollato sotto l'impeto del vento* la cheminée est tombée sous la violence du vent; *non resistere all'impeto della corrente* ne pas résister à la violence du courant ◇ [*assalto, irruzione*] assaut: *frenare l'impeto del nemico* freiner l'assaut de l'ennemi ◇ [*veemenza*] impétuosité (*f.*): *reagire con impeto* réagir avec impétuosité; *scagliare un oggetto con impeto* lancer un objet avec impétuosité 2 (*fig.*) [*improvvisa e violenta reazione interiore; scatto incontrollato*] mouvement (violent): *ti ho offeso involontariamente, è stato solo un impeto di rabbia* je t'ai vexé involontairement, ce n'était de ma part qu'un mouvement de colère; *l'ho fatto in un impeto di generosità* je l'ai fait dans un mouvement de générosité ◇ [*concitazione, fervore*] feu: *nell'impeto dell'ispirazione* dans le feu de l'inspiration # *lasciarsi prendere dall'impeto oratorio* se laisser prendre par l'éloquence chaleureuse, par la chaleur de l'éloquence ◇ *loc.* D'IMPETO [*in modo impulsivo, istintivo; precipitosamente*] impulsivement (*avv.*): *agire, reagire d'impeto* agir, réagir impulsivement.

impetràbile |impe'trabile| *agg.* (*raro*) [*che si può ottenere dietro insistente preghiera*] impétrable: *perdono impetrabile* pardon impétrable.

impetràre |impe'trare| *v.tr.* 1 [*ottenere per mezzo di preghiere insistenti*] obtenir (27) par des prières: *impetrare una grazia, un favore* obtenir une grâce, une faveur par des prières 2 [*chiedere con preghiere, con suppliche*] implorer: *impetrare il perdono divino* implorer le pardon divin; *hanno inutilmente impetrato la sua comprensione* ils ont vainement imploré sa compréhension.

impetratòrio, i |impetra'tɔrjo, i| *agg.* (*lett.*) [*che è diretto, serve a impetrare*] servant à obtenir (qqch.) (*corr.*): *rito impetratorio* rite servant à obtenir qqch.

impettito |impet'tito| *agg.* 1 [*che sta o cammina ben eretto e con il petto in fuori*] qui bombe le torse (*loc.*): *nonostante l'età è ancora distinto e impettito* malgré son âge, il porte encore beau et il bombe le torse # *un gallo impettito* un coq qui se dresse sur ses ergots 2 [*che mostra un atteggiamento di superiorità o di ombrosità*] arrogant; gonflé d'orgueil: *da quando è avanzato di grado è diventato burbero e impettito* depuis qu'il a eu de l'avancement, il est devenu bourru et arrogant → **borioso, sdegnato** ‖ *se n'è andato tutto impettito e offeso* il est parti gonflé d'orgueil et vexé.

impetuosaménte |impetuosa'mente| *avv.* [→ IMPETUOSO 2] impétueusement.

impetuosità |impetuosi'ta| *s.f. inv.* impétuosité (*var.*): *l'impetuosità di un torrente in piena* l'impétuosité d'un torrent en crue; *impetuosità di carattere* impétuosité de caractère; *gli abbiamo raccomandato di frenare la sua impetuosità* nous lui avons recommandé de freiner son impétuosité; *è stato travolto dall'impetuosità dei flutti* il a été emporté par l'impétuosité des vagues.

impetuóso |impetu'oso| *agg.* 1 impétueux*: *non è riuscito a frenare la corsa impetuosa del cavallo* il n'a pas réussi à freiner la course impétueuse du cheval; *un vento impetuoso ha scoperchiato i tetti di molte abitazioni* un vent impétueux a emporté les toits de nombreuses habitations 2 [*che agisce in modo istintivo, irruente*] impétueux: *ragazzo impetuoso* garçon impétueux; *ha molte capacità, ma gli nuoce il suo temperamento impetuoso* il a beaucoup de capacités, mais son caractère impétueux lui nuit 3 [*fatto con foga, concitato; impulsivo, incontrollato*] impétueux: *oratoria impetuosa* éloquence impétueuse; *devi evitare certi gesti impetuosi* il faut que tu évites certains gestes impétueux.

impiagaménto |impjaga'mento| *s.m.* (*raro*) [*formazione di piaghe*] ulcération *f.* (*corr.*).

impiagàre |impja'gare| *v.tr.* (*raro*) [*piagare, coprire di piaghe*] couvrir (23) de plaies (*corr.*): *l'infezione gli ha impiagato la schiena* l'infection lui a couvert le dos de plaies.

impiagatùra |impjaga'tura| *s.f.* (*raro*) [*formazione di piaghe*] ulcération (*corr.*).

impiallacciàre |impjallat'tʃare| *v.tr.* (*falegnameria*) [*rivestire assi di legno o mobili con sottili fogli di legno pregiato*] plaquer: *questi mobili sono impiallacciati con noce* ces meubles sont plaqués en noyer.

impiallacciàto |impjallat'tʃato| *agg.* [*rivestito di un sottile foglio di legno pregiato*] plaqué *s.m.* # *un tavolo impiallacciato* une table en contreplaqué.

impiallacciatóre, trice |impjallattʃa'tore, tritʃe| *s.* [*operaio che esegue l'impiallacciatura*] plaqueur*.

impiallacciatùra |impjallattʃa'tura| *s.f.* [→ IMPIALLACCIARE] placage (*m.*): *eseguire l'impiallacciatura di un armadio* exécuter le placage d'une armoire ◇ [*materiale usato per impiallacciare*] *impiallacciatura di mogano* placage d'acajou.

impiallicciàre |impjallit'tʃare| *e deriv.* → **impiallacciare** *e deriv.*

impianellàre |impjanel'lare| *v.tr.* (*edil.*) [*rivestire con mattonelle di laterizio o di ceramica*] carreler (4).

impianellàto |impjanel'lato| *s.m.* (*edil.*) carrelage.

impiantàre |impjan'tare| *v.tr.* 1 [*installare, sistemare opportunamente q.c. in relazione al suo funzionamento*] installer: *impiantare un circuito elettrico* installer un circuit électrique; *impiantare un sistema d'allarme* installer un système d'alarme 2 (*fig.*) [*organizzare, istituire*] *impiantare una fabbrica di orologi* monter une usine d'horlogerie; *impiantare un negozio* ouvrir (23) un magasin; *impiantare una scuola privata* fonder une école privée; *impiantare uno studio legale* ouvrir un cabinet d'avocat; *ci vuole tempo e denaro per impiantare una casa* il faut du temps et de l'argent pour installer une maison ◇ [*dar inizio, provocare*] provoquer: *impiantare un discorso, una discussione* provoquer un discours, une discussion # *non impiantare grane proprio adesso!* ne fais pas d'histoires, maintenant! 3 (*agr., raro*) [*sistemare delle piante nel terreno, fare una piantagione*] planter (*corr.*) → **piantare.**

impiantìstica, che |impjan'tistika, ke| *s.f.* technique de projet et installation industriel.

impiantito |impjan'tito| *s.m.* (*edil.*) plancher → **pavimento.**

impiànto |im'pjanto| *s.m.* 1 [*complesso delle operazioni necessarie per la messa in efficienza di un'opera o di un'attività*] installation (*f.*): *un laboratorio radiologico richiede un delicato lavoro d'impianto* un laboratoire radiologique demande un délicat travail d'installation; *ammortizzare le spese di impianto* amortir les frais d'installation 2 [*strutture e attrezzature che costituiscono un servizio di utilità pratica*] installation: *impianto di riscaldamento* installation du chauffage; *impianto stereofonico, telefonico* installation stéréophonique, téléphonique; *un corto circuito ha fatto saltare l'impianto elettrico* un court-circuit a fait sauter l'installation électrique # *impianto di climatizzazione* climatisation ◇ (*loc.*) *impianto sportivo* installation sportive.

impiastràre |impjas'trare| A *v.tr.* 1 [*cospargere di materiale vischioso o attaccaticcio*] enduire (75): *impiastrare di calce, di catrame* enduire de chaux, de goudron 2 (*per est.*) [*eseguire in modo grossolano lavori di verniciatura, pittura e sim.*] barbouiller: *impiastrare una parete, una tela* barbouiller une paroi, une toile ◇ (*fig.*) [*scrivere (uno scritto) in modo sconclusionato, senza senso*] gribouiller: *ha impiastrato centinaia di pagine con ragionamenti assurdi* il a gribouillé des centaines de pages avec des raisonnements absurdes 3 (*per est.*) [*sporcare, imbrattare*] salir: *mi hai impiastrato il pavimento di fango* tu as sali de boue mon parquet **B** *v. pron. intr.* IMPIASTRARSI **1** [*imbrattarsi con materiali vischiosi o attaccaticci*] se poisser: *mi sono impiastrato di miele* je me suis poissé avec du miel; *non impiastrarti di cioccolato come al solito!* ne te poisse pas avec du chocolat comme d'habitude! **2** (*per est.*) [*truccarsi in modo vistoso e grossolano*] se peinturlurer (*fam.*): *si è talmente impiastrata, che sembra una maschera di carnevale* elle s'est tellement peinturlurée qu'elle ressemble à un masque de carnaval.

impiastricciaménto |impjastrittʃa'mento| *s.m.* [→ IMPIASTRICCIARE] barbouillage: *in questa stanza c'è un orribile impiastricciamento sui muri* dans cette pièce il y a un barbouillage horrible sur les murs, les murs sont horriblement barbouillés.

impiastricciàre |impjastrit'tʃare| *v.tr.* [*imbrattare, sporcare intorno*] salir: *non impiastricciare così il vestito!* ne salis pas ton costume comme ça!

impiàstro |im'pjastro| *s.m.* **1** (*med., corr.*) emplâtre: *s'è applicata un impiastro sulla parte malata* elle a appliqué un emplâtre sur le mal ◇ (*loc. fig.*) *è un impiastro su una gamba di legno* c'est un emplâtre sur une jambe de bois **2** (*fig., fam.*) [*persona noiosa*] emplâtre: *è un impiastro* c'est un emplâtre (*pop.*); *tua suocera è un vero impiastro!* ta belle-mère est un emplâtre! ◇ [*persona frequentemente malata*] malingre *agg.* # *è ancora malato! è un vero impiastro* il est encore malade! c'est vraiment un débile **3** [*lavoro eseguito goffamente*] gâchis (*inv.*): *quel quadro è un impiastro* ce tableau n'est qu'un gâchis de couleurs.

impiccagióne |impikka'dʒone| *s.f.* [*forma di esecuzione capitale in cui il condannato viene impiccato*] pendaison; potence: *morte per impiccagione* mort par pendaison ‖ *è stato condannato all'impiccagione* il a été condamné à à la potence.

impiccaménto |impikka'mento| *s.m.* [→ IMPICCARE A 1] pendaison *f.*

impiccàre |impik'kare| **A** *v.tr.* **1** [*uccidere sospendendo con un laccio intorno alla gola, fino a che la morte sopraggiunga*] pendre (53): *impiccare sulla forca* pendre à la potence; *impiccare un deliquente* pendre un délinquant ◇ (*per anal.*) *impiccare per i piedi* pendre par les pieds ◇ (*iperb.*) *neanche se mi impiccano* [*per nessun motivo*] même pas si on me tue **2** (*fig.*) [*stringere, serrare alla gola*] étrangler: *questa camicia mi impicca* cette chemise m'étrangle ◇ (*per est.*) [*appendere, attaccare in alto, troppo in alto*] *impiccare un prosciutto, un vestito* pendre un jambon, une robe; *impiccare un quadro* accrocher un tableau ◇ (*fig., fam.*) [*imporre condizioni esose, impossibili*] *impiccare i creditori* étrangler les créanciers ✦ (*ass.*) (*nel gergo studentesco*) [*marinare la scuola*] sécher (8), faire (45) l'école buissonnière: *oggi ho impiccato* aujourd'hui j'ai séché la classe **B** *v.pron. rifl.* IMPICCARSI **1** [→ *tr.*] se pendre: *impiccarsi a una trave* se pendre à une poutre; *impiccarsi per la disperazione* se pendre de désespoir ◇ (*loc. fig., fam.*) *impiccati!* [*va' alla malora!*; *al diavolo!*] va au diable! va te faire pendre!; *che si impicchi!* qu'il aille au diable! **2** (*fig.*) [*legarsi a condizioni, a impegni troppo gravosi*] *in questo affare mi sono impiccato* dans cette affaire, je me suis passé la corde au cou.

impiccàto |impik'kato| *agg.* **1** [*che è morto appeso con un laccio intorno al collo*] pendu ✦ (*s.*) *un impiccato* un pendu ◇ (*scherz.*) [*rigido, stretto in un abito o in un colletto*] *in quel vestito mi sento impiccato* j'étouffe dans cette robe (ce costume) **2** [*appeso in alto*] pendu: *un salame impiccato* un saucisson pendu **3** (*loc.*) *prezzi impiccati* [*esageratamente alti*] prix exorbitants.

impiccatóre |impikka'tore| *s.m.* (*raro*) [*chi impicca, chi manda molte persone alla forca*] bourreau (*corr.*).

impicciàre |impit'tʃare| **A** *v.tr.* **1** [*ingombrare, intralciare*] gêner, embarrasser: *impicciare il passaggio* gêner le passage; *impicciare una stanza* embarrasser une pièce ✦ (*ass.*) [*dar ingombro*] *togliti che impicci* va-t-en, tu gênes **2** [*dar impaccio, ostacolare*] gêner: *questa fasciatura mi impiccia* ce bandage me gêne **B** *v.pron. intr.* IMPICCIARSI [*intromettersi, immischiarsi*] se mêler: *impicciarsi nelle faccende altrui* se mêler des affaires des autres; *impìcciati dei fatti tuoi* mêle-toi de tes affaires ◇ *impicciarsi con qc.* [*mettersi con qc. in affari poco puliti*] s'embarquer avec qqn.: *non impicciarti con quel tipo* ne t'embarque pas avec ce type.

impiccinìre |impittʃi'nire| (197) *v.tr. e intr.* (*aus.* '*essere*') → **rimpicciolire.**

impìccio, i |im'pittʃo, i| *s.m.* **1** [*tutto ciò che intralcia o ingombra*] affaires *f.pl.* encombrantes; gêne (*f.*): *togli tutti questi impicci dal sedile* enlève du siège toutes ces affaires encombrantes ‖ *essere d'impiccio* être une gêne (pour qqn.) **2** (*per est.*) [*faccenda noiosa; seccatura*] ennui: *non sa procurare che impicci* il ne sait que causer des ennuis → **fastidio, briga** # *quest'impegno di andarla sempre a prendere è proprio un bell'impiccio* cette habitude d'aller toujours la chercher est bien gênante **3** [*situazione imbrogliata, difficile*] ennui, pétrin: *vorrei toglierti da quell'impiccio* je voudrais te tirer de cet ennui, de ce pétrin → **guaio** ◇ (*loc.*) *s'è cacciato in un impiccio* il s'est fourré, il s'est mis dans de beaux draps ◇ [*situazione imbarazzante*] embarras: *nonostante la sua timidezza s'è cavata bene d'impiccio* malgré sa timidité, elle a su se tirer d'embarras, elle a su s'en tirer **4** (*raro*) [*debito, ipoteca*] dette *f.* (*corr.*).

impicciolìre |impittʃo'lire| (197) *v.tr., intr.* (*aus.* '*essere*') *e pron.* → **impiccolire.**

impiccióne |impit'tʃone| *s.* **1** [*chi ha l'abitudine d'intromettersi nei fatti altrui, dando fastidio*] importun, fouineur*: *impiccione com'è, sapeva già tutto* fouineur comme il est, il savait déjà tout → **ficcanaso** **2** [*chi si dà gran daffare nelle faccende degli altri, riuscendo molesto*] intrigant: *è un impiccione di prima riga e intralcia tutti* c'est un intrigant de premier ordre qui embête tout le monde → **maneggione, intrigante** ✦ (*agg.*) *un tipo impiccione* un type intrigant.

impiccoliménto |impikkoli'mento| *s.m.* [→ IMPICCOLIRE] rapetissement: *l'impiccolimento delle immagini attraverso una lente speciale* le rapetissement des images à travers une lentille spéciale → **riduzione.**

impiccolìre |impikko'lire| (197) **A** *v.tr.* [*far diventare o far parere più piccolo*] rapetisser; réduire (75): *è una lente che impiccolisce le immagini* c'est une lentille qui rapetisse les images ‖ *impiccolire le finestre a vantaggio delle superfici murali* réduire les fenêtres au profit des surfaces murales **B** *v.intr.* (*aus.* '*essere*') [*diventare, apparire più piccolo* (*anche fig.*)] rapetisser (*aus.* avoir): *le immagini impiccolivano man mano che mi allontanavo* les images rapetissaient au fur et à mesure que je m'éloignais; *di fronte a te io impiccolisco* auprès de toi, moi je rapetisse **C** *v.pron. intr.* IMPICCOLIRSI [*ridursi di proporzioni*] se rapetisser: *la barca s'impiccoliva all'orizzonte* la barque se rapetissait à l'horizon # *tu cresci e i vestiti s'impiccoliscono* tu grandis et tes vêtements rétrécissent.

impidocchiàre |impidok'kjare| **A** *v.tr.* [*riempire di pidocchi*] donner des poux, remplir de poux: *mi ha impidocchiato lui* c'est lui qui m'a donné tous ces poux **B** *v.pron. intr.* IMPIDOCCHIARSI [→ *tr.*] attraper *tr.* des poux.

impidocchìre |impidok'kire| (197) **A** *v.intr.* (*aus.* '*essere*') **1** [*diventare pieno di pidocchi*] se couvrir (23) *pron.* de poux, attraper *tr.* des poux: *questi fiori sono belli, ma impidocchiscono subito* ces fleurs sont belles, mais elles se couvrent tout de suite de poux, d'insectes **2** (*fig.*) [*lasciarsi andare nell'ozio, nell'inattività*] croupir (*aus.* avoir): *non lasciarlo impidocchire* ne le laisse pas croupir **B** *v.pron. intr.* IMPIDOCCHIRSI **1** [*riempirsi di pidocchi*] attraper *tr.* des poux: *è una razza di cani che si impidocchisce facilmente* c'est une race de chiens qui attrape facilement des poux **2** (*fig.*) [*vivere nella miseria, spec. morale*] se laisser croupir: *ormai si è impidocchito nell'ozio* désormais, il se laisse croupir dans l'oisiveté.

impiegàbile |impje'gabile| *agg.* [→ IMPIEGARE A 1] que l'on peut placer, employer *loc.*; utilisable: *ho del denaro impiegabile in una attività produttiva* j'ai de l'argent que je peux placer dans une activité productive ‖ *tempo impiegabile* temps utilisable.

impiegàre |impje'gare| **A** *v.tr.* **1** [*utilizzare, adoperare q.c. per un determinato fine*] employer (10), occuper: *impiega il tempo libero nel nuoto* il emploie, il occupe, son temps libre à nager; *impiega la mente in uno studio scientifico* il occupe son esprit à une étude scientifique → **dedicare, occupare** ◇ [*usare*] se servir (21) (*pron.*): *impiegava anche le mani per farsi capire* il se servait même de ses mains pour se faire comprendre → **utilizzare, servir(si)** ◇ [*riferito al tempo necessario per compiere un'azione*; *metterci*] mettre (71), falloir*: *ha impiegato un'ora per arrivare fin qui* il a mis, il lui a fallu une heure pour arriver jusqu'ici ◇ [*spendere, investire*] engager (3), investir: *impiegare una forte somma per finanziare un giornale* engager, investir une forte somme dans un journal; *ha impiegato il capitale liquido in beni immobiliari* il a investi son capital liquide dans des biens immobiliers **2** [*procurare a qc.*

un impiego, spec. in un ufficio] placer (2): *è riuscito a impiegare tutti i suoi amici in posti statali* il a réussi à placer tous ses amis dans des postes de fonctionnaire **B** *v.pron. rifl.* IMPIEGARSI **1** [*procurarsi, ottenere un lavoro, un impiego*] trouver *tr.* une place, un emploi: *si è impiegato negli uffici delle assicurazioni* il a trouvé une place, un emploi dans les assurances; *si è impiegato in banca* il a trouvé une place dans une banque **2** (*raro*) [*dedicarsi pienamente a q.c., applicarsi*] s'employer (à).

impiegatìzio, i |impjega'tittsjo, i| *agg.* [*di, da impiegato*] des employés *loc. inv.*; de bureau (*loc. inv.*): *favorire la classe impiegatizia* favoriser la classe des employés ‖ *lavoro impiegatizio* travail de bureau.

impiegàto |impje'gato| **I** *s.* [*dipendente stipendiato per un lavoro non manuale presso uffici pubblici o privati*] employé: *impiegato di concetto, d'ordine* employé qualifié, non qualifié (subalterne) **II** *agg.* **1** [*usato, utilizzato*] rempli: *vedo che il tuo tempo è ben impiegato* je vois que ton temps est bien rempli ◇ [*che è speso, investito*] placé: *il suo denaro è già impiegato* son argent est déjà placé **2** [*che è stato assunto per un lavoro stabile, spec. in un ufficio*] employé: *ho uno zio impiegato nelle ferrovie* j'ai un oncle employé aux chemins de fer.

impiegatùccio, i |impjega'tuttʃo, i| *s.* petit employé: *è un impiegatuccio di provincia* c'est un petit employé de province ◇ (*spreg.*) [*impiegato di scarso valore personale*] rond-de-cuir (*m.*): *degli impiegatucci* des ronds-de-cuir.

impiegatùme |impjega'tume| *s.m.* (*spreg.*) [*gli impiegati*] ronds-de-cuir (*pl.*): *l'impiegatume parassitario* les ronds-de-cuir parasitaires.

impiègo, ghi |im'pjɛgo, gi| *s.m.* **1** [*posto di lavoro dipendente e stabile in un ufficio*] emploi, poste: *avere un impiego* avoir un emploi, un poste; *promettere, procurare un impiego* promettre, procurer un emploi; *perdere, lasciare l'impiego* perdre, quitter son emploi → 1 **posto** ◇ (*dir.*) *la legislazione sul pubblico impiego* la législation sur l'emploi public **2** [*lavoro in genere*] emploi, travail*: *il problema del pieno impiego* le problème du plein-emploi **3** → 1 **uso, utilizzazione** ◇ (*econ.*) placement, investissement: *impiego d'un capitale* le placement, l'investissement d'un capital.

impietosaménte |impjetosa'mente| *avv.* [→ IMPIETOSO] impitoyablement.

impietosìre |impjeto'sire| (197) **A** *v.tr.* [*indurre qc. a provare pietà e benevolenza verso sé stessi, a volte con l'inganno*] apitoyer (10), attendrir: *con le lacrime riesce sempre a impietosire la madre* avec ses larmes, il réussit toujours à apitoyer, à attendrir sa mère; *è in una situazione che impietosisce anche i sassi* c'est un cas qui attendrirait un cœur de pierre → **commuovere** **B** *v.pron. intr.* IMPIETOSIRSI [*provare pietà*] s'apitoyer, s'attendrir: *si impietosisce di fronte al dolore altrui* il s'apitoie, il s'attendrit sur la douleur des autres → **commuover(si)** ◇ [*diventare remissivo per compassione*] *non lasciarti impietosire dalle lacrime* ne te laisse pas apitoyer, attendrir par les larmes.

impietóso |impje'toso| *agg.* [*severo, intransigente*] impitoyable: *critica, analisi impietosa* critique, analyse impitoyable; *un discorso impietoso* un discours impitoyable; *giudice impietoso* juge impitoyable ◇ [*crudele, disumano*] *è una decisione impietosa, ma necessaria* c'est une décision impitoyable, mais nécessaire.

impietràre |impje'trare| *v.tr., intr.* (*aus.* '*essere*') *e pron.* → **impietrire.**

impietriménto |impjetri'mento| *s.m.* **1** (*fig.*) [*indurimento dell'animo*] durcissement, pétrification (*f.*): *impietrimento interiore* durcissement intérieur **2** (*raro*) [*il diventare pietra; pietrificazione*] pétrification (*corr.*).

impietrìre |impje'trire| (197) **A** *v. intr.* (*aus.* '*essere*') **1** (*fig.*) [*diventare rigido e insensibile interiormente*] devenir (27) de marbre: *appena giunta la terribile notizia, impietrì* à peine reçut-il la terrible nouvelle qu'il devint de marbre **2** [*diventare pietra; diventare duro, solido come la pietra*] se solidifier: *il cemento impastato impietrisce in breve tempo* le ciment gâché se solidifie rapidement → **pietrificar(si)** **B** *v.tr.* **1** (*fig.*) [*rendere qc. rigido e insensibile; paralizzare*] pétrifier: *il dolore l'ha impietrita* la douleur l'a pétrifiée; *la paura l'impietriva* la peur le pétrifiait → **irrigidire** **2** (*raro*) → **pietrificare** **C** *v.pron. intr.* IMPIETRIRSI **1** (*fig.*) [*irrigidirsi interiormente; paralizzarsi*] s'endurcir; se pétrifier: *dopo quella delusione, l'animo gli s'impietrì* après cette déception, son âme, son cœur s'endurcit # *per il panico improvviso s'impietrì* la peur le paralysa soudain **2** → **pietrificar(si).**

impigliàre |impiʎ'ʎare| **A** *v.tr.* [*impedire, impacciare nei movimenti*] accrocher: *la sterpaglia le impigliava gli abiti* les broussailles accrochaient ses vêtements ◇ (*fig.*) [*invischiare*] tromper: *impigliare qc. con false promesse* tromper qqn. avec de fausses promesses **B** *v.pron. intr.* IMPIGLIARSI [*restar preso, impedito nei movimenti*] rester *intr.* pris: *mi sono impigliato nei rovi* je suis resté pris dans les ronces; *i pesci si sono impigliati nella rete* les poissons sont restés pris dans le filet ◇ (*fig.*) *impigliarsi in un brutto affare* se trouver mêlé à une mauvaise affaire.

impignoràbile |impiɲɲo'rabile| *agg.* (*dir.*) insaisissable Ⓒ **pignorabile.**

impignorabilità |impiɲɲorabili'ta| *s.f. inv.* (*dir.*) insaisissabilité *var.*

impigrìre |impi'grire| (197) **A** *v.tr.* [*rendere fiacco; togliere la normale vigoria o voglia di lavorare*] rendre (53) paresseux*: *impigrire la mente, il corpo* rendre paresseux l'esprit, le corps; *l'uso dell'automobile ha imprigrito l'uomo moderno* l'usage de l'automobile a rendu paresseux l'homme moderne → **impoltronire** **B** *v.intr.* (*aus.* '*essere*') [*perdere la consueta alacrità e vigoria*] devenir (27) paresseux: *senza un esercizio costante la mente impigrisce progressivamente* sans exercice assidu, l'esprit devient progressivement paresseux **C** *v. pron. intr.* IMPIGRIRSI [*lasciarsi andare nell'ozio fisico e spirituale*] devenir *intr.* paresseux; rendre (53) *tr.* paresseux: *si è impigrita* elle est devenue paresseuse ‖ *con questo lavoro monotono si è impigrito* ce travail monotone l'a rendu paresseux → **impoltronir(si), indebolir(si).**

impilàggio, i |impi'laddʒo, i| *s.m.* **1** [→ IMPILARE] empilage: *ho terminato l'impilaggio dei pacchi* j'ai terminé l'empilage des paquets **2** [*pila di più cose sovrapposte*] entassement, mise *f.* en pile.

impilàre |impi'lare| *v.tr.* [*sovrapporre più oggetti fino a formare una pila*] empiler: *impilare dei libri* empiler des livres → **sovrapporre.**

impillaccheràre |impillakke'rare| **A** *v.tr.* (*raro*) [*sporcare con schizzi di fango*] éclabousser: *quell'automobile mi ha impillaccherato i pantaloni* cette voiture a éclaboussé mon pantalon → **infangare, inzaccherare** **B** *v.pron. rifl.* IMPILLACCHERARSI [→ *tr.*] s'éclabousser: *mi sono impillaccherata tutta* je me suis éclaboussée complètement, de la tête aux pieds.

impinguaménto |impingwa'mento| *s.m.* [→ IMPINGUARE A 2; B; C 2] engraissement → **ingrassamento.**

impinguàre |impin'gware| **A** *v.tr.* **1** (*fig.*) [*incrementare, rendere pieno, abbondante, spec. spreg.*] remplir: *impinguare il proprio portafoglio* remplir son portefeuille ◇ (*detto di scritti o discorsi*) [*farcire di notizie o precisazioni inutili*] remplir, gonfler # *l'articolo deve prendere due colonne: impingualo un po'* l'article doit remplir deux colonnes, tire un peu à la ligne **2** (*raro*) [*rendere grasso, pingue*] engraisser (*corr.*): *hai impinguato bene le oche* tu as bien engraissé les oies → **ingrassare** **B** *v.intr.* (*aus.* '*essere*') (*raro*) [*diventare grasso*] devenir (27) gras* (*corr.*): *mangiando troppo impinguerai come un maialino* en mangeant trop, tu deviendras gras comme un petit cochon **C** *v.pron. intr.* IMPINGUARSI **1** (*fig.*) [*avvantaggiarsi o arricchirsi, spec. in modo avido o illecito*] s'engraisser, s'enrichir: *gli sfruttatori s'impinguano sempre col lavoro degli altri* les exploiteurs s'engraissent toujours du travail des autres **2** [*ingrassarsi*] engraisser (*intr.*): *in questi ultimi tempi s'è impinguato notevolmente* ces derniers temps il a beaucoup engraissé.

impinzàre |impin'tsare| *v.tr. e pron.* → **rimpinzare.**

impiombàre |impjom'bare| *v.tr.* **1** [*bloccare una chiusura con un sigillo di piombo*] plomber: *ho impiombato tutti i pacchi postali* j'ai plombé tous les colis postaux; *impiombare una cassa* plomber un cercueil → 2 **piombare** **2** [*saldare o fissare con piombo*] souder: *impiombare la conduttura dell'acqua* souder la conduite d'eau # *impiombare un gancio al muro* fixer un crochet dans le mur **3** [*rivestire, ricoprire di piombo*] plomber: *impiombare un tetto* plomber un toit ◇ (*pop.*) [*chiudere col piombo una cavità*] *impiombare un dente* plomber une dent → **otturare** ◇ (*raro*) [*colpire con pallini di piombo*] cribler de plomb (*corr.*): *impiombare una persona* cribler de plomb une personne → **impallinare** **4** (*mar.*) [*riunire o collegare tramite impiombatura*] épisser **5** (*fig., region.*) → **fregare, buscherare.**

impiombàto |impjom'bato| *agg.* **1** [*che è chiuso con un sigillo di piombo*] plombé: *bauli impiombati* malles plombées → 1 **piombato** **2** [*che è riempito di piombo*] plombé: *ho due denti impiombati* j'ai deux dents plombées → **otturato** **3** [*che è saldato col piombo*] plombé: *tubi impiombati* tuyaux

plombés **4** (*mar.*) épissé: *cavi impiombati* câbles épissés.
impiombatùra |impjomba'tura| *s.f.* **1** [→ IMPIOMBARE 1, 2, 3] plombage (*m.*): *l'impiombatura dei pacchi* le plombage des colis; *l'impiombatura di un tubo* le plombage d'un tuyau; *l'impiombatura del tetto* le plombage du toit; *mi si è rotta l'impiombatura del dente* mon plombage est parti **2** (*mar.*) épissure **3** (*fig., region.*) → **fregatura, buscheratura.**
impiotaménto |impjota'mento| *s.m.* (*agr.*) engazonnement.
impiotàre |impjo'tare| *v.tr.* (*agr.*) [*cospargere, rivestire un terreno di piote erbose*] engazonner: *impiotare terreni franosi* engazonner des terrains friables.
impipàrsi |impi'parsi| *v.pron. intr.* (*fam.*) [*infischiarsi, non curarsi di qc. o q.c.*] se ficher, se moquer (*corr.*): *me ne impipo di tutte le vostre critiche* je me moque, je me fiche de toutes vos critiques ◇ (*loc.*) *aria da me ne impipo* [*atteggiamento da menefreghista*] un air je-m'en-fichiste (*fam.*), je-m'en-foutiste (*volg.*).
impiumàto |impju'mato| *agg.* couvert, garni de plumes: *un vestito impiumato* une robe couverte de plumes; *un cappello impiumato* un chapeau garni de plumes.
implacàbile |impla'kabile| *agg.* **1** implacable, acharné: *odio implacabile* haine implacable; *sono nemici implacabili di ogni novità* ce sont les ennemis acharnés de toute nouveauté ◇ [*che è talmente forte o impetuoso da non dare tregua, respiro*] implacable: *un vento implacabile* un vent implacable; *tempesta implacabile* tempête implacable; *il sole era implacabile* le soleil était implacable **2** (*per est.*) [*terribile, duro, crudele*] implacable: *è una persona implacabile* c'est une personne implacable; *quel giudice è implacabile* ce juge est implacable.
implacabilità |implakabili'ta| *s.f. inv.* **1** (*raro*) implacabilité (*var.*): *l'implacabilità del destino* l'implacabilité du destin # *l'implacabilità del tuo odio lo annienta* ta haine implacable l'anéantit ◇ [*l'essere talmente forte o impetuoso da non dare respiro, tregua*] *i marinai stavano per disperare di fronte all'implacabilità del mare* la mer implacable allait désormais désespérer les matelots **2** (*per est.*) [*durezza, crudeltà*] implacabilité: *l'implacabilità di quel giudice è ormai proverbiale* l'implacabilité de ce juge est désormais proverbiale.
implacabilménte |implakabil'mente| *avv.* [→ IMPLACABILE] implacablement: *lo odiava implacabilmente* il le haïssait implacablement; *giudicare implacabilmente* juger implacablement.
implacàto |impla'kato| *agg.* (*raro*) [*non placato*; *implacabile*] inapaisé (*corr.*), implacable (*corr.*).
implicàre |impli'kare| **A** *v.tr.* **1** [*comprendere in sé, comportare come naturale conseguenza*] impliquer: *l'adesione implica l'accettazione del regolamento* l'adhésion implique l'acceptation du règlement; *questo non implica che sia io il responsabile* ceci n'implique pas que ce soit moi le coupable ◇ [*sottintendere*] *questo atteggiamento implica un chiaro rifiuto della mia proposta* cette attitude implique le refus clair (et net) de ma proposition **2** [*coinvolgere, impegnare, immischiare in q.c.*] impliquer: *mi hanno implicato in una faccenda poco pulita* ils m'ont impliqué dans une affaire louche; *implicare qc. in un delitto* impliquer qqn. dans un délit **3** (*raro, lett.*) [*avviluppare, avvolgere*] envelopper (*corr.*) **B** *v.pron. intr.* IMPLICARSI [→ *tr.* 2] se mêler: *evita di implicarti nei loro affari* évite de te mêler de leurs affaires # *è riuscito a non implicarmi nel fallimento* il a réussi à ne pas me mêler à la faillite.
implicàto |impli'kato| *agg.* [*coinvolto, compromesso*] impliqué: *le persone implicate sono molte* il y a beaucoup de personnes impliquées ♦ (*s.*) *tutti gli implicati sono in carcere* tous les gens impliqués *agg.* sont en prison.
implicazióne |implikat'tsjone| *s.f.* [→ IMPLICARE A 1] implication: *implicazione in un processo, in un fallimento* implication dans un procès, une faillite; *il fatto va considerato in tutte le sue implicazioni* le fait doit être considéré dans toutes ses implications ◇ [*connessione, relazione*] *esaminare le implicazioni storiche, sociali di un avvenimento* examiner les implications historiques, sociales d'un événement.
implicitaménte |impliʃita'mente| *avv.* [→ IMPLICITO 1] implicitement.
implìcito |im'plitʃito| *agg.* **1** implicite; tacite: *quelle parole sono una implicita condanna* ces paroles sont une condamnation implicite ‖ *rifiuto implicito* refus tacite **2** *proposizioni implicite* propositions implicites **3** (*mat.*) implicite: *funzione implicita* fonction implicite.
imploránte |implo'rante| *agg.* implorant: *occhi, mani imploranti* des yeux, des mains implorantes; *si gettò implorante ai suoi piedi* implorante, elle se jeta à ses pieds.
imploràre |implo'rare| *v.tr.* **1** [*chiedere pregando*] implorer: *l'implorai di restare* je l'implorai de rester; *implorava Dio affinché la guarisse* elle implorait Dieu afin d'être guérie → **supplicare** **2** [*invocare piangendo*] implorer: *nel dolore implorava Dio* dans la douleur, il implorait Dieu.
implorazióne |implorat'tsjone| *s.f.* [*supplica, richiamo*] appel *m.*, imploration: *si sentivano da ogni parte le implorazioni dei feriti* on entendait de toute(s) part(s) les appels des blessés ◇ [→ IMPLORARE] supplication: *era molto sensibile alla sua implorazione* il était très sensible à ses supplications.
implosióne |implo'zjone| *s.f.* (*fis., fon.*) implosion.
implùme |im'plume| *agg.* **1** sans plumes (*loc. inv.*): *è un animale implume* c'est un animal sans plumes; *uccellino implume* petit oiseau sans plumes **2** (*per est., scherz.*) (*detto di persone ancora imberbi, molto giovani e inesperte*) imberbe: *quando ti conobbi eri un ragazzino implume* quand je t'ai connu tu étais encore imberbe → **sbarbatello.**
implùvio, i |im'pluvjo, i| *s.m.* **1** (*geogr.*) thalweg, talweg: *linea di impluvio* thalweg **2** (*archeol.*) impluvium: *l'impluvio delle antiche case romane* l'impluvium des anciennes maisons romaines → **atrio** **3** (*edil.*) *linea di impluvio dei tetti* ligne de faîte.
impoliticità |impolititʃi'ta| *s.f. inv.* [*l'essere impolitico, inopportuno*] impopularité *var.*
impolìtico, ci, ca, che |impo'litiko, tʃi, ka, ke| *agg.* **1** impolitique: *decisione, legge impolitica* décision, loi impolitique; *atto impolitico* acte impolitique ◇ [*che non è adatto alla vita politica, perché non riscuote simpatia*] *il tuo partito ha messo in lista la persona più impolitica* ton parti a mis sur sa liste la personne la plus impolitique → **impopolare** **2** (*per est.*) [*che è privo di tatto, incauto*] impolitique, inhabile # *agisce solo per istinto*: *è proprio impolitico* il agit seulement par instinct: il est vraiment imprudent → **imprudente** ◇ [*sprovveduto*] naïf*: *è un tipo così impolitico che chiunque potrebbe raggirarlo* c'est un type si naïf que n'importe qui pourrait le tromper → **ingenuo.**
impollinàre |impolli'nare| *v.tr.* (*bot.*) [*fecondare fiori depositandovi il polline*] transporter le pollen: *il vento impollina i fiori* le vent transporte le pollen sur les fleurs, c'est le vent qui assure la pollinisation.
impollinatóre |impollina'tore| *agg. e s.m.* qui pratique la pollinisation *loc.*
impollinazióne |impollinat'tsjone| *s.f.* (*bot.*) pollinisation: *impollinazione diretta, indiretta* pollinisation directe, indirecte; *impollinazione artificiale* pollinisation artificielle.
impolpàre |impol'pare| **A** *v.tr.* (*raro*) [*rendere più ricco di polpa, ingrassare*] reprendre (73) du poids (*corr.*), engraisser *intr.* (*corr.*): *i ricostituenti lo hanno impolpato per bene* grâce aux reconstituants, il a bien repris du poids → **rimpolpare** ◇ (*fig.*) [*far diventare più ricco, rinsaldare*; *infarcire*] renflouer; enrichir: *l'eredità ha impolpato le sue traballanti finanze* l'héritage a renfloué ses finances chancelantes ‖ *impolpare un discorso, uno scritto con citazioni* enrichir un discours, un texte avec des citations **B** *v.pron. intr.* IMPOLPARSI [*mettersi bene in carne*] se remplumer (*fam.*): *durante le vacanze s'è impolpato proprio bene* pendant les vacances il s'est bien remplumé → **ingrassare.**
impoltronìre |impoltro'nire| (197) **A** *v.tr.* [*rendere pigro, poltrone*] rendre (53) paresseux*: *l'eccessivo benessere impoltronisce l'uomo* le bien-être excessif rend l'homme paresseux → **impigrire** **B** *v.intr.* (*aus.* 'essere') [*diventare poltrone, soggiacere alla pigrizia*] devenir (27) paresseux*: *durante le vacanze impoltronisco* pendant les vacances je deviens paresseux → **poltrire** **C** *v.pron. intr.* IMPOLTRONIRSI [*lasciarsi andare nella pigrizia, nella passività*] paresser *intr.*, s'abandonner à la paresse: *impoltronirsi nell'ozio* paresser (dans l'oisiveté) → **impigrir(si).**
impolveràre |impolve'rare| **A** *v.tr.* **1** [*ricoprire di polvere, rendere polveroso*] couvrir (23) de poussière: *non impolverare il tavolo* ne couvre pas la table de poussière **2** (*agr.*) [*cospargere le viti con polvere di zolfo*] soufrer la vigne **B** *v.pron. intr.* IMPOLVERARSI [→ *tr.* 1] se couvrir de poussière: *mi sono impolverata tutta* je me suis toute couverte de poussière © A 1 **spolverare 1.**
impolveràto |impolve'rato| *agg.* [*coperto di polvere*] poussiéreux*: *scarpe impolverate* chaussures poussiéreuses; *pulire i libri impolverati* épousseter les livres poussiéreux → **polveroso.**

impolveratrice |impolvera'tritʃe| *s.f.* (*agr.*) soufreuse.

impomatàre |impoma'tare| **A** *v. tr.* [*ungere, massaggiare con pomate e sim.*] passer de la crème: *ogni sera impomata il viso per nutrire la pelle* tous les soirs elle passe de la crème sur son visage pour nourrir sa peau # *ho impomatato bene la spalla dolente* j'ai massé soigneusement mon épaule douloureuse avec de la pommade **B** *v.pron. rifl.* IMPOMATARSI [→ *tr.*] se passer de la pommade; se pommader (*pegg., scherz.*): *s'è impomatato da capo a piedi per la festa!* il s'est pommadé de la tête aux pieds pour la fête!

impomatàto |impoma'tato| *agg.* [*che è unto di brillantina*] pommadé: *se ne è andato a spasso tutto impomatato* il est allé se promener, les cheveux soigneusement pommadés ◇ (*per est.*) enduit de pommade: *ferita impomatata* blessure enduite de pommade.

impomiciàre |impomi'tʃare| *v.tr.* [*pulire, levigare con la pomice*] poncer (2) → **pomiciare.**

imponderàbile |imponde'rabile| *agg.* **1** impondérable: *sostanze imponderabili* substances impondérables ◇ (*per est.*) [*che è molto leggero*] impondérable **2** (*fig.*) impondérable: *cause, motivi imponderabili* causes, motifs impondérables; *il risultato dell'esame dipende anche da elementi imponderabili* le résultat de l'examen dépend aussi de facteurs impondérables → **imprevedibile, imprevisto** ◇ (*raro*) [*che non è percepibile dalla ragione, occulto*] impénétrable → **imperscrutabile** ✦ (*s.m.*) *l'imponderabile* l'impondérable.

imponderabilità |imponderabili'ta| *s.f. inv.* **1** caractère *m.var.* impondérable, impondérabilité (*var.*): *l'imponderabilità del destino* le caractère impondérable du destin **2** (*fis.*) impondérabilité.

imponènte |impo'nɛnte| *agg.* **1** [*che si impone alla vista o all'attenzione, spec. per la sua mole o solennità*] imposant: *è un palazzo imponente* c'est un palais imposant; *ho visto sfilare un imponente corteo* j'ai vu défiler un cortège imposant → **grandioso, enorme** ◇ [*ingente, eccezionale*] imposant; considérable: *un imponente spiegamento di forze* un imposant déploiement de forces || *ha vinto un'imponente somma al gioco* il a gagné une somme considérable au jeu **2** [*autorevole, maestoso*] imposant: *persona imponente* personne imposante; *aveva un aspetto davvero imponente* il avait un aspect vraiment imposant.

imponènza |impo'nɛntsa| *s.f.* **1** [*l'essere imponente; grandiosità*] majesté: *avevo notato l'imponenza di quelle montagne* j'avais remarqué la majesté de ces montagnes **2** [*austerità o maestosa dignità di qc.*] majesté: *muoversi con imponenza* marcher avec majesté → **gravità.**

imponìbile |impo'nibile| *agg.* **1** [→ IMPORRE A 1] imposable: *misure imponibili* mesures imposables **2** (*fin.*) imposable: *reddito, patrimonio, materia imponibile* revenu, fortune, matière imposable ✦ (*s.m.*) *l'imponibile* le revenu imposable (*agg.*): *accertare l'imponibile* établir le revenu imposable; *avere un imponibile di dieci milioni* avoir un revenu imposable de dix millions.

imponibilità |imponibili'ta| *s.f. inv.* caractère *m.var.*, nature *var.* imposable (de qqch.): *imponibilità di un reddito* caractère, nature imposable d'un revenu.

impopolàre |impopo'lare| *agg.* **1** impopulaire: *non può essere eletto: è troppo impopolare* il ne peut être élu: il est trop impopulaire → **malvisto, antipatico** ◇ (*cose*) *è una legge impopolare, ma necessaria* c'est une loi impopulaire, mais nécessaire; *tassa impopolare quant'altre mai* impôt plus que jamais impopulaire **2** [*che è poco conosciuto fra la gente*] peu connu, méconnu: *è un libro difficile e forse per questo impopolare* c'est un livre difficile et à cause de cela, peut-être, peu connu, méconnu → **sconosciuto** Ⓒ **popolare 1.**

impopolarménte |impopolar'mente| *avv.* [→ IMPOPOLARE] d'une façon impopulaire (*loc. inv.*): *hanno deciso impopolarmente* ils ont décidé d'une façon impopulaire; *agiva impopolarmente e non se ne rendeva conto* il agissait d'une façon impopulaire, et il ne s'en rendait pas compte.

impopolarità |impopolari'ta| *s.f. inv.* impopularité (*var.*): *il suo autoritarismo gli ha procurato impopolarità* son autoritarisme lui a valu l'impopularité; *quel governo è caduto per l'impopolarità delle sue leggi* ce gouvernement est tombé à cause de l'impopularité de ses lois.

imporporàre |imporpo'rare| **A** *v. tr.* [*colorare, tingere con la porpora o di color porpora*] teindre (66) avec la pourpre; empourprer: *imporporare un tessuto* teindre un tissu avec la pourpre → **arrossare** || *il sole che tramonta imporpora le case* le soleil couchant empourpre les maisons ◇ (*fig., lett.*) [*far arrossire, spec. procurando una forte emozione*] *la gioia gli imporporò le guance* la joie lui empourpra les joues **B** *v. pron. intr.* IMPORPORARSI (*fig.*) [*diventare rosso come la porpora*] s'empourprer: *spesso, per la timidezza, gli si imporpora il viso* souvent, par timidité, son visage s'empourpre → **arrossire.**

imporràre |impor'rare| *v.intr.* (*aus. 'essere'*) → **imporrire.**

impórre |im'porre| (168) **A** *v.tr.* **1** [*sottomettere a un dovere; esigere l'osservanza di q.c.*] imposer: *imporre una legge, una tassa* imposer une loi, une taxe; *imporre dure condizioni* imposer de dures conditions; *imporre prezzi calmierati* imposer des prix taxés ◇ [*costringere ad accettare, infliggere*] *imporre con la forza* imposer par la force; *imporre le proprie condizioni* imposer ses conditions; *non accetto che tu mi imponga queste cose* je n'accepte pas que tu m'imposes ces choses (ceci) # *imporre un castigo* infliger un châtiment ◇ [*far valere*] *imporre la propria volontà, autorità* imposer sa volonté, son autorité **2** [*prescrivere, ordinare, ingiungere*] imposer: *ti impongo di partire* je t'impose de partir; *mi ha imposto di tacere* il m'a imposé le silence; *imporre (il) silenzio* imposer le silence; *non accetto neanche se me lo imponi* même si tu m'imposes la chose, elle n'aura pas (tu n'auras pas) mon consentement **3** [*porre, mettere sopra*] *imporre il giogo ai buoi* mettre (71) le joug aux bœufs; *imporre il nome a un neonato* donner un nom à un nouveau-né; *non imporgli un peso simile*: (*pr., fig.*) ne lui inflige pas un tel poids ◇ (*relig.*) *imporre le mani sul capo* [*benedire, consacrare*] imposer les mains sur la tête; *imporre il galero* [*consacrare cardinale*] imposer le chapeau de cardinal **B** *v.pron.* IMPORSI **1** *rifl.* [*farsi valere, rispettare*] s'imposer: *è un tipo che sa imporsi* c'est un type qui sait s'imposer; *ti devi imporre con più energia* tu dois t'imposer avec plus d'énergie # *imporsi all'attenzione generale* attirer l'attention générale ◇ [*aver successo, affermarsi*] *questi prodotti si sono imposti sul mercato* ces produits se sont imposés sur le marché **2** *intr.* [*essere, diventare necessario*] s'imposer: *s'impone un maggior rigore* une plus grande rigueur s'impose; *questi sono i problemi che si impongono alla nostra attenzione* voici les problèmes qui s'imposent à notre attention.

imporrìre |impor'rire| (197) *v.intr.* (*aus. 'essere'*) (*detto spec. delle piante o del legname*) [*marcire, ammuffire*] pourrir (*aus.* avoir): *il legname rimasto all'umidità è imporrito* le bois resté à l'humidité a pourri.

imporrìto |impor'rito| *agg.* [*che è ammuffito; marcito*] pourri: *ho venduto per quattro soldi il legname imporrito* j'ai vendu pour quatre sous le bois pourri.

1 **importàbile** |impor'tabile| *agg.* [→ 1 IMPORTARE 1] importable: *merce importabile* marchandise importable Ⓒ **esportabile.**

2 **importàbile** |impor'tabile| *agg.* (*raro*) [*che non può essere portato*] importable (*corr.*); impossible à porter (*corr.*): *vestito importabile* vêtement importable || *quel grosso baule privo di maniglie è quasi importabile* cette grosse malle sans poignées est presque impossible à porter.

importànte |impor'tante| *agg.* **1** (*cose*) important: *aspetto una lettera importante* j'attends une lettre importante; *dirò i fatti più importanti* je dirai les faits les plus importants; *ho una decisione importante da prendere* je dois prendre une décision importante → **rilevante, considerevole** **2** (*persone*) important: *stiamo per ricevere una persona importante* nous allons recevoir une personne importante; *è lo scrittore più importante del secolo* c'est l'écrivain le plus important du siècle → **autorevole, influente** ◇ (*loc. iron.*) *fare l'importante* faire l'important ✦ (*s.m.*) *l'importante* l'important: *l'importante è che non te ne dimentichi* l'important est que tu ne l'oublies pas.

importànza |impor'tantsa| *s.f.* **1** (*cose*) importance: *non c'è dubbio sull'importanza di questi manoscritti* l'importance de ces manuscrits est hors de doute; *ho ricevuto una comunicazione della massima importanza* j'ai reçu une communication de la plus haute importance → **valore** **2** (*persone*) importance: *man mano che tu acquistavi importanza, egli la perdeva* au fur et à mesure que tu prenais de l'importance, il en perdait # *è un dirigente di una certa importanza* c'est un dirigent qui jouit d'une certaine influence **3** [*considerazione, peso*] importance: *ha dato molta importanza al fatto* il a donné beaucoup d'importance au fait.

1 **importàre** |impor'tare| *v.tr.* **1** [*in-*

trodurre merci straniere nel proprio paese; acquistare merci provenienti dall'estero] importer: *quel paese deve importare quasi tutte le materie prime* ce pays doit importer presque toutes ses matières premières; *importo solo alcuni accessori* j'importe seulement quelques accessoires ◆ (*ass.*) *importare dalla Svizzera* importer de Suisse **2** (*fig.*) [*lasciar penetrare in un ambiente mode o elementi culturali di un altro*] importer: *importare una moda* importer une mode; *importare una corrente artistica* importer un courant artistique; *quel popolo ha importato l'uso delle armi da fuoco* ce peuple a importé l'usage des armes à feu **C** **esportare.**

2 **importàre** |impor'tare| **A** *v.intr.* (*aus. 'essere'*) **1** [*avere particolare importanza, valore; stare a cuore*] importer (*aus.* avoir): *la cosa che più importa è la salute* ce qui importe le plus c'est la santé; *m'importa la tua felicità* ton bonheur m'importe, me tient à cœur ◇ (*loc.*) *non m'importa niente, un corno di quello che dicono* je me moque de ce qu'ils disent ~ *a noi che ce n'importa?* qu'est-ce que ça peut nous faire? **2** [*essere necessario, occorrere*] falloir* (*aus.* avoir): *ciò che importa è far bene* ce qu'il faut c'est bien faire; *per concludere l'affare importa molto il tuo aiuto* pour conclure l'affaire il (me) faut absolument ton aide **B** *v.tr.* (*arc., lett.*) → **cagionare, comportare, costare, significare C** *v.impers.* **1** [→ *intr.* 1] importer (*aus.* avoir): *a noi importa che il lavoro sia ultimato bene e presto* ce qui nous importe c'est que le travail soit bien et vite fait **2** [→ *intr.* 2] être (43) (*aus.* avoir) nécessaire: *non importa che tutti siano a conoscenza* il n'est pas nécessaire que tout le monde le sache; *non importa che tu telefoni* il n'est pas nécessaire que tu téléphones → **occorrere.**

importàto |impor'tato| *agg.* **1** (*detto di merce introdotta o proveniente dall'estero*) importé: *prodotti importati* produits importés **2** (*fig.*) (*detto di elemento culturale, di costume introdotto da un altro ambiente*) importé: *una moda importata* une mode importée.

importatóre, trice |importa'tore, tritʃe| *agg.* importateur*: *Stato importatore* pays importateur # *importatore, ditta importatrice* maison d'importation ◆ (*s.*) *un importatore di petrolio* un importateur de pétrole.

importazióne |importat'tsjone| *s.f.* **1** importation: *ha praticato l'importazione per due anni* il a été dans le commerce d'importation pendant deux ans **2** [→ 1 IMPORTARE 1] importation: *merce d'importazione* marchandise d'importation; *l'importazione del grano ha squilibrato la bilancia dei pagamenti* l'importation du blé a déséquilibré la balance des paiements ◇ [*valore economico delle merci importate*] *le importazioni superano le esportazioni* les importations dépassent les exportations **3** (*fig.*) [→ 1 IMPORTARE 2] importation, introduction: *favorire l'importazione di nuove forme d'arte* favoriser l'importation, l'introduction de nouvelles formes d'art.

impòrto |im'pɔrto| *s.m.* **1** [*la somma complessiva*] montant; somme (*f.*): *l'importo della parcella dell'avvocato è già pronto* le montant des honoraires de l'avocat est déjà prêt ‖ *ho comprato per un importo di centomila lire* j'ai fait des achats pour une somme de cent mille lires ◇ [*costo, prezzo*] prix: *mi dica l'importo di quella pelliccia* dites-moi le prix de cette fourrure **2** (*per est.*) [*una certa quantità di denaro*] somme: *ho versato un grosso importo alla banca* j'ai versé une grosse somme en banque.

importunaménte |importuna'mente| *avv.* **1** [*fuori luogo o intempestivamente*] importunément (*lett.*), d'une manière importune *loc. inv.* → **inopportunamente** # *mentre eravamo in vacanza è venuto importunamente a trovarci* il nous a fait, pendant les vacances, une visite importune **2** [*in modo molesto, fastidiosamente*] d'une manière importune, gênante (*loc. inv.*): *ci fissava importunamente* il nous fixait d'une manière importune, gênante.

importunàre |importu'nare| *v.tr.* [*dare fastidio o noia*] importuner (*lett.*), déranger (3): *scusa se ti importuno a quest'ora* excuse-moi si je te dérange à cette heure → **disturbare, seccare, infastidire** # *egli mi importunava continuamente con domande assurde* il ne cessait pas de m'ennuyer avec des questions absurdes.

importunità |importuni'ta| *s.f. inv.* importunité *var.* (*lett.*): *non si rende conto dell'importunità delle sue visite improvvise* il ne se rend pas compte de l'importunité de ses visites inattendues → **disturbo.**

importùno |impor'tuno| *agg.* **1** (*persone*) importun (*lett.*), indiscret*: *quando insisti tanto diventi proprio importuno* quand tu insistes autant, tu deviens vraiment importun, indiscret # *mi riusciva importuno con tutte quelle domande indiscrete* il m'était insupportable avec toutes ses questions indiscrètes ◆ (*s.*) *un importuno* un importun **2** (*cose*) [*uggioso, fastidioso*] gênant, importun (*lett.*): *una nebbia importuna ci impedì di proseguire* un brouillard gênant nous empêcha de poursuivre notre route **3** [*che è fuori luogo, intempestivo*] déplacé, importun: *le tue battute di spirito sono importune* tes mots d'esprit sont importuns, déplacés; *una visita importuna* une visite importune → **inopportuno** # *ha fissato una data importuna* il a fixé une date inopportune.

imposizióne |impozit'tsjone| *s.f.* **1** [→ IMPORRE A 1, 3] imposition: *imposizione di una tassa* imposition d'une taxe; *imposizione del nome* (le fait de) donner un nom ◇ (*relig.*) *imposizione delle mani* imposition des mains **2** [*ordine, comando*] ordre (*m.*): *non tollero simili imposizioni* je n'ai d'ordres à recevoir de personne; *è un'imposizione, dovete eseguirla* c'est un ordre, vous devez l'exécuter **3** (*fin.*) imposition, taxe: *doppia imposizione* double imposition; *le nuove imposizioni sono antipopolari* les nouvelles taxes sont impopulaires **4** (*tip.*) imposition → 1 **impostazione.**

impossessàrsi |imposses'sarsi| *v.pron. intr.* **1** [*prendere possesso di q.c., far proprio spec. con la forza o l'inganno*] s'emparer: *è riuscito a impossessarsi di un documento essenziale per la sua causa* il a réussi à s'emparer d'un document essentiel pour sa cause ◇ [*sequestrare*] *i malviventi si sono impossessati del figlio dell'industriale a scopo di estorsione* les malfaiteurs se sont emparés du fils de l'industriel pour extorquer une rançon ◇ [*conquistare*] *impossessarsi di una città* s'emparer d'une ville; *impossessarsi di uno Stato* s'emparer d'un pays **2** (*per est.*) [*raggiungere la piena conoscenza, padronanza di q.c.*] devenir (27) *intr.* maître de, posséder (8) (*tr.*): *si è perfettamente impossessato della lingua tedesca* il est devenu parfaitement maître de la langue allemande, il possède parfaitement la langue allemande; *impossessarsi di una tecnica pittorica* il est devenu maître de, il possède la technique de l'art de peindre; *ormai mi sono impossessato del mestiere* désormais, je possède le métier.

impossìbile |impos'sibile| *agg.* **1** impossible: *è umanamente impossibile a farsi* c'est humainement impossible à faire; *impossibile a dirsi, a pensarsi* impossible à dire, à penser; *è impossibile raggiungere quella vetta* il est impossible d'atteindre ce sommet; *per lei, niente è impossibile* pour elle, rien n'est impossible; *ormai la guarigione è impossibile* désormais, la guérison est impossible; *mi sembra impossibile che tu abbia potuto far questo* il me semble impossible que tu aies pu faire cela → **irrealizzabile, inattuabile** ◆ (*s.m.*) *l'impossibile* l'impossible: *tentare l'impossibile* tenter l'impossible **2** (*nell'uso, assume vari significati*) impossible: *sono in una condizione impossibile* [*insostenibile*] je suis dans une condition impossible; *bibita, pasto impossibile* [*cattivo*] boisson, plat impossible; *prodotto impossibile* [*di pessima qualità*] produit impossible; *ha un carattere impossibile* [*intrattabile*] il a un caractère impossible; *persona impossibile* [*intollerabile*] personne impossible; *cravatta impossibile* [*bizzarra, stravagante*] cravate impossible; *scale impossibili* [*malagevoli; rovinate*] des escaliers impossibles; *è impossibile!* [*assurdo*] c'est impossible!; *condizione impossibile* [*inaccettabile*] condition impossible **3** (*dir.*) impossible **C** 1 **possibile.**

impossibilità |impossibili'ta| *s.f. inv.* impossibilité (*var.*): *ero nell'impossibilità di dire come stavano le cose* j'étais dans l'impossibilité de dire ce qu'il en était; *ho constatato l'impossibilità di fare quel viaggio* je me suis rendu compte de l'impossibilité de faire ce voyage ◇ (*loc.*) *essere nell'impossibilità di...* être dans l'impossibilité de...; *essere nell'impossibilità materiale di fare q.c.* être dans l'impossibilité matérielle de faire qqch.

impossibilitàre |impossibili'tare| *v.tr.* **1** (*raro*) [*rendere impossibile q.c.*] rendre (53) impossible (*corr.*): *impossibilitare la partenza* rendre impossible le départ → **impedire 2** (*raro*) [*ridurre qc. all'impossibilità di fare q.c.*] mettre (71) dans l'impossibilité de (*corr.*), faire (45) obstacle (*corr.*) → **ostacolare, contrastare.**

impossibilitàto |impossibili'tato| *agg.* dans l'impossibilité de (*loc. inv.*): *ero impossibilitato ad andare in vacanza* j'étais dans l'impossibilité d'aller en vacances; *credo che sia impossibilitato a venire* je crois qu'il est dans l'impossibilité de venir → **impedito.**

impossibilménte |impossibil'-

mente| *avv.* [→ IMPOSSIBILE 1, 2] de manière impossible *loc. inv.*

1 **impòsta** |im'pɔsta| *s.f.* **1** [*ciascuno dei due sportelli girevoli su cardini che serve per chiudere porte o finestre*] volet (*m.*): *c'è troppa luce: socchiudi le imposte* il y a trop de lumière: ferme à à demi les volets → 1 **anta,** 1 **battente 2** (*arch.*) imposte.

2 **impòsta** |im'pɔsta| *s.f.* (*dir.*) impôt (*m.*): *imposte dirette, indirette* impôts directs, indirects; *imposta sull'entrata* impôt sur le revenu; *tasso d'imposta* taux de l'impôt; *esente da imposta* exempt d'impôt.

1 **impostàre** |impos'tare| **A** *v.tr.* **1** [*organizzare sistematicamente le varie parti di un lavoro, o di una attività, per avviarne meglio lo svolgimento*] organiser; établir: *impostare un lavoro* organiser un travail ‖ *impostare l'organizzazione di un negozio* établir l'organisation d'un magasin ◇ (*fig.*) [*inquadrare*] poser: *impostare un problema, una questione* poser un problème, une question ◇ (*mat.*) [*fissare lo schema*] *impostare un'equazione* poser une équation ◇ (*tip.*) [*stabilire la disposizione dei titoli e degli articoli*] établir, agencer (2): *impostare la pagina di un giornale* établir, agencer la page d'un journal ◇ (*mus.*) [*disporre, preparare, intonare*] placer (2): *impostare la voce* placer la voix ◇ [*fondare, basare*] fonder, baser: *ha impostato tutto il discorso su questo presupposto* il a fondé, basé tout son discours sur ce préalable, cette hypothèse **2** (*edil.*) [*sistemare la base, le fondamenta di una costruzione muraria*] poser, asseoir (30) (*lett.*): *impostare un edificio* poser, asseoir les fondements d'un edifice **3** (*mar.*) (*riferito alla nave*) [*iniziarne la costruzione*] mettre (71) en chantier, mettre sur cale sèche: *impostare una nave* mettre un navire en chantier **4** [*formare sulla tastiera di una macchina da calcolo il numero che la macchina stessa dovrà elaborare*] former (un numéro) **B** *v.pron. intr.* IMPOSTARSI [*disporre il corpo in modo funzionale a un lavoro o a uno sforzo*] se mettre en position: *si è impostato per il lancio del disco* il s'est mis en position pour lancer le disque.

2 **impostàre** |impos'tare| *v.tr.* [*introdurre lettere o cartoline nella cassetta della posta, affinché vengano recapitate*] poster; mettre (71), jeter (5) à la boîte, à la poste: *ho impostato ieri la lettera* j'ai posté, mis hier la lettre à la poste → **imbucare.**

1 **impostàto** |impos'tato| *agg.* **1** [*organizzato, programmato*] organisé: *lavoro ben impostato* travail bien organisé ◇ [*inquadrato, tracciato*] posé: *l'argomento è impostato in modo poco chiaro* le sujet est posé d'une façon peu claire **2** [*fondato, basato*] fondé, basé: *l'accusa è impostata su un solo indizio* l'accusation a été fondée, basée sur un seul indice **3** (*sport*) (*detto di atleta che ha doti fisiche e tecniche adatte per una determinata attività agonistica*) doué: *è un difensore ben impostato* c'est un arrière doué, de talent **4** (*mus.*) posé: *voce ben impostata* voix bien posée **5** (*tip.*) imposé.

2 **impostàto** |impos'tato| *agg.* [*imbucato, spedito*] posté: *una lettera impostata* une lettre postée.

impostatùra |imposta'tura| *s.f.* → 1 **impostazione.**

1 **impostazióne** |impostat'tsjone| *s.f.* [→ 1 IMPOSTARE A 1] organisation, mise en train: *non preoccuparti per l'impostazione del lavoro* ne te soucie pas de l'organisation, de la mise en train du travail # *hai fatto una chiara impostazione del problema* tu as bien posé le problème; *l'impostazione della pagina è originale* l'agencement de la page est original; *ha ben curato l'impostazione della voce* il a su poser sa voix.

2 **impostazióne** |impostat'tsjone| *s.f.* [→ 2 IMPOSTARE] postage *m.*

impósto |im'posto| *agg.* [*stabilito, fissato*] imposé: *misure imposte* mesures imposées # *gli ordini imposti* les ordres donnés.

impostóre, tora |impos'tore, tora| *s.* imposteur (*m.*): *ti sei fidato di un impostore* tu t'es fié à un imposteur → **bugiardo** ◇ [*chi dà a intendere di sapere molte cose o diffonde dottrine false*] *è un impostore che sostiene di essere un guaritore* c'est un imposteur qui prétend être un guérisseur → **ciarlatano, imbroglione.**

impostùra |impos'tura| *s.f.* **1** imposture: *è abituato all'impostura* c'est un habitué de l'imposture **2** [*menzogna, finzione*] mensonge (*m.*): *dire imposture* dire des mensonges → 1 **bugia, menzogna.**

impotènte |impo'tɛnte| **I** *agg.* **1** impuissant: *impotente a dominare i propri impulsi* impuissant à dominer ses impulsions; *assistere impotente alla morte di qc.* assister impuissant à la mort de qqn. ◇ (*per est.*) *odio, ira impotente* [*che non può essere sfogato*] haine, colère impuissante **2** [*debole, inetto*] impotent: *una povera donna fiacca e impotente* une pauvre femme faible et impotente **II** *s.m.* (*med., corr.*) impuissant: *è un impotente* c'est un impuissant.

impotènza |impo'tɛntsa| *s.f.* **1** impuissance: *l'impotenza dei deboli di fronte agli oppressori* l'impuissance des faibles face aux oppresseurs; *ridurre all'impotenza i rivoltosi* réduire à l'impuissance les révolutionnaires **2** (*med., corr.*) impuissance; impotence: *impotenza sessuale* impuissance sexuelle ‖ *impotenza funzionale di un arto* impotence fonctionnelle d'un membre.

impoveriménto |impoveri'mento| *s.m.* [→ IMPOVERIRE] diminution (*f.*): *impoverimento di un patrimonio* diminution, écroulement d'une fortune ◇ (*fig.*) *l'impoverimento di un fiume* le tarissement d'un fleuve; *l'impoverimento di un terreno* l'appauvrissement d'un terrain.

impoverìre |impove'rire| (197) **A** *v.tr.* [*rendere povero* (*anche fig.*)] appauvrir: *impoverire una famiglia, una popolazione* appauvrir une famille, une population; *impoverire un terreno* appauvrir un terrain; *impoverire il sangue* appauvrir le sang # *impoverire un patrimonio con affari sbagliati* réduire un patrimoine par de mauvaises affaires **B** *v.pron. intr.* IMPOVERIRSI [*diventare povero*] (*pr., fig.*) s'appauvrir: *quella famiglia si è improvvisamente impoverita* cette famille s'est appauvrie d'un coup; *con quella coltura il terreno si è impoverito molto* avec cette culture le terrain s'est beaucoup appauvri # *si è impoverito col gioco* il a perdu une partie de sa fortune au jeu.

impoverìto |impove'rito| *agg.* [*reso, diventato povero*] appauvri: *famiglia, comunità impoverita* famille, communauté appauvrie; *terreno impoverito* terrain appauvri.

impraticàbile |imprati'kabile| *agg.* **1** impraticable: *strada, zona impraticabile* route, zone impraticable; *pista impraticabile* piste impraticable ◇ (*fig.*) *cura impraticabile* [*controindicata; introvabile*] cure impraticable **2** (*fig.*) *persona impraticabile* [*dal carattere indisponente*] personne insociable, misanthrope *s.*

impraticabilità |impratikabili'ta| *s.f. inv.* impraticabilité *var.* (*raro*) # *non si è giocato per l'impraticabilità del campo* on n'a pas pu jouer car le terrain était impraticable.

impratichìre |imprati'kire| (197) **A** *v.tr.* [*rendere pratico, capace* (*in una attività e sim.*)] exercer (2) (à): *ha impratichito gli apprendisti in quel lavoro* il a exercé les apprentis à ce travail **B** *v. pron. intr.* IMPRATICHIRSI [*diventare pratico*] s'exercer: *si è impratichito a guidare l'automobile* il s'est exercé à conduire; *impratichirsi in un'attività* s'exercer dans une activité # *impratichirsi in una lingua* acquérir la pratique d'une langue, se familiariser avec une langue.

impratichìto |imprati'kito| *agg.* [*che è diventato pratico o abile in q.c.*] exercé (à); entraîné (à): *dispone di persone già impratichite nel prorpio lavoro* il dispose de personnes déjà exercés ‖ *uomo impratichito a guidare l'autocorriera* homme entraîné à conduire un car.

imprecàre |impre'kare| *v.intr.* (*aus.* '*avere*') [*dire parolacce, insulti o espressioni blasfeme*] pester (contre): *imprecava contro la sua malasorte* il pestait contre sa malchance.

imprecatìvo |impreka'tivo|, **imprecatòrio, i** |impreka'tɔrjo, i| *agg.* imprécatoire (*raro*): *discorso, tono imprecativo* discours, ton imprécatoire; *invettive imprecatorie* invectives imprécatoires.

imprecazióne |imprekat'tsjone| *s.f.* imprécation: *lanciare imprecazioni contro qc.* lancer des imprécations contre qqn.; *l'abitudine all'imprecazione è una pessima cosa* l'habitude de proférer des imprécations est détestable.

imprecisàbile |impretʃi'zabile| *agg.* [*che non può essere precisato*] indéterminable (*raro*): *l'incidente è avvenuto per cause imprecisabili* l'accident est arrivé par des causes indéterminables, qu'on n'a pu déterminer.

imprecisàto |impretʃi'zato| *agg.* [*che non è precisato o non si può precisare*] non précisé: *particolare imprecisato* détail non précisé; *è morto in circostanze imprecisate* il est mort dans des circonstances non précisées.

imprecisióne |impretʃi'zjone| *s.f.* **1** imprécision: *lavoro fatto con imprecisione* travail fait avec imprécision **2** [*indeterminatezza, approssimazione*] imprécision, inexactitude: *imprecisione di linguaggio* imprécision du langage; *l'imprecisione è un brutto difetto* l'imprécision est un vilain défaut; *imprecisione dei dati forniti* imprécision des données fournies.

imprecìso |impre'tʃizo| *agg.* **1** imprécis: *è sempre così impreciso nel fare il lavoro!* il est toujours aussi imprécis dans son travail! **2** [*indeterminato, approssimativo*] imprécis: *relazione imprecisa* relation imprécise ◇ (*mat.*) *calcolo impreciso* [*approssimato*] calcul inexact Ⓒ 1 **preciso**; 2 **esatto**.

impregiudicàto |impredʒudi'kato| *agg.* **1** (*dir.*) non jugé **2** (*per est.*) [*che si presta ancora a essere discusso e sim.*] en suspens (*loc. inv.*): *nonostante i numerosi interventi, il problema resta impregiudicato* malgré les nombreuses interventions, le problème reste en suspens.

impregnaménto |impreɲɲa'mento| *s.m.* **1** (*raro*) [→ IMPREGNARE A 1, 2] imprégnation (*f.*): *l'impregnamento dei tessuti spugnosi è soddisfacente* l'imprégnation des tissus spongieux est satisfaisante; *c'è un impregnamento di gas pericoloso* il y a une imprégnation dangereuse de gaz **2** [→ IMPREGNARE A 3] fécondation (*f.*): *l'impregnamento della mucca* la fécondation de la vache.

impregnàre |impreɲ'ɲare| **A** *v.tr.* **1** [*rendere q.c. imbevuta, intrisa di liquido*] imprégner (8): *impregnare il cotone idrofilo di alcool* imprégner le coton d'alcool; *impregnare una spugnetta d'acqua* imprégner d'eau une éponge # *la pioggia ha impregnato i panni stesi* la pluie a mouillé le linge mis à sécher **2** (*per est.*) [*riempire* (*anche fig.*)] imprégner: *ha impregnato l'aria di profumo* elle a imprégné l'air de parfum; *la malattia gli ha impregnato la mente di idee distorte* la maladie lui a imprégné l'esprit d'idées déformées **3** (*detto spec. di animali*) [*ingravidare*] féconder: *il toro ha impregnato la mucca* le taureau a fécondé la vache **B** *v.pron. intr.* IMPREGNARSI **1** [→ *tr.* 1, 2] s'imbiber; s'imprégner: *la spugna s'è impregnata d'acqua* l'éponge s'est imbibée d'eau ‖ *l'aria s'è impregnata di odori* l'air s'est imprégné d'odeurs **2** [→ *tr.* 3] être (43) *intr.* fécondé: *la mucca si è impregnata* la vache a été fécondée.

impregnàto |impreɲ'ɲato| *agg.* **1** imprégné: *cotone impregnato di alcool* coton imprégné d'alcool; *ambiente impregnato di gas* pièce imprégnée de gaz **2** [*fecondato*] fécondé: *mucca impregnata* vache fécondée.

impregnazióne |impreɲɲat'tsjone| *s.f.* [→ IMPREGNARE A 1, 2] imprégnation: *procedere all'impregnazione del materiale spugnoso* procéder à l'imprégnation du matériel spongieux.

impremeditàto |impremedi'tato| *agg.* non prémédité: *assassinio impremeditato* meurtre non prémédité.

imprèndere |im'prɛndere| (105) *v.tr.* (*lett.*) [*incominciare, intraprendere*] entreprendre (73): *imprendere un'opera* entreprendre une œuvre; *imprendere un viaggio* entreprendre un voyage.

imprendìbile |impren'dibile| *agg.* [*che non si può prendere, conquistare*] imprenable: *altura, fortino imprendibile* hauteur, forteresse imprenable.

imprenditóre, trice |imprendi'tore, tritʃe| *s.* entrepreneur*: *piccolo, medio imprenditore* petit, moyen entrepreneur; *imprenditore edile* entrepreneur de bâtiments; *imprenditore industriale* entrepreneur industriel # *imprenditore agricolo* exploitant agricole.

imprenditorìa |imprendito'ria| *s.f.* [*l'insieme, la categoria degli imprenditori*] les entrepreneurs *m.pl.*, les employeurs *m.pl.*

imprenditoriàle |imprendito'rjale| *agg.* d'entrepreneur* (*loc.*): *attività imprenditoriale* activité d'entrepreneur # *classe imprenditoriale* les entrepreneurs.

impreparàto |imprepa'rato| *agg.* mal préparé: *alunno impreparato all'interrogazione* élève mal préparé à l'interrogation # *quella prova ci colse impreparati* cette épreuve nous prit au dépourvu.

impreparazióne |impreparat'tsjone| *s.f.* impréparation: *impreparazione alla vita* impréparation à la vie # *alunno bocciato per impreparazione* élève recalé (*fam.*) parce que mal préparé.

imprésa |im'presa| *s.f.* **1** entreprise: *impresa rischiosa* une entreprise hasardeuse; *imbarcarsi, mettersi in un'impresa difficile* s'embarquer dans une entreprise difficile; *abbandonare l'impresa* abandonner l'entreprise ◇ (*loc.*) *è una impresa!* [*molto difficile*] c'est toute une affaire **2** [*spedizione, gesta*] exploit (*m.*): *impresa militare* exploit militaire # *narrare le grandi imprese* raconter les grands faits d'armes **3** [*organismo che coordina un'attività economica*] entreprise: *impresa commerciale, industriale* entreprise commerciale, industrielle; *impresa marginale* entreprise marginale # *impresa agricola* exploitation agricole **4** (*arald.*) divise.

impresàrio, i |impre'sarjo, i| *s.m.* (*teat.*) imprésario ◇ [*imprenditore*] entrepreneur* (*s.*): *impresario edile* entrepreneur en bâtiment; *impresario delle pompe funebri* entrepreneur de pompes funèbres.

imprescindìbile |impreʃʃin'dibile| *agg.* dont il faut tenir compte (*loc.*): *necessità imprescindibile* besoin dont il faut tenir compte.

imprescrittìbile |impreskrit'tibile| *agg.* (*dir., corr.*) imprescriptible: *beni imprescrittibili* biens imprescriptibles; *la libertà è un bene imprescrittibile* la liberté est un bien imprescriptible.

imprescrittibilità |imprescrittibili'ta| *s.f. inv.* imprescriptibilité (*var.*): *l'imprescrittibilità di alcuni beni* l'imprescriptibilité de certains biens.

impressionàbile |impressjo'nabile| *agg.* impressionnable: *persona, soggetto impressionabile* personne, sujet impressionnable; *la fantasia dei bambini è molto impressionabile* l'imagination des enfants est très impressionnable ◇ (*foto.*) impressionnable.

impressionabilità |impressjonabili'ta| *s.f. inv.* impressionnabilité (*var.*): *l'impressionabilità di un bambino è notevole* l'impressionnabilité d'un enfant est remarquable; les enfants sont très impressionnables; *controllare la propria impressionabilità* contrôler son impressionnabilité ◇ (*foto.*) impressionnabilité.

impressionànte |impressjo'nante| *agg.* impressionnant: *velocità impressionante* vitesse impressionnante; *spettacolo impressionante* spectacle impressionnant; *è impressionante come egli riesca a essere così crudele* il est impressionnant de voir comment il arrive à être aussi cruel; *l'immagine più impressionante deve ancora venire* l'image la plus impressionnante n'est pas encore passée.

impressionàre |impressjo'nare| **A** *v.tr.* **1** [*provocare uno stato di turbamento o di timore; coinvolgere emotivamente*] impressionner: *l'ha impressionato con racconti spaventosi* il l'a impressionné avec des histoires épouvantables; *è stato impressionato da quel triste spettacolo* il a été impressionné par ce triste spectacle; *non credere di impressionarmi!* ne crois pas m'impressionner! ✦ (*ass.*) *impressionare favorevolmente* impressionner favorablement **2** (*foto.*) (*detto dei raggi luminosi*) [*esercitare un'azione sulle sostanze sensibili*] impressionner: *impressionare la pellicola* impressionner une pellicule photographique **B** *v.pron. intr.* IMPRESSIONARSI **1** [→ *tr.* 1] se laisser impressionner: *cerca di non impressionarti* essaie de ne pas te laisser impressionner **2** [→ *tr.* 2] être (43) *intr.* impressionné: *la pellicola non s'è impressionata* la pellicule n'a pas été impressionée.

impressionàto |impressjo'nato| *agg.* impressionné: *persona impressionata dal terremoto* personne impressionnée par le tremblement de terre; *un bambino molto impressionato* un enfant très impressionné; *bene, male, favorevolmente, sfavorevolmente impressionato* bien, mal, favorablement, défavorablement impressionné ◇ (*foto.*) *pellicola impressionata* pellicule impressionnée.

impressióne |impres'sjone| *s.f.* **1** (*fig.*) impression: *provai una violenta impressione* je ressentis une violente impression; *fare buona, cattiva impressione* faire une bonne, une mauvaise impression ✦ (*ass.*) *fare* (*una certa*) *impressione* [*meravigliare*] faire (une certaine) impression **2** [*parere soggettivo*] impression: *ho la vaga impressione che vorrebbe andarsene* j'ai la vague impression qu'il a envie de partir; *aveva l'impressione di essere di troppo* il avait l'impression, le sentiment d'être de trop; *non si può giudicare dalla prima impressione* on ne peut pas juger sur une première impression; *sarà una mia impressione, però tu sembri proprio malato* ce n'est peut-être qu'une impression, mais tu m'as l'air vraiment malade **3** (*fig.*) [*sensazione fisica*] sensation: *impressione di freddo, di caldo* sensation de froid, de chaud; *impressione piacevole, sgradevole* sensation agréable, désagréable **4** [→ IMPRIMERE A 1] trace: *l'impressione delle orme sulla terra bagnata* la trace des pas sur la terre mouillée **5** (*tip.*) impression.

impressionìsmo |impressjo'nizmo| *s.m.* impressionnisme.

impressionìsta |impressjo'nista| *agg. e s.* (*arts.*) impressionniste.

impressionìstico, ci, ca, che |impressjo'nistiko, tʃi, ka, ke| *agg.* impressionniste: *il filone impressionistico* le courant impressionniste; *raccolta di quadri impressionistici* collection de tableaux impressionnistes; *studio impressionistico della luce* étude impressionniste de la lumière.

imprèsso |im'prɛsso| *agg.* (*detto di ciò che è fissato o lascia una traccia su q.c., anche fig.*) imprimé; gravé: *immagini impresse sulla carta* images imprimées sur le papier ‖ *figura impressa nel bronzo* silhouette gravée dans le bronze; *quella cosa mi è rimasta molto impressa* cette chose m'est restée gravée dans l'esprit.

impressóre |impres'sore| *s.m.* (*tip.*) imprimeur.

imprestàre |impres'tare| *v.tr.* → **prestare.**

imprèstito |im'prɛstito| *s.m.* **1** (*pop.*) → **prestito** **2** (*ling.*) emprunt: *imprestito linguistico* emprunt littéraire.

imprevedibile |impreve'dibile| *agg.* [*che non si può prevedere*] imprévisible: *risultato imprevedibile* résultat imprévisible; *situazione, caso imprevedibile* situation, cas imprévisible ◇ (*persone*) *un uomo imprevedibile* un homme imprévisible.

imprevedibilità |imprevedibili'ta| *s.f. inv.* imprévisibilité (*var.*): *l'imprevedibilità di un incidente* l'imprévisibilité d'un accident; *l'imprevedibilità del suo comportamento è sconcertante* l'imprévisibilité de son comportement est déconcertante.

imprevedibilménte |imprevedibil'mente| *avv.* [→ IMPREVEDIBILE] de façon imprévisible (*loc. inv.*): *comportarsi imprevedibilmente* agir d'une façon imprévisible # *sopraggiungere imprevedibilmente* arriver à l'improviste.

imprevedùto |impreve'duto| *agg.* → **imprevisto.**

imprevidènte |imprevi'dɛnte| *agg.* [*non previdente*] imprévoyant: *persona imprevidente* personne imprévoyante; *guida imprevidente* guide imprévoyant.

imprevidènza |imprevi'dɛntsa| *s.f.* [*mancanza di previdenza*] imprévoyance: *l'imprevidenza dei faciloni è fonte di forti delusioni* l'imprévoyance des hommes superficiels est source de grandes déceptions; *l'imprevidenza del guidatore ci mise in pericolo* l'imprévoyance du conducteur nous mit en danger.

imprevisto |impre'visto| **1** *agg.* imprévu: *un risultato imprevisto* un résultat imprévu; *spese impreviste* des dépenses imprévues ◇ [*improvviso*] *movimento rapido, imprevisto* mouvement rapide, imprévu **2** *s.m.* (*spec. al plur.*) imprévu (*sing.*): *non avevo calcolato quell'imprevisto* je n'avais pas calculé cet imprévu; *gli imprevisti capitano sempre a sproposito* l'imprévu arrive toujours mal à point ◇ (*loc.*) *salvo imprevisti* sauf imprévu ~ *in caso di imprevisti* en cas d'imprévu.

impreziosire |imprettsjo'sire| (197) **A** *v.tr.* [*rendere prezioso*] enrichir de: *impreziosire una stola di gemme* enrichir une étole de pierres précieuses ◇ (*fig.*) [*ornare, arricchire*] *impreziosire un copriletto con merletti* enrichir de dentelles un couvre-lit; *impreziosire una opera storica con documenti* enrichir de documents une œuvre historique **B** *v. pron. intr.* IMPREZIOSIRSI (*scherz.*) [*fare il prezioso*] se faire (45) désirer.

imprigionaménto |impridʒona'mento| *s.m.* [→ IMPRIGIONARE] emprisonnement.

imprigionàre |impridʒo'nare| *v. tr.* **1** [*rinchiudere in prigione*] emprisonner: *fece imprigionare i malviventi* il fit emprisonner les délinquants; *imprigionare un ribelle* emprisonner un rebelle ◇ (*fig.*) [*rinchiudere come in una prigione*] *imprigionare una donna in casa* emprisonner une femme chez elle # *imprigionare una bestia feroce* enfermer une bête féroce **2** (*fig.*) [*costringere in un luogo, bloccare*] être (43) *intr.* pris, bloqué: *gli automobilisti furono imprigionati dalla nebbia* les automobilistes furent pris, bloqués dans le brouillard ◇ [*condizionare, costringere*] emprisonner: *era imprigionato in un gretto provincialismo* il était emprisonné dans un provincialisme étroit.

imprigionàto |impridʒo'nato| *agg.* **1** emprisonné, incarcéré: *un malvivente imprigionato* un délinquant emprisonné, incarcéré ◇ (*fig.*) [*che è rinchiuso come in prigione*] *uccellino imprigionato in gabbia* oiseau captif dans sa cage; *ha una moglie imprigionata nei lavori di casa* il a une femme toujours retenue par les travaux de la maison **2** (*fig.*) [*bloccato, stretto come in una morsa*] bloqué; pris: *automobilista imprigionato nella nebbia, nella neve* automobiliste bloqué dans le brouillard, par la neige ‖ *mano imprigionata fra gli ingranaggi* main prise dans les engrenages ◇ [*condizionato*] prisonnier*: *persona imprigionata nei pregiudizi* personne prisonnière de ses préjugés.

imprimatur |impri'matur| *s.m. inv.* (*lat.*) (*eccl.*) imprimatur (*var.*): *quell'opera ha ottenuto l'imprimatur* cette œuvre a obtenu l'imprimatur.

'imprimé' |ɛ̃pʀime| *s.m. inv.* (*tess.*) (tissu) imprimé (*var.*): *ha fatto l'abito con un 'imprimé' molto vivace* elle a fait sa robe dans un (tissu) imprimé de ton très vif ♦ (*agg. inv.*) *una stoffa 'imprimé'* un tissu imprimé.

imprimere |im'primere| (124) **A** *v.tr.* **1** [*lasciare un'impronta, un marchio e sim. tramite una pressione* (*anche fig.*)] imprimer: *imprimere un'immagine, un marchio* imprimer une image, une marque; *imprimere le proprie orme sulla terra bagnata* imprimer ses pas sur la terre mouillée; *imprimere il proprio stile in un quadro* imprimer son style à un tableau # *imprimere un bacio sulla fronte* déposer un baiser sur le front **2** [*fissare in maniera durevole*] graver: *imprimere un ricordo nella memoria* graver un souvenir dans la mémoire □ *imprimersi un'immagine nella mente* graver une image dans son esprit **3** [*trasmettere* (*un movimento*)] imprimer: *imprimere movimento, energia, velocità a un corpo solido* imprimer un mouvement, une énergie, une vitesse à un corps solide **4** (*raro, tip.*) [*stampare*] imprimer (*corr.*) **B** *v.pron. rifl.* IMPRIMERSI [→ *tr.* 2] se graver: *imprimiti bene in mente quanto ho detto* grave-toi bien dans la tête ce que j'ai dit.

imprimitùra |imprimi'tura| *s.f.* (*pitt.*) apprêt *m.*

improbàbile |impro'babile| *agg.* improbable: *è improbabile che egli venga domani* il est improbable qu'il vienne demain; *non è improbabile che egli venga condannato* sa condamnation n'est pas improbable; *è una eventualità molto improbabile* c'est une éventualité très improbable.

improbabilità |improbabili'ta| *s.f. inv.* improbabilité (*var.*): *considerate l'improbabilità di questa evenienza* considérez l'improbabilité de ce cas # *siamo nell'improbabilità pura* nous sommes absolument dans le domaine de l'improbable.

improbaménte |improba'mente| *avv.* **1** [→ IMPROBO 1] malhonnêtement: *vivere improbamente* vivre malhonnêtement **2** [→ IMPROBO 2] péniblement: *lavorare improbamente* travailler péniblement.

improbità |improbi'ta| *s.f. inv.* (*lett.*) improbité *var.*

ìmprobo |'improbo| *agg.* **1** [*che è disonesto, malvagio*] malhonnête: *persona improba* personne malhonnête; *comportamento improbo* attitude malhonnête **2** [*che è troppo faticoso o malricompensato*] ingrat; rude: *lavoro improbo* travail ingrat ‖ *uno sforzo improbo* un rude effort.

improcedibilità |improtʃedibili'ta| *s.f. inv.* (*dir.*) irrecevabilité *var.*

improducìbile |improdu'tʃibile| *agg.* (*dir.*) qu'on ne peut pas exhiber *loc.*

improduttività |improduttivi'ta| *s.f. inv.* non-productivité (*var.*): *l'improduttività di un commercio, di un lavoro* la non-productivité d'un commerce, d'un travail.

improduttìvo |improdut'tivo| *agg.* improductif*: *sistema di lavorazione improduttivo* système de travail improductif; *capitale improduttivo* capital improductif; *terreno improduttivo* terrain improductif; *mente improduttiva* esprit improductif © **produttivo.**

improferìbile |improfe'ribile| *agg.* qu'on n'ose pas répéter (*loc.*): *ha detto parole improferibili* il a proféré des paroles qu'on n'oserait (pas) répéter, que je n'ose (pas) répéter.

'impromptu' |ɛ̃pʀɔ̃pty| *s.m. inv.* (*mus.*) impromptu *var.*

1 **imprónta** |im'pronta| *s.f.* **1** [*segno, traccia che rimane su un corpo su cui venga esercitata una pressione*] empreinte: *lasciare, cancellare un'impronta* laisser, effacer une empreinte; *prendere le impronte digitali* prendre les empreintes digitales ◇ (*numism.*) empreinte **2** (*fig.*) [*segno tipico*] empreinte, sceau (*m.*): *si vede l'impronta del genio in questa opera* on voit l'empreinte, le sceau du génie dans cette œuvre ◇ (*med.*) *l'impronta del vaiolo* [*la cicatrice*] la marque de la variole.

2 **imprónta** |im'pronta| *s.f. nella loc. avv.* ALL'IMPRONTA [*lì per lì, improvvisando*] instantané *agg.*; à l'improviste: *tradurre all'impronta* faire une traduction instantanée ‖ *è arrivato all'impronta* il est arrivé à l'improviste.

improntàre |impron'tare| **A** *v.tr.* **1** (*fig.*) [*conferire un tono o un'espressione caratteristici*] empreindre (66): *improntava il viso a grande mestizia* son visage était empreint d'une profonde tristesse; *ha improntato l'opera a uno struggente lirismo* son œuvre est empreinte d'un lyrisme poignant **2** [*segnare con impronta*] empreindre # *improntare la ceralacca col sigillo* apposer le sceau sur la cire à cacheter **3** (*numism.*) [*imprimere nel conio la femmina col maschio di acciaio temperato*] frapper **4** (*mus.*) [*eseguire immediatamente la musica solo leggendola*] jouer (un morceau) à l'improviste **B** *v. pron. intr.* IMPRONTARSI (*fig.*) [→ *tr.* 1] se peindre (66): *il suo viso s'improntò a grande serenità* une grande sérénité se peignit sur son visage.

improntàto |impron'tato| *agg.* [*che è contrassegnato da un'espressione particolare*] empreint (de): *discorso improntato a grande equilibrio* discours empreint d'un grand équilibre; *viso improntato di mestizia* visage empreint de tristesse.

improntitùdine |impronti'tudine| *s.f.* **1** [*mancanza di senso dell'opportunità, della discrezione*] indiscrétion: *la sua improntitudine ha superato ogni limite* son indiscrétion a dépassé toutes les limites **2** [*sfrontatezza, sfacciataggine*] effronterie, sans-gêne (*m.*): *quel tipo è di un'improntitudine spaventosa* ce type est d'une effronterie, d'un sans-gêne épouvantable.

impronunziàbile |impronun'tsjabile| *agg.* imprononçable: *è una parola complicata, impronunziabile* c'est un mot compliqué, imprononçable ◇ [*che è proibito o non sta bene pronunciare*] *il nome di Dio è impronunziabile* on ne doit pas prononcer (en vain) le nom de Dieu; *mi ha urlato espressioni impronunziabili* il m'a hurlé des expressions que je n'ose (pas) répéter.

impropèrio, i |impro'pɛrjo, i| *s.m.* [*insulto, rimprovero rabbioso*] injure (*f.*): *l'ha coperta di improperi* il l'a couverte d'injures.

improponìbile |impropo'nibile| *agg.* [*che non si può proporre*] improposable.

improponibilità |improponibili'ta| *s.f. inv.* impossibilité *var.* d'être proposé, de proposer (qqch.).

impropriaménte |improprja'mente| *avv.* [→ IMPROPRIO 1] improprement; à tort (*loc. inv.*): *parlare, scrivere impropriamente* parler, écrire improprement ‖ *persone impropriamente poste in una corrente politica* personnes rangées à tort dans un parti politique.

improprietà |improprje'ta| *s.f. inv.* **1** (*ling.*) impropriété (*var.*): *improprietà di linguaggio* impropriété de langage ◇ [*locuzione, parola impropria*] *correggere le improprietà di un lavoro scritto* corriger les impropriétés d'un travail écrit.

impròprio, i |im'prɔprjo, i| *agg.* **1** impropre: *espressione, parola impropria* expression, mot impropre; *uso improprio della lingua madre* usage impropre de la langue maternelle; *dare una definizione impropria di q.c.* donner une définition impropre de qqch. # *fare una classificazione impropria di q.c.* classer à tort qqch. dans une catégorie **2** (*mat.*) *frazione impropria* nombre fractionnaire.

improrogàbile |improro'gabile| *agg.* qui ne peut (pas) être prorogé *loc.* # *scadenza, data improrogabile* dernier délai.

improrogabilità |improrogabili'ta| *s.f. inv.* impossibilité *var.* d'être prorogé, de proroger (qqch.).

improrogabilménte |improrogabil'mente| *avv.* [→ IMPROROGABILE] sans faute *loc. inv.*; sans délai (*loc. inv.*): *arriveremo improrogabilmente dopodomani* nous arriverons sans faute après demain # *il termine scade improrogabilmente il 17 aprile* le délai échoit le 17 avril; *il termine per le domande è fissato improrogabilmente per il giorno 2* le dernier délai pour déposer les demandes est fixé au 2.

improvvidènza |improvvi'dɛntsa| *s.f.* (*raro, lett.*) [*imprevidenza*] imprévoyance (*corr.*).

impròvvido |im'prɔvvido| *agg.* (*lett.*) [*imprevidente*] imprévoyant (*corr.*).

improvvisaménte |improvviza'mente| *avv.* **1** [→ IMPROVVISO I 1] à l'improviste (*loc. inv.*): *ritornò improvvisamente* il revint à l'improviste **2** [→ IMPROVVISO II 2] brusquement; subitement: *improvvisamente cambiò d'umore* son humeur s'altéra brusquement ‖ *morire improvvisamente* mourir subitement.

improvvisàre |improvvi'zare| **A** *v.tr.* **1** [*fare un discorso, comporre musica, versi e sim. senza preparazione*] improviser: *ha improvvisato un discorso molto efficace* il a improvisé un discours très efficace; *improvvisare un pezzo musicale al pianoforte* improviser de la musique au piano ✦ (*ass.*) *è un oratore che ama improvvisare* c'est un orateur qui aime improviser **2** [*preparare velocemente q.c. in una situazione insolita*] improviser: *improvvisare un pranzo all'aperto* improviser un repas en plein air; *improvvisare una dimostrazione* improviser une manifestation; *improvvisare uno spettacolo* improviser un spectacle **B** *v.pron. rifl.* IMPROVVISARSI [*adeguarsi a un ruolo insolito senza preparazione*] *per l'occasione s'era improvvisato cantante* pour la circonstance il s'improvisa chanteur; *improvvisarsi guida turistica* être *intr.* un guide touristique improvisé.

improvvisàta |improvvi'zata| *s.f.* [*fatto che giunge inatteso*] surprise: *fare una bella improvvisata* faire une belle surprise; *che brutta improvvisata!* quelle mauvaise surprise! → **sorpresa**.

improvvisàto |improvvi'zato| *agg.* improvisé, impromptu: *composizione musicale improvvisata* composition musicale improvisée, impromptue; *festa improvvisata* fête improvisée, impromptue; *cameriere improvvisato* domestique improvisé.

improvvisatóre, trice |improvviza'tore, tritʃe| *s.* improvisateur: *è un abile improvvisatore* c'est un habile improvisateur # *tua sorella è una improvvisatrice formidabile di feste* ta sœur est formidable pour improviser une partie.

improvvisazióne |improvvizat'tsjone| *s.f.* [→ IMPROVVISARE A] improvisation: *affidarsi all'improvvisazione* s'en remettre à l'improvisation # *improvvisazione di un pranzo fra amici* repas improvisé entre amis ◇ [*ciò che si improvvisa*] *ammirare le improvvisazioni di un celebre musicista* admirer les improvisations d'un musicien célèbre.

improvvìso |improv'vizo| **I** *agg.* **1** [*imprevisto, inaspettato*] imprévu: *disgrazia improvvisa* malheur imprévu; *una improvvisa fortuna* une fortune imprévue; *ritorno improvviso* retour imprévu **2** [*che avviene d'un tratto, brusco*] brusque, soudain: *un cambiamento di tempo, di umore improvviso* un brusque, un soudain changement de temps, d'humeur; *decisione improvvisa* une décision brusque, soudaine; *morte improvvisa* une mort brusque, soudaine → **subitaneo, repentino** ◇ *loc. avv.* ALL'IMPROVVISO [*inaspettatamente, repentinamente*] soudainement (*avv.*): *morire all'improvviso* mourir soudainement; *decidere d'improvviso* décider soudainement # *ritornai all'improvviso* je revins à l'improviste **II** *s.m.* (*mus.*) impromptu.

imprudènte |impru'dɛnte| *agg.* **1** (*persone*) imprudent: *automobilista imprudente* automobiliste imprudent; *ladro imprudente* voleur imprudent → **temerario** ✦ (*s.*) *un imprudente* un imprudent **2** (*cose*) imprudent: *suggerimento imprudente* conseil imprudent; *fare un discorso imprudente* faire un discours imprudent.

imprudenteménte |imprudente'mente| *avv.* [→ IMPRUDENTE] imprudemment: *comportarsi, parlare imprudentemente* agir, parler imprudemment; *si è esposto imprudentemente* il s'est imprudemment exposé.

imprudènza |impru'dɛntsa| *s.f.* imprudence: *l'imprudenza l'ha ridotto così* c'est l'imprudence qui l'a réduit ainsi ◇ [*atto imprudente*] *non commettere imprudenze* ne commets pas d'imprudences # *è un'imprudenza esporsi così* il est imprudent de s'exposer ainsi.

impùbere |im'pubere| *agg. e s.* (*lett.*) impubère.

impudènte |impu'dɛnte| *agg.* impudent: *ragazzo impudente* garçon impudent; *discorso, frase impudente* discours impudent, paroles impudentes ✦ (*s.*) *un impudente* un impudent.

impudenteménte |impudente'mente| *avv.* [→ IMPUDENTE] impudemment; *comportarsi impudentemente* se conduire impudemment.

impudènza |impu'dɛntsa| *s.f.* impudence: *ci vuole una bella impudenza a presentarsi così* il faut une bonne dose d'impudence pour oser se présenter ainsi; *si veste con impudenza* il s'habille avec impudence.

impudicaménte |impudika'mente| *avv.* [→ IMPUDICO] de manière impudique *loc. inv.*, impudiquement: *vestirsi impudicamente* s'habiller de manière impudique; *guardare impudicamente* regarder impudiquement.

impudicità |impuditʃi'ta| *s.f. inv.* caractère *m.var.* impudique; attitude *var.* impudique.

impudicìzia |impudi'tʃittsja| *s.f.* impudicité: *l'impudicizia del suo abbigliamento aveva superato ogni limite* l'impudicité de ses vêtements avait dépassé toutes les limites ◇ *spec. al plur.* [*atto impudico*] *le sue impudicizie erano diventate famose* ses impudicités, ses manquements à la pudeur étaient devenues célèbres.

impudico, chi, ca, che |impu'diko, ki, ka, ke| *agg.* impudique: *donna impudica* femme impudique, sans pudeur; *scritto impudico* récit impudique; *ha un modo di guardare impudico* il a une façon impudique de regarder Ⓒ **pudico.**

impugnàbile |impuɲ'ɲabile| *agg.* (*dir., corr.*) attaquable: *testamento, sentenza impugnabile* testament, jugement attaquable # *ideologia impugnabile* idéologie contestable.

impugnabilità |impuɲɲabili'ta| *s.f. inv.* (*dir.*) caractère *m.var.* contestable, contestabilité *var.* (*raro*): *l'impugnabilità di una sentenza* le caractère contestable d'un jugement; *l'impugnabilità di una teoria* le caractère contestable d'une théorie.

1 **impugnàre** |impuɲ'ɲare| *v.tr.* [*stringere nel pugno q.c. in modo da*

poterla usare adeguatamente] saisir: *impugnare la spada* saisir son épée # *impugnare le armi* prendre les armes ◇ (*scherz.*) *impugnare la forchetta* [*accingersi a mangiare*] empoigner sa fourchette.

2 **impugnàre** |impuɲ'ɲare| *v.tr.* **1** [*contestare un'accusa e sim. adducendo motivazioni precise*] répondre (53) à: *aveva saputo impugnare le critiche fattegli* il avait su répondre aux critiques qu'on lui avait faites **2** (*dir.*) [*chiedere il riesame o l'invalidamento di q.c.*] attaquer: *impugnare una sentenza* attaquer un jugement; *impugnare un testamento* attaquer un testament.

impugnativa |impuɲɲa'tiva| *s.f.* (*raro, dir.*) recours *m.* (*corr.*).

impugnatùra |impuɲɲa'tura| *s.f.* **1** [*la parte di un oggetto che l'uomo stringe in pugno per usarlo*] poignée: *pulire l'impugnatura della spada* nettoyer la poignée de l'épée **2** [*maniera di stringere in pugno*] prise: *un'impugnatura debole* une prise faible ◇ [→ 1 IMPUGNARE] manière de tenir # *conoscere la giusta impugnatura del remo* savoir comme tenir exactement un aviron.

impugnazióne |impuɲɲat'tsjone| *s.f.* (*dir., corr.*) appel *m.*; contestation: *impugnazione di una sentenza* jugement en appel ‖ *impugnazione di una teoria* contestation d'une théorie # *impugnazione di un testamento* opposition à un testament.

impulsivaménte |impulsiva'mente| *avv.* [→ IMPULSIVO 1] de manière impulsive (*loc. inv.*): *agire impulsivamente* agir de manière impulsive.

impulsività |impulsivi'ta| *s.f. inv.* impulsivité (*var.*): *l'impulsività di un gesto* l'impulsivité d'un geste; *reprimere la propria impulsività* refréner son impulsivité.

impulsivo |impul'sivo| *agg.* **1** impulsif*: *temperamento impulsivo* tempérament impulsif; *atti impulsivi* actes impulsifs; *una donna impulsiva* une femme impulsive ♦ (*s.*) *un impulsivo* un impulsif **2** (*fis.*) impulsif: *forza impulsiva* force impulsive Ⓒ 1 **riflessivo.**

impùlso |im'pulso| *s.m.* **1** [*forza istintiva, spesso violenta*] impulsion (*f.*): *impulso istintivo, incontrollato* impulsion instinctive, incontrolée; *agire d'impulso* agir d'après ses impulsions; *seguire il primo impulso* suivre sa première impulsion ◇ [*tendenza, disposizione naturale*] instinct: *fare q.c. per impulso naturale* faire qqch. par instinct **2** (*fig.*) [*stimolo, incremento*] impulsion: *dare impulso al commercio, all'industria* donner une impulsion au commerce, à l'industrie; *dare impulso alla vita artistica del paese* donner une impulsion à la vie artistique de son pays **3** (*fis., corr.*) impulsion: *trasmettere un impulso* transmettre une impulsion ◇ (*elettr.*) *impulso elettrico* impulsion électrique.

impùne |im'pune| *agg.* (*lett.*) impuni (*corr.*).

impuneménte |impune'mente| *avv.* [*senza danno, senza pena*] impunément: *uccidere impunemente* tuer impunément; *non si scala quella montagna impunemente* on n'escalade pas cette montagne impunément.

impunibilità |impunibili'ta| *s.f. inv.* (*dir., corr.*) impossibilité *var.* de punir (qqch., qqn.): *l'impunibilità di una trasgressione* l'impossibilité de pùnir un délit mineur; *l'impunibilità di una persona* l'impossibilité de punir une personne.

impunità |impuni'ta| *s.f. inv.* (*dir., corr.*) impunité (*var.*): *garantire l'impunità a qc.* garantir l'impunité à qqn.; *essere certo dell'impunità* être sûr de l'impunité.

impunito |impu'nito| **1** *agg.* impuni: *rapina rimasta impunita* vol resté impuni; *malvivente impunito* malfaiteur impuni **2** *s.* (*region.*) → **sfrontato.**

impuntàre |impun'tare| **A** *v.intr.* (*aus. 'avere'*) **1** [*urtare col piede in un ostacolo*] buter: *ha impuntato proprio nell'ultimo gradino* il a buté juste contre, sur la dernière marche → **inciampare** **2** (*fig.*) [*ripetere convulsamente le iniziali di una parola per un difetto di pronuncia*] bégayer (9): *ha impuntato continuamente per l'emozione* l'émotion l'a fait bégayer continuellement → **balbettare** **B** *v.pron. intr.* IMPUNTARSI **1** [*fermarsi puntando i piedi per non essere trascinato via*] s'arc-bouter, refuser *intr.* (d'avancer): *il mulo si era impuntato tenacemente* le mulet s'était arc-bouté des quatre fers, refusant obstinément d'avancer; *il bambino si era impuntato e faceva capricci* l'enfant, par caprice, avait refusé de marcher **2** (*fig.*) [*ostinarsi puntigliosamente in q.c.*] s'obstiner: *quando si impunta è terribile* quand il s'obstine, il est terrible; *si è impuntato a fare quella spesa pazza* il s'est obstiné à faire cette dépense folle; *si era impuntato a dire di no* il s'était obstiné à dire non.

impuntatùra |impunta'tura| *s.f.* [→ IMPUNTARE A 2] entêtement *m.*, obstination: *la sua impuntatura bloccò i nostri progetti* son entêtement, son obstination bloqua nos projets.

impuntigliàrsi |impuntiʎ'ʎarsi| *v.pron. intr.* (*raro*) → **ostinarsi.**

impuntire |impun'tire| (197) *v.tr.* **1** [*cucire in modo da assicurare l'uniformità dell'imbottitura con gli altri strati di tessuto*] piquer: *impuntire i risvolti del cappotto* piquer les revers du manteau **2** [*trapungere*] matelasser: *impuntire un'imbottita* matelasser une courtepointe.

impuntùra |impun'tura| *s.f.* **1** (*cucito*) piqûre: *fare un'impuntura sul tessuto* faire une piqûre sur le tissu **2** (*vela*) empointure.

impunturàre |impuntu'rare| *v.tr.* [*cucire, con punti molto fitti, strati di tessuto, orli e sim.*] piquer: *impunturare i profili di una tasca* piquer les contours d'une poche; *impunturare i bordi di un colletto* piquer le bord d'un col.

impunturàto |impuntu'rato| *agg.* [*cucito mediante impunture*] piqué: *colletto impunturato con filo di seta* col piqué avec du fil de soie.

impuraménte |impura'mente| *avv.* [→ IMPURO 1, 2] de manière impure (*loc. inv.*): *comportarsi impuramente* se comporter de manière impure.

impurità |impuri'ta| *s.f. inv.* **1** impureté (*var.*): *l'impurità dell'acqua, dell'aria* l'impureté de l'eau, de l'air; *l'impurità di un linguaggio* l'impureté du langage ◇ [*ciò che rende impuro q.c.*] *le impurità dell'aria* les impuretés de l'air; *l'impurità di questa pietra preziosa è evidente* l'impureté de cette pierre précieuse est évidente **2** (*fig.*) [*mancanza di purezza morale*] impureté: *impurità di costumi* impureté de mœurs; *vivere nell'impurità* vivre dans l'impureté.

impùro |im'puro| *agg.* **1** impur: *aria impura* air impur; *acqua impura* eau impure; *minerale impuro* minéral impur; *razza impura* race impure ◇ (*ling., corr.*) *locuzione, lingua impura* locution, langue impure; *vocabolo impuro* mot impur **2** [*che è contrario alla purezza, alla castità*] impur: *desiderio impuro* désir impur; *comportamento impuro* attitude impure **3** (*ling.*) *'s' impura* 's' suivi d'une consonne.

imputàbile |impu'tabile| **I** *agg.* **1** (*cose*) imputable: *incidente imputabile a distrazione* incident imputable à la distraction; *l'errore è imputabile a noi tutti* l'erreur est imputable à nous tous **2** (*persone*) [*che è o si ritiene responsabile di q.c.*] responsable: *sono certamente imputabile* je suis certainement responsable; *siete imputabili di questo guaio* vous êtes responsables de cet ennui **II** *s.* (*dir.*) imputable.

imputabilità |imputabili'ta| *s.f. inv.* (*dir.*) imputabilité (*var.*): *l'imputabilità di un delitto* l'imputabilité d'un délit; *l'imputabilità di una persona* l'imputabilité d'une personne.

imputàre |impu'tare| *v.tr.* **1** (*dir., corr.*) [*promuovere un'azione penale contro qc.*] accuser, inculper: *imputare qc. di un delitto* accuser, inculper qqn. d'un délit ◇ (*per est.*) [*accusare, incolpare*] accuser: *lo imputarono del fallimento dell'affare* on l'accusa de la faillite de l'affaire **2** [*ascrivere, attribuire come colpa*] imputer: *imputare uno sbaglio a disattenzione* imputer une erreur à l'inattention **3** (*econ.*) [*assegnare a un determinato conto*] imputer (sur): *imputare un costo a un esercizio* imputer une charge sur un exercice; *imputare a credito* imputer à crédit.

imputàto |impu'tato| *s.* (*dir., corr.*) inculpé, accusé: *imputato contumace* inculpé, accusé contumace (défaillant); *assolvere, condannare un'imputato* acquitter, condamner un inculpé, un accusé ♦ (*agg.*) *persona imputata di un reato* personne inculpée, accusée d'un délit.

imputazióne |imputat'tsjone| *s.f.* **1** (*dir.*) accusation: *capo d'imputazione* chef d'accusation; *imputazione di rapina a mano armata* accusation de vol à main armée # *è comprensibile l'imputazione di quell'incidente a te* on comprend très bien pourquoi on t'a rendu responsable, accusé d'être responsable de cet accident **2** (*econ.*) *imputazione della spesa* imputation des frais **3** (*dir. civile*) imputation.

imputrescibile |imputreʃ'ʃibile| *agg.* (*raro, lett.*) imputrescible (*corr.*).

imputridiménto |imputridi'mento| *s.m.* [→ IMPUTRIDIRE] putréfaction (*f.*): *l'imputridimento delle immondizie* la putréfaction des ordures.

imputridire |imputri'dire| (197) **A** *v.intr.* (*aus. 'essere'*) [*diventare putrido*] pourrir (*aus.* avoir): *la frutta è già imputridita* les fruits ont déjà pourri # *la acqua di quello stagno è imputridita* l'eau de cet étang a croupi **B** *v.tr.* [*rendere putrido*] pourrir: *il calore ha imputridito velocemente il pesce* la chaleur a pourri très vite le poisson.

imputridito |imputri'dito| *agg.* [*che è diventato putrido*] putréfié, pourri: *carne imputridita* viande putréfiée # *acqua imputridita* eau croupie.

impuzzire |imput'tsire| (197) **A** *v.intr.* (*aus. 'essere'*) [*diventare puzzolente*] empester (*aus.* avoir): *in quell'ambiente le cose impuzziscono subito* dans cette atmosphère les choses empestent tout de suite **B** *v.tr.* [*rendere puzzolente*] empester: *questa sostanza impuzzisce l'aria* cette substance empeste l'air.

impuzzolentire |imputtsolen'tire| (197) *v.tr.* **1** [*far diventare puzzolente*] empester: *il gas ha impuzzolentito anche i vestiti* le gaz a même empesté les vêtements, a empesté jusqu'aux vêtements **2** [*riempire di puzzo*] empester: *questo liquido ha impuzzolentito la stanza* ce liquide a empesté la pièce.

in |in| *prep.* (*forme contratte possibili*):

m.sing.	(1) [~~in + il~~]	→ *nel*	**dans le**	→ *prep.* **dans, en** (*fr.*)	[*davanti a cons., eccetto 'gn, ps, s + cons., z'*]
	(2) [~~in + lo~~]	→ *nello*	**dans le**	→ ' ' ' '	[*davanti a 'gn, ps, s + cons., z'*]
	(3) [~~in + l'~~]	→ *nell'*	**dans l'**	→ ' ' ' '	[*davanti a voc.*]
m.pl.	(4) [~~in + i~~]	→ *nei*	**dans les**	→ ' ' ' '	[*nei casi di* (1)] *N.B. La 'i' di 'nei' non si elide mai, eccetto in poesia*
	(5) [~~in + gli~~]	→ *negli*	**dans les**	→ ' ' ' '	[*nei casi di* (2)] *N.B. La 'i' di 'degli' si elide molto raramente*
f.sing.	(6) [~~in + la~~]	→ *nella*	**dans la**	→ ' ' ' '	[*davanti a cons.*]
	(7) [~~in + l'~~]	→ *nell'*	**dans l'**	→ ' ' ' '	[*davanti a voc.*]
f.pl.	(8) [~~in + le~~]	→ *nelle*	**dans les**	→ ' ' ' '	[*davanti a cons. o voc.*] *N.B. Davanti a voc. la 'e' di 'delle' non si elide*

I (*introduce i compl. di*) **1** (*stato in luogo*) à; en; dans: *vive a Firenze* il vit à Florence; *essere in chiesa, in casa* être à l'église, à la maison; *sono in campagna, in motagna, in ufficio* ils sont à la campagne, à la montagne, au bureau; *siamo in giardino* nous sommes au jardin; *abitano negli Stati Uniti, nelle Antille, in Brasile, in Canada* ils habitent aux États-Unis, aux Antilles, au Brésil, au Canada ‖ *sono in città* ils sont en ville; *siamo in classe* nous sommes en classe; *abitano in periferia* ils habitent en banlieue; *vivono in Italia, in Lombardia* ils vivent en Italie, en Lombardie ‖ *sono nella loro casa di campagna* ils sont dans leur maison de campagne; *vivono nella nostra città* ils vivent dans notre ville; *sono tutti in strada* ils sont tous dans la rue # *sono in piazza, in strada* ils sont sur la place, sur la route; *abitano in via Roma, 37* ils habitent 37, rue Roma; *abito in piazza Cavour* j'habite place Cavour ◇ (*loc. fig.*) *cogliere in fallo* prendre en faute ~ *avere fiducia in qc.* avoir confiance en qqn. ~ *credere in Dio* croire en Dieu ~ *tenere in gran conto, in grande stima* (*qc.*) tenir qqn. en haute estime ~ *avere odio, antipatia per* avoir de la haine, de l'antipathie pour **2** (*moto a luogo*) à; en; dans: *andare in montagna, in campagna, in chiesa, in giardino* aller à la montagne, à la campagne, à l'église, au jardin ‖ *andare in villeggiatura, in classe* aller en vacances, en classe; *andare in frantumi* voler en éclats ‖ *è caduto nel lago* il est tombé dans le lac; *versare il vino nel bicchiere* verser le vin dans le verre; *il ladro è fuggito nelle vie della città* le voleur s'est enfui dans les rues de la ville # *i manifestanti sono sfilati nella piazza* les manifestants ont défilé sur la place; *portare in tavola* servir (le repas) ◇ (*loc. fig.*) *mettersi in viaggio* se mettre en voyage ~ *lasciare qc. in libertà* laisser qqn. en liberté ~ *andare in collera, in malora* se mettre en colère, se ruiner ~ *mettere in vendita* mettre en vente ~ *mettere in ridicolo* tourner en ridicule ~ *mettere in evidenza, in risalto, in mostra* mettre en évidence, en montre **3** (*tempo*) en; à; dans: *in estate, in autunno, in inverno* en été, en automne, en hiver; *in gennaio, in ottobre* en janvier, en octobre; *nel 1980* en 1980; *in guerra, in pace* en temps de guerre, de paix ‖ *in primavera* au printemps; *in quel momento* à ce moment-là; *nel XX sec.* au XXe siècle; *nel mese di maggio* au mois de mai ‖ *in gioventù, in (nella) vecchiaia* dans ma (ta, sa) jeunesse, dans ma (ta, sa) vieillesse; *nella giornata, nella serata di lunedì* dans la journée, dans la soirée de lundi # *in una giornata di sole, di settembre* un jour de soleil, de septembre; *in tutta la vita, la mia vita* durant toute la vie, toute ma vie ◇ (*durata nel tempo*) [*entro un certo tempo*] en; dans: *lo farò in pochi minuti, in pochi giorni, in pochi mesi* je le ferai en quelques minutes, en quelques jours, en quelques mois; *l'ho finito in poco tempo, in poche ore* je l'ai fini en peu de temps, en quelques heures; *lo faranno in poco tempo, in poche ore* ils le feront en peu de temps, en quelques heures ‖ *finiremo in pochi minuti, in una settimana, in un mese* nous finirons dans quelques minutes, dans une semaine, dans un mois → **entro, tra** ◇ (*davanti a un inf., con valore di ger.*) en (+ *ger.*): *nel dire* (*dicendo*) *questo, si è compromesso* en disant cela, il s'est compromis; *nel sentire* (*sentendo*) *questa notizia, è svenuto* en entendant cette nouvelle, il s'est évanoui; *nel partire* (*partendo*), *ha dimenticato la valigia* en partant, il a oublié sa valise **4** (*fine o scopo*) en: *dare q.c. in dono, in prestito, in cambio* donner, prêter, donner qqch. en échange; *cerimonia in favore, in onore di qc.* cérémonie en faveur, en l'honneur de qqn.; *te lo darò in premio della tua fedeltà* je te le donnerai en récompense de ta fidélité; *spende i soldi in cose inutili* il dépense l'argent en choses inutiles # *ha tenuto la macchina in prova per un giorno* il a eu la voiture à l'essai pendant une journée **5** (*limitazione*) en: *superare qc. in bravura, in velocità* dépasser qqn. en habileté, en vitesse; *è molto bravo in latino, in matematica* il est très bon en latin, en mathématiques; *è laureata in medicina* elle est docteur en médecine; *è un commerciante in vini, in liquori, in polli* c'est un négociant en vins, en liqueurs, en volailles **6** (*mezzo o strumento*) en: *andare in macchina, in autobus* aller en voiture, en autobus; *ha espresso il suo parere in poche parole* il a donné son avis en quelques mots # *andare in bicicletta, in moto* aller à bicyclette, à moto; *pagare in contanti* payer comptant **7** (*modo o maniera*) en: *lavorare in silenzio* travailler en silence; *parlare in francese, in italiano* parler (s'exprimer) en français, en italien # *abbiamo passato la serata in compagnia* nous avons passé la soirée avec des amis; *fa sempre le cose in fretta* il fait toujours les choses vite; *in fretta e furia* à la hâte, en toute hâte **8** (*quantità*) *erano in quattro* ils étaient (à) quatre; *sono accorsi in gran numero* ils sont accourus en grand nombre; *questa partita la giochiamo in quattro* cette partie, nous la jouons à quatre **9** (*causa*) par: *si tormenta ancora oggi nel rimorso* aujourd'hui encore il est tourmenté par le remords # *gioisce ancora nel ricordo di quei giorni* le souvenir de ces jours-là lui donne encore de la joie **10** (*materia*) (*uso poco corretto, ma frequente*) en, de: *una statua in bronzo* une statue en, de bronze; *delle posate in argento* des couverts en, d'argent → **di** # *scolpire in marmo* graver dans, sur le marbre **II** (*stabilisce varie relazioni*) **1** (*esprime una situazione, una condizione*) en, dans: *vivere in pace, in solitudine* vivre en paix, dans la solitude; *essere in pericolo* être en danger; *il suo viaggio è in forse* son voyage est dans l'incertitude; *è un'anima in pena* c'est une âme en peine ◇ (*riferito al modo di vestirsi*) en: *era* (*vestito*) *in blu* il était (habillé) en, de bleu; *lavora in manica di camicia* il travaille en bras de chemise # *un bimbo in fasce* un enfant au maillot, dans les langes ◇ (*cuc.*) *lepre in salmì* civet de lièvre; *pesce in bianco* poisson poché, au court-bouillon **2** (*in correlazione con 'di'*) en: *di giorno in giorno* de jour en jour; *andare di porta in porta* aller de porte en porte; *andiamo di bene in meglio* ça va de mieux en mieux; *passare di mano in mano* passer de main en main # *di volta in volta* d'une fois à l'autre **3** (*esprime 'divisione, ripartizione'*) en: *piegare in due, in quattro* plier en deux, en quatre; *tagliare in due parti* couper en deux morceaux; *dividere una opera in capitoli* diviser une œuvre en chapitres **4** (*mat.*) 'f' *di* 'x' *in* 'dx' 'f' de 'x' en 'dx' **III** (*concorre a formare diverse loc.*) **1** (*loc. fig.*) *in fede mia* sur ma foi ~ *in verità* en vérité ~ *in nome di Dio* au nom de Dieu **2** (*loc. avv.*) *in qua* → **qua**; *in là* → **là**; *in su* → 2 **su**; *in giù* → **giù**, *ecc.* **3** (*loc. prep.*) *in fondo a* → 1 **fondo (in)**; *in seguito a* → **seguito (in)**, *ecc.*

inabbordàbile |inabbor'dabile| *agg.* [*che non si lascia avvicinare facilmente*] inaccessible: *quella ragazza è inabbordabile* cette jeune fille est inaccessible; *conosco personalità inabbordabili* je connais des personnalités inaccessibles.

inàbile |i'nabile| *agg.* **1** [*che non ha le capacità, i requisiti richiesti da un determinato compito*] inapte: *inabile al lavoro* inapte au travail ◇ (*mil.*) *dichiarare qc. inabile al servizio militare* déclarer qqn. inapte au service militaire **2** (*raro*) → **maldestro** **C** 1 **abile.**

inabilità |inabili'ta| *s.f. inv.* [*mancanza di attitudine o capacità a fare q.c.*] inaptitude (*var.*): *inabilità temporanea, permanente* inaptitude temporaire, permanente; *riconoscere l'inabilità di qc. al lavoro* reconnaître l'inaptitude de qqn. au travail.

inabilitàre |inabili'tare| *v.tr.* **1** [*rendere inabile*] rendre (53) inapte: *la sua indecisione lo inabilita a un lavoro direttivo* son indécision le rend inapte à un travail de direction **2** (*dir.*) [*porre dei limiti alla possibilità di agire di qc.*] inhabiliter.

inabilitàto |inabili'tato| **1** *agg.* rendu inapte: *persona inabilitata al lavoro* personne rendue inapte au travail **2** *s.* (*dir.*) inhabilité.

inabilitazióne |inabilitat'tsjone| *s.f.* ◇ [*condizione di chi è inabilitato*] inaptitude ◇ (*dir.*) incapacité.

inabissaménto |inabissa'mento| *s.m.* [→ INABISSARE] engloutissement (*raro*): *l'inabissamento di una nave* l'engloutissement d'un navire # *procedere all'inabissamento del corpo del reato* faire disparaître le corps du délit en le jetant à l'eau.

inabissàre |inabis'sare| **A** *v.tr.* [*far andare a fondo in un abisso, sommergere* (*anche fig.*)] faire (45) *intr.* sombrer: *inabissare un relitto* faire sombrer une épave; *le cattive compagnie l'hanno inabissato in una vita perversa* les mauvaises fréquentations l'ont fait sombrer dans la perversion # *il guasto ai motori inabissò la nave* la panne des moteurs fut la cause du naufrage (du navire) **B** *v.pron. intr.* INABISSARSI [*andare a fondo in un abisso* (*anche fig.*)] couler *intr.*, sombrer (*intr.*): *il battello si era inabissato* le bateau avait coulé, sombré ◇ (*fig.*) *si inabissa sempre più nel vizio* il sombre de plus en plus dans le vice.

inabitàbile |inabi'tabile| *agg.* inhabitable: *quelle zone ghiacciate sono inabitabili* ces régions glacées sont inhabitables; *vive in una città quasi inabitabile!* il vit dans une ville presque inhabitable!

inabitàto |inabi'tato| *agg.* (*lett.*) → **disabitato.**

inabrogàbile |inabro'gabile| *agg.* inabrogeable: *norma inabrogabile* norme inabrogeable.

inaccessìbile |inattʃes'sibile| *agg.* **1** inaccessible: *luogo, vetta inaccessibile* lieu, sommet inaccessible ◇ (*fig.*) *spesa inaccessibile* dépense au-dessus des moyens (de) **2** (*fig.*) [*difficile da avvicinare, da capire*] inaccessible: *personaggio inaccessibile* personnage inaccessible; *mistero inaccessibile* mystère inaccessible; *essere inaccessibile alle preghiere, alle lusinghe* [*insensibile*] être inaccessible aux prières, aux flatteries.

inaccessibilità |inattʃessibili'ta| *s.f. inv.* inaccessibilité (*var.*): *l'inaccessibilità di una montagna* l'inaccessibilité d'une montagne # *l'inaccessibilità di una verità* la difficulté d'atteindre une vérité; *l'inaccessibilità di una persona* le caractère inaccessible d'une personne.

inaccettàbile |inattʃet'tabile| *agg.* inacceptable: *offerta, contratto inaccettabile* offre, contrat inacceptable; *condizioni inaccettabili* conditions inacceptables; *modo di fare inaccettabile* façon d'agir inacceptable ◇ (*per est.*) [*incredibile, inverosimile*] invraisemblable: *mi ha dato una versione dei fatti inaccettabile* il m'a donné une version des faits invraisemblable.

inaccettabilità |inattʃettabili'ta| *s.f. inv.* (*dir.*) irrecevabilité *var.* ◇ (*fig.*) inadmissible (*agg.*): *l'inaccettabilità di una proposta* proposition inadmissible; *inaccettabilità di un comportamento* comportement inadmissible.

inacerbire |inatʃer'bire| (197) **A** *v.tr.* **1** [*far diventare più acerbo, più doloroso*] aigrir; exacerber: *inacerbire una salsa* aigrir une sauce, rendre un sauce piquante ‖ *inacerbire un dolore* exacerber une douleur **2** (*fig.*) [*esacerbare, inasprire*] exacerber: *inacerbire gli animi* exacerber les esprits; *inacerbire il conflitto* exacerber le conflit **B** *v.pron. intr.* INACERBIRSI [→ *tr.* 2] s'exacerber: *mi sono inacerbito l'animo ad ascoltare le sue recriminazioni* écouter ses récriminations m'a exacerbé # *la lite si era ormai inacerbita troppo per essere risolta* la querelle s'était désormais trop aigrie pour être résolue.

inacetire |inatʃe'tire| (197) **A** *v. intr.* (*aus. 'essere'*) [*diventare aceto, inasprirsi come l'aceto*] aigrir (*aus.* avoir): *il vino è inacetito* le vin a aigri; *la frutta è inacetita* les fruits ont aigri **B** *v.tr.* [*far diventare aceto o dare sapore d'aceto*] aigrir: *il caldo inacetisce il vino* la chaleur aigrit le vin.

inacidiménto |inatʃidi'mento| *s.m.* [→ INACIDIRE] aigrissement: *l'inacidimento del vino* l'aigrissement du vin; *provocare l'inacidimento di una sostanza* provoquer l'aigrissement d'une substance.

inacidire |inatʃi'dire| (197) **A** *v.tr.* **1** [*far diventare acido*] aigrir: *inacidire una sostanza* aigrir une substance ◇ (*fig.*) *quella disgrazia ha inacidito il suo carattere* ce malheur a aigri son caractère **2** (*raro, chim.*) [*acidificare*] acidifier **B** *v.intr.* (*aus. 'essere'*) [*diventare acido*] aigrir (*aus.* avoir): *in queste condizioni i pomodori inacidiscono subito* dans ces conditions les tomates aigrissent vite ◇ (*fig.*) *sua madre inacidisce col passare degli anni* sa mère aigrit avec l'âge **C** *v.pron. intr.* INACIDIRSI [→ *intr.*] s'aigrir, aigrir (*intr.*): *la conserva di pomodori s'è inacidita* la conserve de tomates s'est aigrie, a aigri; *il vino s'è inacidito* le vin a aigri, s'est piqué ◇ (*fig.*) *il suo carattere s'inacidisce sempre più* son caractère s'est aigri de plus en plus.

inacidito |inatʃi'dito| *agg.* [*che è alterato dall'acidità*] aigri: *frutta inacidita* fruit aigri # *latte inacidito* lait tourné ◇ (*fig.*) [*che è trincerato in un atteggiamento sarcastico, ostile*] *persona inacidita dalle disgrazie* personne aigrie par les malheurs.

inacquistàbile |inakkwis'tabile| *agg.* qu'on ne peut (pas) acquérir (*loc.*): *beni inacquistabili* des biens qu'on ne peut (pas) acquérir.

inacutire |inaku'tire| (197) **A** *v.tr.* [*far diventare più acuto* (*anche fig.*)] rendre (53) aigu: *inacutire il tono di voce* rendre (plus) aigu le ton de sa voix # *col suo comportamento inacutisce la sua gelosia* par son comportement, il attise sa jalousie **B** *v.pron. intr.* INACUTIRSI [*divenire più acuto* (*spec. fig.*)] s'exacerber: *la passione s'inacutì all'eccesso* la passion s'exacerba; *il dolore si era inacutito* la douleur s'était exacerbée # *il freddo si sta inacutendo* le froid devient de plus en plus vif.

inadattàbile |inadat'tabile| *agg.* **1** (*persone*) inadapté: *è una persona inadattabile* c'est une personne inadaptée; *è inadattabile a quell'ambiente* il est inadapté à ce milieu **2** (*cose*) inadapté: *vestito inadattabile alla sua taglia* robe inadaptée à sa taille; *è un ambiente inadattabile a uso teatrale* ce local est mal fait pour devenir un théâtre, pour être converti en théâtre.

inadattabilità |inadattabili'ta| *s.f. inv.* indaptation (*var.*): *inadattabilità di un edificio a uso scolastico* inadaptation d'un immeuble à un usage scolaire; *la sua inadattabilità alle situazioni difficili è esasperante* son inadaptation aux situations difficiles est exaspérante.

inadàtto |ina'datto| *agg.* → **disadatto.**

inadeguataménte |inadegwata'mente| *avv.* [→ INADEGUATO] de (d'une) manière inadéquate (*loc. inv.*): *vestirsi inadeguatamente alla situazione* s'habiller d'une manière inadéquate (à la situation); *case costruite inadeguatamente* maisons bâties de manière inadéquate # *si era impegnato inadeguatamente nel lavoro* il s'était engagé dans le travail d'une manière insuffisante.

inadeguatézza |inadegwa'tettsa| *s.f.* inadéquation (*raro*) # *l'inadeguatezza di un vestito* robe qui ne convient pas; *l'inadeguatezza di tuo fratello a questo tipo di lavoro è evidente* il est évident que ton frère n'est pas fait pour ce genre de travail.

inadeguàto |inade'gwato| *agg.* (*cose*) inadéquat, qui ne convient pas *loc.* # *stipendio inadeguato alle proprie necessità* traitement insuffisant à couvrir ses besoins ◇ (*persone*) *uomo inadeguato al suo lavoro* homme qui ne convient pas au travail qui lui est confié; *modella inadeguata a un vestito* mannequin qui ne convient pas à la présentation d'une robe.

inadempìbile |inadem'pibile| *agg.* [*che non si può adempiere*] irréalisable: *promessa, desiderio inadempibile* promesse, désir irréalisable.

inadempiènte |inadem'pjɛnte| *agg.* (*dir.*) défaillant: *debitore inadempiente* débiteur défaillant ♦ (*s.*) *un inadempiente* un défaillant.

inadempiènza |inadem'pjɛntsa| *s.f.* (*dir.*) défaillance: *l'inadempienza di un debitore* la défaillance d'un débiteur ◇ (*spec.*) *inadempienza contrattuale* non-exécution d'un contrat.

inadempiménto |inadempi'mento| *s.m.* [*mancata esecuzione*] inaccomplissement: *l'inadempimento di una promessa* inaccomplissement d'une promesse ◇ (*dir.*) non-exécution (*f.*): *inadempimento di un obbligo* non-exécution d'une obligation; *inadempimento delle clausole di un contratto* non-exécution des clauses d'un contrat; *sciogliere un contratto per inadempimento* annuler un contrat pour non-exécution.

inadórno |ina'dorno| *agg.* → **disadorno.**

inafferràbile |inaffer'rabile| *agg.* **1** [*che non è possibile afferrare, catturare*] insaisissable: *bandito inafferrabile* bandit insaisissable; *animale inafferrabile* animal insaisissable; *congegno velocissimo, inafferrabile* engin très rapide, insaisissable **2** [*che non si riesce ad afferrare con la mente, a capire bene*] insaisissable: *dimostrazione inafferrabile* démonstration insaisissable; *quella opera ha un significato inafferrabile* cette œuvre a une signification insaisissable.

inagìbile |ina'dʒibile| *agg.* [*che non si può utilizzare*] inutilisable: *campo di calcio inagibile* terrain de football inutilisable; *strada inagibile* chemin inutilisable Ⓒ **agibile.**

inalàre |ina'lare| *v.tr.* (*med., corr.*) [*introdurre un medicamento nelle vie respiratorie per inspirazione*] inhaler; *inalare ossigeno* inhaler de l'oxygène.

inalatóre |inala'tore| *s.m.* inhalateur*: *inalatore d'ossigeno* inhalateur d'oxygène ♦ (*agg.*) *apparecchio inalatore* appareil inhalateur.

inalatòrio, i |inala'tɔrjo, i| (*med., corr.*) **1** *agg.* inhalateur*: *apparecchio inalatorio* appareil inhalateur **2** *s.m.* inhalatorium.

inalazióne |inalat'tsjone| *s.f.* (*med., corr.*) inhalation.

inalberàre |inalbe'rare| **A** *v.tr.* [*innalzare una bandiera, un'insegna sull'albero di una nave o sim.*] arborer: *inalberare la bandiera tricolore* arborer le drapeau tricolore; *inalberare il proprio vessillo* arborer sa bannière ◇ (*fig.*) *inalberare l'insegna della sommossa* brandir l'étendard de la révolte **B** *v.pron. intr.* INALBERARSI **1** (*fig.*) [*diventare improvvisamente adirato, nervoso*] se fâcher: *non posso nemmeno accennare a quella cosa che subito s'inalbera* je ne peux même pas aborder ce sujet car il se fâche tout de suite **2** [*impennarsi*] se cabrer: *quel cavallo s'inalbera facilmente* ce cheval se cabre facilement.

in albis |i'nalbis| *loc. agg. inv.* (*lat.*) (*eccl.*) *la domenica in albis* la quasimodo *s.f.*, le dimanche *s.m.* de quasimodo; *settimana in albis* semaine de Pâques.

inalienàbile |inalje'nabile| *agg.* (*dir., corr.*) inaliénable: *bene, proprietà inalienabile* droit, propriété inaliénable; *la libertà è un bene inalienabile* la liberté est un bien inaliénable.

inalienabilità |inaljenabili'ta| *s.f. inv.* (*dir.*) inaliénabilité *var.* (*raro*).

inalteràbile |inalte'rabile| *agg.* inaltérable: *tessuto, colore inalterabile* tissu, couleur inaltérable; *amore inalterabile* amour inaltérable ◇ (*persone*) [*sempre controllato, calmo*] imperturbable: *è un tipo inalterabile* c'est un type imperturbable ◇ (*mus.*) *nota inalterabile* note inaltérable.

inalterabilità |inalterabili'ta| *s.f. inv.* inaltérabilité *var.* (*raro*): *l'inalterabilità del cielo, del tempo* l'inaltérabilité du ciel, du temps; *l'inalterabilità del suo carattere* l'inaltérabilité de son caractère.

inalterabilménte |inalterabil'mente| *avv.* [→ INALTERABILE] immuablement.

inalteràto |inalte'rato| *agg.* inaltéré; inchangé: *amicizia inalterata nel tempo* amitié inaltérée par le temps ‖ *la situazione è rimasta inalterata* la situation est restée inchangée.

inalveàre |inalve'are| *v.tr.* [*immettere un fiume in un alveo*] canaliser: *inalveare un fiume* canaliser un fleuve.

inalveazióne |inalveat'tsjone| *s.f.* [→ INALVEARE] canalisation.

inalzàre |inal'tsare| *v.tr. e pron.* → **innalzare.**

inamèno |ina'mɛno| *agg.* [*che non è ospitale, piacevole*] morne: *paese inameno* village morne; *luoghi inameni* lieux mornes.

inamidàre |inami'dare| *v.tr.* **1** [*bagnare un tessuto in una salsa d'amido per renderlo sostenuto, rigido*] amidonner, empeser (6): *inamidare il colletto della camicia* amidonner, empeser le col de la chemise **2** (*chim.*) [*imbevere con soluzione bollita di amido la carta da filtro da usare come indicatore per lo iodio*] amidonner, empeser.

inamidàto |inami'dato| *agg.* [*bagnato con una soluzione di amido*] amidonné, empesé: *colletto inamidato* col amidonné, empesé; *biancheria inamidata* linge amidonné ◇ (*fig.*) *prosa inamidata* prose guindée ~ *quando cammina pare inamidato!* quand il marche, il semble avoir avalé son parapluie!

inamidatùra |inamida'tura| *s.f.* [→ INAMIDARE 1] amidonnage *m.*, empesage (*m.*): *un'inamidatura perfetta della camicia* un amidonnage, un empesage parfait de la chemise; *procedere all'inamidatura dei tessuti* procéder à l'amidonnage, à l'empesage des tissus.

inammissìbile |inammis'sibile| *agg.* inadmissible: *ha un atteggiamento inammissibile* il a une attitude inadmissible; *è inammissibile!* c'est inadmissible!; *è inammissibile che tu ti comporti così* ton comportement est inadmissible ◇ (*dir.*) *prova inammissibile* preuve irrecevable Ⓒ **ammissibile.**

inammissibilità |inammissibili'ta| *s.f. inv.* inadmissibilité (*var.*): *l'inammissibilità di un comportamento* l'inadmissibilité d'une attitude.

inamovìbile |inamo'vibile| *agg.* (*dir., corr.*) inamovible: *funzionario inamovibile* fonctionnaire inamovible.

inamovibilità |inamovibili'ta| *s.f. inv.* (*dir., corr.*) inamovibilité *var.*

inàne |i'nane| *agg.* (*lett.*) [*che è inutile, inconsistente*] vain (*corr.*).

inanellaménto |inanella'mento| *s.m.* [→ INANELLARE A 2] baguage: *l'inanellamento dei piccioni viaggiatori* le baguage des pigeons voyageurs.

inanellàre |inanel'lare| **A** *v.tr.* **1** [*arricciare a forma di spirale, di anello*] boucler: *inanellare i capelli* boucler les cheveux **2** [*mettere un anello di alluminio alla zampa degli uccelli migratori*] baguer **B** *v.pron. intr.* INANELLARSI (*raro*) [*avvolgersi ad anello*] s'enrouler.

inanellàto |inanel'lato| *agg.* [*ornato di anelli*] bagué: *mano inanellata* main baguée # *capelli inanellati* cheveux bouclés.

inanimàto |inani'mato| *agg.* inanimé: *la materia inanimata* la matière inanimée ◇ [*privo di sensi*] *era caduto a terra inanimato* il était tombé (à terre) inanimé.

inanità |inani'ta| *s.f. inv.* (*lett.*) inanité *var.* (*corr.*).

inanizióne |inanit'tsjone| *s.f.* (*med.*) inanition.

inanònimo |ina'nɔnimo| **1** *agg.* non anonyme: *risposta inanonima* réponse non anonyme **2** *s.m. spec. al plur.* non anonyme # *rispondesi solo inanonimi* anonymes s'abstenir.

inappagàbile |inappa'gabile| *agg.* [*che è difficile o impossibile soddisfare*] inassouvissable (*raro*): *desiderio, aspirazione inappagabile* désir, aspiration inassouvissable.

inappagàto |inappa'gato| *agg.* [*insoddisfatto, deluso*] inassouvi: *desiderio inappagato di giustizia* désir inassouvi de justice; *egli rimase inappagato* il resta inassouvi.

inappellàbile |inappel'labile| *agg.* (*dir.*) sans appel (*loc. inv.*): *giudizio inappellabile* jugement sans appel ◇ (*corr.*) *scelta inappellabile* choix sans appel.

inappellabilità |inappellabili'ta| *s.f. inv.* (*dir.*) impossibilité *var.* d'appel.

inappellabilménte |inappellabil'mente| *avv.* [→ INAPPELLABILE] sans appel *loc. inv.*

inappetènza |inappe'tɛntsa| *s.f.* (*med.*) inappétence: *soffre di inappetenza* il souffre d'inappétence.

inapplicàbile |inappli'kabile| *agg.* inapplicable: *regola inapplicabile* règle inapplicable; *ha fatto una scelta inapplicabile* il a fait un choix inapplicable.

inapplicabilità |inapplikabili'ta| *s.f. inv.* caractère *m. var.* inapplicable, inapplicabilité *var.* (*raro*): *l'inapplicabilità di un progetto* le caractère inapplicable d'un projet.

inapprezzàbile |inappret'tsabile| *agg.* **1** [*di grande valore*] inappréciable, inestimable: *regalo inapprezzabile* cadeau inappréciable, inestimable # *persona inapprezzabile* personne qui mérite beaucoup d'estime **2** [*che ha scarso valore o nullo*] insignifiant: *guasto inapprezzabile* dommage insignifiant.

inapprovàto |inappro'vato| *agg.* non approuvé.

inappuntàbile |inappun'tabile| *agg.* **1** (*persone*) [*che è così regolare, preciso da escludere ogni rimprovero, ogni osservazione*] irréprochable: *funzionario inappuntabile* fonctionnaire irréprochable **2** (*cose*) [*che non ha difetti, a tal punto da non consentire critiche*] impeccable: *comportamento, deduzione inappuntabile* attitude, déduction impeccable; *abito inappuntabile* habit impeccable.

inarcaménto |inarka'mento| *s.m.*

1 [→ INARCARE] cambrement, cambrage: *l'inarcamento del legno è ben riuscito* le cambrement, le cambrage du bois a bien réussi # *ho notato un inarcamento di sopracciglia sospetto* j'ai remarqué un froncement de sourcils suspect 2 (*mar.*) bouge.

inarcàre |inar'kare| **A** *v.tr.* [*curvare a forma di arco*] courber: *inarcare la schiena sotto un peso eccessivo* courber le dos sous un poids excessif # *inarcò le sopracciglia* il fronça les sourcils; *inarcare le reni* cambrer les reins. **B** *v.pron. intr.* INARCARSI [*diventare curvo come un arco*] se cambrer, se courber: *le assi di legno si sono inarcate troppo* les poutres de bois se sont trop cambrées, courbées.

inargentàre |inardʒen'tare| **A** *v.tr.* [*rivestire con uno strato di argento*] argenter: *inargentare un vassoio* argenter un plat ◇ (*fig.*) *la luna inargenta il fiume con la sua luce* la lune argente le fleuve de sa lumière **B** *v.pron. intr.* INARGENTARSI [*assumere riflessi d'argento*] s'argenter: *il lago s'inargenta sotto la luna* le lac s'argente sous la lune; *con la vecchiaia i capelli s'inargentano* avec l'âge les cheveux s'argentent.

inargentàto |inardʒen'tato| *agg.* [*rivestito d'argento*] argenté: *vassoio inargentato* plat argenté: *chioma inargentata* chevelure argentée.

inaridìre |inari'dire| (197) **A** *v.tr.* 1 [*rendere arido, sterile*] dessécher (8): *la mancanza di pioggia ha inaridito il terreno* le manque de pluie a desséché le terrain 2 (*fig.*) [*rendere privo di ogni capacità affettiva o creativa*] tarir; dessécher: *quel tenore di vita gli ha inaridito l'ingegno* ce train de vie a tari son esprit ‖ *quella tragica esperienza gli ha inaridito il cuore* cette tragique expérience a desséché son cœur **B** *v.intr.* (*aus. 'essere'*) [*diventare arido (anche fig.)*] tarir (*aus.* avoir), dessécher: *il fiume è inaridito* le fleuve a tari ‖ *il suo cuore è inaridito da allora* depuis lors, son cœur est desséché **C** *v.pron. intr.* INARIDIRSI [→ *intr.*] se tarir: *il pozzo si è inaridito* le puits s'est tari; *dopo quell'episodio la sua creatività s'è inaridita* après cet épisode, sa capacité créatrice s'est tarie.

inaridìto |inari'dito| *agg.* [*che è secco, sterile (anche fig.)*] desséché; tari: *terreno inaridito* terrain desséché; *fiore inaridito* fleur desséchée; *cuore, ingegno inaridito* cœur, esprit desséché ‖ *corso d'acqua inaridito* cours d'eau tari.

inarmonicaménte |inarmonika'mente| *avv.* (*raro*) [→ INARMONICO] inharmonieusement.

inarmònico, ci, ca, che |inar'mɔniko, tʃi, ka, ke| *agg.* (*lett.*) [*che manca d'armonia*] inharmonieux*.

inarrestàbile |inarres'tabile| *agg.* qu'on ne peut arrêter *loc.*; irrépressible: *il congegno era ormai inarrestabile* désormais on ne pouvait plus arrêter le mécanisme ‖ *volontà inarrestabile* volonté irrépressible.

inarrivàbile |inarri'vabile| *agg.* 1 [*che non può essere raggiunto*] inaccessible: *mèta inarrivabile* destination inaccessible 2 (*fig.*) [*che non può essere uguagliato né imitato*] incomparable: *un attore inarrivabile* un acteur incomparable; *talento inarrivabile* talent incomparable.

inarrivabilménte |inarrivabil'mente| *avv.* 1 [→ INARRIVABILE 1] d'une manière inaccessible *loc.* # *correva inarrivabilmente* il courait si bien qu'il était irrattrapable 2 [→ INARRIVABILE 2] incomparablement: *ballava inarrivabilmente* elle dansait incomparablement.

inarticolàto |inartiko'lato| *agg.* inarticulé: *linguaggio inarticolato* langage inarticulé; *emettere suoni inarticolati* émettre des sons inarticulés.

inascoltàto |inaskol'tato| *agg.* non écouté, inécouté: *consiglio inascoltato* conseil non écouté # *richiesta rimasta inascoltata* requête demeurée sans réponse.

inasinìre |inasi'nire| (197) **A** *v.tr.* (*raro*) [*far diventare asino*] abêtir (*corr.*) **B** *v.intr.* (*aus. 'essere'*) [→ *tr.*] s'abêtir (*pron.*): *in quell'ambiente il ragazzo inasinisce sempre più* dans ce milieu cet enfant s'abêtit toujours davantage.

inaspettataménte |inaspettata'mente| *avv.* [→ INASPETTATO] inopinément, à l'improviste (*loc. inv.*): *giunse inaspettatamente* il arriva inopinément, à l'improviste; *si mise a urlare inaspettatamente* il se mit à hurler inopinément.

inaspettàto |inaspet'tato| *agg.* [*che non era aspettato; imprevisto*] inattendu: *ospite inaspettato* hôte inattendu; *vincita inaspettata* victoire inattendue; *guadagno inaspettato* profit inattendu Ⓒ **atteso.**

inaspriménto |inaspri'mento| *s.m.* [→ INASPRIRE] aggravation (*f.*): *inasprimento del freddo* aggravation du froid; *inasprimento della pena* aggravation de peine # *inasprimento del dolore, della gelosia* exacerbation de la douleur, de la jalousie; *inasprimento del carattere* aigrissement du caractère; *inasprimento della guerra* intensification de la guerre ◇ (*per est.*) *inasprimento delle tasse* [*aumento*] aggravation, augmentation *f.* des impôts.

inasprìre |inas'prire| (197) **A** *v.tr.* [*spingere oltre il limite della tollerabilità ciò che è già aspro, crudele o doloroso*] exacerber: *inasprire un conflitto, un contrasto* exacerber un conflit, un contraste; *inasprire il dolore, l'ira* exacerber la douleur, la colère # *inasprire la pena* aggraver la peine ◇ [*esasperare, esacerbare*] aigrir: *tutte quelle disgrazie hanno inasprito il suo animo* tous ces malheurs ont aigri son cœur ◇ [*irritare*] exaspérer (8): *con quegli scherzi fastidiosi lo inaspriscono* ils l'exaspèrent avec toutes ces plaisanteries ennuyeuses ◇ (*per est.*) *inasprire le tasse* [*aumentarle*] augmenter les impôts **B** *v.pron. intr.* INASPRIRSI [*diventare più aspro, (anche fig.)*] s'aigrir: *la salsa si è inasprita* la sauce s'est aigrie, a tourné; *dopo la disgrazia il suo carattere s'è inasprito* après ce malheur, son caractère s'est aigri ◇ (*per anal.*) *il clima si è inasprito* le climat s'est refroidi.

inastàre |inas'tare| *v.tr.* [*inserire q.c. all'estremità di un'asta*] fixer: *inastare la bandiera* fixer, *hisser sur la hampe # *inastare una baionetta* mettre baïonnette au canon.

inattaccàbile |inattak'kabile| *agg.* 1 inattaquable: *fortezza inattaccabile* forteresse inattaquable; *metallo inattaccabile dagli acidi* métal inattaquable par les acides; *stoffa inattaccabile dalle tarme* tissu résistant aux mites 2 [*che non può essere sminuito, attaccato*] inattaquable: *reputazione inattaccabile* réputation inattaquable; *prova inattaccabile* preuve inattaquable; *persona inattaccabile* personne inattaquable.

inattaccabilità |inattakkabili'ta| *s.f. inv.* impossibilité *var.* d'être attaqué; impossibilité d'attaquer (qqch.); position *var.* inattaquable.

inattendìbile |inatten'dibile| *agg.* qui n'est pas digne de foi (*loc.*): *fonte inattendibile* source qui n'est pas digne de foi; *diceria inattendibile* commérage qui n'est pas digne de foi.

inattendibilità |inattendibili'ta| *s.f. inv.* manque *m. var.* de fondement: *inattendibilità di una fonte d'informazione* manque de fondement d'une source d'information; *inattendibilità di una prova* manque de fondement d'une preuve.

inattéso |inat'teso| *agg.* [*inaspettato, imprevisto*] inattendu: *ospite inatteso* hôte inattendu; *contrattempo inatteso* contretemps inattendu; *situazione inattesa* situation inattendue.

inattìnico, ci, ca, che |inat'tiniko, tʃi, ka, ke| *agg.* (*chim., fis.*) inactinique.

inattitùdine |inatti'tudine| *s.f.* inaptitude: *inattitudine al lavoro intellettuale* inaptitude au travail intellectuel; *inattitudine al commercio* inaptitude au commerce.

inattività |inattivi'ta| *s.f. inv.* inactivité (*var.*): *l'esaurimento nervoso lo costrinse a un lungo periodo di inattività* la dépression nerveuse lui imposa une longue période d'inactivité; *ritorna sulle scene dopo un anno di inattività* il revient sur la scène après un an d'inactivité, d'absence ◇ (*geol.*) *stato di inattività di un vulcano* état d'inactivité d'un volcan.

inattìvo |inat'tivo| *agg.* 1 inactif*: *è una persona tendenzialmente inattiva* c'est une personne inactive par nature; *se ne stava inattivo a guardare* il restait inactif à regarder # *vulcano inattivo* volcan éteint ◇ (*med.*) *siero inattivo* sérum inactif 2 (*chim.*) inactif.

inattuàbile |inattu'abile| *agg.* [*che non può essere messo in atto, in esecuzione*] inexécutable: *progetto, viaggio inattuabile* projet, voyage inexécutable → **irrealizzabile.**

inattuabilità |inattuabili'ta| *s.f. inv.* impossibilité *var.* d'exécution: *inattuabilità di un viaggio* impossibilité d'exécution d'un voyage; *inattuabilità di una proposta* impossibilité d'exécution d'une proposition.

inattuàle |inattu'ale| *agg.* inactuel*: *problematica inattuale* problématique inactuelle; *scelta inattuale* choix inactuel.

inattualità |inattuali'ta| *s.f. inv.* inactualité *var.*

inaudìto |inau'dito| *agg.* inouï: *bontà inaudita* bonté inouïe; *era giunto a una velocità inaudita, quando...* il avait atteint une vitesse inouïe, quand...; *è inaudito!* c'est inouï!

inauguràle |inaugu'rale| *agg.* inaugural*: *festa inaugurale* fête inaugurale; *discorso inaugurale* discours inaugural.

inauguràre |inaugu'rare| *v.tr.* 1 [*consacrare o aprire al pubblico solennemente (un monumento)*] inaugurer: *inaugurare una scuola, una strada nuova, un teatro* inaugurer une école, une nouvelle route, un théâtre # *inaugurare una chiesa* consacrer une église ◇ (*fig., scherz.*) [*usare per la prima volta*] étrenner: *inaugurare un abito* étrenner un habit; *inaugurare un'automobile* étrenner une voiture **2** (*fig.*) [*cominciare q.c.*] commencer (2): *inaugurare un periodo di riposo* commencer une période de repos # *inaugurare un nuovo modo di dipingere* innover une manière de peindre.

inauguratóre, trice |inaugura'tore, tritʃe| *s. e agg.* (*raro*) inaugurateur* *s.*

inaugurazióne |inaugurat'tsjone| *s.f.* **1** [→ INAUGURARE 1] inauguration: *l'inaugurazione di un edificio pubblico* l'inauguration d'un nouvel édifice public; *ero presente all'inaugurazione del teatro* j'étais présent à l'inauguration du théâtre # *l'inaugurazione di una mostra* (*di pittura*) le vernissage d'une exposition **2** [→ INAUGURARE 2] inauguration: *l'inaugurazione di una politica nuova* l'inauguration d'une nouvelle politique.

inauspicàto |inauspi'kato| *agg.* (*lett.*) [*avviato a un brutto fine*] non souhaité (*corr.*).

inavvedutaménte |inavveduta'mente| *avv.* [*sbadatamente, senza accortezza*] par mégarde *loc. inv.*, par inadvertance (*loc. inv.*): *l'ho fatto inavvedutamente* je l'ai fait par mégarde, par inadvertance; *fece inavvedutamente cadere il bicchiere* par mégarde, il fit tomber le verre.

inavvedutézza |inavvedu'tettsa| *s.f.* [*mancanza di accortezza nei gesti o nelle decisioni*] maladresse: *la sua inavvedutezza è sconcertante* sa maladresse est déconcertante ◇ [*gesto malaccorto*] *le sue inavvedutezze non si contano!* ses maladresses sont incalculables!

inavvedùto |inavve'duto| *agg.* [*che non ha accortezza nei gesti o nelle decisioni*] maladroit: *gesto inavveduto* geste maladroit; *guidatore, compratore inavveduto* conducteur, acheteur maladroit.

inavvertènza |inavver'tɛntsa| *s.f.* [*mancanza di attenzione*] inattention: *mi ha fatto cadere per la sua abituale inavvertenza* il m'a fait tomber avec son habituelle inattention ◇ (*loc.*) *per inavvertenza* par inadvertance ◇ [*gesto sbadato*] maladresse: *le sue inavvertenze non si contano*! ses maladresses sont incalculables!

inavvertitaménte |inavvertita'mente| *avv.* [*senza intenzione, per disattenzione*] par inadvertance (*loc. inv.*): *ho rotto inavvertitamente il vaso* j'ai cassé le vase par inadvertance; *gli ho fatto male inavvertitamente* je lui ai fait mal par inadvertance.

inavvertito |inavver'tito| *agg.* [*che non è stato notato, considerato; involontario*] inaperçu: *gesto inavvertito* geste inaperçu; *passare inavvertito* passer inaperçu.

inavvicinàbile |inavvitʃi'nabile| *agg.* (*di persona con cui non è possibile prendere contatto*) inabordable: *ha un superiore inavvicinabile* il a un supérieur inabordable ◇ [*che non è alla portata di tutti; costoso*] inabordable: *ormai il prosciutto è un genere inavvicinabile* désormais le jambon est un aliment inabordable.

inazióne |inat'tsjone| *s.f.* inaction: *inazione forzata* inaction forcée; *la malattia lo costrinse a una noiosa inazione* la maladie le condamna à une ennuyeuse inaction.

inazzurràre |inaddzur'rare| **A** *v.tr.* [*rendere azzurro*] azurer: *inazzurrare un tessuto, un soffitto* azurer un tissu, un plafond **B** *v.pron. intr.* INAZZURRARSI [→ *tr.*] s'azurer: *il paesaggio s'inazzurrava sul far della sera* le paysage s'azurait quand tombait le soir.

incagliaménto |inkaʎʎa'mento| *s.m.* [→ INCAGLIARE A] arrêt: *incagliamento delle trattative* arrêt des négociations ◇ (*mar.*) *incagliamento di un battello sulla costa* échouage, échouement d'un bateau sur la côte.

incagliàre |inkaʎ'ʎare| **A** *v.tr.* [*rendere difficile, ostacolare*] entraver: *incagliare le iniziative* entraver les initiatives; *incagliare il traffico* entraver le trafic **B** *v.intr.* (*aus. 'essere'*) [*perdere la possibilità di muoversi*] échouer (*aus.* avoir, être), s'échouer (*pron.*): *la nave incagliò nella secca* le bateau s'est échoué sur un bas-fond **C** *v. pron. intr.* INCAGLIARSI [→ *intr.*] échouer (*intr.*): *il battello si era incagliato* le bateau avait échoué ◇ (*fig.*) *i negoziati si sono incagliati* les négociations sont arrivées à un point mort.

incàglio, i |in'kaʎʎo, i| *s.m.* **1** [→ INCAGLIARE C] échouement, échouage: *l'incaglio delle trattative, dei negoziati* l'échouement des pourparlers, des négociations # *la nave evitò miracolosamente l'incaglio* le navire évita par miracle de s'échouer **2** [*complicazione, intoppo*] obstacle: *nella scuola c'è l'incaglio delle strutture troppo vecchie* dans l'enseignement les structures vieillies constituent un obstacle ◇ (*loc.*) *senza incagli* sans accrocs.

incàico, ci, ca, che |in'kaiko, tʃi, ka, ke| *agg.* inca (*inv.*): *civiltà incaica* civilisation inca; *impero incaico* empire inca.

incalcinàre |inkaltʃi'nare| **A** *v.tr.* [*rivestire q.c. con la calcina*] crépir: *incalcinare una superficie murale* crépir un mur ◇ (*per est.*) *incalcinare i tronchi degli alberi* [*pennellarli con latte di calce per protezione contro parassiti*] chauler les troncs des arbres **B** *v.pron. intr.* INCALCINARSI [*spruzzarsi, sporcarsi con la calcina*] s'éclabousser de chaux: *s'è incalcinato da capo a piedi* il s'est éclaboussé de chaux de la tête aux pieds.

incalcolàbile |inkalko'labile| *agg.* incalculable: *spesa, distanza incalcolabile* dépense, distance incalculable ◇ (*per est.*) [*inestimabile, enorme*] *danni incalcolabili* dégâts incalculables; *valore incalcolabile* valeur incalculable; *conseguenze incalcolabili* conséquences incalculables.

incalliménto |inkalli'mento| *s.m.* [→ INCALLIRE A 2] endurcissement; callosité (*f.*): *incallimento del cuore* endurcissement du cœur; *incallimento nel vizio, nel peccato* endurcissement au vice, au péché || *incallimento delle mani* callosité des mains.

incallire |inkal'lire| (197) **A** *v.tr.* **1** [*rendere calloso*] rendre (53) calleux*: *quel lavoro incallisce le mani* ce travail rend les mains calleuses **2** (*fig.*) [*rendere insensibile, duro*] endurcir: *i vizi gli hanno incallito la coscienza* les vices ont endurci sa conscience **B** *v.intr.* (*aus.* '*essere*') [*diventare calloso, fare il callo* (*anche fig.*)] devenir (27) calleux*: *le sue mani sono incallite in breve tempo* ses mains sont devenues rapidement calleuses **C** *v.pron. intr.* INCALLIRSI [→ *intr.*] devenir *intr.* calleux: *mi si sono incallite le mani* mes mains sont devenues calleuses ◇ (*fig.*) *incallirsi nel vizio del fumo* s'enfoncer dans le vice de fumer.

incallito |inkal'lito| *agg.* [*che è indurito e deformato* (*anche fig.*)] endurci; calleux*: *cuore incallito* cœur endurci || *mani incallite* mains calleuses ◇ (*fig.*) [*accanito, impenitente*] endurci: *bevitore, fumatore incallito* buveur, fumeur endurci; *peccatore incallito* pécheur endurci.

incaloriménto |inkalori'mento| *s.m.* (*med.*) échauffement.

incalorire |inkalo'rire| (197) **A** *v.tr.* **1** (*raro*) [*produrre effetti infiammatori*] échauffer **2** (*fig.*) [*rendere vivace, accalorato*] échauffer: *questa trovata è servita a incalorire la serata* cette trouvaille a servi à échauffer la soirée; *non incalorire di più la discussione!* n'échauffe pas davantage la discussion! **B** *v. pron. intr.* INCALORIRSI [→ *tr.* 2] s'échauffer: *in quella discussione si erano incaloriti anche troppo* dans cette discussion ils s'étaient même trop échauffés.

incalzànte |inkal'tsante| *agg.* [*che insegue senza sosta; che preme da vicino* (*anche fig.*)] pressant: *pericolo, necessità incalzante* danger pressant, nécessité pressante; *ritmo incalzante della vita moderna* rythme pressant de la vie moderne # *ritmo incalzante di una musica* rythme soutenu d'une musique; *tener d'occhio il nemico incalzante* tenir à l'œil l'ennemi menaçant.

1 **incalzàre** |inkal'tsare| **A** *v.tr.* **1** [*inseguire senza dare sosta e da vicino*] *harceler (4): *la seconda squadra incalzava la prima* la deuxième équipe harcelait la première ♦ (*ass.*) *il nemico incalza* l'ennemi nous harcèle **2** (*fig.*) [*sollecitare, farsi urgente*] presser: *la situazione particolare ci incalza* cette situation particulière nous presse ♦ (*ass.*) *il tempo incalza* le temps presse # *il pericolo incalza* le danger menace **3** (*mus.*) → **accelerare** **B** *v.pron. rifl.* INCALZARSI [*succedersi rapidamente l'un l'altro*] se succéder (8): *gli avvenimenti si incalzano* les événements se succèdent # *i primi due cavalli si incalzano tenacemente* les deux premiers chevaux se suivent de près.

2 **incalzàre** |inkal'tsare| *s.m.* [*il susseguirsi rapidamente*] suite *f.*; fuite (*f.*): *l'incalzare degli avvenimenti, delle notizie* la suite des événements, des nouvelles || *l'incalzare del tempo* la fuite du temps.

incameràbile |inkame'rabile| *agg.* [→ INCAMERARE] confiscable: *beni, proprietà incamerabili* biens, propriétés confiscables.

incameraménto |inkamera'mento| *s.m.* [→ INCAMERARE] confiscation (*f.*): *incameramento da parte dello Stato* confiscation au profit de l'État # *i figli procedettero all'incameramento del patrimonio paterno* les enfants procédèrent au partage de l'héritage paternel.

incameràre |inkame'rare| *v.tr.* [*far passare q.c. nel proprio patrimonio* (*detto spec. dello Stato*)] s'approprier *pron.*; confisquer: *la vedova incamerò tutti i beni del marito* la veuve s'appropria tous les biens du mari ‖ *lo Stato aveva incamerato le sue proprietà* l'État avait confisqué toutes ses propriétés.

incamiciàre |inkami'tʃare| *v.tr.* **1** (*tecnol.*) [*ricoprire con una camicia*] chemiser: *incamiciare un cilindro del motore* chemiser un cylindre du moteur **2** [*ricoprire q.c., come con una camicia, con un determinato materiale*] enduire (75): *incamiciare le pareti di calce* enduire les murs de chaux ◇ (*mar.*) *incamiciare le vele* [*mettere la fodera*] faire (45) la chemise des voiles.

incamiciatùra |inkamitʃa'tura| *s.f.* **1** [→ INCAMICIARE 1] chemisage (*m.*): *l'incamiciatura di una caldaia* le chemisage d'une chaudière **2** [→ INCAMICIARE 2] enduit (*m.*): *la parete ha un'incamiciatura di calce* le mur a un enduit de chaux **3** (*mil.*) chemisage.

incamminàre |inkammi'nare| **A** *v.tr.* **1** [*mettere q.c. in movimento, avviare*] lancer (2): *incamminare bene un'impresa* bien lancer une entreprise **2** (*fig.*) [*indirizzare, istradare*] mettre (71), diriger: *incamminare i figli sulla buona strada* mettre les enfants sur le bon chemin; *incamminare un amico in un lavoro* diriger, orienter un ami dans un travail **B** *v.pron. intr.* INCAMMINARSI **1** [→ *tr.* 1] s'acheminer (vers): *mi incamminai sulla strada maestra* je m'acheminai vers la grand-route **2** (*fig.*) [→ *tr.* 2] s'orienter vers: *si era incamminato in una professione redditizia* il s'était orienté vers une profession rentable.

incanagliàre |inkanaʎ'ʎare| *v. intr.* (*aus.* '*essere*') *e pron.* → **incanaglire.**

incanaglire |inkanaʎ'ʎire| (197) **A** *v.intr.* (*aus.* '*essere*') [*diventare canaglia*] s'encanailler (*pron.*): *stando in quell'ambiente è incanaglito* en restant dans ce milieu, il s'est encanaillé **B** *v. pron. intr.* INCANAGLIRSI [→ *intr.*] s'encanailler: *s'è proprio incanaglito* il s'est vraiment encanaillé.

incanalaménto |inkanala'mento| *s.m.* [→ INCANALARE A] canalisation (*f.*): *incanalamento delle acque, del traffico* canalisation des eaux, de la circulation; *incanalamento delle persone verso l'uscita* canalisation des personnes vers la sortie.

incanalàre |inkana'lare| **A** *v.tr.* **1** [*convogliare l'acqua in uno o più canali*] canaliser: *incanalare le acque dello stagno* canaliser les eaux de l'étang ◇ (*fig.*) *incanalare un affare* [*avviarlo*] entreprendre (73) une affaire **2** [*convogliare*] canaliser: *incanalare il traffico* canaliser la circulation; *incanalare la folla verso vie periferiche* canaliser, acheminer la foule vers des voies périphériques **B** *v.pron. intr.* INCANALARSI **1** [→ *tr.* 1] se canaliser, s'acheminer: *l'acqua si era incanalata verso la parte giusta* l'eau s'était acheminée vers le point voulu **2** [→ *tr.* 2] se diriger (3); se rassembler: *il traffico si incanalò verso la circonvallazione* la circulation se dirigea vers les boulevards extérieurs ‖ *la folla dei dimostranti si era incanalata lungo il viale* la foule des manifestants s'était rassemblée sur le boulevard.

incanalatùra |inkanala'tura| *s.f.* **1** [→ INCANALARE A] canalisation **2** [*canale*] rigole: *l'acqua scorreva lungo l'incanalatura* l'eau coulait dans la rigole.

incancellàbile |inkantʃel'labile| *agg.* [*che non si può cancellare*] ineffaçable: *ha fatto una macchia incancellabile* il a fait une tache ineffaçable ◇ (*fig.*) inoubliable: *dolore incancellabile* douleur inoubliable.

incancellabilménte |inkantʃellabil'mente| *avv.* [→ INCANCELLABILE] ineffaçablement.

incancrenire |inkankre'nire| (197) **A** *v.intr.* (*aus.* '*essere*') **1** (*med.*) [*ridursi in gangrena*] se gangrener (6) *pron.* **2** (*fig.*) [*essere sempre più radicato, irrimediabile*] corrompre (44) (*tr.*): *le cattive abitudini incancreniscono* les mauvaises habitudes corrompent l'homme **B** *v.pron. intr.* INCANCRENIRSI **1** (*med.*) [→ *intr.* 1] se gangrener **2** [→ *intr.* 2] s'envenimer: *questa brutta situazione s'è ormai incancrenita* cette méchante situation s'est envenimée.

incandescènte |inkandeʃ'ʃɛnte| *agg.* **1** incandescent: *lamiere incandescenti* tôles incandescentes **2** (*fig.*) [*scottante*] brûlant: *parole incandescenti* paroles brûlantes; *argomenti incandescenti* arguments brûlants.

incandescènza |inkandeʃ'ʃɛntsa| *s.f.* incandescence: *lampada a incandescenza* lampe à incandescence.

incannàggio, i |inkan'naddʒo, i| *s.m.* (*tecnol., tess.*) renvidage.

incannàre |inkan'nare| *v.tr.* **1** (*tecnol.*) [*svolgere del filo da una matassa per avvolgerlo su un rocchetto e sim.*] renvider **2** (*volg.*) [*ingannare*] avoir (28).

incannàta |inkan'nata| *s.f.* **1** (*tess.*) bobine **2** [*divisorio fatto di canne*] claie: *saltare l'incannata* sauter la claie.

incannatóio, i |inkanna'tojo, i| *s.m.* (*tess.*) renvideur.

incannatóre, trice |inkanna'tore, tritʃe| *s.* [*operaio che incanna il filato*] renvideur *m.*

incannatùra |inkanna'tura| *s.f.* (*tess.*) renvidage *m.*

incannellàre |inkannel'lare| *v.tr.* [*far entrare* (*nella cannella*)] faire (45) *intr.* entrer dans un tuyau: *incannellare il rubinetto* faire entrer, fixer un (le) robinet dans un (le) tuyau.

incannucciàre |inkannut'tʃare| *v.tr.* **1** [*legare cannucce su una piantina per sostenerla o farla crescere dritta*] ramer: *incannucciare le piante di pomodoro* ramer les plants de tomate, mettre des tuteurs aux tomates **2** [*fare delle coperture, dei divisori o delle recinzioni con cannucce*] élever (6) des *haies: *incannucciare l'orto* élever des haies autour du potager.

incannucciàta |inkannut'tʃata| *s.f.* [*recinzione o sostegno di pergolati e sim. fatta con canne intrecciate*] tonnelle: *l'incannucciata è coperta di glicini fioriti* la tonnelle est couverte de glycines en fleurs ◇ (*med.*) eclissage *m.*

incantaménto |inkanta'mento| *s.m.* [*l'essere, il rimanere incantato*] enchantement, ensorcellement.

incantàre |inkan'tare| **A** *v.tr.* **1** (*fig.*) [*affascinare, estasiare; sedurre*] charmer: *ha un modo di parlare che incanta* elle a une façon de parler qui charme; *è una musica che incanta* c'est une musique qui charme; *incantare i serpenti* charmer les serpents ◇ (*loc.*) *incantare la fame* [*attenuarne lo stimolo*] tromper la faim **2** [*stregare*] ensorceler (4): *incantare una persona con riti magici* ensorceler une personne par des rites magiques **B** *v.pron. intr.* INCANTARSI **1** [*rimanere trasognato, in contemplazione*] rester *intr.* en extase: *s'è incantato a guardare le vetrine* il est resté en extase devant les vitrines; *s'è incantato in preghiera* il est resté en extase dans sa prière ◇ [*restare distratto, intontito*] *durante le lezioni s'incanta facilmente* en classe, il est souvent dans la lune **2** [*bloccarsi, fermarsi*] s'enrayer (9): *il congegno s'è incantato* l'appareil s'est enrayé; *è una macchina che s'incanta spesso* c'est une machine qui s'enraye souvent.

incantàto |inkan'tato| *agg.* **1** enchanté: *castello incantato* château enchanté; *anello incantato* bague enchantée **2** [*intontito, imbambolato*] ahuri, ébahi: *sei un po' incantato* tu as l'air un peu ahuri, tu sembles ahuri **3** [*ammaliato, soggiogato, avvinto*] fasciné: *ascoltatori incantati dalle parole dell'oratore* auditeurs fascinés par les paroles de l'orateur; *è rimasto incantato a guardarla* il est resté fasciné à la regarder.

incantatóre, trice |inkanta'tore, tritʃe| **I** *agg.* [*che incanta*] enchanteur*: *musica incantatrice* musique enchanteresse; *ritmo incantatore* rythme enchanteur **II** *s.* **1** (*fig.*) séducteur*; charmeur*: *è un incantatore di donne* c'est un séducteur de femmes ‖ *incantatore di serpenti* charmeur de serpents **2** [*chi compie incantesimi*] enchanteur.

incantésimo |inkan'tezimo| *s.m.* [→ INCANTARE A 1] enchantement: *questa musica è un incantesimo* cette musique est un enchantement # *fare un incantesimo* jeter un charme ◇ (*loc.*) *rompere l'incantesimo* [*farlo terminare*] rompre le charme.

incantévole |inkan'tevole| *agg.* [*che strappa ammirazione, che induce a piacevole contemplazione*] charmant, ravissant: *viso incantevole* visage charmant, ravissant; *paesaggio, ambiente incantevole* paysage, milieu charmant.

1 **incànto** |in'kanto| *s.m.* **1** [*magia, incantesimo*] charme: *compiere, fare un incanto* jeter un charme ◇ (*loc.*) *come per incanto* comme par enchantement ~ *rompere l'incanto* rompre le charme ~ (*fig.*) *sorto per incanto* surgi comme par enchantement ~ *d'incanto* [*a perfezione*] à merveille, à ravir **2** (*fig.*) [*bellezza, piacere e sim.*] charme: *l'incanto della poesia* le charme de la poésie ◇ [*persona o cosa estremamente piacevole*] merveille (*f.*): *ha una moglie che è un incanto* il a une femme qui est une vraie merveille ◇ [*atmosfera incantata*] charme, enchantement: *l'incanto di una aurora sul mare* le charme, l'enchantement d'une aurore sur la mer ◇ (*loc. fig.*) *rompere l'incanto* [*interrompere una situazione particolarmente deliziosa*] rompre le charme.

2 **incànto** |in'kanto| *s.m.* (*dir.*) enchères (*f.pl.*): *vendita all'incanto* vente aux enchères; *mettere all'incanto* mettre aux enchères → **asta.**

incantucciàre |inkantut'tʃare| *v. tr. e pron.* → **rincantucciare.**

incanutiménto |inkanuti'mento| *s.m.* [→ INCANUTIRE] blanchissement (des cheveux).

incanutire |inkanu'tire| (197) **A** *v.intr.* (*aus.* '*essere*') [*diventare canuto, coi capelli bianchi*] blanchir (*aus.* avoir):

è incanutito molto presto il a blanchi très vite ◇ (*fig.*, *poet.*) [*imbiancare*] blanchir (*corr.*) **B** *v.tr.* [*far diventare canuto*] blanchir: *i dispiaceri lo hanno incanutito prima del tempo* les chagrins l'ont blanchi avant l'heure.

incapàce |inka'patʃe| *agg.* incapable: *una parrucchiera assolutamente incapace* une coiffeuse tout à fait incapable # *è incapace di guidare l'automobile* il ne sait pas conduire ◇ (*dir.*) incapable ✦ (*s.*) *un incapace* un incapable.

incapacità |inkapatʃi'ta| *s.f. inv.* **1** incapacité (*var.*): *ho ammesso la mia incapacità* j'ai reconnu mon incapacité; *è stato licenziato per incapacità* il a été licencié pour incapacité **2** (*dir.*) incapacité: *incapacità d'agire* incapacité d'agir; *incapacità giuridica, naturale* incapacité juridique, naturelle.

incaparbìre |inkapar'bire| (197) **A** *v.intr.* (*aus.* '*essere*') [*diventare caparbio, ostinato*] s'entêter *pron.*, s'obstiner (*pron.*): *è incaparbito improvvisamente* soudain il s'est entêté, obstiné **B** *v.pron. intr.* INCAPARBIRSI [→ *intr.*] s'entêter, s'obstiner: *s'è incaparbito su quella posizione* il s'est entêté, obstiné sur cette position.

incapestràre |inkapes'trare| **A** *v.tr.* [*vincolare un animale con la cavezza, con il capestro*] enchevêtrer **B** *v.pron. intr.* INCAPESTRARSI (*raro*) [→ *tr.*] s'enchevêtrer.

incapestratùra |inkapestra'tura| *s.f.* (*veter.*) enchevêtrure, blessure au pli du paturon.

incaponiménto |inkaponi'mento| *s.m.* [*atteggiamento ostinato e irragionevole*] entêtement, obstination *f.*

incaponìrsi |inkapo'nirsi| (197) *v.pron. intr.* → **incaparbir(si).**

incappàre |inkap'pare| **A** *v.tr.* [*ricoprire o vestire con la cappa*] mettre (71) une chape, un capuchon **B** *v.intr.* (*aus.* '*essere*') [*capitare per caso in una situazione difficile o rischiosa; imbattersi in una persona indesiderata o ostile*] tomber sur: *era incappato in un covo della malavita* il était tombé sur un repaire de bandits; *incappavo sempre in quella persona disgustosa* je tombais toujours sur ce sale individu **C** *v.pron. recipr.* INCAPPARSI → **scontrar(si).**

incappellàggio, i |inkappel'laddʒo, i| *s.m.* (*mar.*) capelage.

incappellàre |inkappel'lare| **A** *v. tr.* (*mar.*) [*applicare un collare metallico o di corda all'estremità di un'asta e sim.*] capeler (4) **B** *v.pron. intr.* INCAPPELLARSI (*fig.*, *fam.*) [*stizzirsi, impermalirsi*] prendre (73) *tr.* la mouche, se vexer (*corr.*): *a quelle parole si è subito incappellato* à ces mots, il a tout de suite pris la mouche, il s'est vexé.

incappellàta |inkappel'lata| *s.f.* (*mar.*) coup *m.* de mer.

incappottàre |inkappot'tare| **A** *v.tr.* [*coprire bene con un cappotto*] envelopper dans un manteau: *ha incappottato i bambini ed è uscita* elle a enveloppé les enfants dans un manteau et elle est sortie **B** *v.pron. rifl.* INCAPPOTTARSI [→ *tr.*] s'envelopper dans un manteau: *si sono incappottati bene per andare in montagna* ils se sont bien enveloppés dans leur manteau pour aller à la montagne.

incappucciàre |inkapput'tʃare| **A** *v.tr.* **1** [*coprire con un cappuccio*] encapuchonner ◇ (*fig.*) [*ricoprire di neve, come con un cappuccio, la cima di un monte e sim.*] coiffer: *la neve ha incappucciato i monti* la neige a coiffé les montagnes **2** (*detto del cavallo*) [*avvicinare esageratamente la testa al petto*] encapuchonner **B** *v.pron. rifl.* INCAPPUCCIARSI [→ *tr.* 1] s'encapuchonner: *con questo freddo bisogna incappucciarsi bene* avec ce froid, il faut bien s'encapuchonner ◇ (*fig.*) se coiffer: *le cime si sono incappucciate di neve* les cimes se sont coiffées de neige.

incappucciàto |inkapput'tʃato| **1** *agg.* [*coperto con un (il) cappuccio*] encapuchonné; coiffé: *testa incapucciata* tête encapuchonnée ‖ *montagna incappucciata* montagne coiffée **2** (*s.m.*) *un incappucciato* un cagoulard ◇ (*spec.*) *gli incappucciati* (*per anton.*) [*gli affiliati al Ku-Klux-Klan*] les cagoulards.

incapricciàrsi |inkaprit'tʃarsi|, **incapriccìrsi** |inkaprit'tʃirsi| (197) *v.pron. intr.* [*invogliarsi, invaghirsi di qc. o q.c.*] s'enticher de: *si era incapricciato di quell'automobile* il s'était entiché de cette voiture; *incapricciarsi di una donna, di un uomo* s'enticher d'une femme, d'un homme.

incapsulaménto |inkapsula'mento| *s.m.* [→ INCAPSULARE] capsulage; pose *f.* d'une couronne: *incapsulamento di una bottiglia* capsulage d'une bouteille ‖ *incapsulamento di un dente* pose d'une couronne (sur une dent).

incapsulàre |inkapsu'lare| *v.tr.* **1** [*ricoprire con una capsula*] recouvrir (23) d'une capsule: *incapsulare una medicina, una polverina* recouvrir un médicament, une poudre d'une capsule; mettre un médicament en cachet ◇ (*med.*) *incapsulare un dente* mettre (71) une capsule à une dent **2** [*chiudere un recipiente per mezzo di una capsula*] capsuler: *incapsulare una bottiglia* capsuler une bouteille.

incarceraménto |inkartʃera'mento| *s.m.* [→ INCARCERARE] incarcération *f.*; emprisonnement: *incarceramento dei prigionieri* incarcération des prisonniers ‖ *incarceramento di una donna fra le pareti domestiche* emprisonnement d'une femme à la maison ◇ (*med.*) *incarceramento dell'ernia* étranglement herniaire.

incarceràre |inkartʃe'rare| *v.tr.* [*obbligare, rinchiudere in carcere*] incarcérer (8): *incarcerare un prigioniero, un malvivente* incarcérer un prisonnier, un délinquant ✦ *al p.p.* (*fig.*) prisonnier*: *è sempre incarcerata in quella squallida casa* elle est toujours prisonnière dans cette demeure sordide.

incarcerazióne |inkartʃerat'tsjone| *s.f.* [→ INCARCERARE] (*raro*) incarcération (*corr.*).

incardinàre |inkardi'nare| **A** *v.tr.* **1** [*inserire, porre sui cardini*] poser sur des (ses) gonds: *incardinare una porta* poser une porte sur ses gonds **2** (*fig.*) [*basare su un principio*] fonder: *incardinare un metodo su una lunga esperienza* fonder une méthode sur une longue expérience **B** *v.pron. intr.* INCARDINARSI [→ *tr.* 2] s'appuyer (11): *quella teoria si incardina su dati scientifici* cette théorie s'appuie sur des données scientifiques.

incaricàre |inkari'kare| **A** *v.tr.* [*attribuire un incarico, un compito, una missione e sim.*] charger (3): *l'hanno incaricato di organizzare il settore delle vendite* on l'a chargé d'organiser la section ventes; *mi incaricarono di insegnare nelle scuole medie* je fus affecté à l'enseignement secondaire **B** *v.pron. intr.* INCARICARSI [→ *tr.*] se charger: *incaricarsi di fare q.c.* se charger de faire qqch.; *me ne incarico io* je m'en charge.

incaricàto |inkari'kato| **I** *agg.* [*che ha l'incarico (di)*] chargé de: *la persona incaricata vi sta aspettando* la personne chargée de vous recevoir vous attend ◇ (*scuola*) *professore incaricato* professeur chargé de cours # *assistente incaricato* assistant **II** *s.* **1** [→ *agg.*] envoyé; employé: *un incaricato del Comune* un envoyé de la mairie ‖ *rivolgersi all'incaricato* s'adresser à l'employé # *l'incaricato del prefetto, di un ministro* le représentant du préfet, d'un ministre **2** (*scuola*) *un professore incaricato* un chargé de cours; *un assistente incaricato* un assistant **3** (*diplomazia*) *incaricato d'affari* chargé d'affaires.

incàrico, chi |in'kariko, ki| *s.m.* [*compito, missione; incombenza; ufficio temporaneo*] tâche *f.*; charge (*f.*): *incarico gravoso, pesante, gradito* tâche lourde, agréable; *assumere un incarico* assumer une tâche ‖ *avere, ottenere un incarico* avoir, obtenir une charge; *si è assunto un incarico oneroso* il a accepté une charge onéreuse # *ha fatto quel lavoro per incarico del suo principale* il a été chargé de ce travail par son chef; *ho avuto l'incarico di portarti questo pacco* j'ai été chargé de t'apporter ce paquet ◇ (*scuola*) *cattedra data per incarico* [*senza concorso e senza nomina di titolare*] suppléance; *incarico annuale* [*lavoro degli insegnanti fuori ruolo nella scuola di Stato italiana*] suppléance.

incarnàre |inkar'nare| **A** *v.tr.* [*dare corpo e figura a q.c.*] incarner: *incarnare un concetto, un'idea* incarner un concept, une idée; *incarnare un tipo* incarner un type ◇ [*rappresentare, impersonare vivacemente*] *personaggio che incarna le esigenze dell'uomo moderno* personnage qui incarne les exigences de l'homme moderne **B** *v.pron. intr.* INCARNARSI **1** [*assumere carne e figura umana*] s'incarner: *in lui si incarna l'avarizia* en lui s'incarne l'avarice ◇ [*concretarsi; esprimersi*] *le idee dell'autore si incarnano in quel personaggio* les idées de l'auteur s'incarnent dans ce personnage **2** (*relig.*) [*assumere vita umana*] s'incarner **3** [*che si viene a trovare o a crescere dentro la carne*] s'incarner: *mi si è incarnata l'unghia del pollice* l'ongle de mon gros orteil s'est incarné, est incarné.

1 **incarnàto** |inkar'nato| *agg.* (*fig.*) incarné: *è la cattiveria incarnata* c'est la méchanceté incarnée, en personne ◇ (*relig.*) *il Verbo incarnato* le Verbe incarné.

2 **incarnàto** |inkar'nato| *s.m.* incarnat: *incarnato roseo* incarnat rose → **carnagione.**

incarnazióne |inkarnat'tsjone| *s.f.* **1** (*relig.*) incarnation ◇ (*relig. catt.*) *il mistero dell'Incarnazione* le mystère de l'Incarnation **2** (*fig.*) incarnation # *è l'incarnazione dell'ingiustizia* c'est l'injustice incarnée.

incarnìre |inkar'nire| (197) **A** *v. intr.* (*aus.* '*essere*') [*crescere dentro la carne*] s'incarner (*pron.*): *le unghie, tagliate così, incarniscono* les ongles, coupés de cette manière, s'incarnent **B** *v. pron. intr.* INCARNIRSI [→ *intr.*] s'incarner: *mi si sono incarnite le unghie dei pollici dei piedi* les ongles des gros orteils se sont incarnés.

incarnìto |inkar'nito| *agg.* incarné: *unghia incarnita* ongle incarné ◇ (*fig.*) enraciné: *ho il vizio, ormai incarnito, di fumare due pacchetti al giorno* j'ai le vice, désormais enraciné, de fumer deux paquets (de cigarettes) par jour.

incarognìre |inkaroɲ'ɲire| (197) **A** *v.intr.* (*aus. 'essere'*) **1** [*diventare un essere spregevole come una carogna*] se corrompre (44), corrompre (*aus.* avoir): *in quell'ambiente è incarognito del tutto* dans ce milieu, il s'est complètement corrompu, ce milieu l'a complètement corrompu **2** [*diventare cronico*] devenir (27) chronique: *è un difetto, una malattia che incarognisce col passar del tempo* c'est un défaut, une maladie qui devient chronique avec le temps **B** *v.pron. intr.* INCAROGNIRSI **1** [→ *intr.* 1] s'avilir: *in quella situazione difficile si è incarognito fino all'assurdo* dans cette situation difficile, il s'est avili jusqu'à l'absurde **2** [→ *intr.* 2] devenir *intr.* chronique: *il suo male si incarognisce con gli anni* son mal est devenu chronique avec le temps.

incartaménto |inkarta'mento| *s.m.* [*complesso di documenti e carte legati a una pratica d'ufficio*] dossier: *ho riordinato l'incartamento* j'ai mis de l'ordre dans le dossier.

incartapecorìre |inkartapeko'rire| (197) **A** *v.intr.* (*aus. 'essere'*) **1** [*assumere un aspetto rinsecchito e giallognolo*] se parcheminer (*pron.*): *durante la malattia il suo viso è incartapecorito* pendant la maladie son visage s'est parcheminé **2** (*fig.*) [*inaridirsi, limitandosi a un'attività e sim.*] se dessécher (8) (*pron.*): *è incartapecorito in quell'unica attività* il s'est desséché dans cette unique activité **B** *v.pron. intr.* INCARTAPECORIRSI **1** [→ *intr.* 1] se parcheminer: *in quel clima, il suo viso s'è incartapecorito* dans ce climat, son visage s'est parcheminé **2** (*fig.*) [→ *intr.* 2] se dessécher: *s'è incartapecorito in quell'unica tecnica* il s'est desséché dans cette unique technique.

incartapecorìto |inkartapeko'rito| *agg.* **1** [*che è rinsecchito e giallognolo come la cartapecora*] parcheminé: *pelle incartapecorita* peau parcheminée ◇ [*invecchiato*] *volto incartapecorito* visage parcheminé; *donna incartapecorita* femme parcheminée **2** (*fig.*) [*inaridito*] desséché: *persona incartapecorita in un lavoro* personne desséchée par un travail.

incartàre |inkar'tare| *v.tr.* [*ricoprire, avvolgere q.c. con la carta*] envelopper: *incartare un pacco, un regalo* envelopper un paquet, un cadeau.

incartàta |inkar'tata| *s.f. solo nella loc.* DARE UN'INCARTATA A Q.C. envelopper qqch. tant bien que mal (dans du papier): *ho dato una incartata alla meglio a quelle cose* j'ai enveloppé tout cela tant bien que mal.

incàrto |in'karto| *s.m.* **1** [*incartamento*] dossier: *ho consegnato l'incarto dei documenti in ufficio* j'ai remis au bureau le dossier des documents **2** [*involucro di carta per avvolgere un oggetto*] emballage; couverture (*f.*): *l'incarto del formaggio* l'emballage du fromage ‖ *l'incarto dei libri* la couverture des livres **3** [*eccessiva durezza delle stoffe stirate con troppo amido*] rigidité *f.*

incartocciàre |inkartot'tʃare| **A** *v.tr.* **1** [*avvolgere in un cartoccio*] emballer: *incartocciare la merce* emballer la marchandise; *ha incartocciato bene tutti i suoi giochi* il a bien emballé tous ses jouets **2** (*raro*) [*accartocciare*] replier (*corr.*) **B** *v.pron. intr.* INCARTOCCIARSI [→ *tr.* 2] se replier.

incartonàre |inkarto'nare| *v.tr.* **1** [*imballare in cartoni*] cartonner, emballer dans un carton: *incartonare un frigorifero, un televisore* cartonner, emballer dans un carton un frigidaire, un téléviseur **2** (*legatoria*) [*sottoporre a incartonatura*] cartonner.

incartonatrìce |incartona'tritʃe| *s.f.* (*tecnol.*) encarteuse.

incartonatùra |incartona'tura| *s.f.* (*tecnol.*) cartonnage *m.*

incasellàre |inkasel'lare| *v.tr.* [*introdurre nella casella, disporre in casellario*] classer (dans un casier): *incasellare la corrispondenza* classer la correspondance (dans un casier); *incasellare i dati, i numeri* classer les dates, les numéros.

incassaménto |inkassa'mento| *s.m.* (*raro*) [→ INCASSARE A 1] emballage → **imballaggio.**

incassàre |inkas'sare| **A** *v.tr.* **1** [*sistemare, disporre in una o più casse*] emballer, encaisser (*raro*): *incassare la merce per la spedizione* emballer la marchandise pour l'expédition; *incassare abiti, libri per un trasloco* emballer des vêtements, des livres pour un déménagement **2** [*inserire, adattare in una apposita cavità*] encastrer, emboîter: *incassare il meccanismo dell'orologio, di una serratura* encastrer, emboîter le mécanisme d'une montre, d'une serrure; *incassare l'impianto della luce, i fili del telefono* encastrer l'installation électrique, les fils du téléphone; *incassare un libro* (*nella copertina*) emboîter un livre → **fissare** # *incassare un brillante* sertir, enchâsser un brillant → **incastonare**; *incassare un fiume* encaisser un fleuve → **arginare** **3** [*realizzare, mettere in cassa*] encaisser: *quel negozio incassa circa mezzo milione al giorno* ce magasin encaisse environ un million par jour # *ieri ho incassato un assegno di un milione* hier j'ai encaissé un chèque d'un million → **riscuotere** **4** (*pugilato*) [*ricevere colpi senza subirne gravi conseguenze*] encaisser (*fam.*): *incassare un diretto* encaisser un direct; *è un pugile che incassa bene* (*i colpi*) c'est un boxeur qui encaisse bien, qui sait encaisser ◇ (*calcio*) [*subire*] *quel portiere ha incassato tre reti* ce gardien a encaissé trois buts **5** (*fig.*) [*restare imperturbabile di fronte a insinuazioni, offese e sim.*] encaisser: *ha incassato tutte le mie frecciate in silenzio* il a encaissé en silence toutes les flèches que je lui ai décochées ♦ (*ass.*) *è un tipo che sa incassare* c'est un type qui sait encaisser **B** *v.intr.* (*aus. 'avere'*) [*combaciare, adattarsi perfettamente nell'incassatura*] s'encastrer (*pron.*): *quel coperchio non incassa bene* ce couvercle ne s'encastre pas bien **C** *v.pron. intr.* INCASSARSI (*di corsi di acqua, di strade e sim.*) [*scorrere, chiudersi tra due alte e ripide sponde*] s'encaisser: *la valle s'incassa profondamente tra le rocce* la vallée s'encaisse profondément entre les rochers 🄲 A 3 **pagare.**

incassàto |inkas'sato| *agg.* **1** [*delimitato lateralmente da due alte pareti a strapiombo*] encaissé: *un sentiero incassato tra due montagne* un sentier encaissé entre deux montagnes; *un fiume incassato nella roccia* un fleuve encaissé dans la roche **2** [*disposto, fissato entro un'incassatura*] encastré: *una cassaforte incassata nel muro* un coffre-fort encastré dans le mur **3** [*messo, disposto in una o più casse*] emballé: *la merce è stata spedita accuratamente incassata* la marchandise a été expédiée soigneusement emballée → 1 **imballato** **4** [*riscosso, ricevuto come pagamento*] encaissé: *la somma incassata* la somme encaissée; *ha speso già tutto il danaro incassato* il a déjà dépensé tout l'argent encaissé.

incassatóre, trice |inkassa'tore, tritʃe| *s.* **1** *s.* [*operaio addetto all'incassatura di generi vari*] encaisseur *m.* **2** *s.m.* (*pugilato*) encaisseur: *è un incassatore straordinario* c'est un encaisseur extraordinaire **3** *s.* (*fig.*) [*chi, di fronte a insinuazioni e accuse, non si scompone*] encaisseur *m.*

incassatùra |inkassa'tura| *s.f.* **1** [→ INCASSARE A 1] emballage *m.*, encaissement *m.* (*raro*): *l'incassatura di una partita di merci* l'emballage d'un stock de marchandises **2** [→ INCASSARE A 2] encastrement *m.*, encaissement: *l'incassatura di un torrente* l'encaissement d'un torrent # *l'incassatura di un diamante* l'enchâssement d'un diamant **3** [*cavità*] encastrement, encaissement: *fare un'incassatura nel muro per la libreria* faire un encastrement dans le mur pour la bibliothèque; *il torrente scorre in una profonda incassatura* le torrent coule dans un profond encaissement → **incavo.**

incàsso |in'kasso| *s.m.* **1** [→ INCASSARE A 3] encaissement: *l'incasso di una somma, di un assegno* l'encaissement d'une somme, d'un chèque → **riscossione** **2** [*la somma incassata*] recette (*f.*): *depositare in banca l'incasso della giornata* déposer en banque la recette du jour → **entrata.**

incastellaménto |inkastella'mento| *s.m.* **1** [→ INCASTELLARE] consolidation *f.*, fortification *f.* **2** (*ant.*) [*le sovrastrutture di una nave*] accastillage.

incastellàre |inkastel'lare| *v.tr.* [*rafforzare, proteggere con una struttura di sostegno*] consolider: *incastellare una macchina, un edificio* consolider une machine, un édifice.

incastellàto |inkastel'lato| *agg.* [*munito di una struttura di sostegno o di difesa*] fortifié.

incastellatùra |inkastella'tura| *s.f.* **1** [→ INCASTELLARE] échafaudage (*m.*): *provvedere all'incastellatura di un macchinario* dresser un échafaudage autour d'une machine; *l'incastellatura di quell'edificio è pericolante* l'échafaudage de cet édifice menace de s'écrouler # *incastellatura di appoggio* plaque de fondation; *incastellatura di estrazione* chevalet d'extraction; *incastellatura di un telaio* bâti de métier; *incastellatura della fusoliera* carcasse du fuselage **2** (*zool.*) encastelure.

incastonàre |inkasto'nare| *v.tr.* (*di pietre preziose*) [*fissare nel castone*] sertir, enchâsser: *incastonare una gemma in un anello* sertir, enchâsser une pierre précieuse dans le chaton d'une bague ◇ (*fig.*) *incastonare in un discorso citazioni dotte, parole rare* enchâsser des citations savantes, des mots rares dans un discours → **inserire.**

incastonàto |inkasto'nato| *agg.* [*fissato nel castone*] serti, enchâssé: *uno smeraldo incastonato a giorno* une émeraude sertie, enchâssée à jour.

incastonatóre |inkastona'tore| *s.m.* [*artigiano specializzato nell'incastonare pietre preziose*] sertisseur* *s.*

incastonatùra |inkastona'tura| *s.f.* **1** [→ INCASTONARE] sertissage *m.*, enchâssement *m.* **2** [*il materiale e il modo in cui una gemma è incastonata*] sertissure, monture: *una incastonatura antica* une sertissure, une monture ancienne; *cambiare l'incastonatura di un brillante* changer la monture d'un brillant → **montatura.**

incastraménto |inkastra'mento| *s.m.* (*raro*) → **incastratura.**

incastràre |inkas'trare| **A** *v.tr.* **1** [*unire solidamente due pezzi, inserendoli l'uno nell'altro*] emboîter, encastrer: *incastrare una trave nel muro* encastrer une poutre dans le mur; *quelle due parti metalliche non sono state incastrate bene* ces deux parties métalliques ne s'emboîtent pas bien # *incastrare una gemma* enchâsser une pierre précieuse → **incastonare 2** (*fig.*) [*inserire, introdurre forzatamente*)] enchâsser: *incastrare citazioni erudite in un discorso* enchâsser des citations savantes dans un discours ◇ (*fam.*) *incastrare qc.* [*metterlo in una situazione che non offre vie d'uscita*] coincer qqn.; *ci siamo lasciati incastrare come novellini da quel filibustiere* on s'est laissé refaire comme des novices par cette fripouille → **ingannare B** *v.intr.* (*aus.* '*avere*') [*aderire, adattarsi perfettamente*] s'encastrer (*pron.*): *questo tassello non incastra bene* ce tasseau ne s'encastre pas bien **C** *v.pron. intr.* INCASTRARSI [*ficcarsi, inserirsi (a forza)*] s'encastrer: *la macchina è andata a incastrarsi sotto un autotreno* la voiture s'est encastrée sous un camion-remorque # *la chiave si è incastrata nella serratura* la clé s'est coincée dans la serrure → **impigliar(si)**; *il proiettile gli si è incastrato nella scapola* la balle s'est logée dans son omoplate → **conficcar(si).**

incastràto |inkas'trato| *agg.* **1** [*unito, collegato a incastro*] emboîté, encastré: *pezzi di legno incastrati l'uno nell'altro* pièces de bois emboîtées, encastrées l'une dans l'autre **2** [*immobilizzato, tenuto strettamente*] coincé: *era rimasto con un piede incastrato sotto una trave* son pied était resté coincé sous une poutre ◇ (*loc. fig.*) *rimanere, restare incastrato* [*essere costretto a fare q.c.*] rester coincé.

incastratùra |inkastra'tura| *s.f.* **1** [→ INCASTRARE A 1; C] emboîtement *m.*, encastrement *m.* **2** [*la cavità, l'apertura in cui s'incastra un oggetto*] enchâssure, encastrement.

incàstro |in'kastro| *s.m.* **1** [→ INCASTRARE A 1] emboîtement # *fare un incastro* emboîter, encastrer ◇ (*tecnol.*) *incastro a coda di rondine* embrèvement, assemblage à queue d'aronde; *unire due pezzi a incastro* emboîter deux pièces ◇ [*il punto in cui si effettua tale collegamento*] emboîture *f.* **2** (*fig.*) (*enigmistica*) emboîtement.

incatenacciàre |inkatenat'tʃare| *v.tr.* (*raro*) [*chiudere, serrare con catenaccio*] verrouiller (*corr.*), cadenasser: *incatenacciare la porta* verrouiller, cadenasser la porte.

incatenatùra |inkatena'tura| *s.f.* (*edil.*) [→ INCATENARE 3] chaînage *m.* ◇ [*le catene, le spranghe di ferro adoperate per rinforzare un muro*] chaînage.

incatenàre |inkate'nare| *v.tr.* **1** [*legare con catene*] enchaîner; élinguer: *incatenare un prigioniero, un animale* enchaîner un prisonnier, un animal ‖ *incatenare un blocco di marmo* élinguer un bloc de marbre avec des chaînes **2** (*fig.*) [*attrarre, affascinare, tenere stretto a sé*] captiver: *essere incatenato dalla bellezza di una donna* être captivé par la beauté d'une femme; *con la sua eloquenza è riuscito a incatenare l'attenzione dell'uditorio* avec son éloquence, il a réussi à captiver l'attention de l'auditoire ◇ [*ostacolare; limitare la libertà di movimento*] enchaîner: *incatenare la libertà, la cultura* enchaîner la liberté, la culture → **impedire**; *incatenare un popolo* enchaîner un peuple; *il lavoro m'incatena al tavolino* le travail m'enchaîne à mon bureau → **opprimere 3** [*rafforzare mediante catene o spranghe di ferro*] chaîner: *incatenare un muro pericolante* chaîner un mur qui menace de s'écrouler ◇ [*sbarrare, chiudere l'ingresso o il transito con catene*] barrer avec des chaînes: *incatenare una strada, un porto* barrer avec des chaînes une route, un port ◇ [*unire, collegare mediante un filo metallico*] enfiler: *incatenare i grani del rosario* enfiler les grains du chapelet; *incatenare i denti* lier des dents.

incatenàto |inkate'nato| *agg.* **1** [*legato, assicurato con catene*] enchaîné: *una colonna di prigionieri incatenati* une file de prisonniers enchaînés; *aveva i piedi e le mani incatenati* il avait les pieds et les mains enchaînés ◇ (*fig.*) [*oppresso, tenuto sotto il dominio di qc.*] *popoli incatenati* des peuples enchaînés **2** [*rafforzato o collegato con catene o con un filo metallico*] ossaturé; lié (avec): *un muro incatenato* un mur ossaturé ‖ *denti incatenati con un filo d'oro* dents liées avec un fil d'or **3** (*metr.*) enchaîné: *rime incatenate* rimes enchaînées.

incatorzolire |inkatortso'lire| *v. intr.* (*aus.* '*essere*') → **imbozzacchire.**

incatorzolito |inkatortso'lito| *agg.* (*di frutti*) [*indurito e guasto*] pierreux* ◇ (*per est.*) [*induriti dal gelo*] gelé: *panni incatorzoliti* des vêtements gelés.

incatramàre |inkatra'mare| *v.tr.* **1** [*proteggere, rendere impermeabile impregnando di catrame*] goudronner: *incatramare un canapo, una barca, una terrazza* goudronner un cordage de chanvre, une barque, une terrasse **2** [*ricoprire la massicciata con uno strato di catrame*] goudronner: *incatramare una strada* goudronner une route → **asfaltare.**

incatramàto |inkatra'mato| *agg.* [*spalmato, rivestito, coperto di catrame*] goudronné: *carta incatramata* papier goudronné; *cavo incatramato* câble goudronné; *strada incatramata* route goudronnée.

incatramatùra |inkatrama'tura| *s.f.* (*raro*) → **catramatura.**

incattivìre |inkatti'vire| (197) **A** *v.tr.* [*far diventare cattivo*] rendre (53) méchant: *gli eccessivi maltrattamenti l'hanno incattivito* le trop de mauvais traitements l'ont rendu méchant **B** *v. intr.* (*aus.* '*essere*') [*diventare cattivo*] devenir (27) méchant: *con l'avanzare degli anni incattivisce sempre più* avec l'âge il devient de plus en plus méchant **C** *v.pron. intr.* INCATTIVIRSI [→ *intr.*] devenir *intr.* méchant: *quel cane, infastidendolo, si incattivisce facilmente* ce chien, si on l'agace, devient facilement méchant # *il vino con il caldo s'incattivisce* avec la chaleur le vin se gâte → **deteriorar(si)**; *quella ferita sta incattivendosi* cette blessure s'envenime → **infiammar(si).**

incautaménte |inkauta'mente| *avv.* [→ INCAUTO 1] imprudemment.

incàuto |in'kauto| *agg.* **1** [*imprudente, privo di cautela*] imprudent: *è un guidatore un po' incauto* c'est un conducteur un peu imprudent; *ha detto delle frasi incaute* il a eu des mots imprudents → **sconsiderato** # *un comportamento incauto* une conduite inconsidérée **2** (*dir.*) imprudent: *incauto acquisto* acquisition imprudente.

incavalcàre |inkaval'kare| *v.tr.* **1** (*raro*) → **accavallare 2** (*mil.*) [*sistemare una bocca da fuoco sul suo affusto*] mettre (71) en batterie.

incavalcatùra |inkavalka'tura| *s.f.* [→ INCAVALCARE] mise en batterie.

incavallàre |inkaval'lare| *v.tr.* (*raro*) → **accavallare.**

incavallatùra |inkavalla'tura| *s.f.* → **capriata.**

incavàre |inka'vare| *v.tr.* [*rendere cavo; incidere con un solco*] creuser: *incavare una pietra, un legno* creuser une pierre, du bois; *in quel punto l'acqua ha incavato la roccia* à cet endroit, l'eau a creusé la roche.

incavàto |inka'vato| *agg.* [*che presenta una o più incavature*] creux*: *una superficie incavata* une surface creuse; *un tronco incavato* un tronc creux → **cavo**; *guance incavate* des joues creuses → **smunto**; *occhi incavati* des yeux creux → **infossato.**

incavatùra |inkava'tura| *s.f.* **1** [→ INCAVARE] creusage *m.*, creusement *m.* **2** [*la cavità, la parte incavata*] cavité, creux (*m.*): *l'incavatura degli occhi* la cavité des yeux; *in quella roccia si è prodotta una profonda incavatura* un creux profond, une cavité profonde s'est formée dans cette roche.

incavernàrsi |inkaver'narsi| *v. pron.* **1** *intr.* (*di corsi d'acqua*) [*precipitare, scorrere dentro cavità*] devenir (27) *intr.* souterrain: *il torrente, a un certo punto del percorso, s'incaverna* le torrent, à un certain point de son parcours, devient souterrain **2** *intr.* (*raro*) [*incavarsi*] se creuser **3** *rifl.* [*rifugiarsi, rintanarsi in una caverna*] se réfugier: *l'animale, spaventato, s'incavernò in una spaccatura del monte* l'animal, épouvanté, se réfugia dans une faille de la montagne.

incavezzàre |inkavet'tsare| *v.tr.* [*legare con la cavezza*] brider: *incavezzare un cavallo* brider un cheval.

incavicchiàre |inkavik'kjare| *v.tr.* (*raro*) [*assicurare con un cavicchio*] cheviller (*corr.*), goujonner: *incavicchiare due travi* cheviller, goujonner deux poutres.

incavigliàre |inkaviʎ'ʎare| *v.tr.*

[*unire, collegare mediante caviglie*] cheviller, goujonner.
incavigliatùra |inkaviʎʎa'tura| *s.f.* [→ INCAVIGLIARE] goujonnage *m.*
incàvo |in'kavo| *s.m.* **1** [→ INCAVARE] évidage, évidement ◇ (*tecnol.*) *lavoro* (*a*) *d'incavo* travail d'évidage, d'évidement **2** [*parte incavata, incavatura*] cavité *f.*, creux: *l'incavo degli occhi, della spalla* la cavité des yeux, le creux de l'épaule; *l'incavo di una pietra* le creux d'une pierre ◇ (*tip.*) *stampa a incavo* impression en creux.
incazzàrsi |inkat'tsarsi| *v.pron. intr.* (*volg.*) → **adirarsi, arrabbiar(si).**
incazzatùra |inkattsa'tura| *s.f.* (*volg.*) → **arrabbiatura.**
incazzottàre |inkattsot'tare| *v.tr.* [*piegare una bandiera arrotolandola*] enrouler un pavillon autour d'une *hampe.
incèdere |in'tʃɛdere| (125) *v.intr.* (*aus.* '*avere*'; *raro nei tempi comp.*) (*lett.*) [*avanzare con solennità e gravità*] avancer (2) avec une démarche majestueuse ♦ (*s.m. inv.*) *un incedere* (*maestoso*) [*portamento grave*] un port *var.* majestueux, une démarche *f. var.* majestueuse # *quella donna ha l'incedere di una regina* cette femme a un port de reine.
incedìbile |intʃe'dibile| *agg.* (*dir.*) incessible: *titoli incedibili* titres incessibles.
incelàre |intʃe'lare| *v.tr.* → **incielare.**
incèndere |in'tʃɛndere| (105) *v.tr. e pron. intr.* (*lett.*) → **incendiare.**
incendiàre |intʃen'djare| **A** *v.tr.* **1** [*distruggere con il fuoco, bruciare*] incendier, mettre (71) le feu (à): *incendiare un bosco, una casa* incendier un bois, une maison; *con le bombe incendiarono le navi* ils mirent le feu aux navires avec des bombes incendiaires **2** (*fig.*) [*eccitare, infiammare*] enflammer, incendier: *incendiare gli animi* enflammer les âmes **B** *v.pron. intr.* INCENDIARSI [*prendere fuoco, divampare*] prendre (73) *tr.* feu: *il pagliaio s'incendiò* la meule de paille prit feu.
incendiàrio, i |intʃen'djarjo, i| **1** *agg.* incendiaire: *sostanze, bombe incendiarie* substances, bombes incendiaires ◇ (*fig.*) [*capace di accendere passioni, sentimenti violenti*] *discorsi, articoli incendiari* discours, articles incendiaires **2** *s.* [*chi provoca deliberatamente un incendio*] incendiaire, pyromane.
incèndio, i |in'tʃɛndjo, i| *s.m.* **1** incendie: *l'incendio di una casa, di una fabbrica* l'incendie d'une maison, d'une usine; *l'incendio di Troia* l'incendie de Troie; *incendio doloso, colposo* incendie volontaire, par imprudence; *assicurazione contro gli incendi* assurance contre l'incendie; *causare, provocare un incendio* causer, provoquer un incendie; *circoscrivere, domare un incendio* circonscrire, maîtriser l'incendie **2** (*fig.*) [*manifestazione violenta e improvvisa di passioni*] feu: *è difficile estinguere l'incendio dell'amore* il est difficile d'éteindre le feu de l'amour → **ardore, fiamma.**
inceneràre |intʃene'rare| *v.tr.* (*raro*) [*cospargere, coprire di cenere*] cendrer: *incenerare il pavimento* cendrer le sol.
incenerimènto |intʃeneri'mento| *s.m.* [→ INCENERIRE A 1] incinération (*f.*): *l'incenerimento di una biblioteca, di un bosco* l'incinération d'un bois, d'une bibliothèque; *forni d'incenerimento* fours d'incinération.
incenerire |intʃene'rire| (197) **A** *v.tr.* **1** [*ridurre in cenere* (*mediante combustione*)] incinérer (8); réduire (75) en cendres: *incenerire un cadavere* incinérer un cadavre → **cremare** ‖ *un incendio gli ha incenerito la fabbrica* un incendie a réduit en cendres son usine **2** (*iperb., fig.*) [*annientare, colpire, fulminare*] foudroyer (10): *lo incenerì con un'occhiata* il le foudroya du regard **3** (*chim.*) [*isolare le sostanze organiche da quelle inorganiche per combustione*] incinérer **B** *v.pron. intr.* INCENERIRSI [→ *tr.*] se réduire en cendre # *la legna nel caminetto sta già tutta incenerendosi* les bûches, dans la cheminée, sont déjà presque en cendres.
inceneritóre |intʃeneri'tore| *s.m.* (*tecnol.*) incinérateur: *l'inceneritore dei rifiuti* l'incinérateur des ordures.
incensaménto |intʃensa'mento| *s.m.* [→ INCENSARE A 2] encensement: *quell'incensamento continuo è insopportabile* ce continuel encensement est insupportable → **adulazione.**
incensàre |intʃen'sare| **A** *v.tr.* **1** (*liturg.*) [*venerare, onorare con il fumo dell'incenso bruciato*] encenser: *incensare un'immagine sacra* encenser une image pieuse; *incensare l'altare, il Sacramento* encenser l'autel, le saint sacrement **2** (*fig.*) [*adulare; esaltare servilmente*] encenser, donner des coups d'encensoir: *incensare i ricchi e i potenti* encenser les riches et les puissants; *un tempo tutti lo ignoravano; oggi, tutti lo incensano* avant, tout le monde l'ignorait; aujourd'hui, tout le monde l'encense **B** *v.pron. recipr.* INCENSARSI [*adularsi l'un l'altro*] s'encenser, se casser l'encensoir sur le nez (*fam.*).
incensàta |intʃen'sata| *s.f.* **1** [→ INCENSARE A 1] ensensement (*m.*): *al celebrante spettano tre incensate* le célébrant doit faire trois encensements **2** [→ INCENSARE A 2] encensement, coup *m.* d'encensoir (*fam.*): *dare una incensata a qc.* donner des coups d'encensoir à qqn., encenser quelqu'un.
incensatóre, trice |intʃensa'tore, tritʃe| *s.* (*raro*) → **adulatore.**
incensatùra |intʃensa'tura| *s.f.* (*raro*) → **incensamento.**
incensazióne |intʃensat'tsjone| *s.f.* (*liturg.*) encensement: *l'incensazione al Sacramento* l'encensement du saint sacrement.
incensière |intʃen'sjɛre| *s.m.* encensoir → **turibolo.**
incènso |in'tʃɛnso| *s.m.* **1** [*resina aromatica* (*che si brucia durante riti religiosi*)] encens: *mettere l'incenso nel turibolo* mettre de l'encens dans l'encensoir **2** [*il fumo, il profumo diffuso dall'incenso bruciato*] encens: *la chiesa era piena d'incenso* l'église était pleine d'encens ◇ (*per est., lett.*) → **effluvio, profumo.**
incensuràbile |intʃensu'rabile| *agg.* [*irreprensibile; che non può essere criticato*] irréprochable: *una donna incensurabile* une femme irréprochable; *una condotta incensurabile* une conduite irréprochable.
incensurabilità |intʃensurabili'ta| *s.f. inv.* [*l'essere incensurabile*] irréprochabilité *var.*
incensuràto |intʃensu'rato| *agg.* **1** [*che ha sempre avuto una condotta irreprensibile; esente da censura*] irréprochable: *vita, persona incensurata* vie, personne irréprochable **2** (*dir.*) *i fermati risultano tutti incensurati* les détenus possèdent tous un casier judiciaire vierge.
incentivàre |intʃenti'vare| *v.tr.* **1** [*incoraggiare*] encourager (3): *incentivare le vendite* encourager les ventes **2** [*stimolare*] stimuler: *incentivare la produzione* stimuler la production.
incentivazióne |intʃentivat'tsjone| *s.f.* [→ INCENTIVARE] encouragement *m.*, incitation: *l'incentivazione degli investimenti, dei consumi* l'encouragement, l'incitation aux investissements, à la consommation; *premi d'incentivazione* prix d'encouragement.
incentìvo |intʃen'tivo| *s.m.* [*incitamento, stimolo, impulso*] incitation *f.*, encouragement: *incentivo al vizio, alla virtù* incitation au vice, à la vertu; *l'incentivo del guadagno* l'incitation au gain; *dare, ricevere incentivo* donner, recevoir des encouragements; *essere di incentivo* servir d'encouragement → **sprone** # *sono stati creati degli incentivi per una maggiore produzione industriale* on a créé des primes pour augmenter la production industrielle → **facilitazione, premio.**
incentràre |intʃen'trare| **A** *v.tr.* [*basare, imperniare*] centrer: *tutto il racconto è incentrato su un unico personaggio* tout le récit est centré sur un unique personnage **B** *v.pron. intr.* INCENTRARSI [→ *tr.*] tourner *intr.* (autour): *tutto il romanzo s'incentra sull'amore dei due protagonisti* tout le roman tourne autour, est axé sur l'amour des deux protagonistes, des deux héros → **imperniar(si).**
incèntro |in'tʃɛntro| *s.m.* (*geom.*) centre du cercle inscrit.
inceppaménto |intʃeppa'mento| *s.m.* **1** [→ INCEPPARE B] enrayage, blocage: *l'inceppamento della rivoltella fu provvidenziale* l'enrayage du revolver fut providentiel **2** [*ostacolo, intoppo, intralcio*] obstacle, entrave (*f.*): *rimuovere, togliere gli inceppamenti* supprimer, éliminer les obstacles, les entraves.
inceppàre |intʃep'pare| **A** *v.tr.* [*ostacolare, impedire il normale svolgimento*] entraver: *le formalità burocratiche spesso inceppano l'attività dei cittadini* les formalités bureaucratiques entravent souvent l'activité des citoyens # *quell'abito le inceppa un po' i movimenti* ce vêtement la gêne un peu dans ses mouvements **B** *v.pron. intr.* INCEPPARSI (*di armi e meccanismi*) [*cessare improvvisamente di funzionare; bloccarsi*] s'enrayer (9), se bloquer: *la mitragliatrice s'inceppò* la mitraillette s'enraya; *il motore si è inceppato* le moteur s'est bloqué, s'est grippé.
inceppàto |intʃep'pato| *agg.* **1** [*privo di scioltezza, di disinvoltura; ostacolato, impedito*] gêné: *mi sembra un po' inceppato nei movimenti* il me semble un peu gêné dans ses mouvements ◇ (*fig.*) *stile inceppato* style lourd **2** (*di meccanismo*) [*che ha smesso di funzionare; bloccato*] enrayé, bloqué: *un fucile inceppato* un fusil enrayé.
inceràre |intʃe'rare| *v.tr.* **1** [*spalmare o impregnare di cera*] cirer; imperméabiliser: *incerare uno spago* cirer

une ficelle; *incerare il pavimento* cirer, encaustiquer un sol → **lucidare**; *incerare un tessuto* imperméabiliser un tissu **2** [*imbrattare di cera*] cirer.
inceràta |intʃe'rata| *s.f.* **1** [*tela impermeabilizzata*] toile cirée: *mettere l'incerata sulla tavola* mettre la toile cirée sur la table **2** [*impermeabile tipico dei marinai*] ciré *m.*
inceratino |intʃera'tino| *s.m.* **1** (*nei cappelli da uomo*) [*striscia di tela cerata o di cuoio*] cuir intérieur **2** [*pezzo di tela cerata* (*per letti di bambini*)] alaise *f.*, alèse *f.*
inceràto |intʃe'rato| **1** *agg.* [*spalmato o impregnato di cera*] ciré; enduit de cire: *tela incerata* toile cirée → **impermeabilizzato** || *stoppino incerato* mèche enduite de cire **2** *s.m.* [*tela impermeabilizzata*] toile *f.* cirée: *tovaglia d'incerato* nappe en toile cirée.
inceratùra |intʃera'tura| *s.f.* **1** [→ INCERARE 1] imperméabilisation: *l'inceratura di un tessuto* l'imperméabilisation d'un tissu **2** [*lo strato di cera con cui è stato spalmato un oggetto*] cirage *m.*
incerchiàre |intʃer'kjare| *v.tr.* → **cerchiare.**
inceronimènto |intʃerkoni'mento| *s.m.* (*enol.*) aigrissement.
inceronàre |intʃero'nare| **A** *v.tr.* [*truccare con il cerone*] grimer: *inceronare gli attori prima della rappresentazione* grimer les acteurs avant la représentation **B** *v.pron. rifl.* INCERONARSI [*darsi il cerone*] se grimer.
incertaménte |intʃerta'mente| *avv.* [→ INCERTO I 2] d'une façon incertaine (*loc. inv.*): *rispondere incertamente* répondre d'une façon incertaine → **dubbiosamente.**
incertézza |intʃer'tettsa| *s.f.* **1** [*l'essere incerto*; *mancanza di certezza*] incertitude: *l'incertezza della situazione* l'incertitude de la situation; *l'incertezza di una notizia, di una informazione* l'incertitude d'une nouvelle, d'une information; *l'incertezza del domani* l'incertitude du lendemain **2** [*dubbio, esitazione*] incertitude: *trovarsi, dibattersi nell'incertezza* être, se débattre dans l'incertitude; *uscire dall'incertezza* sortir de l'incertitude: *superare ogni incertezza* surmonter toute incertitude → **perplessità.**
incèrto |in'tʃɛrto| **I** *agg.* **1** (*cose*) [*che non è certo, sicuro*; *vago, dubbio*] incertain: *indizi incerti* indices incertains; *notizia, informazione incerta* nouvelle, information incertaine; *l'esito della gara è ancora incerto* le résultat de l'épreuve est encore incertain; *è un libro di incerta attribuzione* c'est un livre d'attribution incertaine ◇ (*per est.*) [*malsicuro, vacillante*] *procedere con passo incerto* avancer d'un pas incertain; *la sua scrittura è un po' incerta* son écriture est un peu incertaine **2** (*persone*) [*privo di sufficiente conoscenza o preparazione*] incertain: *essere incerto nel proprio lavoro* être incertain dans son travail # *mi sento ancora incerto nella guida dell'automobile* je ne me sens pas encore très sûr au volant; *è un ragazzo alquanto incerto nelle prove scritte* ce garçon est plûtot hésitant, à l'écrit **3** [*esitante, titubante, indeciso*] incertain: *una risposta incerta* une réponse incertaine # *sono incerto sul da fare* je ne sais pas quoi faire; *sono incerto se venire o restare* je ne sais pas si je dois partir ou rester → **perplesso 4** [*variabile, instabile*] incertain: *tempo incerto* temps incertain; *la stagione si mantiene ancora incerta* la saison est encore incertaine **II** *s.m.* **1** [→ *agg.* 1] incertain: *lasciare il certo per l'incerto* quitter le certain pour l'incertain **2** [*evento inatteso, imprevisto*] imprévu: *gli incerti della vita, del mestiere* les imprévus de la vie, du métier → **rischio 3** [*guadagno straordinario e casuale* (*oltre la paga fissa*)] casuel, à-côté: *gli incerti gli rendono più del salario* le casuel lui rapporte plus que son salaire; *arrotonda lo stipendio con qualche incerto* il arrondit ses appointements avec quelques casuels, quelques à-côtés, avec des travaux occasionnels.
incespicàre |intʃespi'kare| *v.intr.* (*aus. 'avere'*) **1** [*inciampare, urtare* (*con i piedi in qualche ostacolo*)] buter (contre), trébucher (sur, contre qqch.): *incespicare in una pietra* buter contre une pierre; *sta attento a non incespicare e cadere* fais attention de ne pas trébucher et tomber **2** (*fig.*) [*procedere a stento*; *essere malsicuro nel fare q.c.*] hésiter, ânonner: *ho imparato l'inglese da poco, ancora incespico un po' nel leggere* il n'y a pas longtemps que j'ai appris l'anglais et j'hésite, je bafouille (*fam.*) un peu en lisant; *quando parla, incespica spesso* lorsqu'il parle, il ânonne souvent.
incessàbile |intʃes'sabile| *agg.* (*lett.*) → **incessante.**
incessabilménte |intʃessabil'mente| *avv.* (*lett.*) → **incessantemente.**
incessànte |intʃes'sante| *agg.* incessant: *pioggia, rumore incessante* pluie, bruit incessant → **continuo, persistente.**
incessanteménte |intʃessante'mente| *avv.* [→ INCESSANTE] incessamment: *piove incessantemente da una settimana* il pleut incessamment, sans arrêt depuis une semaine → **continuamente, ininterrottamente.**
incèsso |in'tʃɛsso| *s.m.* (*lett.*) [→ INCEDERE] allure *f.* (*corr.*), démarche *f.* (*corr.*).
incestàre |intʃes'tare| *v.tr.* [*mettere in cesti*] mettre (71) dans un panier, des paniers: *incestare la frutta* mettre des fruits dans un panier, des paniers.
incèsto |in'tʃɛsto| *s.m.* inceste.
incestuóso |intʃestu'oso| *agg.* **1** incestueux*: *passione, relazione incestuosa* amour incestueux, relation incestueuse **2** [*colpevole d'incesto*] incestueux: *padre incestuoso* père incestueux.
incètta |in'tʃɛtta| *s.f.* [→ INCETTARE] accaparement *m.* # *fare incetta di viveri* accaparer des vivres; *fare incetta di lodi, suffragi* obtenir, s'attirer des éloges, des suffrages.
incettàre |intʃet'tare| *v.tr.* [*acquistare, accaparrarsi la maggior quantità possibile* (*per speculazione*)] accaparer: *incettare generi di prima necessità* accaparer les produits de première nécessité; *un gruppo di speculatori ha incettato tutto il parmigiano disponibile* un groupe de spéculateurs a accaparé tout le parmesan disponible ◇ (*fig.*) *incettare voti, applausi* gagner, s'attirer des voix, soulever des applaudissements → **procurar(si).**
incettatóre, trice |intʃetta'tore, tritʃe| *s.* [*accaparratore, speculatore*] accapareur*: *un incettatore di zucchero* un accapareur de sucre.
inchiavardàre |inkjavar'dare| *v. tr.* (*tecnol.*) [*unire, collegare saldamente mediante chiavarde*] boulonner: *inchiavardare la macchina al suo basamento* boulonner la machine à sa base.
inchiavàre |inkja'vare| *v.tr.* (*arc., region.*) [*chiudere con una chiave*] fermer à clef (*corr.*).
inchièsta |in'kjɛsta| *s.f.* [*investigazione, indagine* (*per accertare determinati fatti e situazioni*)] enquête: *inchiesta giornalistica* enquête journalistique; *inchiesta linguistica, statistica* enquête linguistique, statistique; *aprire, chiudere un'inchiesta* ouvrir, conclure une enquête # *inchiesta televisiva* téléreportage ◇ (*dir.*) *inchiesta giudiziaria* enquête judiciaire; *commissione d'inchiesta* commission d'enquête; *inchiesta su un disastro aviatorio, sulla mafia* enquête sur un désastre aérien, sur la mafia; *ordinare, disporre un'inchiesta* ordonner, décider une enquête.
inchinàre |inki'nare| **A** *v.tr.* **1** [*abbassare, chinare verso terra*] incliner, baisser: *inchinare il capo* incliner, baisser la tête **2** (*lett.*) → **riverire, ossequiare B** *v.intr.* (*aus. 'avere'*) (*lett.*) → 1 **declinare, tramontare**; **propendere, inclinare C** *v.pron. rifl.* INCHINARSI **1** [→ *tr.* 1] s'incliner; se baisser: *inchinarsi davanti alla regina* s'incliner devant la reine || *inchinarsi per raccogliere q.c.* se baisser pour ramasser qqch. → **piegar(si) 2** (*fig.*) [*sottomettersi, accondiscendere*] s'incliner: *inchinarsi alla volontà di Dio* s'incliner devant la volonté de Dieu; *m'inchino agli ordini dei superiori* je m'incline devant les ordres de mes supérieurs ◇ [*rendere omaggio*; *ossequiare, riverire*] *m'inchino davanti alla sua grandezza* je m'incline devant sa grandeur.
inchinévole |inki'nevole| *agg.* (*lett.*) → **incline, propenso; condiscendente.**
inchìno |in'kino| *s.m.* [→ INCHINARE A 1; C 1] révérence (*f.*): *fare un grazioso inchino* faire une gracieuse révérence; *si accomiatò con un profondo inchino* il prit congé en faisant une grande révérence → **riverenza**; *è tutto inchini e salamelecchi* [*eccessivamente cerimonioso e adulatore*] il multiplie les courbettes.
inchiodaménto |inkjoda'mento| *s.m.* **1** [→ INCHIODARE A 1] clouage: *l'inchiodamento di due tavole* le clouage de deux tables **2** (*ortopedia*) enclouage.
inchiodàre |inkjo'dare| **A** *v.tr.* **1** [*fissare, fermare stabilmente con chiodi*] clouer: *inchiodare una porta* clouer une porte; *inchiodare il coperchio a una cassa* clouer le couvercle d'un cercueil; *inchiodare qc. sulla croce* clouer qqn. sur la croix → **crocifiggere** ◇ [*conficcare un chiodo nel vivo durante la ferratura*] enclouer: *inchiodare un cavallo* enclouer un cheval ◇ (*mil.*) [*rendere inutilizzabile*] enclouer: *inchiodare un cannone, una mitragliera* enclouer un canon, une mitraillette **2** (*fig.*) [*bloccare, arrestare di colpo*] bloquer: *inchiodare l'automobile con una violenta frenata* bloquer l'automobile d'un violent coup de frein ◇ [*tenere fermo*; *immobilizzare*] clouer, river: *la malattia l'ha inchiodato a letto per un mese* cette maladie l'a cloué au lit pendant un mois; *questo lavoro m'inchioda a tavolino* ce travail me cloue, me rive

à mon bureau; *l'amara sorpresa lo inchiodò sulla seggiola* la triste surprise le cloua sur sa chaise; *l'ho inchiodato alle sue responsabilità* je l'ai rivé à ses responsabilités **B** *v. pron. intr.* (*fig.*) INCHIODARSI **1** [*restare, permanere con assiduità*] se fixer: *questo mio pensiero mi si è inchiodato nella mente* cette pensée s'est fixée, gravée dans mon esprit → **fissar(si)** **2** [→ *tr.* 2] se bloquer: *per un guasto alla frizione, mi si è inchiodata la macchina* ma voiture s'est bloquée par une panne d'embrayage **3** (*fam., region.*) → **indebitar(si).**

inchiodàto |inkjo'dato| *agg.* **1** [*fermato, fissato con chiodi*] cloué: *tavole, suole inchiodate* des tables, des semelles clouées **2** (*fig.*) [*trattenuto, immobilizzato*] cloué: *sta ore e ore inchiodato al tavolino di lavoro* il reste cloué pendant des heures à son bureau **3** (*fam,, region.*) → **indebitato.**

inchiodatùra |inkjoda'tura| *s.f.* **1** [→ INCHIODARE A 1] clouage (*m.*): *l'inchiodatura del coperchio della cassa* le clouage du couvercle du cercueil **2** [*i chiodi che tengono insieme q.c.*] clouage: *l'inchiodatura mi sembra piuttosto malandata* le clouage me semble plutôt en mauvais état.

inchiostràre |inkjos'trare| **A** *v.tr.* **1** (*tip.*) [*ricoprire, spalmare opportunamente d'inchiostro*] encrer: *inchiostrare i rulli* encrer les rouleaux **2** (*per est.*) [*inumidire con inchiostro*] encrer: *inchiostrare un timbro* encrer un tampon **B** *v.pron. rifl.* (*raro*) INCHIOSTRARSI [*sporcarsi, imbrattarsi d'inchiostro*] se tacher (*corr.*), se salir d'encre (*corr.*).

inchiostratóre |inkjostra'tore| *s.m.* (*tip.*) (rouleau) encreur.

inchiostratùra |inkjostra'tura| *s.f.* → **inchiostrazione.**

inchiostrazióne |inkjostrat'tsjone| *s.f.* [→ INCHIOSTRARE A 1] encrage (*m.*): *questo rullo ha un'inchiostrazione difettosa* ce rouleau a un encrage défecteux.

inchiòstro |in'kjɔstro| *s.m.* **1** [*sostanza liquida usata per scrivere o per stampare*] encre (*f.*): *inchiostro rosso, blu, nero* encre rouge, bleue, noire; *inchiostro stilografico, copiativo* encre stylographique, à copier; *inchiostro di china* encre de Chine; *inchiostro da stampa, per timbri* encre d'imprimerie, à tampon ◇ (*loc. fig.*) *versare fiumi d'inchiostro* [*scrivere moltissimo*] faire couler beaucoup d'encre **2** (*t.zool.*) *inchiostro di seppia* encre de seiche.

inchiùdere |in'kjudere| (106) *v.tr.* (*lett.*) → **includere.**

inciampàre |intʃam'pare| *v.intr.* (*aus.* '*avere, essere*') **1** [*urtare con il piede in un ostacolo*] trébucher (*aus.* avoir) (sur), buter (*aus.* avoir) (contre): *ha, è inciampato in un sasso ed è caduto* il a trébuché sur, buté contre une pierre et il est tombé → **incespicare** **2** (*fig.*) [*incontrare, imbattersi*] trébucher; tomber (*aus.* être) sur: *inciampare in una difficoltà* trébucher sur une difficulté; *inciampare in un creditore, in un seccatore* tomber sur un créancier, sur un casse-pieds ◇ (*loc.*) *inciampare nel codice penale* [*commettere inavvertitamente un reato*] violer *tr.* le code pénal.

inciampàta |intʃam'pata| *s.f.* (*raro*) [→ INCIAMPARE 1] trébuchement *m.*

inciampicàre |intʃampi'kare| *v. intr.* (*aus.* '*avere*') → **inciampare.**

inciàmpo |in'tʃampo| *s.m.* **1** [*ostacolo in cui si può facilmente inciampare*] obstacle: *questa strada è piena di inciampi* cette route est pleine d'obstacles # *questo bagaglio mi è d'inciampo* ce bagage me gêne → **impedimento** **2** (*fig.*) [*difficoltà, contrattempo*] obstacle: *il lavoro procede senza inciampi* le travail progresse sans obstacle; *tu mi sei più d'inciampo che di aiuto* tu me gênes plus que tu ne m'aides → **intralcio.**

inciampóne |intʃam'pone|, **inciampicóne** |intʃampi'kone| *s.m.* [*urto improvviso e violento del piede in un ostacolo*] *heurt.

incidentàle |intʃiden'tale| *agg.* **1** accidentel*: *disgrazia, fatto incidentale* malheur, fait accidentel → **casuale** **2** [*secondario, accessorio*] incident: *una osservazione incidentale* une observation incidente → **marginale** ◇ (*gram.*) *proposizione, frase incidentale* une incidente *s.f.* ◇ (*dir.*) *questione incidentale* question incidente.

incidentalménte |intʃidental'mente| *avv.* **1** [→ INCIDENTALE 1] incidemment: *mi sono imbattuto in lui incidentalmente* je suis tombé sur lui incidemment, accidentellement → **casualmente**; *mi ha fatto notare incidentalmente anche questi particolari* il m'a même fait remarquer incidemment ces détails → **accessoriamente** **2** [*a mo' d'inciso*] en passant (*loc. inv.*): *egli, sia detto incidentalmente, è il vero responsabile* c'est lui, soit dit en passant, le véritable responsable.

1 **incidènte** |intʃi'dɛnte| *agg.* **1** (*geom.*) incident: *rette incidenti* droites incidentes ◇ (*ott.*) *raggio incidente* rayon incident **2** (*raro*) → **incidentale** 2.

2 **incidènte** |intʃi'dɛnte| *s.m.* **1** [*infortunio, disgrazia, inconveniente*] accident; incident: *rimanere vittima di un incidente automobilistico* être victime d'un accident de voiture → **sinistro**; *in quell'incidente aereo vi furono molte vittime* cet accident d'avion fit de nombreuses victimes → **disgrazia, sciagura** ‖ *dovremmo farcela, salvo incidenti* nous devrions y réussir, sauf incidents → **imprevisto** **2** [*disputa, polemica su problemi secondari* (*nel corso di una riunione*)] incident: *sollevare un incidente* provoquer un incident; *la seduta alla Camera si è svolta senza alcun incidente* la séance à la Chambre s'est déroulée sans aucun incident **3** (*dir.*) incident.

incidènza |intʃi'dɛntsa| *s.f.* **1** (*fis.*) incidence: *angolo d'incidenza* angle d'incidence ◇ (*geom.*) *punto d'incidenza* point d'incidence **2** (*fig.*) [→ 2 INCIDERE] incidence: *l'affito di casa ha una incidenza notevole sul bilancio familiare* le loyer (de la maison) a une incidence considérable sur le budget familial → 1 **peso**; *le ingiustizie sociali hanno una forte incidenza sulla criminalità* les injustices sociales ont une forte incidence sur la criminalité → **influsso** **3** *loc. avv.* PER INCIDENZA (*incidentalmente, per inciso*) incidemment (*avv.*): *dire, obiettare q.c. per incidenza* dire, objecter qqch. incidemment; *l'argomento è stato sfiorato per incidenza* le sujet a été effleuré incidemment.

1 **incìdere** |in'tʃidere| (130) *v.tr.* **1** [*effettuare un taglio netto e sottile*] ouvrir (23); creuser: *incidere un ascesso* ouvrir un abcès → **tagliare** ‖ *il torrente, in quel punto, ha inciso profondamente la roccia* le torrent, à cet endroit, a creusé profondément la roche → **solcare** **2** [*intagliare in rilievo o in incavo*] graver: *incidere il rame, la pietra, il legno* graver sur le cuivre, la pierre, le bois # *incidere la corteccia di un albero con il temperino* inciser l'écorce d'un arbre avec un canif ◇ (*con il compl. oggetto della scritta o del disegno*) *incidere il nome su una medaglia* graver un nom sur une médaille; *incidere un'iscrizione su una lapide* graver une inscription sur une pierre tombale ◇ (*fig.*) [*imprimere in modo indelebile*] *incidere una data, un fatto nella memoria* graver une date, un fait dans sa mémoire **3** [*registrare su dischi, nastri magnetici e sim.*] enregistrer; graver: *incidere una canzone, un concerto* enregistrer une chanson, un concert ‖ *è una ditta che incide più di mezzo milione di dischi al mese* c'est une maison qui grave plus d'un demi million de disques par mois ◇ (*per est.*) *quel cantante ha inciso moltissimi dischi* ce chanteur a enregistré un très grand nombre de disques.

2 **incìdere** |in'tʃidere| (130) *v.intr.* (*aus.* '*avere*') [*gravare, pesare; influire su*] avoir (28) une incidence, peser (6): *questa spesa incide notevolmente sul bilancio familiare* cette dépense a une incidence considérable, pèse considérablement sur le budget familial; *è stata un'esperienza che ha inciso moltissimo sulla formazione del ragazzo* ce fut une expérience qui pesa énormément sur la formation de ce garçon.

incielàre |intʃe'lare| *v.tr.* (*lett.*) [*collocare tra i beati del cielo*] placer (2) dans le ciel (*corr.*).

incìle |in'tʃile| *s.m.* (*idraul.*) embouchure *f.*

incimurrìre |intʃimur'rire| (197) *v.intr.* (*aus.* '*essere*') [*ammalarsi di cimurro*] prendre (73) *tr.* la morve ◇ (*scherz.*) [*prendere un forte raffreddore*] s'enrhumer *pron.* (*corr.*).

incimurrìto |intʃimur'rito| *agg.* [*malato di cimurro*] morveux*: *un cane incimurrito* un chien morveux ◇ (*scherz.*) [*raffreddato*] enrhumé: *non sto bene: sono un po' incimurrito* je ne suis pas bien; je suis un peu enrhumé.

incincignàre |intʃintʃiɲ'ɲare| *v.tr.* (*fam., tosc.*) → **sgualcire.**

incineràre |intʃine'rare| *v.tr.* **1** [*cremare*] incinérer (8): *incinerare un cadavere* incinérer un cadavre **2** (*raro*) [*ridurre in cenere sostanze organiche mediante combustione*] incinérer.

inceneratóre, trice |intʃinera'tore, tritʃe| **1** *agg.* [*che pratica il rito dell'incinerazione*] qui pratique l'incinération (*loc.*): *popoli incineratori* peuples qui pratiquent l'incinération **2** *s.m.* → **inceneritore.**

incinerazióne |intʃinerat'tsjone| *s.f.* **1** [→ INCINERARE 1] incinération: *l'incinerazione dei cadaveri* l'incinération des cadavres → **cremazione** **2** [→ INCINERARE 2] incinération.

incìnta |in'tʃinta| *agg. f.* [*in gravidanza*] enceinte: *una donna incinta di sei mesi* une femme enceinte de six mois; *restare incinta* devenir, être enceinte.

incipiènte |intʃi'piɛnte| *agg.* [*che*

è ancora agli inizi; che comincia a manifestarsi] *maternità incipiente* grossesse à ses débuts; *un raffreddore incipiente* un commencement de rhume.

incipit |'intʃipit| *s.m. inv.* (*lat.*) incipit.

incipriàre |intʃipri'are| **A** *v.tr.* [*coprire, cospargere di cipria*] poudrer: *incipriare il viso* poudrer le visage □ *incipriarsi il naso* se poudrer le nez **B** *v.pron. rifl.* INCIPRIARSI [→ *tr.*] se poudrer: *s'è incipriata tutta dai capelli alla punta dei piedi* elle s'est poudrée littéralement de la tête aux pieds ◆ → *tr.* □.

incipriàto |intʃipri'ato| *agg.* [*cosparso, velato di cipria*] poudré: *una signora tutta incipriata* une femme toute poudrée.

incirca |in'tʃirka| *avv.* (*solo nella loc.*) ALL'INCIRCA [*pressappoco, suppergiù*] à peu près, environ (*avv.*): *questa è all'incirca la spesa* ceci est à peu près, environ la dépense.

incisióne |intʃi'zjone| *s.f.* **1** [→ 1 INCIDERE 1] incision: *quel tavolo ha delle incisioni profonde* cette table a de profondes incisions → **taglio** # *l'incisione di un ascesso* l'ouverture d'un abcès **2** [→ 1 INCIDERE 2] gravure: *incisione su un legno, su rame* gravure sur bois, sur cuivre; *incisione a bulino, all'acquaforte* gravure au burin, à l'eau-forte; *spiccava sulla parete una bella incisione* une belle gravure se détachait sur le mur **3** [→ 1 INCIDERE 3] enregistrement (*m.*): *l'incisione di un concerto* l'enregistrement d'un concert → **registrazione.**

incisività |intʃizivi'ta| *s.f. inv.* **1** [*nitidezza, essenzialità* (*spec. di contorni*)] netteté (*var.*): *l'incisività delle linee di un disegno* la netteté des lignes d'un dessin; *l'incisività di un'immagine fotografica* la netteté d'une photographie **2** (*fig.*) [*efficacia, vivezza di rappresentazione*] caractère *m. var.* incisif: *incisività di stile* le caractère incisif d'un style; *le sue parole sono di una profonda incisività* ses mots sont d'un caractère très incisif.

incisìvo |intʃi'zivo| *agg.* **1** (*anat.*) incisif*: (*denti*) *incisivi* (dents) incisives **2** [*caratterizzato da contorni nitidi e ben marcati*] net*: *immagine incisiva* image nette; *disegno incisivo* dessin net ◇ (*foto.*) *obiettivo incisivo* lentille à très bonne résolution *loc.* **3** (*fig.*) [*dotato di efficacia e di capacità espressiva*] incisif: *frase incisiva* phrase incisive; *uno scrittore, uno stile secco ed incisivo* un écrivain, un style sec et incisif.

incìso |in'tʃizo| *s.m.* **1** incise (*f.*): *un discorso pieno di incisi* un discours plein d'incises; *quello scrittore fa uso di troppi incisi* cet écrivain se sert trop souvent d'incises ◇ *loc. avv.* PER INCISO [*incidentalmente*] incidemment *avv.*, en passant: *lo disse per inciso* il le dit incidemment, en passant **2** (*mus.*) incise.

incisóre |intʃi'zore| *s.m.* **1** [*il tecnico che fa incisioni con procedimenti meccanici o chimici*] graveur: *un incisore di metalli* un graveur sur métaux; *incisore in legno, in vetro* graveur sur bois, sur vitre **2** [*chi fa incisioni artistiche*] graveur: *quel pittore è anche un eccellente incisore* ce peintre est aussi un excellent graveur.

incisoria |intʃizo'ria| *s.f.* atelier *m.* du graveur.

incisòrio, i |intʃi'zɔrjo, i| *agg.* **1** [*relativo all'incisione*] de la gravure *loc. inv.*, du graveur (*loc. inv.*): *arte incisoria* art de la gravure, du graveur; *procedimenti incisori* procédés de la gravure **2** *sala incisoria* [*per dissezioni anatomiche*] amphithéâtre d'anatomie.

incistaménto |intʃista'mento| *s.m.* (*biol., med.*) enkystement.

incistàrsi |intʃis'tarsi| *v.pron. intr.* (*med.*) (*di ascessi o di corpi estranei a un organismo*) [*formare una cisti; chiudersi in una cisti*] s'enkyster ◇ (*biol.*) (*di Protozoi e di alcuni Metazoi*) [*racchiudersi in una cisti*] s'enkyster.

incisùra |intʃi'zura| *s.f.* (*anat.*) scissure: *incisura del cervelletto* scissure du cervelet.

incitaménto |intʃita'mento| *s.m.* **1** [→ INCITARE 1] encouragement; invitation (*f.*): *l'incitamento allo studio, alla bontà* l'encouragement aux études, à la bonté ‖ *rimase sordo a ogni incitamento* il resta sourd à toute invitation **2** [*stimolo, sprone*] encouragement, stimulant: *il suo esempio fu d'incitamento per noi tutti* son exemple fut un encouragement, un stimulant pour nous tous.

incitàre |intʃi'tare| *v.tr.* **1** [*stimolare, esortare, spingere*] inciter: *incitare al bene, al male* inciter au bien, au mal; *incitare alla rivolta* inciter à la révolte → **istigare, sobillare** # *incitare la propria squadra* encourager son équipe → **incoraggiare** **2** (*lett.*) → **suscitare, scatenare.**

incitrullire |intʃitrul'lire| (197) *v.tr., intr.* (*aus. 'essere'*) *e pron.* → **rincitrullire.**

inciuccàrsi |intʃuk'karsi| *v.pron. intr.* (*pop.*) → **sborniar(si).**

inciuchire |intʃu'kire| (197) **A** *v. intr.* (*aus. 'essere'*) [*diventare come un ciuco* (*per ignoranza, stupidità*)] (s')abêtir # *quel ragazzo andando a scuola è inciuchito del tutto* l'école a eu pour résultat d'abêtir cet enfant **B** *v.pron. intr.* INCIUCHIRSI [→ *intr.*] s'abêtir.

incivettire |intʃivet'tire| (197) **A** *v.intr.* (*aus. 'essere'*) (*di donna*) [*assumere un atteggiamento malizioso e allettante*] devenir (27), être (43) (*aus.* avoir) coquette: *quella ragazza già comincia a incivettire* cette jeune fille commence déjà à être coquette, à faire la coquette **B** *v.pron. intr.* INCIVETTIRSI [→ *intr.*] devenir *intr.* coquette.

incivile |intʃi'vile| *agg.* **1** [*barbaro, primitivo, selvaggio*] barbare: *popolazioni incivili* populations barbares; *leggi, costumi incivili* lois, coutumes barbares **2** [*maleducato, villano*] grossier*: *comportamento incivile* attitude grossière; *modi incivili* façons grossières; *è un uomo incivile* c'est un homme grossier, un rustre.

incivilimento |intʃivili'mento| *s.m.* **1** [→ INCIVILIRE A 1; B 1] civilisation (*f.*): *l'incivilimento di un popolo, dell'umanità* la civilisation d'un peuple, de l'humanité **2** [→ INCIVILIRE A 2; B 2] affinement # *la scuola è un efficace mezzo d'incivilimento dei costumi* l'école est un moyen efficace pour affiner les mœurs → **ingentilimento.**

incivilire |intʃivi'lire| (197) **A** *v.tr.* **1** [*condurre a un livello di civiltà più elevato*] civiliser: *incivilire un popolo primitivo* civiliser un peuple primitif → **civilizzare** **2** [*rendere più educato; dirozzare*] affiner: *le nuove compagnie l'hanno alquanto incivilito* ses nouveaux amis l'ont assez affiné → **ingentilire** **B** *v.pron. intr.* INCIVILIRSI **1** [→ *tr.* 1] se civiliser # *i Romani s'incivilirono rapidamente a contatto con i Greci* les Romains devinrent rapidement plus raffinés au contact des Grecs **2** [→ *tr.* 2] s'affiner: *andando a scuola s'è un po' incivilito* en allant à l'école, il s'est un peu affiné.

incivilménte |intʃivil'mente| *avv.* [→ INCIVILE 2] grossièrement, impoliment: *comportarsi incivilmente* se comporter grossièrement, impoliment.

inciviltà |intʃivil'ta| *s.f. inv.* **1** [*livello di civiltà estremamente basso*] barbarie *var.* # *è un popolo ancora in stato di inciviltà* c'est un peuple qui est encore à l'état barbare → **barbarie** **2** [*maleducazione, grossolanità*] impolitesse *var.*, grossièreté (*var.*): *commettere una inciviltà* commettre une impolitesse, une grossièreté # *inciviltà di modi* façons grossières, impolies → **rozzezza, villania**; *maltrattare gli animali è un'inciviltà* il est barbare de maltraiter les animaux.

inclassificàbile |inklassifi'kabile| *agg.* **1** [*che non può essere classificato secondo i normali criteri*] inclassable: *lavoro inclassificabile* travail inclassable; *insetti inclassificabili* insectes inclassables ◇ (*di compito scolastico*) [*non valutabile con un voto*] qui ne peut être noté (*loc.*): *tema, traduzione inclassificabile per i molti errori* rédaction, traduction qui ne peut être notée parce que comportant de trop nombreuses fautes **2** (*fig.*) [*pessimo, scorretto*] inqualifiable: *azione, comportamento inclassificabile* action, attitude inqualifiable.

inclemènte |inkle'mɛnte| *agg.* **1** [*crudele, spietato, inesorabile*] impitoyable; implacable: *giudice inclemente* juge impitoyable → **inflessibile** ‖ *destino, verdetto inclemente* destin, verdict implacable **2** (*fig.*) (*di condizioni meteorologiche*) [*aspro, rigido, avverso*] rude: *un clima, un inverno inclemente* un climat, un hiver rude.

inclemènza |inkle'mɛntsa| *s.f.* **1** [*severità eccessiva; intransigenza*] sévérité: *l'inclemenza dei giudici* la sévérité des juges; *l'inclemenza della sorte* la sévérité du destin **2** (*fig.*) (*di condizioni meteorologiche*) inclémence: *l'inclemenza della stagione* l'inclémence de la saison.

inclinàbile |inkli'nabile| *agg.* [→ INCLINARE A 1] qui peut être incliné (*loc.*): *piano inclinabile* plan qui peut être incliné.

inclinaménto |inklina'mento| *s.m.* (*fig.*) → **propensione.**

inclinàre |inkli'nare| **A** *v.tr.* **1** [*piegare obliquamente, verso il basso*] pencher: *inclinare il bicchiere per versarne il liquido* pencher le verre pour en verser le liquide ◇ (*raro, lett.*) → **reclinare, chinare** **2** (*fig., lett.*) → **indurre, disporre** **B** *v.intr.* (*aus. 'avere'*) (*fig.*) [*propendere, avere inclinazione*] être (43) enclin à: *inclinare al perdono* être enclin au pardon; *inclino a credere che tu stia mentendo* je suis enclin à croire que tu es en train de mentir (que tu mens) **C** *v.pron. intr.* INCLINARSI [→ *tr.* 1] s'incliner # *la nave s'inclinò su un fianco e affondò rapidamente* le navire prit de la bande et coula rapidement.

inclinàto |inkli'nato| *agg.* **1** [*piegato verso il basso*] incliné: *piano inclinato* plan incliné; *teneva il libro inclinato per leggere meglio* il tenait le livre incliné, penché pour mieux lire **2** (*fig.*) [*incline, propenso*] enclin (à); doué: *il suo animo è naturalmente inclinato alla virtù* son esprit est naturellement enclin à la vertu → **disposto** || *non si sente inclinato per la pittura* il ne se sent pas doué pour, il n'est pas attiré par la peinture.

inclinazióne |inklinat'tsjone| *s.f.* **1** inclinaison: *l'inclinazione del tetto* l'inclinaison du toit → **pendenza**; *l'inclinazione di una nave, di un aereo* l'inclinaison d'un navire, d'un avion; *angolo d'inclinazione* angle d'inclinaison ◇ (*astron.*) *inclinazione magnetica* inclinaison magnétique; *inclinazione dell'asse terrestre* inclinaison de l'axe terrestre **2** (*fig.*) [*disposizione naturale; propensione*] penchant *m.* # *quel giovane ha una spiccata inclinazione per la musica* ce jeune homme est très attiré par la musique → **tendenza, attitudine** ◇ (*per est.*) [*affetto, interesse, simpatia*] sympathie: *avere, nutrire inclinazione per qc.* avoir, nourrir de la sympathie pour qqn.; *mostra una certa inclinazione per quella ragazza* il fait preuve d'une certaine sympathie pour cette jeune fille **3** (*edil.*) dévers *m.* **4** (*geol.*) pendage *m.*

incline |in'kline| *agg.* [*portato, disposto, propenso*] enclin: *essere incline alla magnanimità* être enclin à la magnanimité; *ha un animo incline al perdono* il a un esprit enclin au pardon.

ìnclito |'inklito| *agg.* (*lett.*) → **celebre, famoso**; **nobile, illustre.**

inclùdere |in'kludere| (106) *v.tr.* **1** [*inserire, mettere dentro*] joindre (61); insérer (8): *ti includo nella lettera questo assegno* je joins ce chèque à ma lettre → **accludere** || *ha incluso nel contratto una nuova clausola* il a inséré une nouvelle clause dans le contrat **2** [*comprendere*] comprendre (73): *essere incluso nell'elenco dei convitati* être compris dans la liste des invités; *nel conto sono incluse anche le telefonate* les coups de téléphone sont aussi compris sur la note ◇ [*contenere, abbracciare, racchiudere*] contenir (27), impliquer: *il vocabolo 'temerario' include anche una idea di biasimo* le mot 'téméraire' contient, implique aussi une idée de blâme.

inclusióne |inklu'zjone| *s.f.* [→ INCLUDERE 1] insertion, introduction: *l'inclusione di un nome in un elenco* l'insertion, l'introduction d'un nom dans une liste → **inserimento**; *l'inclusione di una clausola in un contratto* l'insertion d'une clause dans un contrat.

inclusivaménte |inkluziva'mente| *avv.* [→ INCLUSIVO] inclusivement.

inclusivo |inklu'zivo| *agg.* inclusif* # *il prezzo della gita è inclusivo anche del vitto* le prix de l'excursion comprend aussi les repas → **comprensivo.**

inclùso |in'kluzo| *agg.* **1** [*inserito, chiuso dentro*] ci-inclus, ci-joint # *ho ricevuto la tua lettera con incluso il biglietto d'invito* j'ai reçu ta lettre contenant le carton d'invitation **2** [*compreso; contenuto*] inclus: *studiate fino a pagina 20 inclusa* étudiez jusqu'à la page 20 incluse; *le spese di trasporto sono incluse nel prezzo* les frais de transport sont inclus dans le prix.

incoagulàbile |inkoagu'labile| *agg.* incoagulable: *liquido, siero incoagulabile* liquide, sérum incoagulable.

incoagulabilità |incoagulabili'ta| *s.f. inv.* non-coagulabilité *var.*

incoàre |inko'are| *v.tr.* (*lett.*) → **intraprendere, avviare.**

incoatìvo |inkoa'tivo| *agg. e s.m.* (*gram.*) inchoatif*: *suffissi incoativi* suffixes inchoatifs; *i verbi incoativi, gli incoativi* les verbes inchoatifs *agg.*

incoccàre |inkok'kare| *v.tr.* **1** (*della freccia*) [*adattarne la cocca alla corda dell'arco*] encocher: *incoccare il dardo* encocher une flèche **2** (*mar.*) [*mettere l'anello del canapo alla cima dell'albero*] capeler (4).

incocciàre |inkot'tʃare| (*fam., region.*) **A** *v.tr.* → **incontrare; urtare B** *v. intr.* **1** (*aus. 'avere'*) → **imbattersi 2** (*aus. 'essere'*) → **impermalir(si) C** *v. pron. intr.* INCOCCIARSI → **ostinarsi.**

incocciatùra |inkottʃa'tura| *s.f.* (*region.*) **1** → **arrabbiatura 2** → **ostinazione.**

incodardìre |inkodar'dire| (197) *v.intr.* (*aus. 'essere'*) (*raro*) [*diventare vile, codardo*] devenir (27) lâche.

incoercibilità |inkoertʃibili'ta| *s.f. inv.* **1** (*chim., fis.*) incompressibilité *var.* **2** (*fig.*) [*incontenibilità, irrefrenabilità*] incoercibilité *var.* (*raro*) # *l'incoercibilità di un impulso* le caractère incoercible d'une impulsion; *l'incoercibilità di un ideale* l'intransigeance d'un idéal.

incoercìbile |inkoer'tʃibile| *agg.* **1** (*chim., fis.*) incompressible **2** (*fig.*) [*che non si può reprimere, frenare*] incoercible (*lett.*): *desiderio incoercibile* désir incoercible → **incontenibile.**

incoerènte |inkoe'rɛnte| *agg.* **1** incohérent: *terreno, materiale incoerente* terrain, matériel incohérent; *rocce incoerenti* roches incohérentes **2** (*fig.*) [*che non ha coerenza*] incohérent: *fare un discorso, un ragionamento incoerente* faire un discours, un raisonnement incohérent → **sconnesso, sconclusionato**; *avere un comportamento incoerente* avoir une attitude incohérente → **contraddittorio, incongruente.**

incoerènza |inkoe'rɛntsa| *s.f.* **1** incohérence: *incoerenza delle rocce, del terreno* incohérence des roches, du terrain **2** (*fig.*) incohérence: *incoerenza nel parlare* incohérence dans la façon de parler → **insensatezza, illogicità**; *comportarsi con incoerenza* agir avec incohérence → **incongruenza** ◇ [*atto, detto incoerente*] *il suo discorso è pieno di incoerenze* ses paroles sont pleines d'inchohérences; *nel suo comportamento vi sono delle incoerenze inammissibili* il y a, dans son comportement, des incohérences inadmissibles **3** (*psicol.*) incohérence → **schizofrenia.**

incògliere |in'kɔʎʎere| (123) **A** *v. intr.* (*aus. 'avere'*) [*capitare, accadere*] (*solo nelle espressioni scherz.*) *mal me n'incolse* mal m'en prit; *mal gliene incolga* le ciel le punisse **B** *v.tr.* (*lett.*) → **sorprendere.**

incògnita |in'kɔɲɲita| *s.f.* **1** (*mat.*) inconnue: *equazione a due incognite* équation à deux inconnues **2** (*fig.*) [*fatto o situazione di cui non si può prevedere lo sviluppo*] *gli esami costituiscono sempre un'incognita* il est impossible de prévoir les résultats d'un examen; *il futuro è pieno di incognite* il est impossible de prévoir l'avenir; l'avenir est plein d'inconnues ◇ (*loc.*) *è un'incognita* (*detto di persona le cui reazioni sono imprevedibili*) cet homme est une énigme, un mystère.

incògnito |in'kɔɲɲito| **I** *agg.* (*mat.*) inconnu: *quantità, grandezza incognita* quantité, grandeur inconnue ♦ *s.f.* → **incognita** 1 **II** *s.m.* **1** [*condizione di chi vuol mantenere segreta la propria identità*] incognito: *mantenere, conservare l'incognito* maintenir, garder l'incognito; *viaggiare in incognito* voyager incognito *avv.* **2** [*ciò che non si conosce; l'ignoto*] inconnu: *temere l'incognito* avoir peur de l'inconnu; *avere il gusto dell'incognito* aimer l'inconnu.

incollàggio, i |inkol'laddʒo, i| *s.m.* [→ 1 INCOLLARE A 2] encollage: *l'incollaggio di un francobollo* l'encollage d'un timbre, le fait de coller un timbre; *l'incollaggio della carta da stampa* l'encollage du papier d'imprimerie.

incollaménto |inkolla'mento| *s.m.* (*raro*) → 1 **incollatura.**

1 **incollàre** |inkol'lare| **A** *v.tr.* **1** [*attaccare, unire mediante la colla*] coller: *incollare due pezzi di legno* coller deux pièces de bois; *incollare un manifesto sul muro* coller une affiche sur le mur **2** (*tecnol.*) [*spalmare di colla*] encoller: *incollare la carta da stampa* encoller le papier d'imprimerie **3** (*per est.*) [*attaccare, appiccicare, unire strettamente*] coller: *incollare il naso al vetro della finestra* coller son nez contre la vitre de la fenêtre **B** *v.pron.* INCOLLARSI **1** *intr.* [*appiccicarsi, attaccarsi*] coller (*tr.*): *i capelli, per il sudore, gli si erano incollati sulla fronte* la sueur lui avait collé les cheveux sur le front **2** *rifl.* (*fig.*) [*tenersi strettissimo a qc.*] se coller: *il bambino s'era incollato alla madre* l'enfant s'était collé à sa mère ◇ (*sport*) [*controllare strettamente l'avversario*] marquer (*tr.*): *incollarsi al centravanti* marquer l'avant-centre.

2 **incollàre** |inkol'lare| *v.tr.* (*region.*) [*caricare sulle proprie spalle*] mettre (71) sur le dos: (*si*) *incollò il sacco e lo portò in casa* il mit le sac sur son dos et le porta à l'intérieur de la maison.

incollàto |inkol'lato| *agg.* **1** [*attaccato, unito con la colla*] collé: *due fogli incollati* deux feuilles collées; *l'indirizzo era incollato sul baule* l'adresse était collée sur la malle ◇ (*tecnol.*) *francobollo incollato* timbre collé **2** (*per est.*) [*appiccicato, attaccato tenacemente*] collé, cloué: *sembrava incollato alla poltrona* il semblait être collé, cloué sur le fauteuil; *aveva la camicia incollata addosso per il sudore* il avait la chemise collée par la sueur ◇ (*sport*) *il corridore rimase incollato alla ruota dell'avversario* le coureur resta collé à la roue de son adversaire.

incollatóre, trice |inkolla'tore, tritʃe| *s.* **1** *s.* [*operaio che incolla*] encolleur* **2** *s.f.* (*tecnol.*) encolleuse.

1 **incollatùra** |inkolla'tura| *s.f.* **1** [→ 1 INCOLLARE A 1] collage (*m.*): *l'incollatura di un manifesto* le collage d'une affiche; *fare un'incollatura resistente* faire un collage résistant **2** [→ 1 INCOLLARE A 2] encollage (*m.*): *l'incollatura dei francobolli, della carta da stampa* l'encollage des timbres, du papier d'imprimerie **3** [*la parte, il punto dove*

due pezzi sono incollati] point *m.* de collage: *bagnare con la saliva l'incollatura di una busta* mouiller avec la salive le point de collage d'une enveloppe.
2 **incollatùra** |inkolla'tura| *s.f.* (*ippica*) encolure: *vincere di una incollatura* gagner d'une encolure; *perdere per mezza incollatura* perdre d'une demi-encolure.
incollerìre |inkolle'rire| (197) **A** *v.intr.* (*aus.* '*essere*') [*andare in collera*] s'emporter *pron.*, se mettre (71) *pron.* en colère: *è incollerito per un banale contrattempo* il s'est emporté, mis en colère pour un simple contretemps **B** *v.pron. intr.* INCOLLERIRSI [→ *intr.*] s'emporter, se mettre en colère: *incollerire per un nonnulla* s'emporter pour rien → **adirarsi, arrabbiar(si).**
incollerìrsi |inkolle'rirsi| (197) *v. pron. intr.* [*andare in collera, adirarsi*] s'emporter, se mettre (71) en colère: *incollerirsi per un banale motivo* s'emporter, se mettre en colère pour un rien, pour une raison futile.
incollerìto |inkolle'rito| *agg.* [*adirato, stizzito*] en colère (*loc. inv.*): *era tutto incollerito* il était très en colère.
incolmàbile |inkol'mabile| *agg.* [*che non può essere colmato*] impossible à combler; irrémédiable: *vuoto incolmabile* vide impossible à combler || *perdita incolmabile* perte irrémédiable → **insostituibile** ◇ (*sport*) *distacco incolmabile* écart impossible à rattraper → **irrecuperabile.**
incolonnaménto |inkolonna'mento| *s.m.* [→ INCOLONNARE] mise *f.* en colonne (*f.*): *l'incolonnamento dei numeri* la mise en colonne des chiffres: *l'incolonnamento dei prigionieri* la mise en colonne des prisonniers; *l'incolonnamento dei veicoli* la colonne, la file des véhicules.
incolonnàre |inkolon'nare| **A** *v.tr.* [*disporre, ordinare in colonna*] mettre (71) en colonne: *incolonnare i numeri, le cifre sul foglio* mettre en colonne les nombres, les chiffres sur la feuille; *incolonnare i soldati* mettre les soldats en colonne # *incolonnare il traffico automobilistico* mettre le trafic automobile en file(s) **B** *v.pron. rifl.* INCOLONNARSI [*disporsi, mettersi in fila*] se mettre en colonne: *le truppe s'incolonnarono e s'avviarono verso il campo* les troupes se mirent en colonne et marchèrent vers le camp.
incolonnàto |inkolon'nato| *agg.* [*disposto, ordinato in colonna*] en colonne (*loc. inv.*): *numeri male incolonnati* chiffres mal disposés en colonne; *i soldati procedevano incolonnati* les soldats marchaient en colonne.
incolonnatóre |inkolonna'tore| *s.m.* (*tecnol.*) tabulateur.
incolóre |inko'lore|, (*raro*) **incolóro** |inko'loro| *agg.* **1** incolore: *sostanza, liquido incolore* substance, liquide incolore **2** (*fig.*) [*piatto, mediocre, scialbo*] incolore: *un'esistenza incolore* une existence incolore; *stile incolore* style incolore.
incolpàbile |inkol'pabile| *agg.* (*raro, lett.*) → **innocente, irreprensibile.**
incolpabilità |inkolpabili'ta| *s.f. inv.* (*raro, lett.*) → **incensurabilità, innocenza.**
incolpaménto |inkolpa'mento| *s.m.* (*raro*) [→ INCOLPARE A] inculpation *f.*
incolpàre |inkol'pare| **A** *v.tr.* [*ritenere, dichiarare colpevole, responsabile*] accuser: *incolpare la sorte delle proprie avversità* accuser le sort de ses malheurs → **accusare** # *lo incolpano della rovina di quella famiglia* ils le tiennent pour responsable de la ruine de cette famille → **incriminare** ◇ (*spec.*) inculper: *incolpare qc. di furto* inculper qqn. de vol; *incolpare a torto, a ragione* inculper à tort, à raison → **incriminare B** *v.pron. recipr.* INCOLPARSI [*accusarsi l'un l'altro*] s'accuser: *gli accusati s'incolpavano a vicenda* les inculpés s'accusaient réciproquement.
1 **incolpàto** |inkol'pato| *agg.* [*accusato; ritenuto colpevole*] accusé: *essere incolpato a torto, a ragione* être accusé à tort, à raison.
2 **incolpàto** |inkol'pato| *agg.* (*raro, lett.*) → **innocente.**
incolpévole |inkol'pevole| *agg.* (*raro*) → **innocente.**
incolpevolézza |inkolpevo'lettsa| *s.f.* (*raro*) → **innocenza; incensurabilità.**
incoltézza |inkol'tettsa| *s.f.* (*raro*) **1** → **abbandono, squallore 2** (*fig.*) → **ignoranza, rozzezza.**
incoltivàbile |inkolti'vabile| *agg.* incultivable: *terreno incoltivabile* terrain incultivable.
incólto |in'kolto| *agg.* **1** inculte: *campo, terreno incolto* champ, terrain inculte ◆ (*s.m.*) *un incolto* [*terreno non coltivato*] un terrain inculte *agg.* **2** (*fig.*) [*privo di cultura; ignorante, rozzo*] inculte: *uomo incolto* homme inculte; *popoli incolti* peuples incultes ◇ [*trasandato, trascurato*] *capelli incolti* cheveux incultes.
incoltaménte |inkolta'mente| *avv.* [→ INCOLTO 2] d'une manière inculte (*loc. inv.*): *parlare incoltamente* parler d'une manière inculte.
incòlume |in'kɔlume| *agg.* [*intatto, illeso; sano e salvo*] indemne, sain et sauf*; intact: *è uscito incolume da quell'incidente* il est sorti indemne, sain et sauf de cet accident; *sono tutti incolumi* ils sont tous sains et saufs || *il terremoto ha lasciato incolume solo il duomo* le tremblement de terre n'a laissé intacte que la cathédrale.
incolumità |inkolumi'ta| *s.f. inv.* [*integrità fisica*] sécurité (*var.*): *temere per la propria incolumità* avoir peur pour sa sécurité; *garantire l'incolumità degli operai* garantir la sécurité des ouvriers; *questi sono delitti contro l'incolumità pubblica* ce sont des délits contre la sécurité publique.
incombènte |inkom'bɛnte| **I** *agg.* **1** [*sovrastante*] dominant; dominant *p. pres.* (+ *compl.*): *le minacce incombenti* les menaces dominantes || *montagne incombenti sulla valle* montagnes dominant la vallée ◇ (*fig.*) *pericolo incombente* danger menaçant *p. pres.* **2** (*raro*) [*di propria competenza*] qui incombe *loc.* **II** *s.m.* (*dir.*) preuve *f.*
incombènza |inkom'bɛntsa| *s.f.* [*compito, incarico, commissione*] tâche: *affidare, ricevere un'incombenza* confier, recevoir une tâche.
incómbere |in'kombere| *v.intr.* (*dif. del p.p.*) **1** [*sovrastare*] planer (*aus.* avoir): *nuvole nere incombevano sopra la vallata* des nuages noirs planaient sur la vallée ◇ (*fig.*) menacer (2): *la guerra civile incombe sul nostro paese* la guerre civile menace notre pays **2** (*raro*) → **spettare, competere.**
incombustìbile |inkombus'tibile| *agg.* incombustible: *sostanze incombustibili* substances incombustibles → **ininfiammabile.**
incombustibilità |inkombustibili'ta| *s.f. inv.* incombustibilité (*var.*): *l'incombustibilità di certi materiali* l'incombustibilité de certains matériaux.
incombùsto |inkom'busto| *agg.* (*lett., scient.*) [*non completamente bruciato*] non brûlé (*corr.*): *gas incombusto* gaz non brûlé.
incominciàre |inkomin'tʃare| *v. tr. e intr.* (*aus.* '*essere*') → **cominciare.**
incominciaménto |inkomintʃa'mento| *s.m.* (*lett.*) → **inizio, principio.**
incommensuràbile |inkommensu'rabile| *agg.* **1** incommensurable, qui ne peut être mesuré (*loc.*): *spazio incommensurabile* espace incommensurable; *distanza incommensurabile* distance qui ne peut être mesurée **2** (*iperb., fig.*) [*immenso, sconfinato*] incommensurable: *la libertà ha un valore incommensurabile* la valeur de la liberté est incommensurable, est telle que nul ne peut la mesurer **3** (*mat.*) incommensurable: *grandezze incommensurabili* grandeurs incommensurables.
incommensurabilità |inkommensurabili'ta| *s.f. inv.* **1** incommensurabilité *var.* (*raro*): *l'incommensurabilità di una distesa* l'incommensurabilité d'une étendue ◇ (*iperb., fig.*) [*immensità, smisuratezza*] *l'incommensurabilità della bontà di Dio* l'incommensurabilité de la bonté de Dieu **2** (*mat.*) incommensurabilité: *l'incommensurabilità di due grandezze* l'incommensurabilité de deux grandeurs.
incommensurabilménte |inkommensurabil'mente| *avv.* [→ INCOMMENSURABILE 2] incommensurablement (*raro*): *incommensurabilmente grande* incommensurablement grand → **enormemente, smisuratamente.**
incommerciàbile |inkommer'tʃabile| *agg.* incommerçable ◇ (*dir.*) inaliénable.
incommerciabilità |inkommertʃabili'ta| *s.f. inv.* non-commercialité *var.*, non-negociabilité *var.* ◇ (*dir.*) inaliénabilité *var.*
incommestìbile |inkommes'tibile| *agg.* (*raro*) [*che non è mangiabile*] immangeable.
incòmmodo |in'kɔmmodo| *e deriv.* (*arc., region.*) → 2 **incomodo** *e deriv.*
incommutàbile |inkommu'tabile| *agg.* **1** qui ne peut être commué *loc.*, incommutable: *pena incommutabile* peine qui ne peut être commuée, incommutable **2** (*lett.*) → **immutabile.**
incommutabilità |inkommutabili'ta| *s.f. inv.* **1** incommutabilité *var.* (*raro*): *l'incommutabilità di un bene, di una pena* l'incommutabilité d'un bien, d'une peine **2** (*lett.*) → **immutabilità.**
incomodàre |inkomo'dare| **A** *v.tr.* [*recare incomodo; disturbare*] déranger (3): *scusate se vi incomodo* excusez-moi si je vous dérange; *non vorrei incomodare nessuno* je ne voudrais déranger personne **B** *v.pron. rifl.* INCOMODARSI [*scomodarsi, disturbarsi*] se déranger: *non v'incomodate, ci vado da solo* ne vous dérangez pas, j'y vais tout seul; *perché ti sei incomodato?* pourquoi t'es-tu dérangé?

incomodàto |inkomo'dato| *agg.* [*indisposto*] indisposé: *non è potuto venire*: *è incomodato per un raffreddore* il n'a pas pu venir: il est indisposé par un rhume.

1 **incòmodo** |in'kɔmodo| *agg.* **1** incommode: *una posizione incomoda* une position incommode → **1 scomodo** # *ho fatto un viaggio incomodo* j'ai fait un voyage difficile, inconfortable **2** [*che da noia, disturbo*] inopportun; fâcheux*: *scusate se sono venuto in un'ora incomoda* excusez-moi d'être venu à une heure inopportune → **inopportuno** ‖ *è un testimone incomodo* c'est un témoin fâcheux, embarrassant → **imbarazzante** ◇ (*scherz.*) *essere il terzo incomodo, fare da terzo incomodo* [*di persona la cui presenza costituisce disturbo, disagio*] être de trop.

2 **incòmodo** |in'kɔmodo| *s.m.* **1** [*fastidio, disturbo, disagio*] dérangement, ennui # *dare, recare incomodo* déranger; *i bagagli quando si viaggia costituiscono un incomodo* les bagages, en voyage, sont embarrassants ◇ (*in espressioni di cortesia*) *mi dispiace darvi tanto incomodo* je suis désolé de vous causer tant d'ennuis; *scusi l'incomodo* pardonnez-moi si je vous dérange; *non doveva prendersi l'incomodo di venire personalmente* il ne fallait pas prendre la peine de venir personnellement ◇ (*in espressioni di congedo*) *togliere, levare l'incomodo* s'en aller: *scusate l'incomodo* excusez le dérangement **2** (*euf.*) [*onorario, compenso* (*per una prestazione professionale*)] honoraire (*corr.*) # *dottore, quant'è l'incomodo* docteur, combien vous dois-je? **3** [*indisposizione di salute* (*non grave ma molesta*)] inconvénient, indisposition (*f.*): *la vecchiaia comporta sempre qualche incomodo* la vieillesse comporte toujours quelques inconvénients → **acciacco.**

incomodità |inkomodi'ta| *s.f. inv.* (*raro*) incommodité *var.*

incomparàbile |inkompa'rabile| *agg.* incomparable: *meriti, doti incomparabili* mérites, dons incomparables → **impareggiabile**; *quella ragazza è di una grazia incomparabile* cette jeune fille est d'une grâce incomparable → **insuperabile.**

incomparabilità |inkomparabili'ta| *s.f. inv.* (*raro*) → **superiorità.**

incomparabilménte |inkomparabil'mente| *avv.* [→ INCOMPARABILE] incomparablement → **straordinariamente, immensamente.**

incompatibile |inkompa'tibile| *agg.* **1** incompatible: *cariche incompatibili* charges incompatibles; *caratteri incompatibili* caractères incompatibles; *ha commesso una negligenza incompatibile con un incarico così delicato* il a commis une négligence incompatible avec une charge aussi délicate → **inconciliabile 2** (*chim.*) *sostanze incompatibili* substances incompatibles ◇ (*mat.*) *sistema di equazioni incompatibili* système d'équations incompatibles; *relazioni incompatibili* relations incompatibles ◇ ◇ (*med.*) *medicamenti incompatibili* médicaments incompatibles.

incompatibilità |inkompatibili'ta| *s.f. inv.* **1** incompatibilité (*var.*): *incompatibilità di carattere, di idee* incompatibilité de caractère, d'idées; *l'incompatibilità di due uffici, di due cariche* l'incompatibilité de deux fonctions, de deux charges **2** (*chim.*) incompatibilité: *l'incompatibilità di due sostanze* l'incompatibilité de deux substances ◇ (*mat.*) *l'incompatibilità di un sistema* l'incompatibilité d'un système ◇ (*med.*) *l'incompatibilità di due farmaci* l'incompatibilité de deux médicaments.

incompenetràbile |inkompene'trabile| *agg.* (*fis.*) impénétrable: *corpi incompenetrabili* corps impénétrables.

incompenetrabilità |inkompenetrabili'ta| *s.f. inv.* (*fis.*) impénétrabilité (*var.*): *l'incompenetrabilità di due corpi* l'impénétrabilité de deux corps.

incompetènte |inkompe'tɛnte| *agg.* **1** incompétent: *essere, dichiararsi incompetente in musica, in pittura* être, se déclarer incompétent en musique, en peinture → **profano** ◇ [*inetto, incapace* (*nella propria professione, nel proprio mestiere*)] *un avvocato, un meccanico incompetente* un avocat, un mécanicien incompétent → **impreparato** ♦ (*s.*) *un incompetente* un incapable: *quel medico è un incompetente* ce docteur est un incapable # *è un incompetente in materia d'arte* il n'a aucune compétence en matière artistique; *parlare da incompetente* parler avec incompétence **2** (*dir.*) incompétent: *tribunale, giudice incompetente* tribunal, juge incompétent; *organo incompetente* organe incompétent.

incompetènza |inkompe'tɛntsa| *s.f.* **1** incompétence: *ammettere, dichiarare la propria incompetenza in un determinato campo* admettre, déclarer son incompétence dans un domaine déterminé → **inesperienza** ◇ [*ignoranza, incapacità* (*nella propria professione*)] *quel meccanico ha dato prova di assoluta incompetenza* ce mécanicien a fait preuve d'une totale incompétence **2** (*dir.*) incompétence: *l'incompetenza di un giudice* l'incompétence d'un juge; *l'incompetenza di un organo amministrativo* l'incompétence d'un organe administratif.

incompiànto |inkom'pjanto| *agg.* (*lett.*) [*non compianto*] non regretté (*corr.*).

incompiutaménte |inkompjuta'mente| *avv.* [→ INCOMPIUTO] incomplètement.

incompiutézza |inkompju'tettsa| *s.f.* [*imperfezione, incompletezza*] inachèvement (*m.*): *l'incompiutezza di un'opera, di una trattazione* l'inachèvement d'une œuvre, d'une négociation.

incompiùto |inkom'pjuto| *agg.* [*imperfetto*; *non finito*] inachevé: *lasciare incompiuto un lavoro* laisser un travail inachevé → **incompleto** ◇ (*mus.*) *la sinfonia incompiuta di Schubert* la symphonie inachevée de Schubert.

incompletaménte |inkompleta'mente| *avv.* [→ INCOMPLETO] incomplètement.

incompletézza |inkomple'tettsa| *s.f.* caractère *m.* incomplet: *l'incompletezza di un elenco, di una serie* le caractère incomplet d'une liste, d'une série.

incomplèto |inkom'plɛto| *agg.* incomplet*: *un lavoro incompleto* un travail incomplet; *una collezione, una serie incompleta* une collection, une série incomplète → **mancante, lacunoso**; *il suo successo è ancora incompleto* son succès est encore incomplet → **parziale.**

incomportàbile |inkompor'tabile| *agg.* (*lett.*) → **intollerabile, insopportabile.**

incompostaménte |inkomposta'mente| *avv.* **1** [→ INCOMPOSTO 1] en désordre *loc. inv.* → **disordinatamente 2** [→ INCOMPOSTO 2] indécemment → **indecentemente.**

incompostézza |inkompos'tettsa| *s.f.* (*raro*) → **disordine**; **indecenza, sconvenienza.**

incompósto |inkom'posto| *agg.* **1** [*disordinato, scomposto*] désordonné: *capelli, abiti incomposti* cheveux, habits desordonnés → **trascurato 2** (*fig.*) [*indecente, scorretto*] indécent: *movimenti, atteggiamenti incomposti* mouvements indécents, attitudes indécentes → **sconveniente**; *risate incomposte* éclats de rires indécents → **sguaiato.**

incomprensìbile |inkompren'sibile| *agg.* incompréhensible: *discorso, linguaggio incomprensibile* discours, langage incompréhensible → **inintelligibile**; *ha un comportamento incomprensibile* il a une attitude incompréhensible → **inspiegabile, ingiustificabile**; *è un uomo incomprensibile* c'est un homme incompréhensible → **strano, difficile**; *la sua scrittura è incomprensibile* son écriture est illisible, indéchiffrable → **indecifrabile.**

incomprensibilità |inkomprensibili'ta| *s.f.inv.* incompréhensibilité (*var.*): *l'incomprensibilità di un linguaggio* l'incompréhensibilité d'un langage; *l'incomprensibilità del suo modo d'agire* l'incompréhensibilité de sa façon d'agir.

incomprensibilménte |inkomprensibil'mente| *avv.* [→ INCOMPRENSIBILE] incompréhensiblement: *parlare incomprensibilmente* parler incompréhensiblement; *è diventato incomprensibilmente scontroso* il est devenu incompréhensiblement hargneux → **inesplicabilmente.**

incomprensióne |inkompren'sjone| *s.f.* incompréhension: *soffrire per l'incomprensione dei propri familiari* souffrir de l'incompréhension de sa famille.

incompréso |inkom'preso| *agg.* **1** incompris: *una donna incompresa* une femme incomprise; *sentirsi incompreso* se sentir incompris; avoir l'impression d'être incompris ◇ (*spec. iron.*) *un genio incompreso* un génie incompris **2** (*raro*) [*non ancora interpretato, capito*] incompris.

incompressìbile |inkompres'sibile| *agg.* (*fis.*) incompressible: *corpi incompressibili* corps incompressibles.

incompressibilità |inkompressibili'ta| *s.f. inv.* (*fis.*) incompressibilité (*var.*): *l'incompressibilità di una sostanza* l'incompressibilité d'une substance.

incomprimìbile |inkompri'mibile| *agg.* (*raro*) **1** → **incontenibile, irrefrenabile 2** → **incompressibile.**

incomprimibilità |inkomprimibili'ta| *s.f. inv.* (*raro*) → **incompressibilità.**

incomunicàbile |inkomuni'kabile| *agg.* incommunicable: *sentimento incomunicabile* sentiment incommunicable → **inesprimibile**; *notizia incomunicabile* nouvelle incommunicable.

incomunicabilità |inkomunikabili'ta| *s.f. inv.* **1** incommunicabilité (*var.*): *l'incomunicabilità di una sensazione* l'incommunicabilité d'une sensation

2 [*incapacità di trovare un adeguato rapporto umano con gli altri*] incommunicabilité.

inconcepìbile |inkontʃe'pibile| *agg.* inconcevable: *concetti inconcepibili* idées inconcevables → **impensabile** ◇ (*spesso con valore iperbolico*) [*incredibile, assurdo*] *è inconcepibile che tu sia arrivato a tanta sfrontatezza* il est inconcevable que tu sois arrivé à une telle effronterie.

inconcepibilménte |inkontʃepibil'mente| *avv.* [→ INCONCEPIBILE] inconcevablement → **incredibilmente, inesplicabilmente.**

inconciliàbile |inkontʃi'ljabile| *agg.* 1 inconciliable: *una lite inconciliabile* un litige inconciliable; *avversari inconciliabili* adversaires inconciliables → **irreconciliabile** 2 [*incompatibile, contrastante*] inconciliable: *ideologie inconciliabili* idéologies inconciliables; *l'amore e l'odio sono inconciliabili* l'amour et la haine sont inconciliables ◇ (*fig.*) *colori inconciliabili* couleurs qui ne vont pas ensemble, qui jurent.

inconciliabilménte |inkontʃiljabil'mente| *avv.* [→ INCONCILIABILE 2] d'une manière inconciliable *loc. inv.*

inconcludènte |inkonklu'dɛnte| *agg.* 1 (*cose*) [*che non ha una conclusione logica, soddisfacente*] qui ne mène à rien (*loc.*): *un discorso inconcludente* un discours qui ne mène à rien # *balbettare parole inconcludenti* balbutier des mots qui ne veulent rien dire → **sconclusionato, incoerente** ◇ [*inutile, vano*] sans résultat (*loc. inv.*): *tentativo inconcludente* tentative sans résultat 2 (*persone*) [*incapace, irresoluto*] incapable: *è un (uomo) inconcludente* c'est un incapable, un bon à rien.

inconcludènza |inkonklu'dɛntsa| *s.f.* [*incoerenza logica; inutilità, vanità*] incohérence, vanité: *l'inconcludenza di un ragionamento* l'incohérence d'un raisonnement ‖ *l'inconcludenza di un tentativo* la vanité d'une tentative.

inconclùso |inkon'kluso| *agg.* (*raro*) → **incompiuto, imperfetto.**

inconcùsso |inkon'kusso| *agg.* (*lett.*) → **incrollabile, 1 saldo.**

incondizionataménte |inkondittsjonata'mente| *avv.* 1 [→ INCONDIZIONATO 1] sans conditions *loc. inv.*, inconditionnellement: *accettare, arrendersi incondizionatamente* accepter, se rendre sans conditions, inconditionnellement 2 [→ INCONDIZIONATO 2] inconditionnellement: *aver fiducia incondizionatamente in qc.* avoir inconditionnellement confiance en qqn. → **pienamente.**

incondizionàto |inkondittsjo'nato| *agg.* 1 [*senza restrizioni*] inconditionnel*: *accetazione incondizionata* acceptation inconditionnelle; *resa incondizionata* capitulation inconditionnelle 2 (*fig.*) [*pieno, assoluto*] inconditionnel: *fiducia incondizionata* confiance inconditionnelle.

inconfessàbile |inkonfes'sabile| *agg.* [*che non può essere confessato, rivelato senza vergogna*] inavouable: *peccato, delitto inconfessabile* péché, délit inavouable ◇ (*per est.*) [*turpe*] *pensieri, desideri inconfessabili* pensées, désirs inavouables.

inconfessàto |inkonfes'sato| *agg.* [*non confessato; nascosto*] inavoué: *una passione inconfessata* une passion inavouée; *desideri inconfessati* désirs inavoués.

inconfondìbile |inkonfon'dibile| *agg.* [*che non si può confondere con altri*] particulier*; incomparable: *una voce inconfondibile* une voix particulière, unique ‖ *il tocco inconfondibile di un artista* la touche incomparable d'un artiste → **caratteristico.**

inconfutàbile |inkonfu'tabile| *agg.* [*che non può essere confutato; inoppugnabile*] irréfutable: *prove inconfutabili* preuves irréfutables.

inconfutabilità |inkonfutabili'ta| *s.f. inv.* [*indiscutibilità, irrefutabilità*] irréfutabilité *var.*, caractère *m.var.* irréfutable: *l'inconfutabilità di una prova, di una dimostrazione* l'irréfutabilité d'une preuve, d'une démonstration.

inconfutabilménte |inkonfutabil'mente| *avv.* [→ INCONFUTABILE] irréfutablement → **indiscutibilmente.**

incongelàbile |inkondʒe'labile| *agg.* incongelable: *liquido, sostanza incongelabile* liquide, substance incongelable.

incongruènte |inkongru'ɛnte| *agg.* [*incoerente, contraddittorio*] incohérent; inconséquent: *affermazioni incongruenti* affirmations incohérentes ‖ *è un uomo incongruente* c'est un homme inconséquent # *la conclusione è incongruente con la premessa* la conclusion est en contradiction avec les prémisses → **antitetico.**

incongruènza |inkongru'ɛntsa| *s.f.* 1 [*incoerenza, contraddizione, illogicità*] incohérence: *l'incongruenza di un ragionamento, di un comportamento* l'incohérence d'un raisonnement, d'une attitude 2 [*affermazione priva di convenienza o di coerenza*] incohérence: *un racconto pieno di incongruenze* un récit plein d'incohérences.

incòngruo |in'kɔngruo| *agg.* (*raro*) → **inadeguato, insufficiente.**

inconoscìbile |inkonoʃ'ʃibile| *agg.* inconnaissable: *verità inconoscibile* vérité inconnaissable → **inintelligibile, trascendente** ✦ *s.m.* (*filos.*) *l'inconoscibile* l'inconnaissable.

inconsapévole |inkonsa'pevole| *agg.* [*che non si può o non si riesce a conoscere, comprendere*] [*non consapevole*] ignorant, inconscient: *inconsapevole del pericolo, del rischio* ignorant, inconscient du danger, du risque; *atti inconsapevoli* actions inconscientes; *ero inconsapevole delle gravi conseguenze di tale atto* j'ignorais les graves conséquences d'un tel acte.

inconsapevolézza |inkonsapevo'lettsa| *s.f.* [*ignoranza; irresponsabilità*] ignorance; inconscience: *l'inconsapevolezza del pericolo* l'ignorance du danger ‖ *l'inconsapevolezza dei propri atti* l'inconscience de ses actes.

inconsapevolménte |inkonsapevol'mente| *avv.* [→ INCONSAPEVOLE] inconsciemment: *l'ho fatto inconsapevolmente* je l'ai fait inconsciemment → **inconsciamente, involontariamente.**

inconsciaménte |inkonʃa'mente| *avv.* [→ INCONSCIO 1] inconsciemment.

incònscio, sci, scia, sce |in'kɔnʃo, ʃi, ʃa, ʃe| 1 *agg.* inconscient: *impulso inconscio* impulsion inconsciente; *atto inconscio* acte inconscient ◇ [*inconsapevole, all'oscuro*] *era inconscio del pericolo che correva* il était inconscient du danger qu'il courait 2 *s.m.* (*psican.*) *l'inconscio* l'inconscient.

inconseguènte |inkonse'gwɛnte| *agg.* inconséquent: *ragionamento inconseguente* raisonnement inconséquent → **incoerente**; *una persona inconseguente* une personne inconséquente.

inconseguénza |inkonse'gwentsa| *s.f.* inconséquence: *l'inconseguenza di un ragionamento, di un discorso* l'inconséquence d'un raisonnement, d'un discours → **illogicità**; **incongruenza** # *inconseguenza tra il modo di pensare e di agire* contradiction entre la façon de penser et le mode d'agir → **incoerenza.**

inconsiderataménte |inkonsiderata'mente| *avv.* [→ INCONSIDERATO] inconsidérément.

inconsideratézza |inkonsidera'tettsa| *s.f.* 1 [*sventatezza, leggerezza, sconsideratezza*] étourderie: *l'inconsideratezza è propria dei giovani* l'étourderie est propre aux jeunes 2 [*atto inconsiderato*] inconsidération # *commettere una inconsideratezza* commettre une étourderie → **inavvertenza.**

inconsideràto |inkonside'rato| *agg.* → **sconsiderato.**

inconsiderazióne |inkonsiderat'tsjone| *s.f.* (*raro*) → **inconsideratezza.**

inconsistènte |inkonsis'tɛnte| *agg.* 1 inconsistant: *una sostanza, un tessuto inconsistente* une substance inconsistante, un tissu inconsistant; *ombre inconsistenti* ombres inconsistantes 2 (*fig.*) [*senza fondamento; privo di validità*] inconsistant: *accusa inconsistente* accusation inconsistante → **infondato**; *argomentazioni, discorsi inconsistenti* argumentations inconsistantes, discours inconsistants.

inconsistènza |inkonsis'tɛntsa| *s.f.* 1 inconsistance: *l'inconsistenza di un'apparizione* l'inconsistance d'une apparition 2 (*fig.*) [*infondatezza, falsità; mancanza di validità*] inconsistance: *la inconsistenza di un'accusa* l'inconsistance d'une accusation; *l'inconsistenza di un'argomentazione* l'inconsistance d'une argumentation.

inconsolàbile |inkonso'labile| *agg.* inconsolable: *dolore inconsolabile* douleur inconsolable; *era inconsolabile per la morte del figlio* elle était inconsolable de la mort de son fils.

inconsuèto |inkonsu'ɛto| *agg.* [*insolito, singolare*] insolite, inhabituel*: *spettacolo inconsueto* spectacle insolite, inhabituel; *è un'ora inconsueta per una visita* c'est une heure insolite, inhabituelle pour une visite.

inconsultaménte |inkonsulta'mente| *avv.* [→ INCONSULTO] inconsidérément → **sconsideratamente.**

inconsùlto |inkon'sulto| *agg.* [*privo di avvedutezza e di prudenza*] inconsidéré: *un gesto inconsulto* un geste inconsidéré → **avventato, sconsiderato.**

inconsùnto |inkon'sunto| *agg.* (*lett.*) → **intatto.**

inconsùtile |inkon'sutile| *agg.* (*lett.*) sans couture (*loc. inv.*): *tunica inconsutile* tunique sans couture.

incontaminàbile |inkontami'nabile| *agg.* (*fig.*) → **incorruttibile.**

incontaminatézza |inkontamina'tettsa| *s.f.* (*raro*) → **illibatezza, integrità.**

incontaminàto |inkontami'nato| *agg.* [*integro, puro*] sans tache (*loc. inv.*):

coscienza incontaminata conscience sans tache; *virtù incontaminata* vertu sans tache.

incontanènte |inkonta'nεnte| *avv.* (*arc.*) → **immediatamente.**

incontenìbile |inkonte'nibile| *agg.* [*che non si può contenere, frenare*] irrésistible, irrépressible: *assalto incontenibile* attaque irrésistible, irrépressible; *passione, gioia incontenibile* passion, joie irrésistible, irrépressible → **irrefrenabile, travolgente.**

incontentàbile |inkonten'tabile| *agg.* difficile à contenter: *desiderio incontentabile* désir difficile à contenter; *ragazzo capriccioso e incontentabile* enfant capricieux et difficile à contenter; *quel maestro è incontentabile* cet instituteur est difficile à contenter → **esigente** # *è un artista incontentabile* c'est un artiste qui n'est jamais content de ce qu'il fait → **insoddisfatto** ♦ (*s.*) *un incontentabile* une personne *f.* difficile à contenter, un éternel insatisfait: *sei proprio un incontentabile!* tu es vraiment difficile à contenter!

incontestàbile |inkontes'tabile| *agg.* incontestable: *ragioni, dimostrazioni incontestabili* raisons, démonstrations incontestables → **indiscutibile, inconfutabile.**

incontestabilità |inkontestabili'ta| *s.f. inv.* incontestabilité (*var.*): *l'incontestabilità di una prova, di una testimonianza* l'incontestabilité d'une preuve, d'un témoignage → **inconfutabilità.**

incontestabilménte |inkontestabil'mente| *avv.* [→ INCONTESTABILE] incontestablement → **indiscutibilmente, assolutamente.**

incontestàto |inkontes'tato| *agg.* incontesté: *diritto incontestato* droit incontesté; *proprietà incontestata* propriété incontestée → **indiscusso.**

1 **incontinènte** |inkonti'nεnte| *agg. e s.* **1** *agg.* incontinent: *persona incontinente* personne incontinente; *è incontinente nel mangiare e nel bere* il est incontinent dans le manger et le boire → **intemperante, smodato** ♦ (*s.*) *un incontinente* un incontinent **2** *agg. e s.* (*med.*) incontinent.

2 **incontinènte** |inkonti'nεnte| *avv.* → **immediatamente.**

incontinènza |inkonti'nεntsa| *s.f.* **1** incontinence: *incontinenza nel mangiare, nel bere* incontinence dans le manger et le boire → **intemperanza**; *peccati d'incontinenza* péchés d'incontinence; *la sua incontinenza di linguaggio è a tutti nota* son incontinence de langage est connue de tous **2** (*med.*) incontinence: *incontinenza fecale, d'urina* incontinence fécale, d'urine.

incontràre |inkon'trare| **A** *v.tr.* **1** [*trovare davanti a sé; imbattersi*] rencontrer: *l'ho incontrata al cinema* je l'ai rencontrée au cinéma; *l'ho chiesto al primo vigile che ho incontrato* je l'ai demandé au premier agent (de police) que j'ai rencontré; *non incontrai anima viva lungo tutto il tragitto* je n'ai pas rencontré âme qui vive pendant tout le trajet ◇ (*per est.*) *incontrare gli occhi, lo sguardo di qc.* rencontrer les yeux, le regard de qqn.; *incontrare ostacoli, difficoltà* rencontrer des obstacles, des difficultés **2** [*avere un abboccamento; trovarsi*] rencontrer: *domani debbo incontrare il mio avvocato* demain je dois rencontrer mon avocat; *il primo ministro incontrerà domattina il presidente della Repubblica* le premier ministre rencontrera demain matin le président de la République ◇ [*andare incontro a qc.* (*per accoglierlo*)] chercher: *al tuo arrivo verremo a incontrati alla stazione* nous viendrons te chercher à ton arrivée à la gare **3** [*affrontare* (*in uno scontro armato*)] rencontrer: *il nostro esercito all'alba incontrò quello nemico* notre armée rencontra à l'aube l'armée ennemie ◇ (*sport*) [*competere, misurarsi con qc.*] *il nostro pugile incontrerà un pericoloso avversario* notre boxeur rencontrera un dangereux adversaire; *domani la nostra nazionale di calcio incontrerà quella francese* demain notre équipe nationale de football rencontrera l'équipe française **4** (*fig.*) [*avere in sorte*] tomber sur: *hai incontrato una buona moglie* tu es tombé sur une brave fille ◇ (*con riferimento alle condizioni atmosferiche*) [*trovare*] trouver: *temevano d'incontrare la neve in montagna* ils craignaient de trouver la neige en montagne ♦ (*ass.*) *incontrare bene, male* [*capitare*] bien tomber, mal tomber **5** (*fig.*) *incontrare il favore, il gusto di qc.* [*ottenerne il consenso*; *piacergli*] rencontrer la faveur de qqn., être au goût de qqn.; *incontrare una spesa* [*essere costretto a farla*] faire (45) face à une dépense ♦ (*ass.*) *questa moda non incontra in Italia* cette mode n'a pas beaucoup de succès en Italie **B** *v.intr.* (*aus.* '*essere*') (*lett.*) **1** → **accadere, capitare 2** → **corrispondere C** *v.pron.* INCONTRARSI **1** *intr.* [→ *tr.* 2] se rencontrer: *mi incontro con lui ogni sabato* je me rencontre avec lui chaque samedi # *debbo assolutamente incontrarmi con il direttore prima di domani* je dois absolument avoir un entretien avec le directeur avant demain **2** *recipr.* [→ *tr.* 1] se rencontrer: *si sono incontrati al bar* ils se sont rencontrés dans un bar → **imbattersi, trovar(si)**; *noi ci siamo già incontrati* nous nous sommes déjà rencontrés; *ogni volta che i loro sguardi si incontravano, lei chinava il capo* chaque fois que leurs regards se rencontraient, elle baissait la tête ◇ (*di veicoli*) [*incrociarsi*] se croiser, se rencontrer: *i due treni si incontrano esattamente al trentesimo chilometro* les deux trains se croisent exactement au kilomètre 30 ◇ (*per est.*) [*conoscersi*] se rencontrer: *si sono incontrati due mesi fa e già sono sposati* ils se sont rencontrés il y a deux mois et ils sont déjà mariés **3** *recipr.* [→ *tr.* 2] se rencontrer: *i due ministri si sono incontrati questa mattina* les deux ministres se sont rencontrés ce matin **4** *recipr.* [→ *tr.* 3] se rencontrer: *le due flotte nemiche si sono incontrate in mare aperto* les deux flottes ennemies se sont rencontrées en haute mer → **scontrar(si)**; *i due pugili s'incontreranno domani al Palazzetto dello sport* les deux boxeurs se rencontreront demain au Palazzetto dello sport **5** *recipr.* (*fig.*) [*concordare, coincidere; avere gli stessi gusti*] avoir (28) *tr.* les mêmes vues: *su questo argomento non c'incontriamo* sur ce sujet nous n'avons pas les mêmes vues **6** *recipr.* (*geom.*) [*avere uno o più punti in comune*] se rencontrer: *due rette parallele s'incontrano solo all'infinito* deux droites parallèles ne se rencontrent qu'à l'infini.

incontràrio, i |inkon'trarjo, i| *s.m. solo nella loc. fam.* ALL'INCONTRARIO [*al contrario, all'opposto, a rovescio*] au contraire; dans le sens contraire: *io ho rispettato tutti i patti; tu, all'incontrario, non ne hai mantenuto uno* moi, j'ai respecté tous nos engagements; toi, au contraire, tu n'en as maintenu aucun → **invece** || *girare all'incontrario* tourner dans le sens contraire # *mettersi il cappello all'incontrario* mettre son chapeau à l'envers; *le cose gli vanno tutte all'incontrario* tout lui va de travers.

incontrastàbile |inkontras'tabile| *agg.* [*che non si può contrastare*] incontestable; inéluctable: *verità incontrastabili* vérités incontestables → **indiscutibile** || *destino incontrastabile* sort inéluctable # *progresso, avanzata incontrastabile* progrès, marche irrésistible → **inarrestabile, incontenibile.**

incontrastabilménte |inkontrastabil'mente| *avv.* [→ INCONTRASTABILE] incontestablement → **indiscutibilmente.**

incontrastàto |inkontras'tato| *agg.* [*esente da contrasti, difficoltà e sim.*] incontesté: *dominio, potere incontrastato* domaine, pouvoir incontesté → **incontestato**; *vittoria incontrastata* victoire incontestée → **indiscusso** # *amore incontrastato* amour non contrarié.

1 **incóntro** |in'kontro| *s.m.* **1** [→ INCONTRARE A 1; C 2] rencontre (*f.*): *un incontro piacevole, fortuito, inopportuno* une rencontre plaisante, fortuite, inopportune; *fissare, favorire, evitare un incontro* fixer, favoriser, éviter une rencontre; *fare un brutto incontro* faire une mauvaise rencontre; *quell'incontro cambiò tutta la sua vita* cette rencontre changea toute sa vie; *al primo incontro i due giovani si innamorarono* à la première rencontre, les deux jeunes tombèrent amoureux l'un de l'autre, eurent réciproquement le coup de foudre ◇ (*geom.*) *il punto d'incontro della retta con il piano* le point d'intersection de la droite et du plan **2** [→ INCONTRARE A 2; C 3] rencontre: *concedimi un altro incontro prima che io parta* accorde-moi une autre rencontre avant mon départ # *i loro incontri amorosi si fecero sempre più frequenti* leurs rendez-vous amoureux furent de plus en plus fréquents; *è difficile ottenere un incontro con il direttore* il est difficile d'obtenir une entrevue avec le directeur → **convegno**; *l'incontro dei due capi di Stato avverrà domani* l'entrevue des deux chefs d'État aura lieu demain **3** (*sport*) match; combat: *un incontro di calcio, di tennis* un match de football, de tennis → **competizione** || *un incontro di pugilato* un combat de boxe ◇ (*pugilato*) *colpo d'incontro* coup de riposte, contre-riposte (*f.*).

2 **incóntro** |in'kontro| **I** *loc. prep.* INCONTRO A **1** (*con v. di moto*) [*verso, in direzione di*] à la rencontre de, au devant de: *corse incontro all'amico* il courut à la rencontre, au devant de son ami; *il padrone si fece incontro agli ospiti* le maître de maison alla à la rencontre de ses invités; *si alzò e andò incontro al suo direttore* il se leva et alla à la rencontre de son directeur

◇ (*con un pron. pers. in posizione proclitica*) *ci venne incontro a braccia aperte* il vint à notre rencontre les bras ouverts; *appena lo vide gli corse incontro* dès qu'il l'aperçut, il courut à sa rencontre ◇ (*loc. fig.*) *andare, venire incontro a uno* [*aiutarlo, favorirlo*] venir en aide de qqn. ~ *andare, venire incontro ai desideri di qc.* [*soddisfarli*] devancer les désirs de qqn., aller au-devant des désirs de qqn. ~ *andare incontro all'estate, all'inverno* [*avvicinarsi*] aller vers l'été, l'hiver ~ *andare incontro a noie, a dispiaceri, a forti spese* s'exposer à des ennuis, à des peines, à de gros frais; aller au-devant de gros ennuis, de grosses peines, de gros frais ~ *andare incontro alla morte* marcher à la mort, marcher au-devant de la mort ◇ (*esprime ostilità*) *gli andò incontro armato* c'est armé qu'il vint à sa rencontre → **contro**; *le forze dell'ordine andarono incontro ai dimostranti* les forces de l'ordre chargèrent les manifestants **2** (*con v. di stato*) (*raro*) [*di fronte, dirimpetto*] en face (*corr.*) **II** *avv.* (*raro*) **1** → **invece** ◇ (*raro*) *loc. fam.* ALL'INCONTRO [*al contrario*] au contraire (*corr.*), en revanche (*corr.*) **2** → **dirimpetto, 1 fronte (di).**

incontrollàbile |inkontrol'labile| *agg.* **1** [*incontenibile, irrefrenabile*] incontrôlable: *uno scoppio d'ira incontrollabile* un accès de colère incontrôlable; *un gesto incontrollabile* un geste incontrôlable → **impulsivo, istintivo** **2** [*non verificabile, non documentabile*] incontrôlable: *dati, notizie incontrollabili* données, nouvelles incontrôlables.

incontrollabilità |inkontrollabili'ta| *s.f. inv.* impossibilité *var.* d'être contrôlé, de contrôler (qqch.).

incontrollàto |inkontrol'lato| *agg.* **1** incontrôlé: *notizie, voci incontrollate* nouvelles incontrôlées, bruits incontrôlés **2** [*istintivo, impulsivo, spontaneo*] incontrôlé: *gesto incontrollato* geste incontrôlé; *reazione incontrollata* réaction incontrôlée.

incontrovèrso |inkontro'vɛrso| *agg.* (*raro*) → **indiscusso, incontrastato.**

incontrovertìbile |inkontrover'tibile| *agg.* [*che non può essere messo in dubbio o in discussione*] incontestable, indiscutable: *dimostrazione, verità incontrovertibile* démonstration, vérité incontestable, indiscutable; *diritti incontrovertibili* droits incontestables, indiscutables → **innegabile, inoppugnabile, 1 certo.**

incontrovertibilménte |inkontrovertibil'mente| *avv.* [→ INCONTROVERTIBILE] incontestablement.

incontrovertibilità |inkontrovertibili'ta| *s.f. inv.* [*incontestabilità, innegabilità, certezza*] incontestabilité *var.*, caractère *m.var.* irréfutable: *l'incontrovertibilità di una dimostrazione, di una prova* l'incontestabilité, le caractère irréfutable d'une démonstration, d'une preuve; *l'incontrovertibilità di un diritto* l'incontestabilité d'un droit.

1 **inconveniènte** |inkonve'njɛnte| *agg.* (*raro*) → **inopportuno, sconveniente.**

2 **inconveniènte** |inkonve'njɛnte| *s.m.* inconvénient: *gli inconvenienti della vita in comune* les inconvénients de la vie en commun → **disagio, disturbo**; *rimediare a un inconveniente* remédier à un inconvénient → **contrattempo**; *la sua proposta ha qualche inconveniente* sa proposition a quelques inconvénients → **svantaggio**; *se l'è cavata senza gravi inconvenienti* il s'en est tiré sans inconvénient grave → **danno.**

inconveniènza |inkonve'njɛntsa| *s.f.* (*raro*) → **sconvenienza; inopportunità, svantaggio.**

inconvertìbile |inkonver'tibile| *agg.* **1** (*econ.*) inconvertible, inconvertissable: *beni inconvertibili* biens inconvertibles, inconvertissable **2** (*gram.*) *proposizione inconvertibile* proposition inconversible.

incoordinazióne |inkoordinat'tsjone| *s.f.* (*med.*) incoordination: *incoordinazione dei movimenti* incoordination des mouvements Ⓒ **coordinazione.**

incoraggiaménto |inkoraddʒa'mento| *s.m.* **1** [→ INCORAGGIARE A 1] encouragement: *parole d'incoraggiamento* paroles d'encouragement; *premio d'incoraggiamento* prix d'encouragement → 1 **conforto** **2** [→ INCORAGGIARE A 2] encouragement: *certi film sono d'incoraggiamento alla delinquenza* certains films constituent un encouragement à la délinquance → **incentivo** **3** [*detto o fatto che tende a incoraggiare*] encouragement: *il suo gesto è stato un bell'incoraggiamento* son geste a constitué un bel encouragement.

incoraggiànte |inkorad'dʒante| *agg.* encourageant: *parole incoraggianti* paroles encourageantes; *accoglienza, aspetto incoraggiante* accueil, aspect encourageant; *risultato incoraggiante* résultat encourageant → **confortante.**

incoraggiàre |inkorad'dʒare| **A** *v.tr.* **1** [*dare, infondere coraggio*] encourager (3): *incoraggiare le truppe all'assalto* encourager les troupes à donner l'assaut # *il generale incoraggiò i suoi soldati prima dell'attacco* le général chercha à donner du courage aux soldats avant l'attaque ◇ (*per est.*) [*incitare, stimolare, esortare*] *incoraggiare un ragazzo allo studio* encourager un enfant à travailler; *il popolo fu incoraggiato a lottare per la libertà* le peuple fut encouragé à lutter pour la liberté ◆ (*ass.*) *quel giovane artista va incoraggiato* ce jeune artiste doit être encouragé; *è un ragazzo molto timido e bisogna incoraggiarlo* c'est un garçon très timide qu'il faut encourager **2** [*aiutare, favorire, secondare*] encourager: *incoraggiare il vizio, la delinquenza* encourager le vice, la délinquance; *il governo ha fatto di tutto per incoraggiare la ricerca scientifica* le gouvernement a tout fait pour encourager la recherche scientifique **B** *v.pron.* INCORAGGIARSI **1** *intr.* [*acquistare fiducia*] encourager (*tr.*): *dopo le tue parole mi sono incoraggiato dal proseguimento dell'iniziativa* tes paroles m'ont encouragé à poursuivre mon initiative **2** *recipr.* [→ *tr.* 1] s'encourager mutuellement: *i due soldati s'incoraggiavano l'un l'altro* les deux soldats s'encourageaient mutuellement.

incoràre |inko'rare|, **incuoràre** |inkwo'rare| *v.tr.* (*lett.*) → **incoraggiare; stimolare; infondere.**

incordàre |inkor'dare| **A** *v.tr.* [*fornire di corde*] mettre (71) des cordes; corder: *incordare un violino* mettre des cordes à un violon || *incordare una racchetta da tennis* corder une raquette de tennis **B** *v.pron. intr.* INCORDARSI (*di muscoli*) [*irrigidirsi*] se raidir.

incordàto |inkor'dato| *agg.* **1** [*munito di corde*] avec des cordes *loc. inv.* # *arco non incordato* arc sans corde **2** [*irrigidito*] raidi: *ho i muscoli del collo incordati* j'ai les muscles du cou raidis.

incordatùra |inkorda'tura| *s.f.* **1** [→ INCORDARE A] montage *m.*, pose des cordes; cordage (*m.*): *l'incordatura dell'arco* le montage d'un arc || *l'incordatura di una chitarra, di un violino* la pose des cordes d'une guitare, d'un violon || *l'incordatura della racchetta da tennis* le (re)cordage d'une raquette de tennis ◇ [*le corde di uno strumento o di un attrezzo*] montage: *bisogna rifare l'incordatura del violino* il faut refaire le montage du violon **2** [→ INCORDARE B] raidissement (*m.*): *ho una incordatura al muscolo del collo* j'ai un raidissement aux muscles du cou.

incornàre |inkor'nare| **A** *v.tr.* **1** [*colpire, ferire con le corna*] encorner: *il guardiano è stato incornato dal toro* le taureau a encorné le gardien ◇ (*calcio*) [*colpire di testa*] faire (45) une tête: *sul cross, il giocatore incorna il pallone e segna* sur le centre le joueur fait une tête et marque un but **2** (*fig., scherz.*) [*mettere le corna, tradire*] *incornare il marito, la moglie* faire *intr.* porter les cornes à son mari, tromper sa femme **B** *v.pron. intr.* INCORNARSI (*fam.*) [*ostinarsi caparbiamente*] s'entêter (*corr.*).

incornàta |inkor'nata| *s.f.* [→ INCORNARE A 1] coup *m.* de corne: *è stato ucciso da un'incornata del toro inferocito* il fut tué d'un coup de corne du taureau, rendu furieux; *non sempre i toreri riescono a evitare le incornate dei tori* les toreros n'arrivent pas toujours à éviter les coups de cornes des taureaux # *il centravanti con un'incornata precisa e violenta ha segnato* l'avant-centre a marqué le but d'un coup de tête précis et violent.

incornatùra |inkorna'tura| *s.f.* → **ostinazione.**

incorniciaménto |inkornitʃa'mento| *s.m.* → **incorniciatura.**

incorniciàre |inkorni'tʃare| *v.tr.* **1** [*mettere in cornice*] encadrer: *incorniciare un quadro, un disegno* encadrer un tableau, un dessin ◇ (*per est.*) [*contornare con un fregio*] *incorniciare il frontespizio di un libro* encadrer le frontispice d'un livre **2** (*fig.*) [*racchiudere come in una cornice*] encadrer: *i capelli le incorniciavano il volto* les cheveux lui encadraient le visage.

incorniciàto |inkorni'tʃato| *agg.* **1** [*chiuso, messo in una cornice*] encadré: *ritratto, quadro incorniciato* portrait, tableau encadré ◇ (*per est.*) [*contornato da un fregio marginale*] *il mio libro ha il frontespizio incorniciato* mon livre a un frontispice encadré **2** (*fig.*) [*racchiuso come in una cornice*] encadré: *aveva il volto incorniciato in una bella barba bruna* il avait le visage encadré par une belle barbe brune.

incorniciatùra |inkornitʃa'tura| *s.f.* [→ INCORNICIARE 1] encadrement (*m.*): *provvedere all'incorniciatura di una stampa, di un dipinto* s'occuper de l'encadrement d'une gravure, d'un tableau; *quel portale ha un'incorniciatura barocca* ce portail a un encadrement baroque

→ **contorno, cornice** ◇ (*arch.*) encadrement.

incoronaménto |inkorona'mento| *s.m.* (*raro*) → **incoronazione.**

incoronàre |inkoro'nare| **A** *v.tr.* **1** [*cingere il capo di qc. con una corona* (*come simbolo di potere*)] couronner: *il principe fu incoronato re con gran fasto* le prince fut couronné roi avec un grand faste **2** (*per est.*) [*inghirlandare*] couronner: *incoronare di fiori* couronner de fleurs; *gli antichi incoronavano i vincitori con fronde di quercia* les anciens couronnaient les vainqueurs avec des branches de chêne; *incoronare qc. poeta* couronner qqn. poète □ *i Romani, durante i banchetti, s'incoronavano il capo di fiori* les Romains, durant les banquets, se couronnaient la tête de fleurs **3** (*fig.*) [*contornare, circondare come una corona*] entourer: *una suggestiva cerchia di colli incorona la città* un imposant cirque de montagnes entoure la ville **B** *v.pron. intr.* INCORONARSI [→ *tr.* 2] se couronner → *tr.* 2 □.

incoronàto |inkoro'nato| **1** *agg.* [*cinto da una corona*] couronné: *un re, un principe incoronato* un roi, un prince couronné ◇ (*fig.*) [*circondato, contornato*] entouré: *città incoronata di torri* ville entourée de tours; *è una valle incoronata di ricche foreste* c'est une vallée entourée de riches forêts **2** (*s.f.*) *l'Incoronata appellativo di Maria Vergine* la Vierge couronnée.

incoronazióne |inkoronat'tsjone| *s.f.* **1** [→ INCORONARE A 1] couronnement (*m.*): *l'incoronazione di un re, di un pontefice* le couronnement d'un roi, d'un pontife **2** [→ INCORONARE A 2] couronnement: *l'incoronazione di un poeta* le couronnement d'un poète.

incorporàbile |inkorpo'rabile| *agg.* [→ INCORPORARE A 1; B] incorporable (*raro*): *l'acqua è incorporabile con il cemento* l'eau est incorporable, peut s'incorporer au ciment.

incorporàle |inkorpo'rale| *agg.* (*raro*) → **incorporeo, immateriale.**

incorporaménto |inkorpora'mento| *s.m.* → **incorporazione.**

incorporàre |inkorpo'rare| **A** *v.tr.* **1** [*mescolare, unire sostanze diverse* (*formandone un impasto omogeneo*)] incorporer: *incorporare le uova con la farina* incorporer les œufs à la farine ◇ (*fig.*) [*unire, inserire in un organismo più vasto*] incorporer: *incorporare le nuove reclute in una divisione* incorporer les nouvelles recrues dans la division → **includere** **2** [*assorbire q.c.* (*impregnandosene*)] s'imprégner (*pron.*): *quella tela non ha ancora incorporato bene il colore* cette toile ne s'est pas encore bien imprégnée de la couleur # *la calce ha incorporato l'acqua* la chaux a absorbé l'eau ◇ (*fig.*) [*annettere, inglobare*] incorporer: *incorporare allo Stato i territori occupati* incorporer à l'État les territoires occupés; *le città, espandendosi, incorporano i sobborghi* les villes, en s'agrandissant, incorporent les banlieues # *quell'industria ha incorporato tutte le piccole aziende* cette industrie a assimilé toutes les petites entreprises **B** *v.pron. recipr.* INCORPORARSI [→ *tr.* 1] s'unir (par plébiscite): *i due Stati s'incorporarono mediante plebiscito* les deux États s'unirent par plébiscite.

incorporazióne |inkorporat'tsjone| *s.f.* **1** [→ INCORPORARE A 1; B] incorporation: *l'incorporazione di due sostanze* l'incorporation de deux substances; *l'incorporazione di un reparto di specialisti in un reggimento* l'incorporation d'un service de spécialistes dans un régiment **2** [→ INCORPORARE A 2] incorporation: *l'incorporazione di un territorio, di un patrimonio* l'incorporation d'un territoire, d'un patrimoine.

incorpòreo |inkor'pɔreo| *agg.* incorporel*: *lo spirito è incorporeo* l'esprit est incorporel → **immateriale.**

incòrporo |in'kɔrporo| *s.m.* → **incorporazione; incameramento.**

incorreggìbile |inkorred'dʒibile| *agg.* (*persone*) incorrigible: *un discolo, un ladro incorreggibile* un garnement, un voleur incorrigible → **irriducibile, ribelle** ◇ (*cose*) *un difetto incorreggibile* un défaut incorrigible # *compito incorreggibile* devoir (de classe) trop mauvais pour être corrigé → **irreparabile, irrimediabile.**

incorreggibilità |inkorreddʒibili'ta| *s.f. inv.* (*raro*) incorrigibilité *var.*

incórrere |in'korrere| (127) *v.intr.* (*aus.* '*essere*') [*cadere, incappare in q.c. di spiacevole*] encourir (17) *tr.* (*lett.*); commettre (71) (*tr.*): *incorrere in una multa* encourir une amende; *incorrere nella scomunica* encourir l'excommunication ‖ *incorrere in un errore* commettre une erreur; *incorrere in un reato* commettre un délit.

incorrotto |inkor'rotto| *agg.* [*intatto, inalterato*] intact: *cadavere incorrotto* cadavre intact # *sostanza incorrotta* substance pure ◇ (*fig.*) [*puro, integro*] *magistrato incorrotto* magistrat intègre; *costumi incorrotti* coutumes saines.

incorruttìbile |inkorrut'tibile| *agg.* incorruptible: *sostanza incorruttibile* substance incorruptible → **inalterabile**; *l'imbalsamazione rende incorruttibili i cadaveri* l'embaumement rend les cadavres incorruptibles ◇ (*fig.*) *un giudice incorruttibile* un juge incorruptible → **onesto, integro.**

incorruttibilità |inkorruttibili'ta| *s.f. inv.* incorruptibilité (*var.*): *l'incorruttibilità di un corpo imbalsamato* l'incorruptibilité d'un corps embaumé → **inalterabilità** ◇ (*fig.*) *l'incorruttibilità di un funzionario* l'incorruptibilité d'un fonctionnaire → **integrità.**

incosciènte |inkoʃ'ʃɛnte| *agg.* **1** [*privo di coscienza; che ha perso i sensi*] sans connaissance (*loc. inv.*): *il ferito rimase incosciente per quasi un'ora* le blessé resta sans connaissance pendant près d'une heure ◇ [*privo di ragione; che non ha la consapevolezza dei propri atti*] *tutti gli animali, ad eccezione dell'uomo, sono incoscienti* tous les animaux, sauf l'homme, sont inconscients → **irragionevole** **2** (*fig.*) [*che agisce senza senso di responsabilità*] inconscient: *un autista incosciente* un automobiliste inconscient → **irresponsabile**; *quel giovane è incosciente a comportarsi in quel modo* ce jeune homme est un inconscient de se conduire comme ça ♦ (*s.*) *un incosciente* un inconscient: *sei un incosciente* tu es un inconscient; *quella donna è un'incosciente*: *lascia il bambino solo in mezzo alla strada* cette femme est une inconsciente: elle laisse l'enfant tout seul au milieu de la rue **3** (*psicol.*) → **inconscio.**

incosciènza |inkoʃ'ʃɛntsa| *s.f.* **1** [*privazione momentanea della coscienza*] inconscience: *essere in stato d'incoscienza* être en état d'inconscience ◇ [*mancanza di consapevolezza dei propri atti*] *l'incoscienza dei bruti* l'inconscience des brutes **2** (*fig.*) [*mancanza di senso di responsabilità*] inconscience: *la tua incoscienza supera ogni limite* tu es d'une inconscience qui passe toutes les limites; *ci vuole una bella incoscienza per guidare in quel modo!* il faut faire preuve d'une belle inconscience pour conduire ainsi! ◇ (*per est.*) [*atto, comportamento sconsiderato*] *è una vera incoscienza viaggiare in simili condizioni* voyager dans de telles conditions, c'est de l'inconscience.

incostànte |inkos'tante| *agg.* inconstant: *un giovane, una ragazza incostante* un jeune homme inconstant, une jeune fille inconstante → **volubile** # *rendimento incostante* rendement inégal → **discontinuo**; *tempo incostante* temps instable → **variabile, instabile.**

incostànza |inkos'tantsa| *s.f.* inconstance: *l'incostanza dei giovani* l'inconstance des jeunes → **volubilità, instabilità** # *l'incostanza del tempo, della stagione* la variabilité du temps, de la saison → **variabilità.**

incostituzionàle |inkostitut-tsjo'nale| *agg.* (*dir.*) inconstitutionnel*: *legge incostituzionale* loi inconstitutionnelle.

incostituzionalità |inkostitut-tsjonali'ta| *s.f. inv.* (*dir.*) inconstitutionnalité *var.* (*raro*), caractère *m.var.* inconstitutionnel: *l'incostituzionalità di un provvedimento* l'inconstitutionnalité, le caractère inconstitutionnel d'une mesure.

incostituzionalménte |inkostituttsjonal'mente| *avv.* [→ INCOSTITUZIONALE] inconstitutionnellement (*raro*).

incravattàto |inkravat'tato| *agg.* (*fam.*) [*che porta la cravatta*; *con la cravatta*] cravaté (*corr.*): *apparve sulla soglia vestito di tutto punto e ben incravattato* il apparut sur le seuil, habillé de pied en cap et bien cravaté.

increànza |inkre'antsa| *s.f.* (*raro*) [*mancanza di educazione, di creanza*] impolitesse (*corr.*): *comportarsi con increanza* se comporter avec impolitesse; *trattare qc. con increanza* traiter qqn. avec impolitesse, impoliment.

increàto |iŋkre'ato| *agg.* (*teol.*) incréé: *Dio è increato* Dieu est incréé.

incredìbile |inkre'dibile| *agg.* [*che non si può credere*; *che si ha difficoltà a credere*] incroyable: *un racconto, una notizia incredibile* un récit, une nouvelle incroyable; *sono accadute cose incredibili* il s'est passé des choses incroyables ◇ (*come esclam. di stupore, di meraviglia*) *è incredibile!* c'est incroyable! *pare incredibile!* ça me semble incroyable! ◇ (*iperb.*) [*straordinario, grandissimo*] *un numero incredibile di visitatori* un nombre incroyable de visiteurs; *ha speso somme incredibili* il a dépensé des sommes incroyables, folles.

incredibilità |inkredibili'ta| *s.f. inv.* caractère *m.var.* incroyable, incrédibilité *var.* (*raro*): *l'incredibilità di una notizia, di un racconto* le caractère incroyable d'une nouvelle, d'une histoire → **inattendibilità, inverosimiglianza.**

incredibilménte |inkredibil'-

mente| *avv.* [→ INCREDIBILE] incroyablement: *uno stadio incredibilmente affollato* un stade incroyablement bondé → **straordinariamente.**

incredulità |inkreduli'ta| *s.f. inv.* incrédulité (*var.*): *ascoltava il racconto con un sorriso e un'espressione d'incredulità* il écoutait le récit avec un sourire qui exprimait son incrédulité → **diffidenza, scetticismo.**

incrèdulo |in'kredulo| **1** *agg.* incrédule: *un sorriso incredulo* un sourire incrédule; *un'espressione incredula* une expression incrédule # *si mostrò incredulo sulla possibilità di un accordo* il se montra sceptique quant à la possibilité d'un accord → **scettico, diffidente** **2** *s.* (*teol.*) incrédule: *convertire gli increduli* convertir les incrédules → **miscredente.**

incrementàre |inkremen'tare| *v. tr.* [*accrescere, potenziare; fare sviluppare*] augmenter; développer: *incrementare le vendite* augmenter les ventes || *incrementare gli studi, l'industria edilizia* développer les études, l'industrie du bâtiment.

increménto |inkre'mento| *s.m.* **1** [*aumento, sviluppo*] accroissement; augmentation (*f.*): *l'incremento della produzione, della popolazione* l'accroissement de la production, de la population || *l'incremento degli scambi commerciali con l'estero* l'augmentation des échanges commerciaux avec l'étranger # *l'incremento del turismo* le développement du tourisme; *i mecenati diedero un incremento straordinario alle arti* les mécènes ont donné un essor extraordinaire aux arts → **impulso, incoraggiamento** **2** (*econ.*) *incremento del capitale, del patrimonio* augmentation du capital, du patrimoine ◇ (*mat.*) accroissement: *incremento di una funzione* accroissement d'une fonction ◇ (*med.*) *periodo d'incremento di una malattia* période de développement d'une maladie.

incréscere |in'kreʃʃere| (128) *v. intr.* (*aus.* '*essere*') (*lett.*) → **rincrescere.**

increscévole |inkreʃ'ʃevole| *agg.* (*raro*) → **increscioso.**

incresciόso |inkreʃ'ʃoso| *agg.* [*molesto, spiacevole*] fâcheux*, ennuyeux*: *equivoci, fatti incresciosi* équivoques, événements fâcheux → **deplorevole**; *lavoro, compito increscioso* travail ennuyeux, tâche ennuyeuse → **ingrato.**

increspaménto |inkrespa'mento| *s.m.* → **increspatura.**

increspàre |inkres'pare| **A** *v.tr.* **1** (*di superfici liquide*) [*coprire con una fitta serie di piccole onde* (*superficiali e ravvicinate*)] rider: *la brezza increspava le acque della laguna* la brise ridait les eaux de la lagune ◇ (*per anal.*) *increspare i capelli* [*ondularli*] crêper les cheveux; *increspare la fronte* [*corrugarla*] plisser le front, froncer (2) les sourcils **2** (*di tessuti*) [*lavorare a piccole crespe o arricciature*] plisser, froncer: *increspare una gonna, un grembiulino* plisser, froncer une jupe, un tablier **B** *v.pron. intr.* INCRESPARSI [→ *tr.* 1] se rider, rider (*tr.*): *il lago s'increspava per la leggera brezza* le lac se ridait sous la brise légère; une légère brise ridait le lac.

increspàto |inkres'pato| *agg.* **1** [*coperto da una fitta serie di piccole onde*] ridé: *il lago era appena increspato* le lac était à peine ridé ◇ (*per anal.*) *portava i capelli increspati* elle avait les cheveux crêpés **2** [*lavorato, fatto a crespe*] froncé, plissé: *tessuto increspato* tissu froncé, plissé; *carta increspata* papier froncé, plissé.

increspatόre |inkrespa'tore| *s.m.* (*tecnol.*) plisseuse *f.*

increspatùra |inkrespa'tura| *s.f.* **1** [→ INCRESPARE A 1; B] ridement *m.* (*raro*): *il vento, a tratti, provocava l'increspatura della laguna* le vent, par moments, ridait la surface de la lagune, provoquait le ridement de la lagune **2** [→ INCRESPARE A 2] froncis (*m.inv.*): *l'increspatura di una camicetta* le froncis d'un chemisier **3** (*per est.*) [*le crespe o le pieghe*] fronce: *indossava una gonna con una leggera increspatura* elle portait une jupe à légère fronce.

incretiniménto |inkretini'mento| *s.m.* [→ INCRETINIRE B; C] abêtissement: *incretinimento senile* abêtissement sénile → **istupidimento.**

incretinìre |inkreti'nire| (197) **A** *v.tr.* [*diventare cretino*] abêtir: *questo chiasso infernale m'incretinisce* ce vacarme infernal m'abêtit → **frastornare** **B** *v.intr.* (*aus.* '*essere*') [*diventare cretino; istupidire*] devenir (27) gâteux*: *quel poveretto sta incretinendo dietro a quella ragazza* à courir derrière cette fille, ce pauvre garçon en devient gâteux **C** *v.pron. intr.* INCRETINIRSI [→ *intr.*] devenir (27) *intr.* gâteux: *quel vecchio si va incretinendo ogni giorno di più* ce vieillard devient de plus en plus en plus gâteux → **rimbecillir(si).**

incriminàbile |inkrimi'nabile| *agg.* [→ INCRIMINARE 1] incriminable (*raro*): *quell'uomo è incriminabile per reticenza* ses réticences rendent cet homme incriminable → **imputabile.**

incriminàre |inkrimi'nare| *v.tr.* **1** (*dir.*) [*incolpare, imputare di un reato*] inculper: *incriminare qc. di omicidio* inculper qqn. d'homicide; *fu incriminato per falsa testimonianza* il fut inculpé de faux témoignage **2** (*per est.*) [*considerare come reato*] punir comme délit: *l'uso degli stupefacenti è incriminato dalla legge* l'usage des stupéfiants est puni comme un délit par la loi.

incriminàto |inkrimi'nato| *agg.* (*persone*) incriminé: *il teste incriminato* le témoin incriminé → **accusato** ◇ (*cose*) [*che è servito per commettere un reato*] *l'arma, la frase incriminata* l'arme, la phrase incriminée.

incriminaziόne |inkriminat'tsjone| *s.f.* [→ INCRIMINARE 1] incrimination: *l'incriminazione del teste per falsa testimonianza* l'incrimination du témoin pour faux témoignage → **imputazione; accusa.**

incrinàre |inkri'nare| **A** *v.tr.* **1** (*di oggetti fragili*) [*causare una sottile fenditura*] fêler: *il colpo ha incrinato il vaso* le coup a fêlé le vase; *l'acqua troppo calda può incrinare il bicchiere* l'eau trop chaude peut fêler le verre **2** (*fig.*) [*compromettere, guastare*] compromettre (71): *incrinare un'amicizia* compromettre une amitié → **intaccare**; *una banale incomprensione ha incrinato i loro cordiali rapporti* une banale incompréhension a compromis leurs rapports amicaux **B** *v.pron. intr.* INCRINARSI **1** [→ *tr.* 1] se fêler: *la bottiglia s'è incrinata* la bouteille s'est fêlée → **crepar(si).** **2** [→ *tr.* 2] se gâter: *la loro amicizia s'è incrinata in seguito a quel dissidio* leur amitié s'est gâtée après ce désaccord → **guastar(si).**

incrinàto |inkri'nato| *agg.* **1** [*che reca incrinature*] fêlé, fendu: *bicchiere incrinato* verre fêlé **2** (*fig.*) [*compromesso, leso*] compromis: *amicizia incrinata* amitié compromise.

incrinatùra |inkrina'tura| *s.f.* **1** [*crepa, fenditura leggera e sottile*] fêlure: *in quello specchio c'è un'incrinatura* sur cette glace il y a une fêlure; *è un vaso pieno di incrinature* c'est un vase plein de fêlures **2** (*fig.*) [*screzio, dissapore*] faille: *la loro amicizia è senza incrinature* leur amitié est sans faille **3** (*med.*) → **infrazione.**

incrisalidàrsi |inkrisali'darsi| *v. pron. intr.* (*di insetti a metamorfosi completa*) [*passare dallo stato di larva a quello di crisalide*] devenir (27) *intr.* chrysalide.

incrociàre |inkro'tʃare| **A** *v.tr.* **1** [*sovrapporre due elementi in forma di croce o di 'x'*] croiser: *incrociare due bastoni, due sbarre di ferro* croiser deux bâtons, deux barres de fer; *incrociare i lembi di un fazzoletto* croiser les coins d'un mouchoir; *incrociare le gambe* croiser les jambes → **accavallare** ◇ (*loc.*) *incrociare le spade* [*battersi in duello; cominciare un incontro sportivo all'arma bianca*] croiser l'épée ~ *incrociare i guantoni* [*battersi in un incontro di pugilato*] disputer un combat de boxe ~ *incrociare il fuoco, i tiri* [*sparare da punti diversi sullo stesso obiettivo*] croiser le feu, les tirs ~ *incrociare le braccia:* (*pr., fig.*) se croiser les bras **2** [*tagliare, attraversare ad angolo*] croiser: *questa strada incrocia la ferrovia* cette route croise la voie ferrée; *incrociare la rotta* [*passare a prua di una nave o di un aereo* (*a distanza ravvicinata*)] croiser la route (d'un bateau) ◇ (*per est.*) [*incontrare qc. o q.c. che proviene da direzione opposta*] *incrociare un amico* croiser un ami # *lungo il tragitto abbiamo incrociato molti autotreni* pendant le trajet nous avons rencontré beaucoup de camions-remorques **3** (*biol.*) [*effettuare un incrocio; ibridare*] croiser: *incrociare due tipi di rose* croiser deux types de roses; *incrociare due razze di cavalli* croiser deux races de chevaux **B** *v.intr.* (*aus.* '*avere*') (*aer., mar.*) [*percorrere più volte e in diverse direzioni una determinata zona*] croiser: *la flotta incrocia al largo della costa* la flotte croise au large de la côte; *una squadra aerea incrocia sul luogo del disastro* une escadre aérienne croise au-dessus du lieu du désastre ◇ (*fam., scherz.*) [*camminare su e giù davanti a un luogo*] faire (45) *tr.* les cent pas: *quell'individuo già da due ore incrocia davanti alla banca* cet individu fait les cent pas devant la banque depuis déjà deux heures **C** *v.pron. recipr.* INCROCIARSI **1** [→ *tr.* 2] se croiser: *due rette che s'incrociano* deux droites qui se croisent → **intersecar(si)**; *ti aspetto dove le due strade s'incrociano* je t'attends là où les deux routes se croisent; *i due treni s'incrociano a metà strada* les deux trains se croisent à mi-chemin → **incontrar(si)**; *ci siamo incrociati senza accorgercene* on s'est croisé sans s'en apercevoir ◇ (*per est.*) *le nostre lettere si sono incrociate* nos lettres se sont croisées;

i loro sguardi s'incrociavano spesso leurs regards se croisaient souvent ◇ (*fig.*) *fra i due rivali cominciarono a incrociarsi frecciate polemiche* les deux rivaux commencèrent à se décocher des flèches, des piques **2** [→ *tr.* 3] se croiser: *si sono incrociate due razze di conigli* deux races de lapins se sont croisées; *si sono incrociate due varietà di rose* deux variétés de roses se sont croisées.

incrociàto |inkro'tʃato| *agg.* **1** [(*disposto*) *a forma di croce*; *accavallato*] croisé: *due pali incrociati* deux pieux croisés; *parole incrociate* mots croisés → **cruciverba**; *sedeva con le gambe incrociate* il était assis, les jambes croisées; *aveva le braccia incrociate sul petto* il avait les bras croisés sur la poitrine → **intrecciato, conserto** **2** [*che è frutto di un incrocio*; *bastardo*] croisé: *cucciolo incrociato* chiot croisé; *razze incrociate* races croisées → **ibrido**; *varietà di fiori incrociate* variétés de fleurs croisées **3** (*banca*) barré: *assegno incrociato* [*sbarrato*] chèque barré ◇ (*cucito*) *punto incrociato* point de croix ◇ (*metr.*) *rima incrociata* rime croisée ◇ (*mil.*) *fuoco incrociato* feux croisés *pl.*

incrociatóre |inkrotʃa'tore| *s.m.* (*mar. mil.*) croiseur: *incrociatore leggero, pesante* croiseur léger, lourd; *incrociatore lanciamissili, posamine* croiseur lance-missiles, mouilleur de mines.

incrociatùra |inkrotʃa'tura| *s.f.* → **incrocio.**

incrocicchiàre |inkrotʃik'kjare| *v.tr.* (*di oggetti piccoli e sottili*) [*incrociare*] croiser: *incrocicchiare fili, corde, cannucce* croiser des fils, des cordes, des pailles; *incrocicchiare le dita* croiser les doigts → **intrecciare.**

incrócio, i |in'krotʃo, i| *s.m.* **1** [→ INCROCIARE C 1] croisement: *l'incrocio di due travi, di due fili* croisement de deux poutres, de deux fils ◇ (*per est.*) [*il punto di convergenza, spec. di strade*] *è un pericoloso incrocio* (*stradale*) c'est un croisement très dangereux → **crocevia** ✦ (*ass.*) *rallentare agli incroci* ralentir aux croisements; *è stato messo un semaforo all'incrocio* on a mis un feu-rouge au croisement, au carrefour **2** [→ INCROCIARE A 3; C 2] croisement: *tentare un nuovo incrocio* tenter un nouveau croisement ◇ (*per est.*) [*il prodotto stesso*] *questo cane, questo fiore è un incrocio* ce chien, cette fleur provient d'un croisement # *il mulo è un incrocio tra asino e cavalla* le mulet est un hybride mâle de l'âne et de la jument **3** (*ling.*) croisement.

incrodàrsi |inkro'darsi| *v.pron. intr.* (*alpinismo*) [*rimanere bloccato in parete* (*durante un'ascensione*)] rester *intr.* bloqué sur une paroi.

incrollàbile |inkrol'labile| *agg.* [*saldo, stabile, irremovibile*] inébranlable: *fermezza, fede incrollabile* fermeté, foi inébranlable; *volontà incrollabile* volonté inébranlable.

incrostaménto |inkrosta'mento| *s.m.* (*raro*) → **incrostazione.**

incrostànte |inkros'tante| *agg.* incrustant.

incrostàre |inkros'tare| **A** *v.tr.* **1** (*di sostanze minerali*) [*ricoprire con uno strato di sedimenti*] incruster: *l'acqua, ricca di sali, ha incrostato l'interno della caldaia* l'eau, riche en sels, a incrusté l'intérieur de la chaudière # *incrostare la pipa* culotter sa pipe **2** [*rivestire, ricoprire di materiali pregiati*] incruster: *fece incrostare le pareti di mosaici* il fit incruster les parois de mosaïques **B** *v.pron. intr.* INCROSTARSI [*rivestirsi, coprirsi di crosta*] s'incruster: *la caldaia s'è incrostata di calcare* la chaudière s'est incrustée de calcaire # *la ferita s'è incrostata* la blessure s'est recouverte d'une croûte.

incrostazióne |inkrostat'tsjone| *s.f.* **1** [→ INCROSTARE A 1; B] incrustation: *incrostazione calcarea, salina* incrustation calcaire, saline; *le acque calcaree provocano l'incrostazione delle condutture* les eaux calcaires provoquent l'incrustation des tuyauteries # *l'incrostazione della pipa* le culot de la pipe ◇ (*per est.*) [*le sostanze che costituiscono lo strato di sedimento*] *eliminare le incrostazioni in una caldaia* éliminer les incrustations dans une chaudière **2** [→ INCROSTARE A 2] incrustation: *l'incrostazione di una parete, di un cofanetto* l'incrustation d'une paroi, d'un coffret ◇ (*per est.*) [*il materiale pregiato usato*] *le pareti hanno bellissime incrostazioni di marmo* les murs ont de très belles incrustations en marbre.

incrostatùra |inkrosta'tura| *s.f.* → **incrostazione.**

incrostàto |inkros'tato| *agg.* **1** incrusté # *un tubo incrostato di calcare* un tuyau entartré de calcaire **2** [*rivestito di materiali pregiati*] incrusté: *uno scrigno incrostato di madreperla* un coffret incrusté de nacre → **intarsiato.**

incrudelire |inkrude'lire| (197) **A** *v.intr.* **1** (*aus.* '*essere*') [*diventar crudele*] devenir (27) cruel*: *quel tiranno incrudelisce di giorno in giorno* ce tyran devient plus cruel de jour en jour **2** (*aus.* '*avere*') [*infierire*] s'acharner *pron.* (sur, contre): *incrudelire contro i prigionieri* s'acharner contre les prisonniers; *ha incrudelito su quei poveri innocenti* il s'est acharné contre des pauvres innocents ◇ (*fig.*) *la tempesta incrudelisce* la tempête fait rage **B** *v.tr.* (*raro*) [*rendere crudele*] rendre (53) cruel*: *la guerra incrudelisce gli animi* la guerre rend les âmes cruelles **C** *v. pron. intr.* INCRUDELIRSI [→ *intr.* 1] devenir *intr.* cruel: *con la guerra gli animi s'incrudeliscono* avec la guerre les âmes deviennent cruelles.

incrudiménto |inkrudi'mento| *s.m.* (*metall.*) écrouissage.

incrudire |inkru'dire| (197) **A** *v. intr.* (*aus.* '*essere*') **1** (*metall.*) [*perdere la duttilità e la malleabilità*] s'écrouir *pron.* **2** (*fig.*) [*farsi rigido, aspro*] devenir (27) plus rude: *la temperatura, verso sera, incrudisce* la température, vers le soir, devient plus rude **B** *v.tr.* (*metall.*) [*sottoporre a processo d'incrudimento*] écrouir **C** *v.pron. intr.* INCRUDIRSI [→ *intr.* 2] devenir *intr.* rude ◇ (*fig.*) *la ferita s'incrudisce* la blessure devient plus douleureuse.

incruènto |inkru'ɛnto| *agg.* **1** sans effusion de sang (*loc. inv.*): *vittoria incruenta* victoire sans effusion de sang ◇ (*scherz., detto di polemiche letterarie*) *battaglie incruente* des batailles non sanglantes **2** (*liturg. catt.*) *sacrificio incruento* sacrifice non sanglant ◇ (*med.*) *terapia incruenta* thérapie sans perte de sang.

incrunàre |inkru'nare| *v.tr.* (*raro*) [*mettere il filo nella cruna dell'ago*] enfiler (du fil) dans le chas (d'une aiguille).

incrunatùra |inkruna'tura| *s.f.* [*il foro lasciato nel tessuto dal passaggio dell'ago*] marque.

incubàre |inku'bare| *v.tr.* (*raro*) [*sottoporre a incubazione*] incuber.

incubatóio, i |inkuba'tojo, i|, **incubatòrio, i** |inkuba'tɔrjo, i| *s.m.* [*locale, edificio in cui sono allestiti impianti d'incubazione*] couvoir.

incubatrice |inkuba'tritʃe| *s.f.* **1** (*pollicoltura*) couveuse artificielle **2** (*med.*) couveuse, incubateur *m.*

incubazióne |inkubat'tsjone| *s.f.* **1** (*biol.*) incubation: *incubazione artificiale, naturale* incubation artificielle, naturelle **2** (*med.*) incubation: *avere un raffreddore in incubazione* couver un rhume **3** (*fig.*) [*il tempo di maturazione di un piano, di un'idea*] gestation: *è un progetto ancora in incubazione* c'est un projet encore en gestation → **gestazione.**

ìncubo |'inkubo| *s.m.* **1** [*sogno angoscioso, terrificante*] cauchemar: *avere un incubo* faire un cauchemar; *è stata una notte piena di incubi* ce fut une nuit pleine de cauchemars **2** (*fig.*) [*preoccupazione angosciosa*; *pensiero affannoso*] cauchemar: *l'incubo della miseria, degli esami, della guerra* le cauchemar de la misère, des examens, de la guerre; *quel debito è diventato un incubo per me* cette dette m'est devenue un véritable cauchemar ◇ [*persona fastidiosa, opprimente*] *quell'uomo è un vero incubo* cet homme est un vrai cauchemar.

incùdine |in'kudine| *s.f.* **1** [*blocco d'acciaio* (*su cui il fabbro batte il metallo*)] enclume ◇ (*loc. fig.*) *essere tra l'incudine e il martello* être entre l'enclume et le marteau **2** (*anat.*) enclume.

inculcàre |inkul'kare| *v.tr.* [*imprimere profondamente nella mente, nell'anima altrui*] inculquer: *inculcare il senso del dovere, del rispetto altrui* inculquer le sens du devoir, du respect d'autrui; *inculcò nei propri figli l'amore alla libertà* il inculqua à ses enfants l'amour de la liberté.

incùlto |in'kulto| *agg.* (*lett.*) → **incolto.**

incultùra |inkul'tura| *s.f.* inculture.

incunabolista |inkunabo'lista| *s.m.* expert, spécialiste en incunables.

incunàbolo |inku'nabolo| *s.m.* (*fil.*) incunable.

incuneaménto |inkunea'mento| *s.m.* → **incuneazione.**

incuneàre |inkune'are| **A** *v.tr.* **1** [*inserire, far penetrare a forza*] enfoncer (2): *incuneare una leva sotto un masso* enfocer un levier sous un rocher **2** [*fermare, fissare con cunei*] coincer (2): *incuneare un palo nel terreno* coincer un poteau dans le sol **B** *v.pron.* INCUNEARSI **1** *intr.* [*penetrare profondamente a mo' di cuneo*] s'enfoncer: *la trave s'è incuneata nella parete* la poutre s'est enfoncée dans la paroi → **incastrar(si)** **2** *rifl.* (*fig.*) [*penetrare, inserirsi a forza*] s'enfoncer, pénétrer (8) (*intr.*): *i nemici si sono incuneati nel nostro schieramento* les ennemis se sont enfoncés, ont pénétré dans nos lignes.

incuneazióne |inkuneat'tsjone| *s.f.* **1** [→ INCUNEARE A 1; B] enfoncement (*m.*): *l'incuneazione di una leva* l'enfoncement d'un levier **2** [→ IN-

CUNEARE A 2] coinçage (*m.*): *l'incuneazione di un palo* le coinçage d'un poteau.

incuòcere |in'kwɔtʃere| (129) *v.tr.* **1** [*scottare, bruciare*] brûler: *il gelo ha incotto i germogli* la gelée a brûlé les bourgeons # *il sole ha incotto la tenda* le soleil a cuit la toile de la tente **2** (*raro*) (*di cibi*) [*cuocere in modo leggero e superficiale*] faire (45) *intr.* revenir (*corr.*).

incuoràre |inkwo'rare| *v.tr.* → **incorare.**

incupire |inku'pire| (197) **A** *v.tr.* **1** [*rendere scuro*] foncer (2); assombrir: *incupire i colori, le tinte* foncer les couleurs, les teintes → **scurire** ‖ *le nubi incupiscono il cielo* les nuages assombrissent le ciel **2** (*fig.*) [*rendere triste, pensieroso*] assombrir: *quella disgrazia l'ha incupito* ce malheur l'a assombri **B** *v.intr.* (*aus.* '*essere*') **1** [*diventar scuro, cupo*] foncer (*aus.* avoir); s'assombrir (*pron.*): *è una tinta che con il tempo incupisce* c'est une teinte qui fonce avec le temps ‖ *il cielo incupiva paurosamente di minuto in minuto* le ciel s'assombrissait terriblement de minute en minute **2** (*fig.*) [*farsi scuro in volto, rabbuiarsi*] s'assombrir: *a quelle parole, incupì* à ces mots, il s'assombrit **C** *v.pron. intr.* INCUPIRSI **1** [→ *intr.* 1] foncer *intr.*; s'assombrir: *è un colore che s'incupisce con il tempo* c'est une teinte qui fonce avec le temps ‖ *il cielo si è incupito* le ciel s'est assombri **2** [→ *intr.* 2] s'assombrir: *dopo quella disgrazia si è incupito* après ce malheur, il s'est assombri; *il suo sguardo, a quelle parole, s'incupì* à ces mots, son regard s'assombrit.

incuràbile |inku'rabile| *agg.* incurable: *una malattia incurabile* une maladie incurable → **inguaribile** ◇ (*fig.*) *vizio, difetto incurabile* vice, défaut incurable → **incorreggibile, insanabile** ✦ (*s.*) *un incurabile* un incurable: *ospedali degli incurabili* hôpitaux d'incurables Ⓒ **curabile.**

incurabilità |inkurabili'ta| *s.f.inv.* incurabilité *var.* (*raro*): *l'incurabilità di un morbo* l'incurabilité d'un mal ◇ (*fig.*) *l'incurabilità di un vizio* l'incurabilité d'un vice.

incurànte |inku'rante| *agg.* [*indifferente, insensibile, sprezzante*] insouciant, insoucieux*: *incurante del pericolo, della salute, dell'onore* insouciant, insoucieux du danger, de la santé, de l'honneur; *essere incurante dell'opinione altrui* être insouciant de l'opinion d'autrui.

incurànza |inku'rantsa| *s.f.* (*raro*) [*indifferenza, disprezzo*] insouciance.

incùria |in'kurja| *s.f.* incurie: *incuria nel compiere il proprio dovere* incurie dans l'accomplissement de son devoir; *quella villa è mal ridotta per l'incuria del proprietario* cette villa est en mauvais état à cause de l'incurie de son propriétaire → **negligenza** # *quella ragazza dimostra incuria nel vestire* cette jeune fille n'est pas soignée → **sciatteria, noncuranza.**

incuriosire |inkurjo'sire| (197) **A** *v.tr.* [*suscitare la curiosità*] intriguer, intéresser: *la tua vicenda mi incuriosisce* ton histoire m'intrigue, m'intéresse; *qualsiasi sciocchezza la incuriosisce* n'importe quelle bêtise l'intéresse **B** *v.pron. intr.* INCURIOSIRSI [*diventare curioso*] être (43) *intr.* intrigué (par): *il bambino s'incuriosì e volle sapere cosa stavamo progettando* l'enfant fut intrigué et voulut savoir ce que nous projetions.

incuriosito |inkurjo'sito| *agg.* [*preso da curiosità*] intrigué: *essere incuriosito* être intrigué.

incursióne |inkur'sjone| *s.f.* incursion: *incursione navale* incursion navale → **irruzione** # *incursione aerea* raid aérien ◇ (*per est.*) *i ladri hanno fatto un'incursione in banca* le voleurs ont fait une incursion dans la banque; *il centravanti effettua frequenti e pericolose incursioni sotto porta* l'avant--centre effectue de fréquentes et dangereuses incursions, attaques vers le but.

incurvaménto |inkurva'mento| *s.m.* (*raro*) → **incurvatura.**

incurvàre |inkur'vare| **A** *v.tr.* [*far diventare curvo piegare*] courber: *incurvare una sbarra di ferro* courber, incourber une barre de fer; *la neve era tanta da incurvare i rami* la neige était si épaisse qu'elle courbait les branches; *gli anni gli hanno incurvato le spalle* les années l'ont courbé ◇ (*loc. fig.*) *incurvare la schiena* [*sottomettersi*] courber la tête, le front; (*lett.*) → **piegare B** *v.pron. intr.* INCURVARSI [*piegarsi, diventare curvo*] se courber: *il legno con l'umidità s'incurva* sous l'effet de l'humidité le bois se courbe, gondole; *s'è incurvato con gli anni* il s'est courbé, voûté avec l'âge; *questi alberi si sono incurvati sotto l'azione del vento* ces arbres se sont courbés sous l'effet du vent.

incurvàto |inkur'vato| *agg.* [*divenuto curvo; piegato*] courbé: *asta incurvata* barre courbée, incurvée; *aveva le spalle incurvate* il avait les épaules courbées.

incurvatùra |inkurva'tura| *s.f.* **1** [→ INCURVARE] incurvation: *l'incurvatura di un'asta metallica, di una sbarra* l'incurvation d'une tige métallique, d'une barre **2** [*la parte, il tratto incurvati*] courbe: *l'incurvatura di una botte* la courbe, la panse d'un tonneau **3** (*tecnol.*) *l'incurvatura del legno* le dérivage *m.* du bois.

incurvire |inkur'vire| (197) **A** *v. intr.* (*aus. 'essere'*) (*persone*) [*diventare curvo*] se voûter (*pron.*): *per le molte fatiche e stenti è incurvito* il s'est voûté à cause des grandes fatigues et des privations **B** *v.pron. intr.* INCURVIRSI [→ *intr.*] se voûter: *con gli anni s'è incurvito* il s'est voûté avec l'âge.

incùrvo |in'kurvo| *agg.* (*raro, lett.*) → **curvo, ricurvo.**

incùsa |in'kusa| *s.f.* (*numism.*) incuse.

incustodito |inkusto'dito| *agg.* sans surveillance (*loc. inv.*): *villa incustodita* villa sans surveillance # *passaggio a livello incustodito* passage à niveau non gardé.

incùtere |in'kutere| (134) *v.tr.* [*suscitare, infondere*] inspirer: *incutere spavento, rispetto* inspirer de la frayeur, du respect # *incutere soggezione a qc.* en imposer à qqn.

ìndaco, chi |'indako, ki| *s.m.* **1** [*sostanza colorante azzurra*] indigo **2** [*colore azzurro intenso*] indigo, inde: *tingere in (di) indaco* teindre en indigo ✦ (*agg. inv.*) *una stoffa indaco* une étoffe indigo.

indaffaràto |indaffa'rato| *agg.* [*che ha molto da fare; affaccendato*] affairé, occupé: *era troppo indaffarato per ascoltarmi* il était trop affairé, occupé pour m'écouter; *è tutto indaffarato in preparativi* il est tout affairé, occupé par ses préparatifs.

indagàre |inda'gare| **A** *v.tr.* [*svolgere ricerche minuziose e accurate*] chercher *intr.* à connaître, à pénétrer: *indagare la natura, le cause di un fenomeno* chercher à connaître la nature, les causes d'un phénomène; *indagare i misteri dell'animo umano* chercher à pénétrer les mystères de l'âme humaine → **ricercare B** *v.intr.* (*aus. 'avere'*) (*dell'attività degli organi giudiziari e della polizia*) [*svolgere indagini; investigare*] enquêter: *indagare su (intorno a, in merito a) un delitto* enquêter sur un délit; *la commissione d'inchiesta indaga sulle cause del sinistro* la commission enquête sur les causes de la catastrophe ✦ (*ass.*) *la polizia sta indagando* la police enquête ◇ (*per est.*) (*di qualsiasi altra ricerca*) *indagare sulle intenzioni dell'avversario* enquêter sur les intentions de l'adversaire.

indagatóre, trice |indaga'tore, tritʃe| *agg.* [*che indaga; che cerca di conoscere quanto è nascosto*] investigateur*: *occhio, sguardo indagatore* œil, regard investigateur; *spirito indagatore* esprit investigateur → **inquisitorio** # *commissione indagatrice* commission d'enquête → **inquirente** ✦ (*s.*) *un indagatore* un investigateur: *è un profondo indagatore della natura* c'est un profond investigateur de la nature.

indàgine |in'dadʒine| *s.f.* [*ricerca sistematica intorno a fatti determinati*] enquête: *un'indagine minuziosa, accurata, severa* une enquête minutieuse, soigneuse, sévère; *indagini statistiche* enquêtes statistiques; *svolgere un'indadine scientifica* mener une enquête, une recherche scientifique → **studio, analisi** ◇ (*spec.*) [*investigazione, inchiesta della polizia*] *il funzionario incaricato delle indagini* le fonctionnaire chargé de l'enquête; *le indagini si sono concluse con l'arresto del colpevole* l'enquête s'est terminée par l'arrestation du coupable ◇ (*econ.*) étude.

indàrno |in'darno| *avv.* (*lett.*) → **invano, inutilmente.**

indebitaménte |indebita'mente| *avv.* **1** [→ INDEBITO 1] indûment: *ottenere indebitamente un riconoscimento* obtenir indûment une reconnaissance; *l'hanno accusato indebitamente* ils l'ont accusé indûment → **ingiustamente 2** [→ INDEBITO 2] indûment: *s'è appropriato indebitamente della villa* il s'est approprié indûment la villa → **abusivamente, illecitamente.**

indebitaménto |indebita'mento| *s.m.* [→ INDEBITARE] endettement: *l'indebitamento di quella azienda ha raggiunto limiti fallimentari* l'endettement de cette maison de commerce frise la faillite.

indebitàre |indebi'tare| **A** *v.tr.* [*gravare di debiti*] endetter: *i medici e le cure l'hanno indebitato per parecchi milioni* les médecins et les soins l'ont endetté de plusieurs millions **B** *v.pron. rifl.* INDEBITARSI [*coprirsi, ingolfarsi di debiti*] s'endetter: *indebitarsi con qc.* s'endetter envers qqn.; *per comprarsi la casa s'è indebitato* pour acheter sa maison il s'est endetté ◇ (*loc. fig.*)

indebitarsi fino ai capelli, fino al collo, fino all'osso se couvrir de dettes.
indebitàto |indebi'tato| *agg.* [*gravato da debiti*] endetté: *la precedente amministrazione ha lasciato il Comune indebitato di dieci miliardi* la précédente administration a laissé la mairie endettée de plus de dix milliards ◇ (*loc. fig.*) *essere indebitato fino ai capelli, fino al collo, fino all'osso* [*essere pieno di debiti*] être (43) criblé de dettes.
indébito |in'debito| *agg.* **1** [*non dovuto, immeritato*] abusif*, injuste: *un premio indebito* un prix abusif, injuste ◇ [*inopportuno, sconveniente*] indu: *presentarsi a un'ora indebita* se présenter à une heure indue **2** (*dir.*) illicite: *appropriazione indebita* appropriation illicite → **illecito, abusivo** ✦ (*s.m.*) *l'indebito* l'indu.
indeboliménto |indeboli'mento| *s.m.* [→ INDEBOLIRE] affaiblissement: *l'indebolimento della vista, della memoria* l'affaiblissement de la vue, de la mémoire → **affievolimento**; *indebolimento fisico* affaiblissement physique → **infiacchimento, deperimento**; *l'indebolimento della resistenza nemica* l'affaiblissement de la résistance ennemie → **diminuzione** ◇ (*fon.*) affaiblissement.
indebolire |indebo'lire| (197) **A** *v.tr.* [*rendere debole*] affaiblir: *indebolire la resistenza nemica* affaiblir la résistance ennemie → **sminuire, affievolire**; *il lungo digiuno l'ha indebolito* le long jeûne l'a affaibli → **debilitare, prostrare**; *l'insuccesso ha indebolito la sua volontà* l'échec a affaibli sa volonté → **fiaccare B** *v.pron. intr.* INDEBOLIRSI [*diventare debole*] faiblir *intr.*; baisser (*intr.*): *il polso del malato s'è indebolito* le pouls du malade a faibli ‖ *gli si va indebolendo sempre più la vista* sa vue baisse de plus en plus → **affievolir(si)**.
indebolito |indebo'lito| *agg.* [*debole, infiacchito*] affaibli: *un fisico indebolito* un physique affaibli # *ha la vista indebolita* sa vue a baissé.
indecènte |inde'tʃɛnte| *agg.* indécent: *comportamento, discorso indecente* tenue indécente, conversation indécente → **sconcio, spudorato**; *abito indecente* robe indécente → **sconveniente** ◇ (*per est.*) *prezzo indecente* prix indécent → **eccessivo, scandaloso** ◇ [*sporco, disordinato*] négligé: *casa, vestito indecente* maison négligée, vêtement négligé.
indecenteménte |indetʃente'mente| *avv.* [→ INDECENTE] indécemment: *atteggiarsi, comportarsi indecentemente* se tenir, se comporter indécemment; *essere indecentemente vestito* être habillé indécemment → **sconvenientemente, sconciamente.**
indecènza |inde'tʃɛntsa| *s.f.* **1** indécence: *l'indecenza di un contegno, di un discorso* l'indécence d'une tenue, d'un discours → **spudoratezza** # *la sua casa è di un'indecenza rivoltante* sa maison est d'une saleté repoussante → **sporcizia 2** [*espressione, atto, cosa indecente*] indécence; *honte: *non fa che dire delle indecenze* il ne fait que dire des indécences ‖ *è un'indecenza andare in giro così!* c'est une honte, c'est honteux (que) de sortir ainsi!; *questa casa è una vera indecenza!* cette maison est une véritable honte!
indecifràbile |indetʃi'frabile| *agg.* indéchiffrable: *un messaggio, un'iscrizione indecifrabile* un message, une inscription indéchiffrable; *ha una scrittura indecifrabile* il a une écriture indéchiffrable → **illeggibile** ◇ (*fig.*) [*misterioso, enigmatico*] *è un tipo indecifrabile* c'est un individu indéchiffrable → **impenetrabile.**
indecifràto |indetʃi'frato| *agg.* (*raro*) [*che non è stato decifrato*] indéchiffrable (*corr.*).
indecisióne |indetʃi'zjone| *s.f.* indécision: *l'indecisione è il suo più grave difetto* l'indécision est son plus grave défaut; *ho avuto un momento d'indecisione* j'ai eu un moment d'indécision, d'hésitation → **incertezza, irresolutezza.**
indeciso |inde'tʃizo| *agg.* **1** (*persone*) indécis: *essere indeciso sul da farsi* demeurer indécis quant au parti à prendre; *è un uomo indeciso in tutte le sue azioni* c'est un homme indécis dans toutes ses actions → **incerto, irresoluto** # *sono ancora indeciso se venire o no* je n'ai pas encore décidé si je dois venir ou non ◇ (*cose*) [*incerto, insicuro*] *una risposta indecisa* une réponse indécise; *ha un carattere indeciso* il a un caractère indécis # *il tempo si mantiene ancora indeciso* le temps est encore incertain → **instabile 2** [*non risolto, controverso*] indécis: *la questione è ancora indecisa* la question reste indécise, n'est pas tranchée ✦ (*s.m.*) *l'indeciso* l'indécis: *non ha lasciato nulla d'indeciso* il n'a rien laissé d'indécis **C** **1 deciso.**
indeclinàbile |indekli'nabile| *agg.* **1** (*gram.*) indéclinable: *sostantivo, aggettivo indeclinabile* substantif, adjectif indéclinable **2** [*a cui non ci si può sottrarre*] *un invito indeclinabile* une invitation qu'on ne peut décliner; *è un tuo dovere indeclinabile aiutarla* il faut absolument que tu l'aides.
indecomponibile |indekompo'nibile| *agg.* indécomposable: *materia indecomponibile* matière indécomposable ◇ (*mat.*) non décomposable.
indecorosaménte |indekoro-sa'mente| *avv.* [→ INDECOROSO] de façon inconvenante *loc. inv.*
indecoróso |indeko'roso| *agg.* [*contrario al decoro, alla dignità, alla convenienza*] inconvenant, malséant (*lett.*): *contegno indecoroso* tenue inconvenante, malséante; *abbigliamento indecoroso* vêtements inconvenants → **sconveniente** # *grettezza indecorosa* avarice honteuse; *è indecoroso vestire così!* c'est honteux que de s'habiller ainsi! → **indecente.**
indefessaménte |indefessa'mente| *avv.* [→ INDEFESSO] infatigablement, inlassablement.
indefèsso |inde'fɛsso| *agg.* [*infaticabile, assiduo*] infatigable, inlassable: *lavoratore indefesso* travailleur infatigable; *è un assertore indefesso dei principi di libertà* c'est un défenseur inlassable des principes de la liberté → **instancabile.**
indefettìbile |indefet'tibile| *agg.* (*lett.*) indéfectible: *fede indefettibile* foi indéfectible; *un'amicizia indefettibile* une amitié indéfectible ◇ [*non suscettibile di difetti*] *la perfezione divina è indefettibile* la perfection divine est indéfectible.
indefettibilità |indefettibili'ta| *s.f. inv.* (*lett.*) indéfectibilité *var.*
indefettibilménte |indefettibil'mente| *avv.* [→ INDEFETTIBILE] indéfectiblement.
indefinìbile |indefi'nibile| *agg.* indéfinissable: *un concetto indefinibile* un concept indéfinissable → **inspiegabile**; *sensazione, sentimento indefinibile* une sensation, un sentiment indéfinissable → **imprecisabile**; *sapore, colore indefinibile* saveur, couleur indéfinissable; *ha assunto un atteggiamento indefinibile* il a pris une attitude indéfinissable, énigmatique → **incerto, 1 dubbio.**
indefinibilità |indefinibili'ta| *s.f. inv.* [*impossibilità di essere definito*] caractère *m.var.* indéfini: *l'indefinibilità di un concetto, di una sensazione* le caractère indéfini d'un concept, d'une sensation.
indefinitaménte |indefinita'mente| *avv.* [→ INDEFINITO 1] indéfiniment: *rimandare indefinitamente un impegno* renvoyer indéfiniment un engagement → **indeterminatamente.**
indefinìto |indefi'nito| *agg.* **1** indéfini: *idee indefinite* des idées indéfinies; *un numero indefinito di dimostranti* un nombre indéfini de manifestants; *la questione rimase indefinita* la question resta indéfinie # *l'incontro fu rinviato a tempo indefinito* la rencontre fut renvoyée à une date indéfinie, sine die → **indeterminato** ◇ [*impreciso, vago, generico*] *sensazione indefinita* sensation indéfinie; *colore indefinito* couleur indéfinie ✦ (*s.m.*) *l'indefinito* l'indéfini **2** (*gram.*) indéfini: *pronomi, aggettivi indefiniti* pronoms, adjectifs indéfinis; *modi indefiniti del verbo* modes indéfinis du verbe.
indeformàbile |indefor'mabile| *agg.* indéformable: *tessuto indeformabile* tissu indéformable; *scarpe indeformabili* chaussures indéformables.
indeformabilità |indeformabili'ta| *s.f. inv.* caractère *m.var.* indéformable # *l'indeformabilità di un tessuto* un tissu indéformable.
indegnaménte |indeɲɲa'mente| *avv.* [→ INDEGNO] indignement: *ricoprire indegnamente una carica* remplir indignement une fonction; *comportarsi indegnamente* se comporter indignement → **indecorosamente.**
indegnità |indeɲɲi'ta| *s.f. inv.* **1** indignité (*var.*): *confesso la mia indegnità a un così nobile incarico* j'avoue mon indignité d'occuper une charge si noble; *fu espulso per indegnità* il fut expulsé pour cause d'indignité ◇ (*dir.*) *indegnità a succedere* indignité successorale **2** [*azione, espressione riprovevoli*] indignité # *s'è macchiato di gravi indegnità* il s'est rendu bassement indigne → **ignominia, infamia.**
indégno |in'deɲɲo| *agg.* **1** (*persone*) indigne: *è indegno di ricoprire quella carica* il est indigne d'occuper cette charge; *ti sei reso indegno della mia stima* tu t'es rendu indigne de ma confiance → **immeritevole** ◇ (*in espressioni di modestia*) *sono indegno di tanta fiducia e benevolenza* je suis indigne d'une telle confiance et d'une telle bonté ◇ (*dir.*) *indegno a succedere* indigne de succéder ✦ (*ass.*) [*spregevole, infame, abietto*] *è un essere indegno!* c'est un être indigne! **2** (*cose*) [*disonorevole, biasimevole, vergognoso*] indigne: *azioni, sentimenti indegni di una persona onesta* actions, sentiments indignes d'une

personne honnête; *ha un modo di trattare la gente veramente indegno* il a une façon vraiment indigne de traiter les gens; *percepisce un compenso indegno del suo lavoro* il reçoit une rétribution indigne de son travail → **inadeguato, ingiusto.**

indeiscènte |indeiʃ'ʃɛnte| *agg.* (*bot.*) indéhiscent: *frutti indeiscenti* fruits indéhiscents.

indeiscènza |indeiʃ'ʃɛntsa| *s.f.* (*bot.*) indéhiscence.

indelèbile |inde'lɛbile| *agg.* indélébile: *inchiostro indelebile* encre indélébile → **incancellabile** ◇ (*fig.*) *ricordo indelebile* souvenir indélébile → **indimenticabile, perpetuo.**

indelebilménte |indelebil'mente| *avv.* [→ INDELEBILE] ineffaçablement.

indelicataménte |indelikata'mente| *avv.* [→ INDELICATO] indélicatement.

indelicatézza |indelika'tettsa| *s.f.* **1** indélicatesse: *l'indelicatezza di una domanda* l'indélicatesse d'une question → **sconvenienza;** *è un essere di una indelicatezza rivoltante* c'est un individu d'une indélicatesse insupportable → **grossolanità, volgarità** **2** [*comportamento, espressione indelicati*] indélicatesse: *è una grave indelicatezza mettere in imbarazzo gli ospiti* c'est une grave indélicatesse (que) de mettre dans l'embarras ses invités.

indelicàto |indeli'kato| *agg.* indélicat: *una domanda indelicata* une question indélicate → **indiscreto;** *è un individuo indelicato* c'est un homme indélicat → **grossolano, sgarbato;** *è indelicato chiedere l'età a una signora* il est indélicat de demander son âge à une femme → **inopportuno.**

indemagliàbile |indemaʎ'ʎabile| *agg.* (*di indumenti lavorati a maglia*) indémaillable: *tessuto, calza indemagliabile* tissu, bas indémaillable.

indemoniàre |indemo'njare| *v. intr.* (*aus.* '*essere*') [*diventar furente, incollerirsi*] enrager (3) (*aus.* avoir), rager (3) (*aus.* avoir) (*fam.*): *certe cose mi fanno indemoniare* certaines choses me font enrager.

indemoniàto |indemo'njato| *agg.* **1** [*posseduto dal demonio*] possédé: *un uomo indemoniato* un homme possédé → **ossesso** ✦ (*s.*) *un indemoniato* un possédé: *guarire gli indemoniati* exorciser les possédés; *quella donna è una indemoniata* cette femme est une possédée **2** (*fig.*) [*furente, furibondo*] furieux* # *è tornato a casa indemoniato* il est rentré (à la maison) dédraîné ◇ [*eccessivamente vivace*] endiablé: *è un bambino indemoniato, corre dalla mattina alla sera* c'est un enfant endiablé, il court du matin au soir → **infernale** ✦ (*s.*) *un indemoniato* un diable, un obsédé: *urlava e gesticolava come un indemoniato* il hurlait et gesticulait comme un diable, un obsédé; *quella donna è un'indemoniata* cette femme est une vraie diablesse.

indènne |in'dɛnne| *agg.* indemne: *è uscito indenne da quel grave incidente* il est sorti indemne de ce grave accident → **illeso, incolume** ◇ [*non contagiato*] non contaminé: *latte indenne* lait non contaminé; *zona indenne dall'epidemia* zone non contaminée par l'épidémie.

indennità |indenni'ta| *s.f. inv.* **1** (*dir.*) indemnité (*var.*): *indennità d'esproprio* indemnité d'expropriation; *pagare una forte indennità alla parte lesa* payer une forte indemnité à la partie lésée → **risarcimento, indennizzo** **2** [*assegno straordinario* (*per rimborso di spese o per disagi speciali*)] indemnité: *indennità di trasferta, di alloggio, di carovita* indemnité de déplacement, de logement, de vie chère; *indennità di rischio* indemnité de risque; *indennità di contingenza, di anzianità* indemnité variable selon le coût de la vie, de l'ancienneté **3** [*retribuzione di un'attività speciale*] indemnité: *indennità parlamentare* indemnité parlementaire **4** (*lett.*) → **incolumità, salvezza.**

indennizzàbile |indennid'dzabile| *agg.* [→ INDENNIZZARE] indemnisable: *danno indennizzabile* dommage indemnisable → **risarcibile.**

indennizzàre |indennid'dzare| *v. tr.* [*risarcire mediante indennizzo*] indemniser: *indennizzare un danno* indemniser un dommage → **compensare, risarcire.**

indennìzzo |inden'niddzo| *s.m.* **1** indemnisation *f.*; remboursement: *avere diritto all'indennizzo dei danni* avoir droit à l'indemnisation des dommages → **risarcimento** ‖ *ha chiesto l'indennizzo delle spese di trasferta* il a demandé le remboursement des frais de déplacement → **rimborso** **2** [*la somma versata o riscossa come risarcimento*] indemnisation # *non ha ancora avuto l'indennizzo delle spese* il n'a pas encore été remboursé de ses frais.

indentàre |inden'tare| **A** *v.tr.* [*fornire di tacche*; *dentellare*] denteler (4), endenter: *indentare un elemento di legno* denteler un élément en bois **B** *v.intr.* (*aus.* '*avere*') **1** (*di pezzi meccanici dentati*) [*ingranare*] s'engrener (6) (*pron.*): *quell'ingranaggio indenta male* cet engrenage s'engrène mal **2** (*raro*) (*dei bambini*) [*incominciare a mettere i denti*] percer (2) *tr.* des dents.

indentatùra |indenta'tura| *s.f.* **1** (*tecnol.*) engrènement *m.* **2** [*i denti o gli incavi stessi*] denture: *l'indentatura di quell'ingranaggio è in pessime condizioni* la denture de cet engrenage est en très mauvais état.

indentazióne |indentat'tsjone| *s.f.* (*geol.*) indentation.

indentràrsi |inden'trarsi| *v.pron. intr.* (*raro*) → **addentrar(si).**

indéntro |in'dentro| *avv.*, **in déntro** |in'dentro| *loc. avv.* [*all'interno, nell'interno*] en dedans; en arrière: *camminа con le ginocchia in dentro* il marche, les genoux en dedans ‖ *spingi quel libro un po' più indentro, sta per cadere* pousse ce livre un peu en arrière, il va tomber # *pancia indentro!* rentrez le ventre! ◇ *loc.* ALL'INDENTRO à, vers l'intérieur: *la porta si apre all'indentro* la porte s'ouvre vers l'intérieur.

indeprecàbile |indepre'kabile| *agg.* (*lett.*) → **inevitabile, ineluttabile.**

inderogàbile |indero'gabile| *agg.* [*che deve essere rispettato*; *che non ammette deroghe*] inéluctable: *scadenza, termine inderogabile* échéance, terme inéluctable; *principi inderogabili* des principes auxquels on ne peut déroger; *avere un impegno inderogabile* avoir un engagement inéluctable ◇ (*dir.*) *norma, legge inderogabile* règle, loi inéluctable.

inderogabilità |inderogabili'ta| *s.f. inv.* impossibilité *var.* (de déroger à): *l'inderogabilità di una legge* l'impossibilité de déroger à une loi; *l'inderogabilità di un impegno* l'impossibilité de se soustraire à un engagement.

inderogabilménte |inderogabil'mente| *avv.* [→ INDEROGABILE] inéluctablement.

indescrivìbile |indeskri'vibile| *agg.* indescriptible: *disordine, confusione indescrivibili* désordre, fouillis indescriptible; *è d'una bellezza indescrivibile* elle est d'une beauté indescriptible → 1 **straordinario;** *ho un dolore alla mano indescrivibile* j'ai une douleur indescriptible à la main → **indicibile.**

indescrivibilménte |indeskrivibil'mente| *avv.* [→ INDESCRIVIBILE] d'une manière indescriptible *loc. inv.* → **straordinariamente.**

indesideràbile |indeside'rabile| *agg.* indésirable: *una vicinanza indesiderabile* un voisinage indésirable; *dichiarare una persona indesiderabile* déclarer une personne indésirable; *gli fu negato il visto perché indesiderabile* on lui refusa son visa en le déclarant indésirable → **sgradito.**

indesiderabilità |indesiderabili'ta| *s.f. inv.* le fait *m. var.* d'être indésirable.

indesideràto |indeside'rato| *agg.* (*persone*) indésirable: *un ospite indesiderato* un invité indésirable ◇ (*cose*) [*contrario alle aspettative o alle intenzioni*] non souhaité: *risultato indesiderato* résultat non souhaité; *conseguenze indesiderate* conséquences non souhaitées.

indeterminàbile |indetermi'nabile| *agg.* indéterminable: *una qualità indeterminabile* une qualité indéterminable; *per un periodo di tempo indeterminabile* pour une période de temps indéterminable → **imprecisabile, indefinibile.**

indeterminabilità |indeterminabili'ta| *s.f. inv.* non-déterminabilité *var.*

indeterminataménte |indeterminata'mente| *avv.* [→ INDETERMINATO 1] d'une manière indéterminée (*loc. inv.*): *accennare indeterminatamente a q.c.* faire allusion à qqch. d'une manière indéterminée # *rinviare indeterminatamente un impegno* renvoyer un engagement sans motif réel, valable → **vagamente, genericamente.**

indeterminatézza |indetermina'tettsa| *s.f.* indétermination: *l'indeterminatezza di una definizione, di un concetto, di una decisione* l'indétermination d'une définition, d'un concept, d'une décision → **genericità, imprecisione.**

indeterminativo |indetermina'tivo| *agg.* (*gram.*) indéfini: *articolo indeterminativo* article indéfini.

indeterminàto |indetermi'nato| *agg.* **1** indéterminé: *confine indeterminato* limite indéterminée; *un numero indeterminato di persone* un nombre indéterminé de gens; *una sensazione indeterminata* une sensation indéterminée; *rinviare a tempo indeterminato* renvoyer à une date indéterminée; *le loro idee sono troppo indeterminate* leurs idées sont trop vagues → **vago, generico, indefinibile** ◇ (*spec.*) *incarico, impiego a tempo indeterminato* emploi sans limitation de durée; *assunto a tempo indeterminato* embauché sans limitation de durée 2 (*gram.*) *articolo indeterminato* article indéfini → **indeterminativo** ◇ (*mat.*) indéterminé: *funzione indeterminata* fonction indéterminée.

indeterminazióne |indeterminat'tsjone| *s.f.* **1** [*indecisione, irresolutezza*] indétermination: *essere in uno stato di indeterminazione* demeurer dans l'indétermination ◇ [*imprecisione, genericità*] *indeterminazione di rapporti, di concetti* indétermination de rapports, de concepts **2** (*fis., mat.*) indétermination, incertitude: *principio di indeterminazione* principe d'indétermination, d'incertitude.

indeterminismo |indetermi'nizmo| *s.m.* (*filos.*) indéterminisme.

indeterminista |indetermi'nista| *s. e agg.* indéterministe.

indeterministico, ci, ca, che |indetermi'nistiko, tʃi, ka, ke| *agg.* indéterministe: *dottrina, concezione indeterministica* doctrine, conception indéterministe.

indetonànte |indeto'nante| *agg.* (*chim.*) non détonant, antidétonant: *carburante indetonante* carburant non détonant, antidétonant.

indettàre |indet'tare| (*raro*) **A** *v.tr.* [*indurre a dire o a fare ciò che si vuole*] endoctriner: *indettare i testimoni* endoctriner des témoins **B** *v.pron. recipr.* INDETTARSI [*accordarsi*] se mettre (71) d'accord.

indeuropèo |indeuro'pɛo| *e deriv.* → **indoeuropeo** *e deriv.*

indi |'indi| *avv.* (*lett.*) **1** [*da quel luogo; di là, di lì*] de là, de cet endroit-là **2** (*con valore temporale*) → **quindi, dopo.**

indiàna |in'djana| *s.f.* (*tessuto*) indienne.

indianista |indja'nista| *s.* indianiste: *un congresso di indianisti* un congrès d'indianistes.

indianistica, che |indja'nistika, ke| *s.f.* (*etn., ling.*) indianisme *m.*

indiàno |in'djano| **1** *agg.* indien*: *oceano indiano* océan indien; *elefante indiano* éléphant indien; *lingue indiane* langues indiennes ◇ [*relativo agli indigeni dell'America centro-settentrionale*] *le tribù, le popolazioni indiane* les tribus, les populations indiennes # *le civiltà indiane precolombiane* les civilisations pré-colombiennes d'Amérique ◆ *s.* Indien: *un film d'avventura sugli Indiani* un film d'aventures sur les Indiens → **pellerossa** ◇ (*loc. fig.*) *fare l'indiano* [*far finta di non saper nulla*] faire l'innocent ~ *camminare, avanzare in fila indiana* [*uno dietro l'altro*] marcher, avancer à la, en file indienne **2** (*s.m.*) *l'indiano* [*la lingua*] l'indien.

indiàre |in'djare| (*lett.*) **A** *v.tr.* → **divinizzare, deificare B** *v.pron. intr.* INDIARSI [*immedesimarsi con Dio*] se déifier.

indiavolàto |indjavo'lato| *agg.* **1** [*infuriato, furibondo*] furibond: *oggi il capufficio è indiavolato* aujourd'hui le chef de bureau est furibond → **furente** ◇ [*vivace, scatenato*] endiablé: *un bambino indiavolato* un enfant endiablé → **irrequieto**; *un jazz indiavolato* un jazz endiablé; *un ritmo di gioco indiavolato* un rythme (de jeu) endiablé → **veloce, frenetico 2** (*con valore sup.*) [*infernale, terribile*] du diable (*loc. inv.*): *rumore, chiasso indiavolato* bruit, vacarme du diable, de tous les diables.

indicàbile |indi'kabile| *agg.* [→ INDICARE 2] indiqué: *una cura, un rimedio indicabile* un traitement, un remède indiqué → **consigliabile, opportuno.**

indicàre |indi'kare| *v.tr.* **1** (*persone*) [*mostrare con il dito indice, con un cenno o con parole*] indiquer: *mi indicò con un cenno del capo l'uscita* il m'indiqua avec un signe de la tête la sortie; *mi hanno indicato il percorso che dovevo seguire* ils m'ont indiqué le parcours que je devais suivre # *indicare con il dito una vetrina, un passante* désigner du doigt une vitrine, un passant → **insegnare, 1 dire, additare, accennare** ◇ [*specificare, precisare*] *non mi ha indicato il punto preciso dove aspettarlo* il ne m'a pas indiqué l'endroit précis où je dois l'attendre **2** (*persone*) [*consigliare, suggerire*] indiquer: *indicare un rimedio, una cura* indiquer un remède, une cure; *sapresti indicarmi un albergo non molto caro?* pourrais-tu m'indiquer un hôtel pas trop cher? **3** (*cose*) [*mostrare, segnalare*] indiquer: *quel faro indica il porto* ce phare indique le port; *il verde indica via libera* le feu vert indique la voie libre # *il barometro indica brutto tempo* le baromètre est au mauvais temps ◇ (*ling.*) [*significare, esprimere*] *questo verbo indica due concetti fondamentalmente diversi* ce verbe indique deux concepts complètement différents **4** (*cose*) [*rivelare, denotare*] dénoter: *è un gesto che indica sdegno* c'est un geste qui dénote un certain dédain # *questo sta a indicare che non hai lavorato con serietà* cela prouve que tu n'as pas travaillé sérieusement.

indicativo |indika'tivo| **1** *agg.* indicatif*; symptomatique: *è un sintomo assai indicativo* c'est un symptôme assez indicatif → **significativo** ‖ *è indicativo il fatto che non abbia accettato il nostro invito* le fait qu'il n'ait pas accepté notre invitation est symptomatique → **sintomatico** ◇ [*approssimativo*] indicatif: *la cifra è solo indicativa* la somme est citée seulement à titre indicatif **2** *agg. e s.m.* (*gram.*) *il modo indicativo, l'indicativo* le mode indicatif, l'indicatif; *presente, futuro indicativo* présent, futur de l'indicatif **3** *s.m.* (*tecnol.*) *indicativo di chiamata* indicatif d'appel; *indicativo numerico* numéro d'appel ◇ (*tel.*) *indicativo interurbano* indicatif interurbain.

indicàto |indi'kato| *agg.* **1** indiqué: *è l'uomo più indicato per tale compito* c'est l'homme le plus indiqué pour cette tâche; *questa cura è particolarmente indicata per la sua malattia* ce traitement est particulièrement indiqué pour sa maladie; *hai scelto il momento meno indicato* tu as choisi le moment le moins indiqué, opportun → **propizio, opportuno, adatto 2** [*mostrato, segnalato*] indiqué: *seguire la direzione indicata* suivre la direction indiquée; *l'ora indicata non è esatta* l'heure indiquée n'est pas exacte ◇ [*consigliato, suggerito*] *seguire le prescrizioni indicate* suivre les prescriptions indiquées.

1 **indicatóre, trice** |indika'tore, tritʃe| **1** *agg.* indicateur*: *cartello indicatore* panneau indicateur # *freccia indicatrice* flèche de signalisation; *indicatore (stradale)* poteau indicateur; *indicatore di direzione* indicateur (de changement) de direction **2** *s.m.* (*chim., elettr., tecnol.*) indicateur: *indicatore di livello* indicateur de niveau; *indicatore di sintonia* indicateur d'accord; *indicatore di pilotaggio* indicateur de pilotage.

2 **indicatóre** |indika'tore| *s.m.* (*t. zool.*) indicateur.

indicazióne |indikat'tsjone| *s.f.* **1** indication: *dare, seguire un'indicazione* donner, suivre une indication, un renseignement; *mi hanno fornito un'indicazione sbagliata* ils m'ont donné une mauvaise indication; *all'incrocio non c'era nessuna indicazione* au croisement, il n'y avait aucune indication → **segnalazione 2** (*med.*) prescription, indication: *seguire scrupolosamente le indicazioni del medico* suivre scrupuleusement les prescriptions, les indications du médecin → **prescrizione.**

indice |'inditʃe| *s.m.* **1** (*anat.*) index: *l'indice, il dito indice* l'index; *lo strinse tra il pollice e l'indice* il le serra entre le pouce et l'index ◇ (*loc. fig.*) *puntare l'indice contro qc.* [*accusarlo*] mettre qqn. à l'index ~ *portare l'indice alle labbra* [*far segno di tacere*] mettre un doigt sur ses lèvres **2** [*elenco dei titoli, degli argomenti di un libro*] index: *indice analitico, generale della materia* index analytique, général de la matière, table *f.* des matières; *indice delle illustrazioni, delle tavole fuori testo* index des illustrations, des tables hors texte; *consultare l'indice* consulter l'index ◇ (*eccl.*) *Indice* (*dei libri proibiti*) Index → **catalogo** ◇ (*loc.*) *mettere all'indice*: (*pr., fig.*) mettre à l'index **3** (*antrop.*) *indice antropologico* indice anthropologique ◇ (*chim.*) *indice di ottani* indice d'ottane ◇ (*econ.*) indice ◇ (*mat.*) indice ◇ (*stat.*) indice: *l'indice del costo della vita* l'indice du coût de la vie; *indice di natalità* indice, taux de natalité # *indice di gradimento di una merce* cote de popularité d'un produit ◇ (*tecnol.*) aiguille (*f.*): *l'indice di un barometro, di un manometro* l'aiguille d'un baromètre, d'un manomètre **4** (*fig.*) [*segno, indizio*] indice, signe: *la febbre è indice di malattia* la fièvre est un indice, un signe de maladie; *la tua risposta è indice di ignoranza* ta réponse est signe d'ignorance → **sintomo.**

indicibile |indi'tʃibile| *agg.* indicible: *sofferenza, gioia indicibile* souffrance, joie indicible → **inesprimibile, inenarrabile** ◇ (*con valore enf.*) [*straordinario, grandissimo*] *in quella casa c'è un disordine indicibile* dans cette maison il y a un désordre indicible, indescriptible.

indicibilménte |inditʃibil'mente| *avv.* [→ INDICIBILE] indiciblement.

indicizzàre |inditʃid'dzare| *v.tr.* **1** (*econ.*) [*ancorare a un indice*] indexer **2** (*informatica*) [*rapportare a un indice*] indexer.

indicizzazióne |inditʃiddzat'tsjone| *s.f.* [→ INDICIZZARE] indexation.

indico, ci, ca, che |'indiko, tʃi, ka, ke| *agg.* (*lett.*) → **indiano.**

indietreggiaménto |indjetreddʒa'mento| *s.m.* (*raro*) [→ INDIETREGGIARE] reculade *f.* (*pegg.*).

indietreggiàre |indjetred'dʒare| *v.intr.* (*aus.* '*essere, avere*') [*tirarsi indietro, arretrare*] reculer (*aus.* avoir): *appena lo vide indietreggiò di qualche passo* dès qu'il l'aperçut, il recula de quelques pas ◇ [*ritirarsi, retrocedere; sottrarsi*] *indietreggiare di fronte al ne-*

mico, a un pericolo reculer devant l'ennemi, un danger; *indietreggiare davanti alle proprie responsabilità* reculer devant ses propres responsabilités.

indiètro |in'djɛtro| **I** *avv.* **1** (*con v. di moto*) [*alle spalle, a tergo* (*del soggetto cui è riferita l'azione*)] en arrière (*loc. inv.*): *fate due passi indietro!* faites deux pas en arrière!; *tornare indietro* revenir en arrière, sur ses pas, rebrousser chemin # *camminava nervosamente avanti e indietro per la stanza* il faisait les cent pas dans la pièce, il arpentait nerveusement la pièce ◇ (*loc.*) *dare indietro* [*restituire*] rendre (53) ~ *domandare, volere indietro* [*in restituzione*] demander à récupérer, vouloir récupérer (*fam.*) ~ *rimandare indietro* [*respingere, rifiutare*] renvoyer (14) ~ *fare macchina o marcia indietro*: (*pr.*, *mar.*) faire machine, marche arrière; (*sugli automezzi*) → **retromarcia**; (*fig.*) [*disdirsi, ritirarsi da un'impresa*] revenir (27) sur ses pas, se rétracter ~ *voltarsi indietro* se retourner ~ *non andare né avanti né indietro*: (*pr.*) [*star fermo, essere bloccato*] n'aller ni en avant ni en arrière; (*fig.*) [*non progredire né regredire*] reculer ~ *fare, tornare un passo indietro*: (*pr.*) faire reculer d'un pas; (*fig.*) [*regredire*; *riprendere il racconto da un fatto, da una situazione precedente*] revenir en arrière ~ *tirarsi indietro*: (*pr.*) reculer; (*fig.*) [*sottrarsi a un impegno, a una responsabilità*] se dérober, reculer ~ AL-L'INDIETRO à reculons: *andare, camminare all'indietro* [*a ritroso*] aller, marcher à reculons ~ *cadere all'indietro* [*sulla schiena*] tomber à la renverse **2** (*con v. di quiete*) [*alle spalle e a una certa distanza* (*rispetto ad altra persona o cosa*)] en arrière: *stare, trovarsi indietro* rester, se trouver en arrière ◇ *loc.* (*detto di orologio*) *restare, andare, essere indietro* retarder: *il tuo orologio è rimasto* (*va, è*) *indietro di un quarto d'ora* ta montre retarde d'un quart d'heure ◇ (*loc. fig.*) *essere indietro con il lavoro* être en retard dans son travail ~ *rimanere indietro in una materia* [*essere debole*] être faible dans une matière ♦ (*ass.*) *essere indietro* [*avere capacità intellettuali limitate*] être en retard, retardé: *quel ragazzo è un po' indietro* ce garçon est un peu en retard **II** *inter.* **1** *indietro*, (*fate*) *largo!* arrière, reculez, faites places! **2** (*mar.*) *indietro adagio*, (*a*) *mezza* (*forza*), (*a*) *tutta* (*forza*) en arrière doucement, mi-vitesse, toute Ⓒ I 1 **avanti.**

indifendìbile |indifen'dibile| *agg.* indéfendable: *una posizione indifendibile* une position indéfendable, intenable; *una tesi indifendibile* une thèse indéfendable → **insostenibile.**

indiféso |indi'feso| *agg.* sans défense *loc. inv.*, sans protection (*loc. inv.*): *un tratto del fronte indifeso* un tronçon de front sans défense; *una città indifesa* une ville sans défense, sans protection ◇ (*fig.*) *un fanciullo debole e indifeso* un enfant faible et sans défense # *soldato indifeso* soldat désarmé.

indifferènte |indiffe'rɛnte| *agg.* **1** (*persone*) indifférent: *essere, restare indifferente a tutto* être, rester indifférent à tout → **imperturbabile**; *restò indifferente davanti a quell'atrocità* il resta indifférent devant cette atrocité → **impassibile, insensibile**; *la notizia lo lasciò indifferente* la nouvelle le laissa indifférent ◇ [*che non suscita nessun sentimento o che non riveste nessuna importanza*] *quell'individuo mi è del tutto indifferente* cet individu m'est complètement indifférent ♦ *s.* (*spec. nella loc.*) *fare l'indifferente* faire l'indifférent: *vuol fare l'indifferente ma, il suo volto tradisce una profonda commozione* il veut faire l'indifférent, mais son visage trahit une profonde émotion **2** (*cose*) [*che si equivalgono come interesse e importanza*] indifférent: *per me andare a piedi o in macchina è indifferente* cela m'est indifférent, égal d'aller à pied ou en voiture → **irrilevante**; *mi è del tutto indifferente che voi restiate o usciate* que vous restiez ou sortiez, cela m'est complètement indifférent ◇ [*che non hanno significato, valore*; *senza importanza*] *parlare di cose indifferenti* parler de choses indifférentes **3** (*ling.*) ambigu* ◇ (*scient.*) indifférent **4** (*arc.*) → **uguale, identico.**

indifferenteménte |indifferente'mente| *avv.* **1** [→ INDIFFERENTE 1] indifféremment: *osservare indifferentemente una scena* observer indifféremment une scène → **freddamente** **2** [→ INDIFFERENTE 2] indifféremment: *quella macchina va indifferentemente a gas e a benzina* cette voiture marche indifféremment au gaz ou à l'essence → **ugualmente.**

indifferentismo |indifferen'tizmo| *s.m.* indifférentisme: *indifferentismo religioso, politico* indifférentisme religieux, politique.

indifferènza |indiffe'rɛntsa| *s.f.* indifférence: *mostrare, ostentare indifferenza* montrer, témoigner de l'indifférence → **impassibilità, freddezza**; *ascoltava con indifferenza le sue richieste* il écoutait avec indifférence ses demandes → **noncuranza.**

indifferenziàto |indifferen'tsjato| *agg.* indifférencié: *caratteri indifferenziati* caractères indifférenciés → **indistinto.**

indifferenziazióne |indifferentsjat'tsjone| *s.f.* (*biol.*) indifférenciation.

indifferìbile |indiffe'ribile| *agg.* [*che non può essere differito, rinviato*] qui ne peut être remis, différé *loc.*, inajournable: *impegno, scadenza indifferibile* engagement qui ne peut être remis, échéance inajournable → **improrogabile.**

indifferibilità |indifferibili'ta| *s.f. inv.* impossibilité *var.* d'être ajourné, d'ajourner (qqch.).

indifferibilménte |indifferibil'mente| *avv.* → **improrogabilmente.**

indigenàto |indidʒe'nato| *s.m.* indigénat.

indigeno |in'didʒeno| *agg.* **1** (*persone*) indigène: *popolazione indigena* population indigène ♦ (*s.*) *un indigeno* un indigène: *gli indigeni del Borneo* les indigènes de Bornéo → **aborigeno** **2** (*cose*) [*che è tipico della popolazione originaria del luogo*] indigène: *le tradizioni indigene* les traditions indigènes; *la lingua, l'arte indigena* la langue, l'art indigène **3** (*zool.*) indigène: *la fauna indigena* la faune indigène ◇ (*bot.*) *una pianta indigena* une plante indigène.

indigènte |indi'dʒɛnte| *agg.* indigent: *una famiglia indigente* une famille indigente → **povero, bisognoso** ♦ (*s.*) *un indigente* un indigent: *soccorrere gli indigenti* secourir les indigents.

indigènza |indi'dʒɛntsa| *s.f.* **1** indigence: *vivere nell'indigenza* vivre dans l'indigence → **povertà, miseria**; *essere ridotto all'indigenza* tomber dans l'indigence **2** (*lett.*) → **mancanza, penuria** Ⓒ 1 **ricchezza.**

indigeribile |indidʒe'ribile| *agg.* (*raro*) → **indigesto.**

indigestióne |indidʒes'tjone| *s.f.* **1** indigestion: *fare un'indigestione di dolci* avoir, se donner une indigestion de gâteaux **2** (*per est.*, *spec. scherz.*) [*grande quantità*] indigestion: *ha fatto un'indigestione di fichi* il s'est donné (*fam.*) une indigestion de figues → **scorpacciata** ◇ (*fig.*) *fare un'indigestione di musica, di film* avoir une indigestion de musique, de films.

indigèsto |indi'dʒɛsto| *agg.* **1** indigeste: *cibo indigesto* aliment indigeste; *i frutti di mare sono indigesti* les fruits de mer sont indigestes → **pesante** ◇ (*fig.*) [*insopportabile, noioso, antipatico*] indigeste; imbuvable: *una lezione indigesta* une leçon indigeste ‖ *una compagnia indigesta* une compagnie imbuvable **2** (*lett.*) → **confuso, disordinato**; **farraginoso.**

indigete |in'didʒete| *agg. e s.* (*lett.*) indigète: *gli* (*dei*) *indigeti* les (dieux) indigètes.

indignàre |indiɲ'ɲare| **A** *v.tr.* [*muovere, indurre a sdegno*] indigner: *la sua sfrontatezza lo indignò* son effronterie l'indigna **B** *v.pron. intr.* INDIGNARSI [*sdegnarsi, provare indignazione*] s'indigner: *tutti s'indignarono di fronte a tanta violenza politica* tout le monde s'indigna de tant de violence politique.

indignàto |indiɲ'ɲato| *agg.* indigné: *sentirsi, essere indignato contro qc.* se sentir, être indigné contre qqn.; *se n'andò tutto indignato per la sua turpe condotta* il s'en alla profondément indigné de sa conduite abjecte → **sdegnato, irritato.**

indignazióne |indiɲɲat'tsjone| *s.f.* indignation: *provare viva indignazione per q.c.* éprouver une vive indignation pour qqch.; *il fatto provocò l'indignazione pubblica* le fait provoqua l'indignation publique → **sdegno.**

indigotina |indigo'tina| *s.f.* (*chim.*) indigotine.

indilazionàbile |indilattsjo'nabile| *agg.* [*improrogabile, indifferibile*] qui ne peut (pas) être différé (*loc.*): *impegno, scadenza indilazionabile* engagement, échéance qui ne peut pas être différé(e).

indimenticàbile |indimenti'kabile| *agg.* [*che non si può dimenticare, incancellabile dalla memoria*] inoubliable: *una persona indimenticabile* une personne inoubliable; *parole, pene indimenticabili* paroles, peines inoubliables ◇ (*con valore enf.*) *una serata indimenticabile* une soirée inoubliable → **divertente**; *abbiamo passato insieme ore indimenticabili* nous avons passé ensemble des heures inoubliables → **felice**; *abbiamo assistito a uno spettacolo indimenticabile* nous avons assisté à un spectacle inoubliable → 1 **bello,** 1 **straordinario.**

indimostràbile |indimos'trabile| *agg.* [*che non si può dimostrare*] indémontrable: *un'ipotesi, una tesi indimostrabile* une hypothèse, une thèse indémontrable; *la sua colpevolezza è indimostrabile* sa culpabilité est indémontrable; *sono verità indimostrabili* ce sont des vérités indémontrables © **evidente, lampante.**

indimostrabilità |indimostrabili'ta| *s.f. inv.* impossibilité *var.* de démontrer: *l'indimostrabilità di una tesi* l'impossibilité de démontrer, de prouver une thèse; *l'indimostrabilità di una colpa* l'impossibilité de démontrer une faute.

1 **indio, i** |'indjo, i| *agg.* des Indiens de l'Amérique du Sud (*loc. inv.*): *l'arte, la lingua india* l'art, la langue des Indiens de l'Amérique du Sud.

2 **indio, i** |'indjo, i| *s.m.* (*chim.*) indium.

indipendènte |indipen'dɛnte| **I** *agg.* **1** indépendant: *carattere, spirito indipendente* caractère, esprit indépendant → **autonomo, libero**; *opinioni, idee indipendenti* opinions, idées indépendantes; *l'Italia è una nazione indipendente* l'Italie est une nation indépendante → 1 **sovrano** # *rendersi economicamente indipendente* acquérir son indépendance matérielle → **autosufficiente** ◇ (*polit.*) *un gruppo parlamentare indipendente* un groupe parlementaire indépendant; *un giornale indipendente* un journal indépendant ♦ (*s.*) *un indipendente* un indépendant; *gli indipendenti di sinistra* les indépendants de gauche **2** (*detto di cose che escludono ogni connessione o condizionamento reciproco*) indépendant: *avvenimenti indipendenti* événements indépendants; *ruote anteriori indipendenti* roues avant indépendantes; *quanto mi chiedi è indipendente dalla mia volontà* ce que tu me demandes est indépendant de ma volonté ◇ (*gram.*) *frase, proposizione indipendente* phrase, proposition indépendante **II** *s.m.* (*ciclismo*) coureur sans marque.

indipendentemènte |indipendente'mente| *avv.* **1** [→ INDIPENDENTE I 1] librement: *vivere, pensare indipendentemente* vivre, penser librement **2** [→ INDIPENDENTE I 2] indépendamment: *sono giunti alla stessa conclusione indipendentemente l'uno dall'altro* ils sont arrivés à la même conclusion indépendamment l'un de l'autre.

indipendentismo |indipenden'tizmo| *s.m.* (*polit.*) indépendantisme.

indipendentista |indipenden'tista| *s.* (*polit.*) indépendantiste ♦ (*agg.*) → **indipendentistico.**

indipendentistico, ci, ca, che |indipenden'tistiko, tʃi, ka, ke| *agg.* indépendantiste: *movimento, gruppo indipendentistico* mouvement, groupe indépendantiste.

indipendènza |indipen'dɛntsa| *s.f.* indépendance: *indipendenza politica, economica* indépendance politique, économique; *guerra d'indipendenza* guerre d'indépendance; *è un popolo che aspira all'indipendenza* c'est un peuple qui aspire à l'indépendance ◇ (*per est.*) *quel giovane è geloso della propria indipendenza* ce jeune homme est jaloux de sa propre indépendance → **autonomia, libertà**; *l'indipendenza dei due fatti è più che evidente* l'indépendance de ces deux faits est plus qu'évidente.

indire |in'dire| (132) *v.tr.* [*fissare, stabilire* (*da parte dell'autorità competente*)] *indire un concorso* ouvrir (23) un concours; *indire le elezioni* fixer les élections; *furono indette solenni preghiere* des prières furent ordonnées.

indirettaménte |indiretta'mente| *avv.* [→ INDIRETTO 1] indirectement.

indirètto |indi'rɛtto| *agg.* **1** indirect: *vantaggio indiretto* avantage indirect; *causa, minaccia indiretta* cause, menace indirecte; *sapere q.c. per vie indirette* apprendre qqch. par des voies indirectes **2** (*balistica*) *tiro indiretto* tir indirect **3** (*fin.*) *imposte indirette* contributions indirectes ◇ (*elettr., fis.*) *luce indiretta* éclairage indirect → 1 **riflesso** ◇ (*gram.*) *discorso indiretto* discours indirect; *complementi indiretti* compléments indirects ◇ (*polit.*) *voto indiretto* suffrage indirect; *elezioni indirette* élections indirectes.

indirizzaménto |indirittsa'mento| *s.m.* (*informatica*) adressage.

indirizzàre |indirit'tsare| **A** *v.tr.* **1** [*avviare verso una determinata direzione*] diriger (3): *indirizzare i propri passi verso casa* diriger ses pas vers la maison → **dirigere** **2** (*fig.*) [*istradare, guidare*] diriger: *indirizzare bene o male i propri affari* bien diriger, mal diriger ses propres affaires # *indirizzare un giovane agli studi* pousser un jeune à étudier ◇ [*mandare, inviare*] envoyer (14): *indirizzare un malato dal proprio medico* envoyer un malade chez son médecin; *non so proprio in quale negozio indirizzarti* je ne sais vraiment pas à quel magasin t'envoyer, quel magasin te conseiller ◇ [*volgere*] adresser, diriger: *indirizzare il pensiero a Dio* adresser sa pensée à Dieu, diriger sa pensée vers Dieu **3** (*di lettere e sim.*) [*spedire con esatta indicazione del destinatario*] adresser: *la cartolina è indirizzata a me personalmente* cette carte postale m'est adressée personnellement ◇ (*per est.*) [*rivolgere*] *indirizzare un discorso alla folla* faire un discours à la foule; *indirizzare una supplica, una domanda al presidente della Repubblica* adresser une supplique, une requête au président de la République **B** *v.pron. rifl.* INDIRIZZARSI **1** [→ *tr.* 1] se diriger: *indirizzarsi verso casa* se diriger vers la maison **2** (*fig.*) [*rivolgersi, raccomandarsi*] s'adresser: *mi sono indirizzato a te per un consiglio* je me suis adressé à toi pour un conseil.

indirizzàrio, i |indirit'tsarjo, i| *s.m.* [*schedario, raccolta di indirizzi*] carnet d'adresses.

indirizzo |indi'rittso| *s.m.* **1** [*orientamento, direzione*] orientation (*f.*): *scuola a indirizzo professionale, tecnico* école à orientation professionnelle, technique; *mutare indirizzo alla politica estera, economica* changer l'orientation de la politique extérieure, économique; *ha dato un ottimo indirizzo ai propri figli* il a donné une excellente orientation à ses enfants # *le cose stanno prendendo un nuovo indirizzo* les choses sont en train de prendre une nouvelle tournure → **avviamento, impulso**; *è molto esperto sugli indirizzi della filosofia contemporanea* il est très au fait des courants de la philosophie contemporaine **2** [*discorso, messaggio ufficiale*] message: *leggere l'indirizzo augurale al presidente* lire un message de vœux au président **3** [*le indicazioni corrispondenti a un determinato domicilio*] adresse (*f.*): *l'indirizzo della scuola, della fabbrica* l'adresse de l'école, de l'usine; *l'indirizzo del mittente, del destinatario* l'adresse de l'expéditeur, du destinataire, *cambiare indirizzo* changer d'adresse; *scrivi chiaramente l'indirizzo sulla busta* écris lisiblement l'adresse sur l'enveloppe ◇ *loc. prep. fig.* ALL'INDIRIZZO DI [*verso, contro*] contre, à l'égard de: *si levarono voci minacciose all'indirizzo dell'arbitro* des voix menaçantes s'élevèrent contre l'arbitre.

indiscernibile |indiʃʃer'nibile| *agg.* (*lett.*) indiscernable.

indisciplina |indiʃʃi'plina| *s.f.* indiscipline: *un atto di indisciplina* un acte d'indiscipline; *l'indisciplina degli alunni fu punita* l'indiscipline des élèves fut punie → **indisciplinatezza.**

indisciplinàbile |indiʃʃipli'nabile| *agg.* [*recalcitrante, incorreggibile*] indocile: *carattere indisciplinabile* caractère indocile.

indisciplinataménte |indiʃʃiplinata'mente| *avv.* [→ INDISCIPLINATO] d'une manière indisciplinée *loc. inv.*, sans discipline *loc. inv.*

indisciplinatézza |indiʃʃiplina'tettsa| *s.f.* indiscipline: *l'indisciplinatezza di una scolaresca* l'indiscipline de certains élèves ◇ (*per est.*) [*atto indisciplinato*] (acte *m.* d') indiscipline: *ha commesso una grave indisciplinatezza* il a commis un acte d'indiscipline grave.

indisciplinàto |indiʃʃipli'nato| *agg.* indiscipliné: *soldato, ragazzo indisciplinato* soldat, garçon indiscipliné → **insubordinato, disubbediente** ◇ [*caotico, confuso*] *traffico indisciplinato* circulation indisciplinée, chaotique.

indiscretaménte |indiskreta'mente| *avv.* [→ INDISCRETO] indiscrètement.

indiscretézza |indiskre'tettsa| *s.f.* → **indiscrezione.**

indiscréto |indis'kreto| *agg.* indiscret*: *persona indiscreta* personne indiscrète → **indelicato, curioso**; *domanda indiscreta* question indiscrète → **sfacciato** # *è indiscreto nel mangiare e nel bere* il mange et boit immodérément → **smodato** ◇ (*in formule di cortesia*) *non vorrei essere, sembrare indiscreto, ma desidererei sapere q.c. della sua vita privata* je ne voudrais pas sembler indiscret, mais je désirerais savoir qqch. de sa vie privée; *se non sono indiscreto, dove sei stato?* si je ne suis pas indiscret, où es-tu allé?

indiscrezióne |indiskret'tsjone| *s.f.* **1** indiscrétion: *agire con indiscrezione* agir avec indiscrétion; *la sua indiscrezione non ha limiti* son indiscrétion n'a pas de limites **2** [*atto, comportamento indiscreto*] indiscrétion: *non mi ha mai perdonato quell'indiscrezione* il ne m'a jamais pardonné cette indiscrétion ◇ [*rivelazione di notizie riservate*] *la cosa s'è diffusa per l'indiscrezione della stampa* la chose s'est répandue du fait de l'indiscrétion de la presse; *circolano alcune indiscrezioni sul tuo conto* quelques indiscrétions circulent sur ton compte → **pettegolezzo.**

indiscriminataménte |indiskriminata'mente| *avv.* [→ INDISCRIMINATO] aveuglément.

indiscriminàto |indiskrimi'nato| *agg.* [*attuato senza alcuna discriminazione*] sans discrimination (*loc. inv.*): *l'uso indiscriminato di medicinali è nocivo* il est dangereux de prendre des

médicaments sans discrimination → **scriteriato.**
indiscùsso |indis'kusso| *agg.* indiscuté: *potere, principio indiscusso* pouvoir, principe indiscuté ◇ *loc.* È INDISCUSSO CHE [*evidente, certo*] c'est, il est indiscutable que: *è indiscusso che hai ragione* il est indiscutable que tu as raison; tu as raison, c'est indiscutable.
indiscutìbile |indisku'tibile| *agg.* indiscutable: *verità indiscutibile* vérité indiscutable → **assoluto, 1 certo**; *è un professionista di indiscutibili capacità* c'est une personne qui exerce une profession libérale avec une indiscutable capacité → **indubbio** ◇ *loc.* È INDISCUTIBILE CHE [*è certo, è fuori discussione*] *è indiscutibile che hai torto* il est indiscutable que tu as tort; tu as tort, c'est indiscutable; *è indiscutibile che egli ha molte probabilità di vincere* il a, indiscutablement, beaucoup de chances de gagner.
indiscutibilménte |indiskutibil'mente| *avv.* [→ INDISCUTIBILE] indiscutablement.
indispensàbile |indispen'sabile| *agg.* (*cose*) indispensable: *presenza, consenso indispensabile* présence, autorisation indispensable; *la tua collaborazione è veramente indispensabile* ta collaboration est vraiment indispensable ◇ (*loc.*) *è indispensabile che...* il est indispensable que... → **necessario** ✦ (*s.m.*) *ti chiedo solo l'indispensabile* je te demande seulement l'indispensable; *aveva con sé lo stretto indispensabile* il avait avec lui (elle) le strict nécessaire ◇ (*persone*) *rendersi, credersi indispensabile* se rendre, se croire indispensable; *si ritiene indispensabile alla prosecuzione del lavoro* il se croit indispensable à la poursuite de l'œuvre Ⓒ **superfluo.**
indispensabilità |indispensabili'ta| *s.f. inv.* indispensabilité *var.*
indispensabilménte |indispensabil'mente| *avv.* [→ INDISPENSABILE] indispensablement.
indispettìre |indispet'tire| (197) **A** *v.tr.* [*irritare, fare arrabbiare*] irriter, agacer (2): *il suo modo di fare m'indispettisce* sa façon de faire m'irrite, m'agace **B** *v.pron. intr.* INDISPETTIRSI [*stizzirsi, provare vivo dispetto*] (se) fâcher, (s')irriter: *s'è indispettito per quello scherzo* il (s'est) est fâché, (s'est) irrité de cette plaisanterie; cette plaisanterie l'a fâché, irrité.
indispettìto |indispet'tito| *agg.* [*stizzito, irritato, risentito*] fâché, irrité: *atteggiamento, contegno indispettito* attitude fâchée, irritée; comportement fâché, irrité; *se ne andò tutto indispettito* il s'en alla tout fâché, tout irrité.
indisponènte |indispo'nɛnte| *agg.* (*persone*) [*che provoca avversione e antipatia*] irritant, agaçant: *è indisponente con quel suo modo di fare* il est irritant, agaçant avec sa façon de faire ◇ (*cose*) *un contegno indisponente* un comportement irritant → **irritante.**
indisponìbile |indispo'nibile| *agg.* **1** (*persone*) indisponible: *dichiararsi indisponibile per q.c.* se déclarer indisponible pour qqch.; *sono indisponibile per un'avventura del genere* je suis indisponible pour une aventure de ce genre **2** (*cose*) [*di cui non si può disporre*] indisponible: *posto, veicolo indisponibile* place, véhicule indisponible # *la casa per il momento è indisponibile* la maison n'est pas libre, pas vacante pour le moment ◇ (*dir.*) *beni indisponibili* biens indisponibles.
indisponibilità |indisponibili'ta| *s.f. inv.* indisponibilité *var.*
indispórre |indis'porre| (168) *v.tr.* [*provocare una disposizione d'animo sfavorevole; disgustare*] indisposer: *il contegno del candidato ha indisposto gli esaminatori* l'attitude du candidat a indisposé les examinateurs → **indispettire** ✦ (*ass.*) *la sua presuntuosità indispone* sa présomption indispose.
indisposizióne |indispozit'tsjone| *s.f.* **1** indisposition: *è assente per indisposizione* il est absent à cause d'une indisposition → **malessere 2** (*raro*) → **avversione, antipatia.**
indispósto |indis'posto| *agg.* **1** [*leggermente ammalato, infermo*] indisposé: *sentirsi indisposto* se sentir indisposé; *è a letto perché leggermente indisposto* il est au lit avec une légère indisposition **2** (*raro*) → **1 avverso, ostile.**
indissociàbile |indisso'tʃabile| *agg.* indissociable: *idee, concetti indissociabili* idées, concepts indissociables; *le loro responsabilità sono indissociabili* leurs responsabilités sont indissociables.
indissolùbile |indisso'lubile| *agg.* indissoluble: *nodo, legame indissolubile* nœud, lien indissoluble ◇ (*fig.*) *amicizia indissolubile* amitié indissoluble.
indissolubilità |indissolubili'ta| *s.f. inv.* indissolubilité (*var.*): *l'indissolubilità di un contratto* l'indissolubilité d'un contrat; *l'indissolubilità del matrimonio religioso* l'indissolubilité du mariage religieux → **inscindibilità.**
indissolubilménte |indissolubil'mente| *avv.* [→ INDISSOLUBILE] indissolublement.
indistintaménte |indistinta'mente| *avv.* [→ INDISTINTO] indistinctement: *udire, vedere indistintamente* entendre, voir indistinctement → **confusamente, vagamente**; *rivolgersi a tutti indistintamente* s'adresser à tous indistinctement → **generalmente.**
indistìnto |indis'tinto| *agg.* indistinct: *un rumore, un suono indistinto* un bruit, un son indistinct → **confuso, indeterminato**; *un ricordo indistinto* un souvenir indistinct → **vago**; *provavo una sensazione indistinta* j'éprouvais une sensation indistincte → **indefinibile.**
indistruttìbile |indistrut'tibile| *agg.* **1** indestructible: *la materia è indistruttibile* la matière est indestructible ◇ (*fig.*) *valori, ideali indistruttibili* valeurs, idéaux indestructibles **2** (*con valore enf.*) [*resistente, solidissimo*] indestructible: *tessuto, pentola indistruttibile* tissu, casserole indestructible.
indistruttibilità |indistruttibili'ta| *s.f. inv.* indestructibilité (*var.*): *l'indistruttibilità della materia* l'indestructibilité de la matière.
indisturbàto |indistur'bato| *agg.* [*senza fastidi, noie*] tranquille, sans être dérangé (*loc.*): *dormire indisturbato* dormir tranquille, sans être dérangé → **tranquillo**; *i ladri se ne andarono indisturbati* les voleurs s'en allèrent sans être dérangés.
indìvia |in'divja|, **endìvia** |en'divja| *s.f.* (*t.bot.*) endive.
individuàle |individu'ale| *agg.* **1** individuel*: *libertà, responsabilità individuale* liberté, responsabilité individuelle → **personale 2** [*relativo a un determinato individuo, a una singola persona*] individuel: *passaporto individuale* passeport individuel; *qualità, caratteristiche individuali* qualités, caractéristiques individuelles ◇ (*sport*) *torneo, gara individuale* tournoi individuel, compétition individuelle.
individualìsmo |individua'lizmo| *s.m.* **1** individualisme ◇ [*atteggiamento egoistico*] *peccare d'individualismo nei rapporti sociali* pécher par individualisme dans les rapports sociaux → **egoismo 2** (*filos.*) individualisme.
individualìstico, ci, ca, che |individua'listiko, tʃi, ka, ke| *agg.* individualiste: *atteggiamento individualistico* attitude individualiste; *concezione, corrente individualistica* conception, courant individualiste.
individualità |individuali'ta| *s.f. inv.* individualité (*var.*): *avere una spiccata individualità* avoir une individualité marquée; *la sua eccezionale individualità s'impone a tutti* son exceptionnelle individualité s'impose à tous → **personalità, originalità** ◇ (*per est.*) [*personaggio di qualità singolari*] *è una delle più brillanti individualità nel campo delle lettere* c'est l'une des plus brillantes individualités dans le domaine des lettres.
individualizzàre |individualid'dzare| *v.tr.* **1** [*adattare al singolo individuo*] individualiser: *individualizzare l'insegnamento, il lavoro* individualiser l'enseignement, le travail **2** (*raro*) → **individuare.**
individualizzazióne |individualiddzat'tsjone| *s.f.* **1** [→ INDIVIDUALIZZARE 1] individualisation: *l'individualizzazione dell'insegnamento* l'individualisation de l'enseignement **2** (*raro*) → **individuazione.**
individuànte |individu'ante| *agg.* [*che determina, che caratterizza*] déterminant: *caratteri, principi individuanti* caractères, principes déterminants.
individualménte |individual'mente| *avv.* [*uno per uno, singolarmente*] individuellement: *ci convocò individualmente* il nous convoqua individuellement; *conosce i suoi allievi individualmente* il connaît ses élèves individuellement → **personalmente.**
individuàre |individu'are| **A** *v.tr.* **1** [*caratterizzare, conferire elementi distintivi*] cerner: *in quel romanzo, il protagonista è perfettamente individuato* dans ce roman le caractère du héros est parfaitement cerné **2** (*persone*) [*riconoscere, identificare*] identifier, reconnaître (72): *individuare il colpevole* identifier le coupable; *individuò l'amico in mezzo a tutta quella folla* il reconnut son ami dans toute cette foule **3** (*animali, cose*) [*scoprirne l'esistenza o determinare la natura*] découvrir (23); repérer (8): *individuare una nuova specie di fiori* découvrir une nouvelle espèce de fleurs; *individuare la causa d'una infezione* découvrir la cause d'une infection → **localizzare** ‖ *la postazione nemica fu subito individuata* la position ennemie fut tout de suite repérée ◇ (*mat.*) déterminer: *due punti individuano una retta* deux points déterminent une droite **B** *v.pron. intr.* INDIVIDUARSI [*assumere una forma individuale, particolare*] s'affirmer, se caractériser: *lo*

stile di quello scrittore s'individua fin dalle prime pagine le style de cet écrivain s'affirme dès les premières pages.
individuàto |individu'ato| *agg.* **1** [*caratterizzato, ben determinato*] caractérisé: *personaggi bene individuati* des personnages bien caractérisés **2** [*riconosciuto, identificato*] identifié: *un virus non bene individuato* un virus pas bien identifié.
individuazióne |individuat'tsjone| *s.f.* **1** [→ INDIVIDUARE A 2] identification; repérage *m.*, localisation; détermination: *la individuazione del colpevole* l'identification du coupable → **identificazione** ‖ *l'individuazione delle postazioni nemiche*, le repérage, la localisation des positions ennemies → **localizzazione** ‖ *l'individuazione delle cause di un fenomeno* la détermination des causes d'un phénomène → **determinazione**; *due punti sono sufficienti per l'individuazione di una retta* deux points sont suffisants pour la détermination d'une droite **2** (*filos.*) individuation: *principio d'individuazione* principe d'individuation.
1 **individuo** |indi'viduo| *agg.* (*lett.*) → **indivisibile; singolo, individuale.**
2 **individuo** |indi'viduo| *s.m.* **1** individu: *la libertà, la formazione dell'individuo* la liberté, la formation de l'individu; *gli interessi della collettività sono preminenti su quelli dell'individuo* les intérêts de la collectivité passent avant ceux de l'individu **2** [*persona singola, reale*] individu: *c'è un individuo che ti cerca* il y a un individu qui te cherche ◇ (*loc. spreg.*) *un losco, un turpe individuo* un individu louche, un sale individu; *si aggira nei dintorni un individuo sospetto* un individu suspect rôde dans les environs; *che ti ha detto quell'individuo?* que t'a dit cet individu? ✦ *s.f.* (*scherz.*) *chi è quell'individua?* qui est cette drôle de fille? **3** (*biol.*) individu.
indivisibile |indivi'zibile| *agg.* **1** indivisible: *elemento indivisibile* élément indivisible; *un tempo si credeva che l'atomo fosse indivisibile* il y eut un temps où l'on croyait que l'atome était indivisible ◇ (*dir.*) *beni indivisibili* biens indivisibles ◇ (*mat.*) *numeri indivisibili* nombres indivisibles **2** [*inseparabile, indissociabile*] inséparable: *amici indivisibili* des amis inséparables; *concetti indivisibili* des concepts inséparables.
indivisibilità |indivizibili'ta| *s.f. inv.* indivisibilité (*var.*): *l'indivisibilità di un numero, di un bene* l'indivisibilité d'un nombre, d'un bien.
indiviso |indi'vizo| *agg.* (*dir.*) indivis: *patrimonio indiviso* fortune indivise; *beni indivisi* biens indivis ◇ (*loc.*) *pro, per indiviso* par indivis.
indiziàre |indit'tsjare| *v.tr.* [*compromettere, indicare come colpevole*] compromettre (71), faire (45) *intr.* soupçonner: *la sua contraddizione l'ha indiziato* sa contradiction l'a compromis, le fait soupçonner; *i testi hanno gravemente indiziato l'imputato* les témoins ont fait soupçonner gravement l'accusé.
indiziàrio, i |indit'tsjario, i| *agg.* (*dir.*) indiciaire: *processo indiziario* procès indiciaire # *prova indiziaria* preuve par indices.
indiziàto |indit'tsjato| *agg. e s.* (*dir.*) suspect: *fornire prove contro la persona indiziata, l'indiziato* fournir des preuves contre le suspect.
indìzio, i |in'dittsjo, i| *s.m.* **1** [*traccia, segno, sintomo*] signe, symptôme: *il suo gesto è indizio di pentimento* son geste est le signe de son repentir; *non c'è alcun indizio di miglioramento* il n'y a aucun symptôme d'amélioration → **segno, prova** ◇ (*dir.*) indice: *ci sono indizi sufficienti per una denuncia* il y a des indices suffisants pour une dénonciation; *tutti gli indizi sono contro di lui* tous les indices sont contre lui **2** (*lett.*) → **indicazione, imputazione.**
indizióne |indit'tsjone| *s.f.* **1** (*st.*) proclamation ◇ (*relig.*) indiction: *indizione di un sinodo* indiction d'un synode **2** (*lett.*) [→ INDIRE] convocation (*corr.*): *l'indizione di un'assemblea* la convocation d'une assemblée.
indo- |'indo| *pref.* (*significa 'relativo all'India', corrisponde gener. a*) indo(-): *indocinese* indochinois; *indoeuropeo* indo-européen.
indo |'indo| *agg. e s.m.* (*lett.*) → **indiano.**
indòcile |in'dɔtʃile| *agg.* indocile: *è un giovane indocile* c'est un jeune homme indocile → **indisciplinato, ribelle** # *ha un ingegno indocile a ogni freno* il a un esprit rebelle à tout frein; *un cavallo indocile* un cheval retif.
indocilìre |indotʃi'lire| (197) (*raro*) **A** *v.tr.* [*rendere docile, ammansire*] rendre (53) docile (*corr.*): *nonostante il suo carattere ribelle, è riuscito a indocilirlo* malgré son caractère rebelle, il a réussi à le rendre docile **B** *v.pron. intr.* INDOCILIRSI [*diventar docile*] devenir (27) *intr.* docile.
indocilità |indotʃili'ta| *s.f. inv.* indocilité (*var.*): *indocilità di ingegno, di carattere* indocilité de l'esprit, du caractère → **indisciplina** # *l'indocilità di un cavallo* la rétivité d'un cheval.
indocinése |indotʃi'nese| **1** *agg.* [*dell'Indocina*] indochinois: *popolazione indocinese* population indochinoise; *lingue indocinesi* langues indochinoises ✦ (*s.*) *gli Indocinesi* les Indochinois **2** (*s.m.*) *l'indocinese* [*la lingua*] l'indochinois.
ind(o)europeìsta |ind(o)europe'ista| *s.* spécialiste des langues indo-européennes.
ind(o)europeìstica, che |ind(o)europe'istika, ke| *s.f.* (*ling.*) étude des langues indo-européennes.
ind(o)europèo |ind(o)euro'pɛo| **1** *agg.* indo-européen*: *lingue indeuropee* langues indo-européennes; *popoli indoeuropei* peuples indo-européens ✦ *s.* (*st.*) *gli Indoeuropei* les Indo-Européens **2** (*s.m.*) *l'indoeuropeo* [*la lingua*] l'indo-européen.
indofenòlo |indofe'nɔlo| *s.m.* (*chim.*) indophénol.
indolciménto |indoltʃi'mento| *s.m.* [→ INDOLCIRE A] adoucissement: *l'indolcimento delle olive* l'adoucissement des olives.
indolcìre |indol'tʃire| (197) **A** *v.tr.* [*rendere dolce*] adoucir: *indolcire i lupini, le olive* adoucir les lupins, les olives **B** *v.intr.* (*aus. 'essere'*) [*acquistare sapore dolce, diventare dolce*] mûrir (*aus.* avoir): *questi frutti incominciano a indolcire* ces fruits commencent à mûrir **C** *v.pron. intr.* INDOLCIRSI [→ *intr.*] mûrir *intr.*; s'adoucir: *le susine si sono indolcite* les prunes ont mûri ‖ *il tempo s'è alquanto indolcito* le temps s'est sensiblement adouci.
indole |'indole| *s.f.* **1** (*persone*) [*temperamento, carattere, inclinazione*] caractère *m.*, naturel *m.*, nature: *indole buona, mite, perversa* bon caractère, naturel doux, pervers; nature bonne, perverse; *cercare di correggere la propria indole* essayer de corriger son propre caractère ◇ (*per est.*) (*animali*) nature: *per indole* par nature; *la tigre è d'indole più feroce del leone* le trigre est par nature plus féroce que le lion **2** (*fig.*) (*cose*) [*natura, tipo, carattere*] nature, ordre (*m.*): *delitto d'indole mafiosa* délit de nature propre à la maffia; *argomenti d'indole generale* des arguments d'ordre général.
indolènte |indo'lɛnte| *agg.* **1** indolent: *è un uomo indolente* c'est un homme indolent; *ha un carattere indolente* il a un caractère indolent → **pigro, apatico** ✦ (*s.*) *un indolente* un indolent: *questi ragazzi sono degli indolenti* ces garçons sont des indolents **2** (*med.*) indolent → **indolore.**
indolenteménte |indolente'mente| *avv.* [→ INDOLENTE 1] indolemment.
indolènza |indo'lɛntsa| *s.f.* **1** indolence: *l'indolenza è un grave difetto* l'indolence est un grave défaut; *non sono riuscito a scuoterlo dalla sua indolenza* je n'ai pas été capable de l'arracher à son indolence → **apatia, pigrizia** **2** (*med.*) indolence.
indolenziménto |indolentsi'mento| *s.m.* [*dolore* (*spec. muscolare o articolare*) *persistente e diffuso*] endolorissement, courbature: *avere un indolenzimento alle gambe* avoir un endolorissement, une courbature aux jambes; *sentivo un indolenzimento per tutto il corpo* je sentais des courbatures dans tout le corps.
indolenzìre |indolen'tsire| (197) **A** *v.tr.* [*provocare un indolenzimento*] endolorir, courbaturer: *il lavoro gli aveva indolenzito i muscoli delle braccia e delle gambe* le travail lui avait endolori, courbaturé les muscles des bras et des jambes **B** *v.intr.* (*aus. 'essere'*) [*essere preso da intorpidimento e pesantezza muscolare*] être (43) (*aus.* avoir) engourdi # *i muscoli delle gambe per l'eccessivo cammino incominciavano a indolenzire* cette marche excessive commençait à lui faire ressentir des courbatures dans les jambes **C** *v. pron. intr.* INDOLENZIRSI [→ *intr.*] s'engourdir # *mi si sono indolenzite tutte le membra* j'éprouve des courbatures dans tous les membres.
indolenzìto |indolen'tsito| *agg.* [*affetto da dolore diffuso ma non acuto*] endolori *p.p.*, courbaturé: *ho le gambe indolenzite* j'ai les jambes endolories, courbaturées; *mi sento ancora tutto indolenzito per lo sforzo fatto ieri* je me sens encore tout courbaturé de l'effort que j'ai fait hier.
indolire |indo'lire| *e deriv.* → **indolenzire** *e deriv.*
indolóre |indo'lore| *agg.*, **indolóro** |indo'loro| *agg.m.* indolore; sans douleur (*loc. inv.*): *ago indolore* aiguille indolore ‖ *parto indolore* accouchement sans douleur.
indomàbile |indo'mabile| *agg.* [*che non si lascia, che non si può do-*

mare] indomptable: *un cavallo indomabile* un cheval indomptable ◇ (*fig.*) [*che non si lascia vincere, abbattere*] indomptable; incurable: *carattere, volontà, orgoglio indomabile* caractère, volonté, orgueil indomptable || *morbo indomabile* maladie incurable → **incurabile.**

indomàni |indo'mani| **1** *s.m.* L'INDOMANI [*il giorno successivo*] le lendemain: *l'indomani della battaglia* le lendemain de la bataille; *l'indomani, le cose apparvero molto diverse* le lendemain, les choses apparurent très différentes **2** *avv.* [→ *s.m.*] le lendemain: *partì l'indomani di buon'ora* il partit le lendemain de bonne heure ◇ *loc. avv.* ALL'INDOMANI au lendemain: *rimandò l'affare all'indomani* il remit l'affaire au lendemain.

indomàto |indo'mato| *agg.* (*lett.*) [*non domato*] indompté (*corr.*).

indòmito |in'dɔmito| *agg.* (*lett.*) [*non domato*] indompté (*corr.*) ◇ (*fig.*) → **indomabile.**

indómo |in'domo| *agg.* (*lett.*) [*non domato, indomito*] indompté (*corr.*).

indonesiàno |indone'zjano| **1** *agg.* [*dell'Indonesia*] indonésien*: *popoli indonesiani* peuples indonésiens; *lingue indonesiane* langues indonésiennes **2** (*s. m.*) *l'indonesiano* [*la lingua*] l'indonésien.

indoor |'indɔ:| *agg. inv.* (*ingl.*) (*sport*) indoor: *riunione indoor* réunion indoor; *atletica indoor* athlétisme indoor, en gymnase couvert.

indoraménto |indora'mento| *s.m.* [→ INDORARE A 3] dorage.

indoràre |indo'rare| **A** *v.tr.* **1** (*raro*) → **dorare** ◇ (*loc. fig.*) *indorare la pillola* [*attenuare, addolcire un fatto sgradevole*] dorer la pillule **2** (*fig., cuc.*) [*passare i cibi nell'uovo sbattuto* (*prima della frittura*)] dorer **3** (*fig.*) [*conferire un colore d'oro*] dorer (*lett.*): *il sole indorava le cime dei monti* le soleil dorait les cimes des montagnes; *la luce le indorava i capelli* la lumière lui dorait les cheveux **B** *v.pron. intr.* INDORARSI [*assumere un colore dorato*] se dorer: *le messi incominciavano a indorarsi* les céréales commençaient à se dorer.

indoràto |indo'rato| *agg.* **1** [*rivestito d'oro; dorato*] doré: *un vassoio indorato* un plateau doré **2** (*fig., cuc.*) *frittura indorata* friture dorée **3** (*fig.*) [*che ha assunto il colore dell'oro*] doré: *le cime dei monti apparivano tutte indorate* les cimes des montagnes apparaissaient toutes dorées.

indoratóre, trice |indora'tore, tritʃe| *s.* (*raro*) → **doratore.**

indoratùra |indora'tura| *s.f.* (*raro*) → **doratura.**

indossàre |indos'sare| *v.tr.* [*mettersi o portare indosso*] endosser, mettre (71): *prima di uscire, indossò il soprabito* avant de sortir, il endossa, mit son pardessus; *indossa sempre l'alta uniforme* il met, porte toujours son grand uniforme → **portare.**

indossatóre |indossa'tore| *s.m.* **1** [*chi indossa vestiti in sfilate di moda maschili*] mannequin **2** [*arnese per conservare ben stirati i calzoni*] valet de nuit.

indossatrìce |indossa'tritʃe| *s.f.* [*donna che indossa e presenta gli abiti in una sfilata di moda*] mannequin (*m.*): *indossatrice volante, fissa* mannequin volant, fixe; *quella ragazza ha un personale da indossatrice* cette fille a un corps de mannequin.

indòsso |in'dɔsso| *avv.* [*addosso, sulla persona*] sur soi (*loc.*): *aveva indosso un abito nuovo fiammante* il avait sur lui, il portait un costume flambant neuf; *aveva indosso moltissimi gioielli* elle avait sur elle, elle portait de nombreux bijoux # *non aveva nulla indosso* il n'avait rien sur la peau.

indostàno |indos'tano| *agg. e s.m.* (*ling.*) hindi, hindoustani.

indòtto |in'dɔtto| *agg.* [*privo di istruzione, incolto*] ignorant, inculte: *è un uomo indotto* c'est un homme ignorant, inculte; *a un pubblico indotto bisogna parlare in modo facile* à un public ignorant, il faut parler d'une manière simple.

indótto |in'dotto| (*elettr., tecnol.*) **1** *agg.* induit: *carica, corrente indotta* charge induite, courant induit **2** *s.m.* induit.

indottrinaménto |indottrina'mento| *s.m.* [→ INDOTTRINARE] endoctrinement: *l'indottrinamento delle masse* l'endoctrinement des masses.

indottrinàre |indottri'nare| *v.tr.* [*istruire, ammaestrare* (*spec. a scopo di propaganda politica*)] endoctriner: *indottrinare l'elettorato* endoctriner l'électorat.

indovinàbile |indovi'nabile| *agg.* **1** [→ INDOVINARE 1] devinable, qu'on peut deviner (*loc.*): *la conclusione è facilmente indovinabile* on peut facilement deviner la conclusion → **intuibile, immaginabile** **2** [→ INDOVINARE 2] facile à deviner: *una sciarada indovinabile* une charade facile à deviner.

indovinàre |indovi'nare| *v.tr.* **1** [*fare una previsione esatta* (*su cose future o nascoste*)] deviner: *indovinare il nome, l'età di una persona* deviner le nom, l'âge d'une personne; *come hai fatto a indovinare* (*il luogo*) *dov'era nascosto?* comment as-tu fait pour deviner (l'endroit) où il était caché?; *indovina che tempo farà domani?* devine quel temps il fera demain ◇ (*loc.*) *tirare a indovinare* [*dare una risposta a caso* (*sperando di cogliere nel segno*)] essayer de deviner ◇ [*intuire, capire*] *non è facile indovinare quello che pensa* deviner ce qu'il pense n'est pas facile; *è facile indovinare l'esito di tale iniziativa* le résultat d'une telle initiative est facile à deviner → **immaginare** **2** [*dare la risposta esatta a un quesito*] deviner: *io cito dei versi, voi dovete indovinarne l'autore* moi, je cite des vers, vous, vous devez en deviner l'auteur ◇ (*loc.*) *indovinala grillo* [*invito a indovinare o per esprimere la difficoltà di una previsione*] devine qui pourra! ~ *chi l'indovina è bravo* bien malin qui pourra le deviner **3** [*azzeccare, imbroccare*] tomber *intr.* sur; tomber *intr.* juste: *indovinare la strada giusta* tomber sur la bonne route; *indovinare un vestito, un mestiere* bien tomber sur un vêtement, un métier # *quell'accostamento di colori è proprio indovinato* cet assemblage de couleurs est vraiment bien trouvé ◇ (*loc.*) *non ne indovina una, è sfortunato in ogni cosa*: il n'a pas de chance, rien ne lui réussit **4** (*lett.*) [*predire il futuro; dare responsi profetici*] deviner (*raro*).

indovinàto |indovi'nato| *agg.* [*ben riuscito, azzeccato*] réussi, bien trouvé: *uno spettacolo indovinato* un spectacle réussi, bien trouvé; *un colore indovinato* une couleur bien trouvée, choisie → **appropriato** # *è stata una scelta indovinata* cela a été un choix heureux → **felice.**

indovinèllo |indovi'nɛllo| *s.m.* **1** [*gioco enigmistico, sciarada*] devinette (*f.*): *proporre, risolvere un indovinello* proposer, trouver une devinette **2** (*per est.*) [*persona o cosa difficile a capire e a interpretare*] énigme (*f.*): *quell'uomo è un indovinello, non si sa mai cosa pensi* cet homme est une énigme, on ne sait jamais ce qu'il pense; *parla sempre per indovinelli* il parle toujours par énigmes; *le tue parole sono un indovinello per me* tes paroles me sont une énigme.

indovino |indo'vino| **1** *s.* [*persona ritenuta capace di prevedere il futuro o svelare cose occulte*] diseur* de bonne aventure, voyant: *consultare un indovino, un'indovina* consulter un diseur, une diseuse de bonne aventure; *fare l'indovino* être voyant ◇ (*iron., scherz.*) *dovrei essere indovino per sapere come andrà a finire* il faudrait que je sois prophète pour savoir comment ça finira; *a me lo chiedi? non sono un indovino!* c'est à moi que tu le demandes? je ne suis pas prophète! **2** *agg.* (*lett.*) → **presago; divinatorio.**

indrappellàre |indrappel'lare| *v. tr.* [*raggruppare, riunire in drappelli*] grouper en escouade: *indrappellare le reclute* grouper les recrues en escouade.

indrappellàto |indrappel'lato| *agg.* [*inquadrato, riunito in un drappello*] groupé en escouade: *i soldati marciavano tutti indrappellati* les soldats marchaient groupés en escouade.

indri |'indri| *s.m. inv.* (*t.zool.*) indri *var.*

indù |in'du| *agg. inv.* **1** [*dell'India non islamica*] hindou (*var.*): *civiltà indù* civilisation hindoue; *popolazioni indù* populations hindoues ◆ *s.* (*st.*) *gli Indù* les Hindous **2** [*dell'induismo*] hindou: *un tempio, un monaco indù* un temple, un moine hindou ◆ (*s.*) *gli indù* [*i seguaci dell'induismo*] les hindous.

indubbiaménte |indubbja'mente| *avv.* [→ INDUBBIO] sans aucun doute *loc. inv.*, incontestablement → **certamente, sicuramente** ◇ (*come affermazione*) '*verrai anche tu?*' '*indubbiamente!*' 'viendras-tu (toi) aussi?' 'sans aucun doute!'

indùbbio, i |in'dubbjo, i| *agg.* [*fuori dubbio, sicuro*] certain, incontestable: *un quadro d'indubbio valore* un tableau d'une valeur certaine, incontestable; *la sua onestà è indubbia* son honnêteté est incontestable; *è indubbio che egli l'abbia fatto a ragion veduta* il est certain qu'il l'a fait en connaissance de cause → **evidente,** 1 **certo, sicuro** # *in modo indubbio* indubitablement.

indubitàbile |indubi'tabile| *agg.* → **indubbio.**

indubitabilménte |indubitabil'mente| *avv.* [*indubbiamente*] indubitablement.

indubitataménte |indubitata'mente| *avv.* [→ INDUBITATO] indubitablement.

indubitàto |indubi'tato| *agg.* (*raro*) indubitable (*corr.*): *verità indubitata* une vérité indubitable → 1 **certo, sicuro, innegabile.**

inducènte |indu'tʃɛnte| *agg.* (*elettr.*) inducteur*: *corrente inducente* courant inducteur; *campo elettrico, magnetico inducente* champ électrique, magnétique inducteur.

indugiàre |indu'dʒare| **A** *v.intr.* (*aus.* '*avere*') [*tardare, esitare*] hésiter: *ha indugiato un bel po' a prendere la decisione* il a hésité un bon moment à prendre une décision; *indugiò alquanto sulla porta prima di entrare* il hésita quelque peu sur le pas de la porte avant d'entrer; *informato dell'accaduto, non indugiò a partire* informé de ce qui était arrivé, il n'hésita pas à partir → **soffermar(si)** **B** *v.tr.* (*lett.*) → **ritardare** **C** *v.pron. intr.* INDUGIARSI [*attardarsi, soffermarsi*] s'attarder: *ci siamo indugiati a guardare le vetrine* nous nous sommes attardés à regarder les vitrines.

indùgio, i |in'dudʒo, i| *s.m.* [→ INDUGIARE A; C] retard: *il direttore non tollera indugi* le directeur n'admet aucun retard → **ritardo** # *frapporre qualche indugio* tarder à faire qqch. ◇ (*loc.*) *rompere gli indugi* [*risolversi ad agire*] se décider, passer à l'action ~ *senza indugio* [*subito, immediatamente*] sans retard, sans délai.

induismo |indu'izmo| *s.m.* (*relig.*) hindouisme.

induista |indu'ista| *s.* hindouiste ✦ (*agg.*) *un monaco induista* un moine hindouiste.

induìstico, ci, ca, che |indu'istiko, tʃi, ka, ke| *agg.* hindouiste: *culti induistici* cultes hindouistes; *tempio induistico* temple hindouiste ◇ [*che pratica l'induismo*] *un popolo induistico* un peuple hindouiste.

indulgènte |indul'dʒɛnte| *agg.* indulgent: *mostrarsi indulgente con* (*verso*) *qc.* se montrer indulgent envers qqn. → **tenero**; *spesso i genitori sono troppo indulgenti con i figli* souvent les parents sont trop indulgents pour leurs enfants → **condiscendente, benevolo**; *i critici non sono stati indulgenti con lui* les critiques n'ont pas été indulgents avec lui ◇ (*per est.*) [*che rivela, che manifesta indulgenza*] *sguardo, gesto indulgente* regard, geste indulgent.

indulgenteménte |induldʒente'mente| *avv.* [→ INDULGENTE] avec indulgence *loc. inv.*, indulgemment (*raro*).

indulgènza |indul'dʒɛntsa| *s.f.* **1** indulgence: *mostrare indulgenza a, verso, nei confronti di qc.* montrer de l'indulgence pour qqn., à l'égard de qqn.; *con i ragazzi bisogna usare indulgenza* avec les jeunes garçons il faut faire preuve d'indulgence → **comprensione, condiscendenza** **2** (*teol.*) indulgence: *indulgenza parziale, plenaria* indulgence partielle, plénière; *concedere, acquistare indulgenza* accorder, obtenir des indulgences.

indùlgere |in'duldʒere| (152) **A** *v. intr.* (*aus.* '*avere*') [*essere, mostrarsi indulgente*] être (43) indulgent: *indulgere ai difetti, alle ambizioni di qc.* être indulgent envers les défauts, les ambitions de qqn. ◇ (*fig.*) [*cedere, abbandonarsi*] s'abandonner (*pron.*): *indulgere ai piaceri della tavola* s'abandonner aux plaisirs de la table **B** *v.tr.* (*lett.*) → **concedere; perdonare.**

indulìna |indu'lina| *s.f.* (*chim.*) induline.

indùlto |in'dulto| *s.m.* (*dir.*) remise *f.* de peine ◇ (*eccl.*) indult.

induménto |indu'mento| *s.m.* **1** [*capo di vestiario*] vêtement: *nel pacco ci sono indumenti usati* dans le paquet il y a des vêtements usagés # *indumenti intimi* sous-vêtements **2** (*bot.*) indument.

induraménto |indura'mento| *s.m.* (*raro*) → **indurimento.**

induràre |indu'rare| *v.tr., intr.* (*aus.* '*essere*') *e pron. intr.* (*lett.*) → **indurire.**

induriménto |induri'mento| *s.m.* **1** [→ INDURIRE A 1; B 1; C] durcissement: *l'indurimento del cemento, dei metalli* le durcissement du ciment, des métaux **2** (*fig.*) [→ INDURIRE A 2; B 2; C] durcissement, endurcissement: *l'indurimento del cuore* le durcissement, l'endurcissement du cœur **3** (*med.*) induration *f.*, durcissement.

indurìre |indu'rire| (197) **A** *v.tr.* **1** [*rendere duro, rigido*] durcir: *il sole ha indurito il cemento* le soleil a durci le ciment; *questi metalli sono stati induriti con la tempera* ces métaux ont été durcis par la trempe **2** (*fig.*) [*rendere insensibile, inflessibile*] durcir, endurcir: *indurire il cuore* durcir, endurcir le cœur; *l'odio indurisce gli animi* la haine durcit les âmes **B** *v.intr.* (*aus.* '*essere*') **1** [*diventare duro*] durcir (*aus.* avoir): *con gli anni la scorza degli alberi indurisce* avec les années, l'écorce des arbres durcit; *questa pasta indurisce presto* cette pâte durcit vite **2** (*fig.*) [*diventare indifferente, insensibile*] durcir, endurcir (*aus.* avoir): *con l'odio gli animi induriscono* avec la haine les âmes durcissent, endurcissent **C** *v.pron. intr.* INDURIRSI [→ *intr.*] se durcir, durcir (*intr.*): *con la siccità il terreno s'indurisce* avec la sécheresse la terre (se) durcit; *questo pane non si può mangiare, s'è già indurito* on ne peut manger ce pain, il est déjà rassis, dur, il a déjà durci ◇ (*fig.*) *il suo cuore s'è indurito* son cœur s'est durci, s'est endurci.

induríto |indu'rito| *agg.* [*diventato duro*] durci; dur: *terreno indurito* terrain durci || *pane indurito* pain dur, rassis ◇ (*fig.*) *cuore indurito* cœur endurci; *lineamenti induriti* traits durcis.

indùrre |in'durre| (108) **A** *v.tr.* **1** [*spingere a un determinato comportamento o mettere in una determinata condizione*] pousser: *indurre al bene, al vizio* pousser au bien, au vice; *lo indusse ad accettare con le minacce* par des menaces, il le poussa à accepter # *tutto induce a credere che abbia agito in buona fede* tout porte à croire qu'il a agi de bonne foi; *indurre in errore, in tentazione* induire en erreur, en tentation ◇ [*convincere, persuadere*] persuader: *non riesco a indurlo a partire* je ne réussis pas à le persuader de partir ◇ (*lett.*) → **infondere, suscitare** **2** (*filos.*) [*risalire con il ragionamento dal particolare al generale*] induire (75) ◇ (*fis.*) [*determinare in un corpo un fenomeno d'induzione*] induire (*raro*) **3** (*lett.*) → **immettere, introdurre; dirigere, rivolgere** **B** *v.pron. intr.* INDURSI [*decidersi, persuadersi*] se décider, se résoudre (64): *non s'è ancora indotto a confessare* il ne s'est pas encore décidé à avouer.

indùsio, i |in'duzjo, i| *s.m.* (*bot.*) indusie.

indùstre |in'dustre| *agg.* (*lett.*) → **industrioso; alacre, capace.**

indùstria |in'dustrja| *s.f.* **1** industrie: *industria mineraria, della pesca* industrie minière, de la pêche; *industria meccanica, chimica, tessile* industrie mécanique, chimique, textile; *industria turistica, dello spettacolo* industrie du tourisme, du spectacle; *la grande, la piccola industria* la grande, la petite industrie; *proteggere l'industria nazionale* protéger l'industrie nationale **2** [*fabbrica, stabilimento*; *complesso di impianti industriali*] industrie: *essere occupato presso un'industria* travailler dans une industrie; *dirigere una grande industria* diriger une grande industrie **3** [*operosità ingegnosa e sistematica*] travail *m.* (habile); ingéniosité: *la meravigliosa industria delle api* le merveilleux travail des abeilles || *l'industria dell'uomo crea il progresso* l'ingéniosité de l'homme crée le progrès ◇ [*destrezza, abilità*] habileté: *adoperarsi con ogni industria per raggiungere il proprio intento* s'employer avec toute son habileté pour atteindre son but ◇ (*loc. spreg.*) *campare d'industria* [*di espedienti*] vivre d'industrie ~ *cavaliere d'industria* [*avventuriero*] chevalier d'industrie.

industrial design |in'dʌstriəldi'zain| *s.m. inv.* (*ingl.*) dessin *var.* industriel.

industrial designer |in'dʌstriəldi'zainə| *s.m. inv.* (*ingl.*) dessinateur* *s. var.* industriel*.

industriàle |indus'trjale| *agg.* industriel*: *attività, sviluppo industriale* activité industrielle, développement industriel; *scuola, azienda industriale* école, entreprise industrielle; *centro, città industriale* centre industriel, ville industrielle; *corrente industriale* courant industriel; *chimica industriale* chimie industrielle ✦ (*s.*) *un industriale* [*imprenditore o proprietario di un'impresa industriale*] un industriel.

industrialìsmo |industrja'lizmo| *s.m.* industrialisme.

industrializzàre |industrjalid'dzare| **A** *v.tr.* **1** [*far sorgere in una zona industrie, stabilimenti e sim.*] industrialiser: *industrializzare un paese, una regione* industrialiser un pays, une région **2** [*applicare la tecnica e i criteri dell'industria a un'attività economica*] industrialiser: *industrializzare l'agricoltura, la produzione del vino* industrialiser l'agriculture, la production du vin **B** *v.pron. intr.* INDUSTRIALIZZARSI [*trasformarsi in industria*] s'industrialiser: *l'artigianato si va industrializzando* l'artisanat s'industrialise.

industrializzàto |industrjalid'dzato| *agg.* **1** industrialisé: *un paese molto industrializzato* un pays très industrialisé **2** [*trasformato, organizzato secondo la tecnica e i criteri dell'industria*] industrialisé: *un'impresa agricola industrializzata* une exploitation agricole industrialisée.

industrializzazióne |industrjaliddzat'tsjone| *s.f.* **1** [→ INDUSTRIALIZZARE A 1] industrialisation: *l'industrializzazione del Mezzogiorno* l'industrialisation de l'Italie du Sud **2** [→ INDUSTRIALIZZARE A 2; B] industrialisation: *l'industrializzazione di un'impresa agricola* l'industrialisation d'une exploitation agricole.

industrialménte |industrjal'-

mente| *avv.* [→ INDUSTRIALE] industriellement.
industriàrsi |indus'trjarsi| *v.pron. intr.* [*ingegnarsi, adoperarsi con tutta la propria capacità e abilità*] faire (45) *tr.* tout son possible, de son mieux: *bisogna industriarsi per raggiungere lo scopo* il faut faire tout son possible, de son mieux pour atteindre le but ◇ [*servirsi di espedienti, usare mezzi più o meno leciti*] se débrouiller, s'arranger (3): *s'industria in ogni modo per poter vivere* il se débrouille, s'arrange de toutes façons pour pouvoir vivre → **arrangiar(si).**
industrióso |indus'trjoso| *agg.* industrieux*: *un popolo industrioso* un peuple industrieux; *le api sono molto industriose* les abeilles sont très industrieuses.
induttànza |indut'tantsa| *s.f.* (*elettr.*) inductance.
induttivaménte |induttiva'mente| *avv.* [→ INDUTTIVO 1] par induction *loc. inv.*
induttività |induttivi'ta| *s.f. inv.* (*fis.*) inductivité *var.*
induttivo |indut'tivo| *agg.* **1** (*filos.*) inductif*: *ragionamento, metodo induttivo* raisonnement inductif, méthode inductive **2** (*elettr.*) inductif: *circuito induttivo* circuit inductif.
induttóre, trice |indut'tore, tritʃe| **I** *agg.* (*elettr.*) inducteur*: *campo induttore* champ inducteur **II** *s.m.* **1** (*fis., tecnol.*) inducteur: *induttore terrestre* inducteur terrestre ◇ (*elettr.*) *induttore a magnete fisso* inducteur à aimant fixe **2** (*ling.*) inducteur.
indùvio, i |in'duvjo, i| *s.m.* (*bot.*) induvie *f.*
induzióne |indut'tsjone| *s.f.* **1** (*filos.*) induction: *procedere, argomentare per induzione* procéder, argumenter par induction ◇ (*per est.*) [*congettura, ipotesi*] hypothèse: *la sua è un'induzione legittima* son hypothèse est légitime **2** (*biol.*) *induzione embrionale* induction embryonnaire ◇ (*elettr., fis.*) *induzione elettromagnetica* induction électromagnétique.
inebbriàre |inebbri'are| *e deriv.* → **inebriare** *e deriv.*
inebetire |inebe'tire| (197) **A** *v.tr.* [*rendere ebete o sim. a un ebete*] hébéter (8): *quella disgrazia l'ha inebetito* ce malheur l'a hébété **B** *v.intr.* (*aus.* '*essere*') [*diventare ebete, istupidire*] devenir (27) stupide: *con il passar dei giorni inebetisce sempre più* au fur et à mesure que le temps passe, il devient de plus en plus stupide **C** *v.pron. intr.* INEBETIRSI [→ *intr.*] s'abêtir: *quel vecchio s'inebetisce ogni giorno di più* ce vieillard s'abêtit un peu plus chaque jour.
inebetito |inebe'tito| *agg.* [*stordito, istupidito*] hébété: *essere inebetito per lo stupore* être hébété d'étonnement; *a quella triste notizia restò inebetito* à cette triste nouvelle, il resta hébété.
inebriaménto |inebria'mento, *s.m.* **1** [→ INEBRIARE A 1; B 1] ivresse *f.* → **ubriacatura 2** [→ INEBRIARE A 2; B 2] enivrement → **esaltazione.**
inebriànte |inebri'ante| *agg.* **1** [*che produce ebbrezza*] capiteux*: *una bevanda inebriante* une boisson capiteuse; *profumo inebriante* un parfum capiteux → **penetrante 2** (*fig.*) [*esaltante, eccitante*] enivrant.
inebriàre |inebri'are| **A** *v.tr.* **1** [*provocare uno stato d'ebbrezza; ubriacare*] enivrer: *basta un solo bicchiere di vino a inebriarlo* un seul verre de vin suffit pour l'enivrer ◆ (*ass.*) *il vino inebria* le vin enivre **2** (*fig.*) [*esaltare, eccitare, estasiare*] enivrer: *il successo lo inebria* le succès l'enivre; *quella dolce melodia lo inebriava* cette douce mélodie l'enivrait **B** *v.pron. intr.* INEBRIARSI **1** [→ *tr.* 1] s'enivrer: *con quel vino ci s'inebria facilmente* avec ce vin, on s'enivre facilement **2** [→ *tr.* 2] s'enivrer: *s'inebriava nella contemplazione della natura* il s'enivrait de la contemplation de la nature.
inebriàto |inebri'ato| *agg.* **1** [*ebbro*] enivré **2** (*fig.*) [*estasiato, rapito*] enivré.
ineccepìbile |inettʃe'pibile| *agg.* [*perfetto, irreprensibile*] irréprochable, irrépréhensible; inattaquable: *un contegno ineccepibile* un comportement irréprochable, irrépréhensible ‖ *un ragionamento ineccepibile* un raisonnement inattaquable.
ineccepibilità |inettʃepibili'ta| *s.f. inv.* [*irreprensibilità*] irréprochabilité (*var.*): *l'ineccepibilità d'un ragionamento* l'irréprochabilité d'un raisonnement.
ineccepibilménte |inettʃepibil'mente| *avv.* [→ INECCEPIBILE] irréprochablement (*lett.*).
inèdia |i'nɛdja| *s.f.* **1** [*digiuno prolungato con il conseguente deperimento*] inanition: *perire d'inedia* périr d'inanition **2** (*fig., fam.*) [*noia, tedio*] ennui (*m.*): *morire d'inedia* mourir d'ennui.
inedificàbile |inedifi'kabile| *agg. terreno inedificabile* terrain où l'on ne peut pas bâtir *loc.*, inconstructible.
inedificabilità |inedifikabili'ta| *s.f. inv.* interdiction *var.* de construire: *un terreno soggetto al vincolo d'inedificabilità* un terrain soumis à l'interdiction de construire.
inèdito |i'nɛdito| *agg.* **1** inédit: *poesie inedite* poésies inédites ◆ (*s.m.*) *un inedito* un inédit **2** (*fig.*) [*non ancora reso di dominio pubblico*] inédit: *una notizia inedita* une nouvelle inédite ◆ (*s.m.*) *un inedito* de l'inédit.
ineducàbile |inedu'kabile| *agg.* inéducable.
ineducataménte |inedukata'mente| *avv.* [→ INEDUCATO] impoliment.
ineducàto |inedu'kato| *agg.* [*non educato*] impoli, mal élevé; inculte: *ragazzo ineducato* garçon impoli, mal élevé ‖ *ingegno ineducato* esprit inculte.
ineducazióne |inedukat'tsjone| *s.f.* [*mancanza di educazione*] impolitesse.
ineffàbile |inef'fabile| *agg.* ineffable, indicible: *un sentimento ineffabile* un sentiment ineffable → **inesprimibile** ◇ (*iron.*) *quel tuo amico è un ineffabile imbroglione* ton ami est un remarquable filou.
ineffabilità |ineffabili'ta| *s.f. inv.* ineffabilité (*var.*): *l'ineffabilità di un sentimento* l'ineffabilité d'un sentiment.
ineffabilménte |ineffabil'mente| *avv.* [→ INEFFABILE] ineffablement.
ineffettuàbile |ineffettu'abile| *agg.* [*che non si può effettuare, realizzare*] infaisable, irréalisable: *programma ineffettuabile* programme irréalisable; *desideri ineffettuabili* desirs irréalisables → **irrealizzabile, impossibile.**
ineffettuabilità |ineffettuabili'ta| *s.f. inv.* impossibilité *var.* de (se) réaliser, d'être réalisé: *l'ineffettuabilità di un progetto* l'impossiblité de réaliser un projet.
ineffettuàto |ineffettu'ato| *agg.* [*che non è stato effettuato*] inexécuté, non-effectué.
inefficàce |ineffi'katʃe| *agg.* inefficace: *un rimedio inefficace* un remède inefficace; *un metodo inefficace* une méthode inefficace → **inconcludente, inadeguato.**
inefficaceménte |ineffikatʃe'mente| *avv.* [→ INEFFICACE] inefficacement.
inefficàcia, cie |ineffi'katʃa, tʃe| *s.f.* inefficacité: *l'inefficacia di una cura, di un provvedimento* l'inefficacité d'un traitement, d'une mesure.
inefficiènte |ineffi'tʃɛnte| *agg.* [*che non è efficiente*] inefficace; qui ne fonctionne pas (*loc.*): *un governo inefficiente* un gouvernement inefficace ‖ *una macchina, un impianto inefficiente* une machine, un dispositif qui ne fonctionne pas.
inefficiènza |ineffi'tʃɛntsa| *s.f.* manque *m.* d'efficience, d'efficacité; manque de rendement: *l'inefficienza di un'organizzazione, di un sistema* le manque d'efficience d'une organisation, d'un système → **inadeguatezza** ‖ *l'inefficienza di un motore, di un impianto* le manque de rendement d'un moteur, d'un dispositif → **insufficienza.**
ineguagliàbile |inegwaʎ'ʎabile|, **inuguagliàbile** |inugwaʎ'ʎabile| *agg.* inégalable: *valore, bravura ineguagliabile* valeur, vaillance inégalable, inégalée → **eccezionale, 1 straordinario.**
ineguagliànza |inegwaʎ'ʎantsa|, **inuguagliànza** |inugwaʎ'ʎantsa| *s.f.* **1** inégalité: *l'ineguaglianza di diritti rende instabile uno Stato* l'inégalité des droits rend un État instable **2** [*l'elemento, il fatto che provoca l'ineguaglianza*] inégalité: *eliminare le ineguaglianze sociali* éliminer les inégalités sociales.
ineguagliàto |inegwaʎ'ʎato|, **inuguagliàto** |inugwaʎ'ʎato| *agg.* [*non uguagliato; insuperabile*] inégalé: *primato ineguagliato* record inégalé → **ineguagliabile, imbattuto.**
ineguàle |ine'gwale|, **inuguàle** |inu'gwale| *agg.* **1** inégal*: *misure, forze ineguali* mésures, forces inégales → **disuguale 2** [*privo di regolarità, uniformità*] inégal: *respiro, polso ineguale* respiration inégale, pouls inégal; *terreno ineguale* terrain inégal → **irregolare, accidentato;** *ha un temperamento ineguale* il a une humeur inégale → **incostante.**
inegualità |inegwali'ta|, **inugualità** |inugwali'ta| *s.f. inv.* → **ineguaglianza.**
inegualménte |inegwal'mente| *avv.* [→ INEGUALE 2] inégalement.
inelasticità |inelastitʃi'ta| *s.f. inv.* non élasticité *var.* ◇ (*econ.*) *l'inelasticità della domanda* la non élasticité de la demande.
inelegànte |inele'gante| *agg.* inélégant: *abito inelegante* vêtement inélégant; *atteggiamento, gesto inelegante* manières inélégantes, geste inélégant; *stile inelegante* style inélégant → **rozzo.**
inelegantеménte |inelegante'mente| *avv.* [→ INELEGANTE] inélégamment.

inelegànza |inele'gantsa| *s.f.* inélégance: *l'ineleganza di uno stile, di una espressione* l'inélégance d'un style, d'une expression; *l'ineleganza di un comportamento* l'inélégance d'une attitude → **grossolanità.**

ineleggìbile |ineled'dʒibile| *agg.* inéligible: *essere ineleggibile* être inéligible; *il candidato fu dichiarato ineleggibile a consigliere* le candidat fut déclaré inéligible comme conseiller.

ineleggibilità |ineleddʒibili'ta| *s.f. inv.* inéligibilité (*var.*): *l'ineleggibilità di un candidato* l'inéligibilité d'un candidat.

ineloquènte |inelo'kwɛnte| *agg.* (*lett.*) → **infacondo.**

ineloquènza |inelo'kwɛntsa| *s.f.* (*lett.*) → **infacondia.**

ineluttàbile |inelut'tabile| *agg.* inéluctable: *destino ineluttabile* destin inéluctable → **inevitabile, inesorabile.**

ineluttabilità |ineluttabili'ta| *s.f. inv.* inéluctabilité (*var.*): *l'ineluttabilità della morte* l'inéluctabilité de la mort → **inesorabilità.**

ineluttabilménte |ineluttabil'mente| *avv.* [→ INELUTTABILE] inéluctablement.

inemendàbile |inemen'dabile| *agg.* [*che non è possibile emendare*] incorrigible: *abitudine, difetto inemendabile* habitude, défaut incorrigible → **incorreggibile** ◇ (*filol.*) *testo inemendabile* texte incorrigible.

inemendabilità |inemendabili'ta| *s.f. inv.* [*incorreggibilità*] caractère *m.var.* incorrigible, incorrigibilité (*var.*): *l'inemendabilità di un vizio* le caractère incorrigible, l'incorrigibilité d'un vice ◇ (*filol.*) *l'inemendabilità di un passo* l'incorrigibilité d'un passage.

inemendàto |inemen'dato| *agg.* (*raro*) [*non corretto, non emendato*] non corrigé.

inenarràbile |inenar'rabile| *agg.* [*che non si può raccontare, narrare*] inexprimable, irracontable: *sofferenza, strazio inenarrabile* souffrance, tourment inexprimable → **indescrivibile, inesprimibile** ◇ (*con valore enf.*) [*meraviglioso*] *è una ragazza d'una bellezza inenarrabile* c'est une fille d'une beauté indescriptible, d'une éclatante beauté.

inenarrabilménte |inenarrabil'mente| *avv.* [→ INENARRABILE] indiciblement.

inequaziòne |inekwat'tsjone| *s.f.* (*mat.*) inéquation.

inequivocàbile |inekwivo'kabile| *agg.* [*che non ammette equivoci*] non équivoque, catégorique: *una risposta inequivocabile* une réponse non équivoque, catégorique; *il suo gesto ha un significato inequivocabile* son geste a une signification catégorique → **chiaro, categorico.**

inequivocabilménte |inekwivokabil'mente| *avv.* [→ INEQUIVOCABILE] sans équivoque *loc. inv.*, catégoriquement.

inerbiménto |inerbi'mento| *s.m.* [→ INERBIRE] engazonnement: *l'inerbimento di un giardino* l'engazonnement d'un jardin.

inerbìre |iner'bire| (197) *v.tr.* [*farvi crescere l'erba*] faire (45) *intr.* pousser le gazon, engazonner: *inerbire un terreno, le aiuole* faire pousser le gazon sur, engazonner un terrain, des plates-bandes.

inerènte |ine'rɛnte| *agg.* inhérent; relatif*: *attributi inerenti alla natura umana* qualités inhérentes à la nature humaine → **connaturato** ‖ *le spese inerenti a un viaggio* le dépenses relatives à un voyage → **relativo.**

inerènza |ine'rɛntsa| *s.f.* inhérence: *l'inerenza di una qualità a una sostanza* l'inhérence d'une qualité à une substance → **connessione.**

inerire |ine'rire| (197) *v.intr.* (*dif. del p.p.*) [*essere strettamente connesso*] se rattacher (*pron.*): *inerire alla volontà di qc.* se rattacher à la volonté de qqn. # *sono acciacchi che ineriscono alla vecchiaia* ce sont des ennuis de santé inhérents à la vieillesse.

inèrme |i'nɛrme| *agg.* **1** [*incapace di difendersi*] sans défense (*loc. inv.*): *il nemico ha infierito contro la popolazione inerme* l'ennemi s'est acharné contre la population sans défense → **indifeso** ◇ (*fig.*) désarmé: *sentirsi inerme contro la cattiveria altrui* se sentir désarmé devant la méchanceté d'autrui ♦ (*s.*) *gli inermi* les désarmés **2** (*lett.*) → **disarmato 3** (*bot.*) inerme.

inerpicàrsi |inerpi'karsi| *v.pron. intr.* [*arrampicarsi con le mani e con i piedi*] gravir (*tr.*): *inerpicarsi su per una montagna* gravir une montagne ◇ (*per est.*) grimper (*intr.*): *il sentiero s'inerpica fin sulla cima del monte* le sentier grimpe jusqu'au sommet de la montagne.

inèrte |i'nɛrte| *agg.* **1** inerte, inactif*: *temperamento inerte* tempérament inerte → **pigro**; *se ne sta inerte tutto il giorno* il reste inactif toute la journée → **inoperoso** # *non stare lì inerte a guardarmi, dammi una mano!* ne reste pas là à me regarder sans rien faire, donne-moi un coup de main! → **inattivo 2** (*per est.*) [*immobile, senza movimento*] inerte: *materia inerte* matière inerte; *il braccio destro gli pendeva inerte* son bras droit pendait inerte # *la frattura dell'arto lo costringe a starsene inerte a letto* sa fracture l'oblige à rester au lit immobile ◇ (*loc. fig.*) *essere un peso inerte* être un poids mort **3** (*chim., fis.*) inerte: *composti, elementi inerti* composés, éléments inertes; *forza inerte* force inerte ◇ (*econ.*) *capitali inerti* capitaux improductifs.

inerudito |ineru'dito| *agg.* (*lett.*) → **incolto.**

inèrzia |i'nɛrtsja| *s.f.* **1** inertie: *vivere nell'inerzia* vivre dans l'inertie; *nulla è valso a scuoterlo dalla sua inerzia* rien n'a pu le faire sortir de son inertie → **inoperosità, oziosità** ◇ (*per est.*) [*immobilità*] immobilité: *la caduta lo obbligò all'inerzia assoluta* sa chute le condamna à l'immobilité absolue **2** (*fis.*) inertie: *principio d'inerzia* principe d'inertie; *forza d'inerzia* force d'inertie ◇ (*loc. fig.*) *per* (*forza di*) *inerzia di un organo* inertie d'un organe → **atonia.**

inerziàle |iner'tsjale| *agg.* (*fis.*) inertiel.

inesattaménte |inezatta'mente| *avv.* [→ 1 INESATTO] inexactement.

inesattézza |inezat'tettsa| *s.f.* **1** inexactitude: *l'inesattezza di un racconto, di un calcolo* l'inexactitude d'un récit, d'un calcul **2** [*svista, errore, cosa inesatta*] inexactitude: *ci sono parecchie inesattezze nel tuo elaborato* il y a de nombreuses inexactitudes dans ta copie; *nel conto c'è un'inesattezza* dans le compte il y a une inexactitude, une erreur.

1 **inesàtto** |ine'zatto| *agg.* inexact: *notizia, citazione inesatta* nouvelle, citation inexacte; *calcolo inesatto* calcul inexact; *un lavoro inesatto* un travail inexact; *è inesatto quello che tu riferisci* ce que tu me dis est inexact → **sbagliato, impreciso.**

2 **inesàtto** |ine'zatto| *agg.* (*bur.*) non perçu: *tributo inesatto* contribution non perçue.

inesaudìbile |inezau'dibile| *agg.* qui ne peut être exaucé (*loc.*): *una richiesta, una preghiera inesaudibili* une demande, une prière qui ne peuvent être exaucées; *un desiderio inesaudibile* un désir qui ne peut être exaucé → **irrealizzabile.**

inesaudito |inezau'dito| *agg.* [*che non è ascoltato, soddisfatto*] inexaucé: *preghiera, invocazione inesaudita* prière, invocation inexaucée → **inascoltato.**

inesauribile |inezau'ribile| *agg.* **1** [*che non è esauribile*] inépuisable, intarissable: *una miniera inesauribile* une mine inépuisable; *una sorgente d'acqua inesauribile* une source inépuisable, intarissable ◇ (*fig.*) *quel ragazzo ha una fantasia inesauribile* ce garçon a une imagination inépuisable, intarissable **2** (*per iperb.*) [*vastissimo, immenso*] inépuisable: *la sua ricchezza è inesauribile* sa richesse est inépuisable.

inesauribilménte |inezauribil'mente| *agg.* [→ INESAURIBILE] inépuisablement, intarissablement.

inesàusto |ine'zausto| (*agg.*) *sorgente inesausta* source intarissable; *terreno inesausto* terrain fécond.

inescàre |ines'kare| *e deriv.* → **innescare** *e deriv.*

inescogitàbile |ineskodʒi'tabile| *agg.* (*raro*) → **impensabile, inimmaginabile.**

inescogitàto |ineskodʒi'tato| *agg.* (*raro*) → **impensato, inopinato.**

inescusàbile |inesku'zabile| *agg.* inexcusable: *mancanza, errore inescusabile* faute, erreur inexcusable → **imperdonabile, ingiustificabile.**

inescusabilménte |ineskuzabil'mente| *avv.* (*raro*) [→ INESCUSABILE] inexcusablement.

ineseguìbile |ineze'gwibile| *agg.* [*che non può essere eseguito*] inexécutable: *progetto, programma ineseguibile* projet, programme inexécutable → **inattuabile, irrealizzabile.**

ineseguito |ineze'gwito| *agg.* [*non eseguito*] inexécuté (*raro*): *lavoro ineseguito* travail inexécuté: *ordine ineseguito* orde inexécuté.

inesercitàbile |inezertʃi'tabile| *agg.* qu'on ne peut exercer (*loc.*): *professione, mestiere inesercitabile* profession, métier qu'on ne peut (pas) exercer.

inesercitàto |inezertʃi'tato| *agg.* [*non esercitato*; *non tenuto in esercizio*] inexercé (*raro*): *muscolo inesercitato* muscle inexercé; *corpo inesercitato alla ginnastica* corps inexercé à la gymnastique.

inesigìbile |inezi'dʒibile| *agg.* (*dir.*) inéxigible: *credito inesigibile* crédit inéxigible.

inesigibilità |inezidʒibili'ta| *s.f. inv.* (*dir.*) inéxigibilité (*var.*): *l'inesigibilità di un credito* l'inéxigibilité d'un crédit.

inesistènte |inezis'tɛnte| *agg.* inexistant: *un pericolo, una difficoltà inesistente* un danger inexistant, une difficulté inexistante; *la sua malattia è inesistente* sa maladie est inexistante → **immaginario** ◇ (*dir.*) *un reato inesistente* un délit inexistant.

inesistènza |inezis'tɛntsa| *s.f.* inexistence: *l'inesistenza di un fatto, di un male, di un pericolo* l'inexistence d'un fait, d'un mal, d'un danger → **insussistenza** ◇ (*dir.*) *l'inesistenza di un contratto, di un atto pubblico* l'inexistence d'un contrat, d'un acte public.

inesoràbile |inezo'rabile| *agg.* (*persone*) inexorable: *un giudice inesorabile* un juge inexorable; *un dio, un vendicatore inesorabile* un dieu, un vengeur inexorable; *mostrarsi inesorabile* être inexorable → **spietato, inflessibile, implacabile** ◇ (*cose*) *destino inesorabile* destin inexorable; *male inesorabile* mal inexorable → **incurabile.**

inesorabilità |inezorabili'ta| *s.f. inv.* inexorabilité *var.* (*raro*): *l'inesorabilità di un critico, di un giudice* l'inexorabilité d'un critique, d'un juge → **inflessibilità**; *l'inesorabilità del fato, del destino* l'inexorabilité du sort, du destin → **ineluttabilità.**

inesorabilménte |inezorabil'mente| *avv.* [→ INESORABILE] inexorablement.

inesoràto |inezo'rato| *agg.* (*lett.*) → **spietato.**

inesperiènza |inespe'rjɛntsa| *s.f.* inexpérience: *l'inesperienza giovanile* l'inexpérience de la jeunesse; *l'incidente è dovuto all'inesperienza dell'autista* l'accident est dû à l'inexpérience du conducteur.

inespertaménte |inesperta'mente| *avv.* [→ INESPERTO 1] sans expérience *loc. inv.*

inespèrto |ines'pɛrto| *agg.* **1** (*persone*) [*senza esperienza, senza pratica*] inexpérimenté, inexpert: *essere inesperto della politica* être inexpérimenté, inexpert (*lett.*) en politique # *è un giovane inesperto della vita* c'est un jeune sans expérience de la vie ✦ (*ass.*) *un architetto, un farmacista inesperto* un architecte, un pharmacien inexpérimenté, inexpert **2** (*per est.*) (*cose*) [*senza abilità*] inexpert: *mani inesperte* mains inexpertes, maladroites.

inespiàbile |inespi'abile| *agg.* inexpiable: *delitto, colpa inespiabile* crime, faute inexpiable → **imperdonabile, irremissibile.**

inesplicàbile |inespli'kabile| *agg.* inexplicable: *un mistero, un fenomeno inesplicabile* un mystère, un phénomène inexplicable → **inspiegabile, impenetrabile**; *comportamento, contegno inesplicabile* comportement, conduite inexplicable → **incomprensibile.**

inesplicabilità |inesplikabili'ta| *s.f. inv.* impossibilité *var.* d'expliquer, d'être expliqué: *l'inesplicabilità di un enigma* l'impossibilité d'expliquer une énigme; # *l'inesplicabilità della sua reazione ha sorpreso tutti* sa réaction inexplicable a surpris tout le monde.

inesplicabilménte |inesplika-bil'mente| *avv.* [→ INESPLICABILE] inexplicablement.

inesplicàto |inespli'kato| *agg.* inexpliqué: *mistero inesplicato* mystère inexpliqué; *rimangono inesplicati i motivi del delitto* le mobile du crime reste inexpliqué.

inesploràbile |inesplo'rabile| *agg.* inexplorable (*raro*): *territorio, foresta inesplorabile* territoire, forêt inexplorable ◇ (*raro, fig.*) [*inconoscibile, insondabile*] inexplorable.

inesploràto |inesplo'rato| *agg.* inexploré: *terre, foreste inesplorate* terres, forêts inexplorées ◇ (*fig.*) [*misterioso, sconosciuto*] *il fondo inesplorato della coscienza umana* le fond inexploré de la conscience humaine # *testo inesplorato* teste inconnu.

inesplòso |ines'plɔzo| *agg.* non explosé, non éclaté: *una carica, una mina inesplosa* une charge, une mine non explosée.

inespressivo |inespres'sivo| *agg.* inexpressif*: *un viso, uno sguardo inespressivo* un visage, un regard inexpressif.

inesprèsso |ines'prɛsso| *agg.* inexprimé: *un desiderio, un sentimento inespresso* un désir, un sentiment inexprimé.

inesprimibile |inespri'mibile| *agg.* inexprimable: *un sentimento inesprimibile* un sentiment inexprimable; *provavo una gioia inesprimibile* j'éprouvais une joie inexprimable.

inespugnàbile |inespuɲ'ɲabile| *agg.* inexpugnable: *città, fortezza inespugnabile* ville, forteresse inexpugnable → **imprendibile** ◇ (*fig.*) [*incorruttibile, indomabile*] *onestà, fermezza inespugnabile* honnêteté, fermeté inexpugnable.

inespugnabilità |inespuɲɲabili'ta| *s.f. inv.* inexpugnabilité (*var.*): *l'inespugnabilità delle fortificazioni nemiche* l'inexpugnabilité des fortifications ennemies.

inespugnàto |inespuɲ'ɲato| *agg.* [*che non è stato espugnato*] inconquis: *città inespugnata* ville inconquise ◇ (*fig.*) [*incorrotto, intransigente*] insoumis: *fermezza, volontà inespugnata* fermeté, volonté insoumise.

inessiccàbile |inessik'kabile| *agg.* (*lett.*) → **inesauribile.**

inestensibile |inesten'sibile| *agg.* inextensible: *materiale, filo inestensibile* matériel, fil inextensible ◇ (*fig.*) *privilegio, diritto inestensibile agli eredi* privilège, droit inextensible aux héritiers.

inestensibilità |inestensibili'ta| *s.f. inv.* inextensibilité (*var.*): *l'inestensibilità di un corpo* l'inextensibilité d'un corps.

inestéso |ines'teso| *agg.* (*raro*) [*che non ha dimensioni*] inétendu.

inestètico, ci, ca, che |ines'tɛtiko, tʃi, ka, ke| *agg.* (*raro*) inesthétique.

inestimàbile |inesti'mabile| *agg.* inestimable: *ricchezze inestimabili* richesses inestimables → **incalcolabile** ◇ (*per est.*) [*infinito, senza pari*] *la libertà è un bene inestimabile* la liberté est un bien inestimable.

inestinguibile |inestin'gwibile| *agg.* **1** inextinguible, dévorant: *un fuoco inestinguibile* un feu inextinguible, dévorant **2** (*fig.*) [*insaziabile*] inextinguible: *sete inestinguibile di onori* soif d'honneur inextinguible ◇ [*eterno, perpetuo*] *amore, odio inestinguibile* amour, haine inextinguible.

inestinguibilménte |inestin-gwibil'mente| *avv.* [→ INESTINGUIBILE] d'une manière inextinguible *loc. inv.*

inestinto |ines'tinto| *agg.* (*raro, lett.*) [*non spento*] pas éteint (*corr.*).

inestirpàbile |inestir'pabile| *agg.* inextirpable (*raro*): *erbaccia inestirpabile* mauvaise herbe inextirpable ◇ (*fig.*) [*tenace, indistruttibile*] *un male, un vizio inestirpabile* un mal, un vice inextirpable.

inestricàbile |inestri'kabile| *agg.* inextricable: *un groviglio inestricabile di fili* un enchevêtrement inextricable de fils ◇ (*fig.*) *una situazione, una difficoltà inestricabile* une situation, une difficulté inextricable.

inestricabilménte |inestrika-bil'mente| *avv.* [→ INESTRICABILE] inextricablement.

inettitùdine |inetti'tudine| *s.f.* **1** [*mancanza di capacità per un determinato lavoro*] inaptitude: *inettitudine allo studio* inaptitude aux études; *è evidente la sua inettitudine alla carriera politica* son inaptitude à la carrière politique est évidente **2** (*per est.*) [*dappocaggine*] ineptie: *è d'una inettitudine impressionante* il est d'une ineptie inouïe.

inètto |i'nɛtto| *agg.* **1** [*privo di attitudine per una particolare attività*] inapte; *essere inetto alla carriera militare* être inapte à la carrière militaire ◇ [*che non ha sufficiente competenza nella propria professione*] incapable: *un sarto, un meccanico inetto* un tailleur, un mécanicien incapable ✦ (*s.*) *un inetto* un incapable: *quel medico, quell'operaio è un inetto* ce médecin, cet ouvrier est un incapable **2** (*per est.*) [*che non è capace di far nulla*] incapable: *è un uomo inetto* c'est un homme incapable ✦ (*s.*) *un inetto* un incapable: *quei ragazzi sono degli inetti* ces garçons sont des incapables.

inevàso |ine'vazo| *agg.* (*bur.*) non expédié; resté sans réponse: *pratica inevasa* affaire non expédiée, à expédier ‖ *lettera inevasa* lettre restée sans réponse, sans suite.

inevidènte |inevi'dɛnte| *agg.* (*raro*) [*privo di chiarezza, di evidenza*] non évident.

inevitàbile |inevi'tabile| *agg.* inévitable: *il disastro fu inevitabile* le désatre fut inévitable: *era inevitabile che ciò accadesse* il était inévitable que cela arrive; cela devait arriver, c'était inévitable ✦ (*s.m.*) *l'inevitabile* l'inévitable: *rassegnarsi all'inevitabile* se résigner à l'inévitable.

inevitabilità |inevitabili'ta| *s.f. inv.* → **ineluttabilità.**

inevitabilménte |inevitabil'mente| *avv.* [→ INEVITABILE] inévitablement.

in extremis |ineks'trɛmis| *loc. avv.* (*lat.*) in extremis: *pentirsi, confessarsi in extremis* se repentir, se confesser in extremis ◇ (*fig.*) [*all'ultimo momento di una data situazione*] *la grazia arrivò in extremis* la grâce arriva in extremis; *proprio in extremis raggiunsero il pareggio* ils égalisèrent in extremis.

inèzia |i'nɛttsja| *s.f.* [*cosa di scarso valore, di nessuna importanza*] bagatelle: *stanno litigando per un'inezia* ils sont en train de se disputer pour une bagatelle, un rien; *guarda che villa, l'ha pagata un'inezia* regarde cette villa, il l'a payée une bagatelle; *per lui vincere questa gara è un'inezia* pour lui gagner cette course n'est qu'une bagatelle → **sciocchezza, nonnulla** ✦

inter. (*spec. iron.*) *venti milioni di danni*: *un'inezia !* vingt millions de dommages: une bagatelle!

infacóndia |infa'kondja| *s.f.* (*lett.*) [*mancanza di eloquenza, di facondia*] manque *m.* d'éloquence (*corr.*).

infacóndo |infa'kondo| *agg.* (*lett.*) qui manque d'éloquence (*loc.*): *un conferenziere non infacondo* un conférencier qui ne manque pas d'éloquence.

infagottàre |infagot'tare| **A** *v.tr.* [*ricoprire, vestire con indumenti pesanti*] emmitoufler: *infagottò ben bene il figlio e partì* elle emmitoufla bien son enfant et partit ◇ (*fig.*) (*di abiti*) [*stare male indosso*] fagoter: *quel soprabito lo infagottava* ce pardessus le fagotait **B** *v. pron. rifl.* INFAGOTTARSI [→ *tr.*] s'emmitoufler: *s'infagottò in uno scialle per ripararsi dal freddo* elle s'emmitoufla dans un châle pour se protéger du froid ◇ (*fig.*) [*vestirsi goffamente*] se fagoter: *guarda come s'è infagottata !* regarde comment elle s'est fagotée!

infagottàto |infagot'tato| *agg.* [*vestito con abiti pesanti*] emmitouflé.

infallanteménte |infallante'mente| *avv.* (*lett.*) → **infallibilmente.**

infallìbile |infal'libile| *agg.* **1** (*persone*) infaillible: *nessuno è infallibile* nul n'est infaillible; *vuol sempre aver ragione lui, si ritiene infallibile* il veut toujours avoir raison, il se croit infaillible ◇ (*cose*) *occhio, mira infallibile* œil, visée infaillible **2** (*cose concrete*) [*esatto, preciso*] infaillible: *uno strumento infallibile* un instrument infaillible; *un rimedio infallibile* un remède infaillible → **sicuro** ◇ (*cose astratte*) [*che si verificherà immancabilmente*] *pronostico infallibile* pronostic infaillible; *il successo è infallibile* le succès est infaillible.

infallibilménte |infallibil'mente| *avv.* [→ INFALLIBILE] infailliblement.

infallibilità |infallibili'ta| *s.f. inv.* **1** infaillibilité (*var.*): *l'infallibilità di un pronostico, di una previsione* l'infaillibilité d'un pronostic, d'une prévision → **certezza, sicurezza**; *l'infallibilità di uno strumento* l'infaillibilité d'un instrument → **precisione**; *l'infallibilità di un rimedio* l'infaillibilité d'un remède → **efficacia**; *nessuno ha la prerogativa dell'infallibilità* nul n'a la prérogative de l'infaillibilité **2** (*teol.*) *l'infallibilità pontificia, del papa* l'infaillibilité pontificale.

infalsificàbile |infalsifi'kabile| *agg.* non-falsifiable.

infamànte |infa'mante| *agg.* infamant, diffamant: *una condanna infamante* une condamnation infamante, diffamante; *reato infamante* crime infamant; *la sua è un'accusa infamante* son accusation est infamante.

infamàre |infa'mare| **A** *v.tr.* **1** [*coprire di vergogna, d'infamia*] déshonorer # *con tale colpa ha infamato il suo nome* une telle faute lui a fait perdre l'honneur de son nom **2** [*diffamare, disonorare con accuse o calunnie*] diffamer: *ha tentato d'infamare la memoria del morto* il a essayé de diffamer la mémoire du mort → **screditare B** *v.pron. rifl.* INFAMARSI [→ *tr.* 1] se déshonorer: *con la sua turpe condotta s'è infamato presso tutti* avec sa conduite abjecte, il s'est déshonoré aux yeux de tout le monde.

infamàto |infa'mato| *agg.* [*coperto d'infamia*] déshonoré (*p.p.*): *ormai è un individuo infamato per sempre* c'est désormais un individu déshonoré.

infamatòrio, i |infama'tɔrjo, i| *agg.* [*che procura infamia*] diffamatoire, infamant: *un libello, uno scritto infamatorio* un libelle, un écrit diffamatoire, infamant → **diffamatorio.**

infàme |in'fame| *agg.* **1** (*persone*) infâme: *un traditore infame* un traître infâme; *quell'individuo è un infame assassino* cet individu est un infâme assassin ◇ (*con valore attenuato*) *sei un infame mentitore* tu es un infâme menteur → **abietto** ♦ (*s.*) *un infame* un menteur* **2** (*cose*) [*che danno cattiva fama*] infâme: *una calunnia infame* une calomnie infâme, odieuse; *ha scritto un infame libello* il a écrit un libelle infâme → **ignominioso, turpe** ◇ (*fig.*) [*sgradevole, pessimo*; *orribile*] *un lavoro infame* un sale métier; *è uno scritto infame* c'est un livre ignoble; *una bevanda, un cibo infame* une boisson infecte, un aliment infect.

infàmia |in'famja| *s.f.* **1** infamie: *macchiarsi d'infamia* se couvrir d'infamie → **disonore** ◇ (*loc.*) *segnare, bollare qc. con un marchio d'infamia* noter qqn. d'infamie **2** [*atto, comportamento infame*] infamie: *commettere una infamia* commettre une infamie; *stai dicendo delle infamie* tu es en train de dire des infamies; *è un'infamia, approfittare così di quel pover'uomo !* c'est une infamie que de profiter ainsi de ce pauvre homme! ◇ (*fig.*) [*cosa brutta, orribile*] horreur: *che infamia, quel quadro !* quelle horreur, ce tableau!; *questo film è un'infamia* ce film est une horreur.

infamità |infami'ta| *s.f. inv.* (*pop.*) → **infamia.**

infanatichire |infanati'kire| (197) **A** *v.intr.* (*aus. 'essere'*) [*diventare fanatico*; *infatuarsi*] devenir (27) (un) fanatique, être (43) (*aus.* avoir) (un) fanatique: *è infanatichito per il jazz* il est fanatique du jazz **B** *v.tr.* (*raro*) [*rendere fanatico*] fanatiser (*corr.*) **C** *v.pron. intr.* INFANATICHIRSI [→ *intr.*] être *intr.* entiché de, devenir *intr.* un fanatique: *si è infanatichito per le corse dei cavalli* il est entiché de courses de chevaux ◇ (*per est., raro*) [*innamorarsi, incapricciarsi*] s'enticher (*corr.*).

infanatichìto |infanati'kito| *agg.* [*diventato fanatico*] fanatique: *le forze dell'ordine a stento controllavano i tifosi infanatichiti* les forces de l'ordre contenaient avec peine les supporteurs fanatiques.

infangaménto |infanga'mento| *s.m.* **1** [→ INFANGARE A 1; B 1] salissure *f.*, souillure *f.* **2** [→ INFANGARE A 2; B 2] souillure.

infangàre |infan'gare| **A** *v.tr.* **1** [*imbrattare di fango*] salir, couvrir (23) de boue: *cadendo, ho infangato tutti gli abiti* en tombant, j'ai sali tous mes vêtements; *mi hai infangato dalla testa ai piedi* tu m'as couvert de boue de la tête aux pieds □ *guarda come ti sei infangato le scarpe !* regarde comme tes souliers sont sales, comme tu as crotté tes souliers! **2** (*fig.*) [*disonorare, infamare*] souiller, salir: *infangare il proprio nome, la propria reputazione* souiller, salir son propre nom, sa propre réputation **B** *v.pron. rifl.* INFANGARSI **1** [→ *tr.* 1] se couvrir de boue: *mi sono infangato tutto* je me suis tout couvert de boue ♦ → *tr.* 1 □ **2** [→ *tr.* 2] se salir: *s'è infangato con una turpe condotta* il s'est sali en se conduisant ignoblement.

infangàto |infan'gato| *agg.* **1** [*sporco di fango*] couvert de boue: *aveva le scarpe infangate* ses chaussures étaient couvertes de boue **2** (*fig.*) [*coperto di disonore*] souillé, sali: *il suo nome ormai resterà per sempre infangato* désormais, son nom sera souillé, sali à tout jamais.

infànta |in'fanta| *s.f.* (*st. sp.*) infante.

1 **infànte** |in'fante| *s.* **1** (*lett.*) petit enfant; nouveau-né → **neonato, lattante** ◇ (*per anton.*) *il Divino Infante* [*Gesù Bambino*] le divin enfant, l'enfant Jésus ♦ *agg.* nouveau-né **2** (*ant.*) → **paggio, servitore.**

2 **infànte** |in'fante| *s.m.* (*st. sp.*) infant.

infanterìa |infante'ria| *s.f.* (*arc.*) → **fanteria.**

infanticìda |infanti'tʃida| *s.* infanticide.

infanticìdio, i |infanti'tʃidjo, i| *s.m.* infanticide.

(in)fantigliòle |(in)fantiʎ'ʎɔle| *s.f. pl.* (*pop.*) → **eclampsia.**

infantìle |infan'tile| *agg.* **1** enfantin; infantile: *giochi infantili* jeux enfantins ‖ *malattie infantili* maladies infantiles # *asilo infantile* école maternelle ◇ [*fatto per bambini*] pour enfant (*loc.*): *letteratura infantile* littérature pour enfants **2** (*fig.*) [*immaturo, elementare*] enfantin, puéril: *ha una mentalità ancora infantile* il a une mentalité encore enfantine, puérile.

infantilìsmo |infanti'lizmo| *s.m.* **1** (*med.*) infantilisme **2** (*per est.*) [*ingenuità eccessiva, immaturità*] infantilisme: *l'infantilismo di un discorso, di un atteggiamento* l'infantilisme d'un discours, d'un comportement.

infantilità |infantili'ta| *s.f. inv.* **1** [*immaturità, ingenuità*] puérilité (*var.*): *si comporta e ragiona con un'infantilità preoccupante* il se comporte et raisonne avec une puérilité inquiétante **2** [*atto o discorso infantile*] enfantillage (*m. var.*): *non si debbono dire certe infantilità* on ne doit pas dire certains enfantillages.

infantilménte |infantil'mente| *avv.* [→ INFANTILE 2] puérilement: *comportarsi infantilmente* se conduire puérilement.

infànzia |in'fantsja| *s.f.* **1** enfance: *la prima, la seconda infanzia* la première, la seconde enfance; *siamo amici fin dall'infanzia* nous sommes des amis depuis l'enfance; *ha avuto un'infanzia travagliata e povera* il a eu une enfance tourmentée et pauvre ◇ (*fig.*) *l'infanzia dell'umanità* l'enfance de l'humanité; *l'infanzia di una scienza, di una letteratura* l'enfance d'une science, d'une littérature **2** [*i bambini*] enfance: *dedicarsi all'educazione dell'infanzia* se consacrer à l'éducation de l'enfance.

infarciménto |infartʃi'mento| *s.m.* **1** [→ INFARCIRE 1] farce *f.* **2** [→ INFARCIRE 2] surabondance *f.*

infarcìre |infar'tʃire| (197) *v.tr.* **1** → **farcire 2** (*fig.*) [*riempire di cose inutili e disordinate*] bourrer: *gli hanno infarcito la mente di pregiudizi* ils lui ont bourré le crâne de préjugés; *ha infarcito il suo discorso di citazioni* il a bourré son discours de citations.

infarcito |infar'tʃito| *agg.* **1** → **farcito** **2** (*fig.*) [*riempito di cose superflue e disordinate*] bourré: *ha la mente infarcita di nozioni inutili* il a le crâne bourré de notions inutiles; *è un articolo infarcito di frasi fatte* c'est un article bourré de phrases toutes faites.

infarinàre |infari'nare| **A** *v.tr.* **1** [*cospargere di farina*] (en)fariner: *infarinare il pane prima della cottura* enfariner le pain avant la cuisson □ *mi sono infarinata la camicia* j'ai enfariné ma chemise ◇ (*di cibi da friggere*) [*passare nella farina*] (en)fariner: *infarinare il pesce, le zucchine* enfariner le poisson, les courgettes **2** (*fig.*) [*spruzzare di bianco*] saupoudrer (de); argenter: *la neve ha infarinato le colline* les collines sont saupoudrées de neige ‖ *gli anni le hanno infarinato i capelli* les ans lui ont argenté les cheveux □ (*scherz.*) *infarinarsi il viso* s'enfariner le visage → **incipriar(si)** **B** *v.pron. rifl.* INFARINARSI **1** [*sporcarsi di farina*] s'enfariner: *come mai ti sei infarinato così?* qu'as-tu fait pour t'enfariner ainsi? ♦ → *tr.* 1 □ ◇ (*prov.*) *chi va al mulino s'infarina* qui touche au charbon se noircit **2** → *tr.* 2 □.

infarinàta |infari'nata| *s.f.* [→ INFARINARE A 1] (*loc.*) *dare un'infarinata alla cotoletta, al pesce* enfariner *v.tr.* une côtolette, le poisson.

infarinàto |infari'nato| *agg.* **1** enfariné: *pane infarinato* pain enfariné; *aveva la gonna tutta infarinata* sa jupe était tout enfarinée ◇ (*di cibi da friggere*) [*passato nella farina*] *pesce infarinato e fritto* poisson enfariné et frit **2** (*fig.*) [*imbiancato, cosparso di bianco*] saupoudré (*p.p.*): *i tetti erano infarinati di neve* les toits étaient saupoudrés de neige.

infarinatùra |infarina'tura| *s.f.* **1** → **infarinata** **2** (*fig.*) [*acquisizione generica e superficiale di una scienza e sim.*] teinture: *avere un'infarinatura di latino, di medicina, di politica* avoir une teinture de latin, de médecine, de politique.

infàrto |in'farto| *s.m.* (*med.*) infarctus: *infarto cardiaco* infarctus du myocarde; *essere colpito da infarto* avoir un infarctus; *è morto d'infarto* il est mort d'un infarctus.

infastidiménto |infastidi'mento| *s.m.* [*l'infastidire; fastidio, noia*] ennui, embêtement (*fam.*).

infastidire |infasti'dire| (197) **A** *v.tr.* [*recare fastidio, noia; molestare*] ennuyer (11); embêter (*fam.*): *le tue chiacchiere m'infastidiscono* tu m'ennuies avec tes bavardages ‖ *smettila d'infastidirmi!* arrête de m'embêter!; *quei giovinastri si divertono a infastidire le ragazze* ces vauriens s'amusent à embêter les filles → **importunare** ◇ [*irritare*] énerver, agacer (2): *questa attesa m'infastidisce* cette attente m'énerve; *i tuoi interventi polemici e ironici m'infastidiscono* tes interventions polémiques et ironiques m'agacent ◇ (*di malattie*) [*arrecare molestia*] indisposer # *è infastidito da un leggero mal di testa* il souffre d'un mal de tête, il est indisposé **B** *v.pron. intr.* INFASTIDIRSI [*irritarsi, seccarsi*] s'énerver: *s'infastidisce per un nonnulla* il s'énerve pour un rien; *mi sono infastidita per le sue ingiuste osservazioni* ses observations injustes m'ont énervée.

infastidito |infasti'dito| *agg.* [*irritato, seccato*] fâché: *dopo aver a lungo sopportato il suo modo altezzoso, se ne andò infastidito* après avoir longtemps supporté ses manières arrogantes, il s'en alla fâché.

infaticàbile |infati'kabile| *agg.* infatigable: *un lavoratore infaticabile* un travailleur infatigable → **instancabile** ◇ [*tenace, assiduo*] *un infaticabile assertore dei diritti dell'uomo* un défenseur infatigable des droits de l'homme; *è infaticabile nella lotta contro la tirannide* il est infatigable dans sa lutte contre la tyrannie.

infaticabilità |infatikabili'ta| *s.f. inv.* [*l'essere infaticabile*] résistance (*var.*): *è sorprendente l'infaticabilità di quel lavoratore* la résistance de ce travailleur est surprenante ◇ [*tenacia, costanza*] constance (*var.*): *la sua infaticabilità nella lotta contro la fame* sa constance dans la lutte contre la faim.

infaticabilménte |infatikabil'mente| *avv.* [→ INFATICABILE] infatigablement.

infaticàto |infati'kato| *agg.* (*lett.*) → **instancabile, tenace.**

infàtti |in'fatti| **I** *cong.* **1** (*con valore esplicativo*) [*in realtà, difatti, invero*] (*gener. non si traduce in fr.*) *non posso venire: infatti sono a letto ammalato* je ne peux pas venir; je suis malade au lit; *sono un po' stanco: infatti questa notte non ho dormito* je suis un peu fatigué: cette nuit je n'ai pas dormi; *a casa non c'era, infatti era uscito* il n'était pas chez lui, il était sorti **2** (*iron.*) *aveva promesso di scrivere subito, infatti non ho ancora ricevuto nulla* il avait promis d'écrire tout de suite, mais je n'ai encore rien reçu ♦ (*ass.*) '*mi sembra una persona perbene*' '*infatti!*' 'il m'a l'air d'être une personne comme il faut' 'je crois bien!' **II** *avv.* (*nelle risposte aff.*) [*proprio così, già*] exactement: '*sei pallido! non ti senti bene?*' '*infatti!*' 'tu es pâle! tu ne te sens pas bien?' 'exactement!'; '*come mai sei qui? hai perso l'aereo?*' '*infatti!*' 'comment se fait-il que tu sois ici? tu as raté l'avion?' 'exactement'.

infatuàre |infatu'are| **A** *v.tr.* [*suscitare, produrre in qc. un'infatuazione*] faire (45) *intr.* se passionner: *i film l'hanno infatuato di idee assurde* les films l'ont fait se passionner pour des idées absurdes **B** *v.pron. intr.* INFATUARSI [*interessarsi eccessivamente, lasciarsi prendere da un'infatuazione*] s'enticher, s'engouer: *infatuarsi di un'idea, dello sport* s'enticher, s'engouer d'une idée, de sport; *infatuarsi di una ragazza, di un ragazzo* s'enticher d'une fille, d'un garçon → **innamorar(si)** ◇ [*infervorarsi, entusiasmarsi oltre ogni limite*] s'infatuer: *quando parla di sé stesso, s'infatua* lorsqu'il parle de lui-même, il est plein de son sujet # *infatuarsi in una discussione* s'échauffer au cours d'une discussion.

infatuàto |infatu'ato| *agg.* [*preso da un'infatuazione*] entiché, engoué: *infatuato della musica leggera, dello sport* entiché de musique légère, de sport; *è infatuato di quella ragazza* il est entiché de cette fille # *infatuato di sé* infatué de sois-même.

infatuazióne |infatuat'tsjone| *s.f.* [*entusiasmo irragionevole, passione smodata*] engouement *m.* # *ha un'infatuazione per quel cantante* elle s'est entichée de ce chanteur # *infatuazione di, per sé stesso* infatuation.

infaustaménte |infausta'mente| *avv.* [→ INFAUSTO] funestement (*lett.*).

infàusto |in'fausto| *agg.* [*avverso, funesto*] funeste: *un giorno infausto* un jour funeste; *presagi infausti* funestes pressentiments; *prognosi infausta* pronostic funeste → **mortale.**

infecondaménte |infekonda'mente| *avv.* [→ INFECONDO] stérilement.

infecondità |infekondi'ta| *s.f. inv.* infécondité *var.*; stérilité (*var.*): *l'infecondità di un animale, di una pianta* l'infécondité d'un animal, d'une plante ‖ *l'infecondità di un terreno* la stérilité, l'aridité d'un terrain → **sterilità**; *l'infecondità di una donna* la stérilité d'une femme ◇ (*fig.*) stérilité: *l'infecondità di un'attività, di una discussione* la stérilité d'une activité, d'une discussion → **inutilità.**

infecóndo |infe'kondo| *agg.* [*sterile, non produttivo*] stérile, infécond (*lett.*): *donna infeconda* femme stérile; *pecora infeconda* brebis stérile; *terreno infecondo* terrain stérile, infécond; *pianta infeconda* plante stérile, inféconde ◇ (*fig.*) [*inutile, vano; infruttuoso*] *un ingegno infecondo* un esprit infécond, stérile; *un lavoro infecondo* un travail stérile.

infedéle |infe'dele| **I** *agg.* **1** infidèle: *amico, servo infedele* ami, domestique infidèle → **sleale, traditore** *marito, moglie infedele* mari, femme infidèle → **adultero** **2** (*cose*) [*non conforme alla realtà o all'originale*] infidèle: *una dichiarazione infedele* une déclaration infidèle; *una traduzione, un resoconto, un ritratto infedele* une traduction, un compte rendu, un portrait infidèle → 1 **inesatto, falso** ◇ (*persone*) [*che falsa la realtà*] *un testimone, uno storico infedele* un témoin, un historien infidèle **II** *s.* [*chi professa una fede religiosa diversa dalla propria*] infidèle: *i maomettani combatterono con le armi gli infedeli* les musulmans firent la guerre aux infidèles ◇ (*spec. riferito a chi non professa la relig. crist.*) *diffondere la fede tra gli infedeli* répandre la foi parmi les infidèles → **pagano**; *le Crociate combatterono contro gli infedeli* les Croisés luttèrent contre les infidèles.

infedelménte |infedel'mente| *avv.* **1** [→ INFEDELE I 1] infidèlement: *comportarsi infedelmente* se conduire infidèlement → **slealmente** **2** [→ INFEDELE I 2] infidèlement # *tradurre infedelmente un passo* donner une traduction peu fidèle d'un passage → **inesattamente.**

infedeltà |infedel'ta| *s.f. inv.* **1** infidélité (*var.*): *infedeltà coniugale* infidélité conjugale → **tradimento**; *l'infeldeltà di un amico, di un socio* l'infidélité d'un ami, d'un associé → **slealtà** ◇ [*atto infedele*] *punire, commettere un'infedeltà* punir, commettre une infidélité **2** [*mancanza di conformità alla realtà o a un originale*] infidélité: *l'infedeltà di una testimonianza* la fausseté, l'infidélité d'un témoignage; *l'infedeltà di una traduzione* l'infidélité d'une traduction # *il suo resoconto è pieno di infedeltà* son compte rendu est rempli d'inexactitudes.

infelice |infe'litʃe| *agg.* **1** (*persone*)

[*afflitto, tormentato da dolori, insoddisfazioni e sim.*] malheureux*: *un uomo, un padre infelice* un homme, un père malheureux; *è una famiglia ricca ma infelice* c'est une famille riche mais malheureuse ◇ [*perseguitato dalla sventura*] malheureux, éprouvé: *quella donna è proprio infelice* cette femme est vraiment éprouvée ✦ (*s.*) *un infelice* un malheureux: *quel ricco è un infelice: non si accontenta mai!* ce riche est un malheureux: il n'est jamais rassasié, il lui faut toujours davantage **2** (*persone*) [*minorato fisicamente, psichicamente*] *handicapé: *scuola per bambini infelici* école pour enfants handicapés; *la poliomielite l'ha lasciato infelice* la poliomyélite l'a laissé handicapé ✦ (*s.*) *un infelice* un handicapé: *è un povero infelice* c'est un pauvre handicapé **3** (*cose*) [*travagliato, tribolato; fonte d'infelicità*] malheureux: *un amore infelice* un amour malheureux; *ha vissuto un'infanzia infelice* il a eu une enfance malheureuse; *è stato colpito da una serie di eventi infelici* il a été frappé par une série d'événements malheureux **4** (*cose*) [*mal riuscito, sfortunato, insoddisfacente*] malheureux: *esito infelice* résultat malheureux → **negativo**; *un'iniziativa infelice* une initiative malheureuse # *in quella lirica ci sono molti versi infelici* dans ce poème il y a beaucoup de vers maladroits ◇ [*sfavorevole, avverso*] défavorable: *un clima, una posizione infelice* un climat, une position défavorable **5** (*cose*) [*inopportuno, intempestivo, controproducente*] malheureux, inopportun: *un gesto, un'uscita infelice* un geste, un mot malheureux; *sono venuto in un momento infelice* je suis venu à un moment inopportun 🄲 1; 3 **felice**.

infeliceménte |infelitʃe'mente| *avv.* **1** [→ INFELICE 1, 3] misérablement: *vivere infelicemente* vivre misérablement → **miseramente** **2** [→ INFELICE 4] malheureusement (*raro*): *il tentativo s'è risolto infelicemente* la tentative s'est conclue malheureusement → **infaustamente** **3** [→ INFELICE 5] malencontreusement: *scegliere, intervenire infelicemente* choisir, intervenir malencontreusement → **inopportunamente.**

infelicità |infelitʃi'ta| *s.f. inv.* **1** [*afflizione, angoscia, dolore*] malheur (*m. var.*): *ha passato l'infazia nell'infelicità* il a passé son enfance dans le malheur; *il tuo comportamento è causa d'infelicità per tutta la famiglia* ta conduite fait le malheur de toute ta famille; *grande è l'infelicità umana* le malheur des hommes est grand **2** [*condizione sfavorevole, avversa*] *l'infelicità climatica di una regione* le mauvais climat *m.* d'une région; *l'infelicità di posizione rende inabitabile quella casa* la mauvaise exposition rend cette maison inhabitable ◇ [*esito negativo, cattiva riuscita*] insuccès (*m.*): *l'infelicità di un tentativo, di un'idea* l'insuccès d'une tentative, d'une idée **3** [*inopportunità, intempestività*] inopportunité (*var.*): *l'infelicità di un intervento, di una frase* l'inopportunité d'une intervention, d'une phrase **4** [*cosa, condizione che causa infelicità*] malheur: *quante infelicità ho dovuto soffrire nella mia vita!* combien de malheurs j'ai dû supporter dans la vie!

infellonire |infello'nire| (197) *v. intr.* (*aus.* '*essere*') (*lett.*) → **incrudelire, infierire.**

infeltriménto |infeltri'mento| *s.m.* [→ INFELTRIRE] feutrage.

infeltrire |infel'trire| (197) **A** *v.tr.* (*di tessuti di lana*) [*rendere compatto come un feltro*] feutrer: *il lavaggio con acqua troppo calda infeltrisce gli indumenti* le lavage à l'eau trop chaude feutre les vêtements ◇ (*tess.*) [*sottoporre a follatura*] presser **B** *v.intr.* (*aus.* '*essere*') [*divenire compatto, restringersi*] feutrer (*aus.* avoir), se feutrer (*pron.*): *la maglia, dopo la lavatura, è infeltrita* le tricot, après le lavage, a feutré, s'est feutré **C** *v.pron. intr.* INFELTRIRSI [→ *intr.*] se feutrer, feutrer *intr.*

infeltrito |infel'trito| *agg.* (*di indumenti di lana*) [*diventato compatto come un feltro*] feutré: *una maglia infeltrita* un tricot feutré.

infemminire |infemmi'nire| (197) (*raro*) **A** *v.tr.* [*rendere effeminato*] efféminer (*corr.*) **B** *v.intr.* (*aus.* '*essere*') [*diventare effeminato*] devenir (27) efféminé **C** *v.pron. intr.* INFEMMINIRSI [→ *intr.*] devenir *intr.* efféminé.

infènso |in'fɛnso| *agg.* (*lett.*) → 1 **avverso, ostile.**

inferènza |infe'rɛntsa| *s.f.* (*filos., stat.*) inférence.

inferi |'inferi| *s.m.pl.* **1** [*l'oltretomba pagano*] enfers **2** (*per est.*) [*gli dei infernali*] divinités *f.* infernales.

inferióre |infe'rjore| *agg.* **1** inférieur: *la parte inferiore di una pagina* la partie inférieure d'une page; *gli arti inferiori* les membres inférieurs; *gli inquilini del piano inferiore* les locataires de l'étage inférieur ◇ (*geogr.*) *il corso inferiore di un fiume* le cours inférieur d'un fleuve; *la valle inferiore del Gange* la vallée inférieure du Gange; *la parte inferiore dell'Italia* la partie inférieure de l'Italie → **meridionale** **2** [*che occupa* (*in una scala di valori fisici o morali*) *una posizione meno elevata*] inférieur: *avere una statura inferiore alla media* avoir une taille inférieure à la moyenne; *l'Italia è inferiore alla Russia per* (*in, riguardo a*) *potenza economica* l'Italie est inférieure à la Russie en tant que puissance économique; *l'avversario ti è inferiore di peso* le poids de ton adversaire est inférieur au tien; *è stato inferiore alla sua fama e all'aspettativa generale* il a été inférieur à sa réputation et à l'attente générale; *la nostra squadra è inferiore a quella avversaria* notre équipe est inférieure à l'équipe adverse; *quell'articolo è inferiore di qualità, ma anche di prezzo* cet article est de qualité inférieure, mais son prix est également inférieur; *come progresso tecnico l'Africa è inferiore all'Europa* quant à progrès technique, l'Afrique est inférieure à l'Europe ◇ (*biol.*) *piante inferiori* plantes inférieures; *animali inferiori* animaux inférieurs ◇ (*mil.*) *ufficiali inferiori* officiers subalternes ◇ (*scuola*) *media inferiore* les trois premières classes du lycée ✦ *s.* (*bur.*) *gli inferiori* les inférieurs: *mostrarsi benevolo con i propri inferiori* se montrer bienveillant envers ses inférieurs → **subalterno.**

inferiorità |inferjori'ta| *s.f. inv.* infériorité (*var.*): *inferiorità culturale, economica, tecnica* infériorité culturelle, économique, technique; *siamo in condizione d'inferiorità numerica* nous sommes en état d'infériorité numérique; *non vuole riconoscere la sua inferiorità* il ne veut pas reconnaître son infériorité ◇ (*psicol.*) *complesso d'inferiorità* complexe d'infériorité 🄲 **superiorità.**

inferiorménte |inferjor'mente| *avv.* [→ INFERIORE 1] dans le bas *loc. inv.*, dans la partie inférieure (*loc. inv.*): *sulla facciata dell'edificio, inferiormente, ci sono due splendidi bassorilievi* dans, sur la partie inférieure de la façade de l'édifice, il y a deux splendides bas-reliefs.

inferire |infe'rire| **1** (205 (a)) [*dare, vibrare; infliggere*] donner; infliger (3): *gli inferse una pugnalata nella schiena* il lui donna un coup de poignard dans le dos ‖ *la guerra ha inferto gravi danni all'economia del paese* la guerre a infligé de graves dommages à l'économie du pays **2** (205 (b)) (*mar.*) *inferire le vele* [*legarle al pennone, all'antenna*] enverguer **3** (205 (b)) (*filos.*) [*dedurre da una premessa, argomentare*] inférer (8).

inferitóio, i |inferi'tojo, i| *s.m.* (*mar.*) raban (d'envergure).

inferitùra |inferi'tura| *s.f.* (*mar.*) envergure.

infermàre |infer'mare| (*lett.*) **A** *v. intr.* (*aus.* '*essere*') → **ammalar(si)** **B** *v. tr.* [*fare ammalare, rendere infermo*] rendre (53) malade, infirme ◇ (*fig.*) → **indebolire, infirmare** **C** *v.pron. intr.* INFERMARSI [*ammalarsi*] tomber *intr.* malade.

infermerìa |inferme'ria| *s.f.* **1** infirmerie: *è stato ricoverato in infermeria* on l'a transporté à l'infirmerie **2** (*arc.*) → **infermità, epidemia.**

infermiccio, ci, cia, ce |infer'mittʃo, tʃi, tʃa, tʃe| *agg.* (*raro*) → **malaticcio, cagionevole.**

infermière |infer'mjɛre| *s.* infirmier*: *infermiera volontaria, a domicilio* infirmière bénévole, visiteuse; *infermiere diplomato* infirmier diplômé; *fare l'infermiera in un ospedale, in una casa privata* être infirmière dans un hôpital, à domicile; *il medico fu aiutato da due infermieri* le médecin fut aidé par deux infirmiers ✦ (*agg.*) *suora infermiera*: (*di un ospedale*) sœur hospitalière; (*di un convento*) infirmière.

infermieristico, ci, ca, che |infermje'ristiko, tʃi, ka, ke| *agg.* [*relativo agli infermieri e alla loro attività*] d'infirmier (*loc.*): *attrezzatura infermieristica* outillage d'infirmier.

infermità |infermi'ta| *s.f. inv.* **1** infirmité (*var.*): *è stato colpito da una grave infermità* il a été frappé d'une grave infirmité # *l'infermità mentale limita la capacità di intendere e di volere* la maladie mentale limite la capacité de comprendre et de vouloir **2** (*fig.*) → **debolezza.**

infèrmo |in'fermo| *agg.* **1** infirme: *essere infermo agli arti* être infirme des jambes # *in seguito a quel trauma è rimasto infermo di mente* à la suite de ce traumatisme, il est devenu malade mental ✦ (*s.*) *gli infermi* les malades: *curare, visitare gli infermi* soigner, visiter les malades; *non disturbate l'infermo, è molto grave!* ne dérangez pas ce malade, il est très gravement souffrant, atteint **2** (*lett.*) → **debole, 1 fiacco.**

infernàle |infer'nale| *agg.* **1** infernal*: *gli spiriti infernali* les esprits infernaux; *le pene infernali* les peines infernales **2** (*fig.*) [*diabolico, satanico*] infernal: *astuzia, malizia infernale* ruse, malice infernale; *un ordigno, un'arma infernale* un engin infernal, une arme infernale; *pietra infernale* [*nitrato d'argento*] pierre infernale # *olio infernale* huile d'enfer ◇ [*terribile, spaventoso*] *ho passato una giornata e una notte infernali* j'ai passé une journée et une nuit infernales; *oggi fa un caldo infernale* aujourd'hui il fait une chaleur infernale; *procedono con un ritmo infernale* ils continuent (ils marchent) à un rithme infernal → **frenetico**; *quei bambini fanno un chiasso infernale* ces enfants font un bruit infernal → **assordante, insopportabile.**

1 **infèrno** |in'fɛrno| *agg.* (*lett.*) → **infernale.**

2 **infèrno** |in'fɛrno| *s.m.* **1** (*relig. crist.*) enfer: *le anime, le pene dell'inferno* les âmes, les peines de l'enfer; *l'inferno dantesco* l'enfer de Dante; *andare all'inferno* aller en enfer ◇ (*mitol. classica*) → **inferi 2** (*fig., per iperb.*) [*sofferenze atroci*] enfer: *soffrire le pene dell'inferno* souffrir les peines de l'enfer; *con te la vita è un inferno* avec toi, la vie est un enfer ◇ *loc.* D'INFERNO d'enfer, infernal (*agg.*): *l'ammalato ha passato una notte d'inferno* le malade a passé une nuit infernale; *un baccano, un chiasso d'inferno* un vacarme, un tapage infernal # *un tizzone d'inferno* [*persona malvagia*] un suppôt de Satan, du diable; *una lingua d'inferno* une langue de vipère ◇ (*loc. fam.*) *mandare qc. all'inferno* envoyer (qqn.) au diable **3** [*locale per le acque di rifiuto di un frantoio*] enfer ◇ (*per est.*) *olio d'inferno* [*quello affiorante dalle acque di rifiuto*] huile d'enfer.

infero |'infero| **I** *agg.* **1** (*bot.*) infère: *ovario infero* ovaire infère **2** (*lett.*) → **inferiore 3** (*lett.*) → **infernale II** *s.m.pl.* → **inferi.**

inferocire |infero'tʃire| (197) **A** *v.tr.* [*rendere crudele, feroce*] rendre (53) furieux*: *la ferita aveva inferocito la belva* sa blessure avait rendu furieux le fauve **B** *v.intr.* **1** (*aus. 'essere'*) [*diventar feroce*] devenir (27) furieux*: *gli animali in cattività inferociscono* les animaux en captivité deviennent furieux, la captivité rend *tr.* les animaux furieux **2** (*aus. 'avere'*) [*infierire, incrudelire*] s'acharner (*pron.*): *hanno inferocito sulla (contro) la popolazione inerme* ils se sont acharnés sur la population désarmée **C** *v.pron. intr.* INFEROCIRSI [→ *intr.* 1] rendre *tr.* furieux: *le belve s'erano inferocite per la fame* la faim avait rendu les fauves furieux ◇ (*fig.*) [*infuriarsi, adirarsi*] devenir *intr.* fou*, furieux: *a contraddirlo, s'inferocisce subito* quand (si) on le contredit, il devient tout de suite fou, furieux.

inferocito |infero'tʃito| *agg.* [*diventato feroce*] furieux*: *una belva inferocita* un fauve furieux ◇ (*fig.*) [*arrabbiato, infuriato*] *se ne andò inferocito* il partit furieux, fou de rage.

inferriàta |infer'rjata| *s.f.* [*grata di ferro a protezione di finestre e sim.*] grille: *le inferriate di una prigione, di una cantina* les grilles d'une prison, d'une cave.

infèrtile |in'fɛrtile| *agg.* (*raro*) → **infecondo.**

infertilire |inferti'lire| (197) *v.tr.* (*raro*) → **fertilizzare.**

infertilità |infertili'ta| *s.f. inv.* (*raro*) → **sterilità.**

infèrto |in'fɛrto| *agg.* [*dato, vibrato*] donné: *colpo inferto con rara precisione e forza* coup donné avec une force et une précision rares.

infervoraménto |infervora'mento| *s.m.* (*raro*) [→ INFERVORARE] ferveur *f.*, ardeur *f.*

infervoràre |infervo'rare| **A** *v.tr.* [*infiammare, entusiasmare*] enflammer: *il discorso del generale infiammò i soldati* les paroles du général enflammèrent les soldats # *infiammare qc. allo studio, al lavoro* donner, inculquer une passion pour les études, pour le travail à qqn. **B** *v.pron. intr.* INFERVORARSI [*accendersi di fervore, accalorarsi*] s'échauffer, s'enflammer: *infervorarsi nella disputa, nel parlare* s'échauffer, s'enflammer au cours d'une dispute, en parlant; *quando sostiene le proprie tesi s'infervora* quand il soutient sa thèse, il s'échauffe.

infervoràto |infervo'rato| *agg.* [*pieno di entusiasmo, eccitato*] passionné: *era tutto infervorato nel suo lavoro* il était passionné pour, de son travail.

infervorìre |infervo'rire| *e deriv.* → **infervorare** *e deriv.*

infestànte |infes'tante| *agg.* [*che provoca infestazione*] mauvais; nuisible: *pianta infestante* mauvaise plante; *erba infestante* mauvaise herbe ‖ *insetti infestanti* insectes nuisibles.

infestàre |infes'tare| *v.tr.* **1** [*rendere malsicuro un luogo, danneggiarlo con razzie e sim.*] infester: *anticamente i pirati infestavano i mari* jadis les pirates infestaient les mers; *qualche regione dell'Italia era infestata dai banditi* quelques régions d'Italie étaient infestées de bandits ◇ (*fig.*) *la delinquenza e la corruzione infestano la nostra società* la délinquance et la corruption infestent notre société **2** (*di animali e vegetali*) [*invadere un luogo o un organismo con gravi danni*] envahir: *la gramigna e le erbacce infestavano il terreno* le chiendent et les mauvaises herbes envahissaient le terrain; *la zona è infestata dalle vipere* la zone est envahie par les vipères; *le vigne erano infestate dalla fillossera* les vignes étaient envahies par le phylloxéra **3** (*fig., lett.*) → **tormentare, infastidire.**

infestàto |infes'tato| *agg.* [*invaso da animali o piante novice*] envahi, infesté: *un organismo infestato di vermi* un organisme envahi par les vers, infesté de vers # *distruggere la gramigna nei campi infestati* détruire le chiendent qui envahit les champs.

infestazióne |infestat'tsjone| *s.f.* **1** (*raro*) [→ INFESTARE 1, 2] infestation **2** (*med.*) infestation.

infestióne |infes'tjone| *s.f.* → **infestazione 2.**

infèsto |in'fɛsto| *agg.* **1** [*nocivo, dannoso*] nuisible: *un clima infesto alla salute* un climat nuisible à la santé # *erbe, piante infeste* mauvaises herbes **2** (*lett.*) → **ostile, nemico.**

infetidire |infeti'dire| (197) **A** *v. intr.* (*aus. 'essere'*) [*divenire fetido*] devenir (27) fétide: *sono appena sei ore che è morto ed è già infetidito* il n'y a que six heures qu'il est mort et jam putet (déjà il sent) **B** *v.tr.* (*raro*) [*rendere fetido*] empuantir, rendre (53) fétide.

infettaménto |infetta'mento| *s.m.* [→ INFETTARE A 1; B] infection *f.*

infettàre |infet'tare| **A** *v.tr.* **1** [*provocare un'infezione*] infecter: *la garza non bene sterilizzata gli ha infettato la ferita* la gaze mal stérilisée a infecté sa blessure ◇ (*per est.*) [*contagiare, inquinare*] *un ammalato può infettare molti sani* un malade peut contaminer beaucoup de personnes saines; *gli scarichi degli stabilimenti infettano le acque* les décharges des usines polluent les eaux **2** (*fig.*) [*corrompere, pervertire*] corrompre (44): *certi spettacoli infettano gli animi dei giovani* certains spectacles corrompent l'esprit des jeunes **B** *v.pron. intr.* INFETTARSI [*divenire infetto*] infecter (*tr.*): *la ferita s'è infettata a causa della sporcizia* la saleté a infecté la blessure ◇ (*per est.*) [*essere contagiato*] *curando l'ammalato s'è infettato anche lui* en soignant le malade, il a été infecté lui aussi.

infettàto |infet'tato| *agg.* [*colpito da infezione*] infecté: *aveva una brutta ferita già infettata* il avait une mauvaise blessure déjà infectée.

infettatóre, trice |infetta'tore, tritʃe| *s. e agg.* (*raro*) [*chi, che infetta*] celui *m.*, celle *f.* qui infecte *loc.*

infettivo |infet'tivo| *agg.* **1** [*relativo, proprio dell'infezione, provocato da infezione*] infectieux*: *processo infettivo* processus infectieux; *febbre infettiva* fièvre infectieuse **2** [*che provoca infezione*] infectieux: *la varicella è infettiva* la varicelle est une maladie infectieuse → **contagioso.**

infètto |in'fɛtto| *agg.* **1** (*med.*) infecté: *ferita infetta* blessure infectée **2** [*che può trasmettere un'infezione*] infecté; pollué: *un locale infetto* un local infecté; *portava biancheria infetta* il portait des sous-vêtements infectés ‖ *aria, acqua infetta* air pollué, eau polluée → **inquinato 3** (*fig.*) [*corrotto, guasto*] corrompu: *frequenta un ambiente moralmente infetto* il fréquente un milieu moralement corrompu.

infeudaménto |infeuda'mento| *s.m.* → **infeudazione.**

infeudàre |infeu'dare| **A** *v.tr.* **1** [*dare in feudo*] inféoder: *infeudare un possedimento a un proprio vassallo* inféoder un domaine (une terre) à un vassal **2** [*sottoporre, assoggettare al proprio controllo*] asservir (21): *infeudare un nuovo territorio* asservir un nouveau territoire; *le grosse industrie infeudano quelle piccole* les grosses industries asservissent les petites **B** *v.pron. rifl.* INFEUDARSI [*assoggettarsi, sottoporsi a un vincolo feudale*] s'inféoder: *infeudarsi a un signore, a un principe* s'inféoder à un seigneur, à un prince.

infeudazióne |infeudat'tsjone| *s.f.* **1** [→ INFEUDARE A 1; B] inféodation: *l'infeudazione di una contea a un vassallo* l'inféodation d'un comté à un vassal **2** [→ INFEUDARE A 2] asservissement (*m.*): *l'infeudazione di una regione, di un castello* l'asservissement d'une région, d'un château.

infezióne |infet'tsjone| *s.f.* (*med., corr.*) infection: *è stato individuato il focolaio d'infezione* le foyer d'infection a été localisé; *prevenire un'infezione* prévenir une infection; *ho un'infezione alla mano* j'ai une infection à la main # *la ferita mi ha fatto infezione* ma blessure s'est infectée ◇ (*fig.*) corruption.

infiacchiménto |infjakki'mento| *s.m.* [→ INFIACCHIRE] affaiblissement: *l'infiacchimento delle forze, della volontà* l'affaiblissement des forces, de la volonté → **indebolimento.**
infiacchire |infjak'kire| (197) **A** *v.tr.* [*indebolire, svigorire*] affaiblir: *l'età non l'ha infiacchita affatto* les années ne l'ont pas du tout affaiblie; *la lunga malattia l'ha infiacchito e prostrato* sa longue maladie l'a affaibli et prostré **B** *v.intr.* (*aus. 'essere'*) [*perdere vigore, diventare fiacco*] s'affaiblir (*pron.*): *quell'uomo infiacchisce nell'ozio* cet homme s'affaiblit dans l'oisiveté **C** *v.pron. intr.* INFIACCHIRSI [→ *intr.*] s'affaiblir: *con gli anni ci si infiacchisce sempre più* avec le temps, on s'affaiblit de plus en plus.
infiacchito |infjak'kito| *agg.* [*indebolito, svigorito*] affaibli, faible: *dopo quella malattia mi sento molto infiacchito* depuis cette maladie je me sens très affaibli, faible.
infialàre |infja'lare| *v.tr.* [*mettere in fiale*] mettre (71) en (dans des) ampoules: *infialare un medicinale* mettre en ampoules un médicament.
infialatrice |infjala'tritʃe| *s.f.* (*tecnol.*) machine à faire des ampoules.
infialettàre |infjalet'tare| *v.tr.* → **infialare.**
infiammàbile |infjam'mabile| *agg.* **1** [→ INFIAMMARE A 1; B 1] inflammable: *sostanza, liquido infiammabile* substance, liquide inflammable → **incendiabile** ♦ (*s.m.*) *gli infiammabili* les matières *f.* inflammables: *il trasporto degli infiammabili* le transport des matières inflammables **2** [→ INFIAMMARE A 2; B 2] qui s'enflamme (*loc.*): *un temperamento estremamente infiammabile* un tempérament qui s'enflamme très facilement.
infiammabilità |infjammabili'ta| *s.f. inv.* inflammabilité (*var.*): *l'infiammabilità della benzina* l'inflammabilité de l'essence.
infiammàre |infjam'mare| **A** *v.tr.* **1** [*dar fuoco, far ardere con fiamma*] enflammer: *infiammare un mucchio di fieno, di sterpi* enflammer un tas de foin, de brindilles; *una scintilla ha infiammato le polveri* une étincelle a enflammé (a mis le feu à) la poudre → **incendiare, bruciare** **2** (*fig.*) [*eccitare, accendere di passione*] enflammer: *le sue parole infiammarono gli animi alla rivolta* ses paroles enflammèrent les esprits à la révolte → **incitare** ◇ [*far diventare del colore della fiamma*] *il rossore le infiammava le guance* la rougeur enflammait ses joues; *il sole infiammava l'orizzonte* le soleil enflammait l'horizon **3** (*med.*) [*provocare un'infiammazione*] enflammer: *l'unghia incarnita gli ha infiammato tutto il dito* l'ongle incarné lui a enflammé tout l'orteil **B** *v. pron. intr.* INFIAMMARSI **1** [*accendersi, incendiarsi*] s'enflammer: *la benzina si infiamma facilmente* l'essence s'enflamme facilement # *a causa di un mozzicone di sigaretta il bosco s'è infiammato* un mégot a mis le feu au bois **2** (*fig.*) [*infervorarsi, accendersi di entusiasmo, di passione*] s'enflammer: *infiammarsi per un'idea* s'enflammer pour une idée ◇ [*diventar rosso come la fiamma*] s'empourprer, s'enflammer: *il suo volto s'infiammò di sdegno* son visage s'empourpra, s'enflamma de colère # *s'infiamma per (un) niente* il prend feu pour (un) rien **3** (*med.*) [*essere colpito da un'infiammazione*] s'enflammer: *gli s'è infiammata tutta la gola* toute sa gorge s'est enflammée.
infiammàto |infjam'mato| *agg.* **1** [*in fiamme*] en flammes (*loc. inv.*): *tentava di spegnere il pagliaio infiammato* il essayait d'éteindre le pailler en flammes → **ardente** **2** (*fig.*) [*eccitato, acceso di entusiasmo, di passione*] enflammé: *eloquenza infiammata* éloquence enflammée; *aveva il cuore infiammato d'amore* il avait le cœur enflammé d'amour ◇ [*arrossato, divenuto color della fiamma*] *i suoi occhi erano infiammati di sdegno* la colère enflammait ses yeux # *aveva le guance infiammate di rossore* elle avait les joues en feu **3** [*colpito da infiammazione*] enflammé: *piaga infiammata* plaie enflammée; *ha le tonsille infiammate* il a les amygdales enflammées.
infiammatòrio, i |infjamma'tɔrjo, i| *agg.* (*med.*) inflammatoire: *processo infiammatorio* processus inflammatoire.
infiammazióne |infjammat'tsjone| *s.f.* (*med., corr.*) inflammation: *un'infiammazione ai polmoni, ai bronchi* inflammation des poumons, des bronches.
infiascàre |infjas'kare| *v.tr.* [*mettere in fiaschi*] mettre (71) en fiasques, en fiaschi: *infiascare l'olio, il vino* mettre l'huile, le vin dans des fiasques, en fiaschi.
infiascatrice |infjaska'tritʃe| *s.f.* (*tecnol.*) machine qui met, à mettre en fiasque(s), en fiaschi.
infiascatùra |infjaska'tura| *s.f.* [→ INFIASCARE] mise en fiasques, en fiaschi: *l'infiascatura di una damigiana di vino* la mise en fiasques, en fiaschi d'une bonbonne de vin.
infibulàre |infibu'lare| *v.tr.* (*chir.*) [*introdurre nell'osso fratturato una stecca*] infibuler.
infibulazióne |infibulat'tsjone| *s.f.*, **infibulaménto** |infibula'mento| *s.m.* infibulation *f.*
inficiàre |infi'tʃare| *v.tr.* (*dir.*) [*infirmare, negare la validità o la veridicità*] invalider: *inficiare una testimonianza* invalider un témoignage; *le sue dichiarazioni furono inficiate da prove schiaccianti* ses déclarations furent invalidées par des preuves écrasantes → **infirmare.**
infido |in'fido| *agg.* **1** (*persone*) [*di cui non ci si può fidare*] déloyal*, faux*: *un amico infido* un ami déloyal, un faux ami; *un uomo infido* un homme déloyal # *un consigliere infido* un conseiller suspect ◇ (*cose*) [*insidioso, pericoloso, ingannevole*] traître*; dangereux*: *un mare infido* une mer traîtresse ‖ *un terreno infido* un terrain dangereux **2** (*lett.*) → **infedele.**
in fieri |in'fieri| *loc. agg. inv.* (*lat.*) **1** (*filos.*) in fieri **2** (*per est.*) [*che è in via di formazione, di elaborazione*] en chantier: *un progetto ancora in fieri* un projet encore en chantier.
infierire |infje'rire| (197) *v.intr.* (*aus. 'avere'*) **1** (*sogg. di persona*) [*incrudelire, commettere atti di ferocia*] s'acharner (*pron.*): *infierire contro, sui vinti* s'acharner contre, sur les vaincus ◇ (*con valore iperbolico*) *il Pubblico Ministero incominciò a infierire contro il povero imputato* le ministère public commença à s'acharner contre le pauvre inculpé **2** (*sogg. di cosa*) [*imperversare, infuriare*] sévir, faire (45) *tr.* rage: *la peste infieriva in tutto il paese* la peste sévissait, faisait rage dans tout le pays.
infievolire |infjevo'lire| *e deriv.* → **affievolire** *e deriv.*
infiggere |in'fiddʒere| (109) **A** *v.tr.* [*conficcare, piantare con forza*] planter, plonger (3); enfoncer (2): *gli infisse il coltello nel cuore* il lui planta, plongea le couteau dans le cœur ‖ *non sono riuscito a infiggere questo chiodo nella parete* je n'ai pas réussi à enfoncer ce clou dans le mur ◇ (*fig.*) [*imprimere, far penetrare saldamente*] graver: *infiggere nella mente un nome, una data, una fisionomia* graver un nom, une date, un visage dans son esprit **B** *v.pron. intr.* INFIGGERSI [*conficcarsi*] s'enfoncer: *la spada s'infisse nel suo scudo* l'épée s'enfonça dans son bouclier ◇ (*fig.*) [*imprimersi profondamente*] se graver: *quel volto mi s'è infisso nella memoria* ce visage s'est gravé dans ma mémoire.
infilacàpi |infila'kapi|, **infilanàstri** |infila'nastri|, **infilaguàine** |infilagwa'ine| *s.m. inv.* passe-lacet (*var.*): *degli infilacapi, ecc.* des passe-lacets.
infilapèrle |infila'pɛrle| *s.m. inv.* cordon *m.var.*, fil *m.var.* à enfiler des perles.
infilàre |infi'lare| **A** *v.tr.* **1** [*far passare un oggetto lungo e sottile attraverso q.c.*] enfiler: *infilare (il filo nell'ago* enfiler une aiguille # *infilare il dito nell'anello* passer, glisser une bague au doigt ◇ (*per est.*) passer: *infilò il braccio sotto quello del fidanzato* elle passa son bras dans celui de son fiancé **2** [*infilzare, trapassare da una parte all'altra*] enfiler: *infilare le perle* enfiler des perles; *infilare gli uccelletti nello spiedo* enfiler les (petits) oiseaux sur la broche ◇ (*per est.*) [*trafiggere*] transpercer (2): *infilò il nemico con la spada* il transperça l'ennemi d'un coup d'épée **3** [*introdurre, mettere in un apposito foro o cavità*] mettre (71): *infilare la chiave nella serratura* mettre, introduire la clef dans la serrure; *infilare il dito nel ditale* mettre le dé à son doigt; *infilare gli occhiali nell'astuccio* mettre, enfiler ses lunettes dans l'étui ◇ (*per est.*) [*adattare, far entrare nel posto giusto un oggetto con cavità*] se mettre, passer; *infilare l'anello nel dito* passer la bague au doigt □ *infilarsi la collana, il braccialetto* se mettre un collier, un bracelet **4** [*indossare un indumento*] enfiler: *infilare la giacca, il soprabito* enfiler sa veste, son imperméable; *infilò i guanti e uscì* il enfila ses gants et sortit → 1 **calzare** □ *infilarsi la camicia, le calze* enfiler sa chemise, ses chaussettes **5** (*loc. fig.*) *non infilarne una* [*non azzeccarne una*] n'en rater aucune ~ *infilare uno sproposito dietro l'altro* dire une bêtise après l'autre ~ *infilare la porta* [*uscire, andarnese in fretta*] prendre la porte ~ *infilare la via, la strada giusta* prendre la bonne rue, la bonne route ~ *ha infilato parecchi giorni di bel tempo* on a eu plusieurs jours de beau temps ~ (*mil.*) *infilare una trincea, una postazione nemica* [*colpirla d'infilata*] prendre d'enfilade une tranchée, un emplacement ennemi **B** *v.pron. rifl.* INFILAR-

si **1** [*entrare, mettersi dentro*] se faufiler: *si nascose infilandosi in un armadio* il se cacha en se faufilant dans une armoire; *riuscirono a infilarsi nell'appartamento e rubarono tutti i gioielli* ils réussirent à se faufiler dans l'appartement et volèrent tous les bijoux ◇ (*per est.*) *infilarsi tra la folla, tra gli invitati* se faufiler dans la foule, parmi les invités; *infilarsi nel letto, sotto le coperte* se glisser dans son lit, sous les couvertures **2** (*fig.*) [*intrufolarsi; farsi assegnare una carica, un posto*] se faufiler: *s'infila sempre dappertutto* il se faufile toujours partout # *dopo tanto brigare è riuscito a infilarsi in quell'ufficio* après avoir beaucoup intrigué, il réussit à prendre cette place **3** → *tr.* 3 □ **4** → *tr.* 4 □.

infilàta |infi'lata| *s.f.* **1** enfilade: *un'infilata di alberi* une enfilade d'arbres; *un'infilata di stanze* une enfilade de pièces → **fila, filza** # *un'infilata di perle* une rangée de perles **2** *loc. mil.* D'INFILATA d'enfilade; en enfilade: *tiro d'infilata* tir d'enfilade ‖ *colpire, prendere d'infilata* toucher, prendre en enfilade.

infilàto |infi'lato| *agg.* **1** [*attraversato da un filo e sim.*] enfilé: *dammi l'ago già bell'e infilato* passe-moi l'aiguille déjà enfilée ◇ (*per est.*) *aveva il braccio infilato sotto quello dell'amico* il avait le bras glissé sous celui de son ami **2** [*infilzato, giustapposto*] enfilé: *coralli infilati* des coraux enfilés; *le allodole infilate nello spiedo stavano cuocendosi a fuoco lento* les alouettes enfilées sur la broche étaient en train de rôtir à petit feu **3** [*messo nell'apposito foro o cavità*] *ho dimenticato la chiave infilata nel buco della serratura* j'ai laissé la clef sur, dans la serrure; *era fermo all'angolo della strada con le mani infilate nelle tasche* il était au coin de la rue, les mains dans les poches ◇ (*per est.*) [*adattato, fatto entrare nel giusto posto*] *aveva ancora il ditale infilato nel dito* elle avait encore son dé à coudre au doigt.

infilatrìce |infila'tritʃe| *s.f.* [*operaia che infila perle, coralli e sim.*] enfileur* *s.*

infilatùra |infila'tura| *s.f.* **1** [→ INFILARE A 1] enfilage (*m.*): *l'infilatura dei lacci negli occhielli* l'enfilage des lacets dans les œillets **2** [→ INFILARE A 2] enfilage: *l'infilatura delle perle, dei coralli* l'enfilage des perles, des coraux.

infiltraménto |infiltra'mento| *s.m.* (*raro*) → **infiltrazione.**

infiltràrsi |infil'trarsi| *v.pron. intr.* **1** (*riferito a sostanze liquide o gas*) [*penetrare, passare attraverso un corpo poroso o fessure*] s'infiltrer: *l'acqua s'è infiltrata nella cantina attraverso la parete* l'eau s'est infiltrée dans la cave à travers le mur; *il fumo s'infiltrava nella casa attraverso le fessure delle finestre* la fumée s'infiltrait dans la maison par les jointures des fenêtres **2** (*fig.*) [*insinuarsi, infilarsi*] s'infiltrer; pénétrer (*intr.*): *infiltrarsi nello schieramento nemico* s'infiltrer dans la formation ennemie ‖ *tra i soldati s'era infiltrata la certezza della sconfitta* la certitude de la défaite avait pénétré peu à peu dans l'esprit de la troupe.

infiltràto |infil'trato| (*med.*) **1** *agg.* infiltré: *tessuto infiltrato* tissu infiltré **2** *s.m.* infiltrat.

infiltrazióne |infiltrat'tsjone| *s.f.* **1** [→ INFILTRARSI 1] infiltration: *acque d'infiltrazione* eau d'infiltration; *un'infiltrazione di fumo* une infiltration de fumée ◇ [*il liquido infiltrato*] *l'infiltrazione fu prosciugata subito* l'infiltration fut tout de suite asséchée **2** [→ INFILTRARSI 2] infiltration: *impedire l'infiltrazione delle pattuglie nemiche* (*nel proprio schieramento*) empêcher l'infiltration des patrouilles ennemies **3** (*med.*) infiltration.

infilzaménto |infiltsa'mento| *s.m.* **1** [→ INFILZARE A 1] enfilage: *l'infilzamento dei fichi secchi* l'enfilage des figues sèches **2** [→ INFILZARE A 2; B] embrochement (*raro*): *l'infilzamento di un pollo sullo spiedo* l'embrochement d'un poulet sur la broche, le fait de mettre un poulet à la broche.

infilzàre |infil'tsare| **A** *v.tr.* **1** [*infilare più cose* (*formandone una filza*)] enfiler: *infilzare i tordi nello spiedo* enfiler des grives sur une broche, embrocher des grives; *lo trovai a infilzare perle e coralli* je le trouvai en train d'enfiler des peries et des coraux ◇ (*fig.*) débiter: *infilzare pretesti, bugie* débiter des prétextes, des mensonges # *non fa che infilzare un errore dopo l'altro* il n'arrête pas d'accumuler des erreurs **2** [*passare da una parte all'altra, trafiggere*] embrocher: *infilzare un tenero maialino sullo spiedo* embrocher un cochon de lait; *infilzò l'avversario con la spada* il embrocha son adversaire d'un coup d'épée □ *mi sono infilzato un dito con un ago* je me suis piqué un doigt avec une aiguille **B** *v.pron. rifl.* INFILZARSI [*ferirsi, trafiggersi*] se piquer: *mi sono infilzato con un chiodo* je me suis piqué avec un clou ✦ → *tr.* 2 □.

infilzàta |infil'tsata| *s.f.* [*fila, serie di cose infilzate*] brochette: *un'infilzata di tordi allo spiedo* une brochette de grives ◇ (*fig.*) suite: *un'infilzata di spropositi, di bugie* une suite d'erreurs, de mensonges.

infilzàto |infil'tsato| *agg.* [*trapassato da parte a parte, trafitto*] à la broche (*loc. inv.*): *sulla brace stava cuocendosi un pollo infilzato allo spiedo* un poulet à la broche était en train de rôtir au-dessus de la braise ◇ (*loc. fig.*) *essere, sembrare una madonnina infilzata* [*una persona compunta o remissiva solo in apparenza*] être, sembler une sainte nitouche.

infilzatùra |infiltsa'tura| *s.f.* [→ INFILZARE A 1] enfilage (*m.*): *l'infilzatura di perle, di coralli* l'enfilage des perles, des coraux.

ìnfimo |'infimo| *agg.* **1** (*lett.*) [*che sta nel punto più basso*] bas* **2** (*per est.*) [*pessimo, spregevole*] bas: *una persona d'infima condizione* une personne de très basse condition; *una stoffa d'infima qualità* un tissu de basse qualité, de derniers choix.

infìne |in'fine| *avv.* **1** [*alla fine, finalmente*] enfin, finalement; enfin, à la fin (*loc. inv.*): *infine si decise a partire* il se décida enfin à partir, finalement il se décida à partir ‖ *bisogna pure che infine tu gli dia una risposta* enfin, il faut que tu te décides à lui donner une réponse; il faut que tu te décides à la fin à lui donner une réponse ◇ (*nelle enumerazioni*) enfin: *prima arrivarono i testimoni, poi lo sposo, infine arrivò anche la sposa* les témoins arrivèrent en premier, puis le marié, enfin la mariée **2** [*insomma, in conclusione*] enfin, à la fin: *ma, infine, cosa volete da me?* mais enfin, que voulez-vous de moi?; que voulez-vous de moi, à la fin?

infingardàggine |infingar'daddʒine| *s.f.* [*indolenza, pigrizia, svogliatezza*] paresse, fainéantise: *la tua infingardaggine supera ogni limite* ta paresse, ta fainéantise passe toutes les limites.

infingardaménte |infingarda'mente| *avv.* [→ INFINGARDO] paresseusement.

infingardìre |infingar'dire| (197) **A** *v.intr.* (*aus.* '*essere*') [*diventare infingardo*] devenir (27) paresseux*, fainéant: *infingardisce sempre più* il devient de plus en plus paresseux, fainéant **B** *v.tr.* [*rendere infingardo*] rendre (53) paresseux, fainéant: *il benessere l'ha infingardito* le bien-être l'a rendu paresseux, fainéant **C** *v.pron. intr.* INFINGARDIRSI [→ *intr.*] devenir *intr.* paresseux, fainéant: *nell'ozio ci si infingardisce* dans l'oisiveté on devient paresseux, fainéant.

infingàrdo |infin'gardo| *agg.* [*che rifugge dalla fatica e dall'impegno; pigro, svogliato*] paresseux*, fainéant: *un ragazzo infingardo* un garçon paresseux, fainéant ✦ (*s.*) *degli infingardi* des paresseux, des fainéants.

infìngere |in'findʒere| (119) *v.tr. e pron. intr.* (*lett.*) → **fingere, simulare.**

infingiménto |infindʒi'mento| *s.m.* (*lett.*) → **simulazione, finzione.**

infinità |infini'ta| *s.f. inv.* **1** infinité (*var.*): *l'infinità dello spazio, di Dio* l'infinité de l'espace, de Dieu **2** (*con valore iperbolico*) [*quantità grandissima*] quantité *var.*, tas (*m. var.*): *alla manifestazione c'era un'infinità di gente* à la manifestation il y avait une quantité, un tas de gens; *debbo dirti un'infinità di cose* je dois te dire un tas de choses.

infinitaménte |infinita'mente| *avv.* **1** [→ INFINITO I 1] infiniment: *Dio è infinitamente buono* Dieu est infiniment bon **2** [→ INFINITO I 2] infiniment: *ti ringrazio infinitamente* je te remercie infiniment → **immensamente.**

infinitesimàle |infinitezi'male| *agg.* **1** infinitésimal*: *una differenza infinitesimale* une différence infinitésimale → **minimo** **2** (*mat.*) infinitésimal: *calcolo infinitesimale* calcul infinitésimal.

infinitèsimo |infini'tɛzimo| *agg.* **1** [*infinitamente piccolo, minimo*] infinitésimal*: *gliene ho somministrato una dose infinitesima* je lui en ai administré une dose infinitésimale → **infinitesimale** ✦ (*s.m.*) *un infinitesimo* une partie *f.* infinitésimale (*agg.*); *il lavoro esige massima attenzione: non si può sbagliare neppure di un infinitesimo* ce travail exige la plus grande attention: on ne peut même pas faire une erreur infinitésimale **2** (*mat.*) infinitésimal: *quantità infinitesima* quantité infinitésimale ✦ (*s.m.*) *un infinitesimo* une quantité *f.* infinitésimale *agg.*

infinitézza |infini'tettsa| *s.f.* (*raro*) [*l'essere infinito*] infinité, infinitude.

infinitivàle |infiniti'vale| *agg.* (*gram.*) de l'infinitif (*loc. inv.*): *desinenze infinitivali* désinences de l'infinitif.

infinitìvo |infini'tivo| *agg.* (*gram.*) infinitif*: *proposizione infinitiva* proposition infinitive.

infinìto |infi'nito| **I** *agg.* **1** infini:

il tempo, lo spazio infinito le temps, l'espace infini; *la serie dei numeri è infinita* la série des nombres est infinie; *Dio è bontà infinita* Dieu est d'une infinie bonté **2** (*con valore iperbolico*) [*immenso; moltissimo*] infini: *l'infinita distesa del mare* l'étendue infinie de la mer; *con i vecchi ci vuole una pazienza infinita* avec les personnes agées il faut une patience infinie; *ha incontrato infiniti ostacoli* il a rencontré un nombre infini d'obstacles ◇ (*in espressioni di cortesia*) infiniment (*avv.*): *grazie infinite!* merci infiniment! **3** (*gram.*) infinitif*: *modo infinito* mode infinitif **II** *s.m.* **1** [*estensione senza limiti di tempo o di spazio*] infini: *tendere verso l'infinito* tendre vers l'infini; *meditare sull'infinito* méditer sur l'infini ◇ *loc. avv.* ALL'INFINITO à l'infini: *ripetere, rimandare una cosa all'infinito* répéter, renvoyer une chose à l'infini; *i numeri sono moltiplicabili all'infinito* les nombres sont multipliables à l'infini **2** (*gram.*) infinitif: *l'infinito presente* l'infinitif présent **3** (*mat.*) infini.

infino |in'fino| *avv. e prep.* (*raro, lett.*) → 1 **fino.**

infinocchiàre |infinok'kjare| *v.tr.* (*fam.*) [*imbrogliare, raggirare*] rouler, avoir (28): *mi sono lasciato infinocchiare bene da quell'imbroglione* je me suis vraiment bien fait rouler, avoir par cet escroc.

infinocchiatùra |infinokkja'tura| *s.f.* [*inganno, raggiro*] tromperie # *ha preso una solenne infinocchiatura* il a été magistralement roulé.

infinto |in'finto| *agg.* (*lett.*) → **finto, simulato.**

infioccàre |infjok'kare| *v.tr.* [*abbellire, ornare con fiocchi e sim.*] enrubanner: *aveva infioccato tutti i finimenti del cavallo* il avait enrubanné tout le harnachement du cheval.

infioccàto |infjok'kato| *agg.* [*abbellito con fiocchi e sim.*] enrubanné: *indossava un abito tutto infioccato* elle portait une robe tout enrubannée.

infiocchettàre |infjokket'tare| *v.tr.* **1** → **infioccare** **2** (*fig.*) [*abbellire con ornamenti superflui*] enjoliver: *ha infiocchettato la sua conferenza di ricercate citazioni* il a enjolivé sa conférence de citations recherchées.

infiocchettàto |infjokket'tato| *agg.* → **infioccato.**

infiochìre |infjo'kire| (197) *v.tr. e intr.* (*aus.* '*essere*') → **affiochire.**

infioraménto |infjora'mento| *s.m.* (*raro*) **1** [→ INFIORARE A 1; B] décoration *f.* (de fleurs) **2** [→ INFIORARE A 2] décoration.

infioràre |infjo'rare| **A** *v.tr.* **1** [*ornare con fiori*] fleurir: *infiorare la casa, l'altare* fleurir la maison, l'autel **2** (*fig.*) [*abbellire con elementi eccessivi o ricercati*] orner, émailler: *infiorare uno scritto di metafore* orner, émailler un écrit de métaphores; *infiorare un discorso di bestemmie* émailler, agrémenter un discours de jurons ◇ (*con valore iron.*) émailler: *hai infiorato il compito di strafalcioni* tu as émaillé ton devoir d'énormités **B** *v.pron. intr.* INFIORARSI [*coprirsi di fiori*] se couvrir (23) de fleurs: *a primavera la campagna s'infiora* au printemps la campagne se couvre de fleurs.

infioràta |infjo'rata| *s.f.* **1** [→ INFIORARE A 1] décoration (floréale): *fare un'infiorata* faire une décoration (floréale) **2** [*i fiori usati per tale abbellimento*] tapis *m.* de fleurs, jonchée.

infioràto |infjo'rato| *agg.* **1** [*ornato di fiori*] fleuri: *la casa aveva le porte e i balconi infiorati* la maison avait les portes et les balcons fleuris **2** (*fig.*) [*abbellito con ornamenti spec. superflui*] émaillé: *ha fatto un discorso infiorato di citazioni dotte* il a fait un discours émaillé de citations savantes ◇ (*con valore iron.*) *il suo compito era tutto infiorato di errori* son devoir était émaillé de fautes.

infiorazióne |infjorat'tsjone| *s.f.* → **fioritura.**

infiorescènza |infjoreʃ'ʃɛntsa| *s.f.* (*bot.*) inflorescence: *infiorescenza a ombrello, a spiga* inflorescence à ombelle, à panicule.

infiorettàre |infjoret'tare| *v.tr.* [*ornare di abbellimenti stilistici superflui e leziosi*] orner, émailler: *infiorettare un discorso di citazioni dotte* orner, émailler un discours de citations savantes.

infiorettàto |infjoret'tato| *agg.* [*adorno di abbellimenti stilistici non sempre gradevoli*] orné: *un brano musicale infiorettato di gorgheggi* un morceau de musique orné de roulades.

infiorettatùra |infjoretta'tura| *s.f.* [→ INFIORETTARE] ornement *m.* ◇ (*per est.*) [*gli ornamenti stilistici*] fioriture: *un discorso pieno di infiorettature* un discours plein de fioritures.

infirmàre |infir'mare| *v.tr.* [*privare d'efficacia, indebolire*] infirmer: *infirmare la deposizione del teste* infirmer la déposition du témoin; *questa considerazione infirma tutto il suo ragionamento* cette considération infirme tout son raisonnement → **invalidare, inficiare.**

infischiàrsi |infis'kjarsi| *v.pron. intr.* [*non tenere in alcun conto, non curarsi*] se moquer, se ficher (*fam.*): *s'infischia delle chiacchiere della gente* il se moque, se fiche des commérages des gens ◇ (*spec.*) INFISCHIARSENE *me ne infischio di lei e della sua ricchezza* je m'en fiche bien, d'elle et de son argent; *se ne infischia altamente* il s'en fiche comme de l'an quarante, il s'en contrebalance (*fam.*); *infischiarsene di tutto e di tutti* se moquer de tiers comme de quart.

1 **infìsso** |in'fisso| *agg.* [*conficcato, piantato con forza*] planté (*p.p.*): *a stento riuscirono a togliergli il dardo infisso nel petto* à grand-peine ils réussirent à enlever la flèche plantée dans sa poitrine ◇ (*fig.*) [*impresso, penetrato saldamente*] gravé: *le sue parole sono rimaste infisse nella mia memoria* ses paroles sont restées gravées dans ma mémoire.

2 **infìsso** |in'fisso| *s.m.* **1** (*edil.*) cadre, châssis: *gli infissi delle finestre sono malandati* les cadres, les châssis des fenêtres sont en mauvais état ◇ (*per est.*) les portes *f.pl.* et les fenêtres *f.pl.* **2** (*ling.*) infixe.

infistolìre |infisto'lire| (197) **A** *v.intr.* (*aus.* '*essere*') (*med.*) [*diventare fistoloso, trasformarsi in fistola*] devenir (27) fistuleux*: *la ferita è infistolita* la blessure est devenue fistuleuse ◇ (*fig.*) [*divenire inguaribile, incorreggibile*] ancrer: *il vizio in quel giovane è ormai infistolito* le vice est désormais ancré chez ce jeune homme **B** *v.pron. intr.* INFISTOLIRSI [→ *intr.*] devenir *intr.* fistuleux: *la piaga s'è infistolita* la plaie est devenue fistuleuse.

infistolìto |infisto'lito| *agg.* [*divenuto fistoloso*] fistuleux*: *aveva una piaga infistolita* il avait une plaie fistuleuse ◇ (*fig.*) invétéré: *un vizio, un difetto infistolito* un vice, un défaut invétéré → **cronico, inveterato.**

infittìre |infit'tire| (197) **A** *v.tr.* [*rendere denso, fitto*] épaissir: *infittire le linee di un disegno* épaissir les traits d'un dessin; *infittire la trama di un tessuto* épaissir la trame d'un tissu # *la mitragliatrice infittiva sempre più i colpi* la mitrailleuse tirait par rafales de plus en plus nourries **B** *v.intr.* (*aus.* '*essere*') [*diventare fitto, denso*] devenir (27) plus dense; devenir plus touffu: *la nebbia infittisce* le brouillard devient plus dense ‖ *quel bosco infittisce sempre più* ce bois devient de plus en plus touffu # *la pioggia infittisce* la pluie redouble **C** *v.pron. intr.* INFITTIRSI [→ *intr.*] devenir *intr.* plus dense, s'épaissir: *le tenebre s'infittiscono* les ténèbres deviennent plus denses, s'épaississent; *il mistero s'infittisce* le mystère s'épaissit Ⓒ A; B **diradare.**

inflattìvo |inflat'tivo| *agg.* → **inflazionistico.**

inflazionàre |inflattsjo'nare| *v.tr.* (*econ.*) [*provocare un'inflazione*] déclencher l'inflation: *inflazionare la moneta* déclencher l'inflation de la monnaie; *l'immissione di prodotti stranieri ha inflazionato il mercato* l'introduction de produits étrangers a déclenché une inflation du marché.

inflazionàrio, i |inflattsjo'narjo, i| *agg.* (*raro*) → **inflazionistico.**

inflazionàto |inflattsjo'nato| *agg.* qui a subi l'inflation (*loc.*): *moneta inflazionata* monnaie qui a subi l'inflation.

inflazióne |inflat'tsjone| *s.f.* (*econ.*) inflation: *inflazione strisciante, galoppante* inflation rampante, galopante; *inflazione creditizia, dei prezzi* inflation du crédit, des prix; *provocare, frenare, l'inflazione* provoquer, freiner l'inflation ◇ (*fig.*) [*sproporzionato e indiscriminato aumento di q.c.*] *un'inflazione di insegnanti* une inflation d'enseignants; *c'è oggi un'inflazione di film western* il y a maintenant inflation de westerns ◇ (*ling.*) *inflazione verbale* inflation verbale.

inflazionismo |inflattsjo'nizmo| *s.m.* (*econ.*) (tendance *f.* à l') inflation *f.*

inflazionista |inflattsjo'nista| *s.* inflationniste.

inflazionìstico, ci, ca, che |inflattsjo'nistiko, tʃi, ka, ke| *agg.* inflationniste, d'inflation (*loc. inv.*): *politica inflazionistica* politique inflationniste, d'inflation.

inflessìbile |infles'sibile| *agg.* **1** (*fig.*) inflexible: *carattere, volontà inflessibile* caractère, volonté inflexible; *una decisione inflessibile* une décision inflexible; *un giudice inflessibile* un juge inflexible **2** (*raro*) [*non pieghevole*] inflexible: *materiale inflessibile* matériel inflexible → **rigido.**

inflessibilità |inflessibili'ta| *s.f. inv.* **1** (*fig.*) inflexibilité (*var.*): *l'inflessibilità di un giudice* l'inflexibilité d'un juge; *è nota a tutti la sua inflessibilità* *morale* son inflexibilité morale est connue de tous **2** (*raro*) [*mancanza di flessibilità*] inflexibilité: *l'inflessibilità di un metallo* l'inflexibilité d'un métal → **rigidità.**

inflessibilménte |inflessibil'-mente| *avv.* [→ INFLESSIBILE 1] inflexiblement.

inflessióne |infles'sjone| *s.f.* **1** inflexion: *parlare con un'inflessione dialettale, straniera* parler avec une inflexion dialectale, étrangère → **cadenza, intonazione** **2** (*fis., geom.*) inflexion **3** (*lett.*) → **curvatura, deformazione.**

inflèttere |in'flɛttere| (145) **A** *v.tr.* **1** [*dare un particolare tono; modulare*] moduler: *inflettere la voce* moduler sa voix **2** (*raro*) [*piegare, incurvare*] courber, infléchir **B** *v.pron. intr.* INFLETTERSI (*fis.*) [*deformarsi, deviare*] dévier (*intr.*): *un raggio luminoso che s'inflette* un rayon lumineux qui dévie.

infliggere |in'fliddʒere| (110) *v.tr.* **1** [*imporre, assegnare*] infliger (3): *infliggere un castigo, una dura condanna* infliger un châtiment, une duré condamnation **2** [*costringere a subire*] infliger: *infliggere gravi perdite al nemico* infliger de lourdes pertes à l'ennemi ◇ (*scherz.*) *per un'ora inflisse la sua noiosa presenza a tutti noi* il nous a infligé son ennuyeuse présence pendant une heure.

inflizióne |inflit'tsjone| *s.f.* (*raro*) [→ INFLIGGERE 1] action d'infliger.

inflorescènza |infloreʃ'ʃɛntsa| *s.f.* → **infiorescenza.**

influènte |influ'ɛnte| *agg.* influent: *un amico molto influente* un ami très influent ✦ *s.m.* (*arc., geogr.*) → **affluente.**

influènza |influ'ɛntsa| *s.f.* **1** influence: *l'influenza del clima sulla vegetazione* l'influence du climat sur la végétation; *grande è l'influenza della dell'istruzione sulla formazione dei giovani* l'influence de l'enseignement sur la formation des jeunes est très grande → **influsso** ◇ (*astrol.*) influence **2** [*autorità, ascendente, prestigio*] influence: *avere, esercitare una grande influenza su qc.* avoir, exercer une grande influence sur qqn.; *è un uomo che ha molta influenza negli ambienti politici* c'est un homme qui a beaucoup d'influence dans les milieux politiques; *sua moglie non esercita alcuna influenza sulle decisioni del marito* sa femme n'exerce aucune influence sur les décisions de son mari ◇ (*econ., polit.*) *zona, sfera d'influenza* zone, sphère d'influence **3** (*med., corr.*) grippe: *prendere l'influenza* attraper la grippe; *è a letto con l'influenza* il est au lit avec la grippe **4** (*elettr., fis.*) influence **5** (*fis.*) *influenza elettrica* induction électrique.

influenzàbile |influen'tsabile| *agg.* [→ INFLUENZARE 1] influençable: *è un tipo facilmente influenzabile* c'est un type facilement influençable.

influenzàle |influen'tsale| *agg.* [*di influenza*] de grippe *loc. inv.*; grippal*: *epidemia influenzale* épidémie de grippe ‖ *febbre influenzale* fièvre grippale.

influenzaménto |influentsa'mento| *s.m.* [→ INFLUENZARE 1] influence *f.*

influenzàre |influen'tsare| *v.tr.* **1** [*condizionare con il proprio prestigio, ascendente*] influencer (2): *influenzare i giudici* influencer les juges; *nelle sue scelte non s'è lasciato influenzare mai da nessuno* dans son choix il ne s'est jamais laissé influencer par personne **2** [*attaccare l'influenza* (3)] passer la grippe.

influenzàto |influen'tsato| *agg.* [*ammalato d'influenza*] grippé: *è a letto influenzato* il est au lit, grippé.

influìre |influ'ire| (197) *v.intr.* **1** (*aus.* '*avere*') [*far sentire la propria influenza, la propria autorità o prestigio*] influer, influencer (2): *l'ambiente influisce molto sulla formazione dei ragazzi* le milieu influe beaucoup sur la formation des enfants, influence beaucoup la formation des enfants; *il suo intervento ha influito sulle decisioni della commissione* son intervention a (beaucoup) influé sur les décisions de la commission; *il clima influisce sulle abitudini degli uomini* le climat influe sur les habitudes des hommes **2** (*aus.* '*essere*') [*sboccare*] confluer (*aus.* avoir), se jeter (5) *pron.*

inflùsso |in'flusso| *s.m.* [*potere, azione esercitata su qc.*] influence (*f.*): *esercitare un cattivo, un benefico influsso su qc.* exercer une mauvaise, une bonne influence sur qqn.; *la nostra letteratura risente degli influssi di quella francese* notre littérature se ressent de l'influence de la littérature française; *si crede che gli astri esercitino un notevole influsso sulle vicende umane* on croit que les astres exercent une influence considérable sur la vie de l'homme.

infocàre |info'kare| **A** *v.tr.* **1** [*far diventare rovente*] rougir; chauffer: *infocare un metallo* rougir un métal → **arroventare** ‖ *infocare il forno* chauffer le four **2** (*fig.*) [*far diventare come il fuoco per calore o rossore*] enflammer: *lo sdegno gli infocava gli occhi* la colère enflammait ses yeux **B** *v.pron. intr.* INFOCARSI **1** [*divenire rovente*] se chauffer # *è ora di mettere a cuocere il pane; il forno s'è infocato* il est temps de mettre le pain à cuire: le four est chauffé, est déjà chaud **2** (*fig.*) [*diventare rosso come il fuoco*] s'enflammer # *s'era infocato in viso per lo sdegno* son visage était rouge de colère ◇ [*accalorarsi, eccitarsi*] s'enflammer, s'échauffer: *quando si discute di politica s'infuoca spesso* quand on parle de politique il s'enflamme, il s'échauffe souvent.

infocàto |info'kato| *agg.* **1** [*rovente, incandescente*] chauffé; rouge: *una piastra infocata* une plaque chauffée ‖ *mi sono scottato con un ferro infocato* je me suis brûlé avec un fer rouge ◇ (*per est.*) [*scottante, torrido*] brûlant: *sabbia infocata* sable brûlant; *camminavano a piedi nudi sull'asfalto infocato* ils marchaient pieds nus (nu-pieds) sur l'asphalte brûlant **2** (*fig.*) [*divenuto rosso come il fuoco*] rouge: *aveva gli occhi infocati d'ira* il avait les yeux rouges de colère ◇ [*eccitato, acceso*] enflammé: *parole infocate* paroles enflammées # *nel clima infocato della battaglia* dans le feu de la bataille.

infognàrsi |infoɲ'ɲarsi| *v.pron. intr.* (*fam.*) [*impelagarsi, impantanarsi in una situazione difficile o immorale*] s'enfoncer (2) (*corr.*): *infognarsi nei debiti* s'enfoncer dans les dettes; *s'è infognato nel vizio* il s'est enfoncé dans le vice ✦ (*ass.*) *si è infognato* il s'est fourré dans le pétrin.

in fòlio |in'fɔljo| *loc. agg.* in-folio: *formato in folio* format in-folio.

infoltìre |infol'tire| (197) **A** *v.tr.* [*rendere folto, fitto*] rendre (53) plus touffu: *la potatura infoltisce gli alberi* l'émondage rend les arbres plus touffus; *sta facendo una cura per infoltire i capelli* il est en train de faire une cure pour rendre ses cheveux plus touffus **B** *v.intr.* (*aus.* '*essere*') [*diventare folto, fitto*] s'épaissir *pron.*, devenir (27) plus touffu: *i suoi capelli infoltiscono di giorno in giorno* ses cheveux s'épaississent, deviennent de jour en jour plus touffus.

infondataménte |infondata'-mente| *avv.* [→ INFONDATO] sans fondement *loc. inv.*

infondatézza |infonda'tettsa| *s.f.* manque *m.*, absence de fondement: *l'infondatezza di un'affermazione, di un'accusa* le manque de fondement d'une affirmation, d'une accusation.

infondàto |infon'dato| *agg.* [*privo di fondamento, campato in aria*] sans fondement (*loc. inv.*): *notizia, accusa infondata* nouvelle, accusation sans fondement ◇ [*assolutamente ingiustificato*] injustifié, sans fondement: *timore infondato* crainte injustifiée, sans fondement.

infóndere |in'fondere| (146) *v.tr.* **1** [*suscitare, far nascere*] inspirer; donner: *infondere terrore in qc.* inspirer de la terreur à qqn. ‖ *le sue parole infusero in tutti coraggio e speranza* ses paroles donnèrent du courage et de l'espoir à tous; *infondere serenità, gioia in qc.* donner de la sérénité, de la joie à qqn. **2** (*ant., lett.*) → **1 versare; aspergere.**

inforcàre |infor'kare| *v.tr.* **1** [*prendere con la forca*] ramasser (avec une fourche): *inforcare il fieno, un covone di grano* ramasser le foin, lever une gerbe de blé avec une fourche (à la fourche) **2** (*per est.*) *inforcare un cavallo, la bicicletta, la moto* [*montarvi sopra, mettendosi a cavalcioni*] enfourcher un cheval, une bicyclette, une moto; *inforcare gli occhiali* [*metterseli*] mettre (71) ses lunettes ◇ (*scacchi*) *inforcare due pezzi dell'avversario* [*minacciarli contemporaneamente movendo un solo pedone*] prendre (73) deux pièces de l'adversaire en fourchette.

inforcàta |infor'kata| *s.f.* (*raro*) → **forcata.**

inforcatùra |inforka'tura| *s.f.* **1** → **biforcazione** **2** (*scacchi*) fourchette → **forchetta.**

inforestieràre |inforestje'rare| *v. tr., intr.* (*aus.* '*essere*') *e pron. intr.* (*raro*) → **inforestierire.**

inforestierire |inforestje'rire| (197) **A** *v.tr.* [*corrompere con elementi forestieri*] corrompre (44): *inforestierire le abitudini* corrompre les habitudes par des apports étrangers → **imbarbarire**; *inforestierire la lingua* corrompre la langue par des mots étrangers **B** *v.intr.* (*aus.* '*essere*') *e pron. intr.* [*assimilare elementi (linguistici) stranieri*] se corrompre *pron.* par des mots étrangers: *la nostra lingua (s')è inforestierita* notre langue s'est corrompue par l'introduction de mots étrangers.

informàle |infor'male| *agg.* **1** [*non ufficiale*] non officiel*, informel*: *c'è stato un incontro informale tra i due capi di Stato, tra i due ministri* il y a eu une rencontre non officielle entre les deux chefs d'État, une rencontre informelle entre les deux ministres **2** (*pitt.*) informel: *un* (*artista*) *informale* un (artiste) informel ♦ (*s.m.*) *l'informale* l'informel: *la pittura dell'informale* la peinture de l'informel.

informalménte |informal'mente| *avv.* [→ INFORMALE 1] non officiellement.

informàre |infor'mare| **A** *v.tr.* **1** [*avvertire, ragguagliare, far sapere*] informer, renseigner: *l'ho già informato sugli sviluppi della situazione* je l'ai déjà informé des développements de la situation; *ti informo che l'orario del treno è sbagliato* je t'informe que l'horaire du train est faux; *l'hanno male informata* on vous a mal renseigné ◇ (*comm.*) *mi pregio informarla che ...* j'ai l'honneur de vous faire savoir que ... **2** (*fig.*) [*conformare, indirizzare secondo un particolare criterio*] conformer: *informare la propria vita a sani principi morali* conformer sa vie à de sains principes moraux ◇ [*caratterizzare, ispirare, essere di fondamento*] marquer: *la fede in Dio informa tutta l'opera del Manzoni* la foi en Dieu marque toute l'œuvre de Manzoni **3** (*fig., lett.*) → **modellare, formare B** *v.pron. intr.* INFORMARSI **1** [*procurarsi informazioni, notizie*] s'informer, se renseigner: *mi sono bene informato sulle condizioni della sua salute* je me suis bien informé de l'état de sa santé; *si sono informati sull'accaduto, se la notizia era vera o no* ils se sont renseignés sur ce qui s'était passé, pour savoir si la nouvelle était vraie ou non **2** (*fig.*) [*conformarsi, attenersi*] se conformer: *è necessario informarsi alle nuove direttive politiche* il faut se conformer aux nouvelles directives politiques.

informàtica, che |infor'matika, ke| *s.f.* informatique.

informativo |informa'tivo| *agg.* **1** d'information (*loc. inv.*): *uno scritto informativo* un ouvrage d'information; *rapporto informativo* rapport d'information; *a titolo informativo* à titre d'information **2** (*arc., lett., fig.*) → **ispiratore, informatore.**

informàto |infor'mato| *agg.* **1** informé, renseigné: *professore, giornale molto informato* professeur, journal très informé; *non sono bene informato sugli sviluppi della situazione* je ne suis pas bien informé, renseigné sur les développements de la situation **2** (*fig.*) [*ispirato, conformato*] conforme: *è una legge informata a una norma di diritto naturale* c'est une loi conforme à une règle de droit naturel.

informatóre, trice |informa'tore, tritʃe| **1** *agg.* qui inspire (*loc.*): *i principi informatori di un'opera letteraria, di una norma giuridica* les principes qui inspirent une œuvre littéraire, une règle juridique → **ispiratore 2** *s.* [*chi fornisce informazioni*] informateur*: *quel giornale ha degli ottimi informatori* ce journal a de très bons informateurs # *un informatore della polizia* un indicateur de la police, un mouchard ◇ (*mil.*) informateur.

informazióne |informat'tsjone| *s.f.* [*notizia, ragguaglio*] renseignement (*m.*): *agenzia, ufficio d'informazioni* agence, bureau de renseignement; *servizio d'informazione militare* service de renseignement militaire; *chiedere informazioni su qc.* prendre des renseignements sur qqn.; *te lo chiedo a titolo d'informazione* je te le demande à titre d'information, à titre de renseignement # *teoria dell'informazione* informatique → **informatica.**

infórme |in'forme| *agg.* informe: *sul luogo dell'incidente c'era una massa informe di rottami* sur le lieu de l'accident il y avait une masse informe de ferraille ◇ (*fig.*) *un progetto ancora informe* un projet encore informe.

informicolàrsi |informico'larsi| *e deriv.* → **informicolirsi** *e deriv.*

informicoliménto |informikoli'mento| *s.m.* [→ INFORMICOLIRSI] fourmillement.

informicolirsi |informiko'lirsi| (197) *v.pron. intr.* [*essere preso da formicolio*] avoir (28) *tr.* des fourmis: *mi si sono informicolite le gambe* j'ai des fourmis dans les jambes.

informicolito |informiko'lito| *agg.* [*preso da formicolio*] qui a des fourmis, des picotements *loc.* # *ho una mano informicolita* j'ai des fourmis, des picotements dans la main.

infornaciàre |inforna'tʃare| *v.tr.* [*mettere nella fornace a cuocere*] enfourner: *infornaciare i mattoni, le tegole* enfourner les briques, les tuiles dans un four.

infornaciàta |inforna'tʃata| *s.f.* → **fornaciata.**

infornapàne |inforna'pane| *s.m. inv.* [*pala per infornare il pane*] pelle *f.var.* de boulanger, pelle à enfourner.

infornàre |infor'nare| *v.tr.* **1** [*mettere nel forno o nelle fornaci per la cottura*] enfourner: *infornare la calce, il cemento, le ceramiche* enfourner la chaux, le ciment, les céramiques ♦ (*ass.*) [*cuocere il pane*] enfourner le pain **2** (*scherz.*) [*mangiare avidamente*] enfourner: *guarda come inforna, è affamato!* regarde comme il enfourne, il est affamé! **3** [*gettare a palate il combustibile nel forno o nelle fornaci*] enfourner: *infornare carbone* enfourner du charbon.

infornàta |infor'nata| *s.f.* **1** [→ INFORNARE 1] fournée: *quel panificio fa due infornate al giorno* cette boulangerie fait deux fournées par jour ◇ (*per est.*) [*il materiale messo nel forno e nella fornace*] *un'infornata di biscotti, di laterizi* une fournée de biscuits, de briques; *un'infornata di carbone alimenta la caldaia per un giorno* une fournée de charbon alimente la chaudière pendant un jour **2** (*fig., scherz.*) [*grande quantità di persone*] fournée: *una bella infornata di insegnanti è stata sistemata con l'ultimo provvedimento* une grosse fournée d'enseignants a detenu des postes grâce aux dernières mesures.

infornatóre |inforna'tore| *s.m.* [*operaio addetto al funzionamento di un forno*] enfourneur.

infortire |infor'tire| (197) **A** *v.tr.* [*rendere forte, acido*] aigrir: *il caldo infortisce il vino* la chaleur aigrit le vin **B** *v.intr.* (*aus. 'essere'*) [*inacidire*] aigrir (*aus.* avoir), s'aigrir (*pron.*): *i vini di bassa gradazione infortiscono facilmente* les vins de faible dégré alcoolique aigrissent, s'aigrissent facilement **C** *v.pron. intr.* INFORTIRSI [→ *intr.*] s'aigrir, aigrir (*intr.*): *il vino, con il caldo, s'infortisce* le vin, avec la chaleur, s'aigrit, aigrit.

infortiménto |inforti'mento| *s.m.* [→ INFORTIRE] aigrissement.

infortito |infor'tito| *agg.* [*inacidito, fermentato*] aigri: *vino infortito* vin aigri.

infortunàrsi |infortu'narsi| *v.pron. intr.* [*subire un infortunio*] avoir (28) *tr.* un accident, être (43) *intr.* victime d'un accident: *il migliore giocatore della squadra s'è infortunato* le meilleur joueur de l'équipe a eu un accident; *infortunarsi sul lavoro* être victime d'un accident du travail.

infortunàto |infortu'nato| *agg.* [*che ha subito un infortunio*] accidenté: *un operaio infortunato* un ouvrier accidenté # *rimanere infortunato sul lavoro* être victime d'un accident du travail ♦ (*s.*) *gli infortunati* les accidentés (de la route, du travail): *il crescente numero degli infortunati preoccupa la ditta* le nombre croissant des accidentés préoccupe la maison (de commerce).

infortùnio, i |infor'tunjo, i| *s.m.* **1** [*grave incidente*] accident: *un infortunio sul lavoro* un accident du travail; *assicurazione contro gli infortuni* assurance contre les accidents (du travail) **2** (*lett.*) → **disgrazia, sventura.**

infortunistica, che |infortu'nistika, ke| *s.f.* (*dir.*) (études et) prévention des accidents du travail.

infortunistico, ci, ca, che |infortu'nistiko, tʃi, ka, ke| *agg.* qui a trait aux accidents, à la prévention des accidents sur le travail *loc.*

infoscàrsi |infos'karsi| *v.pron. intr.* [*divenire fosco, oscurarsi*] s'obscurcir, s'assombrir: *il cielo andava infoscandosi* le ciel s'obscurcissait, s'assombrissait de plus en plus.

infossaménto |infossa'mento| *s.m.* **1** [→ INFOSSARE A] ensilage: *l'infossamento del grano* l'ensilage, la mise *f.* en silo du blé **2** [→ INFOSSARE B] enfoncement: *in quel punto l'infossamento del terreno è lento, ma inarrestabile* à cet endroit l'enfoncement du terrain est lent, mais impossible à arrêter **3** [*avvallamento, cavità, depressione*] creux: *è un campo pieno di infossamenti* c'est un champ plein de creux, de trous.

infossàre |infos'sare| **A** *v.tr.* (*agr.*) [*mettere in una fossa*] ensiler: *infossare le patate* ensiler les pommes de terre **B** *v.pron. intr.* INFOSSARSI [*avvallarsi, formare una cavità*] se creuser: *in quel punto il terreno va infossandosi* à cet endroit le terrain continue à se creuser ◇ (*per est.*) (*riferito ai lineamenti del viso*) [*incavarsi*] *per il lungo digiuno le guance le s'erano infossate* à cause du long jeûne, ses joues s'étaient creusées.

infossàto |infos'sato| *agg.* **1** [*messo, riposto in una fossa*] ensilé: *patate infossate* pommes de terre ensilées **2** [*sprofondato*] enfoncé, affaissé: *terreno infossato* terrain enfoncé, affaissé **3** (*riferito ai lineamenti del viso*) [*incavato*] creux; enfoncé: *guance infossate* joues creuses ‖ *occhi infossati* des yeux enfoncés.

infra- |'infra| *pref.* (*significa 'sotto, inferiore' o 'più interno', corrisponde gener. a*) infra: *infrarosso* infrarouge; *infrastruttura* infrastructure.

infra |'infra| *prep.* (*arc.*) → **tra.**
infracidàre |infratʃi'dare| *e deriv.* → **infradiciare** *e deriv.*
infracidìre |infratʃi'dire| (197) *v. intr.* (*aus.* '*essere*') [*marcire, putrefarsi*] pourrir (*aus.* avoir): *le patate sono infracidite tutte* les pommes de terre ont toutes pourri.
infracidìto |infratʃi'dito| *agg.* [*marcio, putrefatto*] pourri: *verdura infracidita* légumes pourris.
infradiciaménto |infraditʃa'mento| *s.m.* **1** [→ INFRADICIARE A 2; B 2] pourrissement: *l'infradiciamento del legno* le pourrissement du bois **2** [→ INFRADICIARE A 1; B 1] trempage → **inzuppamento.**
infradiciàre |infradi'tʃare| **A** *v.tr.* **1** [*inzuppare d'acqua*] tremper: *l'acquazzone ci ha infradiciati gli abiti* l'averse a trempé nos vêtements **2** [*rendere fradicio, marcio*] pourrir: *la pioggia e l'umidità hanno infradiciato le travi del soffitto* la pluie et l'humidité ont pourri les poutres du plafond **B** *v.pron. intr.* INFRADICIARSI **1** [*inzupparsi d'acqua*] se tremper: *mi sono infradiciato tutto ad attenderti sotto la pioggia* je me suis fait tremper en t'attendant sous la pluie **2** [*marcire, diventare fradicio*] se pourrir: *la verdura s'infradicia facilmente* les légumes (verts) se pourrissent facilement.
infradiciàta |infradi'tʃata| *s.f.* [→ INFRADICIARE B 1] saucée: *è voluta uscire e si è presa una bella infradiciata* elle a voulu sortir et elle a pris une belle saucée, et elle a été mouillée jusqu'aux os.
infradiciàto |infradi'tʃato| *agg.* **1** [*bagnato, inzuppato*] trempé: *tornarono con gli abiti infradiciati* ils revinrent (avec les habits) trempés **2** [*marcio, fradicio*] pourri: *travi infradiciate* poutres pourries.
infradiciatùra |infraditʃa'tura| *s.f.* **1** → **infradiciata 2** [→ INFRADICIARE A 2; B 2] pourrissement (*m.*): *l'infradiciatura degli infissi di legno è in uno stato molto avanzato* le pourrissement des châssis en bois est très avancé.
infraliménto |infrali'mento| *s.m.* (*lett.*) → **indebolimento.**
inframéttere |infra'mettere| *e deriv.* → **inframmettere** *e deriv.*
inframmettènte |inframmet'tɛnte| *agg.* [*invadente, intrigante*] envahissant: *è una persona troppo inframmettente* c'est une personne trop envahissante.
inframmettènza |inframmet'tɛntsa| *s.f.* → **ingerenza.**
inframméttere |infram'mettere| (155) **A** *v.tr.* (*raro*) → **frapporre, interporre B** *v.pron. intr.* INFRAMMETTERSI [*intromettersi indebitamente o inopportunamente*] s'ingérer (8): *non mi sono mai permesso d'inframmettermi nei tuoi affari* je ne me suis jamais permis de m'ingérer dans tes affaires.
infram(m)ezzàre |infram(m)ed'dzare| *v.tr.* → **frammezzare.**
inframmischiàre |inframmis'kjare| *v.tr.* → **frammischiare.**
infrancesàre |infrantʃe'zare| *e deriv.* → **francesizzare** *e deriv.*
infranchìrsi |infran'kirsi| (197) *v. pron. intr.* → **rinfrancar(si).**
infranciosàre |infrantʃo'zare| *e deriv.* → **francesizzare** *e deriv.*
infràngere |in'frandʒere| (165) **A** *v.tr.* **1** (*lett.*) *spezzare, rompere* briser, casser (*corr.*): *infrangere un vetro* casser une vitre **2** (*fig.*) [*fiaccare, abbattere*] briser: *infrangere la resistenza nemica* briser la résistance ennemie ◇ [*violare, trasgredire*] *infrangere un vincolo, un patto* briser un lien, un pacte **B** *v.pron. intr.* INFRANGERSI **1** [*spezzarsi, rompersi, frantumarsi*] se briser: *la vetrata s'infranse con un solo colpo* la verrière se brisa d'un seul coup; *le onde s'infrangevano contro gli scogli* les vagues se brisaient contre les rochers **2** (*fig.*) [*venir meno, fiaccarsi*] se briser: *ogni tentativo nemico s'infranse contro l'eroica resistenza dei nostri*, toutes les tentatives ennemies se brisèrent contre la résistance héroïque des nôtres; *le nostre speranze s'infransero definitivamente* nos espoirs furent définitivement brisés, se brisèrent définitivement.
infrangìbile |infran'dʒibile| *agg.* [*difficile a rompersi*] incassable, infrangible (*lett.*): *materiale infrangibile* matériel incassable, infrangible; *vetro infrangibile* verre incassable ◇ (*raro, fig.*) [*inviolabile; incrollabile*] inviolable, inébranlable.
infrangiménto |infrandʒi'mento| *s.m.* (*raro*) [→ INFRANGERE] brisement.
infrànto |in'franto| *agg.* **1** (*raro*) [*rotto, spezzato*] cassé (*corr.*), brisé (*lett.*): *un oggetto infranto* un object cassé, brisé **2** (*fig.*) [*distrutto, fiaccato*] brisé: *cuore infranto* cœur brisé; *idolo infranto* idole brisée; *videro le loro speranze infrante* ils virent leurs espoirs brisés **3** [*violato, trasgredito*] enfreint *p.p.*, rompu: *legge infranta* loi enfreinte; *accordo infranto* accord enfreint, rompu.
infrappórre |infrap'porre| *e deriv.* → **frapporre** *e deriv.*
infrarósso |infra'rosso| *agg.* (*fis.*) infrarouge: *raggi infrarossi* rayons infrarouges.
infrascàre |infras'kare| **A** *v.tr.* **1** [*coprire con frasche*] recouvrir (23) de feuillages: *infrascare un capanno* recouvrir de feuillages une cabane **2** (*agr.*) [*fornire un sostegno a piante rampicanti*] *infrascare i pomodori* mettre (71) des tuteurs à tomates; *infrascare i piselli* ramer des pois **3** *infrascare i bachi* [*mandarli al bosco*] (en)cabaner les vers à soie **B** *v.pron. rifl.* INFRASCARSI [*nascondersi tra le frasche, imboscarsi*] se rembucher: *il cinghiale appena avvertì la nostra presenza s'infrascò* dès qu'il s'aperçut de notre présence, le sanglier se rembucha.
infrascàta |infras'kata| *s.f.* [*riparo, copertura di frasche*] abri *m.* de feuillage: *la mitragliatrice passò inosservata perché nascosta da un'infrascata* la mitrailleuse resta invisible, cachée sous un abri de feuillage.
infràsco, chi |in'frasko, ki| *s.m.* [*sostegno per piante rampicanti*] tuteur.
infrascrìtto |infras'kritto| *agg.* [*citato o nominato subito dopo*] soussigné: *ha firmato alla presenza degli infrascritti testimoni* il a signé, en présence des témoins soussignés.
infrasettimanàle |infrasettima'nale| *agg.* [*che si verifica, che cade durante la settimana*] ferié: *festività infrasettimanale* jour férié # *riposo infrasettimanale* jour de repos pendant la semaine.
infrasonòro |infraso'nɔro| *agg.* (*fis.*) infrasonore, infra-sonore: *onde infrasonore* ondes infrasonores.
infrastruttùra |infrastrut'tura| *s.f.* infrastructure: *infrastruttura aerea* infrastructure aérienne; *le strade costituiscono le infrastrutture del commercio* les routes comptent parmi les infrastructures du commerce.
infrastrutturàle |infrastruttu'rale| *agg.* infrastructural*: *opere infrastrutturali* œuvres infrastructurales ◇ (*econ., ling.*) infrastructurel.*
infrasuòno |infra'swɔno| *s.m.* (*fis.*) infrason.
infratìre |infra'tire| (197) *v.intr.* (*aus.* '*essere*') (*bachicoltura*) [*non salire al bosco*] ne pas encabaner *tr.*
infravisìbile |infravi'zibile| *agg.* infravisible: *batteri infravisibili* bactéries infravisibles.
infrazióne |infrat'tsjone| *s.f.* **1** infraction: *una leggera infrazione disciplinare* une légère infraction à la discipline; *ha commesso una grave infrazione contro il codice della strada* il a commis une grave infraction au code de la route **2** (*med.*) fêlure: *infrazione ossea* fêlure osseuse.
infreddàrsi |infred'darsi| *v.pron. intr.* [*prendersi un raffreddore*] s'enrhumer.
infreddàto |infred'dato| *agg.* [*colpito da raffreddore*] enrhumé # *è a letto infreddato* il est au lit, avec un rhume.
infreddatùra |infredda'tura| *s.f.* [*leggero raffreddore*] rhume (*m.*): *prendersi un'infreddatura* attraper un rhume.
infreddoliménto |infreddoli'mento| *s.m.* [→ INFREDDOLIRSI] refroidissement: *ha preso un infreddolimento* il a pris un refroidissement.
infreddolìrsi |infreddo'lirsi| (197) *v.pron. intr.* [*raffreddarsi, intirizzirsi*] prendre (73) *tr.* froid: *con questi abiti leggeri mi sono infreddolito tutto* avec ces vêtements légers j'ai pris froid.
infreddolìto |infreddo'lito| *agg.* [*preso dal freddo, intirizzito*] transi de froid: *aveva le mani e i piedi infreddoliti* il avait les mains et les pieds transis de froid.
infrenàre |infre'nare| *v.tr.* (*raro*) → **frenare.**
infrequentàbile |infrekwen'tabile| *agg.* infréquentable.
infrequènte |infre'kwɛnte| *agg.* (*spec. in espressioni neg.*) [*raro, scarso*] rare: *un caso del genere non è infrequente* un cas de ce genre n'est pas rare, est assez fréquent.
infrequenteménte |infrekwente'mente| *avv.* [→ INFREQUENTE] rarement.
infrequènza |infre'kwɛntsa| *s.f.* [*rarità, eccezionalità*] rareté: *l'infrequenza di un fenomeno* la rareté d'un phénomène.
infrigidìre |infridʒi'dire| (197) (*raro*) **A** *v.intr.* (*aus.* '*essere*') [*diventare frigido o freddo*] refroidir (*aus.* avoir) **B** *v.pron. intr.* INFRIGIDIRSI [→ *intr.*] se refroidir.
infrigidiménto |infridʒidi'mento| *s.m.* [→ INFRIGIDIRE] refroidissement.
infrolliménto |infrolli'mento| *s.m.* [→ INFROLLIRE] faisandage: *l'infrollimento della selvaggina* le faisandage

du gibier ◇ (*fig.*) *l'infrollimento dei costumi* l'affaiblissement des coutumes.

infrollire |infrol'lire| (197) **A** *v.intr.* (*aus. 'essere'*) (*riferito a carni*) [*diventare frollo*] faire (45) (*aus.* avoir) faisander: *la selvaggina deve infrollire per essere commestibile* on doit faire faisander le gibier pour qu'il soit comestible ◇ (*fig.*) [*diventar fiacco, svigorire*] s'amollir (*pron.*): *quel giovane non fa che infrollire nell'ozio* ce jeune homme ne fait que s'amollir dans l'oisiveté **B** *v.tr.* (*raro*) [*far diventar frollo*] faisander (*corr.*) ◇ (*fig.*) [*togliere vigore, energia*] amollir: *la ricchezza e le comodità l'hanno infrollito* la richesse et le confort l'ont amolli **C** *v.pron. intr.* INFROLLIRSI [→ *intr.*] se faisander: *i fagiani non si sono ancora infrolliti* les faisans ne se sont pas encore faisandés ◇ (*fig.*) s'amollir: *quell'uomo, con gli anni, s'è infrollito* cet homme, avec le temps, s'est ammolli.

infrollito |infrol'lito| *agg.* [*divenuto frollo*] faisandé: *carne infrollita* viande faisandée ◇ (*fig.*) [*svigorito, rammollito*] ramolli: *gioventù infrollita* jeunesse ramollie.

infrondàre |infron'dare| (*region.*) **A** *v.intr.* (*aus. 'essere'*) [*rivestirsi di fronde*] se couvrir (23) *pron.* de feuillage **B** *v.pron. intr.* INFRONDARSI [→ *intr.*] se couvrir de feuillage: *a primavera gli alberi s'infrondano* au printemps les arbres se couvrent de feuillage.

infrondìre |infron'dire| (197) (*lett.*) → **infrondare.**

infronzolàre |infrondzo'lare| *v.tr.* (*raro*) [*ornare con fronzoli*] pomponner (*corr.*).

infruttescènza |infrutteʃ'ʃɛntsa| *s.f.* (*bot.*) infrutescence: *le infruttescenze del fico, del gelso* les infrutescences du figuier, du mûrier.

infruttìfero |infrut'tifero| *agg.* qui ne donne pas de fruits *loc.*, stérile: *albero infruttifero* arbre qui ne donne pas de fruits, stérile → **sterile, infecondo** ◇ (*per est.*) improductif*: *capitale infruttifero* capital improductif ◇ (*raro*) → **infruttuoso** 2.

infruttuosità |infruttuosi'ta| *s.f. inv.* **1** (*raro*) [*improduttività, infecondità*] stérilité *var.* **2** (*fig.*) [*inutilità, vanità*] infructuosité (*var.*): *l'infruttuosità di una ricerca, di un lavoro* l'infructuosité d'une recherche, d'un travail.

infruttuóso |infruttu'oso| *agg.* **1** (*raro*) [*improduttivo, infecondo*] improductif*: *campo infruttuoso* champ improductif **2** (*fig.*) [*vano, inutile*] infructeux*: *tentativi infruttuosi* tentatives infructueuses; *è un lavoro infruttuoso* c'est un travail infructueux.

ìnfula |'infula| *s.f.* **1** (*st. classica*) infule **2** (*eccl.*) fanon *m.*

infumàbile |infu'mabile| *agg.* (*di tabacco*) [*che non si può fumare*] infumable: *questa sigaretta è infumabile* cette cigarette est infumable.

infundibolifórme |infundibo-li'forme| *agg.* (*scient.*) infundibuliforme.

infundìbolo |infun'dibolo|, **infundìbulo** |infun'dibulo| *s.m.* (*anat.*) infundibulum.

infuocàre |infwo'kare| *e deriv.* → **infocare** *e deriv.*

infuòri |in'fwɔri| **1** *loc. avv.* ALL'INFUORI [*verso l'esterno*] à l'extérieur, en dehors: *quella trave sporge troppo all'infuori* cette poutre fait trop saillie à l'extérieur, en dehors **2** *loc. prep.* ALL'INFUORI DI [*eccetto, tranne*] excepté, sauf: *nessuno è al corrente, all'infuori di te* personne n'est au courant, exepté, sauf toi, a part toi.

infurbìre |infur'bire| (197) **A** *v.intr.* (*aus. 'essere'*) [*scaltrirsi, smaliziarsi*] se dégourdir (*pron.*): *trasferendosi in città è infurbito* en allant en ville il s'est dégourdi **B** *v.pron. intr.* INFURBIRSI [→ *intr.*] se dégourdir: *con la compagnia di quei giovani s'è infurbito anche lui* en compagnie de ces jeunes gens, il s'est dégourdi lui aussi.

infurbìto |infur'bito| *agg.* [*smaliziato, scaltrito*] dégourdi: *è tornato da quel soggiorno infurbito* il est revenu de ce séjour plus dégourdi.

infuriàre |infu'rjare| **A** *v.intr.* **1** (*aus. 'avere'*) (*sogg. di cosa*) [*divampare, imperversare*] sévir; faire (45) *tr.* rage: *il morbo infuriava già da molti giorni* l'épidemie sévissait déjà depuis plusieurs jours ‖ *la tempesta infuria sui monti* la tempête fait rage en montagne ◇ (*sogg. di persona*) [*lottare, combattere con accanimento*] faire rage: *il nemico infuriava contro le nostre linee di difesa* l'offensive ennemie faisait rage contre nos lignes de défense **2** (*aus. 'essere'*) (*raro*) [*diventare furibondo, incollerire*] se mettre (71) *pron.* en colère (*corr.*) **B** *v.pron. intr.* INFURIARSI [→ *intr.* 2] se mettre en colère, s'emporter: *s'infuria per un nonnulla* il se met en colère, il s'emporte pour un rien; *anziché infuriarti, perché non decidi il da farsi?* au lieu de te mettre en colère, pourquoi ne décides-tu pas de ce qu'il faut faire?

infuriàto |infu'rjato| *agg.* [*furioso*] furieux*: *un toro infuriato* un toreau furieux, en furie; *è ancora infuriato per la beffa subita* il est encore furieux de la farce qu'on lui a faite; *se ne andato infuriato* il est parti furieux → **furente, furibondo.**

infusìbile |infu'zibile| *agg.* infusible: *metallo infusibile* métal infusible.

infusibilità |infuzibili'ta| *s.f. inv.* infusibilité *var.*

infusióne |infu'zjone| *s.f.* **1** infusion: *un medicinale, un liquore preparato per infusione* un médicament, une liqueur préparée par infusion ◇ (*per est., raro*) → **infuso** 2 **2** (*liturg. catt., teol.*) infusion: *battesimo per infusione* baptême par infusion; *l'infusione della grazia* l'infusion de la grâce.

infùso |in'fuzo| **1** *agg.* (*in loc. fig., teol.*) *virtù infusa* vertu infuse ~ *scienza infusa* science infuse ~ (*iron.*) *avere la scienza infusa* avoir la science infuse **2** *s.m.* [*la soluzione liquida ottenuta per infusione*] infusion (*f.*): *un infuso di tiglio, di camomilla* une infusion de tilleul, de camomille.

Infusòri |infu'zɔri| *s.m.pl.* (*t.zool.*) Infusoires.

ingabbiaménto |ingabbja'mento| *s.m.* **1** [→ INGABBIARE 1] mise *f.* en cage: *l'ingabbiamento di un carico* la mise en cage d'un chargement **2** [→ INGABBIARE 2] mise *f.* en cageot: *l'ingabbiamento di ortaggi* la mise en cageot de légumes.

ingabbiàre |ingab'bjare| *v.tr.* **1** (*min.*) [*mettere, introdurre in una gabbia*] pousser les berlines dans la cage: *i minatori hanno ingabbiato i vagoncini* les mineurs ont poussé les berlines dans la cage **2** [*proteggere con una gabbia, imballare*] emballer: *ingabbiare un macchinario* emballer les machines **3** (*fig.*) [*rinchiudere, ridurre la libertà di movimento*] encercler: *il nemico fu ingabbiato dentro una cerchia di monti* l'ennemi fut encerclé dans les montagnes **4** (*edil.*) [*costruire la struttura portante*] construire (75) les structures métalliques, l'ossature d'un édifice en ciment armé.

ingabbiatóre |ingabbja'tore| *s.m.* [*operaio che ingabbia* (1)] accrocheur.

ingabbiatùra |ingabbja'tura| *s.f.* (*edil.*) ossature, châssis *m.*

ingaggiaménto |ingaddʒa'mento| *s.m.* (*raro*) → **ingaggio.**

ingaggiàre |ingad'dʒare| **A** *v.tr.* **1** [*assoldare, assumere alle proprie dipendenze*] engager (3): *ingaggiare manodopera* engager, embaucher de la main-d'œuvre; *ingaggiare l'equipaggio di una nave* engager, recruter l'équipage d'un bateau # *ingaggiare milizie mercenarie* enrôler, recruter des troupes mercenaires ◇ (*sport*) *ingaggiare un calciatore, un corridore* engager un joueur de football, un coureur **2** [*attaccare, incominciare*] engager: *ingaggiare battaglia* engager la bataille **B** *v.pron. intr.* INGAGGIARSI **1** (*di un cavo o di una catena*) [*imbrogliarsi*] s'emmêler, s'enchevêtrer **2** (*raro*) [*arrolarsi*] s'enrôler (*corr.*).

ingaggiatóre, trice |ingaddʒa'tore, tritʃe| *s.* [*chi si occupa di ingaggi*] recruteur *m.*, embaucheur*.

ingàggio, i |in'gaddʒo, i| *s.m.* **1** [→ INGAGGIARE A 1] engagement, recrutement: *l'ingaggio di un giocatore* l'engagement d'un joueur; *l'ingaggio di un nuovo equipaggio* le recrutement d'un nouvel équipage ◇ (*per est.*) [*il compenso straordinario corrisposto a chi viene ingaggiato*] *il premio d'ingaggio, l'ingaggio* la prime d'embauche **2** (*hockey*) engagement.

ingagliardìre |ingaʎʎar'dire| (197) **A** *v.tr.* [*rendere robusto, gagliardo*] fortifier: *lo sport ingagliardisce il corpo* le sport fortifie le corps → **irrobustire** **B** *v.intr.* (*aus. 'essere'*) [*diventar gagliardo, irrobustirsi*] devenir (27) plus fort: *il vento è ingagliardito* le vent est devenu plus fort **C** *v.pron. intr.* INGAGLIARDIRSI [→ *intr.*] se fortifier: *con la ginnastica il corpo s'ingagliardisce* avec la gymnastique le corps se fortifie.

ingalluzzìre |ingallut'tsire| (197) *v.intr.* (*aus. 'essere'*) *e pron. intr.* → **ringalluzzire.**

inganghieràre |ingange'rare| *v.tr.* (*raro*) [*fermare nei gangheri*] fixer sur ses gonds.

ingannàbile |ingan'nabile| *agg.* [→ INGANNARE A 1] facile à tromper, à duper # *è un ragazzo facilmente ingannabile* c'est un garçon qu'on peut facilement tromper, duper.

ingannàre |ingan'nare| **A** *v.tr.* **1** [*trarre, indurre in errore*] tromper: *le sue belle parole ci hanno ingannati* ses belles paroles nous ont trompés # *se la memoria non m'inganna, noi ci siamo già visti a teatro* si ma mémoire ne me trahit pas, nous nous sommes déjà vus au théâtre ♦ (*ass.*) *spesso l'apparenza inganna* les apparences sont souvent trompeuses **2** [*abusare dell'altrui buona fede, imbrogliare, truffare*] tromper: *in-*

gannare un amico, il prossimo tromper un ami, son prochain; *ha tentato d'ingannare il fisco* il a essayé de tromper le fisc # *ti sei lasciato ingannare da quel negoziante!* tu t'es laissé avoir (*fam.*) par ce commerçant! ◇ (*nei rapporti coniugali*) [*mancare alla fede data*] *ingannare il marito, la moglie* tromper son mari, sa femme **3** [*deludere, tradire*] trahir, décevoir (33): *ingannare la fiducia altrui* trahir la confiance de qqn.; *ingannare le speranze altrui* trahir, décevoir la confiance d'autrui ◇ [*eludere, rendere vano*] tromper: *ingannare la vigilanza delle sentinelle* tromper la vigilance des sentinelles ◇ (*loc. fig.*) *ingannare la noia, l'attesa* tromper l'ennui, l'attente ~ *ingannare il tempo* tuer le temps ~ *ingannare la fame* tromper la faim **B** *v.pron. intr.* INGANNARSI [*giudicare erroneamente, fare una valutazione errata*] se tromper: *ingannarsi sul conto di qc.* se tromper sur le compte de qqn.; *se non m'inganno, siamo a buon punto* si je ne me trompe pas, si je ne m'abuse, nous sommes bien avancés.

ingannatóre, trice |inganna'tore, tritʃe| *agg.* [*che induce in errore*] trompeur*: *parole, speranze ingannatrici* paroles trompeuses, espoirs trompeurs ♦ (*s.*) *un ingannatore* un menteur*; *non fidarti, è un'ingannatrice!* ne te fie pas à elle, c'est une menteuse.

ingannévole |ingan'nevole| *agg.* [*che inganna, che induce facilmente in errore*] trompeur*: *promessa, apparenza ingannevole* promesse, apparence trompeuse; *la sua speranza è ingannevole* ses espoirs sont trompeurs → **illusorio, fallace.**

ingannevolménte |inganne-vol'mente| *avv.* [→ INGANNEVOLE] trompeusement.

ingànno |in'ganno| *s.m.* **1** [→ INGANNARE A 1; B] ruse (*f.*): *ha vinto con l'inganno* il a gagné par la ruse ◇ [*imbroglio, tranello*] piège: *cadere nel l'inganno* tomber dans le piège; donner, tomber dans le panneau **2** [*errore, illusione*] illusion *f.*; erreur (*f.*): *gli inganni dei sensi* les illusions des sens ‖ *trarre in inganno* induire en erreur, tromper; *cadere in inganno* tomber dans l'erreur **3** (*aer. mil.*) *manovra d'inganno* manœuvre de déception *f.* **4** (*caccia*) appeau **5** (*pesca*) appât artificiel **6** (*mus.*) *cadenza d'inganno* cadence rompue *agg.*

ingarbugliaménto |ingarbuʎʎa'mento| *s.m.* (*raro*) **1** [→ INGARBUGLIARE A 1; B 1] emmêlement **2** [→ INGARBUGLIARE A 2; B 2] embrouillement.

ingarbugliàre |ingarbuʎ'ʎare| (*fam.*) **A** *v.tr.* **1** [*mescolare, intricare*] emmêler: *ingarbugliare i fili di un gomitolo* emmêler les fils d'une pelote ◇ (*loc.*) *ingarbugliare la matassa*: (*pr., fig.*) emmêler l'écheveau **2** (*fig.*) [*confondere, imbrogliare*] entortiller; brouiller: *non riuscirai mai a ingarbugliarmi con la tua parlantina* tu ne réussiras pas à m'entortiller avec ton bavardage ‖ *ingarbugliare le idee, le carte* brouiller les idées, les cartes **B** *v.pron. intr.* INGARBUGLIARSI **1** [*intricarsi, arruffarsi*] s'emmêler: *mi s'è ingarbugliato tutto il gomitolo di lana* ma pelote de laine s'est toute emmêlée **2** (*fig.*) [*complicarsi*] s'embrouiller: *l'affare si va sempre più ingarbugliando* l'affaire s'embrouille de plus en plus **3** (*fig.*) [*impappinarsi*] s'embrouiller: *parlando, s'è ingarbugliato* en parlant, il s'est embrouillé.

ingarbugliàto |ingarbuʎ'ʎato| *agg.* **1** [*intricato, arruffato*] emmêlé: *un gomitolo ingarbugliato* une pelote emmêlée **2** (*fig.*) [*complicato, imbrogliato*] embrouillé: *una questione ingarbugliata* une question embrouillée.

ingarbuglióne |ingarbuʎ'ʎone| *s.* (*raro*) [*chi fa grande confusione*] brouillon* → **arruffone** ◇ (*per est.*) → **imbroglione.**

ingavornàrsi |ingavor'narsi| *v. pron. intr.* (*riferito a navi*) [*inclinarsi su un fianco*] gîter *intr.*

ingegnàccio, i |indʒeɲ'ɲattʃo, i| *s.m.* [*persona di ingegno assai vivace ma rozzo e bizzarro*] grand, sacré talent # *quel tuo amico è un ingegnaccio* il ne manque pas de talent, ton ami.

ingegnàrsi |indʒeɲ'ɲarsi| *v.pron. intr.* [*adoperarsi, studiarsi, impegnarsi con tutte le proprie capacità*] s'ingénier: *ingegnarsi per superare una difficoltà* s'ingénier à surmonter une difficulté; *non è molto dotato, ma s'ingegna per essere sempre tra i migliori* il n'est pas très doué, mais il s'ingénie à être toujours parmi les premiers ◇ (*in senso euf.*) [*ricorrere a qualsiasi espediente per raggiungere un determinato scopo*] *è disoccupato, ma s'ingegna per sbarcare il lunario* il est en chômage et il s'ingénie pour joindre les deux bouts.

ingegnère |indʒeɲ'ɲɛre| *s.m.* ingénieur: *ingegnere meccanico, elettrotecnico* ingénieur mécanicien, électricien; *ingegnere edile, navale* ingénieur constructeur, naval; *ingegnere minerario* ingénieur des mines.

ingegneria |indʒeɲɲe'ria| *s.f.* [*scienza, tecnica e professione dell'ingegnere*] *ingegneria civile, chimica, elettronica, aeronautica, mineraria* art *m.*, profession d'ingénieur civil, chimiste, électricien, aéronautique, des mines; *iscriversi a* (*alla facoltà d'*) *ingegneria* entrer dans une école d'ingénieur; *s'è laureato in ingegneria* il a eu son diplôme d'ingénieur; *ha realizzato una complessa opera d'ingegneria* il a réalisé une grande œuvre de construction.

ingégno |in'dʒeɲɲo| *s.m.* **1** [*prontezza, vivacità di mente; capacità creativa*] esprit: *ingegno brillante, vivace, fecondo, sterile* esprit brillant, vif, fertile, stérile; *forza, vigore d'ingegno* force d'esprit; *è un uomo d'ingegno* c'est un homme d'esprit; *non ho potuto coltivare il mio ingegno come avrei voluto* je n'ai pas pu cultiver mon esprit comme je l'aurais voulu; *il bisogno aguzza l'ingegno* le besoin aiguise l'esprit # *quell'artigiano manca d'ingegno* cet artisan manque d'imagination ◇ (*loc.*) *opera d'ingegno* [*di valore eccezionale*] œuvre de talent ~ *le opere dell'ingegno* les œuvres de l'intelligence ~ *alzata d'ingegno* [*trovata intelligente*] éclair de génie ~ (*spec. iron.*) [*trovata poco felice*] une idée de génie ~ *lavorare d'ingegno* [*d'intelligenza, d'astuzia*] user d'intelligence **2** [*persona d'intelligenza viva e penetrante*] esprit, intelligence (*f.*): *quello scienziato è uno dei migliori ingegni del momento* ce savant est un des meilleurs esprits, une des plus grandes intelligences du moment; *quel tuo amico è un bell'ingegno* ton ami est une belle intelligence **3** (*lett.*) → **natura, indole** ◇ [*disposizione naturale per q.c.*] talent: *avere ingegno musicale, poetico, oratorio* avoir un talent musical, poétique, oratoire # *quell'artista manca del tutto d'ingegno pratico* cet artiste manque complètement d'esprit pratique **4** *l'ingegno della chiave* [*la parte che s'introduce nella toppa*] le panneton **5** (*arc., lett.*) → **congegno, meccanismo** **6** (*pesca*) drague (pour la pêche du corail).

ingegnosaménte |indʒeɲɲosa'mente| *avv.* [→ INGEGNOSO 1] ingénieusement.

ingegnosità |indʒeɲɲosi'ta| *s.f. inv.* **1** (*persone*) ingéniosité (*var.*): *quel ragazzo è d'una ingegnosità sorprendente* ce garçon est, fait preuve d'une ingéniosité surprenante **2** (*cose*) ingéniosité: *l'ingegnosità di una trovata, di un espediente* l'ingéniosité d'une idée, d'un expédient ◇ (*riferito allo stile, a un'opera letteraria*) [*sottigliezza o artificiosità*] préciosité (*var.*): *ingegnosità di metafora, di concetti* préciosité d'une métaphore, d'idées.

ingegnóso |indʒeɲ'ɲoso| *agg.* **1** (*persone*) ingénieux*: *è un artigiano, un meccanico molto ingegnoso* c'est un artisan, un mécanicien très ingénieux → **geniale** **2** (*cose*) [*fatto con molto ingegno*] ingénieux: *una soluzione ingegnosa* une solution ingénieuse; *un espediente veramente ingegnoso* un expédient vraiment ingénieux ◇ (*lett.*) → **artificioso, lambiccato.**

ingelosire |indʒelo'sire| (197) **A** *v.tr.* [*rendere geloso*] rendre (53) jaloux*: *i miei successi l'hanno ingelosito* mes succès l'ont rendu jaloux; *con la sua civetteria tentava d'ingelosirlo* avec sa coquetterie, elle essayait de le rendre jaloux **B** *v.pron. intr.* INGELOSIRSI [*diventare geloso*] devenir (27) *intr.* jaloux: *s'è ingelosito dell'amico senza ragione* il est devenu jaloux de, il jalouse son ami, sans aucune raison.

ingemmàre |indʒem'mare| **A** *v.tr.* [*ornare di gemme*] orner de pierres précieuses: *ingemmare un cofanetto, una corona d'oro* orner un coffret, une couronne en or de pierres précieuses ◇ (*fig.*) [*abbellire, adornare*] émailler: *a primavera i prati sono ingemmati dai fiori* au printemps les prés sont émaillés de fleurs **B** *v.intr.* (*bot.*) [*gemmare*] bourgeonner.

ingemmàto |indʒem'mato| *agg.* [*ornato di gemme*] orné de pierres précieuses: *una corona d'oro ingemmata* une couronne en or (d'or) ornée de pierres précieuses.

ingeneràre |indʒene'rare| **A** *v.tr.* **1** [*causare, suscitare*] provoquer; engendrer: *ingenerare confusione* provoquer de la confusion ‖ *il suo gesto ha ingenerato odio e disprezzo* son geste a engendré la haine et le mépris → **provocare** **2** (*lett.*) → **generare, procreare** **B** *v.pron. intr.* INGENERARSI [*avere origine, prodursi*] s'infiltrer: *s'ingenerò in essi il sospetto del tradimento* le soupçon de la trahison s'infiltra en eux.

ingenerosaménte |indʒenerosa'mente| *avv.* [→ INGENEROSO] sans générosité *loc. inv.*

ingenerosità |indʒenerosi'ta| *s.f. inv.* manque *m.var.* de générosité.

ingeneróso |indʒene'roso| *agg.* [*privo di generosità*] dépourvu de générosité: *un animo ingeneroso* un esprit dépourvu de générosité → **gretto** ◇ (*per est.*) [*cattivo, ingiusto*] injuste: *sei ingeneroso a trattarmi così dopo quanto ho fatto per te* tu es injuste de me traiter ainsi après tout ce que j'ai fait pour toi.

ingénio |in'dʒɛnjo| *e deriv.* → **ingegno** *e deriv.*

ingènito |in'dʒɛnito| *agg.* (*lett.*) → **innato, congenito.**

ingènte |in'dʒɛnte| *agg.* [*molto grande*] considérable: *ha perso al gioco una somma ingente* il a perdu une somme considérable au jeu → **rilevante**; *il terremoto ha causato danni ingenti alle abitazioni* le tremblement de terre a causé des dégâts considérables aux maisons → **grave**; *è andata distrutta un'ingente quantità di grano* une quantité considérable de blé a été perdue.

ingentiliménto |indʒentili'mento| *s.m.* [→ INGENTILIRE] affinement.

ingentilìre |indʒenti'lire| (197) **A** *v.tr.* [*rendere gentile, più educato e raffinato*] affiner: *ingentilire i propri costumi* affiner ses mœurs; *la cultura ingentilisce l'animo* la culture affine l'esprit → **affinare** **B** *v.pron. intr.* INGENTILIRSI [*dirozzarsi, affinarsi*] s'affiner: *con il progredire della civiltà i costumi s'ingentiliscono* avec les progrès de la civilisation, les mœurs s'affinent.

ingenuaménte |indʒenua'mente| *avv.* **1** [→ INGENUO I 1] ingénument, naïvement: *quella ragazza vede le cose ancora ingenuamente* cette jeune fille voit encore ingénument, naïvement les choses → **candidamente, innocentemente** **2** [→ INGENUO I 3] naïvement: *s'è fidata ingenuamente del primo arrivato* elle s'est fiée naïvement au premier venu.

ingenuità |indʒenui'ta| *s.f. inv.* **1** [*candore, semplicità*] ingénuité *var.*, naïveté (*var.*): *l'ingenuità di quella ragazza è incantevole* l'ingénuité, la naïveté de cette jeune fille est charmante ◇ [*inesperienza, sprovvedutezza*] naïveté: *tutti approfittano della sua ingenuità* tout le monde abuse de sa naïveté **2** [*comportamento, frase da persona ingenua*] naïveté: *hai detto molte ingenuità* tu as dit beaucoup de naïvetés # *è stata un'ingenuità fidarsi di quell'imbroglione* il a été bien naïf de se fier à cet entortilleur-là.

ingènuo |in'dʒɛnuo| **I** *agg.* **1** (*persone*) [*privo di malizia, semplice, innocente*] ingénu, naïf*: *una ragazza ingenua* une jeune fille ingénue, naïve; *quell'uomo è ingenuo come un bambino* cet homme est naïf comme un enfant ✦ *s.* (*nella loc.*) *fare l'ingenuo* [*fingere di non sapere, di non capire*] faire le naïf **2** (*cose*) [*che denota semplicità e schiettezza*] naïf: *una domanda ingenua* une question naïve; *avere un animo, un cuore ingenuo* avoir un esprit, un cœur naïf **3** (*per est.*) [*semplicione, poco furbo*] naïf: *non è poi così ingenuo da credere ciò* il n'est pas assez naïf pour croire ça; *che ingenuo, a farsi imbrogliare così!* quel naïf, se faire avoir comme ça! → **credulone** ✦ (*s.*) *un ingenuo* un ingénu; *sei un'ingenua, a fidarti di lui!* tu es une ingénue, si tu te fies à lui! **II** *s.* **1** *s.* (*st. rom.*) ingénu **2** *s.f.* (*teat.*) ingénue: *recitare* (*la parte dell'ingenua*) jouer le rôle de l'ingénue.

ingerènza |indʒe'rɛntsa| *s.f.* [→ INGERIRE B] ingérence: *l'ingerenza dello Stato negli affari privati è legittima* l'ingérence de l'État dans les affaires privées est légitime; *non tollero ingerenze di estranei nel mio lavoro* je ne tolère pas l'ingérence de personnes étrangères dans mon travail → **intrusione, intervento.**

ingeriménto |indʒeri'mento| *s.m.* **1** [→ INGERIRE A] ingestion (*f.*): *l'ingerimento di un veleno, di una pillola* l'ingestion d'un poison, d'une pilule → **ingestione** **2** (*raro*) → **ingerenza.**

ingerìre |indʒe'rire| (197) **A** *v.tr.* [*introdurre nello stomaco, ingoiare*] avaler, ingérer (8): *è all'ospedale per avere ingerito un bicchiere di varechina* il est à l'hôpital parce qu'il a avalé un verre d'eau de javel; *s'è avvelenata ingerendo un tubetto di barbiturici* elle s'est empoisonée en avalant, en ingérant un tube de barbituriques **B** *v.pron. intr.* INGERIRSI [*intromettersi inopportunamente o indebitamente*] s'ingérer, s'immiscer (2): *ingerirsi negli affari altrui*, s'ingérer, s'immiscer dans les affaires d'autrui; *non permetterò mai che egli s'ingerisca nella mia vita privata* je ne permettrai jamais qu'il s'ingère, s'immisce dans ma vie privée.

ingerito |indʒe'rito| *agg.* [*mandato giù nello stomaco, ingoiato*] ingéré: *il veleno ingerito non ha ancora fatto effetto* le poison ingéré n'a pas encore agi.

ingessàre |indʒes'sare| *v.tr.* **1** (*ortopedia*) [*avvolgere con bende impastate di gesso*] plâtrer: *ingessare una gamba, un braccio* plâtrer une jambe, un bras **2** [*murare con il gesso*] sceller avec du plâtre: *ingessare un tassello, un arpione nella parete* sceller avec du plâtre un tasseau, un gond dans le mur ◇ [*spalmare, ricoprire di gesso*] recouvrir (23) de plâtre, plâtrer: *ingessare una tavoletta prima di dipingervi* recouvrir de plâtre une plaque avant d'y peindre; *ingessare una parete* recouvrir de plâtre, plâtrer un mur.

ingessàto |indʒes'sato| *agg.* **1** [*fasciato di bende gessate*] plâtré: *un arto ingessato* un membre plâtré **2** [*spalmato di gesso*] recouvert de plâtre: *una tavoletta ingessata* une plaque recouverte de plâtre.

ingessatùra |indʒessa'tura| *s.f.* **1** [→ INGESSARE 1] plâtre (*m.*): *fare una ingessatura* mettre un plâtre # *è necessaria l'ingessatura di tutto il torace* il faut plâtrer tout le thorax ◇ (*per est.*) [*le bende applicate*] *togliere l'ingessatura* ôter le plâtre **2** (*edil.*) scellement *m.* au plâtre.

ingessìre |indʒes'sire| (197) *v.intr.* (*aus. 'essere'*) (*bachicoltura*) [*essere colpito dal calcino*] être (43) (*aus.* avoir) atteint de muscardine.

ingestióne |indʒes'tjone| *s.f.* [→ INGERIRE A] ingestion → **ingerimento** # *è morto per ingestione di cibi avariati* il est mort d'avoir absorbé des aliments avariés.

inghiaiàre |ingja'jare| *v.tr.* [*cospargere, ricoprire di ghiaia*] recouvrir (23) de gravier: *inghiaiare un viale, una massicciata* recouvrir de gravier une avenue, un ballast.

inghiaiàto |ingja'jato| *agg.* [*ricoperto di ghiaia*] recouvert de gravier: *stavo percorrendo una strada inghiaiata* j'étais en train de parcourir une route recouverte de gravier.

inghiaiatùra |ingjaja'tura| *s.f.* [→ INGHIAIARE] gravillonnage (*m.*): *l'inghiaiatura di un vialetto* le gravillonnage d'une petite avenue ◇ (*per est.*) [*la ghiaia utilizzata*] couche de gravier: *livellare l'inghiaiatura* niveler la couche de gravier.

inghiottiménto |ingjotti'mento| *s.m.* **1** [→ INGHIOTTIRE 1] le fait d'avaler: *l'inghiottimento di un bottone, di uno spillo* le fait d'avaler un bouton, une épingle **2** [→ INGHIOTTIRE 2] engloutissement: *l'inghiottimento di una nave da parte delle onde* l'engloutissement d'un navire par les flots.

inghiottire |ingjot'tire| (197) *v.tr.* **1** [*mandar giù nello stomaco*] avaler: *non riesce a inghiottire neppure l'acqua* il n'arrive même pas à avaler de l'eau; *il bambino ha inghiottito uno spillo* l'enfant a avalé une épingle ◇ [*mangiare avidamente o in fretta*] *in un batter d'occhio inghiottì la preda* en un clin d'œil il avala sa proie; *ho appena fatto in tempo a inghiottire un boccone di pane* j'ai à peine eu le temps d'avaler un morceau de pain → **trangugiare** **2** (*per est.*) [*sommergere, fare sparire*] engloutir: *i marinai furono inghiottiti dalle onde* les marins furent engloutis par les flots; *lo inghiottì una voragine* le gouffre l'engloutit ✦ (*al p.p.*) *scomparve inghiottito dalle tenebre* il disparut englouti dans, par les ténèbres **3** (*fig.*) [*tollerare, sopportare senza reagire*] avaler: *quanti bocconi amari ha dovuto inghiottire, quella poveretta!* qu'est-ce qu'elle a dû avaler, cette pauvre fille! (*fam.*); *è disposto a inghiottire qualsiasi umiliazione pur di non perdere il posto* il est prêt à avaler n'importe quelle humiliation pour ne pas perdre sa place **4** (*fig.*) [*consumare, assorbire*] engloutir: *quell'impresa gli ha inghiottito i suoi risparmi* cette affaire a englouti toutes ses économies.

inghiottitóio, i |ingjotti'tojo, i| *s.m.* (*geol.*) gouffre, goulot d'une doline.

inghiottonire |ingjotto'nire| (197) **A** *v.intr.* (*aus. 'essere'*) [*diventare ghiotto*] devenir (27) gourmand: *con il passare degli anni inghiottonisce sempre più* il devient de plus en plus gourmand avec les années **B** *v.tr.* (*raro*) [*far diventare goloso*] rendre (53) gourmand **C** *v.pron. intr.* INGHIOTTONIRSI [→ *intr.*] devenir *intr.* gourmand: *diventando vecchio s'è inghiottonito* en prenant de l'âge, il est devenu gourmand.

inghippo |in'gippo| *s.m.* (*region.*) → **imbroglio; trucco.**

inghirlandàre |ingirlan'dare| **A** *v.tr.* [*ornare con una o più ghirlande*] enguirlander: *inghirlandare una statua* enguirlander une statue □ *inghirlandarsi il capo di rose* se couronner de roses ◇ (*fig.*) [*circondare come una ghirlanda*] entourer: *una cerchia di monti inghirlanda la città* un cirque de montagnes entoure la ville **B** *v.pron. rifl.* INGHIRALANDARSI [→ *tr.*] se parer de guirlandes ✦ → *tr.* □.

inghirlandàto |ingirlan'dato| *agg.* [*ornato di ghirlande*] couronné: *aveva il capo inghirlandato d'alloro* il avait la tête enguirlandée de laurier # *città inghirlandata di mura* ville entourée, couronnée de murailles.

ingialliménto |indʒalli'mento| *s.m.* [→ INGIALLIRE] jaunissement: *l'in-*

giallimento delle foglie le jaunissement des feuilles.

ingiallìre |indʒal'lire| (197) **A** *v.tr.* [*rendere giallo*] jaunir: *l'uso e il tempo avevano ingiallito le pagine del libro* l'usage et le temps avaient jauni les pages du livre **B** *v.intr.* (*aus.* '*essere*') [*diventare giallo*] jaunir (*aus.* avoir): *in autunno le foglie ingialliscono* en automne les feuilles jaunissent **C** *v.pron. intr.* INGIALLIRSI [→ *intr.*] jaunir (*intr.*): *le foglie cominciano a ingiallirsi* les feuilles commencent à jaunir.

ingiallìto |indʒal'lito| *agg.* [*diventato giallo*] jauni: *un foglio ingiallito* une feuille jaunie ◇ [*tinto di giallo*] *aveva le dita ingiallite di nicotina* il avait les doigts jaunis de nicotine.

ingigantìre |indʒigan'tire| (197) **A** *v.tr.* **1** [*ingrandire smisuratamente*] grossir, exagérer (8); agrandir: *ingigantire le difficoltà, i rischi di un'impresa* grossir, exagérer les difficultés, les risques d'une entreprise ‖ *ingigantire una fotografia* agrandir une photo **2** → **ingrandire B** *v.intr.* (*aus.* '*essere*') [*assumere proporzioni gigantesche*] devenir (27) gigantesque: *il suo prestigio ingigantisce di giorno in giorno* son prestige grandit de jour en jour jusqu'à devenir gigantesque **C** *v.pron. intr.* INGIGANTIRSI [→ *intr.*] devenir *intr.* grand, gigantesque: *il pericolo s'ingigantisce sempre più* le danger devient de plus en plus grand.

ingigliàre |indʒiʎ'ʎare| *v.tr.* (*lett.*) [*ornare con gigli*] orner de lis (*corr.*).

inginocchiaménto |indʒinokkja'mento| *s.m.* (*raro*) → **genuflessione.**

inginocchiàrsi |indʒinok'kjarsi| *v.pron. intr.* [*mettersi in ginocchio*] s'agenouiller: *s'inginocchiò davanti al crocifisso* il s'agenouilla devant le crucifix; *inginocchiarsi davanti al vincitore* s'agenouiller devant le vainqueur ◇ [*abbassarsi o cadere sui ginocchi*] se mettre (71) à genoux: *il cammello s'inginocchiò per far salire il cammelliere* le chameau se mit à genoux pour laisser monter le chamelier.

inginocchiàta |indʒinok'kjata| *s.f.* (*arch.*) fenêtre à grille coudée, cintrée.

inginocchiàto |indʒinok'kjato| *agg.* [*che sta in ginocchio*] agenouillé, à genoux (*loc. inv.*): *pregava inginocchiata in un angolo della chiesa* elle priait agenouillée, à genoux dans un coin de l'église.

inginocchiatóio, i |indʒinokkja'tojo, i| *s.m.* [*mobiletto di legno per inginocchiarsi*] prie-Dieu *inv.*

inginocchióni |indʒinok'kjoni| *avv.* (*raro*) → **ginocchioni.**

ingioiellàre |indʒojel'lare| **A** *v.tr.* [*ornare di gioielli*] orner, parer de bijoux ◇ (*fig.*) [*ornare di eleganze e preziosità*] orner, enjoliver: *ingioiellare uno scritto di metafore* orner, enjoliver un récit de métaphores → **impreziosire B** *v.pron. rifl.* INGIOIELLARSI [→ *tr.*] se couvrir (23), se parer de bijoux: *ingioiellarsi per andare a una festa danzante* se couvrir de bijoux pour aller à un bal.

ingioiellàto |indʒojel'lato| *agg.* couvert de bijoux: *è andata a teatro tutta ingioiellata* elle est allée au théâtre couverte de bijoux.

ingiù |in'dʒu| *avv.* (*spec. nelle loc. avv.*) ALL'INGIÙ, PER L'INGIÙ, DALL'INGIÙ [*verso il basso, dal basso*] vers le bas, en bas, d'en bas; de bas: *guardare all'ingiù* regarder vers le bas; *cadde con la testa all'ingiù* il tomba la tête en bas, la tête la première ‖ *tirava dall'ingiù in su* il tirait de bas en haut.

ingiudicàto |indʒudi'kato| *agg.* (*raro*) en suspens (*loc. inv.*): *la questione è tuttora ingiudicata* la question est encore en suspens.

ingiuncàre |indʒun'kare| **A** *v.tr.* [*coprire di giunchi*] couvrir (23) de joncs **B** *v.pron. intr.* INGIUNCARSI [*coprirsi di giunchi*] se couvrir de joncs ◇ (*per est.*) [*coprirsi di foglie*] se couvrir de feuilles.

ingiùngere |in'dʒundʒere| (150) **A** *v.tr.* [*ordinare, imporre in modo reciso*] imposer, ordonner: *i vincitori ingiunsero la resa incondizionata* les vainqueurs imposèrent la capitulation, la reddition sans conditions; *fa quello che ti è stato ingiunto* fais ce qu'on t'a ordonné de faire → **intimare** ◇ *loc.* INGIUNGERE DI (+ *inf.*) sommer de (+ *inf.*): *gli ingiunse di partire immediatamente* on le somma de partir immédiatement; *ingiunse ai presenti di tacere sull'accaduto* il somma les témoins de se taire sur ce qui s'était passé **B** *v.pron. rifl.* INGIUNGERSI → **congiunger(si).**

ingiuntìvo |indʒun'tivo| *agg.* (*dir.*) injonctif*: *decreto ingiuntivo* décret injonctif.

ingiunzióne |indʒun'tsjone| *s.f.* [→ INGIUNGERE A] ordre (*m.*): *ricevettero l'ingiunzione di arrendersi* ils reçurent l'ordre de se rendre ◇ (*dir.*) injonction: *procedimento per ingiunzione* procédure d'injonction.

ingiùria |in'dʒurja| *s.f.* **1** injure: *fare ingiuria a qc.* faire injure à qqn.; *l'ingiuria fu lavata con il sangue* l'injure fut lavée dans le sang; *mi fate ingiuria a pensare che io possa tradirvi* vous me faites injure en pensant que je puisse vous trahir ◇ (*per est.*) [*espressione ingiuriosa*] *coprire qc. d'ingiurie* couvrir qqn. d'injures; *non finiva più di vomitare ingiurie contro il suo avversario* il n'arrêtait pas de vomir des injures contre son adversaire **2** (*dir.*) injure **3** [*guasto, danno*] injure: *le ingiurie del tempo, della fortuna* les injures des ans, de la fortune ◇ (*lett.*) → **ingiustizia.**

ingiuriàre |indʒu'rjare| **A** *v.tr.* [*offendere con ingiurie, oltraggiare*] insulter: *non sopportò d'essere ingiuriato da un suo subalterno* il ne supporta pas d'être insulté par un subalterne **B** *v.pron. recipr.* INGIURIARSI [*scambiarsi ingiurie*] s'insulter: *dopo essersi ingiuriati villanamente, si strinsero la mano* après s'être grossièrement insultés, ils se serrèrent la main.

ingiuriosaménte |indʒurjosa'mente| *avv.* [→ INGIURIOSO] injurieusement.

ingiurióso |indʒu'rjoso| *agg.* injurieux*: *un comportamento ingiurioso* une attitude injurieuse; *l'offese con espressioni ingiuriose* il l'offensa par des expressions injurieuses → **offensivo, oltraggioso.**

ingiustaménte |indʒusta'mente| *avv.* [→ INGIUSTO 1] injustement.

ingiustificàbile |indʒustifi'kabile| *agg.* injustifiable: *un errore ingiustificabile* une erreur injustifiable; *il tuo ritardo è ingiustificabile* ton retard est injustifiable.

ingiustificàto |indʒustifi'kato| *agg.* injustifié: *assenza ingiustificata* absence injustifiée: *il tuo sospetto è ingiustificato* ton soupçon est injustifié → **infondato.**

ingiustìzia |indʒus'tittsja| *s.f.* **1** injustice: *l'ingiustizia di un provvedimento, di una sentenza* l'injustice d'une mesure, d'un jugement; *quel giudice è malvisto per la sua ingiustizia* ce juge est mal vu, on lui reproche son injustice **2** (*per est.*) [*atto ingiusto*] injustice: *commettere un'ingiustizia* commettre une injustice.

ingiùsto |in'dʒusto| *agg.* **1** (*persone*) injuste: *un giudice, un insegnante ingiusto* un juge, un enseignant injuste; *siete ingiusti, a trattarmi così!* vous êtes injustes de me traiter ainsi! ♦ (*s.*) *un ingiusto* une personne *f.* injuste *agg.* **2** (*cose*) [*che è contrario o non conforme a giustizia*] injuste: *una punizione, una sentenza ingiusta* une punition, un jugement injuste; *un provvedimento ingiusto* une mesure injuste ◇ [*immotivato, irragionevole*] injustifié: *pretese ingiuste* prétentions injustifiées; *i tuoi sospetti sono ingiusti* tes soupçons sont injustifiés → **infondato** ♦ (*s.m.*) *l'ingiusto* l'injuste: *è difficile distinguere il giusto dall'ingiusto* il est difficile de distinguer le juste de l'injuste.

inglése |in'glese| **I** *agg.* **1** [*dell'Inghilterra*] anglais: *popolo, lingua inglese* peuple anglais, langue anglaise; *carattere, flemma inglese* caractère, flegme anglais **2** (*cuc.*) *zuppa inglese* [*dolce a base di pan di Spagna intriso di liquore e farcito con crema e cioccolato*] ⊠ ◇ (*farm.*) *sale inglese* sel d'Angleterre, d'Epsom ◇ (*tecnol.*) *chiave inglese* clef anglaise **II** *s.m.* **1** *loc. avv.* ALL'INGLESE à l'anglaise: *giardino all'inglese* jardin à l'anglaise ◇ (*loc. fig.*) *andarsene, filare all'inglese* [*senza salutare o farsi notare*] s'en aller, filer à l'anglaise **2** *l'inglese* [*la lingua*] l'anglais: *studiare, parlare l'inglese* étudier l'anglais, parler anglais.

inglesìsmo |ingle'sizmo| *s.m.* → **anglicismo.**

inglobàre |inglo'bare| *v.tr.* [*incorporare, inserire in un tutto organico*] englober: *è un'industria che tende a inglobare quelle minori* c'est une industrie qui tend à englober celles qui sont plus petites qu'elle-même.

ingloriosaménte |inglorjosa'mente| *avv.* [→ INGLORIOSO] sans gloire *loc. inv.*; *honteusement.

inglorióso |inglo'rjoso| *agg.* peu glorieux*: *ha avuto un'esistenza ingloriosa* il a eu une existence peu glorieuse; *la loro morte fu ingloriosa* leur mort fut peu glorieuse → **oscuro, mediocre** ◇ [*disonorevole, vergognoso*] *honteux*: *una guerra ingloriosa* une guerre honteuse # *si diedero a una fuga ingloriosa* ils s'enfuirent honteusement.

inglùvie |in'gluvje| *s.f. inv.* (*zool.*) jabot *m.var.*

ingobbiàre |ingob'bjare| *v.tr.* (*ceramica*) [*rivestire con l'ingobbio*] engober.

ingobbiatùra |ingobbja'tura| *s.f.* (*ceramica*) engobage *m.*

ingòbbio, i |in'gɔbbjo, i| *s.m.* (*ceramica*) engobe.

ingobbìre |ingob'bire| (197) **A** *v. intr.* (*aus.* '*essere*') [*diventare gobbo*] devenir (27) bossu: *a forza di star* *curvo sui libri è ingobbito* à force de rester courbé sur ses livres, il est devenu bossu **B** *v.pron. intr.* INGOBBIRSI [→ *intr.*] se voûter: *con il passar degli anni s'è ingobbito* avec le temps il s'est voûté.

ingobbito |ingob'bito| *agg.* [*divenuto gobbo*] voûté: *mi si presentò un vecchio tutto ingobbito* un vieil homme tout voûté se présenta devant moi ◇ (*per est.*) [*curvo*] *se ne stava in un angolo tutto ingobbito* il restait dans un coin tout voûté.

ingoffire |ingof'fire| (197) **A** *v.tr.* [*rendere goffo*] rendre (53) gauche # *quel soprabito la ingoffisce* elle est tout engoncée dans cet imperméable **B** *v.intr.* (*aus.* '*essere*') [*diventare goffo*] devenir (27) gauche.

ingoiaménto |ingoja'mento| *s.m.* (*raro*) [→ INGOIARE 1] avalement.

ingoiàre |ingo'jare| *v.tr.* **1** [*mandare giù nello stomaco, inghiottire con avidità o in fretta*] avaler: *il bambino ha ingoiato un bottone* l'enfant a avalé un bouton; *ha fatto appena in tempo a ingoiare un piatto di minestra* il a eu à peine le temps d'avaler une assiettée de soupe # *ha ingoiato la torta in un batter d'occhi* il a engouffré le gâteau en un clin d'œil ◇ (*per anal., fig.*) *ingoiare un libro* avaler, dévorer un livre; (*fam.*) *ingoiare un rospo* [*subire q.c. di sgradevole senza reagire*] avaler des couleuvres **2** → **inghiottire** 2, 3, 4.

ingolfaménto |ingolfa'mento| *s.m.* [→ INGOLFARE A 1; B 2] noyage: *l'ingolfamento del motore* le noyage du moteur.

ingolfàre |ingol'fare| **A** *v.tr.* **1** [*immettere un'eccessiva quantità di carburante* (*ostacolando l'accensione*) noyer (10): *ingolfare il motore* noyer le moteur **2** (*fig.*) [*cacciare, mettere in una situazione difficile*] enfoncer (2): *ha ingolfato nei debiti tutta la famiglia* il a enfoncé toute sa famille dans les dettes **B** *v.pron. intr.* INGOLFARSI **1** [→ *tr.* 2] s'enfoncer: *ingolfarsi nei debiti* s'enforcer dans les dettes → **impelagarsi** ◇ [*dedicarsi, impegnarsi con ardore*] se plonger (3); s'enfoncer: *ingolfarsi nella politica* se plonger dans la politique ‖ *s'è ingolfato negli affari fin sopra i capelli* il s'est enfoncé dans les affaires jusqu'au cou **2** [→ *tr.* 1] être (43) *intr.* noyé: *mi si è ingolfato il carburatore* mon carburateur est noyé **3** (*raro*) (*riferito al mare*) [*formare un'insenatura*] former *tr.* un golfe ◇ (*per est.*) [*penetrare, entrare con violenza in un luogo stretto*] s'engouffrer.

ingolfàto |ingol'fato| *agg.* **1** [*dedicato, impegnato*] plongé: *è ingolfato negli studi* il est plongé dans les études ◇ [*impelagato, invischiato*] enfoncé: *essere ingolfato nei debiti* être enfoncé dans les dettes **2** [*eccessivamente bagnato di carburante*] noyé: *questa macchina ha il motore ingolfato* cette voiture a le moteur noyé, le moteur de cette voiture est noyé.

ingólla |in'golla| *s.f.* [*canestrino per cogliere i frutti dagli alberi*] cueilloir *m.*

ingollàre |ingol'lare| *v.tr.* [*mangiare avidamente, in fretta*] avaler, gober → **ingoiare.**

ingolosire |ingolo'sire| (197) **A** *v.tr.* **1** [*rendere goloso, invogliare*] faire (45) envie: *quella torta mi ingolosisce* ce gâteau me fait envie **2** (*fig.*) [*allettare, attirare*] allécher (8): *la sua promessa mi ingolosisce* sa promesse m'allèche ✦ (*ass.*) *è una confezione che ingolosisce* ce sont des bonbons bien présentés qui allèchent **B** *v.intr.* (*aus.* '*essere*') [*diventare goloso*] devenir (27) gourmand: *invecchiando è ingolosito* en vieillisant, il est devenu gourmand **C** *v.pron. intr.* INGOLOSIRSI [→ *intr.*] devenir *intr.* gourmand: *invecchiando s'è ingolosito* en prenant de l'âge, il est devenu gourmand.

ingolpàre |ingol'pare| *v.intr.* (*aus.* '*essere*') [*essere attaccato dalla golpe*] nieller *tr.*

ingombraménto |ingombra'mento| *s.m.* (*raro*) → 2 **ingombro.**

ingombrànte |ingom'brante| *agg.* [*che ingombra, voluminoso*] encombrant: *una valigia molto ingombrante* une valise très encombrante → **grande, voluminoso.**

ingombràre |ingom'brare| *v.tr.* [*essere d'intralcio, d'ostacolo* (*ostruendo uno spazio*)] encombrer: *un'automobile rovesciata ingombrava la strada* une voiture renversée encombrait la rue; *carte di ogni specie ingombravano la scrivania e lo studio* des papiers de tout genre encombraient le bureau et le cabinet de travail ◇ (*per anal.*) *il cielo era ingombrato da grosse nuvole nere* le ciel était encombré de gros nuages noirs ◇ (*fig.*) [*riempire, occupare*] *ingombrare l'animo di desideri irrealizzabili* encombrer l'esprit de désirs irréalisables.

1 **ingómbro** |in'gombro| *agg.* [*ostruito, occupato*] encombré: *una scrivania tutta ingombra di carte e di libri* un bureau encombré de papiers et de livres → 1 **coperto** # *la strada era ingombra di frane e di neve* la route était obstruée à la fois par des éboulements et par la neige → **occupato.**

2 **ingómbro** |in'gombro| *s.m.* **1** [→ INGOMBRARE] encombrement ◇ (*loc.*) *essere d'ingombro* être encombrant **2** [*la cosa che ingombra*] obstacle: *rimuovere un ingombro* enlever un obstacle → **intralcio, impedimento.**

ingommàre |ingom'mare| *v.tr.* **1** [*attaccare con gomma adesiva, incollare*] coller: *ingommare un'etichetta su una bottiglia* coller une étiquette sur une bouteille; *il cartellino con l'indirizzo fu ingommato sul pacco* l'étiquette portant l'adresse fut collée sur le paquet **2** [*spalmare di gomma*] coller (avec de la gomme): *ingommare i francobolli* coller les timbres.

ingommàto |ingom'mato| *agg.* enduit de gomme # *carta ingommata* papier gommé.

ingommatùra |ingomma'tura| *s.f.* **1** [→ INGOMMARE 2] gommage *m.* ◇ (*tess.*) gommage, engommage *m.* **2** couche de gomme.

ingordaménte |ingorda'mente| *avv.* [→ INGORDO 1] goulûment.

ingordigia, gie |ingor'didʒa, dʒe| *s.f.* **1** [*golosità, avidità eccessiva*] gloutonnerie, goinfrerie # *mangiare con ingordigia* manger comme un goinfre **2** (*fig.*) [*bramosia, cupidigia*] avidité: *ingordigia di ricchezze* avidité de richesses.

ingórdo |in'gordo| *agg.* **1** [*insaziabile. smodato nel mangiare e nel bere*] glouton*, goulu: *è un ragazzo ingordo* c'est un garçon glouton, goulu ✦ (*s.*) glouton; gourmand (de): *è un ingordo* c'est un glouton ‖ *è un ingordo di dolci* il est gourmand de gâteaux **2** (*fig.*) [*bramoso, avido*] avide: *è una ragazza ingorda di piaceri e di divertimenti* c'est une jeune fille avide de plaisirs et de divertissements; *quel mercante è ingordo di soldi* ce commerçant est avide d'argent.

ingorgaménto |ingorga'mento| *s.m.* → **ingorgo.**

ingorgàre |ingor'gare| **A** *v.tr.* (*raro*) → **ostruire, intasare B** *v.pron. intr.* INGORGARSI **1** (*riferito a liquidi o a gas*) [*formare un gorgo* (*rendendo impossibile lo scorrimento*)] refluer *intr.*, former *tr.* un engorgement: *l'acqua, in questo punto del condotto, s'ingorga* l'eau, à cet endroit du tuyau, reflue; *il fumo s'ingorga a causa del camino troppo stretto* la fumée reflue dans la cheminée trop étroite ◇ (*per est.*) *al crocevia il traffico spesso s'ingorga* la circulation se bloque souvent au carrefour **2** (*riferito a condutture*) [*intasarsi, ostruirsi*] se boucher: *il tubo di scarico del lavandino s'è ingorgato* le tuyau de décharge du lavabo s'est bouché, s'est engorgé.

ingórgo, ghi |in'gorgo, gi| *s.m.* **1** [→ INGORGARE B 1] engorgement; embouteillage: *l'ingorgo dell'acqua allo sbocco del canale* l'engorgement de l'eau au débouché du canal ‖ *un incidente aveva provocato l'ingorgo del traffico* un accident avait provoqué un embouteillage **2** [→ INGORGARE B 2] engorgement: *l'ingorgo di un canale* l'engorgement d'un canal **3** (*med.*) engorgement: *ingorgo ghiandolare* engorgement glandulaire.

ingovernàbile |ingover'nabile| *agg.* ingouvernable: *uno Stato, un paese ingovernabile* un État, un pays ingouvernable.

ingozzaménto |ingottsa'mento| *s.m.* [→ INGOZZARE A 3] gavage: *l'ingozzamento dei polli* le gavage des poulets.

ingozzàre |ingot'tsare| **A** *v.tr.* **1** (*riferito a uccelli*) [*mandare il cibo nel gozzo*] avaler: *i polli ingozzano giornalmente una grande quantità di cibo* les poulets avalent tous les jours une grande quantité de nourriture ◇ (*per anal.*) (*riferito ad altri animali o persone*) [*mangiare avidamente e in fretta; inghiottire con disgusto e per forza*] *non riuscivo ad ingozzare quella disgustosa medicina* je n'arrivais pas à avaler ce médicament écœurant □ *s'è ingozzato un enorme piatto di lasagne al sugo* il a avalé une énorme assiette de lasagne à la sauce tomate **2** (*fig.*) [*subire, tollerare senza reagire*] avaler: *ingozzare umiliazioni, amarezze* avaler la pilule # *mi tocca ingozzare in continuazione le sue offese* je dois sans cesse supporter ses vexations **3** (*riferito ad animali da cortile*) [*nutrirli a forza e con abbondanza*] gaver: *ingozzare le oche, i polli* gaver les oies, les poulets ◇ (*per est.*) (*riferito a persone*) *dopo la malattia lo ingozzano a più non posso* après sa maladie, ils le gavent à qui mieux mieux **B** *v.pron. rifl.* INGOZZARSI [*riempirsi di cibo*] se gaver: *s'è ingozzato di dolci* il s'est gavé de gâteau ✦ → *tr.* 1 □.

ingozzatrice |ingottsa'tritʃe| *s.f.* (*tecnol.*) gaveur *m.*

ingozzatùra |ingottsa'tura| *s.f.* [→ INGOZZARE A 3] gavage *m.*
ingracilìre |ingratʃi'lire| (197) **A** *v.intr.* (*aus.* '*essere*') [*diventare gracile*] devenir (27) frêle, rendre (53) (*aus.* avoir) frêle: *quel bambino con la malattia è ingracilito* la maladie a rendu frêle, fragile cet enfant **B** *v.tr.* (*raro*) [*rendere gracile*] affaiblir (*corr.*) **C** *v. pron. intr.* INGRACILIRSI [→ *intr.*] devenir *intr.* frêle: *quel bambino crescendo s'è ingracilito* cet enfant en grandissant, est devenu frêle.
ingranàggio, i |ingra'naddʒo, i| *s.m.* **1** (*mecc.*) engrenage: *ingranaggio a cuspide, a corona* engrenage à chevrons, à couronne; *gli ingranaggi dell'orologio, del motore, del differenziale* les engrenages de l'horloge, du moteur, du différentiel; *scatola degli ingranaggi* boîte d'engrenages, de vitesses, carter d'engrenages; *è morto impigliato negli ingranaggi di una macchina* il est mort pris dans les engrenages d'une machine **2** (*fig.*) [*attività complessa, serie di operazioni* (*con uno svolgimento quasi meccanico*)] rouages (*pl.*): *gli ingranaggi della politica, della burocrazia* les rouages de la politique, de la bureaucratie; *gli ingranaggi di un ministero* les rouages d'un ministère; *essere preso negli ingranaggi degli affari* être pris dans les rouages, l'engrenage des affaires # *la vita moderna è un ingranaggio da cui non ci si può liberare* la vie moderne est un engrenage dont on ne peut se libérer.
ingranaménto |ingrana'mento| *s.m.* **1** [→ INGRANARE A; B 1] engrènement: *linea d'ingranamento* ligne d'engrènement **2** → **grippaggio.**
ingranàre |ingra'nare| **A** *v.tr.* (*mecc.*) (*riferito a organi dentati di un ingranaggio*) [*inserire l'uno nell'altro*] engager (3): *ingranare la retromarcia* engager la marche arrière **B** *v.intr.* (*aus.* '*avere*') **1** [→ *tr.*] s'engager (*pron.*): *la prima marcia non ingrana bene* la première vitesse ne s'engage pas bien ◇ (*fig.*) [*avviarsi bene, funzionare o rendere nel migliore dei modi*] *in questo lavoro è difficile ingranare, poi tutto va da sé* il est difficile de s'accrocher dans ce travail, mais, après, tout va tout seul; *quel ragazzo non ingrana negli studi* cet enfant ne mord (*fam.*) pas aux études; *gli affari cominciano a ingranare* les affaires commencent à marcher; *il centravanti non ha ancora ingranato* l'avant-centre n'a pas encore accroché (au jeu); *oggi non ingrano* aujourd'hui ça ne va pas **2** → **grippare.**
ingranchìre |ingran'kire| (197) **A** *v.tr.* (*riferito a muscoli*) [*far rattrappire*] engourdir: *quella posizione scomoda mi ha ingranchito una gamba* cette position inconfortable m'a engourdi une jambe **B** *v.pron. intr.* INGRANCHIRSI [*rattrappirsi*] s'engourdir: *in quella scomoda posizione mi si sono ingranchite le gambe* dans cette position inconfortable, mes jambes se sont engourdies.
ingranchito |ingran'kito| *agg.* [*rattrappito*] engourdi: *ho le gambe ingranchite* j'ai les jambes engourdies.
ingrandiménto |ingrandi'mento| *s.m.* [→ INGRANDIRE A 1; C 1] agrandissement; croissance (*f.*): *l'ingrandimento di un locale* l'agrandissement d'un local → **ampliamento**; *l'ingrandimento di una fotografia* l'agrandissement d'une photographie ‖ *l'ingrandimento di un'azienda* la croissance d'une entreprise # *lente d'ingrandimento* verre grossissant.
ingrandire |ingran'dire| (197) **A** *v.tr.* **1** [*rendere più grande*] agrandir: *ingrandire un negozio* agrandir un magasin; *ingrandire un'azienda, il giro degli affari* agrandir une entreprise, le mouvement de ses affairs → **aumentare, accrescere, ampliare** ◇ (*foto.*) *ingrandire una fotografia* agrandir une photographie ◇ (*ott.*) *questa lente ingrandisce troppo* cette lentille grossit trop **2** (*fig.*) [*esagerare, ingigantire*] enfler: *tende a ingrandire il suo operato* il a tendance à enfler son œuvre # *la paura ingrandisce i pericoli* la peur grossit les dangers **B** *v.intr.* (*aus.* '*essere*') [*diventare grande o più grande*] s'agrandir (*pron.*): *la città ingrandisce ogni giorno* la ville s'agrandit chaque jour # *come sono ingranditi questi ragazzi!* comme ils ont grandi ces garçons! → **crescere** **C** *v.pron. intr.* INGRANDIRSI **1** [→ *intr.*] s'agrandir: *quella città s'ingrandisce di giorno in giorno* cette ville s'agrandit de jour en jour **2** (*fig.*) (*sogg. di persona*) [*aumentare la propria attività, produttività*] s'agrandir: *come vedi, mi sono ingrandito per far fronte alla domanda del mercato* comme tu vois, je me suis agrandi pour, à la demande du marché ◇ (*con sogg. di cosa*) [*crescere d'importanza o di gravità*] grossir (*intr.*): *quel piccolo inconveniente s'è ingrandito passando di bocca in bocca* ce petit inconvénient a grossi en passant de bouche en bouche.
ingranditóre |ingrandi'tore| *s.m.* (*foto.*) agrandisseur.
ingrassàggio, i |ingras'saddʒo, i| *s.m.* [→ INGRASSARE A 2] graissage: *fare lavaggio e ingrassaggio di un'autovettura* faire le lavage et le graissage d'une automobile → **lubrificazione.**
ingrassaménto |ingrassa'mento| *s.m.* [→ INGRASSARE A 1; C] gavage: *l'ingrassamento delle oche, dei tacchini* le gavage des oies, des dindons # *l'ingrassamento dei maiali* la mise à l'engrais des porcs; *l'ingrassamento del terreno* l'amendement, le fumage du terrain.
ingrassàre |ingras'sare| **A** *v.tr.* **1** [*rendere grasso*] engraisser: *ingrassare maiali, polli, tacchini* engraisser des porcs, des poulets, des dindons # *ingrassare il terreno* amender, fumer le terrain → **concimare, fertilizzare** ◆ (*ass.*) *i farinacei ingrassano* les farineux font grossir ◇ (*loc. fig., scherz.*) *andare a ingrassare i cavoli, i vermi* [*morire*] aller manger les pissenlits par la racine (*fam.*) ◇ (*prov.*) *l'occhio del padrone ingrassa il cavallo* on n'est jamais si bien servi que par soi-même; il n'est pour voir que l'œil du maître **2** [*lubrificare, ungere*] graisser: *ingrassare un motore* graisser un moteur; *questa macchina non è stata mai ingrassata* cette voiture n'a jamais été graissée **B** *v.intr.* (*aus.* '*essere*') [*diventare grasso*] engraisser (*aus.* avoir): *debbo fare del moto, sto ingrassando troppo* il faut que je fasse de la gymnastique, j'engraisse trop; *questo maiale non ingrassa più* ce porc n'engraisse plus ◇ (*fig.*) [*diventare ricco, fare buoni affari*] s'engraisser (*pron.*): *quello sfruttatore ingrassa con il sangue della povera gente* cet exploiteur s'engraisse du sang des pauvres **C** *v.pron. intr.* INGRASSARSI [→ *intr.*] grossir *intr.*; s'engraisser: *ora sta bene e s'è ingrassata* maintenant elle va bien et elle a grossi ‖ *il bestiame s'ingrassa nei pascoli di montagna* le bétail s'engraisse dans les pâturages de montagne; *s'è ingrassato sfruttando il prossimo* il s'est engraissé en exploitant son prochain Ⓒ B **dimagrire.**
ingrassàto |ingras'sato| *agg.* [*reso grasso*] amendé; graissé: *un terreno ingrassato* un terrain amendé ‖ *un motore bene ingrassato* un moteur bien graissé → **1 unto** ◇ [*diventato grasso*] grossi (*p.p.*): *ti trovo un po' ingrassato* je trouve que tu as un peu grossi.
ingrassatóre |ingrassa'tore| *s.m.* **1** [*operaio addetto all'ingrassaggio di macchine*] graisseur **2** (*mecc.*) graisseur: *ingrassatore a pressione* graisseur à pression.
ingràsso |in'grasso| *s.m.* **1** [→ INGRASSARE A 1; C] engrais: *vitelli da ingrasso* veaux à l'engrais; *mettere, tenere le oche all'ingrasso* mettre les oies à l'engrais; *non ha ancora provveduto all'ingrasso del terreno* il ne s'est pas encore occupé de l'engrais à répandre sur le terrain **2** [*concime, fertilizzante*] engrais, fumier: *dare l'ingrasso alla terra* fumer la terre.
ingrataménte |ingrata'mente| *avv.* [→ INGRATO 1] ingratement (*lett.*).
ingraticciàre |ingratiʃ'ʃare| *e deriv.* → **graticciare** *e deriv.*
ingraticolaménto |ingratikola'mento| *s.m.* [→ INGRATICOLARE] grillage: *l'ingraticolamento di una finestra* le grillage d'une fenêtre.
ingraticolàre |ingratiko'lare| *v.tr.* [*chiudere con un graticolato*] grillager (3): *ingraticolare una finestra* grillager une fenêtre.
ingraticolàta |ingratiko'lata| *s.f.*,
ingraticolàto |ingratiko'lato| *s.m.* (*raro*) → **inferriata.**
ingraticolatùra |ingratikola'tura| *s.f.* → **ingraticolamento.**
ingratitùdine |ingrati'tudine| *s.f.* ingratitude: *l'ingratitudine è propria di un animo insensibile* l'ingratitude est propre à une âme insensible ◇ [*atto, comportamento da persona ingrata*] *dare prova d'ingratitudine* donner des preuves d'ingratitude; *ripagare un benificio con un'ingratitudine* payer, récompenser un bienfait par l'ingratitude.
ingràto |in'grato| *agg.* **1** ingrat: *un uomo, un animo ingrato* un homme ingrat, une âme ingrate; *essere, mostrarsi ingrato verso i propri genitori* être, se montrer ingrat envers ses parents ◆ (*s.*) *un ingrato* un ingrat: *sei stato un ingrato a comportarti così* tu as été (un) ingrat, en te comportant ainsi **2** [*non gradito, spiacevole*] ingrat; désagréable: *un compito, un dovere ingrato* une tâche ingrate, un devoir ingrat; *svolge un lavoro ingrato* il fait un travail ingrat → **difficile, faticoso** ‖ *suono, odore ingrato* son, odeur désagréable → **sgradevole** Ⓒ **1 grato.**
ingravidaménto |ingravida'mento| *s.m.* [→ INGRAVIDARE A] fait de mettre enceinte.
ingravidàre |ingravi'dare| **A** *v.tr.* [*rendere gravida, incinta*] rendre (53), mettre (71) (*volg.*) une femme enceinte **B** *v.intr.* (*aus.* '*essere*') [*diventare gravida, restare incinta*] rester grosse: *que-*

sta mucca non ingravida più cette vache n'est plus restée grosse **C** *v.pron. intr.* INGRAVIDARSI [→ *intr.*] rester *intr.* grosse.

ingraziàrsi |ingrat'tsjarsi| *v.tr.* [*cattivarsi l'altrui benevolenza, favore*] gagner les bonnes grâces (de qqn.): *ingraziarsi il capufficio, la commissione* gagner les bonnes grâces du chef du bureau, de la commission; *s'è ingraziato il favore del pubblico* il a gagné les bonnes grâces du public → **propiziar(si)**.

ingrediènte |ingre'djɛnte| *s.m.* ingrédient: *ingredienti chimici* ingrédients chimiques; *gli ingredienti di una torta, di un cocktail* les ingrédients d'un gâteau, d'un cocktail ◇ (*per est.*) *i tipici ingredienti del romanzo giallo* les ingrédients typiques du roman policier → **componente**.

ingrèssa |in'grɛssa| *s.f.* → **introito** (*liturg.*).

ingressióne |ingres'sjone| *s.f.* (*geogr.*) ingression.

ingrèsso |in'grɛsso| *s.m.* **1** [*l'apertura, lo spazio per cui si entra in un luogo*] entrée (*f.*): *l'ingresso di una casa, di una città, di un giardino* l'entrée d'une maison, d'une ville, d'un jardin; *l'ingresso di una caverna* l'entrée d'une caverne; *l'ingresso principale, di servizio* l'entrée principale, de service # *ci siamo incontrati nell'ingresso del teatro* nous nous sommes rencontrés dans le hall du théâtre ◇ (*nelle abitazioni*) [*locale di disimpegno*] *stanza, sala d'ingresso* (pièce, salle d') entrée; *ho lasciato l'impermeabile nell'ingresso* j'ai laissé mon imperméable dans l'entrée **2** [*diritto, facoltà di entrare in un luogo*] entrée: *ingresso libero, a pagamento* entrée libre, payante; *l'ingresso è vietato ai non addetti ai lavori* entrée interdite, accès interdit à toute personne étrangère aux travaux; *ho acquistato due biglietti d'ingresso, due ingressi per lo stadio* j'ai acheté deux billets d'entrée pour le stade **3** [*l'atto dell'entrare* (*spec. solennemente*)] entrée: *l'imperatore fece il suo ingresso a Roma con l'esercito* l'empereur fit son entrée à Rome avec l'armée; *l'ingresso della sposa fu salutato da un caloroso applauso* l'entrée de la mariée fut saluée par de chaleureux applaudissements ◇ (*per est.*) [*prima apparizione, inizio*] *la cattiva stagione ha fatto il suo ingresso* la mauvaise saison a fait son entrée; *finalmente ha fatto il suo ingresso in società* finalement, elle a fait son entrée dans le monde.

ingrillandàre |ingrillan'dare| *v.tr.* (*arc., pop.*) → **inghirlandare.**

ingrinzìre |ingrin'tsire| (197) *v.tr., intr.* (*aus.* '*essere*') *e pron. intr.* (*raro*) → **raggrinzire, aggrinzire.**

ingrommàre |ingrom'mare| **A** *v.tr.* [*coprire di gromma, incrostare*] entartrer; culotter: *igrommare una botte, una tubatura* entartrer un tonneau, un tuyau ‖ *il fumo ha ingrommato la pipa* la fumée a culotté la pipe **B** *v.intr.* (*aus.* '*essere*') [*incrostarsi, coprirsi di gromma*] se couvrir (23) *pron.* de tartre; se culotter *pron.* **C** *v.pron. intr.* INGROMMARSI [→ *intr.*] se couvrir de tartre; se culotter.

ingrossaménto |ingrossa'mento| *s.m.* **1** [→ INGROSSARE] grossissement: *l'ingrossamento dei fiumi* le grossissement, la crue *f.* des fleuves; *l'ingrossamento del fegato* le grossissement du foie **2** [*la parte ingrossata*] renflement: *s'è formato un ingrossamento nel terreno* il s'est formé un renflement du terrain → **rigonfiamento.**

ingrossàre |ingros'sare| **A** *v.tr.* [*rendere grosso*] grossir: *le piogge hanno ingrossato i fiumi* les pluies ont grossi les fleuves → **gonfiare**; *quel cappotto t'ingrossa un po'* ce manteau te grossit un peu # *non fa che ingrossare il proprio capitale* il ne fait qu'augmenter son capital → **accrescere** ◇ (*fig.*) [*rafforzare*] *molti volontari accorsero a ingrossare le file dell'esercito* de nombreux volontaires vinrent grossir les rangs de l'armée **B** *v.intr.* (*aus.* '*essere*') [*diventare grosso o più grosso*] grossir (*aus.* avoir): *il mare ingrossa continuamente per la violenza del vento* la mer grossit continuellement sous l'action violente du vent; *il legno, con l'umidità, ingrossa* le bois, avec l'humidité, grossit; *guarda come è ingrossata quella ragazza!* regarde comme cette fille a grossi! ◇ (*riferito alle femmine degli animali*) [*diventare gravida*] rester grosse **C** *v.pron. intr.* INGROSSARSI [→ *intr.*] grossir (*intr.*): *il fiume s'è ingrossato* le fleuve a grossi; *il fegato mi si sta ingrossando* mon foie est en train de grossir.

ingrossàto |ingros'sato| *agg.* [*diventato grosso o più grosso*] grossi *p.p.* # *ti trovo un po' ingrossata* je trouve que tu as un peu grossi; *i fiumi erano ingrossati per le piogge* les fleuves avaient grossi à cause des pluies; *ha la milza ingrossata* il a la rate hypertrophique.

ingrossatùra |ingrossa'tura| *s.f.* → **ingrossamento.**

ingròsso |in'grɔsso| *s.m.* (*solo nella loc. avv.*) ALL'INGROSSO **1** [*in grande quantità*] en gros, de gros; *commercio all'ingrosso* commerce en gros, de gros; *prezzi all'ingrosso* prix de gros; *comprare, vendere all'ingrosso* acheter, vendre en gros **2** [*all'incirca, pressappoco*] en gros: *avrà, all'ingrosso, un cento capi di bestiame* il doit avoir, en gros, une centaine de têtes de bétail 🄲 1 **dettaglio.**

ingrugnàrsi |ingruɲ'ɲarsi| *v.pron. intr.* (*fam.*) → **imbronciar(si).**

ingrugnàto |ingruɲ'ɲato| *agg.* (*fam.*) [*immusonito, imbronciato*] de mauvaise humeur (*loc. inv.*): *è tornato a casa tutto ingrugnato* il est rentré (à la maison) de mauvaise humeur ◇ (*per est.*) *il cielo era ingrugnato* le ciel était maussade → **nuvoloso, minaccioso.**

ingrugnatùra |ingruɲɲa'tura| *s.f.* (*raro, fam.*) → **broncio.**

ingrugnìre |ingruɲ'ɲire| *e deriv.* → **ingrugnarsi** *e deriv.*

ingrullìre |ingrul'lire| (197) (*region.*) **A** *v.tr.* [*rendere grullo*] abêtir (*corr.*): *l'età l'ha ingrullito* l'âge l'a abêti → **rimbambire B** *v.intr.* **1** (*aus.* '*essere*') [*diventare grullo*] abêtir (*tr.*): *con la vecchiaia è ingrullito* la vieillesse l'a abêti **2** (*aus.* '*avere*') (*scherz.*) [*affaticarsi, ammattire*] devenir (27) (*aus.* être) fou*: *c'è da ingrullire in tutto questo disordine* il y a de quoi devenir fou dans tout ce désordre.

ingrullìto |ingrul'lito| *agg.* (*region.*) → **rimbambito, istupidito.**

ingruppàre |ingrup'pare| **A** *v.tr.* [*raggruppare o unire a un gruppo*] rassembler, grouper: *le reclute furono ingruppate nel cortile* les recrues furent rassamblées, groupées dans la cour **B** *v.pron. rifl.* INGRUPPARSI [→ *tr.*] se grouper: *gli scolari s'ingrupparono secondo le classi* les écoliers se groupèrent par classe.

inguadàbile |ingwa'dabile| *agg.* [*che non si può passare a guado*] non guéable: *fiume inguadabile* fleuve non guéable.

inguaiàre |ingwa'jare| **A** *v.tr.* (*fam.*) [*mettere nei guai, nei pasticci*] mettre (71) dans le pétrin, dans de beaux draps: *quella donna è riuscita a inguaiarlo* cette femme a réussi à le mettre dans le pétrin **B** *v.pron. rifl.* INGUAIARSI [→ *tr.*] se mettre dans le pétrin, dans de beaux draps # *s'è inguaiato nei debiti fino al collo* il s'est enfoncé dans les dettes jusqu'au cou.

inguaiàto |ingwa'jato| *agg.* (*fam.*) [*che si trova nei guai, nei pasticci*] plein d'embêtements # *sono inguaiato a causa di una donna* à cause d'une femme, je suis dans les ennuis jusqu'au cou.

inguainàre |ingwai'nare| *v.tr.* [*infilare nel fodero*] (r)engainer: *inguainare la spada* rengainer l'épée ◇ (*per est.*) [*ricoprire con una guaina*] mettre (71) en coulisse: *inguainare un elastico, un nastro, un cordone* mettre un élastique, un ruban, un cordon en coulisse.

ingualcìbile |ingwal'tʃibile| *agg.* [*che non si gualcisce facilmente*] infroissable: *stoffa ingualcibile* tissu infroissable.

inguraldrappàre |ingwaldrap'pare| *v.tr.* [*coprire di gualdrappa*] caparaçonner: *ingualdrappare un cavallo* caparaçonner un cheval.

inguantàre |ingwan'tare| **A** *v.tr.* (*raro*) [*ricoprire con guanti*] ganter □ *inguantarsi le mani* se ganter les mains **B** *v.pron. rifl.* INGUANTARSI [→ *tr.*] se ganter: *s'inguantò in fretta e uscì* il se ganta rapidement et sortit ♦ → *tr.* □.

inguantàto |ingwan'tato| *agg.* [*rivestito di guanti*] ganté: *mani inguantate* mains gantées.

inguarìbile |ingwa'ribile| *agg.* inguérissable: *i medici lo hanno giudicato inguaribile* les médecins l'ont jugé inguérissable, l'ont condamné → **incurabile** # *male, malato inguaribile* mal, malade incurable ◇ (*fig.*) [*impenitente, incorreggibile*] incorrigible: *è un giocatore inguaribile* c'est un joueur incorrigible.

inguaribilménte |ingwaribil'mente| *avv.* [→ INGUARIBILE] incurablement.

inguinàle |ingwi'nale| *agg.* inguinal*: *ernia inguinale* hernie inguinale.

inguine |'ingwine| *s.m.* (*anat.*) aine *f.*

ingurgitàre |ingurdʒi'tare| *v.tr.* [*inghiottire, ingoiare in fretta* (*per avidità o per non sentire il disgusto*)] ingurgiter: *ingurgitare una medicina* ingurgiter un médicament □ *s'è ingurgitato un boccale colmo di vino* il a ingurgité une pleine cruche de vin.

ìnia |'inja| *s.f.* (*t.zool.*) inie, inia.

inibìre |ini'bire| (197) **A** *v.tr.* **1** [*proibire tassativamente*] interdire (48): *i medici gli hanno inibito il fumo* les médecins lui ont interdit de fumer **2** (*per est.*) [*impedire, frenare*] empêcher: *gli fu inibita ogni possibilità di parlare* on l'empêcha de parler ♦ (*ass.*)

[*privare della possibilità di agire liberamente*; *intimidire*] inhiber: *la tua presenza mi inibisce* ta présence m'inhibe ◇ (*biol.*) *inibire lo sviluppo, la crescita* arrêter le développement, la croissance → **fermare, arrestare** ◇ (*chim.*) *inibire l'ossidazione* arrêter l'oxydation ◇ (*psicol.*) *inibire una funzione* inhiber une fonction **B** *v.pron. intr.* INIBIRSI [*diventare inibito*] s'inhiber, être (43) *intr.* inhibé.

inibito |ini'bito| *agg.* (*psicol.*) inhibé, qui souffre d'inhibition (*loc.*): *è una persona inibita* c'est une personne qui souffre d'inhibition ◆ (*s.*) *un inibito* un inhibé: *sei un'inibita* tu es une inhibée, tu souffres d'inhibition(s) ◇ [*intimidito, privo della possibilità di agire liberamente*] *alla tua presenza mi sento inibito* en ta présence je me sens inhibé (*raro*).

inibitóre, trice |inibi'tore, tritʃe| *agg.* inhibiteur*: *sguardo inibitore* regard inhibiteur; *centri inibitori* centres inhibiteurs ◆ *s.m.* (*chim.*) *inibitore di corrosione* inhibiteur de corrosion.

inibitòrio, i |inibi'tɔrjo, i| *agg.* (*biol.*) inhibiteur*: *condizioni inibitorie* conditions inhibitrices ◇ (*dir.*) prohibitif*: *provvedimento inibitorio* mesure prohibitive; *azione inibitoria* action prohibitive ◇ (*psicol.*) inhibiteur: *facoltà inibitoria* faculté inhibitrice; *centri inibitori* centres inhibiteurs.

inibizióne |inibit'tsjone| *s.f.* (*biol.*) inhibition: *l'inibizione della crescita, dello sviluppo* l'inhibition de la croissance, du développement ◇ (*dir.*) prohibition ◇ (*psicol.*) *potere d'inibizione* pouvoir d'inhibition; *soffrire di inibizioni* souffrir d'inhibition(s).

inidoneità |inidonei'ta| *s.f. inv.* [*mancanza di capacità, di attitudine specifica*] inaptitude (*var.*): *inidoneità a una mansione, a un compito* inaptitude à une fonction, à une tâche; *inidoneità a giudicare* inaptitude à juger.

inidòneo |ini'dɔneo| *agg.* [*inetto, incapace*] impropre; inapte: *lavorare con strumenti inidonei* travailler avec des instruments impropres → **inadatto** ‖ *persona inidonea* personne inapte.

iniettàre |injet'tare| **A** *v.tr.* [*far penetrare, introdurre* (*sostanze liquide*) *in un organismo o un corpo solido* (*mediante pressione*)] injecter: *la vipera iniettа il veleno nel sangue* la vipère injecte son venin dans le sang → **inoculare** ◇ (*edil.*) *iniettare cemento nel terreno per consolidarlo* injecter du ciment dans le terrain pour le consolider ◇ (*mecc.*) *iniettare il carburante nel bruciatore* injecter le carburant dans le brûleur ◇ (*med.*) *iniettare per via intramuscolare, endovenosa* injecter par voie intramusculaire, intraveineuse; *il medico gli iniettò una dose di morfina* le médecin lui injecta une dose de morphine **B** *v. pron. intr.* INIETTARSI *spec. nella loc.* INIETTARSI DI SANGUE (*riferito agli occhi*) [*arrossarsi per eccessivo afflusso di sangue*] s'injecter.

iniettàto |injet'tato| *agg.* (*med.*, *tecnol.*) injecté: *medicamento iniettato nella vena* médicament injecté dans la veine → **introdotto** ◇ (*fig.*, *spec. nella loc.*) *occhi iniettati di sangue* des yeux injectés de sang.

iniettóre |injet'tore| *s.m.* (*tecnol.*) injecteur: *iniettore di carburante, di vapore* injecteur de carburant, de vapeur.

iniezióne |injet'tsjone| *s.f.* **1** [→ INIETTARE A] injection: *motori ad iniezione* moteurs à injection; *iniezione intramuscolare, endovenosa* injection, piqûre intramusculaire, intraveineuse; *iniezione di ferro, di calcio* injection de fer, de calcium; *farsi delle iniezioni ricostituenti* se faire des injections, des piqûres (*fam.*) reconstituantes; *questo terreno ha bisogno di iniezioni di cemento* ce terrain a besoin d'injections de ciment; *nonostante le iniezioni di sublimato, il legno s'è infradiciato* malgré les injections de sublimé, le bois a pourri ◇ (*fig.*) *iniezione di buonumore* élan *m.* de bonne humeur; *il tuo incoraggiamento è stato per lui un'iniezione di ottimismo e di fiducia* ton encouragement lui a injecté de l'optimisme et de la confiance **2** [*la sostanza medicinale*] ampoule, piqûre: *una scatola di iniezioni* une boîte d'ampoules.

inimicàre |inimi'kare| **A** *v.tr.* [*rendere ostile, nemico*] (se) brouiller: *la divisione dei beni ha inimicato gli eredi* le partage a brouillé les héritiers; *la sua sincerità gli ha inimicato tutti* par sa franchise il s'est brouillé avec tout le monde → **alienare** □ *con il suo intervento s'è inimicato tutti i colleghi* par son intervention il s'est brouillé avec tous ses collègues **B** *v.pron. recipr.* INIMICARSI [→ *tr.*] se brouiller: *erano amici, ora si sono inimicati per quella donna* ils étaient amis, maintenant ils se sont brouillés à cause de cette femme ◆ → *tr.* □.

inimicìzia |inimi'tʃittsja| *s.f.* [*sentimento ostile, di avversione*] inimitié: *c'è una profonda inimicizia fra loro* il y a une profonde inimitié entre eux → **avversione, ostilità**; *s'è creato molte inimicizie* il s'est crée de nombreuses inimitiés Ⓒ **amicizia.**

inimìco, ci, ca, che |ini'miko, tʃi, ka, ke| *agg. e s.* (*lett.*) → **nemico.**

inimitàbile |inimi'tabile| *agg.* **1** inimitable: *lo stile di quello scrittore è inimitabile* le style de cet écrivain est inimitable ◇ (*con valore iperbolico*) [*impareggiabile, ineguagliabile*] *quella fanciulla è di una grazia inimitabile* cette jeune fille est d'une grâce inimitable **2** (*raro*) [*che non si deve imitare*] qui ne doit pas être imité (*loc.*): *un esempio inimitabile* un exemple qui ne doit pas être imité, suivi.

inimitabilménte |inimitabil'mente| *avv.* [→ INIMITABILE 1] inimitablement.

inimitàto |inimi'tato| *agg.* (*raro*) → **inimitabile 1.**

inimmaginàbile |inimmadʒi'nabile| *agg.* inimaginable: *una bellezza inimmaginabile* une beauté inimaginable; *quel bambino è di una intelligenza inimmaginabile* cet enfant est d'une intelligence inimaginable → 1 **straordinario, incredibile.**

ininfiammàbile |ininfjam'mabile| *agg.* ininflammable: *prodotto, sostanza ininfiammabile* produit, substance ininflammable.

inintelligènte |inintelli'dʒɛnte| *agg.* inintelligent: *alunno inintelligente* élève inintelligent → **sciocco, imprudente**; *un discorso inintelligente* un discours inintelligent; *una battuta inintelligente* une boutade inintelligente.

inintelligènza |inintelli'dʒɛntsa| *s.f.* (*raro*) inintelligence (*corr.*).

inintelligìbile |inintelli'dʒibile| *agg.* inintelligible: *un discorso inintelligibile* un discours inintelligible → **incomprensibile** ◇ [*non percepibile dall'udito*] *mormorò alcune parole intelleggibili* il murmura quelques paroles inintelligibles ◇ [*illeggibile*] illisible; *una firma inintelligibile* une signature illisible.

inintelligibilità |inintellidʒibili'ta| *s.f. inv.* inintelligibilité *var.* (*raro*): *l'inintelligibilità di un testo* l'inintelligibilité d'un texte → **incomprensibilità.**

inintelligibilménte |inintellidʒibil'mente| *avv.* [→ ININTELLIGIBILE] inintelligiblement.

ininterrottaménte |ininterrotta'mente| *avv.* [→ ININTERROTTO] sans interruption *loc. inv.*

ininterròtto |ininter'rotto| *agg.* ininterrompu: *pioggia ininterrotta* pluie ininterrompue; *una serie ininterrotta di vittorie* une série ininterrompue de victoires → **continuo, incessante.**

iniquaménte |inikwa'mente| *avv.* [→ INIQUO 1] iniquement.

iniquità |inikwi'ta| *s.f. inv.* **1** iniquité *var.*; adversité (*var.*): *l'iniquità di un provvedimento, di una sentenza* l'iniquité d'une mesure, d'une sentence → **ingiustizia** ‖ *l'iniquità dei tempi, della sorte* l'adversité des temps, du sort → **avversità, contrarietà** # *a tutti è nota l'iniquità dei suoi propositi* tout le monde connaît la méchanceté de ses propos → **malvagità, scelleratezza** **2** [*atto scellerato, malvagio*] iniquité: *è un tipo capace di ogni iniquità* c'est un type capable de toutes les iniquités.

inìquo |i'nikwo| *agg.* **1** inique: *un giudice iniquo* un juge inique; *una legge, una sanzione iniqua* une loi, une sanction inique; *furono imposte alla città inique condizioni di pace* on imposa à la ville des conditions de paix iniques → **ingiusto** ◇ (*per est.*) [*malvagio, perverso*] *è un uomo iniquo* c'est un homme inique; *hai compiuto un'azione iniqua* tu as commis une action inique **2** (*cose*) [*avverso, contrario*] défavorable: *sorte, stagione iniqua* sort, saison défavorable → **sfavorevole.**

iniziàbile |init'tsjabile| *agg.* qui peut être commencé (*loc.*): *è un lavoro iniziabile entro pochi giorni* c'est un travail qui peut être commencé dans quelques jours.

iniziàle |init'tsjale| **1** *agg.* initial*: *lettera, sillaba iniziale* lettre, syllabe initiale; *stipendio iniziale* salaire initial *velocità iniziale* vitesse initiale; *il punto iniziale di un percorso* le point initial d'un parcours **2** *s.f.* [*la prima lettera di una parola*] initiale: *un antico manoscritto con le iniziali miniate* un ancien manuscrit aux initiales ornées d'enluminures ◇ *spec. al plur.* [*le lettere iniziali del nome e del cognome*] initiales: *firmare con le iniziali* signer de ses initiales.

inizialménte |inittsjal'mente| *avv.* [→ INIZIALE 1] initialement.

iniziaménto |inittsja'mento| *s.m.* (*raro*) → **iniziazione.**

iniziàre |init'tsjare| **A** *v.tr.* **1** [*cominciare, intraprendere*] commencer (2): *iniziare un lavoro, una lettura, una ricerca* commencer un travail, une lecture, une recherche; *finalmente hanno iniziato a lavorare* ils ont finalement commencé à travailler ◆ (*ass.*) *la com-*

missione esaminatrice ha iniziato proprio da me le jury d'examen a justement commencé par moi **2** [*ammettere a una società, spec. segreta, o avviare alla conoscenza, alla pratica di un culto* (*misterico*)] initier: *iniziare qc. alla massoneria* initier qqn. à la franc-maçonnerie; *iniziare qc. alla vita monastica* initier qqn. à la vie monastique ◇ (*per est.*) [*ammaestrare, avviare in un'arte, in una disciplina*] *iniziare qc. allo studio dei classici, della filosofia* initier qqn. à l'étude des classiques, de la philosophie **B** *v.intr.* (*aus.* '*essere*') [*avere inizio*] commencer (*aus.* avoir): *il primo spettacolo inizia alle ore 16,30* la première séance commence à 16,30 **C** *v. pron. intr.* INIZIARSI [→ *intr.*] commencer (*intr.*): *il primo spettacolo s'inizia alle ore 20,30* la première séance commence à 20,30 Ⓒ A 1; B **terminare.**

iniziàtico, ci, ca, che |init'tsjatiko, tʃi, ka, ke| *agg.* d'initiation *loc. inv.*, initiatique (*raro*): *rito iniziatico* rite d'initiation, initiatique ◇ (*fig.*) [*oscuro, incomprensibile per la maggioranza*] obscur: *linguaggio iniziatico* langage obscur.

iniziativa |inittsja'tiva| *s.f.* **1** initiative: *un'iniziativa culturale, assistenziale* une initiative culturelle, d'assistance; *prendere l'iniziativa di una sottoscrizione* prendre l'initiative d'une souscription; *è un ragazzo pieno d'iniziative* c'est un garçon plein d'initiatives; *ha agito di sua iniziativa* il a agi de sa propre initiative; *la fabbrica è stata chiusa per iniziativa degli operai* l'usine a été fermée sur l'initiative des ouvriers; *ha tentato di far fallire la mia iniziativa* il a essayé de faire échouer mon initiative ◇ (*econ.*) *iniziativa privata* initiative privée ◇ (*mil., sport*) *conservare, perdere l'iniziativa* garder, perdre l'initiative **2** [*capacità, prontezza nell'avviare, promuovere attività e sim.*] initiative: *mancare, essere privo d'iniziativa* manquer d'initiative; *quell'uomo ha spirito d'iniziativa* cet homme a l'esprit d'initiative → **intraprendenza.**

iniziàto |init'tsjato| *s.* [*chi è ammesso a culti misterici o a società segrete*] initié: *gli iniziati ai misteri orfici, alla carboneria* les initiés aux mystères orphiques, à la charbonnerie ◇ (*fig.*) [*chi ha una conoscenza adeguata di un'attività, disciplina*] *linguaggio per iniziati* langage pour initiés.

iniziatóre, trice |inittsja'tore, tritʃe| *agg. e s.* initiateur*: *cerimonia iniziatrice* cérémonie initiatrice; *l'iniziatore di una moda, di un costume* l'initiateur d'une mode, d'un usage.

iniziazióne |initssjat'tsjone| *s.f.* [→ INIZIARE A 2] initiation: *rito d'iniziazione* rite d'initiation; *iniziazione ai misteri eleusini, alla massoneria* initiation aux mystères d'Éleusis, à la franc-maçonnerie; *l'iniziazione ai segreti della vita politica, allo studio della filosofia* l'initiation aux secrets de la vie politique, à l'étude de la philosophie.

inizio, i |i'nittsjo, i| *s.m.* [→ INIZIARE A 1] commencement: *l'inizio di un lavoro, di uno spettacolo, delle lezioni* le commencement d'un travail, d'un spectacle, des cours ◇ [*parte, fase iniziale*] début: *l'inizio di una parola, di un regno, della cattiva stagione* le début d'un mot, d'un règne, de la mauvaise saison; *l'inizio di un poema, di una sinfonia* le début d'un poème, d'une symphonie; *ho visto anche l'inizio del film* j'ai même vu le début du film; *gli inizi son sempre difficili* les débuts sont toujours difficiles ◇ [*il luogo, il punto dove q.c. comincia*] début, commencement: *all'inizio del romanzo, della pagina* au début, au commencement du roman, de la page; *la prima casa all'inizio della via* la première maison au commencement de la rue ◇ (*loc. avv.*) *all'inizio* [*dapprima, da principio*] au début.

inlandsis |inlandsis| *s.m. inv.* (*svedese*) (*geogr.*) inlandsis.

in loco |in'lɔko| *loc. avv.* (*lat.*) [*nello stesso luogo*] sur place: *i morti ebbero sepoltura in loco* les morts furent ensevelis sur place, reçurent une sépulture là où ils étaient tombés.

innacquàre |innak'kware| *e deriv.* → **annacquare** *e deriv.*

innaffiàre |innaf'fjare| *e deriv.* → **annaffiare** *e deriv.*

innalzaménto |innaltsa'mento| *s.m.* **1** [→ INNALZARE A 1; B 1] élévation (*f.*): *l'innalzamento del livello del fiume* l'élévation du niveau du fleuve → **aumento, crescita 2** [→ INNALZARE A 2] élévation: *l'innalzamento di un palazzo, di una basilica* l'élévation d'un immeuble, d'une basilique → **costruzione 3** [→ INNALZARE A 3; B 3] élévation: *l'innalzamento a una dignità, a una carica* l'élévation à une dignité, à une charge → **elezione, nomina** ◇ (*mat.*) *innalzamento a potenza* élévation à une puissance → **elevazione.**

innalzàre |innal'tsare| **A** *v.tr.* **1** [*sollevare, portare in alto*] porter *haut: *innalzare sul pennone il vessillo della libertà* porter haut l'étendard de la liberté ◇ [*far crescere, far salire*] faire (45) *intr.* monter: *lo scioglimento delle nevi ha innalzato il livello del lago* la fonte des neiges a fait monter le niveau du lac ◇ (*fig.*) [*rivolgere* (*verso l'alto*)] lever (6); élever (6): *innalzare gli occhi al cielo* lever les yeux au ciel ‖ *innalzare una preghiera, l'animo a Dio* élever une prière, son âme à Dieu **2** [*elevare verticalmente*] dresser: *innalzare un palo, un obelisco* dresser un poteau, un obélisque ◇ (*per est.*) [*edificare, costruire*] élever: *innalzare un edificio, una torre, una statua* élever un édifice, une tour, une statue **3** (*fig.*) [*promuovere, elevare di condizione*] élever: *innalzare qc. al trono, alla presidenza* élever qqn. au trône, à la présidence; *innalzare lo stile, la lingua* ennoblir le style, la langue → **nobilitare** # *innalzare qc. agli onori degli altari* canoniser qqn. → **santificare B** *v.pron.* INNALZARSI **1** *intr.* [→ *tr.* 1] s'élever: *il pallone s'innalzava lentamente* le ballon s'élevait lentement; *colonne di fumo s'innalzavano dall'edificio in fiamme* des colonnes de fumée s'élevaient de l'édifice en flammes → **elevar(si)**; *il livello delle acque s'è innalzato di un metro* le niveau de l'eau s'est élevé d'un mètre **2** *intr.* [*ergersi, elevarsi*] s'élever, se dresser: *quei monti s'innalzano oltre gli ottomila metri* ces montagnes s'élèvent, se dressent à plus de huit mille mètres; *la torre s'innalzava maestosa sopra la piazza* la tour s'élevait, se dressait majestueuse au-dessus de la place **3** *rifl.* (*fig.*) [*elevarsi di grado, di condizione*] s'élever: *a forza di lavoro e di sacrifici s'è innalzato su tutti gli altri* à force de travail et de sacrifices, il s'est élevé au-dessus de tous les autres.

innamoraménto |innamora'mento| *s.m.* [→ INNAMORARE C 1] amour: *è stato un innamoramento fulmineo* cela a été un amour foudroyant # *è un giovane facile all'innamoramento* c'est un jeune homme qui tombe facilement amoureux.

innamoràre |innamo'rare| **A** *v.tr.* **1** [*sedurre, affascinare*] séduire (75): *quella ragazza è d'una bellezza e d'un candore che innamora tutti* cette jeune fille est d'une beauté et d'une candeur qui séduisent tout le monde ♦ (*ass.*) [*suscitare piacere, diletto*] enchanter: *sono versi che innamorano* ce sont des vers qui enchantent; *da quell'altura si gode un panorama che innamora* de cette hauteur on jouit d'un panorama qui enchante ◇ (*iron.*) *quel ragazzo ha una faccia da idiota che innamora* ce garçon a l'air tellement idiot qu'il en est symphathique **2** (*fig.*) [*appassionare, accendere d'entusiasmo*] passionner: *lo sport lo sta innamorando sempre più* le sport le passionne toujours davantage **3** (*raro*) [*accendere d'amore*] rendre (53) amoureux*: *è riuscita a innamorarlo con le sue moine* elle est arrivée à le rendre amoureux avec ses cajoleries **B** *v.intr.* (*solo nella loc.*) FARE INNAMORARE [*indurre a innamorarsi*] rendre *tr.* amoureux, faire (45) tomber amoureux: *è una donna che con la sua bellezza fa innamorare tutti* c'est une femme qui rend tout le monde amoureux par sa beauté **C** *v. pron.* INNAMORARSI **1** *intr.* [*accendersi d'amore*] tomber amoureux: *innamorarsi facilmente, a prima vista* tomber amoureux facilement, au premier regard ◇ (*col compl. espresso*) s'éprendre (73) de: *s'è pazzamente innamorato di quella ragazzina* il s'est follement épris de cette petite jeune fille → **invaghir(si)** ◇ (*fig.*) [*accendersi di desiderio, appassionarsi*] s'engouer: *innamorarsi di uno sport, della caccia, di un bel quadro* s'engouer d'un sport, de la chasse, d'un beau tableau; *s'è innamorato di quella villetta* il s'est engoué de cette petite villa **2** *recipr.* [*infiammarsi d'amore l'uno per l'altro*] tomber amoureux (l'un de l'autre): *si sono innamorati a prima vista* ils sont tombés amoureux (l'un de l'autre) au premier regard, ils ont eu réciproquement le coup de foudre.

innamoràto |innamo'rato| **1** *agg.* [*che prova un vivo amore*] amoureux*; *essere innamorato* être amoureux; *sono ancora tutti e due innamorati cotti* tous les deux sont encore éperdument amoureux (l'un de l'autre) ◇ [*che manifesta, esprime amore*] *sguardo, gesto innamorato* regard, geste amoureux ◇ (*fig.*) [*appassionato, entusiasta*] passionné: *essere innamorato del jazz, della campagna* être passionné de jazz, de la campagne # *molti stranieri sono innamorati dell'Italia e delle sue bellezze* beaucoup d'étrangers adorent l'Italie et ses beautés **2** *s.* [*chi prova amore per qc.*] amoureux*: *gli innamorati sono sempre un po' romantici e sognanti* les amoureux sont toujours un peu romantiques et rêveurs; *quella ragazza ha sempre un codazzo di innamo-*

rati cette fille a toujours une cohorte d'amoureux → **spasimante, pretendente** ◇ (*per est.*) [*fidanzato*] fiancé: *è andato a teatro con l'innamorata* il est allé au théâtre avec sa fiancée.

in(n)ànte |in'(n)ante|, **in(n)anti** |in'(n)anti| *avv. e prep.* (*ant.*) → **innanzi.**

innànzi |in'nantsi| **I** *avv.* **1** (*in senso spaziale*) [*avanti*] devant: *innanzi andava la guida, dietro noi* le guide marchait devant, nous derrière # *farsi innanzi* avancer, s'avancer; *è abbastanza innanzi negli studi* il est assez avancé dans ses études ◇ *loc. prep.* INNANZI A [*di fronte, davanti a*] devant (*prep.*): *innanzi a tutti* devant tous; *la sua immagine è sempre innanzi ai miei occhi* son image est toujours devant mes yeux; *dovette comparire innanzi a un tribunale militare* il dut comparaître devant un tribunal militaire **2** (*in senso temporale*) [*prima, precedentemente*] avant, auparavant: *ciò è già stato dimostrato innanzi* cela a déjà été démontré avant; *oggi accadono fatti che innanzi non si erano mai verificati* on voit aujourd'hui survenir des faits qui ne s'étaient jamais produits auparavant ◇ *loc. prep.* (*raro*) INNANZI A avant (*corr.*): *innanzi all'alba* avant l'aube ◇ *loc. cong.* INNANZI DI (+ *inf.*) avant de (+ *inf.*): *innanzi di parlare, rifletti!* avant de parler, réfléchis! ~ INNANZI CHE (+ *congv.*) avant que (+ *congv.*): *innanzi che tu parta, passa da me!* avant que tu ne partes, passe chez moi! **3** [*poi, in seguito*] *d'ora innanzi, da qui innanzi* dorénavant; *da quel giorno innanzi* depuis ce jour-là **II** *prep.* (*solo nelle loc.*) *innanzi tutto* avant tout ~ *innanzi tempo* avant le temps **III** *agg. inv.* (*posposto al sost.*) [*anteriore, precedente*] d'avant (*loc.*): *la settimana, il giorno innanzi* la semaine, le jour d'avant **IV** *s.m.* (*solo nella loc.*) *per l'innanzi* [*per l'addietro, per il tempo passato*] auparavant *avv.*

innastàre |innas'tare| *v.tr.* → **inastare.**

innaspàre |innas'pare| *e deriv.* → **annaspare** *e deriv.*

innatìsmo |inna'tizmo| *s.m.* (*filos.*) innéisme.

innatìstico, ci, ca, che |inna'tistiko, tʃi, ka, ke| *agg.* [*relativo all'innatismo, fondato sull'innatismo*] innéiste: *concezione innatistica* conception innéiste.

innàto |in'nato| *agg.* **1** inné: *è innato nell'uomo il desiderio di conoscere* le désir de connaître est inné en l'homme → **congenito** ◇ (*filos.*) *idee innate* idées innées **2** (*per est.*) [*spontaneo, genuino*] inné: *una bontà, una gentilezza d'animo innate* une bonté, une gentillesse d'âme innées.

innaturàle |innatu'rale| *agg.* qui n'est pas naturel* (*loc.*): *è innaturale odiare i propri familiari* haïr sa famille n'est pas naturel ◇ (*per est.*) [*affettato, privo di naturalezza*] affecté: *il suo sorriso, tutto il suo comportamento è innaturale* son sourire, tout son comportement est affecté.

innebbriàre |inne(b)'briare| *e deriv.* → **inebriare** *e deriv.*

innegàbile |inne'gabile| *agg.* [*certo, indiscutibile*] indéniable: *una verità innegabile* une vérité indéniable ◇ *loc.* È INNEGABILE CHE... il est indéniable que...: *è innegabile che tutto il torto è dalla parte vostra* il est indéniable que tout le tort est de votre côté.

innegabilménte |innegabil'mente| *avv.* [→ INNEGABILE] indéniablement.

inneggiaménto |inneddʒa'mento| *s.m.* (*raro*) [→ INNEGGIARE 1] exaltation *f.*, glorification *f.*

inneggiàre |inned'dʒare| *v.intr.* (*aus. 'avere'*) **1** [*esaltare, magnificare con manifestazioni di lode*] célébrer (8), exalter: *inneggiare alla libertà, alla vittoria, alla pace* célébrer, exalter la liberté, la victoire, la paix ✦ (*impers.*) *da ogni parte si inneggiava al vincitore* de toute(s) part(s) on acclamait, on exaltait le vainqueur **2** (*raro*) [*cantare o comporre inni di lode o di ringraziamento*] chanter *tr.* des hymnes (à la louange de).

inneggiànte |inned'dʒante| *agg.* [*che tributa calorose manifestazioni di lode e di plauso*] en délire (*loc. inv.*): *una folla inneggiante* une foule en délire.

innervàre |inner'vare| *v.tr.* (*anat.*) (*riferito a nervi*) [*diramarsi, estendersi a un organo o tessuto*] innerver: *il trigemino innerva una parte della faccia* le trijumeau innerve une partie du visage.

innervazióne |innervat'tsjone| *s.f.* (*anat.*) innervation: *l'innervazione del braccio, del torace, dell'occhio* l'innervation du bras, du thorax, de l'œil.

innervosire |innervo'sire| (197) **A** *v.tr.* [*rendere nervoso, agitato*] énerver: *questo chiasso continuo mi innervosisce* ce vacarme continuel m'énerve; *il pubblico lo innervosisce* le public l'énerve **B** *v.pron. intr.* INNERVOSIRSI [*diventare nervoso*] s'énerver: *s'innervosisce per un nonnulla* il s'énerve pour un rien.

innervosito |innervo'sito| *agg.* [*preso da agitazione, da irritazione*] énervé: *tornò a casa innervosito e stanco* il rentra chez lui énervé et fatigué.

innescaménto |inneska'mento| *s.m.* **1** [→ INNESCARE 1] amorçage: *l'innescamento di un proiettile, di un siluro* l'amorçage d'un projectile, d'une torpille **2** [→ INNESCARE 2] amorçage.

innescànte |innes'kante| *agg. e s.m.* (*sostanza*) *innescante* [*esplosivo sensibilissimo agli urti e al calore*] explosif d'amorçage *loc. inv.*

innescàre |innes'kare| *v.tr.* **1** [*adattare l'innesco a una carica esplosiva*] amorcer (2): *innescare una mina, una bomba* amorcer une mine, une bombe **2** [*fornire di esca l'amo*] amorcer.

innescàto |innes'kato| *agg.* **1** [*munito d'innesco*] amorcé: *una mina innescata* une mine amorcée **2** [*munito di esca*] amorcé: *un amo innescato* un hameçon amorcé.

innésco, chi |in'nesko, ki| *s.m.* **1** [*dispositivo d'accensione di una carica esplosiva*] amorce *f.* **2** (*fis.*) *l'innesco di una reazione a catena* amorce d'une réaction en chaîne.

innestàre |innes'tare| **A** *v.tr.* **1** (*agr.*) [*trasferire su una pianta, mediante incisione, un elemento di un'altra pianta*] greffer, enter: *innestare un melo, un ciliegio* greffer, enter un pommier, un cerisier; *ho innestato le viti con qualità di uva da tavola* j'ai greffé les vignes avec une qualité de raisin de table ✦ (*ass.*) *pianta da innestare* [*da sottoporre a innesto*] plante à greffer **2** (*mecc., corr.*) [*inserire, collegare fra loro le parti di un congegno*] *innestare la retromarcia* mettre (71) la marche arrière; *innestare la spina della corrente, del telefono* brancher la prise du courant, du téléphone **3** (*fig.*) [*introdurre un elemento diverso*] introduire (75): *i colonizzatori hanno tentato di innestare usanze europee in India* les colonisateurs ont tenté d'introduire des coutumes européennes en Inde ◇ [*collegare cose diverse*] insérer (8): *ha saputo innestare con gusto le modifiche nella vecchia struttura* il a su insérer avec (bon) goût les réformes dans l'ancienne structure **4** (*biol., chir.*) [*impiantare in un organismo un tessuto organico diverso*] greffer: *gli hanno coperto la cicatrice innestandogli la pelle della coscia* ils ont recouvert sa cicatrice en lui greffant de la peau de sa cuisse ◇ (*med.*) *innestare il vaiolo* [*inoculare il siero antivaioloso*] vacciner contre la variole **B** *v.pron. intr.* INNESTARSI [*inserire, collegarsi*] se raccorder, se rattacher: *dopo il ponte, la strada s'innesta sulla nazionale* après le pont, le chemin se raccorde à la route nationale; *molti motivi neoclassici s'innestano nel nostro romanticismo* beaucoup de motifs néoclassiques se rattachent, se greffent à notre romantisme ◇ (*mecc., tecnol.*) s'enclencher.

innestatóio, i |innesta'tojo, i| *s.m.* (*agr.*) greffoir, entoir.

innestatùra |innesta'tura| *s.f.* **1** [→ INNESTARE A 1] greffage *m.* **2** [*punto della pianta in cui è praticato l'innesto*] greffage: *legare l'innestatura* lier le greffage.

innèsto |in'nesto| *s.m.* **1** (*agr.*) greffe (*f.*): *innesto a occhio, a linguetta* greffe par œil, à cheval; *innesto a corona, a spacco* greffe en couronne, en fente; *un innesto mal riuscito* une greffe qui prend mal # *innesto a mazza* greffon **2** (*mecc.*) embrayage: *innesto a frizione, idraulico* embrayage à friction, hydraulique # *innesto a denti* clabot, crabot ◇ (*auto.*) *l'innesto della frizione* l'embrayage; *l'innesto di una marcia* le passage d'une vitesse ◇ (*elettr.*) branchement: *l'innesto di una spina, di un contatto* le branchement d'une prise, d'un contact **3** (*fig.*) [*inserimento, collegamento*] intégration (*f.*): *favorire l'innesto degli immigrati nel nuovo contesto sociale* favoriser l'intégration des immigrants dans le nouveau contexte social **4** (*chir., med.*) greffe.

innevaménto |inneva'mento| *s.m.* [→ INNEVARSI] enneigement.

innevàrsi |inne'varsi| *v.pron. intr.* [*coprirsi di neve*] se couvrir (23) de neige: *in poco tempo tutte le colline si sono innevate* en peu de temps les collines se sont couvertes de neige.

innevàto |inne'vato| *agg.* [*coperto di neve*] enneigé: *i campi sono ancora innevati* les champs sont encore enneigés.

inno |'inno| *s.m.* **1** hymne: *inni patriottici* hymnes patriotiques; *l'inno dei lavoratori* l'hymne des travailleurs → **canto** **2** (*liturg.*) hymne (*m. o f.*): *inni religiosi* hymnes religieux (religieuses); *un inno alla Vergine* un(e) hymne à la Vierge **3** (*letter.*) hymne: *gli inni omerici* hymnes homériques; *gli Inni Sacri del Manzoni* les hymnes Sacrés de

Manzoni **4** (*fig.*) [*esaltazione, celebrazione*] hymne: *la sua vita è stato un continuo inno alla modestia* sa vie a été un continuel hymne à la modestie; *queste pagine sono un inno alla libertà* ces pages constituent un hymme à la liberté.

innocènte |inno'tʃɛnte| **I** *agg.* **1** innocent: *essere, dichiararsi innocente* être, se déclarer innocent; *il tribunale lo ha riconosciuto innocente* le tribunal l'a déclaré innocent ✦ (*s.*) *un innocente* un innocent **2** [*che non conosce il male; privo di malizia*] innocent: *i bambini sono tutti innocenti* les enfants sont tous innocents; *è un'anima innocente* c'est une âme innocente; *ha sempre un'espressione, uno sguardo innocente* il a toujours une expression, un regard innocent; *la sua era una domanda innocente* sa demande était innocente **II** *s.* [*bambino*] innocent: *come puoi sospettare di questo innocente?* comment peux-tu soupçonner cet innocent? *la strage degli Innocenti* le massacre des Innocents Ⓒ I 1 **colpevole.**

innocenteménte |innotʃente'mente| *avv.* [*senza malizia; ingenuamente*] innocemment: *l'ha fatto innocentemente* il l'a fait innocemment.

innocentìna |innotʃen'tina| *s.f.* (*iron.*) [*piccola innocente o che si atteggia a tale*] sainte nitouche: *non mi convince quella faccia da innocentina* cette figure de sainte nitouche ne me convainc pas.

innocentista |innotʃen'tista| *s.* partisan de l'innocence (d'un accusé): *innocentisti e colpevolisti si equilibrano* partisans de l'innocence et de la culpabilité s'équilibrent.

innocènza |inno'tʃɛntsa| *s.f.* **1** innocence: *perdere l'innocenza* perdre son innocence; *ha ancora l'innocenza di un bambino* il a encore l'innocence d'un enfant ◇ [*mancanza di malizia; candore*] *ha parlato con innocenza* il a parlé avec innocence → **ingenuità** ◇ (*per est.*) [*l'infanzia, i bambini*] enfants (*m. pl.*): *non bisogna scandalizzare l'innocenza* il ne faut pas scandaliser les enfants ◇ (*loc.*) *l'età dell'innocenza* l'âge de l'innocence ~ (*escl.*) *beata innocenza!* heureuse innocence! **2** [*non colpevolezza*] innocence: *protestare la propria innocenza* protester de son innocence; *nessuno vuol credere alla mia innocenza* personne ne veut croire à mon innocence.

innocuità |innokui'ta| *s.f. inv.* innocuité *var.*

innòcuo |in'nɔkuo| *agg.* **1** (*cose*) [*che non provoca danno*] inoffensif*: *un prodotto, un medicinale innocuo* un produit, un médicament inoffensif ◇ (*animali*) [*inoffensivo*] *è un cane innocuo* c'est un chien inoffensif **2** (*iron.*) (*persone*) [*inetto, incapace*] inoffensif: *è un tipo assolutamente innocuo* c'est un type absolument inoffensif ✦ (*s.*) *un innocuo* un homme *m.* inoffensif *agg.* Ⓒ 1 **dannoso.**

innominàbile |innomi'nabile| *agg.* innommable: *azione, vizio innominabile* action, vice innommable; *ha commesso atti innominabili* il a commis des actes innommables → **turpe.**

innominàto |innomi'nato| **1** *agg.* innom(m)é: *oggetti innominati* objets innommés ◇ (*anat.*) *osso innominato* os innommé; *vene innominate* veines innommées → 1 **iliaco** ◇ (*dir.*) *contratto innominato* contrat innommé → **atipico 2** *s.* (*raro*) → **tale** ◇ (*per anton.*) *l'Innominato* [*personaggio dei Promessi Sposi*] l'Inno(m)mé.

innovaménto |innova'mento| *s.m.* (*raro*) → **innovazione.**

innovàre |inno'vare| **A** *v.tr.* **1** [*introdurre, apportare elementi nuovi*] innover: *innovare le tecniche di mercato* innover la technique du marché **2** (*raro*) → **rinnovare B** *v.pron. intr.* INNOVARSI (*raro*) → **rinnovar(si).**

innovativo |innova'tivo| *agg.* → **innovatore.**

innovatóre, trice |innova'tore, tritʃe| *agg.* innovateur*: *una proposta innovatrice* une proposition innovatrice ✦ (*s.*) *un innovatore* un innovateur: *è stato un geniale innovatore nel campo terapeutico* il a été un innovateur de génie dans le domaine thérapeutique.

innovazióne |innovat'tsjone| *s.f.* **1** [→ INNOVARE A 1] innovation **2** [*cambiamento, novità*] innovation: *il nuovo modello si presenta con molte innovazioni* le nouveau modèle se présente avec de nombreuses innovations.

in nuce |in'nutʃe| *loc. agg. e avv.* (*lat.*) **1** (*detto di ciò che è accennato sinteticamente*) en bref (*loc. inv.*): *questo, in nuce, è l'argomento che tratteremo* voilà, en bref, le sujet que nous traiterons **2** (*detto di fatti o problemi suscettibili di ulteriori sviluppi*) à l'état d'embryon (*loc. inv.*): *la proposta è ancora in nuce* la proposition est encore à l'état d'embryon.

innumeràbile |innume'rabile| *agg.* [*impossibile da enumerare*] innombrable: *una quantità innumerabile di cianfrusaglie* une quantité innombrable de franfreluches.

innumerabilità |innumerabili'ta| *s.f. inv.* quantité *var.* innombrable; caractère *m.var.* innombrable.

innumerabilménte |innumerabil'mente| *avv.* (*raro*) [→ INNUMERABILE] sans nombre *loc. inv.*

innùmere |in'numere| *agg.* (*lett.*) → **innumerevole.**

innumerévole |innume'revole| *agg.* [*talmente numeroso da non potersi contare*] innombrable: *ha assistito alla cerimonia una folla innumerevole* une foule innombrable a assisté à la cérémonie; *i casi possibili sono innumerevoli* les cas possibles sont innombrables.

inobbediènte |inobbe'djɛnte| *e deriv.* → **disubbidiente** *e deriv.*

inobliàbile |inobli'abile| *agg.* (*lett.*) inoubliable (*corr.*) → **indimenticabile.**

inocchiàre |inok'kjare| *v.tr.* (*raro, agr.*) [*innestare a occhio*] écussonner.

inoccupàto |inokku'pato| *agg.* **1** (*raro*) [*non occupato, libero*] inoccupé (*corr.*): *ci sono dei posti inoccupati* il y a des places inoccupées **2** [*che è in attesa della prima occupazione*] sans emploi (*loc. inv.*): *ci sono ancora molti giovani inoccupati* il y a encore beaucoup de jeunes sans emploi → **disoccupato** ✦ *s.* (*spec. al plur.*) *gli inoccupati* les chômeurs.

inoculàbile |inoku'labile| *agg.* (*med.*) inoculable.

inoculàre |inoku'lare| *v.tr.* **1** (*med.*) [*introdurre nel corpo umano o animale una sostanza liquida a scopo terapeutico, profilattico o sperimentale*] inoculer: *inoculare un siero, il vaiolo* inoculer un sérum, la variole; *inoculare un virus su una cavia* inoculer un virus à un cobaye **2** (*fig.*) [*insinuare, istillare*] inoculer: *gli hanno inoculato odio, risentimento* on lui a inoculé de la haine et de la rancune.

inoculazióne |inokulat'tsjone| *agg.* (*med.*) inoculation.

inodóro |ino'doro|, **inodóre** |ino'dore| *agg.* inodore: *sostanza inodora, inodore* substance inodore.

inoffensivo |inoffen'sivo| *agg.* inoffensif*: *una frase inoffensiva* une phrase inoffensive; *rendere inoffensivo un pazzo, un animale feroce* rendre un fou, un animal féroce inoffensif.

inoliàre |ino'ljare| (*v.tr.*) *inoliare i fichi* [*ungerli con olio per accelerarne la maturazione*] huiler les figues.

inoliazióne |inoljat'tsjone| *s.f.* [→ INOLIARE] huilage *m.* (des figues).

inoltràre |inol'trare| **A** *v.tr.* **1** (*bur.*) [*presentare una domanda, una richiesta e sim. agli organi competenti*] présenter; adresser: *inoltrare una domanda di pensione* présenter une demande de retraite || *ho inoltrato un ricorso al ministero* j'ai adressé un recours au ministère **2** [*avviare a destinazione*] envoyer (14): *inoltrare i soccorritori verso il luogo dell'incidente* envoyer les sauveteurs vers le lieu de l'accident; *gli ho inoltrato una raccomandata espresso* je lui ai envoyé en exprès, une lettre recommandée **B** *v.pron. intr.* INOLTRARSI **1** [*addentrarsi, spingersi avanti*] avancer (2) *intr.*, s'avancer: *ci inoltrammo cautamente nel cunicolo* nous avançâmes avec précaution dans la galerie; *vi siete inoltrati troppo nella boscaglia* vous vous êtes trop avancés dans le maquis ◇ (*fig.*) avancer: *inoltrarsi nello studio della medicina* avancer dans l'étude de la médecine **2** [*avanzare, avvicinarsi*] arriver *intr.* # *quest'anno la primavera stenta a inoltrarsi* cette année le printemps tarde à se montrer; *affrettiamoci, già s'inoltra la sera* dépêchons-nous, la nuit tombe déjà.

inoltràto |inol'trato| *agg.* [*avanzato*] en plein (*loc.*): *siamo ormai in inverno inoltrato* maintenant nous sommes en plein hiver; *son partiti a giorno inoltrato* ils sont partis en plein jour # *è già notte inoltrata* c'est déjà la nuit noire.

inóltre |i'noltre| *avv.* [*per di più; oltre a ciò*] en outre *loc. inv.*, de plus (*loc. inv.*): *dovete inoltre occuparvi della pulizia del locale* en outre, de plus, vous devez vous occuper du nettoyage de la pièce; *inoltre, ci mancano i fondi* de plus, on n'a pas de fonds; *è disordinato e, inoltre, manca di puntualità* il est désordonné et, de plus, il manque de ponctualité.

inóltro |i'noltro| *s.m.* **1** [→ INOLTRARE A 1] transmission (*f.*): *rispettare le scadenze per l'inoltro di una domanda* respecter les délais pour la transmission d'une demande **2** [→ INOLTRARE A 2] expédition (*f.*): *l'inoltro della corrispondenza* l'expédition de la correspondance.

inondàre |inon'dare| *v.tr.* **1** [*coprire di acqua, allagare*] inonder: *la piena ha inondato i campi* la crue a inondé les champs; *un guasto al lavandino ha inondato il bagno* la vidange du lavabo s'est détranquée, et la salle de bain a été inondée ◇ (*per est.*) [*ba-*

gnare abbondantemente] *le lacrime le inondavano il volto* les larmes inondaient son visage **2** [*provocare l'allagamento di un territorio*] inonder: *hanno inondato la zona per impedire il transito dei convogli* ils ont inondé la zone pour empêcher le passage des convois **3** (*fig.*) [*riversare in quantità, invadere*] inonder: *il paese è stato inondato dai turisti* le pays a été inondé de touristes; *tutte le strade erano inondate di manifestini* toutes les rues étaient inondées de tracts; *la pubblicità ogni giorno ci inonda di slogan* chaque jour la publicité nous inonde de slogans.

inondàto |inon'dato| *agg.* inondé: *campi inondati* champs inondés; *portare soccorso alle popolazioni inondate* porter secours aux populations inondées ◇ (*fig.*) *una via inondata di bandiere* une rue couverte de drapeaux → **ricoperto, invaso.**

inondazióne |inondat'tsjone| *s.f.* **1** [→ INONDARE 1, 2] inondation: *territori soggetti alle inondazioni* territoires sujets aux inondations; *l'inondazione ha distrutto le colture* l'inondation a détruit les cultures → **allagamento 2** (*fig.*) [→ INONDARE 3] afflux *m.*; inondation: *una inondazione di viaggiatori* un afflux de voyageurs → **invasione** ‖ *una inondazione di prodotti di bellezza* une inondation de produits de beauté.

inoperàbile |inope'rabile| *agg.* (*med.*) inopérable: *malato inoperabile* malade inopérable; *tumore inoperabile* tumeur inopérable.

inoperànte |inope'rante| *agg.* inopérant: *legge, provvedimento inoperante* loi, mesure inopérante; *rendere un trattato, una clausola inoperante* rendre un traité inopérant, une clause inopérante → **inefficace.**

inoperosaménte |inoperosa'mente| *avv.* [*senza lavorare*; *in ozio*] oisivement: *consuma le giornate inoperosamente* il passe ses journées dans l'oisiveté.

inoperosità |inoperosi'ta| *s.f. inv.* [*mancanza di attività*; *inerzia*] inaction (*var.*): *essere costretto all'inoperosità* être réduit (condamné) à l'inaction.

inoperóso |inope'roso| *agg.* **1** [*senza occupazione*; *privo di attività*] inactif*, oisif*: *essere costretto a fare vita inoperosa* être réduit à mener une vie inactive; *trascorrere una giornata inoperosa* passer une journée oisive # *lasciare una macchina inoperosa* laisser une machine arrêtée ◇ (*econ.*) improductif*: *denaro, capitale inoperoso* argent, capital improductif; *fondi inoperosi* fonds improductifs **2** (*persone*) [*ozioso, pigro*] oisif # *perché te ne stai sempre inoperoso?* pourquoi restes-tu toujours sans rien faire?

inòpia |i'nɔpja| *s.f.* (*lett.*) [*miseria, povertà*] indigence (*corr.*), dénuement *m.* (*corr.*).

inopinàbile |inopi'nabile| *agg.* **1** [*impensabile, inimmaginabile*] impensable, inconcevable: *queste sono situazioni inopinabili* ce sont des situations impensables, inconcevables **2** [*incredibile, strano*] incroyable: *è stato un caso inopinabile* ce fut un cas incroyable.

inopinataménte |inopinata'mente| *avv.* [→ INOPINATO] inopinément: *ammettiamo che inopinatamente essi decidano di...* admettons qu'inopinément ceux-ci décident de... → **inaspettatamente, improvvisamente.**

inopinàto |inopi'nato| *agg.* (*lett.*) inopiné (*corr.*) → **inatteso, imprevisto.**

inopportunaménte |inopportuna'mente| *avv.* [→ INOPPORTUNO] inopportunément.

inopportunità |inopportuni'ta| *s.f. inv.* inopportunité (*var.*): *l'inopportunità di una visita* l'inopportunité d'une visite.

inopportùno |inoppor'tuno| *agg.* **1** inopportun: *una proposta, una richiesta inopportuna* une proposition, une demande inopportune; *è stato un intervento inopportuno* ce fut une intervention inopportune **2** (*persone*) *importuno, fastidioso*] importun: *ho dei colleghi veramente inopportuni* j'ai des collègues vraiment importuns.

inoppugnàbile |inoppuɲ'ɲabile| *agg.* [*che non può essere controbattuto, contestato*] incontestable: *prove, fatti, argomenti inoppugnabili* preuves, faits, arguments incontestables; *ha fornito una testimonianza inoppugnabile* il a donné un témoignage inconstestable # *questo è un suo diritto inoppugnabile* ceci est un de ses droits imprescriptible ◇ (*dir.*) inopposable: *eccezione inoppugnabile* exception inopposable; *sentenza inoppugnabile* sentence inopposable.

inoppugnabilità |inoppuɲɲabili'ta| *s.f. inv.* [*impossibilità di contestazione*] incontestabilité *var.* (*raro*): *l'inoppugnabilità di una argomentazione* l'incontestabilité d'une argumentation ◇ (*dir.*) *l'inoppugnabilità di una sentenza* l'inopposabilité *var.* d'une sentence.

inorganicaménte |inorganika'mente| *avv.* [→ INORGANICO 2] sans ordre (*loc. inv.*): *una esposizione condotta inorganicamente* un exposé conduit sans ordre.

inorganicità |inorganitʃi'ta| *s.f. inv.* **1** caractère *m.var.*, aspect *m.var.* inorganique **2** (*fig.*) [*disorganicità, disorganizzazione*] manque *m.var.* d'organisation: *l'inorganicità di un disegno legislativo* le manque d'organisation d'un projet législatif.

inorgànico, ci, ca, che |inor'ganiko, tʃi, ka, ke| *agg.* **1** inorganique: *sostanza, chimica inorganica* substance chimie inorganique **2** (*fig.*) [*privo di ordine, di sistematicità*] desordonné: *un discorso inorganico* un discours desordonné.

inorgoglìre |inorgoʎ'ʎire| (197) **A** *v.tr.* [*rendere orgoglioso*] enorgueillir → **insuperbire** # *tutti questi riconoscimenti mi inorgogliscono* je suis flatté de tous ces témoignages de reconnaissance **B** *v. intr.* (*aus.* '*essere*') [*diventare orgoglioso*] se gonfler *pron.*, gonfler (*aus.* avoir) (de vanité, d'orgueil): *è inorgoglito dopo la nomina a direttore* sa nomination de directeur l'a gonflé de vanité **C** *v. pron. intr.* INORGOGLIRSI [→ *intr.*] s'enorgueillir de: *non inorgoglitevi per questi successi momentanei* ne vous enorgueillissez pas de ces succès momentanés.

inorgoglìto |inorgoʎ'ʎito| *agg.* [*diventato orgoglioso*; *insuperbito*] gonflé (de vanité, d'orgueil): *inorgogliti come sono, neanche ci saluteranno più* gonflés de vanité (d'orgueil) comme ils sont, ils ne nous salueront même plus.

inorpellàre |inorpel'lare| *v.tr.* **1** (*raro*) [*ornare con orpelli*] orner de clinquant **2** (*fig., lett.*) [*mascherare un difetto*] cacher: *è ridicolo che tu inorpelli le tue paure facendole passare per prudenza* il est ridicule de cacher tes peurs en les faisant passer pour de la prudence.

inorridìre |inorri'dire| (197) **A** *v.tr.* [*suscitare orrore, raccapriccio*; *spaventare*] horrifier, remplir d'horreur: *alcune scene del film mi hanno inorridito* certaines des scènes du film m'ont horrifié **B** *v.intr.* (*aus.* '*essere*') [*provare orrore, spavento*] être (43) (*aus.* avoir) saisi d'horreur: *inorridisco solo a pensarci, solo al ricordo* rien qu'à y penser, je suis saisi d'horreur.

inorridìto |inorri'dito| *agg.* [*terrorizzato, spaventato*] effrayé: *avevano le facce inorridite* leurs visages étaient effrayés.

inospitàle |inospi'tale| *agg.* **1** (*persone*) [*scortese, rozzo*] inhospitalier*: *persona inospitale* personne inhospitalière; *è gente inospitale* ce sont des gens inhospitaliers **2** (*cose*) [*scomodo, inabitabile*] inhospitalier; inhabitable: *terre, luoghi inospitali* terres inhospitalières, lieux inhospitaliers ‖ *una casa inospitale* une maison inhabitable.

inòspite |i'nɔspite| *agg.* (*lett.*) → **inospitale.**

inossàre |inos'sare| *v.intr.* (*aus.* '*essere*' *e pron. intr.* → **ossificare.**

inosservàbile |inosser'vabile| *agg.* **1** inobservable: *norme inosservabili* normes inobservables **2** (*raro*) → **invisibile.**

inosservànte |inosser'vante| *agg.* qui n'observe pas (*loc.*): *sono persone inosservanti di ogni regola* ce sont des personnes qui n'observent aucune règle.

inosservànza |inosser'vantsa| *s.f.* inobservance: *l'inosservanza delle tradizioni religiose* l'inobservance des traditions religieuses; *non bisogna tollerare l'inosservanza delle leggi* il ne faut pas tolérer l'inobservance des lois.

inosservàto |inosser'vato| *agg.* **1** [*che non attira l'attenzione*; *non notato*] inaperçu: *artista rimasto lungamente inosservato* artiste resté longtemps inaperçu; *passare inosservato* passer inaperçu **2** [*non rispettato*; *trascurato*] inobservé: *norma, disposizione inosservata* norme, disposition inobservée.

inossidàbile |inossi'dabile| *agg.* inoxydable: *acciaio inossidabile* acier inoxydable.

inottemperànza |inottempe'rantsa| *s.f.* → **inosservanza.**

input |'input| *s.m. inv.* (*ingl.*) (*elettron., informatica*) input *var.* Ⓒ **output.**

in pectore |im'pɛktore| *loc. agg.* (*lat.*) (*eccl.*) in petto: *cardinale in pectore* cardinal in petto.

inquadraménto |inkwadra'mento| *s.m.* (*mil.*) encadrement.

inquadràre |inkwa'drare| **A** *v.tr.* **1** [*mettere, collocare in una cornice*] encadrer: *inquadrare una stampa, una litografia* encadrer une estampe, une lithographie **2** (*fig.*) [*delineare in modo efficace*; *porre in rilievo*] situer: *inquadrare una situazione, un problema* situer une situation, un problème ◇ [*collocare, ambientare*] *il testo inquadra l'autore nel suo periodo storico* le texte situe, replace l'auteur dans sa période historique **3** (*cine., foto.*) [*delimitare il campo visivo di una ripresa*] cadrer: *inquadrare un gruppo, un primo piano* cadrer un groupe, un premier plan **4** (*mil.*) [*inserire, disporre nei quadri dell'esercito*] affecter: *in quale reparto ti hanno inquadrato?* à quel secteur est-ce qu'on t'a affecté? ◇ (*per est.*) [*dare sistemazione; riunire in una categoria*] *inquadrare il personale ausiliario* encadrer le personnel auxiliaire **B** *v.pron. intr.* INQUADRARSI [*collocarsi in un dato ambiente o in una situazione*] rentrer (*intr.*): *questo argomento s'inquadra nel tema generale* ce sujet rentre dans le thème général; *un provvedimento che si inquadra nel piano di sviluppo* une mesure qui rentre dans le plan de développement # *la costruzione s'inquadra perfettamente nel paesaggio* la construction s'harmonise parfaitement avec le paysage.

inquadratùra |inkwadra'tura| *s.f.* **1** (*cine.*, *foto.*, *tv*) cadrage (*m.*): *studiare un'inquadratura* étudier un cadrage **2** [*ogni singola scena filmata*] plan *m.*, prise de vue **3** [→ INQUADRARE A 1] encadrement *m.*

inqualificàbile |inkwalifi'kabile| (*fig.*) [*assolutamente indegno, biasimevole*] inqualifiable: *contegno, comportamento, linguaggio inqualificabile* conduite, attitude, langage inqualifiable.

inquartàre |inkwar'tare| **A** *v.tr.* **1** [*formare una lega con una parte di oro e tre di argento*] inquarter **2** (*arald.*) [*dividere uno stemma in quarti*] écarteler (6) **3** (*agr.*) [*compiere la quarta aratura del maggese*] quartager (3) **B** *v.pron. intr.* INQUARTARSI **1** [*diventare di corporatura robusta*] forcir (*intr.*): *non è più mingherlino, ora si è inquartato* il n'est plus chétif, maintenant il a forci **2** (*scherma*) [*compiere un'inquartata*] faire (45) *tr.* une parade en quarte.

inquartàta |inkwar'tata| *s.f.* (*scherma*) parade en quarte.

inquartàto |inkwar'tato| *agg.* **1** (*di oro messo in lega con l'argento in proporzione di uno a tre*) inquarté **2** [*di corporatura robusta, solida*] robuste: *una ragazza ben inquartata* une jeune fille robuste **3** (*arald.*) écartelé *m.* ✦ (*s.m.*) *un inquartato* un écu écartelé *agg.*

inquartatùra |inkwarta'tura| *s.f.* (*arald.*) écartelure.

inquartazióne |inkwartat'tsjone| *s.f.* [→ INQUARTARE A 1] inquart *m.*, (in)quartation.

inquietànte |inkwje'tante| *agg.* inquiétant: *una situazione inquietante* une situation inquiétante.

inquietàre |inkwje'tare| **A** *v.tr.* [*procurare apprensione, preoccupazione*] inquiéter (8): *il suo ritardo mi inquieta* son retard m'inquiète **B** *v.pron. intr.* INQUIETARSI **1** [*perdere la calma; spazientirsi*] s'inquiéter: *ti inquieti per delle sciocchezze* tu t'inquiètes pour des riens; *vi siete inquietate senza motivo* vous vous êtes inquiétées sans motif **2** (*raro*) [*mettersi in ansia; preoccuparsi*] s'inquiéter: *non inquietatevi così, c'è ancora qualche speranza* ne vous inquiétez pas ainsi il y a encore quelque espoir.

inquietézza |inkwje'tettsa| *s.f.* (*raro*) → **irrequietezza.**

inquièto |in'kwjɛto| *agg.* **1** [*senza quiete; agitato*] agité: *una nottata inquieta* une nuit agitée; *mare inquieto* mer agitée ◇ (*persone*) *un ragazzo inquieto* un garçon agité; *un uomo, uno spirito inquieto* un homme, un esprit agité → 1 **scontento, irrequieto 2** (*persone*) [*preoccupato*] inquiet*: *sono molto inquieto per la sua salute* je suis très inquiet au sujet de sa santé **3** [*irritato, adirato*] fâché: *sei inquieto con me?* es-tu fâché avec (contre) moi?

inquietùdine |inkwje'tudine| *s.f.* inquiétude: *ho addosso un'inquietudine strana* je ressens une étrange inquiétude; *queste situazioni mi danno inquietudine* ces situations me donnent de l'inquiétude.

inquilino |inkwi'lino| *s.* [*chi ha una abitazione in affitto*] locataire: *cambiare inquilino* changer de locataire; *mandare lo sfratto a un inquilino* expulser un locataire.

inquinaménto |inkwina'mento| *s.m.* **1** [→ INQUINARE 1] pollution (*f.*): *inquinamento dell'acqua, dell'aria* pollution des eaux, de l'air **2** (*fig.*) [→ INQUINARE 2] corruption (*f.*): *impedire l'inquinamento dei costumi* empêcher la corruption des mœurs **3** (*dir.*) *inquinamento delle prove* falsification *f.* des preuves.

inquinàre |inkwi'nare| *v.tr.* **1** [*rendere infetto, malsano*] polluer: *inquinare l'acqua, l'aria, un acquedotto* polluer l'eau, l'air, un aqueduc; *gli scarichi delle fogne hanno inquinato il lago* la décharge des égouts a pollué le lac **2** (*fig.*) [*corrompere, guastare*] corrompre (44): *i cattivi esempi inquinano l'animo dei giovani* les mauvais exemples corrompent l'esprit des jeunes **3** (*dir.*) *inquinare le prove* [*alterarle*] falsifier les preuves.

inquinàto |inkwi'nato| *agg.* **1** [*nocivo alla salute; infetto*] pollué: *latte, mare inquinato* lait pollué, mer polluée **2** (*fig.*) [*corrotto moralmente*] corrompu: *hai l'animo inquinato per le cattive letture* ton esprit est corrompu par de mauvaises lectures **3** (*dir.*) *prove inquinate* preuves falsifiées.

inquirènte |inkwi'rɛnte| *agg.* **1** (*dir.*) enquêteur* # *magistratura inquirente* magistrature debout **2** (*per est.*) [*che conduce un'inchiesta*] *commissario inquirente* commissaire enquêteur; *commissione inquirente* commission d'enquête *loc.* ✦ (*s.f.*) *l'Inquirente* [*la commissione d'inchiesta*] la commission *f.* d'enquête.

inquisìre |inkwi'zire| (197) **A** *v.tr.* [*svolgere un'indagine approfondita su qc. o q.c.*] enquêter *intr.* sur: *inquisire una persona, una ditta* enquêter sur une personne, sur une société **B** *v.intr.* (*aus.* 'avere') [→ *tr.*] enquêter: *inquisire sull'attività di un individuo* enquêter sur l'activité d'un individu.

inquisitóre, trice |inkwizi'tore, tritʃe| **I** *agg.* **1** [*che svolge un'inquisizione*] enquêteur*; inquisiteur*: *commissario inquisitore* commissaire enquêteur ‖ *frate inquisitore* moine inquisiteur **2** [*che cerca di scoprire q.c.; che indaga*] inquisiteur: *avere uno sguardo inquisitore* avoir un regard inquisiteur **II** *s.* **1** inquisiteur ◇ (*st. eccl.*) *il grande inquisitore* le grand inquisiteur **2** (*per est.*) [*chi indaga sugli altri con atteggiamento autoritario*] inquisiteur: *mi scoccia quel tono da inquisitore* ce ton d'inquisiteur m'embête (*fam.*); *smettila di fare l'inquisitore* cesse de faire l'inquisiteur.

inquisitòrio, i |inkwizi'tɔrjo, i| *agg.* **1** [*proprio di chi inquisisce*] inquisitorial*: *mansioni inquisitorie* fonctions inquisitoriales ◇ (*fig.*) [*che manca di delicatezza, di riguardo nel rivolgersi ad altri*] *usare un tono inquisitorio* prendre un ton inquisitorial, d'inquisiteur **2** (*dir.*) inquisitorial: *sistema, processo inquisitorio* système, procès inquisitorial.

inquisizióne |inkwizit'tsjone| *s.f.* **1** (*st. eccl.*) inquisition: *la Santa Inquisizione* la Sainte Inquisition; *l'Inquisizione di Spagna* l'Inquisition d'Espagne **2** (*fig.*) inquisition: *questo non è un interrogatorio, ma un'inquisizione!* ceci n'est pas un interrogatoire, mais une inquisition!

insabbiaménto |insabbja'mento| *s.m.* **1** [→ INSABBIARE A 1; B 1, 2] ensablement: *l'insabbiamento di un porto, di una barca* l'ensablement d'un port, d'une barque **2** (*fig.*) [→ INSABBIARE A 2; B 3] enterrement: *l'insabbiamento di una inchiesta* l'enterrement d'une enquête, le classement d'un dossier d'enquête.

insabbiàre |insab'bjare| **A** *v.tr.* **1** [*coprire di sabbia*] ensabler: *insabbiare un tratto di spiaggia* ensabler une partie de la plage; *insabbiare le radici di una pianta* ensabler les racines d'une plante **2** (*fig.*) [*arrestare lo svolgimento di una pratica, di una inchiesta e sim.*] enterrer, classer: *il ricorso è stato insabbiato* le recours a été enterré; *molti hanno interesse a insabbiare l'inchiesta* beaucoup ont intérêt à enterrer, à faire classer l'enquête **B** *v.pron.* INSABBIARSI **1** *intr.* [→ *tr.* 1] s'ensabler: *il porto si è insabbiato* le port s'est ensablé **2** *intr.* (*di imbarcazioni*) [*arenarsi*] s'ensabler: *il bastimento si è insabbiato a poche miglia dal porto* le navire s'est ensablé à quelques milles du port **3** *intr.* (*fig.*) [→ *tr.* 2] enterrer *tr.*, classer (*tr.*): *il progetto di legge si è insabbiato* le projet de loi a été enterré, classé; *pensi che la mia pratica si sia insabbiata?* tu crois que mon dossier a été enterré, classé? **4** *rifl.* (*fig.*) [*ritirarsi in solitudine; segregarsi*] s'enterrer: *è andato a insabbiarsi in mezzo ai boschi* il est allé s'enterrer dans les bois.

insaccaménto |insakka'mento| *s.m.* → **insaccatura.**

insaccàre |insak'kare| **A** *v.tr.* **1** [*mettere in un sacco*] ensacher: *insaccare le patate, il cemento* ensacher les pommes de terre, le ciment ◇ (*fig.*, *calcio*) *insaccare il pallone* envoyer le ballon dans les filets (les buts) **2** [*mettere carne macinata nei budelli*] mettre (71) en boyau: *ho insaccato trenta chili di cotechini* j'ai mis en boyau trente kilos de chair à saucisses **3** (*fig.*) [*ammucchiare, stipare cose o persone in poco spazio*] entasser: *ci hanno insaccato in una salettina mezza buia* ils nous ont entassés dans une petite salle à demi obscure **4** (*fig.*) [*vestire qc. con abiti goffi*] fagoter: *mi hanno insaccato in una tuta sproporzionata* ils m'ont fagoté, collé (*fam.*) dans un bleu (de travail) trop grand **5** (*fig.*) *insaccare la testa, il collo* [*ritirarli verso il tronco*] enfoncer (2) la tête, le cou; s'engoncer (2) *pron.* **6** (*fig.*, *fam.*) [*mangiare e bere smodatamente*] ingurgiter: *ha insaccato una portata dietro l'altra* il a ingurgité un plat après l'autre **B** *v.*

pron. INSACCARSI **1** *rifl.* [→ *tr.* 4] être (43) *intr.* engoncé: *si era insaccata in una vestaglia larghissima per lei* elle était engoncée dans une robe de chambre beaucoup trop grande pour elle **2** *rifl.* [→ *tr.* 3] s'entasser: *siamo venuti a insaccarci in questo corridoio* nous sommes venus nous entasser dans ce couloir **3** *intr.* (*di sole al tramonto*) [*nascondersi dietro una cortina di nubi*] disparaître (72) *intr.* derrière les nuages: *anche questa sera il sole si è insaccato* ce soir aussi le soleil a disparu derrière les nuages.

insaccàta |insak'kata| *s.f.* **1** [*scossa data al sacco per assestare il contenuto*] secousse **2** [*contraccolpo che si riceve per un urto, un salto, un cambiamento improvviso di velocità e sim.*] secousse: *la frenata dell'autobus ha provocato una grande insaccata* le coup de frein de l'autobus a provoqué une grande secousse.

insaccàto |insak'kato| **1** *agg.* [*messo in sacchi*] ensaché: *grano insaccato* blé ensaché ◇ (*spec.*) *carne insaccata* [*salumi di carne macinata*] viande mise en saucisses **2** *s.m. spec. al plur.* [*salumi di carne macinata*] saucisses (*f.*): *c'è troppo pepe in questi insaccati* il y a trop de poivre dans ces saucisses.

insaccatóre, trice |insakka'tore, tritʃe| *s.* **1** [*operaio che mette materiali vari nei sacchi*] ensacheur*: *una squadra di insaccatori di carbone* une équipe d'ensacheurs de charbon **2** ouvrier* chargé de la préparation des saucisses.

insaccatrice |insakka'tritʃe| *s.f.* [*macchina per insaccare*] ensacheuse ✦ (*agg.*) *macchina insaccatrice* ensacheuse *s.f.*

insaccatùra |insakka'tura| *s.f.* **1** [→ INSACCARE A 1] ensachage (*m.*): *l'insaccatura del grano* l'ensachage du blé **2** [→ INSACCARE A 2] mise en boyau: *l'insaccatura dei salumi* la mise en boyau des saucisses.

insacchettaménto |insakketta'mento| *s.m.* [→ INSACCHETTARE] mise *f.* en sachet(s): *l'insacchettamento dello zucchero* la mise en sachet(s) du sucre.

insacchettàre |insakket'tare| *v. tr.* [*mettere in sacchetti*] ensacher: *insacchettare lo zucchero, la verdura* ensacher le sucre, les légumes.

insalàre |insa'lare| *v.tr.* → **salare.**

insalàta |insa'lata| *s.f.* **1** [*varie qualità di verdure buone da mangiare crude*] salade: *insalata verde* salade verte; *insalata di campo* salade des champs; *un cesto di insalata* un panier de salade **2** [*pietanza, spec. di verdure, condita con sale, olio e agro di aceto o di limone*] salade: *insalata cruda, cotta* salade crue, cuite; *insalata mista* salade mixte, panachée; *insalata russa, di pomodori* salade russe, de tomates; *insalata di riso, di frutti di mare* salade de riz, de fruits de mer ◇ *loc.* IN INSALATA en salade: *pomodori, peperoni in insalata* tomates, poivrons en salade ~ *essere all'insalata* [*quasi alla fine del pasto*] (en) être à la salade ~ (*fig.*) *mangiare qc. in insalata* [*superarlo, batterlo con facilità*] ne faire qu'une bouchée de qqn.; *quello lì me lo mangio in insalata* celui-là, je ne m'en fais qu'une bouchée.

insalatièra |insala'tjɛra| *s.f.* [*recipiente per condire e servire l'insalata*] saladier *m.*

insalatùra |insala'tura| *s.f.* → **salatura.**

insaldàre |insal'dare| *v.tr.* → **inamidare.**

insaldatùra |insalda'tura| *s.f.* → **inamidatura.**

insalivazióne |insalivat'tsjone| *s.f.* insalivation.

insalùbre |insa'lubre| *agg.* insalubre: *clima, regione insalubre* climat, région insalubre; *industrie insalubri* industries insalubres.

insalubrità |insalubri'ta| *s.f. inv.* insalubrité (*var.*): *l'insalubrità di un clima* l'insalubrité d'un climat.

insalutàto |insalu'tato| *agg.* (*lett.*) non salué (*corr.*) ◇ (*loc. scherz.*) *andarsene, partire insalutato ospite* filer à l'anglaise.

insanàbile |insa'nabile| *agg.* **1** [*incurabile, inguaribile*] incurable, inguérissable: *una piaga, un male insanabile* une plaie, un mal incurable, inguérissable ◇ (*fig., bur., dir.*) non remédiable, irrémédiable: *lacuna insanabile* lacune non remédiable; *situazione insanabile* situation non remédiable, irrémédiable **2** (*fig.*) [*inestinguibile*] implacable: *un odio, un dolore insanabile* une haine, une douleur implacable **3** (*fig.*) [*che non si può eliminare; irrimediabile*] irrémédiable: *un contrasto, una divergenza insanabile* un conflit, une divergence irrémédiable; *la crisi economica è ormai insanabile* la crise économique est désormais irrémédiable.

insanabilménte |insanabil'mente| *avv.* [→ INSANABILE 3] irrémédiablement.

insanaménte |insana'mente| *avv.* [→ INSANO 1] follement.

insanguinàre |insangwi'nare| **A** *v.tr.* **1** [*bagnare, macchiare di sangue*] ensanglanter: *insanguinare il fazzoletto* ensanglanter son mouchoir ▫ *insanguinarsi le mani* se souiller les mains de sang **2** (*fig.*) [*far scorrere sangue; provocare morti, feriti*] ensanglanter: *numerose guerre insanguinano ancora il mondo* de nombreuses guerres ensanglantent encore le monde; *troppi incidenti insanguinano le strade* trop d'accidents ensanglantent les routes **B** *v. pron. rifl.* INSANGUINARSI [→ *tr.* 1] éclabousser *tr.* de sang: *spostati, altrimenti ti insanguini* pousse-toi, sinon je vais t'éclabousser de sang ✦ → *tr.* 1 ▫.

insanguinàto |insangwi'nato| *agg.* couvert de sang, ensanglanté: *hai le mani insanguinate* tu as les mains couvertes de sang, ensanglantées; *si è presentata con gli abiti tutti insanguinati* elle s'est présentée les habits tout couverts de sang.

insània |in'sanja| *s.f.* (*lett.*) [*follia, pazzia*] folie (*corr.*), démence (*corr.*) ◇ [*atto folle*] folie: *commettere un'insania* commettre une folie.

insanìre |insa'nire| (197) *v.intr.* (*aus. 'essere'*) (*lett.*) → **impazzire.**

insàno |in'sano| *agg.* **1** [*pazzo, folle*] fou*: *una mente insana* un esprit fou; *un individuo insano* un individu fou **2** [*inconsulto, insensato*] insensé, dément: *commettere un gesto insano* commettre un geste insensé, dément; *nutre dei propositi insani* il nourrit des propos insensés.

insaponaménto |insapona'mento| *s.m.* [→ INSAPONARE 1] savonnage.

insaponàre |insapo'nare| *v.tr.* **1** [*impregnare, cospargere di sapone, di schiuma di sapone*] savonner: *insaponare una camicia* savonner une chemise; *se la corda non scorre, insaponala* si la corde ne glisse pas, savonne-la ▫ *insaponarsi il collo, le mani* se savonner le cou, les mains **2** (*raro, fig.*) [*adulare*] flatter: *insaponare qc. per ottenere q.c.* flatter qqn., passer de la pommade à qqn. pour obtenir qqch.

insaponàta |insapo'nata| *s.f.* [→ INSAPONARE 1] savonnage *m.* # *su, datti prima una bella insaponata* avant, savonne-toi bien.

insaponatùra |insapona'tura| *s.f.* [→ INSAPONARE 1] savonnage (*m.*): *l'insaponatura del bucato* le savonnage du linge.

insaporìre |insapo'rire| (197) **A** *v.tr.* [*far prendere sapore; far aumentare il sapore*] donner du goût à, donner de la saveur à: *insaporire il lesso con una salsa* donner du goût, de la saveur au bouilli avec une sauce; *aggiungi un po' di verdure per insaporire* ajoute un peu de légumes pour donner du goût **B** *v.pron. intr.* INSAPORIRSI [*prendere sapore; diventare saporito*] devenir (27) *intr.* savoureux*: *i salumi si insaporiscono con la stagionatura* les saucissons deviennent plus savoureux en rassissant; *con la cottura lenta il brasato s'insaporisce meglio* en cuisant lentement, le bœuf braisé est plus savoureux.

insapóro |insa'poro|, **insapóre** |insa'pore| *agg.* sans saveur (*loc. inv.*): *un liquido insaporo* un liquide sans saveur.

insapùta |insa'puta| *s.f. solo nelle loc.* ALL'INSAPUTA DI... à l'insu de...: *è scomparso all'insaputa di tutti* il a disparu à l'insu de tous; *non fa niente all'insaputa dei genitori* il ne fait rien à l'insu de ses parents, sans que ses parents le sachent ~ A MIA, TUA, VOSTRA INSAPUTA à mon, ton, votre insu: *mi hanno iscritto a mia insaputa* on m'a inscrit à mon insu, sans me demander mon avis.

insaturàbile |insatu'rabile| *agg.* (*chim.*) insaturable.

insaziàbile |insat'tsjabile| *agg.* insatiable: *questi ragazzi sono insaziabili* ces enfants sont insatiables; *ha una fame insaziabile* il a une faim insatiable ◇ (*fig.*) *una brama insaziabile di guadagno* une soif insatiable de profit.

insaziabilità |insattsjabili'ta| *s.f. inv.* insatiabilité *var.* (*raro*): *l'insaziabilità di un lupo* l'insatiabilité d'un loup ◇ (*fig.*) *l'insaziabilità dell'avarizia* l'insatiabilité de l'avarice.

insaziabilménte |insattsjabil'mente| *avv.* [→ INSAZIABILE] insatiablement.

insaziàto |insat'tsjato| *agg.* [*non saziato*] en ayant encore faim *loc.*, inassouvi (*lett.*): *alzarsi da tavola insaziato* se lever de table en ayant encore faim, inassouvi ◇ (*fig.*) insatiable: *una brama insaziata di onori* une soif insatiable d'honneurs.

inscatolaménto |inscatola'mento| *s.m.* [→ INSCATOLARE] mise *f.* en boîte(s): *operazione d'inscatolamento* opération de mise en boîte(s).

inscatolàre |inskato'lare| *v.tr.* [*chiudere in scatola, spec. cibi da con-*

servare] mettre (71) en boîte(s): *inscatolare pomodori, tonno, sardine* mettre en boîte(s) des tomates, du thon, des sardines.

inscenàre |inʃe'nare| *v.tr.* **1** [*mettere in scena*; *allestire una rappresentazione*] mettre (71) en scène: *inscenare una commedia musicale* mettre en scène une comédie musicale ◇ (*per est.*) organiser: *inscenare una manifestazione* organiser une manifestation **2** (*fig.*) [*ostentare come spontaneo un comportamento non naturale*] simuler: *ha inscenato grandi manifestazioni di affetto* il a simulé de grandes manifestations d'affection; *hanno inscenato una lite furibonda* ils ont simulé une violente dispute.

inscindìbile |inʃin'dibile| *agg.* **1** [*che non si può separare*] inséparable: *sono due aspetti inscindibili dello stesso problema* ce sont deux aspects inséparables du même problème → **inseparabile** **2** [*che non si può sciogliere, annullare*] indissoluble: *un patto, un legame inscindibile* un pacte, un lien indissoluble.

inscindibilità |inʃindibili'ta| *s.f. inv.* caractère *m. var.* indissoluble.

inscindibilménte |inʃindibil'mente| *avv.* (*raro*) → **inseparabilmente.**

inscrittìbile |inskrit'tibile| *agg.* (*geom.*) inscriptible.

inscrìtto |in'skritto| *agg.* (*geom.*) inscrit.

inscrìvere |in'skrivere| (182) *v.tr.* **1** (*geom.*) [*disegnare una figura geometrica all'interno di un'altra*] inscrire (51): *inscrivere un triangolo in un cerchio* inscrire un triangle dans un cercle; *inscrivete un cerchio in un esagono* inscrivez un cercle dans un hexagone **2** (*lett.*) → **iscrivere.**

inscrivìbile |inskri'vibile| *agg.* (*geom.*) inscriptible.

inscrizióne |inskrit'tsjone| *s.f.* **1** (*geom.*) inscription **2** (*lett.*) → **iscrizione.**

inscrutabilità |inskrutabili'ta| *s.f. inv.* (*raro*) → **imperscrutabilità.**

inscusàbile |insku'zabile| *agg.* (*raro*) → **inescusabile.**

insecchire |insek'kire| (197) **A** *v.tr.* [*rendere secco*] dessécher (8): *il troppo calore ha insecchito le piante* la trop grande chaleur a desséché les plantes **B** *v.intr.* (*aus.* '*essere*') [*diventar secco*] devenir (27) sec*: *questo pane è insecchito* ce pain est devenu sec, est desséché ◇ [*dimagrire*] maigrir (*aus.* avoir): *come sei insecchita!* comme tu as maigri!

insediaménto |insedja'mento| *s.m.* **1** [→ INSEDIARE A 1; B 1] installation *f.*; intronisation (*f*).: *l'insediamento del nuovo presidente* l'installation du nouveau président || *l'insediamento del nuovo vescovo, del papa* l'intronisation du nouvel évêque, du pape **2** [→ INSEDIARE A 2; B 2] implantation (*f.*): *nella zona c'è stato l'insediamento di varie industrie* dans la zone, il y a eu l'implantation de plusieurs industries **3** [→ INSEDIARE B 3] établissement: *l'insediamento di una popolazione in una regione* l'établissement d'une population dans une région **4** [*luogo abitato*; *distribuzione dei luoghi abitati*] habitat: *insediamento urbano* habitat urbain; *prevenire nuovi insediamenti* prévoir de nouveaux habitats; *l'attività economica ha sempre influenzato la logica degli insediamenti* l'activité économique a toujours influencé la logique de l'habitat.

insediàre |inse'djare| **A** *v.tr.* **1** [*consegnare ufficialmente a qc. il possesso di una carica*] installer; introniser: *insediare un magistrato, il sindaco* installer un magistrat, le maire || *insediare un vescovo, un papa* introniser un évêque, un pape **2** [*collocare, installare*] installer; construire (75): *qui intendo insediare il mio ufficio* j'entends installer mon bureau ici || *non hanno ancora deciso dove insediare il nuovo ospedale* ils n'ont pas encore décidé où construire le nouvel hôpital **B** *v.pron. intr.* INSEDIARSI **1** [*prendere ufficialmente possesso di una carica*] s'installer: *il nuovo presidente si insedierà domani* le nouveau président s'installera demain **2** [→ *tr.* 2] s'établir: *i nemici si sono insediati sulle alture* l'ennemi s'est établi sur les hauteurs **3** [*stabilirsi in modo permanente*] s'installer, s'établir: *ci insedieremo in una zona di mare* nous nous installerons dans une région maritime.

inségna |in'seɲɲa| *s.f.* **1** [*segno distintivo*; *simbolo*] insigne (*m.*): *insegna regia, imperiale* insigne de la royauté, de l'empire ◇ *spec. al plur.* [*abiti e paramenti distintivi di un ufficio*] insignes: *le insegne sacerdotali, episcopali* les insignes sacerdotaux, épiscopaux # *deporre, restituire le insegne* [*rinunciare a una carica*] renoncer à sa charge ◇ *spec. al plur.* [*decorazioni*] *insegne cavalleresche* insignes de chevalier; *le insegne della Legion d'onore* les insignes de la Légion d'honneur **2** [*contrassegno simbolico*; *stemma*] emblème (*m.*): *l'insegna di Firenze, dei Medici* l'emblème de Florence, des Médicis **3** [*vessillo, bandiera di un reparto militare*] drapeau *m.*, étendard (*m.*): *l'insegna di un battaglione* le drapeau, l'étendard d'un bataillon; *le insegne del VII alpini* le drapeau du septième bataillon alpin ◇ (*mar.*) marque ◇ (*loc. fig.*) *abbandonare le insegne* [*disertare*] déserter ~ *alzare, ripiegare le insegne* [*iniziare il combattimento, rinunciarvi*] lever l'étendard **4** [*stendardo, distintivo*] drapeau: *l'insegna della croce rossa* le drapeau de la croix rouge; *esporre l'insegna di un partito* exposer le drapeau d'un parti ◇ (*loc. fig.*) *militare sotto le insegne di un partito* militer dans les rangs d'un parti **5** [*simbolo distintivo di negozi, ristoranti e sim.*] enseigne: *laggiù vedo l'insegna di una farmacia* là-bas, je vois l'enseigne d'une pharmacie; *ristorante all'insegna del Pirata* restaurant à l'enseigne du Pirate; *mettere un'insegna luminosa* mettre une enseigne lumineuse **6** [*cartello indicante il nome di una via, di una piazza*] plaque **7** (*fig.*) [*motto, principio ispiratore*] devise; signe (*m.*): *la nostra insegna è 'minimo sforzo, massimo rendimento'* notre devise est 'moindre effort, rendement maximum' || *vivere all'insegna dell'abbondanza* vivre sous le signe de l'abondance ◇ [*simbolo con motto di un editore*] enseigne.

insegnaménto |inseɲɲa'mento| *s.m.* **1** [→ INSEGNARE A 1, 2] enseignement: *insegnamento elementare, universitario* enseignement primaire, supérieur; *insegnamento pubblico, privato* enseignement public, privé ◇ [*metodo d'insegnare*] *insegnamento nozionistico, antiquato, attivo* enseignement fait de notions, vieilli, actif **2** [*materia oggetto d'insegnamento nelle scuole*] leçon (*f.*): *ridurre, aggiornare gli insegnamenti* réduire, ajourner les leçons ◇ (*per est.*) [*ciò che si apprende da altri o per esperienza*] enseignement, leçon: *questo fatto è stato per me un grande insegnamento* cette affaire a comporté pour moi un grand enseignement, une grande leçon; *bisogna ascoltare gli insegnamenti dei genitori* il faut écouter les enseignements des parents # *la vita ci dà sempre qualche insegnamento* la vie nous apprend toujours quelque chose **3** [*professione dell'insegnante*] enseignement: *darsi, rinunciare all'insegnamento* se consacrer, renoncer à l'enseignement.

insegnànte |inseɲ'ɲante| *s.* [*chi esercita la professione dell'insegnamento*] instituteur*, professeur (*m.*): *insegnante elementare* instituteur; *insegnante di scuola media, di liceo* professeur; *un insegnante statale, privato* un professeur fonctionnaire, particulier; *l'insegnante di matematica* le professeur de mathématiques; *faccio l'insegnante al liceo Carducci* je suis professeur au lycée Carducci ✦ *agg.* enseignant: *il personale insegnante* le personnel enseignant; *era presente tutto il corpo insegnante* tout le corps enseignant était présent.

insegnàre |inseɲ'ɲare| **A** *v.tr.* **1** (*spec. di scuole*) [*far apprendere una disciplina, un argomento*] enseigner, apprendre (73): *insegnare a scrivere, a leggere* enseigner, apprendre à écrire, à lire; *insegnare la moltiplicazione, l'uso dell'apostrofo* enseigner les multiplications, l'usage des apostrophes; *chi ti ha insegnato a far così?* qui t'a appris à faire comme ça?; *mi ha insegnato una nuova mossa di judo* il m'a appris une nouvelle passe de judo **2** [*istruire, ammaestrare su q.c.*] apprendre: *insegnare a vivere, a camminare* apprendre à vivre, à marcher; *nessuno gli ha insegnato le buone maniere* personne ne lui a appris les bonnes manières; *fai attenzione, ora t'insegno un trucco* fais attention, je vais t'apprendre un truc ◇ (*con tono di minaccia*) *ora t'insegno io!* je vais t'apprendre, moi!; *se lo prendo, gli insegnerò io a stare al mondo* si je l'attrape, je lui apprendrai à vivre ◇ (*con tono di rimprovero*) *chi ti ha insegnato a comportarti così?* qui t'a appris à te conduire ainsi? ◇ (*iron.*) *come lei ben m'insegna...* comme vous m'apprenez bien... **3** [*indicare, mostrare*] indiquer: *insegnami la strada più breve* indique-moi le chemin le plus court; *potrebbe insegnarmi un tabaccaio?* pourriez-vous m'indiquer un (bureau de) tabac? **B** *v.intr.* (*aus.* '*avere*') [*fare l'insegnante*] enseigner: *insegna e fa la libera professione* il enseigne et exerce une profession libérale; *da quanti anni insegni?* depuis combien d'années enseignes-tu?, es-tu dans l'enseignement?

inseguiménto |insegwi'mento| *s.m.* [→ INSEGUIRE A 1] poursuite (*f.*): *gettarsi all'inseguimento di qc.* se lancer à la poursuite de qqn.; *sfuggire a un inseguimento* échapper à une poursuite ◇ (*ciclismo*) *corsa ad inseguimento* (course) poursuite.

inseguìre |inse'gwire| **A** *v.tr.* **1** [*cercare di raggiungere qc. che scappa*] poursuivre (52): *inseguire un ladro, un monello* poursuivre un voleur, un garnement; *sono inseguiti dalla polizia* ils sont poursuivis par la police; *i cani inseguivano la lepre* les chiens poursuivaient le lièvre ◇ (*per est.*) [*essere tallonato, seguito da vicino*] *i creditori lo inseguono da ogni parte* ses créanciers le poursuivent partout # *è sempre inseguito dai suoi scagnozzi* il est toujours suivi par ses gorilles ◇ (*fig.*) [*perseguitato, tormentato*] *mi inseguono sempre quei brutti ricordi* ces mauvais souvenirs me poursuivent toujours **2** (*fig.*) [*cercare di raggiungere q.c. di desiderato o di difficile*] poursuivre: *sono anni che inseguo il sogno di una pelliccia* ça fait des années que je poursuis le rêve d'avoir une fourrure; *tu insegui una speranza assurda* tu poursuis une espoir absurde ◇ (*loc.*) *inseguire fantasmi* poursuivre des fantômes **B** *v.pron. recipr.* INSEGUIRSI [→ *tr.* 1] se poursuivre.

inseguitóre, trice |insegwi'tore, tritʃe| *s.* [*chi insegue*] poursuivant: *c'ero anch'io fra gli inseguitori* moi aussi j'étais parmi les poursuivants; *è sfuggito ai suoi inseguitori* il a échappé à ses poursuivants ◇ (*ciclismo*) *ha perduto due minuti sui più diretti inseguitori* il a perdu deux minutes sur ses poursuivants les plus proches ✦ (*agg.*) *il gruppo inseguitore* le groupe poursuivant.

inselberg |'inselbɛrg| *s.m. inv.* (*norvegese*) (*geogr.*) inselberg *var.*

insellaménto |insella'mento| *s.m.* **1** [→ INSELLARE A 1] sellage: *insellamento di un mulo, di un cavallo* sellage d'un mulet, d'un cheval **2** (*mar.*) contre-arc.

insellàre |insel'lare| **A** *v.tr.* **1** [*mettere la sella*; *sellare*] seller: *insellare un cavallo per la prima volta* seller un cheval pour la première fois → **sellare** **2** [*curvare a forma di sella*] courber: *insellare un asse di abete* courber une planche de sapin **B** *v.pron. intr.* INSELLARSI [→ *tr.* 2] se déformer, fléchir (*intr.*): *le travi del soffitto si sono insellate* les poutres du plafond se sont déformées, ont fléchi, se sont gondolées.

insellàto |insel'lato| *agg.* (*veter.*) ensellé: *cavallo insellato* cheval ensellé.

insellatùra |insella'tura| *s.f.* **1** (*veter.*) ensellure **2** (*per est.*) [*avvallamento, depressione*] ensellement *m.*

inselvàrsi |insel'varsi| *v.pron. intr.* **1** (*lett.*) [*nascondersi in una selva*] s'enfoncer (2) dans les bois (*corr.*): *il cinghiale si è inselvato* le sanglier s'est enfoncé dans les bois **2** (*lett.*) [*diventar folto come una selva*; *imboschirsi*] se couvrir (23) d'arbres (*corr.*) # *le campagne abbandonate a poco a poco s'inselvano* les arbres poussent dans les champs laissés en friche.

inselvatichire |inselvati'kire| (197) **A** *v.tr.* **1** [*far tornare, rendere selvatico*] rendre (53) sauvage # *l'incuria ha inselvatichito il giardino* le jardin abandonné est devenu sauvage **2** (*fig.*) (*persone*) [*far diventar rozzo, scontroso*] rendre sauvage: *la lunga segregazione lo ha inselvatichito* la longue détention l'a rendu sauvage **B** *v.intr.* (*aus.* 'essere') **1** [*diventare, ritornare allo stato selvatico*] (re)devenir (27) sauvage: *i gatti abbandonati inselvatichiscono* les chats abandonnés deviennent sauvages; *il tuo orto è completamente inselvatichito* ton potager est devenu complètement sauvage # *questo melo è inselvatichito* ce pommier est redevenu sauvageon **2** (*persone*) [*diventar scontroso*] devenir sauvage: *com'è inselvatichito da un po' di tempo!* comme il est devenu sauvage depuis quelques temps! **C** *v.pron. intr.* INSELVATICHIRSI [→ *intr.*] devenir *intr.* sauvage: *le campagne non coltivate si inselvatichiscono* les champs non cultivés deviennent sauvages ◇ (*persone*) *a star da sola si è inselvatichita* à force de rester seule, elle est devenue sauvage.

inseminàre |insemi'nare| *v.tr.* (*biol.*) [*introdurre il seme maschile artificialmente*] inséminer.

inseminàto |insemi'nato| *agg.* (*lett.*) → **incolto.**

inseminazióne |inseminat'tsjone| *s.f.* (*biol.*) insémination: *inseminazione artificiale* insémination artificielle.

insenatùra |insena'tura| *s.f.* [*rientranza di rive o di coste*] crique; anse: *un lago pieno di insenature* un lac aux nombreuses criques ‖ *in quel punto il fiume fa un'insenatura* à cet endroit le fleuve fait une anse.

insensatàggine |insensa'taddʒine| *s.f.* → **insensatezza.**

insensataménte |insensata'mente| *avv.* [→ INSENSATO] de façon insensée (*loc. inv.*): *vivere insensatamente* vivre de façon insensée; *pretendere insensatamente q.c.* prétendre qqch. de façon insensée → **irragionevolmente, stoltamente.**

insensatézza |insensa'tettsa| *s.f.* **1** manque *m.* de bon sens: *la sua insensatezza lo porterà alla rovina* son manque de bon sens le conduira à la ruine **2** [*atto, discorso insensato*] bêtise: *ha detto delle insensatezze madornali* il a dit des bêtises énormes.

insensàto |insen'sato| *agg.* **1** [*privo di buon senso*; *scriteriato*] insensé: *un comportamento da persona insensata* un comportement de personne insensée; *atti, gesti, discorsi insensati* actes, gestes, propos insensés → **stolto** ✦ (*s.*) *un insensato* un insensé (*lett.*), un dément # *solo un insensato poteva far ciò* il fallait être dément pour faire une chose pareille **2** [*irragionevole, assurdo*] insensé: *una pretesa, una passione insensata* une prétention, une passion insensée.

insensìbile |insen'sibile| *agg.* **1** insensible: *insensibile al caldo, al freddo* insensible au chaud, au froid # *rendere un nervo insensibile* (*con l'anestesia*) insensibiliser un nerf ◇ (*fig.*) *essere insensibile al dolore, alle sofferenze, alla fatica* être insensible à la douleur, aux souffrances, à la fatigue # *si dimostrò insensibile a ogni preghiera* nulle prière ne put le faire fléchir ◇ (*fig.*) [*indifferente*] *è insensibile a ogni espressione d'arte* il est insensible à toutes les formes d'art **2** [*non avvertito, non percepito dai sensi*] imperceptible: *un rumore, un movimento insensibile* un bruit, un mouvement imperceptible ◇ (*per est.*) [*quasi inavvertibile, leggerissimo*] *una variazione insensibile di prezzo, di peso, di colore* une variation imperceptible de poids, de prix, de couleur; *la strada scende con una pendenza insensibile* la route descend en pente imperceptible.

insensibilità |insensibili'ta| *s.f. inv.* **1** insensibilité *var.* (*lett.*): *mostrare insensibilità al dolore, alle dimostrazioni d'affetto* montrer de l'insensibilité à la douleur, aux démonstrations affectueuses; *ha dimostrato grande insensibilità nei tuoi confronti* il a montré une grande insensibilité à ton égard → **grettezza** ◇ [*indifferenza*] *la sua insensibilità per la poesia è assoluta* il est absolument insensible à la poésie **2** [*impossibilità di essere percepito*] imperceptibilité *var.* (*raro*): *l'insensibilità di un rumore* l'imperceptibilité d'un bruit.

insensibilménte |insensibil'mente| *avv.* [→ INSENSIBILE 2] insensiblement: *la temperatura è calata insensibilmente* la température est tombée insensiblement.

inseparàbile |insepa'rabile| *agg.* inséparable: *due concetti inseparabili* deux concepts inséparables; *l'avidità è sorella inseparabile dell'avarizia* l'avidité est la sœur inséparable de l'avarice ◇ (*persone*) *sono amici inseparabili* ce sont deux amis inséparables.

inseparabilità |inseparabili'ta| *s.f. inv.* inséparabilité *var.*

inseparabilménte |inseparabil'mente| *avv.* [→ INSEPARABILE] inséparablement: *sono ormai legati inseparabilmente* désormais, ils sont unis inséparablement # *fatti da considerare inseparabilmente* faits à considérer ensemble.

insepólto |inse'polto| *agg.* sans sépulture (*loc. inv.*): *cadaveri insepolti* cadavres sans sépulture.

insequestràbile |insekwes'trabile| *agg.* (*dir.*) insaisissable: *beni insequestrabili* biens insaisissables.

insequestrabilità |insekwestrabili'ta| *s.f. inv.* (*dir.*) insaisissabilité *var.*

inseriménto |inseri'mento| *s.m.* **1** [→ INSERIRE A 1; B 1] introduction (*f.*): *l'inserimento di un tubo in un altro* l'introduction d'un tube dans un autre **2** [→ INSERIRE A 2; B 2] branchement: *l'inserimento della corrente* le branchement du courant **3** (*fig.*) [→ INSERIRE A 4; B 3] intégration (*f.*): *l'inserimento dei giovani nella società, nel mondo del lavoro* l'intégration des jeunes dans la société, dans le monde du travail → **immissione.**

inserire |inse'rire| (197) **A** *v.tr.* **1** [*introdurre un oggetto in un altro*] introduire (75): *inserire la chiave nella serratura* introduire la clef dans la serrure; *non riesco a inserire il filo nell'ago* je n'arrive pas à faire passer, à introduire le fil dans le chas de l'aiguille # *la lettera è pronta, basta inserirla nella busta* la lettre est prête, il suffit de la mettre dans l'enveloppe **2** [*mettere, applicare*; *collegare*] mettre (71); brancher: *per la partenza bisogna inserire la prima* (*marcia*) pour partir, il faut mettre la première ‖ *guarda se la spina è inserita* regarde si la prise est branchée; *hai inserito la corrente?* tu as branché le courant? **3** [*unire*; *aggiungere*] joindre (61); ajouter: *ti inserisco la ricevuta del versamento* je te joins le reçu du versement; *hai dimenticato di inserire il certificato di studio nella domanda* tu as oublié de joindre la copie de ton diplôme à ta demande ‖ *nella lista è stato inserito il tuo nome* on a ajouté aussi ton nom à la liste; *questa clausola è stata inserita di re-*

cente cette clause a été ajoutée récemment ◇ (*giorn.*) [*far pubblicare*; *pubblicare*] publier: *ho inserito un annuncio sul giornale* j'ai publié une annonce dans le journal; *la rettifica è inserita in seconda pagina* la rectification est publiée en page deux, à la seconde page **4** (*fig.*) [*introdurre, immettere*] introduire; intégrer (8): *se vuoi, ti inserisco nel giro dei miei amici* si tu veux, je t'introduis dans le groupe de mes amis; *non è stato difficile inserirlo nel mondo degli affari* il n'a pas été difficile de l'introduire dans le monde des affaires ‖ *bisogna inserire i giovani nella società* il faut intégrer les jeunes dans la société **B** *v.pron.* INSERIRSI **1** *intr.* [→ *tr.* 1] s'introduire, entrer (*intr.*): *la vite stenta a inserirsi* la vis a du mal à entrer # *i due pezzi s'inseriscono perfettamente* les deux pièces rentrent parfaitement l'une dans l'autre; *la strada s'inserisce nel centro abitato* la route conduit jusqu'au centre habité **2** *intr.* [→ *tr.* 2] *la marcia si è inserita* la vitesse est engagée (*tr.*); *questa spina non si inserisce* cette prise ne se branche pas **3** *rifl.* (*fig.*) [→ *tr.* 4] s'intégrer: *devi cercare di inserirti nel gruppo* tu dois essayer de t'intégrer dans le groupe; *faccio fatica a inserirmi* j'ai du mal à m'intégrer; *si sono inseriti molti giovani di valore* beaucoup de jeunes de valeur se sont intégrés; *l'importante è inserirsi* l'important c'est de s'intégrer ◇ [*intervenire*] intervenir (27) *intr.* dans: *non dovevi inserirti nella discussione, nella trattativa* tu ne devais pas intervenir dans la discussion, dans les négociations; *ti sei inserito al momento giusto, sbagliato* tu es intervenu au bon moment, au mauvais moment.

inserito |inse'rito| *agg.* [*introdotto in un ambiente*] intégré: *un tipo poco, ben inserito* un type peu, bien intégré ✦ (*s.*) *un inserito* un élément *m.* intégré *agg.*; (*spreg.*) *un inserito* [*un calcolatore, un accomodante*] un arriviste: *ormai anche lui è un inserito* désormais lui aussi est à compter parmi les arrivistes.

inseritóre |inseri'tore| *s.m.* (*elettr.*) interrupteur d'allumage.

inseritrice |inseri'tritʃe| *s.f.* (*tecnol.*) interclasseuse.

insèrto |in'sɛrto| *s.m.* **1** [*fascicolo di documenti riguardante una stessa pratica*] dossier: *la documentazione è in un inserto distinto* la documentation est dans un dossier particulier **2** [*fascicolo inserito in una pubblicazione*] supplément: *il settimanale pubblica un inserto sulla cucina* l'hebdomadaire publie un supplément sur la cuisine # *un inserto pubblicitario* un encart publicitaire ◇ (*per est., cine.*) *inserto filmato* insert filmé.

inservibile |inser'vibile| *agg.* [*non più utilizzabile*] inutilisable.

inserviènte |inser'vjɛnte| *s.* **1** *s.* [*persona addetta ai lavori* (*domestici*)] employé de maison, domestique # *le inservienti di un albergo* le personnel, les domestiques d'un hôtel; *un inserviente, un'inserviente dell'ospedale* un garçon, une fille de salle ✦ (*agg.*) *personale inserviente* personnel domestique **2** *s.m.* (*eccl.*) servant de messe.

inserzionàre |insertsjo'nare| *v.tr.* [*inserire annunci, avvisi economici su giornali o riviste*] insérer (8): *inserzionare annunci pubblicitari* insérer des annonces publicitaires.

inserzióne |inser'tsjone| *s.f.* **1** [→ INSERIRE A 1, 2; B 1, 2] insertion: *inserzione di due pezzi meccanici* insertion de deux pièces mécaniques ◇ (*anat.*) *l'inserzione dei tendini su un osso* l'insertion des tendons sur un os **2** [→ INSERIRE A 3] insertion, introduction: *l'inserzione di un documento in un fascicolo* l'insertion, l'introduction d'un document dans un dossier; *provvedere all'inserzione di altri nominativi nella lista* pourvoir à l'insertion d'autres noms sur la liste **3** [*annuncio pubblicitario, avviso fatto pubblicare su un giornale*] petite annonce: *c'è un'inserzione che ti interessa* il y a une (petite) annonce qui t'intéresse; *se vuoi ritrovare il cane devi mettere un'inserzione* si tu veux retrouver ton chien, tu dois mettre une (petite) annonce **4** (*ling.*) → **epentesi**.

inserzionista |insertsjo'nista| *s.* [*chi fa pubblicare inserzioni*] annonceur *m.*

inserzionistico, ci, ca, che |insertsjo'nistiko, tʃi, ka, ke| *agg.* par annonces (*loc. inv.*): *pubblicità inserzionistica* publicité par annonces.

insettàrio, i |inset'tarjo, i| *s.m.* insectarium.

insetticida |insetti'tʃida| *s.m.* insecticide: *un insetticida in polvere, liquido* un insecticide en poudre, liquide ✦ (*agg.*) *sostanza insetticida* substance insecticide.

insettìfugo, ghi, ga, ghe |inset'tifugo, gi, ga, ge| *agg.* e *s.m.* insectifuge.

insettivoro |inset'tivoro| *agg.* insectivore: *uccello insettivoro* oiseau insectivore; *pianta insettivora* plante insectivore ✦ *s.m. pl.* (*t.zool.*) *gli Insettivori* les Insectivores.

insètto |in'sɛtto| *s.m.* **1** insecte: *un luogo pieno di insetti* un lieu plein d'insectes; *è un insetto schifoso* c'est un insecte dégoûtant **2** (*fig., spreg.*) (*persone*) pou*: *sei un insetto velenoso* tu es laid comme un pou **3** *al plur.* (*t.zool.*) *gli Insetti* les Insectes.

insicurézza |insiku'rettsa| *s.f.* [*mancanza di sicurezza*] insécurité: *in questi casi mi prende un senso di insicurezza* dans ces cas-là, j'ai une impression d'insécurité # *hai troppa insicurezza* tu manques d'assurance.

insicùro |insi'kuro| *agg.* qui n'est pas sûr (de soi) (*loc.*): *è un ragazzo insicuro* c'est un garçon qui n'est pas sûr de soi, qui manque d'assurance.

insidia |in'sidja| *s.f.* **1** [*inganno, tranello*] piège (*m.*): *tendere, schivare un'insidia* tendre, éviter un piège; *sospetto qualche insidia* je suspecte quelque piège ◇ [*trabocchetto*] *una domanda piena di insidie* une demande pleine de pièges ◇ [*agguato*] guet-apens (*m.inv.*): *cadere in un'insidia* tomber dans un guet-apens **2** (*fig.*) [*pericolo imprevedibile*; *rischio*] piège, embûche: *è un viaggio pieno di insidie* c'est un voyage plein de pièges, d'embûches; *il mare nasconde molte insidie* la mer cache beaucoup de pièges **3** (*fig.*) [*falso allettamento*] piège: *la pubblicità è piena di insidie* la publicité est pleine de pièges.

insidiàre |insi'djare| **A** *v.tr.* **1** [*tendere insidie, inganni*] tendre (53) des pièges à: *insidiare il nemico, un avversario* tendre des pièges à l'ennemi, à un adversaire; *da tempo mi insidia con tutti i mezzi* depuis longtemps il me tend partout des pièges **2** (*per est.*) [*cercare di far cedere una donna alle proprie voglie con l'inganno*] poursuivre (52) (une femme) de ses assiduités: *insidiare una ragazza* poursuivre une jeune fille de ses assiduités **B** *intr.* (*aus.* '*avere*') [*mettere in pericolo, attentare*] attenter: *insidiare alla sicurezza dello Stato* attenter à la sécurité de l'État; *hanno insidiato alla mia onorabilità* on a attenté à mon honorabilité.

insidiatóre, trice |insidja'tore, tritʃe| *s.* **1** *s.* celui, celle qui porte atteinte à: *un perfido insidiatore* celui qui porte perfidement atteinte à qqn. **2** *s.m.* celui qui poursuit (une femme) de ses assiduités; *ha denunciato i suoi insidiatori* elle a dénoncé ceux qui la poursuivent de leurs assiduités.

insidiosaménte |insidjosa'mente| *avv.* [→ INSIDIOSO 1] insidieusement.

insidióso |insi'djoso| *agg.* **1** (*persone*) insidieux*: *un uomo insidioso* un homme insidieux **2** (*cose*) insidieux: *una domanda, una proposta insidiosa* une question, une proposition insidieuse; *è un tipo di malanno molto insidioso* c'est un genre de maladie très insidieux → **pericoloso** # *è un luogo molto insidioso* c'est un lieu plein d'embûches, de pièges.

1 **insième** |in'sjɛme| **I** *avv.* **1** (*persone*) (*per indicare compagnia reciproca, unione*) ensemble: *viaggiare, passeggiare insieme* voyager, se promener ensemble; *stasera ceniamo insieme* ce soir on dîne ensemble; *aspetta, usciamo tutti insieme* attends, nous sortons ensemble; *è meglio che non ci vedano insieme* il vaut mieux qu'on ne nous voit pas ensemble; *quei due stanno sempre insieme* ces deux-là sont toujours ensemble; *non li vedo proprio insieme* je ne les vois vraiment pas ensemble; *abitare insieme* habiter ensemble; *dormire insieme* coucher ensemble # *mettersi insieme* [*associarsi*] s'associer ◇ (*cose*) (*per indicare unione, accostamento fra due o più cose*) *bere acqua e vino insieme* boire de l'eau et du vin ensemble; *non metterli insieme, si rovinano* ne les mets pas ensemble, ils s'abîment; *ti restituirò i libri tutti insieme* je te rendrai tes livres tous ensemble; *questi quadri non stanno bene insieme* ces tableaux ne vont pas (bien) ensemble **2** (*per indicare compattezza, associazione di cose o persone*) ensemble: *dobbiamo agire insieme* [*di comune accordo*] nous devons agir ensemble ◇ (*loc.*) *tenere, mettere insieme un gruppo di ragazzi* réunir un groupe de garçons ~ *mettere insieme le proprie forze* rassembler ses propres forces ~ *mettere insieme una famiglia* former une famille ~ *mettere insieme una compagnia teatrale, una squadra di calcio* constituer une compagnie théâtrale, un équipe de football ~ *mettere insieme i pezzi di un giocattolo* assembler les pièces d'un jouet ~ *mettere insieme dei volontari, un esercito* rassembler une armée, des volontaires ~ *ha messo insieme una bella casa* il a aménagé une belle maison ~ *questo mobile non sta più insieme*

ce meuble ne tient pas debout ~ *mettere insieme ricchezze* [*accumularle*] amasser des richesses ~ *mettere insieme qualche lira* ramasser un peu d'argent ~ *vendere, comperare tutto insieme* [*in blocco*] vendre, acheter tout en bloc ~ *vale più questo quadro che tutti gli altri messi insieme* ce tableau vaut plus que tous les autres mis ensemble (réunis) ~ *ho cercato di mettere insieme qualche idea* j'ai essayé de rassembler quelques idées ~ *un ragionamento che non sta insieme* un raisonnement qui ne tient pas debout **3** (*per indicare contemporaneità, concomitanza*) ensemble, en même temps *loc. inv.*; à la fois (*loc. inv.*): *arrivare insieme* arriver ensemble, en même temps; *si sono ammalati insieme* ils sont tombés malades en même temps; *come faccio ad ascoltarvi tutti insieme?* comment puis-je vous écouter tous en même temps? ‖ *pretendi troppe cose tutte insieme* tu prétends trop de choses à la fois; *non si possono fare due lavori insieme* on ne peut pas faire deux choses à la fois; *è rapido e insieme preciso* il est à la fois rapide et précis; *sono soddisfatto e preoccupato insieme* je suis à la fois satisfait et préoccupé **4** [*vicendevolmente*] l'un l'autre: *due caratteri che si equilibrano insieme* deux caractères qui s'équilibrent l'un l'autre **II** *loc. prep.* INSIEME CON, INSIEME A **1** [*in compagnia di*; *assieme a*] avec (*prep.*): *vive insieme con i genitori, insieme al fratello* il vit avec ses parents, avec son frère; *se vuoi, esco insieme con te* si tu veux, je sors avec toi; *ho messo la ricevuta insieme alle altre carte* j'ai mis le reçu avec les autres papiers **2** [*contemporaneamente a*] en même temps que: *non parlare insieme a lui* ne parle pas en même temps que lui; *il mio ricorso è arrivato insieme al vostro* mon recours est arrivé en même temps que le vôtre.

2 **insième** |in'sjɛme| *s.m.* **1** [*complesso generale*; *totalità*] ensemble: *l'insieme della popolazione attiva* l'ensemble de la population active; *bisogna giudicare i problemi nel loro insieme* il faut juger les problèmes dans leur ensemble; *l'insieme mi convince poco* l'ensemble n'est pas très convaincant ◇ [*serie, quantità più o meno definita*] *un insieme di oggetti* un ensemble d'objets; *un insieme di proposte ragionevoli* un ensemble de propositions raisonnables; *l'orologio è costituito da un insieme di congegni* l'horloge est composée d'un ensemble de mécanismes ◇ *loc.* D'INSIEME [*complessivo, generale*] d'ensemble: *visione, giudizio d'insieme* vision, jugement d'ensemble ~ DALL'INSIEME [*da tutto il complesso*] de l'ensemble: *dall'insieme, si ricava un'impressione positiva* une impression positive se dégage de l'ensemble ~ NELL'INSIEME [*complessivamente*; *nella globalità*] dans l'ensemble: *nell'insieme, sono abbastanza soddisfatto* dans l'ensemble, je suis assez satisfait; *visto nell'insieme, è un buon lavoro* dans l'ensemble, c'est un bon travail **2** (*mat.*) ensemble: *un insieme* un ensemble; *teoria degli insiemi* théorie des ensembles → **insiemistica** **3** (*abbigl.*) ensemble: *un insieme da sera* un ensemble de soirée; *era vestita con un bell'insieme ciclamino* elle portait un joli ensemble (couleur) cyclamen → **completo** **4** (*per est.*) (*persone*) [*gruppo affiatato, omogeneo*] ensemble: *un insieme perfetto di coristi* un ensemble parfait de choristes; *quella squadra è un bell'insieme* cette équipe constitue un bel ensemble ◇ [*affiatamento, accordo*] chœur: *il gruppo, la squadra manca d'insieme* le groupe, l'équipe manque d'ensemble.

insiemìstica, che |insje'mistika, ke| *s.f.* théorie, étude des ensembles.

insigne |in'siɲɲe| *agg.* **1** (*persone*) [*che si distingue per qualità, doti eccezionali*] éminent: *un personaggio insigne* un personnage éminent; *un insigne scienziato, scultore* un scientifique, un sculpteur éminent ◇ (*iron.*) *un insigne mascalzone* un fieffé voyou; *un insigne imbecille* un fameux imbécile **2** (*opere, azioni*) [*di grande pregio, valore*; *eccellente*] célèbre; éminent: *un monumento insigne* un monument célèbre ‖ *ha offerto una prova insigne di devozione, di sacrificio* il a offert une preuve éminente de dévotion, de sacrifice.

insignificànte |insiɲɲifi'kante| *agg.* **1** insignifiant: *parole, frasi insignificanti* mots insignifiants, phrases insignifiantes; *un'occhiata insignificante* un coup d'œil insignifiant; *ha esibito delle prove insignificanti* il a montré des preuves insignifiantes **2** [*privo d'interesse, di valore*] insignifiant: *un libro, un film insignificante* un livre, un film insignifiant ◇ (*persone*) *una donna, un tipo insignificante* une femme insignifiante, un type insignifiant **3** (*per est.*) [*di poco valore, trascurabile*] insignifiant: *una differenza, un calo insignificante* une différence, une diminution insignifiante.

insignìre |insiɲ'ɲire| (197) *v.tr.* **1** [*conferire un'onorificenza*] décorer: *insignire della croce di cavaliere* décorer de la croix de chevalier **2** [*conferire un titolo onorifico*] donner, conférer (8) le titre (de) # *è stato insignito del titolo di conte* il a reçu le titre de comte.

insignorìre |insiɲɲo'rire| (197) **A** *v.tr.* (*ant.*) [*conferire la signoria di un territorio*] rendre (53) maître (de qqch.): *insignorire qc. di un feudo* rendre qqn. maître d'un fief **B** *v.intr.* (*aus.* 'essere') (*raro*) → **arricchire** **C** *v.pron. intr.* INSIGNORIRSI [*impadronirsi, impossessarsi*] s'emparer, se rendre maître: *Firenze s'insignorì di Pisa* Florence s'empara de Pise, se rendit maître de Pise.

insilaménto |insila'mento| *s.m.* (*agr.*) ensilage.

insilàre |insi'lare| *v.tr.* (*agr.*) [*riporre nel silo*] ensiler: *insilare foraggi* ensiler le fourrage.

insincerità |insintʃeri'ta| *s.f. inv.* insincérité *var.* (*lett.*), manque *m.var.* de sincérité: *l'insincerità di una proposta* l'insincérité, le manque de sincérité d'une proposition.

insincèro |insin'tʃɛro| *agg.* **1** insincère (*lett.*), faux*: *un'affermazione insincera* une affirmation insincère, fausse; *sei un ragazzo insincero* tu es un garçon faux → **falso** **2** (*per est.*) [*non genuino, non naturale*] artificiel*: *questo vino ha q.c. d'insincero* ce vin a qqch. d'artificiel → **artificioso.**

insindacàbile |insinda'kabile| *agg.* **1** sans appel (*loc. inv.*): *parere, decisione insindacabile* avis, décision sans appel; *il giudizio della giuria è insindacabile* le verdict du jury est sans appel; *a giudizio insindacabile della commissione* au jugement sans appel de la commission → **inappellabile** **2** [*che non può essere contestato*] inattaquable: *l'operato dei magistrati è insindacabile* les actes des magistrats sont inattaquables.

insindacabilità |insindakabili'ta| *s.f. inv.* [*impossibilità di appello, di contestazione*] incontestabilité (*var.*): *non accetto questa pretesa di insindacabilità* je n'accepte pas cette prétention d'incontestabilité.

insindacabilménte |insindakabil'mente| *avv.* [→ INSINDACABILE 1] sans appel *loc. inv.*

insìno |in'sino| **1** *avv.* (*lett.*) → **anche, perfino** **2** *prep.* (*lett.*) → 1 **fino, infino.**

insinuànte |insinu'ante| *agg.* insinuant: *una frase, una domanda insinuante* une phrase, une question insinuante ◇ [*persuasivo, carezzevole*] *maniere insinuanti* manières insinuantes; *usare un tono di voce insinuante* user d'un ton de voix insinuant(e).

insinuàre |insinu'are| **A** *v.tr.* **1** [*inserire con cautela, con abilità*] introduire (75); glisser: *cerca di insinuare il cacciavite senza prendere la scossa* essaie d'introduire le tournevis sans prendre une décharge ‖ *l'ho sorpreso mentre mi insinuava la mano nella borsetta* je l'ai surpris en train de glisser sa main dans le sac (à main) **2** (*fig.*) [*far sorgere, suscitare indirettamente sentimenti di dubbio, sospetto e sim.*] *insinuare il sospetto su qc.* faire *intr.* soupçonner qqn.; *ha fatto in modo d'insinuare l'invidia fra i soci* il a agi de façon à susciter l'envie parmi les associés **3** (*fig.*) [*alludere in modo velato a q.c. di negativo*] insinuer: *ha sempre q.c. da insinuare* il a toujours qqch. à insinuer; *cosa vorresti insinuare?* que voudrais-tu insinuer?; *qui si cerca di insinuare q.c. nei miei confronti* ici on cherche à insinuer qqch. sur moi **4** (*dir.*) *insinuare un credito* [*chiedere che un proprio credito sia inserito nella liquidazione di un fallimento*] insinuer un crédit **B** *v.pron.* INSINUARSI **1** *intr.* [*penetrare, infiltrarsi*] pénétrer (8) *intr.*; rentrer (*intr.*): *l'umidità si è insinuata ovunque* l'humidité a pénétré partout ‖ *il freddo si insinua per queste fessure* le froid rentre par ces fissures **2** *rifl.* [*penetrare, introdursi*] se glisser: *sono riuscito a insinuarmi fra gli altri visitatori* j'ai réussi à me glisser parmi les autres visiteurs; *la biscia si è insinuata fra queste pietre* la couleuvre s'est glissée entre ces pierres ◇ (*persone*) [*inserirsi in posizioni ambite*] s'insinuer: *ha tentato di insinuarsi nelle sfere dirigenti* il a essayé de s'insinuer dans les milieux dirigeants # *a poco a poco si è insinuata nelle grazie del direttore* peu à peu elle est rentrée dans les bonnes grâces du directeur **3** *intr.* (*fig.*) [*sorgere, penetrare*] s'insinuer: *un grave sospetto cominciava a insinuarsi in lui* un grave soupçon commençait à s'insinuer en lui.

insinuazióne |insinuat'tsjone| *s.f.* **1** (*raro*) [→ INSINUARE A 1; B 1] introduction (*corr.*) ◇ (*dir.*) insinuation **2** (*fig.*) insinuation: *un'insinuazione cattiva, malevola* une insinuation méchante, malveillante; *questa è una vile insinuazione* ceci est une vile insinuation; *respingo qualsiasi insinuazione* je repousse toute insinuation → **calunnia, accusa.**

insipidaménte |insipida'mente| *avv.* [→ INSIPIDO 1] de manière insipide *loc. inv.*, insipidement (*raro*).
insipidézza |insipi'dettsa| *s.f.* **1** [*mancanza di sapore, di gustosità*] fadeur, insipidité (*raro*): *l'insipidezza di una pietanza* la fadeur, l'insipidité d'un plat **2** (*fig.*) caractère *m.* insipide, insipidité # *quanta insipidezza nei suoi discorsi!* que de phrases insipides dans ses discours.
insipidità |insipidi'ta| *s.f. inv.* → **insipidezza.**
insipido |in'sipido| *agg.* **1** insipide: *un piatto insipido* un plat insipide **2** (*fig.*) [*scialbo, insignificante*] insipide: *una persona insipida* une personne insipide; *che discorso insipido!* quel discours insipide! **3** (*med.*) *diabete insipido* diabète insipide © 1 **salato.**
insipiènte |insi'pjɛnte| *agg.* (*lett.*) → **sciocco, insensato.**
insipiènza |insi'pjɛntsa| *s.f.* (*lett.*) → **stupidità, avventatezza.**
insistènte |insis'tɛnte| *agg.* **1** insistant, pressant: *una persona insistente* une personne insistante; *sei troppo insistente nel chiedere* tu es trop insistant dans tes demandes # *come sei insistente!* que tu es agaçant!; *non essere insistente!* n'insiste pas! ✦ (*s.*) *un insistente* un raseur* # *non fare l'insistente!* n'insiste pas! **2** (*per est.*) [*continuato, persistente*] persistant: *una pioggia, un freddo insistente* une pluie persistante, un froid persistant.
insistenteménte |insistente'mente| *avv.* **1** [→ INSISTENTE 1] d'une manière insistante *loc. inv.* **2** [*con insistenza; incessantemente*] avec insistance *loc. inv.*, sans arrêt *loc.*
insistènza |insis'tɛntsa| *s.f.* insistance; persistance: *la loro insistenza mi dà fastidio* leur insistance me gêne; *la guardava con insistenza* il la regardait avec insistance ‖ *l'insistenza del maltempo* la persistance du mauvais temps.
insìstere |in'sistere| (116) *v.intr.* (*aus.* 'avere') **1** [*perseverare, persistere in q.c.*] insister: *insistere in una richiesta, su un argomento* insister sur une demande, sur un sujet; *ha insistito fino all'ultimo sulla sua idea* il a insisté sur son idée jusqu'à la fin ◇ [*chiedere con insistenza; far pressioni*] *ho insistito molto per accompagnarlo* j'ai beaucoup insisté pour l'accompagner; *hanno tanto insistito, che ho dovuto cedere* ils ont tellement insisté, que j'ai dû céder ◇ [*sostenere con insistenza*] soutenir (27): *insisteva di non averti mai visto* il soutenait qu'il ne t'avait jamais vu (ne t'avoir jamais vu); *insisto che tu sei un bugiardo* je soutiens que tu es un menteur ✦ *ass.* [*ostinarsi*] insister: *è inutile insistere* c'est inutile d'insister; *non insisto oltre* je n'insiste pas davantage **2** (*lett., tecnol.*) [*star sopra; poggiare*] appuyer (11), reposer: *la trave insiste su un pilastro* la poutre appuie, repose sur un pilier **3** (*geom.*) (*di angoli*) [*avere i lati che passano per le estremità di un arco o di un segmento*] intercepter: *angolo che insiste su una semicirconferenza* angle qui intercepte une demi-circonférence.
ìnsito |'insito| *agg.* **1** [*connaturato, radicato*] inhérent (à): *il desiderio di felicità è insito in ognuno di noi* la recherche du bonheur est inhérente à chacun de nous ◇ (*per est.*) → **innato 2** (*per est.*) [*intimamente connesso; implicito*] *in tale atteggiamento è insito un senso di sfiducia* cette attitude comporte un certain manque de confiance.
in situ |in'situ| *loc. avv.* (*lat.*) in situ.
insociévole |inso'tʃevole| *agg.* [*poco socievole; scontroso*] insociable, peu sociable: *ha un carattere insocievole* il a un caractère insociable, peu sociable.
insocievolézza |insotʃevo'lettsa| *s.f.* [*mancanza di socievolezza*] insociabilité.
insoddisfàtto |insoddis'fatto| *agg.* **1** (*persone*) [*non soddisfatto; scontento*] insatisfait: *essere insoddisfatto della vita* être insatisfait de la vie; *sei sempre insoddisfatto di quello che fai* tu es toujours insatisfait de ce que tu fais; *si è dichiarato insoddisfatto della risposta* il s'est déclaré insatisfait de la réponse ✦ (*s.*) *un (eterno) insoddisfatto* un (éternel) insatisfait **2** (*cose*) [*inappagato*] insatisfait: *un desiderio insoddisfatto* un désir insatisfait.
insoddisfazióne |insoddisfat'tsjone| *s.f.* insatisfaction: *esprimere insoddisfazione per q.c.* manifester son insatisfaction pour qqch. → **scontentezza.**
insofferènte |insoffe'rɛnte| *agg.* [*incapace di sopportare, di accettare; intollerante*] intolérant: *ha un carattere troppo insofferente* il a un caractère trop intolérant # *sono insofferente ai ritardi* je ne supporte pas les retards; *è un tipo insofferente di limitazioni* c'est un type qui ne supporte pas les contraintes ✦ (*s.*) *un insofferente* un intolérant.
insofferènza |insoffe'rɛntsa| *s.f.* [*intolleranza, impazienza*] intolérance # *mostrare insofferenza per qc. o q.c.* ne pas supporter qqn. ou qqch.
insoffribile |insof'fribile| *agg.* (*raro*) → **insopportabile.**
insolazióne |insolat'tsjone| *s.f.* **1** insolation: *buona, scarsa insolazione di un appartamento* bonne, mauvaise insolation d'un appartement **2** (*astron., med.*) insolation.
insolènte |inso'lɛnte| *agg.* insolent: *un gruppo di ragazzi insolenti* un groupe de garçons insolents; *usare maniere insolenti* avoir des manières insolentes; *mi ha rivolto parole insolenti* il m'a adressé des paroles insolentes → **arrogante, offensivo.**
insolenteménte |insolente'mente| *avv.* [→ INSOLENTE] insolemment.
insolentìre |insolen'tire| (197) **A** *v.tr.* [*offendere, insultare*] dire (48) des insolences (à): *ci hanno insolentito di fronte a tutti* ils nous ont dit des insolences devant tout le monde **B** *v.intr.* **1** (*aus.* 'essere') [*diventare insolente*] devenir (27) insolent: *appena acquistata un po' di sicurezza, si insolentiscono* dès qu'ils acquièrent un peu d'assurance, ils deviennent insolents **2** (*aus.* 'avere') [→ *tr.*] se montrer *pron.* insolent: *per lo smacco subito insolentiva contro tutti* à cause de son échec, il se montrait aussitôt insolent avec tout le monde.
insolènza |inso'lɛntsa| *s.f.* **1** insolence: *parlare con insolenza* parler avec insolence; *mi ha trattato con insolenza* il m'a traité avec insolence; *che insolenza!* quelle insolence! → **sfacciataggine, spudoratezza** **2** [*offesa, villania*] insolence: *questa risposta è una insolenza* cette réponse est une insolence; *gli ha gridato un mucchio di insolenze* il lui a crié un tas d'insolences.
insolitaménte |insolita'mente| *avv.* **1** [→ INSOLITO 1] anormalement: *era insolitamente allegro* il était anormalement gai **2** [→ INSOLITO 2] extraordinairement: *una giornata insolitamente fredda* une journée extraordinairement froide.
insòlito |in'sɔlito| *agg.* **1** insolite, inhabituel*: *ha tenuto un comportamento insolito* il a eu une attitude insolite; *oggi hai un aspetto insolito* aujourd'hui tu as un aspect insolite, inhabituel **2** [*fuori del normale; strano*] insolite: *è veramente un caso insolito* c'est vraiment un cas insolite; *ti sembra insolita una tale proposta?* une telle proposition te semble-t-elle insolite?
insolùbile |inso'lubile| *agg.* **1** (*lett.*) → **indissolubile** **2** (*fig.*) insoluble: *problemi insolubili* problèmes insolubles; *siamo di fronte a una situazione insolubile* nous sommes devant une situation insoluble **3** (*chim.*) insoluble.
insolubilità |insolubili'ta| *s.f. inv.* **1** insolubilité (*var.*): *dimostrare l'insolubilità di un caso* démontrer l'insolubilité d'un cas **2** (*chim.*) insolubilité.
insolubilménte |insolubil'mente| *avv.* [→ INSOLUBILE 2] indissolublement.
insolùto |inso'luto| *agg.* **1** non résolu; sans solution (*loc. inv.*): *ci sono ancora problemi insoluti* il y a encore des problèmes non résolus; *il caso è rimasto a lungo insoluto* le cas est resté longtemps sans solution **2** (*chim.*) insoluble: *sostanza insoluta* substance insoluble **3** (*comm., dir.*) impayé, inacquitté: *debiti insoluti* dettes impayées, inacquittées; *effetti insoluti* effets impayés, inacquittés.
insolvènte |insol'vɛnte| *agg.* (*dir.*) insolvable: *commerciante, ditta insolvente* commerçant, maison insolvable ✦ (*s.*) *un insolvente* un débiteur* insolvable *agg.*
insolvènza |insol'vɛntsa| *s.f.* (*dir.*) insolvabilité: *stato, dichiarazione di insolvenza* état, déclaration d'insolvabilité; *insolvenza fraudolenta* insolvabilité frauduleuse # *certificato di insolvenza* certificat de carence.
insolvibile |insol'vibile| *agg.* **1** (*dir.*) (*persone*) insolvable: *debitore insolvibile* débiteur insolvable ◇ (*di debito*) impossible à payer, à acquitter: *cifre, somme insolvibili* montants, sommes impossibles à payer **2** (*lett.*) → **insolubile.**
insolvibilità |insolvibili'ta| *s.f. inv.* (*dir.*) insolvabilité *var.*
insómma |in'somma| **1** *avv.* [*in conclusione, in definitiva; in breve*] enfin, bref: *insomma, vedo che siete tutti perplessi* enfin, je vois que vous êtes tous perplexes; *mi ha fatto capire, insomma, che la cosa non gli interessa* enfin, il m'a fait comprendre que cela ne l'intéressait pas; *vuoi dire insomma che ti ritiri* bref, tu veux dire que tu abandonnes **2** *inter.* (*esprime 'impazienza, irritazione'*) enfin, à la fin: *insomma!, si può sapere cosa pensi?* enfin!, peut-on savoir ce que tu penses?; *insomma!, venite o no?* enfin! est-ce que vous venez, oui ou non?; *insomma!, è sempre la stessa storia* enfin!, c'est

toujours la même histoire; *ma insomma!, basta!, finitela!, smettetela!* à la fin!, ça suffit!, allez-vous finir!, arrêtez!

insommergìbile |insommer'dʒibile| *agg.* (*mar.*) insubmersible.

insommergibilità |insommerdʒibili'ta| *s.f. inv.* (*mar.*) insubmersibilité *var.*

insondàbile |inson'dabile| *agg.* insondable (*raro*): *profondità, luoghi insondabili* profondeurs, endroits insondables ◇ (*fig.*) *desideri, intenzioni insondabili* désirs, intentions insondables.

insònne |in'sɔnne| *agg.* **1** (*persone*) [*che non dorme, non prende sonno*] éveillé → **sveglio** # *son rimasto insonne tutta la notte* je n'ai pas dormi de la nuit; j'ai eu de l'insomnie toute la nuit; *all'alba era ancora insonne* quand l'aube arriva, il n'avait pas encore réussi à dormir; *ha aspettato insonne il mio ritorno* il a attendu sans (pouvoir) s'endormir mon retour ◇ (*cose*) *trascorrere ore insonni, una notte insonne* passer des heures sans dormir, une nuit blanche **2** (*fig.*) (*persone*) [*instancabile, infaticabile*] infatigable: *un lavoratore insonne* un travailleur infatigable ◇ (*cose*) [*che non dà tregua, riposo*] incessant, sans répit (*loc. inv.*): *si è dato a una attività insonne* il s'est adonné à une incessante activité, à une activité sans répit.

insònnia |in'sɔnnja| *s.f.* **1** insomnie: *prendo sempre una pastiglia contro l'insonnia* je prends toujours un cachet contre l'insomnie; *soffrire d'insonnia* avoir des insomnies, souffrir d'insomnie **2** (*per est.*) [*tempo trascorso svegli invece di dormire*] insomnie: *nell'insonnia mi vengono in mente idee strane* pendant mes heures d'insomnies, de curieuses idées me viennent en tête.

insonnolìto |insonno'lito| *agg.* [*mezzo addormentato*] qui a envie de dormir *loc.*, ensommeillé (*raro*): *sei insonnolito perché hai mangiato troppo* tu as envie de dormir parce que tu as trop mangé; *sono ancora insonnolito* je suis encore tout ensommeillé.

insonorizzàre |insonorid'dzare| *v.tr.* [*rendere meno sonoro, più silenzioso*] insonoriser: *insonorizzare un appartamento* insonoriser un appartement → **isolare.**

insonorizzazióne |insonoriddzat'tsjone| *s.f.* [→ INSONORIZZARE] insonorisation.

insonòro |inso'nɔro| *agg.* insonore.

insopportàbile |insoppor'tabile| *agg.* insupportable: *un dolore, un freddo insopportabile* une douleur, un froid insupportable → **fastidioso, noioso**; *che individuo insopportabile!* quel individu insupportable!; *mi hai reso la vita insopportabile* tu m'as rendu la vie insupportable.

insopportabilità |insopportabili'ta| *s.f. inv.* caractère *m.var.* insupportable (de qqch.): *sei di una insopportabilità spaventosa* tu as un caractère absolument insupportable.

insopprimìbile |insoppri'mibile| *agg.* qu'on ne peut pas supprimer *loc.* # *un bisogno insopprimibile di libertà* un besoin irrésistible de liberté.

insordìre |insor'dire| (197) *v.intr.* (*aus.* '*essere*') [*diventar sordo*] devenir (27) sourd: *in mezzo a tutti quei rumori sono insordito* au milieu de tout ce bruit je deviens sourd.

insorgènte |insor'dʒente| *agg.* [*che sta per sorgere, comincia a manifestarsi*] naissant: *ci sono già delle complicazioni insorgenti* il y a déjà des complications naissantes # *curare un malanno insorgente* soigner une maladie à ses débuts.

insorgènza |insor'dʒentsa| *s.f.* (*med.*) apparition.

insórgere |in'sordʒere| (167) *v.intr.* (*aus.* '*essere*') **1** [*sollevarsi in armi contro qc. o q.c.*] s'insurger (*pron.*): *insorgere contro un tiranno* s'insurger contre un tyran; *le popolazioni insorsero contro il potere straniero* les populations s'insurgèrent contre la domination étrangère ◇ [*ribellarsi, opporsi*] *bisogna insorgere contro questi abusi di autorità* il faut s'insurger contre ces abus d'autorité **2** [*sorgere, manifestarsi*] se déclarer *pron.*; surgir (*aus.* avoir): *se non insorgono complicazioni il paziente sarà dimesso* si d'autres complications ne se déclarent pas, le malade sortira de l'hôpital ‖ *sono insorte nuove difficoltà* de nouvelles difficultés ont surgi.

insormontàbile |insormon'tabile| *agg.* insurmontable → **insuperabile.**

insórto |in'sorto| *agg.* **1** [*chi partecipa a una insurrezione*] insurgé: *spalleggiare le popolazioni insorte* épauler les peuples insurgés ✦ (*s.*) *gli insorti* les insurgés: *gli insorti hanno ottenuto la resa* les insurgés ont obtenu la capitulation **2** [*manifestato, comparso*] surgi (*p.p.*): *difficoltà insorta all'ultimo momento* difficulté surgie au dernier moment.

insospettàbile |insospet'tabile| *agg.* **1** [*che non può essere sospettato*] insoupçonnable: *è una persona insospettabile* c'est une personne insoupçonnable **2** (*per est.*) [*imprevedibile, impensato*] insoupçonnable: *ha rivelato una insospettabile freddezza* il a révélé une froideur insoupçonnable; *la sua riuscita era insospettabile* son succès était insoupçonnable.

insospettabilità |insospettabili'ta| *s.f. inv.* aspect *m. var.*, caractère *m. var.* insoupçonnable (de qqch., de qqn.).

insospettàto |insospet'tato| *agg.* **1** (*raro*) [*non sospettato*] insoupçonné (*corr.*) **2** [*imprevisto, impensato*] insoupçonné: *possiede risorse insospettate* il possède des ressources insoupçonnées.

insospettìre |insospet'tire| (197) **A** *v.tr.* [*destare, suscitare sospetti*] donner des soupçons (à), éveiller les soupçons (de): *il suo mutismo mi insospettisce* son mutisme me donne des soupçons; *questa strana coincidenza insospettì i giudici* cette curieuse coïncidence éveilla les soupçons des juges **B** *v.intr.* (*aus.* '*essere*') [*entrare in sospetto; cominciare a sospettare*] avoir (28) *tr.* des soupçons: *ho cominciato a insospettire dopo quella strana telefonata* j'ai commencé à avoir des soupçons après cet étrange coup de téléphone **C** *v.pron. intr.* INSOSPETTIRSI [→ *intr.*] avoir *tr.* des soupçons: *ci siamo insospettiti dopo le prime inadempienze* nous avons eu des soupçons après les premières défaillances # *si è insospettita per la tua continua insistenza* ta continuelle insistance a éveillé en elle des soupçons.

insostenìbile |insoste'nibile| *agg.* **1** [*che non si può sostenere*] insoutenable # *si tratta di uno sforzo insostenibile per le mie energie* il s'agit d'un effort tout à fait au-dessus de mes forces # *è una spesa insostenibile* c'est une dépense au-dessus de mes moyens ◇ [*a cui non si può resistere*] irrésistible: *attacco, assalto insostenibile* attaque, assaut irrésistible **2** [*che non si può difendere*] intenable, indéfendable: *il reparto si era arroccato in una posizione insostenibile* le détachement s'était retranché sur une position intenable, indéfendable ◇ (*fig.*) insoutenable: *tesi, ipotesi insostenibile* thèse, hypothèse insoutenable; *queste accuse sono insostenibili* ces accusations sont insoutenables.

insostenibilità |insostenibili'ta| *s.f. inv.* impossibilité *var.* (d'une chose) de se soutenir; impossibilité de soutenir (une chose).

insostituìbile |insostitu'ibile| *agg.* [*che non può essere sostituito adeguatamente*] irremplaçable: *un collaboratore insostituibile* un collaborateur irremplaçable; *nessuno deve credersi insostituibile* personne ne doit se croire irremplaçable.

insostituibilità |insostituibili'ta| *s.f. inv.* impossibilité *var.* d'être remplacé, de remplacer (qqn., qqch.).

insozzàre |insot'tsare| **A** *v.tr.* [*sporcare, imbrattare*] salir: *hai insozzato dappertutto* tu as sali partout; *questi animali continuano a insozzare il cortile* ces animaux continuent à salir la cour ◇ (*fig.*) salir, souiller: *hanno insozzato l'onore della famiglia* ils ont sali, souillé l'honneur de la famille **B** *v.pron. rifl.* INSOZZARSI [→ *tr.*] se salir: *guarda come mi sono insozzato* regarde comme je me suis sali; *vi siete insozzati fino al collo* vous vous êtes salis de la tête aux pieds.

insperàbile |inspe'rabile| *agg.* [*che è al di là di ogni speranza*] inespéré: *ha ottenuto un successo insperabile* il a remporté un succès inespéré; *la ripresa è assolutamente insperabile* la reprise est absolument inespérée.

insperabilménte |insperabil'mente| *avv.* [→ INSPERABILE] de façon inespérée *loc. inv.*

insperàto |inspe'rato| *agg.* [*che non era sperato; inaspettato*] inespéré: *ho ricevuto un aiuto insperato* j'ai reçu une aide inespérée; *gli è capitata una fortuna insperata* il a eu une chance inespérée.

inspessìre |inspes'sire| *e deriv.* → **ispessire** *e deriv.*

inspiegàbile |inspje'gabile| *agg.* [*che non si può spiegare*] inexplicable: *un rifiuto, un ritardo inspiegabile* un refus, un retard inexplicable; *ha tenuto un atteggiamento inspiegabile* il a eu un comportement inexplicable.

inspiegabilménte |inspjegabil'mente| *avv.* [→ INSPIEGABILE] inexplicablement.

inspiràre |inspi'rare| *v.tr.* **1** [*introdurre aria o sostanze gassose nei polmoni*] aspirer: *inspirare ossigeno* aspirer, inhaler de l'oxygène; *inspira profondamente* aspire profondément; *si è intossicata inspirando ossido di carbonio* elle s'est intoxiquée en aspirant de l'oxyde de carbone **2** (*lett.*) → **ispirare.**

inspiratóre |inspira'tore| *agg.* (*anat.*) inspirateur*: *muscolo inspiratore* muscle inspirateur ✦ (*s.m.*) *gli inspiratori* les inspirateurs.

inspiratòrio, i |inspira'tɔrjo, i|

agg. inspiratoire: *fase inspiratoria* phase inspiratoire.
inspirazióne |inspirat'tsjone| *s.f.* inspiration.
instàbile |in'stabile| *agg.* **1** instable: *una situazione instabile* une situation instable; *tempo, temperatura instabile* temps, température instable, variable ◇ (*chim.*) *composto instabile* composé instable ◇ (*fis.*) *equilibrio instabile* équilibre instable **2** (*fig.*) [*volubile, incostante*] instable: *un temperamento, un individuo instabile* un tempérament, un individu instable; *è molto instabile di umore* il est d'une humeur très instable, inégale.
instabilità |instabili'ta| *s.f. inv.* instabilité (*var.*): *instabilità emotiva, di carattere* instabilité émotive, de caractère; *instabilità economica, monetaria* instabilité économique, monétaire.
instabilménte |instabil'mente| *avv.* [→ INSTABILE] de façon instable *loc. inv.*
installàre |instal'lare| **A** *v.tr.* **1** [*mettere in funzione; impiantare*] installer: *installare un impianto stereofonico, un ripetitore* installer une chaîne stéréophonique, un répétiteur; *non mi hanno ancora installato il telefono* on ne m'a pas encore installé le téléphone **2** [*insediare, sistemare in un luogo, in un alloggio*] installer: *sono stati installati in ricoveri di fortuna* on les a installés dans des infirmeries de fortune **B** *v.pron. rifl.* INSTALLARSI [→ *tr.* 2] s'installer: *si sono installati in casa nostra* ils se sont installés chez nous.
installatóre, trice |installa'tore, tritʃe| *s.* installateur *m.*
installazióne |installat'tsjone| *s.f.* [→ INSTALLARE A 1] installation: *riparare le installazioni telegrafiche* réparer les installations télégraphiques.
instancàbile |instan'kabile| *agg.* **1** [*che non avverte la stanchezza*] infatigable: *un lavoratore instancabile* un travailleur infatigable **2** (*per est.*) [*che non dà tregua*] infatigable: *un ritmo di lavoro instancabile* un rythme infatigable de travail.
instancabilménte |instankabil'mente| *avv.* [→ INSTANCABILE] infatigablement.
instànte |in'stante| *agg.* (*lett.*) instant.
instanteménte |instante'mente| *avv.* (*lett.*) → **insistentemente.**
instànza |in'stantsa| *s.f.* (*lett.*) → **istanza.**
instàre |in'stare| (104) *v.intr.* (*dif. del p.p.*) **1** (*raro*) → **insistere** **2** (*lett.*) → **sovrastare.**
instauràre |instau'rare| **A** *v.tr.* [*introdurre nuove forme, nuovi sistemi*] instaurer: *instaurare un nuovo ordine sociale* instaurer un nouvel ordre social; *bisogna instaurare metodi più liberali* il faut instaurer des méthodes plus libérales **B** *v.pron. pass.* INSTAURARSI [*prendere avvio; affermarsi*] instaurer (*tr.*): *si instaurò un regime dittatoriale* un régime dictatorial fut instauré.
instauratóre, trice |instaura'tore, tritʃe| *s.* instaurateur*.
instaurazióne |instaurat'tsjone| *s.f.* [→ INSTAURARE] instauration: *instaurazione della repubblica* instauration de la république.
insterilìre |insteri'lire| (197) *v.tr., intr.* (*aus.* 'essere') *e pron.* → **isterilire.**
instigàre |insti'gare| *e deriv.* → **istigare** *e deriv.*
instillàre |instil'lare| *v.tr.* → **istillare.**
instillazióne |instillat'tsjone| *s.f.* **1** → **istillazione** **2** (*med.*) instillation.
instituìre |institu'ire| *e deriv.* → **istituire** *e deriv.*
instradàre |instra'dare| *e deriv.* → **istradare** *e deriv.*
instupidìre |instupi'dire| (197) *v. tr., intr.* (*aus.* 'essere') *e pron.* → **istupidire.**
insù |in'su| *avv.* **1** [*in su; in alto*] (en) *haut: *guarda insù* regarde en haut; *appendilo più insù* accroche-le plus haut **2** *loc.* ALL'INSÙ vers le haut: *spingere all'insù* pousser vers le haut # *naso all'insù* nez retroussé ~ PER INSÙ par en haut: *mettere un oggetto per insù* mettre un objet par en haut, par le haut.
insubordinatézza |insubordina'tettsa| *s.f.* [*mancanza di disciplina*] insubordination: *non tollero queste insubordinatezze* je ne supporte pas ces insubordinations.
insubordinàto |insubordi'nato| *agg.* insubordonné: *scolaro, soldato insubordinato* écolier, soldat insubordonné ✦ (*s.*) *un insubordinato* un garçon insubordonné (*agg.*); *un'insubordinata* une fille insubordonnée *agg.*
insubordinazióne |insubordinat'tsjone| *s.f.* **1** insubordination: *reato d'insubordinazione* délit d'insubordination **2** [*atto d'indisciplina*] insubordination: *denunciare un'insubordinazione* dénoncer une insubordination.
insubre |'insubre| *agg.* (*lett.*) → **lombardo.**
insuccèsso |insut'tʃɛsso| *s.m.* insuccès: *l'insuccesso di un candidato, di un'iniziativa* l'insuccès d'un candidat, d'une initiative; *sforzi destinati all'insuccesso* efforts voués à l'insuccès.
insudiciàre |insudi'tʃare| **A** *v.tr.* **1** [*rendere sudicio; sporcare*] salir, souiller: *insudiciare una parete* salir, souiller une paroi; *il bambino ha insudiciato il divano* l'enfant a (*fam.*) sali le divan □ *insudiciarsi le mani, la camicia* se salir les mains, salir sa chemise **2** (*fig.*) [*coprire di vergogna; disonorare*] souiller: *hanno cercato di insudiciare la sua reputazione* ils ont essayé de souiller sa réputation **B** *v.pron. rifl.* INSUDICIARSI **1** [→ *tr.* 1] se salir: *si è insudiciata di vernice* elle s'est salie de vernis ✦ → *tr.* 1 □ **2** (*fig.*) [→ *tr.* 2] se salir: *si sono insudiciati in cose assai meschine* ils se sont salis pour des choses qui n'en valaient vraiment pas la peine.
insuèto |insu'ɛto| *agg.* (*lett.*) → **insolito.**
insufficiènte |insuffi'tʃɛnte| *agg.* **1** [*non sufficiente; scarso*] insuffisant: *alimentazione, vitto insufficiente* alimentation, nourriture insuffisante; *il mio stipendio è insufficiente a mantenere la famiglia* mon salaire est insuffisant pour subvenir aux besoins de ma famille ◇ (*per est.*) [*non all'altezza; non idoneo*] insuffisant, inapte: *ho timore che sia un elemento insufficiente a tali mansioni* j'ai peur que ce ne soit une personne insuffisante pour de telles fonctions, inapte à de telles fonctions **2** (*scuola*) au-dessous de la moyenne (*loc. inv.*): *preparazione insufficiente* préparation au-dessous de la moyenne; *riportare un voto insufficiente in matematica* avoir une note au-dessous de la moyenne en mathématiques.
insufficienteménte |insuffitʃente'mente| *avv.* [→ INSUFFICIENTE 1] insuffisamment.
insufficiènza |insuffi'tʃɛntsa| *s.f.* **1** insuffisance: *insufficienza di capitali, di manodopera* insuffisance de capitaux, de main-d'œuvre; *in questa scuola c'è insufficienza di aule* dans cette école il y a une insuffisance de classes ◇ [*manchevolezza; incapacità*] insuffisances (*pl.*): *sono emerse le sue insufficienze* ses insuffisances sont apparues; *denunciare le insufficienze del governo* dénoncer les insuffisances du gouvernement ◇ (*dir.*) manque *m.* # *assolto per insufficienza di prove* acquitté au bénéfice du doute, faute de preuves ◇ (*med.*) insuffisance: *insufficienza cardiaca, epatica* insuffisance cardiaque, hépatique **2** (*scuola*) note au-dessous de la moyenne: *ha riportato tre insufficienze* il a eu trois notes au-dessous de la moyenne.
insufflàre |insuf'flare| *v.tr.* **1** (*med., tecnol.*) [*soffiare dentro, sopra*] insuffler: *insufflare aria in una cavità di un corpo, in un forno* insuffler de l'air dans la cavité d'un corps, dans un four **2** (*raro, fig.*) → **ispirare.**
insufflatóre |insuffla'tore| *s.m.* (*med.*) insufflateur.
insufflazióne |insufflat'tsjone| *s.f.* (*med.*) insufflation.
insulàre |insu'lare| *agg.* insulaire: *clima, fauna, regione insulare* climat, faune, région insulaire ✦ (*s.*) *gli insulari* [*gli abitanti di un'isola*] les insulaires.
insularità |insulari'ta| *s.f. inv.* insularité *var.*
insulìna |insu'lina| *s.f.* (*biol., farm.*) insuline.
insulinoterapìa |insulinotera'pia| *s.f.* (*med.*) insulinothérapie.
insulsàggine |insul'saddʒine| *s.f.* **1** [*stupidità, dappocaggine*] (*cose*) fadeur; (*persone*) niaiserie: *che insulsaggine questi discorsi!* quelles fadeurs, ces discours! ‖ *sei di un'insulsaggine scoraggiante* tu es d'une niaiserie, d'une bêtise décourageante **2** *spec. al plur.* [*schiocchezza, stupidaggine*] bêtise: *come farà a sostenere certe insulsaggini?* comment parviendra-t-il à soutenir de telles bêtises?; *è una rivista piena di insulsaggini* c'est une revue pleine de bêtises.
insulsaménte |insulsa'mente| *avv.* [→ INSULSO 1] niaisement, fadement.
insùlso |in'sulso| *agg.* **1** [*sciocco, banale*]: (*cose*) fade; (*persone*) niais: *un discorso insulso* un discours fade ‖ *una persona insulsa* une personne niaise **2** (*raro*) → **insipido.**
insultànte |insul'tante| *agg.* insultant: *una frase insultante* une phrase insultante.
insultàre |insul'tare| **A** *v.tr.* [*offendere, ingiuriare*] insulter: *insultare un avversario* insulter un adversaire; *non ho voluto insultarlo in pubblico* je n'ai pas voulu l'insulter en public; *hai insultato la memoria di tuo padre* tu as insulté la mémoire de ton père **B** *v. intr.* (*aus.* 'avere') (*lett.*) [→ *tr.*] insulter à **C** *v.pron. recipr.* INSULTARSI

[→ *tr.*] s'insulter: *si sono insultati con cattiveria* ils se sont insultés méchamment.

insultatóre, trice |insulta'tore, tritʃe| *s.* [*chi offende con insulti, calunnie*] insulteur *m.* (*raro*): *non dar peso a quell'insultatore* n'écoute pas cet insulteur.

insùlto |in'sulto| *s.m.* **1** insulte (*f.*): *lanciare, ricevere un insulto* lancer, recevoir une insulte; *atti che rappresentano un insulto alla morale, al sentimento comune* actes qui répésentent une insulte à la morale, au sentiment commun; *questa scelta è un insulto al buon senso, all'intelligenza* ce choix est une insulte au bon sens, à l'intelligence **2** (*med.*) accès: *un insulto di tosse* un accès de toux, une quinte.

insuperàbile |insupe'rabile| *agg.* **1** [*che non si può superare*] infranchissable: *montagna insuperabile* montagne infranchissable; *questo punto del fiume è insuperabile* cet endroit du fleuve est infranchissable ◇ (*fig.*) *abbiamo incontrato ostacoli insuperabili* nous avons rencontré des obstacles infranchissables → **insormontabile** **2** (*fig.*) [*straordinario, eccezionale*; *impareggiabile*] incomparable; imbattable: *un tenore insuperabile* un ténor incomparable; *la perfezione di questo strumento è insuperabile* la perfection de cet instrument est incomparable; *ha offerto una prova insuperabile di bravura* il a offert une preuve incomparable de courage ‖ *è un atleta insuperabile* c'est un athlète imbattable → **imbattibile**.

insuperabilità |insuperabili'ta| *s.f. inv.* **1** impossibilité *var.* de surmonter (qqch.): *l'insuperabilità di un ostacolo* l'impossibilité de surmonter un obstacle **2** [*invincibilità*] invincibilité *var.* **3** [*invalicabilità*] impossibilité de franchir (une montagne).

insuperabilménte |insuperabil'mente| *avv.* [→ INSUPERABILE 2] incomparablement.

insuperàto |insupe'rato| *agg.* [*che non è stato ancora superato, battuto*] inégalé: *grandezza, interpretazione insuperata* grandeur, interprétation inégalée; *un record insuperato* un record inégalé.

insuperbire |insuper'bire| (197) **A** *v.tr.* [*rendere superbo, orgoglioso*] enorgueillir, rendre (53) orgueilleux* **B** *v.intr.* (*aus.* '*essere*') [*diventare superbo*] s'enorgueillir *pron.* de, devenir (27) orgueilleux **C** *v.pron. intr.* INSUPERBIRSI [→ *intr.*] s'enorgueillir de, devenir *intr.* orgueilleux: *s'insuperbisce per quella vittoria inutile* il s'enorgueillit de cette victoire inutile.

insurrezionàle |insurrettsjo'nale| *agg.* insurrectionnel*: *complotto insurrezionale* complot insurrectionnel ◇ [*composto di insorti*] d'insurgés (*loc.*): *le truppe insurrezionali* les troupes insurgées, des insurgés.

insurrezióne |insurret'tsjone| *s.f.* insurrection: *promuovere, dirigere una insurrezione* organiser, diriger une insurrection.

insussistènte |insussis'tɛnte| *agg.* [*non reale*; *inesistente*] inexistant: *un pericolo insussistente* un danger inexistant ◇ [*senza fondamento*; *falso*] sans fondement (*loc. inv.*): *ipotesi, timore insussistente* hypothèse, crainte sans fondement.

insussisténza |insussis'tentsa| *s.f.* [*inesistenza, assenza*] inexistence: *insussistenza di colpa* inexistence de faute ◇ [*infondatezza*] manque *m.* de fondement: *l'insussistenza di una accusa* le manque de fondement d'une accusation.

intabaccàre |intabak'kare| *v.tr.* [*sporcare, insudiciare di tabacco*] salir avec du tabac: *intabaccare il divano* salir le divan avec du tabac, faire des taches de tabac sur le divan □ *intabaccarsi le tasche della giacca* salir de tabac les poches de sa veste.

intabarràre |intabar'rare| **A** *v.tr.* (*raro*) [*avvolgere, coprire col tabarro*] emmitoufler: *intabarri troppo quel bambino* tu emmitoufles trop cet enfant **B** *v.pron. rifl.* INTABARRARSI [→ *tr.*] s'emmitoufler: *ti sei intabarrato in modo ridicolo* tu t'es emmitouflé de façon ridicule.

intaccàbile |intak'kabile| *agg.* [→ INTACCARE A 1, 2, 4] qu'on peut attaquer (*loc.*): *materiale intaccabile dagli acidi* matériau que les acides peuvent attaquer ◇ (*fig.*) [→ INTACCARE A 3] *è una tesi facilmente intaccabile* c'est une thèse qui peut être facilement attaquée *loc.*

intaccaménto |intakka'mento| *s.m.* [→ INTACCARE A 1] entaillage.

intaccàre |intak'kare| **A** *v.tr.* **1** [*incidere facendo delle tacche*] entailler, encocher: *intaccare lo spigolo di un mobile, il piano di un tavolo* entailler, encocher le coin d'un meuble, le dessus d'une table ◇ [*rovinare il filo di una lama*] ébrécher (8): *un chiodo mi ha intaccato la pialla* un clou a ébréché mon rabot **2** [*corrodere, rovinare*] attaquer: *la maniglia è stata intaccata dalla ruggine* la poignée a été attaquée par la rouille; *gli acidi hanno intaccato gli ingranaggi interni* les acides ont attaqué les engrenages internes ◇ [*infettare, danneggiare*] attaquer: *l'infezione ha intaccato anche gli altri organi* l'infection a attaqué aussi les autres organes **3** (*fig.*) [*ledere, screditare*] entamer: *le ultime vicende hanno molto intaccato il suo prestigio* les événements derniers ont beaucoup entamé son prestige; *sono riusciti a intaccare la sua reputazione* ils sont arrivés à entamer sa réputation ◇ [*indebolire, incrinare*] entamer, ébranler: *questi dubbi intaccano i principi dell'uguaglianza* ces doutes entament, ébranlent les principes de l'égalité; *la sconfitta ha intaccato il morale del nemico* la défaite a entamé le moral (de l') ennemi **4** (*fig.*) [*cominciare a consumare*; *ridurre*] entamer: *intaccare le riserve, il patrimonio* entamer ses réserves, son patrimoine **5** (*mar.*) (*del vento*) [*far increspare la superficie del mare*] rider: *la brezza intaccava il mare* la brise ridait la mer **B** *v.intr.* (*aus.* '*avere*') [*tartagliare, impuntare*] bégayer (9): *dopo un po' che parla comincia a intaccare* après quelques mots, il commence à bégayer.

intaccatùra |intakka'tura| *s.f.* **1** [→ INTACCARE A 1, 2] entaille, encoche **2** [*incavo per appoggio o incastro di altro elemento*] cran *m.* **3** (*mar.*) ride.

intàcco, chi |in'takko, ki| *s.m.* [*tacca, intaglio*] encoche *f.*, entaille (*f.*): *un tavolo pieno di intacchi* une table pleine d'encoches, d'entailles # *praticare un intacco su un listello* entailler une lame ◇ (*di lama*) brèche (*f.*): *eliminare gli intacchi con la mola* meuler les brèches.

intagliàre |intaʎ'ʎare| *v.tr.* **1** [*scolpire in rilievo o in incavo*] sculpter, graver: *intagliare una figura nel legno, nel marmo* sculpter, graver une figure dans le bois, dans le marbre ◇ [*incidere il legno*] entailler: *perché intagli l'angolo del tavolo?* pourquoi entailles-tu l'angle de la table? **2** [*modellare pietre dure*] tailler, intailler: *intagliare un topazio* tailler, intailler une topaze **3** (*ricamo*) [*ritagliare un tessuto, seguendo un disegno*] découper: *intagliare un centrino* découper un napperon.

intagliatóre, trice |intaʎʎa'tore, tritʃe| *s.* [*che esegue lavori di intaglio*] sculpteur, graveur: *intagliatore in legno* sculpteur sur bois; *intagliatore di pietre dure* graveur de, sur pierres dures ◇ (*falegnameria*) chantourneur.

intagliatùra |intaʎʎa'tura| *s.f.* [→ INTAGLIARE 1] sculpture, gravure → **intaglio** 2.

intàglio, i |in'taʎʎo, i| *s.m.* **1** [→ INTAGLIARE 1, 2] sculpture *f.*, gravure *f.*, entaille (*f.*): *lavori d'intaglio* travaux de sculpture, de gravure, d'entaille **2** [*oggetto intagliato*; *figura intagliata*] sculpture: *balaustra decorata d'intagli* balustrade décorée de sculptures **3** (*tecnol.*) profilé.

intanàrsi |inta'narsi| *v.pron. intr.* **1** [*nascondersi in una tana*] se cacher dans une tanière: *la volpe si è intanata* le renard s'est caché dans sa tanière → **rintanarsi** **2** (*fig.*) [*nascondersi*; *star rinchiuso*] se terrer: *chissà dove si sarà intanata* qui sait où elle a bien pu se terrer.

intangìbile |intan'dʒibile| *agg.* **1** (*lett.*) intangible (*corr.*) → **intoccabile** ◇ (*fig.*) *la libertà è un diritto intangibile* la liberté est un droit intangible → **inviolabile** **2** (*per est.*) [*che non può essere usato*] intangible: *beni intangibili* des biens intangibles.

intangibilità |intandʒibili'ta| *s.f. inv.* intangibilité *var.*

intànto |in'tanto| **I** *avv.* **1** (*esprime* '*contemporaneità*') [*in questo, in quel tempo*; *nel medesimo tempo*; *nel frattempo*] pendant ce temps: *io devo finire questo lavoro, intanto tu aspettami* moi, je dois terminer ce travail, pendant ce temps, attends-moi; *tu intanto battimi questa lettera* toi, pendant ce temps, tape-moi cette lettre (à la machine) ◇ [*nell'attesa*] en attendant: *tu vai pure avanti, intanto io leggo il giornale* va devant, moi, en attendant, je lirai le journal; *aspettami pure, intanto beviti un caffè* (attends-moi) en attendant, prends un café; *e intanto il tempo passa* et, en attendant, le temps passe ◇ *loc.* PER INTANTO [*per ora, per il momento*] pour le moment, pour l'instant: *per intanto prepariamo le valigie, poi si vedrà* pour le moment, pour l'instant, préparons les valises, après on verra; *per intanto lei aspetti qui, poi la chiamerò* pour le moment attendez ici, plus tard je vous appellerai; *per intanto può bastare, continueremo domani* pour le moment cela peut suffire, nous continuerons demain; *per intanto non abbiamo nessuna prova* pour l'instant, nous n'avons aucune preuve **2** (*con va-*

lore avvers.) [*comunque, in ogni caso; tuttavia, però*] en attendant (*loc.*): *dice sempre di sì, intanto non fa niente* il dit toujours oui, en attendant, il ne fait rien; *lui non ne ha colpa, ma intanto chi ci perde sono io* ce n'est pas sa faute, mais, en attendant, c'est moi qui y perds; *intanto, chi mi ridà i soldi che ci ho rimesso?* en attendant, qui me rendra l'argent que j'y ai perdu? ◇ [*mentre, invece*] de toute façon *loc.*; pendant ce temps: *tu puoi dire quello che vuoi, intanto chi comanda sono io* tu peux dire ce que tu veux, de toute façon c'est moi qui commande ‖ *tutti noi sgobbiamo dalla mattina alla sera, intanto tu vai a spasso* nous bossons tous du matin au soir et, pendant ce temps, toi tu te balades (*fam.*) # *ha fatto finta di aiutarlo a alzarsi e intanto gli ha fregato il portafoglio* il a fait semblant de l'aider à se lever et, dans le même temps, il lui a fauché son portefeuille **3** (*con valore concl.*) enfin: *intanto anche voi avete i vostri torti* enfin, vous aussi vous avez des torts; *e intanto anche questo lavoro è finito* enfin, ce travail est terminé; *e intanto anche noi siamo pronti* enfin, nous aussi nous sommes prêts ◇ [*in primo luogo*] d'abord: *intanto, voi non avevate il diritto di parlare, poi...* d'abord, vous n'aviez pas le droit de parler, ensuite...; *intanto, dammi il mio resto, poi ti offro il caffè* d'abord, donne-moi ma monnaie, ensuite je t'offre le café **II** *loc. cong.* INTANTO CHE (+ *indic.*) [*mentre*] pendant que: *intanto che finisci, io mi preparo* pendant que tu termines, moi je me prépare; *intanto che voi fate questo io faccio quest'altro* pendant que vous faites cela, moi je vais faire ceci.

intarlàre |intar'lare| *v.intr.* (*aus.* '*essere*') *e pron. intr.* → **tarlare.**

intarmàre |intar'mare| *v.intr.* (*aus.* '*essere*') *e pron. intr.* → **tarmare.**

intarsiàre |intar'sjare| *v.tr.* **1** [*lavorare, decorare a intarsio*] marqueter (5): *intarsiare un tavolo, un mobile* marqueter une table, un meuble **2** (*fig.*) [*ornare con particolari raffinati, eleganti*] orner: *ha intarsiato il discorso con citazioni poetiche* il a orné son discours de citations poétiques.

intarsiàto |intar'sjato| *agg.* [*ornato, decorato di intarsi*] marqueté: *una scrivania intarsiata* un bureau marqueté.

intarsiatóre, trice |intarsja'tore, tritʃe| *s.* [*chi esegue intarsi*] marqueteur *m.* # *scuola per intarsiatori* atelier-école de marqueterie.

intàrsio, i |in'tarsjo, i| *s.m.* **1** [→ INTARSIARE] marqueterie (*f.*): *l'arte dell'intarsio* l'art de la marqueterie; *spalliera lavorata a intarsio* dossier en marqueterie ◇ [*oggetto intarsiato*] objet en marqueterie: *restaurare un intarsio* restaurer un objet de, en marqueterie **2** (*abbigl.*) étoffe *f.* de différente couleur inserée dans une autre étoffe **3** (*med.*) *intarsio dentario* inlay.

intasaménto |intasa'mento| *s.m.* [→ INTASARE] engorgement, obstruction (*f.*): *l'intasamento di una conduttura* l'engorgement, l'obstruction d'une tuyauterie # *il corteo ha provocato un intasamento del traffico* le cortège a provoqué des embouteillages, des encombrements de la circulation.

intasàre |inta'sare| **A** *v.tr.* **1** [*ostruire, otturare*] engorger (3), obstruer: *i detriti hanno intasato la tubatura di scarico* les détritus ont engorgé, obstrué le tuyau d'écoulement **2** (*per est.*) [*bloccare la circolazione; creare un ingorgo*] embouteiller: *un incidente ha intasato la via principale* un accident a embouteillé la rue principale **B** *v.pron. intr.* INTASARSI **1** [→ *tr.* 1] s'engorger, se boucher: *la fognatura si è intasata* les égouts se sont engorgés, se sont bouchés **2** (*per est.*) (*del naso*) [*chiudersi, tapparsi*] se boucher # *mi si è intasato il naso per il raffreddore* mon rhume m'a bouché (*fam.*) le nez.

intasàto |inta'sato| *agg.* **1** [*otturato, tappato*] engorgé, bouché: *un lavandino intasato* un évier engorgé, bouché; *ho il naso intasato* j'ai le nez bouché **2** (*per est.*) (*di viabilità*) [*bloccato*] bloqué: *la corsia nord è intasata* la voie nord est bloquée ◇ (*di strade*) [*eccessivamente trafficato*] embouteillé: *il centro a quest'ora è troppo intasato* à cette heure-ci, le centre est trop embouteillé.

intasatùra |intasa'tura| *s.f.* [→ INTASARE] engorgement *m.*, embouteillage *m.*

intascàre |intas'kare| *v.tr.* **1** [*mettere, riporre in tasca*] mettre (71) dans sa poche: *intascare il borsellino, il fazzoletto* mettre son porte-monnaie, son mouchoir dans sa poche **2** (*per est.*) [*guadagnare, riscuotere*] empocher: *intascare una mancia* empocher un pourboire; *con quell'affare ha intascato una bella somma* avec cette affaire, il a empoché une belle somme.

intàtto |in'tatto| *agg.* intact: *un abito ancora intatto* un vêtement encore intact; *queste zone sono ancora intatte* ces zones sont encore intactes; *tutti i pezzi sono arrivati intatti* tous les morceaux sont arrivés intacts # *voglio uscire intatto da quest'affare* je veux sortir indemne de cette affaire; *la chiusura era ancora intatta* la fermeture était encore en bon état.

intavolàre |intavo'lare| *v.tr.* **1** (*raro*) [*mettere in tavola*] mettre (71) sur la table **2** (*fig.*) [*iniziare, incominciare*] entamer, engager (3): *intavolare una trattativa* entamer, engager une négociation; *hanno intavolato una discussione molto interessante* ils ont entamé une discussion très intéressante **3** [*registrare su prospetti; incasellare*] enregistrer, classer: *intavolare i tempi di arrivo dei corridori* enregistrer, classer les temps d'arrivée des coureurs ◇ (*bur.*) [*iscrivere a registro*] enregistrer: *intavolare l'acquisto di un terreno* enregistrer l'acquisition d'un terrain **4** (*scacchi*) [*ordinare i pezzi sulla scacchiera*] ranger (3) les pièces **5** (*mus.*) [*scrivere musica usando cifre o lettere*] réaliser une tablature **6** (*raro*) [*rivestire con tavole*] lambrisser: *intavolare una parete* lambrisser un mur.

intavolàto |intavo'lato| *s.m.* → **tavolato.**

intavolatùra |intavola'tura| *s.f.* (*mus.*) tablature.

intedescàre |intedes'kare| **A** *v.tr.* (*raro*) [*far acquistare mentalità e abitudini tedesche*] germaniser *la continua presenza di turisti ha intedescato il paese* la présence continuelle de touristes a germanisé le pays **B** *v.pron. intr.* INTEDESCARSI [*acquisire caratteri tedeschi*] se germaniser: *molti emigranti si sono intedescati* de nombreux émigrants se sont germanisés.

integèrrimo |inte'dʒɛrrimo| *agg.* très intègre: *un impiegato integerrimo* un employé très intègre; *un uomo di costumi integerrimi* un homme aux mœurs très intègres.

integràbile |inte'grabile| *agg.* **1** [→ INTEGRARE A 1] qu'on peut compléter, augmenter (*loc.*): *entrate integrabili* recettes qu'on peut compléter, augmenter ◇ (*mat.*) intégrable **2** [→ INTEGRARE A 2; B 1] qui peut s'intégrer (*loc. var.*): *persone poco integrabili* personnes qui peuvent difficilement s'intégrer.

integràle |inte'grale| *agg.* **1** intégral*: *ottenere il rimborso integrale di una somma* obtenir le remboursement intégral d'une somme; *occorre una ristrutturazione integrale dell'azienda* il faut une restructuration intégrale de l'entreprise → **intero, completo** ◇ (*alimentazione*) *pane integrale* pain complet ◇ (*filol.*) *edizione integrale* édition intégrale **2** (*mat.*) intégral: *calcolo integrale* calcul intégral ✦ (*s.m.*) *un integrale* une intégrale *f.*

integralìsmo |integra'lizmo| *s.m.* [*tendenza a far prevalere rigidamente la propria ideologia*] intégrisme: *l'integralismo cattolico* l'intégrisme catholique.

integralìsta |integra'lista| *s.* intégriste: *l'intolleranza degli integralisti* l'intolérance des intégristes ✦ (*agg.*) *gruppo integralista* groupe intégriste.

integralìstico, ci, ca, che |integra'listiko, tʃi, ka, ke| *agg.* (*polit.*) intégriste: *assumere posizioni integralistiche* prendre des positions intégristes.

integralità |integrali'ta| *s.f. inv.* (*raro*) intégralité *var.* (*corr.*).

integralménte |integral'mente| *avv.* [→ INTEGRALE 1] complètement; intégralement: *ridiscutere integralmente una questione* rediscuter complètement une question ‖ *pagare integralmente un debito* payer intégralement une dette.

integraménto |integra'mento| *s.m.* (*raro*) → **integrazione.**

integrànte |inte'grante| *agg.* intégrant: *un elemento integrante* un élément intégrant; *il controllo fa parte integrante dell'accordo* le contrôle fait partie intégrante de l'accord.

integràre |inte'grare| **A** *v.tr.* **1** [*completare q.c. con aggiunte opportune*] compléter (8): *integrare un regime di alimentazione* compléter un régime alimentaire # *ho bisogno di integrare lo stipendio* j'ai besoin d'augmenter mon salaire → **arrotondare** ◇ (*dir.*) *integrare un contratto con clausole particolari* compléter un contrat par des clauses particulières ◇ (*filol.*) *integrare un brano lacunoso* compléter un passage qui comporte des lacunes ◇ (*mat.*) *integrare un'equazione* [*risolverla*] intégrer une équation ◇ (*elettron.*) *integrare un circuito* intégrer un circuit **2** [*inserire in un ambiente di diversa mentalità*] intégrer (8): *è stato fatto poco per integrare i nuovi venuti* bien peu a été fait pour intégrer les nouveaux venus; *il capitalismo ha cercato di integrare le classi operaie nel sistema* le capitalisme a essayé d'intégrer les classes ouvrières dans le système **3** [*fondere, unire in-*

sieme] intégrer: *integrare le forze militari, le risorse economiche di due paesi* intégrer les forces militaires, les ressources économiques de deux pays **B** *v. pron. rifl.* INTEGRARSI **1** (*persone*) [→ *tr.* 2] s'intégrer: *le popolazioni indigene non si sono completamente integrate* les populations indigènes ne se sont pas complètement intégrées # *si sono integrati nel nuovo ambiente* ils se sont adaptés à leur nouveau milieu **2** *recipr.* [→ *tr.* 1] se compléter: *insegnamenti che si integrano* enseignements qui se complètent; *le loro qualità si integrano a vicenda* leurs qualités se complètent.

integrativo |integra'tivo| *agg.* [*che serve a integrare, a completare*] complémentaire: *clausola integrativa* clause complémentaire; *esame integrativo* examen complémentaire; *sostenere delle prove integrative* soutenir des épreuves complémentaires.

integràto |inte'grato| *agg.* **1** [*completato con aggiunte opportune*] complété: *una dieta integrata* une diète complétée ◇ (*filol.*) *un testo integrato* un texte complété ◇ (*mat.*) *una funzione integrata* une fonction intégrée **2** [*inserito in un ambiente diverso*] intégré: *un gruppo non ancora integrato* un groupe pas encore intégré **3** [*unito, unificato*] uni: *parti integrate* parties unies; *partiti, eserciti integrati* partis unis, armées unies **4** [*che ha rinunciato alle proprie convinzioni sociali, politiche*] intégré: *persone integrate* personnes intégrées ♦ (*s.*) *un integrato* un intégré: *ormai sono degli integrati* désormais, ce sont des intégrés **5** (*elettron.*) integré: *circuiti integrati* circuits intégrés.

integratóre, trice |integra'tore, tritʃe| *agg.* **1** d'intégration (*loc. inv.*): *svolgere una funzione integratrice* exercer une fonction d'intégration **2** (*tecnol.*) *macchina integratrice* intégrateur *s.m.* ♦ (*s.m.*) *un integratore* un intégrateur.

integrazióne |integrat'tsjone| *s.f.* **1** [→ INTEGRARE A 1] intégration: *integrazione di uno stipendio* intégration d'un salaire; *corsi, esami di integrazione* cours, examens d'intégration ◇ (*dir.*) *integrazione di un contratto* intégration d'un contrat ◇ (*filol.*) *integrazione di un testo* intégration d'un texte ◇ (*mat.*) *integrazione di una funzione* intégration d'une fonction **2** [→ INTEGRARE A 2; B 1] intégration: *integrazione razziale, religiosa* intégration raciale, religieuse; *la tua è una integrazione passiva nel sistema* ton attitude est une intégration passive dans le système **3** [→ INTEGRARE A 3] intégration: *integrazione europea* intégration européenne ◇ (*econ.*) intégration: *cassa integrazione* (régime d') assurance chômage, caisse de chômage.

integrazionismo |integrattsjo'nizmo| *s.m.* intégrationnisme.

integrazionista |integrat'tsjo'nista| *s.* intégrationniste.

integrazionistico, ci, ca, che |integrattsjo'nistiko, tʃi, ka, ke| *agg.* intégrationniste.

integrità |integri'ta| *s.f. inv.* **1** intégrité (*var.*): *integrità fisica, mentale* intégrité physique, mentale; *salvaguardare l'integrità delle frontiere* sauvegarder l'intégrité des frontières **2** (*fig.*) intégrité: *integrità morale* intégrité morale → **rettitudine.**

ìntegro |'integro| *agg.* **1** → **integrale** 1 **2** [*che non ha subito danni; intatto*] intact: *un affresco integro* une fresque intacte; *è ancora integro di forze e di capacità mentali* il a encore des forces et des capacités mentales intactes **3** (*fig.*) intègre: *una persona integra* une personne intègre → **onesto, retto.**

intelaiàre |intela'jare| *v.tr.* **1** [*disporre sul telaio*] mettre (71) sur le métier: *intelaiare una stoffa da ricamare* mettre sur le métier, sur le tambour un tissu à broder **2** [*montare su una intelaiatura rigida*] mettre sur châssis: *intelaiare una vela* mettre une voile sur châssis ◇ (*mecc.*) *intelaiare una macchina* monter une machine.

intelaiatùra |intelaja'tura| *s.f.* **1** [→ INTELAIARE 2] montage (*m.*): *lavori d'intelaiatura* travaux de montage **2** [*struttura di sostegno*; *ossatura*] charpente; châssis (*m.*): *intelaiatura meccanica, in cemento armato* charpente mécanique, en béton armé; *l'intelaiatura di una nave* la charpente d'un navire || *l'intelaiatura di una finestra* le châssis d'une fenêtre **3** (*fig.*) charpente *l'intelaiatura di un sistema economico* la charpente, la structure d'un système économique → **struttura** # *un romanzo di fragile intelaiatura* un roman assez légèrement bâti.

intelàre |inte'lare| *v.tr.* **1** [*rinforzare un tessuto con tela resistente*] entoiler: *intelare un soprabito* entoiler un pardessus **2** (*raro*) [*ricoprire di tela*] recouvrir (23) de toile: *intelare un cuscino di gommapiuma* recouvrir de toile un coussin de caoutchouc-mousse.

intellegibile |intelle'dʒibile| *agg.* → **intelligibile.**

intellètto |intel'lɛtto| *s.m.* **1** [*mente, ragione*] raison *f.*, esprit: *il dono dell'intelletto* le don de la raison, de l'esprit; *l'intelletto e il senso* la raison et le sentiment; *sviluppare l'attività dell'intelletto* développer l'activité de l'esprit; *tu usi poco l'intelletto* tu utilises peu ton esprit, ta raison; *le passioni offuscano l'intelletto* les passions troublent la raison, l'esprit ◇ (*loc.*) *perdere il ben dell'intelletto* perdre (l'usage de) la raison ~ *non avere il ben dell'intelletto* ne pas avoir l'usage de la raison **2** [*intelligenza, ingegno*] intelligence *f.*, esprit: *un intelletto aperto, acuto* une intelligence ouverte, subtile; un esprit ouvert, subtil; *essere di alto, di scarso intelletto* avoir une haute, une faible intelligence **3** (*per est.*) [*persona di elevata intelligenza*] esprit: *un bell'intelletto* un bel esprit; *al convegno hanno partecipato i migliori intelletti* les meilleurs esprits ont pris part au congrès.

intellettuàle |intellettu'ale| *agg.* **1** intellectuel*: *capacità, attività intellettuale* capacité, activité intellectuelle; *mi ha richiesto un grosso sforzo intellettuale* cela m'a demandé un gros effort intellectuel # *ha delle buone doti intellettuali* il est bien doué intellectuellement ◇ (*spreg.*) [*arido, artificioso*] *letteratura intellettuale* littérature intellectuelle **2** [*che ha cultura elevata, interessi specializzati*] intellectuel: *una donna intellettuale* une (femme) intellectuelle; *non mi trovo in questi ambienti intellettuali* je ne suis pas à l'aise dans ces milieux intellectuels ♦ (*s.*) *gli intellettuali* les intellectuels: *un gruppo, un circolo d'intellettuali* un groupe, un cercle d'intellectuels ◇ (*iron.*, *spreg.*) *essere un intellettuale, far l'intellettuale* être un intellectuel, jouer à l'intellectuel.

intellettualismo |intellettua'lizmo| *s.m.* **1** intellectualisme: *un'opera che pecca d'intellettualismo* une œuvre qui pèche par intellectualisme → **cerebralismo** **2** (*filos.*) intellectualisme.

intellettualista |intellettua'lista| *s.* intellectualiste.

intellettualistico, ci, ca, che |intellettua'listiko, tʃi, ka, ke| *agg.* **1** intellectualiste: *una tesi intellettualistica* une thèse intellectualiste; *non sopporto questi film intellettualistici* je ne supporte pas ces films intellectualistes **2** (*filos.*) intellectualiste: *le correnti intellettualistiche dell'800* les courants intellectualistes du XIXe siècle.

intellettualità |intellettuali'ta| *s.f. inv.* **1** intellectualité *var.* **2** (*per est.*) [*gli intellettuali*] les intellectuels *m.pl.*

intellettualizzàre |intellettualid'dzare| *v.tr.* [*rendere troppo intellettuale*; *cerebralizzare*] intellectualiser: *intellettualizzare un dibattito* intellectualiser un débat.

intellettualizzazióne |intellettualiddzat'tsjone| *s.f.* [→ INTELLETTUALIZZARE] intellectualisation.

intellettualménte |intellettual'mente| *avv.* [→ INTELLETTUALE 1] intellectuellement.

intellettualòide |intellettua'lɔide| *agg.* (*spreg.*) pseudo-intellectuel*: *atteggiamento intellettualoide* attitude pseudo-intellectuelle; *uno scrittore intellettualoide* un écrivain pseudo-intellectuel ♦ (*s.*) *un intellettualoide* un pseudo-intellectuel.

intellezióne |intellet'tsjone| *s.f.* intellection.

intelligènte |intelli'dʒɛnte| *agg.* **1** intelligent: *gli esseri intelligenti* les êtres intelligents **2** [*dotato di particolare intelligenza*] intelligent: *una persona, un bambino intelligente* une personne intelligente, un enfant intelligent; *sei poco intelligente* tu es peu intelligent → **accorto, furbo** ◇ (*animali*) *il cavallo è più intelligente del mulo* le cheval est plus intelligent que le mulet **3** [*che rivela intelligenza*] intelligent: *ha una faccia intelligente* il a une physionomie intelligente ◇ [*fatto con intelligenza*] *una domanda, uno spettacolo intelligente* une question intelligente, un spectacle intelligent.

intelligenteménte |intellidʒente'mente| *avv.* [→ INTELLIGENTE 3] intelligemment: *parlare intelligentemente* parler intelligemment ◇ (*scherz.*) [*accortamente*] *se l'è svignata intelligentemente* elle a intelligemment décampé.

intelligènza |intelli'dʒɛntsa| *s.f.* **1** intelligence: *la facoltà dell'intelligenza* la faculté de l'intelligence, de comprendre # *livello, quoziente d'intelligenza* niveau, quotient intellectuel **2** [*capacità di capire, di giudicare*] intelligence: *avere una buona, una discreta intelligenza* avoir une bonne, une assez bonne intelligence; *ha una intelligenza fuori della media* il a une intelligence hors du commun; *sviluppare l'intelligenza* développer l'intelligence; *un lavoro fatto con intelligenza* un travail fait avec intelligence; *hai dimostrato poca intelligenza* tu as fait preuve de peu d'intelligence **3** (*per est.*) [*persona particolarmente intelligente*] intelligence, esprit (*m.*): *è una bella intelligenza* c'est une belle intelligence; *si sono riunite le migliori intelligenze* les meilleurs esprits se sont réunis **4** (*lett.*) [*comprensione, interpretazione*] compréhension (*corr.*): *un testo di difficile intelligenza* un texte de compréhension difficile **5** [*intesa, accordo*] intelligence: *agire di comune intelligenza* agir d'intelligence ◇ (*loc.*) *avere intelligenza col nemico* avoir des intelligences avec l'ennemi ~ *agire d'intelligenza col nemico* agir d'intelligence avec l'ennemi **6** (*mar.*) pavillon *m.* de signalisation.

intellighènzia |intelli'gɛntsja| *s.f.* [*la classe degli intellettuali*] intelligentsia: *l'intellighenzia ha mantenuto un atteggiamento neutrale* l'intelligentsia a gardé une attitude neutre ◇ (*iron.*) [*gruppo con funzioni di guida teorica*] *mentre l'intellighenzia discute, noi lavoriamo!* pendant que l'intelligentsia discute, nous, nous travaillons!

intelligìbile |intelli'dʒibile| *agg.* **1** (*filos.*) intelligible: *la realtà intelligibile* la réalité intelligible ✦ (*s.m.*) *l'intelligibile* l'intelligible → **comprensibile** **2** (*corr.*) intelligible: *un discorso facilmente intelligibile* un discours facilement intelligible; *devi usare un linguaggio più intelligibile* il faut employer, s'exprimer dans un langage plus intelligible ◇ (*per est.*) [*chiaro all'udito o alla vista*] intelligible; lisible: *il sonoro del film era poco intelligibile* la bande sonore du film était peu intelligible ‖ *questa calligrafia non è intelligibile* cette écriture n'est pas lisible.

intelligibilità |intellidʒibili'ta| *s.f. inv.* intelligibilité *var.*

intelligibilménte |intellidʒibil'mente| *avv.* (*raro*) [→ INTELLIGIBILE 2] intelligiblement.

intemeràta |inteme'rata| *s.f.* (*fam.*) [*rimprovero lungo e severo*] savon (*m.*): *gli ho fatto un'intemerata di quelle solenni!* je lui ai passé un savon dont il se souviendra!

intemeràto |inteme'rato| *agg.* [*puro, immacolato*] pur; sans tache (*loc. inv.*): *fede, coscienza intemerata* foi, conscience pure ‖ *una persona, una condotta intemerata* une personne, une conduite sans tache → **retto.**

intemperànte |intempe'rante| *agg.* intempérant; cru: *essere intemperante nel mangiare, nel bere* être intempérant dans le manger et le boire → **smoderato, smodato** ‖ *hai usato un linguaggio intemperante* tu as employé un langage trop cru ✦ (*s.*) *un intemperante* un intempérant.

intemperànza |intempe'rantsa| *s.f.* **1** intempérance: *comportarsi con intemperanza* se conduire avec intempérance → **smoderatezza** **2** [*atto, gesto intemperante*] excès (*m.*): *non tollero queste intemperanze* je ne supporte pas ces excès.

intempèrie |intem'pɛrje| *s.f. pl.* **1** intempéries: *essere esposto alle intemperie* être exposé aux intempéries; *proteggere un monumento dalle intemperie* protéger un monument des intempéries **2** (*fig.*) [*difficoltà, guai*] difficultés: *le intemperie della vita* les difficultés de la vie; *son sopravvissuto in mezzo a mille intemperie* j'ai survécu au milieu de mille difficultés.

intempestivaménte |intempestiva'mente| *avv.* [→ INTEMPESTIVO] intempestivement (*raro*).

intempestività |intempestivi'ta| *s.f. inv.* intempestivité (*var.*): *l'intempestività di un intervento, di una proposta* l'intempestivité d'une intervention, d'une proposition.

intempestìvo |intempes'tivo| *agg.* intempestif*: *una mossa intempestiva* une manœuvre intempestive # *sei stato intempestivo* tu as été inconvenant.

intendènte |inten'dɛnte| *s.m.* (*bur., mil.*) intendant: *intendente di finanza* ⊠; *intendente militare* intendant militaire.

intendentìzio, i |intenden'tittsjo, i| *agg.* de l'intendant *loc. inv.*; de l'intendance (*loc. inv.*): *mansioni intendentizie* fonctions de l'intendant ‖ *organi intendentizi* organes de l'intendance.

intendènza |inten'dɛntsa| *s.f.* **1** (*bur., fin.*) *l'intendenza di finanza* ⊠ **2** (*mil.*) intendance: *intendenza militare* intendance militaire.

intèndere |in'tɛndere| (105) **A** *v.tr.* **1** [*capire, comprendere, interpretare*] comprendre (73): *intendere un'opera, il significato di un'opera* comprendre une œuvre, la signification d'une œuvre; *intendere il pensiero di un autore* comprendre, interpréter la pensée d'un auteur; *intendere la storia, l'inglese, la pittura* comprendre l'histoire, l'anglais, la peinture; *intendere la verità, (il significato di) uno sguardo* comprendre la vérité, (la signification d') un regard; *intendere q.c. bene, male*, bien, mal comprendre qqch.; *intendere q.c. a modo proprio* comprendre qqch. à sa façon ◇ (*loc. fig.*) *dare ad intendere q.c. a qc.* donner à entendre qqch. à qqn., faire croire qqch. à qqn. ~ *lasciarsi intendere* se faire comprendre ~ *lasciar intendere q.c.* laisser entendre qqch. ~ *s'intende che le spese sono a vostro carico* il est entendu que les frais seront à votre charge ~ *intendere tra le righe* [*cogliere il significato di (q.c.)*] comprendre à demi-mot ~ *chi ha orecchie per intendere, intenda* que celui qui a des oreilles pour entendre, entende ~ *intendere q.c. al volo* comprendre qqch. à demi-mot ~ *m'intendi?* [*capisci?*] comprends-tu?, tu comprends? ~ INTESI? d'accord?, c'est entendu?: *vi aspettiamo, intesi?* on vous attend, d'accord? ~ '*verrete anche voi?*' '*s'intende!*' 'vous viendrez aussi?' 'bien entendu!' ◇ (*dir.*) *capacità di intendere e di volere* capacité d'entendre et de vouloir **2** [*ascoltare, eseguire*] entendre (53): *non vuole intendere ragione* il ne veut pas entendre raison # *non vuole intendere consigli* il ne veut écouter personne ◇ (*loc.*) *farsi intendere* [*dire le proprie ragioni con fermezza*] faire valoir ses raisons ◇ (*prov.*) *non c'è peggior sordo di chi non vuol intendere* il n'est pire sourd que celui qui ne veut pas entendre ◇ [*esaudire*] entendre, exaucer (2): *intendere le suppliche, le preghiere di qc.* entendre, exaucer les prières de qqn. **3** [*udire, percepire con l'orecchio*] entendre: *ho inteso un rumore, un clacson in strada* j'ai entendu un bruit, un klaxon dans la rue; *intendere un suono* entendre un son; *in quel momento intesi il rumore dei suoi passi* à ce moment, j'entendis le bruit de ses pas; *m'intende?* m'entendez-vous?; ◇ (*per est.*) [*venire a conoscenza di, a sapere di*] entendre dire, apprendre (73): *abbiamo inteso che volete partire subito* nous avons entendu dire, nous avons appris que vous voulez partir tout de suite; *l'abbiamo inteso dai tuoi genitori* nous l'avons entendu dire par tes parents # *si sono già intese troppe chiacchiere sul tuo conto* trop de bruits ont déjà couru sur ton compte **4** [*avvertire come sensazione (spesso dolorosa o sgradevole)*] ressentir (21): *ho inteso una fitta al petto* j'ai ressenti un élancement dans la poitrine **5** (*lett.*) [*acquisire o approfondire la conoscenza di q.c., mediante le facoltà mentali o sensoriali*] appliquer (*corr.*): *intendere l'animo, la mente a q.c.* appliquer son esprit à qqch. **6** [*avere intenzione di (fare q.c.)*] penser: *cosa intendete fare per le vacanze?* que pensez-vous faire, qu'avez-vous intention de faire pour les vacances? # *intendo dire la verità, tutta la verità, nient'altro che la verità* je dirai la vérité, toute la vérité, rien que la vérité **7** [*esigere, pretendere (q.c. da qc.)*] entendre, vouloir (40): *intendo che voi mi obbediate* j'entends, je veux que vous m'obéissiez; *non intendo accettare le vostre proposte* je n'entends pas accepter vos propositions; *non intendiamo subire alcuna imposizione* nous ne voulons subir aucune contrainte **8** [*significare, voler dire*] entendre: *che cosa intendi con 'dovere'?* qu'entends-tu par 'devoir'?; *che cosa intendete con questo, con queste parole?* qu'entendez-vous par là, par ces mots? **9** [*pensare, supporre*] penser: *non intendevo che foste ancora qui* je ne pensais pas que vous étiez encore là **B** *v. intr.* (*aus.* '*avere*') **1** [*rivolgere l'attenzione*] prêter *tr.* attention à **2** (*lett.*) [*essere occupato in, dedicarsi a*] s'appliquer *pron.* (*corr.*): *intendere a un lavoro* s'appliquer à un travail **C** *v.pron.* INTENDERSI **1** *recipr.* [*accordarsi; mettersi, trovarsi d'accordo*] s'entendre, s'accorder: *dobbiamo prima intenderci, ci dobbiamo prima intendere sull'ora della partenza* il faut d'abord que nous nous entendions, nous nous accordions sur l'heure du départ; *vi siete già accordati sul prezzo?* vous êtes-vous déjà entendus, accordés sur le prix?; *vedo che cominciano ad intendersi* je vois qu'ils commencent à s'entendre ◇ *loc.* INTENDIAMOCI BENE! entendons-nous bien!: *intendiamoci bene!, io non spenderò quella cifra* entendons-nous bien!, je ne paierai pas ce chiffre; *intendiamoci bene!, non vi aspetterò per delle ore sotto il sole cocente* entendons-nous bien!, je ne vous attendrai pas des heures sous le soleil brûlant ~ TANTO PER INTENDERCI... pour mettre les choses en clair: *tanto per intenderci, io non accetterò mai* pour mettre les choses en clair, je n'accepterai jamais ~ *è meglio intenderci subito (sulle cose essenziali)* il vaut mieux s'entendre, s'accorder tout de suite (sur les choses essentielles) **2** *recipr.* [*operare di comune accordo (specie per fini poco leciti)*] s'entendre: *ci intendiamo a meraviglia!* nous nous entendons à merveille!; *si intendono anche troppo quei due!* ces deux-là s'entendent même trop bien! **3** *recipr.* [*andare d'accordo*] s'entendre: *con loro non è possibile intendersi* avec eux, il n'y a pas moyen de s'entendre; *con quel loro carattere, non potranno mai intendersi* avec le caractère qu'ils ont, ils ne pourront jamais s'entendre ◇ *loc.* INTENDERSELA CON QC. [*avere relazioni* (*spec. amorose*)] flirter avec qqn.: *se l'intende con la figlia del padrone* il flirte avec la fille du patron **4** *intr.* [*avere conoscenza, esperienza, competenza in q.c.*] s'entendre, se connaître (72): *s'intende di musica, di pittura, di motori, di elettricità, di contabilità* il s'entend, se connaît en musique, en peinture, aux moteurs, à l'électricité, à la comptabilité ♦ (*ass.*) *se ne intende molto, poco* il s'y connaît beaucoup, peu; *non se ne intende affatto* il ne s'y connaît pas du tout **5** *pass.* [*essere inteso, significare*] s'entendre: *questi prezzi s'intendono al netto* ces prix s'entendent nets; *motto che si può intendere in più modi* dicton qui peut s'entendre, qu'on peut entendre de plusieurs façons.

intendiménto |intendi'mento| *s.m.* **1** [*intenzione, proposito*] intention (*f.*): *che intendimento avete?* quelle est votre intention?; *avrei l'intendimento di iniziare subito* j'aurais l'intention de commencer tout de suite; *sarebbe nostro intendimento concludere la trattativa* notre intention serait de conclure la négociation **2** (*lett.*) [*intelligenza; buon senso*] intelligence (*f.*): *una persona di poco intendimento* une personne de peu d'intelligence **3** [*comprensione; interpretazione*] compréhension (*f.*): *un brano di facile intendimento* un passage de compréhension facile.

intenditóre, trice |intendi'tore, tritʃe| *s.* [*esperto, conoscitore*] connaisseur*: *un intenditore di antichità* un connaisseur en antiquités; *in quanto a vini, non siamo degli intenditori* en ce qui concerne les vins, nous ne sommes pas des connaisseurs; *darsi arie da intenditore* se donner des airs de connaisseur # *fai vedere a me, che sono un intenditore* montre-moi ça, je m'y connais; *è una buona intenditrice di musica* elle s'y connaît en fait de musique ◇ (*prov.*) *a buon intenditor poche parole* à bon entendeur, salut!

intenebraménto |intenebra'mento| *s.m.* (*raro*) [→ INTENEBRARE] obscurcissement.

intenebràre |intene'brare| (*lett.*) **A** *v.tr.* [*coprire di tenebre*] obscurcir (*corr.*) ◇ (*fig.*) [*offuscare, ottenebrare*] estomper (*corr.*) **B** *v.pron. intr.* INTENEBRARSI [→ *tr.*] s'obscurcir.

inteneriménto |inteneri'mento| *s.m.* (*fig.*) [→ INTENERIRE A 2; B 2] attendrissement: *questi inteneriment i sono fuori luogo* ces attendrissements sont déplacés.

intenerìre |intene'rire| (197) **A** *v.tr.* **1** [*rendere tenero; ammorbidire*] attendrir: *intenerire la carne con la frollatura* attendrir la viande en la laissant faisander **2** (*fig.*) [*commuovere, impietosire*] attendrir: *intenerire qc. con le preghiere* attendrir qqn. avec des prières; *la sua sprovvedutezza mi intenerisce* son inconséquence m'attendrit **B** *v.pron. intr.* INTENERIRSI **1** [→ *tr.* 1] devenir (27) *intr.* tendre: *cuocendo la verdura s'intenerisce* les légumes deviennent tendres à la cuisson **2** (*fig.*) [→ *tr.* 2] s'attendrir: *è riuscito a intenerirci* il est arrivé à nous attendrir.

intensaménte |intensa'mente| *avv.* [→ INTENSO] intensément: *vivere intensamente* vivre intensément # *pioveva intensamente* il pleuvait beaucoup; *lo odia intensamente* elle le déteste de tout son cœur.

intensificàre |intensifi'kare| **A** *v.tr.* [*rendere più intenso; aumentare*] intensifier: *intensificare lo studio, l'impegno* intensifier l'étude, son engagement; *abbiamo intensificato i controlli* nous avons intensifié les contrôles **B** *v. pron.* INTENSIFICARSI [*diventare* (*più*) *intenso*] s'intensifier # *gli incidenti si sono intensificati* les accidents se sont multipliés.

intensificazióne |intensifikat'tsjone| *s.f.* (*raro*) [→ INTENSIFICARE] intensification.

intensità |intensi'ta| *s.f. inv.* intensité (*var.*): *diminuire, aumentare d'intensità* diminuer, augmenter d'intensité; *continuava a fissarmi con intensità* il continuait à me fixer avec intensité # *da più ore nevica con intensità* depuis plusieurs heures il neige très fort ◇ (*fis.*) *l'intensità luminosa* l'intensité lumineuse; *misurare l'intensità della corrente elettrica* mesurer l'intensité du courant électrique ◇ (*mus.*) *diminuire l'intensità di un suono* diminuer l'intensité d'un son.

intensivaménte |intensiva'mente| *avv.* [→ INTENSIVO 1] intensivement: *sfruttare intensivamente un terreno* exploiter intensivement un terrain.

intensivo |inten'sivo| *agg.* **1** intensif*: *impiego intensivo di fertilizzanti* emploi intensif d'engrais; *fare una cura intensiva di antibiotici* faire une cure intensive d'antibiotiques; *sfruttamento intensivo di un terreno, di un'area fabbricabile* exploitation intensive d'un terrain, d'un terrain à bâtir ◇ (*agr.*) *colture intensive* cultures intensives **2** (*ling.*) intensif: *accento intensivo* accent intensif; *verbi, suffissi intensivi* verbes, suffixes intensifs.

intènso |in'tɛnso| *agg.* intense: *caldo, freddo intenso* chaleur, froid intense; *una giornata di lavoro intenso* une journée de travail intense; *una luce intensa* une lumière intense; *un dolore intenso* une douleur intense; *uno sguardo intenso* un regard intense; *colori intensi* des couleurs intenses # *profumo intenso* parfum violent → **1 forte, penetrante, carico.**

1 **intentàbile** |inten'tabile| *agg.* qu'il est impossible de tenter *loc.* # *un rischio intentabile* un risque qu'il est impossible de courir.

2 **intentàbile** |inten'tabile| *agg.* (*dir.*) qu'on peut intenter *loc.*

intentàre |inten'tare| *v.tr.* (*dir.*) [*promuovere un'azione giudiziaria*] intenter: *intentare un processo* intenter un procès; *ho rinunciato a intentargli causa* j'ai renoncé à lui intenter un procès.

intentàto |inten'tato| *agg.* non tenté # *non è rimasto niente d'intentato* on a tout essayé.

1 **intènto** |in'tɛnto| *agg.* [*occupato, preso, concentrato*] absorbé (par, dans), occupé (à): *essere intento al gioco, al lavoro, a leggere* être absorbé par, dans le jeu, le travail, la lecture; *era tutto intento a seguire la partita* il était tout occupé à suivre la partie # *tengo sempre l'orecchio intento alla camera del bambino* j'écoute toujours attentivement ce qui se passe dans la chambre du bébé → **teso**; *ha gli occhi intenti alla vetrina* il a les yeux fixés sur la vitrine → **attento, fisso.**

2 **intènto** |in'tɛnto| *s.m.* [*scopo, fine*] but: *ha raggiunto il suo intento* il a atteint son but; *ci eravamo proposti un intento diverso* nous nous étions proposés un but différent ◇ [*proposito, intenzione*] intention (*f.*): *il suo intento era di danneggiarci* son intention était de nous nuire; *i vostri intenti erano meschini* vos intentions étaient mesquines ◇ (*loc.*) *far q.c. con l'intento di...* faire qqch. dans l'intention de, en se proposant comme but de...

intenzionàle |intentsjo'nale| *agg.* **1** intentionnel*: *un'offesa intenzionale* une offense intentionnelle; *scusami, non è stato un gesto intenzionale* excuse-moi, mon geste n'a pas été intentionnel → **volontario** ◇ (*dir.*) *reato intenzionale* délit intentionnel → **premeditato** ◇ (*sport*) *fallo intenzionale* faute intentionnelle **2** (*filos.*) intentionnel.

intenzionalità |intentsjonali'ta| *s.f. inv.* **1** intentionnalité *var.* # *mi ha chiuso la porta in faccia con intenzionalità* il m'a fermé exprès la porte au nez → **volontarietà** ◇ (*dir.*) → **premeditazione** **2** (*filos.*) intentionnalité.

intenzionalménte |intentsjonal'mente| *avv.* [→ INTENZIONALE 1] intentionnellement: *offendere, colpire qc. intenzionalmente* offenser, frapper qqn. intentionnellement.

intenzionàto |intentsjo'nato| (*agg.*) *essere intenzionato a* avoir l'intention de: *sono intenzionati a cambiar alloggio* ils ont l'intention de changer de logement (de déménager); *mi sembra intenzionato a farvi causa* il m'a l'air d'avoir l'intention de vous faire un procès ◇ *loc.* BENE, MAL INTENZIONATO bien, mal intentionné: *non è ben intenzionato nei tuoi confronti* il n'est pas bien intentionné à ton égard; *non fidatevi, sono mal intenzionati* ne vous y fiez pas, ils sont mal intentionnés.

intenzióne |inten'tsjone| *s.f.* **1** intention: *non ho intenzione di restare* je n'ai pas l'intention de rester; *le sue intenzioni sono chiare* ses intentions sont claires; *non so che intenzioni tu abbia* je ne sais pas quelles sont tes intentions; *si può sapere che intenzioni hai?* peut-on savoir quelles sont tes intentions?; *hanno sempre dimostrato intenzioni serie* ils ont toujours fait preuve d'intentions sérieuses; *ho agito con le migliori intenzioni* j'ai agi avec, dans les meilleures intentions; *avere buone, oneste, cattive intenzioni* avoir de bonnes, d'honnêtes, de mauvaises intentions; *erano venuti con brutte intenzioni* ils étaient venus avec de mauvaises intentions; *questo non era certo nelle nostre intenzioni* ceci n'était certainement pas dans nos intentions; *che intenzioni ha verso di noi?* quelles intentions a-t-il à notre égard? → **disposizione, proposito** # *avevo una mezza intenzione di scriverti* j'avais presque envie de t'écrire ◇ (*loc.*) *con intenzione* [*di proposito, volutamente*] exprès ~ *senza intenzione* [*involontariamente*] sans le vouloir ~ *fare il processo alle intenzioni* faire un procès d'intentions ◇ (*prov.*) *la strada dell'inferno è lastricata di buone intenzioni* l'enfer est pavé de bonnes intentions **2** *loc.* (*med.*) *guarigione per prima, per seconda intenzione* guérison par première, par deuxième intention.

intepidire |intepi'dire| *e deriv.* → **intiepidire** *e deriv.*

inter- |'inter| *pref.* **1** (*indica 'posizione intermedia', corrisponde gener. a*) inter: *intermezzo* intermède; *interposto* interposé **2** (*indica 'collegamento, associazione', corrisponde gener. a*) inter: *internazionale* international **3** (*indica 'reciprocità', corrisponde gener. a*) inter: *interdipendenza* interdépendance; *intercambiabile* interchangeable.

interagire |intera'dʒire| (197) *v. intr.* (*aus. 'avere'*) [*esercitare un'azione reciproca*] interagir: *le due spinte interagiscono* les deux poussées interagissent.

interalleàto |interalle'ato| *agg.* interallié: *truppe interalleate* troupes interalliées.

interaménte |intera'mente| *avv.* [→ INTERO I 2] entièrement: *la casa è andata interamente distrutta* la maison a été entièrement détruite; *il debito è stato interamente saldato* la dette a été entièrement éteinte → **completamente, totalmente.**

interàrme |inte'rarme| *agg.* (*mil.*) interarmes *inv.*

interàsse |inte'rasse| *s.m.* (*mecc.*) entraxe.

interastràle |interas'trale| *agg.* interastral*: *spazio interastrale* espace interastral.

interatòmico, ci, ca, che |intera'tɔmiko, tʃi, ka, ke| *agg.* intra-atomique: *forze interatomiche* forces intra-atomiques.

interaziendàle |interaddzjen'dale| *agg.* entre, de plusieurs entreprises (*loc. inv.*) # *accordi interaziendali* accords inter-entreprises.

interazióne |interat'tsjone| *s.f.* **1** [→ INTERAGIRE] interaction: *elementi che entrano in interazione* éléments qui entrent en interaction, qui intéragissent **2** (*fis.*) interaction: *interazione forte, debole* interaction forte, faible; *interazione elettromagnetica* interaction électromagnétique.

interbancàrio, i |interban'karjo, i| *agg.* interbancaire.

interbèllico, ci, ca, che |inter'bɛlliko, tʃi, ka, ke| *agg.* d'entre-deux-guerres *loc. inv.*

interbinàrio, i |interbi'narjo, i| *s.m.* (*ferr.*) entre-voie *f.*

1 **intercalàre** |interka'lare| **I** *agg.* intercalaire: *giorno, mese intercalare* jour, mois intercalaire ◇ (*letter.*) *verso intercalare* vers intercalaire **II** *s.m.* **1** tic de langage: *il suo intercalare è 'vero?'* son tic de langage est 'n'est-ce pas?' **2** (*letter.*) refrain.

2 **intercalàre** |interka'lare| *v.tr.* [*inserire a intervalli costanti*] intercaler: *intercalare delle illustrazioni in un libro* intercaler des illustrations dans un livre # *abbiamo intercalato la villeggiatura con visite ai centri storici* nous avons prévu dans nos vacances des visites aux centres historiques ◇ [*inserire di frequente nel discorso*] *ogni tanto intercala un 'cioè'* de temps en temps il intercale un 'c'est-à-dire'.

intercalàto |interka'lato| *agg.* intercalé: *a giorni intercalati* à jours intercalés.

intercalatùra |interkala'tura| *s.f.* (*tip.*) intercalation.

intercalazióne |interkalat'tsjone| *s.f.* [→ 2 INTERCALARE] intercalation.

intercambiàbile |interkam'bjabile| *agg.* [*che può essere sostituito con un altro*] interchangeable: *pezzi intercambiabili* pièces interchangeables ◇ [*che può scambiare posizione, funzione con un altro*] *la disposizione dei due pezzi è intercambiabile* la disposition des deux pièces est interchangeable; *il personale dell'ufficio è intercambiabile* le personnel du bureau est interchangeable.

intercambiabilità |interkambjabili'ta| *s.f. inv.* [*possibilità di sostituzione reciproca*] interchangeabilité *var.* (*raro*).

intercapèdine |interka'pɛdine| *s.f.* [*spazio vuoto fra due pareti o superfici*] interstice (*m.*): *intercapedine d'isolamento* interstice d'isolation ◇ (*mar.*) cofferdam *m.*

intercategoriàle |interkatego'rjale| *agg.* interprofessionnel*.

intercèdere |inter'tʃɛdere| (125) *v.intr.* **1** (*aus. 'avere'*) [*intervenire, adoperarsi in favore di qc.*] intercéder (8): *intercedere per la scarcerazione di un detenuto* intercéder pour la mise en liberté d'un détenu; *molti hanno intercesso per la concessione della grazia* de nombreuses personnes ont intercédé pour qu'on lui accorde sa grâce, pour qu'on le (la) gracie **2** (*aus. 'essere'*) (*raro*) → **intercorrere.**

intercellulàre |intertʃellu'lare| *agg.* (*biol.*) intercellulaire.

intercessióne |intertʃes'sjone| *s.f.* [→ INTERCEDERE 1] intercession, entremise: *è stata sollecitata l'intercessione del capo dello Stato* l'intercession, l'entremise du chef de l'État a été sollicitée; *per intercessione del Santo Padre* par l'intercession du Saint-Père.

intercessóre |intertʃes'sore| *s.m.*, **interceditrice** |intertʃedi'tritʃe| *s.f.* intercesseur (*m.*): *ha trovato un intercessore altolocato* il a trouvé un intercesseur haut placé.

intercettaménto |intertʃetta'mento| *s.m.* [→ INTERCETTARE] interception *f.* ◇ (*aer. mil.*) *caccia da intercettamento* intercepteur.

intercettàre |intertʃet'tare| *v.tr.* **1** [*impedire che qc. o q.c. giunga a destinazione*] intercepter: *intercettare una lettera* intercepter une lettre; *un commando ha intercettato un convoglio di munizioni* un commando a intercepté un convoi de munitions ◇ (*sport*) *il difensore ha intercettato un tiro insidioso* le défenseur a intercepté un tir insidieux **2** [*ascoltare o registrare comunicazioni telegrafiche o telefoniche all'insaputa degli interessati*] intercepter: *intercettare un telegramma, una telefonata* intercepter un télégramme, une communication téléphonique.

intercettatóre, trice |intertʃetta'tore, tritʃe| *s.* [*chi compie intercettazioni*] intercepteur (*m.*): *una centrale di intercettatori* une centrale d'intercepteurs.

intercettazióne |intertʃettat'tsjone| *s.f.* **1** [→ INTERCETTARE] interception: *intercettazione di conversazioni telefoniche* interception, écoute de conversations téléphoniques; *reato d'intercettazione* délit d'interception, d'écoute **2** (*mil.*) interception.

intercettóre |intertʃet'tore| *s.m.* (*aer. mil.*) intercepteur, avion d'interception.

interclassismo |interklas'sizmo| *s.m.* interclassisme: *tesi fondata sull'interclassismo* thèse fondée sur l'interclassisme.

interclassista |interklas'sista| *agg. e. s.* interclassiste.

interclassìstico, ci, ca, che |interklas'sistiko, tʃi, ka, ke| *agg.* interclassiste.

intercolùnnio, i |interko'lunnjo, i| *s.m.* (*arch.*) entrecolonnement.

intercomunàle |interkomu'nale| *agg.* intercommunal*: *piano intercomunale* plan intercommunal ◇ (*tel.*) → **interurbano.**

intercomunicànte |interkomuni'kante| **I** *agg.* [*che è in comunicazione con un altro*] communicant: *locali, recipienti intercomunicanti* locaux, vases communicants **II** *s.m.* **1** (*ferr.*) intercirculation *f.* **2** (*tel.*) interphone.

interconfederàle |interkonfede'rale| *agg.* entre confédérations (*loc. inv.*): *accordo, iniziativa interconfederale* accord, initiative entre confédérations.

interconsonàntico, ci, ca, che |interkonso'nantiko, tʃi, ka, ke| *agg.* (*fon.*) interconsonantique.

intercontinentàle |interkontinen'tale| *agg.* intercontinental*: *aeroporto, linea intercontinentale* aéroport intercontinental, ligne intercontinentale ◇ (*armi*) *missile intercontinentale* missile intercontinental.

intercorrènte |interkor'rɛnte| *agg.* (*med.*) *malattia intercorrente* maladie intercurrente.

intercórrere |inter'korrere| (127) *v.intr.* (*aus. 'essere'*) **1** (*persone*) [*esserci, esistere*] y avoir (28) (*aus.* avoir) # *fra di noi intercorrono ottimi rapporti* il existe entre nous d'excellents rapports ◇ (*di parole*) [*essere scambiato*] être (43) (*aus.* avoir) échangé: *durante la lite intercorsero insulti e minacce* pendant la dispute, des insultes et des menaces furent échangées **2** (*di tempo*) [*esserci di mezzo*] s'écouler (*pron.*): *tra i due fatti intercorse meno di un anno* entre les deux faits, moins d'un an s'écoula # *fra me e lui intercorrono quasi vent'anni* entre lui et moi il y a presque vingt ans de différence **3** (*di spazio*) [*esserci di mezzo; esistere*] y avoir, séparer (*tr.*): *fra le due case intercorrono pochi metri* entre les deux maisons il y a quelques mètres, quelques mètres séparent les deux maisons; *fra le due corsie intercorre una siepe* une haie sépare les deux voies.

intercostàle |interkos'tale| *agg.* (*anat.*) intercostal*: *dolori intercostali* douleurs intercostales.

intercotidàle |interkoti'dale| *agg.* (*geogr.*) intercotidal*: *zona intercotidale* zone intercotidale.

1 **interdétto** |inter'detto| **I** *agg.* **1** interdit: *accesso, passaggio interdetto* accès, passage interdit → **vietato** **2** (*dir.*) interdit: *persona interdetta dai pubblici uffici* personne interdite des charges publiques ♦ (*s.*) *un interdetto* (*per incapacità mentale*) un interdit (pour incapacité mentale) **3** [*sconcertato, confuso*] interdit: *mi ascoltava interdetto* il m'écoutait interdit; *la notizia mi ha lasciato interdetto* la nouvelle m'a laissé interdit **II** *s.* (*spreg.*) *un interdetto* [*un incapace, uno sciocco*] un ahuri: *sei proprio un interdetto* tu es vraiment un ahuri; *guarda che faccia*

da interdetto! regarde quelle tête d'ahuri!
2 **interdétto** |inter'detto| *s.m.* **1** (*dir. eccl.*) interdit **2** (*dir. rom.*) interdit.
interdigitàle |interdidʒi'tale| *agg.* interdigital*: *membrana interdigitale* membrane interdigitale.
interdipartimentàle |interdipartimen'tale| *agg.* interdépartemental*.
interdipendènte |interdipen'dɛnte| *agg.* interdépendant.
interdipendènza |interdipen'dɛntsa| *s.f.* interdépendance: *esiste interdipendenza fra consumo e produzione* il existe une interdépendance entre consommation et production.
interdìre |inter'dire| (132) *v.tr.* **1** [*vietare, proibire*] interdire (48): *interdire il transito agli automezzi* interdire le passage aux véhicules automobiles; *l'accesso è interdetto agli estranei* l'accès est interdit aux étrangers **2** (*dir.*) [*togliere a qc. i diritti civili*] interdire: *interdire uno squilibrato mentale* interdire un déséquilibré mental; *interdire a qc. l'esercizio delle sue funzioni* interdire à qqn. l'exercice de ses fonctions **3** (*dir. eccl.*) [*infliggere la pena dell'interdetto*] interdire: *interdire a un apostata l'uso dei sacramenti* interdire les sacrements à un apostat; *interdire una diocesi, una comunità religiosa* interdire un diocèse, une communauté religieuse **4** (*elettron.*) [*bloccare il passaggio della corrente anodica*] couper.
interdisciplinàre |interdiʃʃipli'nare| *agg.* interdisciplinaire.
interdisciplinarità |interdiʃʃiplinari'ta|, **interdisciplinarietà** |interdiʃʃiplinarje'ta| *s.f. inv.* interdisciplinarité *var.* (*raro*).
interdittòrio, i |interdit'tɔrjo, i| *agg.* (*dir.*) d'interdiction *loc. inv.*
interdizióne |interdit'tsjone| *s.f.* **1** [→ INTERDIRE 1] interdiction: *interdizione dell'uso dell'ascensore* interdiction d'utiliser l'ascenseur **2** (*dir.*) interdiction: *interdizione legale, giudiziale* interdiction légale, judiciaire; *interdizione dalle cariche pubbliche* interdiction d'exercer des charges publiques **3** (*dir. eccl.*) interdiction **4** (*mil.*) interdiction: *tiro di interdizione* tir d'interdiction.
interessaménto |interessa'mento| *s.m.* **1** [*viva attenzione; interesse*] intérêt: *dimostrare poco, molto interessamento al lavoro* montrer peu, beaucoup d'intérêt pour le travail **2** [→ INTERESSARE C 2] intérêt: *ha dimostrato molto interessamento per te* il a montré beaucoup d'intérêt pour toi ◇ [*impegno a favore di qc.; appoggio*] appui: *mi ha garantito il suo interessamento* il m'a garanti son appui; *grazie per il vostro interessamento* merci pour votre appui.
interessànte |interes'sante| *agg.* **1** intéressant: *argomenti, problemi interessanti* arguments, problèmes intéressants; *devi leggerlo, è un libro interessante* tu dois le lire, c'est un livre intéressant ◇ (*persone*) *una persona molto interessante* une personne très intéressante; *è una ragazza interessante* c'est une fille intéressante **2** (*loc. fam.*) *essere in stato interessante* [*incinta*] être enceinte, être dans un état intéressant, attendre un bébé.
interessàre |interes'sare| **A** *v.tr.* **1** [*rivestire interesse, importanza per qc. o q.c.*] intéresser: *queste agevolazioni interessano alcuni settori del commercio* ces facilités intéressent certains secteurs du commerce; *l'iniziativa interessa soprattutto il centro storico* l'initiative intéresse surtout le centre historique **2** [*riguardare, concernere*] intéresser, concerner: *è una questione che interessa solo noi* c'est un problème qui n'intéresse, qui ne concerne que nous; *questi rilievi interessano solo il lato esecutivo dell'opera* ces remarques n'intéressent, ne concernent que le côté exécutif de l'œuvre ◇ (*med.*) intéresser: *una frattura che interessa la regione sacrale* une fracture qui intéresse la région sacrée ◇ (*meteor.*) intéresser, toucher: *la perturbazione interessa tutto l'arco alpino* la perturbation intéresse toute la chaîne des Alpes **3** [*suscitare interesse, attenzione*] intéresser: *lo spettacolo interessa particolarmente i giovani* le spectacle intéresse particulièrement les jeunes; *queste iniziative non interessano più nessuno* ces initiatives n'intéressent plus personne ♦ (*ass.*) *interessa più la moda che la politica* la mode intéresse plus que la politique **4** [*far prendere interesse; far diventar partecipe*] intéresser: *è sempre più difficile interessare gli alunni* il est chaque jour plus difficile d'intéresser les élèves; *occorre interessare al problema tutta la popolazione* il faut intéresser toute la population au problème **5** [*chiedere, sollecitare l'appoggio di qc.*] solliciter: *ho interessato varie persone per la tua licenza* j'ai sollicité plusieurs personnes pour ton permis # *sul problema è stato interessato direttamente il ministro* le ministre a été directement sollicité pour (sur) l'affaire **B** *v.intr.* (*aus.* '*essere*') [→ *tr.* 1] intéresser (*tr.*): *tutto ciò non mi interessa* tout ceci ne m'intéresse pas; *non vedo a chi possa interessare* je ne vois pas qui cela peut intéresser ◇ [*importare*] importer (*aus.* avoir): *cosa ti interessa se vuol partire?* que t'importe s'il veut partir?; *non mi interessa più niente di quello che pensate* plus rien de ce que vous pensez ne m'importe **C** *v.pron. intr.* INTERESSARSI **1** [*avere, mostrare interesse*] s'intéresser (à): *interessarsi di sport, di politica* s'intéresser au sport, à la politique; *non si interessano affatto di questi problemi* ils ne s'intéressent pas du tout à ces problèmes # *quanti si sono interessati della gravità della situazione?* combien ont pris à cœur la gravité de la situation? **2** [*adoperarsi, prendersi cura*] s'occuper (de): *mi sono interessato a più riprese della tua pratica* je me suis occupé à plusieurs reprises de ton dossier; *si sono interessati tutti al tuo caso* ils se sont tous occupés de ton cas ◇ [*mostrare premura; seguire con attenzione*] s'intéresser (à): *si è sempre interessato di me* il s'est toujours intéressé à moi; *s'interessa molto dei tuoi studi, della tua salute* il s'intéresse beaucoup à tes études, à ta santé ◇ [*impicciarsi*] se mêler: *interessati dei fatti tuoi!* mêle-toi de tes affaires!
interessataménte |interessata'mente| *avv.* [→ INTERESSATO 5] de manière intéressée (*loc. inv.*): *parlare, agire interessatamente* parler, agir de manière intéressée.
interessàto |interes'sato| *agg.* **1** [*che ha, mostra interesse*] intéressé: *tutti siamo interessati al miglioramento della viabilità* nous sommes tous intéressés à l'amélioration du réseau routier; *mi è sembrato interessato alla tua proposta* il m'a eu l'air intéressé par ta proposition; *chi altro è interessato a partecipare?* qui d'autre est intéressé à participer? ◇ [*che ha interessi culturali, curiosità mentale*] qui s'intéresse (*loc.*): *un ragazzo molto, poco interessato* un garçon qui s'intéresse beaucoup, peu (à) **2** [*che ha parte in q.c.*] intéressé: *siamo interessati direttamente nell'iniziativa* nous sommes directement intéressés à l'initiative; *sono interessato soltanto per l'aspetto organizzativo* je ne suis intéressé que par ce qui a trait à l'organisation **3** (*bur., corr.*) intéressé: *le persone interessate si presentino all'apposito ufficio* (que) les personnes intéressées se présentent au bureau compétent; *il provvedimento è stato trasmesso alle parti interessate* la mesure a été transmise aux parties intéressées ♦ (*s.*) *gli interessati* les intéressés: *gli interessati presentino richiesta scritta* (que) les intéressés présentent une demande écrite; *chiedere chiarimenti all'interessato* demander des éclaircissements à l'intéressé; *l'interessata era assente* l'intéressée était absente; *documento rilasciato a richiesta dell'interessato* document délivré à (sur) la demande de l'intéressé; *si ricorda a tutti gli interessati che...* on rappelle à tous les intéressés que... **4** (*persone*) [*attaccato al denaro, al guadagno*] intéressé: *una persona interessata* une personne intéressée # *è troppo interessato in tutte le cose che fa* il a trop d'intérêts dans les entreprises auxquelles il participe **5** [*fatto per tornaconto, per interesse personale*] intéressé: *un aiuto, un consiglio interessato* une aide intéressée, un conseil intéressé; *le sue premure sono interessate* ses attentions sont intéressées.
interèsse |inte'rɛsse| *s.m.* **1** (*econ., corr.*) intérêt: *interesse semplice, composto, continuo* intérêt simple, composé, continu; *interesse legale, convenzionale, usuraio* intérêt légal, conventionnel, usuraire; *interessi attivi, passivi, di mora, scaduti* intérêts actifs, passifs, moratoires, échus; *tasso, saggio d'interesse* taux d'intérêt; *calcolo, decorrenza degli interessi* calcul, jouissance des intérêts; *pagare, riscuotere gli interessi* payer, toucher les intérêts; *prestare denaro a interesse* prêter de l'argent à intérêt; *pagare l'interesse del* 10% payer un intérêt de 10% **2** (*per est.*) [*utilità economica; guadagno*] intérêt; bénéfice: *fare, curare il proprio interesse* faire son intérêt ‖ *gli interessi dell'azienda sono diminuiti* les bénéfices de l'entreprise ont diminué ◇ [*desiderio, avidità di guadagno*] intérêt: *agire, fare q.c. per interesse, senza interesse* agir, faire qqch. par intérêt, sans intérêt; *per te vale solo l'interesse* pour toi il n'y a que l'intérêt qui compte; *hanno litigato per motivi di interesse* ils se sont disputés pour des questions d'intérêt; *sposarsi per interesse* se marier par intérêt **3** [*utilità, vantaggio; convenienza*] intérêt: *parlo nel mio, nel tuo interesse* je parle dans mon, ton intérêt; *ho agito per il pubblico, il comune interesse* j'ai agi dans l'intérêt général, commun; *che interesse*

può avere a mentirci? quel intérêt peut--il avoir à nous mentir?; *è nel tuo interesse chiarire la situazione* il est dans ton intérêt d'éclaircir la situation; *gli interessi pubblici prevalgono su quelli privati* l'intérêt public (commun) l'emporte sur les intérêts privés ◇ [*esigenza*] *comunione, contrasto, conflitto di interessi* communion, conflit d'intérêts; *un interesse vitale, irrinunciabile* un intérêt vital, auquel on ne peut renoncer **4** *spec. al plur.* [*amministrazione dei beni; affari*] intérêts, affaires (*f.*): *gli interessi familiari* les intérêts de famille; *trascurare i propri interessi* négliger ses affaires, ses propres intérêts **5** [*partecipazione, attenzione; curiosità*] intérêt: *lavorare, studiare con interesse, senza interesse* travailler, étudier avec intérêt, sans intérêt; *ti ho ascoltato con grande interesse* je t'ai écouté avec grand intérêt; *hanno dimostrato molto interesse per la mostra* ils ont montré beaucoup d'intérêt pour l'exposition; *suscitare l'interesse di qc.* susciter l'intérêt de qqn. ◇ [*attrazione, desiderio*] *un tipo senza interessi* un type sans intérêts; *non provo più interesse per certe cose* je n'éprouve plus d'intérêt pour certaines choses; *la musica è il suo interesse principale* la musique est son intérêt principal # *non ho ancora capito i suoi interessi* je n'ai pas encore compris ce qui l'intéresse ◇ [*premura verso qc.*] *ha mostrato sempre interesse per te* il a toujours montré de l'intérêt pour toi; *hai poco interesse per tua madre* tu montres peu d'intérêt pour ta mère **6** [*capacità di destare attenzione, partecipazione*] intérêt: *una lettura di grande interesse* une lecture d'un grand intérêt; *un lavoro di poco, di scarso interesse* un travail de peu, de faible intérêt ◇ [*importanza, valore*] *la proposta non ha alcun interesse per me* la proposition n'offre aucun intérêt pour moi; *ha dato informazioni prive di interesse* il a donné des informations sans intérêt.

interessènza |interes'sɛntsa| *s.f.* (*econ.*) participation aux bénéfices → **cointeressenza.**

interézza |inte'rettsa| *s.f.* **1** [*totalità*] totalité **2** (*fig., lett.*) [*integrità*] integrité (*corr.*).

interfacoltà |interfakol'ta| *s.f. inv.* association *var.* des étudiants, interuniversitaire: *consiglio d'interfacoltà* conseil de l'association des étudiants, interuniversitaire ✦ (*agg. inv.*) *assemblea interfacoltà* assemblée interuniversitaire.

interferènte |interfe'rɛnte| *agg.* (*fis.*) interférent.

interferènza |interfe'rɛntsa| *s.f.* **1** (*fis.*) interférence: *fenomeno d'interferenza* phénomène d'interférence; *la trasmissione è disturbata da interferenze* l'émission est dérangée par des interférences **2** (*per est.*) interférence: *non devono esistere interferenze fra i poteri dello Stato* il ne doit pas exister d'interférences entre les pouvoirs de l'État; *nel mio lavoro non tollero interferenze* dans mon travail je ne supporte pas d'interférences → **intromissione.**

interferire |interfe'rire| (197) *v.intr.* (*aus.* '*avere*') **1** (*fis.*) [*sovrapporsi di forze, di effetti*] interférer (8): *onde elettromagnetiche che interferiscono* ondes électromagnétiques qui interfèrent **2** (*fig.*) [*sovrapporsi di attività, di interessi che si ostacolano a vicenda*] intervenir (27) (*aus.* être), interférer: *il potere politico non deve interferire in quello giudiziario* le pouvoir politique ne doit pas interférer avec le pouvoir judiciaire; *la Chiesa non può interferire nell'amministrazione pubblica* l'Église ne peut pas interférer dans le domaine de l'administration publique ◇ [*intromettersi*] intervenir: *interferire nelle decisioni di qc.* intervenir dans les décisions de qqn.

interferometrìa |interferome'tria| *s.f.* (*fis.*) interférométrie.

interferòmetro |interfe'rɔmetro| *s.m.* (*fis.*) interféromètre.

interfogliàre |interfoʎ'ʎare| *v.tr.* [*inserire fra i fogli stampati di un libro fogli bianchi per aggiunte o correzioni*] interfolier ◇ [*inserire in libri o riviste fogli bianchi a protezione di illustrazioni*] interfolier.

interfogliatùra |interfoʎʎa'tura| *s.f.* [→ INTERFOGLIARE] interfoliage *m.*

interfòglio, i |inter'fɔʎʎo, i| *s.m.* feuillet blanc.

interfòrze |inter'fɔrtse| *agg. inv.* (*detto di manovra concernente più forze armate*) interarmées.

interglaciàle |intergla'tʃale| *agg.* (*geol.*) interglaciaire.

intergovernativo |intergoverna'tivo| *agg.* intergouvernemental*.

interiettivo |interjet'tivo| *agg.* (*gram.*) interjectif*: *locuzione interiettiva* locution interjective.

interiezióne |interjet'tsjone| *s.f.* (*gram.*) interjection: *interiezioni proprie, improprie* interjections propres, impropres → **esclamazione.**

interim |'interim| *s.m. inv.* (*lat.*) (*polit.*) intérim: *tenere l'interim della Difesa* exercer l'intérim de la Défense ◇ (*loc. avv.*) *ad interim* par intérim: *assegnare un ministero ad interim* nommer un ministre par intérim.

interinàle |interi'nale| *agg.* [*temporaneo, provvisorio*] intérimaire: *incarico interinale* charge intérimaire ◇ (*mil.*) *comando interinale* commandement par intérim *loc. inv.*

interinalménte |interinal'mente| *avv.* [→ INTERINALE] par intérim *loc. inv.* → **provvisoriamente.**

interinàre |interi'nare| *v.tr.* (*raro*) → **vidimare, ratificare.**

interinàto |interi'nato| *s.m.* [*incarico ad interim*] intérim: *affidare un interinato* confier un intérim ◇ [*durata di tale incarico*] intérim.

interinazióne |interinat'tsjone| *s.f.* (*raro*) → **ratifica, vidimazione.**

interìno |inte'rino| *agg.* [*che occupa temporaneamente un ufficio pubblico*] intérimaire: *medico interino* médecin intérimaire ✦ (*s.*) *un interino* un intérimaire.

interióra |inte'rjora| *s.f. pl.* [*intestini e altri organi interni di un animale*] entrailles ◇ (*cuc.*) tripes: *cucinare interiora di agnello* faire un plat de tripes d'agneau.

interióre |inte'rjore| *agg.* **1** intérieur: *la parte interiore* la partie intérieure → **interno** ✦ (*s.m.*) *l'interiore* l'intérieur **2** (*fig.*) intérieur: *la vita, il mondo interiore* la vie intérieure, le monde intérieur **3** (*dir. eccl.*) *foro ecclesiastico interiore* for ecclésiastique intérieur.

interiorità |interjori'ta| *s.f. inv.* intériorité (*var.*): *poesia ricca d'interiorità* poésie riche d'intériorité # *turbare l'interiorità di qc.* troubler la vie intérieure de qqn.

interiorizzàre |interjorid'dzare| *v.tr.* [*rendere (più) interiore*] intérioriser.

interiorizzazióne |interjoriddzat'tsjone| *s.f.* [→ INTERIORIZZARE] intériorisation.

interiorménte |interjor'mente| *avv.* [→ INTERIORE 2] intérieurement: *soffrire interiormente* souffrir intérieurement.

interlìnea |inter'linea| *s.f.* **1** [*spazio bianco tra due linee*] interligne *m.* **2** (*tip.*) interligne.

1 **interlineàre** |interline'are| *agg.* interlinéaire: *traduzione interlineare* traduction interlinéaire.

2 **interlineàre** |interline'are| *v.tr.* (*tip.*) [*spaziare le righe mediante una interlinea*] interligner.

interlineatùra |interlinea'tura| *s.f.* (*tip.*) interlignage *m.*

interlìngua |inter'lingwa| *s.f.* (*ling.*) interlangue.

interlinguìstico, ci, ca, che |interlin'gwistiko, tʃi, ka, ke| *agg.* interlinguistique.

interlocutóre, trice |interloku'tore, tritʃe| *s.* interlocuteur*: *dibattito fra più interlocutori* débat entre plusieurs interlocuteurs; *ha messo in difficoltà il suo interlocutore* il a mis son interlocuteur dans l'embarras ◇ [*persona con cui affrontare o sviluppare un discorso*] *avrebbe molte proposte, ma non trova interlocutori validi* il aurait de nombreuses propositions à faire, mais il ne trouve pas d'interlocuteur valable.

interlocutòrio, i |interloku'tɔrjo, i| *agg.* **1** [*che lascia aperto il discorso; non definitivo*] préalable: *fase interlocutoria di una trattativa* phase préalable d'une négociation; *incontro interlocutorio* rencontre préalable **2** (*dir.*) interlocutoire: *sentenza interlocutoria* jugement interlocutoire.

interloquìre |interlo'kwire| (197) *v.intr.* (*aus.* '*avere*') [*intervenire, intromettersi in un discorso*] intervenir (27) (*aus.* être): *nessuno se l'è sentita di interloquire* personne n'a eu envie d'intervenir # *tu non devi interloquire mentre parlo* tu ne dois pas m'interrompre quand je parle.

interlùdio, i |inter'ludjo, i| *s.m.* **1** (*mus.*) interlude **2** (*fig., lett.*) → **intermezzo.**

intermediàrio, i |interme'djarjo, i| **1** *agg.* intermédiaire: *attività intermediarie* activités intermédiaires; *svolgere un ruolo intermediario* jouer un rôle intermédiaire, d'intermédiaire **2** *s.* intermédiaire: *fare da intermediario in una contesa, in una trattativa* servir d'intermédiaire dans une querelle, dans une négociation; *condurre un affare senza intermediari* mener une affaire sans intermédiaires → **mediatore.**

intermèdio, i |inter'mɛdjo, i| *agg.* [*che si trova in mezzo*] intermédiaire: *colore intermedio fra il rosa e l'arancione* couleur intermédiaire entre le rose et l'orangé; *la parte intermedia di un segmento* la partie intermédiaire d'un segment; *i gradi intermedi di una carriera* les échelons intermédiaires d'une carrière # *il periodo intermedio fra le* *due guerre* l'entre-deux-guerres ◇ (*fig.*) *cercare una soluzione intermedia* chercher une solution intermédiaire.

intermèttere |inter'mettere| (155) *v.tr.* (*lett.*) → **tralasciare, interrompere.**

intermèzzo |inter'mɛddzo| *s.m.* **1** (*teat.*) intermède: *un intermezzo comico, musicale* un intermède comique, musical **2** (*mus.*) interlude → **interludio 3** (*raro*) → **intervallo.**

interminàbile |intermi'nabile| *agg.* interminable: *una discussione interminabile* une discussion interminable; *un viaggio interminabile* un voyage interminable.

interminabilménte |interminabil'mente| *avv.* [→ INTERMINABILE] interminablement.

interminàto |intermi'nato| *agg.* (*lett.*) → **illimitato.**

interministeriàle |interministe'rjale| *agg.* interministériel*: *commissione interministeriale* comité interministériel.

intermissióne |intermis'sjone| *s.f.* (*lett.*) → **interruzione.**

intermittènte |intermit'tente| *agg.* intermittent: *luci intermittenti* lumières intermittentes ◇ (*med.*) *polso, febbre intermittente* pouls intermittent, fièvre intermittente.

intermittènza |intermit'tɛntsa| *s.f.* intermittence: *l'intermittenza di un suono* l'intermittence d'un son ◇ *loc.* A INTERMITTENZA par intermittence: *dispositivo che funziona a intermittenza* dispositif qui fonctionne par intermittence # *luci a intermittenza* lumières intermittentes.

intermolecolàre |intermoleko'lare| *agg.* (*chim., fis.*) intermoléculaire: *spazio intermolecolare* espace intermoléculaire.

internaménte |interna'mente| *avv.* [→ INTERNO I 1, 4] intérieurement.

internaménto |interna'mento| *s.m.* **1** [→ INTERNARE A 1, 2] internement: *l'internamento dei prigionieri politici, di uno squilibrato* l'internement des prisonniers politiques, d'un déséquilibré **2** [→ INTERNARE A 3; B] enfoncement.

internàre |inter'nare| **A** *v.tr.* **1** [*relegare in campi di concentramento o in sedi coatte*] interner: *i capi dell'opposizione sono stati internati* les chefs de l'opposition ont été internés; *la popolazione dei confini è stata internata* la population des frontières a été internée **2** [*rinchiudere, ricoverare in un ospedale psichiatrico*] interner: *è stato internato su disposizione del tribunale* il a été interné sur ordre du tribunal **3** [*mettere all'interno, più all'interno*] enfoncer (2): *internare un chiodo, una vite* enfoncer un clou, une vis **B** *v.pron. intr.* INTERNARSI [*spingersi all'interno; addentrarsi*] s'enfoncer: *si sono internati nel bosco, nella grotta* ils se sont enfoncés dans le bois, dans la grotte ◇ (*raro, fig.*) se plonger (3): *internarsi nello studio di una disciplina* se plonger dans l'étude d'une discipline.

1 **internàto** |inter'nato| *agg.* interné: *le popolazioni internate* les populations internées; *ha il padre internato (in manicomio)* son père est interné (à l'asile) ◆ (*s.*) *un internato* un interné.

2 **internàto** |inter'nato| *s.m.* **1** [*vita all'interno di un collegio*] internat ◇ [*collegio che ospita alunni interni*] internat **2** [*tirocinio di studio e di pratica presso un istituto universitario o un ospedale*] internat: *un anno di internato* un an d'internat ◻C **esternato.**

internazionàle |internattsjo'nale| **I** *agg.* **1** international*: *trattato, accordo, diritto internazionale* traité, accord, droit international; *linea aerea internazionale* ligne aérienne internationale; *incontro, mostra internazionale* rencontre, exposition internationale ◇ (*scherz.*) *un ladro di fama internazionale* un voleur de renommée mondiale **2** (*dir.*) international: *zone, acque internazionali* zones, eaux internationales **II** *s.f.* (*st.*) Internationale: *la prima, la terza Internazionale* la première, la troisième Internationale ◇ (*per est.*) *l'Internazionale* [*l'inno della associazione internazionale dei lavoratori*] l'Internationale.

internazionalìsmo |internattsjona'lizmo| *s.m.* (*polit.*) internationalisme: *l'internazionalismo socialista* l'internationalisme socialiste.

internazionalìsta |internattsjona'lista| **1** *agg.* internationaliste: *stato, tesi internazionalista* état, thèse internationaliste **2** *s.* [*fautore dell'internazionalismo*] internationaliste ◇ [*aderente all'Internazionale* (II)] internationaliste.

internazionalìstico, ci, ca, che |internattsjona'listiko, tʃi, ka, ke| *agg.* internationaliste.

internazionalità |internattsjonali'ta| *s.f. inv.* internationalité *var.*

internazionalizzàre |internattsjonalid'dzare| *v.tr.* [*rendere internazionale*] internationaliser: *internazionalizzare un porto, una città* internationaliser un port, une ville ◇ (*polit.*) [*sottoporre a controllo internazionale*] *internazionalizzare una zona smilitarizzata* internationaliser une zone démilitarisée.

internazionalizzazióne |internattsjonaliddzat'tsjone| *s.f.* [→ INTERNAZIONALIZZARE] internationalisation.

internìsta |inter'nista| *s.m.* **1** spécialiste *s.* de médecine interne: *farsi visitare da un internista* se faire visiter par un spécialiste de médecine interne **2** (*raro*) [*decoratore, pittore di interni*] peintre d'intérieurs.

intèrno |in'tɛrno| **I** *agg.* **1** [*che sta dentro*] intérieur, interne: *parte interna* partie intérieure; *elemento interno* élément interne; *cortile, passaggio interno* cour intérieure, passage intérieur; *scala, parete interna* escalier intérieur, paroi interne; *gli organi interni del corpo, di un motore* les organes internes du corps, d'un moteur; *la parte interna dell'orecchio* la partie interne de l'oreille ◇ (*geom.*) *angoli interni* angles internes ◇ (*med.*) *medicina interna* médecine générale; *emorragia interna* hémorragie interne; *medicine per uso interno* médicaments à usage interne ◇ (*metr.*) *rima interna* rime intérieure **2** (*per indicare una delimitazione geografica*) intérieur: *le regioni interne* [*che non hanno sbocco al mare*] régions intérieures; *acque interne* eaux intérieures; *mare interno* mer intérieure; *navigazione interna* navigation intérieure **3** [*che è in un determinato ambito politico, sociale o comunitario*] intérieur: *politica interna* politique intérieure; *commercio interno* commerce intérieur; *problemi interni, questioni interne* problèmes intérieurs, questions intérieures; *regolamenti, orari interni* règlements, horaires intérieurs # *lotte, rivalità interne* luttes, rivalités intestines; *commissione interna* comité d'entreprise; *alunno, candidato interno* élève, candidat interne **4** (*fig.*) [*che appartiene al mondo interiore, alla coscienza*] intérieur: *gioia, sofferenza interna* joie, souffrance intérieure; *ascoltare la voce interna della coscienza* écouter la voix (intérieure) de la conscience **II** *s.m.* **1** [*la parte interna*] intérieur: *l'interno di una casa, di un armadio* l'intérieur d'une maison, d'une armoire; *risistemare gli interni di una villa* arranger l'intérieur d'une villa # *inoltrarsi nell'interno di una foresta* s'enfoncer au cœur d'une forêt ◇ *al plur.* (*cine., pitt.*) intérieurs: *una ripresa di interni* une prise de vue d'intérieurs; *pittore di interni* peintre d'intérieurs ◇ [*numero interno*] porte (*f.*): *abita all'interno 7* il habite (à la) porte 7 **2** (*fig.*) [*mondo interiore; coscienza*] intérieur: *scrutare, leggere nell'interno di qc.* scruter, lire dans le for intérieur de qqn. → **intimo 3** *spec. al plur.* [*affari interni di uno Stato*] intérieur (*sing.*): *ministero degli Interni* ministère de l'Intérieur; *ministro dell'Interno* ministre de l'Intérieur ◇ [*ambito interno di un paese*] *notizie dall'interno* nouvelles de l'intérieur **4** (*persone*) *gli interni, le interne* [*studenti interni di un convitto; laureati in medicina che frequentano un istituto di specializzazione*] les internes ◇ (*calcio*) *interno destro, sinistro* intérieur, inter droit, gauche → **mezzala.**

internòdio, i |inter'nɔdjo, i| *s.m.* (*bot.*) entre-nœud: *degli internodi* des entre-nœuds.

inter nos |'internɔs| *loc. avv.* (*lat.*) entre nous: *detto inter nos, questa è una truffa* soit dit entre nous, c'est une escroquerie; *è una questione da risolvere inter nos* c'est une question à résoudre entre nous.

internucleàre |internukle'are| *agg.* (*fis.*) internucléaire.

internùnzio, i |inter'nuntsjo, i| *s.m.* (*eccl.*) internonce.

intéro |in'tero|, **intièro** |in'tjɛro| **I** *agg.* **1** [*che ha tutte le sue parti; integro*] entier*: *un prosciutto intero* un jambon entier; *latte intero* lait entier; *una confezione intera è troppa per me* une boîte entière serait trop pour moi **2** [*tutto quanto; completo*]: (*tempo*) entier: *ti ho aspettato un'ora intera* je t'ai attendu une heure entière; *star fuori casa una giornata intera* rester dehors une journée entière ◇ (*spazio*) (tout) entier: *l'intero quartiere sarà demolito* le quartier tout entier sera démoli; *ha coperto l'intero percorso in tre ore* il a parcouru toute la distance, la distance entière en trois heures ◇ (*quantità*) tout, entier: *si è giocato l'intero patrimonio* il a joué toute sa fortune; *si è assunta l'intera responsabilità dell'incidente* elle a pris sur elle l'entière, toute la responsabilité de l'accident; *abbiamo pagato il biglietto intero* nous avons payé (le billet) place entière; *si è mangiato un pollo intero* il a mangé un poulet entier **3** [*intatto, illeso*] entier # *è una casa vecchia ma ancora intera* c'est une vieille maison mais elle tient encore debout; *mi è caduto il bicchiere, ma è rimasto* *intero* mon verre est tombé, mais il ne s'est pas cassé ◇ (*fig.*) [*pieno, saldo*] *abbiamo intera fiducia in te* nous avons pleine, entière confiance en toi **4** (*per est., mat.*) *numeri interi* nombres entiers ◇ (*di banconote*) *non ho spiccioli, ho solo mille lire intere* je n'ai pas de monnaie, je n'ai qu'un billet de mille lires **II** *s.m.* **1** [*il tutto*] tout: *le varie parti che formano l'intero* les différentes parties qui forment le tout ◇ *loc. avv.* PER INTERO [*in modo completo; interamente*] en entier: *ripetere una frase per intero* répéter une phrase en entier; *ho rifatto il lavoro per intero* j'ai refait le travail en entier, complètement ~ NEL (SUO) INTERO en (son) entier: *riesaminare un problema nel suo intero* réexaminer un problème en son entier **2** (*mat.*) entier: *separare gli interi dai decimali* séparer les entiers des décimales.

interoceànico, ci, ca, che |interotʃe'aniko, tʃi, ka, ke| *agg.* interocéanique.

interoculàre |interoku'lare| *agg.* (*anat.*) interoculaire.

interòsseo |inte'rɔsseo| *agg.* (*anat.*) interosseux*.

interparlamentàre |interparlamen'tare| *agg.* interparlementaire: *una riunione interparlamentare* une réunion interparlementaire.

interpartitico, ci, ca, che |interpar'titiko, tʃi, ka, ke| *agg.* entre partis (*loc. inv.*): *accordo interpartitico* accord entre partis.

interpellànte |interpel'lante| *agg.* interpellant # *la parte interpellante si è dichiarata insoddisfatta* l'interpellateur s'est déclaré insatisfait ✦ (*s.*) *gli interpellanti* les interpellateurs.

interpellànza |interpel'lantsa| *s.f.* [*richiesta scritta di spiegazioni rivolta al governo o a una giunta amministrativa*] interpellation: *presentare una interpellanza* présenter une interpellation.

interpellàre |interpel'lare| *v.tr.* **1** [*chiedere il parere di qc.; consultare*] consulter: *hanno agito senza interpellare nessuno* ils ont agi sans consulter personne; *non prendere medicine senza aver interpellato il medico* ne prends pas de médicaments sans consulter le médecin **2** (*polit.*) [*rivolgere una interpellanza*] interpeller: *l'opposizione ha interpellato il governo sui recenti incidenti di Roma* l'opposition a interpellé le gouvernement sur les récents incidents de Rome.

interpellaziòne |interpellat'tsjone| *s.f.* (*raro, dir.*) interpellation (*corr.*).

interplanetàrio, i |interplane'tarjo, i| *agg.* interplanétaire: *spazio interplanetario* espace interplanétaire ◇ (*astronautica*) *stazione interplanetaria* station interplanétaire, spatiale.

interpolàre |interpo'lare| *v.tr.* **1** (*filol.*) [*inserire aggiunte in un testo letterario*] interpoler: *il testo è stato interpolato in modo grossolano* le texte a été grossièrement interpolé **2** (*dir.*) [*modificare l'originaria stesura di un testo di legge*] interpoler: *il primo articolo è stato interpolato con l'aggiunta di un comma* on a interpolé un alinéa dans le premier article **3** (*mat.*) [*inserire in una serie di dati altri dati; sostituire una espressione analitica con una più semplice*] interpoler.

interpolatóre, trice |interpola'tore, tritʃe| *s.* interpolateur*.

interpolazióne |interpolat'tsjone| *s.f.* [→ INTERPOLARE 1] interpolation: *emendare un testo dalle interpolazioni* supprimer les interpolations d'un texte.

interponiménto |interponi'mento| *s.m.* (*raro*) → **interposizione**.

interpónte |inter'ponte| *s.m.* (*mar.*) entrepont.

interpórre |inter'porre| (168) **A** *v.tr.* **1** [*mettere in mezzo; frapporre*] interposer # *continuano a interporci ostacoli* ils continuent à nous opposer des obstacles; *avete già interposto troppi indugi* vous avez déjà trop hésité ◇ (*fig.*) [*impegnare, adoperare*] *interporre la propria influenza, la propria autorità* interposer son influence, son autorité; *abbiamo interposto i nostri buoni uffici per farti riassumere* nous sommes entremis pour te faire rengager **2** (*dir.*) *interporre appello, ricorso* [*ricorrere in appello; presentare ricorso*] interjeter (5) appel, recours **B** *v.pron.* INTERPORSI **1** *intr.* [→ *tr.* 1] s'interposer: *quando la luna si interpone fra la terra e il sole provoca un'eclissi* quand la lune s'interpose entre la terre et le soleil, cela provoque une eclipse # *molte difficoltà si sono interposte alla realizzazione del programma* bien des difficultés se sont opposées à la réalisation du programme **2** *rifl.* (*fig.*) [*porsi in mezzo; intervenire*] s'interposer: *molte persone si sono interposte per la soluzione della controversia* beaucoup de personnes se sont interposées pour régler la controverse; *ho tentato inutilmente di interpormi fra i due litiganti* j'ai essayé en vain de m'interposer entre les deux adversaires.

interposizióne |interposit'tsjone| *s.f.* **1** [→ INTERPORRE A 1] interposition **2** (*dir.*) interposition → **sostituzione** **3** (*ling.*) interposition → **parentesi**.

interpósto |inter'posto| *agg.* [*messo in mezzo; frapposto*] interposé *p.p.* # *le incertezze interposte hanno pregiudicato il successo dell'iniziativa* les hésitations qui étaient intervenues ont compromis le succès de l'initiative ◇ (*loc.*) *per interposta persona* par personne interposée: *condurre una trattativa per interposta persona* engager des négociations par personne interposée.

interpretàbile |interpre'tabile| *agg.* [→ INTERPRETARE 1] interprétable: *una proposta variamente interpretabile* une proposition diversement interprétable.

interpretàre |interpre'tare| *v.tr.* **1** [*capire, cogliere il significato di q.c.; comprendere*] interpréter (8), comprendre (73): *è un'opera difficile da interpretare* c'est une œuvre difficile à interpréter, à comprendre; *non son riuscito ad interpretare il suo ragionamento* je n'ai pas réussi à comprendre son raisonnement; *interpretare un brano, una iscrizione* interpréter un passage, une inscription ◇ [*spiegare, chiarire*] *ora, cerca di interpretare ciò che hai letto* maintenant, essaie d'interpréter ce que tu as lu; *interpretare un sogno* interpréter un songe ◇ [*intendere* (*correttamente*)] *il giudice ha interpretato estensivamente la legge* le juge a interprété la loi d'une manière extensive **2** [*attribuire un particolare significato; considerare*] interpréter: *hai interpretato male la mia proposta* tu as mal interprété ma proposition; *hanno interpretato la nostra tolleranza come debolezza* ils ont interprété notre tolérance comme de la faiblesse; *come interpreti questo loro silenzio?* comment interprètes-tu leur silence? ◇ [*intuire, cogliere*] *se ho ben interpretato il vostro pensiero...* si j'ai bien interprété, compris votre pensée...; *non è facile interpretare le sue intenzioni* il n'est pas facile d'interpréter ses intentions ◇ [*realizzare, soddisfare*] *credo di aver interpretato il desiderio di tutti* je crois avoir interprété le désir de tout le monde **3** (*cine., teat.*) [*sostenere una parte in un film, in una rappresentazione*] interpréter: *interpretare il personaggio di re Lear* interpréter le rôle du roi Lear, tenir le rôle du roi Lear; *non era l'attore adatto per interpretare quel ruolo* ce n'était pas l'acteur rêvé pour interpréter ce rôle ◇ [*rappresentare*] *la tragedia è stata bene, mal interpretata* la tragédie a été bien, mal interprétée ◇ (*mus.*) [*eseguire*] *la sinfonia è stata interpretata in modo originale* la symphonie a été interprétée d'une façon originale.

interpretariàto |interpreta'rjato| *s.m.* interprétariat.

interpretativo |interpreta'tivo| *agg.* interprétatif*: *metodo interpretativo* méthode interprétative: *avere grandi capacità interpretative* avoir de grandes capacités interprétatives.

interpretazióne |interpretat'tsjone| *s.f.* **1** [→ INTERPRETARE] interprétation: *l'interpretazione di un brano, di un discorso, di un sogno* l'interprétation d'un passage, d'un discours, d'un songe; *dare una interpretazione errata, forzata, personale* donner une interprétation fausse, forcée, personnelle; *questa è un'interpretazione molto discutibile* c'est une interprétation très discutable ◇ (*cine., mus., teatr.*) *una interpretazione ottima, scialba* une interprétation excellente, pâle **2** (*dir.*) interprétation: *interpretazione dottrinale* interprétation doctrinale; *delitto di falsa interpretazione* crime de fausse interprétation.

intèrprete |in'tɛrprete| *s.* **1** interprète: *un interprete di iscrizioni latine* un interprète d'inscriptions latines; *alcuni interpreti spiegano diversamente il brano* quelques interprètes expliquent différemment le passage; *il giudice è interprete della legge* le juge est l'interprète de la loi; (*iron.*) *per capirlo ci vuole l'interprete* pour le comprendre, il faut un interprète **2** (*per est.*) [*chi traduce oralmente da un'altra lingua*] interprète: *un interprete di tedesco* un interprète d'allemand; *interprete giurato* interprète assermenté; *fare da interprete a qc.* servir d'interprète à qqn.; *l'incontro è avvenuto con la sola presenza dell'interprete* la rencontre a eu lieu en présence seulement d'un interprète, avec seulement, en tiers, l'interprète **3** (*fig.*) interprète: *farsi interprete dei sentimenti, delle aspettative comuni* se faire l'interprète des sentiments, des désirs de tous; *si è fatto interprete dei nostri disagi presso le autorità* il s'est fait l'interprète de nos ennuis auprès des autorités → **portavoce** **4** (*cine., mus., teat.*) interprète: *gli interpreti di un film, di una commedia* les interprètes d'un film, d'une comédie; *è un raffinato interprete di Bach* c'est un interprète raffiné de Bach.

interprofessionàle |interprofessjo'nale| *agg.* interprofessionnel*.
interpsicologìa, gìe |interpsikolo'dʒia, dʒie| *s.f.* interpsychologie.
interpùngere |inter'pundʒere| (150) *v.tr.* (*ling.*) [*mettere i segni di interpunzione*] ponctuer.
interpunzióne |interpun'tsjone| *s.f.* (*ling.*) ponctuation: *segni d'interpunzione* signes de ponctuation.
interraménto |interra'mento| *s.m.* **1** [→ INTERRARE A 1; B 1] enfouissement **2** [→ INTERRARE A 2; B 2] comblement # *l'interramento di un canale* l'envasement d'un canal **3** (*agr.*) couchage.
interràre |inter'rare| **A** *v.tr.* **1** [*mettere dentro terra*] enterrer, enfouir: *interrare la semente* enterrer, enfouir la semence; *questi germogli non devono essere molto interrati* ces pousses ne doivent pas être enterrées trop profondément ◇ (*mil.*) [*sistemare in cavità del terreno*] ensevelir: *interrare una batteria antiaerea* ensevelir une batterie antiaérienne **2** [*colmare, riempire di terra, pietre e sim.*] combler: *interrare un fiume, un canale, un porto* combler un fleuve, un canal, un port **B** *v.pron. intr.* INTERRARSI **1** [*penetrare dentro terra*] s'enfouir (dans la terre): *le radici di alcuni alberi si interrano profondamente* les racines de certains arbres s'enfouissent profondément dans la terre **2** [→ *tr.* 2] s'ensabler: *il porto si va lentamente interrando* le port s'ensable lentement.
interràto |inter'rato| *agg.* **1** [*messo dentro terra*] enfoui (dans la terre): *i semi interrati cominciano a germogliare* les semences enfouies (dans la terre) commencent à germer **2** [*colmato di terra*] ensablé (*p.p.*): *il fiume in molti tratti è interrato* le fleuve en beaucoup d'endroits est ensablé **3** (*di locali*) [*posto sotto il livello stradale*] au (dans le) sous-sol (*loc.*) # *un magazzino, un 'garage' interrato* un magasin, un garage en sous-sol ✦ (*s.m.*) *un interrato* un sou-sol: *alloggiare in un interrato* loger dans un sous-sol.
interrégno |inter'reɲɲo| *s.m.* interrègne.
interrelazióne |interrelat'tsjone| *s.f.* → **relazione.**
interrogànte |interro'gante| *s.* **1** interrogateur*: *rispondere all'interrogante* répondre à l'interrogateur **2** [*chi presenta un'interrogazione parlamentare*] interpellateur*: *l'interrogante si è dichiarato insoddisfatto* l'interpellateur s'est déclaré insatisfait ✦ (*agg.*) *il deputato interrogante* l'interpellateur *s.*
interrogàre |interro'gare| **A** *v.tr.* **1** [*rivolgere una o più domande per avere informazioni, spiegazioni*] interroger (3): *interrogare qc. su q.c., in merito a q.c.* interroger qqn. sur qqch., au sujet de qqch.; *non parlare se non sei interrogato* ne parle pas si tu n'es pas interrogé; *il giudice ha interrogato i testimoni, l'imputato* le juge a interrogé les témoins, l'accusé ◇ [*esaminare, mediante domande, la preparazione di un alunno*] *interrogare un alunno in latino, in matematica* interroger un élève en latin, en mathématiques? *su che cosa siete stati interrogati?* sur quoi avez-vous été interrogés? **2** (*fig.*) [*consultare, indagare*] interroger: *interrogare la storia, i libri* interroger l'histoire, les livres ◇ [*esaminare*] *interrogare la propria coscienza* interroger sa conscience **B** *v. pron. rifl.* INTERROGARSI [*indagare dentro di sé*] s'interroger: *mi sono interrogato a lungo su questo problema* je me suis interrogé longuement sur ce problème.
interrogativa |interroga'tiva| *s.f.* (*raro*) → **interrogazione.**
interrogativaménte |interrogativa'mente| *avv.* [→ INTERROGATIVO I 1] interrogativement.
interrogativo |interroga'tivo| **I** *agg.* **1** [*che esprime un'interrogazione*] interrogatif*, interrogateur*: *una frase interrogativa* une phrase interrogative; *un gesto interrogativo* un geste interrogatif, interrogateur; *mi ha rivolto un'occhiata interrogativa* il m'a lancé un coup d'œil interrogatif, interrogateur **2** (*gram.*) interrogatif: *pronome, avverbio, aggettivo interrogativo* pronom, adverbe, adjectif interrogatif; *una proposizione interrogativa* une proposition interrogative # *punto interrogativo* point d'interrogation ✦ (*s.f.*) *una interrogativa* une interrogative **II** *s.m.* **1** [*interrogazione, domanda*] question: *non devi porti questi interrogativi* tu ne dois pas te poser ces questions; *è difficile rispondere a certi interrogativi* il est difficile de répondre à certaines questions **2** (*fig.*) [*problema, dubbio*] problème: *questa faccenda mi suscita molti interrogativi* cette affaire me pose de nombreux problèmes; *abbiamo di fronte gravi interrogativi* nous sommes devant de graves problèmes ◇ [*cosa imprevedibile, incomprensibile; mistero*] mystère, point d'interrogation: *il futuro rimane un grosso interrogativo* le futur reste un grand mystère, un point d'interrogation; *il suo atteggiamento è un interrogativo per tutti* son attitude est un mystère pour tous.
interrogatóre, trice |interroga'tore, tritʃe| *s. e agg.* (*raro*) interrogateur*.
interrogatòrio, i |interroga'tɔrjo, i| **1** *agg.* [*proprio di chi fa domande con insistenza*] interrogateur*, interrogatif*: *non mi piace questo tuo tono interrogatorio* je n'aime pas ce ton interrogateur, interrogatif **2** *s.m.* (*dir.*) interrogatoire: *interrogatorio sommario* interrogatoire sommaire; *fare, subire un interrogatorio* faire, subir un interrogatoire; *l'interrogatorio è durato tre ore* l'interrogatoire a duré trois heures ◇ (*per anal.*) *interrogatorio di terzo grado* passage à tabac (*fam.*) ◇ (*fig.*) [*serie di domande minuziose o indiscrete*] *tutte le volte che l'incontro mi fa un interrogatorio* toutes les fois que je le rencontre il me soumet à un interrogatoire; *ma questo è un vero interrogatorio!* mais c'est un véritable interrogatoire!, un passage à tabac (*fam.*).
interrogazióne |interrogat'tsjone| *s.f.* **1** [→ INTERROGARE A 1] interrogation: *una interrogazione di matematica, di filosofia* une interrogation de mathématiques, de philosophie; *come è andata l'interrogazione?* comment a marché l'interrogation? # *mi hai scocciato con le tue continue interrogazioni!* tu m'as fatigué avec tes questions continuelles! ◇ (*gram.*) *interrogazione retorica* interrogation rhétorique **2** [*richiesta di chiarimenti rivolta al governo o a una giunta amministrativa*] interpellation: *un'interrogazione parlamentare* une interpellation parlementaire; *il governo risponderà giovedì alle interrogazioni* le gouvernement répondra jeudi aux interpellations.
interrómpere |inter'rompere| (176) **A** *v.tr.* **1** [*sospendere prima del compimento; troncare*] interrompre (44): *interrompere gli studi, un lavoro* interrompre ses études, un travail; *ha interrotto il discorso a metà* il a interrompu son discours à mi-cours; *l'opera è stata interrotta al terzo capitolo* l'ouvrage a été interrompu au troisième chapitre ◇ (*dir.*) suspendre (53): *interrompere la procedura di fallimento* suspendre la procédure de faillite **2** [*sospendere temporaneamente*] suspendre: *interrompere una riunione, una festa* suspendre une réunion, une fête; *ogni tanto devi interrompere la cura* de temps en temps il faut suspendre le (ton) traitement; *interrompiamo questo discorso per ora* suspendons ce discours pour l'instant; *è stato costretto a interrompere le ferie* il a été obligé de suspendre ses vacances ◇ [*spezzare la continuità di q.c.*] rompre (44): *interrompere la monotonia della giornata con qualche svago* rompre la monotonie de la journée par quelques distractions; *solo qualche collina interrompe l'uniformità del paesaggio* seules quelques collines rompent l'uniformité du paysage **3** [*provocare una interruzione; disturbare*] interrompre: *non interrompermi continuamente!* ne m'interromps pas continuellement!; *scusa se ti interrompo, ma...* excuse-moi si je t'interromps, mais...; *è maleducazione interrompere chi sta parlando* c'est mal élevé d'interrompre quiconque est en train de parler; *è stato interrotto ripetutamente da grida di protesta* il a été interrompu maintes fois par des tollés ◇ [*interloquire*] *'ora basta!', interruppe suo zio* 'maintenant ça suffit!', interrompit son oncle **4** [*provocare l'arresto di q.c.; impedire il funzionamento di q.c.*] couper: *interrompere i finanziamenti, i rifornimenti* couper les crédits, les ravitaillements; *la linea telefonica è stata interrotta* la ligne téléphonique a été coupée; *una frana ha interrotto l'autostrada* un éboulement a barré l'autoroute **B** *v.pron. intr.* INTERROMPERSI [*arrestarsi, fermarsi*] s'interrompre: *si è interrotto proprio sul più bello* il s'est interrompu juste au plus beau moment; *la trasmissione si è interrotta all'improvviso* la transmission s'est interrompue tout à coup ◇ [*cessare, terminare*] s'arrêter: *la strada si interrompe a metà collina* la route s'arrête à mi-colline; *la cronaca si interrompe agli inizi del secolo* la chronique s'arrête au début du siècle.
interrompiménto |interrompi'mento| *s.m.* (*raro*) → **interruzione.**
interrottaménte |interrotta'mente| *avv.* avec des interruptions *loc. inv.*, à bâtons rompus *loc. inv.*
interrótto |inter'rotto| *agg.* **1** [*non portato a termine; troncato*] interrompu: *un lavoro interrotto (a metà)* un travail interrompu (à la moitié) # *non lasciare il discorso interrotto!* termine, achève ton discours! **2** (*di strade o comunicazioni*) barré, coupé: *strada interrotta al Km 7* route barrée, coupée au km 7; *tutte le comunicazioni sono interrotte* toutes les communications sont coupées.

interruttóre, trice |interrut'to-re, tritʃe| *s.* **1** *s.m.* (*elettr.*, *corr.*) interrupteur: *interruttore di massima, di minima* interrupteur à maximum, à minimum; *interruttore di accensione, di avviamento* interrupteur d'allumage, de démarrage; *interruttore di blocco, di sovraccarico* interrupteur de blocage, de surcharge; *interruttore a pulsante, a relais, a olio, a galleggiante* interrupteur à bouton-poussoir, à relais, à huile, à flotteur; *interruttore oscillante* interrupteur à bascule; *girare, azionare l'interruttore* tourner, actionner l'interrupteur # *interruttore automatico* conjoncteur--disjoncteur **2** *s.* (*raro*) (*persone*) [*chi provoca un'interruzione*] interrupteur*.

interruzióne |interrut'tsjone| *s.f.* [→ INTERROMPERE] interruption: *interruzione di un lavoro, di una partita* interruption d'un travail, d'un match; *salvo alcune interruzioni, il viaggio è durato un mese* sans compter quelques interruptions, le voyage a duré un mois; *c'è una interruzione al terzo chilometro* il y a une interruption au kilomètre 3 (trois); *ordinare l'interruzione dei lavori* ordonner l'interruption des travaux; *ha parlato fra continue interruzioni* il a parlé au milieu de continuelles interruptions ◇ *loc. avv.* SENZA INTERRUZIONE sans interruption: *piove da tre giorni senza interruzione* il pleut sans interruption depuis trois jours → **continuamente.**

interscàmbio, i |inter'skambjo, i| *s.m.* **1** (*comm.*) échange: *interscambio provinciale, con l'estero* échange entre provinces, avec l'étranger ◇ (*per est.*) *intensificare gli interscambi culturali* intensifier les échanges culturels **2** (*di viabilità*) [*incrocio di strade risolto con cavalcavia e sottopassaggi*] échangeur: *interscambio autostradale* échangeur autoroutier.

intersecàre |interse'kare| **A** *v.tr.* [*attraversare, incrociare*] couper; entrecouper; croiser: *una linea che interseca un piano* une ligne qui coupe un plan ‖ *la pianura è intersecata dai canali d'irrigazione* la plaine est entrecoupée de canaux d'irrigation ‖ *il punto dove la strada interseca la ferrovia* l'endroit où la route croise la voie ferrée **B** *v.pron. recipr.* INTERSECARSI [→ *tr.*] se couper: *due piani che si intersecano* deux plans qui se coupent; *le due vie si intersecano ad angolo retto* les deux routes se coupent à angle droit.

intersecàto |interse'kato| *agg.* (*geom.*) intersecté.

intersecazióne |intersekat'tsjone| *s.f.*, **intersecaménto** |interseka'mento| *s.m.* → **intersezione.**

intersettoriàle |intersetto'rjale| *agg.* intersectoriel*.

intersezióne |interset'tsjone| *s.f.* **1** intersection → **incrocio 2** (*geom.*) intersection: *punto d'intersezione* point d'intersection.

intersideràle |interside'rale| *agg.* (*astron.*) intersidéral*.

intersindacàle |intersinda'kale| *agg.* intersyndical*: *accordo intersindacale* accord intersyndical.

interstellàre |interstel'lare| *agg.* (*astron.*) interstellaire.

interstiziàle |interstit'tsjale| *agg.* (*anat.*, *chim.*) interstitiel*: *spazi interstiziali* espaces interstitiels; *ghiandola interstiziale* glande interstitielle.

interstìzio, i |inter'stittsjo, i| *s.m.* **1** interstice: *la polvere si è accumulata negli interstizi* la poussière s'est accumulée dans les interstices; *riempire di cemento gli interstizi del pavimento* remplir de ciment les interstices du pavage → **fessura 2** (*biol.*, *chim.*) interstice.

intertrìgine |inter'tridʒine| *s.f.* (*med.*) intertrigo *m.*

intertropicàle |intertropi'kale| *agg.* intertropical*: *regione, flora intertropicale* region, flore intertropicale.

interurbàno |interur'bano| **1** *agg.* interurbain: *trasporti, collegamenti interurbani* transports interurbains, communications interurbaines ◇ (*tel.*) *linea, comunicazione interurbana* ligne, communication interurbaine **2** *s.f.* (*tel.*) *un'interurbana* une communication, une conversation interurbaine *agg.* ✦ (*s.m.*) *l'interurbano* l'interurbain, l'inter (*fam.*).

intervallàre |interval'lare| *v.tr.* [*distanziare a intervalli di spazio o di tempo*] espacer (2): *intervallare le costruzioni* espacer les constructions # *le partenze sono intervallate ogni quarto d'ora* les départs ont lieu tous les quarts d'heure.

intervàllo |inter'vallo| *s.m.* **1** (*spazio*) intervalle, espace: *l'intervallo fra due muri, due piante* l'intervalle, l'écart entre deux murs, deux plantes; *c'è poco intervallo fra una poltrono e l'altra* il y a peu d'intervalle, d'espace entre un fauteuil et l'autre **2** (*tempo*) intervalle: *un intervallo di tre giorni* un intervalle de trois jours; *gli interventi si succedono senza intervallo* les interventions se succèdent sans intervalle # *facciamo un breve intervallo* faisons une brève pause → **pausa, sosta** ◇ (*scuola*) récréation (*f.*): *l'intervallo fra la terza e la quarta ora* la récréation entre la troisième et la quatrième heure; *nell'intervallo i ragazzi scendono in cortile* pendant la récréation les enfants descendent dans la cour # *intervallo in classe* interclasse ◇ (*sport*) pause *f.*, mi-temps (*f.*): *il giocatore si è ripreso durante l'intervallo* le joueur s'est repris pendant la mi--temps ◇ (*teat.*) entracte ◇ *loc.* A INTERVALLI à intervalles; par intervalles: *le partenze sono a intervalli regolari* les départs s'échelonnent à intervalles réguliers ‖ *il riscaldamento funziona a intervalli* le chauffage fonctionne par intervalles **3** (*mat.*) intervalle: *intervallo aperto, chiuso* intervalle ouvert, fermé **4** (*mus.*) intervalle: *intervallo di un tono* intervalle d'un ton; *intervallo di ottava* intervalle d'octave.

intervenire |interve'nire| (202) *v. intr.* (*aus.* '*essere*') **1** [*entrare in una azione*; *intromettersi*] intervenir (27): *intervenire in una discussione, un dibattito, un conflitto* intervenir dans une discussion, un débat, un conflit; *sono intervenuto per calmarli* je suis intervenu pour les calmer; *la polizia non doveva intervenire* la police n'aurait pas dû intervenir ◇ (*calcio*) *intervenire sulla palla, su un avversario* intervenir sur un ballon, sur un adversaire **2** [*esser presente*; *partecipare*] assister (*aus.* avoir), prendre (73) *tr.* part: *intervenire a una cerimonia, a una festa* assister, prendre part à une cérémonie, à une fête; *pochi sono intervenuti alla riunione* peu de personnes ont assisté à la réunion **3** (*chir.*) [*effettuare un intervento chirurgico*] intervenir: *bisogna intervenire con urgenza* il faut intervenir d'urgence; *in certi casi è meglio non intervenire* dans certains cas il vaut mieux ne pas intervenir **4** (*lett.*) → **accadere, capitare.**

interventismo |interven'tizmo| *s.m.* (*polit.*) interventionnisme.

interventista |interven'tista| *s.* interventionniste: *gli interventisti della prima guerra mondiale* les interventionnistes de la première guerre mondiale ✦ (*agg.*) *politica interventista* politique interventionniste → **interventistico.**

interventìstico, ci, ca, che |interven'tistiko, tʃi, ka, ke| *agg.* (*polit.*) interventionniste: *gruppi interventistici* groupes interventionnistes.

intervènto |inter'vɛnto| *s.m.* **1** [→ INTERVENIRE 1] intervention (*f.*): *l'intervento della polizia, dell'arbitro* l'intervention de la police, de l'arbitre; *chiedere l'intervento del governo* demander l'intervention du gouvernement ◇ [*provvedimento*; *aiuto*] mesure (*f.*): *per risanare l'azienda occorrono interventi drastici* pour assainir l'entreprise il faut des mesures draconiennes; *deliberare i primi interventi per i terremotati* décider les premières mesures en faveur des sinistrés du séisme ◇ (*calcio*) *un intervento regolare, irregolare* une intervention régulière, irrégulière **2** [*presenza, partecipazione*] présence *f.*, participation (*f.*): *sarà gradito il vostro intervento* votre présence, participation est vivement souhaitée # *non posso garantire il mio intervento alla cerimonia* je ne suis pas certain de pouvoir assister à la cérémonie ◇ (*di assemblea, dibattito*) intervention: *ci sono stati molti, pochi interventi* il y a eu beaucoup, peu d'interventions; *ho ascoltato attentamente il tuo intervento* j'ai écouté attentivement ton intervention; *bisogna limitare gli interventi* il faut limiter les interventions **3** (*polit.*) intervention: *intervento militare, diplomatico, economico* intervention militaire, diplomatique, économique; *politica, principio del non intervento* politique, principe de non-intervention **4** (*chir.*) intervention: *un intervento semplice, rischioso* une intervention facile, délicate; *subire un intervento, sottoporsi a intervento* subir une intervention, se soumettre à une intervention **5** (*comm.*) intervention: *intervento cambiario* intervention de change **6** (*dir.*) intervention: *intervento volontario* intervention volontaire.

intervenùto |interve'nuto| *s. e agg.* [*presente, partecipante*] participant: *salutare gli intervenuti, le persone intervenute* saluer les participants, les personnes participantes.

intervertebràle |interverte'brale| *agg.* (*anat.*) intervertébral*.

intervista |inter'vista| *s.f.* (*giorn.*, *corr.*) interview: *dare, concedere una intervista* demander, accorder une interview; *il ministro ha smentito l'intervista* le ministre a démenti l'interview # *fare un'intervista* interviewer.

intervistàre |intervis'tare| *v.tr.* (*giorn.*) [*rivolgere una serie di domande a qc.*] interviewer: *intervistare un attore, un uomo politico* interviewer un acteur, un homme politique; *ci hanno intervistato all'aereoporto* ils nous ont interviewés à l'aéroport.

intervistàto |intervis'tato| *agg.* (*giorn.*, *corr.*) interviewé: *le persone intervistate hanno preferito mantenere* *l'incognito* les personnes interviewées ont préféré garder l'incognito ♦ (*s.*) *un intervistato* une personne *f.* interviewée *agg.*

intervistatóre, trice |intervista'tore, tritʃe| *s.* [*chi fa interviste*] interviewer *m.*, intervieweur (*m.*): *rispondere all'intervistatore* répondre à l'intervieweur.

intervocàlico, ci, ca, che |intervo'kaliko, tʃi, ka, ke| *agg.* (*fon.*) intervocalique: *elisione intervocalica* élision intervocalique.

interzàto |inter'tsato| *agg.* (*arald.*) tiercé: *scudo interzato* écu tiercé ♦ (*s.m.*) *un interzato* un écu tiercé *agg.*

intésa |in'tesa| *s.f.* **1** [*accordo tra più persone*] entente: *un'intesa perfetta* une entente parfaite; *raggiungere un'intesa* parvenir à une entente ◇ *loc.* D'INTESA en accord: *essere d'intesa, agire d'intesa* être en accord, agir en accord # *ci vediamo domani, come d'intesa* nous nous voyons demain, comme convenu ~ *con l'intesa che...* ayant convenu de... ~ *darsi l'intesa* se donner le mot **2** [*convenzione, patto*] accord (*m.*): *intese industriali* accords industriels; *i due stati hanno sottoscritto un'intesa* les deux États ont souscrit un accord ◇ (*st.*) *la Triplice Intesa* la Triple Entente **3** (*per est.*) [*collaborazione, coordinamento*] entente: *l'intesa nella (della) squadra è perfetta* l'entente dans l'équipe est parfaite.

intéso |in'teso| *agg.* **1** [*stabilito, fissato, convenuto*] entendu: *resta, rimane inteso che...* il est entendu, il est convenu que... **2** *al plur.* (*persone*) ESSERE, RESTARE INTESI (CHE, DI, SU...) [*essere, restare d'accordo*] être d'accord (*loc.*): *restiamo intesi di partire alle sette* nous sommes d'accord pour partir à sept heures; *ci siamo intesi su tutto* nous (nous) sommes (mis) d'accord sur tout; *allora siamo intesi?* alors, c'est entendu?, d'accord? ◇ (*loc.*) *darsi per inteso di q.c.* [*far intendere d'aver capito q.c.*] faire voir qu'on a compris qqch. ~ NON DARSI PER INTESO (DI Q.C.) [*mostrare di non capire, di non curarsi di q.c.*] faire la sourde oreille: *abbiamo già protestato, ma non se ne dà per inteso* nous avons déjà protesté, mais il fait la sourde oreille **3** [*tendente a, rivolto*] visant *p.pres.*, tendant (*p.pres.*): *provvedimenti intesi a migliorare gli scambi commerciali* mesures visant, tendant à améliorer les échanges commerciaux # *la sua politica è intesa ad ammorbidire i contrasti* sa politique vise à diminuer les oppositions **4** BEN INTESO; MAL INTESO [*bene, mal concepito, compreso*] *un progetto ben inteso* un projet bien compris, interprété → **beninteso**; *una proposta mal intesa* une proposition mal interprétée → **malinteso.**

intèssere |in'tɛssere| *v.tr.* **1** [*intrecciare insieme*] tresser: *intessere fili di più colori* tresser des fils de plusieurs couleurs; *ho imparato a intessere cesti di vimini* j'ai appris à tresser des paniers en osier **2** (*fig.*) [*comporre in modo elaborato*] faire (45): *intessere lodi, un panegirico* faire des éloges, l'éloge (de), un panégyrique ◇ (*spreg.*) [*tramare, ordire*] tramer, ourdir: *intessere intrighi, inganni* tramer, ourdir des intrigues, des duperies.

intessitùra |intessi'tura| *s.f.* [→ INTESSERE 1] tressage *m.*

intessùto |intes'suto| *agg.* [*fatto di materiale intrecciato*] tressé (*p.p.*): *seggiole intessute di paglia* chaises en paille tressée ◇ (*fig.*) [*ripieno, zeppo*] *un discorso intessuto di menzogne* un discours qui n'est qu'un tissu de mensonges.

intestàbile |intes'tabile| *agg.* [→ INTESTARE A 2] qu'on peut mettre au nom (de qqn.) (*loc.*): *beni intestabili* biens qui peuvent être mis au nom de qqn.

intestardìrsi |intestar'dirsi| *v. pron. intr.* [*ostinarsi, incaponirsi*] s'entêter # *ormai si sono intestardite nella loro posizione* elles sont désormais enferrées dans leur position.

intestàre |intes'tare| **A** *v.tr.* **1** [*fornire del titolo; mettere l'intestazione a q.c.*] mettre (71), donner un titre (à): *hai intestato la pagina alla rovescia* tu as mis le titre à l'envers; *intestare un libro* donner un titre à un livre; *intestare un foglio, una busta* mettre son nom sur une feuille, sur une enveloppe **2** [*mettere a nome di qc.; far risultare qc. titolare di q.c.*] mettre, être (43) *intr.* au nom (de): *il padre gli ha intestato un appartamento e un libretto di risparmio* son père a mis à son nom un appartement et un livret de caisse d'épargne; *a chi devo intestare la ricevuta?* au nom de qui dois-je établir ce reçu?; *queste cambiali sono intestate a te* ces traites sont à ton nom □ *intestarsi un terreno* mettre un terrain à son nom **3** (*tecnol.*) [*unire testa a testa*] abouter: *intestare due travi* abouter deux poutres; *intestare una catena* [*fissarla alle due estremità*] abouter une chaîne **B** *v.pron.* INTESTARSI **1** *intr.* [*ostinarsi, intestardirsi*] s'entêter, s'obstiner: *quando s'intesta, nessuno riesce a smuoverlo* quand il s'entête, s'obstine, personne ne peut le faire changer d'avis; *vi siete intestate in un posizione insostenibile* vous vous êtes obstinées dans une position insoutenable **2** *rifl.* → *tr.* 2 □.

intestatàrio, i |intesta'tarjo, i| *agg.* (*dir.*) titulaire: *il soggetto intestatario* le sujet titulaire → 1 **titolare** ♦ (*s.*) *l'intestatario* le titulaire.

1 **intestàto** |intes'tato| *agg.* **1** à en-tête (*loc. inv.*): *una busta intestata* une enveloppe à en-tête; *scrivere su carta intestata* écrire sur du papier à en-tête **2** (*comm., dir.*) au nom (de) (*loc.*): *appartamento intestato alla moglie* appartement au nom de sa femme; *non ho niente intestato a mio nome* je n'ai rien à mon nom **3** (*tecnol.*) *travi intestate* poutres aboutées **4** → **ostinato.**

2 **intestàto** |intes'tato| *agg.* (*dir.*) ab intestat (*loc. inv.*): *persona intestata* personne ab intestat; *successione intestata* succession ab intestat # *morire intestato* mourir intestat ♦ (*s.*) *un intestato* un intestat.

intestatùra |intesta'tura| *s.f.* **1** → **intestazione** **2** (*tecnol.*) aboutement *m.*

intestazióne |intestat'tsjone| *s.f.* **1** [→ INTESTARE A 1] en-tête (*m.*): *un foglio senza intestazione* une feuille sans en-tête ◇ (*di giornale, libro e sim.*) [*titolo*] titre *m.* **2** [→ INTESTARE A 2] ouverture: *intestazione di un conto corrente* ouverture d'un compte courant **3** (*bibliografia*) sous-titre *m.*

intestinàle |intesti'nale| *agg.* intestinal*: *infiammazione intestinale* inflammation intestinale.

1 **intestìno** |intes'tino| *agg.* intestin: *guerre, lotte intestine* guerres, luttes intestines → **interno.**

2 **intestìno** |intes'tino| *s.m.* (*anat., corr.*) intestin: *intestino tenue, crasso, cieco* intestin grêle, gros intestin, caecum; *regolare le funzioni dell'intestino* régulariser les fonctions de l'intestin.

intèsto |in'tɛsto| *agg.* (*lett.*) → **intessuto.**

intiepidìre |intjepi'dire| (197) **A** *v.tr.* **1** [*rendere tiepido*] attiédir, tiédir: *intiepidire una scodella d'acqua sul fuoco* attiédir, tiédir un bol d'eau sur le feu # *se il caffè è troppo bollente, intiepidiscilo con latte freddo* si le café est trop bouillant refroidis-le avec un peu de lait froid **2** (*fig.*) [*attenuare, smorzare*] refroidir: *tutte queste difficoltà hanno intiepidito il mio entusiasmo* toutes ces difficultés ont refroidi mon enthousiasme **B** *v.intr.* (*aus.* 'essere') [*diventar tiepido*] refroidir (*aus.* avoir): *non lasciarla intiepidire troppo* ne la laisse pas trop refroidir **C** *v.pron. intr.* INTIEPIDIRSI **1** [→ *intr.*] tiedir (*intr.*): *l'acqua al sole si intiepidisce* l'eau tiédit au soleil **2** (*fig.*) s'attiédir, se refroidir: *si sono molto intiepiditi nei nostri confronti* ils se sont beaucoup refroidis à notre égard.

intièro |in'tjɛ(e)ro| *agg.* → **intero.**

intignàre |intiɲ'ɲare| **A** *v.intr.* (*aus.* 'essere') (*raro*) [*essere attaccato dalle tignole o da parassiti*] se miter *pron.*; se piquer (*pron.*): *i tessuti di lana sono soggetti a intignare* les tissus en laine risquent de se miter ‖ *il grano comincia a intignare* le blé commence à se piquer **B** *v.pron. intr.* INTIGNARSI **1** [→ *intr.*] se miter: *questo cappotto si è intignato* ce manteau (s')est mité **2** (*fig., region.*) → **ostinarsi, intestardirsi.**

intimaménte |intima'mente| *avv.* **1** [→ INTIMO I 2] profondément # *essere sereno intimamente* être d'une profonde sérénité ◇ [*profondamente, a fondo*] intimement: *lo conosco intimamente* je le connais intimement ◇ [*confidenzialmente*] intimement, avec intimité (*loc. inv.*): *si trattano molto intimamente* ils se traitent très intimement, avec intimité **2** [→ INTIMO I 3] intimement: *sono problemi intimamente collegati* ce sont des problèmes intimement liés.

intimàre |inti'mare| *v.tr.* **1** [*ordinare in modo perentorio; imporre*] intimer l'ordre (de), enjoindre (61) (de): *intimare il silenzio a qc.* intimer à qqn. l'ordre de se taire; enjoindre à qqn. de se taire; *mi ha intimato di sospendere il lavoro* il m'a intimé l'ordre d'interrompre le travail; *la sentinella ha intimato l'alt* la sentinelle a intimé l'ordre de s'arrêter; *è stata intimata la resa al nemico* on a intimé à l'ennemi l'ordre de se rendre **2** (*dir.*) [*ordinare, ingiungere*] sommer (qqn. de): *intimare lo sfratto, il pagamento di una multa* sommer (qqn.) de déménager, de payer une amende; *mi è stato intimato di presentarmi al tribunale* on m'a sommé de comparaître devant le tribunal # *intimare i danni* [*esigere il risarcimento*] réclamer des dommages et intérêts **3** *intimare la guerra* [*dichiararla*] déclarer la guerre ◇ (*eccl.*) *intimare un concilio* [*convocarlo*] convoquer un concile ~ *intimare il digiuno* [*prescriverlo*] ordonner le jeûne ~ *intimare q.c. a qc.* [*notificare*] notifier qqch. à qqn.

intimazióne |intimat'tsjone| *s.f.* **1** [→ INTIMARE 1] ordre (*m.*): *dare l'intimazione di arresto* donner l'ordre d'arrestation # *opporsi a una intimazione* refuser d'obtempérer **2** (*dir.*) intimation, sommation: *intimazione di sfratto, di pagamento* intimation, sommation de déménager, de payer **3** *intimazione di guerra* [*dichiarazione*] déclaration de guerre; *intimazione di q.c. a qc.* [*notificazione*] notification de qqch. à qqn. ◇ (*eccl.*) *intimazione di un sinodo* [*convocazione*] convocation d'un synode.

intimidatòrio, i |intimida'tɔrjo, i| *agg.* intimidateur* (*raro*): *tono, discorso intimidatorio* ton intimidateur, paroles intimidatrices.

intimidazióne |intimidat'tsjone| *s.f.* [→ INTIMIDIRE A 2] intimidation: *cedere, resistere alle intimidazioni* céder, résister aux intimidations → **minaccia** ◇ (*dir.*) *pubblica intimidazione* intimation publique.

intimidiménto |intimidi'mento| *s.m.* [→ INTIMIDIRE A] intimidation *f.*

intimidìre |intimi'dire| (197) **A** *v.tr.* **1** [*rendere timido, impacciato*] intimider: *la sua presenza mi intimidisce* sa présence m'intimide; *tutta questa pubblicità lo intimidisce* toute cette publicité l'intimide **2** (*per est.*) [*intimorire, spaventare*] intimider: *non credere di intimidirmi con queste minacce* ne crois pas m'intimider par ces menaces; *basta una piccola difficoltà per intimidirlo* il suffit d'une petite difficulté pour l'intimider **B** *v.pron. intr.* INTIMIDIRSI **1** [→ *tr.* 1] être *intr.* intimidé # *s'intimidisce solo a guardarlo* rien qu'à le regarder, il divient timide **2** [→ *tr.* 2] s'effrayer (9): *ho fatto un urlo e si sono subito intimiditi* j'ai poussé un cris, et ils se sont immédiatement effrayés.

intimismo |inti'mizmo| *s.m.* intimisme: *letteratura malata di intimismo* littérature atteinte d'intimisme.

intimista |inti'mista| *s. e agg.* intimiste: *un (romanziere) intimista* un (romancier) intimiste.

intimità |intimi'ta| *s.f. inv.* **1** intimité (*var.*): *intimità di rapporti, di amicizia* intimité de rapports, d'amitié; *nell'intimità della famiglia* dans l'intimité de la famille; *turbare l'intimità di una festa* troubler l'intimité d'une fête; *raccogliersi nell'intimità della propria stanzetta* se recueillir dans l'intimité de sa chambre # *questo ambiente crea una atmosfera di intimità* cette pièce crée une atmosphère intime ◇ (*loc.*) *essere in intimità con qc.* être intime avec qqn. ~ NELL'INTIMITÀ [*tra persone intime*; *nella riservatezza della propria casa*] dans l'intimité ◇ (*euf.*) *l'intimità* [*i rapporti sessuali*] l'intimité **2** *al plur.* [*le parti intime del corpo, spec. femminile*] les parties intimes.

ìntimo |'intimo| **I** *agg.* **1** [*interno, profondo*] profond: *mi son commosso nelle più intime fibre* j'ai été touché jusqu'au plus profond de mon être # *le parti più intime della terra* les entrailles les plus cachées de la terre ◇ (*per est.*) intime: *le parti intime del corpo* les parties intimes du corps; *pulizia, igiene intima* toilette, hygiène intime # *biancheria intima, indumenti intimi* lingerie, linge de corps ◇ (*fig.*) [*profondo, segreto*] intime, profond: *il senso intimo di una frase, di una parola* le sens intime, profond d'une phrase, d'un mot; *cogliere l'intimo significato di q.c.* saisir le sens intime de qqch.; *ho l'intima convinzione che si tratti di un innocente* j'ai la convinction intime qu'il s'agit d'un innocent **2** [*che appartiene alla sfera interiore dell'animo*] intime, profond: *una gioia, una soddisfazione intima* une joie, une satisfaction intime, profonde; *la vita intima* la vie intime **3** [*unito da stretto legame*] intime: *unione, coesione intima fra due cose* union, cohésion intime entre deux choses; *esiste un intimo rapporto fra i due fatti* il existe un rapport intime entre ces deux faits ◇ (*fig.*) *amicizia intima* amitié intime; *sono amici intimi da molto tempo* ils sont depuis longtemps amis intimes ◇ [*che si svolge fra persone care, amiche*] *una riunione, una festa intima* une réunion, une fête intime → **riservato** ◇ (*loc.*) *essere in intimi rapporti con qc.* être intime avec qqn. ~ *avere rapporti intimi* [*avere relazioni sessuali*] avoir des rapports intimes ~ (*euf.*) *essere in intimo colloquio con qc.* [*in atteggiamento amoroso*] être en tête à tête avec qqn. **II** *s.m.* **1** (*cose*) le (plus) profond: *scrutare nell'intimo della realtà, di un fatto* scruter au fond, au plus profond de la réalité, d'un fait ◇ (*fig.*) *l'intimo della coscienza, dell'animo umano* le plus profond de la conscience, de l'âme; *soffrire nel proprio intimo* souffrir au plus profond de son être; *nel suo intimo, proverà certamente rimorso* au plus profond de son être, il éprouvera certainement des remords **2** (*persone*) intime: *una festa per intimi* une fête pour intimes; *solo gli intimi conoscevano il suo segreto* seuls ses intimes connaissaient son secret; *da qualche tempo è diventato suo intimo* depuis quelques temps il est devenu son intime.

intimoriménto |intimori'mento| *s.m.* [→ INTIMORIRE] intimidation *f.*, effroi.

intimorìre |intimo'rire| (197) **A** *v.tr.* [*incutere timore*] effrayer (9): *con quegli urli mi intimorisce* avec ces cris il m'effraie; *con la sua severità intimorisce gli alunni* avec sa sévérité il effraie ses élèves **B** *v.pron. intr.* INTIMORIRSI [*essere preso, lasciarsi prendere dal timore*] s'effrayer: *davanti al giudice si è intimorita* devant le juge, elle s'est effrayée.

intìngere |in'tindʒere| (119) **A** *v.tr.* [*bagnare appena, immergendo in un liquido*] tremper: *intingere la penna nell'inchiostro* tremper sa plume dans l'encre; *hai intinto troppo il pennello nel colore* tu as trop trempé ton pinceau dans la couleur; *intingi anche tu qualche biscotto nel tè* trempe toi aussi des biscuits dans ton thé ◇ (*loc. fig.*) *intingere la penna nel fiele* tremper sa plume dans du vitriol **B** *v.intr.* (*aus. avere*) → **attingere**.

intìngolo |in'tingolo| *s.m.* **1** [*salsa, condimento*] sauce (*f.*): *metti ancora un po' d'intingolo* mets encore un peu de sauce ◇ (*per est.*) [*pietanza con salsa*] ragoût: *ho mangiato un intingolo delizioso* j'ai mangé un ragoût délicieux **2** (*fig.*) [*discorso privo di unità, di chiarezza*] mixture *f.*

intirizziménto |intiriddzi'mento| *s.m.* [→ INTIRIZZIRE] engourdissement.

intirizzìre |intirid'dzire| (197) **A** *v.tr.* [*rendere rigido, ghiacciando la muscolatura*] engourdir, transir: *il freddo mi ha intirizzito le mani* le froid m'a engourdi, transi les mains **B** *v.intr.* (*aus.* '*essere*') [*diventar rigido per il freddo*] être (43) (*aus.* avoir) transi: *a restar fuori, intirizzisco* à rester dehors, je suis transi **C** *v.pron. intr.* INTIRIZZIRSI [→ *intr.*] être *intr.* glacé, transi: *gli si sono intirizziti i piedi* ses pieds sont glacés, transis.

intirizzìto |intirid'dzito| *agg.* [*irrigidito dal freddo*] transi (de froid), engourdi (par le froid): *mi sento la faccia intirizzita* j'ai le visage transi (de froid); *era tutto intirizzito* il était tout engourdi (par le froid).

intisichìre |intizi'kire| (197) **A** *v.tr.* **1** [*far diventar tisico*] affaiblir; rendre (53) tuberculeux*: *gli stenti e la denutrizione intisichiscono l'organismo* les privations et la sous-alimentation affaiblissent l'organisme **2** (*per est.*) [*far deperire*; *svigorire*] faire (45) *intr.* dépérir, affaiblir: *la vita chiusa e sedentaria lo ha intisichito* la vie casanière et sédentaire l'a fait dépérir, l'a affaibli # *le erbacce hanno intisichito le piantine di sedano* les mauvaises herbes ont fait s'étioler les pieds de céleri **B** *v.intr.* (*aus.* '*essere*') **1** [*diventar tisico*] devenir (27) tuberculeux: *è intisichito vivendo in questo ambiente malsano* il est devenu tuberculeux à force de vivre dans un milieu malsain **2** (*per est.*) [*perdere vitalità*; *intristire*] s'étioler (*pron.*): *intisichiscono nella noia e nell'ozio* ils s'étiolent dans l'ennui et dans l'oisiveté **C** *v.pron. intr.* INTISICHIRSI **1** [→ *intr.* 1] devenir *intr.* tuberculeux: *si è intisichito lavorando in miniera* il est devenu tuberculeux en travaillant dans la mine **2** (*per est.*) [→ *intr.* 2] s'étioler, s'affaiblir: *a star sempre sopra i libri si è intisichita* à force de rester sur ses livres, elle s'est étiolée, affaiblie.

intitolàre |intito'lare| **A** *v.tr.* **1** [*fornire del titolo*; *dare come titolo*] donner un titre (à); intituler: *intitolare un articolo, un libro* donner un titre à un article, à un livre ‖ *intitolerò la raccolta 'Pensieri sparsi'* j'intitulerai le recueil 'Pensées éparpillées' **2** [*dare il nome a una strada, una piazza, ecc., spec. dedicandoli a personaggi o fatti storici*] donner le nom (de qqn.): *la via è intitolata 'Corso Cavour'* on a donné à l'avenue le nom de 'Corso Cavour'; *hanno intitolato la scuola 'M. Luter King'* ils ont donné à l'école le nom de 'Luther King' **3** (*raro*) → **dedicare** **4** (*raro*) → **insignire** **B** *v.pron. intr.* INTITOLARSI **1** [*avere per titolo*] s'intituler, avoir (28) *tr.* pour titre: *la lirica s'intitola 'Paesaggio'* le poème s'intitule 'Paysage'; *non ricordo più come s'intitola il suo primo romanzo* je ne me rappelle plus comment s'intitule son premier roman **2** (*di strade, piazze, edifici*) [*essere dedicato a*] donner *tr.*, avoir le nom (de qqn.): *molte vie s'intitolano agli eroi della Resistenza* on donne à beaucoup de rues le nom de héros de la Résistance ◇ [*essere denominato*; *chiamarsi*] s'appeler (4): *c'è una via che s'intitola Corso Sempione'?* y a-t-il une rue qui s'appelle 'Corso Sempione'?

intitolàto |intito'lato| *agg.* intitulé # *uno scritto non intitolato* un écrit sans titre.

intitolazióne |intitolat'tsjone| *s.f.* **1** [→ INTITOLARE] titre (*m.*): *rivedere l'intitolazione dei capitoli di un libro* revoir le titre des chapitres d'un livre; *non mi piace questa intitolazione* je n'aime pas ce titre # *l'intitolazione di una piazza* le nom d'une place **2** (*raro*) → **dedicazione.**

intoccàbile |intok'kabile| *agg.* [*che non si può, non si deve toccare*] intouchable: *riserve intoccabili* réserves intouchables ◆ *s.* (*in India*) *la casta degli Intoccabili* la caste des Intouchables.

intolleràbile |intolle'rabile| *agg.* intolérable; insupportable: *offesa, insulto intollerabile* offense, insulte intolérable; *un freddo, un caldo intollerabile* un froid, une chaleur intolérable → **insopportabile** ‖ *hai un carattere intollerabile* tu as un caractère insupportable.

intollerànte |intolle'rante| *agg.* **1** intolérant: *un individuo, un temperamento intollerante* un individu, un tempérament intolérant → **insofferente** ◆ (*s.*) *un intollerante* un intolérant ◇ *loc.* INTOLLERANTE DI Q.C. [*che non sopporta q.c.*] qui ne supporte pas (qqch.): *stomaco intollerante di cibi piccanti* estomac qui ne supporte pas les aliments relevés; *un vegetale intollerante del freddo* un végétal qui ne supporte pas le froid **2** [*intransigente, integralista*] intolérant: *un cattolico intollerante* un catholique intolérant.

intolleranza |intolle'rantsa| *s.f.* **1** intolérance: *intolleranza per il rumore, per una medicina* intolérance au bruit, à un médicament → **insofferenza** **2** [*intransigenza, integralismo*] intolérance: *intolleranza politica, religiosa* intolérance politique, religieuse.

intonacàre |intona'kare| *v.tr.* **1** [*rivestire di intonaco*] crépir: *intonacare una parete, un pilastro* crépir une paroi, un pilier; *l'esterno non è stato ancora intonacato* l'extérieur n'a pas été encore crépi **2** (*per est.*) [*rivestire una superficie con un leggero strato di q.c.*] enduire (75): *ho intonacato il fondo dell'armadio con lo stucco* j'ai enduit de stuc le fond de l'armoire ◇ (*iron.*) [*truccare in modo grossolano*] *intonacare le labbra con il rossetto* se badigeonner les lèvres de rouge □ *intonacarsi la faccia* s'enduire le visage, procéder au ravalement de son visage.

intonacatóre, trice |intonaka'tore, tritʃe| *s.* [*chi fa intonaci*] (*con cemento*) cimentier *m.*; (*con calce*) enduiseur *m.*; (*con gesso*) plâtrier *m.*

intonacatùra |intonaka'tura| *s.f.* [→ INTONACARE] crepissage *m.* # *intonacatura* (*alla*) *rustica* rusticage; *intonacatura con* (*a*) *gesso* plâtrage.

intonachìno |intona'kino| *s.m.* (*edil.*) crépi.

intonachista |intona'kista| *s.* → **intonacatore.**

intònaco, ci |in'tɔnako, tʃi| *s.m.* (*edil., corr.*) *intonaco di calce, di gesso* plâtre; *intonaco di cemento* enduit de ciment; *intonaco di prima mano* crépi; *dare l'intonaco* enduire, badigeonner un mur; *si è scrostato l'intonaco della facciata* une plaque de plâtre s'est détachée de la façade ◇ (*iron.*) [*trucco*] *non hai ancora finito di farti l'intonato?* tu n'as pas encore fini de te refaire la façade? (*pop.*), de procéder au ravalement? (*pop.*).

intonàre |into'nare| **A** *v.tr.* **1** (*di voce*) [*dare il giusto tono alla voce, a una nota*] entonner: *intonare alto, basso* entonner haut, bas; *intonare il la, il do* entonner le la, le do; *non hai intonato bene* tu n'as pas bien entonné ◇ (*di strumento*) [*accordare sul tono giusto*] accorder: *intonare un violino* accorder un violon ◇ (*di più strumenti*) [*accordarli fra loro*] *intonare i vari pezzi di un'orchestra* accorder les différents instruments d'un orchestre **2** (*fig.*) [*armonizzare, accordare*] assortir: *intonare il colore della cravatta con la giacca* assortir la couleur de sa cravate avec celle de sa veste; *ha saputo intonare l'arredamento con i locali* il a su assortir l'ameublement et les pièces ◇ *passivo* [*essere conveniente; addirsi*] convenir (27) (*intr.*): *questo abito non è intonato per la cerimonia* ce costume ne convient pas à cette cérémonie; *il tuo comportamento non è intonato a questa triste circostanza* ton comportement ne convient pas à cette triste circonstance **3** (*per est.*) [*iniziare un canto o un pezzo musicale*] entonner: *intonare un coro, una canzonetta* entonner un chœur, une chansonnette; *la banda intonò l'inno nazionale* la fanfare entonna l'hymne national # *intona tu, che hai una bella voce* commence, toi qui as une si belle voix ◇ [*iniziare a parlare in modo solenne*] commencer (2): *l'oratore intonò il discorso commemorativo* l'orateur commença son discours commémoratif **4** (*raro*) INTONARE LA VOCE [*educarla con l'esercizio*] travailler sa voix **B** *v.pron.* INTONARSI **1** *intr.* [→ *tr.* 2] aller (13) *intr.*, s'harmoniser; convenir (*intr.*): *la borsetta non si intona col vestito* ce sac ne va pas, ne s'harmonise pas avec ce manteau ‖ *questi discorsi non si intonano col clima della riunione* ces discours ne conviennent pas au climat de la réunion **2** *recipr.* s'assortir: *due colori che si intonano perfettamente* deux couleurs qui s'assortissent parfaitement.

intonàto |into'nato| *agg.* **1** (*di voce*) [*che sa tenere il giusto tono*] juste: *una voce poco, molto intonata* une voix peu, très juste; *un coro perfettamente intonato* un chœur qui chante très juste ◇ (*di strumento*) [*accordato*] accordé: *un violino* (*ben*) *intonato* un violon (bien) accordé ◇ (*di più strumenti*) [*accordati sulla stessa intonazione*] accordé **2** (*fig.*) [*armonizzato, accordato*] assorti: *hai usato colori poco intonati* tu as utilisé des couleurs mal assorties Ⓒ 1 **stonato.**

intonatóre, trice |intona'tore, tritʃe| *s.* [*chi accorda strumenti musicali*] accordeur *m.*

intonazióne |intonat'tsjone| *s.f.* **1** [→ INTONARE A 1] (*di voce*) intonation: *intonazione alta, sbagliata* intonation haute, fausse; *dare l'intonazione* donner l'intonation ◇ (*di strumento*) accordage *m.*, accordement *m.* **2** (*fig.*) [→ INTONARE A 2; B] harmonie # *fra questi colori c'è poca intonazione* ces deux couleurs s'harmonisent peu, ces couleurs jurent **3** [→ INTONARE A 3] intonation: *l'intonazione del Te Deum* l'intonation du Te Deum ◇ [*capacità di dare il giusto tono alla voce*] *ha una buona, pessima intonazione* il a une bonne, une très mauvaise intonation ◇ [*modulazione, cadenza*] *parla sempre con la stessa intonazione* il parle toujours avec la même intonation **4** (*foto*). virage *m.*

intónso |in'tonso| *agg.* **1** (*lett.*) non coupé (*corr.*): *barba intonsa* barbe non coupée; *capelli intonsi* cheveux non coupés ◇ (*di animali con pelliccia*) non tondu, qui n'a jamais été tondu **2** (*fig., di libro*) *un fascicolo ancora intonso* un fascicule qui n'a pas encore été coupé, découpé *loc.*

intontiménto |intonti'mento| *s.m.* [→ INTONTIRE] étourdissement: *il suo è un intontimento progressivo* il est victime d'un étourdissement progressif; *mi sento addosso un intontimento generale* je suis pris d'un étourdissement général.

intontire |inton'tire| (197) **A** *v.tr.* **1** (*raro*) [*rendere tonto*] étourdir (*corr.*): *l'alcool l'ha intontito* l'alcool l'a étourdi **2** (*per est.*) [*stordire, frastornare*] étourdir, abrutir: *questo baccano mi intontisce* ce vacarme m'étourdit, m'abrutit: *lo hanno intontito con i sonniferi* ils l'ont abruti avec des somnifères **B** *v.intr.* (*aus.* '*essere*') [*diventare intontito; rimanere stordito*] abrutir (*tr.*): *con tutto questo caos intontisco* tout ce chaos m'abrutit **C** *v.pron. intr.* INTONTIRSI [→ *intr.*] s'abrutir: *più cresce, più s'intontisce* plus il grandit, plus il s'abrutit, devient abruti # *se dài ascolto a tutte le chiacchiere ti intontisci* si tu écoutes tous ces bavardages, à la fin tu seras abruti (*fam.*).

intontito |inton'tito| *agg.* **1** [*stordito*] abruti (*fam.*), étourdi: *dopo un po' che lavoro mi sento intontito* après un peu de travail je me sens abruti; *il colpo l'ha lasciato intontito* le coup l'a laissé étourdi **2** [*inebetito*] hébété: *continuava a fissarci con quel suo sguardo intontito* il continuait à nous fixer de son regard hébété **3** [*intorpidito*] vaseux*: *si è svegliata tutta intontita* elle s'est réveillée toute vaseuse.

intoppàre |intop'pare| **A** *v.tr.* **1** (*raro*) → **urtare** **2** (*per est., raro*) [*imbattersi in; incontrare*] tomber *intr.* (sur): *non sospettavo minimamente di intoppare quel piantagrane* je ne pensais vraiment pas tomber sur ce casse-pieds **B** *v.intr.* **1** (*aus.* '*essere*') [*andare a sbattere, a urtare*] buter (*aus.* avoir): *sono intoppato sul gradino del marciapiedi* j'ai buté contre la marche du trottoir, contre le trottoir ◇ (*fig.*) [*andare a finire; imbattersi*] tomber (sur): *sono intoppati in un posto di blocco* ils sont tombés sur un barrage de police; *sei intoppato in un bel guaio!* tu es tombé sur un os! (*fam.*) **2** (*fig.*) (*aus.* '*avere*') [*impuntare nel parlare*] bégayer (9): *se si innervosisce, comincia a intoppare* s'il s'énerve, il commence à bégayer **C** *v.pron. intr.* INTOPPARSI **1** (*cose*) [→ *intr.* 1] donner *intr.* sur: *la nave si è intoppata in uno scoglio* le bateau est allé donner sur un rocher **2** (*fig.*) [→ *intr.* 2] bégayer (*intr.*): *quando parla veloce s'intoppa* quand il parle vite, il bégaie.

intòppo |in'tɔppo| *s.m.* **1** [→ INTOPPARE B 1] *heurt: *è stato un intoppo violentissimo* ce fut un heurt très violent **2** (*fig.*) [*difficoltà, ostacolo; complicazione*] obstacle, difficulté (*f.*): *incontrare, evitare, superare un intoppo* rencontrer, éviter, surmonter un obstacle, une difficulté; *se non capiteranno in-*

toppi, finiremo fra poco si nous ne rencontrons pas de difficultés, nous finirons d'ici peu; *creare intoppi a qc.* créer des difficultés à qqn.; *speriamo di poter lavorare senza intoppi* nous espérons pouvoir travailler sans rencontrer d'obstacles.

intorbàre |intor'bare| *v.tr., intr.* (*aus.* '*essere*') *e pron.* → **intorbidare.**

intorbidaménto |intorbida'mento| *s.m.* **1** [→ INTORBIDARE A 1; B; C 1] *l'intorbidamento dell'acqua* l'eau trouble (*agg.*); *la piena ha provocato l'intorbidamento delle acque del fiume* la crue a troublé *v.tr.* les eaux du fleuve, l'eau de la rivière **2** (*enol.*) *intorbidamento del vino* altération *f.* (de la limpidité) du vin.

intorbidàre |intorbi'dare| **A** *v.tr.* **1** [*far diventar torbido*] troubler: *gli scarichi industriali intorbidano le acque dei fiumi* les décharges industrielles troublent l'eau des rivières ◇ (*loc. fig.*) *intorbidare le acque* [*creare volutamente confusione*] jeter (5) le trouble **2** (*fig.*) [*confondere, annebbiare*] troubler: *l'eccesso di alcolici gli ha intorbidato la mente* l'alcool lui a troublé l'esprit **3** (*fig.*) [*turbare, guastare*] troubler: *intorbidare un'amicizia* troubler une amitié # *con le sue maldicenze ha intorbidato gli animi* avec ses médisances il a jeté le trouble dans les esprits **B** *v.intr.* (*aus.* '*essere*') [*diventar torbido*] troubler (*tr.*): *il lago è intorbidato per la pioggia* le lac est troublé par la pluie, la pluie a troublé le lac **C** *v.pron. intr.* INTORBIDARSI **1** [→ *intr.*] (se) troubler: *con la piena i fiumi si sono intorbidati* la crue a troublé l'eau des rivières **2** (*fig.*) [→ *tr.* 2] se troubler: *mi si è intorbidata la memoria* ma mémoire s'est troublée.

intorbidìre |intorbi'dire| (197) *v.tr., intr.* (*aus.* '*essere*') *e pron.* → **intorbidare** A 1; B; C 1.

intormentiménto |intormenti'mento| *s.m.* [→ INTORMENTIRE] engourdissement.

intormentìre |intormen'tire| (197) **A** *v.tr.* [*togliere la sensibilità; intorpidire*] engourdir: *una scossa elettrica mi ha intormentito una mano* une décharge électrique m'a engourdi une main **B** *v. pron. intr.* INTORMENTIRSI [→ *tr.*] s'engourdir: *in quella posizione mi si è intormentito un braccio* dans cette position je me suis engourdi un bras.

intórno |in'torno| **I** *avv.* [*tutt'in giro; nei luoghi circostanti*] autour: *si guardava intorno* il regardait (tout) autour (de lui); *volgeva lo sguardo tutt'intorno* il tournait son regard tout autour; *stavano seduti tutt'intorno* ils étaient assis tout autour # *tutt'intorno alla tovaglia c'era una frangia* au bord de la nappe il y avait une frange, la nappe était bordée d'une frange ◇ *loc. avv.* LÌ INTORNO dans les parages: *guarda un po', sarà lì intorno* regarde un peu, il doit être dans les parages; *erano lì intorno pochi istanti fa* ils étaient dans les parages il y a quelques instants ~ QUI INTORNO: *erano qui intorno pochi minuti fa* ils étaient dans les parages, près d'ici, il y a quelques instants; *c'è un gran disordine qui intorno* il y a un grand désordre là autour ~ ALL'INTORNO (tout) autour: *si guardava all'intorno tutto spaurito* il regardait, effaré, (tout) autour de lui **II** (*con valore di agg.*) [*circostante*] d'alentour *loc. inv.*; dans les alentours (*loc. inv.*): *le campagne intorno* la campagne d'alentour ‖ *non c'è un casolare in tutta la zona intorno* il n'y a pas la moindre habitation dans les alentours **III** *s.m.* (*raro*) [*il luogo circostante*] alentour: *sono venuti da ogni intorno a vederlo* ils sont venus de tous les alentours pour le voir **IV** *loc. prep.* INTORNO A **1** [*attorno a*] autour de: *si sono radunati intorno a lui* ils se sont rassemblés autour de lui; *non voglio vedervi intorno a me* je ne veux pas vous voir autour de moi; *la ruota si muove intorno a un perno* la roue tourne autour d'un pivot; *la terra gira intorno al sole* la terre tourne autour du soleil ◇ (*loc.*) *stare, mettersi intorno a qc.*: (*pr.*) [*non lasciarlo mai*] se tenir, se mettre aux côtés de qqn.; (*fig.*) [*insistere per ottenere qc. da lui*] assiéger qqn. **2** [*circa*] à peu près, environ (*avv.*): *mi è costato intorno alle 100.000 lire* cela m'a coûté à peu près, environ 100.000 lires ◇ (*tempo*) *il fatto è accaduto intorno al 1700* le fait s'est produit vers 1700; (*fam.*) *è stato qui quindici giorni fa o lì intorno* il a été ici il y a quinze jours ou quelque chose comme ça; *è ormai intorno ai sessanta* il a maintenant environ soixante ans; *credo che arriverà intorno a Natale* je crois qu'il arrivera vers Noël **3** (*compl. di argomento*) [*riguardo a, riguardante*] sur: *discutere intorno ai problemi del momento* discuter sur les problèmes du moment; *l'articolo disquisisce intorno al nuovo romanzo di...* l'article disserte sur le nouveau roman de... # *quel pittore sta lavorando intorno a una grande tela* ce peintre est en train de travailler à une grande toile.

intorpidiménto |intorpidi'mento| *s.m.* [→ INTORPIDIRE] engourdissement: *intorpidimento dei muscoli, della volontà* engourdissement des muscles, de la volonté.

intorpidìre |intorpi'dire| (197) **A** *v.tr.* **1** [*rendere torpido*] engourdir: *quella fasciatura mi ha intorpidito la gamba* ce bandage m'a engourdi la jambe; *l'ozio intorpidisce i muscoli* l'inaction engourdit les muscles **2** (*fig.*) [*indebolire, infiacchire*] engourdir: *la pigrizia intorpidisce i riflessi* la paresse engourdit, ralentit les réflexes; *i troppi agi intorpidiscono la volontà* trop de loisirs engourdissent la volonté **B** *v.intr.* (*aus.* '*essere*') **1** [*diventar torpido, pigro*] s'engourdir (*pron.*): *a non far niente si intorpidisce* à ne rien faire on s'engourdit, on s'encroûte (*fam.*) **2** (*fig.*) [*infiacchirsi, svigorirsi*] se racornir (*pron.*): *le persone senza ideali intorpidiscono* les personnes sans idéals se racornissent **C** *v.pron. intr.* INTORPIDIRSI **1** [→ *intr.* 1] s'engourdir: *più stai chiuso e isolato, più ti intorpidisci* plus tu restes enfermé et isolé, plus tu t'engourdis **2** (*fig.*) [→ *intr.* 2] faiblir (*intr.*): *il loro entusiasmo comincia a intorpidirsi* leur enthousiasme commence à faiblir.

intorpidìto |intorpi'dito| *agg.* **1** [*reso torpido*] engourdi: *ho le mani, le gambe intorpidite per il freddo* j'ai les mains, les jambes engourdies par le froid **2** (*fig.*) [*infiacchito, svigorito*] racorni: *ormai ha il cervello intorpidito* désormais il a le cerveau racorni.

intossicànte |intossi'kante| *agg.* intoxicant: *sostanze intossicanti* substances intoxicantes.

intossicàre |intossi'kare| **A** *v.tr.* **1** [*avvelenare; danneggiare con sostanze tossiche*] intoxiquer: *una sostanza che intossica il sangue* une substance qui intoxique le sang; *la nicotina intossica i polmoni* la nicotine intoxique les poumons **2** (*fig.*) [*danneggiare moralmente*] intoxiquer: *queste letture intossicano l'animo* ces lectures intoxiquent l'esprit **B** *v.pron. rifl.* INTOSSICARSI [→ *tr.* 1] s'intoxiquer: *ho rischiato di intossicarmi* j'ai risqué de m'intoxiquer; *si sono intossicati con la droga, con il fumo* ils se sont intoxiqués avec la drogue, le tabac.

intossicàto |intossi'kato| *agg.* **1** (*med.*) intoxiqué (*p.p.*): *ha il sangue intossicato* son sang est intoxiqué ◆ (*s.*) *un intossicato* (*cronico*) un intoxiqué **2** (*fig.*) [*corrotto, depravato*] intoxiqué: *gioventù intossicata* jeunesse intoxiquée.

intossicazióne |intossikat'tsjone| *s.f.* (*med., corr.*) intoxication: *intossicazione da esalazioni di gas* intoxication par exhalaison de gaz; *intossicazione da cibi avariati* intoxication par aliments avariés; *intossicazione professionale* intoxication professionnelle.

intra- |'intra| *pref.* (*significa* '*dentro, posto all'interno*', *corrisponde gener. a*) intra: *intramuscolare* intramusculaire # *intravedere* entrevoir.

intra |'intra| *prep.* → **tra.**

intracellulàre |intratʃellu'lare| *agg.* intracellulaire.

intracomunitàrio, i |intrakomuni'tarjo, i| *agg.* intracommunautaire: *scambi intracomunitari* échanges intracommunautaires.

intradèrmico, ci, ca, che |intra'dɛrmiko, tʃi, ka, ke| *agg.* (*med.*) intradermique.

intradermoreazióne |intradermoreat'tsjone| *s.f.* (*med.*) intradermo-réaction.

intradòsso |intra'dɔsso| *s.m.* **1** (*arch.*) intrados: *linea di intradosso* courbe d'intrados **2** (*per est.*) surface *f.* intérieure de la baie (d'une porte, d'une fenêtre) **3** (*aer.*) intrados.

intraducìbile |intradu'tʃibile| *agg.* **1** intraduisible: *una scritta intraducibile* une inscription intraduisible **2** (*per est.*) [*che non può essere reso con la stessa efficacia dell'originale*] intraduisible: *poeta, poesia intraducibile* poète, poésie intraduisible ◇ (*fig.*) [*che non si può spiegare, esprimere adeguatamente*] *un concetto, un sentimento intraducibile* un concept, un sentiment intraduisible.

intraducibilità |intradutʃibili'ta| *s.f. inv.* impossibilité *var.* de traduire: *l'intraducibilità di una lingua* l'impossibilité de traduire une langue; *l'intraducibilità di una sensazione* l'impossibilité de traduire une sensation.

intrafèrro |intra'fɛrro| *s.m.* (*elettr.*) entrefer.

intralciàre |intral'tʃare| **A** *v.tr.* **1** (*fig.*) [*creare intralci; ostacolare*] entraver, gêner: *intralciare il corso di una pratica* entraver, gêner le cours d'une affaire; *non dovevi intralciare i miei affari* tu ne devais pas entraver mes affaires ◇ [*appesantire*] alourdir: *tutti questi riferimenti intralciano il discorso* toutes ces références alourdissent le discours **2** (*raro*) → **avviluppare** **B** *v.pron.* INTRALCIARSI **1** *recipr.* [→ *tr.* 1] se gêner: *continuano a intralciarsi* ils continuent de se gêner **2** *intr.* [*divenire intricato; complicarsi*] se compliquer: *la questione si intralcia sempre più* le problème se complique toujours davantage.

intràlcio, i |in'traltʃo, i| *s.m.* [*ostacolo, difficoltà; complicazione*] entrave (*f.*): *desideriamo lavorare senza intralci* nous désirons travailler sans entraves; *speriamo che non ci siano altri intralci!* espérons qu'il n'y ait pas d'autres entraves! → **ostacolo** # *creare intralci* mettre des bâtons dans les roues; *essere d'intralcio a qc.* entraver, gêner qqn. ◇ (*di traffico*) *provocare intralcio alla circolazione* entraver, obstruer la circulation.

intralicciatùra |intralittʃa'tura| *s.f.* treillis *m.* métallique; structure de pylônes.

intrallazzàre |intrallat'tsare| *v. intr.* (*aus.* 'avere') [*praticare intrallazzi*] intriguer, manigancer (2): *intrallazzare ai danni della comunità* intriguer, manigancer contre le bien de la communauté; *è gente che intrallazza per costume* ce sont des gens qui intriguent, manigancent par habitude; *quando la smetterai di intrallazzare con certi individui?* quand finiras-tu de manigancer avec certains individus?

intrallazzatóre, trice |intrallattsa'tore, tritʃe| *s.* [*intrigante, maneggione*] intrigant: *che intrallazzatore!* quel intrigant!

intrallàzzo |intral'lattso| *s.m.* [*affare condotto con mezzi illeciti o con intrighi*] combine *f.* (*fam.*), manigance (*f.*): *questo è uno dei suoi soliti intrallazzi* c'est une de ses combines, de ses manigances habituelles; *vivere, andare avanti a forza di intrallazzi* vivre, avancer à force de combines ◇ [*attività equivoca*] *un tipo pieno di intrallazzi* un individu qui vit de combines.

intramezzàre |intramed'dzare| *v. tr.* → **frammezzare.**

intramolecolàre |intramoleko'lare| *agg.* (*scient.*) intramoléculaire.

intramontàbile |intramon'tabile| *agg.* [*che non può tramontare*] impérissable, durable ◇ (*fig.*) éternel*.

intramuscolàre |intramusko'lare| *agg.* intramusculaire: *iniezione intramuscolare* injection intramusculaire.

intransigènte |intransi'dʒɛnte| *agg.* intransigeant: *un uomo intransigente* un homme intransigeant; *assumere una posizione intransigente* se montrer intransigeant ◇ [*severo*] *un professore, un giudice intransigente* un professeur, un juge intransigeant ♦ (*s.*) *un intransigente* un intransigeant.

intransigènza |intransi'dʒɛntsa| *s.f.* intransigeance: *intransigenza politica, religiosa* intransigeance politique, religieuse; *ci ha trattato con intransigenza* il nous a traités avec intransigeance; *attenuare la propria intransigenza* modérer son intransigeance.

intransitàbile |intransi'tabile| *agg.* [*impossibile da transitare, da percorrere*] impraticable: *un percorso, un valico intransitabile* un parcours, un col impraticable.

intransitabilità |intransitabili'ta| *s.f. inv.* [*non transitabilità; impraticabilità*] impraticabilité (*var.*): *intransitabilità delle strade* impraticabilité des routes.

intransitivaménte |intransitiva'mente| *avv.* [→ INTRANSITIVO 1] intransitivement: *costruire un verbo intransitivamente* construire un verbe intransitivement.

intransitività |intransitivi'ta| *s.f. inv.* (*ling.*) intransitivité *var.*, caractère *m.var.* intransitif.

intransitìvo |intransi'tivo| **1** *agg.* (*gram.*) intransitif*: *verbo intransitivo* verbe intransitif; *costruzione intransitiva* construction intransitive **2** *s.m.* (*gram.*) intransitif: *usare l'intransitivo* employer l'intransitif.

intranucleàre |intranukle'are| *agg.* (*fis.*) intranucléaire.

intrappolaménto |intrappola'mento| *s.m.* (*elettron., fis.*) piégeage.

intrappolàre |intrappo'lare| *v.tr.* **1** [*prendere nella trappola*] prendre (73) au piège, piéger (8) (3): *intrappolare un topo, una volpe* prendre au piège une souris, un renard **2** (*fig.*) [*imbrogliare, raggirare*] prendre au piège: *non è riuscito a intrappolarmi* il n'a pas réussi à me prendre au piège; *ti sei fatto intrappolare* tu t'es laissé prendre (au piège).

intraprendènte |intrapren'dɛnte| *agg* [*ricco, pieno di intraprendenza*] entreprenant: *un tipo, un industriale intraprendente* un homme, un industriel entreprenant; *sei molto intraprendente con le donne* tu es très entreprenant avec les femmes.

intraprendènza |intrapren'dɛntsa| *s.f.* caractère *m.* entreprenant # *spirito d'intraprendenza* esprit entreprenant, d'initiative *essere pieno, privo d'intraprendenza* être, ne pas être entreprenant; *hai dimostrato troppa intraprendenza* tu t'es montré trop entreprenant.

intraprèndere |intra'prɛndere| (105) *v.tr.* [*dar inizio; incominciare*] entreprendre (73): *intraprendere un viaggio* entreprendre un voyage # *hanno intrapreso una difficile iniziativa* ils ont pris là une initiative difficile; *anche il figlio ha intrapreso la carriera del padre* le fils aussi a embrassé la carrière de son père → **abbracciare.**

intrasferìbile |intrasfe'ribile| *agg.* non transférable: *assegno intrasferibile* chèque non transférable.

intrasferibilità |intrasferibili'ta| *s.f. inv.* non-transféribilité *var.*

intrasmissìbile |intrazmis'sibile| *agg.* (*biol.*) intransmissible.

intrasmissibilità |intrazmissibili'ta| *s.f. inv.* (*biol.*) intransmissibilité *var.*

intrasportàbile |intraspor'tabile| *agg.* intransportable: *malato, ferito intrasportabile* malade, blessé intransportable.

intrattàbile |intrat'tabile| *agg.* intraitable: *un ragazzo intrattabile* un garçon intraitable; *ha un carattere intrattabile* il a un caractère intraitable → **scontroso** ◇ [*difficile da affrontare*] inabordable: *un argomento intrattabile* un sujet inabordable ◇ [*difficile da lavorare*] difficile à traiter: *metallo intrattabile* métal difficile à traiter.

intrattabilità |intrattabili'ta| *s.f. inv.* caractère *m.var.* intraitable.

intrattenére |intratte'nere| (188) **A** *v.tr.* **1** [*tener fermo, impegnato; trattenere*] retenir (27): *intrattenere qc. per la strada* retenir qqn. dans la rue; *non ti intrattengo oltre* je ne te retiens pas davantage **2** [*far passare il tempo a qc. con discorsi o passatempi*] entretenir (27) (de): *intrattieni gli ospiti nel salotto* entretiens les invités, tiens compagnie aux invités dans le salon; *mi ha intrattenuto con le sue solite maldicenze* il m'a entretenu de ses habituelles médisances # *cercherò d'intrattenerli, facendoli giocare a nascondino* j'essaierai de les amuser en les faisant jouer à cache-cache **3** (*fig.*) [*trattenere qc. a colloquio; parlare a qc. di q.c.*] entretenir (de): *ci ha intrattenuto a lungo sul problema delle tasse* il nous a entretenus longtemps du problème des impôts # *in questa lezione vi intratterrò sulle cause della prima guerra mondiale* au cours de cette leçon, je vous parlerai des causes de la première guerre mondiale **4** [*avere, mantenere*] entretenir: *intrattenere una relazione con qc.* entretenir une relation avec qqn.; *intrattieni ancora contatti coi vecchi compagni?* est-ce que tu entretiens encore des contacts avec nos anciens camarades? **B** *v.pron.* INTRATTENERSI **1** *intr.* [*fermarsi, trattenersi*] rester (*intr.*): *intrattenetevi ancora qualche minuto* restez encore quelques minutes; *si è intrattenuto fino a tarda sera con noi* il est resté avec nous jusque tard dans la soirée **2** *recipr.* [*passare il tempo insieme, spec. conversando*] s'entretenir (de): *ci siamo intrattenuti sui nostri problemi di lavoro* nous nous sommes entretenus de nos problèmes de travail.

intratteniménto |intratteni'mento| *s.m.* [*passatempo, svago*] passe-temps (*inv.*): *intrattenimenti per bambini* passe-temps pour enfants.

intrauterino |intraute'rino| *agg.* (*anat., med.*) intra-utérin; *vita intrauterina* vie intra-utérine.

intravenóso |intrave'noso| *agg.* (*med.*) intraveineux * → **endovenoso.**

intrav(v)edére |intrav(v)e'dere| (192) **A** *v.tr.* **1** [*vedere confusamente o di sfuggita*] entrevoir (37): *intravedo a malapena il campanile* j'entrevois tout juste le clocher, j'ai du mal à voir le clocher; *passava di fretta, l'ho più che intravisto* il passait très vite (en vitesse), je ne l'ai qu'entrevu **2** (*fig.*) [*intuire, cogliere*] entrevoir: *intravedere la verità* entrevoir, deviner la vérité; *comincio a intravedere l'imbroglio che c'è sotto* je commence à entrevoir l'escroquerie qu'il y a là-dessous ◇ [*prevedere, presagire*] *intravedo tempi difficili* j'entrevois des temps difficiles; *non intravedo niente di buono* je n'entrevois, je ne pressens rien de bon **B** *v.pron. recipr.* INTRAVEDERSI [*vedersi di sfuggita*] s'entrevoir, se voir (37): *ci siamo intravisti alla stazione* nous nous sommes (entre)vus à la gare.

intrecciaménto |intrettʃa'mento| *s.m.* → **intrecciatura.**

intrecciàre |intret'tʃare| **A** *v.tr.* **1** [*unire in treccia*] tresser, natter: *intrecciare capelli, fili colorati* tresser, natter des cheveux, des fils colorés; *è molto abile a intrecciare vimini* il est très habile à tresser l'osier # *intrecciare le maglie* croiser les mailles ◇ (*loc.*) *intrecciare le dita* [*incrociarle*] entrelacer (2) ses doigts **2** (*fig.*) [*organizzare; allacciare*] nouer: *intrecciare le fila di un romanzo* nouer les fils d'un roman;

intrecciare una relazione con qc. nouer une relation avec qqn. # *intrecciare le fila di una congiura* ourdir une conspiration **3** (*lett.*) [*eseguire con gusto o con arte*] *intrecciare balli* former (*corr.*) des rondes; *intrecciare una ghirlanda* entrelacer (*corr.*) une guirlande; *gli uccelli intrecciano voli nell'aria* les oiseaux tournoient (*corr.*) dans l'air **B** *v.pron. recipr.* INTRECCIARSI [*avvilupparsi, intricarsi*] s'entrelacer (3): *i fili si sono intrecciati* les fils se sont entrelacés ◇ (*fig.*) [*incrociarsi, sovrapporsi*] s'entremêler # *ordini e contrordini si intrecciavano* ordres et contrordres s'entrecroisaient.

intrecciàto |intret'tʃato| *agg.* **1** [*legato in treccia*] tressé, natté: *paglia intrecciata* paille tressée *fili intrecciati* fils nattés ◇ (*per anal.*) *dita intrecciate* [*incrociate*] doigts entrelacés ◇ (*ricamo*) *cifre intrecciate* initiales enlacées **2** (*per est.*) [*arruffato, aggrovigliato*] emmêlé (*p.p.*): *ho i capelli tutti intrecciati* j'ai les cheveux tout emmêlés.

intrecciatóre, trice |intrettʃa'tore, tritʃe| *s.* [*chi intreccia*] tresseur* ✦ *agg.* qui tresse *loc.*

intrecciatùra |intrettʃa'tura| *s.f.* **1** [→ INTRECCIARE A 1] tressage (*m.*): *intrecciatura del giunco* tressage du jonc; *intrecciatura a stuoia* tressage en natte **2** (*nei lavori a maglia*) terminaison.

intréccio, i |in'trettʃo, i| *s.m.* **1** [→ INTRECCIARE A 1; B] tressage: *lavori d'intreccio* travaux de tressage **2** [*elementi intrecciati*] tressage: *l'intreccio dei vimini, dei fili di nailon* le tressage de l'osier, de fils de nylon ◇ (*tess.*) tressage **3** (*fig.*) [*unione di fatti, fenomeni*] enchevêtrement: *un intreccio di avvenimenti, di situazioni* un enchevêtrement d'événements, de situations; *un complicato intreccio di interessi* un enchevêtrement compliqué d'intérêts → **giro** ◇ (*letter.*) intrigue *f.* (*corr.*): *l'intreccio di un romanzo* l'intrigue d'un roman; *commedia d'intreccio* comédie d'intrigue.

intrepidaménte |intrepida'mento| *avv.* [→ INTREPIDO 1] intrépidement.

intrepidézza |intrepi'dettsa| *s.f.* (*lett.*) → **audacia.**

intrèpido |in'trepido| *agg.* **1** intrépide: *un animo intrepido* un âme intrépide # *si è gettato intrepido fra le fiamme* il s'est jeté avec intrépidité dans les flammes; *morire da intrepido* mourir en brave → **coraggioso** **2** (*raro, spreg.*) [*sfrontato, impudente*] intrépide.

intricàre |intri'kare| **A** *v.tr.* **1** (*raro*) [*ingarbugliare, avviluppare*] enchevêtrer, embrouiller: *intricare una matassa* enchevêtrer, embrouiller un écheveau **2** (*fig.*) [*rendere complicato; imbrogliare*] enchevêtrer, embrouiller: *intricare la trama di un racconto* enchevêtrer, embrouiller la trame d'un roman; *intricare una questione* embrouiller un problème **B** *v.pron. intr.* INTRICARSI **1** [→ *tr.* 1] s'emmêler: *i fili, i capelli si sono intricati* les fils, les cheveux se sont emmêlés **2** (*fig.*) [*ingarbugliarsi, complicarsi*] s'embrouiller, s'enchevêtrer: *il problema s'intrica sempre più* le problème s'embrouille toujours davantage.

intricàto |intri'kato| *agg.* **1** [*aggrovigliato, ingarbugliato*] enchevêtré, embrouillé: *dei fili intricati* des fils enchevêtrés, embrouillés **2** (*fig.*) [*complicato, confuso*] embrouillé, enchevêtré: *un problema, un discorso intricato* un problème, un discours embrouillé, enchevêtré; *risolvere una questione intricata* résoudre un problème embrouillé.

intrico, chi |in'triko, ki| *s.m.* **1** [*intreccio confuso; groviglio*] enchevêtrement: *un intrico di rami* un enchevêtrement de branches; *un intrico di viottoli* un enchevêtrement de ruelles **2** (*fig.*) enchevêtrement: *un intrico di sentimenti contrastanti* un enchevêtrement de sentiments contradictoires; *un intrico di interessi* un enchevêtrement d'intérêts.

intridere |in'tridere| (130) *v.tr.* [*inzuppare, impastare con un liquido*] imprégner (8) (d'eau): *intridere la farina, il cemento* imprégner d'eau la farine, le ciment # *ho intriso la segatura con la colla* j'ai mélangé la sciure avec la colle.

intrigànte |intri'gante| *agg.* intrigant: *un tipo intrigante* un individu intrigant ✦ (*s.*) *un intrigante* un intrigant: *non fidarti di quell'intrigante* ne te fie pas à cet intrigant.

intrigàre |intri'gare| **A** *v.tr.* → **intricare** **B** *v.intr.* (*aus.* '*avere*') [*fare imbrogli, maneggi per trarne vantaggio; brigare*] faire (45) *tr.* des manœuvres, intriguer: *intrigare per evadere il fisco* faire des manœuvres pour échapper au fisc; *sapessi quanto ha intrigato per avere quel posto!* si tu savais comme il a intrigué pour avoir cette place! **C** *v. pron. intr.* INTRIGARSI [*immischiarsi, intromettersi*] se mêler: *perché vuoi intrigarti nei miei affari?* pourquoi veux-tu te mêler de mes affaires, mettre ton nez (*fam.*) dans mes affaires?; *si sono intrigati in una faccenda poco pulita* ils se sont mêlés d'une affaire pas très propre.

intrigo, ghi |in'trigo, gi| *s.m.* **1** intrigue (*f.*): *va avanti a forza di intrighi* il vit d'intrigues # *usare degli intrighi per ottenere q.c.* intriguer pour obtenir qqch. **2** [*situazione intricata, confusa; pasticcio*] embarras, pétrin: *mettersi in un intrigo* se mettre dans l'embarras, dans le pétrin; *ti sei cacciato in un bell'intrigo!* tu t'es fourré dans un beau pétrin.

intrigóne |intri'gone| *s.* (*fam.*) → **intrigante.**

intrinsecaménte |intrinseka'mente| *avv.* [→ INTRINSECO] intrinsèquement.

intrinsecità |intrinsetʃi'ta| *s.f. inv.* caractère *m.var.* intrinsèque.

intrinseco, ci, ca, che |in'trinseko, tʃi, ka, ke| **I** *agg.* **1** intrinsèque: *le proprietà intrinseche di una sostanza* les propriétés intrinsèques d'une substance; *i meriti intrinseci di una persona* les mérites intrinsèques d'une personne; *tu non calcoli i vantaggi intrinseci della cosa* tu ne calcules pas les avantages intrinsèques de la chose; *il valore intrinseco della collezione è modesto* la valeur intrinsèque de la collection est modeste; *scoprire le cause intrinseche di un fenomeno sociale* découvrir les causes intrinsèques d'un phénomène social **2** [*che ha un legame profondo; intimo*] intime: *sono legati da un'intrinseca amicizia* ils sont liés d'intime amitié **II** *s.m.* **1** (*persone*) → **intimo** II 2 **2** [*aspetto essenziale; valore reale*] essentiel: *valutare l'intrinseco di una questione* évaluer l'essentiel d'une question; *esaminare un problema nel suo intrinseco* examiner l'essentiel d'un problème.

intrinsichézza |intrinsi'kettsa| *s.f.* (*lett.*) → **familiarità, intimità.**

intriso |in'trizo| **1** *agg.* [*imbevuto d'acqua o d'altro liquido*] trempé: *sabbia, farina intrisa* sable trempé, farine trempée; *una camicia intrisa di sudore* une chemise trempée de sueur → **inzuppato** # *sono intriso di sudore* je suis en nage ◇ (*per est.*) [*bagnato, cosparso*] *una freccia intrisa di veleno* une flèche trempée dans le poison, empoisonnée; *aveva le mani e la faccia intrise di sangue* ses mains et son visage étaient tachés de sang ◇ (*fig.*) [*pervaso, cosparso*] pétri: *un racconto intriso di sentimentalismo* un récit pétri de sentimentalisme **2** *s.m.* [*impasto di farina*] pâte *f.*; (*di crusca*) pâtée *f.* ◇ [*impasto di gesso e sabbia*] gâchis ◇ [*impasto di calce e sabbia*] mortier.

intristiménto |intristi'mento| *s.m.* (*raro*) [→ INTRISTIRE] (*di fiori*) étiolement ◇ [*deperimento organico*] dépérissement.

intristire |intris'tire| (197) *v.intr.* (*aus.* '*essere*') **1** [*perdere freschezza, vitalità*] s'étioler (*pron.*): *i fiori all'ombra intristiscono* à l'ombre les fleurs s'étiolent; *i vigneti intristiscono per l'eccessiva siccità* la sécheresse prolongée fait s'étioler les vignes ◇ (*persone*) [*deperire*] dépérir (*aus.* avoir): *quel ragazzo continua a intristire* ce garçon continue à dépérir **2** (*lett.*) → **degenerare.**

intristito |intris'tito| *agg.* [*diventato secco, appassito*] étiolé: *pianta intristita* plante étiolée.

introdótto |intro'dotto| *agg.* **1** (*persone*) [*che gode di appoggi, conoscenze in un dato ambiente*] connu: *è una persona molto introdotta negli ambienti finanziari* c'est une personne très connue dans les milieux financiers ◇ (*per est.*) [*esperto*] expert: *è ben introdotto in campo elettronico* c'est un expert en électronique **2** (*cose*) [*piazzato, affermato sul mercato*] connu, introduit: *un prodotto poco, ben introdotto* un produit peu, bien connu, introduit.

introducibile |introdu'tʃibile| *agg.* [→ INTRODURRE A 3] qu'on peut introduire *loc.*

introdùrre |intro'durre| (108) **A** *v.tr.* **1** [*mettere dentro; inserire*] introduire (75): *ha introdotto dello stucco nella fessura* il a introduit du stuc dans la fente; *introdurre la chiave* introduire la clef; *ti sei dimenticato di introdurre la spina* tu as oublié d'introduire, de brancher la fiche # *introdurre una marcia* passer une vitesse ◇ [*importare, immettere*] *introdurre sigarette di contrabbando* introduire des cigarettes en contrebande; *questi articoli sono stati introdotti dall'estero* ces articles ont été introduits de l'étranger → **1 importare** **2** (*persone*) [*far entrare*] introduire; admettre (71): *introdurre gli ospiti* introduire les invités ‖ *possono essere introdotte solo le persone con invito* seulement les personnes munies d'une invitation peuvent être admises ◇ [*accompagnare*] introduire: *ci hanno introdotto dal direttore* ils nous ont introduits chez le directeur ◇ [*far conoscere; presentare*] *cerca il modo di introdurmi dal Presi-*

dente trouve le moyen d'être reçu par le Président ◇ [*far entrare qc. in un certo ambiente sociale*] introduire: *sono stato introdotto nell'alta borghesia della città* j'ai été introduit dans la haute bourgeoisie de la ville **3** [*mettere in uso*; *diffondere*] introduire: *introdurre una usanza, un modo di dire* introduire une coutume, une expression; *questa moda è stata introdotta di recente* cette mode a été introduite récemment; *l'azienda ha introdotto una nuova tecnica di vendite* l'entreprise a introduit une nouvelle technique de vente **4** (*fig.*) [*iniziare a q.c.*; *avviare*] initier: *introdurre qc. nello studio della botanica* initier qqn. à la botanique # *introdurre un problema, un discorso* aborder un problème, un discours; *mi ha introdotto nella professione avvocatizia* il m'a dirigé vers le barreau ◇ (*gram.*) introduire: *introdurre un complemento, una proposizione* introduire un complément, une proposition; *'perché' introduce una causale* 'parce que' introduit une proposition causale **5** [*far entrare in campo, nel discorso*] introduire; amener (6): *l'autore ha introdotto personaggi del tutto inverosimili* l'auteur a introduit des personnages complètement invraisemblables || *il protagonista viene introdotto a parlare* le protagoniste est amené à parler **B** *v.pron. intr.* INTRODURSI [*entrare, penetrare, spec. di nascosto*] s'introduire: *introdursi abusivamente in un ambiente, in un locale* s'introduire abusivement dans une pièce, dans un milieu; *i ladri si sono introdotti nottetempo nel negozio* le voleurs se sont introduits, ont pénétré pendant la nuit dans le magasin.

introduttivo |introdut'tivo| *agg.* introductif*: *discorso introduttivo* discours introductif # *una spiegazione introduttiva* une explication d'introduction.

introduttóre, trice |introdut'tore, tritʃe| *s.* **1** (*raro*) [*chi introduce* (*persone*)] introducteur* **2** [*chi inizia o diffonde nuove usanze*; *chi promuove attività o iniziative*] introducteur: *gli introduttori di una riforma* les introducteurs d'une réforme # *un introduttore geniale di mode* un homme, une femme qui a le génie pour lancer une mode.

introduttòrio, i |introdut'tɔrjo, i| *agg.* introductif*.

introduzióne |introdut'tsjone| *s.f.* **1** [→ INTRODURRE A 1, 3; B] introduction: *l'introduzione della chiave, di un gettone* l'introduction de la clef, d'un jeton; *l'introduzione di una moda, di un'usanza* l'introduction d'une mode, d'une coutume; *limitare l'introduzione di prodotti alcolici* limiter l'introduction des boissons alcoolisées **2** [→ INTRODURRE A 2] introduction: *l'introduzione dei visitatori* l'introduction des visiteurs; *lettera di introduzione* lettre d'introduction → **presentazione** # *l'introduzione di un rappresentante straniero al capo dello Stato* la présentation d'un représentant étranger au Chef de l'État **3** [*parte introduttiva di un discorso, di uno scritto e sim.*] introduction: *parole di introduzione* paroles d'introduction; *l'introduzione di un racconto* l'introduction d'un récit; *leggere, saltare l'introduzione* lire, sauter l'introduction ◇ [*trattato introduttivo*] *introduzione alla filosofia teoretica* introduction à la philosophie théorétique **4** (*mus.*) introduction.

introflessióne |introfles'sjone| *s.f.* (*med.*) repliement *m.* à l'intérieur.

introflèsso |intro'flɛsso| *agg.* replié en dedans.

introflèttersi |intro'flɛttersi| (145) *v.pron. intr.* [*ripiegarsi in dentro*] se replier en dedans.

introitàre |introi'tare| *v.tr.* (*bur.*) [*incassare, riscuotere*] toucher, encaisser: *con la sovratassa, lo Stato introiterà svariati miliardi* avec cette surtaxe, l'État touchera, encaissera plusieurs milliards.

intròito |in'trɔito| *s.m.* **1** (*bur.*) recette (*f.*): *diminuire, aumentare gli introiti* diminuer, augmenter les recettes; *prevedere un introito complessivo di tot miliardi* prévoir une recette totale de tant de milliards **2** (*liturg.*, *mus.*) introït: *lettura, canto dell'introito* lecture, chant de l'introït.

introméttere |intro'mettere| (155) **A** *v.tr.* (*raro*) **1** → **interporre** **2** → **introdurre** **B** *v.pron. rifl.* INTROMETTERSI **1** [*impicciarsi, immischiarsi*] s'entremettre (71), se mêler: *non intrometterti in queste faccende* ne t'entremets pas dans ces affaires, ne te mêle pas de ces affaires; *si vuol intromettere dappertutto* il veut s'entremettre partout **2** [*interporsi, intervenire*] s'interposer: *mi sono intromesso fra i due litiganti* je me suis interposé entre les deux adversaires # *per accordarli si è intromessa la zia* leur tante s'est employée à les réconcilier.

intromissióne |intromis'sjone| *s.f.* **1** [→ INTROMETTERE B 1] ingérence: *un'intromissione indebita* une ingérence illégitime; *ho respinto ogni intromissione esterna* j'ai repoussé toute ingérence étrangère → **ingerenza** **2** [→ INTROMETTERE B 2] intervention: *la tua intromissione è stata provvidenziale* ton intervention a été providentielle → **intervento.**

intronaménto |introna'mento| *s.m.* (*raro*) [→ INTRONARE] assourdissement (*corr.*).

intronàre |intro'nare| **A** *v.tr.* **1** [*assordare, stordire con rumore violento*] assourdir: *tutti quei colpi mi hanno intronato* tous ces coups m'ont assourdi **2** [*scuotere con forti vibrazioni*] ébranler: *l'esplosione ha intronato gli edifici della zona* l'explosion a ébranlé les édifices environnants **B** *v.intr.* (*aus. 'avere', raro 'essere'*) (*raro*) → **rintronare** **C** *v. pron. intr.* INTRONARSI (*raro*) [*rimanere stordito*] rester *intr.* abasourdi, sidéré.

intronàto |intro'nato| *agg.* [*stordito, intontito*] abasourdi.

intronizzàre |intronid'dzare| *v.tr.* [*collocare sul trono*] introniser: *intronizzare un sovrano, un pontefice* introniser un souverain, un pape.

intronizzazióne |introniddzat'tsjone| *s.f.* [→ INTRONIZZARE] intronisation.

intròrso |in'trɔrso| *agg.* (*bot.*) introrse.

introspettivo |introspet'tivo| *agg.* introspectif*: *metodo introspettivo* méthode introspective; *commedia introspettiva* comédie introspective.

introspezióne |introspet'tsjone| *s.f.* introspection: *un attento studio di introspezione* une étude attentive d'introspection.

introvàbile |intro'vabile| *agg.* introuvable; rare: *un articolo, un prodotto introvabile sul mercato* un article, un produit introuvable dans le commerce || *possiede delle doti introvabili* il possède des dons très rares → **raro, eccezionale.**

introversióne |introver'sjone| *s.f.* (*psicol.*) introversion.

introvèrso |intro'vɛrso| *agg.* (*psicol.*) introverti: *un carattere introverso* un caractère introverti, renfermé ◆ (*s.*) *un introverso* un introverti.

introvertìto |introver'tito| *agg.* → **introverso.**

intrùdere |in'trudere| (130) (*lett.*) **A** *v.tr.* [*introdurre, spec. arbitrariamente*] introduire (75) (*corr.*), insérer (8) (*corr.*) **B** *v.pron. intr.* INTRUDERSI [→ *tr.*] se glisser (*corr.*): *si è intrusa nella comitiva all'insaputa di tutti* elle s'est glissée dans le groupe à l'insu de tout le monde.

intrufolàre |intrufo'lare| **A** *v.tr.* [*introdurre, infilare di soppiatto*] fourrer: *ha intrufolato la mano nella mia borsetta* il a fourré sa main dans mon sac; *è riuscito a intrufolare una spia fra i nostri reparti* il a réussi à fourrer un espion dans nos services **B** *v.pron. rifl.* INTRUFOLARSI (*in un gruppo di persone*) se faufiler; (*in un luogo*) se fourrer: *come hai fatto a intrufolarti fra gli invitati?* comment as-tu réussi à te faufiler parmi les invités? || *cerca sempre di intrufolarsi dappertutto* il essaie toujours de se fourrer partout.

intrugliàre |intruʎ'ʎare| **A** *v.tr.* **1** [*manipolare, mescolare in modo grossolano*] frelater: *intrugliare una pietanza, il vino* frelater un mets, le vin # *cosa stai intrugliando?* qu'est-ce que tu es en train de tripoter? **2** (*fig.*) [*imbrogliare, impasticciare*] embrouiller: *intrugliare un discorso* embrouiller un discours; *non continuare a intrugliare il problema* ne continue pas à embrouiller le problème **B** *v.pron. rifl.* INTRUGLIARSI [*impasticciarsi, sbrodolarsi*] se salir: *ci siamo intrugliati nella melma* nous nous sommes salis dans la boue.

intrùglio, i |in'truʎʎo, i| *s.m.* **1** [*mescolanza disgustosa di cibi o bevande*] mixture (*f.*): *mi ha servito un intruglio immangiabile* il m'a servi une mixture immangeable; *non bere quell'intruglio!* ne bois pas cette mixture! ◇ (*spreg.*) [*medicina, spec. liquida*] *tu prendi troppi intrugli* tu prends trop de mixtures ◇ (*fig.*) mixture, mélange: *un intruglio di idee strane e slegate* une mixture, un mélange d'idées bizarres et décousues **2** (*fig.*) [*imbroglio, intrigo*] manigance (*f.*): *ho il sospetto che sia un intruglio* je soupçonne quelque manigance.

intruppaménto |intruppa'mento| *s.m.* [→ INTRUPPARSI] attroupement.

intruppàrsi |intrup'parsi| *v.pron. rifl.* **1** (*mil.*) [*inquadrarsi nella truppa*] s'enrôler: *si è intruppato negli alpini* il s'est enrôlé dans les chasseurs alpins **2** (*per est.*) [*accordarsi, aggregarsi*] s'enrégimenter: *ci siamo intruppati nel loro gruppo* nous nous sommes enrégimentés dans leur groupe.

intrusióne |intru'zjone| *s.f.* **1** intrusion: *evitare l'intrusione di estranei* éviter l'intrusion des étrangers **2** (*geol.*) intrusion: *fenomeni di intrusione* phénomènes d'intrusion.

intrusìvo |intru'zivo| *agg.* (*geol.*)

intrusif*: *rocce intrusive* roches intrusives.
intrùso |in'truzo| *s.* intrus: *sei un intruso!* tu es un intrus!; *abbiamo individuato gli intrusi* nous avons découvert les intrus ✦ (*agg.*) *una persona intrusa* un intrus *s.*
intubazióne |intubat'tsjone| *s.f.* (*med.*) tubage *m.*
intugliàre |intuʎ'ʎare| *v.tr.* (*mar.*) [*allacciare, aggiuntare due cavi*] abouter, ajuster.
intuìbile |intu'ibile| *agg.* [→ INTUIRE] prévisible: *un concetto, una conseguenza intuibile* une idée, une conséquence prévisible; *era un risultato fin troppo intuibile* c'était un résultat assez prévisible.
intuìre |intu'ire| (197) *v.tr.* [*cogliere immediatamente con l'intelletto; capire per intuizione*] comprendre (73) par intuition; deviner: *intuire una verità, un fatto* comprendre une vérité, un fait par intuition ‖ *dalla sua faccia ho intuito che gli era andata male* en le voyant, j'ai deviné qu'il avait échoué; *certe cose devi intuirle al volo* il est des choses que l'on doit attraper, deviner au vol # *non avevo intuito il pericolo* je n'avais pas flairé le danger ◇ (*per est.*) [*rendersi conto*] se rendre (53) *pron.* compte: *comincio a intuire di non aver altra scelta* je commence à me rendre compte que je n'ai pas le choix.
intuitivaménte |intuitiva'mente| *avv.* [→ INTUITIVO] intuitivement: *arrivare a una conclusione intuitivamente* arriver intuitivement à une conclusion.
intuitivìsmo |intuiti'vizmo| *s.m.* → **intuizionismo.**
intuitività |intuitivi'ta| *s.f. inv.* caractère *m. var.* intuitif.
intuitìvo |intui'tivo| *agg.* intuitif*: *conoscenza, visione intuitiva* connaissance, vision intuitive; *una verità intuitiva* une vérité intuitive; *usare il metodo intuitivo* user de la méthode intuitive ✦ (*s.*) *un intuitivo* un intuitif.
intùito |in'tuito| *s.m.* **1** [*conoscenza immediata senza riflessione di q.c.*] intuition (*f.*): *capire una cosa d'intuito, per intuito* comprendre une chose par intuition **2** (*per est.*) [*acutezza, prontezza mentale*] intuition: *un intuito pronto, acuto* une intuition vive; *un ragazzo dotato di intuito* un garçon qui a de l'intuition ◇ (*iron.*) *con il tuo solito intuito hai scelto la persona sbagliata!* avec ton intuition habituelle tu as choisi la mauvaise personne, le mauvais cheval (*fam.*).
intuizióne |intuit'tsjone| *s.f.* [→ INTUIRE] intuition: *l'intuizione di una verità* l'intuition d'une vérité; *ci sono arrivato per intuizione* j'y suis arrivé par intuition; *hai avuto una felice intuizione* tu as eu une intuition heureuse.
intuizionìsmo |intuittsjo'nizmo| *s.m.* (*filos.*) intuitionnisme.
intuizionìsta |intuitsjo'nista| *s.m.* intuitionniste.
intuizionìstico, ci, ca, che |intuitsjo'nistiko, tʃi, ka, ke| *agg.* (*filos.*) intuitionniste.
intumescènte |intumeʃ'ʃɛnte| *agg.* (*lett.*) → **gonfio** ◇ (*med.*) intumescent.
intumescènza |intumeʃ'ʃɛntsa| *s.f.* (*bot., med.*) intumescence.
intumidìre |intumi'dire| (197) *v. intr.* (*aus.* 'essere') (*lett.*) [*diventar gonfio; gonfiarsi*] enfler, se tuméfier *pron.*
inturbantàto |inturban'tato| *agg.* [*ricoperto da un turbante*] enturbanné.
inturgidiménto |inturdʒidi'mento| *s.m.* [→ INTURGIDIRE] turgescence *f.*, gonflement.
inturgidìre |inturdʒi'dire| (197) **A** *v.intr.* (*aus.* 'essere') [*diventar turgido, gonfio*] gonfler (*aus.* avoir): *durante lo sforzo le vene del braccio inturgidiscono* durant l'effort les veines du bras gonflent **B** *v.pron. intr.* INTURGIDIRSI [→ *intr.*] se gonfler.
intussuscezióne |intussuʃʃet'tsjone| *s.f.* (*med.*) intussusception.
inuguàle |inu'gwale| *e deriv.* → **ineguale** *e deriv.*
ìnula |'inula| *s.f.* (*t.bot.*) inule.
inulìna |inu'lina| *s.f.* (*chim.*) inuline.
inumanaménte |inumana'mente| *avv.* [→ INUMANO] inhumainement.
inumanazióne |inumanat'tsjone| *s.f.* → **incarnazione.**
inumanità |inumani'ta| *s.f. inv.* inhumanité *var.* → **crudeltà.**
inumàno |inu'mano| *agg.* inhumain: *una vendetta inumana* une vengeance inhumaine; *un trattamento inumano* un traitement inhumain → **spietato, crudele** ◇ [*contrario alla dignità umana; incivile*] *una legge inumana* une loi inhumaine; *abbiamo vissuto in condizioni inumane* nous avons vécu dans des conditions inhumaines → **disumano.**
inumàre |inu'mare| *v.tr.* [*seppellire, sotterrare*] inhumer: *le vittime sono state inumate in una fossa comune* les victimes ont été inhumées dans une fosse commune.
inumazióne |inumat'tsjone| *s.f.* [→ INUMARE] inhumation.
inumidiménto |inumidi'mento| *s.m.* [→ INUMIDIRE] humectage; humidification *f.*
inumidìre |inumi'dire| (197) **A** *v.tr.* [*rendere umido; bagnare leggermente*] humecter, humidifier: *inumidire i panni per stirarli* humecter, humidifier le linge pour le repasser # *la nebbia ci ha inumidito gli abiti* le brouillard a rendu nos vêtements humides □ *inumidirsi le labbra* s'humecter les lèvres **B** *v.pron.* INUMIDIRSI **1** *intr.* [→ *tr.*] s'humecter: *la terra si è inumidita* la terre s'est humectée **2** *rifl.* → *tr.* □.
inumidìto |inumi'dito| *agg.* [*impregnato di umidità; leggermente bagnato*] humide; humecté: *coperte inumidite* couvertures humides ‖ *labbra inumidite* lèvres humectées.
inurbaménto |inurba'mento| *s.m.* [→ INURBARSI 1] urbanisation *f.*, fuite *f.* vers la ville.
inurbanaménte |inurbana'mente| *avv.* [→ INURBANO] impoliment.
inurbanità |inurbani'ta| *s.f. inv.* [*scortesia*] impolitesse *var.* ◇ [*inciviltà*] incivilité *var.*
inurbàno |inur'bano| *agg.* [*scortese, villano*] impoli: *una risposta inurbana* une réponse impolie; *perché usi quei modi inurbani?* pourquoi te comportes-tu d'une manière impolie?
inurbàrsi |inur'barsi| *v.pron. intr.* **1** [*trasferirsi a vivere dalla campagna in città*] (abandonner la campagne pour) aller (13) *intr.* habiter en ville: *nell'ultimo dopoguerra molti contadini si sono inurbati* pendant le dernier après-guerre beaucoup de paysans sont allés habiter en ville **2** (*fig.*) [*acquistare maniere, abitudini cittadine*] prendre (73) *tr.* des habitudes de citadin: *in poco tempo si è completamente inurbata* en peu de temps, elle a pris des habitudes de citadine.
inusitataménte |inuzitata'mente| *avv.* [→ INUSITATO] de façon inusitée *loc. inv.*
inusitàto |inuzi'tato| *agg.* inusité: *espressioni, locuzioni inusitate* expressions, locutions inusitées → **insolito.**
inùtile |i'nutile| *agg.* inutile: *un oggetto inutile* un objet inutile; *misure, provvedimenti completamente inutili* mesures, dispositions complètement inutiles; *non farti degli scrupoli inutili* ne te crée pas des scrupules inutiles; *ormai tutto è inutile* désormais tout est inutile.
inutilità |inutili'ta| *s.f. inv.* inutilité (*var.*): *l'inutilità di un rimedio* l'inutilité d'un remède; *dobbiamo costatare l'inutilità dei nostri sforzi* nous devons constater l'inutilité de nos efforts.
inutilizzàbile |inutilid'dzabile| *agg.* inutilisable: *risorse inutilizzabili* ressources inutilisables; *una macchina divenuta inutilizzabile* une voiture devenue inutilisable.
inutilizzàre |inutilid'dzare| *v.tr.* [*rendere inutilizzabile, inservibile, inutile*] rendre (53) inutilisable, inutile.
inutilizzàto |inutilid'dzato| *agg.* inutilisé: *impianti inutilizzati* installations inutilisées.
inutilizzazióne |inutiliddzat'tsjone| *s.f.* impossibilité, manque *m.* d'utilisation.
inutilménte |inutil'mente| *avv.* [→ INUTILE] inutilement: *ho lavorato inutilmente* j'ai travaillé inutilement; *ti preoccupi inutilmente* tu t'inquiètes inutilement.
invadènte |inva'dɛnte| *agg.* **1** (*raro*) [*che invade; occupante*] envahissant (*arc.*): *resistere alle truppe invadenti* résister aux armées envahissantes **2** (*fig.*) [*che si intromette senza discrezione*] envahissant: *una persona invadente* une personne envahissante; *sei troppo invadente!* tu es trop envahissante! → **indiscreto** ✦ (*s.*) *un invadente* un indiscret*.
invadènza |inva'dɛntsa| *s.f.* [*intromissione indebita; indiscrezione*] sans-gêne (*m. inv.*): *la sua invadenza mi irrita* son sans-gêne m'irrite.
invàdere |in'vadere| (153) *v.tr.* **1** (*mil., corr.*) [*penetrare con la forza in un territorio*] envahir: *le truppe nemiche hanno invaso le regioni occidentali* les troupes ennemies ont envahi les régions occidentales; *la capitale è stata invasa dai ribelli* la capitale a été envahie par les rebelles ◇ (*per est.*) [*far irruzione, entrare in massa con o senza intenzioni ostili*] *la popolazione infuriata ha invaso il municipio* la population furieuse a envahi la mairie; *alcuni scioperanti hanno invaso gli uffici della direzione* quelques grévistes ont envahi les bureaux de la direction; *finita la partita, gli spettatori hanno invaso il campo* la partie finie, les spectateurs ont envahi le terrain; *la città è invasa dai turisti* la ville est envahie par les touristes; (*scherz.*) *una folla di invitati mi ha invaso la casa* une foule d'invités a envahi ma maison **2** (*per est.*) (*animali, cose*) [*propagarsi, diffondersi arrecando danno*] envahir: *i topi, gli insetti hanno invaso la soffitta* les souris, les insectes ont envahi le grenier; *le*

erbacce hanno invaso il giardino les mauvaises herbes ont envahi le jardin # *l'incendio ha invaso anche i sotterranei* l'incendie a gagné même les sous-sols ◇ (*per anal.*) [*allagare*] *l'acqua ha invaso la cantina* l'eau a envahi la cave; *le campagne sono state invase dall'inondazione* la campagne a été envahie par l'inondation ◇ (*fig.*) (*di prodotti commerciali*) inonder: *un articolo che ha invaso il mercato* un article qui a inondé le marché **3** (*fig.*) [*propagarsi, contagiare*] envahir: *l'influenza ha invaso gran parte dell'Europa* la grippe a envahi une grande partie de l'Europe ◇ (*per est.*) gagner: *il malcostume ha invaso tutte le classi sociali* les mauvaises mœurs ont gagné toutes les classes sociales ◇ [*pervadere, dominare*] gagner: *ormai è invaso dall'ambizione* désormais il est gagné par l'ambition **4** (*med.*) [*infiltrare gli organi collaterali*] gagner: *l'emorragia ha invaso l'apparato addominale* l'hémorragie a gagné l'abdomen **5** (*fig.*) [*arrogarsi competenze non proprie; ingerirsi nelle cose altrui*] empiéter (8) *intr.* sur: *non invadere il mio campo* n'empiète pas sur mon terrain; *avete invaso i diritti della controparte* vous avez empiété sur les droits de la partie adverse.

invaghiménto |invagi'mento| *s.m.* (*lett.*) [→ INVAGHIRE] entichement.

invaghìre |inva'gire| (197) **A** *v.tr.* (*lett.*) [*accendere di desiderio; innamorare*] charmer (*corr.*): *con le sue moine lo ha invaghito* avec ses cajoleries elle l'a charmé **B** *v.pron. intr.* INVAGHIRSI [→ *tr.*] s'enticher de: *si è invaghito di tua sorella* il s'est entiché de ta sœur ◇ (*per est.*) *mi sono invaghito di quel quadro* je me suis entiché de ce tableau; *ormai si è invaghito della presidenza* maintenant il s'est entiché de la présidence.

invaghito |inva'gito| *agg.* [*preso fortemente dal desiderio di q.c.*] amoureux*: *è troppo invaghito di quella ragazza* il est trop amoureux de cette fille → **innamorato.**

invaginàre |invadʒi'nare| **A** *v.tr.* (*lett.*) → **inguainare B** *v.pron. intr.* INVAGINARSI (*med.*) [*ripiegarsi in dentro come il dito di un guanto*] s'invaginer: *un tratto di intestino si è invaginato* un morceau d'intestin s'est invaginé.

invaginazióne |invadʒinat'tsjone| *s.f.* (*med.*) invagination: *invaginazione intestinale* invagination intestinale.

invaiatùra |invaja'tura| *s.f.* (*bot.*) véraison.

invalére |inva'lere| (191) *v.intr. dif.* (*usato soltanto nelle terze pers. e al p.p.*) (*aus.* '*essere*') [*acquistar forza; affermarsi*] se répandre (53) (*pron.*): *è ormai invalsa l'abitudine di...* désormais l'habitude s'est répandue de... ✦ (*al p.p.*) *un pregiudizio invalso fra i più...* un préjugé répandu parmi les plus... → **diffuso, 1 comune.**

invalicàbile |invali'kabile| *agg.* [*impossibile, difficile da valicare*] infranchissable: *una scogliera invalicabile* une falaise infranchissable ◇ (*fig.*) *difficoltà invalicabili* difficultées infranchissables; *porre dei limiti invalicabili* mettre des limites infranchissables → **insuperabile.**

invalicabilità |invalikabili'ta| *s.f. inv.* impossibilité *var.* de franchir.

invalidàbile |invali'dabile| *agg.* [→ INVALIDARE] invalidable: *un contratto invalidabile* un contrat invalidable.

invalidabilità |invalidabili'ta| *s.f. inv.* impossibilité *var.* d'invalider.

invalidaménto |invalida'mento| *s.m.* → **invalidazione.**

invalidànte |invali'dante| *agg.* **1** qui invalide *loc.* ◇ (*dir.*) infirmatif*: *clausola invalidante* clause infirmative **2** [*che provoca invalidità fisica*] qui rend invalide (*loc.*): *ferite, lesioni invalidanti* blessures, lésions qui rendent invalides, qui causent l'invalidité.

invalidàre |invali'dare| *v.tr.* **1** [*dichiarare, dimostrare non valido, nullo*] invalider: *invalidare un testamento* invalider un testament; *il tribunale ha invalidato il provvedimento di licenziamento* le tribunal a invalidé les mesures de licenciement **2** (*per est.*) [*togliere efficacia a*] invalider ◇ [*indebolire*] affaiblir: *invalidare le argomentazioni di qc.* affaiblir les argumentations de qqn.

invalidazióne |invalidat'tsjone| *s.f.* [→ INVALIDARE] invalidation: *invalidazione di un atto, di un documento* invalidation d'un acte, d'un document.

invalidità |invalidi'ta| *s.f. inv.* **1** invalidité (*var.*): *invalidità temporanea, permanente* invalidité temporaire, permanente; *grado d'invalidità* degré d'invalidité: *pensione d'invalidità* pension d'invalidité **2** (*dir.*) invalidité: *l'invalidità di una procedura giudiziaria* l'invalidité d'une procédure judiciaire → **nullità.**

invàlido |in'valido| *agg.* **1** invalide: *invalido di guerra, del lavoro* invalide de guerre, du travail; *restare invalido* rester invalide ✦ (*s.*) *un invalido* un invalide: *un invalido civile* un invalide civil; *i grandi invalidi (di guerra)* les grands invalides (de guerre), les grands mutilés **2** (*dir.*) nul*: *una testimonianza invalida* un témoignage nul; *atti, documenti invalidi* actes, documents nuls.

invàlso |in'valso| *agg.* [*diffuso, comune*] établi: *moda, opinione invalsa* mode, opinion établie.

invàno |in'vano| *avv.* en vain (*loc.*): *lavorare, affaticarsi invano* travailler, se fatiguer en vain; *ho tentato invano di convincerlo* j'ai tenté en vain de le convaincre → **inutilmente** ✦ (*in funzione di agg.*) ESSERE, RISULTARE INVANO être vain: *ogni sforzo di salvarlo è stato invano* tous les efforts pour le sauver ont été vains.

invàr |in'var| *s.m. inv.* (*marchio depositato*) (*metall.*) invar *var.*

invariàbile |inva'rjabile| *agg.* **1** invariable: *situazione, temperatura invariabile* situation, température invariable → **costante 2** (*gram.*) invariable: *le parti invariabili del discorso* les parties invariables du discours.

invariabilità |invarjabili'ta| *s.f. inv.* invariabilité *var.*

invariabilménte |invarjabil'mente| *avv.* [→ INVARIABILE 1] invariablement.

invariànte |inva'rjante| *agg. e s.m.* (*scient.*) invariant.

invariantìvo |invarjan'tivo| *agg.* qui ne varie pas *loc.*

invariànza |inva'rjantsa| *s.f.* (*fis., mat.*) invariance.

invariàto |inva'rjato| *agg.* [*che non ha subito variazioni; costante*] inchangé: *situazione invariata* situation inchangée; *prezzi invariati* prix inchangés.

invasaménto |invaza'mento| *s.m.* (*raro*) → **esaltazione, infatuazione.**

1 **invasàre** |inva'zare| **A** *v.tr.* [*turbare, sconvolgere l'autocontrollo mentale e psicologico*] posséder (8): *essere invasato dall'odio, dalla rabbia* être possédé par la haine, par la colère; *la passione politica lo ha invasato* la passion politique l'a possédé; *sono invasati dal demonio* ils sont possédés par le démon **B** *v.pron. intr.* INVASARSI [*infatuarsi in modo ossessivo*] se prendre (73) d'une passion: *si è invasata dei cavalli* elle s'est prise d'une passion pour les chevaux.

2 **invasàre** |inva'zare| *v.tr.* **1** [*mettere una pianta in vaso*] mettre (71) en pot: *invasare una pianta di rosa* mettre en pot un plant de rosier **2** (*mar.*) [*montare l'invasatura sotto una nave per il varo*] munir de ber(s) **3** (*idraul.*) [*immettere acqua in un bacino, in un serbatoio*] remplir: *invasare una cisterna* remplir une citerne.

invasàto |inva'zato| *agg.* [*in preda a forte eccitazione; ossesso*] possédé: *sembra invasato* il semble être possédé # *i tifosi invasati hanno picchiato l'arbitro* les supporters enragés ont tapé sur l'arbitre ✦ (*s.*) *un invasato* un possédé: *stai alla larga da quegli invasati!* reste au large de ces possédés!

invasatùra |invaza'tura| *s.f.* **1** [→ 2 INVASARE 1] mise en pot **2** (*mar.*) ber(s) *m.*

invasióne |inva'zjone| *s.f.* **1** [→ INVADERE 1] invasion: *l'invasione di un paese neutrale* l'invasion d'un pays neutre; *respingere un'invasione* repousser une invasion ◇ (*st.*) *le invasioni barbariche* les invasions barbares ◇ (*sport*) *invasione (pacifica) del campo* invasion (pacifique) du terrain; *la partita è stata sospesa per invasione del campo* la partie a été suspendue par suite de l'invasion du terrain; (*scherz.*) *un'invasione di turisti, di visitatori* une invasion de touristes, de visiteurs **2** (*per est.*) [→ INVADERE 2] invasion: *un'invasione di cavallette* une invasion de sauterelles; *sul mercato c'è un'invasione di prodotti giapponesi* le marché est envahi de produits japonais **3** (*fig., med.*) invasion: *periodo d'invasione di una epidemia* période d'invasion d'une épidémie.

invàso |in'vazo| *s.m.* **1** [→ 2 INVASARE 1] mise *f.* en pot **2** (*idraul.*) capacité *f.*, contenance *f.*

invasóre |inva'zore|, **invaditrìce** |invadi'tritʃe| *agg.* des envahisseurs (*loc. inv.*): *l'esercito invasore* l'armée des envahisseurs # *il popolo invasore* les envahisseurs; *il nemico invasore* l'envahisseur ✦ (*s.m.*) *l'invasore* l'envahisseur.

invecchiaménto |invekkja'mento| *s.m.* **1** [→ INVECCHIARE A 1; B 1; C 1] vieillissement: *l'invecchiamento della popolazione* le vieillissement de la population; *subire un rapido, precoce invecchiamento* subir un rapide, précoce vieillissement **2** [→ INVECCHIARE A 2; B 3; C 2] vieillissement: *invecchiamento naturale, artificiale* vieillissement naturel, artificiel; *un vino con dieci anni di invecchiamento* un vin avec dix ans de vieillissement, de dix ans d'âge.

invecchiàre |invek'kjare| **A** *v.tr.* **1** [*far diventar vecchio*] vieillir: *gli stenti l'hanno invecchiato precocemente* la misère l'a vieilli précocement ◇ [*far* *apparir vecchio*] *quel vestito ti invecchia* cette robe te vieillit **2** (*di vini, salumi e sim.*) [*stagionare*] faire (45) *intr.* vieillir: *invecchiare una grappa, un prosciutto* faire vieillir une eau-de-vie, un jambon ◇ (*di mobili, dipinti e sim.*) [*trattarli in modo da farli apparire più antichi*] *invecchiare una cornice* patiner un cadre **B** *v.intr.* (*aus.* '*essere*') **1** [→ *tr.* 1] vieillir (*aus.* avoir, être): *ogni organismo invecchia* tout organisme vieillit; *ormai comincio a invecchiare* je commence vraiment à vieillir; *come* (*si*) *è invecchiata in questi ultimi tempi!* comme elle a vieilli ces derniers temps! ◇ (*fig.*) *invecchiare nell'animo* vieillir spirituellement, intellectuellement ◇ (*prov.*) *il cuore non invecchia* le cœur ne vieillit pas **2** (*fig.*) [*cadere in disuso*] vieillir: *tutte le mode invecchiano* toutes les modes vieillissent; *queste idee invecchieranno presto* ces idées vieilliront vite **3** (*di vini, salumi e sim.*) [→ *tr.* 2] vieillir: *ogni vino invecchia alla giusta temperatura* chaque vin vieillit à la bonne température **C** *v.pron. intr.* INVECCHIARSI **1** [→ *tr.* 1] vieillir (*intr.*): *purtroppo ci stiamo invecchiando!* malheureusement on vieillit, nous vieillissons!; *dopo la malattia si è molto invecchiata* après sa maladie elle a beaucoup vieilli **2** (*di vini, salumi e sim.*) [→ *tr.* 2] vieillir (*intr.*): *certi vini quando s'invecchiano cambiano aroma* certains vins, en vieillisant changent d'arôme 🄲 A 1; B 1, 2; C 1 **ringiovanire.**

invéce |in'vetʃe| **I** *avv.* **1** [*al contrario*] au contraire: *credevo che mi ascoltasse, invece dormiva* je croyais qu'il m'écoutait, au contraire, il dormait; *prevedevo brutto tempo, invece guarda che giornata!* je prévoyais du mauvais temps, au contraire, regarde quelle journée!; *si aspettavano chissà che cosa, e invece...* ils s'attendaient à Dieu sait quoi, et au contraire... ◇ (*raff., fam.*) MA INVECE, MENTRE INVECE mais en fait, au contraire: *doveva già essere qui, ma invece, mentre invece non si è visto* il devait déjà être ici, mais en fait on ne l'a pas vu **2** [*piuttosto*] plutôt: *lascia stare i complimenti, dimmi invece come ti è andata* laisse tomber les compliments, dis-moi plutôt comment cela a marché; *non mi va bene la carne, preferisco invece un po' di latte* je n'ai pas envie de viande, je préférerais plutôt un peu de lait **II** *loc.* **1** *loc. prep.* INVECE DI [*al posto di*; *in sostituzione di*] au lieu de; à la place de: *aiutami, invece di star lì impalato a guardarmi* aide-moi, au lieu de rester là planté à me regarder; *invece di scriverti, ti telefono* au lieu de t'écrire, je te téléphone ‖ *preferisco questo invece di quello* je préfère celui-ci à (la place de) celui-là; *ci sarò io invece di mio padre* c'est moi qui y serai à la place de mon père ◇ (*seguito da pron. pers. si usa nella forma staccata 'in vece', senza la prep. 'di'*) à (ma, ta...) place: *verrà la sorella in vece sua* sa sœur viendra à sa place; *fatelo pure in vece nostra* faites-le donc à notre place **2** *loc. congv.* (*fam., pop.*) INVECE CHE → **invece (di).**

inveìre |inve'ire| (197) *v.intr.* (*aus.* '*avere*') INVEIRE CONTRO [*rivolgersi in modo violento contro qc. o q.c., con rimproveri, minacce o maledizioni*] lancer (2) *tr.* des invectives, invectiver contre: *inveire contro il governo, contro l'arbitro, contro la malasorte* lancer des invectives, invectiver contre le gouvernement, contre l'arbitre, contre la malchance # *ha continuato a inveire contro di me per almeno un'ora* il a continué de m'accabler d'invectives pendant au moins une heure ✦ (*ass.*) *non la smetteva più di inveire* il n'arrêtait plus de crier ◇ (*raro*) → **infierire.**

invelàre |inve'lare| (*mar.*) **A** *v.tr.* [*fornire di vele*] voiler: *invelare una nave* voiler un navire **B** *v.intr.* (*aus.* '*avere*' [*spiegare le vele*] larguer *tr.* les voiles.

invelenire |invele'nire| (197) **A** *v.tr.* [*esasperare, inasprire*] irriter; envenimer: *le tue critiche lo hanno invelenito* tes critiques l'ont irrité ‖ *ha fatto di tutto per invelenire i nostri rapporti* il a tout fait pour envenimer nos rapports → **guastare** **B** *v.intr.* (*aus.* '*essere*') [*riempirsi di rabbia, di rancore*] s'irriter (*pron.*): *inveleniva contro tutti* il s'irritait contre tout le monde **C** *v.pron. intr.* INVELENIRSI [→ *intr.*] s'irriter: *si è invelenita con la suocera* elle s'est irritée contre sa belle-mère.

invelenito |invele'nito| *agg.* [*esasperato, astioso*] irrité: *l'ho lasciata invelenita* je l'ai laissée irritée; *è invelenito contro di voi* il est irrité contre vous.

invendibile |inven'dibile| *agg.* invendable: *una merce, un articolo invendibile* de la marchandise, un article invendable.

invendicàto |invendi'kato| *agg.* resté sans vengeance: *offesa invendicata* offense restée sans vengeance.

invendùto |inven'duto| *agg.* invendu: *giacenze invendute* stocks invendus; *merci invendute* marchandises invendues ✦ (*s.m.*) *l'invenduto* l'invendu.

inventàre |inven'tare| *v.tr.* **1** [*scoprire q.c. di nuovo*] inventer: *inventare uno strumento di precisione* inventer un instrument de précision; *benedetto chi ha inventato la televisione!* béni soit celui qui a inventé la télévision! **2** (*per est.*) [*escogitare con la propria fantasia*] inventer: *ne inventa di tutti i colori* il en invente de toutes les couleurs; *devo inventare qualche scusa* je dois inventer une excuse ◇ [*immaginare cose inesistenti*] *inventa continue difficoltà* il invente de continuelles difficultés ◇ [*raccontare cose false*] *inventare di sana pianta* inventer de toutes pièces; *tu inventi un sacco di storie* toi, tu inventes un tas d'histoires.

inventariàre |inventa'rjare| *v.tr.* [*fare l'inventario*; *registrare nell'inventario*] inventorier: *inventariare i beni di una eredità* inventorier les biens d'un héritage; *inventariare i libri di una biblioteca, le giacenze di un magazzino* inventorier les livres d'une bibliothèque, les stocks d'un magasin; *tutti gli articoli devono essere inventariati* tous les articles doivent être inventoriés.

inventariazióne |inventarjat'tsjone| *s.f.* [→ INVENTARIARE] inventaire *m.*, inventariage *m.*

inventàrio, i |inven'tarjo, i| *s.m.* **1** inventaire: *l'inventario dei mobili di una villa* l'inventaire des meubles d'une villa; *compilare, fare un inventario* dresser, faire un inventaire; *hai controllato l'inventario?* as-tu contrôlé l'inventaire? ◇ (*contabilità*) *inventario iniziale, finale* inventaire initial, final; *inventario fallimentare* inventaire de faillite ◇ (*loc.*) *con beneficio d'inventario*: (*pr., fig.*) sous bénéfice d'inventaire **2** (*fig.*) [*elenco arido o noioso*; *lista*] liste (*f.*): *mi ha rifatto l'inventario dei suoi meriti, dei suoi malanni* il m'a refait la liste de ses mérites, de ses infirmités; il m'a de nouveau énuméré ses mérites, ses infirmités.

inventàto |inven'tato| *agg.* [*falso, infondato*] inventé: *inventato di sana pianta* inventé de toutes pièces.

inventiva |inven'tiva| *s.f.* [*immaginazione fervida*; *fantasia*] imagination: *un decoratore ricco, povero d'inventiva* un décorateur plein d'imagination, ayant peu d'imagination; *mancare d'inventiva, esser privo d'inventiva* manquer d'imagination, ne pas avoir d'imagination → **fantasia.**

inventivo |inven'tivo| *agg.* inventif*: *spirito inventivo* esprit inventif.

inventóre, trice |inven'tore, tri-tʃe| *agg.* inventif*: *un genio inventore* un génie inventif ✦ (*s.*) *un inventore* un inventeur*: *l'inventore della bussola* l'inventeur de la boussole.

invenùsto |inve'nusto| *agg.* (*lett.*) → **sgraziato.**

invenzióne |inven'tsjone| *s.f.* **1** [→ INVENTARE 1] invention: *l'invenzione del telefono* l'invention du téléphone; *esposizione delle più recenti invenzioni* exposition des plus récentes inventions; *brevettare un'invenzione* faire breveter une invention ◇ (*per est.*) [*ideazione con carattere di novità*] *una ricetta di mia invenzione* une recette de mon invention # *queste sono le ultime invenzioni della moda* voici les dernières créations de la mode ◇ (*per est.*) [*espediente, trovata*] *un'invenzione diabolica, strepitosa* une invention diabolique, éclatante **2** [*fantasia, immaginazione*] imagination: *facilità, ricchezza d'invenzione* facilité, richesse d'imagination # *fatti e persone sono invenzioni dell'autore* faits et personnages ont été imaginés par l'auteur **3** (*fig.*) [*notizia infondata*; *diceria, pettegolezzo*] mensonge *m.*; commérage (*m.*): *un'invenzione maligna* un méchant mensonge ‖ *son tutte invenzioni della gente* ce ne sont que (des) commérages **4** (*dir.*) invention → **ritrovamento** **5** (*ling., mus.*) invention.

inveràrsi |inve'rarsi| *v.pron. intr.* (*lett., filos.*) [*acquistare verità, diventar vero*] s'évérer (8).

inverdiménto |inverdi'mento| *s. m.* (*biol., bot.*) verdissage.

inverdire |inver'dire| (197) **A** *v.tr.* [*rendere verde*] verdir: *la primavera inverdisce i prati* le printemps verdit les prés # *voglio inverdire di più il giardino* je veux rendre plus vert le jardin **B** *v.intr.* (*aus.* '*essere*') [*diventar verde*] verdir (*aus.* avoir): *le campagne cominciano a inverdire* la campagne commence à verdir **C** *v.pron. intr.* INVERDIRSI [→ *intr.*] devenir (27) *intr.* vert: *le aiuole si sono inverdite* les parterres sont devenus verts.

inverecondaménte |inverekonda'mente| *avv.* [→ INVERECONDO] impudiquement.

inverecóndia |invere'kondja| *s.f.* [*mancanza di pudore*] impudeur: *l'inverecondia di un abbigliamento* l'impudeur d'un vêtement ◇ (*per est.*) [*sfacciataggine*] impudence: *ha negato tutto,*

che inverecondia! il a tout nié, quelle impudence!
inverecóndo |invere'kondo| *agg.* [*che manca di pudore*] impudique: *usare un linguaggio inverecondo* employer un langage impudique ◇ (*per est.*) [*sfacciato, smoderato*] impudent: *abbiamo gozzovigliato in modo inverecondo* nous avons fait la noce d'une façon impudente.
invergàre |inver'gare| *v.tr.* → **inferire** (*mar.*).
invergatùra |inverga'tura| *s.f.* → **inferitura.**
invermigliàre |invermiʎ'ʎare| **A** *v.tr.* (*raro, lett.*) [*tingere di vermiglio*] rendre (53) vermeil (*corr.*) **B** *v.pron. intr.* INVERMIGLIARSI (*raro, lett.*) [→ *tr.*] devenir (27) *intr.* vermeil (*corr.*).
inverminìre |invermi'nire| (197), **inverminàre** |invermi'nare| **A** *v. intr.* (*aus.* '*essere*') [*riempirsi di vermi*] faire (45) *tr.* des vers: *il formaggio è invermito* le fromage a (fait) des vers; *il prosciutto comincia a inverminire* le jambon commence à avoir, à faire des vers ◇ [*andare in putrefazione*] pourrir (*aus.* avoir): *una sostanza facile a inverminire* une substance qui pourrit facilement **B** *v.pron. intr.* INVERMINIRSI [→ *intr.*] pourrir (*intr.*): *i funghi si sono inverminiti* les champignons ont pourri.
invernàle |inver'nale| *agg.* hivernal*; d'hiver (*loc. inv.*): *freddo, clima invernale* froid, climat hivernal; *stagione invernale* saison hivernale, hiver; *sonno, letargo invernale* sommeil hivernal, hibernation ‖ *abiti, provviste invernali* vêtements, provisions d'hiver; *sport invernali* sports d'hiver.
invernàta |inver'nata| *s.f.* [*periodo, stagione invernale*] hiver (*m.*): *una cattiva, lunga invernata* un mauvais, un long hiver; *trascorrere l'invernata in riviera* passer (tout) l'hiver au bord de la mer.
inverniciàre |inverni'ʃtare| *e deriv.* → **verniciare** *e deriv.*
invèrno |in'vɛrno| *s.m.* [*quarta stagione dell'anno*] hiver: *un inverno rigido, nevoso* un hiver rigoureux, neigeux; *quartieri d'inverno* quartier d'hiver; *giardino d'inverno* jardin d'hiver; *entrare nell'inverno* s'acheminer vers l'hiver; *siamo in pieno, nel cuore dell'inverno* nous sommes en plein hiver, au cœur de l'hiver; *vestirsi da inverno* s'habiller avec des vêtements d'hiver ◇ *loc.* D'INVERNO en hiver, l'hiver: *i contadini, d'inverno, si riposano* les paysans se reposent en hiver, l'hiver ~ *d'estate come d'inverno* été comme hiver.
invéro |in'vero| *avv.* (*lett.*) [*in verità; veramente*] en vérité (*loc.*): *invero siete stati proprio ingenui* en vérité vous avez été très naïfs.
inverosimigliànte |inverosimiʎ'ʎante| *agg.* → **inverosimile.**
inverosimigliànza |inverosimiʎ'ʎantsa| *s.f.* [*non corrispondenza alla realtà*] invraisemblance: *l'inverosimiglianza di un racconto* l'invraisemblance d'un récit # *l'inverosimiglianza di un ritratto* le manque de ressemblance d'un portrait ◇ (*al plur.*) [*cose inverosimili, improbabili*] invraisemblances: *un resoconto pieno di inverosimiglianze* un compte-rendu plein d'invraisemblances.
inverosìmile |invero'simile| *agg.* **1** [*non corrispondente al vero; privo di probabilità*] invraisemblable: *è una ipotesi inverosimile* c'est une hypothèse invraisemblable; *hai scritto delle cose troppo inverosimili* tu as écrit des choses trop invraisemblables ✦ (*s.m.*) *l'inverosimile* l'invraisemblable: *non puoi sostenere l'inverosimile* tu ne peux pas soutenir l'invraisemblable **2** (*per est.*) [*assurdo, illogico*] invraisemblable: *un atteggiamento inverosimile* une attitude invraisemblable ◇ [*straordinario*] *ha fatto cose inverosimili* il a fait des choses invraisemblables ✦ (*s.m.*) *l'inverosimile* l'invraisemblable: *è capace di insistere sino all'inverosimile* il est capable d'insister jusqu'à l'invraisemblable.
inverosimilménte |inverosimil'mente| *avv.* [→ INVEROSIMILE 1] invraisemblablement.
inversaménte |inversa'mente| *avv.* [→ INVERSO 1] inversement: *grandezze inversamente proporzionali* grandeurs inversement proportionnelles.
inversióne |inver'sjone| *s.f.* **1** [→ INVERTIRE 1] demi-tour (*m.*): *inversione di marcia* demi-tour; *manovra di inversione* manœuvre pour faire demi-tour # *inversione di rotta* changement de cap, de route ◇ (*fisiol.*) *inversione sessuale* inversion sexuelle ◇ (*meteor.*) *inversione termica* inversion thermique ◇ (*enigmistica*) *inversione di parola, di frase* anagramme **2** [→ INVERTIRE 2] interversion: *inversione dei fattori* interversion des facteurs; *inversione dei posti a tavola* interversion des places à table → **scambio 3** (*ling.*) inversion: *inversione sintattica* inversion syntaxique; *inversione del soggetto* inversion du sujet **4** (*chim., foto.*) inversion.
inversivo |inver'sivo| *agg.* (*ling.*) inversif*.
invèrso |in'vɛrso| *agg.* **1** inverse: *costruzione inversa* construction inverse → **rovesciato**; *disporre in ordine inverso* disposer dans un ordre inverse; *dirigersi in senso inverso* se diriger dans le sens inverse; *esaminiamo il caso inverso* examinons le cas inverse → **contrario, opposto** ✦ (*s.m.*) *l'inverso* l'inverse, le contraire: *fare tutto l'inverso* faire tout l'inverse, tout le contraire ◇ (*mat.*) *proporzionalità inversa* proportionnalité inverse; *frazione inversa* fraction inverse ◇ *loc.* ALL'INVERSO au contraire ~ *in ragione inversa* (*a*) en raison inverse (à) **2** (*fig., pop.*) [*che è di cattivo umore*] en colère *loc. inv.* (*corr.*): *gli parlerò quando sarà meno inverso* je lui parlerai quand il sera moins en colère.
inversóre |inver'sore| *s.m.* (*tecnol.*) inverseur.
invertàsi |inver'tazi| *s.f. inv.* (*chim.*) invertase *var.*, invertine *var.* (*arc.*).
invertebràto |inverte'brato| *agg.* **1** invertébré: *animali invertebrati* animaux invertébrés ✦ *s.m. pl.* (*t. zool.*) *gli Invertebrati* les Invertébrés **2** (*fig.*) [*privo di carattere, di volontà; smidollato*] mollasse: *un giovane invertebrato* un garçon mollasse, un jeune mollasson.
invertìbile |inver'tibile| *agg.* **1** [→ INVERTIRE] réversible: *parti, posizioni invertibili* parties, positions réversibles **2** (*elettr.*) réversible → **reversibile 3** (*foto.*) inversible: *pellicola invertibile* pellicule inversible.
invertibilità |invertibili'ta| *s.f.inv.* [*possibilità di scambio*] réversibilité *var.*
invertina |inver'tina| *s.f.* → **invertasi.**
invertìre |inver'tire| *v.tr.* **1** [*indirizzare, volgere in senso contrario*] inverser: *il vento ha invertito direzione* le vent a inversé sa direction # *invertire il cammino, la rotta* faire demi-tour ◇ (*chim.*) *invertire lo zucchero* invertir le sucre ◇ (*elettr.*) *invertire la corrente elettrica* inverser le courant électrique **2** [*cambiare posto, disposizione*] inverser: *invertire l'ordine di una numerazione* inverser l'ordre d'une numération; *hai invertito la disposizione delle parole* tu as inversé l'ordre des mots ◇ (*mat.*) *invertire un rapporto* inverser un rapport ◇ (*loc.*) *invertire le parti*: (*pr.*) intervertir les rôles → **scambiare**; (*fig.*) [*capovolgere una situazione*] renverser les rôles.
invertito |inver'tito| *agg.* **1** inversé: *direzione invertita* direction inversée; *ordine invertito* ordre inversé ◇ (*mecc.*) *motore invertito* moteur inversé ◇ (*metr.*) *rime invertite* rimes inversées **2** (*chim.*) inverti: *zucchero invertito* sucre inverti **3** (*fig.*) (*persone*) inverti (*s.*): *un giovane invertito* un inverti → **omosessuale** ✦ (*s.m.*) *un invertito* un inverti *s.*
invertitóre |inverti'tore| *s.m.* **1** (*mecc.*) inverseur → **inversore 2** (*elettr.*) inverseur: *invertitore di corrente, di fase* inverseur de courant, de phase.
invescàre |inves'kare| *e deriv.* → **invischiare** *e deriv.*
investìbile |inves'tibile| *agg.* qu'on peut investir (*loc.*): *capitale investibile* capital qu'on peut investir.
investigaménto |investiga'mento| *s.m.* (*raro*) → **investigazione.**
investigàre |investi'gare| *v.tr.* **1** [*cercar di scoprire, di conoscere*] étudier: *investigare le intenzioni di qc.* étudier les intentions de qqn.; *abbiamo investigato a lungo i motivi del suo gesto* nous avons longtemps étudié les motifs de son geste **2** *ass.* [*svolgere indagini*] enquêter (*intr.*): *la polizia sta investigando* la police enquête; *non si è investigato a sufficienza sui moventi del delitto* on n'a pas assez enquêté sur les mobiles du crime.
investigativo |investiga'tivo| *agg.* investigateur*: *metodo investigativo* méthode investigatrice # *un agente investigativo* un détective.
investigatóre, trice |investiga'tore|, trit∫e| *agg.* investigateur* # *commissione investigatrice* commission d'enquête ✦ (*s.*) *gli investigatori* les investigateurs # *investigatore privato* détective privé.
investigazióne |investigat'tsjone| *s.f.* **1** [→ INVESTIGARE 1] recherche: *investigazione storica, scientifica* recherche historique, scientifique → **ricerca 2** [→ INVESTIGARE 2] enquête: *investigazione giudiziaria, tributaria* enquête judiciaire, fiscale; *investigazione privata* enquête privée → **indagine.**
investiménto |investi'mento| *s.m.* **1** [→ INVESTIRE A 3] accident: *un investimento grave, mortale* un accident grave, mortel; *per poco non facevo un investimento* j'ai failli causer un accident **2** (*comm., corr.*) investissement: *investimento di capitali* investissement de capitaux; *investimenti a breve, lunga durata, lungo termine* investissements à courte, à longue échéance; *investimenti pubblici, privati, immobiliari* investissements publics, privés, immobiliers; *la politica degli investimenti* la politique

des investissements **3** (*mar.*). → **incaglio.**

investire |inves'tire| **A** *v.tr.* **1** [*mettere qc. in possesso di una dignità, di una carica e sim.*] investir: *investire un vescovo del titolo cardinalizio* investir un évêque du titre cardinalice; *il nuovo presidente è stato investito ufficialmente della carica* le nouveau président a été investi officiellement de sa charge ◇ (*bur.*) [*affidare un compito, una mansione*] saisir, charger (3): *del problema è stata investita la direzione* la direction a été saisie, chargée du problème; *una apposita commissione è stata investita di svolgere le indagini* une commission spéciale a été chargée de mener l'enquête **2** (*comm.*) [*impiegare capitali o risparmi in attività redditizie*] investir: *investire sui cavalli, nell'agricoltura* investir dans les chevaux, dans l'agriculture; *ho investito tutto in azioni* j'ai tout investi dans des actions **3** [*urtare con violenza; urtare contro*] *heurter: *un camion ha investito l'automobile in sosta* un camion a heurté la voiture en stationnement; *l'autotreno è stato investito al passaggio a livello* le camion-remorque a été heurté au passage à niveau; *nella furia mi ha investito sul fianco destro* dans sa hâte, il m'a heurté le côté droit # *investire un pedone, un ciclista* renverser un piéton, un cycliste **4** [*assalire, aggredire*] assaillir (19), attaquer: *l'artiglieria ha investito la periferia nord* l'artillerie a attaqué, arrosé la périphérie nord; *all'improvviso siamo stati investiti dal fuoco nemico* à l'improviste, nous avons été assaillis par le feu ennemi, soumis au feu ennemi; *ormai il palazzo è completamente investito dalle fiamme* désormais l'immeuble est complètement assailli par les flammes ◇ (*fig.*) *mi ha investito come una furia* il m'a assailli comme une furie; *l'ho investito di male parole* je l'ai abreuvé d'injures **B** *v.intr.* (*aus.* '*essere*') (*mar.*) [*incagliarsi*] échouer (*aus.* avoir): *la nave è investita in una secca* le navire a échoué sur le sable # *la nave è investita in uno scoglio* le navire est allé donner sur un rocher (un récif) **C** *v.pron. rifl.* INVESTIRSI **1** [*appropriarsi di un titolo, di una prerogativa*] se pénétrer (8): *si è investito dell'autorità giudiziaria* il s'est pénétré de l'autorité judiciaire # *si è investita del ruolo di consolatrice* elle a pris le rôle de consolatrice **2** [*rendersi, farsi partecipe*] s'occuper: *si sono investiti spontaneamente del mio caso* ils se sont occupés spontanément de mon cas ◇ [*immedesimarsi*] s'identifier: *si è investita perfettamente della parte del protagonista* elle s'est totalement identifiée à l'héroïne **3** *recipr.* [→ *tr.* 3, 4] se heurter (violemment), se télescoper: *si sono investiti violentemente* ils se sont heurtés violemment, télescopés; *i due treni si sono investiti all'ingresso della stazione* les deux trains se sont télescopés à l'entrée en gare # *ci siamo investiti di insulti e di minacce* nous nous sommes lancés des injures et des menaces.

investito |inves'tito| *s.* victime *f.* d'une collision.

investitóre, trice |investi'tore, tritʃe| *agg.* **1** [*responsabile di un investimento stradale*] tamponneur*: *l'auto investitrice* la voiture tamponneuse; *l'autista investitore* le conducteur de la voiture tamponneuse ◆ (*s.*) *l'investitore* celui, celle qui a provoqué la collision **2** (*comm.*) qui fait un investissement (*loc.*): *società investitrice* société qui fait un investissement ◆ (*s.*) *un investitore* investisseur (*m.*): *dar fiducia agli investitori* faire confiance aux investisseurs.

investitùra |investi'tura| *s.f.* [→ INVESTIRE A 1] investiture ◇ (*st. mediev.*) *la lotta per le investiture* la querelle des investitures.

inveteràto |invete'rato| *agg.* invétéré: *abitudine inveterata* habitude invétérée; *vizio inveterato* vice invétéré → **incallito.**

invetriaménto |invetrja'mento| *s.m.* → **invetriatura.**

invetriàre |inve'trjare| *v.tr.* **1** [*fornire di vetri*] vitrer: *invetriare una finestra* vitrer une fenêtre **2** (*ceram.*) [*rivestire di vernice vitrea*] vernisser: *invetriare oggetti di terracotta* vernisser des objets en terre cuite **3** (*per est., raro*) [*ricoprire di uno strato di ghiaccio*] geler (7) (*corr.*): *il freddo ha invetriato la strada* le froid a gelé la route.

invetriàta |inve'trjata| *s.f.* [*intelaiatura con vetri; vetrata*] vitrage *m.*; vitrail* (*m.*): *un'invetriata metallica* un vitrage métallique ‖ *le invetriate di una cattedrale* les vitraux d'une cathédrale → **vetriata.**

invetriàto |inve'trjato| *agg.* **1** [*chiuso con vetri*] vitré: *scaffali invetriati* étagères vitrées; *una serra invetriata* une serre vitrée **2** (*ceram.*) vernissé **3** (*per est.*) [*ricoperto di ghiaccio*] verglacé: *strade invetriate* routes verglacées ◇ (*fig.*) [*vitreo*] vitreux*: *occhi invetriati* des yeux vitreux.

invetriatùra |invetrja'tura| *s.f.* **1** [→ INVETRIARE 1] vitrage (*m.*): *l'invetriatura di una veranda* le vitrage d'une véranda **2** (*ceram.*) vernissage *m.*

invettiva |invet'tiva| *s.f.* invective: *lanciare, scagliare invettive* lancer des invectives ◇ (*letter.*) *le invettive del Petrarca* les invectives de Pétrarque.

inviàbile |invi'abile| *agg.* [→ INVIARE] envoyable: *inviabile per linea aerea* envoyable par voie aérienne.

inviàre |invi'are| *v.tr.* [*mandare, spedire, indirizzare*] envoyer (14): *inviare un pacco, un messaggio, una cartolina* envoyer un colis, un message, une carte postale; *inviare le truppe al confine* envoyer les troupes aux frontières (du pays); *ti invio tanti saluti* je t'envoie mes amitiés.

inviàto |invi'ato| *s.* **1** (*giorn.*) envoyé: *inviato speciale* envoyé spécial; *dal nostro inviato presso le Nazioni Unite* de notre envoyé spécial aux Nations Unies **2** (*diplomazia*) envoyé: *un inviato straordinario, d'affari* un envoyé extraordinaire, d'affaires ◇ (*per est.*) [*messaggero*] *un inviato del cielo, del Signore* un envoyé du ciel, du Seigneur.

invidia |in'vidja| *s.f.* **1** [*sentimento di dispetto o di rammarico per il benessere o la fortuna altrui*] envie: *provare, sentire, nutrire invidia per qc.* éprouver de l'envie envers qqn.; *morire, crepare d'invidia* crever d'envie; *sono rosi dall'invidia per la nostra riuscita* ils sont rongés d'envie à cause de notre réussite; *essere oggetto d'invidia* être l'objet d'envie; *tutti ci guardano con invidia* tout le monde nous regarde avec envie # *ha una villa che è l'invidia di tutti* il a une villa que tout le monde lui envie **2** (*per est.*) [*sentimento, motivo di ammirazione*] envie: *hai un bambino che fa invidia* tu as un enfant qui fait envie.

invidiàbile |invi'djabile| *agg.* [→ INVIDIARE A] enviable: *ha una salute invidiabile* il a une santé enviable; *la tua situazione è poco invidiabile* ta situation est peu enviable.

invidiàre |invi'djare| **A** *v.tr.* [*provare sentimenti di invidia per qc.*] envier: *invidiare la ricchezza, la fortuna di qc.* envier la richesse, la chance de qqn.; *ci invidiano perché sono meschini* ils nous envient parce qu'ils sont mesquins; *poveraccio, non l'invidio!* le pauvre, je ne l'envie pas!; *non ho niente da invidiare a nessuno* je n'ai rien à envier à personne; *i tuoi quadri non hanno niente da invidiare ai miei* tes tableaux n'ont rien à envier aux miens ◇ (*per est.*) [*provare ammirazione, desiderio*] *invidio la tua capacità di adattamento* j'envie ta capacité d'adaptation **B** *v. pron. recipr.* INVIDIARSI [→ *tr.*] se jalouser: *non fanno che invidiarsi per come si vestono* elles n'arrêtent pas de se jalouser pour leur façon de s'habiller.

invidiosaménte |invidjosa'mente| *avv.* [→ INVIDIOSO] envieusement.

invidióso |invi'djoso| *agg.* [*che sente, nutre invidia*] envieux*: *un'amica invidiosa* une amie envieuse; *la gente spesso è invidiosa* les gens sont souvent envieux # *sono invidiosi della nostra riuscita* ils envient notre réussite ◆ (*s.*) *un invidioso* un envieux: *sei solo un invidioso!* tu n'es qu'un envieux! ◇ [*che esprime invidia*] *uno sguardo invidioso* un regard envieux.

invido |'invido| *agg.* (*poet.*) → **invidioso.**

invigilàre |invidʒi'lare| **A** *v.tr.* (*raro*) → **sorvegliare** **B** *v.intr.* (*aus.* '*avere*') (*lett.*) → **badare, curare.**

invigliacchire |inviʎʎak'kire| (197) **A** *v.intr.* (*aus.* '*essere*') [*diventar vigliacco; incarognire nell'inerzia*] devenir (27) lâche: *gli animi sono invigliacchiti* les esprits sont devenus lâches **B** *v.pron. intr.* INVIGLIACCHIRSI [→ *intr.*] devenir *intr.* lâche # *vi siete invigliacchiti nell'ozio* l'oisiveté vous a rendus lâches.

invigoriménto |invigori'mento| *s.m.* [→ INVIGORIRE] renforcement.

invigorire |invigo'rire| (197) **A** *v.tr.* [*dar vigore a; irrobustire*] fortifier: *invigorire il fisico con lo sport* fortifier le corps par le sport; *invigorire la memoria con l'esercizio* fortifier la mémoire par des exercices **B** *v.intr.* (*aus.* '*essere*') [*acquistar vigore; irrobustirsi*] fortifier (*tr.*): *i muscoli invigoriscono con gli esercizi ginnici* les exercices de gymnastique fortifient les muscles ◇ (*fig.*) [*acquistare ardimento*] *nelle difficoltà l'animo invigorisce* les difficultés fortifient l'âme **C** *v.pron. intr.* INVIGORIRSI [→ *intr.*] fortifier (*tr.*): *con la vita di montagna ci siamo invigoriti* la vie à la montagne nous a fortifiés.

inviliménto |invili'mento| *s.m.* **1** (*raro*) → **prostrazione** **2** (*raro*) → **degradazione.**

invilire |invi'lire| (197) **A** *v.tr.* **1** (*raro*) [*prostrare, umiliare*] humilier (*corr.*): *l'insuccesso lo ha invilito* l'insuccès l'a humilié **2** [*indebolire, infiacchire*] affaiblir: *ogni ideale è stato invilito* tout idéal a été affaibli **3** (*per* *est.*) [*deprezzare, sminuire*] avilir: *invilire il significato di un'impresa* avilir la valeur d'une action; *l'arte è stata invilita dagli interessi commerciali* l'art a été avili par les intérêts commerciaux **B** *v.intr.* (*aus. 'essere'*) **1** (*raro*) [*prostrarsi, avvilirsi*] s'avilir (*pron.*): *invilire nella miseria* s'avilir dans la misère **2** [*degradarsi, deteriorarsi*] s'avilir: *nella corruzione, tutti i valori inviliscono* toutes les valeurs s'avilissent dans la corruption **C** *v.pron. intr.* INVILIRSI **1** (*raro*) [→ *intr.* 1] s'affaiblir (*corr.*): *le nostre speranze si sono invilite* nos espoirs se sont affaiblis **2** [→ *intr.* 2] s'avilir: *i sentimenti della gioventù si sono inviliti* les sentiments des jeunes gens se sont avilis.

inviluppaménto |inviluppa'mento| *s.m.* [→ INVILUPPARE A 1] enveloppement.

inviluppàre |invilup'pare| **A** *v.tr.* **1** [*avvolgere tutt'intorno*] envelopper: *inviluppare in un lenzuolo* envelopper dans un drap; *ho inviluppato la lampada con la bambagia* j'ai enveloppé la lampe dans du coton **2** (*fig.*) [*irretire, coinvolgere*] impliquer: *mi hanno inviluppato in un brutto intrigo* on m'a impliqué dans une fâcheuse intrigue **3** (*fig.*) → **mascherare** **B** *v.pron. rifl.* INVILUPPARSI **1** [→ *tr.* 1] s'envelopper: *si è ben inviluppata nel mantello* elle s'est bien enveloppée, emitouflée (*fam.*) dans le manteau **2** (*fig.*) [*farsi coinvolgere; impelagarsi*] se fourrer: *vi siete inviluppati in un bel pasticcio* vous vous êtes fourrés dans de beaux draps.

inviluppàta |invilup'pata| *s.f.* (*geom.*) enveloppée.

invilùppo |invi'luppo| *s.m.* **1** → **involucro** **2** (*fig.*) [*intrico, imbroglio*] intrigue (*f.*): *mi sembra un inviluppo poco pulito* ça a l'air d'être une mauvaise intrigue **3** (*mat.*) enveloppée *f.*

invincìbile |invin'tʃibile| *agg.* **1** invincible: *un avversario, un esercito invincibile* un adversaire, une armée invincible → **imbattibile** ◇ (*st.*) *l'Invincibile Armata* l'Invincible Armada ◇ (*per est.*) [*che non si può superare*] *una difficoltà invincibile* une difficulté invincibile, insurmontable → **insuperabile** ◇ (*fig.*) insurmontable: *una paura, un odio invincibile* une peur, une haine insurmontable → **incontrollabile** **2** (*fig.*) [*incrollabile, saldo*] invincible: *ha una fede invincibile* il a une foi invincible.

invincibilità |invintʃibili'ta| *s.f. inv.* invincibilité *var.* → **imbattibilità**.

invincibilménte |invintʃibil'mente| *avv.* [→ INVINCIBILE 1] invinciblement.

invìo, ii |in'vio, ii| *s.m.* **1** [→ INVIARE] envoi: *l'invio di una lettera, di una raccomandata, di un ambasciatore* l'envoi d'une lettre, d'une lettre recommandée, d'un ambassadeur ◇ [*merce spedita*] *siamo in attesa del vostro ultimo invio* nous attendons votre dernier envoi **2** (*letter.*) *l'invio di una canzone* l'envoi d'une chanson.

inviolàbile |invio'labile| *agg.* **1** inviolable: *principio, diritto inviolabile* principe, droit inviolable; *un segreto inviolabile* un secret inviolable ◇ (*persone*) sacré: *l'ospite è inviolabile* l'hôte est sacré **2** (*per est., sport*) imbattable: *rete inviolabile* but imbattable, impénétrable; *campo, terreno inviolabile* terrain (équipe) imbattable → **imbattibile.**

inviolabilità |inviolabili'ta| *s.f. inv.* **1** inviolabilité (*var.*): *l'inviolabilità di una norma, di un trattato* l'inviolabilité d'une norme, d'un traité; *l'inviolabilità del segreto epistolare* l'inviolabilité du secret des correspondances **2** (*per est., sport*) invincibilité (*var.*): *l'inviolabilità di una squadra* l'invincibilité d'une équipe → **imbattibilità**.

inviolabilménte |inviolabil'mente| *avv.* (*raro*) [→ INVIOLABILE 1] inviolablement (*lett.*).

inviolàto |invio'lato| *agg.* inviolé: *fede, promessa inviolata* foi, promesse inviolée; *mantenere l'onore inviolato* garder l'honneur inviolé → **intatto** # *zone, foreste inviolate* zones, forêts inexplorées → **vergine, inesplorato** ◇ (*sport*) *terminare una partita a reti inviolate* terminer la partie (par) zéro à zéro, faire match nul.

inviperìre |invipe'rire| (197) **A** *v. intr.* (*aus. 'essere'*) [*irritarsi stizzosamente; infuriarsi*] devenir (27) furieux*; rendre (53) *tr.* furieux: *se la tocchi su quel tasto, inviperisce* si tu touches ce sujet, elle devient furieuse || *l'hanno fatto inviperire* ils l'ont rendu furieux **B** *v. pron. intr.* INVIPERIRSI [→ *intr.*] devenir *intr.* furieux: *appena l'abbiamo contraddetta si è inviperita* dès que nous l'avons contredite, elle est devenue furieuse.

inviperìto |invipe'rito| *agg.* [*infuriato, furibondo*] furieux*: *una donna inviperita* une femme furieuse; *non l'avevo mai visto così inviperito* je ne l'avais jamais vu si furieux.

invischiaménto |inviskja'mento| *s.m.* (*raro*) [→ INVISCHIARE] engluage (*corr.*), engluement (*corr.*).

invischiàre |invis'kjare| **A** *v.tr.* **1** [*impaniare col vischio*] engluer: *invischiare rami, bacchette* engluer des branches, des baguettes ◇ (*caccia*) [*prendere, catturare col vischio*] prendre (73) à la glu: *invischiare tordi* prendre des grives à la glu **2** (*fig.*) [*coinvolgere qc. in situazioni compromettenti*] entraîner: *lo hanno invischiato con l'inganno* ils l'ont entraîné par la ruse; *lasciarsi invischiare in un imbroglio* se laisser entraîner dans une affaire louche **B** *v. pron. intr.* INVISCHIARSI **1** [*rimanere invischiato*] s'engluer, se faire (45) prendre à la glu: *i passeri si sono invischiati* les moineaux se sont fait prendre à la glu **2** (*fig.*) [*rimanere coinvolto; impegolarsi*] se laisser entraîner: *ti sei invischiata in un'impresa senza fine* tu t'es laissé(e) entraîner dans une entreprise sans issue.

inviscidìre |inviʃʃi'dire| (197) *v. intr.* (*aus. 'essere'*) (*raro*) [*diventare viscido*] devenir (27) gluant, visqueux*.

invisìbile |invi'zibile| *agg.* invisible: *la realtà, il mondo invisibile* la réalité, le monde invisible; *l'anima è invisibile* l'âme est invisible ◇ (*per est.*) [*impercettibile, o quasi, alla vista*] *oggetti, stelle invisibili a occhio nudo* objets, étoiles invisibles à l'œil nu; *un rammendo invisibile* une reprise invisible; *ci sono differenze quasi invisibili* il y a des différences présque invisibles.

invisibilità |invizibili'ta| *s.f. inv.* invisibilité (*var.*): *invisibilità dovuta alla nebbia* invisibilité due au brouillard.

invisibilménte |invizibil'mente| *avv.* [→ INVISIBILE] invisiblement.

invìso |in'vizo| *agg.* mal vu: *un tipo inviso a tutti* un type mal vu de tout le monde → **malvisto, antipatico.**

invitànte |invi'tante| *agg.* [*allettante, seducente*] engageant, invitant: *uno sguardo invitante* un regard engageant; *aveva un sorriso invitante* elle avait un sourire engageant ◇ [*attraente, piacevole*] *una pietanza dal profumo invitante* un plat au parfum engageant; *la casa ha un aspetto poco invitante* la maison a un aspect peu engageant ♦ *s.* (*raro*) *l'invitante* [*colui che invita*] celui *m.*, celle *f.* qui invite.

1 **invitàre** |invi'tare| **A** *v.tr.* **1** [*proporre in modo cortese* (*a qc.*) *q.c. di piacevole*] inviter: *invitare a cena, a una festa, al ballo* inviter à dîner, à une fête, à un bal; *invitare a voce, per telefono, per scritto* inviter de vive voix, par téléphone, par écrit; *mi hanno invitato in montagna* ils m'ont invité à la montagne; *questa sera siamo invitati a casa loro* ce soir nous sommes invités chez eux ◇ (*per est.*) [*pregare, chiedere d'intervenire*] *invitare a una conferenza, a una riunione* inviter à une conférence, à une réunion ◇ (*fig.*) [*indurre, attrarre*] *c'è un calduccio che invita a dormire* cette douce chaleur invite à dormir; *questa giornata non invita a uscire* cette journée n'invite pas à sortir → **invogliare** **2** [*indurre in modo benevolo; esortare*] inviter: *invitare qc. alla calma, alla rassegnazione* inviter qqn. au calme, à la résignation; *ti invito ad essere più prudente* je t'invite à être plus prudent # *ci hanno invitato a far meno chiasso* on nous a priés de faire moins de bruit → **pregare** **3** [*chiedere, sollecitare*] inviter: *invitare qc. a saldare un debito* inviter qqn. à régler sa dette; *ho invitato la classe a far silenzio* j'ai invité la classe à faire silence; *sono stato invitato ripetutamente a presentare la documentazione* j'ai été invité à plusieurs reprises à présenter la documentation; *sono stati invitati a presentarsi in caserma* ils ont été invités à se présenter à la caserne ◇ [*indurre*] sommer: *invitare il nemico alla resa* sommer l'ennemi de se rendre **4** *ass.* (*gioco delle carte*) INVITARE A... [*chiamare a...*] appeler (4) (à une couleur) ~ INVITARE DI *diecimila lire* [*proporre la posta di*] mise dix-mille lires **B** *v.pron. rifl.* INVITARSI **1** [*presentarsi, offrirsi senza invito*] s'inviter: *si sono invitate da sole* elles se sont invitées toutes seules **2** *recipr.* [→ *tr.* 1] s'inviter: *si invitano uno alla volta* ils s'invitent chacun leur tour, à tour de rôle.

2 **invitàre** |invi'tare| *v.tr.* → **avvitare.**

invitàto |invi'tato| *agg.* invité: *le persone invitate* les personnes invitées ♦ (*s.*) *gli invitati* les invités: *gli invitati sono in ritardo* les invités sont en retard.

invitatòrio, i |invita'tɔrjo, i| (*liturg.*) **1** *agg.* (*raro*) invitatoire **2** *s.m.* invitatoire *f.*

invitatùra |invita'tura| *s.f.* vissage *m.*

invito |in'vito| *s.m.* **1** [→ 1 INVITARE A 1] invitation (*f.*): *invito orale, scritto* invitation orale, écrite; *accettare, rifiutare un invito* accepter, refuser une invitation # *si è presentato senza invito* il s'est présenté sans être invité, sans carton d'invitation; *hai ricevuto il mio invito?* as-tu reçu mon invitation? ◇ (*per est.*) [*biglietto per rivolgere inviti*] *spedire gli inviti* envoyer les invitations; *hai l'invito per entrare?* as-tu l'invitation pour entrer? **2** [*richiesta cortese*] invitation: *un invito al silenzio* une invitation au silence; *vi rinnovo l'invito a essere più puntuali* je vous renouvelle mon invitation à être plus à l'heure ◇ [*richiesta più o meno tassativa*] *non ha obbedito all'invito di fermarsi* il n'a pas obéi à l'invitation de s'arrêter; *ho ricevuto l'invito a presentarmi in questura* j'ai reçu l'invitation, l'avis à me présenter au commissariat de police **3** [*richiamo, attrattiva*] invitation, appel: *sono troppi gli inviti al consumismo* les invitations, les appels à la consommation sont trop nombreux # *non sa resistere agli inviti della buona tavola* il ne sait pas résister aux attraits d'une bonne table **4** (*gioco delle carte*) *invito a* [*chiamata a...*] appel à; *porre un invito di...* [*mettere una posta di ...*] placer une mise *f.* de...

in vitro |in'vitro| *loc. agg. inv.* (*lat.*) (*biol.*) in vitro: *fecondazione in vitro* fécondation in vitro.

invitto |in'vitto| *agg.* (*lett.*) [*che non ha mai subito sconfitta*] invaincu (*corr.*).

in vivo |in'vivo| *loc. agg. inv.* (*lat.*) in vivo.

invizzìre |invit'tsire| (197) *v.intr.* (*aus. 'essere'*) → **avvizzire.**

invizziménto |invittsi'mento| *s.m.* → **avvizzimento.**

invocàre |invo'kare| *v.tr.* **1** [*pregare, supplicare*] invoquer: *invocare il nome, la protezione di Dio* invoquer le nom, la protection de Dieu; *invocava piangendo, il nome della madre* il invoquait, en pleurant, le nom de sa mère **2** [*chiedere implorando o a gran voce*] invoquer; appeler (4) au secours: *invocare il perdono dei genitori* invoquer le pardon des parents ‖ *dal fondo del burrone invocava aiuto* du fond du ravin il appelait au secours **3** [*desiderare vivamente*] désirer: *tutti noi invochiamo la pace* tout le monde désire la paix; *ha sempre invocato la concordia fra i figli* il a toujours désiré la concorde entre ses enfants **4** (*fig.*) [*citare a sostegno della propria tesi*] invoquer: *ha invocato l'autorità della legge* il a invoqué l'autorité de la loi.

invocatìvo |invoka'tivo| *agg.* (*lett.*) [*che serve a invocare; che ha carattere d'invocazione*] invocatoire.

invocatóre, trice |invoca'tore, trit∫e| *agg.* qui invoque *loc.*

invocatòrio, i |invoca'tɔrjo, i| *agg.* invocatoire (*lett.*).

invocazióne |invokat'tsjone| *s.f.* [→ INVOCARE] invocation; appel *m.* (au secours): *un'invocazione a Dio* une invocation à Dieu ‖ *le invocazioni dei moribondi* les appels des moribonds; *ho sentito un'invocazione di aiuto* j'ai entendu un appel au secours; *rimaner sordi alle invocazioni degli infelici* rester sourd aux appels (au secours) des malheureux ◇ (*letter.*) invocation.

invogliàre |invoʎ'ʎare| **A** *v.tr.* **1** [*infondere (in qc.) il desiderio di q.c.*] donner envie de: *invogliare i giovani allo studio, allo sport* donner aux jeunes envie d'étudier, de faire du sport # *è riuscito a invogliarmi alla musica classica* il a réussi à me faire prendre goût à la musique classique **2** (*per est.*) [*spingere, indurre*] pousser: *cerco di invogliarlo a farsi visitare* j'essaie de le pousser à aller chez le médecin; *usa tutti gli accorgimenti per invogliarmi a restare* il se sert de tous les moyens pour me pousser à rester **B** *v.pron. intr.* INVOGLIARSI [*farsi prendere dalla voglia*] avoir (28) *tr.* envie: *invogliarsi della pelliccia* avoir envie d'une fourrure # *non invogliarti di queste frivolezze* ne te laisse pas séduire par ces frivolités ◇ [*innamorarsi*] tomber *intr.* amoureux*: *ti invogli troppo facilmente delle donne* tu tombes trop facilement amoureux des femmes.

invòglio, i |in'vɔʎʎo, i| *s.m.* → **perianzio.**

1 **involàre** |invo'lare| **A** *v.tr.* (*lett.*) → **rubare** ◇ (*loc. fig.*) *involare alla vista* [*nascondere*] dérober à la vue **B** *v. pron. intr.* INVOLARSI (*lett.*) [*scomparire, dileguarsi*] s'envoler (*fam.*): *ogni speranza si invola* tout espoir s'envole ‖ *tutte le mie amiche si sono involate* toutes mes amies se sont envolées ◇ (*scherz.*) *ecco come s'involano i miei risparmi!* voilà comment s'envolent, se volatilisent toutes mes économies!

2 **involàre** |invo'lare| *v.intr. e pron. intr.* (*di uccelli*) [*prendere il volo, alzarsi in volo*] s'envoler.

involgarire |involga'rire| (197) **A** *v.tr.* [*rendere volgare*] rendre (53) vulgaire: *questo modo di vestire ti involgarisce* cette façon de t'habiller te rend vulgaire **B** *v.intr.* (*aus. 'essere'*) [*diventar volgare, grossolano*] devenir (27) vulgaire: *a frequentar voi è involgarita* elle est devenue vulgaire en vous fréquentant **C** *v.pron. intr.* INVOLGARIRSI [→ *intr.*] devenir *intr.* vulgaire: *a frequentar certa gente vi siete involgariti* vous êtes devenus vulgaires en fréquentant certaines personnes.

invòlgere |in'vɔldʒere| (196) **A** *v.tr.* **1** [*avvolgere tutt'intorno*] envelopper: *involgere un bambino in una coperta* envelopper un enfant dans une couverture; *le tazzine sono involte nella carta* les (petites) tasses sont enveloppées dans du papier **2** (*lett.*) → **implicare, coinvolgere B** *v.pron. intr.* INVOLGERSI (*raro*) [*avvolgersi su sé stesso*] s'envelopper.

involgiménto |involdʒi'mento| *s.m.* [→ INVOLGERE A 1] enveloppement.

invólo |in'volo| *s.m.* (*aer.*) envol, décollage.

involontariaménte |involontarja'mente| *avv.* [→ INVOLONTARIO] involontairement: *colpire un avversario involontariamente* frapper un adversaire involontairement.

involontàrio, i |involon'tarjo, i| *agg.* involontaire: *gesto, atto, errore involontario* geste, acte, erreur involontaire; *ha commesso un fallo involontario* il a commis une erreur involontaire ◇ (*anat.*) *muscolatura involontaria* muscles involontaires Ⓒ **volontario.**

involtàre |invol'tare| **A** *v.tr.* [*chiudere in un involto; avvolgere*] envelopper: *involtare le uova nella carta* envelopper, emballer les œufs dans du papier **B** *v.pron. rifl.* INVOLTARSI [*avvolgersi*] s'envelopper: *involtarsi in una coperta* s'envelopper dans une couverture.

involtàta |invol'tata| *s.f.* (*nella loc.*) *dare un'involtata a* (*q.c.*) [*involgere in modo sommario*] envelopper (sommairement).

involtino |invol'tino| *s.m.* **1** petit paquet: *aveva un involtino sotto il braccio* il avait un petit paquet sous le bras **2** (*cuc.*) paupiette *f.*

1 **invòlto** |in'vɔlto| *agg.* [*avvolto, fasciato*] emmitouflé, enveloppé: *l'ho visto tutto involto nel cappotto* je l'ai vu tout emmitouflé dans son manteau.

2 **invòlto** |in'vɔlto| *s.m.* **1** [*fagotto, cartoccio*] paquet: *un involto di panni* un paquet de linge **2** → **involucro.**

involucèllo |involu't∫ɛllo| *s.m.* (*bot.*) involucelle.

involucràto |involu'krato| *agg.* (*bot.*) involucré.

invòlucro |in'vɔlukro| *s.m.* [*rivestimento di protezione; custodia; confezione*] enveloppe (*f.*): *aprire, rompere l'involucro* ouvrir, déchirer l'enveloppe; *mettere q.c. in un involucro di plastica* mettre qqch. dans une enveloppe en plastique ◇ (*anat.*) enveloppe → **membrana.**

involutivo |involu'tivo| *agg.* [*che presenta caratteri di decadimento; regressivo*] régressif*: *processo involutivo* processus régressif # *civiltà in fase involutiva* civilisation en phase de régression.

involùto |invo'luto| *agg.* [*complicato, confuso*] compliqué, obscur: *un ragionamento involuto* un raisonnement compliqué, obscur.

involuzióne |involut'tsjone| *s.f.* **1** involution: *un'involuzione di concetti* une involution d'idées **2** [*regresso, decadimento*] régression: *una lenta involuzione delle istituzioni* une lente régression des institutions; *siamo in un periodo di involuzione culturale* nous sommes dans une période de régression culturelle ◇ [*declino fisico*] involution: *involuzione senile* involution sénile.

invòlvere |in'vɔlvere| *v.tr.* (196) *dif. del p.p.* → **involgere.**

invulneràbile |invulne'rabile| *agg.* invulnérable: *una posizione invulnerabile* une position invulnérable; *la squadra ha una difesa invulnerabile* l'équipe a une défense invulnérable; *la sua condotta è invulnerabile* sa conduite est invulnérable.

invulnerabilità |invulnerabili'ta| *s.f. inv.* invulnerabilité (*var.*): *l'invulnerabilità di un mezzo corazzato* l'invulnérabilité d'un engin cuirassé.

inzaccheràre |intsakke'rare| **A** *v.tr.* [*imbrattare, sporcare di fango*] salir, couvrir (23) de boue: *hai inzaccherato tutto il cappotto* tu as complètement sali ton manteau, ton manteau est couvert de boue □ *ti sei inzaccherato i pantaloni* tu as complètement sali ton pantalon, ton pantalon est couvert de boue **B** *v.pron. rifl.* INZACCHERARSI [→ *tr.*] se salir: *si sono inzaccherate fino ai capelli* elles se sont salies jusqu'aux cheveux ♦ → *tr.* □.

inzaccheràto |intsakke'rato| *agg.* couvert de boue: *ho le scarpe inzaccherate* mes souliers sont couverts de boue.

1 **inzeppàre** |intsep'pare| *v.tr.* [*fissare, assestare con zeppe*] cheviller: *inzeppare la base di una scrivania* cheviller la base d'un bureau.

2 **inzeppàre** |intsep'pare| *v.tr.* [*far pieno zeppo*] bourrer: *inzeppare un armadio, un baule* bourrer une armoire, une malle ◇ [*rimpinzare*] *mi ha inzep-*

pato di pastasciutta il m'a bourré de pâtes.

inzeppatùra |intseppa'tura| *s.f.* (*raro*) [→ 2 INZEPPARE] bourrage *m.* (*corr.*).

inzolfàre |intsol'fare| *v.tr.* (*agr.*) [*cospargere di zolfo* (*le viti o altre piante*)] soufrer ◇ (*per est.*) *inzolfare le botti* [*bruciarvi zolfo all'interno*] soufrer les tonneaux.

inzolfatóio, i |intsolfa'tojo, i| *s.m.* (*agr.*) soufreuse *f.*

inzolfatùra |intsolfa'tura| *s.f.* (*agr.*) soufrage *m.*

inzotichire |indzoti'kire| (197) **A** *v.intr.* (*aus. 'essere'*) [*diventare zotico, rozzo*] devenir (27) rustre, grossier*: *lontani dalla città sono inzotichiti* loin de la ville ils sont devenus rustres, grossiers **B** *v.pron. intr.* INZOTICHIRSI [→ *intr.*] devenir *intr.* rustre, grossier: *si è molto inzotichita* elle est devenue très rustre, grossière.

inzuccàre |intsuk'kare| **A** *v.tr.* (*fam.*) [*ubriacare*] griser (*corr.*), enivrer (*corr.*): *bastano due bicchieri per inzuccarlo* deux verres (de vin) suffisent à le griser, à l'enivrer **B** *v.pron.* INZUCCARSI **1** *rifl.* [→ *tr.*] se griser, s'enivrer: *si sono completamente inzuccati* ils se sont complètement grisés, enivrés **2** *intr.* [*incaponirsi, ostinarsi*] s'entêter, s'obstiner: *inzuccarsi in un'idea* s'entêter, s'obstiner dans une idée.

inzuccheraménto |intsukkera'mento| *s.m.* [→ INZUCCHERARE 1] sucrage (*raro*).

inzuccheràre |intsukke'rare| *v.tr.* **1** [*addolcire con lo zucchero*] sucrer: *inzuccherare il caffè, una bevanda* sucrer le café, une boisson ◇ [*cospargere di zucchero*] saupoudrer de sucre: *inzuccherare un dolce* saupoudrer de sucre un gâteau ◇ (*loc. fig.*) *inzuccherare la pillola* dorer la pilule **2** (*fig.*) [*rendere gradevole; addolcire*] adoucir: *inzuccherare un rimprovero* adoucir un reproche ◇ *inzuccherare qc.* [*lusingarlo, blandirlo*] flatter qqn.

inzuccheràta |intsukke'rata| *s.f.* (*solo nella loc.*) *dare un'inzuccherata a q.c.* sucrer qqch.

inzuccheràto |intsukke'rato| *agg.* saupoudré, recouvert de sucre: *torta inzuccherata* gâteau saupoudré, recouvert de sucre.

inzuccheratùra |intsukkera'tura| *s.f.* [→ INZUCCHERARE 1] sucrage *m.*

inzuppaménto |intsuppa'mento| *s.m.* (*raro*) [→ INZUPPARE] trempage.

inzuppàre |intsup'pare| **A** *v.tr.* [*rendere zuppo; impregnare di liquido*] tremper: *inzuppare i biscotti nel latte* tremper des biscuits dans le lait; *la pioggia mi ha inzuppato gli abiti* la pluie a trempé mes vêtements **B** *v.pron. intr.* INZUPPARSI [→ *tr.*] se tremper: *il tovagliolo si è inzuppato di vino* la serviette s'est trempée de vin ◇ (*persone*) [*bagnarsi completamente*] être (43) *intr.* trempé: *senza ombrello, ci siamo inzuppati* sans parapluie, nous avons été trempés.

inzuppàto |intsup'pato| *agg.* [*impregnato, imbevuto di un liquido*] trempé: *pane inzuppato di vino* pain trempé de vin; *togliti quegli abiti inzuppati* enlève ces vêtements trempés.

io |'io| **I** *pron. pers. di 1ª pers. sing. N.B. in it., come sogg. del v. è molto spesso sottinteso* **1** (*quando può essere sottinteso*) je → **noi** (*N.B. 'je' si elide davanti a voc. o 'h' muta*): (*io*) *sono andata al cinema con loro* je suis allé au cinéma avec eux; (*io*) *non li ho mai visti* je ne les ai jamais vus; *'non accetterò, mai' dissi io* 'je n'accepterai jamais' dis-je (fis-je) ◇ (*in usi bur.*) *io sottoscritto signor X...* je soussigné M. X ◇ (*loc.*) *io, se fossi in te* moi, si j'étais toi... **2** (*quando non può essere sottinteso*) moi: *a*) (*nelle forme raff., posposto al v.*) *l'ho deciso io* c'est moi qui ai décidé cela; *lascia che lo faccia io* laisse que je le fasse moi-même; *non sono stato io a volerlo* ce n'est pas moi qui ai voulu cela (qui l'ai voulu); *dovevo farlo proprio io* c'est justement moi qui devais le faire; *b*) (*quando ci siano più soggetti contrapposti*): *loro vanno a casa e io resto qui* eux, ils rentrent chez eux, moi, je reste ici; *lui continuerà a lavorare, io studierò* lui, il continuera à travailler, moi, je ferai mes devoirs; *non ci andremo né io né voi* nous n'irons ni vous ni moi; *o gli telefoni tu o gli telefono io* ou bien tu lui téléphones ou bien c'est moi qui le ferai; *c*) (*posposto agli avv. '(ne-)anche, (nep)pure, nemmeno'*): *verrò anch'io* (*pure io*) *con voi* moi aussi j'irai avec vous; *non lo farò neanch'io* (*neppure io, nemmeno io*) moi non plus je ne le ferai pas; *d*) (*in espressioni ell. del v.*): *'chi ha parlato?' 'io'* 'qui a parlé?' 'moi'; *'chi mi ha chiamato?' '*(*sono stato*) *io'* 'qui m'a appelé?' 'moi (c'est moi qui t'ai appelé)'; *e*) (*unito all'inf., al participio, al ger.*): *io, dire una cosa simile?* moi, dire une chose pareille?; *io partito, la festa è finita* après mon départ, la surprise-partie s'est terminée; *accettando io questa soluzione, vi farei un torto* si j'acceptais cette solution, je vous ferais du tort; *f*) (*nell'espressione del comparativo*): (*N.B. se il v. non è ripetuto, 'io' viene sostituito da 'me'*): *ne sanno quanto io ne so* ils en savent autant que moi; *ne sa quanto me* il en sait autant que moi; *sei rimasto deluso anche tu come me* tu as été déçu et moi aussi je l'ai été **II** (*in funzione di predicato nominale*) moi: *io sono io e tu sei tu* moi c'est moi et toi c'est toi; *sono io e basta!* c'est moi et voilà tout!; *da qualche tempo non sono più io* depuis quelque temps je ne suis plus moi **III** *s.m.* (*filos., psicol.*) moi: *l'io e il non-io* le moi et le non-moi; *il super-io* le super-moi; *il mio io* mon moi; *il culto dell'io* le culte du moi # *non vede altro che il proprio io* il ne pense qu'à lui; *mettere il proprio io davanti a tutto* faire passer son intérêt avant tout; *faceva l'indifferente, ma nel suo io di certo soffriva* il faisait l'indifférent, mais dans son for intérieur il souffrait sûrement.

iòd |'jɔd| *s.m.* (*ling.*) yod.

iodàto |jo'dato| **1** *agg.* (*chim.*) iodé: *acqua iodata* eau iodé **2** *s.m.* (*chim.*) iodate.

iòdico, ci, ca, che |'jɔdiko, tʃi, ka, ke| *agg.* (*chim.*) iodique: *acido iodico* acide iodique.

iodìdrico, ci, ca, che |jo'didriko, tʃi, ka, ke| *agg.* (*chim.*) iodhydrique *solo m.*

iòdio, i |'jɔdjo, i| *s.m.* (*chim.*) iode: *tintura di iodio* teinture d'iode.

iodìsmo |jo'dizmo| *s.m.* (*med.*) iodisme.

iodofòrmio, i |jodo'fɔrmjo, i| *s.m.* (*farm.*) iodoforme.

ioduràto |jodu'rato| *agg.* (*chim.*) ioduré.

iodùro |jo'duro| *s.m.* (*chim.*) iodure: *ioduro di potassio* iodure de potassium.

iògurt, yogurt |'jɔgurt| *s.m. inv.* yogourt *var.*, yoghourt *var.*, yaourt (*var.*): *iogurt alla frutta, alla banana* yogourt aux fruits, à la banane.

ióne |'jone| *s.m.* (*chim., fis.*) ion.

1 **iònico, ci, ca, che** |'jɔniko, tʃi, ka, ke| **I** *agg.* **1** [*della Ionia, degli Ioni*] ionien*: *colonia ionica* colonie ionienne **2** (*arch.*) ionique: *stile, ordine ionico* style, ordre ionique; *capitello ionico* chapiteau ionique ◇ (*filos.*) ionien: *scuola ionica* école ionienne ◇ (*metr.*) *piede ionico* pied ionique ◇ (*mus.*) *modo ionico* mode ionien **II** *s.m.* (*ling.*) *l'ionico* l'ionique.

2 **iònico, ci, ca, che** |'jɔniko, tʃi, ka, ke| *agg.* (*chim., fis.*) ionique: *legame ionico* lien ionique.

1 **iònio, i** |'jɔnjo, i| *agg.* (*lett.*) → 1 **ionico.**

2 **iònio, i** |'jɔnjo, i| *agg.* [*del mar Ionio*] ionien*: *isole ionie* îles ioniennes.

ionizzànte |jonid'dzante| *agg.* ionisant: *radiazioni ionizzanti* radiations ionisantes.

ionizzàre |jonid'dzare| *v.tr.* (*chim., fis.*) [*sottoporre a ionizzazione*] ioniser.

ionizzatóre |joniddza'tore| *s.m.* (*tecnol.*) ioniseur.

ionizzazióne |joniddzat'tsjone| *s.f.* (*chim., fis.*) ionisation.

ionoforèsi |jonofo'rezi| *s.f. inv.* ionophorèse *var.*, ionisation *var.*

ionóne |jo'none| *s.m.* (*chim.*) ionone *f.*

ionosfèra |jonos'fɛra| *s.f.* (*geogr.*) ionosphère.

ionosfèrico, ci, ca, che |jonos'fɛriko, tʃi, ka, ke| *agg.* (*sc.*) ionosphérique.

ionoterapìa |jonotera'pia| *s.f.* (*med.*) ionothérapie.

iòsa |'jɔza| *solo nella loc. avv.* A IOSA [*in grande quantità, a bizzeffe*] en grande quantité, à foison: *di prove, ce n'è a iosa* de preuves, il y en a en grande quantité, à foison.

iòta |'jɔta| *s.m. o f. inv.* [*nona lettera dell'alfabeto gr.*] iota *m.* ◇ (*raro, fig.*) [*nulla*] rien (*corr.*): *non manca un iota* il ne manque rien, pas un iota; *non sapere un iota* ne rien savoir.

iotacismo |jota'tʃizmo| *s.m.* (*ling.*) iotacisme.

ìper- |'iper| *pref.* (*significa 'sopra, oltre', corrisponde gener. a*) hyper: *ipersensibilità* hypersensibilité; *ipertrofia* hypertrophie.

iperacidità |iperatʃidi'ta| *s.f. inv.* (*med.*) hyperacidité *var.*

iperaffaticaménto |iperaffatika'mento| *s.m.* excès de fatigue, surmenage.

iperalimentazióne |iperalimentat'tsjone| *s.f.* suralimentation, hyperalimentation.

iperattività |iperattivi'ta| *s.f. inv.* [*eccesso di lavoro*] suractivité *var.*

iperazotemìa |iperaddzote'mia| *s.f.* (*med.*) hypérazotémie.

iperazoturìa |iperaddzotu'ria| *s.f.* (*med.*) hyperazoturie.

iperbàrico, ci, ca, che |iper'bariko, tʃi, ka, ke| *agg.* (*med.*) hyperbare: *camera iperbarica* chambre hyperbare.

ipèrbole |i'pɛrbole| **1** *s.f.* [*esage-*

razione, eccesso] exagération: *lo dico senz'ombra di iperbole* je le dis sans ombre d'exagération ◇ (*ling.*) hyperbole: *un testo ricco di iperboli* un texte plein d'hyperboles **2** *s.m. o f.* (*mat.*) hyperbole (*f.*): *tracciare un iperbole, un'iperbole* tracer une hyperbole.

iperbolicaménte |iperbolika'mente| *avv.* [→ IPERBOLICO 1] hyperboliquement.

iperbòlico, ci, ca, che |iper'bɔliko, tʃi, ka, ke| *agg.* **1** hyperbolique: *lodi iperboliche* des compliments hyperboliques **2** (*aer.*, *mar.*, *mat.*) hyperbolique.

ipercalòrico, ci, ca, che |iperka'lɔriko, tʃi, ka, ke| *agg.* hypercalorique.

ipercloridrìa |iperklori'dria| *s.f.* (*med.*) hyperchlorhydrie.

ipercolesterolemìa |iperkolesterole'mia| *s.f.* (*med.*) hypercholestér(ol)émie.

ipercorrètto |iperkor'rɛtto| *agg.* (*ling.*) hypercorrect.

ipercrìtica, che |iper'kritika, ke| *s.f.* hypercritique.

ipercriticìsmo |iperkriti'tʃismo| *s.m.* tendance à l'hypercritique: *peccare di ipercriticismo* pécher par excès d'esprit critique.

ipercrìtico, ci, ca, che |iper'kritiko, tʃi, ka, ke| *agg.* hypercritique: *ha sempre una maniera irritante e ipercritica* il a toujours des manières irritantes et hypercritiques ✦ (*s.*) *un ipercritico* un hypercritique *m.*

iperdosàggio, i |iperdo'zaddʒo, i| *s.m.* hyperdosage.

iperdòse |iper'dɔze| *s.f.* hyperdose: *un'iperdose di droga* une hyperdose de drogue.

ipereccitàbile |iperettʃi'tabile| *agg.* [*molto eccitabile, emotivo*] surexcitable: *è un tipo ansioso e ipereccitabile* c'est un type anxieux et surexcitable → **ipersensibile.**

iperemèsi |ipere'mɛzi| *s.f. inv.* hyperémèse *var.*

iperemìa |ipere'mia| *s.f.* (*med.*) hyper(h)émie.

iperemotività |iperemotivi'ta| *s.f. inv.* hyperémotivité *var.*

iperemotìvo |iperemo'tivo| *agg. e s.* hyperémotif*.

iperestesìa |intereste'zia| *s.f.* (*med.*) hyperesthésie → **ipersensibilità.**

iperfunzióne |iperfun'tsjone| *s.f.* (*med.*) suractivité.

iperglicemìa |iperglitʃe'mia| *s.f.* (*med.*) hyperglycémie.

iperglobulìa |iperglobu'lia| *s.f.* (*med.*) hyperglobulie.

iperidròsi |iperi'drɔzi| *s.f. inv.* (*med.*) hyperhidrose *var.*

iperlipìdico, ci, ca, che |iperli'pidiko, tʃi, ka, ke| *agg.* (*med.*) surchargé en lipides.

ipermenorrèa |ipermenor'rɛa| *s.f.* (*med.*) hyperménorrhée.

ipermercàto |ipermer'kato| *s.m.* hypermarché → **supermercato.**

ipermetrìa |iperme'tria| *s.f.* hypermétrie.

ipermètrope |iper'mɛtrope| *agg. e s.* (*med.*) hypermétrope.

ipermetropìa |ipermetro'pia| *s.f.* (*med.*) hypermétropie → **presbiopia.**

ipernervóso |iperner'voso| *agg.* hypernerveux*.

ipernutrizióne |ipernutrit'tsjone| *s.f.* (*med.*) suralimentation: *obesità da ipernutrizione* obésité par suralimentation.

iperplasìa |iperpla'zia| *s.f.* (*patol.*) hyperplasie.

iperprotettìvo |iperprotet'tivo| *agg.* (*psicol.*, *corr.*) hyperprotecteur*.

iperprotezióne |iperprotet'tsjone| *s.f.* (*psicol.*) hyperprotection.

iperrealìsmo |iperrea'lizmo| *s.m.* (*arts.*) hyperréalisme.

iperrealìsta |iperrea'lista| *s.m.* hyperréaliste.

ipersalivazióne |ipersalivat'tsjone| *s.f.* (*med.*) hypersalivation.

ipersecrezióne |ipersekret'tsjone| *s.f.* (*med.*) hypersécrétion.

ipersensìbile |ipersen'sibile| *agg.* **1** (*persone*) hypersensible: *essere ipersensibile ai rumori* être hypersensible aux bruits ◇ [*molto emotivo*] *è un tipo ipersensibile, che si impressiona facilmente* c'est un type hypersensible, qui s'impressionne facilement ◇ [*permaloso, ombroso*] *essere ipersensibile alle critiche* être hypersensible aux critiques ✦ (*s.*) *un ipersensibile* un hypersensible **2** (*cose*) [*molto sensibile, delicato*] hypersensible: *apparecchiatura ipersensibile* appareil hypersensible.

ipersensibilità |ipersensibili'ta| *s.f. inv.* **1** (*persone*) hypersensibilité (*var.*): *ipersensibilità agli odori* hypersensibilité aux odeurs; *la sua ipersensibilità lo fa soffrire* son hypersensibilité le fait souffrir **2** (*cose*) [*accentuata sensibilità, delicatezza*] hypersensibilité: *questo registratore è di una ipersensibilità straordinaria* ce magnétophone est d'une hypersensibilité extraordinaire **3** (*med.*) hypersensibilité.

ipersònico, ci, ca, che |iper'sɔniko, tʃi, ka, ke| *agg.* (*aer.*) hypersonique: *missile ipersonico* fusée hypersonique.

ipersostentazióne |ipersostentat'tsjone| *s.f.* (*aer.*) hypersustentation.

ipertensióne |iperten'sjone| *s.f.* (*med.*) hypertension.

ipertéso |iper'teso| *agg. e s.* (*med.*) hypertendu: *un* (*tipo*) *iperteso* un (type) hypertendu.

ipertìmico, ci, ca, che |iper'timiko, tʃi, ka, ke| *agg.* hyperthymique.

ipertiroidèo |ipertiroi'dɛo| *agg. e s.* (*med.*) hyperthyroïdien*: *un* (*soggetto*) *ipertiroideo* un (sujet) hyperthyroïdien.

ipertiroidìsmo |ipertiroi'dizmo| *s.m.* (*med.*) hyperthyroïdie *f.*

ipertonìa |iperto'nia| *s.f.* (*med.*) hypertonie.

ipertòssico, ci, ca, che |iper'tɔssiko, tʃi, ka, ke| *agg.* hypertoxique.

ipertrichìa |ipertri'kia| *s.f.* → **ipertricosi.**

ipertricósi |ipertri'kosi| *s.f. inv.* hypertrichose *var.*

ipertrofìa |ipertro'fia| *s.f.* (*bot.*, *med.*) hypertrophie.

ipertròfico, ci, ca, che |iper'trɔfiko, tʃi, ka, ke| *agg.* **1** (*med.*, *di organo del corpo*) hypertrophique, hypertrophié: *ghiandola ipertrofica* glande hypertrophique, hypertrophiée ◇ (*persone*) hypertrophié ✦ (*s.*) *un ipertrofico* un hypertrophié **2** (*fig.*) [*eccessivamente accresciuto*; *elefantiaco*] hypertrophié: *burocrazia ipertrofica* bureaucratie hypertrophiée.

ipertrofizzàrsi |ipertrofid'dzarsi| *v.pron. intr.* [*svilupparsi esageratamente*] s'hypertrophier.

ipervitamìnico, ci, ca, che |ipervita'miniko, tʃi, ka, ke| *agg.* hypervitaminique.

ipervitaminòsi |ipervitami'nɔzi| *s.f. inv.* (*med.*) hypervitaminose *var.*

ìpno- |'ipno| *pref.* (*significa 'sonno, ipnosi', corrisponde gener. a*): hypn(o)-: *ipnotico* hypnotique.

ipnògeno |ip'nɔdʒeno| *agg. e s.m.* hypnotique.

ipnologìa, gie |ipnolo'dʒia, dʒie| *s.f.* hypnologie.

ipnòlogo, gi |ip'nɔlogo, dʒi| *s.m.* hypnologue.

ipnopatìa |ipnopa'tia| *s.f.* (*med.*) hypnopathie.

ipnopedìa |ipnope'dia| *s.f.* hypnopédie.

ipnòsi |ip'nɔzi| *s.f. inv.* hypnose (*var.*): *essere in stato di ipnosi* être dans un état d'hypnose.

ipnòtico, ci, ca, che |ip'nɔtiko, tʃi, ka, ke| *agg.* **1** hypnotique: *stato ipnotico* état hypnotique **2** (*farm.*) hypnotique ✦ (*s.m.*) *un ipnotico* un hypnotique.

ipnotìsmo |ipno'tizmo| *s.m.* hypnotisme: *praticare l'ipnotismo* pratiquer l'hypnotisme.

ipnotizzàre |ipnotid'dzare| *v.tr.* **1** [*portare qc. allo stato ipnotico*] hypnotiser: *è riuscito a ipnotizzarlo* il a réussi à l'hypnotiser **2** (*fig.*) [*suggestionare, incantare*] hypnotiser: *quei discorsi ipnotizzavano le folle* ces discours hypnotisaient les foules; *era ipnotizzato dalla sua personalità* il était hypnotisé par sa personnalité.

ipnotizzatóre, trice |ipnotiddza'tore, tritʃe| *s.* hypnotiseur (*m.*): *fra poco ci sarà il numero dell'ipnotizzatore* dans quelques minutes il y aura le numéro de l'hypnotiseur ◇ (*fig.*) *con la sua oratoria è un ipnotizzatore di folle* par son éloquence, c'est un hypnotiseur des foules.

ìpo- |'ipo| *pref.* (*significa 'sotto', corrisponde gener. a*): hyp(o): *ipocloroso* hypochloreux; *ipoazotemia* hypoazotémie.

ipoacidità |ipoatʃidi'ta| *s.f. inv.* (*med.*) hypoacidité *var.*

ipoalimentazióne |ipoalimentat'tsjone| *s.f.* (*med.*) sous-alimentation.

ipoazotemìa |ipoaddzote'mia| *s.f.* (*med.*) hypoazotémie.

ipoazoturìa |ipoaddzotu'ria| *s.f.* (*med.*) hypoazoturie.

ipocalòrico, ci, ca, che |ipoka'lɔriko, tʃi, ka, ke| *agg.* hypocalorique, à basses calories (*loc. inv.*): *dieta ipocalorica* régime hypocalorique, à basses calories; *alimentazione ipocalorica* alimentation à basses calories.

ipocèntro |ipo'tʃɛntro| *s.m.* (*geol.*) hypocentre.

ipocloridrìa |ipoklori'dria| *s.f.* (*med.*) hypochlorhydrie.

ipoclorìto |ipoklo'rito| *s.m.* (*chim.*) hypochlorite: *ipoclorito di sodio* hypochlorite de sodium.

ipocloróso |ipoklo'roso| *agg.* (*chim.*) hypochloreux*: *acido ipocloroso* acide hypochloreux.

ipocondrìa |ipokon'dria| *s.f.* **1** (*med.*) hypocondrie **2** (*lett.*) → **malinconia.**

ipocondrìaco, ci, ca, che |ipokon'driako, tʃi, ka, ke| *agg.* **1** (*med.*) [*colpito da ipocondria*] hypocondriaque:

è un soggetto ipocondriaco c'est un sujet hypocondriaque ◆ (*s.*) *un ipocondriaco* un hypocondriaque **2** (*med.*) [*relativo all'ipocondria*] *stato ipocondriaco* état hypocondriaque **3** (*per est., lett.*) → **malinconico.**

ipocòndrio, i |ipo'kɔndrjo, i| *s.m.* (*anat.*) hypocondre.

ipocrisìa |ipokri'zia| *s.f.* **1** hypocrisie: *con la sua ipocrisia ha fatto strada!* grâce à son hypocrisie, il a fait du chemin! → **finzione, doppiezza** **2** [*atto ipocrita*] hypocrisie: *non ci sto: è una vera ipocrisia* je ne suis pas d'accord: c'est une vraie hypocrisie; *la sua vita è una collezione di ipocrisie* sa vie est une collection d'hypocrisies.

ipòcrita |i'pɔkrita| *agg.* **1** hypocrite: *è una persona ipocrita* c'est une personne hypocrite ◆ (*s.*) *un ipocrita* un hypocrite **2** (*per est.*) [*che denota ipocrisia*] hypocrite: *ha un modo di fare ipocrita* il a une façon de faire vraiment hypocrite; *il suo sorriso ipocrita non convince più nessuno* son sourire hypocrite ne convainc plus personne → **falso.**

ipocritaménte |ipokrita'mente| *avv.* [→ IPOCRITA] hypocritement: *ha sempre vissuto ipocritamente* il a toujours vécu hypocritement.

1 **ipodèrma** |ipo'dɛrma| *s.m.* (*anat., bot.*) hypoderme.

2 **ipodèrma** |ipo'dɛrma| *s.m.* (*t. zool.*) hypoderme.

ipodèrmico, ci, ca, che |ipo'dɛrmiko, tʃi, ka, ke| *agg.* (*anat., med.*) hypodermique: *iniezione ipodermica* piqûre hypodermique.

ipodermoclìsi |ipodermo'klizi| *s.f. inv.* (*med.*) hypodermoclyse *var.*

ipodermósi |ipoder'mosi| *s.f. inv.* (*veter.*) hypodermose *var.*

ipofisàrio, i |ipofi'zarjo, i| *agg.* hypophysaire.

ipòfisi |i'pɔfizi| *s.f. inv.* (*anat.*) hypophyse *var.*

ipogàstrico, ci, ca, che |ipo'gastriko, tʃi, ka, ke| *agg.* (*anat.*) hypogastrique.

ipogàstrio, i |ipo'gastrjo, i| *s.m.* (*anat.*) hypogastre.

ipogèo |ipo'dʒɛo| *agg.* **1** (*bot., zool.*) hypogé **2** (*arch.*) hypogé: *tempio ipogeo* temple hypogée ◆ (*s.m.*) *l'ipogeo* l'hypogée → **tomba.**

ipògino |i'pɔdʒino| *agg.* (*bot.*) hypogyne.

ipoglicemìa |ipoglitʃe'mia| *s.f.* (*med.*) hypoglycémie.

ipoglobulìa |ipoglobu'lia| *s.f.* (*med.*) hypoglobulie.

ipoglòsso |ipo'glɔsso| *s.m.* (*anat.*) hypoglosse.

ipoidròsi |ipoi'drɔzi| *s.f. inv.* (*med.*) hypohydrose *var.*

ipoplasìa |ipopla'zia| *s.f.* (*bot., med.*) hypoplasie, hypoplastie.

iposecrezióne |iposekret'tsjone| *s.f.* (*med.*) hyposécrétion.

iposolfìto |iposol'fito| *s.m.* (*chim.*) hyposulfite.

iposolforóso |iposolfo'roso| *agg.* (*chim.*) hyposulfureux*.

ipòstasi |i'pɔstazi| *s.f. inv.* (*filos., ling., med., teol.*) hypostase *var.*

ipostàtico, ci, ca, che |ipos'tatiko, tʃi, ka, ke| *agg.* (*filos., med., teol.*) hypostatique.

ipòstilo |i'pɔstilo| *agg.* (*raro, archeol.*) hypostyle.

ipotàlamo |ipo'talamo| *s.m.* (*anat.*) hypothalamus.

ipotèca, che |ipo'tɛka, ke| *s.f.* (*dir.*) hypothèque ◇ (*loc. fig.*) *porre, mettere un'ipoteca su q.c.* [*assicurarsi, accaparrarsi q.c.*] hypothéquer qqch. # *con quella vittoria ha messo una seria ipoteca sul titolo di campione* grâce à cette victoire, il a une sérieuse hypothèque sur le titre de champion.

ipotecàbile |ipote'kabile| *agg.* **1** [→ IPOTECARE 1] hypothécable: *beni non ipotecabili* biens non hypothécables **2** (*fig.*) [→ IPOTECARE 2] hypothécable: *il futuro non è ipotecabile* le futur n'est pas hypothécable → **prevedibile.**

ipotecàre |ipote'kare| *v.tr.* **1** (*dir.*) [*assoggettare a ipoteca*] hypothéquer (8): *ho dovuto ipotecare l'auto* j'ai dû hypothéquer la voiture; *gli hanno ipotecato la casa* on a hypothéqué sa maison **2** (*fig.*) [*accaparrarsi, assicurarsi il possesso di q.c.*] hypothéquer: *ipotecare un impiego, una carica* hypothéquer un emploi, une charge → **garantir(si)** ◇ (*loc.*) *ipotecare il futuro, l'avvenire* [*fare progetti, anche non fondati, sul futuro*] hypothéquer l'avenir.

ipotecàrio, i |ipote'karjo, i| *agg.* (*dir.*) hypothécaire: *certificato, mutuo, debito ipotecario* certificat, dette hypothécaire.

ipotensióne |ipoten'sjone| *s.f.* (*med.*) hypotension.

ipotensìvo |ipoten'sivo| *agg.* (*med.*) hypotensif*, hypotenseur *m.* ◆ (*s.m.*) *un ipotensivo* un hypotenseur.

ipotenùsa |ipote'nuza| *s.f.* hypoténuse: *il quadrato construito sull'ipotenusa* le carré construit sur l'hypoténuse.

ipotermìa |ipoter'mia| *s.f.* (*med.*) hypothérmie.

ipòtesi |i'pɔtezi| *s.f. inv.* **1** hypothèse (*var.*): *un'ipotesi realistica, attendibile* une hypothèse réaliste, crédible; *ipotesi assurda, astratta* hypothèse absurde, abstraite; *è un'ipotesi interessante* c'est une hypothèse intéressante; *dimostrare l'infondatezza di un'ipotesi* démontrer le manque de fondement d'une hypothèse: *la tua è solo un'ipotesi* ce que tu dis là n'est qu'une hypothèse → **congettura, supposizione** **2** (*per est.*) [*caso, possibilità*] hypothèse: *prospettare un'ipotesi* exposer une hypothèse; *nella migliore, nella peggiore delle ipotesi* dans la meilleure, dans la pire des hypothèses; *ammettiamo l'ipotesi che...* admettons l'hypothèse selon laquelle... → **eventualità** ◇ *loc.* PER IPOTESI par hypothèse: *ragionamento per ipotesi* raisonnement par hypothèse; *se per ipotesi ciò avvenisse* dans l'hypothèse où cela arriverait **3** (*mat.*) hypothèse.

ipotéso |ipo'teso| *agg. e s.* (*med.*) hypotendu.

ipoteticaménte |ipotetika'mente| *avv.* [→ IPOTETICO 1] hypothétiquement.

ipotètico, ci, ca, che |ipo'tɛtiko, tʃi, ka, ke| *agg.* **1** hypothétique: *un ragionamento, un caso ipotetico* un raisonnement, un cas hypothétique; *è una premessa ipotetica* c'est une prémisse hypothétique ◇ (*per est.*) [*incerto, eventuale*] *ha impostato le spese su guadagni ipotetici* il a basé les dépenses sur des gains hypothétiques # *ha preparato la casa per un tuo ipotetico ritorno* il a préparé la maison dans l'hypothèse de ton retour **2** (*filos.*) hypothétique: *dubbio ipotetico* doute hypothétique **3** (*ling.*) *periodo ipotetico* période hypothétique **4** (*mat.*) hypothétique.

ipotìmico, ci, ca, che |ipo'timiko, tʃi, ka, ke| *agg.* hypothymique.

ipotiroidèo |ipotiroi'dɛo| *agg. e s.* (*med.*) hypothyroïdien*: *un* (*soggetto*) *ipotiroideo* un (sujet) hypothyroïdien.

ipotiroidìsmo |ipotiroi'dizmo| *s.m.* (*med.*) hypothyroïdie *f.*, hypothyroïdisme.

ipotizzàre |ipotid'dzare| *v.tr.* [*prevedere come ipotesi, supporre*] envisager (3): *egli aveva ipotizzato una situazione migliore* il avait envisagé une solution meilleure ◇ (*dir.*) supposer: *l'art. 236 ipotizza un caso ben preciso* l'article 236 suppose un cas bien précis.

ipotonìa |ipoto'nia| *s.f.* (*med.*) hypotonie.

ipotònico, ci, ca, che |ipo'tɔniko, tʃi, ka, ke| *agg.* (*chim., med.*) hypotonique.

ipotrofìa |ipotro'fia| *s.f.* (*bot., med.*) hypotrophie.

ipparchìa |ippar'kia| *s.f.* (*st. gr.*) hipparchie.

ìppica, che |'ippika, ke| *s.f.* hippisme (*m.*): *in questa regione l'ippica è poco praticata* dans cette région l'hippisme est peu pratiqué, on fait peu d'équitation; *quel giornalista fa i servizi sull'ippica* ce journaliste écrit sur l'hippisme, sur les courses → **equitazione** ◇ *loc. iron.* DARSI ALL'IPPICA [*cambiare mestiere per incapacità*] changer de métier: *se non riesci neanche in questo, datti all'ippica!* si tu ne réussis même pas à faire ça, mon vieux, change de métier!

ìppico, ci, ca, che |'ippiko, tʃi, ka, ke| *agg.* hippique: *concorso ippico* concours hippique.

ìppo- |'ippo| *pref.* (*significa 'cavallo', corrisponde gener. a*) hippo: *ippodromo* hippodrome.

ippocàmpo |ippo'kampo| *s.m.* (*t. zool.*) hippocampe.

ippocastàno |ippokas'tano| *s.m.* (*t.bot.*) marronnier d'Inde.

ippòdromo |ip'pɔdromo| *s.m.* hippodrome: *la folla gremiva le tribune dell'ippodromo* la foule remplissait les tribunes de l'hippodrome.

ippòfilo |ip'pɔfilo| *agg. e s.* (*raro*) [*appassionato di ippica*] turfiste (*corr.*).

ippoglòsso |ippo'glɔsso| *s.m.* (*t. zool.*) flétan.

ippogrìfo |ippo'grifo| *s.m.* (*mitol.*) hippogriffe.

ippologìa, gie |ippolo'dʒia, dʒie| *s.f.* hippologie.

ippopòtamo |ippo'pɔtamo| *s.m.* **1** (*t.zool.*) hippopotame **2** (*fig.*) [*persona grossa, pesante e lenta nei movimenti*] hippopotame # *cammina con la grazia di un ippopotamo* il marche avec la grâce d'un éléphant.

ippotrainàto |ippotrai'nato| *agg.* [*trainato da cavalli o da muli*] hippomobile: *artiglieria ippotrainata* artillerie hippomobile.

ippùrico |ip'puriko| *agg.* (*chim.*) *acido ippurico* acide ippurique.

iprìte |i'prite| *s.f.* (*chim.*) ypérite.

ìpsilon |'ipsilon| *s.f. o m. inv.* **1** (*alfabeto lat.*) [*nome della lettera 'y'*] i grec: *in questa parola ci vuole la ipsilon al posto della i* dans ce mot il

faut un y au lieu du i ◇ *loc. fig.* A IPSILON [*che si biforca*] en y: *strada a ipsilon* route en y **2** (*alfabeto gr.*) upsilon *m. var.*
ipso- |'ipso| *pref.* (*significa 'sommità', corrisponde gener. a*) hypso: *ipsometria* hypsométrie.
ipso facto |'ipso'fakto| *loc. avv.* (*lat.*) [*immediatamente, lì per lì, subito*] immédiatement (*avv.*): *il giudice lo cacciò ipso facto dall'aula* le juge le fit immédiatement sortir de la salle; *dovette partire ipso facto* il dut partir immédiatement.
ipsometrìa |ipsome'tria| *s.f.* (*geogr.*) hypsométrie.
ipsòmetro |i'psɔmetro| *s.m.* (*tecnol.*) hypsomètre.
ìra |'ira| *s.f.* **1** [*eccessivo impeto passionale, violento e rabbioso, che si sfoga contro q.c. o qc.*] colère: *suscitare, provocare l'ira di qc.* susciter, provoquer la colère de qqn.; *tratteneva a stento l'ira* il retenait avec peine sa colère; *ha spesso degli scatti d'ira* il a souvent des mouvements de colère **2** [*sdegno provocato da un nobile zelo per la giustizia e sim.*] indignation: *quello spettacolo di degradazione lo fece fremere d'ira* ce spectacle de dégradation le fit frémir d'indignation **3** [*collera giusta e punitrice*] colère: *l'ira divina* la colère divine; *il giorno dell'ira* le jour de la colère ◇ (*loc. fig., fam.*) *è un'ira di Dio* c'est le diable incarné ~ *fare l'ira di Dio* faire un vacarme de tous les diables **4** (*fig.*) [*furia*] courroux (*m.*): *l'ira del mare* le courroux de la mer; *l'ira dei venti li trascinò lontano* le courroux des vents les entraîna (au) loin **5** [*odio, malevolenza*] *haine: *avere in ira qc.* avoir de la haine pour qqn.; *mi ha preso in ira per le mie parole sincere* il m'a pris en haine du fait de ma sincérité; *è in ira a tutti* tout le monde a de la haine pour lui ◇ *spec. al plur.* [*discordie e odi di parte*] haines: *le ire cittadine si scatenarono* les haines citadines se déchaînèrent **6** (*teol.*) colère: *l'ira è un peccato capitale* la colère est un péché capital.
irachèno |ira'kɛno| **1** *agg.* [*dell'Iraq*] irakien*, iraquien* **2** (*s.m.*) *l'iracheno* [*varietà di ar. parlato in Iraq*] l'irakien.
iracóndia |ira'kondja| *s.f.* [*tendenza all'ira, facilità ad adirarsi*] irascibilité → **irascibilità** ◇ [*collera*] colère: *sfogare su qc. la propria iracondia* passer sa colère sur qqn. → **ira.**
iracóndo |ira'condo| *agg.* [*che è portato ad adirarsi, che si adira facilmente*] irascible: *ha un carattere iracondo* il a un caractère irascible → **collerico** ◇ (*per est.*) [*che manifesta ira, collera*] irrité: *sguardo iracondo* regard irrité; *parole iraconde* paroles irritées → **adirato.**
iraniàno |ira'njano| *agg.* [*dell'Iran*] iranien*.
irànico, ci, ca, che |i'raniko, tʃi, ka, ke| **1** *agg.* [*dell'ant. Iran*] iranien* ◇ (*ling.*) *lingue iraniche* langues iraniennes → **indoeuropeo 2** (*s.m.*) *l'iranico* [*lingua indoeuropea*] l'iranien.
iranista |ira'nista| *s.* [*studioso della storia, della civiltà dell'antico Iran*] iranisant *m.*, iranologue.
iràrsi |i'rarsi| *v.pron. intr.* → **adirarsi.**
irascìbile |iraʃ'ʃibile| *agg.* [*che si adira facilmente o frequentemente*] irascible: *avere un temperamento irascibile* avoir un tempérament irascible; *sei troppo irascibile* tu es trop irascible ◇ (*filos. ant.*) *anima irascibile* âme irascible.
irascibilità |iraʃʃibili'ta| *s.f. inv.* irascibilité *var.*
irataménte |irata'mente| *avv.* [*in modo irato, con stizza*] avec colère *loc. inv.*
iràto |i'rato| *agg.* [*che manifesta ira, sdegno*] en colère (*loc. inv.*): *era fortemente irato contro di noi* il était très en colère contre nous → **adirato** ◇ (*lett.*) IRATO A [*adirato verso, contro*] courroucé à l'égard de → **irritato** ◇ (*lett.*) → **tempestoso.**
irbis |'irbis| *s.m. inv.* (*t.zool.*) once *var.*, panthère *f. var.* des neiges (*corr.*).
ìrco, chi |'irko, ki| *s.m.* (*lett.*) → **capro, 2 becco.**
ire |'ire| *v.intr.* (*aus. 'essere'*) *e pron. dif.* (*usato solo al p.p. 'ito' e tempi comp.*) → **1 andare.**
irènico, ci, ca, che |i'rɛniko, tʃi, ka, ke| *agg.* (*lett.*) → **pacifista.**
irenista |ire'nista| *agg.* → **pacifista.**
ireos |'ireos| *s.m. inv.* **1** → **giaggiolo 2** [*polvere profumata che si ricava dal rizoma del giaggiolo*] poudre *f. var.* d'iris.
Iridàcee |iri'datʃee| *s.f. pl.* (*t.bot.*) Iridacées, Iridées.
iridàre |iri'dare| *v.tr.* [*tingere con i colori dell'arcobaleno*; *conferire riflessi iridescenti*] iriser.
1 **iridàto** |iri'dato| *agg.* **1** [*che ha i colori dell'arcobaleno*] irisé: *cielo iridato* ciel irisé **2** (*ciclismo*) *maglia iridata* [*maglia indossata dal vincitore di un campionato del mondo*] maillot arc-en-ciel ✦ (*s.*) *un iridato* un champion du monde.
2 **iridàto** |iri'dato| *s.m.* (*chim.*) iridite.
ìride |'iride| *s.f.* **1** [*arcobaleno*] arc-en-ciel (*m.*): *delle iridi* des arcs-en-ciel **2** (*anat., ott.*) iris **3** → **giaggiolo 4** (*t. zool.*) iris **5** (*miner.*) iris.
iridectomìa |iridekto'mia| *s.f.* (*chir.*) iridectomie.
iridèo |iri'dɛo| *agg.* (*anat.*) iridien*.
iridescènte |irideʃ'ʃɛnte| *agg.* iridescent: *smalto iridescente* vernis iridescent.
iridescènza |irideʃ'ʃɛntsa| *s.f.* (*ott.*) irisation.
iridio, i |i'ridjo, i| *s.m.* (*chim.*) iridium.
iris |'iris| *s.f. inv.* → **giaggiolo.**
irite |i'rite| *s.f.* (*med.*) iritis, inflammation de l'iris.
irlandése |irlan'dese| **1** *agg.* [*dell'Irlanda*] irlandais **2** (*s.m.*) *l'irlandese* [*la lingua*] l'irlandais.
irochése |iro'kese| **1** *agg.* [*relativo agli Irochesi*] iroquois: *paesaggio irochese* paysage iroquois **2** (*s.m.*) *l'irochese* [*la lingua*] l'iroquois.
ironeggiàre |ironed'dʒare| *v.intr.* (*aus. 'avere'*) → **ironizzare.**
ironìa |iro'nia| *s.f.* **1** ironie: *parlare con ironia* parler avec ironie; *non hai colto l'ironia della sua battuta* tu n'as pas saisi l'ironie de la boutade **2** [*tono, atteggiamento scherzoso o canzonatorio, più o meno pungente*] ironie: *ironia bonaria, fine, sottile* ironie débonnaire, fine, subtile; *c'è sempre una leggera ironia nelle sue parole* il y a toujours une certaine ironie dans ses paroles ◇ [*umorismo amaro, sarcasmo*] *mi ha parlato con crudele ironia delle sue disgrazie* il m'a parlé avec une ironie cruelle de ses malheurs # *far dell'ironia su qc., q.c.* ironiser sur qqn., qqch.; *non è il caso di far dell'ironia* ce n'est pas le cas de faire de l'esprit **3** [*umorismo beffardo, derisione*] ironie: *non mi piace che tu faccia dell'ironia su simili argomenti* je n'aime pas que tu fasses de l'ironie sur un pareil sujet # *è facile fare dell'ironia alle spalle altrui!* il est facile d'ironiser sur le dos des autres! → **scherno** ◇ [*beffa*; *contraddizione*] *che ironia!* quelle ironie! *l'ironia della vita, del destino* l'ironie de la vie, du destin; *per una strana ironia della sorte* par une étrange ironie du sort **4** (*filos.*) ironie: *ironia socratica* ironie socratique.
ironicaménte |ironika'mente| *avv.* [→ IRONICO 2] ironiquement ◇ [*sarcasticamente*] ironiquement ◇ [*in modo beffardo, con irrisione*] ironiquement.
irònico, ci, ca, che |i'rɔniko, tʃi, ka, ke| *agg.* **1** (*persone*) ironique: *è sempre molto ironico con tutti* il est toujours très ironique avec tout le monde **2** (*cose*) ironique: *discorso, gesto, tono ironico* discours, geste, ton ironique; *mi ha guardato con un sorriso ironico* il m'a regardé d'un sourire ironique; *si è offeso per le tue battute ironiche* il s'est vexé de tes boutades ironiques.
ironista |iro'nista| *s.* ironiste.
ironizzàre |ironid'dzare| **A** *v.intr.* (*aus. 'avere'*) **1** [*fare dell'umorismo scherzoso o pungente su qc. o q.c.*] ironiser: *si è limitato a ironizzare sul mio ritardo* il s'est borné à ironiser sur mon retard # *ironizzava sulle piccole manie di suo padre* il faisait de l'esprit sur les petites manies de son père **2** [*deridere, schernire*] ironiser: *invece di ironizzare, muovi delle critiche costruttive* au lieu d'ironiser, fais donc des critiques constructives ◇ [*fare del facile umorismo, dell'ironia gratuita*] *non ti vergogni a ironizzare sulle disgrazie altrui?* tu n'as pas honte d'ironiser sur le malheur des autres? # *ci vuol poco a ironizzare sugli errori di un principiante* il est facile de se moquer des erreurs d'un débutant **B** *v.tr.* (*raro*) [*trattare, esprimersi con ironia*] se moquer *pron.* (*corr.*).
irosaménte |irosa'mente| *avv.* [→ IROSO] avec colère *loc. inv.*
iróso |i'roso| *agg.* [*che si adira facilmente*; *collerico*] coléreux*, irascible: *un tipo, un carattere iroso* un type, un caractère coléreux, irascible ◇ [*che rivela collera*] plein de colère: *parole irose* mots pleins de colère.
irradiaménto |irradja'mento| *s.m.* → **irradiazione.**
irradiàre |irra'djare| **A** *v.tr.* **1** [*rischiarare con i propri raggi, illuminare*] éclairer: *il sole irradiava la pianura* le soleil éclairait la plaine ◇ (*fig.*) *una gioia profonda irradiava il suo volto* une joie profonde éclairait son visage ◇ (*per est.*) [*diffondere, emanare* (*anche fig.*)] diffuser: *gli alberi secolari irradiavano una piacevole frescura* les arbres séculaires diffusaient une agréable fraîcheur # *le sue risate irradiavano allegria in tutta la casa* ses éclats de rire mettaient de la joie dans toute la maison **2** (*fis.*) [*sottoporre q.c. o qc. all'energia delle radiazioni*] irradier: *irradiare*

la parte malata irradier la région malade, soumettre la région malade à un traitement par les rayons **B** *v.intr.* (*aus.* '*essere*') [*fuoriuscire sotto forma di raggi*] émaner (*aus.* avoir): *una luce rosata irradiava dal mare* une lumière rose émanait de la mer ◇ (*fig.*) [*sprigionarsi*] *la vivacità che irradia dai tuoi occhi è stimolante* la vivacité qui émane de tes yeux est stimulante, ton regard est d'une vivacité qui stimule **C** *v.pron. intr.* IRRADIARSI [→ *intr.*] partir (21) *intr.* de; rayonner (*intr.*): *da quel punto si sono irradiati tre gruppi diversi* de cet endroit sont partis trois groupes différents ‖ *dal suo volto s'irradia una gioia profonda* une joie profonde rayonne de son visage.

irradiazióne |irradjat'tsjone| *s.f.* **1** [→ IRRADIARE A 1] irradiation ◇ (*anat.*) *irradiazione di una sensazione dolorosa* irradiation d'une sensation douloureuse **2** [*cura fatta con esposizione a energia radiante*] irradiation: *irradiazione da raggi X* irradiation, traitement par les rayons X.

irraggiàre |irrad'dʒare| *e deriv.* → **irradiare** *e deriv.*

irraggiungìbile |irraddʒun'dʒibile| *agg.* impossibile à atteindre: *traguardo irraggiungibile* but impossible à atteindre # *il corridore era ormai irraggiungibile* il était désormais impossible de rejoindre le coureur.

irragionévole |irradʒo'nevole| *agg.* **1** (*persone*) [*che non vuole o non sa ragionare, capire le situazioni*] déraisonnable: *é un tipo veramente irragionevole* c'est un type vraiment déraisonnable **2** (*cose*) irraisonné: *scelta, decisione irragionevole* choix irraisonné, décision irraisonnée ◇ [*infondato*] *dubbio, sospetto irragionevole* doute, soupçon irraisonné ◇ [*eccessivo*] *richiesta irragionevole* demande irraisonnée.

irragionevolézza |irradʒonevo'lettsa| *s.f.* manque *m.* de bon sens, de raison: *l'irragionevolezza è il suo difetto* son défaut est le manque de bon sens; *peccare di irragionevolezza* pécher par manque de bon sens ◇ [*atto irragionevole*] absurdité: *non fa altro che irragionevolezze* il ne fait que des absurdités.

irragionevolménte |irradʒonevol'mente| *avv.* **1** [→ IRRAGIONEVOLE 1] déraisonnablement: *comportarsi irragionevolmente* agir déraisonnablement **2** [*in maniera infondata*] sans raison (*loc. inv.*): *mi sospettava irragionevolmente* il me soupçonnait sans raison.

irrancidiménto |irrantʃidi'mento| *s.m.* [→ IRRANCIDIRE] rancissement, rancissure (*f.*): *questo clima provoca l'irrancidimento del prosciutto* ce climat provoque le rancissement, la rancissure du jambon.

irrancidire |irrantʃi'dire| (197) **A** *v.intr.* (*aus.* '*essere*') [*diventare rancido, alterato*] rancir (*aus.* avoir): *la pancetta è irrancidita* le bacon a ranci ◇ (*fig.*) *il problema, la situazione irrancidisce a vista d'occhio* le problème, la situation rancit à vue d'œil **B** *v.pron. intr.* IRRANCIDIRSI [→ *tr.*] rancir (*intr.*): *il burro si è irrancidito* le beurre a ranci.

irrappresentàbile |irrapprezen'tabile| *agg.* [*la cui rappresentazione teatrale è impossibile*] injouable.

irrazionàle |irrattsjo'nale| *agg.* **1** (*persone*) irrationnel*: *è una persona veramente irrazionale* c'est une personne vraiment irrationnelle **2** (*cose*) irrationnel: *opera irrazionale* œuvre irrationnelle; *ha consegnato un lavoro irrazionale* il a remis un travail irrationnel; *ha fatto una scelta irrazionale* il a fait un choix irrationnel ◆ (*s.m.*) *l'irrazionale* l'irrationnel **3** [*che è inadeguato alle esigenze che ne hanno determinato l'esistenza*] irrationnel: *progettazione irrazionale di una scuola* projet irrationnel d'une école; *distribuzione irrazionale delle stanze* distribution irrationnelle des chambres; *parcheggio irrazionale* parking irrationnel **4** (*filos., mat.*) irrationnel.

irrazionalìsmo |irrattsjona'lizmo| *s.m.* (*filos.*) irrationalisme.

irrazionalità |irrattsjonali'ta| *s.f. inv.* caractère *m. var.* irrationnel, irrationalité *var.* (*raro*): *l'irrazionalità di una persona* le caractère irrationnel d'une personne; *la cosiddetta irrazionalità delle donne* la prétendue irrationalité des femmes; *l'irrazionalità di una scelta, di una decisione* l'irrationalité d'un choix, d'une décision; *l'irrazionalità di una casa, di una scuola* l'irrationalité d'une maison, d'une école; *l'irrazionalità è una componente della vita* l'irrationalité est une composante de la vie.

irreàle |irre'ale| *agg.* irréel*: *immagine irreale* image irréelle; *è una cosa irreale* c'est une chose irréelle ◆ (*s.m.*) *l'irreale* l'irréel Ⓒ **reale 1.**

irrealìsmo |irrea'lizmo| *s.m.* irréalisme.

irrealista |irrea'lista| *agg. e s.* irréaliste.

irrealistico, ci, ca, che |irrea'listiko, tʃi, ka, ke| *agg.* irréaliste.

irrealizzàbile |irrealid'dzabile| *agg.* irréalisable.

irrealizzabilità |irrealiddzabili'ta| *s.f. inv.* impossibilité *var.* d'être réalisé, de se réaliser.

irrealtà |irreal'ta| *s.f. inv.* irréalité (*var.*): *l'irrealtà di una ipotesi, di un progetto* l'irréalité d'une hypothèse, d'un projet; *vivere nell'irrealtà* vivre dans l'irréalité.

irreconciliàbile |irrekontʃi'ljabile| *agg.* irréconciliable: *antagonisti irreconciliabili* des antagonistes irréconciliables; *disaccordo irreconciliabile* désaccord irréconciliable.

irrecuperàbile |irrekupe'rabile| *agg.* irrécupérable: *alunno irrecuperabile* élève irrécupérable; *i suoi beni sono ormai irrecuperabili* désormais, ses biens sont irrécupérables ◇ (*persone*) *è un fumatore, un drogato irrecuperabile* c'est un fumeur, un drogué irrécupérable.

irrecuperabilménte |irrekuperabil'mente| *avv.* [→ IRRECUPERABILE] d'une façon irrécupérable *loc. inv.*

irrecusàbile |irreku'zabile| *agg.* **1** (*dir.*) irrécusable **2** [*che non è possibile confutare*] irrécusable: *argomentazione irrecusabile* argumentation irrécusable.

irredentismo |irreden'tizmo| *s.m.* (*st. it.*) irrédentisme.

irredentista |irreden'tista| *s.* irrédentiste ◆ (*agg.*) *la questione irredentista* le problème irrédentiste.

irredentistico, ci, ca, che |irreden'tistiko, tʃi, ka, ke| *agg.* irrédentiste: *politica irredentistica* politique irrédentiste.

irredènto |irre'dɛnto| *agg.* irrédent: *peccatore irredento* pécheur irrédent; *terre irredente* terres irrédentes.

irredimìbile |irredi'mibile| *agg.* **1** [*che non può essere redento*] irrachetable (*raro*) **2** (*dir.*) irrachetable.

irreducibile |irredu'tʃibile| *e deriv.* → **irriducibile** *e deriv.*

irrefragàbile |irrefra'gabile| *agg.* (*lett.*) irréfragable.

irrefrenàbile |irrefre'nabile| *agg.* → **irresistibile.**

irrefutàbile |irrefu'tabile| *agg.* irréfutable: *prova, argomentazione irrefutabile* preuve, argumentation irréfutable.

irrefutabilità |irrefutabili'ta| *s.f. inv.* (*lett.*) irréfutabilité *var.*

irrefutabilménte |irrefutabil'mente| *avv.* [→ IRREFUTABILE] irréfutablement.

irreggimentàre |irreddʒimen'tare| *v.tr.* **1** [*inquadrare in un reggimento; ordinare in reggimento*] enrégimenter **2** (*fig.*) [*inquadrare l'attività di qc. entro un sistema rigido, impersonale*] enrégimenter: *il nuovo preside ha irreggimentato tutta la scuola* le nouveau proviseur a enrégimenté toute l'école.

irreggimentazióne |irreddʒimentat'tsjone| *s.f.* (*fig.*) [→ IRREGGIMENTARE 2] embrigadement *m.*

irregolàre |irrego'lare| **1** *agg.* irrégulier*: *vita irregolare* vie irrégulière; *comportamento, condotta irregolare* attitude, conduite irrégulière; *situazione irregolare* triangle irrégulier ◇ (*gram.*) *verbo, coniugazione irregolare* verbe irrégulier, conjugaison irrégulière ◇ (*med.*) *polso irregolare* pouls irrégulier ◇ (*mil.*) *milizie irregolari* troupes irrégulières ◇ (*sport*) *azione, intervento irregolare* action, intervention irrégulière **2** *s.m.* troupes *f.pl.* irrégulières.

irregolarità |irregolari'ta| *s.f. inv.* **1** irrégularité (*var.*): *irregolarità del tenore di vita* irrégularité dans le train de vie, dérèglement *m. var.* du train de vie; *l'irregolarità di un contratto* l'irrégularité d'un contrat; *irregolarità del viso, del naso* irrégularité du visage, du nez; *irregolarità nel rendimento* irrégularité dans le rendement **2** (*dir.*) irrégularité.

irregolarménte |irregolar'mente| *avv.* **1** [→ IRREGOLARE 1] irrégulièrement: *l'atleta rendeva irregolarmente* l'athlète rendait irrégulièrement # *casa strutturata irregolarmente* maison de structure irrégulière **2** [*disordinatamente*] en désordre (*loc. inv.*): *oggetti sparsi irregolarmente* objets en désordre # *viveva irregolarmente* il menait une vie déréglée, désordonnée.

irreligióso |irreli'dʒoso| *agg.* **1** irréligieux*: *uomo, scrittore irreligioso* homme, écrivain irréligieux; *opera irreligiosa* œuvre irréligieuse **2** [*empio, contrario alla religione*] irréligieux: *invettiva irreligiosa* invective irréligieuse; *discorso irreligioso* discours irréligieux; *uomo irreligioso* homme irréligieux.

irremissibile |irremis'sibile| *agg.* (*lett.*) irrémissible: *colpa, peccato irremissibile* faute, péché irrémissible.

irremissibilménte |irremissibil'mente| *avv.* (*lett.*) [→ IRREMISSIBILE] irrémissiblement.

irremovibile |irremo'vibile| *agg.*

1 [*che non è possibile rimuovere, superare*] insurmontable, inébranlable: *ostacoli irremovibili* obstacles insurmontables **2** (*fig.*) [*che non è possibile modificare, piegare*] inébranlable: *decisione irremovibile* décision inébranlable; *volontà, carattere irremovibile* volonté, caractère inébranlable ◇ (*persone*) [*ostinato, saldo*] *su questo punto sono irremovibile* sur ce point, je suis inébranlable; *è un tipo irremovibile* c'est un type inébranlable.

irremovibilità |irremovibili'ta| *s.f. inv.* fermeté *var.*; ténacité (*var.*): *l'irremovibilità di una decisione* la fermeté d'une décision ‖ *la sua irremovibilità è ormai proverbiale* sa ténacité est désormais proverbiale.

irreparàbile |irrepa'rabile| *agg.* **1** irréparable: *perdita irreparabile* perte irréparable; *danno irreparabile* dégât irréparable **2** [*che non può essere evitato*] inévitable: *la catastrofe era ormai irreparabile* la catastrophe était désormais inévitable ✦ (*s.m.*) *l'irreparabile* l'inévitable, l'irréparable.

irreparabilità |irreparabili'ta| *s.f. inv.* irréparabilité *var.*

irreparabilménte |irreparabil'mente| *avv.* [→ IRREPARABILE] irréparablement.

irreperìbile |irrepe'ribile| *agg.* [*che non si riesce a trovare, a scoprire*] introuvable: *prodotto irreperibile* produit introuvable; (*si*) *è reso irreperibile* il est devenu introuvable.

irreperibilità |irreperibili'tà| *s.f. inv.* impossibilité *var.* de trouver (qqn., qqch.).

irrepetìbile |irrepe'tibile| *e deriv.* → **irripetibile** *e deriv.*

irreprensìbile|irrepren'sibile|*agg.* irrépréhensible (*lett.*), irréprochable.

irreprensibilità |irreprensibili'ta| *s.f. inv.* [*l'essere irreprensibile*] irréprochabilité *var.*

irreprensibilménte |irreprensibil'mente| *avv.* [→ IRREPRENSIBILE] irréprochablement: *vivere irreprensibilmente* vivre irréprochablement.

irrepugnàbile |irrepuɲ'nabile| *agg.* **1** (*lett.*) [*che non si può oppugnare, contrastare*] irréfutable, incontestable **2** (*dir.*) irréfutable.

irrequietézza |irrekwje'tettsa| *s.f.* [*agitazione, eccitazione*] agitation ◇ (*psicol.*) instabilité.

irrequièto |irre'kwjɛto| *agg.* [*agitato*] agité: *sonno irrequieto* sommeil agité; *persona irrequieta* personne agitée ◇ [*vivace, turbolento*] turbulent: *bambino irrequieto* enfant turbulent.

irresistìbile |irresis'tibile| *agg.* (*cose*) irrésistible: *sguardo irresistibile* regard irrésistible; *un irrestistibile bisogno di uscire all'aperto* un irrésistible besoin de sortir au grand air; *ha un fascino irresistibile* il a un charme irrésistible ◇ (*persone*) *donna irresistibile* femme irrésistible; *oratore irresistibile* orateur irrésistible.

irresistibilità |irresistibili'ta| *s.f. inv.* irrésistibilité *var.*

irresistibilménte |irresistibil'mente| *avv.* [→ IRRESISTIBILE] irrésistiblement.

irresolùbile |irreso'lubile| *agg.* **1** [*che non è possibile risolvere*] insoluble, insurmontable: *problema irresolubile* problème insoluble ‖ *contrasto irresolubile* désaccord insurmontable **2** (*dir., corr.*) indissoluble: *contratto irresolubile* contrat indissoluble.

irresolutézza |irresolu'tettsa| *s.f.* → **perplessità, irresoluzione, indecisione.**

irresolùto |irreso'luto| *agg.* **1** (*persone*) [*che manca di decisione; incerto*] indécis, hésitant # *è una persona irresoluta di fronte a ogni tipo di decisione da prendere* c'est une personne qui hésite chaque fois qu'elle doit prendre une décision **2** (*cose*) (*lett.*) [*insoluto*] irrésolu: *questione irresoluta* problème irrésolu; *enigma irresoluto* énigme irrésolue.

irresoluzióne|irresolut'tsjone| *s.f.* irrésolution.

irrespiràbile |irrespi'rabile| *agg.* **1** irrespirable: *esalazione irrespirabile* exhalation irrespirable; *aria irrespirabile* air irrespirable **2** (*fig.*) irrespirable: *clima sociale irrespirabile* climat social irrespirable; *l'ambiente di lavoro era per lui irrespirabile* l'atmosphère de travail lui était irrespirable.

irresponsàbile |irrespon'sabile| **I** *agg.* non responsable, irresponsable: *ho la prova che egli è irresponsabile di quell'incidente* j'ai la preuve qu'il n'est pas responsable de cet accident ◇ (*cose*) *atto irresponsabile* acte irresponsable ◇ (*persone*) *alunno irresponsabile* élève irresponsable; *il medico ha detto che è ancora irresponsabile* le docteur a dit qu'il est encore irresponsable **II** *s.* **1** [→ *agg.*] irresponsable: *un irresponsabile* un irresponsable **2** (*dir.*) irresponsable.

irresponsabilità |irresponsabili'ta| *s.f. inv.* irresponsabilité (*var.*): *l'irresponsabilità è un segno di immaturità* l'irresponsabilité est signe d'immaturité; *è la tipica irresponsabilità dei giovani* c'est la typique irresponsabilité des jeunes.

irrestringìbile |irrestrin'dʒibile| *agg.* (*tessuti*) [*che non si restringe*] irrétrécissable.

irrestringibilità |irrestrindʒibili'ta| *s.f. inv.* [*l'essere irrestringibile*] irrétrécissabilité *var.*

irretìre |irre'tire| (197) *v.tr.* **1** (*fig.*) [*attrarre, convincere con l'inganno*] embarquer: *l'hanno irretito in un affare molto rischioso* ils l'ont embarqué dans une affaire très risquée ◇ [*sedurre*] séduire (75): *con le sue arti sottili lo ha irretito* il fut séduit par son art subtil **2** (*raro*) [*prendere, accalappiare nella rete*] prendre (73) (au piège) (*corr.*).

irretroattività |irretroattivi'ta| *s.f. inv.* (*dir.*) non rétroactivité *var.*

irretroattìvo |irretroat'tivo| *agg.* (*dir.*) non retroactif*.

irreversìbile |irrever'sibile| *agg.* irréversible: *processo, situazione irreversibile* procès, situation irréversible.

irreversibilità |irreversibili'ta| *s.f. inv.* irréversibilité *var.*

irrevocàbile |irrevo'kabile| *agg.* irrévocable: *ordine, sentenza irrevocabile* ordre, jugement irrévocable; *la sua scelta è ormai irrevocabile* son choix est désormais irrévocable.

irrevocabilità |irrevokabili'ta| *s.f. inv.* irrévocabilité *var.*

irrevocabilménte |irrevokabil'mente| *avv.* [→ IRREVOCABILE] irrévocablement.

irricevìbile |irritʃe'vibile| *agg.* (*dir.*) irrecevable.

irricevibilità |irritʃevibili'ta| *s.f. inv.* (*dir.*) irrecevabilité *var.*

irriconciliàbile |irrikontʃi'ljabile| *agg.* → **ireconciliabile.**

irriconoscìbile |irrikonoʃ'ʃibile| *agg.* [*non riconoscibile*] méconnaissable: *in quella mascheratura era irriconoscibile* il était méconnaissable dans ce déguisement; *la casa era diventata irriconoscibile* la maison était devenue méconnaissable.

irrìdere |ir'ridere| (130) *v.tr.* (*lett.*) → **deridere.**

irriducìbile |irridu'tʃibile| *agg.* **1** [*che non è possibile ridurre, diminuire*] irréductible: *prezzo irriducibile* prix irréductible **2** (*anat.*) *ernia irriducibile* hernie irréductible ◇ (*fig.*) *carattere, volontà irriducibile* caractère, volonté irréductible **3** (*mat.*) *frazione irriducibile* fraction irréductible **4** (*med.*) *frattura irriducibile* fracture irréductible.

irriducibilità |irridutʃibili'ta| *s.f. inv.* irréductibilité *var.*

irriducibilménte |irridutʃibil'mente| *avv.* [→ IRRIDUCIBILE 1] d'une manière irréductible *loc. inv.*

irriferìbile |irrife'ribile| *agg.* [*che non si può o non si vuole riferire*] irracontable.

irriflessióne |irrifles'sjone| *s.f.* → **leggerezza.**

irriflessivaménte |irriflessiva'mente| *avv.* [→ IRRIFLESSIVO] sans réfléchir *loc. inv.*, étourdiment.

irriflessività |irriflessivi'ta| *s.f. inv.* [*mancanza di riflessione*] irréflexion *var.*

irriflessìvo |irrifles'sivo| *agg.* (*persone*) irréfléchi, étourdi: *giovane irriflessivo* jeune homme irréfléchi, étourdi ◇ (*cose*) *risposta, reazione irriflessiva* réponse, réaction irréfléchie.

irriformàbile |irrifor'mabile| *agg.* (*dir.*) irréformable.

irrigàbile |irri'gabile| *agg.* irrigable: *campi irrigabili* champs irrigables; *regioni irrigabili* régions irrigables.

irrigabilità |irrigabili'ta| *s.f. inv.* possibilité *var.* (d'un terrain) d'être irrigué; possibilité d'irriguer (un terrain).

irrigaménto |irriga'mento| *s.m.* → **irrigazione.**

irrigàre |irri'gare| *v.tr.* **1** *irrigare un campo, una risaia* [*farvi scorrere acqua*] irriguer un champ, une rizière ◇ (*per est.*) *il fiume irriga la regione* [*la attraversa*] le fleuve irrigue la région **2** (*med.*) [*fare irrigazioni*] irriguer.

irrigatóre |irriga'tore| **1** (*agg.*) *canale irrigatore* canal d'irrigation *loc. inv.* **2** *s.m.* (*agr., med.*) irrigateur.

irrigatòrio, i |irriga'tɔrjo, i| *agg.* irrigatoire # *canale irrigatorio* canal d'irrigation.

irrigazióne |irrigat'tsjone| *s.f.* **1** (*agr., corr.*) irrigation: *fosso d'irrigazione* fossé d'irrigation; *irrigazione a pioggia* irrigation par la pluie **2** (*med.*) irrigation.

irrigidiménto |irridʒidi'mento| *s.m.* **1** [→ IRRIGIDIRE A 1; B; C 1] rigidité *f.*; refroidissement: *l'irrigidimento di un tessuto, di un cadavere* la rigidité d'un tissu, d'un cadavre ‖ *l'irrigidimento della temperatura* le refroidissement de la température **2** (*fig.*) [→ IRRIGIDIRE A 2] durcissement: *l'irrigidimento di una pena* le durcissement d'une peine **3** (*fig.*) [→ IRRIGIDIRE C 3] durcissement: *l'irrigidimento della controparte ha fatto fallire la trattativa* le durcissement de la partie adverse a fait échouer les négociations → **intransigenza.**

irrigidìre |irridʒi'dire| (197) **A** *v.tr.* **1** [*rendere rigido*] engourdir; durcir: *il freddo mi ha irrigidito le mani* le froid m'a engourdi les mains ‖ *il gelo irrigidisce la plastica* le gel durcit le plastique ◇ (*fig.*) *alcuni screzi hanno irrigidito i nostri rapporti* quelques désaccords ont durci nos rapports; *le sofferenze irrigidiscono l'animo* les souffrances durcissent l'esprit **2** (*fig.*) [*rendere più severo*] durcir: *irrigidire i controlli, i regolamenti* durcir les contrôles, les règlements; *le pene sono state irrigidite* les peines ont été durçies **B** *v.intr.* (*aus.* '*essere*') (*raro*) [*diventar rigido*] durcir (*aus.* avoir) (*corr.*): *il mastice comincia a irrigidire* le mastic commence à durcir **C** *v.pron. intr.* IRRIGIDIRSI **1** [→ *intr.* 1] s'engourdir: *le articolazioni si sono irrigidite* les articulations se sont engourdies # *la temperatura si è irrigidita* la température a baissé ◇ (*fig.*) *il vostro cuore si è irrigidito* votre cœur s'est endurci **2** (*per est.*) [*assumere una posizione di immobilità assoluta*] se figer (3): *irrigidirsi sull'attenti* se figer au garde-à-vous; *si era irrigidita sulla poltrona* elle s'était figée dans le fauteuil **3** (*fig.*) [*divenire inflessibile*; *assumere un atteggiamento d'intransigenza*] se raidir: *irrigidirsi in una posizione, in un rifiuto* se raidir dans, sur une position, dans un refus; *le parti si sono irrigidite sui rispettivi punti di vista* les parties se sont raidies chacune sur sa position.

irrigidìto |irridʒi'dito| *agg.* **1** [*divenuto rigido, teso*] engourdi, figé: *ho le gambe irrigidite* j'ai les jambes engourdies; *un viso irrigidito in un sorriso idiota* un visage figé dans un sourire imbécile **2** (*fig.*) [*ostinato, irremovibile*] ferme, obstiné: *una persona irrigidita nelle proprie posizioni* une personne ferme, obstinée dans ses positions.

irriguardóso |irrigwar'doso| *agg.* [*che manca di riguardo, di rispetto*] irrespectueux*: *una frase irriguardosa* une phrase irrespectueuse; *sei stato irriguardoso verso tuo padre* tu as été irrespectueux envers ton père, tu as manqué de respect à ton père.

irrìguo |ir'riguo| *agg.* **1** bien irrigué: *terreni irrigui* terrains bien irrigués **2** [*che serve per irrigare*] irrigatoire, d'irrigation (*loc. inv.*): *acque irrigue* eaux irrigatoires; *canali irrigui* canaux d'irrigation.

irrilevànte |irrile'vante| *agg.* [*che ha poca rilevanza; insignificante*] insignifiant: *una differenza irrilevante* une différence insignifiante; *una obiezione irrilevante* une remarque insignifiante.

irrilevànza |irrile'vantsa| *s.f.* [*l'essere irrilevante*] insignifiance.

irrimediàbile |irrime'djabile| *agg.* irrémédiable: *un guasto, un danno irrimediabile* une panne, un dégât irrémédiable.

irrimediabilménte |irrimedjabil'mente| *avv.* [→ IRRIMEDIABILE] irrémédiablement: *le sue condizioni si sono irrimediabilmente aggravate* son état de santé s'est irrémédiablement aggravé.

irrinunciàbile |irrinun'tʃabile| *agg.* auquel on ne peut renoncer (*loc.*): *richieste, esigenze irrinunciabili* demandes, exigences auxquelles on ne peut pas renoncer ◇ (*dir.*) *diritti irrinunciabili* droits inaliénables, incessibles.

irripetìbile |irripe'tibile| *agg.* **1** [*che difficilmente si ripresenterà; unico*] unique: *un'occasione, un'esperienza irripetibile* une occasion, une expérience unique **2** [*che non si può, non si deve ripetere; sconveniente*] qu'on ne peut répéter (*loc.*): *gesti irripetibili* gestes qu'on ne peut répéter # *parole irripetibili.* paroles sans nom, indicibles.

irripetibilità |irripetibili'ta| *s.f. inv.* **1** (*raro*) → **unicità** **2** (*raro*) [*inopportunità, sconvenienza a ripetere q.c.*] inconvenance (*var.*): *l'irripetibilità di una bestemmia* l'inconvenance d'un juron.

irriproducìbile |irriprodu'tʃibile| *agg.* qu'on ne peut pas reproduire (*loc.*): *caratteristiche irriproducibili* caractéristiques qu'on ne peut (pas) reproduire.

irriproducibilità |irriprodutʃibili'ta| *s.f. inv.* impossibilité *var.* d'être reproduit, de se reproduire, de reproduire qqch.

irrisióne |irri'zjone| *s.f.* [→ IRRIDERE] dérision: *parole di irrisione verso qc.* paroles de dérision à l'égard de qqn.

irrisolùto |irriso'luto| *e deriv.* → **irresoluto** *e deriv.*

irrisoriaménte |irrizorja'mente| *avv.* **1** [→ IRRISORIO 1] avec dérision *loc. inv.*, dérisoirement (*lett.*): *parlare irrisoriamente di qc., di q.c.* parler avec dérision de qqn., de qqch. **2** [→ IRRISORIO 2] d'une manière dérisoire (*loc. inv.*): *sono stato risarcito irrisoriamente* j'ai été dédommagé d'une manière dérisoire.

irrisòrio, i |irri'zɔrjo, i| *agg.* **1** [*che tende a irridere; derisorio*] railleur*, moqueur*: *gesto irrisorio* geste railleur, moqueur; *atteggiamento irrisorio* attitude railleuse, moqueuse **2** [*minimo, irrilevante*] dérisoire: *un prezzo, un valore irrisorio* un prix, une valeur dérisoire; *ha subito un danno irrisorio* il a subi un dommage dérisoire ◇ [*inadeguato, ridicolo*] *mi danno una paga irrisoria* ils me donnent un salaire dérisoire.

irrispettóso |irrispet'toso| *agg.* irrespectueux*: *un comportamento irrispettoso* une attitude irrespectueuse.

irritàbile |irri'tabile| *agg.* **1** (*fig.*) [→ IRRITARE A 1; B 1] irritable: *ha un carattere facilmente irritabile* il a un caractère facilement irritable **2** [→ IRRITARE A 2; B 2] irritable: *ho una pelle molto irritabile* j'ai une peau très irritable.

irritabilità |irritabili'ta| *s.f. inv.* **1** (*fig.*) irritabilité (*var.*): *irritabilità di carattere* irritabilité d'un caractère; *è di una irritabilità eccessiva* il est d'une irritabilité excessive **2** (*di parti del corpo*) irritabilité: *irritabilità della gola, delle mucose* irritabilité de la gorge, des muqueuses.

irritaménto |irrita'mento| *s.m.* (*raro*) → **irritazione.**

irritànte |irri'tante| *agg.* (*fig.*) irritant: *un comportamento irritante* une attitude irritante ◇ [*che provoca irritazione*] *questa pomata ha un effetto irritante* cette pommade a un effet irritant.

irritàre |irri'tare| **A** *v.tr.* **1** (*fig.*) [*provocare risentimento, sdegno; infastidire*] irriter: *questo ritardo mi irrita* ce retard m'irrite; *la confusione lo irrita terribilmente* la confusion l'irrite terriblement **2** (*med., corr.*) [*provocare un'infiammazione, un fastidio fisico*] irriter: *il fumo irrita gli occhi* la fumée irrite les yeux; *i cibi piccanti irritano lo stomaco* les mets relevés irritent l'estomac **B** *v.pron. intr.* IRRITARSI **1** [→ *tr.* 1] s'irriter: *ti irriti troppo facilmente* tu t'irrites trop facilement; *si è irritata per la tua insistenza* ton insistance l'a irritée **2** [→ *tr.* 2] s'irriter: *mi si è irritata la pelle per il troppo sole* ma peau s'est irritée parce que je suis resté(e) trop longtemps au soleil.

irritatìvo |irrita'tivo| *agg.* (*med.*) irritatif*.

irritàto |irri'tato| *agg.* **1** (*fig.*) irrité: *sembra molto irritato* il a l'air très irrité; *sono già abbastanza irritato con voi* je suis déjà assez irrité contre vous **2** (*med., corr.*) irrité: *pelle, gola irritata* peau, gorge irritée.

irritazióne |irritat'tsjone| *s.f.* **1** (*fig.*) [→ IRRITARE A 1; B 1] irritation: *la sua irritazione era al colmo* son irritation était à son comble; *c'è uno stato generale di irritazione* il y a un état général d'irritation **2** (*med., corr.*) irritation: *un'irritazione sulla pelle, alle orecchie* une irritation de la peau, des oreilles.

ìrrito |'irrito| *agg.* **1** (*dir.*) nul* **2** (*lett.*) → **vano.**

irrituàle |irritu'ale| *agg.* (*dir.*) amiable: *procedura irrituale* procédure amiable; *arbitro irrituale* amiable compositeur.

irriverènte |irrive'rɛnte| *agg.* [*privo di rispetto, di riverenza*] irrévérencieux*: *un ragazzo irriverente verso i genitori* un garçon irrévérencieux envers ses parents; *il tuo è stato un gesto irriverente* ton geste a été irrévérencieux; *ha pronunciato parole irriverenti verso la religione* il a prononcé des paroles irrévérencieuses envers la religion.

irriverenteménte |irriverente'mente| *avv.* [→ IRRIVERENTE] irrévérencieusement.

irriverènza |irrive'rɛntsa| *s.f.* irrévérence: *parlare con irriverenza* parler avec irrévérence; *in chiesa vi siete comportati con molta irriverenza* à l'église, vous vous êtes conduits avec beaucoup d'irrévérence.

irrobustìre |irrobus'tire| (197) **A** *v.tr.* [*rendere robusto; rinforzare*] fortifier: *irrobustire i muscoli con la ginnastica* fortifier les muscles en faisant de la gymnastique; *l'aria di montagna irrobustisce* l'air de la montagne fortifie ◇ (*fig.*) *irrobustire un discorso con citazioni* enrichir un discours de, par des citations, donner de la vigueur à un exposé par des citations **B** *v.pron. intr.* IRROBUSTIRSI [→ *tr.*] devenir (27) *intr.* (plus) robuste; rendre (53) *tr.* robuste: *si è irrobustito* il est devenu plus robuste, il s'est fortifié ‖ *dopo la cura si è irrobustita* la cure l'a rendue plus robuste, lui a donné des forces ◇ [*diventare corpulento*] devenir gros*: *comincio a irrobustirmi troppo* je commence à devenir trop gros.

irrogàre |irro'gare| *v.tr.* (*dir.*) [*infliggere*] infliger (3): *irrogare una con-*

danna, una multa infliger une condamnation, une amende.
irrómpere |ir'rompere| (176) *v.intr.* (*dif. del p.p.*) [*entrare, penetrare con impeto, con violenza*] faire (45) *tr.* irruption: *i tifosi irruppero sul campo* les supporters firent irruption sur le terrain; *dagli argini rotti l'acqua irrompeva nei campi* l'eau faisait irruption dans les champs, par la brèche de la digue.
irroraménto |irrora'mento| *s.m.* → **irrorazione.**
irroràre |irro'rare| *v.tr.* **1** [*cospargere di stille*; *bagnare*] baigner: *il pianto, il sudore gli irrorava il volto* la sueur, les pleurs baignaient son visage # *la rugiada irrora la compagna* les champs sont humides de rosée ◇ (*per est.*) irriguer: *il sangue irrora il corpo* le sang irrigue le corps **2** (*agr.*) [*spruzzare liquidi antiparassitari su piante*] arroser: *irrorare le viti, un frutteto* arroser la vigne, un verger.
irroràto |irro'rato| *agg.* **1** [*bagnato, cosparso* (*di un liquido*)] baigné: *aveva le guance irrorate di pianto* il avait les joues baignées de pleurs **2** (*agr.*) arrosé: *filari irrorati* rangées (de vignes) arrosées.
irroratóre, trice |irrora'tore, tritʃe| *s.* [*chi irrora*] arroseur* ✦ (*agg.*) *apparecchio irroratore* appareil d'arrosage *loc. inv.*
irroratrice |irrora'tritʃe| *s.f.* (*agr.*) pulvérisateur *m.*
irrorazióne |irrorat'tsjone| *s.f.* **1** (*raro*) [→ IRRORARE 1] irroration **2** (*agr.*) pulvérisation.
irrovesciàbile |irroveʃ'ʃabile| *agg.* [*che non si può rovesciare*] inchavirable: *canotto irrovesciabile* canot inchavirable.
irruènte |irru'ɛnte| *agg.* **1** [*che irrompe con violenza*] impétueux*: *una folla irruente* une foule impétueuse; *arginare le acque irruenti* endiguer les eaux impétueuses **2** (*fig.*) [*violento, impetuoso*; *impulsivo*] impétueux: *un tipo, un temperamento irruente* un type, un tempérament impétueux; *tu non rifletti, sei troppo irruente* tu ne réfléchis pas, tu es trop impétueux ✦ (*s.*) *un irruente* une personne *f.* impétueuse *agg.*
irruènza |irru'ɛntsa| *s.f.* **1** [*impeto, violenza*] impétuosité: *è stato travolto dall'irruenza delle acque* il a été emporté par l'impétuosité des eaux **2** (*fig.*) impétuosité: *parlare con irruenza* parler avec impétuosité ◇ [*precipitazione, impulsività*] *moderare l'irruenza dei giovani* modérer l'impétuosité des jeunes (gens).
irruvidìre |irruvi'dire| (197) **A** *v.tr.* [*rendere ruvido*] rendre (53) rugueux*: *il freddo irruvidisce la pelle* le froid rend la peau rugueuse ◇ (*fig.*) aigrir: *quell'ambiente l'ha irruvidito* ce milieu l'a aigri → **inasprire B** *v.intr.* (*aus. 'essere'*) [*diventar ruvido*] devenir (27) rugueux: *questa stoffa è irruvidita* ce tissu est devenu rugueux ◇ (*fig.*) aigrir: *come sei irruvidito da un po' di tempo!* comme tu es aigri depuis quelque temps! **C** *v.pron. intr.* IRRUVIDIRSI [→ *intr.*] devenir *intr.* rugueux: *le mani si sono irruvidite* mes mains sont devenues rugueuses ◇ (*fig.*) s'aigrir: *da quando ha trovato lavoro si è irruvidita* depuis qu'elle a trouvé du travail, son caractère s'est aigri.
irruzióne |irrut'tsjone| *s.f.* **1** [→ IRROMPERE] irruption: *fare irruzione* faire irruption **2** (*mil.*) irruption: *l'improvvisa irruzione dei mezzi corazzati* l'irruption soudaine des blindés.
irsutìsmo |irsu'tizmo| *s.m.* (*med.*) hirsutisme.
irsùto |ir'suto| *agg.* hirsute: *capelli irsuti*, cheveux hirsutes; *barba irsuta* barbe hirsute → **ispido** ◇ (*per est.*) [*ricco di peli*] *un uomo irsuto* un homme hirsute ◇ (*bot.*) *foglia irsuta* feuille hirsute.
ìrto |'irto| *agg.* **1** (*di peli*) [*ispido, irsuto*] *hérissé: *baffi irti* moustaches hérissées **2** (*per est.*) [*che è pieno di parti acuminate*] hérissé: *una costa irta di scogli* une côte hérissée de rochers; *un sentiero irto di spine* un sentier hérissé d'épines ◇ (*fig.*) *un'impresa irta di pericoli* une entreprise hérissée d'obstacles.
Irudinei |iru'dinei| *s.m. pl.* (*t. zool.*) Hirudinées *f.*
1 **isabèlla** |iza'bɛlla| **1** *agg. inv.* isabelle (*var.*): *colore isabella* couleur isabelle # *giallo isabella* jaune pâle **2** *s.m. inv.* (*cavallo*) isabelle *var.*
2 **isabèlla** |iza'bɛlla| *s.f.* (*t.bot.*) isabelle.
isatìna |iza'tina| *s.f.* (*chim.*) isatine.
isàtis |i'zatis| *s.f. inv.* (*t.bot.*) isatis *m.*, pastel *m. var.*
isba |'izba| *s.f.* isba.
iscariòta |iska'rjɔta| *agg.* (*st. ebr.*) iscariote: *Giuda iscariota* Judas iscariote ✦ *s.* (*fig.*, *spreg.*) *un iscariota* [*un bugiardo, un traditore*] un iscariote.
ischemìa |iske'mia| *s.f.* (*med.*) ischémie.
ischèmico, ci, ca, che |is'kɛmiko, tʃi, ka, ke| *agg.* (*med.*) ischémique.
ischiàtico, ci, ca, che |is'kjatiko, tʃi, ka, ke| *agg.* (*anat.*) ischiatique: *nervo ischiatico* nerf ischiatique, de la hanche.
ischio, i |'iskjo, i| *s.m.* (*anat.*) ischion.
1 **iscrìtto** |is'kritto| **1** *agg.* inscrit: *i partecipanti iscritti sono trenta* les participants inscrits sont trente **2** *s.* inscrit: *gli iscritti a un convegno, a una scuola, al partito* les inscrits à un congrès, à une école, au parti; *hanno diritto di voto solo gli iscritti* n'ont droit de vote que les inscrits.
2 **iscrìtto** |is'kritto| *s.m.* (*solo nella loc. avv.*) PER ISCRITTO par écrit: *comunicare, rispondere per iscritto* communiquer, répondre par écrit → **scritto.**
iscrìvere |is'krivere| (182) **A** *v.tr.* **1** (*persone*) [*inserire in un elenco, in un gruppo e sim.*] inscrire (51): *iscrivere qc. a un corso, a un gruppo sportivo, a un partito, all'università* inscrire qqn. à un cours, à un groupe sportif, à un parti, à l'université; *non è ancora iscritto nelle liste elettorali* il n'est pas encore inscrit sur les listes électorales ◇ (*cose*) [*registrare*] *iscrivere una spesa nel bilancio* inscrire une dépense au budget, budgétiser une dépense **2** (*dir.*) [*annotare, registrare in un pubblico registro*] inscrire: *iscrivere una causa a ruolo* inscrire une cause au rôle (sur le rôle); *la casa deve essere ancora iscritta a catasto* la maison doit être encore inscrite sur le cadastre, être cadastrée **3** (*raro*) [*incidere una scritta*] inscrire (*corr.*): *iscrivere un motto su una targa metallica* inscrire une devise sur une plaque métallique **4** (*geom.*) → **inscrivere B** *v.pron. rifl.* ISCRIVERSI [→ *tr.* 1] s'incrire: *iscriversi a scuola, a un partito, all'università* s'inscrire à une école, à un parti, à l'université; *ci siamo iscritti a un corso di nuoto* nous nous sommes inscrits à un cours de natation ◇ (*per est.*) [*prenotarsi*] *si sono iscritti a parlare in tre* il y a trois personnes qui se sont inscrites pour parler.
iscrivìbile |iskri'vibile| *agg.* → **inscrivibile.**
iscrizióne |iskrit'tsjone| *s.f.* **1** [→ ISCRIVERE A 1; B] inscription: *iscrizione alle elementari* inscription à l'école primaire; *quest'anno sono diminuite le iscrizioni* cette année les inscriptions ont diminué; *il tempo per l'iscrizione è scaduto* le délai d'inscription est expiré # *iscrizione nel bilancio statale* budgétisation **2** (*dir.*) inscription: *iscrizione ipotecaria* inscription hypothécaire; *la iscrizione di un immobile a catasto* l'inscription d'un immeuble au cadastre **3** [→ ISCRIVERE A 3] inscription: *una iscrizione funebre* une inscription funéraire; *decifrare un'iscrizione bilingue* déchiffrer une inscription bilingue **4** (*geom.*) → **inscrizione.**
isiaco, ci, ca, che |i'ziako, tʃi, ka, ke| *agg.* (*lett.*) isiaque.
islàm |iz'lam| *s.m.* (*relig.*) islamisme.
islàmico, ci, ca, che |iz'lamiko, tʃi, ka, ke| *agg.* islamique: *leggi islamiche* lois islamiques.
islamìsmo |izla'mizmo| *s.m.* islamisme.
islamìtico, ci, ca, che |izla'mitiko, tʃi, ka, ke| *agg.* → **islamico.**
islamizzàre |izlamid'dzare| *v.tr.* [*convertire alla religione islamica*] islamiser: *islamizzare una popolazione* islamiser une population.
islamizzazióne |izlamiddzat'tsjone| *s.f.* [→ ISLAMIZZARE] islamisation.
islandése |izlan'dese| **1** *agg.* [*dell'Islanda*] islandais: *popolazione, città islandese* population, ville islandaise **2** (*s.m.*) *l'islandese* [*la lingua*] l'islandais.
ismaelita |izmae'lita| *s.* (*st. ar.*) ismaélite ✦ (*agg.*) *città ismaelita* ville ismaélite.
-ìsmo |'izmo| *suff.* **1** (*serve a formare sost. indicanti 'dottrine, movimenti, tendenze filosofiche, religiose', ecc., corrisponde gener. a*) isme: *socialismo* socialisme; *fanatismo* fanatisme **2** (*designa 'difetti fisici, morali'*; *'aspetti o tendenze particolari'*, *corrisponde gener. a*) isme: *alcolismo* alcoolisme; *egoismo* égoïsme; *magnetismo* magnétisme **3** (*indica 'attività sportive'*, *corrisponde gener. a*) isme: *alpinismo* alpinisme.
is(o)allòbara |iz(o)al'lɔbara| *s.f.* (*meteor.*) isallobare.
isòbara |i'zɔbara| *s.f.* (*meteor.*) isobare: *carta delle isobare* carte des isobares ✦ (*agg. f.*) *curva isobara* courbe isobare.
isobàrico, ci, ca, che |izo'bariko, tʃi, ka, ke| *agg.* (*chim.*, *fis. nucl.*, *meteor.*) isobarique.
isòbaro |i'zɔbaro| *agg.* **1** (*chim.*, *fis. nucl.*) isobare: *trasformazioni isobare* transformations isobares; *elementi isobari* éléments isobares **2** (*meteor.*) → **isobarico.**
isòbata |i'zɔbata| *s.f.* (*geogr.*) iso-

bathe ✦ (*agg.*) *linea isobata* ligne isobathe.
isociclico, ci, ca, che |izo'tʃikliko, tʃi, ka, ke| *agg.* (*scient.*) isocyclique.
isoclina |izo'klina| *s.f.* (*geogr.*) isocline ✦ (*agg.*) *linea isoclina* ligne isocline.
isoclinàle |izokli'nale| *agg.* (*geol.*) isoclinal* ✦ (*s.f.*) *una isoclinale* une isocline.
isoclìno |izo'klino| *agg.* (*geogr.*) isocline.
isocromàtico, ci, ca, che |izokro'matiko, tʃi, ka, ke| *agg.* (*ott.*) isochromatique.
isocronìsmo |izokro'nizmo| *s.m.* (*fis.*, *med.*) isochronisme.
isòcrono |i'zɔkrono| *agg.* (*fis.*) isochrone.
isodinamìa |izodina'mia| *s.f.* (*biol.*) hisodynamie.
isodinàmico, ci, ca, che |izodi'namiko, tʃi, ka, ke| *agg.* (*fis.*, *geogr.*, *mecc.*) isodynamique.
isodinamìsmo |izodina'mizmo| *s.m.* → **isodinamia.**
isogamìa |izoga'mia| *s.f.* (*bot.*) isogamie.
isogònica, che |izo'gɔnika, ke| *s.f.* (*geogr.*) isogone.
isogònico, ci, ca, che |izo'gɔniko, tʃi, ka, ke| *agg.* (*geogr.*) isogone.
isoièta |izo'jɛta| *s.f.* (*geogr.*) isohyète ✦ (*agg.*) *linea isoieta* ligne isohyète.
isoìpsa |izo'ipsa| *s.f.* (*geogr.*) isohypse, courbe de niveau ✦ (*agg.*) *linea isoipsa* ligne isohypse.
isola |'izola| *s.f.* **1** (*geogr.*, *corr.*) île: *isola corallina, vulcanica* île de corail, volcanique; *le isole del Pacifico* les îles du Pacifique ◇ (*fig.*) *vivere sperduto in un'isola* vivre tout seul dans une île ◇ (*per est.*) [*gli abitanti di un'isola*] *tutta l'isola era lì ad aspettarlo* toute l'île était là à l'attendre **2** (*per est.*) [*territorio, popolazione con caratteristiche staccate dal contesto che li circonda*] îlot (*m.*): *isola etnica, linguistica* îlot ethnique, linguistique; *un'isola amministrativa* un îlot administratif **3** [*spazio stradale vietato alla circolazione dei mezzi*] refuge: *un'isola spartitraffico* un refuge; *creare un'isola pedonale* établir un refuge pour piétons **4** *spec. al plur.* (*anat.*) îlots: *isole di Wolff* îlots de Wolff.
isolàbile |izo'labile| *agg.* [→ ISOLARE A] isolable: *un concetto isolabile* un concept isolable; *persona difficilmente isolabile* personne difficilement isolable; *questa stanza è perfettamente isolabile* cette pièce est parfaitement isolable.
isolaménto |izola'mento| *s.m.* **1** [→ ISOLARE A 1] isolement: *l'isolamento di un territorio* l'isolement d'un territoire; *provocare l'isolamento economico di un paese* provoquer l'isolement économique d'un pays; *uscire dall'isolamento politico* sortir de l'isolement politique ◇ [*segregazione forzata o prudenziale*] *cella, stanza d'isolamento* cellule, chambre d'isolement # *mettere un malato in reparto d'isolamento* mettre un malade au pavillon des contagieux ◇ [*solitudine*] *vivere nell'isolamento* vivre dans l'isolement ◇ (*st. ingl.*) *splendido isolamento* splendide isolement **2** (*tecnol.*) isolement: *isolamento termico, elettrico* isolement thermique, électrique # *isolamento acustico* insonorisation.
isolàno |izo'lano| *agg.* [*di un'isola*] insulaire: *economia isolana* économie insulaire; *usanze isolane* coutumes insulaires ✦ (*s.*) *gli isolani* les insulaires.
isolànte |izo'lante| **1** *agg.* isolant: *nastro isolante* bande isolante; *materiale isolante* matériel isolant ◇ (*ling.*) *lingue isolanti* langues isolantes **2** *s.m.* isolant: *un isolante elettrico, acustico, termico* un isolant électrique, acoustique, thermique.
isolàre |izo'lare| **A** *v.tr.* **1** [*separare da ciò che sta attorno*] isoler: *isolare una zona infetta* isoler une zone infectée; *una frana ha isolato il paese* un éboulement a isolé le village ◇ (*fig.*) [*separare dagli altri; segregare*] *isolare un malato contagioso, un pazzo* isoler un malade contagieux, un fou; *il gruppo lo ha isolato* le groupe l'a isolé; *i più intolleranti sono stati isolati* les plus intolérants ont été isolés; *il paese è stato isolato economicamente* le pays a été isolé économiquement ◇ (*fig.*) [*considerare a parte; astrarre*] *isolare una parola, una frase dal contesto* isoler un mot, une phrase du contexte **2** (*per est.*) [*ricavare una sostanza allo stato puro*] isoler: *isolare un composto, un elemento chimico* isoler un composé, un élément chimique **3** (*tecnol.*) [*proteggere un ambiente da determinati influssi esterni*] *isolare una stanza dal rumore* insonoriser une pièce; *isolare una stanza dal freddo, dall'umidità* isoler, protéger une pièce du froid, de l'humidité **4** (*elettr.*) [*proteggere con un rivestimento un conduttore elettrico*] isoler: *isolare un circuito elettrico, una presa* isoler un circuit électrique, une prise (de courant); *l'impianto non è ben isolato* l'installation n'est pas bien isolée **B** *v.pron. rifl.* ISOLARSI [*appartarsi dagli altri; chiudersi in sé stessi*] s'isoler: *si è isolata spontaneamente* elle s'est isolée spontanément; *da un po' di tempo vi siete isolati dalla compagnia* depuis quelque temps vous vous êtes isolés du groupe.
isolataménte |izolata'mente| *avv.* **1** [→ ISOLATO I 1] isolément: *vivere isolatamente* vivre isolément **2** [*separatamente, distintamente*] isolément: *i due fatti vanno valutati isolatamente* les deux faits doivent être considérés isolément.
isolàto |izo'lato| **I** *agg.* **1** isolé: *una zona, una casa isolata* une zone, une maison isolée; *fare, condurre vita isolata* mener une vie isolée; *vivono isolati dalla realtà* ils vivent isolés de la réalité → **appartato, solitario** ◇ (*per est.*) [*raro, unico*] *un caso, un fatto isolato* un cas, un fait isolé **2** [*protetto, schermato*] isolé: *filo isolato* fil isolé **II** *s.* **1** *s.* [*persona appartata, emarginata*] isolé: *è sempre stato un isolato* il a toujours été un isolé; *ormai sono degli isolati* désormais ce sont des isolés ◇ (*ciclismo*) *un isolato* un indépendant **2** *s.m.* [*complesso di uno o più edifici circondato da strade*] pâté de maisons: *abitare in un isolato* habiter dans un pâté de maisons; *ha fatto il giro dell'isolato* il a fait le tour du pâté de maisons.
1 **isolatóre** |izola'tore| *s.m.* (*elettr.*) isolateur: *isolatore a sospensione* isolateur de suspension; *isolatore di porcellana* isolateur en porcelaine.
2 **isolatóre, trice** |isola'tore, tritʃe| (*agg.*) *materiale isolatore* matériel isolant.
isolazionìsmo |izolattsjo'nizmo| *s.m.* (*polit.*) isolationnisme: *isolazionismo economico* isolationnisme économique.
isolazionìsta |izolattsjo'nista| *s.* isolationniste ✦ (*agg.*) *politica isolazionista* politique isolationniste.
isolazionìstico, ci, ca, che |izolattsjo'nistiko, tʃi, ka, ke| *agg.* isolationniste: *tesi isolazionistica* thèse isolationniste.
isolétta |izo'letta| *s.f.*, **isolòtto** |izo'lɔtto| *s.m.* [*piccola isola*] îlot *m.*
isòlogo, ghi, ga, ghe |i'zɔlogo, gi, ga, ge| *agg.* (*chim.*) *corpo isologo* corps isologue.
isomerìa |izome'ria| *s.f.* (*chim.*, *fis. nucl.*) isomère.
isomerizzazióne |izomeriddzats'tjone| *s.f.* (*chim.*) isomérisation.
isòmero |i'zɔmero| *agg.* e *s.m.* (*chim.*, *fis.*) isomère.
isometrìa |izome'tria| *s.f.* (*geom.*, *scient.*) isométrie.
isomètrico, ci, ca, che |izo'mɛtriko, tʃi, ka, ke| *agg.* (*scient.*) isométrique.
isomorfìsmo |izomor'fizmo| *s.m.* (*chim.*, *ling.*, *mat.*) isomorphisme.
isomòrfo |izo'mɔrfo| *agg.* **1** (*mat.*, *miner.*) isomorphe **2** (*ling.*) isomorphe: *termini isomorfi* termes isomorphes.
Isòpodi |i'zɔpodi| *s.m. pl.* (*t.zool.*) Isopodes.
isòscele |i'zɔʃʃele| *agg.* (*geom.*) isocèle.
isosìsmico, ci, ca, che |izo'sizmiko, tʃi, ka, ke| *agg.* (*geol.*) isosiste, isoséiste ✦ (*s.f.*) *l'isosismica* l'isosiste.
isostasìa |izosta'zia| *s.f.* (*geol.*) isostasie.
isotèrma |izo'tɛrma| *s.f.* *spec. al plur.* **1** (*geogr.*) isotherme: *le isoterme di luglio* les isothermes de juillet ✦ (*agg.*) *linea isoterma* ligne isotherme **2** (*fis.*) isotherme.
isotermìa |izotɛr'mia| *s.f.* (*scient.*) isothermie.
isotèrmico, ci, ca, che |izo'tɛrmiko, tʃi, ka, ke| *agg.* (*fis.*) isotherme.
isotonìa |izoto'nia| *s.f.* (*chim.*) isotonie.
isotònico, ci, ca, che |izo'tɔniko, tʃi, ka, ke| *agg.* (*chim.*) isotonique.
isotopìa |izoto'pia| *s.f.* (*chim.*, *fis.*) isotopie.
isòtopo |i'zɔtopo| *s.m.* (*chim.*, *fis.*) isotope: *isotopi radioattivi* isotopes radioactifs ✦ (*agg.*) *corpi isotopi* corps isotopes.
isotropìa |izotro'pia| *s.f.* (*scient.*) isotropie.
isotròpico, ci, ca, che |izo'trɔpiko, tʃi, ka, ke| *agg.* → **isotropo.**
isòtropo |i'zɔtropo| *s.m.* (*scient.*) isotrope.
ispànico, ci, ca, che |is'paniko, tʃi, ka, ke| *agg.* hispanique: *letteratura ispanica* littérature hispanique → **spagnolo.**
ispanìsmo |ispa'nizmo| *s.m.* (*ling.*) hispanisme → **spagnolismo.**
ispanìsta |ispa'nista| *s.* hispanisant, hispaniste.
ispàno |is'pano| *agg.* → **spagnolo, ispanico.**

ispano-americàno |ispanoame'ri'kano| *agg.* hispano-américain.
ispano-àrabo |ispano'arabo| *agg.* hispano-arabe, hispano-moresque.
ispessiménto |ispessi'mento| *s.m.* [→ ISPESSIRE A 1, 2; B 1] épaississement.
ispessìre |ispes'sire| (197) **A** *v.tr.* **1** [*aumentare di spessore*] épaissir: *ispessire lo strato di materiale isolante* épaissir la couche de matériel isolant **2** [*rendere più denso, più consistente*] épaissir: *far ispessire la salsa sul fornello* faire épaissir la sauce sur le feu; *hai ispessito troppo il collante* tu as trop épaissi la colle **3** (*raro*) [*rendere più frequente*; *intensificare*] intensifier: *ispessire le visite, le richieste* intensifier, multiplier les visites, les recherches **B** *v.pron. intr.* ISPESSIRSI **1** [→ *tr.* 2] s'épaissir: *la colla, la malta si è ispessita* la colle s'est épaissie, le mortier s'est épaissi **2** (*raro*) [→ *tr.* 3] s'intensifier: *le lamentele s'ispessivano* les plaintes s'intensifiaient, se multipliaient.
ispettìvo |ispet'tivo| *agg.* d'inspecteur *loc. inv.*; d'inspection (*loc. inv.*): *funzione, carica ispettiva* fonction, charge d'inspecteur ‖ *metodi ispettivi* méthodes d'inspection.
ispettoràto |ispetto'rato| *s.m.* **1** inspectorat **2** [*ente pubblico di vigilanza e di controllo*] inspection (*f.*): *l'ispettorato del lavoro, della motorizzazione* l'inspection du travail, de la motorisation ◇ [*sede di un ispettorato*] (bureau de) l'inspection: *l'ispettorato è in fondo alla via* les bureaux de l'inspection sont au bout de la rue.
ispettóre, trice |ispet'tore, tritʃe| *s.* inspecteur*: *ispettore di polizia* inspecteur de police; *ispettore fiscale, doganale* inspecteur des contributions, inspecteur (visiteur) des douanes; *il ministero ha inviato un ispettore scolastico* le ministère a envoyé un inspecteur de l'enseignement primaire.
ispezionàre |ispettsjo'nare| *v.tr.* **1** (*bur.*) [*visitare un ambiente a scopo di controllo*] inspecter: *ispezionare una scuola, una caserma* inspecter une école, une caserne **2** [*esaminare, controllare attentamente*] inspecter: *la commissione ha ispezionato i lavori* la commission a inspecté les travaux; *tutta la zona è stata ispezionata dalla polizia* toute la zone a été inspectée par la police # *ci hanno ispezionato da capo a piedi* ils nous ont fouillés des pieds à la tête; *la dogana ha ispezionato i bagagli* la douane a visité les bagages; *hai una brutta ferita, falla ispezionare da un medico* tu as une mauvaise blessure, fais-la examiner par un médecin.
ispezióne |ispet'tsjone| *s.f.* **1** (*bur.*) inspection: *chiedere, fare un'ispezione* demander, faire une inspection; *rilasciare il certificato d'ispezione* relâcher le droit d'inspection ◇ (*dir.*) *ispezione giudiziale* examen *m.* judiciaire; *ispezione corporale* fouille; *diritto di ispezione* droit de visite **2** [→ ISPEZIONARE 2] inspection: *fare un giro d'ispezione* faire une tournée d'inspection # *l'ispezione di una soffitta* la visite d'un grenier ◇ (*med.*) examen: *l'ispezione di una ferita* l'examen d'une blessure; *periodo d'ispezione* période d'examen, de contrôle.
ispidaménte |ispida'mente| *avv.* (*raro*) [→ ISPIDO 2] rudement (*corr.*).
ispidézza |ispi'dettsa| *s.f.* **1** [*l'essere ispido*] *hérissement *m.*, rudesse **2** (*raro, fig.*) → **ruvidezza.**
ispido |'ispido| *agg.* **1** [*ruvido, duro*] hirsute: *barba ispida* barbe hirsute ◇ (*per est.*) [*spinoso, acuminato*] *hérissé: *un ramo, un cespuglio ispido* une branche hérissée, un buisson hérissé **2** (*fig.*) (*persone*) [*difficile da trattare*; *scontroso*] revêche: *un ragazzo ispido* un garçon revêche ◇ (*cose*) [*difficile, ostico*] épineux*: *una questione ispida* un problème épineux.
ispiràbile |ispi'rabile| *agg.* qu'on peut inspirer *loc.*, qui peut être inspiré *loc.*
ispiràre |ispi'rare| **A** *v.tr.* **1** [*suscitare, destare*] inspirer: *ispirare disgusto, ammirazione, fiducia* inspirer du degoût, de l'admiration, confiance; *un tipo che ispira rispetto* un type qui inspire du respect → **incutere** # *un tipo che ispira paura* un type qui fait peur **2** [*suggerire, consigliare*; *spingere a far q.c.*] inspirer: *mi hai ispirato una buona idea* tu m'as inspiré une bonne idée # *fai come t'ispira la coscienza* fais ce que te dicte ta conscience **3** (*di Dio*) [*infondere virtù soprannaturali*; *illuminare*] inspirer: *i profeti, gli apostoli erano ispirati da Dio* les prophètes, les apôtres étaient inspirés par Dieu ✦ (*al p.p.*) *è un uomo ispirato dal Cielo* c'est un homme inspiré par le Ciel ◇ (*loc. fam.*) *che Dio t'ispiri!* que Dieu te vienne en aide! ~ *non so proprio chi mi ha ispirato in quel momento!* je ne sais vraiment pas qui m'a inspiré à ce moment-là! ◇ (*per est.*) [*dar l'estro, l'impulso creativo*] *l'amor patrio ha ispirato molti poeti* l'amour de la patrie a inspiré de nombreux poètes; *questo paesaggio m'ispira* ce paysage m'inspire **4** (*per est.*) [*suggerire*] inspirer: *l'articolo è ispirato dal segretario del partito* l'article est inspiré par le secrétaire du parti; *le sue risposte sono ispirate dai genitori* ses réponses sont inspirées par les parents **5** (*raro*) → **inspirare** **B** *v.pron. intr.* ISPIRARSI **1** [*prendere, trarre ispirazione*] s'inspirer: *ispirarsi alla natura, alla bellezza* s'inspirer de la nature, de la beauté; *si sono ispirati agli ideali di libertà* ils se sont inspirés des idéaux de liberté ◇ (*scherz.*) *beviamo per ispirarci* cherchons l'inspiration dans les pots **2** [*adeguarsi, richiamarsi*] s'inspirer: *queste norme si ispirano ad un maggior senso di giustizia* ces normes s'inspirent d'un plus grand sens de la justice; *cercheremo di ispirarci al vostro esempio* nous essaierons de nous inspirer de votre exemple.
ispiràto |ispi'rato| *agg.* **1** inspiré: *poesia, arte ispirata* poésie inspirée, art inspiré; *una risposta ispirata* une réponse inspirée → **suggerito;** *parlava con voce ispirata* il parlait d'une voix inspirée ◇ *loc.* ISPIRATO A inspiré par, de: *stile ispirato al '700 veneziano* style inspiré par le XVIIIe siècle vénitien; *misure ispirate a maggior severità* mesures inspirées par une plus grande sévérité **2** (*letter. relig.*) *libri ispirati* livres inspirés.
ispiratóre, trice |ispira'tore, tritʃe| *agg.* inspirateur*: *il motivo, il principio ispiratore* le motif, le principe inspirateur ✦ (*s.*) *un ispiratore* un inspirateur: *l'ispiratore della sommossa* l'inspirateur de l'émeute.
ispirazióne |ispirat'tsjone| *s.f.* **1** [*estro, impulso creativo*] inspiration: *ispirazione poetica, lirica* inspiration poétique, lyrique; *mi manca l'ispirazione* l'inspiration me manque; *è una poesia ricca d'ispirazione* c'est une poésie pleine d'inspiration; *trae ispirazione dalla natura* il tire son inspiration de la nature **2** [*consiglio, suggerimento*] inspiration: *una felice, un'ottima ispirazione* une heureuse, une très bonne inspiration # *dammi qualche ispirazione* inspire-moi; *ho preso l'ispirazione da quel passo* je me suis inspiré de ce passage → 1 **spunto** ◇ [*tendenza, propensione*] *leggi d'ispirazione autoritaria* lois d'inspiration autoritaire; *arte d'ispirazione neoclassica* art d'inspiration néo-classique **3** [*influsso soprannaturale*; *illuminazione*] inspiration: *agire, parlare per ispirazione divina* agir, parler sous l'inspiration divine (d'en haut); *gli apostoli parlavano sotto l'ispirazione dello Spirito Santo* les apôtres parlaient sous l'inspiration du Saint-Esprit ◇ (*loc. fam.*) *è stata una vera ispirazione!* ce fut une véritable inspiration! ~ *gli venisse almeno l'ispirazione di telefonarmi!* si au moins il avait l'inspiration de me téléphoner! **4** (*raro*) → **inspirazione.**
israeliàno |izrae'ljano| *agg.* [*dello Stato di Israele*] israélien*: *prodotti israeliani* produits israéliens.
israelita |izrae'lita| *agg.* israélite: *popolo israelita* peuple israélite → **ebreo, ebraico.**
israelitico, ci, ca, che |izrae'litiko, tʃi, ka, ke| *agg.* [*degli Israeliti*] israélite: *comunità israelitica* communauté israélite → **ebraico.**
issàre |is'sare| **A** *v.tr.* **1** (*mar.*) [*sollevare con carrucole o sim.*] *hisser: *issare un carico a bordo* hisser une cargaison à bord; *i marinai hanno issato la bandiera* les marins ont hissé, envoyé le pavillon ✦ (*in funzione di inter.*) *issa!* ho! hisse!; *issate!* hissez! **2** (*per est.*) [*alzare, collocare in un posto elevato da terra*] hisser: *non son riuscito a issarlo sul portapacchi* je n'ai pas réussi à le hisser sur le porte-bagages (la galerie); *in due l'abbiamo issato sulla sella* à deux, nous l'avons hissé sur la selle **B** *v.pron. intr.* ISSARSI [→ *tr.* 2] se hisser: *si sono issati sul muretto di cinta* ils se sont hissés sur le petit mur de clôture.
issia |'issja| *s.f.* (*t. bot.*) ixia.
issòpo |is'sɔpo| *s.m.* (*t.bot.*) hysope *f.*
-ista |'ista| *suff. sost.* (*per i valori tematici o semantici vedasi il suff. '-ismo'*; *corrisponde gener. a*) iste: *socialista* socialiste; *egoista* égoïste; *alpinista* alpiniste.
istallàre |istal'lare| *e deriv.* → **installare** *e deriv.*
istamina |ista'mina| *s.f.* (*farm., fisiol.*) histamine.
istaminico, ci, ca, che |ista'miniko, tʃi, ka, ke| *agg.* (*biol.*) histaminique.
istantànea |istan'tanea| *s.f.* (*foto.*) instantané (*m.*): *scattare un'istantanea* prendre un instantané.
istantaneaménte |istantanea'mente| *avv.* [→ ISTANTANEO 1] instantanément, immédiatement.
istantaneità |istantanei'ta| *s.f. inv.* instantanéité *var.* # *il veleno ha agito con istantaneità* le poison a agi instantanément.
istantàneo |istan'taneo| *agg.* **1** ins-

tantané; immédiat: *morte istantanea* mort instantanée; *fotografia istantanea* photographie instantanée || *decisione, reazione, risposta istantanea* décision, réaction, réponse immédiate → **immediato** 2 [*che dura un istante; brevissimo*] instantané: *una luce, una sensazione istantanea* une lumière, une sensation instantanée: *ho avvertito un dolore istantaneo* j'ai senti une douleur instantanée.

1 **istànte** |is'tante| *s.m.* instant: *è durato un istante* ça a duré un instant; *arriverò in un istante* j'arriverai en un instant; *aspettami un istante solo* attends-moi rien qu'un instant; *fra qualche istante sapremo il risultato* dans quelques instants nous connaîtrons le résultat; *dovrebbero arrivare da un istante all'altro* ils devraient arrivér d'un instant à l'autre # *vi spiego tutto in un istante* je vous explique tout en une minute; *ha vissuto pochi istanti felici* il a eu peu de moments heureux ◇ *loc. avv.* ALL'ISTANTE, SULL'ISTANTE à l'instant; sur le champ: *lo preparano all'istante* ils le préparent à l'instant || *esigeva una risposta sull'istante* il exigeait une réponse sur le champ, tout de suite ~ *nell'istante che...* à l'instant même où...

2 **istànte** |is'tante| *agg. e s.* (*dir.*) requérant.

istànza |is'tantsa| *s.f.* **1** requête, instances (*pl.*): *presentare, inoltrare una istanza alle autorità* présenter, transmettre des requêtes aux autorités; *la nostra istanza è stata respinta* nos instances ont été repoussées; *il problema è stato esaminato per, su istanza della minoranza* le problème a été examiné sur les instances de la minorité → **domanda, richiesta** ◇ [*insistenza*] instance: *abbiamo ceduto alle loro istanze* nous avons cédé à leurs instances; *è stato riassunto per, dietro istanza dei sindacati* il a été réembauché sur les instances des syndicats; *sollecitare con molta istanza un provvedimento* réclamer avec instance des mesures **2** (*dir.*) instance: *istanza di divorzio, di separazione* instance de divorce, de séparation; *giudice, giudizio di prima, di seconda istanza* juge, jugement de première, de seconde instance; *subire una condanna in ultima istanza* subir une condamnation en dernière instance ◇ (*per est.*) *le richieste sono state accolte in ultima istanza* les demandes ont été reçues en dernière instance **3** [*esigenza, aspirazione*] exigence: *le istanze sociali, della base* les exigences sociales, de la base; *certe istanze devono essere soddisfatte prioritariamente* certaines exigences doivent être satisfaites en priorité; *i giovani hanno istanze completamente diverse dalle nostre* les jeunes ont des exigences totalement différentes des nôtres.

isterectomìa |isterekto'mia| *s.f.* (*chir.*) hystérectomie.

isterèsi |iste'rɛzi| *s.f. inv.* (*fis.*) hystérèse *var.*, hystérésis.

isterìa |iste'ria| *s.f.* → **isterismo**.

istericaménte |isterica'mente| *avv.* [→ ISTERICO] hystériquement.

istèrico, ci, ca, che |is'tɛriko, tʃi, ka, ke| *agg.* hystérique: *una donna isterica* une femme hystérique # *avere una crisi isterica, un attacco isterico* avoir une crise d'hystérie ✦ (*s.*) *un isterico* un hystérique.

isterifórme |isteri'forme| *agg.* (*patol.*) hystériforme.

isteriliménto |isterili'mento| *s.m.* [→ ISTERILIRE] stérilité (*f.*): *l'isterilimento di una pianta* la stérilité d'une plante # *sfruttare un terreno fino all'isterilimento* exploiter un terrain jusqu'à épuisement.

isterilìre |isteri'lire| (197) **A** *v.tr.* [*rendere sterile, improduttivo*] rendre (53) stérile: *isterilire un terreno* rendre une terre stérile, épuiser un sol; *un'eccessiva irrigazione isterilisce i campi* une irrigation excessive rend les champs stériles ◇ (*fig.*) [*impoverire, inaridire*] rendre stérile, stériliser: *l'invidia isterilisce il cuore* l'envie rend le cœur stérile; *l'inattività isterilisce la mente* l'inactivité stérilise l'esprit **B** *v.pron. intr.* ISTERILIRSI [*divenire sterile*] devenir (27) *intr.* stérile: *la campagna si è isterilita* la campagne est devenue stérile ◇ (*fig.*) [*inaridirsi*] (se) tarir: *la sua ispirazione si è isterilita* son ispiration s'est tarie, a tari.

isterilìto |isteri'lito| *agg.* [*diventato sterile*] stérile: *campi isteriliti* champs stériles.

isterìsmo |iste'rizmo| *s.m.* (*patol.*) hystérie.

isterotomìa |isteroto'mia| *s.f.* (*chir.*) hystérotomie.

istésso |is'tesso| *agg. e pron.* → **stesso**.

-ìstico |'istiko| *suff. agg.* (*per i valori tematici o semantici vedasi il suff. '-ismo', corrisponde gener. a*) iste: *capitalistico* capitaliste; *egoistico* égoiste # *alpinistico* d'alpinisme, d'alpiniste.

istidìna |isti'dina| *s.f.* (*biol.*) histidine.

istigaménto |istiga'mento| *s.m.* → **istigazione**.

istigàre |isti'gare| *v.tr.* [*indurre, spingere ad atti o sentimenti non buoni*] inciter, pousser: *istigare all'odio, alla violenza* inciter, pousser à la haine, à la violence; *la madre stessa l'ha istigata al vizio* sa mère en personne l'a poussée au vice ◇ (*per est.*) [*fomentare, stimolare*] exciter: *istigare le passioni* exciter les passions.

istigatóre, trice |istiga'tore, tri-tʃe| *s.* instigateur*: *l'istigatore della rivolta* l'instigateur de la révolte; *hanno individuato gli istigatori dei disordini* ils ont découvert les instigateurs des désordres ✦ (*agg.*) *stampa istigatrice alla corruzione* presse qui incite à la corruption.

istigazióne |istigat'tsjone| *s.f.* [→ ISTIGARE] incitation, instigation: *istigazione al vizio, alla disobbedienza civile* incitation, instigation au vice, à la désobéissance civile; *reato di istigazione a delinquere, alla prostituzione* délit d'incitation au crime, à la prostitution.

istillàre |istil'lare| *v.tr.* **1** [*mettere, versare goccia a goccia*] instiller: *istillare il collirio in un occhio* instiller du collyre dans un œil; *mi ha istillato un liquido fastidioso nell'orecchio* il m'a instillé un liquide désagréable dans l'oreille **2** (*fig.*) [*insinuare lentamente sentimenti, idee*] instiller: *istillare odio, propositi di vendetta* instiller de la haine, des idées de vengeance; *ho sempre cercato di istillargli sani principi* j'ai toujours cherché à lui inculquer de sains principes.

istillazióne |istillat'tsjone| *s.f.* [→ ISTILLARE] instillation: *istillazione di un disinfettante* instillation d'un désinfectant ◇ (*fig.*) *una costante istillazione di idee false* une constante instillation d'idées fausses.

istintivaménte |istintiva'mente| *avv.* [→ ISTINTIVO] instinctivement: *reagire istintivamente* réagir instinctivement; *comportarsi istintivamente* se comporter instinctivement.

istintività |istintivi'ta| *s.f. inv.* instinctivité *var.* (*raro*) # *l'istintività degli animali* l'instinct animal, le comportement instinctif des animaux.

istintìvo |istin'tivo| *agg.* **1** instinctif*: *movimenti, bisogni istintivi* mouvements, besoins instinctifs; *l'amore materno è un fatto istintivo* l'amour maternel est (un fait) instinctif **2** (*per est.*) [*che si comporta, avviene per impulso*] instinctif: *un ragazzo, un temperamento istintivo* un garçon, un tempérament instinctif; *nelle sue scelte è istintivo* dans ses choix il est instinctif; *la tua è stata una reazione istintiva* ta réaction a été (une réaction) instinctive ✦ (*s.*) *un istintivo* une personne *f.* instinctive *agg.*

istìnto |is'tinto| *s.m.* **1** instinct: *l'istinto animale, materno* l'instinct animal, maternel; *istinto sessuale, di conservazione* instinct sexuel, de conservation; *ogni animale segue il suo istinto* chaque animal suit son propre instinct; *il cane è fedele per istinto* le chien est fidèle par instinct **2** (*per est.*) [*inclinazione naturale; disposizione innata*] instinct: *istinti nobili, generosi, bassi, animaleschi* instincts nobles, généreux, bas instincts, instincts animaux; *controllare, dominare i propri istinti* contrôler, dominer ses instincts ◇ [*impulso*] *ha agito per istinto* il a agi par instinct **3** (*per est.*) [*forte predisposizione per q.c.; intuito*] instinct: *avere l'istinto degli affari, della politica* avoir l'instinct des affaires, de la politique.

istintuàle |istintu'ale| *agg.* (*psicol.*) instinctuel*.

istiocito |istjo'cito| *s.m.* (*biol.*) histiocyte.

istituèndo |istitu'ɛndo| *agg.* (*raro*) qui doit être institué *loc.*

istituìre |istitu'ire| (197) *v.tr.* **1** [*dar inizio a q.c.; stabilire, fondare*] instituer; fonder: *istituire un'usanza, una abitudine, una festa* instituer une coutume, une habitude, une fête || *istituire una scuola, un premio letterario* fonder une école, un prix littéraire; *vogliamo istituire un nuovo gruppo politico* nous voulons fonder un nouveau groupe politique # *questa norma è stata istituita di recente* cette norme a été établie récemment **2** [*nominare, designare*] instituer: *istituire qc. erede* instituer qqn. son héritier **3** [*porre, impostare*] établir: *istituire un confronto, un paragone* établir une comparaison.

istitutìvo |istitu'tivo| *agg.* [*che istituisce*] constitutif*: *la legge istitutiva delle Regioni* la loi constitutive des Régions.

istitùto |isti'tuto| *s.m.* **1** (*assistenza*) [*organismo costituito per il perseguimento di un dato fine*] établissement: *istituto ospedaliero, per ciechi, per malattie mentali* établissement hospitalier, pour les aveugles, pour malades mentaux; *istituto penitenziario, di rieduca-*

zione établissement pénitencier, de rééducation ◇ (*banca*) *istituto di credito* établissement de crédit bancaire # *istituto d'emissione* banque d'émission ◇ (*bur.*) institut: *istituto per il commercio estero* institut pour le commerce étranger; *istituto superiore di sanità* institut supérieur de la santé; *istituto centrale di statistica* institut central de statistique 2 (*scuole*) établissement: *istituti d'istruzione di I, II grado* établissements d'enseignement du Ier, du IIe degré; *istituto d'istruzione primaria, secondaria, superiore* établissement d'enseignement primaire, secondaire, supérieur; *istituto magistrale, tecnico, professionale, alberghiero* école normale, technique, professionnelle, hôtelière # *preside, direttore d'istituto* proviseur, directeur d'école ◇ (*di università*) institut: *istituto di fisica, di filologia comparata* institut de physique, de philologie comparée → **laboratorio, biblioteca** ◇ (*accademia*) *istituto storico italiano* institut historique italien; *l'Istituto di Francia* l'Institut de France ◇ [*collegio, pensionato*] pensionnat: *mettere un figlio in un istituto* mettre son fils dans un pensionnat, en pension # *pagare la retta d'istituto* payer la pension 3 [*impresa industriale*] institut: *istituto editoriale italiano* institut italien d'édition; *istituto poligrafico dello Stato* Imprimerie Nationale ◇ [*laboratorio*] *istituto di bellezza* institut de beauté # *istituto di analisi* laboratoire d'analyses 4 (*dir.*) institution (*f.*): *istituto giuridico* institution judiciaire; *l'istituto del matrimonio* l'institution du mariage → **istituzione, ordinamento.**

istitutóre, trice |istitu'tore, tri'tʃe| *s.* 1 [*fondatore, iniziatore*] fondateur*: *gli istitutori di un premio letterario* les fondateurs d'un prix littéraire 2 [*assistente, educatore di collegi*] surveillant: *assumere un'istitutrice* engager une surveillante.

istituzionàle |istituttsjo'nale| *agg.* 1 institutionnel*: *principi istituzionali* principes institutionnels; *referendum istituzionale* referendum institutionnel 2 concernant les éléments fondamentaux (d'une science): *corso istituzionale di diritto privato* cours concernant les éléments fondamentaux du droit privé.

istituzionalizzàre |istituttsjonalid'dzare| *v.tr.* [*far assumere il carattere ufficiale di un'istituzione*] institutionnaliser.

istituzionalizzazióne |istituttsjonaliddzat'tsjone| *s.f.* [→ ISTITUZIONALIZZARE] institutionnalisation.

istituzióne |istitut'tsjone| *s.f.* 1 [→ ISTITUIRE] institution, fondation: *l'istituzione di una solennità civile* l'institution d'une solennité civile; *una scuola di recente, di antica istituzione* une école de fondation récente, ancienne ◇ (*dir.*) institution: *istituzione di erede* institution d'héritier → **designazione** ◇ (*dir. eccl.*) *istituzione canonica* institution canonique 2 [*ordinamento*] institution: *le istituzioni democratiche, repubblicane* institutions démocratiques, républicaines; *attentato, offesa alle istituzioni* atteinte, outrage aux institutions; *norme previste dall'istituzione del diritto di famiglia* normes prévues par l'institution des droits de la famille ◇ (*fig.*) (*di persona o di usanza*) *ormai è (divenuto) un'istituzione* désormais c'est (devenu) une institution 3 [*ente*] institution: *istituzioni benefiche, caritative* institutions de bienfaisance, de charité; *sovvenzionare un'istituzione culturale* subventionner une institution culturelle 4 *al plur.* [*principi fondamentali di una scienza*] institutes.

ìstmico, ci, ca, che |'istmiko, tʃi, ka, ke| *agg.* isthmique ◇ (*st. gr.*) *Giochi istmici* Jeux isthmiques.

ìstmo |'istmo| *s.m.* (*geogr.*) isthme ◇ (*anat.*) *l'istmo dell'encefalo* l'isthme de l'encéphale.

istologìa, gie |istolo'dʒia, dʒie| *s.f.* (*scient.*) histologie.

istològico, ci, ca, che |isto'lɔdʒiko, tʃi, ka, ke| *agg.* (*scient.*) histologique.

istòria |is'tɔrja| *s.f.* (*lett.*) → **storia.**

istoriàre |isto'rjare| *v.tr.* 1 [*ornare con raffigurazioni storiche o di leggende*] historier: *istoriare una parete con vicende garibaldine* historier un mur avec les scènes de l'épopée garibaldienne ✦ (*al p.p.*) *porte istoriate* portes historiées 2 (*per est., raro*) [*illustrare con figure*] illustrer (*corr.*): *istoriare un romanzo* illustrer un roman.

istoriàto |isto'rjato| *agg.* historié: *soffitti istoriati* plafonds historiés.

istradaménto |istrada'mento| *s.m.* [→ ISTRADARE] acheminement: *istradamento della corrispondenza* acheminement du courrier; *l'istradamento di un apprendista* l'acheminement d'un apprenti.

istradàre |istra'dare| **A** *v.tr.* 1 [*dirigere, incanalare in una data direzione*] diriger (3); acheminer: *istradare il traffico* diriger la circulation; *ci hanno istradato da questa parte* ils nous ont dirigés de ce côté ‖ *istradare la corrispondenza* acheminer le courrier 2 (*fig.*) [*avviare, indirizzare*] orienter: *istradare qc. in una professione, in un mestiere* orienter qqn. vers une profession, un métier; *ho cercato di istradarlo negli studi di medicina* j'ai essayé de l'orienter vers les études de médecine; *sono stati mal istradati da piccoli* ils ont été mal orientés dès leur enfance **B** *v.pron. intr.* ISTRADARSI [→ *tr.* 2] s'orienter: *ci siamo istradati nel lavoro di ricerca* nous nous sommes orientés vers la recherche; *quel ragazzo non riesce a istradarsi* ce garçon n'arrive pas à s'orienter.

istriàno |is'trjano| *agg.* [*dell'Istria*] istrien*.

ìstrice |'istritʃe| *s.m.* 1 (*t.zool.*) porc-épic ◇ (*loc.*) *barba, capelli da istrice* barbe hérissée, cheveux hérissés → **ispido** 2 (*fig.*) [*persona scorbutica*] *hérisson, ours: *non so mai come prenderlo, è un'istrice* je ne sais jamais comment le prendre, c'est un vrai hérisson, un ours 3 (*mar. mil.*) hérisson.

istrióne |istri'one| *s.* 1 *s.m.* (*teat. rom.*) histrion 2 *s.* (*fig., spreg.*) histrion (*m.*): *che istrione!* quel histrion!; *è un istrione* c'est un histrion → **commediante, buffone.**

istrionésco, chi, ca, che |istrjo'nesko, ki, ka, ke| *agg.* (*spreg.*) d'histrion (*loc. inv.*): *modi istrioneschi* manières d'histrion.

istrionicaménte |istrjonika'mente| *avv.* [→ ISTRIONESCO] en histrion *loc.*

istriònico, ci, ca, che |istri'ɔniko, tʃi, ka, ke| *agg.* 1 (*teat.*) d'histrion (*loc.*): *l'arte istrionica* l'art des histrions 2 (*fig., spreg.*) de cabotin (*loc.*): *atteggiamenti istrionici* attitudes de cabotin.

istrionìsmo |istrjo'nizmo| *s.m.* (*spreg.*) façons *f.pl.* d'histrion.

istruìre |istru'ire| (197) **A** *v.tr.* 1 [*far apprendere q.c. a qc.*] apprendre (73) (qqch. à qqn.): *istruire in disegno, in musica* apprendre le dessin, la musique; *non vi hanno ben istruito in grammatica* on ne vous a pas bien appris la grammaire ◇ [*addestrare*] enseigner (à): *istruire un apprendista sull'uso di una macchina* enseigner à un apprenti le fonctionnement d'une machine ◇ (*raro*) [*ammaestrare*] dresser (*corr.*): *istruire un cane, un cavallo* dresser un chien, un cheval 2 [*dare a qc. le conoscenze fondamentali, una cultura di base*] instruire (75): *istruire un popolo* instruire un peuple; *bisogna istruire i giovani* il faut instruire la jeunesse 3 [*dare le opportune informazioni*; *consigliare*] conseiller: *istruire qc. sul modo di comportarsi* conseiller qqn. sur la façon d'agir; *istruiscimi bene sul percorso* renseigne-moi bien sur la route à suivre ◇ (*iron.*) *ti hanno istruito bene!* tu sais bien ta leçon! 4 (*dir.*) *istruire un processo, una causa* [*organizzarne le fasi preliminari*] instruire un procès, une cause ◇ (*bur.*) *istruire una pratica* [*predisporla con tutti i dati opportuni*] instruire une affaire **B** *v.pron. rifl.* ISTRUIRSI 1 [→ *tr.* 1, 2] s'instruire: *istruirsi è un dovere sociale* s'instruire est un devoir social; *sento il bisogno di istruirmi continuamente* je sens le besoin de m'instruire continuellement; *si sono istruiti in meccanica* ils se sont instruits en mécanique 2 [*informarsi*] s'informer, se renseigner: *ci siamo istruiti su tutti i particolari* nous nous sommes informés, renseignés sur tous les détails.

istruìto |istru'ito| *agg.* instruit: *una donna istruita* une femme instruite; *non mi aspettavo questo comportamento da una persona istruita* je ne m'attendais pas à cela, à cette manière de faire de la part d'une personne instruite ◇ (*animali*) dressé: *un cane istruito* un chien dressé → **ammaestrato.**

istruménto |istru'mento| *s.m.* → **strumento** 4.

istruttìvo |istrut'tivo| *agg.* instructif*: *un libro istruttivo* un livre instructif; *un'esperienza istruttiva* une expérience instructive.

istruttóre, trice |istrut'tore, tri'tʃe| *s.* [*chi è incaricato di istruire in una determinata disciplina*] moniteur*: *ho seguito i consigli dell'istruttore* j'ai suivi les conseils du moniteur # *un istruttore di nuoto* un professeur de natation ✦ *agg.* (*dir.*) *giudice istruttore* juge d'instruction *loc. inv.*

istruttòria |istrut'tɔrja| *s.f.* (*dir.*) instruction: *prosciogliere un imputato in istruttoria* acquitter un accusé à l'instruction # *chiedere un supplemento di istruttoria* demander un plus ample informé.

istruttòrio, i |istrut'tɔrjo, i| *agg.* (*dir.*) d'instruction (*loc. inv.*): *atti istruttori* actes d'instruction; *processo in fase istruttoria* procès en cours d'instruction.

istruzióne |istrut'tsjone| *s.f.* 1 [→ ISTRUIRE A 1; B 1] instruction: *l'istruzione dei giovani* l'instruction des jeunes; *istruzione obbligatoria, pubblica* instruction obligatoire, publique; *istru-*

zione di I, di II grado instruction du 1er, du 2e degré; *istruzione elementare, media, superiore, universitaria* instruction élémentaire, secondaire, supérieure, universitaire; *istruzione classica, scientifica* instruction classique, scientifique; *la fascia dell'istruzione obbligatoria* l'instruction obligatoire # *Ministero della pubblica istruzione* Ministère de l'Éducation nationale; *istruzione professionale* éducation professionnelle; *istruzione privata* enseignement privé **2** [*cultura, sapere*] culture, instruction: *un uomo senza istruzione* un homme sans culture, sans instruction; *farsi, darsi un'istruzione* se faire une culture # *un uomo ricco di istruzione* un homme très cultivé, très instruit; *non ha alcuna istruzione letteraria, musicale* il n'a aucune instruction littéraire, musicale **3** *spec. al plur.* [*disposizioni, direttive*] instructions: *attendere, prendere, dare, ricevere istruzioni* attendre, prendre, donner, recevoir des instructions; *attendo istruzioni dall'ambasciata, dal ministero* j'attends des instructions de l'ambassade, du ministère; *non ho ancora ricevuto istruzioni in merito* je n'ai pas encore reçu d'instructions à ce sujet ◇ (*per est.*) [*indicazioni scritte di uso, di funzionamento*] notice: *il foglietto, il libretto delle istruzioni* la notice; *leggere attentamente le istruzioni* lire attentivement la notice, le mode d'emploi; *attenersi alle istruzioni* s'en tenir à la notice, aux instructions **4** (*raro*) → **informazione** **5** (*dir.*) instruction: *istruzione di un processo, di una causa* instruction d'un procès, d'une cause; *procedimento in fase di istruzione* procès en phase d'instruction; *istruzione formale, sommaria* instruction formelle, sommaire.

istupidiménto |istupidi'mento| *s.m.* [→ ISTUPIDIRE] abrutissement.

istupidìre |istupi'dire| (197) **A** *v.tr.* [*rendere stupido; stordire*] abrutir: *l'ambiente frivolo li ha istupiditi* le milieu frivole les a abrutis; *ho preso un colpo che mi ha istupidita* j'ai reçu un coup qui m'a abrutie **B** *v.intr.* (*aus.* '*essere*') [*diventare stupido, sciocco*] devenir (27) bête: *più cresce, più istupidisce* plus il grandit, plus il devient bête ◇ (*per est.*) [*perdere lucidità; inebetire*] s'abrutir (*pron.*): *a forza di tranquillanti, sono istupidita* je me suis abrutie à force de tranquillisants **C** *v.pron. intr.* ISTUPIDIRSI [→ *intr.*] s'abêtir: *ma vi siete istupiditi del tutto?* mais vous vous êtes tout à fait abêtis?

istupidito |istupi'dito| *agg.* [*inebetito, imbambolato*] abruti: *ha sempre un'aria istupidita* il a toujours un air abruti ◇ [*stordito*] étourdi: *si è rialzato da terra istupidito* il s'est relevé tout étourdi.

itacìsmo |ita'tʃizmo| *s.m.* (*ling.*) iotacisme.

italianìsmo |italja'nizmo| *s.m.* (*ling.*) italianisme.

italianista |italja'nista| *s.* [*esperto di lingua e cultura italiana*] italianisant.

italianità |italjani'ta| *s.f. inv.* italianité (*var.*): *rivendicare l'italianità di una regione* revendiquer l'italianité d'une région.

italianizzàre |italjanid'dzare| *v.tr.* **1** [*far assumere modi, abitudini italiani*] italianiser: *italianizzare una provincia* italianiser une province **2** (*ling.*) [*trasformare in forma italiana*] italianiser: *italianizzare un vocabolo, un'espressione* italianiser un mot, une expression.

italianizzazióne |italjaniddzat'tsjone| *s.f.* [→ ITALIANIZZARE] italianisation.

italiàno |ita'ljano| **1** *agg.* [*dell'Italia*] italien*: *il popolo italiano* le peuple italien; *la moda, la cucina italiana* la mode, la cuisine italienne ◇ (*tip.*) *formato italiano* format à l'italienne ◇ (*loc.*) *all'italiana* à l'italienne; *mangiare all'italiana* manger à l'italienne **2** (*s.m.*) *l'italiano* [*la lingua*] l'italien: *parlare, studiare l'italiano* parler, étudier l'italien; *scrivere in italiano, in buon italiano* écrire en italien, en bon italien; *tradurre in italiano, dall'italiano* traduire en italien, de l'italien ◇ (*loc. fig.*) *parlare italiano* [*parlare chiaro*] parler italien.

itàlico, ci, ca, che |i'taliko, tʃi, ka, ke| *agg.* **1** italique: *popolazioni, lingue italiche* populations, langues italiques **2** (*lett.*) → **italiano** ♦ *s.* (*st.*) *gli Italici* les Italiens **3** (*tip.*) italique: *scrittura italica* écriture italique.

italo |'italo| *agg.* (*lett.*) → **italiano.**

italo-americàno |italoameri'kano| *agg.* italo-américain: *commercio italo-americano* commerce italo-américain.

italo-francése |italofran'tʃeze| *agg.* italo-français: *cultura italo-francese* culture italo-française.

iter |'iter| *s.m. inv.* (*bur., dir.*) procédure (*f. var.*): *iter burocratico* procédure bureaucratique.

iteràre |ite'rare| *v.tr.* (*lett.*) [*ripetere, rinnovare*] réitérer (8) (*corr.*): *iterare un invito* réitérer une invitation ◇ (*eccl.*) *iterare la messa* biner *intr.* → **binare.**

iterataménte |iterata'mente| *avv.* [→ ITERATO 1] itérativement.

iteratìvo |itera'tivo| *agg.* (*ling.*) itératif*: *verbo iterativo* verbe itératif.

iteràto |ite'rato| **1** *agg.* [*ripetuto, replicato*] répété: *nomi iterati* noms répétés; *dopo iterati inviti si è presentato* il s'est présenté à la suite d'invitations répétées → **insistente** **2** *s.f. spec. al plur.* (*mat.*) (*calcolo delle*) *iterate* (calcul des) puissances.

iterazióne |iterat'tsjone| *s.f.* **1** (*lett.*) [→ ITERARE] itération → **ripetizione** ◇ (*gram.*) anaphore **2** (*eccl.*) *iterazione dei sacramenti* binage *m.* **3** (*mat.*) *iterazione matematica* itération.

itinerànte |itine'rante| *agg.* itinérant: *mostra itinerante* exposition itinérante.

itineràrio, i |itine'rarjo, i| **I** *agg.* itinéraire (*raro*): *misure itinerarie* mesures itinéraires **II** *s.m.* **1** itinéraire: *itinerario turistico* itinéraire touristique; *l'itinerario di un corteo* l'itinéraire d'un cortège; *studieremo un altro itinerario* nous étudierons un autre itinéraire **2** (*per est.*) [*guida con descrizione di percorsi turistici*] itinéraire: *l'itinerario di Atene* l'itinéraire d'Athènes.

ittèrbio, i |it'terbjo, i| *s.m.* (*chim.*) ytterbium.

ittèrico, ci, ca, che |it'tɛriko, tʃi, ka, ke| *agg.* (*med.*) ictérique: *colorito itterico* teint ictérique ♦ (*s.*) *un itterico* un ictérique.

itterìzia |itte'rittsja| *s.f.* (*med.*) jaunisse, ictère ◇ (*loc. fam.*) (*far*) *venire l'itterizia* [*far morire di rabbia*] faire venir la jaunisse.

ìttero |'ittero| *s.m.* (*med.*) ictère → **itterizia.**

ìttico, ci, ca, che |'ittiko, tʃi, ka, ke| *agg.* du poisson (*loc.*): *mercato ittico* marché du poisson; *prodotti ittici* produits du poisson.

ittiocòlla |ittjo'kɔlla| *s.f.* (*tecnol.*) ichtyocolle.

ittiofagìa, gie |ittjofa'dʒia, dʒie| *s.f.* ichtyophagie.

ittiòfago, gi, ga, ghe |it'tjɔfago, dʒi, ga, ge| *agg.* ichtyophage: *popolazioni ittiofaghe* populations ichtyophages ♦ (*s.*) *un ittiofago* un ichtyophage.

ittiòlo |it'tjɔlo| *s.m.* (*farm.*) ichtyol.

ittiologìa, gie |ittjolo'dʒia, dʒie| *s.f.* ichtyologie.

ittiològico, ci, ca, che |ittjo'lɔdʒiko, tʃi, ka, ke| *agg.* ichtyologique: *studi ittiologici* études ichtyologiques.

ittiòlogo, gi |it'tjɔlogo, dʒi| *s.* ichtyologiste.

ittiosàuro |ittjo'sauro| *s.m.* (*paleont.*) ichtyosaure.

ittiòsi |it'tjɔzi| *s.f. inv.* (*med.*) ichtyose *var.*

ittita |it'tita| *agg.* (*st. ant.*) hittite: *i re ittiti* les rois hittites ♦ *s.* (*st.*) *gli Ittiti* les Hittites.

ittrio, i |'ittrjo, i| *s.m.* (*chim.*) yttrium.

iùcca, che |'jukka, ke| *s.f.* (*t.bot.*) yucca *m.*

iudoista |judo'ista| *s.* → **judoista.**

iùgero |'judʒero| *s.m.* yugerum.

iuglandàcee |juglan'datʃee| *s.f. pl.* (*t.bot.*) Juglandacées.

iugoslàvo |jugoz'lavo| *agg.* [*della Iugoslavia*] yougoslave: *le coste iugoslave* les côtes yougoslaves.

iugulàre |jugu'lare| *v.tr.* → **2 giugulare.**

iùlo |'julo| *s.m.* → **millepiedi.**

iùngla |'jungla| *s.f.* → **giungla.**

iùnior |'junior| *agg. e s.* → **junior.**

iùta |'juta| *s.f.* jute: *sacchi di iuta* sacs en jute.

iutifìcio, i |juti'fitʃo, i| *s.m.* fabrique *f.* de jute.

ìva |'iva| *s.f.* (*t.bot.*) ive, ivette.

ivi |'ivi| *avv.* (*lett.*) **1** (*luogo*) [*lì, in quel luogo, in quel punto*] là, dans cet endroit *loc. inv.*; ci-joint: *ivi si trovavano molte cose rare* c'est là, dans cet endroit qu'on trouvait beaucoup de choses rares ‖ *con la distinta ivi acclusa* avec le bordereau ci-joint → **accluso** # *riceverete il prodotto imballato, ivi comprese le spiegazioni* vous recevrez le produit emballé avec une notice explicative **2** (*tempo*) → **allora** ◇ (*loc.*) *ivi a poco tempo, ivi a non molto* [*di lì a poco, a non molto* (*tempo*)] à quelques temps de là, quelques temps après, peu après **3** (*corr.*) (*nelle citazioni*) ibidem: *ivi, pag. 51* ibidem, p. 51.

ivorianò |ivo'rjano| *agg.* [*della Costa d'Avorio*] ivorien*.

-izzàre |id'dzare| *suff.* (*serve a formare v. derivati da sost. o nomi di popolo, col valore tr. o fattivo di 'dare il carattere di', corrisponde gener. a*) iser: *meccanizzare* mécaniser; *europeizzare* européiser, européaniser.

-izzazióne |iddzat'tsjone| *suff.* (*serve a formare sost. che indicano un 'cambiamento di stato', corrisponde gener. a*) isation: *ionizzazione* ionisation; *modernizzazione* modernisation; *europeizzazione* européanisation.

J

j *s.m. o f.* [*lettera di alfabeti antichi o stranieri*] j (*m.*): *j minuscolo* j minuscule; *J maiuscola* J majuscule ◇ (*tel.*) *J come Jersey* J comme Joseph.

jaboràndi |jabo'randi| *s.m.inv.* → **iaborandi.**

'jabot' |ʒabo| *s.m.inv.* jabot *var.*

jack |dʒæk| *s.m.inv.* (*ingl.*) (*tecnol.*) jack *var.*

'jacquard' |ʒakaʀ| *agg.inv.* **1** *un maglione 'jacquard'* un (chandail) jacquard **2** (*tecnol.*) *telaio 'jacquard'* jacquard *s.m.*

'jacquerie' |ʒakʀi| *s.f. inv.* (*st.*) jacquerie *var.*

'jacques' |ʒak| *s.m.inv.* (*st.*) jacques.

jamboree |dʒæmbə'ri:| *s.m.inv.* (*ingl.*) jamboree *var.*

jangada |dʒan'gada| *s.f.inv.* jangada *var.*

javellizzazióne |javelliddzat'tsjone| *s.f.* javellisation.

jazz |dʒæz| *s.m.inv.* (*ingl.*) (*mus.*) jazz ✦ (*agg. inv.*) *la musica jazz* la musique de jazz *s.m.*, le jazz *s.m.*

jazzista |dʒat'tzista| *s.m.* [*suonatore di jazz*] jazzman: *dei jazzisti* des jazzmen.

jazzìstico, ci, ca, che |dʒat'tzistiko, tʃi, ka, ke| *agg.* jazziste, de jazz (*loc. inv.*): *orchestra jazzistica* orchestre jazziste, de jazz.

jeep |'dʒi:p| *s.f.inv.* (*ingl.*) jeep *var.* ◇ (*per est.*) véhicule *m.var.* tous terrains.

jersey |'dʒə:zi| *s.m. inv.* (*ingl.*) jersey (*var.*): *jersey di lana* jersey de laine.

jet |dʒet| *s.m.inv.* (*ingl.*) jet *var.*, avion *var.* à réaction.

jigger |'dʒigə| *s.m.inv.* (*ingl.*) (*elettr.*) jigger *var.*, variomètre *var.*

jockey |'dʒɔki| *s.m.inv.* (*ingl.*) **1** (*equitazione*) jockey *var.* → **fantino** **2** (*carte*) valet *var.*

jolly |'dʒɔli| *s.m.inv.* (*ingl.*) (*carte*) joker *var.* → **matta.**

joule |'dʒu:l| *s.m.inv.* (*ingl.*) (*fis.*) joule *var.* ✦ (*agg. inv.*) *effetto joule* effet joule.

judo |'zu:do| *s.m.inv.* (*giapp.*) judo (*var.*): *presa di judo* prise de judo.

judoista |dʒudo'ista| *s.*, **judoka** |'zu:do:ka| *s.inv.* (*giapp.*) judoka *var.*

jugoslàvo |jugoz'lavo| *s. e agg.* → **iugoslavo.**

jujitsu |'zu:zitu| *s.m.inv.* (*giapp.*) ju-jitsu *var.*

juke-box |'dʒu:kbɔks| *s.m.inv.* (*ingl.*) juke-box *var.*

jumbo-jet |'dʒu(ʌ)mbo'dʒet| *s.m. inv.* (*ingl.*) jumbo(-jet) *var.* ◇ (*per est.*) (avion) gros porteur *var.*

jumping |'dʒʌmpiŋ| *s.m.inv.* (*ingl.*) (*equitazione*) jumping *var.*

jùngla |'jungla, 'dʒungla| *s.f.* → **giungla.**

junior |'junjor| *agg.* **1** *inv.* (*lat.*) (*in caso di omonimia, distingue il nato dopo*) junior *var.* **2** (*sport*) junior: *giocatori juniores* joueurs juniors ✦ (*s.*) *gli juniores* les juniors.

jùta |'juta| *s.f.* → **iuta.**

K

k *s.m. o f.* [*lettera di alfabeti antichi o stranieri*] k (*m.*): *k minuscolo* k minuscule; *K maiuscola* K majuscule ◇ (*tel.*) *K come Kursaal*: (*in Francia*) K comme Kléber; (*in Belgio*) K comme kilo.
kabuki |ka'buki| *s.m. inv.* (*giapp.*) kabuki *var.*
kafkiàno |kaf'kjano| *agg.* kafkaïen*.
kainìte |kai'nite| *s.f.* (*miner.*) kaïnite.
kaiser |'kaizər| *s.m.inv.* (*ted.*) kaiser *var.*
kàki |'kaki| *agg. e s.m.* → **cachi.**
kamikàze |kami'kaze| *s.m.inv.* (*giapp.*) kamikaze *var.*
kantiàno |kan'tjano| *agg.* kantien*.
kantìsmo |kan'tizmo| *s.m.* (*filos.*) kantisme.
kapok |ka'pɔk| *s.m. inv.* (*tecnol.*) kapok *var.*, capok *var.*
karakiri |kara'kiri| *s.m.inv.* → **harakiri.**
karatè |kara'tɛ| *s.m.inv.* (*giapp.*) karaté *var.*
karité |kari'te| *s.m. inv.* (*t.bot.*) karité *var.*
karma |'karma| *s.m.* karma, karman.
kart |ka:| *s.m.inv.* (*ingl.*) (*sport*) kart *var.*
kartìsmo |kar'tizmo| *s.m.* (*sport*) karting.
kasher |ka:'ʃɛ:r| *agg.inv.* (*relig. ebr.*) kascher, cascher, cawcher.
kàva |'kava| *s.f.* (*in Polinesia*: *bevanda*) kava *m.*, kawa *m.*
kayàk |ka'jak| *s.m.inv.* (*imbarcazione*) kayac *var.*, kayak *var.*
kefir |'kefə| *s.m. inv.* (*ingl.*) (*bevanda*) kéfir *var.*, képhir *var.*
keniàno |ke'njano| *agg.* → **keniota.**
keniòta |ke'njɔta| *agg.* [*del Kenia*] kényan.
'képi' |kepi| *s.m.inv.* képi *var.*
kepleriàno |keple'rjano| *agg.* képlérien*.
'kermesse' |kɛʀmɛs| *s.f.inv.* kermesse *var.*
kerosène |kero'zɛne| *s.m.* kérosène.
ketch |ketʃ| *s.m.inv.* (*ingl.*) (*mar.*) ketch *var.*
ketchup |'ketʃəp| *s.m.inv.* (*ingl.*) (*cuc.*) ketchup *var.*
keynesiàno |keine'zjano| *agg.* (*econ.*) keynésien*.
khan |ka:n| *s.m.inv.* (*turco*) khan *var.*
kibbutz |kib'buts| *s.m.inv.* (*ebr.*) kibboutz.
kidnapping |'kidnæpiŋ| *s.m.inv.* (*ingl.*) kidnappage *var.*, kidnapping *var.*
kieserìte |kize'rite| *s.f.* (*chim.*) kiesérite.
killer |'kilə| *s.m.inv.* (*ingl.*) [*assassino prezzolato*] tueur* *s. var.* à gages.
kìlo- |'kilo| *e deriv.* → **chilo-** *e deriv.*
kilt |kilt| *s.m.inv.* (*ingl.*) kilt *var.*
kimòno |ki'mɔno| *s.m.inv.* kimono *var.*
kinesiterapìa |kinezitera'pia| *s.f.* → **cinesiterapia.**
kippur |kip'pu:r| *s.m.inv.* (*ebr.*) kippour.
kirsch |kirʃ| *s.m.inv.* (*ted.*) kirsch *var.*
kitsch |kitʃ| *s.m.inv.* (*ted.*) kitsch.
kleksografìa |kleksogra'fia| *s.f.* klesksographie.
klìmax |'klimaks| *s.m.inv.* → **climax.**
klystron |'klaistrən| *s.m.inv.* (*ingl.*) (*fis.*) klystron *var.*
knickerbockers |'nikəbɔkəz| *s. m.pl.* (*ingl.*) knickerbockers, knicker(s).
knock-down |nɔk'daun| *s.m.inv.* (*ingl.*) (*pugilato*) knock-down *var.*
knock-out |nɔk'aut| *s.m.inv.* (*ingl.*) **1** (*pugilato*) knock-out *var.*, K.O. (*var.*): *è stato battuto per knock-out* il a été battu par knock-out **2** (*fig.*) *essere knock-out* être knock-out; *mettere qc. knock-out* mettre qqn. knock-out.
knut |knut| *s.m.inv.* (*russo ant.*) knout *var.*
koàla |ko'ala| *s.m.inv.* (*t.zool.*) koala *var.*
koinè |koi'nɛ| *s.f. inv.* (*gr.*) → **coinè.**
kolchoz |kal'xɔz| *s.m.inv.* (*russo*) kolkhoze *var.*
kolchoziàno |kolko'zjano| *agg.* → **colcosiano.**
kolossal |kolo'sal| *s.m.inv.* (*ted.*) [*spettacolo realizzato con grande dispendio di mezzi*] film *var.* à grand spectacle ◆ (*agg.*) *un film kolossal* un film à grand spectacle *loc.*
kore |'kɔre| *s.f. inv.* (*gr.*) (*arts.*) korê *var.*, corê (*var.*): *delle kore* des korês.
kouros |'kuros| *s.m.inv.* → **kuros.**
kraal |kra:l| *s.m.inv.* (*nell'Africa merid.*) kraal *var.*
krapfen |'krapfən| *s.m.inv.* (*ted.*) (*pasticceria*) beignet *var.* (à la crème, à la confiture).
kripto |'kripto| *s.m.* → **cripto.**
kriss |kris| *s.m.inv.* (*pugnale*) kriss.
kristiània |kris'tjanja| *s.m.inv.* → **cristiania.**
krypton |'kripton| *s.m. inv.* → **cripto.**
ksar |ksaar| *s.m. inv.* (*nell'Africa sett.*) ksar *var.*
kulak |ku'lak| *s.m. inv.* (*russo*) koulak *var.*
kumis |ku'mis| *s.m.inv.* (*nell'Asia Centrale*: *bevanda*) koumis, koumys.
kümmel |'kyməl| *s.m.inv.* (*ted.*) kummel *var.*
kumys |ku'mïs| *s.m.inv.* → **kumis.**
kuros |'kuros| *s.m. inv.* (*gr.*) (*arts.*) kouros.
kursaal |'ku:rza:l| *s.m.inv.* (*ted.*) kursaal *var.*
kuskus |'kuskus| *s.m.inv.* → **cuscus.**
kwas |kvas| *s.m.inv.* (*russo*) (*bevanda*) kwas, kvas.
kyriàle |ki'rjale| *s.m.* kyriale.
kyrie (eleison) |'kirje(e'lɛizon)| *s.m. inv.* (*lat.*) kyrie, kyrie eleison.

L

l *s.f. o m.* **1** [*decima lettera dell'alfabeto*] l: *l minuscola* l minuscule; *L maiuscolo*, L majuscule ◇ (*tel.*) *L come Livorno*: (*in Francia*) L comme Louis; (*in Belgio*) L comme Léopold **2** (*usi convenzionali*) *L* [*numero rom. corrispondente a 50*] L ◇ *L o £* [*lira sterlina*] L., £.

1 **la** |la|, *pl.* **le** |le| *art. det. f. N.B. 1: si usa davanti a tutte le parole f. Al sing. si elide davanti a parole comincianti per voc. N.B. 2: per le forme contratte che questo art. forma con le prep. si rimanda alle prep. 'di, a, da, in, con, su, per' N.B. 3: si rimanda anche all'art. fr.* la **1** (*indica e determina cosa o persona per distinguerla da quelle della stessa specie*) la, les (*pl.*): *la casa di Paolo* la maison de Paul; *la madre del mio amico* la mère de mon ami; *le amiche di Giorgio* les amies de Georges; *le schede sono sul tavolo* les fiches sont sur la table ◇ (*non si traduce quando precede un agg. poss.*) *ecco la mia macchina* voici ma voiture; *è uscito con la sua amica* il est sorti avec son amie ◇ (*è sostituito spesso dal corrispondente agg. poss., quando è sottinteso il possesso da parte del soggetto del v.*) *prendi la bicicletta* prends ta bicyclette; *non dimenticare le chiavi* n'oublie pas tes clefs ◇ (*non si traduce ancora in usi particolari*) *i vini della Provenza* les vins de Provence; *è appena arrivato dalla Spagna* il vient d'arriver d'Espagne **2** (*è talvolta usato con valore dim.*) la: *quale delle due è Maria? La bionda* laquelle des deux est Marie? La blonde **3** (*con valore temporale*) la: *arriveranno la settimana prossima* ils arriveront la semaine prochaine **4** (*con valore distr.*) la, par: *l'abbonamento costa diecimila lire la settimana* l'abonnement coûte dix mille lires la, par semaine; *i bottoni costano cinquecento lire la dozzina* ces boutons coûtent cinq cents lires la douzaine; *viene a trovarmi tre volte l'anno* il vient me voir trois fois par an **5** (*in usi fam. poco corretti ma frequenti, davanti a nome di persona o cognome; non si traduce in fr.*): *è venuta la Maria* Marie est venue; *il Carlo è partito oggi* Charles est parti aujourd'hui; *il Bianchi Pietro è stato congedato* Pierre Bianchi a été libéré.

2 **la** |la| *pron. pers. di 3ª pers. sing. N.B. si elide davanti a voc.* **1** la (*si elide davanti a voc. e 'h' muta*): *la conosco da molto* je la connais depuis longtemps; *dobbiamo vederla questa sera* nous devons la voir ce soir; *portala qui* apporte-la (ici); *restituiscimela* rends-la-moi; *scrivila tu stesso* écris-la toi-même **2** (*in espressioni di cortesia, si usa sia per rivolgersi a una donna che a un uomo*) vous: *la prego di accettare* je vous prie d'accepter; *l'abbiamo invitata per questa sera* nous l'avons invité(e) pour ce soir # *arrivederla* au revoir ◇ (*in usi dial. o region.*) *la mi dica tutto* dites-moi tout; *la si decida* décidez-vous **3** (*con valore indeterminato*) *non ce la faccio proprio* je n'y arrive vraiment pas; *l'abbiamo scampata bella* nous l'avons échappé belle; *me la pagherete* vous me le paierez; *la sa lunga, lui* il en sait long, lui; *a dirla tra noi* (cela) soit dit entre nous; *smettetela!* arrêtez!, finissez! (*fam.*).

3 **la** |la| *s.m. inv.* (*mus.*) la: *sinfonia in la maggiore* symphonie en la majeur; *concerto in la minore per pianoforte e orchestra* concerto en la mineur pour piano et orchestre ◇ (*loc.*) *dare il la*: (*pr., fig.*) donner le la.

là |la| **I** *avv.* **1** (*con riferimento a un luogo lontano da chi parla o ascolta*) [*in quel luogo*] là: *mi trovavo là per puro caso* je me trouvais là par un pur hasard; *era là che lo aspettavo* c'était là que je l'attendais; *posalo là, sulla scrivania* pose-le là, sur le bureau; *è andato fin là a trovarlo* il est allé jusque-là pour le voir ◇ (*contrapposto a 'qua, qui'*) *non posso star qua*: *devo andare là* je ne peux pas rester ici: je dois aller là; *andare qua e là* aller çà et là; *vive un po' qua, un po' là* il vit tantôt ici, tantôt là ◇ (*seguito da altri avv., che ne precisano meglio il significato*) *Mario è là dentro* Marius est là-dedans; *là dietro c'è un orto* là-derrière il y a un potager; *voglio andare là sopra a vedere* je veux aller là-dessus pour voir; *là su* → **lassù**; *là giù* → **laggiù** ◇ (*preceduto dal pron. o agg. 'quello', con valore raff.*) *Franco è quello là, quello a sinistra, quello in piedi* Francis est celui-là, celui à gauche, celui qui est debout; *vedi che cosa vuole quel signore là* va voir ce que veut ce monsieur-là; ◇ (*spreg.*) *vuol sempre aver ragione, quello là!* il veut toujours avoir raison, celui-là! ◇ *loc.* ECCO... LÀ voilà: *ecco là che arriva il treno* voilà le train qui arrive; *eccolo là che arriva* le voilà qui arrive; '*vuoi vederlo? eccolo là!*' 'tu veux le voir? le voilà!' ~ *chi va là?, chi è là?, alto là* qui vive?, qui est là?, halte-là! **2** (*con valore raff. in frasi escl.*) un peu; là: *ma guarda là* (*che*) *cosa mi doveva capitare!* mais regarde un peu ce qui devait m'arriver! || *ehi là, fatti avanti!* eh là, avance!; *ehi là, fermatevi!* eh là, arrêtez-vous!; *zitto, zitti, là!* silence, là-bas! ◇ (*spec. nel linguaggio parlato, per indicare 'rapidità, istantaneità'*) ça y est: *schiacci un bottone e, là, è tutto fatto* tu presses un bouton, et ça y est, c'est fait; *fermi un istante e, là, ecco fatta la fotografia!* ne bougez pas pendant un instant, et ça y est, la photographie est prise ◇ *loc.* VA' LÀ (*per indicare 'incredulità' anche in senso iron.*) allez: *ha vinto lui*: *ma va' là!* c'est lui qui a gagné: oh allez!, allons, donc!; *va' là che non me la dai a bere!* oh, allez, allons donc! Tu ne me feras pas avaler ça!; *ma va' là che quel riconoscimento non ti è dispiaciuto!* oh allez, admets que cette récompense ne t'a pas déplu! **II** *loc. avv.* **1** DI LÀ [*in un luogo vicino*] à côté: *Paolo è di là, nella sua stanzetta* Paul est à côté, dans sa petite chambre; *è andato di là un momento* il est allé à côté un instant; *va' di là a vedere chi è!* va à côté voir qui c'est! ◇ (*come avv. di moto da luogo*) de là: *vieni via di là!* sors de là!; *sono scappato via di là al momento opportuno* je me suis enfui de là au bon moment ◇ (PER) DI LÀ (*come avv. di moto per luogo*) par là: *per andare a Milano si passa di là* pour aller à Milan on passe par là; (*per*) *di là non si passa* on ne passe pas par là ◇ (*contrapposto a 'di qua'*) là: *passa di qua, che di là è pericoloso* passe par ici, par là c'est dangereux; *andava girando di qua e di là* il tournait ici et là ◇ (*loc. fig.*) *essere più di là che di qua* [*in pericolo di morte imminente*] avoir un pied dans la tombe ~ *il mondo di là* [*dell'oltretomba*] l'au-delà, l'autre monde ✦ (*in funzione di s.m. inv.*) *l'al di là* → **aldilà** **2** IN LÀ de l'autre côté: *voltarsi, girarsi in là* se tourner de l'autre côté # *fatti in là, che così mi posso accomodare anch'io* écarte-toi un peu, pour que moi aussi je puisse m'installer ◇ (*fig.*) *non vede più in là del proprio naso* il ne voit pas plus loin que le bout de son nez ~ *non andare troppo in là con la fantasia* ne te laisse pas trop entraîner par ton imagination; *è molto in là con gli anni* il est très avancé en âge, il est très âgé; *spero che non andiate troppo in là con la consegna* j'espère que vous ne tardez pas trop pour la livraison **3** LÀ PER LÀ [*sul momento*] sur le moment; à brûle-pourpoint: *là per là non avevo capito, ma poi ci ho ripensato* sur le moment je n'avais pas compris, mais après j'y ai repensé || *non si poteva rispondere così, là per là* on ne pouvait pas répondre comme ça, à brûle-pourpoint **III** *loc. prep.* DI LÀ DA, DI LÀ DI, IN LÀ DA, IN LÀ DI: *abita di là dal ponte* il habite de l'autre côté du pont; *non si può andare più in là di quel punto* on ne peut pas aller plus loin que ce point → **oltre** ◇ (*fig.*) *è di là da venire* (*detto di cosa incerta o lontana nel tempo*) c'est encore à venir; *questa riforma, questa ristrutturazione è* (*ancora*) *di là da venire* cette réforme, cette restructuration est encore à venir Ⓒ I 1 **qua**.

làbaro |'labaro| *s.m.* [*vessillo, stendardo*] étendard: *il labaro delle associazioni combattentistiche* le drapeau des anciens combattants ◇ (*st. rom.*) labarum.

làbbro |'labbro|, *pl. f.* **làbbra** |'labbra| (*nei significati* 1, 2), *pl. m.* **làbbri** |'labbri| (*nel significato* 3) *s.m.* **1** (*anat.*, *corr.*) lèvre (*f.*): *labbro inferiore*, *superiore* lèvre inférieure, supérieure; *avere delle labbra pronunciate*, *esili* avoir des lèvres épaisses, minces; *chiudere*, *stringere le labbra* serrer les lèvres; *tenere la sigaretta tra le labbra* avoir la cigarette aux lèvres # *labbro leporino* bec-de-lièvre ◇ (*loc. fig.*) *mordersi le labbra per non parlare*, *per* (*la*) *rabbia*, *per pentimento* se mordre les lèvres pour ne pas parler, de rage, de repentir ~ *leccarsi le labbra* se lécher les lèvres, les babines (*fam.*): *una ghiottoneria da leccarsi le labbra* une friandise à s'en lécher les babines **2** (*per est.*) [*bocca*] lèvre: *accostare le labbra al bicchiere* porter le verre à ses lèvres; *bagnare le labbra* tremper ses lèvres ◇ (*loc. fig.*) *avere un nome*, *una parola sulle labbra*, *sulla punta delle labbra* avoir un nom, un mot sur les lèvres, sur le bout de la langue ~ *pendere dalle labbra di qc.* être suspendu aux lèvres de qqn. ~ *parlare*, *sussurrare a fior di labbra*, *di labbro* parler, murmurer du bout des lèvres **3** [*orlo*, *bordo*] bord; lèvre: *i labbri di un vaso*, *di una vasca* les bords d'un vase, d'une baignoire ‖ *i labbri di una ferita* les lèvres d'une blessure ◇ (*bot.*) *i labbri della corolla*, *del calice di un fiore* les lèvres de la corolle, du calice d'une fleur.

labbróne |lab'brone| *s.m.* grosse lèvre *f.*

labdacismo |labda'tʃizmo| *s.m.* (*psicol.*) lambdacisme.

labèllo |la'bɛllo| *s.m.* (*bot.*, *zool.*) labelle.

labiàle |la'bjale| *agg.* **1** (*anat.*) labial*: *le arterie labiali* les artères labiales **2** (*ling.*) labial: *una consonante labiale* une consonne labiale ✦ (*s.f.*) *una labiale aspirata* une labiale aspirée.

labializzàre |labjalid'dzare| *v.tr.* (*ling.*) (*detto di cons.*) [*rendere labiale*] labialiser.

labializzàto |labjalid'dzato| *agg.* (*ling.*) labialisé *p.p.*

labializzazióne |labjaliddzat'tsjone| *s.f.* [→ LABIALIZZARE] labialisation.

Labiàte |la'bjate| *s.f. pl.* (*t.bot.*) Labiées, Labiacées.

labiàto |la'bjato| *agg.* **1** (*bot.*) labié: *calice labiato* calice labié **2** → **labializzato.**

làbile |'labile| *agg.* **1** [*tenue*, *debole*] faible: *una memoria labile* une mémoire faible, courte; *avere solo dei labili ricordi*, *una labile impressione* avoir seulement de faibles souvenirs, une faible impression **2** (*chim.*) labile: *un composto* (*chimico*) *labile* un composé (chimique) labile → **instabile** **3** (*lett.*, *fig.*) → **caduco, passeggero** Ⓒ 1 **tenace, fermo.**

labilità |labili'ta| *s.f. inv.* **1** *labilità di memoria* [*debolezza*] fragilité *var.* de la mémoire **2** (*chim.*) instabilité *var.* → **instabilità** **3** (*lett.*) → **caducità.**

labiodentàle |labjoden'tale| *agg. e s.f.* (*ling.*) labiodental*: *una* (*consonante*) *labiodentale* une (consonne) labiodentale.

labionasàle |labjona'sale| *agg. e s.f.* (*ling.*) labionasal*.

labiovelàre |labjove'lare| *agg. e s.f.* (*ling.*) labiovélaire: *una* (*consonante*) *labiovelare* une (consonne) labiovélaire.

labirìntico, ci, ca, che |labi'rintiko, tʃi, ka, ke| *agg.* **1** (*anat.*) labyrinthique: *il nervo labirintico* le nerf labyrinthique ◇ (*med.*) *sordità labirintica* surdité labyrinthique **2** (*raro*) [*intricato come un labirinto*] labyrinthique: *dei corridoi labirintici* des couloirs labyrinthiques ◇ (*fig.*) *un ragionamento labirintico* un raisonnement filandreux → **tortuoso.**

labirintìte |labirin'tite| *s.f.* (*med.*) labyrinthite.

labirìnto |labi'rinto| *s.m.* **1** labyrinthe: *un labirinto di corridoi*, *di strade a senso unico* un labyrinthe de couloirs, de rues à sens unique; *quella villa è un labirinto!* cette villa est un labyrinthe! ◇ (*fig.*) [*situazione complicata*] *ma guarda in che labirinto mi sono cacciato!* mais regarde dans quel labyrinthe, quel pétrin je me suis fourré!; *che labirinto di responsabilità in tutta questa faccenda!* quel labyrinthe de responsabilités dans toute cette affaire! **2** (*anat.*) labyrinthe **3** (*st. gr.*) labyrinthe **4** (*tecnol.*) *tenuta a labirinto* garniture à labyrinthe.

labirintodónte |labirinto'donte| *s.m.* (*paleont.*) labyrinthodonte.

laboratòrio, i |labora'tɔrjo, i| *s.m.* **1** laboratoire: *laboratorio chimico*, *farmaceutico* laboratoire de chimie, pharmaceutique; *laboratorio linguistico* laboratoire de langues; *ricerche*, *prove di laboratorio* recherches, essais de laboratoire **2** [*locale destinato a lavorazioni artig. varie*] atelier: *il laboratorio dell'orologiaio*, *dell'elettrotecnico* l'atelier de l'horloger, du technicien électricien.

laboratorìsta |laborato'rista| *s.* [*chi lavora in un laboratorio*] laborantin.

laboriosaménte |laborjosa'mente| *avv.* **1** [→ LABORIOSO 2] laborieusement: *le due parti hanno raggiunto laboriosamente un accordo* les deux parties sont arrivées laborieusement à un accord **2** [→ LABORIOSO 1] laborieusement: *vivere laboriosamente* vivre laborieusement.

laboriosità |laborjosi'ta| *s.f. inv.* **1** (*persone*) [*operosità*, *applicazione impegnata*] diligence *var.*, habitudes *pl.* laborieuses: *tutti lo stimavano per la sua laboriosità* tout le monde l'estimait pour sa diligence, comme bon travailleur → **alacrità** # *una nazione famosa per la laboriosità dei suoi cittadini* une nation célèbre pour le travail de ses ressortissants, le goût au travail de ses habitants **2** (*cose*) [*complessità*, *difficoltà*] difficulté (*var.*): *la laboriosità di una ricerca*, *di una trattativa* la difficulté d'une recherche, d'une négociation.

laborióso |labo'rjoso| *agg.* **1** (*persone*) laborieux*: *una persona molto laboriosa* une personne très laborieuse # *uno studente laborioso e intelligente* un étudiant travailleur et intelligent → **operoso, attivo** ◇ (*per est.*) *una vita laboriosa* une vie laborieuse; *oggi abbiamo avuto una giornata molto laboriosa* aujourd'hui nous avons eu une journée très laborieuse **2** (*cose*) laborieux: *digestione laboriosa* digestion laborieuse, pénible; *una indagine lunga e laboriosa* une enquête longue et laborieuse; *una trattativa laboriosa*, *un accordo laborioso* une négociation laborieuse, un accord laborieux → **difficile, lento** ◇ (*loc.*) *un parto laborioso*: (*pr.*, *fig.*) un accouchement laborieux, pénible.

làbrador |'labrador| *s.m. inv.* (*t. zool.*) labrador *var.*

labradorìte |labrado'rite| *s.f.* (*miner.*) labrador *m.*

làbro |'labro| *s.m.* (*t.zool.*) labre.

laburìsmo |labu'rizmo| *s.m.* (*polit.*) travaillisme.

laburìsta |labu'rista|, **laburìstico, ci, ca, che** |labu'ristiko, tʃi, ka, ke| *agg.* travailliste: *il partito laburista* (*inglese*) le parti travailliste ✦ (*s.*) *i laburisti* les travaillistes.

làcca, che |'lakka, ke| *s.f.* **1** (*tecnol.*, *corr.*) laque: *colori di lacca* couleurs de laque; *dare una mano di lacca a un mobile* donner une couche de laque à un meuble, laquer un meuble ◇ (*per est.*) [*oggetto ricoperto di lacca*] *una collezione di lacche cinesi* une collection de laques de Chine ✦ (*in funzione di agg. inv.*) *rosso lacca* rouge laque **2** (*cosmesi*) laque; vernis (*m.*): *lacca per capelli secchi*, *grassi* laque pour cheveux secs, gras ‖ *lacca per le unghie* vernis à ongles.

laccamùffa |lakka'muffa| *s.f.* → **tornasole.**

laccàre |lak'kare| *v.tr.* [*verniciare con la lacca*] laquer: *laccare un mobile* laquer un meuble □ *laccarsi le unghie* mettre du vernis sur ses ongles.

laccàsi |lak'kazi| *s.f. inv.* (*chim.*) laccase *var.*

laccàto |lak'kato| *agg.* [*coperto di lacca*, *verniciato*] laqué; verni: *mobili laccati* meubles laqués ‖ *unghie laccate* ongles vernis.

laccatóre, trice |lakka'tore, tritʃe| *s.* [*operaio addetto alla laccatura*] laqueur *m.*

laccatùra |lakka'tura| *s.f.* [→ LACCARE] laquage *m.* ◇ (*per est.*) [*la superficie esterna laccata*] laque: *in questo mobile*, *si è un po' rovinata la laccatura* la laque de ce meuble s'est un peu écaillée.

laccétto |lat'tʃetto| *s.m.* **1** lacet **2** (*region.*) → **stringa.**

lacchè |lak'kɛ| *s.m. inv.* **1** (*st.*) laquais **2** (*fig.*, *spreg.*) [*persona servile*] laquais: *fare il lacchè*, *da lacchè a qc.* être le laquais de qqn.; *non sono mica il suo lacchè, io!* je ne suis pas son laquais, son valet de chambre, moi!

làccio, i |'lattʃo, i| *s.m.* **1** lacet: *prendere una preda al laccio* prendre un animal au lacet # *fermare un cavallo imbizzarrito con il laccio* arrêter un cheval emballé avec un lasso ◇ (*per est.*, *abbigl.*) *i lacci del busto* les lacets du corset; *calzoncini alla tirolese con i lacci* culotte tyrolienne avec des lacets; *i lacci delle scarpe* les lacets de souliers → **stringa** ◇ (*med.*) *laccio emostatico* ligature hémostatique → **cordone** **2** (*fig.*) [*insidia*, *tranello*] piège: *tendere lacci agli sprovveduti* tendre un piège aux naïfs; *nonostante la sua prudenza*, *è caduto anche lui nel laccio* malgré sa prudence, il est tombé lui aussi dans le piège **3** (*fig.*) [*legame*, *vincolo*] lien: *il laccio del matrimonio* le lien du mariage; *lacci d'amore* liens d'amour **4** (*raro*) [*capestro*] corde (*f.*): *la pena del laccio* le supplice de la corde.

lacciòlo |lat'tʃɔlo| *s.m.* [*piccolo laccio*] lacet: *chiudere un sacco con un*

lacciolo fermer un sac avec un lacet → **legaccio.**
laccolite |lakko'lite| *s.f.* (*geol.*) laccolit(h)e.
lacedèmone |latʃe'dεmone| *agg.* (*lett.*) lacédémonien* → **spartano.**
laceràbile |latʃe'rabile| *agg.* [→ LACERARE] déchirable, lacérable.
lacerànte |latʃe'rante| *agg.* [*che produce lacerazione*] tranchant: *un corpo lacerante* un corps tranchant ◇ (*fig.*) déchirant: *un urlo lacerante* un cri déchirant; *un dolore lacerante* une douleur déchirante.
laceràre |latʃe'rare| **A** *v.tr.* **1** [*ridurre in brandelli*] déchirer: *in un impeto d'ira lacerò la lettera* dans un accès de colère, il déchira la lettre; *la scheggia gli ha lacerato i tessuti della pelle* l'éclat a déchiré la peau **2** (*riferito a tessuti*) [*produrre strappi, anche involontariamente*] déchirer: *lacerare la giacca, la gonna* déchirer sa veste, sa jupe → **strappare, stracciare** □ *nella caduta mi sono lacerato il vestito nuovo* en tombant, j'ai déchiré ma robe neuve **3** (*fig.*) [*straziare, tormentare*] déchirer: *quel cruccio gli lacerava il cuore* cette peine lui déchirait le cœur; *un rumore assordante che lacera i timpani* un bruit assourdissant qui déchire le tympan **B** *v.pron.* LACERARSI **1** *intr.* [→ *tr.* 1] se déchirer: *nella caduta gli si è lacerata la pelle del viso* en tombant, la peau de son visage s'est déchirée **2** *intr.* [→ *tr.* 2] (se) déchirer: *mi si è lacerata la giacca* ma veste s'est déchirée; *la vela si è lacerata per il vento impetuoso* la violence du vent a déchiré la voile **3** *rifl.* → *tr.* 2 □.
laceratùra |latʃera'tura| *s.f.* → **lacerazione.**
lacerazióne |latʃerat'tsjone| *s.f.* [→ LACERARE] déchirement *m.* ◇ (*med.*) *lacerazione cutanea* déchirure cutanée; *lacerazione del tessuto connettivo* déchirure du tissu connectif.
lacèrna |la'tʃεrna| *s.f.* (*st. rom.*) lacerne.
làcero |'latʃero| *agg.* **1** (*cose*) [*che presenta lacerazioni*] déchiré: *un tessuto lacero* un tissu déchiré; *un abito lacero* un vêtement déchiré **2** (*persone*) [*che indossa abiti laceri*] déguenillé: *un mendicante lacero* un mendiant déguenillé, dépenaillé → **cencioso** **3** (*med.*) *ferita lacera* plaie contuse ✦ (*come agg. inv. nella loc.*) *ferita lacero-contusa* plaie contuse.
Lacèrtidi |la'tʃεrtidi| *s.m. pl.* (*t. zool.*) Lacertidés.
Lacèrtili |la'tʃεrtili| *s.m. pl.* (*t.zool.*) Lacertiens, Lacertiliens.
lacèrto |la'tʃεrto| *s.m.* **1** (*anat.*) biceps **2** (*lett.*) → **muscolo; braccio** **3** (*region.*) → 2 **sgombro.**
lacìnia |la'tʃinja| *s.f.* (*anat.*, *bot.*) lacinie.
laciniàto |latʃi'njato| *agg.* (*anat.*, *bot.*) lacinié.
laconicaménte |lakonika'mente| *avv.* [→ LACONICO 2] laconiquement: *parlare, rispondere laconicamente* parler, répondre laconiquement.
laconicità |lakonitʃi'ta| *s.f. inv.* laconisme (*m. var.*): *è nota a tutti la sua laconicità* il est célèbre pour son laconisme → **concisione, stringatezza.**
lacònico, ci, ca, che |la'kɔniko, tʃi, ka, ke| *agg.* **1** (*st. gr.*) laconique: *il dialetto laconico* le dialecte laconique → **spartano** **2** (*fig.*) (*persone*) [*conciso, parco nel parlare*] laconique: *un tipo piuttosto laconico* un type plutôt laconique; *non essere laconico, riferisci altri particolari!* ne sois pas laconique, donne-nous d'autres détails! ◇ (*cose*) [*breve, essenziale*] *una risposta laconica* une réponse laconique; *uno stile laconico* un style laconique ✦ (*in funzione di avv.*) (*raro*) → **laconicamente** © 2 **prolisso.**
laconìsmo |lako'nizmo| *s.m.* laconisme.
làcrima |'lakrima| *s.f.* **1** larme: *lacrime calde, amare* chaudes larmes, larmes amères; *lacrime di pentimento, di rimorso, di gioia* larmes de repentir, de remords, de joie; *prorompere, sciogliersi in lacrime* fondre en larmes; *trattenere* (*frenare*), *ingoiare le lacrime* étouffer, ravaler ses larmes; *asciugare le lacrime a qc.* essuyer, sécher les larmes de qqn.; *asciugarsi le lacrime* essuyer, sécher ses larmes ◇ (*loc. fig.*) *lacrime di coccodrillo* larmes de crocodile ~ *questo mondo è una valle di lacrime* ce monde est une vallée de larmes ~ *è un lavoro che mi è costato lacrime e sudore* c'est un travail qui m'a coûté larmes et sueur ~ *il mio errore mi è costato molte lacrime* mon erreur m'a coûté tant de larmes ~ *essere in un mare di lacrime* être tout en larmes ~ *è una scena, uno spettacolo da strappare le lacrime* c'est une scène, un spectacle à arracher des larmes ~ *avere le lacrime in tasca* [*essere facile al pianto*] avoir toujours la larme à l'œil **2** (*fig.*) [*piccola quantità di liquido*] larme: *è rimasta solo una lacrima di aceto* il n'est resté qu'une larme de vinaigre; *dammi solo una lacrima di quel liquore* donne-moi seulement une larme de cette liqueur → **goccia** ◇ [*piccola stilla di liquido, di secrezione*] *lacrime di pino, di abete, di resina* larme de pin, de sapin, de résine **3** [*piccolo oggetto di forma ovale*] goutte: *un lampadario con belle lacrime* un lustre avec de belles gouttes # *lacrime di incenso* grains d'encens.
lacrimàbile |lakri'mabile| *agg.* (*lett.*) → **lacrimevole.**
lacrimàle |lakri'male| *agg.* **1** (*anat.*) lacrymal*: *apparato lacrimale* canal lacrymal; *liquido, secreto lacrimale* liquide lacrymal, sécrétion lacrymale **2** (*archeol.*) (*vaso*) *lacrimale* (vase) lacrymatoire.
lacrimàre |lakri'mare| **A** *v.intr.* (*aus.* '*avere*') **1** [*secernere, versare lacrime*] pleurer: *gli occhi mi lacrimano per il fumo* la fumée me fait pleurer; *la cipolla fa lacrimare gli occhi* l'oignon fait pleurer ◇ (*per est., raro*) [*stillare, gocciolare*] dégoutter, suinter: *le pareti lacrimano a causa dell'umidità* les murs (dé)gouttent, suintent à cause de l'humidité **2** (*lett.*) → **piangere** **B** *v.tr.* (*lett.*) → **compiangere, piangere.**
lacrimazióne |lakrimat'tsjone| *s.f.* (*anat.*) larmoiement *m.*
lacrimévole |lakri'mevole| *agg.* [*che suscita compassione, pietà*] pitoyable: *in uno stato lacrimevole* dans un état pitoyable.
lacrimògeno |lakri'mɔdʒeno| *agg.* **1** lacrymogène: *gas lacrimogeno, bomba lacrimogena* gaz, bombe lacrymogène **2** (*scherz.*) *film lacrimogeno* [*che fa piangere*] film mélo.
lacrimóso |lakri'moso| *agg.* **1** [*pieno di lacrime*] larmoyant: *occhi lacrimosi* des yeux larmoyants **2** [*patetico, commovente*] pathétique.
lacuàle |laku'ale| *agg.* [*che avviene su lago*] lacustre.
lacùna |la'kuna| *s.f.* **1** lacune: *le lacune della sua preparazione* les lacunes de sa préparation # *lacuna di memoria* trou de mémoire **2** (*anat.*, *elettron.*, *scient.*) lacune.
lacunóso |laku'noso| *agg.* **1** (*scient.*) lacuneux*: *rocce lacunose* roches lacuneuses **2** (*fig.*) [*incompleto, con lacune*] lacunaire, lacuneux (*lett.*): *un resoconto lacunoso* un récit lacunaire, lacuneux.
lacùstre |la'kustre| *agg.* lacustre.
làdano |'ladano| *s.m.* (*chim.*) la(b)danum.
laddóve |lad'dove| **1** *avv.* (*lett.*) là où **2** *cong.* (*lett.*) → **mentre; invece.**
ladrerìa |ladre'ria| *s.f.* [*azione, comportamento da ladro*] vol *m.*, escroquerie: *è una vera ladreria* c'est une vraie escroquerie.
làdro |'ladro| **1** *s.* [*chi ruba; chi vive di furti*] voleur*: *un ladro matricolato* un voleur de profession, un fieffé voleur; *prendetelo: è lui il ladro!* arrêtez-le: c'est lui le voleur!; *fare il ladro* être voleur; *dare del ladro a qc.* traiter qqn. de voleur ◇ (*per est.*) [*persona avida, rapace*] *il gestore di questa pensione è un ladro* le gérant de cette pension est un voleur; *quel ladro del mio avvocato...* mon voleur d'avocat... ◇ (*loc. fig.*) *un ladro in guanti gialli* un gentleman cambrioleur ~ *un ladro di polli* un voleur de poules ~ *un ladro di cuori* un bourreau de cœurs → **dongiovanni** ~ *tempo da ladri* [*pessimo*] temps de chien ~ *essere vestito come un ladro* [*in modo trasandato*] être habillé comme un voleur ✦ (*inter.*) *al ladro!* au voleur! **2** *agg.* infidèle, malhonnête: *un cassiere ladro* un caissier infidèle → **disonesto** ◇ (*loc. fig.*) *occhiata ladra* coup d'œil fripon, coquin ✦ (*inter.*) *governo ladro!* (*imprecazione di 'risentimento, sfogo'*) misère de misère!; *piove, governo ladro!* il pleut, misère de misère! ◇ (*prov.*) *l'occasione fa l'uomo ladro* l'occasion fait le larron.
ladrocinio, i |ladro'tʃinjo, i| *s.m.* → **latrocinio.**
ladróne |la'drone| *s.m.* [*brigante, predone*] brigand, voleur* (*s.*): *una banda di ladroni* une bande de brigands, de voleurs ◇ (*nel Vangelo*) *i due ladroni* les deux larrons; *il buon ladrone* le bon larron.
ladronéccio, i |ladro'nettʃo, i| *s.m.* (*raro*) [*ruberia; furto*] larcin, vol.
ladronerìa |ladrone'ria| *s.f.* → **ladreria.**
ladronésco, chi, ca, che |ladro'nesko, ki, ka, ke| *agg.* de voleur *loc.*, de filou (*loc.*): *un'impresa ladronesca* une entreprise de voleur, de filou.
ladrùncolo |la'drunkolo| *s.* petit voleur*, maraudeur*: *un ladruncolo da strapazzo* un petit voleur, un maraudeur de quatre sous.
lager |'lagεr, 'la:gər| *s.m. inv.* (*ted.*) camp *var.* de concentration.
lagerstr(o)èmia |ladʒer'str(o)εmja| *s.f.* (*t.bot.*) lagerstrœmia *m.*
laggiù |lad'dʒu| *avv.* [*là in basso, là verso il basso*] là-bas: *guarda laggiù!* regarde là-bas!; *scendiamo laggiù, fino*

al fiume descendons là-bas, jusqu'à la rivière ◇ [*là lontano*] *abita laggiù, in fondo al viale* il habite là-bas, au bout de l'avenue ◇ [*al Sud*] *laggiù in Africa* là-bas en Afrique ◇ [*nel Sud della Francia, dell'Italia*] dans le Midi, dans le Sud **C lassù.**

laghétto |la'getto| *s.m.* petit lac; (*nei giardini*) pièce *f.* d'eau, bassin: *un laghetto di montagna* un petit lac de montagne ‖ *un laghetto in mezzo al parco* une pièce d'eau, un bassin au milieu du parc.

laghìsta |la'gista| *agg. e s.m.* (*st. letter. ingl.*) lakiste.

làgna |'laɲɲa| *s.f.* **1** (*region.*) [*lamento monotono e insistente*] jérémiade, pleurnicherie: *non attaccare con la solita lagna!* ne commence pas avec tes jérémiades, pleurnicheries! → **piagnisteo** **2** (*region.*) [*cosa noiosa e monotona*] ennuyeux* *agg.* (*corr.*), emmerdant *agg.* (*pop.*): *quel film, quello spettacolo è proprio una lagna* ce film, ce spectacle est ennuyeux comme la pluie, est emmerdant ◇ [*persona noiosa e fastidiosa*] raseur* (*s.*): *ma sei proprio una lagna!* tu es un raseur!; *quella lagna di mia zia* ma raseuse de tante.

lagnànza |laɲ'ɲantsa| *s.f. spec. al plur.* [*lamentela, rimostranza*] doléance, plainte: *esprimere le proprie lagnanze a qc.* présenter, faire ses doléances à qqn.; *farò le mie lagnanze al direttore* j'adresserai mes plaintes au directeur ◇ [*reclamo, protesta*] *elencare le lagnanze dei clienti* enumérer les plaintes des clients.

lagnàrsi |laɲ'ɲarsi| *v.pron. intr.* **1** [*manifestare il proprio malcontento o risentimento*] se plaindre (65): *i vicini si sono lagnati per il nostro baccano* les voisins se sont plaints de notre vacarme; *mi sono lagnato con i responsabili per il disservizio* je me suis plaint de la désorganisation aux autorités; *non posso lagnarmi, non ho di che lagnarmi* je ne peux pas me plaindre → **lamentar(si)** **2** (*raro*) [*emettere gemiti, lamenti*] se plaindre (*corr.*), se lamenter (*corr.*): *il bambino si è lagnato tutta la notte* l'enfant s'est plaint, a gémi toute la nuit → **piangere.**

lagnosaménte |laɲɲosa'mente| *avv.* [→ LAGNOSO] d'un ton pleurnicheur *loc. inv.*; en pleurnichant *loc. inv.*

lagnóso |laɲ'ɲoso| *agg.* **1** (*persone*) [*che si lamenta di frequente*] pleurnicheur*: *un bambino lagnoso* un enfant pleurnicheur → **piagnucoloso** **2** (*cose*) [*noioso, pesante*] rasant (*fam.*), barbant (*fam.*): *uno spettacolo lagnoso* un spectacle rasant, barbant.

làgo, ghi |'lago, gi| *s.m.* **1** lac: *le rive, le acque del lago* les rives, les eaux du lac; *pesci di lago* poissons de lac, d'eau douce; *trascorrere le vacanze al lago* passer ses vacances sur le lac ◇ (*geogr.*) *lago vulcanico, craterico* lac de cratère; *lago carsico* lac d'origine karstique; *lago alluvionale, costiero, glaciale, tettonico, artificiale* lac d'origine alluviale, côtier, glaciaire, tectonique, artificiel **2** (*per est.*) [*grande quantità di liquido sparso*] mare *f.*, lac (*lett.*): *il ferito giaceva in un lago di sangue* le blessé était (étendu) dans une mare, un lac de sang # *essere* (*immerso*) *in un lago di sudore* être tout en nage.

lagòpodo |la'gɔpodo| *s.m.* (*t.zool.*) lagopède.

lagòtrice |la'gɔtritʃe| *s.f.* (*t.zool.*) lagotriche, lagothrix.

làgrima |'lagrima| *e deriv.* → **lacrima** *e deriv.*

lagùna |la'guna| *s.f.* lagune.

lagunàggio, i |lagu'naddʒo, i| *s.m.* (*tecnol.*) lagunage.

lagunàre |lagu'nare| *agg.* lagunaire: *flora lagunare* flore lagunaire; *navigazione lagunare* navigation lagunaire.

1 **lài** |'lai| *s.m. inv.* (*st. letter. fr.*) lai *var.*

2 **lài** |'lai| *s.m. pl.* (*lett.*) → **lamento.**

laicàle |lai'kale| *agg.* (*eccl.*) laïc, laïque **C ecclesiastico, religioso.**

laica(l)ménte |laika(l)'mente| *avv.* [→ LAICO] en laïque *loc.*

laicàto |lai'kato| *s.m.* **1** laïcat **2** [*insieme di laici*] laïcat.

laicìsmo |lai'tʃizmo| *s.m.* laïcisme.

laicìsta |lai'tʃista| *agg. e s.* partisan du laïcisme.

laicìstico, ci, ca, che |lai'tʃistiko, tʃi, ka, ke| *agg.* [*da laico, ispirato dal laicismo*] laïc, laïque: *avere una mentalità laicistica* avoir une mentalité laïque.

laicità |laitʃi'ta| *s.f. inv.* laïcité *var.*

laicizzàre |laitʃid'dzare| *v.tr.* **1** [*trasformare secondo i principi del laicismo*] laïciser: *laicizzare la cultura, la scuola, lo Stato* laïciser la culture, l'école, l'État **2** (*eccl.*) [*ridurre allo stato laicale*] rendre (53), réduire (75) (qqn.) à la condition laïque.

laicizzazióne |laitʃiddzat'tsjone| *s.f.* [→ LAICIZZARE] laïcisation.

làico, ci, ca, che |'laiko, tʃi, ka, ke| *agg.* **1** laïc, laïque: *l'apostolato laico* l'apostolat laïc ◆ (*s.*) *i laici* les laïcs **2** (*eccl.*) *un* (*fratello*) *laico* un frère lai → **converso** **3** [*ispirato al laicismo*] laïc, laïque: *uno Stato laico* un État laïque; *i partiti laici* les partis laïques ◆ (*s.*) *i laici* les laïcs, laïques.

laidaménte |laida'mente| *avv.* **1** (*raro*) [→ LAIDO 2] d'une façon sale, immonde *loc. inv.* **2** [→ LAIDO 1] d'une façon obscène *loc. inv.*

laidézza |lai'dettsa| *s.f.* **1** [*sporcizia*] saleté **2** (*fig.*) [*turpitudine, oscenità*] obscénité.

làido |'laido| *agg.* **1** (*fig.*) [*turpe; osceno*] obscène: *uno spettacolo laido e immorale* un spectacle obscène et immoral **2** (*raro*) [*sporco, sudicio*] sale, immonde: *una laida tovaglia* une nappe sale, immonde **C puro.**

laidùme |lai'dume| *s.m.* [*sudiciume*] saleté *f.*

-lalìa |la'lia| *suff.* (*significa 'parlare', corrisponde gener. a*) lalie: *ecolalia* écholalie.

lallazióne |lallat'tsjone| *s.f.* **1** (*med.*) lallation **2** (*ling.*) → **lambdacismo.**

1 **làma** |'lama| *s.f.* **1** lame: *lama a un taglio, a due* (*doppio*) *tagli* lame à un tranchant, à double tranchant; *affilare la lama del rasoio, del coltello* aiguiser la lame du rasoir, du couteau ◇ [*qualunque arma da taglio*] *afferrare, impugnare la lama* saisir, empoigner une arme ◇ (*loc. fig.*) *essere una buona lama* être une bonne, une fine lame → **schermidore, spadaccino** ~ *prendere il coltello per la lama* prendre le couteau par la lame **2** (*mar.*) *lama di deriva* lame de dérive **3** (*sport*) *la lama dei pattini da ghiaccio* la lame des patins (à glace) ◇ (*hockey*) lame.

2 **làma** |'lama| *s.f.* (*geogr.*) plaine marécageuse, marécage *m.* → **palude, acquitrino.**

3 **làma** |'lama| *s.m. inv.* (*relig.*) lama (*var.*): *il Dalai Lama, il Gran Lama* le Dalaï-Lama, le grand Lama.

4 **làma** |'lama| *s.m. inv.* (*t.zool.*) lama *var.* ◇ [*la stoffa ricavata dalla sua lana*] lama.

lamaìsmo |lama'izmo| *s.m.* (*relig.*) lamaïsme.

lamantino |laman'tino| *s.m.* (*t. zool.*) lamantin.

lamarckìsmo |lamar'kizmo| *s.m.* (*biol.*) lamarckisme.

làmbda |'lambda| *s.m. o f. inv.* (*gram. gr.*) lambda *m. var.*

lambdacìsmo |lambda'tʃizmo| *s.m.* (*ling.*) lambdacisme.

lambèllo |lam'bɛllo| *s.m.* (*arald.*) lambel.

lambiccaménto |lambikka'mento| *s.m.* **1** [→ LAMBICCARE A 1; B] cassement (de tête): *lambiccamento di cervello* cassement de tête **2** (*raro*) [→ LAMBICCARE A 2] distillation *f.*

lambiccàre |lambik'kare| **A** *v.tr.* **1** (*fig.*) [*sforzare, stillare*] se creuser *pron.* (la tête) □ *lambiccarsi il cervello per ottenere q.c.* se creuser la tête, la cervelle pour obtenir qqch. **2** (*raro*) [*distillare con l'alambicco*] distiller à l'alambic **B** *v.pron.* LAMBICCARSI **1** *intr.* [*darsi da fare, affaticarsi*] se creuser la cervelle: *ci siamo lambiccati per ottenere quel risultato* nous nous sommes creusé la cervelle pour obtenir ce résultat **2** *rifl.* → *tr.* 1 □.

lambiccàto |lambik'kato| *agg.* **1** [*troppo elaborato; ricercato*] alambiqué: *un ragionamento lambiccato* un raisonnement alambiqué; *stile lambiccato* style alambiqué → **complicato, arzigogolato** **2** (*raro*) [*distillato con l'alambicco*] distillé *p.p.*

lambiccatùra |lambikka'tura| *s.f.* (*fig.*) [*sottigliezza nel ragionare*] subtilité.

lambìcco, chi |lam'bikko, ki| *s.m.* → **alambicco.**

lambiménto |lambi'mento| *s.m.* (*raro*) [→ LAMBIRE] lèchement (*raro*).

lambìre |lam'bire| (197) *v.tr.* **1** [*sfiorare con la lingua; leccare con delicatezza*] lécher (8): *il cagnolino gli lambiva le mani* le petit chien lui léchait les mains # *il gatto lambisce il latte* le chat lappe le lait **2** (*per est.*) [*sfiorare, toccare*] lécher: *le acque del fiume lambiscono il ponte* les eaux du fleuve lèchent, frôlent le pont; *le fiamme cominciavano a lambire l'edificio* les flammes commençaient à lécher l'édifice ◇ (*fig.*) *non lo lambisce neppure il sospetto di essere nel torto* le doute d'avoir tort ne l'effleure même pas, il est tellement sûr d'avoir raison que le doute ne l'effleure même pas.

lambrecchìni |lambrek'kini| *s.m. pl.* **1** lambrequin *sing.* **2** (*arald.*) lambrequin.

lambrùsco, chi |lam'brusko, ki| *s.m.* [*vitigno e vino emiliano, rosso e frizzante*] ⊠.

lamb's wool |'lɛmbsvul, 'læmswul| *s.m. inv.* (*ingl.*) lambswool *var.*

lambùrda |lam'burda| *s.f.* (*bot.*) lambourde.

'lamé' |lame| *s.m. inv.* lamé (*var.*): *un abito da sera in 'lamé', di 'lamé'* une robe du soir en lamé, de lamé ◆ (*agg. inv.*) *tessuto 'lamé'* tissu lamé.

lamèlla |la'mɛlla| *s.f.* lamelle: *una lamella di metallo, di plastica* une lamelle de métal, de plastique → **lamina** ◇ (*bot.*) *le lamelle dei funghi* les lamelles des champignons.
lamellàre |lamel'lare| *agg.* (*scient.*) lamellaire.
lamellàto |lamel'lato| *agg.* (*bot., miner.*) lamellé.
Lamellibrànchi |lamelli'branki| *s.m. pl.* (*t.zool.*) Lamellibranches.
Lamellicòrni |lamelli'kɔrni| *s.m. pl.* (*t.zool.*) Lamellicornes.
lamellifórme |lamelli'forme| *agg.* (*biol.*) lamilliforme.
Lamelliròstri |lamelli'rɔstri| *s.m. pl.* (*t.zool.*) Lamellirostres.
lamentàbile |lamen'tabile| *agg.* (*raro, lett.*) → **lamentevole.**
lamentàre |lamen'tare| **A** *v.tr.* (*raro*) [*compiangere, deplorare*] déplorer (*corr.*): *lamentare un lutto* déplorer la perte de qqn. ◇ (*spec. nel linguaggio giornalistico, con il 'si' passivante*) [*registrare, contare con dolore*] *si lamentano numerosi morti e feriti* on déplore de nombreux morts et blessés; *non si lamentano vittime* on ne déplore aucune victime **B** *v.pron. intr.* LAMENTARSI **1** [*emettere gemiti, lamenti di dolore*] se plaindre (65): *il bambino, il malato si è lamentato tutta la notte* l'enfant, le malade s'est plaint, a gémi toute la nuit → **lagnarsi** **2** [*esprimere il proprio malcontento*; *protestare, reclamare*] se plaindre: *lamentarsi con i responsabili per il disservizio* se plaindre de la désorganisation aux autorités; *andate a lamentarvi con la direzione* allez vous plaindre à la direction; '*come va?*' '*non mi lamento, non mi posso lamentare*' 'comment ça va?' 'je n'ai pas à me plaindre'.
lamentazióne |lamentat'tsjone| *s.f.* **1** [→ LAMENTARE B] lamentation: *lo opprimeva con le sue lamentazioni* il l'opprimait avec ses lamentations → **piagnisteo, lamento** **2** (*Bibbia*) *le lamentazioni di Geremia profeta* les lamentations du prophète Jérémie.
lamentèla |lamen'tɛla| *s.f.* **1** [*espressione di insoddisfazione*; *protesta*] plainte: *ascoltare le lamentele dei propri dipendenti* écouter les plaintes de ses employés → **lagnanza** **2** [*lamento insistente*] jérémiade: *non potevo più sopportare le lamentele di quel bambino* je ne pouvais plus supporter les jérémiades de cet enfant.
lamentévole |lamen'tevole| *agg.* **1** [*che desta compassione*; *deplorabile*] lamentable, déplorable: *è un caso, una sorte lamentevole* c'est un cas, un sort lamentable, déplorable **2** [*lamentoso, lagnoso*] plaintif*: *una voce lamentevole* une voix plaintive.
lamentevolménte |lamentevol'mente| *avv.* [→ LAMENTEVOLE 2] plaintivement: *piangere, supplicare lamentevolmente* pleurer, supplier plaintivement.
lamentio, ii |lamen'tio, ii| *s.m.* (*raro*) [*lamento insistente*] lamentation *f.* ◇ [*coro generale di lamenti*] lamentation.
laménto |la'mento| *s.m.* **1** [*voce o suono che esprime 'dolore'*] gémissement: *i lamenti dei malati, dei feriti* les gémissements des malades, des blessés; *emettere, mandare un lamento* pousser un gémissement; *si udì uno straziante lamento* on entendit un gémissement déchirant → **gemito, pianto** **2** [*lamentela, lagnanza*] plainte (*f.*): *non si sentono lamenti sul suo conto* on n'entend pas de plaintes sur son compte **3** (*letter.*) complainte *f.*
lamentosaménte |lamentosa'mente| *avv.* [→ LAMENTOSO] plaintivement: *parlare lamentosamente* parler plaintivement.
lamentóso |lamen'toso| *agg.* [*che esprime lamento*] plaintif*: *voce lamentosa* voix plaintive; *continuava a parlare con quel suo tono lamentoso* il continuait à parler sur ce ton plaintif.
lamétta |la'metta| (*s.f.*) *lametta (da barba)* lame (de rasoir) → 1 **lama** 1.
làmia |'lamja| *s.f.* (*mitol., t.zool.*) lamie.
lamièra |la'mjɛra| *s.f.* (*tecnol., corr.*) tôle: *lamiera d'acciaio, di zinco* tôle d'acier, de zinc; *lamiera ondulata, liscia, stampata* tôle ondulée, lisse, emboutie; *una porta di lamiera* une porte en tôle.
lamierìno |lamje'rino| *s.m.* (*tecnol., corr.*) tôle *f.* fine.
lamierìsta |lamje'rista| *s.m.* [*operaio addetto alla lavorazione di lamiere*] tôlier.
làmina |'lamina| *s.f.* **1** (*tecnol., corr.*) lame, feuille: *rivestire con una lamina di ferro, d'oro, di legno* recouvrir avec une lame, une feuille de fer, d'or, de bois **2** (*anat.*) lame: *lamina vertebrale* lame vertébrale ◇ (*bot.*) lame, limbe (*m.*): *lamina dei petali, delle foglie* lame, limbe des pétales, des feuilles ◇ (*geol.*) lame.
1 **laminàre** |lami'nare| *agg.* **1** laminaire: *spessore laminare* épaisseur laminaire **2** (*anat.*) lamineux*: *organo laminare* organe lamineux ◇ (*bot.*) *tessuto laminare* tissu lamineux.
2 **laminàre** |lami'nare| *v.tr.* (*tecnol., corr.*) **1** [*ridurre in lamine*] laminer: *laminare il ferro* laminer le fer **2** [*rivestire di lamine*] plaquer: *laminare il legno* plaquer (une feuille de métal sur) du bois.
laminària |lami'narja| *s.f.* (*t.bot.*) laminaire.
Laminariàcee |lamina'rjatʃee| *s.f. pl.* (*t.bot.*) Laminariales.
1 **laminàto** |lami'nato| *agg.* **1** laminé: *ferro, acciaio laminato* fer, acier laminé ✦ (*s.m.*) *i laminati metallici* les laminés métalliques; *un mobile in laminato plastico* un meuble en laminé plastique **2** [*ricoperto di lamine*] laminé: *un paio di sci laminati* une paire de skis laminés.
2 **laminàto** |lami'nato| *agg. e s.m.* → **'lamé'.**
laminatóio, i |lamina'tojo, i| *s.m.* (*tecnol.*) laminoir.
laminatóre, trice |lamina'tore, tritʃe| *s.* lamineur *m.*
laminatùra |lamina'tura| *s.f.* **1** *la laminatura degli sci* le laminage *m.* des skis **2** → **laminazione.**
laminazióne |laminat'tsjone| *s.f.* [→ 2 LAMINARE] laminage (*m.*): *laminazione a freddo, a caldo* laminage à froid, à chaud.
laminectomìa |laminekto'mia| *s.f.* (*chir.*) laminectomie.
laminóso |lami'noso| *agg.* (*anat.*) lamineux*.
làmpa |'lampa| *s.f.* (*lett.*) → **lampada; luce.**
làmpada |'lampada| *s.f.* **1** lampe: *lampada a gas, a metano, a olio* lampe à gaz, à méthane, à huile; *lampada da minatore, di sicurezza* lampe de mineur, de sûreté; *lampada a incandescenza, a pila* lampe à incandescence, à pile; *lampada elettrica* lampe électrique; *lampada al neon* lampe au néon; *lampada fluorescente* lampe fluorescente; *lampada ad arco* lampe à arc; *lampada al quarzo* lampe à quartz; *lampada ai raggi ultravioletti* lampe à rayons ultraviolets; *lampada solare* lampe solaire; *lampada votiva* lampe votive → **lampadina** **2** [*apparecchio a fiamma, per scaldare, saldare e sim.*] lampe: *lampada a spirito* lampe à alcool; *lampada per saldare* lampe à souder.
lampadàrio, i |lampa'darjo, i| *s.m.* (*appeso al soffitto*) lustre; (*su stelo*) lampadaire: *un lampadario di cristallo* un lustre en cristal; *un lampadario in ferro battuto* un lustre en fer forgé.
lampadina |lampa'dina| *s.f.* [*lampada elettrica*] ampoule: *una lampadina di 50 watt, di 50 candele* une ampoule de 50 watts, de 50 bougies; (*si*) *è bruciata la lampadina* l'ampoule est grillée # *una lampadina tascabile* une lampe de poche; *si è accesa la lampadina della spia* la lampe-témoin s'est allumée.
lampànte |lam'pante| *agg.* **1** [*evidente, chiarissimo*] éclatant, évident: *prova chiara e lampante* preuve éclatante, évidente; *hai avuto la dimostrazione lampante della sua slealtà* tu as eu une démonstration éclatante de sa malhonnêteté → **inconfutabile** ◇ (*raro*) [*lucente, splendente*] *una moneta nuova lampante* une pièce de monnaie toute neuve → **fiammante** **2** (*raro*) *olio lampante* huile lampante.
lampàra |lam'para| *s.f.* (*pesca*) lamparo *m.*
lampàsco, chi |lam'pasko, ki| *s.m.* (*veter.*) lampas.
lampàsso |lam'passo| *s.m.* lampas.
lampeggiaménto |lampeddʒa'mento| *s.m.* **1** [→ LAMPEGGIARE A 1, 2] éclair **2** [→ LAMPEGGIARE A 3] clignotement.
lampeggiàre |lamped'dʒare| **A** *v.intr.* (*aus. 'avere'*) **1** [*emettere lampi*] lancer (2) *tr.* des éclairs # *il cielo cominciava a lampeggiare* des éclairs commençaient à zébrer le ciel ✦ (*impers.*) *ha lampeggiato tutta la notte* il a fait des éclairs toute la nuit **2** [*risplendere, sfavillare*] étinceler (4): *all'improvviso lampeggiò una luce* soudain une lumière étincela ◇ (*fig.*) *gli occhi gli lampeggiavano di gioia* ses yeux étincelaient de joie **3** (*auto.*) [*emettere un lampeggio con opportuni dispositivi*] clignoter: *lampeggiare prima di un incrocio* clignoter avant un croisement; *lampeggiare con i fari abbaglianti, anabbaglianti* clignoter avec les feux de route, de croisement **B** *v.tr.* (*cuc.*) [*fiammeggiare*] flamber: *lampeggiare i tordi* flamber des grives.
lampeggiatóre |lampeddʒa'tore| *s.m.* **1** (*auto.*) clignotant, clignoteur: *azionare il lampeggiatore* actionner le clignotant, le clignoteur **2** (*foto.*) flash*: *lampeggiatore elettronico* flash électronique.
lampeggio, ii |lamped'dʒio, ii| *s.m.* [*lampeggiamento frequente e prolungato*] suite *f.* (ininterrompue) d'éclairs.
lampionàio, i |lampjo'najo, i| *s.m.* allumeur* *s.* de réverbères.

lampioncino |lampjon'tʃino| *s.m.* [*piccolo lampione*] lampion: *lampioncino alla veneziana* lanterne *f.* vénitienne, lampion.
lampióne |lam'pjone| *s.m.* [*fanale, lanterna*] réverbère: *lampione al neon* réverbère au néon; *aspettare qc. sotto un lampione* attendre qqn. sous un réverbère.
lampiride |lam'piride| *s.m.* (*t. zool.*) lampyre, ver luisant (*corr.*).
lampista |lam'pista| *s.m.* lampiste.
lampisteria |lampiste'ria| *s.f.* lampisterie.
làmpo |'lampo| **I** *s.m.* **1** [*bagliore atmosferico, di origine elettrica*] éclair: *l'oscurità della notte fu squarciata da un lampo* un éclair déchira les ténèbres; *era tutto un susseguirsi di lampi* c'était toute une succession d'éclairs → **baleno** ◇ (*fig.*) *veloce come il lampo* rapide comme l'éclair; *quel cavallo è un lampo* ce cheval est rapide comme l'éclair ◇ (*loc. fig.*) *far lampi e fulmini* jeter lancer feu et flammes ~ *dopo il lampo,* (*viene*) *il tuono*: (*pr., fig.*) après l'éclair (il y a) le tonnerre **2** (*per est.*) [*improvvisa e intensa emissione di luce*] éclair: *un lampo di luce* un éclair de lumière → **bagliore** # *i lampi del diamante* les éclats du diamant ◇ (*foto.*) *il lampo del flash, dei flash* l'éclair du flash, des flashes ◇ (*fig.*) *un lampo di odio* un éclair, une lueur de haine; *negli occhi gli brillò un lampo sinistro* un éclair, une lueur sinistre passa dans ses yeux ◇ (*loc. fig.*) *un lampo di genio* un éclair de génie: *gli è venuto un lampo di genio* il a eu un éclair de génie **3** *loc. avv.* IN UN LAMPO [*in un attimo*; *rapidissimamente*] comme un éclair: *la giornata è passata in un lampo* la journée a passé comme un éclair; *in un lampo, era tutto finito* en un éclair, en un clin d'œil, tout était fini **II** (*posposto a un sost., in funzione di agg. inv.*) -éclair: *guerra-lampo* guerre-éclair; *intervista-lampo, domanda-lampo* interview-éclair, question-éclair; *matrimonio-lampo* mariage-éclair; *cerniera-lampo, chiusura-lampo* fermeture-éclair # *telegramma-lampo* télégramme urgent.
lampóne |lam'pone| *s.m.* **1** (*t.bot.*) framboisier **2** [*il frutto*] framboise (*f.*): *torta di lamponi* tarte aux framboises; *gelato al lampone* glace à la framboise; ✦ (*in funzione di agg. inv.*) *color lampone* couleur framboise; (*rosso*) *lampone* (couleur) framboise.
lampréda |lam'preda| *s.f.* (*t.zool.*) lamproie.
lampride |lam'pride| *s.m.* (*t.zool.*) lampris.
làna |'lana| *s.f.* **1** laine: *lana di montone, di capra* laine de mouton, de chèvre; *lana greggia, cardata* laine brute, cardée; *una matassa, un gomitolo di lana* un écheveau, une pelote de laine; *una maglia di lana* un tricot en laine; *un tessuto di pura lana vergine* un tissu en pure laine vierge # *un vestito di lana inglese* une robe en shetland, de cheviotte ◇ (*loc. fig., iron.*) *è una buona lana* c'est un mauvais sujet, un vaurien ~ *discutere su questioni di lana caprina* discuter sur des pointes d'aiguille ~ *quei due compari sono della stessa lana* ces deux compères sont de la même farine, du même aloi → **risma** **2** (*per est.*) laine: *lana artificiale* laine artificielle; *lana di vetro, di legno* laine de verre, de bois; *lana d'acciaio* laine d'acier, paille de fer → **lanetta** **3** [*insieme di peluria e polvere che si ammassa sotto i mobili*] mouton (*m.*): *raccogliere la lana sotto il letto* ramasser les moutons sous le lit → **lanetta.**
lanaiòlo |lana'jɔlo| *s.m.* [*mercante di lana; laniere*] lainier* *s.*
lanceolàto |lantʃeo'lato| *agg.* (*bot.*) lancéole: *foglia lanceolata* feuille lancéolée.
lancétta |lan'tʃetta| *s.f.* **1** [*indice di strumenti di misura*] aiguille: *la lancetta delle ore, dei minuti* la petite, la grande aiguille; *la lancetta del barometro, della bussola* l'aiguille du baromètre, de la boussole; *spostare le lancette dell'orologio* déplacer les aiguilles de la montre **2** (*raro, chir.*) lancette (*corr.*) **3** → **anfiosso.**
1 **lància, ce** |'lantʃa, tʃe| *s.f.* **1** lance: *ferire, uccidere con un colpo di lancia* blesser, tuer d'un coup de lance ◇ (*loc. fig.*) *spezzare una lancia in favore di qc., di q.c.* rompre des lances pour qqn., pour qqch.; *partire a lancia in resta* partir lance en arrêt **2** (*per est.*) *la lancia dei pompieri* la lance d'incendie; *la lancia per spruzzare la calce* la lance pour asperger la chaux # *lancia termica* chalumeau.
2 **lància, ce** |'lantʃa, tʃe| *s.f.* (*mar.*) chaloupe, canot (*m.*): *calare le lance di salvataggio* mettre les chaloupes, les canots de sauvetage à l'eau # *la lancia della polizia* la vedette de la police.
lanciàbile |lan'tʃabile| *agg.* [→ LANCIARE] qu'on peut lancer *loc.*
lanciabómbe |lantʃa'bombe| *s.m. inv.* (*mil.*) lance-bombes.
lanciafiàmme |lantʃa'fjamme| *s.m. inv.* (*mil.*) lance-flammes.
lanciagranàte |lantʃagra'nate| *s.m. inv.* (*mil.*) lance-grenades.
lanciaménto |lantʃa'mento| *s.m.* (*raro*) → **lancio.**
lanciamine |lantʃa'mine| *s.m. inv.* (*mil.*) lance-mines.
lanciamissili |lantʃa'missili| *s.m. inv.* (*mil.*) lance-fusées, lance-missiles ✦ (*in funzione di agg. inv.*) *nave lanciamissili* bateau lance-fusées.
lanciapiattèllo |lantʃapjat'tɛllo| *s.m. inv.* (*sport*) ball-trap (*var.*): *dei lanciapiattello* des ball-traps.
lanciaràzzi |lantʃa'raddzi| *s.m. inv.* (*mil.*) lance-roquettes.
lanciàre |lan'tʃare| **A** *v.tr.* **1** [*scagliare lontano, gettare con forza*] lancer (2): *lanciare, scagliare una pietra* lancer une pierre ◇ (*mil.*) *lanciare una bomba, un missile, un siluro* lancer une bombe, une fusée, une torpille ◇ (*astronautica*) *lanciare in orbita* lancer sur orbite, mettre en orbite ◇ (*atletica*) *lanciare il giavellotto, il peso, il disco* lancer le javelot, le poids, le disque ◇ (*calcio*) *lanciare un compagno* lancer un coéquipier ◇ (*ciclismo*) *lanciare la volata* lancer le sprint ◇ (*fig.*) *lanciare un grido* lancer, pousser un cri; *lanciare un'occhiata di rimprovero, d'intesa* lancer un coup d'œil de reproche, d'entente; *lanciare insulti, invettive, calunnie* lancer des injures, des invectives, des calomnies; *lanciare una proposta* lancer une proposition; *lanciare un prestito nazionale* lancer un emprunt national → **emettere** **2** (*per est.*) [*far procedere a tutta velocità*] lancer: *lanciare un cavallo verso il traguardo* lancer un cheval vers le poteau; *lanciare la moto, l'auto a 200* (*chilometri*) *all'ora* lancer une moto, une auto à deux cents à l'heure; *sull'autostrada potremo lanciare la macchina* sur l'autoroute, nous pourrons lancer la voiture ◇ (*aer.*) *lanciare un aereo* lancer un avion; *lanciare un aliante* lancer un planeur **3** (*fig.*) [*rendere noto al pubblico per mezzo di una campagna pubblicitaria*] lancer: *lanciare sul mercato un nuovo prodotto* lancer sur le marché un nouveau produit; *lanciare un nuovo romanzo, un film* lancer un nouveau roman, un film; *lanciare una moda, un ballo* lancer une mode, une danse; *lanciare un giovane cantante, una giovane attrice* lancer un jeune chanteur, une jeune actrice **B** *v. pron. rifl.* LANCIARSI **1** [→ *tr.* 1] se lancer: *lanciarsi dall'aereo con il paracadute* se lancer de l'avion en parachute; *lanciarsi nel vuoto* se lancer dans le vide; *lanciarsi all'attacco* se lancer à l'attaque → **gettar(si)** ◇ (*fig.*) *lanciarsi in un affare, negli affari* se lancer dans une affaire, dans les affaires; *lanciarsi contro la corruzione pubblica* se lancer contre, attaquer la corruption publique **2** [→ *tr.* 2] se lancer: *lanciarsi con l'automobile in un rettilineo* se lancer en voiture dans une ligne droite **3** (*fig.*) [*farsi avanti, imporsi con risolutezza e senza soggezione*] se lancer: *abbandonata ogni timidezza, si lanciò nella conversazione* après avoir surmonté sa timidité, il se lança dans la conversation; *ti sei lanciato, finalmente!* tu t'es lancé, finalement!
lanciasàgola |lantʃa'sagola| *s.m. inv.* (*mar.*) porte-amarre (*var.*): *dei lanciasagola* des lance-amarres.
lanciasilùri |lantʃasi'luri| *s.m. inv.* (*mar. mil.*) lance-torpilles.
lanciàta |lan'tʃata| *s.f.* coup *m.* de lance.
lanciàto |lan'tʃato| *agg.* **1** [*gettato, scagliato*] lancé (*p.p.*): *recuperare il missile lanciato* récupérer le missile lancé **2** (*di veicolo*) [*portato alle massime velocità*] lancé: *un'automobile, una moto lanciata* une voiture, une moto lancée ◇ (*per est., sport*) *gara con partenza lanciata* course à départ lancé; *chilometro lanciato* kilomètre lancé **3** [*affermato, noto alla massa*] lancé: *un attore lanciato* un acteur lancé; *è un prodotto ormai lanciato sul mercato* c'est un produit désormais lancé sur le marché.
lanciatóre, trice |lantʃa'tore, tritʃe| *s.* lanceur* ◇ (*sport*) *lanciatore di giavellotto, del disco* lanceur de javelot, de disque ◇ (*baseball*) lanceur.
lanciatorpèdini |lantʃator'pɛdini| *s.m. inv.* lancetorpilles; lance-mines.
lancière |lan'tʃɛre| *s.m.* **1** (*st. mil.*) lancier **2** (*quadriglia dei*) *lancieri* [*ballo figurato*] (quadrille des) lanciers.
lancinànte |lantʃi'nante| *agg.* lancinant: *dolore lancinante* douleur lancinante; *uno spettacolo lancinante* un spectacle lancinant → **straziante.**
làncio, i |'lantʃo, i| *s.m.* **1** [→ LANCIARE A 1] lancement: *lancio di pietre* lancement, jet de pierres; *lancio di bombe* lancement de bombes # *lancio di viveri con il paracadute* parachutage de vivres ◇ (*atletica*) *lancio del disco, del martello, del giavellotto* lancement du disque, du marteau, du javelot **2** [→ LANCIARE A 3] lancement:

il lancio di un prodotto le lancement d'un produit; *il lancio pubblicitario di un film, di un romanzo* le lancement publicitaire d'un film, d'un roman.
lànda |'landa| *s.f.* lande: *una landa desolata e arida* une lande aride et désolée.
landò |lan'dɔ| *s.m. inv.* landau* (*var.*): *dei landò* des landaus.
lanerìa |lane'ria| *s.f. spec. al plur.* lainerie *sing.*
lanétta |la'netta| *s.f.* **1** [*cascame di lana*] déchets *m. pl.* de laine **2** (*tecnol.*) laine: *lanetta d'acciaio, di vetro* laine d'acier, de verre **3** [*lana e polvere che si forma sotto i letti*] mouton (*m.*): *scopare la lanetta* balayer les moutons.
langraviàto |langra'vjato| *s.m.* (*st. mediev.*) [*dignità di langravio*] dignité *f.* de landgrave ◇ [*territorio soggetto alla giurisdizione di un langravio*] landgraviat.
langràvio, i |lan'gravjo, i| *s.m.* (*st. mediev.*) landgrave.
languènte |lan'gwɛnte| *agg.* [*che si va indebolendo, esaurendo*] mourant: *una fiamma languente* une flamme mourante ◇ (*persone*) *l'ho trovato languente nel suo letto di dolore* je l'ai trouvé mourant sur son lit de douleur.
languidaménte |langwida'mente| *avv.* **1** [→ LANGUIDO 2] languissamment, langoureusement: *lo fissava languidamente* elle le fixait languissamment, langoureusement **2** (*raro*) [→ LANGUIDO 1] faiblement, languissamment.
languidézza |langwi'dettsa| *s.f.* [*debolezza, prostrazione fisica*] alanguissement *m.* # *languidezza di stomaco* creux à l'estomac → **languore.**
lànguido |'langwido| *agg.* **1** [*debole, spossato, sfinito*] faible: *è ancora languido dopo una lunga malattia* il est encore faible après une longue maladie # *sentirsi lo stomaco languido* avoir un estomac paresseux ◇ (*per est.*) *luce languida* lumière faible, mourante; *voce languida* voix faible → **fievole, fioco** **2** [*carezzevole, tenero*] languissant, langoureux*: *uno sguardo languido* un regard languissant, langoureux # *fare gli occhi languidi* faire les yeux doux ◇ (*per est.*) [*sentimentale*; *svenevole*] *musica languida* musique langoureuse, languissante; *un ritmo languido* un tythme langoureux.
languìre |lan'gwire| (197) *v.intr.* (*aus.* '*avere*') **1** [*diventare sempre più debole*] dépérir: *languire in un letto di malattia* déperir sur son lit de douleur **2** (*fig.*) [*venir meno*; *esaurirsi*] languir: *la fiamma del camino langue* la flamme, dans la cheminée, s'affaiblit; *la conversazione languiva* la conversation languissait; *il suo interesse va sempre languendo* son intérêt languit de plus en plus ◇ [*essere in crisi, in decadenza*] mourir (24) (*aus.* être): *i paesi in cui langue la libertà* les pays où meurt la liberté ◇ [*vivere in una condizione triste, degradante*] languir: *languire in carcere, nella miseria* languir dans une prison, dans la misère **3** (*fig.*) (*sogg. di persona*) [*struggersi, consumarsi*] languir: *languire di desiderio, d'amore* languir de désir, d'amour.
languóre |lan'gwore| *s.m.* **1** [*debolezza, fiacchezza*] affaiblissement # *mi sento addosso un gran languore* je me sens très faible, très affaibli ◇ (*loc.*) *languore di stomaco* [*sensazione di vuoto, dovuta ad appetito*] creux à l'estomac **2** (*fig.*) [*struggimento appassionato*; *tenerezza*] langueur (*f.*): *uno sguardo pieno di languore* un regard plein de langueur, langoureux ◇ *al plur.* [*smancerie, svenevolezze*] minauderies (*f.*): *lo conquistò con i suoi languori e le sue moine* elle le conquit avec ses minauderies et ses cajoleries.
languorìno |langwo'rino| *s.m.* (*fam.*) [*leggero appetito*] creux à l'estomac: *sento un certo languorino allo stomaco* j'ai un creux à l'estomac.
lanìccio, i |la'nittʃo, i| *s.m.* → **lanetta** 3.
lanière |la'njɛre| *s.m.* lainier* *s.*
lanièro |la'njɛro| *agg.* lainier*: *industria laniera* industrie lainière.
lanifìcio, i |lani'fitʃo, i| *s.m.* filature *f.* de laine.
lanìna |la'nina| *s.f.* fil *m.* mi-laine mi-coton.
lanìsta |la'nista| *s.m.* (*st. rom.*) laniste.
lanolìna |lano'lina| *s.f.* (*chim.*) lanoline.
lanosità |lanosi'ta| *s.f. inv.* nature *var.* laineuse, caractère *m. var.* laineux.
lanóso |la'noso| *agg.* **1** [*coperto, pieno di lana*] laineux*: *una razza di pecore molto lanosa* une race de moutons très laineuse; *tessuto lanoso* tissu laineux ◇ (*per est.*) *capelli lanosi* cheveux laineux **2** (*bot.*) laineux: *foglie lanose* feuilles laineuses.
lantàna |lan'tana| *s.f.* (*t.bot.*) lantenier *m.*, lantana *m.*
lantànide |lan'tanide| *s.m.* (*chim.*) lanthanide ✦ (*agg.*) *elementi lantanidi* éléments des lanthanides *s.m.*
lantànio, i |lan'tanjo, i| *s.m.* (*chim.*) lanthane.
lantèrna |lan'tɛrna| *s.f.* **1** lanterne: *lanterna cieca* lanterne sourde; *lanterna giapponese, alla veneziana* lanterne chinoise, vénitienne → **lampioncino**; *lanterna magica* lanterne magique; *accendere, spegnere la lanterna* allumer, éteindre la lanterne ◇ [*faro*] phare (*m.*): *la lanterna di Genova* le phare de Gênes ◇ (*loc. fig.*) *prendere lucciole per lanterne* prendre des vessies pour des lanternes ◇ (*arch.*) lanterne: *la lanterna di una cupola* la lanterne d'un dôme ◇ (*per est.*) [*lucernario*] lucarne # *la lanterna delle scale* le lanternon, le lanternau de l'escalier **2** *al plur.* (*fig.*, *scherz.*) [*occhi*] grands yeux *m.*, yeux ronds: *che hai da guardarmi con quelle lanterne?* qu'est-ce que tu as à me regarder avec ces grands yeux, ces yeux ronds? **3** *al plur.* (*fam.*) [*occhiali*] bésicles: *il professore lo fissava con quelle sue lanterne* le professeur le fixait avec ses bésicles.
lanternàio, i |lanter'najo, i| *s.m.* (*raro*) fabricant *s.*, marchand *s.* de lanternes.
lanternìno |lanter'nino| *s.m.* petite lanterne *f.* ◇ (*spec. nella loc. fig.*) *cercare* (*q.c.*) *col lanternino* chercher (qqch.) avec beaucoup de soin.
lanternóne |lanter'none| *s.m.* grande lanterne *f.*, falot.
lanùgine |la'nudʒine| *s.f.* **1** [*piccola peluria*] duvet (*m.*): *la lanugine della buccia della pesca* le duvet de la peau de la pêche **2** [*i primi peli sulle guance dell'adolescente*] duvet, poil *m.* follet: *comincia a crescergli la prima lanugine* le duvet, les poils follets commencent à lui pousser **3** → **lanetta** 3.
lanuginóso |lanudʒi'noso| *agg.* [*ricoperto di lanugine*] duveté: *guance lanuginose* joues duvetées, veloutées.
lanùto |la'nuto| *agg.* → **lanoso.**
lanzichenécco, chi |lantsike'nekko, ki| *s.m.* (*st.*) lansquenet.
lànzo |'lantso| *s.m.* (*st.*) → **lanzichenecco.**
laónde |la'onde| *cong.* (*lett.*) → **perciò, quindi.**
laotiàno |lao'tjano| *agg.* [*del Laos*] laotien*.
lapalissiàno |lapalis'sjano| *agg.* de La Palice (*loc. inv.*): *verità, affermazione lapalissiana* vérité, affirmation de La Palice; *è di una evidenza lapalissiana* c'est une vérité de La Palice, une lapalissade → **evidente, ovvio.**
làparo- |'laparo| *pref.* (*chir.*) (*significa* '*ventre, addome, addominale*', *corrisponde gener. a*) laparo: *laparotomia* laparotomie.
laparoscopìa |laparosko'pia| *s.f.* (*med.*) laparoscopie.
laparotomìa |laparoto'mia| *s.f.* (*chir.*) laparotomie.
lapàzza |la'pattsa| *s.f.* (*mar.*) jumelle.
lapazzàre |lapat'tsare| *v.tr.* (*mar.*) [*rinforzare con lapazze*] jumeler (4).
lapicìda |lapi'tʃida| *s.m.* (*st. ant.*, *mediev.*) lapicide.
lapidaménto |lapida'mento| *s.m.* (*raro*) → **lapidazione.**
lapidàre |lapi'dare| *v.tr.* **1** [*uccidere a sassate*] lapider: *fu immediatamente lapidato dalla folla* il fut immédiatement lapidé par la foule ◇ (*st.*) [*eseguire una condanna alla lapidazione*] *gli Ebrei lapidavano i colpevoli di alcuni reati* les Juifs lapidaient les coupables de certains délits ◇ (*fig.*) [*demolire con critiche, calunnie*] éreinter, démolir: *quello scrittore è stato lapidato dalla critica* cet écrivain a été éreinté, démoli par la critique → **stroncare** **2** (*tecnol.*) (*riferito a metalli, pietre preziose*) [*levigare*; *molare*] polir, meuler.
lapidària |lapi'darja| *s.f.* **1** art *m.* du lapidaire **2** → **epigrafia.**
lapidarietà |lapidarje'ta| *s.f. inv.* caractère *m. var.* lapidaire: *la lapidarietà di una risposta* le caractère lapidaire d'une réponse.
lapidàrio, i |lapi'darjo, i| **I** *agg.* lapidaire: *iscrizione, tecnica lapidaria* inscription, technique lapidaire ◇ (*tip.*) *caratteri lapidari* caractère lapidaire ◇ (*fig.*) *stile lapidario* style lapidaire; *risposta lapidaria* réponse lapidaire → **incisivo** **II** *s.m.* **1** [*operaio che incide lapidi*] graveur sur pierre **2** [*operaio addetto alla lapidatura*] lapidaire **3** [*museo che raccoglie lapidi*] musée lapidaire **4** (*st. mediev.*) lapidaire.
lapidatóre, trice |lapida'tore, tritʃe| *s.* **1** [*chi partecipa a una lapidazione*] celui *m.*, celle *f.* qui lapide **2** [*operaio addetto alla lapidatura*] lapidaire.
lapidatrice |lapida'tritʃe| *s.f.* (*tecnol.*) lapidaire *m.*
lapidazióne |lapidat'tsjone| *s.f.* [→ LAPIDARE 1] lapidation: *condannare alla lapidazione* condamner à la lapidation.
làpide |'lapide| *s.f.* **1** [*pietra sepolcrale*] pierre tombale: *le lapidi funebri, tombali* les pierres tombales, funéraires **2** [*tavola, lastra di marmo commemora-*

tiva] plaque: *inaugurare, scoprire una lapide ai Caduti* inaugurer, dévoiler une plaque aux morts pour la patrie.
lapìdeo |la'pideo| *agg.* de pierre *loc. inv.*
lapidificàre |lapidifi'kare| *v.tr.* (*geol.*) [*pietrificare*] lapidifier.
lapidificazióne |lapidifikat'tsjone| *s.f.* (*geol.*) [→ LAPIDIFICARE] lapidification.
lapillo |la'pillo| *s.m. spec. al plur.* (*geol.*) lapilli.
'lapin' |lapɛ̃| *s.m. inv.* lapin (*var.*): *una pelliccia di 'lapin'* une fourrure de lapin, en lapin.
làpis |'lapis| *s.m. inv.* (*raro*) [*matita*] crayon *var.* (*corr.*): *un lapis rosso e blu* un crayon rouge et bleu.
lapislàzzuli |lapiz'laddzuli| *s.m. inv.* (*miner.*) lapis, lapis-lazuli.
làppa |'lappa| *s.f.* (*t.bot.*) lampourde, bardane.
lappàre |lap'pare| **A** *v.tr.* [*bere rumorosamente e con ingordigia*] lamper: *si è già lappato tutta la zuppa* il a déjà lampé sa soupe **B** *v.intr.* (*aus.* '*avere*') [→ *tr.*] laper: *lappare come un cane* laper comme un chien.
lappatóre, trice |lappa'tore, tri-tʃe| *s.* [*operaio addetto alla lappatura*] polisseur*.
lappatùra |lappa'tura| *s.f.* (*tecnol.*) polissage *m.*
làppola |'lappola| *s.f.* (*t.bot.*) bardane, lampourde.
lappóne |lap'pone| **1** *agg.* [*della Lapponia*] lapon **2** (*s.m.*) *il lappone* [*la lingua*] le lapon.
lapsus |'lapsus| *s.m. inv.* (*lat.*) lapsus: *lapsus calami* lapsus calami; *lapsus linguae* lapsus linguae; *è stato un lapsus* c'est un lapsus.
laràrio, i |la'rarjo, i| *s.m.* (*archeol.*) laraire.
lardàceo |lar'datʃeo| *agg.* lardacé.
lardàre |lar'dare| *e deriv.* → **lardellare** *e deriv.*
lardellàre |lardel'lare| *v.tr.* **1** [*cucinare assaporendo con pezzi di lardo e aromi introdotti in precedenza*] (entre) larder: *lardellare un pezzo di lesso, di arrosto* larder un morceau de bœuf, un rôti → **steccare** **2** (*fig., scherz.*) [*riempire, costellare*] larder, truffer: *lardellare una relazione di dotte citazioni* larder, truffer un exposé de citations savantes → **infarcire.**
lardellatùra |lardella'tura| *s.f.* [→ LARDELLARE 1] entrelardement *m.* (*raro*).
lardèllo |lar'dɛllo| *s.m.* [*pezzetto di lardo, per usi culinari*] lardon.
làrdo |'lardo| *s.m.* lard: *lardo affumicato* lard fumé ◇ (*per est.*) [*grassezza, pinguedine*] *gli è cresciuto un bel po' di lardo* il en a fait du lard (*fam.*); *sembra una palla di lardo* on dirait une boule de suif ◇ (*loc. fig.*) *nuotare nel lardo* [*nell'abbondanza*] nager dans l'opulence, l'abondance ◇ (*prov.*) *tanto va la gatta al lardo che ci lascia lo zampino* tant va la cruche à l'eau qu'à la fin elle se casse.
lardóso |lar'doso| *agg.* **1** gras* (à lard): *una carne troppo lardosa* une viande trop grasse **2** (*per est.*) (*persone*) [*grasso*] gras: *un tipo piuttosto lardoso* un type plutôt gras.
làre |'lare| *s.m. spec. al plur.* (*st. rom.*) lare: *i lari domestici* les lares domestiques ◇ (*loc. fig., scherz.*) *tornare ai propri lari, ai patrii lari* [*in patria, a casa*] revoir ses lares, regagner ses pénates.
largaménte |larga'mente| *avv.* **1** [→ LARGO I 3] largement: *un'opinione, una tendenza largamente diffusa* une opinion, une tendance largement répandue; *il problema è stato largamente trattato* le problème a été largement, amplement traité → **abbondantemente, diffusamente** **2** [→ LARGO I 2] largement: *è stato largamente ricompensato* il a été largement recompensé → **generosamente** **3** (*raro*) [→ LARGO I 1] largement: *estendersi largamente* s'étendre largement → **estesamente.**
largheggiàre |larged'dʒare| *v. intr.* (*aus.* '*avere*') (*persone*) [*essere generoso, prodigo*] faire (45) *tr.* des largesses, être (43) généreux*: *largheggiare nei doni* faire des largesses # *è un professore che largheggia nei voti* c'est un professeur qui note très largement; *non ti pare di aver largheggiato troppo in quelle spese?* n'as-tu pas l'impression d'avoir dépensé sans compter?
larghétto |lar'getto| *s.m. e agg.* (*mus.*) larghetto.
larghézza |lar'gettsa| *s.f.* **1** largeur: *la larghezza di una strada, di una porta, di una tavola, di un foro* la largeur d'une route, d'une porte, d'une table, d'un trou # *la larghezza del torace, dei fianchi* le tour de poitrine, de hanches ◇ (*geom.*) *calcolare la larghezza di un rettangolo* calculer la largeur d'un rectangle **2** (*fig.*) (*persone*) [*generosità, prodigalità*] générosité: *usare larghezza nello scegliere i regali* choisir les cadeaux avec générosité ◇ [*apertura mentale; mancanza di pregiudizi*] largeur: *larghezza di idee, di vedute* largeur d'esprit, de vues # *avere larghezza di idee* être large d'idées; *giudicare con larghezza* juger avec un esprit large, être large d'esprit **3** (*cose*) [*abbondanza, copiosità*] large (*agg.*): *eseguire un progetto con larghezza di mezzi* exécuter un projet avec de larges moyens # *trattare un argomento con larghezza di particolari* traiter un sujet avec de nombreux détails → **dovizia** Ⓒ 2 **grettezza, meschinità**; 3 **ristrettezza, limitatezza.**
largìre |lar'dʒire| (197) *v.tr.* (*spec. lett.*) [*concedere, dare con generosità*] prodiguer (*corr.*): *largire aiuti, denaro* prodiguer son aide, de l'argent; *largire i propri favori, le proprie grazie* prodiguer ses faveurs, ses grâces → **elargire.**
largizióne |lardʒit'tsjone| *s.f.* (*lett.*) [→ LARGIRE] largesse, libéralité.
làrgo, ghi |'largo, gi| **I** *agg.* **1** large: *una strada larga 10 metri* une route large de 10 mètres, ayant 10 mètres de large; *essere largo di fianchi, avere i fianchi larghi* avoir les hanches larges ♦ (*ass.*) *un nastro largo pochi centimetri* un ruban large de quelques centimètres, ayant quelques centimètres de large; *un corridoio largo e spazioso* un couloir large et spacieux; *un vestito, un mantello largo* une robe large, un manteau large # *queste scarpe mi stanno, mi sono larghe* ces chaussures ne me vont pas, elles sont trop grandes; *fare un largo giro* faire un grand tour; *prendere una curva larga* ne pas prendre un virage à la corde ◇ [*ampio, esteso*] *un largo tratto di orizzonte* une large partie de l'horizon; *un largo spazio* un large espace; *fare un largo gesto* faire une geste large ◇ *spec. al plur.* [*distanziato, separato*] *disporre le sedie larghe* espacer les chaises; *avere i denti larghi* avoir les dents espacées; *fatti più in là, così stiamo più larghi* recule-toi un peu, ainsi nous serons plus au large, plus à l'aise → **comodo**; *stare a gambe larghe* se tenir les jambes écartées → **divaricato** ◇ (*sport*) *guardia larga* garde ouverte ◇ (*loc. fig.*) *prendere una parola, un termine in senso largo* prendre un mot, un terme au sens large → 2 **lato** ~ *su larga scala* sur une grande échelle ~ *il mondo è largo!* le monde est grand! ~ *presentare, trattare q.c. a larghi tratti* décrire qqch. à grands traits ~ *prendere q.c. alla larga, prenderla larga* tourner autour du pot ~ *essere di manica larga, largo di manica* être indulgent ~ *avere le spalle larghe*: (*pr.*) avoir une large carrure; (*fig.*) avoir bon dos ~ ALLA LARGA [*lontano*] à distance: *stare alla larga da qc., da q.c.* se tenir à distance de qqn., de qqch.; se méfier de qqn., de qqch. # *alla larga da tipi come quello!* méfiez-vous (méfie-toi) des types comme ça! **2** (*fig.*) (*persone*) [*generoso, prodigo*] généreux*; prodigue: *essere largo con gli amici* être généreux envers ses amis ‖ *fu largo di aiuti, di promesse, di consigli* il fut prodigue d'aides, de promesses, de conseils ◇ [*aperto, liberale*] *una persona di larghe idee, di larghe vedute* une personne aux idées larges, aux vues larges **3** (*fig.*) (*cose*) [*abbondante, copioso*] *ottenere q.c. in larga misura* obtenir qqch. dans une large mesure; *trarre larghi profitti da un affare* tirer de gros bénéfices d'une affaire → **lauto** **4** (*fon.*) ouvert: *una vocale larga* une voyelle ouverte → **aperto** **II** *s.m.* **1** [→ *agg.* 1] largeur *f.*; large: *misurare un oggetto per il largo* mesurer un objet dans le sens de la largeur → **larghezza** ‖ *attraversare, percorrere un luogo in lungo e in largo* traverser, parcourir un lieu en long et en large ◇ [*spazio vuoto, libero*] *si fece largo attorno a lui* le vide se fit autour de lui ◇ (*loc.*) *farsi largo tra la folla a spintoni, a gomitate* se frayer un chemin au milieu de la foule, en jouant des coudes ◇ (*fig.*) *si è fatto largo nella carriera, nella vita* il a fait son chemin dans sa carrière, dans la vie ♦ (*inter.*) (*fate*) *largo!* faites place!; *largo ai giovani!* place aux jeunes! **2** [*la parte del mare lontana dalla costa*] large: *la corrente lo sospinse al largo* le courant le poussa vers le large; *spingersi al largo* gagner le large ◇ (*loc.*) *prendere il largo*: (*pr.*) prendre le large; (*fig.*) filer à l'anglaise, prendre le large (*fam.*) ~ *gira al largo!* va-t'en, décampe d'ici! **3** (*toponomastica*) [*piccola piazza*] place (*f.*): *questo viale incrocia largo Garibaldi* cette avenue passe place Garibaldi **4** (*mus.*) largo Ⓒ I 1 **stretto** 1; I 2 **meschino, gretto,** 4 **chiuso.**
lariàno |la'rjano| *agg.* [*relativo al lago di Como, a Como*] (du lac) de Côme (*loc. inv.*): *la squadra lariana* l'équipe de Côme.
làrice |'laritʃe| *s.m.* (*t.bot.*) mélèze ◇ [*il legno*] mélèze.
laricéto |lari'tʃeto| *s.m.* bois de mélèze.
Larifórmi |lari'formi| *s.m. pl.* (*t. zool.*) Lariformes.
laringàle |larin'gale| *agg.* **1** (*ling.*)

laryngal*: *una consonante laringale* une consonne laryngale ✦ (*s.f.*) *una laringale* une laryngale **2** (*anat.*) du larynx *loc. inv.*

laringe |la'rindʒe| *s.f.* (*anat.*) larynx *m.*

laringectomia |larindʒekto'mia| *s.f.* (*chir.*) laryngectomie.

laringèo |larin'dʒɛo|, **laringeo** |la'rindʒeo| *agg.* (*anat.*) laryngé, laryngien*.

laringite |larin'dʒite| *s.f.* (*med.*) laryngite.

laringòfono |larin'gɔfono| *s.m.* laryngophone.

laringoiàtra |laringo'jatra| *s.* laryngologue, laryngologiste.

laringoiatria |laringoja'tria| *s.f.* → **laringologia.**

laringoiàtrico, ci, ca, che |laringo'jatriko, tʃi, ka, ke| *agg.* laryngologique.

laringologia, gie |laringolo'dʒia, dʒie| *s.f.* laryngologie.

laringològico, ci, ca, che |laringo'lɔdʒiko, tʃi, ka, ke| *agg.* laryngologique.

laringòlogo, gi, (*pop.*) **ghi** |larin'gɔlogo, dʒi, gi| *s.* laryngologue, laryngologiste.

laringoscopia |laringosko'pia| *s.f.* (*med.*) laryngoscopie.

laringoscòpico, ci, ca, che |laringos'kɔpiko, tʃi, ka, ke| *agg.* (*med.*) laryngoscopique: *esame laringoscopico* examen laryngoscopique.

laringoscòpio, i |laringos'kɔpjo, i| *s.m.* (*med.*) laryngoscope.

laringotomia |laringoto'mia| *s.f.* (*chir.*) laryngotomie.

laringòtomo |larin'gɔtomo| *s.m.* (*chir.*) laryngotome.

laringotracheite |laringotrake'ite| *s.f.* (*med.*) laryngo-trachéite.

làrva |'larva| *s.f.* **1** (*zool.*) larve **2** [*persona malridotta, emaciata*] fantôme (*m.*): *è ridotto a una larva* il a l'air d'un fantôme, d'un spectre; *è una larva di uomo* c'est un véritable fantôme ◇ (*per est.*) *non è che la larva di sé stesso* il n'est plus que l'ombre de lui-même; *una larva di presidente* un fantôme de président **3** (*st. rom.*) larve.

larvàle |lar'vale| *agg.* (*zool.*) larvaire: *stadio larvale* état larvaire.

larvàre |lar'vare| *v.tr.* (*lett.*) [*mascherare, camuffare*] masquer (*corr.*), déguiser (*corr.*).

larvatamènte |larvata'mente| *avv.* [→ LARVATO] d'une manière voilée, déguisée (*loc.*): *gliel'ha fatto capire larvatamente* il le lui a fait comprendre d'une manière voilée, détournée.

larvàto |lar'vato| *agg.* [*camuffato, mascherato*] voilé, masqué: *un'intransigenza larvata di belle maniere* une intransigeance voilée, masquée sous de belles manières ◇ [*nascosto, velato*] *mi ha fatto una larvata minaccia* il m'a fait une menace voilée.

larvicìda |larvi'tʃida| *s.m. e agg.* larvicide.

larvìcolo |lar'vikolo| *agg.* (*zool.*) larvicole.

lasàgna |la'zaɲɲa| *s.f. spec. al plur.* lasagne (*inv.*): *un piatto di lasagne al forno* un plat de lasagne au four.

lasagnóne |lazaɲ'ɲone| *s.* **1** *s.m.* [*grossa lasagna*] grosse lasagne *f. inv.* **2** *s.* (*fam., scherz.*) [*persona grossa e stupida*] gros ballot *m.*, gros* nigaud (*corr.*).

làsca, che |'laska, ke| *s.f.* (*t.zool.*) gardon *m.*

lascàre |las'kare| *v.tr.* (*ippica*) [*lasciare la briglia sul collo al cavallo*] lâcher la bride à son cheval.

lasciapassàre |laʃʃapas'sare| *s.m. inv.* laissez-passer: *rilasciare, ottenere un lasciapassare* délivrer, obtenir un laissez-passer ◇ (*dir.*) *lasciapassare doganale* passavant.

lasciàre |laʃ'ʃare| **A** *v.tr.* **1** [*cessare di tenere, di premere, di stringere*] lâcher: *lasciare la presa* lâcher prise; *lasciare il volante, le briglie* lâcher le volant, la bride # *lasciare la frizione* (*dell'auto*) désembrayer **2** (*ogg. di cosa*) [*far rimanere in un luogo; non portar via*] laisser: *lasciare un pacchetto in portineria* laisser un paquet chez la concierge; *lasciare degli appunti per la segretaria* laisser des notes pour sa secrétaire; *ti lascio il libro ancora per una settimana* je te laisse encore ce livre pour une semaine; *lasciare le orme, le impronte* laisser des traces, des empreintes; *dove passa, lascia il segno* là où il passe, il laisse une trace; *i ladri non hanno lasciato alcun indizio* les voleurs n'ont laissé aucune trace; *se esci, lasciami la chiave sotto lo zerbino* si tu sors, laisse-moi la clef sous le paillasson # *lasciare detto q.c. a qc.* dire qqch. à qqn.; *lasciar scritto q.c.* écrire qqch. ◇ [*depositare; affidare*] *lasciare i bagagli in deposito alla stazione* laisser les bagages à la consigne de la gare; *lasciare i bambini dalla nonna* laisser les enfants chez leur grand-mère ◇ [*conservare, serbare*] *ti lascio la cena nel frigorifero* je te laisse le dîner dans le frigidaire; *ti lasceremo una fetta di torta* nous te laisserons, garderons une tranche de gâteau ◇ [*riservare, destinare*] *lasciamo al direttore questa grana* laissons au directeur ces ennuis-là; *lasciano sempre a me le parti più antipatiche* ils me laissent toujours le travail le plus désagréable, la tâche la plus ingrate ◇ [*destinare in eredità*] *ha lasciato tutto alla vedova* il a tout laissé à sa veuve; *ha lasciato tutto a un'opera di beneficenza* il a tout laissé à une œuvre de bienfaisance ◇ (*loc. fig.*) *lasciare tempo al tempo* laisser agir le temps ~ *non lasciare niente al caso* ne rien laisser au hasard ~ *quella disgrazia ha lasciato il segno in lui* ce malheur a laissé une trace en lui, l'a marqué ~ *le tue parole lasciano il tempo che trovano* tes paroles ne servent à rien, sont inutiles; tu perds ta salive (*fam.*) **3** (*ogg. di persona*) [*allontanarsi, separarsi da qc.*] quitter, laisser: *l'ho lasciato mezz'ora fa* je l'ai quitté, laissé il y a une demi-heure; *adesso devo proprio lasciarti* maintenant, je dois vraiment te quitter; *il morto lascia* (*la*) *moglie e tre figli* le mort laisse sa femme et trois enfants; *è un'idea fissa che non lo lascia mai* il a une idée fixe qui ne le quitte jamais; *ha lasciato la fidanzata* il a quitté, il a rompu avec sa fiancée → **piantare** (*pop.*), **abbandonare** ◇ (*ogg. di cosa*) *lasciare il proprio paese* quitter son pays; *lasciare il lavoro, la professione* quitter son travail, sa profession; *la nave ha lasciato il porto* le navire a quitté le port; *abbiamo lasciato il paese alla nostra destra* nous avons laissé le village à droite # *lasciare gli studi* abandonner ses études → **troncare** ◇ (*loc. fig.*) *lasciare il mondo* [*farsi monaco* (*monaca*)] quitter le monde; [*morire*] quitter la terre ~ *lasciare q.c. a mezzo, a metà* laisser qqch. en plan ~ (*o*) *prendere o lasciare* c'est à prendre ou à laisser **4** [*dimenticare q.c. da qualche parte*] laisser, oublier: *lasciare q.c. in giro* laisser, oublier qqch. quelque part; *ho lasciato a casa i documenti* j'ai laissé mes documents à la maison; *chissà dove ho lasciato l'ombrello!* Dieu sait où j'ai laissé mon parapluie!; *l'assassino ha lasciato sul luogo l'arma del delitto* l'assassin a laissé son arme sur le lieu du crime ◇ (*loc. fig.*) *lasciare q.c. nella penna* oublier d'écrire qqch. ~ (*fam.*) *lasciare la lingua a casa* [*tacere*] avaler sa langue **5** [*tralasciare; mettere da parte*] laisser (de côté): *lasciare l'ira, i risentimenti personali* laisser de côté sa colère, ses ressentiments personnels; *lasciamo gli scrupoli!* laissons de côté nos scrupules!; *lasciamo* (*da parte*) *le preoccupazioni, adesso!* laissons de côté nos ennuis, maintenant!; *lasciamo* (*da parte*) *gli scherzi!* laissons de côté les plaisanteries! ◇ (*loc.*) *lasciare il certo per l'incerto* lâcher la proie pour l'ombre ◇ (*prov.*) *chi lascia la via vecchia per quella nuova, sa quello che lascia ma non quello che trova* le plus sûr est encore de suivre la grande route; on sait ce que l'on quitte, on ne sait ce que l'on trouvera **6** [*fare rimanere in un certo stato o condizione*] laisser: *lasciare qc. nei guai* laisser qqn. dans le pétrin; *lasciare la famiglia nel cordoglio* laisser sa famille dans la douleur; *ci lasciò tutti allibiti* il nous laissa tous interdits; *ti lascio libero subito, tra un momento* je te laisse libre tout de suite, dans un instant; *lasciare qc. di guardia* laisser qqn. de garde; *lasciare la casa, la stanza in disordine* laisser sa maison, sa chambre en désordre; *lasciare a bagno una vivanda* laisser tremper un mets; *lasciare tutto in sospeso* tout laisser en suspens, en plan; *lasciare le cose come stanno* laisser les choses comme elles sont, en l'état # *lasciare qc. contento, soddisfatto* contenter, satisfaire qqn. ◇ (*loc.*) *lascialo in pace!* laisse-le tranquille! ~ *lasciare qc. in forse, nel dubbio* laisser qqn. dans le doute ~ *lasciare una pagina in bianco* laisser une page en blanc ~ *lascia da parte le questioni personali* laisse de côté les questions personnelles ~ (*fam.*) *lasciamo lì* [*è meglio non parlarne*] laissons tomber! **7** *ass.* (*in alcuni giochi di carte*) [*astenersi dal fare una giocata*] laisser **8** [*dare, concedere*] laisser: *lasciare facoltà a qc. di fare q.c.* laisser à qqn. la faculté de faire qqch. ◇ [*cedere*] *gli hanno lasciato l'appartamento per un prezzo irrisorio* on lui a laissé l'appartement pour un prix dérisoire; *era segnato 20.000 lire ma me lo hanno lasciato per 15.000* (*lire*) c'était marqué 20.000 lires, mais ils me l'ont laissé pour 15.000 (lires) **9** *loc.* LASCIARE (+ *inf.*) [*permettere, consentire*] laisser (+ *inf.*): *lascialo andare!* laisse-le partir!; *lasciatemi parlare!* laissez-moi parler!; *me lo lasci vedere?* tu me le laisses voir?; *lasciar credere q.c.* laisser croire qqch. ◇ (*con accordo del p.p.* '*laissé*' *col compl. ogg., quando quest'ultimo compie l'azione espressa dall'inf.*) *li hanno lasciati andare* ils les ont laissés partir; (*senza* *accordo nel caso opposto) non ha lasciato trasparire il suo dolore* elle n'a pas laissé voir sa douleur ◇ (*con valore causativo) mi ha lasciato intendere che...* il m'a laissé entendre que...; *vi lascio immaginare la loro soddisfazione* je vous laisse à penser combien ils étaient contents → 1 **fare** ◇ (*loc.*) *è uno che si lascia andare* c'est quelqu'un qui se laisse aller ~ *lasciar andare un pugno, un calcio* lâcher, flanquer (*fam.*) un coup de poing, de pied ~ *lascialo stare!* laisse-le tomber! ~ *lascia stare quel vaso prezioso!* ne touche pas à ce vase précieux! ~ *lasciamo stare, andare, perdere (questo argomento)!* laissons tomber!; glissons, n'appuyons pas!; n'insistons pas! ~ *lasciar dormire una pratica* enterrer un dossier **10** *loc.* LASCIARE CHE (+ *congv.*) [*permettere; non impedire*] laisser que (+ *congv.*): *lascia che vedano anche loro!* laisse qu'ils voient eux aussi! # *lascia pure che la gente parli!* bien faire et laisser dire! ~ LASCIARE DI (+ *inf.*) [*smettere, cessare*] cesser de (+ *inf.*): *non ha mai lasciato di brontolare per tutto il tempo* il n'a jamais cessé de grogner ~ LASCIARE A DESIDERARE laisser à désirer: *la sua preparazione lascia a desiderare* sa préparation laisse à désirer; *in quanto a ordine, lascia molto a desiderare* quant à l'ordre, il laisse beaucoup à désirer **B** *v.pron.* LASCIARSI **1** *recipr.* [→ *tr.* 3] se quitter: *è proprio ora di lasciarci* il est vraiment temps de se quitter; *ci eravamo appena lasciati davanti alla stazione* nous venions de nous quitter devant la gare; *si sono lasciati da un anno* ils se sont quittés depuis un an; ça fait un an qu'ils se sont quittés **2** *intr.* [→ *tr.* 9] se laisser: *lasciarsi convincere, corrompere* se laisser convaincre, corrompre ◇ (*con accordo del p.p. 'laissé' col sogg. quando questo compie l'azione) si sono lasciate andare* elles se sont laissées aller; (*senza accordo in caso contrario) si è lasciata commuovere dalle sue lacrime* elle s'est laissé émouvoir par ses larmes ~ (*fam.*) *è un vinello che si lascia bere* c'est un petit vin qui se laisse boire **C** A 1 **tenere,** 2 **prendere,** 3 **restare, rimanere,** 9 **impedire, proibire.**

làscito |'laʃʃito| *s.m.* [*donazione testamentaria*] legs: *fare un lascito a un ente morale* faire un legs à une personne morale; *ricevere, accettare un lascito* recevoir, accepter un legs → 2 **legato.**

lascivaménte |laʃʃiva'mente| *avv.* [→ LASCIVO] lascivement.

lascìvia |laʃ'ʃivja| *s.f.* lascivité, lasciveté: *la lascivia di un gesto, di un discorso* la lascivité, la lasciveté d'un geste, d'un discours; *uno spettacolo impregnato di lascivia* un spectacle imprégné de lascivité; *abbandonarsi alla lascivia* s'abandonner à la lascivité → **licenziosità, sensualità.**

lascìvo |laʃ'ʃivo| *agg.* lascif*: *una persona lasciva* une personne lascive; *uno spettacolo lascivo* un spectacle lascif; *discorsi lascivi* propos lascifs; *atto, gesto lascivo* acte, geste lascif → **licenzioso, dissoluto.**

làsco, chi |'lasko, ki| **I** *agg.* **1** (*mar.*) lâche ✦ *s.m.* (*vento*) *lasco* vent largue (*agg.*); *navigare al gran lasco* courir largue *avv.* **2** (*tecnol.*) lâche: *un bullone lasco* un boulon lâche **3** (*raro, fig.*) [*rilassato*] relâché: *una morale lasca* une morale relâchée **II** *s.m.* (*raro, tecnol.*) jeu → **gioco.**

laser |lazer| *s.m. inv.* (*fis.*) laser (*var.*): *laser a cristallo, a liquido, a gas* laser à cristal, à liquide, à gaz ✦ (*in funzione di agg. inv.*) *raggio laser* rayon laser.

làssa |'lassa| *s.f.* (*metr.*) laisse.

lassativo |lassa'tivo| *agg.* laxatif*: *le proprietà lassative di un frutto* les propriétés laxatives d'un fruit; *avere effetto lassativo* avoir un effet laxatif ✦ (*s.m.*) *un lassativo* un laxatif: *prendere un lassativo* prendre un laxatif.

lassézza |las'settsa| *s.f.* (*lett.*) → **stanchezza, fiacchezza.**

lassismo |las'sizmo| *s.m.* laxisme.

lassìsta |las'sista| *s.* laxiste ✦ (*agg.*) *avere un atteggiamento lassista* avoir une attitude laxiste.

1 **làsso** |'lasso| *agg.* **1** (*biol.*) lâche: *tessuto lasso* tissu lâche ◇ (*bot.*) souple: *ramo lasso* branche souple **2** [*allentato, floscio*] lâche: *una fune lassa* une corde lâche ◇ (*fig.*) [*rilassato; troppo indulgente*] relâché: *avere una coscienza lassa* avoir une conscience relâchée.

2 **làsso** |'lasso| *agg.* **1** (*lett.*) [*misero, sventurato*] pauvre de (*loc.*): *ahimè lasso!* hélas! pauvre de moi! **2** (*lett.*) → **stanco, sfinito.**

3 **làsso** |'lasso| *s.m.* (*raro, scherz.*) [*periodo, spazio di tempo*] laps: *dopo un breve, lungo lasso di tempo* après un bref, un long laps de temps.

4 **làsso** |'lasso| *s.m.* → **lazo.**

lassù |las'su| *avv.* **1** [*là in alto*] là-haut: *non riesco ad arrivare fin lassù* je ne réussis pas à arriver jusque là-haut; *abita lassù, nella mansarda* il habite là-haut, dans la mansarde ◇ *loc.* DI LASSÙ de là-haut: *di lassù si gode uno stupendo panorama* de là-haut on jouit d'une vue fantastique **2** [*nei paesi sett.*] dans le Nord: *lassù, in Scandinavia* dans le Nord, en Scandinavie **3** (*fam.*) [*in paradiso, in cielo*] là-haut: *la tua nonna è andata lassù* ta grand-mère est là-haut, est au ciel; *la tua mamma ti protegge di lassù* ta maman te protège de là-haut **C** **laggiù.**

làstex |'lasteks| *s.m. inv.* (*marchio depositato*) lastex.

làstra |'lastra| *s.f.* (*tecnol., corr.*) plaque; dalle: *una lastra di metallo, di ferro, di acciaio* une plaque de métal, de fer, d'acier || *una lastra di pietra, di marmo* une dalle de pierre, de marbre; *la lastra sepolcrale* la pierre tombale, la dalle funèbre; *una lastra di vetro* une dalle de verre ◇ (*per est.*) *la strada era ricoperta da una lastra di ghiaccio* la route était recouverte de verglas ◇ (*foto.*) *lastra fotografica* plaque photographique; *una lastra ultrasensibile* une plaque ultra-sensible; *lastra radiografica* radiographie ◇ (*pop.*) [*radiografia*] radiographie: *farsi fare una lastra al torace, all'apparato digerente* se faire faire une radiographie du thorax, de l'appareil digestif.

lastricaménto |lastrika'mento| *s.m.* [→ LASTRICARE] pavement, dallage.

lastricàre |lastri'kare| *v.tr.* [*pavimentare con lastre di pietra*] paver, daller: *lastricare una piazza, un viale* paver, daller une place, une avenue.

lastricàto |lastri'kato| **1** *s.m.* [*pavimentazione con lastre di pietra*] pavé, pavement: *il tipico lastricato delle strade medievali* le pavé, le pavement caractéristique des rues médiévales **2** *agg.* [*ricoperto di lastre di pietra*] pavé, dallé: *una strada lastricata* une rue pavée, dallée.

lastricatóre, trice |lastrika'tore, tritʃe| *s.* [*operaio addetto alla lastricatura*] paveur *m.*

lastricatùra |lastrika'tura| *s.f.* [→ LASTRICARE] pavage *m.*, dallage (*m.*): *procedere alla lastricatura di una strada* procéder au pavage, au dallage d'une rue ◇ [*lastricato*] pavé *m.*, pavement (*m.*): *è una lastricatura troppo irregolare* c'est un pavé, un pavement trop irrégulier.

làstrico, chi, ci |'lastriko, ki, tʃi| *s.m.* **1** [*pavimentazione stradale*] pavé: *un lastrico perfetto, sconnesso* un pavé parfait, défoncé ◇ (*loc. fig.*) *gettare, abbandonare qc. sul lastrico* mettre, jeter qqn. sur le pavé; *ridursi, trovarsi sul lastrico* être sur le pavé, sur le sable **2** (*dir.*) *lastrico solare* plate-forme *f.* en forme de terrasse.

lastróne |las'trone| *s.m.* [*grossa lastra*] plaque (*f.*): *un lastrone di ghiaccio, di marmo* une plaque de glace, de marbre ◇ (*alpinismo*) paroi *f.* lisse.

latèbra |la'tɛbra| *s.f.* (*lett.*) → **nascondiglio.**

latènte |la'tɛnte| *agg.* latent: *forze, energie latenti* forces, énergies latentes; → **nascosto** ◇ (*biol.*) *vita latente* vie latente ◇ (*fis.*) *calore latente* chaleur latente ◇ (*med.*) *malattia latente* maladie latente; *germi, infezioni latenti* germes latents, infections latentes **C** **palese.**

latènza |la'tɛntsa| *s.f.* (*biol., med.*) latence: *latenza di vita* latence de vie; *latenza di una infezione* latence d'une infection ◇ (*psican.*) *periodo della latenza* période de latence.

lateràle |late'rale| *agg.* **1** latéral*: *ingresso, porta laterale* entrée, porte latérale; *le strade laterali* les rues latérales; *la prima (strada) laterale a destra* la première (rue) latérale sur la droite; *cappella, navata laterale* chapelle, nef latérale; *discendenza (genealogica) per via laterale* descendance (généalogique) en ligne latérale ◇ (*fig.*) [*secondario, accessorio*] secondaire: *trascurare gli aspetti laterali di un problema* négliger les aspects secondaires d'un problème **2** (*calcio*) en touche (*loc. inv.*): *fallo laterale* (sortie en) touche; *rimessa laterale* rentrée en touche, remise en jeu # *linea laterale* ligne de touche ✦ (*s.m.*) *il laterale destro, sinistro* le demi droit, gauche → **mediano.**

lateralménte |lateral'mente| *avv.* [→ LATERALE 1] latéralement: *essere sistemato, disporsi lateralmente* être installé, se disposer latéralement ✦ *loc. prep.* LATERALMENTE A [*accanto a*] à côté de: *la chiesa è situata lateralmente alla piazza* l'église est située à côte de la place.

lateranénse |latera'nense| *agg.* (*eccl.*) du Latran (*loc. inv.*): *i patti lateranensi, il Trattato, il Concordato lateranense* le traité du Latran; *i Concili lateranensi* les Conciles du Latran.

laterite |late'rite| *s.f.* (*miner.*) latérite.

laterìtico, ci, ca, che |late'ritiko, tʃi, ka, ke| *agg.* (*miner.*) latéritique.

laterìzio, i |late'rittsjo, i| *agg.* en

brique *loc. inv.*, en terre cuite (*loc. inv.*): *materiale laterizio* matériau en brique, en terre cuite; *industria laterizia* industrie de matériaux de construction en briques, en terre cuite ✦ (*s.m.*) *un laterizio* (*forato*) une brique *f.* (perforée); *una fabbrica di laterizi* une fabrique de briques, une briqueterie.

làtice |'latitʃe| *s.m.* (*bot.*) latex *inv.*

laticifero |lati'tʃifero| *agg.* (*bot.*) laticifère.

laticlàvio, i |lati'klavjo, i| *s.m.* (*st. rom.*) laticlave ◇ (*scherz.*) *aspirare al laticlavio* [*carica di senatore*] aspirer à la dignité sénatoriale.

latifòglio, i |lati'fɔʎʎo, i| *agg.* (*bot.*) latifolié.

latifondista |latifon'dista| *s.* grand propriétaire foncier.

latifóndo |lati'fondo| *s.m.* **1** grande propriété *f.* foncière **2** (*st. rom.*) latifundium*: *dei latifondi* des latifundia, des latifundi.

latinaménte |latina'mente| *avv.* [→ LATINO I 1] à la manière des Latins *loc. inv.*

latineggiànte |latined'dʒante| *agg.* latinisant: *un periodare latineggiante* des tournures de phrases latinisantes.

latineggiàre |latined'dʒare| *v. intr.* (*aus.* 'avere') [*esprimersi con costrutti o secondo lo stile della lingua lat.*] latiniser.

latinìsmo |lati'nizmo| *s.m.* (*ling.*) latinisme.

latinìsta |lati'nista| *s.* latiniste.

latinità |latini'ta| *s.f. inv.* latinité (*var.*): *gli scrittori della latinità* les écrivains latins, de la latinité; *un poeta della tarda latinità* un poète de la fin de la latinité.

latinizzàre |latinid'dzare| *v.tr.* **1** [*sottomettere alla civiltà lat.*] latiniser: *la Gallia fu tra le prime regioni a essere latinizzata* la Gaule fut une des premières régions à être latinisée, civilisée par Rome **2** [*adattare alla lingua lat.*] latiniser: *gli umanisti latinizzavano il proprio nome* les humanistes latinisaient leurs noms.

latinizzazióne |latiniddzat'tsjone| *s.f.* [→ LATINIZZARE] latinisation.

latìno |la'tino| **I** *agg.* **1** latin: *la lingua, la civiltà latina* la langue, la civilisation romaine, latine; *i popoli latini* les peuples latins ✦ *loc. avv.* ALLA LATINA à la manière latine: *un costrutto, un periodare alla latina* une construction, une tournure de phrase latine **2** (*per est.*) [*riferito alle civiltà neolatine*] latin: *popoli latini* peuples latins; *la focosità è propria del temperamento latino* l'impétuosité est propre au tempérament latin; *l'America latina* l'Amérique latine **3** (*eccl.*) latin: *la Chiesa latina* l'Église latine; *rito latino* rite latin; *croce latina* croix latine **4** (*mar.*) *vela latina* voile latine **II** *s.m.* [*la lingua lat. spec. come materia di insegnamento*] latin: *il latino classico, medievale, cristiano* le latin classique, médiéval, chrétien; *un'opera scritta in latino* une œuvre écrite en latin; *latino maccheronico* latin de cuisine; *professore di latino e greco* professeur de latin et de grec # *domani, alla prima ora, abbiamo latino* demain, à la (en) première heure, nous aurons une leçon latine ◇ (*loc. fam.*) *non vuol capire il latino* il ne veut pas comprendre le latin.

latino-americàno |latinoameri'kano| *agg.* [*dell'America merid.*] latino-américain*: *la civiltà latino-americana* la civilisation latino-américaine ✦ (*s.*) *i latino-americani* les latino-américains.

latirìsmo |lati'rizmo| *s.m.* (*med.*) lathyrisme.

làtiro |'latiro| *s.m.* (*t.bot.*) lathyrus.

latitànte |lati'tante| *agg.* (*dir., corr.*) en fuite (*loc. inv.*): *il colpevole è ancora latitante* le coupable est encore en fuite, cour toujours (*fam.*) ✦ (*s.*) *un latitante* un contumace, un contumax: *uno dei più pericolosi latitanti si è costituito* un des contumaces les plus dangereux s'est constitué prisonnier.

latitànza |lati'tantsa| *s.f.* (*dir., corr.*) fuite, contumace: *darsi alla latitanza* prendre la fuite # *costituirsi dopo un lungo periodo di latitanza* se constituer prisonnier, se rendre après s'être longtemps caché, exilé.

latitudinàle |latitudi'nale| *agg.* (*geogr.*) latitudinal*.

latitudinàrio, i |latitudi'narjo, i| *agg.* latitudinaire (*lett.*) → **lassista.**

latitùdine |lati'tudine| *s.f.* **1** (*geogr.*) latitude: *l'isola si trova a 30° di latitudine nord* l'île se trouve à 30° de latitude nord ◇ (*per est.*) [*zona climatica*] *piante, animali che possono vivere a queste latitudini* plantes, animaux qui peuvent vivre à ces latitudes **2** [*paese, territorio*] latitude: *l'uomo si comporta così sotto tutte le latitudini* l'homme se comporte ainsi sous toutes les latitudes Ⓒ 1 **longitudine.**

1 **làto** |'lato| *s.m.* **1** (*geom.*) côté: *i lati di un poligono* les côtés d'un polygone ◇ (*per est.*) *i lati di una piazza, di un edificio* les côtés d'une place, d'un édifice **2** (*per est.*) [*parte; fianco*] côté: *il lato destro, il lato sinistro di un edificio, di una strada* le côté droit, le côté gauche d'un édifice, d'une rue; *il lato anteriore, posteriore* le côté antérieur, postérieur; *il tram si ferma sul lato opposto* le tram s'arrête de l'autre côté; *dormire sul lato destro* dormir sur le côté droit # *i due lati di una medaglia* les deux faces d'une médaille → **faccia** ◇ *loc. avv.* A LATO, DI LATO à côté: *di lato, c'è un prato* à côté, il y a un pré ◇ *loc. prep.* A LATO DI, DI LATO A à côté de: *camminare a lato di qc.* marcher à côté de qqn.; *trovarsi di lato a qc.* se trouver à côté de qqn. **3** (*fig.*) [*aspetto; punto di vista*] côté: *valutare i lati positivi e i lati negativi di q.c.* évaluer les côtés positifs et les côtés négatifs de qqch.; *i lati buoni di una persona* les bons côtés d'une personne # *il lato debole di qc.* le point faible de qqn. → 1 **punto**; *considerare un problema sotto tutti i lati* considérer un problème sous toutes ses faces, tous les angles ◇ *loc. avv. correl.* DA UN LATO... DALL'ALTRO d'un côté... de l'autre: *da un lato lo invidiava, dall'altro lo disprezzava* d'un côté il l'enviait, de l'autre il le méprisait → **parte** ◇ *loc. avv.* (*con valore avvers.*) D'ALTRO LATO d'autre part, d'un autre côté → **ma** # *hai ragione anche tu, ma d'altro lato non potevo fare diversamente* tu n'as pas tort, mais je ne pouvais faire autrement.

2 **làto** |'lato| *agg.* **1** (*lett.*) → **largo, esteso 2** *loc.* IN SENSO LATO [*in modo estensivo, non stretto*] au sens large: *interpretare una frase, una legge, una disposizione in senso lato* interpréter une phrase, une loi, une disposition au sens large.

latomìa |lato'mia| *s.f. spec. al plur.* (*st.*) latomies.

latóre, trice |la'tore, tritʃe| *s.* (*in loc.*) [*portatore*] porteur*: *il latore della presente* le porteur de cette lettre; *essere latore di buone, di cattive notizie* être porteur de bonnes, de mauvaises nouvelles.

lato sensu |'lato'sensu| *loc. avv.* (*lat.*) lato sensu.

latràre |la'trare| *v.tr.* [*abbaiare furiosamente*] aboyer (10): *il cane continuava a latrare* le chien continuait à aboyer ◇ (*fig.*) (*persone*) [*parlare, urlare con rabbia*] crier: *non ti curare di lui: lascialo latrare!* ne t'occupe pas de lui: laisse-le crier!

latràto |la'trato| *s.m.* [→ LATRARE] aboiement: *fu spaventato dai latrati del cane* il fut effrayé par les aboiements du chien.

-latrìa |la'tria| *suff.* (*significa 'culto, adorazione', corrisponde gener. a*) lâtrie: *idolatria* idolâtrie.

latrìa |la'tria| *s.f.* (*teol.*) latrie.

latrìna |la'trina| *s.f.* latrines *pl.* → **gabinetto.**

latrocìnio, i |latro'tʃinjo, i| *s.m.* [*furto, ruberia*] vol: *essere accusato di latrocinio* être accusé de vol ◇ (*in senso iperb.*) *ma questo è un vero latrocinio!* mais c'est du vol!

làtta |'latta| *s.f.* **1** [*sottile lamiera di ferro*] fer-blanc (*m.*): *un barattolo di latta* un pot en fer-blanc; *giocattoli di latta* jouets en fer-blanc ◇ (*fig., fam.*) *ma questa carrozzeria è di latta!* mais cette carrosserie, c'est du carton! **2** [*recipiente di latta*] bidon (*m.*): *una latta d'olio, di lubrificante* un bidon d'huile, de lubrifiant ◇ (*per est.*) [*il contenuto*] *ha consumato un'intera latta di vernice* il a utilisé un bidon entier de peinture.

lattàio, i |lat'tajo, i| *s.* [*chi vende latte*] laitier*, crémier*.

lattànte |lat'tante| *agg.* à la mamelle (*loc. inv.*): *un bambino ancora lattante* un enfant encore à la mamelle ✦ (*s.*) *un lattante* un nourrisson (*m.*): *biscotti per lattanti* biscuits pour nourrissons ◇ (*fam., iron.*) [*troppo giovane, immaturo*] bébé: *queste cose non ve le posso dire, perché siete ancora dei lattanti* ces choses, je ne peux pas vous les dire parce que vous êtes encore des bébés; *ma sei proprio un lattante!* mais tu es vraiment un bébé!

lattàrio, i |lat'tarjo, i| *s.m.* (*t.bot.*) lactaire.

lattàsi |lat'tazi| *s.f. inv.* (*chim.*) lactase *var.*

1 **lattàto** |lat'tato| *s.m.* (*chim.*) lactate.

2 **lattàto** |lat'tato| *agg.* (*raro*) [*color latte*] laiteux* → **lattiginoso.**

lattazióne |lattat'tsjone| *s.f.* **1** (*biol.*) lactation **2** [*quantità di latte prodotto da una mucca in un anno*] lactation.

làtte |'latte| *s.m.* **1** lait: *latte* (*di vacca*) lait (de vache); *latte intero, scremato, magro* lait entier, écrémé, maigre; *latte pastorizzato, omogeneizzato* lait pasteurisé, homogénéisé; *latte a lunga conservazione* lait (à) longue conservation; *latte in polvere* lait en poudre # *la centrale del latte* la centrale laitière; *essere bianco come il latte* être blanc comme neige; *fior di latte* crème → **crema** ✦ (*agg. inv.*) *bianco latte* blanc crème **2** [*elemento di alimentazione nei primi mesi di vita*] lait: *il latte materno, della balia* le lait maternel, de la nourrice; *la montata del latte* la montée du lait; *perdere il latte* perdre son lait # *prendere il latte* téter; *dare il latte* donner le sein ◇ (*loc. fig.*) *fratello, figlio di latte* frère, fils de lait ~ *vitello di latte* veau de lait ~ *ha ancora il latte alla bocca, puzza (ancora) di latte* si on lui pressait le nez, il en sortirait encore du lait ~ *far venire il latte alle ginocchia* casser les pieds ~ *succhiare q.c. col latte* sucer qqch. avec le lait **3** (*per est.*) [*liquido lattiginoso*] lait: *latte detergente, di bellezza* lait démaquillant, de beauté; *latte di calce* lait de chaux; *latte di cocco, di mandorla* lait de coco, d'amandes **4** (*bot., corr.*) lait: *il latte dei fichi* le lait des figuiers → **lattice** **5** (*t.bot.*) *latte di gallina* ornithogale, dame-d'onze-heures *f.* (*pop.*).

lattemièle |latte'mjɛle| *s.m.* [*panna montata*] crème fouettée ◇ (*loc. fig.*) *è un tipo tutto lattemiele* [*molto carino; pieno di moine*] c'est un type tout sucre et tout miel.

làtteo |'latteo| *agg.* **1** lacté: *farina, dieta lattea* farine, diète lactée ◇ (*med.*) *febbre lattea* fièvre lactée, du lait; *montata lattea* montée du lait (*loc. inv.*); *crosta lattea* croûtes de lait *loc. inv.* **2** [*sim. al latte*] laiteux*: *colore latteo* couleur laiteuse; *avere una carnagione lattea* avoir une peau laiteuse **3** (*geogr.*) *la Via Lattea* la Voie Lactée.

latterìa |latte'ria| *s.f.* **1** [*negozio dove si vendono il latte e i suoi deriv.*] crémerie: *fare uno spuntino in latteria* prendre une collation à la crémerie **2** [*stabilimento per la lavorazione del latte*] laiterie.

lattescènte |latteʃ'ʃɛnte| *agg.* lactescent.

lattescènza |latteʃ'ʃɛntsa| *s.f.* lactescence.

làttice |'lattitʃe| *s.f.* → **latice.**

latticèllo |latti'tʃɛllo| *s.m.* [*residuo della scrematura del latte*] babeurre: *una mozzarella conservata nel suo latticello* une 'mozzarella' conservée dans son babeurre.

latticìni |latti'tʃini| *s.m. pl.* [*prodotti alimentari ricavati dal latte*] laitages: *dieta a base di latticini* régime à base de laitages.

làttico, ci, ca, che |'lattiko, tʃi, ka, ke| *agg.* **1** (*chim.*) lactique: *acido lattico* acide lactique **2** (*farm.*) lactique: *fermenti lattici* ferments lactiques.

lattièra |lat'tjɛra| *s.f.* pot *m.* à lait.

lattièro |lat'tjɛro| *agg.* [*che concerne la produzione del latte*] laitier*: *industria, produzione lattiera* industrie, production laitière.

lattìfero |lat'tifero| *agg.* **1** [*che produce latte*] laitier*: *vacca lattifera* vache laitière **2** (*anat.*) lactifère: *canale lattifero* conduit lactifère **3** → **galattagogo.**

lattìfugo, ghi |lat'tifugo, gi| *agg. e s.m.* (*farm.*) (remède) lactifuge.

lattiginóso |lattidʒi'noso| *agg.* **1** [*che ha l'aspetto del latte*] laiteux* **2** (*bot.*) lactifère: *foglie lattiginose* feuilles lactifères.

lattìme |lat'time| *s.m.* (*pop.*) [*crosta lattea*] croûtes *f. pl.* de lait, gourme *f.*

lattìna |lat'tina| *s.f.* [*piccolo recipiente di latta*] bidon (*m.*): *una lattina di olio di semi* un bidon d'huile d'arachides.

lattivéndolo |latti'vendolo| *s.* (*raro*) → **lattaio.**

lattoalbumìna |lattoalbu'mina| *s.f.* (*biol.*) lactalbumine.

lattodensìmetro |lattoden'simetro| *s.m.* lacto-densimètre.

lattoflavìna |lattofla'vina| *s.f.* (*chim.*) lactoflavine.

lattóne |lat'tone| *s.m.* [*maialino lattante o appena slattato*] cochon de lait ✦ (*agg.*) *maiale, vitello lattone* cochon, veau de lait *loc. inv.*

lattonière |latto'njɛre| *s.m.* [*operaio che lavora la latta, la lamiera e sim.*] ferblantier → **stagnino, stagnaio.**

lattónzolo |lat'tontsolo| *s.m.* → **lattone.**

lattoscòpio, i |lattos'kɔpjo, i| *s.m.* (*tecnol.*) lactomètre.

lattòsio, i |lat'tɔzjo, i| *s.m.* (*chim.*) lactose.

lattóso |lat'toso| *agg.* [*del latte*] laiteux*.

lattucàrio, i |lattu'karjo, i| *s.m.* (*farm.*) lactucarium.

lattùga, ghe |lat'tuga, ge| *s.f.* (*t. bot.*) laitue ~ *lattuga selvatica* scarole ~ *lattuga velenosa* laitue vireuse ~ *lattuga di mare* laitue de mer ◇ [*ortaggio alimentare*] laitue: *insalata di lattuga* salade de laitue; *lattuga romana, cappuccina, bianca, rossa* laitue romaine, pommée, blanche, rouge.

làuda |'lauda| *s.f.* (*st. letter.*) lauda.

làudano |'laudano| *s.m.* (*farm.*) laudanum.

laudàrio, i |lau'darjo, i| *s.m.* (*letter.*) recueil de laudas.

laudatìvo |lauda'tivo| *agg.* (*lett.*) → **elogiativo.**

laudatòrio, i |lauda'tɔrjo, i| → **laudativo.**

laudèmio, i |lau'dɛmjo, i| *s.m.* (*dir. mediev.*) lods et ventes *f. pl.*

laudése |lau'dese| *s.m.* (*st. letter.*) [*autore di laude*] laudantes *pl.*, laudesi *pl.* ◇ (*per est.*) chantre d'hymnes.

Lauràcee |lau'ratʃee| *s.f. pl.* (*t.bot.*) Lauracées.

làurea |'laurea| *s.f.* **1** [*diploma finale rilasciato da una facoltà universitaria (in Italia)*] licence: *laurea in lettere, in scienze* licence ès lettres, ès sciences; *laurea in legge* licence en droit; *laurea in scienze sociali* licence en sciences humaines; *laurea honoris causa, ad honorem* licence honoris causa, ad honores; *prendere, conseguire, avere la laurea* passer, avoir sa licence # *laurea in medicina, farmacia* doctorat en médicine, en pharmacie; *laurea in ingegneria* diplôme d'ingénieur; *tesi di laurea* ⊠ ◇ (*per est.*) examen *m.* de licence: *la mia laurea è fissata per domani* mon examen de licence est fixé à demain **2** (*ant.*) [*corona d'alloro, come onorificenza*] couronne de laurier: *la laurea di poeta* la couronne de laurier de poète.

laureàndo |laure'ando| *s. e agg.* (*in Italia*) candidat *s.* à la licence (au diplôme): *conferire un incarico di insegnamento a una laureanda* donner un poste d'enseignement à un candidat à la licence (au diplôme) → **laurea.**

laureàre |laure'are| **A** *v.tr.* **1** [*insignire di laurea*] licencier, diplômer: *è stato laureato con il massimo dei voti* il a été licencié (diplômé) avec la note maximum → **laurea** **2** (*ant.*) [*cingere con una corona d'alloro*] couronner: *laureare poeta qc.* couronner qqn. poète **B** *v.pron. intr.* LAUREARSI [*conseguire la laurea*] obtenir (27) *tr.* son diplôme; passer *tr.* sa licence: *laurearsi in ingegneria* obtenir son diplôme d'ingénieur ‖ *laurearsi in lettere* passer la licence en lettres # *laurearsi in medicina* devenir docteur en médecine ◇ (*per est., sport*) *la squadra si è laureata campione del mondo* l'équipe a gagné le titre de champion du monde.

laureàto |laure'ato| *agg.* licencié: *laureato in giurisprudenza, in lettere* licencié en droit, ès lettres ✦ (*s.*) *un laureato* un licencié: *un concorso riservato ai laureati in scienze politiche* un concours réservé aux licenciés en sciences politiques, diplômés en sciences politiques.

laurenziàno |lauren'tsjano| *agg.* **1** [*relativo a S. Lorenzo*] de Saint-Laurent (*loc. inv.*): *basilica laurenziana* basilique de Saint-Laurent **2** (*Biblioteca*) *Laurenziana* (Bibliothèque) Laurentienne ◇ (*filol.*) *un codice, un manoscritto laurenziano, della biblioteca laurenziana* un manuscrit de la (Bibliothèque) Laurentienne **3** (*geol.*) laurentien*: *periodo laurenziano* période laurentienne ✦ (*s.m.*) *il laurenziano* le laurentien.

lauretàno |laure'tano| *agg.* [*di Loreto; relativo alla basilica di Loreto*] de Lorette (*loc. inv.*): *la basilica lauretana* la basilique de Lorette; *le litanie lauretane* les litanies de Notre-Dame de Lorette.

lauréto |lau'reto| *s.m.* (*lett.*) bois de lauriers (*corr.*).

làuro |'lauro| *s.m.* (*lett.*) → **alloro.**

laurocèraso |lauro'tʃɛrazo| *s.m.* (*t.bot.*) laurier-cerise: *dei laurocerasi* des lauriers-cerises.

laurotìno |lauro'tino| *s.m.* (*t.bot.*) viorne tinus *f.*, viorne-tin *f.* (*pop.*), laurier-tin (*pop.*).

lautaménte |lauta'mente| *avv.* [→ LAUTO] copieusement; largement: *abbiamo lautamente pranzato* nous avons déjeuné copieusement ‖ *sei stato già lautamente ricompensato* tu as déjà été largement récompensé.

lautézza |lau'tettsa| *s.f.* (*raro*) → **abbondanza; generosità.**

làuto |'lauto| *agg.* [*abbondante; sontuoso*] somptueux*, copieux*: *un lauto pranzo* un dîner somptueux, copieux # *trarre un lauto guadagno, profitto* tirer un gain, un profit considérable; *lauta mancia a chi ritrova il mio cane...* pourboire généreux à qui retrouvera mon chien... Ⓒ **misero, scarso.**

làva |'lava| *s.f.* (*geol.*) lave.

lavabiancherìa |lavabjanke'ria| *s.f.* machine à laver → **lavatrice.**

lavàbile |la'vabile| *agg.* [→ LAVARE A 1; B] lavable: *tessuto lavabile a mano, in lavatrice* tissu lavable à la main, à la machine; *una vernice, una tinta lavabile* une peinture lavable.

lavàbo |la'vabo| *s.m.* **1** lavabo **2** (*liturg. catt.*) lavabo.

lavacristàllo |lavakris'tallo| *s.m.* (*auto.*) lave-glace: *dei lavacristalli* des lave-glaces.

lavàcro |la'vakro| *s.m.* **1** (*raro,*

lett.) [*bagno*] bain ◇ (*loc. fig.*) *lavacro di sangue* martyre ~ *il santo lavacro* [*il battesimo*] le baptême **2** (*lett.*) cours d'eau (*corr.*).

lavàggio, i |la'vaddʒo, i| *s.m.* [→ LAVARE A 1; B] lavage: *lavaggio e ingrassaggio di un'automobile* lavage et graissage d'une voiture; *una stazione di servizio fornita di lavaggio automatico per automobili* une station-service équipée pour le lavage automatique des voitures; *il lavaggio del ponte di una nave* le lavage du pont d'un navire # *il lavaggio a secco* (*di tessuti*) le nettoyage à sec (de tissus) ◇ (*loc. fig.*) *il lavaggio del cervello* le lavage de cerveau.

lavàgna |la'vaɲɲa| *s.f.* **1** (*geol.*) ardoise ✦ (*in funzione di agg. inv.*) *grigio lavagna, color lavagna* gris ardoise, couleur ardoise **2** (*nell'arredamento scolastico*) tableau (noir) (*m.*): *andare alla lavagna* aller au tableau; *scrivere alla lavagna* écrire au tableau ◇ (*per est.*) *lavagna luminosa* tableau lumineux.

lavagnétta |lavaɲ'ɲetta| *s.f.* (petite) ardoise: *scrivere, prendere appunti su una lavagnetta* écrire, prendre des notes sur une ardoise.

lavamàno |lava'mano| *s.m.* **1** [*catino sostenuto da un treppiede, usato per lavarsi*] lavabo **2** (*raro*) → **bacinella 3** (*raro*) → **lavabo.**

1 **lavànda** |la'vanda| *s.f.* (*t.bot.*) lavande ◇ [*il profumo*] *olio, essenza di lavanda* huile, essence de lavande; (*acqua di*) *lavanda* (eau de) lavande.

2 **lavànda** |la'vanda| *s.f.* **1** (*med.*) lavage (*m.*): *lavanda gastrica, vaginale* lavage d'estomac, vaginal **2** (*liturg. catt.*) *la lavanda dei piedi* le lavement *m.* des pieds.

lavandàia |lavan'daja| *s.f.* [*donna che lava biancheria per conto di altri*] blanchisseuse ◇ (*loc. fig.*) *discorsi, pettegolezzi da lavandaia* conversations, bavardages de concierge.

lavandàio, i |lavan'dajo, i| *s.* [*gestore di lavanderia*] blanchisseur*.

lavanderìa |lavande'ria| *s.f.* **1** [*stabilimento per la lavatura di panni e biancheria*] blanchisserie, laverie: *lavanderia pubblica* blanchisserie, laverie publique; *lavanderia automatica, a gettone* laverie automatique, à jetons; *portare la biancheria in lavanderia* porter le linge à la laverie **2** [*locale adibito alle operazioni di lavatura*] buanderie: *la lavanderia di un albergo, di una villa* la buanderie d'un hôtel, d'une villa.

lavandìno |lavan'dino| *s.m.* [*bacino a vasca con scarico, in cui si lavano le stoviglie*] l'évier (de la cuisine), le lavabo (de la salle de bains) ◇ (*fam., fig.*) *ma quel tuo amico è proprio un lavandino* [*un ingordo, un gran mangiatore*] mais ton ami est une vraie poubelle, un gouffre (*pegg.*).

lavapiàtti |lava'pjatti| *s.* **1** *s.inv.* [*chi è addetto alla lavatura dei piatti in alberghi, comunità e sim.*] plongeur* *var.* **2** *s.f. inv.* [*lavastoviglie*] machine *var.* à laver la vaisselle, lave-vaisselle *m. var.*

lavàre |la'vare| **A** *v.tr.* **1** [*liberare dallo sporco per mezzo di acqua o altro liquido*] laver: *lavare il viso, le mani, i capelli a un bambino* laver le visage, les mains, les cheveux à un enfant; *lavare la biancheria* laver le linge; *lavare i pavimenti* laver par terre; *lavare i piatti, le stoviglie* laver la vaisselle; *lavare la verdura, la frutta* laver les légumes, les fruits □ *lavarsi le mani, la faccia, la testa, le orecchie* se laver les mains, le visage, les cheveux, les oreilles ◇ (*per est.*) *lavare un motore* laver un moteur; *lavare le rocce minerali* laver les roches minérales ✦ (*ass.*) *lavare a secco* nettoyer à sec; *oggi devo proprio mettermi a lavare* aujourd'hui je dois vraiment me mettre à laver, à faire ma lessive, mes lavages ◇ (*loc.*) *fig.*) *lavare il capo all'asino, la coda al cane* laver la tête d'un nègre ~ *lavarsi le mani* se laver les mains; *fai come vuoi: io me ne lavo le mani* fais comme tu veux; moi, je m'en lave les mains ~ *una mano lava l'altra* une main lave l'autre **2** (*fig.*) [*purificare, eliminare*] laver: *lavare una colpa* laver une faute; *la confessione lava i peccati* la confession lave des, les péchés ◇ [*vendicare*] *lavare un affronto, un'offesa col sangue, nel sangue* laver un affront, une offense avec le sang, dans le sang **B** *v. pron. rifl.* LAVARSI **1** [→ *tr.* 1] se laver: *mi stavo lavando, quando...* j'étais en train de me laver, quand... **2** → *tr.* 1 □.

lavarèllo |lava'rɛllo| *s.m.* **1** → **2 gatta 2** (*t.zool.*) lavaret.

lavastovìglie |lavasto'viʎʎe| *s.* **1** *s.f. inv.* [*macchina per lavare i piatti*] lave-vaisselle (*m. var.*): *delle lavastoviglie* des lave-vaisselles **2** *s.* [*operaio addetto alla lavatura delle stoviglie e sim., spec. in alberghi*] plongeur*.

lavàta |la'vata| *s.f.* [→ LAVARE A 1; B] *darsi una lavata alla faccia prima di uscire* faire un brin de toilette avant de sortir; *dài una lavata al pavimento!* lave le plancher! ◇ (*fig.*) *dare una lavata* (*di capo*) [*sgridata, rimprovero*] laver la tête, passer un savon (*fam.*); *per colpa sua mi son preso una bella lavata* (*di capo*) *dal direttore* à cause de lui, le directeur m'a passé un de ces savons! → **cicchetto.**

lavatìna |lava'tina| *s.f.* [*piccola e frettolosa lavata*] *mi do una lavatina e sono da te!* je fais un brin de toilette et je suis à toi; je me passe un peu d'eau sur le visage et j'arrive.

lavatìvo |lava'tivo| *s.m.* **1** (*pop.*) [*clistere*] lavement **2** (*fig., spec. nel gerg. mil.*) [*persona pigra, indolente, che si sottrae ai suoi doveri*] tire-au-flanc (*inv.*): *anche questa volta quei due lavativi si sono imboscati* cette fois encore, ces deux tire-au-flanc se sont planqués ◇ [*persona molto noiosa, antipatica*] casse-pieds (*inv.*): *quel sergente, quel capufficio è un lavativo* ce sergent, ce chef de bureau est un casse-pieds.

lavatóio, i |lava'tojo, i| *s.m.* **1** [*impianto domestico per la lavatura a mano della biancheria*] lavoir **2** (*raro*) *lavatoio pubblico* lavoir public.

lavatóre, trice |lava'tore, tritʃe| *s.* laveur*.

lavatrìce |lava'tritʃe| *s.f.* **1** machine à laver: *detersivo per lavatrici* détersif pour machines à laver **2** (*tecnol.*) barboteur *m.*

lavatùra |lava'tura| *s.f.* **1** [→ LAVARE A 1; B] lavage *m.* # *provvedere alla lavatura dei piatti, delle stoviglie* faire la vaisselle ◇ (*tecnol.*) *la lavatura della ghiaia* la lavure du gravier **2** [*liquido in cui è stato lavato q.c.*] lavure # *la lavatura del bucato* l'eau de la lessive ◇ (*loc. fig.*) *lavatura di piatti* [*brodo o caffè di pessima qualità*] lavasse, eau de vaisselle ~ *lavatura di fiaschi* [*vino molto leggero*] rinçage de tonneau.

lavèllo |la'vɛllo| *s.m.* [*lavandino, acquaio*] évier.

laverìa |lave'ria| *s.f.* (*min.*) laverie.

làvico, ci, ca, che |'laviko, tʃi, ka, ke| *agg.* (*geol.*) lavique # *colata lavica* coulée de lave.

lavìna |la'vina| *s.f.* [*piccola valanga*] avalanche → **slavina.**

lavoràbile |lavo'rabile| *agg.* [→ LAVORARE B] qui peut être travaillé *loc.* ◇ (*tecnol.*) usinable.

lavorabilità |lavorabili'ta| *s.f. inv.* [*attitudine* (*di un materiale*) *a essere lavorato*] usinabilité (*var.*): *la lavorabilità di un materiale* l'usinabilité d'un matériau.

lavoracchiàre |lavorak'kjare| *v. intr.* (*aus. 'avere'*) → **lavoricchiare.**

lavoràccio, i |lavo'rattʃo, i| *s.m.* [*lavoro difficile e ingrato*] travail* pénible: *ti ho aggiustato quell'oggetto: ma è stato un lavoraccio!* je t'ai arrangé cet objet: mais cela a été un travail pénible, une sale besogne!

lavorànte |lavo'rante| *s.* [*operaio, artigiano che lavora sotto la direzione di altri*] travailleur*: *lavorante a domicilio* travailleur à domicile; *fare il lavorante presso una ditta* être travailleur dans une firme ◇ (*loc.*) *lavorante finito, finita* ouvrier qualifié, ouvrière qualifiée.

lavoràre |lavo'rare| **A** *v.intr.* (*aus. 'avere'*) **1** [*impiegare le proprie energie per svolgere un mestiere, una professione e sim.*] travailler: *lavorare in officina, in fabbrica, nei campi, in ufficio* travailler dans un atelier, dans une usine, à la campagne, dans un bureau; *lavorare bene, male* bien, mal travailler; *lavorare sodo* travailler dur; *oggi non si lavora!* aujourd'hui, on ne travaille pas!; *così non si può lavorare!* comme ça, on ne peut pas travailler!; on ne peut pas travailler dans ces conditions!; *lavorare a contratto, a giornata, a cottimo* travailler au contrat, à la journée, à la pièce (aux pièces); *lavorare in banca* travailler dans une banque; *lavorare in proprio, alle dipendenze di altri* travailler pour son propre compte, sous les ordres d'autrui; *lavorare di lena* travailler avec ardeur; *lavorare a un quadro, alla realizzazione di un progetto* travailler à un tableau, à la réalisation d'un projet # *lavorare di cucito* coudre; *lavorare come operaio, impiegato* être ouvrier, employé; *lavorare all'uncinetto* faire du crochet; *lavorare di cesello* ciseler ◇ (*loc. fig.*) *lavorare come un negro* travailler comme un nègre ~ *lavorare per la gloria* travailler pour la gloire ~ *lavorare di mani e di piedi* faire des pieds et des mains ~ *lavorare di gomiti* jouer des coudes ~ *lavorare di schiena* trimer → **sgobbare** ~ *lavorare in un film, in una commedia* jouer dans un film, dans une pièce; *come lavora bene, quell'attore, in quel film!* comme il joue bien, cet acteur, dans ce film! ~ *lavorare di cervello* travailler du cerveaux; [*riflettere* (*su q.c.*)] réfléchir ~ *lavorare di fantasia* rêver; *non lasciar lavorare la fantasia!* ne rêve pas! ◇ (*prov.*) *chi non lavora non mangia* quand on ne travaille pas, on n'est qu'une bouche inutile; les fainéants n'ont pas droit au pain **2** (*per est.*) (*detto di una impresa o di un esercizio*) [*fare affari*;

avere clienti] marcher; travailler: *quel bar, quel ristorante lavora bene* ce bar, ce restaurant marche bien ‖ *è un avvocato che lavora molto in quel ramo* c'est un avocat qui travaille beaucoup dans cette branche **3** (*sogg. di cose*) [*essere in attività; funzionare*] marcher: *le macchine lavorano tutto il giorno* les machines marchent toute la journée # *il suo stomaco non lavora molto bene* son estomac ne va pas bien, est détraqué (*fam.*) **4** (*fig.*) [*agire, spec. in modo nascosto, per un certo fine*] travailler: *lavorare per rovinare qc.* travailler à la ruine de qqn.; *il tempo lavora contro di noi, a nostro favore* le temps travaille contre nous, pour nous; *lavorare sotto sotto per un certo scopo* travailler en sous-main dans un certain but; *lavorare sott'acqua contro qc.* travailler en sous-main contre qqn. # *il male lavorava dentro di lui* le mal le minait **B** *v.tr.* (*ogg. di cose*) [*sottoporre a una determinata lavorazione*] travailler: *lavorare la terra* travailler la terre; *lavorare il ferro, il legno* travailler le fer, le bois; *lavorare la pasta* travailler la pâte ◇ (*per est., fig.*) (*ogg. di persona*) *quello scorbutico, me lo lavoro io!* ce rouspéteur, il aura affaire à moi ◇ (*nel pugilato*) *lavorare, lavorarsi l'avversario ai fianchi* travailler l'adversaire aux côtes ⓒ A 1 **oziare, poltrire.**

lavoràta |lavo'rata| *s.f.* (*fam.*) [*lavoro, spec. fatto tutto in una volta*] travail* *m.* (*corr.*) # *c'è bisogno di una bella lavorata!* il y a du pain sur la planche!; *abbiamo fatto una lavorata di cinque ore, senza soste* nous avons travaillé pendant cinq heures, sans relâche.

lavorativo |lavora'tivo| *agg.* **1** [*dedicato al lavoro*] de travail (*loc. inv.*): *giornata lavorativa* jour de travail; *le ore lavorative* les heures de travail; *attività lavorative* activités de travail; *ridurranno la settimana lavorativa* ils réduiront la semaine de travail **2** [*che può essere lavorato*] cultivable: *terreno lavorativo* terrain cultivable.

lavoràto |lavo'rato| *agg.* **1** [*che ha subito una lavorazione*] travaillé: *terra lavorata* terre travaillée; *legname lavorato* bois travaillé **2** [*abbellito con lavorazioni*] travaillé: *cuoio, avorio lavorato* cuir, ivoire travaillé ⓒ 1 **greggio.**

lavoratóre, trice |lavora'tore, tritʃe| *s.* **1** [*chi svolge un lavoro*] travailleur*: *lavoratore dipendente, autonomo* travailleur dépendant, indépendant; *la classe, lo statuto dei lavoratori* la classe, le statut des travailleurs; *i lavoratori dell'industria, dell'agricoltura* les travailleurs de l'industrie, de l'agriculture # *lavoratori tessili* ouvriers du textile; *lavoratori metalmeccanici* mécaniciens; *una lavoratrice a domicilio* une travailleuse à domicile ♦ (*agg.*) *la classe lavoratrice* la classe laborieuse **2** [*chi è diligente, assiduo nel lavoro*] travailleur: *è un buon lavoratore, un grande lavoratore* c'est un bon travailleur, un grand travailleur ⓒ 2 **lazzarone, fannullone.**

lavorazióne |lavorat'tsjone| *s.f.* [*processo di trasformazione di un materiale*] travail* (*m.*): *la lavorazione del ferro, del rame, delle fibre tessili* le travail du fer, du cuivre, des fibres textiles; *iniziare, sospendere, interrompere una lavorazione* commencer, suspendre, interrompre un travail ◇ (*cine.*) tournage (*m.*): *un film in lavorazione* un film en tournage; *seguire la lavorazione di un film* suivre le tournage d'un film.

lavorétto |lavo'retto| *s.m.* **1** [*lavoro di scarso impegno*] petit travail*: *ho un lavoretto da darti* j'ai un petit travail à te donner à faire; *è un lavoretto che puoi sbrigare in poco tempo* c'est un petit travail que tu peux faire en peu de temps **2** [*oggetto di poco conto*] babiole (*f.*): *gli hanno regalato un lavoretto da nulla* on lui a donné une babiole de rien du tout.

lavoricchiàre |lavorik'kjare| *v. intr.* (*aus. 'avere'*) [*lavorare poco, con scarso impegno o rendimento*] travailloter: *è uno che lavoricchia* c'en est un qui travaillote; *sto poco bene: riesco solo a lavoricchiare un po'* je ne suis pas bien: j'arrive seulement à travailloter un peu.

lavorio, ii |lavo'rio, ii| *s.m.* **1** [*lavoro intenso e febbrile*] activité *f.* intense: *c'era un gran lavorio in casa, in ufficio* il y avait une activité intense à la maison, au bureau ◇ (*fig.*) *la sua mente era tutto un lavorio* son esprit était en pleine activité **2** (*fig.*) [*lavoro nascosto; intrigo*] intrigue (*f.*): *lavorio di corridoio* intrigue de couloir; *c'è stato tutto un lavorio per farlo eleggere* il y a eu toute une intrigue pour le faire élire.

lavóro |la'voro| *s.m.* **1** [*attività diretta alla produzione di beni o servizi*] travail*: *lavoro manuale, intellettuale* travail manuel, intellectuel; *lavoro domestico, autonomo, dipendente, nero* travail domestique, autonome, dépendant, noir; *lavoro esecutivo, di concetto* travail d'exécution, de conception (intellectuel) *il lavoro della casalinga, dell'operaio, dello scrittore* le travail de la ménagère, de l'ouvrier, de l'écrivain; *mettersi al lavoro* se mettre au travail; *interrompere, finire il proprio lavoro* interrompre, finir son travail; *avere molto lavoro* avoir beaucoup de travail; *dopo tanti anni di duro lavoro...* après tant d'années de dur travail... **2** *al plur.* [*serie di attività svolte da più persone*] travaux: *lavori di bonifica* travaux de bonification; *dare inizio ai lavori* commencer les travaux; *attenzione: lavori in corso!* attention: travaux (en cours)!; *il Ministero dei Lavori pubblici* le Ministère des Travaux publics ◇ (*riferito a organi collegiali*) *i lavori parlamentari, del Parlamento* les travaux parlementaires, du Parlement; *la giunta ha ripreso i lavori* le conseil a repris ses travaux; *fare il resoconto dei lavori della commissione* faire un compte-rendu des travaux de la commission; *pubblicare i lavori di un congresso* publier les travaux d'un congrès **3** [*occupazione retribuita*] travail: *lavoro a giornata, a cottimo* travail à la journée, à la pièce (aux pièces); *giorno di lavoro* jour de travail, ouvrable; *incidente, infortunio sul lavoro* accident du travail; *cercare, trovare lavoro* chercher, trouver un travail; *perdere il* (*posto di*) *lavoro* perdre sa place (de travail), son travail ◇ (*loc.*) *diritto del lavoro* droit de travail → **lavorativo** ~ *medicina del lavoro* médecine du travail ~ *contratto individuale, collettivo di lavoro* contrat individual, collectif de travail ~ *datore, prestatore di lavoro* employeur, employé ~ *il Ministero del Lavoro e della Previdenza sociale* le Ministère du Travail et de la Sécurité sociale ◇ (*per est.*) [*luogo in cui si svolge la propria attività lavorativa*] *andare al lavoro, tornare dal lavoro* aller au travail, rentrer du travail ◇ (*fig.*) [*la classe dei lavoratori*] *i conflitti tra lavoro e capitale* les conflits entre travail et capital **4** [*l'opera intorno a cui si sta lavorando*] travail; ouvrage: *un lavoro eccellente, perfetto, che lascia a desiderare* un travail excellent, parfait, qui laisse à désirer ‖ *lavori di ricamo* ouvrage de broderie; *prendere in mano il lavoro* prendre son ouvrage ◇ (*riferito a opera intellettuale*) œuvre *f.*; pièce (*f.*): *l'ultimo lavoro di Michelangelo* la dernière œuvre de Michel-Ange; *mostra dei lavori dell'artigianato locale* exposition des œuvres de l'artisanat local; *è uno splendido lavoro dell'ultimo Picasso* c'est une œuvre splendide de la dernière période de Picasso ‖ *un lavoro drammatico, teatrale* une pièce dramatique, de théâtre **5** [*il risultato di un'attività*] travail: *consegnare il proprio lavoro* remettre son travail; *il vostro lavoro mi piace!* votre travail me plaît! ◇ (*anche iron.*) *bel lavoro che hai fatto!* tu as fait du beau travail! **6** (*loc. particolari*) *banco da lavoro* banc, poste de travail ~ *ferri da lavoro* instruments de travail ~ *legname da lavoro* bois d'œuvre ~ *animale da lavoro* bête de somme ~ *campo di lavoro* camp de travail ~ *condannare ai lavori forzati* condamner aux travaux forcés **7** (*per est.*) [*azione di agenti naturali*] travail: *il lento, ma continuo lavoro degli agenti atmosferici sulle rocce* le travail lent, mais continu des agents atmosphériques sur les rochers; *il lavoro delle acque, del vento* le travail des eaux, du vent **8** (*fis.*) travail: *lavoro di una forza* travail d'une force ⓒ 1 **ozio.**

laziàle |lat'tsjale| *agg.* [*del Lazio*] latin.

lazo |'laddzo| *s.m.* lasso: *dei lazi* des lassos.

lazulite |laddzu'lite| *s.f.* (*miner.*) lazulite.

lazurite |laddzu'rite|, **lasurite** |lasu'rite| *s.f.* (*miner.*) lazurite.

lazzarétto |laddza'retto| *s.m.* lazaret.

lazzarista |laddza'rista| *s.m.* (*eccl.*) lazariste.

làzzaro |'laddzaro| *s.m.* → **lazzarone** 2.

lazzaronàta |laddzaro'nata| *s.f.* [*azione vile e spregevole*] canaillerie, saloperie (*pop.*): *la sua è stata proprio una lazzaronata* il a vraiment commis une canaillerie, une saloperie → **canagliata, mascalzonata.**

lazzaróne |laddza'rone| *s.* **1** *s.* [*persona pigra, indolente*] fainéant: *è un lazzarone, non ha voglia di studiare né di lavorare* c'est un fainéant, il n'a envie ni d'étudier ni de travailler → **fannullone** ◇ [*persona disonesta, priva di scrupoli*] canaille *f.*, salop (*pop.*): *sei stato proprio un lazzarone a comportarti in quel modo!* tu as vraiment été une canaille, un salop de te conduire de cette manière! **2** *s.m.* (*st. it.*) lazzarone: *la rivolta dei lazzaroni di Napoli* la révolte des lazzaroni de Naples ⓒ 1 **lavoratore.**

1 **làzzo** |'laddzo, 'lattso| *s.m.* [*motto arguto, talora triviale*] lazzi, blague (*f.*): *i lazzi dei clown* les lazzi(s) des clowns; *lazzi da caserma* blagues de caserne.
2 **làzzo** |'lattso| *agg.* (*lett.*) → 1 **agro, asprigno.**
1 **le** |le| *art. det. f. pl.* les → 1 **la.**
2 **le** |le| *pron. pers. di 3ª pers. sing.* **I** (*compl. di termine*) **1** lui: *le ho parlato ieri al telefono* je lui ai parlé hier par (au) téléphone; *non dirle niente* ne lui dis rien; *sono sicuro di averglielo spedito* je suis sûr de le lui avoir envoyé → 1 **loro** **2** (*in espressioni di cortesia*) vous: *le sarei grato se...* je vous seurais gré si...; *quanto le devo?* combien vous dois-je?; *la prego di venire da me oggi* je vous prie de bien vouloir venir chez moi aujourd'hui **II** (*compl. ogg.*) **1** les: *le conosco tutte* je les connais toutes; *le abbiamo invitate per questa sera* nous les avons invitées pour ce soir; *non ho tempo di vederle in giornata* je n'ai pas le temps de les voir aujourd'hui; *gliele ho date tutte in una busta* je les lui ai toutes données dans une enveloppe; *restituiscimele subito!* rends-les-moi tout de suite! → 2 **la** **2** (*con valore indet.*) *le inventa tutte* il ne sait plus qu'inventer; *le dice sempre grosse* il en raconte toujours de vertes et de pas mûres **3** (*in usi dial. o region., con funzione di sogg.*) *le son tutte qui* elles sont toutes là; *le son tutte storie* ce ne sont que des histoires.
leader |'li:də| *s.m. inv.* (*ingl.*) leader (*var.*): *il leader di un partito* le leader d'un parti; *i leader dell'opposizione* les leaders de l'opposition → **capo** ◇ (*sport*) *il leader della classifica* le leader du classement ✦ (*in funzione di agg. inv.*) *azienda leader* entreprise leader.
leadership |'li:dəʃip| *s.m. inv.* (*ingl.*) (*polit.*) leadership.
leàle |le'ale| *agg.* (*persone*) [*che agisce con lealtà*] loyal*: *un amico, un concorrente leale* un ami, un concurrent loyal ◇ (*cose*) *uno scontro leale* un combat loyal; *tenere un comportamento leale* avoir une conduite loyale Ⓒ **sleale.**
lealìsmo |lea'lizmo| *s.m.* (*polit.*) loyalisme: *il lealismo democratico di un partito* le loyalisme démocratique d'un parti; *il suo lealismo è fuori discussione* son loyalisme est hors de cause, son loyalisme n'est pas en doute.
lealìsta |lea'lista| *s.* (*polit.*) loyaliste ✦ (*agg.*) *comportamento lealista* comportement loyaliste.
lealménte |leal'mente| *avv.* [→ LEALE] loyalement: *battersi lealmente* se battre loyalement.
lealtà |leal'ta| *s.f. inv.* loyauté (*var.*): *lealtà d'animo* loyauté d'âme; *giurare fedeltà e lealtà* jurer fidélité et loyauté Ⓒ **slealtà.**
leàndro |le'andro| *s.m.* (*lett.*, *pop.*) → **oleandro.**
leàrdo |le'ardo| *agg. e s.m.* (*cavallo*) *leardo* [*con mantello grigio*] cheval pommelé *agg.*
leasing |li:ziŋ| *s.m. inv.* (*ingl.*) (*econ.*) crédit-bail* *var.*, location-vente *f. var.*, leasing *var.*
lébbra |'lebbra| *s.f.* (*med.*) lèpre ◇ (*bot.*) *la lebbra dell'olivo* la lèpre de l'olivier ◇ (*fig.*) *la lebbra del vizio, della corruzione* la lèpre du vice, de la corruption.
lebbrosàrio, i |lebbro'sarjo, i| *s.m.* [*ricovero per lebbrosi*] léproserie *f.*
lebbróso |leb'broso| *agg. e s.* lépreux*: *curare i lebbrosi* soigner les lépreux ◇ (*loc. fig.*) *trattare, evitare qc. come un lebbroso* traiter qqn. comme un pestiféré, éviter qqn. comme la peste.
lebète |le'bɛte| *s.m.* (*archeol.*) lébès.
lecanóra |leka'nora| *s.f.* (*t.bot.*) lécanore.
lecca-lĕcca |lekka'lekka| *s.m. inv.* [*tipo di caramella*] sucette *f. var.*
leccaménto |lekka'mento| *s.m.* (*raro*) [→ LECCARE] léchage.
leccapiàtti |lekka'pjatti| *s. inv.* (*spreg.*) [*ghiottone*] goinfre *var.* → **golosone** ◇ [*parassita*] pique-assiette → **scroccone.**
leccapièdi |lekka'pjɛdi| *s. inv.* (*spreg.*) [*chi si comporta con calcolato servilismo*] lèche-bottes # *fare il leccapiedi* (*di qc.*) lécher les bottes (de qqn.).
leccàrda |lek'karda| *s.f.* [*tegame posto sotto lo spiedo per raccogliere il grasso che ne cola*] lèchefrite → **ghiotta.**
leccàre |lek'kare| **A** *v.tr.* **1** [*toccare, lambire con la lingua*] lécher (8): *leccare un gelato, un dolce* lécher une glace, un gâteau; *il cane continuava a leccare la mano del padroncino* le chien continuait de lécher la main de son jeune maître; *leccare un francobollo* lécher un timbre; *leccare il piatto* lécher l'assiette □ (*fig.*) *leccarsi le ferite* lécher ses plaies; *leccarsi i baffi* se lécher les babines **2** (*raro, fig.*) [*rifinire minuziosamente*] lécher: *leccare uno scritto, una poesia* lécher un écrit, une poésie **3** (*fig.*) [*adulare in modo servile e per calcolo*] lécher: *leccare i piedi a qc.* lécher les bottes de qqn.; *leccare il direttore* lécher les bottes du directeur, faire de la lèche (*pop.*) au directeur **B** *v.pron. rifl.* LECCARSI **1** [*agghindarsi, azzimarsi*] se pomponner: *è già tardi: non star lì a leccarti tutto!* il est déjà tard: ne reste pas à te pomponner **2** → *tr.* 1 □.
leccàta |lek'kata| *s.f.* **1** [→ LECCARE A 1] coup *m.* de langue: *aveva le mani sporche per le leccate del cane* il avait les mains sales à cause des coups de langue du chien **2** [→ LECCARE A 3] lèche (*pop.*): *dopo tante leccate ai superiori, è stato promosso di grado* après avoir fait beaucoup de lèche à ses supérieurs, il est monté en grade → **adulazione.**
leccatìna |lekka'tina| *s.f.* **1** [→ LECCARE A 1] coup *m.* de langue # *posso dare una leccatina al tuo gelato?* est-ce que je peux lécher un peu ta glace? **2** (*fig.*) [→ LECCARE A 3] lèche: *conviene dargli una leccatina, prima di chiedergli quel favore* il faut lui faire de la lèche (*pop.*) avant de lui demander ce service.
leccàto |lek'kato| *agg.* (*persone*) [*lisciato, forbito come un damerino*] tiré à quatre épingles: *si presentò un tipo tutto leccato* un type tiré à quatre épingles se présenta ◇ (*cose*) [*affettato; di cattivo gusto*] léché: *stile leccato* style léché.
leccatùra |lekka'tura| *s.f.* **1** [*adulazione servile*] flagornerie: *è stata una meschina leccatura* cela a été une flagornerie mesquine **2** [*ricercatezza eccessiva e affettata*] affectation **3** (*raro*) [→ LECCARE A 1] léchage *m.*
leccéto |let'tʃeto| *s.m.* bois de chênes verts.
léccio, i |'lettʃo, i| *s.m.* (*t.bot.*) chêne vert, yeuse *f.* (*corr.*) ◇ [*il legno*] chêne vert.
leccornìa |lekkor'nia| *s.f.* [*cibo prelibato, appetitoso*] morceau *m.* de roi # *che leccornia, questa pietanza!* ce plat est une merveille!, c'est un plat exquis! → **ghiottoneria.**
lecitaménte |letʃita'mente| *avv.* [→ LECITO] d'une manière licite *loc. inv.*, licitement (*raro*).
lecitìna |letʃi'tina| *s.f.* (*chim.*) lécithine.
lécito |'letʃito| **1** *agg.* [*ammesso, consentito*] juste; permis: *un comportamento lecito* un comportement juste ‖ *è lecito domandarsi se...* il est permis de se demander si... ◇ (*dir.*) *atto* (*giuridicamente*) *lecito* acte (juridiquement) licite ◇ *loc.* (*formula di cortesia*) *se mi è lecito* si vous permettez **2** *s.m.* [→ *agg.*] ce qui est permis *loc. inv.*, ce qui est licite (*loc. inv.*): *distinguere il lecito dall'illecito* distinguer ce qui est permis, ce qui est licite de ce qui est illicite Ⓒ **illecito.**
lectio |'lɛktsjo| *s.f. inv.* (*lat.*) (*filol.*, *letter.*) leçon *var.*
lèdere |'lɛdere| (105) *v.tr.* [*danneggiare gravemente*] léser (8); endommager (3): *ledere gli interessi, i diritti di qc.* léser les intérêts, les droits de qqn. ‖ *il terremoto, l'esplosione ha leso la maggior parte degli edifici* le tremblement de terre, l'explosion a endommagé la plus grande partie des édifices → **lesionare** # *ledere l'onore, il buon nome di qc.* porter atteinte à l'honneur, à la réputation de qqn. → **offendere** ◇ (*med.*) [*alterare, in seguito a trauma*] léser: *il proiettile non ha leso organi vitali* le projectile n'a pas lésé d'organes vitaux.
1 **léga, ghe** |'lega, ge| *s.f.* **1** ligue, association: *lega sportiva* ligue, association sportive; *lega sindacale* association syndicale; *stringere, stipulare una lega* former une ligue; *rompere, sciogliere una lega* rompre, dissoudre une ligue # *lega doganale* union douanière ◇ (*st.*) *la Lega santa* la Ligue; *la lega lombarda* la ligue des communes lombardes **2** (*per est.*) [*accordo di più persone per fini pratici*] association ◇ (*loc.*) *far lega contro qc.* se liguer contre qqn.; *far lega con qc.* avoir partie liée avec qqn. ◇ (*spreg.*) [*combriccola, combutta*] clique: *è tutta una lega!* c'est une clique!, c'est une cabale!; *sono tutti una lega di furfanti* ils sont toute une clique de vauriens **3** (*tecnol.*) alliage (*m.*): *una lega di rame, di alluminio* un alliage de cuivre, d'aluminium # *acciaio di buona lega, di cattiva lega* acier de bon, de mauvais aloi ◇ (*fig.*) [*qualità, tipo*] *scherzi di bassa lega, di cattiva lega* plaisanteries de mauvais goût; *con individui di quella lega lì...* avec des individus de cet acabit...; *sono tutti della stessa lega* il sont tous de la même pâte.
2 **léga, ghe** |'lega, ge| *s.f.* [*unità di misura*] lieue: *lega marina* lieue marine; *percorrere mille leghe* parcourir mille lieues.
legàccio, i |le'gattʃo, i| *s.m.* [*cordoncino per legare*] lacet: *i legacci per le scarpe* les lacets de souliers → **stringa**

chiudere un pacco con un legaccio ficeler un paquet.
legàle |le'gale| **1** *agg.* [*relativo alla legge*] juridique: *questione, problema legale* question, problème juridique; *gli aspetti legali di una faccenda* les aspects juridiques d'une affaire; *fare il consulente legale* être conseiller juridique # *aprire uno studio legale* ouvrir un cabinet d'avocat; *l'ufficio legale di una ditta* le service du contentieux d'une entreprise ◇ (*dir.*) légal*: *interessi legali* intérêts légaux; *separazione legale tra due coniugi* séparation légale entre deux époux; *l'ora legale* l'heure légale; *il corso legale di una moneta* le cours légal d'une monnaie; *adire, esperire le vie legali* avoir recours, recourir aux voies légales; *medicina legale* médecine légale # *non raggiungere il numero legale per tenere un'assemblea* ne pas atteindre le quorum pour tenir une assemblée; *il medico legale* le médecin légiste; *carta legale* papier timbré; *copia legale di un documento* copie timbrée d'un document **2** *s.m.* [*avvocato, procuratore*] avocat: *ricorrere a un legale* avoir recours à un avocat; *consultare il proprio legale* consulter son avocat ◇ [*consulente legale*] avocat-conseil: *l'accordo è stato siglato dal legale della ditta* l'accord a été paraphé par l'avocat-conseil de l'entreprise ▣ 1 **illegale.**
legalismo |lega'lizmo| *s.m.* légalisme.
legalista |lega'lista| *s.* légaliste.
legalistico, ci, ca, che |lega'listiko, tʃi, ka, ke| *agg.* légaliste.
legalità |legali'ta| *s.f. inv.* légalité (*var.*): *essere, rimanere nella legalità* être, rester dans la légalité; *è un comportamento ai limiti della legalità* c'est un comportement dans les limites de la légalité ◇ (*dir.*) *la legalità di un provvedimento* la légalité d'une mesure.
legalitàrio, i |legali'tarjo, i| *agg.* (respecteux*) de la légalité (*loc. inv.*): *partito legalitario* parti de la légalité.
legalizzàre |legalid'dzare| *v.tr.* **1** (*bur.*) [*dichiarare, rendere autentico*] légaliser: *far legalizzare un documento, una copia* faire légaliser un document, une copie; *legalizzare la firma di qc.* légaliser la signature de qqn. → **autenticare** **2** (*dir.*) [*rendere legale*] légaliser: *legalizzare un provvedimento* légaliser une mesure.
legalizzàto |legalid'dzato| *agg.* (*bur.*) légalisé, authentifié: *un documento legalizzato* un document légalisé, authentifié.
legalizzazióne |legaliddzat'tsjone| *s.f.* [→ LEGALIZZARE] légalisation: *la legalizzazione di un documento, di una firma* la légalisation d'un document, d'une signature.
legalménte |legal'mente| *avv.* [→ LEGALE 1] légalement: *agire, procedere legalmente* agir, procéder légalement ◇ [*da un punto di vista legale*] *legalmente, hai ragione tu!* légalement, c'est toi qui as raison!
legàme |le'game| *s.m.* **1** (*fig.*) [*tutto ciò che tiene uniti; vincolo*] lien: *legami di sangue, di parentela* liens du sang, de parenté; *legame affettivo, sentimentale* lien affectif, sentimental; *un costante legame di amicizia* un lien constant d'amitié **2** [*connessione logica; nesso*] lien: *non vedere il legame tra due avvenimenti* ne pas voir le lien entre deux événements; *idee scombinate, senza legame* des idées désordonnées, sans lien **3** (*chim.*) liaison *f.* → **valenza.**
legaménto |lega'mento| *s.m.* **1** (*anat.*) ligament: *avere uno strappo ai legamenti muscolari* avoir une déchirure aux ligaments musculaires **2** (*ling., mus.*) liaison *f.*
legamentóso |legamen'toso| *agg.* ligamenteux*: *tessuto legamentoso* tissu ligamenteux.
legànte |le'gante| *s.m.* (*chim., edil.*) liant.
1 **legàre** |le'gare| **A** *v.tr.* **1** [*avvolgere, cingere con una fune o sim.*] lier; attacher: *legare un covone di grano* lier une gerbe de blé ‖ *legare una persona, le mani, i piedi di una persona* attacher une personne, les mains, les pieds d'une personne # *legare un pacco* ficeler un paquet ◇ [*fermare, fissare per mezzo di una fune o sim.*] attacher: *legare il cane alla catena* attacher le chien à la chaîne; *legare il cavallo, i buoi alla palizzata* attacher le cheval, les bœufs à la clôture ◇ (*loc. fig.*) *legare le mani, i piedi a qc.* lier les mains, les pieds à qqn. ~ *legare la lingua a qc.* lier la langue à qqn. ~ *è un tipo matto, pazzo da legare* c'est un type fou à lier → **eccentrico, stravagante** ~ *legarsi q.c. al dito, legarsela al dito* [*ricordarsene per vendicarsi*] ne pas être près de l'oublier; *questa me la lego al dito* je ne suis pas près de l'oublier **2** (*in alcune loc., con significati particolari*) *legare un volume* [*rilegarlo*] relier un volume ~ *legare un gioiello* [*incastonarlo*] sertir un diamant ~ *legare una salsa* [*renderla più densa*] lier une sauce ~ *legare i denti* (*detto di cibi aspri-gni*) [*allegarli*] agacer les dents ~ (*mus.*) *legare due note* lier deux notes **3** (*fig.*) (*ogg. di persona*) [*unire, collegare*] lier: *li legavano gli stessi ideali, le stesse amicizie* les mêmes idéaux, les mêmes amitiés les liaient ◇ [*tenere impegnato*] prendre (73): *il lavoro, gli impegni lo legano troppo* le travail, les engagements le prennent trop **4** (*fig.*) (*ogg. di persona*) [*obbligare, impegnare*] lier: *legare a sé qc. con la propria bontà, con le minacce, con il ricatto* lier qqn. à soi par sa bonté, par les menaces, par le chantage ◇ (*loc.*) *legare il proprio nome a un'impresa, a un'opera importante* lier son nom à une entreprise, à une œuvre importante **5** (*fig.*) (*ogg. di cosa*) [*collegare con la mente*] lier: *legare le idee, i pensieri* lier les idées, les pensées **B** *v.intr.* (*aus.* '*avere*') **1** (*tecnol.*) [*unirsi per formare una lega*] s'allier (*pron.*): *il rame lega con molti metalli* le cuivre s'allie à de nombreux métaux **2** (*fig.*) (*persone*) [*andare d'accordo; star bene insieme*] être (43) lié, se lier (*pron.*): *sono due tipi che legano bene* ce sont deux types qui sont très liés; *non lega molto con i suoi nuovi compagni* il ne se lie pas beaucoup avec ses nouveaux compagnons ◇ (*cose*) [*armonizzarsi, intonarsi*] aller (13) (*aus.* être) ensemble: *sono due colori che non legano* ce sont deux couleurs qui ne vont pas ensemble **C** *v.pron. rifl.* LEGARSI **1** [→ *tr.* 3] s'unir: *legarsi in matrimonio* s'unir en mariage **2** [→ *tr.* 4] se lier: *legarsi a qc. con promesse, giuramenti* se lier avec qqn. par des promesses, des serments; *legarsi sentimentalmente a qc.* se lier sentimentalement avec qqn. ▣ A 1 **slegare.**
2 **legàre** |le'gare| *v.tr.* (*dir.*) [*lasciare in legato*] léguer (8): *legare q.c. a qc.* léguer qqch. à qqn.
legàta |le'gata| *s.f.* (*nella loc.*) *dare una legata a un pacco* [*una legatura sommaria, fatta in qualche modo*] ficeler un paquet (tant bien que mal).
legatàrio, i |lega'tarjo, i| *s.* (*dir.*) légataire.
legatìzio, i |lega'tittsjo, i| *agg.* (*dir. eccl.*) du légat *loc. inv.*
1 **legàto** |le'gato| *agg.* **1** [*unito con una fune o sim.*] ficelé: *un pacco legato bene, male* un paquet bien, mal ficelé ◇ (*loc.*) *un libro legato in pelle* [*rilegato*] un livre relié en peau ~ *un gioiello legato* [*incastonato*] un bijou serti ◇ (*fig.*) lié; *due persone legate sentimentalmente* deux personnes liées sentimentalement; *essere legato a qc.* être lié a qqn.; *avere le mani legate* avoir les mains liées **2** (*fig.*) (*persone*) [*privo di scioltezza; poco disinvolto*] raide; emprunté: *essere legato nei movimenti* être raide dans ses mouvements ‖ *è troppo legato nel parlare* il est trop emprunté dans sa façon de parler ▣ 1 **slegato**; 2 **sciolto.**
2 **legàto** |le'gato| *s.m.* (*dir.*) legs.
3 **legàto** |le'gato| *s.m.* (*dir. eccl., st. rom.*) légat.
legatóre, trice |lega'tore, tritʃe| *s.* [*chi esegue opere di rilegatura*] relieur*.
legatorìa |legato'ria| *s.f.* **1** [*laboratorio dove si rilegano libri*] atelier *m.* de reliure: *ho portato il libro in legatoria* j'ai apporté le livre à l'atelier de reliure, au relieur **2** [*l'arte del rilegare libri*] reliure.
legatùra |lega'tura| *s.f.* **1** [→ 1 LEGARE A 1] lien *m.*, liage *m.* (*raro*): *fare una legatura stretta, larga* faire un lien serré, large; *la legatura ha ceduto* le lien a cédé ◇ (*med.*) ligature **2** [→ 1 LEGARE A 2] reliure; monture: *la legatura dei libri* la reliure des livres ‖ *la legatura dei gioielli* la monture des bijoux **3** (*mus.*) liaison.
legazióne |legat'tsjone| *s.f.* **1** légation: *consigliere di legazioni* conseiller de légations; *rivolgersi alla legazione del proprio paese* s'adresser à la légation de son pays **2** (*st. eccl.*) légation.
legènda |le'dʒɛnda| *s.f. inv.* légende *var.*
légge |'leddʒe| *s.f.* **1** (*dir., corr.*) loi: *legge costituzionale, ordinaria, speciale* loi constitutionnelle, ordinaire, spéciale; *legge regionale* loi régionale; *progetto, disegno di legge* projet de loi; *legge stralcio* loi provisoire; *legge delega, delegata* décret-loi, ordonnance; *legge quadro, catenaccio* loi-cadre, loi du cadenas; *legge programma* loi-programme; *legge di iniziativa governativa, parlamentare, popolare* loi d'initiative gouvernementale, parlementaire, populaire; *proporre, discutere, approvare una legge* proposer, discuter, approuver une loi ✦ (*in funzione di agg. inv.*) *decreto-legge* décret-loi **2** (*per est.*) [*l'insieme delle leggi; l'ordinamento giuridico*] loi: *la legge è uguale per tutti* la loi est la même pour tous; *ubbidire, sottostare alla legge* obéir, se plier à la loi; *essere fuori della legge* être hors la loi; *fuori (della) legge* hors-la-loi → **fuorilegge** ◇ (*prov.*) *fatta la legge, trovato l'in-*

ganno il y a toujours un moyen de tourner la loi; *in nome della legge* au nom de la loi ◇ [*la scienza del diritto*] droit (*m.*): *studiare legge* étudier le droit; *essere iscritto a legge* être inscrit au droit, être étudiant en droit; *dottore in legge* docteur en droit → **giurisprudenza** ◇ [*autorità giudiziaria*] *ricorrere alla legge* recourir à la justice; *essere perseguitato dalla legge* être poursuivi par la loi ◇ (*loc. fig.*) *dettar legge, dare* (*far*) *legge* dicter, faire la loi; *in questo campo la moda italiana detta legge* dans ce domaine, la mode italienne fait la loi ~ *in quel gruppo, la legge la fa lui* dans ce groupe, c'est lui qui fait la loi **3** (*per est.*) [*norma, principio di comportamento*] loi: *le leggi della cortesia, del galateo* les lois de la courtoisie, des bonnes manières; *la legge dell'onore* la loi de l'honneur ◇ (*loc. fig.*) *la legge del più forte* la loi du plus fort ~ *la legge del taglione* la loi du talion ~ *la legge della giungla* la loi de la jungle **4** (*per est.*) [*principi fondamentali di scienze e arti*] loi: *le leggi della fisica* les lois de la physique; *le leggi di Galileo, di Keplero, di Newton* les lois de Galilée, de Képler, de Newton; *le leggi chimiche, economiche* les lois de la chimie, économiques; *la legge della domanda e dell'offerta* la loi de l'offre et de la demande; *le leggi linguistiche, fonetiche, sintattiche, grammaticali* les lois linguistiques, phonétiques, syntaxiques, grammaticales; *le leggi statistiche, della statistica* les lois de la statistique; *le leggi dell'armonia* les lois de l'harmonie.

leggènda |led'dʒɛnda| *s.f.* **1** légende: *la leggenda della fondazione di Roma* la légende de la fondation de Rome; *una raccolta di leggende popolari* un recueil de légendes populaires → **fiaba, favola** ◇ (*fig.*) *un'impresa che è ormai diventata una leggenda, che sembra una leggenda* une entreprise qui est désormais devenue une légende, qui semble être une légende **2** (*fig.*) [*bugia, fandonia*] légende: *la sua imbattibilità è solo una leggenda* son invincibilité n'est qu'une légende; *non dar credito a quei pettegolezzi: sono tutte leggende* ne crois pas à ces commérages: ce ne sont que des légendes → **mito** **3** [*spiegazione di segni convenzionali; didascalia*] légende: *la leggenda di una mappa, di una carta geografica* la légende d'une carte, d'une carte géographique ◇ [*iscrizione*] *la leggenda di una moneta* la légende d'une monnaie, l'inscription sur une monnaie.

leggendarietà |leddʒendarje'ta| *s.f. inv.* caractère *m. var.* légendaire: *la leggendarietà delle origini di un popolo* le caractère légendaire des origines d'un peuple.

leggendàrio, i |leddʒen'darjo, i| *agg.* légendaire: *racconti leggendari* récits légendaires ◇ (*per est.*) *la leggendaria impresa dei Mille* la célèbre entreprise des Mille; *un campione sportivo divenuto ormai leggendario* un champion sportif devenu désormais légendaire → **epico** ✦ (*in funzione di s.m.*) *una vicenda che ha del leggendario* une histoire légendaire *agg.*

lèggere |'lɛddʒere| (154) *v.tr.* **1** [*individuare e interpretare parole scritte*] lire (55): *leggere una lettera, un libro, un giornale* lire une lettre, un livre, un journal ✦ (*ass.*) *imparare a leggere* apprendre à lire; *non saper leggere* ne pas savoir lire; *leggere mentalmente, ad alta voce, stentatamente* lire mentalement, à haute voix, avec difficulté; *leggere a prima vista* lire à livre ouvert; *dove sei arrivato a leggere (il libro)?* où en es-tu arrivé dans ta lecture (du livre)?; *ho passato tutto il pomeriggio a leggere* j'ai passé tout l'après-midi à lire ◇ (*detto di un testo o di un autore*) [*spiegare, commentare*] *leggere 'I Promessi Sposi' a una scolaresca* lire 'I Promessi Sposi' à des élèves; *leggeremo frammenti di poesia lirica* nous lirons des fragments de poésie lyrique ◇ [*venire a sapere, apprendere attraverso la lettura, spec. del giornale*] *hai letto le ultime notizie?* as-tu lu les dernières nouvelles?; *ho letto del disastro ferroviario* j'ai lu cette catastrophe de chemin de fer; *ho letto sul giornale che ci saranno nuovi aumenti di prezzo* j'ai lu sur le journal des nouvelles hausses de prix ◇ (*loc.*) *si legge che* (+ *indic.*) on lit que (+ *indic.*) ~ (*fig.*) *un libro che si legge, che si lascia leggere* [*discreto*] un livre qui se lit, qui se laisse lire **2** (*fig.*) [*individuare, venire a conoscere da indizi*] lire: *ti leggo in fronte la tua meraviglia* je lis sur ta figure ton étonnement; *gli si leggeva negli occhi la gioia, lo stupore* on lisait dans ses yeux la joie, l'étonnement ◇ (*loc.*) *ti leggo nel pensiero* je lis au fond de tes pensées **3** (*fig.*) [*interpretare, intendere*] lire: *che cosa leggi qui?* qu'est-ce que tu lis ici?; *quel filologo legge diversamente questo passo* ce philologue lit de façon différente ce passage ◇ (*loc.*) *leggere la mano, le carte* lire les lignes de la main, lire les cartes **4** (*per est.*) [*interpretare segni convenzionali o naturali*] lire: *leggere un messaggio cifrato, una formula chimica* lire un message chiffré, une formule chimique; *leggere un brano, uno spartito di musica* lire un morceau, une partition de musique; *leggere un diagramma, una radiografia, un elettrocardiogramma* lire un graphique, une radiographie, un électrocardiogramme; *leggere il contatore del gas, della luce* lire le compteur du gaz, de l'électricité.

leggerézza |leddʒe'rettsa| *s.f.* **1** (*cose*) légèreté: *la leggerezza di un carico* la légèreté d'une charge; *leggerezza di mano* légèreté de main **2** (*persone*) légèreté: *comportarsi con leggerezza* se comporter avec légèreté; *è criticata per la sua leggerezza* elle est critiquée pour sa légèreté → **imprudenza** ◇ [*azione sconsiderata*] *è stata una leggerezza imperdonabile fidarsi di lui* cela a été une légèreté impardonnable de se fier à lui Ⓒ 1 **pesantezza**; 2 **serietà.**

leggerménte |leddʒer'mente| *avv.* [→ LEGGERO 1, 2] légèrement: *zoppicava leggermente* il boitait légèrement.

leggèro |led'dʒɛro| *agg.* **1** léger*: *un pacco, un abito leggero* un paquet, un vêtement léger ◇ (*mil.*) *truppe leggere, armate alla leggera* troupes légères; *artiglieria leggera* artillerie légère ◇ (*sport*) *peso leggero* poids léger; *atletica leggera* athlétisme ◇ (*loc. fig.*) *essere leggero come una piuma, come una foglia* être léger comme une plume ~ *avere la mano leggera* avoir la main légère ~ *avere un tocco leggero* avoir un toucher léger ~ *cibi leggeri* mets légers ~ *stare leggeri* (*di stomaco*) faire un repas léger ~ *aria leggera* air léger **2** [*di forza o intensità limitata*] léger: *un leggero colpo di tosse* une légère toux; *una pioggia leggera* une pluie légère; *un leggero stormire di fronde* un léger bruissement de feuilles → **lieve** ◇ (*fig.*) [*di scarsa entità; esiguo*] *ottenere un leggero aumento di stipendio* obtenir une légère augmentation de salaire; *ho un leggero mal di testa* j'ai un léger mal de tête, une légère migraine; *fare un leggero sforzo* faire un léger effort ◇ [*di scarso impegno*] *letture leggere* lectures légères # *un compito leggero* un devoir facile ◇ (*loc.*) *musica leggera* musique légère **3** (*fig.*) (*persone*) [*poco serio; poco riflessivo*] léger: *sei stato troppo leggero a fidarti di lui!* tu as été trop léger en te fiant à lui; *una ragazza, una donna leggera* une fille, une femme légère; *tenere un comportamento troppo leggero* avoir un comportement trop léger → **imprudente** ◇ (*loc. fig.*) *a cuor leggero* d'un cœur léger ~ ALLA LEGGERA à la légère: *non prenderla troppo alla leggera: è una faccenda importante!* ne la prends pas trop à la légère: c'est une affaire importante! Ⓒ 1 **pesante, grave**; 2 **forte** 1, **intenso**; 3 **serio.**

leggiadraménte |leddʒadra'mente| *avv.* [→ LEGGIADRO] gracieusement.

leggiadrìa |leddʒa'dria| *s.f.* [*bellezza, grazia*] grâce: *la leggiadria di un volto, di una fanciulla* la grâce d'un visage, d'une petite fille.

leggiàdro |led'dʒadro| *agg.* [*grazioso, delicato*] gracieux*: *un viso, un portamento leggiadro* un visage, un port gracieux.

leggìbile |led'dʒibile| *agg.* [→ LEGGERE] lisible: *una grafia poco leggibile* une graphie peu lisible; *uno scritto leggibile* un écrit lisible; *scrivete, possibilmente, in modo leggibile!* écrivez, si possible, de façon lisible!; *quel libro non è un gran che, però è leggibile* [*ha qualche pregio*] ce livre ne vaut pas grand-chose, mais il est lisible Ⓒ **illeggibile.**

leggibilità |leddʒibili'ta| *s.f. inv.* (*raro*) → **deciframento.**

leggibilménte |leddʒibil'mente| *avv.* [→ LEGGIBILE] lisiblement: *scrivere leggibilmente* écrire lisiblement.

leggicchiàre |leddʒik'kjare| *v.tr.* [*leggere svogliatamente, superficialmente*] parcourir (17) distraitement: *leggicchiare i titoli di un giornale* parcourir distraitement les titres d'un journal ◇ [*leggere in modo discontinuo*] feuilleter (5): *di tanto in tanto leggicchia un po'* de temps en temps il feuillette qqch. ◇ [*leggere stentatamente*] lire (55) tant bien que mal: *leggicchiare un po' d'inglese* lire tant bien que mal un peu d'anglais.

leggièro |led'dʒɛro| *agg.* (*raro*) → **leggero.**

leggìna |led'dʒina| *s.f.* [*particolare legge che favorisce interessi ristretti o settoriali*] petite loi.

leggìo, ii |led'dʒio, ii| *s.m.* porte-missel; pupitre: *il leggio del celebrante* le porte-missel du célébrant ‖ *il leggio del direttore d'orchestra* le pupitre du chef d'orchestre.

leggitóre, trice |leddʒi'tore, tritʃe| *s.* → **lettore.**

leggiucchiàre |leddʒuk'kjare| *v. tr.* → **leggicchiare.**
leghìsta |le'gista| *s.* [*seguace di una lega, spec. di carattere sindacale*] membre d'une ligue.
legiferàre |ledʒife'rare| *v.intr.* (*aus.* '*avere*') [*adempiere alla funzione legislativa*] légiférer (8): *il Parlamento legifera* le Parlement légifère ◇ (*fig., scherz.*) *chi credi di essere, per legiferare su tutto?* pour qui te prends-tu pour légiférer sur tout?
legionàrio, i |ledʒo'narjo, i| *s.m.* **1** (*st. rom.*) légionnaire: *i legionari di Cesare* les légionnaires de César ✦ *agg.* (*raro*) *le forze, le insegne legionarie* les forces, les enseignes des légionnaires *s.* **2** (*corr.*) *i legionari della Legion d'onore* les membres de la Légion d'honneur; *i legionari della legione straniera* les légionnaires de la légion étrangère.
legióne |le'dʒone| *s.f.* **1** (*st. rom.*) légion: *le legioni di Roma* les légions de Rome **2** (*mil.*) légion: *le legioni dell'arma dei carabinieri* les légions des carabiniers; *la legione straniera* la légion étrangère ◇ (*per est.*) *la Legion d'onore* (*francese*) la Légion d'honneur (française) **3** (*fig.*) [*grande moltitudine; massa*] légion, cohorte: *si radunò in piazza una legione di sfaccendati* une légion, une cohorte de désœuvrés se rassembla sur la place.
legislatìvo |ledʒizla'tivo| *agg.* législatif*: *atti legislativi* actes législatifs ✦ (*s.m.*) *il* (*potere*) *legislativo* le (pouvoir) législatif.
legislatóre |ledʒizla'tore| *s.m.* législateur* *s.* ✦ (*agg.*) *Stato legislatore* État législateur.
legislatùra |ledʒizla'tura| *s.f.* législature ◇ (*per est.*) *la quarta legislatura della Repubblica italiana* la quatrième législature de la République italienne; *conclusione anticipata di una legislatura* fin anticipée d'une législature; *essere eletto per due legislature* être élu pour deux législatures.
legislazióne |ledʒizlat'tsjone| *s.f.* législation: *la legislazione italiana, francese* la législation italienne, française; *legislazione scolastica, del lavoro* législation scolaire, du travail.
legìsta |le'dʒista| *s.m.* (*raro*) → **giurista.**
legìttima |le'dʒittima| *s.f.* (*dir.*) (portion) légitime.
legittimaménte |ledʒittima'mente| *avv.* **1** [→ LEGITTIMO 1] légitimement: *un terreno legittimamente acquistato* un terrain légitimement acquis; *legittimamente uniti in matrimonio* unis légitimement en mariage **2** [→ LEGITTIMO 2] légitimement: *va legittimamente fiero del suo lavoro, della sua famiglia* il est légitimement fier de son travail, de sa famille.
legittimàre |ledʒitti'mare| *v.tr.* **1** (*dir.*) [*rendere qc. idoneo a compiere un'attività giuridica*] légitimer: *legittimare un atto amministrativo* légitimer un acte administratif; *legittimare un figlio* légitimer un enfant **2** (*per est.*) [*scusare; giustificare*] légitimer: *nessuna attenuante può legittimare la sua prepotenza, i suoi soprusi* aucune excuse ne peut légitimer sa violence, ses abus de pouvoir.
legittimàrio, i |ledʒitti'marjo, i| *s.m.* (*dir.*) réservataire.
legittimàto |ledʒitti'mato| *agg.* (*dir.*) légitimé: *un figlio legittimato* un enfant légitimé.
legittimazióne |ledʒittimat'tsjone| *s.f.* [→ LEGITTIMARE 1] légitimation: *la legittimazione di un atto, di un figlio* la légitimation d'un acte, d'un enfant.
legittimìsmo |ledʒitti'mizmo| *s.m.* (*st. polit.*) légitimiste.
legittimìsta |ledʒitti'mista| *s. e agg.* (*st. polit.*) légitimiste.
legittimìstico, ci, ca, che |ledʒitti'mistiko, tʃi, ka, ke| *agg.* (*st. polit.*) légitimiste.
legittimità |ledʒittimi'ta| *s.f. inv.* **1** (*dir.*) légitimité (*var.*): *la legittimità di un atto* la légitimité d'un acte ◇ (*st.*) *legittimità di una dinastia di sovrani* légitimité d'une dynastie de souverains **2** (*per est.*) [*ragionevolezza; giustificabilità*] légitimité, bien-fondé (*m.*): *la legittimità di un dubbio, di un sospetto* la légitimité, le bien-fondé d'un doute, d'un soupçon → **fondatezza** Ⓒ 1 **illegittimità**; 2 **infondatezza.**
legìttimo |le'dʒittimo| *agg.* **1** (*dir.*) légitime: *un atto legittimo* un acte légitime; *figlio legittimo* enfant légitime; *agire per legittima difesa* agir par, en légitime défense ◇ (*st.*) *re, sovrano legittimo* roi, souverain légitime **2** (*per est.*) [*giustificato, lecito; ammesso*] légitime: *in questo caso il dubbio, il sospetto è legittimo* dans ce cas le doute, le soupçon est légitime → **fondato**; *la tua è una legittima aspirazione* ton aspiration est légitime; *mi sembra legittimo non trascurare i miei interessi* il me semble légitime de ne pas négliger mes intérêts Ⓒ 1 **illegittimo**; 2 **infondato.**
légna |'leɲɲa| *s.f.* (*raro al plur.* '*legne, legna*') (*con valore coll.*) [*legname da ardere*] bois *m.* de chauffage # *legna verde, secca* (*stagionata*) bois vert, sec; *stufa a legna* poêle à bois; *andare a far legna* aller faire du bois; *spaccare la legna* couper du bois ◇ (*loc.*) *mettere, aggiungere legna al fuoco*: (*pr.*) mettre, ajouter du bois dans le feu; (*fig.*) jeter de l'huile sur le feu ~ (*fig.*) *portar legna al bosco* porter de l'eau à la rivière.
legnàceo |leɲ'ɲatʃeo| *agg.* (*raro*) [*di legno; sim. al legno*] ligneux*.
legnàia |leɲ'ɲaja| *s.f.* [*locale, deposito per la legna*] bûcher *m.*
legnaiòlo |leɲɲa'jɔlo| *s.m.* **1** [*manovale addetto ai lavori di grosso taglio, nei boschi*] bûcheron **2** (*raro*) → **falegname 3** (*raro*) → **boscaiolo, taglialegna.**
legnàme |leɲ'ɲame| *s.m.* [*legno da costruzione, da lavoro*] bois: *magazzino di legname* entrepôt de bois; *negoziante di legname* marchand de bois; *una partita di legname* un stock de bois.
legnàre |leɲ'ɲare| *v.tr.* (*pop.*) [*bastonare*] rosser (*corr.*): *è stato legnato di santa ragione* il a été proprement rossé.
legnàta |leɲ'ɲata| *s.f.* coup *m.* de bâton: *si è preso un sacco, un fracco di legnate* il a reçu une volée de coups de bâtons → **bastonata.**
legnàtico, ci |leɲ'ɲatiko, tʃi| *s.m.* (*dir.*) affouage, droit de coupe.
légno |'leɲɲo| *s.m.* **1** (*bot.*) bois: *legno primario, secondario* bois primaire, secondaire; *legno quassio* bois de quassia; *legno puzzo* bois puant # *legno tek* teck, tek **2** (*come materiale adoperato per usi diversi*) bois: *legno da ardere* bois de chauffage, à brûler → **legna**; *legno da costruzione* bois de construction → **legname**; *un pavimento di legno* un sol en bois → **'parquet'**; *legno di rovere, di tek, di noce* bois de chêne, de teck, de noix ◇ [*pezzo di legno*] morceau de bois: *raccogliere un legno da terra* ramasser un morceau de bois par terre ◇ (*loc.*) *pasta di legno* pâte de bois ~ *carta di legno* papier de bois ~ (*legno*) *compensato* (bois) contre-plaqué ~ *legno artificiale* bois artificiel ~ *lana di legno* laine de bois ◇ (*loc. fig.*) *testa di legno* tête dure → **testone** ~ *essere duro come il legno* être dur comme du bois; *questa bistecca è dura come il legno* ce bifteck est dur comme du bois **3** *al plur.* (*mus.*) *i legni dell'orchestra* les bois de l'orchestre **4** (*raro*) [*nave, imbarcazione*] navire **5** (*ant.*) → **carrozza 6** (*lett.*) → **albero.**
legnòlo |leɲ'ɲɔlo| *s.m.* → **trefolo.**
legnosità |leɲɲosi'ta| *s.f. inv.* [*struttura, durezza sim. a quella del legno*] lignosité (*var.*): *la legnosità di un materiale* la lignosité d'un matériau ◇ (*per est.*) dureté: *la legnosità di una bistecca* la dureté d'un bifteck.
legnóso |leɲ'ɲoso| *agg.* **1** (*bot.*) ligneux*: *tessuto legnoso* tissu ligneux; *pianta legnosa* plante ligneuse **2** [*duro, consistente come il legno*] ligneux: *una materia legnosa* une matière ligneuse ◇ (*per est.*) *carne legnosa* viande dure, filandreuse ◇ (*fig.*) *un viso legnoso, una figura legnòsa* un visage sec, une silhouette raide; *un individuo legnoso* un individu sec, raide; *un carattere legnoso* un caractère dur → **aspro.**
legulèio |legu'lɛjo| *s.* (*spreg.*) [*avvocato cavilloso*] avocassier: *avere una mentalità da leguleio* avoir une mentalité d'avocassier → **azzeccagarbugli.**
legùme |le'gume| *s.m.* → **baccello** ◇ *al plur.* (*nome generico dei semi commestibili*) légumes: *legumi freschi, secchi, surgelati* légumes frais, secs, surgelés; *contorno di legumi* garniture de légumes.
legumièra |legu'mjɛra| *s.f.* légumier *m.*
Leguminóse |legumi'nose| *s.f. pl.* (*t.bot.*) Légumineuses.
lèi |'lɛi| **I** *pron. pers. di 3ª pers. sing.* **1** (*sogg.*) *N.B. in questo uso sostituisce sempre più frequentemente* '*ella*' *e* '*essa*', *soprattutto nella lingua fam.* elle: *lei non mi parla più* elle ne me parle plus; *è lei che me lo ha scritto* c'est elle qui me l'a écrit; *questo lo dice lei!* cela, c'est elle qui le dit!; *non fate come lei* ne faites pas comme elle; *ne sapevamo quanto lei* nous en savions autant qu'elle → **ella, essa** ◇ (*loc.*) *se fossi* (*in*) *lei* si j'étais elle; *ci vada lei stessa, e poi vedrà!* qu'elle y aille elle-même, et elle verra! ◇ (*posposto agli avv.* '(*ne*)*anche*, (*nep*)*pure, nemmeno*') *anche* (*pure*) *lei lo sapeva* elle le savait elle aussi; *neanche* (*neppure, nemmeno*) *lei poteva aiutarci molto* elle non plus ne pouvait pas nous aider beaucoup ◇ (*unito a un v. all'inf., al part., al ger.*) *lei, accettare una simile proposta?* elle, accepter pareille proposition?; *uscita lei, tutti se ne sono andati* elle partie, ils sont tous partis; *contenta lei...* puis-qu'elle est contente...; *perdendo lei, abbiamo perso anche noi* puisqu'elle était perdante,

nous l'étions nous aussi **2** *ogg.* elle: *ho visto solo lei* je n'ai vu qu'elle; *abbiamo invitato proprio lei* c'est justement elle que nous avons invitée → 2 **la**, 2 **le** ◇ (*posposto agli avv.* '(*ne*)*anche*, (*nep*)*pure*, *nemmeno*') *vogliamo anche* (*pure*) *lei* nous voulons elle aussi; *non crediamo neanche* (*neppure*, *nemmeno*) *lei* elle non plus nous ne la croyons pas **3** (*compl. indiretto*) elle: *è a lei che ho telefonato* c'est à elle que j'ai téléphoné; *è a lei che mi sono rivolto e non a voi* c'est à elle que je me suis adressé et non (pas) à vous; *è di lei che stavamo parlando* c'est d'elle que nous parlions; *non esce più con lei* il ne sort plus avec elle; *oggi pomeriggio andiamo tutti da lei* aujourd'hui après-midi nous allons tous chez elle ◇ (*in usi bur.*) son, sa (*agg. poss.*): *il di lei contratto è nullo* son contrat est nul; *il di lei padre è deceduto* son père est décédé → 2 **suo** ◇ (*in usi lett.*) *la di lei bellezza* sa beauté; *le di lei opinioni non mi interessano* ses opinions ne m'intéressent point **4**. (*pron. di cortesia*) vous: *se lei vuole...* si vous voulez...; (*lei*) *riceverà la fattura* vous recevrez la facture; *lo faccio per lei* je fais cela pour vous; *la prego, dopo di lei* je vous en prie, après vous **II** *s.m.* vous # *dare del lei a qc.* vouvoyer qqn.; *usare il lei con qc.*, *trattare una persona con il lei* vouvoyer qqn.

leitmotiv |'laitmoti:f| *s.m. inv.* (*ted.*) (*mus.*) leitmotiv* (*var.*): *dei leitmotiv* des leitmotive; *i leitmotiv delle opere di Wagner* les leitmotive des œuvres de Wagner ◇ (*per est.*) *il leitmotiv delle opere di un poeta, di un artista* le leitmotiv des œuvres d'un poète, d'un artiste.

lem |lɛm| *s.m. inv.* (*amer.*) (*astronautica*) lem *var.* (L.M.); module *var.* lunaire.

lémbo |'lembo| *s.m.* **1** [*estremità di un abito o di un oggetto di biancheria*] pan; coin: *il lembo del mantello, del soprabito* le pan du manteau, du pardessus ‖ *prendere un fazzoletto per il lembo* prendre un mouchoir par le coin ◇ (*per est.*) [*margine, estremità*] bord; extrémité (*f.*): *il lembo della strada* le bord de la route ‖ *al lembo settentrionale dell'Europa* à l'extrémité septentrionale de l'Europe # *i lembi di una ferita* les lèvres d'une blessure **2** (*fig.*) [*zona limitata*] morceau: *un lembo di terra, di cielo* un morceau de terre, de ciel **3** (*bot.*) limbe.

lèmma |'lɛmma| *s.m.* **1** (*filos.*, *mat.*) lemme **2** (*ling.*) article.

lemmàrio, i |lem'marjo, i| *s.m.* (*ling.*) nomenclature *f.*

lemmàtico, ci |lem'matiko, tʃi| *agg. m.* (*mat.*) lemmatique.

lemmatizzàre |lemmatid'dzare| *v.tr.* (*ling.*) [*registrare come lemma*] répertorier un article (dans un dictionnaire).

lemmatizzazióne |lemmatiddzat'tsjone| *s.f.* [→ LEMMATIZZARE] insertion, enregistrement *m.* d'un article (dans un dictionnaire).

lèmme lèmme |'lɛmme'lɛmme| *loc. avv.* [*con grande flemma*; *molto lentamente*] tout tranquillement: *camminare lemme lemme* marcher tout tranquillement; *se ne veniva lemme lemme* il arrivait tout tranquillement.

lemming |'lemiŋ| *s.m. inv.* (*ingl.*) (*t.zool.*) lemming *var.*

lèmna |'lɛmna| *s.f.* (*t.bot.*) lemna.

Lemnàcee |lem'natʃee| *s.f. pl.* (*t. bot.*) Lemnacées.

lemniscàta |lemnis'kata| *s.f.* (*mat.*) lemniscate.

lemnisco, chi |lem'nisko, ki| *s.m.* (*arch.*) lemnisque.

lemon-grass |'lemәngra:s| *s.m.* (*ingl.*) (*t.bot.*) lemon-grass.

1 **lèmure** |'lɛmure| *s.m.* (*t.zool.*) lémure, lémurien.

2 **lèmure** |'lɛmure| *s.m.* (*mitol. rom.*) lémure.

Lemùridi |le'muridi| *s.m. pl.* (*t. zool.*) Lémuriens.

léna |'lena| *s.f.* **1** [*grande energia*; *forte impegno*] énergie, ardeur: *infondere lena in qc.* insuffler de l'énergie, de l'ardeur à qqn.; *lavorare di* (*gran*) *lena* travailler avec ardeur; *riprendere il lavoro con nuova lena* reprendre le travail avec une énergie nouvelle → **entusiasmo, alacrità** **2** (*raro*) [*respiro, fiato*] haleine, souffle (*m.*): *riprender lena dopo un grande sforzo* reprendre haleine, son souffle après un grand effort; *giungere esausto e senza lena* arriver épuisé et à bout de souffle.

lèndine |'lɛndine| *s.m.* (*raro al f.*) [*uova di pidocchio*] lente *f.*

lendinóso |lendi'noso| *agg.* plein de lentes → **pidocchioso.**

lène |'lɛne| *agg.* **1** (*lett.*) → **lieve, leggero** **2** (*fig.*, *lett.*) → **dolce,** 1 **soave.**

leniménto |leni'mento| *s.m.* [→ LENIRE] adoucissement.

leninismo |leni'nizmo| *s.m.* (*polit.*) léninisme.

leninista |leni'nista| *s. e agg.* léniniste.

lenire |le'nire| (197) *v.tr.* [*calmare, attenuare*] calmer: *lenire il dolore fisico, morale* calmer la douleur physique, morale → **mitigare** # *lenire le sofferenze altrui* adoucir les souffrances d'autrui Ⓒ **inasprire, irritare.**

lenitivo |leni'tivo| *agg. e s.m.* (*farm.*) lénitif* → **calmante.**

lenocinio, i |leno'tʃinjo, i| *s.m.* (*dir.*) proxénétisme, maquerellage (*pop.*): *colpevole di lenocinio* coupable de proxénétisme, de maquerellage ◇ (*fig.*) [*allettamento, lusinga*] artifice: *i lenocini della retorica* les artifices de la rhétorique.

lenóne |le'none| *s.* (*lett.*) → **ruffiano.**

1 **lentàggine** |len'taddʒine| *s.f.* (*t. bot.*) laurier-tin *m.*

2 **lentàggine** |len'taddʒine| (*raro*) → **lentezza.**

lentaménte |lenta'mente| *avv.* **1** [→ LENTO 1] lentement: *l'ammalato sta lentamente spegnendosi, riprendendosi* le malade s'éteint, se reprend lentement **2** [→ LENTO 3] lâchement: *legare una fune troppo lentamente* attacher un câble trop lâchement.

lènte |'lɛnte| *s.f.* **1** (*fis.*, *corr.*) lentille: *lente cilindrica, sferica* lentille cylindrique, sphérique; *lenti convergenti, divergenti* lentilles convergentes divergentes; *lente da microscopio, da cannocchiale* lentille de microscope, de longue-vue; *lenti addizionali per macchine fotografiche* lentilles additionnelles pour appareils de photo # *lente d'ingrandimento* verre grossissant **2** *al plur.* [*occhiali*] lunettes: *lenti montate in oro* lunettes montées en or; *usare le lenti* utiliser, porter des lunettes; *ho dimenticato a casa le lenti* j'ai oublié mes lunettes à la maison ◇ (*loc.*) *lenti a contatto* verres *m.* de contact **3** (*anat.*) *lente cristallina* lentille cristallinienne **4** (*negli orologi a pendolo*) lentille **5** (*raro*) → **lenticchia** **6** (*raro*) → **lentiggine.**

lentézza |len'tettsa| *s.f.* lenteur: *lentezza di movimenti* lenteur de mouvements; *procedeva con una lentezza esasperante* il avançait avec une lenteur exaspérante; *è proverbiale la lentezza della burocrazia* la lenteur de la bureaucratie est proverbiale Ⓒ **velocità, rapidità, sveltezza.**

lentia |len'tia| *s.f.* (*mar.*) trévire.

lenticchia |len'tikkja| *s.f.* **1** (*t. bot.*) lentille ~ *lenticchia d'acqua, di palude* lentille d'eau **2** *spec. al plur.* [*il seme commestibile*] lentilles: *lenticchie in umido* lentilles en sauce; *zampone con contorno di lenticchie* pied de porc aux lentilles ◇ (*loc. fig.*) *dare, cedere, vendere q.c. per un piatto di lenticchie* donner, céder, vendre qqch. pour un plat de lentilles.

lenticèlla |lenti'tʃɛlla| *s.f.* (*bot.*) lenticelle.

lenticolàre |lentiko'lare| *agg.* (*anat.*, *scient.*, *tecnol.*) lenticulaire, lenticulé.

lentifórme |lenti'forme| *agg.* (*scient.*) lentiforme.

lentiggine |len'tiddʒine| *s.f.* (*med.*, *corr.*) tache de rousseur: *ha il viso pieno di lentiggini* elle a le visage plein de taches de rousseur → **efelide.**

lentigginóso |lentiddʒi'noso| *agg.* lentigineux*: *viso lentigginoso* visage lentigineux.

lentisco, chi |len'tisko, ki| *s.m.* (*t.bot.*) lentisque.

lènto |'lɛnto| *agg.* **1** lent: *un movimento lento* un mouvement lent; *camminare a passi lenti* marcher à pas lents; *essere lento nel capire, nel decidere* être lent à comprendre, à décider # *essere lento nel camminare* marcher lentement ◇ (*per est.*) *una malattia lenta* une maladie lente; *una medicina ad azione lenta* un médicament à action lente; *un veleno lento* un poison lent; *cuocere a fuoco lento* cuire à feu doux, à petit feu; *un film, un dramma lento nell'azione* un film, un drame lent dans l'action ◇ (*loc. fig.*) *essere lento come una lumaca, come una tartaruga* être lent comme un escargot, comme une tortue **2** (*mus.*) lento *avv.* # *un'esecuzione lenta* une exécution lente ♦ *s.m.* slow **3** [*allentato*; *non teso*] lâche: *un cavo lento, una fune lenta* un câble, une corde lâche; *una vite lenta* une vis lâche # *tenere le redini lente* lâcher les rênes ◇ (*per est.*) *un vestito lento alla vita* un vêtement lâche à la taille ◇ (*lett.*) *capelli lenti* [*sciolti*] cheveux dénoués **4** (*lett.*) → **flessibile** Ⓒ 1 **veloce, rapido, svelto**; 3 **teso, tirato.**

lènza |'lɛntsa| *s.f.* **1** (*pesca*) ligne: *gettare la lenza* lancer la ligne; *pescare con la lenza* pêcher à la ligne **2** (*pop.*, *fig.*) [*persona molto furba*] roublard *m.* (*fam.*): *che lenza, quel tuo amico!* quel roublard, ton ami!

lenzuòlo |len'tswɔlo| *s.m.* *N.B. il plur. è 'lenzuola'* (*f.*) *solo se riferito a paia da usare nel letto* **1** [*ciascuno dei teli tra i quali si dorme, nel letto*] drap: *il lenzuolo di sopra, di sotto* le drap de dessus, de dessous; *lenzuoli bianchi, colorati* draps blancs, de couleurs; *un paio di lenzuola ricamate, sporche, pulite* une paire de draps brodés, sales, propres; *lenzuola a una piazza, a due piazze* petit drap, grand drap; *infilarsi sotto le lenzuola* se glisser sous les couvertures, entre deux draps # *stare al caldo delle lenzuola* rester dans la chaleur des couvertures ◇ (*loc. fig.*) *grande come un lenzuolo* [*di grandezza spropositata*] grand comme un drap de lit: *un fazzoletto grande come un lenzuolo* un mouchoir grand comme un drap de lit **2** (*fig.*) *un candido lenzuolo di neve* un blanc linceul de neige → **coltre.**

leonardésco, chi, ca, che |leonar'desko, ki, ka, ke| *agg.* de Léonard (de Vinci) (*loc. inv.*): *la 'Cena' leonardesca* la 'Cène' de Léonard de Vinci; *i manoscritti leonardeschi* les manuscrits de Léonard (de Vinci).

leoncìno |leon'tʃino| *s.m.* **1** petit lion **2** [*cucciolo del leone*] lionceau.

leóne |le'one| *s.m.* **1** (*t.zool.*) lion ~ *leone marino* lion de mer **2** (*in loc. fig.*) [*simbolo di forza, di fierezza*] lion: *battersi, combattere come un leone* se battre, combattre comme un lion ~ *non avere un cuor da leone* ne pas avoir un cœur de lion ~ *oggi mi sento un leone* aujourd'hui je me sens un lion ~ *la zampata del leone* la griffe du lion ~ *fare la parte del leone* faire la part du lion **3** (*astrol., astron.*) Lion: *i nati sotto il segno del Leone* ceux qui sont nés sous le signe du Lion.

leonésco, chi, ca, che |leo'nesko, ki, ka, ke| *agg.* (*raro*) de lion *loc. inv.* → 1 **leonino.**

leonéssa |leo'nessa| *s.f.* [*femmina del leone*] lionne ◇ (*st. it.*) *la Leonessa d'Italia* [*attributo della città di Brescia*] ⊠.

1 **leonìno** |leo'nino| *agg.* de lion (*loc. inv.*): *coraggio leonino* courage de lion ◇ (*loc. fig.*) *patto leonino* contrat léonin.

2 **leonìno** |leo'nino| *agg.* (*letter.*) *verso leonino* vers léonin.

3 **leonìno** |leo'nino| (*agg.*) *la Città leonina* [*il Vaticano*] la Cité léonine; *le Mura leonine* les Murs léonins.

leontìasi |leon'tiazi| *s.f. inv.* (*med.*) léontiasis.

leontopòdio, i |leonto'pɔdjo, i| *s.m.* → **edelweiss.**

leopardiàno |leopar'djano| *agg.* de Léopardi (*loc. inv.*): *le poesie leopardiane* les poèmes de Léopardi; *la strofa leopardiana* la strophe de Léopardi.

leopàrdo |leo'pardo| *s.m.* (*t.zool.*) léopard ~ *leopardo di mare* léopard des mers ~ *leopardo delle nevi* léopard des neiges.

lepidaménte |lepida'mente| *avv.* (*raro*) [→ LEPIDO] avec esprit *loc. inv.*

lepidézza |lepi'dettsa| *s.f.* [*arguzia nel parlare*] esprit (*m.*): *incantava tutti con la sua lepidezza* il enchantait tout le monde par son esprit ◇ [*motto arguto*] trait *m.* d'esprit: *queste lepidezze sono proprio fuori posto* ces traits d'esprit sont nettement déplacés → **facezia.**

lepìdio, i |le'pidjo, i| *s.m.* (*t.bot.*) lépidium.

lèpido- |'lepido| *pref.* (*significa 'squamoso', corrisponde gener. a*) lépido: *Lepidotteri* Lépidoptères.

lèpido |'lɛpido| *agg.* (*raro*) [*spiritoso, faceto*] spirituel* (*corr.*): *un motto, un detto lepido* une devise spirituelle, un dicton spirituel → **arguto.**

lepidodèndro |lepido'dɛndro| *s.m.* (*t.bot.*) lépidodindron.

lepidolìte |lepido'lite| *s.f.* (*miner.*) lépidolithe *m.*

lepidosirèna |lepidosi'rɛna| *s.f.* (*t.zool.*) lépidosirène *m.*

Lepidòtteri |lepi'dɔtteri| *s.m. pl.* (*t.zool.*) Lépidoptères.

lepiòta |le'pjɔta| *s.f.* (*t.bot.*) lépiote.

lepìsma |le'pizma| *s.f.* (*t.zool.*) lépisme *m.*

lepóre |le'pore| *s.m.* (*lett.*) → **garbo; grazia.**

Lepòridi |le'pɔridi| *s.m. pl.* (*t.zool.*) Léporidés.

leporìno |lepo'rino| *agg.* (*nella loc.*) *labbro leporino* bec-de-lièvre *loc. inv.*

lèpre |'lɛpre| *s.f.* **1** (*t.zool.*) lièvre *m.* ~ *lepre europea* lièvre commun ~ *lepre bianca, di monte* lièvre blanc, changeant ~ *lepre di mare* lièvre de mer ◇ (*corr.*) *lepre in salmì, in umido, alla cacciatora* civet de lièvre, lièvre en sauce, lièvre sauté chasseur ◇ (*loc. fig.*) *correre, fuggire come una lepre* courir, fuir comme un lièvre **2** (*nei cinodromi*) *lepre meccanica* lièvre mécanique.

leprologìa, gie |leprolo'dʒia, dʒie| *s.f.* léprologie.

lepròlogo, gi |le'prɔlogo, dʒi| *s.m.* léprologue.

lepròtto |le'prɔtto| *s.m.* jeune lièvre, levraut.

Leptocàrdi |lepto'kardi| *s.m. pl.* → **Cefalocordati.**

leptocèfalo |lepto'tʃɛfalo| *s.m.* (*t. zool.*) leptocéphale.

leptolìtico, ci, ca, che |lepto'litiko, tʃi, ka, ke| *s.m. e agg.* leptolithique.

leptóne |lep'tone| *s.m.* (*fis.*) lepton.

leptospiròsi |leptospi'rɔzi| *s.f. inv.* (*med., veter.*) leptospirose *var.*

lèrcio, ci, cia, ce |'lɛrtʃo, tʃi, tʃa, tʃe| *agg.* [*sporco, sudicio in modo ripugnante*] crasseux*: *un luogo lercio* un endroit crasseux; *avere le mani lerce* avoir les mains crasseuse, sales → **sozzo** ◇ (*fig.*) *un individuo lercio* un individu sordide ◆ *s.m.* [*lerciume*] louche: *in tutto questo c'è del lercio* il y a quelque chose de louche dans tout ça.

lerciùme |ler'tʃume| *s.m.* [*sudiciume, sporcizia*] crasse (*f.*): *pulisci quel lerciume!* nettoie cette crasse! → **sozzura** ◇ (*fig.*) *era nauseato dal lerciume di quell'ambiente* il était vraiment écœuré par, de ce mileu.

lèsbica, che |'lɛzbika, ke| *s.f.* lesbienne.

lèsbico, ci, ca, che |'lɛzbiko, tʃi, ka, ke| *agg.* **1** [*di Lesbo*] lesbien*: *il dialetto lesbico* le dialecte lesbien **2** [*caratterizzato da lesbismo*] lesbien: *comportamento lesbico* comportement lesbien.

lesbìsmo |lez'bizmo| *s.m.* (*med.*) lesbianisme, lesbisme.

lesèna |le'zɛna| *s.f.* (*arch.*) pilastre *m.*

lésina |'lezina| *s.f.* **1** (*tecnol.*) alêne **2** (*fig.*) [*sordida avarizia; spilorceria*] pingrerie, lésine (*lett.*): *una politica di lesina* une politique de lésine ◇ (*per est., raro*) [*persona avara, spilorcia*] avare, pingre.

lesinàre |lezi'nare| **A** *v.tr.* [*risparmiare il più possibile*] lésiner: # *gli lesina persino il centesimo* il est près de ses sous **B** *v.intr.* (*aus. 'avere'*) [→ *tr.*] lésiner: *lesinare sul mangiare* lésiner sur le manger Ⓒ **abbondare, largheggiare.**

lesionàre |lezjo'nare| *v.tr.* [*danneggiare; rendere pericolante (un edificio)*] lézarder: *il terremoto ha lesionato quasi tutte le case* le tremblement de terre a lézardé presque toutes les maisons.

lesionàto |lezjo'nato| *agg.* [*che presenta lesioni*] lézardé: *gli edifici lesionati* les édifices lézardés.

lesióne |le'zjone| *s.f.* (*fig.*) [→ LEDERE] atteinte: *questa è una lesione al mio onore* c'est une atteinte à mon honneur → **offesa, danno** ◇ (*dir.*) lésion: *lesione personale* lésion corporelle ◇ (*edil.*) lézarde: *controllare le lesioni di un edificio* contrôler les lézardes d'un édifice ◇ (*med.*) lésion: *lesione cerebrale* lésion cérébrale; *una lesione al fegato, ai polmoni* une lésion au foie, aux poumons.

lesìvo |le'zivo| *agg.* qui porte atteinte (à) *loc.*, qui lèse (*loc.*): *un comportamento lesivo dei diritti altrui* un comportement qui porte atteinte, qui lèse les droits d'autrui; *parole lesive della reputazione di qc.* paroles qui portent atteinte à la réputation de qqn.

léso |'lezo| *agg.* [*offeso; danneggiato*] lésé *p.p.* ◇ (*dir.*) *la parte lesa* la partie lésée; *delitto di lesa maestà* crime de lèse-majesté ◇ (*edil.*) lézardé (*p.p.*): *i muri lesi* les murs lézardés ◇ (*med.*) *un organo leso* un organe lésé.

lessàre |les'sare| *v.tr.* [*cuocere (un cibo) in acqua bollente*] faire (45) *intr.* boullir, cuire (75) à l'eau: *lessare la carne, le patate* faire bouillir, cuire à l'eau de la viande, des pommes de terre; *mettere a lessare il pollo* faire bouillir le poulet.

lessàta |les'sata| *s.f.* courte cuisson à l'eau, blanchissement *m.* # *dare una lessata alla carne, alla verdura* faire bouillir légèrement, blanchir la viande, les légumes.

lessàto |les'sato| *agg.* → **lesso** 1.

lessatùra |lessa'tura| *s.f.* [→ LESSARE] cuisson à l'eau.

lessèma |les'sema| *s.m.* (*ling.*) lexème.

lessicàle |lessi'kale| *agg.* lexical*: *problemi lessicali* problèmes lexicaux; *è un ragazzo di estrema povertà lessicale* c'est un garçon d'une extrême pauvreté lexicale.

lessicalizzàto |lessikalid'dzato| *agg.* (*ling.*) lexicalisé.

lessicalizzazióne |lessikalid-dzat'tsjone| *s.f.* (*ling.*) lexicalisation.

lèssico, ci |'lɛssiko, tʃi| *s.m.* **1** [*dizionario scient. o lett.*] lexique: *un lessico di latino medievale* un lexique de latin médiéval **2** (*ling.*) lexique: *è una parola usata nel lessico familiare* c'est un mot employé dans le lexique familier # *studiare il lessico infantile, sportivo* étudier le vocabulaire enfantin, sportif.

lessicografìa |lessikogra'fia| *s.f.* lexicographie.

lessicogràfico, ci, ca, che |lessiko'grafiko, tʃi, ka, ke| *agg.* lexicographique.

lessicògrafo |lessi'kɔgrafo| *s.* lexicographe.

lessicologìa, gie |lessikolo'dʒia, dʒie| *s.f.* lexicologie.

lessicològico, ci, ca, che |lessiko'lɔdʒiko, tʃi, ka, ke| *agg.* lexicologique.

lessicòlogo, gi |lessi'kɔlogo, dʒi| *s.* lexicologue.

lésso |'lesso| **1** *agg.* [*cotto in acqua bollente*] bouilli: *patate lesse, pollo lesso* pommes de terre bouillies à l'eau, poule au pot ◇ (*loc. avv.*) *cuocere a lesso* faire bouillir, cuire à l'eau ◆ (*s.m.*) *abbiamo mangiato dell'ottimo lesso* nous avons mangé un excellent bouilli, pot-au-feu **2** *s.m.* [*taglio di carne di manzo*] pot-au-feu (*inv.*): *ho comprato del lesso* j'ai acheté du pot-au-feu.

lestaménte |lesta'mente| *avv.* [→ LESTO 1] rapidement, promptement → **prontamente, rapidamente; velocemente.**

lestézza |les'tettsa| *s.f.* [*velocità prontezza*] promptitude, rapidité: *lestezza di mano* rapidité des gestes; *lestezza nel decidere* promptitude à décider ◇ [*agilità*] *muoversi con lestezza* se déplacer avec rapidité, agilité.

lèsto |'lɛsto| *agg.* **1** (*persone*) [*veloce, svelto*] rapide: *è un ragazzo molto lesto* c'est un garçon rapide # *se ne andò lesto lesto* il partit à toute vitesse ◇ (*loc. fig.*) *essere lesto di mano* avoir la main leste ~ *essere lesto di lingua* avoir la repartie facile ◇ (*loc. avv.*) *alla lesta* [*in fretta*] vite *avv.*, à la hâte **2** (*raro*) (*cose*) [*sbrigativo, spiccio*] rapide: *è un lavoro lesto* c'est un travail rapide; *sarà una cosa molto lesta* ce sera une chose très rapide, expéditive Ⓒ **lento, tardo.**

lestofànte |lesto'fante| *s.* [*losco imbroglione*] filou (*m.*): *non fidarti di quel lestofante!* méfie-toi de ce filou! ◇ [*malvivente*] escroc (*m.*): *quei lestofanti sono stati acciuffati tutti* ces escrocs ont été tous arrêtés.

letàle |le'tale| *agg.* (*lett.*) [*che porta la morte*] mortel* (*corr.*): *una ferita letale* une blessure mortelle → **mortale, fatale.**

letalità |letali'ta| *s.f. inv.* (*raro, lett.*) → **mortalità.**

letamàio, i |leta'majo, i| *s.m.* **1** [*luogo dove si ammassa il letame*] fosse *f.* à fumier **2** (*fig.*) [*luogo pieno di sporcizia*] porcherie (*f.*): *che letamaio, questa stanza!* quelle porcherie cette pièce!

letamàre |leta'mare| *v.tr.* (*raro*) [*concimare* (*un terreno*) *con letame*] fumer.

letàme |le'tame| *s.m.* [*concime organico fatto di lettiera ed escrimenti*] fumier.

letàrgico, ci, ca, che |le'tardʒiko, tʃi, ka, ke| *agg.* (*med., zool.*) léthargique: *stato letargico* état léthargique.

letàrgo, ghi |le'targo, gi| *s.m.* **1** (*zool.*) léthargie (*f.*): *essere, cadere in letargo* être, tomber en léthargie ◇ (*med.*) *letargo ipnotico* léthargie hypnotique **2** (*fig.*) léthargie, torpeur (*f.*): *le arti e le scienze erano in letargo* les arts et les sciences étaient en léthargie; *svegliare qc. dal suo letargo* tirer qqn. de sa torpeur → **torpore, decadimento.**

leticàre |leti'kare| *e deriv.* (*raro*) → **litigare** *e deriv.*

letificàre |letifi'kare| *v.tr.* (*raro, lett.*) → **allietare, rallegrare.**

letizia |le'tittsja| *s.f.* [*gioia, serenità*] joie: *vivere in* (*perfetta*) *letizia* vivre dans la joie.

lètta |'lɛtta| *s.f.* [*lettura rapida e sommaria*] coup *m.* d'œil: *dare una letta al giornale* jeter un coup d'œil sur le journal → **scorsa.**

lettàccio, i |let'tattʃo, i| *s.m.* [*letto duro e scomodo*] grabat.

lèttera |'lɛ(e)ttera| *s.f.* **1** lettre: *le lettere dell'alfabeto* les lettres de l'alphabet; *lettera maiuscola, minuscola, iniziale* lettre majuscule, minuscule, initiale; *scrivere un numero, una cifra in lettere* écrire un nombre, un chiffre en toutes lettres; *scrivere un avviso a lettere cubitali* écrire un avis en lettres capitales, en grandes capitales ◇ (*come indicazione di 'parti, capoversi' e sim.*) *studiare il capitolo II, dalla lettera A alla lettera D* étudier le chapitre II, de la lettre A à la lettre D ◇ (*mat.*) *espressione con le lettere* expression avec des lettres ◇ (*tip.*) *sostituire una lettera difettosa* remplacer une lettre défectueuse → **carattere** ◇ (*loc. fig.*) *scrivere, imprimere nella memoria a lettere di fuoco* écrire, imprimer dans la mémoire en lettres de feu ~ *una storia scritta a lettere di sangue* une histoire écrite avec du sang ~ *rimanere, restare* LETTERA MORTA rester lettre morte: *le mie parole sono restate lettera morta* mes paroles sont restées lettre morte **2** *loc. fig.* ALLA LETTERA à la lettre, au pied de la lettre: *interpretare una legge, una disposizione alla lettera* interpréter une loi, une disposition à la lettre, au pied de la lettre; *eseguire alla lettera un ordine* exécuter un ordre à la lettre; *non prendere alla lettera tutto quello che dicono!* ne prends pas au pied de la lettre tout ce qu'ils disent ◇ [*letteralmente*] à la lettre, littéralement *avv.*, mot à mot: *tradurre alla lettera un brano di latino, di francese* traduire un passage de latin, de français à la lettre, littéralement, mot a mot **3** [*comunicazione scritta*; *missiva*] lettre: *lettera di auguri, di condoglianze, di affari, di raccomandazione* lettre de vœux, de condoléances, d'affaires, de recommandation; *una lettera d'amore* une lettre d'amour; *lettera esplosiva* lettre piégée; *le lettere al direttore di un giornale* les lettres au directeur d'un journal; *una lettera raccomandata, espresso, con tassa a carico del destinatario* une lettre recommandée, exprès, en port dû; *carta da lettera* papier à lettres; *la buca, la cassetta delle lettere* la boîte aux lettres; *scrivere, affrancare, spedire, ricevere una lettera* écrire, affranchir, envoyer, recevoir une lettre; *pubblicare le lettere di Cicerone, di Gramsci* publier les lettres de Cicéron, de Gramsci → **epistolario** ◇ (*loc.*) *lettera aperta* lettre ouverte ~ (*lettera*) *circolare* (lettre) circulaire ~ *lettere pontificie, apostoliche* lettres papales, apostoliques ~ (*lettera*) *enciclica* encyclique ~ *le* (*lettere*) *credenziali* les lettres de créance **4** (*loc. comm.*) *lettera di credito* lettre de crédit; *lettera di pegno* lettre de gage; *lettera di vettura* lettre de voiture **5** *al plur.* [*studi umanistici, letteratura*] lettres: *le lettere classiche, moderne* les lettres classiques, modernes; *le lettere italiane, latine* les lettres italiennes, latines; *la facoltà* (*universitaria*) *di lettere e filosofia* la faculté des lettres; *studente di lettere, iscritto al IV anno di lettere* étudiant en lettres, inscrit à la quatrième année de lettres; *professore di lettere* professeur de lettres ◇ (*loc.*) *un uomo di lettere* [*colto*] un homme de lettres ~ (*raro, ant.*) *le belle lettere* les (belles-)lettres.

letteràccia, ce |lette'rattʃa, tʃe| *s.f.* lettre d'injures # *adesso gli scrivo io una letteraccia!* je lui écris tout de suite une lettre salée!

letteràle |lette'rale| *agg.* **1** [*fedele alla lettera di un testo*] littéral*: *traduzione letterale* traduction littérale; *uso questa parola nel suo senso letterale* j'emploie ce mot dans son sens littéral **2** (*mat.*) littéral: *espressione letterale* expression littérale Ⓒ **1 approssimativo.**

letteralità |letterali'ta| *s.f. inv.* littéralité *var.*

letteralménte |letteral'mente| *avv.* **1** [→ LETTERALE 1] littéralement: *tradurre, interpretare letteralmente* traduire, interpréter littéralement **2** (*fam.*) [*proprio*; *del tutto*] littéralement: *sono letteralmente sfinita, esausta!* je suis littéralement épuisée, à bout de forces!; *mi hanno letteralmente assediato con le loro richieste* il m'ont littéralement assailli de questions.

letterariaménte |letterarja'mente| *avv.* [*sotto l'aspetto lett.*] littérairement # *un'opera letterariamente riuscita, perfetta* une œuvre très réussie du point de vue littéraire.

letterarietà |letterarje'ta| *s.f. inv.* littérarité *var.*, caractère *m. var.* littéraire.

letteràrio, i |lette'rarjo, i| *agg.* littéraire: *storia, critica letteraria* histoire, critique littéraire; *premio letterario* prix littéraire; *un avvenimento letterario* un événement littéraire; *insegna materie letterarie* il enseigne des matières littéraires ◇ (*ling.*) *lingua letteraria* langue littéraire; *termini, costruzioni di uso letterario* termes, constructions d'emploi littéraire.

letteràto |lette'rato| *s.* [*chi è istruito, colto in letter.*] lettré: *un insigne letterato* un éminent lettré, homme de lettres ◇ (*spreg.*) *pedanteria da letterati* pédantisme de littérateurs ◆ *agg.* (*raro*) *una persona letterata* une personne lettrée.

letteratùra |lettera'tura| *s.f.* **1** littérature: *letteratura italiana, francese* littérature italienne, française; *la letteratura greca del V^e sec. a.C.* la littérature greque du Ve siècle av. J.-C.; ◇ (*spreg.*) [*produzione lett. pregevole ma non ispirata, lontana dalla realtà*] *fare della letteratura* faire de la littérature; *questa è letteratura della peggiore specie* cette littérature est de la pire espèce **2** (*per est.*) [*l'insieme della bibliografia su un determinato argomento scient.*] littérature: *letteratura medica, giuridica* littérature médicale, juridique **3** (*per est.*) [*lo stampato accluso a una confezione farmaceutica*] notice.

lettièra |let'tjɛra| *s.f.* **1** [*lo strame delle stalle*] litière **2** (*raro*) [*intelaiatura del letto*] châlit *m.*

lettìga, ghe |let'tiga, ge| *s.f.* **1** [*lettino per il trasporto di malati o feriti*] civière, brancard *m.* **2** (*st.*) litière.

lettighière |letti'gjɛre| *s.m.* **1** [*chi trasporta malati o feriti con la lettiga*] brancardier* *s.* **2** (*st.*) porteur* *s.* de litière.

lettino |let'tino| *s.m.* petit lit, lit d'enfant.

lettistèrnio, i |lettis'tɛrnjo, i| *s.m.* (*st. rom.*) lectisterne.

1 **lètto** |'lɛtto| *s.m.* **1** lit: *letto a una piazza, a due piazze* lit à une place, à deux places; *letto matrimoniale* grand

lit; *letto pieghevole, ribaltabile* lit-cage, lit escamotable; *una camera a un letto, a due letti* chambre à un lit, à deux lits; *rifare, rincalzare il letto* faire, border le lit; *a che ora vai a letto?* à quelle heure vas-tu au lit, te couches-tu?; *mettere a letto i bambini* mettre au lit les enfants, coucher les enfants; *a mezzogiorno era ancora a letto* à midi il était encore au lit, couché; *era ancora a letto per l'influenza* il gardait encore le lit à cause de la grippe; *si è messo a letto, non sta bene* il s'est mis au lit, il n'est pas bien; *ha fatto due mesi di letto* il est resté deux mois au lit, alité; *saltare giù dal letto* sauter du lit # *camera da letto* chambre à coucher; *stare a letto fino a tardi* faire la grasse matinée; *si è appena alzato dal letto* il vient de se lever ◇ (*loc.*) *letto di degenza* lit d'hôpital ~ *letto operatorio* table opératoire ~ *letto di trazione* lit orthopédique ~ (*dir.*) *figli di primo, di secondo letto* enfants du premier, du second lit ◇ (*loc. fig.*) *letto di dolore* lit de douleur ~ *letto di morte* lit de mort ~ *essere in un letto di rose* être couché sur un lit de roses ~ *letto di spine* être dans de beaux draps, dans une situation épineuse ~ *essere in un letto di Procuste* être sur un lit de Procuste ~ *andare a letto con qc.* coucher avec qqn. ~ *l'hanno buttato giù dal letto* [*costretto ad alzarsi di buon'ora*] ils l'ont tiré de son lit ~ *andare a letto con le galline* se coucher comme les poules ✦ (*posposto a un sost., con funzione di agg. inv.*) *divano letto* lit-divan; *poltrona letto* fauteuil transformable **2** (*per est.*) [*qualunque giaciglio*] lit: *farsi un letto con un po' di paglia, di fieno* se faire un lit avec un peu de paille, de foin ◇ [*lettiera, strame*] litière (*f.*): *il letto delle vacche, dei bachi da seta* la litière des vaches, des vers à soie **3** (*fig.*) [*lunga degenza*] *il letto lo ha fiaccato* le lit l'a mis à plat **4** (*geogr.*) lit: *il letto di un fiume* le lit d'un fleuve → **alveo** ◇ (*geol.*) *letto di erosione* lit d'érosion; *letto alluvionale* lit alluvional ◇ (*agr.*) *letto di semina* couche *f.* de semaille **5** (*tecnol.*) lit: *letto di posa* lit de pose; *letto di fusione* lit de fusion.

2 **lètto** |'lɛtto| *agg.* [*che è oggetto di lettura*] lu (*p.p.*): *è un libro molto letto* c'est un livre très lu.

lèttone |'lɛttone| **1** *agg.* [*della Lettonia*] lette, letton*: *la civiltà lettone* la civilisation lette, letton(n)e **2** (*s.m.*) *il lettone* [*la lingua*] le lette, le letton.

lettoràto |letto'rato| *s.m.* **1** charge *f.* de lecteur: *lettorato di francese, di inglese* charge de lecteur de français, d'anglais **2** (*eccl.*) ordre de lecteur, lectorat.

lettóre, trice |let'tore, tritʃe| *s.* **1** *s.* lecteur*, liseur*: *avviso ai lettori* avis au lecteur; *la posta dei lettori* le courrier des lecteurs ‖ *essere un accanito lettore di giornali, di libri, di fumetti* être un grand liseur de journaux, de livres, de bandes dessinées **2** *s.* (*nelle Università*) lecteur: *un lettore di tedesco* un lecteur d'allemand; *una lettrice di spagnolo* une lectrice d'espagnol **3** *s.m.* (*eccl.*) lecteur **4** *s.m.* (*tecnol.*) lecteur: *lettore ottico* lecteur optique.

lettùra |let'tura| *s.f.* **1** lecture: *sala di lettura* cabinet, salle de lecture; *il libro di lettura* le livre de lecture; *essere immerso, assorto nella lettura di un giornale, di un giallo* être plongé, absorbé dans la lecture d'un journal, d'un roman policier # *un libro di facile, di diffice lettura* un livre facile, difficile à lire ◇ (*loc.*) *fare la lettura di un contatore* relever un compteur ~ (*bur.*) *dare lettura della sentenza* donner lecture d'un arrêt ~ (*dir.*) *legge approvata in prima, in seconda lettura* loi adoptée en première, en seconde lecture **2** [*ciò che viene letto*] lecture: *letture amene, piacevoli* lectures amusantes, agréables; *le sue letture preferite* les lectures qu'il préfère; *certe letture lo hanno rovinato* certaines lectures l'ont perdu **3** (*filol.*) lecture.

letturìsta |lettu'rista| *s.m.* [*addetto alla lettura di contatori di consumi pubblici*] releveur* (*s.*): *il letturista del gas, dell'elettricità* le releveur du compteur du gaz, de l'électricité.

leucemìa |leutʃe'mia| *s.f.* (*med.*) leucémie.

leucèmico, ci, ca, che |leu'tʃɛmiko, tʃi, ka, ke| *agg. e s.* leucémique.

leucìna |leu'tʃina| *s.f.* (*chim.*) leucine.

leucìsco, chi |leu'tʃisko, ki| *s.m.* (*t.zool.*) able.

leucìte |leu'tʃite| *s.f.* (*miner.*) leucite.

lèuc(o)- |'lɛuk(o)| *pref.* (*scient.*) (*significa 'bianco, chiaro', corrisponde gener. a*) leuc(o): *leucemia* leucémie; *leucocito* leucocyte.

leucocìta |leuko'tʃita|, **leucocìto** |leuko'tʃito| *s.m.* (*biol.*) leucocyte.

leucocitàrio, i |leukotʃi'tarjo, i| *agg.* (*biol.*) leucocytaire: *formula leucocitaria* formule leucocytaire.

leucocitòsi |leukotʃi'tɔzi| *s.f. inv.* (*med.*) leucocytose *var.*

leucòma |leu'kɔma| *s.m.* (*med.*) leucoma, leucome.

leucopenìa |leukope'nia| *s.f.* (*med.*) leucopénie.

leucoplasìa |leukopla'zia| *s.f.* (*med.*) leucoplasie.

leucoplàsto |leuko'plasto| *s.m.* (*bot.*) leucoplaste.

leucorrèa |leukor'rɛa| *s.f.* (*med.*) leucorrhée.

leucorròico, ci, ca, che |leukor'rɔiko, tʃi, ka, ke| *agg.* leucorrhoïque.

leucòsi |leu'kɔzi| *s.f. inv.* (*med.*) leucose *var.*

lev |lɛf| *s.m.* [*unità monetaria della Bulgaria*] lev: *dei leva* des leva.

1 **lèva** |'lɛva| *s.f.* **1** (*fis., corr.*) levier (*m.*): *leva di 1°, 2°, 3° grado* levier du 1er, du 2e, du 3e genre; *i bracci della leva* les bras du levier ◇ (*fig.*) *il denaro, l'ambizione è una leva potente* l'argent, l'ambition est un levier puissant → **stimolo** ◇ *loc.* FAR LEVA: (*pr.*) *far leva con un palo, con la lama di un coltello* se servir comme levier d'une poutre, d'une lame de couteau; (*fig.*) *far leva sull'orgoglio, sull'ambizione di qc.* flatter la vanité, l'ambition de qqn. **2** (*tecnol., corr.*) levier: *leva a mano, a pedale* levier à main, à pied; *la leva del cambio, dello sterzo* le levier de changement (de vitesse), de direction ◇ (*loc.*) *la leva del comando*: (*pr., aer.*) levier de commande; (*fig.*) *avere, accentrare nelle proprie mani le leve del comando* tenir, détenir les leviers de commande.

2 **lèva** |'lɛva| *s.f.* **1** (*mil., corr.*) recrutement (*m.*): *ufficio (di) leva* bureau de recrutement # *commissione di leva* conseil de révision; *lista di leva* rôle militaire; *servizio di leva* service militaire; *obblighi di leva* obligations militaires; *essere scartato alla (visita di) leva* être réformé ◇ (*loc.*) *essere di leva* être appelé sous les drapeaux ~ *andare di leva* aller au service militaire ~ *renitente alla leva* réfractaire ◇ [*contingente arruolato della stessa classe*] *la leva del 1960* la classe de 1960 **2** (*fig.*) [*gruppo destinato ad altri servizi*; *generazione*] génération: *aspettiamo l'apporto delle nuove leve* nous attendons l'apport des nouvelles générations; *le nuove leve del teatro, della cinematografia* les nouvelles générations du théâtre, du cinéma.

levàbile |le'vabile| *agg.* [→ 1 LEVARE] qu'on peut lever (enlever) *loc.*

levalloisiàno |levallwa'sjano| *agg. e s.m.* levalloisien*.

levànte |le'vante| *s.m.* **1** levant, est: *vento di levante* vent d'est; *dirigersi verso levante* se diriger vers le levant, l'est; *il podere confina a levante con un ruscello* la terre confine à l'est avec un ruisseau; *la Riviera di Levante* la Riviera du Levant → **est, oriente** ✦ *agg.* (*geogr.*) *l'Impero del Sol levante* [*il Giappone*] l'Empire du Soleil-Levant **2** (*geogr.*) *il Levante* l'Orient, le Levant (*arc.*): *le importazioni dal Levante* les importations de l'Orient Ⓒ 1 **ponente, ovest, occidente.**

levantìna |levan'tina| *s.f.* (*tess.*) levantine.

levantìno |levan'tino| **1** *agg.* levantin: *profumo levantino* parfum levantin **2** (*s.*) *un levantino* un levantin ◇ (*fig., spreg.*) *un'astuzia da levantino* des ruses de Sioux.

1 **levàre** |le'vare| **A** *v.tr.* **1** [*alzare, sollevare*] lever (6): *levare le braccia, gli occhi al cielo* lever les bras, les yeux au ciel # *non gli levava gli occhi di dosso* elle ne le quittait pas des yeux; *levare di peso qc., q.c. da terra* soulever qqn., qqch de terre ◇ (*fig.*) *levare il pensiero a Dio* élever sa pensée vers Dieu; *levare un grido di dolore, alte grida* pousser un cri de douleur, les hauts cris → **innalzare** ◇ (*loc.*) *levare l'ancora* lever l'ancre, appareiller ~ *levare il bollore* entrer en ébullition ~ *levare la selvaggina* lever le gibier ◇ (*loc. fig.*) *non ha levato un dito in suo aiuto* il n'a pas levé le petit doigt pour l'aider ~ *levare qc. alle stelle, al settimo cielo* [*esaltarlo*] porter qqn. aux nues **2** [*rimuovere, allontanare*] enlever (6): *levare un ostacolo* enlever, éliminer un obstacle; *leva via tutta questa roba dàlla tavola!* enlève tout cela de la table!; *gli levò di mano il coltello, la pistola* il lui enleva le couteau, le révolver □ *levarsi il trucco, il rossetto* se démaquiller, enlever son rouge à lèvres; *levarsi i guanti, il cappotto* enlever ses gants, son manteau ◇ [*abolire, eliminare*] lever, enlever: *levare una tassa, una proibizione* lever une taxe, une interdiction; *levare le macchie da un abito* enlever, ôter les taches d'un vêtement ◇ [*estrarre, cavare*] arracher: *levare un dente* arracher une dent ◇ (*ogg. di persona*) *levare il proprio figlio da un collegio, da una scuola* [*ritirarlo*] retirer son fils d'un collège, d'une école ◇ (*loc. fig.*) *levare la parola di bocca a qc.* couper la parole à qqn. ~ *levare la fame, la sete* assouvir sa

faim, étancher sa soif ~ *levare un desiderio* se passer un caprice ~ *è uno spettacolo che leva il fiato* c'est un spectacle à couper le souffle ~ *levare il saluto a qc.* ne plus saluer qqn. ~ *levare il credito, la fiducia a qc.* ôter le crédit, retirer la confiance à qqn. ~ LEVARE DI MEZZO *un avversario, una persona* se débarrasser d'un adversaire, d'une personne; *levare di mezzo un ostacolo* supprimer un obstacle → **eliminare** ~ *levare il disturbo* débarrasser qqn. de sa présence ~ *levare qc. dalla strada* donner un emploi à qqn. ~ *due scapaccioni non te li leva nessuno!* tu vas avoir une paire de claques, tu n'y couperas pas! □ *levarsi la fame, la sete* assouvir sa faim, étancher sa soif ~ *levarsi un capriccio* se passer un caprice ~ *levarsi la voglia di fare q.c.* se payer le luxe de faire qqch. ~ *levarsi un'idea dalla testa* s'ôter une idée de la tête; *queste idee, levatele dalla testa* ôte-toi ces idées de la tête ~ *levarsi un pensiero, una preoccupazione* se libérer d'un souci ~ *levarsi il pane di bocca* s'ôter le pain de la bouche ~ *levarsi di torno qc.* se débarrasser de qqn. **3** (*mil.*) *levare l'assedio* [*togliere*] lever le siège ◇ (*loc.*) *levare le tende*: (*pr.*) lever le camp; (*fig.*) lever le camp, décamper **4** (*mar.*) *levar volta a un cavo, a una gomena* [*slegare*] lâcher un câble, les amarres **5** (*ant.*) *levare le mense, le tavole* [*sparecchiare*] débarrasser la table; *al levar delle mense* à la fin du repas **B** *v.pron.* LEVARSI **1** *rifl.* [→ *tr.* 1] se lever: *levarsi in piedi* se lever, se mettre debout; *levarsi da tavola* se lever de table, quitter la table # *l'aquila si levò in volo* l'aigle s'enleva, prit son vol; *levarsi sopra le miserie della vita quotidiana* s'élever au-dessus des misères de la vie quotidienne → **elevar(si)** ◇ [*alzarsi dal letto*] *è solito levarsi presto, tardi* il se lève généralement de bonne heure, tard → **svegliar(si)** ◇ (*loc. fig.*) *levarsi in difesa di qc.* se lever pour défendre qqn. ~ *levarsi in armi* prendre les armes → **ribellar(si)** **2** *intr.* [*alzarsi; sorgere*] se lever: *il sole si leva alle ore 7.05* le soleil se lève à 7h5 # *si levò un uragano, un forte vento* un ouragan, un vent violent s'éleva ◇ [*gonfiarsi per effetto del lievito*] lever (*intr.*): *la pasta, la torta non si è ancora levata bene* la pâte, le gâteau n'a pas encore levé **3** *rifl.* [→ *tr.* 2] s'ôter: *levarsi da un posto* s'ôter d'une place; *lévati di torno!* ôte-toi de là!, va-t-en! ◇ (*loc. fam.*) *lévati dai piedi* ôte-toi d'ici; *lévati di mezzo* fiche-moi le camp **4** *rifl.* → *tr.* 2 □ © A 1; B 1 **abbassare**; A 2; B 3 **mettere.**

2 **levàre** |le'vare| *s.m. inv.* **1** (*astrol., corr.*) lever (*var.*): *il levare di un astro* le lever d'un astre; *partirono al levar del sole* ils partirent au lever du jour, au lever du soleil → **levata** **2** (*mus.*) levée (*f. var.*): *attacco, movimento in levare* levée **3** (*loc. lett.*) *al levar delle mense* [*alla fine del banchetto*] en sortant de table.

levàta |le'vata| *s.f.* **1** [→ 1 LEVARE A 2] levée: *la levata della posta* la levée du courrier, des lettres ◇ (*loc. fig.*) *levata di scudi* levée de boucliers **2** [→ 1 LEVARE B 2] lever *m.* # *la levata del sole è alle ore 6.30* le soleil se lève à 6 h 30 **3** [*l'ora della sveglia*] lever: *domani, la levata è alle 6* demain, le lever est à 6 heures; *che brutta levata è stata oggi!* que ça (m')a été dur de sortir du lit, ce matin! **4** (*geogr.*) *levata topografica* levée topographique **5** (*carte*) levée **6** (*bot.*) levée **7** (*raro*) *la levata di sale e tabacchi* [*il prelievo all'ingrosso*] le réapprovisionnement *m.* du sel et du tabac.

levatàccia, ce |leva'tattʃa, tʃe| *s.f.* [*l'alzarsi di buonora*] réveil *m.* de chasseur # *che levataccia mi hai fatto fare stamattina!* quel réveil aux aurores tu m'as fait faire ce matin!

levàto |le'vato| *agg.* **1** (*persone*) [*alzato dal letto*] lévé *p.p.*, debout (*avv.*): *non era ancora levato quando gli ho telefonato* il n'était pas encore levé, debout quand je lui ai téléphoné → **sveglio** **2** (*cose*) [*alzato, sollevato*] levé: *lo attendeva a braccia levate* il l'attendait les bras levés # *correre, scappare a gambe levate* courir à toutes jambes, prendre ses jambes à son cou **3** (*detto di pasta*) levé: *la pasta non è ancora levata* la pâte n'a pas encore levé → **fermentato** **4** (*arald.*) levée.

levatóio, i |leva'tojo, i| *agg.* (*loc.*) *ponte levatoio* pont-levis: *dei ponti levatoi* des ponts-levis.

levatrice |leva'tritʃe| *s.f.* (*pop.*) → **ostetrica.**

levatùra |leva'tura| *s.f.* [*elevatezza, capacità intellettuale*] intelligence: *non è una persona di grande levatura* ce n'est pas une personne d'une grande intelligence; *un uomo di eccezionale levatura* un homme d'une intelligence exceptionnelle → **intelligenza.**

levétta |le'vetta| *s.f.* (*tecnol., corr.*) *aprire la levetta del gas* ouvrir le robinet *m.* du gaz; *azionare la levetta dell'accensione* actionner la manette, le levier *m.*, le doigt *m.* d'allumage.

levigàbile |levi'gabile| *agg.* [→ LEVIGARE] polissable.

levigàre |levi'gare| *v.tr.* [*privare delle scabrosità; rendere liscio*] polir: *levigare una lastra di marmo* polir une plaque de marbre ◇ (*raro, fig.*) *levigare il proprio stile* polir son style.

levigatézza |leviga'tettsa| *s.f.* [*assenza di scabrosità*] poli (*m.*): *la levigatezza di un marmo, di un pavimento* le poli d'un marbre, d'un carrelage ◇ (*fig.*) *levigatezza di stile* un style poli © **ruvidezza.**

levigàto |levi'gato| *agg.* [*privo di scabrosità; liscio*] poli: *marmo, legno levigato* marbre, bois poli ◇ (*fig.*) *stile levigato* style poli © **ruvido.**

levigatóre, trice |leviga'tore, tritʃe| *s.* **1** *s.* [*operaio addetto alla levigazione*] polisseur* **2** *s.f.* (*tecnol.*) polissoir *m.*

levigatrìce |leviga'tritʃe| *s.f.* (*tecnol.*) polissoir *m.*

levigatùra |leviga'tura| *s.f.* (*raro*) → **levigazione.**

levigazióne |levigat'tsjone| *s.f.* **1** [→ LEVIGARE] polissage *m.* **2** (*chim., fis.*) lévigation ◇ (*geogr.*) érosion.

leviràto |levi'rato| *s.m.* (*dir. ebr.*) lévirat.

Leviròstri |levi'rostri| *s.m. pl.* (*t. zool.*) Lévirostres.

levistico, ci |le'vistiko, tʃi| *s.m.* (*t.bot.*) livèche *f.*

levìta |le'vita| *s.m.* **1** (*st. ebr.*) lévite **2** (*raro, eccl.*) → **sacerdote, prete.**

levità |levi'ta| *s.f. inv.* (*lett.*) → **leggerezza, delicatezza.**

levitàre |levi'tare| *v.intr.* (*aus.* '*avere, essere*') **1** [*sollevare in aria*] élever (6) (*aus.* avoir) (dans l'espace), lever (6) (*aus.* avoir) **2** (*lett.*) → **lievitare.**

levitazióne |levitat'tsjone| *s.f.* (*metapsichica*) lévitation.

levìtico, ci, ca, che |le'vitiko, tʃi, ka, ke| **1** *agg.* lévitique **2** *s.m.* Lévitique.

levogiro |levo'dʒiro| *agg.* (*chim., fis.*) lévogyre.

levrièra |le'vrjɛra| *s.f.* levrette.

levrière |le'vrjɛre|, **levrièro** |le'vrjɛro| *s.m.* (*t. zool.*) lévrier.

levulòsio, i |levu'lɔzjo, i| *s.m.* (*chim.*) lévulose.

lexis |lɛksis| *s.f. inv.* (*filos.*) lexis.

lèzio, i |'lettsjo, i| *s.m. spec. al plur.* (*raro*) → **leziosaggine, smanceria.**

lezionàrio, i |lettsjo'narjo, i| *s.m.* (*liturg.*) lectionnaire.

lezioncina |lettsjon'tʃina| *s.f.* **1** → **lezione** **2** [*rimprovero, castigo salutare*] leçon: *se la meritava proprio, una bella lezioncina!* il méritait vraiment une bonne leçon!

lezióne |let'tsjone| *s.f.* **1** leçon; (*università, liceo*) cours *m.*; (*scuole elementari e medie*) classe: *una lezione di italiano, di matematica* une leçon d'italien, de mathématiques; *lezione di canto, di danza* leçon de chant, de danse; *dare, prendere lezioni private, di sci* donner, prendre des leçons particulières, de ski ‖ *assistere alle lezioni* assister aux cours; *sospendere qc. dalle lezioni* exclure provisoirement de la classe, du cours; *le lezioni sono incominciate, finite* les cours sont commencés, terminés; *il professore sta facendo lezione*: (*università*) le professeur est en train de faire (son) cours, (*liceo*) sa classe ‖ *oggi non abbiamo lezione* aujourd'hui nous n'avons pas classe **2** (*fig.*) [*ammaestramento, insegnamento*] leçon; conseil (*m.*): *ha dato a tutti una lezione di onestà, di modestia* il a donné à tout le monde une leçon d'honnêteté, de modestie; *quella sconfitta è stata per lui una lezione salutare* cette défaite a été une bonne leçon pour lui ‖ *non accetto lezioni da nessuno!* je n'ai de conseils à recevoir de personne! ◇ [*punizione; rimprovero*] *quando torna, vedrai che lezione gli do!* tu vas voir la leçon que je vais lui administrer au retour!; *gli ho dato una bella lezione; così smetterà di darmi noia!* je lui ai donné une bonne leçon; comme ça, il arrêtera de m'ennuyer! **3** (*filol.*) leçon, variante **4** (*liturg. catt.*) leçon.

leziosàggine |lettsjo'saddʒine| *s.f.* [*comportamento lezioso, affettato*] affectation, afféterie (*lett.*): *è di una leziosaggine insopportabile* il est d'une affectation, afféterie insupportable ◇ [*parola, atto lezioso*] manière: *non sopporto le sue leziosaggini* je ne supporte pas ses manières → **smanceria, moina.**

leziosaménte |lettsjosa'mente| *avv.* [→ LEZIOSO] avec affectation, afféterie *loc. inv.*

leziosità |lettsjosi'ta| *s.f. inv.* (*raro*) → **leziosaggine.**

lezióso |let'tsjoso| *agg.* **1** (*persone*) [*che si comporta con una grazia svenevole, esagerata*] affecté, maniéré: *una ragazza troppo leziosa* une fille trop affectée, maniérée → **manieroso, 2 affettato** ✦ (*s.m.*) *non fare il lezioso!* ne minaude pas! **2** (*cose*) [*sdolcinato*;

stucchevole] affecté, maniéré: *uno stile lezioso* un style affecté, maniéré.
lezzìno |led'dzino| *s.m.* (*mar.*) lusin, luzin.
lézzo |'leddzo| *s.m.* (*raro*) [*odore nauseante, fetore*] mauvaise odeur *f.*, puanteur (*f.*): *gettare, mandare lezzo* dégager une mauvaise odeur, de la puanteur → **puzzo** ◇ (*fig.*) *vivere nel lezzo della corruzione* vivre dans la pourriture *f.* de la corruption → **marciume.**
1 **li** |li| *art. det. m. pl.* **1** (*arc.*) → **gli** **2** (*nelle indicazioni delle date nei documenti ufficiali*) le: *Milano, li 7 maggio 1978* Milan, le 7 mai 1978.
2 **li** |li| *pron. pers. di 3ª pers. pl. compl. ogg.* les: *non li conosco* je ne les connais pas; *non li abbiamo mai visti* nous ne les avons jamais vus; *non voglio salutarli* je ne veux pas les saluer; *invitali da parte mia* invite-les de ma part; *restituiscimeli!* rends-les-moi!; *eccoli che arrivano* les voilà qui arrivent → **2 lo, 2 la, 2 le.**
lì |li| *avv.* **1** [*in quel luogo, in quel punto*] là: *la penna è lì sulla scrivania* le stylo est là sur le bureau; *eravamo lì per caso* nous étions là par hasard; *sono stati lì due ore ad aspettarlo* ils sont restés là à l'attendre pendant deux heures; *noi andiamo lì* nous allons là # *siamo andati lì per curiosità* nous y sommes allés par curiosité → **là** ◇ (*in contrapposizione a 'qui'*) *mettine uno qui e uno lì* mets-en un ici et l'autre là ◇ (*in contrapposizione a 'là'*) *abbiamo cercato lì e là* nous avons cherché ça et là **2** (*con valore raff., unito a 'quello'*) -là: *passami quel libro lì* passe-moi ce livre-là; *vedi quel signore lì?* tu vois ce monsieur-là?; *quelli lì non mi piacciono* ceux-là ne me plaisent pas ◇ (*spreg.*) *non mi metto con quella gente lì* je ne me mets pas avec ces gens-là **3** (*con valore raff.*) *fermo lì!* halte-là!, stop!; *guarda lì come ti sei conciato!* regarde un peu dans quel état tu t'es mis!; *zitto lì, che è tutta colpa tua!* tais-toi: tout ça, c'est ta faute! ◇ *loc.* ECCOLI: *ecco lì che cosa succede a chi è sbadato!* voilà ce qui arrive aux étourdis!; *eccolo lì che sta arrivando* le voilà qui arrive; (*iron.*) *eccoli lì, i campioni dell'onestà!* les voilà, les champions de l'honnêteté! **4** (*con valore temporale*) [*in quel momento*] là: *... e lì si mise a urlare ...* et là, il se mit à hurler; *fin lì, tutto era filato liscio* jusque-là, tout avait marché comme sur des roulettes → **allora** # *si videro di lì a poco* (*tempo*) ils se virent peu de temps après **5** (*unito ad altri avv., con valore raff.*) là: *lì dentro, lì fuori* là-dedans, là-dehors; *lì sopra, lì sotto* là-dessus, là-dessous; *lì davanti, lì dietro* là devant, là derrière **6** (*unito a prep.*) A LÌ là: *da qui a lì* d'ici là ~ DA LÌ d'ici: *da lì alla stazione ci sono 4 chilometri* d'ici à la gare il y a 4 kilomètres ~ DI LÌ de là; par là: *veniamo appunto di lì* nous venons de là ‖ *di lì non si passa!* par là, on ne passe pas!; *si entra, si esce di lì* on entre, on sort par là ~ FIN LÌ jusque-là: *siamo arrivati fin lì a piedi* nous sommes arrivés jusque-là à pied; (*fig.*) *fin lì c'ero arrivato anch'io!* jusque-là, j'avais compris moi aussi! ~ GIÙ DI LÌ *scendi subito giù di lì* descends immédiatement de là ◇ (*fig.*) *saranno stati un centinaio o giù di lì* [*pressappoco*] ils auront été une centaine à peu près **7** (*loc. particolari*) ESSERE LÌ (LÌ) PER (+ *inf.*) [*essere sul punto di, essere in procinto di*] aller (13) (+ *inf.*); faillir* (+ *inf.*): *era lì lì per svenire* il allait s'évanouir ‖ *fui lì lì per cadere* je faillis tomber ~ FINIRE LÌ s'arrêter là: *la cosa non finì lì* l'affaire ne s'arrêta pas là ~ ESSERE LÌ n'en être pas loin: *se non è un chilo, siamo lì* si ça ne fait pas un kilo, nous n'en sommes pas loin ~ LÌ PER LÌ [*sul momento*] sur le moment: *lì per lì non ci avevo fatto caso* sur le moment, je n'y avais pas prêté attention.
liàna |li'ana| *s.f.* (*t. bot.*) liane.
lìas |'lias| *s.m. inv.* (*geol.*) lias.
liàssico, ci, ca, che |li'assiko, tʃi, ka, ke| *agg.* (*geol.*) liasique.
libagióne |liba'dʒone| *s.f.* **1** (*lett., scherz.*) [*abbondante bevuta di vino*] libation **2** (*st. relig.*) libation.
libanése |liba'nese| *agg.* [*del Libano*] libanais.
libàre |li'bare| *v.tr.* **1** (*st. relig.*) [*offrire in libagione agli dèi*] faire (45) une libation (de): *libare latte, vino* faire une libation de lait, de vin ◆ (*ass.*) *libare agli dèi* faire une libation aux dieux **2** (*lett., scherz.*) [*bere abbondantemente*] boire (67) (*corr.*) **3** (*lett.*) → **degustare.**
libazióne |libat'tsjone| *s.f.* (*raro*) libation → **libagione.**
lìbbra |'libbra| *s.f.* [*unità di misura; moneta*] livre.
libecciàta |libet'tʃata| *s.f.* **1** coup *m.* de libeccio: *i danni provocati agli edifici dalla libecciata* les dommages causés aux édifices par les coups de libeccio **2** [*mareggiata provocata dal libeccio*] tempête de libeccio: *li sorprese in mare una tremenda libecciata* une terrible tempête de libeccio les surprit en mer.
libéccio, i |li'bettʃo, i| *s.m.* vent de sud-ouest.
libellìsta |libel'lista| *s.* libelliste *m.*, pamphlétaire.
libèllo |li'bɛllo| *s.m.* libelle, pamphlet.
libèllula |li'bɛllula| *s.f.* (*t.zool.*) libellule, demoiselle (*pop.*) ◇ (*fig.*) *essere agile come una libellula* être agile comme un chat, un cerf, une anguille.
liberàle |libe'rale| *agg.* **1** [*generoso, altruista*] généreux*: *essere liberale con il prossimo* être généreux envers, avec son prochain; *avere un animo liberale* avoir une âme généreuse # *essere liberale di aiuti, di consigli* être prodigue de secours, de conseils → **prodigo** **2** [*che si ispira ai princìpi di libertà e di rispetto per gli altri*] libéral*: *uno spirito, un pensatore liberale* un esprit, un penseur libéral; *usare dei modi liberali verso i propri dipendenti* être libéral avec ses employés **3** (*polit.*) libéral: *lo Stato liberale* l'État libéral; *il Partito Liberale Italiano* (*P.L.I.*) le Parti Libéral Italien; *un giornale liberale* un journal libéral ◆ (*con valore avv.*) *votare liberale* voter libéral ◆ (*s.m.*) *i liberali italiani, europei* les libéraux italiens, européens **4** (*lett.*) *studi liberali* études libérales; *le arti liberali* les arts libéraux (*arc.*).
liberaleggiànte |liberaled'dʒante| *agg.* de tendance libérale (*loc. inv.*): *idee liberaleggianti* idées de tendance libérale; *una politica liberaleggiante* une politique de tendance libérale.
liberalìsmo |libera'lizmo| *s.m.* (*polit.*) libéralisme.
liberalìstico, ci, ca, che |libera'listiko, tʃi, ka, ke| *agg.* (*polit.*) libéral*.
liberalità |liberali'ta| *s.f. inv.* [*prodigalità, generosità*] libéralité (*var.*): *un uomo noto per la sua liberalità* un homme connu pour sa libéralité ◇ [*atto generoso, altruistico*] générosité (*var.*): *le sue eccessive liberalità lo hanno portato alla miseria* son excessive générosité, sa prodigalité l'a ruiné.
liberalizzàre |liberalid'dzare| *v. tr.* (*econ.*) [*adeguare ai princìpi liberistici*] libéraliser: *liberalizzare gli scambi* libéraliser les échanges.
liberalizzazióne |liberaliddzat'tsjone| *s.f.* [→ LIBERALIZZARE] libéralisation.
liberalménte |liberal'mente| *avv.* **1** [→ LIBERALE 1] généreusement: *aiutare liberalmente qc.* aider généreusement qqn. → **generosamente** **2** [→ LIBERALE 2] libéralement: *educare liberalmente i propri figli* élever libéralement ses enfants.
liberaménte |libera'mente| *avv.* [→ LIBERO] **1** [*secondo libertà*] librement: *vivere liberamente* vivre librement ◇ [*senza restrizioni*] *puoi liberamente entrare e uscire quando vuoi* tu peux entrer et sortir librement quand tu veux **2** [*senza timore, con franchezza*] librement, franchement: *di pure liberamente la tua opinione* dis-moi librement, franchement ton opinion ◇ [*spontaneamente, di propria iniziativa*] *concedere liberamente q.c.* donner librement qqch.
liberàre |libe'rare| **A** *v.tr.* **1** [*rendere libero*] libérer (8), délivrer: *liberare uno schiavo, un prigioniero* libérer, délivrer un esclave, un prisonnier; *liberare un popolo dalla tirannide, dalla dominazione straniera* délivrer un peuple de la tyrannie, de la domination étrangère ◇ (*econ.*) *liberare un immobile da un'ipoteca* libérer, purger un immeuble d'une hypothèque; *liberare un'azione* libérer une action ◇ (*fig.*) *liberare qc. dall'ignoranza, dalle preoccupazioni* débarrasser qqn. de son ignorance, de ses soucis; *mi hai liberato da un peso!* tu m'as débarrassé d'un poids!, ôté un poids! **2** (*con significati più specifici, in varie loc.*) *liberare un cassetto* [*sgomberarlo*] débarrasser un tiroir ~ *liberare una stanza, una camera* [*renderla disponibile*] débarrasser une pièce, une chambre ~ *liberare l'ancora* [*disimpegnarla*] désengager l'ancre ~ *liberare un ingranaggio* [*riattivarlo*] libérer un engrenage ~ *liberare un cavo* [*scioglierlo dai nodi*] dégager un câble ~ (*sport*) *liberare l'area* [*rinviare lontano il pallone*] dégager ~ (*loc. fig.*) *Dio ce ne* (*scampi e*) *liberi!* Dieu nous en garde! **3** (*chim.*) [*produrre come risultato di una reazione*] libérer: *la reazione ha liberato un gas* la réaction a libéré un gaz; *l'atomo libera energia* l'atome libère de l'énergie **B** *v.pron.* LIBERARSI **1** *rifl.* [→ *tr.* 1] se libérer, se délivrer: *liberarsi dalla schiavitù, dall'oppressione* se libérer, se délivrer de l'esclavage, de l'oppression ◇ (*fig.*) *liberarsi dal rimorso, dai pregiudizi* se libérer, s'affranchir des remords, des préjugés; *liberarsi di un seccatore* se libérer d'un importun # *liberarsi di un peso* se débarrasser d'un poids; *liberarsi degli abiti*

se débarrasser de, ôter ses vêtements **2** *intr.* [*rendersi disponibile*] être (43) *intr.* libre: *si è liberata la stanza n. 15* (*dell'albergo*) la chambre nº 15 (de l'hôtel) se trouve, est libre **3** *intr.* [→ *tr.* 3] se libérer: *durante la reazione si è liberato un gas velenoso* pendant la réaction, un gaz toxique s'est libéré ⓒ A 1 **imprigionare, arrestare, asservire.**

liberatóre, trice |libera'tore, tritʃe| *agg. e s.* libérateur*.

liberatòrio, i |libera'tɔrjo, i| *agg.* (*dir.*) libératoire: *pagamento liberatorio* paiement libératoire.

liberazióne |liberat'tsjone| *s.f.* **1** [→ LIBERARE A 1; B 1] libération: *la liberazione di un detenuto, di un prigioniero* la libération d'un détenu, d'un prisonnier; *guerra di liberazione* guerre de libération ◇ (*econ.*) *la liberazione di un'azione* la libération d'une action ◇ (*dir.*) *liberazione condizionale* libération conditionnelle ◇ (*fig.*) délivrance: *liberazione dalle preoccupazioni* délivrance des soucis; *provare un senso di liberazione* éprouver un sentiment de délivrance; *la sua partenza è stata per tutti una liberazione* son départ a été une délivrance pour tous **2** (*chim.*, *fis.*) [→ LIBERARE A 3; B 3] libération: *liberazione di gas, di sostanze radioattive* libération de gaz, de substances radioactives.

libèrcolo |li'bɛrkolo| *s.m.* (*spreg.*) mauvais livre, livre de quatre sous.

liberiàno |libe'rjano| *agg.* [*della Liberia*] libérien*: *una nave battente bandiera liberiana* un navire qui bat pavillon libérien.

liberìsmo |libe'rizmo| *s.m.* (*econ.*) libre-échange, libéralisme.

liberìsta |libe'rista| *s.* [*fautore del liberismo*] libre-échangiste: *dei liberisti* des libres-échangistes ♦ (*agg.*) *una politica liberista* une politique de libre échange, libre-échangiste → **liberistico.**

liberìstico, ci, ca, che |libe'ristiko, tʃi, ka, ke| *agg.* (*econ.*) libéral*, libéraliste: *regime liberistico* régime libéral, libéraliste.

lìbero |'libero| *agg.* **1** (*persone*) libre: *un uomo, un popolo libero* un homme, un peuple libre; *libero docente* professeur libre; *essere libero delle proprie decisioni* être libre de ses décisions; *sono libero di entrare e uscire quando voglio* je suis libre d'entrer et de sortir quand je veux; *sei libero di pensarla diversamente!* libre à toi de penser autrement! # *libero professionista* celui qui exerce une profession libérale, libre praticien; *essere libero di sé* être indépendant ◇ [*non impegnato*] *una donna libera* [*non sposata*] une femme libre; *lunedì prossimo sono libero da impegni* lundi prochain je suis libre # *domattina mi renderò libero per te* demain matin je me libérerai pour toi ◇ *loc.* LASCIAR LIBERO mettre en liberté # *lasciar libero un prigioniero* libérer un prisonnier; *lasciar liberi* (*di andarsene*) *gli invitati* congédier les invités **2** (*fig.*) [*ispirato a dignità; privo di viltà*] libre: *un'intelligenza libera* un esprit libre; *un libero pensatore* un libre penseur ◇ (*cose*) [*franco, disinvolto*] *avere dei modi liberi* avoir des manières libres ◇ (*per est.*) [*dissoluto, licenzioso*] *un linguaggio fin troppo libero* un langage même trop libre **3** (*cose*) [*non sottoposto a vincoli, a impedimenti*] libre: *ingresso libero* entrée libre; *libero accesso* libre accès; *il libero amore* l'amour libre # *la libera professione* la profession libérale ◇ (*fig.*) *il libero arbitrio* le libre arbitre; *il libero convincimento del giudice* la libre convinction du juge; *dare, lasciare libero corso alla fantasia, ai propri pensieri* donner, laisser libre cours à sa fantaisie, à ses pensées ◇ (*econ.*) *libero scambio* libre-échange; *mercato libero* marché libre; *la libera concorrenza* la libre concurrence ◇ (*sport*) *esercizi liberi* exercices libres; *esercizi all'aria libera* exercices en plein air; *esercizi a corpo libero* exercices au sol; *la gara dei 100 metri in stile libero* la compétition des 100 mètres nage libre ◇ (*polit.*) *i paesi del mondo libero* les pays du monde libre → **occidentale** **4** (*cose*) [*non occupato, non ingombrato*] libre: *un terreno libero da vincoli* un terrain libre d'hypothèque; *una stanza, un appartamento libero* une pièce, un appartement libre; *trovare la via libera* trouver la voie libre; *lasciare libero il passaggio* laisser le passage libre; *è libero, questo posto?* cette place, est-elle libre?; *è libero, il taxi?* le taxi, est-il libre?; *il telefono è libero* le téléphone est libre ◇ (*loc.*) *il tempo libero* le temps libre, les loisirs; *i problemi del tempo libero* les problèmes du temps libre ~ *oggi è il mio giorno libero* aujourd'hui, c'est mon jour de congé ~ *dare* (*il segnale di*) *via libera*: (*pr.*) donner (le signal de) voie libre; (*fig.*) donner libre cours **5** [*che non è impedito nel suo funzionamento o movimento*] libre: *avere le mani libere* avoir les mains libres # *disegno a mano libera* dessin à main levée ◇ (*loc. fig.*) *essere a piede libero* être en liberté ~ *lasciare mano libera a qc.* donner carte blanche à qqn. ~ *a ruota libera*: (*pr.*) à roue libre; (*fig.*) sans frein: *parlare a ruota libera* parler sans frein, sans cesse **6** (*loc.*) *documento in carta libera* document sur papier libre ~ *versione, traduzione libera* version, traduction libre ~ (*letter.*) *versi liberi* vers libres **7** (*chim.*) libre: *stato libero di una sostanza* état libre d'une substance **8** (*ling.*) *vocale libera* voyelle libre ⓒ 1 **schiavo, prigioniero**; 4 **occupato**; 5 **impedito.**

liberoscambìsmo |liberoskam'bizmo| *s.m.* (*econ.*) libre-échangisme.

liberoscambìsta |liberoskam'bista| *agg. e s.* libre-échangiste: *dei liberoscambisti* des libres-échangistes.

libertà |liber'ta| *s.f. inv.* **1** liberté (*var.*): *libertà personale* liberté individuelle; *le libertà civili, politiche* les libertés civiles, politiques; *combattere, morire per la libertà* combattre, mourir pour la liberté; *essere, vivere in libertà* être, vivre en liberté; *dare la libertà agli schiavi* donner la liberté aux esclaves, affranchir les esclaves; *rimettere in libertà un detenuto* mettre en liberté un détenu ◇ (*dir.*) *libertà di pensiero, di stampa, di associazione, di culto* liberté de pensée, de presse, d'association, de culte; *delitto contro le libertà individuali* délit contre les libertés individuelles; *libertà vigilata* liberté surveillée ◇ (*econ.*) *libertà di scambio, di commercio* liberté des échanges, du commerce **2** [*libera possibilità di fare q.c.*] liberté: *avere libertà di movimento, di azione, di manovra* avoir la liberté de ses mouvements, d'action, de manœuvres; *non ho la libertà di decidere* je n'ai pas la liberté de décider → **facoltà** **3** [*condizione di chi è libero da impegni, da obblighi*] liberté: *non vuole sposarsi perché ci tiene alla sua libertà* il ne veut pas se marier car il tient à sa liberté; *lasciare molta, poca libertà ai figli* laisser beaucoup, peu de liberté à ses enfants; *riprendersi la propria libertà* reprendre sa liberté # *oggi sono di libertà* aujourd'hui je suis libre **4** (*loc. fig.*) *mettersi in libertà* se mettre à son aise; *prendersi delle libertà con qc.* prendre des libertés avec qqn.; *mi sono preso la libertà di disturbarti* j'ai pris la liberté de te déranger ⓒ 1 **schiavitù, prigionia, dittatura**; 2 **impedimento.**

libertàrio, i |liber'tarjo, i| *agg.* libertaire: *idee libertarie* idées libertaires → **anarchico** ♦ (*s.*) *un libertario* un libertaire.

libertarìsmo |liberta'rizmo| *s.m.* → **anarchismo.**

liberticìda |liberti'tʃida| *agg. e s.* liberticide.

libertinàggio, i |liberti'naddʒo, i| *s.m.* libertinage.

libertìno |liber'tino| *s.* **1** libertin: *è un vecchio libertino* c'est un vieux libertin ♦ (*agg.*) *darsi a una vita libertina* mener une vie dissolue **2** (*st. rom.*) fils *m.* d'affranchi.

libèrto |li'bɛrto| *s.m.* (*st. rom.*) affranchi.

liberty |'liberti, 'libəti| *s.m. inv. e agg. inv.* (*ingl.*) (*stile*) *liberty* modern style *var.*, art nouveau (*var.*): *una facciata liberty* une façade modern style.

lìbico, ci, ca, che |'libiko, tʃi, ka, ke| **1** *agg.* [*della Libia*] libyen*, libyque: *il deserto libico* le désert libyen, libyque **2** (*s.m.*) *il libico* [*la lingua*] le libyen.

libìdico, ci, ca, che |li'bidiko, tʃi, ka, ke| *agg.* (*psican.*) libidinal*.

libìdine |li'bidine| *s.f.* **1** [*brama smodata di piaceri sessuali*] luxure: *sfogare la propria libidine* donner libre cours à sa luxure → **lussuria** **2** (*per est.*) avidité, convoitise: *libidine di potere* avidité, convoitise du pouvoir, de puissance → **cupidigia, brama.**

libidinosaménte |libidinosa'mente| *avv.* [→ LIBIDINOSO] lascivement.

libidinóso |libidi'noso| *agg.* libidineux*: *una persona libidinosa* une personne libidineuse; *discorsi libidinosi* conversations libidineuses → **lussurioso.**

lìbido |li'bido| *s.f. inv.* (*psicol.*) libido *var.*

lìbra |'libra| *s.f.* **1** (*astron.*) Balance → **bilancia** **2** → **libbra** **3** (*poet.*) → **bilancia.**

libràccio, i |li'brattʃo, i| *s.m.* **1** [*libro dal contenuto negativo*] mauvais livre **2** [*libro in cattivo stato di conservazione*] livre abîmé.

libràio, i |li'brajo, i| *s.* [*negoziante di libri*] libraire.

libraménto |libra'mento| *s.m.* (*raro*) [→ LIBRARE] balancement, oscillation *f.*

libràre |li'brare| **A** *v.tr.* (*lett.*) → **pesare, ponderare** ◇ (*per est.*) → **bilanciare** **B** *v.pron. rifl.* LIBRARSI **1** [*tenersi in equilibrio*] se tenir (27) en équilibre: *librarsi su una fune tesa* se tenir en équilibre sur une corde raide **2** [*mantenersi sospeso in aria*] planer (*intr.*): *librarsi a volo, nell'aria* planer; *l'aqui-*

lone, l'aereo si librava nel cielo le cerf--volant, l'avion planait dans le ciel.
libràrio, i |li'brarjo, i| *agg.* des livres (*loc. inv.*): *commercio librario* commerce des livres # *la crisi del settore librario* la crise du livre.
libràto |li'brato| *agg.* [*che sta sospeso nell'aria*] *l'uccello volava ad ali librate* l'oiseau planait dans le ciel ◇ (*aer.*) *volo librato* vol plané.
libratóre |libra'tore| *s.m.* (*aer.*) planeur.
librazióne |librat'tsjone| *s.f.* (*astron.*) libration.
librerìa |libre'ria| *s.f.* **1** librairie: *libreria scolastica, universitaria* librairie scolaire, universitaire; *andare in libreria* aller dans une libraire, chez le libraire **2** [*mobile per libri*] bibliothèque: *libreria svedese, a elementi componibili* bibliothèque suédoise, à éléments composables ◇ (*per est.*) *avere una libreria molto ricca* avoir une bibliothèque très riche **3** [*biblioteca*] bibliothèque: *andare in libreria a consultare dei libri* aller à la bibliothèque pour consulter des livres.
librésco, chi, ca, che |li'bresko, ki, ka, ke| *agg.* (*spreg.*) livresque: *cultura, preparazione libresca* culture, préparation livresque.
librettìsta |libret'tista| *s.m.* librettiste.
librétto |li'bretto| *s.m.* **1** [*piccolo libro*] petit livre, livret → **opuscolo** **2** *libretto* (*d'opera*) libretto, livret (d'opéra) **3** [*documento in forma di fascicolo*] livret: *libretto di lavoro, scolastico, universitario* livret de travail, scolaire, universitaire # *libretto di circolazione* carte grise; *libretto d'uso e manutenzione* notice d'entretien ◇ (*econ.*) *libretto di risparmio* livret de caisse d'épargne; *libretto di assegni* carnet de chèques; (*fam.*) *avere molto, poco sul libretto* (*di risparmio*) avoir beaucoup, peu à la caisse d'épargne **4** (*loc.*) *il libretto del fornaio, del salumiere* le compte du boulanger, du charcutier.
lìbro |'libro| *s.m.* **1** livre: *un libro piccolo, voluminoso* un livre petit, volumineux; *un libro di poesie, di racconti* un livre de poèmes, de contes; *un libro di fantascienza, di avventure* un livre de science-fiction, d'aventures; *un libro di preghiere* un livre de prières; *i libri scolastici, di testo* les livres scolaires, de classe; *un libro tascabile* un livre de poche; *un libro in edizione economica* un livre en édition économique; *sfogliare le pagine di un libro* feuilleter les pages d'un livre ◇ *spec. al plur.* [*studi*] livres: *vivere in mezzo ai libri* vivre dans les livres ♦ *loc. agg.* A LIBRO double (*agg.*): *una scala a libro* une échelle double ◇ (*loc.*) *i libri sacri* les livres sacrés ~ *i libri liturgici* les livres liturgiques ~ (*libro*) *giallo* roman policier ~ *il libro azzurro di un ministero* le livre bleu d'un ministère ~ *pubblicare un libro bianco sulla droga, sulla mafia* publier un livre blanc sur la drogue, sur la mafia ~ *il libro dei sogni* la clé des songes → **cabala** ◇ (*loc. fig.*) *parlare come un libro stampato* parler comme un livre ~ *quella persona è un libro chiuso* cette personne est impénétrable **2** (*lett.*) livre: *i 24 libri dell'Iliade* les 24 livres de l'Iliade; **3** (*fig.*) livre: *leggere nel libro della natura* lire dans le livre de la nature; *è scritto nel libro del destino* c'est écrit dans le livre du destin **4** (*comm.*) livre: *libro giornale* livre journal; *libro mastro* grand livre; *libro paga* registre des salaires; *libro di cassa* livre de caisse; *libro dei conti* livre de comptes; *libro di carico e scarico* livre d'entrées et de sorties; *i libri contabili, di commercio* les livres de comptabilité; *il libro di bordo* le livre de bord; *i libri nautici* les livres nautiques, les instructions nautiques; *tenere i libri di una ditta* tenir les livres, les écritures, la comptabilité d'une entreprise; *tenere a posto i libri* tenir les livres en règle ◇ (*fam.*) *quell'operaio è a posto con i libri* cet ouvrier est en règle avec les livres ◇ *loc. fig.* LIBRO D'ORO livre d'or: *è una vittoria da inserire nel libro d'oro dello sport italiano* c'est une victoire à insérer sur le livre d'or, au palmarès du sport italien ~ LIBRO NERO liste *f.* noire: *ti hanno messo sul libro nero, sei sul libro nero di qc.* on t'a mis sur la liste noire, tu es sur la liste noire de qqn. **5** (*bot.*) liber **6** (*zool.*) feuillet.
libróso |li'broso| *agg.* (*bot.*) libérien*.
libùrna |li'burna| *s.f.* (*st. mar.*) liburne.
licantropìa |likantro'pia| *s.f.* (*med.*) lycanthropie.
licàntropo |li'kantropo| *s.* (*med.*) lycanthrope.
licaóne |lika'one| *s.m.* (*t.zool.*) lycaon.
lìccio, i |'littʃo, i| *s.m.* (*tess.*) lice *f.*, lisse *f.*
liceàle |litʃe'ale| *agg.* du lycée *loc. inv.* # *uno studente liceale* un lycéen ♦ (*s.*) *un liceale* un lycéen.
liceità |litʃei'ta| *s.f. inv.* caractère *m. var.* licite: *la liceità di un atto* le caractère licite d'un acte.
licèna |li'tʃɛna| *s.f.* (*t.zool.*) lycène.
licènza |li'tʃɛntsa| *s.f.* **1** licence: *licenza di esercizio, di vendita* licence d'exercice, de vente; *licenza di esportazione, di importazione, di fabbricazione* licence d'exportation, d'importation, de fabrication; *chiedere, ottenere, ritirare una licenza* demander, obtenir, retirer une licence → **2 permesso** # *licenza di costruzione edilizia* permis de construire; *licenza di caccia, di pesca* permis de chasse, de pêche ◇ [*il documento*] permis (*m.*): *la licenza di caccia, di circolazione* permis de chasse, de conduire ◇ (*loc.*) *dare licenza di andarsene* donner la permission de s'en aller ~ *chiedere licenza* demander la permission → **congedo** ~ *con vostra licenza...* avec votre permission... ~ *con licenza parlando...* passez-moi l'expression... **2** (*mil.*) permission: *licenza ordinaria, straordinaria* permission ordinaire, exceptionnelle; *licenza premio* permission de bon soldat; *foglio di licenza* feuille de permission; *ottenere una licenza di una settimana* obtenir une permission d'une semaine; *essere in licenza* être en permission **3** [*compimento di un corso di studi*] *diploma di licenza media* diplôme d'enseignement moyen, de BEPC (*in Francia*); *sostenere, superare l'esame di licenza elementare* passer le certificat d'études **4** [*arbitrio; abuso di libertà*] licence: *prendersi certe licenze con qc.* prendre des licences avec qqn.; *questa non è libertà, ma licenza* ce n'est pas de la liberté, mais de la licence → **licenziosità** **5** (*letter.*) *licenza poetica* licence poétique; *la licenza di una ballata* la licence d'une ballade.
licenziàbile |litʃen'tsjabile| *agg.* [→ LICENZIARE A 1] qu'on peut licencier, renvoyer *loc.*
licenziaménto |litʃentsja'mento| *s.m.* [→ LICENZIARE A 1; B 1] licenciement: *licenziamento in tronco* licenciement sans préavis; *licenziamento per giusta causa* licenciement légitime; *lettera di licenziamento* lettre de licenciement; *revocare un provvedimento di licenziamento* révoquer une mesure de licenciement # *indennità di licenziamento* indemnité de renvoi.
licenziàndo |litʃen'tsjando| *agg. e s.* candidat *s.* à un examen de fin d'études.
licenziàre |litʃen'tsjare| **A** *v.tr.* **1** [*allontanare un dipendente dal posto di lavoro*] renvoyer (14), licencier: *licenziare degli operai* renvoyer, licencier des ouvriers; *licenziare un impiegato, la propria segretaria* renvoyer, licencier un employé, sa secrétaire; *per mancanza di lavoro, sono stati licenziati alcuni operai* par manque de travail, quelques ouvriers ont été licenciés; *è stato licenziato in tronco, sui due piedi* il a été licencié sans préavis # *licenziare un funzionario* révoquer un fonctionnaire **2** [*conferire il diploma di licenza*] diplômer # *è stato licenziato con il massimo dei voti* il a été reçu avec la plus haute note **3** (*raro*) [*accomiatare, congedare*] congédier: *licenziare gli ospiti* congédier ses hôtes **4** (*per anal.*) *licenziare alle stampe, per la stampa* donner le bon à tirer # *licenziare una legge* approuver une loi **B** *v.pron. rifl.* LICENZIARSI **1** [→ *tr.* 1] se démettre (71), démissionner (*intr.*): *mi sono licenziato da quell'ufficio* je me suis démis de ce bureau, j'ai démissionné de ce bureau; *la segretaria si è licenziata* la secrétaire a démissionné → **dimetter(si)** **2** [→ *tr.* 2] passer *tr.* un examen de fin d'études: *si è licenziato con una buona media, con un buon punteggio* il a passé son examen de fin d'études avec une bonne moyenne, avec de bonnes notes **3** (*raro*) [→ *tr.* 3] prendre (73) *tr.* congé **C** A 1 **assumere.**
licenziàto |litʃen'tsjato| *agg.* **1** [*colpito da licenziamento*] renvoyé, licencié: *gli operai, gli impiegati licenziati* les ouvriers, les employés renvoyés, licenciés ♦ (*s.*) *i licenziati si sono rivolti ai sindacati* les personnes *f.* renvoyées *agg.*, licenciées *agg.* se sont adressées aux syndicats **2** [*che ha conseguito il diploma di licenza*] diplômé: *un alunno licenziato col massimo punteggio* un élève diplômé avec mention ♦ (*s.*) *la percentuale dei licenziati è stata del 90%* le pourcentage des diplômés a été de 90% **3** (*tip.*) *le bozze licenziate alle stampe* les épreuves avec le bon à tirer *loc. inv.*
licenziosaménte |litʃentsjosa'mente| *avv.* [→ LICENZIOSO] licencieusement.
licenziosità |litʃentsjosi'ta| *s.f. inv.* [*dissolutezza, sfrenatezza*] licence (*var.*): *licenziosità di vita, di costumi, di linguaggio* licence de vie, de mœurs, de langage.
licenzióso |litʃen'tsjoso| *agg.* [*che offende le norme di comportamento morale*] licencieux*: *una vita licenziosa* une vie licencieuse → **libertino**; *uno spettacolo licenzioso* un spectacle licen-

cieux → **osceno**; *un linguaggio licenzioso* un langage licencieux → **scurrile, triviale** C **austero, casto.**
licèo |li'tʃεo| *s.m.* **1** lycée: *liceo classico* lycée (section) classique; *liceo scientifico* lycée (section) moderne; *liceo linguistico* lycée de langues (étrangères) # *liceo artistico* cours préparatoire à l'École des Beaux-Arts (*in Francia*) ♦ (*in funzione di agg. inv.*) *uno studente di seconda liceo* un élève de cinquième → **liceale** ◇ [*l'edificio*] *ti aspetto all'uscita del liceo* je t'attends à la sortie du lycée **2** (*st. filos.*) lycée.
lichène |li'kεne| *s.m.* (*t.bot.*) lichen ~ *lichene d'Islanda* parmélie ~ *lichene delle renne* lichen des rennes.
licio, i |'litʃo, i| **1** *agg.* [*della Licia*] lycien* ♦ *s.* (*st.*) *i Lici* les Lyciens **2** (*s.m.*) *il licio* [*la lingua*] le lycien.
licitàre |litʃi'tare| *v.intr.* (*aus. 'avere'*) (*raro*) [*partecipare a una licitazione*] liciter *tr.*
licitazióne |litʃitat'tsjone| *s.f.* **1** (*dir.*) licitation: *licitazione pubblica, privata* licitation publique, amiable # *mettere in licitazione* mettre aux enchères, faire un appel d'offres **2** (*nel gioco del bridge*) annonce.
licnide |'liknide| *s.f.* (*t.bot.*) lychnis *m.*
Licoperdàcee |likoper'datʃee| *s.f. pl.* (*t.bot.*) Lycoperdacées.
Licopodiàcee |likopo'djatʃee| *s.f. pl.* (*t.bot.*) Lycopodiacées.
licopòdio, i |liko'pɔdjo, i| *s.m.* (*t. bot.*) lycopode ◇ (*farm.*) *polvere di licopodio* poudre de lycopode.
licóre |li'kore| *s.m.* (*poet.*) → **liquore.**
licósa |li'kosa| *s.f.* (*t.zool.*) lycose ~ (*licosa*) *tarantola* tarantule.
liddite |lid'dite| *s.f.* (*chim.*) lyddite.
lidio, i |'lidjo, i| **1** *agg.* [*della Lidia*] lydien* ♦ *s.* (*st.*) *i Lidi* les Lydiens **2** (*s.m.*) *il lidio* [*la lingua*] le lydien.
lido |'lido| *s.m.* **1** [*spiaggia bassa e pianeggiante*] lido: *il lido di Venezia* le lido de Venise ◇ [*litorale*] rivage **2** (*loc. lett.*) [*paese, terra*] pays: *lasciare i patrii lidi* quitter son pays; *tornare ai patrii lidi* revenir au pays # *partire per altri lidi* partir sous d'autres cieux, prendre le large.
lie detector |'laidi'tektə| *loc. sost. m. inv.* (*ingl.*) détecteur *var.* de mensonges.
lietaménte |lieta'mente| *avv.* [→ LIETO 1] joyeusement, gaiement.
lièto |'ljεto| *agg.* **1** (*persone*) [*felice, contento*] gai, joyeux*: *una persona sempre lieta* une personne toujours gaie, joyeuse → **sereno, spensierato** # *essere lieto dei successi di qc.* être content des succès de qqn.; *sono lieto che tu venga con me* je suis heureux que tu viennes avec moi; *sarò lieto di potervi essere utile* je serai heureux de pouvoir vous être utile ◇ (*come formula di cortesia*) (*sono*) *lieto di fare la Sua conoscenza* enchanté (très heureux) de vous connaître ◇ (*per est.*) joyeux: *un'espressione lieta* une expression joyeuse; *accogliere qc. con liete accoglienze* réserver un joyeux accueil à qqn. **2** (*cose*) [*che è causa di gioia*] heureux*: *un lieto incontro* une heureuse rencontre; *un lieto evento, avvenimento* un heureux événement → **fausto** # *un dramma, un film a lieto fine* un drame qui se termine bien, un film avec un happy ending; *uno spettacolo lieto* un spectacle gai → **divertente** ◇ (*loc.*) *a quando il lieto evento?* [*la nascita del figlio*] à quand l'heureux événement? **3** (*cose*) [*ameno, ridente*] agréable: *un lieto paesaggio* un paysage agréable **4** (*lett.*) → **fertile, fecondo.**
liève |'ljεve| *agg.* **1** [*di scarsa entità; non grave*] léger*: *una lieve ferita* une légère blessure; *un lieve difetto* un léger défaut; *una lieve indisposizione* une légère indisposition → **leggero** ◇ [*di debole intensità*] *una lieve scossa di terremoto* une légère secousse de tremblement de terre; *una lieve pressione* une légère pression; *un lieve fruscìo* un léger bruissement **2** [*facile, agevole*] doux*; facile: *una lieve salita* une montée douce; *una lieve pendenza* une pente douce || *un compito non lieve* une tâche pas facile **3** (*lett.*) → **leggero.**
lieveménte |ljeve'mente| *avv.* **1** [→ LIEVE 1] légèrement: *accarezzare lievemente* caresser légèrement **2** (*raro*) [→ LIEVE 2] facilement, aisément → **facilmente, agevolmente.**
lievità |ljevi'ta| *s.f. inv.* légèreté *var.*
lievitàre |ljevi'tare| **A** *v.intr.* (*aus. 'avere'*) **1** [*aumentare di volume per effetto del lievito*] lever (6): *la pasta incomincia a lievitare* la pâte commence à lever **2** (*fig.*) [*svilupparsi di nascosto e gradatamente*] monter: *il malcontento lievitava tra la gente* le mécontentement montait parmi les gens ◇ (*per est.*) *i prezzi continuano a lievitare* les prix continuent à monter **B** *v.tr.* (*raro*) [*sottoporre a lievitazione*] mêler, incorporer du levain (à): *lievitare la pasta* mêler du levain à la pâte.
lievitatùra |ljevita'tura| *s.f.* (*raro*) → **lievitazione.**
lievitazióne |ljevitat'tsjone| *s.f.* **1** [→ LIEVITARE A 1] levage (*m.*): *la lievitazione del pane* le levage du pain **2** (*fig.*) [→ LIEVITARE A 2] *hausse des: *la lievitazione dei prezzi* la hausse des prix.
lièvito |'ljεvito| *s.m.* **1** [*sostanza usata nella panificazione per far fermentare la pasta*] levure (*f.*): *lievito di birra, minerale* levure de bierre, chimique # *lievito naturale* levain **2** (*fig.*) levain: *il lievito di una rivolta* le levain d'une révolte.
lift |lift| *s.m. inv.* (*ingl.*) [*addetto all'ascensore*] liftier *var.*
lìgio, gi, gia, gie |'lidʒo, dʒi, dʒa, dʒe| *agg.* **1** [*scrupolosamente attaccato a q.c.*] fidèle: *essere ligio alle tradizioni, al regolamento* être fidèle aux traditions, au règlement; *ligio al proprio dovere* fidèle à son devoir → **fedele** ◇ [*sottomesso, ossequiente a qc.*] soumis: *essere ligio ai potenti* être soumis aux puissants **2** (*st. mediev.*) lige.
lignàggio, i |liɲ'ɲaddʒo, i| *s.m.* (*lett.*) lignage: *un uomo di antico, di alto lignaggio* un homme d'un antique, d'un haut lignage.
lìgneo |'liɲɲeo| *agg.* **1** de, en bois (*loc. inv.*): *una statua lignea* une statue de, en bois ◇ (*per est.*) [*sim. a legno*] ligneux*: *consistenza lignea* consistance ligneuse **2** (*med.*) *tessuti lignei* tissus ligneux, de bois.
lignificàre |liɲɲifi'kare| (*bot.*) **A** *v.tr.* [*trasformare mediante lignificazione*] lignifier **B** *v.pron. intr.* LIGNIFICARSI [→ *tr.*] se lignifier.
lignificàto |liɲɲifi'kato| *agg.* (*bot.*) lignifié: *tessuti lignificati* tissus lignifiés.
lignificazióne |liɲɲifikat'tsjone| *s.f.* (*bot.*) lignification.
lignìna |liɲ'ɲina| *s.f.* (*biol.*) lignine.
lignite |liɲ'ɲite| *s.f.* (*miner.*) lignite *m.*
ligroìna |ligro'ina| *s.f.* (*chim.*) ligroïne.
lìgula |'ligula| *s.f.* (*bot.*) ligule.
ligulàto |ligu'lato| *agg.* (*bot.*) ligulé: *fiore ligulato* fleur ligulée.
liguorino |ligwo'rino|, **liguoriàno** |ligwo'rjano| *s.m.* (*eccl.*) → **redentorista.**
lìgure |'ligure| **1** *agg.* [*della Liguria*] ligurien*: *la cucina ligure* la cuisine ligurienne **2** (*s.m.*) *il ligure* [*l'ant. lingua*] le ligure.
ligùstico, ci, ca, che |li'gustiko, tʃi, ka, ke| *agg.* (*raro, lett.*) → **ligure.**
ligùstro |li'gustro| *s.m.* (*t.bot.*) troène.
Liliàcee |li'ljatʃee| *s.f. pl.* (*t.bot.*) Liliacées.
liliàceo |li'ljatʃeo| *agg.* (*lett.*) → **gigliacco.**
liliàle |li'ljale| *agg.* (*raro*) lilial*: *è una persona di un candore, di una ingenuità liliale* c'est une personne d'une candeur, d'une ingénuité liliale → **angelico.**
lilla |'lilla|, **lillà** |lil'la| **1** *s.m. inv.* (*t.bot.*) lilas **2** *agg. inv. e s.m. inv.* lilas: *una camicetta* (*color*) *lilla* un chemisier (couleur) lilas.
lillipuziàno |lilliput'tsjano| *agg. e s.* lilliputien*.
lima |'lima| *s.f.* **1** lime: *lima tonda, quadra* lime ronde, carrée; *lima a sezione triangolare, rettangolare* lime de section triangulaire, rectangulaire; *lima a taglio semplice, a taglio doppio* lime à un tranchement, à double tranchement; *lima sorda* lime sourde; *lima per le unghie, da unghie* lime à ongles **2** (*fig.*) *un lavoro di lima* un petit coup de lime; *a quell'opera postuma è mancato il lavoro di lima* un petit coup de lime a manqué à cette œuvre posthume **3** (*fig.*) [*affanno, preoccupazione*] tourment *m.* # *il problema dei figli è una lima nel suo cuore* le problème de ses enfants lui tourmente, lui brise le cœur **4** (*t.zool.*) lime.
limàbile |li'mabile| *agg.* [→ LIMARE 1] qu'on peut limer *loc.*
limàccia, ce |li'mattʃa, tʃe| *s.f.* → **lumaca.**
limaccióso |limat'tʃoso| *agg.* [*fangoso, melmoso*] vaseux*; limoneux*: *il fondo limaccioso di una strada, di uno stagno* le fond vaseux d'une route, d'un étang || *acque limacciose* eaux limoneuses → **torbido.**
limacèlla |lima'tʃεlla| *s.f.* (*t.zool.*) limacelle.
Limàcidi |li'matʃidi| *s.m. pl.* (*t. zool.*) Limacidés.
limànda |li'manda| *s.f.* (*t.zool.*) limande.
limàre |li'mare| *v.tr.* **1** [*lavorare, levigare con la lima*] limer: *limare il ferro, il legno* limer le fer, le bois; *limare le sbarre di un'inferriata* limer les barreaux d'une grille □ *limarsi le unghie* se limer les ongles **2** (*fig.*) [*rifinire, abbellire*] limer, fignoler: *limare la forma di uno scritto* limer, fignoler la forme d'un écrit **3** (*fig.*) [*affliggere; consumare*] ronger (3): *è un dolore che gli lima il cuore* c'est une douleur qui lui ronge le cœur → **tormentare.**

limàto |li'mato| *agg.* [*rifinito con la lima*] limé: *avere le unghie ben limate* avoir les ongles bien limés ◇ (*fig.*) fignolé: *una forma fin troppo limata* une forme presque trop fignolée.
limatóre, trice |lima'tore, tritʃe| *s.* **1** [*operaio addetto alla limatura*] limeur* **2** (*fig.*) [*scrittore molto attento alla revisione delle proprie opere*] fignoleur*.
limatrìce |lima'tritʃe| *s.f.* (*tecnol.*) limeuse, étau-limeur *m.*
limatùra |lima'tura| *s.f.* **1** [→ LIMARE 1, 2] limage (*m.*): *fare opera di limatura* faire un travail de limage **2** [*materiale asportato dalla lima*] limaille: *raccogliere la limatura di ferro* ramasser la limaille de fer.
lìmbo |'limbo| *s.m.* **1** (*teol. catt.*) limbes *pl.* ◇ (*fig.*) *isolarsi nel limbo dei propri sogni, dei propri ideali* être perdu dans ses rêves, dans les limbes de ses pensées; *essere nel limbo dell'incertezza* être dans ses incertitudes **2** (*astron.*) limbe.
1 **limétta** |li'metta| *s.f.* petite lime: *la limetta* (*per le unghie*) la lime (à ongles).
2 **limétta** |li'metta| *s.f.* (*t.bot.*) lime, limette.
limìcolo |li'mikolo| *agg.* (*zool.*) limicole: *fauna limicola* faune limicole.
Limìcoli |li'mikoli| *s.m. pl.* (*t.zool.*) Limicoles.
liminàre |limi'nare| *agg.* (*chim., fis.*) liminal*.
lìmine |'limine| *s.m.* (*lett.*) → **soglia.**
limitàbile |limi'tabile| *agg.* [→ 2 LIMITARE] limitable.
1 **limitàre** |limi'tare| *s.m.* (*lett.*) [*soglia, uscio*] seuil, pas: *soffermarsi sul limitare* s'arrêter sur le seuil, le pas ◇ (*fig.*) *trovarsi al limitare della vecchiaia* être au seuil de la vieillesse.
2 **limitàre** |limi'tare| **A** *v.tr.* **1** [*circoscrivere, racchiudere con dei limiti*] limiter: *limitare un campo, una proprietà* limiter un champ, une propriété; *la proprietà è limitata a nord da un torrente* la propriété est limitée au nord par un torrent → **delimitare** ◇ (*fig.*) *limitare con esattezza i termini di una questione* délimiter avec exactitude les termes d'un problème **2** [*contenere entro certi limiti; frenare*] limiter: *limitare le spese correnti, i consumi* limiter les dépenses courantes, la consommation; *limitare le proprie pretese* limiter ses prétentions ◇ [*diminuire, ridurre*] *limitare la velocità nei centri abitati* limiter la vitesse dans les centres habités **B** *v.pron. rifl.* LIMITARSI [→ *tr.* 2] (se) limiter: *limitarsi nel bere, nel mangiare* limiter sa boisson, sa nourriture; *bisogna sempre sapersi limitare* il faut toujours savoir se limiter # *limitarsi nel fumo* fumer peu ◇ *loc.* LIMITARSI A se limiter à; se borner à: *limitarsi all'essenziale* se limiter à l'essentiel ‖ *si limitò a fare un cenno di saluto* il se borna à saluer d'un signe (de la main, de tête).
limitataménte |limitata'mente| *avv.* [→ LIMITATO] d'une manière limitée (*loc.*): *divertirsi limitatamente* s'amuser d'une manière limitée ◇ *loc.* LIMITATAMENTE A dans les limites de: *la risposta fu esauriente, limitatamente agli aspetti tecnici* la réponse fut complète, dans les limites des aspects techniques; *ti aiuterò limitatamente alle mie possibilità finanziarie* je t'aiderai dans les limites de mes possibilités financières.
limitatézza |limita'tettsa| *s.f.* [*scarsezza; ristrettezza*] manque (*m.*): *limitatezza di mezzi* manque de moyens ◇ (*fig.*) *limitatezza d'ingegno, di vedute* étroitesse d'esprit, de vues.
limitativaménte |limitativa'mente| *avv.* [→ LIMITATIVO] limitativement.
limitatìvo |limita'tivo| *agg.* limitatif*: *clausole, condizioni limitative* clauses, conditions limitatives; *interpretazione limitativa della legge* interprétation limitative de la loi; *un provvedimento limitativo della libertà personale* une mesure limitative de la liberté individuelle.
limitàto |limi'tato| *agg.* [*contenuto entro certi limiti*] limité; modéré: *disporre di poteri limitati* disposer de pouvoirs limités; *avere dei mezzi limitati* avoir des moyens limités → **scarso** ‖ *velocità limitata* vitesse réduite, modérée → 1 **ridotto**; *avanzare delle richieste limitate* avancer des demandes modérées → **modesto**; *fare delle spese limitate* faire des dépenses modérées → **esiguo** ◇ (*fig.*) *avere un'intelligenza limitata* avoir une intelligence limitée; *è una persona piuttosto limitata nell'intelligenza* c'est une personne plutôt bornée (quant à l'intelligence) ◇ (*econ.*) *società a responsabilità limitata* société à responsabilité limitée Ⓒ **illimitato.**
limitatóre, trice |limita'tore, tritʃe| **1** *agg.* (*raro*) limitatif*: *un provvedimento limitatore delle libertà civili* une mesure limitative des libertés civiques → **limitativo 2** *s.m.* (*tecnol.*) limiteur: *limitatore di velocità* limiteur de vitesse # *limitatore di corrente* réducteur de courant.
limitazióne |limitat'tsjone| *s.f.* **1** [→ 2 LIMITARE 2] limitation: *limitazione delle spese, dei consumi* limitation des dépenses, des biens de consommation ◇ (*dir.*) *limitazione della libertà personale* limitation de la liberté personnelle ◇ (*gram.*) *complemento di limitazione* complément de limitation **2** [*limite, restrizione*] limite: *imporre, imporsi delle limitazioni* imposer, s'imposer des limites.
lìmite |'limite| *s.m.* **1** [*confine, termine*] limite (*f.*): *entrare nei limiti di una proprietà, di una riserva* entrer dans les limites d'une propriété, d'une réserve ◇ (*dir.*) *i limiti delle acque territoriali* la limite, les limites des eaux territoriales; *andare in pensione per raggiunti limiti d'età* prendre sa retraite pour limite d'âge ◇ (*fis., tecnol.*) *limite di carico* charge maximum; *limite di resistenza, di rottura* limite de résistance, de rupture ◇ (*geogr.*) *limite altimetrico, climatico* limite altimétrique, climatique; *limite delle nevi persistenti* limite des neiges éternelles; *limite della vegetazione arborea* limite de la végétation des arbres; *limite della vite, dell'olivo* limite de la vigne, de l'olivier ◇ (*mat.*) *limite di una funzione, di una successione* limite d'une fonction, d'une succession ◇ (*sport*) *il limite dell'area di rigore* la limite de la surface de réparation; *punizione dal limite* coup franc à la limite de la surface de réparation; *vittoria prima del limite* victoire avant la limite # *abbassare, superare un limite* baisser, dépasser un record → **record** ◇ (*nella segnaletica stradale*) *limite di velocità* limite de vitesse # *limite di sosta* temps de stationnement **2** [*termine non valicabile; norma stabilita o consuetudinaria*] limite: *rispettare i limiti stabiliti, concordati* respecter les limites établies, accordées; *stare nei limiti di tempo imposti* être dans les limites de temps imposées, dans le temps impartis; *la sua maleducazione passa i limiti!* son impolitesse passe les limites!; *tutto ha un limite!* il y a une limite à tout! ◇ (*loc.*) *entro certi limiti* dans une certaine mesure ~ *oltre certi limiti* au-delà d'une certaine limite ~ *senza limite* sans limites → **illimitato** ~ NEI LIMITI DI dans la, les limites de: *stare nei limiti del giusto, della decenza* être dans les limites du juste, de la décence; *rientrare nei limiti della competenza di qc.* entrer dans les limites de la compétence de qqn., être de la compétence de qqn.; *nei limiti delle mie possibilità, ti aiuterò* dans la limite de mes possibilités, je t'aiderai; *nei limiti del possibile...* dans les limites du possible... ◇ *loc. avv.* AL LIMITE (*usata, talora anche impropriamente, con varie sfumature di significato*) à la limite: *quell'automobile può trasportare cinque persone; al limite, anche sei o sette* cette voiture peut transporter cinq personnes; à la limite, même six ou sept; *me la venderanno per poco; al limite, potrebbero anche regalarmela* ils me la vendront pour rien; à la limite, ils pourraient même m'en faire cadeau; *al limite, potrei anche darti ragione, però...* à la limite, je pourrais même te donner raison, mais... **3** (*in funzione di agg. inv.*) *caso limite* cas limite; *gli esempi che porti tu sono dei casi limite* les exemples que tu donnes sont des cas limite; *quella ragazza è un caso limite* cette fille est un cas limite ◇ (*mat.*) *punto limite* point limite.
limìtrofo |li'mitrofo| *agg.* limitrophe.
limnèa |lim'nɛa| *s.f.* (*t.zool.*) limnée.
limnologìa, gie |limnolo'dʒia, dʒie| *s.f.* limnologie.
limnòlogo, gi |lim'nɔlogo, dʒi| *s.* limnologiste, limnologue.
lìmo |'limo| *s.m.* **1** (*geogr.*) limon: *limo fluviale, lacustre* limon fluvial, lacustre **2** (*lett.*) → **fango.**
limonàia |limo'naja| *s.f.* serre à citrons.
limonàio, i |limo'najo, i| *s.* (*raro*) marchand de citrons.
limonàre |limo'nare| *v.intr.* (*aus.* '*avere*') (*fam.*) [*amoreggiare*] flirter → **1 filare.**
limonàta |limo'nata| *s.f.* [*bibita a base di succo di limone*] citronnade: *adesso ti preparo una limonata* je vais te préparer une citronnade ◇ (*farm.*) *limonata purgativa* limonade purgative.
limoncìna |limon'tʃina| *s.f.* (*bot.*) citronnelle.
limóne |li'mone| *s.m.* **1** (*t.bot.*) citronnier ◇ [*il frutto*] citron: *buccia, scorza di limone* écorce de citron; *spremuta di limone* citron pressé; *tè al limone* thé au citron **2** (*fig.*) *spremere qc. come un limone* presser qqn. comme un citron; *buttare via qc. come un limone spremuto* faire le coup du presse-citron à qqn.; *essere giallo, pallido come un limone* être jaune comme un citron **3** (*in funzione di agg. inv.*) (*color*)

limone, (*giallo*) *limone* jaune citron; *un abito giallo limone* une robe jaune citron; *tinteggiare una parete di un limone carico* badigeonner un mur avec une peinture (d'un) jaune citron soutenu.
limonène |limo'nɛne| *s.m.* (*chim.*) limonène.
limonìte |limo'nite| *s.f.* (*miner.*) limonite.
limòsina |li'mɔzina| *e deriv.* → **elemosina** *e deriv.*
limosìno |limo'zino| *agg.* [*di Limoges*] limousin.
limosità |limosi'ta| *s.f. inv.* **1** [*torbidezza, fangosità*] état *m. var.* boueux, vaseux: *limosità di un'acqua* état boueux, vaseux d'une eau **2** [*residuo melmoso*; *fango*] limon *m. var.*, boue *var.*
limóso |li'moso| *agg.* **1** [*costituito di limo*; *ricoperto di fango*] limoneux*; boueux*: *sedimento limoso* sédiment limoneux ‖ *strada limosa* route boueuse **2** [*fangoso, torbido*] boueux, vaseux*: *acqua limosa* eau boueuse, vaseuse.
'limousine' |limuzin| *s.f. inv.* [*tipo d'automobile*] limousine *var.*
limpidaménte |limpida'mente| *avv.* [→ LIMPIDO] avec limpidité *loc. inv.*
limpidézza|limpi'dettsa|*s.f.*, **limpidità** |limpidi'ta| *s.f. inv.* (*pr.*, *fig.*) limpidité *var.*
lìmpido |'limpido| *agg.* limpide: *acqua, sorgente limpida* eau, source limpide; *un diamante limpido* un diamant limpide; *un cielo limpido* un ciel limpide → **sereno** ◇ (*fig.*) *occhi limpidi* yeux limpides; *sguardo limpido* regard limpide; *una voce limpida* une voix limpide; *un ragionamento limpido* un raisonnement limpide → **chiaro**; *uno stile limpido* un style limpide # *una coscienza limpida* une conscience pure → **puro** [C] **torbido, contorto.**
lìmulo |'limulo| *s.m.* (*t.zool.*) limule.
Linàcee |li'natʃee| *s.f. pl.* (*t.bot.*) Linacées.
linaiòla |lina'jɔla| *s.f.* → **linaria.**
linaiòlo |lina'jɔlo| *s.* [*chi lavora o vende lino*] linier*.
linària |li'narja| *s.f.* (*t.bot.*) linaire.
lince |'lintʃe| *s.f.* **1** (*t.zool.*) lynx *m.*, loup-cervier *m.* ◇ [*la pelliccia*] *un collo di lince* un col de lynx **2** (*loc. fig.*) *avere occhi di lince* avoir des yeux de lynx.
linceo |'lintʃeo| *agg.* de lynx *loc. inv.*
lincèo |lin'tʃɛo| *s.m.* membre de l'Académie des Lincei: *l'Accademia dei Lincei* l'Académie des Lincei.
linciàggio, i |lin'tʃaddʒo, i| *s.m.* lynchage: *sfuggire, sottrarsi al linciaggio* échapper, se soustraire au lynchage ◇ (*fig.*) *linciaggio morale, politico* lynchage moral, politique.
linciàre |lin'tʃare| *v.tr.* [*assassinare a furor di popolo*] lyncher ◇ (*in usi iperb.*) *quando espressi il mio dissenso, per poco non mi linciavano* quand j'exprimai ma désapprobation, c'est tout juste s'ils ne me lynchèrent pas.
linciatóre, trice |lintʃa'tore, tri-tʃe| *s.* [*chi partecipa a un linciaggio*] lyncheur*.
lindézza |lin'dettsa| *s.f.* [*pulizia accurata*; *eleganza*] propreté: *la lindezza di un abito, di una casa* la propreté d'un vêtement, d'une maison ◇ (*fig.*) *lindezza di stile* élégance de style [C] **sciatteria.**
lìndo |'lindo| *agg.* [*pulito*] propre: *una camicia linda* une chemise propre ◇ [*elegante*] élégant: *un vestito lindo* un vêtement élégant ◇ (*fig.*) [*ricercato, forbito*] élégant, soigné: *stile lindo* style élégant, soigné; *una prosa linda* une prose élégante [C] **sporco, trasandato.**
lindùra |lin'dura| *s.f.* (*raro*) → **lindezza.**
lìnea |'linea| *s.f.* **1** (*mat., corr.*) ligne: *linea retta, curva* ligne droite, courbe; *linea orizzontale, verticale* ligne horizontale, verticale; *linea spezzata* ligne brisée; *linee parallele, perpendicolari* lignes parallèles, perpendiculaires; *una linea tratteggiata, punteggiata* une ligne hachurée, pointillée; *tracciare, disegnare una linea* tracer une ligne ◇ (*per est.*) *le linee della mano* les lignes de la main; *linea del cuore, della fortuna, della vita* ligne de cœur, de chance, de vie ◇ (*geogr.*) *linea equinoziale* ligne équinoxiale; *linee isoterme, isobare, isoipse* lignes isothermes, isobares, isohypses # *linea meridiana* méridienne ◇ (*tecnol.*) *linea di fede* ligne de foi ◇ (*nei termometri*) *avere qualche linea* (*di febbre*) avoir un peu de fièvre, quelques dixièmes de fièvre, quelques degrés de fièvre → **lineetta**; *aveva 38 e 2* (*linee di febbre*) il avait 38,2 (de fièvre) **2** [*segno di demarcazione*; *limite*] ligne: *linea di confine, doganale* ligne frontière, de douanes ◇ (*geogr.*) *linea di vetta* ligne de faîte → **spartiacque**; *linea delle nevi perpetue* ligne des neiges éternelles ◇ (*mar.*) *linea di galleggiamento* ligne de flottaison ◇ (*sport*) *linea di partenza, d'arrivo, del traguardo* ligne de départ, d'arrivée; *linea laterale, di fondo, mediana* ligne de touche, de fond, médiane **3** [*direzione di movimento*] ligne: *avanzare in linea retta, per linee parallele* avancer en ligne droite, en lignes parallèles; *linea di tiro, di mira* ligne de tir, de mire # *dista in linea d'aria 2 km.* il est à 2 km. à vol d'oiseau ◇ (*fis.*) *linee di forza* lignes de force; *linea di campo magnetico, elettrico* ligne de champ magnétique, électrique ◇ (*nella scherma*) *linea direttrice* ligne directrice; *linea d'offesa* ligne d'engagement; *tenere il ferro, il braccio in linea* tenir le fer, le bras en ligne **4** (*fig.*) [*comportamento*; *indirizzo generale*] ligne: *assumere, conservare, cambiare una certa linea di condotta* assumer, garder, changer une certaine ligne de conduite; *seguire, contestare una determinata linea politica, sindacale* suivre, contester une certaine ligne politique, syndicale ◇ *loc.* ESSERE, CONSERVARSI, METTERSI IN LINEA CON...: *essere in linea con le direttive del partito* être dans la ligne des directives du parti; *mettersi in linea con le più recenti innovazioni* suivre les innovations les plus récentes; *essere in linea con i tempi* marcher avec son temps → **allineato** **5** (*mil.*) ligne: *essere, mandare in prima linea* être, envoyer en première ligne ◇ [*fronte di combattimento*] *trovarsi in linea* être en ligne; *fuoco su tutta la linea* feu sur toute la ligne ◇ (*sport*) *linea d'attacco, di difesa* ligne d'attaque, de défense ◇ (*loc.*) *linea gotica, Sigfrido, Maginot* ligne gothique, Siegfried, Maginot ~ *essere in prima linea*: (*pr., fig.*) être en première ligne; *è sempre stato in prima linea nelle battaglie per i diritti civili* il a toujours été en première ligne dans les batailles pour les droits civils ~ *passare in seconda linea*: (*pr.*) passer, descendre en deuxième ligne; (*fig.*) *ormai il problema finanziario è passato in seconda linea* désormais, le problème financier est passé, remise au second plan ~ *vittoria, disfatta su tutta la linea*: (*pr., fig.*) victoire, défaite sur toute la ligne **6** (*arch.*) ligne: *un monumento, una facciata di linee semplici, classiche, severe* un monument, une façade aux lignes simples, classiques, sévères **7** (*fig.*) (*persone*) [*contorno, lineamento*] ligne: *la linea dura, delicata di un volto, di un profilo* les lignes dures, délicates d'un visage, d'un profil; *la linea dei fianchi* la ligne des flancs; *quella ragazza ha una bella linea* cette fille a une ligne splendide, est bien roulée (*fam.*) ◇ (*loc.*) *mantenere, conservare, perdere la linea* maintenir, conserver, perdre sa ligne **8** (*per est.*) (*in sartoria*) ligne: *un abito di linea classica, moderna, sportiva* un vêtement de ligne classique, moderne, sportive → **taglio** ◇ [*eleganza, classe nel vestire*] classe: *quella donna avrà dei vestiti di lusso ma manca di linea, ha poca linea* cette femme a beau être luxueusement habillée, elle manque de classe **9** (*fig.*) [*sviluppo, traccia*] ligne: *la linea direttrice di un film, delle opere di un autore* la ligne directrice d'un film, des œuvres d'un auteur; *le linee fondamentali di un programma* les lignes essentielles d'un programme; *conoscere, presentare un romanzo nelle sue linee essenziali* connaître, présenter un roman dans ses grands lignes ◇ *loc.* A GRANDI LINEE [*in modo sommario*] à grands traits (*m.*): *tracciare un programma a grandi linee* tracer un programme à grands traits ~ *in linea di massima, sono d'accordo con te* en principe, d'une façon générale, je suis d'accord avec toi **10** [*servizio di trasporto, di comunicazione*] ligne: *linea ferroviaria, aerea, marittima* ligne de chemin de fer, aérienne, maritime; *linea tranviaria, automobilistica* ligne de tram, d'autobus; ◇ *loc. agg.* DI LINEA de ligne: *autobus, aereo, aliscafo di linea* autobus, avion, hydroplane de ligne; *servizio di linea* service de ligne **11** (*elettr.*) ligne: *linea* (*elettrica*) *aerea, sotterranea* ligne (électrique) aérienne, souterraine; *linea telegrafica, telefonica* ligne télégraphique, téléphonique; *riparare un guasto sulla linea* réparer une panne sur la ligne; *c'è un sovraccarico di, sulla linea* la ligne est surchargée, il y a encombrement sur la ligne **12** (*nelle telecomunicazioni*) ligne: *mantenere, perdere una linea* garder, perdre une ligne; *è caduta la linea* la ligne a été coupée, nous avons été coupés, j'ai été coupé(e) → **contatto** # *Parigi in linea!* Paris à l'appareil!; *c'è in linea il direttore generale* le directeur général est à l'appareil; *rimanga in linea, le passo Roma!* ne quittez pas, je vous passe Rome! ◇ (*nell'alfabeto Morse*) *una linea e due punti corrispondono alla lettera 'A'* un trait et deux points correspondent à la lettre 'A' **13** (*comm., pubblicità*) série: *una linea di prodotti di bellezza* une série de produits de beauté; *la nuova linea della ditta X* la nouvelle série de la firme X → **serie** **14** (*genealogia*) ligne: *linea retta, collaterale* ligne directe, collatérale; *linea ascendente, discendente*

ligne ascendente, descendante; *due parenti per linea paterna, materna* deux parents en ligne paternelle, maternelle.
lineaménti |linea'menti| *s.m. pl.* **1** [*tratti caratteristici del volto*] traits: *lineamenti delicati, fini, duri, irregolari* traits délicats, fins, durs, irréguliers; *ha tutti i lineamenti del padre* il a les traits de son père → **fisionomia 2** [*elementi fondamentali*] éléments: *lineamenti di storia* éléments d'histoire.
1 **lineàre** |line'are| *agg.* **1** linéaire: *unità di misura lineare* unité de mesure linéaire ◇ (*mat.*) *espressione lineare* expression linéaire ◇ (*elettron.*) *circuito lineare* circuit linéaire **2** [*che procede per linee rette*] linéaire: *decorazioni lineari* décorations linéaires → **geometrico**; *tracciato lineare* tracé linéaire → 1 **regolare 3** (*fig.*) [*chiaro; coerente*] droit, clair: *un comportamento lineare* un comportement droit, clair; *discorso lineare* discours clair.
2 **lineàre** |line'are| *v.tr.* (*raro*) [*segnare con linee regolari*] régler (8): *lineare un foglio* régler une feuille → **rigare.**
linearìsmo |linea'rizmo| *s.m.* (*arts.*) prédominance *f.* de la ligne sur la couleur.
linearità |lineari'ta| *s.f. inv.* **1** (*mat.*) linéarité (*var.*): *linearità di un'equazione* linéarité d'une équation ◇ (*per est.*) *la linearità di un percorso* la linéarité d'un parcours **2** (*fig.*) [*rettitudine, coerenza*] droiture (*var.*): *linearità di condotta, di comportamento* droiture de conduite, de comportement.
linearménte |linear'mente| *avv.* [→ 1 LINEARE] linéairement, en ligne droite (*loc. inv.*): *procedere linearmente* avancer linéairement, en ligne droite ◇ (*fig.*) *comportarsi linearmente* se conduire avec droiture → **rettamente.**
lineétta |line'etta| *s.f.* **1** (*segno grafico di interpunzione*) tiret (*m.*): *scrivere una frase incidentale tra due lineette* écrire une phrase incidente entre deux tirets → **trattino** ◇ (*segno di 'a capo'*) tiret **2** (*fam.*) (*nei termometri da febbre*) [*un decimo di un grado*] *avere due, poche lineette* (*di febbre*) avoir un peu de fièvre, quelques degrés, quelques dixièmes de fièvre → **linea 3** petite ligne.
liner |'lainə| *s.m. inv.* (*ingl.*) liner *var.*
linéto |li'neto| *s.m.* [*campo di lino*] linière *f.*
lìnfa |'linfa| *s.f.* **1** (*anat.*) lymphe ◇ (*bot.*) sève: *linfa ascendente, discendente* sève ascendante, descendante ◇ (*fig.*) *la linfa vitale dell'esperienza* la sève de l'expérience **2** (*lett.*) → **sorgente, acqua.**
linfàtico, ci, ca, che |lin'fatiko, tʃi, ka, ke| *agg.* **1** (*anat.*) lymphatique: *ghiandola linfatica* ganglion lymphatique **2** (*med.*) lymphatique: *un organismo, un individuo linfatico* un organisme, un individu lymphatique ♦ (*s.*) *un linfatico* un lymphatique.
linfatìsmo |linfa'tizmo| *s.m.* (*med.*) lymphatisme.
linf(o)adenìa |linf(o)ade'nia| *s.f.* (*med.*) lymphadénie.
linf(o)adenìte |linf(o)ade'nite| *s.f.* (*med.*) lymphadénite.
linf(o)adenòma |linf(o)ade'nɔma| *s.m.* (*med.*) lymphadénome.
linf(o)angiòma |linf(o)an'dʒɔma| *s.m.* (*med.*) lymphangiome.
linf(o)angìte |linf(o)an'dʒite| *s.f.* (*med.*) lymphangite.
linfocitàrio, i |linfotʃi'tarjo, i| *agg.* (*med.*) lymphocytaire.
linfocito |linfo'tʃito|, **linfocita** |linfo'tʃita| *s.m.* (*biol.*) lymphocyte.
linfocitòsi |linfotʃi'tɔzi| *s.f. inv.* (*med.*) lymphocytose *var.*
linfoghiàndola |linfo'gjandola| *s.f.* (*anat.*) ganglion *m.* lymphatique.
linfografìa |linfogra'fia| *s.f.* lymphographie.
linfogranulòma |linfogranu'lɔma| *s.m.* (*med.*) lymphogranulomatose *f.*
linfogranulomatòsi |linfogranuloma'tɔzi| *s.f. inv.* (*med.*) lymphogranulomatose *var.*
linfòide |lin'fɔide| *agg.* (*anat., med.*) lymphoïde → **linfatico.**
linfòma |lin'fɔma| *s.m.* (*med.*) lymphome.
linfonòdo |linfo'nɔdo| *s.m.* (*anat.*) nodule lymphatique.
linfopenìa |linfope'nia| *s.f.* (*med.*) lymphopénie.
linforragìa, gie |linforra'dʒia, dʒie| *s.f.* (*med.*) lymphorragie.
linfosarcòma |linfosar'kɔma| *s.m.* (*med.*) lymphosarcome.
lìnga |'linga| *s.m. inv.* (*sanscrito*) linga(m).
lingerìa |lindʒe'ria| *s.f.* → **biancheria.**
lingottièra |lingot'tjɛra| *s.f.* **1** (*metall.*) lingotière **2** (*tip.*) lingotier *m.*
lingòtto |lin'gɔtto| *s.m.* lingot.
lìngua |'lingwa| *s.f.* **I** (*con riferimento all'organo anatomico*) **1** (*anat., corr.*) langue: *avere la lingua secca, sporca* avoir la langue sèche, chargée; *mostrare la lingua al dottore* montrer sa langue au médecin ◇ (*loc. fig.*) *avere una lingua tagliente, velenosa* avoir une langue pointue, venimeuse ~ *avere la lingua lunga, la lingua sciolta* avoir la langue bien pendue ~ *essere una lingua di vipera, biforcuta* être une langue de vipère ~ *essere una mala lingua* être une mauvaise langue → **malalingua** ~ *non ascoltare le cattive lingue!* n'écoute pas les mauvaises langues! ~ *tenere a freno la lingua* retenir sa langue ~ *mordersi la lingua* se mordre la langue ~ *sciogliere la lingua a qc.* délier la langue à qqn.; *finalmente gli si è sciolta la lingua!* finalement sa langue s'est déliée!, il a délié sa langue! ~ *non avere peli sulla lingua* ne pas mâcher ses mots ~ *avere q.c. sulla punta della lingua* avoir qqch. sur le bout de la langue ~ *avere la lingua in bocca* parler pour le plaisir de parler; dire n'importe quoi (*fam.*) ~ *ti manca la lingua?, hai perso la lingua?, hai lasciato la lingua a casa?* tu as perdu, avalé ta langue? ◇ (*prov.*) *la lingua batte dove il dente duole* on revient toujours au point sensible, au point névralgique ~ *ne uccide più la lingua che la spada* la langue est plus meurtrière que l'épée **2** [*lingua di animale macellato*] langue: *delle fettine di lingua* des tranches de langue; *lingua di manzo, di vitello salmistrata, affumicata* langue de bœuf, de veau à l'écarlate, fumée **3** (*per est.*) langue: *lingue di fuoco* des langues de feu; *una lingua di terra* une langue de terre ◇ (*in pasticceria*) *lingua di gatto* langue-de-chat ◇ (*geol.*) *lingua glaciale* langue glaciaire; *lingua di lava* langue de lave ◇ (*t.bot.*) *lingua di cane* langue-de-chien; *lingua di bue, di manzo* langue-de-bœuf **II** (*con riferimento alla funzione che l'organo anatomico adempie nella fonazione*) **1** [*sistema di comunicazione; idioma*] langue: *lingua materna, nazionale* langue maternelle, nationale; *lingua viva, morta* langue vivante, morte; *le lingue indoeuropee, classiche* les langues indo-européennes, classiques ◇ [*particolare codice linguistico*] *lingua letteraria, poetica, familiare* langue littéraire, poétique, familière → **linguaggio**; *lingua scritta, parlata* langue écrite, parlée; *studiare la lingua di Dante, del Manzoni* étudier la langue de Dante, de Manzoni **2** [*la lingua italiana*] italien (*m.*): *commettere errori di lingua in un tema, in uno scritto* faire des fautes d'italien dans une dissertation, dans un écrit; *parlare, scrivere in buona lingua* parler, écrire en bon italien **3** *al plur.* [*le lingue straniere, come oggetto di studio*] langues: *conoscere le lingue* savoir les langues; *essere iscritto a* (*alla Facoltà di*) *Lingue* être inscrit en (à la Faculté de) langues vivantes; *frequenta il 2° anno di Lingue* il est en deuxième année de langues vivantes; *insegnare lingue, essere professore di lingue* enseigner les langues, être professeur de langues.
linguàccia, ce |lin'gwattʃa, tʃe| *s.f.* mauvaise langue: *zitto, con quella linguaccia!* veux-tu (bien) te taire, mauvaise langue! ◇ (*fig.*) [*persona maldicente*] mauvaise langue: *è proprio una linguaccia!* c'est vraiment une mauvaise langue!
linguacciùto |lingwat'tʃuto| *agg.* [*maldicente, pettegolo*] médisant, cancanier* ◇ [*impertinente nel parlare*] impertinent ◇ [*chiacchierone*] bavard.
linguàggio, i |lin'gwaddʒo, i| *s.m.* langage: *linguaggio infantile, letterario, tecnico* langage enfantin, littéraire, technique; *linguaggio sportivo, giornalistico* langage sportif, journalistique; *il linguaggio della medicina, della pubblicità* le langage de la médecine, de la publicité ◇ (*per est.*) *il linguaggio dei gesti, dei segni* le langage des gestes, des signes; *il linguaggio delle immagini, della musica* le langage des images, de la musique; *il linguaggio delle cose, dei fiori* le langage des choses, des fleurs ◇ (*per est.*) *il linguaggio delle api, degli uccelli* le langage des abeilles, des oiseaux.
linguàle |lin'gwale| *agg.* (*anat., ling.*) lingual*.
linguàta |lin'gwata| *s.f.* → **leccata.**
Linguatùlidi |lingwa'tulidi| *s.m. pl.* (*t.zool.*) Linguatulidés.
linguèlla |lin'gwɛlla| *s.f.* **1** *la linguella dei* (*diti dei*) *guanti* la languette des (doigts des) gants **2** *linguella adesiva per francobolli* charnière adhésive pour les timbres.
linguétta |lin'gwetta| *s.f.* **1** languette: *la linguetta delle scarpe* la languette des souliers **2** (*negli strumenti musicali a fiato*) languette → **ancia 3** (*mecc.*) clavette **4** (*agr.*) *innesto a linguetta* greffe à cheval.
linguifórme |lingwi'forme| *agg.* linguiforme.
linguìsta |lin'gwista| *s.* linguiste.
linguìstica, che |lin'gwistika, ke| *s.f.* linguistique.
linguisticaménte |lingwistika'mente| *avv.* [→ LINGUISTICO] linguistiquement.

linguìstico, ci, ca, che |lin'gwistiko, tʃi, ka, ke| *agg.* linguistique.
linièro |li'njɛro| *agg.* linier*: *industria liniera* industrie linière.
linifìcio, i |lini'fitʃo, i| *s.m.* filature *f.* de lin.
liniménto |lini'mento| *s.m.* (*farm.*) liniment.
linkage |'linkidʒ| *s.m. inv.* (*ingl.*) (*biol.*) linkage *var.*
linneàno |linne'ano| *agg.* linnéen*, de Linné (*loc. inv.*): *la classificazione linneana* la classification linnéenne, de Linné.
lìno |'lino| *s.m.* **1** (*t.bot.*) lin ◇ [*il seme*] *olio di lino* huile de lin; *farina di* (*semi di*) *lino* farine de (graines de) lin **2** [*la fibra tessile*] lin: *fazzoletti, lenzuola di lino* mouchoirs, draps de lin; *una camicia, un abito di lino* une chemise, un vêtement de lin # *l'industria del lino* l'industrie linière.
linolèico, ci, ca, che |lino'lɛiko, tʃi, ka, ke| *agg.* (*chim.*) linoléique.
linòleum |li'nɔleum| *s.m. inv.* linoleum, linoléum.
linóne |li'none| *s.m.* linon.
linósa |li'nosa| *s.f.* [*semi di lino*] linette.
linotipìa |linoti'pia| *s.f.* (*tip.*) linotypie: *stampare in linotipia* imprimer en linotypie ◇ [*reparto destinato alla composizione linotipica*] *passare il manoscritto in linotipia* passer le manuscrit en linotypie.
linotìpico, ci, ca, che |lino'tipiko, tʃi, ka, ke| *agg.* (*tip.*) de linotype (*loc. inv.*): *composizione linotipica* composition de linotype # (*macchina*) *linotipica* linotype.
linotipista |linoti'pista| *s.* linotypiste.
linotype |'lainotaip| *s.f. inv.* (*ingl.*) linotype *var.*
linter |'lintə| *s.m. inv.* (*ingl.*) linter *var.*
liocòrno |lio'kɔrno| *s.m.* → **unicorno.**
liofilizzàre |liofilid'dzare| *v.tr.* [*sottoporre a liofilizzazione*] lyophiliser.
liofilizzàto |liofilid'dzato| *agg.* lyophilisé: *caffè liofilizzato* café lyophilisé; *prodotti alimentari, farmaceutici liofilizzati* produits alimentaires, pharmaceutiques lyophilisés.
liofilizzazióne |liofiliddzat'tsjone| *s.f.* (*chim., farm., scienze alimentari*) [→ LIOFILIZZARE] lyophilisation.
liòfilo |li'ɔfilo| *agg.* (*chim.*) lyophile.
liòfobo |li'ɔfobo| *agg.* (*chim.*) lyophobe.
lionése |lio'nese| *agg.* [*di Lione*] lyonnais.
liparite |lipa'rite| *s.f.* (*miner.*) liparite.
lipàsi |li'pazi| *s.f. inv.* (*chim.*) lipase *var.*
lipemìa |lipe'mia| *s.f.* (*med.*) lipémie.
lipìde |li'pide| *s.m.* (*biol., chim.*) lipide.
lipìdico, ci, ca, che |li'pidiko, tʃi, ka, ke| *agg.* (*biol., chim.*) lipidique.
lìpo- |'lipo| *pref.* (*significa 'grasso, tessuto adiposo', corrisponde gener. a*) lipo: *lipoide* lipoïde.
lipocròmo |lipo'krɔmo| *s.m.* (*biol., chim.*) lipochrome.
lipòfilo |li'pɔfilo| *agg.* (*tecnol.*) lipophile.
lipòide |li'pɔide| *s.m.* (*biol., chim.*) lipoïde.
lipolìsi |lipo'lizi| *s.f. inv.* (*chim.*) lipolyse *var.*
lipòma |li'pɔma| *s.m.* (*med.*) lipome.
lipomatòsi |lipoma'tɔzi| *s.f. inv.* (*med.*) lipomatose *var.*
lipomatóso |lipoma'toso| *agg. e s.* (*med.*) lipomateux*.
lipoproteìna |lipoprote'ina| *s.f.* (*biol., chim.*) lipoprotéine.
liposarcòma |liposar'kɔma| *s.m.* (*med.*) liposarcome.
liposolùbile |liposo'lubile| *agg.* (*chim.*) liposoluble.
lipotimìa |lipoti'mia| *s.f.* (*med.*) lipothymie.
lipòtropo |li'pɔtropo| *agg. e s.m.* (*farm.*) lipotrope.
lipovaccìno |lipovat'tʃino| *s.m.* (*med.*) lipovaccin.
lìppa |'lippa| *s.f.* (*region.*) [*gioco di fanciulli nel quale si fa saltare un bastoncino battendolo su una estremità con un altro per poi riprenderlo al volo*] bâtonnet *m.* ◇ (*loc. fam.*) *ma va' a giocare alla lippa!* (*come insulto o scherno rivolto a chi si dimostra incapace in q.c.*) va jouer aux billes!
liquàme |li'kwame| *s.m.* **1** [*liquido di decomposizione di sostanze organiche e inorganiche*] purin **2** (*med.*) pus.
liquazióne |likwat'tsjone| *s.f.* (*metall.*) liquation.
liquefacènte |likwefa'tʃɛnte|, **liquefattivo** |likwefat'tivo| *agg.* (*tecnol.*) liquéfiant.
liquefaciménto |likwefatʃi'mento| *s.m.* (*raro*) → **liquefazione.**
liquefàre |likwe'fare| (103) **A** *v.tr.* **1** (*fis.*) [*ridurre dallo stato gassoso a quello liquido*] liquéfier: *liquefare un gas* liquéfier un gaz ◇ (*corr.*) [*ridurre sostanze solide allo stato liquido*] faire (45) *intr.* fondre: *liquefare il burro, la cera* faire fondre le beurre, la cire → **fondere, sciogliere** **2** (*raro, fig.*) [*dissipare, scialacquare*] dissiper (*corr.*): *liquefare le proprie sostanze* dissiper son avoir **B** *v.pron.* LIQUEFARSI **1** [→ *tr.* 1] fondre (53) (*intr.*): *la neve si è liquefatta al sole* la neige a fondu au soleil ◇ (*per iperb.*) *ci stiamo liquefacendo, con questo sole!* nous fondons, avec ce soleil! **2** (*fig.*) [→ *tr.* 2] se volatiliser: *i suoi risparmi si sono liquefatti* ses économies se sont volatilisées.
liquefàtto |likwe'fatto| *agg.* **1** (*fis.*) liquéfié: *ossigeno liquefatto* oxygène liquéfié **2** [*fuso, sciolto*] fondu: *burro liquefatto* beurre fondu.
liquefazióne |likwefat'tsjone| *s.f.* [→ LIQUEFARE A 1; B 1] **1** (*fis.*) liquéfaction **2** fusion.
liquerìzia |likwe'rittsja| *s.f.* → **liquirizia.**
liquescènte |likweʃ'ʃɛnte| *agg.* (*fis.*) liquescent.
liquescènza |likweʃ'ʃɛntsa| *s.f.* (*fis.*) liquescence.
liquidàbile |likwi'dabile| *agg.* [→ LIQUIDARE] liquidable.
liquidàmbar |likwi'dambar| *s.m. inv.* (*t.bot.*) liquidambar *var.*
liquidàre |likwi'dare| *v.tr.* **1** (*dir.*) [*definire, accertare* (*un bene patrimoniale*)] évaluer: *liquidare un'eredità, una pensione, gli interessi di un capitale* évaluer un héritage, une pension, les intérêts d'un capital ◇ [*pagare, corrispondere*] liquider; verser: *liquidare un debito* liquider une dette ‖ *mi sono state liquidate le spese di trasferta* les frais de déplacement m'ont été versés # *l'assicurazione non mi ha ancora liquidato i danni subiti nell'incidente* l'assurance ne m'a pas encore payé les dommages subis dans l'accident **2** (*dir., econ.*) *liquidare una ditta, un'industria* [*scioglierla, definendone l'attivo e il passivo*] liquider une entreprise, une industrie **3** (*dir.*) *liquidare un impiegato, un dipendente* [*licenziarlo*] renvoyer (14), licencier un employé, un salarié **4** [*vendere* (*una merce*) *a prezzi inferiori*] liquider: *liquidare una partita di merci* liquider une partie de marchandises → **svendere** **5** (*fig.*) [*risolvere, definire*] liquider: *liquidare una questione, un affare delicato* liquider une question, une affaire délicate **6** (*fig.*) (*ogg. di persona*) [*eliminare, vincere*] liquider: *liquidare l'avversario in poche riprese* liquider l'adversaire en quelques reprises ◇ [*liberarsi, sbarazzarsi di qc.*] *liquidare uno scocciatore, un importuno* se débarrasser d'un casse-pieds, d'un importun; *mi ha liquidato con delle vaghe promesse* il s'est débarrassé de moi avec de vagues promesses.
liquidàto |likwi'dato| *agg.* **1** [*regolato definitivamente*] liquidé: *un conto, un debito liquidato* un compte liquidé, une dette liquidée **2** (*persone*) [*vinto, eliminato*] liquidé: *gli avversari liquidati* les adversaires liquidés **3** (*persone*) [*rovinato, spacciato*] fichu (*fam.*), flambé (*fam.*): *e così, sei bell'e liquidato!* et comme ça, tu es fichu, flambé!
liquidatóre, trice |likwida'tore, tritʃe| *agg. e s.* (*giudice*) *liquidatore* (juge) liquidateur*.
liquidazióne |likwidat'tsjone| *s.f.* **1** [→ LIQUIDARE 1] liquidation: *liquidazione di un debito* liquidation d'une dette # *provvedere alla liquidazione dei danni* pourvoir au règlement des dommages **2** [→ LIQUIDARE 2] liquidation: *la ditta è in liquidazione* l'entreprise est en liquidation **3** [→ LIQUIDARE 3] indemnité de licenciement # *indennità di liquidazione* indemnité de départ → **buonuscita, licenziamento** **4** [→ LIQUIDARE 4] liquidation: *vendita, prezzo di liquidazione* vente, prix de liquidation; *l'ho comprato a una liquidazione* je l'ai acheté à une liquidation **5** [→ LIQUIDARE 6] élimination: *decidere la liquidazione di un teste troppo pericoloso* décider l'élimination d'un témoin trop dangereux → **eliminazione.**
liquidità |likwidi'ta| *s.f. inv.* **1** (*econ.*) liquidité (*var.*): *liquidità monetaria* liquidité monétaire; *le liquidità di una ditta* les liquidités d'une entreprise **2** (*fis.*) liquidité.
lìquido |'likwido| *agg.* **1** (*fis., corr.*) liquide: *gas liquido* gaz liquide; *un corpo liquido* un corps liquide; *cera liquida* cire liquide; *dieta liquida* régime liquide ◆ (*s.m.*) *i liquidi* les liquides **2** *denaro liquido* [*contante*] argent liquide ◆ (*s.m.*) *non hai del liquido con te?* tu n'as pas d'argent (liquide) sur toi? **3** (*ling.*) liquide: *consonante liquida* consonne liquide ◆ (*s.f.*) *le liquide* les liquides **4** (*lett.*) → **limpido, chiaro.**
liquirìzia |likwi'rittsja| *s.f.* (*t.bot.*) réglisse ◇ [*la radice o il suo estratto*] réglisse.

liquor |'likwor| *s.m. inv.* (*lat.*) (*anat.*) liquor.
liquóre |li'kwore| *s.m.* **1** liqueur (*f.*): *offrire un liquore agli amici* offrir une liqueur aux amis **2** (*farm.*) liqueur **3** (*lett.*) → **acqua**; **liquido.**
liquorerìa |likwore'ria| *s.f.* **1** fabrique de liqueurs **2** (*raro*) débit *m.* de liqueurs (*corr.*).
liquorìsta |likwo'rista| *s.* liquoriste.
liquoróso |likwo'roso| *agg.* liquoreux*: *un vino liquoroso* un vin liquoreux.
1 **lìra** |'lira| *s.f.* **1** lire: *la lira* (*italiana*) la lire (italienne); *il cambio della lira* le change de la lire; *una banconota da 100.000 lire* un billet de 100.000 lires ◇ [*unità monetaria di altri paesi*] livre: *la lira turca, egiziana* la livre turque, égyptienne; *la* (*lira*) *sterlina* la livre sterling **2** (*per est.*) [*denaro*] sou (*m.*): *costa poche lire* cela coûte quelques sous ◇ (*loc. fam.*) *non avere una lira in tasca* ne pas avoir un sou, un centime en poche, sur soi → **centesimo** # *non vali una lira!* tu ne vaux pas un clou!
2 **lìra** |'lira| *s.f.* **1** (*st. mus.*) lyre: *l'antica lira greca* l'antique lyre grecque **2** (*astron.*) lyre **3** (*t.zool.*) (*uccello*) *lira* oiseau-lyre (*m.*): *delle lire* des oiseaux-lyres.
lìrica, che |'lirika, ke| *s.f.* **1** poésie lyrique: *la lirica greca, del Cinquecento* la poésie lyrique grecque, du XVIᵉ siècle ◇ [*componimento lirico*] poème *m.* lyrique: *studiare una lirica, le liriche del Petrarca* étudier un poème lyrique, les poèmes lyriques de Pétrarque **2** [*opera musicale; melodramma*] œuvre lyrique: *una stagione di lirica* une saison d'œuvres lyriques; *la Scala è considerata il tempio della lirica* la Scala est considérée comme le temple des œuvres lyriques.
liricaménte |lirika'mente| *avv.* [*con lirismo, liricità*] lyriquement.
liricità |liritʃi'ta| *s.f. inv.* (*letter.*) lyrisme *m. var.*
liricizzàre |liritʃid'dzare| *v.tr.* [*raccontare con tono entusiastico*] raconter avec lyrisme, avec enthousiasme.
lìrico, ci, ca, che |'liriko, tʃi, ka, ke| *agg.* **1** lyrique: (*poesia*) *lirica* poésie lyrique; *il genere lirico* le genre lyrique ◇ (*per est.*) *uno stile lirico* un style lyrique; *un'intonazione lirica* une intonation lyrique **2** (*mus.*) lyrique: *opera lirica* œuvre lyrique; *cantante lirico* chanteur lyrique; *teatro lirico* théâtre lirique; *stagione lirica* saison lyrique.
liriodèndro |lirjo'dɛndro| *s.m.* (*t. bot.*) tulipier.
lirìsmo |li'rizmo| *s.m.* lyrisme.
lirìsta |li'rista| *s.* lyriste.
lìsca, che |'liska, ke| *s.f.* [*spina, colonna vertebrale dei pesci*] arête: *dare le lische* (*del pesce*) *al gatto* donner les arêtes (du poisson) au chat.
liscézza |liʃ'ʃettsa| *s.f.* [*mancanza di scabrosità; levigatezza*] poli (*m.*): *la liscezza di un tessuto, di un marmo* le poli d'un tissu, d'un marbre.
lisciaménte |liʃʃa'mente| *avv.* **1** (*raro*) [→ LISCIO 1] de façon lisse *loc. inv.* **2** (*fig.*) [*senza guai o difficoltà*] sans inconvénients *loc. inv.*
lisciaménto |liʃʃa'mento| *s.m.* **1** [→ LISCIARE A 1] polissage **2** (*fig.*) [→ LISCIARE A 2] flatterie *f.* → **adulazione** **3** (*fig.*) [→ LISCIARE A 3] léchage.
lisciàre |liʃ'ʃare| **A** *v.tr.* **1** [*rendere liscio, uniforme; levigare*] polir; lisser: *lisciare il marmo* polir le marbre ‖ *lisciare un tessuto* lisser un tissu ◇ [*stirare, accarezzare*] caresser: *lisciare il pelo al gatto* caresser le chat ◇ [*pettinare*] lisser □ *lisciarsi la barba, i capelli* se lisser la barbe, les cheveux ◇ (*loc. fig.*) *lisciare il pelo a qc.* [*bastonarlo*] flanquer une raclée à qqn. (*fam.*), passer de la pommade, la main dans le dos à qqn. **2** (*fig.*) (*ogg. di persona*) [*adulare per un proprio tornaconto*] lécher (8) les bottes de qqn.: *lisciare il direttore, un superiore* lécher les bottes du directeur, d'un supérieur # *tuo papà, me lo liscio io!* ton père, moi je vais lui passer la main dans le dos! **3** (*fig.*) [*correggere, rivedere accuratamente* (*un'opera lett.*)] lécher, polir: *lisciare lo stile di un proprio scritto* lécher, polir le style d'un écrit **4** (*calcio*) *lisciare il pallone* [*mancare il tiro*] manquer, louper (*fam.*) le ballon **5** (*gioco del tressette*) *lisciare una carta* [*strisciarla sul tavolo, come segno convenzionale per il compagno*] ne pas prendre, filer **B** *v.pron. rifl.* LISCIARSI **1** (*persone*) [*azzimarsi, agghindarsi*] se pomponner: *guarda come si è lisciato per la serata di gala!* regarde comme il s'est pomponné pour aller à la soirée! **2** (*animali*) [*pulirsi il pelo con la lingua*] se lisser: *il cane si sta lisciando ben bene* le chien se lisse soigneusement les poils **3** [→ *tr.* 1] se lisser → *tr.* 1 □.
lisciàta |liʃ'ʃata| *s.f.* **1** [*pettinatura affrettata*] *darsi una lisciata* (*ai capelli*) *prima di uscire* se donner un coup *m.* de peigne avant de sortir **2** (*fig.*) [*adulazione, piaggeria*] flatterie: *una promozione ottenuta a costo di tante lisciate* une promotion obtenue à coup de flatteries **3** (*raro*) [→ LISCIARE A 1] polissage *m.*
lisciatìna |liʃʃa'tina| *s.f.* **1** [*adulazione*] flatterie **2** (*loc.*) *darsi una lisciatina ai capelli* se donner un coup *m.* de peigne → **lisciata** 1.
lisciàto |liʃ'ʃato| *agg.* **1** [*reso liscio; levigato*] poli: *una tavola ben lisciata* une table bien polie # *carta lisciata* carte non prise ◇ (*fig.*) *uno stile troppo lisciato* un style trop léché **2** (*persone*) [*agghindato; profumato*] tiré à quatre épingles: *si presentò tutto lisciato* il se présenta tiré à quatre épingles.
lisciatóio, i |liʃʃa'tojo, i| *s.m.* (*archeol., tecnol.*) polissoir.
lisciatóre, trice |liʃʃa'tore, tritʃe| *s.* [*operaio addetto alla lisciatura*] polisseur*.
lisciatrìce |liʃʃa'tritʃe| *s.f.* (*tecnol.*) lisseuse.
lisciatùra |liʃʃa'tura| *s.f.* **1** (*tecnol.*) lissage (*m.*): *la lisciatura della lana, del cuoio, della carta* le lissage de la laine, du cuir, du papier **2** (*raro*) [*adulazione*] flatterie (*corr.*).
lìscio, sci, scia, sce |'liʃʃo, ʃi, ʃa, ʃe| *agg.* **1** [*privo di scabrosità; levigato*] lisse: *una pietra liscia* une pierre lisse # *arma da fuoco a canna liscia* mousquet, fusil à canon lisse ◇ (*per est.*) *capelli lisci* cheveux lisses; *velluto liscio* velours lisse; *pelli lisce* peaux lisses; *avere una pelle liscia* avoir une peau lisse ◇ (*loc. fig.*) *un mare liscio come l'olio* une mer d'huile **2** (*per est.*) *caffè liscio* [*non corretto con alcoolici*] café nature (*inv.*); *un vermut, un aperitivo liscio* [*senza aggiunta di selz*] un vermouth, un apéritif nature **3** (*fig.*) [*senza ostacoli o difficoltà*] simple: *è un affare liscio* c'est une affaire simple ♦ (*in funzione avv.*) *andar liscio* [*procedere senza difficoltà*] marcher ◇ (*loc. fig.*) *questa volta ti è andata liscia!* cette fois tu as eu de la chance, tu t'en es bien tiré!; *la prossima volta non gliela faccio passar liscia* la prochaine fois il n'y coupera pas; *andare per le lisce* [*per le spicce*] être débrouillard; *non andar troppo per il liscio!* [*per il sottile; usar la mano pesante*] ne pas y aller de main morte **4** *il* (*ballo*) *liscio* la danse moderne (à pas glissés) **5** (*anat.*) *muscolatura liscia* muscles lisses **C** 1 **ruvido**; 3 **scabroso, difficile.**
lisciv(i)a |liʃ'ʃiv(j)a| *s.f.* (*chim., corr.*) lessive.
lisciviàre |liʃʃi'vjare| *v.tr.* **1** (*chim.*) [*separare una sostanza da altre, attraverso il procedimento di lisciviazione*] lessiver **2** [*lavare con la liscivia*] lessiver: *lisciviare la biancheria* lessiver le linge.
lisciviatóre, trice |liʃʃivja'tore, tritʃe| *s.* **1** *s.* [*operaio addetto alla lisciviatura*] lessiveur *m.* **2** *s.m.* (*tecnol.*) lessiveuse *f.*
lisciviatrice |liʃʃivja'tritʃe| *s.f.* (*tecnol.*) lessiveuse.
lisciviatùra |liʃʃivja'tura|, **lisciviazióne** |liʃʃivjat'tsjone| *s.f.* **1** (*chim.*) lessivage *m.* ◇ (*nell'industria della carta*) cuisson **2** [→ LISCIVIARE 2] lessivage.
liscóso |lis'koso| *agg.* plein d'arêtes: *pesce liscoso* poisson plein d'arêtes.
lisèrgico, ci, ca, che |li'zɛrdʒiko, tʃi, ka, ke| *agg.* (*chim.*) *acido lisergico* acide lysergique.
'liseuse' |lizøz| *s.f. inv.* [*piccola giacca di lana*] liseuse *var.*
-lìsi |'lis(z)i| *suff.* (*significa 'soluzione, separazione, distruzione', corrisponde gener. a*) lyse: *dialisi* dialyse.
lìsi |'lizi| *s.f. inv.* (*biol., med.*) lysis.
lisimàchia |lizi'makja| *s.f.* (*t.bot.*) lysimaque.
lisìna |li'zina| *s.f.* (*biol., chim.*) lysine.
lìso |'lizo| *agg.* (*detto di tessuti*) [*logorato, consumato*] élimé, râpé: *una camicia lisa al collo, ai polsi* une chemise élimée, râpée au col, aux poignets; *questa giacca ha i gomiti lisi* les coudes de cette veste sont râpés.
lisofòrmio, i |lizo'fɔrmjo, i| *s.m.* (*chim.*) lysoforme.
lisozìma |lizod'dzima| *s.m.* (*biol.*) lysozyme.
lìsta |'lista| *s.f.* **1** [*striscia lunga e stretta*] bande: *lista di carta, di stoffa* bande de papier, d'étoffe # *lista di legno* listel de bois → **stecca** **2** [*elenco; fila*] liste: *la lista delle spese* la liste des courses, des achats; *la lista degli invitati* la liste des invités; *lista elettorale* liste électorale; *la lista dei candidati* la liste des candidats ◇ (*loc. fig.*) *mettersi in lista* se mettre sur la liste ~ *segnare qc. nella lista nera* mettre qqn. sur la liste noire ~ *lista d'attesa*: (*pr., fig.*) liste d'attente.
listàre |lis'tare| *v.tr.* **1** [*segnare, or-*

nare con una lista] border: *listare a lutto i biglietti da visita* border de noir ses cartes de visite **2** [*rinforzare con una o più liste*] renforcer (2): *listare un fascicolo, un volume* renforcer un fascicule, un volume.

listàto |lis'tato| *agg.* **1** [*ornato con una lista*] bordé: *carta listata a lutto* papier bordé de noir, papier de deuil **2** [*rinforzato, fregiato con liste*] renforcé: *un mobile listato in noce* un meuble renforcé en noix.

listatùra |lista'tura| *s.f.* **1** [→ LISTARE 2] renforçage *m.* **2** (*raro*) [→ LISTARE 1] bordure.

listèllo |lis'tɛllo| *s.m.* **1** [*stecca, striscia*] lame (*f.*): *i listelli delle persiane* les lames des volets **2** (*arch.*) listel.

listìno |lis'tino| *s.m.* **1** *il listino dei prezzi* la liste *f.*, le catalogue des prix; *fare uno sconto sul prezzo di listino* faire un rabais sur le prix du catalogue **2** (*Borsa*) *listino di Borsa* cote *f.*, cours de la Bourse; *listino dei cambi* cours des changes **3** (*raro*) petite liste.

litanìa |lita'nia| *s.f.* **1** *spec. al plur.* (*liturg. catt.*) litanies **2** (*fig.*) [*serie lunga e monotona*] chapelet *m.*, kyrielle: *una litania di ingiurie e improperi* un chapelet, une kyrielle d'injures et d'insultes; *una litania di cifre, di date* une kyrielle de chiffres, de dates.

litantràce |litan'tratʃe| *s.m.* (*miner.*) *houille-anthracite *f.*

litargìrio, i |litar'dʒirjo, i| *s.m.* (*chim., farm., miner.*) litharge *f.*

lìte |'lite| *s.f.* **1** [*contrasto violento; contesa*] querelle: *la lite è scoppiata, è sorta per colpa di qc.* la querelle a éclaté par la faute de qqn. → **litigio** # *sono in lite con i miei* je suis brouillé avec mes parents; *attaccare lite con qc.* se quereller, se disputer avec qqn. **2** (*dir.*) procès *m.*; litige (*m.*): *intentare, muovere lite a qc.* intenter un procès à qqn.; *c'è una lite pendente tra...* il y a un procès pendant entre... ‖ *comporre una lite* trancher un litige.

litìasi |li'tiazi| *s.f. inv.* (*med.*) lithiase *var.* → **calcolosi.**

litiàsico, ci, ca, che |liti'aziko, tʃi, ka, ke| *agg.* (*med.*) lithiasique.

liticàre |liti'kare| *e deriv.* (*raro*) → **litigare** *e deriv.*

-lìtico |'litiko|, **-lìto** |'lito| *suff.* (*significano 'pietra', corrispondono gener. a*) lithique; lithe: *paleolitico* paléolithique ‖ *aerolito* aérolithe.

lìtico, ci, ca, che |'litiko, tʃi, ka, ke| *agg.* (*chim.*) lytique.

litigànte |liti'gante| *s.* [*chi sta litigando*] querelleur*, adversaire: *separare i litiganti* séparer les querelleurs, les adversaires ◇ (*prov.*) *fra i due litiganti il terzo gode* l'huître est pour le juge, les écailles pour les plaideurs.

litigàre |liti'gare| **A** *v.intr.* (*aus. 'avere'*) [*venire a contesa; bisticciare*] se disputer *pron.*, se quereller (*pron.*): *litigare per questioni d'interesse* se disputer, se quereller pour des questions d'intérêt; *hai voglia di litigare?* tu as envie de te disputer?; *smettetela di litigare!* cessez de vous disputer! **B** *v.tr.* (*raro*) [*contendere ad altri*] disputer ◻ *litigarsi un'eredità, un terreno* se disputer un héritage, un terrain **C** *v.pron. rifl., recipr.* (*fam.*) LITIGARSI [→ *intr.*] se disputer (*corr.*): *non fanno che litigarsi tutto il giorno* toute le journée ils ne cessent de se disputer.

litigàta |liti'gata| *s.f.* → **litigio.**

litighìno |liti'gino| *s.* [*persona che litiga facilmente*] chicaneur*: *sei proprio un litighino!* tu es un vrai chicaneur! → **attaccabrighe.**

litighìo, ii |liti'gio, ii| *s.m.* [*un litigare continuo e chiassoso*] querelle *f.* continuelle.

litìgio, i |li'tidʒo, i| *s.m.* [*contrasto a parole; bisticcio*] dispute *f.*, querelle (*f.*): *litigi tra marito e moglie* disputes, querelles entre mari et femme # *venire a litigio* se quereller, se disputer.

litigiosità |litidʒosi'ta| *s.f. inv.* [*tendenza al litigio*] caractère *m. var.* querelleur.

litigióso |liti'dʒoso| *agg.* **1** [*che è sempre in lite*] querelleur*: *un individuo litigioso* un individu querelleur; *avere un carattere litigioso* avoir un caractère querelleur → **attaccabrighe** **2** (*dir.*) litigieux*: *credito litigioso* crédit litigieux.

litigóne |liti'gone| *s.* [*persona facile al litigio*] querelleur*.

lìtina |li'tina| *s.f.* (*chim.*) lithine.

lìtio, i |'litjo, i| *s.m.* (*chim.*) lithium.

litióso |li'tjoso| *agg.* (*chim.*) lithieux*, lithiné.

litispendènza |litispen'dɛntsa| *s.f.* (*dir.*) litispendance.

lìto- |'lito| *pref.* (*significa 'pietra', corrisponde gener. a*) litho: *litografia* lithographie.

-lìto |lito| *suff.* → **-litico.**

lìto |'lito| *s.m.* (*lett.*) → **lido.**

litoclàsi |lito'klazi| *s.f. inv.* (*geol.*) lithoclase *var.*

litòdomo |li'tɔdomo| *s.m.* (*t.zool.*) lithodome.

litòfago, gi |li'tɔfago, dʒi| *agg.* (*zool.*) lithophage.

litogènesi |lito'dʒenezi| *s.f. inv.* (*geol.*) lithogenèse *var.*

litògeno |li'tɔdʒeno| *agg.* (*med., tecnol.*) lithogène.

litografàre |litogra'fare| *v.tr.* [*incidere, stampare con il procedimento della litografia*] lithographier.

litografàto |litogra'fato| *agg.* lithographié.

litografìa |litogra'fia| *s.f.* lithographie.

litograficaménte |litografika'mente| *avv.* [→ LITOGRAFICO] lithographiquement.

litogràfico, ci, ca, che |lito'grafiko, tʃi, ka, ke| *agg.* lithographique.

litògrafo |li'tɔgrafo| *s.* lithographe.

litologìa, gie |litolo'dʒia, dʒie| *s.f.* (*geol.*) lithologie.

litològico, ci, ca, che |lito'lɔdʒiko, tʃi, ka, ke| *agg.* (*geol.*) lithologique.

litòlogo, gi |li'tɔlogo, dʒi| *s.* lithologue.

litopóne |lito'pone| *s.m.* (*chim., tecnol.*) lithopone.

litoràle |lito'rale| **1** *s.m.* [*costa*] côte (*f.*): *il litorale adriatico* la côte adriatique **2** *agg.* (*scient.*) littoral*: *flora, fauna litorale* flore, faune littorale.

litorànea |lito'ranea| *s.f.* → **litoraneo.**

litorànеo |lito'raneo| *agg.* du littoral (*loc. inv.*): *città litoranea* ville du littoral; *ferrovia litoranea* chemin de fer du littoral ✦ (*s.f.*) *la litoranea adriatica, tirrenica* [*strada litoranea*] la route littorale *agg.* adriatique, de la mer thyrrénienne.

litorìna |lito'rina| *s.f.* (*t.zool.*) littorine, vigneau *m.* (*corr.*).

litosfèra |litos'fɛra| *s.f.* (*geol.*) lithosphère.

litostratigrafìa |litostratigra'fia| *s.f.* (*geol.*) lithostratigraphie.

litotàmnio, i |lito'tamnjo, i| *s.m.* (*t.bot.*) lithothamnium.

litòte |li'tɔte| *s.f.* (*ling.*) litote.

litotomìa |litoto'mia| *s.f.* (*chir.*) lithotomie.

litotripsìa |litotrip'sia| *s.f.* (*med.*) lithotritie, lithotripsie.

litotritóre |litotri'tore| *s.m.* (*chir.*) lithotriteur.

Litràcee |li'tratʃee| *s.f. pl.* (*t.bot.*) Lytracées.

lìtro |'litro| *s.m.* litre.

littóre |lit'tore| *s.m.* (*st. rom.*) licteur.

lit(t)orina |lit(t)o'rina| *s.f.* [*automotrice ferroviaria*] autorail: *viaggiare in littorina* voyager en autorail.

littòrio, i |lit'tɔrjo, i| *agg.* **1** (*st. rom.*) du licteur *loc. inv.* **2** (*per est., st. it.*) fasciste: *un palazzo littorio* un palais fasciste → **fascista** ✦ (*s.m.*) *la Gioventù del Littorio* la Jeunesse fasciste.

lituàno |litu'ano| **1** *agg.* [*della Lituania*] lit(h)uanien* **2** (*s.m.*) *il lituano* [*la lingua*] le lit(h)uanien.

liturgìa, gie |litur'dʒia, dʒie| *s.f.* **1** liturgie **2** (*st. gr.*) liturgie.

liturgicaménte |liturdʒika'mente| *avv.* [→ LITURGICO] selon la liturgie *loc. inv.*

litùrgico, ci, ca, che |li'turdʒiko, tʃi, ka, ke| *agg.* liturgique: *i libri liturgici* les livres liturgiques; *l'anno liturgico* l'année liturgique; *la musica liturgica* la musique liturgique.

liturgìsta |litur'dʒista| *s.* liturgiste.

liutàio, i |liu'tajo, i| *s.m.* [*chi fabbrica o ripara strumenti a corda, spec. liuti*] luthier.

liuterìa |liute'ria| *s.f.* lutherie.

liutìsta |liu'tista| *s.* luthiste, joueur* de luth.

liùto |li'uto| *s.m.* (*mus.*) luth.

livèlla |li'vɛlla| *s.f.* (*tecnol.*) niveau (*m.*): *livella a bolla d'aria, a cannocchiale* niveau à bulle d'air, à lunette; *misurare con la livella* mesurer au niveau.

livellaménto |livella'mento| *s.m.* [→ 1 LIVELLARE] nivellement: *il livellamento del terreno* le nivellement du terrain ◇ (*fig.*) *il livellamento dei prezzi, dei salari* le nivellement des prix, des salaires.

1 **livellàre** |livel'lare| **A** *v.tr.* [*ridurre allo stesso livello*] niveler (4): *livellare il manto stradale* niveler le revêtement de la route ◇ (*topografia*) [*determinare la differenza di livello*] *livellare due punti topografici* niveler deux points topographiques ◇ (*fig.*) *livellare gli stipendi* niveler les salaires **B** *v. pron. intr.* LIVELLARSI [→ *tr.*] se niveler # *i due liquidi si sono livellati* les deux liquides se sont mis au même niveau ◇ (*fig.*) *le condizioni economiche e sociali si sono livellate* les conditions économiques et sociales se sont nivelées.

2 **livellàre** |livel'lare| *agg.* (*dir.*) emphytéotique: *contratto livellare* contrat emphytéotique.

livellàrio, i |livel'larjo, i| **1** *agg.* → **2 livellare** **2** *s.m.* (*dir.*) emphytéote.

livellatóre, trice |livella'tore,

tritʃe| **1** *agg.* niveleur*: *una politica livellatrice* une politique niveleuse **2** *s.m.* [*operaio addetto al livellamento*] niveleur.
livellatrice |livella'tritʃe| *s.f.* (*tecnol.*) niveleuse.
livellazióne |livellat'tsjone| *s.f.* (*topografia*) nivellement.
livellétta |livel'letta| *s.f.* (*tecnol.*) nivelette.
1 **livèllo** |li'vɛllo| *s.m.* **1** [*superficie di un fluido*] niveau: *il livello delle acque di un fiume, di un serbatoio* le niveau des eaux d'une rivière, d'un réservoir; *il livello del mare* le niveau de la mer; *un paese* (*situato*) *a 533 metri sul livello del mare* un village (situé) à 533 mètres au-dessus du niveau de la mer; *un relitto che si trova a 50 metri sotto il livello del mare* une épave qui se trouve à 50 mètres de profondeur au-dessous du niveau de la mer ◇ (*cartografia*) *le curve di livello* les courbes de niveau → **isoipsa** ◇ (*ferr.*) *passaggio a livello custodito, incustodito* passage à niveau gardé, non gardé **2** (*fig.*) niveau: *il livello intellettuale, sociale, economico* le niveau intellectuel, social, économique; *ha raggiunto un buon livello di preparazione* il a atteint un bon niveau de préparation; *migliorare il livello di vita* améliorer le niveau de vie; *essere, mettersi allo stesso livello* (*di qc.*) être, se mettre au même niveau (que qqn.) → 2 **grado, condizione** ◇ (*nel linguaggio polit. e diplomatico*) *un incontro, una conferenza a livello di capi di governo, di ministri, di tecnici, di esperti* une rencontre, une conférence à l'échelon des chefs d'État, des ministres, des techniciens, des experts ◇ *loc. fig.* AD ALTO LIVELLO à l'échelon le plus élevé # *un convegno ad alto livello* un congrès au niveau le plus élevé; *un'interpretazione ad alto livello artistico* une interprétation d'un haut niveau artistique **3** (*topografia*) niveau: *livello a cannocchiale* niveau à lunette → **livella.**
2 **livèllo** |li'vɛllo| *s.m.* (*dir.*) bail* emphytéotique.
lividaménte |livida'mente| *avv.* **1** [*con astio, con rancore*] avec rancœur (*loc. inv.*): *rispondere, sorridere lividamente* répondre, sourire avec rancœur **2** (*raro*) avec lividité *loc. inv.*
lividàstro |livi'dastro| *agg.* [*di un brutto color livido*] blafard.
lividézza |livi'dettsa| *s.f.* lividité # *aveva il viso di una lividezza da fare spavento* son visage était livide à faire peur → **pallore.**
lìvido |'livido| **1** *agg.* blême, livide: *una carnagione, una pelle livida* un teint blême, livide ◇ (*per est.*) *avere le mani livide per il freddo* avoir les mains livides, bleues de froid; *essere livido per la paura* être livide, blême de peur; *era livido di rabbia, di collera* il était blême de rage, de colère ◇ (*raro, lett.*) [*pieno di rancore; astioso*] de rancœur (*loc. inv.*): *lo ghiacciò con uno sguardo livido* il le glaça d'un regard plein de rancœur **2** *s.m.* [*macchia sulla pelle dovuta a percosse o colpi*] bleu: *avere il viso, le gambe piene di lividi* avoir le visage rempli de bleus, les jambes remplies de bleus; *avere un livido sotto l'occhio sinistro* avoir un bleu sous l'œil gauche; *quella botta mi ha lasciato il livido* ce coup m'a laissé un bleu.
lividóre |livi'dore| *s.m.* **1** (*raro*) [*lividezza*] lividité *f.* **2** (*lett.*) → **livido.**
lividùme |livi'dume| *s.m.* (*raro*) → **lividezza, lividura.**
lividùra |livi'dura| *s.f.* (*raro*) [*macchia livida dovuta a contusione*] bleu (*m.*): *un viso pieno di lividure* un visage plein de bleus → **livido.**
livóre |li'vore| *s.m.* [*invidia, rancore*] rancœur (*f.*): *uno sguardo, delle parole pieni di livore* un regard plein de rancœur, des paroles pleines de rancœur → **astio.**
livornése |livor'nese| *agg.* [*di Livorno*] livournien*.
livrèa |li'vrεa| *s.f.* **1** livrée: *un cameriere in livrea* un domestique en livrée ◇ (*fig.*) *portare la livrea di qc.* être le laquais de qqn. **2** (*zool.*) livrée: *la livrea invernale, estiva di un uccello* la livrée d'hiver, d'été d'un oiseau.
1 **lìzza** |'littsa| *s.f.* lice ◇ (*loc. fig.*) *scendere, entrare in lizza* entrer en lice.
2 **lìzza** |'littsa| *s.f.* (*nelle cave di marmo*) lissage *m.*
lizzàre |lit'tsare| (*v.tr.*) *lizzare un* (*blocco di*) *marmo* [*trasportarlo con la lizza*] lisser un (bloc de) marbre.
lizzatùra |littsa'tura| *s.f.* [→ LIZZARE] lissage *m.*
1 **lo** |lo| *art. det. m. sing. N.B. 1: si usa davanti a parole che cominciano per 'gn, pn, ps, x, s* (*seguita da cons.*)*, w, z'. N.B. 2: in unione con le prep. 'a, con, da, di, in, per, su' dà luogo alle prep. art., per le quali si rimanda alle rispettive prep. semplici. N.B. 3: si vedano anche le note agli art. fr.* le *e* les **1** (*determina un nome com. di cosa o persona*) le, les (*pl.*): *lo zaino è pronto* le sac est prêt; *lo spazio necessario è molto ridotto* l'espace nécessaire est très réduit; *lo zio di Paolo è già a Parigi* l'oncle de Paul est déjà à Paris; *lo psicologo riceve dalle 16 alle 18* le psychologue reçoit de 4 à 6 heures; *gli stagni sono colmi d'acqua* les étangs sont pleins d'eau; *gli spazzini stanno scopando le strade* les balayeurs sont en train de balayer les rues ◇ (*non si traduce davanti a un inf. sost.*) *lo stare in piedi stanca* (le fait de) rester debout est fatigant **2** (*in usi dial., scorretti, davanti a nomi propri di persona o a cognome*) *l'Alfredo è uscito* Alfred est sorti; *lo Zanetti è stato arrestato* M. Zanetti a été arrêté ◇ (*per est., davanti a nomi di personaggi celebri*) *lo Zanella è un poeta del Novecento italiano* Zanella est un poète du XXe siècle italien ◇ (*con valore dim.*) [*quello*] *Giuseppe lo zoppo* Joseph le boiteux.
2 **lo** |lo| **1** *pron. pers. di 3ª pers. m. sing. ogg. N.B. si elide davanti a voc. o 'h' muta* le: *lo vedo oggi* je le vois aujourd'hui; *non l'ho salutato di proposito* je ne l'ai pas salué exprès; c'est exprès que je ne lui ai pas dit bonjour; *ho dovuto avvisarlo subito* j'ai dû l'avertir tout de suite; *chiamalo adesso* appelle-le maintenant; *ecco che sta arrivando* le voilà qui arrive **2** *pron. dim. ogg.* [*quello, ciò*] le; cela: *non lo sapevo* je ne le savais pas; *prendilo* prends-le; *diteglielo che non andremo da lui* dites-le-lui que nous n'irons pas chez lui ‖ *l'ho fatto senza volerlo* j'ai fait cela sans le vouloir; *non crederlo* ne crois pas cela, n'y crois pas ◇ (*con valore raff. in inizio di frase*) *lo si dice spesso* on le dit souvent; *lo consigliano a tutti* on le conseille à tout le monde **3** (*davanti al v. 'essere'*) [*tale*] le: *crede di essere intelligente, ma non lo è* il croit être intelligent, mais il ne l'est pas; *dice di essere ingegnere, ma non lo è* il se prétend ingénieur, mais il ne l'est pas; *si dicono soddisfatti, ma non lo sono* ils se disent satisfaits, mais ils ne le sont pas.
lob |lɔb| *s.m. inv.* (*ingl.*) (*tennis*) lob *var.* → **pallonetto.**
lobàre |lo'bare| *agg.* (*anat.*) lobaire: *arterie, vene lobari* artères, veines lobaires; *un organo dalla struttura lobare* un organe à structure lobaire.
lobàto |lo'bato| *agg.* (*anat., bot.*) lobé: *una foglia lobata* une feuille lobée.
lòbbia |'lɔbbja| *s.f.* chapeau* *m.* mou.
lobectomia |lobekto'mia| *s.f.* (*chir.*) lobectomie.
lobèlia |lo'bɛlja| *s.f.* (*t.bot.*) lobélie.
Lobeliàcee |lobe'ljatʃee| *s.f. pl.* (*t. bot.*) Lobéliacées.
lòbo |'lɔbo| *s.m.* (*anat., biol.*) lobe.
lobotomia |loboto'mia| *s.f.* (*chir.*) lobotomie.
lobulàre |lobu'lare| *agg.* **1** (*anat., biol.*) lobulaire: *gli alveoli lobulari* les alvéoles lobulaires **2** → **lobulato.**
lobulàto |lobu'lato| *agg.* (*anat., biol.*) lobuleux*, lobulé.
lòbulo |'lɔbulo| *s.m.* (*anat., biol.*) lobule.
1 **locàle** |lo'kale| *agg.* **1** local*: *le tradizioni locali* les traditions locales; *l'artigianato locale* l'artisanat local; *produzione locale* production locale ◇ (*loc.*) *gli enti locali* les administrations locales; *treno locale* train d'intérêt local; *la stampa, il giornale locale* la presse locale, le journal local **2** (*med.*) local: *terapia, applicazione, anestesia locale* thérapie, application, anesthésie locale **3** (*gram.*) de lieu (*loc. inv.*): *avverbi, complementi locali* adverbes, compléments de lieu.
2 **locàle** |lo'kale| *s.m.* **1** local*, pièce (*f.*): *un locale umido, ampio, luminoso, affollato* un local humide, grand, lumineux, bondé; une pièce humide, grande, lumineuse, bondée; *un appartamento di due locali* un appartement de deux pièces # *i locali scolastici* les salles de classe ◇ (*mar.*) *il locale macchine* le local, le compartiment des machines **2** [*luogo di ritrovo o di spettacolo*] local: *un locale elegante, di lusso, alla moda, equivoco* un local élégant, de luxe, à la mode, louche # *i locali notturni* les boîtes de nuit **3** [*treno locale*] train d'intérêt local; train de banlieue.
località |lokali'ta| *s.f. inv.* localité (*var.*): *l'epidemia si è già estesa in molte località* l'épidémie s'est déjà étendue à de nombreuses localités # *una località di villeggiatura* une station (de villégiature) ◇ (*bur.*) *una cascina sita in località X* une ferme sise dans la localité X, au lieu dit X.
localizzàbile |lokalid'dzabile| *agg.* [→ LOCALIZZARE] localisable.
localizzàre |lokalid'dzare| **A** *v.tr.* **1** [*individuare, stabilire il luogo in cui si trova o è avvenuto q.c.*] localiser: *localizzare l'epicentro di un terremoto* localiser l'épicentre d'un tremblement de terre; *localizzare il focolaio di un'epidemia* localiser le foyer d'une épidemie

2 [*delimitare, circoscrivere*] localiser: *localizzare un'epidemia, un incendio* localiser une épidémie, un incendie **B** *v. pron. intr.* LOCALIZZARSI [→ *tr.* 2] se localiser.

localizzàto |lokalid'dzato| *agg.* localisé: *avere un dolore localizzato alla spalla* avoir une douleur localisée à l'épaule.

localizzatóre, trice |lokaliddza'tore, tritʃe| **1** *agg.* de localisation *loc. inv.* **2** *s.m.* (*tecnol.*) localisateur: *localizzatore d'atterraggio* localisateur d'atterrissage.

localizzazióne |lokaliddzat'tsjone| *s.f.* [→ LOCALIZZARE] localisation: *la localizzazione di un aereo con il radar* la localisation d'un avion au radar; *procedere alla localizzazione di un'epidemia* procéder à la localisation d'une épidémie.

localménte |lokal'mente| *avv.* **1** [→ 1 LOCALE 1] localement: *un prodotto localmente diffuso* un produit diffusé localement **2** [→ 1 LOCALE 2] localement: *applicare una pomata localmente* appliquer une pommade localement.

locànda |lo'kanda| *s.f.* [*trattoria con alloggio; osteria*] auberge.

locandière |lokan'djɛre| *s.* [*gestore o proprietario di locanda*] aubergiste.

locandina |lokan'dina| *s.f.* [*piccolo manifesto pubblicitario*] affiche.

locàre |lo'kare| *v.tr.* (*dir.*) [*dare in locazione*] louer → **affittare.**

locatàrio, i |loka'tarjo, i| *s.* locataire.

1 **locativo** |loka'tivo| *agg.* (*dir.*) locatif*: *valore locativo* valeur locative.

2 **locativo** |loka'tivo| *agg. e s.m.* (*gram.*) locatif*.

locatizio, i |loka'tittsjo, i| *agg.* (*raro, dir.*) locatif*.

locatóre, trice |loka'tore, tritʃe| *s.* (*dir.*) loueur*, bailleur*.

locazióne |lokat'tsjone| *s.f.* (*dir.*) location: *contratto di locazione* contrat de location → **affitto.**

lòchi |'lɔki| *s.m. pl.* (*med.*) lochies *f.*

lòco- |'lɔko| *pref.* (*significa 'luogo', corrisponde gener. a*) loco: *locomotore* locomoteur.

lòco, chi |'lɔko, ki| *s.m.* (*arc., lett.*) → **luogo, 1 posto.**

locomòbile |loko'mɔbile| *s.f.* (*tecnol.*) locomobile.

locomotiva |lokomo'tiva| *s.f.* locomotive: *locomotiva a vapore, elettrica, Diesel* locomotive à vapeur, électrique, à moteur Diesel → **locomotore** ◇ (*loc. fig.*) *sbuffare come una locomotiva* souffler comme un phoque.

locomotóre, trice |lokomo'tore, tritʃe| **1** *agg.* locomoteur* ◇ (*anat.*) *apparato locomotore* appareil locomoteur **2** *s.m.* locomotive *f.* électrique.

locomotòrio, i |lokomo'tɔrjo, i| *agg.* → **locomotore** 1.

locomotrice |lokomo'tritʃe| *s.f.* (*ferr.*) locomotrice, locomoteur *m.*

locomozióne |lokomot'tsjone| *s.f.* locomotion: *mezzi di locomozione* moyens de locomotion.

lòculo |'lɔkulo| *s.m.* **1** [*nicchia dei colombari, nei cimiteri*] niche *f.* **2** (*st. rom.*) loculus **3** (*t.bot.*) loge *f.*

locùsta |lo'kusta| *s.f.* → **1 cavalletta.**

locutóre |loku'tore| *s.m.* (*ling.*) locuteur, le sujet parlant.

locuzióne |lokut'tsjone| *s.f.* (*ling.*) locution: *locuzioni proprie, figurate* locutions propres, figurées; *locuzione avverbiale* locution adverbiale.

lodàbile |lo'dabile| *agg.* (*raro*) [→ LODARE] louable → **lodevole.**

lodàre |lo'dare| **A** *v.tr.* **1** [*esaltare, elogiare*] louer: *lodare qc. per le sue doti* louer qqn. pour ses qualités; *lodare il comportamento di qc.* louer le comportement de qqn.; *non posso certo lodarti, per questo!* je ne peux sûrement pas te louer pour ceci! ◇ [*apprezzare, decantare*] porter aux nues: *lo lodano tanto, quel prodotto!* on porte tellement aux nues ce produit! **2** [*celebrare con preghiere*] louer: *lodare Dio, la Vergine* louer Dieu, la Vierge Marie; *'sia iodato Gesù Cristo!' 'sempre sia lodato!'* que Dieu soit loué! ◇ (*loc. fig.*) *finalmente è partito: Dio sia lodato! sia lodato il cielo!* finalement il est parti: Dieu soit loué!, le ciel soit loué! **B** *v.pron.* LODARSI **1** *rifl.* [→ *tr.* 1] se vanter: *non lo dico per lodarmi* je ne le dis pas (je ne dis pas ça) pour me vanter ◇ (*prov.*) *chi si loda s'imbroda* qui chante ses propres louanges se diminue **2** *recipr.* [→ *tr.* 1] se complimenter: *non facevano altro che lodarsi tra di loro* ils n'arrêtaient de se complimenter les uns les autres; ils se cassaient reciproquement l'encensoir sur le nez (*fam.*) **3** *intr.* [*vantarsi, compiacersi*] se louer: *non avrà certo di che lodarsi di voi!* il n'aura sûrement pas motif de se louer de vous! © A 1; B **biasimare, denigrare.**

lodativo |loda'tivo| *agg.* (*raro*) → **elogiativo.**

lodàto |lo'dato| *agg.* [*rinomato, decantato*] renommé: *eppure è un albergo tanto lodato!* et pourtant, c'est un hôtel si renommé!

lodatóre, trice |loda'tore, tritʃe| *agg. e s.* [*chi loda*] loueur*.

lòde |'lɔde| *s.f.* **1** [*approvazione incondizionata*] louange, éloge (*m.*): *parole, espressioni di lode* paroles, expressions de louange, d'éloge; *riscuotere, meritare le lodi di tutti* recevoir, mériter les éloges de tous; *essere degno di lode* être digne de louanges, d'éloge; *tessere le lodi di qc.* chanter les louanges de qqn. → **elogio** # *questo torna a tua lode* ceci est tout à ton honneur; *a sua lode va detto che...* en sa faveur, il faut dire que... ◇ (*nelle votazioni scolastiche*) *superare un esame con 30 e lode* passer un examen avec le maximum (30) et les félicitations du jury; *laurearsi con 110 e lode* passer la licence avec de très hautes notes (110) et les félicitations du jury ◇ (*loc. fam.*) bravo: *dieci e lode!* bravo: vingt sur vingt! **2** [*esaltazione, celebrazione con preghiera*] louange: *cantare le lodi del Signore* chanter les louanges du Seigneur! # *lode a Dio!* loué soit le Seigneur! ◇ (*lett.*) *un poema in lode della propria donna* un poème en l'honneur de sa dame © 1 **biasimo.**

loden |'lo:dən| *s.m. inv.* (*ted.*) loden *var.*

lodévole |lo'devole| *agg.* louable: *condotta, comportamento lodevole* conduite, comportement louable.

lodevolménte |lodevol'mente| *avv.* [→ LODEVOLE] louablement: *comportarsi lodevolmente* se conduire louablement.

lòdo |'lɔdo| *s.m.* (*dir.*) jugement arbitral*.

lòdola |'lɔdola| *s.f.* → **allodola.**

lodolàio, i |lodo'lajo, i| *s.m.* (*t. zool.*) *hobereau.

logaèdico, ci, ca, che |loga'ɛdiko, tʃi, ka, ke| *agg. e s.m.* (*metr. gr., lat.*) (*versi*) *logaedici* vers logaédiques *agg.*

logaritmico, ci, ca, che |loga'ritmiko, tʃi, ka, ke| *agg.* (*mat.*) logarithmique.

logaritmo |loga'ritmo| *s.m.* (*mat.*) logarithme: *logaritmo di 50 in base 10, in base* ε logarithme de 50 dans le système de base 10, de base ε; *tavola dei logaritmi* table de logarithmes.

loggétta |lod'dʒetta| *s.f.* logette ◇ (*region.*) petit balcon *m.*

lòggia, ge |'lɔddʒa, dʒe| *s.f.* **1** loge ◇ (*per est.*) *le Logge vaticane* les loges du Vatican **2** *la Gran Loggia* (*massonica*) la loge maçonnique **3** (*region.*) [*balcone, terrazzo*] loggia **4** (*anat., biol.*) capsule **5** (*bot.*) loge.

loggiàto |lod'dʒato| *s.m.* [*serie di logge*] galerie *f.*; arcades *f. pl.*

loggióne |lod'dʒone| *s.m.* (*teat.*) poulailler, paradis ◇ (*per est.*) [*i loggionisti*] *gli applausi, i fischi del leggione* les applaudissements, les sifflements du poulailler.

loggionista |loddʒo'nista| *s.* (*teat.*) spectateur* du poulailler.

lògica, che |'lɔdʒika, ke| *s.f.* **1** logique: *il tuo ragionamento è di una logica ineccepibile* ton raisonnement est d'une logique implacable; *la logica non è il suo forte!* la logique n'est pas son fort!; *questa è la logica dei fatti, della vita!* c'est dans la logique des choses, de la vie! ◇ (*loc.*) *a rigor di logica, a fil di logica* logiquement *avv.* **2** (*filos.*) logique: *logica analitica, matematica* logique analytique, mathématique ◇ (*st. filos.*) *la logica aristotelica, di Kant* la logique aristotélicienne, kantienne.

logicaménte |lodʒika'mente| *avv.* [→ LOGICO 1] logiquement: *ragionare logicamente* raisonner logiquement ◇ (*per est.*) [*naturalmente, ovviamente*] *logicamente farò prima le mie indagini* logiquement, je conduirai d'abord une enquête.

logicismo |lodʒi'tʃizmo| *s.m.* **1** (*st. filos.*) logicisme **2** (*per est.*) [*eccessivo rigore logico*] excès de logique: *peccare di logicismo* pécher par excès de logique.

logicista |lodʒi'tʃista| *s.* (*st. filos.*) logiciste.

logicità |lodʒitʃi'ta| *s.f. inv.* [*coerenza logica*] logique *var.*

lògico, ci, ca, che |'lɔdʒiko, tʃi, ka, ke| *agg.* **1** logique: *seguire un ordine logico* suivre un ordre logique; *seguire il filo logico di un discorso* suivre le fil logique d'un discours ◇ (*per est.*) [*naturale, inevitabile*] *adesso ne pagherai le logiche conseguenze!* maintenant tu en payeras les conséquences logiques!; *è logico che...* il est logique que... **2** (*persone*) logique: *cerca di essere più logico...* essaie d'être plus logique ✦ (*s.*) *un logico* un logicien* **3** (*filos.*) logique: *il problema logico* le problème logique ✦ (*s.m.*) *i logici* les logiciens **4** (*gram.*) *analisi logica* analyse logique © 1; 2; 3 **illogico.**

logicomatemàtico, ci, ca, che |lodʒikomate'matiko, tʃi, ka, ke| *agg.* (*scient.*) logico-mathématique.

logicopositivismo |lodʒikopoziti'vizmo| *s.m.* (*filos.*) logico-positivisme.
logistica, che |lo'dʒistika, ke| *s.f.* (*filos., mil.*) logistique.
logìstico, ci, ca, che |lo'dʒistiko, tʃi, ka, ke| *agg.* **1** (*mil., corr.*) logistique: *servizi logistici* services logistiques; *ho dei problemi logistici* j'ai des problèmes logistiques **2** (*filos.*) logistique.
lòglio, i |'lɔʎʎo, i| *s.m.* (*t.bot.*) ivraie *f.* ◇ (*loc. fig.*) *separare il grano dal loglio* séparer le bon grain de l'ivraie.
loglióso |loʎ'ʎoso| *agg.* (*raro*) plein d'ivraie.
logogràfico, ci, ca, che |logo'grafiko, tʃi, ka, ke| *agg.* (*ling.*) logographique.
logògrafo |lo'gɔgrafo| *s.m.* (*letter. gr.*) logographe.
logogrifo |logo'grifo|, **logògrifo** |lo'gɔgrifo| *s.m.* logogriphe.
logomachia |logoma'kia| *s.f.* (*lett.*) logomachie.
logopatia |logopa'tia| *s.f.* (*med.*) logopathie.
logopedia |logope'dia| *s.f.* (*fon., med.*) logopédie.
logoraménto |logora'mento| *s.m.* [→ LOGORARE] usure (*f.*): *materiale deperito per logoramento* matériel détérioré par l'usure ◇ (*fig.*) *logoramento dei nervi, delle facoltà intellettuali* usure des nerfs, des facultés intellectuelles.
logorànte |logo'rante| *agg.* [*che dà logorio*] épuisant, usant: *una fatica, uno stress logorante* une fatigue épuisante, un stress usant, qui use.
logoràre |logo'rare| **A** *v.tr.* [*consumare con l'uso o con l'esercizio*] user: *l'attrito ha logorato progressivamente alcuni organi* le frottement a progressivement usé certains organes; *un motore logorato* un moteur usé ◇ (*fig.*) *la fatica e la tensione lo hanno logorato* la fatigue et la tension l'ont usé □ *logorarsi i nervi* user ses nerfs **B** *v.pron.* LOGORARSI **1** *intr.* [→ *tr.*] s'user: *quella giacca si è logorata con l'uso* cette veste s'est usée (à l'usage) ◇ (*fig.*) *logorarsi nel lavoro, nello studio* s'user au travail, à l'étude **2** *rifl.* s'user → *tr.* □.
logoratóre, trice |logora'tore, tritʃe| *agg.* (*raro*) [*logorante*] destructeur*: *l'azione logoratrice di q.c.* l'action destructrice de qqch.
logorìo, ii |logo'rio, ii| *s.m.* [*usura, logoramento*] usure (*f.*): *un organo soggetto a logorio* un organe sujet à l'usure ◇ (*fig.*) *logorio dei nervi* usure des nerfs; *il logorio dovuto alla vita frenetica di oggi* l'usure due à la vie frénétique d'aujourd'hui.
1 **lógoro** |'logoro| *agg.* [*consumato, sciupato*] usé: *un abito logoro* un vêtement usé; *un organo meccanico logoro* un organe mécanique usé ◇ (*fig.*) *un organismo ormai logoro* un organisme désormais usé ◇ (*per est.*) [*non più attuale; superato*] *idee, parole ormai logore* idées, paroles désormais usées.
2 **lógoro** |'logoro| *s.m.* (*raro*) **1** → **logoramento, usura 2** → **sciupio, sperpero.**
3 **lógoro** |'logoro| *s.m.* (*nella caccia con il falcone*) leurre.
logorrèa |logor'rɛa| *s.f.* (*med., scherz.*) logorrhée → **loquacità.**
logorròico, ci, ca, che |logor'rɔiko, tʃi, ka, ke| *agg.* atteint de logorrhée ◇ (*fig.*) → **loquace.**
lògos |'lɔgos| *s.m. inv.* (*filos., teol.*) logos.
logotìpo |logo'tipo| *s.m.* (*tip.*) logotype.
lolita |lo'lita| *s.f.* → **ninfetta.**
lòlla |'lɔlla| *s.f.* [*rivestimento dei chicchi dei cereali*] balle (des céréales) → **pula.**
lombàggine |lom'baddʒine| *s.f.* (*med.*) lumbago *m.*
lombàle |lom'bale| *agg.* → **lombare.**
lombalgìa, gie |lombal'dʒia, dʒie| *s.f.* (*med.*) lombalgie.
lombardìsmo |lombar'dizmo| *s.m.* (*ling.*) lombardisme.
lombàrdo |lom'bardo| **1** *agg.* [*della Lombardia*] lombard **2** (*s.m.*) *il lombardo* [*il dialetto*] le lombard.
lombardo-vèneto |lombardo 'vɛneto| *agg.* (*st. it.*) lombard-vénitien* ✦ (*s.m.*) *il Lombardo-Veneto* la Lombardie *f.* et la Vénétie *f.*
lombàre |lom'bare| *agg.* (*anat.*) lombaire: *regione lombare* région lombaire ◇ (*med.*) *ernia lombare* hernie lombaire; *una* (*puntura*) *lombare* une ponction lombaire → **rachicentesi.**
lombartrìte |lombar'trite| *s.f.* (*med.*) lombarthrie, lombarthrose.
lombàta |lom'bata| *s.f.* (*macelleria*) *lombata di vitello* longe; *lombata di manzo* aloyau (*m.*); *lombata di agnello* selle; *lombata di coniglio* râble *m.*
lómbo |'lombo| *s.m.* **1** (*anat.*) lombes *pl.* **2** *al plur.* (*lett., scherz.*) [*fianchi*] flancs ◇ (*loc. fig.*) *avere buoni lombi* avoir les reins solides ~ *discendere da magnanimi lombi* descendre d'une famille illustre **3** [*lombata*] *un taglio di lombo* une tranche d'aloyau, de longe, etc. → **lombata.**
lombosacràle |lombosa'krale| *agg.* (*anat., med.*) lombo-sacré.
lombosciàtica, che |lombo'ʃatika, ke| *s.f.* (*med.*) lombo-sciatique.
lombricàio, i |lombri'kajo, i| *s.m.* endroit grouillant de vers de terre.
lombrìco, chi |lom'briko, ki| *s.m.* (*t.zool.*) lombric.
londinése |londi'nese| *agg.* [*di Londra*] londonien*.
longànime |lon'ganime| *agg.* (*lett., scherz.*) [*generoso nel perdonare*] indulgent.
longanimità |longanimi'ta| *s.f. inv.* [*generosità, indulgenza*] longanimité (*var.*): *perdonare con longanimità* pardonner avec longanimité.
longarìna |longa'rina| *s.f.* **1** (*edil.*) racinal* *m.* **2** (*ferr.*) longrine.
longaróne |longa'rone| *s.m.* (*tecnol.*) longeron.
longevità |londʒevi'ta| *s.f. inv.* longévité *var.*
longèvo |lon'dʒɛvo| *agg.* qui vit longtemps (*loc.*): *una pianta longeva* une plante qui vit longtemps.
longherìna |longe'rina| *s.f.* → **longarina.**
longheróne |longe'rone| *s.m.* → **longarone.**
longilìneo |londʒi'lineo| *agg.* longiligne: *è un tipo longilineo* c'est un type longiligne ✦ (*s.*) *un longilineo* un longiligne.
longitudinàle |londʒitudi'nale| *agg.* **1** (*geogr.*) longitudinal* **2** [*che riguarda la lunghezza*] en long (*loc. inv.*): *sviluppo longitudinale di un edificio, di un quartiere* développement en long d'un édifice, d'un quartier.
longitudinalménte |londʒitudinal'mente| *avv.* [→ LONGITUDINALE 2] longitudinalement: *tagliare un'asse longitudinalmente* couper une planche longitudinalement.
longitùdine |londʒi'tudine| *s.f.* **1** (*geogr.*) longitude: *un punto situato a 90° (di) longitudine est* un point situé à 90° de longitude est **2** (*raro*) [*lunghezza*] longueur Ⓒ **latitudine.**
longobàrdo |longo'bardo| *agg.* (*st. mediev.*) lombard ✦ *s.* (*st.*) *i Longobardi* les Lombards.
long play |'lɔŋplei| *s.m. inv. e agg. inv.* (*ingl.*) long play *var.*
lontàna (àlla) |'allalon'tana| *loc. avv.* → 1 **lontano** 6.
lontanaménte |lontana'mente| *avv.* [*in modo indeterminato; vagamente*] vaguement: *non lo ricordo neanche lontanamente* je n'en ai pas même un vague souvenir, je ne me le rappelle même pas vaguement # *non ci pensavo neppure lontanamente* je n'y pensais pas le moins du monde.
lontanànza |lonta'nantsa| *s.f.* **1** [*l'essere lontano; distanza*] distance: *non riuscivo a distinguerlo per la lontananza* je n'arrivais pas à le distinguer à cause de la distance ◇ *loc. avv.* IN LONTANANZA au loin, dans le lointain: *vedere una casa in lontananza* voir une maison au loin; *apparire, mostrarsi in lontananza* apparaître, se montrer au loin → 2 **lontano** **2** [*assenza, spec. da luoghi o persone care*] absence; éloignement (*m.*): *tornare dopo anni di lontananza* revenir après des années d'absence ‖ *soffrire per la lontananza da casa, dei propri cari* souffrir à cause de l'éloignement de chez sois, des siens Ⓒ **vicinanza.**
1 **lontàno** |lon'tano| *agg.* **1** [*distante nello spazio*] éloigné, lointain: *paesi, regioni lontane* pays éloignés, lointains; régions éloignées, lointaines; *abita in una zona lontana dal centro* il habite dans une zone éloignée du centre ◇ (*loc.*) *essere lontani dalla mèta*: (*pr., fig.*) être loin du but; *essere lontano un miglio*: (*pr.*) être très loin; (*fig.*) être à cent lieues ◇ (*prov.*) *lontano dagli occhi, lontano dal cuore* loin des yeux, loin du cœur **2** (*per est.*) [*distante nel tempo*] lointain: *i lontani ricordi dell'infanzia* les lointains souvenirs de l'enfance; *in un lontano avvenire...* dans un avenir lointain... ◇ (*persone*) [*assente*] absent: *ai miei amici vicini e lontani* à mes amis présents et absents **3** (*fig.*) [*diverso, divergente*] opposé: *abbiamo idee piuttosto lontane* nous avons des idées plutôt opposées → **opposto** ◇ [*alieno, estraneo*] *tenersi lontano da pregiudizi, dai pettegolezzi* se tenir à l'écart *loc. inv.* des préjugés, des bavardages ◇ [*immune, salvo*] *tenere qc. lontano dai pericoli* tenir qqn. loin *avv.* des dangers **4** (*fig.*) [*non preciso; vago*] vague: *avere un lontano sospetto* avoir un vague soupçon; *nutrire una lontana speranza* nourrir une vague espérance; *c'è una lontana somiglianza tra i due* il y a une vague ressemblance entre les deux # *non ne ho la più lontana idea* je n'en ai pas la moindre idée → **pallido** **5** [*non stretto*] éloigné: *sono parenti lontani* ce sont des parents éloignés **6** *loc.* ALLA LONTANA éloigné *agg.*; vaguement: *sono parenti alla lontana* ils sont parents éloignés ‖ *me ne ha*

parlato alla lontana il m'en a vaguement parlé **7** *loc.* LONTANO DA loin de: *un paese lontano 30 km. da Roma* un village éloigné de 30 km. de Rome, à 30 km. de Rome; *da un anno è lontano da casa* il est loin de chez lui depuis un an ◇ (*fig.*) *sono lontano dal credere, dal pensare che...* je suis loin de croire, de penser que...; *sei ben lontano dal vero!* tu es bien loin de la vérité! # *tieniti lontano dalle brutte compagnie!* tiens-toi à l'écart des mauvaises fréquentations! ⒸC 1; 2; 3 **vicino** 1; 5 **stretto.**

2 **lontàno** |lon'tano| *avv.* **1** [*a una certa, a una notevole distanza*] loin: *mia madre abita* (*molto*) *lontano* maman habite (très) loin d'ici ◇ (*loc.*) *andare lontano*: (*pr., fig.*) aller loin; *guardare lontano*: (*pr.*) regarder au loin; (*fig.*) voir loin; *mirare lontano*: (*pr., fig.*) viser haut **2** *loc.* DA LONTANO, DI LONTANO de loin: *arrivare da, di lontano* arriver de loin; *da lontano, ci vedo poco* de loin, j'y vois peu **3** *loc.* LONTANO LONTANO très loin: *partire, andare lontano lontano* partir, aller très loin ⒸC **vicino** 2.

lóntra |'lontra| *s.f.* (*t.zool.*) lontre ◇ [*la pelliccia*] *un collo di lontra* un col de lontre.

lónza |'lontsa| *s.f.* (*macelleria*) [*lombata, spec. di maiale* (*insaccata o no*)] échine.

lòppa |'lɔppa| *s.f.* **1** → **lolla 2** (*tecnol.*) *loppa d'altoforno* loup *m.*, laitier *m.* de hautfourneau.

lòppio, i |'lɔppjo, i|, **lòppo** |'lɔppo| *s.m.* → **acero.**

loquàce |lo'kwatʃe| *agg.* loquace: *un tipo, una donna loquace* un type, une femme loquace; *non è stato molto loquace!* il n'a pas été très loquace! → **chiacchierone** ⒸC **taciturno, laconico.**

loquaceménte |lokwatʃe'mente| *avv.* [→ LOQUACE] éloquemment.

loquacità |lokwatʃi'ta| *s.f. inv.* loquacité *var.* # *essere di una loquacità insopportabile* être un bavard insupportable, un moulin à paroles (*fam.*).

loquèla |lo'kwɛla| *s.f.* **1** (*lett.*) [*la facoltà di parlare*] parole ◇ (*loc. scherz.*) *perdere la loquela* perdre la parole **2** (*lett.*) → **lingua, linguaggio.**

Lorantàcee |loran'tatʃee| *s.f. pl.* (*t.bot.*) Loranthacées.

lord |'lɔrd| *s.m. inv.* (*ingl.*) lord (*var.*): *la camera dei lord* la Chambre des lords ◇ (*pop., fig.*) [*gran signore*] grand seigneur (*var.*): *vestirsi, comportarsi come un lord* s'habiller, se comporter en grand seigneur; *ti senti un lord, nel tuo ambiente!* tu te sens un grand seigneur, dans ton milieu!

lordàggine |lor'daddʒine| *s.f.* → **lordura.**

lordaménte |lorda'mente| *avv.* (*raro*) [→ LORDO 1] salement.

lordàre |lor'dare| **A** *v.tr.* [*sporcare, imbrattare*] salir: *lordare le pareti, una strada* salir les murs, une rue □ *lordarsi l'abito, le mani* salir ses vêtements, se salir les mains **B** *v.pron. rifl.* LORDARSI **1** [→ *tr.*] se salir: *guarda come ti sei lordato tutto!* regarde comme tu t'es (tout) sali! **2** → *tr.* □.

lórdo |'lordo| *agg.* **1** [*sporco, sudicio*] sale: *avere le mani lorde, l'abito lordo* avoir les mains sales, ses vêtements sales ◇ (*fig.*) *una coscienza lorda* une conscience souillée ◇ (*loc.*) *avere le mani lorde di sangue*: (*pr., fig.*) avoir du sang sur les mains **2** (*comm.*) brut: *prezzo lordo* prix brut; *incasso lordo* recette brute ◇ *loc.* AL LORDO (DI) brut (*agg.*): *calcolare lo stipendio al lordo* calculer le salaire brut; *guadagnare un milione al lordo di tasse, di trattenute* gagner un million brut ◆ (*s.m.*) *il lordo* le revenu brut (*agg.*): *calcolare il lordo* calculer le revenu brut ⒸC 1 **pulito**; 2 **netto.**

lordòsi |lor'dɔzi| *s.f. inv.* (*med.*) lordose *var.*

lordùme |lor'dume| *s.m.* [*sporcizia; disordine*] saleté (*f.*): *che lordume in quella stanza!* quelle saleté, dans cette chambre!

lordùra |lor'dura| *s.f.* **1** [*sporcizia, sozzura*] saleté: *la lordura di una stanza, di una strada* la saleté d'une pièce, d'une rue ◇ (*fig.*) *lordura morale* souillure morale **2** [*materia sozza*] ordure: *pulire, liberare una stanza dalle sue lordure* nettoyer une pièce; débarasser une pièce de ses ordures → **sudiciume.**

lorenése |lore'nese| *agg.* [*della Lorena*] lorrain.

lòri |'lɔri| *s.m. inv.* (*t.zool.*) loris.

lorìca, che |lo'rika, ke| *s.f.* **1** (*lett., st. rom.*) → **corazza 2** (*zool.*) cuirasse.

loricària |lori'karja| *s.f.* (*t.zool.*) loricaire *m.*

Loricàti |lori'kati| *s.m. pl.* (*t.zool.*) Loriqués.

loricàto |lori'kato| *agg.* **1** (*zool.*) loriqué **2** (*lett., st. rom.*) cuirassé.

lorichétto |lori'ketto| *s.m.* (*t.zool.*) lori.

1 **lóro** |'loro| *pron. pers. di 3ª pers. m. e f. pl.* → 1 **lui,** 1 **lei 1** (*in funzione di sogg.*) ils *m.*, elles *f.*; eux *m.*, elles: *loro non ci hanno aiutato* ils, elles ne nous ont pas aidés; *loro non verranno con noi* ils, elles ne viendront pas avec nous || *sono loro che l'hanno detto* ce sont eux, elles qui l'ont dit; *sono stati fortunati, loro* ils (elles) ont eu de la chance, eux (elles); *non siamo stati noi a scriverlo, ma loro* ce n'est pas nous qui l'avons écrit, mais eux (elles); *non fate come loro* ne faites pas comme eux (elles); *ne avevamo presi quanti loro* nous en avions pris autant qu'eux (qu'elles); *ci saranno loro tre* ils (elles) y seront eux (elles) trois ◇ (*loc.*) *se fossimo, se fossi* (*in*) *loro* si nous étions, si j'étais eux (elles); *se vogliono, lo facciano loro* s'ils (si elles) le veulent, qu'ils (qu'elles) le fassent eux-mêmes (elles-mêmes) ◇ (*posposto agli avv.* '(*ne*)*anche,* (*nep*)*pure, nemmeno*') *anche* (*pure*) *loro hanno accettato l'invito* eux (elles) aussi ont accepté cette invitation; *neanche* (*neppure, nemmeno*) *loro hanno resistito* eux (elles) n'ont plus, n'ont pas résisté ◇ (*unito a un v. all'inf., al part., al ger.*) *loro, perdere una simile occasione?* eux (elles), perdre une telle occasion?; *partiti loro, se ne sono andati tutti* eux partis, ils sont tous partis, ils en ont tous fait autant; *contenti loro...* puisqu'ils sont contents...; *beati loro!* ils en ont de la chance!; *accettando loro, accetteremmo anche noi* s'ils (si elles) acceptent, nous ferons de même, nous ferons comme eux (elles) **2** (*in funzione di ogg.*) eux *m.*, elles (*f.*): *non abbiamo chiamato voi, ma loro* ce n'est pas vous qu'on a appelés, ce sont eux (elles); *accetteremo anche loro nel gruppo* nous les accepterons, eux (elles) aussi, dans le groupe → **li, le 3** (*compl. di termine*) leur *m. e f. inv.* (*non preceduto da prep.*); eux, elles (*preceduti da prep.*): *telefoneremo loro domani* nous leur téléphonerons demain; *dite loro di partire subito* dites-leur de partir tout de suite; *portaglielo* (*a loro*) *oggi* apporte-le-leur aujourd'hui même || *non è a noi ma a loro che devi restituirlo* ce n'est pas à nous, mais à eux (à elles) que tu dois le rendre; *per questo bisogna rivolgersi a loro* pour cela, il faut s'adresser à eux (à elles) **4** (*compl. preceduto da prep.*) eux, elles: *stavamo parlando di loro* nous parlions d'eux, d'elles; *siamo usciti con loro* nous sommes sortis avec eux, avec elles; *l'abbiamo fatto per te, non per loro* nous avons fait cela pour toi, et non (pas) pour eux (elles); *uno di loro è morto in un incidente* l'un d'(entre) eux est mort dans un accident de voiture; *la maggior parte di loro è già in vacanza* la plupart d'entre eux (d'entre elles) sont déjà partis (parties) en vacances ◇ (*in usi bur.*) *la di loro garanzia è nulla* leur garantie est nulle; *il di loro padre è già deceduto* leur père est déjà décédé ◇ (*in usi lett.*) leur (*agg. poss.*): *la di loro forza è grande* leur force est grande; *le di loro imprese sono famose* leurs exploits sont célèbres → 2 **loro 5** (*in espressioni di cortesia*) vous: *se loro vogliono gradire...* si vous voulez bien accepter...; *non si disturbino, verremo noi da loro* ne vous dérangez pas, c'est nous qui irons chez vous.

2 **lóro** |'loro| *agg. poss. di 3ª pers. pl.* **1** [*che appartiene a essi, a esse*] leur *m. e f. sing.*, leurs (*m. e f. pl.*): *ecco il loro libro* voilà leur livre; *visiteremo la loro villa* nous visiterons leur villa; *conosco il loro padre* je connais leur père; *è la loro amica* c'est leur amie; *è il loro ultimo desiderio* c'est leur dernier désir; *sono i loro sci* ce sont leurs skis; *ci saranno anche i loro compagni di scuola* il y aura aussi leurs copains ◇ (*preceduto da un art. indet. o da un numer., ecc.*) *un loro amico è morto in un incidente* un de leurs amis (un ami à eux, à elles) est mort dans un accident; *due loro amici parteciperanno al concorso* deux de leurs amis participeront au concours; *alcuni loro libri sono stati pubblicati di recente* quelques-uns de leurs livres ont été publiés récemment; *tutto il loro sforzo è stato inutile* tous leurs efforts ont été inutiles # *una loro decisione sarebbe definitiva* une décision de leur part serait définitive; *in casa loro non c'è mai nessuno* chez eux (elles) il n'y a jamais personne; *lo terremo per loro ricordo* nous garderons cela en souvenir d'eux (d'elles) **2** (*con valore di pron.*) [*di loro proprietà*] à eux *pron. m. pl.*, à elles (*pron. f. pl.*): *è una loro macchina* c'est une voiture à eux (à elles); *non sono idee loro* ce ne sont pas des idées à eux, à elles; *possiedono capitali loro?* est-ce qu'ils disposent de capitaux bien à eux (à elles)? # *quelle ragazze, hanno degli amici loro?* ces filles, est-ce qu'elles ont des amis personnels? **3** (*in espressioni di cortesia*) votre; à vous: *ecco il loro invito* voici votre invitation; *abbiamo le loro valigie* nous avons vos valises || *è loro quella macchina davanti all'albergo?* est-ce à vous la voiture (qui

est) devant l'hôtel? # *le Loro Maestà* Leurs Majestés; *le Loro Altezze Reali* Leurs Altesses Royales **4** (*in usi ell.*) *vogliono sempre dire la loro* ils ont toujours leur mot à dire; *abbiamo ricevuto la loro ieri pomeriggio* nous avons reçu votre lettre hier après-midi.

3 **lóro** |'loro| **I** *pron. poss. di 3ª pers. m. e f. pl.* **1** le leur *m. sing.*, la leur *f. sing.*; les leurs (*m. e f. pl.*): *il nostro cane è più vecchio del loro* notre chien est plus vieux que le leur; *la nostra casa è più grande della loro* notre maison est plus grande que la leur || *abbiamo dei dischi migliori dei loro* nous avons des disques meilleurs que les leurs; *le tue amiche sono più simpatiche delle loro* tes amies sont plus sympathiques que les leurs **2** (*in espressioni di cortesia*) le vôtre *m.*, la vôtre *f.*, les vôtres *m. e f. pl.*; à vous: *questo giardino è il loro?* ce jardin est-ce le vôtre? || *queste macchine sono tutte vostre?* ces voitures sont-elles toutes à vous? **3** (*con valore di s.m. sing.*) leur: *ci hanno messo del loro* ils y ont mis du leur # *se spendono, spendono del loro* s'ils dépensent, c'est ce qui leur appartient en propre **II** *s.m. pl.* [*i genitori, i parenti, i seguaci*] les leurs: *i loro sono al mare* les leurs sont à la mer; *uno dei loro è stato eletto nella nostra circoscrizione* un des leurs a été élu dans notre circonscription.

losànga, ghe |lo'zanga, ge| *s.f.* **1** (*geom., corr.*) losange (*m.*): *calcolare l'area di una losanga* calculer la surface d'un losange → 1 **rombo** ◇ *loc.* A LOSANGA en losange: *disposizione a losanga* disposition en losange ◇ (*per est.*) [*oggetto a forma di losanga*] losange: *una losanga di pane* un losange de pain **2** (*arald.*) losange.

losangàto |lozan'gato| *agg.* (*arald.*) losangé.

lósca, che |'loska, ke| *s.f.* (*mar.*) jaumière.

loscaménte |loska'mente| *avv.* [→ LOSCO] de manière louche *loc.*

lósco, chi, ca, che |'losko, ki, ka, ke| *agg.* **1** [*che guarda di traverso*] louche ✦ (*in funzione di avv.*) *guardar losco* regarder d'une manière louche → **loscamente** ◇ (*fig.*) *lo spaventava il suo sguardo losco* son regard louche l'effrayait **2** (*fig.*) [*che desta sospetto*] louche: *un tipo, un individuo losco* un type, un individu louche; *un losco affare* une affaire louche → **turpe, disonesto**, 1 **sospetto** ✦ (*s.m.*) *c'è del losco in tutta questa faccenda* il y a quelque chose de louche dans toute cette histoire.

lossodròmia |losso'drɔmja|, **lossodromìa** |lossodro'mia| *s.f.* (*cartografia*) loxodromie.

lossodròmico, ci, ca, che |losso'drɔmiko, tʃi, ka, ke| *agg.* (*cartografia*) loxodromique: *linea lossodromica* ligne loxodromique.

1 **lòto** |'lɔto| *s.m.* **1** (*t.bot.*) lotus ~ *loto bianco d'Egitto* lotus égyptien **2** (*mitol.*) lotus.

2 **lòto** |'lɔto| *s.m.* (*lett.*) → **fango.**

lotòfago, gi, ga, ghe |lo'tɔfago, dʒi, ga, ge| *agg. e s.* lotophage.

lotóso |lo'toso| *agg.* (*lett.*) → **fangoso.**

lòtta |'lɔtta| *s.f.* **1** (*sport*) lutte: *lotta libera, greco-romana* lutte libre, gréco-romaine; *disputare un incontro di lotta* disputer une rencontre de lutte # *lotta giapponese* judo → **judo** ◇ (*per est.*) *ingaggiare una lotta con un malvivente* engager une lutte contre un malfaiteur; *sul corpo della vittima ci sono tracce di una lotta accanita* sur le corps de la victime il y a des traces de lutte acharnée ◇ (*loc.*) *lotta per la vita, per l'esistenza*: (*pr., fig.*) lutte pour la vie **2** (*fig.*) [*contrasto, dissidio*] désaccord (*m.*): *essere in lotta con i parenti, con tutti* être en désaccord avec sa famille, avec tous **3** (*per est.*) [*contrasto tra persone e gruppi per il predominio*] lutte: *lotte sociali, politiche, sindacali* luttes sociales, politiques, syndicales; *la lotta di classe* la lutte des classes; *i lavoratori sono scesi in lotta per...* les travailleurs ont engagé la lutte pour... ◇ (*per est.*) *la lotta contro il fumo, l'alcolismo* la campagne anti-tabac, contre l'alcoolisme; *lotta contro il banditismo* lutte contre le banditisme; *la lotta contro il cancro* la lutte contre le cancer.

lottàre |lot'tare| *v.intr.* (*aus. 'avere'*) [*impegnarsi in una lotta*] lutter: *lottare lealmente, regolarmente* lutter loyalement, régulièrement; *lottare con, contro un degno avversario* lutter contre un digne adversaire; *lottare contro il male, l'ignoranza* lutter contre le mal, l'ignorance; *lottare con sé stesso* lutter contre soi-même → **combattere** ◇ (*fam., in senso iperb.*) *ho dovuto lottare per aprirmi un varco tra la folla* j'ai dû me battre pour m'ouvrir un passage dans la foule.

lottatóre, trice |lotta'tore, tritʃe| *s.* [*chi lotta*] lutteur*: *avere la tempra del lottatore* avoir la trempe d'un lutteur ◇ (*sport*) *fare il lottatore* être lutteur.

lotterìa |lotte'ria| *s.f.* loterie: *lotteria nazionale, di beneficenza* loterie nationale, de bienfaisance; *vincere alla lotteria* gagner à la loterie.

lottizzàre |lottid'dzare| *v.tr.* [*suddividere in lotti*] lotir: *lottizzare un terreno* lotir un terrain.

lottizzazióne |lottiddzat'tsjone| *s.f.* [→ LOTTIZZARE] lotissement (*m.*): *procedere alla lottizzazione di un'area* procéder au lotissement d'un terrain ◇ (*fig., polit.*) *la lottizzazione delle cariche pubbliche* la répartition des charges publiques.

lòtto |'lɔtto| *s.m.* **1** lot: *suddividere un terreno in lotti* diviser un terrain en lots, lotir un terrain ◇ (*per est.*) *un lotto di merci, di titoli* un lot de marchandises, de titres **2** [*gioco d'azzardo*] loto, loterie (*f.*): *il* (*gioco del*) *lotto* le (jeu du) loto, la loterie; *ricevitoria* (*del lotto*) recette (du loto); *il banco, il botteghino del lotto* le bureau de loterie; *giocare, vincere al lotto* jouer, gagner à la loterie ◇ (*loc.*) *dare i numeri* (*del lotto*): (*pr.*) donner les numéros (de la loterie); (*fig.*) divaguer ~ *vincere un terno al lotto:* (*pr., fig.*) gagner le gros lot.

lozióne |lot'tsjone| *s.f.* lotion: *lozione per capelli* lotion capillaire; *fare una lozione a qc.* faire une lotion à qqn.

lubricaménte |lubrika'mente| *avv.* [→ LUBRICO 1] lubriquement.

lubricità |lubritʃi'ta| *s.f. inv.* **1** (*raro*) [*indecenza, licenziosità*] lubricité *var.* **2** (*lett.*) → **scivolosità.**

lùbrico |'lubriko|, (*raro*) **lubrìco, ci, ca, che** |lu'briko, tʃi, ka, ke| *agg.* **1** [*osceno*] lubrique: *uno spettacolo lubrico* un spectacle lubrique **2** (*lett.*) → **scivoloso, sdrucciolevole.**

lubrificànte |lubrifi'kante| *agg.* (*tecnol., corr.*) lubrifiant: *olio lubrificante* huile lubrifiante ✦ (*s.m.*) *lubrificante per motori* lubrifiant pour moteurs.

lubrificàre |lubrifi'kare| *v.tr.* (*detto di un meccanismo*) [*ungere con lubrificanti, per proteggerne l'efficienza*] lubrifier: *lubrificare il motore* lubrifier le moteur.

lubrificativo |lubrifika'tivo| *agg.* [*che serve a lubrificare*] lubrifiant.

lubrificatóre, trice |lubrifika'tore, tritʃe| **I** *agg.* [*che serve a lubrificare*] graisseur*: *l'apparato lubrificatore di un motore* l'appareil graisseur d'un moteur **II** *s.m.* **1** [*operaio addetto alla lubrificazione*] graisseur **2** (*tecnol.*) graisseur: *pulire il lubrificatore di un motore* nettoyer le graisseur d'un moteur.

lubrificazióne |lubrifikat'tsjone| *s.f.* [→ LUBRIFICARE] lubrification, graissage (*m.*): *lubrificazione di un ingranaggio, di un motore* lubrification, graissage d'un engrenage, d'un moteur; *dispositivo, sistema di lubrificazione* dispositif, système de graissage; *lubrificazione* (*a circolazione*) *forzata* lubrification, graissage sous pression.

lucàno |lu'kano| *agg.* [*della Basilicata*] lucanien*.

lucchése |luk'kes(z)e| [*di Lucca*] lucquois.

lucchétto |luk'ketto| *s.m.* [*serratura metallica*] cadenas: *aprire, chiudere un lucchetto* ouvrir, fermer un cadenas; *chiudere con il lucchetto* fermer au cadenas ◇ (*loc. fig.*) *mettere il lucchetto alla bocca di qc.* clouer le bec à qqn.

luccicànte |luttʃi'kante| *agg.* [*splendente, scintillante*] luisant; brillant: *un pavimento luccicante* un parquet luisant || *una superficie luccicante* une superficie brillante; *occhi luccicanti di gioia, di pianto* yeux brillants de joie, de larmes.

luccicàre |luttʃi'kare| *v.intr.* (*aus. 'avere'*) [*riflettere la luce con lampi o bagliori*] miroiter; briller: *le acque del lago luccicavano al sole* les eaux du lac miroitaient au soleil || *il suo braccialetto luccicava* son bracelet brillait ◇ (*per est.*) *gli luccicavano gli occhi dalla gioia, dalla commozione* ses yeux brillaient de joie, d'émotion.

luccichìo, ii |luttʃi'kio, ii| *s.m.* [→ LUCCICARE] scintillement; miroitement: *il luccichio delle armi* le scintillement des armes; *il luccichio delle stelle* le scintillement des étoiles || *il luccichio del mare* le miroitement de la mer.

luccicóne |luttʃi'kone| *s.m.* (*fam.*) grosse larme *f.* # *dalla commozione, gli vennero i luccíconi* à cause de l'émotion, ses yeux se remplirent de larmes.

luccicóre |luttʃi'kore| *s.m.* (*raro*) [*luccichio, scintillio*] lueur *f.*

lùccio, i |'luttʃo, i| *s.m.* (*t.zool.*) brochet.

lùcciola |'luttʃola| *s.f.* **1** (*t.zool.*) luciole, ver *m.* luisant ◇ (*loc. fig.*) *prendere lucciole per lanterne* prendre des vessies pour des lanternes; *dare a intendere lucciole per lanterne* faire prendre des vessies pour des lanternes **2** (*nei locali cinematografici*) [*ragazza con funzione di maschera*] ouvreuse **3** (*petite*) lampe de poche.

lucciolóne |luttʃo'lone| *s.m.* (*region.*) → **luccicone.**

lùce |'lutʃe| *s.f.* **1** (*fis.*) lumière: *luce fredda, bianca* lumière froide, blanche ♦ (*in funzione di agg. inv.*) *anno-luce* année-lumière: *quell'astro dista dalla Terra 10 anni luce* cet astre est à 10 années-lumière de la Terre **2** (*corr.*) lumière: *un raggio, un lampo, un filo di luce* un rayon, un éclair, un filet de lumière; *luce diretta, riflessa* lumière directe, réfléchie; *luce tenue, smorzata, intensa, accecante, abbagliante* lumière faible, tamisée, intense, aveuglante, éblouissante ◇ [*luminosità, spec. per effetto dei raggi del sole*] lumière; lueur: *una stanza con poca luce, inondata di luce* une pièce qui a peu de lumière, inondée de lumière; *il locale prende luce da un'ampia finestra* la pièce reçoit la lumière par une grande fenêtre || *partire alle prime luci del giorno, del sole* partir aux premières lueurs du jour ◇ (*foto.*) *il rullino è inservibile perché ha preso luce* le film est inutilisable parce qu'il a reçu de la lumière ◇ (*loc. fig.*) *dare alla luce qc.* [*partorire*] donner le jour à qqn. ~ *venire alla luce, aprire gli occhi alla luce* [*nascere*] voir le jour ~ *riportare alla luce i resti di un'antica civiltà* mettre au jour les restes d'une ancienne civilisation ~ *sono venuti in luce nuovi particolari su quella faccenda* de nouveaux détails sur cette affaire se sont fait jour ~ *mettere in luce i pregi, i difetti di qc., di q.c.* mettre en lumière les qualités, les défauts de qqn., de qqch. ~ *è chiaro come la luce del sole che...* c'est clair comme le jour que... ~ *esaminare q.c. alla luce dei fatti* examiner qqch. à la lumière des événements ~ *agire alla luce del sole* agir au grand jour ~ *fare luce su q.c.* tirer qqch. au clair, faire pleine lumière sur qqch. ~ *mettere qc. in buona, cattiva luce presso qc.* montrer qqn. sous un jour favorable, défavorable à qqn. ~ *un fatto che getta una nuova luce su qc., su q.c.* un fait qui jette une nouvelle lumière sur qqn., sur qqch. ~ *perdere, riacquistare la luce degli occhi* perdre, recouvrer la vue ~ *amare qc. come la luce dei propri occhi* aimer qqn. comme la prunelle de ses yeux **3** [*qualunque sorgente luminosa, spec. elettrica*] lumière; lueur: *una luce intermittente* une lumière intermittente; *accendere la luce* allumer la lumière; *spegni quella luce!* éteins cette lumière!; *è andata via la luce!* il n'y a plus de lumière! || *la luce della candela* la lueur de la bougie # *un guasto all'impianto della luce* une panne à l'installation électrique ◇ (*auto.*) *luci di posizione, d'arresto, di direzione* feux de position, de stationnement, de direction; *luci d'incrocio, di profondità* feux de croisement, de profondité; *luce di cortesia* lumière de courtoisie ◇ (*teat.*) *le luci della ribalta* les feux de la rampe; *luci di servizio* lumière de sûreté ◇ (*loc.*) *effetti di luce* effets de lumière; *giochi, scherzi di luce* jeux de lumière; *fammi luce con quella lampada!* éclaire-moi avec cette lampe! **4** (*per est.; fam.*) [*energia elettrica*] courant *m.*; électricité: *portare la luce in un casolare isolato* mettre le courant dans une maison isolée || *pagare la bolletta della luce* payer la note d'électricité **5** (*fig.*) lumière; lueur: *la luce della scienza, dell'intelligenza, della fede* la lumière de la science, de l'intelligence, de la foi || *la luce della speranza* la lueur de l'espoir; *c'è una strana luce nei suoi occhi!* il y a une drôle de lueur dans ses yeux! ◇ (*eccl.*) *la luce eterna* la lumière éternelle **6** *al plur.* (*poet.*) → **occhio, stella** **7** (*arch., edil.*) portée: *un ponte a due luci* un pont à deux portées; *la luce di un'arcata* la portée d'une arcade **8** (*dir.*) vue **9** (*tecnol.*) lumière: *la luce di un condotto* la lumière d'un conduit **10** [*suddivisione* (*di un mobile, di un infisso*)] volet *m.*; porte: *una finestra a due luci* une fenêtre à deux volets || *un armadio a tre luci* une armoire à trois portes → 1 **anta** # *una specchiera a due luci* une glace à deux faces Ⓒ 2 **buio, oscurità.**

lucènte |lu'tʃɛnte| *agg.* [*splendente, luminoso*] brillant; étincelant: *occhi lucenti* yeux brillants || *una pietra lucente* une pierre étincelante Ⓒ **opaco.**

lucentézza |lutʃen'tettsa| *s.f.* [*luminosità, splendore*] brillant (*m.*): *la lucentezza di un gioiello, di un pavimento* le brillant d'un bijou, d'un sol.

lùcere |'lutʃere| *v.intr.* (*dif. del p.p.; si usa solo alle 3ᵉ pers. sing. e pl. del pres. e imperf. indic.*) (*poet.*) → **risplendere, 1 brillare.**

lucèrna |lu'tʃɛrna| *s.f.* **1** lampe à huile: *accendere, spegnere la lucerna* allumer, éteindre la lampe à huile **2** (*nella loc.*) *pesce lucerna* uranoscope *m.*

lucernàrio, i |lutʃer'narjo, i| *s.m.* (*edil.*) lucarne *f.*

lucèrtola |lu'tʃɛrtola| *s.f.* **1** (*t.zool.*) lézard *m.* ◇ (*loc. fig.*) *starsene al sole come le lucertole* faire le lézard **2** (*pelletteria*) (*pelle di*) *lucertola* (peau de) lézard.

lucertolóne |lutʃerto'lone| *s.m.* **1** gros lézard **2** (*com.*) → **ramarro.**

lucherino |luke'rino| *s.m.* (*t.zool.*) tarin.

lucidaménte |lutʃida'mente| *avv.* [→ LUCIDO I 2] lucidement: *ragionare lucidamente* raisonner lucidement → **chiaramente.**

lucidaménto |lutʃida'mento| *s.m.* (*raro*) → **lucidatura.**

lucidàre |lutʃi'dare| *v.tr.* **1** [*rendere lucido*] cirer: *lucidare le scarpe, i pavimenti* cirer les chaussures, les sols **2** [*ricopiare su carta lucida*] calquer: *lucidare un grafico* calquer un graphique.

lucidatóre, trice |lutʃida'tore, tritʃe| *s.* **1** [*chi esegue lavori di lucidatura*] ébéniste, cireur*: *lucidatore di mobili* ébéniste **2** → **lucidista.**

lucidatrice |lutʃida'tritʃe| *s.f.* (*tecnol.*) cireuse ◇ (*per est.*) *lucidatrice per pavimenti* cireuse à parquets, pour les pavages, les carrelages.

lucidatùra |lutʃida'tura| *s.f.* **1** [→ LUCIDARE 1] cirage (*m.*): *la lucidatura di un pavimento* le cirage d'un parquet, d'un pavage, d'un carrelage **2** [→ LUCIDARE 2] calquage (*m.*): *la lucidatura di un disegno* le calquage d'un dessin.

lucidézza |lutʃi'dettsa| *s.f.* [*lucentezza, splendere*] poli *m.*; lustre (*m.*): *la lucidezza di un marmo* le poli d'un marbre # *il pavimento ha perso la lucidezza, in lucidezza* le carrelage, le parquet a perdu son brillant ◇ (*raro, fig.*) *lucidezza di mente* lucidité d'esprit → **lucidità.**

lucidista |lutʃi'dista| *s.* [*chi è addetto alla lucidatura di disegni*] calqueur*.

lucidità |lutʃidi'ta| *s.f. inv.* **1** [*chiarezza, equilibrio*] lucidité (*var.*): *lucidità di mente* lucidité d'esprit; *parlare con lucidità* parler avec lucidité; *momenti di lucidità di un pazzo* moments de lucidité chez un fou **2** (*raro*) → **lucidezza.**

lùcido |'lutʃido| **I** *agg.* **1** [*in grado di riflettere la luce*] (*detto spec. di superfici lisce, levigate o incerate*) ciré; luisant: *mobili lucidi* meubles cirés; *pavimenti lucidi* parquets cirés; *scarpe lucide* chaussures bien cirées || *pelo lucido* poil luisant, lustré; *stoffa lucida* étoffe luisante, brillante; *avere il naso lucido, la pelle lucida* avoir le nez luisant, la peau luisante; *il vestito è diventato lucido per l'uso* la robe est devenue luisante d'usure; l'usure a rendu la robe luisante # *marmo lucido* marbre poli; *tenere la casa lucida* bien entretenir sa maison; *avere gli occhi lucidi per la febbre, per il pianto* avoir les yeux brillants de fièvre, de larmes ◇ (*loc.*) *carta lucida* papier-calque **2** (*fig.*) [*chiaro; preciso*] lucide: *una mente lucida* un esprit lucide # *un ragionamento lucido* un raisonnement clair ◇ (*loc.*) *non essere lucido di mente* ne pas être lucide d'esprit ~ *rimase lucido fino agli ultimi istanti di vita* il resta lucide jusqu'à ses derniers instants **II** *s.m.* **1** [→ *agg.* 1] luisant: *i mobili hanno perso il lucido* les meubles ont perdu leur luisant **2** [*cera per lucidare*] cirage: *lucido* (*per scarpe*) cirage à chaussures # *dare il lucido alle scarpe* cirer les chaussures **3** [*disegno eseguito su carta trasparente*] calque # *fare il lucido di una piantina* calquer un plan Ⓒ I 1; II 1 **opaco**; I 2 **oscuro.**

luciferino |lutʃife'rino| *agg.* [*diabolico, satanico*] diabolique: *astuzia, malvagità luciferina* ruse, méchanceté diabolique.

lucìfugo, gi, gia, ge |lu'tʃifugo, dʒi, dʒa, dʒe| *agg.* (*zool.*) lucifuge.

lucìgnolo |lu'tʃiɲɲolo| *s.m.* [*stoppino di candela*] mèche *f.* ◇ (*fig.*) [*persona alta e magra*] perche *f.*, échalas.

lucilia |lu'tʃilja| *s.f.* (*t.zool.*) lucilie.

lucìmetro |lu'tʃimetro| *s.m.* (*fis.*) lucimètre.

luciopèrca, che |lutʃo'pɛrka, ke| *s.f.* (*t.zool.*) sandre *m.* o *f.*

lucóre |lu'kore| *s.m.* (*lett.*) lumière *f.*, splendeur *f.*

lucràbile |lu'krabile| *agg.* [→ LUCRARE] gagnable (*raro*) ◇ (*eccl.*) *indulgenze lucrabili* indulgences gagnables.

lucràre |lu'krare| *v.tr.* [*procurarsi dei lucri; guadagnare*] tirer profit (de), gagner (*ass.*): *lucrare enormi profitti* tirer d'énormes profits # *lucrare sulle aree edificabili* spéculer sur les terrains à bâtir → **speculare** ◇ (*eccl.*) gagner: *lucrare un'indulgenza* gagner une indulgence □ *lucrarsi il paradiso* gagner le paradis.

lucrativo |lukra'tivo| *agg.* lucratif*: *attività lucrativa* activité lucrative.

lùcro |'lukro| *s.m.* [*profitto economico; guadagno*] gain, profit: *ricavare un lucro da q.c.* tirer un gain, un profit de qqch.; *fare q.c. per amore di lucro* faire qqch. par amour du gain, du lucre # *un'associazione con, senza scopi di lucro* une association avec, sans but

lucratif ◇ (*dir.*) *lucro cessante* manque à gagner.
lucrosaménte |lukrosa'mente| *avv.* [→ LUCROSO] d'une manière lucrative *loc. inv.*; en étant payé *loc.*
lucróso |lu'kroso| *agg.* [*fonte di notevoli guadagni*] lucratif*, rémunérateur*: *una professione (altamente) lucrosa* une profession (très) lucrative, rémunératrice.
luculliàno |lukul'ljano| *agg.* [*abbondante e sontuoso*] digne de Lucullus: *un pranzo luculliano, una cena luculliana* un repas digne de Lucullus → **splendido.**
lucumóne |luku'mone| *s.m.* (*st. etrusca*) lucumon.
lucumonìa |lukumo'nia| *s.f.* (*st. etrusca*) lucumonie.
luddìsmo |lud'dizmo| *s.m.* (*st.*) luddisme.
ludìbrio, i |lu'dibrjo, i| *s.m.* [*scherno, derisione*] risée (*f.*): *esporre qc. al (pubblico) ludibrio* exposer qqn. à la risée (du public) ◇ [*l'oggetto di tale scherno*] *essere il ludibrio di tutti* être la risée de tout le monde.
lùdico, ci, ca, che |'ludiko, tʃi, ka, ke| *agg.* ludique.
ludióne |lu'djone| *s.m.* (*fis.*) ludion.
lùdo |'ludo| *s.m.* **1** (*st. rom.*) jeu: *ludi circensi* jeux du cirque **2** (*lett.*) → **gioco.**
lùe |'lue| *s.f.* **1** (*med.*) syphilis **2** (*fig., lett.*) → **rovina, peste.**
luètico, ci, ca, che |lu'ɛtiko, tʃi, ka, ke| *agg. e s.* (*med.*) syphilitique.
luetina |lue'tina| *s.f.* luétine.
lùffa |'luffa| *s.f.* (*t.bot.*) luffa *m.*
lugliàtico, ci, ca, che |luʎ'ʎatiko, tʃi, ka, ke| *agg. e s.f.* de juillet (*loc. inv.*): (*uva*) *lugliatica* raisin de juillet.
lùglio |'luʎʎo| *s.m.* [*settimo mese dell'anno*] juillet: *verremo il 29 (di) luglio* nous viendrons le 29 juillet ◇ (*loc. fig.*) *vendere il sole di luglio* promettre monts et merveilles ~ *farsi bello del sole di luglio* se parer des plumes du paon.
lùgubre |'lugubre| *agg.* lugubre: *un lugubre presentimento* un lugubre pressentiment; *un suono lugubre* un son lugubre; *parlare con voce lugubre* parler avec une, d'une voix lugubre → **funesto, funereo** Ⓒ **gaio.**
logubreménte |lugubre'mente| *avv.* [→ LUGUBRE] lugubrement.
1 **lùi** |'lui| *pron. pers. m. di 3ª pers. sing.* **1** (*in funzione di sogg.*) *N.B. in questo uso sostituisce sempre più frequentemente 'egli' e 'esso', soprattutto nella lingua fam.*; *è spesso sottinteso* il; lui: (*lui*) *non la vuole più* il ne veut plus d'elles; (*lui*) *ha abbandonato la moglie* il a abandonné sa femme; *lui non ha fiducia in te* il n'a pas confiance en toi → **egli, esso** ‖ *me lo ha detto lui* c'est lui qui me l'a dit; *questo lo dice lui* cela, c'est lui qui le dit; *non fate come lui* ne faites pas comme lui; *ne sapevano quanto lui* ils en savaient autant que lui ◇ (*loc.*) *se fossi (in) lui* si j'étais lui...; *ci vada lui, se vuole!* qu'il y aille lui-même, s'il le veut! ◇ (*posposto agli avv.* '(*ne*)*anche*, (*nep*)*pure*, *nemmeno*') *anche (pure) lui lo sapeva* lui aussi le savait; *neanche (neppure, nemmeno) lui era in grado di farlo* lui non plus ne pouvait (pas) le faire ◇ (*unito a un v. all'inf., al part., al ger.*) *lui, arrivare in ritardo?* lui, arriver en retard?; *partito lui, tutti lo hanno seguito* lui parti, ils l'ont tous suivi; *contento lui...* puisqu'il est content...; *beato lui!* il en a de la chance!; *finendo lui, abbiamo finito anche noi* puisqu'il a fini, nous avons fini nous aussi **2** (*in funzione di ogg.*) lui: *ho incontrato solo lui* je n'ai rencontré que lui; *hanno picchiato proprio lui* c'est justement lui qu'ils ont battu → 2 **lo,** 2 **li** ◇ (*posposto aggli avv.* '(*ne*)*anche*, (*nep*)*pure*, *nemmeno*') *potremmo assumere anche (pure) lui* nous pourrions l'engager lui aussi; *non accetteranno neanche (neppure, nemmeno) lui* lui non plus, ils ne l'accepteront pas **3** (*compl. indiretto*) lui: *è a lui che ha voluto scrivere* c'est à lui qu'elle a voulu écrire; *è a lui e non a lei che ho rivolto la parola* c'est à lui et non (pas) à elle que je me suis adressé; *è di lui che vi voglio parlare* c'est de lui que je veux vous parler; *saremo tutti da lui a mezzogiorno* nous serions tous chez lui à midi ◇ (*in usi bur.*) sa, son (*agg. poss.*): *il di lui fallimento è doloso* sa faillite est frauduleuse; *il di lui padre è deceduto nel 1975* son père est décédé en 1975 → 2 **suo** ◇ (*in usi lett.*) *la di lui forza* sa force; *la di lui bontà è nota a tutti* sa bonté est connue de tout le monde, de tous.
2 **lùi** |'lui| *s.m.* (*t.zool.*) pouillot.
luìgi |lu'idʒi| *s.m. inv.* [*moneta d'oro fr.*] louis.
lumàca, che |lu'maka, ke| *s.f.* **1** (*t.zool.*) limace ◇ (*corr.*) [*chiocciola*] escargot (*m.*): *andare a (cercare) lumache* aller chercher des escargots **2** (*fig.*) [*persona pigra e indolente*] lambin *s.*, tortue: *sei proprio una lumaca!* tu es un lambin, une vraie tortue!; *essere lento come una lumaca* être lent comme une tortue; *sbrigati, lumaca!* dépêche-toi, lambin!; *camminare a passi di lumaca* marcher comme un escargot, à pas de tortue **3** [*tipo di pasta*] coquillette.
lumachèlla |luma'kɛlla| *s.f.* **1** (*miner.*) lumachelle **2** (*raro*) petite limace, petit escargot *m.*
lumacóne |luma'kone| *s.* **1** *s.m.* (*t.zool.*) limace *f.* **2** *s.* (*fig.*) [*persona indolente*] lambin, tortue (*f.*): *cammina, lumacona!* marche, lambin, tortue! → **pigrone** ◇ [*ipocrita; finto tonto*] sournois: *stai attento a quel tipo: è un lumacone!* fais attention à ce type: c'est un sournois!
lumàio, i |lu'majo, i| *s.* (*raro*) fabricant, marchand de lampes.
lùme |'lume| *s.m.* **1** [*apparecchio per illuminare*] lampe (*f.*): *accendere, spegnere il lume* allumer, éteindre la lampe ◇ (*loc.*) *tenere, reggere il lume:* (*pr.*) tenir la lampe; (*fig.*) tenir la chandelle **2** [*luce artificiale*] lumière (*f.*): *far lume con una pila, con una candela* donner de la lumière avec une pile, une bougie; *leggere a lume di (una) candela* lire à la lumière d'une bougie # *fare una cenetta intima a lume di candela* diner aux chandelles, aux bougies **3** (*fig.*) [*tutto ciò che illumina*] lumière: *il lume della verità, della scienza, della fede* la lumière de la vérité, de la science, de la foi # *perdere il lume della ragione, dell'intelletto* être hors de soi, perdre la tête ◇ [*consiglio*] *chiedere lume a un esperto* demander des lumières, des conseils à un expert; *ho bisogno dei tuoi lumi* j'ai besoin de tes lumières ◇ (*st.*) *il secolo dei lumi* le siècle des lumières ◇ (*loc. fig.*) *a lume di naso* à vue de nez **4** (*anat.*) lumière: *il lume di una vena, dell'intestino* la lumière d'une veine, de l'intestin **5** (*nelle reti da pesca*) maille *f.* **6** (*poet.*) → **stella** **7** *al plur.* (*poet.*) → **occhio.**
lumeggiaménto |lumeddʒa'mento| *s.m.* **1** [→ LUMEGGIARE 1] rehaut: *lumeggiamento a biacca* rehaut de céruse **2** (*raro*) [→ LUMEGGIARE 2] mise *f.* en lumière, en relief (*corr.*).
lumeggiàre |lumed'dʒare| *v.tr.* **1** (*pitt.*) [*trattare con particolari effetti di luce*] rehausser: *lumeggiare una figura, i contorni di un oggetto* rehausser une figure, les contours d'un objet **2** (*fig.*) [*mettere in risalto*] faire (45) *intr.* ressortir, mettre (71) en lumière: *lumeggiare il carattere del protagonista* faire ressortir, mettre en lumière, en relief le caractère du protagoniste **3** (*raro*) → **illuminare, rischiarare.**
lumen |'lumen| *s.m. inv.* (*fis.*) lumen *var.*
lumenòmetro |lume'nɔmetro| *s.m.* (*fis.*) lumenmètre.
lumenóra |lume'nora| *s.m. inv.* (*fis.*) lumen-heure (*var.*): *dei lumenora* des lumens-heures.
lumicìno |lumi'tʃino| *s.m.* petite lumière (*f.*): *si vedeva un lumicino lontano* on voyait une petite lumière au loin ◇ *loc. fig.* CERCARE COL LUMICINO chercher minutieusement, avec un très grand soin # *una persona così onesta non la si trova neanche a cercarla col lumicino* même en cherchant bien, on ne trouverait personne d'aussi honnête; *i guai, tu te li vai a cercare col lumicino!* les ennuis, tu vas vraiment les chercher! ~ ESSERE, RIDURSI AL LUMICINO n'avoir plus qu'un souffle de vie: *quel malato è ridotto al lumicino* ce malade n'a plus qu'un souffle de vie, est à l'article de la mort # *le scorte sono ormai al lumicino* les provisions touchent à leur fin.
lumièra |lu'mjɛra| *s.f.* **1** [*lampadario*] lustre (*m.*): *una lumiera di cristallo* un lustre de cristal **2** (*poet.*) → **luce.**
luminànza |lumi'nantsa| *s.f.* (*ott.*) luminance.
luminàre |lumi'nare| *s.m.* **1** [*persona che eccelle nella sua professione*] célébrité (*f.*): *è un luminare della scienza, dell'arte* c'est une célébrité, une lumière de la science, de l'art; *ricorrere a un luminare del foro* avoir recours à une célébrité du barreau **2** (*lett.*) → 1 **astro.**
luminària |lumi'narja| *s.f.* [*illuminazione pubblica in occasione di ricorrenze particolari*] illuminations (*pl.*): *la luminaria per la festa del santo patrono* les illuminations pour la fête du saint patron.
luminèllo |lumi'nɛllo| *s.m.* (*raro*) → **riverbero, barbaglio.**
luminescènte |lumineʃ'ʃɛnte| *agg.* (*fis.*) luminescent.
luminescènza |lumineʃ'ʃɛntsa| *s.f.* (*fis.*) luminescence.
luminìsmo |lumi'nizmo| *s.m.* (*pitt.*) luminisme.
luminista |lumi'nista| *s.* luministe: *i luministi del Cinquecento* les luministes du XVIᵉ siècle.
luministica, che |lumi'nistika, ke| *s.f.* (*teat.*) éclairagisme *m.*

luminìstico, ci, ca, che |lumi'nistiko, tʃi, ka, ke| *agg.* **1** (*pitt.*) luministe **2** (*teat.*) de lumière (*loc. inv.*): *effetti luministici* effects de lumière.
lumìno |lu'mino| *s.m.* petite lampe (*f.*): *un lumino a olio* une petite lampe à huile # *un lumino da notte* une veilleuse; *accendere un lumino alla Madonna* allumer, mettre un cierge à la Sainte Vierge.
luminòforo |lumi'nɔforo| *s.m.* (*tecnol.*) luminophore.
luminosaménte |luminosa'mente| *avv.* **1** [→ LUMINOSO 1] lumineusement: *risplendere luminosamente* resplendir lumineusement **2** (*fig.*) [→ LUMINOSO 2] de manière éclatante (*loc. inv.*): *dimostrare luminosamente la propria innocenza* démontrer de manière éclatante son innocence.
luminosità |luminosi'ta| *s.f. inv.* luminosité *var.* 🄲 **oscurità.**
luminóso |lumi'noso| *agg.* **1** lumineux*: *sorgenti luminose* sources lumineuses # *una stanza luminosa* une pièce bien éclairée ◇ (*ott.*) *un obiettivo* (*molto, poco*) *luminoso* un objectif (très, peu) lumineux **2** (*fig.*) *una prova luminosa* une preuve éclatante → **chiaro, lampante** # *è un esempio luminoso di onestà* c'est un exemple frappant d'honnêteté 🄲 1 **scuro.**
lumitype |lumi'taip| *s.f. inv.* (*ingl.*) (*màrca depositata*) (*tip.*) lumitype *var.*
lùna |'luna| *s.f.* **1** lune: *le fasi della luna* les phases de la lune; *luna nuova, luna piena* nouvelle lune, pleine lune; *luna crescente, calante* lune croissante, décroissante; *primo, ultimo quarto di luna* premier, dernier quartier de la lune; *una notte di luna* une nuit de lune; *c'è un chiaro di luna!* il y a un clair de lune! ◇ (*astrol.*) Lune ◇ (*come t. di confronto*) *avere una faccia di luna piena* avoir un visage de pleine lune ◇ (*loc.*) *gobba a levante, luna calante; gobba a ponente luna crescente* lune décroissante bosse au levant, lune croissante bosse au couchant ◇ (*loc. fig.*) *volere, chiedere, promettere la luna* vouloir, demander, promettre la lune ~ *far vedere la luna nel pozzo* montrer, faire voir la lune en plein midi ~ *abbaiare alla luna* aboyer à la lune ~ *con questi chiari di luna...* par les temps qui courent... ~ IL MONDO DELLA LUNA: *ma tu vivi nel mondo della luna?* mais tu es dans la lune, dans les nuages?; *vieni dal mondo della luna?* d'où sors-tu?, tu tombes de la lune? # *quando io mi sono sposato, tu eri ancora nel mondo della luna* quand je me suis marié, tu n'étais pas encore venu au monde **2** [*ciclo lunare; lunazione*] lunaison: *sono passate tante lune da allora!* de nombreuses lunaisons passèrent depuis lors!; *semineremo, imbottiglieremo la prossima luna* nous sèmerons, nous mettrons en bouteille à la prochaine lunaison ◇ (*loc. fig.*) *luna di miele* lune de miel ~ *essere di cattiva luna, avere la luna, le lune* être mal luné ~ *non sopporto più le sue lune!* je ne supporte plus sa mauvaise humeur! **3** (*loc.*) *mezza(-)luna* → **mezzaluna** **4** (*loc. pop.*) *mal di luna, mal della luna* → **epilessia** **5** (*t.zool.*) *pesce luna* poisson-lune **6** (*miner.*) *pietra di luna* pierre de lune → **lunaria.**
luna park |'luna'park| *s.m. inv.* (*ingl.*) parc *var.* d'attractions: *andare, portare i bambini al luna park* aller, emmener les enfants au parc d'attractions.
lunàre |lu'nare| *agg.* lunaire; de (la) lune (*loc.*): *mese, anno lunare* mois, année lunaire ‖ *esplorazione lunare* exploration de la lune; *notte lunare* nuit de lune; *fasi lunari* les phases de la lune ◇ (*per est.*) *paesaggio lunare* paysage lunaire; *una bellezza lunare* une beauté lunaire.
lunària |lu'narja| *s.f.* **1** (*t.bot.*) lunaire **2** (*miner.*) pierre de lune.
lunàrio, i |lu'narjo, i| *s.m.* → **calendario, almanacco** ◇ (*loc. fig.*) *sbarcare il lunario* [*vivere stentatamente*] joindre les deux bouts.
lunarista |luna'rista| *s.m.* **1** faiseur* *s.* d'almanachs **2** [*chi fantastica, fa congetture*] songe-creux *inv.*
lunàtico, ci, ca, che |lu'natiko, tʃi, ka, ke| *agg.* lunatique: *un temperamento lunatico* un tempérament lunatique; *è un tipo piuttosto lunatico* c'est un type assez, quelque peu lunatique → **capriccioso, incostante** ✦ (*s.*) *un lunatico* un lunatique.
lunàto |lu'nato| *agg.* (*lett.*) [*di forma ricurva, arcuata*] en croissant *loc. inv.* → **falcato.**
lunatùra |luna'tura| *s.f.* (*tecnol.*) lunure.
lunazióne |lunat'tsjone| *s.f.* (*astron.*) lunaison.
lunedì |lune'di| *s.m. inv.* [*primo giorno della settimana*] lundi (*var.*): *riceve solo il lunedì* il reçoit le lundi seulement; *si vedono ogni lunedì* ils se voient tous les lundis; *ci vedremo lunedì* (*prossimo*) nous nous verrons lundi (prochain) ◇ (*loc.*) *il lunedì grasso* le lundi gras; *il lunedì di Pasqua, dell'Angelo* le lundi de Pâques.
lunétta |lu'netta| *s.f.* **1** (*arch. mil.*) lunette **2** (*liturg.*) *la lunetta dell'ostensorio* la lunule de l'ostensoir **3** *la lunetta delle scarpe* la languette des souliers **4** (*cuc.*) [*mezzaluna*] *hachoir *m.* **5** (*tecnol.*) lunette.
lùnga, ghe |'lunga, ge| *s.f.* (*in alcune loc.*) → 1 **lungo** III.
lungàggine |lun'gaddʒine| *s.f.* [*lentezza, indugio*] lenteur; longueur: *le lungaggini della burocrazia* la lenteur de la bureaucratie ‖ *uffa, che lungaggine questo discorso, questo libro, questo film!* que de longueurs dans ce discours, dans ce livre, dans ce film! # *non perderti in lungaggini!* ne traîne pas!
lungagnàta |lungaɲ'ɲata| *s.f.* (*fam.*) [*discorso o rappresentazione lunga e noiosa*] palabre, discours *m.* sans fin: *dobbiamo finirla, con queste lungagnate!* assez avec de palabres, ces discours sans fin!
lungaménte |lunga'mente| *avv.* [→ 1 LUNGO I 2] longuement: *attendere lungamente* attendre longuement; *essere lungamente applaudito* être longuement applaudi; *parlare lungamente di q.c.* parler longuement de qqch. → **diffusamente.**
lungàrno |lung'arno| *s.m.* quai de l'Arno: *i lungarni di Firenze, di Pisa* les quais de l'Arno à Florence, à Pise.
lunghésso |lun'gesso| *prep.* (*lett.*) → 2 **lungo** 1.
lunghétto |lun'getto| *agg.* (*cose*) [*alquanto lungo*] longuet*.
lunghézza |lun'gettsa| *s.f.* **1** longueur: *la lunghezza della base, dell'altezza di un triangolo* la longueur de la base, de la hauteur d'un triangle; *la lunghezza di una strada, di un percorso* la longueur d'une route, d'un parcours; *la lunghezza delle braccia* la longueur des bras; *misurare q.c. per la lunghezza* mesurer qqch. dans le sens de la longueur; *le onde raggiungevano la lunghezza di cento metri* les vagues atteignaient une longueur de cent mètres, cent mètres de long ◇ (*ippica, ciclismo*) *lo ha superato e ha vinto per una lunghezza, per mezza lunghezza* il l'a dépassé et a gagné d'une longueur, d'une demi-longueur ◇ (*fis.*) *lunghezza d'onda* longueur d'onde ◇ (*ott.*) *lunghezza focale* longueur focale **2** [*durata* (*nel tempo*)] longueur: *la lunghezza di uno spettacolo, di un film* la longueur, la durée d'un spectacle, d'un film; *la lunghezza di un discorso* la longueur d'un discours **3** (*ling.*) *la lunghezza di una vocale* la longueur d'une voyelle 🄲 2 **brevità.**
lùngi |'lundʒi| *avv.* (*lett.*) [*lontano*] loin ✦ *loc. prep.* (*lett., scherz.*) LUNGI DA loin de: *lungi da me un tale sospetto!* loin de moi pareil soupçon!
lungimirànte |lundʒimi'rante| *agg.* [*previdente; assennato*] prévoyant: *un amministratore lungimirante* un administrateur prévoyant ◇ (*per est.*) (*cose*) *una politica lungimirante* une politique prévoyante.
lungimirànza |lundʒimi'rantsa| *s.f.* [*previdenza; saggezza*] prévoyance, clairvoyance.
1 **lùngo, ghi** |'lungo, gi| **I** *agg.* **1** long*: *una corda lunga* une longue corde; *un lungo treno* un long train; *una lunga serie di incidenti* une longue série d'accidents; *una lunga fila di automobili* une longue file de voitures; *portare i calzoni lunghi* porter des pantalons longs; *una camicetta con le maniche lunghe* un chemisier à manches longues; *avere i capelli lunghi, la barba lunga* avoir de longs cheveux, une longue barbe; *portare i capelli lunghi, la barba lunga* porter les cheveux longs, toute sa barbe; *un tiro lungo* un coup long ◇ (*in senso rel., con indicazione della lunghezza*) '*quant'è lungo il lato del quadrato?*' '*è lungo 10 metri*' 'quelle est la longueur du côté du carré?' 'il est long de 10 mètres, il mesure 10 mètres de long' ✦ (*in funzione di avv.*) loin: *mirare lungo* viser loin; *tirare, calciare troppo lungo* tirer, shooter trop loin; *il corridore partì lungo* le coureur partit de loin ◇ (*loc.*) *cadere lungo disteso* tomber, s'étaler de tout son long ~ *abito lungo* [*da sera*] robe longue ~ *avere la vista lunga* voir loin ◇ (*loc. fig.*) *avere il muso* (*lungo*) faire la tête ~ *avere la lingua lunga* avoir la langue bien pendue ~ *avere le orecchie lunghe* entendre bien ce que l'on dit ~ *avere le gambe lunghe* avoir de bonnes jambes ~ *ha fatto il passo più lungo della gamba* qui trop embrasse mal étreint ~ *saperla lunga* en savoir long **2** [*di lunga durata* (*nel tempo*)] long: *un film molto lungo* un film trop long; *una lunga avventura* une longue aventure; *augurare a qc. lunga vita* souhaiter à qqn. une longue vie; *sarebbe troppo lungo raccontarti tutto* ce serait trop long de te raconter tout; *dopo due lunghi anni di lontananza, l'ho potuto rivedere* après deux longues années d'absence, j'ai pu le revoir; *è un'amicizia di lunga data*

c'est une amitié de longue date; *un impegno, una cambiale a lunga scadenza* un engagement, une lettre de change à longue échéance # *ti aspettavo da lungo tempo* je t'attendais depuis longtemps; *guarirà in un tempo più o meno lungo* il guérira plus ou moins vite ◇ (*loc. fig.*) *a lungo andare* à la longue ~ *tirarla in lungo* traîner en longueur, n'en plus finir ~ *quanto la fai lunga!* tu n'en finis plus! **3** (*persone*) [*lento, tardo*] long: *essere lungo nel mangiare, nel vestirsi, nel fare un lavoro* être long, lent à manger, à s'habiller, à travailler ◇ (*loc. fig.*) *essere lungo come la fame, come la morte* être long comme un jour sans pain **4** (*persone*) [*di notevole altezza*] long: *mi presentò un tipo lungo e mingherlino* il me présenta un type malingre et tout en hauteur **5** (*di bevanda*) [*diluito*] clair: *un brodo, un caffè lungo* un bouillon, un café clair **6** (*ling.*) long: *una vocale lunga* une voyelle longue **II** *s.m.* [→ *agg.* 1] longueur (*f.*): *piegare q.c. per il lungo* plier qqch. dans le sens de la longueur; *tagliare, segare per il lungo* couper, scier dans le sens de la longueur # *un vano che misura 5 metri per il lungo e 3 per il largo* une pièce qui mesure 5 mètres de long sur 3 de large → **lunghezza** ◇ *loc. avv.* A LUNGO longtemps; longuement: *non posso aspettare più a lungo* je ne peux pas attendre plus longtemps; *tutto è durato fin troppo a lungo* tout a duré trop longtemps, tout n'a que trop duré ‖ *te ne ho parlato a lungo* je t'en ai longuement parlé ◇ *loc.* IN LUNGO en longueur: *tirare in lungo una discussione, un lavoro* tirer une discussion, un travail en longueur # *non si fermò a salutarlo, ma tirò di lungo* sans s'arrêter pour lui dire bonjour, il poursuivit tout droit **III** *s.f.* (*in loc. avv.*) [→ *agg.* 2] ALLA LUNGA à la longue: *guarda che alla lunga potrei perdere la pazienza!* fais attention qu'à la longue je pourrais perdre patience!; *alla lunga, la verità venne a galla* à la longue, la vérité se fit jour ~ DI GRAN LUNGA de loin, de beaucoup: *è di gran lunga il miglior professionista* c'est de loin le meilleur professionnel; *lo preferisco di gran lunga a chiunque altro* je le préfère de beaucoup à tout autre ~ PER LE LUNGHE en longueur: *tirare, menare, mandare q.c. per le lunghe* tirer qqch. en longueur Ⓒ I 1 **corto**, 2 **breve** 1, 4 **basso**, 5 **ristretto**, 6 **breve**.

2 **lùngo** |'lungo| *prep.* **1** [*accanto a, rasente*] le long de: *passeggiare lungo il fiume, lungo la riva* se promener le long de la rivière, du rivage; *c'erano insegne pubblicitarie lungo i bordi della strada* il y a avait des panneaux-réclame le long de la route **2** [*durante*] pendant, au cours de: *incontrammo vari tipi lungo il viaggio* nous rencontrâmes des gens de plusieurs sortes pendant le voyage, au cours du voyage, en cours de route.

lungofiùme |lungo'fjume| *s.m.* [*strada parallela al corso di un fiume*] quai (de la rivière, du fleuve).

lungolàgo, ghi |lungo'lago, gi| *s.m.* promenade *f.* (au bord du lac): *ci incontriamo sul lungolago* nous nous rencontrons sur la promenade (du bord du lac).

lungomàre |lungo'mare| *s.m.* promenade *f.* (du bord de la mer).

lungometràggio, i |lungome'traddʒo, i| *s.m.* long métrage Ⓒ **cortometraggio.**

lungóne |lun'gone| *s.m.* (*fam.*) **1** [*persona alta e magra*] perche *f.*, (grand) échalas (*corr.*) **2** [*chi è lento nelle proprie azioni*] lambin *s.*

lungosènna |lungo'sɛnna| *s.f. inv.* quai *m. var.* de la Seine.

lungotévere |lungo'tevere| *s.m.* quai du Tibre.

lunisolàre |luniso'lare| *agg.* (*astron.*) luni-solaire: *anno lunisolare* année luni-solaire.

lunòtto |lu'nɔtto| *s.m.* (*auto.*) lunette *f.*, vitre *f.* arrière: *pulire il lunotto posteriore dell'automobile* nettoyer la lunette, la vitre arrière de sa automobile.

lùnula |'lunula| *s.f.* (*anat., mat.*) lunule.

luògo, ghi |'lwɔgo, gi| *s.m.* **1** lieu; endroit: *in ogni luogo, in tutti i luoghi* en tous lieux, partout; *luogo pianeggiante* lieu plat, région plate; *sono luoghi incolti, aridi* ce sont des lieux, des terres incultes, arides ‖ *visitare i più bei luoghi dell'Italia, della Francia* visiter les plus beaux endroits d'Italie, de France # *per ogni luogo* partout ◇ (*in senso più ristretto*) *il luogo di nascita, di residenza di qc.* le lieu de naissance, de résidence de qqn.; *recarsi sul luogo dell'incidente, della disgrazia* se rendre sur le lieu de l'accident; *il luogo di partenza, d'arrivo di una corsa* le lieu de départ, d'arrivée d'une course ◇ *loc. agg.* DEL LUOGO [*locale*] du lieu, de l'endroit: *le autorità, le usanze del luogo* les autorités, les coutumes du lieu, de l'endroit locales; *quello non è del luogo* celui-là n'est pas du lieu, d'ici ◇ (*dir.*) *luogo pubblico, aperto al pubblico* lieu public, ouvert au public ◇ (*loc.*) *i Luoghi santi* les Lieux saints **2** (*in varie loc.*) [*edificio adibito a fini specifici*] lieu: *luogo d'abitazione* lieu d'habitation, domicile; *luogo di divertimento* lieu de plaisir; *luogo di culto, di studio* lieu de culte, d'étude; *luogo fortificato* lieu fortifié; *luogo di pena* lieu de sûreté, maison *f.* de détention **3** [*brano, passo di un'opera lett.*] passage: *i luoghi più belli della Divina Commedia* les plus beaux passages de la Divine Comédie ◇ (*loc. fig.*) *luoghi comuni* lieux communs; *è un luogo comune dire che...* c'est un lieu commun de dire que... **4** [*ufficio, funzione*] lieu: *gli tiene luogo di padre* il lui tient lieu de père ◇ (*loc.*) *in luogo di* au lieu de **5** (*lett.*) [*condizione sociale*] condition *f.* (*corr.*): *gente d'alto, di basso luogo* gens de condition élevée, de basse condition → **rango** **6** (*fig.*) [*momento opportuno*] lieu: *non è questo il luogo per simili pettegolezzi* ce n'est pas le lieu de tels commérages; *non è questo il luogo né il tempo di recriminare* ce n'est ni le lieu ni le moment de récriminer; *ne parleremo a tempo e luogo* (*debito*) nous en parlerons en temps et lieu ◇ *loc.* FUORI LUOGO déplacé *agg.*; hors de propos: *è un'osservazione fuori luogo* c'est une observation déplacée ‖ *parlare, intervenire fuori luogo* parler, intervenir hors de propos **7** (*loc. fig.*) *farsi luogo* [*farsi strada*] se frayer un chemin ~ *in primo, in secondo luogo* en premier, en second lieu ~ DAR LUOGO A donner lieu à: *il suo comportamento ha dato luogo a sospetti e maldicenze* son comportement a donné lieu à des soupçons et à des médisances ~ AVER LUOGO avoir lieu: *la cerimonia avrà luogo nella cattedrale* la cérémonie aura lieu dans la cathédrale; *il rinfresco avrà luogo al ristorante X* le cocktail sera donné au restaurant X; *la recita non avrà luogo* la représentation n'aura pas lieu ~ (*dir.*) *non* (*c'è*) *luogo a procedere* non-lieu **8** (*geom.*) *luogo geometrico* lieu géométrique **9** (*gram.*) lieu: *avverbi di luogo* adverbes de lieu; *complemento di stato in luogo, moto a luogo, moto da luogo, moto per luogo* complément circonstanciel de lieu marquant la situation, la direction, la provenance, le passage.

luogotenènte |lwogote'nɛnte| *s.m.* (*dir., mil.*) lieutenant.

luogotenènza |lwogote'nɛntsa| *s.f.* (*dir.*) lieutenance.

lùpa |'lupa| *s.f.* [*femmina del lupo*] louve ◇ (*st. rom.*) *la lupa capitolina* la louve du Capitole ◇ (*loc. pop.*) *mal di lupa* boulimie.

lupacchiòtto |lupak'kjɔtto| *s.m.* [*piccolo* (*del*) *lupo*] louveteau.

lupanàre |lupa'nare| *s.m.* lupanar ◇ (*fig.*) [*luogo di corruzione*] lupanar.

lupàra |lu'para| *s.f.* fusil *m.* à canons sciés: *sparare a lupara* tirer avec un fusil à canons sciés.

lupària |lu'parja|, **lupàia** |lu'paja| *s.f.* (*t.bot.*) tanière de loup.

lupercàle |luper'kale| *agg.* (*st. rom.*) lupercal* ♦ (*s.m. o f. pl.*) *i, le Lupercali* les Lupercales *f.*

lupésco, chi, ca, che |lu'pesko, ki, ka, ke| *agg.* de loup (*loc. inv.*): *una fame lupesca* une faim de loup.

lupinàio, i |lupi'najo, i| *s.* vendeur* de lupins.

lupinèlla |lupi'nɛlla| *s.f.* (*t.bot.*) lupinelle.

1 **lupìno** |lu'pino| *agg.* de loup (*loc. inv.*): *pelo lupino* poil de loup; *dente lupino* dent de loup.

2 **lupìno** |lu'pino| *s.m.* (*t.bot.*) lupin ◇ [*il seme commestibile*] lupin.

lùpo |'lupo| *s.m.* **1** (*t.zool.*) loup ~ *lupo cerviero* loup-cervier ~ (*cane*) *lupo* (chien) loup ~ *lupo delle praterie* loup des prairies ◇ (*pop.*) *lupo mannaro* lycanthrope, loup-garou **2** (*fig.*) loup: *mangiare come un lupo* manger comme un loup; *una fame da lupi* une faim de loup; *andare, cadere, finire in bocca al lupo* se fourrer, se jeter, se précipiter dans la gueule du loup; *dormi, bambino, se no chiamo il lupo!* le grand méchant loup vient prendre les enfants qui ne dorment pas! ◇ (*loc. scherz.*) '*in bocca al lupo!*', '*crepi il lupo!*' bonne chance! ~ *tempo da lupi* temps de chien ◇ (*prov.*) *lupo non mangia lupo* les loups ne se mangent pas entre eux ~ *il lupo perde il pelo ma non il vizio* le loup mourra dans sa peau; qui a bu boira ~ *chi pecora si fa, lupo la mangia* qui se fait agneau, le loup le mange ~ *la fame caccia il lupo dal bosco* la faim fait sortir le loup du bois **3** *lupo di mare*: (*t.zool.*) loup, bar; (*fig.*) loup de mer (*fam.*) **4** (*tess.*) loup **5** (*st. mil.*) *bocca di lupo* loup.

lupòma |lu'pɔma| *s.m.* (*med.*) lupome.

luppoléto |luppo'leto| *s.m.* [*campo di luppolo*] *houblonnière *f.*

luppolìna |luppo'lina| *s.f.*, **lup-**

polìno |luppo'lino| *s.m.* (*tecnol.*) lupulin *m.*
luppolizzazióne |luppoliddzat'tsjone| *s.f.* (*tecnol.*) *houblonnage *m.*
lùppolo |'luppolo| *s.m.* (*t.bot.*) *houblon.
lupus |'lupus| *s.m. inv.* (*lat.*) (*med.*) lupus.
lupus in fabula |'lupus'in'fabula| *loc. sost. m.* (*lat.*) lupus in fabula; quand on parle du loup on en voit l'oreille.
luridaménte |lurida'mente| *avv.* **1** [→ LURIDO 1] salement **2** (*fig.*) [→ LURIDO 2] salement: *comportarsi luridamente* se comporter salement.
luridézza |luri'dettsa| *s.f.* [*sporcizia, sozzura*] saleté dégoûtante.
lùrido |'lurido| *agg.* **1** [*sporco, ripugnante*] crasseux*, sale: *un vestito lurido* une robe crasseuse, sale; *dei panni luridi* des vêtements crasseux ◇ (*loc.*) *le acque luride* les eaux d'égout, les eaux usées **2** (*fig.*) [*corrotto e disonesto*] sale: *un lurido individuo* un sale type.
luridùme |luri'dume| *s.m.* [*insieme di cose luride*] saleté (*f.*): *scopa via questo luridume dalla stanza* balaie cette saleté hors de la chambre ◇ (*fig.*) *che luridume in quell'ambiente di lavoro!* ce milieu, où je travaille, me dégoûte.
lùsco |'lusko| *s.m.* (*nella loc.*) *tra il lusco e il brusco* [*nella luce incerta dell'alba o del crepuscolo*] entre chien et loup.
lusinga, ghe |lu'zinga, ge| *s.f. spec. al plur.* [*falsa attrattiva; allettamento, seduzione*] flatterie: *cedere alle lusinghe di qc., di q.c.* céder aux flatteries de qqn., de qqch.; *convincere qc. con delle lusinghe* convaincre qqn. par des flatteries, des compliments, des promesses illusoires ◇ [*promessa illusoria e senza fondamento*] vain espoir (*m.*): *le lusinghe di una vita piacevole e senza difficoltà* les vains espoirs d'une vie agréable et sans problème.
lusingaménto |luzinga'mento| *s.m.* (*raro*) [→ LUSINGARE] flatteries *f. pl.* → **lusinga.**
lusingàre |luzin'gare| **A** *v.tr.* **1** [*attrarre, allettare con lusinghe*] bercer (2) de faux espoirs # *lo hanno lusingato con false promesse, finché ha ceduto* ils l'ont bercé de fausses promesses, jusqu'à ce qu'il ait cédé **2** [*procurare gioia, piacere*] flatter: *le tue parole mi lusingano* tes paroles me flattent; *era lusingato dall'approvazione e dal successo* il était flatté de l'approbation et du succès **B** *v.pron. intr.* LUSINGARSI [→ *tr.* 2] se flatter: *lusingarsi dell'approvazione generale* se flatter de l'approbation générale → **compiacer(si)** ◇ [*illudersi*] se faire (54) des illusions: *mi lusingo* je me fais des illusions # *si lusingava di essere amato da tutti* il avait l'illusion, il vivait dans l'illusion d'être aimé de tous.
lusingatóre, trice |luzinga'tore, tritʃe| *s.* [*chi lusinga*] flatteur* ✦ (*agg.*) *parole lusingatrici* paroles flatteuses.
lusinghévole |luzin'gevole| *agg.* (*raro*) → **lusinghiero.**
lusinghièro |luzin'gjɛro| *agg.* **1** [*che contiene lusinghe*] alléchant, séduisant: *un discorso lusinghiero* un discours alléchant, séduisant **2** [*che dà soddisfazione; incoraggiante*] flatteur*: *un successo lusinghiero* un succès flatteur; *un complimento lusinghiero* un compliment flatteur.
lusitàno |luzi'tano| *agg.* [*della Lusitania, del Portogallo*] lusitanien*.
lussàre |lus'sare| *v.tr.* [*provocare una lussazione*] luxer: *l'urto gli ha lussato la spalla destra* le choc lui a luxé l'épaule droite; *mi sono lussato l'anca* je me suis luxé la hanche.
lussatùra |lussa'tura| *s.f.* (*med.*) → **lussazione.**
lussazióne |lussat'tsjone| *s.f.* (*med.*) luxation.
lussemburghése |lussembur'gese| *agg.* [*del Lussemburgo*] luxembourgeois.
lùsso |'lusso| *s.m.* luxe: *vivere nel lusso* vivre dans le luxe; *fare certe spese oggi è diventato un lusso* de nos jours faire certains achats est devenu un luxe; *che lusso in quella casa!* quel luxe, dans cette maison!; *mi sono concesso il lusso di...* je me suis payé le luxe de... # *arredare una casa con lusso* meubler un appartement luxueusement ◇ *loc. agg.* DI LUSSO de luxe: *albergo di lusso* hôtel de luxe; *negozio di lusso* magasin de luxe; *articoli di lusso* articles de luxe; *una casa di lusso* une maison de luxe; *edizione di lusso di un libro* édition de luxe d'un livre.
lussuosaménte |lussuosa'mente| *avv.* [→ LUSSUOSO] luxueusement: *vivere lussuosamente* vivre luxueusement.
lussuóso |lussu'oso| *agg.* luxueux*: *una vita, una casa lussuosa* une vie, une maison luxueuse.
lussureggiaménto |lussureddʒa'mento| *s.m.* (*bot.*) luxuriance *f.*
lussureggiànte |lussured'dʒante| *agg.* luxuriant: *una vegetazione lussureggiante* une végétation luxuriante; *i campi lussureggianti di messi* les luxuriantes moissons ◇ (*fig.*) *uno stile lussureggiante* un style luxuriant.
lussureggiàre |lussured'dʒare| *v. intr.* (*aus.* '*avere*') être (43) luxuriant: [*essere in pieno rigoglio*] *con quel clima la foresta lussureggia* avec un tel climat, la forêt est luxuriante ◇ (*fig.*) *ha uno stile che lussureggia* son style est luxuriant.
lussùria |lus'surja| *s.f.* luxure.
lussuriosaménte |lussurjosa'mente| *avv.* [→ LUSSURIOSO] luxurieusement.
lussurióso |lussu'rjoso| *agg.* **1** (*persone*) luxurieux*: *una persona lussuriosa* une personne luxurieuse ✦ (*s.*) *i lussuriosi* les luxurieux **2** (*cose*) luxurieux: *condurre una vita lussuriosa* mener une vie luxurieuse.
lustràle |lus'trale| *agg.* (*st. relig.*) lustral* ◇ (*liturg. catt.*) *l'acqua lustrale* l'eau lustrale.
lustraménto |lustra'mento| *s.m.* [→ 1 LUSTRARE] (*metalli*) astiquage; (*mobili, pavimenti, scarpe*) cirage.
1 **lustràre** |lus'trare| **A** *v.tr.* [*rendere lustro; lucidare*] (*metalli*) astiquer; cirer: *lustrare i rami di cucina* astiquer les cuivres de cuisine || *lustrarsi le scarpe, lustrare i pavimenti* cirer ses chaussures, les parquets ◇ (*loc. fig.*) *lustrare le scarpe a qc.* lécher les bottes de qqn.; *lustrarsi la vista* (*con q.c.*) se rincer l'œil (*pop.*) **B** *v.intr.* (*aus.* '*avere*'; *raro nei tempi composti*) (*region.*) [*brillare, essere lucido*] briller: *guarda come lustra questo pavimento* regarde comme le carrelage, le sol brille!
2 **lustràre** |lus'trare| *v.tr.* (*st. relig.*) [*purificare con riti lustrali*] purifier par la lustration.
lustrascàrpe |lustras'karpe| *s. inv.* cireur* *var.* de chaussures.
lustràta |lus'trata| *s.f.* [→ 1 LUSTRARE] coup *m.* de chiffon, de brosse: *dare una lustrata all'argenteria, alle scarpe* donner un coup de chiffon, de brosse à l'argenterie, aux chaussures.
lustrazióne |lustrat'tsjone| *s.f.* (*st. relig.*) lustration.
1 **lustrìno** |lus'trino| (*agg.*) *ciliegia lustrina* guigne *s.f.*
2 **lustrìno** |lus'trino| *s.m.* [*guarnizione metallizzata di abiti*] paillette *f.* # *un abito da sera pieno di lustrini* une robe du soir pailletée.
1 **lùstro** |'lustro| **I** *agg.* [*rilucente; lucido*] bien ciré, reluisant; brillant: *un pavimento lustro* un parquet bien ciré, reluisant; *delle scarpe ben lustre* des chaussures bien cirées, reluisantes || *avere gli occhi lustri di pianto, per la commozione* avoir les yeux brillants de pleurs, d'émotion ◇ (*loc. fig., fam.*) *stai lustro, se credi di farmela!* tu peux toujours courir, si tu crois m'avoir! → 1 **fresco** **II** *s.m.* **1** [*lucentezza, brillantezza*] lustre, brillant # *dare lustro al marmo, ai mobili, alle scarpe* lustrer du marbre, polir des meubles, cirer des chaussures ◇ [*lucido*] *una scatola di lustro da scarpe* une boîte de cirage (à chaussures) **2** [*splendore, fama*] lustre (*raro*): *dare lustro al proprio casato, alla patria* donner du lustre à sa famille, à sa patrie ◇ (*persone*) *è il lustro della sua famiglia* il est l'honneur de sa famille.
2 **lùstro** |'lustro| *s.m.* lustre (*lett.*), cinq années *f. pl.* (*corr.*).
lutàre |lu'tare| *v.tr.* (*microscopia biologica*) [*far aderire il vetrino al portaoggetti*] luter.
luteina |lute'ina| *s.f.* (*biol., chim.*) lutéine.
luteinizzazióne |luteiniddzat'tsjone| *s.f.* lutéinisation.
lùteo |'luteo| *agg.* **1** (*anat.*) *corpo luteo* corps jaune **2** (*lett.*) → **giallo.**
luteranésimo |lutera'nezimo|, **luteranismo** |lutera'nizmo| *s.m.* (*st. relig.*) luthéranisme.
luteràno |lute'rano| *agg.* [*di Lutero*] luthérien*: *la dottrina luterana* la doctrine luthérienne; *la Chiesa luterana* l'Église luthérienne ✦ (*s.*) *i Luterani* les Luthériens.
luteziàno |lutet'tsjano| *s.m.* (*geol.*) lutécien.
lutèzio, i |lu'tettsjo, i| *s.m.* (*chim.*) lutécium.
lùto |'luto| *s.m.* (*lett.*) → **fango.**
lutolènto |luto'lɛnto| *agg.* (*raro*) → **lutulento.**
lutoterapia |lutotera'pia| *s.f.* (*med.*) cure de bains de boue, fangothérapie.
lùtto |'lutto| *s.m.* **1** [*dolore per la morte di una persona cara o importante*] deuil: *lutto di famiglia* deuil de famille; *lutto cittadino, nazionale* deuil général, national; *partecipare al lutto di qc.* prendre part au deuil de qqn. ◇ [*manifestazione esteriore di tale dolore*] *essere in lutto* être en deuil; *portare il lutto per un anno* porter le deuil pendant un an; *chiesa parata a lutto* église tendue de draperies de deuil; *carta da lettera listata a lutto* papier de deuil # *bandiera listata a lutto* drapeau en berne; (*negozio*) *chiuso per lutto familiare* (ma-

gasin) fermé pour cause de décès 2 (*lett.*) → **dolore, sciagura.**

luttuosaménte |luttuosa'mente| *avv.* [→ LUTTUOSO] douloureusement; funestement.

luttuóso |luttu'oso| *agg.* [*che è causa di lutto*; *funesto*] douloureux*; funeste: *un avvenimento luttuoso* un événement douloureux || *una luttuosa notizia* une nouvelle funeste.

lutulènto |lutu'lɛnto| *agg.* (*lett.*) → **fangoso, melmoso.**

lux |luks| *s.m. inv.* (*fis.*) lux.

lùxmetro |'luksmetro| *s.m.* (*fis.*) luxmètre.

M

M

m |'ɛmme| *s.f. o m.* [*undicesima lettera dell'alfabeto*] m: *m minuscola* m minuscule; *M maiuscolo* M majuscule ◇ (*tel.*) *M come Milano*: (*in Francia*) M comme Marcel; (*in Belgio*) M comme Marie ◇ (*usi convenzionali*) *M* (*numero 1000 romano*) M.

1 **ma** |ma| **I** *cong.* **1** (*con valore avvers.*) mais: *è tardi, ma non troppo* il est tard, mais pas trop; *sono lenti, ma ordinati* ils sont lents, mais ordonnés; *ho parlato non con lui, ma con la moglie* je n'ai pas parlé avec lui, mais avec sa femme ◇ *raff.* (+ *avv. o cong.*) *sono stanco, ma anche soddisfatto* je suis fatigué, mais satisfait; *resisterà, ma fino a quando?* il résistera, mais jusqu'à quand?; *stavamo per finire, ma eccoti una nuova complicazione* nous allions terminer, mais voilà une nouvelle complication # *la situazione è grave, ma nondimeno, ma tuttavia si può ancora sperare* la situation est grave, néanmoins, cependant on peut encore espérer **2** (*raff. o pleon.*) (+ *agg. sost. o avv. di modo*) *è sospettoso, ma sospettoso tanto* il est méfiant, très méfiant; *sono brutti, ma brutti da far paura* ils sont laids, laids à faire peur; *è un avvocato, ma un avvocato coi fiocchi* c'est un avocat, et un excellent avocat; *sta piovendo, ma piovendo a dirotto* il pleut, et à torrents ◇ (*per accentuare un concetto*) *non scotta, ma* (*addirittura*) *brucia* ça n'est pas chaud, ça brûle; *non sono sfiduciato, ma disperato* je ne suis pas démoralisé, je suis désespéré **3** (*in principio di frase*) mais: *ma eccoti al dunque* mais venons au fait, mais pour en venir au fait; *ma veniamo a un altro argomento* mais changeons de sujet; *ma, quand'anche sia così, cosa cambia?* mais tout en admettant qu'il en soit ainsi, qu'est-ce que ça change? # *ma, diciamoci la verità, siamo degli opportunisti* entre nous soit dit, nous sommes des opportunistes **4** (*enf., iron.*) (*in frasi interrog. o escl.*) *ma su!, ma via!, ma andiamo!, ma va là!* allons donc!; *ma sì!, ma no!, ma certo!, ma sicuro!* mais oui!, mais non!, mais certainement!, mais sûrement!; *ma come mai?, ma com'è successo?* mais enfin, comment la chose s'est-elle passée?; *ma davvero!, ma sul serio!* vraiment!, c'est vrai!; *ma cosa mi dici* (*mai*)*!* mais qu'est-ce que tu dis!; *ma taci, ma smettila!* mais tais-toi donc!, mais arrête donc!; *ma come ti permetti?* mais comment te permets-tu?; *ma come, non sai ancora?* comment! tu ne sais pas?; *ma dici davvero?* mais tu parles sérieusement?; *ma bravo, ma bene!* eh bien, bravo! **II** *s.m. inv.* [*dubbio, incertezza, problema*] mais: *non ci sono ma che tengano* il n'y a pas de mais qui tienne; *con tutti questi ma non prenderemo mai una decisione* avec tous ces mais on ne prendra jamais une décision; *basta con i se e con i ma, ora si parte!* ça suffit avec les si et les mais, on part maintenant! # *ha detto più ma che sì* il a plutôt dit peut-être que oui; *c'è ancora qualche ma da chiarire* il y a encore un doute.

2 **ma, mah** |ma| *inter.* **1** (*esprime 'incertezza, perplessità'*) *'saranno arrivati?' 'mah!'* 'seront-ils arrivés?' 'qui sait!'; *'avrò fatto giusto?' 'mah!'* 'ai-je bien fait?' 'qui sait!' → **chissà**; *mah! non vi capisco proprio* je ne (vous) comprends vraiment pas!; *'ti ha detto proprio così?' 'mah* (*vacci a capire*)*!'* 'il t'a dit cela?' 'vas-y comprendre quelque chose!' **2** (*esprime 'rassegnazione'*) *mi è andata proprio male, mah!* (*che vuoi farci!*) cela m'a vraiment mal réussi, (mais) que veux-tu y faire!; *ormai è finita; mah!* maintenant c'est fini; que veux-tu y faire!

mà |'ma| *s.f.* (*fam.*) → **mamma.**

màcabro |'makabro| *agg.* macabre: *una scena macabra* une scène macabre; *che gusti macabri!* quels goûts macabres! ✦ (*s.m.*) *il macabro* le macabre: *ha la mania del macabro* il a la manie du macabre.

macàco, chi |ma'kako, ki| *s.m.* **1** (*t.zool.*) macaque **2** (*fig., spreg.*) [*uomo goffo e sciocco*] bêta*, balourd: *ma cosa vuole quel macaco?* mais que veut ce bêta, ce balourd?

macadàm |maka'dam| *s.m. inv.* macadam *var.*

macadamizzàre |makadamid'dzare| *v.tr.* (*di strade*) [*selciare col sistema del macadam*] macadamiser: *macadamizzare una strada all'asfalto* macadamiser une route avec du goudron.

1 **macào** |ma'kao| *s.m.* → 3 **ara.**

2 **macào** |ma'kao| *s.m.* (*gioco di carte*) macao, vingt-et-un.

macaóne |maka'one| *s.m.* (*t.zool.*) machaon.

maccabèo |makka'bɛo| *s.m.* (*fig., spreg.*) [*uomo villano*] rustre.

maccarèllo |makka'rɛllo| *s.m.* maquereau → **scombro.**

maccartismo |makkar'tizmo| *s.m.* (*polit.*) maccartisme.

macché |mak'ke| *inter.* (*esprime 'negazione, opposizione'*) mais non!, mais pas du tout!: *'ti ha telefonato?' 'macché!'* 'il t'a téléphoné?' 'mais non!, mais pas du tout!'; *macché, non mi ascolta proprio!* mais non, il ne m'écoute vraiment pas!; *macché guarito! sta addirittura per morire* guéri? mais pas du tout, il est mourant # *macché passeggiata!, ora devi aiutarmi* pas question de promenade!, maintenant il s'agit de m'aider.

maccheronàta |makkero'nata| *s.f.* bon plat *m.* de macaroni(s) ◇ (*per est.*) [*mangiata alla buona tra amici*] gueuleton *m.* (*fam.*): *organizzare una maccheronata* organiser un gueuleton.

maccheróne |makke'rone| *s.m.* **1** *spec. al plur.* (*cuc.*) macaroni (*sing.*): *maccheroni al burro, al pomodoro* macaroni(s) au beurre, à la sauce tomate ◇ (*loc. fig.*) *cadere, arrivare come il cacio sui maccheroni* [*capitare a proposito*] arriver comme marée en carême **2** (*fig., scherz.*) [*persona sciocca*] nigaud (*s.*): *sei un maccherone!* tu es un nigaud!

maccheronèa |makkero'nɛa| *s.f.* (*letter.*) macaronée.

maccherònico, ci, ca, che |makke'rɔniko, tʃi, ka, ke| *agg.* **1** (*letter.*) macaronique: *latino, stile maccheronico* latin, style macaronique **2** (*fig., scherz.*) (*di lingua parlata in modo arrangiato, imperfetto*) *parla un francese maccheronico* il parle français comme une vache espagnole.

1 **màcchia** |'makkja| *s.f.* **1** [*segno lasciato da una sostanza su una superficie, su un tessuto e sim.*] tache: *una macchia di unto, d'inchiostro* une tache de graisse, d'encre; *una tovaglia piena di macchie di vino* une nappe couverte de taches de vin; *sul pavimento c'erano macchie di sangue* sur le sol il y avait des taches de sang ◇ (*loc.*) *allargarsi a macchia d'olio* faire tache d'huile **2** [*chiazza, zona ristretta di colore diverso*] tache: *marmo rosa con macchie grigie* marbre rose à taches grises; *gli son venute macchie scure sulla pelle* des taches sombres ont apparu sur sa peau ◇ (*astron.*) *macchie solari* taches solaires ◇ (*anat.*) *macchia cieca, gialla* tache jaune (de l'œil) **3** (*fig.*) [*difetto, imperfezione morale; colpa*] tache: *una persona senza macchia* une personne sans tache; *la sua vita, la sua reputazione è senza macchia* sa vie, sa réputation est sans tache ◇ (*loc.*) *un cavaliere senza macchia e senza paura* un chevalier sans peur et sans reproche ~ (*relig.*) *la macchia originale* la tache originelle **4** [*offesa, affronto*] affront (*m.*): *lavare una macchia nel sangue* laver un affront dans le sang **5** (*pitt.*) tache.

2 **màcchia** |'makkja| *s.f.* [*boscaglia*] maquis (*m.*): *la macchia mediterranea* le maquis méditerranéen ◇ (*loc. fig.*) *darsi, buttarsi alla macchia* prendre le maquis ~ *fare q.c. alla macchia* [*clandestinamente*] faire qqch. clandestinement, en cachette; *giornale stampato alla macchia* journal imprimé clandestinement.

macchiaiòlo |makkja'jɔlo| *s.m.* [*pittore del movimento sorto a Firenze verso la metà del XIX sec.*] ⊠.

macchiàre |mak'kjare| **A** *v.tr.* **1** [*sporcare con macchie*] tacher: *macchiare una tovaglia di vino, di sugo* tacher une nappe de vin, de sauce; *ha macchiato tutto il foglio d'inchiostro* il a taché toute la feuille d'encre □ *macchiarsi le mani, la camicia* tacher ses mains, sa chemise ◇ (*spec. di bevande*) [*aggiungere un liquido di diverso colore*] ajouter une goutte de: *macchiare l'acqua con il vino, il caffè con il latte* ajouter une goute, un soupçon de vin à l'eau, un nuage de lait au café **2** (*fig.*) [*contaminare, offuscare; degradare*] ternir, salir: *macchiare la propria reputazione* ternir, salir sa réputation; *hanno macchiato l'onore della famiglia* ils ont terni l'honneur de leur famille □ *macchiarsi la coscienza* se charger la conscience **3** (*pitt.*) [*dipingere con la tecnica delle macchie*] tacheter (5): *macchiare una tela* tacheter une toile **B** *v.pron.* MACCHIARSI **1** *intr.* [→ *tr.* 1] se tacher: *gli abiti si sono macchiati di muffa* les vêtements se sont tachés de moisissure # *la parete si è macchiata per l'umidità* les murs ont pris de taches d'humidité ♦ (*rifl.*) *guarda come ti sei macchiata d'inchiostro!* regarde comme tu t'es tachée d'encre! ♦ → *tr.* 1 □ **2** *rifl.* (*fig.*) [→ *tr.* 2] se salir: *macchiarsi d'infamia, di un delitto* se salir, se couvrir d'infamie; *si è macchiata di una colpa vergognosa* elle s'est salie par une faute honteuse ♦ → *tr.* 2 □ © A 1 **pulire.**

macchiàtico, ci |mak'kjatiko, tʃi| *s.m.* **1** (*dir.*) (droit d')affouage **2** taxe *f.*, impôt sur l'affouage.

macchiàto |mak'kjato| *agg.* **1** [*che ha chiazze di sporco*] taché: *una tovaglia, una camicia macchiata* une nappe, une chemise tachée; *hai le mani tutte macchiate* tu as les mains toutes tachées, sales **2** [*che ha chiazze di colore diverso*] taché, tacheté: *marmo macchiato* marbre taché, tacheté; *un cavallo dal mantello macchiato* un cheval à robe tachetée ◇ (*loc.*) *caffè macchiato* [*a cui è stato aggiunto un goccio di latte*] café avec un nuage, un soupçon de lait **3** (*fig.*) [*offuscato, contaminato*] terni (*p.p.*): *avrai la reputazione macchiata per sempre* ta réputation sera ternie à tout jamais.

macchiétta |mak'kjetta| *s.f.* **1** [*piccola macchia, spec. di sporco*] petite tache: *è rimasta appena qualche macchietta* il n'est resté que quelques petites taches **2** [*schizzo, bozzetto, vignetta*] esquisse, ébauche **3** (*fig.*) [*persona originale, spiritosa, bizzarra*] drôle de type *m.*, numéro (*m.*): *sei una macchietta!* tu es un drôle de type, un numéro! **4** (*teat., spec. varietà*) personnage *m.* comique → **caricatura** # *fare la macchietta di un uomo politico* caricaturer un homme politique.

macchiettàre |makkjet'tare| *v.tr.* [*cospargere di piccole macchie di colore diverso*] tacheter (5), moucheter (5): *macchiettare di nero una parete* tacheter, moucheter de noir un mur ♦ (*al p.p.*) *tessuto bianco macchiettato di rosso* tissu blanc tacheté *agg.* de rouge.

macchiettista |makkjet'tista| *s.* **1** [*chi disegna macchiette*] caricaturiste **2** [*attore che interpreta macchiette*] mime.

màcchina |'makkina| *s.f.* **1** (*tecnol., corr.*) machine: *macchina idraulica, a vapore, elettrica* machine hydraulique, à vapeur, électrique; *macchina utensile, agricola, edile* machine-outil, agricole, de construction; *macchina da (per) cucire, da scrivere* machine à coudre, à écrire; *macchina da guerra* machine infernale; *cucire, scrivere a macchina* coudre, taper à la machine; *cucitura fatta a macchina* couture faite à la machine; *lavoro, articolo battuto a macchina* travail, article tapé à la machine # *macchina a gettone, programmata* machine, distributeur automatique, programmateur; *macchina da caffè* cafetière; *macchina fotografica, da presa, da proiezione* appareil photographique (appareil-photo), caméra, appareil de projection (projecteur); *macchina da stampa* imprimeuse; *il giornale è già in macchina* le journal est sous presse; *andiamo in macchina fra un'ora* on met sous presse dans une heure ◇ (*teat.*) *macchina teatrale* machine de théâtre ♦ (*ass.*) *il secolo della macchina* le siècle de la machine; *il trionfo delle macchine* le triomphe de la machine; *l'uomo e la macchina* l'homme et la machine ◇ (*loc.*) *lavoro fatto a macchina* travail fait à la machine, mécaniquement; *lavorazione a macchina* travail à la machine, usinage **2** (*per anton.*) [*automobile, autovettura*] voiture: *macchina utilitaria, fuoriserie, sportiva, da corsa* voiture de petite cylindrée, hors série, (de) sport, de course; *farsi, comperarsi la macchina* s'acheter une voiture; *saper guidare la macchina* savoir conduire une voiture; *prego, salite in macchina* je vous en prie, montez en voiture; *andiamo a piedi o in macchina* nous allons à pied ou en voiture ◇ [*locomotiva o apparato locomotore*] locomotive # *la sala macchine* la salle, la chambre des machines, la machinerie ◇ (*loc.*) *far macchina avanti, indietro* faire machine, marche avant, arrière; culer (*mar.*); (*fig.*) faire machine avant, arrière (reculer) ~ (*mar.*) *andare, spingere a tutta macchina* aller à toute vapeur **3** (*fig.*) [*organismo complesso per articolazioni e funzionamento*] machine: *la macchina del corpo umano* la machine du corps humain; *il cuore è una macchina meravigliosa* le cœur est une machine merveilleuse; *la macchina dello Stato* la machine de l'État; *mettere in moto la macchina elettorale* mettre en marche la machine électorale **4** (*fig., lett.*) [*edificio complesso e grandioso*] masse (*corr.*): *l'enorme macchina del palazzo dello sport* l'énorme masse du palais des sports **5** (*fig.*) [*individuo resistente e rapido nel lavoro*] machine: *quando ci si mette è veramente una macchina* quand il s'y met, c'est une véritable machine ◇ [*persona che agisce meccanicamente, senza riflessione*] *è diventato una macchina* il est transformé en machine → **automa** **6** (*per est.*) (*gare di velocità*) longueur: *vincere di, per una macchina* gagner d'une longueur; *è stato distaccato di due macchine* il a été distancé de deux longueurs **7** (*raro, fig.*) → **macchinazione, intrigo.**

macchinàle |makki'nale| *agg.* machinal*: *movimenti macchinali* mouvements machinaux → 2 **automatico.**

macchinalménte |makkinal'mente| *avv.* [→ MACCHINALE] machinalement.

macchinàre |makki'nare| *v.tr.* [*ordire, architettare di nascosto*] ourdir, manigancer (2): *macchinare un'insidia, un tradimento* ourdir, manigancer une embuscade, une trahison; *cosa starà macchinando?* qu'est-ce qu'il est en train de manigancer?

macchinàrio, i |makki'narjo, i| *s.m.* [*insieme di macchine; apparecchiatura*] machinerie (*f.*): *il macchinario di una fabbrica* la machinerie d'une usine.

macchinazióne |makkinat'tsjone| *s.f.* [→ MACCHINARE] machination: *la macchinazione di un delitto* la machination d'un délit; *scoprire le macchinazioni di qc.* découvrir les machinations de qqn. → **trama.**

macchinétta |makki'netta| *s.f.* **1** petite machine: *son macchinette fragili, bisogna usarle con cura* ce sont de petites machines, il faut les utiliser avec précaution **2** (*fam.*) (*denominazione comune di molti strumenti pratici*) *la macchinetta del caffè* la cafetière; *la macchinetta* (*accendisigari*) le briquet (*m.*); *la macchinetta dei, per i capelli* la tondeuse; *la macchinetta da barba, per la barba* le rasoir (*m.*); *la macchinetta della pasta* la petite machine à faire les pâtes ◇ (*loc. fig.*) *parla come una macchinetta* [*in modo veloce e uniforme*] c'est un moulin à paroles.

macchinismo |makki'nizmo| *s.m.* **1** (*raro*) → **meccanismo** **2** (*filos.*) mécanisme → **meccanicismo** **3** (*letter.*) machinisme.

macchinista |makki'nista| *s.m.* **1** [*addetto alla manutenzione di una macchina, spec. quella del treno, o di una nave*] mécanicien* (*s.*): *sciopero dei macchinisti* grève des mécaniciens; *capomacchinista* chef mécanicien **2** (*cine., teat., tv*) machiniste: *macchinista cinematografico, teatrale* machiniste cinématographique, théâtral; *macchinista di scena* machiniste (de scène).

macchinosaménte |makkinosa'mente| *avv.* [→ MACCHINOSO] d'une manière compliquée *loc. inv.* © **semplicemente.**

macchinosità |makkinosi'ta| *s.f. inv.* → **complicazione.**

macchinóso |makki'noso| *agg.* [*eccessivamente complesso; complicato*] compliqué: *un progetto, un romanzo macchinoso* un projet, un roman compliqué; *hai fatto un programma macchinoso* tu as élaboré un programme compliqué; *questo autore è troppo macchinoso* cet auteur est trop compliqué © **semplice.**

macchióne |mak'kjone| *s.m.* gros buisson.

macèdone |ma'tʃɛdone| **1** *agg.* [*della Macedonia*] macédonien*: *la falange macedone* la phalange macédonienne ◇ (*st. gr.*) *Alessandro il macedone* Alexandre le macédonien **2** (*s.m.*) *il macedone* [*la lingua*] le macédonien.

macedònia |matʃe'dɔnja| *s.f.* (*cuc.*) macédoine: *macedonia di frutta* macédoine, salade de fruits; *macedonia di verdura* macédoine de légumes, jardinière *s.f.*

macedoniàni |matʃedo'njani| *s.m. pl.* (*st. crist.*) macédoniens.

macedònico, ci, ca, che |matʃe'dɔniko, tʃi, ka, ke| *agg.* → **macedone.**

macellàbile |matʃel'labile| *agg.* [→ MACELLARE 1] bon* pour l'abattoir, pour la boucherie (*loc.*): *animale non ancora macellabile* animal pas encore bon pour l'abattoir.

macellàio, i |matʃel'lajo, i| *s.* **1**

[*chi macella bestiame da carne*] boucher*: *fare il macellaio* être boucher ◇ [*venditore di carni*] *ho fatto la spesa dal macellaio* j'ai fait mes courses chez le boucher **2** (*fig., spreg.*) [*chirurgo, dentista maldestro*] boucher (*m.*): *non tornerò più da quel macellaio!* je ne retournerai plus chez ce boucher!

macellàre |matʃel'lare| *v.tr.* **1** [*uccidere animali da carne*] abattre (76): *macellare vitelli, agnelli* abattre des veaux, des agneaux; *ormai è un cavallo da macellare* maintenant c'est un cheval à abattre **2** (*fig.*) [*fare strage di persone*] massacrer: *l'intera popolazione è stata macellata dai ribelli* la population entière a été massacrée, exterminée par les rebelles; *la guerra ha macellato milioni di innocenti* la guerre a massacré des millions d'innocents **3** (*fig., spreg.*) (*detto di medici*) [*eseguire interventi in modo maldestro*] massacrer: *quel dentista mi ha macellato le gengive* ce dentiste m'a massacré les gencives **4** (*fig.*) [*rovinare, devastare*] dévaster: *la grandine ha macellato le piantagioni* la grêle a dévasté les cultures.

macellàro |matʃel'laro| *s.* (*pop.*) → **macellaio.**

macellatóre, trice |matʃella'tore, tritʃe| *s.* **1** [*chi uccide animali da carne*] abatteur *m.*, boucher* ◇ [*chi sistema carni macellate*] boucher, équarrisseur *m.* **2** (*fig.*) [*massacratore di persone*] massacreur*, boucher *m.*

macellazióne |matʃellat'tsjone| *s.f.* [→ MACELLARE 1] abattage *m.*

macelleria |matʃelle'ria| *s.f.* [*negozio di carni alimentari*] boucherie.

macèllo |ma'tʃɛllo| *s.m.* **1** [*luogo dove si uccidono animali da carne; mattatoio*] abattoir: *macello comunale* abattoir communal; *condurre un animale al macello* conduire un animal à l'abattoir **2** [→ MACELLARE 1] abattage: *vietare il macello di bestie infette* interdire l'abattage de bêtes malades # *animali, bestiame da macello* animaux de boucherie **3** [*negozio di carni; macelleria*] boucherie (*f.*): *aprire un macello* ouvrir une boucherie **4** (*fig.*) [*strage, massacro di uomini*] boucherie, massacre: *la guerra è stata un macello* la guerre a été une boucherie, un massacre; *l'incidente ha provocato un macello* l'accident a provoqué un massacre ◇ (*loc.*) *andare al macello* aller à la boucherie, au massacre ~ *portare, mandare soldati al macello* conduire, envoyer des soldats à la boucherie ~ *essere carne da macello* être de la chair à canon **5** (*fig., scherz.*) [*disastro*] massacre, désastre: *che macello!* quel massacre!; *il tuo compito è un macello* ton devoir est un désastre; ta copie est une catastrophe ◇ (*per est.*) [*chiasso, confusione*] chahut: *non fate troppo macello!* ne faites pas trop de chahut!

maceraménto |matʃera'mento| *s.m.* → **macerazione.**

maceràre |matʃe'rare| **A** *v.tr.* **1** [*sottoporre una sostanza all'azione dell'acqua o di altro liquido*] macérer (8): *certe carni vanno lasciate macerare a lungo* certaines viandes doivent macérer longtemps # *macerare canapa, lino* rouir du chanvre, du lin; *macerare la carta* détremper le papier; mettre le papier en pulpe **2** (*fig.*) [*percuotere, picchiare selvaggiamente*] rouer: *macerare qc. di botte* rouer qqn. de coups ◇ (*per est.*) [*mortificare con penitenze*] macérer: *macerare il proprio corpo col cilicio, col digiuno* macérer, mortifier son corps par le cilice, par le jeûne **B** *v.pron.* MACERARSI **1** *intr.* [*diventar macero*] tremper (*intr.*): *il cuoio si macera lentamente* le cuir doit tremper longtemps **2** *rifl.* (*fig.*) [*indebolirsi con mortificazioni corporali*] macérer *tr.*, mortifier *tr.* son corps: *si sono macerati con lunghi digiuni* ils ont macéré, mortifié leur corps par de longs jeûnes **3** *rifl.* (*fig.*) [*rodersi, tormentarsi*] se consumer, se ronger (3): *macerarsi dalla rabbia, dall'invidia* se consumer, se ronger de rage, d'envie; *si è macerato in un'attesa inutile* il s'est consumé, rongé dans une attente inutile.

maceràto |matʃe'rato| *agg.* **1** macéré (*p.p.*): *carta macerata* papier macéré; *carne macerata* viande macérée ◇ (*tess.*) *lino macerato* lin roui *p.p.* **2** (*fig.*) [*afflitto, straziato*] consumé (*p.p.*): *aver l'animo macerato* avoir l'âme consumée.

maceratóio, i |matʃera'tojo, i| *s.m.* [*luogo, recipiente per la macerazione*] macérateur ◇ (*tess.*) *maceratoio di canapa, di lino* rouissoir de chanvre, de lin.

maceratóre, trice |matʃera'tore, tritʃe| *s.* (*persone*) (*tess.*) rouisseur (*m.*); (*cartaria*) (dé)trempeur *m.* ◇ (*fig.*) (*cose*) affaiblissant (*agg.*): *sofferenza, penitenza maceratrice* souffrance, pénitence affaiblissante.

macerazióne |matʃerat'tsjone| *s.f.* **1** [→ MACERARE A 1] macération: *la macerazione del letame* la macération du fumier **2** (*fig.*) [*penitenza, mortificazione*] macération, mortification: *la macerazione del corpo* la macération, la mortification du corps **3** (*med., tecnol.*) macération.

macèria |ma'tʃɛrja| *s.f.* **1** *spec. al plur.* [*cumulo, ammasso di materiali crollati*] ruines, décombres (*m.*): *lo scoppio ha ridotto la casa in macerie* l'explosion a réduit la maison en ruines, en décombres; *la città presenta uno spettacolo impressionante di macerie* la ville est un spectacle impressionnant de ruines, de décombres; *provvedere allo sgombero delle macerie* deblayer les décombres **2** (*raro*) mur *m.* en pierres sèches.

màcero |'matʃero| **I** *s.m.* **1** [→ MACERARE A 1] macération *f.* # *carta da macero* vieux papiers; *mandare al macero* mettre au pilon; *tenere q.c. in macero* faire macérer qqch.; faire rouir qqch. **2** [*luogo per la macerazione*] macérateur; rouissoir **II** *agg.* **1** macéré *p.p.*; roui *p.p.*; détrempé: *carne macera* viande macérée ‖ *lino macero* lin roui ‖ *carta macera* papier détrempé, réduit en pulpe **2** (*fig.*) [*spossato, sfinito*] ravagé, épuisé: *avere il corpo macero per gli stenti* avoir le corps ravagé, épuisé par les privations.

maceróne |matʃe'rone| *s.m.* (*t.bot.*) maceron.

mach |max| *s.m. inv.* (*ted.*) (*fis.*) mach: *numero di mach* nombre de mach.

machete |ma'tʃete| *s.m.* (*sp.*) [*grande coltello usato nell'America del Sud*] machette *f.*

màchi |'maki| *s.m.* (*t.zool.*) maki.

machiavelliàno |makjavel'ljano| *agg.* [*di N. Machiavelli*] machiavélien*: *idee machiavelliane* idées machiavéliennes.

machiavèllica, che |makja'vɛllika, ke| *s.f.* (*dial.*) → **trucco.**

machiavellicaménte |makjavellika'mente| *avv.* [→ MACHIAVELLICO] machiavéliquement.

machiavèllico, ci, ca, che |makja'vɛlliko, tʃi, ka, ke| *agg.* **1** [*di N. Machiavelli*] machiavélien*: *le teorie machiavelliche* les théories machiavéliennes **2** (*fig.*) machiavélique: *un piano machiavellico* un plan machiavélique; *attuare una politica machiavellica* mettre en œuvre une politique machiavélique → **astuto, sleale** [C] **2 leale.**

machiavellismo |makjavel'lizmo| *s.m.* **1** machiavélisme: *machiavellismo aristotelico* machiavélisme aristotélique **2** (*spreg.*) machiavélisme: *ha dimostrato un machiavellismo senza scrupoli* il a fait preuve d'un machiavélisme sans scrupules → **spregiudicatezza.**

machiavèllo |makja'vɛllo| *s.m.* [*astuzia, trucco*] ruse *f.*, stratagème: *ricorrere a qualsiasi machiavello* avoir recours à n'importe quelle ruse, n'importe quel stratagème.

màchmetro |'makmetro| *s.m.* (*aer.*) machmètre.

macigno |ma'tʃiɲɲo| *s.m.* **1** [*grosso masso di pietra*] rocher, pierre (*f.*): *spostare, smuovere un macigno* déplacer, remuer un rocher, une pierre; *enormi macigni hanno ostruito la strada* d'énormes pierres ont bloqué la route ◇ (*loc.*) (*persone*) esser duro come un macigno [*testardo; insensibile*] être têtu comme une mule; (*cibo*) [*pesante da digerire*] être lourd; (*libro o sim.*) [*difficile da capire; noioso*] être assommant ◇ (*loc. fig.*) *avere un cuore di macigno* avoir un cœur de pierre **2** (*fig.*) (*cose*) [*oggetto pesante*] *questo pacco, questo tavolo è un macigno* ce paquet, cette table pèse des tonnes ◇ (*persone*) [*individuo dal fisico molto robusto*] armoire *f.* à glace, balèze (*pop.*): *tuo figlio è diventato un macigno* ton fils est devenu une armoire à glace *ci voleva un macigno, come te per sollevare quel peso!* il fallait un balèze comme toi pour soulever ce poids! **3** (*miner.*) pierre meulière.

macilènto |matʃi'lɛnto| *agg.* [*emaciato, debole*] émacié, maigre: *un ragazzo macilento* un garçon émacié, maigre [C] **forte** 1.

macilènza |matʃi'lɛntsa| *s.f.* **1** [*debolezza, gracilità fisica*] émaciation, maigreur: *la denutrizione provoca macilenza* la sous-alimentation provoque l'émaciation, la maigreur **2** [*malattia del baco da seta*] gattine.

màcina |'matʃina| *s.f.* **1** [*grossa mola di pietra per mulini*] meule (de moulin): *una macina da grano* une meule pour le blé **2** (*fig.*) [*peso enorme, insopportabile*] poids *m.* énorme: *mi sento una macina sullo stomaco* j'ai un poids énorme sur l'estomac, du plomb dans l'estomac **3** (*tecnol.*) boudineuse.

macinacaffè |matʃinakaf'fɛ| *s.m. inv.* moulin *var.* à café.

macinapépe |matʃina'pepe| *s.m. inv.* moulin *var.* à poivre.

macinàre |matʃi'nare| *v.tr.* **1** [*ridurre in polvere con la macina o con strumenti sim.*] moudre (59), broyer (10): *macinare grano, riso* moudre, broyer du blé, du riz; *bisogna macinare il pepe, il caffè* il faut moudre le poivre, le café # *il nostro mulino macina ad acqua* notre moulin est à eau, est un moulin à eau ◇ [*triturare, stritolare*] *hacher; presser, broyer: *macinare la carne* hacher de la viande || *macinare le olive* presser, broyer des olives ◇ (*loc. fig.*) *macinare a secco* [*mangiare senza bere*] manger sans boire, faire un repas de brebis ~ *macinare a due, a quattro palmenti* manger comme quatre ◇ (*prov.*) *acqua passata non macina più* on ne change rien au passé; la page est tournée ~ *chi prima arriva, prima macina* premier arrivé, premier servi **2** (*fig.*) *macinare chilometri* (*su chilometri*) [*percorrerli senza sosta*] dévorer, avaler des kilomètres ◇ (*sport*) *macinare azioni* (*su azioni*) [*svolgere un gioco intenso*] attaquer continuellement; *macinare parole* [*parlare in fretta*] faire (45) *intr.* tourner son moulin à paroles; *macinare libri, riviste* [*leggerne molti, uno dopo l'altro*] dévorer des livres, des revues; *macinare quattrini, risparmi* [*consumarli senza moderazione*] gaspiller son argent, ses économies.

macinàta |matʃi'nata| *s.f.* [→ MACINARE 1] mouture: *aspettare che finisca la macinata* attendre que finisse la mouture # *ho dato una macinata al caffè* j'ai moulu rapidement le café ◇ (*per est.*) [*quantità di q.c. macinata in una volta*] *preparami una macinata di pepe* prépare-moi du poivre moulu.

macinàto |matʃi'nato| **1** *agg.* [*ridotto in polvere, in farina*] moulu: *grano, caffè macinato* blé, café moulu ◇ [*tritato*] *haché: *carne macinata* viande hachée; *lardo macinato* lard haché **2** *s.m.* [*sostanza, spec. cereali, ridotta in farina*] farine (*f.*): *il macinato di granoturco* la farine de maïs ◇ (*st.*) *tassa sul macinato* droit de banalité ◇ [*carne tritata*] *hachis: *macinato di manzo, di maiale* hachis de bœuf, de porc.

macinatóio, i |matʃina'tojo, i| *s.m.* [*macchina per macinare; mulino*] moulin: *macinatoio per cereali* moulin à céréales # *macinatoio per olive* pressoir à olives, à huile → **frantoio.**

macinatóre, trice |matʃina'tore, tritʃe| *agg.* [*che serve per macinare*] broyeur* # *macchina macinatrice* broyeur ✦ *s.* (*persone*) *un macinatore* un broyeur.

macinatùra |matʃina'tura| *s.f.* [→ MACINARE 1] *la macinatura del grano, delle olive, della carne* la mouture du blé, le pressage *m.* des olives, le *hachage *m.* de la viande.

macinazióne |matʃinat'tsjone| *s.f.* → **macinatura.**

macinìno |matʃi'nino| *s.m.* **1** [*piccola macina*] moulin **2** [*macchinetta a mano o elettrica per macinare caffè, pepe e sim.*] moulin **3** (*fig., scherz.*) [*bicicletta, vettura malridotta*] tacot (*fam.*), guimbarde (*f.*): *dove vuoi andare con quel macinino?* où veux-tu aller avec ce tacot, cette guimbarde?

màcis |'matʃis| *s.m. o f.* (*bot.*) macis *m.*

maciste |ma'tʃiste| *s.m.* (*scherz.*) [*persona forzuta e corpulenta*] hercule: *è diventato un maciste!* il est devenu un hercule!

maciùlla |ma'tʃulla| *s.f.* (*lett.*) → **gramola.**

maciullàre |matʃul'lare| *v.tr.* **1** [*stritolare gli steli di determinate piante per separare le fibre tessili*] broyer (10), macquer: *maciullare canapa, lino, cotone* broyer, macquer du chanvre, du lin, du coton **2** (*per est.*) [*stritolare, sfracellare*] broyer, écraser: *la pressa gli ha maciullato un braccio* la presse lui a broyé un bras; il a eu le bras broyé par la presse; *la povera bestia è stata maciullata da un camion* la pauvre bête a été écrasée par un camion ◻ *maciullarsi un piede* se broyer un pied; avoir eu le pied broyé.

maciullàto |matʃul'lato| *agg.* **1** [*passato alla maciulla*] broyé *p.p.*, macqué (*p.p.*): *canapa maciullata* chanvre broyé, macqué **2** (*per est.*) [*stritolato, sfracellato*] broyé *p.p.*, écrasé: *un cane maciullato* un chien broyé, ecrasé; *aveva il corpo maciullato* son corps était broyé.

maciullatùra |matʃulla'tura| *s.f.* [→ MACIULLARE 1] macquage *m.*, teillage *m.*

macramè |makra'mɛ| *s.f. inv.* (*tess.*) macramé *var.*

màcro- |'makro| *pref.* (*significa 'grande, eccessivamente sviluppato', corrisponde gener. a*) macr(o): *macrocosmo* macrocosme.

macrò |ma'krɔ| *s.m. inv.* [*protettore, sfruttatore*] maquereau* *s. var.*

macrobiòtica, che |makrobi'ɔtika, ke| *s.f.* macrobiotique.

macrobiòtico, ci, ca, che |makrobi'ɔtiko, tʃi, ka, ke| *agg.* macrobiotique.

macrocefalìa |makrotʃefa'lia| *s.f.* (*med.*) macrocéphalie Ⓒ **microcefalia.**

macrocèfalo |makro'tʃɛfalo| *agg. e s.* (*med.*) macrocéphale Ⓒ **microcefalo.**

macrochirìa |makroki'ria| *s.f.* (*med.*) macrochirie.

macrocita |makro'tʃita|, **macrocito** |makro'tʃito| *s.m.* (*biol.*) macrocyte.

macrocòsmico, ci, ca, che |makro'kɔsmiko, tʃi, ka, ke| *agg.* macrocosmique Ⓒ **microcosmico.**

macrocòsmo |makro'kɔzmo| *s.m.* macrocosme Ⓒ **microcosmo.**

macrodattilìa |makrodatti'lia| *s.f.* (*med.*) macrodactylie.

macrodàttilo |makro'dattilo| *agg. e s.* (*med.*) macrodactyle.

macrodecisióne |makrodetʃi'zjone| *s.f.* (*econ., polit.*) macrodécision.

macroeconomìa |makroekono'mia| *s.f.* macroéconomie Ⓒ **microeconomia.**

macroeconòmico, ci, ca, che |makroeko'nɔmiko, tʃi, ka, ke| *agg.* macro-économique.

macròfago, gi |ma'krɔfago, dʒi| *s.m.* (*biol.*) macrophage.

macrofotografìa |makrofotogra'fia| *s.f.* (*foto.*) macrophotographie Ⓒ **microfotografia.**

macroglòssa |makro'glɔssa| *s.f.* (*t.zool.*) macroglosse *m.*

macroglossìa |makroglos'sia| *s.f.* (*med.*) macroglossie.

macrografìa |makrogra'fia| *s.f.* (*tecnol.*) macrographie.

macrogràfico, ci, ca, che |makro'grafiko, tʃi, ka, ke| *agg.* macrographique.

macromelìa |makrome'lia| *s.f.* (*med.*) macromélie.

macromolècola |makromo'lɛkola| *s.f.* (*chim.*) macromolécule.

macromolecolàre |makromoleko'lare| *agg.* (*chim.*) macromoléculaire.

macropodìa |makropo'dia| *s.f.* (*med.*) macropodie.

macròpodo |ma'krɔpodo|, **macròpode** |ma'krɔpode| **1** *agg.* (*med.*) macropode ✦ (*s.*) *un macropodo* un macropode **2** *s.m.* (*t.zool.*) macropode.

macroprosopìa |makroprozo'pia| *s.f.* (*med.*) macroprosopie.

macropsìa |makrop'sia| *s.f.* (*med.*) macropsie Ⓒ **micropsia.**

macroscèlide |makroʃ'ʃɛlide| *s.m.* (*t.zool.*) macroscélide.

macroscòpico, ci, ca, che |makros'kɔpiko, tʃi, ka, ke| *agg.* **1** macroscopique: *organo, elemento macroscopico* organe, élément macroscopique **2** (*fig.*) [*madornale, grossolano*] énorme: *un errore macroscopico* une erreur énorme, qui saute aux yeux Ⓒ **microscopico.**

macrosìsma |makro'sizma| *s.m.* (*geofisica*) macroséisme.

macrosìsmico, ci, ca, che |makro'sizmiko, tʃi, ka, ke| *agg.* (*geofisica*) macroséismique, macrosismique.

macrosomìa |makroso'mia| *s.f.* (*med.*) macrosomie Ⓒ **microsomia.**

macrospòra |makros'pɔra| *s.f.* (*bot.*) macrospore.

macrosporàngio, i |makrospo'randʒo, i| *s.m.* (*bot.*) macrosporange.

macrostruttùra |makrostrut'tura| *s.f.* macrostructure Ⓒ **microstruttura.**

macrùrio, i |ma'krurjo, i| *s.m. pl.* (*t.zool.*) macroure.

màcula |'makula| *s.f.* **1** (*scient.*) macule: *macule cerulee* macules céruléennes # *macula lutea* macula lutea, tache jaune **2** (*lett.*) → **1 macchia.**

maculàre |maku'lare| *v.tr. e pron. intr.* (*lett.*) → **macchiare.**

maculàto |maku'lato| *agg.* (*lett.*) maculé (*corr.*), tacheté (*corr.*) → **screziato.**

maculatùra |makula'tura| *s.f.* [→ MACULARE] maculage *m.*

madàma |ma'dama| *s.f.* **1** madame*: *madama la duchessa* madame la duchesse ◇ (*iron., scherz.*) *cosa fa la madama?* que fait la dame, la madame?; *vuol fare la madama* elle veut jouer à la madame, faire la dame ◇ (*nelle fiabe*) *madama la volpe* madame la renarde **2** (*gerg.*) [*furgone cellulare*] panier *m.* à salade ◇ [*poliziotto*] flic (*m.*): *arriva la madama!* vingt-deux! voilà les flics (*pop.*).

madamigèlla |madami'dʒɛlla| *s.f.* (*spec. scherz.*) [*damigella, signorina*] demoiselle* (*corr.*): *chi era quella madamigella?* qui était cette demoiselle?

madapolàm |madapo'lam| *s.m. inv.* madapolam (*var.*): *camicetta di madapolam* chemisier en madapolam.

maddaléna |madda'lena| *s.f.* **1** (*pasticceria*) madeleine **2** (*scherz.*) [*persona pentita di una colpa*] madeleine: *non fare la maddalena, quell'aria da maddalena* ne fais pas la madeleine, ne prends pas cet air de madeleine ◇ (*loc. fig.*) *fare da Marta e da Maddalena* être au four et au moulin; faire le maître Jacques.

madèra |ma'dɛra| *s.m. inv.* (*vino*) madère *var.*

màdia |'madja| *s.f.* [*mobile da cucina*] *huche, maie ◇ (*loc. fig.*) *aver sempre la madia piena* [*essere benestante*] avoir une vie aisée, la belle vie ~ *aver la madia vuota, il gatto nella* *madia* [*esser povero*] danser devant le buffet.

màdido |'madido| *agg.* [*umido, bagnato*] humide, moite # *essere madido di sudore* être en sueur, en nage [C] **asciutto, secco.**

madière |ma'djɛre| *s.m.* (*mar.*) varangue *f.*

madison |'mædisn| *s.m. inv.* (*amer.*) [*danza*] madison *var.*

madònna |ma'dɔnna| *s.f.* **1** (*lett.*) [*donna, signora*] dame (*corr.*): *le nobili madonne fiorentine* les nobles dames de Florence **2** (*per anton.*) *la Madonna* [*Maria Vergine*] la Vierge Marie, la Sainte Vierge ◇ (*per est.*) [*santuario consacrato alla Madonna*] Notre-Dame: *La Madonna di Lourdes, di Loreto* Notre-Dame de Lourdes, de Lorette ◇ (*per est.*) [*raffigurazione della Madonna*] Madone: *una Madonna del '400, del '600* une Madone du XVe, du XVIIe siècle; *la Madonna del Perugino* la Madone du Pérugin ◇ (*loc.*) *essere tutto santi e madonne* [*essere bigotto*] être dévot, bigot **3** (*per est.*) [*donna bella e delicata*] madone: *è una madonna* c'est une madone; *ha un volto di madonna* elle a un visage de madone **4** (*escl. o in funzione inter.*) Sainte Vierge!, mon Dieu!: *madonna mia!* Sainte Vierge!, mon Dieu!; *santa madonna!, sei ancora qui?* Sainte Vierge! tu es encore ici?; *madonna! che strazio, che spavento!* mon Dieu! quel supplice, quelle épouvante; *per la madonna!* grand Dieu! **5** (*per est., pop., volg.*) [*bestemmia, improperio*] *tirar giù madonne* blasphémer; *gli ho detto due madonne* je lui ai dit ses quatre vérités; *non sente madonne* [*non sente ragione*] il ne veut pas entendre raison ◇ (*loc.*) *avere le madonne* [*essere seccato, irritato*] être de mauvais poil (*fam.*) **6** *manine della Madonna* → **ditola.**

madonnìna |madon'nina| *s.f.* **1** [*quadretto, statuina, medaglietta con la immagine della Madonna*] image de la Vierge # *porta sempre una madonnina al petto* elle porte au cou une médaille de la Vierge ◇ (*per est.*) petite église de la Sainte Vierge **2** (*fig.*) [*donna graziosa e delicata*] madone: *ha tutta l'aria di una madonnina* on dirait une madone ◇ (*loc. iron.*) *una madonnina infilzata* une sainte nitouche **3** (*numism.*) madonnine.

madóre |ma'dore| *s.m.* (*lett.*) [*leggera umidità sulla pelle*] moiteur *f.* (*corr.*).

madornàle |mador'nale| *agg.* [*enorme, spropositato*] énorme: *un errore madornale* une faute énorme # *ha fatto affermazioni madornali* il a dit des énormités → **assurdo.**

madornalità |madornali'ta| *s.f. inv.* → **enormità.**

madràga, ghe |ma'draga, ge| *s.f.* (*pesca*) madrague.

madràs |ma'dras| *s.m. inv.* madras: *vestito di madras* robe de madras.

màdre |'madre| *s.f.* **1** mère: *mia, vostra madre* ma, votre mère; *una madre generosa, affettuosa, snaturata* une mère généreuse, affectueuse, dénaturée; *una madre di famiglia* une mère de famille; *restar senza madre* perdre sa mère; *è tutto sua madre* c'est tout sa mère; *assomiglia tutto a sua madre* il ressemble tout à fait à sa mère; *è già, non è ancora madre* elle est déjà, elle n'est pas encore mère; *la madre di Dio, la madre celeste* la mère de Dieu → **madonna**; *la madre dei santi, la madre chiesa* la mère des fidèles → **chiesa** ◇ (*di animali*) *i cuccioli e la madre* les petits et la mère ♦ (*in funzione di agg.*) *ragazza madre* fille mère; *lavoratrici madri* mères qui travaillent (à l'extérieur); *la regina madre* la reine mère ◇ (*loc.*) *restar madre* [*restare incinta*] être enceinte ~ *per parte di madre* du côté de la mère; *siamo cugini per parte di madre* nous sommes cousins du côté maternel ~ *far da madre a qc.* servir de mère à qqn. ~ *essere una seconda madre per qc.* être une deuxième mère pour qqn.; *madre spirituale* → **madrina** ~ (*fig.*) *succhiar q.c. col latte della madre* sucer qqch. avec le lait (maternel) **2** (*per est.*) mère: *madre natura* mère nature; *la madre terra* la mère terre; *la madre patria* la mère patrie → **madrepatria**; *la Grecia è la madre delle arti* la Grèce est la mère des arts ◇ (*ordini religiosi*) *la madre superiora, badessa* la mère supérieure, l'abbesse; *reverenda madre* révérende mère ♦ (*in funzione di agg.*) *la lingua madre* la langue mère → **madrelingua**; *la terra madre* la terre mère; *la Chiesa madre* l'Église mère; *la casa madre* la maison mère ◇ (*comm.*) *società madre* société mère **3** (*fig.*) [*origine, causa; sorgente*] mère: *l'invidia è madre di discordia* la jalousie est mère de discorde; *la fretta è madre di errori* la hâte est mère d'erreurs ♦ (*in funzione di agg.*) *idea madre* idée mère; *causa madre* cause mère ◇ (*teat.*) *scena madre* scène mère ◇ (*fig.*) *mi ha fatto una scena madre* elle m'a fait une grande scène **4** (*per est.*) (*di moduli e sim.*) [*matrice*] talon *m.*, souche: *la madre di una bolletta* le talon d'une facture; *registro a madre e figlia* registre à souche(s) ♦ (*in funzione di appos.*) *cedola madre* talon ◇ (*stampa*) → **punzone, matrice** ◇ (*tecnol.*) *la madre vite* la vis mère **5** (*enol.*) *madre dell'aceto* mère du vinaigre; *madre del vino* fleurs *pl.* de vin → **fioretta** **6** (*anat.*) *dura madre* dure-mère.

madreggiàre |madred'dʒare| *v. intr.* (*aus. 'avere'*) → **matrizzare.**

madrelingua |madre'lingwa| *s.f.* langue maternelle: *esprimersi in madrelingua* s'exprimer dans sa langue maternelle.

madrepàtria |madre'patrja| *s.f.* langue mère, mère patrie: *il ricordo della madrepatria* le souvenir de la mère patrie ◇ (*per est.*) [*il territorio metropolitano*] *la colonia si è staccata dalla madrepatria* la colonie s'est détachée de la mère patrie.

madrepèrla |madre'pɛrla| *s.f.* [*strato interno di conchiglia*] nacre: *bottoni di madreperla* boutons de nacre; *madreperla artificiale* nacre artificielle ◇ (*fig.*) [*colore della madreperla*] *un cielo, una fronte di madreperla* un ciel, un front nacré ♦ (*agg. inv.*) *color madreperla* nacré *var.*

madreperlàceo |madreper'latʃeo| *agg.* [*che ha il colore, i riflessi della madreperla*] nacré: *una tinta madreperlacea* une teinte nacrée.

madrèpora |ma'drɛpora| *s.f.* (*zool.*) madrépore *m.*

Madreporàri |madrepo'rari| *s.m. pl.* (*t.zool.*) Madréporaires.

madrepòrico, ci, ca, che |madre'pɔriko, tʃi, ka, ke| *agg.* (*zool.*) madréporien*, madréporique ◇ (*geol.*) *formazioni madreporiche* formations madréporiennes, madréporiques.

madresélva |madre'selva| *s.f.* → **caprifoglio.**

madrevite |madre'vite| *s.f.* (*mecc.*) vis femelle: *delle madreviti* des vis femelles ◇ (*di tornio*) vis mère ◇ [*filiera*] filière.

madrigàle |madri'gale| *s.m.* (*letter., mus.*) madrigal*.

madrigaleggiàre |madrigaled'dʒare| *v.intr.* (*lett.*) (*aus. 'avere'*) **1** [*comporre madrigali*] composer des madrigaux (*corr.*) ◇ [*cantare, recitare madrigali*] chanter des madrigaux **2** (*fig., scherz.*) [*dire cose galanti*] conter fleurette (à une femme): *appena conosce una ragazza comincia a madrigaleggiare* dès qu'il fait la connaissance d'une fille, il commence à lui conter fleurette.

madrigalésco, chi, ca, che |madriga'lesko, ki, ka, ke| *agg.* madrigalesque, madrigalique: *stile madrigalesco* style madrigalesque, madrigalique.

madrigalìsta |madriga'lista| *s.* madrigaliste.

madrilèno |madri'lɛno| *agg.* [*di Madrid*] madrilène: *costumi madrileni* costumes madrilènes.

madrìna |ma'drina| *s.f.* **1** (*relig., corr.*) marraine: *madrina di battesimo, di cresima* marraine de baptême, de confirmation; *fare da madrina a un bambino* être la marraine d'un enfant ◇ (*per est.*) *madrina della bandiera, di una nave* marraine d'un drapeau, d'un navire **2** *madrina di guerra* marraine de guerre **3** (*pop.*) [*levatrice, ostetrica*] sage-femme: *delle madrine* des sages-femmes.

maelstrom |'maelstrɔm| *s.m. inv.* (*ol.*) maelstrom *var.*

maestà |maes'ta| *s.f. inv.* **1** [*imponenza, grandiosità; solennità*] majesté (*var.*): *la maestà di un palazzo, di una piazza* la majesté d'un palais, d'une place; *la maestà di un impero* la majesté d'un empire; *mi ha colpito la maestà del suo portamento* la majesté de son port m'a frappé **2** (*titolo regale o imperiale*) Majesté: *Sua Maestà il Re, la Regina, l'Imperatore* Sa Majesté le Roi, la Reine, l'Empereur; *le Loro Maestà* Leurs Majestés; *delitto di lesa maestà* crime de lèse-majesté ◇ (*relig.*) *la suprema, divina Maestà* la suprême, divine Majesté ◇ (*pitt. crist.*) *la 'Maestà' del Cimabue* la 'Majesté' de Cimabue.

maestosaménte |maestosa'mente| *avv.* [→ MAESTOSO 1] majestueusement.

maestosità |maestosi'ta| *s.f. inv.* [*grandiosità, solennità*] majesté (*var.*): *la maestosità di una cattedrale* la majesté d'une cathédrale; *la maestosità di un corteo* la majesté d'un cortège.

maestóso |maes'toso| *agg.* **1** [*imponente, solenne*] majestueux*: *uno scenario maestoso* un décor majestueux; *aveva un incedere maestoso* elle avait une démarche majestueuse **2** (*mus.*) maestoso (*avv.*): *adagio maestoso* adagio maestoso.

maèstra |ma'ɛstra| *s.f.* **1** [*insegnante* (*di scuola elementare*)] maîtresse, institutrice: *maestra elementare* maîtresse d'école, institutrice; *maestra incaricata, supplente, di ruolo* institutrice chargée des cours, remplaçante, titulaire; *fare la maestra* être institutrice; → **maestro** # *maestra giardiniera* jardinière d'enfants ◇ (*per est.*) [*istitutrice di una particolare attività*] maîtresse, professeur (*m.*): *maestra di ballo, di pianoforte, di taglio* maîtresse, professeur de danse, de piano, de coupe **2** [*donna dotata di abilità, di esperienza*] maître (*m.*): *per dir bugie sei una maestra!* tu es passée maître dans l'art de mentir → **maestro** # *in queste cose sei una maestra* en cela, tu es une vraie artiste; *a cucinare è una vera maestra* c'est un vrai cordon bleu **3** (*fig.*) *l'esperienza è maestra di saggezza* (l')expérience est (la) mère de sagesse; *la storia è maestra di vita* l'histoire est une école de vie **4** (*mar.*) grand: *la* (*vela*) *maestra* la grand-voile; *albero di maestra* grand mât **5** (*tip.*) maquette.

maestràle |maes'trale| *s.m.* **1** vent du nord-ouest, mistral*: *raffiche di maestrale* rafales de mistral ♦ (*agg.*) *vento maestrale* mistral *s.m.* **2** [*direzione nord-ovest*] nord-ouest.

maestraleggiàre |maestraled'dʒare| *v.intr.* (*raro*) (*aus.* '*avere*') (*del vento o della bussola*) [*stabilizzarsi nella direzione nord-ovest*] nordouester.

maestrànza |maes'trantsa| *s.f. spec. al plur.* [*gli operai di una fabbrica*] ouvriers (*m.*): *le richieste delle maestranze* les revendications des ouvriers ◇ (*di porti, arsenali*) dockers (*m.*): *le maestranze portuali* les dockers.

maestrìa |maes'tria| *s.f.* **1** maestria: *dipingere, suonare con maestria* peindre, jouer avec maestria, avec brio; *è dotato di eccezionale maestria* il est doué d'une maestria exceptionelle → **bravura, abilità** **2** (*per est.*) [*astuzia, accortezza*] ruse: *giocare di maestria* employer la ruse; *si è comportato con grande maestria* il a agi avec beaucoup de ruse.

maèstro |ma'ɛstro| **I** *s.m.* **1** [*insegnante* (*di scuola elementare*)] maître*, instituteur*: *il mio maestro* mon maître d'école, mon instituteur; *un maestro di ruolo, in pensione* un instituteur titulaire, à la retraite; *ha preso il diploma di maestro* il a eu son diplôme d'instituteur ◇ (*per est.*) [*istruttore di una particolare attività*] maître, professeur: *maestro di canto, di danza classica* professeur de chant, de danse classique; *il maestro di nuoto* le maître nageur # *maestro di sci* moniteur de ski **2** [*persona di grande abilità o bravura* (*in q.c.*)] maître: *un maestro di pittura, dell'intarsio* un maître de la peinture, de la marqueterie; *è un maestro di imbrogli* il est passé maître dans l'art de tromper; *lascia fare a lui, è un maestro in queste cose!* laisse-le faire, il est passé maître dans cet art! # *un maestro degli scacchi* un as aux échecs; *non fare il maestro!* ne te donne pas des airs! ◇ (*loc.*) *farla da maestro* dicter la loi à tout le monde ~ *un colpo, una mossa da maestro* un coup de maître ~ *darsi arie da maestro* se donner des airs de pontife **3** [*specialista di un'arte, di una professione*] maître: *maestro d'arte* maître d'art; *maestro d'ascia, di cazzuola* maître bûcheron, maître maçon; *maestro concertista* maître d'orchestration; *maestro di camera, di cappella, di cerimonia* maître de chambre, de chapelle, des cérémonies ◇ (*st.*) *maestro di palazzo* maire du palais ◇ (*per est.*) *i maestri del diritto, della medicina* les maîtres du droit, de la médecine; *Leonardo è un maestro della scultura* Léonard est un maître de la sculpture ◇ (*per anton.*) *il Divin Maestro* [*Cristo*] le Divin Maître **4** (*fig.*) [*capo, guida*] maître: *tu sarai il nostro maestro* tu seras notre maître; *l'hanno scelto come loro maestro* ils l'ont choisi pour maître; *seguitemi, vi farò da maestro* suivez-moi, je vous servirai de maître ◇ (*st.*) *il Gran Maestro* (*della Massoneria*) Le Grand Maître **5** [*maestrale*] mistral* ♦ (*agg.*) *vento maestro* vent du nord-ouest, mistral *s.m.*, noroît *s.m.* ◇ (*per est.*) [*direzione nord-ovest*] nord-ouest: *dirigersi a maestro* se diriger vers le nord-ouest **II** *agg.* **1** [*principale*] principal*, grand: *strada maestra* route principale, grand-route; *entrata maestra* entrée principale; *canale maestro* grand canal ◇ (*edil.*) *muro maestro* gros mur; *trave maestra* maîtresse poutre ◇ (*mar.*) *albero maestro* grand mât; *vela maestra* grande voile **2** (*fig.*) [*abile, astuto*] maître (*s.m.*): *un colpo maestro* un coup de maître; *lavorare con mano maestra* travailler de main de maître; *la tua è stata una mossa maestra* ton coup est un coup de maître *s.m.* # *un tiro maestro* un tir magistral.

màfia |'mafja| *s.f.* maf(f)ia: *la mafia siciliana* la maffia sicilienne; *sistemi da mafia* systèmes de la maffia; *questo è un delitto della mafia* c'est un crime de la maffia; *un ambiente pieno di mafia* un milieu truffé de maffia ◇ (*loc. scherz.*) *fare la mafia* [*ostentare eleganza*] se pavaner, faire le beau, le gommeux.

mafióso |ma'fjoso| *agg.* de la mafia *loc. inv.*, appartenant à la mafia: *metodi mafiosi* méthodes de la mafia; *un gruppo mafioso* un groupe appartenant à la mafia ♦ (*s.*) *un mafioso* un membre de la mafia.

màga, ghe |'maga, ge| *s.f.* [*donna che possiede le arti magiche*] magicienne, sorcière: *ho consultato una maga* j'ai consulté une magicienne, une sorcière ◇ (*fig.*) [*donna di fascino; ammaliatrice*] ensorceleuse: *da giovane era una maga* lorsqu'elle était jeune, c'était une ensorceleuse ◇ (*fig., scherz.*) [*donna piena di abilità, di furbizia*] *in queste cose è una maga* elle est, en cela, une ensorceleuse; *ci voleva una maga come te per convincerlo!* il fallait une ensorceleuse comme toi pour le convaincre!

magàgna |ma'gaɲɲa| *s.f.* **1** [*imperfezione, difetto fisico*] défaut (*m.*): *le magagne del legno* les défauts du bois; *più guardo questo lavoro, più scopro magagne* plus je regarde ce travail, plus j'en découvre les défauts # *frutta piena di magagne* fruits gâtés ◇ (*per est.*) [*acciacco, fastidio fisico*] misère: *la vecchiaia si porta dietro un sacco di magagne* la vieillesse apporte avec elle bien des misères → **malanno** # *ha sempre addosso qualche magagna* il a toujours mal quelque part **2** (*fig.*) *ha anche lui le sue magagne nascoste* il a lui aussi des vices cachés!; *non scopriamo le magagne!* ne dévoilons pas les tares!; *cominciano a emergere le magagne del sistema* les défauts du système commencent à se faire jour → **2 tara, vizio** ◇ [*guaio, inconveniente*] affaire: *ognuno pensi alle proprie magagne* que chacun s'occupe de ses (propres) affaires # *qui c'è sotto qualche magagna grossa* il y a quelque chose de louche là-dessous.

magagnàre |magaɲ'ɲare| **A** *v.tr.* [*guastare, rovinare*] abîmer, gâter: *il gelo ha magagnato la frutta* le gel a abîmé, gâté les fruits; *la ruggine ha magagnato la carrozzeria* la rouille a abîmé la carrosserie **B** *v.pron. intr.* MAGAGNARSI [→ *tr.*] s'abîmer, se gâter: *le pere si sono magagnate* les poires se sont abîmées, gâtées.

magagnatùra |magaɲɲa'tura| *s.f.* → **magagna.**

magàri |ma'gari| **I** *inter.* (*esprime* '*vivo desiderio*') '*hai finito la cura?*' '*magari!*' 'as-tu fini ta cure?' 'je le voudrais!'; '*domani sarà bel tempo*' '*magari!*' 'demain, il fera beau' 'je voudrais bien!' **II** *cong.* **1** [*volesse il cielo che*] si seulement (+ *indic.*), plaise à Dieu (+ *congv.*): *magari fosse vero!* si seulement c'était vrai!, plaise à Dieu que ce soit vrai!; *magari fossi stato qui tu!* si seulement tu avais été ici!; *magari fossi rimasto a casa!* si seulement tu étais resté à la maison! **2** [*anche se; a costo di*] même si (+ *indic.*), quand bien même (+ *cond.*): *glielo dirò, magari dovessi offenderlo* je le lui dirai, même s'il devrait se vexer, quand bien même il devrait se vexer; *ci riusciremo, magari dovessimo lavorare tutta la notte* on en viendra à bout, même si on doit travailler toute la nuit **III** *avv.* [*forse, addirittura, anche*] peut-être: *magari è già partito* il est peut-être déjà parti; *credi di fargli una sorpresa, magari lo sa già* tu crois lui faire une surprise, et peut-être est-il déjà au courant; *tu, magari, pensavi di svignartela!* toi, tu pensais peut-être t'esquiver!; *intendi magari dire che non sei stato tu?* tu veux peut-être dire que ce n'est pas toi (qui as fait cela); *ti telefonerò, magari domani stesso* je te téléphonerai, peut-être dès demain.

magazzéno |magad'dzeno| *s.m.* → **magazzino.**

magazzinàggio, i |magaddzi'naddʒo, i| *s.m.* magasinage: *magazzinaggio del grano* magasinage du blé; *spese di magazzinaggio* frais de magasinage.

magazzinière |magaddzi'njɛre| *s.m.* magasinier.

magazzìno |magad'dzino| *s.m.* **1** magasin; entrepôt: *magazzino di grano, di ortaggi* magasin à blé, à légumes; *i grandi magazzini* les grands magasins ‖ *magazzino doganale* entrepôt de douane → **deposito** ◇ (*mil.*) *magazzino viveri* magasin de vivres; *merci in magazzino* marchandises en magasin, stock; *fondi di magazzino* fonds de boutiques, marchandises invendues, rossignols (*fam.*); *il magazzino di un negozio* le magasin d'une boutique, la réserve ◇ [*le merci depositate in un magazzino*] stock: *contrattare, vendere l'intero magazzino* négocier, vendre tout le stock ◇ [*ufficio contabile di un magazzino*] *ritirare una fattura in magazzino* retirer une facture au magasin **2** (*foto., mar., tip.*) magasin.

magdaleniàno |magdale'njano|

agg. (*paleont.*) magdalénien*: *periodo magdaleniano* période magdalénienne ♦ (*s.m.*) *il magdaleniano* le magdalénien.

magènta |ma'dʒɛnta| *s.m. inv.* (*colore*) cremoisi foncé, magenta.

maggéngo, ghi, ga, ghe |mad'dʒe(ɛ)ngo, gi, ga, ge| (*agg.*) *pascoli maggenghi* pâturages de printemps (*loc.*); *fieno maggengo* foin de première coupe *loc.*, premiers foins.

maggesàre |maddʒe'sare| *v.tr.* (*agr.*) [*tenere un terreno a riposo, trattandolo adeguatamente per la semina*] laisser en jachère.

maggése |mad'dʒese| **1** *agg.* de mai (*loc. inv.*): *lana maggese* laine de mai # *fieno maggese* foin de première coupe, premiers foins **2** *s.m.* [*terreno lavorato e tenuto a riposo*] jachère *f.*, guéret: *un maggese, la maggese* une jachère, un guéret; *tenere un terreno a maggese* laisser une terre en jachère.

màggio, i |'maddʒo, i| *s.m.* [*quinto mese dell'anno*] mai: *il primo, il 10 di maggio* le premier mai, le 10 mai; *la scadenza è al 20 di maggio* l'échéance est le 20 mai; *ci siamo visti in maggio, di maggio* nous nous sommes vus en mai ◇ (*per est.*) [*stagione dolce, fiorita*] printemps: *in quella regione è un maggio continuo* dans cette région, c'est toujours le printemps ◇ *loc. fig.* (*non*) *aspettar che venga maggio* [(*non*) *prendersela con calma*] (ne pas) attendre le dégel.

maggiocióndolo |maddʒo'tʃondolo| *s.m.* → **citiso.**

maggiolàta |maddʒo'lata| *s.f.* chanson de mai, pour fêter le printemps.

1 **maggiolìno** |maddʒo'lino| *s.m.* (*t.zool.*) *hanneton.

2 **maggiolìno** |maddʒo'lino| *s.m.* [*mobile impiallicciato con decorazioni intarsiate*] meuble en marqueterie: *un maggiolino del '700* un meuble en marqueterie du XVIIIe siècle.

maggioràna |maddʒo'rana| *s.f.* (*t.bot.*) marjolaine ◇ (*cuc.*) marjolaine.

maggiorànte |maddʒo'rante| *agg. e s.m.* (*mat.*) majorant.

maggiorànza |maddʒo'rantsa| *s.f.* **1** [*il maggior numero*; *la maggior parte*] majorité, plupart: *la maggioranza dei presenti è favorevole* la majorité, la plupart des présents est favorable; *nella maggioranza dei casi avviene il contrario* dans la majorité des cas, c'est le contraire qui arrive; *i nuovi iscritti sono in maggioranza* les nouveaux inscrits sont en majorités ◇ (*loc.*) *in maggioranza* [*per lo più*] pour la plupart, en grande partie: *in maggioranza sono incidenti leggeri* ce sont pour la plupart, des accidents légers; *sono individui in maggioranza disadattati* ce sont des individus en grande partie inadaptés **2** (*polit., corr.*) majorité: *maggioranza esigua, schiacciante* majorité légère, écrasante; *maggioranza semplice, assoluta, qualificata, di due terzi* majorité simple, absolue, qualifiée, des deux tiers; *la maggioranza silenziosa* la majorité silencieuse; *avere, sfiorare, raggiungere la maggioranza* avoir, frôler, obtenir la majorité; *disporre della maggioranza parlamentare* disposer de la majorité parlementaire; *la legge è stata approvata a grande maggioranza* la loi a été approuvée à une large majorité; *verificare la maggioranza* [*il numero legale*] vérifier la majorité; *il governo ha perduto la maggioranza* la gouvernement a perdu la majorité Ⓒ **minoranza.**

maggioràre |maddʒo'rare| *v.tr.* [*rendere maggiore*; *aumentare*] majorer: *maggiorare i prezzi, il tasso di interesse* majorer les prix, le taux d'intérêt; *l'indennità è stata maggiorata del 10%* l'indemnité a été majorée de 10%.

maggiorascàto |maddʒoras'kato|, **maggioràsco, chi** |maddʒo'rasko, ki| *s.m.* (*dir.*) majorat.

maggioràto |maddʒo'rato| **1** *agg.* majoré (*p.p.*): *valore, prezzo maggiorato* valeur majorée, prix majoré **2** *s.* (*fig., scherz.*) *è una maggiorata* (*fisica*) [*una donna di forme prosperose*] elle est bien roulée (*fam.*); *è un maggiorato* (*fisico*) il est rudement costaud!

maggiorazióne |maddʒorat'tsjone| *s.f.* **1** (*comm.*) majoration: *maggiorazione dei prezzi* majoration des prix **2** (*mat.*) *maggiorazione dell'errore* majoration de l'erreur.

maggiordòmo |maddʒor'dɔmo| *s.m.* majordome, maître d'hôtel: *maggiordomo d'albergo* majordome, maître d'hôtel, de l'hôtel ◇ (*st. fr.*) *maggiordomo di corte* maire du palais.

1 **maggióre** |mad'dʒore| *agg.* **I** (*comparativo di 'grande'*) **1** (*in rapporti di grandezza, di quantità, di intensità*) plus *avv.*, plus de (+ *sost.*): *un maggior onere di spesa* des frais plus gros; *una distanza maggiore del previsto* une distance plus longue que prévu; *applicare un'interesse, uno sconto maggiore* appliquer un intérêt plus grand, une réduction plus grande; *per maggiore sicurezza, garanzia* pour plus de sûreté ‖ *occorre maggiore attenzione* il faut plus d'attention; *questa ditta mi dà maggiore fiducia* cette entreprise m'inspire plus de confiance ◇ (*mat.*) *A è maggiore di B* A est plus grand que B ◇ (*mus.*) majeur: *scala, intervallo maggiore* échelle majeure, intervalle majeur; *do maggiore* do majeur ◇ (*loc.*) *a maggior ragione* à plus forte raison ~ *in caso di forza maggiore* en cas de force majeure ~ *in maggior parte* en grande partie ~ *per la maggior parte* pour la plupart ~ (*andar*) *per la maggiore* être à la mode, en vogue; *una marca che va per la maggiore* une marque qui est en vogue **2** (*in rapporti di età*) aîné: *fratello, sorella maggiore* frère aîné, sœur aînée; *chi è maggiore fra voi due?* qui est l'aîné de vous deux? # *essere maggiore d'età* être majeur; *Maria è maggiore di Carla* Maria est plus âgée que Carla ◇ (*st.*) *Catone Maggiore, Bruto Maggiore* Caton l'Ancien, le premier Brutus **3** [*più importante*; *principale*] plus important, principal*: *le opere maggiori di un poeta* les œuvres les plus importantes, principales d'un poète; *Dante maggiore* les œuvres les plus importantes de Dante; *ospedale maggiore* l'hôpital principal # *premessa maggiore* prémisse majeure; *altare maggiore* le maître-autel ◇ (*eccl.*) *ordini maggiori* ordres majeurs ◇ (*st. mediev.*) *arti maggiori* arts majeurs **II** *sup.* **1** [→ I 1] le plus grand: *il maggior bene* le plus grand bien; *le maggiori industrie del settore* les plus grandes industries du secteur; *il maggior nemico è la paura* le plus grand ennemi est la peur; *agire con le maggiori precauzioni* agir avec les plus grandes précautions # *il maggior offerente* le meilleur offrant; *la maggior parte dei presenti* la plupart des personnes présentes **2** [→ I 2] l'aîné: *il maggiore dei fratelli* l'aîné des frères; *il fratello maggiore* le frère aîné; *la figlia maggiore* la fille ainée; *il maggiore di tutti* l'aîné de tous # *raggiungere la maggiore età* atteindre sa majorité **3** [→ I 3] le plus important: *l'obiettivo maggiore* l'objectif le plus important; *le opere, i poeti maggiori del secolo* les œuvres majeures, les poètes les plus importants du siècle; *tu hai ricavato i maggiori profitti dall'affare* tu as obtenu les bénéfices les plus importants de l'affaire; *i danni maggiori li ha subiti la carrozzeria* les dégâts les plus importants ont été subis par la carrosserie Ⓒ **minore** 1.

2 **maggióre** |mad'dʒore| *s.* **1** *s.* [*chi è più anziano*; *primogenito*] aîné: *il maggiore, la maggiore dei fratelli* l'aîné, l'aînée des frères; *ho parlato col maggiore* j'ai parlé avec l'aîné ◇ (*per est.*) → **maggiorenne** **2** *s.m. pl.* [*progenitori, predecessori*] aînés: *i nostri maggiori* nos aînés; *l'esempio, le virtù dei maggiori* l'exemple, la vertu des aînés Ⓒ 1 **minore** 1.

3 **maggióre** |mad'dʒore| (*mil.*) **1** *agg.* major: *stato maggiore* (*dell'esercito*) l'État-major # *caporal maggiore* caporal-chef **2** *s.m.* commandant major: *un maggiore dell'aeronautica* un commandant de l'aéronautique; *il grado di maggiore* le grade de commandant ◇ (*fanteria*) le chef de bataillon ◇ (*cavalleria*) le chef d'escadron.

maggiorènne |maddʒo'rɛnne| *s.* [*chi ha raggiunto la maggiore età prescritta dalla legge*] majeur: *solo i maggiorenni hanno diritto di voto* seuls les (citoyens) majeurs ont le droit de vote # *possono entrare soltanto i maggiorenni* interdit aux mineurs ♦ (*agg.*) *un ragazzo maggiorenne* un garçon majeur; *regolati da sola, sei ormai maggiorenne* débrouille toi toute seule, tu es majeure → **adulto** Ⓒ **minorenne.**

maggiorènte |maddʒo'rɛnte| *s.m. spec. al plur.* [*persona influente*; *notabile*] notable: *i maggiorenti del partito, della città* les notables du parti, de la ville.

maggiorità |maddʒori'ta| *s.f. inv.* (*mil.*) majorité *var.*, bureaux *m. pl.* de l'État-major.

maggioritàrio, i |maddʒori'tarjo, i| *agg.* **1** [*che è in maggioranza*] majoritaire: *il gruppo maggioritario* le groupe majoritaire **2** [*basato sul criterio della maggioranza*] majoritaire: *sistema elettorale maggioritario* système électoral majoritaire Ⓒ **minoritario.**

maggiorménte |maddʒor'mente| *avv.* [→ 1 MAGGIORE I 1] davantage: *si impegnano maggiormente* ils s'appliquent davantage; *voglio approfondire maggiormente questo argomento* je veux approfondir davantage cette question ◇ [*in particolar modo*; *soprattutto*] surtout: *ho apprezzato maggiormente la tua discrezione* j'ai surtout apprécié ta discrétion; *si sono stupiti maggiormente per la grossolanità delle accuse* ils se sont surtout étonnés de la grossièreté des accusations.

màgi |'madʒi| *s.m.pl.* mages: *i Magi, i Re magi* les Mages, les Rois mages.

magìa, gìe |ma'dʒia, dʒie| *s.f.* **1** magie: *le magie degli stregoni* les magies des sorciers; *credere nella magia* croire à la magie ◇ (*loc.*) *magia nera* magie noire ~ *sono riapparsi all'improvviso come per magia* ils sont apparus soudain comme par magie, par enchantement **2** (*fig.*) [*fascino, incanto*] magie: *la magia di un paesaggio, di un tramonto, di una musica* la magie d'un paysage, d'un coucher de soleil, d'une musique.

magiàro |ma'dʒaro| *agg.* (*st.*) magyar, *hongrois: *popolazioni magiare* peuples magyars, hongrois → **ungherese.**

magicaménte |madʒika'mente| *avv.* [→ MAGICO] magiquement.

màgico, ci, ca, che |'madʒiko, tʃi, ka, ke| *agg.* **1** magique: *riti magici* rites magiques; *parole, formule magiche* paroles, formules magiques ◇ (*loc. fig.*) *avere, usare la bacchetta magica* avoir, utiliser la baguette magique **2** (*fig.*) magique: *un magico gioco di luci* un jeu de lumières magique; *ha un potere magico di convincere* il a un pouvoir magique pour convaincre → **1 straordinario, portentoso, fantastico** ◇ [*affascinante, incantevole*] charmant: *è stata una serata magica!* ce fut une soirée charmante!

magióne |ma'dʒone| *s.f.* (*lett.*) → **casa, abitazione.**

magiostrina |madʒos'trina| *s.f.* (*dial.*) → **paglietta.**

magistèro |madʒis'tɛro| *s.m.* **1** (*raro*) [*professione, attività d'insegnamento*] professorat ◇ (*fig.*) [*insegnamento elevato, autorevole*] magistère: *il magistero della chiesa* le magistère de l'église **2** (*scuole*) *facoltà di Magistero* école normale supérieure; *iscriversi a, frequentare Magistero* s'inscrire à l'école normale supérieure, suivre les cours de l'école normale supérieure **3** (*lett.*) → **abilità, maestria 4** (*chim., farm.*) magistère: *magistero di zolfo* magistère de soufre; *magistero di piombo* magistère de plomb.

magistràle |madʒis'trale| *agg.* **1** (*scuole*) *scuola, istituto magistrale* école normale; *concorso, abilitazione magistrale* concours, certificat d'aptitude à l'enseignement pédagogique ♦ (*s.f. pl.*) *le magistrali* [*l'istituto magistrale*] l'école *sing.* normale (d'instituteurs, d'institutrices): *gli alunni delle magistrali* les élèves de l'école normale **2** (*spec. iron.*) magistral*: *tono, atteggiamento magistrale* ton magistral, attitude magistrale **3** (*fig.*) magistral: *un discorso, un libro magistrale* un discours, un livre magistral; *hai fatto un intervento magistrale!* tu es intervenu d'une façon magistrale!; *ho ascoltato un'esecuzione magistrale dell'*'*Aida*' j'ai écouté une exécution magistrale de 'Aïda' → **eccellente 4** (*farm.*) magistral.

magistralménte |madʒistral'mente| *avv.* [→ MAGISTRALE 3] magistralement: *un'orchestra diretta magistralmente* un orchestre dirigé magistralement.

magistràto |madʒis'trato| *s.m.* **1** (*dir., corr.*) magistrat: *magistrato ordinario* magistrat ordinaire, (juge) rapporteur; *magistrato inquirente* magistrat chargé de l'enquête; *ricorrere al magistrato* avoir recours au magistrat → **giudice** ♦ (*appos.*) *una donna magistrato* une femme magistrat **2** [*chi riveste una carica pubblica*] magistrat: *il sindaco è il primo magistrato della città* le maire est le premier magistrat de la ville **3** (*raro*) [*carica pubblica; magistratura*] magistrature (*f.*): *il magistrato delle acque* la magistrature des eaux.

magistratùra |madʒistra'tura| *s.f.* **1** (*professione*) magistrature; *concorso per accedere alla magistratura* concours pour accéder à la magistrature; *esercitare la magistratura* exercer la magistrature **2** [*organo giudiziario*] magistrature: *il consiglio superiore della magistratura* le conseil supérieur de la magistrature ◇ (*loc.*) *accedere la magistratura* entrer dans la magistrature; *adire la magistratura* avoir recours à la magistrature **3** [*i magistrati*] magistrature.

màglia |'maʎʎa| *s.f.* **1** maille: *maglia alta, bassa, dritta, rovescia* maille simple, serrée, à l'endroit, à l'envers; *maglia rasata, accavallata* maille de jersey, maille retournée; *maglia all'uncinetto* maille au crochet; *calare le maglie* diminuer les mailles; *far cadere, riprendere una maglia* laisser tomber (perdre), rattraper une maille # *non son capace di lavorare a maglia* je ne sais pas tricoter; *un copriletto lavorato a maglia* un couvre-lit tricoté; *il mio costume è fatto a maglia* mon maillot de bain est tricoté, en tricot ◇ *loc.* DI MAGLIA en jersey: *una gonna di maglia* (*a macchina*) une jupe en jersey ~ *un pullover di maglia a mano* un pull-over tricoté à la main **2** (*per est.*) [*indumento per la parte alta del corpo*] tricot *m.*, chandail (*m.*): *una maglia di lana, di cotone* un tricot, un chandail de laine, de coton; *mettersi, togliersi la maglia* mettre, enlever son tricot # *porta una maglia a strisce rosse e gialle* il porte un pull-over à raies rouges et jaunes ◇ (*calcio*) maillot (*m.*): *la maglia dell'Inter, del Napoli* le maillot de l'Inter, de Naples; *i giocatori si sono scambiati la maglia* les joueurs ont échangé leurs maillots ◇ (*ciclismo*) *maglia rosa, gialla, iridata* maillot rose, jaune, arc-en-ciel **3** [*elemento anulare o quadrangolare di reti, catene e sim.*] maille; maillon (*m.*): *rete a maglie larghe, strette* (*fitte*) filet à mailles larges, serrées; *maglia a traversino* maille à étai || *catena a maglie d'acciaio* chaîne à maillons d'acier; *maglia a mulinello* maillon tournant ◇ [*armature mediev.*] *cotta di maglia* cotte de mailles ◇ (*loc. fig.*) *cadere nelle maglie di un intrigo* être victime d'un complot ~ *cadere nelle maglie della giustizia* tomber entre les mains de la justice ~ *penetrare nelle maglie del nemico* pénétrer dans les files de l'ennemi **4** (*tel.*) réseau *m.*

magliàia |maʎ'ʎaja| *s.f.* [*donna che esegue lavori a maglia*] tricoteuse ◇ (*per est.*) ouvrière dans une fabrique de tricots.

magliàro |maʎ'ʎaro| *s.* **1** marchand ambulant de tricots **2** (*fig., spreg.*) [*truffatore, imbroglione*] escroc *m.*, filou *m.*

maglierìa |maʎʎe'ria| *s.f.* **1** [*indumenti e tessuti fatti a maglia*] bonneterie: *negozio di maglieria* (magasin de) bonneterie # *macchina per maglieria* machine à tricoter, tricoteuse **2** (*per est.*) fabrique de tricots ◇ [*negozio di indumenti a maglia*] bonneterie.

magliétta |maʎ'ʎetta| *s.f.* **1** [*piccola maglia*] tricot *m.* **2** [*indumento leggero di lana o cotone*] tricot, maillot *m.* de corps: *ho la maglietta che mi stringe* mon tricot, mon maillot de corps me serre; *hai una macchia sulla maglietta* tu as une tache sur ton tricot ◇ (*sport*) maillot **3** *la maglietta del fucile, del mitra* l'anneau *m.* de suspension, la grenadière d'un fusil, d'une mitraillette **4** [*gancio per quadri*] anneau de suspension **5** [*asola a cordoncino*] bride (d'agrafe).

magliétto |maʎ'ʎetto| *s.m.* (*arald.*) maillet.

maglifìcio, i |maʎʎi'fitʃo, i| *s.m.* manufacture *f.* de tricots.

màglio, i |'maʎʎo, i| *s.m.* **1** [*grosso martello di legno o di ferro*] maillet: *picchiare col maglio* frapper avec le maillet **2** (*mecc.*) marteau-pilon: *maglio a vapore, idraulico* marteau-pilon à vapeur, pneumatique # *maglio a leva* marteau à soulèvement, martinet **3** (*pallamaglio*) maillet, mail ◇ (*hockey*) crosse *f.*

magliòlo |maʎ'ʎɔlo|, **magliuòlo** |maʎ'ʎwɔlo| *s.m.* plant de vigne.

maglióne |maʎ'ʎone| *s.m.* **1** [*grande maglia*] chandail, pull-over: *aveva un maglione che le arrivava alle ginocchia* il avait un chandail, un pull-over qui lui arrivait aux genoux **2** [*pullover di lana pesante*] chandail, pull-over: *un maglione aperto* un chandail, un gilet; *un maglione a girocollo* pull-over au ras du cou; *un maglione da montagna* un pull-over de montagne, de ski.

màgma |'magma| *s.m.* (*chim., geol.*) magma.

magmàtico, ci, ca, che |mag'matiko, tʃi, ka, ke| *agg.* (*geol.*) magmatique: *deposito magmatico* dépôt magmatique.

magnàccia |maɲ'ɲattʃa| *s.m. inv.* (*spreg.*) [*sfruttatore, lenone*] maquereau* *s.* ◇ (*per est.*) [*mantenuto*] *vive facendo il magnaccia* il gagne sa vie en faisant le maquereau.

magnàlio, i |maɲ'ɲaljo, i| *s.m.* (*metall.*) magnalium.

magnanimaménte |maɲɲanima'mente| *avv.* [→ MAGNANIMO] magnanimement.

magnanimità |maɲɲanimi'ta| *s.f. inv.* magnanimité (*var.*): *ci ha trattati con magnanimità* il nous a traités avec magnanimité → **generosità.**

magnànimo |maɲ'ɲanimo| *agg.* magnanime: *un uomo, un animo magnanimo* un homme, une âme magnanime; *il suo rivale è stato troppo magnanimo* son rival a été trop magnanime → **generoso** Ⓒ **avaro.**

magnàno |maɲ'ɲano| *s.m.* **1** [*fabbro di articoli casalinghi*] forgeron → **fabbro 2** (*region.*) [*calderaio; stagnaio*] chaudronnier.

magnàre |maɲ'ɲare| *v.tr.* (*ant., dial.*) → **1 mangiare.**

magnàte |maɲ'ɲate| *s.m.* **1** (*st. mediev.*) magnat → **nobile 2** (*per est.*) [*persona ricca, autorevole*] magnat: *i magnati dell'industria, della finanza* les magnats de l'industrie, de la finance ◇ (*in Polonia e Ungheria*) [*latifondista*] magnat.

magnèsia |maɲ'ɲɛzja| *s.f.* (*chim., farm.*) magnésie # *magnesia effervescente* citrate de magnésie.

magnesiaco, ci, ca, che |maɲɲe'ziako, tʃi, ka, ke| *agg.* (*chim.*) magnésien*.

magnèsio, i |maɲ'ɲɛzjo, i| *s.m.* (*chim.*) magnésium ◇ (*foto.*) *lampo al magnesio* éclair de magnésium.

magnesite |maɲɲe'zite| *s.f.* (*miner.*) magnésite.

magnète |maɲ'ɲɛte| *s.m.* **1** (*fis.*) aimant: *magnete naturale, artificiale* aimant naturel, artificiel **2** (*elettr.*, *mecc.*) magnéto (*f.*): *magnete di accensione* magnéto d'allumage.

magneticaménte |maɲɲetika'mente| *avv.* [*con energia magnetica*] magnétiquement: *apertura regolata magneticamente* ouverture réglée magnétiquement.

magnètico, ci, ca, che |maɲ'ɲɛtiko, tʃi, ka, ke| *agg.* **1** magnétique: *forza, energia magnetica* force, énergie magnétique; *minerale magnetico* minéral magnétique; *equatore, campo magnetico* équateur, champ magnétique; *carta magnetica* carte magnétique; *nastro magnetico* bande, ruban magnétique # *ago magnetico* aiguille aimantée **2** (*fig.*) [*che attira, affascina*] magnétique: *ha uno sguardo magnetico* il a un regard magnétique, hypnotisant.

magnetismo |maɲɲe'tizmo| *s.m.* magnétisme: *magnetismo terrestre* magnétisme terrestre; *fenomeni di magnetismo animale* phénomènes de magnétisme animal.

magnetista |maɲɲe'tista| *s.m.* [*chi pratica il magnetismo*] magnetiseur* *s.*

magnetite |maɲɲe'tite| *s.f.* (*miner.*) magnétite.

magnetizzàbile |maɲɲetid'dzabile| *agg.* [→ MAGNETIZZARE 1] magnétisable.

magnetizzànte |maɲɲetid'dzante| *agg.* magnétisant: *trattamento magnetizzante* traitement magnétisant.

magnetizzàre |maɲɲetid'dzare| *v.tr.* **1** (*elettr.*) [*trasmettere proprietà magnetiche a un corpo*] magnétiser, aimanter: *magnetizzare un cacciavite* magnétiser, aimanter un tournevis **2** [*suscitare effetti magnetici su una persona*] hypnotiser: *lo ha magnetizzato con le mani* il l'a hypnotisé avec ses mains **3** (*fig.*) [*avvincere, suggestionare*] hypnotiser, magnétiser: *è abilissimo a magnetizzare l'uditorio* il est très habile à hypnotiser, magnétiser l'assistance.

magnetizzàto |maɲɲetid'dzato| *agg.* magnétisé, aimanté.

magnetizzatóre, trice |maɲɲetiddza'tore, tritʃe| *s.* **1** *s.m.* (*elettr.*) aimant **2** *s.* (*fig.*) [*ipnotizzatore*] hypnotiseur*, magnétiseur*.

magnetizzazióne |maɲɲetiddzat'tsjone| *s.f.* [→ MAGNETIZZARE 1] magnétisation, aimantation.

magnèto- |maɲ'ɲɛto| *pref.* (*significa 'magnetico, del magnetismo', corrisponde gener. a*) magnéto: *magnetochimica* magnétochimie.

magnetochìmica, che |maɲɲeto'kimika, ke| *s.f.* magnétochimie.

magnetodinàmico, ci, ca, che |maɲɲetodi'namiko, tʃi, ka, ke| *agg.* (*tecnol.*) magnétodynamique.

magneto-elèttrico, ci, ca, che |maɲɲetoe'lɛttriko, tʃi, ka, ke| *agg.* (*fis.*) magnéto-électrique.

magnetòfono |maɲɲe'tɔfono| *s.m.* magnétophone: *registrare col magnetofono* enregistrer au magnétophone.

magnetoidrodinàmica, che |maɲɲetoidrodi'namika, ke| *s.f.* (*fis.*) magnétohydrodynamique.

magnetometria |maɲɲetome'tria| *s.f.* (*fis.*) magnétométrie.

magnetòmetro |maɲɲe'tɔmetro| *s.m.* (*fis.*) magnétomètre.

magnetóne |maɲɲe'tone| *s.m.* (*fis.*) magnéton.

magnetoscòpico, ci, ca, che |maɲɲetos'kɔpiko, tʃi, ka, ke| *agg.* magnétoscopique.

magnetoscòpio, i |maɲɲetos'kɔpjo, i| *s.m.* magnétoscope.

magnetosfèra |maɲɲetos'fɛra| *s.f.* (*geofisica*) magnétosphère.

magnetostrizióne |maɲɲetostrit'tsjone| *s.f.* (*fis.*) magnétostriction.

magnetoterapia |maɲɲetotera'pia| *s.f.* (*med.*) magnétothérapie.

màgnetron |'maɲɲetron| *s.m. inv.* (*fis.*) magnétron *var.*

magnificaménte |maɲɲifika'mente| *avv.* **1** [→ MAGNIFICO I 1] magnifiquement: *abbiamo cenato magnificamente* nous avons magnifiquement dîné # *qui mi trovo magnificamente* je me trouve très bien ici **2** [→ MAGNIFICO I 2] généreusement: *si è sempre comportato magnificamente* il s'est toujours comporté généreusement.

magnificàre |maɲɲifi'kare| **A** *v. tr.* **1** [*esaltare con lodi, con parole solenni*] magnifier: *magnificare la bontà, la sapienza divina* magnifier la bonté, la sagesse divine; *magnificare le conquiste della scienza* magnifier les conquêtes de la science **2** (*per est.*) [*vantare con lodi esagerate*] vanter: *non fa che magnificare la bravura di suo figlio* il ne fait que vanter la valeur de son fils; *non magnificherei poi tanto questo libro* je ne vanterai pas tant ce livre **B** *v.pron. rifl.* MAGNIFICARSI [→ *tr.* 2] se vanter: *è stucchevole quel suo modo di magnificarsi* sa façon de se vanter est écœurante **C** **denigrare.**

magnificat |maɲ'ɲifikat| *s.m. inv.* (*lat.*) **1** magnificat: *il canto del magnificat* le (chant du) magnificat **2** (*scherz.*) [*il mangiare*] manger (*pop.*) # *si avvicina l'ora del magnificat* l'heure de boulotter (*fam.*), du boulot (*pop.*) approche.

magnificatóre, trice |maɲɲifika'tore, tritʃe| *agg.* [*che magnifica, esalta*] glorificateur* (*lett.*): *è stato un discorso magnificatore del progetto* ce fut un discours glorificateur du projet ♦ (*s.*) *un magnificatore* un glorificateur.

magnificazióne |maɲɲifikat'tsjone| *s.f.* [→ MAGNIFICARE] glorification, exaltation: *non la finiva più con le magnificazioni!* il n'en finissait plus avec ses glorifications, ses exaltations!

magnificènte |maɲɲifi'tʃɛnte| *agg.* (*lett.*) magnificent.

magnificènza |maɲɲifi'tʃɛntsa| *s.f.* **1** (*cose*) magnificence: *la magnificenza di un paesaggio, di un quadro* la magnificence d'un paysage, d'un tableau → **splendore, bellezza** ◇ [*grandiosità, solennità*] *la magnificenza dell'universo* la magnificence de l'univers; *rimasi stupito dalla magnificenza della costruzione* je restai stupéfait devant la magnificence de la construction ◇ [*sfarzo, lusso*] *la magnificenza di una corte, di un banchetto* la magnificence, le faste d'une cour, d'un banquet **2** (*persone*) [*grandezza d'animo, di mente*] magnificence (*lett.*): *inchiniamoci alla magnificenza divina* agenouillons-nous devant la magnificence divine ◇ [*generosità, liberalità*] *la corte dei Medici è stata un esempio di magnificenza* la cour des Médicis a été un exemple de magnificence ◇ (*titolo onorifico*) *Sua, Vostra Magnificenza* Son, Votre Excellence.

magnifico, ci, ca, che |maɲ'ɲifiko, tʃi, ka, ke| **I** *agg.* **1** (*cose*) magnifique: *uno spettacolo, un paesaggio magnifico* un spectacle, un paysage magnifique; *abbiamo passato una giornata magnifica* nous avons passé une journée magnifique, très agréable; *questo clima è magnifico* ce climat est magnifique, splendide; *hai fatto un lavoro magnifico* tu as fait un travail magnifique, splendide; *che idea magnifica!* quelle idée magnifique! → **splendido, eccezionale** **2** (*persone*) [*che si comporta con magnificenza; generoso*] généreux*, munificent (*lett.*): *un principe magnifico con gli artisti* un prince généreux, munificent avec les artistes; *si è sempre dimostrato magnifico con noi* il s'est toujours montré généreux avec nous ◇ (*titolo onorifico*) *il rettore Magnifico, il Magnifico rettore* Monsieur le Recteur; *Lorenzo il Magnifico* Laurent le Magnifique ◇ (*loc. iron.*) *fare il magnifico* [*ostentare ricchezze, lusso*] faire le grand seigneur **II** *ass.* (*in funzione di inter.*) *magnifico!* magnifique!; *è magnifico!* c'est magnifique!

magniloquènte |maɲɲilo'kwɛnte| *agg.* (*lett.*) [*che si esprime in modo solenne, elevato*] grandiloquent ◇ (*spreg.*) [*retorico, ridondante*] *discorso, oratore magniloquente* discours, orateur grandiloquent, emphatique.

magniloquènza |maɲɲilo'kwɛntsa| *s.f.* [*solennità, gravità d'espressione*] grandiloquence: *la magniloquenza degli antichi storiografi* la grandiloquence des anciens historiographes ◇ (*spreg.*) [*ampollosità, ridondanza*] *parla con troppa magniloquenza* il parle avec trop de grandiloquence, d'emphase.

magnitùdine |maɲɲi'tudine| *s.f.* (*astron.*) magnitude.

màgno |'maɲɲo| *agg.* **1** (*lett.*) [*grande*] grand (*corr.*) ◇ (*anat.*) *arteria magna* artère carotide ◇ (*loc. est.*) *Magna Grecia* Grande-Grèce ~ *la Magna Carta* la Grande Charte ◇ (*fig.*) [*il documento fondamentale*] *la magna carta dei diritti dell'uomo* la grande charte des droits de l'homme ◇ (*loc. fig.*) *mettersi in pompa magna* se mettre sur son trente et un; *dove vai così in pompa magna?* où vas-tu ainsi sur ton trente et un? ~ *mare magno* [*enorme e caotica quantità*] océan (*s.m.*): *siamo in un mare magno di difficoltà* nous sommes dans un océan de difficultés **2** (*loc.*) *aula magna* (grand) amphithéâtre: *l'aula magna dell'Università* le grand amphithéâtre de l'Université **3** (*titolo onorifico*) *Alessandro Magno* Alexandre le Grand; *Carlo Magno* Charlemagne.

magnòlia |maɲ'ɲɔlja| *s.f.* (*t.bot.*) magnolia *m.*, magnolier *m.* ◇ [*il fiore*] fleur de magnolia: *mi ha offerto una magnolia* il m'a offert une fleur de magnolia.

Magnoliàcee |maɲɲo'ljatʃee| *s.f. pl.* (*t.bot.*) Magnoliacées.

màgo, ghi |'mago, gi| *s.* **1** [*chi esercita la magia; fattucchiere*] magicien*: *ho consultato una maga* j'ai consulté une magicienne. ◇ [*personaggio delle fiabe*] *il mago Merlino* Merlin l'enchanteur **2** (*fig.*) [*persona di grandi capacità o abilità*] magicien: *è un mago della chirurgia* c'est un magicien de la chirurgie; *sei stato un mago!* tu as été un véritable magicien!

magóna |ma'gona| *s.f.* **1** industrie métallurgique **2** fonderie a fonte grise.

magóne |ma'gone| *s.m.* (*region.*) **1** [*ventriglio del pollo*] gésier **2** (*fig.*) [*amarezza, dispiacere*] cafard: *questa storia mi ha fatto venire il magone* cette histoire m'a donné le cafard.

màgra |'magra| *s.f.* **1** [*regime di portata minima di un fiume*] étiage (*m.*): *periodo di magra* période d'étiage, des maigres # *il fiume è in magra* le fleuve est presque à sec **2** (*fig.*) disette, crise: *siamo in (un periodo di) magra* nous sommes en (période de) disette, en période de vaches maigres → **scarsezza, penuria.**

magraménte |magra'mente| *avv.* (*raro*) → **scarsamente.**

magrebino |magre'bino| *agg. e s.* mag(h)rébin.

magrézza |ma'grettsa| *s.f.* **1** (*del corpo*) [*l'essere magro*] maigreur: *è di una magrezza impressionante* il est d'une maigreur impressionnante ◇ (*del terreno*) [*scarsa fertilità*] aridité: *il raccolto è scarso per la magrezza dei campi* la récolte est maigre du fait de l'aridité des champs **2** (*fig.*) [*scarsezza, penuria*] maigreur # *che magrezza di risultati!* quels maigres résultats!

màgro |'magro| **I** *agg.* **1** maigre: *una ragazza magra* (*di corpo, di fianchi*) une fille maigre (de corps, des hanches); *mani magre* mains maigres → **esile, sottile**; *un bambino magro* un enfant maigre → **patito**; *sei diventato magro* tu es devenu maigre, tu as maigri ♦ (*s.*) *un magro* un maigre **2** [*povero di grassi*] maigre: *latte, prosciutto magro* lait, jambon maigre; *un brodino magro magro* bouillon très maigre; *cibi magri* aliments maigres; *tritato di carne magra* hachis de viande maigre ◇ (*di terreni*) [*poco fertile; sterile*] *una campagna magra e arida* une campagne maigre et aride ◇ (*edil.*) *malta magra* mortier maigre ◇ (*loc.*) *mangiare di magro, osservare il magro* faire maigre **3** (*fig.*) [*scarso, povero*] maigre: *un raccolto, un risultato magro* une maigre récolte, un maigre résultat; *è una magra soddisfazione, consolazione* c'est une maigre satisfaction, consolation ◇ [*debole, insufficiente*] faible, pauvre: *sono scuse magre* ce sont de faibles, de pauvres excuses ◇ [*meschino*] piètre: *hai fatto una ben magra figura* tu as fait piètre figure **II** *s.m.* [*parte magra; carne magra*] maigre: *il magro del prosciutto* le maigre du jambon; *un chilo di magro* un kilo de (viande) maigre ⓒ I 1, 2; II **grasso.**

magróne |ma'grone| *s.m.* **1** [*maiale giovane da ingrassamento*] goret **2** (*edil.*) mortier maigre.

mah |ma| *inter.* → **2 ma.**

maharajah |ma:hə'ra:dʒə| *s.m. inv.* (*ingl.*) → **maragià.**

māhāranī |maha:ra:ni:| *s.f. inv.* (*hindi*) maharani *var.*

mahātmā |ma'ha:tma| *s.m. inv.* (*hindi*) mahatma *var.*

mahdi |'mahdi:| *s.m. inv.* (*st. ar.*) mahdi *var.*

mahdismo |ma'dizmo| *s.m.* (*st. ar.*) mahdisme.

mahdista |ma'dista| *s.* mahdiste.

mah-jong |'ma:'dʒɔŋ| *s.m. inv.* (*ingl.*) ma(h)-jong.

mài |'mai| **I** *avv.* **1** [*nessuna volta; in nessun tempo*] jamais: *non sono mai contenti* ils ne sont jamais contents; *mai detta, sentita una cosa simile* je n'ai jamais dit, jamais entendu une chose pareille; *mai ci fu altrettanta miseria* il n'y eut jamais autant de misère; *non si è mai verificato un caso del genere* il ne s'est jamais vérifié un cas pareil; *non si può mai dire* on ne sait jamais; *non sia mai detto che io ti abbandoni!* il n'est pas question que je t'abandonne jamais!; (*che*) *non sia mai!* que cela n'arrive jamais! # *non sia mai detto, ma se per caso...* je voudrais bien voir que cela arrivât, mais si par malheur... ◇ *raff.* MAI PIÙ jamais plus: *adesso o mai più* maintenant ou jamais plus; *mai più ti chiederò un favore* je ne te demanderai plus jamais un service; *non fatelo mai più!* ne le faites plus jamais! ◇ (*euf.*) MAI CHE ne... jamais: *mai che si degni di scrivermi!* il ne daigne jamais m'écrire; *mai che ritrovi le cose a posto!* je ne retrouve jamais les choses à leur place; *mai che ci dia una soddisfazione!* il ne nous donne jamais satisfaction ◇ (*prov.*) *meglio tardi che mai* mieux vaut tard que jamais **2** (*con valore di neg.*) [*no, assolutamente, affatto*] jamais: *tu sei disposto a farlo, io mai!* toi, tu es prêt à le faire, moi, jamais!; '*chiedigli scusa!*' '*mai!*' 'demande-lui pardon!' 'jamais!'; '*dovresti ricoverarti*' '*mai e poi mai!*' 'tu devrais te faire hospitaliser' 'jamais, au grand jamais!'; '*vuoi che ne parli al direttore?*' '*mai più!*' 'veux-tu que j'en parle au directeur?' 'plus jamais!'; *questo (poi) mai!* cela, jamais plus! **3** [*qualche volta; in qualche caso*] jamais: *hai mai avuto qualche sospetto?* n'as-tu jamais eu quelques soupçons?; *ci saranno mai state le streghe?* les sorcières ont-elles jamais existé?; *non si può mai dire* on ne sait jamais; *non vi è mai capitato un incidente?* il ne vous est jamais arrivé d'avoir un accident? ◇ (*pleon., in loc.*) CHI MAI qui: *chi mai sarà stato?* qui cela a-t-il pu bien être; *chi l'avrebbe mai detto!* qui l'aurait dit?; *chi mai credi di essere?* pour qui te prends-tu? → 2 **chi** ~ COSA MAI que, quoi: *cosa mai vorranno da me!* qu'est-ce qu'ils me veulent?; *cosa mai avrà voluto dire con quella frase!* qu'a-t-il voulu dire avec cette phrase?; *a cosa mai stai pensando?* a quoi penses-tu? → **cosa** ~ QUANDO MAI quand: *quando mai si è vista una cosa simile?* quand a-t-on vu chose pareille?; *quando mai ho avuto questa brutta idea!* quand ai-je eu cette mauvaise idée?; *mi hai pagato?, e quando mai?* tu m'as payé?, et quand? → **quando** ~ COME MAI pourquoi: *come mai non siete partiti?* pourquoi n'êtes-vous pas partis?; *come mai non sono già qui?* pourquoi ne sont-ils pas encore ici?; *se ne sono andati? come mai?* ils sont partis? pourquoi? → **come, perché** ~ PERCHÉ MAI pourquoi: *perché mai volete lasciarci?* pourquoi voulez-vous nous quitter?; '*mi sono offeso*' '*e perché mai?*' 'je me suis senti offensé' 'et pourquoi?' → **perché** **4** *loc.* SE MAI, CASO MAI [*se per caso; se una volta*] si jamais: *se mai lo vedi, salutamelo* si jamais tu le vois, dis-lui bonjour de ma part; *caso mai sentissi dire q.c., ti avvertirò subito* si jamais j'entendais dire qqch., je t'avertirais tout de suite; *se mai un giorno avessi bisogno, conterò su di te* si un jour j'avais jamais besoin de qqch., je compterais sur toi ◇ [*eventualmente*] éventuellement: *se mai ne riparleremo* éventuellement, on en reparlera; *ora ti lascio, se mai ci vediamo dopo cena* maintenant je te quitte, éventuellement nous nous verrons après souper # *se mai non ci fosse, consegnalo alla segretaria* si par hasard il n'était pas là, donne-le à sa secrétaire ◇ [*piuttosto; tutt'al più*] tout au plus; plutôt: *non posso dartelo, se mai te lo presto* je ne peux pas te le donner, tout au plus je te le prête; *non usare il coltello, caso mai le forbici* n'utilise pas le couteau, tout au plus les ciseaux ‖ *se mai dovevi parlare col fratello, non con lui* tu aurais plutôt dû parler avec son frère, non avec lui ◇ *loc.* CASO MAI (CHE) [*nel caso che; se*] au cas où (+ *cond.*), si (+ *indic.*): *caso mai che ritardi, non aspettarmi* au cas où je me mettrais en retard, si jamais je me mettais en retard, ne m'attends pas; *caso mai (che) tu lo veda, digli di telefonarmi* si jamais tu le vois, dis-lui de me téléphoner **5** (*in espressioni comparative*) jamais: *più, meno che mai* plus, moins que jamais; *meglio, peggio che mai* mieux, pire que jamais; *è più deciso che mai* il est plus que jamais décidé; *sta peggio che mai* ses conditions sont pires que jamais; *è arrivato più tardi che mai* il est arrivé plus tard que jamais ◇ *loc.* PIÙ CHE MAI [*più che altro*] *più che mai, dovresti stare a riposo* plus qu'autre chose, surtout tu devrais te reposer; *più che mai, è una questione di fondi* c'est avant tout une question de fonds ◇ *ell.* (*fam.*) que jamais: *è elegante quanto mai* elle est plus élégante que jamais # *ho un sonno che mai!* j'ai très sommeil! **6** (*unito ad agg. gli attribuisce valore di sup.*) que de (+ *sost.*); maint (*agg.*): *quanti mai casi ci sono già stati!* que de cas il y a déjà eus! ‖ *quante mai volte ti avevo avvertito!* maintes fois je t'avais averti! **II** *in funzione di s.m. inv.* (*fam.*): *il giorno di mai, di san mai* la semaine des quatre jeudis; *è grande fino a mai* c'est une grande perche ⓒ I 1, 2 **sempre.**

1 **màia** |'maja| *s.f.* (*t.zool.*) maïa *m.*, araignée de mer (*corr.*).

2 **màia** |'maja| *s.f.* (*relig.*) maia.

maialàta |maja'lata| *s.f.* (*spreg.*) [*comportamento scorretto, spregevole*] cochonnerie (*pop.*): *è stata una maialata* ça a été une cochonnerie; *hai fatto una maialata* tu as fait une cochonnerie.

maiàle, a |ma'jale, a| *s.* **1** [*suino, porco*] porc *m.*, cochon (*m.*): *carne del maiale* viande de porc, de cochon; *allevare, ingrassare, uccidere un maiale* élever, engraisser, tuer un porc, un cochon ◇ [*carne di maiale*] porc: *prosciutto, bistecca di maiale* jambon, côtolette de porc ◇ (*loc. pop.*) *sei grasso come un maiale* tu es gras comme un moine, un porc (*pegg.*) ~ *mangia* *come un maiale* il mange comme un cochon, comme un porc ~ *guarda come mangia, sembra un maiale!* regarde comme il mange, on dirait un cochon ~ *ci fanno mangiare come maiali* ils nous gavent **2** (*fig.*) [*persona sporca, sudicia*] cochon* # *pulisciti, maiale!* lave-toi, gros dégoûtant ◇ (*spreg.*) [*persona di costumi corrotti*] salaud (*m.*): *stai alla larga da quel maiale!* méfie-toi de ce salaud; *siete un branco di maiali schifosi* vous êtes une bande de salauds.

maialésco, chi, ca, che |maja'lesko, ki, ka, ke| *agg.* (*spec. fig.*) de cochon *loc. inv.*, de porc (*loc. inv.*): *grugnito maialesco* grognement de cochon; *comportamento maialesco* comportement de porc.

maialétto |maja'letto| *s.* [*piccolo maiale*] porcelet, cochonnet.

maialino |maja'lino| *s.* **1** [*piccolo maiale*] porcelet, cochonnet: *sono nati cinque maialini* cinq porcelets, cochonnets sont nés **2** (*fig.*) [*bambino sudicio*] goret: *fatti pulire, maialino!* viens te laver, petit goret!; *guardala che maialina!* regarde quel goret!

maidismo |mai'dizmo| *s.m.* (*med.*) pellagre *f.*

maiestàtico, ci, ca, che |majes'tatiko, tʃi, ka, ke| *agg.* de majesté (*loc. inv.*): *il plurale maiestatico* le pluriel de majesté; *usare il 'noi' maiestatico* employer le 'nous' de majesté.

maièutica, che |ma'jɛutika, ke| *s.f.* (*filos., pedag.*) maïeutique.

maièutico, ci, ca, che |ma'jɛutiko, tʃi, ka, ke| *agg.* de (la) maïeutique (*loc.*): *arte maieutica* art de (la) maïeutique; *il metodo maieutico* la méthode de (la) maïeutique.

maiòlica, che |ma'jɔlika, ke| *s.f.* **1** [*ceramica verniciata a smalto metallico*] faïence: *una maiolica del '700* une faïence du XVIIIe siècle; *una tazza, un servizio di maiolica* une tasse, un service en faïence **2** *al plur.* [*vasellame di maiolica*] faïences: *un ricco corredo di maioliche* un riche service de faïences.

maiolicàto |majoli'kato| *agg.* recouvert de faïence ✦ (*s.m.*) *un maiolicato* un mur recouvert de carreaux de faïence.

maionése |majo'nese| *s.f.* (*cuc.*) mayonnaise ✦ (*agg.*) *salsa maionese* sauce mayonnaise.

màis |'mais| *s.m. inv.* maïs → **granoturco.**

maiscoltùra |maiskol'tura| *s.f.* culture de maïs.

'maître' |mɛtʀ(ə)| *s.m. inv.* (*nei ristoranti*) maître *var.*

maiùscola |ma'juskola| *s.f.* majuscule → **maiuscolo.**

maiuscolétto |majusko'letto| *s.m.* (*tip.*) petites capitales *f. pl.*

maiùscolo |ma'juskolo| *agg.* **1** majuscule, capital*: *lettera maiuscola* lettre majuscule, capitale; *scrivere in carattere maiuscolo* écrire en lettres capitales ✦ (*s.m.*) *il maiuscolo* la majuscule *f.*, la capitale (*f.*): *usare il maiuscolo* employer la majuscule; *scrivere in maiuscolo* écrire en majuscules, en capitales ◇ (*loc. fig.*) *a lettere maiuscole* [*in modo chiaro, esplicito*] en toutes lettres, clair et net # *gliel'ho spiegato a lettere maiuscole* je le lui ai expliqué en gros et en détail, en long et en large **2** (*fig.*) [*rilevante, notevole*] remarquable: *è un risultato maiuscolo* c'est un résultat remarquable; *hai fatto una prova maiuscola* tu as fait une épreuve remarquable Ⓒ **minuscolo.**

maizéna |mai'dzena| *s.f.* (*marchio depositato*) maïzena.

make-up |'meikʌp| *s.m. inv.* (*ingl.*) maquillage *var.*, make-up.

makò |ma'kɔ| *s.m. inv.* [*cotone pregiato*] coton *var.* ✦ (*agg.*) *cotone makò* coton *s.m.*

màla |'mala| *s.f.* → **malavita.**

malacàrne |mala'karne| *s.f.* **1** [*carne alimentare scadente*] viande de mauvaise qualité, carne (*pop.*) **2** (*raro, fig.*) → **sciagurato.**

malaccètto |malat'tʃɛtto| *agg.* [*non gradito*] indésirable: *ospite malaccetto* hôte indésirable; *un regalo malaccetto* un cadeau indésirable.

malàccio, i |ma'lattʃo, i| *s.m.* [*malattia grave e fastidiosa*] maladie *f.* grave: *è un malaccio lungo a guarire* c'est une maladie grave, longue à guérir ◇ (*spec. euf.*) [*tumore*] mal incurable: *ha un malaccio alla gola* il a un mal incurable à la gorge; *non guarirà più, ha un malaccio* il ne guérira plus, il a un mal incurable ◇ (*loc. fam.*) *non c'è malaccio* [*va abbastanza bene*] ça ne va pas trop mal.

malaccóncio, ci, cia, ce |malak'kontʃo, tʃi, tʃa, tʃe| *agg.* [*non acconcio*; *inadatto*] inconvénant, malséant (*lett.*).

malaccortaménte |malakkorta'mente| *avv.* [→ MALACCORTO] maladroitement, gauchement.

malaccortézza |malakkor'tettsa| *s.f.* [*l'essere malaccorto*] maladresse.

malaccòrto |malak'kɔrto| *agg.* [*incauto, imprudente*] maladroit, malavisé (*lett.*): *è un tipo malaccorto* c'est un (homme) maladroit, malavisé; *è stata un'affermazione malaccorta* ce fut une affirmation maladroite, imprudente Ⓒ **accorto.**

malachite |mala'kite| *s.f.* (*chim., miner.*) malachite.

malacia, cie |mala'tʃia, tʃie| *s.f.* (*med.*) malacie.

malacologia, gie |malakolo'dʒia, dʒie| *s.f.* malacologie.

malacòlogo, gi, (*pop.*) **ghi** |mala'kɔlogo, dʒi, gi| *s.* malacologiste, malacologue.

Malacòstraci |mala'kɔstratʃi| *s.m. pl.* (*t.zool.*) Malacostracés.

Malacotterigi |malakotte'ridʒi| *s.m. pl.* (*t.zool.*) Malacoptérygiens.

mal(a)creànza |mal(a)kre'antsa| *s.f.* [*maleducazione*; *scortesia*] impolitesse: *le tue malecreanze mi offendono* tes impolitesses m'offensent Ⓒ **educazione.**

malaféde |mala'fede| *s.f.* mauvaise foi: *siete pieni di malafede* vous êtes pleins de mauvaise foi; *agire, essere in malafede* agir, être de mauvaise foi Ⓒ **buonafede.**

malaffàre |malaf'fare| *s.m. solo nella loc.* DI MALAFFARE malhonnête (*agg.*): *gente, persone di malaffare* [*individui disonesti*] des gens, des personnes malhonnêtes, des malfaiteurs # *donna di malaffare* [*prostituta*] femme de mauvaise vie; *casa di malaffare* [*casa di tolleranza*; *postribolo*] maison de prostitution, bordel (*volg.*).

màlaga |'malaga| *s.* **1** *s.f. inv.* (*uva*) malaga *m. var.*, raisin *m. var.* de Malaga **2** *s.m. inv.* [*il vino*] malaga (*var.*): *una bottiglia di malaga* une bouteille de malaga.

malagévole |mala'dʒevole| *agg.* [*che presenta difficoltà*] malaisé (*lett.*), difficile: *una lettura, un'impresa malagevole* une lecture, une entreprise malaisée, difficile ◇ [*scomodo, faticoso*] *una strada, un percorso malagevole* une route, un parcours difficile, pénible ◇ (*fig.*) [*tormentato, duro*] *viviamo in tempi malagevoli* nous vivons des temps difficiles ◇ (*fig.*) [*indocile, intrattabile*] rétif*: *un cavallo malagevole* un cheval rétif Ⓒ **agevole.**

malagevolézza |maladʒevo'lettsa| *s.f.* [*difficoltà*; *scomodità*] difficulté.

malagevolménte |maladʒevol'mente| *avv.* [→ MALAGEVOLE] malaisément, difficilement.

malagiàto |mala'dʒato| *agg.* [*scomodo, disagiato*] incommode, malaisé (*lett.*) Ⓒ **comodo 1.**

malagràzia |mala'grattsja| *s.f.* [*mancanza di cortesia*; *sgarbatezza*] mauvaise grâce, impolitesse: *mi ha risposto con malagrazia* il m'a répondu avec mauvaise grâce, de façon impolie ◇ [*mancanza di buon gusto, di impegno*] *un lavoro fatto con malagrazia* un travail fait de mauvaise grâce.

malalingua |mala'lingwa| *s.f.* mauvaise langue: *siete delle malelingue* vous êtes des mauvaises langues.

malaménte |mala'mente| *avv.* **1** [*in modo maldestro*] mal: *lavorare, leggere malamente* mal travailler, mal lire; *la riparazione è stata fatta malamente* la réparation a été mal faite ◇ [*in modo da subir danno*] *son caduto malamente* j'ai fait une mauvaise chute **2** [*in modo scorretto, scortese*] mal: *gli ho risposto malamente* je lui ai mal répondu # *l'ho trattato malamente* je l'ai fort rudoyé.

malandàto |malan'dato| *agg.* en mauvais état (*loc. inv.*): *un palazzo, un mobile malandato* un immeuble, un meuble en mauvais état ◇ (*persone*) [*malmesso di salute*] mal en point (*loc. inv.*): *poveraccio, è proprio malandato!* le pauvre, il est vraiment mal en point!

malàndra |ma'landra| *s.f.* (*veter.*) malandre.

malandrinàggio, i |malandri'naddʒo, i| *s.m.* [*furfanteria, brigantaggio*] brigandage: *atti di malandrinaggio* actes de brigandage.

malandrinésco, chi, ca, che |malandri'nesko, ki, ka, ke| *agg.* de brigand *loc.*, de malandrin (*loc. lett.*): *un colpo malandrinesco* un coup de brigand, de malandrin ◇ (*loc.*) *alla malandrinesca* à la façon des brigands, des malandrins.

malandrino |malan'drino| **I** *s.* **1** brigand *m.*, malandrin *m.* (*lett.*): *hanno arrestato due malandrini* ils ont arrêté deux brigands, deux malandrins → **brigante** ◇ (*per est.*) [*persona disonesta*; *furfante*] *ci ha truffati, quel malandrino!* ils nous a escroqués, ce brigand, cette canaille! **2** (*scherz.*) [*ragazzo vivace, scaltro*] coquin, fripon*: *se ti prendo, malandrino!* si je t'attrape, coquin, fripon! **II** *agg.* **1** [*disonesto, truffatore*] malhonnête: *un affarista malandrino* un affairiste malhonnête **2** (*fig., scherz.*) [*furbo, malizioso*] coquin, fripon: *ha uno sguardo malandrino* il a un regard coquin, fripon.

malànimo |ma'lanimo| *s.m.* **1** [*ma-*

levolenza, ostilità] animosité (*f.*): *ha sempre dimostrato malanimo per noi* il a toujours fait preuve d'animosité envers nous; *ha del malanimo verso di te* il a de l'animosité à ton égard **2** [*insoddisfazione, scontentezza*] mauvais gré: *lavora con malanimo* il travaille de mauvais gré, à contrecœur ◇ *loc.* DI MALANIMO [*controvoglia*; *a malincuore*] à contrecœur, contre son gré: *fa tutto di malanimo* il fait tout à contrecœur, contre son gré; *mi ha aiutato, ma di malanimo* il m'a aidé, mais à contrecœur.

malannàggia |malan'naddʒa| *inter.* → **mannaggia.**

malànno |ma'lanno| *s.m.* **1** [*malattia fastidiosa*; *acciacco*] maladie *f.*; infirmité (*f.*): *ha sempre qualche malanno addosso* il a toujours quelque maladie || *con la vecchiaia crescono i malanni* avec la vieillesse les infirmités augmentent **2** [*sventura, disgrazia*] calamité (*f.*): *ci mancava anche il malanno dell'alluvione!* il ne manquait plus que (la calamité de) l'inondation **3** (*fig.*) [*persona noiosa, fastidiosa*] peste *f.*, (*per una donna*) garce (*f.*): *ho incontrato quel malanno di mia zia* j'ai rencontré ma garce de tante, cette peste qu'est ma tante.

malaparàta |malapa'rata| *s.f.* (*fam.*) situation critique (*corr.*), danger *m.* (*corr.*).

malapéna |mala'pena| *s.f. solo nella loc. avv.* A MALAPENA [*a stento*; *a fatica*] à peine, à grand-peine: *ti sento a malapena* je t'entends à peine, à grand-peine; *riesce a malapena a stare in piedi* il réussit à peine à rester debout; *le riserve basteranno a malapena per una settimana* les réserves suffiront à peine pour une semaine.

malàre |ma'lare| *agg.* (*anat.*) malaire: *osso malare* os malaire.

malària |ma'larja| *s.f.* (*med., corr.*) paludisme *m.*, malaria: *le vittime della malaria* les victimes du paludisme, de la malaria.

malàrico, ci, ca, che |ma'lariko, tʃi, ka, ke| *agg.* **1** [*causato dalla malaria*] paludéen*: *febbre, infezione malarica* fièvre, infection paludéenne **2** infesté par le paludisme: *clima, territorio malarico* climat, territoire infesté par le paludisme.

malariologia, gie |malarjolo'dʒia, dʒie| *s.f.* (*med.*) paludologie.

malariòlogo, gi, ga, ghe |mala'rjɔlogo, dʒi, ga, ge| *s.* [*studioso di fenomeni malarici, spec. patologici*] paludologue.

malarioterapia |malarjotera'pia| *s.f.* (*med.*) malariathérapie, paludothérapie.

malasòrte |mala'sɔrte| *s.f.* [*sfortuna*] malchance ◇ (*loc.*) *per malasorte* par malheur.

malassàre |malas'sare| *v.tr.* [*intridere, impastare*] malaxer, pétrir: *malassare sabbia, farina* malaxer du sable, pétrir de la farine.

malassatùra |malassa'tura| *s.f.* [→ MALASSARE] malaxage *m.*

malaticcio, ci, cia, ce |mala'tittʃo, tʃi, tʃa, tʃe| *agg.* [*malfermo di salute*] maladif*, souffreteux*: *una ragazza malaticcia* une fille maladive, souffreteuse.

1 **malàto** |ma'lato| **I** *agg.* **1** malade: *una persona malata* une personne malade; *è malato di reni, ai polmoni* il est malade des reins, du poumon; *ho un occhio malato* j'ai un œil malade; *disinfettare la parte malata* désinfecter la partie malade; *è sempre mezzo malato* il est toujours un peu malade, patraque # *è a letto malato* il est alité ◇ (*loc.*) *darsi malato* se faire porter malade ~ *è malata d'invidia, di gelosia* elle est malade d'envie, de jalousie **2** (*fig.*) [*diverso dal solito*; *anormale, guasto*] *hanno una fantasia malata* ils ont une imagination malade; *clima, sole malato* climat incertain, soleil pâle; *sono malati di mente, nel cervello* ils sont fous → **pazzo II** *s.* [*chi è affetto da malattia*] malade: *un malato leggero, grave, irrecuperabile* un malade léger, grave, perdu; un patient atteint d'un mal bénin, sérieux, mortel; *assistere, curare i malati* soigner les malades; *è ricoverata fra i malati incurabili* elle est hospitalisée parmi les (malades) incurables; *tu sei un malato immaginario* tu es un malade imaginaire **C** I 1; II **sano.**

2 **malàto** |ma'lato| *s.m.* (*chim.*) malate.

malattia |malat'tia| *s.f.* **1** maladie: *una malattia leggera, grave, cronica, contagiosa* une maladie bénigne, grave, chronique, contagieuse; *le malattie della pelle, del sangue* les maladies de la peau, du sang; *prendersi, curare una malattia* attraper, soigner une maladie; *ha vinto la malattia* il a vaincu la maladie; *è morto dopo lunga e penosa malattia* il est mort après une longue et pénible maladie; *sono uscito da una lunga malattia* je viens de me remettre d'une maladie, de me rétablir; *essere in assenza, in aspettativa per malattia* être absent, en disponibilité pour cause de maladie; *essere in congedo per malattia* être en congé de maladie # *cadere in malattia* tomber malade ◇ (*spec.*) *malattie veneree* maladies vénériennes; *malattie professionali, del lavoro, sociali* maladies professionnelles, du travail, sociales ◇ (*per est.*) *malattie delle piante, della vite* maladies des plantes, de la vigne ◇ (*loc.*) *mettersi in malattia* se faire mettre en congé de maladie; *malattia diplomatica* maladie diplomatique ◇ (*fig.*) FARSENE UNA MALATTIA en faire une maladie: *capita a tutti una dimenticanza, non fartene una malattia* il arrive à tout le monde d'oublier quelque chose, n'en fais pas une maladie **2** (*fig.*) [*vizio, difetto*] vice *m.*; mal* (*m.*): *ha la malattia del bere* il a le vice de boire || *la sua malattia è l'avarizia* son mal est l'avarice ◇ [*moda, usanza dannosa o passiva*] *queste sono le malattie del benessere, della moda* ce sont les maladies du bien-être, de la mode; *l'arrivismo è una malattia dei nostri tempi* l'arrivisme est la maladie du siècle; *l'automobile è diventata una malattia* l'automobile est devenue une maladie ◇ [*mania*] *ha la malattia dei francobolli* il a la manie des timbres ◇ (*loc.*) *la malattia del secolo XIX* [*la malinconia*] la maladie du XIXe siècle.

malaugurataménte |malaugurata'mente| *avv.* [→ MALAUGURATO] malheureusement, par malheur *loc. inv.* → **disgraziatamente.**

malauguràto |malaugu'rato| *agg.* [*disgraziato, infausto*] malheureux*, fâcheux*: *una spedizione malaugurata* une expédition malheureuse; *mi son trovato in quel malaugurato incidente* je me suis trouvé dans ce malheureux, fâcheux accident; *è stata un'idea malaugurata* ce fut une idée malheureuse, fâcheuse; *se, per malaugurata ipotesi, tu morissi?* si, par malheur, tu mourais?

malaugùrio, i |malau'gurjo, i| *s.m.* mauvais augure, mauvais présage: *questo è il giorno del malaugurio* c'est un jour de mauvais augure, de mauvais présage; *credi forse nel malaugurio?* tu crois peut-être au mauvais augure? # *fare il malaugurio a qc.* porter malheur à qqn. ◇ (*loc.*) *l'uccello del malaugurio* l'oiseau de mauvais augure ~ (*fig.*) *fare, essere l'uccello del malaugurio* faire l'oiseau de mauvais augure.

malauguróso |malaugu'roso| *agg.* (*raro*) de mauvais augure *loc. inv.*

malavita |mala'vita| *s.f. solo sing.* **1** [*vita depravata, delittuosa*] *darsi alla malavita* s'associer à la pègre, aux gens du milieu; *è una donna che fa la malavita* c'est une femme de mauvaise vie, qui fait la vie (*pop.*) **2** (*per est.*) [*i delinquenti*; *le prostitute*] milieu (*m.*): *l'ambiente della malavita* le milieu; *i delitti, il gergo della malavita* les crimes, l'argot du milieu # *combattere la malavita* combattre la délinquance.

malavòglia |mala'vɔʎʎa| *s.f.* mauvaise volonté: *sono stufo delle vostre malevoglie* j'en ai assez de votre mauvaise volonté → **svogliatezza** ◇ *loc.* DI MALAVOGLIA [*svogliatamente*; *senza entusiasmo*] à contrecœur, de mauvais gré: *lavora sempre di malavoglia* il travaille toujours à contrecœur, de mauvais gré; *ho accettato l'invito, ma di malavoglia* j'ai accepté l'invitation, mais à contrecœur.

malavvedùto |malavve'duto| *agg.* [*malaccorto, incauto*] malavisé: *una scelta malavveduta* un choix malavisé **C** **avveduto.**

malavventurataménte |malavventurata'mente| *avv.* (*lett.*) → **sventuratamente.**

malavventuràto |malavventu'rato| *agg.* (*lett.*) → **sventurato, sfortunato.**

malavventuróso |malevventu'roso| *agg.* (*lett.*) → **disgraziato, sfortunato.**

malavvézzo |malav'vettso| *agg.* [*abituato, educato male*] mal élevé, malappris: *ragazzi malavvezzi* garçons mal élevés, malappris.

malavvisàto |malavvi'zato| *agg.* (*lett.*) → **sconsiderato.**

malazzàto |malat'tsato| *agg.* [*che sta poco bene*] indisposé, mal fichu (*fam.*): *devo riguardarmi, sono un po' malazzato* je dois me ménager, je suis un peu indisposé, mal fichu.

malcadùco, chi |malka'duko, ki| *s.m.* (*pop.*) mal caduc, *haut mal → **epilessia.**

malcapitàto |malkapi'tato| *agg.* [*sfortunato, sventurato*] malheureux*, malchanceux*: *un paziente malcapitato* un patient malheureux, malchanceux ◆ (*s.*) *i malcapitati* les malheureux, les malchanceux.

malcàuto |mal'kauto| *agg.* → **imprudente.**

malcèrto |mal'tʃɛrto| *agg.* **1** (*raro*) → **incerto, insicuro** **2** (*fig.*) [*malfermo, insicuro*] mal assuré: *cammina con passi* *malcerti* il marche d'un pas mal assuré.

malcompósto |malkom'posto| *agg.* → **scomposto.**

malcóncio, ci, cia, ce |mal'kontʃo, tʃi, tʃa, tʃe| *agg.* en mauvais état *loc. inv.*, en piteux état (*loc. inv.*): *un abito malconcio* un vêtement en mauvais état, en piteux état; *è uscito malconcio dall'incidente* il est sorti de l'accident en piteux état; *ti trovo piuttosto malconcio* je te trouve en assez piteux état.

malconoscènte |malkonoʃ'ʃεnte| *agg.* (*raro*) → **ingrato.**

malconsigliàto |malkonsiʎ'ʎato| *agg.* [*imprudente, incauto*] imprudent, maladroit, malavisé (*lett.*).

malcontènto |malkon'tεnto| **1** *s.m.* [*scontentezza, insoddisfazione*] mécontentement: *c'è un malcontento generale* il y a du mécontentement général; *la proposta ha suscitato molto malcontento* la proposition a suscité un grand mécontentement **2** *agg.* [*scontento, insoddisfatto*] mécontent: *persona, folla malcontenta* personne, foule mécontente; *se ne sono andati malcontenti* ils sont partis mécontents ✦ (*s.*) *un malcontento* un mécontent: *c'è sempre qualche malcontento* il y a toujours quelques mécontents.

malcostùme |malkos'tume| *s.m.* corruption *f.*, mauvaises mœurs (*f. pl.*): *un fatto, un fenomeno di malcostume* un fait, un phénomène de corruption, de délinquance; *il malcostume politico* la corruption des (milieux) politiques; *combattere il malcostume* combattre la corruption, la délinquance → **corruzione** ◇ (*per est.*) [*cattiva abitudine*] *deve finire questo malcostume dei ritardi* cette mauvaise habitude des retards doit cesser; *il malcostume delle raccomandazioni è un fatto generale* le fléau, la maladie des recommandations s'est généralisé(e) Ⓒ **buoncostume.**

malcreàto |malkre'ato| *agg.* [*screanzato*] impoli.

malcuràto |malku'rato| *agg.* négligé.

maldèstro |mal'dεstro| *agg.* **1** (*persone*) [*incapace, inesperto*] maladroit, malhabile: *un operaio, un dirigente maldestro* un ouvrier, un dirigeant maladroit ◇ (*cose*) [*malriuscito, grossolano*] *un tentativo maldestro* une tentative maladroite; *una riparazione maldestra* une réparation maladroite, mal faite **2** (*per est.*) [*privo di accortezza; sprovveduto*] maladroit, malhabile: *ti sei dimostrato maldestro* tu t'es montré maladroit, malhabile; *è ancora giovane e maldestro* il est encore jeune et maladroit.

maldicènte |maldi'tʃεnte| *agg.* [*che sparla, parla male di qc., q.c.*] médisant: *persone maldicenti* personnes médisantes ✦ (*s.*) *un maldicente* un médisant: *le calunnie dei maldicenti* les calomnies des médisants, des mauvaises langues.

maldicènza |maldi'tʃεntsa| *s.f.* **1** [*il fare discorsi malevoli su* (*qc.*)] médisance: *la maldicenza è il suo hobby* la médisance est son passe-temps favori **2** [*discorso malevolo; diffamazione*] médisance: *circolano molte maldicenze sul tuo conto* de nombreuses médisances circulent sur ton compte; *non tollero che si facciano maldicenze* je ne supporte pas les médisances; *non dar luogo a maldicenze* ne pas prêter aux médisances.

maldispósto |maldis'posto| *agg.* **1** [*sistemato, distribuito malamente*] mal disposé, mal rangé: *oggetti, libri maldisposti* objets, livres mal disposés, mal rangés; *uno schieramento maldisposto* une troupe mal disposée, mal alignée **2** (*fig.*) mal disposé: *è maldisposto nei tuoi confronti* il est mal disposé envers toi, à ton égards Ⓒ **bendisposto.**

1 **màle** |'male| *s.m.* **1** (*con valore morale*) mal*: *il bene e il male* le bien et le mal; *fare il male* faire le mal; *fare del male a qc.* faire du mal à qqn.; *spingere al male* pousser au mal; *tu vedi il male dappertutto* tu vois le mal partout; *che male c'è?* quel mal y a-t-il à cela?; *non c'è niente, non ci trovo niente di male* il n'y a pas de mal à cela # *parlare, agire a fin di male* parler, agir pour nuire; *è un male che si comporti così* c'est dommage qu'il se comporte ainsi **2** [*danno, inconveniente, guaio*] malheur, mal: *è un male che non sia qui* c'est un malheur qu'il ne soit pas ici; *che male può venirci da ciò* quel mal peut-il découler de cela? # *se rifiuta, poco male!* s'il refuse, tant pis!, cela ne fait rien!; *non sarebbe male parlargliene* il serait bon de lui en parler; *pazienza, sarà il male di qualche migliaio di lire* tant pis, ce sera une perte de quelques milliers de lires! ◇ [*sventura, dolore*] mal: *i mali della vita* les maux de la vie; *sopportare i mali della guerra* supporter les maux de la guerre **3** [*dolore, fastidio fisico*] mal: *che male!* quel mal!; *mi fa un male boia* cela me fait très mal; *attento a non fargli male!* attention à ne pas lui faire mal!; *ti faccio male?* je te fais mal?; *le scarpe mi fanno male* ces chaussures me font mal; *si è fatto male contro lo scalino* il s'est fait mal contre la marche # *un male al piede, al braccio* une douleur au pied, au bras **4** [*malattia*] mal, maladie (*f.*): *mal di testa, di stomaco, d'orecchi* mal de tête, à l'estomac, d'oreilles; *mal d'auto, mal di mare* mal d'auto (de la route), mal de mer; *male contagioso, ereditario, inguaribile* maladie contagieuse, héréditaire, incurable; *tutti i mali ce li ha lui!* toutes les maladies, c'est lui qui les a # *un brutto male, un male incurabile* [*un tumore maligno*] une tumeur maligne; *mal caduco* [*epilessia*] épilepsie; *mal sottile* [*tubercolosi*] tuberculose ◇ (*bot.*) *mal bianco* blanc des céréales, maladie du blanc; *mal nero* noir des grams, charbon; *mal d'inchiostro* maladie de l'encre, mal du châtaignier **5** *loc.* (*in qualche caso il termine può anche avere valore di avv.*) *dire, parlar male di qc., di q.c.* dire du mal de qqn., de qqch. ~ *pensar male di qc., di q.c.* penser du mal de qqn., de qqch. ~ *portar male a qc.* porter malheur à qqn. ~ *augurar* (*del*) *male a qc.* souhaiter du mal à qqn. ~ *voler male a qc.* vouloir du mal à qqn. ~ *farsi voler male* se faire détester ~ *metter male fra due persone* semer la discorde entre deux personnes ~ *la faccenda si mette male* l'affaire tourne mal ~ *far male a* [*danneggiare*] nuire: *il fumo fa male alla salute* le tabac nuit à la santé ~ FAR MALE A (+ *inf.*) [*sbagliare*] avoir tort de (+ *inf.*): *hai fatto male a non informarmi* tu as eu tort de ne pas m'informer ~ *andare, mandare a male* se gâter, abîmer ~ *andar di male in peggio* aller de mal en pis ~ *aversela, prendersela a male* se vexer, s'offenser ~ *scegliere il minor male* choisir le moindre des maux ~ *non c'è male* [*discretamente*] ce n'est pas mal: *dove mi trovo non c'è male* là où je me trouve, ce n'est pas mal ◇ (*iron.*) '*sono stato bocciato*' '*non c'è male!*' 'j'ai été recalé' 'bravo!' **6** (*prov.*) *un male tira l'altro* un malheur ne vient jamais seul ~ *spesso il rimedio è peggiore del male* souvent le remède est pire que le mal ~ *a mali estremi, estremi rimedi* aux grands maux, les grands remèdes ~ *non tutti i mali vengono per nuocere* à quelque chose malheur est bon ~ *spesso dal male nasce il bene* souvent le bien découle du mal ~ *chi è causa del suo mal pianga sé stesso* qui est cause de son propre malheur ne doit s'en prendre qu'à soi-même ~ *chi mal fa, mal pensa* qui fait le mal, pense mal.

2 **màle** |'male| **I** *avv.* **1** (*con valore morale*) mal: *agire, comportarsi, abituarsi male* agir, se comporter, s'habituer mal; *trattare, rispondere male* traiter, répondre mal; *sei stato allevato male* tu as été mal élevé; *parlano sempre male di tutti* ils disent toujours du mal de tout le monde; *sono in molti a giudicarlo male* nombreux sont ceux qui le jugent mal, sévèrement # *sei stato abituato male* tu as pris de mauvaises habitudes; *fai male a dubitare di noi* tu as tort de douter de nous **2** [*in modo insoddisfacente; in modo negativo*] mal: *abbiamo mangiato male* nous avons mal mangé; *forse hai dormito male* peut-être, as-tu mal dormi; *gli affari gli vanno male* les affaires vont mal pour lui, ne lui réussissent pas; *la cosa finisce male* la chose finit mal; *di questo passo andrete a finir male* de ce pas, vous finirez mal; *cominciamo male, ragazzi!* ça commence mal, les enfants!; *suo figlio va male a scuola* son fils réussit mal à l'école # *questa volta è andata male!* cette fois-ci, on a échoué! ◇ *loc.* RESTAR(CI), RIMANER(CI) MALE être déçu: *come ci sono rimasto male!* comme cela m'a déçu! ~ BENE O MALE [*in qualche modo*] bien ou mal: *bene o male, ce l'abbiamo fatta* bien ou mal, nous avons réussi ✦ *loc. agg.* MICA MALE, NIENTE MALE, NON MALE [*discreto*] pas mal: *mica male, quella ragazza!* pas mal, cette fille!; *niente male, questo pollo!* pas mal, ce poulet!; *non è male quel quadro* ce tableau n'est pas mal (du tout) **3** [*in modo imperfetto, inadeguato*] mal: *scrivere, dipingere male* écrire, peindre mal; *mi sono espresso male* je me suis mal exprimé; *di qui si sente male* d'ici, on entend mal; *con questa luce ci vedo male* avec cette lumière, j'y vois mal; *la foto è uscita male* la photo est mal réussie; *parla male l'inglese* il parle mal l'anglais ◇ *spec.* (+ *agg.*) *era mal equipaggiato* il était mal équipé; *è mal nutrito, mal disposto* ils est mal nourri, mal disposé ◇ (*fig.*) *hai capito male le mie parole* tu as mal compris ce que je t'ai dit # *i tuoi genitori mi vedono male* tes parents me voient d'un mauvais œil ◇ [*in modo inadatto, inopportuno*] *si veste male* il s'habille mal; *quel cappello le*

sta male ce chapeau lui va mal **4** (*di condizioni di salute*) mal: *sentirsi male* se sentir mal, être mal; *si è sentito male in treno* il s'est senti mal dans le train ◇ *loc.* STAR MALE être malade: *poveraccio, sta sempre male!* le pauvre, il est toujours malade! ◇ (*fig.*) *star male economicamente* être en difficultés économiques; *se la passano proprio male!* ils ont grand-peine à vivre! ◇ (*loc. fig.*) *essere male in arnese* être mal fichu, mal en point **II** (*in funzione di inter.*) *male!, molto male!* mal!, très mal!; '*mi son dimenticato*' '*male!*' 'j'ai oublié' 'tant pis (pour toi)!'; *meno male, che sei qui* heureusement que tu es ici; '*è arrivato l'idraulico*' '*meno male!*' 'le plombier est arrivé' 'il était temps!'

maledettaménte |maledetta'mente| *avv.* **1** [→ MALEDETTO 2] malencontreusement: *mi è capitato maledettamente fra le mani* il est tombé malencontreusement entre mes mains **2** [→ MALEDETTO 3] terriblement # *piove maledettamente* il pleut à verse, à torrents **3** [*terribilmente, enormemente*] terriblement: *andava maledettamente piano* il allait terriblement doucement # *mi terrorizza maledettamente* il me terrorise pour de bon.

maledétto |male'detto| *agg.* **1** [*colpito dalla maledizione divina*] maudit: *le anime maledette* les âmes maudites ✦ (*s.*) *i maledetti* les maudits **2** (*per est.*) [*funesto, sciagurato*] maudit: *luogo, paese maledetto* lieu, pays maudit; *è una storia maledetta* c'est une maudite histoire; *maledetto il giorno che l'ho conosciuto!* maudit soit le jour où je l'ai connu ✦ *ass.* MALEDETTO! maudit: *chi ci pensava più a quell'impegno? maledetto!* qui pensait encore à cet engagement? maudit!, sacrebleu! → **maledizione** ◇ *loc.* ALLA MALEDETTA [*alla disperata*] très fort, à toute vitesse: *grandina alla maledetta* il grêle très fort **3** (*fig.*) [*fastidioso, insopportabile*] *un caldo, un freddo, un tempo maledetto* une chaleur, un froid terrible, un temps affreux; *queste tasse maledette!* ces maudits impôts; *c'era una confusione maledetta* il y avait une confusion terrible; *questa maledetta salita non finisce più* cette maudite, sacrée côte n'en finit plus; *ho una sete e una fame maledette* j'ai une soif et une faim terribles ◇ (*scherz.*) *è ancora qui quel maledetto vigile!* ce maudit agent est encore là!; *è stato un maledetto imbroglione* il a été une maudite fripouille!; *fammi questa maledetta puntura!* fais-moi cette maudite piqûre!; *ho una fretta maledetta* je suis terriblement pressé ◇ [*terribile*] *ha una paura, una fifa maledetta* il a une peur bleue, une frousse terrible **4** (*letter., pitt.*) *poeti, pittori maledetti* poètes, peintres maudits **C** 1; 2 **benedetto.**

malèdico, ci, ca, che |ma'lɛdiko, tʃi, ka, ke| *agg. e s.* (*lett.*) → **maldicente.**

maledire |male'dire| (132) (*imper.*: *maledici*) *v.tr.* **1** (*di Dio*) [*colpire con la condanna, con il castigo*] maudire (49): *Dio maledisse Caino* Dieu maudit Caïn; *che Dio vi maledica!* que Dieu vous maudisse! ◇ (*per est.*) *la madre lo maledisse* sa mère le maudit **2** [*imprecare contro*; *esecrare*] maudire: *maledire la sorte, il destino* maudire le sort, le destin; *maledico il giorno che son nato* je maudis le jour où je suis né; *maledicevano ogni forma di sopruso* il maudissait tous les abus **C** **benedire.**

maledizióne |maledit'tsjone| *s.f.* **1** [→ MALEDIRE 1] malédiction: *aver addosso la maledizione di Dio* recevoir la malédiction de Dieu **2** [→ MALEDIRE 2] malédiction (*lett.*): *lo ricevette un coro di maledizioni* il fut reçu par un chœur de malédictions, d'insultes → **imprecazione, insulto** **3** (*per est.*) [*disgrazia, rovina*] malédiction: *il suo arrivo è stato una maledizione* son arrivée a été une malédiction; *la guerra è una grande maledizione* la guerre est une grande malédiction; *che maledizione!* quelle malédiction! **4** (*in funzione di inter.*) *maledizione!* malédiction! → **dannazione.**

maleducàto |maledu'kato| *agg.* mal élevé: *una ragazza maleducata* une fille mal élevée; *non essere maleducato con la zia* ne sois pas mal élevé avec ta tante; *che maleducato!* quel mal élevé! → **villano, scortese** ✦ (*s.*) *un maleducato* un mal élevé: *sono i soliti maleducati* ce sont les habituels mal élevés **C** **educato.**

maleducazióne |maledukat'tsjone| *s.f.* [*mancanza di educazione, di correttezza*] impolitesse: *che maleducazione rispondere in quel modo!* quelle impolitesse répondre de cette façon # *nessuno ti supera in maleducazione* personne n'est plus impoli que toi ◇ (*per est.*) [*atto, gesto maleducato*] *il tuo rifiuto è una maleducazione* ton refus constitue une impolitesse **C** **educazione.**

malefàtta |male'fatta| *s.f.* [*errore, sbaglio*] méfait (*m.*): *rimediare alle malefatte di qc.* remédier aux méfaits de qqn.; *combina una malefatta dopo l'altra* il entasse méfait sur méfait.

maleficaménte |malefika'mente| *avv.* [→ MALEFICO] d'une manière maléfique *loc. inv.*, méchamment.

malefìcio, i |male'fitʃo, i| *s.m.* **1** maléfice, sortilège: *esperto di malefici* expert en maléfices, en sortilèges → **stregoneria** **2** (*raro*) → **misfatto.**

malèfico, ci, ca, che |ma'lɛfiko, tʃi, ka, ke| *agg.* **1** [*dannoso, nocivo*] nuisible, néfaste, nocif*: *clima malefico* climat nuisible, néfaste; *la cura ha dato effetti malefici* le traitement a eu des effets nuisibles, nocifs (sur lui); *la sua presenza ha un effetto malefico sugli altri* sa présence a un effet néfaste sur les autres # *raccogliere un fungo malefico* cueillir une champignon vénéneux → **velenoso** **2** [*che porta maleficio*] maléfique: *stelle malefiche* étoiles maléfiques; *le arti malefiche* [*della stregoneria*] les arts maléfiques # *influenze malefiche* influences néfastes **C** **benefico.**

malefìzio, i |male'fittsjo, i| *s.m.* → **maleficio.**

maleodorànte |maleodo'rante| *agg.* malodorant: *ambiente, fungo maleodorante* milieu, champignon malodorant; *sostanza maleodorante* substance malodorante.

maleolènte |maleo'lɛnte| *agg.* (*lett.*) → **maleodorante, puzzolente.**

maleopolinesìaco, ci, ca, che |maleopoline'ziako, tʃi, ka, ke| *agg.* (*ling.*) malayo-polynésien*.

malèrba |ma'lɛrba| *s.f.* **1** mauvaise herbe: *estirpare le malerbe dal giardino* arracher les mauvaises herbes du jardin ◇ (*loc. fig.*) *la malerba non muore mai* (la) mauvaise herbe pousse toujours ~ *cresce come la malerba* il pousse comme une mauvaise herbe **2** (*fig.*) racine: *estirpare la malerba del vizio* extirper la racine du vice.

malèscio, i |ma'lɛʃʃo, i| *agg.* (*raro, fig.*) → **malaticcio.**

malése |ma'lese| **1** *agg.* [*della Malesia*] malais: *isole malesi* îles malaises **2** (*s.m.*) *il malese* [*la lingua*] le malais.

malèssere |ma'lɛssere| *s.m.* **1** [*leggera indisposizione fisica*] malaise: *un leggero, strano malessere* un léger, étrange malaise; *avvertire un malessere generale* éprouver un malaise général ◇ (*per est.*) [*disagio, inquietudine*] *la sua presenza crea un senso di malessere* sa présence crée un sentiment de malaise **2** (*fig.*) [*difficoltà economiche*] malaise: *si è creata una condizione di malessere generale* il s'est créé une condition de malaise général; *il malessere delle campagne continua ad aggravarsi* le malaise paysan continue à s'aggraver **C** 2 **benessere.**

malèstro |ma'lɛstro| *s.m.* [*danno provocato per sbadataggine*] dégât: *ha combinato ancora un malestro* il a fait encore quelque dégât, quelque bêtise.

malevolènza |malevo'lɛntsa| *s.f.* [*sentimento di avversione, di ostilità*] malveillance: *dimostrare, nutrire malevolenza verso qc.* montrer, nourrir de la malveillance envers qqn.; *è un giudizio dettato da malevolenza* c'est un jugement dicté par la malveillance ◇ (*per est.*) [*gesto malevolo*; *sgarbo*] impolitesse: *è stata una malevolenza nei nostri confronti* ce fut une impolitesse à notre égard **C** **benevolenza.**

malèvolo |ma'lɛvolo| *agg.* [*ostile, avverso*] malveillant: *uno sguardo malevolo* un regard malveillant; *ha intenzioni malevole verso di te* il a des intentions malveillantes à ton égard ✦ (*s.*) *un malevolo* un malveillant: *le chiacchiere dei malevoli* les commérages des malveillants **C** **benevolo.**

malfamàto |malfa'mato| *agg.* malfamé, mal famé: *un ambiente malfamato* un milieu malfamé, mal famé; *una ditta malfamata* une maison malfamée.

malfàre |mal'fare| (103) *v.intr.* (*aus.* '*avere*') [*compiere azioni scorrette, delittuose*] mal faire (45): *persone abituate a malfare* personnes habituées à mal faire.

malfàtto |mal'fatto| *agg.* **1** mal fait: *un lavoro malfatto* un travail mal fait # *ha un corpo malfatto* il est mal bâti ✦ (*s.m.*) *il malfatto* le méfait: *riparare il malfatto* réparer un méfait **2** (*fig.*) [*riprovevole, biasimevole*] blâmable: *azioni malfatte* actions blâmables **C** 1 **benfatto.**

malfattóre, trice |malfat'tore, tritʃe| *s.* malfaiteur (*m.*): *sono tutti malfattori* ce sont tous des malfaiteurs; *mi ha trattato come un malfattore* il m'a traité comme un malfaiteur **C** **benefattore.**

malférmo |mal'fermo| *agg.* [*incerto, insicuro*] mal assuré: *scrivere con mano malferma* écrire d'une main mal assurée, tremblante; *è ancora malfermo sulle gambe* il est encore mal assuré sur ses jambes, il est encore chancelant; *parlava con voce malferma* il parlait d'une voix peu assurée, hésitante ◇ [*instabile*] chancelant, délicat, fragile: *è di salute malferma* il a une santé chancelante, délicate, fragile → **delicato** ◇ (*fig.*) [*volubile, incostante*] changeant: *sono di idee malferme* j'ai des idées changeantes © **sicuro.**

malfidàto |malfi'dato| *agg.* [*che non si fida*; *diffidente*] méfiant, défiant: *persone malfidate* personnes méfiantes, défiantes ✦ (*s.*) *un malfidato* un méfiant: *siete dei malfidati* vous êtes des méfiants © **fidato.**

malfidènte |malfi'dɛnte| *agg.* [*malfidato, diffidente*] méfiant: *come sei malfidente!* comme tu es méfiant! ✦ (*s.*) *un malfidente* un méfiant.

malfido |mal'fido| *agg.* **1** (*persone*) [*che non merita fiducia*] déloyal*, infidèle: *un socio malfido* un associé déloyal, infidèle **2** (*cose*) [*privo di sicurezza*; *rischioso*] incertain: *ci attende un avvenire malfido* un avenir incertain nous attend ◇ [*incerto, infedele*] infidèle: *memoria malfida* mémoire infidèle © **sicuro.**

malfondàto |malfon'dato| *agg.* malfondé: *fiducia, speranza malfondata* confiance mal fondée, espoir mal fondé ◇ [*senza fondamento*; *ingiustificato*] sans fondement (*loc. inv.*): *sospetto, timore malfondato* soupçon, crainte sans fondement © **fondato.**

malformàto |malfor'mato| *agg.* **1** (*persone*) mal fait, mal bâti: *una ragazza malformata* une fille mal faite, mal bâtie → **malfatto** **2** (*med.*) mal conformé: *organo malformato* organe mal conformé **3** (*cose*) [*deformato*; *irregolare*] déformé, irrégulier*: *parti malformate* parties déformées, irrégulières.

malformazióne |malformat'tsjone| *s.f.* **1** [*irregolarità, difetto*] défaut (*m.*): *correggere una malformazione* corriger un défaut; *c'è una malformazione nello stampo* il y a un défaut dans le moule → **difetto** ◇ (*fig.*) [*stortura, deviazione*] déformation: *spropositi derivanti da malformazioni mentali* sottises dont la source est une déformation de l'esprit # *la nostra epoca è piena di malformazioni sociali* notre époque est pleine de contradictions sociales **2** (*med.*) malformation: *una malformazione congenita* une malformation congénitale.

malfrancése |malfran'tʃeze| *s.f.* → **sifilide.**

màlga, ghe |'malga, ge| *s.f.* cabane de bergers ◇ (*per est.*) [*pascolo alpino*] alpage *m.*

malgàrbo |mal'garbo| *s.m.* [*scortesia, ruvidezza*] impolitesse *f.*, mauvaise grâce (*f.*): *rispondere, salutare con malgarbo* répondre, saluer avec impolitesse, avec mauvaise grâce ◇ (*fig.*) [*maniera sgraziata, grossolana*] *lavorare, dipingere con malgarbo* travailler, peindre avec mauvaise grâce.

malgàscio, i |mal'gaʃʃo, i| **1** *agg.* [*del Madagascar*] malgache: *tradizioni malgasce* traditions malgaches **2** (*s.m.*) *il malgascio* [*la lingua*] le malgache.

malgovèrno |malgo'vɛrno| *s.m.* **1** mauvaise administration *f.*, carence *f.* du gouvernement: *un lungo periodo di malgoverno* une longue période de mauvaise administration, de carence du gouvernement; *scontiamo le conseguenze del malgoverno* nous payons les conséquences de la mauvaise administration **2** (*raro*) → **trascuratezza, sciatteria** © 1 **buongoverno.**

malgràdo |mal'grado| **1** *prep.* [*nonostante*] malgré, en dépit de: *l'ho trovato, malgrado la confusione* je l'ai trouvé, malgré le désordre; *verrò, malgrado gli impegni* je viendrai, en dépit de mes engagements; *malgrado tutto, è stato un buon affare* malgré tout, cela a été une bonne affaire **2** *cong.* [*nonostante*; *anche se*; *benché*] malgré que (+ *congv.*), bien que (+ *congv.*), quoique (+ *congv.*): *è uscito, malgrado (che) glielo avessi proibito* il est sorti malgré que, bien que, quoique je le lui aie interdit; *continuarono le ricerche, malgrado (che) fosse ormai notte* ils continuèrent les recherches, bien qu'il fît déjà nuit; *lo condannarono, malgrado si dichiarasse innocente* ils le condamnèrent, bien qu'il se déclarât innocent **3** *loc. avv.* MIO, TUO, NOSTRO MALGRADO [*contro la mia, la tua, la nostra volontà*] malgré moi, toi, nous; contre mon, ton, notre gré: *devo lasciarvi mio malgrado* je dois vous quitter malgré moi, contre mon gré.

malìa |ma'lia| *s.f.* **1** [*incantesimo, maleficio*] sort *m.*, charme (*m.*): *mi han fatto una malia* ils m'ont jeté un sort, un charme; *rompere la malia* rompre le charme → 1 **fattura** **2** (*fig.*) [*potere di seduzione*; *fascino*] charme, séduction: *uno sguardo pieno di malia* un regard plein de charme, de séduction.

maliàrda |mali'arda, ma'ljarda| *s.f.* **1** [*fattucchiera, stregona*] sorcière, ensorceleuse **2** (*fig.*) [*donna affascinante*] ensorceleuse; femme fatale: *è sempre stata una maliarda* elle a toujours été une ensorceleuse ‖ *aveva un sorriso da maliarda* elle avait un sourire de femme fatale.

maliàrdo |mali'ardo, ma'ljardo| *agg.* [*affascinante, ammaliatore*] ensorcelant, fascinant: *occhi, sguardi maliardi* yeux, regards ensorcelants, fascinants; *lo invitava con gesti maliardi* elle l'invitait avec des gestes ensorcelants ✦ (*s.m.*) *un maliardo* un sorcier, un enchanteur.

màlico, ci, ca, che |'maliko, tʃi, ka, ke| *agg.* (*chim.*) malique.

malignaménte |maliɲɲa'mente| *avv.* [→ MALIGNO 2] avec malveillance *loc. inv.*; malignement: *parlava malignamente della suocera* il parlait avec malveillance de sa belle-mère ‖ *ha insinuato malignamente che...* il a insinué malignement que...

malignàre |maliɲ'ɲare| *v.intr.* (*aus.* 'avere') [*pensare o dire cose malevole nei riguardi di altri*] médire (48), dire (48) du mal: *hanno malignato anche su di te* ils ont médit, dit du mal de toi; *non fanno che malignare sul prossimo* elles ne font que dire du mal du prochain, des autres; *trascorrono le giornate a malignare* elles passent leurs journées à médire ◇ [*interpretare in modo malevolo*] dire *tr.* des médisances: *vedendoli insieme, la gente ha cominciato a malignare* en les voyant ensemble, les gens commencèrent à dire des médisances, à faire des commérages # *avete da malignare su tutto* vous avez, vous trouvez toujours quelque chose à redire.

malignità |maliɲɲi'ta| *s.f. inv.* **1** malignité *var.*, méchanceté (*var.*): *la malignità di una insinuazione* la malignité, la méchanceté d'une insinuation; *l'ho detto senza malignità* je l'ai dit sans malignité; *osserva tutto con malignità* il observe tout avec malignité → **cattiveria, malizia** **2** [*parola, insinuazione malevola*] calomnie *var.*, insinuation *var.* perfide: *è una delle sue solite malignità* c'est une de ses calomnies habituelles; *circolano malignità sul tuo conto* des insinuations perfides circulent sur ton compte ◇ [*atto malevolo*] méchanceté: *non mi aspettavo da te una simile malignità* je ne m'attendais pas à une telle méchanceté de ta part **3** (*fig.*) [*nocività, dannosità*] caractère *m. var.* nuisible, nocif: *la malignità del clima* le caractère nuisible du climat, climat nocif ◇ [*avversità*] adversité (*var.*): *la malignità dei tempi, della fortuna* l'adversité des temps, de la fortune ◇ (*med.*) malignité: *la malignità di un tumore, di un'epidemia* la malignité d'une tumeur, d'une épidémie.

malìgno |ma'liɲɲo| *agg.* **1** (*persone*) [*cattivo, malevolo*] méchant, malveillant: *una donna maligna* une femme méchante, malveillante; *un arbitro, un critico maligno* un arbitre, un critique malveillant # *lo spirito maligno* [*il demonio*] l'esprit malin, le malin; *gli spiriti maligni* [*le forze dell'inferno, del male*] les esprits malins ✦ *s.m.* (*per anton.*) *il Maligno* [*il demonio*] le Malin ✦ (*s.*) *un maligno* un méchant; une mauvaise langue *f.* **2** [*dettato, mosso da odio, malevolenza*] méchant, mauvais: *una insinuazione, un'osservazione maligna* une insinuation, une observation méchante, mauvaise # *ha fatto una risatina maligna* il a ri méchamment **3** (*fig.*) [*nocivo, dannoso*] malsain, nuisible: *clima maligno* climat malsain, nuisible ◇ [*sfavorevole, avverso*] malheureux*: *una sorte maligna* un sort malheureux, un triste sort, la guigne (*fam.*) # *un destino maligno ci perseguita* la malchance, la guigne nous poursuit **4** (*med.*) malin*: *tumore maligno* tumeur maligne; *il decorso maligno di una malattia* le cours malin, l'aggravation d'une maladie © 1; 2 **buono** 1, **benevolo**; 4 **benigno.**

malinconìa |malinko'nia| *s.f.* **1** mélancolie, tristesse: *pensieri, sentimenti pieni di malinconia* pensées, sentiments pleins de mélancolie, de tristesse; *quanta malinconia nei suoi ricordi!* que de tristesse dans ses souvenirs!; *una musica piena di malinconia* une musique pleine de mélancolie **2** [*depressione, tristezza*] mélancolie: *una malinconia cupa, tetra* une sombre mélancolie # *questi discorsi mi mettono addosso tanta malinconia* ces discours me rendent mélancolique, me donnent le cafard (*fam.*) ◇ (*per est.*) [*noia, fastidio*] ennui (*m.*): *l'ho ascoltato fino in fondo, ma che malinconia!* je l'ai écouté jusqu'au bout, mais quel ennui, quelle barbe! (*pop.*) # *che malinconia questa stagione!* comme elle est triste cette saison! **3** (*per est.*) [*pensieri tristi*] mélancolie, pensées *pl.* mélancoliques: *lasciamo da parte la malinconia* abandonnons la mélancolie, les pensées mélancoliques; *basta con questa malinconia!* assez de cette mélancolie, de cette tristesse! **4** (*psicol.*) mélancolie.

malinconicaménte |malinkonika'mente| *avv.* [→ MALINCONICO] mélancoliquement: *ci ha salutato malinconicamente* il nous a salués mélancoliquement.

malincònico, ci, ca, che |malin'kɔniko, tʃi, ka, ke| *agg.* mélancolique: *un ragazza malinconica* un fille mélancolique; *un ricordo malinconico* un souvenir mélancolique → **triste** # *mi vengono idee malinconiche* il me viennent des idées tristes, noires.

malincuòre |malin'kwɔre| *s.m. solo nella loc. avv.* A MALINCUORE à contrecœur, à regret: *partì a malincuore* il partit à contrecœur, à regret; *ve lo concedo a malincuore* je vous l'accorde à contrecœur, à regret.

malinformàto |malinfor'mato| *agg.* mal informé: *persone malinformate* personnes mal informées ♦ (*s.*) *un malinformato* une personne *f.* mal informée *agg.*

malintenzionàto |malintentsjo'nato| *agg.* malintentionné: *soggetti malintenzionati* sujets malintentionnés ♦ (*s.*) *un malintenzionato* une personne *f.* malintentionnée *agg.*

malintéso |malin'teso| **1** *agg.* mal compris, mal interprété: *un'idea malintesa* une idée mal comprise, mal interprétée; *un malinteso senso dell'onore* un sens de l'honneur mal compris, mal conçu **2** *s.m.* [*errata interpretazione*; *equivoco*] malentendu, équivoque (*f.*): *è stato, c'è stato un malinteso* il y a eu un malentendu, une équivoque; *si tratta di un malinteso* il s'agit d'une malentendu; *bisogna evitare, chiarire i malintesi* il faut éviter, éclaircir les malentendus, les équivoques.

malióso |mali'oso, ma'ljoso| *agg.* (*raro*) → **affascinante.**

malìssimo |ma'lissimo| *agg. sup.* [*molto male*] très mal: '*come va?, come stai?*' '*malissimo!*' 'comment ça va?' 'très mal!'; *suo padre sta malissimo* son père va très mal # *quei due colori stanno malissimo insieme* ces deux couleurs ne vont vraiment pas ensemble [C] **benissimo.**

malìzia |ma'littsja| *s.f.* **1** malice: *una persona sensa malizia* une personne sans malice; *dire q.c. con, senza malizia* dire qqch. avec, sans malice; *nella sua proposta c'è della malizia* dans sa proposition il y a de la malice **2** (*per est.*) [*astuzia, furbizia*] malice; truc (*m.*): *occhiate piene di malizia* coups d'œil pleins de malice; *nella sua confessione ho notato una punta di malizia* dans sa confession j'ai remarqué une pointe de malice ‖ *conoscere le malizie del mestiere* connaître les trucs du métier; *i principianti non conoscono tutte le malizie* les débutants ne connaissent pas tous les trucs ◇ (*loc.*) *mettere in malizia* [*mettere sull'avviso*] mettre qqn. en garde.

maliziàre |malit'tsjare| *v.intr.* (*aus.* '*avere*') [*pensare q.c. con malizia*; *malignare*] médire (48), dire (48) du mal: *maliziare su qc., su tutto* médire, dire du mal de qqn., de tout; *hanno maliziato sulla tua assenza* ils ont médit de ton absence.

maliziosaménte |malittsjosa'mente| *avv.* [→ MALIZIOSO] malicieusement: *rideva maliziosamente* il riait malicieusement.

maliziosità |malittsjosi'ta| *s.f. inv.* (*raro*) → **malizia** 1.

malizióso |malit'tsjoso| *agg.* [*che pensa, agisce con malizia*] malicieux*: *una ragazzina maliziosa* une fillette malicieuse ◇ [*che rivela malizia*] *uno sguardo malizioso* un regard malicieux # *ciò dimostra intenzioni maliziose* cela démontre ses mauvaises intentions.

malleàbile |malle'abile| *agg.* **1** malléable: *metallo, sostanza malleabile* métal, substance malléable → **duttile** **2** (*fig.*) malléable: *un carattere, una persona poco, facilmente malleabile* un caractère, une personne peu, facilement malléable → **arrendevole.**

malleabilità |malleabili'ta| *s.f. inv.* **1** malléabilité (*var.*): *grado di malleabilità* degré de malléabilité **2** (*fig.*) malléabilité # *persona di scarsa malleabilità* personne peu malléable.

malleabilizzazióne |malleabiliddzat'tsjone| *s.f.* malléabilisation: *la malleabilizzazione del ferro* la malléabilisation du fer.

malleolàre |malleo'lare| *agg.* (*anat.*) malléolaire.

mallèolo |mal'lɛolo| *s.m.* (*anat.*) malléole *f.*

mallevadóre, drice |malleva'dore, dritʃe| *s.* **1** (*dir.*) garant **2** (*per est.*) [*garante*] garant, responsable: *ti faccio io da mallevadore* je me porte garant pour toi.

mallevadorìa |mallevado'ria| *s.f.* (*raro*) → **malleveria.**

malleverìa |malleve'ria| *s.f.* (*dir.*) garantie, caution: *dare malleveria* donner une garantie, une caution.

màllo |'mallo| *s.m.* [*involucro esterno della noce*] brou (de noix).

mallòppo |mal'lɔppo| *s.m.* **1** [*involto, fagotto*] ballot d'effets, balluchon (*fam.*): *saliva le scale con un malloppo di panni* il montait l'escalier avec un ballot d'effets, avec son balluchon ◇ (*gerg.*) [*roba rubata, refurtiva*] butin: *restituire il malloppo* rendre le butin; *andarsene con il malloppo* s'en aller avec le butin **2** (*region.*) → **groppo.**

malmaritàta |malmari'tata| *agg.* mal mariée: *una giovane malmaritata* une jeune femme mal mariée ♦ (*s.f.*) *una malmaritata* une femme mal mariée *agg.*

malmenàre |malme'nare| *v.tr.* **1** [*picchiare, percuotere con violenza*] malmener (6), maltraiter, esquinter: *malmenare i prigionieri* malmener, maltraiter les prisonniers; *il ladruncolo è stato malmenato dalla folla* le petit voleur a été malmené par la foule **2** (*fig.*) [*maltrattare, strapazzare*] esquinter: *il film è stato addirittura malmenato dalla critica* le film a été carrément esquinté par la critique.

malmésso |mal'messo| *agg.* mal fichu (*fam.*); mal habillé: *un appartamento vecchio e malmesso* un appartement vieux et délabré, mal fichu; *è piuttosto malmesso in salute* il est plutôt mal en point, mal fichu → **malandato** ‖ *va sempre in giro malmesso* il se promène toujours mal habillé, mal vêtu → **malvestito.**

malmignàtta |malmiɲ'ɲatta| *s.f.* (*t.zool.*) malmignate *m.*, latrodecte *m.*

malmostóso |malmos'toso| *agg.* (*region.*) → 1 **scontento, scontroso.**

malnàto |mal'nato| *agg.* **1** [*maleducato, screanzato*] mal élevé, mal poli: *dei giovani malnati* des jeunes gens mal élevés, mal polis **2** (*per est.*) [*degenere, sciagurato*] misérable, malotru: *uomini malnati* hommes misérables; *ci tocca trattare con gente malnata* on doit avoir affaire à des misérables!, à des malotrus!

malnutrìto |malnu'trito| *agg.* mal nourri: *un bambino malaticcio e malnutrito* un enfant maladif et mal nourri.

malnutrizióne |malnutrit'tsjone| *s.f.* malnutrition.

màlo |'malo| *agg.* **1** (*lett.*) [*cattivo, perverso*] mauvais (*corr.*): *guardare con male intenzioni* regarder avec de mauvaises intentions **2** (*nell'uso corrente si scrive anche unito al sost. o all'agg. che segue*) *la mala sorte* la malchance → **malasorte**; *una mala femmina* une fille de mauvaise vie; *persone della mala vita* personnes de mauvaise vie → **malavita**; *guardare, parlare, rispondere in malo modo* regarder, parler, répondre rudement, avec rudesse; *è caduta in malo modo* elle a fait une mauvaise chute; *mi vedono di mal occhio* ils me voient d'un mauvais œil; *sei chiaramente in mala fede* tu es très évidemment de mauvaise foi → **malafede**; *lo fanno di mala grazia* ils le font de mauvaise grâce; *ti sei ridotto a mal partito* tu t'es fourré dans une mauvaise passe; *ha visto subito la mala parata* il a vu immédiatement que les choses tournaient mal, commençaient à mal tourner; *è sempre stata una mala lingua* elle a toujours été une mauvaise langue → **maldicente**; *l'ho cacciato a male parole* je l'ai chassé avec des injures → **parolaccia**; *dilaga il mal costume* la corruption se répand → **malcostume**; *la proposta ha sollevato mal umore* la proposition a déclenché la mauvaise humeur ♦ *s.f.* (*gerg.*) LA MALA [*la malavita, i delinquenti*] la pègre: *gli ambienti della mala milanese* les milieux de la pègre milanaise ◇ *loc. avv.* A MALA PENA à grand-peine: *l'ho intravisto a mala pena* je l'ai entrevu à grand-peine.

malòcchio, i |ma'lɔkkjo, i| *s.m.* mauvais œil: *avere il malocchio* avoir le mauvais œil → 1 **fattura** # *qc. gli ha fatto il malocchio* qqn. lui a jeté un sort.

malóra |ma'lora| *s.f.* [*rovina, perdizione*] ruine, perte: *la casa sta andando in malora* la maison tombe en ruine ◇ (*loc.*) *ma va' in malora* [*ma vai al diavolo, all'inferno!*] va-t-en au diable! ~ *alla malora!* [*al diavolo!*] au diable! ~ *andare in malora* se ruiner ~ *mandare qc. in malora* ruiner qqn.

malóre |ma'lore| *s.m.* [*malessere*] malaise: *un leggero malore* un léger malaise; *è stato colto da un malore* il a été pris d'un malaise.

malparlànte |malpar'lante| *agg.* (*raro*) qui parle mal une langue (*loc.*): *turisti malparlanti* touristes qui parlent mal une langue ♦ (*s.*) *un malparlante* personne qui parle mal une langue *loc.*

malpensànte |malpen'sante| *agg.* qui pense à mal (*loc.*): *individui malpensanti* individus qui pensent à mal ♦ (*s.*) *un malpensante* un mal pensant.

malpighia |mal'pigja| *s.f.* (*t.bot.*) malpighie.

malpreparàto |malprepa'rato| *agg.* mal préparé: *mi sento malpreparato all'esame* je me sens mal préparé pour l'examen.

malridótto |malri'dotto| *agg.* mal en point: *appartamento, vestito malridotto* appartement, vêtement mal en point; *ti vedo malridotto* (*in salute*) tu me sembles bien mal en point (du point de vue de la santé); *siamo malridotti* (*economicamente*) nous sommes mal en point (économiquement).

malriuscìto |malriuʃ'ʃito| *agg.* [*riuscito male*] manqué.

malsàno |mal'sano| *agg.* **1** malsain: *un clima, un luogo malsano* un climat, un lieu malsain ◇ (*raro*) (*persone*) → **malaticcio** **2** (*fig.*) [*perverso, corrotto*] malsain: *idee, compagnie malsane* idées, compagnies malsaines ◇ [*strambo, pazzo*] *una fantasia malsana* une imagination malsaine; *un cervello malsano* un esprit malsain **C** **sano.**

malservìto |malser'vito| *agg.* mal servi.

malsicùro |malsi'kuro| *agg.* peu sûr: *luoghi malsicuri* lieux peu sûrs; *un pavimento malsicuro* un plancher peu sûr, dangereux; *è malsicuro sulle gambe* il est peu sûr, mal assuré, chancelant sur ses jambes ◇ (*fig.*) [*incerto, titubante*] *sei troppo malsicuro* tu n'es pas assez sûr de toi, tu manques d'assurance **C** **sicuro.**

màlta |'malta| *s.f.* **1** (*edil.*) mortier (*m.*): *malta magra, grassa, idraulica* mortier maigre, gras, hydraulique **2** (*region.*) [*fango, melma*] boue: *imbrattato di malta* crotté (de boue); *un sentiero pieno di malta* un sentier plein de boue.

maltàggio, i |mal'taddʒo, i| *s.m.* maltage.

maltagliàti |maltaʎ'ʎati| *s.m. pl.* [*pasta tagliata obliquamente*] ⊠.

maltalènto |malta'lɛnto| *s.m.* (*lett.*) → **malanimo.**

maltàsi |mal'tazi| *s.f. inv.* (*chim.*) maltase *var.*

maltatóre, trice |malta'tore, tritʃe| *s.* **1** (*industria della birra*) malteur *m.* ✦ (*agg.*) *operaio maltatore* ouvrier malteur **2** (*raro*) [*manovale che prepara la malta*] ouvrier qui prépare le mortier.

maltèmpo |mal'tɛmpo| *s.m.* mauvais temps: *i danni del maltempo* les dégâts causés par le mauvais temps; *torna il maltempo* le mauvais temps revient.

maltenùto |malte'nuto| *agg.* mal tenu, mal entretenu: *uno studio maltenuto* un bureau mal tenu, mal entretenu.

malterìa |malte'ria| *s.f.* malterie.

maltése |mal'tese| **I** *agg.* [*di Malta*] maltais: *cane, capra maltese* chien maltais, chèvre maltaise ◇ (*med.*) *la febbre maltese* la fièvre de Malte **II** *s.m.* **1** *un maltese* [*un cane di razza maltese*] un (chien) maltais **2** *il maltese* [*la lingua*] le maltais.

màlto |'malto| *s.m.* malt.

maltòlto |mal'tɔlto| *s.m. e agg.* (bien) pris malhonnêtement, injustement: *restituire il maltolto* rendre ce qui a été pris malhonnêtement, injustement.

maltòsio, i |mal'tɔzjo, i| *s.m.* (*chim.*) maltose.

maltrattaménto |maltratta'mento| *s.m.* [→ MALTRATTARE 1] mauvais traitements (*pl.*): *maltrattamento di animali* mauvais traitements des animaux; *subire maltrattamenti* subir de mauvais traitements; *è stato denunciato per maltrattamenti verso i figli* il a été dénoncé pour les mauvais traitements qu'il infligeait à ses enfants.

maltrattàre |maltrat'tare| *v.tr.* **1** [*trattare in modo offensivo o violento*] maltraiter: *maltrattare la moglie, i figli* maltraiter sa femme, ses enfants; *maltratta gli operai* il maltraite les ouvriers; *ci hanno maltrattato senza ragione* ils nous ont maltraités sans raison; *non bisogna maltrattare gli animali* il ne faut pas maltraiter les animaux ◇ (*per est.*) [*usare senza cura, senza riguardo*] mal user de, maltraiter: *maltrattare un vestito, un'automobile* mal user d'un vêtement, d'une voiture; mal traiter un vêtement, une voiture **2** (*fig.*) [*trattare senza competenza*] maltraiter, malmener (6): *maltrattare una scienza, un autore* maltraiter une science, malmener un auteur.

maltusianìsmo |maltuzja'nizmo| *s.m.* malthusianisme.

maltusiàno |maltu'zjano| *agg.* malthusien*: *teoria maltusiana* théorie malthusienne ✦ (*s.*) *un maltusiano* un malthusien.

malùccio |ma'luttʃo| *avv.* assez mal, plutôt mal: *sta maluccio* (*di salute*) il va assez mal, plutôt mal (du point de vue de la santé); *gli affari gli stanno andando maluccio* les affaires vont plutôt mal pour lui; '*come va?*' '*piuttosto maluccio!*' 'comment ça va?' 'plutôt mal!' **C** **benino.**

malumóre |malu'more| *s.m.* **1** [*malcontento, inquietudine*] mécontentement: *il malumore contro le autorità* le mécontentement envers les autorités; *comincia a serpeggiare il malumore* le mécontentement commence à se propager **2** [*stato d'animo di nervosismo, di irritabilità*] mauvaise humeur (*f.*): *essere, svegliarsi di malumore* être, se réveiller de mauvaise humeur; *il capo mi sembra di malumore* le chef me semble de mauvaise humeur ◇ [*tristezza, malinconia*] *certe scene mi mettono il malumore* certaines scènes me mettent de mauvaise humeur **3** (*per est.*) [*screzio, incomprensione; ostilità*] brouille (*f.*): *bisogna dissipare questi malumori* il faut dissiper cette brouille # *sono nati dei malumori fra di noi* nous nous sommes brouillés; *ha del malumore verso di te* il a de la rancune contre toi **C** **buonumore.**

màlva |'malva| *s.* **1** *s.f.* (*t.bot.*) mauve ◇ (*corr.*) *decotto, impiastro di malva* infusion, cataplasme de mauve **2** *s.m. inv.* [*color rosa violaceo*] mauve *var.* ✦ (*agg. inv.*) *rosa malva* mauve *s.f.*

Malvàcee |mal'vatʃee| *s.f. pl.* (*t. bot.*) Malvacées.

malvàceo |mal'vatʃeo| *agg.* **1** (*bot.*) *pianta malvacea* mauve *s.f.* **2** (*per est.*) [*di color malva*] mauve (*s.f.*): *sfumatura malvacea* nuance mauve.

malvagiaménte |malvadʒa'mente| *avv.* [→ MALVAGIO] méchamment, cruellement.

malvàgio, gi, gia, gie |mal'vadʒo, dʒi, dʒa, dʒe| *agg.* **1** (*persone*) [*perfido, maligno*] méchant: *uomini corrotti e malvagi* hommes corrompus et méchants; *una madre malvagia* une mère méchante → **snaturato** ✦ (*s.*) *un malvagio* un méchant; *il Malvagio* [*il demonio*] l'esprit malin, le Malin **2** (*cose*) [*cattivo, perverso*] mauvais: *indole, natura malvagia* mauvais penchant, mauvaise nature; *leggi, azioni malvagie* mauvaises lois, actions; *agire con intenzioni malvagie* agir avec de mauvaises intentions ◇ (*preceduto da negazione, scherz.*) [*accettabile, discreto*] *non sarebbe un'idea malvagia* ce ne serait pas une mauvaise idée; *questo arrosto non è malvagio* ce rôti n'est pas mauvais.

malvagità |malvadʒi'ta| *s.f. inv.* [*perfidia, cattiveria*] méchanceté *var.*, cruauté (*var.*): *la malvagità di una persona, di un'azione* la méchanceté, la cruauté d'une personne, d'une action; *la malvagità della sorte* la cruauté du destin ◇ [*azione malvagia*] *commettere malvagità* commettre des méchancetés.

malvaròsa |malva'rɔza| *s.f.* → **malvone.**

malvasìa |malva'zia| *s.f.* [*vitigno di varie regioni it.*] malvoisie *m. o f.* ✦ (*s.m. inv.*) *il malvasia* [*il vino*] le malvoisie (*var.*): *una bottiglia di malvasia* un flacon de malvoisie.

malvavìschio, i |malva'viskjo, i| *s.m.* (*t.bot.*) ketmie *f.*, guimauve *f.*

malveìna |malve'ina| *s.f.* (*chim.*) mauvéine.

malversàre |malver'sare| *v.tr.* (*dir.*) (*di pubblico ufficiale o di incaricato di un servizio pubblico*) [*amministrare illecitamente denaro o beni mobili privati di cui si dispone per ragioni di ufficio*] détourner des fonds.

malversatóre, trice |malversa'tore, tritʃe| *s.* [*colpevole di malversazione*] prévaricateur*.

malversazióne |malversat'tsjone| *s.f.* (*dir.*) malversation, détournement *m.* → **prevaricazione.**

malvestìto |malves'tito| *agg.* **1** mal habillé, mal vêtu: *un povero vecchio malvestito* un pauvre vieux mal habillé, mal vêtu # *sei malvestito per questo tempaccio* tu n'es pas convenablement habillé pour ce sale temps **2** [*vestito senza eleganza*] mal habillé: *una donna malvestita* une femme mal habillée.

malvissùto |malvis'suto| *agg.* [*che ha condotto vita disonesta*] abject, méprisable: *persone malvissute* personnes abjectes, méprisables.

malvìsto |mal'visto| *agg.* mal vu: *nell'ambiente è molto malvisto* dans ce milieu il est très mal vu **C** **benvisto.**

malvivènte |malvi'vɛnte| *s.* [*delinquente, malfattore*] malfaiteur (*m.*): *un pericoloso malvivente* un dangereux malfaiteur; *un covo di malviventi* un repaire de malfaiteurs.

malvivènza |malvi'vɛntsa| *s.f.* (*raro*) → **malavita, delinquenza.**

malvìzzo |mal'vittso| *s.m.* (*t.zool.*) mauvis.

malvolentièri |malvolen'tjɛri| *avv.* de mauvais gré *loc. inv.*, à contrecœur (*loc. inv.*): *vengo malvolentieri* je viens de mauvais gré, à contrecœur; *ce lo ha fatto malvolentieri* il nous l'a fait de mauvais gré.

1 **malvolére** |malvo'lere| *v.tr. dif.* (*usato solo all'inf. pres. e al p.p.*) [*sentire, dimostrare antipatia, ostilità verso qc.*] détester: *dopo quello sgarbo l'ho presa a malvolere* après cette impolitesse, je la déteste, je l'ai prise en grippe ✦ (*al p.p.*) *sei malvoluto da tutti* tu es détesté, mal vu de tout le monde; *ho l'impressione di essere malvoluta* j'ai l'impression d'être détestée, d'être mal vue **C** **benvolere** 1.

2 **malvolére** |malvo'lere| *s.m.* [*avversione, ostilità*] malveillance (*f.*): *nel vostro atteggiamento c'è del malvolere*

verso di noi dans votre comportement, il y a de la malveillance envers nous ◇ (*per est.*, *raro*) → **svogliatezza.**

malvóne |mal'vone| *s.m.* (*t.bot.*) rose trémière *f.*, primerose *f.*

màmbo |'mambo| *s.m.* (*mus.*) mambo.

mamelùcco, chi, ca, che |mame'lukko, ki, ka, ke| *s.* **1** (*st. egiz.*) mamelouk *m.*, mameluk *m.* **2** (*fig.*) [*sciocco, imbambolato*] balourd, idiot: *non stare al freddo, mamelucco!* ne reste pas au froid, idiot!

mamertino |mamer'tino| **1** *agg.* (*st. rom.*) mamertin: *il carcere mamertino* la (prison) mamertine **2** *s.m.* (*vino*) mamertin.

mamillària |mamil'larja| *s.f.* (*t. bot.*) mamillaire.

màmma |'mamma| *s.f.* **1** maman, mère: *la mia, la tua mamma* maman, ta maman; *mamma cara, cara mamma* ma chère maman; *la festa della mamma* la fête des mères; *chiamami la mamma* appelle maman; *per lui è stata una (vera) mamma* pour lui, elle a été une vraie mère → **madre** ◇ (*iron.*) *raccontalo alla mamma* raconte-le à maman; *tutti hanno una mamma* tout le monde a une mère; *di mamma ce n'è una sola* rien ne peut remplacer une mère; *è ancora attaccato alle gonne della mamma* il est encore accroché aux jupons de sa mère; il est encore dans les jupes de sa mère ◇ (*loc.*) *far da mamma* tenir lieu de mère: *mi ha sempre fatto da mamma* elle m'a toujours tenu lieu de mère, servi de mère ~ (*fig.*, *spec. iron.*) *è lui* (*che fa*) *la mamma del gruppo* c'est lui qui fait la maman du groupe ~ *come l'ha fatto mamma, come mamma l'ha fatto* [*nudo*] comme Dieu l'a créé; (*fig.*) [*ingenuo, candido*] naïf* **2** (*animali*) mère: *è la mamma di quel vitello* c'est la mère de ce veau **3** (*fig.*) [*donna affettuosa, premurosa*; *protettrice*] mère: *la mamma dei poveri* la mère des pauvres; *è stata la mamma di tutti* elle fut la mère de tout le monde **4** (*lett.*) → **mammella** **5** (*in funzione di inter.*) MAMMA! MAMMA MIA! mon Dieu!; oh, mon Dieu!: *mamma, che pena, che strazio!* mon Dieu! quelle peine, quelle douleur!; *mamma mia, che paura!* oh mon Dieu, quelle frousse!

mammalìàno |mamma'ljano| *agg.* mammalien*.

mammalogia, gie |mammalo'dʒia, dʒie| *s.f.* mammalogie.

mammalùcco, chi, ca, che |mamma'lukko, ki, ka, ke| *s.* → **mamelucco.**

mammamìa |mamma'mia| *inter.* (*esprime 'dolore, spavento, sorpresa'*) mon Dieu: *mammamia, che impressione!* mon Dieu, quelle impression!; *mammamia, che folla!* mon Dieu, quelle foule!

mammàna |mam'mana| *s.f.* (*pop.*) sage-femme.

mammàrio, i |mam'marjo, i| *agg.* (*anat.*) mammaire: *ghiandole mammarie* glandes mammaires.

mammasantissima |mammasan'tissima| *s.m. inv.* (*gerg.*, *region.*) chef *var.* de la camorra ou de la maffia.

mammèlla |mam'mɛlla| *s.f.* (*anat.*) (*di persone*) mamelle, sein *m.* ◇ (*di animali*) tétine ◇ (*di animali da mungere*) pis *m.*

mammellonàre |mammello'nare| *agg.* (*geol.*) mamelonné.

mammellonàto |mammello'nato| *agg.* (*geogr.*) mamelonné.

mammellóne |mammel'lone| *s.m.* (*geogr.*) mamelon.

mammìfero |mam'mifero| **1** (*s.m. pl.*) *i Mammiferi* les Mammifères **2** *agg.* mammifère: *animale mammifero* animal mammifère.

mammillàre |mammil'lare| *agg.* (*anat.*) **1** [*della mammella*] mammaire **2** (*per est.*) [*a forma di mammella*] en forme de mamelle (*loc. inv.*): *corpi mammillari* corps en forme de mamelle ◇ (*med.*) mammaire: *malformazione mammillare* malformation mammaire.

mammìna |mam'mina| *s.f.* **1** maman: *una mammina piena di timori* une maman pleine de crainte ◇ (*in tono affettuoso o iron.*) *sì, mammina!* oui, maman chérie!; *non preoccuparti, mammina!* ne te fais pas de souci, maman chérie! **2** [*ragazzina giudiziosa che cura i fratelli più piccoli*] petite maman: *è una mammina* c'est une petite maman.

mammìsmo |mam'mizmo| *s.m.* **1** (*dei figli*) [*attaccamento esagerato alla madre*] assujettissement à la mère # *è malato di mammismo* il est trop assujetti à sa mère **2** (*delle madri*) [*eccessiva preoccupazione o premura per i figli*] sujétion (*f.*): *questo non è affetto, è mammismo* ce n'est pas de l'affection, c'est de la sujétion.

mammografìa |mammogra'fia| *s.f.* (*med.*) mammographie.

màmmola |'mammola| *s.f.* **1** (*t. bot.*) violette ♦ (*agg.*) *uva mammola* raisin rouge; *viola mammola* violette *s.f.* **2** (*fig.*) [*bambina graziosa*] mignonne ◇ [*persona timida*] personne timide.

mammóna |mam'mona| *s.m. e f.* [*le ricchezze*; *il denaro*] argent (*m.*): *essere attaccato a mammona* être attaché à l'argent.

1 **mammóne** |mam'mone| *s.m.* **1** (*raro*) → **macaco** 1 **2** (*nelle favole*) *gatto mammone* loup-garou.

2 **mammóne** |mam'mone| *s.* (*fam.*) enfant toujours accroché à sa maman, toujours dans les jupes de sa mère: *non la lascia mai, è un mammone* il ne la laisse jamais, il est toujours accroché à sa maman, dans les jupes de sa mère.

mammùt |mam'mut| *s.m. inv.* **1** (*t.zool.*) (*paleont.*) mammouth *var.* **2** (*t.bot.*) *albero del mammut* → **sequoia.**

màna |'mana| *s.m. inv.* (*sociol.*) mana *var.*

management |'mænidʒmənt| *s.m. inv.* (*ingl.*) management *var.*

manager |'mænidʒə| *s.m. inv.*(*ingl.*) **1** (*di un'azienda e sim.*) président-directeur général (P.D.G.) (*var.*): *un manager aziendale* un président-directeur général d'une société → **dirigente** **2** (*di persone*) manager (*var.*): *il manager di un pugile* le manager d'un boxeur; *rivolgiti al mio manager* adresse-toi à mon manager → **amministratore.**

manageriàle |manadʒe'rjale| *agg.* de président-directeur général *loc.*; de manager (*loc. inv.*): *gestione manageriale* administration de président-directeur général || *criteri manageriali* conceptions de manager.

manàle |ma'nale| *s.m.* [*mezzo guanto di cuoio che copre il palmo della mano*] manicle *f.*, manique *f.*, gantelet.

manàta |ma'nata| *s.f.* **1** [*colpo dato col palmo della mano*] tape, claque: *fai piano, con queste manate!* doucement avec ces tapes!; *mi ha dato una manata sulla spalla* il m'a donné une tape sur l'épaule; *mi ha dato una manata sulla schiena* il m'a donné une claque dans le dos; *se non ti togli, ti dò una manata!* si tu ne t'en vas pas, je te donne une claque → **ceffone** **2** [*manciata*] poignée: *una manata di noccioline* une poignée de noisettes; *è arrivato con una manata di spiccioli* il est arrivé avec une poignée de petite monnaie ◇ *loc. fig.* A MANATE [*in gran quantità*] par poignées # *buttar via soldi a manate* jeter l'argent par les fenêtres.

mànca, che |'manka, ke| *s.f.* **1** main gauche: *usare la manca* se servir de la main gauche **2** [*parte sinistra*] gauche: *fermarsi sulla manca* s'arrêter à gauche; *dirigersi, mantenersi a manca* se diriger, rester à gauche ◇ (*loc. fig.*) *a dritta e a manca* [*dappertutto*] à droite et à gauche.

mancaménto |manka'mento| *s.m.* **1** [*perdita momentanea di coscienza*; *svenimento*] évanouissement: *ha avuto un mancamento improvviso* il a eu un évanouissement soudain **2** (*raro*) → **mancanza, scarsezza** **3** (*raro, fig.*) → **colpa, errore.**

mancànte |man'kante| *agg.* manquant: *ricostruire le parti mancanti di un muro* reconstruire les parties manquantes d'un mur ◇ (*filol.*) tronqué: *epigrafe mancante* épigraphe tronquée → **mutilo** ◇ (*mus.*) diminué: *intervallo mancante* intervalle diminué → **diminuito.**

mancànza |man'kantsa| *s.f.* **1** [*il non esserci*] manque (*m.*): *mancanza di alternative* manque d'alternative; *mancanza di rispetto, di riguardo* manque de respect, d'égards; *mancanza di memoria, di prudenza* manque de mémoire, de prudence ◇ *loc.* PER MANCANZA DI par manque de, faute de: *morire per mancanza di viveri, di medicine* mourir par manque de, faute de vivres, de médicaments; *assolto per mancanza di prove* acquitté par manque de preuves ◇ (*persone*) [*assenza*] absence: *in mancanza del direttore, rivolgersi al signor X* en l'absence du directeur, s'adresser à Monsieur X; *la vostra mancanza ha ritardato i lavori* votre absence a retardé les travaux; *la tua mancanza si è fatta sentire* ton absence a été remarquée ◇ [*morte, perdita*] disparition: *rimpiangeremo la sua mancanza* nous regretterons sa disparition ◇ *loc.* IN MANCANZA DI à défaut de: *in mancanza di altre soluzioni, accettiamo la sua proposta* à défaut d'autres solutions, nous acceptons votre proposition # *non possiamo decidere in mancanza dell'interessato* nous ne pouvons pas décider du fait de l'absence de l'intéressé **2** (*per est.*) [*carenza, insufficienza*] faute de; manque de: *per mancanza di tempo, di spazio* faute de temps, d'espace || *la mancanza di riserve cominciava a preoccuparli* le manque de réserves commençait à les préoccuper # *la mancanza di domanda rallenta il commercio* la baisse de la demande ralentit le commerce **3** [*errore, colpa*] faute, erreur: *commettere una mancanza grave, leggera* commettre une faute grave, légère; *non possiamo più tollerare queste vostre man-*

canze nous ne pouvons plus tolérer vos erreurs ◇ [*trasgressione*] manquement (*m.*): *una mancanza disciplinare* un manquement à la discipline **4** (*raro*) → **svenimento** Ⓒ 1 **presenza**; 2 **abbondanza.**

mancàre |man'kare| **A** *v.intr.* (*aus.* '*essere*' *nei significati* 1, 2, 3, 4, 5 '*avere*' *nei significati* 3, 6, 7) **1** (*sogg. di persona*) [*non esserci*] manquer (*aus.* avoir): *chi manca?* qui manque?; *manca il titolare* il manque le titulaire, le titulaire manque; *in campo mancavano i migliori* sur le terrain les meilleurs manquaient; *vi prego di non mancare alla riunione di domani* je vous prie de ne pas manquer à la réunion de demain; *aspettiamo ancora un po' quelli che mancano* attendons encore un peu ceux qui manquent; *mancavi solo tu!* il ne manquait que toi! ◇ [*essere lontano, assente*] être (43) (*aus.* avoir) absent: *è da molto che manca da casa* il y a longtemps qu'il est absent de chez lui; *ne approfittate subito appena manco io!* dès que j'ai le dos tourné (*fam.*), dès que je suis absent, vous en profitez! **2** (*sogg. di cosa*) [*non esserci*] manquer, faire (45) (*aus.* avoir) défaut: *mancano alcuni oggetti indispensabili* il manque certains objets indispensables; *in questo locale manca l'impianto idraulico* dans ce local l'installation hydraulique fait défaut; *manca il tempo per far tutto* le temps manque pour tout faire ◇ [*non esserci più; essere scomparso*] manquer: *da questo scaffale mancano dei libri* dans cette étagère deux livres manquent, il manque deux livres; *ti sembra che manchi q.c. dal cassetto?* est-ce qu'il te semble qu'il manque qqch. dans le tiroir? **3** (*aus.* '*avere*' *con sogg. di persona*; '*essere*' *con sogg. di cosa*) [*essere privo di; non avere*] manquer: *mancare di coraggio, di decisione, d'intuito* manquer de courage, de décision, d'intuition; *questo edificio manca di solidità, di eleganza* cet édifice manque de solidité, d'élégance ◇ (*fig., iron.*) *ti manca un venerdì!* il te manque une case! ◇ [*far difetto*] *gli manca solo la parola* il ne lui manque que la parole ◇ [*occorrere, abbisognare*] *vi manca ancora q.c.?* est-ce qu'il vous manque encore qqch.?; *continui a lamentarti, ma cosa ti manca?* tu continues à te plaindre, mais qu'est-ce qu'il, qu'est-ce qui te manque?; *se ti manca q.c., scrivimi* s'il te manque qqch., écris-moi ◇ *loc.* NON MANCARE (Q.C.) [*esserci, spec. in abbondanza*] manquer: *i soldi non mancano* l'argent ne manque pas; *una casa dove non manca niente* une maison où rien ne manque ~ NON MANCARE A QC. [*avere, spec. in abbondanza*] (ne pas) manquer (à qqn.); être en peine de: *non gli manca certo la sfacciataggine!* ce n'est pas le toupet qui lui manque!; *vedo che non vi manca proprio niente!* je vois qu'il ne vous manque vraiment rien ‖ *non ti mancherà il modo, l'occasione* tu ne seras pas en peine de trouver la manière, l'occasion **4** [*rimanere, restar* (*da fare*)] manquer, rester: *manca solo la firma, il timbro* il ne te manque que la signature, le cachet; *mancano ancora gli ultimi ritocchi* il manque encore les dernières retouches # *manca solo che lo spedisca* tu n'as qu'à l'envoyer ◇ (*di tempo*) *quanto manca alla partenza?* combien de temps reste-t-il avant le départ?; *manca un quarto a mezzogiorno* il est midi moins le quart; *credo che manchi poco per pranzo* je crois qu'il est presque l'heure de dîner ◇ (*di spazio*) *manca poco all'arrivo* on va bientôt arriver; *mancano solo 2 chilometri per la deviazione* il n'y a que deux kilomètres pour la déviation ◇ *loc.* MANCARCI (*spec. iron.*) [*volerci*]: *ci mancava anche questa!* il ne manquait plus que cela!, que ça!; (*non*) *ci mancherebbe altro!, ci mancherebbe!* il ne manquerait plus que cela!, que ça! ~ POCO CI MANCAVA, CI È MANCATO CHE (+ *congv.*) [*per poco non*] *poco ci è mancato che non cadessi* il a manqué de tomber, il a failli tomber; *c'è mancato poco che...* peu s'en fallut que..., il s'en est fallu de peu que... **5** [*venir meno*] manquer: *a questo punto manca il motivo della protesta* ici le motif de la protestation manque; *mi son mancate le forze all'improvviso* les forces m'ont manqué à l'improviste # *è mancata la corrente all'improvviso* il y a eu une panne soudaine de courant; *sentirsi mancare a poco a poco* se sentir défaillir peu à peu ◇ [*morire*] mourir (24): *è venuto a mancare, è mancato all'improvviso, è mancato ai propri cari* il est mort brusquement, il a eu une mort soudaine ◇ [*far sentire la propria mancanza*] *mi manchi molto* tu me manques beaucoup ◇ [*deperire; estinguersi*] dépérir (*aus.* avoir), s'éteindre (66) (*pron.*): *mancare a poco a poco* dépérir, s'éteindre peu à peu; *è mancata la discendenza maschile* la descendance mâle s'est éteinte **6** [*venir meno a; non osservare*] manquer: *mancare di rispetto, di riguardo* manquer de respect, d'égards; *hai mancato alla parola data* tu as manqué à ta parole ◇ [*omettere, tralasciare*] *non mancheremo di venirvi a salutare* nous ne manquerons pas de venir vous dire bonjour, vous dire au revoir; '*ci scriverai?*' '*non mancherò*' 'nous écriras-tu?' 'je n'y manquerai pas' **7** [*commettere errori; sbagliare*] se tromper (*pron.*): *tutti possiamo mancare* tout le monde peut se tromper # *ho mancato, ma senza malizia* j'ai mal agi, mais sans malice; j'ai mal fait, mais ce fut sans le vouloir **B** *v.tr.* [*non riuscire in q.c.; fallire*] rater, manquer: *mancare il colpo, l'obiettivo, una occasione* rater un coup, l'objectif, une occasion; *ha mancato un pallone d'oro* il a raté une balle d'or; *l'ho mancato per poco, per un soffio* je l'ai manqué, raté de peu, d'un poil.

mancàto |man'kato| *agg.* **1** [*non realizzato; fallito*] raté: *un avvocato, un artista mancato* un avocat, un artiste raté ◇ (*cose*) raté, manqué: *un colpo mancato* un coup raté, manqué **2** [*non avvenuto*] *il mancato intervento delle autorità* la non-intervention des autorités; *avviso di mancato pagamento* avis de non-paiement; *il mancato successo di una trattativa* l'insuccès d'une négociation ◇ (*dir.*) *mancato omicidio* tentative d'assassinat.

mancése |man'tʃese| **1** *agg.* [*della Manciuria*] mandchou: *popolazione mancese* population mandchoue **2** (*s.m.*) *il mancese* [*la lingua*] le mandchou.

'manche' |mɑ̃ʃ| *s.f. inv.* (*giochi di carte; sport*) manche (*var.*): *vincere una, la prima 'manche'* gagner une manche, la première manche → **partita.**

'manchette' |mɑ̃ʃɛt| *s.f. inv.* **1** (*di giornale*) manchette (*var.*): *le principali notizie sono indicate in 'manchette'* les principales nouvelles sont indiquées en manchette **2** [*fascetta pubblicitaria di un libro*] manchette.

manchévole |man'kevole| *agg.* **1** [*insufficiente, inadeguato*] insuffisant, défectueux*: *una preparazione manchevole* une préparation insuffisante, défectueuse **2** (*lett.*) → **inadempiente.**

manchevolézza |mankevo'lettsa| *s.f.* **1** [*insufficienza, carenza*] insuffisance: *riconosco la manchevolezza del nostro contributo* je reconnais l'insuffisance de notre apport **2** [*imperfezione, difetto*] imperfection: *una preparazione piena di manchevolezze* une préparation pleine d'imperfections ◇ [*mancanza, errore*] faute, erreur: *hai commesso una grave manchevolezza* tu as commis une faute, une erreur grave.

manchevolménte |mankevol'mente| *avv.* [→ MANCHEVOLE 1] insuffisamment; imparfaitement.

mància, ce |'mantʃa, tʃe| *s.f.* [*regalo in denaro per ricompensa di un servizio ricevuto*] pourboire (*m.*): *dare, accettare, rifiutare la mancia* donner, accepter, refuser un pourboire; *guadagna più con le mance che con lo stipendio* il gagne plus avec les pourboires qu'avec son salaire # *ho dato la mancia di Natale al portiere* j'ai donné au concierge ses étrennes ◇ (*in annunci, spec. di smarrimento*) *mancia competente* récompense légale.

manciàta |man'tʃata| *s.f.* [*quantità contenuta in una mano*] poignée: *una manciata di caramelle, di ciliegie* une poignée de bonbons, de cerises ◇ *loc.* A MANCIATE [*in abbondanza*] en abondance # *distribuiva complimenti a manciate* il faisait assaut de compliments; *ha seminato debiti a manciate* il a fait des dettes un peu partout, il a laissé des ardoises dans tous les coins (*fam.*).

mancìna |man'tʃina| *s.f.* **1** main gauche: *usare la mancina* utiliser la main gauche; *scrivere con la mancina* écrire de la main gauche → **sinistra 2** [*il lato, il settore, la direzione di sinistra*] gauche: *dirigersi, girare a mancina* se diriger, tourner à gauche; *tenersi, camminare sulla mancina* rester, marcher à gauche; *è sbucato da mancina* il est sorti de la gauche → **sinistra 3** (*mar.*) grue: *mancina galleggiante* grue flottante.

mancinèlla |mantʃi'nɛlla| *s.f.* (*t. bot.*) mancenillier *m.*

mancinìsmo |mantʃi'nizmo| *s.m.* (*med.*) tendance *f.* de, disposition *f.* à se servir de la main gauche ◇ (*psicol.*) gaucherie.

mancìno |man'tʃino| *agg.* **1** [*di sinistra*] gauche: *la mano, la gamba mancina* la main, la jambe gauche; *sul lato mancino della strada* sur le côté gauche de la route ✦ (*s.m. o f.*) *usare il mancino, la mancina* [*il piede sinistro, la mano sinistra*] utiliser le pied, la main gauche ◇ (*loc.*) *tirare di mancino* tirer de la main gauche, du pied gauche **2** (*persone*) [*che usa di preferenza o con maggiore abilità la mano o il piede di sinistra*] gaucher*: *un ragazzo mancino* un garçon gaucher; *un pugile, un* *calciatore mancino* un boxeur, un footballeur gaucher ♦ (*s.*) *un mancino* un gaucher **3** (*fig.*) [*sleale, insidioso*] déloyal*: *una persona mancina* une personne déloyale # *un colpo mancino* un coup bas; *fare, giocare un colpo mancino a qc.* jouer un mauvais tour à qqn. © 1 **destro**; 3 **leale.**

mancipazióne |mantʃipat'tsjone| *s.f.* (*dir. rom.*) mancipation.

mancìpio, i |man'tʃipjo, i| *s.m.* (*lett.*) → **servo, schiavo.**

manciù |man'tʃu| *agg. e s. inv.* → **mancese.**

1 **mànco** |'manko| *avv.* **1** (*pop.*) [*nemmeno, neanche*] même pas, même plus: *non dirlo manco per scherzo* ne le dis même pas pour plaisanter; *manco a parlarne!* n'en parle même pas, il n'en est pas question!; *non ne ho visto manco uno* je n'en ai même pas vu un; *manco lo saluto più* je ne le salue même plus # *manco per idea, per sogno* jamais de la vie; *siete stati voi, manco a dirlo!* c'est vous qui l'avez fait, comme de bien entendu, évidemment ◇ (*loc. inter.*) *manco male!* [*per fortuna*] heureusement! **2** (*lett.*) *senza manco* [*meno*] sans aucun doute; *venir manco* s'évanouir, défaillir.

2 **mànco, chi, ca, che** |'manko, ki, ka, ke| *agg.* (*raro, lett.*) → **sinistro, mancino.**

mancolista |manko'lista| *s.f.* liste des pièces manquantes.

mandamentàle |mandamen'tale| *agg.* [*del mandamento*] cantonal*: *carcere mandamentale* prison départementale, prison cantonale.

mandaménto |manda'mento| *s.m.* (*dir.*) canton → **circoscrizione.**

mandànte |man'dante| *s.* (*dir., corr.*) mandant: *il mandante di un delitto* le mandant d'un délit.

mandaràncio, i |manda'rantʃo, i| *s.m.* [*incrocio di arancio e mandarino*] clémentine *f.* → **clementina.**

mandàre |man'dare| *v.tr.* **1** (*ogg. di persona*) [*inviare in qualche luogo, per fare qualche cosa*] envoyer (14): *mandare un rappresentante, un osservatore* envoyer un représentant, un observateur; *mandare i figli a scuola, a letto* envoyer les enfants à l'école, au lit; *mandateci qc. in aiuto* envoyez-nous qqn. en aide, pour nous aider; *manderò qc. a prendervi alla stazione* j'enverrai qqn. vous chercher, vous prendre à la gare; *se vi hanno mandato, ci sarà una ragione* il y aura une raison pour qu'ils vous aient (ainsi) envoyés; *lo so io chi vi ha mandato!* je le sais, moi, qui vous a envoyés; *chi vi manda?* qui vous envoie?; *mi hanno mandato a chiedere notizie* ils m'ont envoyé pour avoir de vos nouvelles # *mandate a chiamare il dottore* faites appeler le docteur ◇ [*destinare, inviare*] *dove ci manderanno quest'anno?* où nous enverront-ils cette année?; *chi lo sa dove ci manderanno!* qui sait où ils nous enverront!; *non mandatemi in capo al mondo!* ne m'envoyez pas au bout du monde!; *ti manderò in una sede più comoda* je t'enverrai dans un poste plus convenable, agréable ◇ [*consigliare, imporre di andare*] *il dottore mi ha mandato in ospedale* le docteur m'a envoyé à l'hôpital; *l'hanno mandato in prigione, in manicomio* ils l'ont envoyé en prison, à l'asile (d'aliénés) ◇ [*permettere, concedere di andare*] *se sarai promosso ti manderò al mare* si tu es reçu, je t'enverrai à la mer # *papà, mi mandi al cinema?* papa, tu veux bien que j'aille au cinéma? ◇ *loc.* MANDARE PER [*inviare in cerca di*] envoyer chercher: *mandare per il dottore* envoyer chercher le médecin; *mandare per legna, per acqua* envoyer chercher du bois, de l'eau ~ *mandare qc. in rovina* ruiner qqn. ~ *mandare qc. all'altro mondo, al creatore* envoyer qqn. dans l'autre monde ~ *mandare qc. all'inferno, al diavolo, a quel paese* envoyer qqn. au diable, à tous les diables ~ *mandare qc. a spasso* renvoyer qqn. ~ *mandare qc. a gambe levate, all'aria* envoyer qqn. les quatre fers en l'air ~ *è una cosa che mi manda in estasi, in visibilio* cela me fait tomber en extase ~ *li hanno mandati al macello* ils les ont envoyés à la boucherie ~ *mandare a morte, al rogo, alla ghigliottina* envoyer à la mort, au bûcher, à la guillotine → **condannare** **2** (*ogg. di cosa*) [*far andare; lasciar andare; destinare*] envoyer: *mandare l'acqua nel giardino* envoyer l'eau dans le jardin ◇ (*loc.*) *mandar le cose per il loro verso* laisser les choses suivre leur cours ~ *non mandare la luce da questa parte* n'envoie pas la lumière de ce côté ~ *non mandate tutto in pezzi* ne brisez pas tout en mille morceaux ~ *avete mandato a male un cesto di mele* vous avez laissé pourrir un panier de pommes ~ *mandare una cosa a effetto, a buon fine* exécuter, réaliser une chose ~ *ho mandato tutto a farsi benedire* j'ai tout envoyé au diable ~ *manderete tutto in fumo* vous ferez tout échouer ~ *mandar le cose per le lunghe* faire traîner les choses en longueur ~ *ha mandato l'azienda in rovina, a rotoli* il a ruiné l'entreprise ~ *mandare un affare all'aria, a monte* faire échouer une affaire ~ *mandiamo a monte la partita?* on laisse tomber la partie? ~ *hanno mandato tutto a carte quarantotto* ils ont tout fichu en l'air ◇ (*sport*) *mandare la palla a lato, in porta* envoyer la balle en touche, dans les buts; *mandare la biglia nella buca* envoyer la bille dans le trou; *mandare un avversario al tappeto* envoyer un adversaire au tapis ◇ [*gettare, lanciare*] *mandare un sasso contro una vetrata* jeter un caillou contre une vitre ◇ (*fig.*) *mandare improperi, maledizioni a qc.* couvrir qqn. d'insultes, maudire qqn. **3** (*spesso in loc., seguito da determinazioni di luogo*) MANDARE AVANTI: *mandare avanti qc. o q.c.* [*far precedere*] faire précéder qqn. ou qqch.; *mandar avanti qc.* [*inviarlo in avanscoperta*] envoyer qqn. en reconnaissance; *ha mandato avanti un galoppino* il s'est fait précéder par un garçon de courses; *mandar avanti una pratica* [*farla procedere nel suo corso*] expédier une affaire ~ MANDARE INDIETRO [*respingere*] *mandare indietro un pacco, una lettera* renvoyer un paquet, une lettre; *ci hanno mandato indietro* ils nous ont renvoyés ~ MANDAR VIA QC. [*scacciarlo*] chasser: *mandalo via!* chasse-le!; *ci ha mandato via in malo modo* il nous a chassés avec rudesse; *nessuno vi manda via* personne ne vous chasse # *l'ho mandato via a mani vuote* je l'ai renvoyé bredouille; *mandar via un impiegato* [*licenziarlo*] licencier, renvoyer un employé; (*animali*) *manda via quel cane!* [*scaccialo!*] chasse ce chien! ~ MANDAR VIA Q.C. [*eliminarla, allontanarla*] *mandar via il cattivo odore da una stanza* éliminer une mauvaise odeur dans une pièce; *mandar via lo smalto, la ruggine* enlever le vernis, la rouille; *mi ha mandato via la malinconia* il a chassé ma mélancolie ~ *mandar via una lettera, un pacco* [*spedirli*] envoyer une lettre, un paquet; *hai già mandato via le ordinazioni?* as-tu déjà envoyé la commande? ~ MANDAR SU [*far salire; far portare*] faire (45) *intr.* monter: *mandami su qc. del tuo ufficio* fais monter qqn. de ton bureau; *gli ho mandato su un caffè* je lui ai fait monter un café ~ MANDAR GIÙ [*far scender; far portare*] *ti mando giù mio fratello* je fais descendre mon frère; *appena lo rintracci, mandamelo giù* dès que tu l'auras retrouvé, fais-le descendre; *mandateci giù quella pratica* faites-nous descendre ce dossier; *mandar giù un boccone* [*inghiottirlo*] avaler une bouchée ◇ (*fig.*) *mandar giù qc. o q.c.* [*sopportare q.c o q.c.*] supporter qqn. ou qqch.; *quel tuo amico non riesco a mandarlo giù* je n'arrive pas à supporter ton ami; *questa non la mando giù!* celle-là, je ne la supporte pas! ~ MANDARE IN ALTO, IN BASSO [*far salire, scendere*] *mandare in alto un palloncino* faire monter un petit ballon; *mandare in basso una leva* faire descendre un levier ~ MANDAR FUORI [*far uscire, scacciare; emettere*] *mandar fuori uno scocciatore* mettre à la porte un importun; *mandar fuori l'aria viziata* faire sortir l'air vicié; *gli alberi mandano fuori le prime foglie* les arbres mettent leurs premières feuilles; *mandar fuori un bollettino* publier un bulletin → **publicare** ~ MANDAR DENTRO [*far entrare; immettere*] faire entrer; envoyer: *mandar dentro qc. a spiare* faire entrer qqn. pour espionner; *manda dentro quei ragazzi* fais entrer ces garçons! ‖ *devi mandarci dentro più acqua* il nous faut envoyer plus d'eau; (*fig.*) *mandar dentro qc.* [*mandarlo in prigione*] envoyer qqn. en prison ~ MANDAR DI TRAVERSO (*un boccone*) avaler de travers (une bouchée); (*fig.*) *questo inconveniente mi ha mandato tutto di traverso* cet inconvénient a fait aller tout de travers **4** [*inviare, indirizzare; far recapitare*] envoyer: *vi manderò una cartolina* je vous enverrait une carte (postale); *mandateci vostre notizie* envoyez-nous de vos nouvelles; *vi mando tanti cari saluti* je vous envoie mille bons vœux (souvenirs); *mandateci quanto prima quella merce* envoyez-nous cette marchandise le plus vite possible; *vi abbiamo già mandato diversi solleciti* nous vous avons déjà envoyé plusieurs requêtes, nous vous avons déjà sollicités plusieurs fois **5** (*per est.*) [*emettere, produrre*] émettre (71), répandre (53): *mandar poca, troppa luce* émettre peu, trop de lumière; *mandare buon, cattivo odore* répandre une bonne, une mauvaise odeur # *continuava a mandar sospiri* il continuait à pousser des soupirs; *mandare in onda* (*un programma*) [*trasmettere*] transmettre un programme **6** (*per est.*) [*concedere, assegnare*] donner # *accettare la vita come Dio la manda* accepter la destinée comme elle vient; *Dio manda il freddo secondo i panni* à brebis tondue, Dieu mesure le vent; *che Dio ce la mandi buona!* que Dieu nous aide!; *cosa vi manderà babbo Natale* qu'est-ce que le père Noël vous apportera? **7** [*far funzionare*; *guidare*] conduire (75); faire fonctionner: *sai mandare la macchina?* sais-tu conduire la voiture? || *pochi sanno mandare questi impianti* peu de personnes savent faire fonctionner ces installations.

mandarinàto |mandari'nato| *s.m.* mandarinat.

mandarinésco, chi, ca, che |mandari'nesko, ki, ka, ke| *agg.* mandarinal*, de mandarin *loc.*

mandarinismo |mandari'nizmo| *s.m.* mandarinisme.

1 **mandarino** |manda'rino| *s.m.* mandarin ◇ (*fig.*) [*persona autoritaria e retrogada*] *mentalità da mandarino* mentalité de mandarin ✦ (*agg.*) *lingua mandarina* langue des mandarins *loc. inv.*

2 **mandarino** |manda'rino| *s.m.* (*t.bot.*) mandarinier ◇ [*il frutto*] mandarine *f.*

mandàta |man'data| *s.f.* **1** [*spedizione, invio*] envoi (*m.*): *ricevere merce in una sola mandata, in diverse mandate* recevoir la marchandise en un seul envoi, en plusieurs envois; *stiamo attendendo la seconda mandata* nous attendons le deuxième envoi ◇ [*quantità, serie di cose o di persone*] envoi, série: *la prima mandata di castagne è scadente* le premier envoi de châtaignes est de mauvaise qualité || *è stata una mandata veramente eccezionale* cela a été une série vraiment exceptionnelle # *arriverà una nuova mandata di turisti* il arrivera une nouvelle fournée de touristes; *ha fatto una bella mandata di pioggia* il a plu à seaux, il a plu des cordes ◇ (*loc.*) *fare tutto in una sola mandata* [*in una sola volta*] tout faire en une seule fois; faire une seule fournée ~ *a piccole mandate* [*poco per volta*] un peu à la fois ~ *a più mandate* [*in più volte*] en plusieurs fois **2** [*scatto di serratura*] tour *m.* (de clé): *serratura a tre mandate* serrure à trois tours de clé; *chiudere a doppia mandata* fermer à double tour.

mandatàrio, i |manda'tarjo, i| *s.* (*dir.*) mandataire ✦ (*agg.*) *stato mandatario* état mandataire.

mandàto |man'dato| *s.m.* **1** [*incarico pubblico*] mandat: *mandato elettorale, parlamentare* mandat électoral, parlementaire; *ricevere, accettare un mandato elettorale* recevoir, accepter un mandat électoral; *rinunziare al mandato* renoncer à son mandat; *esorbitare dal proprio mandato* outrepasser son mandat # *mandato diplomatico* mission (diplomatique) ◇ [*incarico privato*] *mandato di fiducia* mandat de confiance; *gli hai dato un mandato troppo elastico* tu lui as donné un mandat trop élastique, des pouvoirs trop élastiques; *ha tradito il mandato* il a trahi son mandat ◇ (*polit.*) *mandato internazionale* mandat international **2** (*dir.*) [*contratto*] mandat: *mandato di rappresentanza* mandat représentatif; *mandato di credito* mandat de crédit **3** (*dir.*) [*ordine, ingiunzione*] mandat: *mandato di comparizione, di accompagnamento, di cattura, di arresto* mandat de comparution, d'amener, de dépôt, d'arrêt; *spiccare un mandato di cattura* ordonner un mandat d'arrêt **4** (*comm.*) mandat: *mandato di pagamento* mandat de paiement; *mandato di rimborso* mandat de remboursement; *riscuotere un mandato* toucher un mandat.

mandibola |man'dibola| *s.f.* (*anat.*) mandibule.

mandibolàre |mandibo'lare| *agg.* mandibulaire.

mandòla |man'dɔla| *s.f.* (*mus.*) mandole, mandore.

mandolinàta |mandoli'nata| *s.f.* **1** air *m.* de mandoline **2** concert *m.* de mandolines.

mandolinista |mandoli'nista| *s.* mandoliniste.

mandolino |mando'lino| *s.m.* (*mus.*) mandoline *f.*

màndorla |'mandorla| *s.f.* [*frutto del mandorlo*] amande: *mandorle amare, dolci, salate, tostate* amandes amères, douces, salées, grillées; *olio, latte di mandorle* huile, lait d'amandes; *pasta di mandorle* pâte d'amandes; *occhi a mandorla* des yeux en amande ◇ (*lavori a maglia*) *treccia a mandorla* torsade ◇ (*fig.*, *arch.*, *pitt.*) amande.

mandorlàto |mandor'lato| *agg.* aux amandes (*loc. inv.*): *cioccolato, torrone mandorlato* chocolat, nougat aux amandes ✦ (*s.m.*) *il mandorlato* gâteau aux amandes.

mandorléto |mandor'leto| *s.m.* amandaie *f.*

màndorlo |'mandorlo| *s.m.* (*t.bot.*) amandier.

màndra |'mandra| *s.f.* → **mandria.**

mandràgola |man'dragola|, **mandràgora** |man'dragora| *s.f.* (*t.bot.*) mandragore.

màndria |'mandrja| *s.f.* [*branco di bestie grosse*] troupeau (*m.*): *una mandria di buoi, di bufali* un troupeau de bœufs, de buffles ◇ (*fig.*, *spreg.*) bande, tas (*m.*): *una mandria di sporcaccioni* une bande, un tas de goujats, de salauds (*pop.*).

mandriàno |mandri'ano| *s.* gardien* de troupeaux.

mandrillo |man'drillo| *s.m.* **1** (*t. zool.*) mandril **2** (*fig.*) [*uomo libidinoso*] satyre.

mandrinàggio, i |mandri'naddʒo, i| *s.m.* (*tecnol.*) mandrinage.

mandrinàre |mandri'nare| *v.tr.* (*tecnol.*) mandriner.

mandrino |man'drino| *s.m.* (*tecnol.*) mandrin: *il mandrino del trapano* le mandrin de la perceuse ◇ (*idraul.*) mandrin.

mandritta |man'dritta| *s.f.* (main) droite: *tenere la mandritta* garder sa droite ◇ (*loc.*) *girare a mandritta* [*a destra*] tourner à droite.

manducàre |mandu'kare| *v.tr.* (*ant.*) → 1 **mangiare.**

manducazióne |mandukat'tsjone| *s.f.* (*fisiol.*) manducation.

màne |'mane| *s.f.* (*lett.*) → **mattina** ◇ (*loc.*) *da mane a sera* du matin au soir.

maneggévole |maned'dʒevole| *agg.* [*che si maneggia si usa con facilità*] maniable: *uno strumento, un'arma maneggevole* un instrument, une arme maniable ◇ (*fig.*) [*facilmente trattabile*; *arrendevole*] *ha un carattere poco maneggevole* il a un caractère peu maniable.

maneggevolézza |maneddʒevo'lettsa| *s.f.* [*facilità di essere maneggiato, manovrato*] maniabilité: *la maneggevolezza di un carrello* la maniabilité d'un chariot.

maneggiàbile |maned'dʒabile| *agg.* → **maneggevole.**

maneggiaménto |maneddʒa'mento| *s.m.* [→ MANEGGIARE 1, 2, 3] maniement.

maneggiàre |maned'dʒare| *v.tr.* **1** [*trattare, lavorare con le mani*] manier, pétrir: *maneggiare la pasta, l'argilla, la cera* manier, pétrir la pâte, l'argile, la cire ◇ [*palpare, tastare*] palper, tâter: *maneggiare la groppa di un puledro* palper, tâter la croupe d'une poulain ◇ (*fig.*) [*manipolare, guidare*] manier: *è un tipo che si lascia maneggiare da tutti* c'est un type qui se laisse manier par tout le monde **2** [*usare con abilità e competenze*] manier: *maneggiare la cazzuola, lo scalpello, il pennello* manier la truelle, le ciseau, le pinceau; *sei capace di maneggiare la pialla?* es-tu capable de manier le rabot?; *pochi sanno maneggiare la cinepresa come lui* il y en a peu qui savent manier la caméra comme lui ◇ (*fig.*) *saper maneggiare la penna, i numeri* savoir manier la plume, les nombres **3** (*fig.*) [*amministrare*] manier, gérer (8): *maneggiare denaro, capitali* manier, gérer de l'argent, des capitaux; *maneggia più soldi lui che una banca!* il manie plus d'argent qu'une banque! **4** (*mar.*) [*far manovrare*] (faire) (45) *intr.* manœuvrer: *maneggiare un bastimento* (faire) manœuvrer un navire, faire exécuter la manœuvre.

maneggiatóre, trice |maneddʒa'tore, tritʃe| *s.* [*chi maneggia*] manieur*.

manéggio, i |ma'neddʒo, i| *s.m.* **1** [→ MANEGGIARE 2] maniement: *il maneggio del bisturi, della penna* le maniement du bistouri, de la plume; *addestrarsi al maneggio delle armi* s'entraîner au maniement des armes **2** [→ MANEGGIARE 3] gestion (*f.*): *maneggio di affari, di denaro pubblico* gestion des affaires, de l'argent public; *è lui che tiene il maneggio dell'azienda* c'est lui qui a la gestion de l'entreprise **3** [*traffico, affare*] trafic: *i maneggi dell'alta finanza* les trafics de la haute finance ◇ (*fig.*) [*lavorio, trambusto*] branle-bas (*inv.*): *in cucina c'è un gran maneggio* dans la cuisine il y a un grand branle-bas **4** (*fig.*) [*iniziative riservate, segrete*] manœuvre (*f.*): *i maneggi della diplomazia, dei partiti* les manœuvres de la diplomatie, des partis ◇ (*spreg.*) [*intrigo*] intrigue (*f.*): *non mi interessano questi maneggi* ces intrigues ne m'intéressent pas **5** (*equitazione*) manège: *scuola di maneggio* manège; *cavallo da maneggio* cheval de manège ◇ (*per est.*) [*pista per l'addestramento dei cavalli*] *un maneggio coperto* un manège couvert; *attrezzare un maneggio* équiper un manège.

maneggio, ii |maned'dʒio, ii| *s.m.* [*maneggio insistente*; *traffico*] maniement # *un gran maneggio di pentolame* une ruée sur les casseroles; de grandes manœuvres à la cuisine.

maneggióne |maned'dʒone| *s.* [*persona invadente e intrigante*] intrigant: *è dappertutto, quel maneggione* il est partout, cet intrigant; *ti fidi di quel maneggione?* tu te fies à cet intrigant?

manènte |ma'nɛnte| *s.m.* (*st. mediev.*) manant.
manésco, chi, ca, che |ma'nesko, ki, ka, ke| *agg.* qui a la main leste *loc.*, à la main leste (*loc. inv.*): *un giovane manesco* un jeune qui a la main leste; *ha una madre manesca* il a une mère à la main leste.
manétta |ma'netta| *s.f.* **1** *al plur.* menottes: *mettere, togliere le manette* passer, enlever les menottes ◇ (*loc. fig.*) *governo delle manette* [*governo dittatoriale*] gouvernement dictatorial* ~ *non lasciarsi mettere le manette* [*non farsi sopraffare*] ne pas se laisser écraser (par qqn.) ~ *spezzare, rompere le manette* [*liberarsi*] briser, rompre ses chaînes **2** (*mecc.*) manette: *aprire la manetta del gas* ouvrir la manette du gaz # *correre a tutta manetta* courir à pleins gaz.
manfòrte |man'fɔrte| *s.f.* (*solo nelle loc.*) *dare, prestare, ricevere manforte* [*aiuto*] donner, prêter, recevoir main-forte.
manfrina |man'frina| *s.f.* (*fig.*) [*cosa noiosa, fastidiosa*] musique (*fam.*), refrain *m.* (*fam.*): *che manfrina!* quelle musique, quel refrain! *e piantala con questa manfrina!* mais change de musique, de disque, de refrain!; *è sempre la solita manfrina* c'est toujours le même refrain.
manganàre |manga'nare| *v.tr.* (*tess.*) [*trattare col mangano*] calandrer: *manganare una tela di lino* calandrer une toile de lin.
manganàto |manga'nato| *s.m.* (*chim.*) manganate: *manganato di potassio* manganate de potassium.
manganatùra |mangana'tura| *s.f.* (*tess.*) calandrage *m.*
manganellàre |manganel'lare| *v. tr.* [*colpire, picchiare col manganello*] matraquer: *la polizia ha manganellato i dimostranti* la police a matraqué les manifestants.
manganellàta |manganel'lata| *s.f.* coup *m.* de matraque: *una manganellata in testa* un coup de matraque sur la tête; *sono stati presi a manganellate* ils ont été frappés à coups de matraque.
manganellatùra |manganella'tura| *s.f.* [→ MANGANELLARE] matraquage *m.*
manganèllo |manga'nɛllo| *s.m.* [*randello, bastone*] gourdin, matraque *f.*, trique (*f.*): *colpi di manganello* coups de gourdin, de matraque, de trique; *ci vorrebbe il manganello!* il faudrait la trique! ◇ (*loc. fig.*) *la politica del manganello* [*la violenza autoritaria*] la politique de la violence ~ *usare il manganello* [*usare metodi violenti*] faire violence.
manganése |manga'nese| *s.m.* (*chim.*) manganèse.
mangànico, ci, ca, che |man'ganiko, tʃi, ka, ke| *agg.* (*chim.*) manganique: *ossido manganico* oxyde manganique.
manganina |manga'nina| *s.f.* (*chim.*) manganin *m.*
manganite |manga'nite| *s.f.* (*miner.*) manganite.
màngano |'mangano| *s.m.* **1** (*tess.*) calandre **2** [*grossa macchina da stiro*] repasseuse **3** (*armi ant.*) mangonneau.
manganóso |manga'noso| *agg. m.* (*chim.*) manganeux.
mangeréccio, ci, cia, ce |mandʒe'rettʃo, tʃi, tʃa, tʃe| *agg.* [(*buono*) *da mangiare*; *commestibile*] comestible: *fungo mangereccio* champignon comestible # *hai caricato le provviste mangerecce?* as-tu chargé les provisions?
mangerìa |mandʒe'ria| *s.f.* détournement *m.* de fonds: *dovranno finire queste mangerie!* il faudra mettre un terme à ces détournements de fonds! ◇ [*ruberia*] petit vol *m.*, larcin *m.* (*lett.*).
màngia |'mandʒa| *s.m.inv.*, **mangiabambini** |mandʒabam'bini| *s. inv.* [*personaggio delle fiabe che incute paura*] croque-mitaine (*m. var.*): *dei mangiabambini* des croque-mitaines.
mangiàbile |man'dʒabile| *agg.* [→ 1 MANGIARE 1] mangeable: *una zuppa mangiabile* une soupe mangeable; *c'è ancora q.c. di mangiabile?* y a-t-il encore qqch. de mangeable, de bon à manger? Ⓒ **immangiabile.**
mangiacàrte |mandʒa'karte| *s.m. inv.* [*avvocato da strapazzo*] avocaillon *var.*
mangiadischi |mandʒa'diski| *s.m. inv.* mange-disque (*var.*): *dei mangiadischi* des mange-disques.
mangiamòccoli |mandʒa'mɔkkoli| *s. inv.* [*bigotto, bacchettone*] punaise *f. var.* de sacristie, grenouille *f. var.* de bénitier (*pop.*).
mangianàstri |mandʒa'nastri| *s.m. inv.* mange-cassette (*var.*): *dei mangianastri* des mange-cassettes.
mangiapàne |mandʒa'pane| *s. inv.* [*persona inetta, inutile*] fainéant (*var.*): *sei sempre stato un mangiapane* tu as toujours été un fainéant.
mangiapolènta |mandʒapo'lɛnta| *s. inv.* rustre *m. var.*
mangiaprèti |mandʒa'prɛti| *s. inv.* mangeur* *var.* de curés: *un covo di mangiapreti* un nid de mangeurs de curés.
1 **mangiàre** |man'dʒare| *v.tr.* **1** [*ingerire un alimento, masticandolo*; *consumare un pasto*] manger (3): *mangiare pane, verdura, un uovo* manger du pain, des légumes, un œuf; *mangiar poco, molto, a sazietà* manger peu, beaucoup, à satiété; *mangiar lentamente, svogliatamente, con avidità* manger lentement, sans appétit, avec avidité; *come ho mangiato di gusto!* comme j'ai mangé de bon appétit!; *avete mangiato bene, a sufficienza?* avez-vous bien mangé, mangé suffisamment?; *mangiare con le mani, con la forchetta* manger avec les mains, avec sa, la fourchette; *mangia sempre in fretta e furia* il mange toujours en vitesse, à toute vitesse, sur le pouce, avec un lance-pierre(s) (*fam.*); *mangiare un boccone* manger un morceau; *non abbiamo più niente da mangiare* nous n'avons plus rien à manger; *è buono da mangiare?* est-ce que c'est bon à manger?; *è da tre giorni che non mangio* je ne mange pas depuis trois jours; *andiamo, è ora di mangiare* allons, il est l'heure de déjeuner, de dîner, de manger (*pop.*); *bisogna far mangiare il cavallo* on doit donner à manger au cheval; *il gatto ha mangiato una salsiccia* le chat a mangé une saucisse # *c'è tutta roba da mangiare* ce ne sont que des provisions de bouche; *mangiare al sacco* pique-niquer ◆ (*col pron. pers. pleon.*) *si è mangiato un pollo intero, una torta* il a mangé à lui tout seul un poulet entier, un gâteau entier; *mi mangio una bella fetta di melone* je mange une belle tranche de melon; *non mangiarti tutto da solo!* ne mange pas tout à toi tout seul! ◇ (*loc.*) *fare, preparare da mangiare* préparer à manger ~ *mangiare per vivere* manger pour vivre ~ *vivere per mangiare* vivre pour manger ~ *mangiare a crepapelle* manger à en crever ~ *mangia come un lupo* il mange comme un loup ~ *mangiare a quattro palmenti* s'empiffrer ~ *mangiare per tre, per quattro* manger comme quatre ~ *mangiare pane a tradimento* ne pas valoir le pain qu'on mange ~ *mangiare alle spalle di qc.* vivre aux crochets de qqn. ~ *non aver neanche da mangiare* n'avoir même pas à manger ~ *mangiare di magro* manger maigre, faire maigre ~ *mangiare in bianco* manger sans sauce ~ *mangiare la foglia* comprendre la manœuvre ~ *mangiarsi le unghie* se ronger les ongles ~ *mangiarsi le sillabe, la parole* manger les syllabes, les mots ~ *mangiarsi la parola* [*non mantenerla*] ne pas tenir sa parole ◇ (*prov.*) *l'appetito vien mangiando* l'appétit vient en mangeant ~ *il pesce grosso mangia il piccolo* les gros poissons mangent les petits **2** (*fig.*) [*divorare, rodere*] manger: *se l'incontro, lo mangio vivo* si je le rencontre, je le mange tout cru; *vieni avanti, mica ti mangio!* avance, je ne vais pas te manger! # *la rabbia se lo mangia* la colère le ronge; *mangiarsi le mani, il fegato* se ronger les sangs ◇ [*guardare, desiderare con passione*] *la mangia con gli occhi* il la mange des yeux; *lo mangerei di baci* je le mangerai de baisers; *l'inferriata è mangiata dalla ruggine* la grille est mangée, rongée par la rouille; *l'acido ha mangiato la cromatura* l'acide a mangé le chromage **3** (*per est.*) [*consumare*] manger, bouffer (*pop.*): *il forno mangia legna a tutto andare* ce four mange, bouffe énormement de bois; *questa macchina mangia troppo olio* cette voiture mange trop d'huile **4** (*fig.*) [*far guadagni illeciti*] faire (45) son beurre: *un ente dove tutti mangiano* un organisme où tout le monde fait son beurre; un râtelier où chacun vient manger; *se tutti mangiano, la ditta andrà a rotoli* si tout le monde fait son beurre, l'entreprise fera faillite **5** (*fig.*) [*sperperare, dissipare*] manger, dilapider: *in poco tempo si è mangiato tutto* en peu de temps il a tout mangé, dilapidé; *ha mangiato anche la dote della moglie* il a même mangé la dot de sa femme **6** (*carte*) [*superare una carta di minor valore*] prendre (73): *il tre mangia il due* le trois prend le deux; *mi ha mangiato il re con l'asse* il m'a pris le roi avec l'as ◇ (*dama, scacchi*) [*portar via un pezzo all'avversario*] prendre, souffler: *mangiare una pedina, una dama* prendre, souffler un pion, une dame; *farsi mangiare la torre* se faire souffler une tour.
2 **mangiàre** |man'dʒare| *s.m. inv.* **1** [*atto del mangiare*] manger (*var.*): *il mangiare e il bere* le boire et le manger # *il troppo mangiare danneggia la salute* l'excès de nourriture nuit à la santé; *è molto esigente nel mangiare* il est très exigeant à table, pour la table **2** [*cibo, vivanda*] nourriture (*f. var.*): *un mangiare semplice e sano* une

nourriture simple et saine; *è un mangiare troppo pesante* c'est une nourriture trop lourde.

mangiarìno |mandʒa'rino| *s.m.* **1** repas léger **2** bon petit plat.

mangiasòldi |mandʒa'sɔldi| *s.f. inv.* machine *var.* à sous.

mangiàta |man'dʒata| *s.f.* [*pasto abbondante*] mangerie, ventrée; gueuleton *m.* (*fam.*): *una mangiata di agnello* une mangerie, une ventrée d'agneau ‖ *che mangiata!* quel gueuleton!; *quando rifacciamo una mangiata insieme?* quand refaisons-nous un gueuleton ensemble?

mangiatóia |mandʒa'toja| *s.f.* **1** [*greppia per animali da stalla*] râtelier *m.*, mangeoire: *mettere il fieno nella mangiatoia* mettre du foin au râtelier # *mangiatoia automatica* nourrisseur automatique ◇ [*recipiente per il cibo di animali da cortile*] trémie **2** (*fig.*) [*ufficio, attività che procura guadagno, spec. illecito*] assiette au beurre (*fam.*): *ha trovato la mangiatoia* il a trouvé l'assiette au beurre, le râtelier.

mangiatóre, trice |mandʒa'tore, tritʃe| *s. e agg.* [*chi mangia molto*] mangeur* *s.*, bouffeur*: *è un gran mangiatore* c'est un grand mangeur, bouffeur; *non è una mangiatrice* ce n'est pas une grosse mangeuse; *non ti credevo così mangiatore* je ne savais pas que tu étais un si gros mangeur ◇ [*chi predilige un dato cibo*] *un mangiatore di spaghetti, di funghi* un mangeur de spaghetti, de champignons ◇ (*nei circhi e sim.*) *mangiatore di fuoco, di chiodi* mangeur de feu, de clous.

mangiatòria |mandʒa'tɔrja| *s.f.* (*raro*) → **mangeria.**

mangiatùra |mandʒa'tura| *s.f.* [*segno lasciato dalla puntura di un insetto*] piqûre: *son pieno di mangiature di zanzare* je suis couvert de piqûres de moustiques.

mangiatùtto |mandʒa'tutto| *s.* **1** *s. inv.* personne *f. var.* qui mange beaucoup et de tout: *sono dei mangiatutto* ce sont des personnes qui mangent beaucoup et de tout **2** *s.m. inv.* (*t.bot.*) [*varietà di fagioli; taccola*] mange-tout ✦ (*agg. inv.*) *fagioli mangiatutto* haricots mange-tout.

mangiaùfo |mandʒa'ufo| *s. inv.* fainéant *var.*, paresseux* *var.*

mangiavènto |mandʒa'vɛnto| *s.m.* (*mar.*) trinquette *f.*, tourmentin.

mangime |man'dʒime| *s.m.* [*alimento, spec. sfarinato, per animali*] aliment pour animaux: *mangime concentrato, bilanciato* aliment pour animaux concentré, équilibré; *mangimi integrati* aliments (pour animaux) complétés; *allevare, ingrassare col mangime* élever, engraisser avec des aliments pour animaux # *mangime per vitelli* fourrage, provende; *mangime per polli* pâtée, provende; *mangime per uccelli* graine.

mangimifìcio, i |mandʒimi'fitʃo, i| *s.m.* usine *f.* d'aliments pour animaux.

mangióne |man'dʒone| *s.* gros* mangeur*: *che mangione!* quel gros mangeur! ◇ (*fig.*) [*arraffone, scroccone*] profiteur*, fricoteur* (*fam.*): *sono tutti dei mangioni* ce sont tous des profiteurs, des fricoteurs.

mangiucchiàre |mandʒuk'kjare| *v.tr.* [*mangiare poco ma di frequente*] grignoter: *ho mangiucchiato tutta la mattina* j'ai grignoté toute la matinée; *smettila di mangiucchiare* arrête de grignoter! ◇ [*mangiare senza appetito*] chipoter: *ricomincia a mangiucchiare* il recommence à chipoter ◇ (*iron.*) [*mangiare in modo notevole*] manger (3): *caspita, se mangiucchia* diable!, il ne se fait pas prier pour manger!

màngo, ghi |'mango, gi| *s.m.* (*t. bot.*) manguier ◇ [*il frutto*] mangue *f.*

mangostàno |mangos'tano| *s.m.* (*t.bot.*) mangoustanier ◇ [*il frutto*] mangouste *f.*, mangoustan.

mangròvia |man'grɔvja| *s.f.* (*t. bot.*) mangrove.

mangùsta |man'gusta| *s.f.* (*t.zool.*) mangouste.

màni |'mani| *s.m. pl.* (*relig. rom.*) mânes.

-manìa |ma'nia| *suff.* (*significa 'tendenza esagerata, anormale; ossessione', corrisponde gener. a*) manie: *cleptomania* cleptomanie, kleptomanie; *grafomania* graphomanie.

manìa |ma'nia| *s.f.* **1** manie: *mania suicida, di persecuzione* manie du suicide, de la persécution; *essere affetto da manie* être atteint de manies **2** (*fig.*) [*smania, fissazione*] manie: *ha la mania delle cravatte* il a la manie des cravates; *continua a far fotografie, che mania!* il continue à faire des photos, quelle manie! ◇ [*abitudine generalizzata*] *ormai c'è la mania della gita in macchina* à présent c'est la manie des promenades en voiture ◇ [*abitudine fastidiosa*] *telefona sempre all'ora di pranzo, che brutta mania!* il téléphone toujours à l'heure du déjeuner, quelle manie, quelle mauvaise habitude!

manìaco, ci, ca, che |ma'niako, tʃi, ka, ke| *agg.* maniaque: *carattere, individuo maniaco* caractère, individu maniaque; *aspetti maniaci* aspects maniaques ✦ (*s.*) *un maniaco* un maniaque: *maniaco sessuale, depressivo* maniaque sexuel, dépressif; *è un maniaco dei teleromanzi* c'est un maniaque des feuilletons télévisés.

maniaco-depressivo |maniakodepres'sivo| *agg.* (*psichiatria*) maniaco-dépressif*.

mànica, che |'manika, ke| *s.f.* **1** [*la parte di indumento che copre il braccio*] manche: *manica lunga, corta, larga* manche longue, courte, large; *maniche aderenti, a giro, 'raglan'* manches collantes, montées, raglan; *le maniche del cappotto, della camicia* les manches du manteau, de la chemise; *camicia a mezze maniche* chemise à manches courtes, à manches au coude; *una giacca stretta di maniche* une veste aux manches étroites; *attaccare una manica* attacher une manche; *tirare qc. per la manica* tirer qqn. par la manche # *pullover a giro manica* pullover à emmanchures ◇ (*loc.*) *essere, ricevere in maniche di camicia* [*senza giacca*] être, recevoir en manches, en bras de chemise ~ *mezze maniche* [*soprammaniche, manichette*] manchettes de lustrine; (*fig.*) [*impiegatuccio*] rond-de-cuir (*m.*): *delle mezzemaniche* des ronds-de-cuir ◇ (*loc. fig.*) *tirarsi su, rimboccarsi le maniche* retrousser ses manches ~ (*fam.*) *è un altro paio di maniche!* c'est une autre paire de manches ~ *essere largo di manica, di manica larga* [*essere tollerante*] être coulant, indulgent ~ *essere stretto di manica, di manica stretta* [*essere severo*] être rigoureux, sévère ~ *essere nella manica di qc.* être protégé par qqn. ~ *avere qc. nella manica* protégér qqn. ~ *aver l'asso nella manica* [*avere la soluzione a sorpresa*] avoir un atout dans son jeu **2** (*per est.*) [*tubo flessibile*] manche: *manica per acqua, per aria* manche à eau, à air; *manica dell'aerostato* manche d'un aérostat ◇ (*mar.*) *manica a vento* manche à air, à vent **3** (*metall.*) fourneau *m.* **4** (*fig., spreg.*) [*banda, gruppo*] bande, tas (*m.*): *una manica di ladri, di imbroglioni* une bande, un tas de voleurs, d'escrocs.

manicàio, i |mani'kajo, i| *s.m.* → **cappalunga.**

manicarétto |manika'retto| *s.m.* bon petit plat: *ci sta preparando qualche manicaretto* elle est en train de nous préparer quelque bon petit plat.

manicheìsmo |manike'izmo| *s.m.* **1** (*st. relig.*) manichéisme **2** (*per est.*) [*tendenza alle contrapposizioni nette*] manichéisme: *manicheismo politico* manichéisme politique.

manichèo |mani'kɛo| *agg.* **1** manichéen*: *dottrina manichea* doctrine manichéenne ✦ (*s.*) *i manichei* les manichéens **2** (*per est.*) [*rigido, intollerante*] rigide, intolérant: *un atteggiamento manicheo* un comportement rigide, intolérant ✦ (*s.*) *un manicheo* un intolérant.

1 **manichétta** |mani'ketta| *s.f.* [*piccola manica*] mancheron *m.*

2 **manichétta** |mani'ketta| *s.f.* **1** manche courte **2** [*mezza manica*] manchette: *mettersi le manichette* mettre ses manchettes **3** [*tubo flessibile per acqua o aria*] tuyau *m.*

1 **manichìno** |mani'kino| *s.m.* **1** [*risvolto della manica*] revers ◇ [*polsino staccabile*] manchette *f.* **2** *al plur.* [*ant. tipo di manette*] menottes *f.*

2 **manichìno** |mani'kino| *s.m.* **1** [*fantoccio snodabile usato come modello*] mannequin **2** [*fantoccio a grandezza naturale per sarti o negozi di abbigl.*] mannequin: *esporre un manichino in vetrina* exposer un mannequin en vitrine; *stava impalato come un manichino* il restait là raide comme un manche à balais, comme un mannequin # *vestirsi come un manichino* s'habiller à la dernière mode; *sembrare un manichino* avoir l'air de sortir d'un journal de mode.

mànico, ci, chi |ma'niko, tʃi, ki| *s.m.* **1** [*parte di un oggetto che serve per afferrarlo e maneggiarlo*] manche; poignée (*f.*): *il manico della scopa, della vanga, del martello* le manche du balai, de la bêche, du marteau; *il manico del coltello, della lima* le manche du couteau, de la lime; *prendere un attrezzo per il manico* prendre un outil par le manche ‖ *il manico della valigia, della borsetta* la poignée de la valise, du sac # *il manico di una brocca, di una tazza* l'anse d'une cruche, d'une tasse ◇ (*loc. fig.*) *benedire qc. col manico della scopa* [*bastonarlo*] donner des coups de bâton à qqn. ~ *prendere una cosa per il manico* [*per il verso giusto*] prendre les choses du bon côté ~ *il difetto è, sta nel manico* [*in chi agisce, non nei mezzi usati*] le défaut est dans l'idée même ~ *far la pentola a due manici* [*star *con le mani sui fianchi*] avoir, mettre les mains sur les hanches ~ *ciurlare nel manico* [*cercar di tergiversare, di sottrarsi a un impegno*] tergiverser ~ *avere, tenere il coltello dalla parte del manico* [*essere in posizione di vantaggio*] être maître de la situation **2** [*parte di strumenti musicali a corda*] manche.

manicòmio, i |mani'kɔmjo, i| *s.m.* asile (d'aliénés), hôpital* psychiatrique: *manicomio giudiziario, criminale* hôpital psychiatrique judiciaire, pour criminels; *ricoverare qc. in manicomio* mettre qqn. à l'hôpital psychiatrique ◇ (*scherz.*) *che manicomio!* quelle maison de fous!; *roba da manicomio!* c'est une histoire de fous!; *un tipo da manicomio* un type fou à lier; *l'ufficio è diventato un manicomio* le bureau est devenu une maison de fous.

manicòrdo |mani'kɔrdo| *s.m.* (*mus.*) manichordion, manicorde.

manicòtto |mani'kɔtto| *s.m.* **1** [*tubo imbottito di stoffa o di pelliccia per ripararsi le mani dal freddo*] manchon: *manicotto d'ermellino* manchon d'hermine **2** (*idraul., mecc.*) manchon; fourreau: *manicotto a vite* manchon à vis || *manicotto della forcella* fourreau de la fourche.

manicùre |mani'kure| *s. inv.* **1** manucure (*var.*): *andare dalla manicure* aller chez la manucure **2** [*trattamento di pulizia delle mani*] soin *m.* des mains # *fare la manicure* soigner les mains, se faire les mains (*fam.*).

manièra |ma'njɛra| *s.f.* **1** manière, façon: *nella stessa maniera, in un'altra maniera* de la même manière, façon, d'une autre manière; *ognuno si comporta alla sua maniera* chacun se comporte à sa manière; *in questa maniera riuscirai meglio* de cette façon tu réussiras mieux; *si veste in maniera scandalosa* il s'habille d'une façon scandaleuse; *ha una strana maniera di parlare* il parle d'une drôle de façon → **modo**; *non mi sembra la maniera* ce n'est pas une façon de faire; *ti sembra questa la maniera?* tu as de ces façons? # *parlate in maniera semplice!* parlez simplement!; *non ho altra maniera d'incontrarlo* je n'ai pas d'autres moyens de le rencontrer; *mi ha risposto in maniera sgarbata* il m'a répondu impoliment; *spiegami la maniera di usarlo* explique-moi comment on s'en sert ◇ [*modo di comportarsi*] *ha delle maniere scortesi* il a de mauvaises manières; *non accetto queste maniere arroganti* je n'accepte pas ces manières arrogantes; *è una persona di buone maniere* c'est une personne qui a de bonnes manières # *t'insegno io le maniere!* je vais t'apprendre, moi, la politesse!; *rispondere con maniera* répondre convenablement; *gli parlerò con maniera* je lui parlerai gentiment; *parlate con un po' di maniera* parlez un peu plus poliment; *ci vuol maniera con i clienti* il faut du savoir-faire avec les clients; *mi raccomando, fate le cose con maniera!* surtout, faites les choses bien!; *è una persona senza maniere* c'est une personne mal élevée ◇ (*iron.*) *belle maniere!* en voilà de belles façons!; *che maniere!* quelles façons!; *mi ha trattato in una maniera!* il m'a traité d'une de ces façons! ◇ *loc.* ALLA MANIERA DI à la manière de: *cammina alla maniera dei montanari* il marche à la manière des montagnards; *si veste alla maniera delle orientali* elle s'habille à la manière des orientales ~ ALLA MANIERA (+ *agg.*) [*secondo il modo, il costume*] à la mode de; en: *cucinare alla maniera sarda* cuisiner à la mode des Sardes; *lavora alla maniera tedesca* il travaille à la mode des Allemands || *vestirsi alla maniera militare* s'habiller en militaire **2** [*usanza, abitudine*] coutume, habitude: *non conosce ancora le nostre maniere* il ne connaît pas encore nos coutumes, nos habitudes; *mi abituerò alle vostre maniere* je m'habituerai à vos coutumes; *ogni paese ha le sue maniere* chaque pays a ses coutumes **3** (*gram.*) manière: *complemento di modo o maniera* complément de manière **4** (*loc.*) *c'è modo e maniera* il y a manière et manière ~ *in nessuna maniera* en aucune façon, manière ~ *in tutte le maniere* de toute façon, manière ~ FUOR DI MANIERA [*eccezionale, straordinario*] exceptionnel* (*agg.*): *un raccolto fuor di maniera* une récolte exceptionnelle ~ IN, DI MANIERA CHE... de manière que...: *avvisalo, in maniera che sappia come regolarsi* avertis-le, de manière qu'il sache à quoi s'en tenir ~ IN (TAL) MANIERA DA... de manière à...: *ha insistito in maniera da stancarmi* il a insisté de manière à me fatiguer ~ IN QUAL MANIERA [*come*] de quelle manière, façon: *so bene in qual maniera mi tratterebbero!* je sais bien de quelle manière, façon, ils me traiteraient ~ *con le buone o con le cattive maniere* par la douceur ou par la force ~ *in una maniera o nell'altra* d'une manière ou d'une autre **5** [*tecnica, stile*] manière: *la maniera dei macchiaioli* la manière des tachistes; *un'opera che rispecchia la maniera dei secentisti* une manière qui reflète la manière du XVIIe siècle; *usa una maniera ormai superata* il utilise une manière désormais dépassée ◇ *loc.* DI MANIERA [*passivamente legato a uno stile; privo di originalità*] banal* (*agg.*): *opera, quadro di maniera* œuvre banale, tableau banal; *uno scrittore di maniera* un écrivain banal ◇ [*convenzionalismo, affettazione*] maniérisme (*m.*): *in questa poesia c'è molta maniera* dans cette poésie il y a beaucoup de maniérisme.

manierataménte |manjerata'mente| *avv.* [→ MANIERATO] d'une façon maniérée *loc. inv.*

manieràto |manje'rato| *agg.* maniéré: *gesti manierati* gestes maniérés; *una gentilezza troppo manierata* une gentillesse trop maniérée → **ricercato**, 2 **affettato**; *poesia manierata* poésie maniérée → **convenzionale.**

manierìsmo |manje'rizmo| *s.m.* **1** (*arts.*) maniérisme: *manierismo artistico, letterario* maniérisme artistique, littéraire; *il manierismo rinascimentale* le maniérisme de la Renaissance **2** (*psicol.*) maniérisme.

manierista |manje'rista| *s.* maniériste: *i manieristi del Seicento* les maniéristes du XVIIe siècle ♦ (*agg.*) *scrittore manierista* écrivain maniériste.

manièro |ma'njɛro| *s.m.* **1** [*castello feudale non fortificato*] manoir **2** (*per est., lett.*) → **castello.**

manieróso |manje'roso| *agg.* [*manierato, affettato*] maniéré: *cortesia manierosa* politesse maniérée Ⓒ **semplice.**

manifattùra |manifat'tura| *s.f.* **1** manufacture: *oggetti, lavori di manifattura* objets, travaux de manufacture; *manifatture di lana, di cotone* manufactures de laine, de coton ◇ [*lavorazione, fabbricazione*] fabrication: *articolo di buona manifattura* article de bonne fabrication; *lavori di semplice manifattura* travaux de fabrication simple ◇ [*impianto industriale di manufatti*] manufacture: *una manifattura di camicie* une manufacture de chemises **2** [*confezione, manufatto*] confection: *manifatture per signora, per bambini* confection pour dames, pour enfants.

manifatturière |manifattu'rjɛre| *s.* **1** ouvrier* d'une manufacture **2** [*proprietario di una manifattura*] fabricant.

manifatturièro |manifattu'rjɛro| *agg.* manufacturier*: *industria manifatturiera* industrie manufacturière # *operaio manifatturiero* ouvrier d'une manufacture.

manifestàbile |manifes'tabile| *agg.* qu'on peut manifester *loc.*

manifestaménte |manifesta'mente| *avv.* [→ 1 MANIFESTO] manifestement.

manifestànte |manifes'tante| *s.* manifestant: *un gruppo di manifestanti* un groupe de manifestants.

manifestàre |manifes'tare| **A** *v. tr.* **1** [*rendere noto; rivelare*] manifester: *manifestare gioia, dolore, soddisfazione* manifester sa joie, sa douleur, sa satisfaction; *ci ha manifestato il suo risentimento* il nous a manifesté son ressentiment; *è molto restio a manifestare i suoi sentimenti* il est peu enclin à manifester ses sentiments **2** [*lasciare apparire; rivelare*] manifester, révéler (8): *manifesta chiari segni di stanchezza* il manifeste, révèle des signes évidents de fatigue; *questi sintomi manifestano un'infezione* ces symptômes révèlent une infection **B** *v.intr.* (*aus.* 'avere') [*prender parte a una manifestazione pubblica*] manifester: *manifestare contro i licenziamenti* manifester contre les licenciements; *abbiamo manifestato per la scarcerazione dei prigionieri politici* nous avons manifesté en faveur de la libération des prisonniers politiques **C** *v. pron.* MANIFESTARSI **1** *rifl.* [→ *tr.* 1] se révéler: *si è manifestato un reazionario* il s'est révélé être un réactionnaire; *vi siete manifestati senza carattere* vous vous êtes révélés sans caractère **2** *intr.* [→ *tr.* 2] se manifester, se révéler: *la malattia si è manifestata all'improvviso* la maladie s'est manifestée, révélée à l'improviste; *la situazione si manifesta piuttosto ingarbugliata* la situation se révèle plutôt embrouillée Ⓒ A 1 **nascondere, celare, tacere** 1.

manifestazióne |manifestat'tsjone| *s.f.* **1** [→ MANIFESTARE A; C] manifestation: *manifestazione di affetto, di stupore* manifestation d'affection, de stupeur; *una manifestazione di simpatia, di lealtà* une manifestation de sympathie, de loyauté; *le prime manifestazioni di una malattia* les premières manifestations d'une maladie; *mi sembrano chiare manifestazioni di crisi* cela me semble constituer les claires manifestations d'une crise **2** [→ MANIFESTARE B] manifestation: *manifestazione di protesta* manifestation de protestation; *indire una manifestazione* proclamer une manifestation; *tutte le manifestazioni sono vietate* toutes les manifestations sont interdites **3** [*spettacolo pubblico*] manifestation: *una manifestazione musicale, sportiva* une manifestation musicale, sportive; *la manifestazione di apertura, di chiusura* la manifestation d'ouverture, de clôture.

manifestìno |manifes'tino| *s.m.* **1** petite affiche *f.* **2** [*volantino propagandistico*] tract, prospectus: *un volantino di protesta* un tract de protestation; *distribuire volantini ai passanti* distribuer des tracts, des prospectus aux passants.

1 **manifèsto** |mani'fɛsto| *agg.* manifeste: *intenzioni, idee manifeste* intentions, idées manifestes; *la sua antipatia è manifesta* son antipathie est manifeste; *è un fatto manifesto che tu menta* il est manifeste que tu mens → **evidente** # *la sua disonestà è manifesta a tutti* sa malhonnêteté est connue de tout le monde; *fare, rendere manifesto q.c.* [*far conoscere q.c.*] faire connaître qqch. → **noto** Ⓒ **nascosto.**

2 **manifèsto** |mani'fɛsto| *s.m.* **1** [*avviso stampato affisso in luogo pubblico*] affiche (*f.*): *manifesto del sindaco* affiche du maire; *affiggere, staccare un manifesto* coller, décoller une affiche; *esporre i manifesti elettorali* mettre, déployer les affiches électorales **2** [*avviso pubblicitario o di propaganda, spec. polit.*] affiche: *manifesti pubblicitari, propagandistici* affiches publicitaires, de propagande ◇ [*avviso, calendario di programmi culturali*] calendrier: *il manifesto della stagione lirica* le calendrier de la saison lyrique **3** (*per est.*) [*scritto programmatico di movimenti culturali e sim.*] manifeste: *il manifesto del futurismo* le manifeste du futurisme; *il manifesto del partito comunista* le manifeste du parti communiste **4** (*comm.*) manifeste: *manifesto del carico, di partenza* manifeste de la cargaison, du départ.

manìglia |ma'niʎʎa| *s.f.* **1** [*parte di un infisso o di uno sportello che si aziona per aprirlo o chiuderlo*] poignée: *la maniglia della porta, della finestra* la poignée de la porte, de la fenêtre ◇ [*parte di un oggetto per afferrarlo o sollevarlo*] *le maniglie di un baule* la poignée d'un bahut; *aggrappati alla maniglia* agrippe-toi à la poignée ◇ (*ginnastica*) arçons (*m.pl.*): *le maniglie del cavallo* les arçons du cheval **2** (*mar.*) manille.

maniglióne |maniʎ'ʎone| *s.m.* **1** grosse poignée *f.* **2** (*mar.*) organeau.

manigóldo |mani'goldo| *s.* [*furfante, canaglia*] canaille *f.*, fripouille *f.* (*fam.*): *che manigoldo!* quelle canaille!, quelle fripouille!; *sono dei manigoldi senza scrupoli* ce sont des canailles sans scrupules ◇ (*scherz.*) *sei stato un gran manigoldo a non venire!* tu as été un beau salaud de nous faire faux bond!

manil(l)a |ma'nil(l)a| *s.* **I** *s.f.* **1** (*tess.*) chanvre *m.* de Manille **2** [*tipo di resina*] copal *m.* **II** *s.m.* [*sigaro di tabacco filippino*] manille.

manióca, che |ma'njɔka, ke| *s.f.* (*t.bot.*) manioc *m.*

manina |ma'nina| *s.f.* **1** [*oggetto a forma di mano usato per grattarsi la schiena*] gratte-dos *m. inv.* **2** → **ditola.**

1 **manipolàre** |manipo'lare| *agg.* (*st. rom.*) d'un manipule (*loc.*): *soldato manipolare* soldat d'un manipule ♦ (*s.m.*) *i manipolari* les soldats d'un manipule.

2 **manipolàre** |manipo'lare| *v.tr.* **1** [*trattare, lavorare con le mani, spec. impastando o mescolando*] manipuler, pétrir: *manipolare la cera, la creta* manipuler, pétrir la cire, l'argile; *manipolare un preparato chimico* manipuler une préparation chimique ◇ (*tecnol.*) [*eseguire trattamenti su sostanze, spec. pericolose, mediante manipolatori meccanici*] *manipolare sostanze radioattive* manipuler des substances radioactives **2** (*per est.*) [*alterare, fatturare, spec. prodotti alimentari*] frelater, altérer (8); trafiquer: *manipolare il formaggio* frelater, altérer le fromage ‖ *questo vino è stato manipolato* ce vin a été trafiqué **3** (*fig.*) [*alterare, falsificare per interesse di parte*] falsifier; truquer: *manipolare notizie, informazioni, dati* falsifier des nouvelles, des informations, des données ‖ *il partito al potere ha manipolato le elezioni* le parti au pouvoir a truqué les élections ◇ [*alterare, rielaborare grossolanamente*] altérer: *manipolare un testo letterario* altérer un texte littéraire **4** (*fig.*) [*macchinare, ordire*] manigancer (2): *manipolare un imbroglio, una truffa* manigancer une duperie, une tromperie; *stanno manipolando qualche grossa sorpresa* ils sont en train de manigancer quelque grosse surprise **5** (*per est.*) [*massaggiare*] masser: *manipolare i muscoli della coscia* masser les muscles de la cuisse **6** (*tecnol.*) [*azionare mediante un comando a mano*] manipuler: *manipolare un televisore, un calcolatore* manipuler un téléviseur, un calculateur.

manipolatóre, trice |manipola'tore, tritʃe| **1** *s. e agg.* manipulateur* (*m.*): *un abile manipolatore di figurine in cera* un habile manipulateur de statuettes de cire ◇ (*per est.*) [*chi adultera sostanze*] altérateur*: *un manipolatore di bevande* un altérateur de boissons ◇ (*fig.*) faussaire: *spregiudicati manipolatori di notizie* des faussaires de nouvelles sans scrupules **2** *s.m.* (*tecnol.*) manipulateur.

manipolazióne |manipolat'tsjone| *s.f.* **1** [→ 2 MANIPOLARE 1] manipulation: *manipolazione di un impasto* manipulation d'un mélange; *manipolazione di sostanze pericolose* manipulation de substances dangereuses **2** [→ 2 MANIPOLARE 2] altération: *manipolazione di prodotti alimentari* altération des produits alimentaires **3** (*fig.*) [→ 2 MANIPOLARE 3] falsification: *manipolazione di dati, di notizie* falsification des données, des nouvelles **4** (*fig.*) [→ 2 MANIPOLARE 4] manigance: *manipolazione di un imbroglio* manigance d'une duperie **5** (*per est.*) [→ 2 MANIPOLARE 5] massage *m.* # *sottoporsi alla manipolazione di una spalla* se faire masser une épaule **6** (*tecnol.*) *manipolazione di frequenza* manipulation de fréquence.

manìpolo |ma'nipolo| *s.m.* **1** [*piccolo fascio di erbe, di spighe e sim.*] javelle (*f.*): *ammucchiare i manipoli del grano* amonceler les javelles de blé → **mannello 2** (*st. rom.*) manipule ◇ [*plotone della milizia fascista*] manipule **3** [*piccolo gruppo*] poignée (*f.*): *un manipolo di eroi, di esploratori* une poignée de héros, d'explorateurs **4** (*liturg. catt.*) manipule.

maniscàlco, chi |manis'kalko, ki| *s.m.* **1** [*chi applica i ferri ai piedi degli animali*] maréchal*-ferrant: *dei maniscalchi* des maréchaux-ferrants ◇ (*spreg.*) [*chirurgo maldestro*] charcutier* (*s.*): *guarda come mi ha conciato quel maniscalco!* regarde comme il m'a arrangé, ce charcutier **2** (*st. mediev.*) *maniscalco del re* maréchal-ferrant du roi.

manìsmo |ma'nizmo| *s.m.* (*st. relig.*) culte des mânes.

manitù |mani'tu| *s.m. inv.* (*etn.*) manitou *var.*

manlèva |man'lɛva| *s.f.* (*dir.*) caution.

manlevàre |manle'vare| *v.tr.* (*raro, dir.*) [*sollevare dalle responsabilità civili*] accorder une mainlevée.

1 **mànna** |'manna| *s.f.* **1** manne: *la manna degli Ebrei* la manne des Hébreux ◇ (*per anton.*) *la manna celeste* [*l'Eucaristia*] la manne céleste ◇ (*loc. fig.*) *aspettare la manna dal cielo* [*assumere un atteggiamento passivo nelle difficoltà*] attendre que les alouettes (nous) tombent toutes rôties (dans la bouche) ~ *è caduta, è scesa la manna dal cielo* la manne est tombée du ciel; *con quegli arretrati mi è caduta la manna dal cielo* avec ces arriérés, il m'est tombé la manne du ciel **2** (*per est.*) [*cibo, bevanda di gusto molto piacevole*] merveille, délice (*m.*): *ti faccio assaggiare una manna* je te fais goûter une merveille; *senti che manna!* sens, quel délice! ◇ [*sostanza zuccherina di varie secrezioni vegetali*] manne: *una purga di manna* une purge de manne **3** (*fig.*) [*evento particolarmente vantaggioso; fortuna*] bénédiction, chance: *il tuo arrivo è stato una manna per noi* ton arrivée a été une bénédiction, une chance pour nous; *un po' di sole sarebbe una manna per la campagna* un peu de soleil serait une bénédiction pour les champs; *se dura così, è una manna* si cela continue, c'est une bénédiction; *che manna!* quelle chance!

2 **mànna** |'manna| *s.f.* (*raro*) → **mannello.**

mannàggia |man'naddʒa| *inter.* (*region.*) [*accidenti, maledizione*] malédiction!, merde! (*volg.*): *mannaggia la fretta!* malédiction!, merde!, on est toujours pressé; *mannaggia a te e alla tua testardaggine!* je te dis merde pour ton entêtement! # *smettetela, managgia la miseria!* arrêtez, alors!

mannàia |man'naja| *s.f.* **1** [*grossa scure da taglialegna*] *hache: *usare la mannaia* utiliser la hache ◇ [*scure del boia*] hache ◇ [*lama della ghigliottina*] couperet *m.* ◇ (*loc. fig.*) *essere sotto la mannaia* être dans le pétrin **2** [*grosso coltello per carni*] couperet.

man(n)arése |man(n)a'rese| *s.m.* [*roncola a doppio taglio*] fauchard.

mannàro |man'naro| *agg.* (*solo nella loc. pop.*) *lupo mannaro* loup-garou → **licantropo.**

mannèlla |man'nɛlla| *s.f.* (*raro*) → **mannello.**

mannèllo |man'nɛllo| *s.m.* [*piccolo fascio di spighe, di erbe e sim.*] javelle *f.* # *un mannello di fieno* une botte de foin.

'mannequin' |mankɛ̃| *s.f. inv.* mannequin *m. var.* → **indossatore, indossatrice.**

mannite |man'nite| *s.f.* (*chim.*) mannite.

màno |'mano| **I** *s.f.* **1** (*anat., corr.*) main: *mano destra, sinistra* main droite, gauche; *mani gracili, lunghe, tozze* mains graciles, longues, trapues; *mani curate, pulite, sudicie* mains soignées, propres, sales; *il dorso, il palmo della mano* le dos, la paume de la main; *perdere* (*l'uso di*) *una mano* perdre (l'usage) d'une main; *alzar le mani* [*arrendersi*] lever les mains; *mani in alto!* mains en l'air, haut les mains; *star a mani giunte* rester les mains jointes; *tutti battevano le mani* tout le monde battait des mains, applaudissait; *dare, stringere la mano per salutare* donner, serrer la main pour saluer; *fregarsi le mani* se frotter les mains; *baciare la mano di una signora* baiser la main d'une dame # *alzar la mano per chiedere la parola* lever le doigt pour avoir la parole ◇ (*loc. fig.*) *mettersi una mano sul petto* mettre la main sur son cœur ~ *mettersi una mano sulla coscienza* faire son examen de conscience ~ *mordersi, mangiarsi le mani* se mordre les doigts ~ *mettersi le mani nei capelli* s'arracher les cheveux ~ *mettere le mani avanti* prendre ses précautions ~ *mettere la mano sul fuoco per qc.* en mettre la main au feu pour qqn. ~ *chiedere la mano di una ragazza* [*chiedere di sposarla*] demander la main d'une jeune fille **2** (*considerata come organo per prendere, afferrare, tenere*) main: *tenere in mano q.c.* tenir qqch. dans la main; *cos'hai in mano?* qu'as-tu dans ta main?; *togli le mani da lì!* enlève tes mains de là!, bas les pattes!; *tieni giù, a posto le mani!* bas les mains, les pattes!; *non mettetegli le mani addosso!* ne levez pas les mains sur lui!; *lasciarsi sfuggire, cader di mano q.c.* laisser tomber qqch. de la main; *aiutarsi con le mani* s'aider des mains; *aver la mano ferma, tremante* avoir la main ferme, tremblante; *hai le mani di pasta frolla, di burro* tu es maladroit (de tes mains); *tenetevi per mano* tenez-vous par la main; *tieniti forte alla mia mano* tiens-toi bien fort à ma main; *star con la mano nella mano* être la main dans la main; *stendere, porgere la mano* [*chiedere l'elemosina*] tendre la main ◇ (*fig.*) *lasciarsi sfuggir di mano un affare* laisser échapper une affaire ◇ (*in loc. particolari indica 'vicinanza o lontananza'*) ~ *avere q.c. sotto mano* avoir qqch. sous la main ~ *un luogo, una cosa fuori mano* un lieu éloigné, une chose éloignée ~ *un negozio a portata di mano* un magasin à (la) portée de la main, tout près ~ *avevi il successo a portata di mano* tu avais le succès à portée de la main ~ *prove, documenti, denari alla mano* [*pronti da dare*] preuves, documents, argent en main ~ (*fig.*) *una persona alla mano* [*semplice, cordiale*] une personne simple, sans façons ◇ (*calcio*) *fallo di mano* (faute de) main ◇ (*loc.*) *consegnare una lettera a mano* porter une lettre à la main; remettre une lettre en main(s) propre(s) ~ *consegnare q.c. a qc., nelle proprie mani* remettre qqch. à qqn., en main(s) propre(s) ~ *di prima, di seconda mano* de première, de seconde main; *notizia di seconda mano* nouvelle de seconde main; *un'auto di terza mano* une voiture de troisième main ~ *passare di mano in mano* passer de mains en mains ◇ (*loc. fig.*) *un tipo dalle mani lunghe* [*un ladro*] un type aux doigts crochus, un chapardeur ~ (*far*) *toccare q.c. con mano* toucher qqch. du doigt ~ *restare, tornare a mani vuote* rester, rentrer les mains vides, bredouille ~ *avere il cuore in mano* avoir le cœur sur la main ~ *prendere il coraggio a due mani* prendre son courage à deux mains ~ *cambiar le carte in mano* brouiller les cartes, changer les données du jeu ~ *portar qc. in palmo di mano* porter qqn. aux nues ◇ (*prov.*) *scherzi di mano, scherzi da villano* jeux de mains, jeux de vilains **3** (*considerata come organo che compie un lavoro*) main: *l'ho fatto con le mie mani* je l'ai fait de mes mains; *scrive con mano sicura* il écrit d'une main sûre; *ha una mano molto leggera* il a des mains, des doigts habiles; *quel pittore, quello scrittore ha una bella mano* ce peintre, cet écrivain a une bonne main; *riconosco la sua mano* je reconnais sa main; *metter mano a un lavoro, al piccone* mettre la main à un ouvrage, à la pioche # *tua moglie ha le mani d'oro* ta femme a des doigts de fée; *chi ha messo le mani in questa pratica?* qui a fourré son nez dans cette affaire? ◇ (*loc.*) *sono in troppi ad averci le mani in pasta* ils sont trop nombreux à être dans le bain ~ *avere la mano a q.c.* avoir l'habitude de qqch. ~ *far la mano a q.c.* se faire la main à qqch. ~ *rapina a mano armata* vol à maine armée, hold-up ~ *rubare a man salva* voler sans courir de risques ~ *fare man bassa di q.c.* faire main basse sur qqch. ~ (*mus.*) *suonare a quattro mani* jouer à quatre mains ~ PER MANO DI: *te lo recapiterò per mano di mio fratello* je te le ferai parvenir en le confiant à mon frère; *è stato ucciso per mano di un sicario* il a été tué de la main d'un tueur ~ A MANO [*fatto a mano; da eseguire, coi le mani*] à la main; à main: *pullover a mano* pull-over fait à la main; *lavorazioni, ricami a mano* travaux, broderies à la main; *manovra a mano* manœuvre à la main ‖ *bomba a mano* bombe à main; *freno a mano* frein à main ◇ (*prov.*) *una mano lava l'altra* une main lave l'autre **4** (*considerata come organo che dà, porge, offre*) main: *spargere a larga mano, a piene mani* dépenser à pleines mains; *mettere le mani al portafoglio, alla borsa* mettre la main au portefeuille, à la bourse; *avere la mano larga, esser largo di mani* avoir le cœur sur la main # *avere la mano stretta* être avare **5** (*fig.*) [*aiuto, collaborazione*] coup *m.* de main: *mi dài una mano in cantina?* tu me donnes un coup de main à la cave?; *diamogli una mano a spingere la macchina* donnons-lui un coup de main pour pousser sa voiture; *verremo noi a darti una mano* nous viendrons te donner un coup de main ◇ (*loc.*) *dare man forte* prêter main-forte ~ *lavarsene le mani* [*disinteressarsi di q.c.*] s'en laver les mains **6** (*considerata come organo per colpire, percuotere*) main: *un tipo svelto di mani* un type à la main leste; *giù quelle mani!* bas les mains!; *venire alle mani* en venir aux mains; *mettere le mani addosso a q.c.* lever la main sur qqn.; *suo padre ha le mani pesanti* son père n'y va pas de main morte # *menar le mani* se bagarrer **7** (*fig.*) (*considerata come simbolo di 'autorità, potere'*) main: *la mano della giustizia* la main de la justice; *avere, tenere in mano la situazione* avoir, tenir en main la situation; *la questione mi è sfuggita di mano* l'affaire m'a échappée des mains; *ha, tiene in mano tutto lui* il a, il tient tout en main; *cadere in mano al nemico* tomber aux mains, dans les mains de l'ennemi # *prendere, farsi prendere la mano* perdre le contrôle; *calcare la mano* [*esagerare in severità*] exagérer ◇ (*loc.*) *avere le mani libere, legate* avoir les mains libres, liées ~ *dare, lasciare mano libera* laisser les mains libres ~ *essere la lunga mano di qc.* être l'homme de main de qqn. ◇ [*protezione, tutela; interessamento*] *essere, mettersi in buone* (*in sicure*) *mani, in cattive mani* être, se mettre en bonnes, en mauvaises mains; *mi affido alle vostre mani* je m'en remets à vous; *ho messo la pratica nelle mani di un legale* j'ai confié l'affaire à un avocat **8** (*per est.*) (*in relazione alla posizione*) *tenere la mano sinistra, destra* garder sa gauche, sa droite; *stare sulla propria mano* rester sur sa droite; *l'auto viaggiava contro mano* l'auto ne voyageait pas sur sa droite; *cedere la mano a qc.* [*dare la precedenza*] laisser la priorité à qqn. **9** (*per est.*) [*fase di una lavorazione*] touche, couche: *dare l'ultima mano a un lavoro* donner la dernière touche à un travail; *ho dato una mano, la seconda mano di vernice* j'ai donné une couche, une deuxième couche de peinture **10** (*carte*) main: *essere di mano* avoir la main # *chi è l'ultimo di mano?* qui est le dernier à jouer?; *giocare una mano, la seconda mano* jouer une manche, une deuxième manche ◇ (*loc. fig.*) *passare la mano* passer la main **II** *loc. avv.* MAN MANO (CHE): *man mano informami su come vanno le cose* dis-moi au fur et à mesure comment vont les choses; *man mano che arrivano, sistemali al loro posto* au fur et à mesure qu'ils arrivent, range-les à leur place ~ A MANO, A MANO (CHE): *le informazioni arrivavano a mano a mano* les nouvelles arrivaient au fur et à mesure; *a mano a mano che il tempo passa la situazione peggiora* au fur et à mesure que le temps passe, la situation empire ~ DI MANO IN MANO (CHE): *di mano in mano che trovi notizie, appuntale* au fur et à mesure que tu as des nouvelles, note-les.

manodòpera |mano'dɔpera| *s.f. solo sing.* main-d'œuvre: *carenza, richiesta di manodopera* carence, demande de main-d'œuvre; *manodopera qualificata* main-d'œuvre qualifiée ◇ (*per est.*) [*quantità di lavoro*] *un restauro che richiede molta manodopera* une restauration qui demande beaucoup de main-d'œuvre ◇ (*per est.*) [*costo del lavoro*] *calcolare l'incidenza della manodopera* calculer l'incidence de la main-d'œuvre.

manomésso |mano'messo| *agg.* **1** (*di corrispondenza*) [*aperto indebitamente*] ouvert illicitement, frauduleusement: *una lettera, una busta manomessa* une lettre, une enveloppe illicitement, frauduleusement ouverte ◇ (*di documenti*) [*alterato*] altéré: *prove testimoniali manomesse* témoignages altérés ◇ (*di oggetti, ambienti*) [*scardinato; frugato, rovistato indebitamente*] forcé; fouillé: *serratura, portiera mano-*

messa serrure, portière forcée || *ho trovato l'appartamento, il cassetto manomesso* j'ai trouvé l'appartement, le tiroir fouillé **2** (*fig.*) [*offeso, leso*] violé: *diritti manomessi* droits violés **3** (*dir. rom.*) affranchi.

manométrico, ci, ca, che |mano'metriko, tʃi, ka, ke| *agg.* manométrique.

manòmetro |ma'nɔmetro| *s.m.* (*fis.*) manomètre: *manometro metallico, a mercurio* manomètre métallique, à mercure.

manométtere |mano'mettere| (155) *v.tr.* **1** (*di corrispondenza*) [*aprire illecitamente*] ouvrir (23) illicitement, frauduleusement: *manomettere una lettera, un pacco* ouvrir illicitement, frauduleusement une lettre, un paquet ◇ (*di documenti*) [*alterare, falsificare*] altérer (8), falsifier: *le prove sono state manomesse* les preuves ont été altérées, falsifiées ◇ (*di oggetti, ambienti*) [*scassinare; rovistare per scopi illeciti*] forcer (2); fouiller: *i ladri hanno manomesso la chiusura della cassaforte* les voleurs ont forcé la serrure du coffre || *scrivania, scaffali, cassetti: tutto è stato manomesso!* bureau, étagères, tiroirs: tout a été fouillé ◇ (*di congegni*) [*danneggiare, guastare*] endommager (3), abîmer: *dei sabotatori hanno manomesso la centrale telefonica* des saboteurs ont endommagé le central téléphonique **2** (*raro, fig.*) → **violare** **3** (*dir. rom.*) *liberare, affrancare uno schiavo* affranchir (un esclave).

manomissióne |manomis'sjone| *s.f.* **1** (*di corrispondenza*) [→ MANOMETTERE 1] violation, ouverture frauduleuse, illicite → **violazione** ◇ (*di documenti*) falsification → **falsificazione** **2** (*raro, fig.*) → **violazione** **3** (*dir. rom.*) affranchissement (d'un esclave).

manomòrta |mano'mɔrta| *s.f.* (*dir.*) mainmorte: *manomorta ecclesiastica* mainmorte ecclésiastique; *beni di manomorta* biens de mainmorte.

manonéra |mano'nera| *s.f.* main noire.

manòpola |ma'nɔpola| *s.f.* **1** [*pomello per azionare una macchina, un congegno*] bouton (*m.*): *le manopole del televisore, del giradischi* les boutons du téléviseur, du tourne-disque; *aprire, chiudere la manopola del gas* ouvrir, fermer le bouton du gaz; *girare la manopola a destra, a sinistra* tourner le bouton à droite, à gauche ◇ [*impugnatura di un oggetto*] poignée: *le manopole del manubrio della bicicletta* les poignées du guidon de la bicyclette **2** [*guanto che ha solo il pollice separato dalle altre dita*] moufle: *manopole di lana per bambini* moufles en laine pour les enfants; *manopole per sciatori* moufles pour skieurs ◇ (*per lavarsi*) gant *m.* de toilette ◇ (*di armatura*) gantelet *m.* **3** (*abbigl.*) parement (*m.*): *manopole di velluto* parement de velours → **paramano** ◇ (*scherma*) crispin *m.*

manoscritto |manos'kritto| **1** *agg.* manuscrit: *una lettera, una pagina manoscritta* une lettre, une page manuscrite **2** *s.m.* manuscrit: *consegnare, correggere un manoscritto* remettre, corriger un manuscrit ◇ [*opera autografa*] *il manoscritto dei 'Promessi Sposi'* le manuscrit des 'Promessi Sposi' ◇ (*filol.*) *i manoscritti alessandrini* les manuscrits alexandrins.

manoscrivere |manos'krivere| (182) *v.tr.* [*scrivere a mano*] écrire (51) à la main.

manovalànza |manova'lantsa| *s.f.* [*lavoratori generici, non specializzati*] main-d'œuvre: *lavori che richiedono soprattutto manovalanza* travaux qui demandent surtout de la main-d'œuvre ◇ [*il lavoro dei manovali*] *spese di manovalanza* frais de main-d'œuvre.

manovàle |mano'vale| *s.m.* [*operaio generico, spec. dell'edil.*] manœuvre: *lavori da manovale* travaux de manœuvre; *occorrono un muratore e due manovali* il faut un maçon et deux manœuvres # *manovale delle ferrovie* homme de manœuvre.

manovèlla |mano'vɛlla| *s.f.* **1** [*asta sagomata per azionare un meccanismo*] manivelle: *la manovella del tritacarne* la manivelle du hache-viande; *manovella di avviamento* manivelle de mise en marche ◇ (*cine.*) *dare il primo giro di manovella* donner le premier tour de manivelle **2** (*mecc.*) arbre *m.* coudé, vilebrequin *m.*

manòvra |ma'nɔvra| *s.f.* **1** manœuvre: *la manovra di un congegno* la manœuvre d'un mécanisme; *manovra a distanza* manœuvre à distance; *essere esperto nella manovra del tornio* être expert dans la manœuvre du tour → 1 **uso, azionamento** # *mettersi al posto di manovra* se mettre au poste de commande ◇ (*alpinismo*) *manovre di corda* manœuvres de cordes **2** [*movimento di marcia di un veicolo*] manœuvre: *un veicolo in manovra* un véhicule en manœuvre; *manovra di inversione* manœuvre d'inversion; *eseguire una manovra difficile, spericolata* exécuter une manœuvre difficile, imprudente; *far manovra* faire une manœuvre ◇ (*loc. fig.*) *aver poca, molta libertà di manovra* avoir peu de, beaucoup de liberté de manœuvre ◇ (*ferr.*) *scalo, binario di manovra* gare, voie de manœuvre; *torre di manovra* tour de manœuvre # *manovra degli scambi* poste d'aiguillage; *treno in manovra* train qui manœuvre ◇ (*mar.*) *manovra di attracco, di abbordaggio, di immersione* manœuvre à ammarrage, d'abordage, d'immersion; *tutti ai posti di manovra!* tous aux postes de manœuvres! # *camera di manovra* poste central ◇ (*aer.*) *manovra a terra, in volo, di atterraggio* manœuvre à terre, en vol, d'atterrissage **3** (*fig.*) [*mossa tattica; raggiro; macchinazione*] manœuvre: *una manovra politica, elettorale* une manœuvre politique, électorale; *manovre di corridoio, di borsa* manœuvres de couloir, de bourse; *scoprire le manovre dell'avversario* découvrir les manœuvres de l'adversaire; *non illuderti, è tutta una manovra per impressionarci!* ne te fais pas d'illusions, c'est toute une manœuvre pour nous impressioner! **4** (*mil.*) manœuvre: *manovre militari* manœuvres militaires; *manovra tattica, strategica, di accerchiamento* manœuvre tactique, stratégique, de débordement: *grandi manovre* grandes manœuvres **5** *al plur.* (*mar.*) manœuvres: *manovre dormienti, correnti* manœuvres dormantes, courantes.

manovràbile |mano'vrabile| *agg.* **1** [→ MANOVRARE A 1] manœuvrable: *un meccanismo poco manovrabile* un mécanisme peu manœuvrable **2** [→ MANOVRARE A 3] maniable, influençable: *una persona facilmente manovrabile* une personne facilement maniable, influençable.

manovrabilità |manovrabili'ta| *s.f. inv.* manœuvrabilité *var.*

manovràre |mano'vrare| **A** *v.tr.* **1** [*far funzionare; azionare*] manœuvrer: *manovrare un impianto, una centrale* manœuvrer une installation, une centrale; *essere capace di manovrare l'automobile* être capable de manœuvrer une automobile; *manovrare il volante, il timone, lo scambio* manœuvrer le volant, le gouvernail, l'aiguillage **2** (*mil.*) [*far eseguire manovre, esercitazioni tattiche*] faire (45) *intr.* effectuer des manœuvres: *manovrare i reparti d'artiglieria* faire effectuer des manœuvres aux unités d'artillerie; *manovrare le forze aeree e terrestri* faire effectuer des manœuvres aux forces aériennes et terrestres **3** (*fig.*) [*influenzare, manipolare*] manœuvrer: *manovrare una persona, un'assemblea* manœuvrer une personne, une assemblée; *non è un tipo che si lascia manovrare* ce n'est pas un type qui se laisse manœuvrer **4** (*fig.*) [*combinare di nascosto, architettare*] manigancer (2): *chissà cosa sta manovrando!* qui sait ce qu'il est en train de manigancer! **B** *v. intr.* (*aus.* 'avere') **1** [*compiere, eseguire manovre*] manœuvrer: *riesci a manovrare?* est-ce que tu arrives à manœuvrer?; *la nave manovra lentamente* le navire manœuvre lentement ◇ (*mil.*) *il reparto ha manovrato alla perfezione* l'unité a manœuvré à la perfection ◇ (*calcio*) *la squadra manovra bene* l'équipe manœuvre bien **2** (*fig.*) [*far maneggi; brigare*] manœuvrer: *hanno manovrato alle nostre spalle* ils ont manœuvré derrière notre dos; *ha dovuto manovrare molto per ottenere il posto* il a dû beaucoup manœuvrer pour obtenir ce poste.

manovràto |mano'vrato| *agg.* **1** (*mil.*) de mouvement (*loc. inv.*): *guerra manovrata* guerre de mouvement ◇ (*sport*) suivi: *gioco manovrato* jeu suivi **2** (*comm.*) dirigé: *economia, moneta manovrata* économie, monnaie dirigée.

manovratóre, trice |manovra'tore, tritʃe| *s.* **1** [*chi esegue manovre*] aiguilleur (*m.*): *un manovratore di scambi* aiguilleur; *manovratore capo* aiguilleur en chef ◇ [*conduttore*] conducteur*: *un manovratore di tram, di un carrello elevatore* un conducteur de tramway, de chariot élévateur **2** (*fig.*) manœuvrier*: *un abile manovratore politico* un habile manœuvrier politique.

manovrièro |mano'vrjɛro| *agg.* **1** manœuvrier*: *le caratteristiche manovriere di una nave* les qualités manœuvrières d'un navire; *un generale di grandi capacità manovriere* un général ayant de grandes capacités de manœuvrier **2** (*fig.*) [*intrallazzatore, maneggione*] manœuvrier: *un politicante manovriero* un (homme politique) manœuvrier ♦ (*s.*) *un manovriero* un manœuvrier.

manrovèscio, i |manro'vɛʃʃo, i| *s.m.* **1** [*schiaffo, ceffone*] revers # *obbedisce a forza di manrovesci* il obéit à coups de taloches **2** (*scherma*) revers.

mansàlva, man sàlva |man'salva| *s.f. solo nella loc.* A MANSALVA [*senza freno; impunemente*] à pleines mains: *arraffare, rubare a mansalva* rafler, voler à pleines mains.

mansàrda |man'sarda| *s.f.* mansarde: *arredare una mansarda* meubler une mansarde ◇ (*edil.*) *tetto a mansarda* toit en mansarde, mansardé.
mansardàto |mansar'dato| *agg.* mansardé.
mansióne |man'sjone| *s.f.* **1** [*compito, incarico*] tâche, travail* (*m.*): *svolgere una mansione riservata* accomplir une tâche reservée; *a chi spettano queste mansioni?* qui doit faire ces travaux? ◇ [*competenza, attribuzione*] fonction, attribution: *questo non rientra nelle mie mansioni* cela ne rentre pas dans mes fonctions, attributions **2** *spec. al plur.* [*funzione, ruolo*] fonctions: *assumere temporaneamente le mansioni di presidente* accomplir temporairement les fonctions de président; *verrò assunto con mansioni direttive* je serai engagé avec des fonctions de directeur.
mansuefàre |mansue'fare| (103) **A** *v.tr.* [*rendere mansueto; addomesticare*] dompter: *mansuefare una tigre* dompter un tigre ◇ (*per est., raro*) [*rendere docile*] amadouer: *a poco a poco ho mansuefatto anche i più ribelli* peu à peu j'ai amadoué jusqu'aux plus rebelles ◇ (*fig.*) → **mitigare** **B** *v.pron. intr.* MANSUEFARSI [→ *tr.*] se calmer: *si sono alquanto mansuefatte* elles se sont quelque peu calmées.
mansuetaménte |mansueta'mente| *avv.* [→ MANSUETO] avec douceur *loc. inv.*
mansuèto |mansu'ɛto| *agg.* **1** (*animali*) [*addomesticato, inoffensivo*] inoffensif*: *un cane, un cavallo mansueto* un chien, un cheval inoffensif ◇ [*mite, docile per natura*] doux*: *l'agnello è un animale mansueto* l'agneau est un animal doux **2** (*persone*) [*mite, docile, tranquillo*] doux; tranquille: *un ragazzo mansueto* un garçon doux ‖ *oggi mi sembrate più mansueti* aujourd'hui vous me semblez plus tranquilles **3** (*cose*) [*benevolo, bonario*] doux: *sguardo, carattere mansueto* regard, caractère doux; *ci ha rimproverato con tono mansueto* il nous a fait des reproches sur un ton doux.
mansuetùdine |mansue'tudine| *s.f.* [*docilità, mitezza*] douceur; bonté: *la mansuetudine del bue* la douceur du bœuf ‖ *la sua vita è un esempio di mansuetudine* sa vie est un exemple de bonté.
mànta |'manta| *s.f.* (*t.zool.*) mante.
mantèca, che |man'tɛka, ke| *s.f.* → **sudiciume, grassume.**
mantecàre |mante'kare| *v.tr.* (*cuc.*) [*lavorare ingredienti per ridurli a un impasto omogeneo*] malaxer: *mantecare tonno e maionese* malaxer du thon et de la mayonnaise.
mantecàto |mante'kato| **1** *agg.* (*cuc.*) malaxé: *baccalà mantecato* morue sèche malaxée **2** *s.m.* [*gelato molto cremoso, servito in coppa*] crème *f.* glacée.
mantèlla |man'tɛlla| *s.f.* **1** → **mantello** **2** [*tipo di mantello femminile*] cape ◇ (*mil.*) *le mantelle dei carabinieri* les capes des carabiniers.
mantellàta |mantel'lata| *s.f.* [*protezione contro l'erosione delle sponde dei fiumi*] digue: *una mantellata di vimini, di cemento* une digue en osier, en ciment.
mantellàto |mantel'lato| *agg.* **1** couvert d'un manteau # *soldati mantellati* soldats portant un manteau **2** *solo al f.* (*relig.*) mantellates (*s.f.*): *suore mantellate* mantellates ✦ (*s.f.*) *le mantellate* (*di S. Domenico*) les mantellates (de saint Dominique) **3** (*arald.*) mantelé **4** (*t. zool.*) mantelé.
mantellétta |mantel'letta| *s.f.* **1** [*piccola mantella*] mantelet *m.* **2** (*abbigl.*) pèlerine ◇ (*eccl.*) mantelet: *mantelletta da cardinale* mantelet de cardinal.
mantellétto |mantel'letto| *s.m.* **1** petit manteau **2** (*mar.*) tablier: *mantelletti delle vele* tabliers des voiles.
mantellìna |mantel'lina| *s.f.* **1** [*piccola mantella*] mantelet *m.* **2** (*abbigl.*) (*per donne*) pèlerine: *una mantellina di ermellino* une pèlerine d'hermine ◇ (*mil.*) capote: *mantellina grigioverde* capote gris-vert.
mantèllo |man'tɛllo| *s.m.* **1** (*abbigl.*) manteau: *un mantello di lana* un manteau de laine; *avvolgersi nel mantello* s'envelopper dans un manteau # *mantello a ruota* cape ◇ [*soprabito femminile, spec. da sera*] manteau de soirée **2** (*fig.*) [*coltre, manto, strato*] manteau: *un mantello di neve, di erba, di verde* un manteau de neige, d'herbe, de verdure **3** (*per est.*) (*di animali*) [*pelliccia, pelame*] mantelure *f.*; robe (*f.*): *cane col mantello nero* chien à la mantelure noire ‖ *il mantello baio di un cavallo* la robe baie d'un cheval ◇ (*di molluschi*) manteau **4** (*teat.*) *mantello d'Arlecchino* manteau d'Arlequin **5** (*tecnol.*) gaine (*f.*): *mantello d'elica* gaine d'hélice; *trasformatore a mantello* transformateur à gaine.
mantenére |mante'nere| (188) **A** *v.tr.* **1** [*continuare a tenere; conservare*] maintenir (27), garder: *mantenere il posto di lavoro* maintenir, garder son poste de travail; *ha mantenuto le sue opinioni* il a maintenu ses opinions; il est resté sur ses positions; *hanno mantenuto le loro abitudini* ils ont gardé leurs habitudes; *non sa mantenere la disciplina* il ne sait pas maintenir la discipline; *ha fatto di tutto per mantenerlo in vita* il a tout fait pour la maintenir en vie; *si ostina a mantenere in funzione l'azienda* il s'obstine à maintenir l'entreprise en vie # *dobbiamo mantenere il passo coi tempi* il faut marcher avec son temps; *bisogna mantenere buoni rapporti con tutti* il faut rester en bons termes avec tout le monde ◇ [*conservare inalterato*] conserver, garder: *mantenere una vivanda in frigorifero* conserver un mets dans le réfrigérateur; *il sale mantiene le carni* le sel conserve les viandes; *nonostante tutto, mantengo la mia opinione* je garde, malgré tout, mon opinion ◇ [*difendere, conservare*] maintenir, garder: *mantenere le posizioni, il campo* maintenir les positions, le champ; *mantenere un vantaggio nel gioco, in classifica* garder un avantage dans un jeu, dans un classement; *abbiamo combattuto per mantenere la libertà* nous avons combattu pour garder notre liberté **2** [*tener fede a; osservare*] tenir (27): *mantenere un impegno, la parola data* tenir un engagement, sa parole; *certe promesse si debbono mantenere* on doit tenir certaines promesses; *non hai mantenuto la parola* tu n'as pas tenu ta parole **3** [*provvedere del necessario; alimentare*] entretenir (27), subvenir (27): *mantenere i figli, la famiglia* entretenir ses enfants, sa famille; *il padre non riesce più a mantenerlo agli studi* son père n'arrive plus à subvenir à ses études; *farsi mantenere dai genitori* se faire entretenir par ses parents; *chi vi mantiene?* qui subvient à vos besoins?; *farsi mantenere dalla moglie* se faire entretenir par sa femme; *farsi mantenere da una donna* [*sfruttarla*] se faire entretenir par une femme; *mantenere una donna* [*averla come amante*] entretenir une maîtresse **4** [*provvedere al funzionamento, al finanziamento di q.c.*] entretenir, financer (2): *mantenere una scuola, un circolo culturale, una rivista* entretenir, financer une école, un cercle culturel, une revue ◇ [*provvedere alla manutenzione, all'efficienza di q.c.*] entretenir: *mantenere una strada, un giardino* entretenir une route, un jardin; *lo stato ha il dovere di mantenere i monumenti storici* l'état a le devoir d'entretenir les monuments historiques **B** *v.pron.* MANTENERSI **1** *rifl.* [→ *tr.* 3] subvenir *intr.* à ses (propres) besoins: *si mantiene da solo con poco* il subvient à ses (propres) besoins avec peu de chose; *spendete molto per mantenervi?* dépensez-vous beaucoup pour subvenir à vos besoins? **2** *rifl.* [→ *tr.* 1] se maintenir: *mantenersi in gamba, in salute* se maintenir en pleine forme, en bonne santé; *si è mantenuta giovane* elle s'est maintenue jeune **3** *intr.* [→ *tr.* 1] rester *intr.*, se conserver; se maintenir: *la temperatura si mantiene alta* la température reste élevée; *i prezzi si mantengono alti* les prix restent élevés ‖ *le pesche si mantengono poco* les pêches se conservent peu ‖ *speriamo che il bel tempo si mantenga* espérons que le beau temps se maintiendra → **durare.**
mantenìbile |mante'nibile| *agg.* [→ MANTENERE A 1, 2] qu'on peut tenir (*loc.*): *promesse non mantenibili* promesses qu'on ne peut tenir, qui ne peuvent être tenues.
manteniménto |manteni'mento| *s.m.* **1** [→ MANTENERE A 3, 4; B 1] entretien, subsistance (*f.*): *il mantenimento di una famiglia, di un istituto* l'entretien, la subsistance d'une famille, d'une institution; *spese di mantenimento* frais d'entretien **2** [→ MANTENERE A 2] tenue (*f.*): *il mantenimento di una promessa* la tenue d'une promesse **3** [→ MANTENERE A 1] maintien; conservation (*f.*): *il mantenimento dell'ordine pubblico* le maintien de l'ordre public; *il mantenimento di un'usanza* le maintien d'une coutume → **conservazione** ‖ *il buon mantenimento di un prodotto* la bonne conservation d'un produit.
mantenitóre, trice |manteni'tore, tritʃe| *s.* entreteneur *m.*
mantenùto |mante'nuto| *agg.* (*spreg.*) [*che vive alle spalle, a spese di qc.*] entretenu (*corr.*): *un uomo mantenuto* un homme entretenu; *una donna mantenuta* une femme entretenue ✦ (*s.m.*) *un mantenuto* un gigolo (*fam.*) ✦ (*s.f.*) *una mantenuta* une femme entretenue: *fare la mantenuta* être une femme entretenue.
màntica, che |'mantika, ke| *s.f.* mantique → **divinazione.**
màntice |'mantitʃe| *s.m.* **1** [*apparecchio per soffiare aria*] soufflet: *mantice a soffietto, a pistone* soufflet en ac-

cordéon, à piston; *il mantice dell'organo, della fisarmonica* le soufflet de l'orgue, de l'accordéon; *ravvivare il fuoco col mantice* attiser le feu avec le soufflet ◇ (*loc.*) *soffiare come un mantice* [*ansimare*] souffler comme un bœuf, comme une phoque **2** [*congegno di apertura e chiusura a soffietto*] soufflet: *tirare il mantice* tirer le soufflet.

màntide |'mantide| *s.f.* (*t.zool.*) mante: *mantide religiosa* mante religieuse.

mantiglia |man'tiʎʎa| *s.f.* (*abbigl.*) mantille → **scialle.**

mantiglio, i |man'tiʎʎo, i| *s.m.* → **amantiglio.**

mantile |man'tile| *s.m.* **1** (*region.*) [*panno ordinario per usi da cucina*] torchon (*corr.*): *asciugare le stoviglie con un mantile* essuyer la vaisselle avec un torchon **2** (*region.*) [*copricapo femminile*] foulard.

mantissa |man'tissa| *s.f.* (*mat.*) mantisse.

mànto |'manto| *s.m.* **1** [*lungo mantello con strascico*] manteau: *il manto reale, papale* le manteau royal, papal ◇ (*fig.*) tapis; manteau: *un manto di verde* un tapis de verdure ‖ *la campagna è sotto un manto di neve* la campagne est sous un manteau de neige → **coltre** # *un manto di stelle* un semis d'étoiles **2** (*fig.*) [*apparenza, finzione*] manteau: *sotto il manto dell'onestà, dell'amicizia* sous le manteau de l'honnêteté, de l'amitié **3** (*per est.*) [*strato protettivo*] revêtement; couche (*f.*): il *manto stradale* le revêtement de la route ‖ *un manto di bitume* une couche de bitume **4** (*di animali*) [*mantello, pelame*] robe *f.*; pelage: *il manto di un cavallo* la robe d'un cheval ‖ *il manto del maiale* le pelage du porc **5** (*di vegetazione*) [*copertura*] couche: *un manto vegetale* une couche de végétation.

Mantoidèi |mantoi'dɛi| *s.m. pl.* (*t. zool.*) Mantidés.

mantovàna |manto'vana| *s.f.* **1** (*arch.*) lambrequin *m.* ◇ [*balza decorativa per tendaggi*] cantonnière **2** (*region.*) [*torta dolce con mandorle tritate*] gâteau *m.* aux amandes.

mantovàno |manto'vano| **1** *agg.* [*di Mantova*] mantouan: *la pianura mantovana* la plaine mantouane **2** (*s.m.*) *il mantovano* [*il dialetto*] le dialecte mantouan *agg.*

1 **manuàle** |manu'ale| *agg.* manuel*: *un lavoro manuale* un travail manuel; *mestieri manuali* des métiers manuels.

2 **manuàle** |manu'ale| *s.m.* **1** manuel: *un manuale di storia, di architettura* un manuel d'histoire, d'architecture; *consultare un manuale* consulter un manuel → 1 **testo, libro** ◇ (*loc. fig.*) impeccable: *un'azione, un lavoro da manuale* [*perfetto, impeccabile*] une action, un travail impeccable; *un goal da manuale* un but impeccable **2** [*tastiera dell'organo*] clavier.

manualista |manua'lista| *s.* auteur *m.* de manuels.

manualìstico, ci, ca, che |manua'listiko, tʃi, ka, ke| *agg.* (*spreg.*) [*poco originale*; *eccessivamente teorico*] livresque: *cultura manualistica* culture livresque; *trattazione, preparazione manualistica* un développement, une préparation livresque.

manualità |manuali'ta| *s.f. inv.* caractère *m. var.* manuel # *esercizi di manualità* exercices manuels; *sviluppare la manualità di un bambino* développer les dispositions manuelles d'un enfant.

manualménte |manual'mente| *avv.* [→ 1 MANUALE] manuellement, à la main (*loc. inv.*): *lavorare manualmente* travailler manuellement, à la main; *oggetto eseguito manualmente* objet fait manuellement, à la main.

manùbrio, i |ma'nubrjo, i| *s.m.* **1** [*parte di un congegno che si impugna con le mani per azionarlo*] manette *f.*, poignée *f.* # *il manubrio del timone* la barre du gouvernail ◇ (*di bicicletta, moto e sim.*) guidon: *tenere il manubrio con una mano sola* tenir le guidon d'une seule main **2** (*atletica*) haltère **3** (*parte del fucile*) levier **4** (*anat.*) *manubrio dello sterno* manubrium sternal*.

manuelino |manue'lino| *agg.* manuélin.

manufàtto |manu'fatto| **1** *agg.* manufacturé: *articoli, prodotti manufatti* articles, produits manufacturés **2** *s.m.* produit manufacturé (*agg.*): *esportare manufatti* exporter des produits manufacturés ◇ (*edil.*) œuvre *f.*, ouvrage: *costo del manufatto* coût de l'œuvre, de l'ouvrage.

manu militari |'manumili'tari| *loc. avv.* (*lat.*) manu militari.

manutèngolo |manu'tɛngolo| *s.* [*complice in atti illeciti*] complice.

manutenzióne |manuten'tsjone| *s.f.* **1** [*mantenimento in efficienza*] entretien (*m.*): *la manutenzione di una strada, di una macchina, di un laboratorio* l'entretien d'une route, d'une voiture, d'un laboratoire; *lavori, spese di manutenzione* travaux, frais d'entretien **2** (*dir.*) *azione di manutenzione* complainte.

manutèrgio, i |manu'tɛrdʒo, i| *s.m.* (*liturg.*) manuterge.

mànza |'mandza| *s.f.* [*vitella tra il primo e il terzo anno, che non abbia ancora partorito*] génisse.

manzanìglio, i |mandza'niʎʎo, i|, **manzanillo** |manza'nillo| *s.m.* (*t.bot.*) mancenillier.

mànzo |'mandzo| *s.m.* [*vitello castrato tra il primo e il quarto anno*] bouvillon: *una stallata di manzi* une étable pleine de bouvillons ◇ [*carne macellata di tale animale*] bœuf: *arrosto, stufato di manzo* rôti de bœuf, bœuf en daube.

manzonìano |mandzo'njano| *agg.* [*del Manzoni*] de Manzoni (*loc. inv.*): *poesia, ironia manzoniana* poésie, ironie de Manzoni ♦ (*s.*) *un manzoniano* un imitateur*, un continuateur* de Manzoni.

manzonismo |mandzo'nizmo| *s.m.* **1** imitation *f.* de Manzoni **2** (*ling.*) théorie linguistique de Manzoni.

maoismo |mao'izmo| *s.m.* (*polit.*) maoïsme.

maoista |mao'ista| *agg.* **1** maoïste: *tesi, dottrina, politica maoista* thèse, doctrine, politique maoïste **2** [*che segue il maoismo*] maoïste: *gruppi, movimenti maoisti* groupes, mouvements maoïstes ♦ (*s.*) *un maoista* un maoïste.

maomettanésimo |maometta'nezimo| *s.m.* → **maomettismo.**

maomettàno |maomet'tano| *agg.* mahométan: *i princìpi religiosi maomettani* les principes religieux mahométans ♦ (*s.*) *i maomettani* les mahométans.

maomettismo |maomet'tizmo| *s.m.* (*relig.*) mahométisme → **islamismo.**

maóna |ma'ona| *s.f.* (*mar.*) mahonne.

maònia |ma'ɔnja| *s.f.* (*t.bot.*) mahonia *m.*

maòri |ma'ɔri| **1** *agg. inv.* [*dei Maori*] maori (*var.*): *i costumi maori* les coutumes maories **2** (*s.m. inv.*) *il maori* [*la lingua*] le maori *var.*

màppa |'mappa| *s.f.* **1** [*rappresentazione grafica di una zona di terreno*] plan (*m.*): *mappa catastale* plan cadastral # *foglio di mappa* carte ◇ (*astron.*) *mappa lunare* carte de la Lune **2** (*fig.*) [*rilievo, inventario*] carte; inventaire (*m.*): *fare la mappa dei covi eversivi* dresser la carte des repaires subversifs ‖ *fare la mappa degli scavi* faire l'inventaire des fouilles.

mappamóndo |mappa'mondo| *s.m.* mappemonde *f.* ◇ (*astron.*) globe céleste, mappemonde céleste.

'maquette' |makɛt| *s.f. inv.* maquette *var.*

'maquillage' |makijaʒ| *s.m. inv.* maquillage *var.*

'maquis' |maki| *s.m. inv.* (*st. fr.*) maquis ◇ [*aderente al 'maquis'*] maquisard *var.*

marabù |mara'bu| *s.m. inv.* (*t.zool.*) marabout *var.*

marabùtto |mara'butto| *s.m.* (*st. dell'Islam*) marabout.

marachèlla |mara'kɛlla| *s.f.* [*atto non lodevole fatto di nascosto*; *briccocnata*] polissonnerie, espièglerie: *scoprire una marachella* découvrir une polissonnerie, une espièglerie; *avete combinato qualche marachella?* avez-vous fait quelques espiègleries?

maragià |mara'dʒa| *s.m. inv.* [*titolo di principe indiano*] mahara(d)jah *var.*

maramaldeggiàre |maramalded'dʒare| *v.intr.* (*aus.* '*avere*') [*fare il maramaldo*] être (43) lâche.

maramàldo |mara'maldo| *s.m.* [*persona spietata, vigliacca*] lâche: *sei un maramaldo!* tu es un lâche!

maramèo |mara'mɛo| *inter.* (*esprime* '*beffa, derisione*') turlututu: *credevi di farmela, invece marameo!* tu croyais m'avoir, mais, en fait: turlututu! ◇ (*loc.*) *fare marameo a qc.* faire un pied de nez à qqn.

marangóne |maran'gone| *s.m.* → **cormorano.**

marànta |ma'ranta| *s.f.* (*t.bot.*) marante, maranta.

Marantàcee |maran'tatʃee| *s.f. pl.* (*t.bot.*) Marantacées.

maràsca, che |ma'raska, ke| *s.f.* [*frutto del marasco*] marasque: *un cestino di marasche* un panier de marasques; *sciroppo di marasche* sirop de marasques.

maraschino |maras'kino| *s.m.* marasquin: *una bottiglia di maraschino* une bouteille de marasquin.

maràsco, chi |ma'rasko, ki| *s.m.* **1** (*t.bot.*) merisier **2** (*per est.*) vin de marasques, marasquin.

maràsma |ma'razma| *s.m.* **1** [*caos, confusione*] chaos, confusion (*f.*): *in piazza c'è un marasma indescrivibile* sur la place il y a un chaos, une confusion indescriptible; *la vita è diventata un*

gran marasma l'existence se déroule dans une grande confusion **2** (*med.*) marasme: *marasma infantile, senile* marasme infantile, sénile → **decadimento.**
maràsmio, i |ma'razmjo, i| *s.m.* (*t.bot.*) marasme.
maràsso |ma'rasso| *s.m.* (*t.zool.*) péliade.
maratóna |mara'tona| *s.f.* **1** (*sport*) marathon (*m.*): *vincere la maratona* gagner le marathon **2** (*per est.*) [*camminata lunga e faticosa*] longue course, randonnée: *risparmiatemi questa maratona!* épargnez-moi cette longue course!; *ho dovuto fare una maratona per rintracciarlo* j'ai dû faire une vraie randonnée pour le retrouver ◇ (*fig.*) [*lavoro intenso e pressato dalla fretta*; *corsa*] course; travail* *m.* intense: *la vita è una continua maratona* la vie est une course continuelle ‖ *ho finito, ma è stata una maratona* j'ai fini, enfin, mais cela a été un travail intense # *ho dovuto fare una maratona per terminare l'articolo* j'ai dû travailler comme un nègre pour finir cet article.
maratonèta |marato'nɛta| *s.m.* marathonien.
maràtto |ma'ratto| **1** *agg.* [*della popolazione indiana dei Maratti*] mahratte, marathe **2** (*s.m.*) *il maratto* [*la lingua indoeuropea dell'India*] le marathe.
maravedì |marave'di| *s.m. inv.* maravédis.
maravìglia |mara'viʎʎa| *e deriv.* **meraviglia** *e deriv.*
march |martʃ| *inter.* → **marsc'.**
1 **màrca, che** |'marka, ke| *s.f.* (*st. mediev.*) marche: *la marca trevigiana* la marche de Trévise.
2 **màrca, che** |'marka, ke| *s.f.* **1** marque: *un prodotto di* (*gran*) *marca* un produit de (grande) marque; *articoli di marca* produits de marque ◇ [*ditta produttrice*] *le migliori marche sul mercato* les meilleures marques sur le marché; *ci sono varie marche di buone ceramiche* il y a plusieurs marques de bonnes céramiques # *mi rifornisco da un'altra marca* je m'approvisionne chez un autre fournisseur **2** [*bollo, contrassegno*] timbre (*m.*): *la marca della Croce Rossa* le timbre de la Croix-Rouge; *applicare una marca* apposer, coller un timbre # *imprimere la marca sui vitelli* marquer les veaux ◇ (*spec.*) *marca da bollo* [*bollo fiscale*] timbre fiscal*; *marca assicurativa* [*contrassegno attestante il versamento dovuto*] timbre d'assurance ◇ (*tip.*) *marca tipografica* marque typographique ◇ (*mar.*) *marca di bordo libero* marque de franc-bord ◇ (*fig.*) [*segno, cicatrice*] marque: *avere una marca sulla tempia* avoir une marque sur la tempe **3** (*per est.*) [*contrassegno, scontrino*] ticket *m.*; bulletin (*m.*): *presentare la marca per ritirare un pacco* présenter son ticket pour retirer un paquet ‖ *ho perduto la marca del deposito bagagli* j'ai perdu mon bulletin de bagages, de consigne **4** (*fig.*) [*impronta caratteristica*; *matrice*] marque: *un delitto di chiara marca mafiosa* un délit qui porte clairement la marque de la Mafia # *ha un accento di marca settentrionale* il a l'accent (typique) du Nord.
marcaménto |marka'mento| *s.m.* (*calcio*) marquage: *marcamento sull'uomo, a zona* marquage sur l'homme, à zone.
marcantònio, i |markan'tɔnjo, i| *s.* (*scherz.*) [*persona massiccia, corpulenta*] grand gaillard, armoire *f.* à glace (*fam.*): *chi lo sposta, quel marcantonio!* qui arrive à le déplacer, ce grand gaillard, cette armoire à glace?; *mi son trovato davanti un marcantonio di due metri* je me suis trouvé devant un grand gaillard de deux mètres.
marcapèzzi |marka'pɛttsi| *s. inv.* marqueur* de pièces.
marcapùnto |marka'punto| *s.m.*, **marcapùnti** |marka'punti| *s.m. inv.* (*calzoleria*) marqueuse *f. var.* de points.
marcàre |mar'kare| **A** *v.tr.* **1** [*contrassegnare con un marchio*] marquer: *marcare la biancheria, il bestiame* marquer le linge, le bétail; *marcare i prodotti con il prezzo* marquer les prix sur les produits ◇ (*di corrispondenza*) [*affrancare*] affranchir: *marcare una lettera, una cartolina* affranchir une lettre, une carte postale **2** (*fig.*) [*far risaltare*; *accentuare*] marquer: *marcare il tono della voce* marquer le ton de la voix; *ha marcato maggiormente i contorni del disegno* il a marqué davantage les contours du dessin **3** (*calcio*) *marcare un goal* [*segnarlo*] marquer un but; *marcare un avversario, una zona* [*controllare da vicino*] marquer un adversaire, une zone **4** (*gerg. mil.*) *marcare visita* [*darsi malato*] se faire (45) poter malade **B** *v.pron. recipr.* MARCARSI (*calcio*) [*controllarsi da vicino*] se marquer: *si sono marcati per tutto l'incontro* ils se sont marqués durant toute la partie.
marcas(s)ìte |marka(s)'site| *s.f.* (*miner.*) marcassite.
marcatèmpo |marka'tɛmpo| *s.m. inv.* **1** [*operaio cronometrista*] chronométreur *var.* **2** (*tecnol.*) chronographe *var.*
marcàto |mar'kato| *agg.* **1** [*marchiato, bollato*] marqué: *bestiame marcato* bétail marqué; *prodotti marcati* produits marqués ◇ [*affrancato*] affranchi: *una cartolina marcata* une carte postale affranchie **2** (*fig.*) [*accentuato, spiccato*] marqué: *una linea poco marcata* un trait peu marqué # *parlava con marcato accento veneto* il parlait avec un accent vénitien très prononcé **3** (*ling.*) marqué **4** (*chim.*) *elemento marcato* élément marqué.
marcatóre, trice |marka'tore, tritʃe| *s.* **1** [*addetto alla marcatura*] marqueur* **2** (*calcio*) [*chi segna goal*] marqueur: *il marcatore della prima rete* le marqueur du premier but; *un buon marcatore* un bon marqueur, un buteur ◇ [*chi controlla da vicino un avversario o una zona*] *un marcatore implacabile* un marqueur implacable; *i marcatori del centro campo* les marqueurs du centre du terrain.
marcatrìce |marka'tritʃe| *s.f.* (*tecnol.*) marqueuse.
marcatùra |marka'tura| *s.f.* **1** [→ MARCARE A 1] marquage *m.* **2** (*calcio*) [*goal realizzato*] but *m.*, point: *le marcature sono avvenute tutte nel primo tempo* les buts, les points ont tous été marqués à la première mi-temps ◇ [*controllo di un avversario*] marquage: *la marcatura del centravanti* le marquage de l'avant-centre.
marcescènte |martʃeʃ'ʃɛnte| *agg.* (*lett.*) marcescent ◇ (*bot.*) *funghi marcescenti* champignons marcescents ◇ (*fig.*) [*corrotto, degradato*] corrompu: *una società marcescente* une société corrompue.
marcescènza |martʃeʃ'ʃɛntsa| *s.f.* (*lett.*) marcescence ◇ (*bot.*) *marcescenza delle radici* marcescence des racines.
marcescìbile |martʃeʃ'ʃibile| *agg.* (*lett.*) marcescible.
marchésa |mar'keza| *s.f.* marquise.
marchesàle |marke'zale| *agg.* (*raro*) de marquis *loc.* (*corr.*).
marchesàto |marke'zato| *s.m.* **1** (*st. mediev.*) marquisat: *il marchesato di Mantova* le marquisat de Mantoue ◇ (*per est.*) famille *f.* du marquis ◇ [*i marchesi*] les marquis *pl.* **2** (*titolo nobiliare*) marquisat: *aspirare al marchesato* aspirer au marquisat.
marchése |mar'keze| *s.m.* **1** (*st. mediev.*) marquis: *i conti e i marchesi* les comtes et les marquis **2** (*titolo nobiliare*) marquis.
marchesìna |marke'zina| *s.f.* fille de marquis.
marchesìno |marke'zino| *s.m.* fils de marquis.
marchétta |mar'ketta| *s.f.* **1** petite marque **2** [*contrassegno previdenziale o assicurativo*] timbre *m.* de la Sécurité sociale: *applicare, mettere le marchette* appliquer, coller les timbres de la Sécurité sociale **3** prestation d'une prostituée ◇ (*loc.*) *far marchette* [*fare la prostituta*] faire le trottoir.
marchiàno |mar'kjano| *agg.* [*madornale, enorme*] énorme: *un errore marchiano* une énorme erreur.
marchiàre |mar'kjare| *v.tr.* **1** [*contrassegnare con un marchio*; *bollare*] marquer: *marchiare un gregge* marquer un troupeau; *negli ospedali marchiano la biancheria* dans les hôpitaux on marque le linge **2** (*fig., spreg.*) marquer: *marchiare qc. d'infamia* marquer qqn. d'infâmie.
marchiàto |mar'kjato| *agg.* [*contrassegnato con un marchio*] marqué: *prodotti marchiati* produits marqués; *biancheria marchiata* linge marqué.
marchiatóre, trice |markja'tore, tritʃe| *s.* [*chi esegue la marchiatura*] marqueur*.
marchiatùra |markja'tura| *s.f.* [→ MARCHIARE 1] (*tessuti*) marquage *m.* ◇ (*bestiame*) marquage.
màrchio, i |'markjo, i| *s.m.* **1** [*segno di distinzione*; *contrassegno*] marque (*f.*): *marchio di fabbrica* marque de fabrique; *marchio depositato, brevettato* marque déposée, brevetée; *imprimere il marchio su q.c.* imprimer une marque sur qqch.; *non c'è il marchio della ditta* il n'y a pas la marque de l'entreprise ◇ (*di metalli preziosi*) marque d'orfèvre → **punzone** ◇ (*per est.*) [*lo strumento per imprimerlo*] marqueuse *f.* **2** (*ant.*) [*impronta a fuoco sul corpo dei malfattori*] marque ◇ (*fig.*) [*segno negativo, incancellabile*] *marchio d'infamia, di disonore* marque d'infamie, de déshonneur # *fu bollato col marchio di traditore* il fut qualifié de traître.
marchionàle |markjo'nale| *agg.* de marquis (*loc. inv.*): *famiglia marchionale* famille de marquis.
1 **màrcia, ce** |'martʃa, tʃe| *s.f.* **1** marche: *un'ora di marcia* une heure de marche; *una marcia forzata* une marche forcée; *a passo di marcia* au pas de marche; *schieramento, formazione di marcia* formation de marche; *aprire,*

chiudere la marcia ouvrir, fermer la marche; *il corteo si è messo in marcia* le cortège s'est mis en marche # *in marcia!* en route! ◇ (*atletica*) *correre, vincere una gara di marcia* courir, gagner une épreuve de marche ◇ (*per est.*) [*manifestazione dimostrativa mediante corteo*] *una marcia di protesta* une marche de protestation; *la marcia della pace* la marche de la paix ◇ (*st. it.*) *la marcia su Roma* la marche sur Rome **2** (*di veicoli a motore*) [*movimento*] marche: *mettere in marcia un treno* mettre en marche un train; *arrestare la marcia di un veicolo* arrêter la marche d'un véhicule; *fare marcia avanti* faire marche avant; *fare marcia indietro* faire marche arrière; *invertire la marcia, il senso di marcia* faire demi-tour → **direzione** ◇ (*fig.*) [*ritirarsi*] *di fronte alle nostre proteste hanno fatto marcia indietro* devant nos protestations, ils ont fait marche arrière **3** (*mecc., corr.*) vitesse; marche: *auto a quattro marce* voiture à quatre vitesses; *marce alte* troisième, quatrième (vitesse); *marce basse* première, deuxième (vitesse); *mettere, innestare la marcia* mettre, engager une vitesse ‖ *la marcia indietro non ingrana* la marche arrière ne s'engage pas **4** (*mus.*) marche: *tempo di marcia* air de marche; *marcia nuziale, funebre, trionfale* marche nuptiale, funèbre, triomphale; *la banda eseguirà una marcia militare* la fanfare exécutera une marche militaire **5** [*regime di funzionamento di un impianto*] marche: *indice di marcia* index de marche # *marcia calda, fredda* allure chaude, normale.

2 **màrcia, ce** |'martʃa, tʃe| *s.f.* (*pop.*) → **pus.**

marciàno |mar'tʃano| *agg.* de Saint-Marc (de Venise) (*loc. inv.*): *Biblioteca marciana* Bibliothèque de saint-Marc; *codice marciano* code de saint-Marc.

marciapiède |martʃa'piɛde| *s.m.* **1** [*corsia laterale sopraelevata di strada, destinata a pedoni*] trottoir: *un marciapiede stretto* un trottoir étroit; *camminare lungo il marciapiede* marcher le long du trottoir; *salire sul marciapiede* monter sur le trottoir ◇ (*di stazione ferroviaria*) quai ◇ (*loc. fig.*) *battere il marciapiede* [*fare la prostituta*] faire le trottoir ~ *donna da marciapiede* [*prostituta*] péripatéticienne, prostituée **2** (*mar.*) marchepied de vergue.

marciàre |mar'tʃare| *v.intr.* (*aus.* '*avere*') **1** [*camminare a passo di marcia*] marcher: *marciare in colonna* marcher en colonne; *i soldati marciavano al passo* les soldats marchaient au pas ◇ (*per est.*) [*camminare*] *marciamo da tre ore* nous marchons depuis trois heures; *sono stanco di marciare* je suis fatigué de marcher ◇ (*di cortei*) [*sfilare con ordine*] *i dimostranti marciavano verso il centro* les manifestants marchaient vers le centre ◇ (*per est.*) [*dirigersi*] *marciavano verso il rifugio* ils marchaient vers le refuge ◇ (*fig., scherz.*) [*filar dritto*] filer (droit): *ora marcia a dovere* maintenant, il file droit; *vi faccio marciare io!* je vais vous faire filer, moi! ◇ (*loc. fig.*) *marciare bene, male, a gonfie vele* marcher bien, mal, à merveille **2** (*di veicoli*) [*muoversi, andare*] rouler: *il pulmann marciava a 80 km all'ora* l'autobus roulait à 80 km à l'heure # *il treno marcia con due ore di ritardo* le train a deux heures de retard **3** (*per est.*) [*funzionare*] marcher: *il motore marcia alla perfezione* le moteur marche à la perfection; *marcia ancora questo vecchio orologio?* elle marche encore, cette vieille montre? **4** (*region.*) MARCIARCI [*sfruttare senza scrupoli una situazione*; *fare il furbo*] abuser (*corr.*) de: *era un po' che ci marciavano sulla nostra buona fede* ça faisait un bout de temps qu'ils abusaient de notre bonne foi # *con questi trucchetti, tu ci marci* avec ces petits trucs-là, tu fais ton beurre.

marciatóre, trice |martʃa'tore, tritʃe| *s.* **1** [*chi marcia*; *camminatore*] marcheur*: *un gruppo di marciatori* un groupe de marcheurs; *sei una marciatrice formidabile!* tu es une marcheuse formidable! **2** (*atletica*) marcheur.

màrcio, ci, cia, ce |'martʃo, tʃi, tʃa, tʃe| **I** *agg.* **1** [*guasto, fradicio*] pourri; moisi: *una pera marcia* une poire pourrie; *un legno marcio* un bois pourri ‖ *scartare la parte marcia del prosciutto* enlever la partie moisie du jambon ◇ (*per est.*) [*piovoso, umido*] pourri; humide: *tempo marcio, stagione marcia* temps pourri, saison pourrie ‖ *una cantina marcia* une cave humide ◇ (*per est.*) [*purulento*] purulent: *una ferita marcia* une blessure purulente ◇ (*per est.*) *un dente marcio* [*guasto, cariato*] une dent gâtée **2** (*con valore intensivo*) *ubriaco marcio* saôul comme un Polonais; *malato marcio* malade à en crever; *innamorato marcio* amoureux fou; *aver torto marcio* avoir tous les torts; *son bagnato marcio di sudore* je suis ruisselant, trempé de sueur **3** (*fig.*) [*corrotto, depravato*] pourri: *un ambiente marcio* un milieu pourri; *questa società è sempre più marcia* cette société est de plus en plus pourrie **II** *s.m.* **1** [*parte marcia*] pourri: *scartare il marcio di una mela* enlever le pourri d'une pomme ◇ (*per est.*) [*parte infetta*; *pus*] pus: *togliere il marcio da una ferita* enlever le pus d'une blessure **2** (*fig.*) [*corruzione, depravazione*] pourri, pourriture (*f.*): *c'è del marcio in questa faccenda* il y a du pourri dans cette affaire; *sotto il loro perbenismo c'è molto marcio* derrière leur respectabilité, il y a beaucoup de pourriture.

marcionìsmo |martʃo'nizmo| *s.m.* (*st. relig.*) marcionisme.

marcìre |mar'tʃire| (197) *v.intr.* (*aus.* '*essere*') **1** [*diventare marcio*; *decomporsi*] pourrir (*aus.* avoir), se gâter (*pron.*): *i pomodori sono marciti* les tomates sont pourries; *la carne in pochi giorni è marcita* en peu de jours la viande s'est gâtée ◇ [*diventar fradicio per l'umidità*] pourrir: *il legname all'aperto marcisce* dehors, le bois pourrit; *sono marcite le fondamenta della casa* les fondations de la maison ont pourri ◇ (*per est.*) [*divenire purulento*] être (43) (*aus.* avoir) purulent: *la gengiva è marcita* la gencive est purulente **2** (*fig.*) [*avvizzire, intristire, consumarsi*] pourrir, moisir (*aus.* avoir): *marciscono nell'ozio* ils pourrissent dans la paresse; *è stato dieci anni a marcire in prigione* il a moisi en prison pendant dix ans; *non intendo marcire in questo paese, in questo ufficio* je n'ai pas l'intention de moisir dans ce pays, dans ce bureau.

marcita |mar'tʃita| *s.f.* (*agr.*) marcite.

marcitóio, i |martʃi'tojo, i| *s.m.* [*maceratoio, macero*] pourrissoir.

marcitùra |martʃi'tura| *s.f.* (*raro*) [→ MARCIRE 1] pourriture (*corr.*).

marciùme |mar'tʃume| *s.m.* **1** [*parte, materia marcia*] pourriture (*f.*): *scartare, togliere il marciume* enlever la pourriture ◇ [*cose marce*] *figurati se mangio quel marciume!* si tu crois que je mange (de) cette pourriture! **2** (*fig.*) pourriture: *combattere il marciume della politica* combattre la pourriture de, dans la politique; *nelle periferie si raccoglie il marciume della città* les banlieues ramassent la pourriture de la ville.

màrco, chi |'marko, ki| *s.m.* [*unità monetaria della Germania e della Finlandia*] mark: *la rivalutazione del marco* la revalorisation du mark.

marconigrafìa |markonigra'fia| *s.f.* → **radiotelegrafia.**

marconigràmma |markoni'gramma| *s.m.* → **radiotelegramma.**

marconista |marko'nista| *s.* [*radiotelegrafista*] radio sans-filiste.

marconiterapìa |markonitera'pia| *s.f.* (*med.*) marconithérapie.

màre |'mare| *s.m.* **1** mer (*f.*): *mare azzurro, sporco* mer bleue, sale; *mare chiuso, interno, aperto* mer fermée, intérieure, ouverte; *un braccio di mare* un bras de mer; *mare Mediterraneo* mer Méditerranée; *mare calmo, mosso, agitato* mer calme, un peu agitée, agitée; *mare grosso* mer très houleuse; *mare in burrasca, in tempesta* mer grosse, très grosse; *mare stanco* mer étale; *un colpo di mare* un coup de mer; *frutti di mare* fruits de mer; *aria di mare* air de la mer; *bagni di mare* bains de mer; *sul livello del mare* sur le niveau de la mer; *camminare sulla riva del mare* marcher au bord de la mer; *andare al mare* aller à la mer; *ho trascorso le vacanze al mare* j'ai passé mes vacances à la mer; *solcare, andare per il mare* aller par mer; *mettersi in mare* prendre la mer; *la nave è in alto mare* le navire est en haute, pleine mer; *combattere per terra e per mare* combattre sur (par) terre et sur (par) mer; *gettare a mare i rifiuti* jeter les ordures à la mer; *essere sepolto in mare* être immergé en mer; *spedire via mare* expédier par mer; *soffrire di mal di mare* souffrir du mal de mer # *mare lungo* houle; *una città di mare* une ville maritime; *tra cielo e mare* entre terre et ciel; *è un uomo di mare* c'est un marin; *siamo in balìa del mare* nous sommes à la merci des flots ◇ (*mil.*) *le forze del mare* l'armée de mer ✦ (*ass.*) *c'è mare* [*il mare è agitato*] la mer est mauvaise ◇ (*loc. mar.*) *mare forza 0* mer calme, plate, mer d'huile ~ *mare forza 1* mer ridée, force 1 ~ *mare forza 2* mer belle, force 2 ~ *mare forza 3* mer peu agitée, force 3 ~ *mare forza 4* mer agitée, force 4 ~ *mare forza 5* mer houleuse, force 5 ~ *mare forza 6* mer très houleuse, force 6 ~ *mare forza 7* mer grosse, force 7 ~ *mare forza 8* mer très grosse, force 8 ~ *mare forza 9* mer énorme, force 9 ~ *incontrar mare* trouver une mer agitée ~ *tenere, reggere il mare* tenir la mer ◇ (*loc. fig.*) *essere ancora in alto mare* être encore dans l'impasse ~ *gettar qc., q.c. a mare* jeter qqn., qqch. à la mer ~ *è come portar acqua al mare* c'est (comme) faire l'aumône à un riche; c'est porter de l'eau à la rivière ~ *cercare per terra e per mare* chercher par monts et par vaux ~ *essere una goccia nel mare* être une goutte d'eau dans la mer ~ *la sua casa è un porto di mare* on entre chez lui comme dans un moulin ~ *sei un mare senza fondo* tu es une mer sans fond ~ *promettere mari e monti* promettre monts et merveilles ◇ (*prov.*) *tra il dire e il fare c'è di mezzo il mare* il y a loin du dire au faire; promettre et tenir font deux ~ *l'acqua va al mare* l'eau va à la rivière **2** (*per est.*) [*grande estensione*] mer: *un mare di verde* une mer de verdure **3** (*fig.*) [*enorme quantità, numero*] *un mare di gente, di persone* un tas de monde, de personnes; *un mare di sangue, di lacrime* une mer de sang, des flots de larmes; *siamo in un mare di guai* nous sommes dans le pétrin; *ha un mare di soldi* il est plein aux as (*pop.*); *ha un mare di debiti* il est criblé de dettes ◇ *loc.* MARE MAGNO tas (de): *siamo in un mare magno di problemi* nous avons un tas de problèmes **4** (*astron.*) mer: *i mari della Luna* les mers de la Lune; *il mare delle tempeste* la mer des tempêtes **5** (*geol.*) *mari di pietra* mers de pierre.

marèa |ma'rɛa| *s.f.* **1** marée: *alta, bassa marea* marée haute, basse; *marea crescente, montante* marée montante, flot *m.*, flux (*m.*); *marea decrescente, discendente* marée descendante, jusant *m.*, reflux (*m.*); *la marea sta salendo* la mer est en train de monter; on va vers la marée haute; c'est le flot ◇ (*per est.*) *una marea di fango, di cemento* une marée de boue, de ciment **2** (*fig.*) [*gran numero, moltitudine*] marée: *una marea di gente, di turisti* une marée humaine, de touristes ◇ [*fermento crescente*] grand nombre (*m.*): *la marea del malcontento preoccupa le autorità* le grand nombre des mécontents préoccupe les autorités.

mareggiàre |mared'dʒare| *v.intr.* (*aus.* 'avere') **1** *impers.* [*far mare agitato*] être (43) agité: *ha mareggiato tutto il pomeriggio* la mer a été agitée tout l'après-midi **2** (*fig.*) [*muoversi come le onde del mare*; *ondeggiare*] ondoyer (10): *l'enorme folla mareggiava nella piazza* l'énorme foule ondoyait sur la place.

mareggiàta |mared'dʒata| *s.f.* tempête de mer: *una violenta mareggiata* une violente tempête (de mer).

maréggio, i |ma'reddʒo, i| *s.m.* tempête *f.* de mer.

mare magnum |'mare'maɲɲum| *loc. sost. m. inv.* (*lat.*) [*gran confusione*] chaos ◇ [*gran quantità*] tas.

marémma |ma'remma| *s.f.* maremme: *la maremma toscana* la maremme toscane.

maremmàno |marem'mano| *agg.* [*della Maremma*] maremmatique, de la maremme (*loc. inv.*): *pianura maremmana* plaine maremmatique; *bue maremmano* bœuf maremmatique ✦ (*s.*) *un maremmano* un homme de la maremme *loc. inv.*

maremòto |mare'mɔto| *s.m.* [*violento terremoto sottomarino che sconvolge le acque del mare*] raz-de-marée: *onde di maremoto* vagues de raz-de-marée.

maréngo, ghi |ma're(ɛ)ngo, gi| *s.m.* (*numism.*) napoléon.

mareògrafo |mare'ɔgrafo| *s.m.* (*fis.*) marégraphe, maréomètre.

mareòmetro |mare'ɔmetro| *s.m.* → **mareografo.**

marescàlco, chi |mares'kalko, ki| *s.m.* → **maniscalco.**

marescià lla |mareʃ'ʃalla| *s.f.* maréchale ◇ (*scherz.*) [*donna energica, autoritaria*] gendarme (*m.*): *tua moglie è una marescialla!* ta femme est un gendarme!, fait l'adjudant.

maresciallàto |mareʃʃal'lato| *s.m.* (*mil.*) charge *f.* de maréchal ◇ (*per est.*) office de maréchal.

maresciàllo |mareʃ'ʃallo| *s.m.* **1** (*mil.*) maréchal*: *grado di maresciallo* grade de maréchal; *maresciallo di Francia* maréchal de France; *maresciallo di campo* général de brigade, maréchal de camp (*arc.*) ◇ (*in Italia*) [*il grado maggiore di sottufficiale*] adjudant: *maresciallo maggiore, maresciallo capo* adjudant-chef **2** (*fig., iron.*) [*persona energica, autoritaria*] gendarme: *non abbiamo bisogno di marescialli* on n'a pas besoin de gendarmes; *non fare il maresciallo!* ne fais pas le gendarme!; *che maresciallo, tua madre!* quel gendarme, ta mère! **3** (*st. mediev.*) maréchal.

marétta |ma'retta| *s.f.* **1** [*debole agitazione in superficie del mare*] moutonnement *m.* # *c'è appena un po' di maretta* la mer moutonne seulement un peu **2** (*fig.*) [*agitazione, tensione*] mésentente, désaccord (*m.*): *alla riunione c'è stata un po' di maretta* à la réunion il y a eu un peu de mésentente, de désaccord; *lascia che passi la maretta* attends que la mésentente soit calmée.

marezzàre |mared'dzare| *v.tr.* [*dare le venature del marmo*] moirer; veiner: *marezzare una stoffa* moirer une étoffe ‖ *marezzare un intonaco* veiner un crépis ✦ (*al p.p.*) *stoffa marezzata* étoffe moirée ◇ (*spec.*) *carne marezzata* [*con venature di grasso*] viande persillée, viande parsemée de gras.

marezzàto |mared'dzato| *agg.* [*che ha venature ondulate*] moiré; veiné: *una stoffa marezzata* une étoffe moirée; *carta marezzata* papier moiré ‖ *marmo, legno marezzato* marbre, bois veiné.

marezzatùra |mareddza'tura| *s.f.* **1** [→ MAREZZARE] marbrure, veinure: *marezzatura a legno* marbrure, veinure imitant le bois **2** [*aspetto di una superficie con venature ondulate*] marbrure, veinure, moirure.

marézzo |ma'reddzo| *s.m.* **1** [→ MAREZZATURA 2] (*di legno o marmo*) marbrure *f.* ◇ (*di stoffa*) moirure *f.* ◇ (*di carta*) moirure, marbrure **2** [*intonaco con venature come il marmo*] marbrure, veinure *f.*

margarìna |marga'rina| *s.f.* margarine.

margherita |marge'rita| **I** *s.f.* **1** (*t.bot.*) marguerite **2** [*il fiore*] marguerite: *raccogliere un mazzo di margherite* cueillir un bouquet de marguerites ◇ (*loc.*) *sfogliare la margherita* effeuiller la marguerite **II** (*in funzione di agg. posposto al sost.*) (*cuc.*) *torta margherita* (sorte de) pain *m.* de Gênes ◇ (*region.*) *pizza margherita* pizza au fromage ◇ (*mar.*) *nodo margherita* nœud de jambe de chien.

margheritìna |margeri'tina| *s.f.* **1** petite marguerite **2** (*t.bot.*) pâquerette **3** *al plur.* [*perline di vetro o di smalto*] perles de verre: *un braccialetto di margheritine* un bracelet en perles de verre.

marginàle |mardʒi'nale| *agg.* **1** marginal*: *zona, spazio marginale* zone marginale, espace marginal; *segni, note marginali* signes marginaux, notes marginales **2** (*fig.*) [*che ha importanza, interesse secondari*] marginal: *episodi, problemi marginali* épisodes, problèmes marginaux; *elemento di utilità marginale* élément d'utilité marginale.

marginalìsmo |mardʒina'lizmo| *s.m.* (*econ.*) marginalisme.

marginalìsta |mardʒina'lista| *s.* marginaliste.

marginalìstico, ci, ca, che |mardʒina'listiko, tʃi, ka, ke| *agg.* (*econ.*) marginaliste: *economia marginalistica* économie marginaliste.

marginalità |mardʒinali'ta| *s.f. inv.* marginalité *var.*

marginalménte |mardʒinal'mente| *avv.* [→ MARGINALE] marginalement.

marginàre |mardʒi'nare| *v.tr.* [*delimitare gli spazi di margine*] marger (3): *marginare una pagina, un'illustrazione, una fotografia* marger une page, une illustration, une photographie.

marginàto |mardʒi'nato| *agg.* marginé: *fogli marginati* feuilles marginées ◇ (*bot.*) *foglie marginate* feuilles marginées.

marginatóre |mardʒina'tore| *s.m.* (*foto., tip.*) margeur.

marginatùra |mardʒina'tura| *s.f.* **1** [→ MARGINARE] marge: *la marginatura di una pagina* la marge d'une page **2** marges (*pl.*): *marginatura simmetrica, ampia* marges symétriques, amples **3** (*tip.*) garniture.

màrgine |'mardʒine| *s.m.* **1** [*contorno laterale*; *orlo, bordo*] bord: *i margini di una strada, di un fosso, di una piscina* les bords d'une route, d'un fossé, d'une piscine; *il margine di una foglia* le bord d'une feuille; *il margine di una scalinata* le bord d'un escalier # *la corrente ha eroso il margine di destra* le courant a érodé la rive droite; *passeggiare lungo i margini di un bosco* se promener à la lisière d'un bois ◇ (*fig.*) marge (*f.*): *vivere ai margini della società* vivre en marge de la société; *aggiungere considerazioni in margine al problema centrale* ajouter des considérations en marge du problème central ◇ (*fig.*) [*limite estremo*] limite (*f.*): *siamo ai margini dell'onesto, del possibile* nous sommes à la limite de l'honnêteté, du possible; *hai superato i margini del ragionevole* tu as passé la limite du raisonnable **2** [*il bordo bianco su ciascuno dei lati di un foglio scritto*] marge: *un margine, largo, stretto* une marge large, étroite; *il margine destro, di destra* la marge droite, à droite; *il margine in alto, in basso* la marge en haut, en bas; *annotazioni sul margine* annotations dans la marge; *scrivi lasciando un abbondante margine per le correzioni* écris en laissant une grande marge pour les corrections ◇ (*per est.*) *i margini di un'illustrazione, di una fotografia* les marges d'une illustrations, d'une photographie ◇ (*tip.*) garniture *f.*, lingot **3** (*fig.*) [*possibilità di spazio disponibile per q.c.*] marge: *c'è scarso, abbon-*

dante margine di guadagno il y a une petite, une grande marge de gain; *abbiamo lasciato un buon margine per spese impreviste* nous avons laissé une bonne marge pour les dépenses imprévues; *esiste un discreto margine di tolleranza* il existe une bonne marge de tolérance; *non ci sono più margini di sicurezza, di garanzia* il n'y a plus de marges de sécurité, de garantie; *non abbiamo alcun margine di autonomia* nous n'avons aucune marge d'autonomie; *non esistono margini di manovra* il n'existe pas de marges de manœuvre ◇ [*quantità in sovrappiù*] surplus: *ci resta ancora un buon margine di tempo* il nous reste encore un bon surplus de temps; *arriveremo con notevole margine di anticipo* nous arriverons avec un surplus de temps notable ◇ [*vantaggio, distacco*] avantage; écart: *ha vinto con un leggerissimo margine* il a gagné avec un léger avantage || *fra il primo e il secondo c'è un margine enorme* entre le premier et le deuxième il y a un écart énorme.

margòtta |mar'gɔtta| *s.f.* [*tipo di moltiplicazione agamica di piante coltivate*] marcottage *m.* ◇ [*ramo da margottare o margottato*] marcotte.

margottàre |margot'tare| *v.tr.* (*agr.*) [*riprodurre una pianta col sistema della margotta*] marcotter: *margottare un ramo di pesco* marcotter une branche de pêcher.

margraviàto |margra'vjato| *s.m.* (*st. mediev.*) margraviat.

margràvio, i |mar'gravjo, i| *s.m.* (*st. mediev.*) margrave.

mariàno |mari'ano| *agg.* (*relig. catt.*) marial*: *congregazione mariana* congrégation mariale # *mese mariano* mois de Marie.

marijuana |mari'xwana| *s.f. inv.* (*sp.*) marihuana *var.*, marijuana *var.*

marina |ma'rina| *s.f.* 1 marine: *la marina francese, inglese* la marine française, anglaise; *marina militare, mercantile* marine militaire (de guerre), marchande; *ufficiale di marina* officier de marine; *Ministero della Marina* Ministère de la Marine; *arruolarsi in marina* s'engager dans la marine 2 (*raro*) [*superficie, distesa di mare*] mer: *guardare la marina* regarder la mer ◇ [*litorale marino*] *camminare lungo la marina* marcher au bord de la mer ◇ [*veduta, paesaggio di mare*] marine: *dipingere una marina* peindre une marine.

marinàio, i |mari'najo, i| *s.m.* 1 [*chi è addetto alle manovre di una nave*] marin: *marinaio motorista* marin mécanicien 2 [*membro dell'equipaggio di una nave*] marin: *un vecchio marinaio* un vieux marin; *fare il marinaio* être marin ◇ (*loc. fig.*) *giuramento, promessa da marinaio* [*poco attendibile*] serment d'ivrogne ~ *marinaio d'acqua dolce* [*inesperto*] marin d'eau douce, de bateau-lavoir.

marinàra |mari'nara| *s.f.* [*cappello di paglia*] canotier *m.*

marinàre |mari'nare| *v.tr.* 1 (*cuc.*) [*far macerare, far insaporire in vino o aceto e aromi*] mariner: *marinare anguille, un cosciotto d'agnello* mariner des anguilles, un gigot d'agneau ✦ (*al p.p.*) *pesce marinato* poisson mariné; *olive marinate* olives marinées 2 (*gerg. studentesco*) *marinare la scuola, le lezioni* faire l'école buissonnière; sécher les cours.

marinarésco, chi, ca, che |marina'resko, ki, ka, ke| *agg.* de marin (*loc. inv.*): *linguaggio marinaresco* langage de marin.

marinàro |mari'naro| *agg.* [*marinaresco; marittimo*] marin; maritime: *un popolo marinaro* un peuple marin; *usanze marinare* coutumes marines || *una città marinara* une ville maritime; *le Repubbliche marinare* les Républiques maritimes ✦ (*s.*) → **marinaio** ◇ *loc.* ALLA MARINARA à la marinière; de marin: *zuppa, spaghetti alla marinara* soupe, spaghetti à la marinière; *nuotare alla marinara* nager (à) la marinière || *berretto alla marinara* béret de marin # *vestirsi alla marinara* se vêtir en marin.

marinàta |mari'nata| *s.f.* marinade: *marinata cruda, cotta* marinade crue, cuite.

marinàto |mari'nato| *agg.* (*cuc.*) mariné: *anguille marinate* anguilles marinées.

marinatùra |marina'tura| *s.f.* [→ MARINARE 1] marinage *m.*

marinerìa |marine'ria| *s.f.* → **marina** 1.

marinìsmo |mari'nizmo| *s.m.* (*letter.*) marinisme.

marinìsta |mari'nista| *s.* mariniste ✦ (*agg.*) *poeti marinisti* poètes maristes.

marìno |ma'rino| *agg.* 1 marin: *aria marina* air marin; *flora, fauna marina* flore, faune marine; *brezza, corrente marina* brise marine, courant marin; *colonia marina* colonie marine; *color blu marino* couleur bleu marine; *carte marine* cartes marines # *acqua marina* eau de mer; *il fondo marino* le fond de la mer; *una tromba marina* une trombe d'eau ◇ (*pop.*) *cavalluccio marino* → **ippocampo**; *vitello marino* veau marin → **foca** 2 (*per est.*) de la marine (*loc. inv.*): *fanteria marina* infanterie de la marine.

marioleria |mariole'ria| *s.f.* [*birbanteria, furfanteria*] malhonnêteté: *la marioleria di un venditore ambulante* la malhonnêteté d'un vendeur ambulant ◇ [*azione da mariolo*] escroquerie: *le mariolerie dei politicanti* les escroqueries des hommes politiques.

mariolésco, chi, ca, che |mario'lesko, ki, ka, ke| *agg.* de filou (*loc. inv.*): *comportamento mariolesco* comportement de filou.

mariòlo |mari'ɔlo| *s.* [*truffatore, imbroglione*] filou (*m.*): *è riuscito a convincerti, quel mariolo!* il a réussi à te convaincre, ce filou! ◇ (*scherz.*) [*birbantello, monello*] coquin: *che marioli questi ragazzi!* quels coquins, ces enfants!

mariologia, gie |mariolo'dʒia, dʒie| *s.f.* (*teol.*) mariologie.

marionétta |marjo'netta| *s.f.* 1 marionnette: *teatro delle marionette* théâtre de marionnettes; *uno spettacolo di marionette* un spectacle de marionnettes ◇ (*fig.*) [*persona goffa, impacciata*] *nei movimenti è una marionetta* il a des mouvements de marionnettes 2 (*fig., spreg.*) *è una marionetta manovrata dall'alto* c'est une marionnette manœuvrée par les gens haut-placés; *non mi va di fare la marionetta* je n'aime pas faire la marionnette.

marionettista |marjonet'tista| *s.* marionnettiste.

marionettistico, ci, ca, che |marjonet'tistiko, tʃi, ka, ke| *agg.* de marionnette *loc. inv.*

maritàbile |mari'tabile| *agg.* [*che è da maritare*] mariable: *ragazze maritabili* jeunes filles mariables.

maritàle |mari'tale| *agg.* 1 [*che è proprio del marito; che spetta al marito*] marital*: *autorità, potestà maritale* autorité, puissance maritale; *autorizzazione maritale* autorisation maritale 2 (*per est.*) [*proprio del matrimonio*] de mariage (*loc. inv.*): *dote maritale* dot de mariage.

maritalménte |marital'mente| *avv.* [→ MARITALE 2] maritalement: *convivere maritalmente* vivre ensemble maritalement.

maritàre |mari'tare| **A** *v.tr.* 1 [*sposare una donna con qc.; dar marito a una donna*] marier: *ha maritato la figlia con un ingegnere* il a marié sa fille à un ingénieur; *una ragazza difficile da maritare* une jeune fille difficile à marier 2 (*per est.*) [*ammogliare*] marier; *maritar bene un figlio* bien marier un fils 3 (*fig.*) [*unire, congiungere*] marier: *maritare le viti con piante da frutta* marier la vigne avec des arbres fruitiers **B** *v. pron. intr.* MARITARSI 1 [*prendere marito; sposarsi*] se marier: *si è maritata tardi e male* elle s'est mariée tard et mal; *non maritarti con quel fannullone!* ne te marie pas avec ce paresseux! 2 (*per est.*) [*prender moglie; sposarsi*] se marier: *si è maritato troppo giovane* il s'est marié trop jeune; *quando ti sei maritato?* quand t'es-tu marié?

maritàta |mari'tata| 1 *agg. f.* [*che ha marito; sposata*] mariée: *le donne maritate* les femmes mariées ◇ (*per est., al m.*) [*ammogliato, sposato*] marié: *un uomo maritato* un homme marié 2 *s.f.* mariée: *le maritate* les mariées; *nome da maritata* nom de mariée.

maritàto |mari'tato| *agg.* marié.

marìto |ma'rito| *s.m.* 1 mari: *un buon, cattivo marito* un bon, un mauvais mari; *il cognome del marito* le nom du mari; *siete marito e moglie* vous êtes mari et femme; *dare, avere marito* donner, avoir (pour) mari; *cercare marito* chercher un mari; *avere, prendere per marito* avoir, prendre pour mari; *ha perso il marito in guerra* elle a perdu son mari à la guerre; *vive divisa, separata dal marito* elle vit séparée de son mari # *ragazza da marito* fille à marier, en âge de se marier; *aver marito* être mariée; *prendere marito* se marier; *riprendere marito* se remarier; se marier de nouveau ◇ (*prov.*) *tra moglie e marito non mettere il dito* entre l'arbre et l'écorce il ne faut pas mettre le doigt 2 (*raro, fig.*) [*albero che fa da sostegno alla vite*] échalas (*corr.*).

maritòzzo |mari'tɔttso| *s.m.* brioche *f.* aux raisins # *far colazione con un maritozzo* déjeuner avec un pain au lait et aux raisins.

marìttimo |ma'rittimo| **I** *agg.* 1 maritime: *clima, paesaggio marittimo* climat, paysage maritime; *una città marittima* une ville maritime ◇ [*che riguarda l'attività sui mari*] *diritto marittimo* droit maritime; *assicurazione, economia marittima* assurance, économie maritime 2 [*che si svolge sul mare*] maritime: *commercio marittimo* commerce maritime; *navigazione marittima* navigation maritime; *guerra, battaglia marittima* guerre, bataille maritime; *spedire per via marittima* expédier par voie maritime **II** *s.m.* **1** → **marinaio** **2** [*operaio di un porto o di un cantiere navale*] maritime, docker: *lo sciopero dei marittimi* la grève des maritimes, des dockers, des ouvriers des constructions navales.

mariuòlo |mari'wɔlo| *s.* → **mariolo.**

marketing |'ma:kitiŋ| *s.m. inv.* (*ingl.*) (*econ.*) marchéage *var.*, marchandisage *var.*, marketing (*var.*): *è responsabile del marketing della sua ditta* il est responsable du marketing de sa firme.

marmàglia |mar'maʎʎa| *s.f.* [*accozzaglia di persone poco raccomandabili*] racaille: *non voglio avere a che fare con quella marmaglia* je ne veux pas avoir à faire à cette racaille ◇ (*scherz.*) [*gruppo di ragazzi vivaci, scalmanati*] marmaille (*fam.*): *tieni a bada questa marmaglia!* surveille cette marmaille!

marmagliùme |marmaʎ'ʎume| *s.m.* (*raro*) → **marmaglia.**

marmellàta |marmel'lata| *s.f.* [*conserva dolce di frutta*] confiture: *marmellata di ciliege, di pesche* confiture de cerises, de pêches; *marmellata di castagne* confiture, purée de marrons.

marmétta |mar'metta| *s.f.* (*edil.*) carreau *m.* de marbre.

marmìfero |mar'mifero| *agg.* **1** de marbre (*loc. inv.*): *cava marmifera* carrière de marbre, marbrière *s.f.* # *zone marmifere* terrain riche en marbre **2** [*che attiene all'estrazione e alla lavorazione del marmo*] du marbre (*loc. inv.*): *società, industria marmifera* société, industrie du marbre.

marmìno |mar'mino| *s.m.* morceau de marbre.

marmìsta |mar'mista| *s.* [*operaio che lavora il marmo*] marbrier *m.* ◇ [*artigiano, scultore del marmo*] sculpteur* (sur marbre).

marmìtta |mar'mitta| *s.f.* **1** marmite: *riempire una marmitta di acqua* remplir une marmite d'eau; *mettere una marmitta sul fuoco* mettre une marmite sur le feu **2** (*motori a combustione*) *marmitta* (*di scarico*) pot *m.* d'échappement **3** (*geol.*) *marmitta dei giganti* marmite de géants.

marmittóne |marmit'tone| *s.m.* (*scherz.*) [*soldato impacciato, goffo*] bleu, bidasse.

màrmo |'marmo| *s.m.* **1** (*geol., corr.*) marbre: *marmo grezzo, lavorato* marbre brut, façonné; *una cava di marmo* une carrière de marbre, une marbrière; *un blocco, una colonna di marmo* un bloc, une colonne de marbre; *lavorare, scolpire il marmo* travailler, sculpter le marbre; *incidere sul marmo* graver sur marbre ◇ (*loc. fig.*) *essere di marmo, avere un cuore di marmo* être de marbre, avoir un cœur de marbre ~ *essere duro, freddo come il marmo* être dur, froid comme le marbre ~ *diventare un pezzo di marmo* [*irrigidito dal freddo; insensibile*] devenir un morceau de marbre ~ *hai le mani di marmo* [*bianche e fredde*] tu as les mains gelées ~ *restare di marmo* [*restare impassibile; rimanere scioccato*] être, rester de marbre ~ *un ricordo inciso sul marmo* [*indimenticabile, indistruttibile*] un souvenir gravé dans la mémoire **2** (*per est.*) [*statua di marmo*] marbre: *i marmi di un tempio* les marbres d'un temple ◇ [*lastra (decorativa) di marmo*] *il marmo del comò, del comodino* le marbre de la commode, du chevet ◇ [*lapide*] *un corridoio pieno di marmi con epigrafi* un couloir décoré de marbres avec des épigraphes.

marmòcchio, i |mar'mɔkkjo, i| *s.* (*scherz.*) [*bambino*] marmot *m.*, mioche: *è tuo questo marmocchio?* il est à toi ce marmot, ce mioche?; *vieni qui, marmocchio!* viens ici, mioche!; *che bel marmocchio!* quel beau mioche!

marmoràrio, i |marmo'rarjo, i| *s.* [*artigiano del marmo*] marbrier *m.*

marmòreo |mar'mɔreo| *agg.* **1** de marbre (*loc. inv.*): *una colonna, una tomba marmorea* une colonne, un tombeau de marbre **2** (*per est.*) [*sim. al marmo*] de marbre: *freddezza, durezza marmorea* froideur, dureté de marbre ◇ (*fig.*) *un viso marmoreo* [*molto pallido*] un visage marmoréen.

marmorizzàre |marmorid'dzare| *v.tr.* [*trattare in modo da far assumere l'apparenza del marmo*] marbrer: *marmorizzare un tessuto, un intonaco* marbrer un tissu, un enduit.

marmorizzàto |marmorid'dzato| *agg.* [*reso sim. al marmo*] marbré: *pareti marmorizzate* murs marbrés.

marmorizzazióne |marmoriddzat'tsjone| *s.f.* [→ MARMORIZZARE] marbrure.

1 **marmòtta** |mar'mɔtta| *s.f.* **1** (*t. zool.*) marmotte ◇ (*loc.*) *dormire come una marmotta* dormir comme une marmotte **2** (*fig., scherz.*) [*persona indolente, svogliata*] marmotte: *svegliati, marmotta!* réveille-toi, marmotte!; *ma guarda che marmotta!* mais regarde un peu, quelle marmotte!; *sta sempre lì a far la marmotta* il reste toujours là à faire la marmotte **3** (*ferr.*) signal* *m.* (de chemin de fer).

2 **marmòtta** |mar'mɔtta| *s.f.* (*t. bot.*) marmottier *m.*

màrna |'marna| *s.f.* (*miner.*) marne.

marnàre |mar'nare| *v.tr.* (*agr.*) [*correggere un terreno con la marna*] marner: *marnare un campo* marner un champ.

marnatùra |marna'tura| *s.f.* (*agr.*) marnage *m.*

marnièra |mar'njɛra| *s.f.* marnière.

marnóso |mar'noso| *agg.* [*ricco di marna*] marneux*: *terreni marnosi* terrains marneux.

marò |ma'rɔ| *s.m. inv.* (*mar. mil. it.*) col *var.* bleu, mataf *var.* (*gerg.*) → **marinaio.**

marocchinàre |marokki'nare| *v. tr.* [*conciare la pelle di capra*] maroquiner ◇ (*per est.*) [*trattare pelli, tessuti e sim., per far prendere l'aspetto del marocchino*] *marocchinare un tessuto* maroquiner un tissu.

marocchinatùra |marokkina'tura| *s.f.* [→ MAROCCHINARE] maroquinage *m.*

marocchìno |marok'kino| **1** *agg.* [*del Marocco*] marocain: *deserto marocchino* désert marocain **2** (*s.m.*) *il marocchino* [*la lingua*] le maroquin ◇ (*cuoio*) *rilegatura in marocchino* reliure en maroquin.

maronìta |maro'nita| *s.* (*relig. crist.*) maronite: *i maroniti* les maronites ✦ (*agg.*) *rito maronita* rite maronite.

maróso |ma'roso| *s.m.* [*onda grossa e violenta*] lame (*f.*): *imbarcazione sommersa dai marosi* embarcation submergée par les lames.

marpióne |mar'pjone| *s.* [*persona subdola; imbroglione*] roublard: *ti fidi proprio di quel marpione?* tu te fies vraiment à ce roublard?; tu as vraiment confiance en ce roublard?

màrra |'marra| *s.f.* **1** (*agr.*) *houe ◇ (*edil.*) gâche **2** (*mar.*) patte.

marràncio, i |mar'rantʃo, i| *s.m.* [*grosso coltello da macellaio*] couperet.

marràno |mar'rano| *s.* **1** (*spreg.*) [*traditore, mentitore*] traître* **2** (*st. mediev.*) félon*.

1 **marróne** |mar'rone| *s.m.* **1** marron: *tingere di marrone* teindre en marron ✦ (*agg.*) *scarpe marroni* souliers marron *inv.* **2** (*t.bot.*) [*varietà selezionata di castagno*] marronnier ◇ [*il frutto*] marron ◇ (*fig., pop.*) [*testicolo*] couille *f.* (*volg.*).

2 **marróne** |mar'rone| *s.m.* [*errore grossolano; svarione*] bévue (*f.*): *commettere un marrone* commettre une bévue.

'marron glacé' |marɔ̃glase| *loc. sost. m. inv.* marron glacé (*var.*): *una confezione di 'marron glacé'* une boîte de marrons glacés.

marrùbio, i |mar'rubjo, i| *s.m.* (*t. bot.*) marrube.

marrùca, che |mar'ruka, ke| *s.f.* (*t.bot*) paliute *m.*, épine du Christ (*corr.*).

marsàla |mar'sala| *s.m. inv.* marsala: *una bottiglia di marsala* une bouteille de marsala; *marsala all'uovo* marsala aux œufs.

marsc' |marʃ| *inter.* (*in ginnastica o esercitazioni mil.*) [*ordine di mettersi in marcia*] marche: (*squadra*) *avanti marsc'!* (en) avant marche! ◇ (*scherz.*) (*sollecitazione ad andarsene o a lavorare speditamente*) *e ora fuori di qui, marsc'!* et maintenant, hors d'ici, marche!

marsigliése |marsiʎ'ʎese| **I** *agg.* **1** [*di Marsiglia*] marseillais: *la cucina marsigliese* la cuisine marseillaise **2** (*edil.*) (*tegola*) *marsigliese* tuile mécanique à emboîtement **II** *s.* **1** (*s.m.*) *il marsigliese* [*il dialetto*] le marseillais **2** (*s.f.*) *la Marsigliese* [*inno nazionale fr.*] la Marseillaise.

marsìna |mar'sina| *s.f.* → **frac.**

marsovìno |marso'vino| *s.m.* → **focena.**

marsupiàle |marsu'pjale| **1** *s.m.* (*t.zool.*) marsupial* **2** *agg.* marsupial: *ossa marsupiali* os marsupiaux.

marsùpio, i |mar'supjo, i| *s.m.* (*zool.*) marsupium ✦ (*loc. agg. inv.*) *carro marsupio* camion pour le transport des automobiles.

martagóne |marta'gone| *s.m.* (*t. bot.*) martagon.

martedì |marte'di| *s.m. inv.* [*secondo giorno della settimana*] mardi (*var.*): *il, di martedì* le mardi; *martedì mattina, pomeriggio, sera* mardi matin, après-midi, soir; *arriveremo martedì* (*prossimo*) nous arriverons mardi (prochain); *ci riuniamo sempre di martedì* on se réunit toujours le mardi; *ci siamo visti di martedì* nous nous sommes vus un mardi; *il tuo compleanno cade di martedì* ton anniversaire est un mardi.

martellaménto |martella'mento| *s.m.* [→ MARTELLARE] martèlement, martellement: *un martellamento di domande* un martèlement de questions; *il martellamento delle postazioni nemiche* le martèlement des lignes ennemies.

martellànte |martel'lante| *agg.* [*incalzante, insistente*] *un interrogatorio martellante* un interrogatoire pressant; *il fuoco martellante dell'artiglieria* le feu roulant de l'artillerie.

martellàre |martel'lare| **A** *v.tr.* **1** [*picchiare col martello; lavorare a colpi di martello*] marteler (6): *martellare un chiodo, una lamiera* marteler un clou, une tôle; *martellare a caldo, a freddo il ferro* marteler à chaud, à froid le fer **2** (*fig.*) [*picchiare, colpire in modo intenso e continuato*] marteler; pilonner: *il pugile ha martellato l'avversario per l'intera ripresa* le boxeur a martelé l'adversaire durant toute le reprise || *la centrale idroelettrica è stata lungamente martellata dall'artiglieria* la centrale hydroélectrique a été longuement pilonnée par l'artillerie ◇ (*mus.*) *martellare le note* [*suonarle in modo forte e staccato*] marteler les notes **3** (*fig.*) [*incalzare con insistenza*] assaillir (19), cribler: *mi ha martellato di domande* il m'a assailli, criblé de questions; *siamo martellati dalle richieste dei clienti* nous sommes assaillis de demandes de clients **B** *v.intr.* (*aus.* '*avere*') [*pulsare con ritmo accentuato*] battre (76): *gli martellava il cuore dalla paura* son cœur lui battait de peur; *mi sento martellare le tempie* je sens mes tempes qui battent.

martellàta |martel'lata| *s.f.* **1** coup *m.* de marteau: *darsi una martellata su un dito* se donner un coup de marteau sur le doigt; *dalla rabbia ho preso a martellate il muro* de rage, j'ai donné des coups de marteau sur le mur **2** (*fig.*) coup de massue: *con questa notizia mi hai dato una martellata* avec cette nouvelle tu m'as assené un coup de massue; *questi aumenti sono una martellata per le piccole imprese* ces augmentations (de prix) portent un coup de massue aux petites entreprises.

martellàto |martel'lato| *agg.* **1** [*lavorato col martello*] martelé: *rame, ferro, argento martellato* cuivre, fer, argent martelé; *cuoio, cristallo martellato* cuir, cristal martelé **2** (*mus.*) *note martellate* notes martelées.

martellatóre, trice |martella'tore, tritʃe| *s.* [*chi fa lavori di martellatura*] marteleur *m.* ◇ (*fig., pugilato*) puncheur (*m.*): *è un ottimo martellatore* c'est un bon puncheur ✦ (*agg.*) *azione martellatrice* action pleine de punch.

martellatùra |martella'tura| *s.f.* **1** [→ MARTELLARE A 1] martèlement *m.*, martellement (*m.*): *la martellatura del rame* le martèlement du cuivre **2** [*marcatura degli alberi da abbattere*] martelage *m.*

martellétto |martel'letto| *s.m.* **1** martelet **2** (*tecnol.*) marteau; touche (*f.*): *martelletto del pianoforte* marteau du piano || *i martelletti della macchina da scrivere* les touches de la machine à écrire ◇ (*med.*) marteau à percussion.

martelliàno |martel'ljano| *s.m.* (*metr.*) martellien *agg. m.* ✦ (*agg.*) *verso martelliano* vers martellien.

martellìna |martel'lina| *s.f.* **1** [*piccolo martello*] marteline **2** (*edil.*) marteau *m.* à crêper, brette.

martellinàre |martelli'nare| *v.tr.* [*battere con la martellina*] bretteler (4), bretter: *martellinare una lamiera, il rame* bretter, bretteler une tôle, le cuivre ◇ (*edil.*) [*eseguire la martellinatura*] *martellinare le pietre di una scalinata* bretter les pierres d'un escalier.

martellinatùra |martellina'tura| *s.f.* [→ MARTELLINARE] (*metalli*) martelage *m.* ◇ (*pietre e sim.*) brettelage *m.*

martellìno |martel'lino| *s.m.* [*piccolo martello*] martelet.

martellìo, ii |martel'lio, ii| *s.m.* martèlement continuel, obstiné: *tutto questo martellio mi frastorna* ce martèlement continuel, obstiné m'étourdit ◇ (*fig.*) *avvertire un martellio alle tempie, alle orecchie* ressentir un martèlement continuel, obstiné aux tempes, aux oreilles.

martellìsta |martel'lista| *s.* **1** [*minatore che prepara i fori per le mine*] piqueur **2** (*atletica*) lanceur* de marteau.

martèllo |mar'tɛllo| *s.m.* **1** (*tecnol., corr.*) marteau: *martello da muratore, da ciabattino, da falegname* marteau de maçon, de cordonnier, de menuisier; *battere, picchiare col martello* battre, taper avec le marteau; *lavorare di martello* travailler au marteau; *l'ho raddrizzato a colpi di martello* je l'ai redressé à coups de marteau # *martello del maniscalco* brochoir ◇ (*alpinismo*) *martello da roccia, da ghiaccio* marteau-piolet ◇ (*med.*) *martello percussore* marteau à percussion ◇ (*loc. fig.*) *suonare* (*le campane*) *a martello* [*suonare a rintocchi secchi e cadenzati, spec. per dare l'allarme*] sonner le tocsin ~ *essere tra l'incudine e il martello* être entre l'enclume et le marteau **2** (*per est.*) [*oggetto di forma o con funzione sim. al martello*] marteau: *martello dell'uscio* marteau de la porte, *heurtoir; *il martello della campana* le marteau d'horloge; *il martello del pianoforte* le marteau du piano **3** (*tecnol.*) marteau: *martello pneumatico* marteau pneumatique ◇ (*min.*) *martello perforatore, picconatore* marteau perforateur, piqueur ◇ (*fis.*) *martello d'acqua* marteau d'eau **4** (*anat.*) marteau **5** (*atletica*) marteau: *il lancio del martello* le lancer, le lancement du marteau **6** → **bosso** **7** (*t. zool.*) marteau ~ *pesce martello* requin marteau.

martensìte |marten'site| *s.f.* (*metall., miner.*) martensite, hardénite.

martinèllo |marti'nɛllo| *s.m.* → **martinetto.**

martinétto |marti'netto| *s.m.* (*tecnol.*) vérin: *martinetto a vite* vérin à vis; *martinetto idraulico* vérin hydraulique.

martingàla |martin'gala| *s.f.* **1** (*abbigl.*) martingale **2** (*finimento del cavallo*) martingale **3** (*giochi d'azzardo*) martingale.

martinicàno |martini'kano| *agg.* [*della Martinica*] martiniquais.

martinìcca, che |marti'nikka, ke| *s.f.* (*tecnol.*) frein *m.* (à sabot): *tirare la martinicca* tirer le frein (à sabot).

martìn pescatóre |mar'tin peska'tore| *loc. sost. m.* (*t.zool.*) martin-pêcheur: *dei martin pescatori* des martins-pêcheurs.

màrtire |'martire| *s.* **1** (*st. crist.*) martyr: *i martiri della Chiesa* les martyrs de l'Église ✦ (*agg.*) *una santa martire* une sainte martyre **2** (*per anal.*) martyr: *i martiri della Resistenza* les martyrs de la Résistance ✦ (*agg.*) *un popolo martire* un peuple martyr **3** (*fig.*) [*chi sopporta sofferenze o gravi sacrifici*] martyr: *un martire del lavoro, del dovere, della famiglia* un martyr du travail, du devoir, de la famille; *quella donna è una povera martire* cette femme est une pauvre martyre; *ha sempre fatto una vita da martire* il a toujours subi une vie de martyr ✦ (*agg.*) *una donna martire* une femme martyre ◇ (*loc.*) *fare il martire, atteggiarsi a martire* faire le martyr, jouer les martyrs; *gli piace fare il martire* il aime (à) jouer les martyrs.

martìrio, i |mar'tirjo, i| *s.m.* **1** martyre: *la palma del martirio* la palme du martyre; *andare incontro al martirio* s'exposer au martyre **2** (*fig.*) [*tormento, patimento*] martyre; *la vita è un continuo martirio* la vie est un martyre continuel; *sopportare il martirio delle calunnie* supporter le martyre des calomnies; *che martirio questo viaggio!* quel martyre, ce voyage!

martirizzàre |martirid'dzare| *v. tr.* **1** [*sottoporre al martirio*] martyriser: *molti cristiani furono martirizzati senza processo* de nombreux chrétiens furent martyrisés sans procès; *i nazisti hanno martirizzato milioni di Ebrei* les nazis ont martyrisé des milions de Juifs **2** (*fig.*) [*far soffrire; tormentare*] martyriser: *è continuamente martirizzata dal marito* son mari la martyrise continuellement; *non martirizzarlo con queste domande!* ne le martyrise pas avec ces questions!; *smettila di martirizzare quella povera bestia!* arrête de martyriser cette pauvre bête.

martirològio, i |martiro'lɔdʒo, i| *s.m.* martyrologe.

màrtora |'martora| *s.f.* (*t.zool.*) marte, martre.

martoriaménto |martorja'mento| *s.m.* [→ MARTORIARE A 2; B] tourment.

martoriàre |marto'rjare| **A** *v.tr.* **1** (*ant.*) → **martirizzare** 1 **2** [*far soffrire; tormentare*] tourmenter: *martoriare un debole, un indifeso* tourmenter un faible, un être sans défense; *è martoriato dalle disgrazie, dalla malattia* il est tourmenté par les malheurs, les maladies; *non continuate a martoriarci con le vostre pretese* arrêtez de nous tourmenter avec vos prétentions **B** *v.pron. intr.* MARTORIARSI [→ *tr.* 2] se tourmenter, se faire (45) *tr.* du tourment: *martoriarsi senza ragione, inutilmente* se tourmenter sans raison, inutilement; *si è martoriata tutta la vita per quello scapestrato* elle s'est fait toute sa vie du tourment pour ce voyou.

marxiàno |mark'sjano| *agg.* marxien*.

marxìsmo |mark'sizmo| *s.m.* (*filos., polit.*) marxisme.

marxìsta |mark'sista| *s.* marxiste ✦ (*agg.*) *teoria, politica, partito marxista* théorie, politique, parti marxiste.

marxisteggiànte |marksisted'dʒante| *agg.* [*apparentato col marxismo*] marxisant.

marxìstico, ci, ca, che |mark'sistiko, tʃi, ka, ke| *agg.* → **marxista.**

marxizzazióne |marksiddzat'tsjone| *s.f.* marxisation.

màrza |'martsa| *s.f.* (*agr.*) greffe, greffon *m.*

marzaiòla |martsa'jɔla| *s.f.* (*t. zool.*) sarcelle d'été.

marzaiòlo |martsa'jɔlo| *agg.* de mars (*loc. inv.*): *limoni marzaioli* citrons de mars.

marzapàne |martsa'pane| *s.m.* (*cuc.*) massepain: *ripieno di marzapane* farci, garni de massepain ◇ (*loc. fig.*) *esser fatto di marzapane* [*essere bonario, tranquillo*] être bon comme le pain.

marziàle |mar'tsjale| *agg.* **1** martial*: *corte, legge marziale* cour, loi martiale ◇ (*fig.*) *camminare con passo marziale* marcher d'une allure martiale; *ha un aspetto marziale* il a un aspect martial **2** (*farm., med.*) martial.

marziàno |mar'tsjano| *agg.* **1** (*astron.*) martien* ✦ (*s.*) *i Marziani* [*supposti abitanti di Marte*] les Martiens **2** (*fig., scherz.*) [*astruso, strano, incomprensibile*] obscur, abstrus (*lett.*): *un linguaggio marziano* un langage obscur ✦ (*s.*) *un marziano* [*uno spaesato*] un étranger*: *in mezzo a voi mi sento un marziano* en votre compagnie, je me sens (un) étranger, dépaysé *agg.*

màrzio, i |'martsjo, i| *agg.* (*lett.*) de Mars (*loc. inv.*): *Campo Marzio* Champ de Mars.

màrzo |'martso| *s.m.* [*terzo mese dell'anno*] mars: *il primo, il 7 di marzo* le premier, le 7 mars; *a metà, a fine marzo* à la mi-mars, fin mars; *ci siamo incontrati di marzo* nous nous sommes rencontrés en mars, au mois de mars ◇ (*loc. scherz.*) *essere nato di marzo* [*essere incostante, lunatico*] être un peu bizarre.

marzolìno |martso'lino| **1** *agg.* de mars (*loc. inv.*): *grano marzolino* blé de printemps, blé de mars **2** *s.f.* (*region.*) → **mozzarella.**

marzòlo |mar'tsɔlo|, **marzuòlo** |mar'tswɔlo| *agg.* de mars (*loc. inv.*): *sementi marzuole* semence(s) de mars; *pulcini marzuoli* poussins de mars.

mas |mas| *s.m. inv.* (*mar. mil.*) vedette *f. var.*, lance-torpilles.

màsca, che |'maska, ke| *s.f.* (*region.*) → **strega.**

mascalzonàta |maskaltso'nata| *s.f.* [*atto disonesto*] saloperie (*pop.*): *è stata una mascalzonata* ce fut une saloperie; *ci ha combinato tante di quelle mascalzonate!* il nous a fait un tas de saloperies!

mascalzóne |maskal'tsone| *s.m.* salaud, voyou: *mascalzone!* salaud, voyou!; *non sono un mascalzone* je ne suis pas un salaud; *ti sei comportato da vero mascalzone* tu t'es comporté comme un franc salaud.

mascarpóne |maskar'pone| *s.m.* [*formaggio lombardo preparato con panna dolce*] ⊠.

mascèlla |maʃ'ʃɛlla| *s.f.* **1** (*anat.*) mâchoire, mandibules *pl.* (*fam.*) ◇ (*loc. scherz.*) *lavorare di mascelle* travailler des mandibules ◇ (*pugilato*) *avere la mascella fragile, di vetro* avoir la mâchoire fragile **2** (*per est., tecnol.*) mâchoire → **ganascia.**

mascellàre |maʃʃel'lare| *agg.* (*anat.*) maxillaire: *osso mascellare* os maxillaire ✦ (*s.m.*) *il mascellare* le maxillaire.

màschera |'maskera| *s.f.* **1** [*faccia o testa finta, fatta di cartapesta, plastica e sim.*] masque (*m.*): *maschera comica, tragica* masque comique, tragique; *attore con la maschera* acteur avec un masque; *mezza maschera* demi-masque, loup; *è così truccata che sembra una maschera* elle est si maquillée qu'elle semble porter un masque # *si era ridotto* (*a*) *una maschera di fango* son visage était tout recouvert de boue; *mettersi la maschera del lupo* (se) vêtir (de) la peau du loup ◇ (*per est.*) (*cosmesi*) *maschera di fango, di bellezza* masque de boue, de beauté **2** (*fig.*) [*atteggiamento ipocrita; finzione*] *la maschera dell'ingenuità* l'ingénuité personnifiée; *ostenta la maschera del galantuomo* il porte le masque du gentilhomme; *fa lo scandalizzato, ma è tutta una maschera* il prend un air scandalisé, mais ce n'est qu'un masque, que de la comédie ◇ (*loc.*) *togliersi la maschera* ôter son masque ~ *strappare la maschera a qc.* arracher son masque à qqn. ~ *mettersi la maschera*: (*pr.*) mettre le masque; (*fig.*) mettre un masque ~ *giù la maschera!* ôte, ôtez le masque! **3** (*fig.*) [*aspetto esteriore; espressione*] masque: *la maschera del dolore, della disperazione* le masque de la douleur, du désespoir # *ha una maschera da ducetto* il se donne des airs de grand chef ◇ (*med.*) *maschera gravidica* masque, faciès *m.* de grossesse **4** (*per est.*) [*travestimento completo*] masque # *ballo in maschera* bal masqué; *mettersi in maschera* se déguiser **5** (*per est.*) [*persona travestita*] masque: *una sfilata di maschere* un défilé de masques, de personnes masquées; *le maschere di carnevale* les masques du carnaval ◇ [*personaggio tipico del teatro comico*] *le maschere del '500, della Commedia dell'arte* les masques du XVIe siècle, de la 'Commedia dell'arte'; *Pantalone è una maschera veneziana* Pantalon est un masque vénitien **6** [*calco del volto di un defunto*] masque mortuaire: *la maschera in bronzo di un re, di un poeta* le masque mortuaire, le moulage du visage d'un roi, d'un poète **7** [*dispositivo di protezione del volto o della respirazione*] masque: *maschera per saldatore, da scherma* masque de soudeur, d'escrime; *maschera subacquea, antigas, antipolvere* masque pour la pêche sous-marine, à gaz, à poussière; *maschera chirurgica, da anestesista* masque antiseptique; *lavorare con la maschera* travailler avec un masque ◇ [*schermatura protettiva di un congegno*] *la maschera di un ventilatore* le masque d'un ventilateur ◇ [*schermatura di regolazione di una sorgente luminosa*] *la maschera di un faro* le masque d'un phare **8** (*teat., cine.*) [*inserviente in divisa*] ouvreuse: *farsi indicare i posti liberi dalla maschera* se faire indiquer les places libres par l'ouvreuse.

mascheraménto |maskera'mento| *s.m.* **1** [→ MASCHERARE A 1; B 1] déguisement: *mascheramento* (*del volto*) *di una persona* déguisement d'une personne **2** (*fig.*) [→ MASCHERARE A 2, 3] déguisement; masquage: *il mascheramento di uno stato d'animo* le déguisement d'un état d'âme ‖ *il mascheramento della luce* le masquage de la lumière **3** [→ MASCHERARE A 2] déguisement: *il mascheramento di un difetto fisico* le déguisement, la dissimulation *f.* d'un défaut physique ◇ (*mil.*) camouflage.

mascheràre |maske'rare| **A** *v.tr.* **1** (*del volto*) [*coprire con una maschera*] masquer: *mascherare il volto* masquer son visage □ *mascherarsi la faccia* se masquer le visage ◇ (*di tutta la persona*) [*mettere in maschera; travestire*] déguiser: *mascherare un bambino per carnevale* déguiser un enfant pour le carnaval; *mascherare qc. da donna, da fantasma* déguiser qqn. en femme, en fantôme **2** (*per est.*) [*coprire, nascondere per non fare vedere o riconoscere; camuffare*] masquer; cacher; camoufler: *mascherare una cicatrice con il trucco* masquer une cicatrice par un maquillage ‖ *ho mascherato le ceramiche rotte con un tappeto* j'ai caché les carreaux de céramique cassés sous un tapis; *l'ingresso segreto era mascherato da una libreria* l'entrée secrète était cachée par une bibliothèque ‖ *mascherare un carro armato* camoufler un char d'assaut → **mimetizzare** ◇ [*schermare una sorgente luminosa*] masquer: *mascherare una lampada, un faro* masquer une lampe, un phare ◇ (*acustica*) *mascherare un suono* [*coprirlo con uno più intenso*] étouffer un son **3** (*fig.*) [*non far apparire; nascondere*] masquer; cacher: *mascherare le proprie intenzioni, le proprie idee* masquer ses intentions, ses idées ‖ *ha saputo mascherare bene la delusione* il a bien su cacher sa déception; *non riesce più a mascherare la gelosia* il n'arrive plus à cacher sa jalousie **B** *v.pron. rifl.* MASCHERARSI **1** [→ *tr.* 1] se déguiser: *prova a mascherarti con questa faccia da Dracula* essaie de te déguiser avec ce masque de Dracula; *dobbiamo mascherarci per il veglione* nous devons nous déguiser pour la soirée; *si era mascherata da suora* elle s'était déguisée en bonne sœur # *i ladri normalmente si mascherano* d'habitude, les voleurs se mettent un masque ✦ → *tr.* 1 □ **2** (*fig.*) [→ *tr.* 3] se déguiser: *spesso la verità si maschera sotto false apparenze* souvent la vérité se dissimule, est masquée sous de fausses apparences # *dietro la sua indifferenza si maschera l'invidia* derrière son indifférence se cache l'envie **3** (*fig.*) [*apparire diversi da quello che si è; camuffarsi*] *si è sempre mascherata da amica* elle s'est toujours fait passer pour une amie; *mascherarsi da persona onesta* présenter l'aspect d'une personne honnête.

mascheràta |maske'rata| *s.f.* **1** [*festa, sfilata di persone in maschera*] mascarade: *organizzare una mascherata* organiser une mascarade; *abbiamo assistito a una mascherata* nous avons assisté à une mascarade ◇ (*spreg.*) [*manifestazione ridicola; messinscena*] *sono stato all'inaugurazione, che mascherata!* je suis allé à l'inauguration, quelle mascarade!; *questo improvviso interessamento mi sembra una gran mascherata* cet intêret subit me semble une grande mascarade ◇ (*spreg.*) [*buffoneria, ridicolaggine*] *smettila con queste mascherate!* cesse cette mascarade! **2** (*teat.*) mascarade.

mascheràto |maske'rato| *agg.* **1** [*coperto da una maschera*] masqué: *volto mascherato* visage masqué ◇ (*per est.*) [*coperto, nascosto*] *il bandito aveva il volto mascherato* le bandit avait le visage masqué **2** [*vestito da maschera*] déguisé: *andare in giro mascherati* se promener déguisés; *bambini mascherati da animali* enfants déguisés en animaux **3** [*composto di maschere*] *corso mascherato* défilé de masques; *carro mascherato* [*addobbato da carnevale*] char de carnaval; *ballo mascherato* bal masqué **4** (*fig.*) [*non rispondente al vero; fittizio*] camouflé: *intenzioni mascherate* intentions camouflées; *offrire un'immagine mascherata della situazione* montrer une image camouflée de la situation Ⓒ 4 **chiaro, reale** 1.

mascheratùra |maskera'tura| *s.f.* **1** [→ MASCHERARE A 1; B 1] déguisement (*m.*): *con quella mascheratura è irriconoscibile* sous ce déguisement, il est méconnaissable **2** (*per est.*) [→ MASCHERARE A 2] camouflage (*m.*): *la mascheratura di una macchia sul muro* le camouflage d'une tache sur le mur **3** (*foto.*) cache *m.*

maschérétto |maske'retto| *s.m.* (*geogr.*) mascaret.

mascherìna |maske'rina| *s.f.* **1** petit masque *m.* **2** [*mezza maschera*] loup (*m.*): *aveva una mascherina sugli occhi* il avait un loup sur les yeux **3** [*donna giovane o bambino in maschera*] enfant *m.* masqué, femme masquée: *le belle mascherine!* les beaux enfants masqués! ◇ (*loc. scherz.*) *ti conosco, mascherina!* [*so che tipo sei; non mi inganni*] je te connais, beau masque! **4** [*macchia di colore diverso sul muso di un animale*] tache: *un cane nero con la mascherina bianca* un chien noir avec une tache blanche (au museau) **5** (*calz.*) bout (*m.*): *scarpette bianche con la mascherina marrone* chaussures blanches avec un bout marron **6** [*bollino, targhetta per coprire (parte di) una scrittura*] étiquette: *mettere una mascherina sul prezzo* cacher le prix avec une étiquette **7** [*schermatura di una sorgente luminosa*] masque **8** (*auto.*) couvre-radiateur (*m.*): *la mascherina del radiatore* le couvre-radiateur.

mascheróne |maske'rone| *s.m.* **1** gros masque **2** (*arch.*) mascaron: *un portale sormontato da un mascherone* un portail surmonté d'un mascaron; *mascherone da fontana* mascaron de fontaine **3** (*fig.*) [*volto dai lineamenti deformati*] masque # *il gonfiore l'ha ridotto un mascherone* l'enflure lui a déformé le visage ◇ [*faccia truccata in modo eccessivo e privo di gusto*] visage grimé: *non si vergognerà ad andare in giro con quel mascherone?* elle n'a pas honte de se promener ainsi grimée?

maschiàccio, i |mas'kjattʃo, i| *s.m.* **1** (*spreg.*) mauvais garçon: *un discorso da maschiaccio* un discours de mauvais garçon; *non devi frequentare quei maschiacci* tu ne dois pas fréquenter ces mauvais garçons **2** (*scherz.*) [*ragazzo vivace, turbolento*] garnement: *chi li tiene quei maschiacci!* personne ne les arrête, ces garnements ◇ [*ragazza dai modi sfrenati, privi di grazia*] garçon manqué: *la sorella minore è proprio un maschiaccio* la sœur cadette est vraiment un garçon manqué.

maschiàre |mas'kjare| *v.tr.* (*tecnol.*) [*filettare un foro*] tarauder.

maschiatóre, trice |maskja'tore, tritʃe| *s.* **1** *s.* [*operaio che esegue maschiature*] taraudeur* **2** *s.f.* (*tecnol.*) taraudeuse.

maschiatùra |maskja'tura| *s.f.* (*tecnol.*) taraudage *m.*

maschiétta |mas'kjetta| *s.f.* (*solo nella loc.*) *capelli alla maschietta* cheveux à la garçonne.

maschiettàre |maskjet'tare| *v.tr.* **1** [*munire di maschietti; applicare i cardini a una porta, a uno sportello e sim.*] mettre (71) des gonds, des charnières à (qqch.): *maschiettare una finestra, un letto a ribalta* mettre des gonds à une fenêtre, des charnières à un lit pliant **2** (*falegnameria*) [*congiungere pezzi di legno a incastro*] assembler, mettre en place: *maschiettare il telaio di una finestra* assembler, mettre en place le châssis d'une fenêtre.

maschiettatùra |maskjetta'tura| *s.f.* **1** [→ MASCHIETTARE 1] mise en place des gonds, des charnières: *la maschiettatura di un'antina* la mise en place des gonds sur un battant **2** [→ MASCHIETTARE 2] mise en place, assemblage *m.* # *la maschiettatura di un cassetto* l'encastrage d'un tiroir; *maschiettatura passante, nascosta* charnière noyée, cachée.

maschiétto |mas'kjetto| *s.m.* **1** [*bambino; neonato*] petit garçon: *ha due maschietti* elle a deux petits garçons; *le è nato un maschietto* elle a eu un garçon **2** (*tecnol.*) gond, charnière *f.* → **cardine** Ⓒ 1 **femminuccia.**

maschile |mas'kile| *agg.* **1** [*del maschio*] masculin: *sesso maschile* sexe masculin; *psicologia, arroganza maschile* psychologie, arrogance masculine ◇ (*biol.*) mâle: *organi, ormoni maschili* organes, hormones mâles ◇ (*loc.*) *discendenza (in linea) maschile* descendance en ligne paternelle **2** [*da maschio; mascolino*] masculin: *voce, forza maschile* voix, force masculine; *una donna maschile* une femme masculine; *avere modi, lineamenti maschili* avoir des manières masculines, des traits masculins **3** [*per i maschi; riservato ai maschi*] *abbigliamento, abito maschile* habillement, vêtement d'homme; *scuola maschile* école de garçons; *sezione maschile* section garçons, classe de garçons ◇ (*sport*) *gara, torneo maschile* compétition masculine, tournoi masculin; *il doppio maschile* (*di tennis*) le double messieurs; *i 200 metri maschili* les 200 mètres messieurs **4** (*gram.*) masculin: *pronomi maschili* pronoms masculins ✦ (*s.m.*) *il maschile* le masculin: *aggettivo concordato al maschile* adjectif accordé au masculin Ⓒ **femminile.**

maschilìsmo |maski'lizmo| *s.m.* [*atteggiamento discriminatorio nei confronti del sesso femmile e delle donne in genere*] sexisme; machisme.

maschilista |maski'lista| *s.* [*sostenitore del maschilismo*] sexiste, machiste Ⓒ **femminista.**

maschilìstico, ci, ca, che |maski'listiko, tʃi, ka, ke| *agg.* [*improntato al maschilismo*] sexiste.

1 **màschio, i** |'maskjo, i| **I** *agg.* **1** [*di sesso maschile*] mâle: *un figlio maschio* un enfant mâle; *un animale maschio* un animal mâle # *l'oca maschio* le jars ◇ (*bot.*) *fiore maschio* fleur mâle; *felce maschio* fougère mâle **2** (*per est.*) [*virile, mascolino*] mâle: *un temperamento maschio* un tempérament mâle; *una voce maschia* une voix mâle **3** (*tecnol.*) mâle: *vite maschio* (*maschia*) vis mâle; *chiave maschia* clé pleine, bénarde mâle **II** *s.m.* **1** [*persona di sesso maschile; figlio maschio*] garçon: *reparto (per) maschi* section garçons; *avere, aspettare un maschio* avoir, attendre un garçon; *ha tre maschi e due femmine* elle a trois garçons et deux filles; *ha fatto un bel maschio* elle a eu un beau garçon ◇ (*scherz., volg.*) *è ora che ti cerchi un maschio* il est temps de te chercher un mari (*corr.*) ◇ (*animali*) mâle: *mettere il maschio con le coniglie* mettre le mâle avec les lapines # *il maschio della volpe, della lepre* le renard, le lièvre **2** (*tecnol.*) *il maschio della vite* la vis mâle; *incastro a maschio e femmina* assemblage à rainure et languette; *inserire il maschio nella presa* insérer, ficher la broche dans la prise Ⓒ I 1, 3; II **femmina**; I 2 **effeminato.**

2 **màschio, i** |'maskjo, i| *s.m.* (*fortezze mediev.*) donjon # *il Maschio Angioino* le château d'Anjou.

maschióna |mas'kjona| *s.f.* (*pop.*) [*ragazza robusta a florida*] beau brin de fille: *è diventata una bella maschiona, tua figlia* ta fille est devenue un beau brin de fille ◇ [*ragazza che ha poca grazia femminile*] garçonne.

maschióne |mas'kjone| *s.m.* **1** gros garçon **2** (*scherz.*) [*uomo robusto, forte*] gaillard: *un maschione come te ha paura di queste cose?* un gaillard comme toi a peur de ces choses?; *non sforzarti, lascia fare a quei maschioni* ne te fatigue pas, laisse faire ces gaillards, laisse-le faire à ces gaillards ◇ [*ragazzo florido, robusto*] *si è fatto un maschione* il est devenu un (beau) gaillard ◇ [*bambino sano, florido*] beau garçon: *ha partorito un bel maschione* elle a accouché d'un beau garçon; *ha un bel maschione di tre mesi* elle a un beau garçon de trois mois.

maschiòtta |mas'kjɔtta| *s.f.* → **maschiona.**

maschiòtto |mas'kjɔtto| *s.m.* [*bambino, ragazzo*] petit garçon: *è tuo quel maschiotto?* il est à toi, ce petit garçon?

mascolinità |maskolini'ta| *s.f. inv.* masculinité (*var.*): *caratteri di mascolinità* caractères de masculinité ◇ (*stat.*) *indice di mascolinità* indice de masculinité.

mascolinizzàre |maskolinid'dzare| **A** *v.tr.* **1** [*far assumere caratteri mascolini*] masculiniser: *mascolinizzare la voce, il modo di vestire* masculiniser sa voix, sa façon de s'habiller; *i lavori pesanti l'hanno mascolinizzata* les gros travaux l'ont masculinisée **2** (*biol.*) [*rendere fisiologicamente maschio una femmina*] masculiniser **B** *v.pron. intr.* MASCOLINIZZARSI **1** [→ *tr.* 1] se masculiniser: *si è molto mascolinizzata nel comportamento* elle s'est beaucoup masculinisée dans sa façon d'agir; *le ragazze moderne si sono mascolinizzate* les jeunes filles modernes se sont masculinisées **2** (*biol.*) [→ *tr.* 2] se masculiniser: *ha fatto cure ormonali per mascolinizzarsi* elle a fait des cures hormonales pour se masculiniser Ⓒ A 1; B 1 **effeminar(si).**

mascolinizzazióne |maskoliniddzat'tsjone| *s.f.* (*biol.*) masculinisation: *processo di mascolinizzazione* processus de masculinisation.

mascolìno |masko'lino| *agg.* masculin: *forza, robustezza mascolina* force, robustesse masculine; *una donna mascolina* une femme masculine # *ha due braccia mascoline* elle a des bras d'homme © **effeminato.**

mascóne |mas'kone| *s.m.* (*mar.*) épaule *f.*, joue *f.*

'mascotte' |maskɔt| *s.f. inv.* mascotte (*var.*): *la 'mascotte' del reggimento* la mascotte du régiment; *si portano dietro una scimmietta per 'mascotte'* ils emmènent avec eux un petit singe comme mascotte.

màser |'mazer| *s.m. inv.* (*tecnol.*) maser *var.*

masnàda |maz'nada| *s.f.* (*spreg.*) [*gruppo di persone spregiudicate e pericolose; banda*] bande: *una masnada di delinquenti, di assassini* une bande de voyous, d'assassins; *hanno formato una masnada di taglieggiatori* ils ont formé une bande de rançonneurs ◇ (*scherz.*) [*compagnia rumorosa, irrequieta*] *è arrivata una masnada di ragazzi, e addio ciliegie!* une bande de garçons et filles est arrivée, alors, adieu cerises!; *figurati se posso tenere a bada quella masnada!* moi, surveiller toute cette bande, tu te rends compte!

masnadière |mazna'djɛre|, **masnadièro** |mazna'djɛro| *s.* [*brigante, bandito*] bandit (*m.*): *azioni da masnadiero* actes de bandit; *ha una faccia da masnadiero* il a un air de bandit.

màso |'mazo| *s.m.* (*region.*) [*proprietà agricola; podere*] mas: *un maso abbandonato* un mas abandonné.

masochismo |mazo'kismo| *s.m.* **1** (*psicol.*) masochisme: *manifestazioni di masochismo* manifestations de masochisme **2** (*per est.*) [*tendenza all'autolesionismo, all'autopunizione*] masochisme: *queste autoaccuse sono forme di masochismo* ces auto-accusations sont des formes de masochisme; *ci vuole del masochismo per prendersi certi impegni!* il faut du masochisme pour prendre certains engagements!

masochista |mazo'kista| *s.* **1** (*psicol.*) masochiste **2** (*per est.*) [*chi gode a tormentarsi*] masochiste: *siete stati dei masochisti ad accettare* vous avez agi en masochiste en acceptant; *non fare il masochista!* ne fais pas le masochiste! → **autolesionista** ✦ (*agg.*) *un tipo masochista* un type masochiste.

masochìstico, ci, ca, che |mazo'kistiko, tʃi, ka, ke| *agg.* **1** (*psicol.*) masochiste: *manifestazioni masochistiche* manifestations masochistes **2** (*per est.*) [*che tende all'autolesionismo, all'autopunizione*] masochiste: *assumere atteggiamenti masochistici* prendre des allures masochistes.

masonite |mazo'nite| *s.f.* (*marchio depositato*) masonite: *soffitto, pannello in masonite* plafond, panneau en masonite.

masòra |ma'sɔra| *s.f.* (*filol. ebr.*) massorah.

masorèta |maso'rɛta| *s.m.* (*st. ebr.*) massorète.

masorètico, ci, ca, che |maso'rɛtiko, tʃi, ka, ke| *agg.* (*filol. ebr.*) massorétique.

màssa |'massa| *s.f.* **1** masse: *massa informe, compatta* masse informe, compacte; *una massa di terra, di aria* une masse de terre, d'air; *la massa cerebrale, sanguigna* la masse cérébrale, sanguine ◇ (*spreg.*) *una massa di carne* [*persona senza carattere*] un tas *m.* de viande ◇ (*arts.*) *massa di ombra, di luce* masse d'ombre, de lumière: *il gioco, l'equilibrio delle masse* le jeu, l'équilibre des masses **2** (*per est.*) (*cose*) masse; foule: *una massa di ferracci, di rottami, di legna* une masse, un tas de ferraille, de débris, de bois; *ho raccolto una massa di informazioni* j'ai récolté une masse d'informations → **mucchio** ‖ *hai commesso una massa di errori* tu as commis une foule d'erreurs ◇ (*persone*) masse, foule: *una massa di persone, di visitatori* une masse, une foule de gens, de visiteurs; *scene di massa* scènes de masse; *una massa di curiosi* une foule de curieux; *c'era una massa di invitati* il y avait une foule d'invités → **moltitudine** # *siete una massa di imbroglioni* vous êtes une bande de filous ◇ *loc.* IN MASSA en masse: *sono arrivati in massa* ils sont arrivés en masse; *assolvere, condannare in massa* absoudre, condamner en masse ~ *far massa* [*far gruppo; affollarsi*] faire masse **3** (*per est.*) [*la gran parte; la maggioranza*] masse: *la massa del popolo è scontenta* la masse du peuple est mécontente, les masses sont mécontentes # *la massa degli incidenti avviene per imprudenza* la grande majorité des accidents ont l'imprudence pour cause **4** (*sociol., corr.*) masse: *le masse popolari, lavoratrici* les masses, les masses travailleuses; *il malcontento delle masse* le mécontentement des masses; *cultura di massa* culture de masse; *mezzi di comunicazione di massa* moyens de communication de masse, les (mass-) media (*m. pl.*); *partiti di massa* partis de masse; *far appello alle masse* faire appel aux masses ✦ (*agg. inv.*) *uomo massa* homme masse **5** (*fis.*) masse: *massa specifica, elettrica, magnetica* masse spécifique, électrique, magnétique; *il rapporto fra il volume e la massa* le rapport entre le volume et la masse ◇ (*elettr.*) *far massa* faire contact; *collegare, mettere a massa* mettre à la masse ✦ (*agg. inv.*) *grammo, chilogrammo massa* gramme, kilogramme masse **6** (*mus.*) masse: *la massa orchestrale, corale, dei violini* la masse orchestrale, chorale, des violons **7** (*dir.*) masse: *massa attiva, passiva, fallimentare* masse active, passive, masse des biens d'un failli; *la massa dei creditori* la masse des créanciers **8** (*mil.*) masse: *massa vestiario* masse d'habillement **9** (*region.*) [*pasta cruda per il pane*] pâte: *preparare, impastare la massa* préparer, pétrir la pâte.

massacrànte |massa'krante| *agg.* [*estenuante, faticoso*] exténuant: *un lavoro, un viaggio massacrante* un travail, un voyage exténuant; *un'attesa massacrante* une attente exténuante → **snervante.**

massacràre |massa'krare| *v.tr.* **1** [*uccidere con violenza; trucidare*] massacrer: *massacrare una popolazione inerme* massacrer une population sans défense; *hanno minacciato di massacrare gli ostaggi* ils ont menacé de massacrer les otages; *l'intero branco è stato massacrato dai cacciatori* tout le troupeau a été massacré par les chasseurs **2** (*per est.*) [*colpire selvaggiamente; malmenare*] massacrer: *massacrare qc. di botte* massacrer qqn. à coups de poing; *lo hanno massacrato a calci e bastonate* ils l'ont massacré à coups de pieds et à coups de bâtons ◇ [*rovinare, deturpare*] *la speculazione edilizia ha massacrato il paesaggio* la spéculation immobilière a massacré le paysage **3** (*fig.*) [*stremare, snervare*] exténuer: *la salita finale ci ha massacrato* la dernière montée nous a exténués; *questa continua tensione mi massacra* cette continuelle tension m'exténue.

massacratóre, trice |massakra'tore, tritʃe| *s.* [*chi massacra*] massacreur*: *un massacratore di partigiani* un massacreur de partisans ✦ (*agg.*) *esercito massacratore* armée qui massacre *loc.*

massàcro |mas'sakro| *s.m.* **1** massacre: *un massacro di soldati, di ostaggi* un massacre de soldats, d'otages; *impedire il massacro della selvaggina* empêcher le massacre du gibier → **sterminio, strage** **2** (*fig.*) [*fatica estenuante*] massacre: *questo viaggio è stato un massacro* ce voyage a été un massacre **3** (*fig.*) [*disastro, rovina*] massacre: *il massacro dei centri storici* le massacre des centres historiques **4** (*arald.*) massacre.

massaggiàre |massad'dʒare| *v. tr.* [*sottoporre a massaggio*] masser: *farsi massaggiare la schiena* se faire masser le dos □ *massaggiarsi una gamba* se masser une jambe.

massaggiatóre, trice |massaddʒa'tore, tritʃe| *s.* [*chi esegue massaggi*] masseur*: *dopo le cure del massaggiatore l'atleta è tornato in campo* après les soins du masseur, l'athlète est retourné sur le terrain; *andare da una massaggiatrice* aller chez une masseuse.

massàggio, i |mas'saddʒo, i| *s.m.* massage: *farsi fare un massaggio* se faire faire un massage, se faire masser ◇ (*med.*) *massaggio cardiaco* massage cardiaque.

massàia |mas'saja| *s.f.* **1** [*donna che cura e amministra la propria casa*] ménagère: *i lavori, le preoccupazioni delle massaie* les travaux, les préoccupations des ménagères; *non è stata una buona massaia* elle n'a pas été une bonne ménagère **2** (*raro*) [*moglie del massaio*] fermière (*corr.*).

massàio, i |mas'sajo, i| *s.* **1** [*conduttore di un'azienda agricola*] fermier* → 1 **fattore** **2** (*lett.*) [*saggio amministratore dei propri beni*] économe.

massaliòta |massa'ljɔta| *agg.* [*di Marsiglia*] massaliote → **marsigliese.**

massàro |mas'saro| *s.* (*ant.*) → **massaio.**

massellàre |massel'lare| *v.tr.* (*metall.*) [*ridurre in masselli*] réduire (75) en blocs: *massellare il rame* réduire le cuivre en blocs.

massellatùra |massella'tura| *s.f.* (*metall.*) réduction en blocs.

massèllo |mas'sɛllo| *s.m.* **1** [*lingotto di metallo*] bloc: *un massello di ferro* un bloc de fer ◇ (*loc.*) *oro, ferro di massello* [*massiccio*] or, fer massif *agg.* **2** (*edil.*) moellon: *lavorare in massello, a massello* travailler (une pierre) en moellon **3** (*di legno*) [*parte interna più dura di un tronco; durame*] duramen: *una pertica di massello di rovere* une perche en duramen de rouvre ◇ *loc.* (*fatto*) IN MASSELLO [*in legno massiccio*] (fait) en bois massif: *un ri-*

piano in massello une console en bois massif **4** (*di fucile*) masselotte *f.*

masserìa |masse'ria| *s.f.* [*azienda agricola a mezzadria o in affitto*] ferme ◇ (*st. mediev.*) *contratto di masseria* contrat de fermier.

masserìzia |masse'rittsja| *s.f. spec. al plur.* [*mobiglia e suppellettili di una casa*] mobilier (*m. sing.*): *sgombrare tutte le masserizie* évacuer tout le mobilier.

massetère |masse'tɛre| *s.m.* (*anat.*) masséter.

masseterino |massete'rino| *agg.* (*anat.*) *muscolo masseterino* masséter *s.m.*

massèto |mas'seto| *s.m.* **1** [*terreno non dissodato*; *sodaglia*] friche *f.* **2** (*raro*) [*luogo sassoso*] lieu pierreux.

massicciàre |massit'tʃare| *v.tr.* [*ricoprire con uno strato di pietrisco compresso*] caillouter: *massicciare una strada, una piazza* caillouter une route, une place.

massicciàta |massit'tʃata| *s.f.* **1** [*strato superiore di vie o piazze fatto di pietrisco o di ghiaia pressati*] cailloutis (*m.*): *rifare la massicciata di una piazza* refaire le cailloutis d'une place **2** (*ferr.*) ballast *m.*

massìccio, ci, cia, ce |mas'sittʃo, tʃi, tʃa, tʃe| **I** *agg.* **1** [*formato di un solo blocco*] massif*: *una colonna massiccia* une colonne massive ◇ (*di metalli, spec. preziosi*) [*senza vuoti interni*; *compatto*] *un gioiello in oro massiccio* un bijou en or massif; *un servizio di posate in argento massiccio* un service de couverts en argent massif ◇ (*di legno*) *comò di noce massiccio* [*completamente in noce*] commode de noyer massif **2** (*per est.*) [*di struttura solida, robusta*] massif: *un portone massiccio* une porte massive; *una muscolatura massiccia* une musculature massive ◇ [*eccessivamente voluminoso*; *pesante*] *l'edificio ha una struttura massiccia che non si intona all'ambiente* l'édifice a une structure massive qui ne va pas avec l'environnement; *non voglio mobili massicci* je ne veux pas de meubles massifs **3** (*fig.*) [*molto intenso*] massif: *l'iniziativa richiede un lavoro massiccio* l'initiative demande un travail massif; *occorre un massiccio intervento di uomini e di mezzi* il faut une intervention massive d'hommes et de moyens; *l'areoporto è stato colpito dal fuoco massiccio dell'artiglieria* l'aéroport a été touché par le feu massif de l'artillerie **II** *s.m.* **1** (*geogr.*) massif: *il massiccio del monte Bianco* le massif du mont Blanc **2** (*mar.*) *massiccio di poppa, di prua* massif arrière, avant **3** (*min.*) *massiccio di protezione* massif de protection © I 2 **debole, fragile, esile**; 3 **modesto, irrilevante.**

màssico, ci, ca, che |'massiko, tʃi, ka, ke| *agg.* (*fis.*) massique.

massificàre |massifi'kare| *v.tr.* [*rendere uniforme, indifferenziato*] massifier: *massificare la società, gli individui* massifier la société, les individus; *il consumismo ha massificato i gusti* la société de consommation a massifié les goûts.

massificàto |massifi'kato| *agg.* [*reso, diventato di massa*] massifié: *consumi massificati* consommations massifiées.

massificazióne |massifikat'tsjone| *s.f.* [→ MASSIFICARE] massification: *massificazione della cultura* massification de la culture.

màssima |'massima| *s.f.* **1** [*principio generale*; *regola, norma*] maxime; règle: *seguire una massima* suivre une maxime ‖ *ho per massima di non fare debiti* j'ai pour règle de ne pas faire de dettes; *è una massima seguita da tutti gli storici* c'est une règle suivie par tous les historiens; *è buona massima consultare sempre il medico* il est de bonne règle de toujours consulter le médecin ◇ [*metodo di agire*; *condotta*] principe (*m.*): *è nostra massima decidere collegialmente* nous avons comme principe de décider en collégialité, de prendre des décisions collégiales; *ho seguito la vostra massima* j'ai suivi votre principe ◇ *loc.* IN LINEA DI MASSIMA [*in generale*] en principe: *in linea di massima siamo soddisfatti* en principe, nous sommes satisfaits ~ *accordo, ipotesi, questione di massima* [*di carattere generale*] accord, hypothèse, question de principe ~ *progetto, preventivo di massima* [*non definito nei particolari*; *preliminare*] projet, devis préliminaire **2** [*principio morale*; *precetto*] maxime: *una massima cristiana* une maxime chrétienne; *una raccolta di massime morali* un recueil de maximes morales; *molte massime degli antichi sono oggi inaccettabili* de nombreuses maximes des anciens sont aujourd'hui inacceptables ◇ [*sentenza, detto*] *c'è una massima popolare che dice...* il y a une maxime populaire qui dit...; *ragiona a forza di massime* il raisonne à coups de maximes **3** [*grado massimo della temperatura calcolato su un tempo definito*] température maximale: *massima giornaliera, annuale* température maximale journalière, annuelle; *quest'estate abbiamo avuto una massima di 42 gradi* cet été la température maximale a été de 42 degrés # *termometro a massima, di minima e di massima* thermomètre à maxima, à maxima et minima **4** (*tecnol.*) *regime di minima e di massima* régime minimal et maximal © 3 **minima.**

massimàle |massi'male| **I** *agg.* maximum: *prezzi massimali* prix maximums → **massimo** # *questo è il nostro traguardo massimale* ceci est notre dernière limite **II** *s.m.* **1** [*limite massimo*] maximum: *raggiungere, superare il massimale delle proprie disponibilità* atteindre, dépasser le maximum de ses possibilités; *non possiamo superare questo massimale di spesa* comme dépense, nous ne pouvons pas dépasser ce maximum **2** [*cifra massima prevista o pattuita*] plafond: *fissare i massimali di una assicurazione* fixer les plafonds d'une assurance; *ho fatto aumentare i massimali* j'ai fait élever les plafonds # *il rimborso avverrà fino a un massimale di 5 milioni* le remboursement sera effectué jusqu'à un maximum de 5 millions © **minimale.**

massimalìsmo |massima'lizmo| *s.m.* (*polit.*) maximalisme: *il massimalismo socialista* le maximalisme socialiste.

massimalìsta |massima'lista| *agg.* (*polit.*) maximaliste: *politica, partito massimalista* politique, parti maximaliste ◆ (*s.*) *i massimalisti* les maximalistes.

massimalìstico, ci, ca, che |massima'listiko, tʃi, ka, ke| *agg.* (*polit.*) maximaliste: *posizioni, tendenze massimalistiche* positions, tendances maximalistes.

massimalizzazióne |massimaliddzat'tsjone| *s.f.* maximalisation.

massimaménte |massima'mente| *avv.* [*specialmente*; *soprattutto*] surtout; extrêmement: *è massimamente indispensabile che...* c'est surtout indispensable que... ‖ *è massimamente importante* c'est extrêmement important.

massimàre |massi'mare| *v.tr.* (*mat.*) [*trovare i valori massimali di un'espressione*] maximiser, maximaliser.

massimàrio, i |massi'marjo, i| *s.m.* **1** (*letter.*) recueil de maximes **2** (*dir.*) recueil de sentences: *il massimario della Cassazione* le recueil de sentences de la Cour de cassation.

màssime |'massime| *avv.* (*lett.*) → **soprattutto, specialmente.**

massimizzàre |massimid'dzare| *v.tr.* **1** (*filos.*) [*dare il più alto valore, la massima importanza a*] maximiser, maximaliser **2** [*portare al massimo*] maximiser, maximaliser.

massimizzazióne |massimiddzat'tsjone| *s.f.* [→ MASSIMIZZARE 2] maximilisation.

màssimo |'massimo| **I** *agg.* **1** (*sup. rel. di 'grande'*) le plus grand, le maximum*: *il cerchio massimo* le cercle le plus grand; *il massimo comune divisore* (*m.c.d.*) le plus grand commun diviseur (p.g.c.d.); *con la massima attenzione* avec la plus grande attention; *abbiatene la massima cura* ayez-en le plus grand soin; *mi ha trattato col massimo riguardo* il m'a traité avec les plus grands égards; *minimo sforzo, massimo rendimento* effort minimum, rendement maximum; *l'utile, il costo massimo* le profit, le prix maximum; *velocità massima* vitesse maximum, maxima; *limite massimo di velocità* limite maximum de vitesse; *temperatura, portata massima* température, portée maxima, maximum # *una questione della massima importanza* une question de la plus haute importance ◇ (*loc.*) *in massima parte* [*prevalentemente*] pour la plupart ◇ (*sport*) (*fuori*) *tempo massimo* (hors des) délais; *peso massimo* poid lourd **2** (*sup. ass.*) *pontefice massimo* grand pontife; *c'è una confusione massima* il y a un maximum de désordre; *ci ha concesso fiducia, libertà massima* il nous a accordé une confiance, une liberté absolues → **assoluto** **II** *s.m.* **1** maximum: *avete ottenuto il massimo possibile* vous avez obtenu le maximum possible; *è il massimo che tu possa sperare* c'est le maximum que tu puisses espérer; *tendere, puntare, spingere al massimo* tendre, viser, pousser au maximum; *abbiamo viaggiato al massimo della velocità* nous avons voyagé au maximum de la vitesse, à la vitesse maximum, maxima; *infliggere il massimo della pena* condamner au maximum de la peine # *il massimo della carriera, dello stipendio* le sommet de sa carrière, le plafond du traitement; *siamo al massimo della sopportazione* nous sommes à l'extrême limite de notre patience ◇ (*agr.*) *legge del massimo* loi du maximum ◇ (*mat.*) *i massimi di una funzione* les maximums, les maxima d'une fonction ◇ *loc.* AL MASSIMO [*tutt'al più*; *al limite*] au maxi-

mum: *al massimo ti licenzieranno* au-maximum, ils te licencieront; *costerà, al massimo, tremila lire* cela coûtera au maximum trois mille lires; *durerà al massimo due anni* cela durera au maximum deux ans; *al massimo al massimo ci impiegheranno due ore* au maximum, ils mettront deux heures; ils mettront deux heures au plus **2** (*pugilato*) poids lourd: *la categoria dei massimi* la catégorie des poids lourds 🄲 I 1; II 1 **minimo.**
massìvo |mas'sivo| *agg.* **1** massif*: *emigrazione massiva* émigration massive ◇ (*med.*) *infezione massiva* infection massive **2** → **massico.**
mass media |mæs'mi:djə| *loc. sost. m. inv.* (*ingl.*) mass-média, médias (*pl.*): *l'influenza culturale dei mass media* l'influence culturelle des mass-média, des médias.
màsso |'masso| *s.m.* [*pietra, roccia di grosse proporzioni*] rocher: *ripararsi dietro un masso* se mettre à l'abri derrière un rocher; *è caduto un masso sulla strada* un rocher est tombé sur la route ◇ (*geol.*) *massi erratici* blocs erratiques ◇ (*segnaletica*) (*pericolo di*) *caduta massi* (danger) chute de pierres ◇ (*loc.*) *esser duro, immobile come un masso* être dur, immobile comme un rocher.
massóne |mas'sone| *s.* franc-maçon (*m.*): *dei massoni* des francs-maçons.
massoneria |massone'ria| *s.f.* franc-maçonnerie: *le attività segrete della massoneria* les activités secrètes de la franc-maçonnerie.
massònico, ci, ca, che |mas'sɔniko, tʃi, ka, ke| *agg.* maçonnique: *sette massoniche* sectes maçonniques; *riti massonici* rites maçonniques.
massòra |mas'sɔra| *e deriv.* → **masora** *e deriv.*
massoterapia |massotera'pia| *s.f.* (*med.*) massothérapie.
massoterapista |massotera'pista| *s.* personne *f.* qui pratique la massothérapie.
màstaba |'mastaba| *s.f.* (*archeol.*) mastaba *m.*
mastadenite |mastade'nite| *s.f.* → **mastite.**
mastalgia, gie |mastal'dʒia, dʒie| *s.f.* (*med.*) mastodynie.
mastectomia |mastekto'mia| *s.f.* (*chir.*) mammectomie.
mastèlla |mas'tɛlla| *s.f.* (*region.*) → **mastello.**
mastèllo |mas'tɛllo| *s.m.* [*recipiente di legno a doghe*] baquet, cuve (*f*): *mastello per il bucato a mano* baquet, cuve à lessive; *riempire un mastello di uva* remplir un baquet de raisin ◇ (*per est.*) [*qualsiasi recipiente in cui si può lavare*] bassin, cuvette *f.*
masticàbile |masti'kabile| *agg.* [→ MASTICARE 1] qu'on peut mâcher *loc.* # *gomma masticabile* chewing-gum, gomme à mâcher.
masticaménto |mastika'mento| *s.m.* (*raro*) [→ MASTICARE 1] mâchement.
masticàre |masti'kare| *v.tr.* **1** [*schiacciare, tritare coi denti*] mâcher: *masticare il pane, la carne* mâcher le pain, la viande; *mastichi poco, per questo non digerisci* tu ne mâches pas assez, c'est pour ça que tu ne digères pas; *mastica continuamente gomma americana* il mâche sans arrêt du chewing-gum ◇ (*loc. fig.*) *masticare male, amaro, veleno* [*soffrire dentro di sé amarezza, delusione, rabbia*] ruminer sa colère ~ *masticare bene, male q.c.* [*possederla, conoscerla bene, male*] bien digérer, mal digérer qqch. **2** (*fig.*) [*mormorare a bassa voce; borbottare*] mâchonner; bredouiller: *masticare giaculatorie, imprecazioni* mâchonner, marmonner des chapelets, des imprécations ‖ *ha masticato qualche scusa e se n'è andato* il a bredouillé des excuses et il est parti ◇ (*loc.*) *masticar male una lingua* écorcher une langue ~ *masticare un po' di latino* baragouiner un peu de latin.
masticatìccio, i |mastika'tittʃo, i| *s.m.* **1** [*cosa masticata o che si sta masticando*] chose *f.* machouillée, mâchée # *mi fa schifo questo masticaticcio* ces trucs machouillés me dégoûtent ◇ (*per est.*) [*tabacco da masticare*] chique *f.* **2** (*fig.*) [*borbottio, biascichio*] bredouillement: *ho sentito solo un masticaticcio di parole incomprensibili* je n'ai entendu qu'un bredouillement de mots incompréhensibles.
masticàto |masti'kato| *agg.* [*schiacciato e triturato coi denti*] mâché: *pane masticato* pain mâché.
masticatóre, trice |mastika'tore, tritʃe| *agg.* → **masticatorio.**
masticatòrio, i |mastika'tɔrjo, i| *agg.* (*anat.*) masticateur*: *apparato masticatorio* appareil masticateur ✦ *s.m.* (*farm.*) *il masticatorio* le masticatoire.
masticatùra |mastika'tura| *s.f.* → **masticaticcio** 1.
masticazióne |mastikat'tsjone| *s.f.* [→ MASTICARE 1] mastication.
màstice |'mastitʃe| *s.m.* mastic: *un tubetto di mastice* un petit tube de mastic; *mastice da vetraio, da falegname* mastic de vitrier, de menuisier; *incollare con il mastice* coller avec du mastic.
mastìno |mas'tino| *s.m.* [*cane da guardia robusto e aggressivo*] gros chien de garde, mâtin: *un mastino inglese, napoletano* un mâtin anglais, napolitain ✦ (*agg.*) *un cane mastino* un mâtin *s.m.* ◇ (*fig.*) [*persona aggressiva*] *hanno tutti paura di quel mastino* ils ont tous peur de ce gros chien, de ce mâtin.
màstio, i |'mastjo, i| *s.m. e agg.* (*region.*) → 2 **maschio.**
mastite |mas'tite| *s.f.* (*med.*) mastite, mammite.
mastodinia |mastodi'nia| *s.f.* (*med.*) mastodynie.
mastodónte |masto'donte| *s.m.* **1** (*paleont.*) mastodonte **2** (*fig.*) (*persone*) mastodonte: *ha sposato un mastodonte* elle à épousé un mastodonte; *non pretenderai mica di misurarti con quel mastodonte?* tu ne voudrais quand même pas te mesurer avec ce mastodonte? ◇ (*edifici, macchine*) *questo mastodonte rovina il panorama* ce mastodonte gâche le panorama; *supera quel mastodonte* dépasse ce mastodonte → **camion**; *i mastodonti del cielo* les mastodontes du ciel → **2 aereo.**
mastodòntico, ci, ca, che |masto'dɔntiko, tʃi, ka, ke| *agg.* [*gigantesco, enorme*] gigantesque, colossal*: *una costruzione mastodontica* une construction gigantesque, colossale; *una impresa mastodontica* une entreprise gigantesque.
mastòide |mas'tɔide| *s.f.* (*anat.*) apophyse mastoïde.
mastoidectomia |mastoidekto'mia| *s.f.* (*chir.*) mastoidectomie.
mastoidèo |mastoi'dɛo| *agg.* (*anat.*) mastoïdien*.
mastoidite |mastoi'dite| *s.f.* (*med.*) mastoïdite.
mastologia, gie |mastolo'dʒia, dʒie| *s.f.* mastologie.
màstra |'mastra| *s.f.* (*mar.*) étambrai *m.*
màstrice |'mastritʃe| *s.m.* → **mastice.**
mastrino |mas'trino| *s.m.* (*comm.*) livre de compte (par chapitres).
màstro |'mastro| *s. e agg.* **1** *s.m.* [*artigiano provetto*] maître: *mastro muratore, falegname* maître maçon, menuisier ✦ (*agg.*) *capo mastro* → **capomastro** **2** *s.m. e agg.* (*comm.*) *il* (*libro*) *mastro* le grand livre **3** *s.m.* (*ant.*) → **maestro.**
masturbàre |mastur'bare| **A** *v.tr.* [*eccitare gli organi sessuali con mezzi diversi dal coito*] masturber: *farsi masturbare* se faire masturber ◇ (*loc. fig.*) *masturbare, masturbarsi il cervello* [*arrovellarsi su problemi insignificanti*] se triturer la cervelle **B** *v.pron.* MASTURBARSI **1** *rifl.* [→ *tr.*] se masturber **2** *recipr.* [→ *tr.*] se masturber.
masturbazióne |masturbat'tsjone| *s.f.* [→ MASTURBARE] masturbation ◇ (*loc. fig.*) *masturbazioni senili* [*stravaganze della vecchiaia*] extravagances séniles.
masùrio, i |ma'zurjo, i| *s.m.* → **tecneto, tecnezio.**
matador |mata'dor| *s.m. inv.* (*sp.*) matador (*var.*): *il colpo finale del matador* le coup d'épée du matador ◇ (*fig.*) → **mattatore.**
matafióne |mata'fjone| *s.m.* (*mar.*) raban.
matàssa |ma'tassa| *s.f.* **1** [*filo avvolto in più giri su sé stesso*] écheveau (*m.*): *una matassa di lana, di cotone* un écheveau de laine, de coton; *una matassa ingarbugliata, arruffata* un écheveau emmêlé; *innaspare, dipanare una matassa* dévider l'écheveau ◇ (*loc. fig.*) *arruffare la matassa* [*complicare, ingarbugliare le cose*] embrouiller la situation ~ *è una matassa arruffata* c'est une situation embrouillée ~ *dipanare la matassa* [*risolvere un problema complicato*] débrouiller l'affaire ~ *trovare il bandolo della matassa* trouver le mot, la clé de l'énigme ~ *reggere la matassa* être complice **2** (*fig.*) [*problema intricato; confusione*] écheveau: *abbiamo una matassa difficile da sbrogliare* nous avons un écheveau difficile à débrouiller **3** (*elettr.*) écheveau.
matassatùra |matassa'tura| *s.f.* (*tess.*) dévidage *m.* d'écheveaux.
match |mætʃ| *s.m. inv.* (*ingl.*) match (*var.*): *dei match* des matchs, matches; *match-ball* balle de match; *disputare, vincere un match* disputer, gagner un match.
mate |'mate| *s.m. inv.* (*sp.*) **1** (*t.bot.*) maté *var.* **2** [*bevanda ottenuta con le foglie infuse di tale pianta*] maté.
matemàtica, che |mate'matika, ke| *s.f.* mathématiques *pl.*, math(s) (*fam.*): *matematica pura, applicata* mathématiques pures, appliquées; *matematica finanziaria* mathématiques financières; *un testo di matematica* un texte de mathématiques; *studiare, insegnare matematica* étudier, enseigner les mathématiques; *dare lezioni di matematica*

donner des leçons de mathématiques ◇ (*prov.*) *la matematica non è un'opinione* les chiffres sont les chiffres.

matematicaménte |matematika'mente| *avv.* **1** [→ MATEMATICO 1] mathématiquement: *risolvere un calcolo matematicamente* résoudre un problème par les mathématiques **2** (*per est.*) [→ MATEMATICO 2] mathématiquement: *sono matematicamente sicuro di ciò* je suis mathématiquement sûr de cela.

matemàtico, ci, ca, che |mate'matiko, tʃi, ka, ke| *agg.* **1** mathématique: *regole matematiche* règles mathématiques; *un calcolo matematico* un calcul mathématique ◆ (*s.*) *un matematico* [*uno studioso di matematica*] un mathématicien **2** (*per est.*) [*sicuro, esatto*] mathématique: *una certezza matematica* une certitude mathématique; *ha previsto tutto con una precisione matematica* il a tout prévu avec une précision mathématique; *potrei darti una prova matematica di quanto dico* je pourrais te donner une preuve mathématique de ce que je dis.

matematizzàre |matematid'dzara| *v.tr.* [*dare una struttura matematica a un concetto astratto*] mathématiser.

matematizzazióne |matematiddzat'tsjone| *s.f.* mathématisation.

materàssa |mate'rassa| *s.f.* → **materasso.**

materassàio, i |materas'sajo, i| *s.* [*chi fabbrica materassi*] matelassier*: *ago da materassaio* aiguille de matelassier ◇ (*per est.*) [*chi vende materassi*] matelassier.

materassino |materas'sino| *s.m.* **1** petit matelas: *il materassino della carrozzella* le petit matelas de la poussette **2** [*tappeto per lottatori*] tapis de sol **3** (*per est.*) [*specie di sacca gonfiabile per stendersi sulla spiaggia o sull'acqua*] matelas pneumatique: *gonfiare il materassino* gonfler le matelas pneumatique.

materàsso |mate'rasso| *s.m.* [*sacca di tela delle dimensioni del letto, opportunamente riempita di materiale soffice*] matelas: *materasso di lana, di piume, di crine* matelas de laine, de plumes, de crin; *materasso a molle* matelas à ressorts; *togliere, sbattere il materasso* enlever, battre le matelas; *è morbido come un materasso* il est élastique comme un matelas.

mater dolorosa |'materdolo'rosa| *loc. sost. f. inv.* (*lat.*) mater dolorosa.

matèria |ma'tɛrja| *s.f.* **1** [*sostanza corporea*] matière: *materia organica, inorganica, solida, liquida* matière organique, inorganique, solide, liquide; *materie tessili, combustibili, plastiche* matières textiles, combustibles, plastiques; *scarseggiare di materie prime* manquer de matières premières; *è fatto di materia resistente al calore* il est fait d'une matière résistante à la chaleur ◇ (*filos.*) *la materia e la forma* la matière et la forme ◇ (*gram.*) *complemento di materia* complément de matière **2** [*sostanza organica*] matière: *la materia del corpo umano* la matière du corps humain; *materia bianca, grigia, cerebrale* matière blanche, grise, cérébrale ◇ (*fig.*) *individuo povero, scarso di materia grigia* [*povero d'intelligenza*] individu pauvre en matière grise, sans matière grise ◇ (*pop.*) [*pus*] pus *m.* (*corr.*): *nella ferita c'è un po' di materia* il y a un peu de pus dans la blessure **3** [*argomento, soggetto di un discorso, di uno scritto e sim.*] matière: *la materia di un dibattito, di una ricerca* la matière, le sujet d'un débat, d'une recherche; *trattare una materia delicata, riservata* traiter une matière délicate, réservée; *esprimere un parere in materia* exprimer son avis en la matière; *è una materia assai interessante* c'est une matière très intéressante ◇ (*di libri*) *indice per materie* tables des matières; *catalogo per materie* catalogue divisé par matières ◇ *loc.* IN MATERIA DI en matière de: *è molto espertò in materia di vini* il est très expert en matière de vins **4** [*occasione, pretesto, spunto*] matière (à): *c'è materia per una denuncia, per un ricorso* il y a matière à dénonciation, à recours # *offrir materia a sospetti, a malintesi* donner lieu à des soupçons, à des malentendus **5** [*disciplina d'insegnamento*] matière: *materie scritte, orali, scientifiche, letterarie* matières écrites, orales, scientifiques, littéraires; *materie fondamentali, facoltative* matières fondamentales, facultatives; *approfondire una materia* approfondir une matière; *è stato rimandato in tre materie* il a été recalé en trois matières ◇ (*per est.*) [*settore di competenza*] *non è la mia materia* ce n'est pas ma matière.

materialàccio, ci, cia, ce |materja'lattʃo, tʃi, tʃa, tʃe| *s.* [*persona sgarbata, volgare*] grossier*, rustre *m.*

materiàle |mate'rjale| **I** *agg.* **1** matériel*: *quantità materiale* quantité matérielle; *beni, oggetti, cose materiali* biens, objets matériels, choses matérielles **2** (*per est.*) matériel: *vita, benessere materiale* vie matérielle, bien-être matériel; *preoccupazioni, interessi materiali* préoccupations matérielles, intérêts matériels; *l'aspetto materiale di un problema* l'aspect matériel d'un problème; *le necessità materiali della vita* les nécessités matérielles de la vie; *far lavori materiali* faire des travaux matériels; *offrire un appoggio, un aiuto materiale* offrir un appui matériel, une aide matérielle; *ho fatto un errore materiale* j'ai fait une erreur matérielle; *il suo è solo un amore materiale* son amour est un amour matériel → **sensuale** **3** (*fig.*) [*rozzo, grossolano*] grossier*: *un uomo materiale* un homme grossier, matériel; *è piuttosto materiale nei modi* il est plutôt grossier dans ses manières ◆ (*s.*) *un materiale* un homme *m.* matériel *agg.* **4** [*necessario oggettivamente per far q.c.*] matériel: *sono nell'impossibilità materiale di venire* je suis dans l'impossibilité matérielle de venir; *non c'è il tempo materiale per organizzarci* nous n'avons pas le temps matériel de nous organiser; *mi è mancata la possibilità materiale di parlarci* je n'ai pas eu la possibilité matérielle de parler avec lui **II** *s.m.* **1** matériel: *materiale solido, resistente, infiammabile* matériel solide, résistant, inflammable; *hanno usato un materiale nuovo* ils ont utilisé un matériel neuf → **sostanza** **2** [*ciò che serve per una determinata attività*] matériel: *materiale elettrico, ferroviario* matériel électrique, de chemin de fer; *spese per materiale scolastico* dépenses pour le matériel scolaire; *rifornirsi di materiale* s'approvisionner en matériel; *ho trovato poco materiale per la ricerca* j'ai trouvé peu de matériel pour ma recherche; *stiamo elaborando il materiale raccolto* nous sommes en train d'exploiter le matériel recueilli # *materiale da costruzione* matériau ◇ (*fig.*) *materiale umano* [*persone (in quanto dotate di certe capacità)*] matériel humain: *son costretto a lavorare con un materiale umano molto scadente* je suis obligé de travailler avec un matériel humain de qualité très inférieure Ⓒ I 2 **spirituale, morale,** 3 **fine** 3, **delicato.**

materialìsmo |materja'lizmo| *s.m.* (*filos.*) matérialisme: *materialismo storico* matérialisme historique; *concezione della vita basata sul materialismo* conception de la vie basée sur le matérialisme.

materialìsta |materja'lista| *agg.* matérialiste: *idee materialiste* idées matérialistes; *filosofia materialista* philosophie matérialiste; *condurre una vita materialista* mener une vie matérialiste ◆ (*s.*) *un materialista* un matérialiste.

materialìstico, ci, ca, che |materja'listiko, tʃi, ka, ke| *agg.* matérialiste: *filosofi materialistici* philosophes matérialistes; *preoccupazioni materialistiche* préoccupations matérialistes → **materialista.**

materialità |materjali'ta| *s.f. inv.* matérialité (*var.*): *la materialità dei piaceri mondani* la matérialité des plaisirs terrestres ◇ (*dir.*) *la materialità dell'atto* la matérialité d'un acte.

materializzàre |materjalid'dzare| **A** *v.tr.* [*dare carattere di materialità*] matérialiser: *materializzare l'amore, la bellezza* matérialiser l'amour, la beauté **B** *v.pron. intr.* MATERIALIZZARSI [*prendere aspetto materiale*] se matérialiser: *l'ombra si è materializzata a poco a poco in una figura umana* l'ombre s'est peu à peu matérialisée en une silhouette humaine ◇ (*fig.*) [*concretizzarsi*] *il problema comincia a materializzarsi* le problème commence à se matérialiser, à prendre une forme concrète.

materializzazióne |materjaliddzat'tsjone| *s.f.* [→ MATERIALIZZARE] matérialisation: *la materializzazione di un fantasma, di un progetto* la matérialisation d'un fantôme, d'un projet.

materialménte |materjal'mente| *avv.* **1** [→ MATERIALE I 1] matériellement: *considerare un fenomeno materialmente* considérer un problème matériellement **2** [*oggettivamente, effettivamente*] matériellement: *è materialmente impossibile prevederlo* il est matériellement impossible de le prévoir; *sono materialmente impedito a venire* je ne peux matériellement pas venir Ⓒ 1 **spiritualmente.**

materialóne |materja'lone| *s.* gros maladroit: *sono dei materialoni* ce sont de gros maladroits.

matèrico, ci, ca, che |ma'tɛriko, tʃi, ka, ke| *agg.* qui a trait à la matière *loc. inv.*, de (la) matière *loc.*

maternaménte |materna'mente| *avv.* [→ MATERNO 1] maternellement: *ci ha curato maternamente* elle nous a soignés maternellement.

maternità |materni'ta| *s.f. inv.* **1** maternité (*var.*): *l'istinto della maternità* l'instinct de maternité; *le ansie, i ti-*

mori della maternità les anxiétés, les craintes de la maternité ◇ (*per est.*) [*parto*] *congedo, assenza per maternità* congé, absence pour maternité; *essere in maternità* être en congé de maternité ◇ (*cliniche, ospedali*) [*reparto per partorienti e puerpere*] *reparto maternità* maternité; *ricoverarsi in maternità* entrer à la maternité ◇ (*arts.*) *una maternità del Veronese* une maternité du Veronèse **2** (*bur.*) [*generalità della madre*] maternité: *indicare paternità e maternità* indiquer la paternité et la maternité.

maternizzàre |maternid'dzare| *v. tr.* [*dare proprietà chimiche sim. al latte materno a un latte di un animale*] materniser.

matèrno |ma'tɛrno| *agg.* **1** [*che è proprio della madre, di una madre*] maternel*: *il cuore materno* le cœur maternel; *l'affetto materno* l'affection maternelle; *ansie, cure materne* craintes maternelles, soins maternels; *è stata davvero materna con noi* elle a vraiment été maternelle avec nous → **tenero, affettuoso** ◇ (*spec.*) SCUOLA MATERNA [*asilo per bambini dai tre ai sei anni*] (école) maternelle **2** [*per parte di madre*] maternel: *zio, nonno materno* oncle, grand-père maternel; *eredità materna* hérédité maternelle **3** (*per est.*) [*del luogo natale*] maternel: *la lingua materna* la langue maternelle # *il ricordo della terra materna* le souvenir de la terre natale.

materòzza |mate'rɔttsa| *s.f.* (*metall.*) masselotte.

'matinée' |matine| *s.f. inv.* **1** matinée (*var.*): *una 'matinée' cinematografica* une matinée cinématographique **2** (*abbigl.*) liseuse *var.*, matinée (*raro*): *indossava una 'matinée' rosa* elle portait une liseuse rose.

matita |ma'tita| *s.f.* [*oggetto con mina per scrivere o disegnare*] crayon (*m.*): *matita nera, colorata, copiativa* crayon noir, de couleur, crayon-encre; *scrivere, disegnare a matita* écrire, dessiner au crayon; *mi ha fatto il ritratto a matita* il a fait mon portrait au crayon → **lapis** # *matita automatica* porte-mine → **portamina** ◇ (*per est.*) *matita per le labbra, per gli occhi* crayon de rouge à lèvres, pour les yeux; *matita emostatica* crayon hémostatique.

matràccio, i |ma'trattʃo, i| *s.m.* [*contenitore di vetro per laboratori chimici*] matras.

matriarcàle |matriar'kale| *agg.* matriarcal*: *usanze matriarcali* coutumes matriarcales ◇ (*scherz.*) *in casa mia vige il regime matriarcale* chez moi le régime matriarcale est en vigueur; chez moi, c'est ma femme qui commande Ⓒ **patriarcale.**

matriarcàto |matriar'kato| *s.m.* **1** matriarcat: *società fondata sul matriarcato* société fondée sur le matriarcat **2** (*fig., scherz.*) matriarcat Ⓒ **patriarcato.**

matricària |matri'karja| *s.f.* → **camomilla.**

matrice |ma'tritʃe| *s.f.* **1** (*tip.*) matrice ◇ (*di duplicatori*) *matrice per ciclostile* matrice, modèle pour duplicateur; *matrice elettronica* matrice électronique ◇ (*mecc.*) matrice **2** (*anat.*) matrice: *matrice dell'unghia, del pelo* matrice de l'ongle, du poil **3** (*miner.*) matrice: *matrice di un minerale* matrice d'un minéral **4** (*fig.*) [*fonte originaria; caratteristiche culturali*] souche, origine; fil *m.* conducteur: *uno scrittore di matrice anglosassone* un écrivain d'origine anglo-saxonne || *è poco nota la matrice del suo pensiero* le fil conducteur de sa pensée est peu connu **5** (*per est.*) [*tagliando di modulo conservato dall'emittente*] talon (*m.*): *la matrice di un assegno, di un vaglia* le talon d'un chèque, d'un mandat **6** (*mat.*) matrice.

matricìàle |matri'tʃale| *agg.* (*informatica, mat.*) matriciel*.

matricìda |matri'tʃida| *agg.* matricide: *violenza, odio matricida* violence, haine matricide ♦ (*s.*) *un matricida* un matricide.

matricìdio, i |matri'tʃidjo, i| *s.m.* matricide, parricide: *accusa, delitto di matricidio* accusation, délit de matricide, de parricide.

matricìna |matri'tʃina| *s.f.* [*pianta di ceduo che si lascia in piedi per semenza*] baliveau *m.*

matrìcola |ma'trikola| *s.f.* **1** (*registro*) matricule: *certificato di matricola* certificat de matricule ◇ (*mil.*) (*registro e ufficio*) matricule ◇ (*per est.*) [*il numero di registrazione assegnato*] matricule (*m.*): *segnare, indicare la matricola* écrire, indiquer le matricule ◇ (*per est.*) [*la persona registrata con un dato numero*] numéro (*m.*): *la matricola 214* le numéro 214 **2** [*studente al primo anno di università*] étudiant *s.* de première année: *è una matricola di lettere, di medicina* c'est un étudiant de première année de lettre, de médecine # *la festa delle matricole* la fête d'inscription à la faculté ◇ [*persona alle prime armi in una attività*] novice (*s.*): *una matricola della pallacanestro* un novice du basket-ball; *non ha esperienza, è ancora una matricola* il n'a pas d'expérience, c'est encore un novice.

1 **matricolàre** |matriko'lare| *agg.* matricule: *numero matricolare* numéro matricule ◇ (*mil.*) *foglio matricolare* feuille matricule.

2 **matricolàre** |matriko'lare| *v.tr.* (*raro*) → **immatricolare.**

matricolàto |matriko'lato| *agg.* [*astuto, scaltro*] fameux*; rusé: *un furfante matricolato* un fameux, un fieffé coquin || *un ladro matricolato* un voleur rusé; *quello è un furbo matricolato* c'est un rusé compère, une fine mouche.

matrìgna |ma'triɲɲa| *s.f.* **1** [*la seconda moglie del padre per i figli nati dalla prima moglie*] belle-mère: *delle matrigne* des belles-mères **2** (*spreg.*) [*madre ostile, perfida*] marâtre: *si comporta da matrigna* elle se comporte come une marâtre ♦ (*agg.*) *natura matrigna* marâtre nature.

matrilineàre |matriline'are| *agg.* (*etn.*) matrilinéaire.

matrilocàle |matrilo'kale| *agg.* (*etn.*) matrilocal*.

matrimoniàle |matrimo'njale| *agg.* matrimonial*: *la vita matrimoniale* la vie matrimoniale; *il diritto matrimoniale* le droit matrimonial # *anello matrimoniale* alliance, anneau nuptial, de mariage; *letto matrimoniale* grand lit, lit pour deux personnes; *camera matrimoniale* [*con letto a due piazze*] chambre avec grand lit, avec lit pour deux personnes.

matrimonialìsta |matrimonja'lista| *s.* avocat spécialiste en droit matrimonial.

matrimonialménte |matrimonjal'mente| *avv.* [→ MATRIMONIALE] matrimonialement # *convivere matrimonialmente* vivre maritalement.

matrimònio, i |matri'mɔnjo, i| *s.m.* (*dir., corr.*) mariage: *matrimonio civile, religioso, canonico* mariage civil, religieux, canonique; *matrimonio nullo* mariage nul; *matrimonio rato e (non) consumato* mariage ratifié et (non) consommé; *partecipazioni di matrimonio* faire-part de mariage; *un matrimonio d'amore, d'interesse, di convenienza* un mariage d'amour, d'intérêt, de convenance; *contrarre matrimonio* contracter (un) mariage; *non ha fatto un buon matrimonio* il n'a pas fait un bon mariage ◇ [*cerimonia nunziale*] *celebrare un matrimonio* célébrer un mariage; *assistere a un matrimonio* assister à un mariage; *non posso venire al tuo matrimonio* je ne peux pas venir à ton mariage ◇ [*vita coniugale*] *i doveri, i guai del matrimonio* les devoirs, les malheurs du mariage, conjugaux; *il loro è stato un matrimonio felice* leur mariage a été une heureuse union, un mariage heureux ◇ (*per est.*) *un breve, un lungo matrimonio* un bref, un long mariage.

matrizzàre |matrid'dzare| *v.intr.* (*aus.* '*avere*') [*somigliare alla madre nel carattere o nella fisionomia*] tenir (27) de sa mère: *il più piccolo ha matrizzato meno degli altri fratelli* le plus petit tient moins de sa mère que les autres frères.

matròna |ma'trɔna| *s.f.* **1** (*ant.*) matrone: *le matrone romane, fiorentine* les matrones romaines, florentines **2** (*scherz.*) [*donna prosperosa e imponente*] matrone: *hai visto che matrona la mia direttrice?* as-tu vu quelle matrone est ma directrice?

matronàle |matro'nale| *agg.* matronal*: *dignità, fisico matronale* dignité matronale, physique matronal.

matronàlie |matro'nalje| *s.f. pl.* (*st. rom.*) matronales.

matronalménte |matronal'mente| *avv.* [→ MATRONALE] en matrone *loc. inv.*

matronèo |matro'nɛo| *s.m.* (*arch.*) tribune *f.*

matronìmico, ci, ca, che |matro'nimiko, tʃi, ka, ke| *agg.* matronymique: *nome matronimico* nom matronymique ♦ (*s.m.*) *il matronimico* le matronyme Ⓒ **patronimico.**

màtta |'matta| *s.f.* **1** folle → **matto** **2** (*carte*) joker (*m.*): *giocare la matta* jouer le joker → **jolly.**

mattacchióne |mattak'kjone| *s.* [*persona allegra ed estrosa; burlone*] farceur*: *ne ha sempre qualcuna da raccontare quel mattacchione* il en a toujours une histoire, une bien bonne à raconter, ce farceur; *da giovane era una gran mattachiona* quand elle était jeune, c'était une grande farceuse ♦ (*agg.*) *un tipo mattacchione* un type farceur.

mattaménte |matta'mente| *avv.* (*raro*) → **pazzamente, follemente.**

mattàna |mat'tana| *s.f.* moment *m.* de folie: *non ti è ancora passata la mattana?* ton moment de folie n'est-il pas encore passé? # *quando gli salta la mattana è difficile ragionarci* quand une mouche le pique, il est difficile de raisonner avec lui.

mattànza |mat'tantsa| *s.f.* [*uccisione dei tonni chiusi nella tonnara*] ⊠.

mattàta |mat'tata| *s.f.* (*pop.*) [*azione sconsiderata*] folie (*corr.*): *non far più mattate simili!* ne fais plus de telles folies! ◇ (*scherz.*) [*impresa allegra e spensierata*] *ricordi quante mattate abbiamo fatto insieme?* te rappelles-tu combien de folies nous avons faites ensemble?

mattatóio, i |matta'tojo, i| *s.m.* [*macello pubblico*] abattoir: *mattatoio comunale* abattoir municipal.

mattatóre, trice |matta'tore, tritʃe| *s.* **1** [*chi è addetto all'abbattimento degli animali da macello*] tueur* **2** (*fig.*) [*persona che emerge con netto risalto sugli altri*] vedette (*f.*): *è stato il mattatore della serata* il a été la vedette de la soirée; *nello spettacolo fa la parte della mattatrice* elle est la vedette du spectacle.

mattazióne |mattat'tsjone| *s.f.* [*abbattimento di animali da macello*] abattage *m.* → **macellazione.**

matterèllo |matte'rɛllo| *s.m.* [*cilindro di legno usato in cuc. per spianare la pasta*] rouleau (à pâtisserie): *sai usare il matterello?* sais-tu te servir du rouleau à pâtisserie?; *mia madre voleva picchiarmi col matterello* ma mère voulait me battre avec le rouleau.

matterìa |matte'ria| *s.f.* [*azione stravagante*] folie, extravagance: *è una delle sue solite matterie* c'est une de ses folies, ses extravagances habituelles.

mattina |mat'tina| *s.f.* matin *m.*; matinée: *la mattina e la sera* le matin et le soir; *ogni mattina, tutte le mattine* chaque matin, tous les matins; *la mattina presto* le matin de bonne heure; *di prima mattina* très tôt le matin; *la mattina prima, precedente* le matin précédent; *la mattina dopo, seguente* le lendemain matin; *domani, ieri, venerdì mattina* demain, hier, vendredi matin; *questa, l'altra mattina* ce matin, l'autre matin; *la mattina del 7 giugno* le 7 juin au matin; (*alzarsi*) *alla mattina, di mattina* (se lever) le matin; *lavorare dalla mattina alla sera* travailler du matin au soir ‖ *la mattina tardi* tard dans la matinée; *ho corso tutta la mattina* j'ai couru toute la matinée; *in una mattina o due dovremmo farcela* en une ou deux matinées nous devrions y arriver; *ho perso tutta la mattina a cercarti* j'ai perdu toute la matinée à te chercher # *dalla sera alla mattina ha cambiato parere* du jour au lendemain il a changé d'avis; *non son cose che si inventano dalla sera alla mattina* ce ne sont pas des choses qui se découvrent du jour au lendemain → **mattino.**

mattinàle |matti'nale| *agg.* (*lett.*) matinal*.

mattinàre |matti'nare| *v.tr.* (*raro*) [*cantare una mattinata*] donner une aubade.

mattinàta |matti'nata| *s.f.* **1** [*le ore dall'alba a mezzogiorno*] matinée: *una bella, brutta mattinata* une belle, mauvaise matinée; *una mattinata piovosa, piena di sole* une matinée pluvieuse, très ensoleillée; *ho passato una mattinata d'inferno* j'ai passé une matinée d'enfer; *ci vediamo domani in mattinata* nous nous voyons demain dans la matinée **2** (*per est.*) [*spettacolo organizzato di mattina*] matinée: *il circo ha organizzato una mattinata per bambini* le cirque a organisé une matinée pour les enfants **3** (*mus. pop.*) aubade: *cantare una mattinata alla morosa* chanter une aubade à sa fiancée.

mattinièro |matti'njɛro| *agg.* [*che si alza presto alla mattina*] matinal*: *sei poco, molto mattiniero* tu es peu, très matinal.

mattino |mat'tino| *s.m.* **1** matin: *un mattimo luminoso* un matin lumineux; *di buon mattino* de bon matin; *dal mattino alla sera* du matin au soir; *sul far del mattino* au petit matin; *edizione del mattino* édition du matin; *giornali del mattino* journaux du matin; *al, di mattino si lavora meglio* le matin on travaille mieux ◇ (*fig.*) *il mattino della vita* le matin de la vie ◇ (*prov.*) *il buon dì si vede dal mattino* bon début promet bonne fin; à bon jour, bonne œuvre ~ *le ore del mattino hanno l'oro in bocca* l'avenir appartient à ceux qui se lèvent tôt → **mattina 2** *loc.* (*raro*) (*esposto*) *a mattino* → **levante, est.**

màtto |'matto| **I** *agg.* **1** [*privo di senno*; *pazzo*] fou*: *poveretto, è matto!* le pauvre, il est fou!; *è mezzo matto* il est à moitié fou; *è matto tutto, è tutto matto* il est complètement fou; *son matti da legare* ils sont fous à lier; *sei matto come un cavallo* tu es fou à lier; *ma sei matto?* tu es fou?; *mi farete diventar matto* vous me ferez devenir fou; *hanno preso una decisione matta* ils ont pris une décision complètement folle # *son mica matto!* je ne suis pas si bête!; *fossi matto!* pas si bête! ◇ (*scherz.*) [*bizzarro, stravagante*] *è una testa matta* c'est une tête folle # *che tipo matto!* quel drôle de type! ◇ *loc.* (*scacchi*) *scacco matto* échec et mat ~ *dare scacco matto* mater ◇ (*loc. fig.*) *andar matto per q.c.* être fou, raffoler de qqch. **2** (*fig.*) [*enorme, grande*] fou: *una voglia matta, un gusto matto di far q.c.* une envie folle de faire qqch., un plaisir fou à faire qqch.; *ho una paura matta di sbagliare* j'ai une peur folle, bleue de me tromper # *mi vuole un bene matto* il m'aime à la folie **3** (*fig.*) [*diverso da come appare*; *falso*] mat: *un brillante matto* un brillant mat ◇ (*pop.*) [*finto, posticcio*] *un occhio, un dente matto* un œil de verre, une fausse dent **4** (*fig.*) (*di parte del corpo*) [*poco efficiente*; *inabile*] fou: *ho una gamba matta* j'ai une patte folle, je boite **5** (*fig.*) [*senza lucentezza*; *opaco*] mat: *un colore matto* une couleur mate **II** *s.* **1** *s.* [→ *agg.* 1] fou: *il mondo è pieno di matti* le monde est plein de fous; *non fare il matto!* ne fais pas le fou!; *siamo in una gabbia di matti* nous sommes dans une maison de fous; *fa il matto quando gli conviene* il fait le fou quand ça l'arrange # (*son*) *cose da matti!* c'est de la (pure) folie!; *è un mezzo matto* c'est une tête fêlée, un cerveau fêlé ◇ (*prov.*) *non tutti i matti sono al manicomio* tous les fous ne sont pas enfermés **2** *s.m.* (*tarocchi*) fou: *il matto* le fou Ⓒ I 1; II 1 **savio.**

mattòide |mat'tɔide| *s.* [*tipo stravagante, bizzarro*] loufoque, bizarroïde: *ti fidi di quel mattoide?* tu te fies à ce loufoque?, ce bizarroïde? ◆ (*agg.*) *è una persona mattoide* c'est une personne loufoque.

mattolìna |matto'lina| *s.f.* (*t.zool.*) alouette (des champs).

mattonàia |matto'naja| *s.f.* [*adiacenza della fornace dove si fabbricano e si fanno seccare i mattoni*] briqueterie.

mattonàio, i |matto'najo, i| *s.m.* [*addetto alla fabbricazione dei mattoni*] briquetier.

mattonàre |matto'nare| *v.tr.* [*pavimentare, lastricare con mattoni*] carreler (4) (en briques), daller: *mattonare una stalla* carreler une étable; *mattonare un viale* daller une allée.

mattonàto |matto'nato| *agg. e s.m.* → **ammattonato.**

mattonatùra |mattona'tura| *s.f.* [→ MATTONARE] briquetage *m.*, carrelage *m.*

mattóne |mat'tone| *s.m.* **1** (*edil., corr.*) brique (*f.*): *un muro di mattoni* un mur en briques; *mattone pieno, forato, refrattario* brique pleine, creuse, réfractaire; *mattoni da rivestimento* brique de parement; *una fabbrica di mattoni* une usine de briques, une briqueterie ◆ (*agg.*) *color mattone* couleur (de) brique; *rosso mattone* rouge brique ◇ (*loc. fig.*) *far tre passi su un mattone* [*camminare a passi piccolissimi*] marcher à très petits pas **2** (*fig.*) [*cosa pesante*; *persona noiosa*] assommant (*agg.*): *che mattone questo libro, quel film!* que ce livre, ce film est assommant!; *quel tuo amico è un mattone* ton ami est assommant ◇ (*loc.*) *avere, sentire un mattone sullo stomaco* avoir un poids, du plomb sur l'estomac.

mattonèlla |matto'nɛlla| *s.f.* **1** (*edil., corr.*) carreau (*m.*): *rivestire di mattonelle* recouvrir de carreaux # *una parete a mattonelle* un mur carrelé **2** (*per est.*) [*oggetto a forma di mattonella*] carreau: *mattonelle di catrame* carreaux goudronnés ◇ [*tipo di gelato napoletano*] tranche **3** (*biliardo*) bande: *giocare di mattonella* jouer par la bande.

mattonièra |matto'njɛra| *s.f.* presse à briques.

mattonificio, i |mattoni'fitʃo, i| *s.m.* [*fabbrica di mattoni*] briqueterie *f.*

mattutino |mattu'tino| **I** *agg.* [*proprio del mattino*] matinal*; du matin (*loc. inv.*): *brezza mattutina* brise matinale ‖ *aria mattutina* air du matin ◇ [*del mattino*] du matin: *le ore, le preghiere mattutine* les heures, les prières du matin; *la stella mattutina* l'étoile du matin ◇ [*che si svolge nel mattino*] matinal: *una passeggiata mattutina* une promenade matinale # *una riunione mattutina* une réunion qui a lieu le matin **II** *s.m.* **1** (*liturg.*) matines (*f. pl.*): *cantare, recitare il mattutino* chanter, réciter (les) matines **2** [*suono delle campane all'alba*] matines: *mi sveglio sempre col mattutino* je me réveille toujours quand les cloches sonnent (les) matines.

maturaménte |matura'mente| *avv.* (*raro*) [*con assennatezza*] mûrement (*corr.*).

maturaménto |matura'mento| *s.m.* (*raro*) → **maturazione.**

maturàndo |matu'rando| *s.* candidat à la 'maturità', au baccalauréat.

maturàre |matu'rare| **A** *v.tr.* **1** [*portare a maturazione*; *rendere maturo*] mûrir: *il calore del sole matura l'uva* la chaleur du soleil mûrit le raisin ◇ (*per est.*) *maturare un foruncolo con* *impacchi caldi* faire (45) mûrir un furoncle avec des compresses chaudes ◇ (*fig.*) [*rendere adulto, maturo nel carattere*] mûrir: *certe esperienze maturano i giovani* certaines expériences mûrissent les jeunes; *le difficoltà maturano più degli agi* la vie difficile mûrit mieux que la vie douce **2** (*fig.*) [*meditare, valutare attentamente*] mûrir: *maturare un'idea, un progetto* mûrir une idée, un projet; *ho maturato questa convinzione* j'ai mûri cette conviction **3** (*fig.*) *maturare un candidato* [*promuoverlo*] recevoir (33), faire *intr.* passer un candidat: *la commissione ha maturato l'80% dei candidati* la commission a reçu 80% des candidats **B** *v.intr.* (*aus.* '*essere*') **1** [*giungere a maturazione; diventare maturo*] mûrir (*aus.* avoir): *le pesche cominciano a maturare* les pêches commencent à mûrir; *lasciar maturare un frutto sulla pianta* laisser mûrir un fruit sur l'arbre ◇ (*per est.*) [*migliorarsi, stagionarsi*] se faire (*pron.*): *lasciar maturare il formaggio, un prosciutto* laisser se faire un fromage, un jambon; *questo vino matura in due anni* ce vin se fait en deux ans ◇ (*per est.*) *lasciar maturare un ascesso, una bronchite* laisser mûrir un abcès, une bronchite ◇ (*fig.*) [*diventar adulto, maturo nel carattere*] mûrir: *i giovani d'oggi maturano più in fretta* les jeunes d'aujourd'hui mûrissent plus vite; *tuo figlio è molto maturato in questi due anni* ton fils a beaucoup mûri pendant ces deux années ◇ (*prov.*) *col tempo e con la paglia maturano le nespole* tout vient à point à qui sait attendre; petit à petit l'oiseau fait son nid **2** (*fig.*) [*giungere a compimento; avvicinarsi allo stadio finale*] mûrir: *certe decisioni maturano lentamente* certaines décisions mûrissent lentement; *bisogna lasciar maturare le situazioni* il faut laisser mûrir les *situations* # *i tempi stanno maturando* le temps est en train d'achever son œuvre **3** (*comm.*) [*diventar esigibile*] rapporter (*aus.* avoir): *sul prestito è maturato un interesse del 10%* le prêt a rapporté 10% d'intérêt, un intérêt de 10% **C** *v.pron. intr.* MATURARSI **1** [→ *intr.* 1] mûrir (*intr.*): *il grano si matura in giugno* le blé mûrit en juin; *le ciliege non si sono maturate per il freddo* les cerises n'ont pas mûri à cause du froid ◇ (*fig.*) *non preoccuparti, si maturerà con gli anni* ne te préoccupe pas, il mûrira avec les années; *ci siamo maturati nelle disgrazie* nous avons mûri dans le malheur **2** (*fig.*) [→ *intr.* 2] mûrir: *la faccenda si è maturata inaspettatamente* l'histoire a mûri d'une façon inattendue; *certe cose si maturano da sole* certaines choses mûrissent toutes seules **3** (*scuola*) [*conseguire la maturità*] être bachelier*: *si è maturata a 18 anni* elle a été bachelière à 18 ans.

maturazióne |maturat'tsjone| *s.f.* **1** [→ MATURARE A 1, 2; B 1, 2; C 1, 2] maturation, mûrissement *m.*, mûrissage (*m.*): *la maturazione di un frutto, di un'idea, di un fatto* la maturation d'un fruit, le mûrissement d'une idée, d'un fait; *arrivare a maturazione* arriver à maturation **2** (*comm.*) échéance: *la maturazione di un interesse* l'échéance d'un intérêt.

maturità |maturi'ta| *s.f. inv.* **1** (*raro*) → **maturazione** 1 **2** (*fig.*) maturité (*var.*): *maturità di giudizio, di comportamento* maturité de jugement, de comportement; *maturità politica, sociale* maturité politique, sociale; *ha dimostrato poca, molta maturità* il a fait preuve de peu, de beaucoup de maturité; *dovete comportarvi con maggiore maturità* vous devez vous comporter avec plus de maturité ◇ [*età matura*] *gli anni della maturità* les années de la maturité; *ormai ha raggiunto la piena maturità* il a désormais atteint sa pleine maturité **3** (*scuola*) (*titolo più o meno equivalente alla 'maturità'*) baccalauréat (*var.*): *esame di maturità* examen de baccalauréat; *maturità classica* baccalauréat classique; *maturità scientifica* baccalauréat scientifique; *sostenere, conseguire la maturità* passer son baccalauréat.

matùro |ma'turo| *agg.* **1** (*di prodotti agricoli*) [*che ha raggiunto un completo sviluppo*] mûr: *pesche, fragole mature* pêches, fraises mûres # *una pera troppo matura* une poire blette; *vino maturo* vin fait → **stagionato** ◇ (*fig.*) *la situazione è ormai matura* la situation est désormais mûre; *i tempi non sono ancora maturi* les temps ne sont pas encore mûrs; *essere nell'età matura* être dans l'âge mûr **2** (*fig.*) (*persone*) [*che ha raggiunto maturità di carattere, di giudizio*] mûr: *un ragazzo, un uomo maturo* un garçon, un homme mûr; *mi sembra poco maturo per la sua età* il me semble peu mûr pour son âge; *siete maturi per affrontare la vita da soli* vous êtes mûrs pour affronter la vie seuls ◇ (*cose*) [*prudente, saggio, ponderato*] *un pensiero, un consiglio maturo* une pensée pondérée, un conseil prudent; *ha adottato una decisione matura* il a pris une sage décision **3** (*scuola*) [*che ha superato l'esame di maturità*] *tutta la classe è stata dichiarata matura* toute la classe a été reçue à l'examen de la 'maturità' Ⓒ 1 **acerbo.**

matùsa |ma'tuza| *s.inv.* (*fam., iron.*) [*persona di mentalità sorpassata; vecchione*] croulant (*var.*): *siete dei matusa lagnosi* vous êtes des croulants barbants; *i miei professori son tutti dei matusa* mes professeurs sont tous des croulants ♦ (*agg. inv.*) *un papà, una mamma natusa* un père, une mère qui sont des croulants.

matusalèmme |matuza'lɛmme| *s. inv.* → **matusa.**

mauràndia |mau'randja| *s.f.* (*t. bot.*) maurandie.

mauriziàno |maurit'tsjano| (*agg.*) *ordine mauriziano* ordre de St. Maurice-et-Lazare *loc. inv.*

màuro |'mauro| *agg.* [*della Mauritania*] maure (more), mauresque (moresque): *popolazioni maure* populations maures.

mausolèo |mauzo'lɛo| *s.m.* monument aux morts, mausolée: *il mausoleo dei caduti* le monument aux morts pour la patrie.

'mauve' |mov| *agg. inv.* mauve (*var.*): *color 'mauve'* couleur mauve ♦ (*s. inv.*) *il 'mauve'* le mauve *var.*

màxi- |'maksi| *pref.* (*significa 'di grandi dimensioni', corrisponde gener. a*) maxi: *maxigonna* maxjiupe.

maxicappòtto |maksikap'pɔtto| *s.m.* (*abbigl.*) maximanteau.

maxigónna |maksi'gonna| *s.f.* (*abbigl.*) maxijupe.

maximòto |maksi'mɔto| *s.f. inv.* maximoto *var.*

maximum |'maksimum| *s.m. inv.* (*lat.*) maximum (*var.*): *raggiungere il maximum* atteindre le maximum.

maxwell |'mækswel| *s.m. inv.* (*ingl.*) (*fis.*) maxwell *var.*

màya |'maja| **1** *agg. inv.* maya: *civiltà maya* civilisation maya; *i templi maya* les temples maya ♦ *s. inv.* (*st.*) *i Maya* les Mayas *var.* **2** (*s.m. inv.*) *il maya* [*la lingua*] le maya.

mazdeìsmo |mazde'izmo| *s.m.* (*st. relig.*) mazdéisme.

mazdeìsta |mazde'ista| *agg.* [*che si ispira al mazdeismo*] mazdéen*: *principi mazdeisti* principes mazdéens ♦ (*s.*) *un mazdeista* une personne *f.* mazdéenne *agg.*

mazùrca, che |mad'dzurka, ke| *s.f.* (*mus.*) mazurka: *suonare, ballare una mazurca* jouer, danser une mazurka.

màzza |'mattsa| *s.f.* **1** [*grosso martello con manico lungo da usare a due mani*] masse: *usare la mazza* utiliser la masse; *spaccare le pietre con la mazza* casser les pierres avec une masse **2** [*grosso bastone*] massue, gourdin (*m.*): *l'hanno picchiato con una mazza* ils l'ont frappé avec une massue, un gourdin ◇ (*raro*) [*lungo bastone per custodi di ingressi*] verge (*corr.*) ◇ [*bastone di comando dei militari*] bâton *m.* **3** (*armi ant.*) *mazza d'arme* maillet (*m.*); *mazza ferrata* masse d'arme **4** (*baseball, cricket*) batte ◇ (*golf*) club *m.*, crosse de golf ◇ (*fig.*) *una buona mazza* [*un buon giocatore di golf*] un bon golfeur **5** (*t.bot.*) *mazza d'oro* perce-bosse ~ *mazza da tamburo* lépiote, coulemelle (*corr.*) ~ *mazza d'Ercole* clavaire ~ *mazza di S. Giuseppe* laurier-rose *m.* → **oleandro.**

mazzacavàllo |mattsaka'vallo| *s.m.* (*agr.*) chadouf.

mazzàcchera |mat'tsakkera| *s.f.* (*pesca*) vermée.

mazzafrùsto |mattsa'frusto| *s.m.* étrier d'armes.

mazzapicchiàre |mattsapik'kjare| *v.tr.* **1** [*picchiare col mazzapicchio*] marteler (6): *mazzapicchiare i cerchi di una botte* marteler les cerceaux d'un tonneau **2** [*battere con la mazzeranga*] damer: *mazzapicchiare una massicciata* damer un cailloutis.

mazzapìcchio, i |mattsa'pikkjo, i| *s.m.* **1** [*martello del bottaio*] maillet ◇ [*martello da macellaio*] merlin ◇ [*grosso martello di legno duro*] maillet de bois **2** → **mazzeranga.**

mazzasórda |mattsa'sorda| *s.f.* → **stiancia.**

mazzàta |mat'tsata| *s.f.* **1** coup *m.* de massue; coup de masse: *ha ricevuto una mazzata in testa* il a reçu un coup de massue sur la tête ‖ *ha demolito il muro a mazzate* il a démoli le mur à coups de masse **2** (*fig.*) coup de massue: *non ci voleva questa mazzata!* on n'avait pas besoin de ce coup de massue!; *la morte del padre è stata per lui una vera mazzata* la mort de son père a été pour lui un coup de massue.

màzzera |'maddzera| *s.f.* (*pesca*) lest *m.* de pierres.

mazzerànga, ghe |maddze'ranga, ge| *s.f.* [*arnese per assestare massicciate*] dame, demoiselle*, hie.

1 **mazzétta** |mat'tsetta| *s.f.* **1** petite masse: *usare lo scalpello e la mazzetta* utiliser le scalpel et la petite masse

◇ (*alpinismo*) marteau d'alpinisme **2** (*edil.*) massette.
2 **mazzétta** |mat'tsetta| *s.f.* **1** [*campionario di stoffe, di colori e sim.*] échantillons (*m. pl.*): *mi ha mostrato tre mazzette di colori* il m'a fait voir trois échantillons de couleurs **2** [*mazzo di banconote dello stesso taglio*] liasse: *ordinare il denaro in mazzette* ranger les billets de banque en liasses.
mazzétto |mat'tsetto| *s.m.* **1** [*piccolo mazzo*] petit bouquet; petit paquet: *un mazzetto di fiori* un petit bouquet de fleurs ‖ *un mazzetto di schede* un petit paquet de fiches; *un mazzetto di carte da gioco* un petit paquet de cartes **2** (*bot.*) trochet: *fiori a mazzetto* fleurs en trochets.
1 **mazzière** |mat'tsjɛre| *s.m.* [*persona con un bastone in mano che precede un corteo, una banda e sim.*] massier ◇ [*custode di ingressi importanti*] portier.
2 **mazzière** |mat'tsjɛre| *s.* [*chi tiene il mazzo e distribuisce le carte*] donneur*.
mazzinìano |mattsi'njano| *agg.* de Mazzini (*loc. inv.*): *pensiero mazziniano* pensée de Mazzini; *i moti mazziniani* les mouvements insurrectionnels inspirés par Mazzini; le mazzinisme ✦ (*s.*) *un mazziniano* un partisan* de Mazzini.
màzzo |'mattso| *s.m.* **1** [*piccolo fascio di fiori, di erbe e sim.*] bouquet; botte *f.*, gerbe (*f.*): *un mazzo di rose, di ciclamini* un bouquet de roses, de cyclamens ‖ *un mazzo di cipolle* une botte d'oignons; *legare a mazzi* lier en bottes, en gerbes **2** (*per est.*) [*più cose dello stesso tipo unite insieme*] trousseau, paquet, liasse (*f.*): *un mazzo di chiavi, di funi, di fogli* un trousseau de clés, un paquet de cordes, une liasse de feuilles; *ho legato i documenti tutti a mazzo* j'ai lié tous les documents en une liasse **3** (*fig.*) [*gruppo di persone*] équipe (*f.*): *ormai siamo un bel mazzo* désormais nous sommes une belle équipe ◇ (*loc.*) *entrare nel mazzo* être de la même bande ~ *mettere tutti nello stesso mazzo* mettre tout le monde dans le même sac **4** [*la serie intera delle carte da gioco*] jeu: *un mazzo di 40, di 52 carte* un jeu de 40, de 52 cartes # *fare il mazzo* battre les cartes; *essere di mazzo* faire, donner les cartes; *a chi tocca il mazzo?* à qui la donne?, à qui le tour (de donner)? ◇ [*le carte che restano sul banco dopo la distribuzione*] talon.
mazzolàre |mattso'lare| *v.tr.* **1** [*picchiare, colpire con la mazzuola*] frapper à coups de maillet: *mazzolare una pietra, un'asta di ferro* frapper une pierre, une tige de fer à coups de maillet **2** (*ant.*) [*uccidere a colpi di mazzuola*] tuer à coups de masse.
mazzuòla |mat'tswɔla| *s.f.* **1** petite masse, (petit) maillet (*m.*): *picchiare, battere con la mazzuola* frapper, battre avec une petite masse, un (petit) maillet; *rompere un mattone con la mazzuola* casser une brique avec une petite masse **2** (*ant.*) [*mazza per suppliziare condannati*] masse.
mazzuòlo |mat'tswɔlo| *s.m.* **1** [*martello di ferro a forma di mazza per scalpellini, muratori, fabbri e sim.*] marteau ◇ [*martello di legno per falegnami*] maillet **2** [*parte allargata all'estremità del bastone da golf*] club, crosse *f.* de golf.
me |me| *pron. pers. m. e f. di 1ª pers. sing.* **1** (*compl. ogg., con valore raff.*) moi: *hanno voluto me, non te* c'est moi qu'ils ont voulu, pas toi; *chiamavano proprio me* c'est moi, précisément, qu'ils demandaient; *hanno invitato me e lui* on nous a invités, lui et moi **2** (*compl. retto da prep.*) moi: *parlavate di me?* parliez-vous de moi?; *assomiglia proprio a me* il ressemble justement à moi; *tra me e lui non c'è nessun accordo* entre lui et moi il n'y a aucun accord; *sono venuti da me* ils sont venus chez moi # *secondo me non ce la farai* à mon avis (à mon sens) tu n'y réussiras pas ◇ (*raff.*) *l'ho fatto da me stesso* je l'ai fait moi-même; je l'ai fait tout seul; *parlavo tra me e me* je me parlais à moi-même; *quanto a me* quant à moi ✦ (*s.m.*) *nel mio me* [*nel mio intimo*] dans mon for intérieur ◇ (*loc.*) *povero me!, me misero!, me infelice* que je suis malheureux! ~ (*fam.*) *non sa né di te, né di me* il est insipide **3** (*in funzione di sogg., nelle forme comparative*) moi: *ha fatto come me* il a fait comme moi; *ne sa quanto me* il en sait autant que moi # *se tu fossi me* si tu étais à ma place **4** (*con valore di compl. di termine, unito ai pron. 'lo, la, li, le, ne'*) me: *me lo ha dato ieri* il me l'a donné hier; *me li porterà oggi* il me les portera aujourd'hui; *me ne lascerà dieci* il m'en laissera dix; *me lo devi restituire, devi restituirmelo* tu dois me le rendre; *dammelo* donne-le-moi; *portatemeli* portez-les-moi; *fammela finire* fais-la moi finir; *parlamene* parle-m'en; *non me ne parlare, per favore* ne m'en parle pas, s'il te plaît ◇ (*nelle forme pron. del v.*) *non me ne pento affatto* je ne m'en repens pas du tout.
me' |me| *avv., agg. e s.m.* (*forma apocopata*) → 1, 2, 3 **meglio**.
mea culpa |'mɛa'kulpa| *loc. avv.* (*lat.*) (*liturg. catt.*) mea-culpa ✦ *s.m. inv.* (*fig.*) [*riconoscersi colpevole*] *dire, recitare il mea culpa* faire son mea-culpa, battre sa coulpe.
meàndro |me'andro| *s.m.* **1** (*geogr.*) méandre **2** (*per anal.*) [*qualsiasi tracciato, disegno ad andamento serpeggiante e complesso*] méandre: *i meandri di un sentiero* les méandres d'un sentier # *perdersi nei meandri di un palazzo, di una metropoli* se perdre dans le labyrinthe, le dédale d'un palais, d'une métropole ◇ (*arch.*) méandre, frette grecque **3** (*fig.*) [*tortuosità, intrico*] *i meandri di un ragionamento* les méandres, les détours d'un raisonnement.
meàto |me'ato| *s.m.* (*anat., geol.*) méat.
mècca, che |'mɛkka, ke| *s.f.* [*vernice trasparente per dorare l'argento*] vermeil (*m.*): *doratura a mecca* dorure au vermeil.
meccànica, che |mek'kanika, ke| *s.f.* **1** mécanique: *meccanica razionale, relativistica* mécanique rationnelle, relativiste; *meccanica celeste, atomica, ondulatoria* mécanique céleste, atomique, ondulatoire; *meccanica agraria* mécanique agricole; *studiare, insegnare meccanica* étudier, enseigner la mécanique **2** [*la scienza e la tecnica relativa alla costruzione e al funzionamento di macchine*] mécanique: *un esperto di meccanica* un expert en mécanique; *un manuale pratico di meccanica* un manuel pratique de mécanique **3** [*gli elementi di un meccanismo e il loro funzionamento*] mécanique, mécanisme (*m.*): *la meccanica di una serratura, di un orologio* la mécanique, le mécanisme d'une serrure, le mouvement d'une montre; *la delicata meccanica di uno strumento musicale* le délicat mécanisme d'un instrument musical **4** [*il modo come si svolge o si determina un fatto, un fenomeno*] mécanisme: *la meccanica della produzione, dell'inflazione, della digestione* le mécanisme de la production, de l'inflation, de la digestion # *ricostruire la meccanica di un incidente, di un delitto* procéder à la reconstitution d'un accident, d'un crime.
meccanicaménte |mekkanika'mente| *avv.* **1** [→ MECCANICO I 3] mécaniquement: *è un congegno che funziona meccanicamente* c'est un appareil qui fonctionne mécaniquement **2** [→ MECCANICO I 4] mécaniquement: *ripetere meccanicamente una poesia* répéter mécaniquement une poésie.
meccanicismo |mekkani'tʃizmo| *s.m.* **1** (*filos.*) mécanisme **2** [*attività svolta esclusivamente con macchine e procedimenti meccanici*] mécanisme: *il meccanicismo di un'inchiesta statistica* le mécanisme d'une enquête statistique.
meccanicista |mekkani'tʃista| *s.* mécaniste.
meccanicistico, ci, ca, che |mekkani'tʃistiko, tʃi, ka, ke| *agg.* mécaniste: *concezione meccanicistica* conception mécaniste.
meccanicità |mekkanitʃi'ta| *s.f. inv.* [*mancanza d'intervento della coscienza e della volontà*] automatisme *m. var.*, automaticité (*var.*): *meccanicità di un lavoro* automatisme, automaticité d'un travail; *la meccanicità di un gesto, di un movimento* l'automatisme d'un geste, d'un mouvement → **automaticità**.
meccanicizzàre |meccanitʃid'dzare| *e deriv.* → **meccanizzare** *e deriv.*
meccànico, ci, ca, che |mek'kaniko, tʃi, ka, ke| **I** *agg.* **1** (*biol., fisiol.*) mécanique: *movimenti, stimoli meccanici* mouvements, impulsions mécaniques ◇ (*fis.*) *leggi meccaniche* lois mécaniques ◇ (*geogr., geol.*) *l'azione meccanica di agenti naturali* l'action mécanique des agents naturels **2** [*relativo a macchine e meccanismi*] mécanique: *industria, officina meccanica* industrie mécanique, atelier de mécanique; *un guasto, un incidente meccanico* une panne, un incident mécanique # *ingegnere meccanico* ingénieur mécanicien ◇ [*che fa parte o costituisce una macchina, un meccanismo*] *un pezzo meccanico* une pièce mécanique; *un congegno, un giocattolo meccanico* un appareil, un jouet mécanique **3** [*compiuto, effettuato mediante macchine e meccanismi*] mécanique: *lavorazione, produzione meccanica* travail, production mécanique; *tessitura meccanica* tissage mécanique **4** (*fig.*) [*fatto, eseguito automaticamente*] mécanique: *un gesto meccanico* un geste mécanique, machinal → 2 **automatico**; *ripetizione meccanica di una lezione* répétition mécanique d'une leçon → **mnemonico** ◇ [*che non esige particolare attenzione o intelligenza*] *un lavoro meccanico* un travail mécanique **II** *s.m.* **1** [*operaio*

specializzato nella costruzione e riparazione di macchine, meccanismi] mécanicien* (*s.*): *fare il meccanico* être mécanicien; *è un buon meccanico di automobili* c'est un bon mécanicien d'automobile ◇ (*mar.*) mécanicien **2** (*ant.*) [*persona che attende a lavori manuali*] ouvrier* *s.* (*corr.*) ◇ (*fig.*) [*persona rozza, volgare*] rustre, charretier.

meccanismo |mekka'nizmo| *s.m.* **1** mécanisme: *un meccanismo semplice, complicato* un mécanisme simple, compliqué; *il meccanismo di un'arma automatica, di una serratura* le mécanisme d'une arme automatique, d'une serrure; *il meccanismo di questo giradischi si è rotto* le moteur, le mécanisme de ce tourne-disque s'est cassé # *il meccanismo di un orologio* le mouvement d'une montre **2** [*la struttura e il funzionamento di una macchina o di un congegno*] mécanisme: *ignorare, conoscere il meccanismo di un motore, di un'arma* ignorer, connaître le mécanisme d'un moteur, d'une arme ◇ (*fig.*) *il meccanismo dell'amministrazione, della giustizia* le mécanisme de l'administration, de la justice; *il meccanismo della memoria, della riproduzione* le mécanisme de la mémoire, de la reproduction; *il meccanismo di una campagna pubblicitaria* le mécanisme d'une campagne publicitaire.

meccanizzàre |mekkanid'dzare| **A** *v.tr.* [*fornire, dotare di mezzi meccanici*] mécaniser: *meccanizzare l'agricoltura* mécaniser l'agriculture; *meccanizzare un reparto* mécaniser un atelier # *meccanizzare l'esercito* motoriser des troupes **B** *v. pron. intr.* MECCANIZZARSI **1** [*munirsi di mezzi meccanici*] se mécaniser: *oggi ogni forma di lavoro tende a meccanizzarsi* aujourd'hui tout travail tend à se mécaniser **2** (*fam.*) → **motorizzar(si)**.

meccanizzàto |mekkanid'dzato| *agg.* mécanisé: *azienda agricola meccanizzata* exploitation agricole mécanisée; *reparti meccanizzati* ateliers mécanisés → **motorizzato.**

meccanizzazióne |mekkanid-dzat'tsjone| *s.f.* [→ MECCANIZZARE] mécanisation: *la meccanizzazione di una azienda agricola* la mécanisation d'une exploitation agricole # *la meccanizzazione di un esercito* la motorisation d'une troupe → **motorizzazione.**

meccàno- |mek'kano| *pref.* (*significa 'macchina' o indica l'uso di mezzi meccanici, corrisponde gener. a*) mécano: *meccanografia* mécanographie; *meccanoterapia* mécanothérapie.

meccàno |mek'kano| *s.m.* (*marchio depositato*) meccano.

meccanografia |mekkanogra'-fia| *s.f.* mécanographie.

meccanograficaménte |mek-kanografika'mente| *avv.* [→ MECCANOGRAFICO] d'une manière mécanographique *loc. inv.*

meccanogràfico, ci, ca, che |mekkano'grafiko, tʃi, ka, ke| *agg.* mécanographique: *centro meccanografico* centre mécanographique; *procedimento meccanografico* procédé mécanographique; *scheda meccanografica* fiche mécanographique # *operatore meccanografico* mécanographe.

meccanoterapìa |mekkanote-ra'pia| *s.f.* (*med.*) mécanothérapie.

mecenàte |metʃe'nate| *s.* [*protettore di letterati e artisti*] mécène (*m.*): *i prìncipi del Rinascimento furono grandi mecenati* les princes de la Renaissance furent de grands mécènes.

mecenatìsmo |metʃena'tizmo| *s.m.* mécénat.

'mèche' |mɛʃ| *s.f. inv.* mèche (*var.*): *'mèche' artificiale, naturale* mèche artificielle, naturelle.

méco |'meko| *pron. lat.* (*lett.*) [*con me*] avec moi (*corr.*) ◇ (*loc.*) *con* (*esso*) *meco* avec moi-même ~ *meco stesso, meco medesimo* [*tra me e me*] en moi-même.

mecònio, i |me'kɔnjo, i| *s.m.* **1** (*med.*) méconium **2** (*raro*) → **oppio.**

meconìsmo |meko'nizmo| *s.m.* (*med.*) intoxication chronique par l'opium.

Mecòtteri |me'kɔtteri| *s.m. pl.* (*t. zool.*) Mécoptères.

méda |'meda| *s.f.* (*mar.*) balise.

medàglia |me'daʎʎa| *s.f.* **1** médaille: *medaglia di bronzo, d'argento, d'oro* médaille de bronze, d'argent, d'or; *il diritto, il rovescio della medaglia* la face, le revers de la médaille; *una medaglia commemorativa* une médaille commémorative ◇ (*loc. fig.*) *il rovescio della medaglia* le revers de la médaille ◇ (*prov.*) *ogni medaglia ha il suo rovescio* toute médaille a son revers **2** [*distintivo concesso in segno d'onore o di premio*] médaille: *medaglia d'oro al valore militare, civile* médaille d'or militaire, d'honneur; *medaglia olimpionica* médaille olympique; *quella fabbrica di orologi è stata premiata con la medaglia d'oro* cette usine de montres a reçu la médaille d'or ◇ (*per est.*) [*la persona che ne è insignita*] médaillé: *in quel raduno c'erano tutte le medaglie d'oro dell'ultima guerra* à cette réunion il y avait tous les médaillés, les détenteurs de la médaille d'or de la dernière guerre.

medagliàio, i |medaʎ'ʎajo, i| *s.* marchand de médailles.

medaglière |medaʎ'ʎɛre| *s.m.* **1** médaillier **2** [*mobile per collezione di medaglie e monete antiche*] médaillier.

medagliétta |medaʎ'ʎetta| *s.f.* petite médaille: *portava appesa al collo una medaglietta* il portait au cou une petite médaille.

medaglióne |medaʎ'ʎone| *s.m.* **1** [*grossa medaglia*] médaille *f.* **2** [*custodia* (*preziosa*) *contenente il ritratto o un ricordo di una persona cara*] médaillon **3** (*arch.*) *il soffitto e la facciata sono decorati con splendidi medaglioni* le plafond et la façade sont décorés de splendides médaillons **4** (*cuc.*) *medaglione di fegato di vitello, d'aragosta* médaillon de foie de veau, de langouste **5** (*fig., letter.*) essai: *l'opera è preceduta da un medaglione sull'autore* l'œuvre est précédée d'un essai sur l'auteur **6** (*fig., scherz.*) [*persona antiquata ma di aspetto grave e solenne*] personne *f.* démodée, vieux jeu, (*di una vecchia donna*) vieux tableau.

medaglista |medaʎ'ʎista| *s.* **1** [*incisore di medaglie*] médailleur *m.*, médailliste **2** (*raro*) [*collezionista di medaglie*] médailliste (*corr.*), numismate (*corr.*).

medaglìstica, che |medaʎ'ʎi-stika, ke| *s.f.* **1** art *m.* de graver les médailles **2** → **numismatica.**

medesimaménte |medezima'-mente| *avv.* → **ugualmente.**

medésimo |me'dezimo|, (*lett.*) **medésmo** |me'dezmo| *agg. dim.* → **stesso.**

mèdia |'mɛdja| *s.f.* **1** [*valore intermedio tra il minimo e il massimo dei valori considerati*] moyenne: *statura inferiore alla media* taille inférieure à la moyenne; *essere al di sopra, al di sotto della media* être au-dessus, au-dessous de la moyenne ◇ (*auto.*) *media oraria* moyenne horaire ◇ (*calcio*) *media inglese* moyenne sur son terrain ◇ (*mat.*) *media geometrica, aritmetica* moyenne géométrique; *media ponderata* moyenne pondérée ◇ (*meteor.*) *media termica, barometrica* moyenne thermique, barométrique ◇ *loc. avv.* IN MEDIA en moyenne: *lavora in media otto ore al giorno* il travaille en moyenne huit heures par jour **2** (*scuola*) moyenne: *medie quadrimestrali, annuali* moyenne de quatre mois, annuelle; *fare le medie* faire les moyennes; *molti, in quella classe, sono stati promossi con la media dell'otto* beaucoup, dans cette classe, ont été reçus avec huit de moyenne **3** *spec. al plur.* [*scuola media*] premier cycle *m.* de l'enseignement secondaire: *le* (*scuole*) *medie* (le premier cycle de) l'enseignement secondaire; *frequentare la media* suivre les cours du premier cycle de l'enseignement secondaire.

medìale |me'djale| *agg.* **1** (*anat.*) médian: *sezioni mediali* sections médianes **2** (*ling.*) médian: *valore mediale* valeur médiane.

medìana |me'djana| *s.f.* **1** (*geom.*) médiane **2** (*stat.*) médiale **3** (*sport*) demis (*pl.*): (*linea*) *mediana* (ligne *f.* des) demis.

medìanico, ci, ca, che |me'-djaniko, tʃi, ka, ke| *agg.* médiumnique: *fenomeni medianici* phénomènes médiumniques; *potere medianico* pouvoir médiumnique.

medianìsmo |medja'nizmo| *s.m.* → **medianità.**

medianità |medjani'ta| *s.f. inv.* médiumnité *var.*

medìano |me'djano| *agg.* médian: *punto mediano* point médian; *zona mediana* zone médiane → **medio** ◇ (*anat.*) *nervo mediano* nerf médian ◇ (*geom.*) *linea mediana* ligne médiane ✦ *s.m.* (*sport*) *i mediani* les demis.

1 **medìante** |me'djante| *prep.* → 3 **mezzo** 11.

2 **medìante** |me'djante| *s.f.* (*mus.*) médiante.

medìare |me'djare| *v.tr.* **1** [*fare da mediatore*] jouer le rôle de médiateur (dans): *mediare un accordo* jouer le rôle de médiateur dans un accord **2** [*fare la media fra più valori*] faire (45) la moyenne **3** (*filos.*) [*mettere in relazione due termini*] mettre (71) en relation deux termes.

mediastìnico, ci, ca, che |medjas'tiniko, tʃi, ka, ke| *agg.* (*anat.*) médiastinal*: *gli organi mediastinici* les organes médiastinaux.

mediastinite |medjasti'nite| *s.f.* (*med.*) médiastinite.

mediastino |medjas'tino|, **me-dìastino** |me'djastino| *s.m.* (*anat.*) médiastin.

mediataménte |medjata'mente| *avv.* [→ MEDIATO] indirectement.

medìato |me'djato| *agg.* médiat:

effetto mediato effet médiat; *cause, cognizioni mediate* causes, connaissances médiates → **indiretto.**

mediatóre, trice |medja'tore, tritʃe| *s.* médiateur*: *mediatore di pace* médiateur (de paix); *fare da mediatore* servir de médiateur, jouer le rôle de médiateur → **intermediario** ◇ (*comm.*) *mediatore d'affari* courtier → **sensale**; *mediatore di Borsa* courtier de Bourse ◇ (*teol.*) *il divino mediatore* [*Gesù Cristo*] le divin intercesseur → **intercessore** ✦ (*agg.*) *funzione mediatrice* fonction médiatrice.

mediazióne |medjat'tsjone| *s.f.* **1** [→ MEDIARE 1] médiation: *fare opera di mediazione* faire œuvre de médiation; *offrire la propria mediazione* offrir sa médiation ◇ (*comm.*) *contratto di mediazione* (contrat de) courtage (*m.*); *grazie alla sua mediazione abbiamo concluso l'affare* grâce à son entremise nous avons conclu l'affaire ◇ (*teol.*) *mediazione divina* médiation divine **2** [*il compenso dovuto al mediatore*] courtage, commission: *riscuotere, esigere la mediazione* toucher, exiger un courtage, une commission **3** [→ MEDIARE 3] mise en relation de deux termes.

mèdica, che |'mɛdika, ke| *agg. e s.f.* (*t.bot.*) (*erba*) *medica* herbe médicinale *agg.*

medicàbile |medi'kabile| *agg.* [→ MEDICARE A 1] curable: *ha una piaga medicabile solo in ospedale* il a une plaie curable seulement à l'hôpital.

medicàio, i |medi'kajo, i| *s.m.* (*raro*) [*prato d'erba medica*] luzernière *f.*

medicàle |medi'kale| *agg.* (*raro*) → 1 **medico 1.**

medicaménto |medika'mento| *s.m.* médicament: *un medicamento efficacissimo* un médicament très efficace → **farmaco, medicina.**

medicamentóso |medikamen'toso| *agg.* médicamenteux*: *sostanze medicamentose* substances médicamenteuses.

medicàre |medi'kare| **A** *v.tr.* **1** [*disinfettare, curare una lesione esterna*] panser; soigner: *medicare una ferita, un ascesso, una scottatura* panser une blessure, un abcès, une brûlure; *farsi medicare una piaga* faire panser une plaie ‖ *medicare un ferito, una persona operata* soigner un blessé, un opéré ◇ (*fig., lett.*) → **mitigare, lenire 2** [*trattare con sostanze medicamentose*] aseptiser: *medicare un cerotto* aseptiser un sparadrap # *medicare il vino* frelater le vin **B** *v.pron. rifl.* MEDICARSI [→ *tr.* 1] se panser, se soigner: *il ferito s'era medicato sommariamente* le blessé s'était pansé, soigné sommairement.

medicàstro |medi'kastro| *s.m.* (*spreg.*) [*medico di nessun valore*] charlatan.

medicàto |medi'kato| *agg.* [*trattato con sostanze medicamentose*] antiseptique: *cerotto medicato* sparadrap antiseptique # *bagno medicato* bain thérapeutique; *vino medicato* vin médicamenteux.

medicatùra |medika'tura| *s.f.* (*raro*) → **medicazione.**

medicazióne |medikat'tsjone| *s.f.* **1** [→ MEDICARE A 1; B] pansement (*m.*): *medicazione antisettica, asettica* pansement antiseptique, aseptique; *la medicazione di una piaga, di un ferito* le pansement d'une plaie, d'un blessé ◇ (*mil.*) *posto di medicazione* poste de secours (*m.*); *cassetta di medicazione* pharmacie portative **2** (*per est.*) [*il materiale usato per medicare*] pansement: *cambiare la medicazione a un ferito* changer le pansement à un blessé **3** [→ MEDICARE A 2] aseptisation: *medicazione di cerotti* aseptisation des pansements # *medicazione delle sementi, del vino* frelatage des semences, du vin.

mediceo |me'ditʃeo| *agg.* (*st. it.*) des Médicis (*loc. inv.*): *lo stemma mediceo* les armes, les armoiries des Médicis.

medichéssa |medi'kessa| *s.f.* (*scherz., spreg.*) femme médecin, doctoresse (*arc.*): *fare la medichessa* être femme médecin, docteur (*m.*); *la signora dottoressa* madame le médecin.

medicìna |medi'tʃina| *s.f.* **1** médecine: *medicina interna, esterna* médecine interne, externe; *medicina preventiva* médecine préventive; *medicina legale, sociale, spaziale* médecine légale, sociale, spatiale; (*medicina*) *veterinaria* médecine vétérinaire ◇ [*la corrispettiva facoltà universitaria*] *iscriversi a medicina* s'inscrire à la faculté de médecine; *studiare medicina* étudier la médecine; *laurearsi in medicina* être reçu docteur en médecine ◇ [*la professione di medico*] *esercizio illegale della medicina* exercice illégal de la médecine **2** [*la pratica di combattere o prevenire fatti morbosi con metodi non scientifici*] remède (*m.*): *medicina popolare, magica* remède de bonne femme **3** [*qualsiasi preparato medicinale* (*spec. per uso orale*)] remède, médicament (*m.*): *una medicina nauseante, efficace* un remède écœurant, efficace; *consigliare, prescrivere una medicina* conseiller, prescrire un médicament; *prendere la medicina* prendre un médicament ◇ (*per est.*) *la migliore medicina per l'indigestione è il digiuno* le meilleur remède pour l'indigestion est le jeûne **4** (*fig.*) [*cura, rimedio*] remède: *il tempo è la migliore medicina per tutti gli affanni* le temps est le meilleur des remèdes à (pour) toutes les peines.

medicinàle |meditʃi'nale| *agg.* médicinal*: *erba, sostanza medicinale* herbe, substance médicinale # *prodotti, specialità medicinali* produits, spécialités pharmaceutiques ✦ (*s.m.*) *i medicinali* les médicaments: *commercio, vendita all'ingrosso di medicinali* commerce, vente en gros de médicaments.

mèdico- |'mɛdiko| *pref.* (*significa 'medico', corrisponde gener. a*) médico-: *medico-legale* médico-légal.

1 **mèdico, ci, ca, che** |'mɛdiko, tʃi, ka, ke| *agg.* **1** [*che riguarda la medicina*] médical*: *la scienza medica* la science médicale; *cure mediche* soins médicaux ◇ [*che concerne il medico*] *visita medica* visite médicale; *certificato medico* certificat médical # *ricetta medica* ordonnance (du médecin) **2** (*raro*) → **medicinale.**

2 **mèdico, ci** |'mɛdiko, tʃi| *s.m.* **1** médecin: *medico condotto* médecin de quartier, de campagne; médecin communal (*in Italia*); *medico di bordo* médecin de bord; *ufficiale medico* médecin militaire, médecin major; *medico provinciale* médecin de province (in Italia); *chiamare il medico* appeler le médecin; *andare dal medico* aller chez le médecin # *medico chirurgo* chirurgien ◇ (*per anal.*) *il sacerdote è il medico delle anime* le prêtre est le médecin des âmes **2** (*fig.*) [*cura, rimedio*] remède: *il tempo è un gran medico* le temps est le meilleur des remèdes.

medico(-)chirùrgico, ci, ca, che |medikoki'rurdʒiko, tʃi, ka, ke| *agg.* médico-chirurgical*.

medico(-)legàle |medikole'gale| *agg.* médico-légal*.

medicóne |medi'kone| *s.m.* **1** (*scherz.*) [*medico di gran fama*] ponte (*fam.*) de la médecine **2** (*pop.*) → **guaritore.**

medicónzolo |medi'konzolo| *s.m.* → **medicastro.**

medicosociàle |medikoso'tʃale| *agg.* médico-social*.

medievàle |medje'vale| *agg.* **1** médiéval*: *civiltà, cultura medievale* civilisation, culture médiévale; *latino medievale* latin médiéval; *studi medievali* études médiévales # *tela medievale* toile rustique **2** (*fig., spreg.*) [*retrogrado, retrivo*] moyenâgeux*: *mentalità medievale* mentalité moyenâgeuse; *idee medievali* idées moyenâgeuses.

medievalìsmo |medjeva'lizmo| *s.m.* **1** médiévisme: *il medievalismo di alcuni scrittori romantici* le médiévisme de certains écrivains romantiques **2** (*fig., spreg.*) [*atteggiamento, comportamento retrivo e oscurantistico*] attitude moyenâgeuse, comportement moyenâgeux.

medievalista |medjeva'lista| *s.* médiéviste.

medievalistica, che |medjeva'listika, ke| *s.f.* médiévisme.

medievalistico, ci, ca, che |medjeva'listiko, tʃi, ka, ke| *agg.* **1** → **medievale 2** [*che concerne la medievalistica*] de médiévisme (*loc. inv.*): *ricerche medievalistiche* recherches de médiévisme.

medìmno |me'dimno| *s.m.* médimne.

medina |me'dina| *s.f.* médina.

mèdio- |'mɛdjo| *pref.* (*significa 'mezzo', corrisponde gener. a*) médio(-): *medio-dorsale* médio-dorsal.

mèdio, i |'mɛdjo, i| **I** *agg.* **1** [*di mezzo, posto nel mezzo tra due estremi*] moyen*: *una persona di media età, di media statura* une personne d'âge moyen, de taille moyenne; *il medio Adriatico, il Medio Oriente, il Medio Evo* le moyen Adriatique, le Moyen-Orient (le Levant), le moyen-âge; *il ceto medio* [*la piccola e la media borghesia*] la classe moyenne; *procedere a velocità media* rouler à une vitesse moyenne; *possiede un'intelligenza media* il possède une intelligence moyenne → **normale**; *quest'anno il raccolto è stato medio* cette année la récolte a été moyenne # *la parte media di un ponte, di una colonna* le milieu, la partie centrale d'un pont, d'une colonne **2** (*anat.*) *il* (*dito*) *medio* le médium ◇ (*filos.*) *il termine medio di un sillogismo* le terme moyen d'un syllogisme ◇ (*ling.*) médial*: *il* (*verbo*) *medio* le verbe médial; *forma media di un verbo* forme médiale d'un verbe; *consonanti medie* consonnes médiales ◇ (*ordinamento scolastico*) *la* (*scuola*) *media* le premier cycle de l'enseignement secondaire; *frequentare le* (*scuole*) *medie* suivre les cours du premier cycle de l'enseignement secondaire ◇ (*rad.*) *onde medie* ondes moyennes ◇ (*sport*) *pesi medi* poids moyens **3** [*che corrisponde al valore risultante dalla media di varie grandezze*] moyen: *la temperatura media annua di una regione* la température moyenne annuelle d'une région **II** *s.m.* (*econ.*) *medio circolante* moyen circulant ◇ (*mat.*) *medio proporzionale* moyen proportionnel; *i termini medi di una proporzione* les (termes) moyens d'une proportion.

mediocèntro |medjo'tʃɛntro| *s.m.* (*raro*) → **centromediano.**

mediòcre |me'djɔkre| *agg.* **1** médiocre: *medico, regista, scrittore mediocre* médecin, metteur en scène, écrivain médiocre; *spettacolo, romanzo mediocre* spectacle, roman médiocre → **modesto**; *i risultati sono stati mediocri* les résultats ont été médiocres → **scarso, limitato**; *quella classe è meno che mediocre* cette classe est on ne peut plus médiocre → **scadente** # *un'intelligenza mediocre* une intelligence moyenne ◆ (*s.*) *un mediocre* un médiocre: *in quella classe i mediocri costituiscono la maggioranza* dans cette classe les médiocres constituent la majorité **2** (*arc.*) → **medio, intermedio.**

mediocrédito |medjo'credito| *s.m.* crédit à moyen terme.

mediocreménte |medjokre'mente| *avv.* [→ MEDIOCRE 1] médiocrement.

mediocrità |medjokri'ta| *s.f. inv.* **1** médiocrité (*var.*): *mediocrità d'ingegno* médiocrité, pauvreté d'esprit → **limitatezza, modestia**; *aurea mediocrità* médiocrité dorée; *mediocrità borghese* médiocrité de la bourgeoisie; *quel romanzo è d'una assoluta mediocrità* ce roman est d'une totale médiocrité **2** [*persona mediocre*] médiocre: *lo crede un genio, ma è solo una mediocrità* elle le prend pour un génie, mais ce n'est qu'un médiocre.

medi(o)europèo |medj(o)euro'pɛo| *agg.* de l'Europe centrale (*loc. inv.*): *Stati medieuropei* États de l'Europe centrale.

medioevàle |medjoe'vale| *e deriv.* → **medievale** *e deriv.*

medioèvo, mèdio èvo |medjo'ɛvo| *s.m.* (*st.*) moyen âge, moyen-âge: *alto, basso medioevo* haut, bas moyen âge; *la civiltà del medioevo* la civilisation du moyen âge ◇ (*per anal.*) *il medioevo greco* le moyen âge grec ◇ (*fig., spreg.*) [*periodo assunto a simbolo di un passato oscurantista*] *ci sembra d'essere tornati in pieno medioevo!* nous avons l'impression d'être revenus en plein moyen âge!

mediolatìno |medjola'tino| *agg.* [*concernente la mediolatinità*] bas-latin: *filologia mediolatina* philologie bas-latine.

medio(-)leggèro |medjoled'dʒɛro| *agg. e s.m.* (*sport*) mi-moyen*: *i* (*pesi*) *medio-leggeri* les (poids) mi-moyens.

medio(-)màssimo |medjo'massimo| *agg. e s.m.* (*sport*) mi-lourd: *i* (*pesi*) *medio-massimi* les (poids) mi-lourds.

medio(-)orientàle |medjoorjɛn'tale| *agg.* [*relativo al Medio Oriente*] du Moyen-Orient *loc. inv.*, du Levant (*loc. inv.*): *i paesi medio-orientali* les pays du Moyen-Orient, du Levant.

mediopalatàle |medjopala'tale| *agg.* (*ling.*) medio-palatale: *una consonante mediopalatale* une consonne medio-palatale ◆ (*s.f.*) *le mediopalatali* les médio-palatales.

meditabóndo |medita'bondo| *agg.* [*assorto in meditazione*] méditatif*, pensif*: *essere meditabondo* être méditatif, pensif ◇ [*proprio di chi sta meditando*] *sguardo, aspetto meditabondo* regard, aspect méditatif, pensif → **pensieroso.**

meditàre |medi'tare| **A** *v.intr.* (*aus. 'avere'*) [*considerare a lungo e attentamente; riflettere, concentrarsi*] méditer (sur): *meditare su un passo della Bibbia* méditer sur un passage de la Bible; *meditare intorno alla morte, all'immortalità dell'anima* méditer sur la mort, sur l'immortalité de l'âme # *meditare sul da farsi* songer à ce qu'il faut faire ◆ (*ass.*) *meditava in silenzio in un angolo buio della chiesa* il méditait en silence dans un coin obscur de l'église # *sono parole che fanno meditare* ce sont des paroles qui font réfléchir **B** *v.tr.* **1** [*elaborare, progettare, architettare*] méditer, projeter (5): *meditare un delitto, il suicidio, la vendetta* méditer, projeter un délit, de se suicider, une vengeance; *meditare un progetto, un romanzo* méditer un projet, un roman → **preparare** **2** (*raro*) [→ *intr.*] méditer *intr.* sur: *meditare una proposta, i propri errori* méditer sur une proposition, sur ses erreurs ◇ (*scherz.*) *cosa mediti?* qu'est-ce que tu mijotes? (*fam.*); *cosa stai meditando?* qu'est-ce que tu es en train de mijoter?

meditataménte |meditata'mente| *avv.* [→ MEDITATO] exprès, de propos délibéré *loc. inv.*

meditatìvo |medita'tivo| *agg.* méditatif*: *spirito meditativo* esprit méditatif; *vita meditativa* vie méditative.

meditàto |medi'tato| *agg.* médité *p.p.*, pesé (*p.p.*): *un progetto, un giudizio ben meditato* un projet, un jugement bien médité, pesé → **ponderato** ◇ [*deliberato, volontario*] délibéré, intentionnel*: *un'offesa meditata* une offense délibérée, intentionnelle → **premeditato.**

meditazióne |meditat'tsjone| *s.f.* **1** [→ MEDITARE A; B 2] méditation: *essere sprofondato nella meditazione* être plongé dans la méditation # *parole degne di meditazione* paroles dignes de réflexion ◇ [*pratica ascetica*] *meditazione sull'immortalità dell'anima* méditation sur l'immortalité de l'âme # *fare la meditazione* méditer **2** [*predica o scritto* (*spec. morale o filosofico*)] méditation.

mediterràneo |mediter'raneo| *agg.* [*relativo al Mediterraneo, alle regioni bagnate dal Mediterraneo*] méditerranéen*: *popoli mediterranei* peuples méditerranéens; *flora, fauna mediterranea* flore, faune méditerranéenne; *clima mediterraneo* climat méditerranéen; *lingua mediterranea* langue méditerranéenne.

mèdium |'mɛdjum| *s. inv.* médium (*m. var.*): *fare il medium* être un médium.

mèdo |'mɛdo| *agg.* [*della Media*] mède: *l'impero medo* l'empire mède.

medùsa |me'duza| *s.f.* (*t.zool.*) méduse.

medusèo |medu'zɛo| *agg.* (*lett.*) [*di Medusa*] médusé *p.p.* (*corr.*): *sguardo meduseo* regard médusé.

meeting |'mi:tiŋ| *s.m. inv.* (*ingl.*) **1** (*sport*) meeting *var.* **2** (*raro*) → **riunione, comizio.**

mefìsto |me'fisto| *s.m.* bonnet de laine à trois pointes.

mefistofelicaménte |mefistofelika'mente| *avv.* [→ MEFISTOFELICO] méphistophéliquement.

mefistofèlico, ci, ca, che |mefisto'fɛliko, tʃi, ka, ke| *agg.* méphistophélique: *un riso mefistofelico* un rire méphistophélique → **beffardo, sarcastico**; *perfidia mefistofelica* perfidie méphistophélique → **satanico, demoniaco.**

mefìte |me'fite| *s.f.* exhalaison sulfureuse d'origine volcanique → **fetore, puzzo** ◇ (*per est.*) [*aria infetta, malsana*] exhalaison méphitique.

mefìtico, ci, ca, che |me'fitiko, tʃi, ka, ke| *agg.* méphitique: *aria, esalazione mefitica* air, exhalaison méphitique → **puzzolente, malsano** ◇ (*raro, fig.*) [*moralmente corrotto*] corrompu.

mèga- |'mɛga| *pref.* **1** (*significa 'grande', corrisponde gener. a*) méga: *megafono* mégaphone **2** (*anteposto a un'unità di misura, la moltiplica per un milione*) méga: *megahertz* mégahertz; *megaton* mégatonne.

megacalorìa |megakalo'ria| *s.f.* (*fis.*) mégacalorie.

megàcero |me'gatʃero| *s.m.* (*paleont.*) mégacéros.

megacìclo |mega'tʃiklo| *s.m.* (*rad.*) mégacycle.

megacòlon |mega'kɔlon| *s.m.* (*med.*) mégacôlon.

megadina |mega'dina| *s.f.* (*fis.*) mégadyne.

megafàrad |mega'farad| *s.f. inv.* (*elettr.*) mégafarad *m. var.*

megàfono |me'gafono| *s.m.* mégaphone: *megafono elettrico* mégaphone électrique.

megahèrtz |mega'ɛrts| *s.m.* → **megaciclo.**

megalite |mega'lite|, **megalìto** |mega'lito| *s.m.* (*archeol.*) mégalithe.

megalìtico, ci, ca, che |mega'litiko, tʃi, ka, ke| *agg.* mégalithique: *la civiltà megalitica* la civilisation mégalithique; *monumenti megalitici* monuments mégalithiques.

mègalo- |'mɛgalo| *pref.* (*significa 'grande, grandezza', corrisponde gener. a*) mégalo: *megalomane* mégalomane.

megalocardìa |megalokar'dia| *s.f.* (*med.*) cardiomégalie.

megalocefalìa |megalotʃefa'lia| *s.f.* → **macrocefalia.**

megalocèfalo |megalo'tʃɛfalo| *agg.* → **macrocefalo.**

megalogastrìa |megalogas'tria| *s.f.* (*med.*) mégalogastrie.

megalòmane |mega'lɔmane| *agg. e s.* mégalomane: *è un* (*soggetto*) *megalomane* c'est un (sujet) mégalomane.

megalomania |megaloma'nia| *s.f.* mégalomanie.

megalòpoli |mega'lɔpoli| *s.f. inv.* mégalopole *var.*

Megalòtteri |mega'lɔtteri| *s.m. pl.* (*t.zool.*) Mégaloptères.

megaòhm |mega'ɔm| *s.m. inv.* (*elettr.*) mégohm *var.*

megaòhmmetro |mega'ɔmmetro| *s.m.* (*tecnol.*) mégohmmètre.

Megàpodi |me'gapodi| *s.m. pl.* (*t. zool.*) Mégapodes.

megàrico, ci, ca, che |me'gariko, tʃi, ka, ke| *agg.* (*filos.*) mégarique.

megatèrio, i |mega'tɛrjo, i| *s.m.* (*paleont.*) mégathérium.
mègaton |'mɛgaton| *s.m. inv.*, **megatóne** |mega'tone| *s.m.* (*fis.*) mégatonne *f. var.*
megatèrmo |mega'tɛrmo| *agg.* (*bot.*) *pianta megaterma* mégatherme *s.f.*
megàttera |me'gattera| *s.f.* (*t.zool.*) mégaptère *m.*, baleine à bosse (*corr.*).
megavòlt |mega'vɔlt| *s.m. inv.* (*elettr.*, *fis.*) mégavolt *var.*
megawàtt |maga'vat| *s.m. inv.* (*elettr.*, *fis.*) mégawatt *var.*
megèra |me'dʒɛra| *s.f.* mégère: *quella suocera è una vera megera* cette belle-mère est une vraie mégère.
1 **mèglio** |'mɛʎʎo| *avv.* **I** (*comparativo dell'avv. 'bene'*) **1** [*in modo migliore*] mieux: *oggi mi sento meglio* aujourd'hui je me sens mieux; *non potresti comportati un po' meglio?* ne pourrais-tu pas te comporter un peu mieux; *cerca di fare sempre meglio* essaie de faire toujours mieux; *quel ragazzo sta cambiando in meglio* ce garçon change en mieux ◇ [*in modo più soddisfacente, più adeguato*] *ora le cose vanno un po' meglio* maintenant, les choses vont un peu mieux; *va meglio così?* cela va-t-il mieux ainsi?; *questo anno vado meglio in matematica* cette année pour moi ça va mieux en mathématiques # *pensaci meglio!* réfléchis encore! ◇ (*iron.*) *non potrebbe andar meglio di così!* ça ne pourrait pas aller mieux! ◇ [*più facilmente*] *leggendo ad alta voce, imparo meglio la lezione* lisant à haute voix, j'apprends mieux la leçon; *per arrivarci meglio, montò su uno sgabello* pour mieux y arriver, il monta sur un escabeau ◇ [*più chiaramente, più distintamente*] *con questi occhiali vedo assai meglio* avec ces lunettes, je vois beaucoup mieux; *da qui sento meglio* d'ici, j'entends mieux **2** (*con un p.p. forma un comparativo di maggioranza*) [*più*] mieux: *essere meglio preparato, meglio disposto* être mieux préparé, mieux disposé; *è meglio informato di te* il est mieux informé que toi; *quel negozio è meglio fornito dell'altro* ce magasin est mieux approvisionné que l'autre **3** (*con v. di volontà*) [*piuttosto*] *voler meglio* préférer; *desiderar meglio* préférer; *amar meglio* aimer mieux → **preferire** **4** (*in espressioni escl., esprime 'soddisfazione, compiacimento'*) mieux: *tanto meglio!* tant mieux!; *meglio così!* tant mieux!; *meglio per te, per lui!* tant mieux pour toi, pour lui!; *se non viene, (tanto) meglio per noi!* s'il ne vient pas, tant mieux pour nous!; *se non accetta, meglio!* s'il n'accepte pas, tant mieux! **5** *loc.* STARE MEGLIO aller mieux, être mieux: *oggi il malato sta meglio* aujourd'hui le malade va mieux; *siediti sulla poltrona, si sta meglio* assieds-toi dans le fauteuil, on est mieux; *quest'abito sta meglio a te che a me* ce vêtement te va mieux qu'à moi; *quel quadro stava meglio sull'altra parete* ce tableau était, faisait mieux sur l'autre mur # *è gente che economicamente sta assai meglio di noi* ce sont des personnes qui, financièrement, sont plus à l'aise que nous ~ ANDARE DI BENE IN MEGLIO [*far notevoli progressi*] *gli affari vanno di bene in meglio* les affaires vont de mieux en mieux; (*iron.*) *'ho preso un altro quattro in francese'*, *'andiamo di bene in meglio!'* 'j'ai encore eu un quatre en français', '(c'est) de mieux en mieux!' ~ PER MEGLIO DIRE (*usata come inciso per correggere una affermazione, un giudizio*): *ne so poco o, per meglio dire, quasi nulla* je ne sais pas grand-chose ou, pour mieux dire, presque rien ✦ (*ass.*) *quando arrivi, scrivimi o, meglio, telefonami!* quand tu arriveras, écris-moi ou, mieux (encore), téléphone-moi! **II** *sup. rel.* (*quando è preceduto dall'art. det. e seguito da un p.p.*) le mieux: *i lavori meglio riusciti* les travaux les mieux réussis; *le persone meglio educate* les personnes les mieux élevées; *sono gli alunni meglio preparati* ce sont les élèves les mieux préparés ◇ *loc.* IL MEGLIO CHE [*nel modo migliore*]: *cerca di fare il meglio che puoi* essaie de faire le mieux possible, de ton mieux; *si fa il meglio che si può* on fait le mieux qu'on peut, de son mieux ~ IL MEGLIO POSSIBILE [*nel miglior modo possibile*]: *sforzati di riuscire il meglio possibile* efforce-toi de réussir le mieux possible; *mi sforzerò di fartelo il meglio possibile* je m'efforcerai de te le faire le mieux possible Ⓒ **peggio.**
2 **mèglio** |'mɛʎʎo| *agg. inv.* **I** (*comparativo di maggioranza*) **1** (*in funzione di nome del predicato*) [*migliore*] meilleur: *il tuo lavoro è senz'altro meglio del mio* ton travail est sans aucun doute meilleur que le mien; *questa stoffa mi sembra meglio dell'altra* cette étoffe me semble meilleure que l'autre; *mi pare cento volte meglio la tua traduzione* ta traduction me semble cent fois meilleure **2** (*con valore neutro*) (ESSERE) MEGLIO [*cosa migliore, preferibile, più opportuna*] valoir (35) mieux: *è meglio che tu te ne vada subito* il vaut mieux que tu partes tout de suite; *in certe circostanze è meglio tacere* dans certaines circonstances, mieux vaut se taire, le mieux est de se taire; *mi sembra meglio che tu resti* il me semble qu'il vaut mieux que tu restes; *meglio morire che disonorarsi* mieux vaut mourir que se déshonorer; *ho creduto meglio fare di testa mia* j'ai pensé qu'il valait mieux d'en faire qu'à ma tête ◇ (*con la prep. 'di'*) *qualcosa di meglio* quelque chose de mieux; *nulla di meglio* rien de mieux; *in mancanza di meglio* faute de mieux; *puoi trovare di meglio* tu peux trouver (quelque chose de) mieux; *non chiedo di meglio che una buona dormita* je ne demande pas mieux que de dormir un peu ◇ (*prov.*) *è meglio un uovo oggi che una gallina domani* un tiens vaut mieux que deux tu l'auras ~ *meglio tardi che mai* mieux vaut tard que jamais ~ *meglio soli che male accompagnati* mieux vaut être seul qu'en mauvaise compagnie **II** *sup. rel.* (*fam.*, *region.*) (*con l'art. det.*) [*il migliore*] le meilleur (*corr.*): *il meglio chirurgo dell'ospedale* le meilleur chirurgien de l'hôpital; *la meglio gioventù* la meilleure jeunesse; *i meglio scolari* les meilleurs élèves; *son care queste arance, ma sono le meglio del mercato* ces oranges sont chères, mais elles sont les meilleures du marché Ⓒ **peggio.**
3 **mèglio** |'mɛʎʎo| *s.* **1** *s.m.* IL MEGLIO [*la parte, la cosa migliore*] le mieux: *prendersi il meglio* prendre le mieux; *è il meglio che tu possa fare* c'est le mieux que tu puisses faire; *dimenticavo di raccontarti il meglio* j'oubliais de te raconter le meilleur, la meilleure ◇ *loc.* NEL MEGLIO [*nel momento migliore*] au beau milieu: *nel meglio del pranzo, del sonno* au beau milieu du repas, du sommeil; *nel meglio della festa, giunse la brutta notizia* au beau milieu de la fête, la mauvaise nouvelle arriva ~ FARE IL, DEL PROPRIO MEGLIO [*fare il possibile*] *ho fatto il mio meglio per aiutarti* j'ai fait de mon mieux pour t'aider; *m'ha promesso di fare del suo meglio per accontentarci* il m'a promis de faire de son mieux pour nous satisfaire ~ METTERSI, ANDARE PER IL MEGLIO *le cose si stanno mettendo per il meglio* les choses vont pour le mieux; *speriamo che tutto vada per il meglio* espérons que tout ira pour le mieux ~ *agire per il meglio* agir pour le mieux ~ PER IL TUO, IL SUO, IL VOSTRO MEGLIO *l'ho fatto unicamente per il suo meglio* je l'ai fait uniquement pour ton bien; *per il vostro meglio, vi consiglio di tenervi lontano da lui* pour votre bien, je vous conseille de rester loin de lui ~ AL MEGLIO [*al massimo*] *la squadra ha lottato al meglio delle sue possibilità* l'équipe a lutté au mieux de ses possibilités; (*Borsa*) au mieux ◇ (*prov.*) *il meglio è nemico del bene* le mieux est l'ennemi du bien **2** *s.f.* (*con ell. di un sost.*) LA MEGLIO [*la cosa, la soluzione migliore*] le mieux (*m.*): *la meglio sarà non interessarsene più* le mieux est de ne plus s'y intéresser ◇ *loc.* AVERE LA MEGLIO [*il sopravvento*] avoir le dessus, l'emporter: *alla fine, il più forte ha avuto la meglio* à la fin, le plus fort a eu le dessus, l'a emporté; *avrai facilmente la meglio su di lui* tu auras facilement le dessus avec lui ◇ *loc. avv.* ALLA MEGLIO, ALLA BELL'E MEGLIO [*mediocremente, senza pretese*] tant bien que mal: *si tira avanti alla meglio* on vivote tant bien que mal; *dovrai arrangiarti alla meglio* tu devras t'arranger tant bien que mal; *è stato fatto alla bell'e meglio* cela a été fait tant bien que mal Ⓒ **peggio.**
meglioràre |meʎʎo'rare| *e deriv.* → **migliorare** *e deriv.*
mehàri |me'ari| *s.m. inv.* (*t.zool.*) méhari *var.*
meharìsta |mea'rista| *s.m.* (*mil.*) méhariste.
meiopragìa, gie |mejopra'dʒia, dʒie| *s.f.* (*med.*) méiopragie, miopragie.
meiòsi |me'jɔzi| *s.f. inv.* (*biol.*) méiose *var.*
meiòtico, ci, ca, che |me'jɔtiko, tʃi, ka, ke| *agg.* méiotique: *riproduzione meiotica* reproduction méiotique.
méla |'mela| *s.f.* **1** [*il frutto del melo*] pomme: *mela renetta* pomme reinette; *mela cotogna* → **cotogna**; *mela granata* → **melagrana**; *i semi, la buccia della mela* les pépins, la peau de la pomme; *cogliere le mele* cueillir les pommes ◇ (*loc. fig.*) *avere le guance bianche e rosse come una mela* avoir de bonnes joues rouges, être comme une pomme d'api **2** [*oggetto sim. a una mela*] pomme: *la mela dell'annaffiatoio* la pomme de l'arrosoir.
melagràna |mela'grana| *s.f.* [*il frutto del melograno*] grenade.
melagràno |mela'grano| *s.m.* (*raro*) → **melograno.**

melampiro |melam'piro| *s.m.* (*t. bot.*) mélampyre.
mèlan- |'mɛlan| *pref.* → **melano-**.
melanconia |melanko'nia| *e deriv.* → **malinconia** *e deriv.*
melanesiàno |melane'zjano| **1** *agg.* [*della Melanesia*] mélanésien*: *civiltà, razza melanesiana* civilisation, race mélanésienne **2** (*s.m.*) *il melanesiano* [*la lingua*] le mélanésien.
'mélange' |melɑ̃ʒ| *s.m. inv.* **1** mélange *var.* → **mescolanza, miscuglio** ◆ (*agg.*) *tessuto 'melange'* tissu chiné **2** [*caffè con panna*] café crème (*raro*).
melàngola |me'langola| *s.f.* [*il frutto del melangolo*] bigarade, arange amère.
melàngolo |me'langolo| *s.m.* (*t. bot.*) bigaradier.
melanina |mela'nina| *s.f.* (*biol.*) mélanine.
melanismo |mela'nizmo| *s.m.* (*biol.*) mélanisme.
melanite |mela'nite| *s.f.* (*min.*) mélanite.
mèlan(o)- |'mɛlan(o)| *pref.* (*significa 'nero, colorazione scura', corrisponde gener .a*) mélan(o): *melanismo* mélanisme; *melanoma* mélanome.
melanodermìa |melanoder'mia| *s.f.* (*med.*) mélanodermie.
melanocito |melano'tʃito|, **melanocita** |melano'tʃita| *s.m.* (*biol.*) mélanocyte.
melanòforo |mela'nɔforo| *s.m.* → **melanocito.**
melanòma |mela'nɔma| *s.m.* (*med.*) mélanome.
melanòsi |mela'nɔzi| *s.f. inv.* (*med.*) mélanose *var.*
melanostimulìna |melanostimu'lina| *s.f.* (*biol.*) mélanostimuline.
melanùria |mela'nurja| *s.f.* (*med.*) mélanurie, mélanurèse.
melanzàna |melan'dzana| *s.f.* **1** (*t.bot.*) aubergine **2** [*il frutto di tale pianta*] aubergine: *melanzane ripiene, alla parmigiana* aubergines farcies, à la parmesane.
melarància, ce |mela'rantʃa, tʃe| *s.f.* → **arancia.**
melaràncio, i |mela'rantʃo, i| *s.m.* → **arancio.**
melàrio, i |me'larjo, i| *s.m.* [*la parte dell'arnia riservata ai favi*] cadre.
melaròsa, méla ròsa |mela'rɔza| *s.f.* **1** (*t.bot.*) jambosier *m.*, jamerosier (*m.*): *le melarose, le melerose* les jambosiers, les jamerosiers **2** [*il frutto di tale pianta*] jambose, pomme de rose.
melàssa |me'lassa| *s.f.*, **melàsso** |me'lasso| *s.m.* mélasse (*f.*): *melassa di barbabietole, di canna da zucchero* mélasse de betterave, de canne (à sucre).
1 **melàta** |me'lata| *s.f.* coup *m.* de pomme: *prendersi a melate* se battre à coups de pommes # *mi son preso una melata in faccia* j'ai reçu des pommes en pleine figure.
2 **melàta** |me'lata| *s.f.* [*liquido zuccherino secreto dalle foglie o dai rami di varie piante*] miellée.
melàto |me'lato| *agg.* mielleux*: *vino melato* vin mielleux (*pegg.*) ◇ (*loc. fig.*) *dire parole, frasi melate* [*affettatamente lusinghiere*] dire des paroles, des phrases mielleuses.
melchita |mel'kita| *s.* (*relig.*) melchite.
mèle |'mɛle| *s.m.* (*lett.*) → **miele.**
Meleàgridi |mele'agridi| *s.m. pl.* (*t.zool.*) Méléagrides.
meleagrìna |melea'grina| *s.f.* (*t. zool.*) méléagrine.
melèna |me'lɛna| *s.f.* (*med.*) méléna *m.*
melensàggine |melen'saddʒine| *s.f.* **1** [*l'essere melenso*] balourdise: *quell'uomo è d'una melensaggine insopportabile* cet homme est d'une balourdise insupportable → **balordaggine** **2** [*atto o discorso da melenso*] sottise, balourdise: *per tutta la serata non ha fatto che dire melensaggini* pendant toute la soirée il n'a fait que dire des sottises → **sciocchezza.**
melensaménte |melensa'mente| *avv.* [→ MELENSO] d'une manière stupide *loc. inv.*
melènso |me'lɛnso| *agg.* (*persone*) [*tardo di mente*] balourd: *un uomo melenso* un (homme) balourd → **stolto, ottuso** ◇ (*cose*) [*insulso, sciocco*] bête: *un sorriso, un discorso melenso* un sourire, un discours bête.
meléto |me'leto| *s.m.* [*frutteto di meli*] verger de pommiers, pommeraie *f.* (*raro*).
-melìa |me'lia| *suff.* (*significa 'malformazione' o 'anomalia congenita degli arti', corrisponde gener. a*) mélie: *focomelia* phocomélie.
mèlia |'mɛlja| *s.f.* (*t.bot.*) mélia *m.*
Meliàcee |me'ljatʃee| *s.f. pl.* (*t. bot.*) Méliacées.
1 **mèlica, che** |'mɛlika, ke| **1** → **sorgo, saggina** **2** (*region.*) → **granturco, mais.**
2 **mèlica, che** |'mɛlika, ke| *s.f. e agg.* (*letter.*) mélique: *la* (*poesia*) *melica monodica, corale* la poésie mélique monodique, chorale → **melico.**
mèlico, ci, ca, che |'mɛliko, tʃi, ka, ke| *agg. e s.* mélique (*agg.*): *la* (*poesia*) *melica corale* la poésie mélique chorale; *i melici greci* les poètes grecs méliques # *un* (*poeta*) *melico* un poète lyrique.
mèliga, ghe |'mɛliga, ge| *s.f.* → 1 **melica.**
melilòto |meli'lɔto| *s.m.* (*t.bot.*) mélilot.
melina |me'lina| *s.f.* (*sport, solo nella loc.*) *fare* (*la*) *melina* [*praticare un gioco ostruzionistico conservando a lungo il possesso della palla*] garder la balle, jouer le temps.
melinite |meli'nite| *s.f.* (*chim.*) mélinite.
melissa |me'lissa| *s.f.* (*t.bot.*) mélisse ◇ (*per est.*) *essenza di melissa* eau de mélisse.
melitènse |meli'tɛnse| *agg.* **1** (*lett.*) → **maltese** **2** (*med.*) *febbre melitense* fièvre de Malte.
mellìfero |mel'lifero| *agg.* (*lett.*) mellifère: *piante mellifere* plantes mellifères ◇ [*che produce miele*] *ape mellifera* abeille mellifère.
mellificàre |mellifi'kare| *v.intr.* (*aus. 'avere'*) (*riferito alle api*) [*fare, elaborare il miele*] produire (75) *tr.* du miel.
mellificaziòne |mellifikat'tsjone| *s.f.* [→ MELLIFICARE] mellification.
mellifluaménte |melliflua'mente| *avv.* [→ MELLIFLUO] mielleusement.
mellifluità |melliflui'ta| *s.f. inv.* caractère *m. var.* mielleux: *la mellifluità di una frase, di un atteggiamento* le caractère mielleux d'une phrase, d'un comportement.
mellìfluo |mel'lifluo| *agg.* mielleux*, melliflue (*lett.*): *parole melliflue* paroles mielleuses, melliflues; *tono, modo mellifluo* ton mielleux, manière mielleuse; *le si rivolse con fare mellifluo* il s'adressa à elle d'un air mielleux.
mellìto |mel'lito| **1** *agg.* (*med.*) *diabete mellito* diabète sucré **2** *s.m.* (*farm.*) mellite.
mellóne |mel'lone| *s.m.* (*region.*) → **melone.**
mélma |'melma| *s.f.* [*terra intrisa d'acqua*] vase ◇ [*fango*] boue ◇ [*fanghiglia*] bourbe ◇ (*fig.*) fange (*lett.*): *quel giovane sta affondando nella melma del vizio* ce jeune est en train de s'enfoncer dans la fange du vice.
melmosità |melmosi'ta| *s.f. inv.* caractère *m. var.* (de ce qui est) boueux.
melmóso |mel'moso| *agg.* [*pieno, coperto di melma*] boueux*; vaseux* (*raro*): *terreno melmoso* terrain boueux → **fangoso, acquitrinoso** ‖ *stagno melmoso* étang vaseux.
mèlo- |'mɛlo| *pref.* (*significa 'canto, melodia, musica', corrisponde gener. a*) mélo: *melodramma* mélodrame.
mélo |'melo| *s.m.* (*t.bot.*) pommier ~ *melo cotogno, melocotogno* → **cotogno** ~ *melo granato, melogranato, granato* → **melograno.**
melodìa |melo'dia| *s.f.* **1** mélodie: *melodia vocale, strumentale* mélodie vocale, instrumentale; *cantavano una melodia dolce e malinconica* ils chantaient une mélodie douce et mélancolique ◇ (*per est.*) [*musicalità*] *la melodia di un verso, di un sonetto* la mélodie d'un vers, d'un sonnet **2** (*fig.*) [*soavità, dolcezza*] mélodie: *la melodia di una voce femminile, del canto degli uccelli* la mélodie d'une voix féminine, du chant des oiseaux.
melodicaménte |melodika'mente| *avv.* [→ MELODICO] mélodiquement.
melòdico, ci, ca, che |me'lɔdiko, tʃi, ka, ke| *agg.* mélodique: *un brano musicale melodico* un morceau de musique mélodique; *andamento melodico* mouvement mélodique.
melodiosaménte |melodjosa'mente| *avv.* [→ MELODIOSO] mélodieusement.
melodióso |melo'djoso| *agg.* mélodieux*: *parole melodiose* paroles mélodieuses; *versi melodiosi* vers mélodieux; *un canto melodioso* un chant mélodieux.
melodista |melo'dista| *s.* mélodiste.
melodràmma |melo'dramma| *s.m.* mélodrame # *i melodrammi di Monteverdi* les drames lyriques de Monteverdi ◇ [*il solo testo poetico*] *i melodrammi del Metastasio* les mélodrames de Métastase ◇ (*loc. fig.*) *eroi, personaggi da melodramma* héros, personnages de mélodrame ~ *fare il melodramma* faire du mélo (*fam.*).
melodrammaticaménte |melodrammatika'mente| *avv.* [→ MELODRAMMATICO] d'une façon mélodramatique *loc. inv.*
melodrammàtico, ci, ca, che |melodram'matiko, tʃi, ka, ke| *agg.* mélodramatique: *spettacolo melodrammatico* spectacle mélodramatique; *musica melodrammatica* musique mé-

lodramatique ◇ (*fig.*) [*esagerato, enfatico*] *atteggiamenti, gesti melodrammatici* attitudes, gestes mélodramatiques → **teatrale**; *finale melodrammatico* fin mélodramatique.

mèloe |'mɛloe| *s.m.* (*t.zool.*) méloé.

melòfago, gi |me'lɔfago, dʒi| *s.m.* (*t.zool.*) mélophage.

melogranàto |melogra'nato|, *pl.* **melogranàti** |melogra'nati|, **meligranàti** |meligra'nati| *s.m.* → **melograno.**

melogràno |melo'grano| *s.m.* (*t. bot.*) grenadier.

melolónta |melo'lonta| *s.f.* → 1 **maggiolino.**

melòmane |me'lɔmane| *s.* mélomane.

melomanìa |meloma'nia| *s.f.* mélomanie.

melomanìaco, ci, ca, che |meloma'niako, tʃi, ka, ke| *s.* (*raro*) → **melomane.**

melóne |me'lone| *s.m.* **1** (*t.bot.*) melon ~ *melone d'acqua* → **cocomero** ~ *melone dei tropici* → **papaia** **2** [*il frutto di tale pianta*] melon.

melopèa |melo'pɛa| *s.f.* mélopée.

membràna |mem'brana| *s.f.* **1** (*anat.*) membrane: *membrana del timpano* membrane du tympan ◇ (*bot.*) *membrana cellulare* membrane cellulaire ◇ (*citologia*) *membrana cellulare, nucleare* membrane cellulaire, nucléaire **2** [*pelle conciata per uso scrittorio*] parchemin *m.* → **pergamena** ◇ [*per strumenti musicali a percussione*] peau: *la membrana del tamburo* la peau du tambour **3** (*tecnol.*) membrane.

membranàceo |membra'natʃeo| *agg.* **1** membraneux*: *tessuto membranaceo* tissu membraneux; *formazione membranacea* formation membraneuse **2** *libro, codice membranaceo* [*costituito di fogli di pergamena*] livre, code en parchemin *loc. inv.*

membranifórme |membrani'forme| *agg.* membraniforme: *un rivestimento membraniforme* un revêtement membraniforme.

membranòfono |membra'nɔfono| *s.m.* membranophone ♦ (*agg.*) *strumenti membranofoni* membranophones *s.m.*

membranóso |membra'noso| *agg.* membraneux*: *organo membranoso* organe membraneux ◇ (*per est.*) → **membraniforme.**

membrànula |mem'branula| *s.f.* (*anat.*) membranule.

membrànza |mem'brantsa| *s.f.* (*lett.*) → **rimembranza, ricordo.**

membràre |mem'brare| *v.tr.* (*lett.*) → **ricordare, rimembrare.**

membratùra |membra'tura| *s.f.* **1** armature, membrure: *quell'animale, quell'edificio ha una membratura robusta* cet animal, cet édifice a une robuste armature, membrure **2** *al plur.* (*arch.*) membrures # *le eleganti membrature gotiche* les élégantes armatures gothiques.

mèmbro |'mɛmbro|, *pl. f.* **mèmbra** |'mɛmbra| (*nel significato* 1, *con valore coll.*), *pl. m.* **mèmbri** |'mɛmbri| (*negli altri significati*) *s.m.* **1** *spec. al plur.* membres: *un uomo, un cavallo dalle membra robuste, armoniose* un homme, un cheval aux membres robustes, harmonieux; *riacquistare l'uso delle membra* retrouver l'usage de ses membres; *mi dolgono le giunture di vari membri* j'ai mal aux jointures de certains membres → **arto** ◇ (*loc. scherz.*) *riposare le stanche membra* reposer ses vieux os **2** (*anat.*) *membro virile* → **pene** ◇ (*bot., zool.*) membre **3** [*ogni componente di un gruppo, di una collettività*] membre: *i membri di una famiglia, di una società sportiva* les membres d'une famille, d'une société sportive; *i membri del Parlamento, del corpo diplomatico* les membres du Parlement, du corps diplomatique ◇ (*gram.*) *i membri della frase, del periodo* les membres de la phrase, de la période ◇ (*mat.*) *i membri di un'equazione* les membres d'une équation **4** → **membratura** 2.

membrùto |mem'bruto| *agg.* (*raro*) (*persone*) [*muscoloso*] musclé: *è un giovane membruto* c'est un jeune musclé.

memènto |me'mɛnto| *s.m.* (*lat.*) **1** (*liturg.*) memento **2** (*raro, scherz.*) [*rimprovero, ammonizione*] semonce *f.* (*corr.*).

memoràbile |memo'rabile| *agg.* mémorable: *fatti, gesta memorabili* faits, exploits mémorables; *una data memorabile* une date mémorable; *fu una vittoria memorabile* ce fut une victoire mémorable → 1 **straordinario, eccezionale** ♦ *s.m. pl.* (*letter.*) *i memorabili* les mémorables.

memorabilménte |memorabil'mente| *avv.* [→ MEMORABILE] mémorablement.

memoràndo |memo'rando| **1** *agg.* (*lett.*) → **memorabile** **2** *s.m.* (*raro*) → **memorandum.**

memorandum |memo'randum|, *pl.* (*raro*) **memoranda** |memo'randa| *s.m.* (*lat.*) (*lett.*) mémorandum, aide-mémoire (*inv.*): *un memorandum diplomatico, commerciale* un mémorandum, un aide-mémoire diplomatique, commercial ◇ [*promemoria*] *farsi un memorandum delle cose più importanti da dire* se faire un aide-mémoire des choses les plus importantes à dire.

memoràre |memo'rare| *v.tr. e intr.* (*aus.* 'avere') (*lett.*) → **ricordare.**

memoratìvo |memora'tivo| *agg.* **1** (*lett.*) [*riguardante la memoria*] de la mémoire *loc. inv.* **2** → **commemorativo.**

mèmore |'mɛmore| *agg.* [*che ricorda, che conserva memoria*] qui se souvient de *loc.* # *memore di un'offesa, di una dolorosa esperienza* gardant le souvenir d'une offense, d'une douloureuse expérience ◇ [*riconoscente, grato*] reconnaissant: *sarò sempre memore dei tuoi consigli e del tuo aiuto* je te serai toujours reconnaissant de tes conseils et de ton aide ◇ (*in formule epistolari o dedicatorie*) *con memore pensiero* avec un sentiment de reconnaissance.

memòria |me'mɔrja| *s.f.* **1** mémoire: *memoria sensitiva, affettiva, intellettiva* mémoire sensitive, affective, intellectuelle; *memoria visiva, uditiva, locale* mémoire visuelle, auditive, des lieux; *aiutare, esercitare la memoria* aider, exercer sa mémoire; *la sua immagine è scolpita nella mia memoria* son image est gravée dans ma mémoire; *se la memoria non m'inganna...* si j'ai bonne mémoire... ◇ (*con riferimento al maggiore o minore sviluppo della facoltà mnemonica*) *una memoria prodigiosa, di ferro* une mémoire prodigieuse, excellente; *una memoria cattiva, labile, corta* une mauvaise, faible, courte mémoire; *avere una bella memoria* avoir beaucoup de mémoire; *essere dotato di grande memoria* être doué d'une bonne mémoire; *perdere, riacquistare la memoria* perdre, retrouver la mémoire; *essere senza memoria* ne pas avoir de mémoire; *non ha affatto memoria per le date e per i nomi* il n'a pas du tout la mémoire des dates et des noms ◇ *loc. avv.* A MEMORIA par cœur, de mémoire: *studiare, imparare a memoria* étudier, apprendre par cœur; *sapere, conoscere a memoria* savoir, connaître par cœur; *suonare a memoria* jouer de mémoire; *ripetere tutto a memoria* répéter tout par cœur, de mémorie **2** [*il ricordare determinate persone, avvenimenti*] souvenir *m.*, mémoire: *s'è persa la memoria di quelle giornate* on a perdu le souvenir de ces journées; *la memoria di quei tragici fatti è ancora viva in noi* le souvenir de ces faits tragiques demeure vivant en nous; *fatto di eterna memoria* fait d'éternelle mémoire → **ricordo** # *fatto degno di memoria* fait mémorable; *affidare, tramandare alla memoria dei posteri* confier, transmettre à la postérité; *mai a memoria nostra e dei nostri padri s'erano vedute cose simili* jamais de notre temps et de ceux de nos pères on n'avait vu des choses pareilles ◇ (*dir.*) *assunzione di testimoni a futura memoria* engagement de témoins à mémoire **3** (*spec. riferito a defunti*) [*il ricordo, l'immagine che una persona lascia di sé*] mémoire; souvenir: *calunniare, maledire, benedire la memoria di qc.* calomnier, maudire, bénir la mémoire de qqn. ‖ *è scomparso lasciando ottima memoria di sé* il a disparu laissant un excellent souvenir de lui; *la sua memoria non si cancellerà mai dal mio cuore* son souvenir restera toujours dans mon cœur ◇ *loc.* ALLA MEMORIA (DI) à la mémoire de: *medaglia alla memoria* médaille à la mémoire; *alla memoria di mio padre, alla cara memoria di mia madre* à la mémoire de mon père, à la chère mémoire de ma mère ~ *in memoria, a perpetua memoria* (*di*) en mémoire (de), en souvenir perpétuel (de) ◇ (*loc. agg.*) *un uomo di buona, di santa, d'infausta, di esecrata memoria* un homme de bienheureuse, de triste mémoire **4** *spec. al plur.* [*ciò che rivive nel ricordo*] souvenirs, mémoires: *le memorie d'infanzia* les souvenirs d'enfance; *libro di memorie* livre de souvenirs; *vivere di memorie* vivre de souvenirs; *narrare, scrivere, dettare le proprie memorie* raconter, écrire, dicter ses mémoires ◇ (*come titolo di opere autobiografiche*) Mémoires: *le 'Memorie' del Goldoni* les 'Mémoires' de Goldoni **5** [*annotazione, appunto destinato a formare il ricordo di q.c.*] *prendere memoria di q.c.* noter *v.tr.* qqch.: *tengo sempre memoria di tutte le spese* je note toujours toutes les dépenses ◇ (*per est.*) [*documento, cimelio, monumento storico*] souvenir: *questo anello è una cara memoria di mia madre* cette bague est un cher souvenir de ma mère → **ricordo**; *Atene è piena di memorie dell'antico splendore* Athènes est pleine de souvenirs de l'antique splendeur; *è un museo ricco di preziose memorie* c'est un musée riche en précieux souvenirs # *i cittadini riconoscenti questa memoria posero* les citoyens reconnaissants posèrent cette plaque → **lapide, iscrizione** 6 [*breve monografia o dissertazione erudita*] mémoire (*m.*): *leggere, pubblicare una dotta memoria* lire, publier un mémoire savant; *è una breve memoria storica* c'est un bref mémoire historique ◇ *al plur.* [*titolo di volumi che raccolgono e pubblicano i lavori di un'accademia e sim.*] Mémoires: *Memorie dei Lincei* Mémoires des 'Lincei'; *l'articolo è stato pubblicato nelle Memorie dell'Accademia delle Scienze* l'article a été publié dans les Mémoires de l'Académie des Sciences 7 [*breve scritto in cui si espone il proprio punto di vista riguardo a un fatto, a una questione*] mémoire *m.* ◇ (*documento diplomatico*) mémoire ◇ (*dir.*) *la difesa ha consegnato una memoria al giudice* la défense a remis un mémoire au juge 8 → **memorizzatore.**

memoriàle |memo'rjale| *s.m.* 1 mémorial* 2 [*scritto contenente una domanda, una supplica*] pétition (*f.*): *presentare un memoriale al presidente della Repubblica* présenter une pétition au président de la République.

memorialìsta |memorja'lista| *s.* mémorialiste: *i memorialisti del Settecento, del primo Novecento* les memorialistes du XVIIIe siècle et du début du XXe siècle.

memorizzàre |memorid'dzare| *v. tr.* 1 (*elettron.*) [*registrare i dati da elaborare nella memoria di un calcolatore*] mémoriser: *memorizzare i dati* mémoriser les données 2 [*imprimere nella memoria*] graver dans la mémoire.

memorizzàto |memorid'dzato| *agg.* [*inserito nella memoria di calcolatori elettronici*] mémorisé (*p.p.*): *dati memorizzati* données mémorisées.

memorizzatóre |memoriddza'tore| *s.m.* (*elettron.*) mémoire (*f.*): *memorizzatore magnetico* mémoire à disques magnétiques.

memorizzazióne |memoriddzat'tsjone| *s.f.* [→ MEMORIZZARE 1] mémorisation: *la memorizzazione dei dati di una ricerca* la mémorisation des données d'une recherche.

ména |'mena| *s.f.* → **mene.**

menabò |mena'bɔ| *s.m. inv.* (*tip.*) maquette *f. var.*

mènade |'mɛnade| *s.f.* (*lett.*) → **baccante.**

menadìto |mena'dito| *s.m. inv.* *solo nella loc. avv.* A MENADITO [*perfettamente, benissimo*] sur le bout du doigt, à la perfection: *conoscere, sapere q.c. a menadito* connaître, savoir qqch. sur le bout du doigt, à la perfection.

'ménage' |menaʒ| *s.m. inv.* ménage (*var.*): *un 'ménage' felice, tempestoso, strano* un ménage heureux, orageux, étrange; *un 'ménage' a tre* un ménage à trois → **convivenza** ◇ [*amministrazione della vita fam.*] budget *var.* familial*, domestique: *occuparsi del 'ménage'* s'occuper du budget familial, domestique; *il suo stipendio non basta per il normale 'ménage'* son salaire ne suffit pas au budget familial normal.

menagràmo |mena'gramo| *s. inv.* (*region.*) → **iettatore.**

menàrca, chi |me'narka, ki| *s.m.* (*fisiol.*) premières menstrues *f. pl.*

menàre |me'nare| **A** *v.tr.* 1 [*condurre, portare*] conduire (75), mener (6): *menare i buoi all'abbeveratoio* conduire, mener les bœufs à l'abreuvoir; *menare il gregge al pascolo* conduire le troupeau au patûrage; *menare il cavallo per la cavezza* conduire le cheval par le licol ✦ (*ass.*) *questo sentiero mena al fiume* ce sentier mène à la rivière ◇ (*loc. fig.*) *menare qc. per il naso* [*prendersi gioco di lui, fargli fare ciò che si vuole*] mener qqn. par le bout du nez ~ *menare q.c. in lungo, per le lunghe* faire traîner qqch. en longueur ~ *qual buon vento ti mena?* quel bon vent t'amène? ~ (*prov.*) *menare il can per l'aia* [*tergiversare, tirare le cose in lungo*] tourner autour du pot 2 [*passare, trascorrere; vivere*] mener: *menare una vita modesta, ritirata* mener une vie modeste, retirée; *menare una esistenza grama, di stenti, di tribolazioni* mener une existence triste, pleine de privations, de tribulations 3 (*il significato particolare è dato dal compl. ogg.*) *menare la coda* remuer la queue → **scodinzolare, dimenare**; *menare le mani* se battre (76) → **picchiare**; *menare le gambe* fuir (22), prendre (73) ses jambes à son cou → **fuggire**; *menare la lingua* médire (48) → **sparlare**; *menare pugni, botte da orbi* frapper comme un sourd → 1 **dare**; *menare colpi, fendenti* flanquer, assener (4) des coups → **assestare, vibrare**; *menare la frusta, il bastone* jouer du fouet, du bâton → **frustare, bastonare**; *menare il mestolo, la macina* tourner la cuiller (en bois), actionner la meule → **azionare, girare**; *menare vanto* se vanter *pron.* → **vantar(si)**; *menare rumore* [*far parlare di sé*] faire (45) *intr.* parler de soi 4 [*picchiare, percuotere*] flanquer une raclée, battre: *se mi fai perdere la pazienza ti meno* si tu me fais perdre patience, je te flanque une raclée; *smettila, se no ti meno* arrête, ou bien je te flanque une raclée **B** *v.pron. recipr.* MENARSI [→ *tr.* 4] se battre: *si son menati di santa ragione* ils se sont battus comme des chiffonniers; *smettetela di menarvi* arrêtez de vous battre.

menaròla |mena'rɔla| *s.f.* (*region.*) [*trapano a manovella*] vilebrequin *m.* (*corr.*).

menarròsto |menar'rɔsto| *s.m.* (*region.*) → **girarrosto.**

menàta |me'nata| *s.f.* (*raro*) 1 *in loc.* [→ MENARE] remuer: *dare una menata alla polenta* remuer la polenta → **rimescolata**; *il cane ogni tanto dava una menata di coda* de temps en temps le chien remuait la queue ◇ (*fam.*) [*solenne bastonatura*] bastonnade, volée de coups de bâton: *che menate s'è presa!* quelle bastonnade, quelle volée de coups de bâton, de bois vert elle a reçue! 2 (*fig., region.*) → **tiritera.**

méncio, ci, cia, ce |'mentʃo, tʃi, tʃa, tʃe| *agg.* (*region.*) → **floscio, vizzo.**

mènda |'mɛnda| *s.f.* (*lett.*) [*difetto, imperfezione*] défaut *m.* (*corr.*), imperfection (*corr.*): *ogni uomo ha qualche menda* tout homme a quelques défauts, imperfections ◇ [*errore*] faute (*corr.*): *è un lavoro pieno di mende* c'est un travail plein de fautes.

mendàce |men'datʃe| *agg.* (*lett.*) [*bugiardo, menzognero*] mensonger* (*corr.*), menteur* (*corr.*): *promesse, parole mendaci* promesses, paroles mensongères → **falso** # *un testimone mendace* un faux témoin ✦ (*s.*) *un mendace* un menteur*: *l'accusatore è un mendace* l'accusateur est un menteur, ment.

mendaceménte |mendatʃe'mente| *avv.* (*raro*) [→ MENDACE] mensongèrement.

mendàcia, cie |men'datʃa, tʃe| *s.f.* (*lett.*) [*l'essere mendace; falsità*] fausseté (*corr.*) → **mendacità.**

mendàcio, i |men'datʃo, i| *s.m.* (*dir.*) mensonge: *testimone accusato di mendacio* temoin accusé de mensonge.

mendacità |mendatʃi'ta| *s.f. inv.* (*dr.*) fausseté (*var.*): *la mendacità di un testimone* la fausseté d'un temoin.

mendàre |men'dare| *e deriv.* → **emendare** *e deriv.*

mendelèvio, i |mende'lɛvjo, i| *s.m.* (*chim.*) mendélévium.

mendeliàno |mende'ljano| *agg.* mendélien*: *le leggi mendeliane* les lois mendéliennes.

mendelìsmo |mende'lizmo| *s.m.* (*biol.*) mendélisme.

mendicànte |mendi'kante| *agg.* mendiant: *frate mendicante* moine mendiant; *ordini mendicanti* ordres mendiants ✦ (*s.*) *un mendicante* un mendiant: *fare il mendicante* être un mendiant → **accattone.**

mendicàre |mendi'kare| *v.tr.* 1 [*elemosinare, accattare*] mendier: *mendicare un tozzo di pane* mendier un morceau de pain ✦ (*ass.*) *tutto il giorno va mendicando di casa in casa* il va mendier toute la journée de maison en maison; *è stato costretto a mendicare per vivere* il a été obligé de mendier pour vivre; il est réduit à la mendicité pour vivre 2 [*sollecitare, implorare, cercare di ottenere con preghiere*] mendier, quémander: *mendicare una promozione, un'onorificenza, una parola di conforto* mendier, quémander un avancement, une décoration, une parole de réconfort ◇ (*per est.*) [*trovare con fatica*] *mendicare pretesti, scuse, giustificazioni* mendier des prétextes, des excuses, des justifications # *mendicare le parole* chercher ses mots.

mendicità |menditʃi'ta| *s.f. inv.* mendicité (*var.*): *essere ridotto alla mendicità* être réduit à la mendicité ◇ [*i mendicanti*] mendiant (*s.*): *ricovero, ospizio di mendicità* hospice de mendiants.

mendìco, chi, ca, che |men'diko, ki, ka, ke| *agg. e s.* (*lett.*) → **mendicante.**

mendóso |men'doso| *agg.* (*lett.*) → **difettoso, errato.**

méne |'mene| *s.f. pl.* [*azione, comportamento sleali e scorretti* (*attuati di nascosto*)] menées, intrigues, manœuvres: *denunciare, sventare le mene dei propri nemici* dénoncer, déjouer les menées, les intrigues, les manœuvres de ses ennemis.

menefreghìsmo |menefre'gizmo| *s.m.* (*fam.*) [*noncuranza o negligenza villana e strafottente*] je-m'en-fichisme, je-m'en-foutisme (*volg.*): *quel l'uomo è d'un menefreghismo insopportabile* cet homme est d'un je-m'en-fichisme, je-m'en-foutisme insupportable; *le cose vanno male per il menefreghismo del direttore* les choses vont mal à cause du je-m'en-fichisme du directeur.

menefreghìsta |menefre'gista| *s.* (*fam.*) [*chi si comporta con menefre-*

ghismo] je-m'en-fichiste, je-m'en-foutiste (*volg.*).

meneghino |mene'gino| *agg. e s.* (*fam.*) → **milanese.**

menestrèllo |menes'trɛllo| *s.m.* **1** ménestrel: *i menestrelli medievali* les ménestrels du moyen âge **2** (*per est., scherz.*) [*chi canta in luoghi pubblici* (*accompagnandosi con la chitarra o con il mandolino*)] ménestrel ◇ [*poetastro*] ménestrel.

menfitico, ci, ca, che |men'fitiko, tʃi, ka, ke| *agg.* [*di Menfi*] memphite.

menhir |me'nir| *s.m. inv.* (*archeol.*) menhir *var.*

meninge |me'nindʒe| *s.f.* (*anat.*) méninge ◇ (*loc. fig., scherz.*) *spremersi le meningi* se fatiguer les méninges.

meningèo |menin'dʒɛo|, (*raro*) **meningeo** |me'nindʒeo| *agg.* méningé: *infiammazioni meningee* inflammations méningées; *nervi meningei* nerfs méningés.

meningiòma |menin'dʒɔma| *s.m.* (*med.*) méningiome.

meningite |menin'dʒite| *s.f.* (*med.*) méningite.

meningismo |menin'dʒizmo| *s.m.* (*med.*) méningisme.

meningitico, ci, ca, che |menin'dʒitiko, tʃi, ka, ke| *agg. e s.* méningitique.

meningocèle |meningo'tʃɛle| *s.m.* (*med.*) méningocèle *f.*

meningocòcco, chi |meningo'kɔkko, ki| *s.m.* (*biol., med.*) méningocoque.

menippèo |menip'pɛo| *agg. e s.f.* (*letter.*) *una* (*satira*) *menippea* une ménippée *s.f.*

menisco, chi |me'nisko, ki| *s.m.* **1** (*anat.*) ménisque: *il menisco del ginocchio* le ménisque du genou **2** (*fis., mat., ott.*) ménisque.

mennonita |menno'nita| *s.* (*relig.*) mennonite.

méno- |meno| *pref.* (*significa* '*mese*', *corrisponde gener. a*) méno: *menorragia* ménorragie.

1 **méno** |'meno| *avv.* **I** (*comparativo di minoranza*) **1** [*in quantità, in misura, in grado minore*] moins: *meno solido, vistoso* moins solide, voyant; *meno velocemente* moins rapidement; *meno volentieri* moins volontiers; *dovresti lavorar meno* tu devrais travailler moins; *l'asino è meno veloce del cavallo* l'âne est moins rapide que le cheval; *tuo fratello è meno ubbidiente di te* ton frère est moins obéissant que toi # *è andata meno bene di quanto sperassi* la chose s'est passée encore plus mal que je ne croyais; *questa acconciatura mi sembra meno adatta per te* cette coiffure, il me semble, te convient (fort) peu; *mi piace sempre meno* je l'aime de moins en moins ◇ (*con altri avv. di quantità*) *molto meno, assai meno* beaucoup moins, bien moins; *abbastanza meno* pas mal moins ◇ (*in correlazione con* '*più*') *chi più chi meno, tutti hanno contribuito al successo* les uns plus, les autres moins, ils ont tous contribué au succès; *peserà dieci chili, poco più poco meno* il pèsera dans les dix kilos, un peu plus un peu moins; il pèsera à peu près dans les dix kilos → **pressappoco** ◇ (*in espressioni disgiuntive, equivale ad una neg.*) non: *fateci sapere se accettate o meno* faites-nous savoir si vous acceptez ou non; *che egli lo sappia o meno ha poca importanza* qu'il le sache ou non, cela a peu d'importance → **no** # *s'è discusso sulla legittimità o meno del provvedimento* on a discuté de (sur) la légitimité ou l'illégitimité de cette mesure ◇ (*in espressioni correl.*) moins: *più la frequento e meno mi piace* plus je la fréquente (et) moins je l'aime; *meno ci penso e meglio sto* moins j'y pense (et) mieux je me sens; *quanto meno si mangia, tanto meno si mangerebbe* moins on mange et moins on est porté à manger **2** (*mat.*) moins: *sette meno tre fa quattro* ($7 - 3 = 4$) sept moins trois font quatre; *dieci meno due è uguale a otto* ($10 - 2 = 8$) dix moins deux font huit ◇ (*in correlazione a* '*più*') *mille lire più mille lire meno, non ha importanza* mille lires de plus ou de moins, cela n'a aucune importance; *uno più uno meno è la stessa cosa* un de plus, un de moins, c'est du pareil au même ◇ (*nelle misurazioni, nei pesi, nelle determinazioni dell'ora, indica* '*mancanza*') *è alto due metri meno otto centimetri* il mesure deux mètres de haut moins huit centimètres; *è lungo un metro meno pochi centimetri* il est long d'un mètre moins quelques centimètres; *pesa nove chili meno tre etti* cela pèse neuf kilos moins trois cents grammes; *sono le otto meno dieci* (*minuti*) il est huit heures moins dix; *è mezzogiorno meno cinque* il est midi moins cinq # *sono un etto meno dieci grammi* c'est cent quatre-vingt-dix grammes; il manque dix grammes à l'hectogramme ◇ (*nelle indicazioni delle temperature al di sotto dello zero*) *il termometro oggi segna meno tre* le thermomètre marque aujourd'hui moins trois (degrés); *la temperatura questa notte è scesa a meno dieci* la température est descendue à moins dix degrés, cette nuit; *la minima stagionale è stata di meno trenta* la température minimum de la saison a été de moins trente degrés ◇ (*nelle valutazioni scolastiche, sempre posposto, indica un* '*voto non pieno, scarso*') *ho preso sette meno* (7 —) (comme note) j'ai presque eu un sept; *nella composizione d'italiano ho avuto sei meno* (6 —) dans la composition d'italien j'ai presque eu la moyenne ◇ *loc.* IN MENO, DI MENO de moins: *io ho una carta in meno* j'ai une carte de (en) moins; il me manque une carte; *mi ha dato cento lire di meno* il m'a donné cent lires de moins # *nella mia busta paga ho trovato cinquemila lire in meno* il manque cinq mille lires à mon salaire **3** *loc.* DI MENO [*in misura, in numeno minore*] moins; de moins: *dovresti parlare di meno* tu devrais parler moins ‖ *oh, se avessi dieci anni di meno!* ah, si j'avais dix ans de moins! # *noi siamo di meno* nous sommes moins nombreux ~ PIÙ O MENO à peu près: *i fatti più o meno sono andati così* la chose s'est passée à peu près ainsi; *costa più o meno lo stesso prezzo* cela doit être à peu près au même prix, doit coûter à peu près pareil; *arriveremo più o meno fra mezz'ora* nous arriverons à peu près dans une demi-heure ~ NÉ PIÙ NÉ MENO ni plus ni moins: *ti sei dimostrato né più né meno uno sciocco* tu t'es conduit comme un sot, ni plus ni moins; *si comporta, né più né meno, come se fosse lui il direttore* il se conduit, ni plus ni moins, exactement comme si c'était lui le directeur # *le cose stanno così, né più né meno* voilà où en sont exactement les choses ~ QUANTO MENO [*almeno, perlomeno*] du moins: *avresti dovuto telefonarmi o, quanto meno, scrivermi* tu aurais dû me téléphoner ou, du moins, m'écrire ~ SENZA MENO [*certamente, senza dubbio*] certainement: *ci sarò, senza meno* j'y serai certainement ~ TANTO MENO, ANCORA MENO, MENO CHE MAI, MEN CHE MENO encore moins, plus que jamais: *se non ha accettato il mio invito, tanto meno accetterà il tuo* s'il n'a pas accepté mon invitation, il acceptera encore moins la tienne, il n'acceptera pas non plus la tienne; *non c'è mai stato buon sangue tra loro, e oggi ancora meno* ils ont toujours été à couteaux tirés, et le sont aujourd'hui plus que jamais ~ MENO MALE (CHE) (*espressione di* '*soddisfazione, sollievo*') heureusement (que): '*sono arrivato in tempo*' '*meno male!*' 'je suis arrivé à temps' 'heureusement!'; *meno male che te ne sei accorto* heureusement que tu t'en es aperçu ~ MEN CHE (+ *agg. o avv.*) (*equivale a una forte neg.*) *la tua presenza è men che gradita* ta présence est plus qu'indésirable; *il suo intervento fu men che utile* son intervention fut plus qu'inutile; *lo faccio men che volentieri* je ne le fais qu'à contre-cœur; *tu qui conti men che niente* ici, tu comptes pour moins que rien ~ *quando meno te l'aspetti...; quando meno ci si pensa..., quando meno lo vorresti...* au moment où l'on s'y attend le moins... ~ *niente di meno, niente meno* → **nientedimeno, nientemeno** ~ *per lo meno* → **perlomeno** **4** *loc. verb.* ESSERE, MOSTRARSI DA MENO (*spec. in espressioni neg.*) [*essere inferiore, valere di meno*]: *credi che io sia da meno dei tuoi amici?* crois-tu que je sois inférieur à tes amis?; *io sarò un disonesto, ma tu non sei da meno* moi, je suis peut-être malhonnête, mais, toi, tu ne l'es pas moins; *per non mostrarsi da meno, s'è fatto anche lui l'automobile sportiva* pour ne pas paraître inférieur (aux autres), il s'est acheté lui aussi une voiture de sport ~ FARE A MENO DI [*rinunciare, privarsi*] se passer de; éviter: *ormai non potrei più fare a meno di te* désormais, je ne pourrais plus me passer de toi; *si potrebbe fare a meno di tante cose* on pourrait se passer de bien des choses ‖ *dovresti fare a meno di bere alcolici* tu devrais éviter l'alcool → **astenersi**; *potevi fare a meno di provocarlo* tu aurais pu éviter, t'empêcher de le provoquer → **evitare** **5** *loc. verb.* VENIR MENO [*mancare*] manquer (*v.intr.*): *ogni tanto le vengono meno le forze* de temps en temps les forces lui manquent; *all'ultimo momento gli è venuto meno il coraggio* à la dernière minute le courage lui manqua; *l'acqua venne meno* l'eau manqua; l'eau vint à manquer # *ci è venuto meno il suo aiuto* son aide nous a fait défaut → **cessare** ◇ [*sottrarsi, non osservare*] *venir meno ai patti, alla parola data* manquer à ses engagement, à sa parole; *non è mai venuto meno ai propri doveri* il n'a jamais manqué à ses devoirs ◆ (*ass.*) [*svenire*] s'évanouir (*v.pron.*): *è venuta meno per l'emozione* elle s'est évanouie

d'émotion; *improvvisamente mi sono sentito venir meno* soudain je me suis évanoui # *venir meno per la fame, per la fatica* défaillir de faim, de fatigue **II** (*sup. rel. di minoranza*) (*preceduto dall'art. det.*) [→ I 1] moins: *è il meno intelligente* il est le moins intelligent; *sono le persone meno simpatiche* ce sont les personnes les moins sympathiques; *ciò mi ricorda l'anno meno felice della mia vita* cela me rappelle, me remet en mémoire l'année la moins heureuse de ma vie; *è stata la cameriera meno fidata che abbiamo avuto finora* c'est la femme de chambre la moins sûre que nous avons eue jusqu'ici # *è stato il meno fortunato fra i concorrenti* c'est le concurrent qui a eu le moins de chance.

2 **méno** |'meno| *agg. inv.* **I** (*comparativo di minoranza*) **1** [*minore*] moins de (+ *sost.*): *avere meno autorità* avoir moins d'autorité; *oggi ci ho messo meno tempo di ieri* aujourd'hui j'ai mis moins (de temps) qu'hier; *dovresti parlare con meno enfasi* tu devrais t'exprimer avec moins d'emphase # *si trova a meno prezzo* cela se trouve à meilleur marché ◇ (*con nomi coll. o plur.*) [*in quantità, in numero minore*] *c'era meno gente* il y avait moins de monde, de gens; *ho meno denari di te* j'ai moins d'argent que toi; *hanno meno scrupoli di noi* ils ont moins de scrupules que nous # *di domenica, circolano meno macchine in città* le dimanche, les voitures qui circulent en ville sont moins nombreuses ◇ (*in frasi escl.*) *meno chiacchiere!* moins, assez de bavardages!; *meno storie!* moins, pas d'histoires!; *meno schiocchezze!* moins de bêtises! **2** (*con valore neutro, in espressioni in cui è sottinteso il sost. 'denaro, prezzo, tempo'*) moins: *vendere, acquistare per meno* vendre, acheter moins cher, à meilleur marché; *spendere meno* dépenser moins; *costare meno* coûter moins cher; *l'ho avuto a meno* je l'ai eu pour moins, à meilleur marché; *ci vorrà non meno di un mese* il ne nous faudra pas moins d'un mois; *ho dovuto attendere meno di altre volte* j'ai dû attendre moins (longtemps) que d'habitude; *in meno di due giorni il lavoro sarà ultimato* en moins de deux jours le travail sera terminé; *ci ho lavorato non meno di tre giorni* je n'y ai pas travaillé moins de trois jours; *sarò di ritorno tra non meno di un mese* je serai de retour au minimum dans un mois; je ne serai pas de retour avant un mois au moins # *questo articolo si può avere anche per meno* on peut avoir cet article pour une moindre somme, à meilleur marché ◇ (*in altre espressioni il sost. sottinteso si determina dal contesto*) moins: *mangiare, bere meno* manger, boire moins; *meno di così non si poteva fare* on ne pouvait faire moins # *mi aspettavo meno da lui* je m'attendais à moins de sa part ◇ (*loc. avv.*) *in meno d'un baleno, in meno d'un amen, in men che non si dica* en moins de temps qu'il ne (n'en) faut pour le dire **II** (*sup. rel. di minoranza*) (*preceduto dall'art. det.*) [→ I 1] le moins: *spendere il meno possibile* dépenser le moins possible; *lavorare il meno possibile* travailler le moins possible; *cerca di affaticarti il meno possibile* tâche de te fatiguer le moins possible; *questo è il meno che gli poteva capitare* c'est le moins qu'il pouvait lui arriver # *abbiamo fatto il meno, ora ci resta il più* nous avons fait la plus petite part, à présent il nous reste à faire la plus grosse; *questo per me sarebbe il meno* ce serait la moindre des choses pour moi.

3 **méno** |'meno| **I** *s.m. inv.* **1** (*mat.*) moins: *il (segno del) meno* (—) le signe moins (—); *l'operazione è sbagliata, c'è un più invece di un meno* l'opération est fausse: il fallait un (signe) moins à la place d'un (signe) plus **2** I MENO [*la minoranza, il numero minore di persone*] une minorité (*s.f. sing.*): *gli assenti erano i meno* les absents ne constituaient q'une minorité; *in consiglio, i dissenzienti erano i meno* dans le conseil, les dissidents ne constituaient qu'une minorité ◇ (*loc.*) *dal più al meno* [*all'incirca*] à peu près, environ *avv.* ~ (*parlare*) *del più e del meno* [*di cose senza importanza, passando da un argomento all'altro*] parler de la pluie et du beau temps; dire des banalités ◇ (*prov.*) *i più tirano i meno* c'est la loi du nombre **II** *prep. impropria* [*eccetto, tranne, fuorché*] sauf, excepté: *accetterei qualsiasi incarico, meno questo* j'accepterais n'importe quelle charge sauf, excepté celle-ci, celle-ci exceptée; *il negozio è aperto tutti i giorni, meno il mercoledì* le magasin est ouvert tous les jours sauf, excepté le mercredi; *c'eravamo tutti, meno tu* nous y étions tous, sauf toi ◇ *loc.* MENO CHE sauf: *penso a tutto io, meno all'antipasto* je me charge de tout, sauf des hors-d'œuvre; *sei generoso con tutti, meno che con me* tu es généreux avec tout le monde, sauf avec moi, hors (*lett.*) moi **III** *loc. cong.* A MENO CHE, A MENO DI [*eccetto che, salvo che*] à moins que; à moins de: *ho deciso di portare la famiglia in montagna, a meno che mia moglie non preferisca rimanere a casa* j'ai décidé d'accompagner ma famille à la montagne, à moins que ma femme ne préfère rester à la maison (ne pas bouger); *la partenza è fissata per domani, a meno che non piova* le départ est pour demain, à moins qu'il ne pleuve ‖ *non lo farei mai, a meno di esservi costretto* je ne le ferais jamais, à moins d'y être contraint.

mènola |'mɛnola| *s.f.* (*t.zool.*) mendole.

menològio, i |meno'lɔdʒo, i| *s.m.* (*relig.*) ménologe.

menomaménte |menoma'mente| *avv.* → **minimamente.**

menomaménto |menoma'mento| *s.m.* (*raro*) → **menomazione.**

menomàre |meno'mare| **A** *v.tr.* [*causare una perdita o uno scadimento; diminuire, danneggiare*] diminuer, amoindrir: *una grave infezione gli ha menomato l'udito* une grave infection a diminué, amoindri son audition; *la vecchiaia sta menomando le sue forze* la vieillesse diminue ses forces # *è stato menomato da un infortunio* un accident l'a rendu infirme ◇ (*fig.*) *menomare la fama, il merito di qc.* nuire (75) à la réputation de qqn., diminuer le mérite de qqn. **B** *v.pron. intr.* MENOMARSI [*subire una diminuzione*] s'amoindrir: *le sue forze, con l'età, vanno menomandosi* ses forces, avec l'âge, s'amoindrissent.

menomàto |meno'mato| *agg.* [*che ha subito una diminuzione nell'integrità o nell'efficienza*] infirme: *è rimasto menomato in seguito a un incidente sul lavoro* il est resté infirme à la suite d'un accident du travail # *essere menomato nella vista* avoir une affection de la vue ◇ (*fig.*) *sentirsi menomato nella propria dignità, nei propri diritti* se sentir diminué dans sa réputation, ses droits.

menomazióne |menomat'tsjone| *s.f.* [→ MENOMARE] infirmité: *una menomazione fisica* une infirmité physique → **danno** ◇ (*fig.*) *quello smacco è stato per lui una menomazione del suo prestigio* cet échec a diminué son prestige → **diminuzione.**

mènomo |'mɛnomo| *agg.* (*lett.*) → **minimo.**

menopàusa |meno'pauza| *s.f.* (*fisiol.*) ménopause: *l'età della menopausa* l'âge de la ménopause.

menorragìa, gìe |menorra'dʒia, dʒie| *s.f.* (*med.*) ménorragie.

menorràgico, ci, ca, che |menor'radʒiko, tʃi, ka, ke| *agg.* ménorragique.

-menorrèa |menor'rɛa| *suff.* (*significa 'scorrere', corrisponde gener. a*) ménorrhée: *amenorrea* aménorrhée.

menorrèa |menor'rɛa| *s.f.* → **menorragia.**

mènsa |'mɛnsa| *s.f.* **1** [*tavola a cui ci si diede per mangiare*] table: *preparare, imbandire la mensa* mettre, dresser la table; *sedere a mensa* s'asseoir à table; *sparecchiare, levare la mensa* débarrasser la table ◇ (*loc. fig.*) *al levar delle mense* à la fin du repas ◇ (*liturg.*) table d'autel **2** (*per est.*) [*il pasto, le vivande*] table: *una mensa ricca, sontuosa, povera, frugale* une table bien garnie, somptueuse, pauvre, frugale ◇ (*liturg.*) *mensa eucaristica* sainte table → **comunione** **3** [*l'organizzazione che provvede alla preparazione e al servizio dei pasti; il locale dove si consumano i pasti*] cantine: *mensa aziendale, dello studente, ferrovieri* cantine d'une entreprise, des étudiants, des employés de chemin de fer # *mensa ufficiali, sottufficiali* mess des officiers, des sous-officiers; *mensa universitaria* restaurant universitaire **4** (*dir. eccl.*) *mensa vescovile* mense épiscopale.

menscevìco, chi, ca, che |menʃe'viko, ki, ka, ke| *agg.* menchevik: *la corrente menscevica* le courant menchevik ◆ (*s.*) *i menscevichi* les mencheviks.

mensile |men'sile| *agg.* **1** mensuel*: *abbonamento mensile* abonnement mensuel; *stipendio, salario mensile* appointements mensuels, salaire mensuel ◆ *s.m.* [*stipendio, retribuzione, salario*] mois, mensualité (*f.*): *riscuotere il mensile* toucher son mois, sa mensualité **2** [*che avviene ogni mese, una volta al mese*] mensuel: *rivista, periodico mensile* revue mensuelle, périodique mensuel; *controllo mensile* contrôle mensuel # *ciclo mensile* cycle menstruel ◆ *s.m.* [*pubblicazione che esce una volta al mese*] publication *f.* mensuelle: *abbonarsi ad un mensile* s'abonner à une publication mensuelle.

mensilità |mensili'ta| *s.f. inv.* **1** (*bur.*) mois (*m.*): *tredicesima mensilità* treizième mois; *deve riscuotere due mensilità arretrate* il doit toucher deux mois arriérés **2** [*periodicità mensile*] mensualité (*var.*): *la mensilità di un pagamento, di una pubblicazione* la mensualité d'un paiement, d'une publication.

mensilizzàre |mensilid'dzare| *v. tr.* [*rendere mensile* (*uno stipendio*)] mensualiser.

mensilizzazióne |mensiliddzat'tsjone| *s.f.* [→ MENSILIZZARE] mensualisation.

mensilménte |mensil'mente| *avv.* [→ MENSILE 2] mensuellement.

mènsola |'mɛnsola| *s.f.* **1** (*arch.*) console, corbeau *m.* **2** [*tavoletta, ripiano per arredare o per sostenere oggetti vari*] tablette: *la mensola del telefono* la tablette du téléphone **3** *la mensola dell'arpa* la console de la harpe.

mènstruo |'mɛnstruo| *e deriv.* → **mestruo** *e deriv.*

mensuàle |mensu'ale| *e deriv.* → **mensile** *e deriv.*

ménta |'menta| *s.f.* **1** (*t.bot.*) menthe ~ *menta d'acqua* → **mentastro** ~ *menta piperita, inglese* menthe poivrée, anglaise ~ *menta selvatica* menthe sauvage **2** *essenza di menta* essence de menthe ◇ (*per est.*) [*i prodotti aromatizzati con tale essenza*] *caramelle, pasticche di menta* bonbons à la menthe, pastilles de menthe; *liquore di menta glaciale* sirop de menthe glacée; *bere una menta* boire une menthe.

1 **mentàle** |men'tale| *agg.* **1** mental*: *facoltà mentali* facultés mentales; *malattie mentali* maladies mentales **2** [*eseguito, effettuato nella mente* (*senza parlare*)] mental: *calcolo mentale* calcul mental; *orazione mentale* prière mentale; *riserva mentale* restriction mentale.

2 **mentàle** |men'tale| *agg.* (*raro*) → **mentoniero.**

mentalità |mentali'ta| *s.f. inv.* mentalité (*var.*): *mentalità infantile, gretta* mentalité infantile, étroite; *la tipica mentalità dello studente* la mentalité typique de l'étudiant # *mentalità aperta* esprit ouvert ◇ (*nelle escl., esprime un giudizio negativo*) *che mentalità!* quelle mentalité!; *ma guarda un po' che razza di mentalità!* ça alors, quelle drôle de mentalité!

mentalménte |mental'mente| *avv.* **1** [→ 1 MENTALE 1] mentalement # *è un ragazzo ancora mentalmente immaturo* c'est un garçon qui manque de maturité (mentale) **2** [→ 1 MENTALE 2] mentalement: *fare un calcolo mentalmente* faire un calcul mental (*corr.*); faire mentalement un calcul.

mentàstro |men'tastro| *s.m.* (*t. bot.*) menthe *f.* sauvage, baume des champs.

-ménte |'mente| *suff.* (*si aggiunge al f. degli agg. per formare gli avv. di qualità, corrisponde gener. a*) ment: *chiaramente* clairement; *brevemente* brièvement ◇ (*si aggiunge al tema dell'agg. se questo termina in '-le, -re' preceduti da voc.*) *facilmente* facilement; *regolarmente* régulièrement.

ménte |'mente| *s.f.* **1** [*le facoltà intellettive e razionali dell'uomo*] esprit *m.*; imagination: *una mente aperta, vivace, chiusa, ottusa* un esprit ouvert, vivace, borné, obtus; *una mente speculativa, fantastica* un esprit spéculatif, imaginatif; *la potenza, la profondità della mente* la puissance, la profondeur de l'esprit; *ristrettezza di mente* étroitesse d'esprit; *l'educazione della mente e del corpo* l'éducation, l'exercice de l'esprit et du corps; *affaticare, riposare la mente* fatiguer, reposer l'esprit; *avere la mente sconvolta dal dolore* avoir l'esprit dérangé par la douleur; *uscire, essere fuori di mente* [*diventare, essere pazzo*] perdre l'esprit, la raison → **senno, ragione** ‖ *quel ragazzo ha una mente troppo fervida* ce garçon a une imagination trop vive → **immaginazione, fantasia** # *malato di mente* aliéné mental; *tale decisione andava presa a mente riposata e fresca* une telle décision devait être prise à tête reposée; *devi ragionare con la mente e non con il cuore* tu dois raisonner avec ta tête et non avec ton cœur ◇ (*per anton.*) *la mente eterna, suprema, infinita* [*Dio*] l'esprit éternel, suprême, infini ◇ (*loc. fig.*) *essere nella mente di Dio* être encore dans l'œuf **2** (*per est.*) [*la persona stessa*] esprit: *una bella, una nobile mente* un bel, un noble esprit; *una mente aperta al vero e al bello* un esprit ouvert à la vérité et à la beauté; *è la mente direttiva di questa azienda* c'est l'esprit directeur de cette entreprise **3** [*sede in cui ha luogo l'attività del pensiero*] esprit, tête: *tormentarsi, lambiccarsi la mente* se tourmenter, se tourturer l'esprit; *avere la mente in tumulto* avoir l'esprit agité; *dissi la prima cosa che mi venne in mente* je dis la première chose qui me vint à l'esprit; *non gli venne in mente di guardare in macchina* il ne lui est pas venu à l'esprit de, il n'eut pas l'idée de regarder dans la voiture; *non t'è venuto in mente che poteva essere stato proprio lui?* il ne t'est pas venu à l'esprit que cela pouvait être justement lui?; *la malattia gli ha offuscato la mente* la maladie lui a troublé l'esprit; *mille idee mi si affollavano nella mente* mille idées se pressaient dans ma tête; *dice tutto ciò che le passa per la mente* elle dit tout ce qui lui passe par la tête # *cosa ti salta, ti frulla in mente?* qu'est-ce qui te prend? **4** [*l'attenzione*] attention, esprit: *rivolgere, applicare la mente a q.c.* tourner, appliquer son attention à qqch.; *levare, innalzare la mente a Dio* lever, élever son esprit vers Dieu; *avere la mente altrove* avoir l'esprit ailleurs # *fare mente locale* se faire à une idée **5** [*volontà, proposito, intenzione*] intention, tête: *avere in mente una cosa* avoir l'intention de; *cos'hai in mente di fare ora?* qu'est-ce que tu as l'intention de faire, maintenant?; *mettersi, ficcarsi in mente q.c.* se mettre qqch. en tête; se fourrer qqch. dans la tête; *levatelo pure dalle mente!* ôte-toi ça de la tête! ◇ *loc. bur.* A MENTE DI [*in conformità di, secondo*] *a mente dell'articolo di legge...* en conformité avec l'article de loi... **6** [*memoria*] esprit, tête: *ho sempre scolpiti nella mente i suoi consigli* j'ai toujours ses conseils gravés dans mon esprit; *mi è fuggito, uscito di mente* cela m'est sorti de la tête, de l'esprit, je l'ai oublié; *mettiti bene in mente quanto ti dico* mets-toi bien dans la tête ce que je te dis # *sapere, imparare a mente* savoir, apprendre par cœur; *tornare in, alla mente* se rappeler; *avere, tenere a mente* se souvenir (de).

mentecàtto |mente'katto| *agg.* (*spec. con valore di ingiuria o di disprezzo*) [*infermo di mente; deficiente, idiota*] fou*, idiot ◆ (*s.*) *un mentecatto* un fou, un idiot; *sei una mentecatta!* tu es une folle, une idiote!

mentìna |men'tina| *s.f.* pastille de menthe.

mentire |men'tire| **A** *v.intr.* (*aus. 'avere'*) (*sogg. di persona*) [*affermare consapevolmente il falso*] mentir (21): *mentire spudoratamente* mentir impudemment; *è un ragazzo non abituato a mentire* c'est un garçon qui n'a pas l'habitude de mentir; *menti se dici di non esserne a conoscenza!* tu mens si tu dis n'en pas avoir connaissance ◇ (*sogg. di cosa*) [*essere ingannevole, falso*] *le tue parole e i tuoi occhi mentono* tes paroles et tes yeux mentent **B** *v.tr.* (*raro*) [*alternare, simulare*] déguiser (*lett.*), altérer (8): *mentire il vero* déguiser, altérer la vérité; *mentire un particolare, una circostanza* déguiser un détail, une circonstance.

mentismo |men'tizmo| *s.m.* (*psicol.*) mentisme.

mentito |men'tito| *agg.* (*solo nella loc.*) *sotto mentite spoglie*: (*pr.*) [*travestito, camuffato*] sous de fausses apparences; (*fig.*) [*con qualifica falsa*] faux* *agg.*

mentitóre, trice |menti'tore, tri'tʃe| *s.* [*chi mente*] menteur*: *quella donna è una spudorata mentitrice* cette femme est une impudente menteuse; cette femme ment impudemment → **impostore.**

ménto |'mento| *s.m.* (*anat., corr.*) menton: *mento prominente, quadrato, a punta* menton avancé, carré, pointu; *doppio mento* → **pappagorgia** ◇ (*scherz.*) *l'onor del mento* → **barba.**

mentòlo |men'tɔlo| *s.m.* (*chim.*) menthol.

mentonése |mento'nese| *agg.* [*di Mentone*] mentonnais.

mentonièra |mento'njɛra| *s.f.* mentonnière.

mentonièro |mento'njɛro| *agg.* (*raro, anat.*) mentonnier* (*corr.*): *eminenza mentoniera* éminence, saillie mentonnière.

mèntore |'mɛntore| *s.m.* mentor: *fare il* (*da*) *mentore* servir de mentor → **consigliere, guida.**

mentovàre |mento'vare| *v.tr.* (*lett.*) → **menzionare, rammentare, nominare.**

méntre |'mentre| **I** *cong.* **1** (*con l'indic. pres. o imperf.*) [*nel momento, nel tempo in cui, intanto che*] pendant que, alors que: *mentre mangia, legge il giornale* pendant qu'il mange, il lit le journal; *mentre parlavo mi guardava* il me regardait pendant que je parlais; *tutto questo è successo mentre io ero in ufficio* tout cela est arrivé pendant que j'étais au bureau; *mentre uscivo di casa, squillò il telefono* le téléphone sonna alors que je sortais ◇ (*lett.*) (*con l'indic. o il congv.*) [*finché, per tutto il tempo che*] tant que (+ *congv.*) **2** (*con valore avv., con il cond. e, raro, con l'indic.*) [*e invece, laddove*] alors que, tandis que: *le ha telefonato, mentre avrebbe fatto meglio a dimenticarla* il lui a téléphoné, alors que, tandis qu'il aurait mieux fait de l'oublier; *questo romanzo è molto bello, mentre l'altro non vale niente* ce roman est très beau, alors que l'autre ne vaut rien; *hai agito impulsivamente, men-*

tre era opportuno prima riflettere tu as agi d'une façon impulsive, alors qu'il aurait fallu commencer par réfléchir **II** *s.m. nella loc. avv.* IN QUESTO, IN QUEL MENTRE [*proprio in questo, in quel momento*] à ce moment-là, sur ces entrefaites, au moment où: *stavo entrando in casa, in quel mentre sentii squillare il telefono* je rentrais (à la maison) quand, à ce moment-là, sur ces entrefaites, j'ai entendu sonner le téléphone; au moment où, comme je rentrais à la maison, j'ai entendu sonner le téléphone.

mentùccia, ce |men'tuttʃa, tʃe| *s.f.* (*region.*) → **nepitella.**

'menu' |məny| *s.m. inv.* **1** menu *var.* **2** (*per est.*) [*le vivande*] menu: *è stato servito un pranzo con un 'menu' succulento* le menu du déjeuner que l'on a servi était succulent.

menzionàre |mentsjo'nare| *v.tr.* [*far menzione, nominare, citare*] mentionner, citer: *menzionare un'opera, un avvenimento storico* mentionner, citer une œuvre, un événement historique; *nel suo articolo non viene mai menzionato l'autore del romanzo* dans son article il ne mentionne jamais le nom de l'auteur du roman.

menzionàto |mentsjo'nato| *agg.* [*ricordato, nominato*] mentionné (*p.p.*): *l'autore e l'articolo menzionati mi sono sconosciuti* l'auteur et l'article mentionnés me sont inconnus.

menzióne |men'tsjone| *s.f.* mention: *menzione onorevole* mention honorable; *nelle sue memorie non si fa menzione di tale avvenimento* dans ses mémoires il ne fait pas mention de cet événement, il ne mentionne pas cet événement-là # *un artista, un romanzo degno di menzione* un artiste, un roman dignes d'être mentionné → **citazione.**

menzógna |men'tsoɲɲa| *s.f.* mensonge (*m.*): *è una spudorata menzogna!* c'est un mensonge impudent → 1 **bugia**; *le sue affermazioni son tutte menzogne* ses affirmations sont autant de mensonges [C] **verità.**

menzognèro |mentsoɲ'ɲɛro| *agg.* [*che dice menzogne*] menteur*; mensonger*: *un uomo, un testimone menzognero* un homme menteur, un faux témoin → **bugiardo** ‖ *speranze menzognere* espoirs mensongers, faux espoirs → **fallace, illusorio**; *promesse menzognere* promesses mensongères → **falso** [C] **veritiero.**

mèo |'mɛo| *agg.* (*arc.*) → 1 **mio.**

meònio, i |me'ɔnjo, i| *agg.* (*lett.*) [*della Meonia*] de la Méonie *loc. inv.*, méonide ◇ *il vate meonio* [*Omero*] le chantre ionien; le chantre de Méonie.

meraménte |mera'mente| *avv.* [→ MERO 1] purement, simplement.

meravìglia |mera'viʎʎa| *s.f.* **1** [*sentimento improvviso di viva* (*e piacevole*) *sorpresa*] étonnement *m.*, surprise: *destare, suscitare meraviglia* causer, susciter de l'étonnement, de la surprise; *gli sfuggì un'esclamazione di meraviglia* il lui échappa une exclamation de surprise; *con sua somma meraviglia s'accorse d'essere al centro dell'attenzione generale* à son grand étonnement, à sa grande surprise il s'aperçut qu'il était au centre de l'attention générale # *non fa meraviglia che tutti lo evitino* il n'y a rien d'étonnant à ce que tout le monde l'évite; *provare meraviglia* s'étonner, s'émerveiller ◇ *loc.* FARSI MERAVIGLIA DI Q.C. [*meravigliarsi, stupirsi*] s'étonner, s'émerveiller de qqch.: *oramai non mi fo meraviglia più di niente* désormais, plus rien ne m'étonne, ne m'émerveille → **scandalizzar(si)** ~ FAR MERAVIGLIA [*stupire*] surprendre, être stupéfiant: *fa meraviglia la sua imperturbabilità di fronte ad ogni evento* son imperturbabilité devant n'importe quel événement me surprend, est stupéfiante; (*in espressioni iron. o di risentimento*) *mi fa meraviglia che tu sia sincero!* cela m'étonne que tu sois sincère!; *mi fa meraviglia, signore, la sua insolenza!* je m'étonne, monsieur, de votre insolence! ~ FARE LE MERAVIGLIE [*esprimere stupore, meraviglia*] être (43) étonné, surpris, stupéfait: *mi sorprende che tu faccia tante meraviglie* cela me surprend que tu sois si étonné, si surpris, si stupéfait **2** [*persona o cosa che suscita profonda meraviglia*] merveille: *che meraviglia quella ragazza!* quelle merveille cette fille!; *quel quadro è una meraviglia!* ce tableau est une merveille; *suona e canta che è una meraviglia* il joue et chante à merveille; *le meraviglie del creato* les merveilles de la création; *le sette meraviglie del mondo* les sept merveilles du monde ◇ (*loc.*) *fare, raccontare meraviglie* [*cose straordinarie*] faire, raconter des merveilles ~ *dire meraviglie di qc. o di q.c.* [*tessere grandi lodi*] dire merveilles de qqn., de qqch.; chanter les louanges de qqn., de qqch. ~ *l'ottava meraviglia* la huitième merveille du monde; (*spec. iron. o scherz.*) *questa tua trovata si che è l'ottava meraviglia!* ta trouvaille est vraiment la huitième merveille du monde! **3** *loc. avv.* A MERAVIGLIA [*perfettamente, ottimamente*] à merveille: *tutto procede a meraviglia* tout va à merveille.

meravigliàre |meraviʎ'ʎare| **A** *v.tr.* [*destare sorpresa e meraviglia; stupire*] étonner, surprendre (73): *ha meravigliato tutti per la sua bravura* son habileté a étonné, surpris tout le monde; *non mi meraviglia affatto il suo contegno* sa conduite ne m'étonne nullement ✦ (*ass.*) *il suo fallimento non può non meravigliare* sa faillite ne peut que surprendre; *non vedo perché la cosa debba meravigliare* je ne vois pas en quoi la chose doive surprendre **B** *v.intr.* (*aus. 'essere'*) (*lett.*) [→ *pron.*] **C** *v.pron. intr.* MERAVIGLIARSI [*provare meraviglia*] s'étonner, s'émerveiller: *tutti si meravigliano della sua vittoria* tout le monde s'étonne, s'émerveille de sa victoire; *non c'è affatto da meravigliarsi se la cosa si è risolta così* il n'y a pas de quoi s'étonner si la chose s'est terminée ainsi ◇ (*come espressione di 'biasimo, sdegno'*) *mi meraviglio di voi!* cela m'étonne de vous!; *come osa parlarmi così?, mi meraviglio!* comment osez-vous me parler ainsi?, cela m'étonne de vous!

meravigliàto |meraviʎ'ʎato| *agg.* [*stupito, sorpreso*] étonné, surpris (*p.p.*): *rimanemmo meravigliati del suo strano comportamento* nous restâmes étonnés, surpris devant son comportement bizarre.

meravigliosaménte |meraviʎʎosa'mente| *avv.* [→ MERAVIGLIOSO] merveilleusement: *uno spettacolo meravigliosamente bello* un spectacle merveilleusement beau; *un graffito preistorico meravigliosamente conservato* un graffiti préhistorique merveilleusement bien conservé.

meraviglióso |meraviʎ'ʎoso| (*region., lett.*) **1** *agg.* merveilleux*: *uno spettacolo, un paesaggio meraviglioso* un spectacle, un paysage merveilleux ◇ (*per est.*) *un artista, un atleta meraviglioso* un artiste, un athlète exceptionnel, remarquable; *un quadro, un romanzo, un film meraviglioso* un tableau, un roman, un film merveilleux; *ha due occhi meravigliosi* elle a des yeux splendides **2** *s.m.* [*ciò che suscita meraviglia*] merveilleux: *ha comperato una splendida villa e il meraviglioso è che ha speso pochissimo* il a acheté une splendide villa et le (plus) merveilleux c'est qu'il a dépensé très peu ◇ [*gli eventi straordinari in un'opera d'arte*] *il meraviglioso nei poemi omerici* le merveilleux des poèmes d'Homère.

mercànte |mer'kante| *s.m.* marchand (*s.*): *mercante di schiavi* marchand d'esclaves → **negriero**; *i mercanti medievali* les marchands du moyen âge → **commerciante** ◇ (*loc. fig.*) *fare orecchi da* (*di*) *mercante* faire la sourde oreille ◇ (*con valore spreg.*) *avere un animo, una mentalità da mercante* avoir une âme, une mentalité mercantile; *sono dei mercanti, non pensano che ai loro interessi!* ce sont des affairistes, ils ne pensent qu'à leurs intérêts.

mercanteggiaménto |merkantedd͡ʒa'mento| *s.m.* le fait de trafiquer: *mercanteggiamento di voti* le fait de trafiquer des voix.

mercanteggiàre |merkanted'd͡ʒare| **A** *v.intr.* (*aus. 'avere'*) (*raro*) → **commerciare** ◇ (*loc. fig.*) *mercanteggiare su q.c.* [*specularvi sopra*] spéculer sur qqch. ✦ (*ass.*) *mercanteggiare* (*sul prezzo*) [*contrattare per avere uno sconto*] marchander (sur le prix): *è incapace di mercanteggiare, quindi compera in negozi a prezzi fissi* incapable de marchander, il achète dans les magasins à prix fixes **B** *v.tr.* (*fig.*) [*fare oggetto di commercio beni e valori non venali*] mercantiliser: *mercanteggiare il proprio onore, la propria dignità* mercantiliser son honneur, sa dignité # *mercanteggiare i voti* trafiquer des voix.

mercantésco, chi, ca, che |merkan'tesko, ki, ka, ke| *agg.* **1** (*spreg.*) [*da mercante*] de marchand *loc. inv.*, mercantile: *avidità mercantesca* avidité mercantile **2** → **mercantile.**

mercantéssa |merkan'tessa| *s.f.* (*arc., scherz.*) **1** [*donna che esercita la mercantura*] marchande (*corr.*) **2** (*per est.*) femme du marchand.

mercantile |merkan'tile| *agg.* **1** (*raro*) [*relativo al commercio*] commercial*: *attività mercantile* activité commerciale; *diritto mercantile* droit commercial → **commerciale** **2** [*dei mezzi e degli impianti marittimi destinati a scopi pacifici*] marchand, de commerce (*loc. inv.*): *porto mercantile* port marchand, de commerce; *marina mercantile* marine marchande; *nave, bastimento mercantile* navire, bateau (bâtiment) marchand ✦ (*s.m.*) *un mercantile* un navire marchand *agg.*, un cargo **3** [*proprio dei mercanti*] mercantile: *spirito, mentalità mercantile* esprit, mentalité mercantile.

mercantilismo |merkanti'lizmo| *s.m.* **1** (*econ.*) mercantilisme **2** (*raro*) [*mentalità da mercante*] mercantilisme (*lett.*, *pegg.*).
mercantilista |merkanti'lista| *s.* mercantiliste *m.*
mercantilistico, ci, ca, che |merkanti'listiko, tʃi, ka, ke| *agg.* mercantiliste: *teoria, economia mercantilistica* théorie, économie mercantiliste.
mercantilménte |merkantil'mente| *avv.* (*raro*) [→ MERCANTILE 3] mercantilement.
mercanzìa |merkan'tsia| *s.f.* **1** [*merce*] marchandise: *un negozio pieno di mercanzia pregiata* un magasin plein de marchandise de valeur; *esporre, vendere la propria mercanzia* exposer, vendre sa marchandise ◇ (*loc. fig.*) *saper vendere la propria mercanzia* faire valoir sa marchandise **2** (*spreg., fam.*) [*roba*] camelote.
mercaptàno |merkap'tano| *s.m.* (*chim.*) mercaptan.
1 **mercàre** |mer'kare| *v.tr. e intr.* (*aus.* 'avere') (*arc., lett.*) → **mercanteggiare, commerciare.**
2 **mercàre** |mer'kare| *v.tr.* (*region.*) [*marcare il bestiame*] marquer (*corr.*).
mercatànte |merka'tante|, (*raro*) **mercadànte** |merka'dante| *s.* (*arc.*) → **mercante.**
mercatìstica, che |merka'tistika, ke| *s.f.* (*raro*) → **marketing.**
mercatìno |merka'tino| *s.m.* petit marché: *mercatino di frutta e verdura* petit marché des fruits et légumes.
mercàto |mer'kato| *s.m.* **1** [*luogo adibito alla vendita di merci*] marché: *mercato rionale, centrale* marché du quartier, central; *la piazza del mercato* la place du marché; *mercato all'aperto, coperto* marché à ciel ouvert, couvert; *mercato ortofrutticolo* marché des fruits et légumes; *mercato del pesce, della carne, dei fiori* marché aux poissons, de la viande, aux fleurs; *andare al mercato* aller au marché; *fare la spesa al mercato* faire les courses au marché ◇ [*la riunione periodica dei venditori e compratori*] *mercato settimanale, mensile* marché hebdomadaire, mensuel; *giorno di mercato* jour de marché; *in questa città il venerdì c'è un grande mercato di bestiame* dans cette ville le vendredi il y a un grand marché aux bestiaux ◇ (*loc. fig.*) *che cos'è questo mercato?* [*chiasso, confusione*] qu'est-ce que cette foire, ce vacarme? ~ *chi è che fa questo mercato?* qui est-ce qui fait ce vacarme du diable? **2** [*scambio di beni economici*] marché: *mercato finanziario, monetario, immobiliare, obbligazionario* marché financier, monétaire, immobilier, d'obligations; *mercato nazionale, estero, mondiale* marché national, étranger, mondial; *Mercato Comune* (*Europeo*) Marché Commun; *mercato del bestiame, dei preziosi, delle automobili usate* marché aux bestiaux, des métaux précieux, des voitures d'occasion; *analisi di mercato* analyse, étude de marché ◇ (*in riferimento alle modalità di scambio*) *mercato all'ingrosso, al minuto* marché en gros, au détail; *mercato libero, regolato* marché libre, réglementé; *mercato nero* marché noir → **clandestino**; *economia di mercato* économie de marché; *leggi di mercato* lois de marché ◇ (*in riferimento all'andamento dello scambio*) *mercato fermo, sostenuto, calmo* marché ferme, soutenu, calme # *vendere a prezzo di mercato* vendre au prix courant ◇ (*loc.*) *sotto mercato* [*a un prezzo inferiore a quello corr.*] au-dessous du prix courant ◇ *loc.* A BUON MERCATO: (*pr., fig.*) à bon marché: *un prestigio conseguito a buon mercato* un prestige acquis à bon marché; *se l'è cavata a buon mercato* elle s'en est tirée à bon marché **3** (*fig.*) [*commercio, traffico illecito*] *mercato di voti* commerce illicite; *far mercato del proprio corpo, del proprio onore, della propria coscienza* vendre son corps, son honneur, sa conscience.
mercatùra |merka'tura| *s.f.* (*ant.*) → **commercio.**
mèrce |'mɛrtʃe| *s.f.* [*bene economico mobile che sia oggetto di scambio*] marchandise: *merce di buona qualità, di scarto* marchandise de bonne qualité, de rebut; *merce di contrabbando* (marchandise de) contrebande; *fattura, inventario delle merci* facture, inventaire des marchandises; *imballare, spedire, ritirare una merce* emballer, envoyer, retirer une marchandise # *merci nazionali, estere* produits indigènes, nationaux, étrangers ◇ (*fig.*) *la virtù oggigiorno è una merce rara* la vertu de nos jours est une denrée rare ✦ *agg. inv. al plur.* (*posposto al sost.*) marchandises (*s.f.*): *scalo merci* gare de marchandises; *vagone merci* wagon de marchandises; *un* (*treno*) *merci* un train de marchandises; *Borsa merci* Bourse de marchandises.
mercé |mer'tʃe| *s.f. inv.* **1** [*aiuto, grazia, pietà*] grâce *var.*, pitié (*var.*): *chiedere, implorare, gridare mercé* demander, implorer, crier grâce, pitié ◇ (*come invocazione*) *o Dio, mercé, mercé di noi!* ô Dieu, (ayez) pitié de nous! ◇ (*loc. prep.*) *mercé mia* (*tua, sua, loro*) grâce à moi (à toi, à lui, à eux) ~ *mercé di Dio* grâce à Dieu ~ *è riuscito mercé l'aiuto di un amico influente* il a réussi grâce à l'aide d'un ami influent **2** [*arbitrio, discrezione*] merci: *essere alla mercé della fortuna, di Dio* être à la merci du destin, de Dieu; *si rimise alla mercé dei vincitori* il s'en remit à la merci des vainqueurs ◇ [*caso, fortuna*] chance (*var.*): *fu gran mercé se ebbe salva la vita* ce fut tout juste et par grande chance qu'il eut la vie sauve **3** (*arc.*) → **ricompensa, premio.**
mercède |mer'tʃɛ(e)de| *s.f.* **1** [*retribuzione, compenso*] rétribution, salaire (*m.*): *dare, ricevere la giusta mercede* donner, recevoir une juste rétribution, un juste salaire → **paga, salario** ◇ (*arc.*) → **ricompensa, premio** **2** (*arc.*) → **pietà, grazia.**
mercenàrio, i |mertʃe'narjo, i| *agg.* **1** mercenaire: *soldati mercenari* soldats mercenaires; *truppe, armi mercenarie* troupes, armes mercenaires ✦ (*s.m.*) *un mercenario* un mercenaire: *un esercito di mercenari* une armée de mercenaires **2** (*spreg.*) [*che mira solo al profitto*] mercenaire: *spirito, animo mercenario* esprit mercenaire → **venale**; *uno scrittore, un critico mercenario* un écrivain, un critique mercenaire.
mercenarìsmo |mertʃena'rizmo| *s.m.* **1** (*st.*) mercenarisme: *il mercenarismo antico, rinascimentale* le mercenarisme antique, de la Renaissance **2** (*spreg.*) [*spirito mercenario, venale*] mercenarisme: *il mercenarismo di un artista, di un giornalista* le mercenarisme d'un artiste, d'un journaliste → **venalità.**
merceologìa, gìe |mertʃeolo'dʒia, dʒie| *s.f.* [*lo studio della produzione, delle proprietà, del valore comm. delle merci*] technologie commerciale ◇ (*come materia d'insegnamento*) *cattedra, esame di merceologia* chaire, examen de technologie.
merceològico, ci, ca, che |mertʃeo'lɔdʒiko, tʃi, ka, ke| *agg.* concernant la technologie commerciale: *indagine merceologica* recherche concernant la technologie commerciale.
merceòlogo, gi |mertʃe'ɔlogo, dʒi| *s.* expert *m.* en technologie commerciale.
mercerìa |mertʃe'ria| *s.f.* mercerie: *aprire un nuovo negozio di merceria* ouvrir un nouveau magasin de mercerie ◇ *al plur.* [*gli articoli per lavori di cucito*] mercerie (*sing.*): *un deposito di mercerie* un dépôt de mercerie.
mercerizzàre |mertʃerid'dzare| *v. tr.* (*tess.*) [*immergere il tessuto in una soluzione di soda caustica*] merceriser.
mercerizzàto |mertʃerid'dzato| *agg.* mercerisé (*p.p.*): *cotone mercerizzato* coton mercerisé.
mercerizzatrìce |mertʃeriddza'tritʃe| *s.f.* (*tecnol.*) merceriseuse.
mercerizzazióne |mertʃeriddzat'tsjone| *s.f.* [→ MERCERIZZARE] mercerisage *m.*
mèrci |'mɛrtʃi| *s.m. e agg. inv.* → **merce.**
merciàio, i |mer'tʃajo, i| *s.* [*chi vende mercerie*] mercier*: *una bottega di merciaio* une boutique de mercier; *fare la merciaia* être mercière # *un merciaio ambulante* un colporteur.
merciai(u)òlo |mertʃa'j(w)ɔlo| *s.* (*raro*) → **merciaio.**
mercificàre |mertʃifi'kare| *v.tr.* [*svalutare, ridurre a merce beni e valori non comm.*] *mercificare l'arte, la cultura* faire (45) trafic d'art, de culture.
mercificazióne |mertʃifikat'tsjone| *s.f.* [→ MERCIFICARE] *la mercificazione della cultura, dei rapporti umani* le trafic *m.* de la culture, des rapports humains.
mercimònio, i |mertʃi'mɔnjo, i| *s.m.* [*traffico illecito e riprovevole di beni e valori non venali*] commerce illicite, trafic # *fa mercimonio della giustizia, della propria coscienza* il trafique la justice, il vend sa conscience.
mercoledì |merkole'di|, (*pop.*) **mercoldì** |merkol'di| *s.m. inv.* [*terzo giorno della settimana*] mercredi (*var.*): *tutti i mercoledì sera vado al cinema* tous les mercredis soirs je vais au cinéma; *è arrivato di mercoledì* il est arrivé un mercredi ◇ (*liturg.*) *mercoledì delle Ceneri* mercredi des Cendres.
mercorèlla |merko'rɛlla|, **marcorèlla** |marko'rɛlla| *s.f.* mercorelle.
1 **mercuriàle** |merku'rjale| *agg.* (*farm., med.*) mercuriel*: *unguento mercuriale* pommade mercurielle, au mercure; *malattie mercuriali* maladies mercurielles.
2 **mercuriàle** |merku'rjale| *s.f.* [*listino ufficiale dei prezzi delle merci*] mercuriale.
3 **mercuriàle** |merku'rjale| *s.f.* → **mercorella.**

4 **mercuriàle** |merku'rjale| *agg.* → **mercuriano.**
mercurialìsmo |merkurja'lizmo| *s.m.* (*med.*) hydrargyrisme, hydrargyrie *f.*, hydrargyrose *f.*
mercuriàno |merku'rjano| *agg.* [*di Mercurio, relativo al pianeta Mercurio*] mercurial*, de Mercure (*loc. inv.*): *il moto mercuriano* le mouvement de Mercure; *l'atmosfera mercuriana* l'atmosphère de Mercure ♦ (*s.m.*) *i Mercuriani* [*ipotetici abitanti di Mercurio*] les habitants de Mercure.
mercùrico, ci, ca, che |mer'kuriko, tʃi, ka, ke| *agg.* mercurique: *un composto mercurico* un composé mercurique.
mercurìfero |merku'rifero| *agg.* [*che contiene mercurio*] mercuriel*: *minerali, terreni mercuriferi* minéraux, terrains mercuriels.
mercùrio, i |mer'kurjo, i| *s.m.* (*chim.*) mercure.
mercurocròmo |merkuro'krɔmo| *s.m.* (*farm.*) mercurochrome.
mercuróso |merku'roso| *agg.* mercureux*: *composti mercurosi* composés mercureux.
mèrda |'mɛrda| **1** *s.f.* (*volg.*) merde → **escremento** ◇ (*fig.*) [*cosa o persona spregevole*] merde **2** *inter.* (*esprime 'un netto rifiuto'*) merde: *'mi paghi un gelato?' 'merda!'* 'tu me paies une glace?' 'merde!'
merdàio, i |mer'dajo, i| *s.m.* (*volg.*) merdier ◇ (*fig.*) [*ambiente o situazione moralmente disgustosa*] merdier, porcherie.
merdóso |mer'doso| *agg.* (*volg.*) merdeux*.
merènda |me'rɛnda| *s.f.* **1** [*spuntino tra il pranzo e la cena*] goûter *m.* # *fare merenda* goûter *v.intr.* ◇ (*prov.*) *questo c'entra come i cavoli a merenda* cela n'a rien à voir là-dedans; cela vient comme de la moutarde après dîner **2** [*cibi per tale refezione*] goûter: *portarsi la merenda* emporter son goûter.
merendàre |meren'dare| *v.intr.* (*aus. 'avere'*) (*raro*) [*far merenda*] goûter (*corr.*).
meretrice |mere'tritʃe| *s.f.* (*lett.*) → **prostituta.**
meretrìcio, i |mere'tritʃo, i| *s.m.* (*lett.*) → **prostituzione.**
mèrgo, ghi |'mɛrgo, gi| *s.m.* (*raro*) → **smergo.**
mericismo |meri'tʃizmo| *s.m.* (*med.*) mérycisme.
meridiàna |meri'djana| *s.f.* **1** (*astron.*) méridienne **2** [*orologio solare*] cadran *m.* solaire: *meridiana a muro, a terra* cadran solaire sur un mur, sur le sol.
meridiàno |meri'djano| *agg.* **1** méridien* (*lett.*), de midi (*loc. inv.*): *le ore meridiane* les heures méridiennes; *il sole meridiano* le soleil méridien, de midi; *il caldo meridiano* la chaleur de midi, méridienne **2** (*astron., geogr.*) *la* (*linea*) *meridiana* la (ligne) méridienne ♦ (*s.m.*) *i meridiani* les méridiens: *meridiano terrestre, celeste, magnetico* méridien terrestre, céleste, magnétique.
meridie |me'ridje| *s.f. inv.* (*raro*) → **mezzogiorno.**
meridionàle |meridjo'nale| *agg.* **1** méridional*, du Sud (*loc. inv.*): *l'Italia, l'America meridionale* l'Italie méridionale, du Sud, l'Amérique du Sud; *la zona meridionale di una città* la zone méridionale d'une ville # *il versante meridionale delle Alpi* le versant sud des Alpes; *la Francia meridionale* le Midi de la France ◇ [*proveniente da sud*] du sud, du midi: *venti meridionali* vents du sud, du midi **2** *ass.* [*proprio, caratteristico dell'Italia del sud*] méridional: *accento meridionale* accent méridional; *operaio meridionale* ouvrier méridional ♦ (*s.*) *i meridionali* les méridionaux: *molti sono i meridionali che vivono a Milano* il y a beaucoup de méridionaux, d'hommes du midi qui vivent à Milan; *ha sposato una meridionale* il a épousé une méridionale [C] **settentrionale.**
meridionalìsmo |meridjona'lizmo| *s.m.* **1** (*ling., corr.*) expression *f.* méridionale **2** (*polit., corr.*) problèmes de l'Italie du Sud, de l'Italie méridionale.
meridionalìsta |meridjona'lista| *s.* expert *m.* des problèmes de l'Italie méridionale.
meridionalìstico, ci, ca, che |meridjona'listiko, tʃi, ka, ke| *agg.* de l'Italie du Sud (*loc. inv.*): *problemi meridionalistici* problèmes de l'Italie du Sud, de l'Italie méridionale.
meridionalizzàre |meridjonalid'dzare| **A** *v.tr.* [*far assumere caratteristiche e abitudini tipiche del meridione*] donner des caractères méridionaux: *meridionalizzare la lingua, la cultura* donner des caractères méridionaux à la langue, à la culture **B** *v.pron. intr.* MERIDIONALIZZARSI [→ *tr.*] prendre (73) *tr.* des habitudes méridionales: *sono bastati loro due mesi di permanenza in Sicilia per meridionalizzarsi* deux mois en Sicile leur ont suffi pour prendre des habitudes méridionales.
meridionalizzazióne |meridjonaliddzat'tsjone| *s.f.* [→ MERIDIONALIZZARE] méridionalisation.
meridióne |meri'djone| *s.m.* **1** → **mezzogiorno, sud** **2** (*geogr.*) *il meridione dell'Europa* le Sud de l'Europe; *un Inglese del meridione* un Anglais du Sud ◇ *spec. ass.* (*riferito all'Italia*) *i contadini del meridione* les paysans de l'Italie du Sud; *vivere nel meridione* vivre en Italie du Sud.
meriggiàre |merid'dʒare| (*lett.*) **A** *v.intr.* (*aus. 'avere'*) [*riposare all'ombra nelle ore del pomeriggio*] faire (45) *tr.* la sieste **B** *v.tr.* [*trattenere* (*il bestiame*) *all'ombra durante il meriggio*] faire *intr.* reposer (à l'ombre).
merìggio, i |me'riddʒo, i| *s.m.* **1** [*le ore intorno al mezzogiorno*] midi: *sembrava un afoso meriggio estivo* on aurait dit un étouffant midi d'été ◇ (*fig.*) *il meriggio dell'arte greca* l'apogée de l'art grec **2** [*il mezzogiorno, il sud* (*come punto cardinale*)] midi: *il versante volto a meriggio* le versant tourné vers le midi.
merìnga, ghe |me'ringa, ge| *s.f.* (*pasticceria*) meringue.
meringàto |merin'gato| *agg.* [*fatto, rivestito di meringa*] meringué: *torta, pasta meringata* gâteau meringué, pâtisserie meringuée; *gelato meringato* glace meringuée.
merìno |me'rino|, **merinos** |me'rinos| *agg. e s. inv.* (*sp.*) **1** mérinos: *una* (*pecora*) *merinos* un (mouton) mérinos; *le* (*pecore*) *merinos* les (moutons) mérinos; *lana merinos* mérinos **2** [*tessuto fatto con la lana di tali pecore*] mérinos: *il* (*panno*) *merinos* le mérinos.
merìsmo |me'rizmo| *s.m.* (*ling.*) mérisme.
meristèma |meris'tɛma| *s.m.* (*bot.*) méristème: *meristema primario, secondario* méristème primaire, secondaire.
meristemàtico, ci, ca, che |meriste'matiko, tʃi, ka, ke| *agg.* du méristème (*loc. inv.*): *cellula meristematica* cellule du méristème; *tessuto meristematico* tissu du méristème.
meritaménte |merita'mente| *avv.* (*raro*) → **meritatamente.**
meritàre |meri'tare| **A** *v.tr.* **1** [*essere degno di ottenere, di ricevere q.c.*] mériter: *meritare un premio, una ricompensa, una lode* mériter un prix, une récompense, un éloge; *meritare un castigo, una punizione* mériter un châtiment, une punition; *merita di essere trattato con più rispetto* il mérite d'être traité avec plus de respect; *non merita proprio la nostra compassione* il ne mérite pas notre pitié; *non meriteresti neppure che i colleghi ti rivolgessero la parola* tu ne mériterais même pas que tes collègues t'adressent la parole; *la cosa merita di essere presa in considerazione* la chose mérite d'être prise en considération; *quel compito meritava di più* ce devoir méritait plus □ *meritarsi biasimo, riprovazione* mériter des reproches, des critiques; *questo premio me lo sono proprio meritato* ce prix, je l'ai bien mérité; *ha ciò che si merita* il n'a que ce qu'il mérite; *te lo meriti!* c'est bien fait! **2** (*con valore causativo*) [*procurare, far ottenere*] valoir (35): *è stata la sua negligenza a meritargli la bocciatura* sa négligence lui a valu d'être recalé; *quel libro gli ha meritato il successo* ce livre lui a valu le succès **3** (*fam.*) [*valere*] valoir (*corr.*): *questo quadro merita centomila lire* ce tableau vaut cent mille lires; *l'ho pagato più di quanto meritasse* je l'ai payé plus qu'il ne valait **4** *ass.* (*nella loc lett.*) *meritare presso qc.* [*acquistare merito*] se faire valoir auprès de qqn. ~ BEN MERITARE DI QC., DI Q.C. [*rendersi benemerito*] bien mériter de qqn., de qqch. (*lett.*): *quel valoroso soldato ha ben meritato della patria* ce brave soldat a bien mérité de la patrie **5** (*arc.*) → **ricompensare, rimunerare** **B** *v.impers.* [*convenire, valere la pena*] valoir la peine: *non meritava proprio che ci impegnassimo tanto* cela ne valait pas la peine de s'appliquer tant; *non merita che se ne parli* cela ne vaut la peine d'en parler.
meritataménte |meritata'mente| *avv.* [→ MERITATO] justement, à juste titre *loc. inv.*
meritàto |meri'tato| *agg.* mérité (*p.p.*): *una promozione, un'onorificenza ben meritata* une promotion bien méritée, un honneur bien mérité; *godersi il meritato riposo* jouir d'un repos bien mérité → **giusto.**
meritévole |meri'tevole| *agg.* [*che merita*] digne: *meritevole di lode, di biasimo* digne d'éloges, de blâme → **degno** # *è un libro non meritevole del successo avuto* c'est un livre qui ne mérite pas le succès qu'il a remporté ♦ (*ass.*) *un alunno, un lavoro meritevole* un élève, un travail méritant; *sono stati premiati i più meritevoli* on a récompensé les plus méritants.

meritevolménte |meritevol'mente| *avv.* [→ MERITEVOLE] dignement; justement, à juste titre *loc. inv.*
mèrito |'mɛrito| *s.m.* **1** mérite: *valutare, lodare, compensare secondo il merito* évaluer, louer, récompenser selon le mérite; *ascrivere, attribuire a merito* faire (un) mérite; *avere il merito di, per q.c.* avoir le mérite de qqch.; *la sua fama è superiore al merito* sa réputation est supérieure à son mérite; *il merito del successo è tutto suo* tout le mérite du succès lui revient ◇ (*loc.*) *a pari merito* à mérite égal ~ *per merito tuo* (*suo, loro*) *il tentativo è riuscito* grâce à toi (à vous, à eux) la tentative a réussi ~ *punti, voti di merito* bons points ~ *promozione per merito distinto* promotion due au mérite ~ *croce, medaglia al merito militare, civile* médaille du mérite militaire, civil **2** [*azione, qualità degna di lode, di riconoscimento*] mérite: *il suo maggior merito è la sincerità* son plus grand mérite est la sincérité # *quell'uomo ha molti meriti verso la patria* cet homme a bien mérité de la patrie **3** [*valore, pregio*] mérite: *un artista, uno scrittore di grande merito* un artiste, un écrivain de grand mérite; *questo lavoro non ha neppure il merito dell'originalità* ce travail n'a même pas le mérite d'être original **4** [*ricompensa*] *Dio ve ne renda merito!* que Dieu vous le rende! **5** (*dir.*) fond: *giudice del merito* juge du fond; *questioni di merito* questions de fond; *vizio di merito* vice de fond ◇ (*per est.*) *entrare nel merito di una questione* [*esaminarne gli aspetti essenziali*] aller au fond de la question, au cœur du sujet; venir au fait ◇ *loc. prep.* IN MERITO A [*riguardo a*] à propos de, au sujet de: *in merito alla tua proposta, debbo ancora decidere* à propos, au sujet de ta proposition, je dois encore décider.
meritocràtico, ci, ca, che |merito'kratiko, tʃi, ka, ke| *agg.* méritocratique: *criteri meritocratici* critères méritocratiques.
meritocrazìa |meritokrat'tsia| *s.f.* méritocratie.
meritoriaménte |meritorja'mente| *avv.* [→ MERITORIO] méritoirement.
meritòrio, i |meri'tɔrjo, i| *agg.* méritoire: *atto meritorio* acte méritoire; *hai compiuto un'azione meritoria* tu as fait une action méritoire.
mèrla |'mɛrla| *s.f.* [*la femmina del merlo*] merlette ◇ (*loc., region.*) *i giorni della merla* les trois derniers jours de janvier.
merlàngo, ghi |mer'lango, gi|, **merlàno** |mer'lano| *s.m.* (*t.zool.*) merlan.
merlàre |mer'lare| *v.tr.* [*munire* (*un muro*) *di merli*] créneler (4): *merlare una torre* créneler une tour.
merlàto |mer'lato| *agg.* [*munito di merli*] crénelé: *un castello merlato* un château crénelé.
merlatùra |merla'tura| *s.f.* [*i merli posti a coronamento di fortificazioni*] crénelure: *la merlatura di un castello, di una torre* la crénelure d'un château, d'une tour.
merlettàia |merlet'taja| *s.f.* [*donna che fa o vende merletti*] dentellière.
merlettàre |merlet'tare| *v.tr.* [*guarnire, orlare con merletti*] orner de dentelles: *merlettare una tovaglia, una sottoveste* orner de dentelles une nappe, une combinaison.
merlettàto |merlet'tato| *agg.* [*orlato con merletti*] orné *p.p.* de dentelles: *biancheria merlettata* lingerie garnie, incrustée de dentelles.
merlettatùra |merlet'tatura| *s.f.* [*guarnizione di merletto*] dentelle.
merlétto |mer'letto| *s.m.* [*pizzo, trina* (*spec. come guarnizione per biancheria femminile*)] dentelle (*f.*): *merletto ad ago, all'uncinetto* dentelle à l'aiguille, au crochet.
merlìno |mer'lino| *s.m.* (*mar.*) merlin.
1 **mèrlo** |'mɛrlo| *s.m.* **1** (*t.zool.*) merle ~ *merlo acquaiolo* merle d'eau **2** (*fig.*) [*persona sciocca*] niais *s.*, benêt: *l'ha trovato il merlo che la sposa!* elle a trouvé le benêt qui va l'épouser! # *c'è cascato il merlo!* il s'est laissé prendre, le nigaud ◇ [*persona furba che si finge ingenua*] fine mouche (*f.*): *attenzione, perché quello è un vecchio merlo* attention, (parce que) c'est une fine mouche.
2 **mèrlo** |'mɛrlo| *s.m.* (*arch.*) créneau: *merli guelfi* créneaux guelfes, rectangulaires; *merli ghibellini* créneaux gibelins, à queue d'aronde.
merlóne |mer'lone| *s.m.* merlon.
merlòt |mer'lɔt| *s.m. inv.* merlot *var.*
merlòtto |mer'lɔtto| *s.* **1** [*merlo giovane*] merleau **2** (*fig.*) [*persona sciocca*] niais, benêt.
merluzzétto |merlut'tsetto| *s.m.* (*pop.*) → **mormoro.**
merlùzzo |mer'luttso| *s.m.* **1** (*t. zool.*) morue *f.* **2** (*region.*) → 1 **nasello.**
mero- |mero| *pref.* (*significa 'parte, composto di parti', corrisponde gener. a*) méro: *merostomi* mérostomes.
-mero |mero| *suff.* (*significa 'parte, composto di parti', corrisponde gener. a*) mère: *isomero* isomère; *polimero* polymère.
mèro |'mɛro| *agg.* **1** (*fig.*) (*preposto al sost.* [*puro e semplice, vero e proprio*] pur, simple: *per mero caso* par pur hasard; *per mera curiosità* par simple curiosité; *è stata una mera coincidenza* ce fut une simple coïncidence **2** (*lett.*) → **puro, schietto.**
merovingico, ci, ca, che |mero'vindʒiko, tʃi, ka, ke| *agg.* mérovingien*: *dinastia merovingica* dynastie mérovingienne; *la* (*scrittura*) *merovingica* l'écriture mérovingienne.
merovìngio, gi, gia, ge |mero'vindʒo, dʒi, dʒa, dʒe| *agg.* → **merovingico.**
mertàre |mer'tare| *e deriv.* → **meritare** *e deriv.*
merzé(de) |mer'tse(de)| *s.f.* (*arc.*) → **mercé.**
mesa |'mesa| *s.f. inv.* (*sp.*) (*geogr.*) mesa *var.*
'mésalliance' |mezaljɑ̃s| *s.f. inv.* mésalliance *var.*
mesàta |me'sata| *s.f.* **1** [*salario, stipendio mensile*] mois (*m.*): *riscuotere la mesata* toucher son mois ◇ (*per est.*) *anticipare due mesate d'affitto* avancer deux mois de loyer **2** [*lo spazio di tempo di un mese*] mois (entier): *per questo lavoro ci vorrà una mesata* pour ce travail il faudra un mois entier.
mescalìna |meska'lina| *s.f.* (*chim., farm.*) mescaline.
méscere |'meʃʃere| (111) *v.tr.* **1** [*versare da bere* (*spec. vino*)] verser: *mescere vino nel bicchiere* verser du vin dans le verre; *mescere un bicchiere di vino* verser un verre de vin; *mescere caffè, liquore, acqua* verser du café, de la liqueur, de l'eau ♦ (*ass.*) *mescere da bere* verser à boire; *mesci ai convitati!* verse à boire aux convives! **2** (*fig.*) [*dare in abbondanza*] donner en abondance # *mescere denaro, mance* donner beaucoup d'argent, de pourboires **3** (*lett.*) → **mescolare, intrecciare.**
meschinaménte |meskina'mente| *avv.* **1** [→ MESCHINO 1] mesquinement: *vendicarsi meschinamente* se venger mesquinement → **grettamente 2** [→ MESCHINO 2] misérablement: *vivere meschinamente* vivre misérablement → **miseramente.**
meschinerìa |meskine'ria| *s.f.* (*raro*) → **meschinità.**
meschinità |meskini'ta| *s.f. inv.* **1** mesquinerie (*var.*): *la meschinità di una calunnia, di un'accusa* la mesquinerie d'une calomnie, d'une accusation # *meschinità d'animo, di idee* étroitesse d'esprit → **grettezza** ◇ (*per est.*) [*atto, detto meschino*] *queste sono meschinità* ce sont des mesquineries; *che meschinità, trattare così quel povero vecchio!* quelle mesquinerie de traiter ainsi ce pauvre vieux! **2** [*insufficienza, esiguità*] mesquinerie: *la meschinità di un regalo, di una ricompensa* la mesquinerie d'un cadeau, d'une récompense **3** (*arc.*) → **infelicità.**
meschìno |mes'kino| *agg.* **1** (*persone*) mesquin: *un uomo meschino* un homme mesquin; *gente meschina* des gens mesquins → **gretto** ◇ (*cose*) *idee meschine* idées mesquines → **limitato, ristretto**; *la tua è una critica meschina e ingiusta* ta critique est mesquine et injuste # *fare una figura meschina* faire piètre figure → **brutto, ridicolo 2** (*cose*) [*insufficiente, inadeguato*] mesquin: *dono, compenso meschino* don mesquin, récompense mesquine **3** (*lett., region.*) → **sventurato, infelice** ◇ (*in escl.*) *me meschino!* pauvre de moi!; *meschino, quel povero ragazzo!* pauvre de lui! ♦ (*s.*) *un meschino* un pauvre diable (*m.*): *bisogna aiutare quei poveri meschini* il faut aider ces pauvres diables.
meschìta |mes'kita| *s.f.* (*lett.*) → **moschea.**
mescidàre |meʃʃi'dare| *v.tr.* (*lett.*) → **mescolare.**
méscita |'meʃʃita| *s.f.* **1** débit (*m.*): *incominciare la mescita* commencer le débit # *vino da mescita* vin ordinaire; *banco di mescita* comptoir ◇ (*per est.*) [*il vino versato nel bicchiere*] verre *m.* (de vin): *bere una mescita* boire un verre; *è sufficiente una mescita per ubriacarlo* un verre (de vin) suffit pour l'enivrer **2** [*spaccio di bevande, osteria*] débit de boissons, bar (*m.*): *aprire, gestire una mescita* ouvrir, gérer un débit de boissons, un bar.
mescitóre, trice |meʃʃi'tore, tritʃe| *s.* (*raro*) [*chi è addetto a un banco di mescita*] garçon *m.* (*corr.*), serveuse *f.* (*corr.*).
méscola |'meskola| *s.f.* (*chim., farm., tecnol.*) mélange *m.*
mescolàbile |mesko'labile| *agg.* [→ MESCOLARE A 1] miscible, qui peut se mélanger (*loc.*): *sostanze non mescolabili* substances non miscibles, qui ne peuvent se mélanger.
mescolaménto |meskola'mento|

s.m. (*raro*) [→ MESCOLARE A 1; B 1] mélange (*corr.*).

mescolànza |mesko'lantsa| *s.f.* **1** [→ MESCOLARE A 1; B 1] mélange (*m.*): *fare una mescolanza di vari liquori* faire un mélange de différentes liqueurs ◇ (*per est.*) [*le cose mescolate*] *mescolanza di liquidi, di gas* mélange de liquides; de gaz → **miscuglio, miscela**; *una mescolanza di caffè e di cognac* un mélange de café et de cognac **2** [→ MESCOLARE A 2; B 2] mélange: *mescolanza di sacro e di profano* mélange de sacré et de profane; *mescolanza di suoni, di voci, di stili diversi* mélange de sons, de voix, de styles différents **3** (*region.*) [*insalata mista*] salade variée.

mescolàre |mesko'lare| **A** *v.tr.* **1** [*unire, mettere insieme sostanze diverse*] mélanger (3), mêler: *mescolare acqua e vino* mélanger, mêler de l'eau et du vin; *mescolare un gas con* (*a*) *un altro* mélanger un gaz avec un autre; *mescolare liquori di vario tipo* mélanger différentes sortes de liqueurs; *mescolare colori, tinte* mélanger des couleurs, des teintes **2** (*per est.*) [*accozzare, mettere insieme disordinatamente, confusamente*] mélanger: *mescolare vari stili, varie lingue* mélanger des styles différents, des langues différentes; *mescolare prosa e poesia* mélanger de la prose et de la poésie ◇ [*mettere in disordine*] mélanger, mêler: *mescolare fogli, schede* mélanger, mêler des feuilles, des fiches; *il vento ha mescolato tutte le carte che erano sulla scrivania* le vent a mélangé toutes les feuilles qui se trouvaient sur le bureau **3** [*muovere, agitare*] tourner, remuer: *mescolare il caffè* tourner le café; *mescolare la polenta* tourner, remuer la polenta → **rimestare** # *mescolare le carte da gioco* battre les cartes → **scozzare** **B** *v. pron. intr.* MESCOLARSI **1** [→ *tr.* 1] se mêler: *l'acqua non si mescola con l'olio* l'eau ne se mêle pas avec l'huile → **fonder(si)** **2** [→ *tr.* 2] se mêler: *mescolarsi tra la folla* se mêler à la foule → **confonder(si)**; *non mescolarti con quella gentaglia* ne te mêle pas à cette racaille, ne fréquente pas cette racaille **3** (*fig.*) [*immischiarsi, impicciarsi*] se mêler: *mescolarsi nelle faccende altrui* se mêler des affaires des autres.

mescolàta |mesko'lata| *s.f.* [→ MESCOLARE A 3] mélange *m.* # *dare una mescolata alla polenta* remuer, tourner la polenta; *dare una mescolata alle carte* battre les cartes.

mescolatóre, trice |meskola'tore, tritʃe| *s.* **1** *s.* ouvrier* qui prépare les mélanges **2** *s.m.* (*tecnol.*) mélangeur* *s.* **3** *s.f.* (*tecnol.*) mélangeuse.

mescolatùra |meskola'tura| *s.f.* [→ MESCOLARE A 1] mélange *m.*

mescolìo, ii |mesko'lio, ii| *s.m.* [*un lungo e ripetuto mescolare*] mélange continuel.

mése |'mese| *s.m.* **1** mois: *il mese di gennaio, di febbraio* le mois de janvier, de février; *mesi estivi, invernali* mois d'été, d'hiver; *il mese scorso* le mois dernier; *il mese corrente* le présent mois, le mois courant, en cours; *i primi, gli ultimi del mese* les premiers, les derniers jours du mois; *alla metà, alla fine del mese* vers le milieu, vers la fin du mois; *è nato nel mese di agosto* il est né au mois d'août; *il mese commerciale è sempre di trenta giorni* le mois commercial compte, est toujours de trente jours ◇ (*astron.*) *mese lunare, solare* mois lunaire, solaire **2** [*periodo di trenta giorni*] mois: *tra, di qui a un mese* dans un mois, d'ici à un mois; *un mese fa* il y a un mois; *sono mesi che non ci vediamo* cela fait des mois que nous ne nous voyons pas; *torna a casa ogni tre mesi* il revient à la maison tous les trois mois; *guadagna trecentomila lire al mese* il gagne trois cent mille lires par mois; *ha una bambina di due mesi* elle a une petite fille de deux mois; *voglio prendermi un mese di vacanza* je veux prendre un mois de vacances ♦ *ass.* (*indica lo stadio della gestazione*) *è al settimo, all'ottavo mese* elle est enceinte de sept mois, de huit mois **3** [*la paga mensile*] mois: *un mese doppio* un mois double; *riscuotere il mese* toucher son mois → **mesata** ◇ (*per est.*) *ho dovuto anticipare due mesi d'affitto* j'ai dû avancer deux mois de loyer.

mesencefàlico, ci, ca, che |mezentʃe'faliko, tʃi, ka, ke| *agg.* mésencéphalique: *sindromi mesencefaliche* syndromes mésencéphaliques.

mesencèfalo |mezen'tʃɛfalo| *s.m.* (*anat.*) mésencéphale.

mesènchima |me'zɛnkima| *s.m.* (*biol.*) mésenchyme.

mesenchimàle |mezenki'male| *agg.* du mésenchyme (*loc. inv.*): *tumori di origine mesenchimale* tumeurs provenant du mésenchyme.

mesentère |mezen'tɛre| *s.m.* (*anat.*) mésentère.

mesenteriàle |mezente'riale| *agg.* [*del mesentere*] mésentérique: *intestino mesenteriale* intestin mésentérique.

mesentèrico, ci, ca, che |mezen'tɛriko, tʃi, ka, ke| *agg.* mésentérique: *arteria, vena mesenterica* artère, veine mésentérique.

mesentèrio, i |mezen'tɛrjo, i| *s.m.* → **mesentere.**

mesenterite |mezente'rite| *s.f.* (*med.*) mésentérite.

mesétto |me'setto| *s.m.* [*un mese scarso*] petit mois: *mi prenderò un mesetto di vacanza* je prendrai un petit mois de vacances.

mesmèrico, ci, ca, che |mez'mɛriko, tʃi, ka, ke| *agg.* mesmérien*: *cura mesmerica* traitement mesmérien.

mesmerismo |mezme'rizmo| *s.m.* → **magnetoterapia.**

mès(o)- |'mɛz(o)| *pref.* (*significa 'medio, che sta in posizione intermedia', corrisponde gener. a*) més(o): *mesocarpo* mésocarpe; *mesozoico* mésozoïque; *mesencefalo* mésencéphale.

mesoblàsto |mezo'blasto| (*scient.*) mésoblaste.

mesocàrp(i)o, i |mezo'karp(j)o, i| *s.m.* (*bot.*) mésocarpe.

mesocefalìa |mezotʃefa'lia| *s.f.* (*antrop.*) mésocéphalie, mésaticéphalie.

mesocèfalo |mezo'tʃɛfalo| *agg.* mésocéphale, mésaticéphale: *tipo mesocefalo* type mésocéphale, mésaticéphale ♦ (*s.*) *i mesocefali* les mésocéphales, les mésaticéphales.

mesocòlon |mezo'kɔlon| *s.m. inv.* (*anat.*) mésocôlon *var.*

mesodèrma |mezo'dɛrma| *s.m.* (*biol.*) mésorderme.

mesodèrmico, ci, ca, che |mezo'dɛrmiko, tʃi, ka, ke| *agg.* mésodermique: *tumori mesodermici* tumeurs mésodermiques.

mesofillo |mezo'fillo| *s.m.* (*bot.*) mésophylle.

mesòfita |me'zɔfita| *s.f.* (*bot.*) mésophyte.

mesogàstrico, ci, ca, che |mezo'gastriko, tʃi, ka, ke| *agg.* mésogastrique: *regione mesogastrica* région mésogastrique.

mesogàstrio, i |mezo'gastrjo, i| *s.m.* (*anat.*) mésogastre.

mesolitico, ci, ca, che |mezo'litiko, tʃi, ka, ke| *agg.* **1** (*paleont.*) mésolithique: *il periodo mesolitico* la période mésolithique, le mésolithique *s.m.* **2** [*del periodo mesolitico*] mésolithique: *utensili mesolitici* ustensiles mésolithiques.

mesologìa, gie |mezolo'dʒia, dʒie| *s.f.* mésologie.

mesòmero |me'zɔmero| *s.m.* (*chim.*, *fis.*) mesomère.

mesomòrfo |mezo'mɔrfo| *agg.* (*chim.*) mésomorphe: *stato mesomorfo* état mésomorphe.

mesóne |me'zone| *s.m.* (*fis.*) méson.

mesopotàmico, ci, ca, che |mezopo'tamiko, tʃi, ka, ke| *agg.* [*della Mesopotamia*] mésopotamien*.

mesosfèra |mezos'fɛra| *s.f.* (*scient.*) mésosphère.

mesotèrmo |mezo'tɛrmo| *agg.* (*bot.*) mésotherme.

mesotoràce |mezoto'ratʃe| *s.m.* (*anat.*) mésothorax.

mesotòrio, i |mezo'tɔrjo, i| *s.m.* (*chim.*) mésothorium.

mesotróne |meso'trone| *s.m.* (*raro*) → **mesone.**

mesozòico, ci, ca, che |mezod'dzɔiko, tʃi, ka, ke| *agg.* **1** (*geol.*) mésozoïque: *era mesozoica* ère mésozoïque ♦ (*s.m.*) *il mesozoico* le mésozoïque **2** [*dell'era mesozoica*] mésozoïque: *flora mesozoica* flore mésozoïque.

1 **méssa** |'messa| *s.f.* **1** messe: *messa bassa, letta, privata, cantata, solenne* (*in terzo*) messe basse, lue, privée, chantée, solennelle (grand-messe); *messa papale* messe papale; (*messa*) *pontificale* messe pontificale; *messa funebre, di requiem, da morto* messe des morts; *celebrare, dire la messa* célébrer, dire la messe; *suonare la messa* [*annunciarla ai fedeli mediante le campane*] dire la messe, annoncer (sonner) la messe; *servir* (*la*) *messa* servir la messe; *andare a* (*alla*) *messa* aller à la messe; *ascoltare, sentire, assistere* (*la*) *messa* écouter, assister à la messe; *far dire una messa per un defunto* faire dire une messe pour un défunt # *togliere la messa* [*privare un sacerdote del diritto di celebrarla*] interdire un prêtre a divinis **2** [*composizione musicale comprendente le parti cantate della messa*] messe: *messa per coro e orchestra* messe pour chœur et orchestre; *messa a due, a quattro voci* messe à deux, à quatre voix **3** *messa nera, messa del diavolo* messe noire ◇ (*per est.*) → **orgia.**

2 **méssa** |'messa| *s.f.* **1** (*solo nelle loc.*) *messa in vendita, in circolazione, a disposizione di una merce* mise en vente, en circulation, à disposition d'une marchandise ~ *messa in moto, in marcia di una macchina, di un im-*

pianto mise en marche, en route d'une voiture, d'un dispositif ~ *messa in opera di un apparecchio, di un impianto* mise en œuvre d'un appareil, d'un dispositif ~ *messa in scena* → **messinscena** ~ *messa in forma di scarpe, di manufatti* mise en forme de chaussures, de produits ~ *messa in piega di capelli* mise en plis ~ *messa in orbita* mise en orbite ~ *messa all'asta* mise aux enchères ~ (*agr.*) *messa a dimora* transplantation (définitive) ~ (*dir.*) *messa in mora* mise en demeure ~ (*elettr.*) *messa a terra* mise à la terre ~ (*rad.*) *messa in onda* mise en onde ~ *la* MESSA A PUNTO *di una macchina, di un dispositivo* la mise au point d'une voiture, d'un dispositif; (*fig.*) *la messa a punto di un progetto* la mise au point d'un projet ~ (*foto.*) MESSA A FUOCO: (*pr.*) mise au point; (*fig.*) *la messa a fuoco di una questione* la mise au point d'une question **2** (*region.*) → **germoglio, pollone** **3** (*raro*) → **posta, 1 puntata.**

messaggerìa |messaddʒe'ria| *s.f.* **1** *spec. al plur.* messageries: *messaggerie italiane* messageries italiennes **2** *messaggeria postale* messageries *pl.* postales.

messagg(i)ère |messad'dʒɛre| *s.* (*arc.*) → **messaggero.**

messagg(i)èro |messad'dʒɛro| *s.* **1** *s.* méssager*: *messaggero di pace, di vittoria* messager de (la) paix, de victoire ✦ *agg.* (*fig.*) *rondini messaggere di primavera* hirondelles messagères du printemps → **annunziatore, precorritore** **2** (*s.m.*) *messaggero postale* facteur.

messàggio, i |mes'saddʒo, i| *s.m.* **1** message: *messaggio telegrafico, radiofonico* message télégraphique, radiodiffusé; *consegnare, ricevere un messaggio* remettre, recevoir un message ◇ (*ling.*) *codice del messaggio* code d'un message; *decodificazione di un messaggio* déchiffrage d'un message; *trasmettere un messaggio* transmettre un message **2** [*comunicazione ufficiale fatta da una autorità politica o religiosa*] discours, allocution (*f.*): *messaggio presidenziale, papale* discours présidentiel, du pape; allocution présidentielle, du pape **3** (*fig.*) [*insegnamento contenuto in una nuova dottrina, concezione*] message: *il messaggio evangelico* le message de l'Évangile.

messàle |mes'sale| *s.m.* **1** (*eccl.*) missel: *messale romano, ambrosiano* missel romain, ambrosien ◇ (*loc. fig., scherz.*) *non saper leggere che nel proprio messale* [*essere di cultura molto limitata*] ne rien savoir **2** (*scherz.*) [*libro grosso e pesante*] gros bouquin.

mèsse |'mɛsse| *s.f.* **1** *spec. al plur.* [*i cereali di un determinato campo*] moissons: *le messi biondeggiavano al sole* les moissons blondissaient au soleil **2** (*lett.*) [*la mietitura*] moisson: *nel tempo della messe* au temps de la moisson ◇ (*per est.*) [*il raccolto*] *una messe povera, abbondante* une maigre, une riche moisson **3** (*fig.*) [*il frutto di una attività*] moisson: *una messe di allori* une moisson de lauriers # *la tua idea ha raccolto larga messe di consensi* ton idée a recueilli une quantité d'approbations.

messènico, ci, ca, che |mes'sɛniko, tʃi, ka, ke| *agg.* messénien*: *le guerre messeniche* les guerres messéniennes.

messère |mes'sɛre| *s.m.* **1** (*ant.*) messire **2** (*iron., scherz.*) [*signore, padrone*] Monsieur (*corr.*), Monseigneur (*scherz.*), mon bon seigneur (*scherz.*): *sì, messere!*; *no, messere!* oui, Monsieur; non, Monsieur!; *si accomodi, messere!* veuillez vous asseoir, Monsieur!, mon bon seigneur!; *questo proprio non è vero, caro il mio messere!* ceci est absolument faux, mon cher, mon bon Monsieur!

messìa |mes'sia| *s.m. inv.* **1** (*per anton.*) *il Messia* [*il salvatore promesso da Dio agli Ebrei*] le Messie (*var.*): *l'attesa, la venuta del Messia* l'attente, la venue du Messie **2** (*per est.*) [*persona attesa lungamente come un salvatore, un liberatore*] Messie: *aspettare qc. come il messia* attendre qqn. comme le Messie; *lo accolsero come un messia* il l'accueillirent comme le Messie; *si crede il messia* il se prend pour le Messie.

messianicità |messjanitʃi'ta| *s.f. inv.* caractère *m. var.* messianique.

messiànico, ci, ca, che |messi'aniko, tʃi, ka, ke| *agg.* messianique: *attesa messianica* attente messianique; *profezie messianiche* prophéties messianiques ◇ (*fig.*) *ideologie messianiche* idéologies messianiques.

messianismo |messia'nizmo| *s.m.* **1** (*relig.*) messianisme: *il messianismo ebraico, cristiano* le messianisme juif, chrétien **2** (*fig.*) [*concezione e programma fondati sull'attesa di un radicale rivolgimento politico o sociale*] messianisme.

messicàno |messi'kano| **I** *agg.* [*del Messico*] mexicain: *il popolo messicano* le peuple mexicain **II** *s.m.* **1** *il messicano* [*la lingua*] le mexicain **2** (*cuc.*) paupiette *f.*

messidòro |messi'dɔro| *s.m.* (*st. fr.*) messidor.

messinscèna |messin'ʃɛna|, **méssa in scèna** |'messain 'ʃɛna| *s.f.* **1** mise en scène: *le messinscene* (*le messe in scena*) les mises en scène **2** (*fig.*) [*gli accorgimenti per mascherare la realtà o per accreditare una finzione*] mise en scène: *le sue lacrime sono tutte una messinscena* ses larmes ne sont que de la mise en scène; *è tutta una messinscena!* ce n'est que de la mise en scène, c'est de la comédie; il (elle) fait tout un cinéma (*fam.*).

messitìccio, i |messi'tittʃo, i| *s.m.* (*raro*) → **rimessitìccio.**

1 **mésso** |'messo| *agg.* (*solo nelle loc.*) BEN MESSO [*ben vestito*; *di floride condizioni fisiche*] bien mis, habillé; bien bâti: *guarda come è curata e ben messa quella bambina!* regarde comme cette petite fille est soignée et bien mise, habillée → **elegante** ‖ *è un uomo ben messo* c'est un homme bien bâti, bien découplé → **robusto** ~ *mal messo*: (*pr.*) [*gracile, malandato*] mal en point; (*fig.*) [*in cattive acque*] en mauvaise posture.

2 **mésso** |'messo| *s.m.* **1** [*dipendente di enti pubblici adibito al recapito a domicilio*] *messo del comune* coursier, huissier; *messo del tribunale* → **usciere** **2** (*lett.*) → **messaggero.**

messòrio, i |mes'sɔrjo, i| *agg.* (*solo nella loc.*) *falce messoria* [*per mietere i cereali*] faux de moissonneur.

mestaménte |mesta'mente| *avv.* [→ MESTO 1] tristement Ⓒ **lietamente.**

mestàre |mes'tare| *v.tr.* **1** [*mescolare, rimestare, agitare energicamente*] remuer, tourner: *mestare l'intingolo, la calcina* remuer, tourner la sauce, le (pilon dans le) mortier **2** *ass.* (*fig.*) [*intrigare, brigare*] intriguer *intr.*, manigancer (2), faire (45) des manigances: *ha mestato finché non ha ottenuto ciò che voleva* il a intrigué, fait des manigances, jusqu'à obtenir ce qu'il voulait.

mestatóio, i |mesta'tojo, i| *s.m.* (*raro*) [*arnese per mestare*] cuillère *f.* à pot (*corr.*), louche *f.* (*corr.*).

mestatóre, trice |mesta'tore, tritʃe| *s.* [*persona intrigante*] agitateur*, meneur*: *quell'individuo è un volgare mestatore politico* cet individu n'est qu'un vulgaire agitateur, meneur politique → **maneggione.**

mèstica, che |'mɛstika, ke| *s.f.* mélange *m.* de couleurs.

mesticàre |mesti'kare| *v.tr.* **1** [*mescolare colori e vernici*] mélanger (3) (les couleurs) ◇ [*spalmare di mestica*] imprimer: *mesticare una tela, una tavoletta* imprimer une toile, une plaque **2** (*arc.*) → **mescolare.**

mesticatóre, tora, trice |mestika'tore, tora, tritʃe| *s.* (*region.*) marchand de couleurs (*corr.*).

mesticherìa |mestike'ria| *s.f.* (*region.*) magasin *m.* de couleurs (*corr.*), droguerie (*corr.*).

mestichino |mesti'kino| *s.m.* [*spatola di acciaio flessibile per impastare o spalmare colori*] amassette *f.*, couteau à palette.

mestierànte |mestje'rante| *s.* [*chi esercita male una professione mirando solo al guadagno*] bousilleur* (*fam.*): *quel meccanico è un mestierante* ce garagiste n'est qu'un bousilleur.

mestière |mes'tjɛre| *s.m.* **1** métier: *un mestiere facile, redditizio, faticoso, pericoloso* un métier facile, rentable, fatigant, dangereux; *il mestiere di muratore, di falegname, di calzolaio* le métier de maçon, de menuisier, de cordonnier; *arti e mestieri* arts et métiers; *imparare un mestiere* apprendre un métier ◇ (*spreg.*) [*professione, attività elevata esercitata a scopo di lucro*] gagne-pain (*inv.*): *il sacerdozio è una missione non un mestiere!* le sacerdoce est une mission, et non un gagne-pain!; *ha fatto della pittura un mestiere* il a fait de la peinture un gagne-pain ◇ (*loc.*) *gli incerti del mestiere* [*gli imprevisti, gli inconvenienti*] les risques du métier ~ *i ferri del mestiere* [*gli strumenti, i mezzi necessari per svolgere un'attività*] les outils, l'outillage ~ *i segreti del mestiere* les secrets du métier ~ *essere* (*vecchio*) *del mestiere* être (vieux) dans le métier ~ (*fam.*) *fare i mestieri* [*le faccende domestiche*] faire le ménage ◇ *loc. avv.* DI, PER MESTIERE: (*pr.*) [*abitualmente*] de (son) métier *loc.*, par, de profession (*loc.*): *fa il fotografo di mestiere* il est photographe de son métier ‖ *scrive romanzi a tempo perso, non per mestiere* il écrit des romans à temps perdu, non par profession; (*fig.*) *è un attaccabrighe di mestiere* c'est un chicaneur professionnel **2** (*per est.*) [*qualsiasi attività esercitata abitualmente*] profession *f.*, métier: *il mestiere di medico, di scrittore, di avvocato* la profession de médicin, d'écrivain, d'avocat; *il mestiere delle armi* le métier des armes; *è un fotocronista che conosce bene il suo mestiere* c'est un reporter qui connaît bien son métier **3** [*esperienza, perizia in una determinata attività e nella sua tecnica*] métier: *è uno scrittore dotato, ma gli manca ancora il mestiere* c'est un écrivain doué, mais il manque encore de métier **4** (*arc.*) → **necessità, bisogno.**

mestièri |mes'tjɛri| *s.m. inv.* (*solo nella loc.*) ESSERE, FARE MESTIERI [*essere necessario, avere necessità*] être (43) nécessaire, falloir*: *non fa mestieri dire tutto* il n'est pas nécessaire de tout dire; il ne faut pas tout dire.

mestizia |mes'tittsja| *s.f.* [*tristezza, malinconia*] tristesse, mélancolie: *nei suoi occhi c'era un'ombra di mestizia* dans ses yeux il y avait une ombre de tristesse, de mélancolie Ⓒ **letizia.**

mèsto |'mɛsto| *agg.* **1** [*che prova, esprime mestizia*] triste, mélancolique: *perché sei così mesto?* pourquoi es-tu si triste, si mélancolique?; *gli fece un mesto sorriso* elle lui fit un triste sourire, elle lui sourit tristement → **triste** **2** [*che dà afflizione, che rattrista*] triste, mélancolique: *una mesta cerimonia* une triste cérémonie; *cantava una mesta canzone* il chantait une chanson mélancolique Ⓒ **lieto, allegro.**

méstola |'mestola| *s.f.* **1** [*arnese da cucina per mescolare o schiumare i cibi durante la cottura*] *una mestola (bucherellata)* une écumoire; *una mestola di legno* une cuiller de bois ◇ (*loc. fig.*) *tener la mestola in mano* [*farla da padrone*] tenir la queue de la poêle **2** (*per est.*) [*cazzuola del muratore*] truelle ◇ [*arnese di legno usato dalle lavandaie*] battoir *m.* **3** *al plur.* (*scherz.*) [*mani grandi e larghe*] battoirs (*m.*): *giù quelle mestole!* n'y touche pas avec tes battoirs; bas les pattes! **4** (*t.bot.*) plantain *m.* d'eau.

mestolàccia, ce |mesto'lattʃa, tʃe| *s.f.* → **mestola** 4.

mestolàio, i |mesto'lajo, i| *s.* (*raro*) fabricant de louches, vendeur* de louches.

mestolàta |mesto'lata| *s.f.* **1** coup *m.* de louche: *gli diede una mestolata in testa* elle lui assena un coup de louche sur la tête **2** [*quantità di roba contenuta in un mestolo o in una mestola*] louche (pleine): *una mestola di ceci* une louche pleine, une pleine louche de pois.

mestolièra |mesto'ljɛra| *s.f.* (*raro*) [*arnese per appendere mestoli*] égouttoir *m.* à louches.

méstolo |'mestolo| *s.m.* [*piccola mestola non bucata*] louche *f.* ◇ (*loc. fig.*) *avere il mestolo in mano* [*comandare, spadroneggiare*] tenir la queue de la poêle.

mestolóne |mesto'lone| *s.* **1** *s.* [*grosso mestolo o mestola*] grande louche *f.* ◇ (*fig., raro*) [*persona sciocca e goffa*] lourdaud (*corr.*), balourd (*corr.*) **2** *s.m.* (*t.zool.*) souchet.

mestóne |mes'tone| *s.m.* [*arnese di legno per rimestare la polenta*] cuillère *f.* de bois.

mestruàle |mestru'ale| *agg.* menstruel*: *ciclo mestruale* cycle menstruel; *dolori mestruali* douleurs menstruelles.

mestruàre |mestru'are| *v.intr.* (*aus. 'avere'*) (*raro*) [*avere i flussi mestruali*] avoir (28) ses règles (*corr.*).

mestruazióne |mestruat'tsjone| *s.f.* menstruation.

mèstruo |'mɛstruo| **1** *s.m.* → **mestruazione** **2** *agg.* (*lett.*) → **mensile, mestruale.**

mestùra |mes'tura| *s.f.* (*arc.*) → **mistura.**

mèta- |'mɛta| *pref.* **1** (*significa 'trasformazione, alterazione; trasposizione, scambio', corrisponde gener. a*) mét(a): *metamorfosi* métamorphose; *metafonesi* métaphonie; *metafora* métaphore; *metastasi* métastase; *metatesi* métathèse **2** (*significa 'successione, posteriorità', corrisponde gener. a*) mét(a): *metameria* métamérie; *metacarpo* métacarpe **3** (*significa 'superamento', corrisponde gener. a*) méta: *metafisica* métaphysique ◇ (*per anal.*) (*significa 'che trascende, al di là', corrisponde gener. a*) méta: *metapsichica* métapsychique **4** (*chim.*) (*significa 'composto più complesso rispetto a quello nominato', corrisponde gener. a*) méta: *metaldeide* métaldéhyde.

1 **mèta** |'mɛta| *s.f.* **1** [*punto d'arrivo; traguardo, termine finale*] but *m.*, destination: *giungere alla meta* arriver à destination; *la nostra meta è la cima del monte* notre but est le sommet de la montagne; *vagava qua e là senza meta* il errait sans but ◇ (*fig.*) [*scopo, fine*] but: *prefiggersi una nobile meta* se fixer un noble but **2** (*rugby*) essai (*m.*): *andare in meta* transformer un essai; *guadagnare una meta* marquer un essai **3** (*ant. rom.*) [*qualsiasi costruzione di forma conica o piramidale*] meta ◇ (*per est.*) (*nei circhi*) [*colonnina o pilastro posti alle due estremità*] meta.

2 **mèta** |'mɛta| *s.m. inv.* (*abbrev.*) → **metaldeide.**

méta |'meta| *s.f.* **1** [*mucchio a forma di cono (spec. di cereali, paglia e sim.)*] meule **2** [*escremento di grosso animale*] (*bovini*) bouse; (*equini*) crottin (*m.*): *una meta di cavallo* du crottin de cheval.

metà |me'ta| *s.f. inv.* **1** [*ciascuna delle due parti uguali in cui è diviso un intero*] moitié (*var.*): *la metà di una mela, di un litro, di un milione* la moitié d'une pomme, d'un litre, d'un million; *la prima metà della notte* la première moitié de la nuit; *la seconda metà del secolo* la seconde moitié du siècle; *cinque è la metà di dieci* cinq est la moitié de dix; *ha trascorso lontano dai suoi metà della vita* il a passé la moitié de sa vie loin des siens; *mi ha dato la metà esatta del suo stipendio* il m'a donné exactement la moitié de sa paie ◇ (*sport*) *la metà campo* le milieu du terrain ✦ (*agg. inv.*) *vendere, comprare a metà prezzo* vendre, acheter à moitié prix # *un tessuto fatto (di) metà lana e metà cotone* un tissu mi-laine et mi-coton **2** [*il punto di mezzo*] milieu (*m.*): *alla metà della settimana, del mese* au milieu de la semaine, du mois; *dalla metà del '500* depuis le milieu du XVIe siècle; *alla metà dell'800* au milieu du XIXe siècle; *la fune s'è spezzata a metà* le câble s'est rompu, a cassé au milieu, en deux; *la metà del campo è segnata da un solco* le milieu du terrain est marqué par un sillon # *alla metà di marzo* à la mi-mars; *siamo giunti a metà del percorso* nous sommes arrivés à mi-parcours ✦ (*agg. inv.*) *a metà strada* a mi-chemin ◇ (*prov.*) *chi ben comincia è alla metà dell'opera* travail bien commencé est à moitié fait **3** (*fig., scherz.*) [*uno dei coniugi rispetto all'altro (spec. la moglie)*] moitié: *la mia (tua, sua) metà* ma (ta, sa) moitié; *è partita la mia dolce metà* ma douce moitié est partie ◇ (*lett.*) [*persona assai cara*] *la metà dell'anima mia* la moitié de mon âme **4** (*loc. avv.*) *dividere a, per metà* [*in due parti*] partager en deux ~ *fare a metà, fare (a) metà e metà* [*spartire con altri q.c.*] faire moitié-moitié ~ *avere, possedere q.c. a metà con qc.* partager qqch. à moitié avec qqn. ~ *le sirene erano (per) metà donne e (per) metà pesci* les sirènes étaient moitié femme, moitié poisson, mi-femme, mi-poisson ◇ (*loc. fig.*) *lasciare, fare le cose a metà* laisser, faire les choses à moitié ~ *dire le cose a metà* (ne) dire les choses (qu') à moitié, à demi.

metabisolfìto |metabisol'fito| *s.m.* (*chim.*) métabisulfite.

metabòlico, ci, ca, che |meta'bɔliko, tʃi, ka, ke| *agg.* métabolique: *processo metabolico* processus métabolique.

metabolismo |metabo'lizmo| *s.m.* (*biol.*) métabolisme: *metabolismo basale* métabolisme basal, de base.

metabòlita |meta'bɔlita|, **metabòlito** |meta'bɔlito| *s.m.* (*biol.*) métabolite.

metabolizzàre |metabolid'dzare| *v.tr.* (*biol.*) [*trasformare con i processi del metabolismo*] métaboliser: *l'organismo metabolizza il glucosio* l'organisme métabolise le glucose.

metàbolo |me'tabolo| *agg.* (*biol.*) métabole.

metacarpàle |metakar'pale| *agg.* [*del metacarpo*] métacarpien*: *ossa metacarpali* os métacarpiens ✦ (*s.m.*) *i metacarpali* les métacarpiens.

metacàrpo |meta'karpo| *s.m.* (*anat.*) métacarpe.

metacèntrico, ci, ca, che |meta'tʃɛntriko, tʃi, ka, ke| *agg.* métacentrique: *altezza metacentrica* hauteur métacentrique.

metacèntro |meta'tʃɛntro| *s.m.* (*aer., mar.*) métacentre.

metacrilàto |metakri'lato| *s.m.* (*chim.*) méthacrylate.

metafàse |meta'faze| *s.f.* (*biol.*) métaphase.

metàfisi |me'tafizi| *s.f. inv.* métaphyse *var.*

metafìsica, che |meta'fizika, ke| *s.f.* (*filos.*) métaphysique: *una questione di metafisica* une question de métaphysique; *la metafisica di Aristotele* la métaphysique d'Aristote.

metafisicaménte |metafizika'mente| *avv.* [→ METAFISICO 1, 2] métaphysiquement.

metafisicàre |metafizi'kare| *v. intr.* (*aus. 'avere'*) (*raro, spreg.*) [*perdersi in considerazioni eccessivamente sottili e astruse*] métaphysiquer.

metafìsico, ci, ca, che |meta'fiziko, tʃi, ka, ke| *agg.* **1** métaphysique: *problemi metafisici* problèmes métaphysiques; *la speculazione metafisica di Aristotele* la spéculation métaphysique d'Aristote ✦ (*s.*) *i metafisici* les métaphysiciens **2** (*fig.*) [*assoluto, trascendente*] métaphysique: *valori metafisici* valeurs métaphysiques; *princìpi metafisici* principes métaphysiques ◇ (*letter.*) *i (poeti) metafisici inglesi del Seicento* les (poètes) métaphysiciens anglais du XVIIe siècle ◇ (*pitt.*) *pit-*

tura metafisica peinture métaphysique **3** (*fig.*, *spreg.*) [*troppo astruso, sottile*] métaphysique: *queste sono sottigliezze metafisiche* ce sont là des subtilités métaphysiques.

metafonèsi |metafo'nezi| *s.f. inv.* (*ling.*) métaphonie *var.*

metafonìa |metafo'nia| *s.f.* → **metafonesi.**

metàfora |me'tafora| *s.f.* (*retorica*) métaphore ◇ (*loc. fam.*) *parlare sotto, per metafore* parler par métaphores ~ *fuor di metafora* [*in modo chiaro*] sans métaphore.

metaforeggiàre |metafored'dʒare| *v.intr.* (*aus.* '*avere*') [*far uso frequente di metafore*] s'esprimer *pron.* par métaphores.

metaforicaménte |metaforika'mente| *avv.* [→ METAFORICO] métaphoriquement.

metafòrico, ci, ca, che |meta'fɔriko, tʃi, ka, ke| *agg.* métaphorique: *linguaggio, significato metaforico* langage, signification métaphorique → **figurato.**

metaforizzàre |metaforid'dzare| (*raro*) **A** *v.tr.* [*esprimere sotto metafora*] métaphoriser **B** *v.intr.* (*aus.* '*avere*') → **metaforeggiare.**

metafràste |meta'fraste| *s.m.* (*lett.*) → **traduttore.**

metagalàssia |metaga'lassja| *s.f.* (*astron.*) métagalaxie.

metagènesi |meta'dʒɛnezi| *s.f. inv.* (*biol.*) métagénèse *var.*

metagenètico, ci, ca, che |metadʒe'nɛtiko, tʃi, ka, ke| *agg.* [*di metagenesi*] métagénésique: *specie metagenetiche* espèces métagénésiques.

metaldèide |metal'dɛide| *s.f.* (*chim.*) métaldéhyde *m. o f.*

metalinguàggio, i |metalin'gwaddʒo, i| *s.m.* (*scient.*) métalangage, métalangue *f.*

metalinguìstica, che |metalin'gwistika, ke| *s.f.* métalangage *m.*, métalangue.

metalinguìstico, ci, ca, che |metalin'gwistiko, tʃi, ka, ke| *agg.* métalinguistique.

metàllico, ci, ca, che |me'talliko, tʃi, ka, ke| *agg.* **1** métallique: *pezzo metallico* pièce métallique; *monete metalliche* monnaies métalliques **2** [*proprio dei metalli*] métallique: *lucentezza metallica* brillant métallique; *suono metallico* son métallique; *voce metallica* voix métallique.

metallìfero |metal'lifero| *agg.* métallifère: *giacimento metallifero* gisement métallifère.

metallizzàre |metallid'dzare| *v. tr.* [*ricoprire con un sottile strato di metallo*] métalliser: *metallizzare una superficie, una scultura di legno* métalliser une surface, une sculpture sur bois.

metallizzàto |metallid'dzato| *agg.* métallisé: *carta, vernice metallizzata* papier, vernis métallisé.

metallizzazióne |metalliddzat'tsjone| *s.f.* [→ METALLIZZARE] métallisation: *la metallizzazione di una scultura di legno* la métallisation d'une sculpture sur bois.

metàllo |me'tallo| *s.m.* **1** métal*: *metalli alcalini* métaux alcalins; *metalli pesanti* métaux lourds; *metalli nobili* métaux nobles **2** (*per est.*) [*lega di metalli diversi*] métal: *candeliere di metallo* chandelier en, de métal **3** (*lett.*) [*oggetto, strumento di metallo*] métal ◇ (*per est.*) [*moneta*] métal **4** (*raro*) → **timbro.**

metalloceràmica, che |metallotʃe'ramika, ke| *s.f.* (*metall.*) métallocéramique.

metallocromìa |metallokro'mia| *s.f.* métallochromie → **brunitura, bronzatura.**

metallografìa |metallogra'fia| *s.f.* métallographie.

metallogràfico, ci, ca, che |metallo'grafiko, tʃi, ka, ke| *agg.* **1** métallographique: *ricerche metallografiche* recherches métallographiques; *microscopio metallografico* microscope métallographique **2** [*relativo alla riproduzione grafica mediante lastre metalliche*] métallographique: *stampa metallografica* imprimerie métallographique.

metallògrafo |metal'lɔgrafo| *s.* métallographe.

metallòide |metal'lɔide| *s.m.* (*chim.*) métalloïde.

metalloplàstico, ci, ca, che |metallo'plastiko, tʃi, ka, ke| *agg.* (*tecnol.*) métalloplastique.

metalloproteìna |metalloprote'ina| *s.f.* (*biol.*) métalloprotéine.

metallorgànico, ci, ca, che |metallor'ganiko, tʃi, ka, ke| *agg.* (*chim.*) organométallique.

metalloscòpio, i |metallos'kɔpjo, i| *s.m.* (*tecnol.*) métalloscope.

metalloterapìa |metallotera'pia| *s.f.* (*med.*) métallothérapie.

metallurgìa, gie |metallur'dʒia, dʒie| *s.f.* métallurgie.

metallùrgico, ci, ca, che |metal'lurdʒiko, tʃi, ka, ke| *agg.* **1** métallurgique: *l'industria metallurgica* l'industrie métallurgique; *la tecnica metallurgica* la technique métallurgique **2** [*persona che lavora in un'industria metallurgica*] métallurgiste: *un operaio metallurgico* un ouvrier métallurgiste, un métallo ✦ (*s.m.*) *i metallurgici* les métallurgistes, les métallos: *l'agitazione dei metallurgici* l'agitation des métallurgistes, des métallos.

metalmeccànico, ci, ca, che |metalmek'kaniko, tʃi, ka, ke| *agg.* métallurgique et mécanique: *l'industria metalmeccanica* l'industrie métallurgique et mécanique ✦ (*s.m.*) *i metalmeccanici* les métallurgistes, les mécaniciens* (*s.*): *la categoria dei metalmeccanici* la catégorie des métallurgistes, des mécaniciens.

metalògico, ci, ca, che |meta'lɔdʒiko, tʃi, ka, ke| *agg.* (*filos.*) métalogique.

metamatemàtica, che |metamate'matika, ke| *s.f.* métamathématique.

metamerìa |metame'ria| *s.f.* (*chim., zool.*) métamérie.

metamèrico, ci, ca, che |meta'mɛriko, tʃi, ka, ke| *agg.* métamérique: *specie metamerica* espèce métamérique.

metamerìsmo |metame'rizmo| *s.m.* → **metameria.**

metamerizzazióne |metameriddzat'tsjone| *s.f.* (*zool.*) métamérisation.

metàmero |me'tamero| *s.m.* **1** (*zool.*) métamère **2** (*chim.*) métamère ✦ (*agg.*) *composti metameri* composés métamères.

metamòrfico, ci, ca, che |meta'mɔrfiko, tʃi, ka, ke| *agg.* **1** métamorphique: *processo metamorfico* processus métamorphique **2** (*geol.*) *rocce metamorfiche* roches métamorphiques.

metamorfìsmo |metamor'fizmo| *s.m.* (*geol.*) métamorphisme.

metamorfosànte |metamorfo'zante| *agg.* [*che provoca una metamorfosi*] métamorphisant: *fattori metamorfosanti* facteurs métamorphisants; *azione metamorfosante* action métamorphisante.

metamorfosàre |metamorfo'zare| **A** *v.tr.* [*trasformare, causare una metamorfosi*] métamorphiser **B** *v.pron. intr.* METAMORFOSARSI [→ *tr.*] se métamorphiser.

metamorfosàto |metamorfo'zato| *agg.* [*che ha subito una metamorfosi*] métamorphisé (*p.p.*): *rocce metamorfosate* roches métamorphisées.

metamòrfosi |meta'mɔrfozi| *s.f. inv.* **1** (*biol.*) métamorphose (*var.*): *le metamorfosi della rana* les métamorphoses de la grenouille **2** (*mitol. classica*) *la metamorfosi di Giove in cigno* la métamorphose de Jupiter en cygne; *le 'Metamorfosi' di Ovidio* les 'Métamorphoses' d'Ovide **3** (*fig.*) [*mutamento, cambiamento radicale*] métamorphose: *le sue idee politiche hanno subito una profonda metamorfosi* ses idées politiques ont subi une profonde métamorphose → **trasformazione.**

metànico, ci, ca, che |me'taniko, tʃi, ka, ke| *agg.* méthanique # *gas metanico* méthane.

metanièra |meta'njɛra| *s.f.* (*tecnol.*) méthanier *m.*

metanièro |meta'njɛro| *agg.* du méthane (*loc. inv.*): *l'industria metaniera* l'industrie du méthane # *una* (*nave*) *metaniera* un méthanier.

metanìfero |meta'nifero| *agg.* méthanifère: *terreno, pozzo metanifero* terrain, puits méthanifère.

metanizzàre |metanid'dzare| *v.tr.* [*fornire di metano*] fournir de méthane: *metanizzare una città* fournir une ville en méthane.

metanizzàto |metanid'dzato| *agg.* [*fornito di metano*] fourni en méthane: *una città metanizzata* une ville équipée au gaz naturel, en méthane ◇ [*trasformato per l'utilizzazione del metano*] *motore metanizzato* moteur à méthane.

metanizzazióne |metaniddzat'tsjone| *s.f.* [→ METANIZZARE] méthanisation ◇ [*la metanizzazione di una città*] raccord *m.* de méthane.

metàno |me'tano| *s.m.* (*chim.*) méthane.

metanodótto |metano'dotto| *s.m.* [*impianto per il trasporto e la distribuzione del metano*] méthanoduc (*t. racc.*), pipeline, pipe-line.

metanòlo |meta'nɔlo| *s.m.* (*chim.*) méthanol.

metaplasìa |metapla'zia| *s.f.* (*biol., med.*) métaplasie.

metaplàsico, ci, ca, che |meta'plaziko, tʃi, ka, ke| *agg.* métaplasique: *tessuto metaplasico* tissu métaplasique.

metapsìchica, che |metap'sikika, ke| *s.f.* métapsychique.

metapsìchico, ci, ca, che |metap'sikiko, tʃi, ka, ke| *agg.* métapsychique: *fenomeni metapsichici* phénomènes métapsychiques.

metapsichista |metapsi'kista| *s.* métapsychiste.
metapsicologia, gie |metapsikolo'dʒia, dʒie| *s.f.* métapsychologie.
metapsicològico, ci, ca, che |metapsiko'lɔdʒiko, tʃi, ka, ke| *agg.* métapsychologique: *ricerche metapsicologiche* recherches métapsychologiques.
metasemia |metase'mia| *s.f.* (*ling.*) métasémie.
metàstasi |me'tastazi| *s.f. inv.* (*med.*) métastase *var.*
metastasiàno |metasta'zjano| *agg.* du Métastase (*loc. inv.*): *eroi metastasiani* héros du Métastase.
metastàtico, ci, ca, che |metas'tatiko, tʃi, ka, ke| *agg.* (*med.*) métastatique: *tumore metastatico* tumeur métastatique.
metatàrsico, ci, ca, che |meta'tarsiko, tʃi, ka, ke| *agg.* métatarsien*.
metatàrso |meta'tarso| *s.m.* (*anat.*) métatarse.
metàtesi |me'tatezi| *s.f. inv.* (*ling.*) métathèse *var.*
metatoràce |metato'ratʃe| *s.m.* (*zool.*) métathorax.
Metazòi |metad'dzɔi| *s.m. pl.* (*t. zool.*) Métazoaires.
metèco, ci |me'tɛko, tʃi| *s.m.* (*st. gr.*) métèque.
metemoglobina |metemoglo'bina| *s.f.* (*med.*) méthémoglobine.
metempsicòsi |metempsi'kɔzi| *s.f. inv.* métempsycose *var.*
metencèfalo |meten'tʃɛfalo| *s.m.* (*anat.*) métencéphale.
metèora |me'tɛora| *s.f.* **1** (*geogr.*) météore (*m.*): *meteore aeree, luminose* météores aériens, lumineux; *meteore acquee* météores aqueux **2** [*stella cadente*] météore, étoile filante ◇ (*fig.*) [*persona o cosa di brillante ma brevissima durata*] météore: *passare come una meteora* passer comme un météore; *è scomparso come una meteora* il a disparu comme un météore.
1 **meteòrico, ci, ca, che** |mete'ɔriko, tʃi, ka, ke| *agg.* **1** météorique: *fenomeni meteorici* phénomènes météoriques; *acque meteoriche* eaux météoriques; *erosione meteorica* érosion météoriques **2** [*contenuto in meteoriti; provocato da meteoriti*] météorique: *ferro meteorico* fer météorique; *cratere meteorico* cratère météorique.
2 **meteòrico, ci, ca, che** |mete'ɔriko, tʃi, ka, ke| *agg.* (*med.*) météorique: *ventre meteorico* ventre météorique; *disturbi meteorici* troubles météoriques.
meteorismo |meteo'rizmo| *s.m.* (*med.*) météorisme, météorisation *f.*
meteorite |meteo'rite| *s.m. o f.* météorite.
meteorìtico, ci, ca, che |meteo'ritiko, tʃi, ka, ke| *agg.* (*raro*) → 1 **meteorico** 2.
meteorizzàre |meteorid'dzare| *v. tr.* (*med., veter.*) [*provocare meteorismo*] météoriser.
meteorografia |meteorogra'fia| *s.f.* météorographie.
meteorogràfico, ci, ca, che |meteoro'grafiko, tʃi, ka, ke| *agg.* météorographique: *diagramma meteorografico* diagramme météorographique.
meteorògrafo |meteo'rɔgrafo| *s.m.* (*tecnol.*) météorographe.
meteorologia, gie |meteorolo'dʒia, dʒie| *s.f.* météorologie.
meteorològico, ci, ca, che |meteoro'lɔdʒiko, tʃi, ka, ke| *agg.* météorologique: *previsioni meteorologiche* prévisions météorologiques; *stazione meteorologica* station météorologique; *bollettino meteorologico* bulletin météorologique, de la météo (*fam.*).
meteorologista |meteorolo'dʒista| *s.* (*raro*) → **meteorologo.**
meteoròlogo, gi, ga, ghe |meteo'rɔlogo, dʒi, ga, ge| *s.* météorologique, météorologiste.
meteoropatia |meteoropa'tia| *s.f.* (*med.*) météoropathie.
meteoropàtico, ci, ca, che |meteoro'patiko, tʃi, ka, ke| *agg.* météoropathique: *disturbi meteoropatici* troubles météoropathiques ◇ [*affetto da meteoropatia*] *un* (*soggetto*) *meteoropatico* un (sujet) météoropathique.
meticciàto |metit'tʃato| *s.m.* **1** [*gruppo sociale costituito da meticci; condizione, stato di meticcio*] métissage: *il meticciato messicano* le métissage mexicain **2** [*ibridismo tra razze diverse*] métissage.
meticcio, ci, cia, ce |me'tittʃo, tʃi, tʃa, tʃe| *s.* **1** (*biol.*) métis*: *i meticci nordamericani* les métis nord-américains **2** (*per est.*) [*uomo o animale nato da due individui di razza diversa*] métis.
meticolosàggine |metikolo'saddʒine| *s.f.* [*meticolosità pedantesca e ottusa*] méticulosité: *quel capufficio è d'una meticolosaggine esasperante* ce chef de bureau est d'une méticulosité exaspérante.
meticolosaménte |metikolosa'mente| *avv.* [→ METICOLOSO] méticuleusement.
meticolosità |metikolosi'ta| *s.f. inv.* méticulosité (*var.*): *lavorare con meticolosità* travailler avec méticulosité; *la meticolosità di quel dottore è esagerata* la méticulosité de ce docteur est exagérée.
meticolóso |metiko'loso| *agg.* (*persone*) méticuleux*: *un uomo meticoloso* un homme méticuleux → **minuzioso, attento**; *un direttore troppo meticoloso* un directeur trop méticuleux → **pedante, cavilloso** ◇ (*cose*) [*fatto con cura e diligenza* (*eccessive*)] *un esame meticoloso* un examen méticuleux; *una revisione, un'ispezione meticolosa* une révision, une inspection méticuleuse.
metilarància, i |metila'rantʃo, i| *s.m.* (*chim.*) méthylorange.
metile |me'tile| *s.m.* (*chim.*) méthyle.
metilène |meti'lɛne| *s.m.* (*chim.*) méthylène: *blu di metilene* bleu de méthylène; *bromuro di metilene* bromure de méthylène.
metilico, ci, ca, che |me'tiliko, tʃi, ka, ke| *agg.* méthylique: *alcool metilico* alcool méthylique → **metanolo.**
metionina |metjo'nina| *s.f.* (*farm.*) méthionine.
metòdica, che |me'tɔdika, ke| *s.f.* [*metodo*; *metodologia*] méthode; méthodologie: *la metodica dell'insegnamento* la méthode de l'enseignement ‖ *una metodica tradizionale, nuova* une méthodologie traditionnelle, nouvelle.
metodicaménte |metodika'mente| *avv.* **1** [→ METODICO 1] méthodiquement: *studiare, vivere metodicamente* étudier, vivre méthodiquement **2** [→ METODICO 2] méthodiquement: *fare metodicamente una classificazione* faire une classification méthodiquement.
metodicità |metoditʃi'ta| *s.f. inv.* [*modo di comportarsi o di agire regolare, metodico*] méthode (*var.*): *metodicità di vita* méthode de vie; *studiare con metodicità* étudier avec méthode → **regolarità.**
metòdico, ci, ca, che |me'tɔdiko, tʃi, ka, ke| *agg.* **1** (*persone*) méthodique: *uno studioso metodico* un savant méthodique; *un lavoratore diligente e metodico* un travailleur appliqué et méthodique ◇ (*per est.*) [*che fa una vita ordinata e regolare*] *è un uomo metodico* c'est un homme méthodique, qui a une vie bien réglée → 1 **regolare, ordinato** **2** (*cose*) [*fatto con metodo*] *lavoro metodico* travail méthodique; *trattazione metodica* tractation méthodique ◇ [*fondato su un determinato criterio*] *classificazione metodica* classification méthodique; *vocabolario metodico* vocabulaire méthodique.
metodismo |meto'dizmo| *s.m.* (*relig.*) méthodisme.
metodista |meto'dista| *s.* (*relig.*) méthodiste ◆ (*agg.*) *chiesa metodista* église méthodiste; *dottrina metodista* doctrine méthodiste.
metodistico, ci, ca, che |meto'distiko, tʃi, ka, ke| *agg.* [*del metodismo*] méthodiste: *rigorismo metodistico* rigorisme méthodiste; *principi metodistici* principes méthodistes.
metodizzàre |metodid'dzare| *v.tr.* (*raro*) [*ordinare, organizzare con metodo*] organiser méthodiquement: *metodizzare il proprio lavoro, la propria vita* organiser méthodiquement son travail, sa vie.
metodizzazióne |metodiddzat'tsjone| *s.f.* [→ METODIZZARE] méthodisation: *la metodizzazione di un lavoro, di una ricerca* la méthodisation d'un travail, d'une recherche.
mètodo |'mɛtodo| *s.m.* **1** méthode (*f.*): *metodo di studio, d'insegnamento, d'indagine* méthode d'étude, d'enseignement, d'enquête; *metodo deduttivo, induttivo* méthode déductive, inductive; *metodo analitico, sintetico* méthode analytique, synthétique; *metodo globale, pratico* méthode globale, pratique; *lavorare, studiare con metodo* travailler, étudier avec méthode; *procedere senza metodo* agir sans aucune méthode → **ordine, regolarità** **2** [*manuale di una disciplina, spesso corredato di esercizi graduati*] méthode: *metodo di contabilità, di stenografia* méthode de contabilité, de sténographie; *metodo per lo studio della chitarra, del pianoforte* méthode pour l'étude de la guitare, du piano; *ha comperato il metodo per lo studio della lingua inglese* il a acheté une (la) méthode pour l'étude de l'anglais **3** [*criterio, impostazione particolare di un'attività pratica*] méthode: *metodo di gioco, di cura* méthode de jeu, de soins; *seguiamo due metodi diversi* nous suivons deux méthodes différentes **4** [*sistema, modo di comportarsi, d'agire*] méthode; manière (*f.*): *usare metodi di drastici, dittatoriali* employer des méthodes draconiennes, dictatoriales; *conosco i suoi metodi* je connais ses méthodes ‖ *che metodi sono questi?* quelles

sont ces manières? → **maniera 5** (*calcio*) méthode naturelle; tactique *f.*

metodologìa, gie |metodolo'dʒia, dʒie| *s.f.* **1** méthodologie: *la metodologia della critica letteraria, della ricerca scientifica* la méthodologie de la critique littéraire, de la recherche scientifique **2** → **metodo** 1.

metodologicaménte |metodolodʒika'mente| *avv.* [→ METODOLOGICO] méthodologiquement.

metodològico, ci, ca, che |metodo'lɔdʒiko, tʃi, ka, ke| *agg.* méthodologique: *criterio metodologico* critère méthodologique; *orientamento metodologico* orientation méthodologique; *incoerenza metodologica* incohérence méthodologique.

metodòlogo, gi, ga, ghe |meto'dɔlogo, dʒi, ga, ge| *s.* méthodologiste.

metòlo |me'tɔlo| *s.m.* (*chim.*) métol.

metonimìa |metoni'mia| *s.f.* (*ling.*) métonymie.

metonìmico, ci, ca, che |meto'nimiko, tʃi, ka, ke| *agg.* métonymique: *uso metonimico di una parola* emploi métonymique d'un mot; *espressione metonimica* expression métonymique.

metonomàsia |metono'mazja| *s.f.* métonomasie.

mètopa |'mɛtopa|, **mètope** |'mɛtope| *s.f.* (*arch.*) métope: *le metope del Partenone* les métopes du Parthénon.

metràggio, i |me'traddʒo, i| *s.m.* **1** [*misurazione a metri*] mètre: *il tessuto si vende a metraggio* le tissu est vendu au mètre ◇ [*quantità calcolata in metri*] métrage: *che metraggio ci vuole per un abito?* quel métrage faut-il pour un costume? **2** (*cine.*) métrage: *un* (*film a*) *lungo metraggio* (*un lungometraggio*) un (film à) long métrage; *un corto metraggio* (*un cortometraggio*) un court métrage.

metratùra |metra'tura| *s.f.* (*raro*) → **metraggio.**

-metrìa |me'tria| *suff.* (*significa 'misura, misurazione', corrisponde gener. a*) métrie: *simmetria* symétrie; *geometria* géométrie.

mètrica, che |'mɛtrika, ke| *s.f.* métrique: *norme, trattato di metrica* normes, traité de métrique: *metrica quantitativa, accentuativa* métrique quantitative, qui se base sur l'accent tonique ◇ [*i metri usati in una data epoca o da un determinato scrittore*] *la metrica classica* la métrique classique; *la metrica di Orazio* la métrique d'Horace.

metricaménte |metrika'mente| *avv.* [→ METRICO 2] selon les règles de la métrique *loc. inv.*

metricista |metri'tʃista| *s.* [*studioso di metrica, soprattutto di metrica classica*] métricien*, rythmicien *m.*

-mètrico |'mɛtriko| *suff.* (*significa 'che riguarda la misurazione', corrisponde gener. a*) métrique: *barometrico* barométrique; *geometrico* géométrique.

mètrico, ci, ca, che |'mɛtriko, tʃi, ka, ke| *agg.* **1** métrique: *sistema metrico decimale* système métrique décimal; *servizio metrico* service métrique **2** [*relativo alla metrica e ai metri*] métrique: *accento metrico* accent métrique; *struttura metrica di un verso, di una lirica* structure métrique d'un vers, d'une poésie lyrique; *clausola metrica* clause métrique.

metrite |me'trite| *s.f.* (*med.*) métrite.

mètro- |'mɛtro| *pref.* **1** (*significa 'misura', corrisponde gener. a*) mètro: *metrologia* métrologie; *metronomo* métronome **2** (*significa 'madre', corrisponde gener. a*) métro: *metropoli* métropole **3** (*significa 'utero', corrisponde gener. a*) métro: *metrorragia* métrorr(h)agie.

-metro |metro| *suff.* **1** (*significa 'misura', corrisponde gener. a*) mètre: *perimetro* périmètre; *diametro* diamètre ◇ (*significa 'misuratore', corrisponde gener. a*) mètre: *barometro* baromètre; *termometro* thermomètre **2** (*significa 'metro', come unità di misura del verso classico, corrisponde gener. a*) mètre: *esametro* hexamètre; *trimetro* trimètre **3** (*significa 'multipli, sottomultipli del metro', corrisponde gener. a*) mètre: *chilometro* kilomètre; *millimetro* millimètre.

mètro |'mɛtro| *s.m.* **1** mètre: *metro quadrato* (*mq.*) mètre carré (m^2); *metro cubo* (*mc.*) mètre cube (m^3); *una ragazza alta un metro e settanta* (*centimetri*) une jeune fille qui mesure un mètre soixante-dix (centimètres); *una stanza di cinquanta metri quadrati* une pièce de cinquante mètres carrés; *questo tessuto costa 30.000 al metro* ce tissu coûte 30.000 lires le mètre **2** [*strumento per misurare, lungo uno o più metri*] mètre: *metro di metallo, di legno* mètre en métal, en bois; *metro pieghevole, a nastro* mètre pliable, à ruban; *il metro del falegname* le mètre du menuisier; *un metro da sarto* un mètre de couturier **3** (*fig.*) [*criterio di giudizio, di valutazione*] *non è giusto valutare tutti con lo stesso metro* il n'est pas juste de juger les autres d'après soi; *non puoi esigere che gli altri giudichino con il tuo metro* tu ne peux pas exiger que les autres jugent avec ton propre mètre, selon tes propres règles **4** (*metr.*) mètre: *metro dattilico, giambico* mètre dactylique, iambique; *metro saffico, elegiaco* mètre saphique, élégiaque; *i metri del Pascoli* les mètres de Pascoli **5** (*fig.*) [*tono, argomento del discorso*] ton: *su questo metro potrei continuare all'infinito* sur ce ton, je pourrais continuer à l'infini; *gli rispose sullo stesso metro* il lui répondit sur le même ton ◇ [*modo di comportarsi, di agire*] attitude (*f.*): *cambiar metro* changer d'attitude.

métro |me'tro| *s.m. inv.* (*abbrev.*) → **metropolitana.**

metrologìa, gie |metrolo'dʒia, dʒie| *s.f.* **1** métrologie **2** *metrologia psicologica* → **psicometria 3** (*raro*) [*studio dei metri poetici*] métrologie.

metrològico, ci, ca, che |metro'lɔdʒiko, tʃi, ka, ke| *agg.* métrologique: *studi metrologici* études métrologiques; *servizi metrologici* services métrologiques.

metròlogo, gi, ga, ghe |me'trɔlogo, dʒi, ga, ge| *s.* métrologiste, métrologue.

metromanìa |metroma'nia| *s.f.* métromanie.

metronòmico, ci, ca, che |metro'nɔmiko, tʃi, ka, ke| *agg.* métronomique: *indicazioni metronomiche* indications métronomiques.

metrònomo |me'trɔnomo| *s.m.* (*mus.*) métronome.

metronòtte |metro'nɔtte| *s.m. inv.* [*guardia notturna*] veilleur *var.* de nuit, vigile *var.*, vigilant *var.*

metropatìa |metropa'tia| *s.f.* (*med.*) métropathie.

metròpoli |me'trɔpoli| *s.f. inv.* **1** métropole (*var.*): *la metropoli russa, inglese, francese* la métropole russe, anglaise, française → 2 **capitale 2** (*per est.*) [*città di grande importanza*] métropole: *la metropoli lombarda* la métropole lombarde; *la metropoli artistica d'Europa è Firenze* la métropole artistique de l'Europe est Florence ◇ [*città con più di un milione di abitanti*] *le metropoli statunitensi* les métropoles des États-Unis; *la vita tumultuosa delle metropoli* la vie tumultueuse des métropoles **3** (*eccl.*) métropole **4** (*raro*) → **madrepatria.**

metropolita |metropo'lita| *s.m.* (*eccl.*) métropolite.

metropolitàna |metropoli'tana| *s.f.* métro(politain) (*m.*): *la metropolitana di Londra, di Parigi* le métro de Londres, de Paris ◇ (*per est.*) [*il servizio, il convoglio di tale ferrovia*] *prendere la metropolitana* prendre le métro.

metropolitàno |metropoli'tano| **I** *agg.* **1** métropolitain: (*ferrovia*) *metropolitana* (chemin de fer) métropolitain; *l'amministrazione metropolitana* l'administration métropolitaine **2** [*che è retto da un metropolita*] métropolitain: *chiesa, diocesi metropolitana* église métropolitaine, diocèse métropolitain; *vescovo, patriarca metropolitano* évêque, patriarche métropolitain **3** [*della madrepatria*] métropolitain: *territorio metropolitano* territoire métropolitain; *truppe metropolitane* troupes métropolitaines **II** *s.* [*vigile urbano in una metropoli*] gardien* de la paix, agent *m.* (de police): *i metropolitani di Roma* les agents (de police), les gardiens de la paix de Rome; *il metropolitano mi ha fatto la multa* l'agent (de police) m'a donné une contravention.

metrorragìa, gie |metrorra'dʒia, dʒie| *s.f.* (*med.*) métrorr(h)agie.

metroscopìa |metrosko'pia| *s.f.* (*med.*) métroscopie.

metroscòpio, i |metros'kɔpjo, i| *s.m.* (*med.*) métroscope.

méttere |'mettere| (155) **A** *v.tr.* **1** (*con compl. ogg. di cose*) [*porre, collocare in un determinato luogo, condizione o situazione*] mettre (71): *mettere i piatti in tavola* mettre les assiettes, le couvert; *mettere l'acqua nel bicchiere* mettre l'eau dans le verre → 1 **versare**; *mettere l'automobile in garage* mettre la voiture au garage; *mettere i libri sullo scaffale* mettre les livres sur l'étagère → **riporre**; *mettere le mani in tasca* mettre les mains dans ses poches; *mettere il cappello in testa* mettre son chapeau sur sa tête; *mettere al sole, all'ombra* mettre au soleil, à l'ombre; *mettere in fresco, in caldo* mettre au frais, au chaud; *mettere i panni ad asciugare* mettre le linge à sécher; étendre le linge; *mettere la carne a cuocere* mettre la viande à cuire ◇ [*posare*] *gli mise una mano sulla spalla* il lui mit une main sur l'épaule; *guarda dove metti i piedi!* regarde où tu mets les pieds ◇ [*inserire, conficcare*] *mettere la chiave nella toppa* mettre la clé dans le trou de serrure → **introdurre**; *mettere un chiodo nel muro* mettre un clou dans le mur; *ha l'abitudine di met-*

tere un dito in bocca il a l'habitude de mettre un doigt dans sa bouche; *ho messo un annuncio sul giornale* j'ai mis une annonce dans le journal ◇ [*mandare, fare andare*] *mettere in rete il pallone* mettre, envoyer le ballon dans les filets; *con abile mossa mise la pallina in buca* d'un coup habile, il mit la boule dans le trou ◇ (*riferito a indumenti e sim.*) [*indossare, infilare*] mettre, enfiler: *mettere i guanti, le scarpe* mettre, enfiler les gants, les chaussures; *mise il cappottino al bambino* il mit, il enfila le manteau à l'enfant □ *mettersi i guanti, le scarpe* mettre, enfiler ses gants, ses chaussures; *mettersi l'anello al dito* se mettre la bague au doigt; *s'è messo l'abito nuovo* il s'est mis son habit neuf; *si mise gli occhiali ed uscì* elle mit ses lunettes et sortit ◇ [*adattare, applicare*] *mettere una toppa sui calzoni* mettre une pièce au pantalon; *mettere il francobollo su una cartolina* mettre un timbre sur une carte postale → **attaccare**; *mettere la museruola al cane, le manette ai polsi* mettre la muselière au chien, les menottes aux mains, aux poignets; *le corde di questo violino sono state messe male* les cordes de ce violon ont été mal mises ◇ [*appendere, attaccare*] *mettere un avviso, un manifesto* mettre, apposer un avis, une affiche; *mettere un quadro alla parete* mettre, suspendre un tableau au mur; *ancora non sono state messe le tende alle finestre* les rideaux aux fenêtres n'ont pas encore été mis, pendus ◇ [*installare*] *mettere il telefono, il gas, la corrente elettrica in casa* mettre, installer le téléphone, le gaz, l'électricité dans la maison ◇ [*aggiungere*] *mettere la firma su un documento* mettre, apposer une signature sur un papier; *mettere l'indirizzo sulla busta* mettre l'adresse sur l'enveloppe; *qui metterei un punto e virgola* ici, je mettrais un point-virgule; *metti in conto anche l'albergo* mets aussi sur la note les frais d'hôtel → **conteggiare**; *metti anche questo nella valigia* mets cela aussi dans la valise ◇ [*infondere, provocare, insinuare*] *mettere pace, discordia fra due persone* mettre la paix, la discorde entre deux personnes; *mettere male fra qc.* mettre le désaccord entre qqn. # *mettere timore* inspirer la crainte → **ispirare, incutere**; *mettere orrore, paura* faire horreur, peur; *mettere soggezione* intimider; *le sue parole gli misero coraggio* ses paroles lui donnèrent du courage; *è un pensiero che mette i brividi* c'est une pensée qui donne la chair de poule ◇ (*loc. fig.*) *mettere i puntini sugli 'i'* mettre les points sur les 'i' ~ *mettere una pulce nell'orecchio di qc.* [*insinuargli un sospetto*] mettre la puce à l'oreille à qqn. ~ *mettere in testa a uno q.c.* [*convincerlo di un fatto, di un'idea*] mettre qqch. dans la tête de qqn. ~ METTERSI IN TESTA UNA COSA se mettre dans la tête une chose: *mettiti bene in testa che qui comando io* mets-toi bien dans la tête que c'est moi qui commande ici; *s'è messo in testa che ce l'abbiamo con lui* il s'est mis dans la tête qu'on lui en veut ~ (*prov.*) *chi più ne ha più ne metta* [*eccetera eccetera, e via dicendo*] et ainsi de suite **2** (*con compl. ogg. di persona*) [*accompagnare, far andare*] mettre: *mettere i bambini a letto* mettre les enfants au lit; *mettere una guardia di sentinella* mettre un garde en sentinelle; *mettere uno in prigione* mettre qqn. en prison; *mettere un figlio in collegio* mettre un enfant au collège; *mise il figlio alla direzione dell'azienda* il mit, plaça son fils à la direction de l'entreprise # *l'hanno messo a dirigere il traffico* ils l'ont chargé de diriger la circulation ◇ (*loc.*) *mettere sulla via giusta*: (*pr.*) mettre dans le bon chemin; (*fig.*) [*indirizzarlo bene, dargli un giusto indirizzo morale*] mettre sur la bonne voie **3** [*collocare in una determinata posizione*] mettre: *mettere in piedi, seduto* mettre sur pieds, assis; *l'aveva messo disteso sul letto* il l'avait mis, allongé sur le lit; *l'antenna andava messa ben diritta* l'antenne devait être mise bien droite ◇ [*disporre*] *mettere gli alunni in fila* mettre les élèves en rang; *mettere i numeri in colonna* mettre les numéros en colonne; *mettere in ordine i libri* mettre en ordre les livres ◇ [*far passare da una condizione ad un'altra*] *mettere un compito in bella* mettre un devoir au propre → **trascrivere**; *mettere in musica un testo* mettre en musique un texte → **musicare**; *mettere in versi* mettre en vers → **versificare**; *mettere sotto accusa* mettre en accusation; *mettere un dipendente a riposo, in pensione* mettre un employé au repos, à la retraite ◇ [*sottoporre a un determinato trattamento*] *mettere un campo a grano, a foraggio* mettre un champ en blé, en fourrage; *il malato fu messo a dieta* le malade fut mis au régime ◇ (*loc. fig.*) *mettere una famiglia sul lastrico* [*ridurla alla miseria*] mettre une famille sur la paille ~ *metter(si) il cuore in pace* [*rassegnarsi*] se résigner ~ *mettere qc. in pensiero, in ansia* donner du souci à qqn.; inquiéter qqn. ~ *mettere qc. sull'avviso* prévenir qqn. ~ *mettere qc. in burla, in ridicolo* tourner qqn. en ridicule; ridiculiser qqn. **4** [*adoperare, impiegare*] mettre: *ci ha messo tutta la sua buona volontà* il y a mis toute sa bonne volonté # *ce l'ha messa tutta* il a fait tout son possible; *mettere impegno, attenzione* prendre à cœur, prêter attention ◇ (*riferito al denaro*) [*versare, investire*] *abbiamo messo un tanto a testa* nous avons mis tant par personne; *ha messo tutti i suoi risparmi in un'industria* il a mis toutes ses économies dans une industrie ◇ (*riferito al tempo*) [*spendere, impiegare*] *ci metterò circa tre ore per questa riparazione* je mettrai trois heures environ pour cette réparation; *quanto ci metti a vestirti!* que tu es longue pour t'habiller!; quel temps tu mets à t'habiller! # *se continua a fare il prepotente, ci metto poco a dargli uno schiaffone* s'il continue à être autoritaire, j'aurai tôt fait de lui donner une gifle! **5** [*mandare, emettere, far germogliare*] *mettere le radici* prendre (73) racine; *mettere le foglie* mettre ses feuilles; *mettere le gemme* avoir (28) ses bourgeons; *mettere le penne, le ali, le corna* faire (45) pousser ses plumes, ses ailes, ses cornes; *quel bambino ha già messo i denti* cet enfant a déjà fait ses dents; *mettere una voce flebile, un lamento* pousser un faible cri, se lamenter ◇ (*fig.*) *mettere senno, giudizio* devenir (27) *intr.* raisonnable **6** (*acquista valore e significato particolari in base al sost. cui è unito*) mettre: *mettere la prima, la seconda* (*marcia*) mettre en (la) première, en (la) deuxième vitesse; *mettere una tassa, un tributo* [*imporre*] mettre une taxe, une contribution; *mettere ostacoli, inciampi* [*frapporre*] mettre des obstacles, des difficultés; *questo cappellino glielo metto diecimila lire* [*glielo faccio pagare*] ce petit chapeau je vous le mets à dix mille lires; *hanno messo tutta la loro felicità in quel figlio* [*riposto*] ils ont mis, placé tout leur bonheur dans ce fils # *metti il caso che dica la verità* [*supponi, ammetti*] admettons, supposons qu'il dise la vérité; *vuoi mettere* (*a confronto*) *la mia automobile con la tua?* [*paragonare*] veux-tu comparer ma voiture à la tienne? **7** (*in unione con avv.*) METTERE FUORI mettre dehors: *metter fuori una bandiera, il quadro degli scrutini* [*esporre*] mettre dehors un drapeau, le cadre des scrutins → **esporre** # *metter fuori i denari* [*sborsare*] débourser; *metter fuori calunnie, chiacchiere* [*divulgare*] divulguer des calomnies, des bavardages ~ METTER GIÙ [*deporre, posare, abbassare*] *mettete giù quei pacchi!* posez ces paquets!; *metti giù le mani!* bas les mains! ~ METTERE INSIEME [*riunire*; *collegare*] *mettere insieme un'orchestra* monter un orchestre; *è riuscito a mettere insieme i soldi per le vacanze* il a réussi à mettre de côté l'argent pour les vacances; *non è riuscito a mettere insieme due idee per quell'articolo* il n'a pas réussi à mettre ensemble deux idées pour cet article ~ METTER SU monter: *metter su famiglia* [*sposarsi*] monter son ménage; *metter su un negozio* [*impiantare*] monter un magasin; *metter su uno spettacolo* [*allestire*] monter un spectacle; *metter su uno* (*contro qc.*) [*istigare, indurre a un atteggiamento di avversione*] monter une personne (contre une autre personne) # *metter su pancia* [*incominciare ad avere una pancia voluminosa*] prendre du ventre; *mettere su casa* [*arredare*] installer sa maison ◇ (*loc. fig.*) *metter dentro qc.* [*imprigionarlo*] mettre qqn. en prison ~ *mettere innanzi ragioni, pretesti* [*addurre, accampare*] avancer des raisons, des prétextes **8** (*unito a sost. mediante la prep. 'a'*) mettre à: *mettere al bando* [*bandire*] mettre au ban; *mettere al mondo* mettre au monde; *mettere a morte* mettre à mort; *mettere a nudo, allo scoperto* mettre à nu; *mettere alla porta* mettre à la porte; *mettere alla prova* mettre à l'épreuve # *mettere al muro* [*fucilare*] fusiller, coller (*fam.*) au mur; *mettere a parte* [*far partecipe*] faire part, confier; *mettere ai voti una proposta* faire voter; *mettere a profitto* [*trarre vantaggio*] mettre à profit **9** (*unito a sost. mediante la prep. 'in'*) mettre en: *mettere in azione* [*avviare*] mettre en route, en marche, en train; *mettere in onda* [*trasmettere per radio o tv*] passer sur les ondes; *mettere in opera* mettre en œuvre, en chantier; *mettere in pratica* mettre en pratique, à exécution; *mettere in rilievo* mettre en relief; *mettere* (*bene*) *in vista* mettre bien en vue # *mettere in atto* mettre en acte, exécuter; *mettere in chiaro* [*chiarire*] tirer au clair, mettre en lumière, éclaircir; *mettere in condizione, in grado di* mettre qqn. à même de faire qqch.; *mettere in giro* [*diffon-*

dere] faire savoir partout; étaler en public; *mettere in mostra* [*ostentare*] étaler, faire étalage de; *mettere in relazione, in rapporto* [*collegare*] établir un rapport **B** *v.intr.* (*aus.* '*avere*') **1** (*riferito a piante*) [*germogliare*] venir (27) (*aus.* être), pousser: *i mandorli mettono bene quest'anno* les amandiers viennent bien cette année # *come mai ancora non ha messo questo ciliegio?* comment se fait-il que ce cerisier n'ait pas encore pris? ◇ (*riferito a corsi d'acqua*) [*sfociare*] se jeter (5) (*pron.*): *il Po mette nell'Adriatico* le Pô se jette dans l'Adriatique ◇ (*riferito a strade*) [*portare, fare capo a*] mener (6): *il sentiero mette in una piazzuola* le sentier mène à une petite place **2** *impers.* (*nella loc.*) METTER CONTO [*valer la pena, convenire*] valoir (35) la peine: *mette conto andarci di persona* cela vaut la peine d'y aller en personne; *non mette conto parlare di simili sciocchezze* cela ne vaut pas la peine de parler de pareilles sottises **C** *v.pron.* METTERSI **I** *intr.* **1** [*profilarsi, volgersi*] se présenter: *come si mettono le cose?* comment se présentent les choses?; *prima di rispondergli, vediamo come si mette la situazione* avant de répondre, voyons comment la situation se présente ◇ (*spec. in unione con gli avv.* '*bene, male*') [*prendere buona, cattiva piega*] prendre *tr.* une bonne, une mauvaise tournure: *le cose si mettono male per noi* les choses prennent une mauvaise tournure pour nous; *temo che la faccenda si metta male* je crains que cette histoire ne prenne une mauvaise tournure; *insperatamente le cose si misero bene per noi* d'une façon inespérée, les choses prirent, pour nous, une bonne tournure ◇ (*riferito alle condizioni atmosferiche*) [*cambiare, volgersi*] se mettre, devenir (*intr.*): *il tempo si mette al bello, al brutto* le temps se met au beau, le temps devient mauvais **2** (*seguito da* '*a*' + *inf.*) [*cominciare*] se mettre à: *mettersi a leggere, a cantare, a ridere* se mettre à lire, à chanter, à rire; *mettersi a fare il commerciante* se mettre à faire le commerçant; *s'è messo a lavorare da poco* il s'est mis à travailler depuis peu; *il treno s'è messo in moto* le train s'est mis en marche ◇ (*con v. impers.*) *s'è messo a piovere, a nevicare* il s'est mis à pleuvoir, à neiger **II** *rifl.* **1** [*collocarsi, prendere posto in un luogo*] se mettre: *mettersi a tavola* se mettre à table; *mettersi in poltrona* s'asseoir, s'installer dans un fauteuil; *mettersi a letto con l'influenza* se mettre au lit avec la grippe; *mettersi in un angolo* se mettre dans un coin; *mettiti lì e non ti muovere!* mets-toi là et ne bouge plus! ✦ → *tr.* 1 □ **2** [→ *tr.* 3] se mettre: *mettersi in piedi, in ginocchio* se mettre debout, à genoux; *mettersi in fila, uno dietro l'altro* se mettre en rang, l'un derrière l'autre; *mettersi in guardia, sulla difensiva* se mettre en garde, sur la défensive; *mettersi al riparo, al coperto* se mettre à l'abri; *mettersi a riposo, in pensione* se mettre au repos, à la retraite; *mettersi a dieta* se mettre au régime; *mettersi in salvo* se mettre en sécurité; *mettersi in regola con i pagamenti, con le tasse* se mettre en règle avec les paiements, avec les impôts # *mettersi seduto, disteso* s'asseoir, se coucher **3** [*entrare, avviarsi, indirizzarsi*] se mettre: *si misero in cammino di buonora* ils se mirent en route de bonne heure; *finirà con il mettersi nei pasticci* il finira pour se mettre dans de beaux draps # *mettersi in mare* prendre la mer; *ci mettemmo per una strada sbagliata* nous prîmes une mauvaise route **4** [*accingersi a q.c., intraprendere*] se mettre: *mettersi all'opera* se mettre à l'œuvre, à l'ouvrage; *mettersi in cerca d'impiego, di fortuna* se mettre en quête d'un emploi, de la fortune ✦ (*ass.*) *mettercisi, mettersi di buona voglia, di lena, di buzzo buono* s'y mettre de bon cœur ◇ (*loc. fam.*) *quando ci si mette, riesce sempre* quand il s'y met, il réussit toujours ~ *se mi ci metto io!...* si je m'y mets!... ~ *non mi ci metto neanche!* je ne veux même pas commencer, essayer! **5** [*vestirsi, abbigliarsi*] se mettre: *mettersi in pigiama, in costume da bagno, in abito da sera* se mettre en pyjama, en maillot de bain, en robe du soir; *mettersi in maniche di camicia* se mettre en bras de chemise; *mettersi in gingheri* se mettre sur son trente et un # *mettersi in maschera* se masquer ✦ → *tr.* 1 □ **6** [*stabilire determinate relazioni; associarsi, unirsi*] se mettre: *mettersi in società con qc.* se mettre en société avec qqn.; *mettersi in contatto, in relazione, in comunicazione con un amico* se mettre en contact, en rapport, en communication avec un ami; *mettersi al servizio, alle dipendenze di qc.* se mettre au service, sous la dépendance de qqn. ✦ *ass.* [*iniziare un rapporto sentimentale o una convivenza amorosa*] se maquer (*pop.*): *s'è messo con una ragazzina di quindici anni* il s'est maqué avec une fille de quinze ans; *s'è messa con un uomo sposato* elle s'est maquée avec un homme marié ◇ (*loc.*) *mettersi con i più forti* [*stare dalla loro parte*] être du côté du plus fort ~ *mettersi con uno più debole* [*venire alle mani con lui*] s'en prendre au plus faible.

mettibócca |metti'bokka| *s. inv.* personne *f. var.* qui a toujours son mot à dire; pipelette *f. var.* (*pop.*).

mettifòglio |metti'fɔʎʎo|, **mettifògli** |metti'fɔʎʎi| *s.m. inv.* (*tip.*) margeur *var.*

mettilòro |metti'lɔro| *s.m. inv.* → **indoratore.**

mettimàle |metti'male| *s. inv.* (*fam.*) semeur* *var.* de discordes → **sobillatore, maldicente.**

'meublé' |mœble| *agg. e s.m.* meublé: (*albergo*) '*meublé*' hôtel meublé; *alloggiare in un* '*meublé*' habiter en meublé; habiter dans un meublé.

mezerèo |meddze'rɛo| *s.m.* (*t.bot.*) mézéréon.

mèzza- |mɛddza| *pref.* (*significa* '*metà*', *corrisponde gener. a*) demi- *inv.* (+ *sost.*): *mezzaluna* demi-lune.

mézza |'meddza| *s.f.* [*la mezza ora*] demie: *questo orologio suona le ore, le mezze e i quarti* cette horloge sonne les heures, les demies et les quarts ✦ *ass.* [*mezzanotte o mezzogiorno e mezzo*] *le lezioni terminano alla mezza* les leçons finissent à la demie.

mezzacartùccia, ce |meddzakar'tuttʃa, tʃe| *s.f.* (*fam.*) [*persona dappoco*] demi-portion: *delle mezzecartucce* des demi-portions.

mezzadrìa |meddza'dria| *s.f.* [*contratto per la conduzione di fondi agricoli tra il proprietario e il contadino*] métayage (*m.*): *dare, prendere un terreno a mezzadria* donner, prendre un terrain en métayage.

mezzadrile |meddza'drile| *agg.* [*relativo alla mezzadria*] de métayage (*loc. inv.*): *contratto mezzadrile* contrat de métayage ◇ [*proprio del mezzadro*] du métayer (*loc. inv.*): *la quota mezzadrile* la quote du métayer.

mezzàdro |med'dzadro| *s.* [*chi lavora un podere a mezzadria*] métayeur*.

mezzàla, mezz'àla |med'dzala| *s.f.* (*calcio*) inter *m.*, demi (*m.*): *giocare da, come mezzala* jouer comme inter, demi.

mezzalàna, mèzza làna |meddza'lana| *s.f.* [*tessuto misto di lana e cotone o di lana e raion*] mi-laine (*inv.*): *le mezzelane, le mezze lane* les tissus mi-laine.

mezzalùna, mèzza lùna |meddza'luna| *s.f.* **1** [*la parte visibile della luna, quando questa è illuminata per metà*] croissant (*m.*): *le mezzelune, le mezze lune* les croissants **2** [*l'emblema dell'islamismo e l'insegna della bandiera di alcuni stati islamici*] croissant **3** [*coltello incurvato a doppia impugnatura per tritare verdure*] *hachoir *m.* en demi-lune **4** (*arch. mil.*) demi-lune → **lunetta.**

mezzamànica |meddza'manika| *s.f.* (*spreg.*) [*impiegato statale*] rond-de-cuir (*m.*): *delle mezzemaniche* des ronds-de-cuir.

mezzàna |med'dzana| *s.f.* (*mar.*) artimon (*m.*): *albero di mezzana* mât d'artimon.

mezzanèlla |meddza'nɛlla| *s.f.* **1** (*mar.*) tapecul *m.*, tape-cul *m.* ◇ [*vela di strallo*] foc *m.* **2** brique mal cuite.

mezzanìno |meddza'nino| *s.m.* (*arch.*) entresol, mezzanine *f.* → **ammezzato.**

mezzàno |med'dzano| **1** *agg.* [*che occupa una posizione intermedia*] moyen*: (*vela*) *mezzana* (voile) moyenne → **mezzana**; *statura, altezza mezzana* taille moyenne → **medio** # *il figlio mezzano* le deuxième fils **2** *s.* [*intermediario, mediatore, spec. di amori illeciti*] entremetteur*: *quella donna fa la mezzana per professione* cette femme est une entremetteuse professionnelle.

mezzanòtte |meddza'nɔtte| *s.f.* **1** [*l'istante che segna la fine di un giorno e l'inizio del successivo*] minuit (*m.*): *le mezzanotti, le mezzenotti* les minuits; *a mezzanotte in punto* à minuit juste, tapant; *sta suonando la mezzanotte* minuit est en train de sonner ◇ (*per est.*) *il sole di mezzanotte* le soleil de minuit **2** (*raro*) → **nord, settentrione.**

mezzaquarésima |meddzakwa'rezima| *s.f.* [*giovedì della terza settimana di quaresima*] mi-carême.

mezzarìa |meddza'ria| *s.f.* → 1 **mezzeria.**

mezz'ària |med'dzarja| *solo nella loc. avv.* A MEZZ'ARIA [*a mezza altezza*] en l'air: *la mano restò sospesa a mezza aria* sa main resta suspendue en l'air # *l'aereo volava a mezz'aria* l'avion volait à basse altitude ◇ (*fig.*) *discorsi a mezz'aria* [*reticenti, pieni di sottintesi*] discours en l'air.

mezz'àsta |med'dzasta| *s.f.* (*solo nella loc. avv.*) *bandiera a mezz'asta* [*innalzata solo sino a metà dell'asta,* *spec. in segno di lutto*] drapeau en berne, à mi-hampe ◇ (*mar.*) pavillon à mi-drisse, en berne.

mezzatéla |meddza'tela| *s.f.* [*tessuto misto di lino e cotone*] toile mi-lin mi-coton: *delle mezzetele* des toiles mi-lin mi-coton.

mezzatinta |meddza'tinta| *s.f.* **1** [*tonalità intermedia tra il chiaro e lo scuro*] demi-teinte: *le mezzetinte* les demi-teintes ◇ (*fig.*) [*tono sfumato, attenuato*] *quello scrittore ha uno stile fatto di mezzetinte* cet écrivain a un style tout en demi-teintes **2** (*tip.*) demi-teinte.

mezzavéla |meddza'vela| *s.f.* (*mar.*) bomette.

1 **mezzeria** |meddze'ria| *s.f.* ligne médiane: *la mezzeria di un arco, di un edificio* la ligne médiane d'un arc, d'un édifice ◇ [*la linea che divide longitudinalmente in due parti una strada*] ligne médiane, ligne de dépassement: *tenere la propria mezzeria* ne pas déborder la ligne médiane, la ligne de dépassement.

2 **mezzeria** |meddze'ria| *s.f.* (*region.*) → **mezzadria.**

mezzétta |med'dzetta| *s.f.* (*ant., region.*) [*misura di capacità di circa mezzo litro*] chopine.

mezzina |med'dzina| *s.f.* (*region.*) → 1 **brocca**, 2 **boccale.**

mezzo- |meddzo| *pref.* (*significa 'metà', corrisponde gener. a*) demi- *inv.* (+ *sost.*); mezzo-: *mezzofondo* demi-fond || *mezzosoprano* mezzo-soprano.

1 **mèzzo** |'mɛddzo| *agg.* **1** [*che è la metà dell'intero*] demi- *inv.* (+ *sost.*): *mezzo chilo, mezzo litro, mezzo metro* demi-kilo (livre), demi-litre, demi-mètre (cinquante centimètres); *mezza mela, mezza bottiglia* demi-pomme, demi-bouteille; *mezz'ora* → **mezzora**; *mezzo cerchio* → **mezzocerchio**; *mezza giornata* demi-journée; *mezza porzione, una mezza di risotto alla milanese* une demi-portion de risotto à la milanaise; *mezzo litro di vino* un demi-litre de vin # *divise la mela mezza per ciascuno* il donna une demi-pomme à chacun d'eux ◇ (*pop.*) *mezzi concorrenti non si presentarono* la plupart des concurrents brillèrent par leur absence (*fam.*) ◇ (*posposto al sost.*) demi (*var.*): *un milione e mezzo* un million et demi; *dieci fogli e mezzo* dix feuilles et demie; *una dozzina e mezza* une douzaine et demie ◇ (*preceduto dal sost. 'ora', quando si determina la durata*) *un'ora e mezza* une heure et demie; *tre ore e mezza d'attesa* trois heures et demie d'attente; *il treno ha impiegato cinque ore e mezza* il a fallu au train cinq heures et demie ◇ (*si preferisce il m. sost. quando è assente il sost. 'ora'*) *sono le due e mezzo* (*mezza*) il est deux heures et demie; *il treno delle dieci e mezzo* le train de dix heures et demie; *è arrivato alle sei e mezzo* il est arrivé à six heures et demie **2** (*con valore iperb.*) *non posso perdere neanche mezzo minuto* je n'ai pas même une seconde à perdre; *l'ha raccontato già a mezzo mondo* il l'a déjà raconté à tout le monde **3** (*preceduto dall'art. indet. o da quello partitivo al plur.*) [*circa la metà*] demi- (*inv.*): *un mezzo chilometro* un demi-kilomètre; *ci sarà ancora una mezz'ora di cammino* il y aura encore, environ, une demi-heure de marche; *resta a letto per delle mezze giornate* il reste au lit des demi-journées ◇ (*con l'agg. 'buono'*) [*più della metà, una metà abbondante*] *una buona mezz'ora, una mezz'ora buona* une bonne demi-heure; *un buon mezzo litro di latte* un bon demi-litre de lait ◇ (*con sost. che non esprimono quantità o misura*) [*poco meno di, quasi un*] presque (*avv.*): *un mezzo scandalo* presque un scandale; *fu un mezzo trionfo* ce fut presque un triomphe; *mi ha fatto una mezza promessa* il m'a presque fait une promesse ◇ (*loc.*) *donna a mezzo servizio, a mezzoservizio* femme de ménage à la demi-journée; *una segretaria a mezzo servizio* une secrétaire à mi-temps ~ *mezzo lutto* demi-deuil ~ *mezza festa* jour à moitié férié ~ *legatura in mezza pelle, in mezza tela* reliure en demi-peau, en demi-toile ~ *mezza lana* → **mezzalana** ~ *mezza seta, mezza lana* mi-soie, mi-laine ~ *mezzo busto* → **mezzobusto** ~ *mezzo guanto* → **mezzoguanto** ~ *mezzo sangue* → **mezzosangue** ~ *mezza manica* → **mezzamanica** → *mezze suole* semelles ~ *mezzo vino* → **vinello** ◇ (*loc. fig.*) *mezza cartuccia* → **mezzacartuccia** ~ *un mezzo uomo* un homme de peu, une femmelette ~ *una mezza figura* une personne insignifiante ~ *una mezza parola* [*un accenno discreto*] une allusion concrète ~ *avere una mezza idea* avoir une vague idée ~ *dire, promettere a mezza bocca* [*controvoglia o in modo reticente*] dire, promettre à contre-cœur ◇ (*prov.*) *mal comune mezzo gaudio* malheur partagé est moins dur (à supporter) **4** [*il punto o il momento che si trova alla metà di q.c.*] mi- (*inv.*): *mezzo giorno* → **mezzogiorno**; *mezza notte* → **mezzanotte** ◇ (*spec. con la prep. 'a'*) mi- *inv.* (+ *sost.*), moitié: *a mezza strada* à mi-chemin, à moitié chemin; *a mezza quaresima* à la mi-carême; *bandiera a mezz'asta* → **mezzasta**; *librarsi a mezz'aria* → **mezzaria**; *l'acqua gli arrivava a mezza vita* l'eau lui arrivait à mi-corps **5** [*intermedio* (*fra due estremi*)] demi: *un abito di mezza stagione* un vêtement de demi-saison # *una persona di mezza età* une personne d'âge moyen; *mezzo soprano* → **mezzosoprano**; *mezzo rilievo* → **mezzorilievo**; *mezzo tondo* → **mezzotondo**; *mezza tinta* → **mezzatinta** ◇ (*loc. fig.*) *uomo di mezza tacca, mezza taglia* [*piuttosto basso*] un petit bout d'homme, un avorton, une demi-portion; (*di poco valore*) un homme médiocre, un petit monsieur, un très petit monsieur ~ *mezze misure* [*provvedimenti o decisioni inadeguati*] demi-mesures ~ *parlare, esprimersi con* (*a, in*) *mezzi termini* [*con parole ambigue*] parler, s'exprimer d'une façon ambiguë.

2 **mèzzo** |'mɛddzo| *avv.* [*per metà, per circa metà*] à moitié (*loc. inv.*): *un treno mezzo vuoto* un train à moitié vide # *una parete mezzo gialla e mezzo verde* un mur moitié jaune et moitié vert ◇ (*spec. con valore approssimativo*) [*quasi, in parte*] *un uomo mezzo sordo* un homme à moitié sourd; *un bambino mezzo nudo* un enfant à moitié nu; *una casa mezzo distrutta* une maison à moitié détruite; *era mezzo morta per la paura* elle était à moitié morte de peur # *siamo diventati mezzo parenti* nous somme presque de la même famille ◇ (*spesso, si concorda con il sost. in genere e numero*) moitié (*inv.*): *una parete mezza gialla e mezza verde* une paroi moitié jaune et moitié verte; *queste bottiglie sono mezze vuote* ces bouteilles sont à moitié vides; *erano mezzi morti per la stanchezza* ils étaient à moitié morts de fatigue ◇ (*loc.*) *sentirsi mezz'e mezzo, mezz'e mezza* [*così così, poco bene in salute*] se sentir comme ci comme ça (*fam.*) ◇ (*prov.*) *peccato confessato mezzo perdonato* faute avouée est à moitié pardonnée.

3 **mèzzo** |'mɛddzo| *s.m.* **1** [*una metà*] moitié (*f.*): *un mezzo a te e un mezzo a me* une moitié pour, à toi et une moitié à, pour moi; *due mezzi fanno un intero* deux moitiés font un entier ◇ (*loc. avv.*) *fare le cose a mezzo* [*incompletamente*] faire les choses à moitié ~ *lasciare a mezzo un lavoro* laisser un travail en plan ~ *fare a mezzo di un guadagno* [*metà per ciascuno*] partager un gain ✦ *s.f.* → **mezza** **2** [*la parte centrale, il punto intermedio*] milieu: *nel mezzo della parete* au milieu du mur; *in mezzo al campo* au milieu du champ; *una piazza con nel mezzo una fontana* une place avec, au milieu, une fontaine; *il mezzo giusto, il giusto mezzo* [*il centro*] le juste milieu ◇ (*fig.*) [*posizione de equilibrio, lontana da ogni eccesso*] *tenersi nel mezzo, nel giusto mezzo* tenir le milieu; *la virtù sta nel mezzo* la vertu est au milieu; in medio stat virtus **3** *loc. agg.* DI MEZZO du milieu: *la porta, la finestra, il corridoio di mezzo* [*centrale*] la porte, la fenêtre, le couloir du milieu ~ LA VIA DI MEZZO: (*pr.*) *per arrivar prima, scegliemmo la via di mezzo* pour arriver avant, nous avons choisi la route du milieu; (*fig.*) [*condotta, comportamento che evita soluzioni estreme*] compromis: *scegliere una via di mezzo* arriver à un compromis; *non c'è via di mezzo* il n'y a pas de compromis possible ◇ *loc. verb.* METTERSI DI MEZZO [*interporsi, intromettersi*] s'en mêler, intervenir: *quando ci si mette di mezzo lui, tutto va male* quand il s'en mêle, quand il intervient, tout va mal ~ ANDARE, ANDARCI DI MEZZO [*subire un danno, correre un pericolo*] subir les conséquences: *son sempre io che ci vado di mezzo* c'est toujours moi qui subis les conséquences; *ne andrebbe di mezzo il suo onore, la sua reputazione* il en irait de son honneur, de sa réputation; son honneur, sa réputation serait en jeu ~ ESSERCI DI MEZZO [*avere parte in q.c.*] s'agir: *quando c'è di mezzo la salute, non bisogna badare a spese* quand il s'agit de la santé, il ne faut pas regarder à la dépense; *quando ci sono di mezzo i figli, bisogna agire con prudenza* dès que les enfants sont en cause, il faut agir avec prudence ~ LEVARE, TOGLIERE DI MEZZO Q.C. [*liberare da cosa incomoda*] débarrasser: *togli di mezzo quelle cartacce!* débarrasse-moi de ces paperasses! ~ LEVARE, TOGLIERE DI MEZZO QC. [*allontanarlo, sopprimerlo*] se débarrasser de qqn.: *se non lo togliamo di mezzo subito siamo rovinati* si nous ne nous en débarrassons pas tout de suite, nous serons ruinés ~ LEVARSI, TOGLIERSI DI MEZZO [*andarsene*] s'en aller, se tirer (*pop.*): *togliti di mezzo!* va-t-en; tire-toi de là ◇ *loc. prep.* IN MEZZO A [*fra, tra*] au milieu de: *in mezzo alla folla, agli amici* au milieu de la foule, des amis; *sedette in mezzo*

a noi il s'assit au milieu de nous; *è vissuto sempre in mezzo ai ragazzi* il a toujours vécu au milieu des enfants; *la sua vita è trascorsa in mezzo ai dolori e alle sofferenze* sa vie s'est écoulée au milieu des douleurs et des souffrances **4** (*con riferimento al tempo*) [*il momento centrale*] milieu: *nel mezzo dello spettacolo, della riunione* au milieu du spectacle, de la réunion; *nel bel mezzo della festa* au beau milieu de la fête; *l'età di mezzo* → **medioevo** ◇ (*loc.*) *in questo mezzo, in quel mezzo* [*nel frattempo*] pendant ce temps ~ *senza por tempo in mezzo* [*senza indugiare*] immédiatement *avv.*, sans perdre de temps **5** [*lo spazio o l'ambiente in cui avviene un determinato fenomeno*] milieu: *vincere la resistenza del mezzo* vaincre la résistance du milieu; *l'aria è un mezzo trasparente* l'air est un milieu transparent **6** [*quanto è utile o indispensabile per raggiungere un fine*] moyen: *mezzi buoni, cattivi* bons, mauvais moyens; *mezzi onesti, illeciti* moyens honnêtes, malhonnêtes; *tentare ogni mezzo* essayer tous les moyens; *procurarsi un mezzo idoneo allo scopo* trouver un moyen approprié au but; *ricorrere a tutti i mezzi possibili* recourir à tous les moyens possibles ◇ (*prov.*) *il fine giustifica i mezzi* la fin justifie les moyens **7** (*con valore concr.*) [*strumento o bene necessario per lo svolgimento di un'attività*] *mezzi di ricerca, di lavoro* moyens de recherche, de travail; *mezzi di guerra, mezzi bellici* engins de guerre; *mezzi di comunicazione, di trasporto* moyens de communication, de transport; *mezzi di produzione* moyens de production; *mezzi di pagamento, di scambio* moyens de paiement, d'échange; *mezzi audiovisivi* (moyens) audio-visuels; *mezzi espressivi* [*quelli con cui ciascun'arte si realizza*] moyens d'expression; *disporre di mezzi abbondanti* disposer de beaucoup de moyens; *abbiamo dovuto operare con mezzi insufficienti* nous avons dû opérer avec des moyens insuffisants **8** *al plur.* [*denari, beni materiali*] moyens: *mezzi di sussistenza* moyens de subsistance; *mezzi di fortuna* moyens de fortune ♦ (*ass.*) *i mezzi non mi consentono tale spesa* mes moyens ne me permettent pas pareille dépense; *non ha i mezzi per impiantare un'azienda* il n'a pas les moyens d'installer une entreprise; *essere privo di mezzi* [*senza soldi*] être sans argent **9** (*per est.*) [*dote, capacità, risorsa*] moyen: *quell'atleta è dotato di grandi mezzi* cet athlète a de grands moyens **10** [*ogni veicolo adibito al trasporto di persone o cose*] moyen: *mezzi di trasporto* moyens de transport; *è partito con il primo mezzo che ha trovato* il est parti avec le premier moyen de transport qu'il a trouvé # *mezzi da sbarco* barges de débarquement; *mezzi d'assalto* bâtiments, vedettes d'assaut; *mezzi corazzati* engins blindés; *viaggiare con i mezzi pubblici* voyager avec les transports publics **11** *loc. prep.* PER MEZZO DI, A MEZZO (DI) [*mediante, con l'aiuto di*] au moyen de; à l'aide de; par *prep.*, par l'intermédiaire (de); par l'entremise (de): *comunicare per mezzo della radio* communiquer au moyen de la radio; *il circuito si chiude a mezzo d'un interruttore* le circuit se ferme au moyen d'un interrupteur ‖ *orientarsi per mezzo di una bussola* s'orienter à l'aide d'une boussole, à la boussole ‖ *spedire a mezzo posta* expédier par la poste ‖ *gliel'ho mandato per mezzo di un corriere* je le lui ai envoyé par l'intermédiaire d'un transporteur ‖ *ha avuto il danaro per mezzo di un notaio* il a eu l'argent par l'entremise d'un notaire **12** (*gram.*) *complemento di mezzo* (*e strumento*) complément de moyen.

mézzo |'mettso| *agg.* **1** (*riferito a frutti*) [*eccessivamente maturo, quasi marcio*] blet*: *albicocche, pere mezze* abricots blets, poires blettes **2** [*intriso d'acqua*] trempé: *aveva gli abiti mezzi di pioggia* il avait les habits trempés de pluie; *è tornato a casa fradicio mezzo* il est rentré à la maison complètement trempé.

mezzobùsto, mèzzo bùsto |meddzo'busto| *s.m.* (*scultura*) buste: *i mezzibusti, i mezzi busti* les bustes ◇ (*loc. avv.*) *a mezzobusto* [*di fotografie o ritratti rappresentanti solo la parte superiore del corpo umano*] en buste, à mi-corps.

mezzocérchio, mèzzo cérchio |meddzo'tʃerkjo| *s.m.* **1** (*scherma*) demi-cercle: *i mezzicerchi, i mezzi cerchi* les demi-cercles **2** → **semicerchio, semicirconferenza.**

mezzodì |meddzo'di| *s.m. inv.* (*raro*) → **mezzogiorno.**

mezzofondista |meddzofon'dista| *s.* coureur* de demi-fond.

mezzofóndo |meddzo'fondo| *s.m.* (*sport*) demi-fond.

mezzogiórno |meddzo'dʒorno| *s.m.* **1** [*le ore dodici del giorno civile*] midi: *è arrivato a mezzogiorno in punto* il est arrivé à midi juste; *è già suonato mezzogiorno* midi a déjà sonné ◇ (*astron.*) midi **2** [*il sud, come punto cardinale*] midi: *una casa esposta a mezzogiorno* une maison exposée au midi; *il balcone guarda a mezzogiorno* le balcon est au midi ◇ [*la parte meridionale di un territorio, di una regione*] Midi: *il mezzogiorno dell'Europa, della Russia, della Francia* le Midi de l'Europe, de la Russie, de la France ♦ *ass.* [*l'Italia meridionale*] Italie méridionale, du Sud: *i problemi del Mezzogiorno* le problème de l'Italie méridionale, du Sud.

mezzoguànto, mèzzo guànto |meddzo'gwanto| *s.m.* [*tipo di guanto che lascia parzialmente scoperte le dita*] mitaine (*f.*): *i mezziguanti, i mezzi guanti* les mitaines.

mezzomarinàro, mèzzo marinàro |meddzomari'naro| *s.m.* **1** (*mar.*) gaffe *f.* **2** (*ant.*) → 2 **mozzo.**

mezz'óra, mezzóra |med'dzora| *s.f.* [*la metà di un'ora*] demi-heure ◇ (*in usi iperb.*) [*circa mezz'ora*] *ti ho aspettato una mezz'ora* je t'ai attendu une demi-heure; *quando comincia a parlare, dura mezz'ora* quand il commence à parler, il en a pour une demi-heure.

mezzorilièvo |meddzori'ljɛvo| *s.m.* (*scultura*) demi-relief: *i mezzirilievi* les demi-reliefs.

mezzosàngue, mèzzo sàngue |meddzo'sangwe| *s. inv.* [*cavallo purosangue soltanto per parte di uno dei genitori*] demi-sang *m.* ◇ (*per est.*) [*qualsiasi individuo nato da genitori di razza diversa*] métis*.

mezzoservìzio |meddzoser'vitsjo| *s.m. inv.* travail* *var.* à mi-temps.

mezzosopràno, mèzzo sopràno |meddzoso'prano| *s.* **1** *s.m.* (*mus.*) mezzo-soprano **2** *s.* (*persone*) mezzo-soprano: *un, una mezzosoprano* une mezzo-soprano; *i, le mezzisoprani; i, le mezzi soprani* les mezzo-sopranos.

mezzotóndo |meddzo'tondo| *s.m.* (*scultura*) demi-ronde(-)bosse *f.*

mezzùccio, i |med'dzuttʃo, i| *s.m.* (*spreg.*) expédient mesquin: *che vergogna, ricorrere a simili mezzucci!* quelle honte, recourir à des expédients si mesquins!, à de tels petits trucs! (*fam.*).

mezzùle |med'dzule| *s.m.* [*la doga mediana del fondo delle botti, munita di cannella*] maîtresse *f.* pièce.

mho |mo| *s.m.* (*fis.*) mho.

1 **mi** |mi| *pron. pers. compl. di 1ª pers. sing.* **1** (*davanti al v.*) me (*N.B. si elide davanti a voc. o 'h' muta*): *mi proponeva di andare con lui* il me proposait d'aller avec lui; *mi ha detto la verità* il m'a dit la vérité; *non mi ha detto nulla* il ne m'a rien dit; *non mi lasciare* ne me quitte pas **2** (*posposto e unito al v.*) moi: *ditemi quello che volete* dites-moi ce que vous voulez; *lasciami in pace* laisse-moi tranquille; *fatemi avere il vostro catalogo* envoyez-moi votre catalogue # *eccomi* me voici, me voilà **3** (*con i v. pron.*) me: *mi lavo le mani* je me lave les mains; *mi sono alzato presto stamane* je me suis levé tôt ce matin; *perché mai dovrei arrabbiarmi?* pourquoi diable devrais-je me fâcher? # *mi viene sempre appresso* il est toujours à mes côtés; *mi ero dimenticato di dirtelo* j'avais oublié de te le dire ◇ (*in usi pleon. non si traduce*) *mi metto il soprabito e vengo* je mets mon pardessus et j'arrive; *la memoria mi si confonde* ma mémoire se brouille; *voglio proprio bermi una birra* j'ai vraiment envie d'une bière; *stammi bene* porte-toi bien.

2 **mi** |mi| *s.m. inv.* (*mus.*) mi.

3 **mi** |mi| *s.m. o f. inv.* [*nome della dodicesima lettera dell'alfabeto gr.*] mu *m. var.*

miagolaménto |mjagola'mento| *s.m.* (*raro*) → **miagolio.**

miagolàre |mjago'lare| **A** *v.intr.* (*aus. 'avere'*) **1** (*riferito ai gatti*) [*emettere il proprio verso*] maiuler: *il gatto miagolava dietro alla porta* le chat maiaulait derrière la porte **2** (*per anal.*) [*lamentarsi, frignare*] pleurnicher (*fam.*): *il bambino miagolava nella culla* l'enfant pleurnichait dans son berceau → **piangere, vagire**; *smettila di miagolare così!* arrête de pleurnicher comme ça! ◇ (*spreg.*) [*parlare o cantare in modo indisponente*] gémir: *senti come miagola quel cantante!* écoute comme ce chanteur gémit! # *se seguiti a miagolare così, non riuscirò a capire una parola* si tu continues de parler de cette voix larmoyante, je n'arriverai pas à comprendre un seul mot ◇ (*lett., riferito a vento, a proiettili*) [*fischiare*] miauler (*corr.*) **B** *v.tr.* [*cantare, recitare con voce flebile, tremolante*] chanter avec des trémolos dans la voix: *miagolare una canzone* chanter une chanson avec des trémolos.

miagolàta |mjago'lata| *s.f.* [→ MIAGOLARE A 1] miaulement (*m.*): *quei gattacci la notte fanno interminabili miagolate* ces chats (de gouttière) poussent d'interminables miaulements la nuit

◇ (*fig.*) [*discorso, canto noioso, lamentoso*] lamentation, gémissement *m.*
miagolatóre, trice |mjagola'tore, tritʃe| *s.* [*chi canta in modo sgraziato e tedioso*] miauleur *m.*; celle qui miaule # *quella non è una cantante ma una miagolatrice!* cette chanteuse ne chante pas, elle miaule.
miagolìo, ii |mjago'lio, ii| *s.m.* [*un miagolare continuo e ripetuto*] miaulement continuel: *il miagolio di quel gatto m'innervosisce* les miaulements continuels de ce chat m'énervent ◇ (*per anal.*) *il miagolio di un bambino, di un cantante* le pleurnichement d'un enfant, les miaulements d'un chanteur; *il miagolio di un proiettile* le sifflement d'un projectile.
miàgolo |'mjagolo| *s.m.* (*raro*) [*il verso isolato del gatto*] miaulement (*corr.*).
miagolóne |mjago'lone| *s.* **1** (*fam.*) chat* maiauleur* (*agg.*): *quel gatto è un miagolone* ce chat est un miauleur; c'est un chat miauleur ◆ (*agg.*) *che gattina miagolona!* quelle chatte miauleuse! **2** (*per anal.*) [*bambino che piange molto o persona che si lamenta di tutto*] (enfant) pleurnicheur*: *è un miagolone insopportabile* c'est un insupportable petit pleurnicheur ◆ (*agg.*) *che bambino miagolone!* quel enfant miauleur!
mialgìa, gie |mial'dʒia, dʒie| *s.f.* (*med.*) myalgie.
miàlgico, ci, ca, che |mi'aldʒiko, tʃi, ka, ke| *agg.* (*med.*) myalgique: *sindrome mialgica* syndrome myalgique.
miào |'mjao|, (*raro*) **miàu** |'mjau| *s.m. inv.* (*voce onomat. del verso del gatto*) miaou *var.* # *fare miao* faire miaou, miaouler.
miàsi |mi'azi| *s.f. inv.* (*med.*) myase *var.*
miàsma |mi'azma| *s.m.* miasme: *i miasmi della palude, della fogna, dei cadaveri in disfacimento* les miasmes des marais, des égouts, des cadavres en décomposition ◇ (*per est.*) [*odore cattivo, fetore*] *dalla stalla emanano miasmi irrespirabili* des miasmes irrespirables émanent de l'étable.
miasmàtico, ci, ca, che |miaz'matiko, tʃi, ka, ke| *agg.* miasmatique: *aria miasmatica* air miasmatique; *stagni miasmatici* étangs miasmatiques; *febbri miasmatiche* fièvres miasmatiques.
miastenìa |miaste'nia| *s.f.* (*med.*) myasthénie.
miastènico, ci, ca, che |mias'tɛniko, tʃi, ka, ke| *agg.* myasténique: *sindrome miastenica* syndrome myasthénique; *un paziente miastenico* un patient myasténique ◆ (*s.*) *un miastenico* un myasthénique.
miàu |'mjau| *s.m. inv.* (*raro*) → **miao.**
miaulàre |mjau'lare| *e deriv.* → **miagolare** *e deriv.*
1 **mica** |'mika| *avv.* **1** (*fam.*) (*forma di neg., usata da sola*): *sono fatti concreti questi, mica storie* ce sont des faits réels, non des histoires; *mica sono stato io!* ce n'est pas moi! → **non** ◇ *loc.* MICA MALE (*esprime 'un giudizio favorevole, ammirazione'*) pas mal: '*come stai?*' '*mica male*' 'comment vas-tu?' 'pas mal'; *mica male, quella ragazza!* pas mal, cette (jeune) fille! # *mica male, questo vino!* pas mauvais, ce vin! **2** (*più spesso usata per rafforzare la neg.*) pas: *non lo sapevo mica che saresti venuto anche tu* je ne savais pas que, toi aussi, tu serais venu; que tu serais aussi venu, je ne le savais pas; *non sono stato mica io!* ce n'est pas moi! **3** [*per caso*] *non vi sarete mica offesi?* vous n'en êtes pas fâchés, au moins?; *non te lo sarai mica sognato?* tu ne l'as pas rêvé, au moins?
2 **mica, che** |'mika, ke| *s.f.* (*min.*) mica *m.*
3 **mìca, che** |'mika, ke| *s.f.* **1** (*region.*) → **michetta** **2** (*lett.*) → **briciola, minuzzolo.**
micàceo |mi'katʃeo| *agg.* micacé: *frammento micaceo* fragment micacé ◇ [*che è sim. alla mica*] *minerale micaceo* minéral micacé.
micàdo |mi'kado| *s.m. inv.* → **mikado.**
micascisto |mikaʃ'ʃisto|, **micaschisto** |mikas'kisto| *s.m.* (*geol.*) micaschiste.
mìccia, ce |'mittʃa, tʃe| *s.f.* [*cordoncino formato da sostanze combustibili*] mèche: *miccia a combustione lenta, rapida* mèche à combustion lente, rapide # *miccia detonante* cordeau détonant ◇ (*loc. fig.*) *dare, appiccare fuoco alla miccia* mettre le feu aux poudres.
miccio, ci, cia, ce |'mittʃo, tʃi, tʃa, tʃe| *s.* (*region.*) → **asino, somaro.**
micco, chi |'mikko, ki| *s.m.* (*region.*) → **sciocco, stupido.**
micèlico, ci, ca, che |mi'tʃɛliko, tʃi, ka, ke| *agg.* mycélien*.
micèlio, i |mi'tʃɛljo, i| *s.m.* (*bot.*) mycélium.
micèlla |mi'tʃɛlla| *s.f.* (*chim., fis.*) micelle.
micellàre |mitʃel'lare| *agg.* micellaire: *struttura micellare* structure micellaire.
micenèo |mitʃe'nɛo| **1** *agg.* [*di Micene*] mycénien*: *l'arte micenea* l'art mycénien **2** (*s.m.*) *il miceneo* [*la lingua*] le mycénien.
-micète |mi'tʃɛte| *suff.* (*significa 'fungo', corrisponde gener. a*) mycète; myce: *Ascomiceti* Ascomycètes || *saccaromicete* saccharomyce.
micète |mi'tʃɛte| *s.m.* → **fungo.**
micetologia |mitʃetolo'dʒia| *e deriv.* → **micologia** *e deriv.*
michelàccio |mike'lattʃo| *s.m.* (*nella loc.*) *fare l'arte, la vita, il mestiere del michelaccio* [*spassarsela*] se la couler douce → **fannullone, vagabondo.**
michelangiolésco, chi, ca, che |mikelandʒo'lesko, ki, ka, ke| *agg.* de Michel-Ange *loc. inv.*, michélangelesque: *l'arte, la scultura, la pittura michelangiolesca* l'art, la sculpture, la peinture michélangelesque ◇ (*fig.*) [*grandioso, potente, drammatico*] *una statua michelangiolesca* une statue michélangelesque; *una figura michelangiolesca* une silhouette michélangelesque.
michelétto |mike'letto| *s.m.* (*st. mil.*) miquelet.
michétta |mi'ketta| *s.f.* (*region.*) [*piccolo panino a forma rotonda*] petit pain *m.*
micia, ce |'mitʃa, tʃe| *s.f.* (*fam.*) [*gatta domestica*] minette: *micia, micia, vieni qua!* minette, minette, viens ici!
micidiàle |mitʃi'djale| *agg.* [*che causa la morte*] meurtrier*; mortel*: *un'arma micidiale* une arme meurtrière || *un colpo micidiale* un coup mortel → **mortale** ◇ (*iperb.*) [*dannoso, insopportabile*] meurtrier: *i micidiali effetti del fumo* les effets meurtriers de la fumée; *un clima micidiale* un climat meurtrier.
micidialità |mitʃidjali'ta| *s.f. inv.* [*capacità di provocare la morte, di sterminare con grande rapidità*] puissance *var.* meurtrière: *la micidialità di un veleno, delle armi atomiche* la puissance meurtrière d'un poison, des armes atomiques ◇ (*iperb.*) [*dannosità, insopportabilità*] *la micidialità degli effetti del fumo, di un clima* les effets meurtriers du tabac, d'un climat.
micidialménte |mitʃidjal'mente| *avv.* [→ MICIDIALE] mortellement.
micino |mi'tʃino| *s.* [*piccolo gatto*] minet: *guarda che bel micino!* regarde quel beau minet! ◇ (*come appellativo affettuoso, anche per persone*) *micino, vieni qua!* minet, viens ici!
micio, i |'mitʃo, i| *s.m.* (*fam.*) [*gatto domestico*] matou, minet: *micio, vieni qua!* matou, minet, viens ici!
mico- |'miko| *pref.* (*significa 'fungo', corrisponde gener. a*) myc(o): *micologia* mycologie; *micelio* mycélium.
micodèrma |miko'dɛrma| *s.m.* mycoderme.
micologìa, gie |mikolo'dʒia, dʒie| *s.f.* mycologie.
micològico, ci, ca, che |miko'lɔdʒiko, tʃi, ka, ke| *agg.* mycologique: *studi micologici* études mycologiques.
micòlogo, gi, ga, ghe |mi'kɔlogo, dʒi, ga, ge| *s.* mycologue.
micorrìza |mikor'riddza| *s.f.* (*bot.*) mycorhize *m.*
micòsi |mi'kɔzi| *s.f. inv.* (*med.*) mycose *var.*
micòtico, ci, ca, che |mi'kɔtiko, tʃi, ka, ke| *agg.* **1** mycotique: *manifestazioni micotiche* manifestations mycotiques **2** [*affetto da micosi*] mycotique: *un soggetto micotico* un sujet mycotique ◆ (*s.*) *un micotico* un mycotique.
micràgna |mi'kraɲɲa|, **migràgna** |mi'graɲɲa| *s.f.* (*region.*) → **miseria.**
micragnóso |mikraɲ'ɲoso|, **migragnóso** |migraɲ'ɲoso| *agg.* (*region.*) **1** → **povero, miserabile** **2** → **avaro, tirchio.**
micro- |'mikro| *pref.* **1** (*significa 'piccolo', corrisponde gener. a*) micro: *microfilm* microfilm; *microcosmo* microcosme **2** (*significa 'visibile solo al microscopio', corrisponde gener. a*) micro(-): *microrganismo* micro-organisme; *microcristallino* microcristallin ◇ (*significa 'relazione con il microscopio', corrisponde gener. a*) micro: *microchimica* microchimie **3** (*significa 'deficiente sviluppo', corrisponde gener. a*) micro: *microcefalia* microcéphalie; *microcefalo* microcéphale **4** (*premesso al nome di uno strumento, significa 'realizzato per oggetti, misure estremamente ridotti', corrisponde gener. a*) micro: *microbilancia* microbalance; *microbarometro* microbaromètre **5** (*premesso a unità di misura ne indica 'la milionesima parte', corrisponde gener. a*) micro(-): *microampere* micro-ampère **C** 1 **macro-.**
microampère |mikroam'pɛre| *s.m. inv.* (*elettr.*) micro-ampère *var.*
microamperòmetro |mikro-

ampe'rɔmetro| *s.m.* (*elettr.*) micro(-)ampèremètre.
microanàlisi |mikroa'nalizi| *s.f. inv.* (*chim.*) micro-analyse *var.*
microbibliografìa |mikrobibljogra'fia| *s.f.* microbibliographie.
microbicìda |mikrobi'tʃida| *agg. e s.m.* antiseptique, microbicide: *sostanze microbicide* substances antiseptiques, microbicides; *quel preparato è un potente microbicida* cette préparation est un puissant antiseptique, microbicide.
micròbico, ci, ca, che |mi'krɔbiko, tʃi, ka, ke| *agg.* microbien*: *flora microbica* flore microbienne ◇ [*causato da microbi*] *malattia microbica* maladie microbienne.
microbilància, ce |mikrobi'lantʃa, tʃe| *s.f.* microbalance.
micròbio, i |mi'krɔbjo, i| *s.m.* microbe.
microbiologìa, gie |mikrobiolo'dʒia, dʒie| *s.f.* microbiologie.
microbiològico, ci, ca, che |mikrobio'lɔdʒiko, tʃi, ka, ke| *agg.* microbiologique: *colture microbiologiche* cultures microbiologiques.
microbiòlogo, gi, ga, ghe |mikrobi'ɔlogo, dʒi, ga, ge| *s.* microbiologiste.
micròbo |'mikrobo| *s.m.* **1** (*pop.*) → **microbio** **2** (*fig.*, *spreg.*) [*persona insignificante, vile, meschina*] microbe: *cosa vuole ancora quel microbo?* qu'est-ce-qu'il veut encore, ce microbe?
microcàmera |mikro'kamera| *s.f.* (*foto.*) microcaméra.
microcefalìa |mikrotʃefa'lia| *s.f.* (*med.*) microcéphalie.
microcefàlico, ci, ca, che |mikrotʃe'faliko, tʃi, ka, ke| *agg.* **1** microcéphalique: *aspetto microcefalico* aspect microcéphalique **2** [*affetto da microcefalia*] microcéphalique: *un soggetto microcefalico* un sujet microcéphalique ✦ (*s.*) *un microcefalico* un microcéphalique.
microcèfalo |mikro'tʃɛfalo| *s.* **1** microcéphale: *è un (soggetto) microcefalo* c'est un (sujet) microcéphale **2** (*fig.*, *spec. scherz.*) [*idiota, deficiente*] idiot: *sei proprio un microcefalo!* tu es vraiment idiot!
microchìmica, che |mikro'kimika, ke| *s.f.* microchimie.
microchirurgìa, gie |mikrokirur'dʒia, dʒie| *s.f.* microchirurgie.
microcinematografìa |mikrotʃinematogra'fia| *s.f.* microcinéma *m.*
microcìto |mikro'tʃito|, **microcìta** |mikro'tʃita| *s.m.* (*biol.*) microcyte.
microclìma |mikro'klima| *s.m.* (*meteor.*) microclimat.
microclìno |mikro'klino| *s.m.* (*miner.*) microcline.
micrococco, chi |mikro'kɔkko, ki| *s.m.* (*biol.*) microcoque.
microcòsmico, ci, ca, che |mikro'kɔzmiko, tʃi, ka, ke| *agg.* microcosmique.
microcòsmo |mikro'kɔzmo| *s.m.* **1** (*filos.*) microcosme **2** [*mondo, ambiente dall'ambito ristretto e limitato*] microcosme: *il microcosmo di un artista, di un romanziere* le microcosme d'un artiste, d'un romancier; *il microcosmo della poesia dialettale* le microcosme de la poésie en dialecte **C** 1 **macrocosmo.**

microcristallìno |mikrokristal'lino| *agg.* (*miner.*) microcristallin.
microcristàllo |mikrokris'tallo| *s.m.* microcristal*.
microdissezióne |mikrodisset'tsjone| *s.f.* → **micromanipolazione.**
microeconomìa |mikroekono'mia| *s.f.* micro-économie **C** **macroeconomia.**
microeleménto |mikroele'mento| *s.m.* (*biol.*, *chim.*) micro-élément.
microfàrad |mikro'farad| *s.m. inv.* (*elettr.*) microfarad *var.*
microfìlm |mikro'film| *s.m. inv.* microfilm (*var.*): *microfilm di documenti, di un incunabolo* microfilm de documents, d'un incunable.
microfilmàre |mikrofil'mare| *v.tr.* [*riprodurre in microfilm*] microfilmer: *microfilmare un manoscritto* microfilmer un manuscrit.
microfilmàto |mikrofil'mato| *agg.* microfilmé (*p.p.*): *documenti microfilmati* documents microfilmés.
microfilmotèca, che |mikrofilmo'tɛka, ke| *s.f.* microfilmothèque.
microfìsica, che |mikro'fizika, ke| *s.f.* microphysique.
microflòra |mikro'flɔra| *s.f.* (*bot.*) flore microscopique.
microfònico, ci, ca, che |mikro'fɔniko, tʃi, ka, ke| *agg.* microphonique: *impianto microfonico* installation microphonique; *trasformatore microfonico* transformateur microphonique.
microfonìsta |mikrofo'nista| *s.* microphoniste.
micròfono |mi'krɔfono| *s.m.* microphone, micro ◇ (*rad.*) *parlare, cantare al microfono* parler, chanter au microphone, devant le microphone ◇ (*tel.*) *sollevare, riattaccare il microfono* soulever, raccrocher le microphone.
microfòssile |mikro'fɔssile| *s.m.* microfossile.
microfotografìa |mikrofotogra'fia| *s.f.* microphotographie.
microfotogràfico, ci, ca, che |mikrofoto'grafiko, tʃi, ka, ke| *agg.* microphotographique: *apparecchio microfotografico* appareil microphotographique.
microfotogràmma |mikrofoto'gramma| *s.m.* microphotogramme.
microftalmìa |mikroftal'mia| *s.f.* (*med.*) microphtalmie.
microgastrìa |mikrogas'tria| *s.f.* (*med.*) microgastrie.
microglossìa |mikroglos'sia| *s.f.* (*med.*) microglossie.
micrografìa |mikrogra'fia| *s.f.* micrographie.
micrográfico, ci, ca, che |mikro'grafiko, tʃi, ka, ke| *agg.* micrographique: *riproduzione micrografica della struttura di un metallo* reproduction micrographique des structures d'un métal.
microgràmmo |mikro'grammo| *s.m.* microgramme.
microgranulàre |mikrogranu'lare| *agg.* (*miner.*) microgrenu.
microlettóre |mikrolet'tore| *s.m.* (*tecnol.*) microlecteur, microliseuse *f.*
microlìtico, ci, ca, che |mikro'litiko, tʃi, ka, ke| *agg.* (*paleont.*) microlithique.
micromanipolatóre |mikromanipola'tore| *s.m.* (*tecnol.*) micromanipulateur.

micromanipolazióne |mikromanipolat'tsjone| *s.f.* (*biol.*) micromanipulation.
micromelìa |mikrome'lia| *s.f.* (*med.*) micromélie.
micrometeorologìa, gie |mikrometeorolo'dʒia, dʒie| *s.f.* micrométéorologie.
micrometrìa |mikrome'tria| *s.f.* micrométrie.
micromètrico, ci, ca, che |mikro'mɛtriko, tʃi, ka, ke| *agg.* micrométrique: *spostamenti micrometrici* déplacements micrométriques ◇ (*per est.*) *vite micrometrica* vis micrométrique.
micròmetro |mi'krɔmetro| *s.m.* (*tecnol.*) micromètre.
micromillìmetro |mikromil'limetro| *s.m.* → **micron.**
micromotóre |mikromo'tore| *s.m.* **1** micromoteur **2** [*il veicolo munito di tale motore*] cyclomoteur: *vado a lavoro in micromotore* je vais au travail en cyclomoteur.
mìcron |'mikron| *s.m. inv.* micron *var.*
micronesiàno |mikrone'zjano| **1** *agg.* [*della Micronesia*] micronésien*: *arcipelago micronesiano* archipel micronésien **2** (*s.m.*) *il micronesiano* [*la lingua*] le micronésien.
micronizzàre |mikronid'dzare| *v. tr.* [*ridurre una sostanza in particelle piccolissime*] microniser.
micronizzàto |mikronid'dzato| *agg.* [*ridotto in particelle piccolissime*] micronisé: *talco, zolfo micronizzato* talc, soufre micronisé.
micronizzazióne |mikroniddzat'tsjone| *s.f.* [→ MICRONIZZARE] micronisation.
microónda |mikro'onda| *s.f.* (*fis.*) micro-onde.
microorganìsmo |mikroorga'nizmo| *s.m.* → **microrganismo.**
micròpilo |mi'krɔpilo| *s.m.* (*biol.*) micropyle.
microproiettóre |mikroprojet'tore| *s.m.* (*tecnol.*) micro-projecteur.
microproiezióne |mikroprojet'tsjone| *s.f.* micro-projection.
micropsìa |mikrop'sia| *s.f.* (*med.*) micropsie.
microrganìsmo |mikrorga'nizmo| *s.m.* micro-organisme, microorganisme.
microschèda |mikros'kɛda| *s.f.* microfiche.
microscopìa |mikrosko'pia| *s.f.* microscopie.
microscòpico, ci, ca, che |mikros'kɔpiko, tʃi, ka, ke| *agg.* **1** microscopique: *tecnica microscopica* technique microscopique; *esame microscopico* examen microscopique **2** [*che è talmente piccolo da essere visibile solo al microscopio*] microscopique: *animali, insetti, organismi microscopici* animaux, insectes, organismes microscopiques ◇ (*iperb.*, *scherz.*) [*piccolissimo*] *una bistecca microscopica* un bifteck microscopique; *ha un nasino microscopico* elle a un petit nez microscopique.
microscòpio, i |mikros'kɔpjo, i| *s.m.* (*tecnol.*) microscope: *microscopio ottico, elettronico, ionico* microscope optique, électronique, ionique.
microscopìsta |mikrosco'pista| *s.* microscopiste.
microsecóndo |mikrose'kondo| *s.m.* (*scient.*) microseconde *f.*

microsismico, ci, ca, che |mikro'sizmiko, tʃi, ka, ke| *agg.* micros(é)ismique: *registrazione microsismica* enregistrement microséismique; *moto microsismico* mouvement microsismique.
microsismo |mikro'sizmo| *s.m.* microséisme.
microsismògrafo |mikrosiz'mɔgrafo| *s.m.* (*tecnol.*) microséismographe, microsismographe.
microsociologia, gie |mikrosotʃolo'dʒia, dʒie| *s.f.* microsociologie.
microsólco, chi |mikro'solko, ki| *s.m.* **1** [*solco fonografico largo circa un terzo di quello normale*] microsillon: *disco a microsolco* disque à microsillon ✦ (*agg. inv.*) *dischi microsolco* disques microsillons *var.* **2** (*per est.*) [*il disco fonografico così inciso*] *un microsolco* un microsillon.
microsomìa |mikroso'mia| *s.f.* → **nanismo.**
microsónda |mikro'sonda| *s.f.* (*tecnol.*) micro-sonde: *microsonda elettronica* micro-sonde électronique.
microspòra |mikros'pɔra| *s.f.* (*t. bot.*) microspore.
microsporàngio, i |mikrospo'randʒo, i| *s.m.* (*bot.*) microsporange.
microstruttùra |mikrostrut'tura| *s.f.* microstructure © **macrostruttura.**
microtelèfono |mikrote'lɛfono| *s.m.* [*la capsula trasmittente e ricevente dell'apparecchio telefonico*] combiné → **microfono, ricevitore.**
microtermìa |mikroter'mia| *s.f.* (*geogr.*) microthermie.
microtèrmo |mikro'tɛrmo| *agg.* (*geogr.*) microtherme: *clima microtermo* climat microtherme ◇ (*bot.*) *piante microterme* plantes microthermes.
micròtomo |mi'krɔtomo| *s.m.* (*tecnol.*) microtome.
microtróne |mikro'trone| *s.m.* (*fis.*) cyclotron.
microvòlt |mikro'vɔlt| *s.m. inv.* (*elettr., fis.*) microvolt *var.*
mida |'mida| *s.f.* (*t.zool.*) midas.
midólla |mi'dolla| *s.f.* **1** [*la parte più soffice del pane*] mie → **mollica 2** (*raro*) → **midollo** © **1 crosta.**
midollàre |midol'lare| *agg.* (*med.*) médullaire: *canale midollare* canal médullaire; *affezione midollare* affection médullaire.
midóllo |mi'dollo|, *pl. m.* (*raro*) **midólli** |mi'dolli|, *pl. f.* **midólla** |mi'dolla| *s.m.* (*con valore coll. o in usi fig.*) **1** (*anat.*) mœlle (*f.*): *midollo allungato* mœlle allongée; *midollo spinale* mœlle épinière ◇ (*bot.*) mœlle **2** (*fig.*) [*la parte più intima del corpo o dello spirito*] mœlle: *è anarchico fino al midollo* c'est un anarchiste jusqu'à la mœlle (des os) # *mi sono bagnato fino alle midolla* je suis trempé jusqu'aux os ◇ (*pop.*) [*spina dorsale*] sang de navet: *è un uomo senza midollo* c'est un homme qui n'a pas de sang de navet → **apatico, indolente.**
midollóso |midol'loso| *agg.* **1** (*scient.*) médullaire; médulleux*: *osso midolloso* os médullaire ‖ *fusto midolloso* tronc médulleux **2** (*raro*) [*sim. al midollo*] médullaire: *una sostanza, una materia midollosa* une substance, une matière médullaire.
midrìasi |mi'driazi| *s.f. inv.* (*med.*) mydriase © **miosi.**
midriàtico, ci, ca, che |midri'atiko, tʃi, ka, ke| *agg.* **1** (*med.*) mydriatique: *un preparato midriatico* une préparation mydriatique ✦ (*s.m.*) *un midriatico* un mydriatique **2** [*affetto da midriasi*] mydriatique: *pupille midriatiche* pupilles mydriatiques.
melàta |mje'lata| *s.f.* → 2 **melata.**
mièle |'mjɛle| *s.m.* **1** miel: *miele di favo* miel en rayon; *miele selvatico* miel sauvage; *miele vergine, centrifugato, raffinato* miel vierge, purifié, raffiné; *miele rosato* miel rosat; *vino di miele* hydromel; *caramelle di, al miele* bonbons au miel ✦ (*agg. inv.*) (*color*) *miele* [*colore biondo ambrato*] couleur *f.* miel: *una gonna color miele* une jupe couleur miel; *pantaloni di velluto miele* pantalons de velours couleur miel **2** (*simbolo della dolcezza*) miel: *quest'uva è dolce come il miele* ce raisin est doux comme le miel ◇ (*fig.*) *parole di miele* paroles de miel; *luna di miele* lune de miel; *è tutta miele con il fidanzato* elle est tout miel avec son fiancé; *quell'uomo è tutto zucchero e miele* cet homme est tout sucre et tout miel.
mielìna |mie'lina| *s.f.* (*anat.*) myéline.
mielìnico, ci, ca, che |mie'liniko, tʃi, ka, ke| *agg.* myélinique: *guaina mielinica* gaine myélinique.
-mielite |mie'lite| *suff.* (*significa 'infiammazione del midollo', corrisponde gener. a*) myélite: *poliomielite* poliomyélite.
mielite |mie'lite| *s.f.* (*med.*) myélite: *mielite acuta, cronica* myélite aiguë, chronique; *mielite da virus* myélite à virus.
miel(o)- |'miel(o)| *pref.* (*significa 'midollo osseo, midollo spinale', corrisponde gener. a*) myél(o): *mielite* myelite; *mieloma* myélome.
mieloblàsto |mielo'blasto| *s.m.* myéloblaste.
mieloblastòma |mieloblas'tɔma| *s.m.* (*med.*) myéloblastome.
mielodisplasìa |mielodispla'zia| *s.f.* (*med.*) myélodysplasie.
mielografìa |mielogra'fia| *s.f.* (*med.*) myélographie.
mielòide |mie'lɔide| *agg.* (*anat., med.*) myéloïde: *tessuto mieloide* tissu myéloïde: *leucemia mieloide* leucémie myéloïde.
mielòma |mie'lɔma| *s.m.* (*med.*) myélome.
mielopatìa |mielopa'tia| *s.f.* (*med.*) myélopathie.
mielòsi |mie'lɔzi| *s.f. inv.* (*med.*) myélose *var.*
mielóso |mje'loso| *agg.* mielleux*.
mietère |'mjɛtere| *v.tr.* (*il dittongo 'ie' si conserva anche fuor d'accento*) **1** [*tagliare i cereali maturi*] moissonner: *mietere il grano, l'orzo* moissonner le blé, l'orge ✦ *ass.* [*eseguire la mietitura*] *ancora non hanno mietuto* ils n'ont pas encore moissonné; *già i contadini cominciano a mietere* les paysans commencent déjà à moissonner **2** (*fig.*) [*uccidere, stroncare*] moissonner: *la guerra ha mietuto vittime dovunque* la guerre a moissonné des vies partout ◇ [*ottenere, conseguire*] *mietere gloria, onori, successi* moissonner la gloire, des honneurs, des succès; *mietere allori* moissonner des lauriers.
mietilega(trice) |mjetilega'(tritʃe)| *s.f.* (*tecnol. agr.*) moissonneuse-lieuse.
mietitóre, trice |mjeti'tore, tritʃe| *s.* [*chi miete*] moissonneur*: *il canto dei mietitori* le chant des moissonneurs ✦ (*agg.*) *macchina mietitrice* moissonneuse *s.f.* ◇ (*fig.*) *guerre mietitrici di vittime umane* guerres qui moissonnent des victimes humaines.
mietitrebbia(trìce) |mjetitrebbja'(tritʃe)| *s.m.* (*agr.*) moissonneuse-batteuse: *delle mietitrebbiatrici* des moissonneuses-batteuses.
mietitrice |mjeti'tritʃe| *s.f.* (*agr.*) moissonneuse.
mietitùra |mjeti'tura| *s.f.* **1** [→ MIETERE 1] moisson: *mietitura a mano, meccanica* moisson à la faux, à la machine; *i contadini sono occupati nella mietitura* les paysans sont occupés à la moisson ◇ (*per est.*) [*il raccolto stesso*] *un'abbondante mietitura* une abondante moisson **2** [*il periodo in cui si miete*] moisson: *durante la mietitura* pendant la moisson.
migale |'migale| *s.f.* (*t.zool.*) mygale.
migliàccio, i |miʎ'ʎattʃo, i| *s.m.* (*cuc.*) boudin → **sanguinaccio.**
migliàio |miʎ'ʎajo|, *pl. f.* **migliàia** |miʎ'ʎaja| *s.m.* **1** [*circa mille unità*] mille (*inv.*): *raggiungere il migliaio* atteindre les mille; *sa calcolare le decine e le centinaia, ma non le migliaia* il sait calculer les dizaines et les centaines, mais non compter jusqu'à mille ◇ (*preceduto dall'art. indet. o al plur., ha valore approssimativo*) [*circa mille*] millier: *un migliaio di lire* un millier de lires; *ha una tiratura di un migliaio di copie* il a un tirage d'un milier d'exemplaires; *l'ha acquistato per poche migliaia di lire* il l'a acheté pour quelques milliers de lires **2** (*con valore iperb.*) [*un numero grandissimo*] millier: *migliaia di cartacce ingombravano la scrivania* des milliers de paperasses encombraient le bureau; *migliaia di soldati giacevano morti sul campo* des milliers de soldats gisaient morts sur le champ (de bataille) ◇ *loc.* A MIGLIAIA; A DECINE, A CENTINAIA DI MIGLIAIA par milliers; par dizaines, par centaines de mille: *come lui se ne incontrano a migliaia* des types comme lui, on en rencontre par milliers; *i morti ammontavano a decine, a centinaia di migliaia* les morts se comptaient par dizaines, par centaines de mille.
migliarìno |miʎʎa'rino| *s.m.* **1** → **zigolo 2** *al plur.* [*pallini da caccia minutissimi*] dragée *f. sing.*, cendrée *f. sing.*
migliaròla |miʎʎa'rɔla| *s.f.* → **migliarino** 2.
1 **mìglio** |'miʎʎo|, *pl. f.* **miglia** |'miʎʎa| *s.m.* **1** mille: *miglio geografico, marino* mille, mille marin; *miglio d'equatore* mille de l'équateur; *miglio inglese* mille, mile anglais **2** (*con valore approssimativo e, spesso, iperb.*) [*distanza di circa un miglio; distanza notevolissima*] mille: *abita a due miglia da qui* il habite à deux milles d'ici; *la sua voce si sentiva lontano un miglio* on entendait sa voix à des kilomètres ◇ (*fig.*) *ero lontano* (*le*) *mille miglia dall'immaginarlo* j'étais à mille lieues de l'imaginer; *è* (*le*) *mille miglia lontano dal fare una cosa del genere* il est à mille lieues de faire une chose

pareille **3** [*pietra miliare*] borne *f.* kilométrique: *ci siamo fermati al sesto miglio* nous nous sommes arrêtés à la sixième borne kilométrique.

2 **miglio, i** |'miʎʎo, i| *s.m.* **1** (*t. bot.*) millet (*corr.*) **2** [*il seme del miglio*] *farina, polenta di miglio* farine, polente de millet; *dare il miglio ai piccioni* donner du millet aux pigeons.

miglioràbile |miʎʎo'rabile| *agg.* [→ MIGLIORARE A] améliorable: *quella legge è migliorabile* cette loi est améliorable.

miglioraménto |miʎʎora'mento| *s.m.* **1** [→ MIGLIORARE] amélioration (*f.*): *il miglioramento delle condizioni economiche delle masse* l'amélioration des conditions économiques des masses; *c'è stato un lieve miglioramento nell'ammalato* il y a eu une légère amélioration de l'état du malade # *il tempo accenna a qualche miglioramento* le temps a l'air de s'améliorer quelque peu **2** [*opera, lavoro di miglioramento*] amélioration: *miglioramenti fondiari, edilizi* améliorations foncières, des constructions.

miglioràre |miʎʎo'rare| **A** *v.tr.* [*rendere migliore, perfezionare*] améliorer; perfectionner: *migliorare i sistemi di produzione* améliorer les systèmes de production; *migliorare un podere, un edificio, la razza* améliorer une propriété, un édifice, la race || *migliorare la propria cultura* perfectionner sa culture **B** *v.intr.* (*aus. 'essere', raro 'avere' e solo riferito a persone*) [*diventare migliore*] s'améliorer (*pron.*): *il suo carattere è migliorato molto* son caractère s'est beaucoup amélioré; *il tempo va migliorando* le temps s'améliore; *le nostre condizioni economiche, in questi ultimi tempi, sono migliorate* nos conditions économiques, dernièrement, se sont améliorées # *il ragazzo ha migliorato molto negli studi* ce garçon a fait de gros progrès dans ses études → **progredire** ✦ *ass.* [*ristabilirsi in salute*] recouvrer *tr.* la santé, aller (13) mieux: *l'ammalato migliora* le malade recouvre la santé, va mieux Ⓒ **peggiorare** 1.

migliorativo |miʎʎora'tivo| *agg.* (*raro*) [*diretto ad apportare un miglioramento*] qui améliore *loc.*, améliorant ◇ (*ling.*) mélioratif*.

miglioratóre, trice |miʎʎora'tore, tritʃe| *agg.* [*che apporta un miglioramento*] qui améliore (*loc.*): *colture miglioratrici del terreno* cultures qui améliorent le terrain.

miglioràto |miʎʎo'rato| *agg.* [*cui sono state apportate migliorie*] revu, amélioré: *un'edizione corretta e migliorata* une édition revue et corrigée.

migliorazióne |miʎʎorat'tsjone| *s.f.* (*raro*) → **miglioramento.**

miglióre |miʎ'ʎore| *agg.* **I** (*comparativo di maggioranza di 'buono'*) **1** [*più buono, più virtuoso*] meilleur: *è migliore di suo fratello* il est meilleur que son frère; *le sventure lo hanno reso molto migliore* les malheurs l'ont rendu bien meilleur; *è infinitamente migliore di noi tutti* il est infiniment meilleur que nous tous; *non conosco un uomo migliore di lui* je ne connais pas d'homme meilleur que lui; *l'educazione rende migliori gli uomini* l'éducation rend les hommes meilleurs ◇ [*più bravo, più valente; più efficace, più valido; dotato di particolari qualità*] *per questo lavoro occorrono tecnici migliori* pour ce travail il faut de meilleurs techniciens; *per la caccia, questo cane è migliore del mio* pour la chasse, ce chien est meilleur que le mien; *la mia vista è migliore della tua* ma vue est meilleure que la tienne; *non c'è stoffa migliore di questa* il n'y a pas de tissu meilleur que celui-ci # *la tua classe è migliore di tutte le altre* ta classe est supérieure à toutes les autres **2** [*più vantaggioso, più conveniente, più soddisfacente*] meilleur: *non avrebbe potuto darmi un consiglio migliore* il n'aurait pas pu me donner un meilleur conseil; *si può trovare a miglior prezzo* on peut le trouver à meilleur marché; *aspetto un'occasione migliore* j'attends une meilleure occasion; *non ci resta che sperare in tempi migliori* on ne peut qu'espérer en des temps meilleurs → **fortunato**; *oggi le condizioni di salute dell'ammalato sono migliori* aujourd'hui l'état de santé du malade est meilleur; *mi pare che abbia un aspetto migliore di ieri* il me semble qu'il a une meilleure mine qu'hier; *quando si è stanchi, non c'è miglior cosa che un sonno ristoratore* quand on est fatigué, il n'est de meilleur remède qu'un sommeil réparateur # *le cose stanno prendendo una piega migliore* les choses prennent un meilleur tours; *l'iniziativa è stata rimandata a tempi migliori* l'initiative a été remise à une occasion plus favorable → **opportuno, tranquillo** ◇ (*loc.*) *passare a miglior vita* [*morire*] partir pour l'autre monde **II** (*sup. rel. preceduto dall'art. det.*) **1** [→ I 1] le meilleur: *è l'uomo migliore che io abbia mai conosciuto* c'est le meilleur homme que j'aie jamais connu; *sono venuto con le migliori intenzioni di questo mondo* je suis venu avec les meilleures intentions du monde; *è il miglior chirurgo della città* c'est le meilleur chirurgien de la ville; *è il migliore scrittore contemporaneo* c'est le meilleur écrivain contemporain; *la sua migliore qualità è la capacità di sopportazione* sa meilleure qualité est sa capacité d'encaisser; *sceglie sempre i posti migliori* il choisit toujours les meilleures places # *indossava l'abito migliore* il portait son plus beau vêtement ✦ *s.* [*la persona migliore*] *seguire, imitare l'esempio dei migliori* suivre, imiter l'exemple des meilleurs; *i migliori saranno premiati* les meilleurs seront récompensés; *è ritenuta la migliore della classe* elle est considérée comme la meilleure de la classe; *vinca il migliore!* que le meilleur gagne! **2** [→ I 2] meilleur: *è la cosa migliore che tu possa fare* c'est la meilleure chose que tu puisses faire; *hanno adottato il sistema migliore* ils ont adopté le meilleur système; *l'ho venduto al miglior offerente* je l'ai vendu au plus offrant; *la cosa migliore* (*da fare*) *è andarsene subito* s'en aller tout de suite est la meilleure chose à faire # *cercherò di accontentarvi nel miglior modo possibile* j'essaierai de vous satisfaire aussi bien que possible, de mon mieux Ⓒ **peggiore.**

miglioria |miʎʎo'ria| *s.f.* [*miglioramento apportato a fondi, edifici e sim.*] amélioration: *contributo di miglioria* contribution aux améliorations; *fare, apportare migliorie* faire, apporter des améliorations.

mignàtta |miɲ'ɲatta| *s.f.* → **sanguisuga.**

mignattàio, i |miɲɲat'tajo, i| *s.m.* (*t.zool.*) ibis.

mignola |'miɲɲola| *s.f.* (*bot.*) bouton *m.* de la fleur de l'olivier.

mignolàre |miɲɲo'lare| *v.intr.* (*aus. 'avere'*) (*riferito all'ulivo*) [*mettere le infiorescenze*] fleurir.

mignolatùra |miɲɲola'tura| *s.f.* [→ MIGNOLARE] floraison de l'olivier.

mignolo |'miɲɲolo| *s.m.* **1** [*il quinto dito della mano, il più piccolo*] petit doigt, auriculaire: *mi sono schiacciato il mignolo* je me suis écrasé le petit doigt, l'auriculaire ◇ (*fam.*) [*anche il corrispondente dito del piede*] petit orteil ✦ (*agg.*) *il dito mignolo* le petit doigt **2** → **mignola.**

'mignon' |miɲɔ̃| *agg. inv.* petit (*var.*): *edizione 'mignon'* petite édition; édition de poche ◇ (*elettr.*) *innesto 'mignon'* petit culot.

mignòtta |miɲ'ɲɔtta| *s.f.* (*region.*) → **prostituta, sgualdrina.**

migrànte |mi'grante| *agg.* migrateur*: *uccelli, pesci migranti* oiseaux, poissons migrateurs; *tribù, popolazione migrante* tribus, populations migratrices ◇ (*biol., med.*) *rene, ascesso migrante* rein, abcès migrateur; *cellule migranti* cellules migratrices.

migràre |mi'grare| *v.intr.* (*aus. 'essere'*) [*abbandonare il luogo d'origine alla ricerca di nuove sedi*] migrer (*aus.* avoir): *in autunno le rondini migrano verso il sud* en automne les hirondelles migrent vers le sud; *alcune tribù dell'Africa migrano spesso in cerca di sedi migliori* certaines tribus d'Afrique migrent souvent (allant) à la recherche d'emplacements meilleurs → **emigrare** ◇ (*fig.*) *l'industria migra verso i porti di mare* l'industrie migre vers les ports de mer.

migratóre, trice |migra'tore, tritʃe| *agg.* migrateur*: *uccelli migratori* oiseaux migrateurs; *popolazioni migratrici* populations migratrices ✦ (*s.m.*) *una specie di migratori* une espèce de migrateurs.

migratòrio, i |migra'tɔrjo, i| *agg.* migratoire: *movimento migratorio* mouvement migratoire; *correnti migratorie* courants migratoires.

migrazióne |migrat'tsjone| *s.f.* **1** [→ MIGRARE] migration: *le migrazioni barbariche, germaniche* les migrations barbares, germaniques; *la migrazione stagionale dei braccianti* la migration saisonnière des journaliers; *la migrazione delle renne, delle anguille, degli uccelli* la migration des rennes, des anguilles, des oiseaux → 1 **passo** **2** (*biol.*) migration: *migrazione di cellule* migration des cellules ◇ (*elettrolisi*) *migrazione di ioni* migration de ions ◇ (*geogr.*) *migrazione dei meandri di un fiume* déplacement des méandres d'un fleuve; *migrazione dei poli* mouvement des pôles (sur la sphère céleste) ◇ (*med.*) *migrazione del rene, di un ascesso* migration du rein, d'un abcès.

mi(i)àsi |mi(i)'azi| *s.f. inv.* (*med.*) myiase *var.*

mikado |mi'kado| *s.m.* (*giapp.*) mikado.

-mila |'mila| *suff.* (*aggiunto ai numeri semplici interi card., forma la serie delle migliaia, corrisponde gener. a*) mille (*s.m. inv.*): *tremila* trois mille; *quattromila-*

quattrocentosettanta quattre mille quatre cent soixante; *duecentomila* deux cent mille.
mila |'mila| *agg. numer. card. inv.* (*fam.*) (*con valore iperb., indica un numero molto grande*) millier (*corr.*): *gliel'ho detto non so quante mila volte* je le lui ai dit je ne sais combien de milliers de fois → **migliaio.**
milanése |mila'nese| **1** *agg.* [*di Milano*] milanais: *il dialetto milanese* le (dialecte) milanais ◇ *loc. avv.* ALLA MILANESE à la milanaise: *risotto alla milanese* risotto à la milanaise; *cotoletta alla milanese* côtelette à la milanaise **2** (*s.m.*) *il milanese* [*il dialetto*] le milanais.
milènso |mi'lɛnso| *e deriv.* → **melenso** *e deriv.*
mìlia |'milja| *agg. numer.* (*arc.*) → **mila.**
miliardàrio, i |miljar'darjo, i| *s.* milliardaire: *ha sposato un miliardario* elle a épousé un milliardaire ◇ (*per est.*) [*persona molto ricca*] *non sono mica un miliardario!* je ne suis pas (un) milliardaire! ♦ (*agg.*) *ho uno zio miliardario* j'ai un oncle milliardaire.
miliardèsimo |miljar'dɛzimo| *agg. numer. ord.* milliardième: *quèsto è il miliardesimo disco di quel cantante* c'est le milliardième disque de ce chanteur ◇ (*con valore iperb.*) *è la miliardesima volta che ve lo dico* c'est la milliardième fois que je vous le dis ♦ (*s.m.*) *un miliardesimo* un milliardième.
miliàrdo |mi'ljardo| *s.m.* milliard: *un miliardo di dollari, di lire* un milliard de dollars, de lires; *un miliardo di persone* un milliard de personnes ♦ *ass.* [*la somma di denaro corrispondente*] milliard: *ha avuto un miliardo di danni* il en a eu pour un milliard de dégats; *molti miliardi sono stati stanziati per l'edilizia scolastica* de nombreux milliards ont été inscrits au budget pour la construction scolaire. ◇ (*con valore iperb. e generico*) [*numero enorme*] *te l'avrò detto un miliardo di volte* je te l'aurai dit un milliard de fois; *è ricco a miliardi* il est riche à milliards.
1 **miliàre** |mi'ljare| *agg.* milliaire ◇ *loc.* PIETRA, COLONNA MILIARE: (*pr.*) pierre, colonne miliaire; (*fig.*) [*avvenimento che segna una tappa fondamentale nello sviluppo storico*] *questa scoperta è una pietra miliare nel progresso dell'umanità* cette découverte marque une étape capitale dans le progrès de l'humanité; *gli antibiotici sono una delle pietre miliari della medicina* les antibiotiques sont l'une des découvertes capitales de la médecine.
2 **miliàre** |mi'ljare| *agg.* (*med.*) miliaire: *tubercolosi miliare* tuberculose miliaire; *febbre miliare* fièvre miliaire.
miliària |mi'ljarja| *s.f.* (*med.*) miliaire.
miliàrio, i |mi'ljarjo, i| *s.m.* → 1 **miliare.**
'milieu' |miljø| *s.m. inv.* milieu (*var.*): *trovarsi nel proprio 'milieu'* se trouver dans son milieu → **ambiente.**
milionàrio, i |miljo'narjo, i| *s.* millionnaire: *ha sposato una milionaria* il a épousé une millionnaire ◇ (*per est.*) [*persona molto ricca*] *non siamo mica dei milionari!* nous ne sommes pas des millionnaires! ♦ (*agg.*) *ho uno zio milionario* j'ai un oncle millionnaire.
milióne |mi'ljone| *s.m.* million: *un milione di sterline, di lire* un million de livres sterling, de lires; *un milione di persone* un million de personnes ♦ *ass.* [*la somma di denaro corrispondente*] *quest'automobile costa cinque milioni* cette voiture coûte cinq millions; *mi ha chiesto un prestito di cento milioni* il m'a demandé un prêt de cent millions ◇ (*con valore generico e iperb.*) [*numero, quantità enorme*] *te l'ho già ripetuto un milione di volte* je te l'ai déjà répété un million de fois; *è ricco a milioni* il est riche à millions.
milionèsimo |miljo'nɛzimo| *agg. numer. ord.* millionième: *stampare il milionesimo pezzo di una moneta, di un biglietto di banca* imprimer la millionième pièce d'une monnaie, d'un billet de banque ◇ (*con valore iperb.*) *sarà la milionesima volta che ve lo ripeto* ça fait la millionième fois que je vous le répète ♦ (*s.m.*) *un milionesimo* un millionième: *un milionesimo di secondo* un millionième de seconde.
militànte |mili'tante| *agg.* militant: *critico militante* critique militant; *è un comunista militante* c'est un communiste militant ◇ (*teol.*) *la chiesa militante* l'église militante ♦ (*s.*) *un militante* un militant: *i militanti di un partito, di un movimento, di una corrente di pensiero* les militants d'un parti, d'un mouvement, d'un courant de pensée.
militantìsmo |militan'tizmo| *s.m.* militantisme.
militànza |mili'tantsa| *s.f.* activité (dans un parti, une organisation).
1 **militàre** |mili'tare| *agg.* militaire: *servizio militare* service militaire; *carriera militare* carrière militaire; *accademia militare* académie militaire; *marina, aeronautica militare* marine, aéronautique militaire; *ospedale, tribunale militare* hôpital, tribunal militaire; *manovre militari* manœuvres militaires; *onori militari* honneurs militaires; *esercitazioni militari* exercices militaires ◇ [*caratteristico dei militari*] *atteggiamento militare* comportement militaire; *puntualità, esattezza militare* exactitude militaire ◇ *loc. avv.* ALLA MILITARE à la militaire ♦ (*s.m.*) *i militari* les militaires: *i militari e i bambini pagano metà biglietto* les militaires et les enfants paient demi-tarif.
2 **militàre** |mili'tare| *v.intr.* (*aus.* '*avere*') **1** [*essere in servizio militare, spec. in tempo di guerra*] faire (45) *tr.* son service militaire; combattre (76): *militare in marina, in aeronautica* faire son service militaire dans la marine, dans l'aviation ‖ *militare sotto una bandiera straniera* combattre sous un drapeau étranger; *fu fucilato per aver militato a fianco del nemico* il fut fusillé pour avoir combattu dans les rangs ennemis; *militò sotto Napoleone* il combattit sous Napoléon **2** (*fig.*) [*aderire o appartenere attivamente a una corrente, a un movimento e sim.*] militer: *milita nel movimento fascista* il milite dans le mouvement fasciste; *militò nelle file dei neorealisti* il milita dans les rangs des néoréalistes ◇ (*cose*) [*essere di valido appoggio*] *molti sono gli argomenti che militano a favore della nostra tesi* nombreux sont les arguments qui militent en faveur de notre thèse; *quello che stai dicendo milita a mio favore* ce que tu dis là milite en ma faveur.
militarescaménte |militareska'mente| *avv.* [→ MILITARESCO] soldatesquement.
militarésco, chi, ca, che |milita'resko, ki, ka, ke| *agg.* [*proprio dei militari*] militaire, soldatesque: *disciplina militaresca* discipline militaire, soldatesque (*pegg.*); *abito di taglio militaresco* habit de coupe militaire ◇ (*spec. spreg.*) soldatesque (*corr.*), de caserne (*loc. inv.*): *tono, cipiglio militaresco* ton, renfrognement soldatesque, d'adjudant; *arroganza, mentalità militaresca* arrogance, mentalité soldatesque, de caserne.
militarìsmo |milita'rizmo| *s.m.* **1** militarisme: *militarismo prussiano* militarisme prussien **2** [*polit. estera di forza e di aggressione basata sulla potenza militare*] militarisme.
militarìsta |milita'rista| *s.* militariste: *sono degli accesi militaristi* ce sont des militaristes ardents; *c'è stato un colpo di stato da parte dei militaristi* il y a eu un coup d'état de la part des militaristes ♦ (*agg.*) *tendenze militariste* tendances militaristes.
militarìstico, ci, ca, che |milita'ristiko, tʃi, ka, ke| *agg.* militariste: *spirito militaristico* esprit militariste; *tendenze militaristiche* tendances militaristes; *fare una politica militaristica* faire une politique militariste.
militarizzàbile |militarid'dzabile| *agg.* [→ MILITARIZZARE 1] qui peut être appelé, mobilisé *loc.*; qui peut être militarisé (*loc.*): *in tempo di guerra, qualsiasi operaio è militarizzabile* en temps de guerre, n'importe quel ouvrier peut être appelé, mobilisé ‖ *quel porto, per la sua posizione, non è militarizzabile* ce port, de, par sa position, ne peut être militarisé.
militarizzàre |militarid'dzare| *v. tr.* **1** [*sottoporre temporaneamente alla disciplina militare*] mobiliser; militariser: *militarizzare i ferrovieri, i metallurgici* mobiliser les cheminots, les métallurgistes ‖ *militarizzare i trasporti pubblici, la flotta mercantile* militariser les transports publics, la marine marchande ◇ [*fortificare, munire*] militariser: *militarizzare un porto, una città, un territorio* militariser un port, une ville, un territoire **2** (*fig.*) [*organizzare con criteri e con spirito militare*] militariser: *militarizzare la burocrazia* militariser la bureaucratie.
militarizzàto |militarid'dzato| *agg.* **1** [*considerato temporaneamente al servizio diretto dell'esercito*] mobilisé; militarisé: *operai militarizzati* ouvriers mobilisés ‖ *fabbriche militarizzate, piroscafi militarizzati* usines militarisées, paquebots militarisés ◇ [*fortificato, munito*] *porto militarizzato* porto militarisé; *confine militarizzato* frontière militarisée **2** (*fig.*) [*organizzato con criteri e spirito militare*] militarisé: *amministrazione civile militarizzata* administration civile militarisée # *quell'uomo ha una mentalità militarizzata* cet homme a une mentalité de militaire.
militarizzazióne |militariddzat'tsjone| *s.f.* **1** [→ MILITARIZZARE 1] mobilisation; militarisation: *la militarizzazione dei ferrovieri* la mobilisation des cheminots ‖ *la militarizzazione delle fabbriche* la militarisation des usines; *la militarizzazione di una*

zona la militarisation d'une zone **2** [→ MILITARIZZARE 2] militarisation: *la militarizzazione della vita, della mentalità di un popolo* la militarisation de la vie, de la mentalité d'un peuple.

militarménte |militar'mente| *avv.* [*secondo la disciplina militare*] militairement: *salutare militarmente* saluer militairement # *è un partito militarmente organizzato* c'est un parti organisé d'une façon militaire; *giudicare militarmente* juger devant le tribunal militaire ◇ [*con le armi*] *occupare militarmente una città, un territorio* occuper militairement une ville, un territoire ◇ [*dal punto di vista militare*] du point de vue militaire (*loc. inv.*): *una città ben munita militarmente* une ville bien munie du point de vue militaire ◇ [*con rigorosità e disciplina militare*] d'une façon militaire (*loc. inv.*): *un ragazzo educato militarmente* un garçon élevé d'une façon militaire → **rigidamente.**

milite |'milite| *s.m.* **1** [*appartenente a corpi speciali organizzati militarmente*] *milite della Croce Rossa* personnel de la Croix Rouge; *i militi dell'arma dei carabinieri* les carabiniers; *è un milite della Guardia di finanza* c'est un fonctionnaire de la 'Guardia di finanza' **2** (*lett.*) → **soldato,** 1 **militare** ◇ (*loc.*) *il Milite ignoto* le Soldat inconnu ◇ (*st. rom., it.*) milicien* (*s.*): *i militi delle legioni di Cesare* les miliciens des légions de César; *un milite fascista* un milicien fasciste, une chemise noire.

militesènte |milite'zɛnte| *agg. e s.m.* (*bur.*) libéré *agg.* du service militaire.

milìzia |mi'littsja| *s.f.* **1** [*speciali corpi armati*] milice: *milizia confinaria, ferroviaria, forestale* milice des frontières, des chemins de fer, des forêts; *milizia volontaria per la sicurezza nazionale* milice volontaire pour la sécurité nationale ◇ [*esercito, truppe, spec. del passato*] troupes (*pl.*): *milizie mercenarie* troupes mercenaires; *milizie ausiliarie* troupes auxiliaires; *milizie regolari, irregolari* troupes régulières, irrégulières # *le milizie pontificie* la garde pontificale ◇ (*ant.*) le métier *m.* des armes # *entrare nella milizia* entrer dans l'armée; *abbandonare la milizia* quitter l'armée **2** (*fig.*) [*lotta, combattimento per una causa o un fine ideale*] combat (*m.*): *dopo tanti anni di milizia nel partito, ne è stato espulso* après tant d'années de combat dans le parti, il en a été expulsé ◇ (*eccl.*) *la vita terrena è una milizia* la vie terrestre est une lutte; *la milizia di Cristo* [*i credenti*] l'armée du Seigneur; *le milizie celesti* [*gli angeli e i beati*] les armées célestes.

miliziàno |milit'tsjano| *s.* **1** *s.m.* milicien* **2** *s.* (*st. sp.*) combattant républicain espagnol.

millànta |mil'lanta| *agg. numer. card. inv.* (*arc., pop., scherz.*) → **mille.**

millantaménto |millanta'mento| *s.m.* [→ MILLANTARE] vantardise (*f.*): *i suoi millantamenti lo rendono ridicolo* ses vantardises le rendent ridicule.

millantàre |millan'tare| **A** *v.tr.* [*vantare esageratamente o senza fondamento*] vanter: *millantare le proprie ricchezze, le proprie imprese* vanter ses richesses, ses exploits; *millantare origini aristocratiche,* vanter ses origines aristocratiques, se vanter de ses origines aristocratiques **B** *v.pron. rifl.* MILLANTARSI [→ *tr.*] se vanter: *non fa che millantarsi delle sue origini aristocratiche* il ne fait que se vanter de ses origines aristocratiques; *si millanta ricco* il se vante d'être riche, de sa richesse.

millantàto |millan'tato| *agg.* [*vantato con esagerazione o senza fondamento*] prétendu: *questo sarebbe il suo millantato coraggio?* serait-ce là sa prétendue bravoure? ◇ (*dir.*) *millantato credito* trafic d'influence.

millantatóre, trice |millanta'tore, tritʃe| *s.* [*chi millanta o si millanta*] vantard, fanfaron*: *è un ridicolo millantatore* c'est un ridicule vantard, fanfaron → **spaccone, sbruffone** ✦ (*agg.*) *il soldato millantatore* le soldat fanfaron → **fanfarone.**

millanteria |millante'ria| *s.f.* [→ MILLANTARE] vantardise, fanfaronnade: *il suo peggior difetto è la millanteria* la vantardise, la fanfaronnade est son pire défaut ◇ (*per est.*) [*fanfaronata, spacconata, smargiassata*] *chi vuoi che creda alle tue millanterie?* qui veux-tu qui croie à tes fanfaronnades?

mille |'mille| **I** *agg. numer. card. inv.* **1** mille: *mille chilometri* mille kilomètres; *due mila persone* deux mille personnes; *un biglietto da mille* (*lire*) un billet de mille (lires); *un tasso dell'uno per mille* un taux d'un pour mille; *un battaglione di mille soldati* un bataillon de mille soldats; *un'avventura da 'Mille e una notte'* une aventure comme celle des 'Milles et une nuits'; *ha una probabilità su mille* il a une probabilité sur mille # *l'anno mille* l'an mil ◇ (*nei numeri superiori*) *mille e uno* (*milleuno*) mille un; *mille e duecento* (*milleduecento*) mille deux cents; *l'anno millenovecentosettantasette* l'an mil neuf cent soixante-dix-sept ◇ (*nei multipli*) → **-mila** **2** (*con valore iperb., indica un numero, una quantità enorme*) mille: *ho mille cose da raccontarti* j'ai mille choses à te raconter; *te l'ho detto mille volte* je te l'ai dit mille fois; *ha sempre mille idee per la testa* il a toujours mille idées en tête # *sono mill'anni che non ci vediamo più* cela fait des siècles que nous ne nous voyons plus ◇ (*in formule di cortesia*) *mille grazie, grazie mille!* mille fois merci!; *mille auguri!* mille vœux!; *mille scuse!* mille excuses! ◇ (*loc. avv.*) *a mille* par milliers → **migliaio** 2 ~ A MILLE A MILLE [*in numero grandissimo*] par milliers: *gli animali, colpiti dall'epidemia, morivano a mille a mille* les animaux, atteints par l'épidémie, mouraient par milliers ◇ (*loc. fig.*) *farsi, diventare di mille colori* devenir de toutes les couleurs ~ *essere lontano* (*le*) *mille miglia da* [*essere lontanissimo*] être à mille lieues de: *ero lontano* (*le*) *mille miglia da un'idea simile* j'étais à mille lieues de penser (à) cela; *ero lontano mille miglia dal supporre che fossi stato tu* j'étais à mille lieues de supposer que ce fût toi, que c'était toi (*fam.*) **3** (*con valore approssimativo*) [*circa mille*] mille: *il teatro potrà contenere mille persone* le théâtre peut contenir mille personnes; *è a una distanza di mille metri* c'est à mille mètres ◇ (*preceduto da 'un'*) → **migliaio** 1 **II** *s.m. inv.* [*il numero 1.000*] mille: *il cento nel mille ci sta dieci volte* il y a dix fois cent dans mille; *il mille a.C.* mille, l'année mille av. J.-C. ◇ (*per anton.*) *il mille* [*l'anno mille dell'era crist.*] l'an mil ◇ (*st. it.*) *la spedizione, lo sbarco dei Mille* l'expédition, le débarquement des Mille; *la leggenda dei Mille* le légende des Mille.

millecènto |mille'tʃɛnto| **I** *agg. numer. card. inv.* onze cent(s), mille cent(s): *l'anno millecento d.C.* l'an mille cent(s) après J.-C.; *è a millecento metri di altitudine* il est à onze cents, mille cent(s) mètres d'altitude; *m'è costata millecento lire* elle m'a coûté mille cent(s) lires **II** *s. inv.* **1** (*s.m.*) *il Millecento* [*il sec. decimo*] le Xe siècle **2** *s.f. raro m.* (*auto.*) *la millecento* la mille cent.

millefióri |mille'fjori| *s.m. inv.* **1** [*liquore di essenze di vari fiori*] ⊠ **2** (*vetro*) millefiori.

millefòglie |mille'fɔʎʎe| *s.m. inv.* **1** (*cuc.*) millefeuille *var.* **2** → **millefoglio.**

millefòglio, i |mille'fɔʎʎo, i| *s.m.* (*t.bot.*) mille-feuille *f.*

millenàrio, i |mille'narjo, i| *agg.* **1** millénaire: *civiltà millenaria* civilisation millénaire; *è una quercia millenaria* c'est un chêne millénaire **2** [*che ricorre ogni mille anni*] qui a lieu tous les mille ans (*loc.*): *celebrazioni millenarie* célébrations qui ont lieu tous les mille ans ✦ (*s.m.*) *il millenario* le millénaire; *il millenario della fondazione di una città* le millénaire de la fondation d'une ville; *il millenario della morte di Cesare* le millénaire de la mort de César.

millenarìsmo |millena'rizmo| *s.m.* (*st. relig.*) millénarisme.

millenarista |millena'rista| *s.* millénariste.

millenaristico, ci, ca, che |millena'ristiko, tʃi, ka, ke| *agg.* [*del millenarismo*] millénariste: *l'attesa millenaristica* l'attente millénariste ◇ [*fondato sul millenarismo*] *dottrina millenaristica* doctrine millénariste.

millènne |mil'lɛnne| *agg.* (*raro*) → **millenario** 1.

millènnio, i |mil'lɛnnjo, i| *s.m.* [*periodo di mille anni*] millénaire: *il primo millennio d.C.* le premier millénaire après J.-C. # *la sua dominazione durò oltre un millennio* sa domination dura plus de mille ans.

millepièdi |mille'pjɛdi| *s.m. inv.* (*pop.*) mille-pattes (*corr.*).

millepòride |mille'pɔride| *s.m.* (*t. zool.*) millépore.

millerighe |mille'rige| *agg. inv.* mille-raies: *tessuto millerighe* tissu mille-raies ✦ (*s.m. inv.*) *un millerighe* un mille-raies: *una camicia di millerighe* une chemise mille-raies.

millesimàto |millezi'mato| *agg.* [*che porta l'indicazione del millesimo di produzione*] millésimé: *bottiglie di vino millesimate* bouteilles de vins millésimées.

millèsimo |mil'lɛzimo| **I** *agg. numer. ord.* millième: *la millesima parte* la millième partie; *la millesima copia di un libro* le millième exemplaire d'un livre # *si celebra oggi il millesimo anno della fondazione di questa città* on célèbre aujourd'hui le millénaire de la fondation de cette ville ◇ (*con valore iperb.*) *è la millesima volta che te lo ripeto!* je te le répète pour la millième fois! **II** *s.m.* **1** [*la millesima parte*] millième: *un millesimo* un millième; *ripartizione in millesimi* répartition en millièmes **2** (*nelle date*) [*l'anno*] année (*f.*): *di che millesimo sei?* de quelle année es-tu?; *noi due siamo dello stesso millesimo* nous sommes tous deux de la même année ◇ [*la cifra delle migliaia*] millésime.

milli- |'milli| *pref.* (*significa 'la millesima parte', corrisponde gener. a*) milli: *milligrammo* milligramme; *millimetro* millimètre.

'milliampère' |mi(l)liɑ̃pɛʀ| *s.m. inv.* (*elettr.*) milliampère *var.*

milliamperòmetro |milliampe'rɔmetro| *s.m.* (*tecnol., elettr.*) milliampèremètre.

millibàr |milli'bar| *s.m. inv.* (*fis.*) millibar *var.*

milligràmmo |milli'grammo|, (*raro*) **milligràmma** |milli'gramma| *s.m.* milligramme: *pesa venti milligrammi* (*mg*) il pèse vingt milligrammes (mg).

millilitro |mil'lilitro| *s.m.* millilitre.

millimetràre |millime'trare| *v.tr.* [*suddividere in millimetri*] diviser en millimètres: *millimetrare una riga* diviser une règle en millimètres.

millimetràto |millime'trato| *agg.* millimétré: *riga millimetrata* règle millimétrée; *carta millimetrata* papier millimétré.

millimètrico, ci, ca, che |milli'mɛtriko, tʃi, ka, ke| *agg.* **1** millimétrique: *righello millimetrico* règle millimétrique; *graduazione millimetrica di una riga* division millimétrique d'une règle **2** [*lungo un solo millimetro*] millimétrique: *incisione millimetrica* incision millimétrique ◇ (*per est.*) [*di piccolissime dimensioni*] *distanza millimetrica* distance millimétrique.

millimetro |mil'limetro| *s.m.* millimètre: *uno spessore di due millimetri* (*mm*) une épaisseur de deux millimètres (mm).

millimicron |milli'mikron| *s.m. inv.* millimicron *var.*

millivòlt |milli'vɔlt| *s.m. inv.* (*elettr.*) millivolt *var.*

miloioidèo |milojoi'dɛo| *agg. e s.m.* (*anat.*) *il* (*muscolo*) *miloioideo* le (muscle) mylo-hyoïdien.

milord |mi'lɔ:| *s.m. inv.* (*ingl.*) **1** (*in Inghilterra*) [*epiteto rivolto a signori e nobili*] milord *var.* (*arc.*) **2** (*fig.*) [*persona elegante e autorevole*] dandy *var.*

milòrdo |mi'lɔrdo| *s.m.* → **milord.**

milza |'miltsa| *s.f.* **1** (*anat.*) rate **2** [*la milza di animali macellati, usata come alimento*] rate.

milzadèlla |miltsa'dɛlla| *s.f.* (*t. bot.*) lamier *m.*

mimàre |mi'mare| **A** *v.tr.* [*rappresentare, esprimere con soli atti e gesti*] mimer: *mimare una scena, una canzone* mimer une scène, une chanson; *mimare un personaggio* mimer un personnage → **scimmiottare, contraffare** ◆ (*ass.*) *è abilissimo nel mimare* il est très bon, c'est un grand artiste dans l'art du mime **B** *v.intr.* (*aus. 'avere'*) [*fare il mimo*] mimer *tr.*

mimésco, chi, ca, che |mi'mesko, ki, ka, ke| *agg.* (*spreg.*) [*da mimo*] de singe (*loc.*): *atteggiamenti mimeschi* comportements de singe.

mimèsi |mi'mɛzi| *s.f. inv.* (*filos.*) imitation *var.*

mimètico, ci, ca, che |mi'mɛtiko, tʃi, ka, ke| *agg.* **1** mimique: *facoltà, abilità mimetica* faculté, habileté mimique → **imitativo 2** [*di mimetizzazione*] mimétique: *fenomeni mimetici* phénomènes mimétiques ◇ [*che serve a mimetizzare*] *vernice, colorazione mimetica* vernis, coloration mimétique; *mascheramento mimetico* travestissement mimétique ◇ [*mimetizzato*] camouflé: *vetture mimetiche* voitures camouflées # *tute mimetiche* tenues bariolées, camouflées **3** (*biol.*) mimétique: *animali mimetici* animaux mimétiques; *piante mimetiche* plantes mimétiques.

mimetismo |mime'tizmo| *s.m.* **1** (*biol.*) mimétisme: *il mimetismo delle farfalle* le mimétisme des papillons **2** (*fig.*) [*capacità di adattarsi, per opportunismo, alle più diverse condizioni politiche o morali*] opportunisme: *quell'individuo è d'un mimetismo politico e ideologico ripugnante* cet individu est d'un opportunisme politique et idéologique répugnant, est un répugnant caméléon politique et idéologique.

mimetizzàre |mimetid'dzare| **A** *v.tr.* (*mil.*) [*rendere sim. all'ambiente naturale circostante*] camoufler: *mimetizzare un carro armato, un incrociatore* camoufler un char d'assaut, un croiseur; *mimetizzare una trincea, una postazione d'artiglieria* camoufler une tranchée, un poste d'artillerie; *mimetizzare un gruppo di esploratori* camoufler un groupe d'explorateurs **B** *v.pron. rifl.* MIMETIZZARSI **1** [→ *tr.*] se camoufler: *i reparti d'assalto s'erano mimetizzati* les divisions d'assaut s'étaient camouflées **2** (*bot., zool.*) [*assumere un aspetto esteriore sim. a quello dell'ambiente circostante*] se camoufler: *molti animali si mimetizzano tra l'erba* de nombreux animaux se camouflent dans l'herbe **3** (*fig.*) [*uniformarsi, per opportunismo, alle più diverse condizioni politiche o morali*] être (43) *intr.* opportuniste.

mimetizzàto |mimetid'dzato| *agg.* **1** [*mascherato, camuffato in modo da confondersi con l'ambiente circostante*] camouflé: *reparti d'assalto mimetizzati* divisions d'assaut camouflées; *carri armati mimetizzati* chars d'assaut camouflés **2** (*bot., zool.*) camouflé **3** (*fig.*) [*che ha assunto un atteggiamento tale da far dimenticare il proprio passato*] métamorphosé *p.p.*

mimetizzazióne |mimetiddzat'tsjone| *s.f.* **1** [→ MIMETIZZARE A; B 1] camouflage (*m.*): *la mimetizzazione di una batteria, di una colonna di carri armati* le camouflage d'une batterie, d'une colonne de chars d'assaut **2** [→ MIMETIZZARE B 2] mimétisme (*m.*): *la mimetizzazione del camaleonte* le mimétisme du caméléon.

mimiàmbo |mi'mjambo| *s.m.* (*metr.*) mimïambe.

mìmica, che |'mimika, ke| *s.f.* **1** mimique: *farsi capire con la mimica* se faire comprendre par mimique; *quell'attore è dotato di una mimica eccezionale* cet acteur est doué d'une mimique exceptionnelle; *quel bambino parla più con la mimica che con le parole* cet enfant parle davantage par sa mimique qu'avec des mots **2** (*teat.*) mimique: *spettacolo di mimica* spectacle de mimique.

mimicaménte |mimika'mente| *avv.* [→ MIMICO 1] par la mimique *loc. inv.*, par gestes *loc. inv.*

mìmico, ci, ca, che |'mimiko, tʃi, ka, ke| *agg.* **1** mimique: *linguaggio mimico* langage mimique; *una descrizione vivacemente mimica* une description mimique faite avec vivacité **2** [*concernente il mimo, come genere comico e drammatico*] mimique: *produzione mimica* production mimique; *rappresentazione mimica* représentation mimique.

mimmo |'mimmo| *s.* (*pop.*) → **bimbo.**

1 **mimo** |'mimo| *s.* **1** *s.m.* (*teat.*) mime: *il mimo greco, latino* le mime grec, latin; *i mimi di Sofrone* le mime de Sofrone **2** *s.* [*attore di mimi*] mime ◇ (*fig., spreg.*) → **buffone, istrione, commediante.**

2 **mimo** |'mimo| *s.m.* (*t.zool.*) moqueur.

mimodràmma |mimo'dramma| *s.m.* mimodrame.

mimògrafo |mi'mɔgrafo| *s.* mimographe *m.* (*arc.*): *i mimografi greci* les mimographes grecs.

mimologìa, gie |mimolo'dʒia, dʒie| *s.f.* mimologie.

mimósa |mi'mosa| *s.f.* (*t.bot.*) mimosa *m.*

Mimosàcee |mimo'satʃee| *s.f. pl.* (*t.bot.*) Mimosées, Mimosacées.

1 **mina** |'mina| *s.f.* **1** mine: *fare, preparare una mina* creuser, préparer une mine; *innescare, far esplodere una mina* amorcer, faire exploser une mine **2** (*mil.*) *mina terrestre, subacquea* mine terrestre, sous-marine; *mina antiuomo, anticarro* mine antipersonnel, antichar **3** [*il sottile cilindro di grafite all'interno di matite per scrivere*] mine: *appuntire, temperare una mina* aiguiser, tailler une mine **4** (*ant.*) → **miniera.**

2 **mina** |'mina| *s.f.* **1** (*st.*) mine **2** (*numism.*) mine.

minaccévole |minat'tʃevole| *agg.* (*lett.*) → **minaccioso.**

minàccia, ce |mi'nattʃa, tʃe| *s.f.* **1** menace: *minaccia di morte, di scandalo, di castigo* menace de mort, de scandale, de punition; *un gesto, uno sguardo di minaccia* un geste, un regard de menace; *una lettera piena di minacce* une lettre pleine de menaces; *costringere con le minacce* obliger par les menaces **2** [*pericolo*] menace: *la minaccia della guerra si fa sempre più grave* les menaces de guerre se font toujours plus graves # *c'è minaccia di tempesta* la tempête menace.

minacciànte |minat'tʃante| *agg.* [*che lascia prevedere un peggioramento, un pericolo*] menaçant: *muro minacciante* mur menaçant → **pericolante.**

minacciàre |minat'tʃare| *v.tr.* **1** (*con il compl. ogg. della persona*) [*incutere il timore di un imminente male o danno*] menacer (2): *l'hanno minacciato di morte* ils l'ont menacé de mort ◇ (*con il compl. ogg. della cosa*) [*promettere di fare q.c. che incute timore*] menacer (de): *minacciare un castigo, uno scandalo* (*a qc.*) menacer (qqn.) d'une punition, d'un scandale; *gli hanno minacciato la morte* ils l'ont menacé de mort ◆ (*ass.*) *minaccino pure quanto vogliono, sarò irremovibile* qu'ils menacent donc tant qu'ils voudront, je demeurerai inflexible; *uscì minacciando* il sortit en menaçant **2** [*mettere in pericolo*] menacer: *la siccità minaccia i raccolti* la sécheresse menace les récoltes; *i continui litigi minacciano la pace familiare* les continuelles disputes menacent la paix familiale **3** [*lasciar prevedere un peggioramento, un pericolo*] menacer: *l'infezione minaccia di allargarsi* l'infection menace de s'étendre; *il cielo minaccia tempesta* le ciel nous menace d'une tempête; *la casa minaccia di crollare* la maison menace de s'écrouler ◆ *ass.* (*impers.*) *minaccia tempesta* la tempête menace; *minaccia di piovere* la pluie menace **4** (*fig.*) [*incombere, ergersi*] surplomber: *il castello, con la sua mole paurosa, minacciava il villaggio da un'altura* le château-fort, sur la hauteur, surplombait le village de son énorme masse.

minacciosaménte |minattʃosa'mente| *avv.* **1** [→ MINACCIOSO 1] d'un air, d'une manière menaçante (*loc. inv.*): *guardare, avanzare minacciosamente* regarder d'un air menaçant, avancer d'une manière menaçante **2** [→ MINACCIOSO 2] d'une manière menaçante: *si udiva tonare minacciosamente il cannone* on entendait les détonations menaçantes du canon; *il castello, arroccato sul colle, incombeva minacciosamente sulla vallata* le château-fort, perché sur la colline, surplombait la vallée d'une manière menaçante.

minaccióso |minat'tʃoso| *agg.* **1** [*che minaccia*] menaçant: *parole, frasi minacciose* paroles, phrases menaçantes; *un gesto minaccioso* un geste menaçant; *avanzò con aria minacciosa* il avança d'un air menaçant **2** (*fig.*) [*che fa paura, che costituisce un grave pericolo*] menaçant: *tempo, cielo minaccioso* temps, ciel menaçant; *onde minacciose* vagues menaçantes; *flutti minacciosi* flots menaçants; *si udiva distintamente il rombo cupo e minaccioso del cannone* on entendait distinctement le grondement sourd et menaçant du canon ◇ [*che incombe con una mole o un'altezza paurosa*] *monti minacciosi* monts menaçants.

minàce |mi'natʃe| *agg.* (*lett.*) → **minaccioso.**

minàre |mi'nare| *v.tr.* **1** [*abbattere mediante cariche esplosive*] miner: *minare una roccia, un ponte, una strada* miner un rocher, un pont, une route ◇ (*mil.*) [*disseminare di mine*] *minare un passaggio obbligato, l'imboccatura di un porto* miner un passage obligé, l'entrée d'un port **2** (*fig.*) [*indebolire, logorare a poco a poco*] miner: *minare la reputazione di una persona* miner la réputation d'une personne; *minare le istituzioni* miner les institutions; *il vizio ha minato la sua forte fibra* le vice a miné sa forte constitution; *una grave malattia sta minando la sua salute* une grave maladie mine sa santé.

minaréto |mina'reto| *s.m.* minaret.

minàto |mi'nato| *agg.* **1** miné: *strada, zona minata* route, zone minée; *tratto di mare, porto minato* zone maritime minée, port miné # *campo minato* champ de mines **2** (*fig.*) [*indebolito, intaccato*] miné: *ormai la sua salute è minata irrimediabilmente* désormais sa santé est irrémédiablement minée.

minatóre, trice |mina'tore, tritʃe| *s.* **1** *s.* [*chi lavora nelle miniere*] mineur *m.* **2** *s.m.* (*mil.*) mineur: *un reparto di minatori* une division de mineurs; *genio minatori* génie mineur.

minatòrio, i |mina'tɔrjo, i| *agg.* [*che contiene minacce*] de menaces (*loc. inv.*): *lettera minatoria* lettre de menaces; *frasi minatorie* phrases de menaces.

minchia |'minkja| *s.f.* (*region., volg.*) → **pene.**

minchionàggine |minkjo'naddʒine| *s.f.* (*fam., volg.*) [*dabbenaggine, semplicioneria*] connerie (*volg.*), naïveté (*corr.*): *se non sono riuscito, lo si deve alla tua minchionaggine* si je n'ai pas réussi, c'est à cause de ta connerie.

minchionàre |minkjo'nare| *v.tr.* (*fam., volg.*) [*prendere in giro, trattare da minchione*] se ficher de *pron.* (*fam.*), se foutre de *pron.* (*volg.*), se moquer de *pron.* (*corr.*): *non gli dar retta, quello ti minchiona!* ne l'écoute pas, il se fiche, il se fout, il se moque de toi ◇ [*ingannare, raggirare*] rouler (*fam.*), avoir (*fam.*) qqn.: *ti sei lasciato minchionare ancora una volta da quel lestofante* tu t'es fait rouler, avoir encore une fois par cet escroc.

minchionatòrio, i |minkjona'tɔrjo, i| *agg.* (*fam.*) [*canzonatorio*] moqueur* (*corr.*), railleur* (*corr.*): *parole, espressioni minchionatorie* paroles, expressions moqueuses, railleuses.

minchionatùra |minkjona'tura| *s.f.* (*fam.*) [→ MINCHIONARE] moquerie (*corr.*), plaisanterie (*corr.*): *non ti offendere, è una minchionatura* ne te vexe pas, c'est une moquerie, une plaisanterie # *mi son preso una bella minchionatura* je me suis bien fait avoir.

minchióne |min'kjone| *s.* (*fam.*) [*semplicione, credulone, sciocco*] poire *f.*, niais (*corr.*): *sei stato proprio un minchione a dargli retta* tu as été une belle poire, un niais de l'écouter; *sei una gran minchiona!* tu es une belle poire! ◆ (*agg.*) *un ragazzo minchione* un niais (*s.*): *uno scherzo minchione* une plaisanterie idiote, bête ◇ (*loc.*) *fare il minchione* [*far finta di non capire*] faire l'idiot ~ *rimanere come un minchione* [*restare male*] en rester comme deux ronds de flan (*pop.*) ~ *al plur.* (*escl. di stupore, di ira e sim.*) *minchioni!* [*caspita!, capperi!*] dame!, diable!

minchionerìa |minkjone'ria| *s.f.* (*fam.*) **1** [*stupidità, dabbenaggine*] stupidité, naïveté (*corr.*): *lo deve alla sua minchioneria se ha perso tutto* s'il a tout perdu, c'est par sa stupidité, de sa naïveté **2** [*comportamento, parole da minchione*] bêtise (*corr.*), sottise (*corr.*): *fare una minchioneria* faire une bêtise, une sottise; *non dire minchionerie!* ne dis pas de bêtises!; *ha fatto la minchioneria di andarsene* il a fait la bêtise de s'en aller.

1 **mineràle** |mine'rale| *agg.* minéral*: *regno minerale* règne minéral; *sostanze minerali* substances minérales; *sale, acido minerale* sel, acide minéral; *carbone minerale* [*il carbon fossile*] charbon minéral; *olio minerale* huile minérale → **petrolio**; *acque minerali* eaux minerales.

2 **mineràle** |mine'rale| *s.m.* (*miner.*) minéral*; minerai: *giacimento di minerale* gisement (de) minéral ‖ *minerale grezzo* minerai; *minerale di rame, ferroso* minerai de cuivre, ferreux.

mineralìsta |minera'lista| *s.* (*raro*) → **mineralogista.**

mineralizzàre |mineralid'dzare| **A** *v.tr.* [*rendere affine a un minerale*] minéraliser: *mineralizzare una sostanza, l'acqua* minéraliser une substance, l'eau **B** *v.pron. intr.* MINERALIZZARSI [→ *tr.*] se minéraliser: *il legno, con il tempo, si mineralizza* le bois, avec les années, se minéralise.

mineralizzàto |mineralid'dzato| *agg.* minéralisé: *acqua mineralizzata* eau minéralisée; *sostanze organiche mineralizzate* substances organiques minéralisées.

mineralizzatóre, trice |mineraliddza'tore, tritʃe| *agg. e s.m.* minéralisateur* (*agg.*): (*agenti*) *mineralizzatori* agents minéralisateurs.

mineralizzazióne |mineraliddzat'tsjone| *s.f.* [→ MINERALIZZARE] minéralisation: *mineralizzazione dell'acqua, del legno* minéralisation de l'eau, du bois.

mineralogìa, gie |mineralo'dʒia, dʒie| *s.f.* minéralogie.

mineralogicaménte |mineralodʒika'mente| *avv.* [→ MINERALOGICO] minéralogiquement.

mineralògico, ci, ca, che |minera'lɔdʒiko, tʃi, ka, ke| *agg.* minéralogique: *studi mineralogici* études minéralogiques: *laboratorio mineralogico* laboratoire mineralogique.

mineralogìsta |mineralo'dʒista| *s.* minéralogiste *m.*

mineràlogo, gi |mine'ralogo, dʒi| *s.* (*raro*) → **mineralogista.**

mineràrio, i |mine'rarjo, i| *agg.* [*dei minerali; delle miniere*] minier: *giacimenti minerari* gisements miniers; *produzione mineraria* production minière # *ingegnere minerario* ingénieur des mines.

minèrva |mi'nɛrva| *s.f.* (*med.*) minerve.

minèstra |mi'nɛstra| *s.f.* [*piatto di pasta o riso cotti in brodo* (*con verdura o legumi*)] potage *m.*, soupe: *minestra di verdura, di riso, di semolino* potage, soupe aux légumes, au riz, à la semoule; *minestra di pasta e fagioli, di pasta e ceci* soupe aux pâtes et aux haricots, aux pâtes et aux pois chiche; *minestra in brodo* potage à base de bouillon ◇ (*per est.*) *minestra asciutta* → **pastasciutta** ◇ [*la prima portata di un pasto*] entrée: *non mangia mai la minestra, prende solo il secondo e la frutta* il ne mange jamais d'entrée, il prend seulement le plat principal, de résistance (*fam.*) et le dessert ◇ (*loc. fig.*) *è sempre la stessa minestra* c'est toujours la même histoire, la même rengaine ~ *è una minestra riscaldata* c'est du réchauffé ~ *trovare la minestra bell'e fatta, bell'e scodellata* trouver son lit tout fait ~ *è tutta un'altra minestra* c'est tout autre chose ~ *è una minestra che non mi va* c'est une affaire qui ne me plaît pas ~ (*prov.*) *o mangiar questa minestra o saltar questa finestra* on n'a pas le choix: ça ou rien; il faut en passer par là.

minestrìna |mines'trina| *s.f.* [*minestrina in brodo, leggera, spec. per bambini o malati*] potage *m.* léger.

minestróne |mines'trone| *s.m.* **1** [*minestra di legumi e verdura, con o senza riso o pasta*] minestrone: *minestrone di verdure* minestrone aux légumes; *minestrone di riso e verdure* minestrone au riz et aux légumes; *minestrone alla milanese* minestrone à la milanaise **2** (*fig.*) [*ammasso confuso ed eterogeneo*] pagaïe *f.*, pagaille *f.*, fouillis; méli-mélo (*fam.*): *far tutto un mi-*

nestrone faire toute une pagaille, tout un fouillis || *quel film è un gran minestrone* ce film est un grand méli-mélo.

mìngere |'mindʒere| *v.intr.* (*aus.* '*avere*') (*non usati il p.p. e i tempi comp.*) (*med., scherz.*) [*orinare*] uriner (*corr.*), faire (45) *tr.* pipi (*fam.*).

mingherlìno |minger'lino| *agg.* (*persone*) [*gracile, esile, magro*] maigrichon*, fluet*: *una bambina mingherlina* une fillette maigrichonne, fluette; *mingherlino come sei, fai presto a essere in cima alla scala* maigrichon comme tu es, tu as vite fait d'être en haut de l'échelle ◇ (*cose*) [*scarno, povero*] pauvre: *un tema un po' mingherlino* une composition un peu pauvre.

mìni- |'mini| *pref.* (*significa di 'ridottissime dimensioni', corrisponde gener. a*) mini: *minigonna* mini-jupe.

mìni |'mini| *s.f. inv.* mini(-jupe): *portare la mini* porter une mini(-jupe) ♦ (*agg.*) *un vestito mini* un vêtement mini ♦ (*avv.*) *vestire mini* s'habiller mini.

miniappartaménto |miniapparta'mento| *s.m.* mini-appartement.

miniàre |mi'njare| *v.tr.* **1** [*decorare, ornare con pitture e figure minutissime*] enluminer: *miniare un codice, una pergamena, un messale* enluminer un code, un parchemin, un missel ◇ [*dipingere ritratti su piccoli medaglioni*] peindre (66) des miniatures ♦ (*ass.*) *l'arte del miniare* l'art du miniaturiste, la miniature **2** (*fig.*) [*descrivere, rappresentare con finezza ed esattezza di particolari*] lécher (8), parfaire (45), fignoler (*fam.*): *miniare un personaggio, un paesaggio* lécher, parfaire, fignoler un personnage, un paysage.

miniàto |mi'njato| *agg.* **1** [*decorato di miniature*] enluminé, miniaturé: *un codice miniato* un code enluminé, miniaturé ◇ [*dipinto con la tecnica della miniatura*] miniaturé: *un medaglione miniato* un médaillon miniaturé **2** (*fig.*) [*condotto con raffinata perfezione ed esattezza*] léché, fignolé (*fam.*): *un personaggio perfettamente miniato* un personnage parfaitement léché, fignolé; *una descrizione che pare miniata* une description qui donne l'impression d'être léchée.

miniatóre, trice |minja'tore, tritʃe| *s.* **1** [*chi esegue miniature*] enlumineur*, miniaturiste **2** (*fig.*) [*artista di grande finezza ed esattezza di particolari*] fignoleur* (*fam.*).

miniatùra |minja'tura| *s.f.* **1** (*arts.*) enluminure, miniature: *l'arte della miniatura* l'art de l'enluminure, de la miniature; *è un maestro nella miniatura* il est maître dans l'art de la miniature ◇ (*per est.*) [*lavoro eseguito con tale tecnica*] miniature: *una collezione di miniature* une collection de miniatures; *un codice ricco di miniature* un code riche d'enluminures **2** (*fig.*) [*descrizione, rappresentazione fatta con minuzia e delicatezza*] miniature # *il protagonista di quel romanzo è una vera miniatura* le héros de ce roman est peint avec un art de miniaturiste ◇ [*fisionomia, figura dai lineamenti soavi e aggraziati*] *quella ragazza sembra una miniatura* cette jeune fille est fine comme une miniature ◇ *loc. avv.* IN MINIATURA en miniature: *una città in miniatura* une ville (en) miniature; *il Colosseo in miniatura* le Colisée miniature **3** (*cine.*) maquette.

miniaturìsta |minjatu'rista| *s.* miniaturiste ◇ [*chi esegue miniature cinematografiche*] maquettiste.

miniaturìstico, ci, ca, che |minjatu'ristiko, tʃi, ka, ke| *agg.* [*relativo alla tecnica della miniatura*] de miniaturiste (*loc. inv.*): *attività miniaturistica* activité de miniaturiste ◇ [*caratterizzato da finezza e ricchezza di particolari*] minutieux*: *una precisione miniaturistica* une précision minutieuse.

miniaturizzàre |minjaturid'dzare| *v.tr.* (*elettron.*) [*ridurre a dimensioni piccolissime*] miniaturiser: *miniaturizzare un circuito* miniaturiser un circuit.

miniaturizzàto |minjaturid'dzato| *agg.* miniaturisé: *un elemento miniaturizzato* un élément miniaturisé; *condensatori miniaturizzati* condensateurs miniaturisés.

miniaturizzazióne |minjaturiddzat'tsjone| *s.f.* [→ MINIATURIZZARE] miniaturisation: *la miniaturizzazione di impianti, di circuiti* la miniaturisation d'installations, de circuits.

minibasket |mini'ba:skit| *s.m. inv.* (*ingl.*) minibasket *var.*

mìnibus |'minibus| *s.m. inv.* minibus, microbus.

minicircùito |minitʃir'kuito| *s.m.* **1** (*elettron.*) mini-circuit: *dei minicircuiti* des mini-circuits **2** (*sport*) mini-circuit.

minièra |mi'njɛra| *s.f.* **1** [*giacimento di minerali*] mine: *miniera sotterranea, a cielo aperto* mine souterraine, à ciel ouvert (minière); *una miniera di diamanti, di ferro, di zolfo* une mine de diamants, de fer, de soufre; *una miniera di carbon fossile* une mine de charbon; *scoprire, sfruttare una miniera* découvrir, exploiter une mine; *lavora in una miniera* il travaille à la mine **2** (*fig.*) [*fonte inesauribile*] mine: *quella persona è una miniera di notizie e di informazioni* cette personne est une mine de nouvelles et d'informations; *quel tuo amico è una miniera di ingegnose trovate* ton ami est une mine de trouvailles ingénieuses.

minigòlf |mini'gɔlf| *s.m. inv.* (*ingl.*) minigolf *var.*, golf-miniature (*var.*): *dei minigolf* des golfs-miniature.

minigònna |mini'gɔnna| *s.f.* mini-jupe → **mini.**

mìnima |'minima| *s.f.* **1** (*mus.*) blanche: *pausa di una minima* pause d'une blanche **2** (*meteor.*) minimum (*m.*): *la minima di ieri è stata di 15°* la temperature-minimum, minima d'hier a été de 15°.

minimàle |mini'male| *agg.* minimum: *tariffa, quota minimale* tarif, cotisation minimum ♦ (*s.m.*) *il minimale* le minimum **C** **massimale.**

minimalìsmo |minima'lizmo| *s.m.* (*polit.*) menchevisme ◇ [*la corrente, il gruppo che rappresenta tale tendenza*] *il minimalismo socialista* le menchevisme socialiste **C** **massimalismo.**

minimalìsta |minima'lista| *s.* [*fautore del minimalismo*] menchevik ♦ (*agg.*) *corrente minimalista* courant menchevik **C** **massimalista.**

minimalìstico, ci, ca, che |minima'listiko, tʃi, ka, ke| *agg.* du menchevisme *loc. inv.*

minimaménte |minima'mente| *avv.* [→ MINIMO I] très peu: *mi piace minimamente* je l'aime très peu # *se voi siete interessati alla cosa, anche minimamente, fatemelo sapere* si vous êtes, si peu que ce soit, intéressés à la chose, faites-le-moi savoir ◇ (*è usato spesso come raff. di una neg.*) [*affatto, per niente*] nullement, pas du tout, pas le moins du monde: *non pensa minimamente al suo lavoro* il ne pense nullement, pas du tout à son travail; *rispose senza minimamente scomporsi* il répondit sans se démonter le moins du monde.

minìmetro |mi'nimetro| *s.m.* (*tecnol.*) minimètre.

minimizzàre |minimid'dzare| *v.tr.* [*limitare, ridurre al minimo l'importanza di un fatto*] minimiser: *minimizzare la gravità della situazione* minimiser la gravité de la situation; *cercano di minimizzare la loro sconfitta* ils essaient de minimiser leur défaite.

minimizzazióne |minimiddzat'tsjone| *s.f.* (*raro*) [→ MINIMIZZARE] minimisation.

mìnimo |'minimo| **I** *agg.* **1** (*sup. rel. di 'piccolo'*) [*il più piccolo, il più esiguo*] le plus bas*; très petit, le moindre: *il prezzo minimo* le prix le plus bas; *il livello minimo* le niveau le plus bas || *non avere il (benché) minimo sospetto, il minimo dubbio* ne pas avoir le moindre soupçon, le moindre doute; *non ne ho la minima idea* je n'en ai pas la moindre idée; *ha accettato senza la minima esitazione* il a accepté sans la moindre hésitation; *il lavoro procede senza la minima difficoltà* le travail continue sans la moindre difficulté # *con il minimo sforzo* avec un très petit effort ◇ (*fis.*) *il principio del minimo sforzo* le principe du moindre effort ◇ (*mat.*) *minimo comune multiplo* (*m.c.m.*) le plus petit commun dénominateur (p.p.c.d.); *ridurre una frazione ai minimi termini* réduire une fraction au plus petit dénominateur ◇ (*meteor.*) *la* (*temperatura*) *minima* la température minima, minimum, minimale → **minima** 2; *le* (*temperature*) *minime della giornata* les (températures) minimums, minima de la journée; *minime e massime* minima et maxima ◇ *loc. fig.* RIDURRE AI MINIMI TERMINI [*nelle condizioni peggiori, in piccolissime dimensioni*] *quell'uomo, economicamente, è ridotto ai minimi termini* cet homme, économiquement, est réduit à la misère; *le scorte sono ridotte ormai ai minimi termini* les vivres sont désormais réduits à presque rien; *hai ridotto la matita ai minimi termini* tu as réduit le crayon à presque rien **2** *sup. ass.* [*piccolissimo, minutissimo*] minimum; très bas; très (tout) petit: *grandezze, quantità minime* grandeurs, quantités minimums || *un compenso minimo* une rétribution très basse || *un libro di formato minimo* un livre de tout petit format; *questo lavoro richiede uno sforzo minimo* ce travail demande un très petit effort # *la differenza è minima* la différence est minime **II** *s.* **1** *s.m.* (*con valore neutro*) [*cosa, parte, quantità minima*] minimum: *il minimo della pena, della velocità* le minimum de la peine, la vitesse minimum, minima; *ci vuole un minimo di buona volontà* il faut un minimum de bonne volonté; *non ha un minimo di educazione* il n'a pas reçu le minimum d'éducation # *non ha un minimo di* *dignità* il n'a pas une once de dignité; *è il minimo che tu possa fare per me* c'est le moins que tu puisses faire pour moi ◇ (*auto.*) *regolare il minimo* régler le ralenti; *far girare il motore al minimo* faire tourner le moteur au ralenti; *questo motore non tiene il minimo* ce moteur ne tient pas le ralenti ◇ (*mat.*) *il minimo di una funzione* le minimum d'une fonction ◇ *loc. avv.* AL MINIMO, COME MINIMO [*perlomeno, almeno*] au moins: *per raggiungere la vetta a piedi ti ci vorranno al minimo due ore* pour atteindre le sommet à pied, il te faudra au moins deux heures; *quell'articolo costerà come minimo diecimila lire* cet article coûtera au moins dix mille lires; *come minimo ha quarant'anni* il a au moins quarante ans **2** *s. spec. al plur.* (*eccl.*) minimes: *i* (*frati*) *minimi* les minimes; *le* (*suore*) *minime* les minimes **3** *s.* (*raro*) [*ultimo, infimo*] dernier*: *è considerato il minimo tra i suoi colleghi* il est considéré comme le dernier parmi ses collègues ⓒ I; II 1 **massimo.**

minio, i |'minjo, i| *s.m.* (*chim.*) minium.

1 **ministeriàle** |ministe'rjale| *agg.* **1** ministériel*: *decreto, circolare ministeriale* décret ministériel, circulaire ministérielle; *aspirare a una carica ministeriale* aspirer à une charge ministérielle **2** [*del ministero, come singolo organo di governo*] ministériel: *uffici ministeriali* officier ministériel; *i funzionari ministeriali* les fonctionnaires (ministériels) ◇ [*gabinetto, governo*] *crisi ministeriale* crise ministerielle ◇ [*che è favorevole al governo in carica*] *stampa ministeriale* presse ministérielle.

2 **ministeriàle** |ministe'rjale| *s.m.* **1** ensemble des employés et des fonctionnaires d'un ministère **2** (*st.*) domestique, serviteur → **famiglio, servo.**

ministèrio, i |minis'tɛrjo, i| *s.m.* (*arc.*) → **ministero.**

ministèro |minis'tɛro| *s.m.* **1** Ministère: *il Ministero degli Esteri* le Ministère des Affaires étrangères; *il Ministero di Grazia e Giustizia* le Ministère de la Justice; *il Ministero della Pubblica Istruzione* le Ministère de l'Éducation nationale; *il Ministero della Difesa* le Ministère de la Défense nationale ◇ [*edificio nel quale ha sede*] *andare al ministero* aller au ministère ◇ (*per est.*) (bureaux *pl.*, personnel d'un) ministère: *il ministero non ha ancora risposto alla sua domanda* le ministère n'a pas encore répondu à sa demande **2** [*gli organi di governo*] ministère, cabinet: *un ministero monocolore, democratico, reazionario* un cabinet monocolore, démocratique, réactionnaire; *le dimissioni del ministero* la démission du cabinet, du ministère; *formare il ministero* former le ministère, le cabinet **3** (*dir.*) *pubblico ministero* ministère public **4** [*ufficio, carica che comporta responsabilità, sacrificio e dedizione*] sacerdoce (*fig.*), ministère (*lett.*): *il ministero sacerdotale* le sacerdoce, le ministère du prêtre; *il ministero dell'educatore* le sacerdoce de l'éducateur; *trascurare i doveri del proprio ministero* négliger les devoirs de son sacerdoce **5** (*ant.*) → 1 **servizio, incarico, impiego.**

minìstra |mi'nistra| *s.f.* **1** → **ministressa** **2** (*fig., lett.*) dispensatrice, administratrice.

ministràre |minis'trare| *v.tr.* **1** (*lett.*) → **somministrare** **2** (*arc.*) → **assistere, aiutare.**

ministréssa |minis'tressa| *s.f.* (*scherz.*) **1** madame le ministre (*corr.*) **2** (*per est.*) femme d'un ministre.

minìstro |mi'nistro| *s.* **1** *s.m.* ministre: *la nomina dei ministri* la nomination des ministres; *il consiglio dei ministri* le conseil des ministres; *il primo ministro* le premier ministre; *il ministro degli Esteri* le ministre des Affaires étrangères; *ministro senza portafoglio* ministre sans portefeuille ◇ [*agente diplomatico o consigliere di ambasciata*] *ministro plenipotenziario* ministre plénipotentiaire; *ministro consigliere* ministre conseiller **2** *s.m.* (*eccl.*) ministre: *i ministri della Chiesa* les ministres de l'Église; *i ministri di Dio* les ministres de Dieu; *ministro del culto* ministre du culte ◇ [*il superiore di alcuni ordini religiosi*] *il ministro generale dei Francescani* le (ministre) général des Franciscains **3** *s.* [*chi cura l'amministrazione di q.c.*] régisseur, intendant: *ministro di campagna* régisseur, intendant → 1 **fattore** # *il ministro della cresima* [*il vescovo*] l'évêque; *ministro della giustizia* [*ogni magistrato*] magistrat; [*il carnefice*] bourreau ◇ [*esecutore di ordini altrui*] exécutant: *egli non è altro che il ministro delle tue scelleratezze* il n'est rien autre que l'exécutant de tes scélératesses ◇ *loc. fig.* ESSERE, FARSI MINISTRO DI QC. [*esserne, diventarne strumento attivo di diffusione*] se prodiguer pour la défense de; être dispensateur*; *farsi ministro di pace e di giustizia* se prodiguer pour la défense de la paix et de la justice ‖ *Roma fu ministra di pace nel mondo antico* Rome fut dispensatrice de paix dans le monde antique.

minòico, ci, ca, che |mi'nɔiko, tʃi, ka, ke| **1** *agg.* [*relativo alla civiltà dell'antica Creta*] minoen*: *architettura minoica* architecture minoenne; *testi minoici* textes minoens **2** (*s.m.*) *il minoico* [*la lingua*] le minoen.

minorànte |mino'rante| *s.m.* (*mat.*) minorant.

minorànza |mino'rantsa| *s.f.* **1** minorité, petit nombre (*m.*): *solo una minoranza dei presenti era favorevole alla sua proposta* seulement une minorité de l'assistance était favorable à sa proposition; *i giorni festivi sono una minoranza rispetto a quelli feriali* les jours de fête sont en petit nombre par rapport aux jours ouvrables ◇ (*gram.*) infériorité: *comparativo di minoranza* comparatif d'infériorité **2** [*limitato gruppo di cittadini con caratteri e condizioni peculiari*] minorité: *minoranze etniche, religiose, linguistiche* minorités ethniques, religieuses, linguistiques; *tutelare i diritti delle minoranze* défendre les droits des minorités **3** [*inferiorità numerica di votanti, di voti*] minorité: *essere* (*messo*) *in minoranza* être (mis) en minorité ◇ (*polit.*) *la minoranza parlamentare* la minorité parlementaire; *fa parte della minoranza* il fait partie de la minorité ⓒ **maggioranza.**

minoràre |mino'rare| *v.tr.* **1** (*raro*) [*rendere minore; provocare una diminuzione*] diminuer (*corr.*) **2** (*mat.*) [*portare a una cifra meno alta*] minorer.

minoràsco, chi |mino'rasko, ki| *s.m.* (*dir.*) fidéicommis appartenant au cadet ⓒ **maggiorasco.**

minoratìvo |minora'tivo| *agg.* minoratif*.

minoràto |mino'rato| *agg.* [*inferiore al normale*] (*fisicamente*) *handicapé; (*psichicamente*) attardé, retardé, arriéré (mental): *istituto di rieducazione per bambini minorati* institut de rééducation pour enfants handicapés, arriérés; *è un individuo minorato in tutte le sue capacità fisiche* c'est un sujet physiquement handicapé en toutes ses aptitudes ◆ (*s.*) *un minorato* un handicapé; un attardé, un retardé: *una scuola per minorati* une école pour attardés; *è una minorata psichica* c'est une arriérée mentale, une débile mentale # *i minorati di guerra* les mutilés, les invalides de guerre → **mutilato, invalido.**

minorazióne |minorat'tsjone| *s.f.* **1** [→ MINORARE] diminution: *minorazione dei prezzi* diminution des prix → **diminuzione, abbassamento** **2** [*stato, condizione di chi è minorato*] *handicap (physique); déficience, débilité: *minorazione fisica* handicap physique; *è inabile al lavoro per una grave minorazione* un grave handicap physique l'a rendu inapte au travail ‖ *minorazione psichica* déficience, débilité mentale.

1 **minóre** |mi'nore| *agg.* **I** (*comparativo di 'piccolo'*) **1** [*più piccolo, più esiguo*] plus petit; moins de; inférieur, moins grand: *quantità, misura, dimensione minore* quantité, mesure, dimension plus petite; *un numero minore* un nombre plus petit ‖ *minor male, minor forza* moins de mal, moins de force; *è un tema di minore interesse* c'est un thème qui présente moins d'intérêt; *ha minor sangue freddo di quanto pensassi* il a moins de sang froid que tu ne crois; *la sua attività offre minori possibilità di soddisfazioni* il a moins de possibilités de donner cours à son activité ‖ *una cifra, una somma minore del previsto* une somme inférieure à la somme prévue; *la tua responsabilità è senz'altro minore della sua* ta responsabilité est sans aucun doute moins grande que la sienne, inférieure à la sienne # *questa merce è stata acquistata a minor prezzo* cette marchandise a été achetée à un prix plus bas ◇ (*filos.*) *la premessa minore* la mineure ◇ (*astron., geogr.*) *Asia Minore* Asie Mineure; *Orsa Minore, Carro Minore* Petite Ourse ◇ (*mus.*) *intervallo minore* intervalle mineur; *accordo minore* accord mineur; *modo, tonalità minore* mode, ton mineur ◇ (*loc. fig.*) *in tono minore* [*in modo più dimesso, con accento meno vivace*] d'un ton plus bas **2** [*più giovane, nato dopo*] cadet*; plus jeune: *questa è mia figlia minore* c'est ma (fille) cadette ‖ *fratello, sorella minore* frère, sœur plus jeune; *chi è minore di età di voi due?* quel est le plus jeune de vous deux? # *tu sei minore di me di due anni* tu as deux ans de moins que moi ◇ (*aggiunto al nome di un personaggio storico, lo distingue da un omonimo vissuto in epoca anteriore*) le Jeune: *Bruto Minore* Brutus le Jeune; *Catone Minore* Caton le Jeune **3** [*d'importanza secondaria; inferiore in grado o in ordine gerarchico*] mineur: *arti minori* arts mineurs; *opere minori* œuvres mineures; *un poeta minore del Tre-*

cento un poète mineur du XIVe siècle ◇ (*per est.*) *Dante, Ariosto minore* les œuvres mineures de Dante, de l'Arioste ◇ (*eccl.*) *ordini minori* ordres mineurs; *frati minori* frères mineurs **II** *sup. rel.* (*quando è preceduto dall'art. det.*) **1** [→ I 1] le plus petit; le moins (de); le moindre: *la parte minore, il peso minore* la partie la plus petite, le poids le plus petit; *il lato minore di un triangolo, di un edificio* le côté le plus petit d'un triangle, d'un édifice || *con il minor sforzo possibile* avec le moins d'effort possible; *cerca di farlo nel minor tempo possibile* essaie de le faire en employant le moins de temps possible || *scegliere il minor male* choisir le moindre mal # *al minor prezzo* au prix le plus bas; *l'ha venduto al minor offerente* il l'a vendu au moins offrant **2** [→ I 2] cadet; le plus jeune: *il figlio minore* le cadet; *qual è la figlia minore?* quelle est la cadette? || *la minore delle sorelle* la plus jeune des sœurs, la cadette des sœurs # *Ciro il Minore* Cyrus le Jeune ◇ (*dir.*) *la minore età* la minorité *s.f.* **3** [→ I 3] mineur: *le opere minori di Dante, del Tasso* les œuvres mineures de Dante, du Tasse; *i trecentisti minori* les auteurs mineurs du XIVe siècle; *i pittori minori del Rinascimento* les peintres mineurs, les petits maîtres de la Renaissance Ⓒ **maggiore** 1.

2 **minóre** |mi'nore| *s.* **1** [*persona più giovane*] le plus jeune: *è il minore di tutta la famiglia* il est le plus jeune de toute la famille # *film vietato ai minori di quattordici anni* film interdit au moins de quatorze ans **2** [*scrittore, artista d'importanza e valore secondari*] écrivain mineur: *i minori del Cinquecento* les écrivains mineurs du XVIe siècle **3** (*dir.*) mineur: *ratto di minori* enlèvement des mineurs; *tutela dei minori* tutelle des mineurs → **minorenne** Ⓒ 1, 2 **maggiore** 2; 3 **maggiorenne.**

minorènne |mino'rɛnne| *agg.* [*che non ha ancora raggiunto la maggiore età*] mineur: *una ragazza, un giovane minorenne* une jeune fille mineure, un jeune homme mineur; *non ha diritto di voto, è ancora minorenne* il n'a pas le droit de vote, il est encore mineur ✦ (*s.*) *i minorenni* les mineurs: *ratto, seduzione di minorenni* enlèvement, détournement de mineurs; *tribunale per minorenni* tribunal des mineurs Ⓒ **maggiorenne.**

minorile |mino'rile| *agg.* (*dir.*) des mineurs *loc. inv.* # *età minorile* minorité; *delinquenza minorile* délinquence juvénile.

minorita |mino'rita| *agg. e s.m.* (*eccl.*) mineur (*agg.*): *un (frate) minorita* un frère mineur.

minorità |minori'ta| *s.f. inv.* (*dir.*) minorité (*var.*): *uscire di, dalla minorità* sortir de sa minorité, atteindre sa majorité.

minoritàrio, i |minori'tarjo, i| *agg.* minoritaire: *proposta minoritaria* proposition minoritaire; *la corrente minoritaria di un partito* le courant minoritaire d'un parti Ⓒ **maggioritario.**

minoritico, ci, ca, che |mino'ritiko, tʃi, ka, ke| *agg.* des frères mineurs (*loc. inv.*): *regola, semplicità, povertà minoritica* règle, simplicité, pauvreté des frères mineurs.

minuèndo |minu'ɛndo| *s.m.* (*mat.*) nombre le plus grand (dans une soustraction).

minuétto |minu'etto| *s.m.* (*mus., danza*) menuet: *sonare, ballare un minuetto* jouer, danser un menuet.

minùgia, g(i)e |mi'nudʒa, dʒe| *s.f.* **1** (*solo nella loc.*) *corde di minugia* [*corde di alcuni strumenti musicali fatte con budelli di ovini*] (cordes de) boyau *m.*, corde à violon **2** (*ant.*) [*budelli, interiora*] boyaux *pl.*

minùscolo |mi'nuskolo| *agg.* **1** minuscule: *lettera, iniziale minuscola* lettre, initiale minuscule ✦ (*s.f.*) *la minuscola* une minuscule: *i nomi comuni si scrivono con la minuscola* les noms communs s'écrivent avec une minuscule **2** (*paleogr.*) minuscule: (*scrittura*) *minuscola* (écriture) minuscule **3** (*tip.*) minuscule: *carattere minuscolo* caractère minuscule, bas de casse ✦ (*s.m.*) *il minuscolo* la minuscule *f.* **4** (*fig.*) [*piccolissimo; di scarsa importanza*] minuscule: *che minuscolo nasino!* quel nez minuscule!; *è un minuscolo staterello* c'est un état minuscule; *non posso accontentarmi di questa minuscola porzione* je ne peux pas me contenter de cette minuscule portion Ⓒ **maiuscolo.**

minus habens |minus'abens| *loc. sost. m. inv.* (*lat.*) minus habens, minus.

minùta |mi'nuta| *s.f.* [*prima stesura, brutta copia (di uno scritto)*] brouillon (*m.*): *una minuta piena di correzioni* un brouillon plein de corrections; *fare la minuta di un contratto, di un testamento, di un compito in classe* faire le brouillon d'un contrat, d'un testament, d'un devoir en classe.

minutàggio, i |minu'taddʒo, i| *s.m.* minutage.

minutàglia |minu'taʎʎa| *s.f.* **1** [*cose minute e di poco valore*] brimborions *m. pl.*, babiole **2** [*pesciolini per frittura di diverse specie*] menu fretin *m.*

minutàme |minu'tame| *s.m.* (*raro*) → **minutaglia** 1.

minutaménte |minuta'mente| *avv.* **1** [*in piccole parti*] menu: *tagliare, tritare minutamente* couper, hacher menu **2** [*con scrupolosa minuziosità*] par le menu (détail) *loc.*, en détail (*loc. inv.*): *raccontare, descrivere minutamente una scena* raconter, décrire une scène par le menu (détail), en détail; *esaminare minutamente uno scritto* examiner un écrit par le menu → **minuziosamente.**

minutànte |minu'tante| *s.* **1** (*bur.*) secrétaire ◇ (*eccl.*) minutante **2** (*raro*) → **dettagliante.**

minutàre |minu'tare| *v.tr.* (*bur.*) [*redigere, stendere la minuta di uno scritto*] faire (45) le brouillon: *minutare una lettera, un contratto* faire le brouillon d'une lettre, d'un contrat.

minutàrio, i |minu'tarjo, i| *s.m.* (*raro*) minutier.

minutènza |minu'tɛntsa| *s.f. spec. al plur.* (*mar.*) menus filins.

minuterìa |minute'ria| *s.f.* **1** [*piccoli oggetti, spec. d'uso e ornamentali*] bibelot *m.*, colifichet (*m.*): *un negozio di minuterie* un magasin de bibelots, de colifichets; *le bancarelle offrivano le loro minuterie ai turisti* les vendeurs offraient sur leurs éventaires des bibelots aux touristes → **ninnolo** **2** *minuteria* (*di orologio*) minuterie.

minutézza |minu'tettsa| *s.f.* **1** [*piccolezza, limitatezza di dimensioni*] petitesse: *la minutezza dei caratteri ne rendeva difficile la lettura* la petitesse des lettres rendait la lecture difficile ◇ [*gracilità, delicatezza*] délicatesse; gracilité: *è sorprendente la minutezza dei suoi lineamenti* la délicatesse de ses traits est surprenante || *nonostante la sua minutezza, è un ragazzo sano e pieno di vita* malgré sa gracilité, c'est un garçon sain et plein de vie **2** (*raro*) → **minuzia** 1.

minutière |minu'tjɛre| *s.* fabricant, vendeur* de bibelots.

1 **minùto** |mi'nuto| **I** *agg.* **1** [*di dimensioni molto piccole*] minuscule: *particelle, schegge minute* particules, éclats minuscules; *minuti frammenti di vetro* éclats de verre minuscules; *scrivere in caratteri minuti* écrire avec des lettres minuscules ◇ [*formato di parti molto piccole*] fin: *pioggerella minuta* petite pluie fine, crachin; *breccia, sabbia minuta* cailloutis, sable fin; *sale, carbone minuto* sel, charbon fin **2** (*per est.*) [*gracile, mingherlino*] menu: *ossatura minuta* ossature menue; *da bambino era molto minuto, ora s'è irrobustito* quand il était petit, il était très menu, maintenant il est devenu robuste ◇ [*gentile, grazioso*] fin: *fattezze minute, lineamenti minuti e delicati* traits fins et délicats ◇ (*animali*) petit: *bestie minute* petit bétail **3** (*fig.*) [*di scarso rilievo, di poca importanza*] menu: *spese minute* menues dépenses; *il popolo minuto* le menu peuple ◇ [*minuzioso, curato nei particolari*] minutieux*, détaillé: *una descrizione minuta* une description minutieuse, détaillée; *un controllo minuto e pedante* un contrôle minutieux et pointilleux; *è molto minuto nell'eseguire i calcoli* il est très minutieux quand il fait ses calculs; *ci sono stati forniti minuti ragguagli* on nous a donné des renseignements détaillés # *ha esposto i fatti fin nei più minuti particolari* il a exposé les faits dans les moindres détails **II** *s.m.* (*nelle loc. avv.*) PER (IL) MINUTO [*con minuzia e pedanteria*] en détail, par le menu: *raccontare le cose per (il) minuto* raconter les choses en détail, par le menu (détail) ~ AL MINUTO [*al dettaglio*] au détail: *vendere, comprare al minuto* vendre, acheter au détail.

2 **minùto** |mi'nuto| *s.m.* **1** minute (*f.*): *un minuto primo* une minute; *sette (minuti) primi e tre (minuti) secondi* sept minutes et trois secondes; *la lancetta dei minuti* l'aiguille des minutes; *erano le dieci e cinque (minuti)* il était dix heures (et) cinq (minutes); *sono le otto meno cinque (minuti), mancano cinque minuti alle otto* il est huit heures moins cinq (minutes); *mancano ancora venti minuti* il est moins vingt minutes; *il treno parte fra quindici minuti* le train part dans quinze minutes; *l'autobus passa ogni cinque minuti* l'autobus passe toutes les cinq minutes; *è arrivato alla stazione dieci minuti fa* il est arrivé à la gare il y a dix minutes; *sono qui da venti minuti* je suis ici depuis vingt minutes; il y a vingt minutes que je suis ici; *ha parlato per cinquanta minuti* il a parlé pendant cinquante minutes # *un minuto secondo* une seconde ◇ *loc. fig.* (*detto di un orologio esattissimo*) *spacca il minuto* il marque, donne l'heure exacte ~ *contare i minuti* [*essere molto impaziente*]

compter les minutes ~ (*di persona molto puntuale*) *guarda al minuto, sta al minuto* il est précis à une minute près, il est très exact **2** (*con valore generico e iperb.*) [*breve spazio di tempo*] instant, minute: *è questione di* (*pochi*) *minuti* c'est l'affaire de quelques instants; *vado e torno in un minuto* je m'en vais et (je) reviens dans une minute; *non riesce a star fermo un minuto* il n'arrive pas à rester tranquille une minute, un instant; *non ha un minuto di pace e di tranquillità* il n'a pas un instant de paix et de tranquillité; *l'aspettiamo di minuto in minuto* nous l'attendons d'une minute à l'autre; *può arrivare da un minuto all'altro* il peut arriver d'une minute à l'autre; *non ho un minuto da perdere* je n'ai pas un instant, une minute à perdre **3** (*mat.*) minute.

minùzia |mi'nuttsja| *s.f.* **1** *spec. al plur.* [*particolare senza importanza, trascurabile*] vétilles, bagatelles: *perdersi in minuzie* perdre son temps pour des vétilles, des bagatelles; *sono minuzie, non ci badare!* ce sont des vétilles, n'y fais pas attention! → **inezia** **2** (*raro*) → **minuziosità.**

minuziosàggine |minuttsjo'sadd͡ʒine| *s.f.* (*spreg.*) [*minuziosità eccessiva e pedante*] minutie excessive: *le minuziosaggini di certi grammatici* la minutie excessive de certains grammairiens; *la sua minuziosaggine lo rende insopportabile* sa minutie excessive le rend insupportable.

minuziosaménte |minuttsjosa'mente| *avv.* [→ MINUZIOSO] minutieusement.

minuziosità |minuttsjosi'ta| *s.f. inv.* [*cura, attenzione scrupolosa e pedantesca*] minutie (*var.*): *la minuziosità di una ricerca, di una descrizione* la minutie d'une recherche, d'une description; *è nota la minuziosità di quell'esaminatore* la minutie, les habitudes pointilleuses de cet examinateur est, sont connue(s) → **meticolosità.**

minuzióso |minut'tsjoso| *agg.* (*persone*) minutieux*: *un esaminatore, un critico minuzioso* un examinateur, un critique minutieux, pointilleux → **meticoloso, scrupoloso** ◇ (*cose*) [*fatto con cura e diligenza*] *un esame minuzioso* un examen minutieux; *una minuziosa relazione dei fatti* une relation minutieuse des faits → **particolareggiato.**

minuzzàglia |minut'tsaʎʎa| *s.f.* (*spreg.*) [*ammasso di cose minute*] pacotille, bricoles *pl.*

minùzzolo |mi'nuttsolo| *s.m.* **1** [*frammento piccolissimo*] miette (*f.*): *un minuzzolo di pane, di carne* une miette de pain, de viande → **briciola** # *un minuzzolo di carta* un petit bout de papier **2** (*fig., fam.*) [*bimbo piccino*] marmot.

minzióne |min'tsjone| *s.f.* [→ MINGERE] miction.

mi(o)- |'mi(o)| *pref.* (*significa 'muscolo', corrisponde gener. a*) my(o): *midriasi* mydriase; *miografo* myographe.

1 **mìo** |'mio|, *m. pl.* **mièi** |mi'ɛi|, *f.* **mìa** |'mia|, *f. pl.* **mìe** |'mie| *agg. poss. di 1ª pers.* **1** mon *m.* (*davanti a sost. m. e a sost. f. cominciante per voc. o 'h' muta*), ma *f.*; mes (*m. e f. pl.*): *il mio libro di francese* mon livre de français; *è la mia casa* c'est ma maison; *è la mia idea fissa* c'est mon idée fixe; *i miei compagni sono in classe* mes camarades sont en classe; *le mie amiche sono al mare* mes amies sont au bord de la mer; *è il mio ultimo lavoro* c'est mon dernier travail ◇ (*in unione con un indef., un dim., ecc.*) *tutta la mia storia è lì* toute mon histoire est là; *questo tuo disco è rotto* ce disque (à toi) est cassé; *un mio parente è partito per l'Africa* un de mes parents est parti pour l'Afrique; *un mio amico giornalista è stato ferito nella sparatoria* un journaliste de mes amis a été blessé au cours de la fusillade, *alcuni miei compagni sono stati arrestati* quelques-uns de mes camarades ont été arrêtés # *verranno a casa mia stasera* ils viendront chez moi ce soir ◇ (*loc.*) *fallo per amor mio* fais-le pour moi; *lo farai in* (*per*) *mio ricordo* tu le feras en souvenir de moi ◇ (*loc. escl.*) *figlio mio!* mon enfant!; ~ *bambino mio!* mon enfant! ~ *amico mio!* mon ami, mon vieux! ~ *tesoro mio!* mon trésor, mon (petit) chou! ~ (*iron.*) *caro mio!* mon vieux! ~ (*fam.*) *cara la mia ragazza, la mia signora* ma vieille ~ *mamma mia, Dio mio, che spavento!* mon Dieu, quelle épouvante! **2** [*di mia proprietà*] à moi: *questa penna è mia* ce stylo est à moi; *questi fogli sono miei* ces feuilles sont à moi; *ho un giardino tutto mio* j'ai un jardin tout à moi **3** (*retto da un pron. indef.*) *ho trovato qualcosa di mio* j'ai trouvé quelque chose qui m'appartient; *non ho più niente di mio* je n'ai plus rien (à moi), qui m'appartienne **4** (*in forme ell.*) *ha appena ricevuto la mia del 15 gennaio* il vient d'avoir ma lettre du 15 janvier; *è sempre stato dalla mia* (*parte*) il a toujours été de mon côté; *ne ho detta una delle mie* j'ai encore fait une de mes gaffes; *ne avevo fatta una delle mie* j'en avais fait une des miennes; *anch'io avevo avuto le mie* (*disgrazie*) moi aussi, j'avais eu mes malheurs; *anch'io ho voluto dire la mia* moi aussi, j'ai voulu donner mon avis, mettre mon grain de sel.

2 **mio** |'mio| **I** *pron. poss. di 1ª pers.* le mien *m.*, la mienne *f.*, les miens *m. pl.*, les miennes (*f. pl.*): *questo quadro è il mio* ce tableau est le mien, est à moi; *questa macchina è la mia* cette voiture est la mienne, est à moi; *questi dischi sono più belli dei miei* ces disques sont plus beaux que les miens; *le tue paure sono anche le mie* tes peurs sont aussi les miennes **II** *s.m.* **1** (*sing.*) *ci ho perso del mio* j'en suis pour mon argent; *dopo tutto, ci spendo del mio* après tout, j'en suis de ma poche; *io vivo del mio* moi, je vis de mes propres moyens; *mi accontento del mio* je me contente de ce que j'ai **2** *plur.* I MIEI [*genitori, parenti, seguaci*] les miens: *i miei sono in montagna* les miens sont à la montagne; *i miei non mi hanno abbandonato* les miens ne m'ont pas abandonné.

mi(o)atonìa |mi(o)ato'nia| *s.f.* (*med.*) myatonie.

mi(o)atrofìa |mi(o)atro'fia| *s.f.* (*med.*) myatrophie.

miocardìa |miokar'dia| *s.f.* (*med.*) myocardie.

miocàrdico, ci, ca, che |mio'kardiko, tʃi, ka, ke| *agg.* myocardique: *fibre miocardiche* fibres myocardiques.

miocàrdio, i |mio'kardjo, i| *s.m.* (*anat.*) myocarde.

miocardìte |miokar'dite| *s.f.* (*med.*) myocardite.

miocèle |mio'tʃɛle| *s.m.* (*med.*) myocèle.

miocène |mio'tʃɛne| *s.m.* (*geol.*) miocène.

miocènico, ci, ca, che |mio'tʃɛniko, tʃi, ka, ke| *agg.* [*del miocene*] miocène; *la flora miocenica* la flore miocène; *le formazioni mioceniche* les formations miocènes ◆ (*s.m.*) *il miocenico* → **miocene.**

miodistròfico, ci, ca, che |miodis'trɔfiko, tʃi, ka, ke| *agg.* (*med.*) myodistrophique.

mioglobìna |mioglo'bina| *s.f.* (*biol.*) myoglobine.

miografìa |miogra'fia| *s.f.* (*med.*) myographie.

miogràfico, ci, ca, che |mio'grafiko, tʃi, ka, ke| *agg.* (*med.*) myographique.

miògrafo |mi'ɔgrafo| *s.m.* (*tecnol.*) myographe.

miogràmma |mio'gramma| *s.m.* (*med.*) myogramme.

miologìa, gie |miolo'd͡ʒia, d͡ʒie| *s.f.* myologie.

miològico, ci, ca, che |mio'lɔd͡ʒiko, tʃi, ka, ke| *agg.* myologique.

miòlogo, gi |mi'ɔlogo, d͡ʒi| *s.* myologue, myologiste.

miòma |mi'ɔma| *s.m.* (*med.*) myome.

miopatìa |miopa'tia| *s.f.* (*med.*) myopathie.

miope |'miope| *agg.* **1** myope: *essere, diventar miope* être, devenir myope ◆ (*s.*) *un miope* un myope: *occhiali da miope* lunettes de myope **2** (*fig.*) [*che manca di perspicacia, di acume*] myope: *intelletto miope* esprit myope → **meschino, imprevidente**; *una politica miope* une politique myope.

miopìa |mio'pia| *s.f.* **1** (*med.*) myopie **2** (*fig.*) [*mancanza di perspicacia, ristrettezza di vedute*] myopie: *comportarsi, agire con miopia* se comporter, agir avec myopie.

miopòtamo |mio'pɔtamo| *s.m.* (*t.zool.*) myopotame, ragondin (*corr.*).

miòsi |mi'ɔzi| *s.f. inv.* (*med.*) myosis *m.*

miosìna |mio'zina| *s.f.* (*biol.*) myosine.

miosìte |mio'zite| *s.f.* (*med.*) myosite.

miosòtide |mio'zɔtide| *s.f.* **1** (*t. bot.*) myosotis *m.* **2** [*il fiore*] myosotis.

miòtico, ci, ca, che |mi'ɔtiko, tʃi, ka, ke| *agg.* **1** [*che provoca la miosi*] myotique: *un preparato, un farmaco miotico* une préparation, un médicament myotique ◆ (*s.m.*) *un miotico* un médicament myotique *agg.* **2** [*che presenta miosi*] myotique: *pupille miotiche* pupilles myotiques.

miotomìa |mioto'mia| *s.f.* (*chir.*) myotomie.

miotonìa |mioto'nia| *s.f.* (*med.*) myotonie.

mìra |'mira| *s.f.* **1** mire: *aggiustare, correggere la mira* prendre, rectifier sa mire # *prendere la mira*: (*pr.*) viser; (*fig.*) prendre (qqn.) dans son collimateur; *avere buona, cattiva mira* bien viser, mal viser; *mettersi in posizione di mira* se mettre en position de tir; *ha una mira infallibile* c'est un tireur infaillible; *hai sbagliato la mira* tu as mal visé;

tu as manqué la cible, l'objectif; *prese di mira il cervo, ma fallì il colpo* il visa le cerf, mais le rata ◇ (*balistica*) *linea di mira* ligne de mire; *angolo di mira* angle de mire; *tacca di mira* cran de mire; *mira luminosa* mire lumineuse **2** [*scopo*] visée: *avere mire ambiziose, segrete, troppo alte* avoir des visées ambitieuses, secrètes, trop hautes; *non ha altra mira che la cattedra universitaria* il n'a d'autre visée que la chaire universitaire → 2 **fine, scopo** ◇ (*loc.*) *avere di mira una cosa, avere, tenere la mira a una cosa* [*cercare di raggiungerla, averla come scopo*] viser qqch. ~ *prendere di mira qc.* [*perseguitarlo, angariarlo*] prendre qqn. pour cible ~ *era preso di mira dalla polizia* la police le tenait d'œil, l'avait à l'œil ~ *dirigere la mira troppo in alto* [*avere aspirazioni troppo ambiziose*] viser trop haut **3** (*tecnol.*) *mira graduata, parlante* mire graduée, parlante → **stadia.**

mirabèlla |mira'bɛlla| *s.f.* mirabelle.

miràbile |mi'rabile| *agg.* [*che desta ammirazione, meraviglia*] admirable: *ingegno, forza d'animo mirabile* esprit, force d'âme admirable; *affrontò il pericolo con mirabile sangue freddo* il affronta le danger avec un admirable sang-froid; *è una persona mirabile per prudenza e saggezza* c'est une personne admirable de prudence et de sagesse → **ammirevole** ◇ [*eccezionale, straordinario*] étonnant: *un'impresa davvero mirabile* une entreprise vraiment étonnante; *uno spettacolo mirabile a vedersi* un spectacle étonnant à voir.

mirabìlia |mira'bilja| *s.f. pl.* [*cose meravigliose, straordinarie*] merveilles, choses merveilleuses ◇ (*spec. nella loc.*) *dire, raccontare mirabilia di qc., di q.c.* [*farne grandi lodi*] dire merveilles de qqn., de qqch.

mirabilménte |mirabil'mente| *avv.* [→ MIRABILE] admirablement, merveilleusement: *è un oratore che parla mirabilmente* c'est un orateur qui parle admirablement, merveilleusement bien → **meravigliosamente**; *i loro caratteri s'accordano mirabilmente* leurs caractères s'accordent merveilleusement → **perfettamente.**

mirabolàno |mirabo'lano| *s.m.* (*t. bot.*) myrobolan, myrobalan, mirobalan.

mirabolànte |mirabo'lante| *agg.* (*spec. scherz., iron.*) mirobolant (*fam.*): *ha sempre qualche mirabolante avventura da raccontare* il a toujours quelque histoire mirobolante à raconter → **strabiliante, stupefacente.**

miracolàre |mirako'lare| *v.tr.* [*guarire, beneficare con un miracolo*] guérir par un miracle: *è stata miracolata dalla Madonna* elle a été guérie par un miracle de la Madone.

miracolàto |mirako'lato| *agg.* miraculé: *un cieco miracolato* un aveugle miraculé ◆ (*s.*) *un miracolato* un miraculé; *un pellegrinaggio di miracolati* un pèlerinage de miraculés.

miracolìsmo |mirako'lizmo| *s.m.* [*ottimismo infondato o eccessivo nei confronti di un metodo, di un sistema e sim.*] solution-miracle *f.*, remède-miracle.

miracolìstico, ci, ca, che |mirako'listiko, tʃi, ka, ke| *agg.* [*di miracolismo; proprio dei miracolisti*] optimiste: *atteggiamento miracolistico* attitude optimiste # *prospettare soluzioni miracolistiche* envisager des solutions-miracles.

miràcolo |mi'rakolo| *s.m.* **1** (*teol.*) miracle: *i miracoli di Cristo, della Madonna di Lourdes, di S. Antonio* les miracles du Christ, de Notre-Dame de Lourdes, de Saint-Antoine ◇ *loc.* OPERARE, FARE MIRACOLI: (*pr.*) accomplir, faire des miracles; (*fig.*) [*cose umanamente impossibili, miracolose*] faire des miracles: *non potete pretendere che io faccia miracoli* vous ne pouvez pas prétendre que je fasse des miracles; *è una medicina che fa miracoli* c'est un médicament qui fait, qui opère des miracles; *la chirurgia moderna riesce a operare miracoli* la chirurgie moderne réussit à faire des miracles ~ *gridare al miracolo*: (*pr., fig.*) crier (au) miracle ~ *raccontare, sapere vita, morte e miracoli di qc.*: (*pr.*) tout connaître de qqn.; (*fig.*) [*conoscere tutto di una persona*] connaître (tous) les faits et gestes de qqn. ~ *credere nei miracoli*: (*pr., fig.*) croire aux miracles **2** (*fig.*) [*caso, fatto straordinario, inatteso, imprevedibile*] miracle: *è stato un vero miracolo essere riusciti a tanto con simili mezzi* ce fut un vrai miracle de réussir tant de choses avec de pareils moyens; *è un miracolo che sia ancora vivo* qu'il soit encore vivant, c'est un miracle; *sarebbe un miracolo se arrivasse puntuale* s'il arrivait à l'heure, ce serait un miracle ◇ *loc. avv.* PER MIRACOLO par miracle: *si salvò per miracolo* il se sauva par miracle; *fu promosso per miracolo* il fut reçu par miracle; *si regge in piedi per miracolo* il tient sur ses jambes par miracle **3** (*fig.*) [*cosa meravigliosa, fuori del comune*] miracle: *i miracoli della tecnica, della scienza, dell'arte* les miracles de la technique, de la science, de l'art; *questo paesaggio è un miracolo di natura* ce paysage est un miracle de la nature ◇ (*persone*) [*prodigio, portento*] *è un miracolo di bontà, di bellezza, d'ingegno* c'est un miracle de bonté, de beauté, d'esprit; *quella ragazza è un miracolo di grazia e di candore* cette fille est un miracle de grâce et de candeur # *è un bambino così precoce da essere considerato un miracolo* c'est un enfant précoce au point qu'on doit le considérer comme un prodige ◇ (*loc.*) *dire, raccontare, scrivere miracoli di qc., di q.c.* dire, raconter, écrire monts et merveilles de qqn., de qqch. → **mirabilia** **4** (*teat. mediev.*) miracle **5** (*st. fr.*) *corte dei miracoli* cour des Miracles.

miracolosaménte |mirakolosa'mente| *avv.* [→ MIRACOLOSO 2] miraculeusement: *guarire miracolosamente* guérir miraculeusement; *è sfuggito miracolosamente alla morte* il a miraculeusement échappé à la mort.

miracolóso |mirako'loso| *agg.* **1** miraculeux*: *una reliquia miracolosa* une relique miraculeuse ◇ (*con valore fig., iperb.*) *rimedio miracoloso* remède miraculeux # *il tuo consiglio è stato miracoloso* ton conseil a opéré un miracle; *è un chirurgo miracoloso* c'est un chirurgien prodigieux **2** [*che è effetto di un miracolo*] miraculeux: *guarigione, conversione miracolosa* guérison, conversion miraculeuse ◇ (*con valore fig., iperb.*) [*prodigioso, straordinario*] prodigieux*, miraculeux: *impresa miracolosa* entreprise prodigieuse; *ha ottenuto risultati miracolosi* il a obtenu des résultats miraculeux ◆ (*s.m.*) *questa guarigione ha del miracoloso* cette guérison tient du miracle.

miràggio, i |mi'raddʒo, i| *s.m.* **1** (*fis.*) mirage **2** (*fig.*) [*speranza, promessa ingannevole, illusoria*] *inseguire il miraggio della fama* poursuivre le mirage de la gloire; *fu attratto dal miraggio di facili guadagni* il fut attiré par le mirage des gains faciles.

miràglio, i |mi'raʎʎo, i| *s.m.* **1** (*mar.*) voyant **2** (*ant.*) → 1 **specchio.**

miràre |mi'rare| **A** *v.intr.* (*aus.* '*avere*') **1** [*regolare il tiro di un'arma in modo da colpire il bersaglio*] viser (*intr., tr.*): *mirare alla testa, al cuore, alle gambe* viser à la tête, au cœur, aux jambes; *mirare a una beccaccia, a une lepre* viser une bécasse, un lièvre; *mirare bene, male, molto attentamente* bien viser, mal viser, viser très soigneusement; *ha sparato senza mirare* il a tiré sans viser; *mira, prima di tirare!* vise, avant de tirer!; *hai mirato troppo in alto* tu as visé trop haut **2** (*fig.*) [*tendere, aspirare a q.c.; proporsi come scopo*] viser: *mirare al guadagno, al potere, a far carriera* viser le gain, le pouvoir, l'avancement; rechercher le gain, le pouvoir, à faire carrière; *la mia domanda mira solo a conoscere la verità* ma question vise seulement à connaître la vérité **B** *v.tr.* **1** (*fam.*) [→ *intr.* 1] viser: *mirare il bersaglio* viser le but; *ha mirato l'animale alla testa* il a visé l'animal à la tête **2** (*lett.*) [*guardare intensamente, con interesse e con ammirazione*] contempler **3** (*ant.*) → 1 **vedere** **C** *v.pron. rifl.* MIRARSI [*guardarsi attentamente*] se contempler: *mirarsi allo specchio* se contempler dans un miroir.

miratóre, trice |mira'tore, tritʃe| *s.* [*chi mira puntando un'arma*] viseur *m.* (*raro*) ◇ (*loc.*) *essere un buon miratore* être un bon tireur*.

mirbàna |mir'bana| *s.f.* mirbane: *olio, essenza di mirbana* huile, essence de mirbane.

mìria- |'mirja| *pref.* (*significa* '*per diecimila*', *corrisponde gener. a*) myria-; myrio: *miriametro* myriamètre ‖ *miriofillo* myriophylle.

mìriade |'miriade| *s.f. spec. al plur.* myriades: *miriadi di stelle, di insetti* myriades d'étoiles, d'insectes.

miriagràmmo |mirja'grammo|, (*raro*) **miriagràmma** |mirja'gramma| *s.m.* myriagramme.

miriàmetro |mi'rjametro| *s.m.* myriamètre.

Miriàpodi |mi'rjapodi| *s.m. pl.* (*t. zool.*) Myriapodes.

mìrica, che |'mirika, ke| *s.f.* (*lett.*) → **tamerice.**

mìrice |'miritʃe| *s.f.* → **tamarindo.**

mirìfico, ci, ca, che |mi'rifiko, tʃi, ka, ke| *agg.* (*raro, lett.*) → **mirabile.**

miringìte |mirin'dʒite| *s.f.* (*med.*) myringite.

miríno |mi'rino| *s.m.* **1** [*dispositivo per determinare la linea di mira*] guidon **2** (*foto.*) viseur: *mirino a traguardo, a cannocchiale* viseur direct, à lunette.

miriofìllo |mirjo'fillo| *s.m.* (*t.bot.*) myriophylle.

miristica, che |mi'ristika, ke| *s.f.* (*t.bot.*) muscadier *m.*

mirmeco- |'mirmeko| *pref.* (*significa 'formica', corrisponde gener. a*) myrmé(co): *mirmecofago* myrmécophage; *mirmecologia* myrmécologie.
mirmecocòro |mirmeko'kɔro| *agg.* myrmécochore: *piante mirmecocore* plantes myrmécochores.
mirmecòfago, gi |mirme'kɔfago, dʒi| *s.m.* (*t.zool.*) myrmécophage.
mirmecofilìa |mirmekofi'lia| *s.f.* (*bot., zool.*) myrmécophilie.
mirmecòfilo |mirme'kɔfilo| *agg.* myrmécophile: *animali mirmecofili* animaux myrmécophiles; *piante mirmecofile* plantes myrmécophiles.
mirmecologìa, gie |mirmekolo'dʒia, dʒie| *s.f.* myrmécologie.
mirmillóne |mirmil'lone| *s.m.* (*antiq. rom.*) mirmillon.
mìro |'miro| *agg.* (*lett.*) → **mirabile, meraviglioso.**
mirosìna |miro'zina| *s.f.* (*biol.*) myrosine.
mìrra |'mirra| *s.f.* myrrhe.
mirràto |mir'rato| *agg.* myrrhé: *vino mirrato* vin myrrhé.
mìrride |'mirride| *s.f.* (*t.bot.*) myrrhis *m.*
Mirtàcee |mir'tatʃee| *s.f. pl.* (*t. bot.*) Myrtacées.
mìrteo |'mirteo| *agg.* (*lett.*) de myrte *loc.* (*corr.*).
mirtéto |mir'teto| *s.m.* lieu planté de myrtes.
mirtillo |mir'tillo| *s.m.* **1** (*t.bot.*) myrtille *f.* **2** [*il frutto*] *marmellata di mirtilli* confiture de myrtilles.
mìrto |'mirto| *s.m.* (*t.bot.*) myrte.
mis- |mis| *pref.* (*dà alla parola cui è unito valore neg. pegg., corrisponde gener. a*) mé(s): *misconoscere* méconnaître; *misfatto* méfait.
misantropìa |mizantro'pia| *s.f.* misanthropie ◇ (*per est.*) [*scarsa socievolezza; tendenza a evitare rapporti sociali*] misanthropie Ⓒ **filantropìa.**
misantròpico, ci, ca, che |mizan'trɔpiko, tʃi, ka, ke| *agg.* misanthropique (*lett.*): *atteggiamenti misantropici* attitudes misanthropiques Ⓒ **filantropico.**
misàntropo |mi'zantropo| *s.* misanthrope: *fa una vita da misantropo* il mène une vie de misanthrope Ⓒ **filantropo.**
miscèla |miʃ'ʃɛla| *s.f.* **1** [*miscuglio di due o più sostanze*] mélange (*m.*): *miscele frigorifere* mélanges réfrigérants; *miscela esplosiva* mélange détonnant **2** (*auto.*) *miscele carburanti* mélanges carburants ◆ *ass.* [*miscuglio di benzina e olio per motori a due tempi*] mélange (deux temps) **3** [*mescolanza di varie qualità di caffè*] mélange (de cafés); *miscela per famiglia* mélange de cafés pour famille.
miscelàre |miʃʃe'lare| *v.tr.* [*fare una miscela*] mélanger (3): *miscelare olio e benzina* mélanger de l'huile et de l'essence; *miscelare diverse qualità di caffè* mélanger de différentes qualités de cafés → **mescolare.**
miscelàto |miʃʃe'lato| *agg.* [*mescolato ad altre sostanze*] mélangé: *caffè miscelato* café mélangé; *olio miscelato* huile mélangée.
miscelatóre, trice |miʃʃela'tore, tritʃe| *s.* (*tecnol.*) mélangeur* ◆ (*agg.*) *macchina miscelatrice* machine mélangeuse.
miscelatùra |miʃʃela'tura| *s.f.* [→ MISCELARE] mélange (*m.*): *miscelatura di carburanti diversi* mélange de carburants.
miscelazióne |miʃʃelat'tsjone| *s.f.* → **miscelatura.**
miscellànea |miʃʃel'lanea| *s.f.* miscellanées *pl.*, mélanges *m. pl.*
mìschia |'miskja| *s.f.* **1** (*riferito a combattimenti, risse e sim.*) [*scontro violento e confuso*] mêleé: *buttarsi nella mischia* se lancer dans la mêlée; *si gettò nel fitto della mischia* il se lança au plus fort de la mêlée **2** (*calcio, rugby*) mêlée.
mischiàre |mis'kjare| **A** *v.tr.* [*mettere insieme, mescolare*] mélanger (3), mêler: *mischiare acqua e vino* mélanger de l'eau et du vin; *mischiare il sacro con il profano* mêler le sacré et le profane # *mischiare le carte da gioco* battre les cartes → **scozzare B** *v.pron. rifl.* MISCHIARSI [→ *tr.*] se mêler: *mischiarsi tra la folla* se mêler à la foule → **confonder(si).**
mischiàta |mis'kjata| *s.f.* [*il mischiare una sola volta o in modo sommario*] mélange *m.* sommaire # *dare una mischiata alle carte* battre les cartes → **mescolata.**
mischiàto |mis'kjato| *agg.* [*mescolato, misto*] mélangé; mêlé: *vino mischiato con acqua* vin mélangé à de l'eau ‖ *pioggia mischiata a grandine* pluie mêlée de grêle.
mìschio, i |'miskjo, i| *s.m.* **1** [*marmo screziato, di colori diversi*] marbre tacheté, diapré **2** (*raro*) → **mescolanza, miscuglio.**
miscìbile |miʃ'ʃibile| *agg.* [→ MISCELARE] miscible: *liquidi miscibili* liquides miscibles; *l'acqua non è miscibile con l'olio* l'eau et l'huile ne sont pas miscibles.
miscibilità |miʃʃibili'ta| *s.f. inv.* (*chim.*) miscibilité (*var.*): *la miscibilità dei liquidi* la miscibilité des liquides.
miscidàre |miʃʃi'dare| *v.tr.* (*lett.*) → **mescolare, mischiare.**
misconoscènte |miskonoʃ'ʃɛnte| *agg.* [*ingrato*] méconnaissant.
misconóscere |misko'noʃʃere| (126) *v.tr.* [*non considerare, non apprezzare adeguatamente*] méconnaître (72): *misconoscere i meriti di qc.* méconnaître les mérites de qqn.
misconosciménto |miskonoʃʃi'mento| *s.m.* (*raro*) [→ MISCONOSCERE] méconnaissance *f.* (*lett.*).
misconosciùto |miskonoʃ'ʃuto| *agg.* [*non riconosciuto, non apprezzato adeguatamente*] méconnu: *virtù misconosciute* vertus méconnues.
miscredènte |miskre'dɛnte| *s.* [*chi rifiuta, totalmente o in parte, la vera fede*] mécréant: *una setta di miscredenti* une secte de mécréants ◇ (*per est.*) [*persona aliena da ogni pratica religiosa*] mécréant, incrédule, incroyant: *è una famiglia di miscredenti* c'est une famille de mécréants, d'incrédules, d'incroyants.
miscredènza |miskre'dɛntsa| *s.f.* (*raro*) [*mancanza di fede religiosa*] incrédulité (*corr.*), incroyance (*corr.*).
miscùglio, i |mis'kuʎʎo, i| *s.m.* **1** (*spec. spreg.*) [*mescolanza di elementi eterogenei*] mélange: *uno strano miscuglio di odori e di sapori* un mélange étrange d'odeurs et de saveurs; *quello stato è un miscuglio di popoli e di razze* cet état est un mélange de peuples et de races **2** (*chim., farm.*) mélange.
miseràbile |mize'rabile| *agg.* **1** misérable: *essere in uno stato miserabile* être dans un état misérable → **miserevole**; *quell'ammalato fa una vita miserabile* ce malade mène une vie misérable → **penoso**; *che aspetto miserabile ha quel condannato!* quel aspect misérable a ce condamné! → **miserando 2** (*cose*) [*di estrema povertà, disagio*] misérable: *fare una vita miserabile* faire une vie misérable; *quella famiglia si trova in condizioni miserabili* cette famille se trouve dans des conditions misérables; *i paesi colpiti dalla guerra sono in uno stato miserabile* les pays atteints par la guerre sont dans un état misérable ◇ (*per est.*) [*che denota povertà, abbandono*] *abita in una miserabile stamberga* il habite un misérable taudis; *era coperto di pochi miserabili stracci* il était couvert de misérables haillons **3** (*persone*) [*che si trova o vive in uno stato di miseria, di povertà*] misérable: *gente miserabile* gens misérables; *famiglie miserabili* des familles misérables; *un miserabile pezzente* un gueux misérable ◆ (*s.*) *un miserabile* un misérable: *soccorrere i miserabili* secourir les misérables **4** [*vile, spregevole, abietto*] méprisable, misérable: *è un miserabile ricattatore* c'est un méprisable maître-chanteur; *vattene, miserabile!* va-t-en, misérable! ◆ (*s.*) *un miserabile* un misérable: *sei una miserabile!* tu n'est qu'une misérable **5** [*inadeguato, scarso, di poco valore*] misérable: *è riuscito a mala pena a mettere insieme una miserabile somma* il a réussi avec difficulté à rassembler une misérable somme # *uno stipendio miserabile* un salaire de misère.
miserabilità |mizerabili'ta| *s.f. inv.* (*raro*) [*condizione, stato miserabile*] misère *var.* (*corr.*), indigence *var.* (*corr.*).
miserabilménte |mizerabil'mente| *avv.* **1** [→ MISERABILE 2] misérablement: *abita in un tugurio miserabilmente squallido* il habite misérablement un taudis sordide **2** [→ MISERABILE 3] misérablement: *vivere miserabilmente* vivre misérablement.
miseraménte |mizera'mente| *avv.* **1** [→ MISERO 3] misérablement: *vivere miseramente* vivre misérablement; *è un appartamento miseramente arredato* c'est un appartement misérablement meublé **2** [→ MISERO 4] misérablement # *guadagnare miseramente* gagner une misère **3** [→ MISERO 2] misérablement: *il tentativo è fallito miseramente* l'essai a misérablement échoué.
miseràndo |mize'rando| *agg.* [*che suscita pietà, compassione*] misérable, pitoyable: *condurre, fare una vita miseranda* mener une vie misérable; *fu uno spettacolo miserando* ce fut un spectacle pitoyable.
miserèllo |mize'rɛllo| *s.* (*con senso di compassione*) [*infelice, sventurato*] malheureux*: *bisogna aiutare quel miserello* il faut aider ce malheureux.
miserere |mize'rɛre| *s.m. inv.* (*lat.*) (*eccl.*) miserere, miséréré: *recitare dei miserere* réciter des miserere ◇ (*loc. fig.*) *essere al miserere* [*in fin di vita*] être à l'article de la mort ~ *cantare il miserere a qc., a q.c.* [*considerarli ormai definitivamente perduti*] considérer qqn., qqch. comme perdu.
miserévole |mize'revole| *agg.* [*che suscita profonda compassione*] misérable,

pitoyable: *ridursi in condizioni miserevoli* être dans des conditions misérables → **miserabile**; *ha fatto una fine miserevole* il a fait une fin pitoyable → **compassionevole.**

miserevolménte |mizerevol'mente| *avv.* [→ MISEREVOLE] misérablement, pitoyablement.

misèria |mi'zɛrja| *s.f.* **1** misère: *vivere, cadere, morire in miseria* vivre, tomber, mourir dans la misère → **indigenza**; *s'è ridotto nella più squallida miseria* il a fini dans la misère la plus noire ◇ (*loc. fig.*) *pianger miseria* [*lamentarsi esageratamente delle proprie condizioni per impietosire*] pleurer, crier misère ✦ (*inter.*) *per la miseria!, porca miseria!, miseria ladra!* (*pop. escl. di rabbia o di semplice meraviglia*) misère!, chienne de vie! **2** [*quantità inadeguata, insufficiente*] misère: *lavora tutto il giorno e la sua paga è una miseria* il travaille toute la journée pour un salaire de misère; *l'ha pagato una miseria* il l'a payé une misère ◇ (*per est.*) [*scarsità, penuria*] pénurie: *quest'anno c'è miseria di olio e di grano* cette année il y a pénurie d'huile et de blé → **carestia**; *qui c'è miseria di tutto* ici il y a pénurie de tout, on manque de tout ◇ *loc. avv.* SENZA MISERIA [*con abbondanza, con larghezza*] généreusement *avv.*, abondamment (*avv.*): *piatto condito senza miseria* plat généreusement, abondamment assaisonné # *è gente povera, ma ha dato un pranzo senza miseria* ce sont des gens pauvres, mais ils ont offert un repas sans regarder à la dépense **3** [*meschinità, viltà, bassezza*] misère: *miseria spirituale, morale* misère spirituelle, morale; *le miserie del mondo, della natura umana* les misères du monde, de la nature humaine ◇ *spec. al plur.* [*infelicità, sventura*] misère (*lett.*), malheur (*m.*): *quante miserie si vedono negli ospedali!* que de misères, de malheurs voit-on dans les hôpitaux!; *mi ha raccontato le sue miserie* il m'a raconté ses malheurs **4** → **tradescanzia** Ⓒ 1 **ricchezza.**

misericòrde |mizeri'kɔrde| *agg.* (*lett.*) → **misericordioso.**

misericòrdia |mizeri'kɔrdja| *s.f.* **1** pitié, miséricorde: *avere, usare misericordia* avoir pitié → **compassione**; *implorare la misericordia di Dio* implorer la miséricorde de Dieu → **pietà, perdono**; *Dio abbia misericordia della sua anima!* Dieu ait pitié de son âme!; *non ha sentito misericordia per quel povero sventurato* il n'a pas eu de pitié pour ce pauvre malheureux ◇ (*teol.*) *opere di misericordia corporale, spirituale* œuvres de miséricorde corporelle, spirituelle ◇ *loc. avv.* PER MISERICORDIA par pitié: *fallo per misericordia* fais-le par pitié ◇ *loc. agg. e avv.* SENZA MISERICORDIA sans pitié: *un giudice senza misericordia* un juge sans pitié; *essere senza misericordia* être sans pitié; *li ammazzarono senza misericordia* ils le tuèrent sans pitié ✦ (*inter.*) *misericordia!* (*escl. di spavento o di semplice stupore*) miséricorde: *misericordia, quanta gente!* mon Dieu, que de monde!; *misericordia, che alluvione!* miséricorde, mon Dieu, quelle inondation!; *misericordia, quanto è brutto!* mon Dieu, qu'il est laid! **2** (*arciconfraternita de*) *la Misericordia* [*pio istituto tosc. dedito all'assistenza dei malati e dei feriti*] archiconfrérie de la Miséricorde ◇ (*per est.*) [*ambulanza*] ambulance: *è stato portato all'ospedale con la misericordia* il a été porté à l'hôpital en ambulance de la Miséricorde **3** (*ant.*) [*piccolo pugnale per dare il colpo di grazia all'avversario morente*] miséricorde (pour le coup de grâce).

misericordiosaménte |mizerikordjosa'mente| *avv.* [→ MISERICORDIOSO] miséricordieusement.

misericordióso |mizerikor'djoso| *agg.* (*persone*) miséricordieux*: *Dio misericordioso!* Dieu miséricordieux!; *è un uomo misericordioso* c'est un homme miséricordieux ✦ (*s.*) *i misericordiosi* les miséricordieux ◇ (*cose*) [*dettato da misericordia*] *atto misericordioso* acte miséricordieux → **pietoso.**

misero |'mizero| *agg.* **1** (*persone*) [*infelice, sventurato*] misérable, malheureux*: *i miseri mortali* les misérables mortels # *una misera vedova* une pauvre veuve, une veuve affligée ◇ (*in escl.*) *misero me!, me misero!* pauvre de moi! ✦ (*s.*) *i miseri* les malheureux, les misérables: *aver pietà per i miseri* avoir pitié des malheureux **2** (*cose*) [*che desta pietà; che è degno di compassione*] misérable: *ridursi in un misero stato* se mettre dans un état misérable; *ha fatto una fine molto misera* il a fait une fin très misérable **3** (*persone*) [*indigente, povero*] malheureux, misérable: *gente assai misera* des gens très malheureux, misérables ◇ (*cose*) [*che denota grande miseria*] misérable: *una misera casa* une maison misérable → **squallido** # *era vestito di miseri stracci* il était vêtu de haillons **4** [*insufficiente, scarso*] maigre: *un misero raccolto* une maigre récolte; *una misera pensione* une maigre pension → **inadeguato**; *in quei luoghi la vegetazione è misera* dans ces endroits la végétation est maigre # *ha avuto una misera sufficienza* il a à peine eu sa moyenne → **stentato** ◇ (*riferito a capi di vestiario*) [*di dimensioni inferiori al normale*] étriqué: *una giacca un po' misera di spalle* une veste un peu étriquée aux épaules **5** [*meschino, abietto*] mesquin; piètre: *ha un animo misero* il a une âme mesquine ‖ *queste sono misere scuse!* ce sont de piètres excuses Ⓒ 3 **ricco.**

miserrimaménte |mizerrima'mente| *avv.* [→ MISERO] très malheureusement, très misérablement.

misèrrimo |mi'zɛrrimo| *agg. sup.* très misérable.

misfàtto |mis'fatto| *s.m.* [*scelleratezza, delitto, crimine*] méfait, forfait (*lett.*): *s'è macchiato di orribili misfatti* il s'est déshonoré par d'horribles méfaits, forfaits.

misirìzzi |misi'rittsi| *s.m. inv.* **1** [*giocattolo, in forma di pupazzo, che tende a conservare la posizione verticale*] poussa(h) *var.* **2** (*fig.*) → **voltagabbana.**

mìso- |'mizo| *pref.* (*significa 'avversione, odio', corrisponde gener. a*) mis(o): *misoginia* misogynie.

misogamìa |mizoga'mia| *s.f.* misogamie.

misògamo |mi'zogamo| *agg. e s.* misogame.

misoginìa |mizodʒi'nia| *s.f.* misogynie.

misògino |mi'zɔdʒino| *agg.* (*persone*) misogyne: *un uomo misogino* un homme misogyne ✦ (*s.m.*) *un misogino* un misogyne: *discorsi da misogini* des discours de misogynes ◇ (*cose*) [*che denota misoginia*] *atteggiamenti misogini* des attitudes misogynes.

misoneìsmo |mizone'izmo| *s.m.* misonéisme.

misoneìsta |mizone'ista| *s.* misonéiste ✦ (*agg.*) → **misoneistico.**

misoneìstico, ci, ca, che |mizone'istiko, tʃi, ka, ke| *agg.* misonéiste: *atteggiamenti misoneistici* attitudes misonéistes.

miss |mis| *s.f. inv.* (*ingl.*) [*vincitrice di un concorso di bellezza*] miss: *miss universo* miss univers; *miss cinema* miss cinéma.

missàggio, i |mis'saddʒo, i| *s.m.* (*cine.*) mixage.

missàre |mis'sare| *v.tr.* (*cine.*) [*effettuare il missaggio*] mixer.

missile |'missile| **1** *s.m.* (*aer.*) missile, fusée (*f.*): *missili tattici* missiles tactiques; *missili antiaerei, antimissili* missiles antiaériens, antimissiles; *missili terrestri, interplanetari* fusées terrestres, interplanétaires; *missile a uno stadio, a due stadi, multistadio* fusée à un étage, à deux étages, à plusieurs étages; *missile vettore* fusée vecteur, lanceur **2** *agg.* (*raro*) [*destinato al lancio*] de jet (*loc. inv.*): *armi missili* armes de jet.

missilìstica, che |missi'listika, ke| *s.f.* (*scient.*) fuséologie, fuséonautique.

missilìstico, ci, ca, che |missi'listiko, tʃi, ka, ke| *agg.* [*dei missili*] fuséonautique # *tecnica missilistica* technique des missiles, des fusées; *studi missilistici* études des missiles.

missìno |mis'sino| *agg. e s.* (membre) du Mouvement Social Italien (M.S.I.).

missionàrio, i |missjo'narjo, i| *s.* **1** (*relig.*) missionnaire: *missionario cattolico, protestante* missionnaire catholique, protestant; *farsi missionario* se faire missionnaire → **evangelizzatore** ✦ (*agg.*) *padre missionario* père missionnaire; *suore missionarie* sœurs missionnaires; *scuole missionarie* écoles missionnaires **2** (*per est.*) [*chi si dedica, con zelo e abnegazione, a una santa e nobile causa*] missionnaire: *missionario di pace* missionnaire de la paix → **apostolo**; *un missionario del socialismo* un missionnaire du socialisme ✦ (*agg.*) *zelo, spirito missionario* zèle, esprit missionnaire.

missióne |mis'sjone| *s.f.* **1** mission: *missione diplomatica* mission diplomatique; *missione di guerra* mission de guerre; *missione speciale, segreta, pericolosa* mission spéciale, secrète, dangereuse; *mandare, andare in missione* envoyer, aller en mission; *espletare la propria missione* exécuter une mission # *indennità di missione* indemnité de déplacement ◇ (*per est.*) [*le persone che hanno ricevuto tale incarico*] mission: *la missione italiana al congresso* la mission italienne au congrès **2** (*fig.*) [*compito, funzione nobile e di particolare importanza sul piano morale o sociale*] mission: *la missione dell'educatore, del medico* la mission de l'éducateur, du médecin; *la missione del sacerdozio* la mission du sacerdoce **3** (*relig.*) mission: *le missioni cristiane* les missions chrétiennes; *le missioni del buddismo, dell'islamismo* les missions du bouddhisme, de l'islamisme ◇ (*per est.*) [*le persone che svolgono tale attività e la loro sede*] *una missione cattolica, protestante* une mission catholique, protestante.

missìva |mis'siva| *s.f.* missive: *una missiva commerciale* une missive commerciale; *ho ricevuto la tua missiva* j'ai reçu ta missive → **lettera.**

mistagogìa, gie |mistago'dʒia, dʒie| *s.f.* (*st. relig.*) mystagogie.

mistagògico, ci, ca, che |mista'gɔdʒiko, tʃi, ka, ke| *agg.* mystagogique.

mistagògo, gi |mista'gɔgo, dʒi| *s.m.* (*st. gr.*) mystagogue.

mister |'mistə| *s.m. inv.* (*ingl.*) **1** [*appellativo dell'allenatore di una squadra di calcio*] entraîneur *var.* **2** [*vincitore di un concorso di bellezza*] monsieur (*var.*): *mister muscolo* monsieur muscle.

mistèrico, ci, ca, che |mis'tɛriko, tʃi, ka, ke| *agg.* [*relativo ai misteri greco-romani*] des mystères (*loc. inv.*): *culti misterici* cultes des mystères.

misteriosaménte |misterjosa'mente| *avv.* [→ MISTERIOSO I] mystérieusement.

misteriosità |misterjosi'ta| *s.f. inv.* mystérieux *m.*

misterióso |miste'rjoso| **I** *agg.* mystérieux*: *fatto, avvenimento misterioso* fait, événement mystérieux → **inesplicabile**; *segni, simboli misteriosi* signes, symboles mystérieux → **incomprensibile, indecifrabile**; *male misterioso* mal mystérieux → **sconosciuto, ignoto**; *incontro misterioso* rencontre mystérieuse → **occulto**, **segreto**; *avere un'aria misteriosa, un contegno misterioso* avoir un air mystérieux, une conduite mystérieuse; *è un individuo misterioso* c'est un individu mystérieux; *mi attirava il fascino misterioso di quella terra inesplorata* le charme mystérieux de cette terre inexplorée m'attirait **II** *s.* **1** *s.* [*persona che ama circondarsi di mistero*] mystérieux: *fare il misterioso* faire le mystérieux, faire des mystères **2** *s.m.* (*con valore neutro*) [*cosa circondata o piena di mistero*] mystère: *in questo avvenimento c'è del misterioso* dans cet événement il y a du mystère.

mistèro |mis'tɛro| *s.m.* **1** mystère: *i misteri della natura, della vita* les mystères de la nature, de la vie; *il cuore umano è un mistero* le cœur humain est un (grand) mystère ◇ (*per est.*) [*fatto, atteggiamento oscuro, inspiegabile*] *la causa della sua morte è ancora un mistero per tutti* la cause de sa mort est encore un mystère pour tous; *ama circondarsi di mistero* il aime s'entourer de mystère; *che cos'è quest'aria di mistero?* qu'est-ce que c'est que cet air de mystère?; *come faccia a guadagnar tanti soldi è un mistero* comment fait-il pour gagner tant d'argent, c'est un mystère; *parla chiaramente senza far tanti misteri* parle clairement, sans faire tant de mystères ◇ (*loc.*) *fare mistero di q.c.* [*tenerla nascosta*] faire (un) mystère, grand-mystère de qqch. **2** (*teol. catt.*) mystère: *il mistero dell'Incarnazione* le mystère de l'Incarnation; *il mistero della Trinità* le mystère de la Trinité ◇ (*per est.*) *i misteri del rosario* les mystères (du rosaire) **3** *al plur.* [*ant. culti relig.*] mystères: *misteri orfici, eleusini* mystères orphiques, d'Éleusis **4** (*teat. mediev.*) mystère.

mìstica, che |'mistika, ke| *s.f.* **1** mystique: *la mistica indiana, cristiana* la mystique indienne, chrétienne ◇ (*per est.*) [*la relativa produzione letteraria*] littérature mystique **2** (*fig.*) [*adesione e fede assoluta nelle verità di un partito o di un'ideologia*] mystique: *mistica marxista, fascista* mystique marxiste, fasciste.

misticaménte |mistika'mente| *avv.* [→ MISTICO] mystiquement.

misticìsmo |misti'tʃizmo| *s.m.* **1** mysticisme: *il misticismo vedico, cristiano* le mysticisme védique, chrétien ◇ (*per est.*) [*religiosità tendente a una totale libertà dalle passioni*] mysticisme **2** → **mistica.**

misticità |mistitʃi'ta| *s.f. inv.* mysticité *var.*

mìstico, ci, ca, che |'mistiko, tʃi, ka, ke| *agg.* **1** mystique: *contemplazione, estasi mistica* contemplation, extase mystique; *le correnti mistiche del cristianesimo* les courants mystiques du christianisme; *uno scrittore, un pensatore mistico* un écrivain, un penseur mystique ◇ [*che concerne i misteri della fede*] *il pane mistico* le pain mystique; *rosa mistica* rose mystique; *il corpo mistico di Cristo* le corps mystique du Christ ♦ (*s.*) *un mistico* un mystique: *i mistici medievali* les mystiques médiévaux **2** (*fig.*) [*che denota una profonda spiritualità o una dedizione totale*] mystique: *amore mistico* amour mystique.

mistificànte |mistifi'kante| *agg.* mystifiant: *una cultura mistificante* une culture mystifiante.

mistificàre |mistifi'kare| *v.tr.* **1** [*falsificare, alterare*] mystifier: *mistificare la verità, i fatti* mystifier la vérité, les faits **2** [*trarre in inganno, imbrogliare*] mystifier: *s'è lasciato mistificare da quel furfante* il s'est laissé mystifier par ce vaurien.

mistificàto |mistifi'kato| *agg.* [*alterato, falsificato*] mystifié: *valori mistificati* valeurs mystifiées.

mistificatóre, trice |mistifika'tore, tritʃe| *s.* mystificateur*.

mistificatoriaménte |mistifikatorja'mente| *avv.* [→ MISTIFICATORIO] d'une manière mystifiante *loc. inv.*

mistificatòrio, i |mistifika'tɔrjo, i| *agg.* [*che tende a mistificare, che mistifica*] mystifiant: *un intervento mistificatorio* une intervention mystifiante; *arte mistificatoria* art mystifiant.

mistificazióne |mistifikat'tsjone| *s.f.* **1** [→ MISTIFICARE 1] mystification: *operare una mistificazione* opérer une mystification; *questa riforma è una mistificazione* cette réforme est une mystification **2** [→ MISTIFICARE 2] mystification: *restare vittima di una mistificazione* être, rester victime d'une mystification.

mistilìneo |misti'lineo| *agg.* (*geom.*) mixtiligne.

mistilìngue |misti'lingwe| *agg.* [*che usa due o più lingue*] multilingue: *area mistilingue* région (zone) multilingue; *gruppi mistilingui* groupes multilingues.

mistióne |mis'tjone| *s.f.* (*lett.*) → **mescolanza.**

misto |'misto| *agg.* **1** [*composto da elementi eterogenei*] *gelato misto* glace panachée; *fritto misto* friture de poissons variés, 'fritto misto'; *insalata mista* salade variée (fantaisie); *frutta mista* fruits variés; *tessuti misti* tissus mélangés ◇ (*loc.*) *sangue misto* sang mêlé ~ *matrimonio misto* mariage mixte ~ *scuola, classe mista* école, classe mixte ~ *treno misto, nave mista* train, navire mixte ◇ (*tennis*) *doppio misto* double mixte **2** [*mescolato con altri elementi*] *cotone misto* coton mélangé; *pioggia mista a grandine* pluie mêlée de grêle; *riso misto a pianto* rires mêlés de pleurs; *indigeni misti a forestieri* indigènes mélangés à des étrangers; *vino misto con acqua* vin coupé d'eau ♦ *s.m.* [*mescolanza, miscuglio*] mélange: *un misto di lane e cotone* un mélange de laine et de coton; *quell'uomo è un misto d'ingenuità e malizia* cet homme est un mélange d'ingénuité et de malice.

mistrà |mis'tra| *s.m. inv.* [*liquore di anice*] anisette *f. var.*

'mistral' |mistʀal| *s.m. inv.* (*meteor.*) mistral* *var.*

mistùra |mis'tura| *s.f.* **1** (*spec. spreg.*) [*mescolanza di elementi diversi*] mixture: *fare una mistura di liquidi* faire une mixture de liquides ◇ (*per est.*) [*bevanda poco gradevole*] *quel vino è un'orribile mistura* ce vin est une horrible mixture **2** (*chim., farm.*) → **miscuglio.**

misùra |mi'zura| *s.f.* **1** mesure: *le misure di un quadro, di una stanza, di un tavolo* les mesures d'un cadre, d'une pièce, d'une table; *prendere le misure delle spalle, del torace, del piede di una persona* prendre les mesures des épaules, du tour de poitrine, du pied d'une personne; *in quel negozio ci sono tappeti di ogni misura* dans ce magasin il y a des tapis de toutes les mesures, de toutes (les) tailles (*corr.*) ◇ (*fis., mat.*) *unità di misura* unité de mesure; *misura di lunghezza, di capacità, di peso* mesure de longueur, de capacité, de poids; *misura di volume, di tempo, di potenza* mesure de volume, de temps, de puissance **2** *al sing.* (*persone*) [*le dimensioni del corpo o delle singole membra*; *taglia*] mesure; taille: *abiti, scarpe fatte su misura* habits, chaussures (faites) sur mesure ‖ *questo soprabito non è adatto alla mia misura* ce pardessus n'est pas à ma taille; *noi due siamo pressappoco della stessa misura* nous sommes tous deux à peu près de la même taille ◇ (*abbigl.*) taille: *abiti di tutte le misure* vêtements de toutes les tailles; *maglia di prima, seconda misura* maillot de corps taille un, taille deux; *vorrei una misura più grande* je voudrais une taille plus grande, la taille au-dessus # *scarpe di misura 40* chaussures du 40 **3** [→ MISURARE A 1] mesure: *misura esatta, scarsa, approssimativa* mesure exacte, insuffisante, approximative; *strumenti per la misura del tempo, della pressione del sangue* instruments pour la mesure du temps, de la tension artérielle (vasculaire); *imbrogliare, ingannare sulla misura* rouler sur la mesure ◇ (*per est.*) [*lo strumento di misura che riproduce il campione legale*] *falsare le misure* fausser les mesures ◇ (*loc. fig.*) *adoperare due pesi e due misure* avoir deux poids, deux mesures ~ *colmare, far traboccare la misura* dépasser la mesure **4** (*fig.*) [*di-*

screzione, moderazione; limite] mesure: *agire con misura* agir avec mesure; *mangiare, bere senza misura* manger, boire sans mesure, immodérément; *passare la misura* dépasser, excéder la mesure; *ci vuole misura in tutto* il faut de la mesure en tout; *quell'uomo non conosce né modo né misura* cet homme manque de mesure ◇ *loc. avv.* OLTRE MISURA, FUOR DI MISURA [*in modo eccessivo*] *è prepotente oltre misura* il est d'un autoritarisme qui passe les bornes; *è goloso fuor di misura* il est d'une gourmandise sans mesure **5** (*fig.*) [*criterio di giudizio, di valutazione*] mesure: *l'uomo è la misura di tutte le cose* l'homme est la mesure de toutes choses; *questo ti dà la misura della sua vigliaccheria* cela te donne la mesure de sa lâcheté ◇ [*quantità, proporzione*] *contribuire in minore, maggiore misura* contribuer dans une plus petite, dans une plus grande (large) mesure; *ti aiuterò nella misura delle mie forze* je t'aiderai dans la mesure de mes forces ◇ (*sport*) *vincere di* (*stretta*) *misura* gagner de justesse **6** *spec. al plur.* [*provvedimento, disposizione*] mesures: *prendere misure drastiche, energiche* prendre des mesures draconiennes, énergiques # *non mi fido di lui, perciò ho preso le mie misure* je ne me fie pas à lui, aussi bien ai-je pris mes précautions ◇ (*loc.*) *misure di polizia* mesures de police ~ *misure di pubblica sicurezza* mesures de sécurité pubblique ~ *mezze misure* demi-mesures **7** (*ginnastica ritmica*) temps (*m.*): *esercizio di otto misure* exercice de huit temps ◇ (*gram.*) *complemento di misura* complément de mesure ◇ (*metr.*) *verso che supera la misura* vers qui dépasse la mesure ◇ (*mus.*) *una misura d'aspetto* une mesure de silence → **battuta** ◇ (*pugilato, scherma*) *misura corta, lunga* mesure courte, longue; *chiudere la misura* serrer la mesure.

misuràbile |mizu'rabile| *agg.* [→ MISURARE A 1] mesurable: *quantità misurabile* quantité mesurable.

misurabilità |mizurabili'ta| *s.f. inv.* possibilité *var.* de mesurer: *misurabilità di una grandezza* possibilité de mesurer une grandeur.

misurapiòggia |mizura'pjɔddʒa| *s.m. inv.* (*raro*) → **pluviometro.**

misuràre |mizu'rare| **A** *v.tr.* **1** [*determinare, calcolare la misura di una cosa*] mesurer: *misurare un campo, una pezza di stoffa* mesurer un champ, une pièce de toile; *misurare la pressione* mesurer la pression; *misurare la velocità, l'intensità del suono* mesurer la vitesse, l'intensité du son; *misurare con il metro, con il litro, con il goniometro* mesurer avec le mètre, avec le litre, avec un goniomètre; *misurare a passi, a braccia, a occhio* mesurer en comptant les pas, avec le bras, de l'œil # *misurare la temperatura* prendre la température **2** (*per est.*) [*percorrere in lungo e in largo*] arpanter: *misurare la stanza a grandi passi* arpanter la pièce ◇ (*scherz.*) [*cadere*] dégringoler: *misurare le scale* dégringoler (dans) les escaliers **3** (*per est.*) (*riferito a indumenti*) [*provare*] essayer (9): *misurare un vestito* essayer un vêtement; *il sarto gli stava misurando la giacca* le tailleur lui essayait sa veste □ *misurarsi un soprabito* essayer un pardessus ◇ [*assestare*] flanquer (*fam.*): *gli misurò un potente ceffone* il lui flanqua une très forte gifle, un soufflet (*lett.*) retentissant → **mollare 4** (*fig.*) [*valutare, giudicare*] mesurer: *misurare l'entità di una colpa, di un danno* mesurer la gravité d'une faute, d'un dégât; *misurare le difficoltà di un'impresa* mesurer les difficultés de l'entreprise; *misurare gli altri con il proprio metro* mesurer les autres à son propre mètre ◇ [*limitare, contenere entro determinati limiti*] *misurare le parole* mesurer ses mots; *misurare le spese* modérer les dépenses; *è così avaro che gli misura perfino il pane* il est si avare qu'il lui rationne le pain; il est avare au point de lui mesurer le pain **B** *v.intr.* (*non usato nei tempi comp.*) [*avere determinate dimensioni*] mesurer: *il monumento misura nove metri di altezza* le monument mesure, a neuf mètres de haut **C** *v.pron. rifl.* MISURARSI **1** [*mettere alla prova le proprie forze; cimentarsi, competere*] participer *intr.* (à); se mesurer (avec): *misurarsi in una gara, in un'impresa ardua* participer à une épreuve, à une entreprise ardue ‖ *misurarsi con qc.* se mesurer avec, à qqn. **2** [*limitarsi*] se modérer (8): *misurarsi nelle spese* se modérer dans ses dépenses **3** → *tr.* 3 □.

misurataménte |mizurata'mente| *avv.* [→ MISURATO 1] avec mesure *loc. inv.*

misuratézza |mizura'tettsa| *s.f.* (*raro*) → **moderazione, pacatezza.**

misuràto |mizu'rato| *agg.* **1** [*parco, moderato*] modéré, sobre; mesuré: *essere misurato nel bere, nel mangiare, nello spendere* être modéré, sobre dans la boisson, dans la nourriture, dans les dépenses ‖ *è un uomo misurato* c'est un homme mesuré → **equilibrato**; *rispose con poche e misurate parole* il répondit par quelques mots mesurés → **ponderato 2** (*raro*) [*limitato*] compté: *avevo i soldi misurati* j'avais mon argent compté; mes sous étaient comptés (*fam.*).

misuratóre |mizura'tore| *s.m.* (*tecnol.*) mesureur.

misuratùra |mizura'tura| *s.f.* (*raro*) → **misurazione.**

misurazióne |mizurat'tsjone| *s.f.* [→ MISURARE A 1] mesurage (*m.*): *la misurazione di una distanza, di uno spessore* le mesurage d'une distance, d'une épaisseur.

misurìno |mizu'rino| *s.m.* [*piccolo recipiente per misurare liquidi o acidi*] petite mesure *f.*

mite |'mite| *agg.* (*persone*) [*benevolo, clemente, indulgente*] bienveillant, clément; indulgent: *fu un principe mite* ce fut un prince bienveillant, clément ‖ *giudice, esaminatore mite* juge, examinateur indulgent ◇ (*animali*) [*mansueto, docile*] doux*, tendre: *le miti colombe* les douces colombes; *un mite cerbiatto* un tendre faon ◇ (*cose*) *carattere, indole mite* caractère tempérament doux → 1 **buono, dolce**; *animo mite* âme bonne; *sentenza mite* jugement clément → **clemente, blando**; *condanna, critica mite* condamnation, critique légère; *clima, stagione, inverno mite* climat doux, saison douce, hiver doux → **temperato, tiepido**; *una pendenza, un declivio mite* une douce, une faible pente → **dolce**; *prezzi, pretese miti* prix modérés, prétentions modestes → **equo, ragionevole**; *luce mite* lumière douce → **moderato** ◇ (*loc.*) *venire, ridurre a* (*più*) *miti consigli* [*a un atteggiamento e a propositi meno intransigenti*] faire entendre raison.

miteménte |mite'mente| *avv.* [→ MITE] doucement.

mitézza |mi'tettsa| *s.f.* [*bonarietà, bontà, dolcezza*] douceur: *sorprendente fu la mitezza dei vincitori* la douceur des vainqueurs fut surprenante; *è un uomo noto per la sua mitezza* c'est un homme connu pour sa douceur; *il giudice li ha trattati con mitezza* le juge les a traités avec douceur ◇ (*animali*) [*docilità, mansuetudine*] *la mitezza dell'agnello* la douceur de l'agneau ◇ (*cose*) *la mitezza di un carattere, di un'indole* la douceur d'un caractère, d'un tempérament → **dolcezza, bontà**; *la mitezza di un clima* la douceur d'un climat → **dolcezza** # *la mitezza di un giudizio, di una condanna* l'indulgence d'un jugement, la clémence d'une condamnation → **indulgenza.**

miticaménte |mitika'mente| *avv.* [→ MITICO] d'une façon mythique *loc. inv.*

miticità |mititʃi'ta| *s.f. inv.* caractère *m. var.* mythique: *la miticità di una tradizione* le caractère mythique d'une tradition.

miticizzàre |mititʃid'dzare| *v.tr.* [*rendere mitico, conferire valore di mito*] faire (45) un mythe de, rendre (53) légendaire: *miticizzare il proprio passato, la storia* faire un mythe de son passé, de l'histoire; rendre légendaire son passé, l'histoire; *miticizzare una impresa, un'ideologia, un metodo* rendre légendaire une entreprise, une idéologie, une méthode.

miticizzazióne |mititʃiddzat'tsjone|, **mitizzazióne** |mitiddzat'tsjone| *s.f.* [→ MITICIZZARE] mythification: *la miticizzazione di un personaggio, di un fatto storico* la mythification d'un personnage, d'un fait historique.

mitico, ci, ca, che |'mitiko, tʃi, ka, ke| *agg.* mythique: *personaggi, eroi mitici* personnages, héros mythiques; *fatti, tempi mitici* faits, temps mythiques; *il valore mitico di una tradizione* la valeur mythique d'une tradition ◇ (*per est.*) [*meraviglioso, grandioso*] légendaire, mythique: *la mitica impresa dei Mille* l'entreprise légendaire des Mille.

mitigàbile |miti'gabile| *agg.* [→ MITIGARE] qu'on peut apaiser (*loc.*): *dolore mitigabile* douleur qu'on peut apaiser.

mitigaménto |mitiga'mento| *s.m.* (*raro*) → **mitigazione.**

mitigàre |miti'gare| **A** *v.tr.* [*rendere più mite, attenuare, lenire*] apaiser, alléger (8, 3): *mitigare le sofferenze, le pene altrui* apaiser, alléger les souffrances, les peines d'autrui; *mitigare una condanna, i rigori della prigione* alléger une condamnation, les rigueurs de la prison ◇ [*limitare, diminuire*] limiter; diminuer: *mitigare le proprie pretese* limiter ses prétentions ‖ *mitigare i prezzi* diminuer les prix # *la presenza del mare mitiga il freddo invernale* la présence de la mer adoucit la température en hiver **B** *v.pron. intr.* MITIGARSI [*moderarsi, calmarsi*] s'atténuer, s'apaiser: *il freddo tende a mitigarsi* le froid tend à s'atténuer; *il dolore non s'è mitigato affatto* la douleur ne s'est nullement apaisée.

mitigazióne |mitigat'tsjone| *s.f.* [→ MITIGARE] mitigation, adoucissement *m.*, apaisement (*m.*): *la mitigazione di una condanna, di una pena* la mitigation d'une condamnation, d'une peine → **addolcimento.**
mitil(i)-|'mitil(i)|, **mitil(o)-**|'mitil(o)| *pref.* (*significano 'mollusco', corrispondono gener. a*) mytil(i), mytil(o): *mitilicoltura* mytiliculture; *mitilotossina* mytilotoxine.
mitilicoltóre, trice |mitilikol'tore, tritʃe| *s.* mytiliculteur *m.*
mitilicoltùra |mitilikol'tura| *s.f.* mytiliculture.
mitilo |'mitilo| *s.m.* (*t.zool.*) moule *f.*
mitilotossìna |mitilotos'sina| *s.f.* (*biol.*) mytilotoxine.
mitizzàre |mitid'dzare| **A** *v.tr.* → **miticizzare B** *v.intr.* (*aus. 'avere'*) [*creare miti, trasformare in mito*] transformer en mythe(s), en légende(s).
mitizzazióne |mitiddzat'tsjone| *s.f.* **1** → **miticizzazione 2** [→ MITIZZARE B] transformation en mythe(s), en légende(s).
mito- |mito| *pref.* (*significa 'favola', corrisponde gener. a*) mytho: *mitomania* mythomanie.
mito |'mito| *s.m.* **1** mythe, légende (*f.*): *i miti greci, romani, germanici* les mythes grecs, romains, germaniques; *il mito di Prometeo, degli Argonauti* le mythe de Prométhée, des Argonautes; *il mito di Romolo e Remo* la légende de Romulus et Rémus; *l'interpretazione dei miti* l'interprétation des mythes ◇ (*per est.*) [*idealizzazione e trasfigurazione di un valore, assunto come principio e modello operativo*] *il mito di Napoleone* la légende napoléonienne, le mythe napoléonien; *il mito illuministico della ragione* le mythe du siècle des lumières (de la raison); *il mito della razza, della forza* le mythe de la race, de la force; *il mito dannunziano del superuomo* le mythe de d'Annunzio du surhomme **2** (*fig.*) [*concezione, previsione infondata; sogno, utopia*] mythe: *il mito dell'invincibilità di una nazione, di un esercito* le mythe de l'invincibilité d'une nation, d'une armée; *la sua onestà è soltanto un mito* son honnêteté n'est qu'un mythe; *l'uguaglianza sociale resta ancora un mito* l'égalité sociale reste encore un mythe ◇ (*loc.*) *crearsi, fabbricarsi, farsi un mito di qc., di q.c.* se faire un mythe de qqn., de qqch. ~ *abbattere un mito* détruire un mythe ~ *entrare nel mito* [*diventare leggendario*] devenir un mythe, une légende.
mitocòndrio, i |mito'kɔndrjo, i| *s.m.* (*biol.*) mitochondrie *f.*
mitografìa |mitogra'fia| *s.f.* mythographie.
mitogràfico, ci, ca, che |mito'grafiko, tʃi, ka, ke| *agg.* mythographique: *un'opera mitografica* une œuvre mythographique; *erudizione mitografica* érudition mythographique.
mitògrafo |mi'tɔgrafo| *s.* mythographe: *i mitografi greci, latini* les mythographes grecs, latins.
mitologìa, gie |mitolo'dʒia, dʒie| *s.f.* **1** mythologie: *mitologia indiana, classica* mythologie indienne, classique **2** [*lo studio critico dei miti*] mythologie.
mitologicaménte |mitolodʒika'mente| *avv.* [→ MITOLOGICO] mythologiquement.
mitològico, ci, ca, che |mito'lɔdʒiko, tʃi, ka, ke| *agg.* **1** mythologique: *racconto, personaggio mitologico* récit, personnage mythologique; *poema mitologico* poème mythologique; *dizionarietto mitologico* petit dictionnaire mythologique **2** (*fig.*) [*fantastico, irreale; illusorio, utopistico*] fantastique, irréel*; illusoire, utopique.
mitologista |mitolo'dʒista| *s.* → **mitologo.**
mitòlogo, gi |mi'tɔlogo, gi| *s.* mythologue.
mitòmane |mi'tɔmane| *agg. e s.* mythomane: *un (soggetto) mitomane* un (sujet) mythomane.
mitomanìa |mitoma'nia| *s.f.* mythomanie.
mitòsi |mi'tɔzi| *s.f. inv.* (*biol.*) mitose *var.*
mitòtico, ci, ca, che |mi'tɔtiko, tʃi, ka, ke| *agg.* mitotique, mitosique: *divisione mitotica* division mitotique, mitosique.
1 **mitra** |'mitra| *s.m. inv.* (*abbrev. di 'fucile mitragliatore'*) fusil *var.* mitrailleur; mitraillette (*f. var.*): *fu raggiunto da una raffica di mitra* il fut atteint par une rafale de mitraillette.
2 **mìtra** |'mitra| *s.f.* **1** (*eccl.*) mitre ◇ (*per est.*) [*simbolo della dignità vescovile*] *conferire la mitra* conférer la mitre **2** [*dispositivo applicato allo sbocco di canne fumarie o tubi di ventilazione*] mitre.
1 **mitràglia** |mi'traʎʎa| *s.f. inv.* **1** mitraille: *caricare a mitraglia* charger à mitraille ◇ (*per est.*) *cartuccia a mitraglia* cartouche à mitraille **2** [*proiettili di armi automatiche sparati a raffiche*] mitraille: *fu abbattuto da una raffica di mitraglia* il fut abattu par une rafale de mitraille.
2 **mitràglia** |mi'traʎʎa| *s.f.* (*abbrev. di 'mitragliatrice'*).
mitragliaménto |mitraʎʎa'mento| *s.m.* [→ MITRAGLIARE] mitraillage, grêle *f.* ◇ (*fig.*) *tenne testa bravamente al mitragliamento di domande* il a bravement tenu tête au mitraillage de questions; il a vaillamment fait face à la grêle de questions.
mitragliàre |mitraʎ'ʎare| *v.tr.* [*sparare su un obiettivo con mitragliatrici e sim.*] mitrailler: *mitragliare le fanterie nemiche* mitrailler les infanteries ennemies ◇ (*loc. fig.*) *mitragliare qc. di domande* mitrailler qqn. de questions.
mitragliàta |mitraʎ'ʎata| *s.f.* mitraillade.
mitragliatóre, trice |mitraʎʎa'tore, tritʃe| *agg.* (*solo nelle loc.*) *fucile mitragliatore* fusil mitrailleur ~ *pistola mitragliatrice* (pistolet) mitrailleur.
mitragliatrice |mitraʎʎa'tritʃe| *s.f.* mitrailleuse: *mitragliatrice pesante, leggera* mitrailleuse lourde, légère ◇ (*fig.*) *parla come una mitragliatrice* il parle comme une mitrailleuse; *è una mitragliatrice quando parla* c'est une mitrailleuse, quand il parle.
mitraglièra |mitraʎ'ʎɛra| *s.f.* (*mil.*) mitrailleuse.
mitraglière |mitraʎ'ʎɛre| *s.m.* mitrailleur.
mitràico, ci, ca, che |mi'traiko, tʃi, ka, ke| *agg.* → **mitriaco.**
mitraìsmo |mitra'izmo| *s.m.* (*region.*) mithriacisme, mithracisme.
mitràle |mi'trale| *agg.* (*anat.*) mitral*: *valvola mitrale* valvule mitrale.
mitràlico, ci, ca, che |mi'traliko, tʃi, ka, ke| *agg.* [*relativo alla valvola mitrale*] mitral*: *stenosi mitralica* sténose, rétrécissement mitral.
mitràto |mi'trato| *agg.* (*eccl.*) mitré: *un cardinale, un abate mitrato* un cardinal, un abbé mitré ✦ (*s.m.*) *un mitrato* un prélat.
mitrìa |'mitrja| *s.f.* (*raro*) → 2 **mitra.**
mitrìaco, ci, ca, che |mi'triako, tʃi, ka, ke| *agg.* mithriaque: *il culto mitriaco* le culte mithriaque, de Mithra; *simboli mitriaci* symboles mithriaques.
mitridàtico, ci, ca, che |mitri'datiko, tʃi, ka, ke| *agg.* (*st.*) de Mithridate (*loc. inv.*): *le guerre mitridatiche* les guerres de Mithridate, contre Mithridate, mithridatiques (*raro*).
mitridatìsmo |mitrida'tizmo| *s.m.* mithridatisme.
mitridatizzàre |mitridatid'dzare| **A** *v.tr.* [*assuefare a una sostanza tossica*] mithridatiser **B** *v.pron. rifl.* MITRIDATIZZARSI [→ *tr.*] se mithridatiser ◇ (*fig.*) *ormai s'è mitridatizzato contro le sue velenose calunnie* désormais il s'est immunisé, il est mithridatisé contre ses calomnies venineuses.
mitridatizzazióne |mitridatiddzat'tsjone| *s.f.* [→ MITRIDATIZZARE] mithridatisation.
mitteleuropèo |mitteleuro'pɛo| *agg.* de l'Europe centrale *loc. inv.*
mittènte |mit'tɛnte| *s.* [*chi spedisce (lettere, pacchi e sim.) per posta*] expéditeur*: *firma e indirizzo del mittente* signature et adresse de l'expéditeur; *tassa a carico del mittente* taxe à charge de l'expéditeur; *respingere al mittente* retourner à l'expéditeur.
'mixage' |miksaʒ| *s.m. inv.* → **missaggio.**
mixàre |mik'sare| *v.tr.* → **missare.**
mixedèma |mikse'dɛma| *s.m.* (*med.*) myxœdème.
mixedematóso |miksedema'tozo| *agg.* myxœdémateux*: *soggetto mixedematoso* sujet myxœdémateux.
mixer |'miksə| *s.m. inv.* (*ingl.*) **1** [*vaso graduato per miscelare bevande*] mixeur *var.*, mixa *var.*, batteur *var.* **2** [*parte del frullatore*] mixeur.
mixòma |mik'sɔma| *s.m.* (*med.*) myxome.
mixomatòsi |miksoma'tɔzi| *s.f. inv.* (*veter.*) myxomatose *var.*
Mixomicèti |miksomi'tʃɛti| *s.m. pl.* (*t.zool.*) Myxomycètes.
mixosarcòma |miksosar'kɔma| *s.m.* (*med.*) myxosarcome.
mmm |mmm| *inter.* (*esprime 'ammirazione, sorpresa'*) mmh: *mmm, che bello!* mmh, que c'est beau!
mnemònica, che |mne'mɔnika, ke| *s.f.* → **mnemotecnica.**
mnemonicaménte |mnemonika'mente| *avv.* [→ MNEMONICO] mnémoniquement.
mnemonicità |mnemonitʃi'ta| *s.f. inv.* caractère *m. var.* mnémonique: *la mnemonicità di un apprendimento* le caractère mnémonique d'un apprentissage.
mnemònico, ci, ca, che |mne'mɔniko, tʃi, ka, ke| *agg.* mnémonique: *facoltà mnemoniche* facultés mnémoniques; *esercizi mnemonici* exercices

mnémoniques ◇ [*basato esclusivamente, o prevalentemente, sulla memoria*] *apprendimento mnemonico* apprentissage mnémonique.

mnemonismo |mnemo'nizmo| *s.m.* enseignement basé sur la mémoire.

mnemotècnica, che |mnemo'tɛknika, ke| *s.f.* mnémotechnique.

mnemotècnico, ci, ca, che |mnemo'tɛkniko, tʃi, ka, ke| *agg.* mnémotechnique.

mnèsico, ci, ca, che |'mnɛsiko, tʃi, ka, ke|, **mnèstico, ci, ca, che** |'mnɛstiko, tʃi, ka, ke| *agg.* [*della memoria*] mnémonique: *funzione mnesica* fonction mnémonique; *disturbi mnesici* troubles mnémoniques.

1 **mo', mò, mo** |mo| *s.m. inv.* (*troncamento arc. per 'modo'; ora usata solo nella loc.*) A MÒ DI [*in forma di; a guisa di*] comme *avv.*, en guise de (*loc.*): *lo dico a mò di esempio* je le cite comme exemple, en guise d'exemple.

2 **mo'** |mɔ|, **mo** |mɔ| *avv.* **1** (*dial.*) [*ora; or ora*] maintenant (*corr.*); tout de suite (*corr.*): *mo' te lo spiego* (maintenant) je vais te l'expliquer ‖ *mo' arrivo* j'arrive tout de suite **2** (*dial.*) (*in frasi escl.*) [*un po'*] *vedi mo' che pretese!* regarde une peu quelles prétentions!

1 **mòbile** |'mɔbile| *agg.* **1** mobile: *parete mobile* mur mobile, amovible; *scaffale mobile* étagère mobile # *la scala mobile dei grandi magazzini* l'escalier mécanique, le tapis roulant des grands magasins ◇ (*dir. econ.*) *beni mobili* biens meubles; *ricchezza mobile* richesse mobilière; *scala mobile* échelle mobile ◇ (*liturg.*) *feste mobili* fêtes mobiles ◇ (*mil.*) *difesa mobile* défense mobile; *reparti mobili* troupes mobiles; *la* (*squadra*) *mobile* la brigade mobile ◇ (*tip.*) *caratteri mobili* caractères mobiles ✦ *s.m.* (*fis.*) mobile: *il moto di un mobile su una traiettoria* le mouvement d'un mobile sur sa trajectoire **2** (*per est.*) (*riferito a parti del corpo*) mobile: *avere lo sguardo, gli occhi molto mobili* avoir le regard mobile, les yeux très mobiles ◇ (*med.*) *un organo mobile* un organe flottant **3** [*cedevole*] mouvant: *le sabbie mobili* les sables mouvants **4** (*fig.*) [*volubile, incostante*] instable: *un temperamento, un carattere mobile* un tempérament, un caractère instable ◇ [*pronto, vivace*] vif*: *una fantasia, una immaginazione mobilissima* une imagination très vive, pleine de fantaisie Ⓒ 1; 2 **immobile, fisso**; 4 **fermo, stabile.**

2 **mòbile** |'mɔbile| *s.m.* meuble: *un mobile antico* un meuble ancien; *un mobile d'artigianato* un meuble artisanal; *mobili di casa* meubles, mobilier # *mobili d'ufficio* mobilier de bureau ◇ (*loc. fig., fam.*) (*riferito a persona*) *che bel mobile!* c'est un joli coco!

mobilétto |mobi'letto| *s.m.* petit meuble: *un mobiletto per i medicinali* un petit meuble, une petite armoire à médicaments.

mobìlia |mo'bilja| *s.f.* [*l'insieme dei mobili di una casa o di una stanza*] mobilier (*m.*): *rinnovare, trasportare la mobilia* renouveler, transporter le mobilier.

1 **mobiliàre** |mobi'ljare| *agg.* (*dir. econ.*) mobilier*: *proprietà mobiliare* propriété mobilière; *redditi mobiliari* revenus mobiliers Ⓒ **immobiliare.**

2 **mobiliàre** |mobi'ljare| *v.tr.* (*raro*) → **ammobiliare.**

mobiliàto |mobi'ljato| *agg.* [*ammobiliato*] meublé: *camera mobiliata* chambre meublée.

mobilière |mobi'ljɛre| *s.* **1** fabricant de meubles **2** marchand de meubles.

mobilificio, i |mobili'fitʃo, i| *s.m.* fabrique *f.* de meubles.

mobìlio, i |mo'biljo, i| *s.m.* → **mobilia.**

mobilità |mobili'ta| *s.f. inv.* **1** mobilité (*var.*): *la mobilità di un organo* la mobilité d'un organe; *la mobilità dello sguardo* la mobilité d'un regard ◇ (*loc.*) *la mobilità del lavoro* la mobilité du travail; *la mobilità professionale, sociale* la mobilité professionnelle, sociale **2** (*fig.*) mobilité: *mobilità di opinioni, di carattere* mobilité d'opinions, de caractère.

mobilitàre |mobili'tare| **A** *v.tr.* **1** [*chiamare alle armi*] mobiliser: *mobilitare l'esercito, la marina, l'aeronautica* mobiliser l'armée, la marine, l'aviation ✦ (*ass.*) *i nemici stanno già mobilitando* les ennemis sont déjà en train de mobiliser **2** (*fig.*) [*impegnare per il massimo rendimento*] mobiliser: *mobilitare l'apparato del partito per un determinato scopo* mobiliser l'appareil du parti pour un but bien déterminé; *mobilitare il capitale privato e pubblico* mobiliser le capital privé et public; *mobilitare tutte le proprie forze* mobiliser toutes ses forces ◇ [*rendere attivo; coinvolgere*] *mobilitare l'opinione pubblica* mobiliser l'opinion publique **B** *v.pron. rifl.* MOBILITARSI [→ *tr.* 2] *si sono mobilitati tutti con lo scopo di...* ils se sont tous mobilisés dans le but de...

mobilitàto |mobili'tato| *agg.* **1** [*sottoposto a mobilitazione*] mobilisé (*p.p.*): *le truppe mobilitate* les troupes mobilisées ✦ (*s.m.*) *i mobilitati* les mobilisés **2** (*fig.*) mobilisé: *tenere mobilitata l'opinione pubblica* tenir mobilisée l'opinion publique; *tutta la famiglia era mobilitata alla ricerca del gatto* toute la famille était mobilisée pour rechercher le chat.

mobilitazióne |mobilitat'tsjone| *s.f.* **1** [→ MOBILITARE A 1] mobilisation: *mobilitazione generale, parziale* mobilisation générale, partielle **2** (*fig.*) [→ MOBILITARE A 2; B] mobilisation: *la mobilitazione delle masse, dell'opinione pubblica* la mobilisation des masses, de l'opinion (publique).

mobilizzàre |mobilid'dzare| *v.tr.* **1** (*chir.*) [*sottoporre a un intervento di mobilizzazione*] mobiliser: *mobilizzare un arto, un'articolazione* mobiliser un membre, une articulation **2** (*raro*) → **mobilitare.**

mobilizzazióne |mobiliddzat'tsjone| *s.f.* **1** (*chir.*) mobilisation **2** (*raro*) → **mobilitazione.**

mòca |'mɔka| **1** *s.m. inv.* moka (*var.*): *una tazza di moca* une tasse de moka **2** *s.f.* (*marca depositata*) [*caffettiera*] cafetière (*var.*): *comprare una moca da due, da tre* (*persone*) acheter une cafetière pour deux, trois tasses.

mocassino |mokas'sino| *s.m.* mocassin.

moccicàre |mottʃi'kare| *v.intr.* (*aus. 'avere'*) [*colare moccio dal naso*] couler: *gli moccica il naso* il a le nez qui coule.

mòccico, chi |'mɔttʃiko, ki| *s.m.* (*region.*) → **moccio.**

moccicóne |mottʃi'kone| *s. e agg.* (*region.*) → **moccioso.**

moccicóso |mottʃi'koso| *agg.* (*pop., tosc.*) [*di chi è spesso sporco di moccio*] morveux*.

móccio, i |'mottʃo, i| *s.m.* [*muco nasale*] morve *f.* # *pulisciti il moccio!* mouche-toi!

moccióso |mot'tʃoso| **I** *agg.* **1** [*sporco di moccio*] morveux* # *un naso moccioso* un nez qui coule **2** (*persone*) [*che ancora non sa pulirsi il naso*] morveux: *un bambino moccioso* un enfant morveux ✦ (*s.*) *un moccioso* un morveux **II** *s.* (*iron., spreg.*) [*ragazzino che si dà arie da persona adulta*] (petit) morveux (*fam.*): *taci, vai via, moccioso!* tais-toi, va-t-en (petit) morveux!

moccolàia |mokko'laja| *s.f.* [*estremità carbonizzata del lucignolo o stoppino*] moucheron *m.*

mòccolo |'mɔkkolo| *s.m.* **1** [*mozzicone di candela*] bout de chandelle ◇ (*loc.*) *accendere un moccolo alla Madonna, a un santo* mettre un cierge à la Madone, à un saint → **candela** ~ (*fig.*) *reggere il moccolo* (*a qc.*) tenir la chandelle à qqn. **2** (*pop.*) [*moccio*] morve *f.* **3** (*pop.*) [*bestemmia*] juron: *tira giù certi moccoli, quel tipo!* il lâche de ces jurons, ce type-là!

mòda |'mɔda| *s.f.* **1** mode: *moda maschile, femminile, per bambini* mode masculine, féminine, pour enfants; *la moda italiana, francese* la mode italienne, française; *una rivista di moda* une revue de mode # *l'alta moda* la haute couture ◇ (*per est.*) *la moda del bagno a mezzanotte* la mode du bain de minuit ◇ *loc.* ALLA MODA à la mode: *una pettinatura all'*(*ultima*) *moda* une coiffure à la (dernière) mode; *una spiaggia, una località alla moda* une plage, une localité à la mode; *essere alla moda* être à la mode ~ DI MODA à la mode: *un ballo di moda* une danse à la mode; *essere di moda* être à la mode; *andare di moda* être à la mode; *quest'anno è di moda il rosso* cette année le rouge est à la mode # *uscire di moda* être démodé; *essere fuori moda* être démodé **2** *al plur.* [*oggetti di abbigl. per signora*] modes: *negozio di mode* magasin de modes.

modàle |mo'dale| *agg.* **1** (*gram.*) modal*: *congiunzione, proposizione modale* conjonction, proposition modale **2** (*dir.*) modal: *donazione modale* legs modal, avec charges.

modalità |modali'ta| *s.f. inv.* **1** modalité (*var.*): *le modalità di pagamento, di consegna* les modalités de paiement, de livraison; *attenersi alle modalità in vigore* observer les modalités en vigueur **2** (*dir., stat.*) modalité.

modanàre |moda'nare| *v.tr.* [*sagomare, ornare con modanature*] moulurer.

modanàto |moda'nato| *agg.* [*sagomato con modanature*] mouluré (*p.p.*): *una facciata modanata* une façade moulurée; *un mobile modanato* un meuble mouluré.

modanatóre |modana'tore| *s.m.* [*operaio specializzato in modanature*] moulurier.

modanatrice |modana'tritʃe| *s.f.* (*tecnol.*) moulurière.

modanatùra |modana'tura| *s.f.* (*arch.*) modénature ◇ (*edil.*) membron *m.* ◇ (*in falegnameria*) moulure.

mòdano |'mɔdano| *s.m.* **1** (*tecnol.*) module **2** [*cilindro di legno per tessere le maglie delle reti da pesca*] moule.
modèlla |mo'dɛlla| *s.f.* mannequin *m.*; modèle (*m.*): *fare la modella* faire le mannequin || *fare la modella a un pittore, uno scultore, un fotografo* servir de modèle à un peintre, à un sculpteur, à un photographe.
modellàbile |model'labile| *agg.* [→ MODELLARE A 1] qui peut être modelé (*loc.*): *materiale modellabile* matériel qui peut être modelé → **plasmabile.**
modellaménto |modella'mento| *s.m.* [→ MODELLARE] modelage.
modellàre |model'lare| **A** *v.tr.* **1** [*plasmare secondo una determinata forma*] modeler (6): *modellare la creta, l'argilla, il gesso* modeler la glaise, l'argile, le plâtre ◇ [*abbozzare*] esquisser: *modellare un ritratto, un nudo* esquisser un portrait, un nu ◇ (*per est.*) [*scolpire*] sculpter: *modellare un busto* sculpter un buste ◇ (*per est.*) [*disegnare*] dessiner: *modellare uno studio di natura morta* dessiner l'étude d'une nature morte **2** modeler; moulurer: *modellare un cappellino* modeler un chapeau || *modellare un mobile* moulurer un meuble ◇ [*dar rilievo a certe forme*] modeler: *l'abito attillato le modellava bene le forme* sa robe collante modelait bien ses formes **3** (*fig.*) [*adeguare a un modello*] modeler: *modellare il proprio stile su quello dei classici* modeler son style sur celui des classiques **B** *v.pron. rifl.* MODELLARSI [→ *tr.* 3] se modeler: *modellarsi su un grande autore, su un grande artista* se modeler sur un grand acteur, sur un grand artiste → **imitare.**
1 **modellàto** |model'lato| *agg.* [*plasmato, fatto secondo una certa forma*] modelé (*p.p.*): *un vaso, un cappello ben modellato* un vase, un chapeau bien modelé ◇ (*fig.*) *un corpo ben modellato* un corps bien modelé.
2 **modellàto** |model'lato| *s.m.* (*scultura*) modelé: *il modellato di una statua equestre* le modelé d'une statue équestre; *il modellato di Michelangelo* le modelé de Michel-Ange.
modellatóre, trice |modella'tore, tritʃe| *s.* [*chi modella*] modeleur*.
modellatùra |modella'tura| *s.f.* [→ MODELLARE] modelage *m.*
modellazióne |modellat'tsjone| *s.f.* [→ MODELLARE] modelage *m.*
modellìno |model'lino| *s.m.* **1** modèle réduit: *un modellino di aereo* un modèle réduit d'avion **2** [*piccolo, grazioso modello*] joli modèle: *quell'abito è proprio un modellino* cette robe est vraiment un joli modèle.
modellìsmo |model'lizmo| *s.m.* modélisme.
modellìsta |model'lista| *s.* modéliste.
modellìstica, che |model'listika, ke| *s.f.* [*tecnica per la realizzazione e lo studio di modelli*] modelisme *m.*
modèllo |mo'dɛllo| *s.m.* **1** modèle: *scolpire, dipingere con il modello* sculpter, peindre d'après un modèle; *fare da modello a un artista* servir de modèle à un artiste; *dare gli ultimi ritocchi a un modello in gesso, in creta* donner les dernières retouches à un modèle en plâtre, en argile ◇ (*bur.*) *il modello di una domanda* le formulaire d'une demande → **modulo** ◇ (*in sartoria*) *il modello del collo, delle maniche* le patron du col, des manches **2** (*fig.*) modèle: *essere un modello di virtù, di fedeltà* être un modèle de vertu, de fidélité ✦ (*posposto a un sost. con funzione di agg. inv.*) *un marito modello, una madre modello* un mari modèle, une mère modèle **3** (*abbigl.*) modèle: *un modello esclusivo* un modèle exclusif; *un modello estivo, invernale* un modèle d'été, d'hiver; *un modello del celebre sarto X* un modèle du célèbre couturier X # *una sfilata di modelli* un défilé de modèles **4** [*prototipo di una lavorazione in serie*] modèle: *modello brevettato* modèle déposé; *ideare, collaudare un nuovo modello* concevoir, essayer un nouveau modèle ◇ (*per est.*) [*qualunque esemplare*] *ho comprato l'ultimo modello di televisore a colori* j'ai acheté le dernier modèle de téléviseur couleur; *è un modello piuttosto superato, poco indovinato* c'est un modèle plutôt dépassé, peu réussi **5** [*riproduzione in scala ridotta*] maquette (*f.*): *un modello di un ponte, di un edificio* la maquette d'un pont, d'un édifice; *un modello del Colosseo* une maquette du Colisée; *un modello scomponibile del corpo umano* une maquette démontable du corps humain.
modenése |mode'nese| *agg.* [*di Modena*] modénais.
moderàbile |mode'rabile| *agg.* [→ MODERARE A 1; B] qu'on peut modérer *loc.*
moderàre |mode'rare| **A** *v.tr.* **1** [*contenere entro giusti limiti*] modérer (8): *moderare i consumi, le spese* modérer la consommation, les dépenses; *moderare l'ira, l'entusiasmo* modérer sa colère, son enthousiasme; *modera le parole, il tono!* modère ton langage, le ton! # *modera la lingua!* tiens ta langue! **2** [*fare da moderatore*] modérer: *moderare un dibattito, una tavola rotonda* modérer un débat, une table ronde **B** *v.pron. rifl.* MODERARSI [→ *tr.* 1] se modérer # *moderarsi nel bere, nel fumo* boire, fumer modérément; *moderarsi nel parlare* tenir sa langue.
moderataménte |moderata'mente| *avv.* [→ MODERATO 1, 2] modérément, assez: *bere moderatamente* boire modérément → **sobriamente**; *essere di idee moderatamente aperte* avoir des idées assez larges → **cautamente** # *una bevanda moderatamente alcoolica* boisson peu alcoolique → 1 **poco.**
moderatézza |modera'tettsa| *s.f.* [*moderazione; equilibrio*] modération.
moderatismo |modera'tizmo| *s.m.* (*st. polit.*) modérantisme.
moderàto |mode'rato| *agg.* **1** (*persone*) modéré: *un uomo moderato* un homme modéré; *essere moderato nel bere, nel mangiare* être modéré dans le boire et le manger → **sobrio** ✦ (*s.*) *un moderato* un modéré **2** (*cose*) modéré: *una gioia, un'allegria moderata* une joie, une gaieté modérée; *un caldo, un freddo moderato* une chaleur modérée, un froid modéré; *procedere a velocità moderata* aller à une vitesse modérée # *fare un uso moderato di tranquillanti* utiliser modérément les tranquillisants **3** (*mus.*) moderato (*avv.*): *allegro moderato* allegro moderato ✦ (*s.m.*) *il moderato di una sinfonia* le moderato d'une symphonie **4** (*polit.*) modéré: *un partito moderato* un parti modéré; *una politica moderata* une politique modérée; *avere, professare idee moderate* avoir, professer des idées modérées → **conservatore** ✦ (*s.m.*) *un moderato* un modéré: *un partito di moderati* un parti de modérés.
moderatóre, trice |modera'tore, tritʃe| **I** *agg.* modérateur*: *parole moderatrici* paroles modératrices # *fare opera moderatrice* faire œuvre de modérateur **II** *s.* **1** *s.* modérateur # *fare opera di moderatore* faire œuvre de modération **2** *s.* [*chi dirige, presiede un dibattito*] modérateur: *il moderatore di un dibattito televisivo* le modérateur d'un débat télévisé **3** *s.m.* (*chim., fis.*) modérateur.
moderazióne |moderat'tsjone| *s.f.* [→ MODERARE A 1; B] modération: *moderazione nel mangiare* modération dans le manger → **sobrietà**; *ci vuole un po' di moderazione!* il faut un peu de modération! → **discrezione, equilibrio.**
modernaménte |moderna'mente| *avv.* [→ MODERNO] de façon moderne *loc. inv.*; actuellement: *vestire, vivere modernamente* s'habiller, vivre d'une façon moderne || *modernamente è invalsa questa abitudine* actuellement, cette habitude s'est établie → **oggi.**
modernìsmo |moder'nizmo| *s.m.* (*st., teol.*) modernisme.
modernìsta |moder'nista| *s.* moderniste ✦ (*agg.*) *idee moderniste* idées modernistes → **modernistico.**
modernìstico, ci, ca, che |moder'nistiko, tʃi, ka, ke| *agg.* moderniste.
modernità |moderni'ta| *s.f. inv.* modernité (*var.*): *modernità di idee* modernité des idées; *la modernità di una opera artistica* la modernité d'une œuvre artistique; *la modernità di un pensatore antico* la modernité d'un penseur de l'antiquité → **attualità.**
modernizzàre |modernid'dzare| **A** *v.tr.* [*adeguare ai tempi moderni*] moderniser: *modernizzare un'industria, il sistema di vendite* moderniser une industrie, le système de vente **B** *v.pron. rifl.* MODERNIZZARSI [→ *tr.*] se moderniser: *in questo campo bisogna modernizzarsi per sopravvivere* dans ce secteur, il faut se moderniser pour survivre.
modernizzatóre |moderniddza'tore| *s.m.* modernisateur.
modèrno |mo'dɛrno| **I** *agg.* moderne: *la storia moderna* l'histoire moderne; *la letteratura, l'arte moderna* la littérature, l'art moderne; *la vita moderna* la vie moderne; *un'opera in stile moderno* une œuvre en style moderne; *mobili moderni* des meubles modernes ◇ (*persone*) [*aperto alle novità, alle innovazioni*] moderne: *che tipo moderno è tuo padre!* ton père est vraiment un type moderne! **II** *s.* **1** *s.* [→ *agg.*] moderne: *i moderni* les modernes **2** *s.m.* [→ *agg.*] *il moderno* le moderne: *preferire il moderno all'antico* préférer le moderne à l'ancien.
modestaménte |modesta'mente| *avv.* **1** [→ MODESTO 1] modestement: *comportarsi modestamente* se comporter modestement **2** *ass.* sans me vanter (*loc. inv.*): *partendo dal nulla, modestamente, ho messo su una bella industria* en partant de zéro, sans me vanter, j'ai mis sur pied une belle industrie; *modestamente, ci so fare meglio io!* sans me vanter, moi j'y arrive mieux!

3 [→ MODESTO 2] modestement: *una casa modestamente arredata* une maison modestement meublée 4 [→ MODESTO 3] peu: *un artista modestamente dotato* un artiste peu doué, aux dons modestes → **mediocremente.**

modèstia |mo'dɛstja| *s.f.* 1 modestie: *la virtù della modestia* la vertu de la modestie; *parlare con modestia dei propri pregi* parler avec modestie de sa valeur; *lo dice per falsa modestia* il le dit par fausse modestie ◇ (*iron.*) *che modestia!, quanta modestia!* quelle modestie! ◇ (*loc.*) *modestia a parte,...* sans me vanter,... 2 [*mediocrità, scarsezza; limitatezza*] médiocrité: *la modestia delle sue condizioni economiche* la médiocrité de sa situation économique; *modestia di ingegno, di risorse* médiocrité d'esprit, de ressources Ⓒ 1 **orgoglio, presunzione.**

modèsto |mo'dɛsto| *agg.* 1 modeste: *comportamento modesto* comportement modeste; *rimanere modesto nonostante la celebrità* rester modeste malgré la célébrité; *dài, non fare il modesto!* allez, ne fais pas le modeste! ◇ (*raro*) [*pudico*] modeste (*corr.*): *una fanciulla modesta* une jeune fille modeste 2 [*privo di sfarzo, di lusso*] modeste: *un modesto appartamento* un appartement modeste; *una pensione, una locanda modesta* une pension, une auberge modeste 3 [*esiguo, scarso*] modeste: *uno stipendio modesto* un salaire modeste; *avere modeste pretese* avoir des prétentions modestes; *condurre un modesto tenore di vita* avoir un train de vie modeste 4 [*di umili origini o condizioni sociali*] modeste: *un impresario di modeste origini* un entrepreneur d'origine modeste; *è una famiglia modesta, ma onorata* c'est une famille modeste, mais honorable Ⓒ 1 **superbo, vanitoso**; 2 **sfarzoso, grandioso**; 3 **elevato, alto**; 4 **nobile, ricco.**

modicaménte |modika'mente| *avv.* [→ MODICO] modiquement.

modicità |moditʃi'ta| *s.f. inv.* modicité (*var.*): *la modicità della spesa, dei prezzi* la modicité de la dépense, des prix.

mòdico, ci, ca, che |'mɔdiko, tʃi, ka, ke| *agg.* modique: *una spesa modica* une dépense modique; *al modico prezzo di 10.000 lire* pour le modique prix de 10.000 lires.

modìfica, che |mo'difika, ke| *s.f.* [→ MODIFICARE] modification: *apportare una (lieve) modifica, delle modifiche a un progetto, a un motore* apporter une (légère) modification, des modifications à un projet, à un moteur; *a parziale modifica delle disposizioni precedenti...* en modification partielle des dispositions précédentes.

modificàbile |modifi'kabile| *agg.* [→ MODIFICARE] modifiable.

modificàre |modifi'kare| **A** *v.tr.* [*cambiare, spec. parzialmente*] modifier: *modificare una legge, un progetto* modifier une loi, un projet; *modificare le proprie pretese* modifier ses prétentions → **ridurre**; *modificare un modello* modifier un modèle; *modificare il (proprio) carattere* changer de caractère → **migliorare, correggere** **B** *v.pron.* MODIFICARSI 1 *intr.* [→ *tr.*] se modifier: *quella struttura si è modificata* cette structure s'est modifiée 2 *rifl.* [→ *tr.*] changer (3); se modifier: *se vuoi riuscire nella vita, devi proprio modificarti* si tu veux réussir dans la vie, tu dois vraiment changer → **correggersi(si).**

modificatìvo |modifika'tivo| *agg.* modificatif*: *una clausola modificativa* une clause modificative.

modificatóre, trice |modifika'tore, tritʃe| *agg. e s.* modificateur*.

modificazióne |modifikat'tsjone| *s.f.* 1 (*scient.*) modification: *modificazione di struttura* modification de structure 2 (*raro*) → **modifica.**

modiglióne |modiʎ'ʎone| *s.m.* (*arch.*) modillon.

modista |mo'dista| *s.f.* modiste.

modisterìa |modiste'ria| *s.f.* (boutique de) modiste.

mòdo |'mɔdo| *s.m.* 1 [*forma di essere; modo di comportarsi*] façon (*f.*): *avere un certo modo di parlare, di camminare* avoir une certaine façon de parler, de marcher; *hai uno strano modo di ragionare* tu as une drôle de façon de raisonner; *aveva un modo di guardare che non mi piaceva* il avait une façon de regarder qui ne me plaisait pas; *il suo modo di fare è stato vergognoso* sa façon de faire a été honteuse; *ognuno ha un suo modo di pensare* chacun a sa façon de penser → **maniera** # *a mio (modesto) modo di vedere...* à mon (humble) avis...; *i vari modi di governo* les différentes formes de gouvernement → **forma** ◇ *spec. al plur.* [*contegno, comportamento*] *avere dei modi gentili, rozzi* avoir des manières *f.* aimables, frustes; *trattare qc. in modo cortese, distaccato* traiter qqn. d'une façon aimable, détachée; *parlare, comportarsi a modo* parler, se comporter comme il faut; *accogliere qc. in malo modo* recevoir mal qqn.; *l'ha presa in malo modo* il l'a mal pris ◇ (*senza attributi specifici*) *ma ti pare questo il modo?* tu trouves que c'est ça la meilleure façon?; *ti comporti in un certo modo!* tu te conduis d'une façon!; *dovevi certamente farlo: ma c'è modo e modo* il fallait sûrement le faire: mais il y a façon et façon ◇ *loc.* IN QUESTO, IN QUEL MODO: *fa' in questo modo e non dovrai pentirtene* fais comme cela (ça), et tu n'auras pas à t'en repentir; *in quel modo non otterrai niente da lui* de cette façon, comme cela (ça), tu n'obtiendras rien de lui; *ingannarlo in quel modo!* le tromper de cette façon! → **così** ~ IN CHE MODO: *in che modo farai?* comment feras-tu?; *non so proprio in che modo cavarmela* je ne sais vraiment pas comment m'en tirer → **come** ~ A OGNI MODO, IN OGNI MODO, IN TUTTI I MODI: *bisogna raggiungere questo obiettivo, a ogni modo* il faut atteindre cet objectif de n'importe quelle façon, à tout prix; *in ogni modo, tu dovevi comportarti diversamente* en tout cas, tu aurais dû agir autrement; *in tutti i modi, tu devi tenermi sempre informato* tu dois me tenir toujours au courant, de toute façon ~ IN NESSUN MODO de toute manière + (*frase neg.*): *in nessun modo devi lasciarti sfuggire questa occasione* de toute manière, tu ne dois pas laisser échapper cette occasion; *non dovevi offenderlo, in nessun modo* de toute manière, il ne fallait pas le vexer ~ IN UN CERTO (QUAL) MODO: *certe persone bisogna trattarle in un certo modo* certaines personnes doivent être traitées d'une certaine façon; *in un certo qual modo hai ragione anche tu* d'une certaine façon, en un certain sens, toi aussi tu as raison ~ IN QUALCHE MODO d'une façon (manière), ou d'une autre: *in qualche modo riuscirò a risolvere le difficoltà* d'une façon (manière) ou d'une autre, je réussirai à résoudre les difficultés # *ha fatto il suo lavoro, ma in qualche modo* il a fait son travail, mais à la va comme je te pousse ~ *in un modo o nell'altro ci riuscirò* d'une façon ou d'une autre j'y parviendrai ~ *è un modo come un altro per fargli capire che...* c'est une façon comme une autre de lui faire comprendre que... ~ IN QUALUNQUE MODO de quelque façon: *in qualunque modo tu lo tratti è sempre scontento* de quelque façon que tu le traites, il est toujours mécontent ~ *fare le cose nel migliore dei modi* faire les choses le mieux possible ~ A MODO MIO (TUO, SUO...): *questa volta voglio fare a modo mio* cette fois, je veux faire à ma manière, je veux en faire à ma tête; *ha risolto la questione a modo suo* il a résolu le problème à sa façon ~ *è un modo di dire* c'est une façon de parler ~ *è un suo modo di dire* c'est une expression qui lui est chère ~ A MODO DI, A MO' DI: *presentare un fatto a modo di esempio* présenter un fait comme exemple, en guise d'exemple; *impugnare un bastone a modo, a mo' di clava* empoigner un bâton en guise de massue ~ FARE IN MODO DI (+ *inf.*); FARE, IN MODO CHE (+ *congv.*): *fa' in modo di convincerlo* tâche de le convaincre ‖ *fece in modo che tutti fossero dalla sua parte* il fit en sorte de les amener tous de son côté ~ (*introduce una prop. consec. o conclusiva*) IN MODO DA, DI MODO DA, DI MODO CHE: *ho già preparato tutto io, di modo che puoi riposarti* j'ai déjà tout préparé moi-même de telle sorte que tu puisses te reposer 2 [*mezzo, possibilità*] moyen: *bisognerà trovare il modo di farglielo sapere* il faudra trouver le moyen de le lui faire savoir; *non c'è stato modo di fargli cambiare idea* il n'y a pas eu moyen de lui faire changer d'avis → 2 **verso**; *dammi il modo di dimostrartelo!* donne-moi les moyens de te le démontrer; *ci sarà pure un modo per uscirne* il doit bien y avoir un moyen d'en sortir; *non ho avuto modo di liberarmi dagli impegni* je n'ai pas pu, il n'y a pas eu moyen de me libérer de mes engagements # *glielo dirò, se avrò modo di vederlo* je le lui dirai, si j'ai l'occasion de le voir → **occasione** 3 [*misura, limite*] limite (*f.*): *restare nei modi della legalità* rester dans les limites de la légalité # *questa volta ha proprio passato il modo, ogni modo* cette fois-ci, il a dépassé les bornes ◇ *loc.* A MODO comme il faut: *comportarsi a modo* se comporter comme il faut; *è una ragazza a modo* c'est une jeune fille comme il faut ~ OLTRE MODO [*assai*] extrêmement (*avv.*): *è una persona oltre modo arrogante* c'est une personne extremement arrogante; *è un'impresa oltre modo pericolosa* c'est une entreprise extrêmement dangereuse → **oltremodo** 4 [*espressione ling., loc. caratteristica*] locution *f.*; expression (*f.*): *è un modo (di dire) regionale, dialettale* c'est une locution régionale, dialectale ‖ *parlare con modi familiari* employer, en parlant, des expressions familières **5** (*ling.*, *gram.*) mode: *modo indicativo, congiuntivo* mode indicatif, subjonctif; *modi finiti, indefiniti* modes personnels, impersonnels # *complemento di modo* complément (circonstanciel) → **maniera**; *avverbio di modo* adverbe de manière **6** (*mus.*) mode: *modo maggiore, minore* mode majeur, mineur.

modulàbile |modu'labile| *agg.* [→ 1 MODULARE] qu'on peut moduler *loc.*

modulànte |modu'lante| *agg.* (*fis.*, *mus.*) modulant: *funzione modulante* fonction modulante.

1 **modulàre** |modu'lare| *v.tr.* **1** (*detto di suono e sim.*) [*sottoporre a regolari variazioni*] moduler: *modulare la voce* moduler sa voix; *modulare un suono* moduler un son **2** (*fis.*) [*determinare una variazione*] moduler: *modulare un segnale ad alta frequenza* moduler un signal de haute fréquence; *modulare un segnale luminoso* moduler un signal lumineux.

2 **modulàre** |modu'lare| *agg.* **1** (*arch.*) modulaire: *progettazione modulare* plan modulaire **2** (*fis.*, *tecnol.*) modulaire.

modulàrio, i |modu'larjo, i| *s.m.* → **formulario.**

modulataménte |modulata'mente| *avv.* [→ MODULATO] avec modulation *loc. inv.*

modulàto |modu'lato| *agg.* modulé (*p.p.*): *una voce ben modulata* une voix bien modulée; *un suono ben modulato* un son bien modulé ◇ (*fis.*) *onda, corrente modulata* onde modulée, courant modulé.

modulatóre, trice |modula'tore, tritʃe| **1** *agg.* (*fis.*) modulateur*: *schermo modulatore* écran modulateur; *corrente modulatrice* courant modulateur **2** *s.m.* modulateur.

modulazióne |modulat'tsjone| *s.f.* **1** [→ 1 MODULARE 1] modulation: *modulazione della voce, del suono* modulation de la voix, du son **2** (*fis.*) modulation: *modulazione di frequenza, di ampiezza, di fase* modulation de fréquence, d'amplitude, de phase.

mòdulo |'mɔdulo| *s.m.* **1** (*bur.*) [*schema, formula per la compilazione di documenti*] formulaire: *redigere una domanda secondo il modulo prescritto* rédiger une demande selon le formulaire établi ◇ [*lo stampato da riempire*] *compilare il modulo del vaglia, del conto corrente postale, della domanda* remplir le formulaire d'un mandat, d'un compte courant postal, de la demande **2** (*tecnol.*) module: *modulo di elasticità* module de torsion, coefficient d'élasticité; *modulo di dilatazione termica* module de dilatation thermique **3** (*mat.*, *numism.*) module **4** (*aer.*, *astronautica*) module: *modulo di comando* module, cabine de commandement; *modulo lunare, spaziale* module lunaire, spatial.

mòdulor |'mɔdulɔr| *s.m. inv.* (*tecnol.*) modulor *var.*

modus vivendi |'mɔdusvi'vendi| *loc. sost. m. inv.* (*lat.*) modus vivendi: *cercare, trovare un modus vivendi* chercher, trouver un modus vivendi → **accomodamento.**

moféta |mo'fe(ɛ)ta| *s.f.* (*geol.*) mofette.

moffètta |mof'fetta| *s.f.* (*t.zool.*) mouffette ◇ [*la pelliccia*] sconse *m.*, skuns.

mògano |'mɔgano| *s.m.* (*t.bot.*) acajou ◇ [*il legno*] *un armadio di mogano* une armoire en acajou ✦ (*in funzione di agg. inv.*) *capelli* (*color*) *mogano* cheveux (teinte) acajou.

mòggio, i |'mɔddʒo, i| *s.m.* [*misura di capacità per aridi*] boisseau ◇ [*il recipiente per effettuare tale misura*] boisseau ◇ (*loc. fig.*) *tenere la fiaccola sotto il moggio* mettre la lumière sous le boisseau # *nascondere, nascondersi sotto il moggio* cacher qqch. à qqn., se cacher.

mògio, i |'mɔdʒo, i| *agg.* [*avvilito, abbattuto*] penaud: *starsene mogio mogio in disparte* rester tout penaud à l'écart; *se ne andò mogio mogio* il s'en alla tout penaud.

móglie, gli |'moʎʎe, ʎʎi| *s.f.* [*il coniuge donna*] femme: *una moglie fedele* une femme fidèle; *avere moglie e figli* avoir femme et enfants; '*adesso siete marito e moglie*' 'vous êtes mari et femme'; *dare in moglie* donner pour femme, accorder en mariage # *prender moglie* se marier; *riprender moglie* se remarier; *chiedere in moglie* demander en mariage ◇ (*prov.*) *tra moglie e marito non mettere il dito* entre l'arbre et l'écorce il ne faut pas mettre le doigt.

'mohair' |mɔɛʀ| *s.m. inv.* mohair (*var.*): *una sciarpa di* (*lana*) '*mohair*' une écharpe en (laine) mohair.

mohicàno |moi'kano| *agg.* [*della tribù dei Mohicani*] mohican.

moìna |mo'ina| *s.f. spec. al plur.* [*gesto, atto affettuoso, ma anche lezioso e sdolcinato*] cajoleries; simagrées: *con le sue moine ottiene tutto* avec ses cajoleries il obtient tout (ce qu'il veut); *non mi incanti con le tue moine!* tu ne m'auras pas avec tes cajoleries! → **smanceria** ‖ *basta con queste moine* arrête, ça suffit avec tes simagrées!

1 **mòla** |'mɔla| *s.f.* (*tecnol.*, *corr.*) meule.

2 **mòla** |'mɔla| *s.f.* (*t.zool.*) môle.

3 **mòla** |'mɔla| *s.f.* (*patol.*) môle.

1 **molàre** |mo'lare| *v.tr.* [*lavorare, rifinire con la mola*] meuler; biseauter: *molare una lama, un coltello* meuler une lame, un couteau ‖ *molare un bicchiere di cristallo* biseauter un verre de cristal.

2 **molàre** |mo'lare| *agg.* **1** molaire (*s.f.*): *i denti molari* les molaires ✦ (*s.m.*) *un molare superiore* une molaire supérieure **2** (*tecnol.*) *pietra molare* pierre meulière.

3 **molàre** |mo'lare| *agg.* (*chim.*, *fis.*) molaire: *volume molare di una sostanza* volume molaire d'une substance.

molarità |molari'ta| *s.f. inv.* (*chim.*, *fis.*) molarité *var.*

molàssa |mo'lassa| *s.f.* (*geol.*) mol(l)asse.

molàto |mo'lato| *agg.* (*tecnol.*) biseauté (*p.p.*): *cristallo molato* cristal biseauté.

molatrice |mola'tritʃe| *s.f.* (*tecnol.*) machine à meuler, meuleuse.

molatùra |mola'tura| *s.f.* [→ 1 MOLARE] meulage *m.*; biseautage (*m.*): *la molatura di un pavimento* le meulage d'un carrelage ‖ *la molatura di un cristallo* le biseautage d'un cristal.

molàzza |mo'lattsa| *s.f.* **1** [*mola da mulini e frantoi*] meule **2** (*edil.*) malaxeur *m.*

mólcere |moltʃere| *v.tr. dif.* (*lett.*) → **blandire, lenire.**

moldàvo |mol'davo| *agg.* [*della Moldavia*] moldave.

1 **mòle** |'mɔle| *s.f.* **1** [*massa, struttura grandiosa*] masse: *la mole dell'elefante* la masse de l'éléphant; *la mole del Monte Bianco* la masse du Mont-Blanc ◇ (*come nome proprio*) *la Mole Adriana di Roma* le môle *m.* d'Adrien à Rome ◇ (*scherz.*, *fam.*) *mi cadde addosso con la sua dolce mole* il s'écroula sur moi de tout son poids **2** [*grandezza, volume*] dimensions (*pl.*): *un libro, un pacco di grande mole* un livre, un paquet de grandes dimensions ◇ [*entità*] masse: *una grande mole di lavoro* une grande masse de travail ◇ (*fig.*) *una opera, un lavoro di gran mole* une œuvre, un travail de grande envergure.

2 **mòle** |'mɔle| *s.f.* (*chim.*, *fis.*) mole.

molècola |mo'lɛkola| *s.f.* **1** (*chim.*, *fis.*) molécule **2** (*per est.*, *fig.*) [*parte piccolissima di q.c.*] particule.

molecolàre |moleko'lare| *agg.* (*chim.*, *fis.*) moléculaire: *peso molecolare* poids moléculaire.

molecolarità |molekolari'ta| *s.f. inv.* (*chim.*) molécularité *var.*

molènda |mo'lɛnda| *s.f.* (*raro*) [*compenso per la macinatura del grano o la frangitura delle olive*] mouture (*corr.*).

molestaménte |molesta'mente| *avv.* [→ MOLESTO] importunément (*lett.*): *rumoreggiare, schiamazzare molestamente* faire du bruit, du tapage importunément.

molestàre |moles'tare| *v.tr.* [*infastidire, importunare*] *non molestare il cane!* ne taquine pas le chien!; *eravamo molestati da mosche e zanzare* nous étions *harcelés par les mouches et les moustiques; *il rumore del traffico molesta il sonno, il riposo* le bruit de la circulation trouble le sommeil, le repos; *se non ti molesta, verrei da te dopo pranzo* si ça ne t'ennuie pas, j'irai chez toi cet après-midi.

molèstia |mo'lɛstja| *s.f.* [*disturbo, fastidio*] tourment (*m.*): *la molestia del caldo, del vento, delle zanzare* le tourment de la chaleur, du vent, des moustiques # *recare molestia a qc.* agacer qqn. ◇ (*dir.*) *molestia alle persone* molestation des personnes.

molèsto |mo'lɛsto| *agg.* (*persone*) [*che arreca molestia*; *importuno*] importun: *una persona molesta* une personne importune # *non essere molesto con il cane, con il tuo vicino!* ne taquine pas ton chien, n'ennuie pas ton voisin! ◇ (*cose*) [*fastidioso, tormentoso*] agaçant, désagréable, accablant: *un pensiero molesto* une pensée agaçante; *un caldo molesto* une chaleur accablante.

mòli |'mɔli| *s.m. inv.* (*t.bot.*) moly *var.*

molibdàto |molib'dato| *s.m.* (*chim.*) molybdate.

molibdenite |molibde'nite| *s.f.* (*miner.*) molybdénite.

molibdèno |molib'dɛno| *s.m.* (*chim.*) molybdène.

molinìsmo |moli'nizmo| *s.m.* (*relig.*) molinisme.

molinista |moli'nista| *s.m.* moliniste *s.*

molino |mo'lino| *s.m.* → **mulino.**

molismologia, gie |molismolo'dʒia, dʒie| *s.f.* molysmologie.

molitóre, trice |moli'tore, tritʃe| *s.m.* **1** [*operaio addetto alla molitura*] meunier* *s.* **2** (*tecnol.*) moulin ✦ (*agg.*) *macchina molitrice* machine meunière.
molitòrio, i |moli'tɔrjo, i| *agg.* [*relativo alla macinazione dei cereali*] meunier*: *l'industria molitoria* l'industrie meunière.
molitùra |moli'tura| *s.f.* [*macinazione*] mouture.
mòlla |'mɔlla| *s.f.* **1** (*tecnol.*, *corr.*) ressort (*m.*): *molla di flessione, di torsione* ressort de flexion, de torsion; *molla elicoidale, a dischi, a spirale, a balestra* ressort hélicoïdal, à disques, à boudin, à lame; *un giocattolo a molla* un jouet à ressort; *un orologio a molla* une horloge (une montre) à ressort; *tendere una molla* tendre un ressort ◇ (*fig.*) *l'ambizione può essere una gran molla* l'ambition peut constituer un grand ressort; *sembra una molla, scatta come una molla* il ressemble à un ressort, il bondit comme un ressort; *dopo quell'esperienza è scattata in lui come una molla ad agire* après cette expérience, il y a eu en lui comme le déclic d'un ressort **2** *al plur.* pincettes: *prendere un tizzone con le molle* prendre un tison avec les pincettes ◇ (*loc. fig.*) *bisogna prenderlo con le molle* il n'est pas à prendre avec des pincettes.
mollaccióne |mollat'tʃone| *s.* [*persona pigra, indolente*] mollasse.
mollàre |mol'lare| **A** *v.tr.* **1** [*lasciare andare*; *allentare, sciogliere*] lâcher: *mollare la presa* lâcher prise ◇ (*mar.*) *mollare l'ancora, gli ormeggi* mouiller l'ancre, larguer les amarres; *mollare le vele* larguer les voiles ✦ *ass.* (*mar.*) *molla!* largue! **2** (*fig.*, *fam.*) [*dare, appioppare*] flanquer: *mollare un ceffone, una pedata* flanquer une gifle, un coup de pied # *farsi mollare diecimila lire* se faire lâcher dix mille lires **B** *v.intr.* (*aus.* '*avere*') **1** [*desiderare, cedere*] céder (8): *resisti, non mollare!* résiste, ne cède pas!; *è uno che non molla* c'en est un qui ne cède pas ◇ [*smettere, finire*] arrêter: *quando attacca a parlare, non molla più* quand il commence à parler, il ne s'arrête plus **2** *loc. avv.* TIRA E MOLLA: *fare a tira e molla* hésiter ✦ (*anche in funzione di loc. sost. inv.*) *era un continuo tira e molla* il hésitait continuellement.
mòlle |'mɔlle| **I** *agg.* **1** [*privo di rigidezza*; *cedevole*] mou*: *una sostanza molle* une substance molle; *pane molle* pain mou; *carne molle* viande molle; *molle come la cera* mou comme de la cire ◇ (*anat.*) *le parti molli del corpo* les parties molles du corps; *tessuti molli* tissus mous ◇ (*ling.*) *vocali, consonanti molli* voyelles, consonnes palatalisées ◇ (*fig.*) *un'educazione molle* une éducation trop douce; *un molle declivio* une pente douce → **dolce**; *costumi molli* mœurs relachées → **rilassato**; *avere le gambe molli* avoir les jambes molles → 1 **fiacco, debole** **2** [*intriso di umidità*; *bagnato*] trempé; mouillé: *essere molle di sudore* être trempé de sueur ‖ *un terreno molle di rugiada* un terrain mouillé de rosée **II** *s.m.* [→ *agg.* 2] terrain mouillé (*agg.*): *camminare sul molle* marcher sur un terrain mouillé boueux ◇ (*per est.*) → **mollo** 🄲 I 1 **duro, rigido**; I 2, II **asciutto.**
molleggiaménto |molleddʒa'mento| *s.m.* [→ MOLLEGGIARE B; C] suspension *f.*; ressorts (*pl.*): *il molleggiamento di una vettura* la suspension d'une voiture ‖ *il molleggiamento di una poltrona* les ressorts d'un fauteuil # *eseguire un rapido molleggiamento sulle ginocchia* faire un rapide assouplissement, une rapide flexion sur les genoux.
molleggiànte |molled'dʒante| *agg.* [*elastico, molleggiato*] souple: *un passo, un'andatura molleggiante* un pas, une démarche souple.
molleggiàre |molled'dʒare| **A** *v. tr.* [*fornire di molle*] doter d'une suspension; doter de ressort: *molleggiare un'automobile* doter une automobile d'une suspension ‖ *molleggiare una poltrona* doter un fauteuil de ressorts **B** *v.intr.* (*aus.* '*avere*') **1** (*cose*) [*essere elastico*] *una poltrona che molleggia bene* un fauteuil qui a de bons ressorts; *auto che molleggia bene* voiture qui a une bonne suspension **2** (*persone*) [*muoversi con elasticità*] se dandiner (*pron.*): *è una ragazza che cammina molleggiando* c'est une jeune fille qui marche en se dandinant → **ancheggiare** **C** *v.pron. rifl.* MOLLEGGIARSI [→ *intr.* 2] *molleggiarsi nel camminare* marcher avec souplesse ◇ (*ginnastica*) *molleggiarsi sulle ginocchia* fléchir les genoux.
molleggiàto |molled'dʒato| *agg.* (*cose*) [*fornito di molle*] suspendu: *una vettura ben molleggiata* une voiture bien suspendue ◇ [*elastico*] souple: *passo molleggiato* pas souple.
molléggio, i |mol'leddʒo, i| *s.m.* **1** [*l'insieme delle molle*] suspension (*f.*): *riparare, sostituire il molleggio di una vettura* réparer, changer la suspension d'une voiture → **sospensione** **2** [*capacità di molleggiarsi*; *elasticità*] suspension; ressorts (*pl.*): *questa vettura ha un buon molleggio* cette voiture a une bonne suspension ‖ *questa poltrona ha un buon molleggio* ce fauteuil a de bons ressorts ◇ (*ginnastica*) *esercizi di molleggio* exercise d'assouplissement.
molleménte |molle'mente| *avv.* [*con mollezza*] mollement: *vivere mollemente* vivre mollement; *reagire mollemente* réagir mollement → **fiaccamente, debolmente**; *abbandonarsi mollemente sul divano* s'abandonner mollement, languissamment sur le divan → **languidamente**; *una figura dai contorni mollemente delineati* une silhouette aux contours délicatement dessinés → **delicatamente.**
mollétta |mol'letta| *s.f.* [*piccolo arnese a molla*] pince à linge; pince: *le mollette per* (*la*) *biancheria* les pinces à linge ‖ *le mollette per i capelli* les pinces, les barrettes pour les cheveux; *mollette per il ghiaccio, per lo zucchero* pinces à glace, à sucre.
mollettièra |mollet'tjɛra| *s.f.* [*fascia usata spec. dai militari per avvolgere la gamba*] molletière.
mollettóne |mollet'tone| *s.m.* molleton: *una coperta di mollettone* une couverture en molleton.
mollézza |mol'lettsa| *s.f.* mollesse: *la mollezza di un guanciale* la mollesse d'un coussin ◇ (*fig.*) *mollezza di carattere* mollesse de caractère ◇ (*al plur.*) *vivere tra le mollezze* vivre dans la mollesse *sing.* → 2 **piacere.**
mollìca, che |mol'lika, ke|, **mòllica, che** |'mɔllika, ke| *s.f.* [*la parte interna del pane*] mie ◇ *al plur.* [*briciole*] miettes: *raccogliere le molliche di pane* ramasser les miettes de pain.
mollìccio, ci, cia, ce |mol'littʃo, tʃi, tʃa, tʃe| **I** *agg.* [*un po' molle*; *floscio*] mou*: *terreno molliccio* terrain mou; *una massa molliccia* une masse molle; *mi dava fastidio stringere quella mano molliccia* cela m'ennuyait de serrer cette main molle **II** *s.m.* **1** [→ *agg.*] mou: *sentire un qualcosa di molliccio* sentir qqch. de mou **2** [*terreno bagnato*] terrain boueux*: *scivolare sul molliccio* glisser sur un terrain boueux.
mollificàre |mollifi'kare| **A** *v.tr.* [*rendere molle*] ramollir **B** *v.pron. intr.* MOLLIFICARSI [→ *tr.*] se ramollir.
mòllo |'mɔllo| *agg.* (*pop.*) (*in alcune loc.*) [*bagnato, molle*] *mettere, tenere a mollo la biancheria* faire tremper le linge; *essere, stare a mollo* tremper ◇ (*loc. fig.*) (*persone*) *essere una pappa molla, molle* être un mollasson.
mollùsco, chi |mol'lusko, ki| *s.m.* **1** (*t.zool.*) mollusque ◇ (*spec.*) *i Molluschi* les Mollusques ◇ (*fig.*) (*persone*) *quello non è un uomo, è un mollusco* ce n'est pas un homme, c'est un mollusque **2** (*med.*) molluscum.
mòlo |'mɔlo| *s.m.* môle.
mòloc |'mɔlok| *s.m. inv.* (*t.zool.*) moloch *var.*
moltéplice |mol'teplitʃe| *agg.* [*fatto di molte parti*] multiple: *struttura molteplice* structure multiple ◇ [*che si manifesta sotto molte forme*] *la sua molteplice attività* son activité multiple ◇ [*numero*] nombreux*: *i suoi molteplici impegni* ses nombreux engagements; *non ve lo posso dire per molteplici ragioni* je ne peux pas vous le dire pour de nombreuses raisons.
molteplicità |molteplitʃi'ta| *s.f. inv.* multiplicité *var.*
moltiplica, che |mol'tiplika, ke| *s.f.* **1** (*nella bicicletta*) grand pignon *m.*, plateau *m.* **2** (*pop.*) → **moltiplicazione.**
moltiplicàbile |moltipli'kabile| *agg.* [→ MOLTIPLICARE] multipliable.
moltiplicàndo |moltipli'kando| *s.m.* (*mat.*) multiplicande.
moltiplicàre |moltipli'kare| **A** *v. tr.* **1** [*accrescere di molto*] multiplier: *moltiplicare gli sforzi, le cure* multiplier les efforts, les soins; *moltiplicare la propria attività* multiplier son activité **2** (*mat.*) [*eseguire l'operazione della moltiplicazione*] multiplier: *moltiplicare due numeri, un numero per un altro* multiplier deux nombres, un nombre par un autre ✦ (*ass.*) *qui bisogna moltiplicare, non dividere* ici, il faut multiplier et non diviser **B** *v.pron. intr.* MOLTIPLICARSI [→ *tr.* 1] se multiplier: *le spese, le entrate si sono moltiplicate* les dépenses, les entrées se sont multipliées ◇ [*riprodursi*] *gli animali di quella razza si moltiplicano molto rapidamente* les animaux de cette race se multiplient très rapidement # *crescete e moltiplicatevi!* croissez et multipliez!'
moltiplicativo |moltiplika'tivo| *agg.* (*mat.*) multiplicatif* ◇ (*gram.*) *prefisso moltiplicativo* préfixe multiplicatif.
moltiplicatóre |moltiplika'tore| *s.m.* **1** (*mat.*) multiplicateur **2** (*tecnol.*) multiplicateur: *moltiplicatore di giri, di frequenza* multiplicateur de tours, de fréquence.
moltiplicatrice |moltiplika'tritʃe| *s.f.* (*raro*) → **calcolatrice.**

moltiplicazióne |moltiplikat'-tsjone| *s.f.* **1** (*mat.*) multiplication: *eseguire una moltiplicazione* faire une multiplication **2** [→ MOLTIPLICARE A 1; B] multiplication: *il miracolo della moltiplicazione dei pani e dei pesci* le miracle de la multiplication des pains (et des poissons); *la moltiplicazione della specie* la multiplication des espèces ◇ (*tecnol.*) *moltiplicazione di frequenza, di giri* multiplication de fréquence, de tours.

moltissimo |mol'tissimo| **1** *agg. sup.* [*in grandissima quantità*; *in grandissimo numero*] énormément (de); en très grand nombre, très nombreux*: *ha moltissimi amici* il a énormément d'amis; *aveva moltissime ammiratrici* il avait énormément d'admiratrices ‖ *eravamo* (*in*) *moltissimi* nous étions en très grand nombre, très nombreux ◇ (*con valore neutro, per ell. di un sost., facilmente desumibile dal contesto*) énormément (*avv.*): *mangiare, bere, fumare moltissimo* manger, boire, fumer énormément; *ha guadagnato moltissimo* il a gagné énormément # *è da moltissimo che non ci vedevamo* il y a très longtemps que nous ne nous sommes pas vus; nous ne nous sommes pas vus depuis très longtemps **2** *pron. indef.* [→ *agg.*] un grand nombre: '*hai molti libri, molti dischi?*' '*ne ho moltissimi*' 'as-tu beaucoup de livres, beaucoup de disques?' 'j'en ai un très grand nombre' # *lo applaudirono* (*in*) *moltissimi* très nombreux furent ceux qui l'applaudirent; *sono* (*in*) *moltissimi ad avere fiducia in te* ceux qui ont confiance en toi sont très nombreux **3** *avv.* [→ *agg.*] énormément, infiniment: *mi piaci moltissimo* tu me plais énormément, infiniment; *lo ama moltissimo* elle l'aime énormément 🄲 **pochissimo.**

moltitùdine |molti'tudine| *s.f.* multitude: *una moltitudine di dimostranti, di ragazzi* une multitude de manifestants, de jeunes gens; *una moltitudine di problemi* une multitude de problèmes # *la moltitudine dei presenti ha detto di sì* les très nombreuses personnes présentes ont dit oui.

mólto |'molto| **I** *agg. indef.* **1** [*in grande quantità, in gran numero*] beaucoup de (+ *sost.*), bien (du, de la, des) (+ *sost.*): *ha molti amici* il a beaucoup d'amis, bien des amis; *avere molto denaro* avoir beaucoup d'argent; *ho molto lavoro* j'ai beaucoup de travail; *abbiamo molti libri* nous avons beaucoup de livres; *beve molta birra* il boit beaucoup de bière; *avete avuto molte difficoltà* vous avez eu beaucoup de difficultés; *molte persone lo hanno applaudito* beaucoup de personnes l'ont applaudi; *c'era molta gente* il y avait beaucoup de monde # *ho molta fretta* je suis très pressé ◇ (*in funzione di predicato nominale*) nombreux*: *i mezzi a disposizione non sono molti* les moyens mis à notre disposition ne sont pas nombreux; *le possibilità di riuscita sono molte* les chances de réussite sont nombreuses; *le cose che ci restano da fare sono molte* les choses qui nous restent à faire sont nombreuses # *tutto questo per lui era già molto* tout cela pour lui c'était déjà beaucoup; *la spesa non è certo molta* la dépense n'est certes pas grosse → **grande** ◇ (+ *inf. sost.*) *dopo molto parlare si è stancato* après avoir beaucoup parlé, il s'est fatigué; *dopo molto aspettare si è fatto vivo* après que je l'ai eu longuement attendu, il s'est manifesté; *dopo molto subire ho reagito* après avoir beaucoup subi, j'ai réagi ◇ *loc.* (*con valore raff.*) MOLTO E MOLTO: *dopo molte e molte peripezie è riuscito* après de très nombreuses péripéties, il a réussi; *ci vogliono molti, molti quattrini* il faut beaucoup, beaucoup de sous → **moltissimo** **2** [*grande, notevole*] beaucoup de (+ *sost.*); très: *avere molto ingegno, molta intelligenza* avoir beaucoup d'esprit, posséder une très vive intelligence; *ci vuole molta pazienza* il faut beaucoup de patience; *ci verrò con molto piacere* je m'y rendrai avec beaucoup de plaisir ‖ *avere molta fame, molta sete, molto sonno* avoir très faim, très soif, très sommeil; avoir grand-faim, grand-soif, fort sommeil ◇ [*intenso*] *c'era molto vento sulla spiaggia* il y avait beaucoup de vent, grand vent sur la plage; *faceva molto caldo, molto freddo* il faisait très chaud, très froid ◇ [*lungo*] *c'è ancora molta strada da fare* il y a encore beaucoup de route, un grand bout de chemin à faire; *rivedere qc. dopo molto tempo* revoir qqn. longtemps après; *è passato molto tempo da quel giorno* il s'est passé beaucoup de temps depuis ce jour-là ◇ [*troppo*] *tre milioni sono molti per il mio bilancio* trois millions c'est beaucoup (trop) pour mon budget; *il molto tempo che ho perso in quella faccenda* tout le temps que j'ai perdu avec cette histoire; *il molto denaro che ci ha rimesso* la grosse quantité d'argent qu'il y a perdu; *le molte notti che ci ho lavorato sopra* les nombreuses nuits que j'ai passées dessus; *le molte persone che ha conosciuto* les nombreuses personnes qu'il a connues **II** *pron. indef. e s.m.* **1** (*solo al m. sing., con valore neutro, derivato dall'agg. per ell. di un sost. come 'denaro, prezzo, tempo' e sim.*) beaucoup, longtemps, très: *c'è molto* (*tempo*) *da aspettare?* faut-il attendre beaucoup?, y aura-t-il longtemps à attendre?; *ti aspetto da molto* je t'attends depuis longtemps; *è da molto che non lo vedo* il y a longtemps que je ne l'ai vu; *è da molto che sei qui?* y a-t-il longtemps que tu es ici?; *ci vuole ancora molto per arrivare?* faut-il encore beaucoup de temps pour arriver?; *abbiamo speso molto in quel ristorante* nous avons beaucoup dépensé dans ce restaurant; *ci vuole molto per vivere in America?* faut-il beaucoup d'argent pour vivre en Amérique?; *ci corre molto fra te e tua sorella* il y a une très grande différence entre ta sœur et toi # *c'è molto da qui a casa tua?* c'est loin d'ici chez toi?; *non ci voleva* (*poi*) *molto a capirlo* il n'y avait pas besoin d'être tellement intelligent pour le comprendre ◇ [*molte cose*] *avere, possedere molto* avoir, posséder beaucoup de biens; *legge molto* il lit beaucoup; *abbiamo già fatto molto per loro* nous avons déjà fait beaucoup pour eux; *non c'è molto da dire sul suo conto* il n'y a pas grand-chose à dire sur son compte; *c'è molto di vero in quello che dice* il y a beaucoup de vrai dans ce qu'il dit ◇ (*loc. avv.*) *è già molto se mi ascolta* c'est déjà beau s'il m'écoute ~ A DIR MOLTO: *a dir molto, ci saranno tre chilometri* il y a tout au plus trois kilomètres; *costerà, a dir molto, cinque milioni* cela coûtera, tout au plus, cinq millions ~ *a far molto, potrà aiutarti mezza giornata* tout au plus, pourra-t-il t'aider une demi-journée ~ *fra non molto smetterò di lavorare* d'ici peu, j'arrêterai de travailler ~ DA MOLTO *lo conosco da molto* je le connais depuis longtemps; *ritenersi, credersi da molto* se croire quelqu'un, se croire un personnage **2** [→ *agg.* 1] beaucoup (de): '*hai ancora molta benzina nel serbatoio?*' '*non molta*' 'as-tu encore beaucoup d'essence dans le réservoir?' 'non, pas beaucoup'; *molte tra le sue ammiratrici* beaucoup de ses admiratrices; *molte delle possibilità di riuscita sono fallite* parmi les possibilités de réussite, beaucoup se sont évanouies ◇ (*spec. al m. plur.*) *molti di noi, di voi, di loro* beaucoup d'entre nous, d'entre vous, d'entre eux; *molti sono dalla tua parte* beaucoup de personnes, de gens (bien des personnes, des gens) sont de ton côté; *molti erano assenti* beaucoup étaient absents; *molti altri lo sapevano* beaucoup d'autres le savaient **3** (*raro*) (*preceduto dall'art. det.*) beaucoup # *bisogna distinguere il molto e il poco* il faut distinguer le trop du peu **III** *avv.* **1** (*unito a v.*) [→ *agg.* 1] beaucoup: *mi interessa, mi piace molto* il m'intéresse, il me plaît beaucoup; *si sta divertendo molto* il s'amuse beaucoup # *ha lavorato molto per noi* il a longtemps travaillé pour nous ◇ (*davanti a p.p.*) très: *fu molto applaudito* il fut très applaudi; *le sue lezioni erano molto frequentate* ses cours étaient très suivis; *i tuoi disegni sono stati molto ammirati* tes dessins ont été très admirés ◇ (*in frasi escl., con valore antifrastico*) [*poco, niente*] *m'importa molto di lui!* je me moque bien de lui!; *ne so molto io, di queste baggianate* je n'en sais rien, moi, de ces bêtises-là ◇ *loc.* NON (...) MOLTO [*poco*] *è un ragazzo che non capisce molto* c'est un garçon qui ne comprend pas grand-chose; *non m'importa molto* cela n'a pas beaucoup d'importance; *non è che ci tenga molto ad andarci* ce n'est pas que je tienne tellement à y aller ~ MOLTO MOLTO, (*fam.*) MOLTO MA MOLTO [*moltissimo*] *mi è piaciuto molto molto* il m'a plu énormement; *si interessa molto ma molto* il s'intéresse énormement (*corr.*) ~ (O) MOLTO O POCO peu ou prou: *molto o poco, qualcosa devi darmi* peu ou prou, il faut me donner quelque chose; *molto o poco che sia, è pur certo un valore* que ce soit peu ou prou, ça vaut toujours quelque chose ~ NÉ MOLTO NÉ POCO pas du tout: *non mi interessa né molto né poco* cela ne m'intéresse pas du tout; *non ci tengo né molto né poco* je n'y tiens pas du tout **2** (*premesso ad agg. o avv. per formare il sup.*) très: *è molto bella* elle est très belle; *è molto buono, intelligente* il est très bon, très intelligent; *questo è molto seccante* c'est très ennuyeux; *Claudio è un tipo molto strano* Claude est un type très étrange; *verrò molto volentieri, molto spesso* je viendrai très volontiers, très souvent; *camminava molto adagio, molto lentamente* il marchait très, tout doucement, très lentement ◇ (*davanti a loc. avv.*) *stare molto in alto, in basso* être très haut, très bas;

la spina si era conficcata molto in profondità l'épine s'était enfoncée très profondément **3** (*premesso ad agg. o avv. di grado comparativo, con valore raff.*) bien: *molto migliore, peggiore* bien meilleur, bien pire; *è molto più, meno importante* c'est bien plus, bien moins important; *è un disagio molto maggiore, minore* c'est un malaise bien plus grand, petit; *gli è (di) molto superiore, inferiore* il lui est bien supérieur, inférieur; *molto meglio, molto peggio* bien mieux, bien pis; *è molto più facile...* c'est bien plus facile... ◇ (*davanti ad avv. di senso comparativo*) *molto prima, molto dopo* bien avant, bien après ◇ (*riferito all'età*) *è molto maggiore, minore di suo fratello* il est bien plus âgé, bien moins âgé que son frère **C** **poco.**

mòlva |'molva| *s.f.* (*t.zool.*) molve.

momentaneaménte |momentanea'mente| *avv.* [→ MOMENTANEO 1] momentanément, pour le moment (*loc. inv.*): *assentarsi momentaneamente dal lavoro* s'absenter momentanément du travail; *il direttore è momentaneamente assente* le directeur est momentanément absent; *momentaneamente, siamo sprovvisti di questo articolo* pour le moment, nous n'avons pas cet article.

momentàneo |momen'taneo| *agg.* **1** momentané; passager*: *un'interruzione momentanea della luce, del gas* une coupure momentanée de l'électricité, du gaz ‖ *un dolore, un piacere momentaneo* une douleur passagère, un plaisir passager ◇ [*provvisorio, passeggero*] passager: *un malore, un malessere momentaneo* un malaise passager; *avere delle difficoltà momentanee* avoir des difficultés passagères **2** (*ling.*) *consonanti momentanee* consonnes momentanées.

momentìno |momen'tino| *s.m.* [*un brevissimo tratto di tempo*] (petite) minute (*f.*): *aspetta un momentino!* attends une minute! ◇ [*un poco, un pochino*] un peu, un instant: *sposta un momentino quella luce!* déplace un peu, un instant cette lumière!

moménto |mo'mento| *s.m.* **1** instant, minute *f.*, moment: *non avere un momento libero* ne pas avoir un instant de libre → 1 **istante, attimo**; *non c'è un momento da perdere* il n'y a pas une minute à perdre → 2 **minuto**; *c'è stato un momento in cui gli ho creduto* pendant un instant j'ai cru en lui; *è stato qui un momento fa* il était ici il y a juste un instant; *sarà da te fra un momento* il sera chez toi dans un instant; *da quel momento non ebbe più pace* à partir de cet instant, il n'eut plus un moment de répit; *sul primo momento, in un primo momento non lo avevo riconosciuto* sur le moment, je ne l'avais pas reconnu; *vorrei parlarti un momento* je voudrais te parler un moment; *mi vesto in un momento* je m'habille en une minute; *nello stesso momento in cui stavi uscendo* au moment même où tu sortais; *a un dato momento, tutti sparirono* à un certain moment, tous disparurent; *al momento stabilito, tutti entrarono in azione* à l'instant prévu, tous sont entrés en action # *nei primi momenti era un po' impacciato* au début, au premier abord il était un peu embarrassé; *il pagamento al momento della consegna* le paiement à la livraison; *fino a quel momento era rimasto tranquillo* jusque-là il était resté tranquille; *fino a questo momento non si è fatto vivo* jusqu'à présent, il ne s'est pas manifesté; *gli è stato antipatico (fin) dal primo momento* il lui a été antipathique dès le début, dès l'abord, de prime abord; *lo hanno interrotto dal primo all'ultimo momento* ils l'ont interrompu du début à la fin ◇ *loc. avv.* (A) OGNI MOMENTO, TUTTI I MOMENTI à chaque instant, tout le temps: *ogni momento è qui da me* à chaque instant, il est chez moi; *smettila di interrompermi tutti i momenti* cesse de m'interrompre tout le temps ~ SUL MOMENTO sur le moment, sur le champ: *sul momento non me ne accorsi, ma poi...* sur le moment, je ne m'en suis pas aperçu, mais après...; *ci sono tante cose che non si notano sul momento* il y a beaucoup de choses qu'on ne remarque pas tout de suite, pas sur le champ ~ AL MOMENTO DI (+ *inf.*): *al momento di pagare, mi accorsi della truffa* au moment de payer, je m'aperçus de l'escroquerie ~ DI MOMENTO IN MOMENTO: *il malumore cresceva di momento in momento* la mauvaise humeur augmentait de minute en minute; *potrebbe essere qui di momento in momento* il pourrait être ici d'une minute à l'autre, d'un moment à l'autre ~ DA UN MOMENTO ALL'ALTRO: *potrebbe capitare da un momento all'altro* il peut, il pourrait arriver d'un moment à l'autre, d'une minute à l'autre; *cambia parere da un momento all'altro* il change d'avis d'un moment à l'autre ~ A MOMENTI: *sarà qui a momenti* il sera ici dans un instant, dans un moment; *'come va la malattia?' 'va a momenti'* 'comment va la petite santé?' 'ça dépend des moments' # *(a) momenti sveniva per l'emozione* il a failli s'évanouir d'émotion; *a momenti mi investiva con l'automobile!* il a failli me heurter avec sa voiture; *a momenti mi sembra che non ragioni* parfois, j'ai l'impression qu'il ne raisonne plus ~ PER IL MOMENTO: *per il momento è libero, ma si tenga a disposizione* pour le moment vous êtes libre, mais vous devez rester à notre disposition; *per il momento eravamo salvi* pour le moment nous étions saufs ~ UN MOMENTO!: *attenda un momento che la annuncio al direttore* attendez une minute que je vous annonce au directeur; *un momento!, prima lasciatemi spiegare* (une) minute!, laissez-moi d'abord m'expliquer; *un momento!, se ti riferisci a me, guarda che io non c'entro* minute!, si c'est à moi que tu t'adresses, dis-toi bien que je n'ai rien à voir avec ça ~ UN MOMENTO PRIMA, DOPO: *è entrato un momento prima che chiudessero i cancelli* il est entré quelques instants avant la fermeture des grilles; *è venuto un momento dopo la tua partenza* il est arrivé (entré, venu) quelques instants après ton départ ◇ *loc. agg.* DEL MOMENTO du moment: *è il personaggio, del momento* c'est le personnage, l'homme du moment; *la moda del momento* la mode du moment; *l'entusiasmo del momento* l'enthousiasme du moment; *il fatto del momento* le fait du moment **2** *loc. congv.* (*con valore causale*) DAL MOMENTO CHE du moment que: *dal momento che tu insisti, lo farò* du moment que tu insistes, je le ferai; *ci andrò io, dal momento che tu non ci vuoi andare* c'est moi qui irai, du moment que toi tu ne veux pas y aller → **perché, giacché** ◇ (*con valore temporale*) *l'ho amato dal momento che l'ho conosciuto* je l'ai aimé dès l'instant où je l'ai connu, dès que je l'ai connu **3** [*occasione, circostanza*] moment, instant: *il momento era solenne* le moment était solennel; *abbiamo passato tanti momenti felici, di serenità* nous avons passé tant de moments heureux; nous avons eu tant de jours sereins; *sono momenti difficili, duri!* ce sont des moments difficiles, durs!; *è un momento critico* c'est un instant critique; *non ci voleva, in un momento come questo* on n'avait pas besoin de ça, en un pareil moment; *è venuto il momento di agire, di parlare* le moment d'agir, de parler est venu; *non mi sembra il momento giusto* je ne pense pas que ce soit le bon moment; *arrivi in un momento sbagliato, brutto* tu arrives à un mauvais moment; *(questo) non è il momento di scherzare* ce n'est pas le moment de plaisanter ◇ (*fig.*) [*condizione di spirito*] moment: *l'ho detto, l'ho fatto in un momento di rabbia, di dolore* je l'ai dit, je l'ai fait dans un moment, un accès de colère, de douleur; *quest'opera è stata composta in un momento di grazia, d'ispirazione* cette œuvre a été composée dans un moment de grâce, d'inspiration # *ebbe un momento di paura, di sconforto* il eut un accès de peur, de découragement **4** *loc. fam.* UN MOMENTO [*un poco, un pochino*] un peu: *fatti un momento in là* pousse-toi un peu; *sposta un momento il quadro, il mobile* déplace un peu le tableau, le meuble **5** (*lett.*) [*importanza*] importance (*f.*): *un'impresa di grande momento* une entreprise de grande importance **6** (*fis.*) moment: *momento di una forza, d'inerzia* moment d'une force, d'inertie **7** (*mus.*) moment: *i 'Momenti (musicali)' di Schubert* les 'Moments (musicaux)' de Schubert.

momòrdica, che |mo'mordika, ke| *s.f.* (*t.bot.*) momordique.

1 **mònaca, che** |'monaka, ke| *s.f.* [*religiosa*] religieuse: *monaca di clausura* religieuse cloîtrée; *farsi monaca* se faire religieuse, prendre le voile # *monache carmelitane, benedettine* carmélites, bénédictines.

2 **mònaca, che** |'monaka, ke| *s.f.* **1** (*t.zool.*) moine *m.* **2** *foca monaca* → 3 **monaco.**

3 **mònaca, che** |'monaka, ke| *s.f.* → **scaldaletto.**

monacàle |mona'kale| *agg.* monacal*: *l'abito, il velo monacale* l'habit, le voile monacal ◇ (*loc. fig.*) *fare una vita monacale* mener une vie monacale.

monacàndo |mona'kando| *agg. e s.* (*raro, relig.*) novice (*corr.*).

monacàre |mona'kare| **A** *v.tr.* (*raro*) [*fare monaca, monaco*] faire (45) *intr.* prendre le voile à qqn. **B** *v.pron. rifl.* MONACARSI [→ *tr.*] prendre *tr.* le voile.

monacàto |mona'kato| *s.m.* **1** état monastique: *prepararsi al monacato* se préparer à l'état monastique **2** [*l'insieme dei monaci*] moines (*pl.*) # *il monacato cattolico* les (ordres) religieux catholiques.

monacazióne |monakat'tsjone| *s.f.* [→ MONACARE] vêture: *la cerimonia* *della monacazione* la cérémonie de la vêture.

1 **monachèlla** |mona'kɛlla| *s.f.* novice, jeune religieuse.

2 **monachèlla** |mona'kɛlla| *s.f.* **1** (*t.zool.*) (*passeriforme*) nonnette **2** → **mantide.**

monachése |mona'kese| *agg.* [*di Monaco di Baviera*] munichois.

monachésimo |mona'kezimo| *s.m.* monachisme.

monachétto |mona'ketto| *s.m.* **1** [*giovane monaco*] moinillon **2** (*pop.*) → 2 **nasello 3** (*mar.*) bitton.

1 **monachìna** |mona'kina| *s.f.* [(*piccola*) *suora*] nonnette.

2 **monachìna** |mona'kina| *s.f. spec. al plur.* [*favilla*] étincelles.

3 **monachìna** |mona'kina| *s.f.* (*t. zool.*) avocette.

monachìno |mona'kino| *s.m.* → **monachetto.**

monachìsmo |mona'kizmo| *s.m.* (*raro*) → **monachesimo.**

1 **mònaco, ci** |'mɔnako, tʃi| *s.m.* [*religioso*] moine: *monaco buddista, cattolico* moine bouddhiste, catholique; *monaco benedettino* (moine) bénédictin ◇ (*loc. fig.*) *vivere come un monaco, fare una vita da monaco* mener une vie de moine ◇ (*prov.*) *l'abito non fa il monaco* l'habit ne fait pas le moine.

2 **mònaco, ci** |'mɔnako, tʃi| *s.m.* (*arch.*) poinçon.

3 **mònaco, ci** |'mɔnako, tʃi| *s.m.* (*t.zool.*) moine.

mònade |'mɔnade| *s.f.* (*filos.*) monade.

monadèlfo |mona'dɛlfo| *agg.* (*bot.*) monadelphe.

monadìsmo |mona'dizmo| *s.m.* (*filos.*) monadisme.

monadìsta |mona'dista| *s.* monadiste.

monadologìa, gie |monadolo'dʒia, dʒie| *s.f.* (*st. filos.*) monadologie.

monàndro |mo'nandro| *agg.* (*bot.*) monandre.

monàrca, chi |mo'narka, ki| *s.m.* monarque → **sovrano, re, imperatore.**

monarchìa |monar'kia| *s.f.* monarchie.

monarchicaménte |monarkika'mente| *avv.* [→ MONARCHICO 1] monarchiquement: *uno Stato retto monarchicamente* un État gouverné monarchiquement, à régime monarchique.

monàrchico, ci, ca, che |mo'narkiko, tʃi, ka, ke| *agg.* **1** monarchique: *Stato monarchico* État monarchique **2** [*favorevole alla monarchia*] monarchiste: *partito monarchico* partit royaliste, monarchiste; *professare idee monarchiche* professer des idées monarchistes ✦ (*s.*) *i monarchici* les royalistes, les monarchistes.

monarchìsmo |monar'kizmo| *s.m.* monarchisme.

monastèro |monas'tɛro| *s.m.* monastère: *entrare in monastero* se retirer dans un monastère ◇ (*loc. fig.*) *lì sei al sicuro, come in un monastero* là, tu es (tout à fait) en sûreté, comme dans une forteresse.

monasticaménte |monastika'mente| *avv.* [→ MONASTICO] monastiquement.

monàstico, ci, ca, che |mo'nastiko, tʃi, ka, ke| *agg.* monastique: *la regola monastica* la règle monastique ◇ (*loc.*) *vita monastica*: (*pr., fig.*) vie monastique.

monazìte |monad'dzite| *s.f.* (*miner.*) monazite.

moncherìno |monke'rino| *s.m.* [*moncone di braccio*] moignon.

mónco, chi, ca, che |'monko, ki, ka, ke| *agg.* **1** [*mancante; mozzato*] manchot: *essere monco di un braccio, di tutt'e due le braccia* être manchot d'un bras, des deux bras; *avere un braccio monco* avoir perdu un bras, être manchot ✦ (*s.*) *un monco, una monca* un manchot, une manchote **2** (*per est.*) [*privo di q.c.; incompleto*] *haché; incomplet*: *pronunciava parole monche e senza significato* il prononçait des mots hachés et sans aucun sens ‖ *notizie monche* des nouvelles incomplètes.

moncóne |mon'kone| *s.m.* [*parte di un arto rimasta dopo un'amputazione*] moignon: *un moncone di gamba* le moignon d'une jambe ◇ (*per est.*) [*parte di un oggetto troncato*] *un moncone di palo, di remo* le moignon d'un poteau, d'une branche.

mónda |'monda| *s.f.* **1** *la monda del riso* le désherbage *m.* des rizières **2** → **mondatura.**

mondàna |mon'dana| *s.f.* [*prostituta*] prostituée.

mondanità |mondani'ta| *s.f. inv.* mondanité (*var.*): *la mondanità di una festa* la mondanité d'une fête ◇ [*l'insieme di chi conduce vita mondana*] gratin (*m. var.*): *alla festa era invitata tutta la mondanità del posto* à la fête, tout le gratin local était là.

mondàno |mon'dano| *agg.* **1** [*di questo mondo materiale, contrapposto a quello celeste*] terrestre: *affetti, piaceri mondani* affections, plaisirs terrestres **2** [*della società elegante e brillante*] mondain: *fare vita mondana* mener une vie mondaine; *cronaca mondana, notizie mondane* chronique mondaine, nouvelles mondaines **C** 1 **celeste, spirituale.**

mondàre |mon'dare| **A** *v.tr.* **1** [*pulire, liberare da ciò che è inutile*] monder; sarcler: *mondare il riso* monder le riz ‖ *mondare un campo* sarcler un champ ◇ [*liberare della scorza, della buccia*] éplucher: *mondare una mela, un'arancia* éplucher une pomme, une orange → **sbucciare** # *mondare il grano* monder du blé **2** (*fig.*) [*purificare*] purifier: *mondare l'anima dai peccati* purifier l'âme des péchés **B** *v.pron. rifl.* MONDARSI (*raro*) [→ *tr.* 2] se purifier.

mondarìso |monda'riso| *s.* [*bracciante stagionale, spec. donna, addetto alla mondatura del riso*] éplucheur* de riz.

mondatóre, trice |monda'tore, tritʃe| *s.* [*chi è addetto a lavori di mondatura*] sarcleur*.

mondatùra |monda'tura| *s.f.* **1** [→ MONDARE A 1] nettoyage (*m.*): *la mondatura del riso* le nettoyage du riz → **monda**; *la mondatura delle olive, del grano* le nettoyage des olives, du blé **2** [*quanto viene eliminato nel mondare*] épluchure.

mondézza |mon'dettsa| *s.f.* [*pulizia della persona*] propreté, netteté ◇ (*fig., lett.*) → **purezza.**

mondezzàio, i |mondet'tsajo, i| *s.m.* **1** [*luogo in cui si gettano le immondizie*] dépotoir, fosse *f.* aux ordures → **immondezzaio 2** (*per est.*) [*luogo sporco, sudicio*] porcherie (*f.*): *questa stanza è un mondezzaio* cette pièce est une vraie porcherie ◇ (*fig.*) *quell'ambiente è un mondezzaio* ce milieu est délétère, est de la pourriture.

mondiàle |mon'djale| *agg.* **1** mondial*: *la prima, la seconda guerra mondiale* la première, la seconde guerre mondiale # *i campionati mondiali di calcio, di ciclismo* les championnats du mond de football, de cyclisme; *una persona di fama mondiale* une personne universellement connue, de réputation mondiale → **internazionale 2** (*fig., fam.*) [*eccezionale, magnifico*] magnifique: *una trovata, un'idea mondiale* une trouvaille, une idée magnifique.

mondìglia |mon'diʎʎa| *s.f.* [*quanto resta dalla mondatura*] épluchure.

mondìna |mon'dina| *s.f.* [*bracciante stagionale addetta alla monda del riso*] éplucheuse de riz.

1 **móndo** |'mondo| *s.m.* **1** monde: *la creazione del mondo* la création du monde; *l'origine, la fine del mondo* l'origine, la fin du monde → **cosmo,** 1 **universo** ◇ (*loc. fig.*) *pareva la fine del mondo* on aurait dit la fin du monde ~ *non cade, non cadrà il mondo, non sarà la fine del mondo* ce n'est pas la mer à boire, ce n'est pas la fin du monde ~ *neanche se cascasse il mondo* même si le monde s'écroulait ~ *da che mondo è mondo* depuis que le monde est monde ◇ (*prov.*) *il mondo non fu fatto in un giorno* le monde n'a pas été créé en un jour **2** [*il pianeta Terra*] monde: *le cinque parti del mondo* les cinq parties du monde; *il mondo antico* l'ancien monde; *il nuovo, nuovissimo mondo* le nouveau monde; *il terzo mondo* le tiers monde; *i paesi del terzo mondo* les pays du tiers monde; *in tutto il mondo* dans le monde entier; *in ogni parte del mondo* dans chaque partie du monde; *fare il giro del mondo* faire le tour du monde; *girare il mondo, girare mezzo mondo* courir le monde; *cercare qc., q.c. in capo al mondo* chercher qqn., qqch. jusqu'au bout du monde ◇ [*la Terra, come sede della vita umana*] *venire al mondo* venir au monde → 1 **nascere**; *mettere al mondo* mettre au monde; *essere solo al mondo* être seul au monde; *siamo al mondo per soffrire* nous sommes au monde, ici bas pour souffrir; *lottare per un mondo migliore* lutter pour un monde meilleur ◇ (*loc. fig.*) *essere, vivere fuori del mondo* ne pas avoir les pieds sur terre ~ *quanto è piccolo il mondo!* comme le monde est petit! ~ *il mondo è bello perché è vario* il faut de tout pour faire un monde ~ L'ALTRO MONDO l'autre monde: *andare, mandare all'altro mondo* partir, envoyer dans l'autre monde → **aldilà**; *sono successe cose dell'altro mondo* il est arrivé des histoires incroyables; *roba dell'altro mondo!* c'est inouï! ~ *gli sembrava di essere in un altro mondo* il avait l'impression d'être dans un autre monde ◇ (*loc. fam., con valore di inter.*) *mondo cane!* nom d'un chien!; *porco mondo!* chienne de vie!; *mondo ladro!, boia d'un mondo ladro!* chienne de vie! ◇ (*prov.*) *tutto il mondo è paese* c'est partout la même chose ~ *il mondo è fatto a scale, chi le scende e chi le sale* la vie est une roue qui tourne **3** [*società umana*]

monde: *le lodi, il disprezzo del mondo* les louanges, le mépris du monde; *voler comparire agli occhi del mondo* vouloir paraître aux yeux du monde; *avere contro di sé tutto il mondo* avoir contre soi tout le monde; *essere disgustati del mondo* être dégoûté du monde; *non sapere stare al mondo* ne pas savoir se tenir dans le monde ◇ [*società terrena, materiale, contrapposta a quella spirituale*] *i piaceri, le vanità del mondo* les plaisirs, les vanités du monde; *ritirarsi dal mondo, lasciare il mondo per entrare in convento* se retirer du monde pour entrer au couvent **4** [*gruppo di persone; ambiente*] monde: *il mondo letterario, artistico* le monde littéraire, artistique; *il mondo degli affari* le monde des affaires; *il mondo della scuola, della politica* le monde des enseignants, de la politique ◇ (*loc.*) *il gran mondo* le grand monde ~ *il bel mondo* le beau monde ~ *donna, uomo di mondo* femme, homme du monde **5** (*per est.*) *il mondo animale, vegetale, minerale* le monde animal, végétal, minéral; *il mondo delle api* le monde des abeilles **6** (*seguito da agg.*) [*civiltà, cultura*] civilisation (*f.*): *il mondo antico, classico* la civilisation antique, classique; *il mondo greco, romano* la civilisation grecque, romaine; *il mondo pagano, orientale, americano* la civilisation païenne, orientale, américaine **7** [*modo di pensare, di vedere individuale*] monde: *il mondo poetico del Pascoli* le monde poétique de Pascoli; *ha tutto un suo mondo* il a un monde à lui ◇ (*loc.*) *in che mondo vivi?* de quel pays viens-tu; d'où sors-tu? ~ *vivi nel mondo della luna, delle nuvole?* tu vis dans la lune, dans les nuages? **8** *loc.* DEL MONDO (*dopo un sup. rel. o espressione analoga, con valore raff.*) du monde: *è il più bell'uomo, la più bella donna del mondo* c'est le plus bel homme, la plus belle femme du monde; *è la persona più sincera del mondo* c'est la personne la plus sincère du monde; *per tutto l'oro del mondo* pour tout l'or du monde ~ AL MONDO au monde: *nessuna cosa al mondo mi piace più di questa* aucune chose au monde ne me plaît plus que celle-ci; *non lo farei per nulla al mondo* je ne le ferais pour rien au monde **9** (*fam.*) [*grande quantità; moltitudine*] tas: *oggi ho un mondo di faccende da sbrigare* aujourd'hui j'ai un tas de choses à faire; *avevo un mondo di cose da dirti!* j'avais un tas de choses à te dire!; *ha detto un mondo di sciocchezze* il a dit un tas de bêtises; *c'era un mondo di gente ad aspettarlo* il y avait un tas de monde qui l'attendait → **mucchio, 1 sacco** ✦ *loc. avv.* UN MONDO: *mi piace un mondo* il me plaît beaucoup; *mi sono divertita un mondo* je me suis follement amusée → **2 tanto I 10** (*filos.*) monde: *il mondo delle idee* le monde des idées; *il mondo intelligibile* le monde intelligible.

2 **móndo** |'mondo| *agg.* **1** (*region.*) [*sgusciato, sbucciato*] épluché: *castagna monda* châtaigne épluchée; *mele, arance monde* pommes, oranges épluchées ◇ [*mondato*] mondé: *riso mondo* riz mondé; *verdura monda* légumes mondés **2** (*fig., lett.*) [*puro*] pur: *un cuore, un animo mondo* un cœur pur, une âme pure.

mondovisióne |mondovi'zjone| *s.f.* mondovision.

monegàsco, chi |mone'gasko, ki| *agg.* [*del Principato di Monaco*] monégasque.

monèl |mo'nɛl| *s.m. inv.* (*tecnol.*) monel *var.*

monellàccio, ci, cia, ce |monel'lattʃo, tʃi, tʃa, tʃe| *s.* (*spreg.*) [*ragazzo di strada, impertinente*] polisson*.

monellerìa |monelle'ria| *s.f.* [*comportamento, azione da monello*] gaminerie, espièglerie.

monellésco, chi |monel'lesko, ki| *agg.* [*da monello*] gamin; de gamin *loc. avv.*

monèllo |mo'nɛllo| *s.* [*ragazzo, bambino vivace, indisciplinato*] polisson*, coquin, gamin (des rues): *comportarsi da monello* agir en polisson, en gamin (des rues); *è diventata una monella* elle est devenue assez coquine; *giochi da monello* jeux de coquin ◇ (*con tono affettivo*) *vieni qua, il mio monello!* viens ici, (petit) coquin! → **birichino.**

monèma |mo'nɛma| *s.m.* (*ling.*) monème.

monéra |mo'nera| *s.f.* (*biol.*) monère.

monergòlo |moner'gɔlo|, **monoergòlo** |monoer'gɔlo| *s.m.* (*tecnol.*) monergol.

monéta |mo'neta| *s.f.* **1** monnaie: *moneta italiana, straniera* monnaie italienne, étrangère → **valuta**; *moneta cartacea, metallica* papier monnaie, monnaie métallique, billon; *moneta legale, scritturale* monnaie légale, scripturale; *moneta pregiata, forte* monnaie forte # *pagare in* (*moneta*) *contante* payer comptant ◇ (*loc.*) *battere, coniare moneta* battre, frapper monnaie ◇ (*loc. fig.*) *fare moneta falsa per q.c., per qc.* faire n'importe quoi pour qqch., pour qqn. ~ *ripagare qc. della stessa moneta* rendre à qqn. la monnaie de sa pièce → **vendicar(si)** **2** [*pezzo metallico, con preciso valore monetario*] pièce: *una moneta d'oro, d'argento, di bassa lega* une pièce d'or, d'argent, à faible alliage; *una collezione di monete antiche* une collection de pièces anciennes **3** (*corr.*) [*denaro spicciolo*] monnaie: *non ho moneta per il resto* je n'ai pas de monnaie pour le reste; *non ho moneta per il biglietto del tram* je n'ai pas de monnaie pour le ticket de tram; '*mi cambia 500 lire di moneta?*' 'auriez-vous la monnaie de 500 lires, pouvez-vous me changer 500 lires en monnaie?'.

monetàbile |mone'tabile| *agg.* [→ MONETARE] monnayable.

monetàggio, i |mone'taddʒo, i| *s.m.* frais *pl.* de monnayage.

monetàle |mone'tale| *agg.* → **monetario.**

monetàre |mone'tare| *v.tr.* [*trasformare in moneta*] monnayer (9): *monetare l'oro, l'argento* monnayer de l'or, de l'argent; *monetare la carta filigranata* monnayer le papier filigrane.

monetàrio, i |mone'tarjo, i| *agg.* (*econ.*) monétaire: *circolazione monetaria* circulation monétaire, fiduciaire; *avere problemi monetari* avoir des problèmes monétaires; *il Fondo Monetario Internazionale* (*F.M.I.*) le Fond Monétaire International.

monetàto |mone'tato| *agg.* [*trasformato in moneta*] monnayé: *oro monetato* or monnayé; *carta monetata* papier monnayé.

monetazióne |monetat'tsjone| *s.f.* [→ MONETARE] monnayage *m.*

monetière |mone'tjɛre| *s.m.* (*raro*) [*coniatore di monete*] monnayeur ◇ [*falsario*] faux-monnayeur.

monetizzàre |monetid'dzare| *v.tr.* **1** (*detto di un bene economico*) [*realizzare in moneta contante*] monnayer (9) **2** [*valutare in termini monetari*] monétiser.

mongolfièra |mongol'fjɛra| *s.f.* montgolfière.

mongòlico, ci, ca, che |mon'gɔliko, tʃi, ka, ke| **1** *agg.* [*della Mongolia, dei Mongoli*] mongol: *le invasioni mongoliche* les invasions mongoles ◇ (*per est.*) *occhi mongolici* des yeux mongols **2** (*s.m.*) *il mongolico* [*la lingua*] le mongol.

mongòlide |mon'gɔlide| *agg. e s.* **1** → **mongolico** **2** → **mongoloide** 2.

mongolismo |mongo'lizmo| *s.m.* (*med.*) mongolisme.

mòngolo |'mongolo| **1** *agg.* [*della Mongolia*] mongol: *le popolazioni mongole* les populations mongoles; *le lingue mongole* les langues mongoles **2** (*s.m.*) *il mongolo* [*la lingua*] le mongol.

mongolòide |mongo'lɔide| *agg.* **1** (*antrop.*) mongoloïde: *la razza mongoloide* la race mongoloïde **2** (*med.*) mongolien*, mongoloïde ✦ (*s.*) *un mongoloide* un mongolien, un mongoloïde.

mongòmeri |mon'gɔmeri| *s.m. inv.* (*abbigl.*) duffel-coat *var.*, duffle-coat *var.*

monìle |mo'nile| *s.m.* (*lett.*) [*collana*] colier ◇ [*bracciale*] bracelet ◇ [*gioiello*] bijou*, joyau.

monilia |mo'nilja| *s.f.* (*t.bot.*) monilia *m.*

monismo |mo'nizmo| *s.m.* (*filos.*) monisme.

monìsta |mo'nista| *s.* moniste.

monìstico, ci, ca, che |mo'nistiko, tʃi, ka, ke| *agg.* (*filos.*) moniste.

mònito |'mɔnito| *s.m.* [*severo ammonimento, avvertimento*] avertissement: *seguire i moniti paterni* suivre les avertissement des parents; *... e questo ti sia, ti serva di monito ...* que cela te serve d'avertissement.

monitor |'mɔnitər| *s.m. inv.* (*ingl.*) (*tv*) éidophore.

monitóre |moni'tore| *s.m.* **1** (*mar. mil.*) monitor **2** (*raro*) → **monitor.**

monitòrio, i |moni'tɔrjo, i| *agg.* **1** (*dir., bur.*) monitoire: *procedimento monitorio* procédure monitoire **2** (*eccl.*) monitoire: (*lettera*) *monitoria* lettre monitoire.

mònna |'mɔnna| *s.f.* (*arc., lett.*) → **donna** (*lett.*), **madonna** (*lett.*).

mòno- |'mɔno| *pref.* (*significa* '*uno, un solo, costituito da un solo*' *corrisponde gener.* *a*) mon(o): *monocolo* monocle; *monofase* monophasé; *monarchia* monarchie.

mòno |'mɔno| **1** *agg. inv.* (*corr.*) [*monofonico*] monophonique: *un giradischi mono* un tourne-disque monophonique ✦ (*s.m.*) monophonie (*f.*): *sentire un disco stereofonico in mono* écouter un disque stéréophonique en monophonie **2** *s.f.* (*tip.*) → **monotipia** C 1 **stereo.**

monoàcido |mono'atʃido| *s.m.* (*chim.*) monoacide.

monoàlbero |mono'albero| *agg. inv.* (*auto.*) à un seul arbre *loc. inv.*

monoàsse |mono'asse| *agg.* (*auto.*) monoaxial*.

monoatòmico, ci, ca, che |monoa'tɔmiko, tʃi, ka, ke| *agg.* (*chim.*) monoatomique.
monoauràle |monoau'rale| *agg.* monaural*.
monobàsico, ci, ca, che |mono'baziko, tʃi, ka, ke| *agg.* (*chim.*) monobasique.
monoblòcco, chi |mono'blɔkko, ki| *agg. inv.* **1** (*auto.*) monobloc: *cilindri monoblocco* cylindre monobloc ✦ (*s.m.*) *sostituire il monoblocco di un motore* substituer le monobloc d'un moteur **2** (*edil.*) *edificio monoblocco* édifice monobloc.
monocàlibro |mono'kalibro| *agg. inv.* d'un seul calibre *loc.* ◇ (*mar. mil.*) *nave monocalibro* navire de guerre dont les canons ont tous le même calibre.
monocameràle |monokame'rale| *agg.* (*dir. costituzionale*) unicaméral*.
monocameralismo |monokamera'lizmo| *s.m.* (*polit.*) monocamér(al)isme.
monocàrpico, ci, ca, che |mono'karpiko, tʃi, ka, ke|, **monocàrpo** |mono'karpo| *agg.* (*bot.*) monocarpique, monocarpien*.
monocàvo |mono'kavo| *agg. e s.m.* (*tecnol.*) monocâble.
monocèfalo |mono'tʃɛfalo| *s.m.* (*med.*) monocéphale.
monocellulàre |monotʃellu'lare| *agg.* → **unicellulare.**
monocilindrico, ci, ca, che |monotʃi'lindriko, tʃi, ka, ke| *agg.* (*mecc.*) monocylindrique.
monocinètico, ci, ca, che |monotʃi'nɛtiko, tʃi, ka, ke| *agg.* (*fis.*) monocinétique.
monocito |mono'tʃito|, **monocìta** |mono'tʃita| *s.m.* (*biol.*) monocyte.
monoclàsse |mono'klasse| (*agg. e s.f.*) *una* (*scuola elementare*) *monoclasse* [*costituita di un'unica classe*] une uniclasse *s.f.*
monoclinàle |monokli'nale| *agg. e s.f.* (*geol.*) monoclinal* *agg.*
monoclìno |mono'klino| *agg.* **1** (*bot.*) monocline **2** (*cristallografia*) monoclinique, clino-rhombique.
monòcolo |mo'nɔkolo| *agg.* **1** [*che ci vede da un occhio solo*] borgne ✦ (*s.*) *un monocolo* un borgne **2** (*raro*) [*che ha un occhio solo*] borgne (*corr.*): *Polifemo era un gigante monocolo* Polyphème était un géant borgne **3** (*ott.*) monoculaire → **monoculare** ✦ (*s.m.*) *un monocolo* un monocle.
monocolóre |monoko'lore| *agg.* **1** à une seule couleur *loc. inv.* **2** (*polit.*) monocolore, unipartite: *un governo monocolore* un gouvernement monocolore ✦ (*s.m.*) *formare, presiedere un monocolore* former, présider un gouvernement monocolore *agg.*
monocoltùra |monokol'tura| *s.f.* (*agr.*) monoculture.
monocompatibile |monokompa'tibile| *agg.* (*elettron.*) monoaural*: *un disco stereo monocompatibile* un disque stéréophonique monoaural.
monocòrde |mono'kɔrde| *agg.* (*lett.*) → **monotono,** 1 **uniforme.**
monocòrdo |mono'kɔrdo| *s.m.* (*mus.*) monocorde.
monocotilèdone |monokoti'lɛdone| *agg.* (*bot.*) monocotylédone.
Monocotilèdoni |monokoti'lɛdoni| *s.f. pl.* (*t.bot.*) Monocotylédones.
monocottùra |monocot'tura| *s.f.* *una* (*piastrella in*) *monocottura* un carreau *m.* monocuisson.
monocrazia |monokrat'tsja| *s.f.* (*polit.*) monocratie.
monocristàllo |monokris'tallo| *s.m.* (*tecnol.*) monocristal*.
monocromàtico, ci, ca, che |monokro'matiko, tʃi, ka, ke| *agg.* monochromatique ◇ (*fis.*) *luce monocromatica* lumière monochromatique **C** **policromatico.**
monocromatismo |monokroma'tizmo| *s.m.* (*med.*) monochromie *f.*
monocromatizzàre |monokromatid'dzare| *v.tr.* (*fis.*) [*rendere una luce monocromatica*] monochromatiser.
monocromàto |monokro'mato| *agg.* [*in cui prevale un colore*] monochrome: *un dipinto, un quadro monocromato* une peinture, un tableau monochrome, en camaïeu → **monocromatico** ✦ (*s.m.*) *un monocromato* un monochrome → **monocromo.**
monocromatóre |monokroma'tore| *s.m.* (*fis.*) monochromateur.
monocromia |monokro'mia| *s.f.* monochromie **C** **policromia.**
monocròmo |mono'krɔmo|, **monòcromo** |mo'nɔkromo| **1** *s.m.* monochrome **2** *agg.* → **monocromatico** **C** **policromo.**
monoculàre |monoku'lare| *agg.* monoculaire ◇ (*med.*) *visione monoculare* vision monoculaire ◇ (*ott.*) *microscopio monoculare* microscope monoculaire.
monocuspidàle |monokuspi'dale| *agg.* (*arch.*) à une seule flèche *loc. inv.*
monodia |mono'dia| *s.f.* (*mus., teat. gr., ant.*) monodie.
monòdico, ci, ca, che |mo'nɔdiko, tʃi, ka, ke| *agg.* (*mus.*) monodique ◇ (*letter. gr.*) *poesia, lirica monodica* poésie, lyrique monodique.
monodisco |mono'disko| *agg. inv.* à un seul disque *loc.* (*mecc.*) *frizione monodisco* embrayage à un seul disque, monodisque.
monofàse |mono'faze|, *pl.* **monofàse, monofàsi** |mono'fazi| *agg.* (*elettr.*) monophasé: *corrente alternata monofase* courant alterné monophasé ◇ (*mecc.*) *un motore monofase* un moteur monophasé.
monofilàre |monofi'lare| *agg.* (*tecnol.*) unifilaire.
monofillo |mono'fillo| *agg.* (*bot.*) monophylle.
monofisismo |monofi'zizmo| *s.m.* (*st. teol.*) monophysisme.
monofisita |monofi'zita| *s. e agg.* (*relig.*) monophysite.
monofobia |monofo'bia| *s.f.* (*med.*) monophobie.
monofonia |monofo'nia| *s.f.* monophonie **C** **polifonia.**
monogamia |monoga'mia| *s.f.* monogamie ◇ (*zool.*) monogamie.
monogàmico, ci, ca, che |mono'gamiko, tʃi, ka, ke| *agg.* monogamique ◇ (*zool.*) monogame.
monògamo |mo'nɔgamo| *agg. e s.* monogame **C** **poligamo.**
monogènesi |mono'dʒɛnezi| *s.f. inv.* (*biol., ling.*) monogénèse *var.* **C** **poligenesi.**
monogenètico, ci, ca, che |monodʒe'nɛtiko, tʃi, ka, ke| *agg.* (*biol., ling.*) monogénique.
monogenismo |monodʒe'nizmo| *s.m.* (*scient.*) monogénisme **C** **poligenismo.**
monogenista |monodʒe'nista| *s.* monogéniste.
monografia |monogra'fia| *s.f.* monographie.
monogràfico, ci, ca, che |mono'grafiko, tʃi, ka, ke| *agg.* monographique.
monografista |monogra'fista| *s.* monographe.
monogràmma |mono'gramma| *s.m.* monogramme.
monogrammàtico, ci, ca, che |monogram'matiko, tʃi, ka, ke| *agg.* monogrammatique.
monogrammista |monogram'mista| *s.* monogrammiste.
monogùscio, i |mono'guʃʃo, i| *s.m.* (*aer., astron.*) monocoque.
monoicismo |monoi'tʃizmo| *s.m.* (*bot.*) monœcie *f.*
monòico, ci, ca, che |mo'nɔiko, tʃi, ka, ke| *agg.* (*bot.*) monoïque.
monoideismo |monoide'izmo| *s.m.* (*med.*) monoïdéisme (*raro*).
monokini |mono'kini| *s.m.* monokini (*fam.*).
monolingue |mono'lingwe| *agg.* monolingue, unilingue: *un individuo monolingue* un individu monolingue, unilingue; *un dizionario monolingue* un dictionnaire monolingue.
monolinguismo |monolin'gwizmo| *s.m.* monolinguisme.
monolitico, ci, ca, che |mono'litiko, tʃi, ka, ke| *agg.* monolithe, monolithique: *una colonna monolitica* une colonne monolithe, monolithique ◇ (*fig.*) monolithique: *una fede monolitica* une foi monolithique.
monòlito |mo'nɔlito| *s.m.* [*blocco di pietra di un solo pezzo*] monolithe: *quella colonna è un monolito* cette colonne est un monolithe ◇ (*arch.*) *i monoliti dell'antico Egitto* les monolithes de l'ancienne Égypte.
monolocàle |monolo'kale| *s.m.* [*piccolo appartamento formato da un solo locale più servizi*] studio.
monologàre |monolo'gare| *v.intr.* (*aus.* '*avere*') [*parlare da solo; recitare un monologo*] monologuer **C** **dialogare.**
monòlogo, ghi |mo'nɔlogo, gi| *s.m.* (*letter.*) monologue ◇ (*teat.*) *il monologo dell'*"*Amleto*" le monologue de 'Hamlet' **C** **dialogo.**
monolùcido |mono'lutʃido| (*agg.*) *carta monolucida, cartoncino monolucido* [*lucido da una sola parte*] papier, carton glacé.
monòmane |mo'nɔmane| *agg. e s.* (*med.*) monomane, monomaniaque.
monomania |monoma'nia| *s.f.* (*med.*) monomanie.
monomaniaco, ci, ca, che |monoma'niako, tʃi, ka, ke| *agg.* (*med.*) monomaniaque, monomane ✦ *s.* (*raro*) *un monomaniaco* un monomaniaque, un monomane → **monomane.**
monòmero |mo'nɔmero| *agg. e s.m.* (*chim.*) monomère **C** **polimero.**
monometallismo |monometal'lizmo| *s.m.* (*econ.*) monométallisme **C** **bimetallismo.**
monometallista |monometal'lista| *agg.* (*econ.*) monometalliste.
monomètrico, ci, ca, che |mono'mɛtriko, tʃi, ka, ke| *agg.* (*cristallografia*) *sistema monometrico* système cubique.

monòmetro |mo'nɔmetro| *s.m. e agg.* (*metr. classica*) monomètre ⓒ **polimetro.**
monòmio, i |mo'nɔmjo, i| *s.m.* (*mat.*) monône ⓒ **polinomio.**
monomotóre |monomo'tore| *agg. e s.m.* monomoteur*: (*aereo, apparecchio*) *monomotore* (avion) monomoteur.
mononucleàre |mononukle'are| *agg.* → **mononucleato.**
mononucleàto |mononukle'ato| *agg. e s.m.* (*biol.*) mononucléaire.
mononucleòsi |mononukle'ɔzi| *s.f. inv.* (*med.*) mononucléose *var.*
monopàttino |mono'pattino| *s.m.* (*giocattolo*) trottinette *f.*, patinette *f.*
monopètalo |mono'pɛtalo| *agg.* → **gamopetalo.**
monopètto |mono'pɛtto| *s.m. e agg. inv.* (*raro*) (*abbigl.*) droit (*corr.*), droit complet *var.* (*corr.*) ⓒ **doppiopetto.**
monoplàno |mono'plano| *s.m.* (*aer.*) monoplan.
monoplegìa, gie |monople'dʒia, dʒie| *s.f.* (*med.*) monoplégie.
monopòlio, i |mono'pɔljo, i| *s.m.* **1** (*econ.*) monopole: *monopolio di stato* monopole, régie *f.* d'état; *il monopolio dei sali e tabacchi* le monopole, la régie des tabacs; *articoli, generi di monopolio* articles, produits de monopole, de régie; *comprare sigarette al monopolio* acheter des cigarettes à la régie **2** (*fig.*) monopole: *pretendere di avere il monopolio della verità* prétendre détenir seul la vérité; prétendre avoir le monopole de la vérité.
monopolìsta |monopo'lista| *s.* monopoliste.
monopolìstico, ci, ca, che |monopo'listiko, tʃi, ka, ke| *agg.* (*econ.*) monopoliste: *regime monopolistico* régime monopoliste.
monopolizzàre |monopolid'dzare| *v.tr.* **1** (*econ.*) [*produrre, vendere in regime monopolistico*] monopoliser: *monopolizzare una merce, i servizi pubblici* monopoliser une marchandise, les services publics **2** (*fig.*) [*accentrare, concentrare su di sé*] monopoliser: *monopolizzare una persona* monopoliser une personne; *monopolizzare l'attenzione del pubblico* monopoliser l'attention du public.
monopolizzatóre, trice |monopoliddza'tore, tritʃe| *s. e agg.* **1** [*chi vende, produce in regime di monopolio*] monopoleur* **2** (*fig.*) monopolisateur* → **accentratore.**
monopolizzazióne |monopoliddzat'tsjone| *s.f.* [→ MONOPOLIZZARE] monopolisation.
monopósto |mono'posto| *agg. inv.* monoplace: *una cabina monoposto* une cabine monoplace ✦ (*s.f.*) *una* (*vettura, automobile*) *monoposto* une monoplace ✦ (*s.m.*) *un* (*aereo*) *monoposto* un monoplace.
monopsònio, i |monop'sɔnjo, i| *s.m.* (*econ.*) monopsone.
monòptero |mo'nɔptero| *agg.* (*arch. classica*) *tempio monoptero* monoptère *s.m.*
monoreattóre |monoreat'tore| *s.m.* (*aer.*) avion (à réaction) à un seul réacteur ✦ (*agg.*) *un aereo monoreattore* un avion (à réaction) à un seul moteur *loc. inv.*
monorifrangènte |monorifran'dʒente| *agg.* (*fis.*) monoréfringent.
monorìmo |mono'rimo| *agg.* (*metr.*) monorime.
monorìtmico, ci, ca, che |mono'ritmiko, tʃi, ka, ke| *agg.* (*letter.*) à un seul rythme *loc. inv.*
monorìtmo |mono'ritmo| **1** *s.m.* (*letter.*) œuvre *f.* à un seul rythme *loc. inv.* **2** *agg.* → **monoritmico.**
monorotàia |monoro'taja| *s.f.* (*ferr.*) monorail *m.* ✦ (*agg. inv.*) *ferrovia, trasportatore monorotaia* chemin de fer, convoyeur monorail.
monosaccàride |monosak'karide| *s.m.* (*chim.*) monosaccharide.
monoscì |monoʃ'ʃi| *s.m. inv.* monoski *var.*
monoscòcca |monos'kɔkka| *agg. inv.* (*auto.*) monocoque *var.*
monoscòpio, i |monos'kɔpjo, i| *s.m.* (*tv*) monoscope.
monosépalo |mono'sepalo| *agg.* (*bot.*) monosépale.
monosillàbico, ci, ca, che |monosil'labiko, tʃi, ka, ke| *agg.* (*gram.*) monosyllabique ◇ (*ling.*) *le lingue monosillabiche* les langues monosyllabiques.
monosìllabo |mono'sillabo| *s.m.* (*gram.*) monosyllabe ◇ (*loc.*) *parlare, rispondere a monosillabi* parler, répondre par monosyllabes.
monospèrmo |monos'pɛrmo| *agg.* (*bot.*) monosperme.
monostìlo |monos'tilo| *agg.* (*arch.*) monostyle.
monoteìsmo |monote'izmo| *s.m.* (*st. relig.*) monothéisme ⓒ **politeismo.**
monoteìsta |monote'ista| **1** *s.* monothéiste **2** *agg.* → **monoteistico.**
monoteìstico, ci, ca, che |monote'istiko, tʃi, ka, ke| *agg.* (*st. relig.*) monothéiste ⓒ **politeistico.**
monotipìa |monoti'pia| *s.f.* (*tip.*) composition (faite à la) monotype.
monotipìsta |monoti'pista| *s.* monotypiste.
monòtipo |mo'nɔtipo| *s.m.* (*tip.*) monotype.
1 **monotìpo** |mono'tipo| *s.m.* → **monotype.**
2 **monotìpo** |mono'tipo| *agg.* (*mar.*) monotype.
monotonaménte |monotona'mente| *avv.* [→ MONOTONO] d'une manière monotone *loc. inv.*
monotonìa |monoto'nia| *s.f.* monotonie # *che monotonia, quel cantante, quello spettacolo!* quel ennui, quelle barbe (*fam.*) ce chanteur, ce spectacle! → **noia.**
monòtono |mo'nɔtono| *agg.* monotone → **noioso, uggioso.**
Monotrèmi |mono'trɛmi| *s.m. pl.* (*t.zool.*) Monotrèmes.
monotype |'mɔnətaip| *s.f. inv.* (*ingl.*) (*tip.*) monotype *var.*
monovalènte |monova'lɛnte| *agg.* (*chim.*) monovalent, univalent.
monovalènza |monova'lɛntsa| *s.f.* (*chim.*) caractère *m.* univalent.
monòxilo |mo'nɔksilo|, **monòssilo** |mo'nɔssilo| *agg.* monoxyle.
monsignóre |monsiɲ'ɲore| *s.m.* (*st. eccl.*) monseigneur ◇ (*loc. fig., fam.*) *darsi arie da monsignore* faire le grand seigneur ~ *pare un monsignore* on dirait un grand seigneur.
monsóne |mon'sone| *s.m.* (*geogr.*) mousson (*f.*): *i monsoni estivi, invernali* les moussons d'été, d'hiver.
monsònico, ci, ca, che |mon'sɔniko, tʃi, ka, ke| *agg.* (*geogr.*) des moussons (*loc. inv.*): *clima monsonico* climat des moussons.
mónta |'monta| *s.f.* **1** monte, saillie: *monta equina, taurina* monte, saillie chevaline, taurine; *uno stallone da monta* un étalon de monte; *stazione di monta* station de monte, *haras *m.* **2** (*nell'equitazione*) monte: *il sistema inglese di monta* le système anglais de monte ◇ (*per est.*) [*il fantino scelto per montare in una gara*] jockey *m.* **3** (*arch.*) *monta di un arco, di una volta* montée d'un arc, d'une voûte → **freccia.**
montacàrichi |monta'kariki| *s.m. inv.*, (*raro*) **montacàrico, chi** |monta'kariko, ki| *s.m.* monte-charge *inv.*
montàggio, i |mon'taddʒo, i| *s.m.* [→ MONTARE B 4] assemblage, montage: *il montaggio di uno scaffale, di una macchina* l'assemblage d'une étagère, le montage d'une machine ◇ (*mecc.*) *catena di montaggio* chaîne de montage ◇ (*cine.*) *il montaggio di un film, di una pellicola* le montage d'un film, d'une pellicule ⓒ **smontaggio.**
montàgna |mon'taɲɲa| *s.f.* **1** (*geogr., corr.*) montagne: *alta, bassa montagna* haute, petite montagne; *le montagne alpine, appenniniche* les montagnes des Alpes, des Apennins → **monte** ◇ (*per est.*) *i canti della montagna* les chants de la montagne; les chansons à boire; *scarpe da montagna* chaussures de montagne; *passare le ferie in montagna* passer ses vacances à la montagne ◇ (*loc.*) *mal di montagna* mal des montagnes, des hauteurs ◇ (*loc. fig.*) *essere alto, grande come una montagna* être grand comme une montagne ◇ (*prov.*) *se la montagna non va da Maometto, Maometto va* (*d*)*alla montagna* si la montagne ne vient pas à Mahomet, Mahomet ira à la montagne **2** (*nel luna-park*) *le montagne russe* les montagnes russes ◇ (*per est.*) *quella strada è tutta una serie di montagne russe* cette route est toute en montagnes russes **3** (*fig.*) [*grande quantità*] montagne: *ho una montagna di lavoro, di impegni* j'ai une montagne de travail, d'engagements # *ho una montagna di fastidi* j'ai un tas d'ennuis → **mucchio** **4** (*st. fr.*) Montagne.
montagnàrdo |montaɲ'ɲardo| *s.m.* (*st. fr.*) montagnard.
montagnétta |montaɲ'ɲetta| *s.f.* [*piccola montagna*] monticule *m.*
montagnòla |montaɲ'ɲɔla| *s.f.* [*piccola collina*] butte, tertre *m.*
montagnóso |montaɲ'ɲoso| *agg.* montagneux*: *una regione montagnosa* une région montagneuse → **montano.**
montanàro |monta'naro| **1** *s.* montagnard: *un rude montanaro* un rude montagnard; *passo da montanaro* pas de montagne; *modi da montanaro* des façons de montagnard **2** *agg.* montagnard: *la popolazione montanara* la population montagnarde; *usanze montanare* des coutumes montagnardes.
montanèllo |monta'nɛllo| *s.m.* → **fanello.**
montanino |monta'nino| (*raro*) **1** *agg.* de montagne (*loc. inv.*): *frutti montanini* fruits de montagne ◇ (*loc. avv.*) *alla montanina* à la mode des montagnards **2** *s.* (*raro*) → **montanaro.**
montanìsmo |monta'nizmo| *s.m.* (*st. relig.*) montanisme.

montanista |monta'nista| *s. e agg.* montaniste.
montàno |mon'tano| *agg.* (*geogr., corr.*) de montagne *loc. inv.*; des montagnes (*loc. inv.*): *clima montano* climat de montagne; *una località montana* une station de montagne ‖ *fauna, flora montana* faune, flore des montagnes.
montànte |mon'tante| **I** *s.m.* **1** montant: *i montanti di una finestra* les montants d'une fenêtre ◇ (*calcio*) *la palla ha colpito il montante destro* le ballon a touché le poteau droit ◇ (*pugilato*) crochet → **uppercut** ◇ (*scherma*) crochet **2** (*comm.*) montant **II** (*agg.*) *colonna montante* colonne montante.
montàre |mon'tare| **A** *v.intr.* (*aus. 'essere'*) **1** [*salire*] monter (*aus.* avoir, être): *montare sul tavolo, sulla sedia* monter sur la table, sur la chaise; *montare a cavallo, in sella* monter à cheval, sauter en selle; *montare in vettura, sul treno* monter en voiture, dans le train; *dài, monta (in macchina), che partiamo!* allez monte (en voiture), nous partons! ◇ (*loc. fig.*) *montare in cattedra, in pulpito* monter en chaire ~ *montare in superbia* devenir (27) orgueilleux ~ *montare in collera* se mettre (71) en colère ~ *montare su tutte le furie* monter sur ses grands chevaux ~ *montare in bestia* se mettre dans une colère noire ~ *gli è montato il sangue alla testa* le sang lui est monté à la tête **2** [*crescere, gonfiarsi*] monter: *la piena continua a montare* la rivière continue à monter; la crue s'accentue; *la panna non è ancora montata* la crème fouettée n'est pas encore montée **3** (*raro*) → 1 **ammontare 4** (*lett.*) → **importare B** *v.tr.* **1** (*raro*) [→ *intr.* 1] monter: *montare un gradino, le scale* monter une marche, les escaliers **2** [*cavalcare*] *montare un cavallo, una puledra* monter un cheval, une pouliche ✦ (*ass.*) *sa montare molto bene* il sait très bien monter (à cheval) **3** (*detto di animale maschio*) [*congiungersi con una femmina*] monter **4** [*mettere insieme; sistemare*] monter, assembler: *montare un giocattolo* monter, assembler un jouet; *montare tutti i pezzi del trenino elettrico* monter, assembler toutes les pièces du train électrique; *montare un mobile scomponibile* monter un meuble à éléments ◇ (*per est.*) *montare il fucile* (re)monter un fusil; *montare la tenda nel luogo più appropriato* monter, dresser une tente dans le lieu le plus approprié ◇ (*cine.*) *montare un film* monter un film ◇ (*fig.*) *montare uno spettacolo* monter un spectacle → **organizzare 5** [*disporre entro una montatura*] encadrer: *montare una tela nella sua cornice* encadrer une toile # *far montare gli occhiali* faire monter des verres de lunettes ◇ [*incastonare*] *montare un brillante* monter, sertir un brillant **6** (*detto di liquidi*) [*far crescere, far gonfiare*] fouetter; battre (76): *montare la panna* fouetter de la crème fraîche ‖ *montare a neve la chiara dell'uovo* battre le blanc d'œuf en neige **7** (*fig.*) [*ingrandire, esagerare*] monter en épingle: *montare una notizia* monter une nouvelle en épingle; *il suo insuccesso è stato abilmente montato dai suoi avversari* son échec a été habilement monté en épingle par ses adversaires ◇ *loc. fig.* MONTARE LA TESTA A QC. monter la tête à qqn.: *il successo ha finito col montargli la testa* son succès a fini par lui monter à la tête, par lui tourner la tête □ *montarsi la testa* se monter la tête: *non montarti la testa per così poco!* ne te monte pas la tête pour si peu! **8** (*loc.*) *montare la guardia, la sentinella* [*svolgere il proprio turno di guardia*] monter la garde ✦ *ass.* [*cominciare a lavorare*] embrayer (9) (*pop.*): *'a che ora monti domani?' 'monto alle 8 e smonto alle 14'* 'a quelle heure embrayes-tu demain?' 'j'embraye à huit heures et je débraye à 14 heures' **C** *v.pron.* MONTARSI **1** *intr.* [*esaltarsi, insuperbirsi*] se monter (la tête) # *non montarti troppo per i tuoi successi!* il ne faudrait pas que tes succès te montent trop à la tête! **2** *rifl.* → *tr.* 7 □ Ⓒ A 1; B 1 **scendere**, 4, 8 **smontare.**
montasàcchi |monta'sakki| *s.m. inv.* monte-sac(s).
montàta |mon'tata| *s.f.* **1** (*nelle loc.*) *la montata delle anguille, dei salmoni* la (re)montée des anguilles, des saumons **2** (*fisiol.*) *la montata lattea, del latte* la montée du lait.
montàto |mon'tato| *agg.* **1** (*di liquido*) [*gonfiato; sbattuto*] fouetté: *panna montata* crème fouettée, crème Chantilly; *un cono di panna montata* un cornet de crème Chantilly **2** (*persone*) (*fig.*) [*pieno di sé; borioso*] prétentieux*: *quel tuo amico è un po' montato* ton ami est un peu prétentieux ✦ (*s.*) *un montato* un prétentieux.
montatóio, i |monta'tojo, i| *s.m.* [*predellino di vettura*] marchepied.
montatóre, trice |monta'tore, tritʃe| *s.* [*chi è addetto a lavori di montaggio*] monteur*.
montatùra |monta'tura| *s.f.* **1** (*tecnol.*) monture: *un anello con montatura in oro bianco* une bague avec une monture en or blanc; *la montatura degli occhiali* la monture des lunettes # *la montatura di una stampa, di una diapositiva* l'encadrement d'une estampe, d'une diapositive **2** (*fig.*) [→ MONTARE B 7] coup *m.* monté: *lo scandalo si è rivelato una montatura della stampa* le scandale s'est révélé être un coup monté par la presse; *è tutta una montatura* c'est un coup monté, ce n'est que du bluff.
montavivànde |montavi'vande| *s.m. inv.* [*piccolo montacarichi per trasporto verticale dei cibi*] monte-plats.
mónte |'monte| *s.m.* **1** montagne *f.*; mont (+ *nome proprio*): *una catena di monti* une chaîne de montagnes ‖ *il monte Bianco, il monte Rosa* le mont Blanc, le mont Rose ◇ (*loc.*) *attraversare mari e monti* aller par monts et par vaux ◇ (*loc. fig.*) *promettere mari e monti* promettre monts et merveilles ◇ *loc.* A MONTE: (*pr.*) *una località che si trova a monte rispetto a un'altra* un lieu (une localité) qui se trouve en amont par rapport à un autre; *allacciare l'arto a monte della ferita* ligaturer un membre au-dessus de la blessure; (*fig.*) *a monte di queste rivendicazioni, c'è un problema più generale* au-dessus de ces revendications, se pose un problème plus général **2** (*fig.*) [*grande quantità; mucchio*] montagne: *un monte di carte, di stracci* une montagne de papiers, de chiffons # *incontrare un monte di guai* rencontrer un tas de difficultés → 1 **sacco 3** (*carte*) talon ◇ *loc. fig.* ANDARE A MONTE échouer, tomber à l'eau: *tutta l'impresa, il progetto è andato a monte* toute l'affaire, le projet a échoué, est tombé à l'eau; *è andato tutto a monte* tout a échoué, est tombé à l'eau ◇ *loc.* MANDARE A MONTE faire échouer: (*pr.*) *mandare a monte una partita* annuler une partie; (*fig.*) *mandare a monte un progetto* faire échouer un projet **4** (*banca*) *il monte di pietà* le mont-de-piété; *il monte dei pegni* le mont-de-piété ◇ (*per est.*) *il monte premi* → **montepremi 5** (*anat.*) *il monte di Venere* le Mont de Vénus **6** (*chiromanzia*) *il monte di Giove* le mont de Jupiter; *il monte di Venere* le mont de Vénus.
montebiànco, chi (*raro*) |monte'bjanko, ki| *s.m.* [*dolce*] mont-blanc.
montenegrino |montene'grino| *agg.* [*della regione del Montenegro*] monténégrin.
montepremi |monte'prɛmi| *s.m. inv.* montant total*: *il montepremi del Totocalcio questa settimana è di... lire* le montant total du 'Totocalcio' cette semaine est de ... lires.
montessoriàno |montesso'rjano| *agg.* (*pedag.*) montessorien*: *una scuola montessoriana* une école montessorienne.
montgomery |mənt'gʌməri| *s.m. inv.* (*ingl.*) → **mongomeri.**
monticàre |monti'kare| *v.intr.* (*aus. 'avere'*) (*raro*) → **alpeggiare.**
monticazióne |montikat'tsjone| *s.f.* (*raro*) → **alpeggio.**
monticèllo |monti'tʃɛllo| *s.m.* **1** [*piccolo monte*] monticule, butte *f.* **2** (*per est.*) [*mucchietto*] monticule.
montonàta |monto'nata| *s.f.* (*ippica*) saut *m.* de mouton.
montonàto |monto'nato| *agg.* (*geol.*) moutonné: *roccia montonata* roche moutonnée.
1 **montóne** |mon'tone| *s.m.* **1** mouton: *carne, pelle di montone* viande, peau de mouton **2** (*ippica*) *salto del montone* saut de mouton **3** (*geol.*) roche *f.* moutonnée **4** (*st. mil.*) bélier.
2 **montóne** |mon'tone| *s.m.* (*fam., region.*) [*mucchio, monte*] tas (*corr.*): *raccontare un montone di bugie, di spropositi* raconter un tas de mensonges; dire un tas de sottises → 1 **sacco.**
montuosità |montuosi'ta| *s.f. inv.* [*natura montuosa*] caractère *m. var.* montagneux: *la montuosità di una regione* le caractère montagneux d'une région ◇ (*raro*) [*rilievo; gruppo di montagne*] relief *m.* (*corr.*).
montuóso |montu'oso| *agg.* [*che abbonda di monti*] montagneux*.
montùra |mon'tura| *s.f.* (*raro*) → 1 **divisa**, 2 **uniforme.**
monumentàle |monumen'tale| *agg.* monumental*: *iscrizioni monumentali* inscriptions monumentales ◇ (*per est.*) [*ricco di monumenti*] *il cimitero monumentale* le cimetière monumental ◇ (*fig.*) [*grandioso, imponente*] *un'opera, un'enciclopedia monumentale* une œuvre, une encyclopédie monumentale.
monumentalità |monumentali'ta| *s.f. inv.* monumentalité *var.*
monuménto |monu'mento| *s.m.* monument: *un monumento sepolcrale* un monument funéraire; *un monumento equestre* un monument équestre; *il monumento ai caduti* le monument aux morts ◇ (*per est.*) *visitare i monumenti della città* visiter les monuments de

la ville; *studiare i monumenti di una civiltà preistorica* étudier les monuments d'une civilisation préhistorique ◇ (*fig.*) *i monumenti della letteratura classica* les monuments de la littérature classique ◇ (*fam., scherz.*) *le accuse della critica sono un monumento di idiozia* les accusations de la critique sont un monument d'idiotie.
'moquette' |mɔkɛt| *s.f. inv.* moquette *var.*
1 **mòra** |'mɔra| *s.f.* **1** [*il frutto del gelso*] mûre **2** [*il frutto del rovo*] mûron *m.*, mûre sauvage.
2 **mòra** |'mɔra| *s.f.* (*dir.*) demeure: *mettere in mora* mettre en demeure (de); *essere, cadere in mora* être, tomber en demeure # *diritti, interessi di mora* droits, intérêts moratoires; *pagare una mora di 10.000 lire* payer une amende moratoire de 10.000 lires ◇ (*per est.*) [*dilazione*] délai (*m.*): *chiedere una mora di un mese per un pagamento* demander un délai d'un mois pour un paiement.
3 **mòra** |'mɔra| *s.f.* (*fam.*) [*donna bruna*] brune (*corr.*): *passeggiare in compagnia di una bella mora, di una mora formosa* se promener en compagnie d'une belle brune, d'une brune bien en chair.
4 **mòra** |'mɔra| *s.f.* → **morra.**
Moràcee |mo'ratʃee| *s.f. pl.* (*t.bot.*) Moracées.
moràle |mo'rale| **I** *agg.* **1** moral*: *filosofia, teologia morale* philosophie, théologie morale; *la legge morale* la loi morale; *avere dei buoni principi morali* avoir de bons principes (moraux) **2** [*conforme alla morale*] moral: *uno spettacolo morale* un spectacle moral # *una persona, una famiglia morale* une personne, une famille honnête **3** [*che riguarda la coscienza, lo spirito*] moral: *avere, non avere la forza morale di...* avoir, ne pas avoir la force morale de... → **psichico**; *dare un aiuto morale* apporter une aide morale **4** [*soggettivo, fittizio*] moral: *il vincitore morale* le vainqueur moral; *mi ha dato un vero e proprio schiaffo morale* il m'a donné une véritable gifle morale, m'a fait subir un véritable affront; *avere la certezza morale di q.c.* avoir la certitude (morale) de qqch. # *la capitale morale di una nazione* la capitale de fait, la ville la plus importante d'une nation; *New York è la capitale morale della nazione americana* New York est la capitale de fait de la nation américaine **II** *s.f.* **1** morale; moralité: *la morale cristiana, naturale* la morale chrétienne, naturelle; *agire, vivere secondo la morale* agir, vivre suivant la morale ‖ *è un uomo privo di ogni morale* c'est un homme sans aucune moralité **2** [*insegnamento, ammaestramento ricavato da un racconto o da una esperienza*] morale, moralité: *la morale della favola* la morale, la moralité de l'histoire, de la fable; *la morale di tutta la faccenda è che non bisogna mai fidarsi del prossimo* la morale de l'histoire c'est qu'il ne faut jamais se fier aux autres ◇ (*loc.*) *morale della favola: non vuoi proprio venire!* moralité: tu ne veux vraiment pas venir ~ *fare la morale a qc.* [*predica*] faire la morale à qqn. **III** *s.m. solo sing.* [*stato d'animo; condizione psicologica*] moral: *avere il morale alto, alle stelle* avoir un bon moral, avoir le moral au zénith; *avere il morale basso* avoir le moral bas; *essere su, giù di morale* avoir bon moral, le moral bas (à zéro) (*fam.*) # *su, con il morale!* allons, courage! **C** I 2 **immorale,** 3 **fisico, materiale,** 4 **reale** 1, **concreto, effettivo.**
moraleggiànte |moraled'dʒante| *agg.* [*che tende ad ammaestrare, educare*] moralisant: *un'opera moraleggiante* une œuvre moralisante.
moraleggiàre |moraled'dʒare| *v. intr.* (*aus.* 'avere') [*tendere ad ammaestrare, educare*] moraliser ◇ (*spreg.*) *non venire a moraleggiare proprio tu!* ce n'est vraiment pas à toi de faire la morale!
moralìsmo |mora'lizmo| *s.m.* moralisme: *un'opera impregnata di moralismo* une œuvre empreinte de moralisme ◇ (*spreg.*) *il moralismo di certa censura ufficiale* le moralisme d'une certaine censure officielle.
moralìsta |mora'lista| *s.* **1** moraliste ◇ (*spreg.*) *non fare il moralista, proprio tu!* ce n'est vraiment pas à toi de faire le professeur de morale! ✦ *agg.* (*raro*) *avere intenti moralisti* avoir des intentions moralistes → **moralistico 2** (*filos., letter.*) moraliste: *i moralisti del Seicento* les moralistes du XVIIe siècle ✦ (*agg.*) *un filosofo moralista* un philosophe moraliste.
moralìstico, ci, ca, che |mora'listiko, tʃi, ka, ke| *agg.* moraliste, moralisant: *atteggiamento moralistico* attitude moraliste, moralisante.
moralità |morali'ta| *s.f. inv.* **1** moralité (*var.*): *offendere la pubblica moralità* offenser la moralité publique; *principi ispirati alla moralità corrente* principes inspirés à la moralité courante **2** (*st. letter.*) moralité **C** **immoralità.**
moralizzàbile |moralid'dzabile| *agg.* (*raro*) [→ MORALIZZARE A] qu'on peut moraliser *loc.*
moralizzàre |moralid'dzare| **A** *v. tr.* [*rendere conforme alla morale*] moraliser: *moralizzare un ambiente corrotto* moraliser un milieu corrompu **B** *v.intr.* (*aus.* 'avere') (*raro*) → **moraleggiare.**
moralizzatóre, trice |moraliddza'tore, tritʃe| *s.* moralisateur*: *atteggiarsi a moralizzatore* jouer le moralisateur ✦ (*agg.*) *fare opera moralizzatrice* faire une œuvre moralisatrice.
moralizzazióne |moraliddzat'tsjone| *s.f.* [→ MORALIZZARE] moralisation.
moralménte |moral'mente| *avv.* **1** [→ MORALE I 2] moralement: *comportarsi moralmente* se conduire moralement ◇ [*da un punto di vista morale*] *uno spettacolo moralmente discutibile* un spectacle moralement discutable **2** [→ MORALE I 3] moralement: *essere moralmente a terra* être moralement à plat **C** 1 **immoralmente.**
moràto |mo'rato| *agg.* noir foncé.
moratòria |mora'tɔrja| *s.f.* (*dir.*) moratoire *m.*, moratorium *m.* ◇ [*dilazione*] délai: *ottenere una moratoria per un pagamento* obtenir un délai de paiement.
moratòrio, i |mora'tɔrjo, i| *agg.* (*dir.*) moratoire.
moràvo |mo'ravo| *agg.* [*della Moravia*] morave.
morbidaménte |morbida'mente| *avv.* [→ MORBIDO I 1] doucement.
morbidézza |morbi'dettsa| *s.f.* **1** [*cedevolezza al tatto, alla pressione*] douceur # *la morbidezza di un tessuto* la souplesse d'un tissu **2** (*fig.*) [*delicatezza, dolcezza*] flou (*m.*): *una morbidezza di contorni* le flou des contours ◇ (*pitt.*) *morbidezza di toni, di luce* délicatesse de tons, de lumière **C** **durezza.**
mòrbido |'mɔrbido| **I** *agg.* **1** [*soffice; delicato al tatto*] mœlleux*; soyeux*; doux*: *un tappeto, un cuscino morbido* un tapis, un coussin mœlleux; *lana morbida, tessuto morbido* laine mœlleuse, tissu mœlleux ‖ *avere la barba morbida, i capelli morbidi* avoir une barbe soyeuse, des cheveux soyeux ‖ *morbido al tatto, come un velluto* doux au toucher, comme du velours ◇ (*loc.*) *metallo morbido* métal tendre **2** (*fig.*) [*delicato, dolce*] délicat: *linea morbida di un contorno, di un disegno* ligne délicate d'un contour, d'un dessin; *usare dei toni morbidi per un quadro* peindre un tableau avec des tons délicats ◇ (*per est.*) *una morbida atmosfera decadentistica* une tendre atmosphère décadente ◇ (*foto.*) *carta morbida* papier sensible **3** (*med.*) morbide → **morboso 4** (*aer.*) *atterraggio morbido* atterrissage en douceur *loc. inv.* **II** *s.m.* [→ *agg.* 1] mou: *sdraiarsi sul morbido* se coucher sur du mou ◇ (*loc.*) *cadere sul morbido*: (*pr., fig.*) tomber sur du mou **C** I 1, 2 **duro, rigido.**
morbidùme |morbi'dume| *s.m.* choses *f. pl.* molles; masse *f.* molle.
morbilità |morbili'ta| *s.f. inv.* (*stat.*) morbilité *var.*
morbìllo |mor'billo| *s.m.* (*med., corr.*) rougeole *f.*
morbillóso |morbil'loso| *agg. e s.* (*med.*) rougeoleux*, morbilleux* *agg.*
morbìno |mor'bino| *s.m.* (*pop.*) → **euforia.**
mòrbo |'mɔrbo| *s.m.* (*raro, lett.*) [*malattia*] mal*: *rapito, stroncato da un morbo incurabile* emporté par un mal incurable ◇ (*med.*) *il morbo di Parkinson, di Addison, di Burger* la maladie *f.* de Parkinson, d'Addison, de Burger.
morbosaménte |morbosa'mente| *avv.* [→ MORBOSO 2] morbidement: *è morbosamente attaccato a sua madre* il est morbidement attaché à sa mère.
morbosità |morbosi'ta| *s.f. inv.* **1** [*esasperazione, eccesso*] morbidité (*var.*): *il suo affetto rasenta la morbosità* son affection frise la morbidité **2** (*raro*) → **morbilità.**
morbóso |mor'boso| *agg.* **1** (*med.*) morbide: *stato morboso* état morbide **2** (*fig.*) [*eccessivo, patologico*] morbide: *un attaccamento morboso a qc.* un attachement morbide à qqn.; *un film morboso* un film morbide; *una curiosità morbosa* une curiosité morbide, maladive **C** 1 **sano.**
morchèlla |mor'kɛlla| *s.f.* → **spugnola.**
mòrchia |'mɔrkja| *s.f.* [*deposito lasciato dall'olio*] dépôt *m.* ◇ [*lubrificante per carri e vetture*] cambouis *m.* ◇ (*per est.*) [*sudiciume, sporcizia*] crasse # *la morchia della pipa* le culot de la pipe.
morchióso |mor'kjoso| *agg.* plein de dépôt, de cambouis; crasseux* → **morchia.**
morchiùme |mor'kjume| *s.m.* [*quantità di morchia*] lie *f.*

mordàcchia |mor'dakkja| *s.f.* **1** [*strumento per immobilizzare la lingua e la bocca dei cavalli durante la ferratura*] morailles *pl.* ◇ (*raro, loc. fig.*) *mettere la mordacchia a qc.* museler qqn. **2** (*region.*) [*museruola*] muselière.

mordàce |mor'datʃe| *agg.* **1** (*raro*) [*pronto a mordere*] mordant: *cane mordace* chien mordant **2** (*fig.*) (*persone*) [*che tende a una satira aspra e pungente*] mordant: *uno scrittore mordace* un écrivain mordant → **sarcastico** ◇ (*cose*) *uno scritto mordace* un écrit mordant → **pungente**; *un'allusione mordace* une allusion mordante → **caustico.**

mordaceménte |mordatʃe'mente| *avv.* (*raro*) [→ MORDACE 2] d'une manière mordante *loc. inv.* (*corr.*), d'un ton mordant, acide *loc. inv.* (*corr.*).

mordacità |mordatʃi'ta| *s.f. inv.* [*sarcasmo; satira pungente*] mordacité *var.*

mordènte |mor'dɛnte| **I** *s.m.* **1** (*tecnol.*) mordant # *dare il mordente a un tessuto, a un mobile, a una lastra metallica* mordancer un tissu, un meuble, une plaque de métal **2** (*fig.*) [*aggressività; spirito combattivo*] mordant: *combattere con mordente* combattre avec mordant; *un atleta privo di mordente* un athlète qui manque de mordant ◇ (*cose*) [*efficacia; forza di persuasione*] *un'opera, una critica priva di mordente* une œuvre, une critique qui manque de mordant **II** *agg.* (*raro*) [→ *s.m.* 2] mordant (*corr.*): *uno stile mordente* un style mordant.

mordenzàre |morden'tsare| *v.tr.* (*chim.*) [*trattare con mordente*] mordancer (2): *mordenzare un tessuto, una lastra metallica* mordancer un tissu, une plaque de métal.

mordenzatùra |mordentsa'tura| *s.f.* (*chim.*) mordançage *m.*

mòrdere |'mɔrdere| (156) *v.tr.* **1** [*stringere con i denti, per ferire e sim.*] mordre (53): *è stato morso da un cane, da una vipera* il a été mordu par un chien, une vipère; *mordere la mano di un avversario* mordre la main d'un adversaire ✦ (*ass.*) *è un cane, un gatto che non morde* c'est un chien, un chat qui ne mord pas; *è un bambino che morde* c'est un enfant qui mord ◇ [*addentare, morsicare*] *mordere il pane, la mela* mordre dans le pain, dans une pomme ◇ (*loc. fig.*) *mordere il freno* ronger son frein ~ *mordere la polvere* mordre la poussière ◇ (*loc. fig.*) *mordersi le mani, le dita* se mordre les doigts ~ *mordersi le labbra, la lingua*: (*pr.*) se mordre les lèvres, la langue; (*fig.*) se mordre la langue ◇ (*prov.*) *can che abbaia non morde* chien qui aboie ne mord pas **2** (*fig.*) [*irritare, molestare*] mordre: *la tramontana mordeva il viso degli sciatori* la tramontane mordait le visage des skieurs ✦ (*ass.*) *c'è un gelo che morde* il y a un gel qui pique, qui cingle le visage → **pungere**; *è un aceto che morde* c'est un vinaigre qui pique **3** (*per est.*) [*far presa*] mordre: *l'ancora morde* (*il fondo*) l'ancre mord (le fond) ✦ *ass.* (*fig.*) [*essere mordace, efficace*] *è una critica che morde* c'est une critique cinglante → **graffiare** **4** [*intaccare, incidere*] mordre: *la lima morde il ferro, il legno* la lime mord le fer, le bois ◇ (*per est.*) [*corrodere*] *è un acido che morde i metalli* c'est un acide qui attaque les métaux **5** (*fig.*) [*tormentare, affliggere*] tourmenter, mordre: *lo mordeva continuamente il rimorso, lo smacco subito* le remords éprouvé, l'humiliation essuyée lui mordait continuellement le cœur.

mordicchiàre |mordik'kjare| *v.tr.* [*addentare con piccoli e insistenti morsi*] mordiller: *mordicchiare pigramente la cannuccia della bibita* mordiller paresseusement la paille de sa boisson # *mordicchiarsi nervosamente le unghie* se ronger nerveusement les ongles.

mordigallìna |mordigal'lina| *s.f.* → **centonchio.**

morèlla |mo'rɛlla| *agg. e s.f.* (*t.bot.*) (*erba*) *morella* morelle *s.f.*

morèllo |mo'rɛllo| (*agg. e s.*) *un* (*cavallo*) *morello* [*di colore tendente al nero*] un (cheval) moreau*; *una* (*cavallina*) *morella* une (jument) morelle.

morèna |mo'rɛna| *s.f.* (*geol.*) moraine.

morènico, ci, ca, che |mo'rɛniko, tʃi, ka, ke| *agg.* (*geol.*) morainique: *anfiteatro morenico* amphithéâtre morainique.

morènte |mo'rɛnte| *agg.* **1** [*moribondo*] mourant: *giacere morente nella corsia di un ospedale* être mourant dans une salle d'hôpital ✦ (*s.*) *un morente* un mourant **2** (*fig.*) *l'anno morente* l'an finissant; *delle usanze ormai morenti* des coutumes désormais en voie de disparition.

morésca, che |mo'reska, ke| *s.f.* (*mus.*) mauresque.

morésco, chi, ca, che |mo'resko, ki, ka, ke| *agg.* mauresque, moresque: *l'arte, l'architettura moresca* l'art, l'architecture mauresque, moresque.

1 **morétta** |mo'retta| *s.f.* **1** (*con tono di affetto o simpatia*) [*giovane ragazza bruna di capelli o di colorito*] brunette **2** (*raro*) [*giovane ragazza di razza nera*] jeune négresse (*corr.*).

2 **morétta** |mo'retta| *s.f.* (*t.zool.*) morillon *m.*

morettìna |moret'tina| *s.f.* **1** [*graziosa ragazza bruna*] brunette, petite brune **2** → **bautta** 2.

morettìno |moret'tino| *s.m.* (*fam.*) (*con tono affettivo*) petit brun.

morétto |mo'retto| *s.m.* **1** (*fam.*) petit brun, jeune brun **2** (*raro*) → **negretto.**

more uxorio |'mɔreuk'sɔrjo| *loc. avv.* (*lat.*) (*dir.*) maritalement: *convivere more uxorio* vivre maritalement.

morfèa |mor'fɛa| *s.f.* (*veter.*) tache de dépigmentation.

morfèma |mor'fɛma| *s.m.* (*ling.*) morphème.

-morfìa |mor'fia| *suff.* (*raro*) → **-morfismo.**

morfìna |mor'fina| *s.f.* (*chim., farm.*) morphine.

morfinismo |morfi'nizmo| *s.m.* (*med.*) morphinisme.

morfinizzàre |morfinid'dzare| **A** *v.tr.* [*intossicare con morfina*] intoxiquer avec de la morphine, rendre (53) morphinomane **B** *v.pron. rifl.* MORFINIZZARSI [→ *tr.*] s'intoxiquer avec de la morphine; être (43) *intr.* morphinomane.

morfinòmane |morfi'nɔmane| *agg. e s.* morphinomane.

morfinomania |morfinoma'nia| *s.f.* (*med.*) morphinomanie.

-morfìsmo |mor'fizmo| *suff.* (*in termini scient. derivati da agg. in '-morfo', corrisponde gener. a*) morphisme: *polimorfismo* polymorphisme; *isomorfismo* isomorphisme.

morfìsmo |mor'fizmo| *s.m.* (*mat., scient.*) morphisme.

mòrfo- |'mɔrfo| *pref.*, **-mòrfo** |'mɔrfo| *suff.* (*in agg. della terminologia scient., indicano riferimento a 'forma', corrispondono gener. a*) morph(o) *pref.*; morphe (*suff.*): *morfogenesi* morphogénèse ‖ *polimorfo* polymorphe.

morfogènesi |morfo'dʒɛnezi| *s.f. inv.* (*biol.*) morphogénèse *var.*, morphogénie *var.*

morfogenètico, ci, ca, che |morfodʒe'nɛtiko, tʃi, ka, ke| *agg.* (*biol.*) morphogène.

morfologìa, gie |morfolo'dʒia, dʒie| *s.f.* **1** (*ling.*) morphologie → **grammatica** **2** (*biol., geogr., geol., miner.*) morphologie.

morfologicaménte |morfolodʒika'mente| *avv.* [→ MORFOLOGICO] morphologiquement.

morfològico, ci, ca, che |morfo'lɔdʒiko, tʃi, ka, ke| *agg.* **1** (*ling.*) morphologique: *lo studio morfologico di una lingua* l'étude morphologique d'une langue **2** (*biol., geogr., geol., miner.*) morphologique.

morfologìsta |morfolo'dʒista| *s.* spécialiste des problèmes morphologiques.

morgàna |mor'gana| *s.f.* (*nella loc.*) *fata morgana* Morgane ◇ [*miraggio*] mirage *m.*

morganaticaménte |morganatika'mente| *avv.* [→ MORGANATICO] morganatiquement.

morganàtico, ci, ca, che |morga'natiko, tʃi, ka, ke| *agg.* (*st., dir.*) morganatique.

'morgue' |mɔʀg(ə)| *s.f. inv.* morgue *var.*

morìa |mo'ria| *s.f.* grande mortalité (causée par une épidémie): *c'è stata una moria di polli e conigli* il y eu une grande mortalité chez les poulets et les lapins.

moribóndo |mori'bondo| *agg. e s.* moribond ◇ (*scherz.*) *aveva un aspetto da moribondo* il avait l'air d'un moribond # *è un vino che fa risuscitare i moribondi* c'est un vin à ressusciter un mort.

morigerataménte |moridʒerata'mente| *avv.* [→ MORIGERATO] modérément.

morigeratézza |moridʒera'tettsa| *s.f.* [*moderazione, sobrietà*] modération, tempérance ◇ [*onestà, costumatezza*] sobriété, bonnes mœurs *pl.*

morigeràto |moridʒe'rato| *agg.* [*lontano dagli eccessi*] modéré, sobre: *essere morigerato nel bere, nel mangiare* manger, boire modérément, sobrement → **sobrio, moderato** ◇ [*onesto, di buoni costumi*] honnête, mesuré: *condurre una vita morigerata* mener une vie honnête, mesurée.

moriglióne |moriʎ'ʎone| *s.m.* (*t. zool.*) morillon.

morióne |mo'rjone| *s.m.* (*st. mil.*) morion.

1 **morire** |mo'rire| (198) *v.intr.* (*aus. 'essere'*) **1** (*di esseri viventi*) [*cessare di vivere*] mourir (24): *morire di morte naturale* mourir de mort naturelle; *morire di malattia* mourir de maladie; *morire in un incidente, di morte violenta*

être tué, mourir dans un accident, de mort violente; *morire ammazzato, annegato* mourir assassiné, noyé; *morire tisico* mourir de tuberculose, tuberculeux; *gli è morta la mamma* sa mère est morte; il a perdu sa mère; *è morto senza riprendere i sensi* il est mort sans reprendre connaissance; *è morto bene, con tutti i sacramenti* il est mort en bon chrétien; *gli è morto il cane* son chien est mort; *mi sono morte tutte le piante* toutes mes plantes sont mortes ◇ *loc.* FAR MORIRE QC. faire mourir qqn.: *lo hanno fatto morire di fame* ils l'ont fait, laissé mourir de faim; (*fig.*) *lo farai morire di dolore* tu le feras mourir de chagrin → **ammazzare** ~ *lasciar morire qc.* laisser mourir qqn. ~ *morire* (*solo*) *come un cane* mourir (seul) comme un chien ~ *morire nel proprio letto* mourir dans son lit ~ (*come giuramento o imprecazione*) *possa morire qui, subito se non è vero che...* que je meure ici, à l'instant, (je veux être damné) s'il n'est pas vrai que... ◇ (*loc. fig.*) *morire al mondo* mourir au monde, se retirer du monde ~ *quella persona è ormai morta per me* cette personne est désormais morte pour moi ~ *chi non muore si rivede* tiens, on vous (te) croyait mort ◇ (*prov.*) *chi muore giace e chi vive si dà pace* laissons les morts enterrer les morts, la vie reprend toujours le dessus ~ *partire è un po' morire* partir, c'est mourir un peu ~ *morto un papa se ne fa un altro* le roi est mort, vive le roi! **2** (*in usi iperb.*) mourir: *morire di sete, di sonno, di fatica* mourir de soif, de sommeil, de fatigue; *muoio dalla voglia di rivederlo* je meurs d'envie de, il me tarde de le revoir; *morire dalle risate* mourir, se tordre de rire; *c'era da morire dal ridere* c'était à mourir, à crever de rire; *mi farai morire con le tue lagne* tu me tueras avec tes pleurnicheries ◇ *loc. avv.* DA MORIRE terriblement (*avv.*): *mi piace da morire* ça me plaît terriblement, éperdument; *era brutta da morire* elle était laide à faire peur # *gli voleva un bene da morire* il en était fou ◇ (*loc. fig.*) *meglio, peggio di così si muore* on ne peut pas faire mieux, on ne peut pas trouver pire ~ *morire di amore per una donna, per un ragazzo* mourir d'amour pour une femme, pour un homme → **spasimare** **3** (*per est.*) (*cose*) mourir: *l'estate è vicina a morire* l'été va mourir # *lasciar morire il discorso, la conversazione* laisser tomber la conversation; *sono abitudini, vizi duri da morire* ce sont des habitudes, des vices difficiles à déraciner, à extirper; *la parola, il sorriso gli morì sulle labbra* la parole expira sur ses lèvres, le sourire se figea sur les lèvres ◇ [*terminare*] finir, se terminer (*pron.*): *il sentiero muore qui* le sentier finit ici, se termine ici # *il torrente, il fiume muore in una palude* le torrent, le fleuve se perd dans un marais ◇ (*di linea ferr.*) *questo treno muore a Firenze* ce train ne va que jusqu'à Florence 🄲 1 **vivere** 1; 3 **nascere** 1.

2 **morire** |mo'rire| *s.m. inv.* [*morte*] mort (*f. var.*): *lo spaventa il morire* il a peur de la mort, de mourir.

moritùro |mori'turo| *agg. e s.* (*lett.*) [*chi sta per morire; destinato a morire*] (celui) qui va mourir *loc.*, moriturus (*lett.*) 🄲 **nascituro.**

morlàcco, chi |mor'lakko, ki| *agg.* [*della Morlacchia*] morlaque.

mormóne |mor'mone| *s.* mormon.

mormònico, ci, ca, che |mor'mɔniko, tʃi, ka, ke| *agg.* mormon.

mormonìsmo |mormo'nizmo| *s.m.* (*relig.*) mormonisme.

mormoraménto |mormora'mento| *s.m.* (*raro*) → **mormorazione.**

mormorànte |mormo'rante| *agg.* (*cose*) [*che mormora*] murmurant.

mormoràre |mormo'rare| **A** *v.intr.* (*aus.* '*avere*') **1** (*cose*) [*emettere un suono sommesso e continuato*] murmurer (*lett.*): *il vento mormorava tra gli alberi* le vent murmurait dans les arbres → **stormire, frusciare**; *si sentiva mormorare il torrente* on entendait le torrent murmurer, gazouiller ◇ (*persone*) [*parlare a bassa voce; bisbigliare*] murmurer, marmotter: *parla più forte: non mormorare!* parle plus fort: ne marmotte pas! **2** (*fig.*) [*esprimere malcontento, lagnanze*] murmurer: *il pubblico cominciò a mormorare* le public commença à murmurer → **brontolare** ◇ [*parlar male*] jaser, médire (48): *la gente comincia a mormorare sul tuo conto* les gens commencent à jaser sur ton compte → **sparlare** ◇ *loc.* MORMORARE (+ *che* + *congv.*) on murmure (+ que + *indic.*): *si mormora che abbia fatto fortuna con mezzi illeciti* on murmure, le bruit court qu'il a fait fortune par des moyens illicites **B** *v.tr.* [*dire, pronunciare a bassa voce*] murmurer: *gli mormorò qualcosa all'orecchio* il lui murmura quelque chose à l'oreille; *che cosa state mormorando, voi due?* que murmurez-vous là, vous deux? → **sussurrare.**

mormoratóre, trice |mormora'tore, tritʃe| *s.* **1** celui *m.*, celle *f.* qui murmure **2** → **maldicente.**

mormorazióne |mormorat'tsjone| *s.f.* [*maldicenza*] cancan (*m.*): *evitare la mormorazione della gente* éviter les cancans des gens → **brontolio** ◇ [*la cosa mormorata*] cancan, médisances (*pl.*): *non farci caso: sono tutte mormorazioni!* n'y fais pas attention: ce ne sont que des cancans, des médisances.

mormoreggiàre |mormored'dʒare| *v.intr.* (*aus.* '*avere*') [*fare un rumore cupo e ripetuto*] bruire*, murmurer (*lett.*): *si sentivano mormoreggiare le onde del mare* on entendait bruire, murmurer les vagues de la mer ◇ [*rumoreggiare, in segno di malcontento*] *l'assemblea cominciava a mormoreggiare* l'assemblée commençait à murmurer.

mormorìo, ii |mormo'rio, ii| *s.m.* [*un sommesso mormorare; fruscio*] murmure: *il mormorio del vento, del ruscello* le murmure du vent, du ruisseau ◇ (*persone*) [*suono confuso e sommesso di più persone*] *un mormorio di approvazione, di ammirazione, di disapprovazione* un murmure d'approbation, d'admiration, de désapprobation → **brusio.**

mórmoro |'mormoro| *s.m.* (*t.zool.*) capelan.

1 **mòro** |'mɔro| **I** *agg.* **1** (*persone*) [*di carnagione bruna, di capelli bruni*] brun: *essere moro di capelli, di carnagione* avoir des cheveux bruns, la peau brune ✦ (*s.m.*) *un moro* un brun ✦ (*s.f.*) *una mora* une brune → 3 **mora** **2** (*raro*) (*animali*) brun (*corr.*): *un cavallo moro* un cheval à robe brune **3** (*raro*) (*persone*) [*africano, negro*] maure, mauresque, more, moresque: *uno schiavo moro* un esclave maure, mauresque **II** *s.* (*st.*) *i Mori* les Maures → **saraceno, musulmano.**

2 **mòro** |'mɔro| *s.m.* → **gelso.**

morosità |morosi'ta| *s.f. inv.* (*dir.*) retard *m. var.* dans le paiement.

1 **moróso** |mo'roso| *agg.* (*dir.*) retardataire.

2 **moróso** |mo'roso| *s.* (*region.*) [*fidanzato; innamorato*] fiancé, petit ami: *scrivere alla morosa* écrire à sa fiancée, à sa petite amie; *ce l'hai il moroso?* est-ce que tu as un petit ami? ✦ (*loc.*) *andare a morose* courir le jupon; courir après les filles.

mòrra |'mɔrra| *s.f.* (*gioco*) mourre: *giocare a morra* jouer à la mourre; *fare una partita a morra* faire une partie à la mourre.

mòrsa |'mɔrsa| *s.f.* **1** (*tecnol.*) étau *m.* ◇ (*fig.*) *stringere in una morsa* serrer dans un étau → **stretta, presa**; *la morsa del freddo non accenna a diminuire* l'étreinte du froid n'a pas l'air de (vouloir) diminuer **2** *al plur.* (*edil.*) pierres d'attente **3** (*raro*) → **mordacchia.**

morse |mɔːs| *agg. inv.* (*ingl.*) morse (*var.*): *alfabeto morse* alphabet morse ✦ (*s.m. inv.*) *comunicare in morse* communiquer en morse.

morsèllo |mor'sɛllo| *s.m.* (*raro*) → **boccone.**

morsettièra |morset'tjɛra| *s.f.* (*elettr.*) barrette de connexion, de raccordement.

morsétto |mor'setto| *s.m.* (*tecnol., corr.*) étau: *morsetto da falegname* étau de menuisier, sergent ◇ (*elettr.*) borne *f.*

morsicàre |morsi'kare| *v.tr.* [*mordere*] mordre (53): *è stato morsicato dal cane, da una vipera* il a été mordu par un chien, par une vipère # *lo ha morsicato un'ape* une abeille l'a piqué ◇ [*addentare*] *morsicare una mela* mordre à une pomme, dans une pomme.

morsicatùra |morsika'tura| *s.f.* [→ MORSICARE] morsure; (*di insetti*) piqûre: *una pomata contro le morsicature* une pommade contre les piqûres.

morsicchiàre |morsik'kjare| *v.tr.* [*mordere, addentare a piccoli morsi*] mordiller → **mordicchiare.**

mòrso |'mɔrso| *s.m.* **1** morsure (*f.*): *il morso di una vipera* la morsure d'une vipère # *il morso di una zanzara* la piqûre d'un moustique; *dare, ricevere un morso* mordre, être mordu; *difendersi a calci e morsi* se défendre en donnant des coups de pied et en mordant; *mangiare una mela a morsi* croquer une pomme ◇ (*per est.*) [*il segno di una morsicatura*] *gli è restato un morso sulla guancia* il lui est resté une morsure sur la joue ◇ [*boccone*] morceau: *ha mangiato solo tre morsi di pane* il n'a mangé que trois morceaux de pain → 2 **tozzo** **2** *spec. al plur.* (*fig.*) *sentire il morso, i morsi della fame* ressentir les affres, les tiraillements de la faim; *sentire i morsi della gelosia* éprouver les morsures, les tourments de la jalousie **3** [*il ferro della briglia del cavallo*] mors ◇ (*loc. fig.*) *stringere, allentare il morso* lâcher, serrer le frein ~ *mordere il morso* ronger son frein.

morsùra |mor'sura| *s.f.* (*nelle incisioni*) morsure.

mortadèlla |morta'dɛlla| *s.f.* mortadelle.
mortàio, i |mor'tajo, i| *s.m.* **1** [*recipiente in cui si pesta q.c. per ridurla in frantumi, in polvere*] mortier ◇ (*loc. fig.*) *pestare l'acqua nel mortaio* donner des coups d'épée dans l'eau; peigner la girafe (*fam.*) **2** (*mil.*) mortier.
mortàle |mor'tale| *agg.* **1** (*cose*) mortel*: *una malattia, una ferita mortale* une maladie, une blessure mortelle; *un incidente mortale* un accident mortel ◇ (*per est.*) *un'angoscia, un dolore mortale* une angoisse, une douleur mortelle ◇ (*fig.*) *un'offesa mortale* une offense mortelle; *un odio mortale* une haine mortelle ◇ (*loc.*) *salto mortale* saut mortel ~ *le spoglie mortali* la dépouille mortelle ~ *peccato mortale*: (*pr.*) péché mortel; (*fig.*) *non sarebbe un peccato mortale se ci andassi tu* il n'y aurait rien de mal à ce que tu y ailles; *è brutto come il peccato mortale* il est laid comme les sept péchés capitaux **2** (*persone*) [*destinato a morire*] mortel: *l'uomo è un essere mortale* l'homme est un être mortel ♦ *s.* (*lett., scherz.*) *un mortale* un mortel: *chi è il fortunato mortale che l'ha sposata?* qui est l'heureux mortel qui l'a épousée? → **uomo** Ⓒ 2 **immortale.**
mortalità |mortali'ta| *s.f. inv.* mortalité *var.* ◇ (*stat.*) *indice di mortalità* taux de mortalité.
mortalménte |mortal'mente| *avv.* [→ MORTALE 1] mortellement: *è rimasto ferito mortalmente* il a été mortellement blessé ◇ (*fig.*) *odiare qc. mortalmente* haïr mortellement qqn.
mortarétto |morta'retto| *s.m.* [*particolare tipo di fuoco d'artificio*] pétard.
mortàsa |mor'taza| *s.f.* (*tecnol.*) mortaise.
mortasàre |morta'zare| *v.tr.* (*tecnol.*) [*eseguire una mortasa*] mortaiser.
mortasatrìce |mortaza'tritʃe| *s.f.* (*tecnol.*) mortaiseuse.
mortasatùra |mortaza'tura| *s.f.* (*tecnol.*) mortaisage *m.*
mòrte |'mɔrte| *s.f.* **1** mort: *morte naturale, violenta, accidentale, improvvisa* mort naturelle, violente, accidentelle, subite; *causare, provocare la morte di qc.* causer, provoquer la mort de qqn.; *salvare qc. dalla morte, da una morte certa* sauver qqn. de la mort, d'une mort certaine; *fare una brutta morte* avoir une vilaine mort; *affrontare la morte* affronter la mort; *essere tra la vita e la morte* être entre la vie et la mort; *affrontare coraggiosamente la morte* affronter courageusement la mort # *certificato di morte* certificat de décès; *annunzio di morte* avis mortuaire; faire-part de décès ◇ (*biol.*) *morte clinica* mort clinique; *morte biologica* mort absolue; *morte apparente* mort apparente ◇ (*dir.*) *dichiarazione di morte presunta* déclaration de mort présumée ◇ (*loc.*) *il salto della morte* le saut de la mort → **mortale** ~ *il giro della morte* le tour de la mort ~ *in punto di morte* à l'article de la mort; mourant ~ *la morte bianca* mort provoquée par l'oxyde de carbone; mort à la suite d'un accident du travail ~ *ode in morte di...* ode pour la mort de... ◇ (*loc. fig.*) *è una questione di vita o di morte* c'est une question de vie ou de mort ~ *avere la morte negli occhi* avoir la mort dans les yeux ~ *avere la morte nel cuore, nell'anima* avoir la mort dans l'âme ~ *vedere la morte con i propri occhi* voir la mort de près, en face ~ *il pallore della morte* la pâleur de la mort ~ *si fece subito un silenzio di morte* il se fit tout de suite un silence de mort ~ *fare la morte del topo* mourir écrasé comme un rat ~ *scherzare con la morte* jouer avec la mort **2** [*uccisione violenta*] *dare la morte a qc.* tuer qqn.; *darsi la morte* se donner la mort, se tuer, se suicider → **suicidarsi**; *minacciare di morte* menacer de mort ◇ [*pena capitale*] *condannare a morte* condamner à mort; *mettere a morte* mettre à mort, tuer, faire mourir; *è proibito lo spionaggio in tempo di guerra, pena la morte* l'espionnage en temps de guerre est puni de mort ◇ (*loc. fig.*) *meriterebbe la morte, mille morti!* il méritait la mort, mille morts ~ *era tanto triste che pareva che andasse alla morte* il était si triste qu'il semblait aller à l'échafaud ◇ *loc. avv.* A MORTE à mort: *colpire, bastonare a morte* frapper à mort; *odiare a morte* haïr à mort; *averla, avercela a morte con qc.* en vouloir à mort à qqn.; (*iperb.*) *sono annoiato a morte* je me suis mortellement ennuyé ♦ (*con valore di inter.*) *a morte i traditori, gli assassini!* mort aux traîtres, aux assassins! **3** (*per est.*) *la morte di un pino, di un ramo* la mort d'un pin, d'une branche; *la morte di una ditta, di un'industria* la mort d'une entreprise, d'une industrie → **cessazione**; *la morte di una tradizione* la fin d'une tradition → 1 **fine** ◇ (*loc. fig.*) *quegli studi non gli vanno*: *per lui sono la morte* ces études ne lui conviennent pas: pour lui c'est mortel; *sarai la mia morte!* tu me feras mourir! → **rovina** **4** (*teol.*) *la morte dell'anima* la mort de l'âme; *la morte eterna* la mort éternelle **5** (*cuc.*) *la morte della lepre è in salmì* la meilleure façon d'accommoder le lièvre est de le mettre en civet Ⓒ 1 **vita** 1, **nascita.**
mortèlla |mor'tɛlla| *s.f.* (*lett., region.*) → **mirto.**
mortésa |mor'teza| *e deriv.* → **mortasa** *e deriv.*
morticino |morti'tʃino| *s.* enfant mort.
mortìfero |mor'tifero| *agg.* (*lett.*) → **mortale** 1.
mortificaménto |mortifika'mento| *s.m.* (*raro*) → **mortificazione.**
mortificànte |mortifi'kante| *agg.* mortifiant, humiliant: *parole mortificanti* mots humiliants, mortifiants, paroles mortifiantes → **umiliante** # *è stata una scena mortificante* ce fut une scène pénible → **avvilente, penoso**; *è mortificante constatare che...* il est déprimant, décourageant de constater que... → **deprimente, scoraggiante.**
mortificàre |mortifi'kare| **A** *v.tr.* **1** [*provocare, umiliare con rimproveri e sim.*] humilier; mortifier: *mortificare qc. davanti a tutti* humilier qqn. devant tout le monde ‖ *non mortificarlo con rimproveri continui!* ne le mortifie pas avec des reproches continuels **2** (*relig.*) [*reprimere con pratiche ascetiche*] mortifier: *mortificare la carne, i sensi* mortifier la chair, les sens; *mortificare l'amor proprio* mortifier son amour-propre **3** (*med.*) [*necrotizzare*] mortifier (*raro*): *mortificare un tessuto* mortifier les tissus **B** *v.pron.* MORTIFICARSI **1** *intr.* [→ *tr.* 1] se froisser, se sentir (21) humilié: *se glielo dici in malo modo, si mortifica* si tu le lui dis d'une façon brusque, elle se froisse, elle se sent humiliée **2** *rifl.* [→ *tr.* 2] se mortifier.
mortificàto |mortifi'kato| *agg.* **1** mortifié: *essere, rimanere mortificato* être mortifié → **confuso, umiliato** # *sono proprio mortificato del contrattempo* je suis vraiment désolé de ce contretemps **2** (*med.*) *tessuto mortificato* tissu(s) mortifié(s).
mortificazióne |mortifikat'tsjone| *s.f.* **1** [→ MORTIFICARE A 1] mortification: *l'insuccesso è stato per lui una vera mortificazione* l'insuccès a été pour lui une vraie mortification **2** [→ MORTIFICARE A 2] mortification: *mortificazioni corporali, spirituali* mortifications corporelles, spirituelles → **penitenza** **3** (*med.*) nécrose, mortification (*raro*): *mortificazione di un tessuto* nécrose, mortification des tissus.
mòrto |'mɔrto| **I** *agg.* **1** mort: *cadere morto sul colpo* tomber raide mort; *rimase morto stecchito* il resta là raide mort; *un bambino nato morto* un enfant mort-né ◇ (*per est.*) *avere un braccio morto, una gamba morta* avoir un bras paralysé, une jambe paralysée ◇ (*loc.*) *lo hanno trovato mezzo morto* ils l'ont trouvé à moitié mort ~ *c'è l'ordine di catturarlo*: *vivo o morto* l'ordre est de le capturer: mort ou vif ◇ (*loc. fig.*) *stagione morta* morte-saison ~ *le lingue morte* les langues mortes ~ *il rimprovero è rimasto per lui lettera morta* le reproche a été pour lui lettre morte ~ *una città morta* une ville morte ~ *essere stanco morto, essere morto dalla stanchezza, dalla fatica* être mort de fatigue ~ *essere un peso morto per la famiglia, per la società* être un poids mort pour la famille, pour la société ~ *ormai si sentiva un uomo morto* il se sentait désormais un homme fini ~ *dare qc. per morto* porter qqn. mort ~ *il primo che si muove è un uomo morto* le premier qui bouge est un homme mort ~ *per me, quella persona è ormai morta e sotterrata* pour moi, cette personne est morte et enterrée ~ *le trattative sono arrivate a un punto morto* les pourparlers sont arrivés à un point mort ~ *buttarsi a corpo morto su q.c., su qc.* se jeter à corps perdu sur qqch., sur qqn. **2** (*mar.*) mort: *opera morta* œuvre morte; *corpo morto* corps mort; *mare morto* mer morte; *acque morte* eaux mortes **3** (*dir.*) *mano morta* → **manomorta** **4** (*econ.*) *capitale morto* capital mort **5** (*ferr.*) *binario morto* voie de garage **6** (*pitt.*) *natura morta* nature morte **II** *s.* **1** *s.* mort: *commemorare, rispettare i morti* commémorer, respecter les morts # *togliersi il cappello quando passa un, il morto* (en)lever son chapeau quand passe un enterrement ◇ (*liturg. catt.*) *messa da morto* messe de requiem; *suonare a morto* sonner le glas; *la festa, il giorno dei Morti* la fête, le jour des Morts ◇ (*nuoto*) *fare il morto* faire la planche ◇ (*loc. fig.*) *qui ci scappa il morto* cette fois-ci il va y avoir quelqu'un de tué ~ *è proprio un morto di fame* c'est vraiment un crève-la-faim ~ *quel morto di fame di tuo nipote!* quel crève-la-faim, ton neveu! ~ *è un vino che*

fa risuscitare un morto c'est un vin à réveiller les morts **2** *s.m.* (*in alcuni giochi di carte*) mort: *giocare col morto* jouer avec le, un mort **3** *s.m.* (*fam.*) [*denaro nascosto*; *refurtiva*] magot (*corr.*): *nascondere il morto in un posto sicuro* cacher le magot dans un endroit sûr ⓒ I 1; II 1 **vivo.**

mortòrio, i |mor'tɔrjo, i| *s.m.* (*fam.*) [*riunione, festa priva di vivacità, di allegria*] enterrement (*corr.*): *la festa dal capufficio è stata un vero mortorio* la réception chez le chef de bureau a été un enterrement de première classe; *che mortorio che c'è qui dentro!* quelle atmosphère d'enterrement il y a ici!

mortuàrio, i |mortu'arjo, i| *agg.* mortuaire: *camera mortuaria* chambre mortuaire.

mòrula |'mɔrula| *s.f.* (*biol.*) morula.

mòrva |'mɔrva| *s.f.* (*veter.*) morve.

1 **mosàico, ci** |mo'zaiko, tʃi| *s.m.* **1** (*arts.*) mosaïque (*f.*): *i mosaici ravennati* les mosaïques de Ravenne ◇ (*tecnol.*) *pavimento a mosaico* pavage en mosaïque ◇ (*fig.*) *un mosaico di popolazioni diverse* une macédoine (*fam.*), une mosaïque de populations; *un mosaico di frasi copiate* une mosaïque de phrases copiées **2** (*bot.*) mosaïque.

2 **mosàico, ci, ca, che** |mo'zaiko, tʃi, ka, ke| *agg.* (*st. ebr.*) mosaïque: *la legge mosaica* la loi mosaïque.

mosaismo |moza'izmo| *s.m.* (*st. ebr.*) mosaïsme.

mósca, che |'moska, ke| *s.f.* **1** (*t.zool.*) mouche ~ *mosca cavallina* taon ~ *mosca del carbonchio* mouche du charbon ~ *mosca tse-tse* (mouche) tsé-tsé ~ *mosca dell'aceto* mouche du vinaigre ~ *mosca delle olive* mouche de l'olivier ~ *mosca del formaggio* mouche du fromage ~ *mosca della carne* mouche de la viande, mouche bleue ~ *mosca della frutta* mouche des fruits **2** (*loc. fig.*) *essere fastidioso, noioso come una mosca* être mortellement ennuyeux ~ *è una mosca bianca* c'est un oiseau rare, le merle blanc ~ *morivano in tanti come mosche* ils mouraient comme des mouches ~ *gli ha fatto venire, saltare la mosca al naso* cela lui a fait prendre la mouche ~ *gli è saltata, gli è venuta la mosca al naso* il a pris la mouche ~ *non farebbe male a una mosca* il ne ferait pas de mal à une mouche ~ *è tornato con un pugno di mosche* il est revenu les mains vides, bredouille ~ *non si sentiva volare una mosca* on aurait entendu voler une mouche ~ *zitto, e mosca!* motus, et bouche cousue! **3** (*pugilato*) *peso mosca* poids mouche: *combattere tra i* (*pesi*) *mosca* combattre comme poids mouches **4** *mosca cieca* → **moscacieca** **5** (*cucito*) *punto mosca* point de chausson **6** (*pesca*) *pescare con la mosca* pêcher à la mouche **7** [*pizzetto di barba*] mouche **8** [*piccolo neo finto*] mouche **9** (*med.*) *mosche volanti* mouches volantes.

moscacièca |moska'tʃɛka| *s.f.* (*gioco*) colin-maillard *m.*

moscàio, i |mos'kajo, i| *s.m.* [*gran quantità di mosche*] nuée *f.* de mouches ◇ [*luogo pieno di mosche*] endroit infesté de mouches.

moscaiòla |moska'jɔla| *s.f.* [*arnese per proteggere i cibi da mosche e altri animali*] garde-manger *m. inv.*

moscardino |moskar'dino| *s.m.* **1** (*t.zool.*) muscardin **2** (*fig.*) [*giovane di un'ostentata eleganza*; *bellimbusto*] dandy, muscadin (*arc.*).

moscatèllo |moska'tɛllo| **1** *s.m.* [*tipo di vino moscato*] muscat ♦ (*agg.*) *uva moscatella* raisin muscat **2** (*agg.*) *pere, susine moscatelle* poires, prunes muscates.

moscàto |mos'kato| **1** *s.m.* muscat: *moscato secco, spumante, passito* muscat sec, mousseux, de paille; *stappare una bottiglia di moscato* déboucher une bouteille de muscat ♦ (*agg.*) *uva moscata* raisin muscat; *vino moscato* vin muscat **2** *agg.* muscat: *pere moscate* poires muscates # *noce moscata* noix muscade, muscade *s.f.*

moscerino |moʃʃe'rino| *s.m.* (*t. zool.*) moucheron ~ *il moscerino del vino* le moucheron du vin ~ *il moscerino delle olive* le moucheron des olives ◇ (*fig.*) *che vuole quel moscerino?* [*persona minuscola*] qu'est-ce qu'il veut, ce moucheron, cet avorton (de mouche)?

moschèa |mos'kɛa| *s.f.* mosquée.

moschettàta |mosket'tata| *s.f.* coup *m.* de mousquet.

moschettàto |mosket'tato| *agg.* [*picchiettato di macchioline nere*] moucheté: *un cavallo dal pelo moschettato* un cheval à la robe mouchetée.

moschetterìa |moskette'ria| *s.f.* [*scarica* (*contemporanea*) *di più moschetti*] salve.

moschettièra |mosket'tiɛra| *s.f.* (*solo nella loc.*) *alla moschettiera* à la mousquetaire.

moschettière |mosket'tjɛre| *s.m.* (*st. mil.*) mousquetaire.

moschétto |mos'ketto| *s.m.* mousqueton ◇ (*st. mil.*) mousquet.

moschettóne |mosket'tone| *s.m.* (*alpinismo*) mousqueton ◇ (*in oreficeria*) porte-mousqueton ◇ (*st. mil.*) mousqueton.

moschicida |moski'tʃida| *agg.* [*che uccide le mosche, gli insetti in genere*] insecticide, tue-mouche(s): *un preparato moschicida* une préparation insecticide; *carta moschicida* papier tue-mouches ♦ (*s.m.*) *un moschicida* un insecticide.

moschino |mos'kino| *s.m.* **1** [*moscerino*] moucheron ◇ (*fig.*) [*tipo noioso e pignolo*] tatillon **2** (*raro*) [*cane dal pelo picchiettato di nero*] chien (au poil) moucheté.

móscio, sci, scia, sce |'moʃʃo, ʃi, ʃa, ʃe| *agg.* **1** [*flaccido, privo di rigidità*] mou*, flasque: *cappello moscio* chapeau mou → **floscio**; *carni mosce* chairs flasques # *la frutta è diventata moscia* les fruits sont flétris, blets → **avvizzito** **2** (*fig.*) [*privo di energia morale*; *avvilito*] mou: *una generazione moscia e senza ideali* une génération molle et sans idéals # *se ne stavano mosci e appartati* ils restaient à l'écart, tout déconfits → **abbattuto** **3** *loc.* ERRE MOSCIA 'r' grasseyé: *avere l'erre moscia* avoir un 'r' grasseyé # *parlare con l'erre moscia* grasseyer.

mòsco, chi |'mɔsko, ki| *s.m.* (*t. zool.*) chevrotain, chevrotin.

moscóne |mos'kone| *s.m.* **1** (*t.zool.*) grosse mouche *f.* ~ *moscone della carne* mouche à viande, mouche bleue ~ *moscon d'oro* → **cetonia** **2** (*fig.*) [*corteggiatore insistente*] soupirant: *quella ragazza ha già molti mosconi che le ronzano intorno* cette jeune fille a déjà beaucoup de soupirants qui tournent autour d'elle **3** [*tipo di imbarcazione da diporto*] pédalo.

moscovita |mosko'vita| *agg.* [*di Mosca*] moscovite: *la popolazione moscovita* la population moscovite.

mòssa |'mɔssa| *s.f.* **1** [*movimento*] mouvement (*m.*): *con una brusca mossa evitò l'ostacolo* d'un mouvement brusque, il évita l'obstacle # *rovesciò il vaso con una mossa avventata* il renversa le vase d'un geste maladroit ◇ [*gesto*] geste (*m.*): *fare una mossa con il capo, con la mano* faire un geste de la tête, de la main; *fare una mossa d'intesa* faire un geste d'entente, d'acquiescement ◇ [*atteggiamento*] geste: *una mossa gentile, aggraziata* un geste gentil, gracieux; *imitare le mosse di qc.* imiter les gestes de qqn. ◇ [*cenno, finta*] geste: *non ha fatto neanche la mossa di contraccambiare* il n'a même pas fait un geste pour te rendre la politesse # (*fam.*) *basta la mossa!* c'est l'intention qui compte! **2** (*dama, scacchi*) coup (*m.*): *il nero avanza e vince in due mosse* les noirs jouent et font mat en deux coups; *dare scacco in tre mosse* mettre en échec en trois coups # *rubare la mossa all'avversario* devancer son adversaire ◇ (*per est.*) *spiare le mosse dell'avversario* épier les mouvements de l'adversaire; *controllare le mosse della squadra nemica* contrôler les mouvements de l'équipe adversaire ◇ (*fig.*) *è stata una mossa sbagliata, azzeccata* cela a été une fausse manœuvre, une manœuvre habile; *adesso spetta a te la prima mossa* c'est à toi de jouer; *è tutta una mossa politica* c'est toute une manœuvre politique → **macchinazione, manovra** **3** (*loc. fig.*) *stare, essere sulle mosse di partire* être sur le point de partir ~ *dare le mosse du una gara* donner le signal du départ (d'une épreuve) ~ PRENDERE LE MOSSE partir (21), commencer (2): *il cavallo prese le mosse d'impeto* le cheval partit fougueusement, au galop; *prendere le mosse da molto lontano* partir de très loin ‖ *prendere le mosse da* commencer de.

mossière |mos'sjɛre| *s.m.* (*sport*) starter → **starter.**

mòsso |'mɔsso| *agg.* **1** [*ondulato*] ondulé: *capelli mossi* cheveux ondulés **2** [*agitato*] agité: *mare mosso* mer agitée **3** (*foto.*) flou **4** (*mus.*) mosso.

mostàccio, i |mos'tattʃo, i| *s.m.* (*pop.*) → **muso.**

mostàrda |mos'tarda| *s.f.* fruits *m. pl.* confits (au vinaigre aromatisé).

mostardièra |mostar'djɛra| *s.f.* [*recipiente in cui si serve in tavola la mostarda*] moutardier *m.*

mostimetro |mos'timetro| *s.m.* (*enol.*) pèse-moût, glucomètre.

mósto |'mosto| *s.m.* [*succo ottenuto dall'uva pigiata*] moût.

mostóso |mos'toso| *agg.* riche en moût: *uva mostosa* raisin riche en moût ◇ (*per est.*) *vino mostoso* vin qui sent le moût *loc.*

móstra |'mostra| *s.f.* **1** [*esposizione di prodotti vari*] exposition: *una mostra di mobili, di macchine* une exposition de meubles, de machines; *una mostra campionaria* une exposition d'échantillons; *una mostra di quadri, di sculture, di antichità* une exposition de tableaux, de sculptures, d'antiquités # *la mostra retrospettiva di un regista, di un attore* la rétrospective d'un metteur en scène, d'un acteur ◇ [*luogo di esposizione e vendita*] *andare alla mostra* aller à une exposition; *sei stato alla (mostra) personale di X?* as-tu été à l'exposition personnelle de X? **2** [→ MOSTRARE A 1; B] *mettere in mostra i propri gioielli* mettre, arborer ses bijoux; *mettersi in mostra* se mettre en vue; *mettere in mostra la propria erudizione* faire étalage de son érudition ◇ (*loc.*) *il vaso faceva bella mostra di sé* le vase se montrait dans toute sa splendeur ~ FAR MOSTRA DI (+ *inf.*), (*raro*) FARE LE MOSTRE DI (+ *inf.*) faire semblant de: *faceva mostra di essersi offeso* il faisait semblant d'être vexé; *fare le mostre di rammaricarsi* faire semblant de regretter → **finta** **3** [*vetrina di un negozio*] vitrine, étalage *m.* **4** [*risvolto del bavero*] revers *m.* **5** [*campione, saggio*] échantillon *m.* **6** *la mostra dell'organo* la montre d'orgue **7** [*quadrante dell'orologio*] cadran *m.*

mostràbile |mos'trabile| *agg.* [→ MOSTRARE] montrable.

mostràre |mos'trare| **A** *v.tr.* **1** [*far vedere*] montrer: *mostrare agli amici la casa nuova* montrer aux amis la maison neuve; *mostrare i monumenti di una città* montrer les monuments de la ville ◇ [*esibire*] *mi mostri la patente!* montrez-moi votre permis de conduire!'; *mostrare la tessera al controllore* montrer sa carte au contrôleur ◇ [*ostentare, mettere in evidenza*] *mostrare con orgoglio le proprie decorazioni* arborer avec fierté ses décorations; *aveva un abito che le mostrava tutta la schiena* elle avait une robe qui montrait tout son dos; *mostrare le gambe* montrer ses jambes ◇ [*lasciar capire, dare a vedere, anche involontariamente*] *mostrava in viso i segni della fatica, della stanchezza* son visage montrait des signes de fatigue; *non mostra gli anni che ha* elle ne paraît pas son âge; *è un abito che mostra l'usura degli anni* c'est un vêtement qui trahit l'usure des ans ◇ [*rendere manifesto un sentimento interiore*] *manifestare pietà, compassione, indifferenza* montrer de la pitié, de la compassion, de l'indifférence ◇ (*loc. fig.*) *mostrare i denti* montrer les dents ~ *mostrare i pugni* montrer le poing **2** [*additare, indicare*] montrer: *per favore, mi mostra la strada per lo stadio?* s'il vous plaît, pouvez-vous m'indiquer la route du stade?' ◇ (*loc. fig.*) *essere mostrato a dito* être montré du doigt **3** [*dimostrare, spiegare*] montrer: *mostrare il funzionamento di una macchina* montrer le fonctionnement (les vitesses) d'une voiture; *gli mostrò come si doveva fare* il lui montra comment on devait faire **4** [*fingere, simulare*] faire (45) semblant, affecter: *mostrò di non averlo riconosciuto* il fit semblant de ne pas l'avoir reconnu; *mostrare sorpresa, rincrescimento* affecter de la surprise, du regret **B** *v.pron.* MOSTRARSI **1** *rifl.* [→ *tr.* 1] se montrer: *mostrarsi in pubblico, alla finestra* se montrer en public, à la fenêtre; *mostrarsi felice, entusiasta, dispiaciuto di q.c.* se montrer heureux, enthousiaste, désolé de qqch. **2** *intr.* [→ *tr.* 1] se montrer: *il paesaggio si mostrava in tutta la sua bellezza* le paysage se montrait dans toute sa beauté.

mostravènto |mostra'vɛnto| *s.m.* (*mar.*) girouette *f.*

mostrìna |mos'trina| *s.f.* (*abbigl. mil.*) écusson *m.*

móstro |'mostro| *s.m.* **1** monstre: *i mostri della mitologia* les monstres de la mythologie; *i mostri marini* les monstres marins **2** (*fig.*) [*persona deforme*] monstre: *non è una bellezza, ma non è neanche un mostro!* ce n'est pas une beauté, mais ce n'est pas non plus un monstre! ◇ [*persona crudele*] *questo delitto deve essere opera di un mostro di crudeltà* ce délit doit être l'œuvre d'un monstre de cruauté → **bruto** ◇ [*persona eccellente in q.c.*] prodige: *un mostro di erudizione, di intelligenza* un prodige d'érudition, d'intelligence → **prodigio, portento** **3** (*biol.*) monstre **4** (*lett.*) → **prodigio, miracolo.**

mostruosaménte |mostruosa'mente| *avv.* [→ MOSTRUOSO 1] monstrueusement: *è stata mostruosamente seviziata* elle a été monstrueusement torturée.

mostruosità |mostruosi'ta| *s.f. inv.* monstruosité *var.* ◇ (*fig.*) *la mostruosità di un delitto* la monstruosité d'un crime.

mostruóso |mostru'oso| *agg.* **1** monstrueux*: *un essere mostruoso* un être monstrueux; *un aspetto mostruoso* un aspect monstrueux ◇ (*fig.*) [*crudele, efferato*] *un individuo mostruoso* un individu monstrueux; *un delitto mostruoso* un délit monstrueux ◇ (*fig.*) [*fuori del normale; eccezionale*] *un errore mostruoso* une énorme erreur; *una memoria mostruosa* une prodigieuse mémoire → **prodigioso 2** (*biol.*) monstrueux.

mòta |'mɔta| *s.f.* (*raro*) [*fango; melma*] boue (*corr.*), bourbe (*corr.*), crotte (*corr.*).

motel |mou'tel| *s.m. inv.* (*ingl.*) motel *var.*

motilità |motili'ta| *s.f. inv.* (*biol., med.*) motilité *var.*

motivàbile |moti'vabile| *agg.* qu'on peut motiver *loc.*

motivànte |moti'vante| *agg.* motivant: *ragioni motivanti* raisons motivantes.

motivàre |moti'vare| *v.tr.* **1** [*spiegare, giustificare*] motiver: *non ha voluto motivare la sua assenza, il suo rifiuto* il n'a pas voulu motiver son absence, son refus ◇ (*dir.*) *motivare una sentenza* motiver un jugement **2** [*causare, provocare*] motiver # *non so da che cosa sia motivato il suo odio verso di me* je ne sais pas à quoi est due, à quoi attribuer sa haine envers moi.

motivazionàle |motivattsjo'nale| *agg.* (*psicol.*) motivationnel*: *ricerca, analisi motivazionale* recherche, analyse motivationnelle.

motivazióne |motivat'tsjone| *s.f.* [→ MOTIVARE] mention: *leggere, pubblicare la motivazione di un premio* lire, publier la mention d'un prix ◇ (*dir.*) *la motivazione di una sentenza* les attendues d'un jugement; *la motivazione di un decreto, di un procedimento* les attendus d'un décret, d'un procès ◇ (*psicol.*) motivation: *studiare le motivazioni di una scelta, di un comportamento* étudier les motivations d'un choix, d'un comportement.

motivétto |moti'vetto| *s.m.* [*motivo orecchiabile di musica leggera*] petit air.

motìvo |mo'tivo| *s.m.* **1** [*causa, ragione*] motif, raison (*f.*): *per quale motivo hai fatto questo?* pour quel motif as-tu fait cela?; *agire per motivi seri, fondati, futili* agir pour des motifs sérieux, fondés, futiles; *voglio sapere il motivo per cui l'hai fatto* je veux savoir le motif qui t'a porté à le faire; *non c'è motivo di allarmarsi* il n'y a aucune raison de s'alarmer; *non c'è nessun motivo* il n'y a aucune raison; *non ho (nessun) motivo di lagnarmi di lui* je n'ai aucune raison de me plaindre de lui; *se l'ho fatto, è perché ho i miei motivi* si je l'ai fait, c'est que j'avais de bonnes raisons # *il tuo comportamento è motivo di scandalo* ton comportement est un objet de scandale; *non ho mai dato motivo di dicerie* je n'ai jamais donné prise aux bavardages ◇ (*bur.*) *congedo per motivi di salute, di famiglia* congé pour raisons de santé, de famille; *per motivi disciplinari* pour des motifs de discipline ◇ (*loc.*) *motivo in più per dirglielo* raison de plus pour le lui dire ~ *a motivo di* en raison de, à cause de ~ SENZA MOTIVO: *lo ha fatto senza motivo* il l'a fait sans motif (plausible), sans raison; *si è arrabbiato senza motivo* il s'est fâché sans raison **2** (*mus.*) motif; air: *il motivo del 1° tempo di una sinfonia* le motif du premier mouvement d'une symphonie ‖ *canticchiare il motivo di una canzone* chantonner l'air d'une chanson **3** (*per est.*) *il motivo conduttore di un poema, di un romanzo* le thème conducteur, le leitmotiv d'un poème, d'un roman ◇ (*arts.*) *una decorazione con motivi geometrici* une décoration présentant des motifs géometriques.

mòto- |'mɔto| *pref.* **1** (*indica funzionamento 'a motore', corrisponde gener. a*) moto: *motopompa* motopompe # *motobarca* bateau à moteur **2** (*indica riferimento a 'veicoli a motore' a due o tre ruote*) *motocicletta* moto(cyclette) # *motocarrozzetta* side-car; *motofurgoncino* triporteur (à moteur); *motoraduno* meeting de motocyclistes.

1 **mòto** |'mɔto| *s.m.* **1** (*fis.*) mouvement: *moto assoluto, relativo* mouvement absolu, relatif; *moto rettilineo, curvilineo, oscillatorio* mouvement rectiligne, courbe, oscillatoire; *moto uniforme, accelerato* mouvement uniforme, accéléré ◇ (*loc.*) *moto perpetuo*: (*pr.*) mouvement perpétuel; (*fig.*) *quel bambino è, sembra un moto perpetuo* cet enfant est l'image du mouvement perpétuel **2** (*mecc., corr.*) marche (*f.*): *mettere in moto il motore, una macchina* mettre en marche le moteur, une voiture; *la messa in moto* la mise en marche, en route; *non aprite lo sportello finché la vettura è in moto* n'ouvrez pas la portière quand la voiture est en marche ◇ *loc. fig.* METTERE IN MOTO mettre en branle, mobiliser: *mettere in moto tutta la propria organizzazione per un certo scopo* mettre en branle toute son organisation pour un certain but; *ha messo in moto tutte le sue conoscenze* il a mis en branle toutes ses connaissances; *tutte le forze dell'ordine sono state messe in moto* toutes les forces de l'ordre ont été mobilisées; *si è messa in moto la macchina della giustizia* la (machine de la) justice s'est mise en branle ~ ESSERE IN MOTO: *quel*

bambino è sempre in moto cet enfant est toujours en mouvement **3** [*il camminare, spec. come esercizio igienico e salutare*] exercice: *fare del moto, un po' di moto* faire de l'exercice, un peu d'exercice; *se non fa un po' di moto, tende a ingrassare* s'il ne fait pas un peu d'exercice, il a tendance à grossir → **movimento** ◇ [*gesto, mossa*] geste: *ebbe un moto d'impazienza, di stizza, di ribellione* il eut un geste d'impatience, de dépit, de rébellion ◇ (*fig.*) [*sentimento improvviso; impulso*] *ebbe subito per lui un moto di simpatia* il eut tout de suite pour lui un élan de sympathie; *reprimere, nascondere i moti del cuore* réprimer, cacher les mouvements du cœur **4** (*per est.*) [*agitazione; tumulto popolare*] mouvement insurrectionnel: *i moti del '48* les mouvements insurrectionnels de 1848 → **sommossa** # *i moti carbonari del 1821* les mouvements carbonari de 1821 **5** (*mus.*) moto: *andante con moto* andante con moto **6** (*astron.*) mouvement: *i moti dei corpi celesti* les mouvements des corps célestes **7** (*geogr.*) mouvement: *moto ondoso* mouvement ondulatoire; *moti sismici* mouvement sismique **8** (*gram.*) mouvement: *verbi di moto* verbes de mouvement; *complemento di moto a luogo, da luogo* complément de direction, de point de départ.

2 **mòto** |'mɔto| *s.f. inv.* (*fam.*) [*motocicletta*] moto (*var.*): *fare un giro in moto* faire un tour à moto.

motoaratrice |motoara'tritʃe| *s.f.* (*agr.*) mototracteur *m.*

motoaratùra |motoara'tura| *s.f.* (*agr.*) labourage *m.* mécanique.

motobàrca, che |moto'barka, ke| *s.f.* bateau *m.* à moteur.

motocampèstre |motokam'pɛstre| *agg. e s.f.* motocross (*s.m.*): *correre una (gara) motocampestre* disputer un motocross → **motocross.**

motocannonièra |motokanno'njɛra| *s.f.* (*mar. mil.*) canonnière (à moteur).

motocarrèllo |motokar'rɛllo| *s.m.* (*tecnol.*) chariot à moteur.

motocàrro |moto'karro| *s.m.* triporteur (à moteur).

motocarrozzétta |motokarrot'tsetta| *s.f.* (*tecnol., corr.*) side-car (*m.*): *delle motocarrozzette* des side-cars.

motociclétta |mototʃi'kletta| *s.f.* moto, motocyclette (*lett.*): *ci vengo in motocicletta* j'y vais à moto; *mi sono fatto una motocicletta nuova* j'ai acheté une motocyclette neuve.

motociclìsmo |mototʃi'klizmo| *s.m.* motocyclisme # *fare del motociclismo* faire de la moto.

motociclìsta |mototʃi'klista| *s.* motocycliste.

motociclìstico, ci, ca, che |mototʃi'klistiko, tʃi, ka, ke| *agg.* de moto(cyclette) (*loc.*): *gara motociclistica* course de moto; *industria motociclistica* industrie de la moto, des motocyclettes # *la Federazione motociclistica* la Fédération du motocyclisme.

motocìclo |moto'tʃiklo| *s.m.* (*linguaggio burocratico*) motocycle.

motocistèrna |mototʃis'tɛrna| *s.f.* (*mar.*) bateau-citerne *m.*, navire-citerne (*m.*): *delle motocisterne* des bateaux-citernes.

motocolónna |motoko'lonna| *s.f.* (*mil.*) colonne motorisée.

motocoltivatóre |motokoltiva'tore| *s.m.* (*agr.*) motoculteur.

motocoltùra |motokol'tura| *s.f.* (*agr.*) motoculture.

motocompressóre |motokompres'sore| *s.m.* (*mecc.*) motocompresseur.

motocorazzàto |motokorat'tsato| *agg.* (*mil.*) blindé motorisé: *truppe motocorazzate* troupes blindées motorisées; *una colonna motocorazzata* une colonne d'engins blindés motorisés.

motocròss |moto'krɔs| *s.m. inv.* motocross: *fare del motocross* faire du motocross.

motocrossista |motokros'sista| *s.m.* coureur de motocross.

motoèlica, che |moto'ɛlika, ke| *s.f.* (*tecnol.*) hélice à moteur.

motofalciatrice |motofaltʃa'tritʃe| *s.f.* (*agr.*) motofaucheuse.

motofurgoncino |motofurgon'tʃino| *s.m.* triporteur à moteur: *il motofurgoncino del lattaio, del latte* le triporteur (à moteur) du laitier, du lait.

motofurgóne |motofur'gone| *s.m.* fourgon à moteur.

motolància, ce |moto'lantʃa, tʃe| *s.f.* (*mar.*) vedette (automobile).

motoleggèra |motoled'dʒɛra| *s.f.* [*motocicletta di piccola cilindrata*] vélomoteur *m.*

motomèzzo |moto'mɛddzo| *s.m.* (*raro*) → **motoveicolo.**

motonàuta |moto'nauta| *s.m.* coureur de canot automobile.

motonàutica, che |moto'nautika, ke| *s.f.* (*sport*) motonautisme *m.*

motonàutico, ci, ca, che |moto'nautiko, tʃi, ka, ke| *agg.* (*sport*) motonautique.

motonàve |moto'nave| *s.f.* (*mar.*) navire *m.* à moteur.

motopescheréccio, i |motopeske'rettʃo, i| *s.m.* (*mar.*) chalutier (à moteur).

motopómpa |moto'pompa| *s.f.* (*tecnol.*) motopompe.

motopropulsóre |motopropul'sore| *agg. m. e s.m.* (*tecnol.*) motopropulseur: *apparato, gruppo motopropulsore* appareil, groupe motopropulseur.

motoradùno |motora'duno| *s.m.* meeting de motocyclisme, de motocyclistes (de motards).

1 **motóre** |mo'tore| *s.m.* moteur: *motore elettrico, a corrente alternata, continua* moteur électrique, à courant alternatif, continu; *motore pneumatico, termico* moteur pneumatique, thermique; *motore a combustione interna, a scoppio, a iniezione* moteur à combustion interne, à explosion, à injection; *motore diesel* moteur diesel; *motore alternativo, rotativo* moteur alternatif, rotatif; *motore a due, quattro tempi* moteur à deux, à quatre temps; *motore a valvole in testa* moteur à soupapes en tête; *motore con cilindri a V* moteur (à cylindres) en V; *motore stellare* moteur en étoile; *motore anteriore, posteriore di un'autovettura* moteur avant, arrière d'une voiture automobile; traction avant, arrière; *motore supercompresso* moteur à compression élevée; *accendere, spegnere il motore* allumer, arrêter le moteur; *ho avuto un guasto al motore* j'ai eu une panne de moteur; *aver noie al motore* avoir des ennuis avec le moteur ◇ (*ciclismo*) *corsa dietro motori* course derrière moto(cyclette) ◇ *loc. agg.* A MOTORE à moteur: *pompa, veicolo a motore* pompe, véhicule à moteur # *aratura a motore* labourage mécanique ◇ (*cine.*) *motore, ciac, si gira!* moteur, claquette, on tourne!

2 **motóre, trice** |mo'tore, tritʃe| *agg.* **1** moteur*: *albero motore* arbre moteur; *forza motrice* force motrice; (*macchina*) *motrice* motrice ✦ (*s.*) (*raro, fig.*) cause (*f.*): *l'interesse, il denaro è il motore di molte cose* l'intérêt, l'argent est la cause de bien des choses → **causa, movente** **2** (*filos., teol.*) cause première, principe de mouvement, moteur (*arc.*): *il principio motore dell'universo* la cause première, le principe de mouvement de l'univers → **dio** ✦ (*s.m.*) *il primo Motore, il Motore immobile* le premier Moteur, le Moteur immobile.

motorétta |moto'retta| *s.f.* (*fam.*) [*motocicletta di piccola cilindrata*] scooter *m.* (*corr.*).

motorino |moto'rino| *s.m.* **1** petit moteur # *motorino d'avviamento* démarreur **2** [*ciclomotore*] cyclomoteur.

motòrio, i |mo'tɔrjo, i| *agg.* (*biol.*) moteur*: *i centri motori* les centres moteurs.

motorismo |moto'rizmo| *s.m.* (*sport*) sports *pl.* motorisés.

motorista |moto'rista| *s.m.* motoriste.

motoristica, che |moto'ristika, ke| *s.f.* technique (de construction) des moteurs.

motoristico, ci, ca, che |moto'ristiko, tʃi, ka, ke| *agg.* de moteurs *loc. inv.*, des sports motorisés *loc. inv.* # *gare motoristiche* course de voitures, de motos, etc...

motorizzàre |motorid'dzare| **A** *v. tr.* [*fornire di veicoli a motore*] motoriser: *motorizzare l'esercito, un reparto* motoriser l'armée, une unité; *motorizzare un'azienda agricola* motoriser une entreprise agricole **B** *v.pron. rifl.* MOTORIZZARSI [→ *tr.*] se motoriser: *tutti i reparti sono stati motorizzati* toutes les unités ont été motorisées ◇ (*fam.*) *finalmente ti sei motorizzato anche tu!* finalement, tu t'es motorisé toi aussi!

motorizzàto |motorid'dzato| *agg.* motorisé: *mezzi motorizzati* moyens de transport motorisés; *truppe motorizzate* troupes motorisées; *un reparto motorizzato* une unité motorisée.

motorizzazióne |motoriddzat'tsjone| *s.f.* [→ MOTORIZZARE] motorisation: *la motorizzazione di un esercito* la motorisation d'une armée; *l'Ispettorato per la motorizzazione* l'inspection de la motorisation.

motor-scooter, motorscooter |'moutəskuːtə| *s.m. inv.* (*ingl.*) → **motoscuter.**

motoscàfo |motos'kafo| *s.m.* canot automobile, canot à moteur.

motoscùter |motos'kuter| *s.m. inv.* scooter.

motoscuterista |motoskute'rista| *s.* scootériste.

motoséga, ghe |moto'sega, ge| *s.f.* (*tecnol.*) scie à chaine.

motosilurànte |motosilu'rante| *s.f.* (*mar. mil.*) vedette lance-torpilles.

motoslitta |motoz'litta| *s.f.* traîneau *m.* à hélice ◇ [*veicolo montato su sci*] motoneige.

motovedétta |motove'detta| *s.f.*

(*mar. mil.*) vedette (à moteur) cotière.
motoveicolo |motove'ikolo| *s.m.* véhicule à moteur.
motovelièro |motove'ljɛro| *s.m.* (*mar.*) voilier à moteur.
motovelòdromo |motove'lɔdromo| *s.m.* (*sport*) motodrome.
motozàttera |motot'tsattera| *s.f.* péniche de débarquement.
motrìce |mo'tritʃe| *s.f.* motrice: *motrice elettrica, a vapore* motrice électrique, à vapeur; *staccare la motrice dal convoglio ferroviario* détacher la motrice du convoi de chemin de fer # *motrice per semirimorchi* tracteur pour semi-remorques.
motteggiaménto |motteddʒa'mento| *s.m.* (*raro*) → **motteggio.**
motteggiàre |motted'dʒare| **A** *v. intr.* (*aus.* '*avere*') [*parlare per celia*; *scherzare*] plaisanter: *motteggiare su tutto e su tutti* plaisanter sur tout et sur tous **B** *v.tr.* [*prendere in giro*; *burlare*] railler, se moquer *pron.* de: *lo hanno motteggiato pesantemente* ils l'ont lourdement raillé; ils se sont lourdement moqués de lui.
motteggiatóre, trice |motteddʒa'tore, tritʃe| *s.* (*raro*) [*burlone, canzonatore*] moqueur* (*corr.*) ✦ (*agg.*) *uno spirito motteggiatore* un esprit moqueur.
mottéggio, i |mot'teddʒo, i| *s.m.* [*scherzo*] plaisanterie (*f.*): *fare q.c. per motteggio* faire qqch. par plaisanterie, pour rire → **celia** ◇ [*burla, scherzo*] moquerie *f.*, raillerie (*f.*): *i tuoi motteggi lo hanno esasperato* tes moqueries, tes railleries l'ont exaspéré.
mottétto |mot'tetto| *s.m.* (*letter., mus.*) motet.
mòtto |'mɔtto| *s.m.* **1** mot: *un motto spiritoso, arguto, fuori posto* un mot spirituel, subtil, déplacé **2** [*proverbio*; *massima*] proverbe; devise *f.*; maxime (*f.*): *come dice un motto popolare...* comme le dit un proverbe populaire... ‖ '*calma e sangue freddo!*' *era il suo motto* 'calme et sang-froid' était sa devise ‖ *una raccolta dei motti dei personaggi più illustri* un recueil des maximes des personnages les plus illustres **3** (*lett.*) → **parola.**
motuproprio |motu'prɔprjo| **1** *s.m. inv.* (*lat.*) motu proprio: *un motuproprio del Sommo pontefice* un motu proprio du pape **2** *loc. avv.* (*lett., scherz.*) (DI) MOTUPROPRIO spontanément: *lo hai fatto* (*di*) *motuproprio o sei stato costretto?* l'as-tu fait spontanément ou bien y as-tu été contraint? → **spontaneamente.**
mound |'maund| *s.m. inv.* (*ingl.*) (*archeol.*) mound *var.*
'mousse' |mus| *s.f. inv.* (*cuc.*) mousse *var.*
mousteriàno |mouste'rjano| *agg. e s.m.* moustérien*.
movènte |mo'vɛnte| *s.m.* (*dir., corr.*) mobile: *il movente di un delitto* le mobile d'un délit.
movènza |mo'vɛntsa| *s.f.* **1** [*movimento del corpo*; *atteggiamento*] mouvement (*m.*): *le movenze aggraziate, flessuose della ballerina* les mouvements gracieux, souples de la ballerine **2** (*fig., lett.*) mouvement (*corr.*): *le movenze di un periodo* les mouvements d'une période ◇ (*mus.*) *cantare con movenza ferma e aggraziata* chanter avec un mouvement ferme et gracieux.
mòvere |'mɔvere| *v.tr., intr.* (*aus.* '*avere, essere*') *e pron.* (*raro, lett.*) → **muovere.**
movìbile |mo'vibile| *agg.* (*raro*) [→ MUOVERE A 1] mobile (*corr.*); amovible (*corr.*).
movimentàre |movimen'tare| **A** *v.tr.* [*dare vivacità*; *animare*] animer: *la sua presenza bastò a movimentare la serata* sa présence suffit à animer la soirée; *il suo intervento movimentò subito il dibattito* son intervention anima tout de suite le débat **B** *v.pron. intr.* ANIMARSI [→ *tr.*] s'animer: *solo alla fine la festa cominciava a movimentarsi* la fête commençait à s'animer seulement à la fin.
movimentàto |movimen'tato| *agg.* [*pieno di vivacità, di animazione*] animé: *una serata, una festa movimentata* une soirée, une fête animée ◇ [*concitato*; *pieno di imprevisti*] mouvementé: *ho avuto una mattinata molto movimentata* j'ai eu une matinée très mouvementée; *dopo una fuga movimentata, riuscì a eclissarsi* après une fuite mouvementée, il réussit à s'éclipser.
moviménto |movi'mento| *s.m.* **1** mouvement: *un movimento brusco, deciso, imprevedibile* un mouvement brusque, ferme, imprévisible; *i movimenti delle braccia, del corpo* les mouvements des bras, du corps; *essere impedito, impacciato nei movimenti* être gêné dans ses mouvements ◇ (*loc.*) *fare del movimento* [*esercizi ginnici*] faire de l'exercice ◇ (*astron., fis.*) → 1 **moto** **2** [*spostamento, trasferimento*] mouvement: *movimento di truppe* mouvements de troupes; *un notevole movimento turistico* un mouvement considérable de touristes; *dirigere il movimento dei treni* diriger le mouvement des trains ◇ (*econ.*) *movimento di cassa* mouvement de caisse; *movimento di conto* mouvement d'un compte; *movimento di capitali* mouvement de capitaux ◇ (*per est.*) *il ministro ha predisposto un notevole movimento di prefetti e questori* le ministre a prévu un considérable mouvement de préfets et de commissaires **3** [*traffico, circolazione*] mouvement, circulation (*f.*): *in centro c'era un movimento caotico* dans le centre il y avait un mouvement, une circulation chaotique # *una piazza, una strada piena di movimento* une place, une rue pleine d'animation **4** (*fig., arts., letter.*) mouvement: *un quadro, un romanzo pieno di movimento* un tableau, un roman plein de mouvement **5** [*corrente letter. o artistica*] mouvement: *i movimenti del primo Novecento* les mouvements du début du XXe siècle; *il movimento dell'avanguardia* le mouvement d'avant-garde **6** (*polit.*) mouvement: *il movimento popolare, sindacale, della liberazione della donna* le mouvement populaire, syndical, de libération de la femme, le MLF **7** (*mus.*) mouvement.
moviòla |mo'vjɔla| *s.f.* (*cine., tv*) moviola, visionneuse.
moxa |'mɔksa| *s.m.* (*med.*) moxa.
mozaràbico, ci, ca, che |moddza'rabiko, tʃi, ka, ke| *agg.* (*st.*) mozarabe.
mozióne |mot'tsjone| *s.f.* **1** motion: *mozione di fiducia, di sfiducia* motion de confiance, de censure; *mozione d'ordine* motion d'ordre; *presentare, firmare, votare, approvare, respingere una mozione* présenter, signer, voter, approuver, refuser une motion **2** (*lett.*) → **commozione.**
mozzafiàto |mottsa'fjato| *agg. inv.* à couper le souffle *loc.*
mozzaménto |mottsa'mento| *s.m.* (*raro*) [→ MOZZARE] sectionnement (*corr.*).
mozzàre |mot'tsare| *v.tr.* [*recidere, tagliare*] couper: *mozzare la testa, le mani, le gambe* couper la tête, les mains, les jambes; *mozzare la coda al cane, al gatto* couper la queue du chien, du chat ◇ (*fig., iperb.*) *si sentiva mozzare le gambe dal freddo, dalla paura* il sentait que le froid, la peur lui coupait les jambes ◇ (*fig.*) [*interrompere bruscamente*] *mozzare un discorso* couper un discours; *mozzare le parole in bocca a qc.* couper la parole à qqn. → **troncare** ◇ *loc. fig.* MOZZARE IL FIATO, IL RESPIRO couper le souffle: *l'aria gelida ci mozzava il fiato* l'air glacial nous coupait le souffle; *ci si presentò una bellezza da mozzare il respiro* une beauté à couper le souffle se présenta à nous.
mozzarèlla |mottsa'rɛlla| *s.f.* [*formaggio di latte di bufala o di vacca da consumarsi fresco*] ⊠.
mozzatùra |mottsa'tura| *s.f.* **1** (*raro*) [→ MOZZARE] sectionnement *m.* (*corr.*) **2** → **decapitazione.**
mozzétta |mot'tsetta| *s.f.* (*abbigl. eccl.*) mosette, mozette, camail *m.*
mozzicóne |mottsi'kone| *s.m.* [*parte che rimane di un oggetto consumato quasi per intero*] bout: *un mozzicone di candela* un bout de chandelle; *un mozzicone di matita* un bout de crayon # *un mozzicone di sigaretta, di sigaro* un mégot (*pop.*).
1 **mózzo** |'mottso| *agg.* [*troncato, reciso*] tranché; coupé: *testa mozza* tête tranchée ‖ *un cane con la coda mozza* un chien à la queue coupée ◇ (*fig.*) *una voce mozza dall'emozione* une voix brisée par l'émotion; *parole mozze* (mots) oxytons.
2 **mózzo** |'mottso| *s.m.* **1** (*mar.*) mousse **2** *mozzo di stalla* valet d'écurie, palefrenier.
3 **mózzo** |'mottso| *s.m.* **1** (*mecc.*) moyeu: *il mozzo della ruota, dell'elica* le moyeu de la roue, de l'hélice **2** *il mozzo di una campana* le mouton d'une cloche.
mùcca, che |'mukka, ke| *s.f.* [*vacca da latte*] vache.
mùcchio, i |'mukkjo, i| *s.m.* [*grande quantità*; *massa disordinata*] tas: *un mucchio di foglie, di sassi, di legna* un tas de feuilles, de cailloux, de bois; *un mucchio di gente* un tas de gens ◇ (*fig.*) *hai detto un mucchio di bugie* tu as dit un tas de mensonges; *avere un mucchio di soldi* avoir un tas d'argent; *avrei un mucchio di cose da dirti* j'aurais un tas de choses à te dire → 1 **sacco** ◇ (*loc. fig.*) *essere nel mucchio* être dans la mêlée, dans l'arène ~ *finire nel mucchio* se retrouver dans la mêlée.
mùcido |'mutʃido| **1** *agg.* (*raro*) [*stantio, ammuffito*] moisi (*corr.*): *pane mucido* pain moisi; *carne mucida* viande moisie **2** *s.m.* (*raro*) [*odore, sapore di muffa*] moisi: *sapere di mucido* sentir le moisi.
mucillàgine |mutʃil'ladʒine| *s.f.* (*biol., farm.*) mucilage *m.*

mucillaginóso |mutʃilladʒi'noso| *agg.* mucilagineux*.
mucìna |mu'tʃina| *s.f.* (*biol.*) mucine.
mùco, chi |'muko, ki| *s.m.* (*biol., med.*) mucus.
mùcor |'mukor| *s.m. inv.* (*t.bot.*) mucor *var.*
Mucorinée |mukori'nee| *s.f. pl.* (*t. bot.*) Mucoracées, Mucorinées.
mucósa |mu'kosa| *s.f.* (*anat.*) muqueuse.
mucosità |mukosi'ta| *s.f. inv.* (*biol., med.*) mucosité *var.*
mucóso |mu'koso| *agg.* (*biol., med.*) muqueux*.
mucronàto |mukro'nato| *agg.* **1** (*bot.*) mucroné **2** *armi mucronate* armes munies d'une pointe.
mucróne |mu'krone| *s.m.* **1** (*anat.*) pointe *f.* **2** (*bot., zool.*) mucron **3** (*lett.*) [*punta di armi bianche*] pointe.
mùda |'muda| *s.f.* (*zool.*) mue.
muezzìn |mued'dzin| *s.m. inv.* muezzin *var.*
mùffa |'muffa| *s.f.* (*biol., corr.*) moisissure: *muffe antibatteriche* moisissures bactéricides; *muffa bianca, grigia* moisissure blanche, grise # *la frutta ha preso la muffa* les fruits ont moisi ◇ (*loc.*) *fare la muffa*: (*pr., fig.*) moisir ~ *sapere, aver sapore di muffa*: (*pr., fig.*) sentir le moisi, la moisissure.
muffire |muf'fire| *e deriv.* → **ammuffire** *e deriv.*
mùffola |'muffola| *s.f.* **1** (*tecnol.*) moufle (*m.*): *forno a muffola* moufle **2** *spec. al plur.* [*particolare tipo di guanto*] moufles: *muffole di lana per alpinisti* moufles de laine pour alpinistes.
muffosità |muffosi'ta| *s.f. inv.* [*l'essere muffoso*] moisi *m. var.* ◇ [*parte muffosa di q.c.*] moisi.
muffóso |muf'foso| *agg.* [*coperto di muffa*] moisi.
muflóne |mu'flone| *s.m.* (*t.zool.*) mouflon ◇ [*il tessuto*] mouflonne *f.*
muftì |muf'ti| *s.m. inv.* mufti *var.*, muphti *var.*
mugghiànte |mug'gjante| *agg.* [*che muggisce, che mugghia*] mugissant.
mugghiàre |mug'gjare| *v.intr.* (*aus. 'avere'*) (*dei bovini*) [*emettere muggiti*] mugir, meugler, beugler: *si sentivano mugghiare i buoi nella stalla* on entendait mugir les bœufs dans l'étable → **muggire** ◇ (*per est.*) (*persone*) *mugghiare dal dolore* gémir de douleur ◇ (*cose*) *il mare mugghiava minacciosamente* la mer mugissait de façon menaçante.
mùgghio, i |'muggjo, i| *s.m.* [*muggito*] mugissement, meuglement, beuglement: *il mugghio dei buoi* le mugissement, le meuglement, le beuglement des bœufs ◇ (*per est.*) *il mugghio del vento, del mare* le mugissement du vent, de la mer.
mùggine |'muddʒine| *s.m.* (*t.zool.*) muge, mulet.
muggìre |mud'dʒire| (197) *v.intr.* (*aus. 'avere'*) (*di bovini*) [*emettere muggiti*] meugler, beugler, mugir ◇ (*raro, per est.*) *muggire dal dolore* gémir de douleur ◆ (*in funzione di s.m. inv.*) mugissement (*var.*): *si sentiva il muggire dei buoi* on entendait le mugissement des bœufs.
muggìto |mud'dʒito| *s.m.* [*verso caratteristico dei Bovini*] mugissement, meuglement, beuglement ◇ (*per est.*) *muggiti di rabbia* des *hurlements de rage; *il muggito del vento, del mare* le mugissement du vent, de la mer.
mughétto |mu'getto| *s.m.* **1** (*t.bot.*) muguet ◇ [*il fiore, l'essenza*] muguet **2** (*med.*) muguet.
mugìc, mugìk |mu'dʒik| *s.m. inv.*, **mugìcco, chi** |mu'dʒikko, ki| *s.m.* moujik *var.*
mugliàre |muʎ'ʎare| *v.intr.* (*aus. 'avere'*) (*tosc.*) → **mugghiare**.
mùglio, i |'muʎʎo, i| *s.m.* (*tosc.*) → **mugghio**.
mugnàio, i |muɲ'ɲajo, i| *s.* [*chi macina grano o granaglie al mulino, spec. per professione*] meunier* ◇ (*loc. avv.*) *sogliola alla mugnaia* sole meunière.
mùgo, ghi |'mugo, gi| *s.m.* (*t.bot.*) mugho.
mugolaménto |mugola'mento| *s.m.* (*raro*) [→ MUGOLARE A 1] glapissement ◇ [→ MUGOLARE A 2; B] gémissement.
mugolàre |mugo'lare| **A** *v.intr.* (*aus. 'avere'*) **1** (*detto spec. del cane*) [*emettere suoni inarticolati a bocca chiusa*] glapir: *il cane mugolava al suo padrone* le chien glapissait après (*fam.*) son maître **2** (*fig.*) (*persone*) *mugolare per il dolore* geindre (66), gémir **B** *v.tr.* [→ *tr.* 2] marmotter, marmonner: *che cosa vai mugolando?* qu'est-ce que tu es en train de marmotter, de marmonner → **borbottare**.
mugolìo, ii |mugo'lio, ii| *s.m.* [→ MUGOLARE] glapissement: *mi ha svegliato il mugolìo del cane* le glapissement du chien m'a réveillé ◇ (*per est.*) *il mugolìo del vento* le gémissement du vent ◇ (*fig.*) (*persone*) *mugolii di protesta* plaintes *f.* de protestation.
mugòlio, i |mu'gɔljo, i| *s.m.* (*farm.*) huile *f.* de mugho.
mugugnàre |muguɲ'ɲare| **A** *v. intr.* (*aus. 'avere'*) [*brontolare, mormorare a bassa voce*] grogner, grommeler, bougonner (*fam.*): *che hai da mugugnare?* qu'est-ce que tu as à grogner, à grommeler, à bougonner? **B** *v.tr.* [→ *intr.*] grogner, grommeler, bougonner: *che cosa vai mugugnando?* qu'est-ce que tu es en train de grogner?
mugùgno |mu'guɲɲo| *s.m.* [*brontolio*] grognement, grommellement, bougonnement: *cosa sono tutti questi mugugni?* qu'est-ce que (c'est que) tous ces grognements? → **brontolio**.
mùla |'mula| *s.f.* (*t.zool.*) mule.
mulàcchia |mu'lakkja| *s.f.* **1** (*region.*) → **cornacchia** **2** (*region.*) → **1 taccola**.
mulàggine |mu'laddʒine| *s.f.* (*fam.*) → **testardaggine, caparbietà**.
mulattièra |mulat'tjɛra| *s.f.* [*strada* (*di montagna*) *dapprima destinata al passaggio di muli o bestie da soma*] chemin *m.*, sentier *m.* muletier.
mulattière |mulat'tjɛre| *s.m.* muletier.
mulàtto |mu'latto| *s.* [*individuo nato da genitori uno bianco e uno negro*] mulâtre*.
muléta |mu'leta| *s.f.* (*tauromachia*) muleta.
mulétto |mu'letto| *s.m.* (*auto.*) mulet.
mulìebre |mu'liebre|, (*lett.*) **mulièbre** |mu'ljɛbre| *agg.* [*di donna; femminile*] féminin: *lavori muliebri* travaux féminins; *grazia muliebre* grâce féminine Ⓒ **virile**.
mulinàio, i |muli'najo, i| (*pop.*), **mulinàro** |muli'naro| (*raro*) → **mugnaio**.
mulinàre |muli'nare| **A** *v.tr.* **1** [*far girare velocemente; roteare*] faire (45) des moulinets: *mulinare un randello, la spada* faire des moulinets avec un gourdin, avec une épée **2** (*fig.*) [*meditare, almanaccare*] méditer, ruminer: *mulinare propositi di vendetta* méditer, ruminer des propos de vengeance **B** *v. intr.* (*aus. 'avere'*) **1** [→ *tr.* 1] tourbillonner: *l'acqua mulinava sotto il ponte* l'eau tourbillonnait sous le pont **2** (*fig.*) [→ *tr.* 2] tourbillonner: *mille progetti gli mulinavano nella mente* mille projets lui tourbillonnaient dans la tête.
mulinèllo |muli'nɛllo| *s.m.* **1** [*movimento circolare vorticoso*] tourbillon: *un mulinello d'acqua* un tourbillon d'eau; *un mulinello di vento* un tourbillon de vent ◇ (*loc.*) *volo a mulinello* tonneau **2** (*tecnol.*) *mulinello idrometrico, dinamometrico* moulinet hydrométrique, dynamométrique **3** (*pesca*) moulinet **4** [*aeratore fisso per ambienti chiusi*] ventilateur **5** (*mar.*) guindeau **6** → **girandola**.
mulìno |mu'lino| *s.m.* **1** moulin: *mulino elettrico, a vapore, ad acqua, a vento* moulin électrique, à vapeur, à eau, à vent ◇ (*loc. fig.*) *tirare l'acqua al proprio mulino* apporter, faire venir l'eau à son moulin ~ *essere* (*come*) *un mulino a vento* être une girouette ~ *la testa mi gira come un mulino a vento* la tête me tourne; mes idées sont confuses ~ *combattere contro i mulini a vento* se battre contre des moulins (à vent) **2** (*per est., tecnol.*) *mulino per minerali* moulin à minerai **3** (*geol.*) *mulino glaciale* moulin des glaciers.
mùlo |'mulo| *s.m.* (*t.zool.*) mulet ◇ (*loc. fig.*) *testardo, caparbio, ostinato come un mulo* têtu comme une mule ~ *essere come un mulo* avoir une tête de mule ~ *non fare il mulo, adesso!* ne fais pas ta tête de mule, maintenant!
mùlta |'multa| *s.f.* (*dir., corr.*) amende, contravention: *infliggere una multa* infliger une amende, une contravention; *essere condannato a una multa* être condamné à une amende; *prendersi, beccarsi una multa per sosta vietata* attrapper une contravention pour stationnement interdit → **ammenda**.
multàre |mul'tare| *v.tr.* [*punire con una multa; condannare a un'ammenda*] infliger (3) une amende, une contravention: *il vigile lo ha multato per eccesso di velocità* l'agent de police lui a infligé une amende, une contravention pour excès de vitesse # *è stato multato di 100.000 lire* il a eu une amende de 100.000 lires.
mùlti- |'multi| *pref.* (*significa 'di molti, molteplice', corrisponde gener. a*) multi: *multicolore* multicolore → **poli-** Ⓒ **mono-**.
multicàule |multi'kaule| *agg.* (*bot.*) multicaule.
multicàvo |multi'kavo| *agg. e s.m. inv.* multicâble *var.*
multicellulàre |multitʃellu'lare| *agg.* (*biol.*) multicellulaire.
multicolóre |multiko'lore| *agg.* multicolore.
multiflòro |multi'flɔro| *agg.* (*bot.*) multiflore.

multifórme |multi'forme| *agg.* multiforme.
multilateràle |multilate'rale| *agg.* multilatéral* Ⓒ **unilaterale.**
multilateralità |multilaterali'ta| *s.f. inv.* (*raro*) plurilatéralité *var.* Ⓒ **unilateralità.**
multilingue |multi'lingwe| *agg.* multilingue: *popolazione multilingue* populations multilingues.
multilobàto |multilo'bato| *agg.* (*bot.*) multilobé.
multiloculàre |multiloku'lare| *agg.* (*bot.*) multiloculaire.
multimiliardàrio, i |multimiljar'darjo, i| *agg. e s.* multimiliardaire.
multimilionàrio, i |multimiljo'narjo, i| *agg. e s.* multimillionnaire.
multinazionàle |multinattsjo'nale| *agg. e s.f.* multinational* (*agg.*): *una* (*industria, impresa*) *multinazionale* une industrie, entreprise multinationale; *l'impero delle multinazionali* l'empire des industries multinationales ✦ (*s.f.*) *una multinazionale* une multinationale.
multìpara |mul'tipara| *agg. e s.f.* multipare.
multiplex |'multipleks| *s.m. inv.* (*tel.*) multiplex.
mùltiplo |'multiplo| *agg.* **1** (*mat.*) multiple: *10 è multiplo di 2 e di 5* 10 est multiple de 2 et de 5 ✦ (*s.m.*) *i multipli* les multiples: *trovare il minimo comune multiplo* (*m.c.m.*) *tra due numeri* trouver le plus petit commun multiple (p.p.c.m.) de deux nombres **2** [*molteplice; numeroso*] multiple: *una macchina a impiego multiplo* une machine à emplois multiples; *una presa multipla* (*di corrente*) une prise (de courant) multiple # *vettura multipla* break Ⓒ 1 **sottomultiplo**; 2 **semplice, unico.**
multipolàre |multipo'lare| *agg.* (*elettr.*) multipolaire: *cavo multipolare* câble multipolaire Ⓒ **unipolare.**
multirìschio, i |multi'riskjo, i| *agg.* (*assicurazioni*) multirisque.
multistàdio |multis'tadjo| *agg. inv.* (*astronautica*) à plusieurs étages (*loc. inv.*): *missili multistadio* missiles à plusieurs étages.
multitubolàre |multitubo'lare| *agg.* (*tecnol.*) multitubulaire.
mùmmia |'mummja| *s.f.* **1** [*cadavere imbalsamato*] momie: *il museo delle mummie egiziane* le musée des momies égyptiennes **2** (*fig.*) [*persona di idee sorpassate*] momie, croulant *m.* (*fam.*): *che cosa vuoi che capisca, quella mummia di mio padre?* 'que veux-tu qu'il y pige, mon croulant de père? **3** (*fig.*) [*persona taciturna, introversa*] (vieil) ours: *come si fa a tenere un discorso con quella mummia?* comment peut-on parler avec ce vieil ours?
mummificàre |mummifi'kare| **A** *v.tr.* **1** [*sottoporre a imbalsamazione conservativa*] momifier: *l'uso di mummificare i cadaveri* la coutume de momifier les cadavres **2** (*raro, fig.*) [*rendere indolente, indifferente*] momifier: *il trantran quotidiano lo ha mummificato* le train-train quotidien l'a momifié → **fossilizzare 3** (*biol.*) [*sottoporre a mummificazione*] dessécher (8) **B** *v.pron. intr.* MUMMIFICARSI [→ *tr.* 2] se dessécher, se momifier: *in quell'ambiente provinciale si è mummificato* dans ce milieu provincial il s'est desséché, momifié.
mummificazióne |mummifikat'tsjone| *s.f.* **1** [→ MUMMIFICARE A 1] momification **2** (*biol.*) momification.
mùndio, i |'mundjo, i| *s.m.* (*st., dir. germ.*) mundium.
mùngere |'mundʒere| (150) *v.tr.* **1** [*spremere il latte dalle mammelle* (*a un bovino, un ovino*)] traire (62): *mungere le mucche, una capra* traire les vaches, une chèvre; *mungere il latte* traire le lait ✦ (*ass.*) *sta mungendo* il est en train de traire; *secchia da mungere* seau à traire **2** (*fig., spec. fam.*) [*spillare soldi da qc.*] soutirer de l'argent à qqn.: *mungere il ricco zio* soutirer de l'argent à un oncle riche; *mungere danaro al padre* soutirer de l'argent à son père.
mungitóio, i |mundʒi'tojo, i| *s.m.* salle *f.* de traite.
mungitóre, trice |mundʒi'tore, tritʃe| *s.* [*chi è addetto alla mungitura*] trayeur* ✦ (*agg.*) *macchina mungitrice* → **mungitrice.**
mungitrice |mundʒi'tritʃe| *s.f.* (*tecnol.*) trayeuse.
mungitùra |mundʒi'tura| *s.f.* [→ MUNGERE 1] traite, mulsion: *mungitura a mano, meccanica* traite à la main, mécanique # *fare la mungitura* traire.
municipàle |munitʃi'pale| *agg.* **1** municipal*: *giunta, consiglio municipale* conseil municipal; *azienda municipale* entreprise municipale → **comunale 2** (*fig.*) [*dalla mentalità ristretta*] de clocher (*loc. inv.*): *mentalità, gelosia municipale* esprit, jalousie de clocher → **provinciale, campanilistico 3** (*st. rom.*) municipal.
municipalismo |munitʃipa'lizmo| *s.m.* municipalisme.
municipalistico, ci, ca, che |munitʃipa'listiko, tʃi, ka, ke| *agg.* [*caratterizzato da municipalismo*] de (la) (municipalité) *loc. inv.* # *mentalità municipalistica* mentalité de clocher → **provinciale, campanilistico.**
municipalità |munitʃipali'ta| *s.f. inv.* municipalité (*var.*): *alla cerimonia era presente tutta la municipalità* toute la municipalité était présente à la cérémonie.
municipalizzàre |munitʃipalid'dzare| *v.tr.* [*trasferire in proprietà e in gestione all'autorità comunale*] municipaliser: *municipalizzare un servizio pubblico* municipaliser un service public.
municipalizzàto |munitʃipalid'dzato| *agg.* municipalisé: *azienda municipalizzata* entreprise municipalisée.
municipalizzazióne |munitʃipaliddzat'tsjone| *s.f.* [→ MUNICIPALIZZARE] municipalisation.
municìpio, i |muni'tʃipjo, i| *s.m.* **1** [*amministrazione comunale*] municipalité *f.*, commune (*f.*): *un impiegato del municipio* un employé de la municipalité, de la commune ◇ [*sede degli uffici comunali*] municipalité, mairie (*f.*), hôtel de ville: *gli uffici del municipio* les bureaux de la municipalité, de la mairie; *andare in municipio per farsi compilare un certificato* aller à la mairie pour se faire délivrer un certificat **2** (*st. rom.*) municipe.
munificaménte |munifika'mente| *avv.* (*raro*) [→ MUNIFICO 1] avec munificence *loc. inv.* → **generosamente.**
munificènte |munifi'tʃente| *agg.* → **munifico.**
munificènza |munifi'tʃentsa| *s.f.* munificence (*lett.*), largesse (*corr.*).
munìfico, ci, ca, che |mu'nifiko, tʃi, ka, ke| *agg.* **1** (*persone*) [*prodigo, generoso*] munificent (*lett.*), large (*corr.*), généreux* (*corr.*) **2** (*cose*) [*ricco, sfarzoso*] splendide, magnifique: *una offerta munifica* une offre splendide, magnifique.
munìre |mu'nire| (197) **A** *v.tr.* **1** [*fornire, provvedere qc. di quanto gli serve*] munir: *munire i passeggeri del salvagente* munir les passagers d'une bouée; *munire qc. dei documenti di viaggio* munir qqn. des documents de voyage; *munire una porta di adeguata serratura* munir une porte d'une serrure appropriée **2** (*fig., riferito a beni non materiali*) *munire qc. dei conforti religiosi* administrer à qqn. les derniers sacrements **3** (*raro, mil.*) [*fortificare, equipaggiare*] fortifier (*corr.*): *munire i confini* fortifier les frontières **B** *v.pron. rifl.* MUNIRSI **1** [→ *tr.* 1] se munir: *munirsi di passaporto, della carta d'identità* se munir d'un passeport, d'une carte d'identité **2** [→ *tr.* 2] se munir: *munirsi di* (*santa*) *pazienza, di tanta buona volontà* se munir de patience, de beaucoup de bonne volonté **3** [→ *tr.* 3] se munir: *munirsi di un bastone, di una pistola* se munir d'un bâton, d'un pistolet.
munito |mu'nito| *agg.* **1** [*fortificato, difeso*] fortifié, défendu: *una posizione, una fortezza ben munita* une position, une forteresse bien fortifiée, bien défendue **2** [*provvisto, fornito*] muni: *munito di tutto punto* muni de tout; *un documento munito di tutti i bolli e firme* un document muni de tous les timbres et de toutes les signatures; *partire munito di tutto il necessario* partir muni de tout le nécessaire ◇ (*fig.*) *morì munito dei sacramenti* il mourut muni des sacrements; *si presentò munito di tutta la sua pazienza* il se présenta muni de toute sa patience.
munizionaménto |munittsjona'mento| *s.m.* (*mil.*) ravitaillement (en munitions): *assicurare il munizionamento dei propri reparti* assurer le ravitaillement en munitions de son détachement.
munizióne |munit'tsjone| *s.f. spec. al plur.* (*mil.*) munitions: *munizioni navali, aeree* munitions navales, aériennes; *munizioni da caccia* munitions de chasse ◇ (*loc., scherz.*) *munizioni da bocca* munitions de bouche → **vettovaglia** ~ *sparare tutte le proprie munizioni*: (*pr.*) tirer toutes ses munitions; (*fig.*) faire flèche de tout bois; *aver finito le proprie munizioni*: (*pr.*) avoir épuisé ses munitions; (*fig.*) n'avoir plus de cordes à son arc.
munizionière |munittsjo'njɛre| *s.m.* (*mil.*) munitionnaire.
muntiac, muntjac |mʌnt'dʒɛk| *s.m. inv.* (*ingl.*) (*t.zool.*) muntjac *var.*
mùnto |'munto| *agg.* trait.
muòvere |'mwɔvere| (157) **A** *v.tr.* **1** [*mettere in movimento*] bouger (3), remuer: *muovere una mano* bouger une main; *muovere i piedi, le gambe* bouger les pieds, les jambes; *muovere la testa, il capo* bouger la tête; *muovere la bocca, le labbra* ouvrir la bouche, remuer les lèvres ◇ (*loc.*) *non muovere un dito per aiutare qc.* ne pas lever le petit

doigt pour aider qqn. ~ *muovere le penne* voler → **volare** ~ *muovere i primi passi*: (*pr., fig.*) faire ses premiers pas ~ *non saper muovere un passo* ne savoir rien faire ◇ (*per est.*) [*spostare*] déplacer (2): *muovere un mobile, una sedia* déplacer un meuble, une chaise # *muovere una pedina* avancer, pousser un pion **2** [*far muovere; azionare*] mouvoir (31): *la macchina è mossa da un motore a scoppio* la machine est mue par un moteur à explosion # *c'è una molla che muove gli ingranaggi* il y a un ressort qui entraîne les engrenages ◇ [*agitare*] agiter; remuer: *il vento muove le foglie* le vent agite les feuilles ‖ *il cane ha mosso la coda* le chien a remué la queue → **dimenare** **3** (*per est.*) [*attuare, mettere in essere*] *muovere guerra a qc.* faire la guerre à qqn.; *muovere causa contro qc., a qc.* intenter un procès à qqn. → **intentare**; *muovere un rimprovero, un'obiezione* adresser un reproche, une objection; *muovere dei dubbi su qc., su q.c.* exprimer un doute sur qqn., sur qqch. → **esprimere** **4** (*fig.*) [*suscitare, stimolare*] *muovere il riso, il pianto* faire rire, faire pleurer ◇ [*indurre, incitare*] *muovere qc. al pianto* provoquer les pleurs de qqn.; *muovere qc. allo sdegno* remplir qqn. d'indignation; *muovere a pietà, a compassione* toucher de pitié ◇ [*commuovere*] émouvoir (31): *è uno spettacolo che muoverebbe anche le pietre* c'est un spectacle à émouvoir les pierres ◇ [*indurre, persuadere*] pousser: *muovere qc. a fare q.c.* pousser qqn. à faire qqch.; *è mosso dall'ambizione* c'est l'ambition qui le pousse ◇ [*smuovere, distogliere*] *nessuno è riuscito a muoverlo dal suo proposito* personne n'a réussi à le dissuader de son propos **5** *ass.* (*dama, scacchi*) [*fare una mossa*] jouer: *il bianco muove e va a dama* les blancs jouent et vont à dame; *il nero muove e dà scacco matto* les noirs jouent et font échec et mat **B** *v.intr.* (*aus.* '*avere*') **1** [*fare un movimento; avviarsi*] aller (13) (*aus.* être); se diriger (3) (*pron.*); partir (21) (*aus.* être): *muovere incontro a qc.* aller au devant de, à la rencontre de ‖ *muovere verso il territorio nemico* se diriger vers le territoire ennemi ‖ *il corteo muoverà dalla piazza principale* le cortège partira de la place municipale **2** MUOVERE DA [*iniziare da*] partir: *il sentiero muove dal ponte* le sentier part du pont ◇ (*fig.*) [*avere origine da*] *il tuo gesto muove da un sentimento nobilissimo* ton geste part d'un sentiment très noble ◇ (*fig.*) [*prendere le mosse da*] *muovere da presupposti infondati* partir sur des, partir de suppositions non fondées, infondées **C** *v.pron.* MUOVERSI **1** *rifl.* [→ *tr.* 1] se mouvoir, bouger *intr.*, se remuer: *muoversi con circospezione, con sicurezza* se mouvoir, bouger avec circonspection, avec assurance; *non può muoversi di casa, dal letto* il ne peut bouger de la maison, quitter son lit; *nessuno si muova!* que personne ne bouge!; *questo locale è troppo stretto: non ci si può muovere* ce local est trop étroit: on ne peut pas bouger # *ha continuato a muoversi nel sonno* il a continué à s'agiter dans son sommeil ◇ (*fig.*) *è deciso a non muoversi dal suo proposito* il est décidé à s'en tenir fermement à son propos **2** *rifl.* [*avviarsi per fare q.c.*] *nessuno si mosse per soccorrere il ferito* personne ne vint porter secours au blessé ◇ [*affrettarsi*] *muoviti, muovetevi, se no facciamo tardi!* dépêche-toi, dépêchez-vous, sans quoi on sera en retard ◇ (*fig.*) *per fargli ottenere il posto si sono mosse alte personalità* de hautes personnalités se sont employées à lui obtenir le poste **3** *rifl.* (*fig.*) [*agitarsi, ribellarsi*] se révolter: *il popolo si mosse contro lo straniero* le peuple se révolta contre l'étranger # *i braccianti si mossero contro i padroni* les journaliers se soulevèrent contre les patrons **4** *intr.* [→ *tr.* 1] se mouvoir, se déplacer: *i corpi celesti si muovono secondo leggi precise* les corps célestes se meuvent selon des lois précises; *il ciclone si muoveva con una velocità impressionante* le cyclone se déplaçait avec une vitesse impressionnante ◇ [*avviarsi, partire*] s'ébranler: *finalmente il convoglio, il treno si mosse* finalement le convoi, le train s'ébranla **5** *intr.* (*fig.*) [*cedere a un sentimento*] *muoversi a pietà, a sdegno* s'apitoyer (10), s'indigner.

mùra |'mura| *s.f.* (*mar.*) amure.

muràglia |mu'raʎʎa| *s.f.* muraille: *la grande muraglia* (*cinese*) la grande muraille (de Chine) ◇ (*fig.*) *urtare contro la muraglia dell'ignoranza, dell'incomprensione* se heurter contre (à) un mur d'ignorance, d'incompréhension → **barriera.**

muraglióne |muraʎ'ʎone| *s.m.* *haute muraille *f.*

muràle |mu'rale| *agg.* mural*: *le scritte murali* les écrits muraux; *giornale murale* journal mural.

1 **muràre** |mu'rare| **A** *v.tr.* **1** [*chiudere con un muro*] murer: *murare una porta, una finestra* murer une porte, une fenêtre ◇ [*conficcare dentro un muro*] enfoncer (2); sceller: *murare un chiodo* enfoncer un clou dans un mur ‖ *murare un gancio, una traccia per fili elettrici* sceller un crochet, un encastrement pour fils électriques ◇ [*rinchiudere in una cavità del muro*] *murare un tesoro, una cassaforte* murer un trésor, un coffre-fort **2** *ass.* [*costruire opere in muratura*] bâtir: *murare a secco, a calcina, a cemento* bâtir en pierres sèches, à la chaux, en ciment → **edificare** **B** *v.pron. rifl.* MURARSI (*fig.*) [*rinchiudersi; vivere in perfetto isolamento*] se murer: *murarsi in un convento di clausura* se murer dans un cloître; *si è voluto murare in casa e non vuole vedere nessuno* il a voulu se murer chez lui, se claquemurer et il ne veut voir personne.

2 **muràre** |mu'rare| *v.tr.* (*mar.*) [*legare la vela con la mura*] amurer, border.

muràrio, i |mu'rarjo, i| *agg.* de maçonnerie (*loc. inv.*): *opere murarie* ouvrages de maçonnerie # *tecnica, arte muraria* maçonnerie; *cinta muraria* murs d'enceinte.

muràta |mu'rata| *s.f.* (*mar.*) muraille.

muratóre |mura'tore| *s.m.* **1** [*operaio addetto a opere di muratura*] maçon **2** *franco muratore, libero muratore* → **massone.**

muratùra |mura'tura| *s.f.* [→ 1 MURARE A 2] maçonnage (*m.*): *gli operai addetti alla muratura* les ouvriers proposés au maçonnage ◇ [*opera muraria*] maçonnerie: *muratura solida, in calcestruzzo* maçonnerie solide, en béton; *una galleria in muratura* une galerie en maçonnerie.

murèna |mu'rɛna| *s.f.* (*t.zool.*) murène.

Murenòidi |mure'nɔidi| *s.m. pl.* (*t. zool.*) Murénidés.

murétto |mu'retto| *s.m.* [*piccolo muro*] muret, murette *f.*; mur bas: *muretto di cinta* muret d'enceinte; *muro a secco* muret ‖ *un muretto separa il salotto dall'angolo pranzo* un mur bas sépare le salon du coin-repas.

muriàtico, ci |mu'rjatiko, tʃi| *agg.* (*nella loc.*) *acido muriatico* acide chlorhydrique → **cloridrico.**

muricciòlo |murit'tʃɔlo| *s.m.* [*muretto spec. per funzioni di recinzione*] muret, murette *f.*

mùrice |'muritʃe| *s.m.* (*t.zool.*) murex.

Mùridi |'muridi| *s.m. pl.* (*t.zool.*) Muridés.

mùrmure |'murmure| *s.m.* (*poet.*) → **mormorio.**

mùro |'muro|, *pl. f.* **mùra** |'mura| (*nel significato* 2), *pl. m.* **mùri** |'muri| (*negli altri significati*) *s.m.* **1** mur: *muro rustico, intonacato, dipinto* mur rustique, crépi, peint; *muro portante, maestro* mur portant, principal; *muro di calcestruzzo* mur de béton; *muro di cinta* mur d'enceinte; *muri divisori* murs mitoyens; *muro di sostegno* mur de soutènement, d'appui ◇ *loc.* A MURO: *armadio a muro* placard; *essere, abitare a muro con qc.* être, habiter à côté de qqn.; *abitare a muro a muro* habiter porte à porte; avoir un mur mitoyen (avec le voisin) ◇ (*sport*) *palla a muro* pelote (basque) ◇ (*'oc. fig.*) *mettere qc. al muro* coller qqn. au mur → **fucilare** ~ *rischiare il muro* risquer d'être fusillé ~ *mettere qc. con le spalle al muro* mettre qqn. au pied du mur ~ *avere le spalle al muro* être à couvert, à l'abri ~ *battere la testa, il capo nel muro* se taper la tête contre les murs ~ *è come parlare al muro, è come urtare contro un muro* autant parler à un mur, c'est se heurter à un mur ~ *i muri parlano* les murs ont des oreilles ~ *anche i muri hanno orecchio* (même) les murs ont des oreilles **2** *al plur.* [*insieme di opere murarie, spec. come recinzione di una città*] remparts, murailles *f.*, murs: *mura romane, medievali di una città* remparts romains, du moyen-âge d'une ville; *le mura della prigione* les murs de la prison; *cingere di mura una fortezza* ceindre une forteresse de murailles; *dare la scalata alle mura* donner l'assaut aux remparts; ◇ (*per est.*) *starsene, chiudersi tra quattro mura* rester, s'enfermer entre quatre murs → **parete**; *le mura domestiche* la maison ◇ *loc.* FUORI LE MURA hors les murs, extra-muros: *la basilica romana di S. Paolo fuori le mura* la basilique romaine de saint Paul hors des murs **3** (*per est., fig.*) mur: *un muro di nebbia* un mur de brouillard; *un muro di fuoco* un mur de feu; *essere separati da un muro di odio, di diffidenza* être séparé par un mur de haine, de méfiance → **barriera** **4** (*aer.*) mur: *raggiungere, superare il muro del suono* atteindre, franchir le mur du son **5** (*ippica*) mur: *commettere un errore al muro* commettre une faute au mur ◇ (*calcio*) mur → **barriera.**

murrino |mur'rino| *agg.* (*archeol.*) murrhin.
1 **mùsa** |'muza| *s.f.* **1** (*mitol.*) muse ◇ (*per est.*) *la decima musa* la dixième muse → **cinema** **2** (*raro, lett.*) [*ispirazione poetica*] muse: *gli si è inaridita la musa* sa veine poétique est tarie, sa muse s'est tuée ◇ [*la poesia*] *la musa epica, lirica* la muse épique, lyrique.
2 **mùsa** |'muza| *s.f.* (*t.bot.*) musa.
Musàcee |mu'zatʃee| *s.f. pl.* (*t.bot.*) Musacées.
musagète |muza'dʒɛte| *agg. e s.m.* (*mitol.*) (*Apollo*) *musagete* Apollon musagète *agg. m.*
musàta |mu'zata| *s.f.* coup *m.* de mufle.
mùscari |'muskari| *s.m. inv.* (*t.bot.*) muscari *var.*
muscarìna |muska'rina| *s.f.* (*chim.*) muscarine.
1 **muschiàto** |mus'kjato| *agg.* [*coperto di muschio*] moussu.
2 **muschiàto** |mus'kjato| *agg.* (*zool.*) musqué: *bue muschiato* bœuf musqué; *anatra muschiata* canard musqué.
1 **mùschio, i** |'muskjo, i| *s.m.* (*biol.*) musc.
2 **mùschio, i** |'muskjo, i| *s.m.* (*bot.*) mousse (*f.*): *raccogliere muschio per il presepio* ramasser de la mousse pour la crèche.
Mùscidi |'muʃʃidi| *s.m. pl.* (*t.zool.*) Muscidés.
Muscinée |muʃʃi'nee| *s.f. pl.* (*t. bot.*) Muscinées.
mùsco, chi |'musko, ki| *s.m.* → 2 **muschio.**
muscolàre |musko'lare| *agg.* musculaire: *tessuto muscolare* tissu musculaire; *sforzo muscolare* effort musculaire.
muscolatùra |muskola'tura| *s.f.* musculature.
mùscolo |'muskolo| *s.m.* **1** (*anat.*) muscle: *muscoli lisci, striati* muscles lisses, striés; *muscolo sartorio* muscle couturier; *tendere i muscoli* bander les muscles ◇ (*loc. fig.*) *avere i muscoli di ferro, d'acciaio* avoir des muscles d'acier ~ *essere tutto muscoli* être tout en muscles ~ *che muscoli, quel ragazzo!* quels muscles, ce garçon! **2** [*taglio di carne macellata*] gîte **3** (*region.*) → **mitilo, cozza.**
muscolosità |muskolosi'ta| *s.f. inv.* aspect *m. var.*, caractère *m. var.* musculeux.
muscolóso |musko'loso| *agg.* musculeux*.
muscóso |mus'koso| *agg.* (*lett.*) [*coperto di musco*] moussu (*corr.*).
muscovite |musko'vite| *s.f.* (*miner.*) muscovite, verre de muscovie.
musèo |mu'zɛo| *s.m.* musée: *museo comunale, statale, privato* musée municipal, d'état, privé; *museo archeologico* musée archéologique; *museo di scienze naturali* musée de sciences naturelles ◇ *loc. fig.* DA MUSEO *roba da museo, pezzo da museo* antiquaille, vieillerie; *è una persona da museo* c'est une vieille momie.
museografia |muzeogra'fia| *s.f.* muséographie.
museologia, gie |muzeolo'dʒia, dʒie| *s.f.* muséologie.
museruòla |muze'rwɔla| *s.f.* muselière: *la museruola del cane, del cavallo, dei buoi* la muselière du chien, du cheval, des bœufs ◇ (*loc. fig.*) *mettere la museruola a qc.* réduire qqn. au silence, museler qqn.
musétta |mu'zetta| *s.f.* **1** musette: *riempire di biada la musetta del mulo* remplir d'avoine, de picotin la musette du mulet **2** (*raro*) → **'musette'**.
'musette' |myzɛt| *s.f. inv.* (*mus.*) musette *var.* ♦ (*agg. inv.*) *valzer 'musette'* valse musette *var.*
musétto |mu'zetto| *s.m.* [*piccolo muso*] minois, frimousse *f.* (*fam.*) ◇ (*per est., in tono vezzeggiativo*) *che bel musetto, quella ragazza!* quel joli minois, quelle belle frimousse, cette jeune fille!
mùsica, che |'muzika, ke| *s.f.* **1** musique: *musica vocale, strumentale* musique vocale, instrumentale; *musica sinfonica, da camera, lirica* musique symphonique, de chambre, lyrique; *musica classica* musique classique; *musica leggera* musique légère; *musica per archi, per pianoforte, per orchestra* musique pour instruments à corde, pour piano, pour orchestre; *carta da musica* papier à musique; *musica per film* musique de film; *mi piace la musica di Bach, di Verdi* j'aime la musique de Bach, de Verdi ◇ (*fam.*) *fare un po' di musica* faire un peu de musique ◇ (*per est.*) *la musica di un verso, di una poesia* la musique d'un vers, d'une poésie → **musicalità**; *la musica di una voce vellutata* la musique d'une voix veloutée; *la musica del ruscello, del vento* la musique du ruisseau, du vent ◇ (*fam.*) [*suono fastidioso, sgradevole*] *senti che musica che fanno quei gatti!* écoute quel chahut (*corr.*) font les chats; *il bambino non ci ha lasciati dormire: è stata tutta una musica!* le bébé ne nous a pas laissé(s) dormir: il a fait une de ces musiques! ◇ (*loc. fig.*) *è sempre la stessa musica!* c'est toujours la même chanson, le même disque; *sentirai che musica, adesso!* tu vas entendre une belle musique!; *è ora di cambiar musica* il est temps de changer de disque **2** (*per est.*) [*banda, fanfara*] *la musica dei pompieri, del reggimento* la musique des pompiers, du régiment.
musicàbile |muzi'kabile| *agg.* [→ MUSICARE] qu'on peut mettre en musique *loc.*
musicabilità |muzikabili'ta| *s.f. inv.* possibilité *var.* de musiquer.
musical |'mju:zikəl| *s.m. inv.* (*ingl.*) comédie *f. var.* musicale, musical* *var.*
musicàle |musi'kale| *agg.* **1** musical*: *una composizione musicale* une composition musicale; *un critico musicale* un critique musical; *film musicale* film musical; *commedia musicale* comédie musicale # *avere orecchio musicale* avoir de l'oreille ◇ (*fig.*) *un verso, una poesia musicale* un vers musical, une poésie musicale → **melodioso**; *una voce molto musicale* une voix très musicale **2** (*ling.*) *accento musicale* accent musical.
musicalità |muzikali'ta| *s.f. inv.* musicalité *var.*
musicalménte |muzikal'mente| *avv.* [→ MUSICALE] musicalement.
musicànte |muzi'kante| *s.* [*suonatore in una banda*] musicien*: *offrire un rinfresco ai musicanti* offrir un rafraîchissement aux musiciens ◇ (*spreg.*) *non è un musicista, è un musicante* ce n'est pas un musicien professionnel, c'est un (musicien) amateur ♦ (*agg.*) *angeli musicanti* anges musiciens.
musicàre |muzi'kare| *v.tr.* [*mettere in musica*] mettre (71) en musique: *musicare una commedia, un libretto d'opera* mettre en musique une comédie, un livret d'opéra.
musicassétta |muzikas'setta| *s.f.* cassette, musicassette, mini(-)cassette.
music-hall |'mu:zik hɔ:l| *s.m. inv.* (*ingl.*) music-hall (*var.*): *dei music-hall* des music-halls.
musichétta |muzi'ketta| *s.f.* musiquette: *è una musichetta molto orecchiabile* c'est une musiquette très facile à retenir.
musicista |muzi'tʃista| *s.* **1** [*compositore di musica*] musicien* **2** [*esecutore di musica*] musicien.
mùsico- |'muziko| *pref.* (*significa 'musica', corrisponde gener. a*) musico: *musicologia* musicologie.
mùsico, ci, ca, che |'muziko, tʃi, ka, ke| **1** *agg.* (*lett.*) → **canoro, melodioso** **2** *s.m.* (*ant.*) → **musicista; cantore.**
musicografìa |muzikogra'fia| *s.f.* musicographie.
musicògrafo |muzi'kɔgrafo| *s.* musicographe.
musicologìa, gie |muzikolo'dʒia, dʒie| *s.f.* musicologie.
musicològico, ci, ca, che |muziko'lɔdʒiko, tʃi, ka, ke| *agg.* musicologique.
musicòlogo, gi |muzi'kɔlogo, dʒi| *s.m.* musicologue.
musicòmane |muzi'kɔmane| *agg. e s.* [*maniaco della musica*] mélomane.
musicomanìa |muzikoma'nia| *s.f.* [*mania della musica*] mélomanie.
musicoterapia |muzikotera'pia| *s.f.* (*med.*) musicothérapie.
musino |mu'zino| *s.m.* [*piccolo muso*] minois, frimousse *f.* (*fam.*) ◇ (*per est., in tono vezzeggiativo*) *che bel musino che ha, quella bambina!* quel joli minois, quelle belle frimousse a cette fillette!
musivo |mu'zivo| *agg.* **1** de mosaïque *loc. inv.*, en mosaïque (*loc. inv.*): *opere musive* œuvres en mosaïque **2** (*chim.*) *oro musivo* or mussif, or mosaïque.
musmè |muz'mɛ| *s.f. inv.* [*giovane donna giapponese*] mousmé *var.*
mùso |'muzo| *s.m.* **1** (*di animali*) museau: *il muso del cane* le museau du chien; *il muso del bue, del leone* le museau du bœuf, du lion **2** (*di persone, in espressioni spreg. o scherz.*) figure *f.*, museau (*fam.*), gueule *f.* (*pop.*): *gliele ho dette sul muso, tutte le mie ragioni!* je lui ai jeté toutes mes raisons à la figure!; *rompere, spaccare il muso a qc.* casser la gueule, la figure à qqn.; *lavati il muso!* va te laver le museau → **viso, faccia** # *gli ho detto tutto, a quel brutto muso!* je lui ai dit son fait, à ce mufle!; *ridere sul muso a qc.* rire au nez de qqn.; *torcere il muso* faire la grimace; *allungare il muso* [*dimagrire*] maigrir; *non ha messo ancora il muso fuori casa* il n'a pas encore mis le nez dehors **3** (*fam.*) (*persone*) [*broncio*] gueule (*pop.*): *mettere il muso* bouder, faire la tête, la gueule; *mi ha messo su un muso!* il m'a fait une de ces gueules!; *tenere il muso a qc.* faire la gueule à qqn. **4** (*co-*

se) il muso dell'automobile, dell'aereo, del motoscafo le capot de l'automobile, le nez de l'avion, du canot automobile.
musóne |mu'zone| *s.* [*persona imbronciata, poco socievole*] grognon*, boudeur*: *è impossibile viverci, con quel musone!* il est impossible de vivre avec ce grognon; *quella musona di tua cugina* cette boudeuse de cousine.
musonerìa |muzone'ria| *s.f.* [*atteggiamento scontroso, poco socievole*] bouderie.
mussàre |mus'sare| *v.intr.* (*aus.* '*avere*') (*di vino o bevande gassate*) [*spumeggiare*] mousser ◇ (*loc. fig.*) *far mussare una notizia, uno scandalo* [*esporla, esporlo in modo che faccia effetto sui lettori*] faire mousser une nouvelle, un scandale → **pubblicizzare.**
mùssola |'mussola|, **mussolìna** |musso'lina| *s.f.* mousseline.
mussulmàno |mussul'mano| *agg.* → **musulmano.**
mustàcchio, i |mus'takkjo, i| *s.m.* **1** *spec. al plur.* moustache (*f. sing.*): *arricciarsi i mustacchi* friser sa moustache → **baffo** **2** (*mar.*) *hauban.
mustang |'mʌstæŋ| *s.m. inv.* (*ingl.*) (*zool.*) mustang *var.*
mustèla |mus'tɛla| *s.f.* (*t.zool.*) mustela, motelle.
Mustèlidi |mus'tɛlidi| *s.m. pl.* (*t. zool.*) Mustélidés.
musulmàno |musul'mano| *agg.* musulman: *la religione musulmana* la religion musulmane; *i paesi musulmani* les pays musulmans ✦ (*s.*) *i Musulmani* les Musulmans.
1 **mùta** |'muta| *s.f.* **1** [*cambio*] relève: *la muta della sentinella* la relève de la sentinelle, de la garde ◇ (*loc.*) *dare, darsi la muta* prendre la relève **2** (*biol., zool.*) mue: *la muta degli uccelli* la mue des oiseaux → **muda**; *la muta dei rettili* la mue des reptiles; *la muta dei bachi da seta* la mue des vers à soie **3** [*cambio di biancheria*] linge *m.* de rechange: *preparare nella valigia una muta di biancheria* mettre dans sa valise un rechange de linge ◇ (*nell'equipaggiamento dei subacquei*) combinaison (de plongeur) ◇ (*mar.*) *una muta di vele* un rechange de voiles **4** *la muta del vino* le transvasement *m.* du vin.
2 **mùta** |'muta| *s.f.* **1** [*gruppo di cani da caccia*] meute **2** (*raro*) [*gruppo di due o più cavalli da tiro*] attelage *m.* (*corr.*).
mutàbile |mu'tabile| *agg.* [→ MUTARE] variable: *grandezze mutabili* grandeurs variables → **variabile** ◇ (*fig.*) *carattere, umore mutabile* caractère, humeur instable → **instabile, volubile** Ⓒ **immutabile.**
mutabilità |mutabili'ta| *s.f. inv.* [*capacità, possibilità di mutare, cambiare*] variabilité (*var.*): *mutabilità di grandezze* variabilité de grandeurs; *mutabilità del tempo* variabilité du temps → **instabilità** ◇ (*fig.*) *mutabilità di carattere* instabilité de caractère → **volubilità** Ⓒ **immutabilità.**
mutacismo |muta'tʃizmo| *s.m.* (*med.*) mutacisme, mytacisme.
mutagènesi |muta'dʒɛnezi| *s.f. inv.* (*biol.*) mutagénèse *var.*
mutàgeno |mu'tadʒeno|, **mutagènico, ci, ca, che** |muta'dʒɛniko, tʃi, ka, ke| *agg.* (*biol.*) mutogène (*t. racc.*), mutagène.
mutaménte |muta'mente| *avv.* [→ MUTO I 1] sans rien dire *loc. inv.*
mutaménto |muta'mento| *s.m.* [→ MUTARE] changement: *un improvviso mutamento di tempo, di umore* un changement soudain de temps, d'humeur; *mutamenti sociali, socio-culturali* changements sociaux, socio-culturels → **cambiamento.**
mutànde |mu'tande| *s.f. pl.* [*capo di biancheria intima, indossato sotto i calzoni o la gonna*] caleçon *m. sing.*, slip *m. sing.*; culotte (*sing.*): *mutande da uomo* caleçon, slip; *mutande da donna* culotte.
mutandìne |mutan'dine| *s.f. pl.* [*piccole mutande*] slip (*m. sing.*): *un paio di mutandine* un slip → **slip** ◇ [*mutande da donna*] culotte *sing.* ◇ (*loc.*) *mutandine da bagno per bambini* maillot de bain pour enfants → **costume**; *mutandine da bagno di un bikini* slip d'un bikini → **slip.**
mutàre |mu'tare| **A** *v.tr.* **1** [*cambiare, sostituire*] changer (3): *mutare abito* changer de vêtements; *mutare vita, sistema di vita* changer de vie, de système de vie; *mutare abitudini* changer ses habitudes # *mutare le penne* muer; *mutare il vino* transvaser le vin **2** [*trasformare, modificare*] changer: *ha mutato colore* il a changé de couleur; *quella esperienza lo ha mutato in meglio, in peggio* cette expérience l'a changé en mieux, en pire **B** *v.intr.* (*aus.* '*essere*') [→ *tr.* 2] changer: *mutare in meglio, in peggio* changer en mieux, en pire; *il quadro politico è mutato* le cadre politique est changé; *mutare di parere, d'opinione* changer d'avis; *parole che mutano di significato* mots qui changent des sens **C** *v.pron.* MUTARSI **1** *rifl.* [→ *tr.* 1] *mutarsi d'abito* changer *intr.* de vêtements, se changer **2** *intr.* [→ *tr.* 2] changer (*intr.*): *il tempo si è mutato* le temps a, est changé.
mutàto |mu'tato| *agg.* [*cambiato; trasformato*] changé: *l'ho trovato molto mutato dall'ultima volta* je l'ai trouvé très changé depuis la dernière fois; *non c'è nulla di mutato* il n'y a rien de changé.
mutazióne |mutat'tsjone| *s.f.* **1** [→ MUTARE] changement *m.*, modification, mutation: *gli suggerì alcune mutazioni da apportare al copione* il lui suggéra quelques changements, quelques modifications à faire dans le manuscrit → **cambiamento** **2** (*biol.*) mutation.
mutazionìsmo |mutattsjo'nizmo| *s.m.* (*st., biol.*) mutationnisme.
mutazionìsta |mutattsjo'nista| *s.* mutationniste.
mutazionìstico, ci, ca, che |mutattsjo'nistiko, tʃi, ka, ke| *agg.* (*scient.*) mutationniste.
mutévole |mu'tevole| *agg.* [*facilmente soggetto a mutamenti*] changeant: *tempo mutevole* temps changeant; *essere di umore mutevole* être d'humeur changeante → **instabile** Ⓒ **costante.**
mutevolézza |mutevo'lettsa| *s.f.* [*instabilità, discontinuità*] instabilité, variabilité, mutabilité (*lett.*): *mutevolezza di umore* instabilité d'humeur Ⓒ **costanza.**
mutevolménte |mutevol'mente| *avv.* [→ MUTEVOLE] d'une façon changeante *loc. inv.*
mùtico, ci, ca, che |'mutiko, tʃi, ka, ke| *agg.* (*bot.*) mutique.
mutilàre |muti'lare| *v.tr.* **1** [*privare di una parte del corpo*] mutiler: *lo scoppio lo ha mutilato di un braccio, di una gamba* l'explosion l'a mutilé d'un bras, d'une jambe; *è stato mutilato dalla sega elettrica* il a été mutilé par une scie électrique ◇ [*asportare in modo traumatico*] amputer: *gli hanno dovuto mutilare un braccio* ils ont dû lui amputer un bras ◇ (*per est.*) *mutilare una statua, una bambola* mutiler une statue, une poupée **2** (*fig.*) [*privare di una parte essenziale*] *il film è presentato in un'edizione mutilata dalla censura* le film est présenté dans une version mutilée par la censure.
mutilàto |muti'lato| *s.* mutilé: *un mutilato di guerra, del lavoro* un mutilé de guerre, du travail; *mutilati civili* mutilés civils ✦ (*agg.*) *avere una mano mutilata* être amputé d'une main.
mutilatóre, trice |mutila'tore, tritʃe| *agg. e s.* (*raro*) mutilateur* (*lett.*).
mutilazióne |mutilat'tsjone| *s.f.* [→ MUTILARE] mutilation.
mùtilo |'mutilo| *agg.* mutilé: *una statua mutila* une statue mutilée; *un codice, un papiro mutilo* un manuscrit, un papyrus mutilé.
mutìsmo |mu'tizmo| *s.m.* (*med.*) mutisme: *chiudersi in un ostinato, impenetrabile mutismo* s'enfermer dans un mutisme obstiné, impénétrable.
mùto |'muto| **I** *agg.* **1** [*che non parla, che non sa parlare*] muet*: *essere muto dalla nascita* être muet de naissance ◇ (*fig.*) *rimase muto per lo stupore, per la vergogna, di ammirazione* il resta muet d'étonnement, de honte, d'admiration ◇ (*loc. fig.*) *muto come un pesce* muet comme une carpe **2** [*che non si esprime con parole; tacito*] muet: *un muto dolore, una muta ammirazione* une douleur muette, une muette admiration; *esprimere un muto rimprovero* exprimer un reproche muet **3** [*privo di suono*] silencieux*, muet (*lett.*): *la casa è rimasta muta dopo la sua partenza* la maison est restée silencieuse après son départ → **silenzioso** ◇ (*ling.*) *consonante, vocale muta* consonne, voyelle muette ◇ (*in cartografia*) *carta geografica muta, atlante muto* carte muette, atlas muet ◇ (*cine.*) *il cinema muto* le (cinéma) muet ◇ (*loc. fig.*) *far scena muta* être incapable d'ouvrir la bouche **II** *s.* **1** *s.* [→ *agg.* 1] muet: *l'alfabeto dei muti* l'alphabet des muets; *parlare a un muto* parler à un muet **2** *s.m.* (*cine.*) muet: *i tempi gloriosi del muto* les temps glorieux du muet; *un attore, un regista del muto* un acteur, un metteur en scène du muet.
mùtolo |'mutolo| *agg. e s.* (*tosc., lett.*) → **muto.**
mùtria |'mutrja| *s.f.* [*viso accigliato; atteggiamento altezzoso*] air *m.* *hautain, morgue: *non startene lì con quella mutria che mette a disagio* ne reste pas là avec cet air hautain qui met mal à l'aise.
mùtua |'mutua| *s.f.* [*ente di previdenza e assistenza*] assurance sociale, mutuelle: *essere iscritto alla mutua* être inscrit aux assurances sociales, à une mutuelle; *il medico della mutua* le médecin des assurances sociales; *la mutua non passa queste medicine* les assurances sociales ne remboursent pas ce médicament ◇ [*gli uffici; l'ambulatorio*] dispensaire (*m.*): *andare alla mutua per*

una visita, per un controllo aller au dispensaire de l'assurance sociale pour une visite, pour un contrôle.
mutualìsmo |mutua'lizmo| *s.m.* **1** mutualisme **2** (*biol.*) mutualisme.
mutualìstico, ci, ca, che |mutua'listiko, tʃi, ka, ke| *agg.* **1** des assurances sociales *loc. inv.*, de la mutuelle (*loc. inv.*): *assistenza mutualistica* aide (de la) mutuelle **2** (*biol.*) du mutualisme *loc. inv.*
mutualità |mutuali'ta| *s.f. inv.* mutualité *var.*
mutuaménte |mutua'mente| *avv.* (*raro*) [→ 1 MUTUO 1] mutuellement → **reciprocamente.**
mutuànte |mutu'ante| *agg. e s.* (*dir.*) prêteur* *s.*, bailleur* *s.* de fonds ⌗ *la banca mutuante* banque de crédit; *l'*(*ente*) *mutuante* la société de crédit.
mutuàre |mutu'are| *v.tr.* **1** (*dir.*) [*dare in mutuo*] prêter: *mutuare un capitale a un'impresa* prêter un capital à une entreprise ◇ [*ricevere in mutuo*] emprunter: *mutuare i fondi da una banca* emprunter des fonds à une banque **2** (*fig.*) [*prendere, ricevere in prestito*] emprunter: *mutuare delle parole da una lingua straniera* emprunter des mots à une langue étrangère.
mutuàrio, i |mutu'arjo, i| *s.m.* [*chi fa un prestito*] emprunteur* *s.*
mutuatàrio, i |mutua'tarjo, i| *s.* (*dir.*) emprunteur*.
1 **mutuàto** |mutu'ato| *agg. e s.* [*assistito da una mutua*] assuré social*, adhérent à une mutuelle: *un malato mutuato* un assisté social, un malade adhérent à une mutuelle; *orario di visita per i mutuati* heures de consultation pour les assurés sociaux.
2 **mutuàto** |mutu'ato| *agg.* (*dir.*) emprunté: *pagare gli interessi sul capitale mutuato* payer les intérêts sur le capital emprunté.
mùtulo |'mutulo| *s.m.* (*arch. gr.*) mutule *f.*
1 **mùtuo** |'mutuo| *agg.* **1** [*reciproco, scambievole*] mutuel*: *avere, conservare il mutuo rispetto* avoir, conserver un mutuel respect; *società di mutuo soccorso* société de secours mutuel **2** *cassa mutua* → **mutua.**
2 **mùtuo** |'mutuo| *s.m.* (*dir.*) prêt: *mutuo ipotecario* prêt hypothécaire; *mutuo fondiario* prêt foncier; *ottenere un mutuo* obtenir un prêt; *pagare la rata del mutuo* payer le versement d'un prêt ◇ [*denaro preso a prestito*] emprunt: *mutuo sovvenzionato* emprunt subventionné.
myroxilon |mi'rɔksilon| *s.m. inv.* (*t.bot.*) myroxilon *var.*, myroxile *var.*
mzabita |mza'bita| *s.* mozabite, mzabite.

N

n |n| *s.m. o f.* [*dodicesima lettera dell'alfabeto*] n (*m.*): *n minuscolo* n minuscule; *N maiuscola* N majuscule ◇ (*tel.*) *N come Napoli*: (*in Francia*) N comme Nicolas; (*in Belgio*) N come Napoléon.

nabàbbo |na'babbo| *s.m.* **1** (*st. mussulmana*) nabab **2** (*fam.*) [*persona ricchissima, che conduce una vita dispendiosa*] nabab: *vive come un nababbo* il vit comme un nabab.

nàcchera |'nakkera| *s.f.* **1** (*mus.*) castagnettes *pl.* **2** → 2 **pinna.**

nadir |na'dir| *s.m.* (*astron.*) nadir [C] **zenit.**

nàfta |'nafta| *s.f.* (*chim.*) naphte ◇ (*auto.*) gas-oil *m.* ~ (*per riscaldamento*) mazout (*m.*): *riscaldamento a nafta* chauffage au mazout.

naftalina |nafta'lina| *s.f.* (*chim.*) naphtaline, naphtalène; *palline di naftalina* boules de naphtaline; *mettere gli indumenti in naftalina* mettre les vêtements dans la naphtaline ◇ (*loc. fig.*) *tenere qc. in naftalina* mettre qqn. en conserve.

naftène |naf'tɛne| *s.m.* (*chim.*) naphtène.

naftilammina |naftilam'mina| *s.f.* (*chim.*) naphtylamine.

naftòlo |naf'tɔlo| *s.m.* (*chim.*) naphtol.

1 **nàia** |'naja| *s.f. inv.* (*t.zool.*) naja *m. var.*

2 **nàia** |'naja| *s.f. inv.* (*gerg.*) [*servizio militare*] service *m. var.* (militaire) (*corr.*): *dopo due anni di naia è tornato a casa* après deux ans de service (militaire) il est retourné chez lui; *è ancora sotto la naia* il fait encore son service.

nàiade |'najade| *s.f.* **1** (*mitol.*) naïade **2** (*t.bot.*) naïade.

'naïf' |naif| *agg. inv.* (*pitt.*) naïf* (*var.*): *quadro 'naïf'* tableau naïf; *pittore 'naïf'* peintre naïf; *lo stile 'naïf'* le style naïf ◆ (*s.m. inv.*) *un 'naïf'* un naïf *var.*

nàilon |'nailon| *s.m. inv.* → **nylon.**

nanchino |nan'kino| *s.m.* [*tessuto di cotone leggero*] nankin.

nandù |nan'du| *s.m. inv.* (*t.zool.*) nandou *var.*

naneròttolo |nane'rɔttolo| *s.m.* (*spreg.*) [*individuo sim. a un nano*] nabot *s.*

nanismo |na'nizmo| *s.m.* (*biol.*) nanisme ◇ (*med.*) *nanismo ipofisario, tiroideo* nanisme hypophysaire, thyroïdien.

nànna |'nanna| *s.f.* (*linguaggio infantile*) [*il sonno, il dormire*] dodo (*m.*): *è l'ora di andare a nanna* c'est l'heure d'aller au dodo, d'aller faire dodo; *hai fatto la nanna?* as-tu fait dodo?; *ho messo il piccolo a nanna* j'ai mis l'enfant au dodo, dans son berceau.

nàno- |'nano| *pref.* (*significa 'nano', corrisponde gener. a*) nano: *nanosecondo* nanoseconde.

nàno |'nano| **I** *agg.* [*più piccolo del normale*] nain: *alberi nani* arbres nains; *polli, cavalli nani* poulets, chevaux nains; *una donna nana, un uomo nano* une femme naine, un homme nain **II** *s.* **1** (*med.*) nain **2** (*per est.*) [*persona di piccola statura*] nain [C] **I gigantesco; II 2 gigante.**

nano-secóndo |nanose'kondo| *s.m.* (*fis.*) nano-seconde *f.*

nàos |'naos| *s.m. inv.* (*archeol.*) naos.

nàpalm |'napalm| *s.m. inv.* (*chim.*) napalm *var.*

napèa |na'pɛa| *s.f.* (*mitol.*) napée.

napèllo |na'pɛllo| *s.m.* (*t.bot.*) napel.

napoleóne |napole'one| *s.m.* [*moneta d'oro*] napoléon.

napoleònico, ci, ca, che |napole'ɔniko, tʃi, ka, ke| *agg.* napoléonien*: *il periodo napoleonico* la période napoléonienne # *il codice napoleonico* le code Napoléon ◆ (*s.m.*) *i napoleonici* les soldats de Napoléon.

napoletàna |napole'tana| *s.f.* **1** (*cuc.*) cafetière napolitaine **2** (*nel gioco del tressette*) [*combinazione di asso, due e tre dello stesso seme*] l'as, le 2 et le 3 de la même couleur.

napoletàno |napole'tano| **I** *agg.* [*di Napoli*] napolitain: *la canzone napoletana* la chanson napolitaine **II** *s.m.* **1** [*il territorio di Napoli*] la région *f.* de Naples **2** [*il dialetto*] le napolitain **3** (*cuc.*) *napoletani al sugo, spaghetti alla napoletana* spaghetti (très fins) à la sauce tomate ◇ (*loc.*) *spaghetti, pizza* ALLA NAPOLETANA spaghetti, pizza napolitaine.

nàppa |'nappa| *s.f.* **1** [*mazzetto di fili di seta o di lana*] *houppe, pompon (*m.*): *la nappa del berretto* la houppe, le pompon du bonnet # *le nappe della tenda* les glands du rideau **2** [*pellame molto morbido*] peau fine: *guanti di nappa* gants de peau fine; *una giacca di nappa* une veste de peau fine **3** *nappa di cardinale* → **amaranto.**

nappina |nap'pina| *s.f.* (*mil.*) pompon *m.*

nappista |nap'pista| *s. e agg.* membre des N.A.P. (Noyaux Armés Prolétariens).

nàppo |'nappo| *s.m.* (*lett.*) [*coppa*] coupe *f.* (*corr.*) ◇ [*nappo di metallo*] gobelet (*corr.*).

narbonése |narbo'nese| *agg. e s.* [*di Narbona*] narbonnaise.

narcisismo |nartʃi'zizmo| *s.m.* (*psican.*) narcissisme: *il narcisismo di quell'artista è veramente infantile* le narcissisme de cet artiste est vraiment puéril.

narcisista |nartʃi'zista| *s.* (*psican.*) narcissique.

narcisìstico, ci, ca, che |nartʃi'zistiko, tʃi, ka, ke| *agg.* (*psican.*) narcissique: *atteggiamenti, manifestazioni narcisistiche* attitudes, manifestations narcissiques.

narciso |nar'tʃizo| *s.m.* **1** (*t.bot.*) narcisse **2** [*il fiore*] narcisse: *un mazzo di narcisi* un bouquet de narcisses.

narcissico, ci, ca, che |nar'tʃissiko, tʃi, ka, ke| *agg.* → **narcisistico.**

nàrco- |'narko| *pref.* (*significa 'sonno', corrisponde gener. a*) narco: *narcoanalisi* narco-analyse.

narcoanàlisi |narkoa'nalizi| *s.f. inv.* (*med.*) narco-analyse *var.*

narcolessia |narkoles'sia| *s.f.* (*med.*) narcolepsie.

narcòsi |nar'kɔzi| *s.f. inv.* (*med.*) narcose *var.*

narcoterapia |narkotera'pia| *s.f.* (*med.*) narcothérapie.

narcòtico, ci, ca, che |nar'kɔtiko, tʃi, ka, ke| *agg.* (*med.*) narcotique: *potere, effetto narcotico* pouvoir, effet narcotique; *farmaci, preparati narcotici* médicaments, remèdes narcotiques # *stato narcotico* état de narcose ◆ (*s.m.*) *un narcotico* un narcotique.

narcotina |narko'tina| *s.f.* (*chim.*) narcotine.

narcotismo |narko'tizmo| *s.m.* (*med.*) narcotisme.

narcotizzàre |narkotid'dzare| *v. tr.* [*mettere in stato di narcosi*] narcotiser: *il paziente è stato narcotizzato* le patient a été narcotisé.

narcotizzazióne |narkotiddzat'tsjone| *s.f.* (*med.*) [→ NARCOTIZZARE] narcotisation.

nàrdo |'nardo| *s.m.* **1** (*t.bot.*) nard **2** [*essenza*] nard.

narghilè |nargi'lɛ| *s.m. inv.* narguilé *var.*, narghileh (*var.*): *un narghilè d'argento* un narguilé, narghileh d'argent; *fumare il narghilè* fumer le narguilé.

nàri |'nari| *s.f. pl.* (*lett.*) → **narice.**

narice |na'ritʃe| *s.f.* (*anat.*) narine: *la narice destra, sinistra* la narine droite, gauche ◇ (*animali*) nez *m.*, naseau (*m.*): *le narici del cane* le nez du chien ‖ *le narici del cavallo* le naseau du cheval.

narràbile |nar'rabile| *agg.* [→ NARRARE] racontable.

narràre |nar'rare| **A** *v.tr.* [*raccontare, esporre un fatto*] relater; raconter: *narra le sue avventure in un diario* il relate ses aventures dans son journal ‖ *quel film narra le vicende di un partigiano* ce film raconte les vicissitudes d'un partisan; *mi ha narrato come sono andate le cose* il m'a raconté comment les choses se sont passées **B** *v.intr.* (*aus. 'avere'*) [*parlare su q.c.*] parler: *mi ha molto narrato di te* il m'a beaucoup parlé de toi # *la favola narrava di un principe bellissimo* le conte disait l'histoire d'un très beau prince.

narrativa |narraˈtiva| *s.f.* **1** (*letter.*) prose; genre *m.* narratif: *quello scrittore è passato dalla poesia alla narrativa* cet écrivain est passé de la poésie à la prose || *è un capolavoro della narrativa moderna* c'est un chef-d'œuvre du genre narratif moderne **2** (*dir.*) exposé *m.* (des faits).

narrativo |narraˈtivo| *agg.* narratif*: *il genere, lo stile narrativo* le genre, le style narratif ◇ (*gram.*) *infinito narrativo* infinitif de narration *loc. inv.*

narratóre, trice |narraˈtore, triˈtʃe| *s.* **1** narrateur*: *un buon narratore* un bon narrateur; *una piacevole narratrice* une narratrice agréable **2** [*scrittore di opere narrative*] conteur*: *i narratori russi dell'800* les conteurs russes du XIXe siècle.

narratòrio, i |narraˈtɔrjo, i| *agg.* → **narrativo.**

narrazióne |narratˈtsjone| *s.f.* [→ NARRARE] **1** narration: *incominciò la narrazione, ma non la proseguì* il commença la narration, mais ne la continua pas; *fece una narrazione minuta dei fatti* il fit une narration détaillée des faits **2** [*racconto*] récit (*m.*): *una narrazione fiabesca* un récit fabuleux **3** (*dir.*) exposé *m.*

nartèce |narˈtɛtʃe| *s.m.* (*arch.*) narthex.

narvàlo |narˈvalo| *s.m.* (*t.zool.*) narval*, licorne *f.* de mer (*corr.*).

nasàle |naˈsale| **I** *agg.* **1** (*anat.*) nasal*: *fosse nasali* fosses nasales; *setto nasale* cloison nasale; *cavità nasale* cavité nasale ◇ (*per ext.*) *voce nasale* voix nasale, nasillarde; *timbro nasale* timbre nasal **2** (*ling.*) nasal: *fonemi, suoni nasali* phonèmes, sons nasaux; *consonanti, vocali nasali* consonnes, voyelles nasales ✦ (*s.f.*) *le nasali* les nasales **II** *s.m.* (*st. mediev.*) nasal.

nasalità |nasaliˈta| *s.f. inv.* (*fon.*) nasalité (*var.*): *nasalità della voce* nasalité de la voix; *nasalità di una consonante* nasalité d'une consonne.

nasalizzàre |nasalidˈdzare| **A** *v.tr* [*dare tono nasale a un suono*] nasaliser **B** *v.pron. intr.* NASALIZZARSI [*diventare nasale*] se nasaliser.

nasalizzazióne |nasaliddzatˈtsjone| *s.f.* (*fon.*) [→ NASALIZZARE] nasalisation.

nasàrdo |naˈsardo| *s.m.* (*mus.*) nasard.

nasàta |naˈsata| *s.f.* coup *m.* sur le nez; coup de nez.

nascènte |naʃˈʃɛnte| *agg.* **1** [*che nasce, che sta per nascere*] naissant (*lett.*), qui naît *loc.* # *il giorno nascente ci vedrà in viaggio* le petit jour nous verra en voyage; *il simbolo del partito è un sole nascente* le symbole du parti est un soleil levant ◇ (*chim.*) *idrogeno, ossigeno allo stato nascente* hydrogène, oxygène à l'état naissant **2** (*arald.*) naissant **C** 1 **morente.**

1 **nàscere** |ˈnaʃʃere| (158) *v.intr.* (*aus.* '*essere*') **1** (*persone*) [*cominciare ad avere vita autonoma*] naître (74): *il bambino deve nascere alla fine del mese* l'enfant doit naître à la fin du mois; *è nata a Genova nel 1950* elle est née à Gênes en 1950; *è nato da famiglia povera, nobile* il est né de famille pauvre, noble ◇ (*animali*) *alla cagna sono nati quattro cuccioli* la chienne a eu quatre chiots; *i puledri, appena nascono, sanno stare in piedi* dès leur naissance, les poulains savent se tenir debout ◇ (*loc.*) *è nato con la camicia* il est né coiffé ~ *è nato sotto una buona, cattiva stella* il est né sous une bonne, une mauvaise étoile ~ *non era nato per quel lavoro* il n'était pas fait pour ce travail ~ *non sono mica nato ieri!* je ne suis pas né d'hier, de la dernière pluie ~ *nessuno nasce maestro* personne n'a la science infuse ~ *deve ancora nascere chi mi costringerà a questo* celui qui m'obligera à faire ça n'est pas encore né ◇ (*prov.*) *si sa come si nasce, non si sa come si muore* on sait comment on naît, on ne sait pas comment on mourra **2** (*piante*) [*spuntare, germogliare*] pousser (*aus.* avoir): *sta nascendo la prima erbetta* le gazon recommence à pousser; *a marzo cominciano a nascere le viole* les violettes commencent à pousser en mars ◇ (*loc. fig.*) *le case, in riviera, nascono come funghi* les maisons, sur la côte, poussent comme des champignons **3** (*fiumi*) [*scaturire, avere origine*] prendre (73) *tr.* sa source; naître: *il Po nasce dal Monviso* le Pô prend sa source au Monviso || *questo ruscello nasce da quel monte* ce ruisseau naît de cette montagne **4** [*spuntare, venir fuori*] pousser: *al ragazzo comincia a nascere un po' di peluria* un peu de duvet commence à pousser au garçon # *al bambino è nato il primo dente* l'enfant a fait sa première dent **5** [*sorgere, apparire all'orizzonte*] se lever (6) (*pron.*): *il sole nasce alle cinque* le soleil se lève à cinq heures; *sta nascendo la prima stella* la première étoile est en train de se lever **6** (*fig.*) [*verificarsi, insorgere, derivare*] naître: *la lite è nata da un banale incidente* le litige est né d'un banal accident; *il sospetto è cominciato a nascere per causa sua* le soupçon a commencé à naître par sa faute; *questa industria è nata nel 1910* cette industrie est née en 1910 # *mi è nato il dubbio che non sia mai venuto* je commence à douter qu'il soit jamais venu ◇ *loc.* FAR NASCERE faire (45) naître: *le sue parole mi hanno fatto nascere qualche speranza* ses paroles ont fait naître en moi quelque espoir # *coi suoi atteggiamenti ha fatto nascere uno scandalo* en se comportant ainsi, il a provoqué un scandale; *mi ha fatto nascere una bella idea* il m'a donné une bonne idée; *il discorso di quel politico ha fatto nascere dei disordini* le discours de ce politicien a provoqué des désordres ◇ (*prov.*) *da cosa nasce cosa* une chose en entraîne une autre; de fil en aiguille... **C** 1; 2 **morire** 1.

2 **nàscere** |ˈnaʃʃere| *s.m. inv.* [*il fatto di nascere*] naissance (*f. var.*): *il nascere di un progetto* la naissance d'un projet # *fu una discussione morta sul nascere* ce fut une discussion morte-née; *al nascere del sole ero già sveglio* au lever du soleil, j'étais déjà réveillé.

nasciménto |naʃʃiˈmento| *s.m.* (*lett.*) → **nascita.**

nàscita |ˈnaʃʃita| *s.f.* **1** (*persone*) [*l'atto, il modo di nascere*] naissance: *atto, certificato di nascita* acte, certificat de naissance; *la nascita del bambino lo ha reso felice* la naissance de cet enfant l'a rendu heureux; *lo conosco dalla nascita* je le connais depuis sa naissance ◇ (*loc.*) *è ricco, nobile di nascita* il est riche, de noble naissance ~ *è di nascita umile, oscura* il est d'humble naissance ~ *è cieco di nascita, fin dalla nascita* il est aveugle de naissance, aveugle-né ~ *gli spetta quel posto per nascita* ce poste lui revient de naissance ◇ (*animali*) *la nascita di una cucciolata* la naissance d'une couvée ◇ (*piante*) *la nascita delle nuove piantine* la naissance des nouvelles plantes **2** (*fig.*) [*origine, principio*] naissance, création: *la nascita della nostra amicizia* la naissance de notre amitié; *la nascita del nuovo partito* la création du nouveau parti; *la nascita di questa industria* la naissance, la création de cette industrie **C** 1 **morte**; 2 **fine** 1.

nascitùro |naʃʃiˈturo| *s.* l'enfant qui va naître: *la legge tutela i diritti del nascituro* la loi défend les droits de l'enfant qui va naître; *discutono sul sesso del nascituro* ils discutent sur le sexe de l'enfant qui va naître ✦ (*agg.*) *il figlio nascituro* l'enfant qui va naître *loc.*

nascondarèllo |naskondaˈrɛllo| *s.m.* (*gioco infantile*) cache-cache (*inv.*): *giocare a nascondarello* jouer à cache-cache.

nascóndere |nasˈkondere| (159) **A** *v.tr.* **1** [*mettere, tenere q.c. lontano dalla vista altrui*] cacher: *il ladro nascose la refurtiva* le voleur cacha son butin; *ho nascosto la lettera fra le pagine di un libro* j'ai caché la lettre entre les pages d'un livre; *è uscito nascondendo il pacco sotto la giacca* il est sorti, en cachant le paquet sous sa veste; *i complici hanno nascosto il ricercato* des complices ont caché celui qu'on recherche; *ha nascosto il viso fra le mani e si è messa a piangere* elle a caché son visage dans ses mains et elle s'est mise à pleurer; *nasconde i segni della stanchezza con un po' di trucco* elle cache les traces de sa fatigue sous un peu de maquillage **2** (*per est.*) [*impedire alla vista*] cacher: *questo muro ci nasconde la strada* ce mur nous cache la rue; *la nebbia nasconde il fondo valle* le brouillard cache le fond de la vallée **3** (*fig.*) [*non manifestare, non far sapere quanto si sente o si pensa*] cacher: *sa nascondere bene il suo disappunto* il sait bien cacher son désappointement; *mi hanno nascosto la verità* ils m'ont caché la vérité; *non mi nascondere la gravità della situazione* ne me cache pas la gravité de la situation; *tu mi nascondi q.c.* toi, tu me caches qqch. **B** *v.pron.* NASCONDERSI **1** *rifl.* [*celarsi, sottrarsi alla vista*] se cacher: *mi sono nascosto per non farmi vedere* je me suis caché pour ne pas me faire voir; *il gatto si è nascosto sotto la poltrona* le chat s'est caché sous le fauteuil ◇ (*loc.*) *si è nascosto sotto falso nome* il s'est caché sous un faux nom **2** *intr.* [*non essere manifesto, evidente*] se cacher (*pron.*): *chi sa cosa si nasconde sotto quell'apparenza* qui sait ce qui se cache sous cette apparence **C** A 1, 2 **mostrare**, 3 **manifestare.**

nascondiglio, i |naskonˈdiʎʎo, i| *s.m.* [*posto adatto per nascondere o per nascondersi*] cachette (*f.*): *quel ricercato aveva trovato un ottimo nascondiglio* celui qu'on cherchait avait trouvé une très bonne cachette.

nascondino |nasconˈdino| *s.m.* → **nascondarello.**

nascostaménte |naskosta'mente| *avv.* **1** [*segretamente*] secrètement **2** [*di nascosto*] en cachette *loc. inv.*
nascósto |nas'kosto| *agg.* **1** [*situato in un luogo, dove non può essere visto o notato*] caché: *il villino è nascosto nella vegetazione* la villa est cachée dans la verdure; *la refurtiva era nascosta in una cava* le butin était caché dans une carrière **2** (*fig.*) [*dissimulato; tenuto celato o segreto*] caché: *possiede delle virtù nascoste* il a des vertus cachées # *non ti tengo nascosta la gravità della cosa* je ne te cache pas la gravité de la chose ◇ *loc. avv.* DI NASCOSTO en cachette: *fuma di nascosto* il fume en cachette; *si incontrano di nascosto* ils se rencontrent en cachette; *è uscito di nascosto al padre* il est sorti en cachette de son père.
1 **nasèllo** |na'sɛllo| *s.m.* (*t.zool.*) merlan.
2 **nasèllo** |na'sɛllo| *s.m.* (*mecc.*) mentonnet.
nasica |na'zika| *s.m. inv.* (*t.zool.*) nasique *var.*
nàso |'naso| *s.m.* **1** (*anat.*) nez: *naso greco, camuso, retto, adunco* nez grec, camus, droit, crochu; *ha perduto sangue dal naso* il a saigné du nez; *parla nel naso* il parle du nez; *ho il naso chiuso* j'ai le nez bouché; *per il disgusto ha arricciato il naso* de dégoût, il a froncé le nez # *impara a soffiarti il naso* apprends à te moucher ◇ (*animali*) *il naso del cane, del gatto* la truffe *f.* du chien, le museau du chat ◇ (*loc.*) *fazzoletto da naso* mouchoir; *tabacco da naso* tabac à priser ~ *ha avuto* (*buon*) *naso in quell'affare* il a eu du flair dans cette affaire ~ *ha valutato la situazione a naso, a lume di naso* il a évalué la situation à vue de nez ~ *quella frase gli ha fatto saltare la mosca al naso* cette phrase lui a fait monter la moutarde au nez ~ *non vede al di là del proprio naso* il ne voit pas plus loin que (le bout de) son nez ~ *per convincerlo gliel'ho messa sotto il naso* pour le convaincre, je la lui ai mise sous le nez ~ *non ficcare il naso negli affari altrui* ne fourre pas ton nez dans les affaires d'autrui, des autres ~ *poiché è un debole, lo menano per il naso* comme il est faible, ils le mènent par le bout du nez ~ *la notizia lo ha lasciato con un palmo di naso* quand on lui a dit la nouvelle, il a fait un drôle de nez ~ *non camminare col naso per aria* ne marche pas le nez en l'air ~ *finché non ci sbatte il naso non è contento* il ne sera pas content tant qu'il ne s'y sera pas cassé le nez ~ *ormai ci ha fatto il naso* désormais, il y est habitué ~ *non ho messo il naso, la punta del naso fuori dalla porta* je n'ai pas mis le nez dehors ~ *mi ha sbattuta la porta sul naso* il m'a claqué la porte au nez ~ *ti è passato proprio sotto il naso* il t'est passé juste sous le nez ~ *quel ragazzo ti ha bagnato il naso* ce garçon t'a fait la pige (*pop.*) **2** (*fig.*) [*elemento sporgente di arnesi*] ergot.
nàssa |'nassa| *s.f.* (*pesca*) nasse.
nastia |nas'tia| *s.f.* (*bot.*) nastie.
nastratrice |nastra'tritʃe| *s.f.* (*tecnol.*) rubaneuse.
nastratùra |nastra'tura| *s.f.* (*tecnol.*) rubanage *m.*; bandage *m.*
nastrifórme |nastri'forme| *agg.* [*che ha forma di nastro*] à ruban *loc. inv.* # *decorazioni nastriformi* rubans de décorations.
nastrìno |nas'trino| *s.m.* **1** [*decorazione o onorificenza*] ruban **2** [*segnalibro*] signet **3** *al plur.* [*tipo di pasta da minestra*] nouilles *f.*
nàstro |'nastro| *s.m.* **1** [*striscia di tessuto*] ruban: *una camicetta con nastri* un chemisier avec des rubans; *il nastro di un cappello* le ruban d'un chapeau; *ho ornato di nastri questo vestito* j'ai garni de rubans cette robe; *la scatola era legata con un bel nastro rosso* la boîte était entourée d'un beau ruban rouge ◇ (*loc.*) *nastro di seta* ruban (de soie) ~ *nastro elastico* ruban élastique ~ *nastro rosa, azzurro in casa Bianchi* naissance *f.* d'une fille, d'un garçon chez les Bianchi ~ (*mar.*) *il nastro azzurro* le ruban bleu ~ (*sport*) *i nastri di partenza* la corde *f.* de départ ~ (*mil.*) *il nastro della Legion d'onore* le ruban de la Légion d'honneur ◇ (*fig.*) *un nastro di luce* un rayon de lumière; *quel fiume sembra un nastro d'argento* ce fleuve ressemble à un ruban d'argent **2** (*tecnol.*) *nastro dattilografico* ruban encreur (d'une machine à écrire); *nastro adesivo* ruban adhésif; *nastro isolante* ruban isolant, chatterton; *nastro metallico* lien métallique; *nastro magnetico* ruban, bande magnétique; *ho fatto una registrazione su nastro* j'ai enregistré sur bande (*f.*); *il nastro della mitragliatrice* la bande de la mitrailleuse ◇ *loc.* A NASTRO à ruban: *sega, metro a nastro* scie, mètre à ruban # *trasportatore a nastro* tapis roulant **3** (*arch.*) ruban **4** *al plur.* [*tipo di pasta*] nouilles *f.*
nastrotèca, che |nastro'tɛka, ke| *s.f.* [*raccolta di nastri magnetici registrati*] bandothèque.
nastùrzio, i |nas'turtsjo, i| *s.m.* (*t.bot.*) capucine *f.*
nasùto |na'suto| *agg.* au gros nez (*loc. inv.*): *un uomo nasuto* un homme au gros nez.
1 **natàle** |na'tale| **1** *agg.* natal*: *il mio paese natale* mon pays natal **2** (*s.m.*) *il natale* [*il giorno di nascita*] (jour de la) naissance *f.* # *il natale di Roma* l'anniversaire de la fondation de Rome ◇ (*al plur.*) *è un personaggio di illustri natali* c'est un personnage de haute naissance; *Firenze diede i natali a Dante* Florence donna le jour à Dante.
2 **Natàle** |na'tale| *s.m.* [*il giorno della nascita di Gesù e della sua ricorrenza*] Noël: *le vacanze di Natale* les vacances de Noël; *gli auguri, i doni di Natale* les vœux, les cadeaux de Noël ◇ (*loc.*) *buon Natale!* bon Noël; *buone feste di Natale!* bonnes fêtes de Noël!, joyeux Noël!; *l'albero di Natale* l'arbre de Noël; *Babbo Natale* père Noël.
natalità |natali'ta| *s.f. inv.* (*stat.*) natalité (*var.*): *l'aumento, la diminuzione della natalità* l'accroissement, la régression de la natalité; *indice di natalità* index de natalité **C** **mortalità.**
natalìzio, i |nata'littsjo, i| *agg.* **1** de Noël (*loc. inv.*): *vacanze, feste natalizie* vacances, fêtes de Noël; *auguri, regali natalizi* vœux, cadeaux de Noël **2** [*dalla nascita*] de la naissance (*loc. inv.*): *il giorno natalizio* le jour de la naissance ✦ (*s.m.*) *il natalizio* l'anniversaire → **compleanno.**
natànte |na'tante| **1** *agg.* [*che galleggia*] flottant: *isole natanti* îles flottantes ◇ (*bot.*) nageant: *foglie, radici natanti* feuilles, racines nageantes **2** *s.m.* (*mar.*) embarcation *f.*
natàre |na'tare| *v.intr.* (*poet.*) (*aus.* 'avere') → **nuotare.**
natatóia |nata'toja| *s.f.* (*zool.*) nageoire.
natatòrio, i |nata'tɔrjo, i| *agg.* servant à la natation, natatoire (*raro*): *vasca natatoria* bassin servant à la natation # *gare natatorie* compétition de natation ◇ (*zool.*) *vescica natatoria* vessie natatoire.
1 **nàtica, che** |'natika, ke| *s.f.* (*anat.*) fesse.
2 **nàtica, che** |'natika, ke| *s.f.* (*t.zool.*) natice.
naticùto |nati'kuto| *agg.* [*dalle grosse natiche*] fessu.
natimortalità |natimortali'ta| *s.f. inv.* (*stat.*) mortinatalité *var.*
natìo, ii |na'tio, ii| *agg.* (*lett.*) [*di nascita*] natal* (*corr.*): *terra natia* terre natale; *paese natio* pays natal.
nativismo |nati'vizmo| *s.m.* (*filos.*) nativisme.
nativista |nati'vista| *s.m.* nativiste.
nativìstico, ci, ca, che |nati'vistiko, tʃi, ka, ke| *agg.* (*filos.*) nativiste.
natività |nativi'ta| *s.f. inv.* **1** (*raro*) → **nascita** **2** (*relig. catt.*) nativité *var.* **3** (*arts.*) nativité *var.*
natìvo |na'tivo| *agg.* **1** [*relativo al luogo di nascita*] natal*: *paese nativo* pays natal; *la mia città nativa* ma ville natale **2** [*che è nato in quel luogo*] originaire, né: *sono nativa di Genova* je suis originaire de Gênes, née à Gênes; *abita qui, ma non è nativo del posto* il habite ici, mais il n'y est pas né ✦ (*s.*) *i nativi* les personnes *f.* originaires *agg.* du pays → **indigeno** **3** (*raro*) [*innato; che si possiede fin dalla nascita*] inné (*corr.*): *una fierezza nativa* une fierté innée → **congenito** **4** (*miner.*) natif*: *elementi nativi* éléments natifs; *oro, rame nativo* or, cuivre natif.
nàto |'nato| *agg.* né: *è un sordo nato* c'est un sourd-né; *è un delinquente nato* c'est un bandit-né; *è un pittore nato* c'est un peintre-né; *nato per la pittura* né pour la peinture ◇ (*loc.*) *è suo padre nato e sputato* c'est son père tout craché; *Clara Rossi nata Parodi* Claire Rossi née Parodi ✦ (*s.m.*) *i nati della leva 1955* les jeunes gens de la classe 55; *l'amore per i propri nati è un istinto comune agli animali* tous les animaux aiment par instinct leurs petits **C** **morto.**
nàtron |'natron| *s.m. inv.* (*miner.*) natron *var.*, natrum *var.*
nàtta |'natta| *s.f.* (*med.*) loupe.
natùra |na'tura| *s.f.* **1** nature: *stato di natura* état de nature; *i tre regni della natura* les trois règnes de la nature; *le leggi, i principi della natura* les lois, les principes de la nature; *il diritto di natura* le droit de nature ◇ (*loc.*) *vivere secondo natura* vivre selon la nature ~ *è un comportamento contro natura* c'est un comportement contre nature ~ (*econ., corr.*) IN NATURA en nature: *pagare in natura* payer en nature # *scambio in natura* troc ~ (*fig.*) *è una forza della natura* c'est une force de la nature; *è un dono della natura* c'est un don de la nature ~

(*pitt.*) *natura morta* nature morte **2** (*persone*) [*indole, carattere*] nature: *l'uomo è per natura un essere sociale* l'homme est par nature un être social; *quella ragazza ha una natura molto mite* cette jeune fille a une nature très douce # *da quando sta con lui ha cambiato natura* depuis qu'il est avec lui, elle a changé de caractère ◇ (*loc.*) *è combattivo di natura, per natura* il est combatif de nature, par nature ~ *è nella sua natura fare le cose con calma* c'est dans sa nature de faire tout avec calme ~ *è contrario alla sua natura essere aggressivo* c'est contraire à sa nature d'être agressif ◇ (*animali*) *la natura feroce della tigre* la nature féroce du tigre **3** (*cose*) [*condizione, qualità, caratteristica*] nature: *la natura dei metalli, delle rocce* la nature des métaux, des roches; *la natura di questo terreno* la nature de ce terrain; *è sorto un problema di natura politica* un problème de nature politique a surgi # *è una questione di natura privata* c'est une question d'ordre privé ◇ (*loc.*) *è nella natura delle cose che i giovani contestino i padri* il est dans la nature des choses que les jeunes gens contestent leurs parents.

naturàle |natu'rale| *agg.* **1** naturel*: *l'ordine naturale* l'ordre naturel; *principi, leggi naturali* principes naturels, lois naturelles; *istinti, impulsi naturali* instincts naturels, impulsions naturelles; *scienze naturali* sciences naturelles ◇ (*dir.*) *figlio naturale* fils naturel; *diritto naturale* droit naturel ◇ (*mat.*) *numeri naturali* nombres naturels; *serie naturale di numeri* série naturelle de nombres **2** [*non artefatto, contrapposto a 'artificiale'*] naturel: *ambiente naturale* milieu naturel; *morte naturale* mort naturelle; *prodotti, materiali naturali* produits, matériaux naturels; *colori, coloranti naturali* couleurs naturelles, colorants naturels; *fibre tessili naturali* fibres textiles naturelles ◇ *loc. avv.* AL NATURALE au naturel: *piselli al naturale* petits pois au naturel, nature # *fare un ritratto, una foto al naturale* faire un portrait, une photographie d'après nature **3** [*chiaro, evidente*] naturel: *ha saputo vincere la sua naturale timidezza* il a su vaincre sa timidité naturelle; *mi piace il suo stile semplice e naturale* j'aime son style simple et naturel # *ha un modo di fare naturale* il se comporte avec naturel ◇ *loc.* È NATURALE (CHE) c'est naturel (que): *è naturale che si sia offesa* il est naturel qu'elle se soit vexée; '*comprerai quel disco?*' '(*è*) *naturale*' 'tu achèteras ce disque?' 'c'est naturel, c'est normal' ♦ (*ass.*) *ma è naturale!* mais c'est normal! **C** **innaturale.**

naturalézza |natura'lettsa| *s.f.* **1** [*conformità, aderenza alla natura*] naturel (*m.*): *la naturalezza di una rappresentazione artistica* le naturel d'une représentation artistique # *quel quadro ha una naturalezza di colori meravigliosa* ce tableau a des couleurs merveilleusement naturelles **2** [*comportamento spontaneo, privo di artificio*] naturel: *parlava con naturalezza* il parlait avec naturel; *mi ha colpito il suo gesto pieno di naturalezza* son geste plein de naturel m'a frappé.

naturalìsmo |natura'lizmo| *s.m.* naturalisme: *naturalismo filosofico letterario, pedagogico* naturalisme philosophique, littéraire, pédagogique; *il naturalismo europeo dell'ultimo Ottocento* le naturalisme européen du XIXe siècle.

naturalista |natura'lista| *s.m.* **1** [*studioso di scienze naturali*] naturaliste **2** [*seguace, esponente del naturalismo*] naturaliste.

naturalistico, ci, ca, che |natura'listiko, tʃi, ka, ke| *agg.* **1** [*che concerne il naturalismo*] naturaliste: *teorie, tendenze naturalistiche* théories, tendances naturalistes; *l'interpretazione naturalistica della realtà* l'interprétation naturaliste de la réalité **2** [*che concerne le scienze naturali*] sur la nature (*loc. inv.*): *studi naturalistici* études sur la nature.

naturalità |naturali'ta| *s.f. inv.* naturalité (*var.*): *la naturalità di un fenomeno, di un suono* la naturalité d'un phénomène, d'un son.

naturalizzàre |naturalid'dzare| **A** *v.tr.* [*concedere la cittadinanza a uno straniero*] naturaliser **B** *v.pron.* NATURALIZZARSI **1** *rifl.* [*chiedere il diritto di cittadinanza*] se naturaliser: *molti italiani si sono naturalizzati cittadini francesi* de nombreux italiens se sont naturalisés citoyens français **2** *intr.* (*bot., zool.*) [*ambientarsi in un luogo diverso da quello di origine*] se naturaliser.

naturalizzàto |naturalid'dzato| *agg. e s.* naturalisé.

naturalizzazióne |naturalid-dzat'tsjone| *s.f.* [→ NATURALIZZARE] naturalisation.

naturalménte |natural'mente| *avv.* **1** [→ NATURALE 1] naturellement: *è naturalmente buono* il est naturellement bon **2** [→ NATURALE 2] naturellement: *ha i capelli ondulati naturalmente* il a les cheveux naturellement ondulés; *ha partorito naturalmente* elle a accouché naturellement **3** [*in modo ovvio, prevedibile*] naturellement: *ci ha chiesto un favore e naturalmente glielo abbiamo fatto* il nous a demandé un service et naturellement nous le lui avons accordé **4** [*certamente, sicuramente*] naturellement, bien-sûr: '*tornerai domani?*' '*naturalmente*' 'reviendras-tu demain?' 'naturellement, bien-sûr'.

naturànte |natu'rante| *agg.* (*filos.*) *natura naturante* nature naturante.

naturìsmo |natu'rizmo| *s.m.* (*filos.*) naturisme → **nudismo.**

naturista |natu'rista| *agg. e s.* naturiste → **nudista.**

naturìstico, ci, ca, che |natu'ristiko, tʃi, ka, ke| *agg.* (*filos.*) naturiste: *correnti naturistiche* courants naturistes.

nauclèa |nau'klɛa| *s.f.* (*t.bot.*) nauclée.

naucòride |nau'kɔride| *s.m.* (*t. zool.*) naucore *f.*

naufragàre |naufra'gare| *v.intr.* **1** (*aus. 'essere'; 'avere' se riferito a persone*) [*fare naufragio*] faire (45) *tr.* naufrage: *è naufragata una nave* un bateau a fait naufrage; *quell'equipaggio ha naufragato poco lontano dalla costa* cet équipage a fait naufrage non loin de la côte **2** (*fig.*) (*aus. 'essere'*) [*fallire; avere un esito disastroso*] échouer (*aus.* avoir): *il suo progetto è naufragato miseramente* son projet a échoué misérablement # *è naufragata anche l'ultima speranza* le dernier espoir aussi a sombré.

naufràgio, i |nau'fradʒo, i| *s.m.* **1** naufrage: *il capitano ha evitato il naufragio* le capitaine a évité le naufrage; *pochi sono gli scampati al naufragio* il y a peu de rescapés du naufrage **2** (*fig.*) [*fallimento; esito negativo*] naufrage: *il naufragio del suo progetto lo ha depresso* le naufrage de son projet l'a déprimé # *quella lettera è stata il naufragio di tutte le mie illusioni* cette lettre a fait sombrer toutes mes illusions.

nàufrago, ghi |'naufrago, gi| *s.m.* naufragé (*s.*): *tutti i naufraghi si sono salvati* tous les naufragés ont survécu, ont été sauvés; *sull'isola sono stati ritrovati dei naufraghi* on a retrouvé des naufragés sur l'île ◇ (*fig.*) *è un naufrago della politica* c'est une victime de la politique.

naumachia |nauma'kia| *s.f.* (*st. rom.*) naumachie.

naupatia |naupa'tia| *s.f.* (*med.*) naupathie.

nàuplio, i |'naupljo, i| *s.m.* (*t.zool.*) nauplius.

nàusea |'nauzea| *s.f.* **1** (*med., corr.*) nausée: *questo senso di nausea mi fa star male* cette sensation de nausée me met mal à l'aise; *questo cibo mi fa venire la nausea* ce plat me donne la nausée **2** (*fig.*) [*fastidio, avversione*] nausée: *ho discusso fino alla nausea* j'ai discuté jusqu'à en avoir la nausée # *i suoi discorsi mi fan venire la nausea* ses discours me dégoûtent; *che nausea tutto questo opportunismo!* tout cet opportunisme soulève le cœur!

nauseabóndo |nauzea'bondo| *agg.* nauséabond; nauséeux*: *un odore nauseabondo* une odeur nauséabonde ‖ *un sapore nauseabondo* un goût nauséeaux ◇ (*fig.*) répugnant; nauséabond: *che persona nauseabonda!* quelle personne répugnante! ‖ *è un film nauseabondo* c'est un film nauséabond.

nauseànte |nauze'ante| *agg.* → **nauseabondo.**

nauseàre |nauze'are| *v.tr.* **1** [*provocare la nausea*] dégoûter: *questo odore mi nausea* cette odeur me dégoûte # *il pasto era troppo pesante e mi ha nauseato* le repas était trop lourd et il m'a donné mal au cœur **2** (*fig.*) [*infastidire, disgustare*] dégoûter: *tanta oscenità mi ha proprio nauseato* une telle obscénité m'a complètement dégoûté; *il tuo comportamento non può che nauseare* ton attitude ne peut que dégoûter.

-nàuta |'nauta| *suff.* (*significa 'navigante', corrisponde gener. a*) naute: *astronauta* astronaute.

nàuta |'nauta| *s.m.* (*poet.*) → **marinaio, nocchiero.**

-nàutica |'nautika| *suff.* (*significa 'relativo alla navigazione', corrisponde gener. a*) nautique: *astronautica* astronautique.

nàutica, che |'nautika, ke| *s.f.* nautisme *m.*

nàutico, ci, ca, che |'nautiko, tʃi, ka, ke| *agg.* nautique: *strumenti nautici* instruments nautiques.

nàutilo |'nautilo| *s.m.* (*t.zool.*) nautile.

navaja |na'baxa| *s.f. inv.* (*sp.*) navaja *var.*

navàle |na'vale| *agg.* naval*: *cantieri, costruzioni navali* chantiers navals, constructions navales; *basi navali* bases navales.

navalmeccànica, che |navalmek'kanika, ke| *s.f.* science des constructions navales.
navalmeccànico, ci, ca, che |navalmek'kaniko, tʃi, ka, ke| (*agg.*) *l'industria navalmeccanica* l'industrie des constructions navales (*loc.*): *gli operai navalmeccanici* les ouvriers de chantiers navals *loc.* ♦ (*s.m.*) *un navalmeccanico* un ouvrier des chantiers navals.
navàrca, chi |na'varka, ki|, **navarco, chi** |na'varko, ki| *s.m.* (*st. gr.*) navarque.
navarrése |navar'rese| *agg.* [*della Navarra*] navarrais.
navàta |na'vata| *s.f.* (*arch.*) nef: *chiesa a tre, cinque navate* église à trois, cinq nefs; *la navata centrale, laterale* la nef centrale, latérale.
nàve |'nave| *s.f.* **1** navire (*m.*): *nave a vela, a vapore, a motore* navire à voile, à vapeur, à moteur; *una nave da 20.000 tonnellate* un navire de 20.000 tonnes; *nave scuola* navire-école; *nave ospedale* navire-hôpital; *nave da carico* navire de transport, cargo; *nave mercantile* navire marchand; *nave appoggio* navire-atelier; *nave civetta* navire cible, bateau piège; *nave da guerra* navire de guerre; *dobbiamo imbarcarci su quella nave alle due* nous devons embarquer sur ce navire à deux heures # *nave passeggeri* paquebot; *nave da pesca* bateau de pêche; *nave traghetto* transbordeur, (*t.racc.*) ferry-boat; *nave da rifornimento* ravitailleur **2** (*astronautica*) *nave spaziale* vaisseau *m.* spatial*, astronef *m.* **3** (*fig., poet.*) [*individuo o comunità bisognosa di cure*] *la nave dello Stato* le vaisseau de l'État **4** → **navata.**
navétta |na'vetta| *s.f.* **1** → **spola 2** (*ferr.*) *treno navetta* train navette.
navicèlla |navi'tʃɛlla| *s.f.* **1** (*aer., chim.*) nacelle **2** (*eccl.*) navette **3** (*astronautica*) *navicella spaziale* vaisseau *m.* spatial*, astronef *m.*
navicèllo |navi'tʃɛllo| *s.m.* (*mar.*) canot.
navicolàre |naviko'lare| *agg.* (*anat.*) naviculaire: *osso navicolare* os naviculaire.
navigàbile |navi'gabile| *agg.* [→ NAVIGARE] navigable: *canale, fiume navigabile* canal, fleuve navigable.
navigabilità |navigabili'ta| *s.f. inv.* **1** navigabilité (*var.*): *le condizioni di navigabilità di una nave* les conditions de navigabilité d'un navire **2** [*l'essere navigabile*] navigabilité: *la navigabilità di un fiume* la navigabilité d'un fleuve.
navigànte |navi'gante| *agg.* navigant: *il personale navigante* le personnel navigant ♦ (*s.*) *un navigante* un navigateur *m.*, un navigant: *i naviganti* les navigants.
navigàre |navi'gare| **A** *v.intr.* (*aus.* '*avere*') **1** [*percorrere uno spazio sostenendosi sull'acqua*] naviguer: *navigare in mare, su un lago, su un fiume* naviguer en mer, sur un lac, sur un fleuve; *quel marinaio naviga da molti anni sulle petroliere* ce marin navigue depuis de nombreuses années sur les pétroliers; *il rimorchiatore naviga lungo la costa* le remorqueur navigue le long de la côte ◇ (*loc. fig.*) *quel giovane deve ancora imparare a navigare* [*a destreggiarsi*] ce jeune homme doit encore apprendre à se débrouiller ~ *la ditta naviga a vele spiegate, col vento in poppa* l'entreprise a le vent dans les voiles ~ *naviga secondo il vento* il va selon le vent ~ *ha il coraggio di navigare contro corrente* il a le courage d'aller à contre-courant, contre le courant ~ *naviga ancora in alto mare* il ne voit aucune solution, il nage complètement (*fam.*) ~ *in questi anni ha navigato in cattive acque* ces dernières années il a traversé de mauvaises passes **2** (*riferito ad aereomobili e passeggeri*) [*effettuare un percorso in aria*] voler, naviguer (*raro*): *l'aereo navigava a bassa quota* l'avion volait à basse altitude; *all'improvviso navigammo tra banchi di nubi* soudain nous volâmes, navigâmes entre des bancs de nuages **B** *v.tr.* (*raro*) [*percorrere navigando*] naviguer *intr.* sur: *ha navigato tutti gli oceani* il a navigué sur tous les océans.
navigàto |navi'gato| *agg.* **1** (*raro*) traversé par des navires **2** (*fig.*) [*che ha molta esperienza*] expérimenté: *è un politico molto navigato* c'est un homme politique très expérimenté # *è un uomo navigato* c'est un vieux routier → **esperto.**
navigatóre, trice |naviga'tore, tritʃe| *s.* **1** *s.* navigateur (*m.*): *i grandi navigatori del Rinascimento* les grands navigateurs de la Renaissance **2** *s.m.* [*ufficiale di rotta*] navigateur **3** *s.m.* [*assistente di guida di un equipaggio di rally*] navigateur.
navigatòrio, i |naviga'tɔrjo, i| *agg.* de la navigation *loc. inv.*
navigazióne |navigat'tsjone| *s.f.* **1** navigation: *navigazione costiera, fluviale, oceanica* navigation côtière, fluviale, océanique; *navigazione subacquea* navigation sous-marine ◇ (*aer.*) *navigazione a bassa quota* navigation à basse altitude; *società di navigazione aerea* société de navigation aérienne; *linee di navigazione nazionali, internazionali* lignes de navigation nationales, internationales; *navigazione spaziale, astronautica* navigation spatiale, astronautique **2** [*percorso effettuato per acqua, per aria o nello spazio*] navigation.
navìglio, i |na'viʎʎo, i| *s.m.* **1** [*galleggianti appartenenti a una stessa categoria*] flotte (*f.*): *naviglio mercantile, peschereccio, da diporto* flotte marchande, de pêche, de plaisance; *naviglio da guerra* flotte de guerre **2** (*raro*) → **nave 3** → **flotta 4** [*canale navigabile*] canal*.
navisfèra |navis'fɛra| *s.f.* (*mar.*) navisphère.
navóne |na'vone| *s.m.* → **ravizzone.**
nazarèno |naddza'rɛno| *agg.* [*di Nazareth*] nazaréen* ♦ *s.m.* (*per anton.*) *il Nazareno* [*Gesù Cristo*] le Nazaréen ♦ *s.m. pl.* (*pitt.*) *i Nazareni* les Nazaréens.
nazifascìsmo |nattsifaʃ'ʃizmo| *s.m.* nazi-fascisme.
nazifascista |nattsifaʃ'ʃista| *agg.* nazi-fasciste: *le forze nazifasciste* les forces nazi-fascistes ♦ (*s.*) *i nazifascisti* les nazi-fascistes.
nazificàre |nattsifi'kare| *v.tr.* [*imporre l'ideologia nazista*] nazifier.
nazificazióne |nattsifikat'tsjone| *s.f.* [→ NAZIFICARE] nazification.
nazionalcomunismo |nattsjonalkomu'nizmo| *s.m.* (*polit.*) communisme national*.
nazionàle |nattsjo'nale| *agg.* national*: *la storia, la lingua nazionale* l'histoire, la langue nationale; *un'industria d'importanza nazionale* une industrie d'importance nationale; *l'economia nazionale* l'économie nationale; *prodotti nazionali* produits nationaux ♦ (*s.*) *un nazionale* un athlète d'une équipe nationale *agg.* ♦ (*s.f.*) *la nazionale* l'équipe nationale *agg.*
nazionalismo |nattsjona'lizmo| *s.m.* (*filos., polit.*) nationalisme.
nazionalista |nattsjona'lista| *s.* nationaliste: *i nazionalisti italiani del primo Novecento* les nationalistes italiens du début du XXe siècle ♦ (*agg.*) *il movimento nazionalista* le mouvement nationaliste.
nazionalistico, ci, ca, che |nattsjona'listiko, tʃi, ka, ke| *agg.* nationaliste: *concezioni, correnti nazionalistiche* conceptions, courants nationalistes.
nazionalità |nattsjonali'ta| *s.f. inv.* **1** nationalité (*var.*): *principio di nazionalità* principes des nationalités **2** [*appartenenza alla propria nazione*] nationalité: *perdere, difendere la propria nazionalità* perdre, défendre sa nationalité ◇ (*dir.*) *la nazionalità di un ente* la nationalité d'une institution; *una nave di nazionalità sconosciuta* un bateau de nationalité inconnue ◇ (*bur., corr.*) *ho preso la nazionalità americana* j'ai pris la nationalité américaine → **cittadinanza 3** → **nazione.**
nazionalizzàre |nattsjonalid'dzare| *v.tr.* **1** [*trasferire allo Stato la proprietà o la gestione di imprese private*] nationaliser: *nazionalizzare l'energia elettrica* nationaliser l'énergie électrique **2** [*iscrivere nei registri del proprio stato mezzi di trasporto provenienti dall'estero*] nationaliser: *nazionalizzare un'imbarcazione* nationaliser une embarcation.
nazionalizzazióne |nattsjonaliddzat'tsjone| *s.f.* [→ NAZIONALIZZARE] nationalisation: *la nazionalizzazione dell'energia elettrica* la nationalisation de la production électrique.
nazionalsocialìsmo |nattsjonalsotʃa'lizmo| *s.m.* (*st. ted.*) national*-socialisme.
nazionalsocialista |nattsjonalsotʃa'lista| *agg.* national*-socialiste: *l'ideologia nazionalsocialista* l'idéologie nationale-socialiste ♦ (*s.*) *i nazionalsocialisti* les nationaux-socialistes.
nazióne |nat'tsjone| *s.f.* **1** nation: *l'indipendenza di una nazione* l'indépendance d'une nation **2** → **2 Stato, paese 3** (*ant.*) → **nascita.**
nazireàto |naddzire'ato| *s.m.* naziréat.
nazismo |nat'tsizmo| *s.m.* (*polit., st. ted.*) nazisme.
nazista |nat'tsista| *s.* (*polit., st. ted.*) nazi: *l'invasione-lampo dei nazisti* l'invasion-éclair des nazis ♦ (*agg.*) *i campi di concentramento nazisti* les camps de concentration nazis.
nazistico, ci, ca, che |nat'tsistiko, tʃi, ka, ke| *agg.* (*polit., st. ted.*) nazi: *metodi nazisti* méthodes nazies.
nazzarèno |naddza'rɛno| *agg. e s.m.* → **nazareno.**
1 **ne** |ne| **I** *particella pron.* (*esprime gener. il compl. di specificazione*) **1** (*persone*) [*di lui*] de lui; [*di lei*] d'elle; [*di loro*] d'eux *m.*, d'elles (*f.*): *dopo averlo conosciuto, non ne dico che bene* maintenant que je le connais, je

ne dis que du bien de lui; *da molto tempo non vedo Carlo: parlamene un po'* il y a longtemps que je n'ai pas vu Charles: parle-moi un peu de lui; '*hai visto gli amici di Roma?*' '*non ne so più nulla*' 'as-tu vu les amis de Rome?' 'je ne sais plus rien d'eux' ◇ (*con valore di poss.*) son, sa (*ecc.*): *è una brava persona e ne apprezziamo l'onestà* c'est une brave personne et nous apprécions son honnêteté; *l'ho vista e ne ammiro la bellezza* je l'ai vue et j'admire sa beauté **2** (*cose*) en: *non ne parleremo più* nous n'en parlerons plus; *gliene diedi due copie* je lui en donnai deux copies; '*vuoi del tè?*' '*non ne ho voglia*' 'veux-tu du thé?' 'non, je n'en ai pas envie' ◇ (*con valore di poss.*) son, sa (*ecc.*): *ho ricevuto la lettera e ne ho letto il contenuto* j'ai reçu la lettre et j'ai lu son contenu **II** (*con valore partitivo*) **1** (*persone, cose*) en: *ce ne portarono quattro* ils nous en apportèrent quatre; *ne avete bisogno* vous en avez besoin; *ce n'erano?* y en avait-il?; '*hai dei libri di storia spagnola?*' '*non ne ho*' 'as-tu des livres d'histoire espagnole?' 'je n'en ai pas' ◇ (*loc.*) *me ne ha dette di bugie!* il m'en a dit des mensonges! ~ *ne ho sentite di belle!* j'en ai entendu de belles! ~ *gliene ho dette di tutti i colori* je lui en ai dit de toutes les couleurs ~ *gliene ha date un sacco* il lui a flanqué (*fam.*) une bonne raclée ~ *e chi più ne ha più ne metta* et ainsi de suite **2** [*per ciò, da ciò, di ciò*] en: *ne verrebbe un danno per te* il s'en suivrait des ennuis pour toi; *non ne sono convinto* je n'en suis pas convaincu; *se ne è già pentito* il s'en est déjà repenti; *rivedendone i pregi, mi sono convinto* en en revoyant les qualités, je me suis convaincu ◇ (*loc.*) *ne consegue, ne deriva che...* il s'ensuit que... ~ *non ne vale la pena* ça n'en vaut pas la peine ~ *non avertene a male* ne te fâche pas ~ *mal gliene incolse* mal lui en prit **3** (*in usi pleon.*) *se ne stava lì tutto solo* il restait là tout seul; *se ne veniva bel bello* il s'en retournait doucement **III** *avv.* en: *me ne andrò domattina* je m'en irai demain matin; *vattene!, andiamocene!* va-t'en!, allons-nous-en!; '*sei stato alla stazione?*' '*ne sono appena tornato*' 'es-tu allé à la gare?' 'j'en reviens'.

2 **ne** |ne| *prep.* (*arc.*) → **in.**

né |ne| *cong.* **1** (*introduce negativamente due o più elementi della prop.*) ni: *né voi né noi ci siamo andati* ni vous ni nous n'y sommes allés; *è un uomo né alto né basso* c'est un homme ni grand ni petit; *abbiamo fatto né più né meno come voi* nous avons fait comme vous ni plus ni moins; *non voglio né uno né l'altro* je ne veux ni l'un ni l'autre # *non l'ho mai visto né conosciuto* je ne l'ai jamais vu et encore moins connu ◇ (*loc.*) *non mi piace né punto né poco* il ne me plaît ni peu ni prou, absolument pas ~ *non mi fa né caldo né freddo* ça ne me fait ni chaud ni froid **2** [*e non*] *non mi ha scritto, né mi ha telefonato* il ne m'a pas écrit, ni ne m'a téléphoné; *non è venuto, né si è fatto sentire* il n'est pas venu et il n'a même pas téléphoné; *ha deciso così, né io voglio ostacolarlo* il en a ainsi décidé, et je ne veux pas l'en empêcher.

neànche |ne'anke| **I** *avv.* **1** [*assolutamente no, non; in nessun caso*] non plus: *non viene neanche Maria* Maria non plus ne viendra pas; *non sono andata con lui e non vengo neanche con voi* je ne suis pas allée avec lui et je ne viens pas non plus avec vous; *non l'ho visto neanch'io* je ne l'ai pas vu non plus # '*partite?*' '*non ci penso neanche*' 'vous partez?' 'je n'y pense même pas' ◇ (*loc.*) '*scherzi?*' '*ma neanche per idea!*' 'tu plaisantes?' 'pas le moins du monde!' ~ '*gli telefonerai?*' '*neanche per sogno!*' 'tu lui téléphoneras?' 'jamais de la vie!' ~ '*tu non vieni, e tuo fratello?*' '*neanche*' 'toi, tu ne viens pas: mais ton frère?' 'non plus' ~ *neanche uno rispose esaurientemente* pas un seul ne répondit à tout **2** (*con valore raff. di una neg.*) même: *non ho in tasca neanche una lira* je n'ai même pas un sou en poche; *non ci posso neanche pensare* je ne peux même pas y penser; *se ne andò senza neanche salutare* il partit sans même saluer **3** [*persino, non*] *neanche un bambino lo farebbe* même un enfant ne le ferait pas; *non aveva scritto neanche a suo marito* elle n'avait pas non plus écrit à son mari **II** *cong.* [*non anche, se pure non*] même si (+ *indic.*): *neanche pagandolo a peso d'oro, farebbe un piacere* même si on lui donnait son pesant d'or, il ne rendrait pas un service; *neanche se venisse con me accetterei* même s'il m'accompagnait je n'accepterais pas.

neandertaliàno |neanderta'ljano| *agg.* (*antrop.*) néandertalien*.

nébbia |'nebbja| *s.f.* **1** (*meteor.*) brouillard (*m.*): *nebbia fitta, densa, rada* brouillard épais, dense, peu épais; *un banco di nebbia* un banc de brouillard ◇ (*loc.*) *c'era una nebbia da tagliare col coltello* il y avait un brouillard à couper au couteau ~ *si è dileguato come nebbia al sole* il s'est évanoui comme la brume au soleil **2** (*chim.*) brouillard: *nebbia artificiale* brouillard artificiel, rideau fumigène.

nebbiàccia, ce |neb'bjattʃa, tʃe| *s.f.* (*pegg.*) brouillard *m.* très épais, brouillard à couper au couteau.

nebbiògeno |neb'bjɔdʒeno| *agg.* [*che produce nebbia artificiale*] fumigène: *sostanze, candele nebbiogene* substances, bougies fumigènes ✦ (*s.m.*) *un nebbiogeno* un fumigène.

nebbiòlo |neb'bjɔlo| *s.m.* [*vitigno, uva, vino tipici del Piemonte*] ⊠.

nebbióne |neb'bjone| *s.m.* → **nebbiaccia.**

nebbiosità |nebbjosi'ta| *s.f. inv.* **1** [*l'essere nebbioso*] nébulosité (*var.*): *la nebbiosità di una regione, di un paese* la nébulosité d'une région, d'un pays **2** (*fig.*) [*mancanza di chiarezza*] nébulosité: *la nebbiosità delle tue idee mi lascia poco tranquillo* la nébulosité de tes idées me préoccupe.

nebbióso |neb'bjoso| *agg.* **1** [*coperto, pieno di nebbia*] nébuleux*, brumeux*: *un cielo nebbioso* un ciel nébuleux, brumeux; *una città nebbiosa* une ville nébuleuse **2** (*fig.*) [*non chiaro e distinto*] nébuleux: *immagini nebbiose* images nébuleuses; *ho un ricordo un po' nebbioso di quel fatto* j'ai un souvenir un peu nébuleux de cette histoire Ⓒ 2 **chiaro.**

nebulàre |nebu'lare| *agg.* (*astron.*) nébulaire.

nebulizzàre |nebulid'dzare| *v.tr.* [*ridurre una sostanza liquida in minutissime goccioline*] pulvériser, vaporiser: *nebulizzare un profumo, un anticrittogamico* pulvériser, vaporiser un parfum, un fongicide.

nebulizzatóre |nebuliddza'tore| *s.m.* (*tecnol., corr.*) nébuliseur: *nebulizzatore per profumi* nébuliseur à parfum.

nebulizzazióne |nebuliddzat'tsjone| *s.f.* [→ NEBULIZZARE] nébulisation.

nebulósa |nebu'losa| *s.f.* (*astron.*) nébuleuse: *nebulose galattiche, stellari* nébuleuses galactiques, stellaires.

nebulosità |nebulosi'ta| *s.f. inv.* **1** nébulosité (*var.*): *la nebulosità del cielo* la nébulosité du ciel ◇ (*meteor.*) nébulosité ◇ (*astron.*) *la nebulosità di una cometa* la nébulosité d'une comète **2** (*fig.*) [*indeterminatezza; aspetto poco chiaro*] nébulosité: *la nebulosità dei suoi progetti* la nébulosité de ses projets.

nebulóso |nebu'loso| *agg.* **1** nébuleux*: *cielo nebuloso* ciel nébuleux ◇ (*astron.*) *una cometa nebulosa* une comète nébuleuse **2** (*fig.*) [*poco chiaro; non ben definito*] nébuleux: *espressioni vaghe e nebulose* expressions vagues et nébuleuses; *un'immagine nebulosa* une image nébuleuse → **confuso.**

'nécessaire' |nesɛsɛʀ| *s.m. inv.* [*valigetta per portare con sé oggetti di prima necessità*] nécessaire (*var.*): '*nécessaire*' *da viaggio* nécessaire de voyage; '*nécessaire*' *per le unghie* nécessaire de manicure.

necessariaménte |netʃessarja'mente| *avv.* [→ NECESSARIO 1] nécessairement.

necessàrio, i |netʃes'sarjo, i| *agg.* **1** nécessaire: *questa spesa non è necessaria* cette dépense n'est pas nécessaire; *non ho il tempo necessario per fare tutto* je n'ai pas le temps (nécessaire) pour tout faire; *è necessario che tu parta* il est nécessaire, il faut que tu partes; *ma ti sembra proprio necessario?* ça te semble vraiment nécessaire? ✦ (*s.m.*) *il necessario* le nécessaire: *porto lo stretto necessario* j'emmène le strict nécessaire; *non ha neppure il necessario* il n'a même pas le nécessaire, il manque même du nécessaire → **essenziale** **2** (*filos., mat.*) nécessaire: *condizione necessaria e sufficiente* condition nécessaire et suffisante Ⓒ 1 **superfluo, voluttuario.**

necessità |netʃessi'ta| *s.f. inv.* **1** nécessité (*var.*): *non capisco la necessità di questa decisione* je ne comprends pas la nécessité de cette décision # *ho assoluta necessità di riposare* il me faut absolument du repos ◇ (*filos., mat.*) *necessità di una condizione* nécessité d'une condition ◇ (*loc. avv.*) *di necessità* nécessairement *avv.* **2** [*esigenza, bisogno assoluto*] nécessité; besoin (*m. var.*): *si è trovato nella necessità di vendere tutto* il s'est trouvé dans la nécessité de tout vendre ‖ *in caso di necessità, vieni* en cas de besoin, viens # *se non ci fosse necessità, non chiamarmi* s'il n'y a pas urgence, ne m'appelle pas ◇ (*dir.*) *stato di necessità* état de nécessité ◇ (*loc.*) *necessità corporali* besoins corporels ~ *far di necessità virtù* faire de nécessité vertu ◇ (*prov.*) *necessità fa legge* nécessité fait loi **3** [*estrema indigenza*] pauvreté (*var.*): *versa in gravi necessità* il est d'une, dans une grande pauvreté; *nella necessità l'ho aiutata* je l'ai aidée dans la pauvreté **4** [*forza superiore alla volontà dell'uomo*] sort (*m. var.*): *si è ribellato alla necessità* il s'est rebellé devant le sort → **destino** # *si è piegato alla necessità* il s'est plié devant la nécessité.

necessitànte |netʃessi'tante| *agg.* [*che necessita*] nécessitant ◇ (*teol.*) *grazia necessitante* grâce nécessitante.

necessitàre |netʃessi'tare| **A** *v. intr.* (*aus. 'essere'*) **1** [*avere necessità, abbisognare*] avoir (28) *tr.* besoin: *necessita di molte cure* il a besoin de beaucoup de soins **2** [*essere necessario*] nécessiter (*tr.*): *questo problema necessita di tutta la vostra attenzione* ce problème nécessite toute votre attention **B** *v.tr.* (*lett.*) [*rendere necessario; costringere*] falloir* (*intr.*): *necessita molta pazienza* il faut beaucoup de patience.

nècro- |'nɛkro| *pref.* (*significa 'defunto, cadavere' o indica 'morte', corrisponde gener. a*) nécr(o): *necropoli* nécropole.

necròbia |ne'krɔbja| *s.f.* (*t.zool.*) nécrobie.

necrobiòsi |nekrobi'ɔzi| *s.f. inv.* (*biol., med.*) nécrobiose *var.*

necròfago, gi, ga, ghe |ne'krɔfago, gi, ga, ge| *agg.* nécrophage.

necrofilìa |nekrofi'lia| *s.f.* (*med.*) nécrophilie.

necròfilo |ne'krɔfilo| *agg.* (*med.*) **1** nécrophile: *deviazioni necrofile* déviation nécrophile **2** [*affetto da necrofilia*] nécrophile: *un soggetto necrofilo* un sujet nécrophile ◆ (*s.*) *un necrofilo* un nécrophile.

necrofobìa |nekrofo'bia| *s.f.* (*med.*) nécrophobie.

necròforo |ne'krɔforo| *s.m.* **1** [*chi esercita il mestiere di seppellire i morti*] fossoyeur → **becchino** **2** (*t.zool.*) nécrophore.

necrologìa, gie |nekrolo'dʒia, dʒie| *s.f.* **1** nécrologie **2** [*discorso funebre*] éloge *m.* funèbre.

necrològico, ci, ca, che |nekro'lɔdʒiko, tʃi, ka, ke| *agg.* nécrologique: *annunzi necrologici* annonces nécrologiques.

necrològio, i |nekro'lɔdʒo, i| *s.m.* **1** → **necrologia** **2** [*registro delle morti nelle chiese*] nécrologe → **obituario.**

necrologista |nekrolo'dʒista| *s.* [*chi scrive o pronuncia la necrologia di un defunto*] nécrologue *m.*

necròpoli |ne'krɔpoli| *s.f. inv.* (*archeol.*) nécropole (*var.*): *una necropoli etrusca* une nécropole étrusque.

necroscopìa |nekrosko'pia| *s.f.* → **autopsia.**

necroscòpico, ci, ca, che |nekros'kɔpiko, tʃi, ka, ke| *agg.* (*med.*) nécropsique: *esame necroscopico* examen nécropsique, autopsie # *reperto necroscopico* rapport d'autopsie.

necròsi |ne'krɔzi| *s.f. inv.* (*biol., med.*) nécrose *var.*

necròtico, ci, ca, che |ne'krɔtiko, tʃi, ka, ke| *agg.* (*biol., med.*) nécrotique: *processi, tessuti necrotici* processus, tissus nécrotiques.

necrotizzàre |nekrotid'dzare| **A** *v.tr.* [*provocare la necrosi*] nécroser: *le ustioni necrotizzano i tessuti* les brûlures nécrosent les tissus **B** *v.pron. intr.* NECROTIZZARSI [*essere colpito da necrosi*] se nécroser.

necrotizzazióne |nekrotiddza'tsjone| *s.f.* [→ NECROTIZZARE] nécrotisation.

neerlandése |neerlan'dese| *s.m.* [*la lingua dei Paesi Bassi*] néerlandais.

nefandaménte |nefanda'mente| *avv.* (*raro*) [→ NEFANDO] d'une manière infâme *loc. inv.* (*corr.*).

nefandézza |nefan'dettsa| *s.f.* **1** (*lett.*) [*carattere nefando*] scélératesse, infamie: *la nefandezza di una colpa* la scélératesse, l'infamie d'une faute **2** [*azione nefanda*] scélératesse, infamie: *si è macchiato di inaudite nefandezze* sa réputation est entachée de scélératesses inouïes → **turpitudine.**

nefàndo |ne'fando| *agg.* [*abominevole, turpe*] infâme: *un'azione atroce e nefanda* une action atroce et infâme.

nefàrio, i |ne'farjo, i| *agg.* (*lett.*) → **scellerato.**

nefàsto |ne'fasto| *agg.* **1** néfaste: *un giorno, un periodo nefasto* un jour, une période néfaste; *una notizia nefasta* une nouvelle néfaste → **infausto** ◆ (*s.m. al plur.*) *i nefasti* [*avvenimenti luttuosi*] les événements néfastes: *i fasti e i nefasti* les événements fastes et néfastes **2** (*st. rom.*) néfaste 🄲 **fausto.**

nefelina |nefe'lina| *s.f.* (*miner.*) néphéline.

nefèlio, i |ne'fɛljo, i| *s.m.* (*med.*) néphélion.

nefelometrìa |nefelome'tria| *s.f.* (*scient.*) néphélométrie, néphélémétrie.

nefelòmetro |nefe'lɔmetro| *s.m.* (*fis.*) néphélomètre.

nefralgìa, gie |nefral'dʒia, dʒie| *s.f.* (*med.*) néphralgie.

nefrectomìa |nefrekto'mia| *s.f.* (*chir.*) néphrectomie.

nefridio, i |ne'fridjo, i| *s.m.* (*zool.*) néphridie *f.*

1 **nefrite** |ne'frite| *s.f.* (*med.*) néphrite.

2 **nefrite** |ne'frite| *s.f.* (*miner.*) néphrite.

nefrìtico, ci, ca, che |ne'fritiko, tʃi, ka, ke| *agg.* (*med.*) **1** néphrétique: *dolori nefritici* douleurs néphrétiques; *complicazioni nefritiche* complications néphrétiques **2** [*affetto da nefrite*] néphrétique: *un malato nefritico* un malade néphrétique ◆ (*s.*) *un nefritico* un néphrétique.

nèfro- |'nɛfro| *pref.* (*significa 'rene', corrisponde gener. a*) néphro: *nefropatia* néphropathie.

nefrografìa |nefrogra'fia| *s.f.* (*med.*) néphrographie.

nefrolitìasi |nefroli'tiazi| *s.f. inv.* (*med.*) néphrolithiase *var.*

nefròlito |ne'frɔlito| *s.m.* (*med.*) néphrolithe.

nefrologìa, gie |nefrolo'dʒia, dʒie| *s.f.* (*med.*) néphrologie.

nefròlogo, gi |ne'frɔlogo, dʒi| *s.m.* néphrologue *s.*

nefróne |ne'frone| *s.m.* (*anat., fisiol.*) néphron.

nefropatìa |nefropa'tia| *s.f.* (*med.*) néphropathie.

nefròpe |ne'frɔpe| *s.m.* (*t.zool.*) néphrops → 2 **scampo.**

nefropèssi |nefro'pɛssi| *s.f. inv.* (*chir.*) néphropexie *var.*

nefròsi |ne'frɔzi| *s.f. inv.* (*med.*) néphrose *var.*

negàbile |ne'gabile| *agg.* [→ NEGARE] niable # *non è negabile che...* on ne peut pas nier que... 🄲 **innegabile.**

negàre |ne'gare| *v.tr.* **1** [*dichiarare una cosa sostenuta da altri non vera; non ammettere*] nier: *all'interrogatorio negò tutto* à l'instruction il nia tout; *non negare l'evidenza dei fatti!* ne nie pas l'évidence des faits!; *non nego di averlo visto* je ne nie pas l'avoir vu; *negava che fosse arrivata in ritardo* elle niait être arrivée en retard → **smentire** ◆ (*ass.*) *quando gli chiesero se fosse il colpevole, negò* quand on lui demanda s'il était le coupable, il (le) nia **2** [*rifiutare, non concedere*] refuser: *mi hanno negato il permesso* ils m'ont refusé la permission; *gli è stata negata la grazia* la grâce lui a été refusée □ *si nega ogni svago* il se refuse toute distraction 🄲 1 **ammettere, affermare**; 2 **concedere.**

negativa |nega'tiva| *s.f.* **1** (*solo nella loc.*) SULLA NEGATIVA sur la négative # *stava sulla negativa* il niait systématiquement; *è meglio che ti tenga sulla negativa* il vaut mieux que tu nies systématiquement **2** (*foto.*) négatif (*m.*): *negativa in bianco e nero, a colori* négatif en noir et blanc, en couleurs.

negativaménte |negativa'mente| *avv.* [→ NEGATIVO 1, 2, 3] négativement.

negativismo |negati'vizmo| *s.m.* (*psicol.*) négativisme.

negatività |negativi'ta| *s.f. inv.* caractère *m. var.* négatif: *la negatività della sua risposta mi ha deluso* le caractère négatif de sa réponse m'a déçu, sa réponse négative m'a déçu.

negativo |nega'tivo| *agg.* **1** négatif*: *risposta negativa* réponse négative; *avverbi, pronomi negativi* adverbes, pronons négatifs; *frasi, proposizioni negative* phrases, propositions négatives # *critica puramente negativa* critique entièrement défavorable **2** [*che agisce in modo contrario; che non ha l'effetto previsto*] négatif: *l'esito si è rivelato negativo* le résultat s'est révélé négatif; *questa è una componente negativa del suo carattere* ceci est un élément négatif de son caractère **3** [*contrario, sfavorevole*] défavorable: *ho sentito giudizi negativi su di lui* j'ai entendu des jugements défavorables sur lui à son sujet; *la relazione è stata negativa* le rapport a été défavorable **4** (*scient.*) négatif ◇ (*elettr.*) *cariche elettriche negative* charges électriques négatives; *polo, ione negativo* pôle, ion négatif; *catalizzatore negativo* catalyseur négatif ◇ (*foto.*) *immagine negativa* image négative ◆ (*s.m.*) *un negativo* un négatif ◇ (*mat.*) *numeri negativi* nombres négatifs 🄲 **positivo.**

negàto |ne'gato| *agg.* [*che non ha nessuna attitudine per q.c.*] nul*: *quel ragazzo è negato per la matematica* ce garçon est nul en mathématiques.

negatóne |nega'tone| *s.m.* → **negatrone.**

negatóre, trice |nega'tore, tritʃe| *agg.* négateur* # *è uno Stato negatore di ogni libertà* c'est un État qui refuse toute liberté ◆ (*s.*) *un negatore* un négateur.

negatòrio, i |nega'tɔrjo, i| *agg.* (*dir.*) négatoire: *azione negatoria* action négatoire ◆ (*s.f.*) *una negatoria* une négatoire.

negatoscòpio, i |negatos'kɔpjo, i| *s.m.* (*med.*) négatoscope.
negatróne |nega'trone| *s.m.* (*fis.*) négaton.
negazióne |negat'tsjone| *s.f.* **1** [→ NEGARE] négation; refus (*m.*): *questa teoria si fonda sulla negazione della libertà* cette théorie se fonde sur la négation de la liberté || *ha opposto una netta negazione* il a opposé un refus catégorique ◇ (*fig.*) *è la negazione della gentilezza* c'est la négation de la gentillesse **2** (*gram.*) négation: *forme, avverbi di negazione* formes, adverbes de négation.
neghittosaménte |neghittosa'mente| *avv.* [→ NEGHITTOSO] paresseusement: *stava neghittosamente sdraiato sul divano* il restait paresseusement couché sur le divan.
neghittosità |neghittosi'ta| *s.f. inv.* [*l'essere neghittoso; pigrizia*] paresse *var.*, indolence (*var.*): *la neghittosità è la causa della sua inettitudine* la paresse est la cause de son ineptie → **indolenza.**
neghittóso |neghit'toso| *agg.* [*svogliato, pigro, trascurato*] paresseux*, indolent: *è una persona così neghittosa che urta* c'est une personne tellement paresseuse, indolente qu'elle énerve → **indolente** Ⓒ **attivo, alacre.**
neglètto |ne'glɛtto| *agg.* (*lett.*) [*trascurato, sciatto*] négligé (*corr.*).
négli |'neʎʎi| *prep. art. m. pl.* → **in.**
negligènte |negli'dʒɛnte| *agg.* négligent: *sono ragazzi negligenti* ce sont des garçons négligents; *è piuttosto negligente sul lavoro* il est plutôt négligent dans son travail → **svogliato** ◆ (*s.*) *un negligente* un négligent Ⓒ **diligente.**
negligenteménte |neglidʒente'mente| *avv.* [→ NEGLIGENTE] négligemment.
negligènza |negli'dʒɛntsa| *s.f.* **1** négligence: *per la sua negligenza non è stimato da nessuno* il n'est estimé de personne à cause de sa négligence; *la sua negligenza nel vestire urta il marito* sa négligence dans la façon de s'habiller énerve son mari → **noncuranza** **2** [*atto, comportamento da negligente*] négligence: *ha commesso un'imperdonabile negligenza* il a commis une négligence impardonnable; *è stata una grave negligenza lasciare il bambino solo* ce fut une grave négligence de laisser l'enfant seul → **incuria** Ⓒ 1 **diligenza** 1.
neglìgere |ne'glidʒere| (170) *v.tr.* (*raro, lett.*) [*trascurare, non curare*] négliger (3) (*corr.*).
negoziàbile |negot'tsjabile| *agg.* [→ NEGOZIARE] négociable: *è un affare negoziabile* c'est une affaire négociable.
negoziabilità |negottsjabili'ta| *s.f. inv.* négociabilité (*var.*): *negoziabilità di un titolo, di un accordo* négociabilité d'un titre, d'un accord.
negoziànte |negot'tsjante| *s.* **1** [*chi vende merci*] marchand: *negoziante all'ingrosso* marchand en gros # *negoziante al minuto* détaillant → **venditore** **2** [*chi ha negozio*] commerçant: *un negoziante di vini, di prodotti alimentari* un commerçant, un négociant en vins, en produits alimentaires → **bottegaio.**
negoziàre |negot'tsjare| **A** *v.tr.* **1** [*esercitare il commercio; contrattare*] négocier: *ha negoziato una grossa partita* il a négocié une grosse partie; *negozia titoli e obbligazioni* il négocie des titres et des obligations **2** (*per est.*) [*intavolare le trattative*] négocier: *negoziare la pace, un'alleanza* négocier la paix, une alliance **B** *v.intr.* (*aus.* '*avere*') → **commerciare.**
negoziàto |negot'tsjato| *s.m.* négociations (*f. pl.*): *il successo dei negoziati* le succès des négociations; *i negoziati sono stati interrotti* les négociations ont été interrompues; *il nostro paese ha intavolato negoziati con l'Inghilterra* notre pays a engagé des négociations avec l'Angleterre → **trattativa.**
negoziatóre, trice |negottsja'tore, tritʃe| *s.* négociateur*: *i negoziatori dell'accordo* les négociateurs de l'accord.
negoziazióne |negottsjat'tsjone| *s.f.* [→ NEGOZIARE] négociation: *negoziazioni private, internazionali* négociations privées, internationales; *negoziazione di Borsa* négociation en Bourse.
negòzio, i |ne'gɔttsjo, i| *s.m.* **1** [*locale dove si espongono e si vendono merci*] magasin: *un negozio di calzature, di abbigliamento* un magasin de chaussures, de confection; *ha aperto un negozio di lusso in pieno centro* il a ouvert un magasin de luxe en plein centre (de la ville) → **bottega** **2** [*affare, impresa comm.*] affaire (*f.*): *ha concluso degli ottimi negozi* il a conclu de très bonnes affaires ◇ (*loc.*) *bel negozio hai combinato!* tu as fait du joli! **3** (*dir.*) acte: *negozio giuridico* acte juridique.
negrétto |ne'gretto| *s.m.* [*piccolo negro*] négrillon* *s.*
négride |'negride| *agg. e s.* (*antrop.*) négro-africain.
negrière |ne'grjɛre| *s.m.* **1** négrier **2** (*fig.*) [*sfruttatore; datore di lavoro o superiore inumano*] négrier: *il caporeparto è un negriere* le chef d'atelier est un négrier.
negrièro |ne'grjɛro| *agg.* négrier*: *traffico negriero* trafic négrier; *nave negriera* vaisseau négrier ◆ (*s.m.*) → **negriere.**
negrillo |ne'grillo| *s.m.* (*etn.*) négrille.
negrito |ne'grito| *s.m.* (*etn.*) negrito(s).
negritùdine |negri'tudine| *s.f.* négritude: *i poeti, i cantanti della negritudine* les poètes, les chanteurs de la négritude.
négro |'negro| *agg.* **1** (*lett.*) → **nero** **2** [*relativo alla razza negra*] noir; nègre: *popolazioni negre* populations noires; *il folclore negro* le folklore noir || *tribù negre* tribus nègres ◆ (*s.*) *la tratta dei Negri* la traite des Nègres ◇ (*loc. fig.*) *ho lavorato come un negro* j'ai travaillé comme un nègre ~ *mi ha trattato come un negro* il m'a traité comme un nègre ~ *in famiglia fa il negro* chez lui on le fait bosser dur.
negroamericàno |negroameri'kano| *agg.* négro-américain: *la musica, la cultura negroamericana* la musique, la culture négro-américaine.
negròide |ne'grɔide| *agg. e s.* (*antrop.*) négroïde.
negromànte |negro'mante| *s.* nécromancien* → **indovino, mago.**
negromàntico, ci, ca, che |negro'mantiko, tʃi, ka, ke| *agg.* du nécromancien *loc.*; de la nécromancie (*loc. inv.*): *l'arte negromantica* l'art du nécromancien || *riti negromantici* rites de la nécromancie.
negromanzia |negroman'tsia| *s.f.* nécromancie → **magia.**
negùndo |ne'gundo| *s.m.* (*t.bot.*) négundo, négondo.
nègus |'nɛgus| *s.m. inv.* (*st. etiopica*) négus.
neh |nɛ| *inter.* (*dial.*, *esprime* '*dubbio, possibilità*'; *serve a chiedere conferma di ciò che si dice*) n'est-ce pas?, hein?: *fa bel tempo, neh?* il fait beau, n'est-ce pas?, hein?; *neh, che è bello?* il est beau, hein?
néi |'nei| *prep. art. m. pl.* → **in.**
nel |nel| *prep. art. m. sing.* → **in.**
nélla |'nella| *prep. art. f. sing.* → **in.**
nélle |'nelle| *prep. art. f. pl.* → **in.**
néllo |'nello| *prep. art. m. sing.* → **in.**
nelùmbo |ne'lumbo| *s.m.* (*t.bot.*) nélombo *inv.*, nélumbo *inv.*
nemàlion |ne'maljon| *s.m. inv.* (*t. bot.*) némalion *var.*, némale *var.*
Nematelminti |nematel'minti| *s.m. pl.* (*t.zool.*) Némathelminthes.
nèmato- |'nɛmato| *pref.* (*significa* '*filo*', *corrisponde gener. a*) nemato: *Nematodi* Nématodes.
Nematòdi |nema'tɔdi| *s.m. pl.* (*t. zool.*) Nématodes.
nembifero |nem'bifero| *agg.* (*poet.*) [*portatore di nembi*] orageux* (*corr.*), nuageux* (*corr.*).
nèmbo |'nembo| *s.m.* **1** (*meteor.*) nimbus **2** (*lett.*) [*nube scura*] nuée *f.* (*corr.*), nuage (*corr.*) **3** (*fig.*) [*massa; cumulo di cose*] nuée: *un nembo di dardi* une nuée de flèches → **sciame.**
nembóso |nem'boso| *agg.* (*raro, lett.*) [*coperto di nembi*] nuageux* (*corr.*).
nembostràto |nembos'trato| *s.m.* (*meteor.*) nimbo-stratus.
Nemertini |nemer'tini| *s.m. pl.* (*t.zool.*) Némertiens.
nèmesi |'nɛmezi| *s.f. inv.* (*lett.*) némésis: *nemesi storica* némésis historique.
nemico, ci, ca, che |ne'miko, tʃi, ka, ke| **I** *agg.* **1** [*ostile; che nutre sentimenti di profonda avversione*] ennemi (*s.*): *è nemico di tutti* c'est l'ennemi de tout le monde; *col suo carattere è riuscito a farselo nemico* avec son caractère il a réussi à s'en faire un ennemi # *la fortuna gli è stata nemica* la fortune lui a été hostile ◇ (*loc.*) *è nemico dichiarato, giurato della verità* c'est l'ennemi juré de la vérité; *si è dimostrato nemico acerrimo, capitale, implacabile, mortale di ogni compromesso* il s'est montré l'ennemi implacable, capital, mortel de tout compromis ◇ (*fig.*) *è un individuo nemico dell'acqua* [*che si lava poco*] c'est un individu fâché avec l'eau **2** [*nocivo, dannoso*] nuisible: *il fumo è nemico della salute* la fumée est nuisible à la santé; *il gelo è nemico delle piante* le gel est nuisible aux plantes **3** [*che è in stato di belligeranza*] ennemi: *uno Stato nemico* un État ennemi; *le forze nemiche erano più numerose* les forces ennemies étaient plus nombreuses **II** *s.m.* **1** [*chi nutre sentimenti di avversione*] ennemi: *è un nemico giurato della vita scomoda* c'est un ennemi juré de la vie inconfortable; *si è fatto molti nemici* il s'est fait de nombreux ennemis; *i suoi nemici politici gli hanno troncato la carriera* ses ennemis politiques ont tronqué, rui-

né sa carrière ◇ (*loc.*) *è un nemico pubblico* c'est un ennemi public ~ *è il nemico numero uno di quei fuorilegge* c'est l'ennemi numéro un de ces hors-la-loi ✦ *ass.* (*relig. crist.*) *il nemico* [*il demonio*] le malin, le démon ◇ (*prov.*) *molti nemici, molto onore* homme sans ennemi, homme sans valeur ~ *dagli amici mi guardi Iddio, che dai nemici mi guardo io* Dieu me garde de mes amis, je me charge de mes ennemis **2** [*chi è ostile in guerra*] ennemi: *i nemici sono stati attaccati, respinti* l'ennemi a été attaqué, repoussé; *un nemico è stato catturato* un soldat ennemi a été capturé; *quel delatore è passato al nemico* ce délateur est passé à l'ennemi; *alcuni soldati sono caduti in mano ai nemici* quelques soldats sont tombés aux mains de l'ennemi **C** I 1, 3 **amico**; II 2 **alleato**.

nemméno |nem'meno| *avv. e cong.* → **neanche.**

nènia |'nɛnja| *s.f.* **1** [*canto funebre*] nénies *pl.* **2** [*canto molto lento*; *cantilena*] cantilène **3** (*fig.*) [*discorso monotono*; *piagnucolio insistente*] litanie: *che nenia!* quelle litanie!; *smettila con questa nenia!* arrête cette litanie!

nenùfaro |ne'nufaro| *s.m.* (*t.bot.*) nénuphar.

nèo- |'nɛo| *pref.* (*significa* '*nuovo, recente, moderno*', *corrisponde gener. a*) néo(-): *neorealismo* néo-réalisme.

nèo |'nɛo| *s.m.* **1** (*med.*) nævus, grain de beauté (*corr.*): *nei vascolari* nævis vasculaires **2** [*elemento del trucco femminile*] mouche *f.* **3** (*fig.*) [*imperfezione, leggero difetto*] petit défaut: *ci sono parecchi nei in questo lavoro* il y a plusieurs petits défauts dans ce travail.

neoblàsto |neo'blasto| *s.m.* (*biol.*) néoblaste.

neocalèdone |neoka'lɛdone| *agg.* [*della Nuova Caledonia*] néo-calédonien*.

neocapitalismo |neokapita'lizmo| *s.m.* (*polit.*) néo-capitalisme.

neocapitalista |neokapita'lista| *s.m.* néo-capitaliste ✦ *agg.* → **neocapitalistico.**

neocapitalistico, ci, ca, che |neokapita'listiko, tʃi, ka, ke| *agg.* néo-capitaliste: *paesi, sistemi neocapitalistici* pays, systèmes néo-capitalistes; *un'economia neocapitalistica* une économie néo-capitaliste.

neocattolicésimo |neokattolit'tʃezimo| *s.m.* néo-catholicisme.

neocattòlico, ci, ca, che |neokat'tɔliko, tʃi, ka, ke| *agg.* néo-catholique: *orientamenti neocattolici* orientations néo-catholiques ✦ (*s.*) *un neocattolico* un néocatholique.

neocèltico, ci, ca, che |neo'tʃɛltiko, tʃi, ka, ke| *agg.* (*ling.*) néo-celtique.

neoclassicismo |neoklassi'tʃizmo| *s.m.* néo-classicisme.

neoclàssico, ci, ca, che |neo'klassiko, tʃi, ka, ke| *agg.* néo-classique: *la cultura, l'architettura neoclassica* la culture, l'architecture néo-classique ✦ (*s.m.*) *un neoclassico* un néo-classique; *la polemica tra neoclassici e romantici* la polémique entre (néo-)classiques et romantiques.

neocolonìale |neokolo'njale| *agg.* néo-colonial*.

neocolonialismo |neokolonja'lizmo| *s.m.* (*polit.*) néo-colonialisme.

neocolonialista |neokolonja'lista| *s.* néo-colonialiste.

neocomiàno |neoko'mjano| *agg. e s.* (*geol.*) néocomien*.

neocristianésimo |neokristja'nezimo| *s.m.* néo-christianisme.

neocriticismo |neokriti'tʃizmo| *s.m.* (*filos.*) néo-criticisme.

neodarwinismo |neodarvi'nizmo| *s.m.* (*filos.*) néo-darwinisme.

neodìmio, i |neo'dimjo, i| *s.m.* (*chim.*) néodyme.

neofascismo |neofaʃ'ʃizmo| *s.m.* (*polit.*) néo-fascisme.

neofascista |neofaʃ'ʃista| *agg.* néo-fasciste: *politica neofascista* politique néo-fasciste ✦ (*s.*) *un neofascista* un néo-fasciste.

neofilia |neofi'lia| *s.f.* néophilie **C** **misoneismo.**

neòfita |ne'ɔfita|, **neòfito** |ne'ɔfito| *s.m.* **1** (*eccl.*) néophyte *s.* **2** (*per est.*) [*chi è entrato da poco tempo a far parte di un partito o di un'associazione*] néophyte.

neofobia |neofo'bia| *s.f.* → **misoneismo.**

neoformàto |neofor'mato| *agg.* (*biol.*) neoformé.

neoformazióne |neoformat'tsjone| *s.f.* **1** (*biol.*) néoformation **2** (*ling.*) néologisme *m.*

neògene |ne'ɔdʒene| *s.m.* (*geol.*) néogène.

neogòtico, ci, ca, che |neo'gɔtiko, tʃi, ka, ke| *agg. e s.m.* néo-gothique.

neogrammàtico, ci, ca, che |neogram'matiko, tʃi, ka, ke| *agg. e s.* (*ling.*) néo-grammairien *s.m.*

neogrèco, ci, ca, che |neo'grɛko, tʃi, ka, ke| *agg.* néo-grec*.

neoimpressionismo |neoimpressjo'nizmo| *s.m.* (*st. pitt.*) néo-impressionisme.

neokantismo |neokan'tizmo| *s.m.* (*filos.*) néo-kantisme.

neolatino |neola'tino| *agg.* (*ling.*) néo-latin.

neolaureàto |neolau'reato| *agg. e s.* (celui, celle) qui vient d'obtenir sa licence.

neolitico, ci, ca, che |neo'litiko, tʃi, ka, ke| *agg.* (*geol.*) néolithique.

neològico, ci, ca, che |neo'lɔdʒiko, tʃi, ka, ke| *agg.* (*ling.*) néologique.

neologismo |neolo'dʒizmo| *s.m.* (*ling.*) néologisme: *neologismi tecnici, scientifici* néologismes techniques, scientifiques **C** **arcaismo.**

neomenìa |neome'nia| *s.f.* (*ant.*) néoménie.

neomicina |neomi'tʃina| *s.f.* (*med.*) néomycine.

nèon |'nɛon| *s.m. inv.* néon (*var.*): *insegne luminose al neon* enseignes lumineuses au néon; *lampade, tubi al neon* lampes, tubes au néon.

neonatàle |neona'tale| *agg.* [*che concerne il neonato*] néo-natal*.

neonàto |neo'nato| *agg.* nouveau-né: *un bambino neonato* un (enfant) nouveau-né; *un cucciolo neonato* un chiot nouveau-né; *il programma del neonato partito* le programme du parti nouveau-né ✦ (*s.*) *un neonato* un nouveau-né: *un neonato maturo, vitale, immaturo* un nouveau-né à terme, vivant, né avant terme.

neonatologia, gie |neonatolo'dʒia, dʒie| *s.f.* néonatologie.

neonazìsmo |neonat'tsizmo| *s.m.* (*polit.*) néo-nazisme.

neonazista |neonat'tsista| *agg.* néo-nazi: *movimento neonazista* mouvement néo-nazi ✦ (*s.*) *un neonazista* un néo-nazi.

neopatentàto |neopaten'tato| *agg. e s.* nouveau conducteur*, jeune conducteur.

neoplasia |neopla'zia| *s.f.* (*biol., med.*) néoplasie, néoplasme (*m.*): *malato affetto da neoplasia* malade atteint de néoplasie, de néoplasme.

neoplàsico, ci, ca, che |neo'plaziko, tʃi, ka, ke| *agg.* (*med.*) néoplasique.

neoplàsma |neo'plazma| *s.m.* (*biol., med.*) néoplasme.

neoplàstico, ci, ca, che |neo'plastiko, tʃi, ka, ke| *agg.* (*biol., med.*) néoplastique: *processi neoplastici* processus néoplastiques; *cellule neoplastiche* cellules néoplastiques.

neoplatònico, ci, ca, che |neopla'tɔniko, tʃi, ka, ke| *agg.* (*filos.*) néo-platonicien*: *correnti neoplatoniche* courants néo-platoniciens; *dottrina neoplatonica* doctrine néo-platonicienne ✦ (*s.m.*) *un neoplatonico* un néo-platonicien* *s.*

neoplatonismo |neoplato'nizmo| *s.m.* (*filos.*) néo-platonisme.

neopositivismo |neopoziti'vizmo| *s.m.* (*filos.*) néo-positivisme.

neopositivista |neopoziti'vista| *agg.* (*filos.*) néo-positiviste: *ricerca neopositivista* recherche néo-positiviste ✦ (*s.m.*) *un neopositivista* un néo-positiviste.

neoprène |neo'prɛne| *s.m.* (*chim.*) néoprène.

neorealismo |neorea'lizmo| *s.m.* (*arts., filos.*) néo-réalisme.

neorealista |neorea'lista| *agg.* néo-réaliste: *la pittura, la narrativa neorealista* la peinture, la prose néo-réaliste ✦ (*s.*) *un neorealista* un néo-réaliste.

neorealistico, ci, ca, che |neorea'listiko, tʃi, ka, ke| *agg.* néo-réaliste: *il movimento neorealistico* le mouvement néo-réaliste; *un film neorealistico* un film néo-réaliste; *artisti neorealistici* artistes néo-réalistes.

neoscolàstica, che |neosko'lastika, ke| *s.f.* (*filos.*) néo-scolastique.

neoscolàstico, ci, ca, che |neosko'lastiko, tʃi, ka, ke| *agg.* (*filos.*) néo-scolastique: *corrente neoscolastica* courant néo-scolastique; *filosofi neoscolastici* philosophes néo-scolastiques ✦ (*s.m.*) *i neoscolastici* les néo-scolastiques.

neotenia |neote'nia| *s.f.* (*biol.*) néoténie.

neotèrico, ci, ca, che |neo'tɛriko, tʃi, ka, ke| *agg.* qui s'inspire de la poésie hellénistique (*loc.*): *poesia neoterica* poésie qui s'inspire de la poésie hellénistique.

neotestamentàrio, i |neotestamen'tarjo, i| *agg.* du Nouveau Testament (*loc. inv.*): *esegesi neotestamentaria* exégèse du Nouveau Testament.

neotomismo |neoto'mizmo| *s.m.* (*filos.*) néo-thomisme.

neotomista |neoto'mista| *agg.* (*filos.*) néo-thomiste: *l'interpretazione neotomista della realtà* l'interprétation néo-thomiste de la réalité ✦ (*s.m.*) *i neotomisti* les néo-thomistes.

neottìa |neot'tia| *s.f.* (*t.bot.*) néottie.
neovitalismo |neovita'lizmo| *s.m.* (*filos.*) néo-vitalisme.
neozelandése |neoddzelan'dese| *agg.* [*della Nuova Zelanda*] néo-zélandais.
neozòico, ci, ca, che |neod'dzɔiko, tʃi, ka, ke| *agg.* (*geol.*) néozoïque: *era neozoica* ère néozoïque; *fauna, flora neozoica* faune, flore néozoïque ✦ (*s.m.*) *il neozoico* le néozoïque.
nèpa |'nɛpa| *s.f.* (*t.zool.*) nèpe.
nepalése |nepa'lese| *agg.* [*del Nepal*] népalais: *la popolazione nepalese* la population népalaise.
nepènte |ne'pɛnte| *s.f.* (*t.bot., farm., mitol.*) népenthès *m.*
neper |'ni:pə| *s.m. inv.* (*ingl.*) (*fis.*) néper *var.*
neperiàno |nepe'rjano| *agg. m.* (*mat.*) népérien.
nèpeta |'nɛpeta| *s.f.* (*t.bot.*) népète.
nepitèlla |nepi'tɛlla| *s.f.* (*t.bot.*) calament *m.*
nepóte |ne'pote| *s.m.* → **nipote.**
nepotismo |nepo'tizmo| *s.m.* népotisme.
nepotista |nepo'tista| *s.* celui, celle qui pratique le népotisme.
nepotistico, ci, ca, che |nepo'tistiko, tʃi, ka, ke| *agg.* **1** de népotisme (*loc. inv.*): *politica nepotistica* politique de népotisme **2** enclin au népotisme: *un papa nepotistico* un pape enclin au népotisme.
neppùre |nep'pure| *cong. e avv.* → **neanche.**
nequizia |ne'kwittsja| *s.f.* (*lett.*) → **iniquità.**
neràstro |ne'rastro| *agg.* [*che tende al nero*] noirâtre: *una sostanza nerastra* une substance noirâtre ✦ (*s.m.*) *la parete è tinta di nerastro* le mur est peint d'une couleur noirâtre *agg.*
nerbàre |ner'bare| *v.tr.* (*raro*) [*picchiare con un nerbo, un bastone*] battre (76) avec un nerf de bœuf.
nerbàta |ner'bata| *s.f.* coup *m.* de nerf de bœuf: *prendere uno a nerbate* donner à qqn. des coups de nerf de bœuf → **staffilata, frustata.**
nerbatùra |nerba'tura| *s.f.* [→ NERBARE] coups *m. pl.* de nerf de bœuf.
nèrbo |'nɛrbo| *s.m.* **1** nerf de bœuf → **staffile, frusta** **2** [*la parte più forte e valida di q.c.*] nerf: *il nerbo dell'esercito* le nerf de l'armée ◇ (*per est.*) *stile senza nerbo* style qui manque de nerf.
nerborùto |nerbo'ruto| *agg.* [*robusto, muscoloso*] musclé: *gambe, braccia nerborute* jambes musclées, bras musclés; *un uomo nerboruto* un homme musclé.
nerbùto |ner'buto| *agg.* → **nerboruto.**
nereggiaménto |neredd ʒa'mento| *s.m.* (*raro*) [→ NEREGGIARE] noircissement (*corr.*).
nereggiàre |nered'dʒare| *v.intr.* (*aus.* '*avere*') [*apparire di colore nero; tendere al nero*] *il cielo cominciava a nereggiare* le ciel commençait à se couvrir de gros nuages noirs; *la piazza nereggiava di folla* la place était noire de monde.
Nerèidi |ne'rɛidi| *s.f. pl.* (*mitol., t.zool.*) Néréides.
nerétto |ne'retto| *s.m.* (*tip.*) mi-gras: *neretto minuscolo* mi-gras minuscule; *stampare in neretto* imprimer en mi-gras.
nerézza |ne'rettsa| *s.f.* (*raro*) [*aspetto di ciò che è nero*] noirceur (*lett.*).
nerìccio, ci, cia, ce |ne'rittʃo, tʃi, tʃa, tʃe| *agg.* [*che tende al nero o è quasi nero*] noirâtre: *una parete nericcia* un mur noirâtre ✦ (*s.m.*) *una macchina sporca di nericcio* une voiture noire de smog.
nerìtico, ci, ca, che |ne'ritiko, tʃi, ka, ke| *agg.* (*biol., geogr.*) néritique: *zona neritica* zone néritique.
néro |'nero| **I** *agg.* **1** noir: *scarpe, borse nere* chaussures noires, sacs noirs; *il gatto è nero con una macchia bianca* le chat est noir avec une tache blanche; *ha gli occhi neri come il carbone* il a les yeux noirs comme du charbon # *ha i capelli neri corvini* il a des cheveux de jais ◇ (*loc.*) *pane nero* pain noir ~ *caffè nero* café noir ~ *vino nero* vin rouge ~ *mercato nero, borsa nera* marché noir ~ *una notte nera* une nuit noire ~ *oro nero* or noir ~ *pozzo nero* fosse d'aisances ~ *il continente nero* le continent noir ~ *aristocrazia nera* aristocratie noire ~ *dittatura nera* dictature noire ~ *gli ho fatto un occhio nero* je lui ai fait un œil au beurre noir (*fam.*) **2** (*fig.*) [*doloroso, triste*] noir: *ho passato dei giorni neri* j'ai passé des journées noires; *vede tutto nero* il voit tout en noir; *sono di umor nero* je suis d'une humeur noire ◇ (*loc.*) *anima nera* âme noire ~ *cronaca nera* faits divers ~ *magia nera* magie noire ~ *mano nera, manonera* main noire ~ *è la bestia nera dei suoi vicini* c'est la bête noire de ses voisins **II** *s.m.* **1** [*colore nero*] noir: *veste di nero* elle s'habille en noir; *ho tinto in nero questa giacca* j'ai teint en noir cette veste; *mi piace il nero dei suoi occhi* j'aime le noir de ses yeux ◇ (*loc.*) *è meglio mettere nero su bianco* il vaut mieux mettre noir sur blanc ~ *non distingue il nero dal bianco* il ne distingue pas le noir du blanc ~ *è un film, una foto in bianco e nero* c'est un film, une photographie en noir et blanc ◇ (*polit.*) *i neri* [*i fascisti*] les chemises noires **2** (*chim.*) noir: *nero fumo* → **nerofumo**; *nero di anilina* noir d'aniline; *nero animale* noir animal # *nero di seppia* sépia **3** (*dama e scacchi*) noir: *il nero vince in tre mosse* les noirs jouent et font mat en trois coups ◇ (*roulette*) *puntare sul nero* miser sur le noir **4** (*raro*) → **negro.**
nerofùmo |nero'fumo| *s.m.* noir de fumée.
neróngolo |ne'roɲɲolo| *agg.* [*che tende al nero*] noirâtre: *questo colore nerognolo non mi piace* je n'aime pas cette couleur noirâtre ✦ (*s.m.*) *un nerognolo* une couleur *f.* noirâtre *agg.*
nèroli |'nɛroli| *s.m. inv.* (*chim.*) néroli *var.*
neroniàno |nero'njano| *agg.* [*di Nerone*] néronien*.
nerùme |ne'rume| *s.m.* [*colore nero o roba nera*] teinte *f.* noire, noirceur *f.* (*lett.*).
nervàto |ner'vato| *agg.* nervé.
nervatùra |nerva'tura| *s.f.* **1** (*anat., arch., bot.*) nervure **2** [*rilievo decorativo in alcuni tipi di rilegatura*] nervure **3** [*profilo decorativo operato su vestiti*] nervure.
nervazióne |nervat'tsjone| *s.f.* (*bot.*) nervation.
nèrveo |'nɛrveo| *agg.* (*raro*) [*di nervi; che concerne i nervi*] nerveux* (*corr.*).
nervìno |ner'vino| *agg.* (*med.*) nervin: *un ricostituente nervino* un (remontant) nervin.
nèrvo |'nɛrvo| *s.m.* **1** (*anat.*) nerf: *nervi sensitivi, motori, cranici* nerfs sensitifs, moteurs, crâniens ◇ (*loc.*) *è forte di nervi, ha i nervi saldi* il a des nerfs à toute épreuve ~ *è debole di nervi* il a les nerfs fragiles ~ *ho i nervi a pezzi* j'ai les nerfs en boule, en pelote ~ *aveva i nervi a fior di pelle* il avait les nerfs à fleur de peau ~ *lascialo stare!, ha i nervi* laisse-le tranquille!, il a ses nerfs ~ *non mi far venire i nervi coi tuoi discorsi* ne m'énerve pas avec tes discours **2** (*per est., pop.*) [*tendine, muscolo*] nerf (*corr.*): *quell'uomo è un fascio di nervi, è tutto nervi* c'est un paquet, une boule de nerfs; *mi si è accavallato un nervo* je me suis froissé un nerf; *questa carne è tutta nervi* cette viande est tout en nerfs (*fam.*) ◇ (*loc.*) *nervo di bue* nerf de bœuf **3** (*fig.*) *la guerra dei nervi* la guerre des nerfs **4** (*bot.*) nervature *f.* **5** [*corda di uno strumento, di un arco musicale*] corde *f.*
nervosaménte |nervosa'mente| *avv.* [→ NERVOSO I 2] nerveusement.
nervosismo |nervo'sizmo| *s.m.* nervosité (*f.*): *il tuo nervosismo mi mette a disagio* ta nervosité me met mal à l'aise.
nervosità |nervosi'ta| *s.f. inv.* **1** nervosité (*var.*): *la sua nervosità lo fa scattare per niente* sa nervosité le fait s'emporter pour un rien **2** (*fig.*) [*vigorosità, incisività*] vigueur (*var.*): *la nervosità della prosa moderna* la vigueur de la prose moderne Ⓒ 1 **tranquillità, calma.**
nervóso |ner'voso| **I** *agg.* **1** (*anat.*) nerveux*: *sistema nervoso centrale e periferico* système nerveux central et périphérique; *cellule, fibre nervose* cellules, fibres nerveuses; *tessuti, prolungamenti nervosi* tissus, prolongements nerveux ◇ (*med.*) *esaurimento nervoso* dépression nerveuse; *trauma nervoso* choc nerveux; *malattie nervose* maladies nerveuses **2** [*irritabile; che è in uno stato di agitazione e di tensione*] nerveux: *un uomo nervoso* un homme nerveux; *quella ragazza è diventata nervosa* cette fille est devenue nerveuse; *questi rumori mi rendono nervoso* ces bruits me rendent nerveux, m'énervent **3** [*asciutto; scattante*] nerveux: *gambe, braccia nervose* jambes nerveuses, bras nerveux, musclés (*fam.*); *quell'atleta ha un'andatura nervosa* cet athlète a une démarche nerveuse (*fam.*) ◇ (*fig.*) vigoureux*: *una prosa nervosa* une prose vigoureuse; *quel pittore ha un disegno nervoso* ce peintre a un dessin vigoureux **II** *s.m.* [*stato di agitazione e di tensione*] nervosité *f.* # *ho un nervoso addosso che non so cosa farei* je suis si énervé que je ne sais pas ce que je ferais (*fam.*); *solo a vederlo mi fa venire il nervoso* il m'énerve rien qu'à le voir (*fam.*); *non ti far prendere dal nervoso* ne t'énerve pas Ⓒ I 2 **calmo.**
nescafè |neska'fɛ| *s.m. inv.* (*marca depositata*) nescafé *var.*
nèsci |'nɛʃʃi| *s.m.* *solo nella loc.* FARE IL NESCI faire l'innocent: *lo sai benissimo: non fare il nesci* tu le sais très bien: ne fais pas l'innocent → **gnorri.**

nèspola |'nɛspola| *s.f.* **1** [*frutto del nespolo*] nèfle ◇ (*prov.*) *col tempo e con la paglia maturano le nespole* petit à petit l'oiseau fait son nid **2** (*fig.*, *fam.*) [*colpo secco*; *percossa*] beigne (*fam.*), marron *m.* (*fam.*): *nespole!*, *che nespole!* quelles beignes!, quels marrons!; *si è preso certe nespole!* il a pris de ces beignes, de ses marrons!

nèspolo |'nɛspolo| *s.m.* (*t.bot.*) néflier (du Japon).

nèsso |'nɛsso| *s.m.* **1** [*connessione, legame, relazione*] lien, rapport: *ho individuato il nesso fra questi due fatti* j'ai découvert le lien, le rapport entre ces deux faits; *questo discorso non ha alcun nesso logico* ce discours n'a aucun lien logique **2** (*filol.*, *ling.*) connexion (*f.*): *nesso vocalico, consonantico* connexion vocalique, consonantique.

nessùno |nes'suno| **I** *agg. indef.* **1** [*non uno, neanche uno*] aucun, pas un, nul* (*lett.*): *nessun uomo può fare una cosa simile* aucun homme, nul homme ne peut faire une chose pareille; *non ho comperato nessun libro* je n'ai acheté aucun livre; *nessuna scusa può giustificarti* aucune excuse ne peut te justifier; *non c'è nessun motivo per ridere così* il n'y a aucune raison pour rire ainsi; *nessun lavoro gli è gradito* aucun travail ne lui plaît; *si è offeso senza nessuna ragione* il s'est vexé sans aucune raison; *sono lodi senza nessun merito* ce sont des louanges qui ne correspondent à aucun mérite; *è un gioiello di nessun valore* c'est un bijou sans aucune valeur; *nessun vostro amico è intervenuto* pas un seul de vos amis n'est intervenu; *in nessun modo, in nessuna maniera tornerò indietro* en aucune façon, en aucune manière, je ne reviendrai sur mes pas; *non l'ho trovato da nessuna parte* je ne l'ai trouvé nulle part **2** [*qualche, alcuno*] (*sempre in frasi neg.*) aucun: *non avete nessuna risposta da darmi?* n'avez-vous aucune réponse à me donner? # *fammi sapere se ti serve nessun aiuto* fais-moi savoir si tu as besoin d'une aide quelconque, d'un peu d'aide; *nessuna notizia?*, *nessuna novità?* aucune nouvelle?, aucune nouveauté **II** *pron. indef.* **1** (*persone*) [→ *agg.* 1] personne (*neg. ass.*), nul* (*lett.*); aucun (*det.* + *partitivo*): *non è intervenuto nessuno* personne n'est intervenu; *è possibile che nessuno ti abbia visto?* est-il possible que personne ne t'ait vu?; *non dirlo a nessuno* ne le dis à personne; '*c'è nessuno in casa?*' '*nessuno*' 'y a-t-il quelqu'un à la maison?' 'personne' ‖ *nessuno di noi può decidere* aucun de nous ne peut décider; *nessuno di voi sarà promosso* aucun de vous ne sera reçu; '*hai dei giornali?*' '*non ne ho nessuno*' 'as-tu des journaux?' 'je n'en ai aucun' ◇ (*loc.*) *terra di nessuno* no man's land ~ *figli di nessuno* fils de personne **2** (*in frasi aff.*) [*qualcuno*] quelqu'un: *hai visto nessuno?* as-tu vu quelqu'un?; *è venuto nessuno a cercarmi?* quelqu'un est-il venu me demander? ◇ (*in frasi neg.*) personne *ass.*; aucun (*det.*): *non conosci nessuno che può aiutarmi?* ne connais-tu personne qui puisse m'aider? ‖ *non puoi invitare nessuno dei tuoi amici?* tu ne peux inviter aucun de tes amis?; n'y a-t-il aucun de tes amis que tu puisses inviter? **III** *s.m. sing.* personne (*pron. indef.*): *nessuno è infallibile* personne n'est infaillible; *hai visto nessuno?* n'as-tu vu personne? # *per ora non è nessuno, ma si farà* pour l'instant il n'est rien, mais il deviendra quelqu'un.

nèstore |'nɛstore| *s.m.* (*t.zool.*) nestor, kea.

nestorianésimo |nestorja'nezimo| *s.m.* (*st. relig.*) nestorianisme.

nestoriàno |nesto'rjano| *agg.* [*del nestorianesimo*] nestorien*: *l'eresia nestoriana* l'hérésie nestorienne ♦ (*s.*) *un nestoriano* un nestorien.

net |net| *s.m. inv.* (*ingl.*) (*sport*) filet *var.*, net.

nettaménte |netta'mente| *avv.* [→ NETTO I 2, 3] nettement: *lo si vedeva nettamente da lontano* on le voyait nettement de loin; *è nettamente superiore* il est nettement supérieur.

nettapénne |netta'penne| *s.m. inv.* [*disco di stoffa usato per pulire i pennini*] essuie-plume (*var.*): *dei nettapenne* des essuie-plumes.

nettapièdi |netta'pjɛdi| *s.m. inv.* → 1 **zerbino.**

nettapìpe |netta'pipe| *s.m. inv.* → **curapipe.**

nèttare |'nettare| *s.m.* **1** (*bot.*, *mitol.*) nectar **2** (*fig.*) [*bevanda squisita*] nectar: *questo vino è un nettare* ce vin est un nectar.

nettàre |net'tare| *v.tr.* (*lett.*) → **pulire.**

nettàreo |net'tareo| *agg.* (*lett.*) de, du nectar *loc.*

nettarìfero |netta'rifero| *agg.* (*bot.*) nectarifère.

nettàrio, i |net'tarjo, i| *s.m.* (*bot.*) nectaire.

nettatóio, i |netta'tojo, i| *s.m.* instrument à nettoyer.

nettatùra |netta'tura| *s.f.* (*raro*) **1** [→ NETTARE] nettoyage *m.* (*corr.*), nettoiement *m.* (*corr.*) **2** [*materiale di rifiuto*] ordures *pl.*; (*di legumi*) épluchures.

nettézza |net'tettsa| *s.f.* **1** [*pulizia*] propreté: *la nettezza della casa* la propreté de la maison ◇ (*loc.*) *la nettezza urbana* (le service *m.* de) la voirie, le service de nettoiement **2** [*esattezza, precisione*] netteté: *la nettezza di un contorno* la netteté d'un contour **3** (*fig.*) [*integrità morale*] intégrité: *la nettezza dei suoi propositi* la pureté de ses intentions Ⓒ 1 **sporcizia.**

nétto |'netto| **I** *agg.* **1** [*pulito*; *privo di sporco*] net*, propre: *lenzuolo netto* drap net, propre → **pulito** **2** [*nitido, preciso*] net: *contorno, profilo netto* contour, profil net; *linea netta* ligne nette; *ha troncato il cordone con un colpo netto* il a coupé le cordon d'un coup net ◇ (*loc.*) *dare un taglio netto*: (*pr.*, *fig.*) couper net, court **3** [*chiaro, deciso*] net: *hanno riportato una netta vittoria* ils ont remporté une nette victoire; *quel campione ha manifestato una netta superiorità* ce champion a manifesté une nette supériorité # *mi ha opposto un netto rifiuto* il m'a opposé un refus sans appel **4** [*libero da ogni detrazione*] net: *peso, contenuto netto* poids, contenu net; *stazza netta* jauge nette; *incasso, stipendio netto* recette nette, salaire net ♦ (*s.m.*) *il netto* le net; *i ricavi, al netto, sono questi* les profits nets *agg.* sont ceux-ci **II** (*avv.*) *mi ha detto chiaro e netto che non ne vuole più sapere* il m'a dit clair et net qu'il ne veut plus en entendre parler Ⓒ I 1 **sporco**, 4 **lordo.**

nettuniàno |nettu'njano| *agg.* (*geol.*) neptunien*.

nettùnio, i |net'tunjo, i| *s.m.* (*chim.*) neptunium.

nettunìsmo |nettu'nizmo| *s.m.* (*geol.*) neptunisme.

netturbìno |nettur'bino| *s.m.* [*persona incaricata della nettezza urbana*] (é)boueur.

nèuma |'nɛuma| *s.m.* (*mus.*) neume.

neumàtico, ci, ca, che |neu'matiko, tʃi, ka, ke| *agg.* (*st. mus.*) neumatique.

neuràsse |neu'rasse| *s.m.* → **nevrasse.**

neurastenìa |neuraste'nia| *s.f.* → **nevrastenia.**

neurectomìa |neurekto'mia|, **nevrectomìa** |nevrekto'mia| *s.f.* (*chir.*) névrectomie.

neurìna |neu'rina| *s.f.* (*biol.*) neurine.

neurinòma |neuri'nɔma| *s.m.* (*med.*) neurinome.

1 **neurìte** |neu'rite| *s.f.* (*biol.*) neurite.

2 **neurìte** |neu'rite| *s.f.* (*med.*) névrite.

neurìtico, ci, ca, che |neu'ritiko, tʃi, ka, ke| *agg.* (*med.*) névritique.

nèuro- |'nɛuro| *pref.* (*significa 'nervo, nervoso'*, *corrisponde gener. a*) neuro: *neurochirurgia* neurochirurgie.

neurochirurgìa, gie |neurokirur'dʒia, dʒie| *s.f.* (*med.*) neurochirurgie.

neurochirùrgico, ci, ca, che |neuroki'rurdʒiko, tʃi, ka, ke| *agg.* neurochirurgical*: *clinica neurochirurgica* clinique neurochirurgicale.

neurochirùrgo, ghi |neuroki'rurgo, gi| *s.m.* neurochirurgien* *s.*

neurodepressìvo |neurodepres'sivo| *s.m.* (*med.*) neurodépresseur.

neurofisiològico, ci, ca, che |neurofizjo'lɔdʒiko, tʃi, ka, ke| *agg.* neurophysiologique.

neurofisiòlogo, gi |neurofi'zjɔlogo, dʒi| *s.m.* neurophysiologue *s.*

neuroglìa |neuro'glia|, **nevroglìa** |nevro'glia| *s.f.* (*anat.*) névroglie.

neurolinguìstica, che |neurolin'gwistika, ke| *s.f.* neurolinguistique.

neuròlisi |neuro'lizi| *s.f. inv.* (*chri.*) neurolyse *var.*

neurologìa, gie |neurolo'dʒia, dʒie| *s.f.* neurologie, névrologie.

neurològico, ci, ca, che |neuro'lɔdʒiko, tʃi, ka, ke| *agg.* neurologique: *esame neurologico* examen neurologique.

neuròlogo, gi |neu'rɔlogo, dʒi| *s.m.* neurologue *s.*, neurologiste *s.*

neuròma |neu'rɔma| *s.m.* (*med.*) neurome, névrome.

neuróne |neu'rone| *s.m.* (*anat.*) neurone.

neuropatìa |neuropa'tia| *s.f.* (*med.*) névropathie.

neuropàtico, ci, ca, che |neuro'patiko, tʃi, ka, ke| *agg.* (*med.*) névrosé: *un soggetto neuropatico* un sujet névrosé ♦ (*s.*) *un neuropatico* un névrosé.

neuropatologìa, gie |neuropatolo'dʒia, dʒie| *s.f.* neuropathologie.

neuropatòlogo, gi |neuropa'tɔlogo, dʒi| *s.m.* neuropathologiste.

neuroplègico, ci, ca, che |neuro'plɛdʒiko, tʃi, ka, ke| *agg.* neuroplégique: *farmaco neuroplegico* mé-

dicament neuroplégique ✦ (*s.m.*) *un neuroplegico* un neuroplégique.
neuropsichiàtra |neuropsi'kjatra| *s.* neuropsychiatre.
neuropsichiatria |neuropsikja'tria| *s.f.* neuropsychiatrie.
neuropsichiàtrico, ci, ca, che |neuropsi'kjatriko, tʃi, ka, ke| *agg.* neuropsychiatrique.
neuropsichico, ci, ca, che |neuro'psikiko, tʃi, ka, ke| *agg.* neuropsychique, neuropsychologique.
neuroradiologia, gie |neuroradjolo'dʒia, dʒie| *s.f.* (*med.*) neuro-radiologie.
neuroradiòlogo, gi |neurora'djɔlogo, dʒi| *s.m.* (*med.*) neuroradiologue.
neuròsi |neu'rɔzi| *s.f. inv.* → **nevrosi.**
neuròtico, ci, ca, che |neu'rɔtiko, tʃi, ka, ke| *agg.* → **nevrotico.**
neurotomia |neuroto'mia| *s.f.* (*chir.*) névrotomie.
neurotossina |neurotos'sina| *s.f.* (*med.*) neurotoxine.
neurotròfico, ci, ca, che |neuro'trɔfiko, tʃi, ka, ke| *agg.* neurotrophique.
neurotropismo |neurotro'pizmo| *s.m.* (*scient.*) neurotropisme.
neuròtropo |neu'rɔtropo| *agg.* (*farm.*) neurotrope: *farmaco neurotropo* médicament neurotrope ✦ (*s.m.*) *un neurotropo* un médicament neurotrope *agg.*
Neuròtteri |neu'rɔtteri|, **Nevròtteri** |ne'vrɔtteri| *s.m. pl.* (*t.zool.*) Névroptères.
neurovegetativo |neurovedʒeta'tivo| *agg.* (*anat.*) neuro-végétatif*: *sistema neurovegetativo* système neuro-végétatif.
nèurula |'nɛurula| *s.f.* (*biol.*) neurula.
neustriàno |neus'trjano| *agg. e s.* neustrien*.
neutràle |neu'trale| *agg.* [*che non parteggia per nessuno dei contendenti*] neutre: *sono, rimango neutrale* je suis, je reste neutre, dans la neutralité → **imparziale** ◇ (*dir.*) *Stato, potenza neutrale* État, puissance neutre; *porto, aereo neutrale* port, avion neutre ✦ (*s.m.*) *i neutrali* les neutres Ⓒ **parziale.**
neutralismo |neutra'lizmo| *s.m.* neutralisme Ⓒ **interventismo.**
neutralista |neutra'lista| *s.* neutraliste Ⓒ **interventista.**
neutralistico, ci, ca, che |neutra'listiko, tʃi, ka, ke| *agg.* neutraliste: *tendenze neutralistiche* tendances neutralistes; *questa nazione svolge una politica neutralistica* cette nation mène une politique neutraliste Ⓒ **interventistico.**
neutralità |neutrali'ta| *s.f. inv.* **1** (*dir.*) neutralité (*var.*): *neutralità volontaria, permanente* neutralité volontaire, permanente; *osservare la neutralità* garder, observer la neutralité **2** [*la posizione di chi, in una vertenza, non parteggia per nessuno dei contendenti*] neutralité → **imparzialità** **3** (*chim.*) neutralité: *la neutralità di una soluzione* la neutralité d'une solution.
neutralizzàre |neutralid'dzare| *v. tr.* **1** (*dir.*) [*rendere neutrale*] neutraliser: *neutralizzare una zona, una città, un ospedale* neutraliser une zone, une ville, un hôpital **2** [*annullare, rendere inefficiente*] neutraliser: *neutralizzare la propaganda avversaria* neutraliser la propagande ennemie ◇ (*chim.*) *neutralizzare una soluzione* neutraliser une solution ~ (*elettr.*) *neutralizzare un oscillatore* neutraliser un oscillateur ~ (*mil.*) *neutralizzare l'artiglieria* neutraliser l'artillerie.
neutralizzazióne |neutraliddzat'tsjone| *s.f.* **1** [→ NEUTRALIZZARE 1] neutralisation: *la neutralizzazione di un canale* la neutralisation d'un canal **2** [→ NEUTRALIZZARE 2] neutralisation: *la neutralizzazione di un corpo* la neutralisation d'un corps.
neutrìno |neu'trino| *s.m.* (*fis.*) neutrino.
nèutro |'nɛutro| *agg.* **1** neutre: *colore, odore neutro* couleur, odeur neutre ◇ (*bot.*) *fiore neutro* fleur neutre ◇ (*chim.*) *reazione neutra* réaction neutre ◇ (*elettr.*) *corpo neutro* corps neutre ◇ (*gram.*) *genere neutro* genre neutre ◇ (*mat.*) *elemento neutro* élément neutre **2** → **neutrale.**
neutròfilo |neu'trɔfilo| *agg. e s.* (*med.*) neutrophile.
neutróne |neu'trone| *s.m.* (*chim.*, *fis.*) neutron.
nevàio, i |ne'vajo, i| *s.m.* (*geogr.*) névé.
ne varietur |neva'rjetur| *loc. avv.* (*lat.*) ne varietur.
nevàto |ne'vato| **1** *agg.* (*lett.*) [*coperto di neve*] neigeux* (*corr.*), enneigé (*corr.*): *monti nevati* monts neigeux, enneigés → **innevato** **2** *s.m.* (*geogr.*) névé.
néve |'neve| *s.f.* **1** (*meteor.*) neige ◇ (*corr.*) *gli sport della neve* les sports de la neige, les sports d'hiver; *campi di neve* champs de neige # *il bollettino della neve* le bulletin d'enneigement ◇ *loc.* DA NEVE pour la neige: *occhiali, scarponi da neve* lunettes, chaussures pour la neige ~ *palla di neve* boule de neige ◇ (*fig.*) *capelli cosparsi di neve* cheveux de neige ~ *bianco, candido come la neve* blanc, candide comme neige ~ (*cuc.*) *montare una chiara a neve* battre un blanc en neige ~ (*tv*) *effetto neve* effet neige **2** (*geogr.*) neige: *nevi perenni, eterne, artiche* neiges éternelles, arctiques **3** (*chim.*) neige: *neve carbonica* neige carbonique.
nevicàre |nevi'kare| *v.impers.* (*aus.* '*essere*', '*avere*') [*cadere di neve*] neiger (*aus.* avoir): *è nevicato tutta la notte* il a neigé toute la nuit; *sui monti è, ha nevicato molto* sur les montagnes il a beaucoup neigé; *sta nevicando fitto fitto* il neige dru.
nevicàta |nevi'kata| *s.f.* (chute de) neige: *sui monti c'è stata qualche nevicata* sur les montagnes il y a eu quelques chutes de neige.
nevischio, i |ne'viskjo, i| *s.m.* (*meteor.*) neige *f.* fondue ◇ [*neve solida*] grésil.
nèvo |'nɛvo| *s.m.* → **neo.**
nevosità |nevosi'ta| *s.f. inv.* (*meteor.*) enneigement *m. var.*
nevóso |ne'voso| **I** *agg.* **1** [*di neve*] neigeux*: *manto nevoso* manteau neigeux; *precipitazioni nevose* précipitations neigeuses, de neige **2** [*caratterizzato da abbondanti nevicate*] neigeux: *inverno nevoso* hiver neigeux; *zona nevosa* zone neigeuse **II** *s.m.* (*st. fr.*) nivôse.
nevralgia, gie |nevral'dʒia, dʒie| *s.f.* (*med.*) névralgie.
nevràlgico, ci, ca, che |ne'vraldʒiko, tʃi, ka, ke| *agg.* (*med.*) névralgique: *dolori nevralgici* douleurs névralgiques; *manifestazioni nevralgiche* manifestations névralgiques ✦ (*loc.*) *il punto nevralgico*: (*pr.*, *fig.*) le point névralgique; *questo è il punto nevralgico della situazione* voilà le point névralgique de la situation.
nevràsse |ne'vrasse| *s.m.* (*anat.*) névraxe.
nevrastenia |nevraste'nia| *s.f.* (*med.*) neurasthénie.
nevrastènico, ci, ca, che |nevras'tɛniko, tʃi, ka, ke| *agg.* (*med.*) **1** neurasthénique: *attacchi nevrastenici* crises neurasthéniques **2** [*affetto da nevrastenia*] neurasthénique: *un soggetto nevrastenico* un sujet neurasthénique ◇ (*com.*) *che tipo nevrastenico!* quel type neurasthénique!; *ho dei colleghi nevrastenici* j'ai des collègues neurasthéniques ✦ (*s.*) *un nevrastenico* un neurasthénique.
nevrite |ne'vrite| *s.f.* → **2 neurite.**
nevritico, ci, ca, che |ne'vritiko, tʃi, ka, ke| *agg.* → **neuritico.**
nevrodermite |nevroder'mite|, **nevrodermatite** |nevroderma'tite| *s.f.* (*med.*) névrodermite.
nevropàtico, ci, ca, che |nevro'patiko, tʃi, ka, ke| *agg. e s.* → **neuropatico.**
nevròsi |ne'vrɔzi| *s.f. inv.* (*med.*) névrose (*var.*): *nevrosi gastrica, cardiaca* névrose gastrique, cardiaque.
nevròtico, ci, ca, che |ne'vrɔtiko, tʃi, ka, ke| *agg.* (*med.*) **1** [*di nevrosi*] névrotique: *disturbi, sintomi nevrotici* troubles, symptômes névrotiques; *spasmi nevrotici* spasmes névrotiques **2** [*affetto da nevrosi*] névrotique: *un soggetto nevrotico* un sujet névrotique ✦ (*s.*) *un nevrotico* un sujet névrotique *agg.*
nevvéro |nev'vero| *inter.* (*si usa in tono interrog. per chiedere conferma o per sottolineare quanto si dice*) n'est-ce pas?: *hai capito, nevvero?* tu as compris, n'est-ce pas?; *vieni anche tu, nevvero?* tu viens toi aussi, n'est-ce pas?
new-look |nju:luk| *s.m. inv.* (*amer.*) new-look *var.*
newton |'nju:tn| *s.m. inv.* (*ingl.*) (*fis.*) newton *var.*
newtoniàno |njuto'njano| *agg.* [*di Newton*] newtonien*: *la fisica newtoniana* la physique newtonienne ✦ (*s.m.*) *un newtoniano* [*seguace delle teorie di Newton*] un newtonien.
ni |ni| **1** *avv.* (*scherz.*) [*né sì, né no*] ni oui ni non **2** *s.m. inv.* (*fam.*) [*incertezza, indecisione*] hésitation *f. var.* (*corr.*): *quanti ni!* que (combien) d'hésitations!
nibbio, i |'nibbjo, i| *s.m.* (*t.zool.*) milan.
nicaraguése |nikara'gwese| *agg.* [*del Nicaragua*] nicaraguayen*.
nicchia |'nikkja| *s.f.* **1** (*arch.*) niche **2** [*rientranza naturale di pareti rocciose*] cavité **3** (*biol.*) niche: *nicchia ecologica* niche écologique.
nicchiàre |nik'kjare| *v.intr.* (*aus.* '*avere*') [*mostrarsi incerto ed esitante*] tergiverser: *non nicchiare: voglio una risposta* ne tergiverse pas: je veux une réponse → **titubare, tergiversare.**
nìcchio, chi |'nikkjo, ki| *s.m.* (*region.*) → **conchiglia.**
nicèno |ni'tʃɛno| *agg.* de Nicée *loc. inv.* ◇ (*eccl.*) *il simbolo niceno* le symbole de Nicée.

nìchel |'nikel| *s.m. inv.* (*chim.*) nikel *var.*
nichelàre |nike'lare| *v.tr.* [*sottoporre a nichelatura*] nickeler (4): *nichelare un rubinetto* nickeler un robinet.
nichelàto |nike'lato| *agg.* nickelé: *tubature nichelate* tuyauteries nickelées.
nichelatóre, trice |nikela'tore, tritʃe| *s.* [*operaio specializzato in lavori di nichelatura*] nickeleur *m.* (*raro*).
nichelatùra |nikela'tura| *s.f.* (*tecnol.*) **1** [*l'operazione di rivestire oggetti metallici di uno strato di nichel*] nickelage **2** [*il rivestimento di nichel*] nickelage: *la nichelatura delle maniglie* le nickelage des poignées (de porte).
nichelcròmo |nikel'krɔmo| *s.m.* (*metall.*) nickrome.
nichelìfero |nike'lifero| *agg.* nickélifère.
nichelino |nike'lino| *s.m.* **1** pièce *f.* (de monnaie) de nickel **2** [*moneta di nichel del valore di 20 centesimi*] ⊠.
nichèlio, i |ni'kɛljo, i| *s.m.* (*chim.*) nickel.
nichilìsmo |niki'lizmo| *s.m.* (*filos.*, *st. russa*) nihilisme.
nichilìsta |niki'lista| *agg.* e *s.* (*filos.*, *st. russa*) nihiliste.
nìcol |'nikol| *s.m. inv.* (*fis.*) nicol *var.*
nicotìna |niko'tina| *s.f.* (*chim.*) nicotine.
nicotìnico, ci, ca, che |niko'tiniko, tʃi, ka, ke| *agg.* nicotinique.
nicotinìsmo |nikoti'nizmo| *s.m.* (*med.*) nicotinisme.
nictàlope |nik'talope| *agg.* e *s.* (*med.*) nyctalope.
nictalopìa |niktalo'pia| *s.f.* (*med.*) nyctalopie.
nictèmero |nik'tɛmero|, **nittèmero** |nit'tɛmero| *s.m.* nycthémère.
nictùria |nik'turja| *s.f.* (*med.*, *fisiol.*) nycturie.
nidiàceo |ni'djatʃeo| *agg.* [*uccello che sta ancora nel nido*] jeune, petit (d'un oiseau).
nidiàndolo |ni'djandolo| *s.m.* [*uovo* (*spec. finto*) *lasciato nel nido perché le galline vi tornino a far l'uovo*] nichet.
nidiàta |ni'djata| *s.f.* [*gli uccellini nati da una stessa covata*] nichée ◇ (*fig.*) *una nidiata di bambini* une nichée d'enfants.
nidificàre |nidifi'kare| *v.intr.* (*aus.* '*avere*') [*fare, costruirsi il nido*] nidifier: *le rondini nidificano sotto i cornicioni* les hirondelles nidifient sous les corniches ◇ (*rapaci*) airer.
nidificazióne |nidifikat'tsjone| *s.f.* [→ NIDIFICARE] nidification.
nido |'nido| *s.m.* **1** nid: *un nido di passeri* un nid de moineaux; *un nido di rapaci* un nid de rapaces, une aire; *un nido di vespe, di vipere* un nid de guêpes, de vipères; *le rondini hanno fatto il nido sotto il tetto* les hirondelles ont fait leur nid sous le toit ◇ (*fig.*) *un nido di briganti, di malviventi* un nid de brigands → **covo** ◇ (*prov.*) *a ogni uccello il suo nido è bello* à tout oiseau son nid est beau **2** (*fig.*) [*la casa, la famiglia, il luogo dove si è nati e vissuti*] nid: *si è costruito un nido* il s'est construit un nid; *ha dovuto abbandonare il suo nido* il a dû abandonner son nid; *tornerà al proprio nido* il reviendra à son nid ◇ (*loc.*) *asilo nido* crèche *f.* pouponnière *f.* ~ *nido d'ape* [*tessuto e punto di ricamo*] nids d'abeilles ~ *a nido d'ape* à nid(s) d'abeilles.
niellàre |niel'lare| *v.tr.* [*lavorare, decorare a niello*] nieller: *niellare un medaglione d'oro* nieller un médaillon en or.
niellatóre, trice |niella'tore, tritʃe| *s.* [*orafo che esegue lavori a niello*] nielleur *m.*
niellatùra |niella'tura| *s.f.* **1** [→ NIELLARE] niellure, niellage *m.* **2** [*decorazione eseguita a niello*] niellure.
nièllo |ni'ɛllo| *s.m.* **1** (*oref.*) nielle **2** [*opera di niello*] nielle: *un bel niello bizantino* un beau nielle byzantin **3** [*lo smalto usato nella lavorazione a niello*] nielle.
niènte |'njɛnte| **I** *pron. indef.* **1** [*nessuna cosa*] rien: *niente lo turba* rien ne le trouble; *non ha fatto niente* il n'a rien fait; *ho deciso di non dirgli niente* j'ai décidé de ne rien lui dire; *non ho comprato nient'altro* je n'ai rien acheté d'autre; *non mi è servito a niente* cela ne m'a servi à rien; *ha avuto un incidente, ma non si è fatto niente* il a eu un accident, mais il ne s'est rien fait (*fam.*) ◇ *loc.* PER NIENTE pour rien: *ho fatto un viaggio per niente* j'ai fait un voyage pour rien; *mi critica per niente* il me critique pour rien # '*disturbo?*' '*per niente*' 'je (te, vous) dérange?' 'pas du tout' ~ *non ho fatto niente di male* je n'ai rien fait de mal ~ *non c'è niente da ridere* il n'y a pas là de quoi rire; il n'y al à rien de risible ~ *non ho trovato niente di meglio* je n'ai trouvé rien de mieux ~ *non so niente di niente* je ne sais rien de rien ~ '*grazie*' '*di niente*' 'merci' 'de rien' ~ *ho fatto finta di niente* j'ai fait semblant de rien ~ *ha parlato come se niente fosse* il a parlé comme si de rien n'était ~ *mi spiace, non posso farci niente* je regrette, je ne peux rien y faire ~ *pazienza, non fa niente* tant pis, cela ne fait rien ~ *se non ti fa niente...* si cela ne te fait rien, si cela ne te dérange pas... ~ *non ho niente a che fare con questo disgraziato* je n'ai rien à voir avec ce vaurien ~ *non faceva nient'altro che piangere* il ne faisait que pleurer ~ *il dolce far niente* le doux farniente ◇ (*prov.*) *con niente non si fa niente* on ne fait rien avec rien; on ne fait pas d'omelette sans casser des œufs; *nessuno fa niente per niente* personne ne fait rien pour rien **2** [*poca cosa*: *niente*] peu de chose, rien: *quello che ho fatto è niente rispetto al suo lavoro* ce que j'ai fait n'est rien, est peu de chose à côté de son travail; *il denaro è niente in confronto alla salute* l'argent n'est rien à côté de la santé ◇ (*loc.*) *ti par niente! dici niente!* cela ne te semble rien? ~ *se la prende per niente* il se met en colère pour un rien ~ *è finito tutto in niente* tout s'est fini, s'est terminé en eau de boudin ~ *non è una cosa da niente* ce n'est pas une bagatelle ~ *è un buono a niente* c'est un propre à rien ~ *solleva cento chili come niente* il soulève cent kilos comme rien **3** [*qualcosa, qualche cosa*] quelque chose (*con valore positivo*); rien (*con valore neg.*): *c'è niente di nuovo?* y a-t-il quelque chose de nouveau?; *avete saputo niente?* avez-vous su quelque chose?; *ti serve niente?* as-tu besoin de quelque chose?; *che oscurità!, vedi niente?* quelle obscurité!; tu vois quelque chose? ‖ *hai bisogno di niente?* n'as-tu besoin de rien? as-tu besoin de quelque chose?; *pasta, vino... nient'altro?* pâtes, vin... rien d'autre? ◇ (*loc.*) *non ho mai visto niente di più strano* je n'ai jamais rien vu de plus étrange ~ *se non hai niente in contrario me ne vado* si tu n'as rien contre, je m'en vais ~ *non è per niente che voglio andare a fondo alla faccenda* ce n'est pas pour rien que je veux y aller à fond, dans cette affaire **II** *agg. indef. inv.* pas *avv.* (de): *niente paura!, sono io* n'ayez pas peur!, c'est moi; *niente scherzi!, è pericoloso* pas de plaisanteries! (ne plaisantons pas!), c'est dangereux; *nelle vicinanze del villaggio, niente bambini* aux environs du villages pas d'enfants **III** *s.m. sing.* **1** [*nessuna cosa*] rien: *non ti do un bel niente* je ne te donne rien du tout; *è venuto su dal niente* il est sorti de rien; '*hai ricevuto un regalo?*' '*un bel niente!*' 'tu as reçu un cadeau?' 'rien du tout!' # *la cosa è finita in un niente* la chose a fini en eau de boudin ◇ (*filos.*) néant: *l'idea del niente assoluto* l'idée du néant absolu **2** [*poca cosa*] rien: *si offende per un niente* il se vexe pour un rien; *con un niente lo si può far contento* avec un rien on le contente; *ha avuto quella casa per un niente* il a eu cette maison pour rien **IV** *avv.* **1** [*non affatto*] pas du tout (*loc. inv.*): *non m'importa niente di lui* il ne m'intéresse pas du tout; '*sei stato tu a provocarlo?*' '*niente affatto!*' 'c'est toi qui l'as provoqué?' 'pas du tout!' # *ho cercato di convincerlo, ma lui niente* j'ai essayé de le convaincre, mais, lui, rien à faire ◇ *loc. avv.* PER NIENTE pas du tout: *non ci penso per niente* je n'y pense pas du tout; *non si è visto per niente* on ne l'a pas vu du tout; *non è per niente male* il n'est pas mal du tout **2** [*molto poco*] peu: *non ci metto niente a rispondergli male* pour un peu je lui répondrais mal, je lui dirais son fait; *se niente niente si spostava, finiva nel precipizio* un peu plus et il allait finir dans le précipice ◇ (*loc.*) *niente po' po' di meno che...* rien de moins que... 🄲 **tutto**.
niente(di)méno |njente(di)'meno| *avv.* **1** rien de moins que: *era nientedimeno che l'ispettore generale* ce n'était rien de moins que l'inspecteur général; *ha sposato nientedimeno che la figlia di un miliardario* il n'a épousé rien de moins que la fille d'un miliardaire **2** *escl.* [*addirittura*] rien que ça (*iron.*): '*l'ho pagato due milioni*' '*nientemeno!*' 'je l'ai payé deux millions' 'rien que ça!'
nietzschiàno |nit'tʃano| *agg.* (*filos.*) nietzschéen*.
nife |'nife| *s.m.* (*geol.*) nifé.
nigèlla |ni'dʒɛlla| *s.f.* (*t.bot.*) → **fanciullaccia**.
nigeriàno |nidʒe'rjano| *agg.* [*della Nigeria*] nigérien*.
night-club |'nait'klʌb| *loc. m. inv.* (*ingl.*) boîte *f. var.* de nuit, night-club (*var.*): *dei night-club* des night-clubs.
nigritèlla |nigri'tɛlla| *s.f.* (*t.bot.*) nigritelle, nigritella.
nilgàu |nil'gau| *s.m. inv.* (*t.zool.*) nilgaut *var.*
nilòtico, ci, ca, che |ni'lɔtiko, tʃi, ka, ke| *agg.* [*del Nilo*] nilotique: *le regioni nilotiche* les régions niloti-

ques, du Nil; *le lingue nilotiche* les langues nilotiques.
nimbàto |nim'bato| *agg.* (*arts.*) auréolé.
nìmbo |'nimbo| *s.m.* nimbe, auréole (*f.*): *nimbi a raggi* nimbes, auréoles à rayons ◇ (*arts.*) *una santa con il nimbo* une sainte avec son auréole.
nìnfa |'ninfa| *s.f.* **1** (*mitol.*, *zool.*) nymphe **2** (*fig.*, *lett.*) [*fanciulla molto bella*] nymphe.
ninfàle |nin'fale| *agg.* **1** (*zool.*) nymphal*: *fase ninfale* phase nymphale **2** (*lett.*) [*di ninfa*] de nymphe *loc. inv.* ♦ (*s.m.*) *un ninfale* un poème mythologique (avec intervention de nymphes).
ninfèa |nin'fɛa| *s.f.* (*t.bot.*) nymphéa *m.*
Ninfeàcee |ninfe'atʃee| *s.f. pl.* (*t. bot.*) Nymphéacées.
ninfèo |nin'fɛo| *s.m.* (*arch.*, *archeol.*) nymphée.
ninfétta |nin'fetta| *s.f.* nymphette, minette.
ninfòmane |nin'fɔmane| *agg.* (*med.*) nymphomane: *un soggetto ninfomane* un sujet nymphomane ♦ (*s.f.*) *una ninfomane* une nymphomane.
ninfomanìa |ninfoma'nia| *s.f.* (*med.*) nymphomanie.
ninfòsi |nin'fɔzi| *s.f. inv.* (*zool.*) nymphose *var.*
nìnna |'ninna| *s.f.* → **nanna.**
ninnanànna |ninna'nanna| *s.f.* **1** [*cantilena per addormentare i bambini*] berceuse: *cantare la ninnananna* chanter une berceuse **2** (*mus.*) berceuse.
ninnàre |nin'nare| *v.tr.* [*conciliare il sonno a un bambino, cantandogli la ninnananna*; *cullare*] bercer (2).
nìnnolo |'ninnolo| *s.m.* **1** [*piccolo oggetto ornamentale*] bibelot: *un salotto pieno di ninnoli* un salon plein de bibelots ◇ [*gingillo, fronzolo*] fanfreluche (*f.*): *sei ridicola con tutti questi ninnoli* tu es ridicule avec toutes ces fanfreluches **2** [*giocattolo*] jouet.
niòbio, i |ni'ɔbjo, i| *s.m.* (*chim.*) niobium, colombium.
nipiologìa, gie |nipjolo'dʒia, dʒie| *s.f.* [*studio delle condizioni di vita dei neonati*] néonatologie.
nipiològico, ci, ca, che |nipjo'lɔdʒiko, tʃi, ka, ke| *agg.* [*di nipiologia*] néo-natal*: *studi, problemi nipiologici* études néo-natales, problèmes néo-natals.
nipóte |ni'pote| **I** *s.m.* **1** [*il figlio di un fratello o di una sorella*] neveu: *ho avuto un nipote* j'ai eu un neveu; *quella donna ha tre nipoti* cette femme a trois neveux (et nièces) ◇ (*loc.*) *nipote acquisito* neveu par alliance **2** [*il figlio di un figlio o di una figlia*] petit-fils: *mio nonno ha quattro nipoti* mon grand-père a quatre petits-fils (et petites-filles), quatre petits enfants (*fam.*) **3** [*i discendenti*] *i nipoti di Adamo* les fils d'Adam **II** *s.f.* **1** [*la figlia di un fratello o di una sorella*] nièce: *mi è nata una nipote* j'ai une nièce qui vient de naître ◇ (*loc.*) *una nipote acquisita* une nièce par alliance **2** [*la figlia di un figlio o di una figlia*] petite-fille: *quell'uomo è nonno di una bella nipote* cet homme est le grand-père d'une belle petite-fille.
nippo- |'nippo| *pref.* (*significa 'giapponese'*, *corrisponde gener. a*) nippo(-): *nippo-americano* nippo-américain.
nippo-americàno |nippoameri'kano| *agg.* nippo-américain.
nippònico, ci, ca, che |nip'pɔniko, tʃi, ka, ke| *agg.* [*del Giappone*] nippon*: *l'impero nipponico* l'empire nippon; *la civiltà, la lingua nipponica* la civilisation, la langue nipponne → **giapponese.**
nirvàna |nir'vana| *s.m. inv.* **1** (*relig. buddistica*) nirvāna *var.* **2** (*fig.*) [*stato di assoluta serenità*] nirvāna.
nirvànico, ci, ca, che |nir'vaniko, tʃi, ka, ke| *agg.* [*del nirvana*] de, du nirvāna *loc.*
nistàgmo |nis'tagmo| *s.m.* (*med.*) nystagmus.
nit |nit| *s.m. inv.* (*fis.*) nit *var.*
nitidaménte |nitida'mente| *avv.* [→ NITIDO] nettement.
nitidézza |niti'dettsa| *s.f.* **1** [*pulizia*] propreté: *la nitidezza di questa casa* la propreté de cette maison **2** [*precisione nei contorni*] netteté: *la nitidezza di una stampa, di un disegno* la netteté d'une gravure, d'un dessin **3** (*fig.*) [*chiarezza, limpidità*] clarté: *la nitidezza di uno stile, di una prosa* la clarté d'un style, d'une prose.
nìtido |'nitido| *agg.* **1** (*lett.*) [*limpido, pulito, terso*] limpide (*corr.*): *cielo nitido* ciel limpide; *acque nitide e tranquille* eaux limpides et tranquilles **2** [*che ha contorni netti, ben definiti*] net*: *un disegno dalle linee nitide* un dessin aux lignes nettes; *una fotografia poco nitida* une photographie peu nette **3** (*fig.*) [*chiaro, preciso*] clair: *uno stile nitido* un style clair Ⓒ 1 **opaco**; 2, 3 **confuso.**
nìton |'niton| *s.m. inv.* (*chim.*, *fis.*) radon *var.*, niton *var.*
nitóre |ni'tore| *s.m.* (*lett.*) → **nitidezza.**
nitràre |ni'trare| *v.tr.* [*sostituire uno o più atomi d'idrogeno con gruppi nitrici*] nitrer.
nitratazióne |nitratat'tsjone| *s.f.* (*scient.*, *tecnol.*) nitratation.
nitràto |ni'trato| *s.m.* (*chim.*) nitrate.
nitrazióne |nitrat'tsjone| *s.f.* (*chim.*) nitration.
nìtrico, ci, ca, che |'nitriko, tʃi, ka, ke| *agg.* **1** (*chim.*) nitrique: *acido nitrico* acide nitrique **2** (*biol.*) nitrique: *fermentazione nitrica* fermentation nitrique.
nitrièra |ni'trjɛra| *s.f.* (*chim.*) nitrière.
nitrificànte |nitrifi'kante| *agg.* (*chim.*) nitrifiant.
nitrificàre |nitrifi'kare| *v.tr.* [*operare la nitrificazione*] nitrifier.
nitrificazióne |nitrifikat'tsjone| *s.f.* (*chim.*) [→ NITRIFICARE] nitrification.
nitrìle |ni'trile| *s.m.* (*chim.*) nitrile.
nitrìre |ni'trire| (197) *v.intr.* (*aus. 'avere'*) [*emettere dei nitriti*] *hennir: *i cavalli nitriscono quando hanno paura* les chevaux hennissent quand ils ont peur.
1 **nitrìto** |ni'trito| *s.m.* [*il suono vibrato e prolungato proprio dei cavalli e dei muli*] *hennissement.
2 **nitrìto** |ni'trito| *s.m.* (*chim.*) nitrite: *il nitrito di sodio, di potassio* le nitrite de sodium, de potassium.
nìtro |'nitro| *s.m.* → **salnitro.**
nitrobattèri |nitrobat'tɛri| *s.m. pl.* (*biol.*) nitrobacter *sing.*, nitrobactérie *f. sing.*
nitrobenzòlo |nitroben'dzɔlo| *s.m.* (*chim.*) nitrobenzène, nitrobenzine *f.*
nitrocellulósa |nitrotʃellu'losa| *s.f.* (*chim.*) nitrocellulose.
nitròfilo |ni'trɔfilo| *agg.* (*bot.*) nitrophile.
nitroglicerìna |nitroglitʃe'rina| *s.f.* (*chim.*) nitroglycérine.
nitròmetro |ni'trɔmetro| *s.m.* (*chim.*) nitromètre.
nitrosazióne |nitrosat'tsjone| *s.f.* (*chim.*) nitrosation.
nitróso |ni'troso| *agg.* (*chim.*) nitreux*: *acido nitroso* acide nitreux.
nitruràre |nitru'rare| *v.tr.* (*tecnol.*) [*trattare (un metallo) mediante riscaldamento in presenza di vapori di ammoniaca, per indurirlo*] nitrurer.
nitrurazióne |nitrurat'tsjone| *s.f.* (*tecnol.*) nitruration.
nitrùro |ni'truro| *s.m.* (*chim.*) nitrure.
nittàlope |nit'talope| *agg.* → **nictalope.**
nittalopìa |nittalo'pia| *s.f.* → **nictalopia.**
nittitànte |nitti'tante| *agg.* (*zool.*) nictitant: *membrana nittitante* membrane nictitante.
nittitazióne |nittitat'tsjone| *s.f.* (*med.*) nictation, nictitation.
niùno |'njuno| *agg.* (*lett.*) → **nessuno.**
nivàle |ni'vale| *agg.* **1** (*lett.*) [*nevoso, niveo*] nival* **2** (*biol.*, *geogr.*) nival: *limite nivale* limite nivale; *flora nivale* flore nivale.
nìveo |'niveo| *agg.* (*lett.*) **1** [*di neve*] de neige *loc. inv.* (*corr.*): *i monti erano coperti da un niveo manto* les montagnes étaient recouvertes d'un manteau de neige **2** [*candido come la neve*] nivéen* # *mani nivee* des mains blanches comme la neige.
nivernése |niver'nese| *agg.* [*del Nivernese, di Nevers*] nivernais.
nìvo- |'nivo| *pref.* (*significa 'di, della neve'*, *corrisponde gener. a*) nivo: *nivometro* nivomètre.
nizzàrdo |nit'tsardo| *agg.* [*di Nizza*] niçois.
no |nɔ| **I** *avv.* **1** non: *'hai scritto?' 'no'* 'as-tu écrit?' 'non'; *'esci?' 'no, non ne ho voglia'* 'tu sors?' 'non, je n'en ai pas envie'; *la mia risposta è no* ma réponse est non; *spero di no* j'espère que non; *non sa dire di no a nessuno* il ne sait dire non à personne; *per quell'affare mi ha detto di no* pour cette affaire, il m'a dit non; *non diceva mai né sì né no* il ne disait jamais ni oui ni non ◇ (*con valore ints. in unione con 'proprio, certo, di certo, di sicuro, davvero'*) *'mangi?' 'no di sicuro'* 'manges-tu?' 'sûrement pas'; *'parteciperai?' 'no di certo'* 'tu participeras?' 'certainement pas'; *'no, davvero, non vengo'* 'non. c'est vrai, je ne viens pas' ◇ (*loc.*) *questo poi no* ah!, ça, non! ~ *no e poi no* non, non; non et non ~ *no, mille volte no* non, mille fois non **2** (*con valore enf., per anticipare una prop. neg.*) non: *no, non può essere vero!* non, ça ne peut pas être vrai!; *no, non dirmelo!* non, ne me le dis pas!; *no, non lo voglio neppure pensare* non, je ne veux même pas le penser **3** (*con valore disgiuntivo o in contrapposizione con un altro termine*) non: *vieni, sì o no?* tu viens, oui ou non?; *dimmi se lo compri o no* dis-moi si tu l'achètes, ou non; *facile o no, devi farlo* que ce soit facile ou

non, tu dois le faire; *vuoi smetterla, o no?* veux-tu finir, oui ou non (*fam.*)?; *bel tempo o no, usciremo* qu'il fasse beau ou non, nous partirons ◇ *loc. prep.* SE NO sinon: *partite subito, se no sarà troppo tardi* partez tout de suite, sinon il sera trop tard; *diglielo, se no si offende* dis-le-lui, sinon il se vexera ◇ (*loc.*) *uno sì e uno no* un sur deux ~ *un giorno sì e uno no* un jour sur deux ~ *c'erano sì e no venti persone* il y avait à peu près vingt personnes ~ *è più sì che no* c'est plutôt oui que non ~ *come no!* bien sûr (que oui)! ~ *perché no?* pourquoi pas? **4** (*nelle contrapposizioni invece di 'non', quando è posposto al termine che si vuole negare*) non: *bello no, ma nemmeno brutto* beau, non, mais pas laid non plus; *spesso no, ma qualche volta sì* pas souvent, mais quelque fois, oui; *difficile no, ma piuttosto complicato* difficile non, mais plutôt compliqué **5** *interrog.* [*non è vero?*] n'est-ce pas?; *usciresti volentieri, no?* tu sortirais volontiers, n'est--ce pas?; *te l'ho già detto, no?* je te l'ai déjà dit, n'est-ce pas?; *è vero, no?* c'est vrai, n'est-ce pas? **II** *s.m. inv.* **1** [*rifiuto, risposta neg.*] non: *se è no per noi, è no anche per voi* si c'est 'non' pour nous, c'est 'non' pour vous aussi; *non mi aspettavo un no* je ne m'attendais pas à un non; *mi sono deciso per il no* je me suis décidé pour le non ◇ (*loc.*) *gli ho detto un no chiaro e tondo* je lui ai dit un 'non' catégorique ~ *mi ha risposto un bel no* il m'a répondu carrément: non ~ *sono tra il sì e il no* j'hésite entre le oui et le non **2** [*voto sfavorevole, contrario*] non: *i no sono stati cento, i sì novanta* il y a eu cent 'non' et quatre-vingt-dix 'oui'; *c'è stato un solo no* il n'y a eu qu'un non Ⓒ **sì.**

nō |no:| *s.m. inv.* (*teat., giapp.*) nô.

nobèlio, i |no'bɛljo, i| *s.m.* (*chim.*) nobélium.

nobildònna |nobil'dɔnna| *s.f.* dame noble → **gentildonna.**

nòbile |'nɔbile| *agg.* **1** noble: *una famiglia nobile* une famille noble; *è diventato nobile* il est devenu noble ✦ (*s.*) *la classe dei nobili* la classe des nobles; *un nobile decaduto* un noble déchu; *un nobil uomo, un nobiluomo* un homme noble *agg.* → **aristocratico**; *una nobil donna, una nobildonna* une dame noble *agg.* **2** [*che ha valore e pregio particolare; che ha doti superiori*] noble: *studi nobili* études nobles; *gas nobili* gaz nobles; *metalli nobili* métaux nobles **3** [*che ha elevate doti spirituali; che dimostra generosità e disinteresse*] noble: *una nobile figura* une noble figure; *ha tenuto un nobile contegno* il a gardé une attitude noble; *ha compiuto un nobile atto di solidarietà* il a accompli un noble geste de solidariété Ⓒ 3 **ignobile.**

nobilésco, chi, ca, che |nobi'lesko, ki, ka, ke| *agg.* (*spreg.*) [*di, da nobile*] de noblaillon* (*loc.*): *alterigia nobilesca* orgueil de noblaillon, de nobliau.

nobiliàre |nobi'ljare| *agg.* nobiliaire: *titolo nobiliare* titre nobiliaire; *la casta nobiliare* la caste nobiliaire.

nobilitàre |nobili'tare| **A** *v.tr.* **1** (*raro*) [*dotare di un titolo nobiliare*] anoblir (*corr.*) **2** [*elevare spiritualmente, conferire dignità*] ennoblir: *il lavoro nobilita l'uomo* le travail ennoblit l'homme → **elevare B** *v.pron. rifl.* NOBILITARSI [*elevarsi spiritualmente*] s'ennoblir: *col suo gesto generoso si è nobilitato di fronte a tutti* son geste généreux l'a ennobli aux yeux de tous.

nobilitazióne |nobilitat'tsjone| *s.f.* [→ NOBILITARE A] anoblissement *m.*; ennoblissement *m.*

nobilménte |nobil'mente| *avv.* [→ NOBILE 3] noblement.

nobiltà |nobil'ta| *s.f. inv.* **1** [*appartenenza alla classe dei nobili; i nobili*] noblesse (*var.*): *la nobiltà feudale* la noblesse féodale; *famiglia di antica nobiltà* famille de vieille noblesse → **aristocrazia, blasone 2** [*eccellenza, superiorità*] noblesse **3** [*raffinatezza, elevatezza d'animo*] noblesse: *tutti hanno ammirato la nobiltà del suo comportamento* tous ont admiré la noblesse de son comportement → **signorilità**; 2 **distinzione**; *è conosciuto da molti per la nobiltà del suo ingegno* il est connu de beaucoup (de personnes) pour sa noblesse d'esprit Ⓒ 2; 3 **bassezza, volgarità.**

nobilùme |nobi'lume| *s.m.* (*spreg.*) [*la classe, un gruppo di nobili*] les noblaillons *pl.*, les nobliaux *pl.*

nobiluòmo |nobi'lwɔmo| *s.m.* gentilhomme*: *i nobiluomini* les gentilshommes → **gentiluomo.**

nòcca, che |'nɔkka, ke| *s.f.* **1** (*anat.*) jointure: *ha picchiato alla porta con le nocche* il a tapé du doigt à la porte **2** → **nodello.**

nocchière |nok'kjɛre|, **nocchièro** |nok'kjɛro| *s.m.* **1** (*lett.*) [*chi dirige o governa una nave*] nocher ◇ (*spec.*) *il nocchiere degli Inferi* le nautonier, le nocher des Enfers **2** (*mar.*) pilote.

nocchierùto |nokkje'ruto| *agg.* [*pieno di nocche*] noueux*.

nòcchio, chi |'nɔkkjo, ki| *s.m.* **1** [*nodosità del fusto e dei rami delle piante*] nœud **2** [*piccola nodosità nei frutti*] pierre *f.*

nocchióso |nok'kjoso|, **nocchiùto** |nok'kjuto| *agg.* (*raro*) [*pieno di nocche*] noueux* (*corr.*): *mani nocchiute* mains noueuses → **nocchieruto.**

nocciòla |not'tʃɔla| **1** *s.f.* [*il frutto e il seme del nocciolo*] noisette: *cogliere le nocciole* cueillir les noisettes **2** *agg. inv.* [*il colore della nocciola*] noisette: *un soprabito color nocciola* un pardessus (couleur) noisette ✦ (*s.m. inv.*) *il nocciola* la couleur noisette *agg. inv.*

nocciolàia |nottʃo'laja| *s.f.* (*t.zool.*) casse-noix *m.*

nocciolàto |nottʃo'lato| *s.m.* chocolat aux noisettes: *una tavoletta di nocciolato* une tablette de chocolat aux noisettes.

noccioléto |nottʃo'leto| *s.m.* [*terreno coltivato a noccioli*] coudraie *f.*

nocciolìna americàna |nottʃo'linaameri'kana| *s.f.* → **arachide.**

nòcciolo |'nɔttʃolo| *s.m.* **1** (*bot.*) noyau: *il nocciolo della ciliegia, della pesca* le noyau de la cerise, de la pêche **2** (*fig.*) [*significato sostanziale; il punto essenziale*] nœud: *questo è il nocciolo del problema, della questione* voilà le nœud du problème, de la question # *veniamo al nocciolo!* venons au fait!

nocciòlo |not'tʃɔlo| *s.m.* **1** (*t.bot.*) noisetier, avelinier **2** [*il legno*] bois de noisetier.

noccolùto |nokko'luto| *agg.* (*raro*) [*che ha grosse nocche*] noueux* (*corr.*).

nóce |'notʃe| **I** *s.m.* **1** (*t.bot.*) noyer **2** [*il legno*] noyer: *un armadio di noce* une armoire en noyer **3** [*il colore* (*del legno di*) *noce*] couleur noyer (*agg. inv.*): *le rifiniture sono in color noce* les finitions sont couleur noyer ✦ (*s.m. inv.*) *noce chiaro, noce scuro* couleur noyer clair, foncé **II** *s.f.* **1** [*il frutto dell'albero del noce*] noix: *noce fresca, secca* noix fraîche, sèche; *un sacchetto di noci* un sachet de noix; *sei capace di schiacciare questa noce?* es-tu capable de casser cette noix? ◇ (*loc. fig.*) *un guscio di noce* [*imbarcazione molto piccola*] une coquille de noix **2** [*la parte commestibile della noce*] noix: *olio di noce* huile de noix; *gustoso, questo dolce di noci!* savoureux, ce gâteau aux noix! **3** [*pianta che produce frutti sim. alla noce; il frutto di tale pianta*] noix ~ *noce moscata* noix muscade ~ *noce vomica* noix vomique ~ *noce di cocco* noix de coco ~ *noce di cola* noix de kola ~ *noce di galla* noix de galle ~ *noce di acagiù* noix d'acajou **4** (*fig.*) [*oggetto che, per la forma e la grandezza, assomiglia a una noce*] noix ◇ (*loc.*) *noce del piede* → **malleolo** ~ *noce di burro* noix de beurre ~ *noce di vitello* noix de veau.

nocèlla |no'tʃɛlla| *s.f.* **1** (*anat.*) os *m.* du poignet **2** [*la parte del compasso in cui s'innestano le due asticelle*] charnière **3** (*bot.*) nucelle *m.*

nocepèsca, che |notʃe'pɛska, ke| *s.f.* [*il frutto del nocepesco*] brugnon *m.*

nocéto |no'tʃeto| *s.m.* [*terreno piantato a noci*] noiseraie *f.*

nocivaménte |notʃiva'mente| *avv.* [→ NOCIVO] nuisiblement (*raro*).

nocività |notʃivi'ta| *s.f. inv.* nocivité *var.*; nuisance *var.*

nocìvo |no'tʃivo| *agg.* [*che nuoce*] nocif*, nuisible: *sostanze nocive* substances nocives, nuisibles; *insetti nocivi alle piante* insectes nuisibles aux plantes; *il fumo è nocivo* la fumée est nocive → **deleterio, dannoso** ✦ (*s.m.*) *non contiene nulla di nocivo* il ne contient rien de nocif Ⓒ **innocuo.**

no comment |nou'kɔment| *loc. sost. m. inv.* (*ingl.*) pas de commentaires, sans commentaire (*fam.*).

nocuità |nokui'ta| *s.f. inv.* (*med.*) nocuité *var.* Ⓒ **innocuità.**

nocuménto |noku'mento| *s.m.* [→ NUOCERE] (*lett.*) tort, dommage (*corr.*) ◇ (*dir.*) préjudice: *essere di nocumento* (*a qc.*) porter préjudice (à qqn.).

nodàle |no'dale| *agg.* **1** (*scient.*) nodulaire, noduleux*: *superficie nodale* superficie nodulaire; *tessuto nodale* tissu noduleux **2** (*fig.*) [*centrale, di fondamentale importanza*] *il punto nodale della questione* le nœud *s.m.* de la question.

nodèllo |no'dɛllo| *s.m.* **1** (*anat. animale*) boulet **2** (*bot.*) nœud.

noderóso |node'roso| *agg.* (*raro*) → **nodoso.**

nodìno |no'dino| *s.m.* (*region.*) → **costata.**

nòdo |'nɔdo| *s.m.* **1** nœud: *nodo scorsoio* nœud coulant; *nodo gordiano* nœud gordien; *nodi di marineria, di alpinismo* nœud de chaise, d'alpiniste; *nodo della cravatta* nœud de cravate; *ho unito i due fili con un nodo* j'ai uni les deux fils par un nœud; *ho fatto un nodo al fazzoletto* j'ai fait un nœud à mon mouchoir ◇ [*intreccio di capelli o di peli*] *devo spazzolare i capelli per sciogliere i nodi* il faut que je me brosse les cheveux pour en défaire les nœuds ◇ (*prov.*) *tutti i nodi vengono al pettine* tout se paie (à la fin) **2** (*fig.*) [*elemento che, per forma e disposizione, somiglia a un nodo*] nœud: *nodo ferroviario* nœud ferroviaire; *nodo stradale, autostradale* nœud routier ◇ (*anat.*) *nodo linfatico* nodosité lymphatique ◇ (*astron.*) nœud ◇ (*bot.*) *nodi di legno* nœud du bois, dans le bois ◇ (*fis., mat.*) nœud **3** (*fig.*) [*elemento o condizione che costituisce un impedimento*] nœud # *mi sento un nodo alla gola* j'ai la gorge nouée; *un nodo di pianto le impediva di parlare* des sanglots l'empêchaient de parler → **groppo** ◇ (*per est.*) *il nodo del problema, della questione è tutto qui* le nœud du problème, de la question c'est ça **4** [*vortice, turbine*] tourbillon: *nodo di vento, d'acqua* tourbillon de vent, d'eau **5** (*lett.*) [*legame, vincolo*] lien (*corr.*): *il nodo indissolubile della nostra amicizia* le lien indissoluble de notre amitié; *il nodo matrimoniale* les liens du mariage **6** (*mar.*) nœud: *una nave che può raggiungere i 30 nodi* un navire qui peut filer 30 nœuds.

nodosità |nodosi'ta| *s.f. inv.* **1** nodosité (*var.*): *questo legno non è utilizzabile per le sue nodosità* ce bois n'est pas utilisable à cause de ses nodosités **2** (*med.*) nodosité.

nodóso |no'doso| *agg.* [*pieno di nodi*] noueux*: *un fusto, un ramo nodoso* un tronc noueux, une branche noueuse ◇ (*med.*) *formazioni nodose* formations noduleuses, nodulaires Ⓒ **liscio.**

nodulàre |nodu'lare| *agg.* nodulaire.

nòdulo |'nɔdulo| *s.m.* (*anat.*) nodule.

nodulóso |nodu'loso| *agg.* noduleux*.

noèsi |no'ɛzi| *s.f. inv.* (*filos.*) noèse *var.*

noètico, ci, ca, che |no'ɛtiko, tʃi, ka, ke| *agg.* (*filos.*) noétique.

nói |'noi| **I** *pron. pers. di 1ª pers. m. e f. pl.* **1** *sogg.* (*N.B. in it. è spesso sottinteso*) nous: *noi vogliamo partire* nous voulons partir; (*noi*) *non l'abbiamo già detto?* ne l'avons-nous pas déjà dit?; *noi e voi potremmo uscire insieme* vous et nous, nous pourrions sortir ensemble; *noi e loro abbiamo deciso di andarcene* eux et nous, nous avons décidé de nous en aller; *né noi né voi parleremo di questo* ni vous, ni nous, (nous) ne parlerons de cela; *siamo noi che l'abbiamo scelto* c'est nous qui l'avons choisi; *poveri noi!* pauvres de nous! ◇ (*in unione con 'anche, pure' e con 'stesso'*): *anche* (*pure*) *noi lo abbiamo visto* nous aussi, nous l'avons vu; *noi stessi abbiamo chiarito l'equivoco* nous avons éclairci nous-mêmes l'équivoque; *vogliamo farlo da noi stessi* nous voulons le faire nous-même ◇ (*in unione con 'neanche, neppure'*) *neanche* (*neppure*) *noi siamo andati a teatro ieri sera* nous non plus, nous ne sommes pas allés au theâtre hier soir ◇ (*in unione con pron. indef. o sost.*) *noi altri non abbiamo partecipato* nous autres, nous n'avons pas participé; *noi due stiamo insieme* nous deux, nous sommes ensemble; *noi uomini, noi donne non viaggiamo insieme* nous les hommes, nous les femmes, nous ne voyageons pas ensemble → **noialtri** **2** (*compl. ogg.*) nous: *hanno chiamato proprio noi* c'est vraiment nous qu'ils ont appelés → **ci** **3** (*compl. indiretto*) nous: *lo hanno regalato a noi* ils nous l'ont offert, à nous-mêmes; *l'hanno passata a noi due* ils nous l'ont passée, à nous deux; *si è sacrificato per noi* il s'est sacrifié pour nous; *ha cucinato proprio per noi* il a fait la cuisine exprès pour nous; *l'abbiamo progettata da noi stessi* nous en avons établi nous-mêmes le projet → **ce** ◇ *loc.* DA NOI [*a casa nostra, dove abitiamo*] chez nous: *da noi mangiamo presto* chez nous, nous prenons nos repas de bonne heure; *volete venire da noi, stasera?* voulez-vous venir chez nous, ce soir? **II** (*con valore impers. di 3ª pers. sing.*) on (+ *v. alla 3ª pers. sing.*) nous: *quando noi riflettiamo sull'accaduto...* quand on réfléchit, quand nous réfléchissons sur ce qui est arrivé... → 1 **si** **III** *s.m.* (*plur. di maestà o di modestia*) nous: *noi, Carlo imperatore, decretiamo che...* nous, Charles empereur, décrétons que...

nòia |'nɔja| *s.f.* **1** [*senso di scontento, di tristezza; mancanza di interessi; ripetizione delle stesse azioni*] ennui (*m.*): *in quel paese ero sommerso dalla noia* dans ce pays j'étais submergé par l'ennui; *questo lavoro mi fa morire di noia* ce travail me fait mourir d'ennui; *per vincere la noia, ha cominciato a leggere* pour vaincre l'ennui, il a commencé à lire; *ammazza la noia cantando* il tue l'ennui en chantant **2** [*chi, ciò che dà noia*] barbe (*pop.*): *che noia quel film!* quelle barbe, ce film!; *quella festa è stata una gran noia* cette fête a été une partie de barbe # *quel ragazzo è una vera noia* ce garçon est un vrai casse-pieds **3** [*avversione, fastidio verso qc. o q.c.*] ennui: *quell'oratore mi ha stancato fino alla noia* cet orateur m'a fatigué jusqu'à l'ennui # *gli è venuto a noia viaggiare così spesso* cela l'ennuie de voyager aussi souvent; *ha preso a noia i suoi colleghi* il est dégoûté de ses collègues ◇ *loc.* DAR NOIA [*molestia, disturbo*] incommoder, déranger (3): *questo caldo mi dà noia* cette chaleur m'incommode; *le dà noia il fumo?* la fumée vous dérange-t-elle? # *cercate di non dar noia* essayez de ne pas causer d'ennuis **4** *al plur.* [*fastidi, seccature*] ennuis, embêtements *m.* (*fam.*): *ha avuto delle noie con la giustizia* il a eu des ennuis, des embêtements (*fam.*) avec la justice; *è un uomo che non vuole avere noie* c'est un homme qui ne veut pas avoir d'ennuis; *quante noie abbiamo avuto per quell'incidente!* que d'ennuis cet accident nous a causés!; *ho delle noie con la frizione* j'ai des ennuis d'embrayage.

noiàltri |no'jaltri| *m. pl.*, **noiàltre** |no'jaltre| *f. pl.*, *pron. pers. di 1ª pers. pl.* (*con valore raff., esprime 'contrapposizione'*) nous autres (*m. e f.*): *hanno parlato con noialtri* ils ont parlé avec nous autres; *voi vi divertite, noialtri lavoriamo* vous, vous vous amusez, et nous, nous travaillons; *noialtre donne siamo le più sacrificate* nous autres femmes, nous sommes les plus sacrifiées.

noiosaménte |nojosa'mente| *avv.* [→ NOIOSO] d'une façon ennuyeuse *loc. inv.*, ennuyeusement (*raro*).

noiosità |nojosi'ta| *s.f. inv.* [*l'essere noioso*] ennui (*m.*): *è di una noiosità esasperante* il est d'un ennui exaspérant.

noióso |no'joso| *agg.* **1** [*che provoca la noia*] ennuyeux*: *è stato uno spettacolo noioso* cela a été un spectacle ennuyeux; *la sua compagnia è noiosa* sa compagnie est ennuyeuse **2** [*che disturba o molesta*] ennuyeux, fatigant: *non essere noioso!* ne sois pas ennuyeux, fatigant → **monotono**; *sono disturbi leggeri, ma noiosi* ce sont des troubles légers, mais ennuyeux ♦ (*s.*) *non fare il noioso!* ne sois pas casse-pieds! (*fam.*) Ⓒ 1 **piacevole, divertente, interessante.**

noleggiànte |noled'dʒante| *s.m.* [*chi noleggia beni mobili di trasporto*] loueur*.

noleggiàre |noled'dʒare| *v.tr.* **1** [*prendere a noleggio*] louer: *noleggiare un'automobile* louer une voiture ◇ (*navi, aerei*) affréter (8) **2** [*dare a noleggio*] louer ◇ (*navi, aerei*) fréter (8).

noleggiatóre, trice |noleddʒa'tore, tritʃe| *s.* **1** [*chi dà a nolo*] loueur* ◇ (*di navi e aerei*) fréteur *m.* **2** [*chi prende a nolo*] locataire ◇ (*di navi e aerei*) affréteur *m.*

noléggio, i |no'leddʒo, i| *s.m.* **1** (*dir.*) location (*f.*): *prendere a noleggio un'auto* prendre en location une voiture; *devo pagare il noleggio del pianoforte* je dois payer la location du piano → **affitto** ◇ (*navi, aerei*) fret: *il noleggio di un aereo* le fret d'un avion # *dare a noleggio una nave* fréter un navire; *prendere a noleggio un aliante* affréter un planeur **2** [*la sede e i locali dell'impresa comm. che dà a noleggio mezzi di trasporto*] (bureau de) location: *devo portare la vettura al noleggio* je dois rapporter la voiture au loueur (de voitures).

nolènte |no'lɛnte| *agg. solo nella loc.* VOLENTE O NOLENTE bon gré mal gré: *volente o nolente, devi partire* bon gré mal gré, tu dois partir.

nòlo |'nɔlo| *s.m.* **1** [(*nel noleggio*) *corrispettivo dovuto dal noleggiatore*] fret: *il mercato dei noli* le marché des frets **2** [*prezzo del trasporto su navi e aerei*] fret: *costo, assicurazione, nolo* (*C.A.F.*) coût, assurance, fret (C.A.F.) **3** → **noleggio.**

nolontà |nolon'ta| *s.f. inv.* (*filos.*) nolonté *var.*

nòmade |'nɔmade| *agg.* **1** nomade: *popolazioni, tribù nomadi* populations, tribus nomades; *condurre una vita nomade* mener une vie nomade ♦ (*s.*) *i nomadi dell'Arabia* les nomades de l'Arabie; *le abitazioni dei nomadi* les habitations des nomades **2** (*fig.*) [*chi non ha un domicilio fisso*] nomade: *ha abitudini nomadi* il a des habitudes de nomade ♦ (*s.*) *fare una vita da nomade* mener une vie de nomade → **vagabondo.**

nomadismo |noma'dizmo| *s.m.* nomadisme: *il nomadismo degli zingari* le nomadisme des bohémiens.

no man's land |nou 'mæns 'lænd| *s.m. inv.* (*ingl.*) no man's land *var.*

nomàre |no'mare| **A** *v.tr.* (*ant., lett.*) [*chiamare per nome; invocare*] nommer (*corr.*) **B** *v.pron. rifl.* NOMARSI

[*avere nome*] se nommer, s'appeler (4).
nóme |'nome| *s.m.* **1** (*persone*) prénom, nom (*corr.*): *il suo nome è Anna, il suo cognome Rossi* son prénom est Anne, son nom Rossi; *che nome mettete al bambino?* quel nom mettez-vous à l'enfant?; *il ricercato risponde al nome di Galli* l'homme recherché répond au nom de Galli ◇ (*loc.*) *nome d'arte* pseudonyme d'artiste ~ *nome di battaglia* nom de guerre ~ *nome religioso* nom de religion ~ *lo conosco di nome* je le connais de nom ~ *presentati a mio nome* présente-toi en mon nom, de ma part ~ *ci ha chiamati a uno a uno per nome* il nous a appelés un par un, par notre nom ~ *in nome della legge, aprite!* au nom de la loi, ouvrez! ~ *in nome del cielo, aiutatemi!* au nom du ciel, aidez-moi! ~ *nel nome del Padre, del Figliolo e dello Spirito Santo* au nom du Père, du Fils et du Saint-Esprit ~ *chiama le cose col loro nome* il appelle les choses par leur nom ~ *è proprietario di nome e di fatto* il est propriétaire de nom et de fait ◇ (*animali*) *il nome di questo cane è Fido* le nom de ce chien est Fido, ce chien s'appelle Fido ◇ (*cose*) *il nome di un teatro, di un albergo* le nom d'un théâtre, d'un hôtel; *che nome ha quel paese?* quel est le nom de ce pays?; *il nome di quell'associazione mi è noto* le nom de cette association m'est connu ◇ (*comm.*) *nome depositato* nom déposé; *il nome di un profumo, di un vino* le nom d'un parfum, d'un vin **2** [*reputazione, fama*] nom: *si è fatto un buon nome* il s'est fait un bon nom; *il suo nome è poco raccomandabile* son nom est peu recommendable # *questo prodotto gode di un ottimo nome* ce produit jouit d'une excellente renommée ✦ (*ass.*) *si è fatto un nome* il s'est fait un nom **3** (*gram., ling.*) nom: *nome proprio, astratto, concreto* nom propre, abstrait, concret; *la flessione di un nome* la flexion d'un nom.
noméa |no'mea| *s.f.* [*fama, rinomanza non buona*] (mauvaise) réputation: *ha la nomea di ladro* il a la réputation d'être un voleur.
nomenclatóre |nomenkla'tore| *s.m.* nomenclateur* *s.* ✦ (*agg.*) *registro nomenclatore* un registre nomenclateur.
nomenclatùra |nomenkla'tura| *s.f.* nomenclature: *la nomenclatura botanica, chimica* la nomenclature botanique, chimique; *la nomenclatura del corpo umano* la nomenclature du corps humain.
nomìgnolo |no'miɲɲolo| *s.m.* [*soprannome particolare, che spesso allude a qualità fisiche o morali*] surnom, sobriquet: *gli hanno affibbiato il nomignolo di Stecchino* ils l'ont affublé du surnom d'échalas.
nòmina |'nɔmina| *s.f.* [→ NOMINARE 3] nomination: *ha ricevuto la nomina a ufficiale* il a reçu sa nomination au grade d'officier; *gli hanno conferito la nomina a direttore* ils lui ont conféré la nomination de directeur → **incarico.**
nominàbile |nomi'nabile| *agg.* [→ NOMINARE] qui peut être nommé (*loc.*): *un'oscenità non nominabile* une obscénité qui ne peut être répétée, citée Ⓒ **innominabile.**
nominàle |nomi'nale| *agg.* **1** (*gram.*) nominal*: *la flessione nominale* la flexion nominale; *il predicato nominale* le prédicat nominal **2** [*per nome, del nome*] nominal: *appello nominale* appel nominal **3** [*di nome, non di fatto*] nominal: *un'autorità nominale* une autorité nominale; *è una carica puramente nominale* c'est une fonction purement nominale ◇ (*econ.*) *valore nominale di una moneta* valeur nominale d'une monnaie; *valore nominale di un capitale sociale* valeur nominale d'un capital social; *corso nominale di un titolo* cours nominal d'un titre Ⓒ 3 **reale** 1.
nominalìsmo |nomina'lizmo| *s.m.* (*st. filos.*) nominalisme.
nominalìsta |nomina'lista| *s.m.* nominaliste: *i nominalisti medievali* les nominalistes du moyen-âge ✦ (*agg.*) *un filosofo nominalista* un philosophe nominaliste.
nominalìstico, ci, ca, che |nomina'listiko, tʃi, ka, ke| *agg.* nominaliste: *teorie nominalistiche* théories nominalistes.
nominalménte |nominal'mente| *avv.* [→ NOMINALE 3] nominalement.
nominàre |nomi'nare| *v.tr.* **1** [*indicare per nome*] nommer: *ti riferisco il fatto, ma non posso nominare la persona* je te rapporte le fait, mais je ne peux pas te nommer la personne; *da gentiluomo, non l'ha nominata* étant un gentilhomme, il ne l'a pas nommée → **menzionare** ◇ (*loc.*) *non l'ho mai sentito nominare* je ne l'ai jamais entendu nommer ~ *non nominare il nome di Dio invano* Dieu en vain tu ne jureras **2** (*raro*) [*dare il nome*] appeler (4) (*corr.*), nommer (*corr.*): *quella località è stata nominata così a causa di un'antica leggenda* cette localité est ainsi appelée à cause d'une vieille légende **3** [*designare, investire ufficialmente di una carica*] nommer: *lo hanno nominato presidente onorario* ils l'ont nommé président honoraire; *è stato nominato direttore generale* il a été nommé directeur général→ **eleggere.**
nominataménte |nominata'mente|, **nominativaménte** |nominativa'mente| *avv.* [*a uno a uno; per nome*] nominativement.
nominatività |nominativi'ta| *s.f. inv.* (*dir., econ.*) nominativité (*var.*): *la nominatività dei titoli* la nominativité des titres.
nominativo |nomina'tivo| **I** *agg.* **1** [*fatto per nome; che riporta un nome o dei nomi*] nominatif*: *elenco nominativo* liste nominative; *ha compilato una nota nominativa dei dipendenti* il a dressé la liste nominative des employés ◇ (*dir., econ.*) *titoli nominativi* titres nominatifs; *libretto nominativo di risparmio* livret d'épargne nominatif **2** (*gram.*) nominatif: *caso nominativo* cas nominatif ✦ (*s.m.*) *il nominativo* le nominatif **II** *s.m.* **1** [*nome e cognome di una persona*] nom: *questo è il nominativo che mi avevi chiesto* voici le nom que tu m'avais demandé; *puoi darmi il nominativo di qualche dentista?* peux-tu me donner le nom de quelque dentiste? **2** [*sigla che contraddistingue navi, aeromobili, stazioni, trasmittenti*] indicatif*.
nominàto |nomi'nato| *agg.* **1** nommé **2** → **rinomato.**
nominatóre, trice |nomina'tore, tritʃe| *agg. e s.* (*raro*) [*che nomina*] (celui, celle) qui nomme *loc.*
nòmo- |'nɔmo| *pref.* (*significa 'legge', corrisponde gener. a*) nomo: *nomografia* nomographie.
-nòmo |'nɔmo|, **-nomìa** |no'mia|, **-nòmico** |'nɔmiko| *suff.* (*indicano 'strumento di misura' o attività espresse da nomi astratti, corrispondono gener. a*) nome; nomie; nomique: *economo* économe ‖ *economia* économie ‖ *economico* économique.
nomo |nomo| *s.m.* (*st. gr.*) nome.
nomografìa |nomogra'fia| *s.f.* (*mat.*) nomographie.
nomogràfico, ci, ca, che |nomo'grafiko, tʃi, ka, ke| *agg.* nomographique.
nomògrafo |no'mɔgrafo| *s.m.* nomographe.
nomogràmma |nomo'gramma| *s.m.* (*mat.*) nomogramme.
nomotèta |nomo'tɛta| *s.m.* (*st. gr.*) nomothète.
non |non| *avv.* **1** (*nega il concetto espresso dal v.*) ne... pas (*davanti al v.*); ne pas (*davanti a un inf.*): *non mangia* il ne mange pas; *non ho visto il tuo professore* je n'ai pas vu ton professeur; *non rispondi?* ne réponds-tu pas?; *non hai studiato?* n'as-tu pas étudié?; *'non scendere', mi disse* 'ne descends pas', me dit-il ‖ *ti prego di non annoiarmi* je te prie de ne pas m'ennuyer; *crede di non aver bisogno di noi* il croit ne pas avoir (n'avoir pas) besoin de nous ◇ (*coi v. 'smettere, osare, potere' e spesso 'sapere'*) ne: *non smette di ripetere che sei negligente* il ne cesse de me répéter que tu es négligent; *non osavano ripetere ciò che aveva detto* ils n'osaient répéter ce qu'il avait dit; *non seppe aiutarmi* il ne sut (pas) m'aider ◇ (*coi raff. 'affatto, punto', ecc.*) ne... point, pas du tout: *non fuma affatto* il ne fume point, pas du tout; *non ne ho affatto voglia* je n'en ai point envie ◇ (*loc.*) *non c'è di che* il n'y a pas de quoi ~ *che è che non è, mi ha imbrogliato* tout à coup, il m'a roulé **2** (*in unione con pron. indef. e pron. interrog.*) ne: *non riceveva nessuno* il ne recevait personne; *non compreremo nulla* nous n'achèterons rien; *non parla mai* il ne parle jamais; *non vuole più uscire* il ne veut plus sortir; *non aveva che libri francesi* il n'avait que des livres français; *non mangiava né carne né legumi* il ne mangeait ni viande ni légumes; *se non sbaglio, ci conosciamo già* si je ne me trompe, nous nous connaissons déjà ◇ (*con gli avv. e loc. 'dacché, sono (due) anni che, è molto tempo che', ecc.*) *dacché non l'ho visto, non lo vedo...* depuis que je ne l'ai vu...; *sono dieci anni che non l'ho visto* il y a dix ans que je ne l'ai vu; *è molto tempo che non gli parlo* voilà longtemps que je ne lui ai parlé ◇ (*loc.*) *non c'era anima viva* il n'y avait âme qui vive ~ *non temete* n'ayez crainte ~ *non importa* il n'importe ~ *Dio non voglia* à Dieu ne plaise ◇ (*prov.*) *non c'è peggior sordo di chi non vuol sentire* il n'est pire sourd que celui qui ne veut pas entendre **3** (*in usi pleon.*) ne: *è molto più ricco di quel che non credessimo* il est beaucoup plus riche que nous ne le croyons; *studia meno di quel che non dica* il étudie moins qu'il ne dit; *poco è mancato che non rimanesse ucciso* il s'en est fallu de peu qu'il n'ait été tué # *non appena ebbe finito*

di mangiare, uscì à peine eut-il fini de manger qu'il sortit; *resterò qui finché non tornerete* je resterai ici jusqu'à votre retour ◇ (*loc.*) *in men che non si dica* en moins de temps qu'il n'en faut pour le dire **4** (*nelle contrapposizioni, spesso col v. sottinteso*) non (pas): *desidero parlare a tuo padre, non a te* je désire parler à ton père, non (pas) à toi; *andrò a Torino e non a Milano* j'irai à Turin et non (pas) à Milan; *che venga o non venga, voglio partire* qu'il vienne ou ne vienne pas, je veux partir; *bisogna mangiare per vivere e non vivere per mangiare* il faut manger pour vivre et non vivre pour manger; *ti piaccia o non ti piaccia, io ci andrò* que cela te plaise ou non, moi j'irai **5** (*davanti a un sost. con ell. del v.*) pas: *non un grido* pas un cri; *non una parola* pas un mot; *non fiori, ma opere di bene* pas de fleurs, mais des actes de bienfaisance **6** (*davanti a un avv., a un agg., ecc.*) pas; non: *'partirai?' 'sì, ma non così presto'* 'partiras-tu?' 'oui, mais pas si tôt'; *'verrà?' 'non ancora'* 'viendra-t-il?' 'pas encore'; *pere non mature* des poires pas mûres ‖ *l'ho rivisto, non senza piacere* je l'ai revu non sans plaisir # *ci sono ancora dei posti non occupati* il y a encore des places libres, inoccupées **7** *nella loc.* NON CHE ce n'est pas que: *non che lui non voglia* ce n'est pas qu'il ne veuille; *non che io sia arrabbiato* ce n'est pas que je sois en colère ~ (*lett.*) SE NON ce n'est que: *non è se non un adulatore* ce n'est qu'un flatteur; *non è se non uno stupido* ce n'est qu'un idiot **8** (*pref. neg. davanti a un sost.*) non: *il non-intervento* la non-intervention; *patto di non-aggressione* pacte de non-agression; *il governo della non-sfiducia* le gouvernement de la non-défiance ◇ (*dir.*) *non luogo a procedere* non-lieu.

nòna |'nɔna| *s.f.* **1** (*eccl.*) none **2** (*mus.*) neuvième.

nonagenàrio, i |nonadʒe'narjo, i| *agg. e s.* (*lett.*) → **novantenne.**

nonagèsimo |nona'dʒɛzimo| *agg. numer. ord.* (*lett.*) → **novantesimo.**

non aggressióne |nonaggres'sjone| *s.f.* (*polit.*) non-agression: *patto di non aggressione* pacte de non-agression.

non allineaménto |nonallinea'mento| *s.m.* (*polit.*) non-alignement.

non allineàto |nonalline'ato| *agg.* (*polit.*) non-aligné: *le Nazioni non allineate* les Pays non-alignés.

non belligerànte |nonbellidʒe'rante| *s.m.* non-belligérant.

non belligerànza |nonbellidʒe'rantsa| *s.f.* non-belligérance.

nonché |non'ke| *cong.* **1** (*con valore aggiuntivo*) [*e anche, e inoltre, come pure*] non seulement: *è un lavoro lungo nonché complesso* c'est un travail non seulement long mais aussi complexe, à la fois long et complexe; *è un ragazzo ignorante nonché presuntuoso* c'est un garçon non seulement ignorant mais aussi présomptueux, à la fois ignorant et présomptueux **2** [*tanto più, tanto meno*] encore moins: *non lo si può consigliare nonché aiutare* on ne peut pas le conseiller, et encore moins l'aider **3** (*lett.*) [*non solo, tanto meno che*] non seulement (*corr.*).

nonconformista |nonkonfor'mista| *agg. e s.* non conformiste.

noncurànte |nonku'rante| *agg.* [*che non si cura; che non attribuisce importanza a q.c.*] insouciant: *è una persona noncurante per natura* c'est une personne insouciante par nature; *si è dimostrato noncurante del proprio avvenire* il s'est montré insouciant de son propre avenir; *noncurante del pericolo, guidava a folle velocità* insouciant du danger, bravant le danger, il conduisait à une vitesse folle → **incurante.**

noncurànza |nonku'rantsa| *s.f.* [*l'essere indifferente; mancanza di cure e di interessi*] insouciance: *ha dimostrato noncuranza nel suo lavoro* il a fait preuve d'insouciance dans son travail # *mi parlava con un'aria di noncuranza* il me parlait d'un air nonchalant; *ma questa è noncuranza delle più elementari regole di educazione!* mais c'est mépriser les règles les plus élémentaires de la politesse! → **disinteresse, indifferenza.**

nondiméno |nondi'meno| *cong.* [*tuttavia, pure, ciò nonostante*] **1** (*con valore avvers.*) néanmoins, toutefois: *non se lo merita, nondimeno lo aiuterò* il ne le mérite pas, néanmoins, toutefois je l'aiderai; *non sono capace, nondimeno tenterò* je ne suis pas capable, toutefois j'essaierai **2** (*con valore raff. in relazione a una conc.*) quand même: *benché sia contrario, nondimeno partirà anche lui* bien qu'il y soit opposé, il partira quand même, lui aussi; *nonostante siano avversari, nondimeno si stimano* bien qu'ils soient adversaires, ils s'estiment quand même.

non-direttivo |nondiret'tivo| *agg.* (*psicol.*) non-directif*: *attitudine non-direttiva* attitude non-directive.

non discriminazióne |non diskriminat'tsjone| *s.f.* non-discrimination.

nòne |'nɔne| *s.f. pl.* (*st. rom.*) nones.

nonétto |no'netto| *s.m.* (*mus.*) nonetto.

nònio, i |'nɔnjo, i| *s.m.* (*fis.*) nonius.

nònna |'nɔnna| *s.f.* [*la madre del padre o della madre nei confronti dei nipoti*] grand-mère, mémé (*fam.*): *è diventata nonna* elle est devenue grand-mère.

nonnétta |non'netta| *s.f.* [*vecchietta*] petite vieille: *ai giardini ho incontrato una simpatica nonnetta* aux jardins j'ai rencontré une sympatique petite vieille.

nonnétto |non'netto| *s.m.* [*vecchietto*] petit vieux: *è un nonnetto ancora arzillo* c'est un petit vieux encore vert.

nonnina |non'nina| *s.f.* bonne maman (*fam.*).

nonnino |non'nino| *s.m.* bon papa (*fam.*).

nònno |'nɔnno| *s.m.* **1** [*il padre del padre o della madre nei confronti dei nipoti*] grand-père, pépé (*fam.*): *è nonno da due anni* il est grand-père depuis deux ans ◇ (*spec.*) *i nonni* [*il nonno e la nonna*] *i nonni sono in Riviera* les grands-parents sont sur la Riviera italienne **2** *al plur.* (*fig.*) [*gli avi, gli antenati*] grands-pères: *i nostri nonni vivevano meno comodamente di noi* nos grands-pères vivaient moins confortablement que nous **3** [*vecchio, vecchietto*] grand-père.

nonnùlla |non'nulla| *s.m. inv.* **1** [*cosa da nulla, di nessuna importanza*] rien: *si mette in agitazione per un nonnulla* il s'agite pour un rien; *basta un nonnulla per offenderlo* un rien suffit à le vexer **2** (*raro*) [*quantità minima*] rien: *c'è mancato un nonnulla che mi colpisse* il s'en est fallu d'un rien qu'il ne m'atteigne → 2 **poco.**

nòno |'nɔno| *agg. numer. ord.* neuvième: *la nona sinfonia di Beethoven* la neuvième symphonie de Beethoven # *tre elevato alla nona potenza* trois à la puissance neuf ◇ (*in unione con i nomi di re o papi e con i sost. 'capitolo, volume' e sim.*) neuf: *Pio nono* (*IX*) Pie neuf (IX); *il nono volume dell'enciclopedia* le tome neuf, le neuvième volume de l'encyclopédie ✦ (*s.m. e f.*) *è il nono della lista* c'est le neuvième sur la liste; *quattro alla nona* quatre (à la) puissance neuf.

nonostànte |nonos'tante| **1** *prep.* malgré, en dépit de (*loc.*): *nonostante il freddo, è voluto uscire ugualmente* malgré le froid, en dépit du froid il a voulu sortir quand même; *nonostante le difficoltà, siamo riusciti nello scopo* malgré les difficultés nous avons atteint notre but → **malgrado** ◇ *loc. avv.* CIÒ NONOSTANTE, CIONONOSTANTE malgré cela: *ciò nonostante, siamo partiti* malgré cela, nous sommes partis **2** *cong.* [*benché, quantunque*] bien que: *nonostante (che) non mi piacesse, l'ho ringraziata ugualmente* bien qu'elle ne me plût pas, je l'ai remerciée quand même # *non l'ho sgridato, nonostante fosse necessario* je ne l'ai pas grondé encore que je l'aurais dû.

nonpertànto |nonper'tanto| *cong.* → **nondimeno.**

non plus ultra, nonplusultra |'nɔnplus'ultra| *loc. sost. m. inv.* (*lat.*) nec(-)plus(-)ultra: *è il non plus ultra della precisione* il est le nec plus ultra, le roi de la précision; *si è dimostrato il non plus ultra dell'incompetenza* il s'est révélé le roi, le nec plus ultra de l'incompétence.

non proliferazióne |nonproliferat'tsjone| *s.f.* (*polit.*) non-prolifération.

nonsènso |non'sɛnso| *s.m.* non-sens: *è un nonsenso uscire con questo tempo* c'est un non-sens (que de) sortir par ce temps → **assurdità.**

non so che |nonsɔk'ke| *loc. sost. m. inv.* je ne sais quoi: *ha quel certo non so che che piace* elle a ce je ne sais quoi qui plaît; *quell'individuo ha un non so che di losco* cet individu a un je ne sais quoi de louche ✦ (*agg.*) *provo non so che vergogna a parlargli* j'éprouve je ne sais quelle honte à lui parler.

non-stop |'non'stɔp| *agg. inv. e s. inv.* (*ingl.*) non-stop: *volo non-stop per Nuova York* vol non-stop pour New York; *concerti non-stop* concerts non-stop ◇ (*sport*) *una* (*discesa*) *non-stop* une descente non-stop.

nontiscordardimé |nontiskordardi'me| *loc. sost. m. inv.* → **miosotide.**

non violènto |nonvio'lɛnto| *agg.* non-violent: *manifestazione non violenta* manifestation non-violente.

nonviolènza |nonvio'lɛntsa| *s.f. inv.* non-violence: *i profeti della nonviolenza* les prophètes de la non-violence.

noològico, ci, ca, che |noo'lɔdʒiko, tʃi, ka, ke| *agg.* (*filos.*) noologique.

noosfèra |noos'fɛra| *s.f.* noosphère.
nopàl |no'pal| *s.m. inv.*, **nopàle** |no'pale| *s.m.* nopal* *var.*
norcino |nor'tʃino| *s.m.* **1** celui qui tue, qui saigne les cochons **2** [*chi lavora carni di maiale*] charcutier* *s.*
nord |nɔrd| *s.m.* (*astron.*, *geogr.*) nord: *il vento del nord* le vent du nord; *i paesi del nord* les pays du nord; *la Svizzera è a nord dell'Italia* la Suisse est au nord de l'Italie; *si è diretto a nord, verso nord* il s'est dirigé vers le nord ◇ (*loc.*) *l'America del Nord, il Nord-America* l'Amérique du Nord; *il Mare del Nord* la Mer du Nord ◆ (*agg.*) *la parte nord della montagna* la partie nord de la montagne → **settentrione** [C] **sud, meridione.**
nordafricàno |nordafri'kano| *agg.* [*del Nord Africa*] nord-africain*.
nordamericàno |nordameri'kano| *agg.* [*del Nord America*] nord-américain*.
nordcoreàno |nordkore'ano| *agg.* [*della Corea del Nord*] nord-coréen*.
nord-èst |nor'dɛst| *s.m.* (*astron.*, *geogr.*) nord-est: *vento di nord-est* vent du nord-est.
nordeuropèo |nordeuro'pɛo| *agg.* de l'Europe du Nord *loc. inv.*, nordique: *i mari nordeuropei* les mers de l'Europe du Nord.
nòrdico, ci, ca, che |'nɔrdiko, tʃi, ka, ke| *agg.* [*dei paesi del Nord*] nordique: *i paesi, i popoli nordici* les pays, les peuples nordiques; *il clima nordico* le climat nordique → **settentrionale** [C] **meridionale.**
nordista |nor'dista| *agg. e s.* (*st. amer.*) nordiste [C] **sudista.**
nord-òvest |nor'dɔvest| *s.m.* (*astron.*, *geogr.*) nord-ouest: *rotta nord-ovest* route nord-ouest; *il nord-ovest dell'Europa* le nord-ouest de l'Europe.
nòria |'nɔrja| *s.f.* (*tecnol.*) noria.
nòrico, ci, ca, che |'nɔriko, tʃi, ka, ke| *agg.* (*geogr.*) norique: *le Alpi Noriche* les Alpes Noriques.
norimberghése |norimber'gese| *agg.* [*di Norimberga*] nurembergeois.
nòrma |'nɔrma| *s.f.* **1** [*regola; principio gener. a cui ci si deve adeguare in determinati casi*] règle, norme (*lett.*): *norme religiose, morali, sociali* règles, normes religieuses, morales, sociales; *si è proposto una severa norma di vita* il s'est proposé une sévère règle de vie; *si è conformato alle nuove norme didattiche* il s'est conformé aux nouvelles règles didactiques ◇ (*loc.*) *norme per l'uso* mode d'emploi ~ *per tua norma e regola, devi rispettare l'orario* pour ta gouverne, sache que tu dois respecter l'horaire ~ *è buona norma non fidarsi degli estranei* il est de bonne règle de ne pas se fier aux étrangers ~ *secondo la norma, di norma, bisogna pagare* selon la règle, il faut payer ~ *che questo ti serva di norma* que cela te serve de règle → **regola, canone** **2** (*dir.*) règle; règlement (*m.*): *le norme che disciplinano il traffico* les règles pour la discipline de la circulation → **regolamento** ‖ *le norme vigenti in commercio* les règlements en vigueur dans le commerce ◇ *loc.* A NORMA DI aux termes de: *a norma di legge* aux termes de la loi; *a norma del presente regolamento* aux termes du présent règlement **3** (*stat.*) mode *m.*
normàle |nor'male| **I** *agg.* **1** normal*: *polso normale* pouls normal; *tariffa normale* tarif normal; *condizione, situazione normale* condition, situation normale; *è un individuo del tutto normale* c'est un individu tout à fait normal; *conduce una vita normale* il mène une vie normale ◇ (*chim.*) *soluzione normale* solution normale **2** [*che serve a dare una norma*] normal: *lettera normale* lettre normale ◇ (*loc.*) *scuola normale* l'école normale **3** (*mat.*) normal: *una retta normale a una circonferenza* une droite normale à une circonférence ◆ (*s.f.*) *tracciare la normale a un piano* tracer la normale à un plan **II** *s.* **1** *s.f.* (*alpinismo*) normale: *seguire la normale del Cervino* suivre la normale du Cervin **2** (*s.m.*) *il normale* la normale (*f.*): *questa tensione è inferiore al normale* cette tension est inférieure à la normale; *il tasso di colesterolo è superiore al normale* le taux de cholestérol est supérieur à la normale [C] I 1 **anormale**; II 2 **eccezionale.**
normalista |norma'lista| *s.* [*studente della scuola normale superiore di Pisa*] normalien*.
normalità |normali'ta| *s.f. inv.* normalité (*var.*): *vive nella normalità* il vit dans la normalité # *dopo i disordini è tornata la normalità* après les désordres, la situation est redevenue normale [C] **anormalità.**
normalizzàre |normalid'dzare| **A** *v.tr.* **1** [*rendere normale, riportare allo stato normale*] normaliser: *occorre normalizzare la situazione economica* il faut normaliser la situation économique; *quei due hanno normalizzato i loro rapporti* ces deux ont normalisé leurs rapports → **regolarizzare** **2** [*unificare, standardizzare*] normaliser: *normalizzare un settore industriale* normaliser un secteur industriel **B** *v.pron. intr.* NORMALIZZARSI [*rientrare nella normalità*] redevenir (27) normale: *la situazione va normalizzandosi* la situation redevient normale.
normalizzazióne |normaliddzat'tsjone| *s.f.* [→ NORMALIZZARE] normalisation: *la normalizzazione delle relazioni internazionali* la normalisation des relations internationales; *la normalizzazione di un gruppo industriale* la normalisation d'un groupe industriel.
normalménte |normal'mente| *avv.* [→ NORMALE I 1] normalement: *tutto si è svolto normalmente* tout s'est déroulé normalement.
normànno |nor'manno| *agg.* **1** [*della Normandia*] normand: *i dialetti normanni* les dialectes normands **2** (*st. mediev.*) *le invasioni normanne* les invasions normandes ◆ (*s.*) *i Normanni* les Normands.
normàre |nor'mare| *v.tr.* [*ridurre, inserire in una norma*] réduire (75) à la norme.
normatività |normativi'ta| *s.f. inv.* caractère *m. var.* normatif.
normativo |norma'tivo| *agg.* normatif*: *criteri, principi normativi* critères, principes normatifs; *questa disposizione ha carattere, valore normativo* cette disposition a un caractère normatif, une valeur normative; *questa è una grammatica normativa* c'est une grammaire normative.
normògrafo |nor'mɔgrafo| *s.m.* (*tecnol.*) normographe.
normotìpo |normo'tipo| *agg.* normotypique.
norvegése |norve'dʒese| **1** *agg.* [*della Norvegia*] norvégien*: *la cultura norvegese* la culture norvégienne **2** (*s.m.*) *il norvegese* [*la lingua*] le norvégien.
nòso- |'nɔzo| *pref.* (*significa 'malattia', corrisponde gener. a*) noso: *nosofobia* nosophobie # *nosocomio* hôpital.
nosocòmio, i |nozo'kɔmjo, i| *s.m.* (*raro*) → **ospedale.**
nosofobìa |nozofo'bia| *s.f.* (*med.*) nosophobie.
nosografìa |nozogra'fia| *s.f.* (*med.*) nosographie.
nosologìa, gie |nozolo'dʒia, dʒie| *s.f.* nosologie.
nosològico, ci, ca, che |nozo'lɔdʒiko, tʃi, ka, ke| *agg.* nosologique: *ricerca nosologica* recherche nosologique.
nossignóre |nossiɲ'ɲore| *loc. avv.* non, monsieur: *'è arrivato il direttore?' 'nossignore'* 'le directeur est-il arrivé?' 'non, monsieur' ◇ (*enf.*, *iron.*) rien à faire: *nossignore!, ha sempre ragione!* rien à faire!, il a toujours raison!; *l'ho avvertito, ma lui, nossignore, fa sempre di testa sua!* je l'ai averti, mais lui, rien à faire, il n'en fait qu'à sa tête [C] **sissignore.**
nostalgìa, gie |nostal'dʒia, dʒie| *s.f.* nostalgie: *sente, prova nostalgia dei vecchi tempi* il a la nostalgie du bon vieux temps; *rievoca con nostalgia i suoi successi* il évoque ses succès avec nostalgie # *lontano da casa, soffre di nostalgia* loin de sa maison, il est nostalgique, il a le mal du pays.
nostàlgico, ci, ca, che |nos'taldʒiko, tʃi, ka, ke| *agg.* nostalgique: *un sentimento nostalgico* un sentiment nostalgique; *una canzone nostalgica* une chanson nostalgique; *lo guardava con occhi nostalgici* il le regardait avec des yeux nostalgiques ◇ (*polit.*) *è un individuo nostalgico* [*che rimpiange il passato regime*] c'est un individu nostalgique; *ha atteggiamenti nostalgici* il a des attitudes nostalgiques ◆ (*s.*) *un nostalgico* une personne *f.* nostalgique *agg.*
nostràle |nos'trale| *agg.* → **nostrano.**
nostràno |nos'trano| *agg.* [*del nostro paese, dei nostri luoghi*] du pays *loc. inv.*, de chez nous (*loc. inv.*): *abitudini, usanze nostrane* habitudes du pays, usages de chez nous; *prodotti nostrani* produits du pays; *olio, vino nostrano* huile, vin du pays ◇ *loc. avv.* ALLA NOSTRANA à la mode de chez nous: *cucinare alla nostrana* cuisiner à la mode de chez nous.
1 **nòstro** |'nɔstro| *agg. poss. di* 1^a *pers. pl.* **1** [*che appartiene a noi*] notre *m. e f. sing.*, nos (*m. e f. pl.*): *il nostro giardino* notre jardin; *la nostra piscina* notre piscine; *la nostra amica* notre amie; *i nostri genitori* nos parents; *le nostre vicine di casa* nos voisines; *un nostro redattore* un de nos rédacteurs; *un nostro cugino avvocato* un avocat de nos cousins; *qualche nostro giornalista* l'un de nos journalistes; *l'ultimo nostro lavoro era un disastro* notre dernier travail a été un désastre; *tutti i nostri collaboratori sono in vacanza* tous nos collaborateurs sont en vacances; *quel nostro collega è antipatico* ce collègue (à nous), notre collègue est anti-

pathique; *due nostri cugini sono rimasti uccisi* deux de nos cousins ont été tués ◇ [*che appartiene a noi, è di nostra proprietà*] à nous (*pron.*): *quel disco è nostro* ce disque est à nous; *questi giornali sono nostri* ces journaux sont à nous; *abbiamo trovato una nostra ricevuta* nous avons trouvé un récépissé à nous, un de nos récépissés # *avete una nostra fotografia?* avez-vous une photo de nous?; *li abbiamo ricevuti in casa nostra* nous les avons reçus chez nous; *la riunione avrà luogo a casa nostra* la réunion aura lieu chez nous; *è una nostra lettera* c'est une de nos lettres ◇ (*loc.*) *fatelo per amore nostro* faites-le pour nous ~ *lo terrete per nostro ricordo?* le garderez-vous en souvenir de nous? **2** (*in unione con un pron. indef.*) (à) nous: *c'è qualcosa di nostro?* y a-t-il quelque chose à nous, qui nous appartienne?; *no, non c'è più niente di nostro* non, il n'y a plus rien (à nous). **3** (*in forme ell.*) notre: *non hanno ancora ricevuto la nostra (lettera) del 30 giugno* ils n'ont pas encore reçu notre lettre du 30 juin; *lui sta sempre dalla nostra* (*parte*) il est toujours de notre côté; *anche noi abbiamo avuto le nostre* (*disgrazie*) nous aussi nous avons eu nos malheurs; *ne avevamo ancora detta una delle nostre* nous avions encore fait une de nos gaffes.

2 **nòstro** |'nɔstro| **I** *pron. pers. di 1ª pers. pl.* [*quello che appartiene a noi*] le nôtre *m. sing.*, la nôtre *f. sing.*, les nôtres (*m. e f. pl.*): *il vostro libro e il nostro* votre livre et le nôtre; *la loro figlia e la nostra* leur fille et la nôtre; *i vostri dischi e i nostri* vos disques et les nôtres; *le loro amiche e le nostre* leurs amies et les nôtres; *queste edizioni sono più recenti delle nostre* ces éditions sont plus récentes que les nôtres **II** *s.m.* **1** *loc.* (*sing.*) *ci abbiamo rimesso del nostro* nous en sommes pour notre argent, *ci abbiamo speso del nostro* nous en avons été de notre poche; *dobbiamo purtroppo accontentarci del nostro* il faut malheureusement nous contenter de ce que nous avons; *cerchiamo di vivere del nostro* tâchons de vivre sur, avec nos propres moyens **2** *al plur.* [*i nostri genitori, i nostri seguaci*] les nôtres: *i nostri non sono in casa* les nôtres ne sont pas chez eux (chez nous).

nostròmo |nos'trɔmo| *s.m.* [*sottufficiale addetto ai servizi marinareschi*] maître (d'équipage): *primo, secondo nostromo* premier, second maître; *fare il nostromo* être (le) maître d'équipage.

nòta |'nɔta| *s.f.* **1** note: *nota distintiva* note distinctive **2** [*breve appunto, annotazione*] note: *taccuino per note* carnet de notes; *devo tener nota delle tue disponibilità* je dois prendre note de ta disponibilité ◇ [*commento*] *far delle note a un testo* mettre, ajouter des notes à un texte; *note interpretative, grammaticali, stilistiche* notes interprétatives, grammaticales, stylistiques; *un romanzo con una lunga nota introduttiva* un roman avec une longue note introductive ◇ (*loc. fig.*) *un fatto* DEGNO DI NOTA [*rilievo*] un fait remarquable *agg.* **3** [*comunicazione, documento scritto*] note: *nota diplomatica* note diplomatique; *nota di biasimo, di lode* note de blâme, de louange; *nota caratteristica* note caractéristique; *ha avuto una nota sul registro per indisciplina* il a eu une note sur le cahier de classe pour indiscipline # *nota di accredito* lettre de crédit **4** [*lista, elenco di determinati oggetti*] liste: *la nota dei libri di testo* la liste des livres scolaires; *fare la nota della spesa* faire la liste des courses **5** (*mus.*) note: *le sette note della scala tonica* les sept notes de l'échelle musicale, de la gamme; *leggere le note* lire les notes; *sbagliare una nota* faire une fausse note ◇ (*loc. fig.*) *le dolenti note* les difficultés ~ *porta sempre una nota allegra* il met toujours une note gaie ~ *non sa trovare la nota giusta* il ne sait pas trouver la note juste ~ *c'è in lui una nota falsa, stonata* il y a une fausse note dans son comportement ~ *nel suo discorso c'era una nota di speranza* dans son discours il y avait une note d'espoir ~ *gli ho parlato della questione a chiare note* je lui ai parlé carrément de la question **6** (*fig.*) [*segno, caratteristica*] trait *m.*, dominante: *l'allegria è la sua nota fondamentale* l'allégresse est son trait dominant # *la pignoleria è la sua nota caratteristica* la méticulosité est sa caractéristique dominante **7** (*dir.*) *nota di pegno* récépissé *m.* d'entrepôt, warrant *m.*; titre *m.* à endos; *nota di mediazione, di omissione* note de courtage, d'omission.

notabène |nota'bɛne| *s.m. inv.* nota (bene): *aggiungi un notabene, un nota bene* (*N.B.*) ajoute un nota (bene) (N.B.).

notàbile |no'tabile| **1** *agg.* (*raro, lett.*) [→ NOTARE] remarquable (*corr.*): *c'è una differenza notabile* il y a une différence remarquable → **notevole** **2** *s.m.* [*persona ragguardevole per posizione sociale e politica*] notable: *i notabili del paese* les notables du pays.

notabilità |notabili'ta| *s.f. inv.* **1** [*rilevanza*] notabilité *var.* (*raro*) **2** *al plur.* (*raro*) [*i notabili*] les notabilités (*corr.*).

notabilménte |notabil'mente| *avv.* → **notevolmente.**

notàio, i |no'tajo, i| *s.m.* notaire: *fa il notaio* il est notaire; *ratifichiamo l'accordo davanti a un notaio* nous ratifions l'accord devant un notaire.

notàre |no'tare| *v.tr.* **1** → **annotare** **2** [*fermare la propria attenzione su un fatto particolare*] noter: *ho notato il suo imbarazzo* j'ai noté son embarras; *nessuno ha notato il suo ritardo* personne n'a noté son retard **3** [*considerare, fare oggetto di attenzione e riflessione*] noter: *dovete notare la bellezza dei particolari* vous devez noter la beauté des détails; *notate bene che il gesto fu involontario* notez bien que son geste fut involontaire; *c'è da notare che lo avevano avvisato* il faut noter qu'ils l'avaient prévenu → **rilevare** 🄲 2; 3 **trascurare.**

notariàto |nota'rjato| *s.m.* notariat: *esercitare il notariato* exercer le notariat.

notarile |nota'rile| *agg.* **1** [*del notariato*] notarial*: *tassa notarile* taxes notariales **2** [*del notaio, fatto per mezzo del notaio*] notarié: *atto notarile* acte notarié.

notàro |no'taro| *s.m.* → **notaio.**

notazióne |notat'tsjone| *s.f.* **1** [→ NOTARE] notation: *notazione delle pagine* notation des pages; *un testo pieno di notazioni* un texte plein de notations **2** [*considerazione, osservazione*] observation: *un'acuta notazione psicologica* une subtile observation psychologique **3** [*il sistema di segni simbolici che rappresentano gli elementi di determinate discipline*] notation: *notazione matematica, chimica, commerciale, musicale* notation mathématique, chimique, commerciale, musicale.

nòtes |'nɔtes| *s.m. inv.* [*taccuino, libretto per appunti*] bloc-notes (*var.*): *dei notes* des blocs-notes → **bloc-notes.**

notévole |no'tevole| *agg.* **1** [*considerevole per dimensione, peso, valore*] notable, important: *ero a una notevole distanza* j'étais à une notable distance; *il danno è stato notevole* les dégâts ont été importants → **cospicuo**; *una maggioranza notevole si è imposta nell'assemblea* une importante majorité s'est imposée dans l'assemblée **2** [*degno di nota, di considerazione*] remarquable: *è un uomo di notevole ingegno* c'est un homme d'une remarquable intelligence; *è un film di notevole valore* c'est un film d'une valeur remarquable → **considerevole** 🄲 2 **modesto.**

notevolménte |notevol'mente| *avv.* [→ NOTEVOLE] remarquablement: *sono prezzi notevolmente alti* ce sont des prix remarquablement élevés # *è una persona notevolmente umana* c'est une personne qui fait preuve de beaucoup d'humanité.

notìfica, che |no'tifika, ke| *s.f.* (*bur.*) notification: *ho ricevuto la notifica del provvedimento* j'ai reçu la notification des dispositions # *la banca mi ha inviato la notifica del conto* la banque m'a envoyé le relevé du compte.

notificaménto |notifika'mento| *s.m.* (*raro*) → **notifica.**

notificàre |notifi'kare| *v.tr.* **1** [*rendere noto mediante notificazione*] notifier: *notificare un atto di citazione* notifier une citation; *il sindaco notifica che è uscito un bando di concorso* le maire notifie qu'un avis de concours vient d'être publié (affiché) → **comunicare, avvisare** **2** [*denunciare, dichiarare*] notifier, déclarer: *deve notificare il suo indirizzo* vous devez notifier, déclarer votre adresse # *ha notificato la denuncia dei redditi* il a présenté sa déclaration des revenus.

notificatóre, trice |notifika'tore, tritʃe| *agg. e s.* [*che notifica*] notificatif*.

notificazióne |notifikat'tsjone| *s.f.* **1** [→ NOTIFICARE 1] notification: *la notificazione di una sentenza* la notification d'une sentence **2** [*avviso*] notification.

notìsta |no'tista| *s.* [*commentatore di un giornale e sim.*] commentateur*.

notìzia |no'tittsja| *s.f.* **1** [*informazione, annuncio, fatto portato a conoscenza di persone o del pubblico*] nouvelle: *notizie fresche, attendibili, infondate* des nouvelles fraîches, dignes de foi, non-fondées; *le ultime, ultimissime notizie* les dernières, les toutes dernières nouvelles; *ho ricevuto una bella notizia* j'ai reçu une belle nouvelle; *mancano notizie di lui* (on n'a) pas de nouvelles de lui; *sono rimasto senza notizie* je suis resté sans nouvelles **2** [*dato, ragguaglio*] nouvelle: *notizie storiche, biografiche* nouvelles historiques, biographiques **3** (*lett.*) [*conoscenza*] notion (*corr.*): *ha notizie frammentarie di storia* il a des notions d'histoire (assez) fragmentaires.

notiziàrio, i |notit'tsjarjo, i| *s.m.* **1** [*rubrica di notizie spicciole*] nouvelles (*f. pl.*): *il notiziario scolastico, sindacale, cinematografico* les nouvelles scolaires, syndicales, cinématographiques **2** [*le notizie che vengono pubblicate su un giornale*] bulletin: *notiziario politico, economico, sportivo* bulletin politique, économique, sportif.

nòto- |'nɔto| *pref.* (*significa 'dorso', corrisponde gener. a*) noto: *notonetta* notonecte.

nòto |'nɔto| *agg.* [*conosciuto*] connu: *un viso, un nome noto* un visage, un nom connu; *un cantante, un prodotto noto* un chanteur, un produit connu → **rinomato**; *sono fatti noti a tutti* ce sont des faits connus de tout le monde, de tous; *è noto come campione sportivo* il est connu comme champion sportif → **famoso, celebre**; *è un individuo tristemente noto* c'est un individu tristement connu ◇ (*loc.*) *come è noto, la popolazione è in aumento* comme chacun sait, la population augmente (est en augmentation) ~ *è noto che il clima influisce sull'indole* on sait que le climat influe sur le tempérament → **risaputo** ~ *vi rendo noto che ci sarà uno sciopero* je vous informe qu'il y aura une grève ✦ (*s.m.*) *il noto e l'ignoto* le connu et l'inconnu 🄲 **ignoto, sconosciuto.**

notomìa |noto'mia| *e deriv.* → **anatomia** *e deriv.*

notonètta |noto'nεtta| *s.f.* (*t.zool.*) notonecte *m. o f.*

notoriaménte |notorja'mente| *avv.* [→ NOTORIO 1] notoirement.

notorietà |notorje'ta| *s.f. inv.* notoriété (*var.*): *la notorietà del fatto comporta molta prudenza* la notoriété du fait appelle beaucoup de prudence; *è un attore che gode di molta notorietà* c'est un acteur qui jouit de beaucoup de notoriété → **fama** # *per la notorietà della situazione non occorrono spiegazioni* la situation est trop connue pour qu'il soit besoin d'explications ◇ (*dir.*) *atto di notorietà* acte de notoriété.

notòrio, i |no'tɔrjo, i| *agg.* **1** [*noto, che consta pubblicamente*] notoire: *è un fatto notorio* c'est un fait notoire; *è ormai notorio che è un imbroglione* il est notoire, désormais, que c'est un filou; *la sua bravura è cosa notoria* sa bravoure est (chose) notoire **2** (*dir.*) notoire # *atto notorio* acte de notoriété.

nottambulìsmo |nottambu'lizmo| *s.m.* noctambulisme.

nottàmbulo |not'tambulo| *s.* noctambule: *gli piace fare il nottambulo* il aime faire le noctambule; *è una compagnia di nottambuli* c'est une équipe de noctambules ✦ (*agg.*) *gente nottambula* des (personnes) noctambules.

nottàta |not'tata| *s.f.* [*spazio di una notte*] nuit: *è una bella nottata* c'est une belle nuit; *ho passato una brutta nottata* j'ai passé une mauvaise nuit; *ha trascorso la nottata in viaggio* il a passé la nuit en voyage ◇ [*ciascuna delle notti passate in un albergo e sim.*] nuitée 🄲 **giornata.**

nottatàccia, ce |notta'tattʃa, tʃe| *s.f.* (*spreg.*) mauvaise nuit: *che nottataccia!* quelle mauvaise nuit!; *bella nottataccia mi hai fatto passare!* quelle drôle de nuit, quelle sale nuit tu m'as fait passer!

nòtte |'nɔtte| *s.f.* **1** nuit: *una notte stellata, serena, buia* une nuit étoilée, sereine, sombre; *fa i turni di notte* il fait le service de nuit; *sono rientrata a notte fatta* je suis rentrée à une heure avancée (de la nuit); *mi sono svegliato in piena notte* je me suis réveillé en pleine nuit; *scende la notte* la nuit tombe # *sono le due di notte* il est deux heures du matin ◇ (*loc.*) *buona notte!* bonne nuit! ~ *vi dò la buona notte* je vous souhaite une bonne nuit ~ *camicia da notte* chemise de nuit ~ *la notte eterna* la nuit éternelle ~ *fa di notte giorno* il prend le jour pour la nuit ~ *si sta facendo notte* [*tardi*] il commence à faire nuit ~ *ho passato una notte in bianco* j'ai passé une nuit blanche ~ *ho trascorso una notte d'inferno* j'ai passé une nuit d'enfer ~ *peggio che andar di notte* [*di male in peggio*] pire que jamais ~ *fra quei due c'è una differenza come fra il giorno e la notte* ces deux-là, c'est le jour et la nuit ~ *sono fatti che si perdono nella notte dei tempi* ce sont des faits qui se perdent dans la nuit des temps ~ *pagalo, e buona notte!* paie-le, et n'en parlons plus! ~ (*lett.*) *'le Mille e una Notte'* 'les Mille et une Nuits' ◇ (*prov.*) *la notte porta consiglio* la nuit porte conseil **2** (*astron., geogr.*) nuit: *notte polare* nuit polaire 🄲 **giorno.**

nottetèmpo |notte'tεmpo| *loc. avv.* **1** [*di notte*] de nuit: *è partito nottetempo* il est parti de nuit **2** [*col favore della notte*] à la faveur de la nuit (*loc. inv.*): *i ladri hanno nottetempo svaligiato la casa* les voleurs ont dévalisé la maison à la faveur de la nuit.

nottilùca, che |notti'luka, ke| *s.f.* (*t.zool.*) noctiluque.

nottìvago, ghi |not'tivago, gi| *agg.* (*lett.*) [*che va in giro la notte*] noctambule (*corr.*) → **nottambulo.**

1 **nòttola** |'nɔttola| *s.f.* **1** (*t.zool.*) noctule **2** (*anat.*) → **civetta.**

2 **nòttola** |'nɔttola| *s.f.* **1** [*grosso saliscendi*] loquet *m.* **2** [*listella in legno della sega, per tener tesa la corda*] garrot *m.*

nottolìno |notto'lino| *s.m.* **1** [*piccolo saliscendi*] loqueteau **2** (*mec.*) encliquetage, cliquet.

nottolóne |notto'lone| *s.m.* → **caprimulgo.**

nòttua |'nɔttua| *s.f.* (*t.zool.*) noctuelle.

nottùrno |not'turno| **I** *agg.* **1** nocturne: *le ore notturne* les heures nocturnes; *la quiete notturna* la paix nocturne **2** [*che svolge la propria attività di notte; che funziona di notte*] nocturne: *guardiano notturno* gardien nocturne, de nuit; *animali notturni* animaux nocturnes; *vigilanza notturna* surveillance nocturne; *locale notturno* local nocturne; *volo notturno* vol nocturne, de nuit # *guardia notturna* vigile, vigilant **II** *s.m.* (*eccl., mus.*) nocturne 🄲 I 1, 2 **diurno.**

nòtula |'nɔtula| *s.f.* [*parcella dovuta a un professionista*] note: *presentare la notula a un cliente* présenter la note à un client.

noùmeno |no'umeno| *s.m.* (*filos.*) noumène.

'nouvelle vague' |nuvεlvag| *s.f. inv.* nouvelle vague *var.*

nòva |'nɔva| *s.f.* (*astron.*) nova*.

novàle |no'vale| *s.* (*lett.*) [*campo messo a coltura dopo il riposo*] jachère (*corr.*).

novànta |no'vanta| *agg. numer. card. inv.* quatre-vingt-dix: *ha compiuto novant'anni* il a eu quatre-vingt-dix ans; *hanno partecipato in novanta ragazzi* quatre-vingt-dix garçons ont participé ✦ (*s.m.*) *il novanta* le quatre-vingt-dix: *è uscito il novanta* le quatre-vingt-dix est sorti; *novanta diviso due fa quarantacinque* quatre-vingt-dix divisé par deux fait quarante-cinq ◇ (*loc. prov.*) *la paura fa novanta* la peur donne des ailes.

novantènne |novan'tεnne| *agg.* (âgé) de quatre-vingt-dix ans (*loc. inv.*): *un nonnino novantenne* un petit vieux de quatre-vingt-dix ans ✦ (*s.m.*) *un novantenne* un homme de quatre-vingt-dix ans ✦ (*s.f.*) *una novantenne* une femme de quatre-vingt-dix ans.

novantènnio, i |novan'tεnnjo, i| *s.m.* (période *f.* de) quatre-vingt-dix ans.

novantèsimo |novan'tεzimo| *agg. numer. ord.* quatre-vingt-dixième: *è il novantesimo classificato* c'est le quatre-vingt-dixième classé, il s'est classé quatre-vingt-dixième; *rappresenta la novantesima parte* elle représente la quatre-vingt-dixième part ✦ (*s.m.*) *un novantesimo* un quatre-vingt-dixième.

novantìna |novan'tina| *s.f.* [*novanta, o circa novanta, elementi di una serie*] (environ) quatre-vingt-dix: *ha già passato la novantina* il a plus de quatre-vingt-dix ans; *c'era*(*no*) *una novantina di persone* il y avait environ quatre-vingt-dix personnes.

novantùno |novan'tuno| *agg. numer. card. inv.* quatre-vingt-onze: *abita in via Turati, numero novantuno* il habite rue Turati, au numéro 91; 91 via Turati; *ha compiuto il percorso in novantuno secondi* il a fait le parcours en quatre-vingt-onze secondes ✦ (*s.m.*) *il novantuno* le quatre-vingt-onze.

novàre |no'vare| *v.tr.* **1** → **rinnovare** **2** [*concludere una novazione*] nover.

novarése |nova'rese| *agg.* [*di Novara*] novarois.

novatóre, trice |nova'tore, tritʃe| *agg. e s.* (*lett.*) → **innovatore, riformatore.**

novatòrio, i |novatɔrjo, i| *agg.* (*dir.*) novatoire.

novazióne |novat'tsjone| *s.f.* (*dir.*) [→ NOVARE] novation.

nòve |'nɔve| *agg. numer. card. inv.* neuf: *un bambino di nove anni* un enfant de neuf ans; *ogni nove giorni viene da noi* tous les neuf jours il vient chez nous; *tutti e nove i ragazzi parteciparono alla gara* tous les neuf garçons participèrent à la compétition ✦ (*s.f.*) *sono le nove* il est neuf heures ✦ (*s.m.*) *il nove* le neuf: *ho puntato sul nove* j'ai misé sur le neuf; *ha riportato la media del nove* il a eu neuf de moyenne ◇ (*mat.*) *la prova del nove* la preuve par neuf.

novecentésco, chi |novetʃen'tesko, ki| *agg.* [*del Novecento, del XX sec.*] du XXe siècle (*loc. inv.*): *le ideologie novecentesche* les idéologies du XXe siècle.

novecentèsimo |novetʃen'tεzimo| *agg. numer. ord.* neuf-centième: *la novecentesima parte* la neuf-centième part ◇ (*in unione con i sost. 'capitolo, volume' e sim.*) *il novecentesimo volume della biblioteca* le neuf-centième volume de la bibliothèque ♦ (*s.m.*) *un novecentesimo* un neuf-centième.

novecentìsta |novetʃen'tista| *s.* **1** représentant du XXe siècle **2** écrivain, artiste du XXe siècle: *un'antologia di novecentisti* une anthologie des auteurs du XXe siècle.

novecentìstico, ci, ca, che |novetʃen'tistiko, tʃi, ka, ke| *agg.* du XXe siècle (*loc. inv.*): *opere novecentistiche* des œuvres du XXe siècle.

novecènto |nove'tʃɛnto| *agg. numer. card. inv.* neuf-cents: *hanno partecipato all'assemblea novecento persone* neuf-cents personnes ont participé à l'assemblée ♦ (*s.m.*) *il Novecento* le XXe siècle: *gli scrittori del Novecento* les écrivains du XXe siècle.

nove-dècimi |nove'dɛtʃimi| *s.m.* (*abbigl.*) neuf dixièmes.

novèlla |no'vɛlla| *s.f.* **1** [*breve componimento narrativo*] nouvelle, conte (*m.*): *le novelle del Boccaccio* les nouvelles, les contes de Boccace **2** (*lett.*) [*notizia, novità*] nouvelle (*corr.*): *la buona novella* la bonne nouvelle **3** (*dir. rom.*) nouvelle: *le novelle di Giustiniano* les nouvelles de Justinien.

novellaménte |novella'mente| *avv.* (*ant., lett.*) [*di recente*] nouvellement (*corr.*).

novellàre |novel'lare| *v.intr.* (*aus. 'avere'*) (*ant., poet.*) [*raccontare novelle, narrare*] narrer, raconter (des nouvelles) (*corr.*).

novellatóre, trice |novella'tore, tritʃe| *s.* (*lett.*) un conteur (de nouvelles) → **narratore.**

novellière |novel'ljɛre| *s.m.* [*scrittore di novelle*] nouvelliste.

novellino |novel'lino| *agg.* **1** (*persone*) [*inesperto, nuovo del mestiere*] novice: *un insegnante, un medico novellino* un enseignant, un médecin novice ♦ (*s.*) *un novellino* un novice **2** (*frutta, verdura*) [*recente, dell'ultimo raccolto*] nouveau*: *insalata novellina* de la salade nouvelle, tendre.

novellìsta |novel'lista| *s.* (*raro*) → **novelliere.**

novellìstica, che |novel'listika, ke| *s.f.* **1** littérature narrative **2** [*la produzione di novelle di un dato periodo*] nouvelles (*pl.*): *la novellistica italiana del Trecento* les nouvelles italiennes du XIVe siècle.

novellìstico, ci, ca, che |novel'listiko, tʃi, ka, ke| *agg.* de (la) nouvelle (*loc.*): *la produzione novellistica* la production de la nouvelle.

novèllo |no'vɛllo| *agg.* **1** [*sorto, nato da poco, recente*] nouveau*: *patate novelle* pommes de terre nouvelles # *pollo novello* jeune poulet ◇ (*lett.*) *la stagione novella* la nouvelle saison **2** [*che si trova da poco in uno stato, in una condizione*] jeune: *sposi novelli* jeunes mariés, jeunes époux **3** [*detto di chi o di ciò che sembra rinnovare in sé qc. o q.c.*] nouveau: *un novello Giotto* un nouveau Giotto Ⓒ **vecchio.**

novèmbre |no'vɛmbre| *s.m.* [*undicesimo mese dell'anno*] novembre: *il 20 di novembre* le 20 novembre; *partiremo nel mese di novembre, in novembre* nous partirons au mois de novembre, en novembre.

novembrino |novem'brino| *agg.* de novembre (*loc. inv.*): *un pallido sole novembrino* un pâle soleil de novembre.

novemìla |nove'mila| *agg. numer. card. inv. e s.m.* neuf mille.

novèna |no'vɛna| *s.f.* (*eccl.*) neuvaine: *la novena di Natale* la neuvaine de Noël.

novenàrio, i |nove'narjo, i| *agg. e s.m.* [*verso composto di nove parti*] (vers) de neuf syllabes.

novendiàle |noven'djale| *s.m.* **1** (*st. rom.*) novemdiale *f.* **2** *al plur.* (*eccl.*) novemdiaux.

novennàle |noven'nale| *agg.* **1** [*che dura nove anni*] de neuf ans (*loc. inv.*): *celebrazioni novennali* célébrations de neuf ans, durant neuf ans; *piano novennale* plan de neuf ans **2** [*che ricorre ogni nove anni*] tous les neuf ans *loc. inv.* # *buoni del Tesoro novennali* bons du Trésor sur neuf ans.

novènne |no'vɛnne| *agg.* de neuf ans (*loc. inv.*): *un bambino novenne* un enfant de neuf ans.

noveràre |nove'rare| *v.tr.* **1** (*lett.*) [*contare, annoverare*] compter (*corr.*), énumérer (8) (*corr.*) **2** (*poet.*) [*rievocare, ricordare*] évoquer (*corr.*).

nòvero |'nɔvero| *s.m.* (*lett.*) [*numero*] nombre (*corr.*): *mi ha accettato nel novero dei suoi amici* il veut bien me compter au nombre de ses amis.

novilùnio, i |novi'lunjo, i| *s.m.* nouvelle lune *f.*

Novìssimi |no'vissimi| *s.m. pl.* (*teol.*) les quatre fins *f.* de l'homme.

novìssimo |no'vissimo| *agg.* (*lett.*) → **ultimo.**

novità |novi'ta| *s.f. inv.* **1** [*aspetto nuovo e originale*] nouveauté (*var.*): *la novità del fatto consiste proprio in questo* la nouveauté du fait consiste justement en cela; *è un caso interessante per la sua novità* c'est un cas intéressant par sa nouveauté **2** [*innovazione*] nouveauté: *ha introdotto diverse novità in questo settore* il a introduit plusieurs nouveautés dans ce secteur **3** [*fatto, avvenimento nuovo*] nouvelle: *che novità ci sono?* quelles nouvelles y a-t-il?; *non si è verificata nessuna novità di rilievo* il n'est arrivé aucune nouvelle importante **4** [*prodotto nuovo*] nouveauté: *le ultime novità della moda* les dernières nouveautés de la mode; *è un modello ultima novità* c'est un modèle de haute nouveauté.

novìzia |no'vittsja| *s.f.* novice.

noviziàto |novit'tsjato| *s.m.* **1** (*eccl.*) noviciat **2** (*fig.*) [*la fase iniziale dell'esercizio di un mestiere*] apprentissage: *ha fatto un breve noviziato lontano dal suo paese* il a fait un bref apprentissage loin de son pays; *il mio noviziato è stato duro* mon apprentissage a été dur → **tirocinio, apprendistato.**

novìzio, i |no'vittsjo, i| *s.* **1** [*chi sta compiendo il noviziato*] novice: *il novizio di un ordine religioso* le novice d'un ordre religieux **2** (*fig.*) *è un novizio in medicina* c'est un novice en médecine, c'est un tout jeune médecin → **principiante** Ⓒ 2 **esperto, veterano.**

nòvo |'nɔvo| *agg.* → **nuovo.**

novocaina |novoka'ina| *s.f.* (*chim., med.*) novocaïne.

nozionàle |nottsjo'nale| *agg.* notionnel*: *elementi nozionali* éléments notionnels; *valore nozionale* valeur notionnelle.

nozióne |not'tsjone| *s.f.* notion: *nozioni elementari* notions élémentaires; *ho qualche nozione di fisica* j'ai quelques notions de physique; *sta imparando le prime nozioni di musica* il est en train d'apprendre les premières notions de musique; *non ho l'esatta nozione della questione* je n'ai pas une notion exacte de la question → **concetto** ◇ (*loc.*) *ha perso la nozione del tempo* il a perdu la notion du temps → **cognizione.**

nozionìsmo |nottsjo'nizmo| *s.m.* culture *f.* formée de notions purement mnémoniques.

nozionìsta |nottsjo'nista| *s.* personne qui a une culture faite de notions apprises par cœur, mnémoniques (*raro*).

nozionìstico, ci, ca, che |nottsjo'nistiko, tʃi, ka, ke| *agg.* fait de notions apprises par cœur, mnémoniques *loc.* (*raro*): *una preparazione nozionistica* une préparation faite de notions apprises par cœur, mnémoniques.

nòzze |'nɔttse| *s.f. pl.* [*il matrimonio come rito e cerimonia*] noces: *regali, viaggio di nozze* cadeaux, voyage de noces; *nozze d'argento, d'oro, di diamante* noces d'argent, d'or, de diamant; *ha convolato a giuste nozze* il a convolé en justes noces # *hanno celebrato le nozze in modo solenne* ils ont eu un mariage très solennel ◇ (*loc. fig.*) *bisticciare per lui è come andare a nozze* il aime bien se quereller ~ *proporgli un viaggio è come invitarlo a nozze* lui proposer un voyage c'est combler ses vœux ◇ (*relig. catt.*) *nozze mistiche* mariage *m.* mystique.

'nuance' |nɥɑ̃s| *s.f. inv.* [*sfumatura*] nuance (*var.*): *una 'nuance' di colore* une nuance de couleur.

nùbe |'nube| *s.f.* **1** (*geogr., meteor.*) nuage (*m.*): *nubi alte, medie, basse* nuages hauts, moyens, bas; *un ammasso di nubi* un amoncellement de nuages → **nuvola** **2** (*astron.*) *nubi stellari, cosmiche* nuages stellaires, cosmiques ◇ (*fis.*) *nube radioattiva* nuage radioactif ◇ (*geol.*) *nubi ardenti* nuées ardentes **3** (*per est.*) [*ciò che è sim. a una nube*] nuage: *una nube di polvere, di fumo* un nuage de poussière, de fumée ◇ [*moltitudine*] nuée: *una nube di insetti* une nuée d'insectes **4** [*ciò che offusca, dà ombra*] nuage: *la loro è una felicità senza nubi* leur bonheur est un bonheur sans nuages # *il suo viso era offuscato da una nube di tristezza* un voile de tristesse assombrissait son visage.

nubiàno |nu'bjano| *agg.* [*della Nubia*] nubien*.

nubifràgio, i |nubi'fradʒo, i| *s.m.* (*meteor.*) ouragan → **diluvio.**

nubilàto |nubi'lato| *s.m.* nubilité *f.*

nùbile |'nubile| *agg.* [*non sposata*] (*riferito a donne*) célibataire: *una ragazza nubile* une jeune fille célibataire, à marier (*fam.*); *è rimasta nubile* elle est restée célibataire ♦ (*s.f.*) *una nubile* une célibataire Ⓒ **maritata.**

nùca, che |'nuka, ke| *s.f.* (*anat.*) nuque.

nucàle |nu'kale| *agg.* nucal* (*raro*) # *cuscino, rotolo nucale* coussin pour la nuque.

nucleàre |nukle'are| *agg.* **1** (*fis.*) nucléaire: *massa, reazione nucleare* masse, réaction nucléaire; *energia nucleare* énergie nucléaire; *impianti, reattori nucleari* des installations, des réacteurs nucléaires **2** (*biol.*) nucléaire: *materia nucleare* matière nucléaire; *struttura nucleare* structure nucléaire.

nuclearizzazióne |nuklearid-dzat'tsjone| *s.f.* nucléarisation.
nucleàto |nukle'ato| *agg.* (*biol.*) nuclée.
nuclèico, ci, ca, che |nu'klεi-ko, tʃi, ka, ke| *agg.* (*biol.*, *chim.*) nucléique: *acidi nucleici* acides nucléiques.
nucleìna |nukle'ina| *s.f.* (*biol.*, *chim.*) nucléine.
nùcleo- |'nukleo| *pref.* (*significa* '*nocciolo*', *corrisponde gener. a*) nucléo: *nucleoproteina* nucléoprotéine.
nùcleo |'nukleo| *s.m.* **1** (*scient.*) noyau ◇ (*anat.*) *il nucleo di un nervo* le noyau d'un nerf ◇ (*astron.*) noyau ◇ (*biol.*) noyau ◇ (*fis.*) *nucleo atomico* noyau atomique ◇ (*meteor.*) *nucleo di condensazione* noyau de condensation **2** (*fig.*) [*gruppo di persone dotato di una propria autonomia*] noyau: *nucleo di polizia* noyau de police; *un nucleo familiare* un noyau familial → **gruppo** # *il primo nucleo del partito si riuniva in quella casa* le premier groupe du parti se réunissait dans cette maison.
nuclèolo |nu'klεolo| *s.m.* (*biol.*) nucléole.
nucleóne |nukle'one| *s.m.* (*fis.*) nucléon.
nucleònica, che |nukle'ɔnika, ke| *s.f.* (*fis.*) nucléonique.
nucleònico, ci, ca, che |nukle'ɔniko, tʃi, ka, ke| *agg.* (*fis.*) nucléonique.
nucleoplàsma |nukleo'plazma| *s.m.* (*biol.*) nucléoplasma.
nucleoprotèide |nukleopro'tεi-de| *s.m.* (*biol.*) nucléoprotéide.
nucleoproteìna |nukleoprote'i-na| *s.f.* (*biol.*) nucléoprotéine.
nucleoside |nukleo'zide| *s.m.* (*biochimica*) nucléoside.
nucleotìde |nukleo'tide| *s.m.* (*biol.*) nucléotide.
nuclìde |nu'klide| *s.m.* (*fis.*) nuclide.
nudaménte |nuda'mente| *avv.* (*raro*) [→ NUDO I] nûment (*lett.*), nuement.
nudàre |nu'dare| *v.tr.* (*lett.*) → **denudare.**
nudismo |nu'dizmo| *s.m.* nudisme → **naturismo.**
nudista |nu'dista| *s.* nudiste: *un gruppo di nudisti* un groupe de nudistes ♦ (*agg.*) *una colonia nudista* une colonie nudiste → **naturista.**
nudità |nudi'ta| *s.f. inv.* **1** nudité (*var.*): *non provava imbarazzo per la sua nudità* il n'éprouvait aucun embarras de sa nudité ◇ *al plur.* [*parti del corpo lasciate nude*] nudités: *le nudità della moda* les nudités de la mode **2** (*fig.*) [*mancanza di rivestimenti*] nudité: *la nudità di quei monti, di quei boschi* la nudité de ces monts, de ces bois.
nùdo |'nudo| **I** *agg.* **1** [*scoperto, spogliato delle vesti*] nu: *i bambini giocavano nudi sulla spiaggia* les enfants jouaient nus sur la plage; *era completamente nudo* il était complètement nu, nu-pieds; *non girare mezzo nudo* ne te promène pas à moitié nu ◇ (*loc. fig.*) *era nudo come un verme, come mamma l'ha fatto* il était nu comme un ver **2** [*privo di rivestimento, di copertura*] nu: *dormiva sulla nuda terra* il dormait sur la terre nue; *quelle montagne nude avevano un aspetto triste* ces montagnes nues avaient un aspect triste; *questa facciata è troppo nuda* cette façade est trop nue ◇ (*loc.*) *stelle non visibili* A OCCHIO NUDO des étoiles non visibles à l'œil nu **3** [*semplice, privo di orpelli*] nu: *gli ho detto la verità nuda e cruda* je lui ai dit la vérité toute nue # *quella nuda esposizione dei fatti era ancora più toccante* cet exposé dépouillé des faits était encore plus touchant ◇ (*loc.*) *ha messo a nudo i propri sentimenti* il a mis à nu ses propres sentiments **II** *s.m.* (*arts.*) nu: *un nudo maschile, femminile* un nu masculin, féminin; *nudo integrale* nu intégral; *dipingere, scolpire un nudo* peindre, sculpter un nu; *i nudi di Michelangelo* les nus de Michel-Ange © I 1 **vestito** 1, **coperto** 1.
nùgolo |'nugolo| *s.m.* **1** (*lett.*) → **nuvola** **2** (*fig.*) [*moltitudine*] nuée (*f.*): *un nugolo di insetti* une nuée d'insectes; *un nugolo di bambini* une nuée d'enfants.
nùlla |'nulla| **I** *pron. indef. e avv.* → **niente** **II** *s.m. inv.* **1** [*il non essere*] rien: *creare dal nulla* créer à partir de rien # *te lo vendo per un nulla* je te le vends pour une bouchée de pain **2** (*filos.*) néant.
nulladiméno |nulladi'meno| *cong.* (*lett.*) → **nondimeno.**
nullàggine |nul'laddʒine| *s.f.* **1** (*raro*) [*il non aver nessun valore*] nullité (*corr.*): *quell'uomo è una nullaggine* cet homme est une nullité **2** [*cosa da nulla*] chose de rien, sans aucune valeur → **nullità.**
nullaòsta |nulla'ɔsta| *s.m. inv.* [*dichiarazione scritta rilasciata da un'autorità*] autorisation (*f. var.*): *ha ottenuto il nullaosta per il trasferimento* il a obtenu l'autorisation pour son transfert.
nullatenènte |nullate'nεnte| *agg.* [*che non possiede nulla*] indigent: *è una famiglia nullatenente* c'est une famille indigente → **povero** ♦ (*s.*) *essendo un nullatenente, non paga imposte* étant indigent, il ne paie pas d'impôts.
nullatenènza |nullate'nεntsa| *s.f.* [*condizione di nullatenente*] indigence.
nullificàre |nullifi'kare| **A** *v.tr.* [*rendere nullo, ridurre a nulla*] annuler, réduire (75) à rien **B** *v.pron. intr.* NULLIFICARSI → **annullar(si).**
nullìpara |nul'lipara| *agg. f. e s.f.* nullipare.
nullismo |nul'lizmo| *s.m.* → **nichilismo.**
nullità |nulli'ta| *s.f. inv.* **1** nullité (*var.*): *la nullità di un argomento, di una prova* la nullité d'un argument, d'une preuve; *la nullità delle tue ragioni è palese* la nullité de tes raisons est évidente ◇ (*dir.*) *azione di nullità* action de nullité; *procedimento, dichiarazione di nullità* procédé, déclaration de nullité; *vizio di nullità* vice de nullité **2** [*persona di nessun valore e capacità*] nullité: *si è dimostrato una nullità* il s'est révélé une nullité; *è una vera nullità!* c'est une vraie nullité © 1 **validità.**
nùllo |'nullo| **1** *agg.* [*privo di valore, di efficacia*] nul*: *una votazione nulla* un vote nul; *gli esami sono stati dichiarati nulli* les examens ont été déclarés nuls ◇ (*dir.*) *negozio, atto giuridico nullo* magasin, acte juridique frappés de nullité ◇ (*mat.*) *una somma nulla* une somme nulle; *un elemento nullo* un élément nul **2** *agg. e pron. indef.* (*lett.*) → **nessuno** © 1 **valido.**
nùme |'nume| *s.m.* **1** (*mitol.*, *relig. pagana*) dieu: *i numi dell'Olimpo* les dieux de l'Olympe → **divinità** ◇ (*escl.*) *santi numi!* grands dieux! **2** volonté *f.* divine **3** (*fig.*) [*persona autorevole e potente*] *si crede un nume* il se croit le premier moutardier du pape (*fam.*); *è il suo nume tutelare* c'est son dieu tutélaire.
numeràbile |nume'rabile| *agg.* [→ NUMERARE] nombrable: *biglietti numerabili* billets nombrables, que l'ont peut compter ◇ (*mat.*) *insieme numerabile* ensemble des nombres.
numerabilità |numerabili'ta| *s.f. inv.* (*mat.*) dénombrabilité *var.*
numeràle |nume'rale| *agg.* numéral*: *sistema numerale* système numéral; *notazione numerale* notation numérale ◇ (*gram.*) *aggettivi, avverbi numerali* adjectifs, adverbes numéraux ♦ (*s.m.*) *un numerale* un numéral.
numeràre |nume'rare| *v.tr.* **1** [*segnare con un numero progressivo e distintivo*] numéroter: *numerare le pagine di un registro* numéroter les pages d'un registre; *numerare un gruppo di schede* numéroter un groupe de fiches **2** (*raro*) [*contare*] énumérer (8) (*corr.*): *le cause sono tante che non si possono numerare* les causes sont si nombreuses qu'on ne peut (pas) les énumérer.
numeràrio, i |nume'rarjo, i| *agg.* **1** (*raro*) [*che riguarda i numeri*] numéraire **2** (*banca*) numéraire ♦ (*s.m.*) *il numerario* le numéraire ◇ (*loc.*) *in numerario* en numéraire, en espèces.
numeràto |nume'rato| *agg.* numéroté: *posto numerato* place numérotée; *sedie numerate* chaises numérotées.
numeratóre |numera'tore| *s.m.* **1** (*mat.*) numérateur **2** (*tecnol.*) numéroteur: *numeratore a mano, meccanico* numéroteur à main, mécanique.
numerazióne |numerat'tsjone| *s.f.* **1** [→ NUMERARE 1] numérotage: *la numerazione delle pagine* le numérotage des pages; *numerazione stradale* numérotage des rues **2** (*mat.*) numération: *sistema di numerazione* système de numération; *numerazione decimale, araba, romana* numération décimale, arabe, romaine.
numericaménte |numerika'mente| *avv.* **1** [*per mezzo dei numeri*] numériquement: *esprimere numericamente un rapporto* exprimer numériquement un rapport **2** [*in relazione al numero*] numériquement: *quella squadra è numericamente superiore* cette équipe est numériquement supérieure.
numèrico, ci, ca, che |nu'mεriko, tʃi, ka, ke| *agg.* numérique: *serie numerica* série numérique; *calcolo numerico* calcul numérique; *superiorità numerica* supériorité numérique.
nùmero |'numero| *s.m.* **1** nombre: *il numero dei presenti era 300* le nombre des présents était 300; *il numero degli abitanti di questa città sta aumentando* le nombre des habitants de cette ville est en augmentation # *il numero legale di un'assemblea* le quorum d'une assemblée ◇ (*mat.*) *numeri romani, arabi* nombres romains, arabes; *numeri pari, dispari* nombres pairs, impairs **2** [*cifra o insieme di cifre che distingue persone e cose*] numéro: *ha preso il suo numero di targa* il a pris son numéro d'immatriculation; *il numero del*

cavallo vincente è 12 le numéro du cheval gagnant est 12; *alloggia nella camera n. 27* il est dans la chambre (n°) 27; il a la chambre 27; *abita in via Roma n. 49* il habite via Roma n° 49; au 49, via Roma; *conosci il suo numero di matricola?* connais-tu son (numéro) matricule?; *lei porta la taglia (n.) 42, calza scarpe n. 37* elle porte la taille 42 (elle fait un 42), elle chausse du 37 ◇ (*chim.*) *numero d'ottano* indice d'octane ◇ (*fis.*) *numero atomico* numéro atomique ◇ (*foto.*) *numero guida* tableau des temps et des ouvertures (du diaphragme) ◇ (*mar.*) *numero di bordo* numéro de bord ◇ (*stat.*) *numero indice* indice ◇ (*loc.*) *è il nemico pubblico numero uno* c'est l'ennemi public numéro un ~ *dammi un biscotto, ma uno di numero* donne-moi un biscuit, mais un seulement **3** [*quantità indeterminata*] nombre: *sono intervenuti in gran numero* ils sont intervenus en grand nombre; *la squadra avversaria era superiore di numero* l'équipe adverse était supérieure en nombre ◇ (*loc.*) *una moltitudine senza numero* une multitude innombrable ~ *è venuto per far numero* il est venu pour faire nombre ~ *è passato nel numero dei più* il est parti dans l'autre monde ~ *è annoverata nel numero delle grandi famiglie* on la compte au nombre des grandes familles **4** [*ciascuno dei numeri delle lotterie*] numéro: *alla 'roulette' ho puntato sul numero 3* à la roulette j'ai misé sur le (numéro) 3; *è uscito il numero 90* le numéro 90 est sorti ◇ (*loc. fig.*) *ma stai dando i numeri?* tu n'es pas tombé sur la tête, des fois (*fam.*)? **5** (*tip.*) numéro: *numero unico* numéro unique; *vorrei il numero della scorsa settimana* je voudrais le numéro de la semaine dernière; *l'articolo uscirà nel prossimo numero* l'article paraîtra dans le prochain numéro **6** [*esibizione in uno spettacolo di varietà*] numéro: *numero di danza, di illusionismo* numéro de danse, de prestigitation; *c'erano dei buoni numeri in quella rivista* il y avait de bons numéros dans cette revue **7** *al plur.* [*talento, qualità*] (bonnes) qualités (*f.*): *è un ragazzo che ha dei numeri* c'est un garçon qui a ses qualités; *ha dimostrato di avere dei numeri* il a révélé de bonnes qualités **8** (*gram., ling.*) nombre: *numero singolare, plurale* nombre singulier, pluriel **9** (*lett.*) [*ritmo*] nombre, cadence (*f.*): *il numero della prosa ciceroniana* le nombre, la cadence de la prose cicéronienne.

numerosità |numerosi'ta| *s.f. inv.* [*l'essere numeroso*] (grand) nombre (*m.*): *la numerosità dei suoi interventi* le grand nombre de ses interventions.

numeróso |nume'roso| *agg.* **1** [*formato da molti elementi*] nombreux*: *famiglia numerosa* famille nombreuse **2** [*in gran numero*] nombreux: *gli spettatori intervennero numerosi alla rappresentazione* les spectateurs intervinrent nombreux à la représentation; *in questo compito ci sono numerosi errori* dans ce devoir il y a de nombreuses fautes **3** (*arc.*) → **ritmico** ◇ (*letter.*) *prosa numerosa* une prose rythmée, nombreuse (*raro*).

nùmida |'numida| *agg.* [*della Numidia*] numide.

numìdico, ci, ca, che |nu'midiko, tʃi, ka, ke| *agg.* [*della Numidia*] numidique, numide # *le popolazioni numidiche* les populations de la Numidie, les Numides.

numismàtica, che |numiz'matika, ke| *s.f.* numismatique: *un trattato di numismatica* un traité de numismatique.

numismàtico, ci, ca, che |numiz'matiko, tʃi, ka, ke| **1** *agg.* numismatique: *catalogo numismatico* catalogue numismatique **2** *s.m.* [*studioso di numismatica*] numismate *s.*

nummolària |nummo'larja| *s.f.* (*t.bot.*) nummulaire.

nummulite |nummu'lite| *s.f.* (*geol., paleont.*) nummulite.

nummulìtico, ci, ca, che |nummu'litiko, tʃi, ka, ke| *agg. e s.m.* (*geol., paleont.*) nummulitique.

nunatàk |nuna'tak| *s.m. inv.* (*geogr.*) nunatak *var.*

nuncupativo |nunkupa'tivo| *agg.* (*dir. rom.*) nuncupatif*.

nuncupazióne |nunkupat'tsjone| *s.f.* (*dir. rom.*) nuncupation.

nunziàre |nun'tsjare| *v.tr.* → **annunciare.**

nunziatùra |nuntsja'tura| *s.f.* (*eccl.*) nonciature.

nùnzio, i |'nuntsjo, i| *s.m.* **1** [*chi porta un annunzio*] messager*: *il nunzio del re* le messager du roi ◇ (*eccl.*) *nunzio apostolico* nonce apostolique **2** (*lett.*) [*annunzio, notizia*] annonce *f.* (*corr.*).

nuòcere |'nwɔtʃere| (160) *v.intr.* (*aus. 'avere'*) [*arrecare danno; fare del male*] nuire (50): *quel clima ha nuociuto alla sua salute* ce climat a nui à sa santé → **guastare, compromettere**; *il gelo nuoce alle piante* le gel nuit aux plantes; *quella faccenda ha nuociuto alla sua carriera* cette histoire a nui à sa carrière → **danneggiare** ◇ (*prov.*) *tentar non nuoce* essayer ne coûte rien ~ *tutto il male non vien per nuocere* à quelque chose malheur est bon [C] **giovare.**

nuòra |'nwɔra| *s.f.* [*la moglie del figlio in rapporto ai genitori del marito*] belle-fille ◇ (*prov.*) *dire a nuora perché suocera intenda* on frappe sur le sac pour que l'âne le sente.

nuorése |nwo'rese| *agg.* [*di Nuoro*] de Nuoro *loc. inv.*

nuotàre |nwo'tare| **A** *v.intr.* (*aus. 'avere'*) **1** [*muoversi in acqua per reggersi a galla*] nager (3): *non sa nuotare* il ne sait pas nager; *ha imparato a nuotare* il a appris à nager; *nuota bene sia in superficie che in profondità* il nage aussi bien en surface qu'en immersion; *nuota a rana e a farfalla* il nage la brasse, la brasse-papillon ◇ (*loc.*) *nuota come un pesce* il nage comme un poisson ~ (*fig.*) *sta bene, ma non nuota nell'oro* il est à l'aise, mais il ne roule pas sur l'or; *ora nuotano nell'abbondanza* maintenant, ils nagent dans l'opulence **2** (*fig.*) [*muoversi, spostarsi nell'aria*] flotter: *bianche nuvole sembravano nuotare nel cielo* des nuages blancs semblaient flotter dans le ciel **B** *v.tr.* [*percorrere una distanza a nuoto*] nager: *nuotare i cento metri* nager les cent mètres.

nuotàta |nwo'tata| *s.f.* (*in loc.*) **1** [→ NUOTARE A 1] nager (2) (*v.intr.*): *ho fatto una bella, una lunga nuotata* j'ai nagé longtemps; *dopo una breve nuotata, è tornato a riva* après avoir nagé un peu, il est revenu sur la rive (sur la plage) **2** [*modo di nuotare*] nager: *fare una nuotata sul petto, sul fianco* nager le crawl, nager à l'indienne; *fare una nuotata sott'acqua* nager sous l'eau.

nuotatóre, trice |nwota'tore, tritʃe| *s.* [*chi nuota, chi pratica lo sport del nuoto*] nageur*: *è un ottimo nuotatore* c'est un excellent nageur.

nuòto |'nwɔto| *s.m.* [*i movimenti che assicurano il galleggiamento del corpo e la sua progressione nell'acqua*] natation (*f.*): *pratica il nuoto da molto tempo* il pratique la natation depuis longtemps; *ho partecipato a una gara di nuoto* j'ai participé à une compétition de natation; *hanno aperto una scuola di nuoto* ils ont ouvert une école de natation # *è inesperto del nuoto* il ne sait pas (bien) nager ◇ *loc. avv.* A NUOTO à la nage: *ha attraversato lo stretto a nuoto* il a traversé le détroit à la nage; *è tornato a riva a nuoto* il a gagné la côte à la nage # *si è gettato, buttato a nuoto* il s'est jeté à l'eau; *si è salvato a nuoto* il s'est sauvé en nageant.

nuòva |'nwɔva| *s.f.* [*notizia*] nouvelle: *che nuove hai?* quelle nouvelles as-tu (reçues)?; *non ho nessuna nuova* je n'ai aucune nouvelle ◇ (*prov.*) *nessuna nuova, buona nuova* pas de nouvelles, bonnes nouvelles.

nuovaiorchése |nwɔvajor'kese| *agg.* [*di New-York*] new-yorkais.

nuovaménte |nwova'mente| *avv.* **1** [*di nuovo, un'altra volta*] encore, de nouveau (*loc. inv.*): *l'ho rivisto nuovamente* je l'ai encore revu **2** (*raro*) [*in modo nuovo*] d'une nouvelle façon *loc. inv.*

nuòvo |'nwɔvo| **I** *agg.* **1** [*che è stato fatto o conosciuto, che è accaduto di recente*] nouveau*: *i nuovi ricchi* les nouveaux riches; *le nuove generazioni* les nouvelles générations; *indossa un vestito nuovo* il porte un nouveau costume; *è una costruzione di nuovo tipo* c'est une construction d'un nouveau type; *il vino nuovo è un po' leggero* le vin nouveau est un peu léger ◇ (*loc.*) *la sua macchina è* NUOVA DI ZECCA, NUOVA FIAMMANTE sa voiture est flambant neuf, neuve ~ *lucidato, è come nuovo* ciré, il est comme neuf **2** (*con valore temporale*) [*che inizierà tra poco il suo corso*] nouveau: *il nuovo giorno* le jour nouveau; *l'anno nuovo* l'an nouveau; *all'inizio del nuovo secolo* au début du siècle nouveau; *c'è la luna nuova* c'est la nouvelle lune ◇ (*prov.*) *anno nuovo, vita nuova* année nouvelle, vie nouvelle **3** [*che è la prima volta che si vede, si conosce o si prova*] nouveau, neuf*: *quello che provo è un sentimento nuovo* ce que j'éprouve c'est un sentiment nouveau, neuf; *per me è una esperienza nuova* pour moi, c'est une expérience nouvelle, toute neuve; *è nuovo del mestiere* il est neuf dans le métier # *è una faccia nuova* c'est un visage inconnu; *è nuovo di questo ambiente, di questa città* il ne connaît pas ce milieu, cette ville ◇ (*loc.*) *quel nome non mi riesce nuovo, non mi è nuovo* ce nom ne m'est pas inconnu ~ *questo fatto mi viene nuovo* je n'ai pas connaissance de ce fait ~ *questa sì che è nuova!* ça alors, c'est du nouveau! **4** [*altro, diverso*] nouveau: *i giovani lottano per una nuova società* les jeunes luttent pour une nouvelle société; *sono necessarie nuove leggi* de nouvelles lois sont nécessaires; *in quella fabbrica si stanno sperimentando nuove tecniche* dans cette usine on expérimente des techniques nouvelles; *hanno preso nuove abitudini* ils ont pris de nouvelles habitudes ◇ (*arts.*) *è in visione un nuovo film, un nuovo spettacolo teatrale* il y a un nouveau film, un nouveau spectacle en exclusivité; *è uscito un nuovo libro di quello scrittore* un nouveau livre de cet écrivain vient de paraître **5** [*ulteriore, successivo, sostitutivo rispetto al precedente*] nouveau: *c'è un nuovo insegnante* il y a un nouvel enseignant; *il nuovo governo ha promesso di sanare la situazione* le nouveau gouvernement a promis d'assainir la situation; *si è comperato una nuova televisione* il a acheté un nouveau téléviseur; *è stato colpito da un nuovo dolore* il a été victime d'une nouvelle douleur; il a été frappé par un nouveau malheur; *ha fatto un nuovo tentativo* il a fait une nouvelle tentative ◇ (*loc.*) *si crede un nuovo Napoleone* il se croit, il se prend pour un nouveau Napoléon ~ *si atteggia a nuova Duse* elle se prend pour une nouvelle Duse ~ *continuiamo così fino a nuovo ordine* continuons ainsi jusqu'à nouvel ordre **II** *s.m.* [*ciò che è nuovo*; *novità*] nouveau: *non è amante del nuovo* il n'aime pas ce qui est nouveau; *la radio non ha detto niente di nuovo sulla crisi* la radio n'a rien dit de nouveau sur la crise; *non c'è nulla di nuovo sotto il sole* il n'y a rien de nouveau sous le soleil ◇ *loc. avv.* DI NUOVO de nouveau: *fa di nuovo freddo* il fait froid de nouveau; *sei di nuovo senza soldi?* es-tu de nouveau sans argent! ~ A NUOVO à neuf: *ha rimesso la casa a nuovo* il a remis la maison à neuf ~ (*fig.*) *mi sono rimesso a nuovo* je me suis remis à neuf [C] **vecchio.**

nuràghe |nu'rage| *s.m.* (*archeol.*) nuraghe: *dei nuraghi* des nuraghi.

nuràgico, ci, ca, che |nu'radʒiko, tʃi, ka, ke| *agg.* (*archeol.*) de nouraghe *loc.*

nurse |nəːs| *s.f. inv.* (*ingl.*) nurse *var.*

nutazióne |nutat'tsjone| *s.f.* (*astron., med.*) nutation.

nùtria |'nutrja| *s.f.* **1** (*t.zool.*) ragondin *m.* **2** [*pelliccia dell'animale omonimo*] ragondin.

nutribile |nu'tribile| *agg.* (*raro*) [→ NUTRIRE] qu'on peut nourrir *loc.*

nutricàre |nutri'kare| *v.tr.* (*lett.*) → **nutrire.**

nutrice |nu'tritʃe| *s.f.* **1** nourrice: *affidare un bambino a una nutrice* mettre un enfant en nourrice **2** (*fig.*) [*che alimenta spiritualmente*] *terra nutrice di grandi ingegni* terre qui a vu naître de grandes intelligences, de grands génies **3** (*scient.*) nourricier*: *piante, cellule nutrici* plantes, cellules nourricières.

nutriènte |nutri'ɛnte| *agg.* [*che nutre*] nourrissant, nutritif*: *cibo nutriente* aliments nourrissants, nutritifs; *crema nutriente* crème nourrissante.

nutriménto |nutri'mento| *s.m.* **1** [→ NUTRIRE A 1] nourriture (*f.*): *provvede al nutrimento della famiglia* il pourvoit à la nourriture de la famille, c'est lui qui fait vivre la famille # *le piante ricevono nutrimento dal terreno* les plantes tirent leur substances nutritives du terrain → **alimento** **2** [→ NUTRIRE A 2] nourriture (*lett.*): *l'arte è il nutrimento dello spirito* l'art est la nourriture de l'esprit.

nutrire |nu'trire| (204) **A** *v.tr.* **1** [*somministrare alimenti per tenere in vita e per far crescere*] nourrir: *bisogna nutrire i malati con cibi leggeri* il faut nourrir les malades avec des aliments légers; *questi polli sono nutriti con mangimi scelti* ces poulets sont nourris avec des aliments de qualité → 1 **alimentare** ◇ (*spec.*) *nutrire un bambino* [*allattare*] nourrir un enfant ♦ (*ass.*) *la carne nutre e non ingrassa* la viande nourrit sans faire grossir ◇ (*prov.*) *nutrire una serpe in seno* réchauffer un serpent dans son sein **2** (*fig.*) [*incrementare, sviluppare*] nourrir: *nutrire la mente con letture* nourrir l'esprit avec des lectures; *studi che nutrono l'ingegno* des études qui nourrissent l'esprit **3** (*fig.*) [*avere, sentire vivi sentimenti e passioni*] nourrir: *nutre un affetto morboso per quel ragazzo* il nourrit une affection morbide pour ce garçon; *nutro una viva antipatia per lui* je nourris une vive antipathie pour lui; *nutre ancora speranza di riuscire* il nourrit encore l'espoir de réussir **B** *v.pron. rifl.* NUTRIRSI [*cibarsi, prendere alimento*] se nourrir: *si nutre solo di verdura* il se nourrit seulement de légumes; *devi nutrirti di più* tu dois te nourrir davantage.

nutritivo |nutri'tivo| *agg.* nutritif*: *sostanze nutritive* des substances nutritives; *un alto valore nutritivo* une haute valeur nutritive.

nutrito |nu'trito| *agg.* **1** *nelle loc.* BEN NUTRITO, MAL NUTRITO bien nourri, mal nourri: *un bambino ben nutrito* un enfant bien nourri → **satollo, pasciuto** **2** (*fig.*) [*fitto, intenso*] nourri: *una nutrita scarica di artiglieria* une salve d'artillerie nourrie [C] **denutrito.**

nutritóre, trice |nutri'tore, tritʃe| *s.* **1** *s.* (*raro*) [*chi nutre*] qui nourrit *loc.* **2** *s.m.* [*recipiente atto a contenere cibo per animali*] nourrisseur.

nutrizionàle |nutrittsjo'nale| *agg.* nutritionnel*: *problemi nutrizionali* problèmes nutritionnels.

nutrizióne |nutrit'tsjone| *s.f.* **1** [→ NUTRIRE A 1] nourriture: *la nutrizione pei bambini* la nourriture des enfants; *ha bisogno di una nutrizione leggera* il a besoin d'une nourriture légère **2** (*biol.*) nutrition.

nutrizionista |nutrittsjo'nista| *s.* nutritionniste.

nùvola |'nuvola| *s.f.* **1** [*nube*] nuage (*m.*): *nuvole bianche, grige* des nuages blancs, gris; *il cielo è coperto di nuvole* le ciel est couvert de nuages ◇ (*loc. fig.*) *ha la testa nelle nuvole* il est dans les nuages ~ *vive tra le nuvole* il n'a pas les pieds sur terre ~ *quando gliel'ho chiesto, è caduto dalle nuvole* quand je le lui ai demandé, il est tombé des nues **2** (*fig.*) [*ciò che ha forma di nuvola*] nuage: *una nuvola di polvere, di fumo* un nuage de poussière, de fumée.

nuvolàglia |nuvo'laʎʎa| *s.f.* amas *m.* de nuages errants: *c'è una fitta nuvolaglia: minaccia di piovere* il y a un gros amas de nuages errants: la pluie menace.

nùvolo |'nuvolo| *s.m.* **1** temps nuageux: *con questo nuvolo pioverà di certo* par ce temps nuageux, il pleuvra certainement; ces nuages annoncent certainement la pluie ♦ (*agg.*) → **nuvoloso** **2** (*lett.*) [*nuvola*] nuage (*corr.*) **3** (*fig.*) [*nugolo, moltitudine*] nuée (*f.*): *un nuvolo di frecce* une nuée de flèches.

nuvolosità |nuvolosi'ta| *s.f. inv.* nébulosité (*var.*): *la nuvolosità del tempo, del cielo* la nébulosité du temps, du ciel ◇ (*meteor.*) *scarsa nuvolosità* faible nébulosité; *nuvolosità irregolare* nébulosité irrégulière.

nuvolóso |nuvo'loso| *agg.* **1** [*coperto di nuvole*] nuageux*: *cielo nuvoloso* ciel nuageux **2** (*per est.*) nuageux: *tempo nuvoloso* temps nuageux [C] **sereno.**

nuziàle |nut'tsjale| *agg.* nuptial* (*lett.*): *cerimonia nuziale* cérémonie nuptiale → **nozze, matrimonio**; *abito nuziale* robe nuptiale; *anello nuziale* anneau nuptial → **fede, vera** # *il giorno nuziale* le jour des noces.

nuzialità |nuttsjali'ta| *s.f. inv.* nuptialité (*var.*): *quoziente di nuzialità* quotient de nuptialité.

nylon |'nailən| *s.m. inv.* (*ingl.*) nylon (*var.*): *calze, biancheria di nylon* bas, lingerie de nylon.

O

o |ɔ| *s.f. o m.* [*tredicesima lettera dell'alfabeto*] o (*m.*): *o minuscola* o minuscule; *O maiuscolo* O majuscule ◇ (*tel.*) *O come Otranto* O comme Oscar ◇ (*loc.*) *è tondo come l'*'*o*' *di Giotto* il est bête comme une oie.

1 **ó** |o| *cong.* **1** (*con valore disgiuntivo*) ou (bien): *vuoi questo o quello?* tu veux celui-ci ou (bien) celui-là?; *hai capito o no?* tu as compris, oui ou non?; *per amore o per forza devi farlo* de gré ou de force il faut que tu le fasse; *o lo faccio adesso o mai più* je le fais maintenant ou jamais; *prendetelo, vivo o morto* prenez-le, mort ou vif; *prendere o lasciare* c'est à prendre ou à laisser # *o la va o la spacca* je joue le tout pour le tout ◇ (*con valore esplicativo*) *la filosofia, o amore della sapienza* la philosophie, ou l'amour de la sagesse **2** [*altrimenti*] ou (bien), autrement (*avv.*): *fate questo, o ve ne pentirete* faites cela, ou (bien), autrement vous le regretterez; *mani in alto o sparo* les mains en l'air, ou je tire; *fai presto o non arriverai in tempo* dépêche-toi, ou tu n'arriveras pas à temps.

2 **ó** |o| *inter.* **1** (*con valore raff. di un vocativo*) ô: *o Signore, aiutaci!* ô Seigneur, aidez-nous!; *o giovani, dovete lottare per il meglio!* ô vous les jeunes, vous devez lutter pour le bien! ◇ (*escl.*) *o santo cielo!* ô ciel!; *o numi del cielo!* ô Dieu du ciel! **2** (*fam.*) (*si usa chiamando o esortando ad alta voce qc.*) (*)hé: *o voi, laggiù!* hé vous, là-bas!; *o tu! ti sbrighi?* hé toi! tu te dépêches?

òasi |'ɔazi| *s.f. inv.* **1** (*geogr.*) oasis *f. ou m.* **2** (*fig.*) [*luogo piacevole e riposante*] oasis: *un'oasi di pace* une oasis de paix.

obbedienziàle |obbedient'sjale| *agg.* (*relig.*) obédientiel*.

obbedìre |obbe'dire| *e deriv.* → **ubbidire** *e deriv.*

obbiettàre |objjet'tare| *e deriv.* → **obiettare** *e deriv.*

obbiettivo |objjet'tivo| *e deriv.* → **obiettivo** *e deriv.*

obbligànte |obbli'gante| *agg.* [*che obbliga*] obligeant: *una persona dai modi obbliganti* une personne aux manières obligeantes # *clausole obbliganti* clauses qui assujettisent par obligation; *un regalo troppo obbligante* un cadeau qui oblige trop.

obbligàre |obbli'gare| **A** *v.tr.* **1** [*vincolare con un obbligo*] obliger (3) (à, de): *lo stato obbliga i cittadini a pagare le tasse* l'état oblige les citoyens à payer les impôts; *il senso del dovere lo obbliga a rimanere* le sens du devoir l'oblige à rester **2** [*costringere*] obliger, forcer (2): *una malattia lo ha obbligato a letto* une maladie l'oblige, le force à garder le lit; *nessuno ti obbliga a farlo!* personne ne t'oblige à le faire! **3** [*impegnare*] obliger: *la scrittura notarile obbliga le parti* l'acte notarié oblige les deux parties **4** [*legare a sé, impegnare a un dovere di riconoscenza*] obliger: *ha cercato di obbligarci con un regalo costoso* il a essayé de nous obliger par un cadeau coûteux **B** *v.pron. rifl.* OBBLIGARSI **1** [*assumere un'obbligazione giuridica, un impegno morale*] s'engager (3): *si è obbligato a restituire la somma entro due mesi* il s'est engagé à rendre la somme dans (les) deux mois **2** [*essere impegnato, legato da un debito di riconoscenza*] être (43) *intr.* l'obligé (de qqn.): *non gli chiedo niente, perché non voglio obbligarmi* je ne lui demande rien parce que je ne veux pas être son obligé Ⓒ A 1, 3 **disobbligare, svincolare,** 4 **disimpegnare.**

obbligatissimo |obbliga'tissimo| *agg. sup.* très dévoué.

obbligàto |obbli'gato| *agg.* **1** [*vincolato da riconoscenza*] obligé: *mi sento obbligato verso di lui* je me sens son obligé; *non sono obbligata con nessuno* je ne suis l'obligée de personne **2** [*che non è possibile evitare o cambiare*] obligé: *passaggio obbligato* passage obligé # *il caro-vita è un argomento obbligato* la vie chère est un argument péremptoire.

obbligatoriaménte |obbligatorja'mente| *avv.* [→ OBBLIGATORIO] obligatoirement.

obbligatorietà |obbligatorje'ta| *s.f. inv.* caractère *m.* obligatoire: *l'obbligatorietà dell'istruzione elementare* le caractère obligatoire de l'instruction primaire; *l'obbligatorietà dell'assicurazione automobilistica* le caractère obligatoire de l'assurance automobile.

obbligatòrio, i |obbliga'tɔrjo, i| *agg.* obligatoire: *fermata obbligatoria* arrêt obligatoire; *il servizio militare è obbligatorio* le service militaire est obligatoire; *voglio dare prima gli esami obbligatori* je veux passer d'abord les épreuves qui sont obligatoires (à l'examen) ◇ (*dir.*) *assunzione obbligatoria* recrutement obligatoire; *donazione obbligatoria* donation obligatoire; *rapporto obbligatorio* rapport obligatoire; *foglio di via obbligatorio* feuille de route obligatoire Ⓒ **facoltativo.**

obbligazionàrio, i |obbligattsjo'narjo, i| *agg.* (*econ.*) d'obligations (*loc. inv.*): *mercato obbligazionario* marché des obligations; *titolo obbligazionario* titres (d'obligations).

obbligazióne |obbligat'tsjone| *s.f.* [→ OBBLIGARE A] **1** obligation: *non voglio avere delle obbligazioni con lui* je ne veux pas avoir d'obligations envers lui; je ne veux pas être son obligé **2** (*dir.*) obligation: *inadempienza di una obbligazione* inaccomplissement d'une obligation; *contrarre un'obbligazione* contracter une obligation **3** (*econ.*) obligation: *obbligazioni pubbliche, private* obligations publiques, privées.

obbligazionista |obbligattsjo'nista| *s.* [*possessore di obbligazioni*] obligataire, porteur* d'obligations.

òbbligo, ghi |'ɔbbligo, gi| *s.m.* **1** [*dovere imposto, impegno vincolante*] devoir; engagement: *è venuto meno agli obblighi verso la sua famiglia* il n'a pas fait son devoir envers sa famille ‖ *si è assunto l'obbligo di aiutarlo* il a pris l'engagement de l'aider # *la scuola dell'obbligo* l'obligation scolaire, l'instruction obligatoire ◇ *loc. avv.* D'OBBLIGO de rigueur; obligatoire (*agg.*): *è d'obbligo l'abito scuro* la costume sombre est de rigueur ‖ *sono d'obbligo le cinture di sicurezza* le port de la ceinture de sécurité est obligatoire **2** [*dovere di riconoscenza*] obligations (*f. pl.*): *ha degli obblighi nei suoi riguardi* il a des obligations envers lui → 2 **dovere** # *si sente in obbligo verso di lui* il se considère son obligé Ⓒ 1 **facoltà, arbitrio, scelta.**

obblio, ii |ob'blio, ii| *e deriv.* → **oblio** *e deriv.*

obbròbrio, i |ob'brɔbrjo, i| *s.m.* **1** [*disonore, infamia*] déshonneur, opprobre (*lett.*): *non voglio cadere nell'obbrobrio* je ne veux pas tomber dans le déshonneur, l'opprobre **2** [*persona o cosa che è motivo di vergogna e disonore*] *honte (*f.*): *il suo comportamento è un'obbrobrio* son comportement est une honte; *quel ragazzo è l'obbrobrio della sua famiglia* ce garçon est la honte de sa famille ◇ (*in usi iperb.*) horreur (*f.*): *che obbrobrio quel palazzo!* quelle horreur, cet immeuble!; *quel film è un vero obbrobrio!* ce film est une vraie horreur.

obbrobriosaménte |obbrobrjosa'mente| *avv.* **1** [→ OBBROBRIOSO 1] *honteusement, ignominieusement **2** [→ OBBROBRIOSO 2] horriblement.

obbrobrióso |obbro'brjoso| *agg.* **1** [*che reca infamia o disonore*] *honteux*, ignominieux*: *ha tenuto una condotta obbrobriosa* il a eu une conduite honteuse, ignominieuse; *ha avuto una morte obbrobriosa* il a eu une mort honteuse → **vergognoso** **2** (*fig.*) [*oltremodo brutto*] affreux*, horrible: *è uno spettacolo obbrobrioso* c'est un spectacle affreux, horrible; *è proprio un edificio obbrobrioso* c'est un immeuble vraiment affreux.

obedienziàrio, i |obedjen'tsjarjo, i| *s.m.* (*relig.*) obédiencier.

obelìsco, chi |obe'lisko, ki| *s.m.* (*archeol.*) obélisque.

oberàre |obe'rare| *v.tr.* → **sovraccaricare.**

oberàto |obe'rato| *agg.* **1** [*gravato da passività*] obéré, accablé: *un terreno* *oberato da ipoteche* un terrain obéré d'hypothèques; *una persona oberata di debiti* une personne accablée de dettes **2** (*per est.*) [*oppresso, sovraccarico*] accablé; pris: *sono oberato di lavoro* je suis accablé de travail || *è oberato di impegni* il est très pris.

obesità |obezi'ta| *s.f. inv.* (*med.*) obésité *var.* → **pinguedine** Ⓒ **magrezza.**

obèso |o'bɛzo| *agg.* (*med.*) obèse: *una dieta per persone obese* un régime pour personnes obèses → **pingue, adiposo** ♦ (*s.*) *un obeso* un obèse Ⓒ **magro.**

òbi |'ɔbi| *s.m. inv.* obi *f. var.*

òbice |'ɔbitʃe| *s.m.* (*arma*) obusier.

obiettàre |objet'tare| *v.tr.* [*rispondere adducendo argomenti e opinioni divergenti*] objecter: *potresti obiettare che non sono capace* tu pourrais objecter que je ne suis pas capable; *un relatore obiettò che il numero non era legale* le rapporteur objecta que le nombre n'était pas légal; *chi ha da obiettare qualcosa?* quelqu'un a-t-il quelque chose à objecter? → **contestare** Ⓒ **assentire, approvare.**

obiettivaménte |objettiva'mente| *avv.* [→ OBIETTIVO I] objectivement: *ha obiettivamente ragione* objectivement, il a raison; *ha esposto obiettivamente i fatti* il a exposé objectivement les faits.

obiettivàre |objetti'vare| *v.tr.* → **oggettivare.**

obiettività |objettivi'ta| *s.f. inv.* objectivité (*var.*): *la sua relazione pecca di scarsa obiettività* son compterendu pèche par insuffisance d'objectivité; *ha guidicato tutti con molta obiettività* il les a tous jugés avec beaucoup d'objectivité; *la sua mancanza di obiettività è palese* son manque d'objectivité est patent.

obiettivo |objet'tivo| **I** *agg.* [*imparziale, non condizionato*] objectif*: *dài un giudizio obiettivo su di lui* tu portes un jugement objectif sur lui; *è un critico poco obiettivo* c'est un critique peu objectif; *ha fatto un quadro obiettivo della situazione* il a fait un tableau objectif de la situation → **oggettivo II** *s.m.* **1** (*fis.*) objectif: *un obiettivo fotografico* l'objectif d'un appareil photographique; *obiettivo da cannocchiale, da microscopio* objectif d'une lunette d'approche, d'un microscope **2** (*mil.*) objectif: *l'obiettivo da colpire era poco visibile* l'objectif à atteindre était peu visible ◇ (*fig.*) *cerca di non mancare l'obiettivo* essaie de ne pas manquer ton objectif **3** (*per est.*) [*fine, scopo*] objectif: *il suo obiettivo era quello di stancarci* son objectif était de nous fatiguer # *è partito con l'obiettivo di rintracciarlo* il est parti dans le dessein de le retrouver Ⓒ I **parziale, soggettivo.**

obiètto |o'bjɛtto| *s.m.* (*ant., lett.*) → **oggetto.**

obiettóre |objet'tore| *s.m.* [*chi fa obiezione, obiezioni*] contradicteur: *posso rispondere agli obiettori* je peux répondre aux contradicteurs ◇ (*spec.*) *obiettore di coscienza* objecteur de conscience.

obiezióne |objet'tsjone| *s.f.* [→ OBIETTARE] objection: *ha mosso molte obiezioni al nuovo progetto* il a fait de nombreuses objections au nouveau projet; *la mia obiezione è stata accolta* mon objection a été retenue, jugée valable; *è un'obiezione poco pertinente* c'est une objection peu pertinente; *vi sono delle obiezioni?* y a-t-il des objections? ♦ (*ass.*) *obiezioni da fare?* des objections?

òbito |'ɔbito| *s.m.* **1** (*eccl.*) obit **2** (*raro, lett.*) [*morte, decesso*] décès (*corr.*).

obitòrio, i |obi'tɔrjo, i| *s.m.* [*luogo dove sono tenuti i cadaveri in attesa di riconoscimento o di autopsia*] morgue *f.*

obituàrio, i |obi'twarjo, i| *s.m.* obituaire.

oblàta |o'blata| *s.f.* (*eccl.*) oblat *m.*

oblativo |obla'tivo| *agg.* oblatif*.

oblàto |o'blato| *s.* (*eccl.*) oblat.

oblatóre, trice |obla'tore, tritʃe| *s.* **1** [*chi fa un'oblazione, un'offerta*] donateur*; bienfaiteur* → **offerente 2** (*dir.*) payeur* d'une amende de composition.

oblazióne |oblat'tsjone| *s.f.* **1** offrande, don (*m.*): *tutti hanno fatto una oblazione per il nuovo circolo ricreativo* tout le monde a fait une offrande, un don pour le nouveau cercle récréatif → **offerta 2** (*dir.*) paiement *m.* d'une amende de composition.

obliàbile |obli'abile| *agg.* (*lett.*) → **dimenticabile.**

obliàre |obli'are| *v.tr.* (*lett.*) → **dimenticare.**

oblio, i |o'blio, ii| *s.m.* oubli: *è già caduto nell'oblio* il est déjà tombé dans l'oubli; *è uno scrittore condannato all'oblio* c'est un écrivain condamné à l'oubli.

oblióso |obli'oso| *agg.* (*lett.*) [*dimentico, immemore*] oublieux* (*corr.*).

obliquaménte |oblikwa'mente| *avv.* **1** [→ OBLIQUO] obliquement **2** [*di traverso*] de biais *loc. inv.*, de travers *loc. inv.*

obliquàre |obli'kware| **A** *v.tr.* [*piegare in modo da rendere obliquo*] rendre (53) oblique ◇ (*mil.*) effectuer un tir oblique **B** *v.intr.* (*aus.* '*avere*') [*avanzare o tagliare diagonalmente*] obliquer.

obliquità |oblikwi'ta| *s.f. inv.* obliquité (*var.*): *l'obliquità di una retta, di una figura* l'obliquité d'une droite, d'une figure ◇ (*fig.*) [*l'ambiguità*] ambiguïté (*var.*): *mi irrita l'obliquità del suo modo di fare* l'ambiguïté de sa façon de faire m'irrite.

obliquo |o'blikwo| *agg.* **1** oblique: *una retta obliqua* une droite oblique; *un muro obliquo* un mur oblique ◇ (*anat.*) *muscolo obliquo* muscle oblique ◇ (*gram.*) *casi obliqui* cas obliques **2** (*fig.*) [*finto, subdolo*] sournois; oblique: *ha un modo d'agire obliquo* il a une façon d'agir sournoise || *mi ha lanciato un'occhiata obliqua* il m'a lancé un regard oblique → **bieco, ambiguo 3** (*fig.*) [*indiretto*] indirect # *la notizia è filtrata per vie oblique* la nouvelle a été dévoilée indirectement Ⓒ 2 **franco** 1, **leale**; 3 **diretto.**

obliteràre |oblite'rare| *v.tr.* **1** (*raro*) [*cancellare completamente*] oblitérer (8) (*arc.*): *obliterare una parola, uno scritto* oblitérer un mot, un écrit ◇ (*fig.*) *obliterare un ricordo d'infanzia* oblitérer un souvenir d'enfance **2** [*annullare con un timbro, con la firma o la data*] oblitérer: *obliterare una marca da bollo, un biglietto del tram* oblitérer un timbre fiscal, un billet de tramway **3** (*med.*) [*occludere*] oblitérer.

obliteratóre, trice |oblitera'tore, tritʃe| *agg.* [*che annulla*] oblitérateur* ◇ *macchina obliteratrice* machine à oblitérer *loc.* (*corr.*), oblitérateur *s.m.*

obliteratrìce |oblitera'tritʃe| *s.f.* (*tecnol.*) oblitérateur *m.*

obliterazióne |obliterat'tsjone| *s.f.* [→ OBLITERARE] oblitération.

oblivióne |obli'vjone| *e deriv.* → **oblio** *e deriv.*

oblò |o'blɔ| *s.m. inv.* (*mar.*) *hublot *var.*

oblùngo, ghi |o'blungo, gi| *agg.* oblong*: *foglie oblunghe* feuilles oblongues → **bislungo** ◇ (*tip.*) *volume oblungo* volume oblong.

obnubilaménto |obnubila'mento| *s.m.* (*lett.*) [*annebbiamento, offuscamento*] obnubilation *f.* ◇ (*med.*) *l'obnubilamento della coscienza, delle facoltà sensitive* l'obnubilation de la conscience, des facultés sensitives.

obnubilàre |obnubi'lare| *v.tr.* (*lett.*) [*annebbiare, offuscare*] obnubiler.

obnubilazióne |obnubilat'tsjone| *s.f.* → **obnubilamento.**

òboe |'ɔboe| *s.m. inv.* (*mus.*) *hautbois.

oboista |obo'ista| *s.* [*suonatore di oboe*] *hautboïste.

òbolo |'ɔbolo| *s.m.* **1** obole (*f.*): *hai dato il tuo obolo?* as-tu apporté, donné ton obole? → **elemosina 2** (*st. gr.*) obole.

obsecrazióne |obsekrat'tsjone| *s.f.* (*raro*) obsécration (*corr.*).

obsolescènte |obsoleʃ'ʃɛnte| *agg.* obsolescent.

obsolescènza |obsoleʃ'ʃɛntsa| *s.f.* **1** (*lett.*) obsolescence **2** (*econ.*) obsolescence: *l'obsolescenza di strutture, di istituti* l'obsolescence de structures, d'instituts.

obsolèto |obso'lɛto| *agg.* (*lett.*) obsolète, désuet*: *vocaboli obsoleti* mots obsolètes, désuets → **antico, disusato.**

oc |ɔk| *s.m. inv.* ('*si*' *nell'ant. provz.*) oc (*var.*): *la lingua d'oc* la langue d'oc; *il paese dell'oc* le pays d'oc.

òca, che |'ɔka, ke| *s.f.* **1** (*t.zool.*) oie ◇ (*corr.*) *oca domestica, selvatica* oie domestique, sauvage; *oca maschio* jars (*m.*); *oca giovane* oison *m.* ◇ (*loc.*) *penna d'oca* plume d'oie ~ *gioco dell'oca* jeu de l'oie ~ (*cuc.*) *pasticcio di fegato d'oca* pâté de fois gras ~ (*escl.*) *porca l'oca!* nom d'un chien! ~ (*mecc.*) *collo d'oca* col de cygne ~ (*mil.*) *passo dell'oca* pas de l'oie ◇ (*loc. fig.*) *camminare come un'oca* marcher comme un canard ~ *andare in fila come le oche* marcher à la queue leu leu ~ *mi ha fatto venire la pelle d'oca* il m'a donné la chair de poule ~ *aveva la pelle d'oca* il avait la chair de poule **2** (*fig.*) [*persona di scarsa intelligenza, superficiale e vuota*] oie: *è proprio una oca* c'est vraiment une oie → **sciocco** # *è sempre imbambolata come un'oca* elle a toujours l'air de tomber des nues.

ocàggine |o'kaddʒine| *s.f.* (*fam.*) [*scarsa intelligenza, superficialità*] bêtise (*corr.*): *l'ocaggine di quella ragazza è insopportabile* la bêtise de cette fille est insupportable → **stupidità.**

ocarina |oka'rina| *s.f.* (*mus.*) ocarina *m.*

occamismo |okka'mizmo| *s.m.* (*filos.*) occamisme.

occasionàle |okkazjo'nale| *agg.* occasionnel*: *una conoscenza occasionale* une connaissance occasionnelle;

un motivo del tutto occasionale mi ha costretto a ciò un motif tout à fait occasionnel m'a contraint à le faire; *indaga sulle cause occasionali di quell'avvenimento* il enquête sur les causes occasionnelles de cet événement → **accidentale, casuale** Ⓒ **prestabilito, causale.**

occasionalismo |okkazjona'lizmo| *s.m.* (*filos.*) occasionnalisme.

occasionalménte |okkazjonal'mente| *avv.* [→ OCCASIONALE] occasionnellement: *l'ho conosciuto occasionalmente* je l'ai connu occasionnellement.

occasionàre |okkazjo'nare| *v.tr.* occasionner.

occasióne |okka'zjone| *s.f.* **1** occasion: *da tempo aspettavo quell'occasione* depuis longtemps j'attendais cette occasion; *ha saputo cogliere l'occasione giusta* il a su saisir la bonne occasion; *alla prima occasione ti racconterò tutto* à la première occasion je te raconterai tout; *non ho avuto occasione di vederlo* je n'ai pas eu l'occasion de le voir; *mi son perso l'occasione* j'ai raté l'occasion → **opportunità**; *all'occasione ci si deve difendere* à l'occasion, on doit se défendre ◇ (*loc.*) *ha preso l'occasione al volo* il a saisi l'occasion au vol ◇ (*prov.*) *l'occasione fa l'uomo ladro* l'occasion fait le larron **2** [*buon affare*] occasion: *quella casa è stata una vera occasione* cette maison a été une vraie occasion; *è un'occasione: compralo!* c'est une occasion: achète-le! ◇ *loc. avv.* D'OCCASIONE d'occasion: *prezzi d'occasione* prix d'occasion; *un'automobile d'occasione* une voiture d'occasion **3** [*causa, motivo, pretesto*] l'occasion: *aspetta l'occasione per dirgli quello che pensa di lui* il attend l'occasion pour lui dire ce qu'il pense de lui; *lui stesso ha fornito l'occasione dello scontro* il a fourni lui-même l'occasion de la bagarre **4** [*avvenimento, circostanza*] occasion: *si è fatta un abito nuovo per l'occasione* elle s'est fait une robe neuve pour l'occasion.

occàso |ok'kazo| *s.m.* (*lett.*) **1** [*tramonto, occidente*] couchant (*corr.*), occident (*corr.*) **2** (*fig.*) [*declino, morte*] déclin (*corr.*).

occhiàccio, i |ok'kjattʃo, i| *s.m.* [*occhio che esprime severità o ira*] œil* sévère: *che occhiacci!* quels yeux sévères! # *ha fatto gli occhiacci al bambino turbolento, ma niente da fare!* il a fait les gros yeux à l'enfant turbulent, mais rien à faire!

occhiàia |ok'kjaja| *s.f.* **1** (*anat.*) orbite → **orbita** **2** *al plur.* [*infossamento e colorito livido della palpebra inferiore*] cernes (*m.*): *sei stanca?, hai le occhiaie* tu es fatiguée?, tu as les yeux cernés, des cernes autour des yeux.

occhialàio, i |okkja'lajo, i| *s.m.* [*chi vende o ripara occhiali*] lunet(t)ier* *s.*, opticien* *s.*

occhialétto |okkja'letto| *s.m.* **1** [*occhiale per signora non fisso sul naso, ma fornito di un manico*] face-à-main: *degli occhialetti* des faces-à-main **2** [*piccolo binocolo da teatro*] lorgnette *f.*

occhiàli |ok'kjali| *s.m. pl.* (*ott.*): (*a stanghetta*) lunettes *f.*; (*a molla*) pince-nez *sing.*, lorgnon (*sing.*): *occhiali da sole, da neve* lunettes de soleil, de skieur; *occhiali da miope, da presbite* lunettes de myope, de presbyte; *occhiali-antisordità* lunettes auditives; *porta sempre gli occhiali* il porte toujours ses lunettes; *inforcàti gli occhiali, lesse la lettera* après avoir mis ses lunettes, il lut la lettre.

occhialìno |okkja'lino| *s.m.* → **occhialetto.**

occhialùto |okkja'luto| *agg.* avec des lunettes (*loc. inv.*): *un ragazzo occhialuto* un garçon avec des lunettes.

1 **occhiàta** |ok'kjata| *s.f.* coup *m.* d'œil: *con un'occhiata capì tutto* d'un coup d'œil il comprit tout; *si sono scambiati un'occhiata d'intesa* ils ont échangé un coup d'œil complice, d'intelligence; *gli ho lanciato un'occhiata interrogativa* j'ai échangé un coup d'œil interrogatif avec lui; *ho dato un'occhiata al giornale* j'ai jeté un coup d'œil sur le journal; *da' un'occhiata alle pentole* jette un coup d'œil sur les casseroles → **sguardo.**

2 **occhiàta** |ok'kjata| *s.f.* (*t.zool.*) oblade.

occhiatàccia, ce |okkja'tattʃa, tʃe| *s.f.* regard *m.* noir, furieux: *una brutta occhiatàccia* un sale regard noir; *gli ha lanciato un'occhiataccia per avvertirlo* il lui a lancé un regard noir, furieux pour l'avertir # *le ho dato un'occhiata per farla stare zitta* je l'ai regardée de travers pour la faire taire.

occhiatìna |okkja'tina| *s.f.* petit coup *m.* d'œil: *voglio dare un'occhiatina ai bambini* je veux donner un petit coup d'œil sur les, aux enfants.

occhieggiàre |okkjed'dʒare| **A** *v.tr.* [*guardare di tanto in tanto, ma con intenzione o desiderio*] lorgner: *occhieggiava con insistenza la ragazza* il lorgnait avec insistance la jeune fille **B** *v. intr.* (*aus.* '*avere*') [*apparire qua e là*] apparaître (72) et disparaître (72): *il sole occhieggiava fra le nuvole* le soleil apparaissait et disparaissait à travers les nuages.

occhiellatùra |okkjella'tura| *s.f.* (*sartoria*) (rang *m.* de) boutonnières *pl.*

occhièllo |ok'kjɛllo| *s.m.* **1** (*sartoria*) boutonnière *f.*; (*per stringhe, cordoncini, fettuccia, ecc.*) œillet: *occhiello rifinito di tessuto* boutonnière passepoilée; *punto occhiello* point de boutonnière; *gli occhielli della giacca, del cappotto* les boutonnières de la veste, du manteau → **asola**; *portava un distintivo all'occhiello* il portait un insigne à la boutonnière ‖ *gli occhielli delle scarpe* les œillets des chaussures ◇ (*loc. fig.*) *fare un occhiello nel ventre a qc.* faire une boutonnière à qqn. **2** (*tip.*) faux-titre.

occhièra |ok'kjɛra| *s.f.* [*scodellino di forma ovoidale, per eseguire bagni medicati all'occhio*] œillère.

occhiétto |ok'kjetto| *s.m.* **1** *solo nella loc.* FARE L'OCCHIETTO A QC. [*ammiccare*] cligner de l'œil à qqn. **2** (*tip.*) faux-titre, avant-titre.

òcchio, i |'ɔkkjo, i| *s.m.* **1** (*anat.*) œil*: *occhi tondi, a mandorla* yeux ronds, en amande; *ha degli splendidi occhi* elle a des yeux splendides; *gli ha strizzato l'occhio* il lui a fait de l'œil; *aguzza gli occhi!* ouvre l'œil, et le bon!; *asciugati gli occhi* essuie-toi les yeux ◇ (*loc.*) *non riesco a tenere gli occhi aperti dal sonno* je n'arrive pas à garder les yeux ouverts tant j'ai sommeil ~ *non ho chiuso occhio in tutta la notte* je n'ai pas fermé l'œil de la nuit ~ *sogna, dorme a occhi aperti* il rêve, il dort les yeux grand(s) ouverts ~ *a quella vista fece tanto d'occhi così* à cette vue il ouvrit de grands yeux ~ *aveva gli occhi fuori dalle orbite* il avait les yeux hors de la tête ~ *ha gli occhi che gli escono dalla testa* il a les yeux qui lui sortent de la tête ~ *per l'antipatia si caverebbero gli occhi* ils s'arracheraient les yeux tellement ils se détestent ~ *non ha più occhi per piangere*; *non gli sono rimasti che gli occhi per piangere* il n'a plus que les yeux pour pleurer ~ *ha sempre davanti agli occhi quella scena* il a toujours cette scène devant les yeux ~ *non ha alzato gli occhi dal libro* il n'a pas levé les yeux de son livre ~ *alzando gli occhi al cielo, sbuffò* levant les yeux au ciel, il soupira ~ *mi è caduta, capitata sotto gli occhi questa rivista* cette revue m'est tombée sous les yeux ~ *teneva, aveva sott'occhi l'elenco telefonico* il regardait l'annuaire du téléphone, il avait l'annuaire des téléphones sous le nez (*fam.*) ~ *sono fatti che balzano subito agli occhi* ce sont des faits qui sautent aux yeux ~ *perde gli occhi su quel lavoro* il s'use les yeux sur ce travail ~ *non le levava gli occhi di dosso* il ne la quittait pas des yeux ~ *se lo mangiava, divorava con gli occhi* elle le dévorait des yeux ~ *cercava di fare l'occhio a quell'oscurità* il essayait de s'habituer à cette obscurité ~ *ha l'occhio d'aquila, di falco, di lince* il a des yeux d'aigle, de faucon, de lynx ~ *appena si volta l'occhio, ne fa una delle sue* à peine détourne-t-on les yeux, qu'il fait une des siennes ~ *ne ho fin sopra gli occhi di te* j'en ai par dessus la tête de toi ~ *getta la polvere negli occhi* il jette de la poudre aux yeux ~ *lo vede come il fumo negli occhi* il ne peut pas le voir ~ *quel colore è come un pugno in un occhio* cette couleur est vraiment affreuse ~ *non credeva ai propri occhi* il n'en croyait pas ses yeux ~ *il suo abbigliamento dà nell'occhio* ses vêtements attirent l'attention, sont tape-à--l'œil (*fam.*) ~ *ha perso il lume degli occhi* il a vu rouge ~ *butta un occhio su questo scritto* jette un (coup d')œil sur ce papier, sur cet écrit (*lett.*) ~ *agli occhi del mondo è un uomo onesto* aux yeux du monde c'est un homme honnête ~ *lo guardava con la coda dell'occhio* elle le regardait du coin de l'œil ~ *ha gli occhi foderati di prosciutto* [*non vede le cose più evidenti*] il a les yeux bandés ◇ (*loc. avv.*) *partì in un batter d'occhio* il partit en un clin d'œil ~ *valutò la situazione a colpo d'occhio* il évalua la situation du, au premier coup d'œil ~ *quel bambino cresce a vista d'occhio* cet enfant grandit à vue d'œil ~ *voglio parlargli a quattr'occhi* [*in privato*] je veux lui parler entre quatre yeux ~ *la pianura si estendeva a perdita d'occhio* la plaine s'étendait à perte de vue ~ *a occhio, saranno stati una trentina* à vue d'œil, je dirais qu'ils étaient une trentaine ~ *a occhio e croce ci vogliono due ore* à vue de nez, en gros, il faut deux heures ~ *i microbi sono invisibili a occhio nudo* les microbes sont invisibles à l'œil nu ◇ (*prov.*) *in terra di ciechi, beato chi ha un occhio* au royaume des aveugles, les borgnes sont rois ~ *occhio per occhio, dente per dente* œil pour œil, dent pour dent ~ *anche l'occhio vuole la sua parte* l'œil veut sa part ~ *l'occhio del padrone ingrassa il cavallo* l'œil du maître engraisse le cheval; l'œil du fermier vaut fumier ~ *lontano dagli occhi, lontano dal cuore* loin des yeux, loin du cœur ~ *occhio non vede, cuore non duole* le cœur ne ressent pas ce que l'œil ne voit pas ~ *quattro occhi vedono meglio di due* quatre yeux voient mieux que deux; deux avis valent mieux qu'un **2** (*l'occhio considerato come l'espressione dell'attività intellettuale e spirituale dell'uomo*) œil: *gli occhi sono lo specchio dell'anima* les yeux sont le miroir de l'âme; *questo panorama appaga, soddisfa l'occhio* ce panorama satisfait l'œil; *mi guardava con gli occhi dolci, tristi, melanconici* il me regardait avec des yeux doux, tristes, mélancoliques; *ho letto nei suoi occhi* j'ai lu dans ses yeux; *ha due occhi che parlano* il a des yeux qui parlent # *lo interrogava con gli occhi* il l'interrogeait du regard ◇ (*loc.*) *non lo perde d'occhio un momento* il ne le quitte pas un instant des yeux ~ *le ha messo gli occhi addosso* il a jeté son regard, les yeux sur elle ~ *faceva gli occhi di triglia* il faisait des yeux de merlan frit ~ *lo vede di buon occhio, di mal occhio* il le voit d'un bon œil, d'un mauvais œil ~ *ci ha fatto l'occhio* [*si è abituato*] il s'est habitué ~ *non lo faccio certo per i suoi begli occhi* je ne le fais sûrement pas pour ses beaux yeux **3** (*fig.*) [*capacità di comprendere, intuire*] œil: *lo vede con gli occhi della fede* elle le voit, elle le croit avec les yeux de la foi; *dopo quell'episodio, lo vede con occhi nuovi* après cet épisode, elle le voit d'un œil neuf ◇ (*loc.*) *dove hai gli occhi?* où as-tu les yeux? ~ *finalmente ha aperto gli occhi* finalement, il a ouvert les yeux, les écailles lui sont tombées des yeux ~ *gli ho aperto gli occhi* je lui ai ouvert, dessillé les yeux ~ *tieni gli occhi ben aperti!* tiens tes yeux grands ouverts! ~ *ha occhio negli affari* [*intuito*] il a du flair dans les affaires ~ *ha l'occhio clinico* il a un coup d'œil professionnel ~ *non impegnarti a occhi chiusi* ne t'engage pas les yeux fermés, à l'aveuglette ~ *ha chiuso un occhio, tutt'e due gli occhi* [*finge di non vedere*] il a fermé les yeux ✦ (*ass.*) *che occhio!* quel coup d'œil!; *occhio!* attention!, vingt-deux (*pop.*): *occhio alle curve!* attention aux virages! **4** (*fig.*) (*l'occhio considerato come la cosa più preziosa*) œil: *lo ama più dei suoi occhi, come la luce dei suoi occhi* elle tient à lui comme à la prunelle de ses yeux; *quella casa gli è costata un occhio della testa* cette maison lui a coûté les yeux de la tête # *darebbe un occhio per averlo* il donnerait n'importe quoi pour l'avoir; *scommetto un occhio che è stato lui* je parie n'importe quoi que ç'a été lui **5** [*ogni oggetto o formazione che per struttura o caratteristica ricorda il globo oculare*] œil: *l'occhio del martello, del piccone* l'œil du marteau, de la pioche; *l'occhio della patata, del formaggio* les yeux des pommes de terre, du fromage; *l'occhio di una pianta, di un ramo* l'œil d'une plante, d'une branche; *l'occhio del ciclone, del tifone* l'œil du cyclone, du typhon ◇ (*loc. fig.*) *mi trovo nell'occhio del ciclone* [*nel punto più rischioso della situazione*] je suis dans l'œil du cyclone ◇ (*arch.*) *occhio di bue* œil-de-bœuf ◇ (*bot.*) *innesto a occhio* écusonnage à l'œil ◇ (*mar.*) *l'occhio di un cavo, di cubia* l'œil d'un câble, l'écubier ◇ (*miner.*) *occhio di gatto, di tigre* œil-de-chat, œil-de-tigre ◇ (*rad.*) *occhio magico* œil magique ◇ (*tess.*) *occhio di pernice* œil-de-perdrix ◇ (*tip.*) *l'occhio del carattere* l'œil de la lettre.

occhiolìno |okkjo'lino| *s.m.* → **occhietto.**

occhióne |ok'kjone| *s.m.* (*t.zool.*) œdicnème, courlis de terre (*corr.*).

occhiùto |ok'kjuto| *agg.* (*raro, lett.*) **1** [*che ha molti occhi*] aux nombreux yeux (*loc. inv.*) # *l'occhiuto Argo* l'Argus aux cent(s) yeux, aux yeux multiples **2** [*pieno di macchie sim. a occhi*] ocellé: *l'occhiuta coda del pavone* la queue ocellée du paon **3** (*fig.*) [*vigile, attento*] vigilant.

occidentàle |ottʃiden'tale| *agg.* occidental*: *le coste occidentali dell'Italia* les côtes occidentales de l'Italie; *i venti occidentali* les vents occidentaux; *la civiltà, l'arte occidentale* la civilisation occidentale, l'art occidental ◇ (*polit.*) *il blocco, lo schieramento occidentale* le bloc occidental, la coalition occidentale ✦ (*s.*) *gli occidentali* les occidentaux Ⓒ **orientale.**

occidentalìsmo |ottʃidenta'lizmo| *s.m.* occidentalisme.

occidentalìsta |ottʃidenta'lista| *s.* occidentaliste.

occidentalìstico, ci, ca, che |ottʃidenta'listiko, tʃi, ka, ke| *agg.* occidentaliste.

occidentalizzàre |ottʃidentalid'dzare| **A** *v.tr.* [*convertire alle idee e ai costumi dei popoli dell'occidente*] occidentaliser: *si tenta di occidentalizzare alcuni paesi del terzo mondo* on essaie d'occidentaliser certains pays du tiers monde **B** *v.pron. intr.* OCCIDENTALIZZARSI [*assumere i caratteri più tipici della civiltà occid.*] s'occidentaliser: *il Giappone si è rapidamente occidentalizzato* le Japon s'est rapidement occidentalisé.

occidentalizzazióne |ottʃidentaliddzat'tsjone| *s.f.* [→ OCCIDENTALIZZARE] occidentalisation.

occidènte |ottʃi'dɛnte| *s.m.* **1** (*astron., geogr.*) ouest, occident, couchant: *naviga verso occidente* il fait route à l'ouest; il navigue vers l'occident, vers le couchant; *è un vento che soffia da occidente* c'est un vent d'ouest, qui souffle de l'occident; *la Sardegna è a occidente della penisola italica* la Sardaigne est à l'ouest de la péninsule italienne → **ovest, ponente** **2** [*zona o paese situato a occidente*] Occident: *l'Occidente dell'Europa* l'Occident de l'Europe; *l'Impero romano d'Occidente* l'Empire romain d'Occident Ⓒ **oriente, est, levante.**

occìduo |ot'tʃiduo| *agg.* (*poet.*) [*che volge al tramonto*] qui décline vers le couchant *loc.* (*corr.*).

occipitàle |ottʃipi'tale| *agg.* (*anat.*) occipital*: *nervo, osso occipitale* nerf, os occipital ✦ (*s.m.*) *l'occipitale* l'occipital.

occìpite |ot'tʃipite| *s.m.* (*anat.*) occiput.

occitànico, ci, ca, che |ottʃi'taniko, tʃi, ka, ke| *agg.* [*dell'Occitania*] occitan: *le lingue occitaniche* les langues occitanes.

occlùdere |ok'kludere| (106) *v.tr.* (*lett., scient.*) [*chiudere, ostruire*] occlure* (46) Ⓒ **aprire.**

occlusióne |okklu'zjone| *s.f.* (*lett., scient.*) occlusion: *occlusione di un canale* occlusion d'un canal; *occlusione intestinale* occlusion intestinale.

occlusìvo |okklu'zivo| *agg.* occlusif*: *consonanti occlusive* consonnes occlusives ✦ (*s.f.*) *un'occlusiva* une occlusive.

occlùso |ok'kluzo| *agg.* [*ostruito, otturato*] obstrué, bouché: *intestino occluso* intestin obstrué, bouché.

occorrènte |okkor'rɛnte| *agg.* [*che occorre, che è necessario*] nécessaire: *quali sono i documenti occorrenti?* quels sont les documents nécessaires? ✦ (*s.m.*) *l'occorrente* le nécessaire, ce qu'il faut (*loc.*): *di' all'operaio che si porti tutto l'occorrente* dis à l'ouvrier qu'il apporte avec lui le nécessaire, tout ce qu'il faut.

occorrènza |okkor'rɛntsa| *s.f.* **1** [*circostanza*] éventualité, occurrence (*lett.*): *mi sono premunito per ogni occorrenza* je me suis prémuni contre toute éventualité; *per qualsiasi occorrenza sono qui* je suis ici pour toute éventualité, occurrence **2** [*necessità*] occurrence # *all'occorrenza, chiamami* le cas échéant, si besoin est, appelle-moi.

occórrere |ok'korrere| (127) *v.intr.* (*aus. 'essere'*) **1** [*essere necessario*] falloir* (*aus.* avoir): *occorrono dei rinforzi* il faut des renforts; *occorre vincere o morire* il faut vaincre ou mourir; *è occorso l'intervento della polizia* il a fallu l'intervention de la police; *occorrendo, ti aiuterò* s'il le faut, je t'aiderai; *mi occorrono più di due ore* il me faut plus de deux heures # *'devo fare qualcosa?' 'non occorre'* 'je dois faire quelque chose?' 'non, ce n'est pas nécessaire' **2** (*ant.*) [*accadere, capitare*] arriver (*corr.*).

occultàbile |okkul'tabile| *agg.* [→ OCCULTARE] qui peut être occulté *loc.*

occultaménte |okkulta'mente| *avv.* [→ OCCULTO 1] secrètement.

occultaménto |okkulta'mento| *s.m.* [→ OCCULTARE 1] dissimulation (*f.*): *l'occultamento di una postazione nemica* la dissimulation d'une position ennemie; *l'occultamento di una notizia* la dissimulation d'une nouvelle ◇ (*dir.*) *l'occultamento di un atto pubblico* la dissimulation d'un acte public; *l'occultamento della merce rubata* le recel de la marchandise volée; *occultamento di cadavere* recel de cadavre.

occultàre |okkul'tare| *v.tr.* **1** [*nascondere, tenere nascosto*] cacher, dissimuler: *hanno occultato il fatto* ils ont caché, dissimulé le fait; *cercano di occultare il danno arrecato* ils essaient de cacher les dégâts qu'ils ont faits ◇ (*dir.*) *hanno occultato il cadavere* ils ont recelé le cadavre; *è reato occultare un atto pubblico* c'est un délit que de cacher un acte public ◇ (*mil.*) *occultare le proprie postazioni* dissimuler ses positions; *occultare una formazione navale* dissimuler une formation navale → **nascondere** **2** (*astron.*) [*provocare un'occultazione*] occulter.

occultatóre, trice |okkulta'tore, tritʃe| *s.* [*chi occulta*] dissimulateur*; recéleur*.

occultazióne |okkultat'tsjone| *s.f.* **1** [→ OCCULTARE 1] dissimulation **2** (*astron.*) occultation.

occultìsmo |okkul'tizmo| *s.m.* oc-

cultisme: *praticare l'occultismo* pratiquer l'occultisme.
occultista |okkul'tista| *s.* occultiste.
occultistico, ci, ca, che |okkul'tistiko, tʃi, ka, ke| *agg.* de l'occultisme (*loc. inv.*): *pratiche occultistiche* pratiques de l'occultisme.
occùlto |ok'kulto| *agg.* **1** [*nascosto, segreto*] occulte, secret*: *un pensiero occulto* une pensée occulte, secrète; *le ragioni occulte del fatto* les raisons occultes du fait **2** [*dell'occultismo*] occulte: *scienze occulte* sciences occultes 🄲 1 **chiaro, palese.**
occupàbile |okku'pabile| *agg.* qu'on peut occuper *loc.*
occupaménto |okkupa'mento| *s.m.* → **occupazione.**
occupànte |okku'pante| *agg.* occupant: *le forze occupanti* les forces occupantes ◆ (*s.*) *un occupante* un occupant: *gli occupanti di una vettura* les occupants d'une voiture.
occupàre |okku'pare| **A** *v.tr.* **1** [*invadere un luogo e tenerlo per sé*] occuper: *gli operai hanno occupato le fabbriche* les ouvriers ont occupé les usines; *gli studenti vogliono occupare le scuole* les étudiants veulent occuper les écoles; *il nemico ha occupato il colle* l'ennemi a occupé la colline ◇ (*per est.*) *hanno occupato da poco l'appartamento* ils ont occupé depuis peu l'appartement → **abitare** **2** [*ingombrare o riempire uno spazio*] occuper, prendre (73): *una lunga coda di auto occupava la corsia di destra* une longue queue de voitures occupait, encombrait la voie de droite; *l'illustrazione occupa tutta la pagina* l'illustration occupe, prend toute la page; *questo mobile occupa troppo spazio* ce meuble occupe, prend trop de place; *cerca di occupare un posto vicino alla finestra* essaie d'occuper une place à côté de la fenêtre **3** [*detenere una carica o un ufficio*] occuper: *occupa la presidenza da molti anni* il occupe la présidence depuis de nombreuses années; *da poco occupa la cattedra di filologia* il occupe depuis peu, il est depuis peu titulaire de la chaire de philologie **4** [*impegnare il tempo e la mente*] occuper: *occupa il suo tempo libero nello sport* il occupe son temps libre à faire du sport; *cerca di occupare la sua attenzione con buone letture* il essaie d'occuper son attention par de bonnes lectures **5** [*dare lavoro*] occuper: *questa fabbrica occupa cinquecento operai* cette usine occupe cinq cents ouvriers **B** *v.pron. intr.* OCCUPARSI **1** [*interessarsi, prendersi cura*] s'occuper: *mi occuperò io di lui* moi, je m'occuperai de lui; *non ti occupare dei fatti miei!* ne t'occupe, ne te mêle pas de mes affaires!; *si occupa di problemi sindacali* il s'occupe de problèmes syndicaux; *ha incominciato a occuparsi di teatro* il a commencé à s'occuper de théâtre **2** [*trovare un impiego, un lavoro*] trouver *tr.* un emploi: *si è occupato in una fabbrica di vernici* il a trouvé un emploi dans une fabrique de peinture 🄲 A 1 **sgombrare, abbandonare,** 3 **lasciare.**
occupàto |okku'pato| *agg.* **1** occupé, pris: *è occupato quel posto?* cette place est(-elle) occupée, prise?; *la linea è occupata* la ligne est occupée; *tutte le camere sono occupate* toutes les chambres sont occupées; *il direttore è molto occupato: non può ricevere* le directeur est très occupé: il ne peut pas recevoir; *è occupato nella stesura di una lettera* il est occupé à la rédaction d'une lettre **2** [*che ha un posto di lavoro*] qui a un travail (*loc.*): *la gente occupata e quella disoccupata* les gens qui ont un travail et ceux qui sont en chômage 🄲 1 **libero**; 2 **disoccupato.**
occupatóre, trice |okkupa'tore, tritʃe| *agg. e s.* [*che, chi occupa*] occupant.
occupazionàle |okkupattsjo'nale| *agg.* occupationnel*.
occupazionalità |okkupattsjonali'ta| *s.f. inv.* facilités *pl.* d'occupation.
occupazióne |okkupat'tsjone| *s.f.* **1** [→ OCCUPARE A 1] occupation: *l'occupazione di terre* l'occupation de terres; *l'occupazione di una fabbrica, dell'università* l'occupation d'une usine, de l'université ◇ (*mil.*) *l'esercito di occupazione* l'armée d'occupation **2** [*lavoro, impiego*] emploi (*m.*): *cerca un'occupazione ben retribuita* il cherche un emploi bien rémunéré ◇ (*econ.*) *la politica deve tendere alla piena occupazione* la politique doit tendre au plein emploi **3** [*attività*] occupation: *ha un sacco di occupazioni* il a un tas d'occupations; *la sua occupazione preferita è la pesca* son occupation préférée est la pêche.
oceaniàno |otʃea'njano| *agg.* [*dell'Oceania*] océanien*: *le popolazioni oceaniane* les populations océaniennes.
oceànico, ci, ca, che |otʃe'aniko, tʃi, ka, ke| *agg.* océanique: *una tempesta oceanica* une tempête océanique; *la flora, la fauna oceanica* la flore, la faune océanique ◇ (*fig.*) *una folla oceanica* [*immensa*] une foule immense.
oceanino |otʃea'nino| *agg.* (*lett.*) océanique (*corr.*) # *Ninfe oceanine* Océanides.
ocèano |o'tʃɛano| *s.m.* **1** (*geogr., geol.*) océan: *la fauna, la navigazione dell'oceano* la faune, la navigation de l'océan ◇ (*loc. fig.*) *è come una goccia* (*d'acqua*) *nell'oceano* c'est comme une goutte d'eau dans la mer **2** (*fig.*) [*distesa o quantità enorme*] océan: *un oceano di sabbia* un océan de sable # *ha continuato con un oceano di parole* il a continué par, sur un flot de paroles.
oceanografìa |otʃeanogra'fia| *s.f.* océanographie.
oceanogràfico, ci, ca, che |otʃeano'grafiko, tʃi, ka, ke| *agg.* océanographique: *museo oceanografico* musée océanographique; *ricerche oceanografiche* recherches océanographiques.
oceanògrafo |otʃea'nɔgrafo| *s.m.* océanographe.
oceanologia, gie |otʃeanolo'dʒia, dʒie| *s.f.* océanologie.
ocellàto |otʃel'lato| *agg.* (*zool.*) ocellé.
ocèllo |o'tʃɛllo| *s.m.* (*zool.*) ocelle.
'ocelot' |ɔslo| *s.m. inv.* **1** (*t.zool.*) ocelot *var.* **2** [*la pelliccia dell'animale omonimo*] ocelot: *una giacca di 'ocelot'* une veste d'ocelot.
òcra |'ɔkra| *s.f.* **1** (*miner.*) ocre **2** [*colore giallo-rossiccio*] ocre: *una parete tinta di ocra* une paroi couleur ocre ◆ (*agg. inv.*) *una cipria ocra* une poudre de riz ocre.
ocràceo |o'kratʃeo| *agg.* (*raro*) [*di colore sim. a quello dell'ocra*] ocreux* (*corr.*).
octàstilo |ok'tastilo| *agg.* (*arch.*) octastyle.
'octidi' |ɔktidi| *s.m. inv.* (*st. fr.*) octidi *var.*
Octocoràlli |oktoko'ralli| *s.m. pl.* (*t.zool.*) Octocoralliaires.
Octòpodi |ok'tɔpodi| *s.m. pl.* (*t. zool.*) Octopodes.
ocularè |oku'lare| **1** *agg.* oculaire: *globo, bulbo oculare* globe, bulbe oculaire ◇ (*per est.*) *testimone oculare* témoin oculaire **2** *s.m.* (*ott.*) oculaire: *oculare mobile, prismatico* oculaire mobile, prismatique; *l'oculare del microscopio* l'oculaire du microscope; *l'oculare assiale* oculaire axial; *oculare inclinato* oculaire incliné; *oculare per la messa a fuoco* oculaire pour la mise à feu; *l'oculare del mirino* l'oculaire du viseur.
ocularista |okula'rista| *s.* oculariste.
oculataménte |okulata'mente| *avv.* [→ OCULATO] avec circonspection *loc. inv.*, avec prudence (*loc. inv.*): *bisogna procedere oculatamente* il faut continuer avec circonspection, prudence; *ha agito oculatamente* il a agi avec prudence, en homme avisé.
oculatézza |okula'tettsa| *s.f.* [*avvedutezza, cautela*] circonspection, prudence: *in questa situazione è necessaria molta oculatezza* cette situation nécessite beaucoup de circonspection, de prudence.
oculàto |oku'lato| *agg.* **1** (*persone*) [*che agisce con avvedutezza e circospezione*] circonspect, avisé, prudent: *un uomo d'affari oculato* un homme d'affaires circonspect, avisé; *è un medico oculato* c'est un médecin circonspect → **prudente** **2** (*cose*) [*che è frutto di prudente indagine e attento esame*] circonspect, prudent: *una critica oculata* une critique circonspecte, prudente → **sagace**; *svolge un'oculata politica economica* il mène une politique économique circonspecte.
oculìsta |oku'lista| *s.* oculiste, ophtalmologiste, ophtalmologue.
oculìstica, che |oku'listika, ke| *s.f.* (*med.*) ophtalmologie.
oculìstico, ci, ca, che |oku'listiko, tʃi, ka, ke| *agg.* ophtalmologique: *visita oculistica* visite ophtalmologique.
òculo |'ɔkulo| *s.m.* (*arch.*) oculus: *degli oculi* des oculi.
od |od| *cong.* → 1 **o.**
odalisca, che |oda'liska, ke| *s.f.* odalisque.
òde |'ɔde| *s.f.* ode: *le odi del Foscolo* les odes de Foscolo ◇ (*loc. fig.*) *innalzare un'ode a qc.* chanter les louanges de qqn.
odèon |o'dɛon| *s.m. inv.* (*archeol.*) odéon *var.*
-odia |o'dia| *suff.* (*significa 'canto', corrisponde gener. a*) odie: *parodia* parodie.
odiàbile |o'djabile| *agg.* [→ ODIARE A] *haïssable.
odiàre |o'djare| **A** *v.tr.* **1** [*avere in odio* (*qc., q.c.*)] *haïr (16): *lo odia con tutto il cuore* il le hait de tout son cœur; *da quel fatto lo odio ferocemente* depuis ce fait, je le hais férocement # *è giunto a odiare la vita* il en est arrivé à détester l'existence **2** [*detestare, av-*

versare] détester: *odia i pettegolezzi* il déteste les commérages; *non verrà alla cerimonia perché le odia* il ne viendra pas à la cérémonie parce qu'il les déteste **B** *v.pron. recipr.* ODIARSI [*provare un reciproco sentimento di odio*] se haïr: *erano amici e ora si odiano a morte* ils étaient amis et maintenant ils se haïssent à mort © **amare.**

odiàto |o'djato| *agg.* [*in odio a qqn.*] *haï © **amato.**

odiatóre, trice |odja'tore, tritʃe| *s.* (*raro*) [*chi odia*] personne *f.* qui *hait *loc.* (*corr.*): *è un odiatore di ogni forma di retorica* c'est une personne qui hait toute forme de rhétorique.

odicìna |odi'tʃina| *s.f.* (*letter.*) odelette.

odiernaménte |odjerna'mente| *avv.* [*ai nostri giorni*] aujourd'hui, de nos jours *loc. inv.*

odièrno |o'djɛrno| *agg.* **1** d'aujourd'hui (*loc. inv.*): *in data odierna* en date d'aujourd'hui; *la seduta odierna* la séance d'aujourd'hui **2** [*attuale*] actuel*: *la situazione odierna* la situation actuelle; *le generazioni odierne* les générations actuelles © 2 **passato.**

odìnico, ci, ca, che |o'diniko, tʃi, ka, ke| *agg.* (*mitol. nordica*) odinique.

òdio, i |'ɔdjo, i| *s.m.* **1** [*sentimento di grave e profonda avversione, che induce a desiderare il male della persona verso cui si nutre*] *haine (*f.*): *uno sguardo carico d'odio* un regard plein de haine; *nutre un odio mortale contro di lui* il nourrit une haine mortelle contre lui; *accecato dall'odio, lo ha insultato* aveuglé par la haine, il l'a insulté; *fomenta l'odio fra le due famiglie* il fomente la haine entre les deux familles # *lo ha in odio* il le hait; *è venuto in odio a tutti* tout le monde le hait **2** [*senso di profonda intolleranza o contrarietà verso q.c.*] haine # *ha in odio qualsiasi compromesso* il déteste toute forme de compromis © **amore.**

odiosaménte |odjosa'mente| *avv.* **1** [→ ODIOSO] odieusement **2** [*con odio*] *haineusement.

odiosità |odjosi'ta| *s.f. inv.* **1** [*carattere, aspetto odioso*] odieux (*m.*): *la odiosità di quell'insinuazione mi ha offeso* l'odieux de cette insinuation m'a offensé **2** [*atto o comportamento odioso*] action *var.*, façon *var.* odieuse: *con le sue odiosità ha suscitato il malcontento ovunque* avec ses actions odieuses, il a suscité le mécontentement partout.

odióso |o'djoso| *agg.* odieux*: *si è reso odioso con il suo comportamento* il s'est rendu odieux par son comportement; son comportement l'a rendu odieux → **antipatico**; *ha fatto un'azione odiosa* il a commis une action odieuse; *si è assunto un compito odioso* il s'est assumé un devoir odieux → **sgradito**; *mi è odioso per la sua alterigia* son orgueil me le rend odieux © **amabile, simpatico** 1, **gradito.**

odissèa |odis'sɛa| *s.f.* (*fig.*) odyssée.

-ódo |'o(ɔ)do| *suff.* (*significa 'strada', corrisponde gener. a*) ode: *catodo* cathode.

odòmetro |o'dɔmetro| *s.m.* (*tecnol.*) odomètre, podomètre.

Odonàti |odo'nati| *s.m. pl.* (*t.zool.*) Odonates.

odonomàstica, che |odono'mastika, ke| *s.f.* → **toponomastica.**

odontalgìa, gie |odontal'dʒia, dʒie| *s.f.* (*med.*) odontalgie.

odontàlgico, ci, ca, che |odon'taldʒiko, tʃi, ka, ke| *agg.* **1** odontalgique: *crisi odontalgica* crise odontalgique **2** [*che calma il dolore di denti*] odontalgique: *un preparato odontalgico* une préparation odontalgique ♦ (*s.m.*) *un odontalgico* un odontalgique.

-odónte |o'donte| *suff.* (*significa 'dente', corrisponde gener. a*) odonte: *mastodonte* mastodonte.

odònt(o)- |o'dɔ(o)nt(o)| *pref.* (*significa 'dente', corrisponde gener. a*) odont(o): *odontologia* odontologie; *odontalgia* odontalgie.

odontoiàtra |odonto'jatra| *s.m.* odontologiste → **dentista.**

odontoiatrìa |odontoja'tria| *s.f.* (*med.*) odontologie.

odontoiàtrico, ci, ca, che |odonto'jatriko, tʃi, ka, ke| *agg.* (*med.*) odontologique: *gabinetto odontoiatrico* cabinet de stomatologie, odontologique → **dentistico.**

odontòide |odon'tɔide| *agg.* odontoïde.

odontologìa, gie |odontolo'dʒia, dʒie| *s.f.* odontologie.

odontològico, ci, ca, che |odonto'lɔdʒiko, tʃi, ka, ke| *agg.* (*med.*) odontologique.

odontòma |odon'tɔma| *s.m.* (*med.*) odontome.

odontòmetro |odon'tɔmetro| *s.m.* (*filat.*) odontomètre.

odontostomatologìa, gie |odontostomatolo'dʒia, dʒie| *s.f.* (*med.*) odontostomatologie.

odontotècnica, che |odonto'tɛknika, ke| *s.f.* (*med.*) odontotechnie.

odontotècnico, ci, ca, che |odonto'tɛkniko, tʃi, ka, ke| **1** *agg.* odontotechnique: *gabinetto odontotecnico* cabinet odontotechnique **2** *s.m.* [*chi pratica l'odontotecnica*] mécanicien-dentiste.

odoràre |odo'rare| **A** *v.tr.* **1** [*sentire, percepire un odore*] sentir (21), respirer: *odora questa essenza: ti piace?* sens, respire cette essence: l'aimes-tu?; *odorava tutti i fiori del giardino* elle respirait toutes les fleurs du jardin → **annusare 2** (*fig.*) [*presentire, intuire*] flairer: *ha odorato un buon affare* il a flairé la, une bonne affaire → **fiutare B** *v.intr.* (*aus.* '*avere*') **1** [*dare o spargere odore*] sentir: *la chiesa odorava d'incenso* l'église sentait l'encens; *il bosco odorava di muschio* le bois sentait la mousse → **profumare 2** (*fig.*) [*dare indizio o sentore*] sentir: *la faccenda odorava d'imbroglio* l'affaire sentait le roussi → **puzzare.**

odoratìvo |odora'tivo| *agg.* (*raro*) olfactif* (*corr.*).

odoràto |odo'rato| **1** *s.m.* odorat: *ha un odorato molto fine* il a un odorat très fin → **olfatto 2** *agg.* (*lett.*) [*profumato, odoroso*] odorant (*corr.*); parfumé (*corr.*).

odóre |o'dore| *s.m.* **1** odeur (*f.*): *odore di stantio, di marcio, di muffa* odeur de rance, de pourri, de moisi → **lezzo, tanfo**; *dalla cucina si spandeva un buon odore* une bonne odeur se répandait venant de la cuisine; un agréable parfum venait de la cuisine → **aroma**; *nella sua stanza c'era odore di disinfettante* dans sa pièce il y avait une odeur de désinfectant # *era tutto pulito e aveva un buon odore* il était tout propre et sentait bon → **profumo** ◇ (*loc. fig.*) *si sente odore di nuovi disordini* on flaire de nouveaux désordres; *è morto in odore di santità* il est mort en odeur de sainteté **2** *al plur.* [*le erbe aromatiche più usate in cucina*] aromates: *l'arrosto senza odori non è saporito* le rôti sans aromates n'est pas savoureux.

odorìfero |odo'rifero| *agg.* odoriférant: *piante odorifere* plantes odoriférantes.

odorìno |odo'rino| *s.m.* bonne odeur (*f.*): *che buon odorino!* quelle bonne odeur!; *un delizioso odorino ci invitava a tavola* une bonne petite odeur nous invitait à (passer à) table.

odoróso |odo'roso| *agg.* odoriférant: *essenze odorose* essences odoriférantes; *legni odorosi* bois odoriférants © **inodoro.**

œrsted |'œrsted| *s.m. inv.* (*dan.*) (*fis.*) œrsted *var.*

ofelimità |ofelimi'ta| *s.f. inv.* ophélimité *var.*

ofèlimo |o'fɛlimo| *agg.* ophélime.

off |ɔ:f| *avv. e agg. inv.* (*ingl.*) (*cine.*) off: *una voce off* une voix off.

òffa |'ɔffa| *s.f.* (*ant., raro*) [*compenso, contropartita*] récompense (*corr.*), contrepartie (*corr.*).

offèndere |of'fɛndere| (105) **A** *v.tr.* **1** [*arrecare un danno morale*] blesser, porter atteinte à: *l'ha offeso nella sua dignità* il l'a blessé dans sa dignité; il a porté atteinte à sa dignité; *così facendo, offendi la sua reputazione* en faisant ainsi, tu portes atteinte à sa réputation **2** [*urtare la suscettibilità, molestare*] offenser: *se non accetti il suo invito, l'offendi* si tu n'acceptes pas son invitation, tu l'offenses; *la sua aggressività l'ha offesa* son aggressivité l'a offensée; *il tuo sospetto mi ha offeso profondamente* ton soupçon m'a profondément offensé **3** [*violare, oltraggiare*] violer; offenser: *offendere la legge, la giustizia, il diritto* violer la loi, la justice, le droit ‖ *ha offeso il senso morale comune* il a offensé le sens moral commun; *il suo modo di ragionare offende il buon senso* sa façon de raisonner offense le bon sens **4** [*ledere, ferire*] blesser: *ha un braccio offeso da un proiettile* son bras a été blessé par un projectile # *il riverbero del sole sulla neve mi offende gli occhi* la réverbération du soleil sur la neige me fait mal aux yeux ◇ (*fig.*) *questa musica offende l'orecchio* cette musique blesse les oreilles **B** *v.pron.* OFFENDERSI **1** *recipr.* [*scambiarsi offese e insulti*] s'injurier: *si sono offesi a sangue durante una discussione* ils se sont injuriés à mort durant une discussion **2** *intr.* [*provare risentimento*] s'offenser: *si è offeso per un'allusione* il s'est offensé pour une allusion © A 1, 3 **rispettare.**

offensìva |offen'siva| *s.f.* offensive: *il nemico ha sferrato un'offensiva* l'ennemi a déclenché l'offensive; *si prepara un'offensiva su tutto il fronte* une offensive se prépare sur tout le front → **attacco** ◇ (*fig.*) *i partiti dell'opposizione stanno conducendo un'offensiva contro la maggioranza* les partis de l'opposition mènent une offensive contre la majorité; *le minoranze sono passate all'offensiva* les minorités sont passées à l'offensive.

offensivaménte |offensiva'men-

te| *avv.* [→ OFFENSIVO] offensivement.
offensìvo |offen'sivo| *agg.* **1** [*che offende*] offensant, blessant: *ha avuto espressioni offensive* il a eu des expressions offensantes, blessantes → **ingiurioso**; *ha tenuto un contegno offensivo* il a eu une attitude offensante → **oltraggioso**; *quella proposta è offensiva* cette proposition est offensante → **irriverente** **2** (*mil.*) offensif*: *condurre una guerra offensiva* mener une guerre offensive; *i due Stati hanno stipulato un'alleanza offensiva* les deux États ont conclu une alliance offensive ◇ (*fig.*) *il partito ha adottato una linea d'azione offensiva* le parti a adopté une ligne d'action offensive [C] 2 **difensivo.**
offensóre |offen'sore| *s.m.* **1** [*chi offende*] offenseur **2** [*chi aggredisce*] agresseur [C] **difensore.**
offerènte |offe'rɛnte| *s.m.* (*comm.*) offrant: *si vende al miglior offerente* on cède au plus offrant; (*a un'asta*) offrant, (sur)enchérisseur; (*a un appalto*) soumissionnaire.
offerire |offe'rire| (197) *v.tr.* → **offrire.**
offèrta |of'fɛrta| *s.f.* **1** offre: *ha accettato la mia offerta di denaro* il a accepté mon offre d'argent; *mi ha fatto un'offerta di lavoro* il m'a fait une offre d'emploi; *ha accettato la sua offerta di matrimonio* elle a acceptée son offre de mariage **2** [*donazione, oblazione*] offrande: *hanno raccolto molte offerte* ils ont recueilli de nombreuses offrandes **3** (*comm.*) offre: *sono state presentate molte offerte per quell'appalto* de nombreuses offres ont été présentées pour cette adjudication; *ha fatto un'offerta solamente verbale* il a fait seulement une offre verbale ◇ (*econ.*) *la legge della domanda e dell'offerta* la loi de l'offre et de la demande **4** [*proposta che si fa nelle aste*] enchère: *fare un'offerta all'asta* mettre une enchère # *elevare l'offerta* surenchérir, faire une surenchère; *chi fa un'offerta maggiore?* qui fait une surenchère?, qui dit mieux? ◇ (*in un appalto*) soumission # *fare un'offerta* soumissionner.
offèrto |of'fɛrto| *agg.* offert.
offertòrio, i |offert'tɔrjo, i| *s.m.* (*liturg.*) offertoire.
offésa |of'fesa| *s.f.* **1** offense: *ha ricevuto un'offesa atroce, sanguinosa* il a subi, souffert une offense atroce, une insulte sanglante; *ha perdonato le offese* il a pardonné les offenses; *è un'offesa al buon gusto, alla logica, al senso comune* c'est une offense au bon goût, à la logique, au sens commun # *è stato accusato di offesa al buon costume* il a été accusé d'attentat aux bonnes mœurs ◇ (*fig.*) injure: *le offese del tempo non l'hanno risparmiato* les injures du temps ne l'ont pas épargné **2** (*mil.*) *è una guerra d'offesa* c'est une guerre offensive (*agg.*); *armi d'offesa* armes offensives (*agg.*); *i nostri hanno contenuto l'offesa avversaria* les nôtres ont contenu l'offensive adverse [C] 2 **difesa.**
offéso |of'feso| *agg.* **1** offensé: *vuol vendicare la sua reputazione offesa* il veut venger sa réputation offensée; *si è dichiarato offeso dal suo comportamento* il s'est déclaré offensé par son comportement ♦ (*s.*) *un offeso* un offensé: *ma non fare l'offeso!* ne fais pas l'offensé! **2** [*ferito, danneggiato*] blessé: *ha un occhio offeso* il a un œil blessé # *ha un polmone offeso* il a un poumon atteint ◇ (*fig.*) *si sente offeso nell'amor proprio* il se sent blessé dans son amour propre.
officiàle |offi'tʃale| *agg. e s.m.* → **ufficiale.**
officiànte |offi'tʃante| *agg.* officiant: *il sacerdote officiante* le prêtre officiant ♦ (*s.m.*) *un officiante* un officiant.
officiàre |offi'tʃare| *v.intr.* (*aus.* '*avere*') *e tr.* → **ufficiare.**
officìna |offi'tʃina| *s.f.* **1** [*fabbrica*] usine: *officine industriali, artigianali* usines industrielles, artisanales **2** [*piccola impresa; singolo settore di una fabbrica*] usine: *officina meccanica, tipografica* usine mécanique, typographique ◇ (*per la riparazione delle automobili*) atelier *m.* de réparations.
officinàle |offitʃi'nale| *agg.* (*farm.*) officinal*: *pianta officinale* plante officinale; *droghe officinali* médicaments officinaux, potions officinales; *preparati officinali* préparations officinales.
officio, i |of'fitʃo, i| *s.m.* → **ufficio.**
officiosaménte |offitʃosa'mente| *avv.* (*raro*) [→ OFFICIOSO 2] courtoisement; aimablement.
officiosità |offitʃosi'ta| *s.f. inv.* **1** (*ant.*) → **ufficiosità** **2** (*raro*) [*modo di fare officioso*] prévenance *var.*
officióso |offi'tʃoso| *agg.* **1** (*ant.*) → **ufficioso** **2** (*raro*) [*pronto a venire in aiuto*] prévenant → **cortese.**
offrìre |of'frire| (186) **A** *v.tr.* **1** [*mettere a disposizione di qc. q.c. di utile o gradevole*] offrir (23): *mi offerse una sigaretta* il m'offrit une cigarette; *gli abbiamo offerto ospitalità e protezione* nous lui avons offert hospitalité et protection; *ti offro un'ultima opportunità* je t'offre une dernière occasion; *sei proprio tu che gli hai offerto il pretesto* c'est justement toi qui lui as offert le prétexte; *chi offre il caffè?* qui offre le café? **2** [*esibire, esporre*] offrir: *offrirono il loro dolore agli occhi di tutti* ils offrirent aux yeux de tous le spectacle de leur douleur; *ci hanno offerto uno spettacolo molto interessante* ils nous ont offert un spectacle très intéressant ◇ (*loc. fig.*) *col suo comportamento ha offerto il fianco alle critiche* par son comportement il a prêté le flanc aux critiques **3** [*dedicare, presentare*] offrir: *offrire sacrifici agli dèi* offrir des sacrifices aux dieux; *ha offerto le sue sofferenze a Dio* il a offert ses souffrances à Dieu **B** *v.pron.* OFFRIRSI **1** *rifl.* [*dichiararsi disposto, proporsi*] s'offrir: *si offrì come coadiuvante* il s'offrit comme aide; *mi sono offerto di aiutarlo* je me suis offert de l'aider; *chi si offre volontario?* qui se porte volontaire?, qui s'offre comme volontaire? **2** *pass.* [*presentarsi*] s'offrir: *mi si offre una occasione favorevole* une occasion favorable s'offre à moi; *un panorama meraviglioso si offriva alla nostra vista* un panorama merveilleux s'offrait à notre vue [C] A 1 **accettare, ricevere;** B 1 **rifiutar(si).**
offset |'ɔ:fset| *s.m. inv.* (*ingl.*) (*tip.*) offset *var.*
offside |'ɔ:f'said| *s.m. inv.* (*ingl.*) (*sport*) *hors-jeu.
offuscaménto |offuska'mento| *s.m.* [*il fatto di offuscare, di offuscarsi*] obscurcissement: *l'offuscamento del sole* l'obscurcissement du soleil; *l'offuscamento della vista* l'obscurcissement de la vue.
offuscàre |offus'kare| **A** *v.tr.* **1** [*rendere fosco, oscuro; provocare la diminuzione della luminosità*] obscurcir: *grosse nuvole offuscavano la luce del sole* de gros nuages obscurcissaient la lumière du soleil # *una densa nebbia cominciava a offuscare l'orizzonte* un brouillard épais commençait à brouiller l'horizon **2** [*provocare la perdita o la diminuzione di capacità fisiche e psichiche*] (*della vista*) brouiller; (*della mente, dei sensi*) troubler: *un improvviso malore le offuscò la vista* un malaise imprévu lui brouilla la vue ‖ *il vino gli ha offuscato il cervello* le vin lui a troublé le cerveau; *la rabbia gli offuscava la ragione* la rage troublait sa raison **3** (*fig.*) [*provocare una diminuzione o una perdita*] ternir; estomper, effacer (2): *le sofferenze hanno offuscato la sua bellezza* les souffrances ont terni sa beauté ‖ *il ricordo di lui non sarà offuscato dal tempo* son souvenir ne sera pas estompé, effacé par le temps **4** (*fig.*) [*superare, eclissare*] éclipser, offusquer (*lett.*): *la fama di Giotto offuscò quella di Cimabue* la renommée de Giotto éclipsa celle de Cimabue; *ha offuscato il successo dei suoi rivali* il a éclipsé (le succès de) ses rivaux **B** *v.pron. intr.* OFFUSCARSI **1** [*oscurarsi*] s'obscurcir: *il cielo improvvisamente si offuscò* le ciel s'obscurcit à l'improviste **2** [*annebbiarsi della vista*] se brouiller: *mi si è offuscata la vista* ma vue se brouilla **3** [*attenuarsi*] s'affaiblir: *la memoria si offusca col passare degli anni* avec les années, la mémoire s'affaiblit [C] A 1 **rischiarare.**
offuscàto |offus'kato| *agg.* **1** [*reso oscuro, fosco*] obscurci, assombri **2** (*fig.*) *vista offuscata* vue brouillée; *mente offuscata* esprit brouillé.
offuscazióne |offuskat'tsjone| *s.f.* (*raro*) → **offuscamento.**
oficlèide |ofi'klɛide| *s.m.* (*mus.*) ophicléide.
Ofidi |o'fidi| *s.m. pl.* (*t.zool.*) Ophidiens.
ofidismo |ofi'dizmo| *s.m.* (*med.*) ophidisme.
òfi(o)- |'ɔfj(o)| *pref.* (*significa* '*serpente*', *corrisponde gener. a*) ophi(o): *ofiura* ophiure; *ofiolatria* ophiolâtrie.
ofioglòssa |ofjo'glɔssa| *s.f.* (*t.bot.*) ophioglosse *m.*, langue de serpent (*corr.*).
ofiolatria |ofjola'tria| *s.f.* ophiolâtrie.
ofiologìa, gie |ofjolo'dʒia, dʒie| *s.f.* ophiologie, ophiographie.
ofite |o'fite| *s.f.* (*miner.*) ophite *m.*
ofiti |o'fiti| *s.m. pl.* (*st. relig.*) ophites.
ofiùra |o'fjura| *s.f.* (*t.zool.*) ophiure.
Ofiuròidi |ofju'rɔidi| *s.m. pl.* (*t. zool.*) Ophiurides, Ophiuridés.
òfride |'ɔfride| *s.f.* (*t.bot.*) ophrys *m. o f.*
oftalmia |oftal'mia| *s.f.* (*med.*) ophtalmie.
oftàlmico, ci, ca, che |of'talmiko, tʃi, ka, ke| *agg.* **1** (*anat.*) ophtalmique: *nervo oftalmico* nerf ophtalmique; *arteria oftalmica* artère ophtalmique **2** [*che riguarda le malattie degli occhi*] ophtalmique; ophtalmologique: *pomata oftalmica* pommade ophtalmique ‖ *clinica oftalmica* clinique ophtalmologique.

oftàlm(o)- |of'talm(o)| *pref.* (*significa 'occhio', corrisponde gener. a*) ophtalm(o): *oftalmico* ophtalmique; *oftalmologo* ophtalmologiste.
-oftàlmo |of'talmo| *suff.* (*significa 'occhio', corrisponde gener. a*) ophtalmie: *esoftalmo* exophtalmie.
oftalmoiatrìa |oftalmoja'tria| *s.f.* (*raro*) → **oftalmologia.**
oftalmologìa, gie |oftalmolo'dʒia, dʒie| *s.f.* (*med.*) ophtalmologie → **oculistica.**
oftalmològico, ci, ca, che |oftalmo'lɔdʒiko, tʃi, ka, ke| *agg.* (*med.*) ophtalmologique → **oculistico.**
oftalmòlogo, gi, ga, ghe |oftal'mɔlogo, dʒi, ga, ge| *s.* ophtalmologiste, ophtalmologue → **oculista.**
oftalmòmetro |oftal'mɔmetro| *s.m.* (*med.*) ophtalmomètre.
oftalmoscopìa |oftalmosko'pia| *s.f.* (*med.*) ophtalmoscopie.
oftalmoscòpico, ci, ca, che |oftalmos'kɔpiko, tʃi, ka, ke| *agg.* (*med.*) ophtalmoscopique: *esame oftalmoscopico* examen ophtalmoscopique.
oftalmoscòpio, i |oftalmos'kɔpjo, i| *s.m.* (*med.*) ophtalmoscope.
ogàmico, ci, ca, che |o'gamiko, tʃi, ka, ke| *agg.* (*ling.*) og(h)amique: *alfabeto ogamico* alphabet oghamique # *scrittura ogamica* ogham.
oggettivaménte |oddʒettiva'mente| *avv.* [→ OGGETTIVO 1, 2] objectivement: *esaminare oggettivamente i fatti* examiner objectivement les faits.
oggettivàre |oddʒetti'vare| **A** *v.tr.* [*rendere oggettivo, concreto*] objectiver: *ha oggettivato i suoi stati d'animo nel suo diario personale* il a objectivé ses états d'âme dans son journal personnel **B** *v.pron. intr.* OGGETTIVARSI [*divenire estrinseco o concreto*] s'objectiver: *la sua vera natura si è oggettivata* sa vraie nature s'est objectivée.
oggettivazióne |oddʒettivat'tsjone| *s.f.* **1** (*raro*) [→ OGGETTIVARE] objectivation **2** (*filos.*) objectivation.
oggettivìsmo |oddʒetti'vizmo| *s.m.* (*filos.*) objectivisme.
oggettivìsta |oddʒetti'vista| *s.* objectiviste.
oggettivìstico, ci, ca, che |oddʒetti'vistiko, tʃi, ka, ke| *agg.* (*filos.*) objectiviste.
oggettività |oddʒettivi'ta| *s.f. inv.* objectivité (*var.*): *l'oggettività di un giudizio* l'objectivité d'un jugement **C** **soggettività.**
oggettìvo |oddʒet'tivo| *agg.* **1** objectif*: *fenomeni, elementi oggettivi* phénomènes, éléments objectifs; *una situazione oggettiva* une situation objective **2** [*obiettivo, imparziale*] objectif: *il suo giudizio è oggettivo* son jugement est objectif **3** (*gram.*) objectif: *genitivo oggettivo* génitif objectif # *frase, proposizione oggettiva* phrase, proposition complément d'objet ✦ (*s.f.*) *un'oggettiva* une proposition, une phrase complément d'objet **4** (*filos.*) objectif **C** 1 **soggettivo**; 2 **parziale.**
oggètto |od'dʒetto| *s.m.* **1** objet: *oggetti preziosi* objets précieux; *l'ufficio degli oggetti smarriti* le bureau des objets perdus ◇ (*filos.*) *la realtà dell'oggetto* la réalité de l'objet **2** [*fine, scopo, motivo*] objet: *qual è l'oggetto della tua visita?* quel est l'objet de ta visite?; *chiarisci l'oggetto della tua domanda* rends plus clair l'objet de ta question; *era oggetto di scherno da parte dei suoi compagni* il était un objet, un sujet de dérision de la part de ses copains ◇ (*gram.*) *complemento oggetto* complément d'objet **3** [*materia, argomento*] objet: *l'oggetto del suo discorso* l'objet de son discours; *qual è l'oggetto del tuo studio?* quel est l'objet de ton étude? ◇ (*dir.*) *l'oggetto dell'obbligazione* l'objet de l'obligation; *l'oggetto giuridico del reato* l'objet juridique du délit.
oggettuàle |oddʒettu'ale| *agg.* (*psican.*) objectal*: *relazioni oggettuali* relations objectales.
òggi |'ɔddʒi| **I** *avv.* **1** [*nel giorno presente, in questo giorno*] aujourd'hui: *oggi è sabato* aujourd'hui, c'est samedi; *oggi 28 aprile* aujourd'hui, 28 avril; *quanti ne abbiamo oggi?* on est, nous sommes le combien, aujourd'hui?; le combien est-on, aujourd'hui?; *oggi ne abbiamo 30* aujourd'hui on est, nous sommes le 30; *oggi stesso partirò* je partirai aujourd'hui même ◇ (*loc.*) *oggi a quindici avrò finito il lavoro* d'aujourd'hui en quinze j'aurai fini mon travail ~ *oggi come oggi non gli dico nulla* en ce moment je ne lui dis rien ◇ (*prov.*) *oggi a me, domani a te* à chacun son tour **2** [*al presente, nel momento attuale*] de nos jours *loc. inv.*, aujourd'hui: *oggi tutto cambia rapidamente* de nos jours tout change rapidement; *in passato gli ho dato ascolto, ma oggi ne sono pentito* avant je l'écoutais, mais, aujourd'hui, je regrette de l'avoir fait **II** *s.m.* **1** [*il giorno corrente*] aujourd'hui: *questo è il giornale di oggi* voilà le journal d'aujourd'hui # *la lettera va spedita entro oggi* la lettre doit être expédiée dans la journée; *da oggi in poi le cose devono cambiare* dorénavant les choses doivent changer ◇ (*loc.*) *al giorno d'oggi si viaggia di più* de nos jours on voyage davantage ~ *a tutt'oggi è padrone lui* jusqu'aujourd'hui c'est lui le maître ~ *dall'oggi al domani ha deciso di partire* du jour au lendemain il a décidé de partir **2** [*l'epoca attuale*] aujourd'hui: *gli uomini d'oggi vogliono partecipare di più* les hommes d'aujourd'hui veulent participer davantage; *la moda d'oggi è più libera* la mode d'aujourd'hui est plus libre.
oggidì |oddʒi'di| *avv.* → **oggigiorno.**
oggigiórno |oddʒi'dʒorno| *avv.* [*al giorno d'oggi, al presente*] aujourd'hui, à present (*loc. inv.*): *oggigiorno la tecnica rivoluziona ogni campo* aujourd'hui, à présent, la technique révolutionne tous les secteurs.
oggimài |oddʒi'mai| *avv.* (*arc.*) → **oramai.**
ogham |'oom| *s.m. inv.* (*irlandese*) og(h)am *var.*
ogìva |o'dʒiva| *s.f.* (*arch., mil., tecnol.*) ogive.
ogivàle |odʒi'vale| *agg.* ogival*: *volta ogivale* voûte ogivale.
ógni |'o(ɔ)ɲɲi| *agg. indef. m. e f. sing.* **1** [*ciascuno*] chaque: *ogni paese ha i suoi costumi* chaque pays a ses coutumes; *ogni età ha i suoi piaceri* chaque âge a ses plaisirs; *ogni malattia ha bisogno di una cura particolare* chaque maladie a besoin d'un traitement particulier; *ogni libro costava cinquemila lire* chaque livre coûtait cinq mille lires ◇ (*seguito da un agg. poss.*) chacun de mes (de tes, de ses)...: *ogni nostro alunno ha pagato duemila lire* chacun de nos élèves a versé deux mille lires ◇ (*loc. avv.*) *ogni volta che...* chaque fois que, toutes les fois que... **2** [*tutti*] (*indica una totalità di persone o di cose considerate singolarmente*) tous (toutes) les, tout; (*in senso generale e indeterminato*) tout (*sing.*): *ogni uomo è mortale* tous les hommes sont mortels; tout homme est mortel; *ogni cittadino deve obbedire alle leggi* tout citoyen doit obéir aux lois; *ogni altro attacco è stato respinto* toute autre attaque a été repoussée; *ogni cosa* toute chose, chaque chose, tout; *critica ogni cosa* il critique tout # *ogni rosa ha le sue spine* il n'y a pas de roses sans épines ◇ (*seguito da un agg. poss.*) tous mes (tous tes, tous ses)...: *la vostra franchezza dilegua ogni mio sospetto* votre franchise dissipe tous mes soupçons ◇ (*loc. avv.*) *in ogni tempo* de tout temps ~ *a ogni pie' sospinto* à tout bout de champ ~ *in ogni luogo* en tout lieu; en tous lieux ~ *da ogni parte* de toute part, de toutes parts **3** (*con valore distr.*) tous (toutes) les: *passavamo per Roma ogni tre mesi* nous passions par Rome tous les trois mois; *i miei fratelli vanno a Milano ogni due giorni* mes frères vont à Milan tous les deux jours, un jour sur deux; *si è fermato ogni cinquanta chilometri* il s'est arrêté tous les cinquante kilomètres # *parte ogni due lunedì* il part un lundi sur deux ◇ (*loc. avv.*) *ogni tanto viene a trovarmi* de temps en temps il vient me voir **4** [*qualsiasi*] tout: *è intervenuta gente di ogni età* des personnes de tout âge sont venues; *c'erano merci di ogni genere* il y avait des marchandises de toute sorte; *abbiamo tentato con ogni mezzo* nous avons essayé de tout ◇ (*loc.*) *in ogni caso* en tout cas; [*ugualmente*] quand-même ~ *a ogni modo* de toute façon ~ *a ogni costo* coûte que coûte ~ *fuor d'ogni dubbio* sans aucun doute.
ogniqualvòlta |oɲɲikwal'vɔlta| *cong.* (*lett.*) chaque fois que (*corr.*), toutes les fois que (*corr.*): *comportati così ogniqualvolta è necessario* comporte-toi ainsi chaque fois que, toutes les fois que cela sera nécessaire.
Ognissànti |oɲɲis'santi| *s.m.* (*relig.*) la Toussaint *f.*
ognóra |oɲ'ɲora| *avv.* (*lett.*) [*sempre*] toujours (*corr.*): *me lo ripete ognora* il me le répète toujours.
ognùno |oɲ'ɲuno| *pron. indef. m. e f. sing.* chacun(e): *ognuno ha i propri difetti* chacun a ses défauts; *ognuna di loro ha scelto bene* chacune d'elles a bien choisi; *questi libri costano diecimila lire ognuno* ces livres coûtent dix mille lires chacun # *ognuno è artefice del proprio destino* tout homme est l'artisan de son propre destin ◇ (*prov.*) *ognuno per sé e Dio per tutti* chacun pour soi et Dieu pour tous.
òh |ɔ, o| *inter.* (*esprime, a seconda dell'intonazione con cui è pronunciato, 'compassione, dolore, piacere, sdegno'*) oh: *oh, poveri noi!* oh! pauvres de nous!; *oh, che fitta!* oh! quelle douleur!; *oh, che bello!* oh! que c'est beau!; *oh, che schifo!* oh! que c'est dégoûtant!
ohé, óhe |o'e, 'oe| *inter.* (*fam.*) (*si usa per richiamare l'attenzione altrui o come avvertimento*) ohé: *ohé, vieni qui!* ohé, viens ici!; *ohé, qui non si scherza!* ohé, ici on ne plaisante pas!

òhi |'ɔi| *inter.* (*esprime 'dolore, preoccupazione'*) *ha, aïe; *hélas: *ohi, ohi, che male* ha, ha (aïe, aïe) quel mal! || *ohi, ohi, la situazione si fa difficile* hélas, ici, la situation devient difficile ◇ (*loc. inter.*) *ohi là, ohilà* (*si usa per richiamare l'attenzione di qc.*) ohé: *ohilà, venite qui!* ohé, venez ici.
ohibò |oi'bɔ| *inter.* (*esprime 'sorpresa, disapprovazione, sdegno'*) fi, fi donc: *ohibò, questo è troppo!* fi, cela est trop!; *ohibò, che vedo!* fi, fi donc qu'est-ce que je vois!
ohimè |oi'mɛ| *inter.* (*esprime 'dolore, sconforto, disperazione'*) oh la la!; *hélas!: *ohimè, che dolore!* oh la la, quelle douleur! || *ohimè, che disgrazia!* hélas, quel malheur!
ohm |o:m| *s.m. inv.* (*ted.*) (*fis.*) ohm *var.*
òhmico, ci, ca, che |'ɔmiko, tʃi, ka, ke| *agg.* (*fis.*) ohmique.
òhmmetro |'ɔmetro| *s.m.* (*fis.*) ohmmètre.
-òide |'ɔide|, **-oidàle** |oi'dale| *suff.* (*significano 'simile, uguale a', corrispondono gener. a*) oïde; oïdal: *colloide* colloïde || *colloidale* colloïdal.
oìdio, i |o'idjo, i| *s.m.* (*bot.*) oïdium.
'oïl' |ɔjl| *s.m. inv.* oïl: *lingua 'd'oïl'* langue d'oïl.
okàpi |o'kapi| *s.m. inv.* (*t.zool.*) okapi *var.*
okày, o.k. |'ou'kei| (*ingl.*) **1** *avv.* [*d'accordo*] o.k.: *'venite con noi?' 'okay, o.k.'* 'vous venez avec nous?' 'o.k.' **2** *agg. inv.* [*pronto, a posto*] o.k.: *è tutto okay, o.k.* tout est o.k.
okumé |oku'me| *s.m. inv.* okoumé *var.*
olà |o'la| *inter.* (*esprime 'richiamo o avvertimento', anche scherz.*) *holà: *olà, fermi tutti!* holà, arrêtez-vous!; *olà, smettila!* holà, arrête!
olànda |o'landa| *s.f.* (*tess.*) *hollande.
olandése |olan'dese| **1** *agg.* [*dell'Olanda*] *hollandais: *il territorio olandese* le territoire hollandais **2** (*s.m.*) *l'olandese* [*la lingua*] le hollandais.
olandìna |olan'dina| *s.f.* (*tessuto*) *hollande.
olé |o'le| *inter.* (*sottolinea un gesto, uno slancio*) olé.
Oleàcee |ole'atʃee| *s.f. pl.* (*t.bot.*) Oléacées.
oleàceo |ole'atʃeo| *agg.* (*raro*) → oleoso.
oleaginóso |oleadʒi'noso| *agg.* (*raro*) → **oleoso.**
oleàndro |ole'andro| *s.m.* (*t.bot.*) laurier(-)rose, oléandre.
oleàre |ole'are| *v.tr.* → **oliare.**
oleàrio, i |ole'arjo, i| *agg.* [*dell'olio*] huilier: *produzione olearia* production huilière; *industria olearia* industrie huilière ◇ (*t.zool.*) *mosca olearia* taragon *m.*
oleàstro |ole'astro| *s.m.* (*t.bot.*) olivier sauvage.
oleàto |ole'ato| **1** *agg.* huilé ◇ (*loc.*) *carta oleata* papier huilé **2** *s.m.* (*chim.*) oléate.
olecràno |ole'krano, o'lɛkrano| *s.m.* (*anat.*) olécrane, olécrâne.
olefiànte |olefi'ante| *agg.* oléfiant: *gas olefiante* éthylène *s.m.*, gaz oléfiant (*arc.*).
olefìna |ole'fina| *s.f.* (*chim.*) oléfines *m. pl.*, carbures *m. pl.* éthyléniques.
olei- |olei|, **oleo-** |oleo| *pref.* (*significano 'olio, petrolio', corrispondono gener. a*) olé(i), olé(o): *oleifero* oléifère; *oleodotto* oléoduc.
olèico, ci, ca, che |o'lɛiko, tʃi, ka, ke| *agg.* (*chim.*) oléique: *acido oleico* acide oléique.
oleicoltóre |oleikol'tore| *s.m.* → **olivicoltore.**
oleicoltùra |oleikol'tura| *s.f.* → **olivicoltura.**
oleìfero |ole'ifero| *agg.* oléifère: *semi oleiferi* semences oléifères.
oleifìcio, i |olei'fitʃo, i| *s.m.* [*stabilimento per la produzione di oli vegetali*] huilerie *f.*
oleìna |ole'ina| *s.f.* (*chim.*) oléine.
oleodótto |oleo'dotto| *s.m.* oléoduc, pipeline.
oleografìa |oleogra'fia| *s.f.* **1** oléographie **2** (*spreg.*) [*dipinto, rappresentazione privi di originalità*] peinture de manière, croûte (*fam.*).
oleogràfico, ci, ca, che |oleo'grafiko, tʃi, ka, ke| *agg.* **1** oléographique: *procedimento oleografico* procédé oléographique **2** (*spreg.*) [*manierato, privo di originalità*] de manière (*loc. inv.*): *una pittura oleografica* une peinture de manière.
oleòmetro |ole'ɔmetro| *s.m.* oléomètre.
oleosità |oleosi'ta| *s.f. inv.* [*aspetto oleoso, consistenza oleosa*] onctuosité (*var.*): *l'oleosità di un liquido* l'onctuosité d'un liquide → **untuosità.**
oleóso |ole'oso| *agg.* **1** [*che ha l'aspetto dell'olio*] huileux*: *essenza oleosa* essence huileuse → **grasso 2** [*che contiene olio*] oléagineux*: *semi oleosi* graines oléagineuses; *un medicinale oleoso* un médicament oléagineux Ⓒ **secco, magro.**
òleum |'ɔleum| *s.m. inv.* (*lat.*) (*chim.*) oléum *var.*
olezzànte |oled'dzante| *agg.* (*lett.*) [*profumato*] parfumé (*corr.*).
olezzàre |oled'dzare| *v.intr.* (*aus. 'avere'*) **1** (*lett.*) [*mandare piacevole odore*] embaumer (*corr.*), sentir (21) bon (*corr.*) → **profumare 2** (*iron.*) [*mandare cattivo odore*] puer: *senti come olezza!* sens comme il pue! → **puzzare.**
olézzo |o'leddzo| *s.m.* (*lett.*) [*profumo, odore*] parfum: *l'olezzo dei fiori* le parfum des fleurs → **profumo** ◇ (*iron.*) [*puzza*] *che olezzo!* quelle puanteur! → **puzza.**
olfattìvo |olfat'tivo| *agg.* (*fisiol.*) olfactif*: *cellule olfattive* cellules olfactives; *percezioni olfattive* perceptions olfactives.
olfàtto |ol'fatto| *s.m.* (*fisiol.*) odorat, olfaction (*f.*): *avere un olfatto acuto, fine, debole* avoir un odorat subtil, fin, faible → **odorato.**
olfattòrio, i |olfat'tɔrjo, i| *agg.* → **olfattivo.**
oliàre |o'ljare| *v.tr.* **1** [*ungere, lubrificare*] huiler: *bisogna oliare il motore, la porta* il faut huiler le moteur, la porte **2** (*raro*) [*condire con olio*] huiler.
oliatóre |olja'tore| *s.m.* (*tecnol.*) burette *f.* (à huile).
oliatùra |olja'tura| *s.f.* [→ OLIARE] huilage *m.*
olìbano |o'libano| *s.m.* (*raro, lett.*) → **incenso.**
olièra |o'ljɛra| *s.f.* [*ampolla dell'olio*] huilier *m.*
olifànte |oli'fante| *s.m.* (*mus.*) olifant, oliphant.
oligàrca, chi |oli'garka, ki| *s.m.* oligarque.
oligarchìa |oligar'kia| *s.f.* oligarchie.
oligàrchico, ci, ca, che |oli'garkiko, tʃi, ka, ke| *agg.* oligarchique: *regime oligarchico* régime oligarchique ✦ (*s.*) *un oligarchico* un oligarque.
oligìsto |oli'dʒisto| *s.m.* (*miner.*) oligiste.
òlig(o)- |'ɔlig(o)| *pref.* (*significa 'poco, pochi', corrisponde gener. a*) olig(o): *oligarchia* oligarchie; *oligocene* oligocène.
oligocène |oligo'tʃɛne| *s.m.* (*geol.*) oligocène.
oligocènico, ci, ca, che |oligo'tʃɛniko, tʃi, ka, ke| *agg.* (*geol.*) oligocène: *fauna oligocenica* faune oligocène.
Oligochèti |oligo'kɛti| *s.m. pl.* (*t. zool.*) Oligochètes.
oligoclàsio, i |oligo'klazjo, i| *s.m.* (*miner.*) oligoclase.
oligocrazìa |oligokrat'tsia| *s.f.* → **oligarchia.**
oligoemìa |oligoe'mia| *s.f.* → **anemia.**
oligoèmico, ci, ca, che |oligo'ɛmiko, tʃi, ka, ke| *agg.* → **anemico.**
oligofrenìa |oligofre'nia| *s.f.* (*med.*) oligophrénie.
oligofrènico, ci, ca, che |oligo'frɛniko, tʃi, ka, ke| *agg.* **1** oligophrénique **2** [*affetto da oligofrenia*] oligophrénique: *un ragazzo oligofrenico* un garçon oligophrénique ✦ (*s.*) *un oligofrenico* une personne *f.* atteinte d'oligophrénie.
oligomineràle |oligomine'rale| (*agg.*) *acqua oligominerale* eau minérale avec résidu sec inferieur à 0,2 g. par litre.
oligopòlio, i |oligo'pɔljo, i| *s.m.* (*econ.*) oligopole.
oligopolìsta |oligopo'lista| *s.m.* oligopoliste.
oligopolìstico, ci, ca, che |oligopo'listiko, tʃi, ka, ke| *agg.* oligopoliste.
oligùria |oli'gurja| *s.f.* (*med.*) oligurie.
olimpìaco, ci, ca, che |olim'piako, tʃi, ka, ke| *agg.* → **olimpico 1.**
olimpìade |olim'piade| *s.f.* **1** *spec. al plur.* (*sport*) jeux *m.* olympiques, olympiade **2** (*st. gr.*) olympiade.
olimpicaménte |olimpika'mente| *avv.* [*con serenità, con calma olimpica*] avec un calme olympien *loc. inv.*
olìmpico, ci, ca, che |o'limpiko, tʃi, ka, ke| *agg.* **1** [*delle olimpiadi*] olympique: *gare olimpiche, giochi olimpici* jeux olympiques **2** (*st. gr.*) [*di Olimpia*] olympique: *le feste olimpiche* les fêtes olympiques **3** (*mitol.*) [*dell'Olimpo*] olympien*: *le divinità olimpiche* les divinités olympiennes ◇ (*fig.*) *conserva sempre una calma olimpica* il garde toujours un calme olympien → **sereno, impassibile.**
olìmpio, i |o'limpjo, i| *agg.* [*di Olimpia*] olympien* ◇ (*mitol., st. gr.*) *Zeus olimpio* Zeus olympien; *gli dei olimpi* les dieux de l'Olympe, olympiens.
olimpiònico, ci, ca, che |olim'pjɔniko, tʃi, ka, ke| *agg.* olympique: *un campione olimpionico* un champion olympique; *una squadra olimpionica* une équipe olympique; *un re-*

cord olimpionico un record olympique ♦ (*s.*) *un olimpionico* un olympionique *m.*

olimpìsmo |olim'pizmo| *s.m.* olympisme.

òlio, i |'ɔljo, i| *s.m.* **1** huile (*f.*): *olio d'oliva, olio vergine, extra-vergine d'oliva* huile d'olive, huile vierge, extra-vierge d'olive; *olio di arachide, di girasole* huile d'arachide, de tournesol; *olio solare* huile solaire; *olio da bagno* huile pour le bain; *carciofini sott'olio* fonds d'artichauds conservés dans l'huile; *condire l'insalata con l'olio e l'aceto* assaisonner la salade avec de l'huile et du vinaigre ◇ (*auto.*) *olio lubrificante* huile de graissage; *il cambio dell'olio* la vidange *f.* ◇ *loc. avv.* A OLIO à (l')huile: *lumino a olio* petite lampe à huile; *colori a olio* peinture à l'huile; *ritratto a olio* portrait à l'huile ◇ (*loc. fig.*) *un mare calmo come l'olio* une mer d'huile ~ *tutto è andato liscio come l'olio* tout a marché comme sur des roulettes ~ *il movimento si è propagato a macchia d'olio* le mouvement s'est propagé en tache d'huile ~ *invece di calmarlo, gettava olio sul fuoco* au lieu de le calmer, il jetait de l'huile sur le feu ~ *c'è voluto l'olio di gomito per pulire questa stanza* il a fallu de l'huile de coude (de bras) pour nettoyer cette pièce **2** (*eccl.*) huile: *l'olio sacro* l'huile sainte # *dare, ricevere l'olio santo* administrer, recevoir l'extrême onction.

olire |o'lire| (197) *v.intr. dif. del p.p.* (*poet.*) [*profumare, olezzare*] embaumer → **odorare.**

olìva |o'liva| *s.f.* **1** olive: *olive verdi, nere* olives vertes, noires; *olive farcite* olives fourrées; *la raccolta delle olive* la cueillette des olives, l'olivaison ♦ (*agg.*) *color verde oliva* couleur vert olive **2** (*t.zool.*) *oliva di mare* olive.

olivàstro |oli'vastro| **1** *agg.* olivâtre: *una carnagione olivastra* un teint olivâtre **2** *s.m.* → **oleastro.**

olivèlla |oli'vella| *s.f.* → **mezereo.**

olivetàno |olive'tano| *agg.* (*eccl.*) des olivétains (*loc. inv.*): *regola olivetana* règle des olivétains ♦ (*s.m.*) *un olivetano* un olivétain.

olivéto |oli'veto| *s.m.* [*terreno piantato a olivi*] olivaie *f.*, oliveraie *f.*, olivette *f.*

olivétta |oli'vetta| *s.f.* **1** [*varietà d'uva*] olivette **2** [*oggetto a forma di oliva*] olive.

olivìcolo |oli'vikolo| *agg.* [*relativo alla olivicoltura*] oléicole.

olivicoltóre, trice |olivikol'tore, tritʃe| *s.* [*coltivatore di olivi*] oléiculteur *m.*

olivicoltùra |olivikol'tura| *s.f.* [*coltivazione dell'olivo*] oléiculture.

olivìna |oli'vina| *s.f.* (*miner.*) olivine.

olìvo |o'livo| *s.m.* **1** (*t.bot.*) olivier ◇ (*liturg.*) *la domenica degli Olivi* le dimanche des Rameaux, les Rameaux ◇ (*fig.*) *offrire un ramoscello d'olivo* [*fare proposte di pace*] offrir un rameau d'olivier **2** [*il legno dell'olivo*] olivier.

òlla |'ɔlla| *s.f.* **1** (*archeol.*) urne **2** (*lett.*) [*pentola, vaso*] pot *m.* (*corr.*), marmite (*corr.*).

ollàre |ol'lare| *agg.* (*miner.*) ollaire.

olmàia |ol'maja| *s.f.* → **olmeto.**

olmària |ol'marja| *s.f.* (*t.bot.*) ulmaire.

olmàta |ol'mata| *s.f.* (*raro*) [*filare di giovani olmi*] ormille.

olméto |ol'meto| *s.m.* [*bosco di olmi*] ormaie *f.*, ormoie *f.*

òlmio, i |'ɔlmjo, i| *s.m.* (*chim.*) holmium.

ólmo |'olmo| *s.m.* **1** (*t.bot.*) orme **2** [*il legno*] orme.

òlo- |'ɔlo| *pref.* (*significa 'intero, totale', corrisponde gener. a*) holo: *olocausto* holocauste; *olocene* holocène.

olocàusto |olo'kausto| *s.m.* **1** (*relig. ebr.*) holocauste **2** (*per est.*) [*sacrificio totale, completo*] holocauste: *offrirsi in olocausto* s'offrir en holocauste → **sacrificio.**

olocène |olo'tʃɛne| *s.m.* (*geol.*) holocène.

olocènico, ci, ca, che |olo'tʃɛniko, tʃi, ka, ke| *agg.* holocène: *il periodo olocenico* la période holocène.

olofràstico, ci, ca, che |olo'frastiko, tʃi, ka, ke| *agg.* (*gram., ling.*) holophrastique.

olografìa |ologra'fia| *s.f.* (h)olographie.

ològrafo |o'lɔgrafo| *agg.* (*dir.*) (h)olographe: *testamento olografo* testament olographe.

ologràmma |olo'gramma| *s.m.* (*scient.*) hologramme.

olometàbolo |olome'tabolo| *agg. e s.* (*zool.*) holométabole *agg.*

olotùria |olo'turja| *s.f.* (*t.zool.*) holothurie.

oltracciò |oltrat'tʃɔ| *avv.* → **oltre** II 3.

oltracotànte |oltrako'tante| *agg.* (*lett.*) → **arrogante.**

oltracotànza |oltrako'tantsa| *s.f.* (*lett.*) → **arroganza.**

oltraggiàbile |oltrad'dʒabile| *agg.* [→ OLTRAGGIARE] qu'on peut insulter *loc.*

oltraggiaménto |oltraddʒa'mento| *s.m.* (*raro*) → **oltraggio.**

oltraggiànte |oltrad'dʒante| *agg.* outrageant, insultant.

oltraggiàre |oltrad'dʒare| *v.tr.* [*recare oltraggio; offendere gravemente*] outrager (3), insulter: *si deve impedire che sia oltraggiato* il faut empêcher qu'il ne soit outragé, insulté → **ingiuriare, offendere.**

oltraggiatóre, trice |oltraddʒa'tore, tritʃe| *agg.* [*che oltraggia*] outrageant, insultant ♦ (*s.*) *un oltraggiatore* un offenseur *m.*, un insulteur *m.* (*raro*).

oltràggio, i |ol'traddʒo, i| *s.m.* **1** [*violenza, danno*] outrage: *recare oltraggio a qc.* faire outrage à qqn.; *si è vendicato dell'oltraggio subito* il s'est vengé de l'outrage subi → **ingiuria, offesa** ◇ (*dir.*) *oltraggio a pubblico ufficiale* outrage à officier public, à fonctionnaire; *oltraggio al pudore* outrage à la pudeur **2** (*ant.*) [*sopruso, ingiustizia*] injustice *f.* (*corr.*) Ⓒ **rispetto, cortesia.**

oltraggiosaménte |oltraddʒosa'mente| *avv.* [→ OLTRAGGIOSO] outrageusement.

oltraggióso |oltrad'dʒoso| *agg.* outrageant, outrageux* (*lett.*): *ha tenuto un comportamento oltraggioso* il a eu un comportement outrageant, outrageux; *ha avuto parole oltraggiose nei suoi riguardi* il a eu des paroles outrageantes envers lui → **ingiurioso, offensivo.**

oltràlpe |ol'tralpe| *avv.* [*al di là delle Alpi, rispetto all'Italia*] au-delà des Alpes (*loc. inv.*): *è andato a vivere oltralpe* il est parti vivre au-delà des Alpes.

oltramontàno |oltramon'tano| *agg.* d'outre-monts (*loc. inv.*): *una moda oltramontana* une mode d'outre-monts → 1 **straniero.**

oltrànza |ol'trantsa| *s.f. solo nella loc.* A OLTRANZA à outrance: *hanno contestato a oltranza* ils ont contesté à outrance; *i nostri resistettero a oltranza* les nôtres ont résisté à outrance.

oltranzìsmo |oltran'tsizmo| *s.m.* (*polit.*) extrémisme, jusqu'au-boutisme.

oltranzìsta |oltran'tsista| *agg. e s.* [*estremista*] extrémiste, jusqu'au-boutiste.

oltranzìstico, ci, ca, che |oltran'tsistiko, tʃi, ka, ke| *agg.* [*di oltranzismo, da oltranzista*] d'extrémiste (*loc.*): *atteggiamenti oltranzistici* attitudes d'extrémistes.

óltre |'oltre| **I** *avv.* **1** (*riferito allo spazio*) [*più in là, più in qua, più avanti*] plus loin, outre: *non voglio andare oltre* je ne veux pas aller plus loin, outre; *vai un po' più oltre* va un peu plus loin; *poco più oltre c'è una casa* un peu plus loin il y a une maison; *è passato oltre senza salutarmi* il est passé outre sans me saluer ◇ (*fig.*) *sei andato troppo oltre* tu es allé trop loin **2** (*riferito al tempo*) [*ancora di più*] plus longtemps, davantage: *non aspetterò oltre* je n'attendrai pas plus longtemps, davantage; *è rimasto qui due ore e oltre* il est resté ici deux heures et plus, davantage **II** *prep.* **1** [*di là da, dall'altra parte di*] au(-)delà de (*spec. fig.*), [*dall'altra parte*] de l'autre côté de, [*dopo*] après: *è passato oltre i confini* il est passé au-delà de, de l'autre côté de la frontière; *oltre il fiume, c'è il sentiero che cercate* au-delà du fleuve, après le fleuve, il y a le sentier que vous cherchez # *non gettate niente oltre il muro* ne jetez rien par dessus le mur; *il regalo è andato oltre la sua aspettativa* le cadeau a dépassé tout ce qu'il espérait ◇ (*loc.*) *d'oltre oceano* → **oltreoceano** ◇ (*loc. fig.*) *è maleducato oltre ogni dire, ogni credere* il est on ne peut plus mal élevé ~ *comportandosi così, è andato oltre ogni limite* en se comportant ainsi, il a passé toute mesure ~ *le sue critiche sono andate oltre il giusto* ses critiques ont passé les bornes ~ *esigono oltre misura* ils exigent outre mesure **2** [*più di*] plus de: *ho aspettato oltre un'ora* j'ai attendu plus d'une heure; *starò fuori casa non oltre due settimane* je ne partirai pas plus de deux semaines; *il paese dista non oltre tre chilometri* le village n'est pas à plus de trois kilomètres; *c'erano oltre novecento persone* il y avait plus de neuf cents personnes ◇ (*fam.*) *deve essere oltre la sessantina* il doit avoir dépassé la soixantaine **3** [*in aggiunta a, in più di*] en plus de, en outre de, outre: *oltre al vestito, si è comperata una sciarpa* en plus de ce vêtement, elle s'est acheté une écharpe; *oltre a questi, ci sono altri piatti?* y a-t-il d'autres assiettes, en plus de celles-ci? # *oltre lo stipendio non ho altre fonti di reddito* en dehors de mon salaire, je n'ai aucune source de revenu(s) ◇ *loc.* OLTRE A CIÒ à part cela, en plus de cela: *oltre a ciò, non ho niente da aggiungere* à part cela, je n'ai rien à ajouter (en plus de cela) ◊ [*eccetto, all'infuori di*] en dehors de: *oltre a lui non partirà nessuno* en dehors de lui, personne ne partira; *oltre a te, non mi è rimasto alcun amico* en dehors de toi, aucun ami ne m'est resté **III** *cong.* [*oltre a, oltre che*] non seulement... mais: *oltre a non essere venuto, non mi ha nemmeno avvertito* non seulement il n'est pas venu, mais il ne m'a même pas averti.

oltreatlàntico |oltrea'tlantiko| *avv.* outre-Atlantique ✦ (*agg.*) d'outre-Atlantique *loc. inv.*

oltreché |oltre'ke| *cong.* [*oltre al fatto che*] non seulement... mais encore: *è ignorante, oltreché saccente* non seulement il est pédant, mais encore il est ignorant.

oltrecortina |oltrekor'tina| **1** *avv.* au-delà du rideau de fer (*loc. inv.*): *abita oltrecortina* il habite au-delà du rideau de fer **2** *s.m. sing.* les pays *pl.* au-delà du rideau de fer.

oltremànica |oltre'manika| **1** *avv.* outre-Manche **2** *s.m. sing.* (d')outre-Manche: *i costumi d'oltremanica* les coutumes d'outre-Manche.

oltremàre |oltre'mare| **I** *avv.* outre-mer: *è emigrato oltremare* il a émigré outre-mer **II** *s.m. sing.* **1** [*terra situata al di là del mare*] outre-mer: *genti d'oltremare* gens d'outre-mer **2** (*miner.*) outre-mer, lapis-lazuli → **lapislazzuli** **3** [*il colore del lapislazzulo*] outre-mer (outremer) (*lett.*) ✦ (*agg. inv.*) *blu oltremare* bleu outremer → **blu.**

oltremarino |oltrema'rino| *agg.* **1** d'outre-mer (*loc. inv.*): *territorio oltremarino* territoire d'outre-mer **2** [*che ha il colore del lapislazzulo*] outremer (*s.m.*): *azzurro oltremarino* (bleu) outremer → **blu.**

oltremisùra |oltremi'zura| *avv.* → **oltremodo.**

oltremòdo |oltre'mɔdo| *avv.* [*oltre la misura conveniente; eccessivamente*] extrêmement: *è un ragazzo oltremodo sfacciato* c'est un garçon extrêmement effronté; *mi fa oltremodo piacere* cela me fait extrêmement plaisir; cela me fait un plaisir fou → **enormemente.**

oltremondàno |oltremon'dano| *agg.* (*raro, lett.*) [*che è al di là di questo mondo*] de l'au-delà *loc. inv.* (*corr.*): *regno oltremondano* (le) royaume de l'au-delà.

oltremontàno |oltremon'tano| *agg.* → **oltramontano.**

oltremónte |oltre'monte|, **oltremónti** |oltre'monti| *avv.* au-delà des monts *loc. inv.*, outre-monts: *andare oltremonte* aller au-delà des monts, outre-monts ✦ (*s.m.*) *i paesi d'oltremonti* les pays d'outre-monts.

oltreocèano |oltreo'tʃɛano| *avv.* [*di là dall'Oceano*] outre-mer: *recarsi oltreoceano* aller outre-mer ✦ (*s.m.*) *i paesi d'oltreoceano* les pays d'outre-mer ◊ (*spec.*) outre-Atlantique: *il cinema d'oltreoceano* le cinéma d'outre-Atlantique # *emigrare oltreoceano* émigrer aux États-Unis.

oltrepassàbile |oltrepas'sabile| *agg.* [→ OLTREPASSARE] qu'on peut dépasser *loc.*, franchissable.

oltrepassàre |oltrepas'sare| *v.tr.* **1** [*superare, passare oltre*] dépasser: *hai oltrepassato la linea di demarcazione* tu as dépassé la ligne de démarcation; *non oltrepassare i limiti di velocità* ne dépasse pas la limite de vitesse ◊ (*fig.*) *hai oltrepassato i limiti, ogni limite* tu as passé les bornes → **eccedere 2** (*mar.*) [*doppiare*] doubler.

oltretómba |oltre'tomba| *s.m. inv.* outre-tombe: *le credenze nell'oltretomba* les croyances en l'outre-tombe.

oltreumàno |oltreu'mano| *agg.* → **sovrumano.**

-òma |'ɔma| *suff.* (*significa 'malattia, tumore', corrisponde gener. a*) ome: *ematoma* hématome; *carcinoma* carcinome.

omàccio, i |o'mattʃo, i| *s.m.* [*uomo villano, zotico*] malotru *s.*, mufle.

omacciòne |omat'tʃone| *s.m.* [*uomo ben piantato, forte*] gaillard, costaud → **gigante.**

omàggio, i |o'maddʒo, i| *s.m.* **1** [*atto, espressione di ossequio e di rispetto*] hommage: *rendere omaggio a un ospite illustre* rendre hommage à un visiteur illustre; *la cittadinanza ha reso omaggio ai caduti per la libertà* les citoyens ont rendu hommage à ceux qui sont morts pour la liberté → **ossequio** ◊ *loc.* IN OMAGGIO A en hommage à, en l'honneur de: *in omaggio alla tradizione* en hommage à, en l'honneur de la tradition ~ (*al plur.*) *gradisca i miei omaggi* agréez mes hommages ✦ (*ass.*) *omaggi!* mes hommages! **2** [*dono, regalo, offerta*] spécimen; cadeau: *tutti avranno una copia in omaggio* tous auront un spécimen (gratuit) ‖ *la ditta ha spedito delle illustrazioni in omaggio* la maison a envoyé des illustrations en cadeau # *ho ricevuto un omaggio floreale* j'ai reçu des fleurs ✦ (*in funzione di agg. inv.*) *buono-omaggio* bon(-)cadeau; *confezione omaggio* confection(-)cadeau **3** (*st. mediev.*) hommage.

òmaro |'ɔmaro| *s.m.* (*t.zool.*) *homard.

omàso |o'mazo| *s.m.* (*anat. animale*) omasum, omasus, feuillet (*corr.*).

ombelicàle |ombeli'kale| *agg.* (*anat., med.*) ombilical*: *cordone ombelicale* cordon ombilical; *ernia ombelicale* hernie ombilicale.

ombelicàto |ombeli'kato| *agg.* ombiliqué: *frutto ombelicato* fruit ombiliqué.

ombelìco, chi |ombe'liko, ki| *s.m.* **1** (*anat.*) ombilic, nombril (*corr.*) **2** (*fig.*) [*parte centrale*] ombilic **3** (*t.bot.*) *ombelico di Venere* nombril-de-Vénus.

ómbra |'ombra| *s.f.* **1** ombre: *con questo caldo fa piacere riposare all'ombra* avec cette chaleur, il est agréable de se reposer à l'ombre; *è una pianta che deve stare all'ombra* c'est une plante qui doit rester à l'ombre # *per vedere si faceva ombra con la mano* pour voir, il s'abritait les yeux de la main ◊ (*loc. fig.*) *tramano nell'ombra* ils trament dans l'ombre ~ *amano vivere nell'ombra* ils aiment vivre dans l'ombre ~ *è stato lasciato nell'ombra* on l'a laissé dans l'ombre; *il partito ha deciso di tirarlo fuori dall'ombra* le parti a décidé de le sortir de l'ombre; *è nato all'ombra della Madonnina, del Cupolone* il est né à Milan, à Rome ✦ (*agg. inv.*) *un governo ombra* un gouvernement fantôme; *bandiera ombra* pavillon de complaisance *loc. inv.* **2** (*corr.*) [*sagoma proiettata da ogni corpo opaco*] ombre: *al tramonto le ombre si allungano* au coucher du soleil les ombres s'allongent; *l'ombra di una persona si profilava sul muro* l'ombre d'une personne se profilait sur le mur ◊ (*gioco*) *ombre cinesi* ombres chinoises ◊ (*ricamo*) *punto ombra* point d'ombre ◊ (*loc. fig.*) *ha paura persino della sua ombra* il a peur de son ombre ~ *lo segue come una ombra* elle le suit comme son ombre ~ *per il dolore è diventato l'ombra di sé stesso* à cause de la douleur, il est devenu l'ombre de lui-même **3** [*fantasma, spettro, spirito*] esprit (*m.*): *le ombre dei morti* les esprits, les ombres des morts; *evocare le ombre dei defunti* évoquer les esprits des morts **4** (*fig.*) [*vana apparenza, cosa inesistente, illusoria*] ombre: *ormai la legalità è solo un'ombra* désormais la légalité est seulement une ombre; *nella dittatura la libertà è un'ombra* sous une, la dictature la liberté n'est qu'une ombre ◊ (*loc.*) *dare corpo alle ombre* [*dare importanza a sospetti che non ne hanno*] s'alarmer pour un rien **5** (*fig.*) [*quantità minima*] ombre: *non c'è ombra di verità in quanto hai detto* il n'y a pas une ombre de vérité dans ce que tu as dit; *senza ombra di dubbio la situazione è preoccupante* sans l'ombre d'un doute la situation est préoccupante # *ho smacchiato i pantaloni, ma è rimasta un'ombra* j'ai détaché les pantalons, mais il est resté un cerne **6** (*fig.*) [*elemento o particolare poco chiaro, che genera fraintendimenti e timori*] ombre: *l'ombra del dubbio continuava ad assillarlo* l'ombre d'un doute continuait à le tourmenter → 2 **sospetto**; *un'ombra di tristezza passò nei suoi occhi* une ombre de tristesse passa dans son regard; *le sue parole rivelavano un'ombra di risentimento* ses paroles révélaient une ombre de ressentiment; *quel fatto ha gettato un'ombra sulla sua reputazione* ce fait a jeté une ombre sur sa réputation, a porté ombrage à sa réputation → **velo** ◊ (*loc.*) *il tuo successo dà ombra a molti* ton succès a porté ombrage à de nombreuses personnes Ⓒ 1 **luce.**

ombràre |om'brare| **A** *v.tr.* **1** (*raro*) [*dare, fare ombra*] ombrager (3) (*corr.*) → **ombreggiare** 1 **2** (*pitt.*) [*sfumare le ombre per dar rilievo a figure disegnate*] ombrer → **ombreggiare** 2 **B** *v. pron. intr.* OMBRARSI **1** [*offendersi, risentirsi*] prendre (73) *tr.* ombrage: *si ombra per un nulla* il prend ombrage pour un rien → **adombrare** **2** [*presentare delle macchie, delle ombre*] révéler (8) *tr.* des ombres: *con la stiratura il lenzuolo si è ombrato* en le repassant, le drap a révélé des ombres.

ombràtile |om'bratile| *agg.* → **umbratile.**

ombratùra |ombra'tura| *s.f.* → **ombreggiatura.**

ombreggiaménto |ombreddʒa'mento| *s.m.* → **ombreggiatura.**

ombreggiàre |ombred'dʒare| *v.tr.* **1** [*rendere fresco e ombroso*] ombrager (3): *una grande quercia ombreggia il prato* un grand chêne ombrage le pré; *la strada è ombreggiata da una lunga fila di alberi* la route est ombragée par une longue rangée d'arbres **2** [*tratteggiare o sfumare leggermente*] ombrer: *ombreggiare una figura, un particolare* ombrer un visage, un détail Ⓒ 1 **soleggiare.**

ombreggiàto |ombred'dʒato| *agg.* **1** ombragé: *un viale ombreggiato* une avenue ombragée **2** (*pitt.*) ombré:

un disegno ombreggiato a carboncino un dessin ombré au fusain 🄲 1 **soleggiato.**
ombreggiatùra |ombreddʒa'tura| *s.f.* [→ OMBREGGIARE 2] ombres *pl.*, obscurs *m. pl.*
ombrèlla |om'brɛlla| *s.f.* **1** (*bot.*) ombelle **2** (*dial.*) → **ombrello 3** (*zool.*) ombrelle.
ombrellàio, i |ombrel'lajo, i| *s.m.* **1** marchand de parapluies **2** fabricant de parapluies **3** réparateur de parapluies.
ombrellàta |ombrel'lata| *s.f.* coup *m.* de parapluie: *gli ha dato un'ombrellata sulla testa* elle lui a donné un coup de parapluie sur la tête.
Ombrellìfere |ombrel'lifere| *s.f. pl.* (*t.bot.*) Ombellifères, Ombelliféracées.
ombrellìfero |ombrel'lifero| *agg.* (*bot.*) ombellifère.
ombrellifìcio, i |ombrelli'fitʃo, i| *s.m.* fabrique *f.* de parapluies.
ombrellifórme |ombrelli'forme| *agg.* (*bot.*) ombrelliforme.
ombrellìno |ombrel'lino| *s.m.* **1** [*ombrello piccolo ed elegante per ripararsi dal sole*] ombrelle *f.* **2** (*eccl.*) dais.
ombrèllo |om'brɛllo| *s.m.* [*arnese per ripararsi dalla pioggia*] parapluie, pépin (*fam.*); (*da sole*) ombrelle *f.*, parasol: *apri l'ombrello*: *piove* ouvre ton parapluie: il pleut; *l'ombrello pieghevole è più pratico* le parapluie pliant est plus pratique → **parapioggia** ◇ (*mil.*) *ombrello aereo, nucleare, atomico* couverture *f.* aérienne, nucléaire, atomique ◇ (*econ.*) *l'ombrello della lira* la protection *f.* de la lire.
ombrellóne |ombrel'lone| *s.m.* [*grande ombrello da spiaggia o da giardino, usato per ripararsi dal sole*] parasol.
ombrétto |om'bretto| *s.m.* (*cosmesi*) fard à paupières, rimmel (*marca depositata*).
ombrìfero |om'brifero| *agg.* (*lett.*) → **ombroso** 2.
ombrìna |om'brina| *s.f.* (*t.zool.*) ombrine.
ombrinàle |ombri'nale| *s.m.* (*mar.*) dalot, daleau.
ombrosaménte |ombrosa'mente| *avv.* [→ OMBROSO] ombrageusement.
ombrosità |ombrosi'ta| *s.f. inv.* **1** [*il fatto di essere ombroso*] ombre (*var.*): *l'ombrosità di quel boschetto è deliziosa* l'ombre de ce petit bois est délicieuse **2** (*fig.*) caractère *m. var.* ombrageux: *cerca di non urtare la sua ombrosità* essaie de ne pas irriter (froisser) son caractère ombrageux.
ombróso |om'broso| *agg.* **1** [*che è in ombra*] ombragé: *un viale ombroso* une allée ombragée **2** (*lett.*) [*che dà ombra*] ombreux* **3** (*fig.*) (*persone*) [*permaloso*] ombrageux*: *un tipo ombroso* un type ombrageux **4** (*fig.*) (*animali*) [*che si spaventa con facilità*] ombrageux: *un cavallo ombroso* un cheval ombrageux 🄲 1 **soleggiato**; 2 **solatio.**
omèga |o'mɛga|, (*raro*) |'ɔmega| *s.m. o f. inv.* [*lettera dell'alfabeto gr.*] oméga *m. var.* ◇ (*loc. fig.*) *dall'alfa all'omega* [*dal principio alla fine*] de A jusqu'à Z.
'omelette' |ɔm'lɛt| *s.f. inv.* omelette *var.*
omelìa |ome'lia| *s.f.* **1** (*eccl.*) homélie → **discorso, predica** **2** (*fig.*) [*discorso esortativo*] homélie → **predicozzo.**
omeliàrio, i |ome'ljarjo, i| *s.m.* (*relig.*) homiliaire.
oménto |o'mento| *s.m.* **1** (*anat.*) épiploon **2** (*macelleria*) crepine *f.*
omeopatìa |omeopa'tia| *s.f.* (*med.*) homéopathie.
omeopàtico, ci, ca, che |omeo'patiko, tʃi, ka, ke| *agg.* (*med.*) homéopathique: *cura omeopatica* cure homéopathique ✦ (*s.m.*) *un omeopatico* un homéopathe *s.*
omeòstasi |ome'ɔstasi| *s.f. inv.* (*fisiol.*) homéostasie *var.*
omeostàtico, ci, ca, che |omeos'tatiko, tʃi, ka, ke| *agg.* homéostatique.
omeòstato |ome'ɔstato| *s.m.* (*cibernetica*) homéostat.
omeotelèuto |omeote'lɛuto| *s.m.* (*filol.*, *retorica*) homéotéleute *f.*
omeotermìa |omeoter'mia| *s.f.* (*biol.*) homéothermie.
omeotèrmo |omeo'termo| *agg.* (*biol.*) homéotherme: *animali omeotermi* animaux homéothermes ✦ (*s.m. pl.*) *gli omeotermi* les homéothermes.
omeràle |ome'rale| *agg.* (*anat.*) huméral*.
omericaménte |omerika'mente| *avv.* [→ OMERICO 1] d'une manière homérique *loc. inv.*
omèrico, ci, ca, che |o'mɛriko, tʃi, ka, ke| *agg.* **1** [*di Omero*] homérique: *la poesia, la questione omerica* la poésie, la question homérique **2** (*fig.*) [*epico, grandioso*] homérique: *la risata omerica* le rire homérique.
òmero |'ɔmero| *s.m.* **1** (*anat.*) humérus **2** (*lett.*) → **spalla.**
omertà |omer'ta| *s.f. inv.* **1** [*intesa che vincola i membri della malavita alla protezione vicendevole*] solidarité *var.* entre criminels, loi *var.* du silence: *l'omertà viene imposta con la paura* la solidarité entre criminels, la loi du silence est imposée par la peur **2** (*per est.*) [*tacita intesa fra membri di uno stesso gruppo*] complicité *var.* tacite: *i suoi colleghi non parlano per omertà* ses collègues ne parlent pas par complicité tacite.
omésso |o'messo| *agg.* [*tralasciato, non citato*] omis.
omèttere |o'mettere| (155) *v.tr.* [*tralasciare, non attuare un atto doveroso o opportuno*] omettre (71): *ha omesso di citare la fonte* il a omis de citer sa source; *nei documenti non bisogna omettere nulla* pour remplir les papiers, il ne faut rien omettre 🄲 **includere, comprendere.**
ométto |o'metto| *s.m.* **1** petit homme ◇ (*fig.*) *quel bambino è proprio un ometto* cet enfant est vraiment un petit homme **2** (*arch.*) poinçon **3** (*region.*) [*gruccia per abiti*] cintre.
omiciàttolo |omit'tʃattolo| *s.m.* (*spreg.*) [*uomo piccolo o* (*fig.*) *da poco*] avorton, mabot.
omicìda |omi'tʃida| *s.* [*chi compie un omicidio*] meurtrier* (*corr.*), homicide (*lett.*): *l'omicida è stato arrestato* le meurtrier, l'homicide a été arrêté → **assassino** ✦ (*agg.*) *l'arma omicida* l'arme meurtrière.
omicìdio, i |omi'tʃidjo, i| *s.m.* homicide; meurtre: *omicidio colposo* homicide par imprudence; *omicidio preterintenzionale* homicide involontaire ‖ *omicidio premeditato* meurtre avec préméditation; *tentato omicidio* tentative de meurtre, d'assassinat; *commettere un omicidio* commettre un meurtre → **assassinio** # *omicidio bianco* [*incidente mortale sul lavoro*] accident de travail.
òmicron |'ɔmikron| *s.m. o f. inv.* [*lettera dell'alfabeto gr.*] omicron *m. var.*
Omìnidi |o'minidi| *s.m. pl.* (*antrop.*) Hominidés.
omìno |o'mino| *s.m.* petit homme → **nano.**
omissìbile |omis'sibile| *agg.* [→ OMETTERE] qu'on peut omettre *loc.*
omissióne |omis'sjone| *s.f.* omission: *l'omissione di una parola, di un particolare* l'omission d'un mot, d'un détail → **mancanza** ◇ (*loc.*) *salvo errori e omissioni* sauf erreur ou omission ◇ (*dir.*) *reato d'omissione* délit d'omission.
òmnibus |'ɔmnibus| *s.m. inv.* (*lat.*) omnibus.
omnidirezionàle |omnidirettsjo'nale| → **onnidirezionale.**
omnium |'ɔmnjum| *s.m. inv.* (*lat.*) (*sport*) omnium *var.*
omocèntrico, ci, ca, che |omo'tʃɛntriko, tʃi, ka, ke| *agg.* (*fis.*) homocentrique: *sfere omocentriche* sphères homocentriques.
omocèrco, chi, ca, che |omo'tʃɛrko, ki, ka, ke| *agg.* (*zool.*) homocerque.
omocìclico, ci, ca, che |omo'tʃikliko, tʃi, ka, ke| *agg.* (*chim.*) homocyclique.
omocromìa |omokro'mia| *s.f.* (*biol.*) homochromie → **mimetismo.**
omofocàle |omofo'kale| *agg.* (*ott.*) homofocal*.
omofonìa |omofo'nia| *s.f.* (*ling.*, *mus.*) homophonie 🄲 **polifonia.**
omòfono |o'mɔfono| *agg.* **1** (*mus.*) homophone: *un canto omofono* un chant homophone **2** (*ling.*) homophone: *parole omofone* des mots homophones.
omogeneaménte |omodʒenea'mente| *avv.* [→ OMOGENEO] d'une manière homogène *loc. inv.*
omogeneità |omodʒenei'ta| *s.f. inv.* homogénéité (*var.*): *omogeneità di una sostanza* homogénéité d'une substance; *l'omogeneità di un gruppo sociale* l'homogénéité d'un groupe social.
omogeneizzàre |omodʒeneid'dzare| *v.tr.* [*rendere omogeneo*] homogénéiser, homogénéifier: *omogeneizzare componenti di diversa natura* homogénéiser, homogénéifier des composés de nature différente; *omogeneizzare il latte, un estratto di carne* homogénéiser le lait, un extrait de viande.
omogeneizzàto |omodʒeneid'dzato| *agg.* homogénéisé: *prodotti farmaceutici omogeneizzati* produits pharmaceutiques homogénéisés; *alimenti omogeneizzati* aliments homogénéisés ✦ (*s.m.*) *un omogeneizzato di verdura* des légumes homogénéisés (*agg.*); *gli omogeneizzati per l'infanzia* les produits homogénéisés *agg.* pour enfants.
omogeneizzatóre |omodʒeneiddza'tore| *s.m.* (*tecnol.*) homogénéisateur.
omogeneizzazióne |omodʒeneiddzat'tsjone| *s.f.* [→ OMOGENEIZZARE] homogénéisation.
omogèneo |omo'dʒɛneo| *agg.* **1** homogène: *una sostanza omogenea* une substance homogène; *una categoria so-*

ciale omogenea une catégorie sociale homogène ◇ (*mat.*) *funzione omogenea* fonction homogène **2** (*fig.*) [*armonico*] homogène: *un insieme omogeneo di colori* un ensemble de couleurs homogène 🄲 **eterogeneo.**

omogenizzàre |omodʒenid'dzare| *v.tr.* → **omogeneizzare.**

omografìa |omogra'fia| *s.f.* homographie.

omogràfico, ci, ca, che |omo'grafiko, tʃi, ka, ke| *agg.* homographique.

omògrafo |o'mɔgrafo| *agg.* (*ling.*) homographe: *parole omografe* mots homographes.

omoinnèsto |omoin'nɛsto| *s.m.* (*chir.*) homogreffe *f.*

omologàbile |omolo'gabile| *agg.* [→ OMOLOGARE] homologable.

omologàre |omolo'gare| *v.tr.* **1** [*dar valore legale, ratificare*] homologuer: *omologare uno statuto* homologuer un statut **2** [*riconoscere una prova o un risultato regolari*] homologuer: *omologare un primato* homologuer un record → **ratificare.**

omologazióne |omologat'tsjone| *s.f.* **1** [→ OMOLOGARE 2] homologation: *l'omologazione di una partita* l'homologation d'une partie **2** (*dir.*) homologation: *sentenza di omologazione* sentence d'homologation.

omologìa, gie |omolo'dʒia, dʒie| *s.f.* (*scient.*) homologie.

omològico, ci, ca, che| omo'lɔdʒiko, tʃi, ka, ke| *agg.* (*scient.*) homologique.

omòlogo, ghi |o'mɔlogo, gi| *agg.* (*scient.*) homologue.

omóne |o'mone| *s.m.* gros homme.

omonimìa |omoni'mia| *s.f.* homonymie: *l'omonimia tra due parole* l'homonymie entre deux mots.

omònimo |o'mɔnimo| *agg.* **1** homonyme: *due località omonime* deux localités homonymes ✦ (*s.*) *un omonimo* un homonyme **2** (*ling.*) homonyme.

omoplàta |omo'plata| *s.f.* (*anat.*) homoplate → **scapola.**

omopolàre |omopo'lare| *agg.* (*chim.*) homopolaire.

omosessuàle |omosessu'ale| *agg.* **1** [*affetto da omosessualità*] homosexuel*: *un individuo omosessuale* un individu homosexuel ✦ (*s.*) *un omosessuale* un homosexuel **2** [*proprio dell'omosessualità*] homosexuel: *tendenze omosessuali* tendances homosexuelles; *rapporti omosessuali* rapports homosexuels.

omosessualità |omosessuali'ta| *s.f. inv.* homosexualité *var.*

omotetìa |omote'tia| *s.f.* (*geom., mat.*) homothétie.

omotètico, ci, ca, che |omo'tɛtiko, tʃi, ka, ke| *agg.* (*geom., mat.*) homothétique.

Omòtteri |o'mɔtteri| *s.m. pl.* (*t. zool.*) Homoptères.

omozigòte |omoddzi'gɔte| *s.m.* (*biol.*) homozygote.

omùncolo |o'munkolo| *s.m.* **1** [*uomo da poco*] avorton, mabot ◇ (*fig.*) petit homme méprisable **2** [*essere dotato di poteri straordinari, ottenuti per mezzo dell'alchimia*] homuncule, homoncule.

1 **onàgro** |o'nagro| *s.m.* (*t.zool.*) onagre → **asino.**

2 **onàgro** |o'nagro| *s.m.* [*antica macchina da guerra*] onagre.

onanìsmo |ona'nizmo| *s.m.* onanisme → **masturbazione.**

onanìsta |ona'nista| *agg. e s.* onaniste.

óncia, ce |'ontʃa, tʃe| *s.f.* **1** once: *un'oncia d'oro* une once d'or **2** (*fig.*) [*minima quantità*] once: *non hai un'oncia di giudizio* tu n'as (même) pas une once de bon sens **3** [*unità monetaria*] once.

onciàle |on'tʃale| *agg.* (*paleogr.*) oncial*: *scrittura onciale* écriture onciale ✦ (*s.f.*) *l'onciale* l'onciale.

oncogènesi |onko'dʒɛnezi| *s.f. inv.* (*med.*) oncogénèse *var.*

oncògeno |on'kɔdʒeno| *agg.* (*med.*) oncogène.

oncologìa, gie |onkolo'dʒia, dʒie| *s.f.* (*med.*) oncologie.

oncològico, ci, ca, che |onko'lɔdʒiko, tʃi, ka, ke| *agg.* (*med.*) oncologique: *istituto oncologico* institut oncologique.

oncòlogo, gi |on'kɔlogo, dʒi| *s.m.* oncologue.

oncòtico, ci, ca, che |on'kɔtiko, tʃi, ka, ke| *agg.* (*biol.*) oncotique, onkotique.

ónda |'onda| *s.f.* **1** (*geogr., corr.*) vague, flots (*m. pl.*): *le onde si frangevano sulla scogliera* les vagues, les flots se brisaient sur les rochers; *è stato travolto da un'onda* il a été emporté par une vague; *era in balia delle onde* il était à la merci des flots; *la barchetta era sballottata dalle onde* la petite barque était ballottée par les flots ◇ [*flutto*] flot ◇ (*med.*) *onde peristaltiche* ondes péristaltiques; *onde sfigmiche* ondes sphygmiques ◇ *loc. fig.* A ONDA ondulé (*agg.*): *una pettinatura a onda* cheveux ondulés; *un marmo con venature a onda* un marbre aux veinures ondulées; *un fregio a onda* une frise ondulée ~ *è sulla cresta dell'onda* il a le vent en poupe ~ *si lasciava sommergere dall'onda dei ricordi* il se laissait submerger par le flot des souvenirs **2** (*fis.*) onde: *onde sonore, termiche, luminose* ondes sonores, thermiques, lumineuses; *onde corte, medie, lunghe* ondes courtes, moyennes, longues ◇ (*rad.*) *mettere, mandare in onda* mettre en ondes **3** (*urbanistica*) *onda verde* suite de feux verts.

ondàmetro |on'dametro| *s.m.* (*fis.*) ondemètre.

ondàta |on'data| *s.f.* **1** [*l'urto della massa d'acqua di una grossa onda*] paquet *m.* de mer: *è stato travolto da un'ondata* il a été emporté par un paquet de mer; *grosse ondate si abbattevano sul molo* de gros paquets de mer s'abattaient sur la jetée **2** (*fig.*) [*afflusso, effusione*] flot (*m.*): *un'ondata di fumo ha riempito la stanza* des flots de fumée ont rempli la pièce # *un'ondata di sangue le è affluita sul viso* un afflux de sang lui monta au visage; *un'ondata di freddo ha colpito le regioni del nord* une vague de froid a atteint les régions du Nord **3** (*fig.*) [*gruppi di persone o cose che si spostano in fasi successive*] vague: *ondate di folla* des vagues de foule; *i nemici attaccavano a ondate successive* les ennemis attaquaient par vagues successives.

ondàto |on'dato| *agg.* (*raro, lett.*) → **ondulato.**

ondàtra |on'datra| *s.f.* (*t.zool.*) ondatra *m.*

ónde |'onde| **I** *avv.* (*lett.*) **1** [*da dove, da quale luogo*] d'où (*corr.*); où (*corr.*): *onde vieni?* d'où viens-tu? → **donde** || *non capisco onde ha preso tanta sicurezza* je ne comprends pas où il a pris tant de sûreté **2** (*con valore rel.*) [*dal quale, da cui*] d'où: *dovete ritornare onde siete venuti* vous devez retourner d'où vous venez **3** (*con valore caus.*) [*dalla qual cosa*] d'où, de là: *onde si deduce che è disonesto* d'où, de là on déduit qu'il est malhonnête ◇ (*loc.*) *ne ha ben onde* [*ha buone ragioni*] il a de bonnes raisons **4** (*poet.*) [*di cui*] dont (*corr.*), d'où (*corr.*) **II** *cong.* **1** (*con valore finale*) [*affinché, perché*] afin que, pour que: *ti ho detto questo onde tu sappia regolarti* je t'ai dit cela afin que, pour que tu saches comment te comporter; *te lo ripeto onde tutto sia chiaro* je te le répète afin que tout soit clair, pour plus de clarté **2** (*raro*) [*per la qual cosa, cosicché*] c'est pourquoi (*corr.*).

ondeggiaménto |ondeddʒa'mento| *s.m.* **1** [→ ONDEGGIARE 1] ondoiement; (*di una imbarcazione, ecc.*) balancement; (*di una bandiera e sim. mossa dal vento*) flottement; (*della folla*) remous (*pl.*): *l'ondeggiamento delle erbe* l'ondoiement des herbes || *l'ondeggiamento del canotto mi ha provocato sonnolenza* le balancement du canot m'a fait somnoler || *dalla torre si poteva osservare l'ondeggiamento della folla* de la tour on pouvait observer les remous de la foule # *l'ondeggiamento delle bandiere ricorda la festa nazionale* les drapeaux claquant, flottant dans le vent rappellent la fête nationale **2** (*fig.*) [*esitazione*] flottement: *l'ondeggiamento dei suoi propositi mi ha fatto rimanere dubbioso* le flottement de ses propos m'a rendu sceptique → **incertezza.**

ondeggiànte |onded'dʒante| *agg.* **1** [*che si muove con spostamenti continui e alternati*] ondoyant; (*di un'imbarcazione, ecc.*) qui se balance (*loc.*); (*di una bandiera e sim. mossa dal vento*) flottant: *una fiamma ondeggiante* une flamme ondoyante || *una barca ondeggiante* une barque qui se balance || *i suoi lunghi capelli ondeggianti al vento* ses longs cheveux flottant au vent **2** (*fig.*) [*indeciso*] flottant, ondoyant (*lett.*): *è ondeggiante fra opposti desideri* il est flottant, ondoyant entre deux désirs opposés → **esitante, dubbioso** 🄲 **2 certo 1, risoluto.**

ondeggiàre |onded'dʒare| *v.intr.* (*aus.* 'avere') **1** [*muoversi con onda, come le onde*] se balancer (2) *pron.*; (*di messi*) ondoyer (10); (*di bandiera e sim. mossa dal vento*) flotter, ondoyer; (*della folla*) avoir (28) *tr.* des remous: *l'imbarcazione ondeggiava sul mare* l'embarcation se balançait sur la mer || *le spighe ondeggiavano nel vento* les épis ondoyaient dans le vent || *le pieghe del vestito ondeggiavano alla brezza della sera* les plis du vêtement flottaient, ondoyaient dans la brise du soir || *la folla cominciò a ondeggiare* la foule commença à avoir, présenter des remous **2** (*fig.*) [*essere indeciso, incerto*] flotter: *ondeggiava tra il sì e il no* il flottait entre oui et non; *ondeggia ancora fra il timore e la speranza* il flotte encore entre la peur et l'espoir → **tentennare, titubare.**

ondìna |on'dina| *s.f.* **1** (*mitol.*) ondine **2** [*nuotatrice esperta, di classe*] nageuse.

ondosità |ondosi'ta| *s.f. inv.* **1** [*il fatto di essere ondoso*] ondoiement *m. var.* **2** (*fig.*) [*rilievo a forma d'onda*] ondulation *var.*

ondóso |on'doso| *agg.* **1** [*delle onde*] ondulatoire: *moto ondoso* mouvement ondulatoire; *fenomeni ondosi* phénomènes ondulatoires **2** (*lett.*) [*ondulato*] onduleux* (*corr.*).

ondulaménto |ondula'mento| *s.m.* → **ondeggiamento.**

ondulànte |ondu'lante| *agg.* ondulant: *passo ondulante* (dé)marche ondulante ◇ (*med.*) *febbre ondulante* fièvre ondulante.

ondulàre |ondu'lare| **A** *v.tr.* [*piegare a onda*] onduler: *ondulare i capelli, dei cartoni* onduler les cheveux, des cartons **B** *v.intr.* (*aus.* '*avere*') (*lett.*) [*ondeggiare*] onduler, ondoyer (10).

ondulàto |ondu'lato| *agg.* **1** ondulé: *ha i capelli ondulati* elle a les cheveux ondulés **2** [*irregolare, mosso*] ondulé: *terreno ondulato* terrain ondulé; *superficie ondulata* superficie ondulée.

ondulatóre |ondula'tore| *s.m.* (*tecnol.*) ondulateur.

ondulatòrio, i |ondula'tɔrjo, i| *agg.* (*fis.*) ondulatoire: *la teoria ondulatoria della luce* la théorie ondulatoire de la lumière; *movimenti ondulatori* mouvements ondulatoires.

ondulazióne |ondulat'tsjone| *s.f.* **1** [→ ONDULARE A] ondulation: *l'ondulazione dei capelli, delle lamiere* l'ondulation des cheveux, des tôles **2** [*movimento ondulatorio*] ondulation: *provocare un'ondulazione in una massa d'acqua* provoquer une ondulation dans une masse d'eau **3** [*aspetto ondulato*] ondulation: *l'ondulazione delle colline* l'ondulation des collines **4** (*fis.*) onde.

ondurégno |ondu'reɲɲo| *agg.* [*dell'Honduras*] hondurien*.

oneràre |one'rare| *v.tr.* (*lett.*) [*imporre un onere, un obbligo*] grever (6) (*corr.*), charger (3) (*corr.*): *i contribuenti sono stati onerati di nuove imposte* les contribuables ont été grevés, chargés de nouveaux impôts → **aggravare.**

oneràrio, i |one'rarjo, i| *agg.* (*mar.*) de transport (*loc. inv.*): *nave oneraria* navire de transport.

oneràto |one'rato| *s.m.* (*dir.*) onéraire.

ònere |'ɔnere| *s.m.* [*carico, obbligo*] charge (*f.*): *si è assunto l'onere della spesa* il a pris à sa charge les frais (de la dépense); *ha un grave onere* il a une lourde charge; *gli oneri fiscali, sociali sono eccessivi* les charges fiscales, sociales sont excessives → **aggravio** ◇ [*peso, gravame*] poids ◇ (*dir.*) *l'onere della prova* la charge de la preuve.

onerosaménte |onerosa'mente| *avv.* [→ ONEROSO] onéreusement.

onerosità |onerosi'ta| *s.f. inv.* [*carattere, aspetto oneroso*] caractère *m. var.* onéreux, aspect *m. var.* onéreux: *l'onerosità di un'imposizione fiscale* le caractère onéreux d'une imposition fiscale.

oneróso |one'roso| *agg.* onéreux*: *le condizioni sono troppo onerose* les conditions sont trop onéreuses → **faticoso** ◇ (*dir.*) *questo è un negozio giuridico oneroso* c'est un acte (juridique) onéreux.

onestà |ones'ta| *s.f. inv.* **1** [*l'essere* (*per abitudine*) *onesto*] honnêteté (*var.*): *è un uomo di provata onestà* c'est un homme d'une parfaite honnêteté; *non posso mettere in dubbio la sua onestà* je ne peux mettre en doute son honnêteté; *è conosciuto da tutti per la sua scarsa onestà* tous le connaissent à cause de son manque d'honnêteté → **integrità, rettitudine** **2** (*ant.*) [*nobiltà, dignità*] dignité *var.* **C** **disonestà.**

onestaménte |onesta'mente| *avv.* [→ ONESTO] honnêtement.

one-step |wʌn'step| *s.m. inv.* (*ingl.*) (*danza*) one-step.

onèsto |o'nɛsto| *agg.* **1** honnête: *è un uomo profondamente onesto* c'est un homme profondément honnête; *si è rivelato un funzionario onesto* il s'est révélé un honnête fonctionnaire → **corretto**; *ha chiesto un prezzo onesto* il m'a démandé un prix honnête; *non è onesto comportarsi così* ce n'est pas honnête de se comporter ainsi → **giusto** ✦ (*s.*) *un onesto* un honnête *agg.* homme; *gli onesti* les hommes honnêtes **2** (*ant.*) [*nobile, decoroso*] digne **C** **disonesto, corrotto.**

ònice |'ɔnitʃe| *s.f.* (*miner.*) onyx *m.*

ònico- |'ɔniko| *pref.* (*significa* '*unghia*', *corrisponde gener. a*) onych(o): *onicofagia* onychophagie.

onicofagìa, gie |onikofa'dʒia, dʒie| *s.f.* (*med.*) onychophagie.

onicòsi |oni'kɔzi| *s.f. inv.* (*med.*) onychose *var.*

-onimìa |oni'mia|, **-onìmico** |o'nimiko|, **-ònimo** |'ɔnimo| *suff.* (*significano* '*nome*', *corrispondono gener. a*) onymie; onymique; onyme: *omonimia* homonymie ‖ *sinonimico* synonymique ‖ *omonimo* homonyme.

onìrico, ci, ca, che |o'niriko, tʃi, ka, ke| *agg.* (*scient.*) onirique: *stato onirico* état onirique; *fenomeni onirici* phénomènes oniriques.

onirìsmo |oni'rizmo| *s.m.* (*med.*) onirisme.

onir(o)- |o'niro| *pref.* (*significa* '*sogno*', *corrisponde gener. a*) onir(o): *onirismo* onirisme; *onirologia* onirologie.

onirologìa, gie |onirolo'dʒia, dʒie| *s.f.* onirologie.

oniròlogo, gi |oni'rɔlogo, dʒi| *s.m.* onirologue.

oniromanzìa |oniroman'tsia| *s.f.* oniromancie.

onìsco, chi |o'nisko, ki| *s.m.* (*t. zool.*) cloporte.

onìssi |o'nissi| *s.f. inv.* (*med.*) onyxis.

ònni- |'ɔnni| *pref.* (*significa* '*tutto, ogni cosa, dappertutto*', *corrisponde gener. a*) omn(i): *onnipresenza* omniprésence.

onnidirezionàle |onnidirettsjo'nale| *agg.* (*tecnol.*) omnidirectionnel*.

onnipossènte |onnipos'sɛnte| *agg.* → **onnipotente.**

onnipotènte |onnipo'tɛnte| *agg.* omnipotent, tout-puissant: *Dio onnipotente* Dieu omnipotent, tout-puissant; *pensa di essere onnipotente* il se croit omnipotent; *si dice che sia onnipotente* on dit qu'il est omnipotent ✦ (*s.m.*) *l'Onnipotente* [*Dio*] le Tout--Puissant.

onnipotènza |onnipo'tɛntsa| *s.f.* omnipotence: *l'onnipotenza divina* l'omnipotence divine; *l'onnipotenza del denaro* l'omnipotence de l'argent.

onnipresènte |onnipre'zɛnte| *agg.* omniprésent (*lett.*): *è onnipresente!, lo ritrovo sempre* il est omniprésent!, je le retrouve partout.

onnipresènza |onnipre'zɛntsa| *s.f.* omniprésence (*lett.*) → **ubiquità.**

onnisciènte |onniʃ'ʃɛnte| *agg.* omniscient (*lett.*).

onnisciènza |onniʃ'ʃɛntsa| *s.f.* omniscience (*lett.*).

onniveggènte |onnived'dʒɛnte| *agg.* qui voit tout (*loc.*): *è un capufficio onniveggente* c'est un chef de bureau qui voit tout.

onniveggènza |onnived'dʒɛntsa| *s.f.* faculté de tout voir.

onnìvoro |on'nivoro| *agg.* omnivore: *animali onnivori* animaux omnivores.

onomasiologìa, gie |onomazjolo'dʒia, dʒie| *s.f.* (*ling.*) onomasiologie.

onomasiològico, ci, ca, che |onomazjo'lɔdʒiko, tʃi, ka, ke| *agg.* onomasiologique.

onomasiòlogo, gi, ga, ghe |onoma'zjɔlogo, dʒi, ga, ge| *s.* onomasiologue.

onomàstica, che |ono'mastika, ke| *s.f.* **1** (*ling.*) onomastique **2** [*i nomi propri di una lingua o di un dialetto*] onomastique.

onomàstico, ci, ca, che |ono'mastiko, tʃi, ka, ke| *agg.* **1** de la fête (*loc. inv.*): *giorno onomastico* jour de la fête ✦ (*s.m.*) *l'onomastico* la fête (*f.*): *buon onomastico!* bonne fête!; *oggi è il mio onomastico* aujourd'hui c'est ma fête → **festa** **2** (*ling.*) onomastique: *lessico onomastico* lexique onomastique.

onomatopèa |onomato'pɛa| *s.f.* (*ling.*) onomatopée.

onomatopèico, ci, ca, che |onomato'pɛjko, tʃi, ka, ke| *agg.* (*ling.*) onomatopéique: *formazioni onomatopeiche* formations onomatopéiques.

onoràbile |ono'rabile| *agg.* [→ ONORARE A] honorable: *un nome onorabile* un nom honorable → **degno.**

onorabilità |onorabili'ta| *s.f. inv.* **1** honorabilité (*var.*): *hai offeso la sua onorabilità* tu as offensé son honorabilité **2** (*lett.*) [*il fatto di essere onorabile*] honorabilité: *l'onorabilità del nome* l'honorabilité du nom.

onorabilménte |onorabil'mente| *avv.* [→ ONORABILE] honorablement.

onorànza |ono'rantsa| *s.f.* **1** (*raro*) → **onore** **2** *spec. al plur.* [*celebrazione*] honneurs (*m.*): *onoranze funebri* honneurs fenèbres, suprêmes; *le solenni onoranze pubbliche* les solennels honneurs publics → **funerale.**

onoràre |ono'rare| **A** *v.tr.* **1** [*rendere, tributare onore*] honorer: *onorare la memoria degli eroi, dei caduti per la libertà* honorer la mémoire des héros, de ceux qui sont morts pour la liberté; *onora il padre e la madre* tes père et mère honoreras; *mi onora della sua amicizia* il m'honore de son amitié ◇ (*comm.*) *onorare una cambiale, una tratta* honorer une lettre de change, une traite; *onorare la propria firma* honorer sa propre signature **2** [*costituire, rappresentare un motivo d'onore*] faire (45) honneur, honorer (*lett.*): *quell'artista onora il proprio paese* cet artiste fait honneur à, honore son propre pays; *un'opera che onora l'ingegneria italiana* une œuvre qui fait honneur à la technique italienne **B** *v.pron. rifl.* ONORARSI **1** [*essere onorato, pregiarsi*] s'honorer:

mi onoro della sua confidenza je m'honore de sa confiance **2** [*avere l'onore di*] avoir (28) *tr.* l'honneur de: *mi onoro di presentarvi un così illustre personaggio* j'ai l'honneur de vous présenter ce (un) si illustre personnage ⓒ A **disonorare, infamare.**

1 **onoràrio, i** |ono'rarjo, i| *agg.* honoraire: *presidente onorario* president honoraire; *cittadino onorario* citoyen honoraire.

2 **onoràrio, i** |ono'rarjo, i| *s.m.* honoraires (*pl.*): *l'onorario dell'avvocato è stato piuttosto alto* les honoraires de l'avocat on été plutôt élevés → **emolumento.**

onorataménte |onorata'mente| *avv.* [→ ONORATO] honorablement.

onoratézza |onora'tettsa| *s.f.* (*raro*) → **onorabilità.**

onoràto |ono'rato| *agg.* **1** [*che è oggetto di onore*] honorable: *è un cittadino onorato* c'est un citoyen honorable; *vive in un'onorata povertà* il vit dans une honorable pauvreté **2** [*che costituisce un motivo di onore*] digne: *ha avuto un'onorata sepoltura* il a eu une digne sépulture → **degno** ◇ (*loc.*) *l'onorata società* [*camorra o mafia*] la maf(f)ia ⓒ 1 **disonorato**; 2 **indegno.**

onóre |o'nore| *s.m.* **1** [*integrità dei costumi*; *reputazione*] honneur: *si è impegnato sul proprio onore* il s'est engagé sur l'honneur; *ne va del mio onore* il y va de mon honneur → **dignità**; *si tratta di una questione d'onore* il s'agit d'une question d'honneur; *ha difeso l'onore della propria famiglia* il a défendu l'honneur de sa famille ◇ (*loc.*) *tutto è perduto, fuorché l'onore* tout est perdu hors l'honneur ~ *se ne è fatto un punto d'onore* il s'en est fait un point d'honneur ✦ (*ass.*) *parola d'onore!* parole d'honneur! ◇ (*dir.*) *diritto all'onore* droit à l'honneur; *causa d'onore* question d'honneur; *delitto d'onore* crime pour des raisons d'honneur **2** [*stima*; *riconoscimento o manifestazione esteriore del valore e del merito di una persona*] honneur: *si è fatto onore* il s'est fait honneur; *è stato dato un ricevimento in onore dell'ospite* une réception a été donnée en l'honneur du visiteur → **omaggio** # *è tenuto in grande onore* on a beaucoup d'estime, de respect pour lui ◇ (*comm.*) *ha fatto onore alla propria firma, al proprio nome, alla propria parola* il a fait honneur à sa signature, à son nom, à sa parole ◇ (*loc.*) *posto d'onore* place d'honneur ~ *guardia, scorta d'onore* garde d'honneur ~ *onore al merito!* à tout seigneur, tout honneur! **3** [*privilegio*; *fatto o situazione che costituisce motivo di orgoglio*] honneur: *ho l'onore di presentarvi...* j'ai l'honneur de vous présenter... → **pregio**; *è per me un grande onore partecipare a questa assemblea* c'est pour moi un grand honneur (que) de participer à cette réunion, que d'être présent dans cette assemblée; *mi ha fatto l'onore di invitarmi* il m'a fait l'honneur de m'inviter; *con chi ho l'onore di parlare?* à qui ai-je l'honneur de parler? ◇ (*loc.*) *troppo onore!* quel honneur! ◇ (*prov.*) *bandiera vecchia, onor di capitano* un drapeau en lambeaux fait honneur à l'armée **4** *spec. al plur.* [*omaggi*; *onorificenza, titolo o grado*] honneurs: *il presidente ha ricevuto gli onori di uno squadrone a cavallo* le président a reçu les honneurs d'un escadron (à cheval); *molte persone hanno reso gli onori funebri allo sfortunato uomo* de nombreuses personnes ont rendu les honneurs funèbres au malheureux → **onoranza**; *lo spettacolo ha avuto gli onori della prima pagina* le spectacle a eu les honneurs de la première page, a été à la une; *ha fatto gli onori di casa* il a fait les honneurs de la maison # *è stato innalzato agli onori degli altari* il a été canonisé, porté sur les autels; *da poco è venuto agli onori della cronaca* il est depuis peu à la une ◇ (*sport*) *giro d'onore* tour d'honneur ◇ (*prov.*) *onori e oneri* honneurs et obligations **5** [*vanto, merito*] honneur: *quell'artista fa onore al suo paese* cet artiste fait honneur à son pays; *questo non ti fa onore* cela ne te fait pas honneur; *tutto può tornare a tuo onore* tout peut être à ton honneur → **merito**; *hanno fatto onore al pranzo* ils ont fait honneur au repas ◇ (*loc.*) *Legion d'onore* Légion d'honneur ◇ (*scherz.*) *l'onore del mento* [*barba*] la barbe *f.* → **barba** **6** (*in alcuni giochi di carte*) honneur ⓒ 1; 2; 3 **disonore.**

onorévole |ono'revole| *agg.* **1** [*degno di onore, di stima*] honorable # *l'onorevole ministro* Monsieur le ministre; *gli onorevoli deputati* Messieurs les députés ✦ (*s.*) *l'onorevole* le député *m.*, le sénateur (*m.*): *l'onorevole X* Monsieur le député X, Monsieur le sénateur X → 1 **deputato** **2** [*che onora, che non pregiudica l'onore*] honorable: *occorre trovare un compromesso onorevole* il faut trouver un compromis honorable ⓒ 2 **disonorevole.**

onorevolménte |onorevol'mente| *avv.* [→ ONOREVOLE] honorablement: *si è comportato onorevolmente* il s'est comporté honorablement.

onorificènza |onorifi'tʃɛntsa| *s.f.* [*carica, titolo, decorazione concessa in segno di onore*] honneur (*m.*): *onorificenze pubbliche, private* honneurs publics, privés → **decorazione.**

onorìfico, ci, ca, che |ono'rifiko, tʃi, ka, ke| *agg.* honorifique: *gli è stata concessa una carica onorifica* il lui a accordé une charge honorifique; *ha ricevuto una distinzione onorifica* il a reçu une distinction honorifique.

ónta |'onta| *s.f.* **1** [*vergogna*] *honte: *l'onta non è facilmente cancellabile* on ne peut pas effacer facilement cette honte; *è un'onta per tutta la sua famiglia* c'est une honte pour toute sa famille → **offesa** **2** [*affronto, ingiuria*] affront (*m.*): *ha vendicato l'onta subita* il a vengé l'affront subi; *soffre ancora per l'onta che gli è stata inflitta* il souffre encore de l'affront qui lui a été infligé ◇ *loc.* IN ONTA A, A ONTA DI malgré, au mépris de: *a onta delle leggi, è stato assolto* au mépris des lois, il a été acquitté # *in onta al regolamento, è uscito* il est sorti en dépit du règlement, en violation du règlement.

ontanéta |onta'neta| *s.f.* → **ontaneto.**

ontanéto |onta'neto| *s.m.* [*bosco di ontani*] aunaie *f.*, aulnaie *f.*

ontàno |on'tano| *s.m.* **1** (*t.bot.*) aulne, aune **2** [*il legno di tale pianta*] aune.

òntico, ci, ca, che |'ɔntiko, tʃi, ka, ke| *agg.* (*filos.*) ontique.

ònto- |'ɔnto| *pref.* (*significa 'essere, esistenza', corrisponde gener. a*) onto: *ontologia* ontologie.

ontogènesi |onto'dʒɛnezi| *s.f. inv.* (*biol.*) ontogenèse *var.*, ontogénie *var.*

ontogenètico, ci, ca, che |ontodʒe'nɛtiko, tʃi, ka, ke| *agg.* (*biol., filos.*) ontogénique.

ontogenìa |ontodʒe'nia| *s.f.* → **ontogenesi.**

ontologìa, gie |ontolo'dʒia, dʒie| *s.f.* (*filos.*) ontologie.

ontologicaménte |ontolodʒika'mente| *avv.* [→ ONTOLOGICO] ontologiquement.

ontològico, ci, ca, che |onto'lɔdʒiko, tʃi, ka, ke| *agg.* (*filos.*) ontologique: *una concezione ontologica* une conception ontologique.

ontologìsmo |ontolo'dʒizmo| *s.m.* (*filos.*) ontologisme.

ontologìsta |ontolo'dʒista| *s.m.* ontologiste.

onùsto |o'nusto| *agg.* (*lett.*) [*carico, gravato*] chargé (*corr.*), accablé (*corr.*).

oo- |oo| *pref.* (*significa 'uovo, gamete femminile', corrisponde gener. a*) oo: *oogonio* oogone.

oocìta |oo'tʃita| *s.m.* (*biol.*) oocyte.

oogònio, i |oo'gɔnjo, i| *s.m.* (*bot.*) oogone *f.*

oolite |oo'lite| *s.m.* (*geol.*) oolithe.

oolìtico, ci, ca, che |oo'litiko, tʃi, ka, ke| *agg.* (*geol.*) oolithique.

oosfèra |oos'fɛra| *s.f.* (*bot.*) oosphère.

oospòra |oos'pɔra| *s.f.* (*bot.*) oospore.

ootèca, che |oo'tɛka, ke| *s.f.* (*zool.*) oothèque.

opacimetrìa |opatʃime'tria| *s.f.* (*biol.*) opacimétrie.

opacìmetro |opa'tʃimetro| *s.m.* (*tecnol.*) opacimètre.

opacità |opatʃi'ta| *s.f. inv.* opacité *var.*

opacizzàre |opatʃid'dzare| **A** *v.tr.* **1** [*rendere opaco*] opacifier: *opacizzare vetri, ceramiche* opacifier des vitres, des céramiques **2** [*rendere opaco ai raggi X*] opacifier: *opacizzare un organo* opacifier un organe **B** *v.pron. intr.* OPACIZZARSI [*diventare opaco*] s'opacifier: *la lente si è opacizzata* le verre s'est opacifié.

opacizzazióne |opatʃiddzat'tsjone| *s.f.* [→ OPACIZZARE A 2] opacification.

opàco, chi, ca, che |o'pako, ki, ka, ke| *agg.* **1** opaque: *vetri opachi* verres opaques; *corpo opaco* corps opaque **2** [*privo di lucentezza*] mat: *carta opaca* papier mat; *una collana in oro opaco* un collier en or mat **3** (*fig.*) [*smorzato, ottuso*] sourd; obtus: *un suono opaco* un son sourd ‖ *una mente opaca* un esprit obtus.

opàle |o'pale| *s.m. o f.* (*miner.*) opale *f.*

opalescènte |opaleʃ'ʃɛnte| *agg.* (*fis., tecnol.*) opalescent: *vetri opalescenti* verres opalescents → **iridescente.**

opalescènza |opaleʃ'ʃɛntsa| *s.f.* (*fis., tecnol.*) opalescence.

opalina |opa'lina| *s.f.* opaline: *un vasetto di opalina* un petit vase d'opaline.

opal(in)izzazióne |opal(in)iddzat'tsjone| *s.f.* (*tecnol.*) [→ OPALIZZARE] opalisation.

opalino |opa'lino| *agg.* opalin: *vetro opalino* verre opalin.

opalizzàre |opalid'dzare| *v.tr.* [*rendere opalescente*] opaliser: *opalizzare la ceramica* opaliser la céramique.

opalizzàto |opalid'dzato| *agg.* opalisé.
-ope |ope|, **-opìa** |o'pia| *suff.* (*significano 'vista', corrispondono gener. a*) ope; opie: *miope* myope || *miopia* myopie.
open |'oupən| *s.m. inv.* (*ingl.*) (*sport*) open *var.*
òpera |'ɔpera| *s.f.* **1** [*attività intesa a un determinato fine*] œuvre: *opere di bene, di carità* œuvres de bienfaisance, de charité → **beneficenza**; *la sua opera politica è oggetto di ammirazione* son œuvre politique est objet d'admiration; *ha fatto opera di pace* il a fait œuvre de paix; *continua l'opera intrapresa anni fa* il continue l'œuvre entreprise il y a des années # *anche lui ha prestato la propria opera* il a lui aussi prêté son concours ◇ [*assistenza, aiuto*] aide: *nella traduzione, mi sono valso della sua opera* pour la traduction, j'ai eu recours à son aide ◇ (*loc.*) *mano d'opera* (*manodopera*) main d'œuvre ~ *mettiti subito all'opera* mets-toi tout de suite à l'œuvre → **lavoro** ~ *ha messo in opera tutto il suo talento* il a mis en œuvre tout son talent ◇ (*iron.*) *per compir l'opera, ha rotto anche l'auto* pour combler la mesure, il a cassé sa voiture ◇ (*prov.*) *chi ben comincia è a metà dell'opera* travail bien commencé est à moitié fait **2** [*realizzazione materiale o tecnica; lavoro*] travail (*m.*); [*prodotto materiale del lavoro*] ouvrage (*m.*): *opere edilizie, militari* travaux de construction, militaires; *opere pubbliche* travaux publics; *opere di bonifica* travaux d'assainissement; *è un'opera di pazienza* c'est un travail de patience || *opere di fortificazione* ouvrages de fortifications; *una opera in muratura* un ouvrage en maçonnerie → **costruzione** **3** [*produzione artistica, lett.*] œuvre; [*libro, opera singola*] ouvrage: *opere letterarie, storiche, filosofiche* œuvres littéraires, historiques, philosophiques; *è un'opera di arte* c'est une œuvre d'art || *legge una opera molto importante* il lit un ouvrage très important → **volume, trattato** **4** *spec. al plur.* [*la produzione di un autore*] œuvres (*m. e f.*): *le opere di Picasso* les œuvres de Picasso; *è una nuova edizione delle opere di Leopardi* c'est une nouvelle édition des œuvres de Léopardi **5** [*risultato di una attività o di una specifica azione*] *la distruzione di un palazzo fu opera di un incendio* un incendie provoqua, causa la destruction d'un immeuble; *il danno non è opera mia* les dégâts n'ont pas été causés par moi; *ha ottenuto un impiego ad opera di un amico* il a obtenu un emploi grâce à un ami; *l'opera dei farmaci non è risultata positiva* l'action des médicaments ne s'est pas révélée positive **6** (*mus.*) opéra (*m.*): *opera seria, buffa* opéra sérieux, bouffe; *opera lirica* opéra lyrique; *le opere di Verdi* les opéras de Verdi; *libretto d'opera* livret d'opéra ◇ (*ripartizione delle composizioni musicali*) opus (*m.*): *opera K 247* opus K 247 **7** (*mar.*) œuvres (*pl.*): *opere morte, vive* œuvres mortes, vives **8** [*istituzione*] œuvre: *la nuova opera è destinata a una chiesa parrocchiale* la nouvelle œuvre est destinée à une église paroissiale **9** (*arch.*) œuvre *m.* **10** [*lavoro a giornata*] journée: *lavoratori a opera* travailleurs à la journée; *andare a opera in un'azienda agricola* faire des journées dans une entreprise agricole.
operàbile |ope'rabile| *agg.* [→ OPERARE A 2] opérable: *il malato non è operabile* le malade n'est pas opérable.
operabilità |operabili'ta| *s.f. inv.* possibilité *var.* d'opérer.
operàio, i |ope'rajo, i| **1** *s.* [*lavoratore subordinato*] ouvrier*: *operaio specializzato, qualificato* ouvrier spécialisé (o.s.), qualifié; *operai chimici* ouvrier de l'industrie chimique; *operaio giornaliero* ouvrier à la journée; *operaia tessile* ouvrière (de l'industrie) du textile # *operai metallurgici* métallurgistes ♦ (*in funzione di appos.*) *studenti operai* étudiants ouvriers; *preti operai* prêtres ouvriers; *api, formiche operaie* abeilles, fourmis ouvrières **2** *agg.* [*degli operai*] ouvrier: *la classe operaia* la classe ouvrière → **lavoratore**; *il movimento, il partito operaio* le mouvement, le parti ouvrier; *le lotte operaie contro il carovita* les luttes ouvrières contre la vie chère.
operaìsmo |opera'izmo| *s.m.* (*polit.*) ouvriérisme.
operaìsta |opera'ista| *agg. e s.* (*polit.*) ouvriériste.
operaìstico, ci, ca, che |opera'istiko, tʃi, ka, ke| *agg.* (*polit.*) ouvriériste.
operànte |ope'rante| *agg.* [*attivo, in azione*) en action *loc. inv.*; [*in vigore*] en vigueur (*loc. inv.*): *un'industria operante nel settore meccanico* une industrie en action dans le secteur mécanique → **attivo** I 1 || *questo regolamento è ancora operante* ce règlement est encore en vigueur ◇ *loc.* DIVENIRE OPERANTE entrer, être en vigueur: *il nuovo orario diverrà operante entro il mese prossimo* le nouvel horaire entrera, sera en vigueur d'ici à la fin du mois (prochain) ◇ (*teol.*) *grazia operante* grâce operante [C] **inattivo.**
opera omnia |'ɔpera'ɔmnja| *loc. sost. f. inv.* (*lat.*) œuvre *s.f. var.*, œuvres *s.f. pl.* complètes: *l'opera omnia del Verga* l'œuvre, les œuvres complètes de Verga.
operàre |ope'rare| **A** *v.tr.* **1** [*fare, eseguire, produrre*] opérer (8): *operare un miracolo, una conversione* opérer un miracle, une conversion → 1 **fare**; *l'introduzione di questa macchina ha operato profonde trasformazioni* l'introduction de cette machine a opéré de profondes transformations **2** (*med.*) [*sottoporre a intervento chirurgico*] opérer: *operare un malato allo stomaco, al rene* opérer un malade à l'estomac, au rein; *è stato operato d'urgenza* il a été opéré d'urgence ♦ (*ass.*) *il professore sta operando* le professeur est en train d'opérer **3** [*tessere disegni su stoffa, pelle, carta*] ouvrer: *operare una seta, un velluto* ouvrer une soie, un velours **B** *v.intr.* (*aus. 'avere'*) **1** [*agire, fare*] opérer: *ha operato con discernimento, poco intelligentemente* il a opéré avec discernement, peu intelligemment → **procedere** ◇ (*econ.*) *opera nel settore industriale* il opère dans l'industrie **2** (*mat.*) [*eseguire operazioni, calcoli*] faire (45) *tr.* des opérations: *operare con le frazioni* faire des opérations sur les fractions **3** (*mil.*) [*condurre operazioni belliche*] opérer: *l'exercito opera sul fronte occidentale* l'armée opère sur le front occidental **C** *v.pron. intr.* OPERARSI **1** [*realizzarsi, verificarsi*] s'opérer: *nella sua mente si operò un mutamento improvviso* dans son esprit un changement imprévu s'opéra **2** [*sottoporsi a un intervento chirurgico*] se faire opérer: *mi devo operare di appendicite* je dois me faire opérer de l'appendicite.
operativaménte |operativa'mente| *avv.* → **attivamente.**
operativìsmo |operati'vizmo| *s.m.* → **operazionismo.**
operatività |operativi'ta| *s.f. inv.* caractère *m. var.* opérationnel, valeur *var.* opérationnelle: *l'operatività di una norma* la valeur opérationnelle d'une norme.
operatìvo |opera'tivo| *agg.* **1** opérationnel*: *sistema operativo* système opérationnel # *piano operativo* plan des opérations ◇ (*stat.*) *ricerca operativa* recherche opérationnelle **2** [*relativo all'esecuzione e alla funzione di un fatto*] opérationnel: *efficacia operativa* efficacité opérationnelle; *capacità operativa* capacité opérationnelle **3** (*mil.*) opérationnel: *settore operativo* secteur opérationnel; *il concetto operativo* le concept opérationnel **4** [*che è in fase esecutiva*] en vigueur (*loc. inv.*): *decreto operativo* décret en vigueur → **esecutivo** **5** (*filos.*) opératif*.
operàto |ope'rato| **I** *s.m.* **1** [*opera, azione, comportamento*] actes *pl.*, conduite (*f.*): *non voglio dar conto a nessuno del mio operato* je ne veux rendre compte à personne de mes actes, de ma conduite; *non approvo il suo operato* je n'approuve pas ses actes, sa conduite → 1 **condotta** **2** [*chi ha subito un'operazione chirurgica*] opéré: *l'operato sta meglio* l'opéré va mieux **II** *agg.* (*detto di tessuto, carta, cuoio lavorati a disegni in rilievo*) ouvré: *un cuoio operato* un cuir ouvré.
operatóre, trice |opera'tore, tritʃe| **I** *s.m.* **1** (*cine., tv*) opérateur **2** (*med.*) chirurgien **3** (*econ.*) opérateur: *operatore di Borsa, di titoli* opérateur de Bourse, de titres **4** (*mat.*) opérateur: *operatore differenziale* opérateur différentiel **II** *agg.* opérateur*: *macchina operatrice* machine opératrice.
operatòrio, i |opera'tɔrjo, i| *agg.* **1** opératoire; d'opération (*loc. inv.*): *atto, procedimento operatorio* acte, procédé opératoire || *sala operatoria* salle d'opération **2** (*mat.*) opératoire.
operazionàle |operattsjo'nale| *agg.* [*che concerne le operazioni*] opérationnel*: *modelli operazionali* modèles opérationnels; *valore operazionale* valeur opérationnelle.
operazionalìsmo |operattsjona'lizmo| *s.m.* → **operazionismo.**
operazióne |operat'tsjone| *s.f.* **1** [→ OPERARE A 1] opération: *operazione manuale, mentale* opération manuelle, mentale; *dopo le operazioni di controllo, possiamo partire* après les opérations de contrôle, nous pourrons partir; *convincerlo non è stata un'operazione facile* le convaincre n'a pas été une opération facile, n'a pas été une petite affaire **2** [*azioni o iniziative coordinate di varia portata*] opération: *operazione 'mare pulito'* opération 'mer propre'; *operazione 'prezzi ribassati'* opération 'baisse des prix' **3** (*econ.*) opération: *una rischiosa operazione bancaria* une opération bancaire risquée; *ha portato a termine una grossa operazione finanziaria*

il a mené à terme une grosse opération financière **4** (*mat.*) opération: *operazioni aritmetiche, algebriche, vettoriali* opérations arithmétiques, algébriques, vectorielles → 1 **calcolo** ♦ (*ass.*) *le quattro operazioni* les quatre opérations **5** (*med.*) opération: *operazione chirurgica* opération (chirurgicale) ♦ (*ass.*) *ha subito una grave operazione* il a subi une grave opération; *l'operazione è stata risolutiva* l'opération a été décisive **6** (*mil.*) opération: *operazioni belliche, tattiche, strategiche* opérations de guerre, tactiques, stratégiques; *una brillante operazione di polizia* une brillante opération de police; *l'operazione navale ha avuto successo* l'opération navale a eu du succès.

operazionismo |operattsjo'nizmo| *s.m.* (*filos.*) opérationnisme.

opercolàre |operko'lare| *agg.* (*scient.*) operculaire.

opercolàto |operko'lato| *agg.* (*scient.*) operculé.

opèrcolo |o'pɛrkolo| *s.m.* (*scient.*) opercule.

operétta |ope'retta| *s.f.* **1** opérette: *la rappresentazione di un'operetta* la représentation d'une opérette ◇ (*fig.*) *un paese, un matrimonio, un ministro da operetta* un pays, un mariage, un ministre d'opérette **2** [*breve componimento lett.*] petit ouvrage *m.*

operettista |operet'tista| *s.* compositeur* d'opérettes.

operettìstico, ci, ca, che |operet'tistiko, tʃi, ka, ke| *agg.* d'opérette *loc. inv.*; de l'opérette (*loc. inv.*): *musica operettistica* musique d'opérette ‖ *genere operettistico* genre de l'opérette.

operista |ope'rista| *s.* compositeur* d'opéras.

operìstico, ci, ca, che |ope'ristiko, tʃi, ka, ke| *agg.* de l'opéra *loc. inv.*; d'opéra (*loc. inv.*): *stagione operistica* la saison de l'opéra ‖ *musica operistica* musique d'opéra.

operosaménte |operosa'mente| *avv.* [→ OPEROSO] d'une manière active (*loc. inv.*): *vive operosamente* il vit d'une manière active.

operosità |operosi'ta| *s.f. inv.* [*l'essere operoso, attivo*] activité (*var.*): *quell'impiegato si distingue per la sua operosità* cet employé se distingue par son activité # *ha ricevuto il premio di operosità* il a reçu la prime de rendement → **laboriosità**.

operóso |ope'roso| *agg.* [*attivo, laborioso*] actif*: *una persona operosa* une personne active; *una città operosa* une ville active # *un'intelligenza operosa* une intelligence fertile ⓒ **pigro, indolente**.

opificio, i |opi'fitʃo, i| *s.m.* [*stabilimento industriale*] usine *f.*

opimo |o'pimo| *agg.* (*lett.*) [*grasso, pingue*] gras* (*corr.*) ◇ [*fertile*] fertile → **grasso** ◇ [*copioso*] abondant # *terre opime* terres fertiles → **ricco** ◇ (*st. rom.*) *spoglie opime* dépouilles opimes.

opinàbile |opi'nabile| *agg.* [*discutibile*] discutable: *è una posizione opinabile* c'est une position discutable.

opinabilità |opinabili'ta| *s.f. inv.* caractère *m. var.* discutable.

opinàre |opi'nare| *v.tr. e intr.* (*aus.* 'avere') (*lett.*) [*pensare, ritenere*] penser *tr.* (*corr.*), retenir (27) *tr.* (*corr.*): *opiniamo che si deve cambiar tattica* nous pensons, nous retenons qu'on doit changer de tactique.

opinióne |opi'njone| *s.f.* opinion: *ho già la mia opinione* j'ai déjà mon opinion là-dessus; *non si è ancora fatto un'opinione in merito* il ne s'est pas encore fait une opinion à ce sujet; *cambia opinione facilmente* il change d'opinion facilement → **idea**; *ha un'alta opinione di sé* il a une haute opinion de lui; *quasi tutti seguono l'opinione corrente* presque tous suivent l'opinion courante; *secondo la mia modesta opinione, non ti sei comportato bene* selon ma modeste opinion, tu ne t'es pas bien comporté; *sono dell'opinione di non parlarne più* je suis d'avis qu'on n'en parle plus; *è rimasto della stessa opinione* il est resté du même avis; *è mia opinione che la cosa sia andata troppo oltre* mon opinion est que la chose est déjà allée trop loin → 1 **avviso** ◇ (*loc.*) *ha sfidato l'opinione pubblica* il a défié l'opinion publique ~ *la matematica non è un'opinione* les chiffres sont les chiffres.

opisto- |opisto| *pref.* (*significa* '*indietro*', *corrisponde gener. a*) opistho: *opistodomo* opisthodome.

Opistobrànchi |opisto'branki| *s.m. pl.* (*t.zool.*) Opisthobranches.

opistòdomo |opis'tɔdomo| *s.m.* (*archeol.*) opisthodome.

opistògrafo |opis'tɔgrafo| *agg.* opisthographe.

op là |op'la| *inter.* (*si usa come incitamento a compiere un salto o come accompagnamento di atti o movimenti rapidi*) *hop là, *houp là!: *coraggio, op là!* courage, hop là, houp là!

oplita |o'plita| *s.m.* (*st. gr.*) hoplite.

opo- |opo| *pref.* (*significa* '*succo*', *corrisponde gener. a*) opo: *opoterapia* opothérapie.

opodeldòc |opodel'dɔk| *s.m. inv.* (*farm.*) opodeldoch.

opopònaco, ci |opo'pɔnako, tʃi| *s.m.* **1** (*t.bot.*) opopanax **2** [*gommoresina ricavata da tale pianta*] opopanax.

opòssum |o'pɔssum| *s.m. inv.* **1** (*t. zool.*) opossum *var.* **2** [*la pelliccia di tale animale*] opossum.

opoterapia |opotera'pia| *s.f.* (*med.*) opothérapie.

opoteràpico, ci, ca, che |opote'rapiko, tʃi, ka, ke| *agg.* (*med.*) opothérapique.

oppiàceo |op'pjatʃeo| *agg.* (*chim., farm.*) opiacé: *sostanze oppiacee* substances opiacées.

oppiàre |op'pjare| *v.tr.* **1** [*mescolare con oppio*] opiacer (2): *oppiare una bevanda* opiacer une boisson **2** [*drogare qc. somministrandogli oppio*] droguer (à l'opium).

oppiàto |op'pjato| *agg.* opiacé: *sigarette oppiate* cigarettes opiacées ♦ *s.m.* (*farm.*) *un oppiato* un opiat.

òppido |'ɔppido| *s.m.* (*raro, st.*) oppidum.

òppio, i |'ɔppjo, i| *s.m.* **1** opium: *fa uso di oppio* il prend de l'opium **2** (*fig.*) [*ciò che ottenebra la mente*] opium.

oppiòmane |op'pjɔmane| *agg. e s.* opiomane *s.*

oppiomania |oppjoma'nia| *s.f.* opiomanie.

opponènte |oppo'nɛnte| *agg.* **1** (*anat.*) opposant: *muscolo opponente al pollice* muscle s'opposant au pouce **2** (*dir.*) opposant: *la parte opponente* la partie opposante ♦ (*s.m.*) *l'opponente* l'opposant.

opponìbile |oppo'nibile| *agg.* [→ OPPORRE A] opposable.

opponibilità |opponibili'ta| *s.f. inv.* (*anat.*) opposabilité *var.*

oppórre |op'porre| (168) **A** *v.tr.* **1** [*addurre, presentare contro*] opposer: *oppose un netto rifiuto alla sua richiesta* il opposa un net refus à sa requête; *non ha opposto valide ragioni alla mia dimostrazione* il n'a pas opposé de raisons valables à ma démonstration; *niente si opponeva ormai alla piena del fiume* rien ne s'opposait désormais à la crue du fleuve **2** [*contraddire, obiettare*] objecter: *su questo argomento non ho nulla da opporre* sur cet argument je n'ai rien à objecter **B** *v.pron. intr.* OPPORSI **1** [*fare opposizione*] s'opposer: *i genitori si opposero al matrimonio* ses parents s'opposèrent au mariage; *mi sono opposta alla sua decisione* je me suis opposée à sa décision; *nessun ostacolo si opponeva al nostro progetto* aucun obstacle ne s'opposait à notre projet ◇ (*dir.*) *mi oppongo!* objection!; *opporsi a una sentenza* se pourvoir en appel **2** (*raro*) [*essere o stare di fronte*] être (43) *intr.* en face (de): *una casa si opponeva all'altra* les maisons étaient l'une en face de l'autre ⓒ A 1, 2; B 1 **approvare**.

opportunaménte |opportuna'mente| *avv.* [→ OPPORTUNO] opportunément, à propos (*loc. inv.*): *hai agito opportunamente* tu as agi opportunément, à propos.

opportunismo |opportu'nizmo| *s.m.* opportunisme: *è stato accusato di opportunismo* il a été accusé d'opportunisme.

opportunìsta |opportu'nista| *s.* opportuniste: *non fidarti: è un opportunista* ne t'y fie pas: c'est un opportuniste ♦ (*agg.*) *una persona opportunista* une personne opportuniste.

opportunìstico, ci, ca, che |opportu'nistiko, tʃi, ka, ke| *agg.* opportuniste: *calcoli opportunistici* calculs opportunistes; *ha un comportamento opportunistico* il a un comportement opportuniste.

opportunità |opportuni'ta| *s.f. inv.* **1** opportunité (*var.*): *non vedo l'opportunità di questa scelta* je ne vois pas l'opportunité de ce chois → **convenienza**; *è dubbia l'opportunità del nostro intervento* l'opportunité de notre intervention est douteuse ◇ (*loc.*) *non ha il senso dell'opportunità* il n'a pas le sens de l'à-propos **2** [*circostanza opportuna, occasione favorevole*] occasion (*var.*): *mi è mancata l'opportunità di incontrarlo* je n'ai pas eu l'occasion de le rencontrer; *gli ho dato l'opportunità di riscattarsi* je lui ai donné l'occasion de se racheter ⓒ 1 **inopportunità**.

opportùno |oppor'tuno| *agg.* opportun: *decideremo al momento opportuno* nous déciderons en temps opportun; *non ho ritenuto opportuno dirglielo* je n'ai pas estimé opportun de le lui dire; *sarebbe opportuno partire anche noi* il serait opportun de partir nous aussi # *ha preso le opportune misure* il a pris les mesures qui convenaient; *sei stato poco opportuno a ricordare quel* *fatto* lui rappeller ce fait n'a pas été très adroit de ta part [C] **inopportuno, intempestivo.**

oppositóre, trice |oppozi'tore, tritʃe| *s.* [*chi si oppone, chi fa opposizione*] opposant, adversaire: *in politica è un suo oppositore* en politique, c'est son adversaire; *è stato un fiero oppositore della sua teoria* il s'est montré un opposant déterminé de sa théorie [C] **sostenitore.**

opposizióne |oppozit'tsjone| *s.f.* **1** [→ OPPORRE A] opposition: *la sua è stata un'opposizione inutile* son opposition à été inutile; *è partito, nonostante la mia opposizione* il est parti malgré mon opposition → **proibizione** ◇ (*dir.*) *fare opposizione a una sentenza, a un'ingiunzione* mettre, former opposition à une sentence, à une sommation ◇ (*ling.*) *opposizione di elementi* opposition d'éléments **2** (*polit.*) opposition: *opposizione parlamentare, extraparlamentare* opposition parlementaire, extraparlementaire; *i partiti dell'opposizione* les partis de l'opposition; *un giornale dell'opposizione* un journal de l'opposition; *è passato all'opposizione* il est passé dans l'opposition **3** (*astron.*) *opposizione di due astri* opposition de deux astres [C] 1 **approvazione.**

oppostaménte |opposta'mente| *avv.* [→ OPPOSTO I] d'une manière opposée *loc. inv.*

oppósto |op'posto| **I** *agg.* **1** opposé: *abitano in quartieri opposti della città* ils habitent dans des quartiers opposés de la ville; *muoversi in senso opposto* bouger en sens opposé ◇ (*bot.*) *foglie opposte* feuilles opposées ~ (*geom.*) *angoli opposti al vertice* angles opposés par le sommet **2** [*contrario*] opposé: *hanno opinioni diametralmente opposte* ils ont des opinions diamétralment opposées; *si dibatte fra opposti sentimenti* il se débat entre des sentiments opposés ◇ (*dir.*) *atto opposto* acte opposé **II** *s.m.* contraire: *sono convinto dell'opposto* je suis convaincu du contraire; *è tutto l'opposto di quel che credi* c'est tout le contraire de ce que tu crois → **contrario** ◇ *loc. avv.* ALL'OPPOSTO au contraire: *uno lavora troppo, l'altro, all'opposto, non fa niente* l'un travaille trop, l'autre, au contraire, ne fait rien.

oppressióne |oppres'sjone| *s.f.* oppression: *l'oppressione della libertà* l'oppression (de la liberté); *insorgere contro l'oppressione straniera* s'insurger contre l'oppression étrangère; *sento un senso di oppressione* je ressens une sensation d'opppression → **affanno** # *è un'oppressione stare con loro!* c'est étouffant de rester avec eux! [C] **libertà.**

oppressivaménte |oppressiva'mente| *avv.* [→ OPPRESSIVO] d'une manière oppressive *loc. inv.*

oppressivo |oppres'sivo| *agg.* **1** oppressif*: *un regime oppressivo* un régime oppressif; *è un regolamento oppressivo* c'est un règlement oppressif **2** [*pesante, opprimente*] accablant, oppressant: *un caldo oppressivo* une chaleur accablante, oppressante; *un sentimento oppressivo* un sentiment accablant.

opprèsso |op'prɛsso| *agg.* **1** [*gravato*] oppressé: *mi sento oppresso da questa atmosfera* je me sens oppressé par cette atmosphère; *ha il respiro oppresso per l'ansia* il a la respiration oppressée par l'anxiété **2** [*tiraneggiato, vessato*] opprimé: *un popolo oppresso* un peuple opprimé; *una classe sociale oppressa* une classe sociale opprimée ✦ (*s.*) *un oppresso* un opprimé: *in questa compagnia mi sento un'oppressa* dans cette compagnie je me sens comme un opprimé; *non devono esistere né oppressi né oppressori* il ne doit exister ni opprimés ni oppresseurs [C] 2 **libero.**

oppressóre |oppres'sore| *s.m.* oppresseur: *gli oppressori furono cacciati* les oppresseurs furent chassés; *il popolo insorse contro l'oppressore* le peuple se révolta contre l'oppresseur ✦ (*agg.*) *il tiranno oppressore* le tyran oppresseur.

opprimènte |oppri'mɛnte| *agg.* [*che opprime*] accablant: *un'afa, una angoscia opprimente* une chaleur, une angoisse accablante ◇ [*noioso, pesante*] assommant: *discorsi opprimenti* des discours assommants; *una compagnia opprimente* une compagnie assommante.

opprìmere |op'primere| (124) *v.tr.* **1** [*appesantire, gravare*] oppresser: *un grande carico lo opprimeva* une grande charge l'oppressait; *era oppresso da un grande caldo* il était oppressé par une grosse chaleur ◇ [*appesantire*] peser (6) *intr.* sur, lourdir: *il cibo piaccante mi opprime lo stomaco* la nourriture relevée me pèse sur l'estomac; *l'età opprime la libertà di movimento* l'âge alourdit les mouvements **2** [*tiranneggiare, prevaricare*] opprimer: *opprimere un popolo libero* opprimer un peuple libre ◇ [*sovraccaricare*] accabler: *è un lavoro eccessivo che opprime la mente* c'est un travail excessif qui accable l'esprit; *i contribuenti sono oppressi da molti tributi* les contribuables sont accablés de nombreux impôts.

oppugnàbile |oppuɲ'ɲabile| *agg.* [→ OPPUGNARE 2] attaquable; réfutable [C] **inoppugnabile.**

oppugnabilità |oppuɲɲabili'ta| *s.f. inv.* [*possibilità di combattere, confutare*] réfutation *var.*

oppugnàre |oppuɲ'ɲare| *v.tr.* **1** (*ant.*) [*assalire, attaccare*] attaquer; prendre (73) d'assaut **2** (*fig.*) [*confutare, controbattere*] réfuter: *oppugnare una teoria* réfuter une théorie.

oppugnazióne |oppuɲɲat'tsjone| *s.f.* **1** (*lett.*) [→ OPPUGNARE 1] assaut *m.* (*corr.*); attaque (*corr.*) **2** (*fig.*) [→ OPPUGNARE 2] réfutation: *l'oppugnazione di una proposta* la réfutation d'une proposition.

oppùre |op'pure| *cong.* **1** ou [*o*] (bien): *vuoi un caffè oppure preferisci un tè?* tu veux un café, ou (bien) tu préfères un thé?; *parti oggi oppure aspetti domani?* tu pars aujourd'hui, ou tu attends demain?; *mi piace la narrativa, oppure una saggistica vivace* j'aime les récits ou des essais bien enlevés **2** [*altrimenti, in caso contrario*] ou, autrement: *parla quando sei sicuro, oppure taci* parle quand tu es sûr ou, autrement, tais-toi # *prenòtati, oppure non troverai di posto* il faut réserver, sinon tu ne trouveras pas de place.

òpra |'ɔpra| *s.f.* (*ant., poet.*) → **opera.**

opràre |o'prare| *v.tr. e intr.* (*aus.* '*avere*') (*ant., poet.*) → **operare.**

-opsìa |op'sia| *suff.* (*significa* '*vista, vedere*', *corrisponde gener. a*) opsie: *biopsia* biopsie.

opsònico, ci, ca, che |op'sɔniko, tʃi, ka, ke| *agg.* (*biol., fisiol.*) opsonique.

opsonina |opso'nina| *s.f.* (*biol., fisiol.*) opsonine.

optàre |op'tare| *v.intr.* (*aus.* '*avere*') **1** [*scegliere fra due possibilità*] choisir *tr.*, opter (*lett.*): *ha optato per un'altra carica* il a choisi une autre charge; il a opté pour une autre charge **2** (*Borsa*) [*acquistare con un'opzione*] opter.

optimum |'ɔptimum| *s.m. inv.* (*lat.*) optimum (*var.*): *ha raggiunto l'optimum* il est arrivé à l'optimum; il a atteint l'effet optimum.

òpto- |'ɔpto| *pref.* (*significa* '*visibile*', *corrisponde gener. a*) opto: *optometria* optométrie.

optometria |optome'tria| *s.f.* (*med.*) optométrie.

optometrìsta |optome'trista| *s.* optométriste.

optòmetro |op'tɔmetro| *s.m.* (*fis.*) optomètre.

opulènto |opu'lɛnto| *agg.* (*lett.*) opulent (*corr.*): *un paese opulento* un pays opulent → **ricco** ◇ (*fig.*) *una bellezza opulenta* une beauté opulente; *una donna dalle forme opulente* une femme aux formes opulentes [C] **povero.**

opulènza |opu'lɛntsa| *s.f.* (*lett.*) opulence (*corr.*): *vivere nell'opulenza* vivre dans l'opulence → **ricchezza** ◇ (*fig.*) *opulenza di forme* opulence des formes.

opùnzia |o'puntsja| *s.f.* **1** (*t.bot.*) oponce *m.*, opuntia *m.* **2** (*per anton.*) → **fico d'India.**

opus |'ɔpus| *s.m. inv.* (*lat.*) (*mus.*) opus.

opùscolo |o'puskolo| *s.m.* **1** [*breve pubblicazione*] *opuscolo reclamistico* livret, brochure *f.* de réclame; *opuscolo di propaganda, di informazione* plaquette *f.* de propagande, d'information **2** [*libretto*] opuscule, brochure → **fascicolo.**

opus incertum |'ɔpusin'tʃɛrtum| *s.m. inv.* (*lat.*) (*arch.*) opus incertum.

opzionàle |optsjo'nale| *agg.* [*che è oggetto di opzione*] optionnel*, facultatif*: *materie opzionali* matières optionnelles, facultatives # *esercitare un diritto opzionale* exercer un droit d'option.

opzióne |op'tsjone| *s.f.* **1** [→ OPTARE] option, choix *m.* **2** (*comm.*) option: *diritto, facoltà di opzione* droit, faculté d'option → **scelta** # *caparra per opzione* arrhes facultatives.

1 **óra** |'ora| *s.f.* **1** [*ventiquattresima parte del giorno*] heure: *ora astronomica, locale, legale* heure astronomique, locale, légale, d'été; *che ora fai?* quelle heure as-tu?; *sai l'ora esatta?* as-tu l'heure exacte?; *sono le dieci spaccate, le dieci e un quarto, le dieci e mezzo, le dieci e quaranta* il est dix heures pile, dix heures un quart, dix heures et demie, dix heures quarante; *alle undici ho un appuntamento* à onze heures j'ai (un) rendez-vous; *speriamo che a quest'ora si sia alzato* espérons qu'à cette heure-ci il sera levé; *parto nelle prime ore del pomeriggio* je pars en début d'après-midi; *ci incontriamo alla solita ora* on se rencontre à la même heure; *non è ancora l'ora di apertura, di chiusura* ce n'est pas encore l'heure d'ouverture, de fermeture; *questa non è l'ora di mangiare* ce n'est pas l'heure de manger ◇ (*relig.*) *ora canonica* heure

canoniale ◇ (*loc.*) *non vado in centro nelle ore di punta* je ne vais pas dans le centre aux heures de pointe ~ *ieri notte ho fatto le ore piccole* la nuit dernière je suis rentré à une heure avancée ~ *ha le ore contate* ses heures sont comptées ~ *era ora che arrivassi!* il était temps que tu arrives! **2** [*spazio di tempo di sessanta minuti, considerato in sé*] heure: *per arrivare a Milano occorrono ancora tre ore* pour arriver à Milan il faut encore trois heures; *l'aereo impiega due ore* l'avion met deux heures; *viaggiava a 150 km. all'ora* il roulait à 150 kilomètres (à l')heure; *oggi ho due ore di lezione* aujourd'hui j'ai deux heures de cours; *il treno ha un'ora di ritardo* le train a une heure de retard; *deve prendere la medicina ogni due ore* il doit prendre son médicament toutes les deux heures ◇ *loc.* A ORE à l'heure: *domestica a ore* femme de ménage à l'heure; *è pagato a ore* il est payé à l'heure ~ *è un'ora che ti aspetto!* ça fait une heure que je t'attends! ◇ (*prov.*) *le ore del mattino hanno l'oro in bocca* l'avenir appartient à ceux qui se lèvent tôt **3** [*momento, breve spazio di tempo non della giornata, ma della vita*] *è giunta l'ora della riscossa* l'heure de la révolte est arrivée; *all'ora X, all'ora zero tutti usciranno da casa* à l'heure X, tous sortiront de la maison; *voglio rimanerti vicino in quest'ora per te così dolorosa* je veux rester auprès de toi dans ce moment si douloureux pour toi; *è ora di smetterla con queste stupidaggini* il est temps d'en finir avec ces bêtises ◇ (*loc.*) *è l'ora di finirla!* il est temps d'en finir ~ *non vedo l'ora di arrivare* il me tarde d'arriver ~ *bisogna saper attendere la propria ora* il faut savoir attendre son heure ~ *ha passato un brutto quarto d'ora* il a passé un mauvais quart d'heure ~ *ha avuto il suo quarto d'ora di celebrità* il a eu son heure de gloire (de célébrité) ~ *è suonata la sua ora* son heure a sonné ~ *non ha un'ora di pace* il n'a pas un moment de tranquillité.

2 **óra** |'ora| **I** *avv.* **1** [*adesso, in questo momento*] maintenant, à présent (*loc. inv.*): *ora non ho tempo* maintenant, à présent je n'ai pas le temps; *ora non posso uscire* maintenant je ne peux pas sortir; *ora nessuno ne parla più* maintenant, à présent personne n'en parle plus; *vediamo ora che cosa si può fare* voyons maintenant ce que l'on peut faire; *ora tutti i paesi del mondo hanno linee aeree* maintenant tous les pays du monde ont des lignes aériennes # *me ne ricordo come se fosse ora* je m'en souviens comme si c'était hier → **adesso** ◇ (*loc.*) *ora come ora* en ce moment ~ *per ora* pour le moment, pour l'instant ~ *d'ora in poi, d'ora in avanti, d'ora innanzi* dorénevant, désormais ~ *fin d'ora, sin d'ora* dès maintenant ~ *fino a ora* jusqu'à présent → **finora** ~ *prima d'ora* jusqu'à présent ~ *lo vuole conoscere ora o mai* il veut le connaître maintenant ou jamais ~ *or è molto tempo che...* il y a longtemps que... ~ *or sono tre anni...* il y a trois ans... ~ *ora basta!* maintenant, assez! ~ *e ora cosa facciamo?* et maintenant, qu'est-ce qu'on fait? ~ *e ora?* et maintenant? ~ *le mode di ora* les modes d'à présent, de maintenant **2** (*con valore di anteriorità immediata*) [*un momento fa, poco fa*] venir de (+ *inf.*): *l'ho visto (or) ora* je viens de le voir; *son giunto ora* je viens d'arriver; *mi ha telefonato proprio ora* il vient juste de me téléphoner **3** (*con valore di contemporaneità, se l'azione è continuata*) [*in questo momento*] être en train de (+ *inf.*): *con chi stavi parlando ora?* avec qui étais-tu en train de parler?; *cosa stai combinando ora?* qu'est-ce que tu es en train de faire **4** (*con valore di posteriorità immediata*) [*tra pochissimo tempo*] aller (+ *inf.*): *arriverà ora* il va arriver; *parto, partirò ora* je vais partir; *lo farò ora* je vais le faire; *non mangiucchiare*: *ora pranziamo* ne grignote pas, nous allons dîner **5** [*subito*] tout de suite *loc. inv.*, immédiatement: '*Carlo ti ha chiamato*' '*ora vado*' 'Charles t'a appelé' 'j'y vais tout de suite, immédiatement'; *ora finisco questo lavoro* je finis tout de suite ce travail **II** *cong.* **1** [*dunque, allora*] or: *ora accadde che...* or, il arriva que...; *ora sentite che cosa ho fatto* or, écoutez ce que j'ai fait; *ora dovete sapere che...* or, vous devez savoir que... **2** (*correl.*) [*una volta... un'altra...*] tantôt... tantôt...: *ora ride, ora piange* tantôt il rit, tantôt il pleure; *ora dice, ora disdice* il dit tantôt oui, tantôt non; *proseguivano ora da una parte, ora dall'altra* ils continuaient tantôt d'un côté, tantôt de l'autre **3** (*con valore avvers.*) [*ma, invece*] mais: *tu non mi credi, ora io te lo dimostrerò* toi, tu ne me crois pas, mais moi je te le démontrerai; *non mi ha chiamato, ora uscirò lo stesso* il ne m'a pas appelé, mais je sortirai quand même ◇ *loc. cong.* ORA CHE maintenant que: *ora che mi ricordo, la sua macchina è verde* maintenant que je me rappelle, sa voiture est verte; *ora che l'ho sentito, lo giudico meglio* maintenant que je l'ai entendu, je le juge mieux.

oracoleggiàre |orakoled'dʒare| *v.intr.* (*aus.* '*avere*') (*raro, iron.*) [*sentenziare, parlare come un oracolo*] parler comme un oracle (*corr.*): *oracoleggia sempre* il parle toujours comme un oracle.

oracolìstico, ci, ca, che |orako'listiko, tʃi, ka, ke| *agg.* d'oracle *loc. inv.*

oràcolo |o'rakolo| *s.m.* **1** (*relig.*) oracle: *l'oracolo di Delfi* l'oracle de Delphes; *consultare l'oracolo* consulter l'oracle **2** (*fig.*) [*persona che parla con grande autorevolezza*] oracle: *stai sicuro*: *è un oracolo in questo campo* sois tranquille: c'est un oracle en la matière ◇ (*iron.*) *quando parla, sembra un oracolo* quand il parle, on dirait un oracle; *ha parlato l'oracolo!* l'oracle a parlé! **3** (*fig.*) [*responso sentenzioso*] oracle (*lett.*): *non credo certo ai suoi oracoli* je ne crois certainement pas à ses oracles.

òrafo |'ɔrafo| *s.m.* [*artigiano che lavora l'oro*] orfèvre.

oràle |o'rale| *agg.* **1** oral*: *gli ha dato una risposta orale* il lui a donné une réponse orale; *ha sostenuto la prova orale, l'esame orale* il a passé l'épreuve orale, l'examen oral ♦ (*s.m.*) *l'orale* l'oral: *lo scritto mi è andato bene, l'orale così così* j'ai bien réussi l'écrit, l'oral comme ci comme ça **2** (*anat.*) oral: *la cavità orale* la cavité orale ◇ (*ling.*) *vocali orali* voyelles orales ◇ *loc.* PER VIA ORALE par voie orale: *la medicina va presa per via orale* le médicament doit être pris par voie orale Ⓒ 1 **scritto.**

oralità |orali'ta| *s.f. inv.* caractère *m. var.* oral*.

oralménte |oral'mente| *avv.* [→ ORALE] oralement.

-(o)ràma |(o)'rama| *suff.* (*significa* '*vista*', *corrisponde gener. a*) (o)rama: *panorama* panorama; *cinerama* cinérama.

oramài |ora'mai| *avv.* **1** (*riferito al presente*) [*già, adesso*] désormais, maintenant: *oramai il negozio è già chiuso* désormais, maintenant le magasin est déjà fermé; *non esco*: *oramai è quasi buio* je ne sors plus, maintenant il fait presque nuit; *oramai ce l'hai fatta!* maintenant tu y es arrivé!; *oramai abbiamo finito* maintenant nous avons fini **2** (*riferito al passato*) [*a quel punto, in quel momento*] à ce moment-là: *oramai era troppo tardi* (à ce moment-là) il était trop tard.

orangìsta |oran'dʒista| *s.m.* (*st. fr.*) orangiste.

oràngo, ghi |o'rango, gi| *s.m.* **1** (*t.zool*) orang-outan(g) **2** (*fig.*) [*uomo di fattezze scimmiesche*] gorille.

orangutàno |orangu'tano| *s.m.* → **orango.**

orànte |o'rante| *agg. e s.* (*lett.*) orante.

oràre |o'rare| *v.tr. e intr.* (*aus.* '*avere*') (*lett.*) → **pregare.**

oràrio, i |o'rarjo, i| **I** *s.m.* **1** horaire: *orario estivo, invernale* horaire d'été, d'hiver; *è in anticipo, in ritardo sull'orario* il est en avance, en retard sur son horaire # *orario continuato, spezzato* journée continue, non-continue; *l'orario di lavoro* les heures de travail ◇ *loc.* IN ORARIO à l'heure: *è in orario* il est à l'heure; *è arrivato in orario* il est arrivé à l'heure **2** [*tabella che indica lo svolgimento di determinate attività in rapporto al tempo*] horaire: *l'orario ferroviario* l'horaire des chemins de fer; *consultare l'orario* consulter l'horaire **II** *agg.* **1** horaire: *segnale, fuso orario* signal, fuseau horaire # *senso orario* sens des aiguilles d'une montre; *disco orario* disque de stationnement **2** (*astron.*) horaire: *circolo, angolo orario* cercle, angle horaire.

oràta |o'rata| *s.f.* (*t.zool.*) daurade, dorade.

oratóre, trice |ora'tore, tritʃe| *s.* **1** [*chi parla in pubblico*] orateur* (*raro al f.*): *l'oratore è stato fischiato, applaudito* l'orateur a été sifflé, applaudi; *è un buon oratore* c'est un bon orateur **2** [*chi professa l'oratoria*] orateur: *i grandi oratori greci e romani* les grands orateurs grecs et romains.

oratòria |ora'tɔrja| *s.f.* **1** art *m.* oratoire, éloquence: *oratoria politica, forense, civile* l'art oratoire, l'éloquence politique, judiciaire, civile → **eloquenza** **2** [*gli oratori e le orazioni di un'età*] orateurs (*m. pl.*): *l'oratoria romana* les orateurs romains.

oratoriàno |orato'rjano| *s.m.* (*eccl.*) oratorien.

1 **oratòrio, i** |ora'tɔrjo, i| *agg.* oratoire: *l'arte, la tecnica oratoria* l'art, la technique oratoire; *un uomo di grandi capacità oratorie* un homme possédant de grandes capacités oratoires.

2 **oratòrio, i** |ora'tɔrjo, i| *s.m.* **1** (*eccl.*) oratoire **2** (*presso molte chiese*) [*luogo, ambiente per le attività ricreative dei ragazzi*] patronage **3** (*mus.*) oratorio.

orazióne |orat'tsjone| *s.f.* **1** [*discorso tenuto in pubblico*] discours *m.* public # *le orazioni di Cicerone* les discours et harangues de Cicéron; *orazione funebre* oraison funèbre **2** [*preghiera*] oraison, prière: *recitare le orazioni* réciter les oraisons, les prières; *essere in orazione* être en prière; *dire un'orazione* dire une oraison.

orbàce |or'batʃe| *s.m.* [*tessuto di lana grezza, fatto a mano, tipico della Sardegna*] ⊠.

orbàre |or'bare| *v.tr.* (*lett.*) **1** [*privare di un familiare*] priver (*corr.*) **2** [*accecare*] aveugler (*corr.*).

òrbe |'ɔrbe| *s.m.* (*lett.*) orbe: *l'orbe terrestre* l'orbe terrestre → 1 **mondo**.

orbène |or'bɛne| *cong.* [*allora*] alors, eh bien: *orbene, che cosa hai deciso?* alors, eh bien, qu'est-ce que tu as décidé? ◇ [*suvvia*] allons: *orbene, sbrigati!* allons, dépêche-toi!

orbettino |orbet'tino| *s.m.* (*t.zool.*) orvet, serpent de verre (*corr.*).

orbicolàre |orbiko'lare| *agg.* (*anat.*) orbiculaire: *muscolo orbicolare* muscle orbiculaire ♦ (*s.m.*) *l'orbicolare* l'orbiculaire.

òrbita |'ɔrbita| *s.f.* **1** (*anat.*) orbite ◇ (*loc. fig.*) *avere gli occhi fuori dalle orbite* avoir les yeux qui sortent des orbites, de la tête (*fam.*) **2** (*astron., fis.*) orbite: *l'orbita di un pianeta* l'orbite d'un planète; *l'orbita di un satellite artificiale* l'orbite d'un satellite artificiel; *l'orbita degli elettroni intorno al nucleo* l'orbite des électrons autour du noyau **3** (*fig.*) [*àmbito di una sfera di azione*] orbite: *lavora nell'orbita del gruppo* il travaille dans l'orbite du groupe.

orbità |orbi'ta| *s.f. inv.* **1** (*raro*) → **cecità** **2** (*lett.*) → **privazione.**

orbitàle |orbi'tale| *agg.* **1** (*anat.*) orbitaire **2** (*astron., fis.*) orbital*: *moto orbitale* mouvement orbital; *velocità orbitale* vitesse orbitale.

orbitàre |orbi'tare| *v.intr.* (*aus.* '*avere*') [*descrivere un'orbita, muoversi in orbita intorno a un centro*] graviter: *la terra orbita intorno al sole* la terre gravite autour du soleil; *un satellite orbita intorno alla luna* un satellite gravite autour de la lune ◇ (*fig.*) *il gruppo orbita intorno al presidente* le groupe gravite autour du président.

Orbitéli |orbi'teli| *s.m. pl.* (*t.zool.*) Orbitèles.

òrbo |'ɔrbo| *agg.* **1** [*cieco*] aveugle # *orbo da un occhio* borgne → **guercio** ♦ (*s.*) *un orbo* un aveugle ◇ (*loc.*) *botte da orbi* une volée (de coups de bâtons) **2** (*lett.*) → **privo.**

òrca, che |'ɔrka, ke| *s.f.* **1** (*t.zool.*) orque *m.* **2** (*mitol.*) monstre *m.* marin.

orcanétto |orka'netto| *s.m.* (*t.bot.*) orcanète *f.*, orcanette *f.*

orchéssa |or'kessa| *s.f.* → **orco.**

orchèstra |or'kɛstra| *s.f.* **1** (*mus.*) orchestre (*m.*): *orchestra sinfonica, da camera* orchestre symphonique, de chambre **2** (*nel teat. mod.*) [*spazio riservato ai musicisti*] orchestre **3** (*archeol.*) orchestre.

orchestràle |orkes'trale| *agg.* orchestral*: *una formazione orchestrale* une formation orchestrale; *una composizione orchestrale* une composition orchestrale ♦ (*s.*) *un orchestrale* un musicien* d'orchestre.

orchestràre |orkes'trare| *v.tr.* **1** [*scrivere le parti per i vari strumenti di un'orchestra*] orchestrer: *orchestrare un'opera* orchestrer une œuvre **2** (*fig.*) [*organizzare, preparare un'azione o una manifestazione*] orchestrer: *i partiti dell'opposizione hanno orchestrato una campagna scandalistica* les partis de l'opposition ont orchestré une campagne à scandales.

orchestratóre, trice |orkestra'tore, tritʃe| *s.* orchestrateur*.

orchestrazióne |orkestrat'tsjone| *s.f.* **1** [→ ORCHESTRARE 1] orchestration **2** (*fig.*) [*macchinazione, preparazione*] machination, manœuvre.

orchestrìna |orkes'trina| *s.f.* [*piccola orchestra di musica leggera*] orchestre *m.* de danse # *un'orchestrina da caffè* un orchestre de café.

Orchidàcee |orki'datʃee| *s.f. pl.* (*t.bot.*) Orchidacées.

orchidèa |orki'dɛa| *s.f.* (*t.bot.*) orchidée ◇ [*fiore di tale pianta*] orchidée.

òrchis |'ɔrkis| *s.m. o f. inv.* (*t.bot.*) orchis *m.*

orchìte |or'kite| *s.f.* (*med.*) orchite.

órcio, i |'ortʃo, i| *s.m.* [*vaso di terracotta*] jarre *f.*

orciòlo |or'tʃɔlo| *s.m.* [*brocca, boccale*] cruche *f.*

òrco, chi |'ɔrko, ki| *s.m.*, **orchéssa** |or'kessa| *s.f.* **1** *s.* [*mostro divoratore di bambini della favolistica europea*] ogre *m.*, ogresse (*f.*): *sembra un orco* on dirait un ogre; *ha una voce da orco* il a une voix d'ogre **2** *s.m.* (*mitol.*) orcus **3** *s.m.* (*t.zool.*) *orco marino* macreuse *f.*

òrda |'ɔrda| *s.f.* **1** (*etn.*) *horde **2** (*st. turco-tartara*) horde **3** (*fig.*) [*massa disordinata, frotta*] horde: *un'orda di selvaggi* une horde de sauvages; *un'orda di ragazzini* une horde de petits garçons.

ordàlia |or'dalja| *s.f.* (*st. mediev.*) ordalie.

ordàlico, ci, ca, che |or'daliko, tʃi, ka, ke| *agg.* de l'ordalie *loc. inv.*

ordigno |or'diɲɲo| *s.m.* [*strumento, congegno piuttosto complesso*] engin: *ordigno esplosivo* engin explosif; *ordigno di guerra, telecomandato* engin de guerre, télécommandé.

ordiménto |ordi'mento| *s.m.* (*raro*) **1** [→ ORDIRE 1] ourdissage **2** [*trauma, macchinazione*] intrigue *f.*, machination *f.*

ordinàbile |ordi'nabile| *agg.* [→ ORDINARE A 1, 4, 5, 6] qu'on peut ordonner, commander *loc.*

ordinàle |ordi'nale| *agg.* **1** (*gram.*) ordinal*: *aggettivi numerali ordinali* adjectifs numéraux ordinaux ♦ (*s.m.*) *gli ordinali* les ordinaux **2** (*mat.*) ordinal: *numeri ordinali* nombres ordinaux ♦ (*s.m.*) *un ordinale* un ordinal.

ordinaménto |ordina'mento| *s.m.* **1** [*disposizione ordinata*] ordonnance (*f.*): *l'ordinamento di uno schedario* l'ordonnance d'un fichier **2** [*disposizione, legge, norma*] système, organisation (*f.*): *ordinamento scolastico, giuridico, militare* système, organisation scolaire, juridique, militaire → **istituzione.**

ordinàndo |ordi'nando| *agg. e s.m.* (*eccl.*) ordinand *s.m.*

ordinànte |ordi'nante| *agg. e s.m.* (*eccl.*) ordinant *s.m.*

ordinànza |ordi'nantsa| *s.f.* **1** ordonnance: *un'ordinanza reale* une ordonnance royale ◇ [*decreto*] arrêté (*m.*): *un'ordinanza del prefetto, del questore, del sindaco* un arrêté du préfet, du questeur, du maire **2** ordonnance: *ufficiale d'ordinanza* officier d'ordonnance ◇ *loc. mil.* D'ORDINANZA d'ordonnance; réglementaire (*agg.*): *la pistola d'ordinanza* le revolver d'ordonnance ‖ *la divisa d'ordinanza* l'uniforme réglementaire # *tenuta fuori ordinanza* tenue de fantaisie.

ordinàre |ordi'nare| **A** *v.tr.* **1** [*disporre, mettere in un ordine determinato, riordinare*] ordonner, ranger (3), mettre (71) en ordre (de l'ordre dans): *ha ordinato i libri nello scaffale* il a ordonné, rangé, mis en ordre ses livres sur l'étagère → **classificare**; *puoi uscire, dopo aver ordinato la tua camera* tu peus sortir après avoir rangé ta chambre → **rassettare**; *devi ordinare le idee, prima di parlare* il faut, avant de parler, mettre de l'ordre dans tes idées ◇ (*mat.*) *ordinare un polinomio* ordonner un polynôme **2** (*lett.*) [*organizzare, predisporre*] organiser (*corr.*): *la natura è stata ordinata a fini precisi* la nature a été organisée à des fins précises **3** [*comandare, impartire una disposizione*] ordonner: *gli ordinarono di partire immediatamente* ils lui ordonnèrent de partir immédiatement # *il sindaco ha ordinato il divieto di accesso alla spiaggia* le maire a fait un arrêté interdisant l'accès à la plage **4** [*prescrivere come terapia*] ordonner, prescrire (51): *il medico gli ha ordinato una nuova cura* le médecin lui a ordonné, prescrit un nouveau traitement **5** [*commissionare*] commander: *ordinare un piatto, un primo, il caffè* commander un plat, le premier plat, le café; *il signore ha già ordinato?* est-ce que Monsieur a déjà commandé? **6** (*eccl.*) [*conferire i sacri ordini*] ordonner **B** *v.pron.* ORDINARSI **1** *intr.* [*disporsi secondo un certo ordine*] se ranger: *i ragazzi si sono ordinati su due file* les garçons se sont rangés sur deux rangs **2** *rifl.* (*lett.*) [*mettersi in ordine*] se mettre en ordre (*corr.*).

ordinariaménte |ordinarja'mente| *avv.* **1** [→ ORDINARIO I 1] ordinairement: *ordinariamente non ci sono difficoltà* ordinairement, il n'y a pas de difficultés → **abitualmente** **2** [→ ORDINARIO I 2] de manière ordinaire (*loc. inv.*): *veste ordinariamente* il s'habille de manière ordinaire.

ordinariàto |ordina'rjato| *s.m.* **1** grade, bureau de professeur titulaire **2** (*eccl.*) ordinariat.

ordinàrio, i |ordi'narjo, i| **I** *agg.* **1** ordinaire, normal*: *seduta ordinaria* séance ordinaire; *spese ordinarie* dépenses ordinaires; *imposta ordinaria* impôt ordinaire; *abbonamento ordinario* abonnement normal # *biglietto a tariffa ordinaria* billet à plein tarif ◇ (*loc. fig.*) *sono cose di ordinaria amministrazione* ce sont des affaires courantes **2** (*spreg.*) [*grossolano, rozzo*] ordinaire: *è merce ordinaria* c'est de la marchandise ordinaire; *si è rivelato una persona ordinaria* il s'est révélé une personne ordinaire **3** [*che è parte del ruolo organico*] titulaire: *professore, assistente ordinario* professeur, assistant titulaire **4** (*dir.*) *impugnazione ordinaria* opposition, appel ordinaire **II** *s.m.* **1** [*con-

suetudine, normalità] ordinaire: *sono problemi che esulano dall'ordinario* ce sont des problèmes qui sortent de l'ordinaire # *ho mangiato più dell'ordinario* j'ai mangé plus que d'habitude ◇ *loc. avv.* D'ORDINARIO d'ordinaire: *d'ordinario di sera non esco mai* d'ordinaire, je ne sors jamais le soir ~ PER L'ORDINARIO d'ordinaire: *per l'ordinario non riceve mai nessuno* d'ordinaire, il ne reçoit jamais personne → **solito** **2** [*professore di ruolo*] titulaire: *ordinario di matematica* professeur titulaire de mathématiques **3** [*vescovo di una diocesi*] évêque ordinaire ⓒ 1 1 **straordinario** 1, **speciale,** 2 **fine** 3.

1 **ordinàta** |ordi'nata| *s.f. solo nella loc.* DARE UN'ORDINATA (*a q.c.*) [*una sommaria messa in ordine*] mettre (71) un peu d'ordre (dans qqch.): *do un'ordinata a queste carte* je mets un peu d'ordre dans ces papiers.

2 **ordinàta** |ordi'nata| *s.f.* **1** (*mat.*) ordonnée **2** (*aer., mar.*) couple *m.*

ordinataménte |ordinata'mente| *avv.* **1** [→ ORDINATO 1] avec de l'ordre *loc. inv.* **2** [→ ORDINATO 2] en ordre *loc. inv.*

ordinatàrio, i |ordina'tarjo, i| *s.m.* [*beneficiario di una cambiale*] preneur* *s.* (d'un titre de crédit à ordre).

ordinativo |ordina'tivo| **1** *agg.* [*che serve a ordinare*] ordinateur*: *criteri, princìpi ordinativi* critères, principes ordinateurs **2** *s.m.* (*comm., econ.*) commande (*f.*): *abbiamo ricevuto un importante ordinativo* nous avons reçu une commande importante.

ordinàto |ordi'nato| *agg.* **1** [*che ama l'ordine, che tiene in ordine le proprie cose*] ordonné: *un impiegato, uno scolaro ordinato* un employé, un écolier ordonné → **preciso** **2** [*collocato, disposto in ordine*] ordonné: *una casa ordinata* une maison ordonnée; *un'ufficio ordinato* un bureau ordonné **3** [*rispondente a un ordine funzionale, logico*] ordonné: *un tema ordinato* un thème ordonné; *un'esposizione ordinata* une exposition ordonnée # *una vita ordinata* une vie réglée → **regolato** **4** (*arald.*) ordonné ⓒ 1; 2; 3 **disordinato, caotico.**

ordinatóre, trice |ordina'tore, tri'ʃe| **1** *agg.* ordinateur*: *criterio ordinatore* critère ordinateur ♦ (*s.m.*) *un ordinatore* un ordonnateur* (*s.*): *l'ordinatore della finanza pubblica, di una biblioteca* l'ordonnateur des finances publiques, d'une bibliothèque ◇ (*loc.*) *il supremo ordinatore* l'ordinateur de l'univers **2** *s.m.* (*tecnol.*) ordinateur.

ordinatòrio, i |ordina'tɔrjo, i| *agg.* → **ordinatore.**

1 **ordinazióne** |ordinat'tsjone| *s.f.* **1** (*raro*) [→ ORDINARE A 1] rangement *m.* (*corr.*) **2** (*comm.*) commande: *ho ricevuto parecchie ordinazioni* j'ai reçu plusieurs commandes; *la ditta ha fatto una grossa ordinazione* la maison a fait une grosse commande → **ordine**; *quest'articolo è fatto solo su ordinazione* cet article est fabriqué seulement sur commande.

2 **ordinazióne** |ordinat'tsjone| *s.f.* (*eccl.*) ordination.

órdine |'ordine| *s.m.* **1** [(*buona*) *disposizione, sistemazione*] ordre: *ordine crescente, decrescente* ordre croissant, décroissant; *numero d'ordine* numéro d'ordre; *l'ordine delle pagine* l'ordre des pages; *l'ordine di partenza, d'arrivo* l'ordre de départ, d'arrivée; *per ordine di grandezza, d'importanza* par ordre de grandeur, d'importance; *non cambiare l'ordine degli oggetti* ne pas changer l'ordre des objets # *per ordine di età* selon l'âge ◇ (*mil.*) *l'ordine di marcia, di battaglia* l'ordre de marche, de bataille; *ordine chiuso, sparso* ordre serré, dispersé; *ritirarsi in buon ordine* se retirer en bon ordre ◇ *loc.* IN ORDINE en ordre: *mettere, tenere, rimettere in ordine la casa* mettre, tenir, remettre en ordre la maison; *lascia tutto in ordine* laisse tout en ordre # *prima di uscire, voglio mettermi in ordine* avant de sortir, je veux m'arranger; *mettiti in ordine le idee e poi decidi* mets de l'ordre dans tes idées et puis décide; *ha esposto i fatti in ordine cronologico* il a exposé les faits dans l'ordre chronologique; *elenca i nomi in ordine alfabetico* fais la liste des noms par ordre alphabétique; *andiamo, procediamo in ordine, con ordine, per ordine* allons, procédons en ordre, avec ordre, par ordre **2** [*organizzazione, buon funzionamento, disciplina*] ordre: *l'ordine regna dappertutto* l'ordre règne partout; *l'ordine pubblico è divenuto un problema grave* l'ordre public est devenu un grave problème; *gli estremisti cercano di sovvertire l'ordine sociale* les extrémistes essaient de bouleverser l'ordre social; *il vigile ha ristabilito l'ordine* l'agent a rétabli l'ordre; *l'ho già richiamato all'ordine* je l'ai déjà rappelé à l'ordre ◇ (*loc.*) *le forze dell'ordine* les forces de l'ordre ~ *servizio d'ordine* service d'ordre **3** [*categoria, tipo*] ordre: *albergo di second'ordine* hôtel de second ordre; *un professionista di prim'ordine* un professionnel de premier ordre # *un locale, un cinema di infimo ordine* une boîte, un cinéma de bas étage; *scuole dell'ordine elementare, medio, superiore* écoles de degré élémentaire, secondaire, supérieur **4** [*disposizione in file, serie allineate*] rang, file *f.*, rangée (*f.*): *poltrona di second'ordine* fauteuil de deuxième rang; *due ordini di palchi* deux rangs, deux files de fauteuils; *ordini di remi, di rematori* rangées d'avirons, de rameurs **5** [*raggruppamento professionale, cavalleresco*] ordre: *l'ordine dei medici, degli avvocati, dei giornalisti* l'ordre des médecins, des avocats (le barreau), des journalistes; *l'ordine dei Templari* l'ordre des Templiers ◇ (*st.*) *l'ordine equestre* l'ordre équestre; *i tre ordini della Francia rivoluzionaria* les trois ordres en France au moment de la Révolution **6** [*comando*] ordre: *hanno ricevuto l'ordine di ritirarsi* ils ont reçu l'ordre de se retirer; *ha l'ordine di non fare entrare nessuno* il a l'ordre de ne laisser entrer personne; *si è rifiutato di ubbidire a un ordine ingiusto* il a refusé d'obéir à un ordre injuste ◇ (*dir.*) mandat: *ordine di comparizione* mandat de conparition; *ordine di cattura* mandat d'arrêt ◇ (*loc.*) *l'ordine del giorno* l'ordre du jour ~ *parola d'ordine* mot d'ordre ~ *agli ordini!* aux ordres! ~ *fino a nuovo ordine* jusqu'à nouvel ordre ~ PER ORDINE DI par ordre de: *è partito per ordine del direttore* il est parti par ordre du directeur ~ AGLI ORDINI DI aux ordres de: *è agli ordini diretti del presidente* il est directement aux ordres du président **7** (*comm.*) ordre: *ordine di pagamento, di accreditamento* ordre de paiement, de crédit; *ordine di consegna, di cambio* ordre de livraison, de change; *cambiali, titoli all'ordine* billets à ordre, titres à ordre # *libro degli ordini* livre des commandes ◇ (*loc.*) *pagare all'ordine di...* payer à l'ordre de...; *in ordine alla richiesta presentata...* nous référant à la demande que vous avez presentée... **8** [*carattere, natura*] ordre: *problemi di ordine pratico* problèmes d'ordre pratique; *questioni di ordine politico, giuridico, morale* questions d'ordre politique, juridique, morale; *siamo entrati nello stesso ordine di idee* nous sommes entrés dans le même ordre d'idées **9** (*arch.*) *ordine dorico, ionico, composito* ordre dorique, ionique, composite **10** *spec. al plur.* (*eccl.*) ordres: *ordini religiosi* ordres religieux; *gli ordini dei monaci, dei mendicanti* les ordres monastiques, mendiants **11** (*bot., zool.*) ordre ⓒ 1; 2 **disordine.**

ordìre |or'dire| (197) *v.tr.* **1** [*disporre su un telaio i fili dell'ordito*] ourdir: *ordire una tela* ourdir une toile **2** (*fig.*) [*macchinare, tramare*] ourdir (*lett.*), machiner: *ordire una congiura, un complotto* ourdir, machiner une conjuration, un complot → **tramare, cospirare** **3** (*fig., lett.*) [*ideare o progettare le linee essenziali di una opera lett. o musicale*] établir (*corr.*) le canevas d'un roman.

ordito |or'dito| *s.m.* **1** (*tess.*) chaîne *f.* **2** (*fig., lett.*) [*le linee essenziali di un'opera lett. o musicale*] canevas (*corr.*), plan (*corr.*) → **trama.**

orditóio, i |ordi'tojo, i| *s.m.* (*tess.*) ourdissoir.

orditóre, trice |ordi'tore, tri'ʃe| *s.* **1** [*operaio addetto all'orditura*] ourdisseur* **2** (*fig.*) [*chi ordisce q.c. di riprovevole*] comploteur *m.*, conspirateur*.

orditùra |ordi'tura| *s.f.* **1** [*operazione dell'ordire*] ourdissage *m.* **2** (*fig.*) [*trama, macchinazione*] machination, manœuvre.

orèade |o'rɛade| *s.f.* (*mitol.*) oréade.

orécchia |o'rekkja| *s.f.* **1** → **orecchio** **2** (*fig.*) [*cosa prominente o sporgente, di forma sim. a un'orecchia*] anse; (*di pagina e sim.*) corne # *le orecchie dell'anfora* les oreilles de l'amphore; *non fare le orecchie al quaderno* ne corne pas (les pages de) ton cahier → **becca.**

orecchiàbile |orek'kjabile| *agg.* (*detto di motivo musicale facilmente ricordabile*) facile à retenir: *una canzonetta orecchiabile* une chansonnette facile à retenir.

orecchiabilità |orekkjabili'ta| *s.f. inv.* facilité *var.* à retenir (une chanson, un refrain).

orecchiànte |orek'kjante| *agg. e s.* **1** (personne) qui joue d'instinct *loc.* **2** (personne) qui chante d'instinct *loc.* → **dilettante** **3** (*fig.*) [*che parla di q.c., senza conoscerla seriamente*] (qui répète comme un) perroquet *s.m.*

orecchiàre |orek'kjare| *v.intr.* (*aus.* '*avere*') (*raro*) [*tendere l'orecchio, cercare di sentire*] prêter *tr.* (*corr.*) l'oreille # *non orecchiare alla porta* n'écoute pas aux portes → **origliare.**

orecchiétta |orek'kjetta| *s.f.* (*anat.*) oreillette.

orecchìno |orek'kino| *s.m.* [*monile che si porta alle orecchie*] pendant,

boucle (*f.*): *orecchini di brillanti* pendants, boucles d'oreilles en brillants.
orécchio |o'rekkjo|, *pl. m.* **orécchi** |o'rekki| (*nei significati* 1, 2, 3, 4), *pl. f.* **orécchie** |o'rekkje| (*nei significati* 1, 2, 4 *e spec. in loc. fig.*) *s.m.* **1** (*anat.*, *corr.*) oreille (*f.*): *orecchio destro, sinistro* oreille droite, gauche; *è sordo di, da un orecchio* il est sourd d'une oreille; *le stava bisbigliando qualcosa negli orecchi* elle lui murmurait quelque chose à l'oreille ◇ (*loc. fig.*) *apri bene le orecchie!* ouvre bien tes oreilles! ~ *presta orecchio a qualunque pettegolezzo* il prête l'oreille à n'importe quel commérage ~ *era tutto orecchi* il était tout ouïe (*fam.*) ~ *ho sempre negli orecchi la sua voce* j'ai toujours le son de sa voix dans les oreilles ~ *mi è giunta alle orecchie quella notizia* cette nouvelle est venue à mes oreilles ~ *si sentiva fischiare gli orecchi* les oreilles lui ont corné ~ *ha le orecchie lunghe, d'asino* il a de longues oreilles, des oreilles d'âne ~ *è inutile*: *quello che dico gli entra da un orecchio e gli esce dall'altro* c'est inutile: ce que je dis lui entre par une oreille et lui sort par l'autre ~ *gli ha messo una pulce nell'orecchio* il lui a mis la puce à l'oreille ~ *fa l'orecchio da mercante* il fait la sourde oreille ~ *ormai ho fatto l'orecchio a questo rumore* désormais je me suis habitué à ce bruit ~ *ha le orecchie foderate di prosciutto* il a du coton dans les oreilles ~ *anche i muri hanno orecchi* les murs ont des oreilles ~ *da quell'orecchio non ci sente* il ne veut pas en entendre parler ~ *se parlo di quest'argomento, si tura, si tappa le orecchie* si j'aborde ce sujet, il se bouche les oreilles ~ A ORECCHIO de mémoire: *cantare, ripetere a orecchio* chanter, répéter de mémoire **2** (*per est.*) [*udito*] oreille: *è delicato d'orecchio* il a l'oreille délicate; *è un po' duro di orecchio* il est un peu dur d'oreille **3** [*particolare sensibilità per la mus.*] oreille: *ha orecchio molto fino* il a l'oreille très fine; *non ha assolutamente orecchio* il n'a absolument pas d'oreille; *ha molto orecchio* il a beaucoup d'oreille **4** [*padiglione auricolare*] oreille: *ha le orecchie molto grandi* il a de très grandes oreilles; *ha le orecchie a sventola* il a des oreilles en feuille de chou; *l'ho preso per le orecchie* je l'ai pris par les oreilles **5** (*per est.*, *fig.*) [*oggetto, per forma o funzione, sim. all'orecchio*] oreille: *l'orecchio dell'aratro* l'oreille de la charrue; *orecchio di dama* → **fucsia**; *orecchio di gatto* → **aro**; *orecchio di topo* → **miosotide.**
orecchióne |orek'kjone| *s.m.* **1** (*t. zool.*) oreillard **2** (*mil.*) tourillon **3** *al plur.* (*pop.*) [*parotite epidemica*] oreillons (*corr.*) **4** (*pop.*, *volg.*) [*pederasta*] tapette *f.*, lopette *f.*
orecchionièra |orekkjo'njɛra| (*s.f.*) *l'orecchioniera di un affusto* la sousbande d'un affût.
orecchiùto |orek'kjuto| *agg.* [*che ha orecchie molto grandi*] oreillard (*raro*).
oréfice |o'refitʃe| *s.m.* **1** [*proprietario di un negozio di gioielli*] orfèvre **2** → **orafo.**
oreficerìa |orefitʃe'ria| *s.f.* **1** [*arte di lavorare metalli preziosi*] orfèvrerie **2** [*gioielli e oggetti preziosi*] orfèvrerie **3** [*negozio o laboratorio dell'orefice*] (magasin *m.* d')orfèvre *m.*
oremus |o'rɛmus| *s.m. inv.* (*lat.*) (*liturg.*) oremus.
oreòtrago, ghi |ore'ɔtrago, gi| *s.m.* (*t.zool.*) oréotrague.
orétta |o'retta| *s.f.* petite heure: *dovrai aspettare un'oretta* tu devras attendre une petite heure # *fra una mezz'oretta sarò da te* dans une petite demi-heure je serai chez toi.
orézza |o'reddza| *s.f.* (*poet.*) **1** [*vento leggero e fresco*] zéphir *m.* (*corr.*) **2** [*ombra che dà frescura*] frais ombrage *m.* (*corr.*).
orézzo |o'reddzo| *s.m.* (*poet.*) → **orezza.**
òrfano |'ɔrfano| *agg.* orphelin: *un bambino orfano di padre e di madre* un enfant orphelin de père et (de) mère; *è rimasta orfana in tenera età* elle est restée orpheline dans sa tendre enfance ◆ (*s.*) *un orfano* un orphelin: *collegio per orfani* collège pour orphelins; *è un'orfana di guerra* c'est une orpheline de guerre.
orfanotròfio, i |orfano'trɔfjo, i| *s.m.* [*istituto in cui vengono raccolti e allevati gli orfani*] orphelinat.
òrfico, ci, ca, che |'ɔrfiko, tʃi, ka, ke| *agg.* [*di Orfeo, dell'orfismo*] orphique ◇ (*relig.*) *culti orfici* cultes orphiques.
orfìsmo |or'fizmo| *s.m.* (*st. relig.*) orphisme.
organàre |orga'nare| *v.tr.* (*raro*) [*coordinare, strutturare*] organiser (*corr.*), agencer (2) (*corr.*).
organàro |orga'naro| *s.m.* [*fabbricante o aggiustatore di organi*] organier.
orgàndi |or'gandi|, **orgàndis** |or'gandis| *s.m. inv.* → **organza.**
organèllo |orga'nɛllo| *s.m.* (*biol.*) organite.
organétto |orga'netto| *s.m.* **1** (*mus.*): (*a manovella*) orgue de Barberie ◇ [*fisarmonica*] accordéon ◇ [*armonica*] harmonica **2** (*t.zool.*) sizerin.
organicaménte |organika'mente| *avv.* [→ ORGANICO I 2, 3] organiquement.
organicìsmo |organi'tʃizmo| *s.m.* (*filos.*, *scient.*) organicisme.
organicità |organitʃi'ta| *s.f. inv.* caractère *m. var.* organique: *l'organicità di un piano urbanistico* le caractère organique d'un plan urbaniste # *un complesso architettonico di scarsa organicità* un complexe architectonique peu organique.
orgànico, ci, ca, che |or'ganiko, tʃi, ka, ke| **I** *agg.* **1** (*scient.*) organique: *sostanze organiche* substances organiques; *chimica organica* chimie organique; *malattie organiche* maladies organiques **2** (*fig.*) [*che investe la struttura generale*] organique: *una riforma, trasformazione organica* une réforme, transformation organique **3** (*fig.*) [*formato di più elementi coordinati a uno stesso fine*] organisé: *un complesso, un piano organico* un ensemble, un plan organisé; *una trattazione, una sistemazione organica* un développement, un arrangement organisé **4** (*mil.*) réglementaire **II** *s.m.* **1** [*persone addette a determinate attività in uffici e amministrazioni*] personnel, cadres (*pl.*): *aumentare, diminuire l'organico di un'azienda* augmenter, diminuer le personnel, les cadres d'une entreprise **2** (*mil.*) effectif: *organici di pace, di guerra* effectifs de paix, de guerre [C] I 1 **inorganico.**
organigràmma |organi'gramma| *s.m.* **1** organigramme: *organigramma dei quadri direttivi di un'azienda* l'organigramme des cadres de direction d'une entreprise **2** (*elettron.*) organigramme.
organino |orga'nino| *s.m.* → **organetto 1.**
organìsmo |orga'nizmo| *s.m.* **1** (*biol.*) organisme: *organismi umani, animali, vegetali* organismes humains, animaux, végétaux ◆ *ass.* [*il corpo umano*] *un organismo robusto, debole, sano, malaticcio* un organisme robuste, faible, sain, maladif **2** [*elementi o strutture organizzate per determinate finalità*] organisme: *organismi politici, sindacali* organismes politiques, syndicaux.
organìsta |orga'nista| *s.* organiste.
organìstico, ci, ca, che |orga'nistiko, tʃi, ka, ke| *agg.* **1** [*di organo*] à l'orgue *loc. inv.*, d'orgue (*loc. inv.*): *esecuzione organistica* exécution à l'orgue **2** [*concernente gli organisti*] pour organistes (*loc. inv.*): *una composizione organistica* une composition pour organistes.
organìte |orga'nite| *s.m.* (*biol.*) organite.
organizzàbile |organid'dzabile| *agg.* [→ ORGANIZZARE] organisable.
organizzaménto |organiddza'mento| *s.m.* (*raro*) [*organizzazione*; *il modo di organizzare*] organisation *f.* (*corr.*).
organizzàre |organid'dzare| **A** *v. tr.* **1** [*ordinare, preparare, disporre*] organiser: *gli oppositori stanno organizzando la loro linea politica* les opposants organisent leur ligne politique; *hanno organizzato un giro turistico per l'Italia* ils ont organisé un voyage touristique à travers l'Italie **2** [*determinare la funzione specifica di un complesso di elementi*] organiser: *organizzare uno Stato, una società* organiser un État, une société; *organizzare la propria vita, le proprie idee* organiser sa vie, ses idées **3** (*biol.*) [*determinare la formazione di un organismo vivente*] organiser: *l'embrione organizza le strutture del nuovo organismo* l'embryon organise les structures du nouvel organisme **B** *v.pron.* ORGANIZZARSI **1** *rifl.* [*predisporsi per q.c., prendere delle misure opportune*] s'organiser: *se non ci organizziamo, non potremo partire* si nous ne nous organisons pas, nous ne pourrons pas partir **2** *intr.* (*biol.*) [*formarsi, svilupparsi*] s'organiser [C] A 1 **disorganizzare.**
organizzatìvo |organiddza'tivo| *agg.* d'organisateur *loc. inv.*; d'organisation (*loc. inv.*): *ha spiccate doti organizzative* il a des qualités marquées d'organisateur || *sono nella fase organizzativa del lavoro* je suis dans la phase d'organisation du travail.
organizzàto |organid'dzato| *agg.* organisé: *un lavoro bene, male organizzato* un travail bien, mal organisé; *i lavoratori organizzati in un sindacato* les travailleurs organisés en un syndicat; *è una persona organizzata* c'est une personne organisée → **ordinato** ◆ (*s.*) *gli organizzati* les personnes *f.* organisées *agg.* ◇ (*biol.*) *sostanza organizzata* substance organisée [C] **disorganizzato.**
organizzatóre, trice |organiddza'tore, tritʃe| *agg.* organisateur*: *co-*

mitato organizzatore comité organisateur; *principio organizzatore* principe organisateur ♦ (*s.*) *un organizzatore* un organisateur.

organizzazióne |organiddzat'tsjone| *s.f.* **1** [→ ORGANIZZARE A 1, 2] organisation: *l'organizzazione di una società, di una banca* l'organisation de une société, d'une banque; *collaborare all'organizzazione di un'impresa* collaborer à l'organisation d'une entreprise **2** [*associazione, istituzione, organismo*] organisation: *organizzazioni politiche, sindacali, culturali* organisations politiques, syndicales, culturelles; *una organizzazione studentesca* une organisation d'étudiants; *l'O.N.U. è una organizzazione internazionale* l'O.N.U. est une organisation internationale, un organisme international ⓒ 1 **disorganizzazione.**

òrgano- |'ɔrgano| *pref.* (*significa 'organo, organico', corrisponde gener. a*) organo: *organoterapia* organothérapie.

òrgano |'ɔrgano| *s.m.* **1** (*anat., biol.*) organe: *l'organo della vista, dell'udito* l'organe de la vue, de l'ouïe; *gli organi delle piante* les organes des plantes **2** (*mecc.*) organe: *l'organo di trasmissione, di sospensione* l'organe de transmission, de suspension; *gli organi di guida* les organes de commande **3** (*mus.*) orgue: *musica per organo* musique pour orgue **4** (*fig.*) [*elemento, gruppo che esplica una funzione o una competenza particolare*] organe: *gli organi direttivi, deliberativi, consultivi* les organes directeurs, délibérateurs, consultatifs; *gli organi di controllo* les organes de contrôle; *gli organi degli enti pubblici* les organes des collectivités publiques **5** (*fig.*) [*pubblicazione periodica che sostiene le idee di gruppi e correnti*] organe: *l'organo ufficiale del partito* l'organe officiel du parti → **giornale**; *fu l'organo dei romantici* ce fut l'organe des romantiques.

organogènesi |organo'dʒɛnezi| *s.f. inv.* (*biol.*) organogénèse *var.*, organogénie *var.*

organògeno |orga'nɔdʒeno| *agg.* (*geol.*) organogène.

organografìa |organogra'fia| *s.f.* organographie.

organogràmma |organo'gramma| *s.m.* → **organigramma.**

organolèttico, ci, ca, che |organo'lɛttiko, tʃi, ka, ke| *agg.* (*scient.*) organoleptique.

organologìa, gie |organolo'dʒia, dʒie| *s.f.* **1** (*anat.*) organologie **2** [*studio degli strumenti musicali*] organologie.

organològico, ci, ca, che |organo'lɔdʒiko, tʃi, ka, ke| *agg.* organologique.

organometàllico, ci, ca, che |organome'talliko, tʃi, ka, ke| *agg.* (*chim.*) organométallique.

organometàllo |organome'tallo| *s.m.* (*chim.*) composé organométallique.

organoterapìa |organotera'pia| *s.f.* (*med.*) organothérapie, opothérapie.

orgànza |or'gandza| *s.f.* [*tessuto di cotone leggero*] organdi *m.*

organzìno |organ'dzino| *s.m.* organsin: *un vestito di organzino* une robe d'organsin.

orgàsmo |or'gazmo| *s.m.* **1** (*fisiol., psicol.*) orgasme: *orgasmo nevrotico, sessuale* orgasme névrotique, sexuel **2** (*per est.*) [*stato di agitazione, ansia*] agitation *f.*, surexcitation (*f.*): *questa attesa mi mette in orgasmo* cette attente me met dans un état d'agitation → **eccitazione** ⓒ 2 **calma.**

òrgia, ge |'ɔrdʒa, dʒe| *s.f.* **1** (*relig.*) orgie: *le orge dionisiache* les orgies de Dyonisos → **baccanale** **2** (*fig.*) [*festa in cui si dà libero sfogo a ogni istinto*] orgie: *una notte di orgia* une nuit d'orgie **3** (*fig.*) [*grande quantità di sensazioni molto intense*] orgie: *un'orgia di colori, di luci* une orgie de couleurs, de lumière.

orgiàsta |or'dʒasta| *s.m.* (*lett.*) orgiaste.

orgiàstico, ci, ca, che |or'dʒastiko, tʃi, ka, ke| *agg.* [*di orgia, proprio delle orge*] orgiaque: *culti orgiastici* cultes orgiaques ◇ [*dionisiaco*] orgiastique: *il furore orgiastico delle Baccanti* la fureur orgiastique des Bacchantes.

orgóglio, i |or'goʎʎo, i| *s.m.* orgueil: *parla con orgoglio dei propri figli* il parle avec orgueil de ses enfants; *si è chiusa nel proprio orgoglio* elle s'est enfermée dans son orgueil; *è l'orgoglio della sua famiglia* il est l'orgueil de sa famille ◇ [*amor proprio*] amour-propre: *non ha dimostrato nemmeno un po' di orgoglio* il n'a même pas montré un peu d'amour-propre ⓒ **umiltà, modestia.**

orgogliosaménte |orgoʎʎosa'mente| *avv.* [→ ORGOGLIOSO] orgueilleusement: *ha respinto orgogliosamente ogni aiuto* il a refusé orgeuilleusement toute aide.

orgoglióso |orgoʎ'ʎoso| *agg.* orgeuilleux*: *gli ha fatto pesare i suoi modi orgogliosi* il lui a fait peser ses manières orgueilleuses; *è giustamente orgoglioso della sua opera* il est à juste titre orgueilleux de son œuvre → **soddisfatto.**

oriàna |o'rjana| *s.f.* [*sostanza colorante rosso arancio*] rocou *m.*

oricàlco, chi |ori'kalko, ki| *s.m.* **1** orichalque **2** (*ant.*) [*ottone*] laiton (*corr.*).

òrice |'ɔritʃe| *s.m.* (*t.zool.*) oryx.

oricèllo |ori'tʃɛllo| *s.m.* (*chim.*) orseille *f.*

orientàbile |orjen'tabile| *agg.* [→ ORIENTARE A] orientable.

orientàle |orjen'tale| *agg.* [*dell'oriente, situato a oriente*] oriental*: *l'Europa, l'Asia orientale* l'Europe, l'Asie orientale; *le Indie Orientali* les Indes orientales; *la Germania Orientale* l'Allemagne orientale, de l'Est; *l'arte orientale* l'art oriental; *la Chiesa orientale* l'Église orientale # *un tappeto orientale* un tapis d'Orient ♦ (*s.*) *un orientale* un oriental ⓒ **occidentale.**

orientaleggiànte |orjentaled'dʒante| *agg.* orientalisant: *abbigliamento orientaleggiante* un habillement orientalisant.

orientalismo |orjenta'lizmo| *s.m.* orientalisme.

orientalista |orjenta'lista| *s.* orientaliste.

orientalistica, che |orjenta'listika, ke| *s.f.* [*disciplina che studia le lingue, le letter., le relig. orientali*] orientalisme *m.*

orientalistico, ci, ca, che |orjenta'listiko, tʃi, ka, ke| *agg.* **1** [*che concerne le civiltà e le culture orientali*] oriental*: *studi orientalistici* études orientales **2** [*dell'orientalismo*] orientaliste.

orientalizzàre |orjentalid'dzare| **A** *v.tr.* [*fare assumere a paesi e popoli forme di civiltà orientale*] orientaliser: *orientalizzare l'abbigliamento femminile* orientaliser l'habillement féminin **B** *v. pron. intr.* ORIENTALIZZARSI [*assumere elementi o caratteristiche orientali*] s'orientaliser.

orientalizzazióne |orjentaliddzat'tsjone| *s.f.* [→ ORIENTALIZZARE] orientalisation.

orientaménto |orjenta'mento| *s.m.* **1** [→ ORIENTARE A 1] orientation (*f.*): *senso di orientamento* sens de l'orientation; *l'orientamento di una carta geografica, di una nave* l'orientation d'une carte géographique, d'un navire **2** (*fig.*) [*indirizzo*] orientation: *centro di orientamento scolastico* centre d'orientation scolaire; *questo libro ti può servire come orientamento* ce livre peut te servir comme orientation **3** (*mar.*) orientement.

orientàre |orjen'tare| **A** *v.tr.* **1** [*disporre in una direzione o in un verso particolare rispetto ai punti cardinali*] orienter: *orientare una carta, un edificio* orienter une carte, un immeuble **2** (*fig.*) [*dare a una persona o a un'attività un particolare indirizzo*] orienter: *un corso per orientare i giovani verso il lavoro* un cours pour orienter les jeunes vers le travail; *le indagini sono state orientate verso un'altra pista* l'enquête a été orientée vers une autre piste **B** *v.pron. rifl.* ORIENTARSI **1** [*disporsi in un certo modo rispetto ai punti cardinali*] s'orienter: *orientarsi con la bussola, col sole* s'orienter avec la boussole, avec le soleil ♦ (*ass.*) *non riusciva ad orientarsi* il n'arrivait pas à s'orienter **2** (*fig.*) [*indirizzarsi*] s'orienter: *si è orientata verso gli studi scientifici* elle s'est orientée vers les études scientifiques; *si sta orientando verso un nuovo acquisto* il s'oriente vers un nouvel achat.

orientativo |orjenta'tivo| *agg.* d'orientation (*loc. inv.*): *esame orientativo* examen d'orientation ◇ (*loc.*) *a scopo orientativo* aux fins d'orientation.

orientàto |orjen'tato| *agg.* orienté: *una carta orientata* une carte orientée ◇ (*fig.*) *essere orientato a* tendre à: *sono orientato a cambiare il mio giudizio* je tends à modifier mon jugement.

orientazióne |orjentat'tsjone| *s.f.* (*scient.*) [→ ORIENTARE] orientation.

orIènte |o'rjɛnte| *s.m.* **1** est (*corr.*), orient (*lett.*): *venti che soffiano da oriente* vents qui soufflent de l'est, de l'orient; *navigare verso oriente* naviguer vers l'est → **est, levante**; *la Francia si trova a oriente della Spagna* la France se trouve à l'est de l'Espagne **2** [*zona, territorio situato a est*] Orient; Est: *il vicino, medio, l'estremo oriente* le Proche-Orient, le Moyen-Orient, l'Extrême-Orient ‖ *l'oriente europeo* l'Est de l'Europe **3** [*la translucidità della perla*] orient ⓒ 1; 2 **occidente, ovest.**

orifiàmma |ori'fjamma| *s.f.* (*st. fr.*) oriflamme → **bandiera.**

orificio, i |ori'fitʃo, i| *s.m.* → **orifizio.**

orifizio, i |ori'fittsjo, i| *s.m.* **1** (*anat.*) orifice: *orifizio nasale* orifice nasal **2** (*tecnol.*) orifice.

orìgano |o'rigano| *s.m.* (*t.bot.*) origan ◇ [*l'aroma di tale erba*] origan.

originàle |oridʒi'nale| *agg.* **1** original*: *atto, documento originale* acte, document original; *un'edizione originale* une édition originale ♦ (*s.m.*) *l'originale* l'original: *copia conforme all'originale* copie conforme à l'original; *l'originale è andato perduto* l'original a été perdu **2** [*autentico*] authentique: *seta indiana originale* soie indienne authentique # *lana originale inglese* laine anglaise d'origine **3** [*che è nuovo*; *che ha un valore proprio, senza alcuna derivazione*] original: *un'interpretazione, una trovata originale* une interprétation, une trouvaille originale; *ha avuto un'idea originale* il a eu une idée originale ♦ *s.m.* (*rad., tv*) *un originale televisivo* une pièce *f.* (une œuvre) televisée originale *agg.* **4** [*fuori dell'ordinario, singolare, strano*] original: *un tipo originale* un type original; *ha un modo di vestire troppo originale* elle a une façon de s'habiller trop originale ♦ (*s.*) *un originale* un original: *che originale quel tuo amico!* quel original, ton ami! → **bizzarro 5** [*originario, acquisito sin dall'origine*] originel*: *peccato originale* péché originel **C** 1 **copia** 1; 4 **comune** 1.

originalità |oridʒinali'ta| *s.f. inv.* **1** originalité (*var.*): *l'originalità di uno scrittore, di un artista* l'originalité d'un écrivain, d'un artiste; *è un critico che manca di originalità* c'est un critique qui manque d'originalité **2** [*stravaganza, singolarità*] originalité: *un tipo che ha un'originalità ostentata* un type d'une originalité affectée; *è noto a tutti per la sua originalità* il est connu de tout le monde pour son originalité **C** **normalità**.

originalménte |oridʒinal'mente| *avv.* [→ ORIGINALE] originalement.

originàre |oridʒi'nare| **A** *v.tr.* [*far nascere, dare origine*] faire (45) *intr.* naître: *il suo intervento ha originato una serie di malintesi* son intervention a fait naître une série de malentendus → **creare B** *v.intr.* (*aus.* '*essere*') [*avere origine, derivare*] naître (74): *la lite è originata da un futile motivo* la dispute est née d'un motif futile **C** *v.pron. intr.* ORIGINARSI [*essere cagionato, determinato*] naître *tr.*; causer (*tr.*): *la sua antipatia si è originata da un equivoco* son antipathie est née d'une équivoque, est causée par une équivoque.

originariaménte |oridʒinarja'mente| *avv.* [→ ORIGINARIO] originairement.

originàrio, i |oridʒi'narjo, i| *agg.* **1** originaire: *è originario della Lombardia* il est originaire de la Lombardie → **nativo** ◇ [*di origine*] d'origine (*loc.*): *la patata è un prodotto originario americano* la pomme de terre est un produit d'origine américaine **2** [*primitivo*] originel*; originaire: *il significato originario di questa parola* les sens originel de ce mot ‖ *la facciata originaria è andata distrutta* la façade originaire a été détruite.

origine |o'ridʒine| *s.f.* **1** origine: *il problema dell'origine dell'uomo* le problème de l'origine de l'homme; *il paese d'origine* le pays d'origine; *è di origine francese, italiana* il est d'origine française, italienne → **discendenza** # *tutto ha avuto origine da un banale equivoco* tout a commencé par une équivoque banale ◇ (*mar.*) *certificato d'origine* certificat d'origine **2** [*sorgente*] source: *il Po ha la sua origine dal Monviso* le Pô prend sa source dans le Monviso → **nascita 3** (*mat.*) origine: *origine di una semiretta* origine d'une demi-droite.

origliàre |oriʎ'ʎare| *v.tr. e intr.* (*aus.* '*avere*') [*ascoltare di nascosto*] écouter *tr.* (en cachette): *origliare i discorsi di qc.* écouter les discours de qqn. en cachette; *origliare alle porte* écouter aux portes.

origlière |oriʎ'ʎɛre| *s.m.* (*lett.*) → **guanciale.**

orignàl(e) |ori'ɲal(e)| *s.m.* (*t.zool.*) orignal*, orignac.

orìna |o'rina| *s.f.* → **urina.**

orinàle |ori'nale| *s.m.* pot de chambre, vase de nuit.

orinàre |ori'nare| *v.intr.* (*aus.* '*avere*') [*espellere l'orina*] uriner.

orinàrio, i |ori'narjo, i| *agg.* → **urinario.**

orinatòio, i |orina'tojo, i| *s.m.* [*luogo attrezzato per orinare*] urinoir.

oritteròpo |orit'tɛropo| *s.m.* (*t. zool.*) oryctérope.

oriùndo |o'rjundo| *agg.* **1** [*che è originario di un dato luogo*] originaire: *è oriundo americano* il est originaire d'Amérique ♦ (*s.*) *un oriundo* un originaire **2** (*calcio*) joueur étranger d'origine italienne.

orizzontàle |oriddzon'tale| **I** *agg.* **1** horizontal*: *piano, superficie orizzontale* plan horizontal, superficie horizontale; *righe orizzontali* traits horizontaux; *mettersi in posizione orizzontale* se mettre en position horizontale **2** (*fig.*) [*che opera sullo stesso piano*] horizontal: *associazioni sindacali orizzontali* associations syndicales horizontales ◇ (*econ.*) *concentrazione orizzontale* concentration horizontale **II** *s.f. al plur.* [*parole di cruciverba poste nelle caselle orizzontali*] horizontales **C** **verticale.**

orizzontalità |oriddzontali'ta| *s.f. inv.* horizontalité (*var.*): *orizzontalità di un piano* horizontalité d'un plan.

orizzontalménte |oriddzontal'mente| *avv.* [→ ORIZZONTALE I] horizontalement.

orizzontaménto |oriddzonta'mento| *s.m.* (*arch.*) orientement.

orizzontàre |oriddzon'tare| **A** *v.tr.* [*disporre in una certa posizione rispetto all'orizzonte*] orienter → **orientar(si) B** *v.pron. rifl.* ORIZZONTARSI **1** [*stabilire la propria posizione rispetto ai punti cardinali*] s'orienter: *la spedizione non riusciva più a orizzontarsi* l'expédition n'arrivait plus à s'orienter; *mi orizzonto facilmente anche in una città sconosciuta* je m'oriente facilement même dans une ville inconnue **2** (*fig.*) [*raccapezzarsi, capirci q.c.*] s'orienter: *con tutte queste proposte non mi orizzonto più* avec toutes ses propositions je ne m'oriente plus, j'y perds mon latin.

orizzónte |orid'dzonte| *s.m.* **1** horizon: *piano dell'orizzonte* plan de l'horizon; *la nave scomparve all'orizzonte* le navire disparut à l'horizon; *la luna calava all'orizzonte* la lune descendait sur l'horizon ◇ (*astron.*) *orizzonte celeste, artificiale* horizon artificiel **2** (*fig.*) [*campo di azione, di esperienza*; *prospettive di sviluppo*] horizon: *l'orizzonte politico va rischiarandosi* l'horizon politique s'éclaire; *gli orizzonti aperti dalla scienza moderna* les horizons ouverts par la science moderne; *ha un orizzonte piuttosto ristretto* il a un horizon plutôt borné ◇ (*loc.*) *fare un giro d'orizzonte* faire un tour d'horizon.

orlàre |or'lare| *v.tr.* **1** [*fare l'orlo*] ourler: *orlare un fazzoletto, una tovaglia, una gonna* ourler un mouchoir, une nappe, une jupe **2** [*bordare, contornare come un orlo*] liserer (6), lisérer (8): *orlare un cappello con un cordoncino* liserer un chapeau.

orlàto |or'lato| *agg.* [*bordato, fornito di orlo*] bordé: *un vestito orlato di rosso* un vêtement bordé de rouge; *tazzine orlate d'oro* petites tasses bordées d'or # *unghie orlate di nero* ongles en deuil (*fam.*).

orlatóre, trice |orla'tore, tritʃe| *s.* **1** [*operaio addetto all'orlatura*] ourleur* **2** (*tecnol.*) godronneur *m.*

orlatrìce |orla'tritʃe| *s.f.* **1** → **orlatore 2** (*tecnol.*) ourleuse.

orlatùra |orla'tura| *s.f.* **1** [→ ORLARE 1] bordage *m.* **2** [*orlo*] ourlet *m.* **3** [*striscia di tessuto o altro con cui si orla q.c.*] bord *m.*, bordure.

orleanése |orlea'neze| *agg.* [*di Orléans*] orléanais.

orleanìsta |orlea'nista| *agg.* [*proprio della casa d'Orléans*] orléaniste: *politica orleanista* politique orléaniste ♦ (*s.*) *un orleanista* [*sostenitore della casa d'Orléans*] un orléaniste.

órlo |'orlo| *s.m.* **1** [*ripiegatura di un tessuto prima di essere cucito*] ourlet: *orlo finto* faux ourlet; *punto a orlo* point d'ourlet; *hai fatto l'orlo al vestito?* est-ce que tu as fait l'ourlet à ta robe? # *orlo a giorno* jour **2** (*per est.*) [*ribattitura che delimita il margine esterno di un oggetto*] rebord, ourlet: *l'orlo di una lamiera* le rebord, l'ourlet d'une tôle; *piatti, tazze con orlo in oro* assiettes, tasses avec un filet d'or **3** [*margine estremo, parte terminale*] bord; rebord: *non riempire il bicchiere fino all'orlo* ne remplis pas le verre jusqu'au bord, à ras bord → 1 **bordo** ‖ *attento*: *sei sull'orlo di un fosso* attention: tu es sur le rebord d'un fossé → **ciglio** ◇ *loc. fig.* ESSERE SULL'ORLO DI (Q.C.) être au bord de (qqch.): *è ormai sull'orlo del fallimento* il est au bord de la faillite; *era giunta sull'orlo della disperazione* elle était arrivée au bord du désespoir; *è sull'orlo della fossa* il est au bord de la tombe **4** (*arald., arch.*) orle.

òrlon |'ɔrlon| *s.m. inv.* orlon *var.*

órma |'orma| *s.f.* **1** [*impronta lasciata sul terreno dal piede dell'uomo o dalla zampa dell'animale*] trace: *sulla neve erano ancora visibili le sue orme* sur la neige la trace de ses pas était encore visible; *i cacciatori seguirono le orme dell'animale* les chasseurs suivirent les traces de l'animal **2** (*fig.*) [*impronta, segno, traccia*] empreinte: *ha lasciato un'orma indelebile in questo campo* il a laissé une empreinte ineffaçable dans ce domaine; *quell'esperienza ha impresso un'orma dolorosa nel suo animo* cette expérience a laissé une empreinte douloureuse dans son espirt ◇ (*loc.*) *segue le orme del maestro* il suit (il marche sur) les traces de son maître **3** *al plur.* (*lett.*) [*vestigia*] vestiges *m.*, restes (*m.*): *le orme delle antiche civiltà* les vestiges, les restes des civilisations antiques.

ormài |or'mai| *avv.* → **oramai.**

ormeggiàre |ormed'dʒare| **A** *v.tr.* **1** (*mar.*) [*assicurare un natante a un elemento di presa*] amarrer: *ormeggiare una nave alla banchina* amarrer un bateau à quai ◇ [*fermare un natante dando fondo all'ancora*] mouiller: *ormeggiare il motoscafo nella rada* mouiller en rade un canot à moteur → **attraccare** **2** (*aer.*) [*assicurare un aeromobile al terreno*] garer: *ormeggiare un aereo al suolo* garer un avion **B** *v.pron. intr.* ORMEGGIARSI [*mettersi all'ormeggio*] s'amarrer: *la barca si ormeggiò al molo* la barque s'amarra à quai ◇ [*fissarsi, dando fondo all'ancora*] mouiller *tr.*, jeter (5) *tr.* l'ancre: *la nave si ormeggiò al largo* le bateau mouilla, jeta l'ancre au large → **ancorare.**

orméggio, i |or'meddʒo, i| *s.m.* **1** [→ ORMEGGIARE A] amarrage; mouillage, ancrage: *le manovre di ormeggio* les manœuvres d'amarrage # *la nave è in fase di ormeggio* le bateau est en train de mouiller, de jeter l'ancre ◇ [*manovra per ormeggiare alla banchina*] amarrage **2** [*luogo dove si ormeggia un natante*] mouillage: *cerchiamo un ormeggio sicuro* nous cherchons un mouillage sûr **3** *al plur.* [*cavi e catene che servono per ormeggiare*] cables d'amarrage, amarres (*f.*): *bisogna rinforzare, mollare gli ormeggi* il faut renforcer, larguer les cables d'amarrage, les haussières → **fune.**

ormonàle |ormo'nale| *agg.* → **ormonico.**

ormóne |or'mone| *s.m.* (*biol., fisiol.*) hormone *f.*

ormònico, ci, ca, che |or'mɔniko, tʃi, ka, ke| *agg.* (*fisiol., med.*) hormonal*: *secrezione ormonica* sécrétion hormonale.

ormonoterapìa |ormonotera'pia| *s.f.* (*med.*) hormonothérapie.

ornamentàle |ornamen'tale| *agg.* ornemental*: *disegno ornamentale* dessin ornemental; *oggetti ornamentali* objets ornementaux; *piante ornamentali* plantes ornementales → **decorativo.**

ornamentazióne |ornamentat'tsjone| *s.f.* **1** [→ ORNARE A] ornementation # *ha curato l'ornamentazione del teatro* il est responsable de la décoration du théâtre; c'est lui qui assura la décoration du théâtre **2** [*elementi ornamentali*] ornements (*m. pl.*): *l'ornamentazione di una sala barocca* les ornements d'une salle baroque.

ornaménto |orna'mento| *s.m.* **1** ornement: *piante, oggetti da ornamento* plantes, objets d'ornement # *per la esposizione si prevede un ornamento molto semplice* pour l'exposition on prévoit une ornementation, une décoration très simple **2** [*elemento che ha la funzione di ornare*] parure (*f.*): *ornamenti femminili* parures féminines # *ornamenti formali, retorici* figures, fioritures de style **3** (*arch., mus.*) ornement.

ornàre |or'nare| **A** *v.tr.* [*rendere più bello con ornamenti*] orner, parer: *ha ornato la stanza con fiori* il a orné, paré la chambre de fleurs; *ha ornato il vestito con una spilla* elle a orné sa robe d'une broche → **abbellire** ◇ (*fig.*) *orna il suo cuore di nobili sentimenti* il pare son cœur de nobles sentiments **B** *v.pron. rifl.* ORNARSI [*abbellirsi*] se parer # *non le piace ornarsi di gioielli* elle n'aime pas porter des bijoux Ⓒ A **deturpare.**

ornataménte |ornata'mente| *avv.* (*lett.*) [→ ORNATO I] avec ornement *loc. inv.*

ornatézza |orna'tettsa| *s.f.* [*ricchezza di elementi ornamentali*] ornement *m.* # *l'ornatezza dello stile* l'élégance du style.

ornatìsta |orna'tista| *s.* [*artista che esegue lavori di ornamentazione*] ornemaniste.

ornàto |or'nato| **I** *agg.* **1** orné (*p.p.*): *l'abito era ornato con dei ricami* la robe était ornée de broderies; *ha uno stile ornato, ma vuoto* il a un style orné, fleuri, mais vide **2** [*decorato*] orné, décoré (*p.p.*): *l'ambiente era fastosamente ornato* la pièce était somptueusement ornée, décorée **II** *s.m.* **1** (*arch.*) ornementation *f.*, ornement: *l'ornato barocco* l'ornementation baroque; *ornato a voluta* ornement en volute **2** [*disegno di ornato*] dessin ornemental*, d'ornement: *corso di ornato* cours de dessin ornemental, d'ornement Ⓒ I 1 **disadorno.**

ornatóre, trice |orna'tore, tritʃe| *s.* **1** [*chi orna*] décorateur* **2** [*operaio specializzato nella confezione di oggetti ornamentali*] ornemaniste.

ornatùra |orna'tura| *s.f.* (*raro*) **1** [→ ORNARE A] ornementation (*corr.*) **2** → **ornamento.**

orneblènda |orne'blɛnda| *s.f.* (*miner.*) *hornblende.

ornèllo |or'nɛllo| *s.m.* (*t.bot.*) orne → **frassino.**

orniéllo |or'njɛllo| *s.m.* → **ornello.**

ornìto- |or'nito, 'ɔrnito| *pref.* (*significa 'uccello', corrisponde gener. a*) ornitho: *ornitomanzia* ornithomancie.

ornitògalo |orni'tɔgalo| *s.m.* (*t. bot.*) ornithogale.

ornitologìa, gie |ornitolo'dʒia, dʒie| *s.f.* ornithologie.

ornitològico, ci, ca, che |ornito'lɔdʒiko, tʃi, ka, ke| *agg.* ornithologique: *ricerche ornitologiche* recherches ornithologiques.

ornitòlogo, gi |orni'tɔlogo, gi| *s.* ornithologiste, ornithologue.

ornitomanzìa |ornitoman'tsia| *s.f.* ornithomancie.

ornitorìnco, chi |ornito'rinko, ki| *s.m.* (*t.zool.*) ornithorynque.

ornitòsi |orni'tɔzi| *s.f. inv.* (*med.*) ornithose *var.*

órno |'orno| *s.m.* orne → **ornello.**

òro- |'ɔro| *pref.* (*significa 'montagna', corrisponde gener. a*) oro: *orografia* orographie.

òro |'ɔro| *s.m.* **1** (*chim., miner.*) or: *oro zecchino* or pur; *oro bianco, rosso* or blanc, rouge; *oro in grani, in pepite, in pagliuzze* or en graines, en pépites, en poudre; *oro a 24 carati* or à 24 carats; *una medaglia, una moneta d'oro* une médaille, une pièce en or; *un orologio d'oro* une montre en or; *un orologio placcato in oro* une montre plaquée or ◇ *loc. fig.* D'ORO d'or, en or (*fam.*): *ha un cuore d'oro* il a un cœur d'or; *è un marito d'oro* c'est un mari en or; *è un affare d'oro* c'est une affaire d'or, en or; *mi ha dato un consiglio d'oro* il m'a donné un conseil en or # *sogni d'oro!* fais de beaux rêves! ~ *non lo farei per tutto l'oro del mondo* je ne le ferai pas pour tout l'or du monde → **mai** ~ *quella donna vale tanto oro quanto pesa* cette femme vaut son pesant d'or ~ *l'ho pagato a peso d'oro* je l'ai payé à prix d'or ~ *prende tutto per oro colato* il prend tout pour argent comptant ◇ (*prov.*) *non è tutto oro quel che luce* tout ce qui brille n'est pas or ~ *il mattino ha l'oro in bocca* l'avenir appartient à ceux qui se lèvent tôt **2** (*fig.*) [*ricchezza, denaro*] or: *la sete, la febbre dell'oro* la soif, la fièvre de l'or; *nuota nell'oro* il roule sur l'or, il est cousu d'or ◇ *al plur.* [*gioielli*] bijoux **3** (*fig.*) [*colore giallo o biondo come l'oro*] or: *verniciare, colorare in oro* vernir, colorer en or; *ha i capelli color oro* elle a des cheveux d'or **4** *al plur.* (*carte*) deniers.

orobànche |oro'banke| *s.f.* (*t.bot.*) orobanche.

oròbo |o'rɔbo| *s.m.* (*t.bot.*) orobe.

orodatàrio, i |orada'tarjo, i| *agg.* (*nella loc.*) *timbro orodatario* horodateur *s.m.*

orofarìnge |orofa'rindʒe| *s.f.* (*anat.*) oropharynx *m.*

orogènesi |oro'dʒɛnezi| *s.f. inv.* (*geol.*) orogénèse *var.*, orogénie *var.*

orogenètico, ci, ca, che |orodʒe'nɛtiko, tʃi, ka, ke| *agg.* (*geol.*) orogénique: *fenomeni orogenetici* phénomènes orogéniques.

orografìa |orogra'fia| *s.f.* orographie.

orogràfico, ci, ca, che |oro'grafiko, tʃi, ka, ke| *agg.* (*geogr.*) orographique: *carte orografiche* cartes orographiques.

oroidrografìa |oroidrogra'fia| *s.f.* oro-hydrographie.

oroidrogràfico, ci, ca, che |oroidro'grafiko, tʃi, ka, ke| *agg.* oro-hydrographique.

orologerìa |orolodʒe'ria| *s.f.* **1** [*arte di costruire o riparare gli orologi*] horlogerie **2** [*negozio dove si vendono gli orologi*] horlogerie **3** [*la produzione di orologi*] horlogerie: *l'orologeria svizzera* l'horlogerie suisse **4** [*meccanismo a orologeria*] mouvement *m.* d'horlogerie: *bomba a orologeria* bombe à mouvement d'horlogerie, à retardement.

orologiàio, i |orolo'dʒajo, i| *s.m.* [*chi fabbrica, ripara o vende orologi*] horloger* *s.*

orologièro |orolo'dʒɛro| *agg.* [*concernente la fabbricazione o la vendita di orologi*] horloger*: *industria orologiera* industrie horlogère.

orològio, i |oro'lɔdʒo, i| *s.m.* horloge *f.*; (*da polso, da tasca*) montre (*f.*): *orologio elettrico, atomico* horloge électrique, atomique; *orologio a muro* horloge murale; *orologio a quarzo* horloge à quartz, électronique; *ricaricare l'orologio* remonter l'horloge, sa montre ‖ *orologio da polso* montre-bracelet, bracelet-montre (*m.*); *orologio da tasca* montre de poche, de gousset; *orologio da donna, da uomo* montre de femme, d'homme; *il mio orologio fa le sette* il est sept heures à ma montre; *il mio orologio è indietro, avanti* ma montre retarde, avance; *il tuo orologio si è fermato* ta montre s'est arrêtée # *orologio a pendolo* pendule → **pendola**; *orologio a cucù* coucou; *orologio a soneria* réveil, réveille-matin; *ho dovuto aspettare un'ora di orologio* j'ai dû attendre une heure entière ◇ (*loc. fig.*) *funziona come un orologio* il marche comme une horloge ~ *ha l'orologio in testa* c'est une horloge parlante ~ *è un orologio* il est réglé comme une horloge ~ *sta sempre con l'orologio alla mano* il est toujours à l'heure ~ *il mio orologio spacca il minuto* ma montre est très juste.

oroscopìa |orosko'pia| *s.f.* horoscopie.

oroscòpico, ci, ca, che |oros'kɔpiko, tʃi, ka, ke| *agg.* horoscopique.

oròscopo |o'rɔskopo| *s.m.* horoscope: *mi son fatto fare l'oroscopo* je me suis fait faire mon horoscope.

orpèllo |or'pɛllo| *s.m.* **1** (*raro*) → **similoro** **2** (*fig.*) [*lustro esteriore, falsa apparenza*] clinquant: *fa sfoggio di orpelli per nascondere la sua ignoranza* il étale son clinquant pour cacher son ignorance.

orpiménto |orpi'mento| *s.m.* (*miner.*) orpiment, orpin.

orrendaménte |orrenda'mente| *avv.* [→ ORRENDO] horriblement, affreusement.

orrendézza |orren'dettsa| *s.f.* (*raro*) → **orrore.**

orrèndo |or'rɛndo| *agg.* [*che suscita orrore*] horrible, affreux*: *ha compiuto un orrendo delitto* il a commis un horrible, affreux crime; *l'incidente ha causato una strage orrenda* l'accident a causé un horrible massacre → **raccapricciante.**

orrettìzio, i |orret'tittsjo, i| *agg.* (*dir.*) obreptice.

orrezióne |orret'tsjone| *s.f.* (*dir.*) obreption.

orrìbile |or'ribile| *agg.* horrible: *uno spettacolo orribile* un spectacle horrible; *una persona orribile* une personne horrible; *fa un tempo orribile* il fait un temps horrible, affreux; *ha un gusto orribile* il a un goût horrible, exécrable.

orribilità |orribili'ta| *s.f. inv.* (*raro*) [*motivo di violenta repulsione*] horrible *m. var.*

orribilménte |orribil'mente| *avv.* [→ ORRIBILE] horriblement: *si è comportato orribilmente* il s'est comporté horriblement.

orridaménte |orrida'mente| *avv.* [→ ORRIDO 1] horriblement, effroyablement.

òrrido |'ɔrrido| **1** *agg.* [*che incute orrore e paura*] horrible, effroyable: *un precipizio orrido* un horrible, effroyable précipice; *una visione orrida* une horrible vision **2** *s.m.* [*luogo dirupato, spesso con caduta d'acqua*] gouffre, gorges *f. pl.*, abîme.

orripilànte |orripi'lante| *agg.* horripilant: *uno spettacolo orripilante* un spectacle horripilant.

orripilazióne |orripilat'tsjone| *s.f.* (*med.*) horripilation.

orróre |or'rore| *s.m.* horreur (*f.*): *uno spettacolo che suscita orrore* un spectacle qui suscite l'horreur; *sono rabbrividita per l'orrore* j'ai frémi d'horreur; *un fremito di orrore serpeggiò fra la folla* un frisson d'horreur agita la foule; *ha un sacro orrore di quell'uomo* elle a une sainte horreur de cet homme → **paura** ◇ [*persona, animale, cosa di notevole bruttezza*] *che orrore, questo quadro!* quelle horreur ce tableau!; *quel vestito è un vero orrore* cette robe est une véritable horreur.

órsa |'orsa| *s.f.* **1** [*la femmina dell'orso*] ourse **2** (*astron.*) Ourse: *Orsa Maggiore* Grande Ourse; *Orsa Minore* Petite Ourse.

orsacchiòtto |orsak'kjɔtto| *s.m.* **1** [*piccolo orso*] ourson **2** [*giocattolo a forma d'orso*] ours (en peluche, etc.); (*ling. infantile*) nounours: *un orsacchiotto di panno, di peluche* un nounours de chiffon, en peluche.

orsàggine |or'saddʒine| *s.f.* (*fam.*) [*carattere di chi è poco socievole*] sauvagerie (*corr.*).

orsàtto |or'satto| *s.m.* (*lett.*) → **orsacchiotto.**

orsétto |or'setto| *s.m.* **1** [*cucciolo dell'orso*] ourson **2** fourrure *f.* de chat sauvage.

orsìno |or'sino| *agg.* d'ours (*loc. inv.*): *pelo orsino* poil d'ours.

órso |'orso| *s.m.* **1** (*t.zool.*) ours: *orso bianco, bruno, grigio* ours blanc (polaire), brun, gris ◇ (*loc.*) *camminare come un orso* marcher comme un ours ◇ (*prov.*) *vendere la pelle dell'orso prima d'averlo preso* vendre la peau de l'ours avant de l'avoir tué **2** (*fig.*) [*persona poco socievole*] ours: *quell'uomo è proprio un orso: non parla con nessuno* cet homme est vraiment un ours: il ne parle (jamais) avec personne → **scontroso.**

orsolìna |orso'lina| *s.f.* (*eccl.*) ursuline.

orsù |or'su| *inter.* (*esprime 'esortazione, incoraggiamento'*) allons (donc)!: *orsù!, bisogna andare avanti* allons!, il faut continuer! # *orsù, coraggio!* (du) courage!

ortàggio, i |or'taddʒo, i| *s.m.* [*ogni pianta erbacea coltivata negli orti a scopo alimentare*] légume: *commerciare in frutta e ortaggi* vendre des fruits et (des) légumes.

ortàglia |or'taʎʎa| *s.f.* **1** [*terreno tenuto a orto*] jardin *m.* potager **2** [*ortaggio*] légume *m.*

ortènse |or'tɛnse| *agg.* (*raro*) [*di orto*] potager* (*corr.*): *coltura ortense* culture potagère.

ortènsia |or'tɛnsia| *s.f.* (*t.bot.*) hortensia *m.*

ortica, che |or'tika, ke| *s.f.* (*t.bot.*) ortie (*corr.*): *si è punto con le ortiche* il s'est piqué avec les orties ◇ (*loc. fig.*) *gettare la tonaca alle ortiche* jeter le froc aux orties.

Orticàcee |orti'katʃee| *s.f. pl.* (*t. bot.*) Horticacées.

orticàio, i |orti'kajo, i| *s.m.* lieu plein d'orties.

orticànte |orti'kante| *agg.* (*biol., med.*) urticant: *una sostanza orticante* une substance urticante.

orticària |orti'karja| *s.f.* (*med.*) urticaire.

ortìcolo |or'tikolo| *agg.* (*agr.*) maraîcher*, horticole: *prodotti orticoli* produits maraîchers, plantes potagères.

orticoltóre |ortikol'tore| *s.m.* horticulteur, maraîcher* *s.* → **giardiniere.**

orticoltùra |ortikol'tura| *s.f.* horticulture, maraîchage *m.* → **agricoltura.**

1 **ortìvo** |or'tivo| *agg.* (*agr.*) potager*, maraîcher*: *colture ortive* cultures potagères, maraîchères.

2 **ortìvo** |or'tivo| *agg.* (*astron.*) *amplitudine ortiva* amplitude ortive.

òrto- |'ɔrto| *pref.* (*significa 'corretto, esatto', corrisponde gener. a*) orth(o): *ortogenesi* orthogénèse; *ortografia* orthographe.

1 **òrto** |'ɔrto| *s.m.* [*terreno coltivato a ortaggi*] (jardin) potager: *è andato a cogliere l'insalata nell'orto* il est allé cueillir de la salade dans le (jardin) potager ◇ (*scient.*) *orto botanico* jardin botanique ◇ (*loc. fig.*) *non è erba del suo orto* cela n'est pas de son cru ~ *coltiva il proprio orto* [*pensa agli affari propri*] il s'occupe de ses affaires ~ *sta coi frati a zappar l'orto* [*finge di ignorare*] il fait ce qu'on lui ordonne, ce qu'on lui dit de faire.

2 **òrto** |'ɔrto| *s.m.* (*poet.*) [*il sorgere del sole o di un astro*] lever (*corr.*).

ortocèntro |orto'tʃɛntro| *s.m.* (*geom.*) orthocentre.

ortoclàsio, i |orto'klazjo, i| *s.m.* (*miner.*) orthoclase, orthose.

ortocromàtico, ci, ca, che |ortokro'matiko, tʃi, ka, ke| *agg.* (*foto.*) orthochromatique.

ortodonzìa |ortodon'tsia|, **ortodontìa** |ortodon'tia| *s.f.* orthodontie.

ortodossaménte |ortodossa'mente| *avv.* [→ ORTODOSSO] d'une façon orthodoxe *loc. inv.*

ortodossìa |ortodos'sia| *s.f.* **1** orthodoxie: *l'ortodossia cattolica* l'orthodoxie catholique **2** (*st. relig.*) orthodoxie: *la diffusione dell'ortodossia fra i popoli slavi* la diffusion de l'orthodoxie parmi les peuples slaves.

ortodòsso |orto'dɔsso| *agg.* **1** orthodoxe: *un cattolico, un marxista ortodosso* un catholique, un marxiste orthodoxe → **credente, osservante**; *una tesi poco ortodossa* une thèse peu orthodoxe **2** (*st. relig.*) orthodoxe: *la Chiesa Ortodossa* l'Église orthodoxe; *un cristiano ortodosso* un chrétien orthodoxe; *la liturgia ortodossa* la liturgie orthodoxe ✦ (*s.*) *gli ortodossi* les orthodoxes.

ortodromìa |ortodro'mia| *s.f.* (*geogr.*) orthodromie.

ortodròmico, ci, ca, che |orto'drɔmiko, tʃi, ka, ke| *agg.* (*geogr.*) orthodromique.

ortoepìa |ortoe'pia| *s.f.* (*ling.*) orthoépie.

ortoèpico, ci, ca, che |orto'ɛpiko, tʃi, ka, ke| *agg.* (*ling.*) orthoépique.

ortofonìa |ortofo'nia| *s.f.* (*fis., ling., med.*) orthophonie.

ortofònico, ci, ca, che |orto'fɔniko, tʃi, ka, ke| *agg.* **1** (*fis.*) orthophonique: *microfoni ortofonici* microphones orthophoniques **2** (*ling.*) orthophonique **3** (*med.*) orthophonique: *metodi ortofonici* méthodes orthophoniques.

ortofonìsta |ortofo'nista| *s.* (*fon., med.*) orthophoniste.

ortofrenìa |ortofre'nia| *s.f.* (*med.*) orthophrénie.

ortofrènico, ci, ca, che |orto'frɛniko, tʃi, ka, ke| *agg.* (*med.*) orthophrénique: *istituto ortofrenico* institut orthophrénique.

ortofrutticolo |ortofrut'tikolo| *agg.* des fruits et légumes (*loc. inv.*): *il settore ortofrutticolo* le secteur des fruits et des légumes.

ortofrutticoltùra |ortofruttikol'tura| *s.f.* culture des fruits et légumes.

ortogènesi |orto'dʒɛnezi| *s.f. inv.* (*biol.*) orthogénèse *var.*

ortogenìa |ortodʒe'nia| *s.f.* (*med.*) orthogénie.

ortogenìsmo |ortodʒe'nizmo| *s.m.* (*med.*) orthogénisme.

ortognatìsmo |ortoɲɲa'tizmo| *s.m.* (*antrop.*) orthognatisme.

ortognàto |ortoɲ'ɲato| *agg.* (*antrop.*) orthognathe.
ortogonàle |ortogo'nale| *agg.* (*geom.*, *mat.*) orthogonal*: *rette ortogonali* droites orthogonales.
ortogonalménte |ortogonal'mente| *avv.* [→ ORTOGONALE] orthogonalement.
ortografìa |ortogra'fia| *s.f.* **1** [*modo corretto di scrivere*] orthographe: *un errore di ortografia* une erreur d'orthographe **2** (*arch.*) orthographie.
ortograficaménte |ortografika'mente| *avv.* [→ ORTOGRAFICO] orthographiquement.
ortogràfico, ci, ca, che |orto'grafiko, tʃi, ka, ke| *agg.* **1** [*di ortografia*] d'orthographe *loc. inv.*, orthographique: *errori ortografici* fautes d'orthographe, orthographiques **2** (*geogr.*, *geom.*) orthographique, orthogonal*: *proiezione ortografica* projection orthographique, orthogonale.
ortolàno |orto'lano| *s.* **1** *s.* [*chi lavora un orto*] maraîcher* **2** *s.* marchand de légumes ◇ (*sui mercati*) marchand des quatre-saisons **3** *s.m.* (*t.zool.*) ortolan.
ortomòrfico, ci, ca, che |orto'mɔrfiko, tʃi, ka, ke| *agg.* orthomorphique.
ortomercàto |ortomer'kato| *s.m.* marché des fruits et des légumes.
ortonormàle |ortonor'male|, **ortonórmo** |orto'normo| *agg.* orthonormé.
ortopedìa |ortope'dia| *s.f.* orthopédie.
ortopèdico, ci, ca, che |orto'pɛdiko, tʃi, ka, ke| **1** *agg.* orthopédique: *istituto ortopedico* institut orthopédique; *scarpe ortopediche* chaussures orthopédiques **2** *s.m.* [*medico specialista di ortopedia*] orthopédiste.
ortopnèa |ortop'nɛa| *s.f.* (*med.*) orthopnée.
ortoròmbico, ci, ca, che |orto'rombiko, tʃi, ka, ke| *agg.* (*miner.*) orthorhombique.
ortoscòpico, ci, ca, che |ortos'kɔpiko, tʃi, ka, ke| *agg.* (*ott.*) orthoscopique.
ortosimpàtico, ci |ortosim'patiko, tʃi| *s.m.* (*anat.*) orthosympathique.
ortòsio, i |or'tɔzjo, i| *s.m.* → **ortoclasio.**
ortostàtico, ci, ca, che |ortos'tatiko, tʃi, ka, ke| *agg.* (*med.*) orthostatique.
ortòtropo |or'tɔtropo| *agg.* (*t.bot.*) orthotrope.
Ortòtteri |or'tɔtteri| *s.m. pl.* (*t. zool.*) Orthoptères.
ortòttica, che |or'tɔttika, ke| *s.f.* (*med.*) orthoptique.
ortòttico, ci, ca, che |or'tɔttiko, tʃi, ka, ke| *agg.* (*med.*) orthoptique.
ortottista |ortot'tista| *s.* orthoptiste *m.*
òrza |'ɔrtsa, 'ɔrdza| *s.f.* **1** (*mar.*) lof (*m.*): *stare all'orza* rester au lof; *andare, venire all'orza* aller, venir au lof, lofer **2** [*cavo di manovra*] bouline.
orzaiòlo |ordza'jɔlo| *s.m.* (*med.*, *corr.*) orgelet, compère-loriot (*cour.*), grain d'orge (*corr.*).
orzàre |or'tsare, or'dzare| *v.intr.* (*aus.* '*avere*') [*andare all'orza*] aller (13) (*aus.* être) au lof, lofer.
1 **orzàta** |or'dzata| *s.f.* (*mar.*) aulof(f)ée
2 **orzàta** |or'tsata| *s.f.* [*sciroppo e bibita a base di mandorle dolci*] orgeat *m.*, sirop *m.* d'orgeat.
orzàto |or'dzato| *agg.* (*raro*) mêlé d'orge (*corr.*).
òrzo |'ɔrdzo| *s.m.* **1** (*t.bot.*) orge *f.* **2** [*i granelli della pianta d'orzo*] orge (*m.*): *orzo brillato* orge mondé; *farina, crema d'orzo* farine, crème d'orge; *caffè, zucchero d'orzo* café, sucre d'orge.
orzòla |or'dzɔla| *s.f.* orge à deux rangs (*corr.*).
osànna |o'zanna| **1** *inter.* (*esprime 'gioia, esultanza'*) hosanna: *osanna al Figlio di David!* hosanna au Fils de David **2** *s.m. inv.* [*grido di esultanza*] hosanna (*var.*): *gli osanna della folla lo accompagnarono per un tratto* les hosannas de la foule l'accompagnèrent un moment → **applauso.**
osannàre |ozan'nare| *v.intr.* (*aus.* '*avere*') **1** [*cantare osanna*] chanter *tr.* hosanna: *i fedeli osannavano in coro* les fidèles chantaient hosanna en cœur **2** (*per est.*) [*levare grandi lodi a qc. o a q.c.*] ovationner (*tr.*): *osannavano al vincitore* ils ovationnaient le vainqueur → **acclamare.**
osàre |o'zare| *v.tr.* **1** [*avere il coraggio, l'audacia*] oser: *ha osato presentarsi di nuovo* il a osé se présenter à nouveau; *in sua presenza non osa aprir bocca* en sa présence il n'ose ouvrir la bouche → **azzardare**; *oseresti dire che non ci sei andato?* oserais-tu dire que tu n'y es pas allé? **2** [*tentare*] tenter, risquer: *ha osato il tutto per tutto* il a tenté, risqué le tout pour le tout; *chi mai oserebbe tanto?* qui risquerait autant? [C] 1 **esitare** 1.
òscar |'ɔskar| *s.m. inv.* oscar *var.* ◇ (*per est.*) *oscar della canzone* oscar de la chanson.
oscenaménte |oʃʃena'mente| *avv.* **1** [→ OSCENO 1] d'une façon obscène (*loc. inv.*): *si è comportato oscenamente* il s'est comporté d'une façon obscène **2** [→ OSCENO 2] d'une façon affreuse (*loc. inv.*): *veste oscenamente* elle s'habille d'une façon affreuse.
oscenità |oʃʃeni'ta| *s.f. inv.* **1** obscénité (*var.*): *l'oscenità del suo comportamento ci ha nauseato tutti* l'obscénité de son comportement nous a tous écœurés # *il film presenta un'oscenità di immagini gratuita* le film présente de manière gratuite une série d'images obscènes → **immoralità** **2** [*atto osceno; parola, figura oscena*] obscénité: *smettila di dire oscenità* arrête de dire des obscénités; *quel giornale è pieno di oscenità* ce journal est plein d'obscénités **3** (*fig.*) [*opera bruttissima*] horreur (*var.*): *quell'edificio è proprio un'oscenità* cet édifice est vraiment une horreur [C] 1 **decenza, moralità.**
oscèno |oʃ'ʃɛno| *agg.* **1** obscène: *è stato condannato per atti osceni in luogo pubblico* il a été condamné pour actes obscènes dans un lieu public; *è solito raccontare barzellette oscene* il raconte toujours des histoires obscènes; *le ha fatto proposte oscene* il lui a fait des propositions obscènes → **indecente** **2** (*fig.*) [*molto brutto; che offende il buon gusto*] affreux*: *quest'opera è veramente oscena* cet ouvrage est vraiment affreux; *che modo di vestire osceno!* quelle affreuse façon de s'habiller!
oscillànte |oʃʃil'lante| *agg.* agité (par le vent, l'onde); oscillant: *foglie oscillanti al vento* feuilles agitées par le vent ‖ *valori oscillanti* valeurs oscillantes; *grandezze oscillanti* grandeurs oscillantes [C] **statico, immobile.**
oscillàre |oʃʃil'lare| *v.intr.* (*aus.* '*avere*') **1** [*muoversi alternativamente in due opposte direzioni*] osciller: *la scala cominciò a oscillare* l'escalier commença à osciller; *il pendolo ricominciò a oscillare* le pendule recommença à osciller; *la temperatura oscilla fra i 18 e i 22 gradi* la température oscille entre dix-huit et vingt-deux degrés **2** [*dondolarsi*] (*detto di un'imbarcazione*) rouler: *la nave all'ancora oscillava leggermente* le bateau à l'ancre roulait légèrement **3** (*fig.*) [*essere indeciso nello scegliere*] osciller: *i pareri oscillavano fra soluzioni opposte* les avis oscillaient, les conseillers balançaient entre des solutions opposées.
oscillatóre |oʃʃilla'tore| *s.m.* (*fis.*) oscillateur: *oscillatore elettrico, meccanico* oscillateur électrique, mécanique; *oscillatore a quarzo, a microonde* oscillateur au quartz, pour hyperfréquences.
oscillatòrio, i |oʃʃilla'tɔrjo, i| *agg.* (*scient.*) oscillatoire: *moto, movimento oscillatorio* mouvement oscillatoire.
oscillazióne |oʃʃillat'tsjone| *s.f.* **1** [→ OSCILLARE] oscillation: *l'oscillazione di una barca* l'oscillation d'une barque; *l'oscillazione del pendolo* l'oscillation du pendule **2** (*scient.*) oscillation: *l'oscillazione di una forza* l'oscillation d'une force; *l'oscillazione della marea* l'oscillation, l'amplitude variable de la marée **3** (*fig.*) [*incertezza; possibilità fra due o più forme*] oscillation, fluctuation: *l'oscillazione dei prezzi* l'oscillation, la fluctuation des prix.
oscillògrafo |oʃʃil'lɔgrafo| *s.m.* (*scient.*) oscillographe.
oscillogràmma |oʃʃilo'gramma| *s.m.* (*scient.*) oscillogramme.
oscillòmetro |oʃʃil'lɔmetro| *s.m.* **1** (*fis.*) oscillographe, oscillomètre **2** (*mar.*) oscillographe **3** (*med.*) oscillomètre.
oscilloscòpio, i |oʃʃillos'kɔpjo, i| *s.m.* (*fis.*) oscilloscope.
òsco, sci, chi |'ɔsko, ʃi, ki| **1** *agg. e s.* [*appartenente a un'ant. popolazione italica*] osque **2** (*s.m.*) *l'osco* [*la lingua*] l'osque.
osculatóre |oskula'tore| *agg.* (*mat.*) osculateur*.
osculazióne |oskulat'tsjone| *s.f.* (*mat.*) osculation.
òsculo |'ɔskulo| *s.m.* (*zool.*) oscule.
oscuraménte |oskura'mente| *avv.* [→ OSCURO I] obscurément.
oscuraménto |oskura'mento| *s.m.* **1** [→ OSCURARE] obscurcissement: *l'oscuramento del sole* l'obscurcissement du soleil # *l'oscuramento della vista* l'affaiblissement de la vue **2** [*eliminazione di sorgenti luminose nelle città*] black-out.
oscurantìsmo |oskuran'tizmo| *s.m.* obscurantisme: *l'oscurantismo di alcuni politici* l'obscurantisme de quelques hommes.
oscurantista |oskuran'tista| *s.* obscurantiste.
oscurantìstico, ci, ca, che |oskuran'tistiko, tʃi, ka, ke| *agg.* obscurantiste: *idee oscurantistiche* idées obscurantistes.
oscuràre |osku'rare| **A** *v.tr.* [*ren-*

dere oscuro] obscurcir, assombrir: *ammassi di nubi oscuravano il sole* un amoncellement de nuages obscurcissait, assombrissait le soleil ◇ (*fig.*) éclipser: *il nuovo artista non sarà oscurato facilmente* le nouvel artiste ne sera pas facilement éclipsé **B** *v.pron. intr.* OSCURARSI [*divenire oscuro*] s'obscurcir, s'assombrir: *il cielo si oscurò improvvisamente* le ciel s'obscurcit, s'assombrit soudain ◇ (*per est.*) *mi si è oscurata improvvisamente la vista* ma vue s'est troublée, s'est obscurcie soudain ◇ (*fig.*) *quando l'ha visto, si è oscurata in volto* quand elle l'a vu, son visage s'est assombri.

oscurazióne |oskurat'tsjone| *s.f.* → **oscuramento.**

oscurità |oskuri'ta| *s.f. inv.* **1** obscurité (*var.*): *l'oscurità della notte* l'obscurité de la nuit; *nell'oscurità di una caverna* dans l'obscurité d'une caverne **2** (*fig.*) [*mancanza di chiarezza*] obscurité: *l'oscurità della sua interpretazione* l'obscurité de son interprétation; *l'oscurità di un testo* l'obscurité d'un texte **3** (*fig.*) [*mancanza di notorietà*] obscurité: *non è ancora uscito dall'oscurità* il n'est pas encore sorti de l'obscurité # *l'oscurità della sua nascita* sa naissance, son origine obscure 🄲 1 **chiarore.**

oscùro |os'kuro| **I** *agg.* **1** [*privo di luce*] obscur, sombre: *una notte oscura* une nuit obscure, sombre; *una via stretta e oscura* une rue étroite et obscure → **buio** ◇ (*foto.*) *camera oscura* chambre obscure, noire **2** (*fig.*) [*difficile a interpretare, impossibile a intendere*] obscur: *un passo oscuro del poema* un passage obscur du poème; *un concetto oscuro* un concept obscur; *in quest'affare ci sono dei punti oscuri* dans cette affaire il y a des points obscurs → **confuso,** 1 **dubbio** ◇ [*che suscita timore o apprensione*] sombre: *minacce oscure* sombres menaces; *ha davanti a sé un avvenire oscuro* il a devant lui un sombre avenir **3** (*fig.*) [*non conosciuto, privo di notorietà*] obscur: *un attore oscuro* un acteur obscur, ignoré → **ignoto**; *un uomo di nascita oscura* un homme d'une naissance, d'une origine obscure **II** *s.m.* **1** [*oscurità*] obscurité (*f.*): *la città si trovò completamente all'oscuro* la ville se trouva complètement dans l'obscurité **2** (*fig.*) [*ignoranza*] ignorance *f.* ◇ *loc.* ESSERE, TENERE (QC.) ALL'OSCURO DI (Q.C.) être, tenir qqn. dans l'ignorance de qqch.: *l'hanno tenuto all'oscuro della grave situazione* ils l'ont tenu dans l'ignorance de la gravité de la situation; *è all'oscuro di tutto* il est dans l'ignorance absolue de tout 🄲 I 1, 2 **chiaro,** 3 **celebre.**

-òsi |'ɔzi| *suff.* (*serve a formare nomi di malattie non infiammatorie, corrisponde gener. a*) ose: *necrosi* nécrose.

oside |o'side| *s.m.* (*chim.*) oside.

-òsio |'ɔzjo| *suff.* (*serve a indicare un carboidrato, corrisponde gener. a*) -ose: *maltosio* maltose.

osmànli |oz'manli| *agg. inv.* [*turco ottomano dell'Anatolia*] osmanlis, ottoman *var.*

òsmico, ci, ca, che |'ɔzmiko, tʃi, ka, ke| *agg.* (*chim.*) osmique: *acido osmico* acide osmique.

òsmio, i |'ɔzmjo, i| *s.m.* (*chim.*) osmium.

osmirìdio, i |ozmi'ridjo, i| *s.m.* (*chim.*) osmiridium, irodosmine.

osmologìa, gie |ozmolo'dʒia, dʒie| *s.f.* osmologie.

osmòmetro |oz'mɔmetro| *s.m.* (*chim.*) osmomètre.

osmòsi |oz'mɔzi| *s.f. inv.* (*chim., fig.*) osmose *var.*

osmòtico, ci, ca, che |oz'mɔtiko, tʃi, ka, ke| *agg.* (*chim., fis.*) osmotique: *pressione osmotica* pression osmotique; *processi osmotici* processus osmotiques.

osmùnda |oz'munda| *s.f.* (*t.bot.*) osmunde.

-óso |'oso| *suff.* (*qualifica gli agg. che indicano 'abbondanza, pienezza', corrisponde gener. a*) eux: *maestoso* majesteux; *amoroso* amoureux.

òso |'ɔzo| *s.m.* (*biol., chim.*) ose.

ospedàle |ospe'dale| *s.m.* hôpital*: *ospedale civile, militare* hôpital civil, militaire; *ospedale da campo* hôpital de campagne; *ospedale psichiatrico* hôpital psychiatrique → **manicomio**; *ha fatto un mese di ospedale* il a fait un mois d'hôpital; *l'hanno dimesso dall'ospedale* ils l'ont fait sortir de l'hôpital # *è stato ricoverato all'ospedale* il a été hospitalisé; *è all'Ospedale Maggiore* il est à l'Ospedale Maggiore; *ospedale delle bambole* clinique des poupées ◇ (*loc. fig.*) *è un ospedale ambulante* c'est un éternel malade; il est toujours malade ~ *mandare qc. all'ospedale* rendre qqn. bon pour l'hôpital, réduire qqn. en piteux état ✦ (*agg. inv.*) *nave ospedale* bateau-hôpital; *treno ospedale* train-hôpital.

ospedalétto |ospeda'letto| *s.m.* petit hôpital* ◇ (*mil.*) *ospedaletto da campo* hôpital de campagne.

ospedalière |ospeda'ljɛre| *s.m.* → **ospedaliero** 2.

ospedalièro |ospeda'ljɛro| **1** *agg.* [*di ospedale*] hospitalier*: *complesso ospedaliero* ensemble hospitalier; *cure ospedaliere* cures hospitalières; *personale ospedaliero* personnel hospitalier, d'un hôpital **2** *s.m.* [*chi presta la propria attività professionale in un ospedale*] hospitalier: *la categoria degli ospedalieri* la catégorie des hospitaliers.

ospedalismo |ospeda'lizmo| *s.m.* (*psicol.*) hospitalisme.

ospedalizzàre |ospedalid'dzare| *v.tr.* [*ricoverare in ospedale*] hospitaliser: *ospedalizzare un malato urgentemente* hospitaliser d'urgence un malade.

ospedalizzazióne |ospedalid-dzat'tsjone| *s.f.* [*ricovero in ospedale*] hospitalisation.

ospitàle |ospi'tale| *agg.* [*che ospita con cortesia*] hospitalier*: *una persona, una casa ospitale* une personne, une maison hospitalière; *un paese ospitale* un pays hospitalier 🄲 **inospitale.**

ospitalità |ospitali'ta| *s.f. inv.* hospitalité (*var.*): *mi ha offerto ospitalità per l'estate* il m'a offert l'hospitalité pour l'été; *all'esule è stata concessa ospitalità* on a accordé l'hospitalité, le droit d'asile à l'exilé; *per tradizione rispettano i doveri dell'ospitalità* par tradition ils respectent les devoirs de l'hospitalité → **accoglienza** ◇ (*fig.*) *il giornale dà ospitalità ai pareri dei lettori* le journal ouvre ses colonnes aux opinions des lecteurs.

ospitalménte |ospital'mente| *avv.* [→ OSPITALE] avec hospitalité *loc. inv.*, de manière hospitalière (*loc. inv.*): *mi ha accolto ospitalmente* il m'a accueilli avec hospitalité.

ospitànte |ospi'tante| *agg.* [*che ospita*] qui reçoit (*loc.*): *la famiglia ospitante* la famille qui reçoit; *la squadra ospitante* l'équipe qui reçoit.

ospitàre |ospi'tare| *v.tr.* **1** [*accogliere qc. nella propria casa, città o paese*] donner l'hospitalité, accueillir (18), recevoir (33): *l'Italia ospita ogni anno milioni di turisti* l'Italie accueille, reçoit chaque année des millions de touristes # *mi ha ospitato per due notti* il m'a offert l'hospitalité pour deux nuits ◇ (*sport*) *ospitare una squadra avversaria* recevoir une équipe adverse **2** (*fig.*) [*accogliere, dare ricetto*] accepter: *il giornale ha ospitato il suo articolo* le journal a accepté son article # *la mostra ospita alcuni suoi quadri* l'exposition comporte quelques-uns de ses tableaux.

òspite |'ɔspite| *s.* **1** [*persona, città che ospita*] hôte*: *un ospite accogliente* un hôte accueillant; *ho ringraziato il mio ospite* j'ai remercié mon hôte → **anfitrione** ✦ (*agg.*) qui reçoit (*loc.*): *la famiglia ospite* la famille qui reçoit; *la nazionale ospite* le pays qui reçoit **2** [*la persona che si ospita, cui si dà ospitalità*] hôte, invité: *sono ospite di un amico* je suis l'hôte, l'invité d'un ami; *ho ospiti a cena* j'ai des invités à dîner ◇ (*loc.*) *la camera degli ospiti* la chambre d'ami ~ *andarsene insalutato ospite* filer à l'anglaise ✦ *agg.* visiteur*: *la squadra ospite* l'équipe visiteuse.

ospìzio, i |os'pittsjo, i| *s.m.* **1** hospice, asile: *ospizio per vecchi* hospice, asile de vieillards; *ospizio per orfani* hospice (d'orphelins) **2** (*raro*) [*albergo per pellegrini o ospiti di passaggio*] hospice: *l'ospizio del Gran San Bernardo* l'hospice du Grand-Saint-Bernard.

ospodàro |ospo'daro| *s.m.* (*st. sl.*) hospodar.

ossalàto |ossa'lato| *s.m.* (*chim.*) oxalate: *ossalato di calcio* oxalate de calcium.

ossalemia |ossale'mia| *s.f.* (*med.*) oxalémie.

ossàlico, ci, ca, che |os'saliko, tʃi, ka, ke| *agg.* (*chim.*) oxalique: *acido ossalico* acide oxalique.

Ossalidàcee |ossali'datʃee| *s.f. pl.* (*t.bot.*) Oxalidacées.

ossàlide |os'salide| *s.f.* → **acetosella.**

ossalite |ossa'lite| *s.f.* (*miner.*) oxalite.

ossalùria |ossa'lurja| *s.f.* (*med.*) oxalurie.

ossàme |os'same| *s.m.* [*cumulo, quantità di ossa*] ossements *pl.*

ossàrio, i |os'sarjo, i| *s.m.* ossuaire: *l'ossario di un cimitero* l'ossuaire d'un cimetière.

ossatùra |ossa'tura| *s.f.* **1** (*anat.*) ossature: *ha un'ossatura robusta, minuta* il a une ossature robuste, grêle ◇ (*animali*) *l'ossatura di un elefante* l'ossature d'un éléphant **2** (*per est.*) [*struttura portante, intelaiatura fondamentale*] ossature: *l'ossatura di un edificio* l'ossature d'un édifice; *l'ossatura di un romanzo* l'ossature d'un roman # *l'ossatura di una nave* la charpente d'un navire.

ossecrazióne |ossekrat'tsjone| *s.f.* (*relig.*) obsécration → **preghiera.**

osseina |osse'ina| *s.f.* (*biol.*) osséine.

òsseo |'ɔsseo| *agg.* (*anat.*, *biol.*) osseux*: *tessuto, sistema osseo* tissu, système osseux; *conformazione, struttura ossea* conformation, structure osseuse.

ossequiàre |osse'kwjare| *v.tr.* [*rendere, manifestare il proprio ossequio*] rendre (53) hommage (à), présenter ses respects (à): *le autorità hanno ossequiato il sindaco* les autorités ont rendu hommage, présenté leurs respects au maire; *la personalità straniera è stata ossequiata da tutti* tout le monde a rendu hommage à la personnalité étrangère.

ossequ(i)ènte |osse'kw(j)ɛnte| *agg.* (*raro*) [*che porta ossequio*] respectueux*: *cittadino ossequente alle leggi* citoyen respectueux des lois.

ossèquio, i |os'sɛkwjo, i| *s.m.* [*condiscendenza, rispetto*] déférence *f.*, respect: *ha avuto parole di sincero ossequio* il a eu des paroles empreintes d'une sincère déférence; *l'ho trattato con il dovuto ossequio* je l'ai traité avec la déférence qui lui est due → **deferenza** ◇ (*loc.*) *i miei ossequi*: (*a una donna*) mes hommages; (*a un uomo*) mes respects ~ (*nella chiusura di una lettera*) *con i più rispettosi ossequi* avec mes sentiments les plus respectueux ~ IN OSSEQUIO A... conformément à; par respect, par souci de: *in ossequio al vigente regolamento* conformément au règlement en vigueur || *in ossequio alla buona creanza* par respect, par souci de la bonne éducation.

ossequiosaménte |ossekwjosa'mente| *avv.* **1** [→ OSSEQUIOSO 1] respectueusement, avec déférence *loc. inv.* **2** [→ OSSEQUIOSO 2] obséquieusement.

ossequiosità |ossekwjosi'ta| *s.f. inv.* **1** [*atteggiamento ossequioso*] respect *m. var.* **2** [*comportamento servile*] obséquiosité *var.*

ossequióso |osse'kwjoso| *agg.* **1** [*pieno di ossequio*] respectueux*, déférent: *ha fatto un gesto ossequioso* il a fait un geste respectueux → **rispettoso** **2** [*servile, strisciante*] obséquieux*: *la gente troppo ossequiosa non mi piace* je n'aime pas les gens trop obséquieux.

osservàbile |osser'vabile| *agg.* [→ OSSERVARE] observable; respectable: *un fenomeno osservabile* un phénomène observable || *un orario non facilmente osservabile* un horaire pas facilement respectable.

osservànte |osser'vante| *agg.* **1** [*ubbidiente; che si attiene a q.c.*] respectueux*: *è un uomo osservante della legge* c'est un homme respectueux des lois **2** (*relig.*) pratiquant: *un calvinista osservante* un calviniste pratiquant 🄲 **inosservante.**

osservànza |osser'vantsa| *s.f.* **1** [*ubbidienza; il fatto di conformarsi a qc.*] observation; accomplissement (*m.*): *l'osservanza di una regola* l'observation d'une règle || *l'ho richiamato all'osservanza del suo dovere* je l'ai rappelé à l'accomplissement de son devoir ◇ *loc.* IN OSSERVANZA A conformément à: *in osservanza alle leggi, alla disciplina* conformément aux lois, à la discipline ~ (*bur.*) *con osservanza, con perfetta osservanza* avec mon plus profond respect; avec ma plus haute considération **2** (*relig.*) observance, obédience: *un cattolico di stretta osservanza* un catholique de stricte observance, obédience 🄲 1 **inadempienza.**

osservàre |osser'vare| *v.tr.* **1** [*guardare con attenzione, considerare con cura*] observer: *osservava il tutto con distacco* il observait tout avec détachement; *stava osservando l'arrivo della nave* il était en train d'observer l'arrivée du navire; *attento: sei osservato da tutti* attention: tout le monde t'observe **2** [*rilevare, notare, far notare*] remarquer: *abbiamo osservato che la cosa non andava* nous avons remarqué que la chose n'allait pas; *osservò che si muoveva a fatica* il remarqua qu'il bougeait avec peine; *non ho nulla da osservare* je n'ai rien à remarquer # *non osservi niente di nuovo?* tu n'observes rien de nouveau? **3** [*conformarsi, attenersi*] observer, respecter: *devi osservare il regolamento* tu dois, il faut observer, respecter le règlement; *osserva scrupolosamente le prescrizioni mediche* il observe scrupuleusement les prescriptions du médecin; *non osserva l'orario* il ne respecte pas l'horaire 🄲 1; 2 **trascurare**; 3 **trasgredire.**

osservàto |osser'vato| *agg.* observé.

osservatóre, trice |osserva'tore, tritʃe| *s.* **1** [*chi osserva, chi ha spirito di osservazione*] observateur*: *è un acuto osservatore* c'est un subtil observateur # *dipende dalla visuale dell'osservatore* cela dépend du point de vue auquel on se place ✦ (*agg.*) *ufficiale osservatore* (officier) observateur; *pilota osservatore* (pilote) observateur **2** [*inviato o delegato che ha il compito di osservare fatti e situazioni*] observateur: *è stato inviato come osservatore alla conferenza* il a été envoyé comme observateur, en qualité d'observateur à la conférence; *partecipa al convegno come osservatore* il participe au congrès en tant qu'observateur.

osservatòrio, i |osserva'tɔrjo, i| *s.m.* observatoire: *osservatorio astronomico, astrofisico* observatoire astronomique, astrophysique; *osservatorio militare, meteorologico* observatoire militaire, météorologique.

osservazióne |osservat'tsjone| *s.f.* **1** [→ OSSERVARE] observation: *osservazione astronomica, clinica* observation astronomique, clinique; *osservazione militare* observation militaire; *servizio di osservazione* service d'observation; *ha molto spirito di osservazione* il a le don de l'observation, l'esprit d'observation ◇ (*med.*) *tenere un soggetto in osservazione* garder un sujet en observation **2** [*nota, considerazione, obiezione*] observation, remarque: *ha fatto un'osservazione pertinente* il a fait une observation, une remarque pertinente → **critica**; *che osservazione inopportuna!* quelle remarque déplacée!; *posso fare un'osservazione?* puis-je faire une remarque? **3** [*rimprovero, giudizio negativo*] observation, remarque: *non tollera nessuna osservazione* il ne tolère aucune observation; *non è il caso di prendersela per un'osservazione* ce n'est pas la peine de sa fâcher pour une remarque.

ossessionànte |ossessjo'nante| *agg.* [*che ossessiona, che costituisce una ossessione*] obsédant: *la sua è un'idea ossessionante* son idée est une idée obsédante; *ripete in modo ossessionante le stesse cose* il répète d'une façon obsédante les mêmes choses; *lavora a ritmo ossessionante* il travaille à un rythme obsédant.

ossessionàre |ossessjo'nare| *v.tr.* **1** [*tormentare la coscienza di qc. producendo incubi e turbamenti*] obséder (8): *quel ricordo la ossessionava* ce souvenir l'obsédait, la hantait; *la scena dell'incidente continuava a ossessionarlo* le spectacle de l'accident continuait à l'obséder → **perseguitare** **2** (*fig.*) [*infastidire in modo assillante*] importuner (*lett.*), ennuyer (11): *smettila di ossessionarmi con le tue domande!* arrête de m'importuner, de m'ennuyer avec tes questions!; *continua a ossessionarlo con le sue sciocche paure* elle continue à l'importuner avec ses craintes stupides.

ossessióne |osses'sjone| *s.f.* **1** (*psicol.*) obsession: *la paura di ammalarsi è diventata un'ossessione per lui* la peur de tomber malade est devenue chez lui une obsession; *la sua è una forma di ossessione* il souffre d'une forme d'obsession → **fissazione** ◇ (*loc. fig.*) *è pignolo fino all'ossessione* c'est un maniaque (de la précision, du détail) **2** (*fig.*) [*preoccupazione, timore assillante*] cauchemar *m.*, *hantise: *gli esami sono per lui un'ossessione* les examens sont pour lui un véritable cauchemar, une véritable hantise → **incubo** # *la sua gelosia è un'ossessione* la jalousie est chez lui une obsession; *sei un'ossessione!* tu es pénible, fatigant! **3** (*raro*) [*il fatto di essere posseduto dal demonio*] obsession (*arc.*).

ossessività |ossessivi'ta| *s.f. inv.* [*l'essere ossessivo*] *hantise *var.*

ossessivo |osses'sivo| *agg.* **1** (*psicol.*) obsessionnel*: *nevrosi ossessiva* névrose obsessionnelle; *idee, tic ossessivi* idées obsessionnelles, tics obsessionnels; *impulsi, timori ossessivi* impulsions, craintes obsessionnelles **2** → **ossessionante.**

ossèsso |os'sɛsso| *s.* [*invasato, posseduto dal demonio*] possédé: *liberare un ossesso* exorciser un possédé → **indemoniato** ◇ (*loc. fig.*) *gridava come un ossesso* il criait comme un possédé ~ *sembrava un ossesso* on aurait dit un possédé ✦ (*agg.*) *esorcizzare un ragazzo ossesso* exorciser un garçon possédé.

òssi- |'ɔssi|, **ossid-** |ossid| *pref.* (*significano 'acuto; acido', corrispondono gener. a*) ox(y); oxyd: *ossidrile* oxhydrile; *ossigeno* oxygène || *ossidasi* oxydase.

ossia |os'sia| *cong.* **1** [*cioè, per maggior precisione*] c'est-à-dire: *è uno specialista di oncologia, ossia dello studio dei tumori* c'est un spécialiste d'oncologie, c'est-à-dire de l'étude des tumeurs **2** [*o meglio, per meglio dire*] ou plutôt: *ho spedito il pacco tre giorni fa, ossia lunedì* j'ai expédié le paquet il y a trois jours, ou plutôt lundi.

ossiacetilène |ossiatʃeti'lɛne| *s.f.* (*chim.*) oxyacétylène.

ossiacetilènico, ci, ca, che |ossjatʃeti'lɛniko, tʃi, ka, ke| *agg.* (*chim.*) oxyacétylénique: *fiamma ossiacetilenica* flamme oxyacétylénique.

ossiàcido |ossi'atʃido| *s.m.* (*chim.*) oxyacide.

ossiànico, ci, ca, che |os'sjaniko, tʃi, ka, ke| *agg.* ossianique: *la poesia ossianica* la poésie ossianique.

ossicino |ossi'tʃino| *s.m.* (*anat.*) osselet.

ossicloruro |ossiklo'ruro| *s.m.* (*chim.*) oxychlorure.
ossidabile |ossi'dabile| *agg.* [→ OSSIDARE] oxydable: *il ferro è un metallo ossidabile* le fer est un métal oxydable.
ossidabilità |ossidabili'ta| *s.f. inv.* (*chim., fis.*) oxydabilité *var.*
ossidante |ossi'dante| *agg.* (*chim., fis.*) oxydant: *una sostanza ossidante* une substance oxydante ♦ (*s.m.*) *un ossidante* un oxydant.
ossidare |ossi'dare| **A** *v.tr.* (*chim., fis.*) [*provocare l'ossidazione, alterare per ossidazione*] oxyder: *l'umidità ossida molti metalli* l'humidité oxyde la plupart des métaux **B** *v.pron. intr.* OSSIDARSI [*alterarsi per ossidazione*] s'oxyder: *questo metallo si ossida* ce métal s'oxyde → **arrugginire.**
ossidasi |ossi'dazi| *s.f. inv.* (*biol.*) oxydase *var.*
ossidato |ossi'dato| *agg.* (*chim., fis.*) oxydé (*p.p.*): *composti ossidati* composés oxydés; *una lamiera ossidata* une tôle oxydée.
ossidazione |ossidat'tsjone| *s.f.* (*chim.*) [→ OSSIDARE A] oxydation.
ossidiana |ossi'djana| *s.f.* (*miner.*) obsidienne.
ossidimetria |ossidime'tria| *s.f.* (*chim.*) oxydimétrie.
ossidionale |ossidjo'nale| *agg.* (*lett.*) [*di, relativo ad assedio*] obsidional*: *corona ossidionale* couronne obsidionale.
ossido |'ɔssido| *s.m.* (*chim.*) oxyde: *ossido di carbonio, di ferro* oxyde de carbone, de fer.
ossidoriduzione |ossidoridut'tsjone| *s.f.* (*chim.*) oxydoréduction.
ossidrico, ci, ca, che |os'sidriko, tʃi, ka, ke| *agg.* (*chim.*) oxhydrique: *fiamma ossidrica* flamme oxhydrique; *cannello ossidrico* chalumeau oxhydrique.
ossidrile |ossi'drile| *s.m.* (*chim.*) oxhydrile.
ossidulo |os'sidulo| *s.m.* (*chim.*) protoxyde.
ossiemoglobina |ossiemoglo'bina| *s.f.* (*biol.*) oxyhémoglobine.
ossifero |os'sifero| *agg.* (*geol.*) ossifère.
ossificare |ossifi'kare| **A** *v.tr.* [*trasformare in tessuto osseo*] ossifier (*raro*) **B** *v.pron. intr.* OSSIFICARSI [*trasformarsi in tessuto osseo*] s'ossifier.
ossificazione |ossifikat'tsjone| *s.f.* [→ OSSIFICARE A] ossification.
ossifraga, ghe |os'sifraga, ge| *s.f.* (*t.zool.*) pygargue *m.* vulgaire, orfraie (*corr.*) → **procellaria.**
ossigenabile |ossidʒe'nabile| *agg.* [→ OSSIGENARE A] oxygénable.
ossigenante |ossidʒe'nante| *agg.* (*chim.*) oxygénant.
ossigenare |ossidʒe'nare| **A** *v.tr.* **1** (*chim.*) [*arricchire di ossigeno, trattare con ossigeno*] oxygéner (8): *ossigenare l'acqua* oxygéner de l'eau **2** [*decolorare con ossigeno*] oxygéner: *quella pettinatrice ossigena i capelli molto bene* cette coiffeuse oxygène, décolore très bien les cheveux □ *si ossigena i capelli* elle s'oxygène les cheveux **3** (*fig.*) [*incrementare con forze nuove o contributi finanziari*] renflouer: *i nuovi azionisti hanno ossigenato l'azienda* les nouveaux actionnaires ont renfloué l'entreprise **B** *v.pron. rifl.* OSSIGENARSI [*schiarirsi i capelli*] se décolorer: *non è bionda naturale: si ossigena* ce n'est pas une blonde naturelle: elle se décolore.
ossigenato |ossidʒe'nato| *agg.* **1** (*chim.*) oxygéné (*p.p.*): *composti ossigenati* composés oxygénés; *acqua ossigenata* eau oxygénée **2** [*decolorato, schiarito con acqua ossigenata*] oxygéné: *capelli ossigenati* cheveux oxygénés; *una bionda ossigenata* une blonde oxygénée, décolorée.
ossigenatore |ossidʒena'tore| *s.m.* (*tecnol.*) oxygénateur.
ossigenazione |ossidʒenat'tsjone| *s.f.* [→ OSSIGENARE A] oxygénation: *ossigenazione di un composto* oxygénation d'un composé; *ossigenazione dei capelli* oxygénation des cheveux.
ossigeno |os'sidʒeno| *s.m.* **1** (*chim.*) oxygène: *somministrare ossigeno a un malato* donner de l'oxygène à un malade ◇ (*loc.*) *tenda a ossigeno* tente à oxygène **2** (*fig.*) [*aiuto, sollievo finanziario*] le fait d'être renfloué # *è una azienda che ha bisogno di ossigeno* c'est une entreprise qui a besoin d'être renflouée.
ossigenoterapia |ossidʒenotera'pia| *s.f.* (*med.*) oxygénothérapie.
ossiliquite |ossili'kwite| *s.f.* oxyliquite, explosif *m.* à oxygène liquide.
ossilite |ossi'lite| *s.m.* (*chim.*) oxylithe.
ossimetria |ossime'tria| *s.f.* (*chim.*) oxymétrie.
ossimiele |ossi'mjɛle| *s.m.* (*farm.*) oxymel, oxymellite.
ossimoro |ossi'mɔro| *s.m.* oxymoron.
ossitono |os'sitono| *agg.* (*ling.*) oxyton.
ossiuriasi |ossiu'riazi| *s.f. inv.* (*med.*) oxyurose *var.*
ossiuro |ossi'uro| *s.m.* (*t.zool.*) oxyure.
osso |'ɔsso|, *pl. f.* **ossa** |'ɔssa| (*nel significato* 1), *pl. m.* **ossi** |'ɔssi| (*nei significati* 2 *e* 3) *s.m.* **1** (*anat.*) os: *ossa lunghe, larghe* os longs, larges; *le ossa delle braccia, delle gambe* les os des bras, des jambes; *si è fratturato, rotto un osso* il s'est fracturé, cassé un os # *l'osso sacro* le sacrum ◇ (*loc.*) *è tutto pelle e ossa* il n'a que la peau sur les os; il n'a que la peau et les os ~ *si è ridotto a pelle e ossa* il n'a plus que la peau sur les os ~ *anch'io sono fatto di carne e ossa* moi aussi je suis en chair et en os ~ *è proprio lui in carne e ossa* c'est vraiment lui, en chair et en os ~ *è un sacco d'ossa* c'est un sac d'os, un paquet d'os → **scheletro** ~ *ho, mi sento le ossa rotte* je suis rompu de fatigue ~ *ho i brividi nelle ossa* je suis transi jusqu'aux os ~ *è bagnato fino all'osso* il est trempé jusqu'aux os, jusqu'à la moelle des os ~ *stai attento a non romperti l'osso del collo* fais attention à ne pas te casser le cou ~ *ci ha rimesso l'osso del collo*: (*pr.*) il s'est cassé le cou; (*fig.*) il s'est ruiné ~ *fa economia fino all'osso* il épargne jusqu'au moindre centime ~ *è un osso duro* c'est un dur à cuire ~ *posa l'osso!* lâche, pose! **2** [*elemento dello scheletro di animali macellati*] os: *un taglio di manzo senz'osso* un morceau de bœufs sans os # *una bistecca con l'osso* une côtelette avec son manche ◇ [*osso di animale lavorato*] *bottoni d'osso* boutons d'os; *un ombrello col manico d'osso* un parapluie avec un manche en os **3** (*fig.*) [*oggetto, materiale sim. all'osso*] os: *osso della seppia* os de seiche # *osso di balena* fanon ◇ (*fam.*) *l'osso della pesca* le noyau (*corr.*) de la pêche; *gli ossi delle ciliegie* les noyaux des cerises.
ossobuco |osso'buko| *s.m.* (*cuc.*) osso buco (*sing. inv.*): *degli ossibuchi* de l'osso buco.
ossuto |os'suto| *agg.* [*che ha ossa rilevate, sporgenti*] osseux*: *mani lunghe e ossute* mains longues et osseuses; *una persona ossuta* une personne osseuse → **magro.**
ostacolare |ostako'lare| *v.tr.* [*opporre ostacoli, costituire un ostacolo*] entraver: *hanno ostacolato i nostri progetti* ils ont entravé, contrarié nos projets → **contrastare**; *il traffico era ostacolato dalla pioggia torrenziale* la circulation était entravée par la pluie torrentielle.
ostacolista |ostako'lista| *s.* **1** (*atletica*) coureur* de haies, *hurdler *m.* **2** (*ippica*) jockey *m.* de courses d'obstacles; cavalier* qui monte en steeple--chase.
ostacolo |os'takolo| *s.m.* **1** obstacle: *ha superato tutti gli ostacoli* il a franchi, surmonté tous les obstacles; *per me rappresenta un ostacolo* pour moi cela représente un obstacle; *ha frapposto degli ostacoli alla nostra iniziativa* il a fait obstacle à notre initiative **2** (*sport*) obstacle: *corsa a ostacoli* course d'obstacles; *saltare l'ostacolo* sauter l'obstacle.
ostaggio, i |os'taddʒo, i| *s.m.* [*persona catturata, su cui si possono esercitare ritorsioni nell'eventualità che certe richieste non siano accolte*] otage: *i banditi hanno preso due ostaggi* les bandits ont pris deux otages → **prigioniero.**
ostare |os'tare| *v.intr.* (*aus.* '*avere*') (*bur.*) [*costituire un ostacolo, un impedimento*] s'opposer *pron.* ◇ (*loc.*) *nulla osta* rien ne s'oppose → **impedire.**
1 **oste** |'ɔste|, **ostessa** |os'tessa| *s.* patron* du bistrot ◇ (*loc.*) *domandare all'oste se ha buon vino* poser des questions oiseuses ~ *fare i conti senza l'oste* ne pas tenir compte des impondérables ◇ [*chi dà vitto e alloggio*] aubergiste.
2 **oste** |'ɔste| *s.m.* (*ant.*) [*nemico, esercito nemico*] ost.
ostealgia, gie |osteal'dʒia, dʒie| *s.f.* (*med.*) ostéalgie.
osteggiamento |osteddʒa'mento| *s.m.* (*raro*) [*azione guerresca*] opposition *f.* (*corr.*).
osteggiare |osted'dʒare| *v.tr.* **1** [*avversare, contrastare*] contrarier, s'opposer (à) (*pron.*): *ha sempre osteggiato la mia iniziativa* il a toujours contrarié mon initiative; il s'est toujours opposé à mon initiative → **contrariare, opporre** **2** (*arc.*) [*attaccare, investire*] attaquer (*corr.*), assaillir (19) (*corr.*).
osteina |oste'ina| *s.f.* → **osseina.**
osteite |oste'ite| *s.f.* (*med.*) ostéite.
ostello |os'tɛllo| *s.m.* **1** [*edificio che fornisce vitto e alloggio a prezzi moderati*] auberge (*f.*): *ostello della gioventù* auberge de la jeunesse (A.J.) # *ostello per studenti* maison des étudiants **2** (*ant., poet.*) [*casa, albergo*] logis (*corr.*), hôtel (*corr.*).
ostensibile |osten'sibile| *agg.* (*raro*) [→ OSTENTARE] ostensible (*corr.*).

ostensibilménte |ostensibil'mente| *avv.* [→ OSTENSIBILE] ostensiblement.

ostensivaménte |ostensiva'mente| *avv.* [→ OSTENSIVO] ostensiblement.

ostensivo |osten'sivo| *agg.* (*filos.*, *corr.*) ostensif*.

ostensóre |osten'sore| *s.m.* → **presentatore.**

ostensòrio, i |osten'sɔrjo, i| *s.m.* (*eccl.*) ostensoir.

ostentaménto |ostenta'mento| *s.m.* (*raro*) → **ostentazione.**

ostentàre |osten'tare| *v.tr.* **1** [*mostrare intenzionalmente con affettazione*] afficher, affecter: *ostentava una bravura che non aveva* il affichait, affectait une habileté qu'il n'avait pas; *non è bello ostentare tanta indifferenza* ce n'est pas beau d'afficher tant d'indifférence **2** [*mettere in mostra*] étaler: *è sempre pronta a ostentare la ricchezza di recente acquisita* elle est toujours prête à étaler sa richesse fraîchement acquise.

ostentataménte |ostentata'mente| *avv.* [→ OSTENTATO] avec ostentation *loc. inv.*

ostentàto |osten'tato| *agg.* [*manifestato in modo eccessivo*] affecté, ostentatoire (*lett.*): *parlava con ostentata sicurezza* il parlait avec une assurance ostentatoire.

ostentatóre, trice |ostenta'tore, tritʃe| *agg. e s.* ostentateur*.

ostentazióne |ostentat'tsjone| *s.f.* [→ OSTENTARE] ostentation, étalage (*m.*): *la sua ostentazione di sicurezza è patetica* son ostentation, son étalage d'assurance est pathétique ✦ (*ass.*) *non posso sopportare l'ostentazione* je ne peux pas supporter l'ostentation, l'étalage [C] **modestia, riservatezza.**

òsteo- |'ɔsteo| *pref.* (*significa 'osso, osseo', corrisponde gener. a*) ostéo: *osteomielite* ostéomyélite; *osteofita* ostéophyte.

osteoblàsto |osteo'blasto| *s.m.* (*biol.*) ostéoblaste.

osteoclasia |osteokla'zia| *s.f.* (*chir.*) ostéoclasie.

osteoclàste |osteo'klaste| *s.m.* ostéoclaste.

osteòfita |oste'ɔfita| *s.m.* (*med.*) ostéophyte.

osteogènesi |osteo'dʒɛnezi| *s.f. inv.* (*biol.*) ostégénie *var.*, ostéogenèse *var.*

osteòide |oste'ɔjde| *agg.* (*anat.*, *med.*) ostéoïde.

osteolite |osteo'lite| *s.f.* (*miner.*) ostéolite.

osteologia, gie |osteolo'dʒia, dʒie| *s.f.* ostéologie.

osteològico, ci, ca, che |osteo'lɔdʒiko, tʃi, ka, ke| *agg.* ostéologique.

osteòlogo, gi |oste'ɔlogo, dʒi| *s.m.* ostéologue.

osteòma |osteo'ɔma| *s.f.* (*med.*) ostéome.

osteomalacia, cie |osteomala'tʃia, tʃie| *s.f.* (*med.*) ostéomalacie.

osteomielite |osteomje'lite| *s.f.* (*med.*) ostéomyélite.

osteoperiostite |osteoperios'tite| *s.f.* (*med.*) ostéopériostite.

osteoplàstica, che |osteo'plastika, ke| *s.f.* (*chir.*) ostéoplastie.

osteoporòsi |osteopo'rɔzi| *s.f. inv.* (*med.*) ostéoporose *var.*

osteosarcòma |osteosar'kɔma| *s.f.* (*med.*) ostéosarcome.

osteoscleròsi |osteoskle'rɔzi| *s.f. inv.* (*med.*) ostéosclérose *var.*

osteosintesi |osteo'sintezi| *s.f. inv.* (*chir.*) ostéosynthèse *var.*

osteotomia |osteoto'mia| *s.f.* (*chir.*) ostéotomie.

osteòtomo |oste'ɔtomo| *s.m.* ostéotome.

osteria |oste'ria| *s.f.* [*locale pubblico modesto, in cui si servono vini e cibi*] bistrot *m.* (*pop.*): *passa da una osteria all'altra* il va d'un bistrot à l'autre ◇ (*escl.*) *osteria!* parbleu!, pardi!, sapristi!

osteriggio, i |oste'riddʒo, i| *s.m.* (*mar.*) claire-voie *f.*

ostéssa |os'tessa| *s.f.* → 1 **oste.**

ostètrica, che |os'tɛtrika, ke| *s.f.* [*infermiera specializzata nel campo ostetrico*] sage-femme, accoucheuse.

ostetrìcia, cie |oste'tritʃa, tʃe| *s.f.* (*med.*) obstétrique.

ostètrico, ci, ca, che |os'tɛtriko, tʃi, ka, ke| **1** *agg.* (*med.*) obstétrical*, obstétrique: *reparto ostetrico* service obstétrical, obstétrique; *visita ostetrica* visite obstétricale **2** *s.m.* [*medico specializzato in ostetricia*] (médecin) accoucheur.

òstia |'ɔstja| *s.f.* **1** (*eccl.*) hostie **2** [*falda di farina usata per preparati medicinali*] cachet *m.* **3** [*cialda per dolci*] pain *m.* azyme, pain à chanter **4** (*lett.*) [*vittima*] hostie.

ostiàco, chi |os'tjako, ki| *s.m.* [*lingua ogrofinnica*] ostiak.

ostiariàto |ostja'rjato| *s.m.* (*eccl.*) ostiariat.

ostiàrio, i |os'tjarjo, i| *s.m.* (*eccl.*) ostiaire.

òstico, ci, ca, che |'ɔstiko, tʃi, ka, ke| *agg.* **1** [*duro, ingrato*] dur: *è un lavoro ostico* c'est un travail dur; *ha pronunciato parole ostiche* il a prononcé de dures paroles **2** [*difficile, arduo*] difficile: *questa materia è un po' ostica per lui* cette matière est un peu difficile pour lui **3** (*lett.*) [*ripugnante, sgradevole*] rebutant (*corr.*), désagréable (*corr.*) [C] 2 **facile**; 3 **gradevole.**

ostile |os'tile| *agg.* hostile: *si è dimostrato ostile a ogni innovazione* il s'est montré hostile à toute innovation; *ha un atteggiamento ostile verso tutti i colleghi* il a une attitude hostile envers tous ses collègues [C] **amichevole.**

ostilità |ostili'ta| *s.f. inv.* **1** hostilité (*var.*): *ha superato l'ostilità dell'ambiente* il a vaincu l'hostilité du milieu: *non riesco a capire la sua ostilità nei miei riguardi* je ne réussis pas à m'expliquer son hostilité à mon égard **2** *al plur.* (*mil.*) hostilités: *dar inizio alle ostilità* commencer, engager les hostilités; *cessare le ostilità* cesser les hostilités → **guerra.**

ostilménte |ostil'mente| *avv.* [→ OSTILE] hostilement, avec hostilité *loc. inv.*, d'une manière hostile (*loc. inv.*): *mi ha trattato ostilmente* il m'a traité hostilement, d'une manière hostile.

ostinàrsi |osti'narsi| *v.pron. intr.* [*persistere in un proposito o in un atteggiamento in modo inopportuno*] s'obstiner: *si ostina a negare tutto* il s'obstine à nier tout; *si è ostinato a fare quel lavoro* il s'est obstiné à faire ce travail → **impuntar(si).**

ostinataménte |ostinata'mente| *avv.* **1** [→ OSTINATO 1] obstinément: *continua ostinatamente a negare* il continue obstinément à nier **2** [→ OSTINATO 2] avec persistence *loc.* # *il tempo continua ostinatamente a peggiorare* le temps persiste à empirer.

ostinatézza |ostina'tettsa| *s.f.* [*caparbietà, testardaggine*] obstination: *non riesco a vincere la sua ostinatezza* je ne réussis pas à vaincre son obstination ◇ (*fig.*) ténacité: *l'ostinatezza di questo male* la ténacité de ce mal.

ostinàto |osti'nato| *agg.* **1** obstiné, têtu: *è un ragazzo ostinato* c'est un garçon obstiné; *è ostinato come un mulo* il est têtu comme une mule → **cocciuto**; *si è chiuso in un ostinato silenzio* il s'est enfermé dans un silence obstiné ✦ (*s.*) *un ostinato* un têtu **2** (*fig.*) [*che perdura, che persiste oltre i limiti*] persistant, opiniâtre: *non riesco a farmi passare questa febbre ostinata* je ne réussis pas à faire baisser cette fièvre persistante, opiniâtre [C] 1 **docile.**

ostinazióne |ostinat'tsjone| *s.f.* **1** [→ OSTINARSI] obstination: *non capisco la tua ostinazione nel sostenere questa tesi* je ne comprends pas ton obstination à soutenir cette thèse → **caparbietà** ◇ [*testardaggine*] opiniâtreté, entêtement: *per la sua ostinazione rischia di rovinarsi* son opiniâtreté son entêtement risquent de le ruiner **2** (*fig.*) [*persistenza molesta*] persistance: *l'ostinazione del mal tempo* la persistance du mauvais temps; *l'ostinazione della tosse* la persistance de la toux.

-òstio |'ɔstjo| *suff.* (*significa 'osso, osseo', corrisponde gener. a*) oste: *periostio* périoste.

ostiòlo |os'tiɔlo| *s.m.* (*bot.*) ostiole.

òstrace |'ɔstratʃe| *agg.* (*zool.*) ostracé.

Ostràcidi |os'tratʃidi| *s.m. pl.* (*t. zool.*) Ostréidés.

ostracismo |ostra'tʃizmo| *s.m.* ostracisme: *hanno dato l'ostracismo a quel libro* ce livre a été frappé d'ostracisme.

ostracizzàre |ostratʃid'dzare| *v.tr.* **1** (*lett.*) [*dare l'ostracismo*] ostraciser **2** (*per est.*) [*escludere da una comunità o da un ambiente*] ostraciser.

Ostracòdi |ostra'kɔdi| *s.m. pl.* (*t. zool.*) Ostracodes.

ostreàrio, i |ostre'arjo, i| *agg.* (*raro*) [*relativo alle ostriche*] huîtrier*, ostréicole: *allevamento ostreario* élevage huîtrier, ostréicole.

òstri- |'ɔstri| *pref.* (*significa 'ostrica', corrisponde gener. a*) ostréi: *ostricoltore* ostréiculteur.

òstrica, che |'ɔstrika, ke| *s.f.* (*t. zool.*) huître.

ostricàio, i |ostri'kajo, i| *s.m.* **1** [*venditore di ostriche*] écailler* *s.*, marchand *s.* d'huîtres **2** [*luogo dove si allevano ostriche*] huîtrière *f.*

ostricoltóre, trice |ostrikol'tore, tritʃe| *s.* ostréiculteur*.

ostricoltùra |ostrikol'tura| *s.f.* ostréiculture.

òstro |'ɔstro| *s.m.* (*lett.*) → **porpora.**

ostrogòto |ostro'gɔto| **1** *agg.* [*degli Ostrogoti*] ostrogot(h): *l'invasione ostrogota* l'invasion ostrogot(h)e ◇ (*loc. fig.*) *questo è ostrogoto per me* c'est du chinois, de l'hébreu pour moi **2** (*s.m.*) *l'ostrogoto* [*la lingua*] l'ostrogot(h).

ostruènte |ostru'ɛnte| *agg.* obstruant, qui obstrue *loc.*, qui cause l'obstruction (*loc.*): *l'automezzo ostruente* le véhicule qui obstrue, qui cause l'obstruction.

ostruire |ostru'ire| (197) *v.tr.* [*chiudere un passaggio, un condotto*] obstruer, bloquer: *una valanga ha ostruito la strada* une avalanche a obstrué la route; *un calcolo ha ostruito l'uretere* un calcul a obstrué, a bloqué l'uretère.

ostruìto |ostru'ito| *agg.* [*chiuso, ingorgato*] obstrué.

ostruttivo |ostrut'tivo| *agg.* (*raro*) obstructif* (*corr.*).

ostruzióne |ostrut'tsjone| *s.f.* **1** [→ OSTRUIRE] obstruction: *l'ostruzione di una strada, di un canale* l'obstruction d'une route, d'un canal; *l'ostruzione dell'ingresso di una galleria* l'obstruction de l'entrée d'un tunnel **2** (*mar.*) barrage (*m.*): *ostruzione con rete* barrage de filet **3** (*med.*) obstruction, engorgement *m.*, blocage *m.* **4** (*mil.*) barrage.

ostruzionismo |ostruttsjo'nizmo| *s.m.* obstructionnisme: *ostruzionismo parlamentare* obstructionnisme parlementaire # *è sempre pronto a fare dell'ostruzionismo* il est toujours prêt à faire de l'obstruction.

ostruzionista |ostruttsjo'nista| *s.* obstructionniste: *durante il dibattito ha fatto l'ostruzionista* pendant le débat il a fait l'obstructionniste, de l'obstruction.

ostruzionìstico, ci, ca, che |ostruttsjo'nistiko, tʃi, ka, ke| *agg.* obstructionniste: *ha svolto un'azione ostruzionistica* il a exécuté une action obstructionniste; il a fait de l'obstruction; *diffido delle sue manovre ostruzionistiche* je me méfie de ses manœuvres obstructionnistes.

otalgìa, gie |otal'dʒia, dʒie| *s.f.* (*med.*) otalgie → **otite**.

otàlgico, ci, ca, che |o'taldʒiko, tʃi, ka, ke| *agg.* (*med.*) otalgique.

otàrda |o'tarda| *s.f.* (*t.zool.*) outarde.

otària |o'tarja| *s.f.* (*t.zool.*) otarie.

òti- |'ɔti|, **òto-** |'ɔto| *pref.* (*significano 'orecchia', corrispondono gener. a*) ot(i); ot(o): *otite* otite ‖ *otorrea* otorr(h)ée.

otite |o'tite| *s.f.* (*med.*) otite: *otite acuta, cronica* otite aiguë, chronique.

otocióne |oto'tʃone| *s.m.* (*t.zool.*) otocyon.

otocisti |oto'tʃisti| *s.m. inv.* (*anat.*) otocyste *var.*

otoiàtra |oto'jatra| *s.* [*medico specialista in otoiatria*] otologiste.

otoiatrìa |otoja'tria| *s.f.* (*med.*) otologie.

otolite |oto'lite| *s.m.* (*scient.*) otolithe.

otorino |oto'rino| *s.* (*fam.*) oto-rhino → **otorinolaringoiatra**.

otorinolaringoiàtra |otorinolaringo'jatra| *s.* oto-rhino-laryngologiste.

otorinolaringoiatrìa |otorinolaringoja'tria| *s.f.* (*med.*) oto-rhino-laryngologie.

otorragìa, gie |otorra'dʒia, dʒie| *s.f.* (*med.*) otorragie.

otorrèa |otor'rɛa| *s.f.* (*med.*) otorr(h)ée: *otorrea da otite* otorr(h)ée d'otite.

otoscopìa |otosko'pia| *s.f.* (*med.*) otoscopie.

otoscòpio, i |otos'kɔpjo, i| *s.m.* (*med.*) otoscope.

ótre |'otre| *s.m.* outre (*f.*): *un otre di acqua* une outre d'eau ◇ (*loc. fig.*) *si son riempiti, sono pieni come un otre* ils sont gonflés, pleins comme une outre, un œuf.

otricèllo |otri'tʃɛllo| *s.m.* → **otricolo** 2.

otricolàre |otriko'lare| *agg.* (*anat.*) utriculaire: *ghiandole otricolari* glandes utriculaires.

otricolària |otriko'larja| *s.f.* (*t.bot.*) utriculaire.

otrìcolo |o'trikolo| *s.m.* **1** (*anat.*) utricule: *otricolo dell'orecchio* utricule de l'oreille **2** (*bot.*) utricule.

òtt(a)- |'ɔtt(a)| *pref.* (*significa 'otto', corrisponde gener. a*) oct(a): *ottaedrico* octaédrique; *ottagonale* octogonal; *ottuplo* octuple.

ottaèdrico, ci, ca, che |otta'ɛdriko, tʃi, ka, ke| *agg.* (*geom.*) octaédrique.

ottaèdro |otta'ɛdro| *s.m.* (*geom.*) octaèdre.

ottagonàle |ottago'nale| *agg.* (*geom.*) octogonal*: *pianta ottagonale* plan octogonal.

ottàgono |ot'tagono| *s.m.* (*geom.*) octogone.

ottàno |ot'tano| *s.m.* (*chim.*) octane: *numero di ottani* indice d'octane.

ottànta |ot'tanta| *agg. numer. card. inv.* quatre-vingt(s) (*var.*): *ha ottanta probabilità su cento di riuscire* il a quatre-vingts chances sur cent de réussir ✦ (*s.m. inv.*) *l'ottanta* le quatre-vingts: *è stato estratto l'ottanta* on a tiré au sort le quatre-vingts.

ottànte |ot'tante| *s.m.* (*astron., geom.*) octant.

ottantènne |ottan'tɛnne| *agg.* [*di ottant'anni*] octogénaire: *un vecchio ottantenne* un vieil octogénaire ✦ (*s.*) *un ottantenne* un octogénaire.

ottantènnio, i |ottan'tɛnnjo, i| *s.m.* quatre-vingts ans; période *f.*, durée *f.* de quatre-vingts ans.

ottantèsimo |ottan'tɛzimo| *agg. numer. ord.* quatre-vingtième: *l'ottantesima parte* la quatre-vingtième partie ◇ (*in unione con i sost. 'capitolo, volume' e sim.*) quatre-vingt(s): *paragrafo ottantesimo* paragraphe quatre-vingt ✦ (*s.m.*) *un ottantesimo* un quatre-vingtième.

ottantina |ottan'tina| *s.f.* environ quatre-vingts *loc. inv.*, à peu près quatre-vingts (*loc. inv.*): *un'ottantina di persone* environ, à peu près quatre-vingts personnes; *ha percorso un'ottantina di chilometri* il a parcouru environ quatre-vingts kilomètres # *ha passato l'ottantina* il a plus de quatre-vingts ans.

ottantùno |ottan'tuno| *agg. numer. card. inv.* quatre-vingt-un: *leggete a pag. ottantuno* lisez à la page quatre-vingt-un ✦ (*s.m.*) *l'ottantuno* le quatre-vingt-un.

ottàrda |ot'tarda| *s.f.* → **otarda.**

ottàstilo |ot'tastilo| *agg.* → **octastilo.**

ottativo |otta'tivo| *agg.* (*gram.*) optatif*: *congiuntivo ottativo* subjonctif optatif ✦ (*s.m.*) *l'ottativo* l'optatif.

ottàva |ot'tava| *s.f.* **1** (*eccl.*) octave: *l'ottava di Natale* l'octave de Noël **2** (*metr.*) octave: *poema in ottave* poème en octaves, en huitains **3** (*mus.*) octave.

ottavàrio, i |otta'varjo, i| *s.m.* (*eccl.*) octave.

ottavìno |otta'vino| *s.m.* (*mus.*) octavin → **flauto.**

ottàvo |ot'tavo| **I** *agg. numer. ord.* *huitième: *è arrivato ottavo* il est arrivé huitième # *è all'ottavo mese di vita* il a huit mois ◇ (*in unione con i nomi di re o papi e con i sost. 'capitolo, volume' e sim.*) *huit: *Enrico ottavo* (*VIII*) Henri huit (VIII) **II** *s.m.* **1** (*mat.*) huitième: *un ottavo* un huitième **2** (*tip.*) in-octavo: *edizione in ottavo* édition in-octavo **3** (*sport*) huitième: *ottavi di finale* huitièmes de finale.

ottemperànte |ottempe'rante| *agg.* [*che adempie a quanto è stato richiesto*] obéissant.

ottemperànza |ottempe'rantsa| *s.f.* [*attuazioni di norme, obbedienza*] obéissance ◇ *loc.* IN OTTEMPERANZA A... conformément à: *in ottemperanza all'articolo X* conformément à l'article X.

ottemperàre |ottempe'rare| *v.intr.* (*aus. 'avere'*) [*dare applicazione, attuazione a leggi e disposizioni*] obtempérer (8) a, obéir à: *ottemperare a un regolamento, a una norma* obtempérer à, obéir à un règlement, à une norme → **ubbidire.**

ottenebraménto |ottenebra'mento| *s.m.* [→ OTTENEBRARE] obscurcissement # *l'ottenebramento della vista* l'affaiblissement de la vue.

ottenebràre |ottene'brare| **A** *v.tr.* [*coprire di tenebre, far perdere la luce*] obscurcir, assombrir: *grosse nubi ottenebravano il cielo* de gros nuages obscurcissaient, assombrissaient le ciel → **oscurare** ◇ (*fig.*) *le superstizioni ottenebrano la mente* les superstitions obnubilent l'esprit **B** *v.pron. intr.* OTTENEBRARSI [*oscurarsi, offuscarsi*] s'obscurcir # *mi si è ottenebrata la vista* ma vue s'est brouillée, s'est affaiblie.

ottenebràto |ottene'brato| *agg.* [*offuscato, coperto*] obscurci (*p.p.*): *cielo ottenebrato* ciel obscurci ◇ (*fig.*) obnubilé: *ha la mente ottenebrata* il a l'esprit obnubilé.

ottenebrazióne |ottenebrat'tsjone| *s.f.* (*raro*) → **ottenebramento.**

ottenére |otte'nere| (188) *v.tr.* **1** [*conseguire, riuscire ad avere quanto si è chiesto o desiderato*] obtenir (27): *ha ottenuto il trasferimento* il a obtenu son déplacement; *ha ottenuto il permesso di un mese* il a obtenu une permission d'un mois **2** [*ricavare, produrre per mezzo di particolari operazioni*] tirer; obtenir: *la benzina si ottiene dal petrolio* l'essence est tirée du pétrole ‖ *il vino si ottiene dalla fermentazione dell'uva* le vin s'obtient par la fermentation du raisin.

ottenìbile |otte'nibile| *agg.* [→ OTTENERE] qu'on peut obtenir (*loc.*): *è un favore facilmente ottenibile* c'est un service qu'on peut obtenir facilement.

otteniménto |otteni'mento| *s.m.* (*raro*) [→ OTTENERE] obtention *f.*

ottentòtto |otten'tɔtto| *agg.* [*degli Ottentotti*] *hottentot: *usanze ottentotte* usages hottentots.

ottenùto |otte'nuto| *agg.* obtenu.

ottétto |ot'tetto| *s.m.* **1** (*chim., informatica*) octet **2** (*mus.*) octuor.

òttica, che |'ɔttika, ke| *s.f.* **1** (*fis.*) optique: *ottica fisica, elettronica* optique physique, électronique **2** [*la tecnica della fabbricazione degli strumenti ottici*] optique **3** [*le lenti, i prismi e gli spec-*

chi di uno strumento ottico] optique.
òttico, ci, ca, che |'ɔttiko, tʃi, ka, ke| **I** *agg.* **1** (*anat., med.*) optique: *nervo ottico* nerf optique **2** (*fis.*) optique: *campo ottico* champ optique, visuel; *fenomeni ottici* phénomènes optiques **II** *s.m.* **1** [*studioso di ottica*] physicien* *s.* **2** [*chi confeziona e vende occhiali*] opticien* *s.*, lunetier* *s.*
ottimàle |otti'male| *agg.* optimal*: *livello ottimale* niveau optimal; *produzione ottimale* production optimale.
ottimalizzàre |ottimalid'dzare| *v. tr.* (*tecnol.*) [*raggiungere il modulo ottimale*] optimaliser.
ottimalizzazióne |ottimaliddzat'tsjone| *s.f.* [→ OTTIMALIZZARE] optimisation.
ottimaménte |ottima'mente| *avv.* [→ OTTIMO] très bien *loc. inv.*, à merveille (*loc. inv.*): *sta ottimamente* il va très bien, à merveille.
ottimàre |otti'mare| *v.tr.* [*portare a una condizione o a un risultato considerati i migliori possibili*] perfectionner, améliorer: *ottimare un impianto* perfectionner, améliorer une installation.
ottimàte |otti'mate| *s.m.* (*st. rom.*) optimate.
ottimismo |otti'mizmo| *s.m.* optimisme: *è pieno di ottimismo* il est plein d'optimisme; *guarda con ottimismo l'avvenire* il regarde l'avenir avec optimisme Ⓒ **pessimismo.**
ottimista |otti'mista| *s.* optimiste: *è un ottimista per natura* il est optimiste de, par nature Ⓒ **pessimista.**
ottimisticaménte |ottimistika'mente| *avv.* [→ OTTIMISTICO] avec optimisme (*loc. inv.*): *penso ottimisticamente che pagherà* je pense avec optimisme qu'il paiera.
ottimìstico, ci, ca, che |otti'mistiko, tʃi, ka, ke| *agg.* optimiste: *una previsione ottimistica* une prévision optimiste; *un calcolo ottimistico* un calcul optimiste Ⓒ **pessimistico.**
ottimizzàre |ottimid'dzare| *v.tr.* (*econ.*) [*ricercare la soluzione migliore*] optimiser.
ottimizzazióne |ottimiddzat'tsjone| *s.f.* [→ OTTIMIZZARE] optimisation.
òttimo |'ɔttimo| *agg.* (*sup. di 'buono'*) excellent, très bon: *è un vino ottimo* c'est un excellent vin, un très bon vin; *è un'ottima persona* c'est une excellente personne; *ha messo in pratica un ottimo rimedio* il a mis en pratique un excellent remède → **eccellente** ✦ (*s.m.*) *l'ottimo* l'optimum: *ha raggiunto l'ottimo* il a atteint l'optimum Ⓒ **pessimo.**
òtto |'ɔtto| **I** *agg. numer. card. inv.* *huit: *un palazzo di otto piani* un immeuble de huit étages; *un bambino di otto anni* un enfant de huit ans; *dista otto chilometri* il est distant de huit kilomètres; *va a Milano ogni otto giorni* il va à Milan tous les huit jours ◇ (*loc.*) *dare gli otto giorni* donner ses huit jours ~ (*fig.*) *in quattro e quattr'otto* en un tournemain, en un clin d'œil **II** *s.m. inv.* **1** [*il numero 8*] huit: *parto l'8 (di) luglio* je pars le 8 juillet; *ha ottenuto la media dell'otto* il a eu 8 de moyenne # *sono le otto* il est huit heures **2** [*percorso, tracciato a forma di otto*] huit: *sciando, ha descritto un otto* en skiant, il a fait un huit # *otto volante* montagnes russes **3** (*canottaggio*) huit barré.
ottóbre |ot'tobre| *s.m.* [*decimo mese dell'anno*] octobre: *il 3 di ottobre* le 3 octobre; *nel mese di ottobre cominciano i primi freddi* au mois d'octobre commencent les premiers froids; *quel ragazzo è stato rimandato a ottobre* ce garçon doit repasser en octobre.
ottobrìno |otto'brino| *agg.* **1** d'octobre (*loc. inv.*): *sole ottobrino* soleil d'octobre **2** mûrissant en octobre: *frutti ottobrini* fruits mûrissant en octobre.
ottobrìsta |otto'brista| *s.m.* (*st. russa*) octobriste.
ottocentésco, chi |ottotʃen'tesko, ki| *agg.* du XIXe siècle (*loc. inv.*): *l'Italia ottocentesca* l'Italie du XIXe siècle.
ottocentèsimo |ottotʃen'tɛzimo| *agg. numer. ord.* *huit centième: *l'ottocentesimo posto* la huit centième place ✦ (*s.m.*) *un ottocentesimo* un huit centième.
ottocentista |ottotʃen'tista| *agg. e s.* **1** écrivain *s.m.* du XIXe siècle: *una antologia ottocentista* une anthologie des écrivains du XIXe siècle **2** artiste *s.* du XIXe siècle: *una mostra di ottocentisti* une exposition des artistes du XIXe siècle **3** [*studioso di arte e letter. dell'Ottocento*] spécialiste *s.* du XIXe siècle **4** (*sport*) coureur* *s.* de *huit cents mètres.
ottocentìstico, ci, ca, che |ottotʃen'tistiko, tʃi, ka, ke| *agg.* du XIXe siècle (*loc. inv.*): *un palazzo ottocentistico* un palais du XIXe siècle ◇ (*per est.*) des écrivains du XIXe siècle (*loc. inv.*): *un romanzo ottocentistico* un roman des écrivains du XIXe siècle ◇ (*per est.*) des artistes du XIXe siècle (*loc. inv.*): *l'arte ottocentistica* le style des artistes du XIXe siècle; les créations artistiques du XIXe siècle.
ottocènto |otto'tʃɛnto| *agg. numer. card. inv.* *huit cents: *costa ottocento lire* cela coûte huit cents lires; *la fabbrica ha ottocentocinquanta operai* l'usine a huit cent cinquante ouvriers ✦ (*s.m. inv.*) *l'Ottocento* le XIXe siècle: *la moda dell'Ottocento* la mode du XIXe siècle; *ha una mentalità dell'Ottocento* il a une mentalité (du) XIXe siècle.
ottomàna |otto'mana| *s.f.* ottomane → **divano.**
ottomàno |otto'mano| **1** *agg.* [*della dinastia turca fondata da Othman I*] ottoman: *l'impero ottomano* l'empire ottoman → **maomettano, turco** **2** (*s.m.*) (*tessuto*) ottoman.
ottomila |otto'mila| *agg. numer. card. inv.* *huit mille: *costa ottomila lire* cela coûte huit mille lires; *a ottomila metri di profondità* à huit mille mètres de profondeur ✦ (*s.m. inv.*) *un ottomila* un huit mille.
ottonàio, i |otto'najo, i| *s.m.* artisan qui travaille le cuivre, dinandier.
ottonàme |otto'name| *s.m.* [*lavori in ottone*] dinanderie *f.*, cuivres *pl.*
ottonàre |otto'nare| *v.tr.* [*rivestire di un sottile strato di ottone*] cuivrer.
ottonàrio, i |otto'narjo, i| *agg.* (*metr.*) octosyllabe: *verso ottonario* vers octosyllabe ✦ (*s.m.*) *una poesia in ottonario* une poésie en octosyllabes.
ottonàto |otto'nato| *agg.* [*ricoperto con uno strato di ottone*] cuivré: *un candelabro ottonato* un chandelier cuivré.
ottonatùra |ottona'tura| *s.f.* [→ OTTONARE] cuivrage *m.*
ottóne |ot'tone| *s.m.* **1** [*lega di rame e di zinco*] laiton: *una maniglia di ottone* une poignée en laiton **2** *spec. al plur.* (*mus.*) cuivres.
Ottòpodi |ot'tɔpodi| *s.m. pl.* (*t. zool.*) Octopodes.
-ottrìa |ot'tria|, **-òttrico** |'ɔttriko| *suff.* (*significano 'io vedo', corrispondono gener. a*) optrie; optrique: *diottria* dioptrie ‖ *catottrico* catoptrique.
ottuagenàrio, i |ottuadʒe'narjo, i| *agg. e s.* → **ottantenne.**
ottùndere |ot'tundere| (146) *v.tr.* **1** (*raro, lett.*) [*smussare, spuntare*] émousser (*corr.*): *ottundere un coltello, un rasoio* émousser un couteau, un rasoir **2** (*fig.*) [*far perdere l'acutezza, la normale funzionalità*] émousser: *gli stupefacenti ottundono le facoltà psichiche* les stupéfiants émoussent les facultés psychiques.
ottundiménto |ottundi'mento| *s.m.* **1** (*fig.*) [*graduale affievolimento*] affaiblissement: *ottundimento della mente* affaiblissement de l'esprit **2** [→ OTTUNDERE 1] émoussage, épointage.
ottuplicàre |ottupli'kare| *v.tr.* [*moltiplicare per otto, rendere otto volte maggiore*] octupler: *ottuplicare una parte* octupler une partie.
ottùplice |ot'tuplitʃe| *agg.* (*raro*) [*che si compone di otto parti*] octuple (*lett.*).
òttuplo |'ɔttuplo| *agg.* octuple: *rendimento ottuplo* rendement octuple ✦ (*s.m.*) huit fois plus grand que: *è l'ottuplo di quella quantità* c'est huit fois plus grand que cette quantité; *è un ottuplo* c'est une quantité huit fois plus grande.
otturaménto |ottura'mento| *s.m.* → **otturazione.**
otturàre |ottu'rare| **A** *v.tr.* [*ostruire, chiudere, eliminare una cavità*] obturer, boucher; bloquer: *ha otturato il foro con il mastice* il a obturé, bouché le trou avec du mastic # *otturare un dente* plomber, obturer une dent **B** *v. pron. intr.* OTTURARSI [*ostruirsi, chiudersi*] s'obstruer, se boucher: *si è otturato il lavandino* le lavabo s'est obstrué, s'est bouché Ⓒ A **sturare.**
otturatóre |ottura'tore| *s.m.* **1** (*tecnol.*) obturateur: *otturatore a vite, a blocco* obturateur à vis, à blocage; *otturatore per artiglierie, per armi portatili* obturateur, platine pour les pièces d'artillerie, pour armes à feu portatives; *aprire, chiudere l'otturatore* ouvrir, fermer l'obturateur **2** (*foto.*) obturateur: *otturatore a tendina* obturateur à rideau **3** (*tecnol.*) obturateur.
otturazióne |otturat'tsjone| *s.f.* **1** [→ OTTURARE] obturation: *l'otturazione di un'apertura* l'obturation d'une ouverture; *l'otturazione di un dente* le plombage, l'obturation d'une dent **2** [*il materiale con cui si ottura*] ce qui obstrue (*loc.*): *rimuovere l'otturazione di un condotto* enlever ce qui obstrue, bouche un conduit ◇ (*spec.*) *otturazione (dentaria)* plombage *m.*, obturation (dentaire): *l'otturazione non ha retto* le plombage, l'obturation n'a pas tenu.
ottusaménte |ottuza'mente| *avv.* **1** [→ OTTUSO 2] d'une manière obtuse *loc. inv.* **2** [*stupidamente*] bêtement, stupidement.
ottusàngolo |ottu'zangolo| *agg.*

(*geom.*) obtusangle: *triangolo ottusangolo* triangle obtusangle.
ottusità |ottuzi'ta| *s.f. inv.* **1** [*scarsa acutezza e funzionalità delle facoltà intellettive*] étroitesse (*var.*): *ottusità mentale* étroitesse d'esprit ✦ (*ass.*) *per la sua ottusità ha perso un'ottima occasione* par sa stupidité il a perdu une excellente occasion **2** [*limitatezza delle facoltà sensoriali*] matité *var.* # *ottusità dell'udito* dureté d'oreille Ⓒ 1 **acume.**
ottùso |ot'tuzo| *agg.* **1** (*mat.*) obtus: *angolo ottuso* angle obtus **2** [*per niente dotato di capacità intellettuali*] obtus, borné: *mente ottusa* esprit obtus, borné; *un uomo ottuso* un homme borné, bouché à l'émeri (*fam.*) **3** [*smorzato, privo di sonorità*] mat: *un suono ottuso* un son mat **4** (*lett.*) [*smussato, spuntato*] émoussé Ⓒ 1 **acuto.**
out |aut| *avv.* (*ingl.*) (*tennis*) out.
output |'autput| *s.m. inv.* (*ingl.*) (*informatica*) produit *var.* de sortie (*t. racc.*), output *var.* Ⓒ **input.**
outrigger |'aut,rigə| *s.m. inv.* (*ingl.*) (*sport*) outrigger *var.*
outsider |'aut'saidə| *s.m. inv.* (*ingl.*) (*sport*) outsider *var.*
'ouverture' |uvɛʀtyʀ| *s.f. inv.* (*mus.*) ouverture *var.*
ovàia |o'vaja| *s.f.* (*anat.*) ovaire *m.*
ovàio, i |o'vajo, i| *s.m.* → **ovaia.**
ovaiòlo |ova'jɔlo| **I** (*agg.*) *gallina ovaiola* [*gallina che produce molte uova*] poule pondeuse **II** *s.m.* **1** (*raro*) marchand d'œufs **2** (*raro*) [*portauovo*] coquetier.
ovalàre |ova'lare| *agg.* (*scient.*) ovalaire.
ovalbumìna |ovalbu'mina| *s.f.* (*chim.*) ovalbumine.
ovàle |o'vale| *agg.* ovale: *un tavolo ovale* une table ovale; *un volto ovale* un visage ovale ✦ (*s.m.*) *un ovale perfetto* un ovale parfait.
ovalizzàre |ovalid'dzare| **A** *v.tr.* [*rendere ovale*] ovaliser: *ovalizzare la sezione di un cilindro* ovaliser la section d'un cylindre **B** *v.pron. intr.* OVALIZZARSI [*diventare ovale*] s'ovaliser: *il cilindro si è ovalizzato* le cylindre s'est ovalisé.
ovalizzàto |ovalid'dzato| *agg.* (*tecnol.*) ovalisé.
ovalizzazióne |ovaliddzat'tsjone| *s.f.* (*tecnol.*) [→ OVALIZZARE A] ovalisation.
ovàrico, ci, ca, che |o'variko, tʃi, ka, ke| *agg.* **1** (*anat.*) ovarien*: *cisti ovarica* kyste ovarien **2** (*bot.*) ovarien.
ovariectomìa |ovarjekto'mia| *s.f.* (*chir.*) ovariectomie.
ovàrio, i |o'varjo, i| *s.m.* **1** (*anat.*, *zool.*) ovaire **2** (*bot.*) ovaire.
ovariosalpingite |ovarjosalpin'dʒite| *s.f.* (*med.*) salpingo-ovarite.
ovariotomìa |ovarjoto'mia| *s.f.* (*chir.*) ovariotomie.
ovarìte |ova'rite| *s.f.* (*med.*) ovarite.
ovàto |o'vato| *agg.* ové ◇ (*bot.*) *foglie ovate* feuilles ovées.
ovàtta |o'vatta| *s.f.* **1** [*cascami di cotone usati per imbottiture*] ouate **2** [*cotone idrofilo*] ouate hydrophile.
ovattàre |ovat'tare| *v.tr.* **1** [*imbottire, riempire d'ovatta*] ouater: *ovattare una poltrona* ouater un fauteuil **2** (*fig.*) [*attutire, smorzare*] feutrer: *le ciabatte ovattavano il rumore dei passi* les pantoufles feutraient, assourdissaient le bruit des pas → **attenuare.**
ovattàto |ovat'tato| *agg.* **1** [*imbottito d'ovatta*] ouaté **2** (*fig.*) [*attutito, attenuato*] ouaté, feutré: *un suono ovattato* un son feutré, ouaté.
ovattatùra |ovatta'tura| *s.f.* doublure en ouate.
ovattifìcio, i |ovatti'fitʃo, i| *s.m.* [*stabilimento in cui si fabbrica l'ovatta*] ouaterie *f.*
ovattìna |ovat'tina| *s.f.* (*tess.*) ouatine.
ovazióne |ovat'tsjone| *s.f.* ovation: *una calorosa ovazione accolse la fine del discorso* la fin du discours fut accueillie par une chaleureuse ovation.
óve |'ove| **I** *avv.* **1** (*lett.*) → **dove 2** (*lett.*) → **dovunque II** *cong.* **1** (*lett.*) [*nel caso che, qualora*] si (+ *indic.*), au cas où (+ *cond.*): *ove avessi bisogno, chiamami* si tu avais besoin, au cas où tu aurais besoin, appelle-moi → **qualora 2** (*lett.*) [*mentre, invece*] alors que: *voleva fare tutto subito, ove era necessaria molta riflessione* il voulait tout faire tout de suite, alors qu'il aurait dû beaucoup réfléchir.
òvest |'ɔvest| *s.m. inv.* (*astron.*, *geogr.*) ouest (*var.*): *il vento dell'ovest* le vent d'ouest; *la camera è esposta verso ovest* la chambre est exposée à l'ouest; *proviene dall'ovest* il vient de l'ouest → **occidente** ✦ (*agg. inv.*) *il lato ovest* le côté ouest ◇ [*regione occid. di un paese*] Ouest: *l'Ovest della Francia* l'Ouest de la France Ⓒ **est, oriente.**
òvi- |'ɔvi|, **òvo-** |'ɔvo| *pref.* (*significano 'uovo', corrispondono gener. a*) ovi; ovo: *ovidotto* oviducte ‖ *ovoviviparo* ovovivipare.
ovibòve |ovi'bɔve| *s.m.* (*t.zool.*) ovibos.
ovidiàno |ovi'djano| *agg.* d'Ovide (*loc. inv.*): *la poesia ovidiana* la poésie d'Ovide.
ovidótto |ovi'dotto| *s.m.* (*anat.*, *zool.*) oviducte.
ovifórme |ovi'forme| *agg.* oviforme.
ovìle |o'vile| *s.m.* [*stalla, riparo per le pecore*] bergerie *f.* ◇ (*loc. fig.*) *ricondurre, ritornare all'ovile* reconduire, rentrer au bercail.
Ovìni |o'vini| *s.m. pl.* (*t.zool.*) Ovinés.
ovinicoltùra |ovinikol'tura| *s.f.* élevage *m.* d'ovins.
ovìno |o'vino| *agg.* ovin; de mouton (*loc.*): *razza ovina* race ovine ‖ *carne ovina* viande de mouton.
oviparità |ovipari'ta| *s.f. inv.* oviparité *var.*
ovìparo |o'viparo| *agg.* (*zool.*) ovipare: *animali ovipari* animaux ovipares ✦ (*s.m.*) *un oviparo* un ovipare Ⓒ **viviparo.**
òvo |'ɔvo| *s.m.* → **uovo.**
ovocèllula |ovo'tʃellula| *s.f.* (*biol.*, *bot.*) oosphère.
ovocìto |ovo'tʃito|, **ovocìta** |ovo'tʃita| *s.m.* (*biol.*) ovocyte.
ovogènesi |ovo'dʒɛnezi| *s.f. inv.* (*biol.*) ovogenèse *var.*, ovogénie *var.*
ovoidàle |ovoi'dale| *agg.* ovoïdal*: *arance ovoidali* oranges ovoïdales.
ovòide |o'vɔide| **1** *agg.* ovoïde: *frutti ovoidi* fruits ovoïdes **2** *s.m.* ovoïde.
ovolàccio, i |ovo'lattʃo, i| *s.m.* (*t. bot.*) amanite *f.*, fausse oronge *f.* (*corr.*), tue-mouche *inv.* (*corr.*).
òvolo |'ɔvolo| *s.m.* **1** (*t.bot.*) manite *f.*, oronge *f.* (*corr.*) ~ *ovolo malefico* → **ovolaccio 2** [*ingrossamento del ceppo dell'olivo*] bourgeon d'olivier **3** (*arch.*) ove.
ovopositóre |ovopozi'tore| *s.m.* (*zool.*) ovipositeur, oviscapte, tarière *f.*
ovoscòpio, i |ovos'kɔpjo, i| *s.m.* ovoscope, mire-œufs *inv.*
ovoviviparità |ovovivipari'ta| *s.f. inv.* (*biol.*) ovoviviparité *var.*
ovovivìparo |ovovi'viparo| *agg.* (*zool.*) ovovivipare: *animali ovovivipari* animaux ovovivipares ✦ (*s.m.*) *un ovoviviparo* un ovovivipare Ⓒ **viviparo.**
ovulàre |ovu'lare| *agg.* ovulaire.
ovulazióne |ovulat'tsjone| *s.f.* (*biol.*) ovulation.
òvulo |'ɔvulo| *s.m.* (*anat.*, *bot.*) ovule.
ovùnque |o'vunkwe| *avv.* → **dovunque.**
ovvéro |ov'vero| *cong.* **1** [*o, oppure*] ou (bien): *o ti dai da fare, ovvero non ti aiuto* ou tu donnes du mal, ou bien je ne t'aide pas **2** → **ossia** 1.
ovverosìa |ovvero'sia| *cong.* (*raro*, *lett.*) → **ovvero, ossia.**
óvvia |ov'via| *inter.* (*esprime 'esortazione, incoraggiamento'*) allons donc!: *ovvia, smettila!* allons donc, arrête!
ovviaménte |ovvja'mente| *avv.* [→ OVVIO] évidemment, bien sûr (*loc. inv.*): *'vieni?' 'ovviamente'* 'est-ce que tu viens?' 'évidemment, bien sûr'.
ovviàre |ovvi'are| *v.intr.* (*aus. 'avere'*) [*rimediare, superare un danno o un pericolo*] obvier: *è una difficoltà a cui si può ovviare* c'est une difficulté à laquelle on peut obvier, remédier; *ha ovviato al contrattempo* il a obvié au contretemps.
ovvietà |ovvje'ta| *s.f. inv.* [*il fatto di essere ovvio*] évidence *var.* → **evidenza.**
òvvio, i |'ɔvvjo, i| *agg.* [*che si presenta al pensiero in modo naturale e spontaneo*] évident: *è una considerazione ovvia* c'est une remarque évidente; *ma è ovvio!* mais c'est évident! → **evidente** # *questa è la spiegazione più ovvia* c'est l'explication la plus logique.
oxford |'ɔksfəd| *s.m. inv.* (*ingl.*) (*tessuto*) oxford *var.*
oxitòcico, ci, ca, che |oksi'tɔtʃiko, tʃi, ka, ke| *agg.* (*med.*) ocytocique.
oxitocìna |oksito'tʃina| *s.f.* (*fisiol.*) ocytocine.
oxoniènse |okso'njɛnse| *agg.* (*lett.*) d'Oxford *loc. inv.*
ozelòt |oddze'lɔt| *s.m. inv.* → **'ocelot'.**
ozèna |od'dzɛna| *s.f.* (*med.*) ozène *m.*
oziàre |ot'tsjare| *v.intr.* (*aus. 'avere'*) [*stare in ozio, senza far nulla*] paresser: *dopo aver oziato tutto il giorno, ti lamenti?* après avoir paressé toute la journée, tu te plains? → **bighellonare** Ⓒ **lavorare.**
ozieggiàre |ottsjed'dʒare| *v.intr.* (*aus. 'avere'*) → **oziare.**
òzio, i |'ɔttsjo, i| *s.m.* **1** [*abituale inoperosità e neghittosità*] oisiveté (*f.*): *vivere nell'ozio* vivre dans l'oisiveté; *ama stare in ozio tutto il giorno* il aime rester dans l'oisiveté, oisif, il aime paresser toute la journée ◇ (*prov.*) *l'ozio è il padre dei vizi* l'oisiveté est la mère de tous les vices **2** *spec. al plur.* [*vita comoda, libera da occupazioni*] loisir *sing.*, loisirs: *si gode gli ozi estivi* il jouit des loisirs de l'été ◇ (*st. rom.*) *gli ozi di Capua* les délices de Capoue Ⓒ **1 lavoro.**

oziosàggine |ottsjo'saddʒine| *s.f.* [*inerzia, pigrizia*] paresse, fainéantise.
oziosaménte |ottsjosa'mente| *avv.* **1** [→ OZIOSO 1] oisivement, paresseusement: *se ne stava oziosamente sdraiato* il restait oisivement, paresseusement couché **2** [→ OZIOSO 2] inutilement, d'une manière oiseuse (*loc. inv.*): *discutevano oziosamente* ils discutaient d'une manière oiseuse, inutilement.
oziosità |ottsjosi'ta| *s.f. inv.* **1** [*tendenza all'ozio, natura oziosa*] paresse (*var.*): *l'oziosità dei ragazzi è preoccupante* la paresse chez les jeunes est préoccupante **2** [*inutilità, banalità*] futilité *var.*, inutilité (*var.*): *non ti accorgi dell'oziosità delle tue lamentele?* tu ne t'aperçois pas de la futilité, de la vanité de tes plaintes?
ozióso |ot'tsjoso| *agg.* **1** [*che ama l'ozio, che sta in ozio*] oisif*: *è una persona oziosa* c'est une personne oisive; *l'influenza mi ha costretto a rimanere ozioso per parecchi giorni* la grippe m'a obligé à rester oisif pendant plusieurs jours ◆ (*s.*) *è un ozioso* c'est un oisif → **poltrone** **2** [*inutile, superfluo, banale*] oiseux*, inutile: *è una domanda oziosa* c'est une question oiseuse, inutile; *non mi piace fare discussioni oziose* je n'aime pas les discussions oiseuses, inutiles Ⓒ 1 **laborioso**; 2 **necessario.**
ozocerite |oddzotʃe'rite| *s.f.* (*chim.*) ozocérite, ozokérite.
ozocherite |oddzoke'rite| *s.f.* → **ozocerite.**
ozònico, ci, ca, che |od'dzɔniko, tʃi, ka, ke| *agg.* (*chim.*) ozoné.
ozonizzàre |oddzonid'dzare| *v.tr.* [*trattare con ozono*] ozoniser: *ozonizzare l'acqua, l'aria* ozoniser l'eau, l'air.
ozonizzàto |oddzonid'dzato| *agg.* (*chim.*) ozoné: *aria ozonizzata* air ozoné.
ozonizzatóre |oddzoniddza'tore| *s.m.* (*chim.*) ozoniseur, ozonisateur.
ozonizzazióne |oddzoniddzat'tsjone| *s.f.* [→ OZONIZZARE] ozonisation, ozonation.
ozòno |od'dzɔno| *s.m.* (*chim.*) ozone.
ozonometrìa |oddzonome'tria| *s.m.* (*chim.*) ozonométrie.
ozonomètrico, ci, ca, che |oddzono'mɛtriko, tʃi, ka, ke| *agg.* (*chim.*) ozonométrique.
ozonòmetro |oddzo'nɔmetro| *s.m.* (*fis.*) ozonomètre.
ozonosféra |oddzonos'fera| *s.f.* (*scient.*) ozonosphère.

P

p |pi| *s.m. o f.* **1** [*quattordicesima lettera dell'alfabeto*] p (*m.*): *p minuscolo* p minuscule; *P maiuscola* P majuscule ◇ (*tel.*) *P come Palermo*: (*in Francia*) P comme Pierre; (*in Belgio*) P comme Piano **2** (*usi convenzionali*) *P.* (*abbrev. di 'Padre'*) P.: *P. Pietro* P. Pierre ◇ (*mus.*) *p* [*piano*] p; *pp* [*pianissimo*] pp; *mp* [*mezzopiano*] mp ◇ (*chim.*) *P* (*simbolo del fosforo*) P.

pàca |'paka| *s.m. inv.* (*t.zool.*) paca *var.*

pacàre |pa'kare| (*raro, lett.*) **A** *v.tr.* [*calmare*; *pacificare*] apaiser (*corr.*), calmer (*corr.*), pacifier: *pacare gli animi* apaiser, calmer les esprits **B** *v.pron. intr.* PACARSI [→ *tr.*] s'apaiser: *a quelle parole gli animi si pacarono* à ces paroles les esprits s'apaisèrent.

pacataménte |pakata'mente| *avv.* [→ PACATO] paisiblement: *rispondere pacatamente* répondre paisiblement → **serenamente, tranquillamente.**

pacatézza |paka'tettsa| *s.f.* [*calma, serenità*] calme (*m.*): *comportarsi con una pacatezza invidiabile* se comporter avec un calme enviable, avec un beau sang-froid 🄲 **agitazione, nervosismo.**

pacàto |pa'kato| *agg.* [*calmo, sereno*] calme, paisible: *il tono pacato del suo discorso* le ton calme de son discours; *parlare, rispondere in modo pacato* parler, répondre d'une façon calme → **quieto** # *uno stile pacato* un style froid ◇ [*obiettivo*] objectif*: *un giudizio pacato* un jugement objectif 🄲 **agitato, nervoso.**

pàcca, che |'pakka, ke| *s.f.* (*fam., region.*) **1** [*colpo dato con il palmo della mano, in segno di cordialità*] tape, claque (*fam.*): *gli ha dato una pacca sulle spalle* il lui a donné une tape, une claque sur l'épaule **2** [*schiaffo, percossa*] gifle: *si è preso certe pacche!* il a pris de ces gifles! → **sberla.**

pacchétto |pak'ketto| *s.m.* **1** paquet: *un pacchetto di sigarette, di lettere* un paquet de cigarettes, de lettres **2** (*econ.*) *pacchetto azionario* paquet d'actions **3** (*polit.*) paquet: *il pacchetto di proposte delle due parti* le paquet, l'ensemble des propositions des deux parties **4** (*tip.*) paquet **5** (*fis.*) paquet: *pacchetto di onde* paquet d'ondes **6** (*rugby*) paquet, pack → **mischia.**

pàcchia |'pakkja| *s.f.* [*vita allegra, spensierata*] vie de château: *che pacchia, ragazzi!* quelle vie de château, les gars! → **cuccagna** # *è stata una pacchia lavorare con te!* cela a été formidable, chouette de travailler avec toi! ◇ [*colpo di fortuna*] aubaine, filon (*m.*): *quell'investimento finanziario è stato una vera pacchia* cet investissement (financier) a été une vraie aubaine, un vrai filon ◇ (*pop.*) [*mangiata, scorpacciata*] gueuleton *m.* (*fam.*).

pacchianaménte |pakkjana'mente| *avv.* [→ PACCHIANO] tapageusement, avec mauvais goût (*loc. inv.*): *vestire pacchianamente* s'habiller tapageusement.

pacchianàta |pakkja'nata| *s.f.* [*atto, comportamento da pacchiano*] vulgarité, grossièreté; tape-à-l'œil (*m. inv.*): *è stata proprio una pacchianata* c'était vraiment du tape-à-l'œil.

pacchianerìa |pakkjane'ria| *s.f.* [*mancanza di buon gusto*] vulgarité, muflerie: *è nota a tutti la sua pacchianeria* sa vulgarité, sa muflerie est connue de tous.

pacchiàno |pak'kjano| *agg.* [*di cattivo gusto*; *grossolano*] vulgaire, mufle, tape-à-l'œil (*inv.*): *un individuo pacchiano* un individu vulgaire, mufle; *un arredamento fastoso, ma pacchiano* un ameublement luxueux; mais surtout tape-à-l'œil; *avere gusti pacchiani* avoir des goûts vulgaires → **volgare** ✦ *s.* (*merid.*) *un pacchiano* [*contadino, villano*] un paysan* → **cafone** ✦ *s.f.* (*merid.*) paysanne en costume régional 🄲 **raffinato, elegante.**

pacchiàre |pak'kjare| *v.tr.* (*fam.*) [*mangiare con avidità*] bouffer.

pacciamatùra |pattʃama'tura| *s.f.* (*agr.*) paillis *m.*

pacciàme |pat'tʃame| *s.m.* [*ammasso di residui vegetali*] détritus, déchets *pl.*, amas de(s) résidus végétaux → **pattume.**

pàcco, chi |'pakko, ki| *s.m.* **1** [*involto chiuso e legato*] paquet; colis: *un pacco di libri* un paquet de livres; *confezionare un pacco* confectionner un paquet ‖ *spedire dei pacchi* expédier des colis; *spedire per pacco postale* expédier par colis postal → **2 collo** ◇ (*loc.*) *pacco dono, pacco viveri* colis de vivres **2** → **mucchio.**

paccottìglia |pakkot'tiʎʎa| *s.f.* [*merce scadente*] pacotille, camelote: *non sono oggetti preziosi: è tutto paccottiglia* ce ne sont pas des objets précieux, ce n'est que de la pacotille.

pàce |'patʃe| *s.f.* **1** [*assenza di guerra, di lotte*] paix: *in tempo di pace* en temps de paix; *godere di un lungo periodo di pace* jouir d'une longue période de paix; *difendere la pace* défendre la paix; *il premio Nobel per la pace* le prix Nobel de la paix ◇ [*trattato di pace*] (*per est.*) *chiedere la pace* demander la paix; *una pace separata* une paix séparée; *concludere, firmare la pace* conclure, signer la paix; *trattare le condizioni di pace* négocier les conditions de la paix **2** (*per est.*) [*buoni rapporti con gli altri*; *concordia*] paix: *la pace domestica, familiare* la paix du foyer; *essere in pace con tutti* vivre en paix avec tout le monde; *essere in pace con sé stessi, con la propria coscienza* être en paix avec soi-même, avec sa propre conscience; *in quella famiglia non c'è più pace* dans cette famille, il n'y a plus de paix; *fare, rifare la pace con qc.* faire, refaire la paix avec qqn.; *facciamo (la) pace?* on fait la paix? # *mettere pace tra due o più persone* réconcilier deux ou plusieurs personnes ◇ (*loc.*) *giudice di pace* juge de paix **3** [*serenità, tranquillità interiore*] paix: *la pace dell'anima, dello spirito* la paix de l'âme, de l'esprit; *trovare la pace interiore* trouver la paix intérieure # *sopportare in pace qc., q.c.* supporter avec sérénité qqn., qqch. ◇ [*tregua da affanni*] répit (*m.*): *non conoscere un momento di pace* ne pas avoir un moment de répit; *la malattia, il rimorso non gli dava pace* la maladie, le remord ne lui laissait aucun répit ◇ [*quiete*; *assenza di fastidi*] paix, tranquillité: *la pace dei campi, della vita in campagna* la paix des champs, de la vie à la campagne; *che pace, qui in montagna!* quelle tranquillité, ici en montagne! ◇ (*loc.*) *mettersi il cuore, l'animo in pace* se résigner → **rassegnar(si)** ~ *pigliarla, pigliarsela in santa pace* ne pas s'en faire ~ NON DARSI PACE: *non riusciva a darsi pace per la morte dei suoi cari* il n'arrivait pas à se résigner à la mort de ceux qu'il aimait; *non si è dato pace finché l'ha spuntata* il n'a eu de cesse qu'il n'obtînt ce qu'il voulait ~ (*iron.*) CON BUONA PACE DI: *e questo sia detto con buona pace dei miei critici!* et c'est là une chose à dire, n'en déplaise à mes critiques!; *con vostra buona pace...* avec votre permission... ~ *lascialo in pace!* laisse-le en paix, tranquille! ~ *lavorare in (santa) pace* travailler en paix ✦ (*inter.*) *santa pace!* Seigneur!, bonté divine **4** (*relig.*) paix: *la pace eterna* la paix éternelle; *essere nella pace di Cristo* être dans la paix du Christ ◇ (*liturg. catt.*) *la messa è finita: andate in pace!* la messe est finie: allez en paix!; *la pace sia con te, con voi!* la paix soit avec toi, avec vous!; *scambiatevi un segno di pace!* échangez un signe de paix! **5** [*il riposo della morte*] paix: *le sue ossa riposano in pace nel cimitero* ses cendres reposent en paix au cimetière ◇ *loc.* (*sia*) *pace all'anima sua!* paix à son âme! ◇ (*liturg. catt.*) *riposa in pace!* repose en paix!; *riposino in pace!* qu'ils reposent en paix! 🄲 1 **guerra**; 2 **discordia, disaccordo**; 3 **turbamento, irrequietezza.**

pace maker |peis'meikə| *s.m. inv.* (*ingl.*) stimulateur *var.* cardiaque (*t. racc.*), pace maker *var.*

pachidèrma |paki'dɛrma| *s.m.* pachyderme ◇ (*fig., scherz.*) (*persone*) gros lourd, pachyderme: *spostati, pachiderma, e lasciami passare!* ôte-toi de là, gros lourd, et laisse-moi passer!

pachidermìa |pakider'mia| *s.f.* (*med.*) pachydermie.
pachidèrmico, ci, ca, che |paki'dɛrmiko, tʃi, ka, ke| *agg.* de pachyderme *loc. inv.*
pachistàno |pakis'tano| *agg.* [*del Pakistan occid.*] pakistanais.
pacière |pa'tʃɛre| *s.* [*mediatore di pace*] médiateur*: *inviare qc. come paciere* envoyer qqn. comme médiateur; *fare da paciere* faire le médiateur, jouer le rôle de conciliateur.
pacificàbile |patʃifi'kabile| *agg.* [→ PACIFICARE A 2] qu'on peut apaiser, calmer (*loc.*): *controversia, lite pacificabile* litige, dispute qu'on peut apaiser, calmer.
pacificaménte |patʃifika'mente| *avv.* **1** [→ PACIFICO 2] pacifiquement: *vivere pacificamente* vivre pacifiquement **2** [→ PACIFICO 1] pacifiquement: *occupare pacificamente una fabbrica* occuper une usine pacifiquement **3** (*raro*) [→ PACIFICO 3] à l'évidence *loc. inv.* (*corr.*), indiscutablement (*corr.*): *è pacificamente ammesso che...* il est, à l'évidence, admis que...
pacificaménto |patʃifika'mento| *s.m.* (*raro*) → **pacificazione.**
pacificàre |patʃifi'kare| **A** *v.tr.* **1** [*ricondurre a uno stato di pace*] pacifier: *pacificare un paese dilaniato dalle guerre civili* pacifier un pays déchiré par les guerres civiles **2** [*mettere in pace; riconciliare*] réconcilier: *pacificare due contendenti, due rivali* réconcilier deux adversaires, deux rivaux ◇ (*fig.*) *pacificare gli animi* apaiser, calmer les esprits → **calmare, placare** **B** *v.pron.* PACIFICARSI **1** *recipr.* [→ *tr.* 2] se réconcilier: *padre e figlio si sono pacificati* le père et le fils se sont réconciliés **2** *intr.* [→ *tr.* 2] se réconcilier: *si è pacificato con i suoi* il s'est réconcilié avec sa famille ◇ (*fig.*) *pacificarsi con Dio* se réconcilier avec Dieu.
pacificativo |patʃifika'tivo| *agg.* → **pacificatore.**
pacificatóre, trice |patʃifika'tore, tritʃe| *s.* **1** pacificateur*, médiateur* → **paciere, mediatore** ✦ (*agg.*) *intervento, tentativo pacificatore* intervention pacificatrice, essai pacificateur **2** [*chi mira a riconciliare*] (ré)conciliateur* ✦ (*agg.*) *agire con intenzioni pacificatrici* agir en (ré)conciliateur *s.*
pacificazióne |patʃifikat'tsjone| *s.f.* **1** [→ PACIFICARE A 2] apaisement *m.*; réconciliation: *la pacificazione degli animi* l'apaisement des esprits || *la pacificazione è ormai avvenuta* la réconciliation est désormais chose faite **2** [→ PACIFICARE A 1] pacification: *fare opera di pacificazione* faire œuvre de pacification.
pacìfico, ci, ca, che |pa'tʃifiko, tʃi, ka, ke| *agg.* **1** (*persone*) pacifique: *un popolo pacifico* un peuple pacifique ◇ (*cose*) *un corteo pacifico, una manifestazione pacifica* un cortège, une manifestation pacifique; *l'occupazione pacifica di una fabbrica* l occupation pacifique d'une usine; *l'invasione pacifica del campo di gioco da parte dei tifosi* l'invasion pacifique du terrain de jeu par les supporters ✦ *s.m.* (*nel Vangelo*) '*beati i pacifici!*' 'bienheureux les pacifiques!' **2** (*per est.*) (*persone*) [*che ama la tranquillità, la quiete*] calme, paisible: *avere un temperamento pacifico* avoir un tempérament calme → **tranquillo, calmo** ◇ (*cose*) tranquille: *condurre una vita pacifica* mener une vie tranquille → **sereno** **3** (*cose*) [*fuori discussione; su cui tutti sono d'accordo*] incontestable: *è un'affermazione, un dogma pacifico che...* c'est une affirmation, un dogme incontestable que... → **indiscutibile** ◇ (*loc.*) *è pacifico, resta pacifico che...* il est évident que... [C] 1 **bellicoso, guerrafondaio**; 2 **agitato, violento**; 3 **discutibile.**
pacifìsmo |patʃi'fizmo| *s.m.* pacifisme.
pacifìsta |patʃi'fista| *s.* pacifiste.
pacifìstico, ci, ca, che |patʃi'fistiko, tʃi, ka, ke| *agg.* pacifiste.
pacioccóne |patʃok'kone| *s.* [*persona paffuta e gioviale*] bon* gros* → **bonaccione** ✦ (*anche in funzione di agg.*) *ha un fare* (*da*) *pacioccone* il a un air bon enfant.
paciόne |pa'tʃone| *agg. e s.* → **pacifico.**
paciόso |pa'tʃoso| *agg.* → **pacifico.**
paciulì |patʃu'li| *s.m. inv.* (*t.bot.*) patchouli *var.*
pack |pæk| *s.m. inv.* (*ingl.*) pack *var.*
padàno |pa'dano| *agg.* [*del Po e delle zone adiacenti*] du Pô (*loc. inv.*): *la pianura padana* la plaine du Pô.
pàdda |'padda| *s.m. inv.* (*t.zool.*) padda *var.*, moineau *var.* de Java (*corr.*), calfat *var.* (*corr.*).
paddock |'pædɔk| *s.m. inv.* (*ingl.*) paddock *var.*
paddy |'pædi| *s.m. inv.* (*ingl.*) paddy *var.*
padèlla |pa'dɛlla| *s.f.* **1** [*utensile da cuc., usato spec. per friggere*] poêle: *padella da caldarroste* poêle à marrons (à fond percé de trous); *cuocere, friggere in padella* cuire, frire à la poêle ◇ (*loc.*) *in padella* sauté (*agg.*): *funghi in padella* champignons sautés ◇ (*per est.*) [*padellata*] poêlée: *una padella di patatine fritte* une poêlée de pommes frites ◇ (*prov.*) *cadere, cascare dalla padella nella brace* tomber de Charybde en Scylla ~ *avere un occhio alla padella e uno alla gatta* être au four et au moulin **2** (*med.*) *la padella per gli ammalati* le bassin *m.* (hygiénique) **3** (*region.*) [*macchia su abiti*] tache de graisse: *avere i calzoni pieni di padelle* avoir son pantalon couvert de taches de graisse **4** (*nel gerg. dei cacciatori*) [*tiro mancato*] coup (*m.*): *far padella* rater son coup → **cilecca.**
padellàio, i |padel'lajo, i| *s.m.* [*chi fabbrica o vende padelle*] poêlier.
padellàta |padel'lata| *s.f.* **1** [*quantitativo di cibo fritto in padella*] poêlée: *una padellata di frittelle* une poêlée de beignets **2** coup *m.* de poêle: *prendersi, buscarsi una padellata in testa* prendre un coup de poêle sur la tête.
padellìna |padel'lina| *s.f.* **1** petite poêle **2** *la padellina di un candelabro* la bobèche d'un chandelier.
padiglióne |padiʎ'ʎone| *s.m.* **1** pavillon: *padiglione da caccia* pavillon de chasse; *il padiglione della Meccanica alla fiera di Milano* le pavillon de la Mécanique à la foire de Milan ◇ (*loc.*) *a padiglione* en pavillon **2** [*tipo di baldacchino da letto*] baldaquin: *letto a padiglione* lit à baldaquin **3** (*anat.*) *il padiglione dell'orecchio* le pavillon de l'oreille **4** (*lett.*) → **tenda.**
padìna |pa'dina| *s.f.* (*t.bot.*) padine.
padiscià |padiʃ'ʃa| *s.m. inv.* (*st.*) padischah *var.*, padicha *var.*
pàdo |'pado| *s.m.* (*t.bot.*) putier, putiet.
padovàno |pado'vano| **I** *agg.* [*della città di Padova*] padouan: *il dialetto padovano* le dialecte padouan ◇ (*per est.*) *gallina padovana* [*razza di galline*] poule padouane **II** *s.m.* **1** [*il dialetto*] le padouan **2** [*il territorio della provincia*] région *f.* de Padoue: *l'economia del padovano* l'économie de la région de Padoue.
pàdre |'padre| *s.m.* **1** père: *padre naturale, adottivo* père naturel, adoptif; *padre di tre figli* père de trois enfants ◇ (*loc.*) *padre di famiglia* père de famille ~ *di padre in padre* de père en père ~ *ha preso da suo padre, è tutto suo padre* il tient de son père, c'est son père tout craché (*fam.*), c'est le portrait de son père ~ *parente per via di padre* parent du côté du père ~ *firma del padre* (*o di chi ne fa le veci*) signature du père (de la mère, du tuteur) ~ *fare da padre* tenir lieu de père **2** (*fig.*) *per me è stato* (*come*) *un padre, un vero padre* il a été un père pour moi; *considerare qc. come un padre* considérer qqn. comme son père ◇ (*loc.*) *padre spirituale* père spirituel ~ *il padre della patria* le père de la patrie **3** (*fig.*) [*maestro, iniziatore*] père: *il padre dell'epica, del romanzo moderno, della scienza* le père de la poésie épique, du roman moderne, de la science **4** *spec. al plur.* [*antenato*] pères (*lett.*): *le tradizioni dei padri* les traditions de nos pères ◇ (*st. rom.*) *padri* (*coscritti*) pères conscrits → **senatore** ◇ (*loc.*) *il padre Adamo* notre père Adam ~ *i Padri della Chiesa* les Pères de l'Église **5** (*fig.*) (*cose*) [*causa, origine*] mère (*f.*): *l'ozio è il padre dei vizi* l'oisiveté est la mère de tous les vices **6** (*relig.*) père: *padre Cristoforo, P. Cristoforo* le père Cristoforo, le P. Cristoforo, le R.P. Cristoforo; *padre, dovrei parlarLe* mon père, j'aurais à vous parler; *il padre guardiano, il padre priore* le père gardien, le (père) prieur # *i Padri cappuccini* les capucins ◇ (*loc.*) *il Santo Padre* le Saint-Père → **papa** ~ *Beatissimo Padre...* très Saint-Père ~ *i Padri conciliari, del Concilio* les Pères du Concile ◇ (*teol.*) *Dio Padre* Dieu le Père ~ *nel nome del Padre, del Figlio e dello Spirito Santo* au nom du Père, du Fils et du Saint-Esprit.
padreggiàre |padred'dʒare| *v. intr.* (*aus.* '*avere*') → **patrizzare.**
padrenòstro |padre'nɔstro| *s.m.* → **paternostro.**
padretèrno |padre'tɛrno| *s.m.* **1** [*Dio Padre*] Dieu: *bisogna rassegnarci: così ha voluto il padreterno* il faut se résigner: c'est la volonté de Dieu → **Dio** **2** (*fig.*) [*persona molto potente e influente*] bon Dieu: *si sente un padreterno* il se croit le bon Dieu; *rivolgersi a qc. come a un padreterno* s'adresser à qqn. comme au bon Dieu # *nel suo ambiente è un padreterno* dans son milieu, il fait la pluie et le beau temps.
padrigno |pa'driɲɲo| *s.m.* → **patrigno.**
padrìno |pa'drino| *s.m.* **1** [*l'uomo che assiste il fedele nel sacramento del battesimo o della cresima*] parrain: *padrino di battesimo* parrain de baptême; *fare da padrino a qc.* être le parrain de qqn. **2** [*chi assiste qc. nel duello*] témoin: *scegliersi i padrini per il duello*

choisir ses témoins pour un duel; *mandare a qc. i propri padrini* (*per sfidarlo a duello*) envoyer ses témoins à qqn. → 2 **secondo** **3** (*nel gerg. della mafia*) parrain.

padronàle |padro'nale| *agg.* **1** [*del padrone, del proprietario*] de maître *loc.*, du patron (*loc. fam.*): *la casa padronale* la maison de maître; *il bagno padronale* la salle de bain des patrons **2** [*della categoria degli imprenditori, dei datori di lavoro*] patronal*: *associazioni, sindacati padronali* associations patronales, syndicats patronaux; *le richieste padronali per il rinnovo del contratto di lavoro* les requêtes patronales pour le renouvellement du contrat de travail.

padronànza |padro'nantsa| *s.f.* **1** [*il diritto di padrone*] droit *m.* de propriété, possession: *avere, perdere, contestare la padronanza di un immobile, di una casa* avoir, perdre, contester le droit de propriété, la possession d'un immeuble, d'une maison ◇ (*per est., fig.*) [*atteggiamento altezzoso e arrogante*] façons *pl.* dictatoriales, de satrape: *avere un'aria di padronanza* avoir des façons dictatoriales → **arroganza** **2** [*capacità di controllarsi, dominio*] contrôle *m.*: (*non*) *perdere la padronanza di sé, dei propri nervi* (ne pas) perdre le contrôle, la maîtrise de soi, de ses nerfs; *avere una buona padronanza della guida* (*di un'automobile*) avoir le plein contrôle de son véhicule, être constamment maître de son véhicule **3** [*conoscenza sicura, profonda*] maîtrise: *avere una notevole padronanza di una lingua, di una materia* avoir une remarquable maîtrise d'une langue, d'une matière, posséder une langue, une matière à fond.

padronàto |padro'nato| *s.m.* (*nel linguaggio polit. e sindacale*) patronat: *le richieste, le esigenze del padronato* les requêtes, les exigences du patronat.

padroncìno |padron'tʃino| *s.m.* **1** [*giovane padrone; figlio del padrone*] jeune maître **2** [*taxista proprietario del proprio automezzo*] chauffeur de taxi ◇ [*camionista proprietario del proprio automezzo*] chauffeur de camion.

padróne |pa'drone| *s.* **1** [*proprietario di un bene*] propriétaire: *essere padrone di un negozio, di un giornale, di un cane* être propriétaire d'un magasin, d'un journal, d'un chien; *pagare l'affitto al padrone, alla padrona di casa* payer le loyer au propriétaire, à la propriétaire ◇ (*in alcune loc.*) [*chi esercita l'autorità*] *sono io il padrone di casa!* c'est moi le maître à la maison! ~ *in casa mia sono padrone io e faccio quello che mi pare* à la maison, c'est moi le maître et je fais ce qu'il me plaît ~ *salutare i padroni di casa* [*congedarsi*] saluer (le maître et) la maîtresse de maison, prendre congé de la maîtresse de maison ~ (*scherz.*) *il padrone del vapore* le grand patron **2** [*imprenditore, datore di lavoro*] patron* # *gli interessi dei padroni* les intérêts patronaux; *scendere in sciopero contro le pretese dei padroni* se mettre en grève contre les prétentions patronales ◇ (*loc.*) *andare a padrone* aller en service ~ *essere a padrone, lavorare sotto padrone* être au service de qqn. **3** (*fig.*) maître*: *è ormai padrone di mezza città* il est désormais le maître de la moitié de la ville; *credersi, sentirsi il padrone del mondo* se croire, se sentir le maître du monde; *farla da padrone* agir en maître # *fare il padrone in casa d'altri* commander chez les autres **4** (*fig.*) PADRONE DI [*libero*] libre *agg.* de: *sei padrone di andare o di restare* tu es libre de partir ou de rester # *vuoi andarci? padrona!* tu veux y aller? libre à toi! → **padronissimo** **5** *loc. fig.* [*esperto; profondo conoscitore*] *essere padrone del proprio mestiere* connaître son métier à fond; *essere padrone di una lingua* posséder une langue à fond ◇ [*chi sa esercitare un controllo, un dominio*] *essere padrone di sé, dei propri nervi* être maître de soi, de ses nerfs **6** (*mar.*) patron.

padroneggiàre |padroned'dʒare| **A** *v.tr.* **1** [*controllare, dominare*] maîtriser: *saper padroneggiare la folla, la situazione* maîtriser, dominer la foule, la situation; *padroneggiare i propri sentimenti* maîtriser ses sentiments **2** [*conoscere bene, a fondo*] posséder (8) (à fond): *padroneggiare una materia, una tecnica* posséder à fond une matière, une technique **B** *v.pron. rifl.* PADRONEGGIARSI [→ *tr.* 1] se maîtriser: *non ho saputo padroneggiarmi* je n'ai pas su me maîtriser.

padronésco, chi, ca, che |padro'nesko, ki, ka, ke| *agg.* (*spreg.*) de maître *loc. inv.* (*corr.*): *un atteggiamento padronesco* un comportement de maître.

padronissimo |padro'nissimo| *s.* [*del tutto libero, autonomo*] libre *agg.* de, à: *sei padronissimo di farlo!* tu es libre de le faire!; *non volete venire con me?* (*siete*) *padronissime!* vous ne voulez pas venir avec moi? libres à vous.

padùle |pa'dule| *s.m.* (*lett., relig.*) → **palude.**

paesàggio, i |pae'zaddʒo, i| *s.m.* paysage; site: *ammirare il paesaggio* admirer le paysage ‖ *la tutela, la difesa del paesaggio* la protection, la défense des sites ◇ (*geogr.*) *paesaggio desertico, glaciale, lacustre* paysage désertique, glacial, lacustre ◇ (*pitt.*) *un paesaggio fiammingo del Cinquecento* un paysage flamand du XVIe siècle.

paesaggista |paezad'dʒista| *s.* paysagiste.

paesaggìstico, ci, ca, che |paezad'dʒistiko, tʃi, ka, ke| *agg.* (*arts.*) de paysage *loc. inv.*

paesanìsmo |paeza'nizmo| *s.m.* (*raro*) → **provincialismo, campanilismo.**

paesàno |pae'zano| **1** *agg.* [*di paese*] villageois: *abitudini paesane* habitudes du pays, locales, villageoises; *una festa paesana* une fête villageoise ◇ (*per est.*) [*rozzo, semplice*] paysan* (*spreg.*) → **provinciale** ◇ (*loc. avv.*) *alla paesana* à la paysanne **2** *s.* villageois: *un dispensario farmaceutico per i paesani* un dispensaire pharmaceutique pour les villageois ◇ (*fig.*) *nei gusti, è rimasto sempre un paesano* ses goûts sont restés ceux d'un paysan* ◇ (*region.*) [*compaesano*] compatriote: *sposare un paesano, una paesana* épouser un, une compatriote Ⓒ **cittadino.**

paése |pa'eze| *s.m.* **1** pays: *un paese fertile, disabitato, popoloso* un pays fertile, inhabité, très peuplé; *viaggiare in paesi lontani* voyager dans des pays lointains → **regione, territorio** ◇ [*patria*] *il paese natìo* le pays natal; *di che paese sei?* de quel pays es-tu?, d'où es-tu? ◇ (*loc. fig.*) *mandare qc. a quel* (*tal*) *paese* envoyer promener qqn., envoyer qqn. au diable ~ (*ma*) *va' a quel paese!* (mais) va au diable! ~ *tutto il mondo è paese* les hommes sont partout les mêmes ◇ (*prov.*) *paese che vai, usanza che trovi* chaque pays a ses coutumes ~ *moglie e buoi dei paesi tuoi* prends ta femme dans ton village et les bœufs dans le voisinage **2** [*nazione, stato*] pays: *i paesi dell'Est, dell'Ovest* les pays de l'Est, de l'Ouest; *i paesi del Terzo Mondo* les pays du Tiers Monde; *i paesi sottosviluppati* les pays sous-développés; *un paese libero, democratico* un pays libre, démocratique ◇ [*l'insieme dei cittadini*] *rivolgere un messaggio al paese* adresser un message au pays; *la frattura tra paese legale e paese reale* la rupture entre le pays légal et le pays réel **3** [*piccolo centro abitato*] pays, village: *un piccolo paese di montagna* un petit pays, village de montagne; *la fiera, la sagra del paese* la foire, la fête du pays ◇ (*per est.*) [*gli abitanti*] *lo sa già tutto il paese* tout le pays le sait déjà; *c'era mezzo paese alla cerimonia* la moitié du pays était là (à la cérémonie) ◇ (*loc. fig.*) *il paese della cuccagna* le pays de cocagne Ⓒ 3 **città.**

paesèllo |pae'zɛllo| *s.m.* (*in senso affettivo*) petit village: *tornare al proprio paesello* retourner dans son (petit) village.

paesìno |pae'zino| *s.m.* → **paesello.**

paesista |pae'zista| *s.* → **paesaggista.**

paesìstico, ci, ca, che |pae'zistiko, tʃi, ka, ke| *agg.* **1** du paysage (*loc. inv.*): *le bellezze paesistiche di un luogo* les beautés du paysage d'un lieu **2** (*arts.*) → **paesaggistico.**

paf |paf|, **pàffete** |'paffete| (*voce onom. che riproduce il rumore di uno schiaffo o di un corpo solido che cade*) paf!

paffutézza |paffu'tettsa| *s.f.* (*raro*) aspect *m.* dodu (*corr.*).

paffutèllo |paffu'tello| *agg.* (*con tono affettivo*) [*paffuto*] grassouillet*, dodu: *un bambino paffutello* un enfant grassouillet, dodu.

paffùto |paf'futo| *agg.* [*grassocio, rotondetto*] potelé, joufflu: *un bambino paffuto, dalle guance paffute* un enfant potelé, joufflu.

pàga, ghe |'paga, ge| *s.f.* **1** (*fam.*) [*retribuzione, compenso*] paye, paie (*corr.*), traitement *m.* (*corr.*): *la paga degli operai* la paie des ouvriers; *la paga degli impiegati* le traitement des employés; *avere, prendere una buona paga* avoir une bonne paie; *paga settimanale, quindicinale* paie hebdomadaire, bimensuelle → **salario** # *dare la paga alla cameriera* régler la femme de ménage ◇ (*loc.*) *oggi è giorno di paga* aujourd'hui c'est jour de paie, la sainte-paye (*fam.*) ~ *fare le paghe di, per una ditta* faire la paie d'une, pour une entreprise ✦ (*in funzione di agg. inv.*) *busta paga* enveloppe, bulletin de paye; *libro paga* livre de paye; *ufficio paga* caisse, bureau des paiements **2** (*fig.*) [*ricompensa*] récompense: *bella paga, per tutti i favori che ti ho fatto!* voilà un beau salaire après tout ce que j'ai fait pour toi!

pagàbile |pa'gabile| *agg.* [→ PAGARE A 1] payable: *un assegno pagabile* *a vista* un chèque payable à vue; *un assegno pagabile al portatore* un chèque (payable) au porteur; *un acquisto pagabile a rate* un achat payable à tempérament.

pagàia |pa'gaja| *s.f.* pagaie.

pagaménto |paga'mento| *s.m.* [→ PAGARE A 1, 2] paiement, payement: *pagamento in contanti, in cambiali* paiement au comptant, par traites; *pagamento rateale* paiement à tempérament; *pagamento alla consegna, entro 30 giorni* paiement à la livraison, à 30 jours; *pagamento a tempo* paiement à terme; *in caso di mancato pagamento* en cas de non-paiement; *fare un pagamento* faire un paiement; *provvedere al pagamento di q.c.* pourvoir au paiement de qqch.; *dilazionare un pagamento* accorder un délai de paiement → **versamento** ◇ *loc.* A PAGAMENTO payant *agg.* (*p. pres.*); à péage: *ingresso a pagamento* entrée payante; *biglietto (d'ingresso) a pagamento* billet (d'entrée) payant ‖ *autostrada a pagamento* autoroute à péage.

paganaménte |pagana'mente| *avv.* [→ PAGANO 2] en païen* (*loc.*): *vivere paganamente* vivre en païen **C** **cristianamente.**

paganeggiànte |paganed'dʒante| *agg.* [*che si ispira alla cultura pagana*] païen*.

paganeggiàre |paganed'dʒare| *v. intr.* (*aus.* '*avere*') [*ispirarsi alla cultura pagana*] paganiser.

paganésimo |paga'nezimo| *s.m.* paganisme.

paganizzàre |paganid'dzare| **A** *v.tr.* (*raro*) [*ridurre alla mentalità e al comportamento pagano*] paganiser (*corr.*) **B** *v.pron. intr.* PAGANIZZARSI [→ *tr.*] se déchristianiser, se paganiser: *oggi i costumi si sono paganizzati* les mœurs d'aujourd'hui se sont déchristianisées.

pagàno |pa'gano| *agg.* **1** [*del paganesimo*] païen*: *le religioni pagane* les religions païennes ✦ (*s.*) *un pagano* un païen **2** (*fig.*) [*non ispirato ai principi crist.*] païen: *condurre una vita pagana* mener une vie païenne → **paganeggiante.**

pagànte |pa'gante| *agg.* [*che paga*] payant: *socio pagante* membre payant; *i malati paganti* les malades payants ✦ (*s.*) *i paganti* les payants: *il reparto (per) paganti di un ospedale* le pavillon des malades payants (d'un hôpital) # *gli spettatori paganti saranno stati in tutto un centinaio* de toute l'assistance, une centaine de personnes seulement devait avoir payé sa place.

pagàre |pa'gare| **A** *v.tr.* **1** [*versare denaro per prestazioni, acquisti e sim.*] payer (9): *pagare una merce, la lavatrice* payer une marchandise, la machine à laver; *pagare una cambiale* payer une traite; *pagare una multa, le tasse* payer une amende, les impôts; *pagare un conto, un debito* payer un compte, une dette → **saldare**; *pagare i propri dipendenti* payer ses employés → **retribuire**; *pagare l'avvocato, il medico* payer l'avocat, le médecin → **remunerare**; *pagare il macellaio* payer le boucher; *pagare l'oste* payer l'addition; *pagare l'affitto, la pigione* payer le loyer, la location; *pagare i danni* payer les dégats → **risarcire, rifondere**; *pagare un milione per q.c.* payer un million pour qqch.; '*quanto l'hai pagato?*' '*l'ho pagato diecimila lire*' 'combien l'as-tu payé?' 'je l'ai payé dix mille lires' ✦ (*al p.p.*) *metta, scriva 'pagato' sulla fattura!* veuillez mettre, écrire 'payé', 'réglé' sur la facture ◇ (*loc.*) *pagare q.c. a rate, alla consegna* payer qqch. à tempérament, à la livraison ~ *pagare q.c. caro, salato, un occhio dalla testa* payer cher, très cher ~ *pagare q.c. a buon mercato* payer qqch. bon marché ◇ (*loc. fig.*) *quanto pagherei per vederti contento!* je donnerais cher pour te voir heureux! ~ *pagherei un occhio della testa per ottenerlo* je donnerais cher pour l'obtenir ◇ (*prov.*) *Dio non paga il sabato* la justice (divine) vient en boitant, mais finit par arriver ~ *chi rompe paga (e i cocci sono suoi)* qui casse les verres, les paie **2** *ass.* payer: *pagare in contanti, in natura, con assegno, a rate* payer comptant, en nature, par chèque, à crédit; *mi ero dimenticato di pagare* j'avais oublié de payer; *puoi pagare tu, che non ho spiccioli?* peux-tu payer?, je n'ai pas de monnaie ◇ (*fig.*) *il delitto, la violenza non paga* le crime, la violence ne paie pas **3** (*fam.*) [*offrire, assumendosene le spese*] payer: *ti pago un caffè, l'aperitivo* je te paie un café, l'apéritif; *pagare una cena agli amici* payer un dîner aux amis → **offrire** **4** (*fig.*) [*espiare, scontare*] expier, payer: *pagare le proprie colpe, pagare la pena, il fio* expier ses fautes; *pagare lo scotto* payer les conséquences; *ha pagato caro il suo errore!* il a payé cher son erreur!; *scontata la pena, il reo ha pagato il suo debito verso la società* sa peine expiée, le coupable a payé sa dette envers la société ◇ (*loc.*) *pagare di persona* payer de sa personne ~ *pagarla cara* payer cher qqch. ~ *questa volta me la pagherai (cara)!* cette fois, tu me la paieras cher! **5** (*raro, fig.*) [*ricompensare, ripagare*] payer: *lo ha pagato con l'ingratitudine, il disinteresse* elle l'a payé avec son ingratitude, son désintéressement **B** *v.pron. rifl.* PAGARSI (*raro*) [→ *tr.* 1] *stai pur tranquillo che troverà il modo di pagarsi* sois tranquille, il trouvera le moyen de se faire payer; *tenga cinquemila lire: si paghi!* voilà cinq mille lires: veuillez vous régler!

pagatóre, trice |paga'tore, tritʃe| *s.* [*chi paga*] payeur*: *è un buon pagatore* c'est un bon payeur ✦ (*agg.*) *ufficio pagatore* bureau de paiement (*loc. inv.*): *ufficiale pagatore* payeur *s.* aux armées.

pagatorìa |pagato'ria| *s.f.* [*ufficio dei pagamenti dell'erario*] paierie.

'page' |paʒ| *s.f.* *solo nella loc.* 'À LA PAGE' à la page: *essere, tenersi 'à la page'* être à la page; *uno scrittore, un critico 'à la page'* un écrivain, un critique à la page.

pagèlla |pa'dʒɛlla| *s.f.* [*documento scolastico riportante i voti e l'esito finale di ciascun anno scolastico*] bulletin *m.*, livret *m.* scolaire.

pagèllo |pa'dʒɛllo| *s.m.* (*t.zool.*) pagel, pagelle *f.*, pageau (*corr.*).

paggétto |pad'dʒetto| *s.m.* **1** petit page **2** petit garçon d'honneur.

pàggio, i |'paddʒo, i| *s.m.* **1** (*st.*) page **2** [*fanciullo che regge lo strascico della sposa*] garçon d'honneur.

pagherò |page'rɔ| *s.m. inv.* (*comm.*) billet *var.* à ordre → **cambiale.**

paghétta |pa'getta| *s.f.* (*fam.*) argent *m.* de poche (*corr.*).

pàgina |'padʒina| *s.f.* **1** page: *scrivere su tutte e due le pagine* écrire sur les deux pages; *fare un tema di tre pagine* faire une rédaction de trois pages; *aprite il libro a pag. 102* ouvrez le livre à (la) page 102; *confronta (cfr.) da pag. 365 a pag. 370* confer (cf.) de la page 365 à la page 370 ◇ (*loc.*) *voltar pagina*: (*pr., fig.*) tourner la page **2** (*per est.*) [*il contenuto*] page: *le più belle pagine della letteratura italiana* les plus belles pages de la littérature italienne; *devo studiare venti pagine di geografia* je dois étudier vingt pages de géographie ◇ (*fig.*) [*avvenimenti di particolare rilievo*] *con questa impresa è stata scritta una pagina di storia memorabile* cet exploit constitue une page mémorable de l'histoire **3** (*tip.*) *andare in pagina* être imprimé; *mettere in pagina* mettre en pages **4** (*giorn.*) page: *la terza pagina* la page littéraire; *un articolo di prima pagina* un article de première page **5** (*bot.*) face.

paginatùra |padʒina'tura| *s.f.* **1** [*numerazione progressiva delle pagine di un libro*] pagination **2** (*raro*) → **impaginatura, impaginazione.**

paginazióne |padʒinat'tsjone| *s.f.* **1** (*nei cataloghi bibliografici*) mise en pages **2** (*raro*) → **paginatura.**

pàglia |'paʎʎa| *s.f.* **1** paille: *una balla di paglia* une botte de paille; *una sedia di paglia* une chaise de paille; (*cappello di*) *paglia di Firenze* chapeau en paille d'Italie; *legare la paglia* lier la paille ✦ (*in funzione di agg. inv.*) *color paglia* couleur paille: *una vettura color paglia* une voiture couleur paille ◇ (*loc.*) *mettere paglia al fuoco* tenter le diable ~ *fuoco di paglia* feu de paille ~ *uomo di paglia* homme de paille ~ *avere la coda di paglia* ne pas se sentir la conscience tranquille ◇ (*prov.*) *col tempo e con la paglia maturano le nespole* tout vient à temps (à) qui sait attendre; petit poisson deviendra grand; petit à petit l'oiseau fait son nid **2** (*per est.*) *paglia di ferro, d'acciaio, metallica* paille de fer, d'acier, métallique → **lana**; *paglia di legno* copeau *m.* → **truciolo** **3** [*fuscello, stelo secco di cereale*] paille: *togliere la paglia da un sigaro* enlever la paille d'un cigare toscan; *sorbire una bibita con una cannuccia (di paglia)* siroter une boisson avec une paille.

pagliaccésco, chi, ca, che |paʎʎat'tʃesko, ki, ka, ke| *agg.* [*da pagliaccio*] clownesque: *comicità, farsa pagliaccesca* comique, farce clownesque.

pagliaccétto |paʎʎat'tʃetto| *s.m.* **1** [*abito per bambini piccoli*] barboteuse *f.* **2** [*indumento intimo femminile*] combinaison *f.* culotte.

pagliaccìata |paʎʎat'tʃata| *s.f.* (*spreg.*) [*azione poco seria, irresponsabile*] farce (*corr.*): *è stata tutta una pagliacciata* ce fut une vraie farce → **buffonata, farsa.**

pagliàccio, i |paʎ'ʎattʃo, i| *s.m.* (*nel circo*) clown: *pagliaccio augusto* clown auguste; *pagliaccio parlatore* clown causeur ◇ (*fig.*) [*persona poco seria, di cui non ci si può fidare*] bluffeur*: *smettila di fare il pagliaccio!* cesse de faire le bluffeur, de la ramener (*fam.*); *va' a fidarti di quel pagliaccio!* va donc te fier à ce Tartarin, à ce hâbleur! ◇ (*anche in tono affettivo*) *s'è*

messo a fare il pagliaccio con i (suoi) bambini il s'est mis à faire le clown avec ses enfants.
pagliàio, i |paʎ'ʎajo, i| *s.m.* meule *f.* de paille ◇ (*loc. fig.*) *cercare un ago in un pagliaio* chercher une aiguille dans une botte de foin.
pagliàta |paʎ'ʎata| *s.f.* [*paglia tritata e mischiata con erbe, data al bestiame*] fourrage *m.*
paglierìccio, i |paʎʎe'rittʃo, i| *s.m.* [*materasso di paglia*] paillasse (*f.*): *dormire su un paglierìccio* dormir sur une paillasse.
paglierìno |paʎʎe'rino| *agg.* [*color giallo chiaro*] paille (*inv.*): *giallo paglierino, color paglierino* jaune paille, couleur paille.
pagliétta |paʎ'ʎetta| *s.f.* **1** [*cappello di paglia*] canotier *m.* ◇ (*fig., region.*) [*avvocato intrigante, di pochi scrupoli*] avocaillon *m.* **2** [*paglia di ferro per pulire tegami e sim.*] paille de fer **3** (*bot.*) paillette **4** (*elettr.*) paillette **5** (*raro*) → 2 **lustrino, 'paillette'.**
pagliétto |paʎ'ʎetto| *s.m.* (*mar.*) paillet.
pagliolàia |paʎʎo'laja| *s.f.* (*zool.*) fanon *m.*
pagliòlo |paʎ'ʎɔlo| *s.m.* (*mar.*) plafond.
paglióne |paʎ'ʎone| *s.m.* (*region.*) [*paglierìccio*] paillasse *f.* ◇ (*loc. fig.*) *bruciare il paglione* [*andarsene alla chetichella*] filer à l'anglaise.
pagliònica, che |paʎ'ʎɔnika, ke| *s.f.* → **culbianco.**
pagliùzza |paʎ'ʎuttsa| *s.f.* **1** [*fuscello di paglia*] brin *m.* de paille, fétu *m.* (de paille) **2** [*piccolo frammento d'oro incorporato in un minerale*] paillette.
pagnòtta |paɲ'ɲɔtta| *s.f.* [*forma rotonda di pane*] miche: *affettare una pagnotta* couper en tranches une miche → **panino** ◇ (*loc. fig., fam.*) *lavorare, sudare per la pagnotta* travailler, suer pour gagner son pain, sa croûte → **salario, stipendio.**
pagnottèlla |paɲɲot'tɛlla|, **pagnottìna** |paɲɲot'tina| *s.f.* petite miche, sandwich *m.* → **panino.**
pàgo, ghi, ga, ghe |'pago, gi, ga, ge| *agg.* (*raro, lett.*) [*soddisfatto*] satisfait (*corr.*): *sentirsi pago di q.c.* se sentir satisfait de qqch.
pagòda |pa'gɔda| *s.f.* pagode ◇ (*loc. agg.*) *a pagoda* pagode *appos. inv.*
pàgro |'pagro| *s.m.* (*t.zool.*) pagre.
pagùro |pa'guro| *s.m.* (*t.zool.*) pagure.
'paillard' |pajaʀ| *s.f. inv.* → **lombata, bistecca.**
'paillette' |pajɛt| *s.f. inv.* paillette *var.* # *un abito da sera con 'paillette'* une robe du soir pailletée → 2 **lustrino.**
pàio |'pajo|, *f. pl.* **pàia** |'paja| *s.m.* **1** paire (*f.*): *un paio di scarpe, di calze* une paire de chaussures, de bas; *ha un bel paio di gambe!* elle a une belle paire de jambes! ◇ (*per est.*) *un paio di forbici* une paire de ciseaux; *un paio di calzoni, di mutande* une paire de pantalons, de culottes; *due paia di bretelle* deux paires de bretelles ◇ (*loc. fig.*) [*due*] deux (*agg. inv.*): *un paio di chili, di litri* deux kilos, deux litres; *ci rivedremo tra un paio di giorni, di mesi* nous nous reverrons, on se retrouve (*fam.*) dans deux jours, deux mois ◇ [*qualche, alcuno*] quelque (*agg.*): *c'era solo un paio di persone* il y avait seulement quelques personnes **2** (*animali*) paire: *un paio, due paia di buoi, di cavalli* une paire, deux paires de bœufs, de chevaux → **coppia** **3** (*persone*) *il posto di blocco era formato da un paio di poliziotti* une paire d'agents assurait le barrage de police ◇ (*loc. fig.*) *tra tutti e due sono un bel paio!* les deux font la paire!; *anche tu fai il paio al tuo degno compare!* et toi tu fais bien la paire avec ton acolyte!
paiolàta |pajo'lata| *s.f.* **1** [*quantità di cibo cotta in un paiolo*] (contenu *m.* d'une) bassine; chaudronnée: *si è divorato una paiolata di fagioli* il a dévoré une pleine bassine de haricots **2** (*raro*) [*colpo inferto con un paiolo*] coup *m.* (*corr.*) de chaudron.
pai(u)òlo |pa'j(w)ɔlo| *s.m.* [*utensile da cucina per cuocere*] chaudron: *un paiolo di rame* un chaudron de cuivre ◇ (*per est.*) [*il cibo che vi è stato cotto*] bassine *f.*, chaudronnée (*f.*): *un paiolo di polenta fumante* une bassine de polenta fumante.
paisà |pai'sa| *s.m. inv.* (*region.*) → **compaesano.**
pakistàno |pakis'tano| *agg.* → **pachistano.**
pàla |'pala| *s.f.* **1** (*tecnol., corr.*) pelle: *pala del fornaio* pelle de boulanger; *spalare la neve con la pala* déblayer la neige à la pelle ◇ (*mecc.*) *pala meccanica, caricatrice* pelle mécanique, chargeuse, pelleteur *m.*, pelleteuse ◇ (*aer.*) *le pale dell'elica* les pales de l'hélice ◇ (*per est.*) *la pala del remo* la pale d'un aviron; *la pala del timone* le safran du gouvernail **2** (*pitt.*) *pala* (*d'altare*) retable (*m.*): *una pala del Tintoretto* un retable du Tintoret.
paladìno |pala'dino| *s.m.* **1** (*st. mediev.*) paladin: *i paladini di Carlo Magno* les paladins de Charlemagne **2** (*fig.*) [*difensore, protettore disinteressato*] *ergersi a paladino dei deboli, dei perseguitati* se poser en défenseur, se faire champion des faibles, des persécutés ◇ [*sostenitore, propugnatore*] défenseur: *essere paladino di un'idea, di un'ideologia* être le défenseur d'une idée, d'une idéologie.
palafìtta |pala'fitta| *s.f.* **1** (*edil.*) pilotis *m.* **2** (*etn.*) palafitte *m.*
palafittàre |palafit'tare| *v.tr.* (*raro, edil.*) [*consolidare con palafitte*] soutenir (27) (*corr.*) avec des pilotis.
palafitticolo |palafit'tikolo| *agg.* (*etn.*) des palafittes (*loc. inv.*): *popolazioni palafitticole* populations des palafittes ✦ *s.m.* (*spec. al plur.*) *i palafitticoli* les habitants des palafittes, des cités lacustres.
palafrenière |palafre'njɛre|, **palafrenièro** |palafre'njɛro| *s.m.* (*st.*) palefrenier.
palafréno |pala'freno| *s.m.* (*st., lett.*) palefroi.
palàgio, i |pa'ladʒo, i| *s.m.* (*lett.*) → **palazzo.**
palamidóne |palami'done| *s.m.* (*raro, scherz.*) [*cappotto, mantello molto lungo*] *houppelande *f.* (*corr.*) ◇ (*fig.*) [*persona sciocca, sempliciotta*] oie *f.*, benêt *s.*, niais *s.*
palamìta |pala'mita|, (*region.*) **palàmida** |pa'lamida| *s.f.* (*t.zool.*) pélamide, pélamyde.
palamitàra |palami'tara| *s.f.* (*pesca*) pélamidière.
palàmite |pa'lamite|, **palàmito** |pa'lamito| *s.m.* (*pesca*) palangre *f.* ◇ (*per est.*) [*barca attrezzata per la pesca con i palamiti*] bateau palangrier, palancrier.
1 **palànca, che** |pa'lanka, ke| *s.f.* **1** (*edil.*) poutre **2** (*mar.*) passerelle.
2 **palànca, che** |pa'lanka, ke| *s.f.* (*region., fam.*) [*soldo, denaro*] argent *m.* (*corr.*), sou (*m.*): *far palanche* gagner de l'argent; *non vale una palanca* ça ne vaut pas un sou → **quattrino.**
palancàta |palan'kata| *s.f.*, (*raro*) **palancàto** |palan'kato| *s.m.* (*edil.*) palissade *f.*
1 **palanchìno** |palan'kino| *s.m.* (*tecnol.*) pied-de-chèvre, pied-de-biche.
2 **palanchìno** |palan'kino| *s.m.* [*sorta di portantina*] palanquin.
palàncola |pa'lankola| *s.f.* (*edil.*) palplanche.
palandràna |palan'drana| *s.f.* (*fam., scherz.*) [*cappotto lungo e goffo*] *houppelande (*corr.*) → **zimarra, gabbana.**
palàngaro |pa'langaro| *s.m.* (*pesca*) palangre *f.*
1 **palàre** |pa'lare| *v.tr.* (*spec. agr.*) [*sostenere con pali*] échalasser: *palare la vite* échalasser la vigne.
2 **palàre** |pa'lare| *v.tr.* **1** (*raro*) [*smuovere con la pala*] pelleter (5) (*corr.*): *palare il grano* pelleter le blé **2** (*raro*) → 1 **spalare.**
palaspòrt |palas'pɔrt| *s.m. inv.* palais des sports.
palàta |pa'lata| *s.f.* **1** [*operazione fatta con la pala*] coup *m.* de pelle: *con poche palate sgombrò il marciapiede* en trois coups de pelle, il a déblayé le trottoir ◇ [*colpo inferto con la pala*] *dare, prendersi una palata in testa* donner, prendre un coup de pelle sur la tête ◇ [*quantità raccolta con la pala*] pelletée: *una palata di carbone, di calcestruzzo* une pelletée de charbon, de mortier ◇ *loc. fig.* A PALATE à la pelle: *far soldi a palate* gagner de l'argent à la pelle **2** (*mar.*) coup d'aviron.
palatàle |pala'tale| *agg.* **1** (*ling.*) palatal*: *vocali, consonanti palatali* voyelles, consonnes palatales ✦ (*s.f.*) *una palatale* une palatale **2** (*anat.*) palatal.
palatalizzàre |palatalid'dzare| **A** *v.tr.* (*ling.*) [*rendere palatale*] palataliser **B** *v.pron. intr.* PALATALIZZARSI [→ *tr.*] se palataliser.
palatalizzazióne |palatalid-dzat'tsjone| *s.f.* (*ling.*) [→ PALATALIZZARE] palatalisation.
palatinàto |palati'nato| *s.m.* (*st.*) palatinat.
1 **palatìno** |pala'tino| *agg.* (*anat.*) palatin: *osso palatino* os palatin.
2 **palatìno** |pala'tino| *agg.* **1** (*st.*) palatin: *cappella, biblioteca palatina* chapelle, bibliothèque palatine **2** *la guardia palatina* (*del Papa*) la garde pontificale, palatine.
palatìte |pala'tite| *s.f.* (*veter.*) lampas *m.*
palatizzàre |palatid'dzare| *e deriv.* (*raro*) → **palatalizzare** *e deriv.*
1 **palàto** |pa'lato| *s.m.* **1** (*anat.*) palais: *palato duro, molle* palais dur, mou **2** (*fig.*) [*il senso del gusto*] palais: *un gusto gradevole al palato* un goût qui flatte le palais; *avere buon palato, il palato fine* avoir le palais délicat, fin; *un sapore che stuzzica il palato* une saveur qui excite le palais.

2 **palàto** |pa'lato| *agg.* (*arald.*) palé.
palatogràmma |palato'gramma| *s.m.* (*fon.*) palatogramme.
palatrice |pala'tritʃe| *s.f.* (*tecnol.*) pelleteur *m.*, pelleteuse.
palatùra |pala'tura| *s.f.* (*agr.*) [→ 1 PALARE] échalassage *m.*, échalassement *m.*
palazzétto |palat'tsetto| *s.m.* (petit) palais: *il palazzetto dello sport, del ghiaccio* le palais des sports, de la glace.
palazzina |palat'tsina| *s.f.* petit hôtel (*m.*): *una palazzina in stile liberty* un petit hôtel modern style (*ingl.*), liberty # *la palazzina di caccia* le pavillon de chasse.
palàzzo |pa'lattso| *s.m.* **1** palais: *palazzo reale* palais royal; *il palazzo di Giustizia* le Palais (de Justice) # *il palazzo del municipio* l'hôtel de ville ◇ (*loc. fig.*) *congiura, intrighi di palazzo* conjuration, intrigues de palais ◇ (*per est.*) *il palazzo del ghiaccio* le palais de (la) glace ✦ (*in funzione di agg. nella loc.*) *pigiama palazzo* robe-pantalon de soirée **2** [*edificio di notevole dimensioni*] immeuble; hôtel particulier: *abito in un palazzo di sette piani* j'habite dans un immeuble de sept étages ‖ *comprare un appartamento in un palazzo signorile* acheter un appartement dans un hôtel particulier.
palazzòtto |palat'tsɔtto| *s.m.* [*palazzo massiccio, di non grandi dimensioni*] petit château, gentilhommière *f.*
palchettista |palket'tista| *s.* abonné, propriétaire d'une loge (de théâtre).
palchétto |pal'ketto| *s.m.* **1** petite loge *f.* **2** [*ripiano di scaffali, di armadi*] rayon **3** (*teat.*) loge **4** (*giorn.*) entrefilet.
pàlco, chi |'palko, ki| *s.m.* **1** (*edil., corr.*) soupente *f.*; échafaudage: *palco a tetto, palco morto* soupente → **tavolato** ‖ *il palco per i gessisti, per gli imbianchini* l'échafaudage pour les plâtriers, pour les peintres (en bâtiment) ◇ (*per est.*) *il palco dell'oratore* l'estrade de l'orateur; *il palco per la banda, per l'orchestra* l'estrade pour la fanfare, pour l'orchestre → **podio** **2** (*teat.*) loge (*f.*): *palco di proscenio* loge, baignoire *f.* d'avant-scène; *palco di fondo* loge de fond; *invitare qc. nel proprio palco* inviter qqn. dans sa loge **3** (*mar.*) passerelle *f.* **4** (*zool.*) andouiller.
palcoscènico, ci |palkoʃ'ʃɛniko, tʃi| *s.m.* (*teat.*) scène *f.*, planches *f. pl.* # *palcoscenico girevole* plateau tournant ◇ (*loc. fig.*) *calca il palcoscenico da tanti anni* il monte sur les planches depuis de nombreuses années; *conoscere tutti i segreti del palcoscenico* connaître tous les secrets de la scène.
paleàntropo |pale'antropo| *s.m.* (*scient.*) paléanthrope.
paleantropologia, gie |paleantropolo'dʒia, dʒie| *s.f.* (*scient.*) paléanthropologie.
paleantropòlogo, gi |paleantro'pɔlogo, dʒi| *s.* paléanthropologue, paléanthropologiste.
paleggiaménto |paleddʒa'mento| *s.m.* [→ PALEGGIARE 1] pelletage.
paleggiàre |paled'dʒare| *v.tr.* **1** [*muovere con la pala*] pelleter (5) → 2 **palare** **2** (*raro*) → 1 **palare.**
palémone |pa'lemone| *s.m.* (*t.zool.*) palémon.
palèo- |pa'lɛo| *pref.* (*significa* '*antico*', *corrisponde gener. a*) palé(o): *paleontologia* paléontologie.
1 **palèo** |pa'lɛo| *s.m.* [*grossa trottola*] sabot.
2 **palèo** |pa'lɛo| *s.m.* (*t.bot.*) flouve *f.*
paleobotànica, che |paleobo'tanika, ke| *s.f.* (*scient.*) paléobotanique.
paleoclìma |paleo'clima| *s.m.* (*scient.*) paléoclimat.
paleocristiàno |paleokris'tjano| *agg.* paléochrétien*.
paleoecologìa, gie |paleoekolo'dʒia, dʒie| *s.f.* paléoécologie.
paleoetnologìa |paleoetnolo'dʒia| *e deriv.* → **paletnologia** *e deriv.*
paleògene |pale'ɔdʒene| *s.m.* (*geol.*) paléogène.
paleogénico, ci, ca, che |paleo'dʒeniko, tʃi, ka, ke| *agg.* (*geol.*) paléogène.
paleogeografìa |paleodʒeogra'fia| *s.f.* (*scient.*) paléogéographie.
paleogeogràfico, ci, ca, che |paleodʒeo'grafiko, tʃi, ka, ke| *agg.* (*scient.*) paléogéographique.
paleografìa |paleogra'fia| *s.f.* paléographie.
paleogràfico, ci, ca, che |paleo'grafiko, tʃi, ka, ke| *agg.* paléographique.
paleògrafo |pale'ɔgrafo| *s.* paléographe.
paleolìtico, ci, ca, che |paleo'litiko, tʃi, ka, ke| *agg. e s.m.* (*st.*) paléolithique.
paleomagnetìsmo |paleomaɲɲe'tizmo| *s.m.* (*geol.*) paléomagnétisme.
paleontologìa, gie |paleontolo'dʒia, dʒie| *s.f.* (*scient.*) paléontologie.
paleontològico, ci, ca, che |paleonto'lɔdʒiko, tʃi, ka, ke| *agg.* (*scient.*) paléontologique.
paleontòlogo, gi |paleon'tɔlogo, dʒi| *s.* paléontologiste, paléontologue.
paleosuòlo |paleo'swɔlo| *s.m.* (*geol.*) paléosol.
paleozòico, ci, ca, che |paleod'dzɔiko, tʃi, ka, ke| *agg.* (*scient.*) paléozoïque.
paleozoologìa, gie |paleoddzoolo'dʒia, dʒie| *s.f.* (*scient.*) paléozoologie.
palermitàno |palermi'tano| *agg.* [*di Palermo*] palermitain.
palesàre |pale'zare| **A** *v.tr.* [*manifestare*; *rivelare*] révéler (8); manifester: *palesare un segreto* révéler un secret ‖ *non palesò a nessuno i suoi sentimenti* il ne manifesta à personne ses sentiments **B** *v.pron.* PALESARSI **1** *intr.* [→ *tr.*] se manifester: *fu allora che si palesarono i primi sintomi del male* ce fut alors que les premiers symptômes du mal se manifestèrent **2** (*raro*) *rifl.* [→ *tr.*] révéler *tr.* (*corr.*): *si palesò per un agente dei servizi segreti* il se révéla (être) un agent des services secrets.
palése |pa'leze| *agg.* [*chiaro ed evidente*] manifeste, évident: *è un errore palese, una palese svista* c'est une erreur manifeste, une méprise manifeste; *è palese che...* il est manifeste, évident que # *fare, rendere palese* manifester, révéler, rendre public Ⓒ **nascosto, celato.**
paleseménte |paleze'mente| *avv.* [→ PALESE] manifestement: *cadere palesemente in contraddizioni* être manifestement en contradiction.
palestinése |palesti'nese| *agg.* [*della Palestina*] palestinien*: *il territorio palestinese* le territoire palestinien.
palèstra |pa'lɛstra| *s.f.* **1** [*locale chiuso per esercizi ginnici*] gymnase (*m.*): *palestra pubblica, privata* gymnase public, privé; *fare esercizi, allenarsi in palestra* faire des exercices, s'entraîner au gymnase # *palestra di judo, karaté* école de judo, de karaté ◇ (*per est.*) salle de gymnastique: *andare in palestra per l'ora di educazione fisica* aller en salle de gymnastique pour l'heure d'éducation physique ◇ [*attività sportiva esercitata nella palestra*] gymnastique: *fare un po' di palestra tutti i giorni* faire un peu de gymnastique tous les jours ◇ (*fig.*) *il lavoro è palestra di vita* c'est en travaillant qu'on apprend à vivre **2** (*st. gr., rom.*) palestre.
paletnologìa, gie |paletnolo'dʒia, dʒie| *s.f.* (*scient.*) paléoethnologie.
paletnològico, ci, ca, che |paletno'lɔdʒiko, tʃi, ka, ke| *agg.* (*scient.*) paléoethnologique.
paletnòlogo, gi |palet'nɔlogo, dʒi| *s.* paléoethnologue.
palétta |pa'letta| *s.f.* [*piccola pala per usi vari*] pelle: *la paletta per raccogliere la spazzatura, per il carbone* la pelle à ordures, à charbon; *la paletta per il giardinaggio* la pelle de jardinier; *i bambini giocavano con palette e secchielli* les enfants jouaient avec pelles et seaux ◇ (*per anal.*) disque (*m.*): *la paletta del capostazione, dell'agente della polizia stradale* le disque du chef de gare, de la police de la route ◇ (*tecnol.*) aube: *le palette della turbina* les aubes de la turbine ◇ (*tecnol.*) *trasportatore a palette* transporteur à palettes.
palettàre |palet'tare| *v.tr.* (*raro*) [*sostenere con paletti*] échalasser: *palettare il pergolato* échalasser une tonnelle.
palettàta |palet'tata| *s.f.* **1** [*quantità raccolta con la paletta*] pelletée: *una palettata di cenere, di spazzatura* une pelletée de cendres, d'ordures **2** (*per est.*) coup *m.* de pelle: *dare, prendersi una palettata in testa* donner, prendre un coup de pelle sur la tête.
palettatùra |paletta'tura| *s.f.* (*tecnol.*) [→ PALETTARE] aubage *m.*
palettizzàre |palettid'dzare| *v.tr.* [*disporre su pallet le merci da trasportare*] palettiser.
palettizzazióne |palettiddzat'tsjone| *s.f.* [→ PALETTIZZARE] palettisation.
palétto |pa'letto| *s.m.* **1** [*piccolo palo*] piquet: *delimitare una proprietà con dei paletti* délimiter une propriété avec des piquets **2** [*asta scorrevole per chiudere porte e finestre*] verrou, targette *f.*, chevillette (*f.*): *mettere, togliere il paletto alla porta* mettre, enlever le verrou, la targette à la porte → **chiavistello.**
paletuvière |paletu'vjɛre| *s.m.* (*t. bot.*) palétuvier.
pàli |'pali| *s.m. e agg. inv.* (*ling.*) pali *var.*
palificàre |palifi'kare| *v.intr.* (*aus.* '*avere*') **1** [*conficcare pali nel terreno*] piloter (*raro*) **2** (*raro*) [*costruire palizzate*] palissader.
palificazióne |palifikat'tsjone| *s.f.* [→ PALIFICARE 1] pilotage *m.* (*raro*) ◇ [*insieme di pali di sostegno*] pilotis *m.*, palée.

palilalìa |palila'lia| *s.f.* (*patol.*) palilalie.
palilogìa, gie |palilo'dʒia, dʒie| *s.f.* (*ling.*) répétition.
palina |pa'lina| *s.f.* (*nelle rilevazioni topografiche*) jalon-mire *m.*
palinàre |pali'nare| *v.tr.* [*segnare, delimitare con palline*] jalonner.
palìndromo |pa'lindromo| *agg. e s.m.* (*letter.*) palindrome.
palingènesi |palin'dʒɛnezi| *s.f.* **1** (*filos., relig.*) palingénésie **2** (*fig.*) [*profondo rinnovamento*] palingénésie: *una palingenesi politica, artistica* une palingénésie politique, artistique.
palingenètico, ci, ca, che |palindʒe'nɛtiko, tʃi, ka, ke| *agg.* (*filos., relig.*) palingénésique.
palinodìa |palino'dia| *s.f.* **1** (*letter.*) palinodie **2** (*fig.*) [*ritrattazione*] palinodies *pl.*
palinòdico, ci, ca, che |pali'nɔdiko, tʃi, ka, ke| *agg.* (*letter.*) palinodique (*raro*).
palinologìa, gie |palinolo'dʒia, dʒie| *s.f.* palynologie.
palinsèsto |palin'sɛsto| *s.m.* (*paleogr.*) palimpseste: *i palinsesti della Biblioteca Vaticana* les palimpsestes de la Vaticane (de la Bibliothèque du Vatican).
pàlio, i |'paljo, i| (*s.m.*) *il palio di Siena* la course *f.* de chevaux sur la place de Sienne ◇ (*loc. fig.*) *mettere in palio il proprio titolo sportivo* mettre en compétition *f.* son titre sportif ~ ESSERE IN PALIO être en jeu: *qui è in palio il tuo onore* ici ton honneur est en jeu # *sono in palio grossi premi per i vincitori* des prix importants récompensent les vainqueurs.
paliòtto |pa'ljɔtto| *s.m.* (*liturg. catt.*) devant d'autel.
palischérmo |palis'kermo| *s.m.* (*mar.*) grosse embarcation *f.* à voiles, à rames.
palissàndro |palis'sandro| *s.m.* palissandre: *un mobile in palissandro* un meuble en palissandre.
palissonàre |palisso'nare| *v.tr.* (*tecnol.*) [*restituire alle pelli la morbidezza perduta nell'essiccazione*] palissonner.
palissonatóre |palissona'tore| *s.m.* palissonneur.
palissonatùra |palissona'tura| *s.f.* [→ PALISSONARE] chamoisage *m.*
palissóne |palis'sone| *s.m.* (*tecnol.*) palisson.
paliùro |pa'ljuro| *s.m.* (*t.bot.*) paliure.
palizzaménto |palittsa'mento| *s.m.* (*agr.*) palissage.
palizzàre |palit'tsare| *v.tr.* (*agr.*) [*sistemare con palizzate*] palisser.
palizzàta |palit'tsata| *s.f.* palissade: *alzare, abbattere una palizzata* élever, abattre une palissade ◇ (*loc.*) *tessuto a palizzata* tissu palissadique.
1 **pàlla** |'palla| *s.f.* **1** (*sport, corr.*) balle, ballon (*m.*): *palla di gomma, di cuoio* balle de, en caoutchouc, de (en) cuir; *palla da football* ballon de football → **pallone**; *palla ovale, da rugby* ballon ovale, de rugby; *palla da golf, da tennis* balle de golf, de tennis; *giocare a palla, con la palla* jouer à la balle, avec la balle; *trattenere la palla con le mani* retenir la balle avec les mains # *palla da biliardo* bille, boule de billard; (*tennis*) *battere la palla* servir ◇ (*per est.*) [*sport che si gioca con la palla*] *palla a canestro* → **pallacanestro**; *palla a volo* → **pallavolo**; *palla a nuoto* → **pallanuoto**; *palla ovale* → **rugby** ◇ (*loc. fig.*) *prendere la palla al balzo* saisir, prendre la balle au bond ~ *essere in palla* être en forme ~ *rimettersi in palla* reprendre sa forme **2** [*oggetto sferico o rotondeggiante*] boule: *palla di neve* boule de neige; *una palla di ferro, di vetro* une boule de fer, de verre; *giocare a palle di neve* (jouer à) se lancer des boules de neige # *una palla di cavolfiore* une pomme de chou-fleur ◇ (*loc.*) *sgranare le palle degli occhi* écarquiller les yeux **3** *la palla dei prigionieri, dei condannati ai lavori forzati* le boulet *m.* des prisonniers, des condamnés aux travaux forcés ◇ (*loc. fig.*) *mettere la palla al piede a qc.* mettre la corde au cou à qqn. ~ *quella persona, quella situazione è per me una palla al piede* cette personne, cette situation c'est pour moi un boulet **4** [*proiettile di arma da fuoco*] balle, boulet: *cartuccia a palla* cartouches à balles; *una palla di cannone* un boulet de canon; *sentiva fischiare intorno a sé le palle nemiche* il entendait siffler autour de lui les balles ennemies → **pallottola** **5** [*sferetta per votazioni*] boule: *palla bianca, nera* boule blanche, noire **6** *spec. al plur.* (*pop., volg.*) [*testicolo*] couilles (*volg.*) ◇ (*loc. fig., volg.*) *non mi rompere le palle!* ne viens pas me les casser!; tu me les casses!; ne me casse pas les pieds! (*pop.*).
2 **pàlla** |'palla| *s.f.* (*st. rom.*) palla.
3 **pàlla** |'palla| *s.f.* (*liturg. catt.*) pale, palle.
pallabàse |palla'baze| *s.f.* (*raro*) → **rugby.**
pallacanèstro |pallaka'nɛstro| *s.m.* (*sport*) basket-ball → **basket.**
pallacòrda |palla'kɔrda| *s.f.* (*sport*) paume.
palladiàno |palla'djano| *agg.* **1** (*arts.*) palladien*, de Palladio (*loc. inv.*): *lo stile palladiano* le style palladien; *il teatro palladiano di Vicenza* le théâtre de Palladio à Vicence ◇ (*per est.*) *un architetto palladiano* un architecte palladien **2** *loc.* (*edil.*) ALLA PALLADIANA palladien (*agg.*): *pavimento alla palladiana* plancher, dallage palladien.
1 **pallàdio, i** |pal'ladjo, i| *s.m.* (*chim.*) palladium.
2 **pallàdio, i** |pal'ladjo, i| **I** *agg.* (*mitol. gr.*) de Pallas *loc. inv.* **II** *s.m.* **1** (*mitol. gr.*) palladium **2** (*lett.*) → **difesa, protezione.**
pallamàglio |palla'maʎʎo| *s.m. o f. inv.* (*sport*) mail *m. var.*
pallamàno |palla'mano| *s.m.* (*sport*) *hand-ball.
pallan(u)otista |pallan(w)o'tista| *s.m.* joueur* *s.* de water-polo.
pallanuòto |palla'nwɔto| *s.f.* (*sport*) water-polo *m.*
pallàta |pal'lata| *s.f.* (coup *m.* de) balle: *prendersi una pallata in testa* prendre, recevoir une balle sur la tête → **pallonata** # *fare a pallate di neve* se lancer des boules de neige.
pallàto |pal'lato| (*agg.*) *cavallo pallato* [*coperto di macchie rotonde, grigie o bianche*] cheval pommelé.
pallavolista |pallavo'lista| *s.* joueur* de volley-ball, volleyeur*.
pallavólo |palla'volo| *s.f.* (*sport*) volley-ball *m.*
palleàle |palle'ale| *agg.* (*zool.*) palléal*.
palleggiaménto |palleddʒa'mento| *s.m.* **1** (*sport*) → **palleggio** 1 **2** [→ PALLEGGIARE B] balancement: *il palleggiamento della lancia, del giavellotto* le balancement de la lance, du javelot **3** [→ PALLEGGIARE C] renvoi # *c'era un reciproco palleggiamento di responsabilità* on se renvoyait (réciproquement) la responsabilité, la balle.
palleggiàre |palled'dʒare| **A** *v. intr.* (*aus.* '*avere*') (*sport*) [*esercitarsi nel palleggio*] s'entraîner *pron.* avec le ballon: *palleggiare un po', in attesa dell'inizio della partita* s'entraîner un peu avec le ballon, en attendant le commencement du match **B** *v.tr.* [*agitare bilanciando*] balancer (2): *palleggiare il giavellotto, la lancia* balancer le javelot, la lance ◇ (*per est., fig.*) *palleggiare un bambino* balancer un enfant □ (*fig.*) *tutti si palleggiavano quella pericolosa responsabilità* tous se rejetaient réciproquement cette dangereuse responsabilité; ils se renvoyaient tous la balle **C** *v. pron. recipr.* PALLEGGIARSI [*attribuirsi scambievolmente colpe o responsabilità*] se renvoyer (14) la balle ✦ → *tr.* □.
palléggio, i |pal'leddʒo, i| *s.m.* **1** (*calcio*) entraînement au ballon; jeu de passes; dribble ◇ (*pallacanestro*) dribble ◇ (*rugby*) jeu de passes ◇ (*tennis*) échange de balles **2** (*raro*) → **palleggiamento** 2.
palleggiatóre, trice |palleddʒa'tore, tritʃe| *s.* [*chi palleggia bene col pallone*] virtuose du ballon, dribbleur *m.*
pallet |'pælit| *s.m. inv.* (*ingl.*) (*tecnol. trasporti*) palette (*f. var.*): *pallet con pareti amovibili* palette à rehausses amovibles.
pallettóne |pallet'tone| *s.m.* (*nelle munizioni di fucili da caccia*) chevrotine (*f.*): *sparare a pallettoni* tirer à chevrotines.
palliàre |pal'ljare| *v.tr.* (*lett.*) [*dissimulare sotto false apparenze*] pallier.
palliàta |pal'ljata| *s.f.* (*st. teat. rom.*) palliata.
palliatìvo |pallja'tivo| *s.m.* **1** (*med.*) palliatif ✦ *agg.* (*raro*) palliatif*: *un rimedio palliativo* un remède palliatif; *una terapia palliativa* une thérapeutique palliative **2** (*fig.*) [*rimedio precario e non risolutivo*] palliatif: *è un palliativo che non risolverà la crisi economica* c'est un palliatif qui ne résoudra pas la crise économique ✦ *agg.* (*raro*) *provvedimento palliativo* palliatif *s.m.*
pallidaménte |pallida'mente| *avv.* **1** (*raro*) [→ PALLIDO 3] vaguement: *lo ricordo pallidamente* je m'en souviens vaguement → **vagamente** **2** (*raro*) [*con luce pallida*] faiblement: *bruciare, ardere pallidamente* brûler faiblement.
pallidézza |palli'dettsa| *s.f.* (*raro*) [*pallore*] pâleur (*corr.*): *il suo volto era di una pallidezza che faceva paura* son visage était d'une pâleur à faire peur.
pallidino |palli'dino| *agg.* → **palliduccio.**
pàllido |'pallido| *agg.* **1** (*persone*) [*che ha un colorito della pelle bianco*] pâle: *come sei pallido, oggi!* comme tu es pâle, aujourd'hui!; *essere, diventare pallido dall'ira, dal terrore* être, devenir pâle de colère, de terreur ◇ (*loc.*) *visi*

pallidi visages pâles **2** (*per est.*) [*sbiadito, tenue*] pâle: *azzurro, rosa pallido* bleu, rose pâle ◇ (*per est.*) *una luce pallida* une lumière pâle; *la pallida luna* la lune pâle **3** (*fig.*) [*vago, incerto*] vague: *conservare un pallido ricordo di q.c.* conserver un vague souvenir de qqch. # *non ne ho la più pallida idea* je n'en ai pas la moindre idée © 1 **colorito**; 2 **intenso**.

pallidotomia |pallidoto'mia| *s.f.* (*chir.*) pallidectomie.

pallidùccio, ci, cia, ce |palli'duttʃo, tʃi, tʃa, tʃe| *agg.* (*con tono affettivo*) [*piuttosto pallido*] pâlot*, pâlichon* (*fam.*).

pallina |pal'lina| *s.f.* petite boule; balle; bille: *palline di vetro, di acciaio* petite boule de verre, d'acier || *palline da ping-pong* balles de ping-pong || *giocare a palline* jouer aux billes → **bilia.**

pallino |pal'lino| *s.m.* **1** [*piccola palla*] boulette *f.* ◇ (*bocce*) cochonnet → **boccino** ◇ (*biliardo*) bille *f.* **2** *spec. al plur.* (*nelle munizioni dei fucili da caccia*) plombs (de chasse): *sparare a pallini* tirer à plombs; *essere investito da una scarica di pallini* être atteint par une volée de plombs **3** (*abbigl.*) pois: *una cravatta a pallini rossi* une cravate à pois rouges → **'pois'** **4** (*fig.*) [*forte inclinazione; talento*] bosse *f.* (*fam.*), don: *ha il pallino della musica, della matematica* il a la bosse, le don de la musique, des mathématiques ◇ [*capriccio, ghiribizzo*] marotte *f.*, dada: *gli è venuto il pallino del collezionismo* il lui est venu la marotte de faire des collections; faire des collections est devenu son dada ◇ [*idea fissa; mania*] manie (*f.*): *ha il pallino dell'igiene, della pulizia* il a la manie de l'hygiène, de la propreté.

pàllio, i |'palljo, i| *s.m.* (*st. abbigl., eccl.*) pallium.

pallonàio, i |pallo'najo, i| *s.* **1** fabricant de ballons; marchand de ballons **2** (*region., fig.*) → **fanfarone.**

pallonàta |pallo'nata| *s.f.* **1** coup *m.* de ballon **2** (*fig., fam.*) [*fandonia, fanfaronata*] fanfaronnade (*corr.*), vantardise (*corr.*).

palloncino |pallon'tʃino| *s.m.* **1** petit ballon, ballonnet **2** [*pallone colorato, gonfiato con gas più leggero dell'aria*] ballon: *gli è sfuggito il palloncino* le ballon lui a échappé **3** [*lampioncino di carta, spec. per feste e sim.*] lanterne *f.* vénitienne: *la veranda era tutta illuminata da palloncini colorati* la vérande était éclairées par des lanternes vénitiennes colorées.

pallóne |pal'lone| *s.m.* **1** (*sport*) ballon: *tirare il pallone a rete, a canestro* mettre le ballon dans le filet, dans le panier # *il gioco del pallone* le football **2** (*aer.*) ballon: *pallone sonda* ballon-sonde; *pallone frenato, libero* ballon captif, d'essai; *pallone di sbarramento* ballon de barrage ◇ (*loc. fig., fam.*) *quel tizio è un pallone gonfiato* ce type est un ballon de baudruche, une baudruche; *sentirsi la testa come un pallone gonfiato* avoir une tête comme ça **3** (*t.bot.*) *pallone di maggio, di neve* obier, boule *f.* de neige (*corr.*).

pallonétto |pallo'netto| *s.m.* (*calcio*) chandelle *f.* ◇ (*tennis*) lob.

pallóre |pal'lore| *s.m.* [*l'essere pallido*] pâleur *f.*

pallòttola |pal'lɔttola| *s.f.* **1** [*piccola sfera*] boule: *le pallottole del pallottoliere* les boules du boulier ◇ [*massa compressa e ridotta a una forma rotonda*] boule: *strappò il foglio e ne fece una pallottola* il arracha la feuille et en fit une boule **2** [*proiettile di arma da fuoco portatile*] balle: *fu colpito al petto da una pallottola* il fut atteint d'une balle à la poitrine; *gli è stata estratta la pallottola che lo aveva ferito* on lui a extrait la balle qui l'avait blessé.

pallottolière |pallotto'ljɛre| *s.m.* [*arnese che insegna a contare per mezzo di pallottole*] boulier, boulier compteur.

pallovàle |pallo'vale| *s.f.* → **rugby.**

1 **pàlma** |'palma| *s.f.* **1** [*la parte interna inferiore della mano*] paume ◇ [*la mano intera*] main: *battere le palme* (*della mano*) battre des mains; *giungere le palme in segno di supplica* joindre les mains en signe de supplication → **palmo** ◇ (*loc. fig.*) *portare qc. in palma di mano* tenir qqn. en grande estime **2** (*zool.*) palmure.

2 **pàlma** |'palma| *s.f.* **1** (*t.bot.*) palmier *m.* ~ *palma della cera* palmier à cire ~ *palma del cocco* cocotier *m.* ~ *palma nana* palmier nain, chamérops *m.* ~ *palma* (*da datteri*) dattier *m.* ◇ (*corr.*) *olio, burro di palma* huile, beurre de palmier; *vino di palma* vin de palmier **2** (*liturg. catt.*) *la domenica delle Palme* le dimanche des Rameaux, les Rameaux; *la palma del martirio* la palme du martyre **3** (*fig.*) [*simbolo di vittoria*] palme: *conseguire la palma della vittoria* remporter la palme.

palmàre |pal'mare| *agg.* **1** (*anat.*) palmaire: *muscolo, arcata palmare* muscle, arcade palmaire **2** (*fig.*) [*di una evidenza assoluta*] évident, manifeste: *è una prova palmare della sua colpevolezza* c'est une preuve évidente, manifeste de sa culpabilité; *incorrere in un errore, in una contraddizione palmare* tomber dans une erreur, une contradiction manifeste → **lampante.**

palmatifido |palma'tifido| *agg.* (*bot.*) palmi(ti)fide.

palmàto |pal'mato| *agg.* (*bot., zool.*) palmé: *foglie palmate* feuilles palmées; *zampe palmate* pattes palmées.

palmatolobàto |palmatolo'bato| *agg.* (*bot.*) palmilobé.

palmatopartito |palmatopar'tito| *agg.* (*bot.*) palmiparti*.

palmatosètto |palmato'zɛtto| *agg.* (*bot.*) palmiséqué.

palménto |pal'mento| *s.m.* **1** (*ant.*) [*macina da mulino*] meule *f.* (*corr.*) ◇ (*loc. fig., corr.*) *mangiare a quattro palmenti* manger comme quatre, s'empiffrer **2** (*nell'Italia merid.*) [*vasca per la pigiatura dell'uva e la fermentazione del mosto*] pressoir.

1 **pàlmer** |'palmer| *s.m. inv.* (*tecnol.*) palmer *var.* → **micrometro.**

2 **pàlmer** |'palmer| *s.m. inv.* [*particolare tubolare per biciclette da corsa*] boyau *var.*

palméto |pal'meto| *s.m.* [*terreno coltivato a palme*] palmeraie *f.*

palmétta |pal'metta| *s.f.* (*agr.*) palmette.

palminèrvio, i |palmi'nɛrvjo, i| *agg.* (*bot.*) *foglia palminervia* feuille palminervée.

palmìpede |pal'mipede| *agg.* (*zool.*) palmipède.

Palmìpedi |pal'mipedi| *s.m. pl.* (*t.zool.*) Palmipèdes.

palmisti |pal'misti| *s.m. inv.* (*t.bot.*) palmiste *var.*

palmitico, ci |pal'mitiko, tʃi| *agg.* (*chim.*) *acido palmitico* acide palmitique.

palmitina |palmi'tina| *s.f.* (*chim.*) palmitine.

palmìzio, i |pal'mittsjo, i| *s.m.* [*palma da datteri*] (palmier) dattier ◇ (*liturg. catt.*) palme *f.*, rameau.

pàlmo |'palmo| *s.m.* **1** [*distanza tra pollice e mignolo di una mano tesa*] pied, empan (*arc.*): *sul marciapiede c'era un palmo di neve* sur le trottoir il y avait un pied de neige → **spanna** ◇ (*loc. fig.*) [*grande lunghezza*] *rimanere con un palmo di naso* être tout déçu, être chocolat (*fam.*) ~ *arrivare trafelato, con un palmo di lingua fuori* arriver tout essoufflé, hors d'haleine ◇ [*quantità minima*] *affogare in un palmo di acqua* se noyer dans un verre d'eau ~ *possedere un palmo di terreno* posséder un pouce de terrain, un lopin de terre ~ *è alto un palmo* il est haut comme trois pommes ~ *non indietreggiare di un palmo* ne pas reculer d'un pouce ◇ *loc. avv.* (A) PALMO A PALMO dans ses moindres détails: *conosco questa zona palmo a palmo* je connais cette région dans ses moindres détails # *difendere un territorio a palmo a palmo* défendre un territoire pied à pied **2** [*ant. misura lineare corrispondente a circa 25 cm.*] palme *f.* **3** (*region., in alcune loc.*) [*palma della mano*] creux: *versarsi l'acqua nel palmo della mano* verser de l'eau dans le creux de sa main # *portare qc. in palmo di mano* tenir qqn. en grande estime.

pàlmola |'palmola| *s.f.* (*raro*) [*forca per ammucchiare paglia*] bident *m.* (*corr.*), trident *m.* (*corr.*).

pàlo |'palo| *s.m.* **1** [*legno conficcato nel terreno per sostegno e sim.*] pieu; (*per le viti*) échalas; (*di sostegno, di segnalazione*) poteau; (*di palizzata*) palis: *conficcare un palo nel terreno* enfoncer un pieu dans la terre || *sostenere una vite con dei pali* soutenir une vigne avec des échalas || *i pali del telegrafo, del telefono, della luce elettrica* les poteaux télégraphiques, du téléphone, électriques || *pali per palizzate* palis pour des palissades ◇ (*edil.*) *palo di fondazione* pieu de fondation, pilot ◇ (*calcio*) *i pali della porta* les poteaux du but; *il pallone si è infilato all'incrocio dei pali* le ballon s'est glissé à l'encoignure formée par les poteaux ◇ (*ippica*) *il palo d'arrivo* le poteau d'arrivée ◇ (*loc.*) *mettere qc. al palo* [*per torturarlo o giustiziarlo*] mettre qqn. au poteau ◇ (*loc. fig.*) *star dritto come un palo* être droit comme un I, un pieu, un piquet ~ *saltare di palo in frasca* passer du coq à l'âne, faire du coq à l'âne; parler à bâton rompu **2** (*per est.*) poteau: *pali di acciaio, di cemento, di calcestruzzo* poteaux en acier, en ciment, en béton **3** (*fig.*) [*il complice di un reato, che sta di guardia*] *fare il palo, fare da palo a qc., a una banda* faire le guet pour qqn., pour une bande **4** (*mar.*) mat de barque **5** (*arald.*) pal*.

palómba |pa'lomba| *e deriv.* (*region.*) → **colomba** *e deriv.*

palombàro |palom'baro| *s.* [*chi*

si immerge sott'acqua con scafandro] scaphandier *m.*
palómbo |pa'lombo| *s.m.* **1** (*t.zool.*) émissole *f.*, chien de mer (*corr.*) **2** (*region.*) [*colombo selvatico*] pigeon ramier, palombe *f.*
palpàbile |pal'pabile| *agg.* **1** [→ PALPARE] palpable **2** (*fig.*) [*evidente, manifesto*] palpable, tangible: *è una realtà palpabile* c'est une réalité palpable, tangible; *una prova palpabile* une preuve palpable → **palmare** 2, **concreto.**
palpabilità |palpabili'ta| *s.f. inv.* **1** (*med.*) palpabilité (*var.*): *la palpabilità di un organo* la palpabilité d'un organe **2** (*fig.*) [*evidenza incontestabile*] palpabilité, évidence (*var.*): *la palpabilità di una prova* la palpabilité, l'évidence d'une preuve.
palpàre |pal'pare| *v.tr.* **1** [*toccare ripetutamente*; *tastare*] palper, tâter: *palpare, palparsi il collo* palper, se tâter le cou; *palpare un tessuto, una stoffa* tâter un tissu, une étoffe; *palpare un coniglio, una gallina* tâter un lapin, une poule **2** (*med.*) [*esaminare mediante le percezioni tattili e termiche delle mani*] palper: *palpare un organo* palper un organe.
palpàta |pal'pata| *s.f.* [→ PALPARE 1] attouchement *m.*, tâtement *m.* → **tastata** # *dare una palpata a q.c.* palper qqch.
palpazióne |palpat'tsjone| *s.f.* [→ PALPARE 2] palpation, palper *m.*
pàlpebra |'palpebra| *s.f.* (*anat.*, *corr.*) paupière: *aprire, chiudere le palpebre* lever, baisser les paupières; ouvrir, fermer les yeux; *sbattere le palpebre* battre les paupières; cligner, clignoter des yeux.
palpebràle |palpe'brale| *agg.* (*anat.*) palpébral*.
palpeggiaménto |palpeddʒa'mento| *s.m.* (*raro*) [→ PALPEGGIARE] attouchement (*corr.*), tâtement.
palpeggiàre |palped'dʒare| *v.tr.* [*palpare a lungo, delicatamente*] palper, tâter.
palpitànte |palpi'tante| *agg.* **1** palpitant: *un muscolo, il cuore palpitante* un muscle, le cœur palpitant **2** (*fig.*) [*ansimante, ansioso*] palpitant # *attendeva il ritorno del figlio con il cuore palpitante* elle attendait le retour de son fils, le cœur battant → **trepidante** ◇ [*vivace, appassionato*] *le sue lettere palpitanti d'amore* ses lettres palpitantes (*lett.*) d'amour # *avere un interesse palpitante per q.c.* se passionner pour qqch. ◇ (*loc.*) *una notizia, un argomento di palpitante attualità* une nouvelle, un sujet d'une actualité brûlante, palpitante.
palpitàre |palpi'tare| *v.intr.* (*aus. 'avere'*) **1** (*detto di parti del corpo*) [*battere, pulsare ritmicamente*] palpiter: *il suo cuore palpita ancora* son cœur palpite encore; *estrassero le viscere della preda che palpitavano ancora* les viscères de la bête palpitaient encore quand ils les retirèrent ◇ (*per est.*) *lo trovarono ferito, ma che palpitava ancora* ils le trouvèrent blessé, mais le cœur battait encore **2** (*fig.*) [*essere eccitato, in preda a un forte stato emotivo*] *palpitare di terrore, di speranza* palpiter de terreur, d'espoir; *palpitare d'amore per qc.* palpiter, brûler d'amour pour qqn. → **ardere.**

palpitazióne |palpitat'tsjone| *s.f.* **1** [→ PALPITARE 1] palpitation: *soffrire di palpitazione cardiaca* souffrir de palpitations, de battements de cœur, de tachycardie; *essere soggetto a palpitazioni* être sujet à des palpitations → **tachicardia** **2** (*fig.*) [*ansia, preoccupazione*] appréhension, inquiétude: *me ne date, di palpitazioni, con il vostro comportamento!* vous m'en donnez des palpitations avec votre comportement! → **batticuore.**
pàlpito |'palpito| *s.m.* **1** (*med.*) battement: *ascoltare i palpiti del cuore, del polso* écouter les battements du cœur, du pouls; *palpito regolare, accelerato* battement régulier, accéléré **2** (*fig.*) [*sentimento, emozione*] frémissement, élan: *palpiti di gioia, di amore, di speranza* frémissements de joie, d'amour, d'espoir; *allora ebbe un palpito di tenerezza per lui* elle eut alors un élan de tendresse pour lui.
pàlpo |'palpo| *s.m.* (*zool.*) palpe.
paltò |pal'tɔ| *s.m. inv.* paletot *var.*, manteau *var.* → **1 cappotto, soprabito.**
paltoncìno |palton'tʃino| *s.m.* **1** manteau d'enfant **2** (*raro*) [*cappotto leggero*] gabardine *f.* (*corr.*).
paludaménto |paluda'mento| *s.m.* **1** (*lett.*) riche habillement (*corr.*) ◇ (*scherz.*) accoutrement: *si è presentata con uno strano paludamento* elle s'est présentée dans un accoutrement bizarre **2** (*fig.*) [*ornamento vuoto e ampolloso*] *una prosa ricca di paludamenti retorici* une prose riche en artifices rhétoriques, en fleurs de rhétorique; *nascondere la propria ignoranza con il paludamento di termini ricercati* déguiser son ignorance sous le manteau de termes recherchés **3** (*st. rom.*) paludamentum.
paludàre |palu'dare| **A** *v.tr.* (*raro*) [*rivestire con sontuosità*] parer (*corr.*) **B** *v.pron. rifl.* PALUDARSI (*lett., scherz.*) [→ *tr.*] se parer: *paludarsi a festa per la circostanza* se parer, s'attifer (*fam.*), se mettre (71) sur son trente et un pour la circonstance.
paludàto |palu'dato| *agg.* **1** (*raro, scherz.*) [*vestito sontuosamente*] paré (de riches vêtements) (*corr.*) # *paludato nell'alta uniforme* ayant revêtu l'uniforme de gala **2** (*fig.*) [*ampolloso, solenne*] ampoulé: *stile paludato* style ampoulé.
palùde |pa'lude| *s.f.* (*geogr., corr.*) marais *m.*, marécage (*m.*): *la bonifica di una palude* le drainage, l'assainissement des marais, des marécages; *vegetazione di palude* végétation des marais; *il gas delle paludi* le gaz des marais → **metano** # *caccia in palude* chasse au gibier d'eau ◇ (*per est.*) *la piazza era diventata una palude per le piogge continue* la place était transformée en marécage par les pluies continuelles → **acquitrino** ◇ (*fig.*) *essere immerso nella palude del conformismo* s'embourber dans le marais du conformisme.
paludìcolo |palu'dikolo| *agg.* (*bot., zool.*) paludicole.
paludìna |palu'dina| *s.f.* (*t.zool.*) paludine.
paludìsmo |palu'dizmo| *s.m.* (*raro*) paludisme (*corr.*) → **malaria.**
paludóso |palu'doso| *agg.* [*ricco di paludi*] marécageux*: *zona paludosa* région marécageuse ◇ [*acquitrinoso*] *terreno paludoso* terrain marécageux; *acque paludose* eaux marécageuses.

palùstre |pa'lustre| *agg.* (*scient.*) paludéen*, palustre: *fauna, flora palustre* faune, flore paludéenne, palustre; *zona palustre* zone paludéenne, palustre → **paludoso** ◇ (*med.*) *febbre palustre* fièvre paludéenne, palustre.
pam |pam| *inter.* (*voce onomat. che riproduce il suono di q.c. che sbatte o di uno sparo*) pan.
pamèla |pa'mɛla| *s.f.* (*abbigl.*) capeline.
pàmfete |'pamfete| *inter.* → **pam.**
pàmpa |'pampa| *s.f.* (*geogr.*) pampa.
pàmpano |'pampano| *s.m.*, **pàmpana** |'pampana| *s.f.* (*raro, region.*) → **pampino.**
pampepàto |pampe'pato| *s.m.* → **panpepato.**
pampéro |pam'pero| *s.m.* (*geogr.*) pampéro.
'pamphlet' |pɑ̃flɛ| *s.m. inv.* pamphlet *var.*
pampìneo |pam'pineo| *agg.* (*lett.*) de pampre *loc. inv.*
pàmpino |'pampino| *s.m.* (*bot.*) pampre.
pamplegìa, gie |pample'dʒia, dʒie| *s.f.* (*med.*) tétraplégie.
pamporcìno |pampor'tʃino| *s.m.* → **ciclamino.**
pan- |pan| (*'pam' davanti a cons. labile*) *pref.* (*in termini dotti o scient., indica 'tutto, completamente', corrispondе gener. a*) pan-; pant(o)-: *panamericano* panaméricain ‖ *panteismo* panthéisme; *pantografo* pantographe.
panacèa |pana'tʃɛa| *s.f.* panacée → **toccasana** ◇ (*fig.*) *cercare, trovare una panacea* chercher, trouver une panacée.
panafricanismo |panafrika'nizmo| *s.m.* (*polit.*) panafricanisme.
panafricàno |panafri'kano| *agg.* (*polit.*) panafricain.
pànama |'panama| *s.m. inv.* **1** (*cappello di*) *panama* panama **2** (*tess.*) panama: *un vestito, una tenda di panama* un costume, un rideau en panama.
panamènse |pana'mɛnse|, **panamégno** |pana'meɲɲo| *agg.* [*di Panama*] panamien*.
panamericanismo |panamerika'nizmo| *s.m.* (*polit.*) panaméricanisme.
panamericàno |panameri'kano| *agg.* (*polit.*) panaméricain.
panarabìsmo |panara'bizmo| *s.m.* (*polit.*) panarabisme.
panàrabo |pa'narabo| *agg.* (*polit.*) panarabe.
panàre |pa'nare| *v.tr.* (*cuc.*) [*avvolgere con pane grattugiato per poi friggere*] paner: *panare la carne* paner la viande → **1 impanare.**
panàrio, i |pa'narjo, i| *agg.* (*raro*) [*relativo alla panificazione*] du pain *loc. inv.* (*corr.*): *industria panaria* industrie du pain.
panartrite |panar'trite| *s.f.* (*med.*) panarthrite.
panasiàtico, ci, ca, che |pana'zjatiko, tʃi, ka, ke| *agg.* (*polit.*) panasiatique.
panasiatìsmo |panazja'tizmo| *s.m.* (*polit.*) panasiatisme.
panàta |pa'nata| *s.f.* (*cuc.*) panade.
panatéla |pana'tela| *s.m.* panatela, panatella.
panatenàico, ci, ca, che |panate'naiko, tʃi, ka, ke| *agg.* (*st. gr.*) panathénien*: *le* (*feste*) *panatenaiche*

les fêtes panathéniennes → **panatenee.**
panatenèe |panate'nεe| *s.f. pl.* (*st. gr.*) panathénées.
panàtica, che |pa'natika, ke| *s.f.* **1** (*mar.*): (*vitto*) nourriture; (*equivalente in denaro*) solde **2** (*ant.*) [*provvista di pane*] provision de pain (*corr.*).
panàto |pa'nato| *agg.* (*cuc.*) pané *p.p.* → **impanato.**
pànca, che |'panka, ke| *s.f.* [*sedile di legno per più persone*] banc (*m.*): *le panche della chiesa* les bancs de l'église; *le panche di una tavernetta* les bancs d'une taverne → **banco** ◇ (*loc. fig.*) *scaldare le panche* se tourner les pouces (*fam.*); (*detto di scolaro*) regarder voler les mouches ~ *far ridere, far scappare le panche* dire, faire des bourdes.
pancàccio, i |pan'kattʃo, i| *s.m.* [*tavolaccio, spec. nelle carceri*] planche *f.*
pancake |'pænkeik| *s.m. inv.* (*ingl.*) cake *var.*
pancalìsmo |panka'lizmo| *s.m.* (*filos.*) pancalisme.
pancarrè |pankar'rε| *s.m. inv.* tranche *f. var.* de pain de mie: *preparare dei toast con il pancarré* préparer des toasts avec des tranches de, avec du pain de mie.
pancèra |pan'tʃεra| *s.f.* → **panciera.**
pancétta |pan'tʃetta| *s.f.* **1** (*cuc.*) lard *m.* maigre: *pancetta di vitello ripiena* lard de veau farci ◇ (*spec. di carne suina, conservata come salume*) *pancetta affumicata* lard fumé, bacon *m.* **2** (*fam.*) [*pancia prominente per adiposità*] bedon *m.*, bedaine # *metter su pancetta, un po' di pancetta* prendre du ventre, de la brioche.
panchétta |pan'ketta| *s.f.* [*piccola panca*] banquette.
panchétto |pan'ketto| *s.m.* [*piccola panca per una sola persona*] escabeau; tabouret: *il panchetto del calzolaio* l'escabeau, le tabouret du cordonnier → **sgabello.**
panchìna |pan'kina| *s.f.* **1** [*sedile per più persone, in luoghi pubblici*] banc *m.*, banquette: *le panchine dei giardini pubblici, della stazione* les bancs des jardins publics, de la gare **2** (*calcio*) banc: *la panchina dell'allenatore* le banc (de l'entraîneur); *c'erano due riserve in panchina* il y avait deux remplaçants sur le banc ◇ (*per est.*) [*l'allenatore di una squadra* (*di calcio*)] entraîneur *m.*
pància, ce |'pantʃa, tʃe| *s.f.* **1** [*ventre*] ventre (*m.*): *avere mal di pancia* avoir mal au ventre; *essere a pancia piena, vuota* avoir le ventre plein, creux → **stomaco** ◇ (*loc. fig.*) *pensare solo alla pancia, fare tutto per la pancia* ne penser qu'au ventre, qu'à son ventre ~ *starsene a pancia all'aria, grattarsi la pancia* rester les bras croisés, se tourner les pouces (*fam.*) ~ *tenersi, reggersi la pancia dalle risa* se tenir les côtes de rire, se tordre de rire **2** (*per est.*) panse: *la pancia di un vaso, di un fiasco, di una bottiglia* la panse d'un vase, d'un fiasco, d'une bouteille; *la pancia della lettera 'b'* la panse de la lettre 'b'.
panciàta |pan'tʃata| *s.f.* **1** [*colpo, botta presa con la pancia*] plat(-ventre) (*m.*): *tuffandosi, s'è preso una bella panciata* en plongeant, il a fait un plat (-ventre) **2** (*raro*) → **scorpacciata.**
pancièra |pan'tʃεra| *s.f.* **1** [*fascia elastica per proteggere il ventre*] gaine → **ventriera** **2** (*st. ant.*) *la panciera della corazza* la pansière de la cuirasse.
panciòlle |pan'tʃɔlle| *s.m. inv.* (*solo nella loc. avv.*) *essere, starsene in panciolle* [*a pancia all'aria, in un ozio tranquillo*] rester les bras croisés, se tourner les pouces (*fam.*).
panciόne |pan'tʃone| *s.* **1** *s.m.* [*grossa pancia*] gros ventre, bedaine *f.* (*fam.*) **2** *s.* [*persona grassa*] patapouf *m.* (*fam.*), gros lard *m.* (*fam.*): *guarda quel pancione di tuo zio!* vois un peu ton oncle, s'il est bedonnant! → **grassone, ciccione.**
panciòtto |pan'tʃɔtto| *s.m.* (*abbigl.*) gilet, gilè.
panciùto |pan'tʃuto| *agg.* **1** (*persone*) [*grasso*] bedonnant, ventru **2** (*per est.*) (*cose*) pansu, ventru: *un'anfora panciuta* une amphore pansue, ventrue.
panclastite |panklas'tite| *s.f.* (*chim.*) panclastite.
pancόne |pan'kone| *s.m.* **1** [*robusta asse di legno*] grosse planche *f.*, madrier **2** [*banco di lavoro*] établi, table (*f.*): *il bancone del falegname, del sarto* l'établi du menuisier, la table du couturier **3** (*geol.*) glaise *f.*
pancosmìsmo |pankoz'mizmo| *s.m.* (*filos.*) pancosmisme.
pancòtto |pan'kɔtto| *s.m.* (*cuc.*) panade *f.*
pancràtico, ci, ca, che |pan'kratiko, tʃi, ka, ke| *agg.* (*fis.*) pancratique.
pancraziàste |pankrat'tsjaste| *s.m.* (*st. gr.*) pancratiaste.
pancràzio, i |pan'krattsjo, i| *s.m.* (*st. gr.*) pancrace.
pàncreas |'pankreas| *s.m. inv.* (*anat.*) pancréas.
pancreàtico, ci, ca, che |pankre'atiko, tʃi, ka, ke| *agg.* (*anat., med.*) pancréatique.
pancreatìna |pankrea'tina| *s.f.* (*biol.*) pancréatine.
pancreatite |pankrea'tite| *s.f.* (*med.*) pancréatite.
pancristiàno |pankris'tjano| *agg.* panchrétien*.
pancromàtico, ci, ca, che |pankro'matiko, tʃi, ka, ke| *agg.* (*foto.*) panchromatique.
pànda |'panda| *s.m. inv.* (*t.zool.*) panda *var.*
Pandanàcee |panda'natʃee| *s.f. pl.* (*t.bot.*) Pandanacées.
pandàno |pan'dano| *s.m.* (*t.bot.*) pandanus.
pandemìa |pande'mia| *s.f.* (*med.*) pandémie.
pandémico, ci, ca, che |pan'demiko, tʃi, ka, ke| *agg.* (*med.*) pandémique.
pandemònio, i |pande'mɔnjo, i| *s.m.* [*rumore assordante*] vacarme infernal*: *con tutti quei bambini, c'era un* (*tal*) *pandemonio!* avec tous ces enfants, il y avait un vacarme infernal! ◇ [*grande confusione*] pagaille *f.*, désordre → 1 **chiasso, cagnara** ◇ [*scompiglio, subbuglio*] tollé: *la notizia delle dimissioni ha scatenato un pandemonio* la nouvelle des démissions a soulevé un tollé général ◇ [*scandalo*] *qui, se non si pongono rimedi, nasce un pandemonio* ici, si on ne trouve pas de remède, il y aura un scandale.
pandètte |pan'dεtte| *s.f. pl.* (*dir. rom.*) pandectes.
pandiculazióne |pandikulat'tsjone| *s.f.* (*med.*) pandiculation.
pàndit |'pandit| *s.m. inv.* (*titolo indiano*) pandit *var.*
pandòra |pan'dɔra| *s.m.* (*mus.*) pandore *f.*
pandòro |pan'dɔro| *s.m.* [*dolce tipico di Verona, di color giallo oro*] ⊠.
1 **pàne** |'pane| *s.m.* **1** pain: *pane fresco, duro, raffermo, stantio* pain frais, dur, rassis, moisi; *pane tostato, abbrustolito* pain grillé; *pane bianco, nero* pain blanc, noir; *pane casereccio* pain de ménage; *pane integrale* pain complet; *pane di segale, d'orzo, di avena* pain de seigle, d'orge, d'avoine; *pane* (*di*) *cinque cereali* pain aux cinq céréales; *pane all'olio* pain à l'huile; *mangiare pane e prosciutto* manger du pain et du jambon; *pane in trecce, in ciambelle* pain en épis, en couronne # *uno sfilatino, una pagnotta di pane* une baguette, une miche; *pane grattugiato* chapelure ◇ (*loc.*) *mettere qc., stare a pane e acqua* mettre qqn., être au pain et à l'eau ◇ (*loc. fig.*) *essere buono come il pane* être bon comme le pain ~ *vendere, svendere q.c. per un tozzo di pane* vendre, solder qqch. pour une bouchée de pain ~ *non è pane per i tuoi denti!* ce n'est pas pour toi! ~ *finalmente ha trovato pane per i suoi denti* finalement il a trouvé à qui parler, quelqu'un de plus fort que lui ~ *rendere pan per focaccia* rendre à qqn. la monnaie de sa pièce ~ *dire pane al pane* (*e vino al vino*) appeler un chat un chat ~ *se non è zuppa è pan bagnato* c'est bonnet blanc et blanc bonnet ~ *guadagnarsi il pane con il sudore della propria fronte* gagner son pain à la sueur de son front ~ (*non*) *far mancare il pane ai figli* (ne) laisser (pas) manquer ses enfants de pain ~ *togliersi il pane di bocca* (*per qc.*) s'ôter le pain de la bouche (pour qqn.) ~ *togliere il pane a qc.* retirer à qqn. le pain de la bouche ~ *misurare il pane a qc.* mesurer le pain à qqn. ~ *mangiare pane a tradimento, a ufo* ne pas valoir le pain qu'on mange **2** [*nome di alcuni dolci*] pain: *pan di Spagna* pain de Gênes; *pan di miglio* pain de millet; *pane coi fichi* pain aux figues; *pan pepato* → **panpepato** **3** (*fig.*) *il pane della scienza* la nourriture spirituelle, la dive bouteille ◇ (*catt.*) *pane degli angeli* pain des anges ◇ (*loc.*) *questa materia, questo campo è il suo pane* cette matière, ce domaine est son fort **4** [*massa di sostanza alimentare a forma di pane*] pain: *un pane di burro* un pain, une motte de beurre **5** (*per est.*) *un pane di cera* un pain de cire; *pani di metallo fuso* saumons de métal fondu → **lingotto** **6** (*t.bot.*) *l'albero del pane* l'arbre à pain ~ *pan di cuculo* pain de coucou ~ *pan porcino, panporcino* → **ciclamino.**
2 **pàne** |'pane| *s.m.* (*mecc.*) *il pane della vite* le filet de la vis.
panegìrico, ci |pane'dʒiriko, tʃi| *s.m.* panégyrique: *pronunciare il panegirico del santo patrono* prononcer le panégyrique du saint patron ◇ (*fig.*) *ha continuato a fare il tuo panegirico* il a continué à faire ton panégyrique → **elogio.**
panegirìsta |panedʒi'rista| *s.* panégyriste *m.*
panellènico, ci, ca, che |panel'lεniko, tʃi, ka, ke| *agg.* (*st. gr.*) panhellénique, panhellénien*.

panellenismo |panelle'nizmo| *s.m.* (*st.*) panhellénisme.
panellenista |panelle'nista| *s.* panhelléniste.
panellenistico, ci, ca, che |panelle'nistiko, tʃi, ka, ke| *agg.* panhelléniste.
panèllo |pa'nɛllo| *s.m.* [*mattonella di sostanze alimentari pressate, usate come mangime per il bestiame*] tourteau.
panettatrice |panetta'tritʃe| *s.f.* (*tecnol. alimentare*) pétrin *m.* mécanique.
panetteria |panette'ria| *s.f.* [*negozio dove si confeziona e si vende il pane*] boulangerie.
panettière |panet'tjɛre| *s.* [*gestore di panetteria*] boulanger* → **fornaio.**
panétto |pa'netto| *s.m.* **1** [*confezione, spec. di sostanze alimentari, a forma di pane*] pain: *un panetto di burro* un pain de beurre **2** (*raro*) [*piccola forma di pane*] petit pain (*corr.*).
panettóne |panet'tone| *s.m.* [*tipico dolce di Milano, a forma di cupola, consumato spec. nel periodo natalizio*] ⊠.
paneuropèo |paneuro'pɛo| *agg.* (*polit.*) paneuropéen*.
pànfilo |'panfilo| *s.m.* (*mar.*) yacht → **yacht.**
panfòrte |pan'fɔrte| *s.m.* [*dolce tipico di Siena, di forma tondeggiante e schiacciata*] ⊠.
panfrùtto |pan'frutto| *s.m.* (*cuc.*) cake.
pangènesi |pan'dʒɛnezi| *s.f. inv.* (*biol.*) pangénèse *var.*
pangermanésimo |pandʒerma'nezimo|, **pangermanismo** |pandʒerma'nizmo| *s.m.* (*polit.*) pangermanisme.
pangermanista |pandʒerma'nista| *s.* pangermaniste.
pangermanistico, ci, ca, che |pandʒerma'nistiko, tʃi, ka, ke| *agg.* (*polit.*) pangermaniste.
pangolino |pango'lino| *s.m.* (*t. zool.*) pangolin.
pangrattàto |pangrat'tato| *s.m.* (*cuc.*) chapelure *f.*
pània |'panja| *s.f.* [*sostanza vischiosa per catturare uccelli*] glu: *prendere i tordi con la pania* prendre des grives à la glu ◇ (*per est.*) *disporre le panie per la cattura degli uccelli* disposer des gluaux pour capturer des oiseaux ◇ (*fig.*) *cadere nella pania* tomber dans le panneau → 1 **allettamento, lusinga.**
paniàccio, i |pa'njattʃo, i| *s.m.* (*caccia*) étui à gluau.
panicastrèlla |panikas'trɛlla| *s.f.* (*t.bot.*) panic *m.* sauvage.
panicàto |pani'kato| *agg.* (*veter.*) ladre (tache de).
panicatùra |panika'tura| *s.f.* (*veter.*) ladrerie.
pànico, ci, ca, che |'paniko, tʃi, ka, ke| **I** *agg.* **1** (*letter.*) panique: *l'ispirazione panica delle liriche di un poeta* l'inspiration panique des lyriques d'un poète ◇ (*mitol. gr.*) *il culto panico* le culte panique **2** (*fig.*) *timore, terrore panico* peur, terreur panique **II** *s.m.* panique (*f.*): *la notizia ha gettato il panico tra la gente* la nouvelle a jeté la panique dans la foule; *tutti furono presi dal panico* tous furent pris de panique; *di fronte alla commissione esaminatrice, si lasciò prendere dal panico* devant le jury d'examen, il fut pris de panique → **terrore, paura** # *non lasciarti prendere dal panico!* ne te laisse pas paniquer!
panico, chi |pa'niko, ki| *s.m.* (*t. bot.*) panic, millet (*corr.*) ◇ [*il seme, come cibo per gli uccelli*] millet.
panicolàto |paniko'lato| *agg.* (*bot.*) paniculé.
panièra |pa'njɛra| *s.f.* [*cesta di vimini*] manne: *la paniera per la biancheria pulita* la manne du linge propre ◇ [*il contenuto*] mannée: *una paniera di paste* une mannée de gâteaux.
panieràio, i |panje'rajo, i| *s.m.* **1** (*raro*) [*fabbricante, venditore di panieri*] vannier (*corr.*) **2** (*in Sicilia*) [*bracciante addetto alla raccolta di agrumi*] cueilleur d'agrumes.
panieràta |panje'rata| *s.f.* **1** [*quantità contenuta in un paniere, in una paniera*] plein panier *m.*, mannée: *una panierata di pane* un plein panier de pain **2** (*raro*) coup *m.* de panier (*corr.*).
panière |pa'njɛre| *s.m.* **1** panier: *un paniere tondo, bislungo, coperto* un panier rond, oblong, avec un couvercle; *un paniere pieno di uova* un panier plein d'œufs ◇ [*il contenuto*] *un paniere di mele, di fichi* un panier de pommes, de figues; *si è mangiato un intero paniere di fragole* il a mangé tout un panier de fraises ◇ (*loc. fig.*) *essere* (*come*) *un paniere sfondato, senza fondo* être un panier percé ~ *rompere le uova nel paniere* (*a qc.*) faire rater une affaire (à qqn.), déranger les plans de qqn. ◇ (*prov.*) *chi vuol far l'altrui mestiere fa la zuppa nel paniere* chacun son métier, les vaches seront bien gardées **2** (*econ.*) *il paniere per il calcolo dell'indice del costo della vita* le panier pour le calcul de l'indice du coût de la vie **3** (*st. abbigl.*) panier.
panificàbile |panifi'kabile| *agg.* [→ PANIFICARE] panifiable.
panificàre |panifi'kare| *v.tr.* [*usare per fare il pane*] panifier: *panificare un quintale di farina* panifier cent kilos de farine ♦ *ass.* faire (45) du pain: *oggi i fornai non hanno panificato* aujourd'hui les boulangers n'ont pas fait de pain.
panificatóre, trice |panifika'tore, tritʃe| *s.* (*raro*) → **fornaio.**
panificazióne |panifikat'tsjone| *s.f.* [→ PANIFICARE] panification.
panificio, i |pani'fitʃo, i| *s.m.* [*panetteria*] boulangerie *f.*
panifòrte |pani'fɔrte| *s.m.* (*tecnol.*) contre-plaqué: *dei paniforti* des contre-plaqués.
panino |pa'nino| *s.m.* petit pain: *panini all'olio* petits pains à l'huile # *panini imbottiti, ripieni* sand-wich(e)s; *fare uno spuntino a base di panini* casser la croûte.
panióne |pa'njone| *s.m.* (*caccia*) gluau, pipeaux *pl.*
panislàmico, ci, ca, che |paniz'lamiko, tʃi, ka, ke| *agg.* (*polit.*) panislamique.
panislamismo |panizla'mizmo| *s.m.* (*polit.*) panislamisme.
panismo |pa'nizmo| *s.m.* (*letter.*) sentiment, esprit panique.
paniùzza |pa'njuttsa| *s.f.* (*caccia*) gluau *m.*
panlògico, ci, ca, che |pan'lɔdʒiko, tʃi, ka, ke| *agg.* (*filos.*) panlogique.
panlogismo |panlo'dʒizmo| *s.m.* (*filos.*) panlogisme.
panmissi |pan'missi| *s.f. inv.*, **panmissìa** |panmis'sia| *s.f.* (*biol.*) panmixie *var.*
1 **pànna** |'panna| *s.f.* crème: *panna* (*montata*) crème fouettée, crème Chantilly; *meringhe con la panna* meringues à la crème.
2 **pànna** |'panna| *s.f.* **1** (*mar.*) panne: *mettere, mettersi in panna* mettre, se mettre en panne **2** (*per est.*) → **'panne'.**
'panne' |pan| *s.f. inv.* panne (*var.*): *il motore è in 'panne'* le moteur est en panne; *sono rimasto in 'panne' sull'autostrada* je suis resté, tombé en panne sur l'autoroute.
panneggiaménto |panneddʒa'mento| *s.m.* **1** [→ PANNEGGIARE 1] drapement **2** (*arts.*) draperie *f.*
panneggiàre |panned'dʒare| *v.tr.* **1** [*disporre con arte le pieghe di una veste, di un tendaggio e sim.*] draper: *panneggiare un abito da sera* draper une robe du soir → **drappeggiare** **2** (*arts.*) [*dipingere, scolpire panneggi*] draper # *la tecnica di Raffaello nel panneggiare* la technique de Raphaël dans le drapé.
pannéggio, i |pan'neddʒo, i| *s.m.* **1** [→ PANNEGGIARE 1] drapé: *come ti cade bene il panneggio del mantello!* comme le drapé de ton manteau tombe bien! **2** (*arts.*) drapé: *notate il panneggio di questa statua!* remarquez le drapé de cette statue!
pannèllo |pan'nɛllo| *s.m.* **1** (*tecnol.*) panneau: *una porta a tre pannelli* une porte à trois panneaux; *rivestire le pareti con pannelli fonoassorbenti, isolanti* revêtir les murs de panneaux insonorisants, isolants; *rivestire con pannelli decorativi* revêtir de panneaux décoratifs ◇ (*edil.*) *pannelli radianti* panneaux radiants ◇ (*elettr.*) *il pannello di comando* le tableau de contrôle → 2 **quadro** 7 **2** (*arts.*) *i pannelli di un polittico* les volets d'un polyptyque **3** (*raro, tess.*) panneau (*corr.*).
pannicèllo |panni'tʃɛllo| *s.m.* petit morceau de toile # *mettere un pannicello sulla ferita* mettre une compresse sur la blessure ◇ (*loc.*) *pannicelli caldi*: (*pr.*) compresses chaudes; (*fig.*) [*rimedio inefficace*] un cautère sur une jambe de bois.
pannicolo |pan'nikolo| *s.m.* (*anat.*) pannicule.
pannilàno |panni'lano| *s.m.* → **pannolano.**
pannilino |panni'lino| *s.m.* (*raro*) → 2 **pannolino.**
pànno |'panno| *s.m.* **1** [*tessuto di lana pesante*] drap: *un cappotto di panno* un manteau de drap; *panno funebre, mortuario* drap mortuaire, linceul # *panni caldi* compresses chaudes ◇ (*loc.*) *panno lano* → **pannolano**; *panno lino* → 2 **pannolino**; *panno lenci* → **pannolenci** **2** [*pezzo di stoffa, per vari usi domestici*] chiffon: *il panno per spolverare* le chiffon à poussière; *dare la cera con un panno di lana* cirer avec un chiffon de laine → 2 **straccio, strofinaccio** # *panno da stiro, da stirare* pattemouille **3** (*raro*) [*stoffa, tessuto*] tissu (*corr.*) **4** *al plur.* [*vestito, abito*] vêtements, habits: *mettersi i panni della festa* mettre ses habits du dimanche ◇ (*loc. fig.*) *mettersi, trovarsi nei panni di qc.* se mettre à la place de qqn. ~ *cosa avresti fatto nei miei panni?* qu'est-ce que tu aurais fait à ma pla-

ce? ~ *non vorrei essere nei suoi panni!* je ne voudrais pas être à sa place! ~ *non stare (più) nei propri panni dalla gioia, dall'impazienza* ne pas se sentir de joie, d'impatience ~ *tagliare i panni addosso a qc.* casser du sucre sur le dos de qqn. ~ *sapere di che panni qc. veste* bien connaître qqn.; savoir de quel bois qqn. se chauffe **5** *al plur.* [*biancheria*] linge (*sing.*): *la cesta dei panni sporchi* le sac, le panier à linge sale; *lavare i panni* laver le linge; *stendere i panni al sole* étendre le linge au soleil ◇ (*loc. fig.*) *i panni sporchi si lavano in famiglia* il faut laver son linge sale en famille.

1 **pannòcchia** |pan'nɔkkja| *s.f.* **1** (*bot.*) épi *m.* **2** (*corr.*) [*spiga di granturco*] épi de maïs: *sgranare le pannocchie* égrener les épis de maïs ◇ (*per est.*) *pannocchie di miglio, di panìco* panicule de millet, de panic.

2 **pannòcchia** |pan'nɔkkja| *s.f.* → **can(n)occhia.**

pannolàno |panno'lano|, *pl.* **pannilàni** |panni'lani| *s.m.* (*tess.*) étoffe *f.* de laine.

pannolènci |panno'lɛntʃi| *s.m. inv.* (*tess.*) chiffon (*var.*): *una bambola di pannolenci* une poupée de chiffon.

1 **pannolino** |panno'lino| *s.m.* [*pezzuola di lino*] couche *f.*, lange: *pannolini per neonati* couches pour nouveaux-nés # *pannolini igienici* serviettes hygiéniques.

2 **pannolino** |panno'lino|, *pl.* **pannilini** |panni'lini| *s.m.* (*tess.*) toile *f.* de lin.

panoftalmìa |panoftal'mia|, **panoftalmìte** |panoftal'mite| *s.f.* (*med.*) panophtalmie.

panòplia |pa'nɔplja| *s.f.* panoplie.

panoràma |pano'rama| *s.m.* panorama: *godersi il panorama* jouir du panorama ◇ (*fig.*) *tracciare un panorama della situazione politica* faire un tour d'horizon (au sujet de la situation) politique.

panoràmica, che |pano'ramika, ke| *s.f.* **1** (*foto.*) vue panoramique *agg.* **2** (*cine.*) panoramique (*m.*): *una panoramica orizzontale, verticale* un panoramique horizontal, vertical **3** *una (strada) panoramica* une route panoramique *agg.* **4** (*fig.*) [*visione d'insieme*] vue panoramique: *fare una breve panoramica della situazione* donner une vue panoramique, une vue d'ensemble de la situation → **panorama.**

panoramicàre |panorami'kare| *v.intr.* (*aus.* 'avere') (*cine., tv*) [*fare una panoramica*] panoramiquer.

panoramicità |panoramitʃi'ta| *s.f. inv.* aspect *m. var.*, caractère *m. var.* panoramique.

panoràmico, ci, ca, che |pano'ramiko, tʃi, ka, ke| *agg.* **1** panoramique: *una posizione panoramica* une position panoramique; *una (strada) panoramica* une route panoramique ◇ (*foto.*) *lente panoramica* lentille panoramique; *obiettivo panoramico* objectif panoramique ◇ (*cine., tv*) *schermo panoramico* écran panoramique **2** (*fig.*) panoramique: *una rassegna panoramica* une revue panoramique; *avere una visione panoramica di una questione, dei problemi* avoir une vue panoramique d'une question, des problèmes.

panòrpa |pa'nɔrpa| *s.f.* (*t.zool.*) panorpe.

panòttico, ci, ca, che |pa'nɔttiko, tʃi, ka, ke| *agg.* panoptique.

panpepàto |panpe'pato| *s.m.* (*pasticceria*) pain d'épice.

panporcino |panpor'tʃino| *s.m.* (*pop.*) → **ciclamino.**

panpsichismo |panpsi'kizmo| *s.m.* (*filos.*) panpsychisme.

pansé |pan'se| *s.f. inv.* [*viola del pensiero*] pensée *var.*

panslavismo |pansla'vizmo| *s.m.* (*polit.*) panslavisme.

panslavista |pansla'vista| *s.* panslaviste.

panslavistico, ci, ca, che |pansla'vistiko, tʃi, ka, ke| *agg.* (*polit.*) panslaviste.

panspermìa |pansper'mia| *s.f.* panspermie.

pantagruèlico, ci, ca, che |pantagru'ɛliko, tʃi, ka, ke| *agg.* pantagruélique: *un appetito pantagruelico* un appétit pantagruélique; *una mangiata pantagruelica* un gueuleton (*fam.*) pantagruélique.

pantalonàia |pantalo'naja| *s.f.* pantalonnière, culottière.

pantalonàta |pantalo'nata| *s.f.* (*teat.*) pantalonnade.

pantaloncini |pantalon'tʃini| *s.m. pl.* [*pantaloni corti*]: (*per bambini*) culotte *f. sing.*; (*per adulti*) short *sing.*, culottes *f. pl.* courtes → **calzoncini.**

1 **pantalóne** |panta'lone| **1** *s.m.* (*raro*) [*ciascuna delle parti dei pantaloni che ricopre la gamba*] jambe *f.* (*corr.*): *il pantalone destro, sinistro* la jambe droite, gauche (d'un pantalon) **2** *agg. inv.* (*solo nella loc.*) *gonna pantalone* jupe-culotte.

2 **Pantalóne** |panta'lone| *s.m.* [*nome di una maschera veneziana*] Pantalon ◇ (*loc. fig.*) *chi paga è sempre Pantalone* c'est toujours Jacques Bonhomme, le peuple qui trinque (*pop.*).

pantalóni |panta'loni| *s.m. pl.* pantalon (*sing.*): *pantaloni da uomo, da donna* pantalon d'homme, de femme; *pantaloni lunghi, corti* pantalon long, court; *pantaloni con le toppe* pantalon rapiécé; *pantaloni da sci* pantalon de ski → **calzone** # *avere le pezze ai pantaloni* avoir une culotte toute rapiécée ◇ (*loc. fig.*) *in quella casa è la moglie che porta i pantaloni* dans ce ménage, c'est la femme qui porte la culotte.

pantàno |pan'tano| *s.m.* **1** [*terreno intriso di fango e di acqua*] bourbier: *non sporcarti le scarpe in quel pantano!* ne salis pas tes chaussures dans ce bourbier **2** [*situazione imbrogliata o equivoca*] guêpier: *ti sei cacciato in un bel pantano!* tu t'es fourré dans un drôle de guêpier!

pantanóso |panta'noso| *agg.* [*pieno di fango*] boueux*: *terreno pantanoso* terrain boueux → **paludoso.**

panteìsmo |pante'izmo| *s.m.* (*filos.*) panthéisme.

panteìsta |pante'ista| *s.* panthéiste.

panteìstico, ci, ca, che |pante'istiko, tʃi, ka, ke| *agg.* (*filos.*) panthéiste.

pànteon |'panteon| *s.m. inv.* → **pantheon.**

pantèra |pan'tɛra| *s.f.* **1** (*corr.*) [*denominazione generica del leopardo, spec. asiatico*] panthère → **leopardo** ◇ (*t.zool.*) *pantera nera* panthère noire ◇ (*fig.*) *essere agile come una pantera* être agile comme un écureuil; *scattare come una pantera* bondir comme un tigre **2** (*gerg.*) [*veloce automobile degli agenti della Pubblica Sicurezza*] ⊠ **3** (*caccia*) pantière.

pàntheon |'panteon| *s.m. inv.* **1** (*st. rom.*) panthéon ◇ (*per est., relig.*) *il pantheon della religione indù* le panthéon de la religion hindoue **2** [*luogo di sepoltura delle persone più illustri di una nazione*] panthéon.

pantòfola |pan'tɔfola| *s.f.* pantoufle: *ricevere qc. in pantofole* recevoir qqn. en pantoufles; *mettersi in pantofole* se mettre en pantoufles.

pantofolàio, i |pantofo'lajo, i| *s.* **1** (*raro*) [*chi fabbrica o vende pantofole*] pantouflier* **2** (*fig., fam.*) [*persona tranquilla, che ama il quieto vivere*] pantouflard ♦ (*agg.*) *è un tipo pantofolaio* c'est un (jeune, vieux) pantouflard.

pantoferìa |pantofole'ria| *s.f.* **1** fabrique de pantoufles **2** (*raro*) magasin *m.* (*corr.*) de pantoufles.

pantografista |pantogra'fista| *s.* pantographiste.

pantògrafo |pan'tɔgrafo| *s.m.* **1** (*tecnol.*) panthographe **2** (*elettr.*) *il pantografo di una motrice elettrica* le panthographe d'une motrice électrique.

pantòmetro |pan'tɔmetro| *s.m.* (*tecnol.*) pantomètre.

pantomìma |panto'mima| *s.f.* (*teat.*) pantomime ◇ (*fig.*) *non capisco niente di tutta questa pantomima!* je ne comprends rien à toutes ces simagrées; *smettiamola con questa ridicola pantomima!* finissons-en avec cette comédie, cette farce ridicule! → **pagliacciata.**

pantomìmico, ci, ca, che |panto'mimiko, tʃi, ka, ke| *agg.* (*teat.*) pantomime.

pantomìmo |panto'mimo| *s.m.* **1** [*attore di pantomima*] pantomime (*raro*) → **1 mimo** **2** (*raro*) → **pantomima.**

pànza |'pantsa| *s.f.* → **pancia.**

panzàna |pan'tsana| *s.f.* [*fandonia, frottola*] sornette, baliverne: *non raccontarmi panzane!* ne me raconte pas de sornettes, de balivernes!; *questa è una panzana bella e buona* c'est bel et bien une baliverne.

panzaròtto |pantsa'rɔtto|, **panzeròtto** |pantse'rɔtto| *s.m.* [*grosso raviolo ripieno, tipico della cuc. genovese*] ⊠.

panzer |'pantsər| *s.m. inv.* (*ted.*) panzer *var.*

paolinismo |paoli'nizmo| *s.m.* (*relig. catt.*) paulinisme.

paolino |pao'lino| *agg.* (*teol. catt.*) paulinien*: *privilegio paolino* privilège paulinien.

paolista |pao'lista| *s.* pauliste.

pàolo |'paolo| *s.m.* (*numism.*) paul.

paolòtto |pao'lɔtto| *s.* **1** *s.m.* (*relig.*) [*appartenente alla congregazione religiosa di S. Vincenzo de' Paoli*] lazariste ◇ [*appartenente alla congregazione fondata da S. Francesco di Paola*] minime *s.* **2** *s.* (*fig., spreg.*) [*bigotto; semplicione*] bigot.

paonàzzo |pao'nattso| *agg.* **1** (*cose*) [*di colore viola scuro*] violet*, foncé: *la veste paonazza dei vescovi* le camail violet d'un évêque; *un cielo paonazzo* un ciel violet foncé ♦ (*s.m.*) *dipingere di paonazzo* peindre en violet foncé **2** (*persone*) *diventò paonazzo per la rabbia, per la paura* il devint rouge de colère, vert de peur; *aveva delle dita*

paonazze per il freddo ses doigts étaient bleus de froid.
pàpa |'papa| *s.m.* **1** pape: *papa Paolo VI, papa Montini* le pape Paul VI, le pape Montini ◇ (*loc. fig.*) *essere, vivere come un papa, fare una vita da papa* être comme un coq en pâte, vivre comme un roi, être comme un pape ~ *a ogni morte di papa* tous les trente-six du mois ~ *andare a Roma e non vedere il papa* omettre, oublier l'essentiel ~ *questo* (*schiaffo*), *neanche il papa te lo lo può togliere!* personne ne t'enlèvera ça! ◇ (*prov.*) *morto un papa se ne fa un altro* le roi est mort, vive le roi! **2** (*nel gioco dei tarocchi*) pape.
papà |pa'pa| *s.m. inv.* (*fam.*, *con tono affettivo*) [*padre*] papa (*var.*): *sta chiamando il suo papà* il est en train d'appeler son papa ◇ (*loc. fig.*) *figlio di papà* fils à papa.
papàbile |pa'pabile| *agg. e s.m.* papable *agg.* ◇ (*per est.*) *per quel posto rimasto vacante i papabili sono molti* pour cette place les prétendants, les papables sont nombreux; pour ce poste il est plus d'un dauphin.
papàia |pa'paja| *s.f.* (*t.bot.*) papayer *m.* ◇ [*il frutto*] papaye.
papaìna |papa'ina| *s.f.* (*farm.*) papaïne.
papàle |pa'pale| *agg.* papal*.
papalìna |papa'lina| *s.f.* [*copricapo da casa*] calotte.
papalino |papa'lino| **1** *agg.* [*dell'ant. Stato pontificio*] du pape (*loc. inv.*): *i soldati papalini* les soldats du pape, la garde pontificale **2** *s.m.* [→ *agg.*] papal*: *i papalini* les papaux ✦ *s.* (*per est.*, *spreg.*) [*clericale*; *bigotto*] *un papalino* un bigot.
paparàzzo |papa'rattso| *s.m.* (*gerg.*) [*fotoreporter intraprendente*] reporter photographe (*corr.*).
papàsso |pa'passo| *s.m.* **1** (*raro*) [*prete ortodosso*] papas (*corr.*) **2** (*fig.*) [*caporione*; *capo*] chef: *fa il papasso* il joue au chef.
papàto |pa'pato| *s.m.* [*carica, dignità di papa*] papauté *f.*
Papaveràcee |papave'ratʃee| *s.f. pl.* (*t.bot.*) Papavéracées.
papavérico, ci, ca, che |papa'veriko, tʃi, ka, ke| *agg.* papavérique: *sostanza papaverica* substance papavérique; *acido papaverico* acide papavérique ◇ (*fig.*, *scherz.*) soporifique: *una conferenza papaverica* une conférence soporifique → **soporifero, noioso.**
papaverina |papave'rina| *s.f.* (*farm.*) papavérine.
papàvero |pa'pavero| *s.m.* **1** (*t. bot.*) pavot ~ *papavero da oppio* pavot somnifère ~ *papavero selvatico* coquelicot → **rosolaccio** **2** (*fig.*) [*persona eminente e potente*] bonnet, légume *f.* (*pop.*): *gli alti papaveri della finanza, del mondo politico* les gros bonnets, les grosses légumes de la finance, du monde politique; *essere raccomandato da un grosso papavero* être pistonné par une grosse légume.
pàpera |'papera| *s.f.* **1** [*la femmina del papero*] (*oca giovane*) oison (*m.*); (*oca adulta*) oie ◇ (*fig.*) *camminare come una papera* marcher comme un canard *m.* ◇ (*per est.*) [*donna stupida, sciocca*] oie → **oca** **2** (*fig.*) [*errore involontario nel recitare, nel parlare*] lapsus (*m.*): *fare, prendere una papera* faire un lapsus.
paperìna |pape'rina| *s.f.* [*tipo di scarpetta*] ballerine.
paperìno |pape'rino| *s.m.* [*piccolo papero*] oison.
pàpero |'papero| *s.m.* [*oca domestica giovane*] oison ◇ [*oca maschio adulto*] jars ◇ (*loc. fig.*) *camminare a papero, come un papero* marcher comme un canard ~ *i paperi menano a bere le oche* c'est Gros-Jean qui veut en remontrer à son curé.
papésco, chi |pa'pesko, ki| *agg.* (*raro, spreg.*) [*del papa*; *clericale*] papal* (*corr.*).
papéssa |pa'pessa| *s.f.* **1** (*fam.*) [*donna che vive nell'agiatezza*] papesse # *fare una vita da papessa* vivre comme un coq en pâte **2** (*tarocchi*) papesse.
Papilionàcee |papiljo'natʃee|, **Papiglionàcee** |pipiʎʎo'natʃee| *s.f. pl.* (*t.bot.*) Papilionacées.
papilionàceo |papiljo'natʃeo| *agg.* (*bot.*) papilionacé.
Papiliònidi |papi'ljɔnidi| *s.m. pl.* (*t.zool.*) Papilionidés.
papilla |pa'pilla| *s.f.* **1** (*anat.*) papille: *papilla gustativa* papille gustative **2** (*bot.*) papille **3** → **capezzolo.**
papillàre |papil'lare| *agg.* (*anat.*, *bot.*) papillaire.
papillìfero |papil'lifero| *agg.* papillifère.
papillifórme |papilli'forme| *agg.* papilliforme.
papillìte |papil'lite| *s.f.* (*med.*) papillite.
papillòma |papil'lɔma| *s.m.* (*med.*) papillome.
'papillon' |papijɔ̃| *s.m. inv.* (*abbigl.*) nœud papillon.
papillóso |papil'loso| *agg.* (*anat.*, *bot.*) papilleux* (*raro*).
papiràceo |papi'ratʃeo| *agg.* (*paleogr.*) papyracé: *codice papiraceo* code papyracé.
papiro |pa'piro| *s.m.* **1** (*t.bot.*) papyrus **2** (*come ant. materiale scrittorio*) papyrus: *i papiri dell'Alto Egitto* les papyrus de la haute Egypte ◇ (*per est.*) [*i testi scritti su di essi*] papyrus **3** (*scherz.*) [*lettera, scritto prolisso*] épître (*f.*): *mi ha lasciato scritto tutto su un papiro lungo così* il m'a tout écrit, en une épître longue comme ça.
papirologìa, gie |papirolo'dʒia, dʒie| *s.f.* papyrologie.
papirològico, ci, ca, che |papiro'lɔdʒiko, tʃi, ka, ke| *agg.* papyrologique.
papiròlogo, gi |papi'rɔlogo, dʒi| *s.* papyrologue.
papismo |pa'pizmo| *s.m.* papisme.
papista |pa'pista| *s.* papiste ◇ (*loc. fig.*) *essere più papista del papa* être plus royaliste que le roi.
papistico, ci, ca, che |pa'pistiko, tʃi, ka, ke| *agg.* papiste, du papisme *loc. inv.*
pàppa |'pappa| *s.f.* **1** (*cuc.*) pain *m.* cuit, panade ◇ (*per est.*) [*cibo scotto*] bouillie: *la minestra è diventata una pappa* la soupe est réduite en bouillie ◇ (*nel linguaggio infantile o fam.*) [*cibo, pasto*] bouillie: *il bambino non vuol saperne di mangiare la pappa* le bébé ne veut pas manger sa bouillie # *mangia la pappa!* mange ta bouillie, ta soupe! ◇ (*loc. fig.*) *essere una pappa molle* être une pâte molle, un mollasson (*fam.*) ~ *vuole la pappa fatta, scodellata* il attend, il veut que les alouettes lui tombent toutes rôties ~ *scodellare la pappa a qc.* mâcher la besogne à qqn. ~ *è sempre la stessa pappa!* c'est toujours la même histoire! ~ *mangiare la pappa in capo a qc.*: (*pr.*) [*essere più alto*] dépasser qqn. d'une tête; (*fig.*) [*essere più capace, più abile*] dépasser, surpasser qqn., faire la pige à qqn. (*pop.*) **2** (*zool.*) *la pappa reale* (*delle api*) la gelée royale (des abeilles).
pappafico, chi |pappa'fiko, ki| *s.m.* **1** (*mar.*) petit perroquet **2** (*dial.*) → **rigogolo, beccafico.**
pappagallescaménte |pappagalleska'mente| *avv.* [→ PAPPAGALLESCO] comme un perroquet (*loc. inv.*): *ripetere la lezione pappagallescamente* répéter sa leçon comme un perroquet.
pappagallésco |pappagal'lesko| *agg.* [*ripetuto, imitato in modo meccanico, impersonale*] de perroquet *loc. inv.* # *studiare, ripetere in modo pappagallesco* apprendre, répéter comme un parroquet.
pappagallìsmo |pappagal'lizmo| *s.m.* **1** (*fam.*) [*comportamento di chi importuna ragazze per la strada*] dragage (*fam.*) **2** (*raro*) [*comportamento ripetitivo, da pappagallo*] comportement de perroquet.
pappagàllo |pappa'gallo| *s.m.* **1** (*t.zool.*) perroquet ◇ (*fig.*) *studiare, ripetere una lezione come un pappagallo* apprendre, répéter une leçon comme un perroquet **2** (*fig.*, *spreg.*) [*corteggiatore importuno di ragazze*] suiveur, dragueur (*fam.*) # *smettila di fare il pappagallo con tutte le ragazze che incontri!* arrête de suivre, de draguer toutes les filles que tu rencontres! **3** [*orinale per chi è costretto a letto*] urinal*, pistolet (*corr.*).
pappagòrgia, ge |pappa'gɔrdʒa, dʒe| *s.f.* [*adipe eccessivo tra il mento e la gola*] double menton (*m.*): *gli si è formata una bella pappagorgia!* il a un drôle de double menton!; *rideva tanto che gli tremava la pappagorgia* il riait tant que son double menton en tremblait tout.
pappalàrdo |pappa'lardo| *s.m.* → **credulone, sciocco.**
pappardèlla |pappar'dɛlla| *s.f.* **1** *spec. al plur.* (*cuc.*) [*lasagne cotte con carne di lepre*] ⊠ **2** (*fig.*) [*discorso, scritto lungo e noioso*] tartine (*fam.*): *ci siamo dovuti sorbire tutta la pappardella* nous avons dû ingurgiter, nous farcir (*fam.*) toute une tartine.
pappàre |pap'pare| *v.tr.* (*fam.*) **1** [*mangiare con ingordigia*] bouffer (*pop.*), boulotter: *si è già pappato tutto lui!* il a déjà tout bouffé! → **divorare** ✦ (*ass.*) *non pensa che a pappare* il ne pense qu'à bouffer, qu'à la bouffe **2** (*fig.*) [*guadagnare in modo illecito*] rafler: *si è pappato lui tutta la percentuale* il a raflé tout le pourcentage ✦ (*ass.*) *in quell'amministrazione tutti pensano a pappare* dans cette administration, tout le monde ne pense qu'à faire son beurre.
pappàta |pap'pata| *s.f.* [*mangiata, scorpacciata*] gueuleton *m.* (*fam.*): *ci siamo fatti una bella pappata in compagnia* nous avons fait un bon gueuleton entre amis.
pappatàci |pappa'tatʃi| *s.m. inv.* **1** (*t.zool.*) pappataci **2** (*med.*) *febbre da pappataci* fièvre à pappataci.
pappatóre, trice |pappa'tore,

tritʃe| *s.* [*chi pensa solo a mangiare*] goinfre *m.*

pappatòria |pappa'tɔrja| *s.f.* (*fam.*) **1** [*mangiata, scorpacciata*] bouffe (*pop.*): *non pensare che alla pappatoria* ne penser qu'à la bouffe ◇ (*per est., fam.*) [*cibo*] *hai preparato la pappatoria per il pic-nic?* est-ce que tu as préparé la bouffe pour le pique-nique? **2** (*fig.*) [*guadagno illecito*] tripotage *m.*, fricotage *m.* → **mangeria.**

pappina |pap'pina| *s.f.* **1** [*pappa molto brodosa, spec. per bambini*] bouillie **2** (*fam.*) [*impiastro di semi di lino*] cataplasme *m.* (*corr.*) → **cataplasma.**

pappino |pap'pino| *s.* (*pop.*) → **infermiere.**

pàppo |'pappo| *s.m.* (*bot.*) aigrette *f.*, pappe.

pappóne |pap'pone| *s.* **1** *s.* (*fam.*) [*mangione, divoratore*] goinfre, bâfreur* (*pop.*): *è proprio un gran pappone!* c'est un vrai goinfre, un bâfreur! ◇ (*fig.*) *quell'impiego gli è servito solo per fare il pappone* cet emploi ne lui a servi qu'à s'en fourrer plein les poches **2** *s.m.* (*gerg.*) [*lenone, ruffiano*] maquereau.

pàprica, che |'paprika, ke| *s.f.* paprika *m.*

papuàno |papu'ano| *agg.* [*della Papuasia*] papou.

pàpula |'papula| *s.f.* (*bot.*, *med.*) papule.

papulóso |papu'loso| *agg.* (*med.*) papuleux*.

pàra- |'para| *pref.* **1** (*in termini scient. indica 'rapporto di affinità, somiglianza, contrasto', corrisponde gener. a*) para: *paratifo* paratyphoïde; *paradosso* paradoxe # *parastatale* semi-public **2** (*indica 'protezione, difesa', corrisponde gener. a*) pare-: *paraurti* pare-chocs # *parastinchi* jambières.

pàra |'para| *s.m. inv.* [*varietà di caucciù*] crêpe (*m. var.*): *scarpe* (*con la suola*) *di para* chaussures à semelles de crêpe.

parà |pa'ra| *s.m. inv.* → **paracadutista.**

paràbasi |pa'rabazi| *s.f. inv.* (*teat. gr.*) parabase *var.*

parabèllum |para'bɛllum| *s.m. inv.* parabellum.

paràbile |pa'rabile| *agg.* [→ PARARE A 2] qu'on peut (pouvait) bloquer (*loc.*): *un tiro parabile* un tir qu'on peut, pouvait bloquer.

parabiòsi |parabi'ɔzi| *s.f. inv.* (*biol.*) parabiose *var.*

parabiòtico, ci, ca, che |parabi'ɔtiko, tʃi, ka, ke| *agg.* parabiotique.

1 **paràbola** |pa'rabola| *s.f.* parabole: *le parabole evangeliche* les paraboles de l'Évangile; *la parabola del figliol prodigo* la parabole du fils prodigue ◇ (*raro, per est.*) allégorie: *non parlare per parabole!* ne t'exprime pas par allégories! → **allegoria, allusione.**

2 **paràbola** |pa'rabola| *s.f.* **1** (*mat.*) parabole: *tracciare, calcolare una parabola* tracer, calculer une parabole **2** (*fig.*) (parabole) courbe: *la parabola della vita umana* la courbe de la vie humaine # *un artista, uno sportivo al culmine della sua parabola* un artiste, un sportif à son zénith.

parabolicaménte |parabolika'mente| *avv.* (*raro*) [→ PARABOLICO 2] paraboliquement (*corr.*).

parabolicità |parabolitʃi'ta| *s.f. inv.* (*fis.*, *mat.*) parabolicité *var.*

parabòlico, ci, ca, che |para'bɔliko, tʃi, ka, ke| *agg.* **1** (*mat.*) parabolique: *curva parabolica* courbe parabolique **2** (*corr.*) [*paraboloidico*] parabolique: *antenna parabolica* antenne parabolique; *riflettore parabolico* réflecteur parabolique.

paraboloide |parabo'lɔide| *s.m.* **1** (*mat.*) paraboloïde **2** (*rad.*, *tv*) antenne *f.* parabolique.

paraboloidico, ci, ca, che |parabo'lɔidiko, tʃi, ka, ke| *agg.* **1** (*mat.*) paraboïdal*: *superficie paraboloidica* surface paraboïdale **2** (*rad.*, *tv*) parabolique: *riflettore paraboloidico* réflecteur parabolique.

parabórdo |para'bordo| *s.m.* (*mar.*) défense *f.*

parabràce |para'bratʃe| *s.m. inv.* garde-cendre.

parabrézza |para'brettsa| *s.m. inv.* pare-brise: *un parabrezza a prova di proiettile* un pare-brise anti-balles.

paracadutàre |parakadu'tare| **A** *v.tr.* [*lanciare per mezzo di paracadute*] parachuter: *paracadutare un reparto militare* parachuter une division; *paracadutare viveri, rifornimenti* parachuter des vivres, du ravitaillement **B.** *v.pron. rifl.* PARACADUTARSI [→ *tr.*] sauter *intr.* en parachute.

paracadutàto |parakadu'tato| *agg.* [*lanciato con paracadute*] parachuté (*p.p.*): *l'accerchiamento fu spezzato da truppe paracadutate* l'encerclement fut rompu par des troupes parachutées; *gli alluvionati si nutrivano di viveri paracadutati* les inondés vivaient de vivres parachutés.

paracadùte |paraka'dute| *s.m. inv.* (*aer.*, *corr.*) parachute (*var.*): *paracadute libero, comandato* parachute à ouverture libre, commandée; *paracadute di emergenza* parachute de secours; *paracadute freno, di coda* parachute-frein, de freinage; *lanciarsi con il paracadute* sauter en parachute # *lancio di viveri con il paracadute* parachutage de vivres.

paracadutismo |parakadu'tizmo| *s.m.* (*sport*) parachutisme.

paracadutista |parakadu'tista| *s.* parachutiste ◆ (*agg.*) *truppe paracadutiste* formations de parachutistes, régiment(s) de parachutistes.

paracadutìstico, ci, ca, che |parakadu'tistiko, tʃi, ka, ke| *agg.* (*sport*) de parachutisme (*loc. inv.*): *manifestazione paracadutistica* démonstration de parachutisme.

paracàlli |para'kalli| *s.m. inv.* (*raro, med.*, *corr.*) rond *var.* de cor.

paracàrro |para'karro| *s.m.* [*ciascuno degli elementi di pietra che delineano ai lati una carreggiata*] barre *f.*

paracénere |para'tʃenere| *s.m. inv.* (*tecnol.*) garde-cendre(s).

paracentèsi |paratʃen'tɛzi| *s.f. inv.* (*chir.*) paracentèse *var.*, ponction *var.*

paracéra |para'tʃera| *s.m.* → **padellina** 2.

paracièlo |para'tʃɛlo| *s.m.* [*tettoia* (*di un baldacchino*)] ciel*, dais # *paracielo del pulpito* abat-voix.

paracinesìa |paratʃine'zia| *s.f.* (*med.*) parakinésie.

paraclàsi |para'klazi| *s.f. inv.* (*geol.*) paraclase *var.*

paràclito |pa'raclito| *agg.* (*relig.*) paracleto.

paracólpi |para'kolpi| *s.m. inv.* **1** [*dischetto di gomma applicato in modo da attutire eventuali urti di una porta o finestra contro una parete*] butoir *var.* **2** (*raro*) → **paraurti.**

paràcqua |pa'rakkwa| *s.m. inv.* (*raro*) → **ombrello.**

paracronismo |parakro'nizmo| *s.m.* parachronisme.

paracusìa |paraku'zia| *s.f.* (*med.*) paracousie, surdité paradoxale.

paradenite |parade'nite| *s.f.* (*med.*) periadénite.

paradènti |para'dɛnti| *s.m. inv.* (*pugilato*) protège-dents.

paradigma |para'digma| *s.m.* (*gram.*) paradigme: *studiare il paradigma della terza coniugazione* étudier le paradigme de la troisième conjugaison; *studiare il paradigma di un verbo irregolare* étudier le paradigme d'un verbe irrégulier.

paradigmàtico, ci, ca, che |paradig'matiko, tʃi, ka, ke| *agg.* **1** (*ling.*) paradigmatique: *asse paradigmatico* axe paradigmatique **2** (*raro*) → **esemplare** 3 Ⓒ **1 sintagmatico.**

paradìsea |para'dizea| *s.f.* (*t.zool.*) paradisier *m.*, oiseau *m.* de paradis (*corr.*).

Paradisèidi |paradi'zɛidi| *s.m. pl.* (*t.zool.*) Paradiséidés.

paradisìaco, ci, ca, che |paradi'ziako, tʃi, ka, ke| *agg.* paradisiaque ◇ (*fig.*) *una gioia paradisiaca* une joie paradisiaque; *una musica paradisiaca* une musique paradisiaque → **divino, celestiale** Ⓒ **infernale.**

paradiso |para'dizo| *s.m.* **1** paradis: *i santi, gli angeli del paradiso* les saints, les anges du paradis ◇ (*loc.*) *il paradiso terrestre* le paradis terrestre ◇ (*loc. fig.*) *andare, volare in paradiso* [*morire*] aller au, en paradis ~ *la strada del paradiso* le chemin du paradis ~ *voler andare in paradiso in carrozza* vouloir gagner le paradis en carrosse ~ *guadagnarsi il paradiso* gagner son paradis **2** (*fig.*) [*luogo delizioso, incantevole*] paradis: *questo posto è un paradiso* cet endroit est un vrai paradis → **eden** ◇ (*per est.*) *quel parco è il paradiso dei bambini* ce parc est le paradis des enfants ◇ *loc. agg.* DI PARADISO: *una voce di paradiso* une voix divine (*agg.*); *un volto di paradiso* un visage d'ange → **paradisiaco** ◇ (*loc. fig.*) *paradisi artificiali* paradis artificiels **3** *uccello del paradiso* → **paradisea** Ⓒ **1 inferno.**

paradossàle |parados'sale| *agg.* paradoxal*: *un'affermazione, un esempio paradossale* une affirmation paradoxale, un exemple paradoxal ◇ (*per est.*) *era una situazione paradossale* c'était une situation paradoxale → **assurdo, insostenibile** ◇ (*persone*) *un oratore paradossale* un orateur paradoxal.

paradossalità |paradossali'ta| *s.f. inv.* caractère *m. var.*, aspect *m. var.* paradoxal*: *la paradossalità di un'affermazione, di una situazione* le caractère paradoxal d'une affirmation, d'une situation.

paradossalménte |paradossal'mente| *avv.* [→ PARADOSSALE] paradoxalement.

1 **paradòsso** |para'dɔsso| *s.m.* paradoxe: *dimostrare per paradossi* démontrer par des paradoxes; *essere amante dei paradossi* aimer les paradoxes ◇ (*per est.*) *la situazione aveva del pa-*

radosso la situation tenait du paradoxe; *ma questo è un paradosso!* mais cela est un paradoxe, mais c'est un paradoxe! → **paradossale**.
2 **paradòsso** |para'dɔsso| *s.m.* (*edil.*, *mil.*) chevron.
paràfa |pa'rafa| *s.f.* (*dir.*) parafe *m.*, paraphe *m.*
parafàngo, ghi |para'fango, gi| *s.m.* [*riparo* (*metallico*) *di un veicolo che copre la ruota*] garde-boue *inv.*; aile (*f.*): *il parafango della bicicletta* le garde-boue d'une bicyclette || *i parafanghi di un'automobile* les ailes d'une automobile.
paraf(f)àre |paraf'(f)are| *v.tr.* (*dir.*) [*sottoscrivere con la propria sigla*] parafer, parapher: *l'accordo internazionale è stato parafato dai due plenipotenziari* l'accord international a été parafé par les deux plénipotentiaires → **siglare**.
parafasìa |parafa'zia| *s.f.* (*med.*) paraphasie.
parafàto |para'fato|, **paràffato** |pa'raffato| *agg.* parafé *p.p.*, paraphé (*p.p.*): *ratificare un accordo parafato* ratifier un accord parafé.
parafernàle |parafer'nale| *agg.* (*dir.*) paraphernal*: *i beni parafernali* (*della moglie*) les biens paraphernaux (de la femme).
paràffa |pa'raffa| *e deriv.* → **parafa** *e deriv.*
paraffina |paraf'fina| *s.f.* (*chim.*) paraffine ◇ (*corr.*) *olio di paraffina* huile de paraffine; *candela di paraffina* bougie de paraffine ◇ (*loc.*) *la prova del guanto di paraffina* la preuve de (par) la paraffine.
paraffinàggio, i |paraffi'naddʒo, i| *s.m.* [→ PARAFFINARE] paraffinage.
paraffinàre |paraffi'nare| *v.tr.* [*trattare, spalmare con paraffina*] paraffiner: *paraffinare un tessuto, uno stoppino* paraffiner un tissu, une mèche.
paraffinàto |paraffi'nato| *agg.* paraffiné: *carta paraffinata* papier paraffiné.
paraffinatùra |paraffina'tura| *s.f.* [→ PARAFFINARE] paraffinage *m.*
parafiàmma |para'fjamma| *s.m. inv.* (*tecnol.*) pare-feu, pare-étincelles ✦ (*agg. inv.*) *una paratìa parafiamma* une cloison pare-feu.
parafiscàle |parafis'kale| *agg.* (*fin.*) parafiscal*.
parafiscalità |parafiskali'ta| *s.f. inv.* (*fin.*) parafiscalité *var.*
paràfisi |pa'rafizi| *s.f. inv.* (*bot.*) paraphyse *var.*
parafrasàre |parafra'zare| *v.tr.* (*letter.*) [*esporre un testo lett. con parole proprie; spiegare mediante parafrasi*] paraphraser: *parafrasare un sonetto, un canto di un poema* paraphraser un sonnet, un chant d'un poème ◇ (*corr.*) *non parafrasare a modo tuo quel discorso: esponilo esattamente!* ne paraphrase pas ce texte: borne-toi à une analyse exacte!
paràfrasi |pa'rafrazi| *s.f. inv.* (*letter.*) paraphrase *var.* # *fare la parafrasi di una poesia* paraphraser une poésie ◇ (*corr.*) *sii più chiaro: non parlare per parafrasi!* sois plus clair, ne t'exprime pas en paraphrases!
parafrasticaménte |parafrastika'mente| *avv.* [→ PARAFRASTICO] par paraphrases *loc. inv.*
parafràstico, ci, ca, che |para'frastiko, tʃi, ka, ke| *agg.* paraphrastique.
parafrenìa |parafre'nia| *s.f.* (*med.*) paraphrénie.
parafùlmine |para'fulmine| *s.m.* paratonnerre, parafoudre ◇ (*fig.*) *fare da parafulmine a qc.* protéger qqn.
parafùmo |para'fumo| *s.m. inv.* pare-fumée.
parafuòco, chi |para'fwɔko, ki| *s.m.* [*pannello davanti ai camini per proteggere dal calore diretto*] écran.
paràggi |pa'raddʒi| *s.m. pl.* **1** parages: *se mi cerchi, sono qui nei paraggi* si tu me cherches, je suis dans les parages; *che cosa fai in questi paraggi?* qu'est-ce que tu fais dans ces parages? # *c'è un ristorante qui nei paraggi?* y a-t-il un restaurant près d'ici, dans les environs? → **dintorno** 3 **2** (*mar.*) parages.
paraghiàccio, i |para'gjattʃo, i| *s.m.* (*mar.*) brise-glace(s) *inv.*
paragócce |para'gottʃe| *agg. inv.* verseur* (*var.*): *tappo paragocce* bouchon verseur.
paragonàbile |parago'nabile| *agg.* [→ PARAGONARE] comparable.
paragonàre |parago'nare| **A** *v.tr.* [*mettere a confronto; raffrontare*] comparer: *paragonare due persone, due cose* comparer deux personnes, deux choses; *paragonare una cosa a, con un'altra* comparer une chose à, avec une autre → **confrontare** **B** *v.pron. rifl.* [→ *tr.*] se comparer: *non vorrai paragonarti con lui, spero!* tu ne veux tout de même pas te comparer à lui, j'espère!
paragóne |para'gone| *s.m.* **1** [→ PARAGONARE] comparaison (*f.*): *fare un paragone fra due cose, due persone* faire une comparaison entre deux choses, deux personnes; comparer deux choses, deux personnes; *è un paragone che non regge* c'est une comparaison qui ne tient pas debout; (*non*) *reggere il paragone con qc., con q.c.* (ne pas) soutenir la comparaison avec qqn., avec qqch.; *questo è nulla in paragone di quello che ho fatto io!* cela n'est rien, en comparaison de ce que j'ai fait! → **confronto** ◇ *loc. avv.* SENZA PARAGONE incomparable (*agg.*): *è un artista senza paragone* c'est une artiste incomparable # *è un'opera stupenda, senza paragone* c'est une œuvre superbe → **incomparabile** **2** (*gram.*) comparaison: *complemento di paragone* complément de comparaison; *secondo termine di paragone* second terme de comparaison **3** (*loc.*) *pietra di paragone* pierre de touche.
paragrafàre |paragra'fare| *v.tr.* (*raro*) [*suddividere in paragrafi*] diviser (*corr.*) en paragraphes.
paràgrafo |pa'ragrafo| *s.m.* paragraphe: *studiare il terzo paragrafo del primo capitolo* étudier le troisième paragraphe du premier chapitre ◇ (*dir.*) alinéa → **comma**.
paraguaiàno |paragwa'jano| *agg.* [*del Paraguay*] paraguayen*.
paraletteràrio, i |paralette'rarjo, i| *agg.* paralittéraire.
paraletteratùra |paralettera'tura| *s.f.* paralittérature.
paralinguàggio, i |paralin'gwaddʒo, i| *s.m.* (*ling.*) para'angage.
paràlisi |pa'ralizi| *s.f. inv.* **1** (*med.*) paralysie (*var.*): *paralisi progressiva* paralysie progressive; *paralisi infantile* paralysie infantile **2** (*fig.*) paralysie: *paralisi del commercio* paralysie du commerce; *paralisi del traffico* paralysie de la circulation → **arresto, crisi**.
paralìtico, ci, ca, che |para'litiko, tʃi, ka, ke| *agg.* **1** [*affetto da paralisi*] paralytique: *un bambino, un vecchio paralitico* un enfant, un vieillard paralytique ✦ (*s.*) *un paralitico* un paralytique **2** (*med.*) paralytique: *stato paralitico* état paralytique.
paralizzànte |paralid'dzante| *agg. e s.m.* paralysant.
paralizzàre |paralid'dzare| *v.tr.* **1** [*rendere paralitico*] paralyser: *l'incidente gli ha paralizzato gli arti inferiori* l'accident lui a paralysé les membres inférieurs ◇ (*fig.*) *il terrore, l'emozione gli paralizzava la lingua* la terreur, l'émotion lui paralysait la langue **2** (*fig.*) [*rendere inattivo; bloccare*] paralyser: *l'incidente paralizzò il traffico, la circolazione* l'accident a paralysé le trafic, la circulation; *la crisi economica paralizza ogni iniziativa privata* la crise économique paralyse toute initiative privée.
paralizzàto |paralid'dzato| *agg.* paralysé: *il braccio è rimasto paralizzato a causa dell'incidente* son bras est resté paralysé après l'accident ◇ (*fig.*) *rimanere paralizzato per lo spavento* rester paralysé de peur.
paralizzazióne |paraliddzat'tsjone| *s.f.* → **paralisi**.
parallàsse |paral'lasse| *s.f.* **1** (*fis.*) parallaxe ◇ (*foto.*) *effetto di parallasse* effet de parallaxe **2** (*astron.*) parallaxe.
parallàttico, ci, ca, che |paral'lattiko, tʃi, ka, ke| *agg.* (*astron.*, *fis.*) parallactique.
parallèla |paral'lɛla| *s.f.* **1** (*geom.*) parallèle: *tracciare una parallela* tracer une parallèle **2** *al plur.* (*sport*) barres *f.* parallèles: *le parallele asimmetriche* les barres parallèles asymétriques; *fare esercizi alle parallele* faire des exercices aux barres parallèles.
parallelaménte |parallela'mente| *avv.* [→ PARALLELO I] parallèlement: *tracciare una retta parallelamente a un piano* tracer une droite parallèlement à un plan; *disporre due assi parallelamente* placer deux axes parallèlement ◇ (*fig.*) *agire parallelamente* agir parallèlement.
parallelepipedo |parallele'pipedo| *s.m.* (*geom.*) parallélipipède.
parallelinèrvio, i |paralleli'nervjo, i| *agg. e s.f.* (*bot.*) (*foglia*) *parallelinervia* (feuille) parallélinervée.
parallelismo |paralle'lizmo| *s.m.* (*mat.*) parallélisme ◇ (*per est.*) *controllare il parallelismo dei binari* contrôler le parallélisme des voies ◇ (*fig.*) *stabilire un parallelismo tra due fenomeni* établir un parallèle entre deux phénomènes → **parallelo** ◇ (*retorica*) parallélisme.
parallèlo |paral'lɛlo| **I** *agg.* (*geom.*) parallèle: *due* (*rette*) *parallele* deux (droites) parallèles; *tracciare una retta parallela a un piano* tracer une droite parallèle à un plan ◇ (*per est.*) *disporre in file parallele* disposer en files parallèles # *la strada corre parallela alla ferrovia* la route court parallèlement au chemin de fer ◇ (*fig.*) *due fenomeni, due fatti paralleli* deux phénomènes, deux faits parallèles **II** *s.m.* **1** (*mat.*) parallèle ◇ (*geogr.*) *i paralleli terrestri, geografici* les parallèles terrestres, géographiques ◇ (*astron.*)

il parallelo celeste, astronomico le parallèle céleste, astronomique ◇ *loc. elettr.* IN PARALLELO en parallèle: *collegare due circuiti, due resistenze in parallelo* monter en parallèle deux circuits, deux résistances **2** (*fig.*) [*confronto, rapporto*] parallèle: *istituire, proporre un parallelo tra due fatti apparentemente indipendenti* établir, proposer un parallèle entre deux faits apparemment indépendants.

parallelogràmmo |parallelo'grammo|, **parallelogràmma** |parallelo'gramma| *s.m.* (*geom.*) parallélogramme.

paralogìsmo |paralo'dʒizmo| *s.m.* (*filos.*) paralogisme.

paralogìstico, ci, ca, che |paralo'dʒistiko, tʃi, ka, ke| *agg.* (*filos.*) des paralogismes *loc. inv.*

paralogizzàre |paralodʒid'dzare| *v.intr.* (*aus.* '*avere*') (*filos.*) [*argomentare per paralogismi*] se livrer *pron.* à des paralogismes.

paralùce |para'lutʃe| *s.m. inv.* (*foto*) parasoleil *var.*

paralùme |para'lume| *s.m.* [*schermo per attenuare la luce diretta di una lampada*] abat-jour *inv.*

paramagnètico, ci, ca, che |paramaɲ'ɲɛtiko, tʃi, ka, ke| *agg.* (*elettr.*) paramagnétique.

paramagnetìsmo |paramaɲɲe'tizmo| *s.m.* (*elettr.*) paramagnétisme.

paramàniche |para'manike| *s.f. pl.* → **mezzamanica.**

paramàno |para'mano| *s.m.* **1** (*raro, abbigl.*) parement (*corr.*) → **polsino** **2** (*edil.*) (*mattone da*) *paramano* (brique de) parement.

paramècio, i |para'mɛtʃo, i| *s.m.* (*t.zool.*) paramécie *f.*, infusoire.

paramèdico, ci, ca, che |para'mɛdiko, tʃi, ka, ke| *agg.* paramédical*.

1 **paraménto** |para'mento| *s.m.* **1** (*liturg.*) parement: *i paramenti liturgici* les parements liturgiques; *i paramenti dell'altare* les parements de l'autel ◇ [*indumento del sacerdote*] ornement: *indossare i sacri paramenti* revêtir les ornements sacerdotaux **2** (*raro*) [→ PARARE A 1] parement # *provvedere al paramento di una chiesa* parer une église **3** (*edil.*) parement.

2 **paraménto** |para'mento| *s.m.* (*sport*) pare-menton.

paramètrico, ci, ca, che |para'mɛtriko, tʃi, ka, ke| *agg.* (*mat.*) paramétrique.

paramètrio, i |para'mɛtrjo, i| *s.m.* (*anat.*) paramètre.

parametrite |parame'trite| *s.f.* (*med.*) paramétrite.

parametrizzazióne |parametriddzat'tsjone| *s.f.* (*fis., mat.*) paramétrisation.

paràmetro |pa'rametro| *s.m.* **1** (*mat.*) paramètre, donnée de référence *f.* ◇ (*bur.*) *lo scatto di stipendio corrispondente al II parametro retributivo* l'augmentation conventionnelle de salaire correspondant au 2e paramètre, indice **2** (*fig.*) *giudicare qc., il comportamento di qc. secondo il proprio parametro* juger qqn., le comportement de qqn. par rapport à soi-même; *stabiliamo un parametro comune di giudizio* fixons un point commun de référence pour porter un jugement → **criterio.**

paramezzàle |paramed'dzale| *s.m.* (*mar.*) carlingue *f.*

paramilitàre |paramili'tare| *agg.* paramilitaire: *campo di addestramento paramilitare* terrain d'instruction paramilitaire.

paramìne |para'mine| *s.m. inv.* (*mar.*) paravane *var.*

paramnesìa |paramne'zia| *s.f.* (*psicol.*) paramnésie.

paramontùra |paramon'tura| *s.f.* (*raro, abbigl.*) parementure.

paramorfìna |paramor'fina| *s.f.* (*chim.*) paramorphine.

paramósche |para'moske| *s.m. inv.* cloche (protège-mouches) *f.*

parancàre |paran'kare| *v.intr.* (*aus.* '*avere*') [*lavorare con paranchi*] palanquer.

paranchìno |paran'kino| *s.m.* (*mar.*) poulie *f.*

parànco, chi |pa'ranko, ki| *s.m.* (*tecnol.*) palan.

parangóne |paran'gone| *s.m.* (*tip.*) parangon.

paranìnfo |para'ninfo| *s.* **1** (*raro*) [*chi combina matrimoni*] faiseur* de mariages *m.*, marieuse *f.* **2** (*st. gr., rom.*) paranymphe.

paranòia |para'nɔja| *s.f.* (*med.*) paranoïa.

paranòico, ci, ca, che |para'nɔiko, tʃi, ka, ke| *agg.* **1** (*med.*) paranoïaque: *sindrome paranoica* syndrome paranoïaque **2** [*chi è affetto da paranoia, da manie*] paranoïaque: *un soggetto paranoico* un sujet paranoïaque ✦ (*s.*) *un paranoico* un paranoïaque.

paranòide |para'nɔide| *agg.* (*med.*) paranoïde: *schizofrenia paranoide* schizophrénie paranoïde ✦ (*s.*) *un paranoide* un sujet paranoïde *agg.*

paranormàle |paranor'male| *agg.* (*med., metapsichica*) paranormal*.

parànza |pa'rantsa| *s.f.* **1** (*mar.*) balancelle **2** (*pesca*) bateau *m.* de pêche.

paraòcchi |para'ɔkki|, (*raro*) **paròcchi** |pa'rɔkki| *s.m. inv.* [*parte del finimento dei cavalli*] œillère *f. var.* ◇ (*loc. fig.*) *avere i paraocchi, mettersi il, i paraocchi* avoir des œillères ~ *procedere con i paraocchi* avancer avec des œillères.

paraónde |para'onde| *s.m. inv.* (*mar.*) brise-lames.

paraorécchie |parao'rekkje| *s.m. inv.* protège-oreilles, oreillette *f. var.*

parapàlle |para'palle| *s.m. inv.* (*mar.*) pare-balles.

parapettàta |parapet'tata| *s.f.* (*teat.*) décor *m.* fermé.

parapètto |para'pɛtto| *s.m.* **1** (*edil., corr.*) parapet, garde-fou: *il parapetto di un ponte, di un argine* le parapet, le garde-fou d'un pont, d'une digue; *stare, appoggiarsi al parapetto* s'accouder au parapet # *il parapetto della finestra, del balcone* l'allège de la fenêtre, la balustrade du balcon **2** (*mar.*) bastingage, rambarde *f.*, pavois **3** (*mil.*) parapet.

parapìglia |para'piʎʎa| *s.m. inv.* [*grande e improvviso trambusto; calca*] cohue *f. var.*, bagarre (*f. var.*): *nel parapiglia che ne seguì, il ladro riuscì a dileguarsi* dans la cohue, dans la bagarre qui s'ensuivit, le voleur réussit à s'esquiver; *ne nacque un gran parapiglia* il s'ensuivit une grande bagarre → **tafferuglio.**

parapiòggia |para'pjɔddʒa| *s.m. inv.* parapluie *var.* → **ombrello.**

paraplegìa, gie |paraple'dʒia, dʒie| *s.f.* (*med.*) paraplégie.

paraplègico, ci, ca, che |para'plɛdʒiko, tʃi, ka, ke| *agg. e s.* paraplégique.

parapsìchico, ci, ca, che |parap'sikiko, tʃi, ka, ke| *agg.* parapsychique.

parapsicologìa, gie |parapsikolo'dʒia, dʒie| *s.f.* parapsychologie.

paràre |pa'rare| **A** *v.tr.* **1** [*addobbare con parati, con paramenti*] parer (*lett.*), décorer: *parare la chiesa, il salone dei ricevimenti* parer, décorer l'église, le salon, la salle de réception ✦ (*ass.*) *parare a festa* parer une église de tous ses rideaux cramoisis; *parare a lutto* tendre (53) l'église de noir **2** [*tener lontano; evitare*] parer, éviter; masquer, empêcher: *parare i colpi* parer les coups; *parare un pericolo* éviter un danger; *parare un'insidia, un pericolo* éviter un piège, un danger → **sventare, scansare** ‖ *un muretto parava la vista panoramica* un petit mur masquait la vue du panorama ◇ (*calcio*) *parare il pallone, un rigore* bloquer le ballon, un penalty ◇ (*pugilato*) *parare un diretto dell'avversario* parer un direct de l'adversaire ◇ (*scherma*) *parare un fendente, una stoccata* parer une estocade, un fendant (*arc.*) ◇ (*loc. fig.*) *parare un colpo* (*mancino*) parer le coup ~ *parare lo scoglio* éviter la difficulté **3** [*mettere al riparo; proteggere*] abriter: *parare il gregge dall'intemperie* abriter le troupeau des intempéries; *vieni sotto il mio ombrello, che ti paro dalla pioggia!* viens sous mon parapluie que je t'abrite (de la pluie) **4** [*porgere in avanti; tendere*] tendre (53): *parare la mano per chiedere l'elemosina* tendre la main pour demander la charité; *parare il grembiule* tendre son tablier **5** (*raro*) [*spingere davanti a sé; mandare a pascolare*] mener (6) aux champs: *parare il gregge, le pecore, i maiali* mener le troupeau, les moutons, les cochons aux champs **B** *v. intr. solo nella loc.* ANDARE A PARARE [*tendere, mirare*] en venir (27): *dove vuoi andare a parare con questo ragionamento?* où veux-tu en venir avec ce raisonnement?; *non riuscivo a capire dove andasse a parare il suo discorso* je ne réussissais pas à comprendre où il voulait en venir en disant cela **C** *v.pron. rifl.* PARARSI **1** [→ *tr.* 1] revêtir *tr.* (25) les ornements: *il prete si stava parando per la funzione* le prêtre revêtissait les ornements sacerdotaux pour l'office ◇ (*scherz.*) *chissà perché ti sei parato a festa?* Dieu sait pourquoi tu t'es endimanché, mis sur ton trente et un? **2** [→ *tr.* 3] se protéger (8), se garantir: *pararsi dalla pioggia, dal vento* s'abriter, se protéger de la pluie, du vent; *cercare di pararsi dai colpi dell'avversario* chercher à se garantir, se défendre des coups de son adversaire → **protegger(si), riparar(si)** **3** [*presentarsi, apparire*] surgir (*intr.*): *all'improvviso gli si parò davanti un losco individuo* soudain, un individu louche surgit devant lui; *è abituato a superare gli ostacoli che gli si parano davanti* il est habitué à surmonter les obstacles qui surgissent devant lui.

parasàrtie |para'sartje| *s.m. inv.* (*mar.*) porte-hauban(s) *var.*

parascève |paraʃ'ʃɛve| *s.f.* (*liturg. ebr.*) parascève, veille du sabbat ◇ (*liturg. catt.*) préparation.

paraschégge |paras'keddʒe| *s.m. inv.* (*mil.*) pare-éclats.
parascintìlle |paraʃin'tille| *s.m. inv.* [*schermo per riparare dalle scintille* (*del camino*)] pare-étincelles.
parascolàstico, ci, ca, che |parasko'lastiko, tʃi, ka, ke| *agg.* périscolaire: *attività parascolastiche* activités périscolaires, complémentaires.
paraselène |parase'lɛne|, **paraselènio, i** |parase'lɛnjo, i| *s.m.* (*geogr.*, *astron.*) parasélène *f.*
parasessualità |parasessuali'ta| *s.f. inv.* parasexualité *var.*
parasilùri |parasi'luri| *agg. e s.m. inv.* (filet) pare-torpilles.
parasimpàtico, ci |parasim'patiko, tʃi| *agg. e s.m.* (*anat.*) *il* (*sistema nervoso*) *parasimpatico* le (système nerveux) parasympathique.
parasintètico, ci, ca, che |parasin'tɛtiko, tʃi, ka, ke| *agg.* (*ling.*) parasynthétique.
parasóle |para'sole| *s.m. inv.* **1** [*ombrello da sole*] ombrelle *f. var.* → **ombrello, ombrellino** **2** (*foto.*) parasoleil (*var.*): *applicare un parasole all'obiettivo* appliquer un parasoleil à l'objectif → **paraluce.**
paraspàlle |paras'palle| *s.m. inv.* (*hockey*) protège-épaules.
parassita |paras'sita| **I** *s.m.* **1** (*persone*) parasite: *fare il parassita, vivere da parassita* être un parasite (un pique-assiette), vivre en parasite **2** (*biol.*) parasite: *parassiti interni, esterni* parasites internes, externes; *disinfestare dai parassiti* débarrasser des parasites; procéder à une désinfection contre les parasites ♦ (*agg.*) *piante parassite* plantes parasites **II** *agg.* (*elettr.*) *corrente parassita* courant parasite ◇ (*rad.*, *tv*) *rumori parassiti* (bruits) parasites.
parassitàre |parassi'tare| *v.tr.* (*biol.*) [*sfruttare un organismo da parassita*] parasiter.
parassitàrio, i |parassi'tarjo, i| *agg.* (*biol.*) parasitaire ◇ (*fig.*) *enti pubblici parassitari* services publics à caractère parasitaire, inutiles et coûteux.
parassiticida |parassiti'tʃida| *agg.* parasiticide: *liquido, polvere parassiticida* liquide, poudre parasiticide ♦ (*s.m.*) *i parassiticidi* les parasiticides.
parassìtico, ci, ca, che |paras'sitiko, tʃi, ka, ke| *agg.* (*biol.*) parasitique → **parassitario.**
parassitismo |parassi'tizmo| *s.m.* (*biol.*) parasitisme, caractère parasitaire ◇ (*fig.*) *il parassitismo di certe persone, di certi enti pubblici* la tendance au parasitisme de certaines personnes, le caractère parasitaire de certains services publics.
parassitologìa, gie |parassitolo'dʒia, dʒie| *s.f.* (*biol.*) parasitologie.
parassitòlogo, gi |parassi'tɔlogo, dʒi| *s.* parasitologue.
parassitòsi |parassi'tɔzi| *s.f. inv.* (*med.*) parasitose *var.*
paràsta |pa'rasta| *s.f.* (*arch.*) parastade.
parastatàle |parasta'tale| *agg.* **1** (*cose*) semi-public*; (*Belgio*) parastatal*: *ente parastatale* organisme semi-public **2** (*persone*) *impiegato, funzionario parastatale* employé, fonctionnaire d'un organisme semi-public, parastatal (*Belgio*) ♦ (*s.*) *un parastatale* un parastatal: *le rivendicazioni della categoria dei parastatali* les revendications des personnels semi-publics.
parastàto |paras'tato| *s.m.* [*l'insieme degli enti e dei dipendenti parastatali*] organisme, secteur semi-public, parastatal (*Belgio*).
parastìnchi |paras'tinki| *s.m. inv.* (*sport*) protège-tibia (*var.*): *dei parastinchi* des protège-tibias.
parastràppi |paras'trappi| *s.m. inv.* (*mecc.*) flecteur *var.*, joint *var.* flexible.
1 **paràta** |pa'rata| *s.f.* [→ PARARE A 2] parade ◇ (*sport*) *il po tiere effettuò una difficile parata* le gardien de but effectua un arrêt difficile; *fare una parata a tuffo, di pugno* bloquer le ballon en plongeon, renvoyer le ballon d'un coup de poing.
2 **paràta** |pa'rata| *s.f.* **1** parade: *parata militare terrestre, aerea, navale* parade de l'armée de terre, aérienne, navale; *assistere a una parata* assister à un défilé, à une revue # *sfilare, schierarsi in parata* défiler ◇ *loc.* DI PARATA de gala, de parade: *abito, uniforme di parata* habit, uniforme de gala; *passo di parata* pas de parade ◇ (*per est.*) *una parata di carri allegorici* un défilé de chars allégoriques → **sfilata** **2** (*loc.*) *vista la mala parata...* [*la situazione sfavorevole, il pericolo*] voyant que les choses commençaient à mal tourner...
paratàssi |para'tassi| *s.f. inv.* (*ling.*) parataxe *var.* C **ipotassi.**
paratàttico, ci, ca, che |para'tattiko, tʃi, ka, ke| *agg.* (*ling.*) paratactique C **ipotattico.**
paratìa |para'tia| *s.f.* **1** (*mar.*) cloison: *paratia stagna* cloison étanche; *paratia di collisione* cloison d'abordage **2** (*edil.*) cloison.
paratìfico, ci, ca, che |para'tifiko, tʃi, ka, ke| *agg.* (*med.*) paratyphique.
paratìfo |para'tifo| *s.m.* (*med.*) paratyphoïde.
paratiròide |parati'rɔide| *s.f.* (*anat.*) parathyroïdes *pl.*
paràto |pa'rato| *s.m.* **1** [*rivestimento delle pareti*] tapisserie *f.*, tenture *f.* # *carte da parati* papier peint; *stoffe da parato* tentures ◇ (*raro*) [*addobbo, paramento*] parement (*corr.*) **2** (*mar.*) traverse *f.*
paratóia |para'toja| *s.f.* (*idraul.*) vanne: *paratoia di piena* vanne de décharge.
paratòpi |para'tɔpi| *s.m. inv.* (*mar.*) garde-rats.
paratóre, trice |para'tore, tritʃe| *s.* **1** [*chi prepara addobbi*] décorateur* **2** (*raro*) → **tappezziere.**
paratormóne |parator'mone| *s.m.* (*med.*) parathormone *f.*
paratùra |para'tura| *s.f.* [→ PARARE A 1; C 1] décoration.
parauniversitàrio, i |parauniversi'tarjo, i| *agg.* para-universitaire.
paraùrti |para'urti| *s.m. inv.* (*auto.*) pare-chocs ◇ (*ferr.*) butoir *var.*
paravalànghe |parava'lange| *s.m. inv.* paravalanche *var.*, pare-avalanches.
paravènto |para'vɛnto| *s.m.* paravent: *spogliarsi dietro un paravento* se désabiller derrière un paravent ◇ (*fig.*) *questo pretesto è per lui un comodo paravento* ce prétexte lui fournit un paravent commode; *fare da paravento a qc.* servir de paravent à qqn.
parcaménte |parka'mente| *avv.* [→ 1 PARCO] modérément: *mangiare, bere parcamente* manger, boire modérément ◇ (*per est.*) → **frugalmente.**
parcàre |par'kare| *v.tr.* **1** (*mil.*) [*disporre in ordine per una sosta*] parquer **2** (*raro*) → **parcheggiare.**
parcèlla |par'tʃɛlla| *s.f.* **1** [*nota dei compensi dovuti a un professionista*] (note d')honoraires (*m. pl.*): *presentare al cliente la propria parcella* présenter au client sa note d'honoraires, ses honoraires; *quant'è la sua parcella?* quels sont vos honoraires!; *che parcella salata!* quelle note d'honoraires salée! → 2 **onorario** **2** (*bur.*) → **particella.**
1 **parcellàre** |partʃel'lare| *v.tr.* [*dividere in parcelle*] parcelliser.
2 **parcellàre** |partʃel'lare| *agg.* → **particellare** 2.
parcellazione |partʃellat'tsjone| *s.f.* (*agr.*) parcellisation, lotissement *m.*
parchè |par'kɛ| *s.m. inv.* (*raro*) → **'parquet'.**
parcheggiàre |parked'dʒare| *v. tr.* [*lasciare in sosta* (*un automezzo*); *sistemare nello spazio stradale riservato a ciò*] parquer, garer: *ho parcheggiato la macchina qui sotto* j'ai parqué, garé la voiture en bas; *è difficile parcheggiare questo macchinone!* cette grosse voiture est difficile à parquer; *non trovavo da parcheggiare la macchina* je ne trouvais pas où garer (ma voiture) ♦ (*ass.*) *parcheggiare in sosta vietata* se parquer, se garer (*fam.*) en stationnement interdit; *non ha ancora imparato a parcheggiare bene* il n'a pas encore appris à bien se garer.
parchéggio, i |parked'dʒo, i| *s.m.* [→ PARCHEGGIARE] stationnement, parking: *divieto di parcheggio* stationnement interdit; *parcheggio a pettine, a lisca di pesce* parking en épis; *manovra di parcheggio* manœuvre de stationnement ◇ [*lo spazio destinato a tale uso*] parc, parking: *parcheggio libero, a pagamento* parc, parking gratuit, payant → **posteggio.**
parchettatùra |parketta'tura| *s.f.* (*tecnol.*) parquetage *m.*
parchettista |parket'tista| *s.m.* [*chi fa o posa parchettature*] parqueteur.
parchézza |par'kettsa| *s.f.* (*raro*) → **sobrietà, parsimonia.**
parchìmetro |par'kimetro| *s.m.* (*tecnol.*) parc(o)mètre.
1 **pàrco, chi, ca, che** |'parko, ki, ka, ke| *agg.* **1** [*sobrio, frugale*] frugal*, sobre; modéré: *una parca cena* un dîner frugal, sobre # *essere parco nel mangiare, nel bere* manger, boire modérément **2** [*moderato; scarso*] modéré, parcimonieux*: *essere parco nel parlare* être modéré dans son langage; *essere parco nello spendere* être parcimonieux, modéré dans ses dépenses → **avaro** # *essere parco di elogi* être avare de louanges C 1 **intemperante**; 2 **largo, prodigo.**
2 **pàrco, chi** |'parko, ki| *s.m.* **1** parc: *il parco di una villa* le parc d'une villa; *il parco dei divertimenti* le parc d'attractions; *passeggiare per il parco* se promener dans le parc ◇ (*per est.*) *i parchi nazionali* les parcs nationaux **2** [*luogo di custodia e parcheggio*] parc; parc (*t.racc.*), parking: *il parco* (*per*) *buoi, muli* le parc pour les bœufs, les mulets || *il parco* (*per*) *macchine, autocarri* le parc, le parking ◇ (*per est.*) *la ditta dispone di un nutrito parco*

macchine la maison dispose d'un vaste parc automobile; *il parco automobilistico nazionale, di una provincia* le parc automobile national, d'une province.
parcòmetro |par'kɔmetro| *s.m.* → **parchimetro.**
pàrdo |'pardo| *s.m.* (*lett.*) → **leopardo.**
parécchio, i |pa'rekkjo, i| **I** *agg. indef.* [*in grande, in notevole quantità*] (*col sost. pl.*) plusieurs; (*col sost. sing.*) beaucoup *avv.* de (+ *sost.*): *parecchi libri sono nuovi* plusieurs livres sont nouveaux; *parecchie persone sono in vacanza* plusieurs personnes sont en vacances; *avrei parecchie cose da dirti* j'aurais plusieurs choses à te dire; *è da parecchi mesi che non mi scrivi* ça fait plusieurs mois que tu ne m'écris pas; *parecchi dei mei amici sono stati invitati* plusieurs de mes amis ont été invités → **molto** || *parecchio denaro viene speso inutilmente* on dépense beaucoup d'argent inutilement; *c'è parecchio pane* il y a beaucoup de pain; *il lavoro da fare è parecchio* il reste encore beaucoup de travail à faire **II** *pron. e sost.* **1** (*solo al m. sing.*) (*con valore neutro, derivato dall'agg. per ell. di un sost. come 'denaro, prezzo, tempo' e sim.*) *c'è parecchio da qui al mare?* y a-t-il loin d'ici à la mer?; *è da parecchio che ti stiamo aspettando* il y a longtemps que nous sommes en train de t'attendre; *ho speso parecchio per le vacanze* j'ai beaucoup dépensé pour les vacances **2** *solo al plur.* [→ *agg.*] plusieurs, beaucoup: *parecchi sostengono il contrario* plusieurs, beaucoup disent le contraire; *parecchi di noi sono già stati convocati* plusieurs d'entre nous ont déjà été convoqués **III** *avv.* [→ *agg.*] (*con v.*) beaucoup: *ha sofferto parecchio* il a beaucoup souffert; *ho corso parecchio* j'ai beaucoup couru ◇ (*davanti ad agg. o avv. comparativi, con valore raff.*) beaucoup, bien: *è parecchio più giovane di te* il est beaucoup, bien plus jeune que toi; *è parecchio migliore, superiore* il est bien meilleur, bien supérieur; *sta parecchio meglio, peggio* il va beaucoup mieux, très mal ◇ (*davanti ad agg. o avv.*) très: *è parecchio brutta, brutta parecchio* elle est très laide; *sta parecchio male* il va très mal **C** **poco.**
pareggiàbile |pared'dʒabile| *agg.* **1** [→ PAREGGIARE A 1] égalisable: *terreno pareggiabile* terrain égalisable **2** [→ PAREGGIARE A 2] égalable: *i suoi risultati non sono pareggiabili con i tuoi* ses résultats ne sont pas égalables aux tiens → **confrontabile** **C** 2 **impareggiabile.**
pareggiaménto |pareddʒa'mento| *s.m.* [→ PAREGGIARE A 1] égalisation *f.*, le fait d'égaliser # *provvedere al pareggiamento di una siepe* égaliser une haie → **livellamento** ◇ (*comm.*) *il pareggiamento del bilancio* l'équilibre du budget → **pareggio** ◇ (*dir.*) *ottenere il pareggiamento di una scuola non statale* obtenir la reconnaissance *f.* d'une école privée → **parifica, parificazione.**
pareggiàre |pared'dʒare| **A** *v.tr.* **1** [*rendere pari, uniforme*] égaliser, niveler (5): *pareggiare un terreno, una siepe* égaliser, niveler un terrain, égaliser une haie → 1 **livellare** # *pareggiare i pesi di una bilancia* équilibrer les poids d'une balance; *pareggiare il carico di un'autovettura* équilibrer la charge d'une voiture ◇ (*comm.*) balancer (2), équilibrer: *pareggiare i conti* balancer les comptes; *pareggiare un bilancio* équilibrer un budget ◇ (*dir.*) *pareggiare una scuola non statale* reconnaître (72) (de la part de l'État) une école privée → **riconoscere** **2** [*diventare, essere pari; uguagliare*] égaler: *nessuno lo pareggia in quella disciplina, in quella specializzazione, in quello sport* personne ne l'égale dans cette discipline, dans cette spécialisation, dans ce sport; *pareggiare qc. in bravura, in impegno* égaler qqn. en habileté, en zèle **B** *v.intr.* (*aus.* '*avere*') (*sport*) [*conseguire un risultato di parità*] égaliser: *la squadra è riuscita a pareggiare* l'équipe a réussi à égaliser # *le due squadre hanno pareggiato per zero a zero* les deux équipes ont fait match nul **C** *v.pron. intr.* PAREGGIARSI [→ *tr.* 2] être (43) *intr.* à égalité, se valoir (35): *i due atleti, le due squadre si pareggiavano* les deux athlètes, les deux équipes étaient à égalité, se valaient ◇ (*comm.*) s'équilibrer: *le entrate e le uscite si pareggiano* les recettes et les dépenses s'équilibrent.
pareggiàto |pared'dʒato| *agg.* **1** [*reso uguale, uniforme*] égalisé *p.p.*, nivelé (*p.p.*): *un suolo, un terreno ben pareggiato* un sol, un terrain bien égalisé, nivelé **2** (*dir.*) reconnu (par l'État): *una scuola pareggiata* une école reconnue par l'État.
pareggiatóre, trice |pareddʒa'tore, tritʃe| *agg. e s.* (*raro*) [*chi pareggia*] égalisateur*.
paréggio, i |pa'reddʒo, i| *s.m.* **1** (*comm.*) équilibre, balance (*f.*): *il pareggio tra le entrate e le uscite* l'équilibre entre les recettes et les dépenses; *raggiungere il pareggio del bilancio* arriver à l'équilibre du budget; *il pareggio della bilancia dei pagamenti* l'équilibre de la balance des paiements # *chiudere il bilancio in pareggio* équilibrer un budget **2** (*sport*) egalité *f.*; égalisation (*f.*): *la partita si è chiusa con un pareggio* le match s'est terminé à égalité; *le due squadre erano ferme sul risultato di pareggio* les deux équipes étaient encore à égalité || *ottenere il pareggio* obtenir l'égalisation, égaliser.
paregòrico, ci, ca, che |pare'gɔriko, tʃi, ka, ke| *agg. e s.m.* parégorique.
parèlio, i |pa'rɛljo, i| *s.m.* (*astron.*) par(h)élie.
paremìa |pare'mia| *s.f.* → **proverbio, detto.**
paremiografìa |paremjogra'fia| *s.f.* recueil *m.* de proverbes.
paremiògrafo |pare'mjɔgrafo| *s.* spécialiste de parémiologie.
paremiologìa, gie |paremjolo'dʒia, dʒie| *s.f.* parémiologie.
parencèfalo |paren'tʃɛfalo| *s.m.* → **cervelletto.**
parènchima |pa'rɛnkima| *s.m.* (*anat., bot.*) parenchyme.
parenchimàtico, ci, ca, che |parenki'matiko, tʃi, ka, ke| *agg.* (*anat., bot.*) parenchymateux*.
parenchimatóso |parenkima'toso| *agg.* (*anat., med.*) parenchymateux*.
parènesi |pa'rɛnezi| *s.f. inv.* (*letter.*) parénèse *var.*
parenètico, ci, ca, che |pare'nɛtiko, tʃi, ka, ke| *agg.* (*lett.*) parénétique.
parentàdo |paren'tado| *s.m.* **1** (*spec. scherz.*) [*l'insieme dei parenti*] parenté *f.*, famille (*f.*): *invitare alla festa tutto il parentado* inviter tous les parents, toute la famille à la fête; *non è necessario che tu vada a raccontarlo a tutto il parentado* il n'est pas nécessaire que tu ailles le raconter à toute la famille **2** [*legame di parentela*] parenté: *parentado stretto, alla lontana* parenté proche, éloignée ◇ (*raro*) [*matrimonio*] alliance *f.* (*corr.*) **3** (*raro*) → **casato, casata.**
parentàle |paren'tale| *agg.* (*med.*) héréditaire: *malattia parentale* maladie héréditaire ◇ (*dir.*) parental*: *tutela parentale* tutelle parentale.
parentàli |paren'tali| *s.m. pl.* (*st. rom.*) parentales *f.*, parentalies *f.*
parentàlie |paren'talje| *s.f. pl.* → **parentali.**
parènte |pa'rɛnte| *s.* **1** parent: *una riunione tra parenti* une réunion de famille, entre parents; *l'orario di visita dei parenti* les heures de visite des parents ◇ (*loc.*) *parenti stretti* (parents) proches; *parenti alla lontana* parents éloignés; *parenti acquisiti, comprati* parents par alliance **2** (*fig.*) (*cose*) proche (*agg.*): *in certi casi il coraggio è parente della temerità* dans certains cas, le courage est voisin de, proche de la témérité **3** (*letter.*) → **genitore.**
parentèla |paren'tɛla| *s.f.* **1** parenté: *rapporti di parentela* liens de parenté; *parentela di 1°, di 2° grado* parenté au 1er, au 2e degré; *parentela stretta, lontana* parenté proche, éloignée ◇ (*per est.*) [*l'insieme dei parenti*] parenté, famille: *avere una parentela numerosa* avoir une nombreuse parenté; *alla festa c'era tutta la parentela* à la fête la familllle était au complet → **parentado** **2** (*fig.*) parenté: *la parentela tra due popoli, tra due culture* la parenté entre deux peuples, entre deux cultures; *parentela linguistica* parenté, affinité linguistique → **affinità.**
parenteràle |parente'rale| *agg.* (*med.*) parentéral*.
parèntesi |pa'rɛntezi| *s.f. inv.* **1** parenthèse (*var.*): *parentesi aperta, chiusa* parenthèse ouverte, fermée; *aprire, chiudere una parentesi* ouvrir, fermer une parenthèse # *parentesi tonda, quadra, (a) graffa* parenthèse, crochet, accolade ◇ (*mat.*) *togliere le parentesi* supprimer les parenthèses; *mettere fuori parentesi* mettre hors parenthèses ◇ (*loc. fig.*) *fra parentesi* entre parenthèses **2** (*fig.*) période *var.*, pause *var.* (*fam.*): *tornare al lavoro dopo una breve parentesi di svago, di riposo* recommencer à travailler après une brève période, pause de distraction, de repos.
parenteticaménte |parentetika'mente| *avv.* (*raro*) [→ PARENTETICO] entre parenthèses *loc. inv.* (*corr.*) → **incidentalmente.**
parentètico, ci, ca, che |paren'tɛtiko, tʃi, ka, ke| *agg.* qui est entre parenthèses (*loc.*): *proposizione parentetica* proposition qui est entre parenthèses, incise → **incidentale.**
parèo |pa'rɛo| *s.m. inv.* paréo *var.*
1 **parére** |pa'rere| (161) **A** *v.intr.* (*aus.* '*essere*') (*con sogg. determinato*) **1** [*apparire, manifestarsi in base a elementi ogg. o sogg.*] sembler (*aus.* avoir), paraître (72) (*aus.* avoir): *pare una*

persona onesta, un ragazzo per bene il semble que c'est une personne honnête, un garçon bien; on dirait une personne honnête, un garçon bien; *tutto gli pareva facile* tout lui semblait, paraissait facile → **sembrare** # *pare tutto sua madre* c'est sa mère toute crachée, on dirait sa mère **2** [*avere l'apparenza di q.c. di diverso da quello che si è*] sembler: *quei fiori di plastica paiono veri* ces fleurs en plastique semblent vraies, on dirait que ces fleurs en plastique sont vraies; *faceva di tutto per parere ricco* il faisait tout pour sembler riche → **sembrare** # *gli pareva di sognare* il croyait rêver; *non gli pareva vero!* il n'en croyait pas ses oreilles!; *pareva la fine del mondo!* on aurait dit la fin du monde!; *pareva una persona onesta, invece...* on aurait dit une personne hônnete, au contraire...; *pareva vivo, ma non lo era* on aurait dit qu'il était vivant, mais il ne l'était pas; *ti pare questo il modo di parlare a tuo padre?* c'est une façon de parler à papa?, tu crois que c'est une façon de parler à ton père? **3** (*lett.*) → **apparire** **B** *v.impers.* sembler, paraître; croire (56) (*aus.* avoir), penser (*aus.* avoir): *pareva che stesse per piovere* il semblait, on aurait dit qu'il allait pleuvoir; *gli pareva che tutti ce l'avessero su con lui* il lui semblait que tout le monde était contre lui; *non mi pare tanto difficile fare questo* faire cela ne me semble pas si difficile; *mi pare ora, tempo di tornare* il me semble, j'estime que c'est le moment de rentrer; *pare che lo abbiano nominato direttore* [*si dice*] il paraît qu'on l'a nommé directeur ‖ '*è arrivato papà?*' '(*sì,*) *mi pare*' 'papa est-t-il arrivé?' 'oui, je crois'; *che te ne pare di quella ragazza, di quel vestito?* que penses-tu de cette fille, de cette robe? ◇ *loc.* PARERE (BENE, NECESSARIO...) trouver (*aus.* avoir), juger (3) (*aus.* avoir) bon, nécessaire...: *mi è parso di dovergli dire tutto* j'ai trouvé bon de lui dire tout; *se è parso a te di risolvere così la cosa...* si tu as jugé bon de résoudre ainsi la chose, si cette solution te semble bonne ~ (NON) TI PARE?: *ho ragione io, non ti pare?* j'ai raison, tu ne crois pas?; j'ai raison, non?; *è meglio così, ti pare?* c'est mieux ainsi, pas vrai? ~ 'LE, TI PARE?': '*grazie del suo interessamento!*' '*ma le pare, (era) mio dovere*' 'merci pour votre bienveillance' 'je vous en prie, il n'y a pas de quoi, c'était mon devoir!'; '*grazie mille!*' '*ma ti pare?*' 'merci beaucoup!' 'je t'en prie!' ~ COME MI (TI, GLI...) PARE: *fa come ti pare!* fais ce que tu voudras!; *io l'avevo consigliato, ma lui ha fatto come gli pareva* je l'avais conseillé, mais il en a fait à sa tête; '*posso venire da te?*' '(*fa pure*) *come ti pare*' 'est-ce que je peux venir chez toi?' '(bien sûr) comme tu voudras' ~ (*in frasi incidentali*) MI PARE: *le sue idee, mi pare, sono giuste* ses idées, ce me semble, sont justes ~ *se vi pare...* si bon vous semble, si vous croyez ~ *pare impossibile!* cela ne me semble pas possible!, c'est impossible! ~ *in casa mia ricevo chi mi pare (e piace)* chez moi, je reçois qui bon me semble ~ *faccio quello che mi pare (e piace)* je fais ce qui bon me semble ~ *pare anche a me* je le crois moi aussi, c'est aussi mon impression ~ *a quanto pare...* à ce qu'il semble, à ce qu'il paraît ~ *mi pare di sì, di no* il me semble que oui, que non ~ *mi pare mill'anni...* il me tarde de, je brûle de... [C] **essere**.

2 **parére** |pa'rere| *s.m.* [*opinione, convincimento*] avis: *esprimere il proprio parere* donner son avis; *i pareri sono concordi, discordi* les avis sont les mêmes, sont partagés; *siamo tutti dello stesso parere* nous sommes tous du même avis; *vorrei sentire il tuo parere al riguardo* je voudrais savoir quel est ton avis à ce sujet; *il mio parere è di lasciare tutto* je suis d'avis de tout laisser; *il suo parere era che non si cambiasse nulla* il était d'avis de ne rien changer; *nessuno ha chiesto il tuo parere!* personne ne t'a demandé ton avis!; *qui conviene chiedere il parere di un professionista, di un tecnico* ici (pour ça) il vaut mieux demander l'avis d'un spécialiste, d'un technicien ◇ [*consiglio*] conseil: *questo è il mio parere, tu poi fai come ti sembra meglio!* c'est mon conseil, maintenant fais ce que bon te semble!; *se vuoi un mio parere* si tu veux un conseil ◇ (*bur.*) *parere obbligatorio, consultivo, non vincolante* avis obligatoire, consultatif, non contraignant; *chiedere il parere del Consiglio di Stato* demander l'avis du Conseil d'État; en référer au Conseil d'État; *sentito il parere dell'organo consultivo, si decreta...* ayant pris l'avis de l'assemblée, il est décrété que...

parèrgo, ghi |pa'rɛrgo, gi| *s.m.* (*letter.*) parergon.

parèsi |pa'rɛzi|, **pàresi** |'parezi| *s.f. inv.* (*med.*) parésie *var.*

parestesìa |pareste'zia| *s.f.* (*med.*) paresthésie.

paretàio, i |pare'tajo, i| *s.m.* (*caccia*) aire *f.* d'oiseleur.

paréte |pa'rete| *s.f.* **1** (*edil., corr.*) mur (*m.*): *imbiancare le pareti della casa, dell'ufficio* blanchir, peindre les murs de la maison, du bureau ◇ [*elemento divisorio*] paroi, cloison: *parete divisoria* paroi # *questo rimanga tra le pareti domestiche!* que ceci reste entre nous, que ceci ne soit pas répété hors de la maison! ◇ (*per est.*) paroi: *le pareti di un compartimento, dell'ascensore, di un recipiente* les parois d'un compartiment, de l'ascenseur, d'un récipient ◇ (*anat.*) *parete addominale, toracica* paroi abdominale, thoracique; *le pareti interne, esterne delle vene, delle arterie* les parois internes, externes des veines, des artères **2** (*alpinismo*) *scalare la parete nord del Cervino* escalader la paroi, la face nord du Cervin; *trascorrere una notte in parete* passer une nuit en paroi, au bivouac.

parètico, ci, ca, che |pa'rɛtiko, tʃi, ka, ke| *agg.* (*med.*) [*colpito da paresi*] atteint de parésie ◇ [*che presenta, relativo alla paresi*] parétique.

pargoleggiàre |pargoled'dʒare| *v.intr.* (*aus.* '*avere*') (*raro, lett.*) [*comportarsi in modo infantile*] faire *tr.* (45) l'enfant (*corr.*).

pargolétto |pargo'letto| *s.* (*lett., scherz.*) [*bambino in tenera età*] petit (*corr.*), petit enfant (*corr.*), bébé (*corr.*), bambin (*fam.*) ◆ *agg.* (*lett.*) *le pargolette membra* le tendre corps, les petits membres.

pàrgolo |'pargolo| *s. e agg.* (*raro, lett., scherz.*) → **bambino.**

1 **pàri** |'pari| **I** *agg. inv.* **1** [*uguale; simile*] égal* *var.*, même (*var.*): *essere pari di forze, di numero* être égal en forces, en nombre; *essere di pari età* être du même âge; *un funzionario di pari grado* un fonctionnaire (du) de même grade; *due (ufficiali di) pari grado* deux officiers de même grade → **parigrado**; *un miglio terrestre è pari a m. 1609,3* le mille anglais vaut, est égal, équivaut à 1609, 3 mètres; *avere pari diritti e pari doveri* avoir les mêmes droits et les mêmes devoirs # *ho fatto spese per un importo pari a £. 115.000* j'ai fait des achats pour (une somme de) 115.000 lires; *essere primi a pari merito* être premiers ex-æquo; *la sua maleducazione è pari alla sua ignoranza* son impolitesse égale son ignorance ◇ *loc. fig.* ESSERE PARI être quitte: *ti restituisco il mio debito: ora sono pari, siamo pari* je te rembourse: maintenant nous sommes quittes; *lui mi ha dato un pugno, io gli ho rifilato uno schiaffo: ora siamo pari* il m'a donné un coup de poing, je lui ai flanqué une gifle: maintenant nous sommes quittes ~ *a pari condizioni* à conditions égales **2** [*di uguale altezza, lunghezza e sim.*] égal: *le gambe del tavolo non sono pari* les jambes de la table ne sont pas égales # *una superficie pari* une surface plane; *falciare pari un prato* faucher régulièrement un pré; *falciare una siepe* tailler régulièrement une haie ◇ (*loc.*) *saltare a piè pari*: (*pr.*) sauter à pieds joints; (*fig.*) *saltare a piè pari una pagina, un episodio* sauter carrément une page, un épisode; *saltare a piè pari uno scoglio* esquiver, escamoter un obstacle ~ *camminare, procedere di pari passo*: (*pr., fig.*) aller de pair **3** (*econ.*) en équilibre (*loc. inv.*): *i conti del dare e dell'avere sono pari* le compte débiteur et le compte créditeur sont en équilibre → **pareggiato** **4** (*sport*) *risultato pari di una partita* match nul; *far pari (e patta)* terminer à égalité; *la partita si è conclusa sul tre pari* le match s'est terminé par trois (buts) partout, par un match nul trois à trois → **pareggio** ◇ (*tennis*) *pari quaranta, quaranta pari* quarante partout ◇ (*loc.*) *giocare, fare a pari e dispari* jouer à pair ou impair **5** (*mat.*) pair: *il quattro è un numero pari* le quatre est un nombre pair **6** (*fig.*) [*adeguato, corrispondente*] *essere, mostrarsi pari alla propria fama, all'attesa* être, se montrer à la hauteur; *il risultato non è stato pari ai suoi meriti* le résultat n'a pas été à la hauteur de son mérite **II** *s. inv.* **1** *s.m.* (*mat.*) pair (*var.*): *puntare (alla 'roulette') sul pari* miser (à la roulette) pair **2** *s.* (*fig.*) (*persone*) [→ *agg.* 1] égal *agg.*, pareil* (*var.*): *trattare (qc.) da pari a pari* traiter (qqn.) d'égal, à égal, sur un pied d'égalité; *questo tono, usalo con i tuoi pari!* parle sur ce ton à tes pareils! # *non è da par tuo comportarsi in questo modo!* ce n'est pas de toi de te comporter de cette façon!; *si è comportato da par suo* il s'est comporté comme lui seul pouvait faire ◇ (*loc.*) *non aver pari, essere senza pari* être sans égal, sans pareil **III** *loc.* AL PARI DI aussi bien que, de même que, comme: *nessuno mi ha capito al pari di te* personne ne m'a compris aussi bien que toi; *sei responsa-*

bile anche tu al pari di me tu es tout aussi responsable que moi ~ ALLA PARI [*alle stesse condizioni*] au pair; [*su un piano d'eguaglianza*] d'égal à égal, sur un pied d'égalité: *comprare, vendere alla pari* acheter, vendre au pair; *ospitare qualcuno alla pari* prendre qqn. au pair; *ragazza alla pari* jeune fille au pair ‖ *sentirsi alla pari con i propri colleghi* se sentir sur un pied d'égalité avec ses collègues; *trattare qc. alla pari* traiter qqn. d'égal à égal, en égal # *scommettere alla pari* parier à égalité ~ DEL PARI pareillement (*avv.*): *ti sei comportato del pari anche tu* toi aussi, tu t'es comporté pareillement → **ugualmente** ~ IN PARI [*a livello*] de niveau; [*aggiornato*] à jour: *questo tavolo non è in pari* cette table n'est pas de niveau ‖ *mettere in pari un conto* mettre un compe à jour; *tenere i libri paga in pari* tenir les registres des salaires à jour; *mettersi in pari con i propri impegni* se mettre à jour avec ses engagements # *mettersi in pari con i pagamenti* payer ses échéances ~ PARI PARI mot à mot, à la lettre: *copiare, imitare pari pari* copier mot à mot, à la lettre # *andare parì pari dalla polizia a sporgere denuncia* aller tout droit au poste de police pour déposer une plainte → **difilato** Ⓒ I 5; II 1 **dispari**; I 1 **diverso.**

2 **pàri** |'pari| *s.m. inv.* **1** (*dir. ingl.*) lord (*var.*): *la Camera dei Pari* (*d'Inghilterra*) la Chambre des Lords (en Grande-Bretagne) **2** (*st.*) pair *var.*

pària |'parja| *s.m. inv.* paria *var.* ◇ (*fig.*) *si sentiva un paria in quell'ambiente, in quella società* il se sentait un paria dans ce milieu, dans cette société.

Pàridi |'paridi| *s.m. pl.* (*t.zool.*) Paridés.

paridigitàto |parididʒi'tato| **1** *agg. e s.m.* (*zool.*) paridigité **2** *s.m. pl.* (*t.zool.*) paridigités.

parietàle |parje'tale| *agg.* **1** pariétal*, mural*: *pitture parietali* peintures pariétales, murales; *graffiti parietali* graffiti pariétaux **2** (*anat.*) pariétal: *un* (*osso*) *parietale* un (os) pariétal.

Parietàli |parje'tali| *s.f. pl.* (*t.bot.*) Pariétales.

parietària |parje'tarja| *s.f.* (*t.bot.*) pariétaire, perce-muraille (*corr.*), casse-pierre(s) *m.* (*corr.*).

parìfica, che |pa'rifika, ke| *s.f.* (*bur.*) reconnaissance → **parificazione.**

parificàre |parifi'kare| *v.tr.* **1** [*porre in condizione di parità*] égaliser: *parificare diritti e doveri* égaliser les droits et les devoirs **2** (*bur.*) [*equiparare giuridicamente all'ordinamento statale*] reconnaître (72): *parificare una scuola, un corso* reconnaître (de la part de l'État) une école, un cours.

parificàto |parifi'kato| *agg.* (*bur.*) reconnu: *una scuola parificata* une école libre reconnue par l'État.

parificazióne |parifikat'tsjone| *s.f.* **1** [→ PARIFICARE 1] égalisation: *la parificazione dei sessi* l'égalisation des sexes **2** [→ PARIFICARE 2] reconnaissance: *ottenere la parificazione di una scuola* obtenir la reconnaissance d'une école (libre) (de la part de l'État).

parigìna |pari'dʒina| *s.f.* **1** [*tipo di stufa*] poêle *m.* (à combustion lente) **2** (*ferr.*) butte de triage.

parigìno |pari'dʒino| **1** *agg.* [*di Parigi*] parisien*: *i sobborghi parigini* la banlieue parisienne; *le notti parigine* les nuits parisiennes ◆ *s.f.* (*nella loc.*) ALLA PARIGINA à la parisienne: *vestire alla parigina* s'habiller à la parisienne **2** (*s.m.*) *il parigino* [*il dialetto*] l'accent parisien *agg.*, le parigot (*fam.*).

parìglia |pa'riʎʎa| *s.f.* **1** (*ippica*) paire (de chevaux) **2** (*carte*) paire **3** (*raro*) → **coppia** **4** (*loc. fig.*) *rendere la pariglia a qc.* rendre la pareille à qqn., rendre la monnaie de sa pièce à qqn.

parigràdo |pari'grado| *s. inv.* de même grade *loc. inv.* # *è un suo parigrado* il a le même grade que lui.

pariménti |pari'menti|, **pariménte** |pari'mente| *avv.* **1** (*raro, lett.*) [*ugualmente, similmente*] pareillement (*corr.*), de même *loc. inv.* (*corr.*), également (*corr.*) # *se ho colpa io, sei parimente responsabile anche tu* si c'est ma faute, alors c'est aussi la tienne **2** (*lett.*) → **unitamente.**

pariniàno |pari'njano| *agg.* de Parini *loc. inv.*

pàrio, i |'parjo, i| *agg.* [*dell'isola di Paro*] de Paros *loc. inv.* # *marmo pario* paros.

paripennàta |paripen'nata| *agg. f. e s.f.* (*bot.*) *una* (*foglia*) *paripennata* une feuille paripennée *agg.*

parisìllabo |pari'sillabo| *agg.* **1** (*metr.*) pair: *verso parisillabo* vers pair **2** (*gram. lat.*) parisyllabique, parisyllabe (*raro*) ◆ (*s.m.*) *i parisillabi della III declinazione* les parisyllabiques de la troisième déclinaison Ⓒ **imparisillabo.**

parità |pari'ta| *s.f. inv.* **1** égalité *var.*, parité *var.* (*lett.*): *parità di diritti* égalité de droits; *parità di grado* parité de grade; *a parità di voti* à égalité de voix, à nombre égal de voix; *a parità di merito* à égalité de mérite → **uguaglianza** **2** (*econ.*) parité: *parità monetaria* parité de change **3** (*sport*) nul: *risultato di parità* résultat nul; *la partita è terminata in parità* le match s'est terminé sur un résultat nul → **pareggio** **4** (*fig., mat.*) égalité Ⓒ **1 disparità.**

paritàrio, i |pari'tarjo, i| *agg.* paritaire.

pariteticità |paritetitʃi'ta| *s.f. inv.* (*dir.*) parité *var.*

paritètico, ci, ca, che |pari'tɛtiko, tʃi, ka, ke| *agg.* (*dir.*) paritaire: *commissione paritetica* commission paritaire.

parka |parka| *s.m. inv.* (*amer.*) (*abbigl.*) parka *f. var.*

parkerizzàre |parkerid'dzare| *v. tr.* [*sottoporre a procedimento chimico il ferro e le sue leghe al fine di determinare la formazione di un rivestimento protettivo*] parkériser.

parkerizzazióne |parkeriddzat'tsjone| *s.f.* [→ PARKERIZZARE] parkérisation.

parking |'pa:kiŋ| *s.m. inv.* (*ingl.*) → **parcheggio.**

parkinsoniàno |parkinso'njano| *agg.* parkinsonien*.

parkinsonìsmo |parkinso'nizmo| *s.m.* (*med.*) parkinsonisme.

parlàbile |par'labile| *agg.* (*raro*) [→ 1 PARLARE B] qu'on peut parler *loc.*

1 **parlamentàre** |parlamen'tare| **I** *agg.* **1** (*polit.*) parlementaire: *repubblica parlamentare* république parlementaire ◆ (*s.*) *i parlamentari* les parlementaires **2** (*fig.*) [*accorto, diplomatico*] diplomatique: *comportarsi in modo poco parlamentare* se comporter d'une façon peu diplomatique **II** *s.* [*plenipotenziario; negoziatore*] parlementaire.

2 **parlamentàre** |parlamen'tare| *v.intr.* (*aus.* '*avere*') [*condurre trattative*] parlementer, entrer (*aus.* être) en pourparlers (avec).

parlamentàrio, i |parlamen'tarjo, i| *s.* (*raro*) [*negoziatore, plenipotenziario*] parlementaire → 1 **parlamentare II.**

parlamentarìsmo |parlamenta'rizmo| *s.m.* (*polit.*) parlementarisme.

parlamentarìsta |parlamenta'rista| *s.* partisan du parlementarisme.

parlamentarìstico, ci, ca, che |parlamenta'ristiko, tʃi, ka, ke| *agg.* (*polit.*) du parlementarisme *loc. inv.*

parlamentarménte |parlamentar'mente| *avv.* [→ 1 PARLAMENTARE I 1] parlementairement.

parlaménto |parla'mento| *s.m.* **1** (*polit.*) Parlement: *sedere in Parlamento* siéger au Parlement **2** (*st. mediev.*) parlement **3** (*lett.*) → **colloquio, convegno.**

parlànte |par'lante| **I** *agg.* **1** doué de la parole, parlant (*lett.*): *l'uomo è l'unico animale parlante* l'homme est le seul animal doué de la parole ◇ (*nelle favole*) *il grillo parlante* (*di Pinocchio*) le grillon parleur ◇ (*rad.*) *scala parlante* cadran de réglage **2** (*fig.*) [*molto espressivo*] parlant; vivant: *occhi parlanti* yeux parlants ‖ *è il ritratto parlante di suo padre* c'est le portrait vivant de son père **II** *s.m.* (*ling.*) sujet parlant, locuteur* *s.*

parlantìna |parlan'tina| *s.f.* [*facilità di parola; lingua sciolta*] loquacité (*lett.*), faconde (*lett.*), bagout *m.* (*fam.*): *che parlantina* (*che ha*) *tuo nipote!* quelle loquacité, quel bagout, quelle faconde a ton neveu!; *con la sua parlantina è riuscito a convincere tutti* avec son bagout, il a réussi à convaincre tout le monde; *avere la parlantina* (*facile*) avoir du bagout.

1 **parlàre** |par'lare| **A** *v.intr.* (*aus.* '*avere*') **1** [*comunicare, esprimersi mediante parole, segni linguistici orali*] parler: *il bambino ha già incominciato a parlare* l'enfant a déjà commencé à parler; *parlare in italiano, in francese, in dialetto* parler en italien, en français, en dialecte; *parlare chiaramente, stentatamente* parler clairement, avec difficulté; *parlare a bassa voce, a voce alta* parler à voix basse (haut), à haute voix (tout bas); *parlare tra sé* (*e sé*), *da sé, da solo* parler à soi-même, tout seul; *parlare con entusiasmo, con convinzione* parler avec enthousiasme, avec conviction; *parlare senza riflettere* parler sans réfléchir; *parlare sul serio, per scherzo* parler sérieusement, pour rire; *parlare franco, schietto* parler franchement; *ho parlato chiaro e tondo* j'ai parlé sans détours, clair et net; *parlare in pubblico* parler en public; *non parlate tutti insieme!* ne parlez pas tous ensemble!; *non poteva parlare per l'emozione* l'émotion l'empêchait de parler; *parlare da intenditore, da artista* parler en connaisseur, en artiste; *qui è il pedagogo che parla!* ici c'est le pédagogue qui parle!; *parlare per sottintesi, per allusioni* parler à mots couverts;

parlare a nome di qc. parler au nom de qqn.; *ma lascialo parlare, prima!* mais laisse-le d'abord parler! ◇ (*loc. fig.*) *parlare in punta di forchetta* parler avec affectation ~ *parlare alla buona* parler simplement ~ *parlare grasso* parler gras ~ (*in tono di minaccia*) *guarda, bada* (*a*) *come parli eh!* prends garde, fais attention à ce que tu dis! ~ *lei non sa con chi parla!* vous ne savez pas à qui vous avez affaire! ~ *parlare tra i denti* parler entre ses dents ~ *parlare a fior di labbra* parler du bout des lèvres ~ *parlare senza mezzi termini* parler sans mâcher ses mots ~ *parlare al plurale* parler au pluriel ~ *parlare come un libro stampato* parler comme un livre, parler d'or ~ *parlare a vanvera, tanto per parlare* parler à tort et à travers; *parlare per parlare* parler pour parler ~ *parla perché ha la lingua in bocca* il parle pour ne rien dire ~ (*iron.*) *ha parlato l'oracolo!* l'oracle a parlé! ~ *questo* (*sì*) *che si chiama parlare!* voilà ce qui s'appelle parler! ~ *questo sì che è parlare da galantuomo* voilà ce qui s'appelle parler en gentilhomme! ~ *parla come mangi!* parle comme tout le monde! ~ *far parlare di sé* faire parler de soi ~ *tu parla solo quando sei interrogato!* toi, ne parle que si on t'interroge!, quand les poules auront des dents! ◇ (*loc. con valore incidentale*) *generalmente parlando...* généralement parlant ~ *umanamente parlando...* humainement parlant... ~ *con rispetto parlando...* sauf votre respect... **2** [*rivolgersi a una persona per mezzo della parola*] parler: *è un tipo aperto: parla con tutti* c'est un type ouvert: il parle avec tout le monde; *vorrei parlare con il direttore* je voudrais parler avec le directeur → **conferire**; *sto parlando a te, con te!* c'est à toi que je parle!; *gli ho appena parlato per telefono* je viens de lui parler au téléphone ◇ (*loc.*) *ti parlo da uomo a uomo* je te parle d'homme à homme ~ *parlare del più e del meno* parler de la pluie et du beau temps ~ *con chi chiede di parlare?* à qui désirez-vous parler? ~ *con chi ho l'onore di parlare?* à qui ai-je l'honneur de parler? ~ *pronto: con chi parlo?* allô, qui est à l'appareil? ~ *pronto: qui parla Rossi, la ditta X* allô, ici M. Rossi, la maison X ~ (*è come*) *parlare al muro, ai banchi* c'est comme parler à un mur, à un sourd ~ *parlare al vento* prêcher dans le désert ~ *parlar bene, male di qc.* dire du bien, du mal de qqn. ~ *parlare* (*con qc.*) *a quattrocchi* parler en tête à tête, entre quatre yeux ~ *sono anni che non parla con suo padre* cela fait des années qu'il ne parle plus, qu'il n'adresse plus la parole à son père ~ (*fam.*) *parlare a una ragazza, a un ragazzo* [*avere un legame sentimentale*] voir, fréquenter (*scherz.*) une jeune fille, un garçon **3** [*affrontare un argomento mediante colloquio, discorso e sim.*] parler: *parlare di affari, di politica, di moda* parler affaires, politique, chiffons; *per carità, non ne parliamo neppure!* je vous en prie, n'en parlons pas!; *non voglio sentir più parlare di quella persona!* je ne veux plus entendre parler de cette personne!; *parlare in favore, in difesa di qc., di q.c.* parler en faveur de qqn., de qqch., parler pour qqn., pour qqch.; *come parla bene tuo zio!* comme il parle bien, ton oncle! ◇ (*loc.*) *ha facoltà di parlare il signor X* Monsieur X a la parole ~ *quest'anno non se ne parla neanche di andare in montagna* cette année, il n'est pas question d'aller à la montagne ~ *parlava di voler cambiar casa* il disait qu'il voulait déménager ~ *i due fidanzati non parlano ancora di matrimonio* les deux fiancés ne parlent pas encore de mariage ~ *si comincia a parlare di truffa* on commence à parler d'escroquerie ~ *si parla di un crak di immense proporzioni* on parle d'une faillite de proportions immenses ~ *parlare dalla cattedra, dal pulpito* parler ex cathedra ~ *chi? Rossi? ah sì, ne ho sentito parlare!* qui, Rossi?, ah oui, j'en ai entendu parler ~ *per non parlare* (*poi*) *di...* sans parler de... **4** (*in alcune loc.*) [*confessare, ammettere*] parler: *finalmente il colpevole ha parlato* finalement le coupable a parlé ~ *bisogna convincerlo a tutti i costi a parlare* il faut le convaincre par tous les moyens de parler → **cantare** **5** (*per est.*) [*comunicare, esprimersi per scritto*] parler: *me ne ha parlato per lettera* il m'en a parlé par lettre, il m'en a écrit; *di che cosa parla questo libro, questo film?* de quoi ça parle, ce livre, ce film?; *ne hanno parlato i giornali, la stampa* les journaux, la presse en ont parlé → **riferire, trattare** **6** (*per est.*) [*comunicare per mezzo di segni non linguistici*] parler: *parlare con i gesti, con le mani* parler par gestes, avec les mains; *i fatti parlano da sé* les faits parlent d'eux-mêmes; *lasciar parlare le cifre* laisser parler les chiffres; *tutto, in quella casa, parlava dell'amico scomparso* tout, dans cette maison, parlait de l'ami disparu; *tutto parlava contro di lui* tout parlait contre lui ◇ (*fig.*) [*essere espressivo, significativo*] *in lui parla l'odio e il risentimento* chez lui, c'est la haine et la rancune qui parlent # *ha degli occhi che parlano* elle a des yeux très expressifs ◇ (*fig.*) [*influire sui sentimenti*] s'adresser *pron.* a: *sono cose, fatti che parlano al cuore* ce sont des choses, des faits qui s'adressent au cœur; *parlo alla tua coscienza di uomo e di padre* je m'adresse à ta conscience d'homme et de père **B** *v.tr.* **1** [*usare un determinato linguaggio*] parler: *parlare un linguaggio franco, ambiguo, scurrile* parler franchement, d'une manière ambiguë, d'une manière obscène **2** [*usare, saper usare una determinata lingua o dialetto*] parler: *parla correntemente tre lingue* il parle couramment trois langues; *saper parlare il francese, il russo, il cinese* savoir parler le français, le russe, le chinois; *qui si parla francese, inglese, tedesco* ici, on parle français, anglais, allemand; *parlare il* (*dialetto*) *romanesco, napoletano, veneto* parler le dialecte romain, napolitain, vénitien ◇ (*loc. fig.*) *ma parlo arabo, turco* (*forse*)*?* mais je (te, vous) parle chinois, hébreu (peut-être)? **C** *v.pron. recipr.* PARLARSI [→ *intr.* 2, 6] se parler: *ci siamo appena parlati per telefono* nous venons de nous parler au téléphone; *parlarsi a gesti, con occhiate* se parler par gestes, des yeux; *non si parlano più da anni* ils ne se parlent plus depuis des années ◇ (*fam.*) *quei due* (*fidanzati*) *si parlano già da due anni* ces deux fiancés se voient (*corr.*) depuis deux ans déjà © A 1 **tacere.**

2 **parlàre** |par'lare| *s.m. inv.* **1** [*modo di parlare*] parler (*var.*): *un parlare lento, chiaro, sconcio* un parler lent, clair, obscène → **parlata** ◇ [*atto del parlare*] parole *f. var.*, parler (*arc.*): *mi insospettiva con il suo parlare e non parlare* il éveillait mes soupçons à cause de ses paroles et de ses silences → **parola** # *il parlare, adesso, non serve a niente* parler, maintenant, ne sert à rien **2** [*lingua, linguaggio*] parler, langue (*f. var.*): *il parlare romanesco, toscano, dialettale* le parler romain, toscan, dialectal; *nel nostro parlare...* dans notre langue... → **parlata.**

parlàta |par'lata| *s.f.* [*modo particolare di parlare*] parler (*m.*): *ha una parlata leggermente nasale* il parle un peu de nez, il a un parler légèrement nasal; *l'ho riconosciuto alla, dalla parlata* je l'ai reconnu à son parler, à sa façon de parler ◇ [*dialetto*] parler, dialecte (*m.*): *le parlate italiane* les divers parlers, dialectes italiens.

1 **parlàto** |par'lato| **I** *agg.* **1** parlé; oral*: *la lingua parlata* la langue parlée ‖ *l'uso parlato* l'usage oral **2** (*cine.*) parlant: *film parlato* film parlant ✦ (*s.m.*) *il trionfo del parlato sul muto* le triomphe du cinéma parlant sur le cinéma muet; *la colonna del parlato* la colonne sonore *agg.* **II** *s.m.* (*teat.*) *il parlato del III atto* la partie *f.* parlée *agg.* du IIIe acte © I 1 **scritto,** 2 **muto.**

2 **parlàto** |par'lato| *agg.* (*mar.*) *nodo parlato* (nœud) demi-clé renversée.

parlatóre, trice |parla'tore, tri'tʃe| *s.* parleur*, causeur* # *è un buon parlatore* c'est un bon orateur → **oratore.**

parlatòrio, i |parla'tɔrjo, i| *s.m.* [*locale destinato al colloquio con i visitatori*] parloir: *il parlatorio del carcere, del convento* le parloir de la prison, du couvent.

parlottàre |parlot'tare| *v.intr.* (*aus.* '*avere*') [*parlare a bassa voce; confabulare*] parler à voix basse, chuchoter: *stavano parlottando tra di loro* ils étaient en train de parler à voix basse, de chuchoter ✦ (*anche in funzione di s.m. inv.*) chuchotement (*var.*): *che cos'è questo vostro parlottare* qu'est-ce que c'est que ce chuchotement? → **parlottio.**

parlottìo, ii |parlot'tio, ii| *s.m.* [→ PARLOTTARE] chuchotement → **bisbiglio, cicaleccio.**

parlucchiàre |parluk'kjare| *v.tr.* [*parlare alla meglio* (*una lingua*)] parler un petit peu, baragouiner (*fam.*): *parlucchio il francese* je parle un petit peu, je baragouine le français.

parmèlia |par'mɛlja| *s.f.* (*t.bot.*) parmélie.

parmènse |par'mɛnse| *agg.* [*di Parma*] parmesan.

parmigiàno |parmi'dʒano| *agg.* **1** (*cose*) (*detto del formaggio tipico della zona di Parma*) de Parme *loc. inv.* # *formaggio parmigiano*(*-reggiano*) parmesan ✦ (*s.m.*) *una forma di parmigiano* une forme de parmesan ✦ *s.f. nella loc.* ALLA PARMIGIANA à la mode de Parme: *melanzane alla parmigiana* aubergines à la mode de Parme **2** (*persone*) [*di Parma*] parmesan, de Parme: *il dialetto parmigiano* le dialecte de Parme.

parnàso |par'nazo| *s.m.* (*lett.*) → **poesia.**

parnàssia |par'nassja| *s.f.* (*t.bot.*) parnassie, parnassia *m.*

parnassianìsmo |parnassja'nizmo|, **parnassianésimo** |parnassja'nezimo| *s.m.* (*st. letter.*) école *f.* parnassienne, parnasse.

parnassiàno |parnas'sjano| *agg.* (*st. letter.*) parnassien*: *la scuola parnassiana* l'école parnassienne ♦ (*s.*) *i parnassiani dell'Ottocento francese* les Parnassiens du XIXe siècle français.

parnàssio, i |par'nassjo, i| *s.m.* (*t.zool.*) parnassien.

-paro |paro| *suff.* (*in parole scient., significa 'che partorisce, che ha partorito, che genera', corrisponde gener. a*) pare: *una primipara* une primipare; *oviparo* ovipare.

parodìa |paro'dia| *s.f.* parodie # *fare la parodia di un cantante, di un attore* parodier un chanteur, un acteur → **imitazione** ◇ (*per est.*) *ma queste sono la parodia di libere elezioni* mais ces élections sont une parodie de la liberté de suffrage → **pagliacciata.**

parodiàre |paro'djare| *v.tr.* [*imitare qc. o q.c. malamente o in modo ridicolo*] parodier: *parodiare una canzone* parodier une chanson.

paròdico, ci, ca, che |pa'rɔdiko, tʃi, ka, ke| *agg.* (*raro*) → **parodistico.**

parodista |paro'dista| *s.* parodiste (*lett.*).

parodistico, ci, ca, che |paro'distiko, tʃi, ka, ke| *agg.* [*che riguarda la parodia*] parodique (*lett.*): *intento parodistico* but parodique; *imitazione parodistica* imitation parodique.

pàrodo |'parodo| *s.m. o f.*, **pàrodos** |'parodos| *s.f. inv.* (*st. teat. gr.*) parodos *f.*

paròla |pa'rɔla| *s.f.* **1** [*ogni elemento linguistico dotato di significato autonomo*] mot (*m.*): *una parola di sette lettere* un mot de sept lettres; *una parola italiana, francese, di origine latina* un mot italien, français, d'origine latine; *parole antiquate, letterarie, dell'uso corrente* mots vieux (vieillis), littéraires, d'usage courant; *parole popolari, dotte* mots populaires, savants; *articolare, pronunciare bene le parole* bien articuler, prononcer les mots; *non ho capito neanche una parola di quel discorso* je n'ai pas compris un (traître) mot de ce discours → **termine, vocabolo** ◇ (*loc.*) *parole crociate, incrociate* mots croisés → **cruciverba** ~ *mangiare, mangiarsi le parole* manger ses mots, parler dans sa barbe ~ PAROLA D'ORDINE mot de passe, mot d'ordre: *la sentinella chiese la parola d'ordine* la sentinelle demanda le mot de passe; *oggi la parola d'ordine è una sola: resistere a tutti i costi!* aujourd'hui le seul mot d'ordre est: résister à tout prix ~ *non sapere una parola della lezione, della materia* ne pas savoir un mot de sa leçon, du sujet → **acca, accidente** ~ *nel vero senso della parola* au vrai sens du mot ~ *'ricatto' è una parola grossa* 'chantage' est un grand mot ~ *mi hai tolto la parola di bocca* j'allais le dire ~ *avere una parola sulla punta della lingua* avoir un mot sur le bout de la langue **2** (*per est.*) [*espressione, frase, discorso*] mot, parole: *una parola dolce, di conforto, d'incoraggiamento* un mot doux, de réconfort, d'encouragement; *parole a caso, a vanvera* paroles en l'air; *ci fu un vivace scambio di parole* il y eut un vif échange de mots; *non ha avuto una sola parola di pentimento* il n'a pas eu un (seul) mot de regret; *gli ho scritto poche parole* je lui ai écrit quelques mots; *due parole soltanto, per fare il punto della situazione* deux mots seulement pour faire le point de la situation # *non ho capito le vostre parole* je n'ai pas compris ce que vous avez dit; *non hai seguito le mie parole* tu n'as pas suivi mon conseil; *stando alle sue parole, dovremmo stare tranquilli* d'après ce qu'il a dit, nous devrions rester tranquilles → **consiglio** ◇ (*liturg.*) *la parola di Dio, di Cristo* la parole de Dieu, du Christ; *la liturgia della parola* la liturgie de la parole ◇ (*loc.*) *un gioco di parole* un jeu de mots ~ *un giro di parole* une périphrase ~ *parole sante, sacrosante!* saintes paroles, paroles sacro-saintes! ~ *misurare, pesare le parole* mesurer, peser ses mots ~ *venire a parole* avoir des mots → **litigare** ~ *un uomo di poche parole* un homme peu causant ~ *riferire un discorso parola per parola* rapporter un discours mot pour mot ~ L'ULTIMA PAROLA le dernier mot: *vuol sempre avere l'ultima parola* il veut toujours avoir le dernier mot; *non è ancora detta l'ultima parola* on n'a pas encore dit le dernier mot; *è questa la tua ultima parola?* c'est ton dernier mot? ~ IN PAROLA en question: *la persona, la questione in parola* la personne, le problème en question ~ PASSARE, PASSARSI PAROLA rendre public, se donner le mot: *passa parola ai tuoi amici che l'incontro è stato rinviato* dis à tes amis que la rencontre a été renvoyée; *evidentemente si erano passati parola* de toute évidence ils s'étaient donné le mot, ils étaient de mèche (*spreg.*) ~ *ricacciare a qc. la parola in bocca, in gola* faire ravaler à qqn. ses paroles; faire rentrer à qqn. les paroles dans la gorge; *ritira la parola* retire ce que tu as dit ~ *non avere, non trovare parola, parole* (*per ringraziare*) ne pas trouver de mots (pour remercier) ~ *non fare parola* (*della cosa*) *con nessuno!* ne parle de cette histoire à personne, n'en souffle mot à personne! → **cenno, menzione** ~ *mettere, metterci una buona parola* dire un mot en faveur de qqn. ~ *spendere una parola per qc., per q.c.* dire un mot en faveur de qqn., de qqch. ~ *in una sola parola...* en bref, en un mot... ~ *di parola in parola, di parole in parole* de fil en aiguille ~ (*sai...*) *una parola tira l'altra* (tu sais...) un mot en entraîne un autre ◇ (*prov.*) *la parola è di argento, il silenzio* (*è*) *d'oro* la parole est d'argent, le silence est d'or **3** [*facoltà di comunicare attraverso il linguaggio*] parole: *avere, riacquistare l'uso della, la parola* avoir, recouvrer l'usage de la parole; *in seguito allo choc ha perso la parola* à la suite du choc, il a perdu la parole → **favella** # *disturbi della parola* troubles du langage ◇ (*loc. fig.*) *è rimasto senza parola, senza parole per l'emozione, per la brutta notizia* il en est resté coi, abasourdi par l'émotion, par la mauvaise nouvelle ~ *gli manca solo la parola!* il ne lui manque que la parole! **4** [*facoltà, permesso di parlare*] parole: *libertà di parola* liberté de parole; *chiedere, concedere, negare la parola a qc.* demander, accorder, refuser la parole à qqn.; *passo la parola al relatore, all'oratore* je passe la parole au rapporteur, à l'orateur; *chi ti ha dato la parola?* qui t'a donné la parole?; *la parola* (*è*) *all'accusa, alla difesa* la parole est au ministère public, à la défense ◇ (*loc. fig.*) *la campagna elettorale è finita: ora la parola è alle urne* la campagne électorale est finie: les urnes décideront **5** (*spec. al plur.*) [*espressione astratta, non corrispondente ai fatti*] mot, parole: *sono tutte parole!* ce ne sont que des mots!; *belle parole!* belles paroles!; *fatti, ci vogliono: non parole!* il faut des actes et non des paroles!; *le parole non contano* les mots ne comptent pas → **fandonia, ciancia** # *basta con le parole!* assez parlé! ◇ *loc.* A PAROLE: *a parole, tutto è facile* tout est facile à dire; *a parole, tutti gli erano amici* ils disaient tous qu'ils étaient ses amis; *è coraggioso solo a parole* il n'est courageux qu'en paroles ~ È UNA PAROLA! ce n'est pas facile!, c'est facile à dire!; *trovare un milione sui due piedi? è una parola!* trouver un million sur-le-champ? ce n'est pas facile!, c'est facile à dire! # *è una parola sollevare quel macigno!* soulever ce rocher!: le dire n'est pas le faire! ~ *parole, parole, parole...* des mots, des mots, des mots... **6** [*promessa, impegno*] parole: *ho dato la mia parola* (*d'onore*) j'ai donné ma parole (d'honneur); *mantenere la parola* tenir sa parole; *non stare alla parola* (*data*) manquer à sa parole; *rimangiarsi la parola* retirer, dégager sa parole; *non mi fido più della sua parola* je ne me fie plus à sa parole ◇ *loc.* DI PAROLA de parole: *un uomo, una donna di parola* un homme, une femme de parole ~ SULLA PAROLA sur parole: *concedere un prestito sulla parola* accorder un prêt sur parole; *concedere a un detenuto un permesso sulla parola* accorder à un détenu une permission sur parole ~ IN PAROLA: *ti prendo in parola!* je te prends au mot!; *essere in parola con qc. per un affare* être en pourparlers avec qqn. (pour une affaire) ~ *'mi posso fidare?', 'parola!'* 'je peux me fier?', 'ma parole!' ~ *parola di galantuomo!* parole d'honneur!, foi d'honnête homme! (*scherz.*) ~ *parola mia, non avevo mai visto niente di simile* ma parole, je n'avais jamais rien vu de pareil ~ *ho già speso una mezza parola con un altro cliente* je me suis déjà quelque peu engagé avec un autre client ~ *dare, darsi parola* se donner le mot Ⓒ 5 **fatto.**

parolàccia, ce |paro'lattʃa, tʃe| *s.f.* gros mot *m.*, grossièreté: *smettila di dire parolacce!* arrête de dire des gros mots, des grossièretés.

parolàio, i |paro'lajo, i| *s.* [*che parla molto; che vale solo a parole*] parleur*, phraseur*, faiseur* de phrases ♦ *agg.* verbeux*: *onestà, moralità parolaia* honnêteté, moralité verbeuse.

parolière |paro'ljɛre| *s.* parolier*.

parolina |paro'lina| *s.f.* **1** (*fam.*) [*parola di raccomandazione*] petit mot *m.*, mot (*corr.*): *se puoi dire tu una parolina per me al direttore...* si tu peux dire un (petit) mot pour moi au directeur... **2** (*fam.*) [*parola dolce, af-*

fettuosa] mot: *va' a dirgli due paroline di conforto* va lui dire quelques mots de réconfort.
parolóna |paro'lona| *s.f.*, **parolóne** |paro'lone| *s.m.* [*parola retorica, ampollosa*] grand mot (*m.*): *si dà tante arie con quelle sue parolone* il se donne des airs avec ses grands mots; *per farsi capire non occorre usare paroloni* pour se faire comprendre de grands mots sont superflus, inutiles.
paronichìa |paroni'kia| *s.f.* (*med.*) panaris *m.*
paronimìa |paroni'mia| *s.f.* (*ling.*) paronymie.
paronìmico, ci, ca, che |paro'nimiko, tʃi, ka, ke| *agg.* (*ling.*) paronymique.
parònimo |pa'rɔnimo| *s.m.* (*ling.*) paronyme.
paronomàsia |parono'mazja| *s.f.* (*ling.*) paronomase.
parosmìa |paroz'mia| *s.f.* (*med.*) parosmie.
parossìsmo |paros'sizmo| *s.m.* **1** (*med.*) paroxysme **2** (*geol.*) *parossismo vulcanico, tettonico* paroxysme volcanique, tectonique **3** (*fig.*) paroxysme: *nel parossismo della passione...* au paroxysme de la passion...; *portare al parossismo le contraddizioni* porter au paroxysme les contradictions.
parossìstico, ci, ca, che |paros'sistiko, tʃi, ka, ke| *agg.* **1** (*med.*) paroxystique **2** (*fig.*) paroxystique # *era in uno stato parossistico di rabbia* il était au paroxysme de la rage.
parossìtono |paros'sitono| *agg.* e *s.f.* (*gram. gr.*) paroxyton (*agg. m.*): *le* (*parole*) *parossitone* les mots paroxytons.
paròtide |pa'rɔtide| *s.f.* (*anat.*) parotide.
parotidèo |paroti'dɛo| *agg.* (*anat.*) parotidien*.
parotìte |paro'tite| *s.f.* (*med.*) parotidite épidémique, oreillons *m. pl.* (*corr.*).
parotìtico, ci, ca, che |paro'titiko, tʃi, ka, ke| *agg.* (*med.*) ourlien*.
'parquet' |parkɛ| *s.m. inv.* parquet (*var.*): *pavimento in 'parquet'* sol en parquet; *dare la cera al 'parquet'* cirer le parquet.
parricìda |parri'tʃida| *s.* parricide ◆ (*agg.*) *la mano parricida* la main parricide.
parricìdio, i |parri'tʃidjo, i| *s.m.* parricide.
parrocchétto |parrok'ketto| *s.m.* **1** (*t.zool.*) perroquet ~ *parrocchetto della Carolina* perroquet de Caroline **2** (*mar.*) perroquet.
parròcchia |par'rɔkkja| *s.f.* **1** (*eccl.*) paroisse: *una parrocchia di montagna* une paroisse de montagne ◇ (*per est.*) [*la chiesa parrocchiale*] *sposarsi nella propria parrocchia* se marier dans sa paroisse **2** (*fig., spesso spreg.*) [*gruppo di persone; congrega*] chapelle: *io non faccio parte di quella parrocchia* (*di critici, di scrittori*) moi, je ne fais pas partie de cette chapelle (de critiques, d'écrivains).
parrocchiàle |parrok'kjale| *agg.* (*eccl.*) paroissial*: *cinema, sala parrocchiale* cinéma paroissial, salle paroissiale.
parrocchiàno |parrok'kjano| *s.* [*chi appartiene a una parrocchia*] paroissien*.
pàrroco, ci |'parroko, tʃi| *s.m.* (*eccl.*) curé.
parrùcca, che |par'rukka, ke| *s.f.* [*acconciatura di cappelli posticci*] perruque.
parrucchière |parruk'kjɛre| *s.* **1** [*chi taglia e acconcia capelli*] coiffeur* (*spec. m.*): *parrucchiere* (*per uomo*) coiffeur (pour hommes) → **barbiere**; *parrucchiere per signora, per donna* coiffeur pour dames; *oggi vado dalla parrucchiera* aujourd'hui je vais chez le coiffeur **2** (*raro*) fabricant de perruques (*corr.*).
parrucchìno |parruk'kino| *s.m.* [*mezza parrucca*] faux toupet.
parruccóne |parruk'kone| *s.* **1** *s.m.* (*raro*) [*grossa, goffa parrucca*] grande perruque *f.* **2** *s.* (*fig.*) [*persona dalle idee antiquate; retrogrado*] perruque *f.*
pàrsec |'parsek| *s.m. inv.* (*astron.*) parsec *var.*
pàrsi |'parsi| **1** *agg. inv.* [*che appartiene a un gruppo di origine persiana immigrato in India*] parsi (*var.*): *la religione parsi* la religion parsie ◆ (*s.*) *i Parsi* les Parsis **2** (*s.m.*) *il parsi* [*la lingua*] le parsi.
parsimònia |parsi'mɔnja| *s.f.* **1** parcimonie: *vivere, spendere con parsimonia* vivre, dépenser avec parcimonie **2** (*per est.*) [*moderazione; giusto equilibrio*] *usare con parsimonia le parole ricercate* utiliser avec parcimonie les expressions recherchées Ⓒ 1 **prodigalità.**
parsimoniosaménte |parsimonjosa'mente| *avv.* [→ PARSIMONIOSO] parcimonieusement.
parsimonióso |parsimo'njoso| *agg.* (*persone*) parcimonieux*: *una persona parsimoniosa* une personne parcimonieuse → 1 **parco, morigerato** ◇ (*cose*) *una vita parsimoniosa* une vie parcimonieuse.
parsìsmo |par'sizmo| *s.m.* (*st. relig.*) parsisme.
partàccia, ce |par'tattʃa, tʃe| *s.f.* **1** [*ruolo brutto, difficile*] rôle *m.* ingrat: *gli hanno affidato una partaccia da recitare* ils lui ont donné un rôle ingrat à tenir ◇ (*fig.*) piètre figure: *che partaccia ha fatto!* quelle piètre figure il a faite!; *che partaccia mi hai fatto fare!* quelle piètre figure tu m'as fait faire → **figuraccia 2** (*fig.*) [*aspro rimprovero*] semonce, savon *m.* (*fam.*) # *fare una partaccia a qc.* semoncer qqn., passer un savon à qqn.
pàrte |'parte| *s.f.* **1** [*ciascuno degli elementi di un complesso unitario*] partie, part: *le parti del corpo umano* les parties du corps humain; *la prima, la seconda parte di un libro, di un romanzo* la première, la deuxième partie d'un livre, d'un roman; *la parte alta, bassa, anteriore posteriore di qc.* la partie haute, basse, antérieure, postérieure de qqch.; *le varie parti del motore* les différentes parties du moteur; *dividere q.c. in due, tre parti, in parti uguali* diviser qqch. en deux, trois parties, en parties égales; *fare quattro parti uguali di q.c.* faire quatre parts égales de qqch.; *mescolare una parte di gin, due* (*parti*) *di whisky, quattro* (*parti*) *di seltz* mélanger une part de gin, deux (parts) de whisky, quatre (parts) d'eau de seltz; *una parte del ricavo è andata in tasse e spese di produzione* une partie du profit s'est envolée, a disparu en taxes et en frais de production; *la maggior parte del raccolto è andata perduta* la plus grande partie de la récolte est perdue; *solo una minima parte del liquido è evaporata* seule une partie minime du liquide s'est évaporée; *ognuno ha avuto la sua parte di eredità* chacun a eu sa part d'héritage; (*una*) *parte di spettatori applaudiva, l'altra* (*parte*) *fischiava* une part des spectateurs applaudissait, l'autre (partie) sifflait; *buona parte della colpa è tua* c'est en grande partie ta faute ◇ (*loc.*) *essere parte di q.c.* faire partie de qqch. ~ *essere parte integrante di q.c.* faire partie intégrante de qqch. ~ FAR PARTE DI faire partie de: *fa parte della migliore borghesia* il fait partie de, il appartient à la meilleure bourgeosie; *fa parte delle cerchia ristretta dei suoi amici* il fait partie du cercle restreint de ses amis ~ PRENDERE PARTE A prendre part à: *prendere parte a uno spettacolo, a un dibattito* prendre part à un spectacle, à un débat; *prendere parte al dolore, alla gioia di qc.* prendre part à la douleur, à la joie de qqn. ~ METTERE QC. A PARTE DI Q.C. informer qqn. de qqch.; confier qqch. à qqn.: *l'ho messo a parte del mio progetto, delle mie intenzioni* je l'ai informé de mon projet, de mes intentions ‖ *mettere qc. a parte di un segreto* confier à qqn. un secret ~ AVER PARTE IN Q.C. avoir part à qqch. # *ho avuto parte anch'io in quell'impresa!* j'ai participé moi aussi à cette affaire! ~ (*con valore limitativo*) IN PARTE en partie: *in parte hai ragione, in parte hai torto* tu as en partie raison, et en partie tort; *ti approvo solo in parte* je t'approuve en partie seulement # *è scusato in parte* il est à demi excusé → **parzialmente** ~ IN BUONA PARTE, IN GRAN PARTE en bonne, grande partie: *in buona parte erano spettatori non paganti* c'étaient, en bonne partie, pour une large part, des spectateurs non-payants # *se ne sono andati in gran parte* la plupart sont partis ~ IN PICCOLA, IN MINIMA PARTE très partiellement: *sono stato accontentato solo in piccola parte* je n'ai été que très partiellement satisfait # *non sono riuscito neanche in minima parte* je n'ai même pas réussi un peu ~ DA PARTE DI QC. de la part de: *vengo da parte di un tuo amico, di tuo padre* je viens de la part de ton ami, de ton père # *sono cugini da parte di madre* ils sont cousins du côté de sa mère; *è stato elogiato da parte di tutti* il a été loué par tout le monde ~ DA PARTE MIA (TUA, SUA, ECC.) de ma (ta, sa, etc.) part: *da parte mia non avrai che incoraggiamenti* de ma part tu n'auras que des encouragements; *non ho ricevuto nessun aiuto da parte tua* je n'ai reçu aucune aide de ta part ~ PER PARTE MIA (TUA, SUA, ECC.) quant à moi (à toi, à lui, etc.): *per parte mia non ci sono ostacoli di sorta* je n'y vois, quant à moi, nul obstacle ~ LA SUA PARTE: *ha lavorato la sua parte* il a fait son travail, sa part de travail; *è furbo la sua parte* il est malin comme tout ~ DALLE PARTI DI, DALLA PARTE DI du côté de: *essere, stare dalle parti del più forte, del più debole* être, rester du côté du plus fort, du plus faible # *adesso ti metti, passi, sei dalla parte del torto* maintenant tu t'es mis dans

ton tort ~ A PARTE à part: *la frutta e il vino sono a parte* (le) dessert et (la) boisson sont à part; *a parte, troverai un assegno come gratifica* à part, tu trouveras un chèque comme gratification; *scherzi a parte...* toute plaisanterie mise à part...; *a parte questo inconveniente, tutto è andato per il meglio* à part cet inconvénient, tout est allé pour le mieux ~ A PARTE IL FATTO CHE en dehors du fait que: *a parte il fatto che non mi avevi nemmeno invitato...* en dehors du fait que tu ne m'avais même pas invité...; *a parte il fatto che era un tuo preciso dovere* en dehors du fait que c'était ton devoir le plus strict ~ (IN) PARTE..., (IN) PARTE...: (*in*) *parte rimasero*, (*in*) *parte se ne andarono* les uns restèrent, les autres s'en allèrent; *verremo* (*in*) *parte in treno*, (*in*) *parte in auto* nous viendrons en partie par le train, en partie en voiture; *pagare* (*in*) *parte in contanti*, (*in*) *parte a rate* payer une partie au comptant, une partie à tempérament ~ *prendere q.c. in buona, cattiva* (*mala*) *parte* prendre qqch. du bon, du mauvais côté **2** (*in determinazioni di luogo*) [*zona, territorio*] partie; côté (*m.*): *le cinque parti del mondo* les cinq parties du monde; *la parte settentrionale, meridionale di una provincia* la partie septentrionale, méridionale d'une province; *la parte alta, la parte bassa di una città* la partie haute, la partie basse d'une ville || '*da che parte vieni?*' '*vengo dalle parti dei giardini pubblici*' 'de quel côté viens-tu?' 'je viens du côté des jardins publics'; '*da che parte andate?*' '*andiamo dalle parti dello stadio*' 'où, de quel côté allez-vous?' 'nous allons du côté du stade'; '*da che parte abiti?*' '*abito dalle parti della stazione*' 'où, de quel côté habites-tu?' 'j'habite du côté de la gare'; *abita, risiede dalle parti di Como* il habite, réside du côté de Come → **dintorno** 3, **paraggi** ◇ *loc.* DA QUESTA PARTE, DA QUELLA PARTE de ce côté: *da questa parte c'è il fiume, da quell'altra i monti* de ce côté il y a le fleuve, de l'autre (côté) les montagnes; *si entra da questa parte* on entre de ce côté # *come mai* (*sei*) *da queste parti?* comment se fait-il que tu sois dans ces parages? ~ DA OGNI PARTE, DA TUTTE LE PARTI de tous (les) côtés: *venivano a trovarlo da ogni parte* on venait le voir de tous les côtés → **dappertutto** # *piovevano sassi da ogni parte* les pierres tombaient de toutes parts; *quella torre, la si può vedere da ogni parte della città* cette tour, on peut la voir de n'importe quelle partie de la ville ~ *in ogni parte, per ogni parte* partout ~ *da qualche parte* quelque part ~ *da nessuna parte* nulle part ~ DA PARTE A PARTE de part en part: *il proiettile gli ha trapassato la gamba da parte a parte* le projectile a traversé sa jambe de part en part → DALLE NOSTRE PARTI chez nous: *dalle nostre parti si usa così* chez nous on fait comme ça ◇ *loc. fig.* DA UNA PARTE... DALL'ALTRA (PARTE) d'une part... d'autre part; d'un côté... de l'autre; d'une part... de l'autre: *da una parte vorrei accettare l'incarico, ma dall'altra nutro delle perplessità* d'une part je voudrais accepter ce poste, d'autre part je nourris des doutes || *andavano chi da una parte, chi dall'altra* ils allaient les uns d'un côté, les autres de l'autre || *ero dispiaciuto da una parte, ma soddisfatto dall'altra* j'étais désolé d'une part, mais satisfait de l'autre ~ D'ALTRA PARTE d'autre part: *hai ragione: ma d'altra parte che cosa potevo farci io da solo?* tu as raison: mais, d'autre part, qu'est-ce que je pouvais y faire tout seul?; *d'altra parte non tutti i torti erano suoi* d'autre part, il n'avait pas tous les torts ~ DA CHE PARTE, DA QUALE PARTE de quel côté: *non sapere da che parte, da quale parte girarsi* ne pas savoir de quel côté se retourner # *non si sa da che parte prenderlo* on ne sait (pas) par quel bout le prendre ~ DA PARTE de côté: *lasciar da parte* laisser de côté; *mettere da parte gli odi, i rancori personali* mettre de côté les haines, les rancœurs personnelles; *metter*(*si*) *da parte un gruzzoletto per la vecchiaia* se mettre de côté un petit magot pour sa vieillesse; *metti da parte la ricevuta e non perderla!* mets de côté le reçu et ne le perds pas! # *prendere qc. da parte* [*in disparte*] prendre qqn. à part; *starsene da parte* rester à l'écart ◇ (*prov.*) *impara l'arte e mettila da parte* ce qu'on a bien appris sert tôt ou tard **3** (*in determinazioni di tempo*) partie: *una parte della settimana, del mese, dell'anno* une partie de la semaine, du mois, de l'année; *ha vissuto* (*per*) *gran parte della sua vita a New York* il a vécu une grande partie de sa vie à New York; *la maggior parte delle ferie le trascorre al mare* elle passe la plus grande partie des vacances à la mer; *abita in città* (*per*) *la maggior parte dell'anno* il habite en ville la majeure partie de l'année; *ho perso* (*gran*) *parte della mattinata per una pratica* j'ai perdu une grande partie de ma matinée pour une affaire ◇ (*loc.*) *nella maggior parte dei casi* dans la plupart des cas ~ *da un mese, da un anno a questa parte* depuis un mois, un an **4** (*dir.*) partie: *le parti in causa* les parties au procès; *la parte lesa* la partie lésée; *costituirsi in parte civile* se porter partie civile; *tentare una conciliazione tra le due parti in causa* tenter une conciliation entre les deux parties au procès ◇ (*per est.*) *le parti in guerra vennero a un armistizio* les parties belligérantes conclurent un armistice; *ascolta tutt'e due le parti prima di decidere!* écoute les deux parties avant de décider! ◇ (*loc. fig.*) *essere parte in causa* être la partie en cause ~ *sostenere la parte dei deboli* défendre la cause des faibles **5** (*teat.*) rôle (*m.*): *assegnare, distribuire le parti di una commedia, di un film* donner, distribuer les rôles d'une comédie, d'un film; *ha ottenuto la parte del protagonista* il a obtenu le premier rôle; *interpretare bene la propria parte* bien jouer son rôle → **ruolo** ◇ (*loc. fig.*) *entrare nella* (*propria*) *parte* entrer dans son rôle, dans son personnage **6** (*per est.*) [*compito, dovere*] tâche, devoir (*m.*): *ha lasciato a me la parte più difficile, più ingrata* il m'a laissé la tâche la plus difficile, la plus ingrate; *ognuno faccia la sua parte* que chacun fasse son devoir # *ha avuto una gran parte nel Risorgimento, nella Resistenza* il a joué un grand rôle dans le Risorgimento, dans la Résistance ◇ (*loc. fig.*) *fare la parte del leone* faire la part du lion ~ *fare la parte del diavolo* faire la part du diable ~ *fare la parte della vittima* jouer les victimes ~ *io, la mia parte, l'ho fatta*: *adesso tocca a te!* moi, j'ai fait mon devoir, à toi maintenant! ~ *mi hai fatto fare la parte del cattivo, del cretino* tu m'as fait passer pour un méchant, un crétin ~ *ha voluto fare la parte del furbo* il a voulu jouer au plus malin ~ *in quell'occasione ha fatto una parte davvero brutta* à cette occasion il a fait piètre figure ~ *questa parte, da te, proprio non me l'aspettavo* je ne m'attendais pas, de ta part, à cette façon d'agir → **comportamento** **7** (*mus.*) partie: *la parte del tenore, del soprano, del coro* la partie du ténor, du soprano, du chœur; *in quel concerto la parte del pianoforte è molto difficile* dans ce concert la partie du piano est très difficile ◇ [*spartito*] partition: *leggere la parte* lire la partition; *tenere la parte sul leggio* tenir la partition sur le pupitre **8** [*fazione, partito*] parti (*m.*): *la parte aristocratica, progressista* le parti aristocratique, progressiste; *le due parti si sono scontrate sul voto di fiducia al governo* les deux partis se sont affrontés sur le vote de confiance au gouvernement ◇ *loc.* DI PARTE de parti: *spirito di parte* esprit de parti → **partigiano** ~ *uomo di parte* partisan ~ *non avere arte né parte* n'être bon à rien.

partecipàbile |partetʃi'pabile| *agg.* [→ PARTECIPARE B 1] participable.

partecipànte |partetʃi'pante| *s.* participant: *ai partecipanti* (*al congresso*) *saranno distribuiti gli atti* les participants (du congrès) recevront les actes; *finalmente anche l'ultimo partecipante* (*alla gara*) *tagliò il traguardo* finalement le dernier coureur franchit lui aussi la ligne d'arrivée ◆ (*agg.*) *i corridori partecipanti* les coureurs (*s.*); *alle signore partecipanti verrà offerto un dono* un cadeau sera offert aux dames *s.f.*

partecipànza |partetʃi'pantsa| *s.f.* (*dir.*) participation.

partecipàre |partetʃi'pare| **A** *v. intr.* (*aus.* '*avere*') **1** [*prendere parte a*; *intervenire*] participer: *partecipare a un banchetto, a un congresso* participer à un banquet, à un congrès; *partecipare agli utili di un'impresa, di un'azienda* participer aux bénéfices d'une entreprise ◇ (*fig.*) *partecipare alla gioia, al dolore di qc.* participer à la joie, à la douleur de qqn. **2** PARTECIPARE DI [*essere partecipe di*] participer de # *questi animali partecipano di alcune caratteristiche comuni* ces animaux ont certaines caractéristiques en commun **B** *v.tr.* **1** [*rendere noto, comunicare*] faire (45) part: *partecipare la nascita, le nozze, la morte di un figlio* faire part de la naissance, du mariage, de la mort d'un fils; *partecipare a tutti la propria gioia* faire part à tout le monde de sa joie **2** (*lett.*) [*spartire con altri*; *distribuire*] partager (3) (*corr.*), distribuer (*corr.*).

partecipatóre, trice |partetʃipa'tore, tritʃe| *agg. e s.* → **partecipante.**

partecipazióne |partetʃipat'tsjone| *s.f.* **1** [→ PARTECIPARE A 1] participation: *confermare la propria partecipazione a una corsa* confirmer sa participation à une course # *manifestare* *la propria partecipazione a un lutto* manifester la part que l'on prend à un deuil → **adesione** ◇ (*econ.*) *partecipazione agli utili* participation aux bénéfices; *partecipazione statale* participation de l'État ◇ (*bur.*) *il Ministero delle Partecipazioni statali* le Ministère des Participations de l'État **2** [→ PARTECIPARE B 1] communication → **comunicazione, notifica** # *provvedere alla partecipazione della triste notizia* se charger de faire part de la triste nouvelle ◇ [*spec. il cartoncino o la lettera di comunicazione*] faire-part (*m. inv.*): *stampare, spedire, distribuire le partecipazioni di nozze* imprimer, expédier, distribuer les faire-part de mariage.

partécipe |par'tetʃipe| *agg.* [*che partecipa a q.c.; che fa parte di q.c.*] participant # *essere partecipe di un geloso segreto* être mis dans un grand secret; *farsi partecipe del malumore generale* partager la mauvaise humeur générale; *ti faccio partecipe di tutte le mie gioie e dolori* je te fais part de toutes mes joies et de toutes mes tristesses.

parteggiaménto |partedd3a'mento| *s.m.* le fait de prendre parti (pour qqch.).

parteggiànte |parted'd3ante| *s.* (*raro*) → **fautore.**

parteggiàre |parted'd3are| *v.intr.* (*aus. 'avere'*) [*essere favorevole a una parte; stare dalla parte di*] prendre (73) parti pour, en faveur de: *parteggiare per una riforma, per una corrente politica* prendre parti en faveur d'une réforme, participer à un courant politique ◇ [*difendere, proteggere*] *parteggiare per i deboli e i perseguitati* prendre parti pour les faibles et les persécutés ◇ [*simpatizzare*] soutenir (27): *partecipare per una squadra sportiva* soutenir une équipe sportive, être supporteur (supporter) d'une équipe sportive.

parteggiatóre, trice |parted-d3a'tore, tritʃe| *s.* (*raro*) → **fautore, sostenitore.**

partènio, i |par'tɛnjo, i| *s.m.* **1** (*t. bot.*) matricaire *f.* **2** (*letter. gr.*) parthénie *f.*

partenogènesi |parteno'd3ɛnezi| *s.f. inv.* (*biol.*) parthénogénèse *var.*

partenogenètico, ci, ca, che |partenod3e'nɛtiko, tʃi, ka, ke| *agg.* (*biol.*) parthénogénétique.

partenopèo |parteno'pɛo| *agg.* (*lett., scherz.*) [*napoletano*] parthénopéen*: *il folklore partenopeo* le folklore parthénopéen; *il festival della canzone partenopea* le festival de la chanson parthénopéenne.

partènte |par'tɛnte| *agg. e s.* [*che parte*] partant (*s.*): *dei 100 (corridori) partenti (ne) sono arrivati soltanto 50* sur 100 partants, 50 seulement sont arrivés.

partènza |par'tɛntsa| *s.f.* [→ PARTIRE A] départ (*m.*): *orario delle partenze* tableau des départs; *la partenza di un amico, del treno, dell'aereo* le départ d'un ami, du train, de l'avion; *anticipare, rimandare la partenza per le vacanze* avancer, renvoyer le départ pour les vacances # *sono di, in partenza* je suis en partance; *è in partenza sul terzo binario treno diretto per Roma!* le train direct pour Rome part du quai numéro trois!; *prenderò il primo treno in partenza per Milano* je prendrai le premier train pour Milan ◇ (*sport*) *partenza da fermo* départ arrêté; *partenza lanciata* départ lancé; *partenza regolare, irregolare* départ régulier, irrégulier ◇ (*loc.*) *punto di partenza*: (*pr., fig.*) point de départ **C** **arrivo.**

'parterre' |paRtɛR| *s.m. inv.* parterre (*var.*): *il 'parterre' di un teatro* le parterre d'un théâtre.

particèlla |parti'tʃɛlla| *s.f.* **1** (*fis.*) particule: *particella elementare* particule élémentaire **2** (*gram.*) *particella pronominale* pronom *m.* personnel complément **3** (*bur.*) *particella catastale* parcelle cadastrale.

particellàre |partitʃel'lare| *agg.* **1** (*fis.*) en particules (*loc. inv.*): *la struttura particellare della materia* la structure en particules de la matière **2** (*bur.*) parcellaire: *porzione particellare* portion parcellaire.

particìna |parti'tʃina| *s.f.* petite part: *una particina del tuo successo è anche mia* j'ai une petite part à ton succès ◇ (*cine., teat., tv*) *chiedere, ottenere una particina in una commedia, in un film* demander, obtenir un bout *m.* de rôle dans une comédie, un film.

participiàle |partitʃi'pjale| *agg.* (*gram.*) participial*.

participio, i |parti'tʃipjo, i| *s.m.* (*gram.*) participe.

partìcola |par'tikola| *s.f.* (*eccl.*) hostie → **ostia.**

particolàre |partiko'lare| **I** *agg.* **1** particulier*: *segni particolari di riconoscimento* signes particuliers (d'identification); *distinguere gli aspetti particolari da quelli generali* distinguer les aspects particuliers des aspects généraux **2** [*che si distingue da tutti gli altri*] particulier: *il tuo è un caso (del tutto) particolare* ton cas est (tout à fait) particulier; *'che cos'hai da dirmi?' 'niente di particolare!'* 'qu'as-tu à me dire?' 'rien de particulier!' → **eccezionale** # *una ragazza di particolare bellezza, intelligenza* une jeune fille d'une intelligence, d'une beauté singulière ◇ (*loc.*) *amicizie particolari* amitiés particulières ◇ *loc. avv.* IN (MODO) PARTICOLARE en particulier: *è una malattia che colpisce tutti, ma in particolare le persone anziane* c'est une maladie qui frappe tout le monde, mais en particulier les personnes âgées; *ho pensato a tutti, ma a te in modo particolare* j'ai pensé à tout le monde, mais à toi en particulier → **particolarmente** **3** *segretaria, segretario particolare* [*privato, personale*] secrétaire particulière, secrétaire particulier **II** *s.m.* **1** particularité (*f.*): *osservare, studiare i particolari di un meccanismo* observer, étudier les particularités d'un mécanisme ◇ (*filos.*) *procedere dal particolare all'universale* aller du particulier au général **2** [*ogni elemento, anche di minore importanza, di un tutto*] détail: *raccontami il fatto in tutti i (suoi) particolari* raconte-moi le fait dans tous ses détails; *non ricordo bene questo particolare* je ne me souviens pas de ce détail; *però, nella faccenda, c'è un particolare curioso* pourtant, dans l'affaire, il y a un détail curieux → **dettaglio** ◇ (*foto.*) *fotografare, ingrandire i particolari di una scultura, di un gruppo* photographier, agrandir les détails d'une sculpture, d'un groupe **C** **I 1 universale, generale, 2 normale, ordinario.**

particolareggiàre |partikolared'd3are| *v.tr.* [*esporre, descrivere dando risalto ai particolari*] détailler, particulariser (*arc.*): *cerca di particolareggiare il racconto, la situazione* essaie de détailler le récit, la situation ♦ (*ass.*) *non stare a particolareggiare: vai subito all'essenziale!* ne détaille pas: va tout de suite à l'essentiel.

particolareggiàto |partikolared'd3ato| *agg.* [*esposto con ricchezza di particolari*] détaillé: *un racconto particolareggiato* un récit détaillé; *un progetto particolareggiato* un projet détaillé → **dettagliato.**

particolarìsmo |partikola'rizmo| *s.m.* **1** particularisme: *superare il particolarismo di certe richieste sindacali* dépasser le particularisme de certaines instances syndicales **2** [*atteggiamento di favore, di parzialità*] favoritisme: *basta con questi particolarismi!* assez avec ces favoritismes! → **favoritismo.**

particolarìsta |partikola'rista| *s.* particulariste.

particolarìstico, ci, ca, che |partikola'ristiko, tʃi, ka, ke| *agg.* particulariste: *atteggiamento particolaristico* attitude particulariste.

particolarità |partikolari'ta| *s.f. inv.* particularité (*var.*): *bisogna considerare la particolarità del caso* il faut considérer la particularité du cas ◇ [*caratteristica, peculiarità*] caractéristique: *studiare le particolarità di un composto chimico* étudier les caractéristiques d'un composé chimique ◇ (*gram.*) *particolarità sintattiche* caractéristiques de la syntaxe.

particolarizzazióne |partikolariddzat'tsjone| *s.f.* particularisation.

particolarménte |partikolar'mente| *avv.* [→ PARTICOLARE I 1, 2] particulièrement: *mi è particolarmente piaciuta l'ultima scena* la dernière scène m'a particulièrement plu; *sono particolarmente affezionato a quella persona* j'ai pour cette personne une particulière affection; *oggi mi sento particolarmente stanco* aujourd'hui je me sens particulièrement fatigué → **molto** ◇ [*nei particolari; dettagliatamente*] dans les détails (*loc. inv.*): *esaminare, curare particolarmente q.c.* examiner, soigner qqch. dans les détails.

partigiàna |parti'd3ana| *s.f.* (*st. armi*) pertuisane.

partigianerìa |partid3ane'ria| *s.f.* [*spirito di parte; faziosità*] esprit *m.* de parti, de clocher.

partigianésco, chi |partid3a'nesko, ki| *agg.* (*raro*) → **fazioso, parziale.**

partigiàno |parti'd3ano| **I** *agg.* [*che è parziale; fazioso*] partial*: *spirito partigiano* esprit partial; *animosità partigiana* animosité partiale **II** *s.* **1** [*combattente non inquadrato in formazioni regolari; guerrigliero*] (*in Italia*) partisan*; (*in Francia*) maquisard: *il monumento al partigiano* le monument au partisan (au maquisard) ♦ (*agg.*) *brigata partigiana* brigade de partisans, formation de maquisards; *azione partigiana* action de partisans (de maquisards); *i canti partigiani* les chants des partisans (des maquisards) de la Résistance **2** [*sostenitore, fautore*] partisan: *i partigiani della pace* les partisans de la paix.

partìre |par'tire| **A** *v.intr.* (*aus. 'es-*

sere') **1** [*allontanarsi; mettersi in viaggio*] partir (21): *partire da Roma, per Napoli* partir de Rome, pour Naples; *partire da casa* partir de la maison, de chez soi; *partire in treno, in macchina, in aereo* partir par le train, en voiture, en (par) avion; *partire in orario, in ritardo* partir à l'heure, en retard; *i corridori sono partiti* les coureurs sont partis; *partire in guerra, per la guerra* partir en guerre, pour la guerre; *partire in pellegrinaggio* partir en pèlerinage ◇ *loc. fig.* È PARTITO: *dopo due bicchieri di vino è già partito* [*si è ubriacato*] après deux verres de vin, il est déjà parti (*fam.*); *mi è partita una gomma, un bottone* [*si è rotta*] j'ai un pneu crevé, j'ai perdu un bouton ~ *far partire un colpo* (*dal fucile*) faire partir un coup (de fusil) ~ *partire come un fulmine, come una freccia, come un razzo* partir en coup de vent, comme une flèche ◇ (*per est.*) [*andarsene*] *domani parto all'alba* demain je pars à l'aube; *partiremo a giorni* nous partirons bientôt ◇ (*prov.*) *partire è un po' morire* partir, c'est mourir un peu **2** (*fig.*) [*aver inizio, origine*] partir: *l'autostrada del Sole parte da Milano* l'autoroute du Soleil part de Milan; *partire da un principio, da una premessa* partir d'un principe, d'une prémisse; *è un uomo che è partito dal niente* c'est un homme qui est parti de zéro; *dalla folla partì un urlo di raccapriccio* un hurlement d'horreur partit de la foule; *sono parole che partono dal cuore* ce sont des mots qui partent du cœur → **venire** ◇ (*loc.*) *a partire da oggi, da domani, da settimana prossima*... à partir d'aujourd'hui, de demain, de la semaine prochaine... **B** *v.tr.* (*lett.*) **1** → **dividere, separare** **2** → **spartire, tagliare** **C** *v.pron. intr.* PARTIRSI (*lett.*) [→ *tr.* 1] s'éloigner (*corr.*) C A 1 **arrivare.**

partita |par'tita| *s.f.* **1** (*sport*) partie, match (*m.*): *una partita di calcio, di tennis, di ping-pong* une partie de football, de tennis, de ping-pong; *partita in casa, in trasferta* match chez soi (sur son terrain), en déplacement; *partita amichevole* partie amicale, match amical; *giocare, vincere una partita* jouer, gagner une partie; *andare alla partita* (*di calcio*) aller au match ◇ (*per est.*) *una partita a carte, a scopa* une partie de cartes, de 'scopa'; *una partita a biliardo* une partie de billard; *una partita a dama, a scacchi* une partie de dames, d'échecs; *una partita di caccia* une partie de chasse ◇ (*loc.*) *partita d'onore* duel *m.* → **duello** ~ *partita di piacere* partie de plaisir → **escursione, scampagnata** ◇ (*loc. fig.*) *abbandonare la partita, rinunciare alla partita* abandonner la partie ~ *essere della partita* être de la partie **2** (*banca*) partie: *partita semplice, doppia* partie simple, double # *partita di giro* compte d'ordre, contrepartie, virement; *partita del dare e dell'avere* côté du débit, du crédit ◇ (*loc.*) *chiudere, saldare la partita*: (*pr.*) finir la partie; (*fig.*) régler les comptes **3** (*comm.*) stock (*m.*): *una partita di caffè, di stoffa* un stock de café, de tissu; *acquistare, trattare una grossa partita* acquérir, traiter un gros stock → **stock** **4** (*lett.*) → **partenza.**

partitaménte |partita'mente| *avv.* (*lett.*) → **separatamente, distintamente.**

partitàrio, i |parti'tarjo, i| *s.m.* (*comm.*) grand(-)livre, journal* auxiliaire.

partitèlla |parti'tɛlla| *s.f.* match *m.* d'entraînement.

partitico, ci, ca, che |par'titiko, tʃi, ka, ke| *agg.* (*spreg.*) de parti *loc. inv.* (*corr.*).

partitissima |parti'tissima| *s.f.* match *m.* décisif.

partitivo |parti'tivo| *agg.* (*gram.*) partitif*: *il genitivo, l'articolo partitivo* le génitif, l'article partitif ♦ (*s.m.*) *il partitivo* l'article partitif *agg.*

1 **partito** |par'tito| *s.m.* **1** parti: *partito di maggioranza, di minoranza* parti majoritaire, minoritaire; *partito di centro* parti du centre; *partito di massa* parti de masses; *i militanti, i simpatizzanti di un partito* les militants, les sympathisants d'un parti; *essere iscritto a un partito* être inscrit à un parti **2** [*decisione, risoluzione*] parti, décision (*f.*): *prendere partito a favore di qc., contro q.c.* prendre parti en faveur de qqn., contre qqch.; *non sapeva più che partito prendere* il ne savait plus quelle décision prendre, sur quel pied danser # *quello mi era parso il partito migliore, più efficace* cela m'avait semblé (être) la meilleure solution, la plus efficace ◇ (*loc.*) *agire per partito preso* agir de parti pris **3** [*situazione, condizione*] *ridursi* (*essere ridotto*), *trovarsi a mal partito* être, se trouver mal en point ◇ (*loc.*) *mettere la testa a partito* se mettre du plomb dans la tête **4** [*persona che sarebbe conveniente sposare*] parti: *quella ragazza sarebbe un bel partito* cette fille serait un beau parti; *ha sposato il più bel partito del paese* elle a épousé le plus beau parti du village; *come potresti rifiutare un simile partito?* comment pourrais-tu refuser un tel parti? **5** [*vantaggio, utilità*] parti: *trarre partito da q.c.* tirer parti de qqch.

2 **partito** |par'tito| *agg.* **1** parti # *dei 50 corridori partiti solo 20 hanno tagliato il traguardo* des 50 coureurs au départ 20 seulement ont franchi l'arrivée **2** (*fig.*) (*persone*) [*ubriaco*] éméché (*fam.*), parti (*fam.*): *accompagna quell'invitato che è ormai partito* accompagne cet invité qui est quelque peu éméché; *al terzo bicchiere era già partito* au troisième verre, il était déjà parti ◇ (*cose*) [*mal ridotto; inutilizzabile*] fichu (*fam.*): *queste scarpe ormai sono partite* ces chaussures sont désormais fichues C 1 **arrivato.**

3 **partito** |par'tito| *agg.* (*arald.*) parti ◇ (*lett.*) → **diviso, 1 spartito.**

partitocràtico, ci, ca, che |partito'kratiko, tʃi, ka, ke| *agg.* (*polit.*) de l'hégémonie des partis *loc. inv.*

partitocrazìa |partitokrat'tsia| *s.f.* (*polit.*) hégémonie des partis.

1 **partitóre** |parti'tore| *s.m.* (*tecnol.*) partiteur.

2 **partitóre, trice** |parti'tore, tritʃe| *s.* (*lett.*) → **spartitore, divisore.**

partitùra |parti'tura| *s.f.* **1** (*mus.*) partition: *leggere, studiare la partitura di una sinfonia* lire, étudier la partition d'une symphonie; *dirigere un'orchestra senza partitura* diriger un orchestre sans la partition → 2 **spartito** **2** (*lett.*) → **spartizione.**

partizióne |partit'tsjone| *s.f.* **1** (*bot.*) *partizione di una foglia* partition d'une feuille **2** (*arald.*) *partizione di uno scudo* partition d'un écu **3** (*raro, lett.*) → **spartizione, ripartizione.**

partner |'pa:tnə| *s. inv.* (*ingl.*) [*chi fa coppia con un altro nello sport, in teat., ecc.*] partenaire *var.*

pàrto |'parto| *s.m.* **1** [→ PARTORIRE 1] accouchement: *parto normale, tardivo, precoce* accouchement normal, retardé, précoce; *parto podalico* accouchement en version podalique; *i dolori, le doglie del parto* les douleurs de l'accouchement; *sala parto* salle d'accouchement # *parto naturale* parturition **2** (*animali*) parturition *f.*, mise *f.* bas **3** (*fig.*) [*creazione, produzione intellettuale*] création (*f.*): *parto poetico, letterario* création poétique, littéraire ◇ (*loc.*) *parto della fantasia* fruit, produit de l'imagination ◇ (*scherz.*) *anche questo è parto del tuo ingegno?* est-ce là encore un fruit de ton génie?

partorïènte |parto'rjɛnte| *agg.f. e s.f.* parturiente: *assistere una* (*donna*) *partoriente* assister une (femme) parturiente.

partorire |parto'rire| (197) *v.tr.* **1** (*di donna*) [*espellere il feto*] accoucher *intr.* de: *partorire un bel maschietto, due gemelli* accoucher d'un beau petit garçon, de deux jumeaux ♦ (*ass.*) *ha partorito un'ora fa* elle a accouché il y a une heure ◇ (*loc. fig.*) *la montagna ha partorito un topo, un topolino* la montagne a accouché d'une souris **2** (*animali*) mettre (71) bas **3** (*fig., lett., scherz.*) [*produrre con la mente*] accoucher: *vediamo che cosa ha partorito il tuo ingegno, la tua fantasia!* voyons de quoi ton génie a accouché!

part-time |pa:ttaim| *loc. sost. m. inv. e agg. inv.* (*ingl.*) à mi-temps: *lavoro part-time* travail à mi-temps.

party |'pa:ti| *s.m. inv.* (*ingl.*) [*ricevimento, trattenimento*] partie *f. var.*, fête *f. var.*

parùlide |pa'rulide| *s.f.* (*med.*) parulie.

'parure' |paʀyʀ| *s.f. inv.* parure *var.*

parusìa |paru'zia| *s.f.* (*teol.*) parousie.

'parvenu' |paʀvəny| *s. inv.* parvenu *var.*

parvènza |par'vɛntsa| *s.f.* **1** [*somiglianza, apparenza*] semblant *m.*, ombre: *non c'è una parvenza di verità nelle sue parole* il n'y a pas un semblant, une ombre de vérité dans ce qu'il dit; *non ha dimostrato una parvenza di buonsenso* il n'a pas fait preuve d'un semblant de bon sens → **ombra, briciolo** ◇ [*segno, indizio*] signe (*m.*): *c'è una qualche parvenza di miglioramento* il y a un signe, quelques signes d'amélioration **2** (*raro*) [*ostentazione, esibizione*] ostentation: *lo fa solo per parvenza* il le fait seulement par ostentation.

parziàle |par'tsjale| *agg.* **1** partiel*: *eclissi parziale* éclipse partielle; *pagamento parziale* paiement partiel; *avere una visione parziale dell'intero problema* avoir une vision partielle de l'entier problème ◇ [*esiguo, scarso*] très léger*, petit: *c'è stato un parziale miglioramento* il y a eu une très légère amélioration **2** [*che sostiene* (*illecitamente*) *una sola parte*] partial*: *arbitro, giudice parziale* arbitre, juge partial; *un verdetto parziale* un verdict partial; *non essere così sfacciatamente parziale con lui!* ne sois pas aussi effrontément partial en sa faveur! → **partigiano** Ⓒ 1 **totale, generale**; 2 **imparziale.**

parzialità |partsjali'ta| *s.f. inv.* **1** partialité (*var.*): *dimostrare parzialità* faire preuve de partialité; *essere accusato di parzialità* être accusé de partialité → **partigianeria** **2** (*raro*) [*limitatezza, incompletezza*] caractère *m. var.* partiel, incomplet # *la parzialità dei dati mi impedisce di trarre una conclusione* les données sont encore trop partielles pour que je puisse en tirer des conclusions Ⓒ 1 **imparzialità**; 2 **totalità, globalità.**

parzializzàre |partsjalid'dzare| *v. tr.* **1** [*dividere in più parti*] diviser, partager (3) **2** (*tecnol.*) [*ridurre l'afflusso del fluido in una turbina*] étrangler.

parzializzatóre |partsjaliddza'tore| *s.m.* (*tecnol.*) étrangleur.

parzializzazióne |partsjaliddzat'tsjone| *s.f.* **1** [→PARZIALIZZARE 2] étranglement *m.* **2** (*elettron.*) découpage *m.*

parzialménte |partsjal'mente| *avv.* **1** [→ PARZIALE 1] partiellement: *dichiararsi parzialmente soddisfatto* se déclarer partiellement satisfait; *il tuo discorso è solo parzialmente vero* tes déclarations ne correspondent que partiellement à la vérité **2** [→ PARZIALE 2] avec partialité *loc. inv.*, partialement: *comportarsi parzialmente* se comporter avec partialité Ⓒ 1 **completamente, totalmente**; 2 **imparzialmente.**

parziarietà |partsjarje'ta| *s.f. inv.* (*dir.*) propriété *var.* de ce qui est partiaire, caractère *m. var.* partiaire (de qqch.).

parziàrio, i |par'tsjarjo, i| *agg.* (*dir.*) partiaire Ⓒ **solidale.**

'pascal' |paskal| *s.m. inv.* (*fis.*) pascal* *var.*

pascaliàno |paska'ljano| *agg.* [*di Pascal*] pascalien*.

pàscere |'paʃʃere| **A** *v.tr.* **1** (*animali*) [*mangiare*] paître (72): *pascere l'erba* paître l'herbe → **brucare** ◇ (*persone*) [*condurre animali al pascolo*] mener (6) paître: *pascere il gregge, le pecore* mener paître le troupeau, les moutons → **pascolare** **2** (*fig.*) [*alimentare, nutrire*] nourrir: *pascere la mente, l'intelligenza con buone letture* nourrir l'esprit, l'intelligence avec de bonnes lectures # *pascere la vista, gli occhi* rassasier sa vue, ses yeux **B** *v. intr.* (*aus.* '*avere*') **1** (*raro*) [→ *tr.* 1] paître **2** *mandare a pascere le pecore, il gregge* envoyer (14) paître les moutons, le troupeau **C** *v. pron. rifl.* PASCERSI **1** [→ *tr.* 1] se nourrir, se repaître (72) (*raro*): *pascersi di fieno, d'erba* se nourrir, se repaître de foin, d'herbe **2** (*fig.*) [→ *tr.* 2] se nourrir, se repaître: *pascersi di illusioni* se nourrir, se repaître d'illusions → **saziar(si).**

pascià |paʃ'ʃa| *s.m. inv.* (*st. turca*) pacha *var.* ◇ (*loc. fig.*) *fare il pascià, vivere da pascià* faire le pacha, vivre comme un pacha.

pascialàto |paʃʃa'lato| *s.m.* (*st. turca*) charge *f.*, dignité *f.* de pacha.

pasciuli |paʃʃu'li| *s.m. inv.* → **patciuli.**

pasciùto |paʃ'ʃuto| *agg.* [*nutrito, alimentato*] nourri ◇ (*loc.*) *ben pasciuto* bien nourri, gras* → **grasso.**

pascolàre |pasko'lare| **A** *v.tr.* [*condurre al pascolo*] faire (45) *intr.* paître: *pascolare il gregge* faire paître le troupeau **B** *v.intr.* (*aus.* '*avere*') (*animali*) [*stare al pascolo*] paître: *le mucche, le pecore pascolano al sole* les vaches, les moutons paissent au soleil.

pascolatìvo |paskola'tivo| *agg.* (*agr.*) pâturable: *terreno pascolativo* terrain propice au pâturage, pâturable.

pascoliàno |pasko'ljano| *agg.* de Pascoli *loc. inv.*

pàscolo |'paskolo| *s.m.* **1** (*agr.*) pâturage: *pascolo alpino* pâturage alpestre; *lasciare un terreno a pascolo* laisser un terrain en pâturage, en pâture **2** [→ PASCOLARE] pâturage; pacage: *tenere, condurre gli animali al pascolo* garder, mener les troupeaux au pâturage ‖ *divieto di pascolo* pacage interdit; *denunciare qc. per pascolo abusivo* dénoncer qqn. pour pacage interdit **3** (*fig.*) pâture (*f.*): *trovare pascolo in una bella lettura* trouver sa pâture dans une belle lecture ◇ *loc.* DARE IN PASCOLO donner en pâture: *dare in pascolo alla stampa una notizia scandalosa* donner en pâture à la presse une nouvelle scandaleuse.

pàsqua |'paskwa| *s.f.* **1** (*relig. crist.*) Pâques *pl.*; (*nelle date*) Pâques (*m. sing.*): *il lunedì di Pasqua* le lundi de Pâques; *festeggiare la Pasqua* fêter Pâques; *celebrare la santa Pasqua* faire ses Pâques, célébrer la fête de Pâques ‖ *verrò da te a Pasqua* je viendrai chez toi à Pâques ◇ (*loc.*) *Pasqua di rose* Pentecôte → **pentecoste**; *Pasqua fiorita* Pâques fleuries; *quest'anno la Pasqua è alta, bassa* cette année Pâques tombe tôt, tard; *fare la Pasqua* [*assolvere al precetto pasquale*] faire ses Pâques; *augurare (la) buona Pasqua* souhaiter de joyeuses Pâques; *buona Pasqua!* joyeuses Pâques!' **2** (*loc. fig.*) *essere contento come una pasqua* être heureux comme un roi, comme un poisson dans l'eau ~ (*region.*) *augurare a qc. la mala pasqua* porter malheur à qqn. **3** (*relig. ebr.*) Pâque.

pasquàle |pas'kwale| *agg.* de Pâques (*loc. inv.*): *le feste, le vacanze pasquali* les fêtes, les vacances de Pâques; *le uova pasquali* les œufs de Pâques ◇ (*relig.*) pascal*: *il precetto pasquale* la communion pascale; *l'agnello pasquale* l'agneau pascal.

pasquétta |pas'kwetta| *s.f.* (*region., pop.*) [*il primo giorno dopo Pasqua*] lundi *m.* de Pâques: *tutto il parentado si è ritrovato per la pasquetta* tous les parents se sont retrouvés (pour) le lundi de Pâques ◇ (*per est.*) *fare pasquetta con un pic-nic* faire un pique--nique le lundi de Pâques.

pasquinàta |paskwi'nata| *s.f.* pasquinade (*lett.*).

pàssa |'passa| *avv.* (*nella loc. pop.*) E PASSA [*e oltre, e ancora di più*] bon* *agg.* (*corr.*): *ce n'erano una dozzina e passa* il y en avait une bonne douzaine; *avrà cinquant'anni e passa* il a une bonne cinquantaine d'années, il a cinquante ans et (même) plus.

passabànda |passa'banda| *agg. inv.* (*elettr.*) passe-bande.

passàbile |pas'sabile| *agg.* **1** [*abbastanza buono; discreto*] passable: *il vitto è passabile* la nourriture est passable; *è un componimento passabile* c'est une composition passable → **accettabile** **2** [→ 1 PASSARE B 1] traversable: *è un guado passabile, ma con una certa difficoltà* c'est un gué traversable, mais avec une certaine difficulté.

passabilménte |passabil'mente| *avv.* [→ PASSABILE 1] passablement: *un contegno passabilmente corretto* un comportement passablement correct.

passacàglia |passa'kaʎʎa| *s.f.* (*mus.*) passacaille.

passacaténa |passaka'tena| *s.m. inv.* (*mar.*) davier *var.* de chaîne.

passacàvo |passa'kavo| *s.m.* (*mar.*) chaumard.

passacrassàna |passakras'sana| *s.f.* passe-crassane.

passafìlo |passa'filo| *s.m. inv.* (*tess.*) passe-fil *var.*

passafìno |passa'fino| *s.m.* (*tess.*) → 1 **passamano.**

passafuòri |passa'fwɔri| *s.m. inv.* (*edil.*) coyau *var.*

passàggio, i |pas'saddʒo, i| *s.m.* **1** passage, traversée (*f.*): *il passaggio del confine, delle Alpi* le passage de la frontière, des Alpes; *incontrare difficoltà nel passaggio di un torrente* rencontrer des difficultés à la traversée d'un torrent ◇ (*calcio*) passe (*f.*): *passaggio di testa, all'indietro* passe de tête, à l'arrière; *segnare su passaggio della mezzala* marquer un but après une passe de l'inter **2** [→ 1 PASSARE A I 1] passage: *tutti si voltavano al suo passaggio* tous se retournaient sur son passage; *togliersi il cappello al passaggio di un corteo funebre* enlever son chapeau au passage d'un cortège funèbre; *spostati! non vedi che impedisci il passaggio?* ôte-toi de là! tu ne vois pas que tu encombres le passage?; *è vietato il passaggio!* passage interdit! ◇ *loc.* DI PASSAGGIO de passage: *un turista, un cliente di passaggio* un touriste, un client de passage; *uccello, selvaggina di passaggio* oiseau, gibier de passage; *essere di passaggio* être de passage # *accennare di passaggio a certe questioni* aborder en passant certaines questions **3** [*trapasso*] passage: *passaggio dal caldo al freddo* passage du chaud au froid; *passaggio dallo stato liquido a quello solido* passage de l'état liquide à l'état solide; *passaggio da una classe all'altra* passage d'une classe à l'autre; *passaggio di grado* promotion, passage de grade → **cambiamento** ◇ (*dir.*) *passaggio di proprietà* transfert de propriété **4** (*per est.*) [*luogo per cui si transita*] passage: *un passaggio stretto, comodo, difficile* un passage étroit, commode, difficile; *controllare tutti i passaggi* contrôler tous les passages; *aprirsi un passaggio* se frayer un passage, un chemin → **varco** ◇ (*alpinismo*) *un passaggio di 3º grado* un passage de, du 3ᵉ degré ◇ (*ferr.*) *passaggio a livello custodito, incustodito* passage à niveau gardé, non gardé ◇ (*loc.*) *passaggio pedonale* passage clouté; *passaggio obbligato* passage obligatoire **5** [*traversata per mare*] passage: *quanto costa il passaggio per la Sardegna?* combien coûte le passage pour la Sardaigne? **6** [*ospitalità offerta sul proprio automezzo*] *mi dà un passaggio fino a Milano?* vous me conduisez jusqu'à Milan?; *sulle autostrade è vietato chiedere e offrire un passaggio* sur les autoroutes il est interdit de faire de l'auto-stop → **autostop** **7** [*brano, passo di un'opera lett.*] passage: *commentare i passaggi più belli di una lirica, di un romanzo* commenter les plus beaux passages d'une poésie (lyrique), d'un roman **8** (*mus.*) passage: *eseguire brillantemente un passaggio* exécuter brillamment un passage.

passamaneria |passamane'ria| *s.f.* (*tess.*) passementerie: *negozio di passamaneria* magasin de passementerie; *passamaneria per abbigliamento, per arredamento* passementerie pour vêtements, pour meubles.

1 **passamàno** |passa'mano| *s.m.* (*tess.*) passement.

2 **passamàno** |passa'mano| *s.m.* **1** [*ringhiera per scale*] main *f.* courante → **corrimano** **2** [*passaggio di un oggetto per più mani*] chaîne (*f.*): *fare il passamano* faire la chaîne; faire passer de main en main # *passare di nascosto un biglietto con il passamano* passer en cachette un billet de main en main.

passamontàgna |passamon'taɲɲa| *s.m. inv.* passe-montagne (*var.*): *dei passamontagna* des passe-montagnes.

passanàstro |passa'nastro| *s.m.* (*tess.*) trou-trou.

1 **passànte** |pas'sante| *s.* **1** *s.* (*raro al f.*) passant: *chiedere la strada al primo passante* demander son chemin au premier passant; *l'incidente è stato visto da due passanti* deux passants ont vu l'accident, ont été témoins **2** *s.m.* [*anello per sostenere q.c. che vi passa* (*dentro*)] passant: *i passanti di un cavo* les passants d'un câble # *sul tram bisogna reggersi agli appositi passanti* dans le tram il faut se tenir aux poignées ◇ (*abbigl.*) *infilare la cinghia nei passanti* enfiler la ceinture dans les passants.

2 **passànte** |pas'sante| *agg.* **1** (*arald.*) passant **2** (*tennis*) *colpo passante* lob *s.m.*

passapatàte |passapa'tate| *s.m. inv.* (*cuc.*) presse-purée.

passapiède |passa'pjɛde| *s.m.* (*danza*) passe-pied.

passapòrto |passa'pɔrto| *s.m.* passeport: *passaporto ordinario, diplomatico, collettivo* passeport ordinaire, diplomatique, collectif; *mettere il visto a un passaporto* viser un passeport; *ti è scaduto il passaporto* ton passeport est périmé.

1 **passàre** |pas'sare| **A** *v.intr.* (*aus.* '*essere*') **I** (*nel significato di 'spostarsi', sottolineando specificamente il compl. di moto per luogo, espresso o sottinteso, pr. o fig.*) **1** [*muoversi, transitare*] passer (*aus.* être, avoir): *passare per la strada, per un sentiero* passer par une route, un sentier; *il Tevere passa per Roma* le Tibre passe à Rome; *c'è uno spiffero d'aria che passa per le fessure* il y a un courant d'air qui passe par les fissures; *i ladri sono passati per la porta, per la finestra* les voleurs sont passés par la porte, par la fenêtre; *è passato per il cancello principale* il a passé, il est passé par l'entrée principale; *il corteo passerà per il centro* (*della città*) le cortège passera par le centre (de la ville); *per favore, mi lascia passare?* s'il vous plaît, me laissez-vous passer?; *passare con il* (*semaforo*) *giallo* passer à l'orange ◇ (*per est.*) [*snodarsi*] *la nuova autostrada passerà da questa zona* la nouvelle autoroute passera dans cette zone; *la funivia passa sopra un burrone* le téléphérique passe au-dessus d'un ravin ◇ (*loc. fig.*) *non passava neanche un cane* il ne passait pas même un chat **2** (*con determinazioni varie, esprimenti il modo o la posizione del passaggio*) passer: *passare di corsa, correndo* passer en courant; *passate uno alla volta, in fila indiana!* passez un à la fois, en file indienne!; *è passato di contrabbando* il est passé en fraude; ◇ (*seguito da agg. con valore di compl. predicativo*) *cercava di passare inosservato* il essayait de passer inaperçu; *è passato* (*per*) *primo* il est passé premier, il a été le premier à passer ◇ (*con avv. o loc. avv.*) PASSARE AVANTI, DAVANTI (A QC., A Q.C.) passer devant (qqn., qqch.): *passare davanti a casa* passer devant la maison; *passa avanti, che ti seguo* passe devant, et je te suis; *all'ultimo chilometro gli è passato davanti un altro corridore* au dernier kilomètre, un autre coureur lui est passé devant (*fam.*), l'a dépassé; *tutti gli altri colleghi gli sono passati avanti* (*nella carriera*) tous les autres collègues lui sont passés devant (*fam.*) (dans la carrière) ~ *passare al largo* faire un détour ~ *passare prima* (*di qc.*) passer avant (qqn.) → **precedere** ~ *passare dietro, dopo* (*qc.*) passer derrière, après (qqn.) → **seguire** ~ PASSARE DI FIANCO (A QC., A Q.C.) passer à côté (de qqn., de qqch.): *mi è passato di fianco* il est passé à côté de moi # *la strada passa di fianco alla ferrovia* la route passe le long du chemin de fer ~ PASSARE SOPRA passer sur: (*pr.*) *passare sopra il ponte* passer sur le pont; (*fig.*) *per questa volta passerò sopra al tuo errore* pour cette fois je passerai sur ton erreur → **perdonare** # *è fatto così*: *bisogna passarci sopra* il est comme ça: il faut le prendre comme il est ~ PASSARE SOTTO passer sous: (*pr.*) *passare sotto il ponte* passer sous le pont # (*fig.*) (*da allora*) *ne è passata di acqua sotto i ponti!* (depuis) que d'eau a coulé sous les ponts! ~ PASSARE VIA, PASSARE OLTRE poursuivre (52) (*aus.* avoir) (son chemin): *siamo passati via senza fermarci* nous avons poursuivi notre chemin, sans nous arrêter # *passa via, brutta bestiaccia!* passe ton chemin, sale bête!; (*fig.*) *beh, per quanto riguarda la sua onestà, è meglio passare oltre!* bon, quant à son honnêteté, il vaut mieux passer outre ~ *passare per di qui, per di lì, là* passer par ici, par là ~ *passavo di lì per caso* je passais par là par hasard ~ *per dove passate?* par où passez-vous? **3** PASSARE PER (+ *compl. predicativo*) [*essere ritenuto, stimato*] passer pour: *non voglio passare per fesso, per* (*uno*) *stupido* je ne veux pas passer pour un crétin, un idiot; *passa per essere il migliore specialista del momento* il passe pour être le meilleur spécialiste du moment; *non voglio far passare per mia questa idea che è di altri* je ne veux pas faire passer pour mienne cette idée qui est d'autrui; *l'hanno fatta passare per buona* ils l'ont faite passer pour bonne **4** [*transitare incidentalmente, di sfuggita*] passer: *magari passerò da te nel viaggio di ritorno* peut-être, je passerai chez toi au (voyage de) retour; *passerò da lui in ufficio* je passerai le voir au bureau; *passi da noi una sera a prendere il caffè* passez chez nous un soir (pour) prendre le café ◇ [*circolare*] *si vede che questo libro è passato per molte mani* on voit que ce livre est passé par de nombreuses mains **II** (*con valore puntuale, esprimendo l'inizio o la fine dello spostamento, o entrambe le cose*; *con indicazione, espressa o sottintesa, del compl. di moto da luogo, o di moto a luogo, o di entrambi*) **1** (*soltanto con l'indicazione del compl. di moto a luogo*) passer: *passiamo in salotto a prendere il caffè* passons au salon pour prendre le café; *passi domani da me in ufficio* passez demain me voir au bureau; *per il ritiro dell'assegno, passi alla cassa* pour toucher le chèque, passez à la caisse; *passa di qua, che starai più comodo* passe par ici, tu seras plus à ton aise ◇ (*in usi ass.*) *far passare i clienti, i pazienti* faire passer les clients, les patients; *passi pure, prego!* passez donc, je vous en prie! ◇ *loc.* PASSARE A (+ *inf.*) passer (+ *inf.*); passer à (+ *sost.*): *passare a ritirare un pacco* passer retirer un paquet ‖ *ora passiamo a trattare dell'argomento più importante* maintenant passons au développement du sujet le plus important ◇ (*loc. fig.*) *passiamo al 2° punto dell'ordine del giorno* passons au 2ᵉ point de l'ordre du jour ~ *passare ai voti* passer au vote ~ *passare all'opposizione* passer à, dans l'opposition ~ *passare al nemico* passer à l'ennemi ~ *passare a nuove nozze* convoler en nouvelles noces ~ *passare alla storia* passer à l'histoire ~ *passare in proverbio* passer en proverbe, devenir un proverbe ~ *passare dalle parole ai fatti* passer aux actes ~ *passare a vie di fatto* en venir aux voies de fait ~ *passare a più miti consigli* passer à des conseils plus modérés ~ *passiamo ad altro!* passons à autre chose; glissons! ~ *passare a miglior vita* passer de vie à trépas → **morire** ◇ (*loc. fig.*) *non mi è passato per la mente* cela ne m'est pas venu à l'esprit ~ *non mi è passato neanche per il cervello, per l'anticamera del cervello* je n'y ai pas même songé, cela ne m'a pas effleuré l'esprit **2** (*fig.*) [*intercorrere, esserci*] y avoir (28) (*aus.* avoir): *sono passate molte trattative tra le due parti* il y a eu de nombreux pourparlers entre les deux parties # *tra te e lui ci passano molte differenze* entre vous deux, les différences sont nombreuses ◇ (*loc. fam.*) *ci passa, ci passa molto* (*tra una cosa e un'altra, tra una persona e un'altra*) il y a une belle différence **3** (*fig.*) (*persone*) [*vivere, crescere*] passer: *è passato per mille difficoltà, traversie* il est, il a passé par mille difficultés, mille malheurs ◇ (*cose*) connaître (72) (*aus.* avoir): *l'affare è passato per tante difficoltà* l'affaire a connu bien des difficultés **4** (*fig.*) [*eccedere*; *andare oltre*] *la pasta è passata di cottura* les pâtes sont trop cuites ◇ *loc. avv.* ... e passa → **passa** **5** (*poker*) [*rinunciare a una mano, a un turno*] *passo* je passe, *passo e vedo* je passe et je vois **6** (*con indicazione sia del moto da luogo che del moto a luogo*) passer: *passare da un ufficio all'altro* passer d'un bureau à l'autre; *passare da un lavoro a un altro* passer d'un travail à l'autre # *è passato dalla sede di Roma a quella di Milano* il a été transféré du siège de Rome à celui de Milan ◇ (*fig.*) *passare da colonnello a generale* passer de colonel à général; *è una tradizione, un segreto che passa di*

padre in figlio c'est une tradition, un secret qui passe de père en fils; *è passata di mano in mano* cela est passé de main en main; *la notizia è passata di bocca in bocca* la nouvelle est passée, a passé de bouche en bouche; *fate passare (la) voce!* faites passer! (le mot, la consigne) ◇ (*auto.*) *passare dalla seconda alla terza, passare in terza* (*marcia*) passer de la deuxième à la troisième, passer en troisième (vitesse) ◇ (*loc. fig.*) *mi è passato di mente* cela m'est sorti de l'esprit ~ *passare di moda* passer de mode **7** [*cambiare stato, modo di essere*] passer: *passare dallo stato solido allo stato liquido* passer de l'état solide à l'état liquide ◇ (*fig.*) *passare dalla miseria alla ricchezza* passer de la misère à la richesse; *passa facilmente dal riso al pianto* il passe facilement du rire aux larmes; *passare di grado* monter, avancer en grade ◇ (*dir.*) *la sentenza è passata in giudicato* la sentence a pris la force de la chose jugée **III** (*in usi ass.*) **1** [*aver fine*; *cessare*] passer: *il temporale è passato* l'orage est passé, fini; *non gli è ancora passata la sbornia* sa cuite n'est pas encore passée, il n'a pas encore cuvé son vin; *non gli è ancora passato lo shock* il est encore sous l'effet du choc; *il peggio è passato* le pire est passé; *mi è passata la voglia di* (+ *inf.*) l'envie de (+ *inf.*) m'est passée ◇ (*loc. fam. con sogg. indet.*) *non gli è ancora passata la rabbia, l'ira, la voglia...* sa rage, sa colère, son envie n'est pas encore éteinte, passée; *gli passerà presto!* ça lui passera vite!; (*scherz.*) *canta che ti passa!* n'y pense pas, ça va passer! **2** (*fig.*) [*essere accettato, ammesso, tollerato*] passer: *il cibo non è un gran che, ma può passare* la nourriture n'est pas exceptionnelle, mais ça peut passer; *passi per l'offesa, ma i danni me li deve pagare* l'offense, passe encore, mais les dommages, il doit me les payer ◇ (*loc.*) *passare per il rotto della cuffia* s'en tirer de justesse **3** (*fig.*) [*essere promosso a un esame*] passer, être (43) (*aus.* avoir) reçu: *passare a giugno, a settembre* passer, être reçu en juin, en septembre; *passare in seconda, in terza* (*classe*) passer en seconde, en troisième (classe); *il candidato è passato con il massimo dei voti* le candidat est passé avec mention très bien **4** (*fig.*) [*essere approvato*] passer: *la legge, la proposta è passata con una ristretta maggioranza* la loi, la proposition est passée à une très petite majorité **IV** (*con valore temporale*) [*trascorrere*] passer: *è passato un anno, un mese* un an, un mois est, a passé; *come passa il tempo!* comme le temps passe!; *quanto tempo è passato!* que de temps est passé!; *chiacchieravamo così, tanto per far passare il tempo* nous bavardions, histoire de passer le temps ◇ (*loc. fam.*) *sono passati i tempi!* ce temps-là est révolu! **B** *v.tr.* **1** [*attraversare, oltrepassare*] passer, traverser: *passare il confine, la frontiera* passer la frontière; *passare un fiume a nuoto, a guado* traverser le fleuve à la nage, à gué; *passato il ponte, prenda la prima strada a destra* passé le pont, prenez la première route à droite **2** [*andar oltre*; *superare*] dépasser; surpasser: *il pacco, la valigia passa il peso* le paquet, la valise dépasse le poids; *passare un corridore in curva, nel rettilineo finale* dépasser un coureur dans un virage, sur la ligne droite d'arrivée; *le acque del fiume hanno passato il livello di guardia* les eaux de la rivière ont dépassé la cote d'alerte ‖ *passare uno in bravura* surpasser qqn. en habileté → **sorpassare** ◇ (*fig.*) passer: *col suo comportamento ha passato il limite, ogni limite* avec son comportement il a passé les limites; *è ora di farla finita*: *ora ha proprio passato il segno* il est temps d'en finir: maintenant, il a vraiment passé les bornes; *quella persona avrà passato la cinquantina* cette personne aura passé la cinquantaine **3** (*mil.*) PASSARE IN RASSEGNA, IN RIVISTA [*percorrerne il fronte per ispezione*] passer en revue: *passare in rassegna le truppe, il drappello d'onore* passer en revue les troupes, saluer le drapeau ◇ (*fig.*) *passare in rassegna tutte le ipotesi, le proposte* passer en revue toutes les hypothèses, les propositions → **considerare, ponderare** **4** (*fig.*) [*leggere velocemente*] parcourir (17): *passare un giornale, i titoli di un giornale* parcourir le journal, les titres d'un journal → **scorrere** ◇ [*controllare attentamente*] contrôler: *passare tutte le schede a una a una* contrôler toutes les fiches une par une **5** (*di arma*) [*trafiggere, trapassare*] transpercer (2), traverser: *la lama del pugnale lo ha passato da parte a parte* la lame du poignard l'a transpercé de part en part; *il proiettile gli ha passato il petto, la gamba* le projectile lui a traversé la poitrine, la jambe ◇ (*loc.*) *passare qc. per le armi* passer qqn. par les armes → **giustiziare** **6** [*far scorrere per una apertura*; *far entrare o uscire*] passer: *passare il filo nella cruna dell'ago* passer le fil dans le chas de l'aiguille; *passare una lettera sotto la porta* passer une lettre sous la porte → **infilare** ◇ (*cuc.*) *passare le verdure* réduire (75) en purée les légumes; *passare le patate lesse* passer les pommes de terre pour la purée; *passare in padella le cipolle* faire (45) *intr.* revenir à la poêle les oignons **7** [*applicare su una superficie*] passer: *passare uno straccio su un mobile* passer un chiffon sur un meuble; *passare una mano di bianco sulle pareti* passer une couche de peinture blanche sur les murs ◇ (*per est.*) *passare la lucidatrice, l'aspirapolvere, il battitappeti* passer la cireuse, l'aspirateur, l'aspirateur brosse ◇ [*avvicinare*] *gli passò il braccio intorno alla vita* il lui passa un bras autour de la taille; *passarsi una mano sulla fronte* se passer la main sur le front **8** [*trasferire, spostare*] transférer (8); déplacer (2): *passare qc. da un ufficio a un altro* transférer qqn. d'un bureau à l'autre; *lo hanno passato a un posto di maggior responsabilità* ils l'ont transféré à un poste de plus grande responsabilité ‖ *passare un mobile da un locale a un altro* déplacer un meuble d'une pièce dans l'autre ◇ (*calcio*) *passare la palla al centro, alla mezzala* passer la balle au centre, à l'inter ◇ (*loc. bur., dir.*) *passare agli atti* enregistrer; *passare una pratica in archivio* classer une affaire; *passare ai voti una proposta* mettre aux voix une proposition; *passare gli atti al giudice competente* transmettre les actes au juge compétent → **trasmettere** **9** [*porgere, dare*] passer: *passare un foglio, il compito a qc.* passer une feuille, un devoir à qqn.; *mi passi il giornale, per favore?* tu me passes le journal, s'il te plaît?; *mi passi il sale, il vino, il portacenere?* vous me passez le sel, le vin, le cendrier, s'il vous plaît? ◇ [*assegnare, spec. periodicamente*] donner, fournir: *passare un assegno mensile a un impiegato* donner un chèque mensuel à un employé; *quanto passi a tuo figlio per le piccole spese?* combien donnes-tu à ton fils comme argent de poche? # *la mutua non passa questa medicina* l'assurance-maladie ne rembourse pas ce médicament ◇ (*loc. fam.*) *è quello che passa il convento* c'est tout ce qu'il y a **10** (*fig.*) [*comunicare, notificare*] communiquer, transmettre (71): *passare una notizia, un'indiscrezione a un giornalista* communiquer une nouvelle, refiler (*pop.*) une indiscrétion à un journaliste; *passare la parola d'ordine* transmettre, passer le mot d'ordre ◇ (*loc.*) *passare parola* prévenir (27), avertir ~ *passar voce* prévenir, avertir ◇ (*nelle comunicazioni radiofoniche*) *passo* à vous; *passo e chiudo* terminé **11** (*al telefono*) [*mettere in comunicazione*] passer: *mi passa il direttore?* veuillez me passez le directeur?; *attenda un istante*: *glielo passo subito* attendez un instant; je vous le passe tout de suite **12** (*fig.*) [*affrontare*; *superare*] passer: *passare il controllo doganale, fiscale* passer la douane, une inspection fiscale; *passare la visita medica, di leva* passer la visite (médicale), la visite devant le conseil de révision # *ne ha passati di guai!* il en a eu des malheurs! ◇ *loc.* PASSARLA: *l'hai passata bella!* tu l'as échappé belle!; *non se la passerà ancora liscia!* je ne sais pas s'il s'en tirera **13** (*fig.*) [*subire, sopportare*] endurer: *gli ha fatto passare un sacco di guai* il lui a fait endurer un tas d'ennuis ◇ *loc.* PASSARNE: *ne ha passate di tutti i colori* on lui en a fait voir de toutes les couleurs, des vertes et des pas mûres **14** [*accettare, tollerare*] passer, pardonner: *questo sgarbo non glielo passo* je ne lui passe pas cette impolitesse; *non ne passa una a suo figlio* il ne passe, ne pardonne rien à son fils → **perdonare**; *questa, proprio, non gliela passo!* ça, vraiment, je ne passe pas dessus ◇ (*loc.*) *passare q.c. sotto silenzio* passer qqch. sous silence **15** [*approvare*] faire *intr.* passer, approuver: *passare una proposta, una delibera* faire passer, approuver une proposition, une délibération **16** [*promuovere*] faire *intr.* passer: *lo hanno passato con il minimo dei voti* on l'a fait passer, il a été reçu juste avec la moyenne # *con tutte le sue minacce, il professore ha poi passato tutti* malgré les menaces, le professeur les a tous reçus ◇ (*per est.*) *lo hanno passato di grado* on l'a élevé en grade **17** (*del tempo*) [*trascorrere*] passer: *passare le ferie al mare* passer ses vacances à la mer; *passare il Natale in montagna, in compagnia* passer Noël à la montagne, avec des amis; *ha passato una notte agitata* il a passé une nuit agitée # *sta passando un momento difficile* il traverse un moment difficile → **attraversare** ◇ (*loc.*) *passare un brutto quarto d'ora* passer un mauvais quart d'heure ~ (*fare q.c.*)

tanto per passare il tempo (faire qqch.) pour passer le temps ~ *lo zio è gravissimo: non so se passerà la notte* notre oncle est très malade: je ne sais s'il passera la nuit ~ PASSARSELA: *come te la passi?* comment ça va?; *me la passo bene, male, maluccio* ça va bien, mal, plutôt mal.

2 **passàre** |pas'sare| *s.m. sing.* [*il trascorrere del tempo*] temps: *sono cose che si dimenticano con il passare del tempo* ce sont des choses qui s'oublient avec le temps; *col passare del tempo sembra che si faccia sempre più bella* le temps qui passe semble la rendre toujours plus belle.

passàta |pas'sata| *s.f.* **1** [*breve, temporaneo passaggio*] *una passata di pioggia, di grandine* une averse, une giboulée ◇ (*caccia, pesca*) passage *m.*; banc (*m.*): *una passata di storni* un passage d'étourneaux → 1 **passo** ‖ *una passata di orate* un banc de daurades ◇ (*loc. avv.*) *di passata* de passage → **incidentalmente** **2** *in loc.* [*breve applicazione*] *dare una passata alla camicia* (*col ferro da stiro*) donner un coup de fer à la chemise ~ *dare una passata al pavimento con lo straccio, con l'aspirapolvere* donner un coup par terre avec le chiffon, avec l'aspirateur ~ *datti una passata col pettine, con la spazzola* donne-toi un coup de peigne, de brosse ~ *dare una passata di vernice alle pareti* passer une couche de peinture sur les murs ◇ (*cuc.*) *dare una passata al brodo, alla verdura* passer un bouillon, les légumes ~ *dare una passata alla verdura in padella* faire revenir les légumes à la poêle ◇ [*ripasso sommario*] *dare una passata alla lezione prima dell'interrogazione* donner un coup d'œil rapide à la leçon avant l'interrogation → **ripassata** ◇ [*lettura frettolosa*] *dare una passata ai titoli del giornale* parcourir les titres du journal, lire les titres du journal en diagonale → **scorsa** **3** (*raro, cuc.*) → **passato.**

passatèmpo |passa'tempo| *s.m.* passe-temps (*inv.*): *fare q.c. per passatempo* faire qqch. par passe-temps; *è tutto qui il tuo passatempo?* c'est ça ton passe-temps? → **svago, divertimento.**

passatismo |passa'tizmo| *s.m.* [(*in arte*) *gusto eccessivo per il passato*] passéisme.

passatista |passa'tista| *s.* [*persona esageratamente attaccata al passato, alle tradizioni*] passéiste *agg. e s.*

passàto |pas'sato| **I** *agg.* **1** (*nel tempo*) passé: *i secoli passati* les siècles passés; *nei tempi passati* au temps passé, jadis → **remoto, trascorso** ◇ [*l'ultimo, il precedente*] passé, précédent: *la settimana passata* la semaine passée; *una legge approvata nella passata legislatura* une loi approuvée durant la précédente législature # *ci siamo visti giovedì passato* nous nous sommes vus jeudi dernier → **scorso** ◇ (*nell'indicazione dell'ora o dell'età*) *sono le dieci passate* il est dix heures passées; *avrà sessant'anni passati* il aura soixante ans passés → **suonato** **2** (*per est.*) [*superato, antiquato*] dépassé: *sono idee passate, concetti passati* ce sont des idées dépassées, des concepts dépassés → **sorpassato** ◇ (*loc.*) *passato di moda* démodé **3** (*fig.*) [*sciupato, sfiorito*] fané: *è di una bellezza un po' passata* elle est d'une beauté un peu fanée ◇ [*guasto, marcio*] avarié, gâté: *carne, frutta passata* viande avariée, fruits gâtés ◇ *loc.* ACQUA PASSATA vieille histoire: *non parliamone più: ormai è acqua passata* n'en parlons plus: c'est désormais une vieille histoire ◇ (*prov.*) *acqua passata non macina più* le temps perdu ne se rattrape jamais **4** (*cuc.*) trop cuit: *un cibo passato di cottura* un aliment trop cuit **5** (*gram.*) passé: *participio, infinito passato* participe, infinitif passé **II** *s.m.* **1** [→ *agg.* 1] passé: *i ricordi, le memorie del passato* les souvenirs, les mémoires du passé; *il glorioso passato di Roma* le glorieux passé de Rome ◇ (*per est.*) *ha avuto un passato burrascoso* il a eu un passé orageux; *una persona dal passato poco raccomandabile* une personne au passé peu recommandable **2** (*cuc.*) purée (*f.*): *un passato di verdura* une purée de légumes, des légumes passés à la moulinette **3** (*gram.*) passé: *passato prossimo, remoto* passé composé, simple [C] I 1, 5; II 1, 3 **presente.**

passatóia |passa'toja| *s.f.* **1** [*tappeto lungo e stretto, in corridoi, scale e sim.*] chemin *m.*, tapis *m.* d'escalier: *inciampare nella passatoia* trébucher sur le chemin, le tapis de l'escalier (du corridor) → **stuoia, guida** **2** (*nelle stazioni ferroviarie*) passage *m.*

passatóio, i |passa'tojo, i| *s.m.* (*raro*) [*serie di pietre disposte per attraversare un corso d'acqua*] passage.

passatóre |passa'tore| *s.m.* (*arc.*) → **traghettatore.**

passatùra |passa'tura| *s.f.* (*raro, tess.*) reprise (*corr.*) → **rammendo.**

passatùtto |passa'tutto| *s.m. inv.* (*cuc.*) moulin *var.* à légumes, moulinette *f. var.* (*fam.*).

passavànti |passa'vanti| *s.m. inv.* (*mar.*) passavant *var.*

passaverdùra |passaver'dura|, **passaverdùre** |passaver'dure| *s.m. inv.* (*cuc.*) moulin *var.* à légumes, presse-purée.

passavivànde |passavi'vande| *s.m. inv.* passeplat (*var.*): *dei passavivande* des passe-plats.

passeggèro |passed'dʒɛro| **1** *agg.* passager*: *un malessere, un malore passeggero* un malaise passager; *sono nuvole passeggere* ce sont des nuages passagers **2** *s.m.* passager: *i passeggeri dell'aereo, del treno, della nave* les passagers de l'avion, du train, du bateau; *nave* (*per*) *passeggeri* navire de passagers; (*non c'è stata*) *nessuna vittima tra i passeggeri e due morti tra l'equipaggio* (il n'y a eu) aucune victime parmi les passagers, mais deux morts parmi l'équipage.

passeggiàre |passed'dʒare| **A** *v. intr.* (*aus.* '*avere*') [*andare a spasso lentamente, per diporto*] se promener (6) (*pron.*): *abbiamo passeggiato per un'ora tra i prati* nous nous sommes promenés pendant une heure dans les prés ◇ (*per est.*) *passeggiare nervosamente nel corridoio* faire (45) *tr.* les cent pas dans le couloir, se promener de long en large dans le couloir **B** *v.tr.* **1** (*raro*) (*ogg. di animale*) [*portare a spasso, a passeggio*] promener: *passeggiare il cavallo, il cane* promener le cheval, le chien **2** (*lett.*) → **percorrere.**

passeggiàta |passed'dʒata| *s.f.* **1** promenade: *il medico gli ha consigliato frequenti passeggiate* le médecin lui a conseillé de faire beaucoup de promenades ◇ [*gita, spec. breve*] *per domani ho in programma una bella passeggiata in montagna* pour demain j'ai comme projet une belle promenade en montagne ◇ (*loc. fig.*) *è stata una passeggiata* cela a été facile comme tout **2** [*viale, strada ampia*] promenade: *percorrere la passeggiata a mare* parcourir la promenade du bord de mer; *la passeggiata archeologica, panoramica* la promenade archéologique, panoramique ◇ (*mar.*) (*ponte di*) *passeggiata* pont promenade.

passeggiatina |passeddʒa'tina| *s.f.* petite promenade, petit tour *m.*

passeggiatóre |passeddʒa'tore| *s.m.* [*chi ama passeggiare*] promeneur* (*s.*): *i passeggiatori della domenica* les promeneurs du dimanche.

passeggiatrice |passeddʒa'tritʃe| *s.f.* [*prostituta di strada*] prostituée, péripatéticienne (*fam.*), femme qui fait le trottoir (*fam.*).

passeggino |passed'dʒino| *s.m.* [*seggiolino su rotelle per portare a spasso i bambini*] poussette *f.*

passéggio, i |pas'seddʒo, i| *s.m.* **1** promenade (*f.*): *abito da passeggio* tenue de promenade # *scarpe da passeggio* chaussures de marche; *andare a passeggio* aller se promener; *portare* (*qc.*) *a passeggio* promener (qqn.) ◇ (*raro*) [*l'insieme delle persone che passeggiano*] promeneurs *pl.* (*corr.*): *osservare il passeggio nel corso* regarder les promeneurs dans le boulevard **2** [*strada, luogo per passeggiare*] promenade.

'passe-partout' |paspaʀtu| *s.m. inv.* passe-partout.

pàssera |'passera| *s.f.* **1** (*pop.*) femelle du moineau **2** (*t.zool.*) *passera scopaiola* fauvette des *haies, d'hiver ~ *passera di mare* flet *m.*, flaiteau *m.* **3** (*region., volg.*) → **vulva.**

Passeràcei |passe'ratʃei| *s.m. pl.* (*t.zool.*) Passereaux.

passeràio, i |passe'rajo, i| *s.m.* [*pigolio di molti passeri*] gazouillement ◇ (*per est.*) [*cicaleccio*] caquetage: *c'era un passeraio di donne che non finiva più* c'était un caquetage de femmes à rien plus finir # *c'è un passeraio di bambini* ce sont des enfants qui gazouillent.

passerèlla |passe'rɛlla| *s.f.* **1** passerelle: *passare un torrente su una passerella* passer un torrent sur une passerelle; *gettare la passerella per l'imbarco, lo sbarco dei passeggeri* jeter la passerelle de coupée pour l'embarquement, le débarquement des passagers; *attraversare i binari sull'apposita passerella* traverser obligatoirement les voies par la passerelle **2** (*teat.*) revue: *tutti gli attori sfilavano per la passerella finale* tous les acteurs défilaient pour la revue finale ◇ (*per est.*) *la passerella delle indossatrici* la piste des mannequins.

Passerifórmi |passeri'formi| *s.m. pl.* (*t.zool.*) Passériformes.

passerìno |passe'rino| *s.m.* **1** petit moineau **2** (*mar.*) main *f.* courante, cordage de passerelle, de planche à terre.

pàssero |'passero| *s.m.* (*t.zool.*) moineau, piaf (*pop.*), pierrot (*pop.*) ~ *passero domestico* moineau domestique, franc ~ *passero solitario* monticole, monticola ~ *passero delle risaie* padda.

passeròtto |passe'rɔtto| *s.m.* **1**

petit moineau ◇ (*fig.*, *in tono affettivo*) poussin (*fam.*): *vieni dalla mamma, passerotto!* viens avec maman, mon poussin! **2** (*fam.*) [*grosso sproposito; svarione*] gaffe *f.*, boulette *f.* **3** (*fam.*) [*particolare tipo di indovinello*] attrape-nigaud.

passìbile |pas'sibile| *agg.* passible; susceptible: *un reato passibile di pena detentiva* un délit passible d'une peine de détention ‖ *prezzi passibili di ulteriori aumenti* prix susceptibles d'augmentation ultérieure.

passiflòra |passi'flɔra| *s.f.* (*t.bot.*) passiflore.

Passifloràcee |passiflo'ratʃee| *s.f. pl.* (*t.bot.*) Passifloracées.

passiflorìna |passiflo'rina| *s.f.* (*chim.*) passiflorine.

passim |'passim| *avv.* (*lat.*) [*qua e là; sparpagliatamente*] passim.

1 **passìno** |pas'sino| *s.m.* → **colino.**

2 **passìno** |pas'sino| *s.m.* **1** petit pas ◇ (*loc. avv.*) *passino passino* tout doucement **2** (*tess.*) largeur *f.* d'une étoffe.

Passio |'passjo| *s.m. inv.* (*lat.*) Passion *f. var.*

passionàle |passjo'nale| *agg.* passionné; passionnel*: *un carattere, un temperamento passionale* un caractère, un tempérament passionné ‖ *delitto passionale* délit passionnel; *un dramma, un film passionale* un drame, un film passionnel.

passionalità |passjonali'ta| *s.f. inv.* caractère *m. var.* passionnel: *la passionalità di un carattere, di un individuo* le caractère passionnel d'un tempérament, d'un individu.

passionàrio, i |passjo'narjo, i| *s.m.* (*eccl.*) passionnaire.

passioncèlla |passjon'tʃɛlla| *s.f.* [*passione effimera, spec. amorosa*] béguin *m.* (*fam.*): *da giovane, ha avuto anche lui le sue passioncelle* jeune, il a eu lui aussi ses béguins.

passióne |pas'sjone| *s.f.* **1** passion: *essere schiavo delle passioni* être esclave des passions; *saper frenare le proprie passioni* savoir maîtriser ses passions; *tu non ragioni, perché sei accecato dalla passione* tu ne raisonnes plus parce que tu es aveuglé par la passion ◇ [*violento amore sensuale*] *lasciarsi travolgere da un'irresistibile passione* se laisser emporter par une irrésistible passion ◇ [*l'oggetto di tale amore*] *quella donna è la sua passione* cette femme est sa passion; *è stata l'unica passione della sua vita* ce fut l'unique passion de sa vie → **fiamma 2** [*forte inclinazione, propensione*] passion: *ha la passione del gioco, della pesca* il a la passion du jeu, de la pêche; *avere passione per la musica* avoir la passion de la musique ◇ [*l'oggetto di tale inclinazione*] *le moto sono la sua passione* les motos sont sa passion, c'est un mordu de la moto (*fam.*) ◇ *loc. avv.* CON PASSIONE avec passion: *esercitare con passione la propria professione* exercer avec passion sa profession; *studia con passione* il étudie avec passion ~ PER PASSIONE par passion: *lo fa per passione, rimettendoci anche del suo* il le fait par passion, et il en est même de sa poche **3** (*relig.*) passion: *la passione di Cristo* la passion du Christ; *la domenica di Passione* le dimanche de la Passion ◇ (*mus.*) *le 'Passioni' di Bach* les 'Passions' de Bach **4** (*lett.*) → **sentimento.**

passionìsta |passjo'nista| *s.* (*eccl.*) passion(n)iste *m.*

passìsta |pas'sista| *s.m.* (*ciclismo*) rouleur.

passito |pas'sito| *s.m. e agg.* (*vino*) *passito* vin 'passito', vin de paille.

passivaménte |passiva'mente| *avv.* [→ PASSIVO I 1] passivement.

passivànte |passi'vante| *agg.* **1** (*ling.*) formant *p. pres.* le pronominal passif: *particella passivante* particule formant le pronominal passif; *il 'si' passivante* le 'si' formant le pronominal passif **2** (*chim.*) passivant.

passivàre |passi'vare| *v.tr.* (*chim.*) [*trattare una superficie metallica in modo da renderla meno aggredibile da parte di agenti chimici*] passiver.

passivazióne |passivat'tsjone| *s.f.* [→ PASSIVARE] passivation.

passività |passivi'ta| *s.f. inv.* **1** passivité (*var.*): *la sua passività è irritante* sa passivité est agaçante **2** (*econ.*) passif (*m. var.*): *una passività di dieci miliardi di lire* un passif de dix milliards de lires; *la ditta ha molte passività* la Maison a un gros passif ◆ (*ass.*) *le passività* les dettes **3** (*chim., fis.*) passivité.

passìvo |pas'sivo| **I** *agg.* **1** passif*: *atteggiamento, comportamento passivo* attitude passive, comportement passif; *è un individuo passivo* c'est un individu passif; *attuare una resistenza passiva* exercer une résistance passive **2** (*econ.*) passif: *bilancio passivo* bilan passif; *conto corrente passivo* compte courant passif **3** (*gram.*) passif: *forma passiva del verbo* forme passive du verbe; *l'infinito passivo* l'infinitif passif **4** (*dir.*) passif: *soggetto passivo* sujet passif **II** *s.m.* **1** (*econ.*) passif: *il passivo supera l'attivo* le passif excède l'actif; *coprire il passivo* couvrir le passif ◇ *loc.* IN PASSIVO passif (*agg.*): *chiudere il bilancio in passivo* arrêter un bilan passif ◇ (*loc. fig.*) *segnare al proprio passivo un'azione, un comportamento* s'attribuer une mauvaise action, un mauvais comportement **2** (*gram.*) passif: *usare un verbo al passivo* utiliser un verbe au passif **C** I 1, 2, 3; II **attivo.**

1 **pàsso** |'passo| *s.m.* **1** pas: *passo lungo, corto* pas long, court; *camminare a passi lenti, veloci* marcher à pas lents, rapides ◇ [*modo di camminare*] *il passo tipico dei montanari* le pas typique des montagnards; *passo di marcia, di corsa* pas de marche, de course; *passo di parata* pas de parade; *procedere con passo sicuro, spedito* avancer d'un pas sûr, alerte; *lo riconosco al passo, dal passo* je le reconnais à son pas → **andatura** ◇ (*loc.*) *prendere un (determinato) passo* prendre un pas (déterminé) ~ *tenere, mantenere il passo* aller au pas, garder le pas ~ *perdere il passo* perdre le pas ~ *allungare il passo* allonger le pas ~ *andare dello stesso passo con qc.* aller du même pas que qqn. ◇ (*loc. fig.*) *ha già fatto un primo passo verso la riconciliazione* il a déjà fait un premier pas vers la réconciliation ~ *adesso tocca a lui fare il primo passo!* maintenant, c'est à lui de faire le(s) premier(s) pas! ~ *fare il passo, il gran passo* franchir le pas ~ *fare un passo, i passi necessari* (*presso qc.*) faire les démarches nécessaires (auprès de qqn.) → **intervento** ~ *fare passi da gigante* faire des pas de géants ~ *bisogna fare il passo secondo la gamba* il ne faut pas faire le pas plus haut que la jambe ~ *fare un passo falso* faire un faux pas → **mossa** ~ *fare due passi, quattro passi* faire un petit tour, faire quelques pas → **passeggiare** ~ *guidare, reggere i passi di qc.* soutenir qqn. ~ *le due cose, le due persone procedono di pari passo* les deux choses, les deux personnes vont du même pas ◇ *loc.* I PRIMI PASSI: (*pr.*) *il bambino comincia a fare, a muovere i primi passi* l'enfant commence à faire ses premiers pas; (*fig.*) *è una tecnica, una disciplina che muove ancora i primi passi, che è ai suoi primi passi* c'est une technique, une discipline qui en est encore à ses débuts ~ FARE UN PASSO faire un pas: *fa' un passo ancora, e sei arrivato* encore un pas, et tu y es; (*fig.*) *pensaci bene, prima di fare questo passo (importante)!* penses-y bien, avant de sauter le pas! ~ *fare un passo alla volta* avancer pas à pas; être prudent ~ FARE UN PASSO AVANTI, INDIETRO: (*pr.*) faire un pas en avant, en arrière; (*fig.*) *le trattative hanno fatto un passo avanti* les négociations ont quelque peu avancé; *prima di riferirti la cosa voglio fare un passo indietro* avant de te rapporter la chose, il faut revenir un peu en arrière ~ *seguire i passi di qc.*: (*pr., fig.*) marcher sur les pas de qqn. → **orma, esempio** ◇ (*loc. avv.*) *a ogni passo* à chaque pas, à tous les pas → 2 **spesso, frequentemente** ~ *a gran passi* à grands pas ~ (*a*) *passo a passo* pas à pas ~ *un passo dopo l'altro, di passo in passo* un pas après l'autre ~ *d'un passo, allo stesso passo, di pari passo* d'un pas, du même pas ~ A UN PASSO DA... à deux doigts de...: *è stato a un passo dall'essere eletto* il a été à deux doigts d'être élu; *ero a un passo dalla promozione* j'étais à deux doigts de la promotion ~ A PASSO DI à pas de: *camminare, procedere a passi di lumaca, di tartaruga, di (da) gigante* marcher, avancer à pas lents, à pas de tortue, de géant ~ DI QUESTO PASSO: *di questo passo, dove andremo a finire?* si on continue ainsi, où finirons-nous?; *di questo passo non arriverai più alla mèta* si tu continues comme ça, tu n'atteindras pas ton but ~ *... e via di questo passo* ... et ainsi de suite ~ AL PASSO au pas: *andare al passo* aller au pas; *tenere il cavallo al passo* tenir le cheval au pas ◆ (*inter.*) *al passo!* au pas! **2** (*danza*) pas: *passo a due, a tre* pas de deux, de trois; *passo di valzer, di mazurca* pas de valse, de mazurka **3** [*la lunghezza di un passo umano*] pas: *passo semplice, doppio* pas simple, double; *misurare 10, 20 passi* mesurer 10, 20 pas; *la fontana è a circa 100 passi da qui* la fontaine est à environ 100 pas d'ici ◇ (*in espressioni approssimative o iperb.*) *avere l'ufficio a due passi da casa* avoir son bureau à deux pas de chez soi; *il negozio è a un passo da casa* le magasin est à deux pas de la maison **4** [*passaggio*] passage: *permettere, impedire il passo* (*a qc.*) permettre, interdire le passage (à qqn.); *aprirsi il passo nella boscaglia, tra mille difficoltà* se frayer un passage dans les fourrés, à travers mille difficultés ◇ (*caccia, pesca*) *il passo degli uccelli*

migratori le passage des oiseaux migrateurs; *il passo dei salmoni, delle acciughe* le passage des blancs de saumons, d'anchois # *uccelli di passo* oiseaux migrateurs ◇ (*loc.*) *dare, cedere il passo a qc.* céder le pas à qqn. ~ (*fig.*) *il passo estremo, l'ultimo passo* la mort, le trépas (*lett.*) → **morte** **5** (*geogr.*) col: *il passo del Sempione, del Fréjus* le col du Simplon, de Fréjus → **valico** **6** (*fig.*) [*brano di un'opera letter. e sim.*] passage: *leggere, commentare un passo* lire, commenter un passage; *questo è uno dei passi più famosi di tutta l'opera* c'est l'un des passages les plus célèbres de l'œuvre ◇ (*mus.*) *attenti a questo passo, che è uno dei più belli della sinfonia* attention à ce passage, qui est un des plus beaux de la symphonie → **passaggio** **7** (*tecnol.*) pas: *il passo di una vite, di una ruota dentata* le pas de vis, d'une roue dentée; *elica a passo variabile* hélice à pas variable ◇ (*auto.*) *il passo di un veicolo* l'empattement d'un véhicule ◇ (*cine.*) *passo normale, ridotto* film (de format) standard, réduit; *film a passo 8, 16 (millimetri)* film de 8, 16 (millimètres).

2 **pàsso** |'passo| *agg.* (*nella loc.*) *uva passa* [*fatta appassire*] raisin séché sur la paille, raisin sec.

pàssola |'passola|, **passolina** |passo'lina| *agg. e s.f.* (*uva*) *passola, passolina* raisin *m.* sec → 2 **passo.**

pàsta |'pasta| *s.f.* **1** (*cuc.*) pâte: *pasta di pane, per il pane* pâte à pain; *pasta* (*alimentare*) pâtes *pl.* (alimentaires); *pasta casalinga, fatta in casa* pâtes maison, pâtes fraîches; *pasta comune, all'uovo, verde* pâtes ordinaires, aux œufs, aux épinards; *fare, preparare la pasta* faire des pâtes ◇ (*spec.*) *pasta al sugo, al burro* (*in bianco*) pâtes à la (sauce) tomate, au beurre; *pasta in brodo* potage aux pâtes; *pasta asciutta* → **pastasciutta** ◇ (*per est.*) *pasta di acciughe, di mandorle* pâte d'anchois, d'amandes ◇ (*loc. fig.*) *mettere, avere le mani in pasta* (*in q.c.*) mettre, avoir la main à la pâte (dans qqch.) ~ *è la migliore pasta d'uomo* c'est la meilleure pâte d'homme ~ *è una buona pasta d'uomo* c'est une bonne pâte ~ *siamo* (*fatti*) *della stessa pasta* nous sommes du même bois **2** [*dolce; pasticcino*] petit gâteau *m.*; pâte: *pasta al cioccolato, alla frutta* petit gâteau au chocolat, aux fruits; *paste assortite* petits gâteaux assortis ‖ *pasta frolla* pâte brisée; *pasta sfoglia* pâte feuilletée ◇ *loc. fig.* PASTA FROLLA: *quell'uomo è una pasta frolla* cet homme est une pâte molle, une chiffe molle; *avere le mani di pasta frolla* avoir des mains molles **3** [*impasto; miscuglio*] pâte: *pasta di vetro, di legno* pâte de verre, de bois; *pasta dentifricia* pâte dentifrice.

pastàio, i |pas'tajo, i| *s.* fabricant de pâtes alimentaires.

pastasciùtta |pastaʃ'ʃutta| *s.f.* (*cuc.*) pâtes *pl.*

pastècca, che |pas'tɛkka, ke| *s.f.* (*mar., mecc.*) galoche.

pasteggiàbile |pasted'dʒabile| *agg.* de table (*loc. inv.*): *vino pasteggiabile* [*da pasto*] vin de table.

pasteggiàre |pasted'dʒare| *v.intr.* (*aus.* '*avere*') [*pranzare, cenare con un determinato cibo o bevanda*] manger (3) *tr.*; boire (67) *tr.*; déjeuner, dîner: *pasteggiare a bistecche, a polenta* manger du bifteck, de la polenta ‖ *pasteggiare con vino rosso, bianco* boire du vin rouge, blanc aux repas ‖ *pasteggiare a 'champagne'* déjeuner, dîner au champagne ◇ (*loc.*) *vino da pasteggiare* vin de table, ordinaire.

pastèlla |pas'tɛlla| *s.f.* (*cuc.*) pâte à frire: *zucchine in pastella* courgettes dans la pâte à frire.

pastellista |pastel'lista| *s.* pastelliste.

1 **pastèllo** |pas'tɛllo| *s.m.* pastel: *una scatola di pastelli* une boîte de pastels; *dipingere con i pastelli* peindre avec des pastels ◇ (*per est.*) [*dipinto a pastello*] *una mostra di pastelli di X* une exposition des pastels de X ◇ *loc. avv.* A PASTELLO au pastel: *matite a pastello* pastels, crayons-pastel; *dipingere a pastello* peindre au pastel ◆ (*in funzione di agg. inv.*) *giallo, verde pastello* jaune, vert pastel.

2 **pastèllo** |pas'tɛllo| *s.m.* (*t.bot.*) pastel.

pastétta |pas'tetta| *s.f.* **1** [*intrigo, imbroglio, spec. in polit.*] manigances (*pl.*): *è la solita pastetta!* ce sont toujours les mêmes manigances **2** (*raro*) → **pastella.**

pasteurizzàre |pasterid'dzare, pastørid'dzare| *e deriv.* → **pastorizzare** *e deriv.*

pasticca, che |pas'tikka, ke| *s.f.* [*pastiglia*] pastille: *pasticca di menta* pastille de menthe; *pasticca per la tosse* pastille contre la toux.

pasticcère |pastit'tʃɛre| *s.* → **pasticciere.**

pasticcerìa |pastittʃe'ria| *s.f.* **1** pâtisserie ◇ (*per est.*) [*assortimento di dolciumi*] *pasticceria da tè* petits fours *m. pl.* **2** [*il negozio*] pâtisserie: *panetteria-pasticceria* boulangerie-pâtisserie; *entrare in pasticceria* entrer dans une pâtisserie.

pasticciàccio, i |pastit'tʃattʃo, i| *s.m.* [*affare losco, poco pulito*] scandale: *quel pasticciaccio delle aste truccate* ce scandale des enchères truquées → **scandalo.**

pasticciàre |pastit'tʃare| *v.tr.* **1** [*fare q.c. in modo disordinato*] fabriquer (*fam.*); gâcher: *che cosa stai pasticciando?* qu'est-ce que tu fabriques? → **combinare** ‖ *mi hai pasticciato tutto il mio lavoro* tu as gâché tout mon travail → **rovinare** **2** *ass.* [*fare pasticci*] barbouiller, gribouiller: *non metterti a pasticciare, adesso!* ne recommence pas à barbouiller, maintenant!; *non pasticciare sul compito!* ne gribouille pas sur ta copie!, ne salis pas ta copie! → **scarabocchiare.**

pasticciàto |pastit'tʃato| *agg.* **1** [*malfatto, disordinato*] raté, bâclé: *un lavoro tutto pasticciato* un travail complètement raté, bâclé ◇ [*pieno di sgorbi e correzioni*] barbouillé: *un compito, un disegno tutto pasticciato* une copie toute barbouillée, un dessin tout barbouillé **2** (*cuc.*) *lasagne pasticciate* lasagne assaisonnée de jus de viande, de beurre et de parmesan.

pasticcière |pastit'tʃɛre| *s.* [*chi fabbrica o vende dolciumi*] pâtissier*.

pasticcino |pastit'tʃino| *s.m.* petit gâteau: *una scatola di pasticcini assortiti* une boîte de petits gâteaux assortis.

pasticcio, i |pas'tittʃo, i| *s.m.* **1** (*cuc.*) pâté en croûte; timbale (*f.*): *pasticcio di fegato* pâté de foie en croûte ‖ *pasticcio di gnocchi* timbale de gnocchi **2** [*lavoro fatto male; cosa disordinata e confusa*] bâclage: *non fare i soliti pasticci!* ne fais pas l'un de tes bâclages habituels!; *che cos'è questo pasticcio?* qu'est-ce que ce bâclage? # *questo compito è tutto un pasticcio* cette copie est toute barbouillée, est dégoûtante **3** (*fig.*) [*situazione intricata e difficile*] pétrin: *togliere qc. dai pasticci* sortir qqn. du pétrin; *cacciarsi nei pasticci* se fourrer dans le pétrin; *mi hai messo in un bel pasticcio!* tu m'as fourré dans un beau pétrin, mis dans de beaux draps! → **imbroglio, guaio** **4** (*mus.*) pastiche.

pasticcióne |pastit'tʃone| *s.* [*persona disordinata e confusionaria*] brouillon*: *sei la solita pasticciona!* tu es toujours la même brouillonne!

'pastiche' |pastiʃ| *s.m. inv.* pastiche *var.*

pastificàre |pastifi'kare| *v.tr.* [*trasformare in pasta alimentare*] fabriquer des pâtes (alimentaires): *pastificare la farina* fabriquer des pâtes avec de la farine ◆ (*ass.*) *macchina per pastificare* machine à fabriquer des pâtes.

pastificatóre, trice |pastifika'tore, tritʃe| *s.* fabricant de pâtes (alimentaires).

pastificazióne |pastifikat'tsjone| *s.f.* [→ PASTIFICARE] fabrication de pâtes (alimentaires).

pastificio, i |pasti'fitʃo, i| *s.m.* fabrique *f.* de pâtes (alimentaires).

pastiglia |pas'tiʎʎa| *s.f.* pastille: *una pastiglia di menta* une pastille de menthe; *pastiglie per la tosse* des pastilles contre la toux → **pasticca** ◇ (*auto.*) *le pastiglie dei freni* les plaquettes des freins.

pastigliatrice |pastiʎʎa'tritʃe| *s.f.* (*tecnol.*) pastilleur *m.*

pastigliatùra |pastiʎʎa'tura| *s.f.* (*farm., tecnol.*) pastillage *m.*

pastiglière |pastiʎ'ʎɛre| *s.m.* pastilleur* *s.*

pastina |pas'tina| *s.f.* **1** [*pasta alimentare di formato ridotto*] (petites) pâtes (*pl.*): *pastina per brodo* pâtes à potage ◇ (*per est.*) [*minestra*] soupe: *tutte le sere, la solita pastina!* tous les soirs, la même soupe **2** (*raro*) → **pasticcino.**

pastinàca, che |pasti'naka, ke| *s.f.* **1** (*t.bot.*) panais *m.* **2** (*t.zool.*) pastenague.

pàsto |'pasto| *s.m.* **1** [*l'atto del cibarsi quotidianamente, a ore stabilite*] repas: *prendere i pasti in trattoria, alla mensa* (*aziendale*) prendre ses repas au restaurant, à la cantine (de l'usine); *saltare un pasto, i pasti* sauter un repas, des repas, dîner par cœur; *mangiare, bere fuori pasto* manger, boire entre les repas; *telefonare all'ora dei pasti* téléphoner à l'heure (aux heures) des repas # *vino da pasto* vin de table ◇ (*loc. fig.*) *dare una notizia in pasto al pubblico* donner une nouvelle en pâture au public **2** [*ciò che si mangia*] repas: *pasto frugale, abbondante, luculliano* repas frugal, abondant, somptueux.

pastòcchia |pas'tɔkkja| *s.f.* (*raro*) [*fandonia, pretesto*] histoire (*corr.*): *non inventare qualche altra pastocchia!* n'invente pas quelque autre blague, histoire! ◇ [*imbroglio, intrigo*] tromperie, intrigue.

pastóia |pas'toja| *s.f.* **1** [*fune con cui si legano le zampe anteriori degli animali al pascolo*] entrave ◇ (*del cavallo*) plate-longe **2** (*fig.*) [*impedimento, vincolo*] entrave: *uno spirito insofferente di qualsiasi pastoia* un esprit qui ne supporte aucune entrave # *mettere le pastoie* (*a qc.*) mettre des bâtons dans les roues (à qqn.).

pastóne |pas'tone| *s.m.* **1** [*mangime per animali da cortile*] pâtée (*f.*): *preparare, dare il pastone ai polli, al maiale* préparer, donner la pâtée aux poulets, au cochon ◇ (*per est., fam.*) [*minestra scotta, troppo spessa*] bouillie (*f.*): *se aspetti ancora un po', la minestra diventa un pastone* si tu tardes encore un peu, la soupe ne sera plus qu'une bouillie **2** (*fig.*) [*mescolanza di elementi eterogenei; guazzabuglio*] fatras: *un pastone di idee non assimilate* un fatras d'idées non assimilées → **centone, accozzaglia** **3** (*giorn.*) article récapitulatif.

pastóra |pas'tora| *s.f.* (*raro*) [*donna o fanciulla che porta il gregge al pascolo*] bergère (*corr.*).

1 **pastoràle** |pasto'rale| *agg.* **1** [*di, da pastore*] pastoral*: *le usanze pastorali* les mœurs pastorales; *l'economia pastorale* l'économie pastorale **2** (*letter.*) pastoral: *poesia pastorale* poésie pastorale; *dramma pastorale* drame pastoral **3** (*mus.*) pastoral: *musica pastorale* musique pastorale ✦ (*s.f.*) pastorale # *le pastorali natalizie* les chants des bergers de Noël.

2 **pastoràle** |pasto'rale| *agg.* (*eccl.*) pastoral* # *la dignità pastorale* la dignité épiscopale → **episcopale, vescovile** ✦ (*s.f.*) *la* (*lettera*) *pastorale* l'instruction pastorale *agg.* ✦ (*s.m.*) *il* (*bastone*) *pastorale* la crosse (*f.*): *un magnifico pastorale tempestato di gemme* une magnifique crosse constellée de pierres précieuses.

3 **pastoràle** |pasto'rale| *s.m.* (*anat., veter.*) paturon, pâturon.

pastoralismo |pastora'lizmo| *s.m.* pastoralisme.

pastóre |pas'tore| *s.m.* **1** [*chi custodisce e porta al pascolo le greggi*] berger: *la vita, le tradizioni dei pastori* la vie, les traditions des bergers **2** (*fig.*) [*guida, capo spirituale*] pasteur: *pastore di anime* pasteur des âmes # *il sommo, supremo Pastore* le pape → **papa** ◇ (*crist.*) *il buon Pastore* le bon Pasteur, le bon Berger ◇ (*nel culto protestante*) pasteur **3** (*cane da*) *pastore* chien de berger # *un pastore bergamasco, tedesco* un berger bergamasque, allemand.

1 **pastorèlla** |pasto'rɛlla| *s.f.* **1** [*donna che conduce greggi al pascolo*] jeune bergère, pastourelle (*lett.*) **2** (*letter.*) poétesse de l'Arcadie.

2 **pastorèlla** |pasto'rɛlla| *s.f.* **1** [*canzone o poesia natalizia*] chant *m.*, poésie de Noël **2** (*letter.*) pastourelle.

pastorèllo |pasto'rɛllo| *s.m.* jeune berger, pastoureau (*lett.*).

pastorizia |pasto'rittsja| *s.f.* élevage *m.* des moutons.

pastorizio, i |pasto'rittsjo, i| *agg.* pastoral*: *economia pastorizia* économie pastorale.

pastorizzàre |pastorid'dzare| *v.tr.* [*sterilizzare liquidi alimentari mediante trattamenti termici*] pasteuriser: *pastorizzare il latte* pasteuriser le lait.

pastorizzàto |pastorid'dzato| *agg.* pasteurisé: *latte, vino pastorizzato* lait, vin pasteurisé.

pastorizzatóre |pastoriddza'tore| *s.m.* (*tecnol.*) pasteurisateur.

pastorizzazióne |pastoriddzat'tsjone| *s.f.* [→ PASTORIZZARE] pasteurisation.

pastosità |pastosi'ta| *s.f. inv.* [*consistenza pastosa*] consistance *var.* pâteuse; mœlleux (*m.*): *la pastosità di una crema* la consistance pâteuse d'une crème || *la pastosità di un vino* le mœlleux d'un vin; *la pastosità di una voce* le mœlleux d'une voix # *la pastosità di un colore, di una tinta* le flou d'une couleur, d'une teinte.

pastóso |pas'toso| *agg.* [*che ha la consistenza, la morbidezza della pasta*] pâteux*: *cera pastosa* cire pâteuse ◇ (*per est.*) *vino pastoso* vin mœlleux → **abboccato**; *colore pastoso* couleur floue → **omogeneo, delicato**; *voce pastosa* voix mœlleuse → **caldo, carezzevole.**

pastràno |pas'trano| *s.m.* [*pesante cappotto, spec. di militari*] pardessus, capote *f.*

pastròcchio, i |pas'trɔkkjo, i| *s.m.* (*region.*) [*pasticcio; intruglio*] pastis (*pop.*).

pastùra |pas'tura| *s.f.* **1** (*caccia, pesca*) amorce **2** (*raro*) → **pascolo** **3** [*cibo per il pollame, gli uccelli*] pâture.

pasturàre |pastu'rare| *v.tr.* **1** (*caccia, pesca*) [*attirare con la pastura*] amorcer (2), attirer avec des appâts: *pasturare i pesci* amorcer les poissons; *pasturare gli uccelli* attirer les oiseaux par des appâts **2** (*raro*) → **pascolare.**

patàcca, che |pa'takka, ke| *s.f.* **1** pièce de monnaie sans valeur ◇ (*per est.*) [*oggetto di poco valore, spacciato per prezioso*] camelote (*fam.*), (objet *m.* de) toc (*m.*): *gli hanno rifilato la solita patacca* on lui a refilé l'habituelle camelote; *il tuo orologio è proprio una patacca* ta montre, c'est une vraie camelote, c'est en toc **2** (*scherz., spreg.*) [*medaglia, decorazione*] banane (*fam.*), crachat *m.* (*fam.*): *il petto ricoperto di patacche* la poitrine recouverte de bananes, de crachats **3** (*fig., fam.*) [*grossa macchia di unto*] grosse tache: *pantaloni pieni di patacche* pantalon couvert de grosses taches.

pataccàro |patak'karo| *s.* (*region.*) [*chi vende, spaccia patacche*] vendeur* de toc ◇ (*per est.*) [*truffatore*] filou *m.*, tricheur*, escroc *m.*

pataccóne |patak'kone| *s.* **1** *s.* (*fam.*) [*chi gira coi vestiti pieni di macchie*] souillon (*corr.*) → **sbrodolone** **2** *s.m.* grosse monnaie *f.* sans valeur **3** *s.m.* (*fam.*) [*grosso e vecchio orologio da tasca*] oignon.

patàgio, i |pa'tadʒo, i| *s.m.* (*zool.*) membrane *f.* alaire.

patagóne |pata'gone| *agg.* [*della Patagonia*] patagon*.

patapùm |pata'pum|, **patapùnfete** |pata'punfete| *inter.* (*voci onomat. per indicare 'uno scoppio, un tonfo, una caduta a terra o nell'acqua'*) patatras, patapouf.

patarìno |pata'rino| *agg. e s.m.* (*st. relig.*) patarin *s.m.*, cahtare *s.m.* d'Italie.

patàta |pa'tata| *s.f.* **1** (*t.bot.*) pomme de terre **2** [*il tubero*] pomme de terre, patate (*pop.*): *raccogliere le patate* ramasser les pommes de terre; *patate fritte, lessate, in umido* pommes (de terre) frites, pommes vapeur, pommes de terre en sauce ◇ (*loc. fig.*) *essere, cadere come un sacco di patate* être lourdaud, tomber comme un lourdaud ~ *che spirito di patata!* quelle lourdeur d'esprit! ~ *naso a patata* nez en pomme de terre ~ *sacco di patate* sac à patates.

patatàio, i |pata'tajo, i| *s.* marchand de pommes de terre.

pataticoltóre, trice |patatikol'tore, tritʃe| *s.* producteur* de pommes de terre (en gros).

pataticoltùra |patatikol'tura| *s.f.* culture de pommes de terre.

patatìna |pata'tina| *s.f.* **1** petite pomme de terre **2** pomme de terre nouvelle **3** *spec. al plur.* [*confezione industriale di patate fritte*] frites, chips *m.*

patatràc |pata'trak| **1** *inter.* (*voce onomat. che riproduce il suono di q.c. che si schianta, che crolla*) patatras **2** *s.m. inv.* [*crollo, disastro*] désastre (*var.*): *la pagella è stata un patatrac* le bulletin (de notes), le bulletin trimestriel a été un désastre ◇ [*dissesto economico*] krach *var.*, faillite *f. var.* → **crac, fallimento.**

patavìno |pata'vino| *agg. e s.* → **padovano.**

'patchouli' |patʃuli| *s.m. inv.* (*t. bot.*) patchouli *var.*

'pâté' |pate| *s.m. inv.* pâté *var.*

patèlla |pa'tɛlla| *s.f.* **1** (*t.zool.*) patelle **2** (*anat.*) rotule.

patèma |pa'tɛma| *s.m.* [*angoscia, ansietà*] anxiété (*f.*): *essere, stare con il patema d'animo* être dans l'anxiété; *non lasciarmi con il patema d'animo* ne me laisse pas dans l'anxiété.

patèna |pa'tɛna| *s.f.* (*liturg. catt.*) patène.

patentàto |paten'tato| *agg.* diplômé, patenté: *infermiera patentata* infirmière diplômée → **diplomato** ◇ (*scherz., fig.*) *un ladro, un briccone patentato* un voleur, un gredin patenté.

1 **patènte** |pa'tɛnte| *s.f.* **1** (*bur.*) brevet (*m.*): *patente di ufficiale della marina* brevet d'officier de marine ◇ (*dir.*) *patente sanitaria* certificat (de santé) ◇ [*spec. l'autorizzazione a guidare un veicolo*] permis *m.* (de conduire): *sostenere gli esami per la patente* (*di guida*) passer son permis (de conduire); *finalmente è riuscita a prendere la patente* finalement, elle a réussi à passer son permis ◇ [*il documento relativo*] *esibire la patente al vigile* montrer son permis à l'agent ◇ (*loc. pop.*) *ma chi t'ha dato la patente?* (*come insulto a un altro cattivo automobilista*) comment diable as-tu obtenu ton permis? **2** (*fig.*) [*qualifica pubblica, risaputa*] *dare a q.c. la patente di imbecille* traiter qqn. d'imbécile.

2 **patènte** |pa'tɛnte| *agg.* **1** [*evidente, manifesto*] patent, manifeste: *è una patente ingiustizia* c'est une injustice patente, manifeste # *essere sorpreso in patente contraddizione* être surpris en flagrante contradiction **2** (*dir.*) *lettera patente* lettre patente **3** (*bot.*) patent.

patenteménte |patente'mente| *avv.* [→ 2 PATENTE 1] manifestement, ouvertement → **manifestamente.**

patentìno |paten'tino| *s.m.* (*bur.*) permis: *il patentino di caccia* le permis de chasse.

pater |'pater| *s.m. inv.* (*lat.*) (*pop.*) → **paternostro.**

pater familias |'paterfa'miljas| *s.m. inv.* (*lat.*) pater familias.

pàtera |'patera| *s.f.* (*archeol.*) patère.
pateràzzo |pate'rattso| *s.m.* (*mar.*) pataras.
pateréccio, i |pate'rettʃo, i| *s.m.* (*med.*) panaris, tourniole *f.* (*fam.*).
paterìno |pate'rino| *agg. e s.m.* (*raro*) → **patarino.**
paternàle |pater'nale| *s.f.* [*rimprovero duro e solenne*] semonce, savon *m.* (*fam.*) → **ramanzina** # *fare una paternale a qc.* sermonner qqn.
paternalismo |paterna'lizmo| *s.m.* paternalisme.
paternalista |paterna'lista| *s. e agg.* paternaliste.
paternalisticaménte |paternalistika'mente| *avv.* [→ PATERNALISTICO] paternalistiquement.
paternalìstico, ci, ca, che |paterna'listiko, tʃi, ka, ke| *agg.* paternaliste.
paternaménte |paterna'mente| *avv.* [→ PATERNO 2] paternellement.
paternità |paterni'ta| *s.f. inv.* **1** paternité (*var.*): *le goie della paternità* les joies de la paternité ◇ (*dir.*) *ricerca della paternità* recherche de la paternité; *azione di disconoscimento della paternità* action en désaveu de paternité ◇ (*bur.*) *indicare paternità* (*e maternità*) indiquer nom et prénom du père (et de la mère) **2** (*fig.*) paternité: *attribuirsi la paternità di un'opera, di una frase* s'attribuer la paternité d'un ouvrage, d'une phrase **3** *loc.* (*rivolgendosi a religiosi*) *vostra Paternità* mon Père.
patèrno |pa'tɛrno| *agg.* **1** paternel*: *l'eredità paterna* l'héritage paternel; *zio, nonno paterno* oncle, grand-père paternel **2** [*dall'atteggiamento proprio di un padre*] paternel: *trattare qc. in modo paterno* traiter qqn. d'une façon paternelle; *dare un paterno consiglio* donner un conseil paternel Ⓒ 1 **materno.**
paternoster |pater'nɔstɛr| *s.m. inv.* (*lat.*) → **paternostro.**
paternòstro |pater'nɔstro| *s.m.* pater *inv.*, Notre Père: *recitare due paternostri* dire deux pater ◇ (*loc. fig., fam.*) *sapere, conoscere q.c. come il paternostro* savoir, connaître qqch. par cœur.
pateticaménte |patetika'mente| *avv.* [→ PATETICO I 1] pathétiquement.
pateticità |patetitʃi'ta| *s.f. inv.* [*carattere, tono patetico*] pathétisme *m. var.*
patètico, ci, ca, che |pa'tɛtiko, tʃi, ka, ke| **I** *agg.* **1** pathétique: *un caso patetico* un cas pathétique; *un discorso patetico* un discours pathétique → **drammatico, commovente**; *fissare con uno sguardo patetico* fixer d'un regard pathétique ✦ (*s.*) *non fare il patetico, la patetica, adesso!* ne prends pas ton air pathétique, maintenant! **2** (*anat.*) *il nervo patetico* le nerf pathétique **II** *s.m.* [→ *agg.* 1] pathétique: *ricercare il patetico per attirare il pubblico* rechercher le pathétique pour attirer le public; *la sua insistenza aveva del patetico* son insistance avait quelque chose de pathétique; *ha un che di patetico che commuove* il a un je ne sais quoi de pathétique qui émeut.
pateticùme |pateti'kume| *s.m.* (*spreg.*) [*insistenza sui toni patetici per ottenere certi particolari effetti*] pathos (*corr.*).
patetismo |pate'tizmo |*s.m.* (*raro*) pathétisme (*lett.*).
pàt(h)os |'patos| *s.m. inv.* pathos.
-patia |pa'tia| *suff.* **1** (*indica genericamente un certo 'stato d'animo, un sentimento', corrisponde gener. a*) pathie: *simpatia* sympathie; *antipatia* antipathie **2** (*med.*) (*indica 'sofferenza, stato morboso', corrisponde gener. a*) pathie: *cardiopatia* cardiopathie.
patibile |pa'tibile| *agg.* (*raro*) [→ PATIRE A] qu'on peut souffrir *loc.* ✦ (*s.m.*) *ha sofferto tutto il patibile* il a souffert tout ce qu'on peut souffrir.
patibolàre |patibo'lare| *agg.* patibulaire: *faccia patibolare* visage patibulaire.
patibolo |pa'tibolo| *s.m.* [*luogo di esecuzione capitale*] échafaud: *condannare al patibolo* condamner à l'échafaud ◇ (*raro, fig.*) *quel figlio è il suo patibolo* ce fils, c'est son calvaire → **tormento, dannazione** ◇ (*loc. fig.*) *sembra che stia andando al patibolo* on dirait qu'il va à l'échafaud, au bûcher.
-pàtico, ci, ca, che |'patiko, tʃi, ka, ke| *suff.* (*negli agg. derivanti dai sost. in '-patia', corrisponde gener. a*) pathique, pathe: *antipatico* antipathique # *cardiopatico* cardiaque.
patiménto |pati'mento| *s.m.* [*sofferenza, dolore*; *tormento*] souffrance *f.*, douleur (*f.*): *il suo volto era segnato dai patimenti* son visage était marqué par les souffrances; *non puoi immaginare il patimento che mi dai!* tu ne peux pas imaginer quelle douleur tu me causes!
pàtina |'patina| *s.f.* **1** patine: *la patina del tempo* la patine du temps ◇ (*fig.*) *è una commedia antica che però non risente affatto delle patine del tempo* c'est une vieille comédie qui ne se ressent nullement de la patine du temps **2** [*rivestimento di superficie esterna*] patine: *dare una patina di vernice a q.c.* donner une patine de vernis à qqch. **3** (*med.*) *patina linguale, della lingua* enduit *m.* de la langue.
patinàre |pati'nare| *v.tr.* [*rivestire, ricoprire di una patina*] patiner: *patinare un quadro per farlo sembrare più antico* patiner un tableau pour le faire paraître plus ancien; *patinare un mobile* patiner un meuble # *patinare la carta* glacer le papier.
patinàta |pati'nata| *s.f.* (*tip.*) épreuve sur papier couché.
patinàto |pati'nato| *agg.* patiné # *carta patinata* papier couché.
patinatóre, trice |patina'tore, tritʃe| *agg. e s.* [*addetto alla patinatura della carta*] glaceur *m.*
patinatùra |patina'tura| *s.f.* [→ PATINARE] glaçage *m.*, vernissage *m.*
patino |pa'tino| *s.m.* → **pattino.**
patinóso |pati'noso| *agg.* **1** [*sim. a patina*] patiné **2** [*ricoperto di patina*] patiné **3** (*med.*) pâteux*: *lingua patinosa* langue pâteuse.
pàtio |'patjo| *s.m. inv.* (*sp.*) patio *var.*
patire |pa'tire| (197) **A** *v.tr.* **1** [*subire q.c. di doloroso*] souffrir (23) (*intr.*): *patire la fame, il caldo* souffrir de la faim, de la chaleur; *patire la malinconia* souffrir de mélancolie; *quanto mi fa patire, questo mal di denti!* ce qu'il me fait souffrir, ce mal de dents! → **soffrire** ◇ (*loc. fig.*) *patire le pene dell'inferno* souffrir *tr.* les peines de l'enfer ◇ (*per est.*) *il vino patisce il caldo* le vin souffre de la chaleur **2** [*sopportare, tollerare*] supporter, tolérer (8), souffrir (*lett.*): *non patisco la menzogna* je ne supporte, tolère pas le mensonge; *questo sgarbo, proprio non posso patirlo* cette grossièreté, je ne peux vraiment pas la tolérer, la souffrir ◇ [*ammettere*] admettre (71), souffrir (*lett.*): *è una regola che non patisce eccezioni* c'est une règle qui n'admet aucune exception **B** *v.intr.* (*aus. 'avere'*) **1** [→ *tr.* 1] souffrir: *patire di cuore, di fegato* souffrir du cœur, du foie; *patire d'insonnia, di malinconia* souffrir d'insomnies, de dépression; *ci patisco, a veder maltrattare gli animali!* je souffre quand je vois maltraiter les animaux **2** (*per est.*) [*guastarsi, sciuparsi*] souffrir: *la campagna ha patito per la prolungata siccità* la campagne a souffert de la sécheresse prolongée.
patito |pa'tito| **I** *agg.* **1** [*sofferto, sopportato*] enduré: *ricordare i dolori, gli affanni patiti* se souvenir des douleurs, des peines endurées **2** [*che reca tracce di sofferenze, di stenti*] malingre, souffreteux*; hâve: *un bambino patito* un enfant malingre, souffreteux ‖ *una faccia patita* un visage hâve # *ti trovo patito* je te trouve mauvaise mine → **sciupato** **3** [*molto appassionato; fanatico*] mordu (*fam.*), fanatique: *va patito per il calcio* c'est un mordu, un fanatique du football; *è un ragazzo patito per le corse* c'est un garçon mordu par les courses **II** *s.* [→ *agg.* 3] fanatique, fan *m.* fana (*fam.*): *i patiti della canzone, della televisione* les fanatiques, les fanas de la chanson, de la télévision (les vidéomanes) → **fan.**
patofobia |patofo'bia| *s.f.* (*med.*) pathophobie.
patogènesi |pato'dʒɛnezi| *s.f. inv.* (*med.*) pathogénie *var.*, pathogenèse *var.*
patogenètico, ci, ca, che |patodʒe'nɛtiko, tʃi, ka, ke| *agg.* (*med.*) pathogénique.
patògeno |pa'tɔdʒeno| *agg.* (*med.*) pathogène.
patognomònico, ci, ca, che |patoɲɲo'mɔniko, tʃi, ka, ke| *agg.* (*med.*) pathognomonique, spécifique d'une affection (*corr.*).
patologìa, gie |patolo'dʒia, dʒie| *s.f.* (*med.*) pathologie.
patologicaménte |patolodʒika'mente| *avv.* [→ PATOLOGICO] pathologiquement.
patològico, ci, ca, che |pato'lɔdʒiko, tʃi, ka, ke| *agg.* (*med.*) pathologique ◇ (*per iperb.*) *il tuo è un caso patologico* tu es un cas pathologique (*fam.*); *un attaccamento patologico a qc.* un attachement morbide à qqn. → **morboso** ✦ (*anche in funzione di s.m.*) *il suo comportamento ha un che di patologico, ha del patologico* son comportement a un je ne sais quoi de pathologique *agg.*
patòlogo, gi |pa'tɔlogo, dʒi| *s.* pathologiste.
pàtos |'patos| *s.m. inv.* → **pathos.**
patòsi |pa'tɔzi| *s.f.* maladie (en général).
patràsso |pa'trasso| *s.m.* (*nelle loc.*) *andare a patrasso* [*morire*] aller ad patres ~ *mandare a patrasso* [*uccidere qc.*] envoyer ad patres.
pàtria |'patrja| *s.f.* **1** patrie: *l'amor di patria* l'amour de la patrie; *la nostal-*

gia della patria la nostalgie de la patrie, le mal du pays # *i senza patria* les sans-patrie, les apatrides; (*noto*) *in patria e all'estero* connu dans son pays et à l'étranger ◇ (*loc.*) *madre patria* → **madrepatria** ~ *per carità di patria* pour l'amour de la patrie ◇ (*prov.*) *nessuno è profeta in patria* nul n'est prophète en, dans son pays ~ *la patria è dove si sta bene* la patrie est partout où l'on se trouve bien **2** (*per est.*) [*luogo d'origine*] patrie: *Firenze è la patria di Dante* Florence est la patrie de Dante; *il Brasile è la patria del caffè* le Brésil est la patrie du café.

patriàrca, chi |patri'arka, ki| *s.m.* (*eccl.*) patriarche ◇ (*per est., fig.*) *il patriarca di una numerosa famiglia* le patriarche d'une famille nombreuse.

patriarcàle |patriar'kale| *agg.* (*eccl.*) patriarcal*: *dignità, sede patriarcale* dignité patriarcale, siège patriarcal ◇ (*per est., fig.*) *vita patriarcale* vie patriarcale; *costumi patriarcali* mœurs patriarcales.

patriarcalménte |patriarkal'mente| *avv.* [→ PATRIARCALE] patriarcalement.

patriarcàto |patriar'kato| *s.m.* (*eccl., etn.*) patriarcat.

patricida |patri'tʃida| *s.* → **parricida.**

patricìdio, i |patri'tʃidjo, i| *s.m.* (*raro*) → **parricidio.**

patrìgno |pa'triɲɲo| *s.m.* [*il marito della propria madre, rispetto ai figli nati da un precedente matrimonio*] beau-père: *dei patrigni* des beaux-pères.

patrilineàre |patriline'are|, **patrilìneo** |patri'lineo| *agg.* (*etn.*) patrilinéaire.

patrilocàle |patrilo'kale| *agg.* (*etn.*) patrilocal*.

patrimoniàle |patrimo'njale| *agg.* patrimonial*: *beni patrimoniali* biens patrimoniaux # *tassa patrimoniale* impôt sur la fortune; *la consistenza patrimoniale di un ente* le patrimoine (d'un organisme).

patrimonialménte |patrimonjal'mente| *avv.* [→ PATRIMONIALE] patrimonialement.

patrimònio, i |patri'mɔnjo, i| *s.m.* **1** (*dir.*) patrimoine: *delitti contro il patrimonio* délits contre le patrimoine ◇ (*econ.*) capital*: *disporre di un notevole patrimonio* disposer d'un notable capital → 3 **capitale** ◇ (*loc. fig.*) *mi è costato un patrimonio* cela m'a coûté une fortune ~ *ho speso un patrimonio per...* j'ai dépensé une fortune pour... **2** (*per est.*) richesse *f.*; patrimoine: *il patrimonio forestale dello Stato* la richesse en forêts de l'État ‖ *il patrimonio linguistico, culturale di una nazione* le patrimoine linguistique, culturel d'une nation ◇ (*biol.*) *il patrimonio ereditario di un individuo* le patrimoine héréditaire d'un individu.

pàtrio, i |'patrjo, i| *agg.* **1** (*dir.*) paternel*: *la patria potestà* l'autorité paternelle **2** (*raro*) [*del padre; degli antenati*] de nos pères *loc. inv.*, de nos ancêtres *loc. inv.*; paternel: *le patrie virtù* les vertus de nos pères, de nos ancêtres ‖ *ritornare al patrio tetto* retourner sous le toit paternel **3** (*raro*) de la patrie (*loc. inv.*): *il patrio suolo* le sol de la patrie ◇ (*loc. scherz.*) *reduce dalle patrie galere* gibier de potence.

patriòta |patri'ɔta| *s.* patriote: *i patrioti del Risorgimento, della Resistenza* les patriotes du Risorgimento, de la Résistance; *essere un buon patriota* être un bon patriote.

patriottàrdo |patriot'tardo| *agg. e s.* (*spreg.*) patriotard (*corr.*).

patriotticaménte |patriottika'mente| *avv.* [→ PATRIOTTICO] patriotiquement.

patriòttico, ci, ca, che |patri'ɔttiko, tʃi, ka, ke| *agg.* patriotique.

patriottìsmo |patriot'tizmo| *s.m.* patriotisme.

patrìstica, che |pa'tristika, ke| *s.f.* (*letter., teol.*) patristique, patrologie.

patrìstico, ci, ca, che |pa'tristiko, tʃi, ka, ke| *agg.* (*letter., teol.*) patristique.

patriziàle |patrit'tsjale| *agg.* (*st. rom.*) patricial*.

patriziàto |patrit'tsjato| *s.m.* **1** patriciat (*lett.*) → **nobiltà, aristocrazia** **2** (*st. rom.*) patriciat Ⓒ 2 **plebe.**

patrìzio, i |pa'trittsjo, i| *s.* **1** patricien* (*lett.*) → **nobile, aristocratico** ✦ (*agg.*) *una famiglia patrizia* une famille patricienne **2** (*st. rom.*) patricien Ⓒ 2 **plebeo.**

patrizzàre |patrid'dzare| *v.intr.* (*aus.* '*avere*') [*assomigliare al padre*] tenir (27) de son père, ressembler à son père: *le figlie in genere patrizzano* les filles en général tiennent de leur père, ressemblent à leur père.

patrocinànte |patrotʃi'nante| *agg.* [*che esercita il patrocinio legale*] plaidant: *un avvocato patrocinante in Cassazione* un avocat près la Cour de Cassation; *la parte patrocinante* la partie plaidante ✦ *s.m.* défenseur.

patrocinàre |patrotʃi'nare| *v.tr.* **1** (*dir.*) [*difendere in giudizio*] plaider; défendre (53): *patrocinare una causa* plaider une cause ‖ *patrocinare una persona* défendre une personne ✦ (*ass.*) *essere abilitato a patrocinare in tribunale* être habilité à plaider devant un tribunal **2** (*per est.*) [*sostenere, difendere; promuovere*] patronner: *patrocinare una candidatura, un'istanza* patronner une candidature, une instance; *patrocinare una iniziativa* patronner une initiative # *patrocinare le arti* protéger les arts.

patrocinatóre, trice |patrotʃina'tore, tritʃe| *s.* **1** (*dir.*) défenseur (*m.*): *nominare un patrocinatore d'ufficio* nommer un défenseur d'office **2** (*per est.*) [*difensore, sostenitore*] défenseur.

patrocìnio, i |patro'tʃinjo, i| *s.m.* **1** [*protezione, difesa*] protection (*f.*): *mettersi sotto il patrocinio di una persona potente* se mettre sous la protection d'une personne puissante # (*una iniziativa*) *sotto l'alto patrocinio del presidente della Repubblica* (une initiative) sous le haut patronage du président de la République → **patronato** **2** (*dir.*) défense *f.* **3** (*st. rom.*) patronage.

patrologìa, gie |patrolo'dʒia, dʒie| *s.f.* (*teol.*) patrologie.

patronàle |patro'nale| *agg.* patronal*: *la festa patronale del paese* la fête du saint du pays, la fête patronale du village.

patronàto |patro'nato| *s.m.* **1** (*raro*) [*protezione, appoggio*] patronage: *ricorrere al patronato di qc.* avoir recours au patronage de qqn. ◇ (*bur.*) *la mostra è organizzata sotto il patronato del Ministero della Pubblica Istruzione* l'exposition est organisée sous le patronage du Ministère de l'Éducation nationale **2** [*ente pubblico di assistenza*] patronage: *patronato scolastico* patronage scolaire **3** (*st. rom.*) patronage.

patronéssa |patro'nessa| *s.f.* patronnesse.

patronìmico, ci |patro'nimiko, tʃi| *agg. m. e s.m.* (*nome*) *patronimico* nom patronymique *agg.*

patròno |pa'trɔno|, *f.* **patròna** |pa'trɔna| (*nel significato 1*); *f.* **patronéssa** |patro'nessa| (*nel significato 2*) *s.* **1** *s.* [*difensore, protettore*] patron* ◇ (*dir.*) *il patrono di parte civile* l'avocat de la partie civile → **avvocato** ◇ (*eccl.*) *il* (*santo*) *patrono di una città, di una categoria* le (saint) patron d'une ville, d'une catégorie **2** *s.* [*persona influente che appoggia un'istituzione o un'iniziativa*] patronnesse *f.*, protecteur (*m.*): *le patronesse della Congregazione di Carità* les patronnesses de la Congrégation de la Charité **3** *s.m.* (*st. rom.*) patron.

1 **pàtta** |'patta| *s.f.* (*gioco*) partie nulle ◇ (*loc.*) *fare patta, far pari e patta* finir (la partie) à égalité ◇ (*fig.*) *adesso che hai pagato il debito, siete pari e patta* maintenant que tu as payé ta dette, vous êtes quittes.

2 **pàtta** |'patta| *s.f.* **1** (*abbigl.*) patte **2** (*region.*) → **pattina.**

3 **pàtta** |'patta| *s.f.* (*mar.*) patte.

pattàre |pat'tare| *v.intr.* (*aus.* '*avere*') (*raro*) → **impattare, pareggiare.**

patteggiàbile |patted'dʒabile| *agg.* [→ PATTEGGIARE A] négociable.

patteggiaménto |patteddʒa'mento| *s.m.* [→ PATTEGGIARE] négociation (*f.*): *non è più il momento di esitazioni e patteggiamenti* ce n'est plus le moment des hésitations ni des négociations.

patteggiàre |patted'dʒare| **A** *v.tr.* [*fare oggetto di patto, di trattative*] négocier, traiter: *patteggiare la pace, la resa* négocier, traiter la paix, la capitulation → **negoziare** ✦ (*ass.*) *patteggiare col nemico* traiter avec l'ennemi **B** *v.intr.* (*aus.* '*avere*') [*scendere a compromessi; venire a patti*] transiger (3): *essere costretto a patteggiare con i rapitori, con i ricattatori* être obligé de transiger avec les ravisseurs, avec les maîtres chanteurs; *non ho voluto patteggiare con la mia coscienza* je n'ai pas voulu transiger avec ma conscience → **trattare.**

pattìna |pat'tina| *s.f.* **1** (*abbigl.*) patte: *le pattine delle tasche della giacca* les pattes des poches de la veste **2** (*cuc.*) poignée # *spostare la pentola calda afferrandola con le pattine* déplacer une marmite brûlante en la saisissant par l'anse → **presina** **3** *al plur.* [*pezzi di stoffa su chi si cammina per non sporcare il pavimento*] patins *m.*

pattinàggio, i |patti'naddʒo, i| *s.m.* patinage: *pattinaggio su ghiaccio, a rotelle* patinage sur glace, à roulettes; *fare del pattinaggio artistico, di velocità* faire du patinage artistique, de vitesse.

pattinàre |patti'nare| *v.intr.* (*aus.* '*avere*') **1** (*sport*) [*correre, camminare su pattini*] patiner **2** (*per est.*) (*di autoveicolo*) [*slittare, sbandare*] patiner.

pattinatóio, i |pattina'tojo, i| *s.m.* [*pista, campo di pattinaggio*] patinoire *f.*

pattinatóre, trice |pattina'tore, tritʃe| *s.* patineur*.

pàttino |'pattino| *s.m.* **1** (*sport*) patin: *pattini a rotelle, da ghiaccio* patins à roulettes, à glace **2** (*aer.*) béquille *f.*; patin: *pattino di coda* béquille de queue || *pattino delle ali* patin des ailes **3** (*tecnol.*) patin; perche (*f.*): *il pattino dello stantuffo* le patin du piston || *il pattino di alimentazione del filobus* la perche du trolleybus.
pattìno |pat'tino| *s.m.* (*region.*) [*piccola imbarcazione da diporto a remi o a pedali*] pédalo → **moscone.**
pattinsonàggio, i |pattinso'naddʒo, i| *s.m.* (*tecnol.*) pattinsonage.
pàtto |'patto| *s.m.* **1** pacte, engagement: *patti giusti, iniqui* pactes justes, iniques; *patto di guerra, di alleanza, di non aggressione* pacte de guerre, d'alliance, de non-agression; *stringere, stipulare un patto* établir, rédiger un pacte; *stare ai patti* observer ses engagements; *venir meno ai patti* manquer à ses engagements → **accordo, convenzione** ◇ (*loc.*) *venire ai patti con qc.* pactiser avec qqn. → **patteggiare** ~ (*fig.*) *fare un patto con il diavolo* faire un pacte avec le diable ◇ (*prov.*) *patti chiari, amicizia lunga*; *patti chiari amici cari* les bons comptes font les bons amis **2** (*in alcune loc.*) [*condizione, modo*] *a tutti i patti, a qualunque patto* à tout prix, coûte que coûte ~ *a nessun patto* à aucun prix ✦ (*con valore di cong.*) *a patto che* (+ *congv.*) pourvu que, à condition que → **purché** **3** (*dir.*) clause *f.*
pattóna |pat'tona| *s.f.* **1** (*tosc., pop.*) → **castagnaccio** **2** (*region.*) [*lenzuolo supplementare di flanella, spec. nei lettini di bambini*] drap *m.*, couverture légère de flanelle.
pattùglia |pat'tuʎʎa| *s.f.* (*mil., corr.*) patrouille: *una pattuglia di soldati, di esploratori* une patrouille de soldats, d'explorateurs; *una pattuglia aerea, navale, stradale* une patrouille aérienne, navale, routière; *una pattuglia di ricognizione* une patrouille de reconnaissance ◇ (*loc.*) *essere di pattuglia* être de patrouille ~ *andare, uscire in pattuglia* aller, sortir en patrouille ~ *servizio di pattuglia* service de patrouille ◇ (*per est.*) groupe (*m.*): *rimaneva sulla piazza una sparuta pattuglia di dimostranti* sur la place, il restait un petit groupe de manifestants.
pattugliaménto |pattuʎʎa'mento| *s.m.* [→ PATTUGLIARE] surveillance *f.* (faite par les patrouilles): *sfuggire al pattugliamento* échapper à la surveillance.
pattugliàre |pattuʎ'ʎare| *v.tr.* [*ispezionare, perlustrare con pattuglia*] patrouiller (*intr.*): *pattugliare il confine, la zona* patrouiller dans la frontière, dans la zone ✦ (*ass.*) *reparti scelti per pattugliare* divisions choisies pour patrouiller.
pattugliatóre |pattuʎʎa'tore| *s.m.* (*mil.*) patrouilleur.
pattuìre |pattu'ire| (197) *v.tr.* [*stabilire, concordare con patto*] établir, convenir (27): *pattuire un prezzo, i termini di una consegna* établir, convenir d'un prix, des délais d'une livraison.
pattuìto |pattu'ito| *agg.* [*stabilito di comune accordo*] convenu: *rispettare i termini pattuiti* (*di un affare, di una consegna*) respecter les délais convenus (d'une affaire, d'une livraison) → **convenuto.**
pattuizióne |pattuit'tsjone| *s.f.* (*raro*) [→ PATTUIRE] stipulation (*corr.*), fixation (*corr.*).
pattùme |pat'tume| *s.m.* **1** [*immondizia, spazzatura*] ordures *f. pl.* **2** (*region.*) → **fango, melma.**
pattumièra |pattu'mjɛra| *s.f.* **1** [*contenitore per le immondizie*] poubelle **2** pelle à ordures.
patùrn(i)e |pa'turn(j)e| *s.f. pl.* (*pop.*) [*malumore, stizza*] cafard *m. sing.*, mauvaise humeur (*sing.*): *avere le paturnie* avoir le cafard; *farsi venire, farsi passare le paturnie* devenir de mauvaise humeur, chasser sa mauvaise humeur.
pauciflòro |pautʃi'flɔro| *agg.* (*bot.*) pauciflore.
paulònia |pau'lɔnja| *s.f.* (*t.bot.*) paulownia *m.*
pauperismo |paupe'rizmo| *s.m.* paupérisme.
pauperizzàre |pauperid'dzare| *v. tr.* [*rendere povero*] paupériser.
pauperizzazióne |pauperiddzat'tsjone| *s.f.* [→ PAUPERIZZARE] paupérisation.
paùra |pa'ura| *s.f.* [*stato di inquietudine, timore*] peur: *avere una gran paura* avoir très peur; *una paura matta, folle, terribile* une peur folle, terrible; *aver paura di q.c., di fare q.c.* avoir peur de qqch., de faire qqch.; *non aver paura di niente* n'avoir peur de rien; n'avoir pas froid aux yeux; *che paura!* quelle peur! ◇ (*per est.*) *ha paura di ingrassare* elle a peur de grossir; *ho paura che tu abbia torto* je crains que tu n'aies tort; *sarai accontentato anche tu: non aver paura!* toi aussi, tu auras ce que tu désires: n'aie pas peur! ◇ (*loc. fig.*) *una paura boia, del diavolo* une peur bleue, de tous les diables ~ *aver paura della propria ombra* avoir peur de son ombre ~ *avere una faccia che fa paura* avoir une tête à faire peur ~ DA FAR PAURA à faire peur: *è magro, brutto da far paura* il est maigre, laid à faire peur ~ PER PAURA DI par peur de, de peur de, de crainte de: *non ti ho chiamato per paura di disturbarti* je ne t'ai pas appelé de crainte de te déranger; (*non*) *fare q.c. per paura della gente* (ne pas) faire qqch. par peur des gens **C** **coraggio.**
paurosaménte |paurosa'mente| *avv.* **1** [→ PAUROSO 1] peureusement: *guardare, ascoltare paurosamente* regarder, écouter peureusement **2** [→ PAUROSO 2] de manière effrayante *loc. inv.*, effroyablement: *la diga crollò paurosamente* la digue croula d'une manière effrayante; *la macchina sbandò paurosamente* la voiture dérapa effroyablement → **terribilmente.**
pauróso |pau'roso| *agg.* **1** [*che ha, che prova paura*] peureux*: *essere pauroso come una lepre* être peureux comme un lièvre → **timido**; *starsene in un angolo, tutto pauroso* rester dans son coin, tout peureux → **atterrito** # *una ragazza paurosa di tutto* une fille qui a peur de tout **2** [*che suscita, incute paura*] effroyable, épouvantable: *un mostro pauroso* un monstre effroyable, épouvantable; *un pauroso incidente* un accident épouvantable **3** (*per est., fam.*) [*formidabile, eccezionale*] formidable, exceptionnel*: *è di una bravura paurosa* il est d'une bravoure exceptionnelle; *ha una memoria paurosa* il a une mémoire formidable, exceptionnelle # *la sua ignoranza è paurosa* son ignorance est monstrueuse **C** 1 **coraggioso.**
pàusa |'pauza| *s.f.* **1** pause; arrêt (*m.*): *fare una breve pausa durante il lavoro* faire une brève pause durant le travail; *dosare, misurare le pause del proprio discorso* doser, mesurer les pauses de son discours → **intervallo** || *continua a parlare senza pausa* il continue à parler sans arrêt **2** (*mus.*) pause.
pausàre |pau'zare| *v.tr.* (*raro*) [*intervallare con opportune pause*] faire (45) une pause, s'arrêter (*pron.*): *pausare sapientemente, significativamente il proprio discorso* faire des pauses savantes, pleines de sens dans son discours.
pavàna |pa'vana| *s.f.* (*mus.*) pavane.
paventàre |paven'tare| **A** *v.tr.* (*raro, lett.*) [*aver paura di; temere*] avoir (28) peur de (*corr.*), craindre (65) (*corr.*), redouter (*corr.*) **B** *v.intr.* (*aus. 'avere'*) (*lett.*) [*essere pauroso, ansioso*] être (43) peureux*, anxieux*.
'pavé' |pave| *s.m. inv.* pavé *var.*
pavesàre |pave'zare| *v.tr.* **1** (*mar.*) [*ornare con il pavese*] pavoiser: *pavesare la nave* pavoiser le navire, hisser le grand pavois **2** (*per est.*) [*ornare; imbandierare*] pavoiser: *pavesare a festa la piazza principale* pavoiser la place principale → **addobbare.**
pavesàta |pave'zata| *s.f.* → **pavese** 1.
1 **pavése** |pa'veze| *s.m.* **1** (*mar.*) pavois: *il gran pavese* le grand pavois **2** (*lett., st.*) pavois → **1 scudo.**
2 **pavése** |pa'veze| *agg.* [*di Pavia*] pavesan.
pàvia |'pavja| *s.f.* (*t.bot.*) marronnier *m.* rouge.
paviàno |pa'vjano| *s.m.* (*t.zool.*) papion.
pavidaménte |pavida'mente| *avv.* [→ PAVIDO] peureusement: *starsene pavidamente nascosto* rester peureusement caché **C** **impavidamente.**
pavidità |pavidi'ta| *s.f. inv.* [*timidezza*] caractère *m. var.* peureux, timidité *var.* ◇ [*viltà*] lâcheté *var.* **C** **impavidità.**
pàvido |'pavido| *agg.* [*pauroso; imbelle*] peureux*: *ha un animo pavido* il est d'un naturel (un peu) peureux ✦ (*s.*) *un pavido* un peureux **C** **impavido.**
pavimentàle |pavimen'tale| *agg.* de pavement (*loc. inv.*): *mosaico pavimentale* mosaïque de pavement.
pavimentàre |pavimen'tare| *v.tr.* **1** (*edil.*) [*ricoprire con pavimento*] *pavimentare una stanza con il 'parquet'* parqueter (5) une pièce; *pavimentare un appartamento* planchéier un appartement; *pavimentare in marmo il salone* daller (de marbre) le salon; *pavimentare in ceramica, con piastrelle la cucina* carreler (4) la cuisine **2** (*per est.*) [*lastricare*] daller, paver: *pavimentare una piazza* daller, paver une place ◇ [*asfaltare*] goudronner: *pavimentare una strada* goudronner une route.
pavimentàto |pavimen'tato| *agg.* dallé; pavé; goudronné.
pavimentatóre |pavimenta'tore| *s.m.* [*operaio che mette in opera pavimenti*] paveur.
pavimentazióne |pavimentat'tsjone| *s.f.* **1** [→ PAVIMENTARE 1] parquetage *m.*; planchéiage *m.*; dallage *m.*;

carrelage *m.* **2** [→ PAVIMENTARE 2] pavage *m.*
pavimentista |pavimen'tista| *s.m.* → **piastrellista, parchettista, marmista.**
paviménto |pavi'mento| *s.m.* [*copertura del suolo di un locale*] sol (*gener.*) ◇ (*a seconda dei materiali usati*) parquet; plancher; dallage; carrelage.
pavimentóso |pavimen'toso| *agg.* (*scient.*) pavimenteux*.
pavonàzzo |pavo'nattso| *s.m.* (*raro*) → **paonazzo.**
pavoncèlla |pavon'tʃɛlla| *s.f.* (*t. zool.*) vanneau *m.*
pavoncino |pavon'tʃino| *s.m.* [*il piccolo del pavone*] paonneau.
pavóne |pa'vone| *s.m.* **1** (*t.zool.*) paon ◇ (*corr.*) *un pavone che fa la ruota* un paon qui fait la roue ◇ (*loc. fig.*) *essere* (*vanitoso*) *come un pavone* être vaniteux comme un paon ~ *fare il pavone* se pavaner, se rengorger comme un paon ~ *farsi bello con le penne del pavone* se parer des plumes du paon **2** (*in funzione di agg. inv. o di s.m.*) (*color*) *pavone* bleu canard: *azzurro, blu pavone* bleau canard; *una camicetta* (*color*) *pavone* un corsage bleu canard.
pavoneggiaménto |pavonedd͡ʒa'mento| *s.m.* [→ PAVONEGGIARSI] pose *f.*, parade *f.*
pavoneggiàrsi |pavoned'd͡ʒarsi| *v.pron. intr.* (*persone*) [*mettersi in mostra*; *farsi bello di q.c.*] se pavaner: *si pavoneggiava nel suo vestito nuovo* il se pavanait dans son habit neuf # *pavoneggiarsi dei riconoscimenti avuti* faire parade des récompenses qu'on a remportées.
pavònia |pa'vɔnja| *s.f.* (*t.zool.*) paon *m.*
pazientàre |pattsjen'tare| *v.intr.* (*aus.* '*avere*') patienter: [*avere, dimostrare pazienza*] *non posso più pazientare* je ne peux plus patienter; *la prego di pazientare un istante!* je vous prie de patienter un peu → **attendere.**
pazïènte |pat'tsjɛnte| **1** *agg.* (*persone*) patient: *un uomo, un carattere paziente* un homme, un caractère patient; *cerca di essere più paziente con lui!* essaie d'être plus patient avec lui! → **tollerante, mite** ◇ (*cose*) *una paziente e intelligente ricerca* une recherche patiente et intelligente → **accurato, diligente**; *trovare q.c. dopo pazienti indagini* trouver qqch. après une patiente enquête → **meticoloso** **2** *s.* patient: *ricoverare, dimettere un paziente* hospitaliser, faire sortir un patient # *la paziente è ancora in sala operatoria* la malade est encore en salle d'opération → 1 **malato** ◇ [*chi è in cura di un determinato medico*] *i pazienti si ricevono solo per appuntamento* le Dr reçoit (seulement) sur rendez-vous **C** 1 **impaziente, intollerante, insofferente.**
pazienteménte |pattsjente'mente| *avv.* [→ PAZIENTE 1] patiemment: *sopportare pazientemente le persone moleste* supporter patiemment les personnes ennuyeuses **C** **impazientemente.**
paziènza |pat'tsjɛntsa| *s.f.* **1** patience: *avere, non avere pazienza* avoir de la patience, ne pas avoir de patience; *armarsi di* (*santa*) *pazienza* s'armer de patience; *perdere la pazienza* perdre patience ◇ (*loc.*) *gioco di pazienza* jeu de patience ~ *la pazienza di un certosino* une patience d'ange ~ *farebbe perdere la pazienza a un santo, a Giobbe!* il lasserait la patience d'un saint! ~ *abbia, abbi pazienza!* prenez, prends patience; *abbia pazienza, mi lasci parlare!* prenez patience, laissez-moi parler! ~ *porta pazienza ancora per una volta!* prends patience encore une fois! ~ *ci vuol pazienza!* il faut de la patience # *d'accordo che bisogna aiutare gli amici, ma abbi pazienza, adesso chiedi troppo!* il faut aider ses amis, soit, mais, excuse-moi, cette fois tu en demandes trop ✦ (*loc. inter.*) *santa pazienza!* Seigneur! ~ *finché è per una volta, pazienza; ma adesso non esageriamo!* pour cette fois, passe encore; mais, maintenant, il ne faudrait pas exagérer!; *pazienza*: *sarà per un'altra volta!* tant pis: ce sera pour une autre fois! **2** (*abbigl. eccl.*) cordelière, scapulaire *m.* (*raro*) **3** (*mar.*) râtelier *m.* de tournage **4** (*t.bot.*) patience **C** 1 **impazienza.**
pazzaménte |pattsa'mente| *avv.* **1** [→ PAZZO 2] follement: *essere pazzamente innamorato* être follement amoureux → **follemente** **2** [→ PAZZO 3] follement: *spendere pazzamente* dépenser follement → **enormemente** **3** (*raro*) [→ PAZZO 1] follement: *comportarsi pazzamente* se comporter follement.
pazzeggiàre |pattsed'd͡ʒare| *v. intr.* (*aus.* '*avere*') (*raro*) [*comportarsi da pazzo*; *fare pazzie*] faire (45) *tr.* des folies.
pazzerèllo |pattse'rɛllo| *agg.* **1** (*raro*) un peu fou*, fou-fou* **2** (*fig.*) [*capriccioso, volubile*] capricieux*: *marzo pazzerello* mars capricieux.
pazzerellóne |pattserel'lone| *agg. e s.* (*persone*) [*gioviale e spensierato*] grand fou*, loufoque (*pop.*): *sei sempre il solito pazzerellone!* tu es toujours le même grand fou, le même loufoque!; *quella pazzerellona della tua zia!* ta loufoque de tante!
pazzescaménte |pattseska'mente| *avv.* [→ PAZZESCO] follement.
pazzésco, chi, ca, che |pat'tsesko, ki, ka, ke| *agg.* **1** [*da pazzo*] de fou* *loc.*, insensé: *comportamento pazzesco* comportement de fou, insensé **2** (*per iperb.*) [*incredibile*; *enorme*] fou: *prezzi pazzeschi* prix fous; *velocità pazzesca* vitesse folle; *è un'idea pazzesca!* c'est une idée folle → **esagerato** # *è pazzesco tentare una cosa del genere!* c'est folie de tenter une chose pareille → **assurdo.**
pazzìa |pat'tsia| *s.f.* **1** (*med., corr.*) folie: *essere colto da pazzia* être frappé de folie; *dare segni di pazzia* donner des signes de folie → **follia** ◇ (*loc. fig.*) *avere un ramo di pazzia* avoir un grain de folie **2** [*gesto, comportamento da pazzo*] folie: *bisogna impedirgli di fare una pazzia!* il faut l'empêcher de faire une folie ◇ (*per est.*) [*comportamento stravagante, strano*] *è una delle tue solite pazzie* c'est une de tes habituelles folies; *è una pazzia mettersi in viaggio con questa nebbia* c'est (une) folie de partir en voyage par ce brouillard ◇ [*enormità, esagerazione*] fortune: *è bello, ma costa una pazzia* c'est beau, mais cela coûte une fortune ◇ *loc.* FARE PAZZIE faire des folies: *farebbe pazzie per quella donna!* il ferait des folies pour cette femme; *questa sera facciamo pazzie, non badiamo a spese!* ce soir on fait des folies, on dépense sans compter.
pàzzo |'pattso| *agg.* **1** (*persone*) [*affetto da pazzia*] fou*: *pazzo furioso, da legare* fou furieux, à lier → **matto** ✦ (*s.*) *i pazzi* les fous, les aliénés **2** (*per est.*) fou: *essere pazzo di gioia, di felicità, di gelosia* être fou de joie, de bonheur, de jalousie; *sei pazzo a buttare il denaro dalla finestra!* tu es fou de jeter ainsi l'argent par les fenêtres ◇ (*loc.*) *essere innamorato pazzo* être amoureux fou ~ *essere pazzo di qc.* être fou de qqn. → **innamorato** ~ *andare pazzo per q.c.* raffoler de qqch. ~ DA PAZZO: (*sono successe*) *cose da pazzi!* (ce qui est arrivé), c'est de la folie! ~ *che tempo pazzo!* quel temps capricieux!, quel drôle de temps! ✦ (*s.*) *un pazzo* un fou **3** (*cose*) [*pazzesco*; *esagerato*] fou: *una spesa pazza* une dépense folle; *guidare a velocità pazza* conduire à une vitesse folle → **folle** # *darsi alla pazza gioia* s'amuser follement.
pazzòide |pat'tsɔide| *agg. e s.m.* [*un po' pazzo*] loufoque *agg.* (*pop.*), dingue (*fam.*): *è un* (*tipo*) *pazzoide* c'est un type loufoque, dingue ◇ (*per est.*) [*stravagante, bizzarro*] *è un genio, ma un po' pazzoide* c'est un génie, mais il est un peu loufoque.
peàna |pe'ana| *s.m.* **1** (*letter. gr.*) péan, pæan **2** (*lett.*) [*canto di vittoria*] péan ◇ (*fig.*) [*esaltazione, celebrazione*] chant de victoire: *ci aspettavamo informazioni concrete, non un peana!* on s'attendait à des informations précises, non à des chants de victoire!
pebrìna |pe'brina| *s.f.* pébrine.
pècan |'pɛkan| *s.m. inv.* (*t.zool.*) pékan *var.*
pècari |'pɛkari| *s.m. inv.* (*t.zool.*) pécari *var.*
pècca, che |'pɛkka, ke| *s.f.* **1** (*persone*) [*vizio, difetto*] défaut *m.*, faiblesse: *ognuno ha le sue pecche* chacun a ses défauts, ses faiblesses; *scoprire le pecche di qc.* découvrir les défauts de qqn. **2** (*cose*) [*difetto, imperfezione*] imperfection: *un lavoro senza la minima pecca* un travail sans la moindre imperfection; *c'è qualche pecca dovuta alla fretta* il y a quelques imperfections dues à la hâte.
peccaminosaménte |pekkaminosa'mente| *avv.* [→ PECCAMINOSO 1] d'une façon coupable *loc. inv.*
peccaminosità |pekkaminosi'ta| *s.f. inv.* [*l'essere peccaminoso*] culpabilité *var.*
peccaminóso |pekkami'noso| *agg.* **1** [*che costituisce peccato*; *pieno di peccati*] coupable: *atti, pensieri peccaminosi* actes, pensées coupables # *condurre una vita peccaminosa* mener une vie pleine de péchés, de débauche **2** [*che spinge al peccato*] mauvais: *occasioni, letture peccaminose* occasions, lectures mauvaises.
peccàre |pek'kare| *v.intr.* (*aus.* '*avere*') **1** (*in senso morale*) [*trasgredire le leggi morali*; *commettere peccati*] pécher (8): *peccare di orgoglio, di gola, di lussuria* pécher par orgueil, par gourmandise, par luxure; *avete peccato in pensieri e in azioni* vous avez péché en pensées et en actions **2** [*commettere errori*; *sbagliare*] pécher: *peccare di leggerezza, di superficialità* pécher par légèrete, par irréflexion; *ho peccato per troppa bontà* j'ai péché par excès de bonté ◇ (*per est.*) [*esagerare, ecce-

dere] *peccare in eccesso, in difetto* pécher par excès, par défaut; *hai peccato in pignoleria* tu as péché par méticulosité.

peccàto |pek'kato| *s.m.* **1** [*atto, comportamento contrario alla legge morale*] péché: *peccati gravi, leggeri* péchés graves, bénins; *peccato veniale, mortale* péché véniel, mortel; *il peccato originale* le péché originel; *un peccato d'invidia, di superbia* un péché d'envie, d'orgueil; *commettere peccati* commettre des péchés; *pentirsi dei propri peccati* se repentir de ses péchés; *confessare i peccati commessi* confesser les péchés commis; *vivere nel peccato* vivre dans le péché; *morire in peccato mortale* mourir en état de péché mortel; *siano rimessi i vostri peccati* que vos péchés vous soient remis ◇ *loc.* BRUTTO COME IL PECCATO laid comme un péché mortel, comme les sept péchés capitaux: *ha un marito brutto come il peccato* elle a un mari laid comme les sept péchés capitaux ◇ (*prov.*) *chi è senza peccato, scagli la prima pietra* que celui d'entre vous qui est sans péché (lui) jette la première pierre ~ *si dice il peccato ma non il peccatore* on avoue la faute mais pas son auteur ~ *peccato confessato, mezzo perdonato* péché avoué est à demi pardonné **2** (*fig.*) [*errore, sbaglio*] faute *f.*; péché: *un peccato di negligenza* une faute de négligence || *ognuno ha i suoi peccati di gioventù* nous avons tous commis des péchés de jeunesse **3** (*fig.*) (*per esprimere 'rammarico, rincrescimento'*) dommage: *è un peccato che tu debba partire così presto* il est dommage que tu doives partir si tôt; *sarebbe un vero peccato mandare in malora questo divano* ce serait vraiment dommage d'abîmer ce divan; *peccato che non sia una bella giornata!* dommage qu'il ne fasse pas beau!; *sei arrivato troppo tardi, peccato!* tu es arrivé trop tard, dommage!; '*ho perduto l'anello col brillante*' '*che peccato!*' 'j'ai perdu ma bague au diamant' 'oh! quel dommage!'

peccatóre, trice |pekka'tore, tritʃe| *s.* [*chi pecca; chi ha commesso peccati*] pécheur*: *un peccatore incallito, impenitente* un pécheur endurci, impénitent; *una peccatrice pentita* une pécheuresse repentie ✦ *agg.* coupable: *un uomo peccatore* un homme coupable; *una donna peccatrice* une femme coupable.

peccatùccio, i |pekka'tuttʃo, i| *s.m.* [*peccato, mancanza non grave*] peccadille *f.* (*lett.*): *avrete anche voi qualche peccatuccio da confessare* vous aurez vous aussi quelques peccadilles à confesser ◇ (*per est.*) [*vizio, difetto leggero*] péché mignon: *abbiamo tutti qualche peccatuccio da farci perdonare* nous avons tous des péchés mignons à (nous) faire pardonner.

pécchia |'pekkja| *s.f.* → **ape.**

pecchiaiuòlo |pekkja'jwɔlo| *s.m.* (*t.zool.*) bondrée *f.*

pecchióne |pek'kjone| *s.m.* → 2 **fuco.**

péce |'petʃe| *s.f.* [*sostanza scura bituminosa*] poix: *pece greca* poix sèche, colophane → **colofonia**; *pece liquida* poix liquide, goudron *m.* → **catrame**; *impermeabilizzare un terrazzo con pece bollente* imperméabiliser une terrasse avec de la poix bouillante # *è più nero della pece* il est noir comme de l'encre, il est plus noir que du jais (de l'encre, du charbon, du cirage).

pecétta |pe'tʃetta| *s.f.* **1** (*region.*) → **cerotto** **2** (*per est., fig.*) [*toppa, rimedio momentaneo*] pièce: *questo telo è pieno di pecette* cette toile est toute rapiécée, est pleine de pièces # *certi problemi non si risolvono con la solita pecetta* il y a des problèmes qu'on ne résout pas à coups de rafistolages (*fam.*).

pechblènda |pek'blɛnda| *s.f.* (*miner.*) pechblende → **uranite.**

pechinése |peki'nese| **I** *agg.* **1** [*della città di Pechino*] pékinois: *i sobborghi pechinesi* la banlieue pékinoise **2** *cane pechinese* pékinois *s.m.* **II** (*s.m.*) *il pechinese* [*la lingua*] le pékinois.

pechinòlogo, gi |peki'nɔlogo, dʒi| *s.* pékinologue.

pecióso |pe'tʃoso| *agg.* [*che sembra o è di pece*] poisseux*.

pècora |'pɛkora| *s.f.* **1** (*t.zool.*) mouton *m.*, (*la femmina*) brebis ◇ (*corr.*) *un gregge, un branco di pecore* un troupeau de moutons; *formaggio di pecora* fromage de brebis → **pecorino**; *allevare pecore* élever des moutons ◇ (*loc. fig.*) *pecora bianca* personne privilégiée ~ *pecora nera* [*chi si distingue negativamente da un gruppo*] brebis galeuse: *è stato sempre la pecora nera della famiglia* il a toujours été la brebis galeuse de la famille ~ *comportarsi da pecora, come una pecora* se comporter comme un mouton, comme un mou ~ *trattare qc. da pecora* traiter qqn. comme un minus habens, par-dessous la jambe ◇ (*prov.*) *chi pecora si fa, il lupo se la mangia* qui se fait brebis, le loup le mange ~ *meglio un giorno da leone, che cent'anni da pecora* mieux vaut vivre un jour comme un lion qu'un siècle comme un mouton **2** (*fig.*) [*persona sottomessa, priva di carattere*] mou *m.*; mouton: *se ti comporti così, sei una pecora* si tu te comportes ainsi, tu es un mou; *reagisci, non fare la pecora!* réagis, ne sois pas mou || *siete un branco di pecore!* vous n'êtes qu'un troupeau de moutons ◇ (*per est.*) [*animale docile*] agneau (*m.*): *non aver paura, questo cavallo è una pecora* n'aie pas peur, ce cheval est doux comme un agneau.

pecoràggine |peko'raddʒine| *s.f.* [*carattere, comportamento rinunciatario, ottuso*] moutonnerie: *può spadroneggiare a causa della vostra pecoraggine* il peut faire de vous ce qu'il veut, du fait de votre moutonnerie.

pecoràio, i |peko'rajo, i| *s.* [*pastore, guardiano di pecore*] berger* ◇ (*spreg.*) [*individuo rozzo, ignorante*] pécore (*pop.*), butor (*m.*): *che maniere da pecoraio!* quelles manières de pécore!

pecoràro |peko'raro| *s.* → **pecoraio.**

pecorèlla |peko'rɛlla| *s.f.* **1** [*piccola pecora*] brebis **2** (*fig.*) ouailles *pl.*, brebis: *ogni parroco abbia cura delle sue pecorelle* que chaque pasteur ait soin de ses ouailles, brebis; *ricondurre all'ovile le pecorelle smarrite* reconduire au bercail la brebis égarée **3** (*loc. fig.*) *cielo a pecorelle* [*con tante nuvolette bianche*] ciel moutonné, pommelé ◇ (*prov.*) *cielo a pecorelle, acqua a catinelle* ciel pommelé, femme fardée ne sont pas de longue durée.

pecorescaménte |pekoreska'mente| *avv.* (*raro*) [→ PECORESCO] comme un mouton *loc. inv.*; des moutons *loc. inv.*

pecorésco, chi, ca, che |peko'resko, ki, ka, ke| *agg.* (*raro*) [*vile, sciocco*] moutonnier*, grégaire: *comportamento pecoresco* comportement moutonnier, grégaire.

pecorìna |peko'rina| *s.f.* crotte de brebis.

pecorìno |peko'rino| *agg.* (*del maschio*) de mouton (*loc.*); (*della femmina*) de brebis (*loc. inv.*): *carne, lana pecorina* viande, laine de mouton || *latte, formaggio pecorino* lait, fromage de brebis ✦ (*s.m.*) *il pecorino* [*formaggio di latte di pecora*] le fromage de brebis: *pecorino fresco, da grattugiare* fromage de brebis frais, à râper; *una forma di pecorino* une meule de fromage de brebis.

pècoro |'pɛkoro| *s.m.* (*raro*) → 1 **montone** ◇ (*spreg.*) → **pecorone.**

pecoróne |peko'rone| *s.* **1** [*grossa pecora*] vieux mouton *m.*; vieille brebis *f.* **2** (*fig., spreg.*) [*persona incapace e passiva*] mouton: *sono una massa di pecoroni* ils sont comme les moutons de Panurge.

pecorùme |peko'rume| *s.m.* **1** [*persone servili, prive di carattere*] troupeau de moutons: *è un pecorume incapace di farsi rispettare* c'est un troupeau de moutons incapable de se faire respecter **2** (*raro*) [*mancanza di carattere; servilismo*] moutonnerie *f.* (*corr.*).

pectàsi |pek'tasi| *s.f. inv.* (*biol.*) pectase *var.*

pecten |'pɛktɛn| *s.m. inv.* (*lat.*) (*t. zool.*) pecten *var.*

pèctico, ci, ca, che |'pɛktiko, tʃi, ka, ke| *agg.* pectique.

pectìna |pek'tina| *s.f.* (*chim.*) pectine.

pectizzazióne |pektiddzat'tsjone| *s.f.* (*chim.*) pectisation.

peculàto |peku'lato| *s.m.* (*dir.*) péculat, concussion (*f.*): *accusa di peculato* accusation de péculat, de concussion.

peculiàre |peku'ljare| *agg.* [*che è proprio, specifico di qc. o di q.c.*] particulier*: *la viscosità è un dato peculiare dei grassi* la viscosité est un élément particulier, propre aux graisses # *non hai colto l'aspetto peculiare del suo pensiero* tu n'a pas saisi le côté singulier de sa pensée.

peculiarità |pekuljari'ta| *s.f. inv.* [*caratteristica, particolarità*] caractère *m. var.* particulier, caractéristique *var.*, particularité (*var.*): *in questo sta la peculiarità della sua proposta* en cela tient la caractère particulier de sa proposition; *occorre individuare le peculiarità del suo stile* il faut cerner les caractéristiques, la particularité de son style.

peculiarménte |pekuljar'mente| *avv.* [→ PECULIARE] particulièrement.

pecùlio, i |pe'kuljo, i| *s.m.* **1** (*dir. rom.*) pécule **2** (*per est., lett.*) [*somma di denaro; gruzzolo*] pécule (*corr.*).

pecùnia |pe'kunja| *s.f.* (*lett., scherz.*) pécune → **denaro** # *è tutta questione di pecunia* c'est essentiellement (uniquement) une question de fric (*pop.*).

pecuniariaménte |pekunjarja'mente| *avv.* [*relativamente al denaro,* *al guadagno*] pécuniairement: *pecuniariamente sono autosufficiente* pécuniairement, je me suffis à moi-même → **finanziariamente**.

pecuniàrio, i |peku'njarjo, i| *agg.* pécuniaire: *questioni, perdite pecuniarie* questions, pertes pécuniaires, d'argent ◇ (*dir.*) *pene pecuniarie* peines pécuniaires.

pedàggio, i |pe'daddʒo, i| *s.m.* **1** [*tassa di transito, spec. su autostrade*] péage: *pagare il pedaggio* payer le péage; *è previsto un forte aumento dei pedaggi autostradali* une forte augmentation des péages des autoroutes est prévue **2** (*fig.*) [*somma corrisposta, anche indebitamente, per ottenere q.c.*] *se vuoi che la pratica proceda, devi pagare il pedaggio al capufficio* si tu veux que l'affaire suive son cours, il faut graisser la patte (*fam.*) au chef de service ◇ (*per est.*) [*qualsiasi contropartita per ottenere q.c.*] condition (*f.*): *se vuoi restare nel gruppo il pedaggio è che rinunci ad ogni carica* tu peux rester dans le groupe à condition de renoncer à toute fonction **3** (*st. mediev.*) péage.

pedàgna |pe'daɲɲa| *s.f.* (*mar.*) pédagne.

pedagogìa, gie |pedago'dʒia, dʒie| *s.f.* pédagogie: *la pedagogia moderna* la pédagogie moderne; *un trattato, un libro di pedagogia* un traité, un livre de pédagogie.

pedagogicaménte |pedagodʒika'mente| *avv.* [→ PEDAGOGICO] pédagogiquement ◇ [*dal punto di vista pedagogico*] *metodo pedagogicamente sbagliato* méthode pédagogiquement erronée.

pedagògico, ci, ca, che |peda'gɔdʒiko, tʃi, ka, ke| *agg.* pédagogique: *metodo, sistema pedagogico* méthode, système pédagogique; *il pensiero pedagogico degli antichi* la pensée pédagogique des anciens.

pedagogìsmo |pedago'dʒizmo| *s.m.* pédagogisme.

pedagogìsta |pedago'dʒista| *s.* [*studioso di pedagogia*] pédagogue.

pedagogizzàre |pedagodʒid'dzare| *v.intr.* (*aus.* '*avere*') **1** (*raro*) [*esercitare attività da pedagogo*] faire (45) *tr.* le pédagogue (*corr.*) **2** (*iron.*) [*assumere ostentatamente o esageratamente atteggiamenti da pedagogo*] faire le pédagogue: *eccolo di nuovo che pedagogizza!* le voilà à faire encore le pédagogue!

pedagògo, ghi, ga, ghe |peda'gɔgo, gi, ga, ge| *s.* professeur *m.*, pédagogue *m.* (*spreg.*): *ho trovato un ottimo pedagogo* j'ai trouvé un excellent professeur; *ha la mania di fare il pedagogo* il a la manie de faire le pédagogue.

pedalàbile |peda'labile| *agg.* [→ PEDALARE] que l'on peut parcourir à bicyclette *loc.*

pedalàre |peda'lare| *v.intr.* (*aus.* '*avere*') [*azionare i pedali di un congegno*] pédaler: *pedala con stile perfetto* il pédale avec un style parfait; *pedalare sulla macchina da cucire* pédaler sur la machine à coudre ◇ (*per est.*) [*correre in bicicletta*] *i corridori pedalavano in gruppo* les coureurs pédalaient en peloton.

pedalàta |peda'lata| *s.f.* coup *m.* de pédale: *una pedalata regolare, leggera* un coup de pédale régulier, léger; *con poche pedalate li ha raggiunti* il les a rattrapés en quelques coups de pédale.

pedalatóre, trice |pedala'tore, tritʃe| *s.* pédaleur*.

pedàle |pe'dale| *s.m.* **1** pédale (*f.*): *il pedale della bicicletta, del triciclo* la pédale de la bicyclette, du tricycle; *veicoli a pedale* véhicules à pédale; *macchina da cucire a pedale* machine à coudre à pédale; *premere sul pedale dell'acceleratore, della frizione* appuyer sur la pédale d'accélérateur, d'embrayage ◇ (*loc.*) *lo sport del pedale* [*ciclismo*] le cyclisme ◇ (*per anal.*) *i pedali del pianoforte, dell'arpa* les pédales du piano, de la harpe **2** [*tronco di un albero*] tronc: *segare una quercia alla base del pedale* scier un arbre à la base (du tronc) **3** (*calz.*) tire-pied **4** (*mus.*) pédale.

pedaleggiàre |pedaled'dʒare| *v. intr.* (*aus.* '*avere*') (*mus.*) [*usare i pedali*] actionner *tr.* les pédales.

pedalièra |peda'ljɛra| *s.f.* **1** [*apparato dei pedali di un congegno*] pédalier (*m.*): *la pedaliera di una bicicletta* le pédalier d'une bicyclette ◇ (*per anal.*) *la pedaliera dell'organo* le pédalier de l'orgue **2** (*aer.*) palonnier *m.*

pedalìna |peda'lina| *s.f.* (*tip.*) minerve à pédale, presse à platine.

pedalino |peda'lino| *s.m.* **1** petite pédale *f.* **2** (*region.*) [*calzino*] chaussette *f.* (*corr.*): *hai un buco nel pedalino* tu as un trou dans la chaussette, ta chaussette est trouée.

pedàna |pe'dana| *s.f.* **1** [*supporto per appoggiare i piedi*] estrade: *la pedana della scrivania* l'estrade de la chaire ◇ (*per est.*) [*tappetino, scendiletto*] descente de lit **2** (*atletica*) tremplin (*m.*): *pedana di rincorsa, di battuta* tremplin pour l'élan # *pedane per il salto* sautoir **3** (*abbigl.*) liseré *m.*; talonnette: *la pedana di una gonna* le liseré d'une jupe ‖ *la pedana dei pantaloni* la talonnette du pantalon.

pedàneo |pe'daneo| *agg.* (*dir. rom.*) pédané.

pedàno |pe'dano| *s.m.* (*tecnol.*) biseau.

pedantàggine |pedan'taddʒine| *s.f.* (*raro*) → **pedanteria**.

pedànte |pe'dante| *agg.* pédant: *un superiore, un maestro pedante* un supérieur, un maître pédant; *come siete pedanti!* comme vous êtes pédants! ♦ (*s.*) *un pedante* un pédant.

pedanteggiàre |pedanted'dʒare| *v.intr.* (*aus.* '*avere*') (*raro*) [*fare il pedante*] faire (45) *tr.* le pédant.

pedanteménte |pedante'mente| *avv.* [→ PEDANTE] d'une manière pédante *loc. inv.*

pedanterìa |pedante'ria| *s.f.* pédantisme *m.*, pédanterie (*lett.*): *con la sua pedanteria ci ha proprio stancato* avec son pédantisme, sa pédanterie il nous a vraiment fatigués; *è di una pedanteria inverosimile* c'est d'un pédantisme incroyable ◇ (*per est.*) [*pignoleria esagerata, puramente formalistica*] *vuole apparire scrupoloso a forza di pedanterie* il veut paraître scrupuleux en appliquant minutieusement les consignes.

pedantescaménte |pedanteska'mente| *avv.* [→ PEDANTESCO] d'une manière pédantesque (*loc. inv.*): *seguire pedantescamente delle istruzioni* suivre les instructions d'une manière pédantesque.

pedantésco, chi, ca, che |pedan'tesko, ki, ka, ke| *agg.* pédantesque: *metodo d'insegnamento pedantesco* méthode d'enseignement pédantesque; *imitazione pedantesca di un autore* imitation pédantesque d'un auteur # *esercita un controllo pedantesco* il effectue le contrôle avec un zèle minutieux.

pedantéssa |pedan'tessa| *s.f.* (*raro*) [*donna pedante*] pédante (*corr.*), bas-bleu *m.* (*pegg.*), pécore.

pedantìsmo |pedan'tizmo| *s.m.* (*raro*) → **pedanteria**.

pedàta |pe'data| *s.f.* **1** coup *m.* de pied: *dare, ricevere una pedata* donner, recevoir un coup de pied; *prendere qc. a pedate* (*nel didietro*) donner à qqn. des coups de pied (au derrière); *cacciar via qc. a pedate* (*nel didietro*) chasser qqn. à coups de pied (au derrière) **2** [*impronta del piede; orma*] trace de pas: *imprimere pedate sulla sabbia* imprimer, laisser la trace de ses pas sur le sable; *si vedono delle pedate sul pavimento* on voit des traces de pas sur le sol ◇ (*loc. fig.*) *seguire le pedate di qc.* [*seguirne l'esempio*] suivre les traces, marcher sur les traces de qqn. ◇ (*per est.*) [*rumore di passi*] pas (*m.*): *ho sentito delle pedate* j'ai entendu des pas; *ti ho riconosciuto dalla pedata* je t'ai reconnu à ton pas **3** [*superficie orizzontale di uno scalino*] giron *m.*

pedemontàno |pedemon'tano| *agg.* **1** qui se trouve au pied d'une montagne (*loc.*): *coltivazioni pedemontane* cultures qui se trouvent au pied d'une montagne **2** (*lett.*) → **piemontese**.

pederàsta |pede'rasta| *s.m. e agg.* pédéraste *s.m.*, pédale *s.f.* (*pop.*).

pederastìa |pederas'tia| *s.f.* pédérastie.

pederàstico, ci, ca, che |pede'rastiko, tʃi, ka, ke| *agg.* pédérastique.

pedèstre |pe'dɛstre| *agg.* **1** [*mediocre, banale*] terre à terre (*loc. inv.*): *imitazione pedestre* imitation terre à terre; *un ragionamento pedestre* un raisonnement terre à terre **2** (*raro*) [*che va a piedi*] pédestre (*corr.*): *truppe pedestri* troupes pédestres; *statua pedestre* statue pédestre (*raro*) ◇ [*fatto a piedi*] *viaggio pedestre* voyage pédestre, à pied; *battaglia pedestre* bataille pédestre.

pedestreménte |pedestre'mente| *avv.* [→ PEDESTRE 1] platement; banalement.

pedète |pe'dɛte| *s.m.* (*t.zool.*) pédète *f.*

pediàtra |pe'djatra| *s.* pédiatre: *consultare un pediatra* consulter un pédiatre.

pediatrìa |pedja'tria| *s.f.* pédiatrie: *specializzazione in pediatria* spécialisation en pédiatrie.

pediàtrico, ci, ca, che |pe'djatriko, tʃi, ka, ke| *agg.* pédiatrique: *clinica pediatrica* clinique pédiatrique; *medicine per uso pediatrico* médicaments (à usage) pédiatrique.

pedibus calcantibus |'pedibuskal'kantibus| *loc. avv.* (*lat.*) pedibus (cum jambis).

pedicellàrìa |peditʃel'larja| *s.f.* (*t. zool.*) pédicellaire *m.*

pedicellàto |peditʃel'lato| *agg.* (*bot.*) pédicellé.

1 **pedicèllo** |pedi'tʃɛllo| *s.m.* **1**

(*bot.*) pédicelle **2** (*zool.*) pédicelle # *pedicello ambulacrale* pied ambulacraire, ambulacral.

2 **pedicèllo** |pedi'tʃɛllo| *s.m.* **1** [*piccolo verme*] vermisseau **2** → **pidocchio** 1.

pedicolàre |pediko'lare| *s.f.* (*t.bot.*) pédiculaire.

pediculàre |pediku'lare| *agg.* (*med.*) *morbo pediculare* maladie pédiculaire → **pediculosi.**

pediculòsi |pediku'lɔzi| *s.f. inv.* (*med.*) pédiculose *var.*, phtiriasis *m.*, phtiriase *var.*

'pedicure' |pedikyʀ| *s.* **1** *s. inv.* pédicure (*var.*): *andare dal, dalla 'pedicure'* aller chez le, la pédicure **2** *s.m.* [*cura dei piedi*] pédicurie *f.* # *farsi il 'pedicure'* se (faire) soigner les pieds.

pedidio, i |pe'didjo, i| *agg.* (*anat.*) pédieux*: *muscolo pedidio* muscle pédieux.

pedignóne |pediɲ'ɲone| *s.m.* (*ant.*) [*gelone ai piedi*] engelure *f.* (*corr.*) aux pieds.

pedigree |'pedigri:| *s.m. inv.* (*ingl.*) pedigree (*var.*): *un cavallo con un eccellente pedigree* un cheval ayant un excellent pedigree.

pedilùvio, i |pedi'luvjo, i| *s.m.* bain de pieds: *fare un pediluvio freddo* prendre un bain de pieds froid.

pediménto |pedi'mento| *s.m.* (*geol.*) pédiment.

pedìna |pe'dina| *s.f.* **1** (*dama, filetto*) pion (*m.*): *disporre le pedine* placer les pions; *muovere, soffiare, mangiare una pedina* avancer, souffler, prendre un pion ◇ (*loc. fig.*) *muovere, giocare le proprie pedine* [*mettere in moto i mezzi e le persone a propria disposizione*] faire jouer ses relations: *ha saputo giocare le proprie pedine* il a su faire jouer ses relations **2** (*fig.*) [*persona che agisce alle dipendenze di qc.*] pion: *in questa faccenda lui è solo una pedina* dans cette histoire, il n'est qu'un pion sur l'échiquier.

pedinaménto |pedina'mento| *s.m.* **1** [→ PEDINARE A] filature (*f.*): *il pedinamento di uno spacciatore di droga* la filature d'un trafiquant de drogue **2** [→ PEDINARE B] le fait de piéter.

pedinàre |pedi'nare| **A** *v.tr.* [*spiare il comportamento di una persona, seguendola senza farsi accorgere*] suivre (52), filer: *da tempo era pedinato dalla polizia* depuis longtemps la police le suivait, le filait; *ha fatto pedinare la moglie* il a fait filer, espionner sa femme ◇ (*per est.*) [*seguire da vicino, con insistenza*] suivre pas à pas, talonner # *pedinare una ragazza* [*corteggiarla con insistenza*] courir après (*fam.*) une fille; *smettila di pedinarmi!* arrête de me courir après! **B** *v.intr.* (*aus. 'avere'*) (*di uccelli selvatici*) [*camminare veloci per allontanarsi dal cane in ferma o dal cacciatore*] piéter (8): *il fagiano ha pedinato per qualche metro e poi è scomparso* le faisan a piété pendant quelques mètres, puis il a disparu.

pedipàlpo |pedi'palpo| *s.m.* (*zool.*) pédipalpe.

pedissequaménte |pedissekwa'mente| *avv.* [→ PEDISSEQUO] servilement ◇ [*ciecamente*] aveuglément: *seguire pedissequamente le direttive di qc.* suivre aveuglément les directives de qqn.

pedìssequo |pe'dissekwo| *agg.* [*che segue, imita passivamente qc. o q.c.*] servile: *sono dei pedissequi imitatori del caposcuola* ce sont des imitateurs serviles du chef de file; *una pedissequa imitazione dello stile leopardiano* une imitation servile du style de Leopardi ◆ (*s.*) *un pedissequo* un imitateur* moutonnier*.

pedivèlla |pedi'vɛlla| *s.f.* (*mecc.*) manivelle (de pédalier).

1 **pedogènesi** |pedo'dʒɛnezi| *s.f. inv.* (*bot., zool.*) pédogenèse *var.*

2 **pedogènesi** |pedo'dʒɛnezi| *s.f. inv.* (*geol.*) pédogenèse *var.*

1 **pedologìa, gie** |pedolo'dʒia, dʒie| *s.f.* [*scienza che studia i problemi fisici e psichici del bambino*] pédologie, paidologie.

2 **pedologìa, gie** |pedolo'dʒia, dʒie| *s.f.* [*branca della geol. che studia la struttura del suolo*] pédologie.

pedòlogo, gi, ga, ghe |pe'dɔlogo, dʒi, ga, ge| *s.* [*chi studia il suolo dal punto di vista agrario*] pédologue *m.*

pedòmetro |pe'dɔmetro| *s.m.* → **podometro.**

pedonàle |pedo'nale| *agg.* [*riservato ai pedoni*] pietonnier*, pour piétons (*loc. inv.*): *isola pedonale* refuge, passage piétonnier, pour piétons # *passaggio pedonale* passage clouté ◇ [*dei pedoni*] piétonnier, des piétons (*loc. inv.*): *traffico pedonale* circulation piétonnière, des piétons.

pedonalizzàre |pedonalid'dzare| *v.tr.* [*riservare* (*una strada*) *ai pedoni*] réserver (une rue) aux piétons.

pedóne |pe'done| *s.* **1** *s.* [*chi va a piedi*] piéton: *sottopassaggio per pedoni* passage souterrain pour piétons; *urtare un pedone* heurter un piéton **2** *s.m.* (*scacchi*) pion: *muovere un pedone* avancer un pion.

pedùccio, i |pe'duttʃo, i| *s.m.* **1** [*zampetto* (*di maiale, agnello, lepre, ecc.*)] pied **2** (*arch.*) sommier **3** [*piccolo basamento; piedistallo*] piédouche.

1 **pedùle** |pe'dule| *s.f. pl.* (*alpinismo*) chaussures d'alpiniste, pour la varappe.

2 **pedùle** |pe'dule| *s.m.* pied de la chaussette.

peduncolàre |pedunko'lare| *agg.* pédonculaire.

peduncolàto |pedunko'lato| *agg.* (*bot.*) pédonculé: *fiori peduncolati* fleurs pédonculées ◇ (*zool.*) pédiculé: *insetto peduncolato* insecte pédiculé.

pedùncolo |pe'dunkolo| *s.m.* **1** (*bot.*) pédoncule: *il peduncolo del fiore* le pédoncule de la fleur **2** (*zool.*) pédoncule, pédivale **3** (*anat.*) pédoncule: *peduncoli cerebrali* pédoncules cérébraux.

peeling |'pi:liŋ| *s.m. inv.* (*ingl.*) peeling *var.*

pegamòide |pega'mɔide| *s.m. o f.* (*marchio depositato*) pégamoïd (*m.*): *borsa di pegamoide* sac en pégamoïd.

pegasèo |paga'zɛo| *agg.* (*mitol.*) de Pégase (*loc. inv.*): *la fonte pegasea* la fontaine de Pégase.

Pegàsidi |pe'gasidi| *s.m. pl.* (*t. zool.*) Pégasidés.

pèggio |'pɛddʒo| **I** *avv.* **1** [*in modo peggiore*] pis, plus mal, moins bien: *peggio di prima, di ieri* pis, plus mal, moins bien qu'avant, qu'hier; *la situazione va sempre peggio* la situation va de mal en pis; *non poteva trattarci peggio* il ne pouvait nous traiter plus mal; *se gli fai fretta, farà ancora peggio* si tu le bouscules, il fera encore plus mal; *la stagione sta andando sempre peggio* la saison va de mal en pis; *sto peggio, mi sento sempre peggio* je me sens moins bien, toujours plus mal; *ci vedi meglio o peggio?* tu vois mieux ou moins bien? # *è stanco, o, peggio, sfiduciato* il est fatigué, ou pire, découragé; *nessuno sta peggio di noi* personne n'est dans une situation (financière) pire que la nôtre ◇ (*loc.*) *cambiare in peggio* changer en mal, empirer ~ *andar di male in peggio* aller de mal en pis ~ *peggio di così si muore!* on ne peut (trouver) pire! ~ (*tanto*) *peggio per te, per noi* tant pis pour toi, pour nous ~ *peggio che mai!* pire que jamais! ~ *ass., escl.* PEGGIO! tant pis!: *'non vieni oggi?' 'purtroppo neanche domani!' 'peggio!'* 'tu ne viens pas aujourd'hui?' 'ni même demain, hélas!' 'tant pis!' **2** (*davanti ad agg. o a p.*) [*meno*] moins bien, plus mal: *sono peggio equipaggiati di noi* ils sont moins bien équipés que nous; *ti vedo peggio conciato di ieri* je te trouve plus mal en point qu'hier **3** (*davanti ad agg. preceduto da art. det. assume forma di sup. rel.*) le moins bien, le plus mal: *fra tutti sono i peggio organizzati* ils sont les plus mal organisés de tous; *in albergo eravamo i peggio sistemati* dans l'hôtel, nous étions les plus mal installés → **meno**
II *agg. comparativo inv.* **1** [*peggiore*] pire *var.*, plus mauvais (*var.*): *la stanza mi sembra peggio di prima* la pièce me semble pire qu'avant!; *il socio è peggio di lui* son associé est pire que lui; *l'ho trovato peggio di quanto immaginassi* je l'ai trouvé pire que je ne l'imaginais; *quanto ad avarizia è peggio di suo marito* pour ce qui est de l'avarice, elle est pire que son mari; *una situazione peggio non mi era mai capitata* une situation pire ne m'était jamais arrivée; *è stanco e, quel che è peggio, malato* il est fatigué et, ce qui est pire, (il est) malade ◆ (*loc. ass.*) *c'è di peggio!* il y a pire encore! ~ *ce n'è, ce ne sono di peggio, delle peggio* il y en a de plus mauvaises ~ *ne ho viste delle peggio* j'en ai vu de plus mauvaises, j'en ai vu (bien) d'autres ~ *hai mai visto q.c. di peggio?* as-tu jamais vu quelque chose de plus mauvais, de pire? ◇ (*preceduto dall'art. det. forma il sup. rel.*) la plus mauvaise, la pire: *fra tutte è la peggio* de toutes, c'est la plus mauvaise, la pire; *è la peggio soluzione possibile* c'est la pire des solutions (possibles) **2** [*più negativo; meno soddisfacente*] pis (*lett.*), pire: *non avvertirlo è anche peggio* ne pas l'avertir, c'est encore pis, pire; *più aspetti e peggio sarà* plus tu attends, pire ce sera; *domani sarà peggio che mai* demain ce sera pire encore; *così è ancora peggio* comme ça, c'est encore pire ~ *se non vieni sarà peggio per te* si tu ne viens pas, ce sera tant pis pour toi ◇ (*loc.*) *è peggio che peggio* c'est encore pire ~ *è peggio che andar di notte* c'est pire que tout ~ *è peggio che parlare ai sordi* c'est pire que parler à un sourd ~ *è peggio che mai* c'est pire que jamais **III** *s.* **1** *s.m. inv.* le pire, le pis: *il peggio è che...* le pire c'est que...; *il peggio che può*

capitarti è di venire trasferito ce qui peut t'arriver de pire, c'est d'être muté; *questo è il peggio che poteva capitarmi* c'est ce qui pouvait m'arriver de pire; *bisogna temere, prevedere il peggio* il faut craindre, envisager le pire; *il peggio deve ancora venire* le pire est encore à venir; *le cose si mettono per il peggio, al peggio* les choses se mettent au pis; *tu pensi sempre al peggio* tu penses toujours au pire; *prepariamoci al peggio* préparons-nous au pire **2** (*s.f. inv.*) *avere la peggio* avoir le dessous *m.*; *nell'incidente la peggio è toccata a lui* dans l'accident c'est lui qui a le plus écopé (*fam.*), qui a été le plus éprouvé ◇ (*loc.*) *alla peggio mi licenzio* au pis aller, je démissionne ~ *gli affari vanno alla meno peggio* les affaires vont un peu à la diable **C** **meglio** 1, 2, 3.

peggioraménto |peddʒora'mento| *s.m.* [→ 1 PEGGIORARE] aggravation (*f.*): *il peggioramento dell'economia* l'aggravation de l'économie # *i rapporti internazionali sono in costante peggioramento* les rapports internationaux s'aggravent de plus en plus; *le sue condizioni hanno subito un forte peggioramento* son état s'est terriblement aggravé, a terriblement empiré.

1 **peggioràre** |peddʒo'rare| **A** *v.tr.* [*rendere peggiore; aggravare*] empirer, aggraver: *hai peggiorato la tua situazione* tu as empiré, aggravé ta situation; *queste limitazioni peggioreranno l'andamento del mercato* ces limitations empireront l'allure du marché **B** *v. intr.* (*riferito a cose*): (*aus.* 'essere'); (*riferito a persone*): (*aus.* 'essere, avere') [*diventar peggiore*] empirer (*aus.* avoir): *il malato peggiorava di giorno in giorno* l'état du malade empirait, s'aggravait de jour en jour # *in quest'ultimo mese hai peggiorato, sei peggiorato* ce mois tu as (encore) baissé; *il tempo sta peggiorando* le temps se gâte.

2 **peggioràre** |peddʒo'rare| *s.m. inv.* [*peggioramento*] aggravation *f. var.* # *mi preoccupa il continuo peggiorare della sua salute* le déclin constant de sa santé m'inquiète.

peggiorativaménte |peddʒorativa'mente| *avv.* [→ PEGGIORATIVO 1] péjorativement.

peggiorativo |peddʒora'tivo| *agg.* **1** qui aggrave (les choses) (*loc.*): *un intervento peggiorativo* une intervention défavorable, qui a aggravé les choses **2** (*gram.*) péjoratif*: *forma peggiorativa* forme péjorative; *aggettivo, suffisso peggiorativo* adjectif, suffixe péjoratif ✦ (*s.m.*) *un peggiorativo* un péjoratif.

peggióre |ped'dʒore| **I** *agg.* **1** *comparativo* [*inferiore per qualità, doti, pregi; più negativo*] pire, plus mauvais: *un rimedio peggiore del male* un remède pire que le mal; *abita in una casa peggiore di questa* il habite une maison pire que celle-ci; *il raccolto è assai peggiore del previsto* la récolte est bien plus mauvaise que prévu; *l'ho trovato in condizioni peggiori del solito* je l'ai trouvé dans des conditions pires que d'habitude; *siamo caduti in un guaio peggiore* nous sommes tombés dans des ennuis pires (qu'avant); *non mi è mai capitata una situazione peggiore* je n'ai jamais vu (une) situation plus mauvaise; *peggior consiglio non poteva darti* il ne pouvait pas te donner (un) plus mauvais conseil; *rendere peggiore* rendre pire, faire empirer; *siete peggiori di loro* vous êtes pires qu'eux; *non esiste persona peggiore* [*più malvagia*] il n'existe pas une personne plus mauvaise, méchante # *hai agito nel modo peggiore* tu ne pouvais agir plus mal; *non c'è cosa peggiore che...* rien de pis que...; *diventare peggiore* empirer ◇ (*prov.*) *non c'è peggior sordo di chi non vuol sentire* il n'est pire sourd que celui qui ne veut pas entendre **2** (*preceduto da art. det. assume forma di sup.; anche con valore di sost.*) le pire, le plus mauvais: *ha scelto la peggiore soluzione* il a choisi la solution la plus mauvaise; *mi hanno dato il posto peggiore* ils m'ont donné la place la plus mauvaise; *il suo peggior difetto è la sbadataggine* son pire défaut, son plus grave défaut est l'étourderie; *questo è il peggiore di tutti i mali* c'est le pire de tous les maux; *sono nelle condizioni peggiori per darti un parere sereno* je suis dans les conditions les plus mauvaises pour te donner un avis avec sérénité; *è un individuo della peggiore specie* c'est un individu de la pire espèce; *sei il peggiore della classe* tu es le plus mauvais de ta classe; *è il nostro peggior nemico* c'est notre pire ennemi; *nel caso, nell'ipotesi peggiore...* dans le pire des cas; *nel peggiore dei casi, nella peggiore delle ipotesi...* dans le pire des cas, au pis aller # *consideriamo l'ipotesi peggiore* considérons l'hypothèse la moins favorable **II** (*s.*) *i peggiori* les pires *agg.* individus: *sono sempre i peggiori che hanno fortuna* ce sont toujours les pires individus qui ont de la chance **C** **migliore.**

pegmatite |pegma'tite| *s.f.* (*miner.*) pegmatite.

pégno |'peɲɲo| *s.m.* **1** [*oggetto dato in garanzia dell'adempimento di un obbligo*] gage: *prestito su pegno* prêt sur gage, sur nantissement; *agente di pegni* prêteur sur gages; *agenzia di pegni* bureau de prêt sur gages; *chiedere, ottenere un pegno per un prestito* demander, obtenir un gage pour un prêt; *portare in pegno un gioiello, una pelliccia* mettre un bijou, un manteau de fourrure en gage, au mont-de-piété; *cosa vuoi in pegno di questo favore?* que veux-tu en gage de ce service? # *monte dei pegni* mont-de-piété **2** [*contratto di pegno*] nantissement: *stipulare un pegno* stipuler un nantissement ◇ (*di beni mobili*) gage ◇ (*di beni immobili*) antichrèse *f.* **3** (*fig.*) [*prova, garanzia*] gage: *un pegno d'amicizia, di fedeltà* un gage d'amitié, de fidélité; *la fedeltà è un pegno d'amore* la fidélité est un gage d'amour; *ti do la mia parola come pegno* je te donne ma parole comme gage.

'peignoir' |pɛɲwaʀ| *s.m. inv.* peignoir *var.*

pégola |'pegola| *s.f.* (*raro*) → **pece.**

pegolièra |pego'ljɛra| *s.f.* (*mar.*) pigoulière.

pehlevi |'pelevi| *s.m. inv.* (*ling.*) pehlvi *var.*

péi |'pei| *prep. art. m. pl.* (*lett., region.*) [*per i*] pour les; par les → **per.**

pel |pel| *prep. art. m. sing.* (*lett., region.*) [*per il*] pour le; par le → **per.**

pelagianismo |peladʒa'nizmo| *s.m.* (*st. relig.*) pélagianisme.

pelagiàno |pela'dʒano| *agg.* pélagien*.

pelàgico, ci, ca, che |pe'ladʒiko, tʃi, ka, ke| *agg.* pélagique: *zona, acqua pelagica* zone, eau pélagique, de haute mer.

pèlago, ghi |'pɛlago, gi| *s.m.* **1** (*lett.*) [*alto mare; mare aperto*] *haute mer *f.* (*corr.*), pleine mer (*corr.*) **2** (*fig.*) [*pantano, ginepraio* (*spec. di cose fastidiose*)] guêpier: *mi son cacciato in un pelago di grattacapi* je me suis fourré dans un guêpier, dans un pétrin.

pelagos |'pelagos| *s.m. inv.* (*gr.*) pelagos.

pelàme |pe'lame| *s.m.* [*i peli, la pelliccia di un animale*] pelage: *pelame lungo, folto* pelage long, épais; *un gatto dal pelame scuro* un chat au pelage foncé → **mantello.**

pelaménto |pela'mento| *s.m.* (*tecnol.*) [→ PELARE A 2] pelage.

pelàmide |pe'lamide| *s.f.* (*t.zool.*) pélamide, pélamyde.

pelandróne |pelan'drone| *s.* (*region.*) [*persona indolente; scansafatiche*] fainéant (*corr.*), paresseux*: *è sempre stato un pelandrone* il a toujours été un fainéant, un paresseux; *svegliati, pelandrona!* réveille-toi, paresseuse! ✦ (*agg.*) *un ragazzo pelandrone* un garçon fainéant, paresseux.

pelandronite |pelandro'nite| *s.f.* (*fam.*) [*il vizio di essere fannullone*] fainéantise (*corr.*) → **pigrizia.**

pelapatàte |pelapa'tate| *s.m. inv.* **1** (*a mano*) couteau-éplucheur *var.* **2** (*apparecchio automatico*) éplucheur électrique ✦ (*agg. inv.*) *macchina pelapatate* machine à éplucher (les pommes de terre) *loc.*

pelàre |pe'lare| **A** *v.tr.* **1** [*togliere i peli, i capelli*] dépouiller: *pelare un maiale, un coniglio* dépouiller un cochon, un lapin □ *si era pelata le sopracciglia* elle avait épilé ses sourcils ◇ (*fam.*) *devo proprio farmi pelare* [*tagliare i capelli*] je dois vraiment me faire tondre (*corr.*); *questa volta ti ha pelato!* [*ti ha tagliato i capelli a zero*] cette fois-ci il t'a rasé! ◇ (*per est.*) [*togliere le penne*] plumer: *pelare un pollo, un tordo* plumer un poulet, une grive ◇ (*per est.*) [*togliere le foglie, la vegetazione*] dépouiller: *pelare una vite* dépouiller une vigne # *pelare il ramo di un albero* effeuiller la branche d'un arbre; *la grandinata ha pelato i campi* l'averse de grêle a ravagé les champs ◇ (*loc. fig.*) *una gatta da pelare* [*una faccenda complicata, difficile*] un guêpier, une sale affaire à débrouiller, un écheveau à démêler; *ti sei preso una bella gatta da pelare!* tu t'es fourré dans un drôle de guêpier, tu as un drôle d'écheveau à démêler! **2** [*togliere la membrana esterna; sbucciare*] peler (6), éplucher: *pelare una mela, le castagne* peler une pomme, les marrons; *pelare una patata* éplucher une pomme de terre; *mangia i fichi senza pelarli* il mange les figues sans les peler # *pelare un filo elettrico* [*togliergli il rivestimento isolante*] dénuder un fil électrique ◇ (*per est.*) [*portar via la pelle*] *era così bollente che mi ha pelato la lingua* c'était si bouillant que ma langue en a pelé; *c'era un vento gelido che pelava la faccia* il y avait un vent glacial qui coupait le visage; *il sole gli ha pelato le spalle* ses épaules pèlent pour avoir pris trop de soleil □ *scivolando mi sono pelato un ginocchio* en glissant, je me suis écorché le genou **3** (*fig.*) [*far spendere in modo esagerato*] écorcher, plumer: *in questo negozio pelano* dans ce magasin, on est écorché; *mi hanno pelato a poker* ils m'ont plumé au poker ◇ (*fam.*) [*portar via*] soutirer (*corr.*): *continua a pelar quattrini al padre* il continue à soutirer de l'argent à son père # *i creditori gli hanno pelato tutto* les créanciers lui ont tout raflé **B** *v.pron. intr.* PELARSI **1** [*perdere i capelli*] perdre (53) *tr.* ses cheveux: *ha cominciato a pelarsi sui 35 anni* il a commencé à perdre ses cheveux vers 35 ans; *si è pelata dopo quella cura di ormoni* elle a perdu ses cheveux après cette cure d'hormones ◇ [*perdere i peli; spelarsi*] muer (*intr.*): *alcuni animali si pelano al cambio di stagione* certains animaux muent au changement de saison ◆ *rifl.* → *tr.* 1 □ **2** (*per est.*) [*escoriarsi la pelle; sbucciarsi*] s'écorcher: *nella caduta si è pelata un gomito* dans la chute, elle s'est écorché le coude ◆ *rifl.* → *tr.* 2 □ **3** (*per est.*) [*perdere le foglie*] se dépouiller: *i boschi già cominciano a pelarsi* les bois commencent déjà à se dépouiller.

pelargònico, ci, ca, che |pelar'gɔniko, tʃi, ka, ke| *agg.* (*chim.*) pélargonique.

pelargònio, i |pelar'gɔnjo, i| *s.m.* (*t.bot.*) pélargonium.

pelàsgico, ci, ca, che |pe'lasdʒiko, tʃi, ka, ke| *agg.* (*st. gr.*) pélasgien*, pélasgique.

pelàta |pe'lata| *s.f.* **1** [→ PELARE A 1] pelage *m.*, action de peler, de plumer # *dare una pelata a un pollo* plumer un poulet; *dagli almeno una pelata, prima di mangiarli* tu pourrais au moins les peler avant de les manger ◇ (*scherz.*) [*rasatura dei capelli*] *ti sei fatto dare una bella pelata* on t'a proprement rasé le crâne ◇ (*fig., scherz.*) *dare una pelata* [*stangata, batosta in danaro*] donner un coup de fusil, plumer (*v.tr.*): *al ristorante ci hanno dato una pelata!* au restaurant, ça a été le coup de fusil!; *se non stai attento ti danno di quelle pelate!* si tu ne fais pas attention, tu vas te faire plumer! **2** (*per est.*) [*testa calva*] calvitie # *gli è venuta la pelata* il est devenu chauve; *guarda con che pelata mi ritrovo!* regarde cette boule de billard avec laquelle je me retrouve!

pelàti |pe'lati| *s.m. pl.* (*cuc.*) tomates *f.* pelées en conserve: *una scatola di pelati* une boîte de tomates pelées.

pelatìna |pela'tina| *s.f.* (*scherz.*) [*zona calva della testa*] tête (*fam.*) déplumée # *ha una pelatina sul cucuzzolo* il est déplumé sur le sommet de la tête.

pelàto |pe'lato| *agg.* pelé: *patate, mele pelate* pommes de terre, pommes pelées, épluchées; *pomodori pelati* tomates pelées, en conserve ◇ (*per anal.*) *testa pelata* tête déplumée (*fam.*), tête d'œuf # *ha la testa pelata come un uovo* il est chauve comme un boule de billard, comme mon genou (*fam., volg.*).

pelatóre, trice |pela'tore, tritʃe| *s.* [*chi è addetto alla pelatura di animali*] écorcheur *m.*, (*di verdure e sim.*) éplucheur*.

pelatrice |pela'tritʃe| *s.f.* [*macchina pelatrice*] éplucheur *m.* (électrique).

pelatùra |pela'tura| *s.f.* [→ PELARE] pelage *m.*

pel di caròta |peldika'rɔta| *agg. e s. inv.* (*fam.*) poil-de-carotte.

peleàno |pele'ano| *agg.* (*geogr.*) péléen*.

Pelecanifórmi |pelekani'formi| *s.m. pl.* (*t.zool.*) Pélécaniformes.

Pelecìpodi |pele'tʃipodi| *s.m. pl.* (*t.zool.*) Lamellibranches, Pélécypodes (*arc.*).

pellàccia, ce |pel'lattʃa, tʃe| *s.f.* **1** [*persona resistente alle fatiche, ai disagi*] peau dure: *non si stanca, non si arrende mai quella pellaccia* c'est une peau dure, il ne se fatigue jamais, il ne faiblit jamais ◇ (*per est., fig.*) [*resistenza al dolore, al male fisico*] *ha la pellaccia dura quello lì* il est dur au mal celui-là!, il a la peau dure!; *stai tranquillo che non muore, ha una pellaccia!* ne te fais pas de soucis, il ne mourra pas, il est dur au mal ◇ (*fig., scherz.*) [*vita*] peau: *vender cara la propria pellaccia* vendre chèrement sa vie, sa peau; *per poco non ci rimettevo la pellaccia* pour un peu j'y laissais ma peau **2** (*spreg.*) [*persona astuta e senza scrupoli*] mauvais sujet *m.*, vieux renard (*m.*): *non fidarti, è una pellaccia!* ne te fie pas à lui, c'est un mauvais sujet, un vieux renard, c'est un dur.

pellàgra |pel'lagra| *s.f.* (*med.*) pellagre.

pellagróso |pella'groso| *agg.* pellagreux*: *un malato pellagroso* un malade pellagreux, une personne qui a la pellagre; *irritazione pellagrosa* irritation pellagreuse ◆ (*s.*) *un pellagroso* un pellagreux.

pellàio, i |pel'lajo, i| *s.* [*conciatore*] peaussier *m.*, tanneur *m.* ◇ (*per est.*) marchand de peaux.

pellàme |pel'lame| *s.m.* [*pelli conciate*] peaux (*f. pl.*): *pellame di scarto* peaux de rebut # *commercio, negozio di pellame* peausserie.

pèlle |'pɛlle| *s.f.* **1** (*anat., corr.*) peau: *pelle chiara, scura, abbronzata* peau claire, foncée, bronzée; *pelle delicata, ruvida* peau délicate, rêche; *il colorito della pelle* le teint de la peau; *avere delle macchie sulla pelle* avoir des taches sur la peau; *si è scottato la pelle delle mani* il s'est brûlé la peau des mains; *non sopporto i tessuti di lana sulle pelle* je ne supporte pas la laine sur la peau → **cute** ◇ *loc.* A FIOR DI PELLE à fleur de peau: *mi è passato un brivido a fior di pelle* j'ai eu un frisson à fleur de peau; (*fig.*) *oggi ho i nervi a fior di pelle* aujourd'hui j'ai les nerfs à fleur de peau ~ *una ferita, una scottatura in pelle* une blessure, une brûlure superficielle ~ *avere, sentirsi la pelle d'oca, sentirsi accapponare la pelle* avoir la chair de poule ~ *è una storia che fa accapponare la pelle* c'est une histoire qui fait venir la chair de poule ~ *far la pelle lustra* [*ingrassare*] grossir, faire du lard (*volg.*) ~ *ridursi a, essere pelle e ossa* n'avoir que la peau sur les os ◇ (*loc. fig.*) *non sto più nelle pelle per la curiosità* je suis mort de curiosité ~ *ridere, mangiare a crepa pelle, a crepapelle* rire, manger à en crever ~ *non vorrei essere nella sua pelle* je ne voudrais pas être dans sa peau ~ *levar la pelle a qc.* [*pretendere l'impossibile in denaro, prestazioni*] prétendre l'impossible de qqn.; [*criticarlo con severità eccessiva*] accabler qqn. de critiques excessives ~ *aver la pelle dura* avoir la peau dure **2** (*fig.*) peau: *salvare, rischiare, rimetterci la pelle* sauver, risquer, y laisser sa peau; *riportare a casa la pelle* sauver sa peau; *per poco non ci lasciava la pelle* pour un peu, il y laissait sa peau; *a me preme la pelle!* je tiens à ma peau!; *rischiano sulla pelle degli altri* ils prennent des risques avec la peau des autres → 1 **vita** ◇ (*loc.*) *far la pelle a qc.* faire la peau à qqn. ~ *vender cara la pelle* vendre cher sa peau ~ *essere amici per la pelle* être amis à la vie et à la mort ~ *è un anarchico per la pelle* c'est un anarchique à tous crins, à tout crin **3** (*animali*) peau: *un animale con la pelle grassa, screziata* un animal avec une peau luisante, bariolée; *conciare la pelle di un agnello* tanner la peau d'un agneau # *la pelle dell'elefante* le cuir de l'éléphant; *la pelle del cavallo* la robe du cheval ◇ (*prov.*) *vender la pelle dell'orso prima di averlo preso* vendre la peau de l'ours avant de l'avoir tué **4** (*pelle conciata di animale*) peau: *guanti, borsetta di pelle* gants, sac en peau; *asciugare i vetri con la pelle di daino* essuyer les vitres avec une peau de chamois # *un divano di pelle* un divan en cuir; *articoli in pelle* (articles de) maroquinerie; *rilegatura in pelle, in tutta pelle* reliure en (pleine) peau; *rilegatura in mezza pelle* demi-reliure, demi-maroquin **5** (*per est.*) [*membrana esterna; buccia*] peau: *togliere la pelle a una pera, a una patata* peler une poire, une pomme de terre; retirer la peau d'une poire, d'une pomme de terre; *le albicocche si mangiano anche con la pelle* les abricots se mangent aussi avec leur peau; *che bella pelle vellutata, queste pesche!* quelle belle peau veloutée, ces pêches! **6** (*loc. particolari*) *pelle d'uovo* [*tessuto finissimo di cotone*] peau d'ange ~ *pelle di diavolo* [*tessuto ruvido di cotone*] coton rêche ~ *pelle di seta* [*tessuto di seta greggia*] soie grège ~ *pelle d'angelo* [*corallo color rosa molto pallido*] corail rose pâle.

pellegrìna |pelle'grina| *s.f.* (*abbigl.*) pèlerine.

pellegrinàggio, i |pellegri'naddʒo, i| *s.m.* **1** [*visita di devozione a un luogo sacro*] pèlerinage: *un pellegrinaggio in Terra Santa* un pèlerinage en Terre Sainte; *organizzare un pellegrinaggio a Lourdes* organiser un pèlerinage à Lourdes ◇ (*per est.*) [*visita a luoghi d'importanza civile o storica*] *pellegrinaggio al monumento ai caduti* pèlerinage au monument aux morts ◇ (*fam.*) [*viavai di persone*] va-et-vient (*corr.*): *nel suo ufficio c'è un pellegrinaggio continuo* dans son bureau il y a un va-et-vient continuel **2** [*gruppo di pellegrini*] groupe de pèlerins: *un pellegrinaggio imponente* un groupe de pèlerins imposant # *il treno del pellegrinaggio è in partenza* le train des pèlerins est en partance **3** (*raro*) [*esistenza, spec. tribolata; peregrinazione*] *ha concluso il suo breve pellegrinaggio sulla terra* il a terminé son bref séjour sur la terre; *per concludere la pratica abbiamo dovuto fare un vero pellegrinaggio* pour compléter le dossier, nous avons dû chercher partout.

pellegrinàre |pellegri'nare| *v.intr.* (*aus.* '*avere*') **1** [*andare in pellegrinaggio*] aller (13) (*aus.* être) en pèlerinage, faire (45) *tr.* un pèlerinage: *abbiamo pellegrinato alle basiliche romane* nous avons fait un pèlerinage dans les basiliques romanes **2** (*raro*) → **peregrinare.**

pellegrìno |pelle'grino| **I** *s.* **1** [*chi fa un pellegrinaggio*] pèlerin: *un treno di pellegrini* un train de pèlerins # *andare pellegrino* aller en pèlerinage **2** (*raro*) [*viandante*] pèlerin: *alloggiare i pellegrini* loger les pèlerins ◇ (*lett.*) → **forestiero II** *agg.* **1** [*che viaggia*] pèlerin: *falcone pellegrino* faucon pèlerin ◇ (*raro*) [*di pellegrini*] de pèlerins (*loc. inv.*): *comitiva pellegrina* groupe de pèlerins **2** (*fig.*) [*strano, peregrino*] saugrenu: *idea, ipotesi pellegrina* idée, hypothèse saugrenue.

pellerόssa |pelle'rossa|, **pellirόssa** |pelli'rossa| *agg.* de Peaux-Rouges (*loc. inv.*): *popolazioni pellerosse* populations de Peaux-Rouges ◆ (*s.*) *una tribù di pellirossa* une tribu de Peaux-Rouges.

pellética, che |pel'letika, ke| *s.f.* (*pop.*) [*carne macellata male scuoiata*] nerfs *m. pl.* (*corr.*): *un pezzo di lesso pieno di pelletiche* un morceau de viande bouillie plein de nerfs.

pelletterìa |pellette'ria| *s.f.* **1** [*produzione e commercio di oggetti in pelle*] maroquinerie: *l'industria, il mercato della pelletteria* la maroquinerie **2** [*oggetti in pelle*] maroquinerie **3** [*negozio di articoli in pelle*] maroquinerie.

pellettière |pellet'tjɛre| *s.* [*artigiano o commerciante di oggetti in pelle*] maroquinier *m.*

pellicàno |pelli'kano| *s.m.* **1** (*t. zool.*) pélican **2** (*med.*) pélican.

pelliccerìa |pellittʃe'ria| *s.f.* **1** [*laboratorio, negozio di pellicce*] fourreur *s.*; magasin *m.* de fourrures: *l'hanno assunta in una pellicceria* on l'a engagée chez un fourreur ‖ *ti aspetto all'angolo, davanti alla pellicceria* je t'attends au coin, devant le magasin de fourrures **2** [*assortimento di pellicce*] fourrures (*pl.*): *una pellicceria varia e raffinata* des fourrures variées et de prix.

pellìccia, ce |pel'littʃa, tʃe| *s.f.* **1** [*mantello di animale con pelo più o meno lungo*] fourrure: *animali da pelliccia* animaux à fourrure; *la pelliccia del castoro* la fourrure du castor **2** [*pelle conciata di animali con pelame folto*] fourrure: *una pelliccia di ermellino, di leopardo* une fourrure d'hermine, de léopard; *collo, cappello di pelliccia* col, bonnet de fourrure **3** [*soprabito, giacca e sim. di pelliccia*] (manteau de) fourrure: *comprarsi, mettersi la pelliccia* s'acheter, mettre un manteau de fourrure; *per il compleanno mi hanno regalato la pelliccia di volpe* pour mon anniversaire on m'a offert un manteau de fourrure de renard.

pellicciàio, i |pellit'tʃajo, i| *s.* **1** [*conciatore di pelli per pellicce*] fourreur **2** [*chi confeziona o vende pellicce*] fourreur, pelletier* **3** (*anat.*) peaucier *m.* ◆ (*agg.*) *muscolo pellicciaio* muscle peaucier.

pelliccióne |pellit'tʃone| *s.m.* **1** [*pelliccia grossa e rozza*] peau *f.* de bique **2** (*abbigl.*) *houppelande *f.*

pellicìna |pelli'tʃina| *s.f.* **1** [*piccolo frammento di pelle*] petite peau # *dopo la febbre mi son venute delle pellicine sulle labbra* après la fièvre, mes lèvres ont desquamé **2** [*sottile membrana*] pellicule: *la pellicina dell'uovo* la pellicule de l'œuf **3** [*pelle tenera e delicata, spec. di neonati*] peau délicate: *è un tessuto troppo ruvido per la sua pellicina* c'est un tissu trop rêche pour sa peau délicate.

pellicìno |pelli'tʃino| *s.m.* (*ant.*) [*angolo cucito di un sacco e sim.*] oreille *f.* (*corr.*).

pellìcola |pel'likola| *s.f.* **1** pellicule: *una pellicola di carta gommata* une pellicule de papier gommé; *formaggio ricoperto con una pellicola di cera* fromage recouvert d'une pellicule de cire → **membrana** **2** (*cine., foto.*) pellicule, film (*m.*): *pellicola in bianco e nero, a colori* pellicule, film en noir et blanc, en couleur; *pellicola fotografica, cinematografica* pellicule photographique, cinématographique; *sviluppare, proiettare una pellicola* développer, projeter un film ◇ (*per est.*) [*opera filmica; film*] film: *ha realizzato una valida pellicola* il a réalisé un film valable; *è una pellicola noiosa* c'est un film ennuyeux.

pellicolaménto |pellikola'mento| *s.m.* (*foto.*) pelliculage.

pellicolàre |pelliko'lare| *agg.* (*scient.*) pelliculaire ◇ (*elettr.*) *effetto pellicolare* effet de peau *loc.*

pellirόssa |pelli'rossa| *s.* → **pellerossa.**

pellùcido |pel'lutʃido| *agg.* pellucide.

pélo |'pelo| *s.m.* **1** (*anat., corr.*) poil: *i peli della barba, delle ascelle* les poils de la barbe, des aisselles; *gli spuntano i primi peli* il devient pubère; il commence à avoir quelques poils au menton; *tagliarsi i peli superflui* se raser les poils superflus; *il gatto mi ha riempito di peli* le chat m'a couvert de poils ◇ [*i peli, il pelame*] *un coniglio dal pelo bianco* un lapin au poil blanc; *il mio cane sta cambiando il pelo* mon chien perd ses poils, change de poil # *un ragazzo ancora senza pelo* un garçon encore imberbe ◇ (*loc.*) *radersi a pelo e a contropelo* se raser dans le sens du poil et à contre-poil ~ *montare un cavallo a pelo* monter un cheval à cru, à poil ◇ (*loc. fig.*) *lisciare il pelo a qc.* flatter qqn. ~ (*fam.*) *fare il pelo e il contropelo a qc.* [*criticarlo a fondo, con puntiglio*] bêcher, débiner qqn. ~ LASCIARCI IL PELO [*pagar cara un'esperienza*] y laisser sa chemise: *in quell'affare ci lascerà il pelo* dans cette affaire, il y perdra sa chemise ~ *ha del pelo sullo stomaco* il est sans scrupules ~ *non ha peli sulla lingua* il ne mâche pas ses mots ~ *cercare il pelo nell'uovo* chercher la petite bête, vouloir couper les cheveux en quatre ~ *giovani di primo pelo* jeunes sans expérience, aux premières armes ◇ (*prov.*) *il lupo perde il pelo ma non il vizio* qui a bu boira **2** [*filato di pelo di animale*] *un golfino di pelo d'angora* un petit pull en angora ◇ [*peli che sporgono leggermente da un tessuto*] poil: *spazzolare per il verso del pelo* brosser dans le sens du poil ◇ [*peluria, lanugine*] *è un tessuto morbido, ma lascia il pelo* c'est un tissu souple, mais il perd ses poils, il peluche, il pluche **3** [*pelliccia di animale*] fourrure (*f.*): *un collo di pelo* un col de fourrure # *stivali foderati di pelo* bottes fourrées **4** (*bot.*) poil: *peli lunghi, ramificati, protettori* poils longs, ramifiés, protecteurs; *peli pluricellulari, orticanti, radicali* poils pluricellulaires, urticants, radicaux **5** (*fig.*) [*quantità minima di spazio, di tempo; inezia*] justesse *f.*; poil; tout près (*loc. inv.*): *mi hai trovato per un pelo* tu m'as trouvé de justesse ‖ *per un pelo l'armadio non entra* à un poil près, l'armoire n'entre pas; *non si è mosso di un pelo* il n'a pas bougé d'un poil (*fam.*); *c'è mancato un pelo che cadesse nel burrone* il s'en est fallu d'un poil qu'il ne tombe dans le ravin ‖ *è caduto a un pelo dal traguardo* il est tombé tout près de l'arrivée; *sei a un pelo* tu es tout près # *sono stato a un pelo dal prenderlo a ceffoni* j'ai été sur le point de le gifler; *c'è appena un pelo di differenza* il y a une légère différence **6** [*crepa sottile sull'intonaco di un muro*] lézarde *f.* # *gettar pelo* se lézarder **7** [*superficie di una massa liquida*] surface *f.* (de l'eau); fleur *f.* d'eau: *sfiorare il pelo dell'acqua* effleurer la surface de l'eau ‖ *l'aliscafo correva a pelo d'acqua* l'hydrofoil courait à fleur d'eau ◇ (*idraul.*) *pelo libero* superficie *f.* libre (d'un liquide).

pelòbate |pe'lɔbate| *s.m.* (*t.zool.*) pélobate.

pelodite |pelo'dite| *s.m.* (*t.zool.*) pelodyte.

peloponnesìaco, ci, ca, che |peloponne'ziako, tʃi, ka, ke| *agg.* [*del Peloponneso*] péloponnésien*.

pelosèlla |pelo'sɛlla| *s.f.* (*t.bot.*) épervière, piloselle.

pelosità |pelosi'ta| *s.f. inv.* abondance *var.* de poils, pilosité *var.* # *è complessata per la pelosità delle sue gambe* elle est complexée à cause de l'abondance de duvet qu'elle a sur les jambes.

pelóso |pe'loso| *agg.* [*ricoperto di peli; che ha molti peli*] poilu: *mani pelose* mains poilues; *è un uomo peloso* c'est un homme poilu ◇ (*di tessuti*) peluché, pelucheux*: *una stoffa pelosa* une étoffe peluchée, pelucheuse ◇ (*bot.*) *foglie pelose* feuilles peluchées, pelucheuses ◇ (*loc. fig.*) *carità pelosa* charité intéressée.

pelòta |pe'lɔta| *s.f.* (*sport*) pelote.

pelotàro |pelo'taro| *s.m.* pelotari.

pèlta |'pɛlta| *s.f.* (*armi ant.*) pelta *m. o f.*, pelte *m. o f.*

peltàsta |pel'tasta|, **peltàste** |pel'taste| *s.m.* (*st. gr.*) peltaste.

peltàto |pel'tato| *agg.* **1** (*bot.*) pelté **2** (*st. gr.*) *soldato peltato* peltaste.

peltràio, i |pel'trajo, i| *s.* [*artigiano del peltro*] étainier *m.*

péltro |'peltro| *s.m.* (*metall.*) étain: *un vassoio, un piatto di peltro* un plateau, un plat en étain ◇ (*per est.*) [*oggetto di peltro*] *peltri dell'800* étains du XIXe siècle.

'peluche' |p(ə)lyʃ| *s.f. inv.* peluche (*var.*): *un cappellino di 'peluche'* un chapeau en peluche; *orsacchiotto di 'peluche'* ours en peluche.

pelùria |pe'lurja| *s.f.* [*peli corti e morbidi*] duvet (*m.*): *comincia a crescergli un po' di peluria sul mento* un peu de duvet commence à lui pousser au menton # *una pesca con molta* *peluria* une pêche très duvetée, veloutée.

pèlvi |'pɛlvi| *s.f. inv.* (*anat.*) pelvis (*m. var.*): *pelvi renale* pelvis rénal → **bacinetto, bacino** 6.

pèlvico, ci, ca, che |'pɛlviko, tʃi, ka, ke| *agg.* (*anat.*) pelvien*: *cavità pelvica* cavité pelvienne.

pemmican |'pemikən| *s.m. inv.* (*ingl.*) pemmican *var.*

péna |'pena| *s.f.* **1** [*punizione*; *castigo*] punition, peine: *una pena proporzionata, giusta, eccessiva* une punition, une peine proportionnée, juste, excessive; *non potevano dargli una pena maggiore* ils ne pouvaient pas lui infliger une punition plus dure; *sta pagando la giusta pena per quello che ha fatto* il est en train de purger la juste peine à laquelle il a été condamné pour ce qu'il a fait ◇ (*dir.*) peine: *pena pecuniaria, detentiva* peine pécuniaire, de détention; *pena capitale, di morte, dell'esilio* peine capitale, de mort, de l'exil; *infliggere, scontare una pena, la pena dell'ergastolo* infliger, purger une peine, la peine de prison à vie; *chiedere il minimo, il massimo della pena* demander le minimum, le maximum de la peine ◇ (*eccl., teol.*) *pene canoniche* peines canoniques; *pene spirituali, temporali* peines spirituelles, temporelles; *le pene divine* les peines divines; *essere condannato alla pena eterna, dell'inferno* être condamné aux peines éternelles, de l'enfer ◇ *loc.* (SOTTO) PENA (DI) sous peine de: *divieto di propaganda contro il regime, sotto pena di morte* interdiction de faire de la propagande contre le régime, sous peine de mort; *è stato invitato all'abiura, pena la scomunica* il a été invité à abjurer, sous peine d'excommunication; *la domanda deve essere redatta in carta legale, pena la nullità* la demande doit être rédigée sur papier timbré, sous peine de nullité ◇ (*prov.*) *ambasciator non porta pena* ambassadeur ne porte douleur **2** [*patimento, sofferenza*] peine: *la vita è piena di pene* la vie est pleine de peines; *ognuno ha le sue pene* chacun de nous a ses peines; *quante pene ha sofferto!* que de peines, il a souffert! ◇ [*stento, fatica*] *ho fatto una gran pena a salire le scale* j'ai eu grand-peine à monter l'escalier; *sapessi quante pene ci sono costate queste quattro mura!* si tu savais combien de peine(s) ces quatre murs m'ont coûté ◇ (*loc. fig.*) *patire le pene dell'inferno, del purgatorio* souffrir les peines de l'enfer, du purgatoire ~ *essere un'anima in pena* être une âme en peine **3** [*dispiacere, dolore*] chagrin (*m.*): *i figli gli hanno procurato una pena dopo l'altra* ses enfants lui ont causé chagrin sur chagrin # *con questa notizia mi hai tolto una grossa pena* en m'annonçant cette nouvelle, tu m'as ôté un gros poids ◇ [*agitazione, ansia*] inquiétude: *sono stata in pena tutta la notte* l'inquiétude m'a tenaillé toute la nuit # *ho una gran pena per il suo ritardo* son retard m'inquiète; *non stare in pena per noi* ne sois pas inquiet pour nous ◇ [*preoccupazione*; *incomodo*] peine: *potevi anche prenderti la pena di darci un colpo di telefono!* tu pouvais quand même te donner la peine de nous passer un coup de fil! # *non darti pena per loro, si arrangeranno* ne t'inquiète pas pour eux, ils s'arrangeront **4** [*compassione, pietà*] peine, pitié: *è ridotto da far pena* il est si mal en point qu'il fait pitié; *mi ha fatto tanta pena vederlo così avvilito* cela m'a fait beaucoup de peine, de le voir si déprimé; *se l'è voluto lui, non mi fa pena neanche un po'!* c'est lui qui l'a voulu, et je n'en éprouve nulle pitié; (*iron.*) *mi fai proprio pena!* tu me fais vraiment pitié! **5** *loc.* VALER LA PENA [*meritare*] valoir la peine: *non vale la pena insistere* cela ne vaut pas la peine d'insister; *penso valga la pena andarlo a vedere* je pense que cela vaut la peine d'aller le voir ~ A GRAN PENA à grand-peine, avec peine: *ci siamo riusciti a gran pena* nous avons réussi à grand-peine, avec peine ~ A MALA PENA, A MALAPENA à peine: *ma che incontrato, se l'ho a mala pena intravisto da lontano!* mais non, je ne l'ai pas rencontré, je l'ai à peine aperçu de loin!; *da qui si scorge a mala pena il tetto* d'ici on aperçoit à peine le toit ~ *a pena* → **appena**.

penàle |pe'nale| *agg.* (*dir.*) pénal*, criminel*: *diritto, codice, procedura penale* droit, code pénal, procédure pénale; *procedimento, causa penale* procès criminel, affaire criminelle; *clausola penale* clause pénale; *sanzione penale* sanction pénale, pénalisation # *certificato penale* extrait de casier judiciaire; *muovere un'azione penale contro qc.* intenter un procès à qqn. ◆ (*s.f.*) pénalité: *stabilire, fissare, infliggere una penale* établir, fixer, infliger une pénalité # *pagare la penale* payer l'amende.

penalista |pena'lista| *s.* [*esperto di diritto penale*] criminaliste: *un buon penalista* un bon criminaliste.

penalìstico, ci, ca, che |pena'listiko, tʃi, ka, ke| *agg.* (*dir.*) qui concerne la procédure pénale *loc.*

penalità |penali'ta| *s.f. inv.* pénalité (*var.*): *pagare una penalità* payer une pénalité ◇ (*sport*) pénalité, pénalisation (*var.*): *alla squadra è stata inflitta la massima penalità* on a infligé la pénalité, la pénalisation maximum (maxima) à l'équipe → **penalizzazione**.

penalizzàre |penalid'dzare| *v.tr.* (*sport*) [*infliggere una penalizzazione*] pénaliser: *il corridore è stato penalizzato di due minuti* le coureur a été pénalisé de deux minutes; *hanno penalizzato la squadra con la retrocessione all'ultimo posto* on a pénalisé l'équipe en la reléguant à la dernière place.

penalizzazióne |penaliddzat'tsjone| *s.f.* [→ PENALIZZARE] pénalisation.

penalménte |penal'mente| *avv.* [→ PENALE] pénalement # *reato perseguibile penalmente* délit susceptible d'entraîner des poursuites légales.

penalty |'penlti| *s.f. inv.* (*ingl.*) (*sport*) penalty *m. var.* → **punizione** ◇ (*calcio*) penalty: *dei penalty* des penalties → **rigore**.

penàre |pe'nare| *v.intr.* (*aus.* '*avere*') **1** [*patire dolori*; *sopportare gravi sacrifici*] souffrir (23): *ha penato tutta la vita* il a souffert toute sa vie; *quanto dovrà penare prima di morire!* comme il devra (encore) souffrir avant de mourir!; *mi avete fatto penare un anno intero* vous m'avez fait souffrir toute l'année; *povera madre, chissà quanto pena!* pauvre mère, comme elle doit souffrir! ◇ (*euf.*) *finir di penare* [*morire*] finir de souffrir ◇ *loc. fam.* (*con l'oggetto interno*) *penare le pene dell'inferno* souffrir les peines de l'enfer, le martyre, mille morts **2** (*per est.*) [*far fatica*; *incontrare difficoltà*] avoir (28) du mal, peiner: *abbiamo penato per ritrovarvi* nous avons eu du mal, peiné pour vous retrouver; *non dovrai penar troppo per convincerlo* tu n'auras pas trop de mal à le convaincre.

penàti |pe'nati| *s.m. pl.* (*relig. rom.*) pénates ◇ (*fig.*) [*casa, patria*] *tornare ai propri penati* regagner ses pénates.

pencolànte |penko'lante| *agg.* [*che oscilla, vacilla*] branlant: *una trave pencolante* une poutre branlante.

pencolàre |penko'lare| *v.intr.* (*aus.* '*avere*') **1** [*non star saldo*; *oscillare*] pencher, chanceler (4): *gru che pencola* grue qui penche; *pencola dalla debolezza* il chancelle de faiblesse **2** (*fig.*) [*essere indeciso*; *tentennare*] hésiter: *è lì che pencola fra le due proposte* il hésite entre les deux propositions.

pendàglio, i |pen'daʎʎo, i| *s.m.* **1** [*oggetto spec. ornamentale che pende*] pendentif, breloque (*f.*): *attaccare un pendaglio alla collana* attacher un pendentif, une breloque à un collier # *ha la casa piena di pendagli* sa maison est pleine de bibelots ◇ (*loc. fig.*) *un pendaglio da forca* [*un delinquente*] un gibier de potence **2** *il pendaglio della sciabola* [*cinturino di cuoio che fa da sostegno*] le porte-épée (du sabre).

'pendant' |pãdã| *s.m. inv.* pendant (*var.*): *fare 'pendant', da 'pendant'* faire pendant (à); *sto cercando un 'pendant' per quella stampa* je suis en train de chercher le pendant de cette estampe ◇ [*orecchino*] boucle *f.* d'oreille # *un paio di 'pendant' a goccia* des pendants d'oreilles.

pendènte |pen'dɛnte| **I** *agg.* **1** [*che pende in basso*] pendant: *un cane con le orecchie pendenti* un chien aux oreilles pendantes ◇ [*che è inclinato da un lato*] penché: *una parete, un mobile pendente* un mur qui penche, un meuble penché **2** (*fig.*) [*non concluso*; *aperto*] pendant, en souffrance (*loc. inv.*): *causa, processo pendente* cause pendante, procès pendant; *carichi pendenti* chargements en souffrance; *avere un conto pendente* avoir un compte ouvert, en souffrance **3** (*agr.*) *frutti pendenti* fruits pendants **II** *s.m.* [*ciondolo*] pendentif: *portare un pendente al collo* porter un pendentif autour du cou ◇ *al plur.* [*orecchini*] pendants d'oreilles.

pendènza |pen'dɛntsa| *s.f.* **1** [*inclinazione*; *dislivello*] inclinaison; pente: *l'edificio ha una leggera pendenza a sinistra* l'édifice a une légère inclinaison vers la gauche, penche légèrement vers la gauche; *dare la giusta pendenza a un tetto* donner une juste inclinaison à un toit; *questo scarico ha poca pendenza* ce tuyau de descente a peu de inclinaison, de déclivité ‖ *una strada, un terreno in forte pendenza* une route, un terrain fortement en pente; *ho calcolato una pendenza del 3%* j'ai calculé une pente de 3% **2** (*dir.*) *la pendenza di un rapporto giuridico* rapport judiciaire pendant **3** (*fig.*) [*questione sospesa, non risolta*] affaire pendante: *ci sono ancora molte pendenze da sistemare* il y a encore beaucoup d'affaires pendantes à régler; *avere pendenze giudiziarie, economiche* avoir des affaires judiciaires, économiques encore pendantes # *avere delle pendenze con la giustizia* avoir des différends avec la justice ◇ *loc.* IN PENDENZA [*non risolto, non definito*] en souffrance: *non posso partire, ho troppe cose ancora in pendenza* je ne peux pas partir, j'ai encore trop de choses à terminer, en souffrance.

pèndere |ˈpɛndere| *v.intr.* (*aus.* '*avere*') (*raro nei tempi comp.*) **1** [*star sospeso verso il basso*] pendre (53), être (43) suspendue à: *una ragnatela pende dal soffitto* une toile d'araignée pend, est suspendue au plafond; *quante belle mele pendono dai rami!* que de belles pommes pendent aux branches!; *i giustiziati pendevano dalla forca* les suppliciés étaient pendus au gibet ◇ (*fig.*) [*incombere*] planer: *la maledizione di Dio pende su di voi* la malédiction de Dieu plane sur vous; *un grave pericolo pende sulla nostra testa* un grave danger plane sur nos têtes ◇ (*loc. fig.*) *pendere dalla labbra di qc.* être suspendu, pendu aux lèvres de qqn. ~ *pendere dalla volontà di qc.* dépendre de la volonté de qqn. → **dipendere** **2** [*essere inclinato da un lato*] pencher: *questo mobile pende a sinistra* ce meuble penche à gauche; *guarda quel quadro come pende!* regarde comme ce tableau penche; *lo sciatore deve pendere in avanti* le skieur doit (se) pencher en avant ◇ [*essere inclinato verso il basso*] *il tavolo pende dalla tua parte* la table penche de ton côté # *il terreno pende leggermente verso il bosco* le terrain est légèrement en pente vers le bois ◇ (*fig.*) [*tendere, avvicinarsi*] tirer: *un colore che pende verso il rosa* une couleur qui tire sur le rose; *i suoi capelli pendono al grigio* ses cheveux tirent sur le gris → **tendere** ◇ (*fig.*) [*essere favorevole* (*a un'ideologia*); *parteggiare per*] pencher: *mi sembra che tu penda troppo a sinistra* il me semble que tu penches trop vers la gauche; *hai capito da che parte pende?* as-tu compris pour quel côté il penche?; *la bilancia pende dalla nostra parte* la balance penche en notre faveur, de notre côté; *mi sembra che penda sempre più per il sì* il me semble qu'il penche toujours davantage en faveur du oui → **propendere** **3** (*fig.*) [*essere in corso di definizione*] pendre, être pendant: *troppi procedimenti pendono in tribunale* trop de procès sont pendants, en suspens devant le tribunal; *la questione pende ormai da un anno* la question est désormais pendante, en suspens depuis un an.

pendice |penˈditʃe| *s.f.* *spec. al plur.* [*luogo in pendio; costa, falda di monte o collina*] pente *sing.*, flanc (*m. sing.*): *il viottolo si snoda lungo le pendici della montagna* le sentier serpente le long de la pente, au flanc de la montagne; *ha una villetta alla pendici della collina* il a une petite villa à flanc de colline, sur le coteau.

pendìo, ii |penˈdio, ii| *s.m.* **1** [*inclinazione, pendenza*] pente (*f.*): *terreno, prato in leggero, forte pendio* terrain, pré légèrement, fortement en pente **2** [*luogo in pendenza*] pente: *risalire un pendio* remonter une pente; *scendere lungo il pendio della collina* descendre la pente de la colline, du coteau.

pèndola |ˈpɛndola| *s.f.* [*orologio a pendolo*] pendule.

1 **pendolàre** |pendoˈlare| *agg.* **1** pendulaire: *movimento pendolare* mouvement pendulaire; *oscillazioni pendolari* oscillations pendulaires **2** (*persone*) [*persona che, abitando in un posto e lavorando in un altro, deve prendere ogni giorno un mezzo di trasporto* (*pubblico*)] (*in Belgio*) navetteur* *s.*; (*a Parigi*) banlieusard *s.* ◆ (*s.*) *un pendolare* un navetteur; un banlieusard.

2 **pendolàre** |pendoˈlare| *v.intr.* (*aus.* '*avere*') [*oscillare in modo sim. al pendolo*] osciller: *il lampadario ha cominciato a pendolare* le lustre a commencé à osciller.

1 **pendolino** |pendoˈlino| *s.m.* **1** [*piccolo orologio a pendolo*] pendulette *f.* **2** [*pendolo usato da radioestesisti o rabdomanti*] pendule: *il pendolino si è messo a oscillare* le pendule s'est mis à osciller **3** (*lettr.*) *pendolino elettrico* pendule électrique.

2 **pendolino** |pendoˈlino| *s.m.* (*t. zool.*) penduline *f.*

pèndolo |ˈpɛndolo| *s.m.* **1** (*fis.*) pendule: *pendolo semplice, composto* pendule simple, composé; *pendolo sismico* pendule sismique; *il pendolo di un orologio* le pendule d'une horloge **2** [*orologio a pendolo; pendola*] pendule (*f.*): *il pendolo si è fermato* la pendule s'est, est arrêtée **3** [*peso del filo a piombo*] (masse *f.* de) plomb **4** (*alpinismo*) pendule *m.*

pèndulo |ˈpɛndulo| *agg.* (*lett.*) [*che pende*] pendant (*corr.*): *i frutti penduli del fico* les fruits pendants du figuier ◇ (*scherz.*) *un dente pendulo* [*che sta per cadere*] une dent qui branle ◇ (*anat.*) *velo pendulo* voile du palais.

pène |ˈpɛne| *s.m.* (*anat.*) pénis.

penepiàno |penepˈjano| *s.m.* (*geogr.*) pénéplaine *f.*

pènero |ˈpɛnero| *s.m.* (*raro*) [*frangia, orlo*] frange *f.* (*corr.*).

penetràbile |peneˈtrabile| *agg.* **1** [→ PENETRARE A 1] pénétrable # *parete non penetrabile* mur impénétrable **2** (*fig.*) [→ PENETRARE B 2] pénétrable: *significato facilmente penetrabile* signification facilement pénétrable → **comprensibile** Ⓒ **impenetrabile.**

penetrabilità |penetrabiliˈta| *s.f. inv.* pénétrabilité *var.* (*lett.*) Ⓒ **impenetrabilità.**

penetràle |peneˈtrale| *s.m.* **1** (*archeol.*) penetralia *pl.*, partie *f.* la plus reculée (du temple, de la maison romaine) **2** *spec. al plur.* (*fig., lett.*) [*parte intima, segreta*] tréfonds, recoins: *i penetrali della coscienza* les tréfonds, les recoins de la conscience.

penetraménto |penetraˈmento| *s.m.* (*raro*) → **penetrazione.**

penetrànte |peneˈtrante| *agg.* **1** [*acuto, intenso*] pénétrant: *odore, profumo penetrante* odeur pénétrante, parfum pénétrant; *un freddo penetrante* un froid pénétrant ◇ (*per anal.*) *ferita penetrante* [*profonda*] blessure profonde **2** (*fig.*) pénétrant: *uno sguardo penetrante* un regard pénétrant, perçant; *ha pronunciato parole, osservazioni penetranti* il a prononcé des mots pénétrants, il a fait observations pénétrantes.

penetrànza |peneˈtrantsa| *s.f.* (*aer., biol.*) pénétration.

penetràre |peneˈtrare| **A** *v.intr.* (*aus.* '*essere*') **1** [*entrare dentro in q.c. di compatto*] pénétrer (8) (*aus.* avoir): *il proiettile è penetrato in profondità* le projectile a pénétré profondément; *non vi penetra né aria, né acqua* il n'y pénètre ni air, ni eau; *questo freddo penetra nelle ossa* ce froid pénètre jusqu'aux os # *far penetrare un chiodo nel muro* enfoncer un clou dans le mur **2** [*introdursi, spec. abusivamente*] pénétrer: *i ladri sono penetrati nottetempo nell'ufficio* les voleurs ont pénétré pendant la nuit dans le bureau; *truppe mercenarie sono penetrate nella città di confine* des troupes de mercenaires ont pénétré dans la ville frontière **3** (*fig.*) [*entrare nella mentalità; diffondersi*] pénétrer: *queste convinzioni sono ormai largamente penetrate nelle masse* ces convictions ont largement pénétré dans les masses # *certe abitudini non dovrebbero penetrare fra i giovani* certaines habitudes ne devraient pas être transmises aux jeunes **B** *v.tr.* **1** [*passare da parte a parte; trapassare*] pénétrer, transpercer (2): *l'umidità ha penetrato i primi strati* l'humidité à pénétré, transpercé les premières couches; *è stato penetrato da un proiettile al torace* le projectile a transpercé son thorax # *è sufficiente uno scalpello per penetrarla* un scalpel suffit à (pour) la couper ◇ (*fig.*) *ha uno sguardo che riesce a penetrarti* il a un regard qui transperce **2** (*fig.*) [*riuscire a cogliere, a comprendere a fondo*] pénétrer, percer (2): *penetrare il significato di una frase* pénétrer, saisir la signification d'une phrase; *molti segreti della natura devono essere ancora penetrati* on doit encore pénétrer, percer bien des secrets de la nature.

penetrativo |penetraˈtivo| *agg.* [*che ha la capacità, il potere di penetrare*] pénétrant (*raro*) # *forza penetrativa di un proiettile* force de pénétration d'un projectile.

penetrazióne |penetratˈtsjone| *s.f.* [→ PENETRARE] pénétration: *difficoltà, facilità di penetrazione* difficulté, facilité de pénétration; *penetrazione di idee* pénétration d'idées; *avere capacità di penetrazione logica* avoir une capacité de pénétration en logique.

penetròmetro |peneˈtrɔmetro| *s.m.* (*tecnol.*) pénétromètre.

penice |peˈnitʃe| *s.f.* [*chiatta*] péniche.

penicillàto |penitʃilˈlato| *agg.* (*bot.*) pénicillé.

penicillina |penitʃilˈlina| *s.f.* (*farm.*) pénicilline.

penicillino-resistènte |penitʃillinoresisˈtɛnte| *agg.* (*biol.*) pénicillo-résistant.

penicillio, i |peniˈtʃilljo, i| *s.m.* (*t.bot.*) pénicille, penicillium.

penicillo |peniˈtʃillo| *s.m.* (*anat.*) pénicille.

pènico, ci, ca, che |ˈpɛniko, tʃi, ka, ke| *agg.* (*med.*) pénien*.

peninsulàre |peninsuˈlare| *agg.* péninsulaire: *regione peninsulare* région péninsulaire.

penìsola |peˈnizola| *s.f.* (*geogr.*) péninsule; (*piccola*) presqu'île: *l'Italia è una penisola* l'Italie est une péninsule ‖ *la penisola indocinese* la presqu'île indochinoise.

penitènte |peniˈtɛnte| *agg.* pénitent, repentant: *peccatori penitenti* pécheurs repentants ◆ (*s.*) *un penitente* un pénitent.

penitènza |peni'tɛntsa| *s.f.* **1** [*pentimento*] pénitence **2** [*privazione, sacrificio volontario, spec. a scopo espiatorio*] pénitence: *far penitenza in un eremo, col digiuno* faire pénitence dans un ermitage, en jeûnant; *la sua vita è stata una continua penitenza* sa vie a été une continuelle pénitence; *che penitenza starlo ad ascoltare!* c'est une pénitence, c'est pénible de rester à l'écouter; *con una suocera così ne ha fatta di penitenza!* avec une telle belle-mère, elle en a fait des pénitences! **3** (*relig. catt.*) pénitence: *il sacramento della penitenza* le sacrement de pénitence → **confessione** ◇ (*per est.*) [*atto espiatorio, di riparazione*] *assegnare una penitenza pesante, leggera* infliger une lourde, une légère pénitence **4** (*per est.*) [*castigo, punizione*] pénitence, punition: *per penitenza non vedrai la televisione* pour ta pénitence, comme punition tu seras privé de télévision; *come penitenza studierete 50 vocaboli a memoria* comme punition vous apprendrez 50 mots par cœur; *la maestra ci ha messo in penitenza* l'institutrice nous a donné une punition **5** (*in giochi di gruppo*) gage (*m.*): *qual è la penitenza per chi sbaglia?* quel est le gage pour ceux qui se trompent?

penitenziàle |peniten'tsjale| *agg.* pénitentiel*; pénitential*: *opere penitenziali* œuvres pénitentielles ‖ *salmi penitenziali* psaumes de la pénitence, pénitentiaux.

penitenziàrio, i |peniten'tsjarjo, i| **1** *agg.* pénitentiaire: *i metodi penitenziari moderni* les méthodes pénitentiaires modernes # *trascorrere un lungo periodo penitenziario* passer une longue période dans un pénitencier **2** *s.m.* [*luogo di pena; carcere*] pénitencier: *il direttore di un penitenziario* le directeur d'un pénitencier.

penitenzière |peniten'tsjɛre| *s.m.* (*eccl.*) pénitencier.

penitenzieria |penitentsje'ria| *s.f.* (*dir. eccl.*) pénitencerie.

pénna |'penna| *s.f.* **1** (*di uccello*) plume: *le penne del fagiano, del pavone* les plumes de faisan, de paon; *un cuscino di penne* un oreiller de plumes; *mettere una penna sul cappello* mettre une plume à son chapeau → **piuma** ◇ (*caccia*) *cane da penna* chien dressé à la plume ◇ (*loc. fig.*) *le penne nere* [*gli Alpini*] les chasseurs alpins (italiens) ~ LASCIARCI, RIMETTERCI LE PENNE [*subire uno smacco; rimetterci la vita*] y perdre des plumes, y laisser des plumes, y laisser sa peau: *in quell'affare ci ha rimesso le penne* dans cette affaire il y a laissé des plumes; *è stato un brutto incidente, ho rischiato di rimetterci le penne* ce fut un grave accident, j'ai failli y laisser ma peau **2** [*strumento per scrivere*] plume: *portami penna e calamaio* apporte-moi une plume et un encrier; *scrivere, disegnare a penna* écrire, dessiner à la plume; *cancellare con un tratto di penna* rayer d'un trait de plume # *penna stilografica* stylo; *penna a sfera* stylo à bille ◇ (*ant.*) *penna d'oca* plume d'oie ◇ (*loc. fig.*) *lasciare, rimanere q.c. nella penna* omettre qqch: *la data mi è rimasta nella penna* j'ai omis la date ~ *saper tenere la penna in mano* savoir écrire ~ (*essere*) *una buona penna* [*un buon scrittore*] (être) un bon écrivain **3** (*mar.*) penne ◇ (*loc. fig.*) *occhio alla penna!* attention! **4** [*parte appuntita o appiattita di vari oggetti*] (*del martello*): (*parte appuntita*) panne, (*parte appiattita*) table; (*della freccia*) empenne ◇ (*mus.*) → **plettro.**

pennàcchio, i |pen'nakkjo, i| *s.m.* **1** [*ciuffo di penne o sim. usato come motivo ornamentale*] panache; (*dei militari*) plumet: *cappello col pennacchio* chapeau avec un panache, empanaché ‖ *il pennacchio dei bersaglieri* le plumet des bersagliers **2** (*per est.*) *il pennacchio del granoturco* le panache du maïs; *dal comignolo si levava un pennacchio di fumo* de la cheminée s'élevait un panache de fumée.

pennacchiùto |pennak'kjuto| *agg.* [*ornato di pennacchio*] empanaché.

pennai(u)òlo |penna'j(w)ɔlo| *s.* **1** *s.m.* [*astuccio portapenne*] plumier **2** *s.* (*fig., spreg.*) [*scrittore prezzolato*] écrivailleur*, écrivaillon*.

pennarèllo |penna'rɛllo| *s.m.* (*marchio depositato*) (crayon) feutre.

pennàto |pen'nato| **I** *agg.* **1** → **pennuto** **2** (*bot.*) penné: *foglie pennate* feuilles pennées **II** *s.m.* (*agr.*) fauchard.

pennàtula |pen'natula| *s.f.* (*t.zool.*) pennatule.

pennécchio, i |pen'nekkjo, i| *s.m.* [*quantità di materiale da filare sistemato sulla rocca*] quenouillée *f.*

pennellàre |pennel'lare| **A** *v.tr.* [*stendere vernice su una superficie*] peindre (66), passer le pinceau: *pennellare una finestra, una porta, una parete* peindre une fenêtre, une porte, un mur; *ho appena finito di pennellare il soffitto* je viens (de finir) de peindre le plafond **B** *v.intr.* (*aus.* '*avere*') [*lavorare col pennello*] peindre (*tr.*): *sei capace di pennellare?* est-ce que tu es capable de peindre?

pennellàta |pennel'lata| *s.f.* coup *m.* de pinceau: *dare una pennellata a una stanza* donner un coup de pinceau à une pièce; *ha una pennellata leggera* il a un coup de pinceau léger, une touche légère ◇ (*fig.*) trait (*m.*): *con poche pennellate mi ha descritto la situazione* en quelques traits rapides il m'a décrit la situation.

pennellatùra |pennella'tura| *s.f.* (*med.*) badigeonnage *m.*

pennelleggiàre |pennelled'dʒare| *v.tr. e intr.* (*aus.* '*avere*') → **pennellare.**

pennellèssa |pennel'lessa| *s.f.* large pinceau *m.* plat, pinceau de peintre en bâtiment.

pennellifìcio, i |pennelli'fitʃo, i| *s.m.* fabrique *f.* de pinceaux.

1 **pennèllo** |pen'nɛllo| *s.m.* **1** [*mazzo di peli con manico per stendere colori liquidi o vernici*] pinceau: *un pennello di peli di tasso* un pinceau en poils de blaireau, un blaireau; *pennello da imbianchino* pinceau à badigeonner; *i pennelli del pittore* les pinceaux du peintre; *pennello per trucco* pinceau de maquillage # *pennello da barba* blaireau ◇ (*loc.*) *lavorare di pennello* [*dipingere*] peindre, badigeonner ~ (*fig.*) A PENNELLO [*alla perfezione*] à merveille, à ravir: *questo abito ti sta a pennello* cette robe te va à merveille, à ravir, comme un gant; *una stampa qui ci starebbe a pennello* une gravure irait à merveille ici **2** (*per est.*) [*elemento che ha forma di pennello*] pinceau: *un pennello di luce* un pinceau du lumière; *pennello elettronico* pinceau électronique **3** (*idraul.*) jetée *f.*, barrage **4** (*mar.*) ancre *f.* d'empennelage → **ancorotto.**

2 **pennèllo** |pen'nɛllo| *s.m.* (*mar.*) banderole *f.*, flamme *f.*

pennése |pen'nese| *s.m.* [*marinaio destinato alla custodia del materiale di riserva*] garde-magasin: *dei pennesi* des garde-magasin(s).

pennichèlla |penni'kɛlla| *s.f.* (*region.*) petit somme *m.* (*corr.*).

pennifórme |penni'forme| *agg.* (*bot.*) penniforme.

pennìna |pen'nina| *s.f.* (*miner.*) pennine.

pennìno |pen'nino| *s.m.* [*lamina di metallo, opportunamente appuntita, che si applica alla penna da scrivere*] plume (*f.*): *un pennino d'oro* une plume en or (d'or); *mi si è spuntato il pennino* j'ai cassé ma plume, ma plume s'est épointée.

pennivéndolo |penni'vendolo| *s.* (*spreg.*) [*scrittore, giornalista prezzolato*] folliculaire: *solo un pennivendolo poteva architettare una storia così calunniosa* seul un folliculaire pouvait imaginer une histoire si calomnieuse.

pennoncèllo |pennon'tʃɛllo| *s.m.* **1** [*piccolo pennone*] fanton, pennon **2** [*pennacchio del cimiero*] cimier **3** [*banderuola della lancia*] pennon.

pennoncino |pennon'tʃino| *s.m.* (*mar.*) tangon.

pennóne |pen'none| *s.m.* **1** [*asta portabandiera*] *hampe (*f.*): *sui pennoni sventolavano le bandiere* les drapeaux flottaient sur les hampes **2** (*mar.*) vergue (*f.*): *pennone di maestra* grande vergue **3** (*st. mil.*) pennon.

pennùto |pen'nuto| *agg.* couvert de plumes, emplumé: *animali pennuti* animaux couverts de plumes, emplumés ✦ (*s.m.*) *i pennuti* les oiseaux, les animaux à plumes.

penny |'peni| *s.m. inv.* (*ingl.*) [*moneta inglese*] penny* (*var.*): *dei penny* des pence.

penómbra |pe'nombra| *s.f.* pénombre, ombre: *una stanza, un ambiente in penombra* une pièce dans la pénombre; *riposare alla penombra di un bosco* se reposer dans la pénombre d'un bois ◇ (*fig.*) ombre: *per ambizione tiene i suoi collaboratori in penombra* par ambition il tient ses collaborateurs dans l'ombre, à l'écart.

penosaménte |penosa'mente| *avv.* **1** [→ PENOSO 1] péniblement: *ansimava penosamente* il respirait péniblement **2** (*fig.*) [→ PENOSO 2] péniblement: *abbiamo trascorso la serata penosamente* nous avons passé la soirée péniblement.

penosità |penosi'ta| *s.f. inv.* (*raro*) aspect *m. var.* pénible.

penóso |pe'noso| *agg.* **1** [*che dà pena, muove a pietà*] pénible: *un caso penoso* un cas pénible; *si trova in una situazione penosa* il se trouve dans une situation pénible # *il suo stato di salute è penoso* son état de santé est déplorable, lamentable ◇ (*iron.*) *ha portato scuse penose* il a donné des excuses lamentables **2** (*fig.*) [*imbarazzante, sgradevole*] pénible: *è stato un incontro penoso* ce fut une rencontre pénible.

pensàbile |pen'sabile| *agg.* [→ 1 PENSARE B] pensable, imaginable: *non è lontanamente pensabile una simile soluzione* une telle solution n'est vraiment pas pensable, imaginable.

pensaménto |pensa'mento| *s.m.* (*raro*) → **idea, pensiero.**

pensànte |pen'sante| *agg. e s.* pensant (*agg.*): *un* (*essere*) *pensante* un être pensant ◇ (*loc.*) *i ben pensanti* les bien pensants → **benpensante** ~ (*raro*) *i mal pensanti* les mal pensants → **malpensante.**

1 **pensàre** |pen'sare| **A** *v.intr.* (*aus.* 'avere') **1** *ass.* [*esercitare la facoltà del pensiero*] penser: *l'uomo è capace di pensare* l'homme est capable de penser; *gli esseri bruti non pensano* les êtres brutaux ne pensent pas **2** [*riflettere, meditare*] réfléchir; penser: *bisogna pensare prima di prendere decisioni* il faut réfléchir avant de prendre des décisions; *parlano, agiscono senza pensare* ils parlent, ils agissent sans réfléchir; *ho pensato tutta la notte a quello che mi hai detto* j'ai réfléchi toute la nuit à ce que tu m'as dit; *non ci ho pensato ancora abbastanza* je n'y ai pas encore assez réfléchi; *ci hai pensato bene?* as-tu bien réfléchi?; *l'ho detto senza pensarci* je l'ai dit sans réfléchir || *pensaci, prima di decidere* penses-y bien, avant de décider; *dovevate pensarci prima, ora è inutile* vous deviez y penser avant, maintenant c'est trop tard; *a forza, a furia di pensarci* à force d'y penser; *più ci penso, più mi sembra di aver ragione* plus j'y pense, plus je crois avoir raison; *un libro, un film, una situazione che fa pensare* un livre, un film, une situation qui fait réfléchir, qui donne à penser ◇ *loc.* DAR DA PENSARE [*creare preoccupazioni*] donner *tr.* des soucis: *questa faccenda ti darà da pensare* cette affaire te donnera des soucis; *quel figlio gli ha dato sempre da pensare* cet enfant lui a toujours donné des soucis ~ PENSARCI SU [*rifletterci attentamente*] y réfléchir, y penser: *intanto pensateci su, domani mi darete la risposta* en attendant réfléchissez-y, demain vous me donnerez la réponse ~ *pensar con la propria testa* penser avec sa propre tête ~ PENSARE A VOCE ALTA [*essere schietto, sincero*] penser tout haut: *è un tipo che pensa a voce alta* c'est un type qui pense tout haut ~ *pensa e ripensa, alla fine ho scoperto il trucco* à force de réfléchir, j'ai découvert le truc **3** [*fissare, rivolgere l'attenzione, la mente a qc. o a q.c.*] penser: *pensare a qc. con odio, affetto, nostalgia* penser à qqn. avec haine, affection, nostalgie; *penso sempre a quei poveri disgraziati* je pense toujours à ces pauvres malheureux; *a chi, a che pensi?* à qui, à quoi penses-tu?; *tu non pensi mai a me!* toi, tu ne penses jamais à moi!; *pensa a tua madre, poveretta!* pense à ta mère, la pauvre!; *pensavo proprio a tuo fratello, per quell'incarico* je pensais justement à ton frère pour ce travail; *che sbadataggine! se ci penso, mi viene una rabbia!* quelle étourderie!, quand j'y pense, je rage!; *basta con questa faccenda, non pensiamoci più!* cela suffit de cette histoire, n'y pensons plus!; *non voglio più pensare a niente* je ne veux plus penser à rien; *ci avevi mai pensato?* y avais-tu jamais pensé? ◇ [*ritornare col pensiero a qc. o a q.c.*; *ricordare*] *ti penserò sempre* je penserai toujours à toi; *penserò spesso a queste belle giornate passate con voi* je penserai souvent à ces belles journées passées en votre compagnie ◇ [*tener presente*; *ricordare*] *pensa sempre a quel che ti ha detto tuo padre* pense toujours à ce que t'a dit ton père; souviens-toi toujours de ce que t'a dit ton père **4** [*considerare con l'immaginazione*] penser: *penso spesso alla morte* je pense souvent à la mort; *pensa che bel viaggio sarebbe!* pense quel beau voyage cela serait!; *prova a pensare come sarebbe complicata una soluzione del genere* essaie de penser combien serait compliquée une solution de ce genre; *dimettermi? non ci penso neanche!* démissionner? je n'y pense même pas!; *vorrebbero venire anche loro, ma neanche a pensarci!* ils voudraient venir eux aussi, mais ce n'est pas pensable! # *non posso neanche pensarci a partire* je ne puis même pas imaginer de partir; *pensa che sorpresa sarà per loro!* imagine leur surprise!; *era ora di partire e, pensa un po', lui ancora dormiva!* il était l'heure de partir et figure-toi que, lui, il dormait encore!; *pensa, mi ha dato del bugiardo!* figure-toi qu'il m'a traité de menteur!; *pensa* (*tu*), *che razza di pretese hanno!* te rends-tu compte de leurs prétentions? **5** [*prendere in esame, in considerazione*; *valutare*] peser (6); penser: *hai pensato bene ai rischi, alle conseguenze?* as-tu bien pesé les risques, les conséquences? || *pensa anche ai vantaggi e non solo agli svantaggi* pense aussi aux avantages, pas seulement aux inconvénients; *non pensi mai a chi sta peggio di te?* ne penses-tu jamais à ceux qui sont plus malheureux que toi?; *non si pensa mai a tutto* on ne saurait penser à tout ◇ [*progettare, programmare*] *pensano già a nuove iniziative* ils pensent déjà à de nouvaux projets; *sta pensando a un nuovo libro* il songe à un nouveau livre **6** [*attendere, dedicarsi*] penser: *pensare ai propri impegni* penser à ses engagements; *devi pensare solo a studiare* tu ne dois penser qu'à tes études; *ho ben altro da pensare, ora!* j'ai bien d'autres choses à penser, maintenant **7** [*prendersi cura, provvedere, interessarsi*] penser: *pensare ai propri figli* penser à ses enfants; *pensare al domani, alla vecchiaia* penser à l'avenir, à la vieillesse; *non c'è uno che ci pensi a quei poveri disgraziati* il n'y a personne qui pense à ces pauvres malheureux; *adesso alle conseguenze pensateci voi!* et maintenant, c'est vous qui pensez aux conséquences; *che mago, ha pensato a tutto!* quel magicien, il a pensé à tout! # *'ci pensi tu ad avvisarlo?' 'non preoccuparti, ci penso io'* 'veux-tu bien te charger de l'avertir?' 'ne t'en fais pas, je m'en charge' ◇ (*iron., con tono di minaccia*) *per, a quello lì ci penso io!* c'est moi qui me charge de celui-là ◇ [*interessarsi, preoccuparsi*] penser, songer (3): *voi pensate solo a far soldi, alla carriera* vous, vous ne pensez qu'à l'argent, à la carrière; *devi pensare un po' di più alla salute* il faut songer un peu plus à ta santé ◇ (*fam.*) *non preoccuparti, pensa alla salute!* ne t'en fais pas, pense à ta santé!; *pensa piuttosto ai fatti tuoi!* occupe-toi plutôt de tes oignons!, de tes affaires! (*corr.*) **8** [*farsi, avere una convinzione, un'opinione*] penser: *pensar male di qc., di tutti* penser du mal de qqn., de tout le monde; *pensano poco bene di noi* ils pensent plutôt du mal de nous; *pensar male di q.c.* [*ritenerla sbagliata*; *prevedere un risultato negativo*] penser à mal de qqch.; *ho l'impressione che non parli come pensa* j'ai l'impression qu'il ne dit pas ce qu'il pense **B** *v.tr.* **1** [*esaminare col pensiero*] penser (*intr.*): *cosa pensi?* à quoi penses-tu?; *chissà cosa starà pensando fra sé* (*e sé*) qui sait ce qu'il peut bien penser # *pensate anche voi cosa rispondergli* réfléchissez, vous aussi, à ce qu'il faut lui répondre ◇ [*prendere in considerazione*] *pensa quanti guai mi procureresti* pense un peu aux soucis que tu me causerais; *hai pensato che potrebbe essere tutto un tranello?* as-tu pensé que cela pourrait être un piège? ◇ [*tener presente*] *bisogna pensare che è molto giovane* il faut penser (aussi) qu'il est très jeune; *devi anche pensare che sono stanchi per il viaggio* il faut aussi penser, que tu penses, qu'ils sont fatigués du voyage ◇ [*avere nella mente, nel ricordo*] *vi penso spesso* je pense souvent à vous; *penso sempre la tua villa al mare* je pense souvent à ta villa à la mer **2** [*credere, ritenere*] penser: *penso che sia ora di svegliarlo* je pense qu'il est l'heure de le réveiller; *penso di sì, di no* je pense que oui, que non; *non penso che siano stati loro* je ne pense pas que ce soit eux; *non è così ingenuo come pensi tu* il n'est pas aussi naïf que tu le penses # *mi pensavate diverso?* vous m'imaginiez différent?; *non pensare che io ti stia prendendo in giro* ne crois pas que je me moque de toi ◇ [*supporre, immaginare*] croire (56): *lo pensavo più vecchio, meno testardo* je le croyais plus vieux, moins têtu; *non lo pensavo così avaro* je ne le croyais pas, ne l'imaginais pas si avare; *chi l'avrebbe mai pensato!* qui l'aurait jamais cru, imaginé!; *dovrebbe essere già partito, penso* il devrait être déjà parti, je crois ◇ [*immaginare*] imaginer: *pensa che felicità, che bellezza* imagine quel bonheur, quelle beauté; *ti lascio pensare la mia sorpresa!* tu imagines ma surprise! # *pensa che figura!* quelle piètre figure! ◇ [*figurarsi*] se figurer (*pron.*): *pensa, neanche mi ero accorto!* figure-toi que je ne m'en étais même pas aperçu # *pensa se un tipo come lui accetta simili ricatti!* tu penses comment un type comme lui pourrait se laisser influencer par un tel chantage! **3** [*avere, farsi una determinata opinione*] penser: *ecco cosa penso di te* voilà ce que je pense de toi; *pensano che è stato tutto un inganno* ils pensent qu'on les a trompés; *pensano tutti che sei in malafede* tout le monde pense que tu es de mauvaise foi ◇ *loc.* PENSARLA: *tu come la pensi?* et toi, qu'en penses-tu?; *tu sai come la penso* toi, tu sais ce que j'en pense; *la pensa come tutti noi* il pense la même chose que nous tous; *non tutti la pensano così* tout le monde ne pense pas ainsi ◇ [*giudicare*] *cosa dovrei pensare di voi, dopo ciò?* que devrais-je penser de vous, après ça? # *come mi pensano i tuoi genitori?* comment me jugent tes parents? ◇ [*scegliere col pensiero*] *pensa un numero, una carta* pense à un chiffre, à une

carte **4** [*avere in animo, in programma*] penser: *penso di parlargli oggi stesso* je pense lui parler aujourd'hui même; *cosa pensi di fare ora?* que penses-tu faire maintenant?; *pensavo di rimandare la riunione a domani* je pensais renvoyer la réunion à demain ◇ [*prevedere*] *penso di poter partire, che partirò domani* je pense pouvoir partir, que je partirai demain; *lui pensa che arriveranno in serata* lui, il pense qu'ils arriveront dans la soirée ◇ [*decidere; ritenere opportuno*] *ho pensato di rimanere a casa* j'ai décidé de rester à la maison; *hanno pensato di non affidargli per ora questo incarico* ils ont pensé ne pas lui confier cette charge pour l'instant; *hanno pensato bene di non farsi vedere* ils ont cru bien de ne pas se faire voir **5** [*escogitare, inventare*] *pensa qualcosa di nuovo, di interessante* il pense à quelque chose de neuf, d'intéressant; *non potevi pensarne una migliore!* tu ne pouvais pas en trouver une meilleure; *una ne fa e cento ne pensa* il n'a pas fini de faire une bêtise qu'il pense déjà à la prochaine; *ma guarda cosa sei andato a pensare!* ah!, par exemple, qu'est-ce que tu penses là! **C** *v.pron. rifl.* PENSARSI [*ritenersi, credersi*] se croire: *si pensa un genio* il se croit un génie; *se ti pensi indispensabile, t'illudi!* si tu crois être indispensable, tu te fais des illusions! ✦ (*con la particella pron. pleon.*) *chi ti pensi di essere?* qui crois-tu donc être?, pour qui te prends-tu?

2 **pensàre** |pen'sare| *s.m. inv.* [*l'atto, la funzione di pensare*] pensée *f. var.* # *il troppo pensare rende i problemi complicati* y trop penser complique les problèmes; *ti rovina il pensare* tu te ronges à tant y penser.

pensàta |pen'sata| *s.f.* [*idea; trovata*] idée, trouvaille: *hai avuto una bella pensata* tu as eu une excellente idée; *che pensata!* quelle bonne idée!, quelle trouvaille!

pensàto |pen'sato| *agg.* [*meditato, riflettuto*] réfléchi: *è stata una decisione poco pensata* ce fut une décision peu réfléchie.

pensatóio, i |pensa'tojo, i| *s.m.* (*scherz.*) [*luogo appartato per meditare*] coin, tour d'ivoire: *sta sempre chiuso nel suo pensatoio* il reste toujours dans son coin, dans sa tour d'ivoire.

pensatóre, trice |pensa'tore, tritʃe| **1** *agg.* [*che pensa*] pensif*: *mente pensatrice* esprit pensif **2** *s.m.* [*chi abitualmente è portato a riflettere, a meditare*] penseur: *non agisce mai a caso, è un pensatore scrupoloso* il n'agit jamais par hasard, c'est un penseur scrupuleux ◇ (*loc.*) *un libero pensatore* un libre penseur ◇ [*chi ha grandi doti speculative; filosofo*] *il '700 ha avuto pensatori eccezionali* le XVIIIe siècle a eu des penseurs exceptionnels.

'pensée' |pɑ̃se| *s.f. inv.* (*t.bot.*) pensée *var.*

pensierino |pensje'rino| *s.m.* **1** [*esercizio scolastico nelle elementari*] petite rédaction *f.*, petite composition (*f.*): *comincia già a fare i pensierini* il commence déjà à faire de petites rédactions; *scrivete un pensierino sulla primavera* faites une petite rédaction, composition sur le printemps ◇ (*iron.*) [*idea, riflessione superficiale*] *vai tu ad ascoltarlo, a me i suoi pensierini non interessano!* va l'écouter, toi; quant à moi, ses idées ne m'intéressent pas du tout **2** (*loc.*) *fare un pensierino su q.c.* songer à qqch.: *l'ho fatto anch'io un pensierino su quel quadro, ma non ho i soldi* j'ai songé moi aussi, un instant, à acheter ce tableau, mais je n'ai pas d'argent ~ *farci un pensierino* y penser, y réfléchir **3** (*fig., fam.*) [*gesto delicato; dono*] *che bel pensierino farmi un telegramma di auguri!* quelle gentille attention de m'avoir envoyé un télégramme de vœux!; *ho comperato un pensierino per la mamma* j'ai acheté un petit cadeau pour maman.

pensièro |pen'sjɛro| *s.m.* **1** pensée (*f.*): *il pensiero è prerogativa dell'uomo* la pensée est le propre de l'homme; *è un sostenitore del libero pensiero* c'est un partisan de la libre pensée # *rivendicare, difendere la libertà di pensiero* revendiquer, défendre la liberté de penser ◇ [*mente*] *fissare, fermare il pensiero su q.c.* fixer, arrêter sa pensée sur qqch.; *riandare, ritornare col pensiero al passato* retourner par la pensée dans le passé; *il mio pensiero è corso a te* ma pensée a volé vers toi; *mi hai letto nel pensiero* tu as lu dans mes pensées ◇ (*loc.*) *essere sopra pensiero* [*essere distratto*] être distrait; penser à autre chose ~ *mi ha colto sopra pensiero* il m'a pris au dépourvu **2** (*per est.*) [*patrimonio intellettuale; cultura, dottrina*] pensée: *il pensiero antico, moderno* la pensée antique, moderne; *studiare il pensiero dei filosofi stoici* étudier la pensée des stoïciens; *il pensiero idealista si affermò nell'800* la pensée idéaliste s'affirma au XIXe siècle; *è un'opera ricca di pensiero* c'est une œuvre riche en pensée; *è un uomo più di pensiero che di azione* c'est plus un homme de pensée que d'action ◇ [*riflessione scritta*] *i 'Pensieri' di Pascal, di Leopardi* les 'Pensées' de Pascal, de Leopardi; *una raccolta di pensieri antichi* un recueil de pensées antiques; *riflettete su questo pensiero di Socrate* réfléchissez sur cette pensée de Socrate ◇ (*esercitazioni scolastiche*) réflexion (*f. pl.*): *pensieri sulla primavera* quelles réfléxions vous inspire le printemps?; *esprimete qualche pensiero sull'argomento* exprimez vos réfléxions sur le sujet **3** [*ciò che si pensa; idea*] idée *f.*; pensée: *un pensiero geniale, strano* une idée géniale, étrange; *che tristi pensieri!* quelles idées noires!; *ti lasci suggestionare da strani pensieri* tu te laisses influencer par des idées étranges ‖ *trasmissione del pensiero* transmission de pensée; *credo d'aver capito il tuo pensiero* je crois avoir compris ta pensée; *è tutto assorto nei suoi pensieri* il est complètement perdu dans ses pensées ◇ [*parere, giudizio*] opinion (*f.*): *ho modificato il mio pensiero in proposito* j'ai modifié mon opinion à ce sujet; *gradirei conoscere il tuo pensiero su questo libro* j'aimerais avoir ton opinion sur ce libre; *ha preferito non esprimere apertamente il suo pensiero* il a préféré ne pas exprimer ouvertement son opinion, sa pensée **4** [*intenzione, proposito*] idée: *il suo pensiero fisso è la barca a vela* son idée fixe est le bateau à voile; *ormai ha un solo pensiero: collezionare stampe* maintenant il n'a qu'une idée en tête: faire collection de gravures → **desiderio**; *non aveva altro pensiero che di servire la patria* il n'avait qu'une idée: servir la patrie # *chissà che pensieri avrà per la testa* qui sait ce qui est en train de lui passer par la tête!; *il nostro pensiero era di potervi aiutare* notre intention était de vous aider; *ho fatto un pensiero su quel quadro* j'ai songé à ce tableau; *sta coltivando un pensiero molto rischioso* il cultive un projet très dangereux → **progetto** **5** [*rappresentazione mentale; immaginazione, idea*] idée: *il pensiero della morte, dell'aldilà* l'idée de la mort, de l'au-delà; *il pensiero della vecchiaia mi dà malinconia* l'idée de la vieillesse m'attriste; *al solo pensiero di mangiare mi viene la nausea* la seule idée de manger me donne mal au cœur, rien qu'à l'idée de manger j'ai la nausée; *il pensiero di dover ricominciare mi angoscia* l'idée de devoir recommencer m'angoisse ◇ [*ricordo, memoria*] souvenir: *il pensiero dei nostri morti ci sarà di aiuto* le souvenir de nos morts nous aidera; *che nostalgia il pensiero di quei giorni felici!* quelle nostalgie le souvenir de ces jours heureux! # *vi avrò sempre nel pensiero* je penserai toujours à vous **6** [*preoccupazione, ansia*] souci: *che pensieri, quanti pensieri questi figli* que de soucis, quels soucis ces enfants!; *quanti pensieri ha dato a sua madre!* que de soucis il a donnés à sa mère!; *questo lavoro è un pensiero continuo* ce travail est un souci constant; *questa storia mi dà molto pensiero* cette histoire me cause beaucoup de soucis; *lasciatemi in pace, ho ben altri pensieri ora!* laisse-moi tranquille, j'ai bien d'autres soucis en tête!; *beato te che sei senza pensieri!* tu as de la chance de ne pas avoir de soucis # *essere, stare in pensiero per qc., per q.c.* être préoccupé pour qqn., pour qqch.; *sono stata in pensiero tutta la sera per te* je me suis inquiétée toute la soirée à cause de toi; *mi raccomando, non fatemi stare in pensiero!* je vous en prie, ne me laissez pas dans l'inquiétude! ◇ (*loc.*) *tenere q.c in pensiero* laisser qqn. dans l'inquiétude ~ *non darsi pensiero di qc. o di q.c.* ne pas se faire de soucis pour qqn., pour qqch. ~ *dà pensiero, non dà pensiero* [*non è, è semplice, facile*] ce n'est pas facile, c'est facile; *è una cosa che non dà pensiero* c'est une chose qui ne pose pas de problème **7** [*atto affettuoso; attenzione, cortesia*] pensée, attention *f.* (*lett.*): *un pensiero gentile, delicato* une pensée gentille, délicate; *è pieno di pensieri per la madre* il est plein d'attentions envers sa mère; *grazie del pensiero!* merci de votre attention! # *basta il pensiero!* ce qui compte, c'est l'intention!; *che bel pensiero venirci a trovare!* quelle bonne idée de venir nous voir! ◇ [*dono, regalo*] (petit) cadeau: *ti ho portato un piccolo pensiero dalla Spagna* d'Espagne je t'ai apporté un petit cadeau; *è appena un pensiero, ma spero che lo gradirete* ce n'est qu'un petit cadeau, mais j'espère que vous l'apprécierez!

pensieróso |pensje'roso| *agg.* [*assorto nella meditazione*] pensif*, rêveur*: *sei troppo pensieroso* tu es trop pensif, méditatif; *stava lì in disparte tutto pensieroso* il restait à l'écart tout pensif, tout rêveur ◇ (*per est.*) [*preoccupato*] soucieux*: *da un po' di tempo lo vedo molto pensieroso* depuis pas mal

de temps je le trouve très soucieux.
pènsile |'pɛnsile| **1** *agg.* [*che sporge nel vuoto*] suspendu: *un giardino, un terrazzo pensile* un jardin suspendu, une terrasse suspendue **2** *s.m.* (*fam.*) [*mobile appeso a una parete*] armoire *f.* murale: *i pensili della cucina* les armoires murales, les éléments de la cuisine.
pensilina |pensi'lina| *s.f.* [*struttura orizzontale protettiva che sporge notevolmente rispetto alla struttura di sostegno*] auvent *m.*; marquise, verrière: *ripararsi dalla pioggia sotto una pensilina* s'abriter de la pluie sous un auvent || *la pensilina di una porta* la marquise d'une porte; *ti aspetto sotto la pensilina del terzo binario* je t'attends sous la marquise, la verrière du quai nº 3.
pensionàbile |pensjo'nabile| *agg.* (*bur.*) [→ PENSIONARE] *impiegato pensionabile* employé ayant droit à la retraite ◇ (*per est.*) *età pensionabile* âge qui donne (le) droit à la retraite, âge de retraite; *limite pensionabile di servizio* limite d'âge donnant droit à la retraite; *assegno pensionabile* allocation pouvant être intégrée dans le calcul de la retraite; *anni, servizi pensionabili* années, services comptant pour la retraite; *il servizio militare è pensionabile* le service militaire compte pour la retraite.
pensionaménto |pensjona'mento| *s.m.* (*bur.*) (mise *f.* à la) retraite (*f.*): *richiesta di pensionamento anticipato* demande de retraite anticipée.
pensionànte |pensjo'nante| *s.* [*cliente di una pensione*] pensionnaire # *in agosto il numero dei pensionanti aumenta* en août, le nombre des pensionnés augmente.
pensionàre |pensjo'nare| *v.tr.* [*mettere in pensione*] mettre (71) à la retraite: *ormai sto per essere pensionato* je vais obligatoirement être mis à la retraite # *forse ci pensionano con due anni di anticipo* peut-être qu'on nous donne la retraite anticipée de deux ans.
pensionàto |pensjo'nato| *s.* **1** *s.* [*chi riceve una pensione*; *chi è in pensione*] pensionné; retraité: *è un pensionato di guerra* c'est un pensionné de guerre; il a la retraite du combattant || *le proteste dei pensionati statali* les protestations des fonctionnaires retraités ✦ (*agg.*) *una invalida pensionata* une invalide avec pension de retraite; une retraitée avec pension d'invalidité **2** *s.m.* [*convitto, collegio*] pensionnat: *pensionato maschile, femminile* pensionnat de garçons, de filles; *la retta, il regolamento di un pensionato* la pension, le règlement du pensionnat.
pensióne |pen'sjone| *s.f.* **1** pension, retraite: *pensione di anzianità, di invalidità, di guerra* pension de vieillesse, d'invalidité, de guerre; *liquidare, riscuotere* (*ritirare*) *la pensione* liquider, toucher une pension, une retraite; *aver diritto alla pensione* avoir droit à une pension, à la retraite; *sono stati aumentati i minimi delle pensioni di invalidità e vecchiaia* ils ont augmenté les pensions minimums d'invalidité et de vieillesse; *la vedova ha diritto alla pensione indiretta, di reversibilità* la veuve a droit à une pension réversible, de reversion **2** [*condizione di chi è pensionato*] retraite: *generale, professore, impiegato in pensione* général, enseignant, employé en retraite; *essere, andare, collocare in pensione* être à la retraite, prendre sa retraite, mettre à la retraite; *fra tre anni andrò in pensione* dans trois ans je prendrai ma retraite; *raggiungere i limiti di pensione* atteindre les limites de la retraite **3** [*servizio a pagamento di vitto e alloggio*] pension: *vivere a pensione* être en pension; *tenere a pensione qc.* prendre qqn. en pension; *stare a pensione completa, a mezza pensione* être à pension complète (pensionnaire), à demi-pension (demi-pensionnaire) ◇ [*retta, importo da pagare per tale servizio*] *si paga una pensione modesta, esagerata* on paie une pension modeste, exagérée ◇ [*albergo, locanda, casa privata che offre tale servizio*] *una pensione di prima, di terza categoria* une pension de première, de troisième catégorie; *vivo in una pensione familiare* je vis dans une pension de famille.
pensionìstico, ci, ca, che |pensjo'nistiko, tʃi, ka, ke| *agg.* de (la) retraite (*loc. inv.*): *sistema pensionistico* système de (la) retraite.
pensosaménte |pensosa'mente| *avv.* [→ PENSOSO 1] pensivement.
pensosità |pensosi'ta| *s.f. inv.* caractère *m. var.* pensif: *mi stupisce tanta pensosità in un ragazzino* le caractère pensif de ce garçon m'étonne.
pensóso |pen'soso| *agg.* **1** [*assorto nei pensieri, nella riflessione*] songeur*, pensif*: *cosa fai lì tutta pensosa?* qu'est-ce que tu fais là toute songeuse, pensive?; *ha sempre un'aria pensosa* il a toujours l'air pensif; *guardava fisso con lo sguardo pensoso* il regardait fixement avec un regard songeur **2** (*raro*) [*preoccupato*] soucieux* (*corr.*): *perché sei così pensoso?* pourquoi es-tu si soucieux?; *i genitori sono pensosi per l'avvenire dei figli* les parents sont soucieux de l'avenir de leurs enfants.
pènta- |'pɛnta| *pref.* (*significa 'cinque', corrisponde gener. a*) pent(a): *pentathlon* pentathlon # *pentagramma* portée.
pentàcolo |pen'takolo| *s.m.* pentacle.
pentacòrdo |penta'kɔrdo| *s.m.* (*mus.*) pentacorde.
pentàcrino |pen'takrino| *s.m.* (*t. zool.*) pentacrine.
pentadàttilo |penta'dattilo| *agg.* pentadactyle.
pentadecàgono |pentade'kagono| *s.m.* (*geom.*) pentadécagone, pentédécagone.
pentaèdro |penta'ɛdro| *s.m.* (*geom.*) pentaèdre.
pentafònico, ci, ca, che |penta'fɔniko, tʃi, ka, ke| *agg.* (*mus.*) pentatonique: *scala pentafonica* échelle pentatonique.
pentagonàle |pentago'nale| *agg.* pentagonal*: *edificio a pianta pentagonale* édifice à plan pentagonal.
pentàgono |pen'tagono| *s.m.* (*geom.*) pentagone.
pentagràmma |penta'gramma| *s.m.* (*mus.*) portée *f.*
pentàmero |pen'tamero| **1** *agg.* (*bot.*) pentamère **2** *s.m.* (*chim.*) pentamère.
pentàmetro |pen'tametro| *s.m.* (*metr.*) pentamètre.
pentàno |pen'tano| *s.m.* (*chim.*) pentane.
pentapodìa |pentapo'dia| *s.f.* (*metr.*) pentapodie.
pentàpoli |pen'tapoli| *s.f. inv.* (*st.*) pentapole *var.*
pentarchìa |pentar'kia| *s.f.* (*st. ant.*) pentarchie.
pentasìllabo |penta'sillabo| *s.m.* (*metr.*) pentasyllable ✦ (*agg.*) *verso pentasillabo* vers pentasyllabe.
pentatèuco |penta'tɛuko| *s.m.* (*Bibbia*) pentateuque.
pèntathlon |'pɛntatlon| *s.m. inv.* (*atletica*) pentathlon *var.*
pentatlèta |penta'tlɛta| *s.* pentathlonien*.
pentatòma |penta'tɔma| *s.f.* (*t. zool.*) pentatome *m. o f.*, punaise des bois (*corr.*).
pentatònico, ci, ca, che |penta'tɔniko, tʃi, ka, ke| *agg.* → **pentafonico**.
pentavalènte |pentava'lɛnte| *agg.* (*chim.*) pentavalent.
pentecòste |pente'kɔste| *s.f.* (*st. ebr., relig. crist.*) pentecôte.
pentèlico, ci, ca, che |pen'tɛliko, tʃi, ka, ke| *agg.* pentélique.
pentemìmera |pente'mimera| *agg. f.* (*metr.*) *cesura pentemimera* césure penthémimère.
pentiménto |penti'mento| *s.m.* **1** [*dolore per le proprie colpe*; *rimorso*] repentir: *pentimento sincero, profondo* repentir sincère, profond; *mostrare pentimento* faire preuve de repentir ◇ [*rincrescimento, rammarico*] regret: *i vostri ormai sono pentimenti inutili* vos regrets sont désormais inutiles # *proverai pentimento a non seguire i miei consigli* tu regretteras de n'avoir pas suivi mes conseils **2** [*cambiamento di opinione*; *ripensamento*] changement de avis, d'opinion: *se non ha pentimenti, dovrebbe venire anche lui* s'il n'a pas changé d'avis, il viendra lui aussi; *come puoi fidarti di uno che passa da un pentimento all'altro?* comment peux-tu te fier à qqn. qui change sans arrêt d'opinion, d'avis?
pentìrsi |pen'tirsi| *v.pron. intr.* **1** [*provare dolore, rimorso per le proprie colpe*] se repentir (21): *si è pentito del male commesso* il s'est repenti du mal qu'il a fait; *pentirsi in punto di morte* se repentir avant de mourir ◇ (*escl., con tono di minaccia*) *te ne pentirai!* tu t'en repentiras!; *ve ne pentirete!* vous vous en repentirez! **2** [*provare scontento, insoddisfazione*; *rammaricarsi*] regretter (*tr.*): *dammi ascolto e non te ne pentirai!* écoute-moi et tu ne le regretteras pas; *ha voluto cambiare lavoro, ma si è già pentito* il a voulu changer de travail, mais il l'a déjà regretté **3** [*cambiare opinione*; *mutare parere*] changer (3) *intr.* de: *stava per partire, poi si è pentito all'ultimo momento* il allait partir, puis il a changé d'avis au dernir moment; *io spero che si sposino, ma sono ancora in tempo a pentirsi* moi, j'espère qu'ils se marieront, mais ils ont encore le temps de changer d'avis.
pentìte |pen'tite| *s.f.* (*chim.*) pentite.
pèntodo |'pɛntodo| *s.m.* (*elettron.*) pent(h)ode *f.*
pèntola |'pɛntola| *s.f.* [*recipiente da cuc. di materiale vario per la cottura dei cibi*] marmite: *una pentola di terracotta, di alluminio, di vetro* une marmite en terre cuite, en aluminium, en

verre; *pentola a pressione* marmite autoclave, cocotte minute (*marchio depositato*), autocuiseur; *mettere una pentola sul fuoco, sul fornello* mettre une marmite sur le feu, sur le réchaud ◇ [*il cibo contenuto in una pentola*] pleine marmite: *si è mangiato una pentola di patate* il a mangé une pleine marmite de pommes de terre ◇ (*loc. fig.*) *q.c. bolle in pentola* [*q.c. si sta preparando, tramando in segreto*] il y a qqch. qui mijote ~ *far la pentola a due manici* [*star con le mani sui fianchi*] mettre les poings sur les hanches.

pentolàio, i |pento'lajo, i| *s.* [*chi produce o vende pentole*] chaudronnier*, fabricant de casseroles.

pentolàta |pento'lata| *s.f.* **1** [*cibo contenuto in una pentola*] pleine marmite: *una pentolata di fagioli, di melanzane* une pleine marmite de haricots, d'aubergines **2** coup *m.* de marmite # *gli ho dato una pentolata in testa* je lui ai assené la marmite sur la tête.

pentolìno |pento'lino| *s.m.* [*piccola pentola*] petit pot, petite marmite (*f.*): *il pentolino del latte* le pot au lait ◇ [*il contenuto di un pentolino*] *scaldami un pentolino di brodo* fais-moi chauffer une petite marmite de bouillon.

pentòsio, i |pen'tɔzjo, i| *s.m.* (*chim.*) pentose.

pentot(h)àl |pento'tal| *s.m. inv.* (*farm.*) (*marca depositata*) penthotal *var.*

pentrìte |pen'trite| *s.f.* (*chim.*) penthrite.

penùltimo |pe'nultimo| *agg.* [*che precede l'ultimo*] avant-dernier*: *il penultimo giorno del mese, di scuola* l'avant-dernier jour du mois, d'école; *sono arrivato penultimo* je suis arrivé avant-dernier; *l'accento cade sulla penultima sillaba* l'accent tombe sur l'avant-dernière syllabe, sur la pénultième ♦ (*s.*) *il penultimo* l'avant-dernier: *è la penultima delle sorelle* c'est l'avant--dernière des sœurs.

penùria |pe'nurja| *s.f.* pénurie: *penuria di acqua* pénurie d'eau; *c'è penuria di persone qualificate* il y a pénurie de personnel qualifié.

penzolànte |pendzo'lante| *agg.* [*che penzola, oscilla*] pendant, pendillant.

penzolàre |pendzo'lare| *v.intr.* (*aus.* '*avere*') [*stare sospeso, spec. oscillando*] pendre (53), pendiller: *una corda penzolava dalla trave* une corde pendait, pendillait de la poutre; *cos'è che penzola da quel balcone?* qu'est-ce qui pendille du balcon?

penzolóni |pendzo'loni| *avv.* [*in modo da penzolare*] pendant *agg.*, ballant (*agg.*): *era seduto sul tavolo con le gambe* (*a*) *penzoloni* il était assis sur la table les jambes pendantes; *che indolente, lo vedo sempre con le braccia* (*a*) *penzoloni!* quel fainéant, il reste toujours planté là, les bras ballants.

peòcio, i |pe'ɔtʃo, i| *s.m.* → **mitilo**.

peonàggio, i |peo'naddʒo, i| *s.m.* péonage.

1 **peóne** |pe'one| *s.m.*, **peón** |pe'on| *s.m. inv.* (*sp.*) [*bracciante giornaliero dell'America Latina*] péon *var.*

2 **peóne** |pe'one| *s.m.* (*metr.*) péon.

peònia |pe'ɔnja| *s.f.* (*t.bot.*) pivoine.

peònio, i |pe'ɔnjo, i| *agg.* (*metr.*) *piede peonio* pied péonique → 2 **peone**.

pepaiòla |pepa'jɔla| *s.f.* **1** [*vasetto per tenere il pepe*] poivrière **2** moulin *m.* à poivre.

pepàre |pe'pare| *v.tr.* [*condire con il pepe*] poivrer: *pepare l'arrosto, la carne macinata* poivrer le rôti, la viande hachée # *sarebbe una buona cuoca, ma pepa troppo* ce serait une bonne cuisinière si elle ne mettait pas tant de poivre.

pepàto |pe'pato| *agg.* **1** [*condito con il pepe*] poivré: *salsicce pepate* saucisses poivrées; *mi piacciono i cibi pepati* j'aime les aliments poivrés, relevés **2** (*fig.*) [*pungente, mordace*] poivré; cinglant: *fa degli scherzi pepati* il dit des plaisanteries poivrées ‖ *gli ho dato una risposta pepata* je lui ai fait une réponse cinglante.

pépe |'pepe| *s.m.* **1** (*t.bot.*) poivre ~ *pepe d'acqua* poivre d'eau ~ *pepe di Caienna* poivre de Cayenne, rouge **2** [*il frutto usato come spezia da cucina*] poivre: *pepe bianco, nero, rosso* poivre blanc, noir, rouge; *pepe in grani, in polvere, macinato* poivre en grains, en poudre, moulu; *condire con poco, troppo pepe* assaissonner avec peu, trop de poivre **3** (*fig., spec. in loc.*) [*vivacità, vitalità, brio*] *persona, ragazza tutto pepe, piena di pepe* personne, jeune fille pétillante *agg.* ~ *quel bambino è un grano di pepe* cet enfant est vif *agg.* comme la poudre ~ *una serie di sketch pieni di pepe* une série de sketches pleins de piquant, de sel **4** (*per est., spec. in funzione di agg. inv.*) [*color marrone grigio*] poivre (*s.m. inv.*): *una tonalità che dà sul pepe* une tonalité qui tire sur le poivre; *un tessuto* (*color*) *pepe* un tissu couleur poivre ◇ (*loc.*) (*color*) *pepe e sale* [*brizzolato*] poivre et sel.

peperìno |pepe'rino| *s.m.* (*geol.*) péperin.

peperìta |pepe'rita| *agg.* (*f.*) *menta peperita* menthe poivrée.

peperonàta |pepero'nata| *s.f.* [*piatto di peperoni tagliati in strisce, cotti in padella con olio, pomodori, cipolla e aglio*] poivrons *m.pl.* à la provençale, ratatouille de poivrons.

peperoncìno |peperon'tʃino| *s.m.* **1** [*piccolo peperone*] piment **2** [*varietà di peperone, di forma lunga e sottile, molto piccante*] piment: *peperoncini sott'aceto, in polvere* piments au vinaigre, en poudre.

peperóne |pepe'rone| *s.m.* **1** (*t.bot.*) piment **2** [*il frutto*] poivron: *peperoni rossi, gialli* poivrons rouges, jaunes; *insalata di peperoni* salade de poivrons ◇ (*loc.*) *diventar rosso come un peperone* devenir rouge comme une pivoine, une tomate ~ (*fig.*) *avere il naso a peperone* [*rosso e carnoso*] avoir un nez enluminé.

pepìta |pe'pita| *s.f.* pépite.

pèplo |'pɛplo| *s.m.* (*st.abbigl.*) péplum.

pepònide |pe'pɔnide| *s.f.* (*bot.*) pépon *m.*

peppermint |'pepəmint| *s.m. inv.* (*ingl.*) peppermint.

pèppola |'pɛppola| *s.f.* (*t.zool.*) pinson *m.* du Nord, des Ardennes.

pepsìna |pep'sina| *s.f.* (*fisiol.*) pepsine.

pèptico, ci, ca, che |'pɛptiko, tʃi, ka, ke| *agg.* (*fisiol.*) peptique.

peptìde |pep'tide| *s.m.* (*chim.*) peptide.

peptizzazióne |peptiddzat'tsjone| *s.f.* (*chim.*) peptisation.

peptóne |pep'tone| *s.m.* (*chim.*) peptone *f.*

peptonizzazióne |peptoniddzat'tsjone| *s.f.* (*chim.*) peptonisation.

peptonùria |pepto'nurja| *s.f.* (*med.*) peptonurie.

per- |per| *pref.* (*nei composti chimici indica 'presenza eccessiva' di un elemento, corrisponde gener. a*) per: *perborato* perborate.

per |per| *prep.* *N.B. le forme contratte possibili 'pel, pella, pei, pegli, pelle' sono arc. e ormai disusate* **I** (*introduce i compl. di*) **1** (*moto per luogo, attraverso luogo*) par: *entrare per la porta di servizio* entrer par la porte de service; *son passato per Parigi* je suis passé par Paris; *siamo scesi per un sentiero ripidissimo* nous sommes descendus par un sentier très raide; *voglio solo medicine per bocca, per via orale* je veux seulement des médicaments à prendre par voie orale # *non correte per le scale* ne courez pas dans l'escalier; *sono stanco di andar su e giù per le scale* je suis fatigué de monter et descendre l'escalier; *il corteo sfilerà per il corso* le cortège défilera dans l'avenue → 2 **lungo** ◇ (*moto per luogo delimitato*) dans: *correre per il corridoio, per la casa* courir dans le couloir, dans la maison; *abbiamo gironzolato per la campagna* nous nous sommes baladés dans la campagne *mi è passato un brivido per le ossa* j'ai senti un frisson dans le dos # *ti abbiamo cercato per tutti i cantoni* nous t'avons cherché partout; *siamo rotolati per la scarpata* nous avons roulé le long du talus; *ho viaggiato per mare e per terra* j'ai voyagé par mer et par terre; *passare per i banchi, per i tavolini* [*fra, in mezzo a*] passer entre les bancs, entre les tables; (*geom.*) *la retta che passa per il punto A* la droite qui passe par le point A ◇ (*fig.*) *cosa ti passa per la testa, per il cervello?* qu'est-ce qui te passe par la tête, par la cervelle?; *un dubbio mi è passato per la mente* un doute m'a traversé l'esprit **2** (*stato in luogo*) dans: *chi hai visto per strada?* qui as-tu vu dans la rue?; *mi sento dolori per tutto il corpo* j'ai des douleurs dans tout le corps, partout # *star seduto, sdraiato per terra* être assis, allongé par terre; *ho sempre tanta gente per casa* j'ai toujours beaucoup de monde à la maison; *c'era per tutto, da per tutto un gran disordine* il régnait partout un grand désordre; *son pieno di macchie per il corpo* j'ai des taches sur tout le corps ◇ (*fig.*) *star con la testa, col naso per aria* avoir la tête, le nez en l'air; *ho un grosso affare per le mani* j'ai en mains une grosse affaire **3** (*moto a luogo o destinazione*) pour: *sono partiti per Roma, per la villeggiatura* ils sont partis pour Rome, en vacances; *è questo il treno per Parigi?* c'est celui-là le train pour Paris?; *i soldati partono per il fronte* les soldats partent pour le front; *questa è la corrispondenza per l'estero* voici le courrier pour l'étranger # *noi proseguiamo per la Svizzera* nous, nous continuons sur la Suisse; *il ponte è saltato per aria* le ponte a sauté; (*fig.*) *il progetto è saltato per aria* le projet a sauté en l'air ◇ (*fig.*) (*per indicare 'propensione, inclinazione'*) *ha una gran passione per la musica, per la fotografia* il a une grande passion pour la musique, pour la photographie; *hanno poca simpatia per noi* ils n'ont pas beaucoup de sympathie pour nous; *ha un debole per te, per il gioco d'azzardo* il a un faible pour toi, pour les jeux de hasard → **verso** ◊ (*fam.*) (*per indicare l'approssimarsi di un'età*) sur: *cammina per la cinquantina, per gli ottanta* (*anni*) il va sur ses cinquante ans, sur ses quatre-vingts ans **4** (*misura o estensione*) pendant: *ci ha seguito per tutto il percorso* il nous a suivi pendant tout le trajet # *la strada è interrotta per 2 chilometri da una frana* la route est interrompue sur deux kilomètres par suite d'un éboulement; *ho prolungato il recinto per altri due metri* j'ai allongé l'enceinte de deux mètres **5** (*origine e provenienza*) *parenti per parte di madre* parents du côté de la mère; *per parte nostra non avrete sorprese* de notre part vous n'aurez pas de surprises **6** (*tempo continuato*) pendant: *l'ho aspettato per un'ora* je l'ai attendu (pendant) une heure; *ha continuato a piovere per giorni e giorni* il a continué de pleuvoir pendant des jours et des jours; *siamo stati insieme per anni* nous sommes restés ensemble pendant des années # *ha dormito per tre giorni di seguito* il a dormi trois jours de suite; *ci ricorderemo per sempre di voi* nous nous souviendrons toujours de vous; *per mesi e mesi, per più mesi non ha dato notizie* il est resté des mois et des mois sans donner de ses nouvelles **7** (*tempo determinato*) *ti aspetto per domani* je t'attends demain; *per sabato ho un invito* pour samedi j'ai une invitation; *ci rivedremo per la fine dell'estate* nous nous reverrons à la fin de l'été; *il lavoro deve essere pronto per fine mese* le travail doit être prêt pour la fin du mois; *per quando prevedete di finire?* à quelle date prévoyez-vous de finir?, pour quand prévoyez-vous l'achèvement?; *per le quattro, o al massimo per le cinque, mi darà una risposta* à quatre heures, ou au plus tard à cinq heures, il me donnera une réponse **8** (*mezzo*) par: *spedire q.c. per posta, per corriere* envoyer qqch. par la poste, par un courrier; *ti avviserò per telefono* je t'avertirai par téléphone; *hanno trattato per mezzo di intermediari* ils ont traité par des intermédiaires; *procederò per vie legali* je procéderai par voies légales; *arrivare a una soluzione per ragionamento, per intuizione* arriver à une solution par raisonnement, par intuition **9** (*modo o maniera*) par: *chiamalo per nome* appelle-le par son prénom; *andiamo per ordine alfabetico, di anzianità* procédons par ordre alphabétique, d'ancienneté; *bisogna procedere per gradi* il faut procéder par degrés; *mi ha raccontato tutto per filo e per segno* il m'a tout raconté par le menu (détail); *l'ha afferrato per un braccio, per il bavero, per i capelli* il l'a saisi par un bras, par les revers, par les cheveux # *bisogna prenderlo per il verso giusto* il faut le prendre du bon côté; *l'ho detto per scherzo, per gioco* je l'ai dit pour plaisenter, pour jouer; *pulite per bene dappertutto* nettoyez bien partout ◊ (*loc. fig.*) *prendere qc. per il naso* mener qqn. par le (bout du) nez **10** (*causa*) de, à cause de; par; pour: *trema per il freddo, suda per il caldo* il tremble de froid, il transpire à cause de la chaleur; *la partita è stata sospesa per la nebbia, per il maltempo* la partie a été suspendue à cause du brouillard, à cause du mauvais temps; *piangeva per il dolore, per la rabbia* il pleurait de douleur, de rage; *dovranno accettare per amore o per forza* ils devront accepter de gré ou de force ‖ *per paura di sbagliare si è bloccato* par peur de se tromper il s'est bloqué; *non sono entrato per paura, per riguardo* je ne suis pas entré par peur, par prudence; *per causa vostra ho fatto una brutta figura* par votre faute, j'ai fait piètre figure ‖ *staranno in pena per noi* ils doivent s'inquiéter pour nous; *è assente per motivi familiari, di salute* il est absent pour raisons de famille, de santé; *il locale è chiuso per lutto, per ferie* le local est fermé pour cause de deuil, pour les vacances; *per quale motivo ci vuole lasciare?* pour quel motif veut-il nous quitter?; *non è per questo che sono offeso* ce n'est pas pour ça que je suis vexé # *mi sono confuso per la fretta, per l'emozione* je me suis trompé parce que j'étais trop pressé, ému **11** (*scopo o fine*) pour: *lavora per vivere* il travaille pour vivre; *per divertimento, per passatempo* il le fait pour s'amuser, pour passer le temps; *lo fa solo per denaro* il le fait seulement pour l'argent; *siete pronti per la partenza?* êtes-vous prêts pour le départ?; *la macchina per imbottigliare* la machine pour mettre en bouteille; *ho comprato un costume per il mare e una giacca per la montagna* j'ai acheté un maillot de bain pour la mer et une veste pour la montagne # *lo fa solo per ambizione* il le fait seulement par ambition; *hanno mandato qc. per il dottore?* a-t-on envoyé qqn. chercher le docteur?; *tu, per esempio, non potresti aiutarmi?* toi, par exemple, tu ne pourrais pas m'aider?; *andare per funghi* aller aux champignons; *andare per legna* aller ramasser du bois; *andava per i fatti propri* il allait son petit bonhomme de chemin; *è una cosa, per così dire, non intonata all'ambiente* c'est une chose qui ne va pas, si on peut dire, avec ce milieu **12** (*vantaggio o svantaggio*) pour: *l'ho fatto per voi* je l'ai fait pour vous; *tanto peggio per voi, per loro* tant pis pour vous, pour eux; *pregare, sacrificarsi per qc.* prier, se sacrifier pour qqn. # *pensa solo per sé* il ne pense qu'à lui; *la partita si è conclusa due a zero per noi* la partie s'est terminée par deux à zèro à notre avantage ◊ [*a favore di; contro*] *ha una predilezione per il maschio* il a une prédilection pour le garçon; *ha molta passione per la musica* il est passionné de musique, il a une passion pour la musique; *sento avversione per la pittura moderna* j'ai de l'aversion pour la peinture moderne; *per chi avete votato?* pour qui avez-vous voté?; *per quale squadra fai il tifo?* pour quelle équipe es-tu? # *nutre un'antipatia viscerale per te* il nourrit à ton endroit une antipathie physique; *ha usato troppa parzialità per voi* il a été trop indulgent pour, envers vous ◊ [*adatto, conveniente a*] *non è una lettura per ragazzi* ce n'est pas une lecture pour des enfants; *questo sembra fatto per te* cela semble fait pour toi; *non è pane per i suoi denti* c'est trop fort pour lui, c'est au-dessus de ses forces # *questa taglia non fa per te* ce n'est pas ta taille ◊ [*destinato a*] *c'è una lettera, un regalo per te* il y a une lettre, un cadeau pour toi; *ho preparato una sorpresa per voi* j'ai préparé une surprise pour vous; *quella frecciatina era per voi* cette pointe était pour vous **13** (*prezzo*) pour: *l'ho preso per una sciocchezza, per poche lire* je l'ai eu pour une bouchée de pain, pour quelques lires; *te lo dò per poco, per niente* je te le donne pour pas grand-chose, pour rien; *potrei vendertelo per un milione* je pourrais te le vendre (pour) un million ◊ (*loc.*) *non lo rifarei per tutto l'oro del mondo* je ne le referais pas pour tout l'or du monde **14** (*stima*) *è stato valutato per una somma eccessiva* on l'a surévalué, évalué trop cher; *è stato riscontrato un furto per dieci milioni* on a repéré un vol de dix millions **15** (*colpa*) pour: *condanna per furto, per interesse privato* condamnation pour vol, pour recherche fraudeleuse d'un avantage personnel; *è ricercato per omicidio* il est recherché pour meurtre **16** (*pena*) *è stato condannato per cinque anni* il a été condamné à cinq ans; *l'hanno multato per dieci milioni* on lui a infligé une amende de dix millions **17** (*limitazione*) pour: *il Piemonte è famoso per i suoi vini* le Piémont est célèbre pour ses vins; *è molto sviluppata per la sua età* elle est très développée pour son âge; *per lui posso anche affogarmi* pour lui, je pourrais même mourir; *per questa volta, passi!* passe pour cette fois!; *per poco non inciampavo* pour un peu, je tombais # *è già un fatto positivo per i tempi che corrono* c'est déjà là un fait positif par les temps qui courent; *superare qc. per altezza, per bravura* dépasser qqn. par la taille, en courage; *per conto mio, per quel che mi riguarda non ci sono difficoltà* en ce qui me concerne, il n'y a pas de difficulté(s); *per quanto mi risulta non hanno ancora pagato* à ma connaissance, ils n'ont pas encore payé; que je sache, ils n'ont pas encore payé; *superare qc. per età* être plus âgé que qqn. **18** (*distributivo*) par; en: *uno per uno* un par un; *camminate in fila per tre* marchez en rang par trois; *sono stati separati per età, per sesso* on les a séparés par âge, par sexe, selon l'âge, le sexe; *distribuiscine uno per persona* distribues-en un par personne ‖ *sincerità per sincerità, devo dirti che...* en toute sincérité, je dois te dire que...; *disporsi per file parallele* se disposer en files parallèles; *società divisa per classi* société divisée en classes # *uno, due per volta* un, deux à la fois; *si sono messi uno per parte* ils se sont mis chacun d'un côté; *ho continuato a sperare giorno per giorno* j'ai continué à espérer jour après jour; *ne fanno entrare dieci per volta* on en fait entrer dix à la fois; *non ce n'è per tutti* il n'y en a pas pour tout le monde; *perso per perso, rinuncio anche agli interessi* perdu pour perdu, je renonce même aux intérêts ◊ (*in calcoli percentuali*) pour: *il sei per cento* (6%) six pour cent (6%); *un tot per mille* tant pour mille; *ci ha guadagnato il cento per cento* il y a gagné cent pour cent ◊ (*mat.*) *due per tre* deux fois trois; *moltiplicare, dividere un numero per dieci* multiplier, diviser (un nombre) par dix **19** (*scambio*) pour: *ti avevo preso per un altro* je t'avais pris pour un autre; *ho provato vergogna per lui* j'ai eu honte pour lui; *preferisco rendere bene per male* je préfère rendre le bien pour le mal # *parla tu per me* parle à ma place ◇ (*loc. fig.*) *rendere pan per focaccia* rendre à qqn. la monnaie de sa pièce ~ *occhio per occhio* œil pour œil ~ *dente per dente* dent pour dent **20** (*predicativo*) pour: *dare per perso, per disperso, per morto* donner pour perdu, pour disparu, pour mort; *diamo questo per acquisito, per risolto* nous donnons cela pour acquis, pour donné; *chi ha preso per moglie?* qui a-t-il pris pour femme? # *l'ho avuto per professore* je l'ai eu comme professeur; *sanno per certo che siete stati voi* ils sont sûrs que c'est vous qui l'avez fait **21** (*escl.*) *per la miscria!* misère!; *per Giove! per Bacco!* parbleu! sapristi!; *per l'amor del cielo!* pour l'amour du ciel!; *per amor di Dio non dirglielo!* pour l'amour de Dieu, ne le lui dis pas!; *non farlo, per carità!* ne le fais pas, pour l'amour de Dieu! **22** (*loc.*) *per ora, per il momento, per intanto* pour le moment, pour l'instant ~ *per lungo, per largo, per dritto, per traverso* en long, en large, à l'endroit, en travers ~ *per di qui, per di là, per di sopra, per di dentro, per di fuori* par ici, par là, en dessus, en dedans, en dehors ~ *per tempo* à temps: *cercate di arrivare per tempo* essayez d'arriver à temps ~ *per sempre* pour toujours ~ *per solito* comme d'habitude ~ *per modo di dire* pour ainsi dire ~ *per l'appunto* justement ~ *per poco* de peu ~ *per di più* en plus ~ *per lo meno* → **perlomeno** ~ *per lo più* → **perlopiù** ~ *per altro* → **peraltro** ~ *per il che, per il fatto che* pour le fait que ~ *per la qual cosa* pour cela ~ *per via che, per ciò che* du fait que ~ *per ciò* → **perciò** ~ *su per giù* → **suppergiù** **II** (*introduce le prop.*) **1** (*finali, col v. all'inf.*) pour (+ *inf.*): *sono qui per aiutarti* je suis ici pour t'aider; *è venuto per controllare* il est venu pour contrôler; *siete qui per dar fastidio?* êtes-vous ici pour nous embêter?; *esco per distrarmi un po'* je sors pour me distraire un peu; *l'ha fatto per sviare i sospetti* il l'a fait pour détourner les soupçons; *per farti piacere farò questo ed altro* pour te faire plaisir, je ferai tout ce que tu voudras; *si fa per ridere!* c'est pour rire! **2** (*causali, col v. all'inf.*) pour (+ *inf.*): *per aver detto che...* pour avoir dit que.. # *per essere ingordo, ha preso un imbarazzo* il a eu un embarras gastrique dû à sa gloutonnerie; *è stato assolto per non aver commesso il fatto* il a été acquitté comme reconnu non coupable **3** (*consec., col v. all'inf.*) pour (+ *inf.*): *è troppo ingenuo per capire* il est trop naïf pour comprendre; *è abbastanza grande per fare da solo* il est assez grand pour se débrouiller tout seul; *è troppo bello per essere vero* c'est trop beau pour être vrai **4** (*conc., col. v. al congv., raro all'inf.*) *per quanto tu insista, non mi convincerai* tu as beau insister, tu ne me convaincras pas; *per bravo che sia non ci riuscirà* si doué soit-il, il n'y réussira pas; *per poco che sia, è meglio di niente* si peu que ce soit, c'est mieux que rien **5** (*perifrastiche*) nelle loc. ESSERE, STARE PER aller (+ *inf.*): *sto per partire* je vais partir; *ero per venire da te, poi si è messo a piovere* j'allais partir chez toi quand il s'est mis à pleuvoir; *stava, era lì lì per picchiarlo* il allait le taper.

péra |'pera| *s.f.* **1** [*il frutto del pero*] poire: *un cesto di pere* un panier de poires; *marmellata di pere* confiture de poires; *sbucciare una pera* peler une poire ◇ (*spec.*) *pera butirra* beurré (*m.*) ~ *pera spadona* bon chrétien (*m.*) ~ *pera ruggine* rousselet (*m.*) ~ *pera coscia* cuisse-madame ~ *pera passagrassana* passe-crassane ◇ (*loc.*) *avere il naso, la testa fatti a pera* avoir un nez, une tête en forme de poire ◇ (*loc. fig.*) *un discorso* (*fatto*) *a pera* des propos qui ne tiennent pas debout ~ *essere una pera cotta* [*essere indolente, fiacco*] être mou* comme une chiffe ~ *è crollato come una pera cotta* [*di colpo, di schianto*] il est tombé comme une masse ~ *non vale una pera cotta* ça ne vaut pas un sou ◇ (*prov.*) *quando la pera è matura casca* quand la poire est mûre, il faut qu'elle tombe; les fruits mûrs tombent tout seuls **2** (*per est.*) [*oggetto a forma di pera*] poire: *pera della luce* poire électrique → **interruttore**; *pera di gomma* poire en caoutchouc → **peretta** 1 ◇ (*loc. scherz.*) *grattarsi la pera* se gratter la tête, la caboche (*fam.*) → **testa.**

peràcido |pe'ratʃido| *s.m.* (*chim.*) péracide.

peràltro |per'altro| *avv.* [*del resto; d'altra parte*] d'ailleurs *loc. inv.*, du reste (*loc. inv.*): *peraltro neanche lo conosco* d'ailleurs, du reste je ne le connais même pas; *peraltro non ci ha neanche avvertito* d'ailleurs, il ne nous a même pas avertis; *è rischioso, e peraltro di nessun vantaggio pratico* c'est dangereux et, du reste, sans aucun avantage pratique.

peramèle |pera'mɛle| *s.m.* (*t.zool.*) péramèle.

perànco |pe'ranko| *avv.* (*raro, lett.*) → **ancora, finora.**

perbàcco |per'bakko| *inter.* (*esprime 'meraviglia, disappunto'*) eh bien!: *perbacco come sei cresciuto!* eh bien!, comme tu as grandi!; *perbacco, dovevate avvertirmi!* eh bien!, vous aurez dû m'avertir! → **caspita, accipicchia** # *siete sempre in ritardo, perbacco!* vous êtes toujours en retard, nom d'une pipe! ◇ (*con tono di assenso*) [*certamente, sicuro*] '*possiamo venire anche noi?*' '*perbacco!*' 'est-ce qu'on peut venir, nous aussi?' 'parbleu!'; *mi chiedi se sono contento? perbacco!* (*certo che lo sono*) tu me demandes si je suis content? parbleu!

perbène |per'bɛne| **1** *agg. inv.* [*educato, corretto, onesto*] comme il faut (*loc. inv.*): *una famiglia, una persona perbene* une famille, une personne comme il faut; *ha sposato un ragazzo molto perbene* elle a épousé un garçon très comme il faut **2** *avv.* [*in modo esatto, ordinato*] bien, comme il faut (*loc. inv.*): *scrivete perbene* écrivez bien, comme il faut; *vestiti perbene* habille-toi comme il faut ◇ [*in modo corretto*] *mi raccomando comportatevi perbene* je vous recommande de bien vous comporter, de vous comporter comme il faut.

perbenìsmo |perbe'nizmo| *s.m.* [*atteggiamento formalistico di onestà e correttezza esteriore*] attitude *f.* des gens bien: *un perbenismo ipocrita* une attitude hypocrite des gens bien.

perboràto |perbo'rato| *s.m.* (*chim.*) perborate.

percàlle |per'kalle| *s.m.* percale *f.*

percallìna |perkal'lina| *s.f.* percaline.

percènto |per'tʃɛnto| *s.m. inv.* pour cent, pourcentage *var.* → **percentuale.**

percentuàle |pertʃentu'ale| **I** *s.f.* **1** [*rapporto tra due grandezze espresso in centesimi*] pourcentage (*m.*): *la percentuale dei votanti* le pourcentage des votants; *calcolare la percentuale degli assenti* calculer le pourcentage des absents # *in percentuale siamo diminuiti* en proportion, nous avons diminué **2** [*somma calcolata in base a un tanto per cento*] pourcentage: *che percentuale ti danno?* quel pourcentage te donnent-ils? # *dovete darmi una percentuale sul guadagno* vous devez me donner un tant pour cent sur le bénéfice **II** *agg.* [*stabilito sulla base di un tanto per cento*] de tant pour cent (*loc. inv.*): *aumento, interesse percentuale* augmentation, intérêt de tant pour cent # *ci hanno diminuito la nostra quota percentuale* on nous a diminué notre pourcentage.

percentualizzàre |pertʃentualid'dzare| *v.tr.* (*comm.*) [*calcolare, ricavare la percentuale*] calculer le pourcentage.

percentualizzazióne |pertʃentualiddzat'tsjone| *s.f.* (*comm.*) [→ PERCENTUALIZZARE] calcul *m.* du pourcentage.

percepìbile |pertʃe'pibile| *agg.* **1** [→ PERCEPIRE 1] perceptible: *un rumore chiaramente percepibile* un bruit distinctement perceptible **2** [→ PERCEPIRE 2] percevable: *aumento percepibile dopo il secondo anno di lavoro* augmentation percevable après la deuxième année de travail.

percepìre |pertʃe'pire| (197) *v.tr.* **1** [*avvertire con i sensi o con l'intuito*] percevoir (33): *percepire un suono, un odore* percevoir un son, une odeur; *una differenza che si riesce appena a percepire* une différence qu'on réussit à peine à percevoir # *mi sembra di percepire un certo malcontento in voi* il me semble déceler en vous un certain mécontentement **2** [*ricevere, riscuotere*] toucher: *percepire uno stipendio irrisorio, elevato* toucher un salaire dérisoire, élevé; *quanto hai percepito per lo straordinario?* combien as-tu touché, gagné pour les heures supplémentaires? ◇ (*di tasse*) percevoir.

percettìbile |pertʃet'tibile| *agg.* [→ PERCEPIRE 1] perceptible, sensible: *c'è una diversità appena percettibile* il y a une différence à peine perceptible, sensible; *simili sfumature non sono percettibili a tutti* de telles nuances ne sont pas perceptibles à tous; tous ne sont pas sensibles à ces nuances.

percettibilità |pertʃettibili'ta| *s.f. inv.* perceptibilité *var.*

percettività |pertʃettivi'ta| *s.f. inv.* faculté *var.* perceptive; capacité *var.* de percevoir.

percettìvo |pertʃet'tivo| *agg.* perceptif*: *le facoltà percettive* les facultés perceptives.

percettóre, trice |pertʃet'tore,

tritʃe| *s.* (*bur.*, *dir.*) percepteur *m.*

percezióne |pertʃet'tsjone| *s.f.* [→ PERCEPIRE 1] perception: *percezione di un suono, di un pericolo* perception d'un son, d'un danger; *avere l'esatta percezione del tempo* avoir l'exacte perception, notion du temps ◇ (*psicol.*) *i processi della percezione* les processus de la perception; *disturbi della percezione* troubles de la perception.

percezionismo |pertʃettsjo'nizmo| *s.m.* (*filos.*) perceptionnisme.

perché |per'ke| **I** *avv.* [*per quale ragione*] (*nelle interrog. dirette o indirette*) pourquoi: *perché non mi rispondi?* pourquoi ne me réponds-tu pas?; *perché non venite anche voi?* pourquoi ne venez-vous pas, vous aussi?; '*non te lo dico*' '(*ma*) *perché?*' 'je ne te le dis pas' '(mais) pourquoi?'; *e perché non me lo hai detto?* et pourquoi ne me l'as-tu pas dit?; *ma perché insistete tanto?* mais pourquoi insistez-vous tant?; *dicci almeno perché* dis-nous au moins pourquoi; *non ci hai ancora detto perché non accetti* tu ne nous as pas encore dit pourquoi tu n'acceptes pas; *chissà perché ritarda tanto* qui sait pourquoi il est si en retard; *vorrei proprio sapere perché non ci saluta* je voudrais vraiment savoir pourquoi il ne nous dit plus bonjour ◇ PERCHÉ (+ *inf.*) (*spec. in interrog. retoriche*) pourquoi (+ *inf.*): *perché farci aspettare tanto?* pourquoi nous faire tant attendre?; *perché nascondere la verità?* pourquoi cacher la vérité? # *mi chiedo perché farla tribolare tanto* pourquoi faut-il lui causer tant de chagrins, je me le demande ◇ *loc.* PERCHÉ MAI mais pourquoi, pourquoi donc, pourquoi diable: *perché mai dovrebbe offendersi?* mais pourquoi donc devrait-il se vexer?; '*chiedigli scusa!*' '*e perché mai?*' 'demande-lui pardon!' 'et pourquoi donc?'; *cerco di capire perché mai ce l'hai con noi* j'essaie de comprendre pourquoi diable tu nous en veux **II** *cong.* **1** [*per la ragione che, per il fatto che*] (*causale*) parce que: *non esco perché è freddo* je ne sors pas parce qu'il fait froid; *mi piace perché è sincero* il me plaît parce qu'il est sincère; *s'è offeso perché non l'abbiamo invitato* il s'est vexé parce que nous ne l'avons pas invité ◇ (*fam.*) '*perché ci abbandoni?*' '*perché sì*' 'pourquoi nous abandonnes-tu?' 'parce que'; '*perché non gli scrivi?*' '*perché no*' 'pourquoi ne lui écris-tu pas?' 'parce que' ◇ (*con valore rel.*) [*per cui*] *non c'è ragione perché voi protestiate* vous n'avez aucune raison de protester; *non c'è motivo perché io resti qui* je n'ai aucune raison de rester ici ◇ (*in costruzioni correl.*) NON PERCHÉ..., MA PERCHÉ: *si è dimesso non perché fosse in disaccordo, ma perché ha altri impegni* il a donné sa démission non pas parce qu'il était en désaccord, mais parce qu'il avait d'autres choses à faire; *non son venuto non perché mi sia dimenticato, ma perché non lo sapevo* je ne suis pas venu non parce que j'avais oublié, mais parce que je ne le savais pas (non que j'eusse oublié mais parce que je l'ignorais) ~ E PERCHÉ... E PERCHÉ; SIA PERCHÉ... SIA PERCHÉ: *non mi va di uscire e perché è notte, e perché fa freddo* je n'ai pas envie de sortir parce qu'il fait nuit et qu'il fait froid; *non è stato assunto sia perché è troppo giovane, sia perché è inesperto* il n'a pas été engagé parce que (jugé) trop jeune et trop inexpérimenté **2** (*finale*) (+ *congv.*) [*affinché*] afin que, pour que (+ *congv.*): *te l'ho detto perché tu mi dia un consiglio* je te l'ai dit afin que, pour que tu me donnes un conseil; *fa la vittima perché gli altri lo compatiscano* il se pose en victime pour que les autres le plaignent **3** (*consec.*) TROPPO, MENO... PERCHÉ (+ *congv.*), trop, moins... pour que (+ *congv.*): *è una questione troppo delicata perché possa dirtela* c'est une affaire trop délicate pour que je puisse te la dire; *dovresti correre meno perché io possa seguirti* il faudrait que tu coures moins (vite) pour que je puisse te suivre # *sei troppo piccolo perché tu possa capire* tu es trop petit pour (pouvoir) comprendre **III** *s.m. inv.* **1** [*il motivo, la ragione*] pourquoi, raison *f. var.*, motif (*var.*): *non chiedermi il perché* ne me demande pas pourquoi; *hai capito il perché della sua ostilità?* as-tu compris la raison de son hostilité?; *c'è sempre un perché nelle cose* il y a toujours une raison aux choses; *non ci si comporta così senza un perché* on ne se comporte pas ainsi sans avoir une raison; *i perché possono essere molti* les motifs peuvent être nombreux → **ragione** ◇ (*fam.*) *vuol sapere il perché e il percome* il veut savoir le pourquoi et le comment **2** [*interrogativo, dubbio*; *domanda*] pourquoi, question (*f. var.*): *i perché della vita* les pourquoi de la vie; *ci sono ancora troppi perché da spiegare* il y a encore trop de pourquoi demeurés sans réponse; *con tutti questi perché credi di risolvere q.c.?* avec tous ces pourquoi, crois-tu résoudre qqch.?; *i perché dei bambini* les pourquoi des enfants; *uffa, quanti perché!* la barbe, avec tes pourquoi!; *fai quello che ti dico senza tanti perché* fais ce que je te dis sans poser tant de questions.

perciò |per'tʃɔ| *cong.* (*con valore concl.*) [*per questo* (*motivo*); *di conseguenza*] c'est pourquoi, c'est pour cela que; donc, par conséquent: *sapevo che eri in ansia, perciò ti ho chiamato* je savais que tu étais anxieux, c'est pourquoi, c'est pour cela que je t'ai téléphoné ‖ *arriveremo tardi, perciò non aspettateci* nous arriverons tard, ne nous attendez donc pas, par conséquent ne nous attendez pas ◇ *loc. raff.* E PERCIÒ et par conséquent: *mi avete offeso e perciò me ne vado* vous m'avez offensé et, par conséquent, je m'en vais ~ *interrog.* E CHE PERCIÒ [*e con ciò?*; *e allora?*] et alors?: '*protesterò col direttore!*' '*e che perciò?*' 'je me plaindrai au directeur!' 'et alors?' ~ (*raro*) NON PERCIÒ: *sono spregiudicati, non perciò mi impensieriscono* ils sont sans scrupules, et c'est bien pourquoi ils m'inquiètent → **pertanto.**

perciocché |pertʃok'ke| *cong.* (*lett.*) → **perché** II.

percipièndo |pertʃi'pjɛndo| *agg.* (*dir.*) à percevoir *loc. inv.*, à encaisser *loc. inv.*

perclorato |perklo'rato| *s.m.* (*chim.*) perchlorate.

perclòrico, ci, ca, che |per'klɔriko, tʃi, ka, ke| *agg.* (*chim.*) perchlorique.

perclorùro |perklo'ruro| *s.m.* (*chim.*) perchlorure.

percolàre |perko'lare| *v.tr.* (*chim.*) [*eseguire la percolazione*] filtrer.

percolatóre |perkola'tore| *s.m.* (*tecnol.*) percolateur, filtre.

percolazióne |perkolat'tsjone| *s.f.* (*chim.*) percolation.

percóme |per'kome| **1** *cong.* (*raro*) [*per come*] comment → **come** **2** *s.m. inv.* (*solo in loc.*) *il perché e il percome* le pourquoi et le comment: *raccontami il perché e il percome del fatto* raconte-moi le pourquoi et le comment de la chose; *bisogna sempre spiegargli il perché e il percome di tutto* il faut toujours lui expliquer le pourquoi et le comment des choses ~ NÉ PERCHÉ, NÉ PERCOME: *ci ha lasciato senza dirci né perché, né percome* il nous a quitté sans aucune explication.

percorrènza |perkor'rɛntsa| *s.f.* [*percorso, spec. di mezzo pubblico*] parcours (*m.*): *tempo, tabella di percorrenza* temps, tableau de parcours.

percórrere |per'korrere| (127) *v.tr.* **1** [*compiere un percorso*] parcourir (17): *percorrere una distanza a piedi, in bicicletta, in auto* parcourir une distance à pied, à bicyclette, en auto; *l'ultimo tratto l'abbiamo percorso in dieci minuti* nous avons parcouru le dernier tronçon (de route) en dix minutes ◇ (*per est.*) [*usare per un percorso*] *è una strada difficile da percorrere* c'est une route au parcours difficile **2** [*viaggiare, muoversi attraverso un determinato luogo*] parcourir: *percorrere mari e monti* parcourir mers et monts # *ha percorso mezzo mondo, l'Europa intera* il a fait la moitié du tour du monde, toute l'Europe; *continuava a percorrere in lungo e in largo il salone* il continuait à arpenter le salon ◇ [*attraversare*] traverser: *il fiume percorre tutta la regione* le fleuve traverse toute la région; *la città è percorsa da due grandi arterie parallele* deux grandes artères parallèles traversent la ville **3** (*fig.*) [*compiere q.c. attraverso tempi e gradi diversi*] suivre (52): *la pratica deve percorrere una lunga trafila burocratica* l'affaire doit suivre une longue filière bureaucratique # *in pochi anni ha percorso una carriera strepitosa* en quelques années il a fait une carrière éblouissante ◇ [*seguire*] *non era questa la strada da percorrere!* ce n'était pas là le chemin à suivre!

percorribile |perkor'ribile| *agg.* [→ PERCORRERE 1, 3] praticable, qui peut être parcouru *loc.*

percorribilità |perkorribili'ta| *s.f. inv.* → **praticabilità.**

percórso |per'korso| *s.m.* **1** [*tratto che si è percorso o che si deve percorrere*] parcours, trajet: *fissare, tracciare, cambiare il percorso* fixer, tracer, changer le parcours; *è un percorso breve, faticoso* c'est un trajet court, fatigant; *non è stato stabilito il percorso del corteo* on n'a pas établi le parcours du cortège; *ha coperto il percorso in dieci minuti* il a effectué le parcours en dix minutes ◇ [*tempo del percorso*] *riposarsi, dormire durante il percorso* se reposer, dormir pendant le trajet ◇ [*tragitto*] *è prevista una sosta a metà percorso* on a prévu une halte à mi-chemin **2** (*sport*) parcours: *percorso netto, misto* parcours sans pénalités, mixte ◇ (*aer.*) *percorso di decollo, di arrivo* distance *f.* de décollage, longueur *f.* d'atterrissage **3** (*mil.*) *percorso di guerra* parcours du combattant **4** (*anat.*) trajet.

percòssa |per'kɔssa| *s.f.* [*colpo violento contro una persona*] coup (*m.*): *dare, ricevere percosse* donner, recevoir des coups; *ben presto passarono dagli insulti alle percosse* rapidement ils passèrent des insultes aux coups, ils en vinrent aux mains; *non si è ancora riavuto dalle percosse* il ne s'est pas encore remis des coups qu'il a reçus ◇ (*fig.*) *ho ricevuto molte percosse dalla vita* j'ai essuyé beaucoup de coups durs durant ma vie.

percòsso |per'kɔsso| *agg.* [*colpito, picchiato*] frappé *p.p.*, battu (*p.p.*): *le persone percosse furono molte* il y eu beaucoup de personnes frappées, battues.

percuòtere |per'kwɔtere| (162) **A** *v.tr.* **1** [*colpire con violenza*; *picchiare*] frapper, battre (76): *percuotere qc. con pugni, con un bastone* frapper, battre qqn. à coups de poing, avec un bâton; *è stato percosso brutalmente in tutto il corpo* on l'a brutalement frappé sur tout le corps ◇ [*battere, colpire*] cogner, frapper: *percuotere la testa contro il muro* se cogner *pron.* la tête contre le mur; *percuotere un mattone col martello* frapper, cogner sur une brique avec un marteau; *un fulmine ha percosso il campanile* la foudre est tombée sur le clocher, a frappé le clocher □ *percuotersi il petto* se frapper la poitrine **2** (*fig.*) [*provocare fastidio*; *ferire*] blesser: *uno stridio violento ci percosse gli orecchi* un bruit violent, strident nous blessa les oreilles ◇ [*colpire intensamente*; *addolorare*] frapper: *la triste notizia ci ha molto percosso* la triste nouvelle nous a profondément affligés ◇ [*tormentare, affliggere*] frapper: *Dio percuote i malvagi* Dieu frappe les méchants; *una terribile pestilenza percosse il paese* une terrible épidémie de peste frappa le pays **B** *v. intr.* (*aus.* '*avere*') (*raro*) [*sbattere, urtare*] *heurter (*tr.*): *percuotere con la testa contro un architrave* heurter sa tête contre un haut de porte **C** *v.pron.* PERCUOTERSI **1** *recipr.* [→ *tr.* 1] se frapper, se battre: *si sono percossi a pugni e calci* ils se sont battus, frappés à coups de poing et de pied; *stanno percuotendosi a morte* ils sont en train de se battre à mort, jusqu'à ce que mort s'ensuive **2** *rifl.* → *tr.* 1 □.

percussióne |perkus'sjone| *s.f.* **1** percussion: *fucile, trapano a percussione* fusil, perceuse à percussion; *strumenti* (*musicali*) *a percussione* instruments (musicaux) à percussion ◇ (*med.*) *percussione del torace* percussion du thorax **2** (*dir.*) *percussione dell'imposta* percussion de l'impôt.

percussóre |perkus'sore| *s.m.* (*armi*) percuteur.

percutireazióne |perkutireat'tsjone| *s.f.* (*med.*) percuti-réaction.

perdènte |per'dɛnte| *agg.* perdant: *la parte, la squadra perdente* la partie, l'équipe perdante; *ho puntato sul cavallo perdente* j'ai misé sur le cheval perdant ◆ (*s.*) *i perdenti* les perdants.

pèrdere |'pɛrdere| (163) **A** *v.tr.* **1** [*venire a mancare di q.c. o di qc.*; *restar privo di*; *non aver più*] perdre (53): *perdere un bottone* perdre un bouton; *perdere un braccio, un occhio* perdre un bras, un œil; *comincio a perdere i capelli* je commence à perdre mes cheveux; *gli alberi perdono le foglie* les arbres perdent leurs feuilles; *ho perduto le forze, il vigore di un tempo* j'ai perdu la force, la vigueur d'avant; *sto perdendo la vista, la memoria* je perds la vue, la mémoire; *con la crisi abbiamo perso molti clienti* avec la crise, nous avons perdu beaucoup de clients; *rischiamo di perdere il posto di lavoro* nous risquons de perdre notre place; *ho perso l'abitudine a guidare* j'ai perdu l'habitude de conduire; *ha perso il controllo della moto* il a perdu le contrôle de sa moto; *hanno perduto la fiducia in noi* ils ont perdu confiance en nous; *ho perso l'appetito* j'ai perdu l'appétit; *è da tempo che ho perduto i contatti con loro* il y a longtemps que je les ai perdus de vue; *ha perduto i genitori da piccolo* il a perdu ses parents quand il était petit; *perdere un amico, un figlio, la moglie* perdre un ami, un fils, sa femme; *ha perduto vari amici* [*la loro amicizia*] il a perdu l'amitié de plusieurs personnes ◇ (*può assumere significati più specifici in molte loc., spec. fig.*) *perdere la salute* [*ammalarsi*] tomber malade ~ *perdere la vita* perdre la vie ~ *perdere la voce* perdre la voix ~ *ho perso il sonno* j'ai perdu le sommeil ~ *perdere la parola, la favella*, perdre la parole ~ *perdere coscienza, la conoscenza* perdre connaissance ~ *non fatemi perdere la calma, la pazienza* ne me faites pas perdre le calme, la patience ~ *ha perduto la testa, la ragione, il controllo* (*di sé*) il a perdu la tête, la raison, son sang-froid ~ *perdere la bussola, l'equilibrio, la trebisonda* perdre l'équilibre, le nord; être déboussolé (*fam.*) ~ *gli ha fatto perdere il lume degli occhi* il lui a fait voir rouge ~ *perdere l'anima* [*dannarla*] perdre son âme ~ *perdere l'onore, la faccia* perdre son honneur, la face ~ *perdere le staffe* s'emporter ~ *perdere di vista qc. o q.c.* perdre de vue qqn. ou qqch. ~ *non perdete di mira lo scopo dell'iniziativa* ne perdez pas de vue le but de l'initiative ~ *perdere quota, terreno* perdre de l'altitude, du terrain ~ *il motore perde colpi* le moteur fait des ratés ~ *il motore perde giri, velocità* le moteur perd des tours, de la vitesse ◇ [*abbandonare, smettere*] *perdere un vizio, un'abitudine* perdre l'habitude, se défaire d'un vice ◇ (*prov.*) *il lupo perde il pelo, ma non il vizio* qui a bu boira **2** [*non trovar più*; *smarrire*] perdre: *perdere l'ombrello, gli occhiali, il borsellino* perdre son parapluie, ses lunettes, son porte-monnaie; *ho perso un bottone del cappotto* j'ai perdu un des boutons de mon manteau; *tu perdi sempre tutto* tu perds toujours tout; *perdere l'orientamento, la strada, le tracce di qc.* perdre l'orientation, son chemin, les traces de qqn.; *hai perso q.c.?* as-tu perdu qqch.? ◇ (*fig.*) *non perdere il filo del discorso* ne perds pas le fil de tes idées; *perdere il passo* perdre le pas ◇ [*dimenticare, lasciare*] oublier, laisser: *ho perso il cappello sul treno* j'ai oublié, laissé mon chapeau dans le train; *dove va perde q.c.* où qu'il aille, il oublie qqch.; *tu perderesti anche la testa!* tu oublierais même ta tête! **3** [*lasciarsi sfuggire*] perdre, manquer, rater: *perdere un'occasione* perdre, rater une occasion; *perdere un affare* manquer, rater une affaire; *non perde una parola, una sillaba* il ne perd pas un mot, une syllabe; *cosa hai perso a non venire!* tu as raté qqch. en ne venant pas; *è uno spettacolo che non voglio perdere* c'est un spectacle que je ne veux pas manquer ◇ [*arrivare in ritardo per q.c.*] manquer, rater: *perdere il treno, la coincidenza* manquer, rater son train, la correspondance; *ho perso la prima ora di lezione* j'ai manqué la première heure du cours; *non voglio perdere l'inizio dello spettacolo* je ne veux pas manquer le début du spectacle **4** [*impiegare inutilmente*; *sprecare, sciupare*] perdre: *ho perso tre ore ad aspettarti* j'ai perdu trois heures à t'attendre; *ci hanno fatto perdere tempo e denaro* ils nous ont fait perdre notre temps et notre argent; *ho perduto un anno per malattia* j'ai perdu un an du fait de ma maladie; *non voglio perdere il fiato con voi* je ne veux pas perdre mon temps avec vous; *cosa credi, che abbia tempo da perdere con te?* est-ce que tu crois, par hasard que j'ai du temps à perdre avec toi?; *non c'è più un attimo, un minuto da perdere* il n'y a pas un instant, une minute à perdre **5** [*rimetterci, scapitarci*] perdre: *perdere la cauzione, l'anticipo* perdre la caution, l'avance; *invece di guadagnarci, ci perdo* au lieu d'y gagner, j'y perds; *così ci perdiamo!* comme ça, on y perd!; *cosa ci perdi?* qu'est-ce que tu y perds?; *in questo confronto ci perdi* comparé à cela, tu y perds; *ormai non hai più nulla da perdere* tu n'as désormais plus rien à perdre ◇ [*pagare per una sconfitta al gioco*] *perdere poco, molto, tutto* perdre peu, beaucoup, tout; *quanto hai perso?* combien as-tu perdu? **6** [*subire una sconfitta, essere superato in q.c.*] perdre: *perdere una battaglia, una guerra* perdre une bataille, une guerre; *avete perso la scommessa* vous avez perdu le pari; *chi ha perso?* qui a perdu?; *abbiamo perso di un solo punto* pour un point, nous avons perdu; *perdere una causa, un processo* perdre une cause, un procès ◇ (*sport*) [*essere privato di q.c., non ottenere q.c. per sconfitta*] *perdere il titolo, il primato* perdre un titre, un record; *hanno perduto il campionato, lo scudetto* ils ont perdu le championnat ◇ (*prov.*) *bisogna saper perdere* il faut savoir perdre ~ *chi perde paga* qui perd, paie **7** [*lasciar uscire, defluire*] perdre: ◆ *il rubinetto perde acqua, gas* le robinet perd l'eau, le gaz; *il catino, il serbatoio perde sul fondo* le bassin, le réservoir perd par le fond; *ho perso molto sangue dalla ferita* j'ai perdu beaucoup de sang de ma blessure # *ho perso molto sangue dal naso* j'ai beaucoup saigné de nez ◆ *ass.* fuir (22): *il rubinetto perde* le robinet fuit, perd **8** (*lett.*) [*mandare in rovina*] perdre: *l'ambizione lo perderà* l'ambition le perdra; *l'ambiente troppo libero della città l'ha perduta* le milieu trop libre de la ville l'a perdue **9** *loc.* LASCIAR PERDERE [*non curare*; *tralasciare*] laisser tomber, laisser de côté: *lasciamo perdere certi discorsi* laissons tomber, laissons de côté certains discours; *non arrabbiarti, lasciali perdere!* ne te fâche pas, laisse les tomber!; *lascia perdere, che è meglio per te!* laisse tomber, cela vaut mieux pour toi!; *ho lasciato perdere tutto* j'ai tout laissé tomber

lasciamo perdere! [*non parliamone!*; *sorvoliamo!*] passons!; glissons! **B** *v.intr.* (*aus.* '*avere*') [*diminuire, calare*] perdre (*tr.*): *perdere d'importanza, di valore, di significato* perdre son importance, sa valeur, son sens; *queste mele hanno perso di sapore* ces pommes ont perdu leur saveur; *continuo a perdere di peso* je continue à perdre du poids **C** *v.pron. intr.* PERDERSI **1** [→ *tr.* 2] se perdre: *perdersi in montagna, in mare, tra la folla* se perdre en montagne, en mer, dans la foule; *tra tutte quelle strade e stradine mi sono perduta* parmi toutes ces rues et ruelles, je me suis perdue ◇ (*fig.*) *perdersi d'animo, di coraggio* [*scoraggiarsi*] perdre *tr.* courage; *in un problema così vasto rischi di perderti* [*di disorientarti*] le problème est si vaste que tu risques de t'y perdre; *perdersi dietro a una ragazza* [*innamorarsene fortemente*] s'enticher, s'engouer d'une jeune fille ◇ (*fig.*) [*abbandonarsi completamente*] *perdersi in fantasticherie* se perdre dans des rêveries ◇ (*loc. fig.*) *perdersi in un bicchier d'acqua* se noyer dans un verre d'eau **2** [*sprecarsi, rovinarsi*] se perdre: *perdersi in chiacchiere, in discussioni inutili* se perdre en vains propos, en discours inutiles; *non perdetevi in queste quisquiglie!* ne vous perdez pas en futilités!; *ma guarda con chi è andata a perdersi!* mais regarde un peu avec qui elle est allée se perdre!; *non dovete perdervi così stupidamente!* vous ne devez pas vous perdre aussi stupidement! ◇ [*traviarsi*] *quel ragazzo finirà col perdersi* ce garçon finira par se perdre; *si è persa con le cattive compagnie* elle s'est perdue par de mauvaises fréquentations **3** [*dileguarsi, svanire*] se perdre: *le voci si perdevano in lontananza* les voix se perdaient au loin # *a poco a poco le colline si perdevano alla vista* peu à peu les collines disparaissaient à notre vue; *certi particolari si perdono nell'insieme* certains détails se confondent avec l'ensemble ◇ [*scomparire, estinguersi*] disparaître (72) (*intr.*): *alcune specie si sono perse* certaines espèces ont disparu; *queste usanze si sono perse da tempo* ces coutumes ont disparu depuis longtemps **C** A 1, 2 **trovare,** 6 **vincere.**

perdiàna |per'djana| *inter.* (*esprime* '*disappunto, sorpresa*') sapristi: *non siete mai in orario, perdiana!* sapristi, vous n'êtes jamais à l'heure!; *perdiana, che prezzi!* sapristi, quels prix! → **perdinci, perdio** ◇ (*in tono minaccioso*) *vi sistemo io, perdiana!* sapristi, vous allez avoir à faire à moi!

perdìbile |per'dibile| *agg.* (*raro*) [*che si può perdere, deteriorare*] perdable.

perdifiàto |perdi'fjato| *s.m.* (*solo nella loc.*) A PERDIFIATO [*a più non posso*] à perdre haleine: *gridare, correre a perdifiato* crier, courir à perdre haleine.

perdigiórno |perdi'dʒorno| *s. inv.* [*fannullone, ozioso*] fainéant *var.*, désœuvré: *una compagnia di perdigiorno* une compagnie de fainéants, de désœuvrés; *doveva sposare proprio quella perdigiorno!* il fallait qu'il se mariât avec cette fainéante!

perdilégno |perdi'leɲɲo| *s.m.* (*t. zool.*) zeuzère *f.*

perdìnci |per'dintʃi| *inter.* (*esprime* '*disappunto, meraviglia*') sapristi: *smettila, perdinci!* arrête, sapristi!; *perdinci, com'è ingrassato!* sapristi, comme il a grossi! → **perdio.**

perdindirindina |perdindirin'dina| *inter.* → **perdinci.**

perdìo |per'dio| *inter.* (*esprime* '*insofferenza, disappunto, sorpresa*') grand Dieu!: *così no, perdio!* grand Dieu, pas de cette façon!; *stai più attento, perdio!* grand Dieu, fais plus attention!; *che belle gambe, perdio!* grand Dieu, quelles belles jambes! ◇ (*in tono minaccioso*) *perdio, non ve la passerete liscia!* Dieu m'est témoin: vous ne vous en tirerez pas comme ça!

pèrdita |'pɛrdita| *s.f.* **1** [*scomparsa pregiudizievole, indesiderata di q.c.*] perte: *la perdita di un occhio, di una gamba* la perte d'un œil, d'une jambe; *la perdita del posto di lavoro* la perte de sa situation; *l'alluvione ha causato la perdita di gran parte del raccolto* l'alluvion a causé la perte d'une grande partie de la récolte; *ha avuto una breve perdita di coscienza* [*svenimento*] il a eu une brève perte de connaissance ◇ [*morte*] *la perdita di un parente, di un amico* la perte d'un parent, d'un ami; *una perdita dolorosa, irreparabile* une perte douloureuse, irréparable; *è sconsolato per la perdita del figlio* il demeure affligé de la perte de son fils # *parenti e amici piangono la perdita del caro...* parents et amis ont la douleur d'annoncer la mort de... ◇ [*diminuizione, abbassamento*] *perdita progressiva delle forze, della memoria* perte progressive des forces, de la mémoire; *perdita di velocità, di quota* perte de vitesse, d'altitude ◇ (*loc. fig.*) *a perdita d'occhio* [*fin dove arriva la vista*] à perte de vue: *ho visto vigneti a perdita d'occhio* j'ai vu des vignobles à perte de vue **2** [*danno, rimessa*] perte: *subire, accusare una perdita* subir, avoir une perte; *il nemico ha subito gravi perdite* l'ennemi a subi de lourdes pertes; *abbiamo avuto delle perdite ingenti* nous avons eu des pertes considérables ◇ [*sconfitta, spec. nel gioco*] défaite: *quella perdita mi è costata cara* cette défaite m'a coûté cher; *colleziona una perdita dopo l'altra* il collectionne les défaites ◇ (*comm.*) perte, déficit (*m.*): *profitti e perdite* profits et pertes; *lavorare in perdita* travailler à perte; *essere, chiudere in perdita* être en déficit ◇ [*svantaggio*] désavantage (*m.*): *essere in perdita con qc., rispetto a qc.* être en désavantage par rapport à qqn. **3** [*sciupio, spreco*] perte: *una inutile perdita di tempo* une inutile perte de temps; *certi acquisti sono solo una perdita di denaro* certains achats constituent seulement une perte d'argent **4** [*fuoriuscita di liquido o di gas*] fuite: *una perdita di gas, di acqua* une fuite de gaz, d'eau; *c'è una perdita nel serbatoio, nella conduttura di scarico* il y a une fuite dans le réservoir, dans le tuyau de décharge ◇ (*med.*) *perdita di sangue* [*emorragia*] perte de sang; *perdite bianche* pertes blanches; *perdite* (*rosse*) pertes (de sang) → **mestruazione.**

perditèmpo |perdi'tɛmpo| *s.* **1** *s.m. inv.* perte *f. var.* de temps: *questi preliminari sono solo un perditempo* ces préliminaires ne sont qu'une perte de temps **2** *s. inv.* (*persone*) [*fannullone, ozioso*] fainéant (*var.*): *sei un gran perditempo* tu es un grand fainéant → **perdigiorno.**

perdizióne |perdit'tsjone| *s.f.* perdition; perte: *luogo di perdizione* lieu de perdition → **rovina** ‖ *il gioco, il vizio lo porterà alla perdizione* le jeu, le vice le mèneront à sa perte; *con quella compagnia è destinato alla perdizione* avec cette compagnie (ces mauvaises fréquentations) il court à sa perte ◇ [*dannazione dell'anima*] *peccatori destinati alla perdizione* (*eterna*) pécheurs destinés à la perdition (éternelle).

perdonàbile |perdo'nabile| *agg.* [→ PERDONARE A 1] pardonnable: *un errore, una negligenza perdonabile* une erreur, une négligence pardonnable # *per quel che hai fatto non saresti perdonabile* ce que tu as fait est impardonnable.

perdonàre |perdo'nare| **A** *v.tr.* **1** [*assolvere qc. da una colpa*; *condonare un errore a qc.*] pardonner: *perdonare qc. per q.c., q.c. a qc.* pardonner qqn. pour qqch., qqch. à qqn.; *per questa volta vi perdono* cette fois-ci je vous pardonne; *Dio gli perdoni il male commesso!* que Dieu lui pardonne le mal qu'il a fait!; *questa poi non giela perdono!* je ne peux pas lui pardonner cette offense; *gli ho augurato del male,* (*che*) *Dio mi perdoni!* je lui ai souhaité du mal, que Dieu me pardonne! ◇ [*considerare con indulgenza, comprensione*] *bisogna perdonare certe intemperanze giovanili* il faut pardonner certaines intempérances juvéniles; *tu gli perdoni troppe cose* tu lui pardonnes, passes trop de choses **2** (*in espressioni di cortesia*) [*scusare, permettere, consentire*] pardonner, demander pardon: *mi perdoni se sbaglio* pardonnez-moi si je me trompe; *ci perdoni il disturbo* nous vous demandons pardon de vous déranger; *ma lei, mi perdoni, ha frainteso!* mais vous-même, pardonnez-moi, vous avez mal compris!; *mi si perdoni l'accostamento irriverente* je vous demande pardon de vous avoir accosté, de vous accoster ainsi; *perdonami, ma devo proprio scappare* je te demande pardon, mais je dois vraiment me sauver # *ci perdoni la franchezza* excusez notre franchise **3** (*fig.*) [*risparmiare*] pardonner: *un male che non perdona* (*nessuno*) un mal qui ne pardonne pas; *è un tipo che non perdona* c'est un type qui ne pardonne pas # *è un giocatore che non perdona* [*non fallisce*] c'est un joueur implacable **B** *v.intr.* (*aus.* '*avere*') **1** [*concedere il perdono*] pardonner: *perdonate ai vostri amici* pardonnez à vos amis; *è stato uno scellerato, che Dio lo perdoni!* ce fut un scélerat, que Dieu lui pardonne **2** (*fig.*) [→ *tr.* 3] pardonner: *la morte non perdona* (*a nessuno*) la mort ne pardonne pas, est inexorable; *è un esaminatore che non perdona* c'est un examinateur inexorable, qui ne pardonne pas **C** *v.pron. recipr.* PERDONARSI [→ *tr.* 1] se pardonner: *perdonarsi a vicenda* se pardonner mutuellement; *non hanno più rancori, si sono perdonati* ils n'ont plus de rancunes, ils se sont pardonnés.

perdóno |per'dono| *s.m.* **1** [*remissione, condono di una colpa*] pardon: *chiedere, domandare perdono* demander pardon; *perdono!, non lo farò più* pardon!, je ne le ferai plus ◇ (*relig.*) *la festa del perdono* la fête du pardon; *sperare nel perdono di Dio* espérer le pardon de Dieu ◇ (*prov.*) *la miglior vendetta è il perdono* la meilleure vengeance est le pardon **2** (*per est.*) pardon: *domando perdono per il disturbo* je vous demande pardon de vous avoir dérangé; *perdono! non pensavo che dormisse* pardon! je ne pensais pas que vous dormiez → **scusa** **3** (*dir.*) *perdono giudiziale* pardon judiciaire.

perduellióne |perduel'ljone| *s.f.* (*dir. rom.*) perduellion *m.*; haute trahison *f.*

perduràre |perdu'rare| *v.intr.* (*aus.* '*avere*') [*durare, continuare a lungo*] persister: *il maltempo perdura* le mauvais temps persiste; *questa situazione di incertezza perdura da troppo tempo* cette situation incertaine persiste depuis trop longtemps ◇ [*perseverare*] *perdura nel suo atteggiamento di rifiuto* il persiste dans son refus.

perdutaménte |perduta'mente| *avv.* [*in modo appassionato*] éperdument, à la folie (*loc. inv.*): *ti ama perdutamente* il t'aime éperdument, à la folie.

perdùto |per'duto| *agg.* **1** [*che non si ha più; smarrito*] perdu: *oggetti perduti* objets perdus; *un cane perduto* un chien perdu ◇ [*sciupato, sprecato*] *tempo perduto* temps perdu; *rimpiange le occasioni perdute* il regrette les occasions perdues ◇ (*fig.*) *un'anima perduta* une âme perdue; *una donna perduta* [*prostituta*] une femme perdue **2** (*fig.*) *sentirsi, vedersi perduto* [*senza scampo*; *senza via d'uscita*] se sentir, se savoir perdu: *appena l'ho visto, mi son sentita perduta* dès que je l'ai vu, je me suis sentie perdue **3** (*fin.*) (*contributo, finanziamento*) *a fondo perduto* (cotisation, financement) à fonds perdus.

peregrinàre |peregri'nare| *v.intr.* (*aus.* '*avere*') [*viaggiare senza una mèta fissa*; *vagare*] voyager (3): *peregrinare per l'Italia* voyager à travers l'Italie; *il lavoro mi costringe a peregrinare senza sosta* mon travail m'oblige à voyager sans cesse.

peregrinazióne |peregrinat'tsjone| *s.f.* [→ PEREGRINARE] pérégrination: *la mia vita è stata una peregrinazione continua* ma vie est faite de continuelles pérégrinations.

peregrinità |peregrini'ta| *s.f. inv.* [*singolarità, ricercatezza eccessiva*] singularité (*var.*): *certe peregrinità mi sembrano un'inutile ostentazione* certaines singularités me semblent un étalage inutile ◇ [*stravaganza*] extravagance (*var.*): *crede di far colpo con le sue peregrinità* il croit attirer l'attention par ses extravagances.

peregrino |pere'grino| *agg.* **1** [*ricercato, singolare*] précieux*, recherché: *stile peregrino* style précieux, recherché; *forme, parole peregrine* formes, paroles recherchées ◇ [*strano, bizzarro*] bizarre: *che idea peregrina!* quelle idée bizarre, quelle drôle d'idée; *ha fatto una scelta veramente peregrina!* il a fait un choix vraiment bizarre **2** (*lett.*) → **pellegrino**.

perènne |pe'rɛnne| *agg.* **1** [*che dura in eterno*] éternel*: *nevi perenni* neiges éternelles; *gloria, fama perenne* gloire, renommée éternelle; *a perenne memoria di...* en souvenir éternel de... **2** [*continuo, ininterrotto*] intarissable: *una sorgente perenne di malintesi, di discordie* une source intarissable de malentendus, de disputes ◇ (*geogr.*) *sorgenti, fiumi perenni* sources, fleuves pérennes **3** (*bot.*) *piante perenni* plantes vivaces; *foglie perenni* feuilles persistantes.

perenneménte |perenne'mente| *avv.* [→ PERENNE] éternellement, perpétuellement: *vivrà perennemente nel nostro ricordo* il vivra éternellement dans notre souvenir; *è perennemente scontento* il est perpétuellement mécontent.

perennità |perenni'ta| *s.f. inv.* (*raro*) pérennité *var.*, perpétuité *var.*

perènto |pe'rɛnto| *agg.* (*dir.*) périmé → **estinto**.

perentoriaménte |perentorja'mente| *avv.* [→ PERENTORIO] péremptoirement.

perentorietà |perentorje'ta| *s.f. inv.* caractère *m. var.* péremptoire: *la perentorietà di un ordine, di un rifiuto* le caractère péremptoire d'un ordre, d'un refus # *parla con una perentorietà indisponente* il parle sur un ton péremptoire agaçant.

perentòrio, i |peren'tɔrjo, i| *agg.* **1** péremptoire, tranchant: *ordini perentori* ordres péremptoires; *la sua risposta è stata perentoria* sa réponse a été péremptoire, tranchante; *non c'è bisogno che usi quel tono perentorio* ce n'est pas la peine que tu parles sur ce ton péremptoire **2** [*che non ammette rinvii*; *indilazionabile*] péremptoire: *termine perentorio* délai péremptoire; *mi ha dato una scadenza perentoria* il m'a donné une échéance péremptoire ◇ [*che non si può eludere*; *assoluto*] absolu: *esigenze, necessità perentorie* exigences, nécessités absolues.

perenzióne |peren'tsjone| *s.f.* (*dir.*) péremption.

perequàre |pere'kware| *v.tr.* **1** [*distribuire in modo equo, equilibrato*] faire (45) la péréquation (de): *perequare gli stipendi, le pensioni* faire la péréquation des, rajuster les salaires, les pensions; *occorre perequare gli oneri fiscali* il faut faire la péréquation des charges fiscales **2** (*stat.*) [*livellare errori o irregolarità*] faire la péréquation: *perequare i dati statistici* faire la péréquation des données statistiques.

perequativo |perekwa'tivo| *agg.* [*che tende a perequare*] égalisateur*: *criteri perequativi* critères égalisateurs.

perequatóre, trice |perekwa'tore, tritʃe| *s.* (*raro*) [*chi o ciò che attua la perequazione*] égalisateur*: *il sindacato ha svolto il ruolo di perequatore* le syndicat a joué un rôle égalisateur ✦ (*agg.*) *misura perequatrice* mesure égalisatrice.

perequazióne |perekwa'tsjone| *s.f.* **1** [→ PEREQUARE 1] péréquation, rajustement (*m.*): *perequazione dei salari* péréquation, rajustement des salaires **2** (*stat.*) péréquation.

perétta |pe'retta| *s.f.* **1** [*apparecchio per clisteri o irrigazioni*] poire (à lavement): *pulire un orecchio con la peretta* nettoyer une oreille avec une poire ◇ (*per est.*) [*clistere*] lavement (*m.*): *ho fatto una peretta al bambino* j'ai fait un lavement à l'enfant **2** [*interruttore elettrico volante*] poire électrique: *schiaccia la peretta* appuie sur la poire électrique.

perfettaménte |perfetta'mente| *avv.* **1** [→ PERFETTO 1] parfaitement: *ha lavorato perfettamente* il a travaillé parfaitement; *eravate perfettamente informati* vous êtiez parfaitement informés; *conosco i luoghi perfettamente* je connais parfaitement les lieux ✦ *ass.*, *escl.* (*esprime 'approvazione, compiacimento'*) '*siamo d'accordo così?*' '*perfettamente!*' 'nous sommes d'accord ainsi?' 'parfaitement!'; '*i bagagli sono sistemati*' '*perfettamente, allora partiamo!*' 'les bagages sont prêts' 'parfaitement, alors partons!' **2** [→ PERFETTO 2] parfaitement: *si è perfettamente ristabilito* il s'est parfaitement rétabli; *avete perfettamente ragione* vous avez parfaitement raison → **completamente** ◇ *raff.* [*totalmente, assolutamente*] tout à fait (*loc.*): *è perfettamente inutile che veniate* il est tout à fait inutile que vous veniez.

perfettibile |perfet'tibile| *agg.* perfectible.

perfettibilità |perfettibili'ta| *s.f. inv.* perfectibilité *var.*

perfettivo |perfet'tivo| *agg.* (*ling.*) perfectif*: *prefissi perfettivi* préfixes perfectifs.

perfètto |per'fɛtto| *agg.* **1** [*privo di difetti, di carenze*] parfait: *vista perfetta* vue parfaite; *ha dei lineamenti perfetti* elle a des traits parfaits; *gode perfetta salute* il jouit d'une parfaite, d'une excellente santé; *sono in perfette condizioni fisiche* je suis en parfait état physique; *ho fatto una saldatura perfetta* j'ai fait une soudure parfaite; *è un delitto perfetto* c'est un crime parfait ◇ (*raff.*) *un perfetto galantuomo* un parfait gentleman; *sei un perfetto imbecille* tu es un parfait, un véritable imbécile ✦ (*ass., escl.*) *perfetto!* [*magnifico!, splendido!*] parfait!: '*siamo già a buon punto*' '*perfetto!*' 'nous sommes déjà bien avancés dans notre travail' 'parfait!' **2** [*completamente realizzato*] parfait: *un'opera perfetta in tutte le sue parti* une œuvre parfaite, parachevée dans toutes ses parties; *ormai è un uomo perfetto* désormais c'est un homme parfait, accompli ◇ [*completo, assoluto*] *silenzio, accordo perfetto* silence, accord parfait; *esiste perfetta concordanza di idee* il existe une parfaite communion d'idées ◇ (*bot., zool.*) *fiore perfetto* fleur parfaite; *insetto perfetto* insecte parfait **3** (*ling.*) parfait: *participio, infinito perfetto* participe, infinitif passé ✦ (*s.m.*) *il perfetto* le parfait.

perfezionàbile |perfettsjo'nabile| *agg.* [→ PERFEZIONARE] perfectible: *prodotto ulteriormente perfezionabile* produit ultérieurement perfectible.

perfezionabilità |perfettsjonabili'ta| *s.f. inv.* perfectibilité *var.*

perfezionaménto |perfettsjona'mento| *s.m.* [→ PERFEZIONARE] perfectionnement: *il perfezionamento di una tecnica, di una pratica* le perfectionnement d'une technique, d'une pratique; *frequentare un corso di perfezionamento* suivre un cours de perfectionnement ◇ [*modifica migliorativa*] *la nuova versione si presenta con notevoli perfezionamenti* la nouvelle version présente de remarquables perfectionnements.

perfezionàre |perfettsjo'nare| **A** *v.tr.* [*rendere perfetto*; *migliorare*] perfectionner, parfaire (45): *perfezionare un trattato, una pratica, una teoria* perfectionner, parfaire un traité, un dossier, une théorie; *perfezionare la pronuncia, la conoscenza di una lingua* perfectionner la prononciation, la connaissance d'une langue; *è stato perfezionato l'impianto elettrico* on a modernisé, perfectionné l'installation électrique **B** *v.pron.* PERFEZIONARSI **1** *intr.* [→ *tr.*] se perfectionner: *la terapia indolore si è molto perfezionata* la thérapeutique indolore s'est beaucoup perfectionnée **2** *rifl.* [*specializzarsi*] se spécialiser: *si è perfezionata in ricerche di mercato* elle s'est spécialisée dans les études de marché; *intendo perfezionarmi in inglese* j'ai l'intention de me spécialiser en anglais.

perfezióne |perfet'tsjone| *s.f.* perfection: *aspirare, tendere alla perfezione* aspirer, tendre à la perfection; *raggiungere la perfezione, il massimo grado della perfezione* atteindre la perfection, le plus haut degré de (la) perfection; *questa macchina è un modello di perfezione* cette voiture est un modèle de perfection ◇ *loc.* A, ALLA PERFEZIONE à la perfection: *un colore che si intona a perfezione* une couleur qui s'harmonise à la perfection; *suona il piano alla perfezione* il joue du piano à la perfection; *ha ripetuto tutto alla perfezione* il a tout dit, répété à la perfection.

perfezionismo |perfettsjo'nizmo| *s.m.* perfectionnisme.

perfezionista |perfettsjo'nista| *s.* perfectionniste: *che perfezionista!* quel perfectionniste!; *non fare il perfezionista!* ne sois pas perfectionniste!

perfezionistico, ci, ca, che |perfettsjo'nistiko, tʃi, ka, ke| *agg.* de perfectionnisme *loc. inv.*, de perfectionniste *loc. inv.*

perfidaménte |perfida'mente| *avv.* [→ PERFIDO] perfidement: *ci ha mentito perfidamente* il nous a menti perfidement.

perfìdia |per'fidja| *s.f.* perfidie: *è pieno di perfidia* il est plein de perfidie, de malignité; *c'è troppa perfidia nel mondo!* il y a trop de perfidie dans le monde! → **malignità** ◇ [*azione perfida; cattiveria*] *una perfidia così non la meritavo* je ne méritais pas une telle perfidie.

pèrfido |'pɛrfido| *agg.* perfide: *un individuo, un animo perfido* un individu, une âme perfide; *è un'insinuazione perfida* c'est une insinuation perfide; *non la credevo così perfida* je ne la croyais pas si perfide # *è veramente una linguaccia perfida* c'est vraiment une langue de vipère ◇ (*fig.*) [*pessimo; disgustoso*] détestable: *che stagione perfida!* quelle saison détestable!; *un caffè dal gusto perfido* un café au goût détestable.

perfìno |per'fino| *avv.* [*addirittura*] même: *perfino la madre gli è contro* même sa mère est contre lui; *lo sapeva perfino il portinaio* même le concierge le savait; *conosco tutto, perfino i dettagli* je sais tout, même les détails; *dubita perfino di te* il doute même de toi; *ci mancava perfino questa* il manquait même celle-là; *mi sembra perfino esagerato* cela me semble même exagéré; *pretendeva perfino che lo rimborsassero* il prétendait même qu'on devait le rembouser; *è arrivato perfino a dire che...* il est même arrivé à dire que... ◇ (*davanti a comparativi*) encore: *è perfino troppo buono* il est encore trop bon; *ieri era perfino più nervoso* hier, il était encore (on ne peut) plus nerveux; *ci pagano perfino meno di voi* on nous paie encore moins que vous # *è perfino peggio di prima* c'est même pire qu'avant.

perfogliàto |perfoʎ'ʎato| *agg.* (*bot.*) perfolié.

perforàbile |perfo'rabile| *agg.* [→ PERFORARE] qu'on peut perforer *loc.*, qu'on peut percer (*loc.*): *roccia perforabile* roche qu'on peut perforer, percer.

perforaménto |perfora'mento| *s.m.* (*raro*) → **perforazione.**

perforànte |perfo'rante| *agg.* perforant: *proiettile perforante* projectile perforant ◇ (*med.*) *ulcera perforante* ulcère perforant.

perforàre |perfo'rare| *v.tr.* [*forare da parte a parte*] perfórer, percer (2): *perforare un asse, una lamiera* perforer, percer une planche, une tôle; *il proiettile gli ha perforato la spalla, l'intestino* le projectile lui a traversé l'épaule, perforé l'intestin; *per il nuovo tracciato occorre perforare la montagna* pour le nouveau tracé il faut percer la montagne ◇ [*praticare fori in profondità*] creuser # *perforare il terreno alla ricerca di acqua, di petrolio* forer le sol à la recherche d'eau, de pétrole → **trivellare.**

perforàto |perfo'rato| *agg.* perforé: *schede perforate* fiches perforées.

perforatóre, trice |perfora'tore, tritʃe| *s.* **1** *s.* (*persone*) perforateur *m.* **2** *s.m.* (*tecnol.*) perforateur, perforatrice (*f.*): *perforatore a percussione* perforateur, perforatrice à percussion, sonde percutante; *perforatore di schede* perforatrice ◆ (*agg.*) *strumento perforatore* (instrument) perforateur; *macchina perforatrice* (machine) perforatrice.

perforatrice |perfora'tritʃe| *s.f.* (*mecc.*) perforateur *m.*; perforatrice: *perforatrice meccanica* perforateur mécanique ‖ *perforatrice ad aria compressa* perforatrice à air comprimé ◇ (*per carta e sim.*) *perforatrice manuale, automatica* perforatrice à main, automatique.

perforatùra |perfora'tura| *s.f.* (*tecnol.*) pointillé *m.*

perforazióne |perforat'tsjone| *s.f.* [→ PERFORARE] percement *m.*; forage (*m.*): *perforazione della roccia* percement de la roche ‖ *perforazioni petrolifere* forages pétrolifères → **trivellazione** ◇ (*med.*) *perforazione dello stomaco* perforation de l'estomac.

performance |pə'fɔːməns| *s.f. inv.* (*ingl.*) (*sport*) performance *var.*

performativo |performa'tivo| *s.m.* (*ling.*) performatif.

perfosfàto |perfos'fato| *s.m.* (*chim.*) superphosphate.

perfrigeràre |perfridʒe'rare| *v.tr.* → **surgelare.**

perfrigerazióne |perfridʒerat'tsjone| *s.f.* → **congelamento.**

perfusióne |perfu'zjone| *s.f.* (*med.*) perfusion; goutte-à-goutte *m. inv.*

pergamèna |perga'mɛna| *s.f.* **1** [*pelle di pecora levigata, usata per scrivere, per rilegature o per oggetti di arredamento*] parchemin (*m.*): *codice, diploma in pergamena* code, diplôme en parchemin; *libri rilegati in pergamena* livres reliés en parchemin; *un paralume in pergamena* un abat-jour en parchemin → **cartapecora** **2** (*per est.*) [*documento scritto su pergamena*] parchemin: *una pergamena del V secolo d.C.* un parchemin du Ve siècle (ap. J.-Ch.) ◇ [*diploma, attestato scritto su carta pergamena o sim.*] parchemin.

pergamenàceo |pergame'natʃeo| *agg.* **1** [*scritto su pergamena*] sur parchemin (*loc. inv.*): *codice, documento pergamenaceo* code, document sur parchemin **2** [*sim. alla pergamena*] parchemineux* (*raro*): *materiale pergamenaceo* matière parchemineuse.

pergamenàio, i |pergame'najo, i| *s.* [*chi lavora, prepara la pergamena*] parcheminier*.

pergamenàto |pergame'nato| *agg.* [*che imita, è sim. alla pegamena*] parcheminé: *carta pergamenata* papier parcheminé.

pèrgamo |'pɛrgamo| *s.m.* (*arch. crist.*) chaire *f.*, tribune *f.* sacrée → **pulpito.**

1 **pèrgola** |'pɛrgola| *s.f.* [*impalcatura di sostegno di viti o piante rampicanti a forma di tetto o di volta*] tonnelle, charmille: *una pergola di viti* une tonnelle de vigne, une treille; *riposare all'ombra di una pergola* se reposer à l'ombre d'une tonnelle, d'une charmille.

2 **pèrgola** |'pɛrgola| *s.f.* (*arald.*) pairle *m.*, perle *m.*

pergolàto |pergo'lato| *s.m.* [*pergola di vaste dimensioni*] berceau, tonnelle (*f.*): *il ristorante ha un bel pergolato* le restaurant a un beau berceau, une belle tonnelle; *abbiamo cenato sotto il pergolato* nous avons dîné sous la tonnelle ◇ (*agr.*) treille (*f.*): *coltivare la vite a pergolato* cultiver la vigne en treille.

pèri- |'pɛri| *pref.* **1** (*significa 'intorno, giro', corrisponde gener. a*) péri: *perifrasi* périphrases # *perizoma* pagne **2** (*astron.*) (*significa 'punto più vicino a', corrisponde gener. a*) péri: *perielio* périhélie.

pèri |'pɛri| *s.f.* (*mitol.*) péri *s.*

periànzio, i |peri'antsjo, i| *s.m.* (*bot.*) périanthe.

periartrite |periar'trite| *s.f.* (*med.*) périarthrite.

periblèma |peri'blɛma| *s.m.* (*bot.*) périblème.

peribolo |pe'ribolo| *s.m.* (*archeol.*) péribole.

pericàrdico, ci, ca, che |peri'kardiko, tʃi, ka, ke| *agg.* (*anat.*) péricardique: *arterie pericardiche* artères péricardiques.

pericàrdio, i |peri'kardjo, i| *s.m.* (*anat.*) péricarde.

pericardite |perikar'dite| *s.f.* (*med.*) péricardite.

pericàrp(i)o, i |peri'karp(j)o, i| *s.m.* (*bot.*) péricarpe.

periciclo |peri'tʃiklo| *s.m.* (*bot.*) péricycle.

periclitàre |perikli'tare| **A** *v.intr.* (*aus. 'avere'*) (*lett.*) [*essere in pericolo*] péricliter (*corr.*): *la situazione periclita* la situation périclite **B** *v.pron. intr.* PERICLITARSI (*lett.*) [*mettersi in pericolo*] s'exposer (*corr.*) à un danger: *non periclitatevi* ne vous exposez pas à un danger.

pericolànte |periko'lante| *agg.* **1** menaçant *p. pres.* ruine, menaçant *p. pres.* de s'écrouler: *un tetto, una casa, un ponte pericolante* un toit, une maison, un pont menaçant ruine, de s'écrouler **2** (*fig.*) qui périclite *loc.*, en danger *loc. inv.*, en péril (*loc. inv.*): *una società pericolante* une societé qui périclite, en péril.

pericolàre |periko'lare| *v.intr.* (*aus. 'avere'*) (*raro*) [*star per crollare*] menacer (2) *tr.* ruine (*corr.*): *il pavimento pericola* le plancher menace ruine.

pericolo |pe'rikolo| *s.m.* **1** [*situazione che può provocare danno*] danger, péril (*lett.*): *pericolo grave, serio, immediato, remoto* danger grave, sérieux, immédiat, lointain; *segnale di pericolo* signal de danger; *essere, trovarsi in pericolo di morte* être, se trouver en danger de mort; *uscire, essere fuori pericolo* être hors de danger, de péril; *la montagna è piena di pericoli* la montagne est pleine de dangers; *non ti esporre, non esporti ai pericoli* ne t'expose pas aux dangers; *dichiarare lo stato di pericolo* déclarer l'état de danger, de péril # *pericolo di caduta massi* (risque de) chute de pierres; *corre il pericolo di essere eletto* il court le risque, il risque d'être élu → **eventualità** ◇ (*per est.*) [*persona pericolosa*] *ormai è considerato un pericolo pubblico* on le considère désormais comme un danger public **2** (*fig.*) [*eventualità, possibilità*] danger: *c'è sempre il pericolo di sbagliarsi* il y a toujours le danger de se tromper; *non c'è pericolo che tu sia puntuale!* il n'y a pas de danger que tu sois à l'heure!; '*pensi che verrà?*' '*non c'è pericolo!*' 'tu penses qu'il viendra?' '(il n'y a) pas de danger!'; '*e allora, ti sposi o no?*' '*non c'è pericolo!*' 'et alors, tu te maries, ou non?' '(il n'y a) pas de danger!'

pericolosaménte |perikolosa'mente| *avv.* [→ PERICOLOSO 1] dangereusement: *vive pericolosamente* il vit dangereusement.

pericolosità |perikolosi'ta| *s.f. inv.* caractère *m. var.* périlleux # *la pericolosità di un avversario* un adversaire dangereux.

pericolóso |periko'loso| *agg.* **1** [*che presenta, nasconde rischi, pericoli*] dangereux*, périlleux*: *una strada, una impresa pericolosa* une route, une entreprise dangereuse; *ci siamo messi in una situazione pericolosa* nous nous sommes mis dans une situation périlleuse; *è pericoloso sporgersi dal balcone* il est dangereux de se pencher au balcon **2** [*che può far del male, procurare danni*] dangereux: *un delinquente pericoloso* un délinquant dangereux # *questa è l'età più pericolosa* c'est l'âge le plus critique ◇ (*sport*) *gioco pericoloso* jeu dangereux.

pericòndrio, i |peri'kɔndrjo, i| *s.m.* (*anat.*) périchondre.

pericondrite |perikon'drite| *s.f.* (*med.*) périchondrite.

pericrànio, i |peri'kranjo, i| *s.m.* (*anat.*) péricrane.

peridèrma |peri'dɛrma| *s.m.* (*biol., bot.*) périderme.

Peridìnidi |peri'dinidi| *s.m. pl.* (*t. zool.*) Péridiniens.

perìdio, i |pe'ridjo, i| *s.m.* (*bot.*) péridium.

peridotite |perido'tite| *s.f.* (*miner.*) péridotite.

peridòto |peri'dɔto| *s.m.* (*miner.*) péridot, olivine *f.*

peridròlo |peri'drɔlo| *s.m.* (*chim.*) perhydrol.

perièlio, i |peri'ɛljo, i| *s.m.* (*astron.*) périhélie.

periferìa |perife'ria| *s.f.* **1** périphérie: *le arterie si dirigono dal cuore alla periferia* les artères partent du cœur et vont vers la périphérie **2** [*zona esterna di un centro abitato*] banlieue, périphérie: *la periferia di Torino* la banlieue, la périphérie de Turin; *vivere in periferia, in un quartiere di periferia* vivre en banlieue, dans un quartier de banlieue ⓒ **centro.**

perifèrico, ci, ca, che |peri'fɛriko, tʃi, ka, ke| *agg.* **1** périphérique: *zone, strade periferiche* zones, routes périphériques; *sistema nervoso periferico* systhème nerveux périphérique; *controllare gli uffici periferici* contrôler les bureaux périphériques **2** (*fig.*) [*marginale, secondario*] marginal*, secondaire: *una questione periferica* une question marginale, secondaire; *ha fatto solo delle osservazioni periferiche* il n'a fait que des observations marginales.

periflebite |perifle'bite| *s.f.* (*med.*) périphlébite.

perifrasàre |perifra'zare| *v.tr.* (*raro*) [*usare perifrasi*] (s')exprimer par périphrases (*corr.*), périphraser *intr.* (*arc.*): *ha l'abitudine di perifrasare ogni concetto* il a l'habitude d'exprimer toute idée par une périphrase.

perifrasi |pe'rifrazi| *s.f. inv.* périphrase (*var.*): *chiarire un concetto con una perifrasi* éclaircir une idée avec une périphrase; *tu usi troppe perifrasi* tu utilises trop de périphrases ◇(*iron.*) *parla chiaro, senza tante perifrasi!* parle clairement, sans ambages! → **lungaggine.**

perifrasticaménte |perifrastika'mente| *avv.* [→ PERIFRASTICO] par périphrases (*loc. inv.*): *esprimersi perifrasticamente* s'exprimer par périphrases.

perifràstico, ci, ca, che |peri'frastiko, tʃi, ka, ke| *agg.* périphrastique: *espressione, costruzione, coniugazione perifrastica* expression, tournure, conjugaison périphrastique.

perigèo |peri'dʒɛo| *s.m.* (*astron.*) périgée.

periglio |pe'riʎʎo| *e deriv.* → **pericolo** *e deriv.*

perigònio, i |peri'gɔnjo, i| *s.m.* (*bot.*) périgone.

perilìnfa |peri'linfa| *s.f.* (*anat.*) périlymphe.

perimetràle |perime'trale| *agg.* périmétral*: *lunghezza, misura perimetrale* longueur, mesure périmétrale; *i muri perimetrali di un edificio* les murs périmétraux d'un édifice.

perimetrìa |perime'tria| *s.f.* (*ott.*) périmétrie.

perimètrico, ci, ca, che |peri'mɛtriko, tʃi, ka, ke| *agg.* (*ott.*) périmétrique: *misurazioni perimetriche* mesures périmétriques.

perimetro |pe'rimetro| *s.m.* (*geom., corr.*) périmètre: *il perimetro di un trapezio* le périmètre d'un trapèze; *misurare il perimetro del giardino* mesurer le périmètre du jardin.

perimìsio, i |peri'mizjo, i| *s.m.* (*anat.*) périmysium.

perinatàle |perina'tale| *agg.* (*med.*) périnatal*

perinatalogìa, gie |perinatalo'dʒia, dʒie| *s.f.* (*med.*) périnatalogie.

perineàle |perine'ale| *agg.* (*anat.*) périnéal*.

perinèo |peri'nɛo| *s.m.* (*anat.*) périnée.

1 **periodàre** |perio'dare| *v.intr.* (*aus.* '*avere*') [*costruire, elaborare periodi*] faire (45) *tr.* des phrases: *dovresti periodare in modo più agile* tu devrais faire des phrases plus souples.

2 **periodàre** |perio'dare| *s.m. inv.* [*modo di parlare o di scrivere*] tournure *f. var.* de phrase: *un periodare agile, conciso, pesante* une tournure souple, concise, lourde; *usa un periodare solenne, ampolloso* il emploie des tournures de phrase solennelles, ampoulées.

periodicaménte |periodika'mente| *avv.* [→ PERIODICO I 1] périodiquement: *entra in crisi periodicamente* il entre périodiquement en crise.

periodicità |perioditʃi'ta| *s.f. inv.* périodicité (*var.*): *periodicità delle piogge* périodicité des pluies; *ci riuniamo con una periodicità abbastanza regolare* nous nous réunissons avec une périodicité assez régulière.

periòdico, ci, ca, che |peri'ɔdiko, tʃi, ka, ke| **I** *agg.* **1** périodique: *fenomeni periodici* phénomènes périodiques; *manifestazioni, crisi periodiche di una malattia* manifestations, crises périodiques d'une maladie; *venti periodici, piogge periodiche* vents, pluies périodiques; *la variazione del mercato segue un andamento periodico* l'évolution du marché suit un cours périodique ◇ (*di pubblicazioni*) *stampa, pubblicazione periodica* presse, publication périodique **2** (*chim.*) périodique: *sistema periodico* système périodique; *acido periodico* acide périodique **3** (*mat.*) périodique: *numero periodico* nombre périodique; *funzione periodica* fonction périodique **II** *s.m.* (*pubblicazione*) périodique: *un periodico politico, letterario, scientifico* un périodique politique, littéraire, scientifique; *abbonarsi ad un periodico* s'abonner à un périodique.

periodizzaménto |periodiddza'mento| *s.m.* [→ PERIODIZZARE] division *f.* en périodes.

periodizzàre |periodid'dzare| *v.tr.* [*dividere in periodi*] diviser en périodes: *periodizzare la letteratura, la storia* diviser la littérature, l'histoire en périodes.

perìodo |pe'riodo| *s.m.* **1** période (*f.*): *un periodo di caldo, di freddo* une période de chaleur, de froid; *un breve, lungo periodo di tempo* une brève, une longue période de temps; *abbiamo attraversato un brutto periodo* nous avons traversé une mauvaise période # *il periodo della giovinezza* le temps de la jeunesse; *nell'ultimo periodo non ci sono state novità* ces derniers temps il n'y a pas eu de nouveautés; *in quel periodo ero militare* en ce temps-là je faisais mon service (militaire); *cosa è successo nel periodo della mia assenza?* qu'est-ce qui est arrivé, qu'est-il arrivé pendant mon absence? ◇ *loc.* ANDARE A PERIODI [*avere alti e bassi*; *essere irregolare*] avoir des hauts et des bas; être inégal, irrégulier*: *il mercato va a periodi* le marché a des hauts et des bas || *è un tipo che va a periodi come rendimento* c'est un individu qui a un rendement inégal, irrégulier ◇ [*epoca, età*] *il periodo delle invasioni barbariche* la période des invasions barbares; *scritti del periodo rinascimentale* écrits de (la période de) la Renaissance # *il periodo aureo della letteratura greca* l'âge d'or de la littérature grecque ◇ (*astron.*) *periodo di rotazione, di rivoluzione* période de rotation, de révolution ◇ (*geol.*) *il periodo quaternario* la période quaternaire ◇ (*med.*) *periodo fecondo, infecondo* période féconde, stérile; *periodo d'incuba-*

zione, acuto di una malattia période d'incubation, aiguë d'une maladie ◇ (*euf.*) *avere il periodo* [*le mestruazioni*] avoir ses règles **2** (*gram., ling.*) période: *un periodo breve, semplice, scorretto* une période brève, simple, incorrecte # *analisi del periodo* analyse de la phrase; *il periodo ipotetico* la proposition hypothétique ◇ (*mus.*) période **3** (*chim.*) période ◇ (*fis.*) *periodo del moto* période du mouvement; *periodo di oscillazione* période d'oscillation → **frequenza** **4** (*mat.*) période.

periodontite |perjodon'tite| *s.f.* (*med.*) périodontite.

periodònto |perjo'dɔnto| *s.m.* (*anat.*) périodonte.

periòstio, i |peri'ɔstjo, i| *s.m.* (*anat.*) périoste.

periostite |perjos'tite| *s.f.* (*med.*) périostite.

periostòsi |perjos'tɔzi| *s.f. inv.* (*med.*) périostose *var.*

peripatètica, che |peripa'tɛtika, ke| *s.f.* (*euf.*) [*prostituta, passeggiatrice*] péripatéticienne.

peripatètico, ci, ca, che |peripa'tɛtiko, tʃi, ka, ke| *agg.* (*st. filos.*) péripatéticien*: *filosofia peripatetica* philosophie péripatéticienne; *i filosofi peripatetici* les philosophes péripatéticiens → **aristotelico** ✦ (*s.*) *un peripatetico* un péripatéticien.

peripatetismo |peripate'tizmo| *s.m.* (*raro*) → **aristotelismo.**

peripezia |peripet'tsia| *s.f. spec. al plur.* péripétie: *il viaggio è stato una continua peripezia, pieno di peripezie* le voyage a été plein de péripéties; *ha avuto una vita piena di peripezie* il a eu une vie pleine de péripéties.

pèriplo |'pɛriplo| *s.m.* périple: *compiere il periplo dell'Africa* effectuer le périple de l'Afrique → **circumnavigazione.**

perìptero |pe'riptero| *agg.* (*arch.*) périptère: *tempio periptero* temple périptère ✦ (*s.m.*) *un periptero* un périptère.

perire |pe'rire| (197) *v.intr.* (*aus. 'essere'*) **1** [*morire per cause accidentali*] périr (*aus.* avoir): *perirono migliaia di combattenti* des milliers de combattants périrent; *l'intero equipaggio è perito nel naufragio* tout l'équipage a péri dans le naufrage ◇ (*per est.*) [*estinguersi, scomparire*] *una razza destinata a perire* une race destinée à périr **2** (*raro*) [*andar distrutto, in rovina*] périr: *la sua fama non perirà* sa gloire ne périra pas; *tutto è perito nell'incendio* tout a péri dans l'incendie ◇ (*fig.*) → **deperire, languire.**

periscòpico, ci, ca, che |peris'kɔpiko, tʃi, ka, ke| *agg.* périscopique: *lente periscopica* verre périscopique.

periscòpio, i |peris'kɔpjo, i| *s.m.* (*ott.*) périscope: *periscopio da sommergibile, da trincea* périscope de sous-marin, de tranchée.

perisìstole |peri'sistole| *s.f.* (*fisiol.*) périsystole.

perispèrma |peris'pɛrma| *s.m.* (*bot.*) périsperme.

perisplenite |perisple'nite| *s.f.* (*med.*) périsplénite.

perispòmeno |peris'pɔmeno| *agg.* (*ling.*) périspomène.

Perisporiàcee |perispo'rjatʃee| *s.f. pl.* (*t.bot.*) Périsporiacées.

Perissodàttili |perisso'dattili| *s.m. pl.* (*t.zool.*) Périssodactyles.

perissologia, gie |perissolo'dʒia, dʒie| *s.f.* périssologie.

peristàlsi |peris'talsi| *s.f. inv.* (*fisiol.*) péristaltisme *m. var.*

peristàltico, ci, ca, che |peris'taltiko, tʃi, ka, ke| *agg.* (*fisiol.*) péristaltique: *movimenti peristaltici* mouvements péristaltiques.

peristilio, i |peris'tiljo, i| *s.m.* (*arch.*) péristyle.

peristòma |peris'tɔma| *s.m.* (*bot., zool.*) péristome.

peritàle |peri'tale| *agg.* (*dir.*) d'expert (*loc.*): *accertamento peritale* constatation d'expert.

peritàrsi |peri'tarsi| *v.pron. intr.* (*lett.*) [*non osare; farsi scrupolo*] hésiter (à): *mi perito a disturbarlo* j'hésite à le déranger # *non peritarsi di fare q.c.* oser faire qqch.

peritècio, i |peri'tɛtʃo, i| *s.m.* (*t. bot.*) périthèce.

perito |pe'rito| *s.* **1** *s.* [*esperto, specialista*] expert: *un perito di calligrafia, di numismatica* un expert en écriture, en numismatique ✦ *agg.* (*lett.*) → **esperto** **2** *s.m.* (*titolo professionale*) *perito chimico, tessile* expert chimiste, en textile # *perito agrario* ingénieur agronome ◇ (*dir.*) *un perito giurato* un expert assermenté.

peritoneàle |peritone'ale| *agg.* (*anat.*) péritonéal*.

peritonèo |perito'nɛo| *s.m.* (*anat.*) péritoine.

peritonite |perito'nite| *s.f.* (*med.*) péritonite.

peritùro |peri'turo| *agg.* (*lett.*) [*che è destinato a perire*] périssable: *gloria, fama peritura* gloire, célébrité périssable → **effimero.**

perizia |pe'rittsja| *s.f.* **1** [*abilità, competenza in q.c.*] habileté, adresse; expérience: *un tecnico di grande perizia* un technicien d'une grande habileté, adresse ‖ *ha un'eccezionale perizia nelle malattie della pelle* il a une expérience exceptionnelle des maladies de la peau # *ha diretto il concerto con grande perizia* il a dirigé le concert avec maestria **2** [*indagine, valutazione tecnica da parte di specialisti*] expertise: *perizia tecnica, calligrafica, medica, balistica* expertise technique, d'écriture, médico-légale, balistique; *perizia dei danni* expertise de dommages; *chiedere, sollecitare una perizia* demander, réclamer une expertise ◇ [*relazione scritta di tale indagine*] *stendere, esaminare una perizia* rédiger, examiner une expertise.

periziàre |perit'tsjare| *v.tr.* [*fare, eseguire la perizia di q.c.*] expertiser, évaluer: *ho fatto periziare i danni* j'ai fait expertiser, évaluer les dégâts; *un tecnico perizierà le condizioni dell'immobile* un technicien évaluera l'état de l'immeuble.

perizòma |perid'dzɔma| *s.m.* [*fascia attorno ai fianchi per coprire le parti inguinali*] pagne.

pèrla |'pɛrla| *s.f.* **1** perle: *perle vere, false, naturali, coltivate, artificiali* perles fines, fausses perles (perles d'imitation), perles naturelles, de culture, artificielles; *perle orientali* perles d'orient; *una collana di perle* un collier de perles # *industria delle perle* industrie perlière ◇ (*per est.*) [*cosa che ha forma, aspetto di perla*] *le perle della rugiada* les perles de rosée; *una collana di perle* un collier de perles ◇ (*farm.*) *medicinali in perle* médicaments en perles **2** (*fig.*) (*cose*) perle: *Venezia è la perla dell'Adriatico* Venise est la perle de l'Adriatique; *questo pezzo è la perla della collezione* cette pièce est la perle de la collection ◇ (*persone*) *tuo marito è una perla* (*d'uomo*) ton mari est un ange, une merveille; *ha un ragazzo che è una perla* elle a un petit ami qui est un ange, qui est sensas (*fam.*); (*iron.*) *bella perla di imbroglione!* quelle espèce d'escroc! **3** (*iron.*) [*errore grossolano*] perle: *nella tua traduzione ci sono certe perle!* dans ta traduction, il y a quelques belles perles! **4** (*per est.*) [*colore, aspetto perlaceo*] nacré (*agg.*): *un cielo di perla* un ciel nacré; *ha una carnagione di perla* elle a un teint nacré ✦ (*in funzione di agg. inv.*) perle: *color perla* couleur perle; *grigio perla* gris perle.

perlàceo |per'latʃeo| *agg.* [*che ha il colore della perla*] nacré: *cielo, riflesso perlaceo* ciel, reflet nacré.

perlaquàle |perla'kwale| **1** *agg. inv.* [*per bene*] comme il faut (*loc. inv.*): *un ragazzo per la quale* un garçon comme il faut **2** *avv.* [*bene*] bien: *non è tanto per la quale* ce n'est pas très bien.

perlàto |per'lato| *agg.* **1** [*che ha il colore, l'aspetto della perla*] perle (*s.f.*): *un grigio perlato* un gris perle ◇ (*per est.*) *riso, orzo perlato* [*mondato, brillato*] riz, orge perlé **2** [*ornato di perle*] perlé.

perlìfero |per'lifero| *agg.* [*che produce perle*] perlier*: *ostrica perlifera* huître perlière; *banchi perliferi* bancs perliers.

perlìna |per'lina| *s.f.* **1** [*piccola perla*] perle ◇ (*per est.*) [*pezzettino di vetro o sim., per lo più con foro*] *un braccialetto di perline colorate* un bracelet de perles colorées **2** [*lista di legno o di plastica, predisposta all'incastro con maschio e femmina*] lame (de bois), lambris (*m.*): *rivestire una parete con perline di abete* revêtir une paroi de lames, de lambris de sapin **3** [*ognuno dei rilievi tondeggianti sul margine delle monete*] grain *m.*

perlinàto |perli'nato| **1** *agg.* [*rivestito con perline* (*di legno o sim.*)] lambrissé (*p.p.*): *soffitto perlinato in larice* plafond lambrissé de mélèze ✦ (*s.m.*) *un perlinato* un lambris (de bois) **2** *s.m.* (*numism.*) grènetis.

perlinatùra |perlina'tura| *s.f.* (*edil.*) lambrissage *m.*

perlìte |per'lite| *s.f.* (*metall.*) perlite.

perlomèno |perlo'meno| *avv.* **1** [*a dir poco; quanto meno*] au moins (*loc. inv.*): *mancheranno perlomeno dieci invitati* il manquera au moins dix invités; *ho aspettato perlomeno un'ora* j'ai attendu au moins une heure # *sei stato perlomeno precipitoso* tu as été pour le moins irréfléchi **2** [*almeno*] du moins *loc. inv.*, tout au moins (*loc. inv.*): *potevi perlomeno telefonarci* tu aurais pu au moins nous téléphoner; *non c'è stato niente di nuovo, perlomeno fino a poche ore fa* il n'y a rien eu de nouveau, du moins, tout au moins, depuis quelques heures.

perlopiù |perlo'pju| *avv.* le plus souvent *loc. inv.*; en général (*loc. inv.*): *si veste perlopiù di scuro* il s'habille le plus souvent en foncé | *è un libro perlopiù superato* c'est un livre en général dépassé; *le sue notizie sono perlopiù esatte* ses nouvelles sont en général exactes.

perlustràre |perlus'trare| *v.tr.* [*ispezionare in modo sistematico e minuzioso*] explorer, fouiller: *un reparto di artificieri ha perlustrato tutta la zona* un détachement d'artificiers a exploré toute la région; *la polizia continua a perlustrare le campagne alla ricerca dell'omicida* la police continue à explorer, à fouiller les campagnes à la recherche du meurtrier ◇ [*cercare attentamente in ogni luogo*] fouiller: *ho perlustrato tutta la casa, ma non ho ritrovato gli occhiali* j'ai fouillé toute la maison, mais je n'ai pas retrouvé mes lunettes.

perlustratóre, trice |perlustra'tore, tritʃe| *agg.* [*che perlustra; esploratore*] de reconnaissance (*loc. inv.*): *reparto perlustratore* patrouille de reconnaissance ♦ (*s.*) *un perlustratore* un explorateur*; (*mil.*) un éclaireur *m.*

perlustrazióne |perlustrat'tsjone| *s.f.* [→ PERLUSTRARE] exploration, reconnaissance: *andare, mandare in perlustrazione* aller, envoyer en reconnaissance.

permalosità |permalosi'ta| *s.f. inv.* [*suscettibilità, ombrosità*] susceptibilité *var.*

permalóso |perma'loso| *agg.* [*suscettibile, ombroso*] susceptible, ombrageux*: *una ragazza permalosa* une fille susceptible, ombrageuse; *come sei permaloso!* comme tu es susceptible!

permanènte |perma'nɛnte| **I** *agg.* **1** permanent: *mostra, esposizione permanente* exposition permanente; *una commissione permanente* une commission permanente; *divieto permanente di sosta* stationnement interdit permanent; *c'è uno stato di agitazione permanente* il y a un état d'agitation permanente **2** (*anat.*) *denti, tessuti permanenti* dents, tissus de remplacement ◇ (*chim.*) permanent: *gas permanente* gaz permanent ◇ (*fis.*) *moto permanente* mouvement permanent; *carichi permanenti* charges permanentes **II** *s.f.* (*acconc. dei capelli*) permanente: *permanente a caldo, a freddo* permanente à chaud, à froid; *farsi la permanente* se faire une permanente.

permanenteménte |permanente'mente| *avv.* [→ PERMANENTE I 1] d'une façon permanente *loc. inv.*, en permanence (*loc. inv.*): *abitare permanentemente in un luogo* habiter en permanence en un lieu.

permanènza |perma'nɛntsa| *s.f.* **1** permanence: *la permanenza di una difficoltà* la permanence d'une difficulté ◇ *loc. avv.* IN PERMANENZA en permanence: *una crisi che dura in permanenza* une crise permanente, qui dure en permanence; *il comitato è riunito in permanenza* le comité est réuni en permanence **2** [*soggiorno continuato*] séjour (*m.*): *una lunga, breve permanenza all'estero* un long, un bref séjour à l'étranger; *ho prolungato anche troppo la mia permanenza al mare* je n'ai que trop prolongé mon séjour au bord de la mer; *buona permanenza!* bon séjour!

permanére |perma'nere| (174) (*p. p.* '*permaso*') *v.intr.* (*aus.* '*essere*') **1** [*rimanere costante, immutato; perdurare*] être (43) (*aus.* avoir); demeurer (*aus.* avoir); persister (*aus.* avoir): *lo stato di malattia permane grave* la maladie est encore, demeure dans une phase dangereuse ‖ *permangono condizioni di maltempo* des conditions de mauvais temps persistent ♦ (*in funzione di s.m. inv.*) persistance (*f. var.*): *stante il permanere della situazione, del maltempo...* vu la persistance de la situation, du mauvais temps... **2** [*continuare a stare; soggiornare*] rester: *quanto pensate di permanere?* combien de temps pensez-vous rester?; *ho deciso di permanere ancora una settimana* j'ai décidé de rester encore une semaine.

permanganàto |permanga'nato| *s.m.* (*chim.*) permanganate: *permanganato di potassio* permanganate de potassium.

permangànico, ci, ca, che |perman'ganiko, tʃi, ka, ke| *agg.* (*chim.*) permanganique: *acido permanganico* acide permanganique.

permeàbile |perme'abile| *agg.* [→ PERMEARE 1] perméable: *terreno, corpo permeabile* terrain, corps perméable **C** **impermeabile.**

permeabilità |permeabili'ta| *s.f. inv.* perméabilité (*var.*): *alta, bassa permeabilità* forte, faible perméabilité; *permeabilità capillare, magnetica* perméabilité capillaire, magnétique **C** **impermeabilità.**

permeànza |perme'antsa| *s.f.* (*fis.*) perméance.

permeàre |perme'are| *v.tr.* **1** [*infiltrarsi dentro; impregnare*] pénétrer (8), imprégner (8): *l'acqua ha permeato profondamente il terreno* l'eau a pénétré, s'est infiltrée profondément dans le terrain; le terrain est profondément imprégné d'eau; *il disinfettante deve permeare bene il tessuto* le désinfectant doit bien imprégner le tissu **2** (*fig.*) [*caratterizzare, influenzare profondamente*] imprégner: *la sua cultura è permeata di materialismo* sa culture est imprégnée de matérialisme; *lo scetticismo ha permeato molta letteratura contemporanea* le scepticisme a considérablement imprégné la littérature contemporaine.

permeazióne |permeat'tsjone| *s.f.* [*il permeare*] imprégnation, pénétration.

1 **permésso** |per'messo| *agg.* [*concesso, consentito*] permis (*p.p.*): *atti permessi, non permessi* actes permis, non permis # *si prendono delle libertà non permesse* ils prennent des libertés indues ◇ (*in espressioni di cortesia*) *permesso?, è permesso?* pardon?, puis-je entrer?; *permesso, mi fai passare?* pardon, tu me laisses passer?; *cosa spingi?, chiedi almeno permesso!* pourquoi pousses-tu?, demande au moins pardon!

2 **permésso** |per'messo| *s.m.* **1** [*autorizzazione, consenso*] permission *f.*, autorisation (*f.*): *il permesso dei genitori, delle autorità* la permission, l'autorisation des parents, des autorités; *il permesso orale, scritto* la permission orale, écrite; *chiedere, dare il permesso* demander, donner la permission; *chi vi ha dato il permesso?* qui vous a donné la permission?; *è entrato senza chiedere il permesso* il est entré sans demander la permission; *occorre il permesso del sindaco* il faut l'autorisation du maire ◇ (*bur.*) [*licenza*] permis: *permesso di caccia, di pesca, di costruzione* permis de chasse, de pêche, de construire ◇ (*in espressioni di cortesia*) *con permesso?* [*posso andare, passare?*] vous permettez?, pardon?; *col vostro permesso, vorrei uscire* avec votre permission, si vous le permettez, je voudrais sortir **2** [*assenza autorizzata*] congé: *chiedere un'ora, un giorno, una settimana di permesso* demander une heure, un jour, une semaine de congé; *non ha voluto prolungarmi il permesso* il n'a pas voulu prolonger mon congé # *è il mio giorno di permesso* c'est mon jour de repos → **riposo** ◇ (*mil.*) permission: *militare in permesso* soldat en permission, permissionnaire; *farsi firmare il permesso* faire signer une permission → **licenza.**

perméttere |per'mettere| (155) *v. tr.* **1** [*consentire, concedere*] permettre (71): *permettere a qc. di parlare, di uscire* permettre à qqn. de parler, de sortir; *il padre gli permette tutto* son père lui permet, lui passe tout!; *questo poi non te lo permetto!* ça alors je ne te le permets pas!; *chi ti ha permesso di entrare?* qui t'a permis d'entrer?; *certi abusi non posso permetterli* je ne peux pas permettre certains abus ◇ [*autorizzare*] *permettere un corteo, una manifestazione* permettre un défilé, une manifestation # *il questore non doveva permettere il comizio* le préfet de police aurait dû interdire le meeting ◇ (*in espressioni di cortesia*) *permetta di farle una domanda* vous permettez que je vous pose une question?; *se permette le spiego la questione* si vous permettez, je vous explique l'affaire; *permettete un secondo?, una parola?* vous permettez une seconde?, un mot? **2** [*rendere possibile*] permettre: *il maltempo non permette di uscire* le mauvais temps ne permet pas de sortir; *le mie finanze non mi permettono certi lussi* mes finances ne me permettent pas certains luxes; *il fondo stradale non permette velocità elevate* cette chaussée ne permet pas d'aller à toute vitesse; *tempo, salute permettendo...* si le temps, ma santé le permet... **3** PERMETTERSI [*prendersi la libertà; concedersi*] se permettre: *mi permetto di dirle che è un disonesto* je me permets de vous dire que vous êtes un malhonnête homme; *non son cose che puoi permetterti alla tua età* ce ne sont pas des choses que tu peux te permettre à ton âge; *come ti sei permesso?* comment t'es-tu permis?; *non puoi permetterti di usare questo tono con noi!* tu ne peux pas te permettre de nous parler sur ce ton!

permettività |permettivi'ta| *s.f. inv.* (*scient.*) permettivité *var.*

permiàno |per'mjano| *agg. e s.m.* → **permico.**

pèrmico, ci, ca, che |'pɛrmiko, tʃi, ka, ke| *agg.* (*geol.*) permien* ♦ (*s.m.*) *il permico* le permien.

permissìbile |permis'sibile| *agg.* → **lecito, ammissibile.**

permissióne |permis'sjone| *s.f.* (*lett.*) → **permesso.**

permissivo |permis'sivo| *agg.* **1** permissif*: *educazione permissiva* éducation permissive **2** (*dir.*) *norma permissiva* norme permissive.

pèrmuta |'pɛrmuta| *s.f.* (*dir.*) échange *m.*, troc (*m.*): *contratto di permuta* contrat d'échange.

permutàbile |permu'tabile| *agg.* **1** [→ PERMUTARE 1] échangeable, permutable: *beni, diritti permutabili* biens, droits échangeables, permutables **2**

(*mat.*) permutable: *fattori permutabili* facteurs permutables.
permutabilità |permutabili'ta| *s.f. inv.* permutabilité *var.*, échange *m. var.* ◇ (*mat.*) permutabilité.
permutaménto |permuta'mento| *s.m.* → **permuta.**
permutàre |permu'tare| *v.tr.* **1** [*scambiare, barattare*] échanger (3), troquer: *permutare due beni* échanger, troquer deux biens; *ho permutato l'appartamento con un villetta in campagna* j'ai échangé l'appartement contre une maison de campagne ◇ [*sostituire, tramutare*] transformer: *permutare una pena in una multa* transformer une peine en amende **2** (*mat.*) [*scambiare di posto*] permuter: *permutare due elementi algebrici* permuter deux éléments algébriques.
permutatìvo |permuta'tivo| *agg.* (*ling., mat.*) de permutation *loc. inv.*
permutatóre, trice |permuta'tore, tritʃe| **1** *s. e agg.* (*raro*) [*chi fa una permuta*] permutant **2** *s.m.* (*elettr.*) permutateur: *permutatore di corrente* permutateur de courant ◇ (*tel.*) *permutatore telefonico* permutateur téléphonique **3** *s.f.* (*elettr.*) permutatrice: *permutatrice elettrica* permutatrice électrique.
permutazióne |permutat'tsjone| *s.f.* **1** → **permuta** **2** (*ling., mat.*) permutation **3** (*elettr., tel.*) permutation.
pernàcchia |per'nakkja| *s.f.* [*rumore triviale emesso con la bocca in segno di disprezzo o di derisione*] ⊠.
pernice |per'nitʃe| *s.f.* (*t.zool.*) perdrix ~ *pernice bianca, delle nevi* perdrix blanche, des neiges ~ *pernice rossa* perdrix rouge ~ *pernice grigia* perdrix grise → **starna.**
perniciósa |perni'tʃosa| *s.f.* (*med.*) fièvre pernicieuse.
perniciosaménte |pernitʃosa'mente| *avv.* [→ PERNICIOSO] pernicieusement.
perniciosità |pernitʃosi'ta| *s.f. inv.* (*raro*) caractère *m. var.* pernicieux ◇ (*med.*) perniciosité *var.*
pernicióso |perni'tʃoso| *agg.* pernicieux*: *un consiglio pernicioso* un conseil pernicieux ◇ (*med.*) *anemia, febbre perniciosa* anémie, fièvre pernicieuse.
perniciòtto |perni'tʃɔtto| *s.m.* [*piccola pernice*] pouillard ◇ [*giovane pernice*] perdreau.
pernicòna |perni'kɔna| *s.f.* [*varietà di prugna*] perdrigon *m.*
pèrno |'pɛrno| *s.m.* **1** [*asta metallica che tiene uniti due blocchi*] cheville *f.*, goujon: *le due travi sono fissate con un perno d'acciaio* les deux poutres sont fixées avec une cheville d'acier **2** (*mecc.*) *perno cilindrico, sferico* pivot cylindrique, sphérique; *il perno della ruota di una bicicletta* l'essieu de la roue d'une bicyclette; *il perno del pedale* l'axe de pédale; *il perno della bilancia* la broche *f.* de la balance; *il perno della manovella* le maneton; *perno d'orologio* pivot d'horlogerie ◇ (*loc.*) *fare perno su...* [*fare leva su...*] pivoter sur... ~ (*fig.*) *fare perno su q.c., su qc.* [*prendere come base; fondarsi*] se fonder sur qqch., sur qqn.: *l'economia della regione fa perno sull'agricoltura* l'économie de la région se fonde sur l'agriculture **3** (*fig.*) [*elemento fondamentale; sostegno*] pivot: *il perno di un racconto, di una storia* le pivot d'un récit, d'une histoire; *le risorse energetiche sono il perno dell'economia industriale* les ressources énergétiques sont le pivot de l'économie industrielle # *la madre è sempre stata il perno della famiglia* la mère a toujours été le soutien de famille; *sei stato il perno della conversazione, della serata* tu as été le centre de la conversation, de la soirée.
pernottaménto |pernotta'mento| *s.m.* [→ PERNOTTARE] *pernottamento in albergo* coucher à l'hôtel, nuit *f.* d'hôtel; *spese di pernottamento* frais de chambre d'hôtel; *un pernottamento poco confortevole* une assez mauvaise nuit *f.*
pernottàre |pernot'tare| *v.intr.* (*aus. 'avere'*) [*trascorrere la notte*] passer *tr.* la nuit, coucher: *pernottare in albergo, in 'roulotte'* passer la nuit à l'hôtel, coucher à l'hôtel, dans une roulotte; *posso pernottare da voi?* puis-je passer la nuit chez vous?
péro |'pero| *s.m.* **1** (*t.bot.*) poirier ~ *pero selvatico* poirier sauvage **2** [*legno di pero*] poirier: *scultura di pero* sculpture en poirier.
però |pe'rɔ| *cong.* **1** (*con valore avvers.*) [*ma, tuttavia*] mais, cependant: *è caldo, però non scotta* c'est chaud, mais, cependant cela ne brûle pas; *è stato faticoso, però ora sono soddisfatto* cela a été dur, mais maintenant je suis bien content; *ha un buon sapore, però è piccante* cela a un bon goût, mais c'est relevé; *dice che è pentito, io però non ci credo* il dit qu'il le regrette, mais moi, je n'y crois pas; *sarà bravo, però com'è noioso!* il est peut-être fort, mais Dieu qu'il est ennuyeux!; *però un tempo non era così scorbutico* cependant, autrefois il n'était pas si hargneux ◇ (*indica 'perplessità'*) pourtant, toutefois (*lett.*): *avrà anche detto la verità, però!* il se peut qu'il ait dit la vérité, pourtant!; *la ragione magari era tua, però hai esagerato* tu avais peut-être raison, toutefois tu as exagéré **2** (*con valore conc.*) [*ciononostante, nondimeno*] cependant, toutefois (*lett.*), néanmoins (*lett.*): *mi ha detto che verrà, però ricordaglielo ugualmente* il m'a dit qu'il viendra, toutefois, néanmoins rapelle-le-lui également # *so che sei stanco, però devi partire ugualmente* je sais que tu es fatigué, mais tu dois quand même partir **3** (*fam.*) (*in espressioni di 'sorpresa, stupore'*) diable *inter.*, sapristi (*inter.*): *però! hai visto che pelliccia?* diable! tu as vu cette fourrure?; *'ma lo sai che ha 80 anni?' 'però!'* 'mais, sais-tu qu'il a 80 ans?' 'diable!'; *però non lo credevo capace di tanto* sapristi! je ne le croyais pas capable de ça → **caspita, accipicchia** **4** (*lett.*) → **perciò.**
perocché |perok'ke| *cong.* (*lett.*) → **poiché.**
peróne |pe'rone|, **pèrone** |'pɛrone| *s.m.* (*anat.*) péroné.
peronèo |pero'nɛo| *agg.* (*anat.*) péronier*.
peronòspora |pero'nɔspora| *s.f.* (*t.bot.*) péronospora *m.*
peroràre |pero'rare| **A** *v.tr.* [*difendere, sostenere*] plaider: *perorare la causa di un amico* plaider la cause d'un ami # *ha perorato la tesi dell'involontarietà del reato* il a soutenu la thèse du meurtre involontaire **B** *v.intr.* (*aus. 'avere'*) [*parlare a difesa, a sostegno di qc. o di q.c.*] plaider: *ho perorato in tuo favore* j'ai plaidé en ta faveur; *dobbiamo perorare per l'approvazione del progetto* il va falloir plaider pour faire approuver le projet.
perorazióne |perorat'tsjone| *s.f.* **1** [→ PERORARE] plaidoirie: *una perorazione appassionata, infiammata* une plaidoirie passionnée, enflammée **2** (*retorica*) péroraison.
perossidàre |perossi'dare| *v.tr.* [*ossidare alla valenza maggiore*] peroxider.
perossidàsi |perossi'dazi| *s.f. inv.* (*chim.*) peroxydase *var.*
perossidazióne |perossidat'tsjone| *s.f.* [→ PEROSSIDARE] (*chim.*) peroxydation.
peròssido |pe'rɔssido| *s.m.* (*chim.*) peroxyde.
perpendicolàre |perpendiko'lare| *agg.* perpendiculaire: *retta perpendicolare ad un piano* droite perpendiculaire à un plan; *muro perfettamente perpendicolare* mur parfaitement perpendiculaire ✦ (*s.f.*) (*tracciare*) *la perpendicolare* (tracer) la perpendiculaire.
perpendicolarità |perpendikolari'ta| *s.f. inv.* perpendicularité *var.* (*raro*) # *controllare la perpendicolarità di una colonna* contrôler qu'une colonne est bien perpendiculaire; *la perpendicolarità di un muro* l'aplomb d'un mur.
perpendicolarménte |perpendikolar'mente| *avv.* [→ PERPENDICOLARE] perpendiculairement.
perpendìcolo |perpen'dikolo| *s.m.* (*solo nella loc.*) A PERPENDICOLO [*a piombo*] à plomb, perpendiculairement (*avv.*): *il lampadario è caduto giù a perpendicolo* le lustre est tombé à plomb, perpendiculairement.
perpetràre |perpe'trare| *v.tr.* [*commettere coscientemente un atto illecito*] commettre (71), perpétrer (8) (*lett.*): *perpetrare un delitto, una rapina* commettre, perpétrer un crime, un vol; *è stata perpetrata una truffa ai nostri danni* on a commis une escroquerie à notre détriment.
perpetrazióne |perpetrat'tsjone| *s.f.* (*raro*) [→ PERPETRARE] perpétration.
perpètua |per'pɛtua| *s.f.* **1** (*fam.*) bonne de curé (*corr.*): *il parroco ha cambiato perpetua* le curé a changé de bonne **2** (*fig., scherz.*) [*persona ciarliera o noiosa*] concierge: *che perpetua!* quelle concierge!; *sei una gran perpetua!* tu es une vraie concierge, une pipelette! (*pop.*).
perpetuàbile |perpetu'abile| *agg.* [→ PERPETUARE] qu'on peut perpétuer *loc.*
perpetuaménte |perpetua'mente| *avv.* [→ PERPETUO] perpétuellement.
perpetuàre |perpetu'are| **A** *v.tr.* [*rendere perpetuo*] perpétuer: *perpetuare la memoria, la fama di un'impresa* perpétuer le souvenir, la célébrité d'un exploit; *i poeti perpetuano la gloria degli eroi* les poètes perpétuent la gloire des héros ◇ [*far continuare; rendere duraturo*] *perpetuare una tradizione* perpétuer une tradition; *dobbiamo perpetuare la stirpe* nous devons perpétuer l'espèce **B** *v.pron. intr.* PERPETUARSI [*mantenersi duraturo, eterno*] se perpétuer: *usanze che si perpetuano di padre in figlio* coutumes qui se perpétuent de père en fils; *questa situa-*

zione si è perpetuata per lunghi anni cette situation s'est perpétuée pendant de longues années ✦ (*in funzione di s.m. inv.*) [*continuazione a tempo indefinito*] perpétuation *f. var.* (*lett.*): *il perpetuarsi del fenomeno è un fatto inevitabile* la perpétuation du phénomène est un fait inévitable # *bisogna evitare il perpetuarsi di simili inconvenienti* il faut éviter que de tels inconvénients se perpétuent.

perpetuatóre, trice |perpetua'tore, tritʃe| *s.* celui *m.*, celle *f.* qui perpétue ✦ (*agg.*) *la cultura contadina è perpetuatrice di tradizioni popolari* la culture paysanne perpétue les traditions populaires.

perpetuazióne |perpetuat'tsjone| *s.f.* [→ PERPETUARE] perpétuation.

perpetuità |perpetui'ta| *s.f. inv.* immortalité *var.*, perpétuite *var.* (*lett.*): *la perpetuità della fama omerica* l'immortalité, la perpétuité de la gloire d'Homère ◇ (*loc.*) *in perpetuità* à perpétuité.

perpètuo |per'pɛtuo| *agg.* éternel*, perpétuel*: *felicità perpetua* bonheur perpétuel; *dannazione perpetua* damnation éternelle; *carcere perpetuo* prison perpétuelle ◇ (*loc.*) *à memoria perpetua di* à l'éternelle mémoire de ~ *in, a perpetuo ricordo di* en souvenir éternel de ~ (*loc. avv.*) *in perpetuo* à perpétuité, à perpète (*pop.*), à perpette (*pop.*) ◇ (*dir.*) *rendita perpetua* rente perpétuelle ◇ (*fis.*) *moto perpetuo* mouvement perpétuel.

perplessità |perplessi'ta| *s.f. inv.* perplexité (*var.*): *ha accettato con molta perplessità* il a accepté avec beaucoup de perplexité; *le vostre perplessità mi sorprendono* vos perplexités me surprennent.

perplèsso |per'plɛsso| *agg.* **1** perplexe: *ti vedo molto perplesso* je te trouve très perplexe; *questa spiegazione mi lascia un po' perplesso* cette explication me laisse un peu perplexe **2** (*lett.*). → **ambiguo.**

perquisìre |perkwi'zire| (197) *v.tr.* [*frugare minuziosamente in un luogo o addosso a una persona*] perquisitionner *intr.* (à, chez, dans), fouiller: *la polizia ha perquisito tutto l'appartamento* la police a perquisitionné dans l'appartement; *siamo stati perquisiti alla frontiera* nous avons été fouillés à la frontière.

perquisitóre, trice |perkwizi'tore, tritʃe| *s.* (*raro*) perquisiteur *m.*

perquisizióne |perkwizit'tsjone| *s.f.* [→ PERQUISIRE] fouille, perquisition: *perquisizione personale* fouille; *mandato di perquisizione* mandat de perquisition # *perquisizione domiciliare* visite domiciliaire.

persàle |per'sale| *s.m.* (*chim.*) persel.

perscrutàre |perskru'tare| *v.tr.* (*lett.*) [*scrutare, indagare*] scruter (*corr.*): *perscrutare i disegni della provvidenza* scruter les desseins de la providence.

per sé |per'se| *loc. sost. m.* (*filos.*) pour soi.

persecutóre, trice |perseku'tore, tritʃe| *s.* persécuteur*: *ha perdonato ai suoi persecutori* il a pardonné à ses bourreaux, persécuteurs ✦ (*agg.*) *una matrigna persecutrice* une belle-mère persécutrice.

persecutòrio, i |perseku'tɔrjo, i| *agg.* [*che tende alla persecuzione; vessatorio*] vexatoire: *metodo, sistema persecutorio* méthode, système vexatoire; *una legge persecutoria delle minoranze* une loi vexatoire pour les minorités ◇ (*psicol.*) *idee persecutorie* idées de persécution *loc. inv.*

persecuzióne |persekut'tsjone| *s.f.* **1** persécution: *persecuzioni politiche, religiose, razziali* persécutions politiques, religieuses, raciales; *si è ribellato alle persecuzioni dei parenti* il s'est rebellé contre les persécutions des parents ◇ (*fig.*) [*grave molestia; fastidio insopportabile*] *mi sta sempre alle costole, che persecuzione!* il est toujours sur mes talons, quelle persécution!; *non riesce a sfuggire alla persecuzione dei creditori* il n'arrive pas à échapper à la persécution de ses créanciers # *questa pioggia è una vera persecuzione* cette pluie est une vraie calamité **2** (*psicol.*) persecution: *mania di persecuzione* manie de la persécution.

perseguìbile |perse'gwibile| *agg.* **1** [→ PERSEGUIRE 1] poursuivable (*lett.*): *gli scopi, le finalità perseguibili* les buts, les finalités que l'on peut se proposer, poursuivables # *un risultato difficilmente perseguibile* un résultat que l'on peut difficilement chercher à atteindre **2** (*dir.*) *perseguibile a norma di legge* susceptible d'entraîner des poursuites légales; *reati non più perseguibili* délits qui ne sont plus susceptibles d'entraîner des poursuites légales.

perseguiménto |persegwi'mento| *s.m.* [→ PERSEGUIRE 1] poursuite (*f.*): *il perseguimento di un fine, di uno scopo* la poursuite d'un but.

perseguìre |perse'gwire| *v.tr.* **1** [*cercare di raggiungere, di realizzare*] poursuivre (52): *perseguire uno scopo, un fine* poursuivre un but; *abbiamo perseguito quanto ci eravamo prefissi* nous avons poursuivi l'objectif que nous nous étions fixé **2** (*dir.*) [*sottoporre ad azione giudiziaria*] poursuivre: *perseguire un reato* poursuivre un délit; *il reato può essere perseguito d'ufficio* le délit peut être poursuivi d'office **3** (*raro*) → **perseguitare.**

perseguitàre |persegwi'tare| *v.tr.* **1** [*fare oggetto di persecuzioni; maltrattare*] persécuter: *perseguitare un prigioniero politico* persécuter un prisonnier politique; *le minoranze sono state a lungo perseguitate* les minorités ont été longtemps persécutées **2** (*fig.*) [*infastidire, molestare; assillare*] persécuter, poursuivre (52); *hanter: *mi perseguitano con continue lamentele* ils me persécutent de, par leurs plaintes incessantes; *sono perseguitato dalla sfortuna* je suis poursuivi par la malchance ‖ *le difficoltà dell'azienda lo perseguitano anche in vacanza* les difficultés de l'entreprise le hantent même en vacances; *il rimorso lo perseguiterà per tutta la vita* le remord le hantera toute sa vie.

perseguitàto |persegwi'tato| *agg.* [*che è oggetto di persecuzioni*] persécuté: *sentirsi perseguitato* se sentir persécuté ✦ (*s.*) *un perseguitato politico* un persécuté politique.

perseveránte |perseve'rante| *agg.* persévérant: *una persona perseverante* une personne persévérante; *dimostrarsi perseverante nello studio* se montrer persévérant dans ses études.

perseverànza |perseve'rantsa| *s.f.* persévérance: *perseveranza ostinata in un proposito* persévérance obstinée dans une résolution; *ha dimostrato una perseveranza eroica* il a fait preuve d'une persévérance héroïque.

perseveràre |perseve'rare| *v.intr.* (*aus.* '*avere*') [*persistere in modo fermo e costante in q.c.*] persévérer (8): *perseverare nell'errore, nel vizio* persévérer dans l'erreur, dans le vice; *ci ha incoraggiato a perseverare nelle ricerche* il nous a encouragés à persévérer dans les recherches.

perseverazióne |perseverat'tsjone| *s.f.* (*med.*) persévération.

persiàna |per'sjana| *s.f.* persienne, volet (*m.*): *accosta, chiudi le persiane* rapproche, ferme les persiennes, les volets # *persiana a saracinesca* rideau; *persiana avvolgibile* store à enrouleur.

persiàno |per'sjano| **I** *agg.* [*della Persia*] persan: *popolazioni persiane* populations persanes; *un gatto persiano* un chat persan **II** *s.m.* **1** *il persiano* [*la lingua*] le persan **2** (*ell.*) [*gatto persiano*] chat persan *agg.* **3** [*pelliccia di agnello persiano*] astrakan: *un collo di persiano* un col d'astrakan.

persicària |persi'karja| *s.f.* (*t.bot.*) persicaire.

1 **pèrsico, ci, ca, che** |'pɛrsiko, tʃi, ka, ke| *agg.* [*della Persia*] persique: *golfo persico* golfe Persique.

2 **pèrsico, ci** |'pɛrsiko, tʃi| *s.m. e agg.* (*pesce*) *persico* perche *s.f.*

persìno |per'sino| *avv.* → **perfino.**

persistènte |persis'tɛnte| *agg.* persistant: *pioggia persistente* pluie persistante; *ho un dolore persistente alla spalla* j'ai une douleur persistante à l'épaule ◇ (*bot.*) *foglie persistenti* feuilles persistantes.

persistènza |persis'tɛntsa| *s.f.* persistance: *rinviare un viaggio per la persistenza di una malattia* renvoyer un voyage du fait de la persistance d'une maladie ◇ (*fis.*) *persistenza delle immagini* persistance des images.

persìstere |per'sistere| (116) *v.intr.* (*aus.* '*avere*') **1** [*continuare a lungo; perdurare*] persister: *da noi persiste il maltempo* chez nous, le mauvais temps persiste; *il pericolo di valanghe persiste tuttora* le danger des avalanches persiste encore **2** [*insistere con determinazione; perseverare*] persister: *persistono nel loro atteggiamento* ils persistent dans leur attitude; *persisto nella convinzione che sono in malafede* je continue d'être persuadé de leur mauvaise foi, je persiste dans la conviction qu'ils sont de mauvaise foi.

pèrso |'pɛrso| *agg.* [*che è perduto*] perdu: *una causa, una partita persa* une cause, une partie perdues; *un'occasione persa* une occasion perdue, ratée ◇ [*impiegato male; sprecato*] *tempo perso* temps perdu ◇ (*loc.*) *dare per perso* [*considerare smarrito*] considérer comme perdu ~ *darsi per perso* [*considerarsi vinto; avvilirsi*] s'estimer perdu ~ *perso per perso* perdu pour perdu ~ *avvocato delle cause perse* avocat des causes perdues ~ *far q.c. a tempo perso* faire qqch. à temps perdu.

persolfàto |persol'fato| *s.m.* (*chim.*) persulfate.

persolfùro |persol'furo| *s.m.* (*chim.*) persulfure.

persóna |per'sona| *s.f.* **1** [*essere umano; individuo*] personne; gens (*m.*

pl.): *una persona onesta, educata, rispettabile, istruita* une personne honnête, polie, respectable, instruite; *una persona perbene, ammodo* une personne bien, comme il faut; *è venuta una persona a cercarti* une personne est venue te chercher; *in famiglia sono in cinque persone* dans la famille ils sont cinq; la famille compte cinq personnes; *c'è ancora posto per una persona* il y a encore de la place pour une personne; *per quante persone devo apparecchiare?* pour combien de personnes dois-je mettre le couvert?; *non c'è persona che gli vada a genio* personne n'a l'heur de lui plaire; *certi gusti vanno da persona a persona* les goûts peuvent varier avec les personnes || *son tutte brave persone* ce sont tous des gens bien; *le persone non possono sapere cosa pensi* les gens ne peuvent pas avoir ce que tu penses; *qui le persone sono molto diffidenti* ici, les gens sont très méfiants # *eh, quante persone!* oh, que de monde!; *ogni persona ha il suo modo di vedere* chacun a sa façon de voir (les choses) ◇ [*individuo con particolari mansioni*] *una persona di servizio* un, une domestique; *è la mia persona di fiducia* c'est mon homme *m.* de confiance ◇ (*teol.*) *la Trinità è composta di tre persone* la Trinité est en trois personnes **2** (*loc.*) *pagare un tanto a persona* payer tant par personne ~ *venire di persona* venir en personne ~ *conoscere qc. di persona* connaître personnellement ~ *pagare, rispondere di persona di q.c.* payer, répondre sur sa personne de qqch. ~ *trattare per interposta persona* traiter par personne interposée ~ (*bur.*) *in persona di qc.* au nom de qqn. ~ *essere presente in persona* être présent en personne ~ *è l'avarizia in persona* c'est l'avarice personnifiée, en personne **3** [*aspetto fisico; corpo*] personne, corps (*m.*): *curare la propria persona* soigner sa (petite) personne; *ha una persona slanciata* il a un corps élancé, une taille élancée; *aveva lividi su tutta la persona* il avait des bleus sur tout son corps **4** (*dir.*) personne: *persona fisica* personne physique; *persona giuridica* personne morale; *delitti contro la persona* délits contre la personne # *danni a persone e cose* dégâts personnels, matériels; *attentare alla persona di qc.* attenter à la vie de qqn. → **1 vita** **5** (*ling.*) personne: *prima, seconda, terza persona* première, deuxième, troisième personne; *usare la terza persona* [*dare del 'lei'*] parler à la troisième personne; *parlare in prima, in terza persona:* (*pr.*) parler à la première, à la troisième personne; (*fig.*) [*parlare a titolo personale, per conto terzi*] parler en son nom, au nom de qqn. ◇ (*gram.*) *nome, pronome di persona* nom propre, pronom de personne.

personàggio, i |perso'naddʒo, i| *s.m.* **1** personnage: *i personaggi di una tragedia, di un film* les personnages d'une tragédie, d'un film; *i personaggi del teatro alfieriano* les personnages du théâtre d'Alfieri; *ha interpretato un personaggio difficile* il a interprété un rôle difficile, incarné un personnage difficile **2** [*persona ragguardevole; figura rilevante*] personnage: *i personaggi della storia, del mondo politico* les personnages de l'histoire, du monde politique; *nel suo campo è diventato un personaggio* (*di primo piano*) dans son domaine, il est devenu un personnage (de premier plan) # *ormai è un grosso personaggio dell'avanspettacolo* il est maintenant très célèbre dans le spectacle de variétés **3** (*per est.*) [*tipo, individuo*] personnage: *un personaggio buffo, curioso* un drôle de personnage, un personnage curieux; *che strano personaggio!* quel étrange personnage!, quel drôle de personnage!

personàle |perso'nale| **I** *agg.* **1** personnel*: *idea, giudizio personale* idée personnelle, jugement personnel; *difesa, libertà personale* défense, liberté personnelle; *affari, problemi personali* affaires personnelles, problèmes personnels; *dimissioni per motivi personali* démission pour raison(s) personnelle(s); *un favore, un piacere personale* une faveur personnelle, un service personnel; *un invito strettamente personale* une invitation strictement personnelle; *igiene personale* hygiène personnelle; *oggetti d'uso personale* objets personnels; *documenti, carte personali* documents, papiers personnels; *voto personale* vote personnel # *indumenti personali, biancheria personale* linge de corps; *mi ha assicurato il suo personale interessamento* il m'a assuré qu'il s'y intéresserait personnellement; *mostra personale* exposition individuelle ♦ (*s.f.*) *una personale* une exposition (individuelle) ◇ (*pallacanestro*) *fallo personale* faute personnelle **2** (*gram.*) personnel: *pronomi personali* pronoms personnels; *costruzione personale* forme personnelle **II** *s.m.* **1** [*persone addette a un servizio; impiegati, dipendenti*] personnel: *personale direttivo, di servizio* personnel de direction, de service; *personale stabile, avventizio* personnel stable, surnuméraire; *il personale di una ditta, di un ministero* le personnel d'une entreprise, d'un ministère; *personale di ruolo, non di ruolo* les cadres *pl.*, le personnel hors cadre; *direzione, ufficio* (*del*) *personale* direction, bureau du personnel # *personale di fatica* hommes de peine ◇ (*aer.*) *personale di bordo* personnel de bord ◇ (*ferr.*) *personale viaggiante, di stazione* personnel roulant, sédentaire ◇ (*mar.*) *personale di coperta, di macchina* personnel de pont, de machine **2** [*figura fisica, aspetto di una persona*] corps: *un personale slanciato, sgraziato* un corps élancé, sans grâce # *di faccia è graziosa, ma non ha un bel personale* de visage elle est gracieuse, mais elle n'est pas bien faite de sa personne.

personalismo |persona'lizmo| *s.m.* **1** [*tendenza ad agire, operare in base al proprio interesse*] favoritisme: *cerchiamo di evitare i personalismi* efforçons-nous d'être objectifs; tâchons de nous garder de tout favoritisme # *richieste viziate di personalismo* requêtes entachées de motifs personnels **2** (*filos.*) personnalisme.

personalista |persona'lista| *s.* [*chi persegue soltanto fini personali*] *siete dei personalisti* vous poursuivez des intérêts personnels (exclusivement) ♦ (*agg.*) *atteggiamento personalista* comportement dicté par des motifs personnels → **personalistico.**

personalìstico, ci, ca, che |persona'listiko, tʃi, ka, ke| *agg.* [*che tende esclusivamente all'interesse personale*] *richieste personalistiche* requêts en vue de satisfaire des intérêts personnels; *il gruppo non può accettare impostazioni personalistiche* le groupe ne peut accepter des positions dictées par des intérêts de personnes ◇ (*filos.*) personnaliste.

personalità |personali'ta| *s.f. inv.* **1** caractère *m. var.* personnel, personnalité (*var.*): *la personalità di un'opinione, di una scelta* le caractère personnel d'une opinion, d'un choix ◇ (*dir.*) *la personalità del diritto* la personnalité du droit; *personalità giuridica* personnalité juridique # *delitti contro la personalità dello Stato* délits contre l'État **2** (*psicol., corr.*) personnalité: *personalità forte, debole* forte, faible personnalité; *avere poca, molta personalità* avoir peu, beaucoup de personnalité; *un dirigente senza personalità* un dirigeant sans personnalité; *disturbi, sdoppiamento della personalità* troubles, dédoublement de la personnalité **3** [*persona d'importanza sociale o culturale*] personnalité: *alla cerimonia interverranno alte personalità politiche e militari* à la cérémonie de hautes personnalités politiques et militaires seront présentes; *al congresso hanno parlato le maggiori personalità* au congrès, les plus importantes personnalités ont pris la parole ◇ [*persona di prestigio in un dato settore*] *diventare una personalità nel campo medico, nello sport* devenir une célébrité de la médecine, du sport.

personalizzàre |personalid'dzare| *v.tr.* **1** [*ridurre, considerare un fatto in modo personalistico*] personnaliser: *sono individualisti, personalizzano tutto* ce sont des individualistes, ils personnalisent tout # *la questione riguarda tutti noi, perciò non dobbiamo personalizzarla* la question nous concerne tous, nous ne devons donc pas en faire une question personnelle **2** [*improntare, adattare al carattere, al gusto di una persona*] personnaliser: *personalizzare l'arredamento di un appartamento* personnaliser l'ameublement d'un appartement.

personalizzàto |personalid'dzato| *agg.* personnalisé.

personalizzazióne |personaliddzat'tsjone| *s.f.* [→ PERSONALIZZARE] personnalisation.

personalménte |personal'mente| *avv.* **1** [*di persona; in persona*] personnellement: *verrò, mi interesserò personalmente* je viendrai, je m'intéresserai personnellement; *devi parlargli personalmente* tu dois lui parler personnellement **2** [*per quanto concerne una determinata persona*] personnellement: *personalmente non sono di questo avviso* personnellement, je ne suis pas de cet avis; *mi è sembrato che il direttore, personalmente, ci sia favorevole* il m'a semblé que le directeur, personnellement, nous est favorable.

Personàte |perso'nate| *s.f. pl.* (*t. bot.*) Personées.

personàto |perso'nato| *agg.* (*bot.*) personé.

personificàre |personifi'kare| *v. tr.* **1** [*attribuire caratteri fisici umani a q.c. di astratto*] personnifier: *personificare le forze della natura* personnifier les forces de la nature; *gli antichi personificavano le virtù e i vizi* les anciens personnifiaient les vertus et les vices **2** [*rappresentare simbolicamente*] incarner; personnifier: *il re personifica lo Stato* le roi incarne l'État ‖ *la Corte personifica la giustizia* la Cour personnifie la justice.

personificàto |personifi'kato| *agg.* [*che assume carattere fisico di persona*] personnifié: *è la bontà, l'avarizia personificata* c'est la bonté, l'avarice personnifiée.

personificazióne |personifikat'tsjone| *s.f.* **1** [→ PERSONIFICARE 1] personnification: *la personificazione del destino, della morte* la personnification du destin, de la mort; *don Abbondio è la personificazione della paura* don Abbondio est la personnification de la peur, est le type du peureux **2** [→ PERSONIFICARE 2] personnification: *il presidente della Repubblica è la personificazione dell'autorità dello Stato* le président de la République est la personnification de l'autorité de l'État.

perspicàce |perspi'katʃe| *agg.* perspicace: *un ragazzo perspicace* un garçon perspicace; *avere un intuito perspicace* avoir une intuition perspicace, une fine intuition.

perspicaceménte |perspikatʃe'mente| *avv.* [→ PERSPICACE] avec perspicacité *loc. inv.*

perspicàcia, cie |perspi'katʃa, tʃe| *s.f.* [*intelligenza acuta, penetrante*] perspicacité: *un politico di grande perspicacia* un homme politique d'une grande perspicacité.

perspicuaménte |perspikua'mente| *avv.* [→ PERSPICUO] clairement.

perspicuità |perspikui'ta| *s.f. inv.* (*lett.*) [*chiarezza lampante; evidenza*] clarté *var.* (*corr.*): *la perspicuità di una argomentazione* la clarté d'une argumentation.

perspicuo |per'spikuo| *agg.* [*molto chiaro; evidente*] clair: *ha portato ragioni quanto mai perspicue* il a donné des raisons on ne peut plus claires.

perspirazióne |perspirat'tsjone| *s.f.* (*med.*) perspiration.

persuadènte |persua'dɛnte| *agg.* [*che persuade; persuasivo*] persuasif*: *un discorso persuadente* un discours persuasif.

persuadére |persua'dere| (164) **A** *v.tr.* **1** (*ogg. di persona*) [*convincere qc. di q.c., a fare q.c.*] persuader, convaincre (54): *il suo ragionamento mi ha persuaso* son raisonnement m'a persuadé, convaincu; *ci avevano persuaso del contrario* ils nous avaient persuadés du contraire; *persuadilo a curarsi* persuade-le de se soigner ◇ [*far acconsentire*] *dobbiamo far di tutto per persuaderlo* nous devons faire tout au monde pour le persuader; *l'ho persuaso finalmente!* finalement, je l'ai persuadé! ◇ [*soddisfare completamente*] convaincre: *è un bel progetto, ma la facciata non mi persuade* c'est un beau projet, mais la façade ne me convainc pas # *vedo che queste tinte non ti persuadono* je vois que tu n'es pas enthousiaste de ces couleurs; *queste scuse non mi persuadono* ces excuses ne sont pas convaincantes; *è un tipo che mi persuade poco* c'est un type qui m'inspire peu de confiance **2** (*raro*) (*ogg. di cosa*) [*far credere*] faire (45) *intr.* croire: *dersuadere il falso, l'errore* faire croire le faux **B** *v.pron. rifl.* PERSUADERSI **1** [→ *tr.* 1] se persuader: *si sono persuase a partire* elles se sont persuadées de partir, qu'elles devaient partir; *speriamo che si persuada di aver sbagliato* espérons qu'il se persuade de sa propre erreur **2** [*riuscire a credere; capacitarsi*] se persuader: *stento a persuadermi di quanto è successo* j'ai du mal à me persuader de ce qui est arrivé # *non riesce ancora a persuadersi della disgrazia* il n'arrive pas encore à croire à ce malheur; *non c'è più niente da fare, persuadetevi!* il n'y a plus rien à faire, croyez-moi!; *lasci perdere, si persuada!* n'insistez pas, laissez tomber! (*fam.*), il faut vous faire une raison!

persuadìbile |persua'dibile| *agg.* (*raro*) → **persuasibile.**

persuasìbile |persua'zibile| *agg.* [→ PERSUADERE A 1] facile à persuader.

persuasióne |persua'zjone| *s.f.* persuasion: *educare con la persuasione* éduquer par la persuasion; *far continua opera di persuasione* faire une œuvre continuelle de persuasion ◇ [*idea radicata; convinzione*] conviction: *ho la persuasione che ci ha mentito* j'ai la conviction qu'il nous a menti; *non smuovi dalle sue persuasioni* il est inébranlable dans ses convictions.

persuasiva |persua'ziva| *s.f.* faculté, pouvoir *m.* de persuasion: *è dodato di molta persuasiva* il est doué d'une grande faculté, d'un grand pouvoir de persuasion.

persuasivaménte |persuaziva'mente| *avv.* [→ PERSUASIVO] persuasivement.

persuasivo |persua'zivo| *agg.* **1** persuasif*, convaincant: *un discorso, un ragionamento persuasivo* un discours, un raisonnement persuasif; *ci ha offerto una dimostrazione persuasiva della sua tesi* il nous a fourni une démonstration convaincante de sa thèse ◇ (*iron.*) *usare mezzi, metodi persuasivi* [*usare la forza, le minacce*] utiliser la manière forte; *due sberloni sono più persuasivi di una predica* une bonne paire de gifles est plus éloquente qu'un sermon **2** [*che lascia soddisfatti; convincente*] persuasif, convaincant: *un'interpretazione del tutto nuova, ma persuasiva* une interprétation tout à fait neuve, mais persuasive, convaincante.

persuàso |persu'azo| *agg.* [*convinto*] persuadé, convaincu: *mi sembra poco persuaso* il me semble peu convaincu; *siete persuasi ora?* êtes-vous convaincus maintenant?

persuasóre |persua'zore|, *f.* **persuaditrice** |persuadi'tritʃe| (*raro*) *s.m.* [*chi cerca di persuadere*] personne *f.* qui essaie d'entraîner, de persuader: *ci sono spregiudicati persuasori di violenza* il y a des personnes sans scrupules qui essaient d'entraîner les autres à la violence ◇ (*pubblicità*) *i persuasori occulti* les agents de la publicité indirecte.

pertànto |per'tanto| *cong.* **1** [*per questo motivo; perciò*] donc, par conséquent: *siamo molto occupati, pertanto non disturbateci* nous sommes très occupés, ne nous dérangez donc pas; *i fondi sono esauriti, pertanto è inutile illuderci* les fonds sont épuisés, il est donc inutile de se faire des illusions **2** (*con valore conc.*) NON PERTANTO [*tuttavia, nondimeno*] toutefois, néanmoins, pas moins: *le possibilità sono minime, non pertanto tenteremo ugualmente* les chances sont très minces, mais nous ferons néanmoins une tentative; *ho già detto di no, ciò non pertanto insistono* j'ai déjà dit non, mais ils n'en insistent pas moins.

pèrtica, che |'pɛrtika, ke| *s.f.* **1** [*lungo bastone; stanga*] perche: *battere le castagne con una pertica* gauler les châtaignes avec une perche # *far leva con una pertica* faire levier avec un grand bâton ◇ (*fig., scherz.*) [*persona alta e magra*] perche (*fam.*): *pensa, un tipo così basso ha sposato una pertica!* pense un peu, un si petit bonhomme il a épousé une perche! **2** (*ginnastica*) perche: *esercizi alla pertica* exercices à la perche **3** [*misura di superficie agricola*] perche: *un terreno di dieci pertiche* un terrain de dix perches.

pericóne |perti'kone| *s.* **1** *s.m.* grosse perche *f.* **2** *s.* (*scherz.*) grande perche (*f.*): *guarda che perticona!* regarde un peu cette grande perche! → **spilungone.**

pertinàce |perti'natʃe| *agg.* [*molto costante; tenace*] tenace: *volontà, carattere pertinace* volonté, caractère tenace ◇ [*caparbio, ostinato*] têtu, obstiné: *se vuole una cosa è pertinace come un mulo* quand il veut une chose, il est têtu, obstiné comme une mule.

pertinàcia, cie |pertina'tʃa, tʃe| *s.f.* [*costanza, perseveranza*] ténacité: *ha difeso con pertinacia il suo punto di vista* il a défendu avec ténacité son point de vue ◇ [*ostinazione*] entêtement *m.*, obstination: *non comprendo la sua pertinacia su un punto così ridicolo* je ne comprends pas son entêtement, son obstination sur un point si ridicule.

pertinènte |perti'nɛnte| *agg.* **1** pertinent: *è un'osservazione molto pertinente* c'est une observation très pertinente # *risposta non, poco pertinente alla domanda* réponse qui est sans rapport, qui a peu de rapport avec la question ◇ (*ling.*) *tratto pertinente* trait pertinent **2** [*che è proprio di*] propre (à): *doveri, atti pertinenti al proprio ufficio* obligations propres à sa charge.

pertinènza |perti'nɛntsa| *s.f.* **1** pertinence (*lett.*), convenance # *l'argomento ha poca pertinenza con la discussione* l'argument est peu pertinent à la discussion; *fra i due problemi non esiste stretta pertinenza* entre les deux problèmes, il n'existe pas d'étroits rapports **2** [*competenza, spettanza*] compétence: *essere di pertinenza di...* être de la compétence de...; *non è di mia, di vostra pertinenza* ce n'est pas de ma, de votre compétence ◇ (*dir.*) pertinence: *pertinenza per materia, per territorio* pertinence par matière, par territoire **3** *spec. al plur.* [*accessori di un bene immobile*] appartenances (*raro*): *il prezzo è comprensivo di tutte le pertinenze* le prix comprend toutes les appartenances.

pertinenziàle |pertinen'tsjale| *agg.* (*dir.*) pertinent.

pertósse |per'tosse| *s.f.* (*med.*) coqueluche.

pertùgio, i |per'tudʒo, i| *s.m.* **1** [*stretta apertura; foro*] trou, ouverture (*f.*): *la grotta ha un pertugio molto stretto* la grotte a une ouverture très étroite **2** (*per est.*) [*luogo stretto e chiuso*] réduit: *non riesco più a vivere in questo pertugio* je n'arrive plus à vivre dans ce réduit.

perturbaménto |perturba'mento| *s.m.* → **perturbazione.**

perturbàre |pertur'bare| **A** *v.tr.* **1** [*provocare turbamento, inquietudine, agitazione*] perturber, troubler; *perturbare l'animo dei giovani* perturber l'esprit des jeunes; *la quiete familiare è stata perturbata da quella notizia* la paix familiale a été troublée par cette nouvelle # *gravi incidenti hanno perturbato l'ordine, la vita cittadina* de graves incidents ont bouleversé l'ordre, la vie de la ville **2** [*alterare negativamente il normale andamento di q.c.*] perturber: *un forte temporale ha perturbato le trasmissioni* un gros orage a perturbé les émissions; *le regioni alpine saranno perturbate da correnti d'aria fredda* les régions alpines seront perturbées par des courants d'air froid **B** *v.pron. intr.* PERTURBARSI **1** [→ *tr.* 2] se gâter: *il tempo comincia a perturbarsi* le temps commence à se gâter **2** (*raro*) [*provare turbamento*] se troubler: *a quelle parole gli animi si perturbarono* à ces mots, les esprits se troublèrent.

perturbativo |perturba'tivo| *agg.* [*atto a perturbare*] troublant.

perturbàto |pertur'bato| *agg.* perturbé: *tempo perturbato* temps perturbé ◇ (*fis.*) perturbé.

perturbatóre, trice |perturba'tore, tritʃe| *s.* perturbateur*: *i perturbatori dell'ordine pubblico* les perturbateurs de l'ordre public; *la polizia è alla ricerca dei perturbatori* la police est à la recherche des perturbateurs ✦ (*agg.*) *elemento perturbatore* élément perturbateur.

perturbazióne |perturbat'tsjone| *s.f.* **1** [→ PERTURBARE A 1] perturbation: *la disgrazia ha destato profonda perturbazione negli animi* le malheur a causé une profonde perturbation dans les esprits; *la crisi economica è causa di gravi perturbazioni sociali* la crise économique est cause de graves perturbations sociales **2** [→ PERTURBARE A 2] perturbation: *si prevedono forti perturbazioni atmosferiche* on prévoit de fortes perturbations atmosphériques.

perugino |peru'dʒino| *agg.* [*di Perugia*] pérousin, pérugin.

pèrula |'pɛrula| *s.f.* (*bot.*) pérule.

peruviàno |peru'vjano| *agg.* [*del Perù*] péruvien*: *le antiche civiltà peruviane* les antiques civilisations péruviennes.

pervàdere |per'vadere| (153) *v.tr.* [*diffondersi, spandersi tutt'intorno*] envahir, se répandre (53) (*pron.*): *l'odore del fieno pervade la campagna* l'odeur du foin envahit la campagne, se répand dans la campagne; *tutte le stanze erano pervase dal fumo* toutes les pièces étaient envahies par la fumée, sentaient la fumée ◇ (*fig.*) *tutti furono pervasi da un grande sollievo* tous furent envahis d'un grand soulagement; *un crescente malcontento pervadeva la folla* un mécontentement croissant se propageait dans la foule.

pervenire |perve'nire| (202) *v.intr.* (*aus.* '*essere*') **1** [*giungere, arrivare*] parvenir (27): *finalmente siamo pervenuti alla mèta* finalement, nous sommes parvenus au but; *ci pervengono continue ordinazioni di merce* nous recevons de continuelles commandes de marchandise; *la vostra domanda non ci è ancora pervenuta* votre demande ne nous est pas encore parvenue; *mi sono pervenute alle orecchie alcune dicerie sul tuo conto* certains racontars sur ton compte sont parvenus à mes oreilles ◇ (*fig.*) [*raggiungere, conseguire*] *pervenire alla fama, alla gloria, a un risultato* parvenir à la renommée, à la gloire, à un resultat **2** (*per est.*) [*venire in proprietà; provenire*] venir (27): *questi beni gli sono pervenuti da una zia* ces biens lui viennent d'une tante.

perversaménte |perversa'mente| *avv.* [→ PERVERSO 1] perversement.

perversióne |perver'sjone| *s.f.* perversion: *perversione del gusto, dei sensi* perversion du goût, des sens; *perversioni sessuali* perversions sexuelles.

perversità |perversi'ta| *s.f. inv.* **1** perversité (*var.*): *perversità d'animo, di sentimenti* perversité d'âme, de sentiments ◇ [*atto perverso*] méchanceté (*var.*): *ha commesso troppe perversità* il a commis trop de méchancetés **2** (*fig.*) [*malignità, avversità*] malignité *var.*, adversité (*var.*): *la perversità della sorte, del destino* la malignité, l'adversité du destin.

pervèrso |per'vɛrso| *agg.* **1** pervers: *una donna perversa* une femme perverse; *compiere azioni perverse* accomplir des actions perverses; *nutrire sentimenti perversi* nourrir des sentiments pervers; *sono di animo perverso* ils ont une âme perverse; *hanno ceduto agli istinti più perversi* ils ont cédé aux instincts les plus pervers **2** (*fig.*) [*avverso, contrario*] contraire; hostile: *una sorte perversa* un sort contraire ‖ *è un inverno perverso* c'est un hiver hostile.

pervertiménto |perverti'mento| *s.m.* [→ PERVERTIRE] pervertissement (*lett.*), perversion (*f.*): *pervertimento morale* pervertissement moral, perversion morale; *pervertimento dei sensi* pervertissement des sens.

pervertire |perver'tire| **A** *v.tr.* **1** [*corrompere, guastare*] pervertir: *pervertire l'animo dei giovani* pervertir l'âme des jeunes; *spettacoli, letture che pervertono il costume sociale* spectacles, lectures qui pervertissent les mœurs sociales **2** (*per est.*) [*stravolgere, alterare*] pervertir: *pervertire le istituzioni, l'ordine sociale* pervertir les institutions, l'ordre social; *ogni sano ideale è stato pervertito* tout idéal sain a été perverti **B** *v.pron. intr.* PERVERTIRSI [→ *tr.* 1] se pervertir: *i costumi si sono pervertiti* les mœurs se sont perverties.

pervertito |perver'tito| *agg.* perverti: *gusti, sentimenti pervertiti* goûts, sentiments pervertis; *un individuo pervertito sessualmente* un individu perverti sexuellement ✦ (*s.*) *un pervertito* (*sessuale*) un perverti (sexuel).

pervertitóre, trice |perverti'tore, tritʃe| *agg.* [*che corrompe, perverte*] pervertisseur* (*raro*) # *letture pervertitrici* lectures qui pervertissent, qui risquent de pervertir ✦ (*s.*) *un pervertitore della gioventù* un pervertisseur de la jeunesse.

pervibràre |pervi'brare| *v.tr.* → **vibrare** A 3.

pervicàce |pervi'katʃe| *agg.* (*lett.*) [*ostinato, caparbio*] obstiné (*corr.*), entêté (*corr.*): *un denigratore pervicace* un dénigreur obstiné, entêté.

pervicaceménte |pervikatʃe'mente| *avv.* (*lett.*) → **ostinatamente.**

pervicàcia, cie |pervi'katʃa, tʃe| *s.f.* [*ostinazione, caparbietà*] obstination, entêtement (*m.*): *insistere con pervicacia in un progetto* insister avec obstination, entêtement dans un projet.

pervìnca, che |per'vinka, ke| *s.* **1** *s.f.* (*t.bot.*) pervenche **2** *s.m. inv.* [*colore azzurro violaceo*] pervenche ✦ (*in funzione di agg. inv.*) *color pervinca* couleur pervenche; *azzurro pervinca* bleu pervenche; *occhi color pervinca* des yeux pervenche.

pèrvio, i |'pɛrvjo, i| *agg.* (*lett.*) [*facilmente praticabile, accessibile*] accessible (*corr.*): *luogo pervio* lieu accessible **C** **impervio.**

pésa |'pesa| *s.f.* **1** pesage *m.*, pesée: *operazioni di pesa* opérations de pesage, de pesée → **pesatura** **2** [*apparecchio per pesare grosse quantità*] bascule: *pesa pubblica* bascule publique ◇ [*luogo dove è installata una pesa*] pesage: *il camion è alla pesa* le camion est au pesage.

pesabambìni |pesabam'bini| *s.m. inv.* pèse-bébé (*var.*): *dei pesabambini* des pèse-bébés.

pesàbile |pe'sabile| *agg.* [→ PESARE A 1] qu'on peut peser *loc.*

'pesage' |pəzaʒ| *s.m. inv.* (*ippica*) pesage *var.*

pesalàtte |pesa'latte| *s.m. inv.* pèse-lait *var.*

pesalèttere |pesa'lettere| *s.m. inv.* pèse-lettre (*var.*): *dei pesalettere* des pèse-lettres.

pesaliquóri |pesali'kwori| *s.m. inv.* pèse-liqueur (*var.*): *dei pesaliquori* des pèse-liqueurs.

pesamósto |pesa'mosto| *s.m. inv.* pèse-moût (*var.*): *dei pesamosto* des pèse-moûts.

pesànte |pe'sante| *agg.* **1** [*che ha un peso notevole*] pesant, lourd: *un pacco, una valigia pesante* un paquet pesant, une lourde valise; *per me è un carico troppo pesante* pour moi, c'est trop lourd, une charge trop pesante; *com'è pesante questo bambino!* ce qu'il est lourd cet enfant! ◇ (*nelle comparazioni*) lourd: *la mia borsa è pesante come la tua* mon sac est aussi lourd que le tien; *il rame è più pesante dell'alluminio* le cuivre est plus lourd que l'aluminium ◇ (*con vari significati in espressioni fig.*) *un cibo pesante, un pasto pesante* [*difficile a digerire*] une nourriture lourde, un repas lourd; *sonno pesante* sommeil pesant; *aria, clima, atmosfera pesante* [*afoso*] air, climat lourd, atmosphère lourde; (*di situazione fra persone*) *clima, atmosfera pesante* [*teso, imbarazzante*] climat lourd, atmosphère lourde ◇ (*loc.*) *aver la mano pesante, le mani pesanti* avoir la main lourde ~ *intervenire con mano pesante* [*con durezza, rigore*] ne pas y aller de main morte → **severo** ~ *sentirsi la testa pesante* se sentir la tête lourde **2** [*che richiede sforzo, fatica*] fatigant, dur: *mestieri, lavori pesanti* métiers, travaux fatigants; *mi aspetta una giornata pesante* une dure journée m'attend ◇ (*fig.*) [*noioso, fastidioso*] assommant (*fam.*), embêtant (*fam.*): *un individuo pesante* une personne assommante; *non essere così pesante!* ne sois pas si embêtant! ◇ (*fig.*) [*noioso, faticoso*] lourd; pesant; ennuyeux*: *stile, prosa pesante* style lourd, prose lourde ‖ *un oratore, uno scrittore* *pesante* un orateur, un écrivain pesant || *che film pesante!* quel film ennuyeux! ◇ (*sport*) *terreno, pista pesante* terrain lourd, piste lourde **3** [*massiccio, greve*] lourd: *una corporatura pesante* un corps lourd; *un edificio pesante* un édifice lourd; *linee architettoniche pesanti* lignes architecturales lourdes # *diventar pesante* [*ingrossarsi*] s'alourdir; *un quadro dai colori pesanti* [*troppo marcato, caricato*] un tableau aux couleurs marquées ◇ (*per est.*) [*lento, impacciato*] pesant, lourd: *un'andatura pesante* une allure pesante, lourde; *essere pesante nei movimenti* être lourd dans ses mouvements **4** (*fig.*) [*preoccupante, grave*] grave, lourd: *trovarsi in una situazione pesante* être dans une grave situation; *ricevere un danno pesante* subir de graves dommages; *c'è un mercato pesante* le marché est lourd ◇ [*serio, impegnativo, grave*] pesant, lourd, grave: *avere pesanti responsabilità* avoir de pesantes, de lourdes responsabilités; *avere pesanti responsabilità in una truffa* avoir de lourdes responsabilités dans une escroquerie; *ha fatto accuse, insinuazioni pesanti* il a porté de graves accusations; il a fait de lourdes insinuations **5** [*duro, violento*] lourd, violent: *gioco pesante* jeu lourd, violent; *il terzino ha fatto un intervento pesante* l'arrière a fait une violente intervention ◇ (*fig.*) [*grossolano, maleducato*] lourd, gros*: *complimenti pesanti* compliments lourds; *son volati insulti, parole pesanti* de grosses insultes, de gros mots furent lâchés → **offensivo** **6** [*che tiene caldo*] chaud, lourd: *una maglia, un vestito pesante* un pull, un habit chaud; *ho messo la coperta pesante sul letto* j'ai mis une chaude couverture sur le lit # *vestirsi in modo pesante* se vêtir chaudement **7** (*con vari significati specialistici*) lourd: *industria pesante* industrie lourde; *artiglieria pesante* artillerie lourde; *bombardiere pesante* bombardier lourd; *traffico pesante* poids lourds; *acqua pesante* eau lourde; *oli pesanti* huiles lourdes # *atletica pesante* poids et haltères **C** **leggero.**

pesanteménte |pesante'mente| *avv.* [*con pesantezza; in modo pesante*] lourdement, pesantement: *cadere pesantemente* tomber lourdement, pesamment; *muoversi pesantemente* se déplacer lourdement; *insistere pesantemente in una richiesta* insister lourdement dans une requête # *vestirsi pesantemente* se vêtir chaudement; *intervenire pesantemente nel gioco* intervenir violemment dans le jeu; *apostrofare, offendere pesantemente qc.* apostropher, offenser grossièrement qqn.

pesantézza |pesan'tettsa| *s.f.* **1** [*l'essere pesante*] poids *m.*; pesanteur; lourdeur: *la pesantezza di un mobile, di un vestito* le (grand) poids d'un meuble, d'un vêtement || *pesantezza di movimento* pesanteur de mouvement → **difficoltà, lentezza** || *pesantezza d'aria* lourdeur de l'air → **afosità**; *pesantezza di una pietanza* [*scarsa digeribilità*] lourdeur d'un plât # *pesantezza del terreno* état lourd du terrain → **fangosità** ◇ (*stato di disagio fisico*) *pesantezza di stomaco* lourdeur, pesanteur d'estomac; *pesantezza di testa* lourdeur de tête **2** (*fig.*) [*voluminosità eccessiva; mancanza di armonia*] lourdeur: *la pesantezza di una facciata, di un edificio* la lourdeur d'une façade, d'un édifice; *tutto quel grigio dà un effetto di pesantezza* tout ce gris donne un effet de lourdeur ◇ [*noiosità, monotonia*] *un libro, uno scrittore di una pesantezza indicibile* un livre, un écrivain d'une lourdeur indicible **3** (*fig.*) [*gravità, serietà*] gravité: *tutti possono valutare la pesantezza della situazione* tous peuvent évaluer la gravité de la situation; *ha formulato accuse di una pesantezza impressionante* il a porté des accusations d'une gravité impressionnante ◇ [*violenza, brutalità*] grossièreté: *la pesantezza di un insulto* la grossièreté d'une insulte.

pesapersóne |pesaper'sone| *s.f. inv.* pèse-personne (*m. var.*): *delle pesapersone* des pèse-personne(s).

pesàre |pe'sare| **A** *v.tr.* **1** [*misurare, calcolare il peso*] peser (6): *pesare gli ingredienti di una ricetta* peser les ingrédients d'une recette; *pesare un cesto di frutta, un camion di legna* peser un panier de fruits, un camion de bois; *hai pesato il bambino?* as-tu pesé l'enfant? **2** (*fig.*) [*valutare attentamente; analizzare*] peser: *pesare il pro e il contro di una ipotesi* peser le pour et le contre d'une hypothèse; *ho pesato le parole* (*ad una ad una*) j'ai pesé mes mots, tous mes mots # *pesare le persone* juger les personnes → **giudicare** **B** *v.intr.* (*aus.* '*avere, essere*') **1** [*avere un peso* (*generico o determinato*)] peser (*aus.* avoir): *il bambino pesa quattro chili* le bébé pèse quatre kilos, huit livres; *quanto pesi?* combien pèses-tu? # *pesare come il piombo, come una piuma* être lourd comme du plomb, pas plus lourd qu'une plume ◇ [*essere pesante*] fatiguer (*aus.* avoir): *se ti pesa, riposati* si ça te fatigue, repose-toi; *non ti prendo in braccio, mi pesi* je ne te prends pas dans les bras, tu me fatigues # *come pesano questi libri!* ce qu'ils sont lourds, ces livres!; *ma sì che ce la faccio, non pesa niente!* bien sûr que je le peux, il ne pèse rien **2** (*fig.*) [*essere di disagio, di fastidio*] peser: *gli anni cominciano a pesarmi* les années commencent à faire sentir leur poids, à peser sur moi; *il rimorso peserà sulla vostra coscienza* le remords pèsera sur votre conscience # *ti pesa tanto scrivere?* ça te coûte tant (que cela) d'écrire? ◇ [*essere motivo di preoccupazione*] *le nuove responsabilità mi pesano* ces nouvelles responsabilités me pèsent; *la famiglia gli pesa troppo* la famille lui pèse trop ◇ (*di cibo*) [*essere indigesto*] *ottimo lo stufato, ma ora mi pesa sullo stomaco* excellente, cette daube, mais maintenant cela me pèse sur l'estomac **3** (*fig.*) [*essere a carico di; gravare*] peser: *le maggiori responsabilità pesano su di lui* les plus grandes responsabilités pèsent sur lui # *la famiglia pesa tutta sulle sue spalle* la famille repose entièrement sur ses épaules ◇ [*incombere, pendere*] *su di voi pesa la minaccia del licenziamento* la menace de licenciement pèse sur vous **4** (*fig.*) [*rivestire importanza, valere molto*] peser: *nella sua carriera ha pesato molto la fama del padre* dans sa carrière la renommée de son père a beaucoup pesé; *il vostro parere peserà al momento della decisione* votre avis pèsera au moment de la décision; *queste scelte peseranno sul tuo futuro* ces choix pèseront sur ton avenir **C** *v.pron. rifl.* PESARSI [→ *tr.* 1] se peser: *pesarsi tutte le mattine* se peser chaque matin; *ti sei pesata?* t'es-tu pesée?

pesàta |pe'sata| *s.f.* **1** [→ PESARE A 1] pesée ◇ (*loc.*) *dare una pesata alla pasta* peser les pâtes **2** [*quantità di roba pesata in una volta*] pesée: *me ne basta una pesata* une pesée me suffit.

pesatóre, trice |pesa'tore, tritʃe| *s.* [*addetto alla pesatura*] peseur* (*raro*).

pesatùra |pesa'tura| *s.f.* [→ PESARE A 1] pesage (*m.*): *operazioni di pesatura* opérations de pesage # *bascula per la pesatura del bestiame* bascule pour peser les bestiaux.

pèsca, che |'pɛska, ke| *s.f.* [*frutto del pesco*] pêche: *pesche mature, sciroppate* pêches mûres, au sirop; *marmellata di pesche* confiture de pêche ♦ (*in funzione di agg. inv.*) *color pesca* couleur pêche.

pésca, che |'peska, ke| *s.f.* **1** [→ PESCARE A 1] pêche: *pesca marittima, d'acqua dolce* pêche de mer, d'eau douce; *pesca litoranea, d'alto mare* pêche littorale, grande pêche; *la pesca del tonno, delle sardine* la pêche du thon, de la sardine; *pesca subacquea* pêche sous-marine; *pesca a strascico* pêche à la traîne; *rete, canna da pesca* filet de pêche, canne à pêche; *nave, imbarcazione da pesca* bâteau de pêche; *andare a pesca* aller à la pêche; *far pesca magra, abbondante* rapporter une maigre pêche, une belle pêche ◇ (*loc. fig.*) *andare a pesca di qc., di q.c.* [*alla ricerca*] aller à la recherche de qqn., de qqch. **2** (*fig.*) [*lotteria a premi mediante estrazione di biglietti*] loterie: *pesca di beneficenza* loterie de bienfaisance.

pescàggio, i |pes'kaddʒo, i| *s.m.* (*mar.*) calaison *f.*, tirant (d'eau) ◇ (*idraul.*) *il pescaggio di una pompa* le débit d'une pompe.

pescagióne |peska'dʒone| *s.f.* **1** → **pésca** **2** → **pescaggio.**

pescàia |pes'kaja| *s.f.* [*sbarramento del corso di un fiume*] barrage *m.* ◇ [*chiusa*] écluse.

pescàre |pes'kare| **A** *v.tr.* **1** [*cercar di prendere, catturare pesci o anfibi*] pêcher: *pescare con le reti, con la fiocina* pêcher au filet, au harpon; *ha pescato tre anguille* il a pêché trois anguilles # *vado a pescare* je vais à la pêche ◇ [*tirar fuori, recuperare dall'acqua*] repêcher: *pescare il cadavere di un annegato* repêcher le cadavre d'un noyé; *hanno pescato un'anfora romana* ils ont repêché une amphore romaine ◇ (*loc. fig.*) *pescare nel torbido* pêcher en eau trouble **2** (*fig., fam.*) [*riuscire a trovare; scoprire*] pêcher: *dove vai a pescarlo ora un idraulico?* maintenant, où vas-tu pêcher un plombier?; *dove hai pescato quella strana poltrona?* où as-tu pêché cet étrange fauteuil?; *da una vecchia rivista di moda ho pescato delle notizie curiose* dans une vieille revue de modes, j'ai pêché des nouvelles curieuses # *è un'ora che ti cerco, finalmente ti ho pescato!* cela fait une heure que je te cherche, je t'ai finalement déniché ◇ [*sorprendere, cogliere sul fatto o in fallo*] pincer (2): *ti ci ho pescato a rubare i cioccolatini!* je t'ai pincé en train de voler les chocolats!; *farsi pescare dalla polizia* se faire pincer par la police; *mi hanno pescato senza* *patente* je me suis fait pincer sans (mon) permis de conduire **3** (*fig.*) [*prendere, scegliere a caso*] tirer: *pesca una carta* tire une carte; *che fortuna, ho pescato l'asse!* quelle chance, j'ai tiré l'as! # *sono andato a pescare l'unica mela marcia!* je suis tombé sur la seule pomme pourrie! **4** (*fig.*) [*estrarre i biglietti di una lotteria*] tirer: *che numero hai pescato?* quel numéro as-tu tiré? **B** *v.intr.* (*aus. 'avere'*) (*di imbarcazione*) [*essere immerso nell'acqua per una determinata altezza*] tirer, caler: *quanto pesca a pieno carico?* combien cale-t-il avec toute sa cargaison?; *la nave pesca cinque metri* le bateau cale, tire cinq mètres # *il bastimento pesca quasi fino al fondale* le bâtiment touche presque le fond.

pescàta |pes'kata| *s.f.* → **pésca.**

pescàtico, ci |pes'katiko, tʃi| *s.m.* (*dir.*) droit de pêche.

pescàto |pes'kato| *s.m.* poissons *pl.* pêchés # *la quantità di pescato è scarsa* la pêche est maigre.

pescatóre, trice |peska'tore, tritʃe| *s.* **1** *s.* [*chi esercita la pesca*] pêcheur*: *villaggio, famiglia di pescatori* village, famille de pêcheurs; *un pescatore di perle* un pêcheur de perles ◇ (*per anton.*) *il Pescatore* [*san Pietro*] saint Pierre ◇ (*eccl.*) *l'anello del pescatore* l'anneau du pêcheur **2** *s.m.* (*mar.*) *harpon **3** *s.m.* (*tecnol.*) tube de repêchage **4** *s.m. e agg.* (*t.zool.*) (*martin*) *pescatore* martin-pêcheur **5** *s.f. e agg.* (*t.zool.*) (*rana*) *pescatrice* baudroie *s.f.*, lotte *s.f.* (de mer).

pésce |'peʃʃe| *s.m.* **1** (*zool.*) poisson: *pesce di mare, d'acqua dolce* poisson de mer, d'eau douce; *pesce fresco, in scatola, congelato, affumicato* poisson frais, en boîte, congelé, fumé; *pesce bianco, magro, grasso* poisson blanc, maigre, gras; *pesce in umido* poisson en sauce; *insalata di pesce* poisson en salade; *colla, farina di pesce* colle, farine de poisson ◇ (*loc.*) *nuotare come un pesce* nager comme un poisson ~ *è sano come un pesce* il se porte comme un charme ~ *muto come un pesce* muet comme une carpe ◇ (*loc. fig.*) *un pesce d'aprile* un poisson d'avril ~ *essere come un pesce fuor d'acqua* être comme une fleur coupée, un poisson hors de l'eau ~ *fare il pesce in barile* être indifférent, neutre ~ *non essere né carne né pesce* n'être ni chair ni poisson ~ *non saper che pesci prendere* ne pas savoir à quel saint se vouer, sur quel pied danser ~ *gettarsi a pesce su q.c.* se jeter comme un goinfre sur qqch. ~ *prendere a pesci in faccia qc.* maltraiter qqn., être ingrat envers qqn. ~ *pesci piccoli, grossi* petits, gros poissons ◇ (*prov.*) *il pesce grosso mangia il pesce piccolo* les gros poissons mangent les petits ~ *chi dorme non piglia pesci* renard qui dort la matinée n'a plus la gueule emplumée **2** (*t.zool.*) *pesce persico* perche *f.* ~ *pesce pilota* poisson pilote ~ *pesce rondine* hirondelle *f.* de mer ~ *pesce spada* espadon ~ *pesce volante* poisson volant **3** (*tip.*) bourdon **4** *al plur.* (*astron.*) *costellazione dei Pesci* constellation des Poissons.

pescecàne |peʃʃe'kane| *s.m.* **1** (*t. zool.*) → **squalo** **2** (*fig.*) [*chi si è arricchito approfittando senza scrupoli di persone o situazioni sociali*] profiteur: *i pescicani del mercato nero, dell'industria bellica* les profiteurs du marché noir, de l'industrie de guerre.

pescheréccio, i |peske'rettʃo, i| **1** *s.m.* bateau de pêche, bateau pêcheur: *flotta di pescherecci* flotte, flottille de bateaux de pêche ♦ (*agg.*) *imbarcazione peschereccia* bateau de pêche **2** *agg.* (*raro*) → **pescoso.**

pescherìa |peske'ria| *s.f.* **1** [*negozio di pesce*] poissonnerie **2** (*region.*) [*minutaglia di pesce da frittura*] (menu) fretin *m.*

peschéto |pes'keto| *s.m.* plantation *f.* de pêchers, terrain planté de pêchers.

peschièra |pes'kjɛra| *s.f.* [*vivaio per pesci*] vivier *m.*

pesciaiòla |peʃʃa'jɔla| *s.f.* **1** [*pentola per cucinare il pesce*] poissonnière **2** (*t.zool.*) → 2 **monaca.**

pesciaiòlo |peʃʃa'jɔlo| *s.* → **pescivendolo.**

pescicoltóre, trice |peʃʃikol'tore, tritʃe| *s.* → **piscicoltore.**

pescicoltùra |peʃʃikol'tura| *s.f.* → **piscicoltura.**

pesciolino |peʃʃo'lino| *s.m.* petit poisson # *pesciolino rosso* poisson rouge.

pescivéndolo |peʃʃi'vendolo| *s.* [*venditore di pesce*] poissonnier*, marchand de poissons.

pèsco, chi |'pɛsko, ki| *s.m.* (*t.bot.*) pêcher.

pescosità |peskosi'ta| *s.f. inv.* abondance *var.* en poissons: *la pescosità di un lago* l'abondance d'un lac en poissons.

pescóso |pes'koso| *agg.* [*ricco di pesce*] poissonneux*: *mari, fiumi pescosi* mers poissonneuses, fleuves poissonneux.

peseta |pe'seta| *s.f. inv.* (*sp.*) peseta *var.*

pesièra |pe'sjɛra| *s.f.* série de poids ◇ (*per est.*) boîte à poids.

pesìsta |pe'sista| *s.m.* (*sollevamento pesi*) haltérophile ◇ (*lancio*) lanceur de poids.

pesìstica, che |pe'sistika, ke| *s.f.* (*atletica*) haltérophilie; poids et *haltères *m. pl.*

1 **péso** |'peso| *s.m.* **1** (*fis., corr.*) poids: *peso atomico, molecolare* poids atomique, moléculaire; *peso specifico, assoluto, relativo* poids spécifique, absolu, relatif; *calcolare il peso di un materiale* calculer le poids d'un matériau; *il peso è uniformemente distribuito sulle strutture portanti* le poids est uniformément distribué sur les structures portantes **2** (*comm., corr.*) poids: *peso netto, lordo* poids net, brut; *peso campione* poids étalon; *peso vivo, morto* poids vif, mort; *peso scarso, abbondante* poids insuffisant, abondant; *peso a vuoto, a pieno carico* poids à vide, à plein chargement; *la vettura supera il peso* (*consentito*) la voiture dépasse le poids (autorisé), *merce venduta a peso* marchandise vendue au poids; *ci hanno imbrogliato, rubato sul peso* ils nous ont roulé, volé sur le poids; *il vitello ha fatto un buon peso* le veau a fait un bon poids; *fare, non fare il peso* faire, ne pas faire le poids ◇ [*peso del* (*proprio*) *corpo*] *passare* (*superare*), *mantenere il peso* dépasser, garder son poids; *recuperare il peso* prendre du poids; *calare, diminuire di peso* perdre du poids; (*spec. di pugili*) *rientrare nel peso* rentrer dans le poids; *raggiungere il peso forma* atteindre le poids forme → **dimagrire** ◇ *loc.* DI PESO: *sollevare, prendere di peso qc. o qc.* [*sollevarlo, staccarlo di colpo*] soulever qqn. à bout de bras; (*fig.*) *prendere, togliere di peso un brano, una citazione* [*copiarli tali e quali*] copier, prendre tel quel un passage, telle quelle une citation; *son crollato a terra di peso* [*di schianto*] je suis tombé par terre de tout mon poids; *si è abbandonata di peso sulla poltrona* [*pesantemente*] elle s'est abandonnée lourdement sur le fauteuil ~ *buttarsi giù, cadere a peso morto* se jeter, tomber comme un poids mort ~ (*fig.*) *comperare, pagare q.c. a peso d'oro* acheter, payer au poids de l'or **3** [*oggetto che pesa; cosa pesante*] poids: *un peso leggero, eccessivo* un poids léger, excessif; *camminare con un peso sulle spalle* marcher avec un poids sur les épaules; *non devi portare pesi, questi pesi* tu ne dois pas porter des poids, ces poids-là ◇ (*per est.*) [*senso di pesantezza, di oppressione*] *sentirsi un peso sullo stomaco* (se) sentir un poids sur l'estomac; (*fig.*) *togliersi un peso dallo stomaco* se décharger, se soulager d'un poids → **preoccupazione** **4** (*fig.*) [*cosa che affatica, preoccupa; fastidio*] poids: *il peso delle responsabilità, della famiglia, degli anni* le poids des responsabilités, de la famille, des ans; *ho terminato la relazione, mi son liberato di un bel peso!* j'ai terminé le rapport, je me suis libéré d'un beau poids! # *devo alzarmi sempre alle cinque, che peso!* je dois toujours me lever à cinq heures, que c'est pénible! ◇ [*onere, gravame*] *il peso di un'ipoteca* le poids d'une hypothèque; *diminuire il peso fiscale su una categoria* diminuer le poids fiscal pesant sur une catégorie ◇ (*loc.*) *essere di peso a qc.* [*vivere a carico di qc.*] *il figlio maggiore non gli è più di peso* le fils aîné n'est plus à sa charge; [*essergli poco gradito*] *se ti sono di peso, dimmelo* si je t'ennuie, dis-le-moi **5** [*misura di peso graduato per bilance*] poids: *una serie di pesi* une série de poids; *mettere il peso da un etto, da un chilo* mettre un poids de cent grammes, d'un kilo ◇ [*oggetto con funzione di appesantimento, di pressione*] *attaccare i pesi alla rete da pesca* attacher des poids, des plombs au filet de pêche; *tendere una corda con un peso* tendre une corde avec un poids # *ho messo i prosciutti sotto peso* j'ai mis les jambons sous presse ◇ (*loc. fig.*) *usare due pesi e due misure* faire deux poids, deux mesures **6** (*fig.*) [*autorità, importanza*] poids, importance (*f.*): *una persona di peso* une personne de poids; *problemi di poco, di nessuno, di gran peso* problèmes de peu de poids, d'aucun poids, de grand poids; *il suo parere ha avuto un peso determinante* son avis a eu un poids déterminant; *abbiamo dato poco peso alle sue obiezioni* nous avons attaché peu d'importance à ses objections; *non date peso a quello che ho detto* attachez peu d'importance à ce que j'ai dit; *è un tipo nervoso, non bisogna dargli peso* c'est un type nerveux, il ne faut pas lui attacher d'importance **7** (*pugilato*) [*operazione di controllo del peso*] poids: *andare, presentarsi al peso* aller,

se présenter au poids **8** (*pugilato*) [*categoria di pugile*] *peso piuma, leggero, massimo* poids plume, léger, lourd; *un incontro tra pesi medi* une rencontre entre deux poids moyens **9** (*atletica, lancio*) poids: *campione di lancio del peso* champion de lancement du poids ◇ (*sollevamento*) *gara di sollevamento pesi* compétition de poids et haltères, d'haltérophilie.

2 **péso** |'peso| *s.m. inv.* (*sp.*) peso *var.*

pessàrio, i |pes'sarjo, i| *s.m.* (*med.*) pessaire.

pessimaménte |pessima'mente| *avv.* [→ PESSIMO] très mal: *ha lavorato pessimamente* il a très mal travaillé; '*com'è andato il viaggio?*' '*pessimamente!*' 'comment s'est passé le voyage?' 'très mal!'

pessimismo |pessi'mizmo| *s.m.* (*filos., corr.*) pessimisme: *il pessimismo filosofico* le pessimisme philosophique; *pessimismo cupo, esagerato* sombre pessimisme, pessimisme exagéré; *guardare la vita con pessimismo* regarder la vie avec pessimisme; *vedi le cose con eccessivo pessimismo* tu vois les choses avec un pessimisme excessif **C** **ottimismo.**

pessimista |pessi'mista| *agg.* pessimiste: *un uomo, un poeta pessimista* un homme, un poète pessimiste; *perché sei così pessimista?* pourquoi es-tu si pessimiste? ◆ (*s.*) *un pessimista* un pessimiste **C** **ottimista.**

pessimìstico, ci, ca, che |pessi'mistiko, tʃi, ka, ke| *agg.* pessimiste: *previsioni, considerazioni pessimistiche* prévisions, considérations pessimistes; *assumere un atteggiamento pessimistico* avoir une attitude pessimiste.

pèssimo |'pɛssimo| *agg.* très mauvais: *un viaggio, un cibo pessimo* un très mauvais voyage, une très mauvaise nourriture; *un pessimo ragazzo, operaio* un très mauvais garçon, ouvrier; *è una giornata, una situazione pessima* c'est une très mauvaise journée, situation; *ha fatto una pessima stagione* la saison a été très mauvaise; *è stato un pessimo acquisto* ce fut une très mauvaise acquisition; *mi ha fatto una pessima impressione* il m'a fait une très mauvaise impression; *l'ho trovato di pessimo umore* je l'ai trouvé de très mauvaise humeur **C** **ottimo.**

pésta |'pesta| *s.f. spec. al plur.* [*orma, traccia*] traces, empreintes: *seguire le peste di qc.* suivre les traces de qqn.; *ho riconosciuto le peste della volpe* j'ai reconnu les empreintes du renard ◇ (*fig.*) [*esempio*] *segue le peste del padre* il suit les traces de son père ◇ (*loc. fig.*) *lasciare, mettere qc., essere nelle peste* [*nei guai*] laisser, mettre qqn., être dans le pétrin.

pestàggio, i |pes'taddʒo, i| *s.m.* **1** [*bastonatura brutale, violenta*] volée *f.* (de coups), rossée *f.* (*fam.*): *subire un pestaggio* recevoir une volée, une rossée; *il ladruncolo ha rischiato un duro pestaggio* le petit voleur a risqué une rude volée **2** (*per est.*) [*rissa violenta*] bagarre *f.*, rixe (*f.*): *fuori dallo stadio c'è stato un pestaggio generale* hors du stade il y eut une bagarre, une rixe générale.

pestàre |pes'tare| **A** *v.tr.* **1** [*schiacciare, triturare con il pestello*] *pestare il sale, il pepe, l'aglio* piler le sel, concasser le poivre, écraser l'ail; *pestare la carne* [*tritarla*] *hacher la viande ◇ (*loc. fig.*) *pestare l'acqua nel mortaio* [*fare una fatica inutile*] donner des coups d'épée dans l'eau **2** (*per est.*) [*picchiare, battere*] taper ◇ (*loc.*) *pestare i piedi in, per terra*: (*pr.*) taper des pieds par terre; (*fig.*) [*spazientirsi, irritarsi*] taper des pieds d'impatience ~ PESTARE QC., *le ossa a qc.* [*riempirlo di botte*] battre (76), rouer qqn.: *è stata pestata a pugni e calci* elle a été battue, rouée à coups de poing et à coups de pieds ◇ (*scherz.*) *pestare il pianoforte* [*suonarlo malamente*] tapoter, pianoter **3** [*schiacciare col piede; calpestare*] écraser, marcher *intr.* sur: *pestare un fiore, la coda al gatto* écraser, marcher sur une fleur, sur la queue du chat; *ahi, mi hai pestato!* aïe! tu m'as marché sur le pied!, tu as marché sur moi! ◇ (*loc. fig.*) *pestare i piedi a qc.* [*molestarlo, contrariarlo*] marcher sur les pieds de qqn. ~ *non è il tipo che si fa pestare i piedi* ce n'est pas le type qui se laisse marcher sur les pieds **B** *v.pron. recipr.* PESTARSI **1** [*darsi le botte; picchiarsi*] se battre: *si sono pestati di santa ragione* ils se sont battus d'importance **2** [→ *tr.* 3] (*solo nella loc.*) *pestarsi sui piedi, i piedi* [*farsi dispetto, danno*] se marcher sur les pieds: *cerchiamo di non pestarci sui piedi almeno fra noi!* essayons de ne pas nous marcher sur les pieds, du moins entre nous!

pestaròla |pesta'rɔla| *s.f.* [*mannaia per pestare la carne*] couperet *m.*, *hachoir *m.*

pestàta |pes'tata| *s.f.* **1** [→ PESTARE A 1] *dare una pestata al sale, alle acciughe* piler le sel, les anchois **2** [→ PESTARE A 2] raclée (*fam.*), rossée (*fam.*): *si è preso una pestata solenne* il a reçu une sacrée raclée, rossée; *quel tipo lì si merita una pestata* ce type-là mérite une rossée **3** [→ PESTARE A 3] *mi ha dato una pestata con gli scarponi* il m'a écrasé les pieds avec ses gros souliers.

pestatóio, i |pesta'tojo, i| *s.m.* → **pestello.**

pestatùra |pesta'tura| *s.f.* **1** [→ PESTARE A 1] pilage (*m.*): *la pestatura delle noci* le pilage des noix **2** [→ PESTARE A 2] volée (de coups), raclée (*fam.*): *una pestatura così non l'avevo mai vista* une pareille volée, raclée je n'avais jamais vu ça → **pestaggio.**

pèste |'pɛste| *s.f.* **1** peste: *peste nera, bubbonica* peste noire, bubonique; *peste bovina, suina* peste bovine, porcine; *è acqua inquinata, fa venire la peste* c'est de l'eau polluée, il y a de quoi attraper la peste ◇ (*loc.*) *fuggire qc. come la peste* fuir qqn. comme la peste ~ (*fig.*) DIR PESTE (E CORNA) DI QC. casser du sucre sur le dos de qqn.; *hanno detto peste e corna di voi* ils ont cassé du sucre sur votre dos **2** (*fig.*) [*puzzo insopportabile*] puanteur: *c'è un topo morto, senti che peste!* il y a un rat mort, sens cette puanteur!; *vuoi mangiarlo? ma non senti che peste!* tu veux le manger? mais tu ne sens pas cette puanteur? **3** (*fig.*) (*cose*) [*disgrazia, rovina*] ruine: *la discordia è la peste delle famiglie* la discorde est la ruine des familles; *le raccomandazioni sono la peste della società* recommandations et faveurs sont la ruine de cette société ◇ (*persone*) [*individuo insopportabile, fastidioso*] *che peste! non gli va mai bene niente!* quelle peste!, il n'est jamais satisfait de rien; *mia suocera è una peste* ma belle-mère est une peste; *me lo immaginavo pignolo, ma non una peste così!* je le savais pointilleux, mais je n'imaginais pas pareille peste! ◆ (*scherz.*) [*ragazzo irrequieto, dispettoso*] *sei una peste!* tu es une peste!; *tienimi lontano quella peste!* garde loin de moi cette peste! **4** *peste d'acqua* → **elodea.**

pestèllo |pes'tɛllo| *s.m.* (*arnese da cuc.*) pilon: *un pestello di legno, di bronzo* un pilon de bois, de bronze # *battere, tritare col pestello* pilonner.

pesticciàre |pestit'tʃare| *v.tr.* [*continuare a calpestare con i piedi*] piétiner: *pesticciare nel fango* piétiner dans la boue # *per il nervosismo continuava a pesticciare sotto il tavolo* il continuait, nerveusement, à trépigner sous la table.

pesticida |pesti'tʃida| *agg. e s.m.* pesticide.

pestìfero |pes'tifero| *agg.* **1** pestifère # *pulci pestifere* poux de la peste **2** (*per est.*) [*che manda fetore; maleodorante*] pestilentiel*: *esalazioni pestifere* exhalaisons pestilentielles; *una fogna pestifera* un égout pestilentiel; (*scherz.*) *fuma dei sigari pestiferi* il fume des cigares qui empestent, pestilentiels **3** (*fig.*) (*cose, animali*) [*dannoso, nocivo*] nuisible: *ho l'orto invaso da insetti pestiferi* mon jardin est envahi par des insectes nuisibles; *l'influsso pestifero della pubblicità* l'influence nuisible de la publicité **4** (*fig.*) (*persone*) [*insopportabile, fastidioso*] peste (*s.f.*): *che ispettore pestifero!* quelle peste d'inspecteur!; *è impossibile collaborarci, ha un carattere pestifero* il est impossible de collaborer avec lui, c'est une vraie peste ◇ (*di ragazzo*) [*irrequieto, dispettoso*] terrible, peste: *che classe pestifera!* cette classe est terrible; *ha due figlie pestifere, due figli pestiferi* elle a deux filles qui sont de vraies petites pestes, deux garçons qui sont de vrais petits monstres.

pestilènte |pesti'lɛnte| *agg.* (*raro*) → **pestifero.**

pestilènza |pesti'lɛntsa| *s.f.* **1** épidémie (de peste): *nel passato le pestilenze erano molto frequenti* dans le passé, les épidémies (de peste) étaient très fréquentes **2** (*fig.*) [*fetore, puzzo; cosa maleodorante*] pestilence: *chiudi la finestra, non senti che pestilenza?* ferme la fenêtre, tu ne sens pas cette pestilence? # *non mangiare quella pestilenza!* ne mange pas cette chose pestilentielle!

pestilenziàle |pestilen'tsjale| *agg.* **1** (*med.*) pestilentiel*: *febbre, epidemia pestilenziale* fièvre, épidémie pestilentielle **2** (*fig.*) [*puzzolente, maleodorante*] pestilentiel: *nella stanza c'era un tanfo pestilenziale* dans la pièce, il y avait une odeur pestilentielle; *fuma un tabacco pestilenziale* il fume un tabac qui empeste, pestilentiel; *com'è pestilenziale quel formaggio!* ce fromage empeste!, il empeste, ce fromage! **3** (*fig.*) (*cose*) [*dannoso, nocivo*] dangereux*, nuisible: *queste idee hanno un influsso pestilenziale sui giovani* ces idées ont une influence dangereuse, nuisible sur les jeunes ◇ (*persone*) [*perfido; insopportabile*] peste (*s.f.*): *sparla di tutti,*

è pestilenziale il dit du mal de tout le monde, c'est une vraie peste; *ha una moglie pestilenziale* il a une femme qui est une vraie peste.
pésto |'pesto| **I** *agg.* [*pestato, ammaccato*] *haché; pilé: *carne pesta* viande hachée ‖ *aglio pesto* ail pilé, écrasé ◇ (*loc.*) *sentirsi le ossa peste* [*indolenzite*] être plein de courbatures, être moulu ~ *ha un occhio pesto* [*tumefatto*] il a un œil au beurre noir; *ripòsati, hai certi occhi pesti!* [*infossati, stanchi*] repose-toi, tu as les yeux cernés ◇ (*loc. fig.*) *un buio pesto* un noir comme dans un four **II** *s.m.* **1** [*miscuglio, poltiglia di cose pestate*] (*industria della carta*) pâte *f.* écrue; (*cuc.*) *preparare il pesto per il ripieno, per i ravioli* préparer un *hachis de viande et des herbes aromatiques pour la farce, pour les ravioli **2** (*cuc. region.*) *pesto* (*genovese, alla genovese*) [*salsa a base di basilico e aglio pestati e di formaggio e olio*] ⊠.
pestóne |pes'tone| *s.m.* **1** [*grosso pestello*] gros pilon **2** (*fam.*) [*forte pestata*] écrasement de pied: *poverino, gli ho dato un pestone!* le pauvre petit!, je lui ai écrasé le pied!
pestóso |pes'toso| *agg.* **1** (*med.*) pesteux*: *epidemia pestosa* épidémie pesteuse **2** (*region.*) [*complicato, fastidioso*] compliqué, difficile: *una faccenda pestosa* une affaire compliquée; *è un guasto da niente, ma è in un punto pestoso* c'est un petit dommage, mais il est dans un endroit difficile.
petacciòla |petat'tʃɔla| *s.f.* (*region.*) → **piantaggine.**
petalìsmo |peta'lizmo| *s.m.* (*st. ant.*) pétalisme, ostracisme.
pètalo |'pɛtalo| *s.m.* (*bot.*) pétale.
petalòide |peta'lɔide| *agg.* (*bot.*) pétaloïde.
petàrdo |pe'tardo| *s.m.* pétard: *lo scoppio di un petardo* l'explosion d'un pétard; *lanciare petardi* lancer des pétards.
pètaso |'pɛtazo| *s.m.* (*archeol.*) pétase.
petaurìsta |petau'rista| *s.m.* (*t. zool.*) pétauriste, taguan.
petàuro |pe'tauro| *s.m.* (*t.zool.*) pétauroïde.
petécchia |pe'tekkja| *s.f.* **1** (*med.*) pétéchie **2** (*fig., pop.*) [*spilorcio, avaro*] avare *m.*, radin *m.*
petecchiàle |petek'kjale| *agg.* (*med.*) pétéchial*.
'petit-gris' |p(ə)tigʀi| *s.m. inv.* petit-gris *var.*
petitòrio, i |peti'tɔrjo, i| *agg.* (*dir.*) pétitoire *agg. e s.m.*
petizióne |petit'tsjone| *s.f.* **1** pétition: *petizione parlamentare* pétition parlementaire; *sottoscrivere una petizione* souscrire à une pétition **2** (*filos.*) *petizione di principio* pétition de principe.
-peto |peto| *suff.* (*significa 'movimento diretto verso q.c.', corrisponde gener. a*) pète: *centripeto* centripète.
péto |'peto| *s.m.* pet (*volg.*).
petonciàno |peton'tʃano| *s.m.* (*region.*) [*melanzana*] aubergine *f.* (*corr.*): *contorno di petonciani* garniture d'aubergines.
petràia |pe'traja| *s.f.* → **pietraia.**
petrarcheggiàre |petrarked'dʒare| *v.intr.* (*aus. 'avere'*) [*imitare la poesia del Petrarca*] pétrarquiser.
petrarchescaménte |petrarkeska'mente| *avv.* (*raro*) [→ PETRARCHESCO 3] à la manière de Pétrarque *loc. inv.*
petrarchésco, chi, ca, che |petrar'kesko, ki, ka, ke| *agg.* **1** de, sur Pétrarque (*loc.*): *le opere petrarchesche* les œuvres de Pétrarque; *studi petrarcheschi* les études sur Pétrarque **2** [*che si ispira al Petrarca*] à la manière de Pétrarque (*loc. inv.*): *poesia, lirica petrarchesca* poésie (lyrique) à la manière de Pétrarque **3** [*che imita il Petrarca*] pétrarquiste: *maniera petrarchesca* manière pétrarquiste.
petrarchìsmo |petrar'kizmo| *s.m.* (*lett.*) pétrarquisme: *il petrarchismo dell'Arcadia* le pétrarquisme de l'Arcadie.
petrarchìsta |petrar'kista| *s.* **1** [*imitatore del Petrarca*] pétrarquiste ◆ (*agg.*) *poeta petrarchista* poète pétrarquiste **2** spécialiste de Pétrarque.
petrièra |pe'trjɛra| *s.f.* (*armi ant.*) pierrier *m.*
petrochìmica, che |petro'kimika, ke| *s.f.* → **petrolchimica.**
petrodòllaro |petro'dɔllaro| *s.m.* pétrodollar.
petrografìa |petrogra'fia| *s.f.* pétrographie.
petrogràfico, ci, ca, che |petro'grafiko, tʃi, ka, ke| *agg.* (*geol.*) pétrographique: *ricerche petrografiche* recherches pétrographiques.
petrògrafo |pe'trɔgrafo| *s.* pétrographe.
petrolchìmica, che |petrol'kimika, ke| *s.f.* [*industria della chimica petrolifera*] pétrochimie, pétrolochimie.
petrolchìmico, ci, ca, che |petrol'kimiko, tʃi, ka, ke| *agg.* **1** pétrochimique, pétrolochimique: *il settore petrolchimico* le secteur pétrochimique, pétrolochimique **2** [*che lavora nell'industria petrolchimica*] de la pétrochimie (*loc. inv.*): *le maestranze petrolchimiche* les ouvriers de la pétrochimie ◆ (*s.*) *un petrolchimico* un pétrochimiste, pétrolochimiste.
petrolièra |petro'ljɛra| *s.f.* pétrolier *m.*, tanker *m.*
petrolière |petro'ljɛre| *s.* **1** (*industriale*) pétrolier: *associazione di petrolieri* associations de pétroliers **2** (*operaio*) pétrolier (*agg.*): *sciopero dei petrolieri* grève des ouvriers pétroliers **3** (*fig.*) [*terrorista incendiario*] pétroleur.
petrolièro |petro'ljɛro| *agg.* pétrolier*: *industria petroliera* industrie pétrolière.
petrolìfero |petro'lifero| *agg.* **1** (*geol.*) pétrolifère: *falda petrolifera* nappe pétrolifère; *giacimenti petroliferi* gisements pétrolifères **2** [*relativo alla estrazione e lavorazione del petrolio*] pétrolier*: *tecnica petrolifera* technique pétrolière; *impianti petroliferi* installations pétrolières; *prodotti petroliferi* produits pétroliers # *pozzi petroliferi* puits de pétrole ◇ (*comm.*) *azioni petrolifere* actions pétrolières.
petròlio, i |pe'trɔljo, i| *s.m.* pétrole: *petrolio grezzo* pétrole brut; *i derivati del petrolio* les dérivés du pétrole; *lume* (*lampada*), *fornello a petrolio* lampe, réchaud à pétrole; *petrolio illuminante, da illuminazione* pétrole lampant → **cherosene.**
petrologìa, gie |petrolo'dʒia, dʒie| *s.f.* (*raro*) → **petrografia.**
petroniàno |petro'njano| *agg.* → **bolognese.**
petróso |pe'troso| *agg.* **1** (*lett.*) → **pietroso** **2** (*anat.*) pétreux*.
pettàta |pet'tata| *s.f.* **1** coup *m.* de poitrine **2** (*raro*) [*salita, pendio*] côte (*corr.*), pente (*corr.*).
pettégola |pet'tegola| *s.f.* (*t.zool.*) gambette.
pettegolàre |pettego'lare| *v.intr.* (*aus. 'avere'*) [*far discorsi indiscreti o malevoli su qc.*] faire (45) *tr.* des cancans, jaser, potiner: *ha il difetto di pettegolare su tutti* il a le défaut de faire des cancans sur tout le monde; *smettetela di pettegolare!* arrêtez de jaser, de potiner!
pettegolàta |pettego'lata| *s.f.* (*raro*) → **pettegolezzo.**
pettegolézzo |pettego'lettso| *s.m.* **1** [*discorso indiscreto o malevolo su qc.; diceria, malignità*] commérage, cancan, potin: *far circolare pettegolezzi sul conto di qc.* colporter des commérages, des cancans, des potins sur le compte de qqn.; *son tutti pettegolezzi!* ce ne sont là que des commérages **2** (*per est.*) [*diverbio, battibecco*] prise *f.* de bec: *i soliti pettegolezzi fra coinquilini!* les habituelles prises de bec entre colocataires.
pettegolìo, ii |pettego'lio, ii| *s.m.* [*un pettegolare continuo*] commérages *pl.*, potins (*pl.*): *queste riunioni sono soltanto un pettegolio* ces réunions ne sont que des occasions à commérages, à potins.
pettégolo |pet'tegolo| *agg.* **1** (*persone*) [*che fa chiacchiere indiscrete o malevole sugli altri*] cancanier*: *zitelle pettegole* vieilles filles cancanières; *non siate pettegoli* ne soyez pas cancaniers ◆ (*s.*) *un pettegolo* une personne cancanière *agg.* **2** (*cose*) [*che si basa sul pettegolezzo*] médisant: *conversazione pettegola* conversation médisante; *un ambiente pettegolo* un milieu médisant # *notizia pettegola* racontar, cancan.
pettegolùme |pettego'lume| *s.m.* (*spreg.*) [*persone pettegole*] tas de commères ◇ [*discorsi pettegoli*] ragots *pl.* (*fam.*), cancans *pl.*
pettignóne |pettiɲ'ɲone| *s.m.* (*raro*) [*monte di Venere*] pénil (*corr.*).
pettinàio, i |petti'najo, i| *s.m.* [*fabbricante di pettini* (*a mano*)] peignier.
pettinàre |petti'nare| **A** *v.tr.* **1** [*mettere in ordine i capelli col pettine o la spazzola*] peigner, coiffer: *pettinare un bambino* peigner, coiffer un enfant; *vado dalla parrucchiera a farmi pettinare* je vais chez le coiffeur me faire coiffer □ *pettinarsi i capelli* se peigner (les cheveux) ◇ (*di animali col pelo*) *pettinare un coniglio d'angora, un collie* peigner un lapin angora, un colley ◇ (*per anal.*) *pettinare il giardino* tondre (53) la pelouse du jardin **2** (*tess.*) [*eseguire la pettinatura di fibre tessili*] peigner: *pettinare la lana, il cotone* peigner la laine, le coton **3** (*fig.*) [*malmenare, picchiare*] rosser: *come l'hanno pettinato!* comme ils l'ont rossé!; *se ti prendo, ti pettino io!* si je t'attrape, je te rosse! ◇ (*raro*) [*rimproverare aspramente; criticare*] réprimander: *l'ho preso a quattr'occhi e l'ho pettinato per un'ora* je l'ai pris entre quatre yeux et je l'ai réprimandé pendant une heure **B** *v. pron. rifl.* PETTINARSI [→ *tr.* 1] se peigner, se coiffer: *si è pettinata da sola* elle s'est peignée, coiffée toute seule;

pettinati prima di uscire coiffe-toi, avant de sortir ♦ → *tr.* 1 □.

pettinàta |petti'nata| *s.f.* **1** coup *m.* de peigne: *darsi una pettinata alla meglio* se donner un coup de peigne tant bien que mal **2** (*fig.*) [*strapazzata, rimprovero*] semonce, savon *m.* (*fam.*): *si è preso una pettinata dal direttore!* il a reçu une semonce, un savon du directeur!

pettinàto |petti'nato| *agg.* **1** (*capelli*) [*messo in ordine col pettine; ravviato*] peigné, coiffé: *capelli pettinati* cheveux peignés, coiffés; *è sempre ben pettinata* elle est toujours bien coiffée **2** (*tess.*) peigné: *cotone pettinato* coton peigné; *coperta di lana pettinata* couverture de laine peignée ♦ (*s.m.*) *un pettinato di lana, di cotone* un peigné de laine, de coton.

pettinatóre, trice |pettina'tore, tritʃe| *s.* **1** *s.* [*chi esegue la pettinatura di fibre tessili*] peigneur* **2** *s.f.* [*parrucchiera per signore*] coiffeuse, coiffeur (*m.*): *andare dalla pettinatrice* aller chez le coiffeur.

pettinatrìce |pettina'tritʃe| *s.f.* (*tess.*) peigneuse.

pettinatùra |pettina'tura| *s.f.* **1** [→ PETTINARE A 1; B] coiffure: *una pettinatura moderna, alla moda* une coiffure moderne, à la mode; *ha cambiato pettinatura* elle a changé de coiffure **2** (*tess.*) peignage *m.*

pèttine |'pɛttine| *s.m.* **1** [*arnese per ravviare, mettere in ordine i capelli*] peigne: *pettine di plastica, di tartaruga* peigne en plastique, d'écaille; *pettine fitto, rado, doppio* peigne fin, gros peigne, peigne double; *pettine da testa* [*usato come fermaglio*] peigne ◇ (*loc.*) *parcheggio a pettine* parking en épi ◇ (*prov.*) *tutti i nodi vengono al pettine* à la fin tout se paie **2** (*tecnol.*) peigne **3** (*zool.*) peigne **4** (*t.bot.*) *pettine di Venere* peigne de Vénus **5** (*mus.*) → **plettro.**

pettineo |pet'tineo| *agg.* (*anat.*) pectiné.

pettinièra |petti'njɛra| *s.f.* **1** (*raro*) trousse (*corr.*) à peignes **2** (*raro*) [*tavolino da toilette*] coiffeuse (*corr.*).

pettinifórme |pettini'forme| *agg.* (*bot.*) pectiné.

pettino |pet'tino| *s.m.* **1** petite poitrine *f.* **2** (*abbigl.*): (*di grembiule*) bavette *f.*; (*di abito femminile*) plastron; (*di camicia da uomo*) plastron.

pettirósso |petti'rosso| *s.m.* (*t. zool.*) rouge-gorge: *dei pettirossi* des rouges-gorges.

pètto |'pɛtto| *s.m.* **1** (*anat., corr.*) (*persone*) poitrine (*f.*): *petto robusto, gracile, villoso* poitrine robuste, frêle, poilue; *una piaga, una ferita sul petto* une plaie, une blessure sur la poitrine; *è stato colpito in pieno petto* il a été atteint en pleine poitrine; *abbassare il capo sul petto* baisser la tête sur la poitrine; *stringeva il bambino al petto* il serrait l'enfant contre sa poitrine; *stava con le mani incrociate sul petto* il avait les mains croisées sur la poitrine ◇ [*seno, mammelle della donna*] *un petto abbondante, prosperoso, piatto* une forte poitrine, une poitrine plantureuse, plate; *una ragazza senza petto* une jeune fille sans poitrine, plate comme une planche à pain; *visitare il petto* ausculter, examiner la poitrine # *avere un bambino al petto* [*allattarlo*] avoir un enfant au sein ◇ (*loc.*) *battersi il petto:* (*pr.*) se frapper la poitrine; (*fig.*) [*pentirsi*] battre sa coulpe ~ *mettersi una mano sul petto:* (*pr.*) se mettre une main sur le cœur; (*fig.*) (*come segno di sincerità*) se mettre la main sur le cœur ~ *stavano petto a petto* ils étaient face à face ◇ (*loc. fig.*) *prendere di petto q.c.; mettersi di petto in q.c.* [*affrontarla con decisione*] aborder qqch. de front ~ *prendere di petto qc.* [*affrontarlo in modo franco, energico, duro*] aborder de front qqn.; *parlagli con le buone, se lo prendi di petto è peggio* parle-lui gentiment, si tu l'attaques de front, ce sera pire ~ *mettersi a petto di qc.* [*a confronto con qc.*] se mettre à côté de qqn. ~ *a petto tuo ci sfiguro* à côté de toi, je fais piètre figure **2** (*per est.*) [*organi interni della regione del petto*] poitrine: *un attacco di petto* une angine de poitrine; *un ragazzo debole di petto* un garçon faible de la poitrine; (*arc.*) *voce di petto* voix de poitrine; *do di petto* ut de poitrine # *un malato di petto* [*tisico*] un tuberculeux; *mali di petto* maladies des poumons **3** (*fig.*) [*cuore, animo*] cœur: *avere in petto un'idea, un rammarico, una pena* avoir une idée, un regret, une peine sur le cœur; *è un segreto che ho sempre tenuto in petto* c'est un secret que j'ai toujours gardé dans mon cœur; *questa notizia mi allarga il petto* cette nouvelle m'emplit le cœur de joie ◇ (*loc.*) *avere, prendere a petto qc. o q.c.* [*prendersene premura*] avoir, prendre à cœur qqn., qqch. **4** (*per est.*) [*parte di indumento che copre il petto*] devant: *il petto della giacca, del cappotto* le devant d'une veste, d'un manteau # *soprabito a un petto, a doppio petto* pardessus droit, croisé; *mettersi in doppio petto* se mettre en veston croisé ◇ (*loc.*) *prendere qc. per il petto* [*afferrarlo per il davanti dell'abito*] prendre qqn. à la gorge, au collet **5** (*animali*) poitrail: *il petto del cavallo, del vitello* le poitrail du cheval, du veau; *ho colpito il cinghiale nel petto* j'ai atteint le sanglier au poitrail ◇ [*taglio di carne da cucina*] *punta di petto di manzo* poitrine de bœuf; *punta di petto ripieno* poitrine (de bœuf) farcie; *petto di pollo, di tacchino* blanc de poulet, de dinde (de dindon).

pettoràle |petto'rale| **1** *agg.* pectoral*: *muscoli pettorali* muscles pectoraux; *pinne pettorali* nageoires pectorales ◇ (*eccl.*) *croce pettorale* croix pectorale ♦ *s.m.* (*anat.*) *grande, piccolo pettorale* les grands et les petits pectoraux *pl.* **2** *s.m.* (*finimento del cavallo*) poitrail.

pettorina |petto'rina| *s.f.* (*abbigl.*) *pettorina del grembiule* bavette du tablier; *pettorina dell'abito* plastron *m.* de l'habit.

pettorùto |petto'ruto| *agg.* large de poitrine; fort de poitrine: *un ragazzo pettoruto* un garçon large de poitrine ‖ *una donna pettoruta* une femme forte de poitrine ◇ (*per est.*) [*che tiene un atteggiamento impettito*] *passeggiava per il corridoio tutto pettoruto* il se promenait dans le couloir en bombant la poitrine.

petulànte |petu'lante| *agg.* [*che insiste in modo fastidioso o inopportuno*] impertinent: *una persona petulante* une personne impertinente ◇ [*indiscreto, inopportuno*] *domande petulanti* questions impertinentes ◇ [*noioso, fastidioso*] ennuyeux*: *che individuo petulante!* quel individu ennuyeux! # *ha una voce petulante* il a une voix haut perchée.

petulanteménte |petulante'mente| *avv.* [→ PETULANTE] avec impertinence *loc. inv.*, insolemment.

petulànza |petu'lantsa| *s.f.* [*insistenza inopportuna, fastidiosa*] impertinence: *mi hanno stancato con la loro petulanza* ils m'ont fatigué avec leur impertinence ◇ [*indiscrezione, impertinenza*] *che petulanza quella portinaia!* quelle impertinence, cette concierge!

petùnia |pe'tunja| *s.f.* (*t.bot.*) pétunia *m.*

peucèdano |peu'tʃɛdano| *s.m.* (*t. bot.*) peucédan.

peziòlo |ped'dzjɔlo| *s.m.* (*ant.*) → **picciolo.**

pezìza |ped'dziddza| *s.f.* (*t.bot.*) pézize.

pèzza |'pɛttsa| *s.f.* **1** [*pezzo di tessuto; panno*] chiffon *m.*, linge (*m.*): *una pezza di lana, di cotone* un chiffon de laine, de coton; *spolverare, strofinare con una pezza* épousseter, frotter avec un chiffon; *si è messo una pezza bagnata sulla fronte* il s'est mis un linge humide sur le front; *cercami una pezza per fasciare la ferita* cherche-moi un linge pour bander la blessure → **benda** # *hai finito di dare la pezza al pavimento?* as-tu fini de passer la serpillière par terre? ◇ (*mil.*) *pezze da piede* chaussettes russes ◇ (*per est.*) [*stoffa, tessuto*] *bambola di pezza* poupée de chiffon ◇ (*loc. fig.*) *essere una pezza da piedi* [*persona priva di considerazione, di dignità*] être plus bas que terre; *mi ha trattato come una pezza da piedi* il m'a traité comme moins que rien, comme une quantité négligeable **2** [*pezzo di stoffa per rammendo o rinforzo di un tessuto*] pièce: *calzoni pieni di pezze* pantalon plein de pièces, tout rapiécé; *riparare un lenzuolo con una grossa pezza* réparer un drap avec une grosse pièce; *applicare due pezze ai gomiti della giacca* appliquer deux pièces aux coudes de la veste ◇ (*per est.*) [*toppa*] *ha le scarpe con le pezze* il a des chaussures toutes rapiécées ◇ (*loc. fig.*) *metterci una pezza* [*rimediare alla meglio*] recoller les morceaux **3** [*rotolo di tessuto*] pièce: *una pezza di 10 metri* une pièce de 10 mètres; *le pezze si vendono intere* les pièces se vendent entières **4** (*bur.*) pièces: *pezze giustificative, d'appoggio* pièces justificatives, à l'appui; *mancano le pezze per le cifre in detrazione* les pièces pour les sommes à déduire manquent (au dossier) **5** [*appezzamento di terreno coltivabile*] pièce: *oltre al giardino c'è anche una pezza per l'orto* en plus du jardin, il y a aussi une pièce de terrain pour le potager # *una pezza di insalata, di cavolfiori* une planche, un carré de salade, de choux-fleurs **6** [*chiazza di colore, spec. del mantello di animali*] tache: *una mucca bianca con pezze nere* une vache blanche avec des taches noires, une vache pie **7** (*raro*) [*periodo di tempo*] (*loc.*) *da gran pezza, da lunga pezza* depuis longtemps **8** (*region.*) [*taglio di carne bovina vicino alla coda*] culotte **9** (*arald.*) pièce.

pezzàme |pet'tsame| *s.m.* chutes *f. pl.* de laine.

pezzàto |pet'tsato| *agg.* **1** (*di animale*) [*che ha sul mantello macchie di colore diverso*] pie *inv.*, tacheté (de): *un cavallo, un cane pezzato* un cheval pie, un chien tacheté **2** [*colorato con chiazze di diverso colore*] diapré: *marmo pezzato* marbre diapré.

1 **pezzatùra** |pettsa'tura| *s.f.* [*chiazza di colore diverso sul mantello di un animale*] taches (*pl.*): *una cavalla bianca con pezzatura nera* une jument blanche avec des taches noires, une jument pie.

2 **pezzatùra** |pettsa'tura| *s.f.* [*formato di un materiale*] pièces (*pl.*): *pezzatura grossa, media, da un chilo* grosses pièces, pièces moyennes, d'un kilo; *la merce viene fornita in pezzature da...* la marchandise est fournie en pièces de...

pezzènte |pet'tsɛnte| *s.* [*persona in estrema miseria*] miséreux*, va-nu--pieds (*inv.*): *far l'elemosina a un pezzente* faire l'aumône à un miséreux, à un va-nu-pieds; *vivono in una baracca, quei poveri pezzenti* ils vivent dans une baraque, ces pauvres miséreux; *si veste come un pezzente* il s'habille comme un va-nu-pieds; *per l'avarizia fanno una vita da pezzenti* par avarice, ils mènent une vie de va-nu-pieds.

pezzétto |pet'tsetto| *s.m.* petit morceau: *un pezzetto di cioccolato* un petit morceau, un bout de chocolat # *coltivo un pezzetto di terra* je cultive un lopin de terre ◇ (*tempo*) petit moment, bout de temps: *è un pezzetto che ti aspetto* il y a un bout de temps que je t'attends.

pèzzo |'pɛttso| *s.m.* **1** [*parte staccata da q.c.*; *frammento*] morceau, bout: *un pezzo di pane, di vetro, di stoffa* un morceau, un bout de pain, de verre, d'étoffe; *dammi un pezzo di carta, di spago* donne-moi un bout de papier, de ficelle; *aggiungici un pezzo di burro* ajoutes-y un morceau de beurre; *tagliare la carne a pezzi medi, grossi* couper la viande en morceaux moyens, en gros morceaux; *il prodotto è in vendita in pezzi da un chilo, da un metro* le produit est en vente en morceaux d'un kilo, d'un mètre → **pezzatura, 1 blocco** ◇ (*loc.*) *rompere, mandare, andare in cento, mille pezzi* casser, envoyer, réduire en mille morceaux ~ *fare a pezzi q.c.* mettre qqch. en pièces, en lambeaux ◇ (*loc. fig.*) *cadere a pezzi* [*andare in rovina*] tomber en ruine: *la casa cade a pezzi* la maison tombe en ruine ~ *fare a pezzi qc.* [*demolirlo con la critica*] démolir qqn.; (*con tono di minaccia*) *se ti prendo ti faccio, ti taglio a pezzi!* si je t'attrape, je te démolis, te casse la figure! ~ *far q.c. a pezzi e bocconi* [*a più riprese, senza ordine*] faire qqch. de pièces et de morceaux ~ *è un pezzo di pane* [*persona buona, paziente*] c'est une bonne pâte ~ *mi fanno lavorare per un pezzo di pane* ils me font travailler pour une bouchée de pain ~ *essere un pezzo di legno, di ghiaccio* [*essere duro, insensibile*] être de bois, insensible ~ *cammina tutta d'un pezzo* il marche tout d'une pièce, tout raide ~ *una persona tutta d'un pezzo* [*coerente, inflessibile*] une personne faite tout d'une pièce, d'une seule pièce ~ *oggi sono a pezzi* [*stanco, sfinito*] aujourd'hui je suis mort, rompu de fatigue ~ *avere i nervi a pezzi* [*essere molto teso*] être à bout de nerfs, avoir les nerfs en boule ~ *hanno il morale a pezzi* ils ont le moral à zéro **2** [*tratto, estensione di spazio*] coin; bout: *un pezzo di cielo, di mare* un coin de ciel, de mer ‖ *abbiamo fatto un pezzo di strada insieme* nous avons fait un bout de chemin ensemble # *coltivare un pezzo a frumento* cultiver un lopin de terre à blé **3** [*periodo di tempo, spec. lungo*] bon moment, longtemps (*avv.*): *è un pezzo che cammino, che aspetto* ça fait un bon moment que je marche, que j'attends; *abbiamo pazientato per un pezzo, ora basta!* nous avons patienté un bon moment, maintenant ça suffit!; *per un pezzo l'ho ascoltato, poi ho reagito* je l'ai écouté pendant un bon moment, puis j'ai réagi; *non lo vedo da un* (*bel*) *pezzo* je ne le vois pas depuis longtemps; *è da un pezzo che siete qui?* y a-t-il longtemps que vous êtes ici? **4** [*elemento di un meccanismo o di una serie*] pièce *f.*, élément: *un pezzo di un componibile, di un armadio* une pièce d'un meuble par éléments, d'une armoire; *i pezzi della testata di un motore* les pièces de la culasse d'un moteur; *pezzi di ricambio* pièces de rechange; *sostituire, cambiare un pezzo* substituer, changer une pièce; *controllare pezzo per pezzo* contrôler pièce par pièce; *ho comperato un servizio di piatti da 24 pezzi* j'ai acheté un service d'assiettes de 24 pièces ◇ (*merci*) *quanto viene al pezzo?* c'est combien la pièce? ◇ (*monete*) *un pezzo da cinquanta, da cento lire* une pièce de cinquante, de cent lires # *cambiare in pezzi da mille* changer en billets de mille (lires) ◇ (*per anal.*) *il pezzo migliore della pinacoteca, della mostra* le pièce la meilleure de la pinacothèque, de l'exposition; *un pezzo raro, da museo* une pièce rare, de musée; *pezzi di antiquariato* pièces d'antiquité ◇ (*scacchi*) *sistemare i pezzi sulla scacchiera* ranger les pièces sur l'échiquier; *mangiare un pezzo* prendre une pièce **5** (*artiglieria*) pièce: *un pezzo d'artiglieria* une pièce d'artillerie; *pezzi da 75 mm.* pièces de 75 mm **6** [*brano musicale o lett.*] morceau, passage: *suonare un pezzo di Bach* jouer un morceau de Bach; *questo è il pezzo migliore, il pezzo forte del suo repertorio* c'est le meilleur morceau, le morceau de bravoure de son répertoire; *ha recitato due pezzi di Lorca* il a récité deux passages de Lorca **7** [*articolo di giornale*] article: *scrivere un pezzo* écrire un article; *il pezzo è del direttore* l'article est du directeur **8** *loc. inv.* (*abbigl.*) (*a*) *due pezzi* deux-pièces: *un abito a due pezzi* un costume deux-pièces; *indossare un due pezzi* mettre un deux-pièces ◇ [*costume da bagno*] *mettere, portare il due pezzi* mettre un deux-pièces **9** *loc. fig.* (*seguito da agg. o da determinazioni particolari*) *un pezzo grosso*, (*scherz.*) *un pezzo da 90* [*una persona importante*] un gros bonnet, une grosse légume ~ *un pezzo d'uomo, di ragazzo* [*di corporatura robusta*] un homme, un garçon de forte carrure; un poids lourd ~ *un pezzo di ragazza, di figliola* [*ben fatta, bella*] une belle fille, un beau brin de fille ◇ (*spreg.*) *pezzo d'asino, d'imbecille* espèce d'âne, d'imbécile; *ma guarda che pezzo di mascalzone!* mais, regarde-moi cette espèce de voyou!

pezzòtto |pet'tsɔtto| *s.m.* [*tappeto rustico tipico della Valtellina*] ⊠.

pezzuòla |pet'tswɔla| *s.f.* bout *m.* de chiffon: *pulire un mobile con una pezzuola imbevuta d'alcool* nettoyer un meuble avec un bout de chiffon imbibé d'alcool ◇ (*per est.*) [*fazzoletto*] mouchoir *m.*

pfennig |'pfɛniç| *s.m. inv.* (*ted.*) pfennig *var.*

pfùi |'pfui| *inter.* (*esprime 'disprezzo, scherno'*) pff(t), pfut.

phlox |flɔks| *s.f. inv.* (*t.bot.*) phlox *m.*

photo finish |'foutou'finiʃ| *loc. sost. m. inv.* (*ingl.*) photo-finish *f. var.*

pi |pi| *s.m. o f. inv.* [*nome della lettera 'p'*] pi *m. var.* ◇ (*mat.*) *pi greca* (π) pi (π).

piacènte |pja'tʃɛnte| *agg.* qui plaît (*loc.*): *ha i suoi anni, ma è ancora piacente* elle a un certain âge, mais elle plaît encore; *non è una bellezza, ma è piacente* ce n'est pas une beauté, mais elle plaît.

piacenteménte |pjatʃente'mente| *avv.* (*raro*) → **gradevolmente.**

piacentìno |pjatʃen'tino| *agg.* [*di Piacenza*] placentin.

1 **piacére** |pja'tʃere| (149) **A** *v.intr.* (*aus. 'essere'*) **1** [*riuscire gradito*; *andare a genio*] aimer *tr.*, plaire (68) (*aus.* avoir): *mi piacciono le pesche* j'aime les pêches; *gli piace la musica classica* il aime la musique classique; *quel quadro, più lo guardo, più mi piace* ce tableau, plus je le regarde, plus il me plaît; *non mi piacciono questi sistemi* je n'aime pas (beaucoup) ces systèmes; *gli piace stare al sole* il aime rester au soleil; *fa solo quel che gli piace* il fait seulement ce qui lui plaît ◇ [*riuscire simpatico, piacevole*] *mi piacciono le persone semplici, allegre* j'aime les personnes simples, gaies; *ti piace quella ragazza?* elle te plaît, cette fille?; *quel tipo mi piace poco* ce type ne me plaît pas; *non mi piaci quando fai così!* je ne t'aime pas quand tu fais comme ça!; *ti è piaciuta la battuta spiritosa?* ce jeu de mots spirituel t'a plu? ◇ [*convincere, soddisfare*] *questa soluzione mi piace e non mi piace* cette solution ne me plaît pas beaucoup; *la tua casa non finisce di piacermi* ta maison me plaît beaucoup; *mi piace poco quell'aria da ingenuo* cet air d'ingénu ne me plaît pas beaucoup; *pensi che possa piacerti, sistemato così?* crois-tu que cela puisse te plaire, arrangé ainsi?; *bravo, così mi piace!* bravo, voilà qui me plaît! **2** [*rispondere al desiderio, alla volontà di qc.*] plaire: *vi piaccia o no, dovete farlo* que cela vous plaise ou non, il faut le faire; *farò come piace a voi* je ferai comme il vous plaira; *gli piacciono ancora le donne* les femmes lui plaisent encore # *dovete partire, che vi piaccia o non vi piaccia* il faut partir, que vous le vouliez ou non; *vi piaccia restare ancora un po'* [*accettate di, vogliate*] veuillez rester encore un peu; *a Dio piacendo, ci vedremo domani* si Dieu le veut, nous nous verrons demain ◇ [*sembrare giusto, opportuno*] *ci è piaciuto ricordarlo in questo modo* il nous a semblé juste, opportun de lui rendre hommage de cette façon; *mi piace pensare che ne saranno soddisfatti* je me plais à penser qu'ils en seront satisfaits **B** *v.pron. recipr.* PIACERSI [→ *tr.* 1] se plaire: *si*

sono piaciuti a prima vista, subito ils se sont plu *inv.* au premier coup d'œil, tout de suite.
2 **piacére** |pja'tʃere| *s.m.* **1** [*godimento, soddisfazione*] plaisir: *i piaceri materiali, spirituali* les plaisirs matériels, spirituels; *i piaceri della tavola* les plaisirs de la table; *dà, fa piacere ascoltarlo* c'est un plaisir (que) de l'écouter; *questa notizia gli farà piacere* cette nouvelle lui fera plaisir; *è un piacere rivedervi!* c'est un plaisir de vous revoir!; *mangia e cresce che è un piacere!* c'est un plaisir (que) de le voir manger et grandir! # *che piacere, questo calduccio!* quelle agréable sensation, cette douce chaleur! ◇ [*onore*] *quale piacere avervi con noi!* quel plaisir de vous avoir parmi nous!; *sarà per me un piacere ospitarvi* vous recevoir sera pour moi un vrai plaisir ◇ (*in formule di cortesia*) *piacere di conoscerla!* enchanté, très heureux* de faire votre connaissance; *piacere mio!, piacere nostro!* tout le plaisir est pour moi, pour nous!; *tanto piacere!* enchanté!; (*iron.*) *tanto piacere, a queste condizioni mi arrangio da solo!* merci beaucoup, à ces conditions je m'arrangerai tout seul!; '*ci accompagni?*' '*con* (*vero*) *piacere!*' 'tu nous accompagnes?' 'avec grand plaisir!' **2** [*divertimento, svago*] plaisir: *corrono soltanto dietro ai piaceri* ils courent seulement après les plaisirs; *ha dissipato tutto in piaceri disordinati* il a tout dissipé en plaisirs désordonnés; *ho deciso di fare un viaggio di piacere* j'ai décidé de faire un voyage d'agrément; *vieni pure, ma non credere che sia un piacere!* tu peux venir, mais ne crois pas que ce sera une partie de plaisir! ◇ (*loc.*) *donna di piacere* [*prostituta*] fille de joie **3** [*favore, cortesia*] faveur *f.*, service: *ricevere un* (*grande*) *piacere* recevoir une faveur; *fare un* (*grande*) *piacere* rendre un grand service; *quanti piaceri ci hanno fatto!* que de services ils nous ont rendus! # *chiudi la porta per piacere* ferme la porte, s'il te plaît; *per piacere, abbassate la voce!* s'il vous plaît, parlez plus bas!; *fammi il piacere di avvertirlo* fais-moi le plaisir de l'avertir; (*iron.*) (*ma*) *fammi il piacere!* mais, allons donc, tu veux rire!; *fammi il grande, il santo piacere di...* fais-moi le grand plaisir de... **4** [*desiderio, volontà*] volonté (*f.*): *l'ha fatto contro il piacere del padre* il l'a fait contre la volonté de son père ◇ (*loc.*) *a piacere* [*a volontà; a discrezione*] au choix, à volonté: *il colore è a piacere* la couleur est au choix; *se ne possono prendere a piacere* on peut en prendre à volonté # *fate pure a vostro piacere!* faites donc à votre aise!

piacévole |pja'tʃevole| *agg.* [*che dà piacere, è gradevole*] agréable: *una compagnia, una serata piacevole* une compagnie, une soirée agréable; *ha un modo di raccontare molto piacevole* il a une façon de raconter très agréable; *sarà un'esperienza poco piacevole* ce sera une expérience peu agréable.

piacevolézza |pjatʃevo'lettsa| *s.f.* **1** (*raro*) [*gradevolezza, amabilità*] affabilité (*corr.*), amabilité (*corr.*): *piacevolezza di modi* affabilité, amabilité (des manières) **2** *spec. al plur.* [*discorso allegro, piacevole*] plaisanteries # *trascorrere la serata in piacevolezze* passer la soirée en conversant agréablement ◇ (*iron.*) [*corbelleria, banalità*] bêtise, banalité: *ha detto tante di quelle piacevolezze!* il a dit tant de bêtises, de banalités.

piacevolménte |pjatʃevol'mente| *avv.* [→ PIACEVOLE] agréablement: *intrattenere piacevolmente un ospite* tenir agréablement compagnie à un hôte.

piaciménto |pjatʃi'mento| *s.m.* (*arc.*) → 2 **piacere** ◇ (*loc. corr.*) *a piacimento* à volonté, à discrétion ~ *a mio, tuo, loro piacimento* à mon, ton, leur gré ~ *agisca pure a suo piacimento* qu'il fasse à sa guise ~ *questa musica non è di mio gradimento* cette musique n'est pas de mon goût.

piàda |'pjada| *s.f.* [*sottile focaccia di pane azzimo che viene cotta su piastre arroventate in Emilia e Romagna*] ⊠.

piadina |pja'dina| *s.f.* → **piada.**

piàga, ghe |'pjaga, ge| *s.f.* **1** (*med., corr.*) plaie: *piaghe sulla pelle* plaies sur la peau; *disinfettare una piaga* désinfecter une plaie; *ha il corpo coperto di piaghe* son corps est couvert de plaies; *la varicella l'ha reso tutto una piaga* la varicelle a couvert tout son corps de plaies; avec la varicelle, son corps n'est plus qu'une plaie ◇ (*loc. fig.*) *mettere il dito sulla piaga* mettre le doigt sur la plaie ~ *riaprire una piaga* rouvrir une plaie ~ *rigirare il coltello sulla piaga* remuer, retourner le fer, le couteau dans la plaie **2** (*fig.*) [*fatto dannoso; inconveniente grave*] plaie: *la siccità è la piaga di quelle regioni* la sécheresse est la plaie de ces régions; *dobbiamo combattere contro la piaga delle raccomandazioni* nous devons combattre les recommandations qui sont une vraie plaie; *non è ancora scomparsa la piaga della disoccupazione* la plaie du chômage n'a pas encore disparu **3** (*fig.*) [*persona fastidiosa, insopportabile*] plaie: *non ci resisto più con quella piaga!* c'est une vraie plaie qui m'épuise!; *ha sempre da lamentarsi, che piaga!* il se plaint toujours, quelle plaie!; (*scherz.*) *sei una piaga!* tu es une vraie plaie! **4** (*fig.*) [*dolore, dispiacere*] blessure: *avrò sempre questa piaga nel cuore* j'aurai toujours cette blessure au cœur; *la partenza del figlio le ha lasciato una piaga profonda* le départ du fils lui a laissé une profonde blessure.

piagàre |pja'gare| **A** *v.tr.* [*provocare una piaga o delle piaghe*] brûler; blesser: *l'acido gli ha piagato le mani* l'acide lui a brûlé les mains; *il sole mi ha piagato le spalle* le soleil m'a brûlé les épaules ‖ *è un tessuto troppo ruvido, ti piagherà la pelle* c'est un tissu trop rêche, il te blessera la peau **B** *v.pron. intr.* PIAGARSI [*coprirsi di piaghe*] se couvrir (23) de plaies: *gli si è piagato il collo* son cou s'est couvert de plaies; *la pelle cominciava già a piagarglisi* sa peau commençait déjà à se couvrir de plaies.

piagàto |pja'gato| *agg.* couvert de plaies: *mani piagate* des mains couvertes de plaies.

piaggerìa |pjaddʒe'ria| *s.f.* (*lett.*) [*adulazione, servilismo*] flatterie (*corr.*): *complimenti pieni di piaggeria* compliments pleins de flatterie.

piàggia, ge |'pjaddʒa, dʒe| *s.f.* **1** (*lett.*) → **pendio 2** (*poet.*) → **plaga, territorio 3** (*poet.*) → **spiaggia.**

piaggiàre |pjad'dʒare| **A** *v.tr.* (*lett.*) [*adulare, lusingare*] flatter (*corr.*): *piaggiare untuosamente i superiori* flatter bassement ses supérieurs, passer de la pommade (*fam.*) à ses supérieurs **B** *v.intr.* (*aus.* '*avere*') (*lett.*) [*barcamenarsi per non compromettersi*] louvoyer (10): *ha piaggiato con abilità fra i due rivali* il a louvoyé avec habileté entre les deux rivaux.

piaggiatóre, trice |pjaddʒa'tore, tritʃe| *agg. e s.* (*lett.*) → **adulatore.**

piagnistèo |pjaɲɲis'tɛo| *s.m.* [*pianto continuato*] pleurnicherie *f.* (*fam.*), pleurnichement (*fam.*): *non sopporto più questo piagnisteo* je ne supporte plus ces pleurnicheries ◇ [*lamentela insistente; discorso lamentoso*] pleurnicherie # *smettila con questi piagnistei!* arrête de pleurnicher!; *è capace solo di far piagnistei* il est seulement capable de pleurnicher.

piagnóne |pjaɲ'ɲone| *s.m.* **1** [*chi si lamenta in continuazione*] pleurnicheur* (*fam.*), geignard (*fam.*): *sei un piagnone, non ti va mai bene niente!* tu es un pleurnicheur, un geignard, rien ne peut te satisfaire ✦ (*agg.*) *che suocera piagnona!* quelle belle-mère geignarde! **2** [*che piange di frequente, con facilità*] pleurnicheur: *si commuove per una sciocchezza, è una piagnona* elle se trouble (se fâche) pour un rien, c'est une pleurnicheuse ✦ (*agg.*) *un bambino piagnone* un enfant pleurnicheur **3** *al plur.* (*st. mediev.*) disciples de Savonarola.

piagnucolaménto |pjaɲɲukola'mento| *s.m.* [→ PIAGNUCOLARE] pleurnicherie *f.* (*fam.*), pleurnichement (*fam.*).

piagnucolàre |pjaɲɲuko'lare| **A** *v.intr.* (*aus.* '*avere*') [*piangere in modo continuato e sommesso*] pleurnicher (*fam.*): *il bambino ha piagnucolato tutta la mattina* l'enfant a pleurniché toute la matinée; *cos'hai ancora da piagnucolare?* qu'est-ce que tu as encore à pleurnicher? **B** *v.tr.* (*raro*) [*dire in modo lamentoso*] geindre (66) (*corr.*): *è venuto a piagnucolare le sue scuse* il est venu s'excuser en geignant.

piagnucolìo, ii |pjaɲɲuko'lio, ii| *s.m.* [*pianto sommesso e continuato*] pleurnichement (*fam.*), pleurnicherie *f.* (*fam.*): *quando la finirai con questo piagnucolio?* quand en auras-tu fini de ce pleurnichement, cette pleurnicherie? ◇ [*lagna, lamentela insistente*] *non ricominciare con i soliti piagnucolii!* ne recommence pas avec tes habituelles pleurnicheries!; que je ne t'entende pas encore pleurnicher!

piagnucolóne |pjaɲɲuko'lone| *s. e agg.* [*chi piagnucola abitualmente*] pleurnicheur* (*fam.*), geignard (*fam.*): *un po' sarà malato, ma è anche un gran piagnucolone* il est un peu malade, certes: mais c'est aussi un grand pleurnicheur; *che bambina piagnucolona!* quelle enfant geignarde!

piagnucolóso |pjaɲɲuko'loso| *agg.* [*che piagnucola di frequente*] pleurnicheur* (*fam.*), geignard (*fam.*): *un bambino piagnucoloso* un enfant pleurnicheur, geignard ◇ [*lamentoso*] *ha sempre un tono piagnucoloso* il a toujours un ton geignard.

piagóso |pja'goso| *agg.* (*raro*) couvert de plaies.

piàlla |'pjalla| *s.f.* **1** (*utensile a mano da falegname*) rabot (*m.*): *pialla da banco* rabot d'établi; *lavorare con la pialla* travailler avec le rabot, au rabot # *pialla per scanalature* bouvet; *pialla per bottai* plane ◇ (*tip.*) *pialla per smussare* rabot à biseau **2** (*macchina da falegnameria*) raboteuse: *lavorare alla pialla* travailler à la raboteuse **3** (*loc. fig.*) *quella ragazza è piatta come se ci fosse passata sopra una pialla* cette fille est plate comme une planche à repasser, à pain, plate comme une limande.

piallàccio, i |pjal'lattʃo, i| *s.m.* feuille *f.* (de bois) à plaquer.

piallàre |pjal'lare| *v.tr.* [*lavorare con la pialla o con la piallatrice*] raboter: *piallare un asse di abete* raboter une planche de sapin.

piallàta |pjal'lata| *s.f.* coup *m.* de rabot.

piallàto |pjal'lato| *agg.* [*lisciato con la pialla*] raboté: *legno piallato* bois raboté ◇ (*fig., scherz.*) *una donna piallata* [*piatta, senza petto*] une femme plate comme une limande, comme une planche à pain.

piallatóre, trice |pjalla'tore, tritʃe| *s.* [*chi lavora con la pialla*] raboteur (*m.*): *un abile piallatore* un habile raboteur ◆ (*agg.*) *operaio piallatore* raboteur *s.m.*

piallatrice |pjalla'tritʃe| *s.f.* (*mecc.*) raboteuse: *regolare lo spessore della piallatrice* régler le pas, l'épaisseur de la raboteuse # *piallatrice da piano* dégauchisseuse.

piallatùra |pjalla'tura| *s.f.* [→ PIALLARE] rabotage (*m.*): *piallatura a mano* rabotage à la main ◇ [*scarti, trucìoli della piallatura*] copeaux (*m. pl.*): *bruciare la piallatura* brûler les copeaux.

piallétto |pjal'letto| *s.m.* **1** petit rabot **2** (*utensile da muratore*) taloche *f.*

piamàdre |pia'madre| *s.f.* (*anat.*) pie-mère: *delle piemadri* des pies-mères.

piaménte |pja'mente| *avv.* [→ PIO 1] pieusement: *l'ho visto piamente raccolto in preghiera* je l'ai vu pieusement recueilli en prière.

piàn |'pjan| *s.m. inv.* (*med.*) pian *var.*

piàna |'pjana| *s.f.* [*terreno pianeggiante*] plateau (*m.*): *in cima alla collina c'è una bella piana* en haut de la colline il y a un beau plateau.

pianàle |pja'nale| *s.m.* **1** [*piano di carico di un mezzo da trasporto*] plancher: *il pianale di un autotreno* le plancher d'un camion à remorque **2** (*ferr.*) wagon plat **3** [*ripiano di terreno*] terrain plat.

pianaménte |pjana'mente| *avv.* [→ 1 PIANO II 2] doucement: *fate più pianamente possibile* faites le plus doucement possible.

pianàre |pja'nare| *v.tr.* (*raro*) → **spianare.**

pianatóio, i |pjana'tojo, i| *s.m.* (*tecnol.*) planoir.

pianatóre, trice |pjana'tore, tritʃe| *s.* [*operaio levigatore*] planeur*.

pianatùra |pjana'tura| *s.f.* (*conceria*) lissage *m.*

piancito |pjan'tʃito| *s.m.* (*region.*) → **pavimento.**

pianeggiànte |pjaned'dʒante| *agg.* [*che è in piano, non ha forti dislivelli*] plat: *terreno, strada pianeggiante* terrain plat, route plate © **montuoso.**

pianeggiàre |pjaned'dʒare| **A** *v. tr.* [*spianare, livellare*] aplanir, égaliser: *pianeggiare un giardino* aplanir, égaliser un jardin **B** *v.intr.* (*aus. 'avere'*) [*essere in piano; non avere forti dislivelli*] être (43) plat: *la strada comincia a pianeggiare* la route commence à être en plat.

pianèlla |pja'nɛlla| *s.f.* **1** [*scarpa leggera per casa; pantofola*] mule, pantoufle: *mettere le pianelle* mettre ses mules, ses pantoufles ◇ (*loc.*) *stare, mettersi in pianelle* [*in libertà*] se mettre en pantoufles **2** (*edil.*) (*per pavimenti*) carreau *m.* → **mattonella** ◇ (*per tetti*) tuile plate.

pianellàio, i |pjanel'lajo, i| *s.* fabricant de pantoufles, pantouflier* (*raro*).

pianeròttolo |pjane'rɔttolo| *s.m.* **1** [*ripiano fra due rampe di scale*] palier: *ti ho lasciato il pacco sul pianerottolo* je t'ai laissé le paquet sur le palier **2** (*alpinismo*) plate-forme *f.*

1 **pianéta** |pja'neta| *s.m.* **1** (*astron.*) planète (*f.*): *la Terra è un pianeta del Sole* la Terre est une planète du Soleil **2** (*fig.*) [*destino, sorte*] destin, sort: *capitano tutte a me, sarà un pianeta!* ça n'arrive qu'à moi, c'est le destin, c'est mon sort **3** (feuillet avec l'horoscope: *cosa c'è scritto sul tuo pianeta?* que dit ton horoscope?

2 **pianéta** |pja'neta| *s.f.* (*liturg. catt.*) chasuble.

pianetino |pjane'tino| *s.m.* (*astron.*) petite planète *f.*, astéroïde → **asteroide.**

piangènte |pjan'dʒɛnte| *agg.* **1** [*che piange*] éploré, pleurant, en pleurs **2** (*t.bot.*) *salice piangente* saule pleureur.

piàngere |'pjandʒere| (165) **A** *v. intr.* (*aus. 'avere'*) **1** [*versare lacrime per dolore, commozione e sim.*] pleurer: *piangere amaramente, a dirotto* pleurer amèrement, comme une fontaine, comme une madeleine; *piangere di commozione, di gioia, di dolore* pleurer de commotion, de joie, de douleur; *piangeva in silenzio* il pleurait en silence; *si è messa a piangere per la rabbia, di rabbia* elle s'est mise à pleurer de rage; *l'ha fatta piangere* il l'a fait pleurer; *dopo la morte del figlio non fa altro che piangere* depuis la mort de son fils, elle ne fait que pleurer; *è inutile piangere sugli errori passati* il est inutile de pleurer sur les erreurs passées; *è un film che fa piangere* c'est un film qui fait pleurer # *all'improvviso è scoppiata a piangere* tout à coup elle a fondu en larmes; *fa così pena da far piangere i sassi* il fait tellement de peine que cela fend le cœur ◇ (*di animali*) [*lamentarsi*] *i rondinini piangono dalla fame* les hirondelles pleurent de faim; *sciogli quel cane, non senti come piange?* détache le chien, tu n'entends pas comme il pleure? ◇ [*lacrimare per irritazione agli occhi*] *piango per il fumo, per la cipolla* c'est la fumée, c'est (l'odeur de) l'oignon qui me fait pleurer; *da un po' di tempo mi piangono gli occhi* depuis quelque temps j'ai les yeux qui pleurent **2** (*loc. fig.*) *piangere dietro a qc.* [*rimpiangerlo*] regretter qqn. ~ *è inutile piangere sul latte versato* ce qui est fait est fait ~ *piangere sul latte versato* récrimer contre qqch. ~ *andare a piangere sulla spalla di qc.* aller pleurer dans le gilet de qqn. ~ *piangere da un occhio solo* [*fingere commozione*] faire semblant de pleurer ~ FAR PIANGERE [*essere penoso, suscitare un senso di pena*]: *è un compito che fa piangere* c'est un devoir qui fait pleurer; *se lo vedi lavorare ti fa piangere* le voir travailler donne envie de pleurer ~ *mi piange il cuore a deludervi* cela me fait mal au cœur de vous décevoir; *mi piange il cuore a vedere tutto questo disordine* cela me fait mal au cœur de voir tout ce désordre ~ *aveva un soprabito che gli piangeva addosso* [*gli stava malissimo*] elle avait un pardessus qui lui allait très mal ~ *non ha più occhi per piangere* il n'a plus d'yeux pour pleurer ~ *gli sono rimasti solo gli occhi per piangere* il n'a plus que ses yeux pour pleurer ~ (*gioco delle carte*) *il piatto piange* [*manca la posta di uno o più giocatori*] le tapis gueule ◇ (*prov.*) *chi è causa del suo mal, pianga sé stesso* comme on fait son lit, on se couche ~ *se Roma piange, Parigi non ride* quand il pleut sur le curé, il dégoutte sur le vicaire **3** [*soffrire, penare*] pleurer: *piangere dentro di sé* pleurer au fond de soi; *nella vita c'è sempre da piangere per q.c.* dans la vie il y a toujours quelque chose sur quoi, sur laquelle pleurer ◇ [*mostrare sofferenza, dolore; lamentarsi*] gémir, se plaindre (65): *va a piangere con l'uno o con l'altro sui suoi guai* il va se faire plaindre de ses malheurs chez les uns, chez les autres; *tu taci, lascia piangere a noi!* toi, tais-toi, laisse-nous nous plaindre, nous! # *è un tipo che sa piangere* c'est un type qui sait se faire plaindre **4** (*per est.*) [*trasudare liquido; gocciolare*] pleurer; suinter: *le viti piangono* la vigne pleure, les vignes pleurent ‖ *le pareti piangono per l'umidità* l'humidité fait suinter les murs **B** *v.tr.* **1** PIANGERE LACRIME [*versare lacrime*] pleurer: *piangere lacrime amare, di rabbia* pleurer des larmes amères, de rage # *quante lacrime ho dovuto piangere per te!* que de larmes j'ai dû verser pour toi (sur ton compte!) **2** [*manifestare, esprimere dolore per q.c. o per qc.*] pleurer: *piangere la morte del padre, di un amico* pleurer la mort de son père, d'un ami; *lo piangono amici e parenti* amis et parents le pleurent ◇ [*rimpiangere*] regretter: *piange sempre la sua casa di campagna* il regrette toujours sa maison de campagne; *un giorno piangerete queste comodità che ora disprezzate!* un jour vous regretterez ces commodités que vous méprisez pour l'instant ◇ *loc. fig.* PIANGERE MISERIA pleurer misère: *piangono miseria, ma sono pieni di quattrini* ils pleurent misère, mais ils ont un tas d'argent **3** [*pentirsi, rammaricarsi con dolore di q.c.*] regretter: *piangerai questa tua ostinazione* tu regretteras ton obstination; *non piangeremo mai abbastanza i nostri errori* nous ne regretterons jamais assez nos erreurs © A 1, 2, 3 **ridere.**

piangitóre, trice |pjandʒi'tore, tritʃe| *s.* (*raro*) [*chi piange*] pleurnicheur* (*fam.*), pleurard (*fam.*).

piangiucchiàre |pjandʒuk'kjare| *v.intr.* (*aus. 'avere'*) [*piangere appena, sommessamente*] pleurnicher (*fam.*): *il bambino ha piangiucchiato un po' e poi si è calmato* l'enfant a pleurniché un peu et puis il s'est calmé.

pianificàbile |pjanifi'kabile| *agg.* (*econ.*) [→ PIANIFICARE] pianifiable.

pianificàre |pjanifi'kare| **A** *v.tr.* **1** [*programmare attività, iniziative economiche*] planifier: *pianificare lo sviluppo economico, industriale, agricolo* planifier le développement économique, industriel, agricole; *l'economia della regione è stata completamente pianificata* l'économie de la région a été entièrement planifiée **2** (*raro*) [*pareggiare, livellare*] niveler (4) (*corr.*): *pianificare le aiuole del giardino* niveler les parterres du jardin **B** *v.pron. recipr.* PIANIFICARSI (*fig.*) [→ *tr.* 2] se niveler: *le classi medie tendono a pianificarsi* les classes moyennes tendent à se niveler.

pianificàto |pjanifi'kato| *agg.* [*programmato, organizzato*] planifié: *economia pianificata* économie planifiée.

pianificatóre, trice |pjanifika'tore, tritʃe| *agg.* [*che attua, promuove, sostiene la pianificazione*] planificateur*: *economia pianificatrice* économie planificatrice; *il governo segue un indirizzo pianificatore* le gouvernement suit une direction planificatrice ✦ (*s.*) *i pianificatori* les planificateurs.

pianificazióne |pjanifikat'tsjone| *s.f.* [→ PIANIFICARE A 1] planification (*t. racc.*), planning (*m.*): *pianificazione agricola, industriale* planification agricole, industrielle.

1 **pianìno** |pja'nino| *avv.* tout doucement: *camminare pianino* marcher tout doucement; *parlate pianino* parlez doucement.

2 **pianìno** |pja'nino| *s.m.* **1** orgue de Barbarie **2** → **organetto.**

pianìsmo |pja'nizmo| *s.m.* (*econ.*) planisme.

pianissimo |pja'nissimo| **I** *avv.* **1** très doucement: *parlavano pianissimo* ils parlaient très doucement; *vieni avanti pianissimo* avance très doucement **2** (*mus.*) pianissimo **II** *s.m.* (*mus.*) pianissimo.

pianista |pja'nista| *s.* pianiste: *mani da pianista* mains de pianiste.

pianistico, ci, ca, che |pja'nistiko, tʃi, ka, ke| *agg.* pianistique: *attività pianistica* activité pianistique # *musica pianistica* musique pour piano; *un concerto pianistico* un concert de piano.

1 **piàno** |'pjano| **I** *agg.* **1** [*piatto, pianeggiante*] plan; plat: *superficie piana* surface plane ‖ *zona piana* zone plate; *un tratto di strada perfettamente piana* un tronçon de route parfaitement plate; *piatto piano* assiette plate ◇ (*fig.*) [*semplice, lineare*] clair, simple: *un discorso piano* un discours clair, simple ◇ (*sport*) *corsa piana* course en plat; *i cento metri piani* les cent mètres plats **2** (*geom.*) plan: *geometria, figura piana* géométrie, figure plane **3** (*ling.*) paroxyton (*m.*): *parola piana* mot paroxyton **II** *avv.* **1** [*adagio, lentamente*] doucement: *camminare piano* marcher doucement; *scendete piano piano* descendez tout doucement; *per favore, guida più piano!* s'il te plaît, conduis plus doucement! ◇ [*con cautela, delicatamente*] *muovilo piano* remue-le doucement; *posalo a terra piano piano* pose-le par terre tout doucement ◇ *loc.* PIAN PIANO, PIAN PIANINO [*a poco a poco; gradatamente*] petit à petit, tout doucement: *pian piano arriveremo anche noi* petit à petit, tout doucement nous arriverons nous aussi; *pian pianino le cose si aggiusteranno da sole* tout doucement les choses s'arrangeront toutes seules ~ ANDARCI PIANO [*con cautela*] y aller doucement: *bisogna andarci piano con certe accuse* il faut y aller doucement avec certaines accusations; *vacci piano a prendere una decisione del genere!* vas-y doucement avant de prendre une décision de ce genre! ✦ *ass. escl.* PIANO! [*calma!; un momento!*] doucement!: *piano! la questione non è finita* doucement! le problème n'est pas entièrement résolu; *piano! piano! chi vi ha detto di andarvene?* doucement, doucement! qui vous a dit de vous en aller? **2** [*a voce bassa; senza far rumore*] bas; doucement: *parla così piano che non si sente* il parle tellement bas qu'on ne l'entend pas ‖ *fai piano, non svegliare il bambino!* doucement, ne réveille pas le bébé!; (*più*) *piano, per favore!* (plus) doucement, s'il vous plaît **3** (*mus.*) piano.

2 **piàno** |'pjano| *s.m.* **1** (*geom.*) plan: *piani paralleli, perpendicolari* plans parallèles, perpendiculaires; *unire due punti di un piano* unir deux points d'un plan **2** [*superficie piana*] plan: *un piano orizzontale, inclinato* un plan horizontal, incliné # *il piano di un tavolo* le dessus d'une table; *il piano stradale è dissestato* la chaussée de la rue est déformée ◇ [*pianale*] dessus: *il comò ha il piano di marmo* la commode a un dessus de marbre # *occorre un autocarro col piano ribaltabile* il faut un camion avec basculeur ◇ (*loc.*) *mettere in piano* mettre horizontalment ~ *la macchina deve funzionare perfettamente in piano* la machine doit fonctionner sur un plan parfaitement horizontal **3** [*terreno in piano; pianura*] plaine (*f.*): *gli abitanti del monte e del piano* les habitants de la montagne et de la plaine; *scendere verso il piano* descendre vers la plaine; *tutta la zona è un falso piano* toute la région est une fausse plaine **4** [*livello*] niveau: *il piano delle acque* le niveau des eaux; *piano di caricamento* niveau de chargement; *sistemare due oggetti sullo stesso piano, su piani sfalsati* disposer deux objets sur le même niveau, sur des niveaux décalés ◇ (*fig.*) plan: *porsi sullo stesso piano di qc.* se mettre sur le même plan que qqn.; *i problemi sono su un piano nettamente diverso* les problèmes sont sur un plan nettement différent; *è un personaggio di primo piano* c'est un personnage de premier plan # *non sono sul vostro piano di perfezione* je ne suis pas à votre niveau de perfection ◇ (*fig.*) [*aspetto, prospettiva*] *sul piano morale sono condannabili* sur le plan moral ils sont condamnables; *sul piano strettamente economico è un affare* sur le plan strictement économique, c'est une affaire; *se metti le cose su questo piano...* si tu mets les choses sur ce plan-là... # *vi siete messi su un piano sbagliato* vous êtes à côté de la question **5** (*aer.*) plan: *piano alare* plan alaire; *piano fisso, mobile* plan fixe, mobile; *piano di coda* plan de sustentation ◇ (*balistica*) *piano di tiro* plan de tir ◇ (*ferr.*) *piano di rotolamento* plan de roulement # *piano caricatore* quai de chargement ◇ (*foto.*) *primo, secondo, terzo piano* premier, second, troisième plan; *scattare un primo piano* prendre en gros plan; *scena girata in primo piano* scène tournée en gros plan ◇ (*geol., miner.*) *piano di faglia* plan de faille; *piano di sfaldatura* plan de clivage; *piano di simmetria di un cristallo* plan de symétrie d'un cristal ◇ (*mar.*) *piano di galleggiamento* plan de flottaison ◇ (*ott.*) *piani focali* plans focaux; *piani di polarizzazione* plans de polarisation **6** (*di edifici*) étage: *palazzo a tre, a cinque piani* immeuble à trois, à cinq étages; *abito al primo, al terzo, all'ultimo piano* j'habite au premier, au troisième, au dernier étage; *il piano di sotto è vuoto* l'étage au-dessous est vide; *ha una villetta a due piani* il a une petite villa à deux étages; *si è sistemato al piano nobile* il s'est installé au premier (étage) # *piano interrato, seminterrato* sous-sol; *piano terra, rialzato* rez-de-chaussée, rez-de-chaussée surélevé.

3 **piàno** |'pjano| *s.m.* **1** [*programma operativo; previsione programmata di un'attività*] plan: *un piano di sviluppo economico* un plan de développement économique; *piano agricolo quinquennale* plan agricole quinquennal; *elaborare, studiare, mettere a punto un piano* élaborer, étudier, mettre au point un plan; *stabilire un piano d'azione, d'emergenza* établir un plan d'action, d'urgence; *manca un piano articolato di investimenti* il manque un plan articulé d'investissements ◇ (*edil.*) *piano regolatore comunale, particolareggiato* plan d'urbanisme communal, détaillé; *rispettare, violare le norme del piano regolatore* respecter, violer les règles établies par le plan d'urbanisme ◇ (*mil.*) *piano di difesa, di battaglia* plan de défense, de bataille; *piano di fuoco d'artiglieria* plan directeur; *gli alleati hanno concordato il piano di attacco* les alliés ont fixé le plan d'attaque; (*fig.*) *stiamo preparando il piano di battaglia per l'incontro di domani* nous sommes en train de préparer le plan de bataille pour la rencontre de demain ◇ (*università*) *piano di studi* plan d'études **2** [*progetto, intenzione*] plan, projet: *far piani per il futuro, per le vacanze* faire des plans, des projets pour l'avenir, pour les vacances; *hanno piani molto ambiziosi* ils ont des projets très ambitieux; *ho dovuto rinunciare ai miei piani* j'ai dû renoncer à mes projets; *scoprire i piani di un avversario* découvrir les plans d'un adversaire; *il maltempo ha fatto fallire, ha mandato a monte tutti i nostri piani* le mauvais temps a fait échouer tous nos projets.

4 **piàno** |'pjano| *s.m.* (*mus., corr.*) piano: *piano a coda, a mezza coda, verticale* piano à queue, piano demi--queue, droit; *sai suonare il piano?* est-ce que tu sais jouer du piano?; *frequenta il terzo anno di piano* il est en troisième année de piano → **pianoforte.**

pianocóncavo, piano-cóncavo |pjano'konkavo| *agg.* (*ott.*) plan--concave: *lenti pianoconcave* lentilles plan-concaves.

pianoconvèsso, pianoconvèsso |pjanokon'vɛsso| *agg.* (*ott.*) plan-convexe: *lenti pianoconvesse* lentilles plan-convexes.

pianofòrte |pjano'fɔrte| *s.m.* → 4 **piano.**

pianòla |pja'nɔla| *s.f.* piano *m.* mécanique.

pianòro |pja'nɔro| *s.m.* [*terreno pianeggiante in posizione elevata*] plateau: *a metà costa c'è un pianoro* à mi-côte il y a un plateau.

pianotèrra |pjano'tɛrra| *s.m. inv.* rez-de-chaussée: *abitare in un pianoterra* habiter au rez-de-chaussée; *ho due stanze a pianoterra* j'ai deux pièces au rez-de-chaussée → **pianterreno.**

piànta |'pjanta| *s.f.* **1** (*bot., corr.*) plante: *pianta erbacea, sempreverde, ornamentale, da giardino* plante herbacée, semper virens, ornementale, de jardin; *pianta grassa, acquatica, insettivora, carnivora* plante grasse, aquatique, insectivore, carnivore; *un terreno pieno di piante* un terrain plein de plantes; *potare, innaffiare una pianta* tailler, arroser une plante **2** (*anat., corr.*) plante: *pianta del piede* plante du pied; *l'impronta è tipica della pianta di un bambino* l'empreinte est typique de la plante du pied d'un enfant ◇ (*per est.*) [*base della calzatura o del calzino*] semelle: *stivali con la pianta di gomma* bottes avec des semelles de caoutchouc; *ho un buco sulla pianta del calzino* la semelle de ma chaussette est trouée **3** (*loc. avv.*) *di sana pianta* [*totalmente*] de toutes pièces, entièrement (*avv.*): *notizie inventate di sana pianta* nouvelles inventées de toutes pièces; *ho dovuto rifare il lavoro di sana pianta* j'ai dû refaire entièrement le travail # *il tema è copiato di sana pianta* c'est un devoir qui a été copié d'un bout à l'autre **4** [*rappresentazione grafica; mappa*] plan (*m.*): *la pianta di una città, di un edificio* le plan d'une ville, d'un édifice; *la pianta del teatro* le plan du théâtre ◇ [*struttura planimetrica*] *una costruzione a pianta rettangolare, quadrata, irregolare* une construction à plan rectangulaire, carré, irrégulier; *chiesa con pianta a croce greca, latina* église (avec un plan) en forme de croix grecque, latine ◇ [*schema, disposizione*] *la pianta di un circuito elettrico, di un televisore* le plan d'un circuit électrique, d'un téléviseur; *la pianta della classe* le plan de la classe **5** (*bur.*) employés *m. pl.* fixes # *la pianta di un ministero* les employés permanents, titulaires d'un ministère → **organico** ◇ (*loc.*) *essere, assumere in pianta stabile* [*in ruolo; fisso*] être, rendre titulaire, effectif*: *quasi tutti i dipendenti sono in pianta stabile* presque tous les employés sont titulaires ◇ (*fig.*) *un ospite in pianta stabile* un invité à titre permanent, à poste fixe (*iron.*).

piantàbile |pjan'tabile| *agg.* [→ PIANTARE A 1] qu'on peut planter *loc.* # *verdure piantabili in autunno* légumes qu'on peut faire pousser en automne.

piantacaròte |pjantaka'rɔte| *s. inv.* [*chi racconta fandonie, spacconate*] blagueur*: *che piantacarote quel tuo amico!* quel blagueur ton ami!

piantàggine |pjan'taddʒine| *s.f.* (*t.bot.*) plantain *m.*

piantagióne |pjanta'dʒone| *s.f.* **1** [→ PIANTARE A 1] plantation: *la piantagione del granoturco, degli ortaggi* la plantation du maïs, des plantes potagères; *preparare un terreno per la piantagione di un vigneto* préparer un terrain pour la plantation de vignes **2** [*terreno piantato, coltivato a piante*] *una piantagione di barbabietole, di pomodori* un champ *m.* de bettraves, une planche, un carré *m.* de tomates; *nella zona ci sono soprattutto piantagioni di tabacco* dans la région il y a surtout des plantations de tabac ◇ (*per est.*) [*piante coltivate in un appezzamento di terreno*] plantation: *tagliare una piantagione di pioppi* mettre en coupe une plantation de peupliers.

piantagràne |pjanta'grane| *s. inv.* [*persona pedante, fastidiosa*] querelleur* *var.*, casse-pieds (*fam.*): *sei il solito piantagrane* tu es toujours le même casse-pieds; *che piantagrane tua sorella!* quelle fille assommante ta sœur!, ce qu'elle peut être casse-pied, ta sœur!

piantàna |pjan'tana| *s.f.* [*asta di sostegno verticale, spec. in metallo*] montant (*m.*): *le piantane di una libreria, di un'armatura edilizia* les montants d'une bibliothèque # *lampada montata su piantana* lampadaire.

piantàre |pjan'tare| **A** *v.tr.* **1** [*mettere, collocare nel terreno semi, germogli, piante, ecc.*] planter: *piantare pomodori, gerani, patate* planter des tomates, des géraniums, des pommes de terre; *è la stagione adatta per piantare gli ulivi* c'est la bonne saison pour planter des oliviers ◇ (*loc. fig.*) *piantare grane* [*creare difficoltà, fastidi*] chercher chicane # *ho taciuto per non piantare grane* je me suis tu pour ne pas faire d'histoires **2** [*conficcare in profondità*] planter: *piantare un palo nel terreno, un chiodo nel muro* planter un pieu dans la terre, un clou dans le mur # *hanno già piantato le fondamenta della villetta* ils ont déjà jeté les fondations de la ville; *l'assassino gli ha piantato il pugnale nella schiena* l'assassin lui a plongé le poignard dans le dos ◇ [*sistemare saldamente; fissare*] *piantare le tende* planter les tentes; *piantare un'antenna sul tetto* fixer une antenne sur le toit; *piantare l'altalena in giardino* installer la balançoire dans le jardin; (*fig.*) *piantare gli occhi su qc., addosso a qc.* fixer, regarder fixement qqn.; *piantare l'accampamento* dresser le camp ◇ (*loc. fig.*) *piantare le radici in un posto* [*fissarvi la dimora*] prendre racine dans un endroit ~ *piantare le tende da qualche parte* [*starvi abitualmente*] planter sa tente quelque part ~ *piantare chiodi* [*far debiti*] faire des dettes **3** (*raro*) → **impiantare** **4** (*fig.*) [*lasciare, abbandonare*] planter là, laisser tomber: *piantare la famiglia, la fidanzata, il lavoro* planter là, laisser tomber sa famille, sa fiancée, son travail; *ci ha piantato in asso all'improvviso, in malo modo* il nous a planté là, laissé en plan subitement, brutalement; *ho deciso di piantare tutto* j'ai décidé de tout laisser tomber; *pianto baracca e burattini e vado al cinema* je laisse tout tomber et je vais au cinéma; *pianta sempre a metà, a mezzo i lavori* il laisse toujours ses travaux en plan ◇ *loc. fam.* PIANTARLA [*farla finita; smetterla*] se taire, la boucler, en finir (*corr.*): *piantala! piantatela!* tais-toi!, boucle-la!, bouclez-la!, finis-en!; *è ora di piantarla una buona volta!* il est temps d'en finir une bonne fois pour toutes! # *se non la pianti ti dò una sberla* si tu n'arrêtes pas, je te donne une gifle; *ma piantala di dire sciocchezze!* mais cesse donc de dire des bêtises!; *se non la piantano, me ne vado* s'ils n'arrêtent pas, je m'en vais; *quando la pianterai di fare il bambino?* quand cesseras-tu de faire l'enfant?; *la pianti, la vuoi piantare o no?* tu veux cesser, tu t'arrêtes, oui ou non? **B** *v.pron.* PIANTARSI **1** *intr.* [→ *tr.* 2] se planter, s'enfoncer (2): *mi si è piantata una spina nel pollice* je me suis enfoncé une épine dans la pouce **2** *rifl.* [*stabilirsi*] s'installer: *da tre mesi ormai si sono piantati in casa mia* cela fait trois mois qu'ils se sont installés chez moi ◇ [*piazzarsi*] se planter: *mi si è piantata davanti con aria risoluta* elle s'est plantée devant moi d'un air résolu; *si sono piantati uno per parte all'ingresso* ils se sont plantés de chaque côté de l'entrée.

piantàta |pjan'tata| *s.f.* **1** (*agr.*) plantation **2** [*terreno piantato; piantagione*] plantation: *una piantata di meli* une plantation de pommiers.

piantàto |pjan'tato| *agg.* **1** [*coltivato*] planté (*p.p.*): *terreno piantato a vite, a ortaggi* terrain planté de vignes, mis en potager **2** (*fig.*) [*fisso, immobile*] planté: *perché sta piantato lì sulla porta?* pourquoi restez-vous là planté sur le pas de la porte? # *mi teneva gli occhi piantati addosso* il gardait les yeux fixés sur moi **3** (*loc. fig.*) *una persona ben piantata* [*robusta*] une personne bien plantée; *è un ragazzo ben piantato* c'est un garçon bien planté.

piantatóio, i |pjanta'tojo, i| *s.m.* (*agr.*) plantoir.

piantatóre, trice |pjanta'tore, tritʃe| *s.* **1** [*chi pianta*] planteur* (*raro*): *controllare il lavoro delle piantatrici* contrôler le travail des planteuses **2** [*proprietario di piantagioni*] planteur: *i piantatori di tabacco, di cotone* les planteurs de tabac, de coton.

piantatùra |pjanta'tura| *s.f.* [→ PIANTARE A 1] plantation.

pianterréno |pjanter'reno| *s.m.* rez-de-chaussée: *una stanza a pianterreno* une pièce au rez-de-chaussée.

piantìna |pjan'tina| *s.f.* **1** [*piccola pianta*] plant (*m.*): *una piantina di basilico* un plant de basilic; *ho innaffiato le piantine di cavolfiore* j'ai arrosé les plants de choux-fleurs **2** [*rappresentazione grafica, spec. di città*] plan: *studiare un itinerario sulla piantina* étudier un itinéraire sur le plan.

piànto |'pjanto| *s.m.* **1** [*versamento di lacrime per dolore o commozione*] larme *f.*, pleurs *pl.* (*lett.*): *pianto dirotto, disperato* torrent de larmes, larmes désesperées; *il pianto accorato di un bambino* les chaudes larmes d'un enfant; *è scoppiata in un pianto di rabbia* elle a fondu en larmes, de rage; *non sono riuscito a trattenere il pianto* je n'ai pas pu retenir mes larmes; *ne ha fatti di pianti, povera donna!* elle en a versé des larmes, des pleurs, pauvre femme!; *ha gli occhi bagnati di pianto* il a les larmes aux yeux; *non farci caso, ha il pianto facile* ne fais pas attention, il a toujours la larme à l'œil ◇ (*bot.*) *le viti sono in pianto* les vignes sont en larmes, en pleurs **2** (*per est.*) [*dolore, lutto*] deuil: *tutto il paese è in pianto per la disgrazia* ce malheur a plongé tout le pays dans le deuil; *la sua morte ha lasciato in pianto parenti ed amici* sa mort a été un deuil cruel pour ses parents et amis ◇ [*fatto, situazione che desta pena, commiserazione*] *il suo stato di salute è un pianto* son état de santé est navrant (*agg.*); *dopo la grandinata i campi sono un pianto* après la grêle les champs sont une désolation ◇ (*fam.*) [*cosa mal fatta, disordinata*] *la manifestazione è stata un pianto!* la manifestation a été navrante!; *che pianto quella trasmissione!* quel désastre, cette émission!; *ho trovato la casa che è un pianto* j'ai trouvé la maison qui est un désastre.

piantonàia |pjanto'naja| *s.f.* → **piantonaio.**

piantonàio, i |pjanto'najo, i| *s.m.* (*agr.*) pépinière *f.*

piantonaménto |pjantona'mento| *s.m.* **1** [→ PIANTONARE 1] plantation *f.* **2** [→ PIANTONARE 2] surveillance (*f.*): *piantonamento di un pregiudicato* surveillance d'un repris de justice.

piantonàre |pjanto'nare| *v.tr.* **1** (*agr.*) [*collocare a dimora polloni*] planter: *piantonare i polloni della vite* planter les rejets de la vigne **2** [*sorvegliare con poliziotti*] surveiller: *piantonare una casa, l'ingresso di una caserma* surveiller une maison, l'entrée d'une caserne; *il ferito è costantemente piantonato dai carabinieri* le blessé est sous la surveillance constante des gendarmes ◇ (*fig.*) [*controllare da vicino*] *mi piantona in continuazione* il me surveille constamment ♦ *ass.* [*fare il piantone*] être (43) *intr.* de planton: *ho piantonato tutto il pomeriggio* j'ai été de planton tout l'après-midi.

1 **piantóne** |pjan'tone| *s.m.* (*agr.*) bouture (*f.*): *un piantone di ulivo, di pioppo* une bouture d'olivier, de peuplier → **pollone** ◇ [*arboscello di vivaio da trapianto*] plançon, plantard: *un piantone di tre anni* un plançon, un plantard de trois ans.

2 **piantóne** |pjan'tone| *s.m.* **1** [*militare o poliziotto addetto al servizio di sorveglianza*] planton: *all'ingresso ci sono due piantoni* à l'entrée il y a deux plantons; *essere di piantone in fureria* être de garde, être planton au bureau de la compagnie ◇ (*fig.*) *mettersi, stare di piantone a uno* se mettre, rester de garde, être planton près de qqn.; *perché stai lì a fare il piantone?* pourquoi fais-tu le planton? **2** (*mecc.*) colonne *f.* de direction: *il piantone del volante* la colonne de direction du volant **3** (*arch.*) colonnette *f.*

pianùra |pja'nura| *s.f.* [*ampio territorio pianeggiante*] plaine: *la pianura padana* la plaine du Pô; *bassa pianura* basse plaine; *pianura alluvionale* plaine alluviale.

pianùzza |pja'nuttsa| *s.f.* (*t.zool.*) plie.

piassàva |pjas'sava| *s.f.* (*tess.*) piassava *m.*

piàstra |'pjastra| *s.f.* **1** [*lastra di materiale duro, spec. di metallo*] plaque: *una piastra di acciaio, di ghisa, di rame* une plaque d'acier, de fonte, de cuivre; *piastra di protezione, di rivestimento* plaque de protection, de revêtement; *piastra di appoggio, di carico* plaque d'appui, d'ancrage # *piastra della serratura* palastre, palâtre ◇ (*mecc.*) *piastra di sostegno* bouclier *m.* ◇ (*della cucina economica*) *cuocere una bistecca sulla piastra* cuire une bifteck sur la plaque ◇ (*elettr.*) *piastra dell'accumulatore* plaque de l'accumulateur **2** (*armi ant.*) plate **3** [*moneta di alcuni paesi*] piastre.

piastrèlla |pjas'trɛlla| *s.f.* **1** petite plaque **2** (*edil.*) carreau (*m.*): *pavimento di piastrelle smaltate* sol recouvert de carreaux émaillés → **mattonella 3** [*piccola lastra usata per giocare*] palet *m.* # *giocare a piastrella, alle piastrelle* jouer à la marelle.

piastrellàio, i |pjastrel'lajo, i| *s.* → **piastrellista.**

piastrellaménto |pjastrella'mento| *s.m.* [→ PIASTRELLARE A] carrelage.

piastrellàre |pjastrel'lare| **A** *v.tr.* [*pavimentare, rivestire con piastrelle*] carreler (4): *piastrellare un marciapiede* carreler un trottoir; *ho fatto piastrellare i muri della cucina* j'ai fait carreler les murs de la cuisine **B** *v.intr.* (*aus.* '*avere*') (*aer., mar.*) [*rimbalzare sulla pista o sull'acqua*] rebondir: *l'aereo ha piastrellato un po'* l'avion a rebondi un peu # *il motoscafo ha cominciato a piastrellare* le canot à moteur a commencé à faire de l'aquaplane.

piastrellàto |pjastrel'lato| *agg.* (*edil.*) carrelé: *parete, cantina piastrellata* mur carrelé, cave carrelée.

piastrellatùra |pjastrella'tura| *s.f.* → **piastrellamento.**

piastrellista |pjastrel'lista| *s.m.* [*chi lavora alla produzione delle piastrelle*] ouvrier* *s.* faïencier* ◇ [*tecnico per la posa in opera delle piastrelle*] carreleur paveur.

piastrellatóre |pjastrella'tore| *s.m.* → **piastrellista.**

piastrìccio, i |pjas'trittʃo, i| *s.m.* (*fam.*) [*intruglio, miscuglio*] mixture *f.* (*corr.*): *cos'è quel piastriccio nella padella?* qu'est-ce que c'est que cette mixture dans la poêle?

piastrìna |pjas'trina| *s.f.* **1** [*piccola piastra rettangolare*] plaque: *il cane ha una piastrina al collo con i dati* le chien a une plaque d'identité sur son collier; (*mil.*) *piastrina di riconoscimento* plaque d'identité → **piastrino** ◇ (*mecc.*) rondelle, bague: *fra il dado e il legno ci vuole una piastrina* entre l'écrou et le bois il faut une rondelle **2** (*biol.*) plaque # *le piastrine del sangue* les plaquettes du sang.

piastrìno |pjas'trino| *s.m.* (*mil.*) plaque *f.* d'identité: *piastrino di riconoscimento* plaque d'identité.

piastróne |pjas'trone| *s.m.* **1** [*grossa piastra di protezione*] grande plaque: *un piastrone di calcestruzzo* une grande plaque de béton ◇ (*scherma*) *piastrone della corazza* plastron de la cuirasse **2** (*zool.*) plastron.

piatìre |pja'tire| (197) *v.intr.* (*aus.* '*avere*') **1** (*lett.*) → **litigare 2** (*fig., fam.*) [*chiedere con insistenza; mendicare*] quémander (*corr.*): *è un'ora che piatiscono perché tu gli dia il permesso* cela fait une heure qu'ils quémandent ta permission.

piàtta |'pjatta| *s.f.* (*raro*) → **chiatta.**

piattabànda |pjatta'banda| *s.f.* (*arch.*) plate-bande: *delle piattebande* des plates-bandes.

piattafórma |pjatta'forma| *s.f.* **1** plate-forme: *delle piatteforme* des plates-formes; *la piattaforma di un tram* la plate-forme d'un tram # *la piattaforma stradale è dissestata* la chaussée, le revêtement de la route est en mauvais état; *piattaforma girevole* plaque tournante ◇ (*astronautica*) *piattaforma di lancio* plate-forme de lancement ◇ (*geogr.*) *piattaforma litorale, continentale* plate-forme littorale, continentale ◇ (*sport*) tremplin (*m.*): *tuffi dalla piattaforma* plongeons du tremplin **2** [*terreno pianeggiante; spiazzo*] plateau (*m.*): *abbiamo bivaccato su una piattaforma a trecento metri dalla vetta* nous avons bivouaqué sur un plateau à trois cents mètres du sommet **3** (*fig.*) [*programma base*] plate-forme: *piattaforma politica, sindacale* plate-forme politique, syndicale.

piattàia |pjat'taja| *s.f.* **1** (*raro*) → **scolapiatti 2** [*mobile per tenere i piatti*] vaisselier (*m.*): *una piattaia rustica, in noce* un vaisselier rustique, en noyer.

piattàio, i |pjat'tajo, i| *s.* fabricant de vaisselle ◇ (*per est.*) vendeur* de vaisselle.

piattaménte |pjatta'mente| *avv.* [→ 1 PIATTO 1] platement: *ha esposto i fatti piattamente* il a fait un plat exposé des événements, il a exposé les événements platement.

piattèllo |pjat'tɛllo| *s.m.* **1** [*piccolo disco a forma di piatto*] *il piattello del candeliere* la bobèche (du chandelier) ◇ (*etn.*) *piattello labiale* plateau labial **2** (*sport*) *tiro al piattello* tir au pigeon d'argile; *ho colpito nove piattelli su dieci* j'ai abattu neuf pigeons (d'argile) sur dix.

piatterìa |pjatte'ria| *s.f.* [*bottega dove si vendono piatti; assortimento di piatti*] vaissellerie.

piattézza |pjat'tettsa| *s.f.* platitude: *la piattezza del suolo* la platitude du sol ◇ (*fig.*) [*monotonia; sciatteria*] platitude: *la piattezza del panorama* la platitude du panorama; *un discorso d'una piattezza disarmante* un discours d'une platitude désarmante.

piattìna |pjat'tina| *s.f.* **1** (*elettr.*) câble *m.* bifilaire: *due metri di piattina* deux mètres de câble bifilaire **2** [*nastro di metallo*] ruban *m.* métallique **3** (*edil., min.*) (petit) chariot *m.*

piattìno |pjat'tino| *s.m.* **1** [*piccolo piatto, per usi particolari*] *mettere il piattino sotto la tazzina, il bicchiere* mettre une soucoupe *f.* sous une tasse, un verre → **sottocoppa**; *piattino da antipasto* ravier; *piattino da frutta, da dessert, da dolce* assiette *f.* à dessert **2** (*fam.*) [*pietanza raffinata, squisita*] bon petit plat: *ci aveva preparato dei piattini!* elle nous avait préparé de bons petits plats.

1 **piàtto** |'pjatto| *agg.* **1** [*che ha superficie piana e liscia*] plat: *superficie piatta* surface plate; *scegli un posto bello piatto* choisis un endroit bien plat; *occorre un recipiente col fondo piatto* il faut un récipient à fond plat ◇ (*ricamo*) *punto piatto* broderie à plat ◇ (*mecc.*) *motore piatto* moteur horizontal ◇ (*per est.*) [*che ha forma schiacciata*] *un orologio molto piatto* une montre extra-plate; *un cappellino piatto* un chapeau plat ◇ (*fig.*) [*uniforme, monotono*] *un paesaggio piatto* un paysage plat **2** (*geom.*) *angolo piatto* angle plat **3** (*fig.*) [*banale, scialbo, monotono*] plat: *stile, discorso, libro piatto* style, discours, livre plat; *ha dato una interpretazione molto piatta* il a donné une interprétation très plate # *che persona piatta!* [*insignificante*] quelle personne médiocre!

2 **piàtto** |'pjatto| *s.m.* **1** [*recipiente usato per mangiare o per servire vivande*] assiette *f.*; plat: *piatto di porcellana, di vetro, di plastica* assiette de porcelaine, de verre, en plastique; *piatto piano* assiette plate; *piatto fondo, da minestra* assiette creuse, à soupe; *aspetta, ti cambio il piatto!* attends,

je change ton assiette! || *piatto da tavola, da portata* plat; *piatti ovali* plats ovales; *mettere i piatti in tavola* mettre les plats, les assiettes sur la table # *ho comperato un servizio di 12 piatti* j'ai acheté un service de table de douze pièces ◇ [*porzione di cibo*] plat: *fare i piatti* préparer les plats; *ne ho mangiata due piatti* j'en ai mangé deux plats ◇ (*il 'piatto' come oggetto ornamentale*) plat: *piatti di peltro, di argento* plats d'étain, d'argent; *un piatto artistico, decorato* un plat artistique, décoré; *ha una collezione di piatti del '700* il a une collection de plats du XVIIIe siècle ◇ (*loc. fig.*) *servire q.c. a qc. su un piatto d'argento* [*facilitare qc. in q.c.*] apporter qqch. à qqn. sur un plat **2** [*pietanza, vivanda, ricetta*] plat: *un piatto saporito, squisito* un plat savoureux, exquis; *piatto tipico, casalingo, semplice, ricercato* plat typique, plat maison, plat simple, recherché; *piatto freddo, caldo, del giorno* plat froid, chaud, du jour; *piatti pronti e piatti da fare* plats cuisinés et plats à préparer; *il piatto forte di un pranzo, di un ristorante* le plat de résistance d'un repas, d'un restaurant; *questo è un tipico piatto siciliano* ce plat est une spécialité sicilienne # *il brasato è il nostro piatto* le bœuf braisé est notre spécialité ◇ [*portata di un pranzo*] *primo, secondo, ultimo piatto* premier, deuxième, dernier plat; *al secondo piatto ero già pieno* au deuxième plat j'étais déjà rassasié **3** (*per est.*) [*oggetto spianato, circolare*] plateau: *il piatto del giradischi* le plateau du tourne-disques; *i piatti della bilancia* les plateaux de la balance ◇ (*mus.*) *suonare i piatti* jouer des cymbales ◇ (*editoria*) *piatto anteriore, posteriore* plat supérieur, inférieur ◇ *loc.* DI PIATTO [*con la parte piana*] de plat: *colpire, calciare di piatto* frapper, donner des coups de pied de plat.

piàttola |'pjattola| *s.f.* **1** (*t.zool.*) morpion (*volg.*), pou du pubis (*corr.*) **2** (*fig.*) [*persona noiosa*] casse-pieds *s. inv.* (*fam.*), crampon *m.* (*fam.*): *che piattola, non riesco a liberarmene!* quel casse-pieds, je ne réussis pas à m'en débarrasser **3** (*region.*) → **scarafaggio.**

piattonàre |pjatto'nare| *v.tr.* [*colpire di piatto con la spada*] donner des coups de plat (de sabre, d'épée): *l'ha piattonato con violenza sull'avambraccio* il lui a donné un violent coup de plat d'épée sur l'avant-bras.

piattonàta |pjatto'nata| *s.f.* coup *m.* de plat.

piàzza |'pjattsa| *s.f.* **1** place: *piazza del Duomo, piazza Garibaldi* place du Dôme, place Garibaldi; *piazza delle erbe, del mercato, degli affari* place 'des herbes', du marché, des affaires; *vettura di piazza* voiture de place; *abito in piazza Dante N° 10* j'habite 10, place Dante # *autista di piazza* chaffeur de taxi ◇ [*centro di un piccolo villaggio*] *ti aspetto in piazza* je t'attends sur la place; *i migliori negozi sono in piazza* les meilleurs magasins se trouvent sur la place ◇ (*prov.*) *brutto in fasce, bello in piazza* qui est laid enfant sera beau plus tard **2** (*loc. fig.*) *far piazza pulita* [*far sparire tutto; sgomberare, eliminare*] faire place nette: *qui c'è troppa roba, bisogna far piazza pulita di tutti i vecchi giornali* j'ai fait place nette en me débarrassant de tous les vieux journaux # *ha fatto piazza pulita con i parenti* il a renvoyé balader (*fam.*) ses parents; *che affamati! hanno fatto piazza pulita in un baleno* quels affamés! ils ont tout avalé en un clin d'œil ~ *mettere in piazza* [*far diventare di pubblico dominio*] porter la chose sur la place publique; *che bisogno c'è di mettere in piazza i nostri screzi?* quel besoin y-a-t-il d'aller porter nos querelles sur la place publique? ~ *manifestazioni di piazza* [*dimostrazioni popolari*] manifestations de rue ~ *far ricorso alla piazza* [*al popolo*] avoir recours au peuple ~ *cedere alla piazza* céder aux pressions de la rue ~ *ricercare il favore, l'appoggio della piazza* rechercher la faveur de l'opinion (publique) **3** [*centro d'affari; mercato*] place: *una piazza secondaria, di prim'ordine* une place secondaire, de premier ordre; *le quotazioni sulla piazza di Londra* les cours de la place, du marché de Londres # *i prezzi della piazza* les prix courants ◇ [*clientela commerciale*] clientèle: *farsi una buona piazza* se faire une grosse clientèle # *rovinare la piazza a uno* [*fargli concorrenza*] enlever la place (marchande) à qqn.; (*fig.*) compromettre la réputation de qqn. ◇ [*sede di operazioni finanziarie, bancarie*] *piazza di emissione di un assegno* place d'émission d'un chèque; *pagabile sulla piazza di...* payable sur la place de... **4** [*posto (di letto)*] place: *letto, lenzuolo, imbottita a una piazza, a due piazze* lit, drap, édredon à une place, à deux places; *un materasso da una piazza e mezzo* un matelas d'une place et demie ◇ (*loc. sport*) *piazza d'onore* [*secondo posto in graduatoria*] place d'honneur ~ *piazze d'onore* [*2°, 3°, 4° posto in classifica*] places d'honneur **5** (*mil.*) place: *piazza da guerra* place de guerre; *piazza forte* → **piazzaforte**; *comandante della piazza* commandant d'armes de la place; *piazza d'armi* place d'armes ◇ (*fig.*) [*ambiente ampio, spazioso*] *questa sala è una piazza d'armi* cette salle est immense.

piazzafòrte |pjattsa'fɔrte| *s.f.* **1** (*mil.*) place forte: *piazzeforti marittime* places fortes maritimes **2** (*fig.*) [*sostegno principale; baluardo*] bastion *m.* ◇ *il partito ha la sua piazzaforte nelle campagne* le gros des troupes du parti est dans les campagnes.

piazzaiòlo |pjattsa'jɔlo| *agg.* (*spreg.*) [*volgare, grossolano*] vulgaire, grossier*: *linguaggio piazzaiolo* langage vulgaire, grossier ✦ (*s.*) *un piazzaiolo* une personne *f.* vulgaire (*agg.*); *una piazzaiola* une femme vulgaire # *modi da piazzaiolo* manières de charretier.

piazzàle |pjat'tsale| *s.m.* **1** [*piazza aperta su uno o più lati*] esplanade (*f.*): *piazzale Michelangelo* esplanade Michelangelo **2** [*area antistante un edificio, una stazione e sim.*] *il piazzale della stazione* place *f.* de la gare # *il piazzale della basilica* le parvis de la basilique.

piazzaménto |pjattsa'mento| *s.m.* **1** (*raro*) [→ PIAZZARE A 1; B 1] placement (*corr.*) → **sistemazione** **2** (*sport*) classement: *ottenere un buon piazzamento* obtenir un bon classement → **classifica** **3** (*calcio*) *il terzino ha sbagliato piazzamento* l'arrière s'était mal placé → **posizione.**

piazzàre |pjat'tsare| **A** *v.tr.* **1** [*collocare, disporre*] placer (2): *piazzare una tenda, la roulotte* placer une tente, la roulotte; *avevano piazzato la mitragliatrice su quella collina* ils avaient placé la mitrailleuse sur cette colline ◇ [*classificare*] *la squadra ha piazzato tre uomini ai primi posti* l'équipe a eu placé trois des siens parmi les premiers **2** [*vendere un prodotto*] placer: *piazzare la merce* placer la marchandise; *son riuscito a piazzare bene tutta la partita di legname* j'ai réussi à bien placer le stock de bois; *sono articoli difficili da piazzare* ce sont des articles difficiles à placer **B** *v.pron. rifl.* PIAZZARSI **1** [*mettersi in un determinato posto*] se placer: *mi si è piazzato di fronte* il s'est placé en face de moi; *tu, piàzzati nell'angolo opposto al mio* toi, place-toi dans l'angle opposé au mien; *vi siete piazzate troppo lontano* vous vous êtes placées trop loin ◇ [*raggiungere una determinata posizione sociale o di lavoro*] *tutti i diplomati si sono già piazzati* tous les diplomates se sont déjà fait une situation; *si è piazzata in una assicurazione* elle a trouvé un poste, un emploi dans une assurance ✦ *ass.* [*affermarsi*] s'imposer: *ha fatto fatica a piazzarsi* il a eu du mal à s'imposer; *pochi si sono piazzati come lui* peu se sont imposés comme lui **2** (*sport*) [*classificarsi*] se classer: *si è piazzata seconda, fra gli ultimi* elle s'est classée, elle est arrivée deuxième, parmi les dernières; *potevi piazzarti meglio* tu pouvais mieux te classer ✦ *ass.* [*classificarsi bene, nei posti d'onore*] *mi basta piazzarmi* il me suffit de me classer dans les premières (places); *nessuna delle nostre atlete si è piazzata* aucune de nos athlètes ne s'est classée dans les premières (places) **3** (*calcio*) [*mettersi in una determinata posizione di gioco*] *piazzarsi all'attacco, in difesa* se mettre en position d'attaque, de défense; *il portiere si era piazzato male* le gardien de but s'était mal placé.

piazzàta |pjat'tsata| *s.f.* scène vulgaire, triviale*: *cosa sono queste piazzate?* qu'est-ce que c'est que ces scènes triviales?

piazzàto |pjat'tsato| *agg.* **1** (*loc.*) *persona ben piazzata* (*socialmente*) personne qui a une bonne situation (sociale) ~ *un ragazzo ben piazzato* (*fisicamente*) [*robusto*] un garçon bien planté ~ *un colpo, un pugno ben piazzato* un coup, un coup de poing bien placé **2** (*sport*) *calcio piazzato* [*tiro con pallone da fermo*] coup franc **3** (*ippica*) *cavallo piazzato* [*classificato 2° o 3°*] cheval placé.

piazzìsta |pjat'tsista| *s.* [*rappresentante di commercio; commesso viaggiatore*] représentant, placier*: *faccio il piazzista per una ditta di detersivi* je suis le représentant, le placier d'une maison de détersifs ◇ (*comm.*) placier → **intermediario.**

piazz(u)òla |pjat'ts(w)ɔla| *s.f.* **1** petite place **2** (*golf*) point *m.* de départ: *piazzola di partenza* point de départ **3** (*di strade*) aire: *piazzola di sosta, di emergenza* aire de stationnement **4** (*mil.*) *piazzola per cannoni* plate-forme pour canons; *piazzola per mitragliatrice* emplacement *m.* pour mitrailleuses.

pible (a) |a'pible| *loc. avv.* (*mar.*) *albero a pible* mât à pible.

pica, che |'pika, ke| *s.f.* **1** → **gazza 2** → **picacismo.**

picacìsmo |pika'tʃizmo| *s.m.* (*med.*) pica.

picador |pika'dɔr| *s.m. inv.* (*sp.*) picador *var.*

picarésco, chi, ca, che |pika'resko, ki, ka, ke| *agg.* (*letter.*) picaresque: *romanzo picaresco* roman picaresque.

pìcaro |'pikaro| *s.m.* picaro → **furfante** ◇ [*vagabondo, avventuriero*] vagabond *s.*, aventurier* *s.*

1 **picca, che** |'pikka, ke| *s.f.* **1** (*armi*) pique **2** *al plur.* (*carte da gioco*) pique *m. sing.* ◇ (*loc. fig.*) *contare quanto il fante di picche* [*non contar nulla*] compter pour du beurre, n'avoir aucun poids, compter pour rien ~ *rispondere picche* [*con un secco rifiuto*] refuser tout net, répondre zut (*fam.*).

2 **picca, che** |'pikka, ke| *s.f.* [*puntiglio, risentimento*] dépit (*m.*): *ormai fa tutto per picca* désormais il fait tout par dépit.

piccànte |pik'kante| *agg.* **1** [*di sapore pungente, forte*] (très) relevé; piquant: *un piatto piccante* un plat très relevé; *salsa piccante* sauce piquante **2** (*fig.*) [*mordace, pungente*] piquant, mordant: *parole piccanti* paroles piquantes, mordantes; *battute piccanti* mots d'esprit piquants, mordants; *ha fatto una satira piccante* il a fait une satire piquante ◇ [*audace, spinto*] grivois, salé: *barzelletta piccante* histoire grivoise; *ho saputo una storiella piccante* j'ai appris une histoire salée.

piccàrdo |pik'kardo| **1** *agg.* [*della Piccardia*] picard **2** (*s.m.*) *il piccardo* [*la lingua*] le picard.

piccàre |pik'kare| **A** *v.tr.* (*pop.*) [*pungere, pizzicare*] piquer (*corr.*): *mi ha piccato un insetto, una rosa* un insecte, une rose m'a piqué **B** *v.intr.* (*aus.* '*avere*') [→ *tr.*] piquer: *l'ortica picca* l'ortie pique; *non porto le maglie di lana perché piccano* je ne porte pas de pulls en laine parce que ça me pique **C** *v.pron. intr.* PICCARSI **1** [→ *tr.*] se piquer: *mi sono piccato a un piede* je me suis piqué au pied # *è caduta fra i rovi e si è piccata tutta* elle est tombée dans les ronces et elle a été griffée partout ◇ (*fig.*) [*risentirsi, impermalirsi*] se piquer, se froisser: *non puoi fare una battuta che subito si piccano* on ne peut leur faire, dire une plaisanterie qu'aussitôt ils se piquent, se froissent # *si è piccata con la suocera* elle a eu une pique avec sa belle-mère **2** [*avere la pretesa*; *vantarsi*] se piquer: *si picca di essere un grande esperto d'antiquariato* il se pique d'être un grand expert en antiquités; *si è sempre piccata di essere una gran signora* elle s'est toujours piquée d'être une grande dame.

piccàta |pik'kata| *s.f.* **1** (*raro*) coup *m.* de pique ◇ (*pop.*) → **puntura 2** (*cuc.*) [*scaloppina al burro, prezzemolo e limone*] ⊠.

piccàto |pik'kato| *agg.* [*risentito, impermalito*] piqué (*p.p*). *gli ha risposto con tono piccato* il lui a répondu sur un ton piqué.

picchè |pik'kɛ| *s.m. inv.* (*tess.*) piqué (*var.*): *un picchè fantasia* un piqué fantaisie.

picchettàggio, i |pikket'taddʒo, i| *s.m.* **1** (*raro*) [→ PICCHETTARE 1, 2, 5] piquetage (*corr.*) → **picchettamento 2** [→ PICCHETTARE 3] placement de piquets de grève: *organizzare un picchettaggio* organiser un placement de piquets de grève # *picchettaggio duro, violento, morbido* piquet rigoureux (violent), laissant passer les non-grévistes.

picchettaménto |pikketta'mento| *s.m.* **1** [→ PICCHETTARE 1] piquetage: *il picchettamento di una strada* le piquetage d'une route **2** [→ PICCHETTARE 2] *è un terreno molle, bisogna rinforzare il picchettamento* ce terrain est mou, il faut le renforcer avec des bois de mine **3** → **picchettaggio** 2.

picchettàre |pikket'tare| *v.tr.* **1** [*segnare un punto o un tracciato nel terreno con picchetti*] piqueter, jalonner: *picchettare una quota, il percorso di una curva stradale* piqueter une altitude, un virage; *stanno picchettando le fondamenta di un nuovo edificio* ils sont en train de jalonner les fondations d'un nouvel édifice **2** [*fissare, sostenere al terreno con picchetti*] mettre (71) des piquets # *picchettare una tenda* planter les piquets d'une tente, monter une tente **3** [*sorvegliare con* (1) *picchetti* (3) *gli ingressi di un luogo di lavoro*] placer (2) des piquets de grève # *la fabbrica è picchettata dagli scioperanti* l'usine est entourée de piquets de grève **4** (*mus.*) → **picchiettare 5** (*tess.*) [*seghettare l'orlo di un tessuto*] piquer: *picchettare una sottotovaglia* piquer un tapis de table.

picchettatóre |pikketta'tore| *s.m.* [*operaio che pianta i* (1) *picchetti* (1)] jalonneur.

picchettatùra |pikketta'tura| *s.f.* → **picchettamento** 1, 2.

1 **picchétto** |pik'ketto| *s.m.* **1** [*paletto, piolo*] piquet: *il perimetro è tutto segnato da picchetti* le périmètre est entièrement délimité par des piquets; *hai finito di sistemare i picchetti della tenda?* as-tu fini de planter les piquets de la tente? **2** (*mil.*) détachement de service: *siete* (*comandati*) *di picchetto* vous êtes du détachement de service; *il monumento è sorvegliato da un picchetto di carabinieri* le monument est surveillé par un détachement de gendarmes # *ufficiale di picchetto* officier de service; *picchetto d'onore* piquet, compagnie d'honneur **3** [*gruppo di lavoratori in sciopero che sorveglia gli ingressi di una fabbrica*] piquet de grève: *organizzare, togliere il picchetto* organiser, enlever le piquet de grève; *alcuni crumiri hanno forzato il picchetto* quelques jaunes ont forcé le piquet de grève.

2 **picchétto** |pik'ketto| *s.m.* (*gioco di carte*) piquet.

picchiapètto |pikkja'pɛtto| *s. inv.* (*raro*) → **bacchettone, bigotto.**

picchiàre |pik'kjare| **A** *v.tr.* **1** [*battere con forza*; *colpire, bussare*] taper, cogner: *picchiare un chiodo col martello* taper, cogner sur un clou avec un marteau; *ha picchiato la testa contro un lampione* il s'est cogné la tête contre un reverbère → **urtare**; *ho picchiato due pugni sul tavolo* j'ai frappé deux coups de poing sur la table # *ho sentito picchiare due colpi al portone* j'ai entendu frapper deux coups au portail □ *picchiarsi il petto* se frapper la poitrine **2** [*percuotere* (*qc.*, *dare delle botte*)] battre (76), frapper: *ha picchiato moglie e figli* il a battu, frappé sa femme et ses enfants; *perché lo hai picchiato?* pourquoi l'as-tu frappé?; *l'hanno picchiato sodo, di santa ragione* ils l'ont battu comme plâtre **B** *v.intr.* (*aus.* '*avere*') **1** [*battere colpi*; *bussare*] frapper: *qc. ha picchiato alla porta* qqn. a frappé à la porte; *ho picchiato due volte, ma non risponde nessuno* j'ai frappé deux fois, mais personne ne répond ◇ (*per anal.*) *il motore picchia in testa* le moteur cogne ◇ (*fig.*) [*insistere*] insister: *picchia e ripicchia l'ha spuntata* à force d'insister, il y est arrivé # *picchia sempre su quel tasto* il enfonce toujours, il tape toujours sur le même clou **2** (*aer.*) [*scendere, abbassarsi in picchiata*] descendre (53) en piqué **C** *v. pron.* PICCHIARSI **1** *recipr.* [→ *tr.* 2] se frapper, se battre: *si sono picchiate come due furie* elles se sont frappées, battues comme deux furies; elles se sont crêpé le chignon; *non dovete picchiarvi* vous ne devez pas vous battre **2** *rifl.* → *tr.* 1 □.

picchiàta |pik'kjata| *s.f.* **1** (*raro*) [→ PICCHIARE A 1] coup *m.* (*corr.*) **2** [→ PICCHIARE A 2] volée (de coups), raclée (*fam.*): *gli hanno dato una picchiata sonora* ils lui ont donné une drôle de volée **3** (*aer.*) piqué (*m.*): *l'aereo è sceso in picchiata* l'avion est descendu en piqué ◇ (*fig.*) *è corso da me in picchiata* [*a precipizio*] il est accouru chez moi en catastrophe.

picchiatèllo |pikkja'tɛllo| *agg.* (*scherz.*) [*un po' strano*; *pazzerello*] toqué (*fam.*), timbrée (*fam.*): *mi sembra un po' picchiatella la tua amica* elle me semble un peu toquée, timbrée, ton amie.

picchiàto |pik'kjato| *agg.* **1** (*scherz.*) [*poco normale*; *strano*] piqué (*fam.*), timbré (*fam.*): *ma quello è picchiato!* mais il est complètement piqué, timbré, celui-là!; *bisogna essere picchiati per far certe cose* il faut être piqués pour faire de pareils trucs **2** (*mus.*) *corde picchiate* cordes frappées.

picchiatóre, trice |pikkja'tore, tritʃe| *s.* **1** [*violento, manesco*] brute: *ha la fama di picchiatore, di picchiatrice dei figli* il, elle a la réputation d'être une brute, qui frappe ses enfants ◇ [*pugile dal pugno violento*] cogneur*: *è un temibile picchiatore* c'est un redoutable cogneur ✦ (*agg.*) *una madre picchiatrice* une mère dénaturée **2** [*chi compie intenzionalmente azioni violente, punitive contro persone, per teppismo o rivalità politica*] agitateur*, meneur*: *una squadra di picchiatori* une bande d'agitateurs, de meneurs; *picchiatori fascisti, di sinistra* agitateurs fascistes, de gauche.

picchière |pik'kjɛre| *s.m.* (*st. mil.*) piquier.

picchierellàre |pikkjerel'lare| **A** *v.tr.* **1** [*battere col picchierello*] frapper (avec une marteline): *picchierellare un blocco di porfido* frapper avec une marteline un bloc de porphyre **2** (*per est.*) [*battere con colpi leggeri e frequenti*; *tamburellare*] tambouriner: *si è messo a picchierellare le dita sul tavolo* il s'est mis à tambouriner (des doigts) sur la table **B** *v.intr.* (*aus.* '*avere*') **1** [→ *tr.* 1] frapper **2** [→ *tr.* 2] frapper, tambouriner: *picchierellava coi piedi per* *nervosismo* il frappait des pieds d'énervement; *la pioggia ha cominciato a picchierellare sulle tegole* la pluie a commencé à tambouriner sur les tuiles.

picchierèllo |pikkje'rɛllo| *s.m.* [*martellina a scalpello*] picot.

picchiettàre |pikkjet'tare| **A** *v.tr.* **1** [*battere con colpi leggeri e frequenti*] tambouriner, tapoter: *smettila di picchiettare quel bastone sul pavimento* arrête de tambouriner (le sol) avec ce bâton # *picchiettava le dita sul bicchiere per attirare l'attenzione* il faisait tinter son verre pour attirer l'attention **2** (*mus.*) [*suonare note brevi e staccate con lo stesso colpo d'arco*] piquer (légèrement): *picchiettare una serie di note* piquer (légèrement) une série de notes; *suonare picchiettando* jouer en piquant le son **3** (*per est.*) [*punteggiare con leggeri tocchi di colore*] piquer, piqueter (5): *picchiettare un fondo celeste col grigio* piquer, piqueter de gris un fond bleu clair **4** (*mar.*) [*scrostare vernice o ruggine dalle lamiere*] piquer: *picchiettare lo scafo di una imbarcazione* piquer la coque d'une embarcation **B** *v.intr.* (*aus.* '*avere*') **1** [→ *tr.* 1] tambouriner: *si sentiva la grandine picchiettare sui vetri* on entendait la grêle tambouriner sur les vitres **2** (*mus.*) [→ *tr.* 2] piquer.

picchiettàto |pikkjet'tato| *agg.* **1** [*macchiato di piccoli punti di colore*] piqué, piqueté, tiqueté: *parte picchiettata di rosso* partie piquée, piquetée, tiquetée de rouge; *foglie picchiettate di giallo* feuilles piquetées de jaune; *una cavalla bianca picchiettata di nero* une jument blanche piquetée de noir **2** (*mus.*) piqué: *note picchiettate* notes piquées ✦ (*s.m.*) *un picchiettato* un staccato, notes *f.pl.* piquées.

picchiettatùra |pikkjetta'tura| *s.f.* [→ PICCHIETTARE A 3] tiqueture: *la picchiettatura di una parete* la tiqueture d'une paroi; *la picchiettatura arancione ha vivacizzato la stanza* la tiqueture orange a ravivé la pièce.

picchiettìo, ii |pikkjet'tio, ii| *s.m.* [*colpi leggeri e frequenti*] tambourinement, tambourinage: *il picchiettio della pioggia sui vetri* le tambourinement, le tambourinage de la pluie sur les vitres; *dal piano di sopra arrivava un continuo picchiettio* un continuel tambourinement arrivait de l'étage au-dessus.

1 **pìcchio, i** |'pikkjo, i| *s.m.* [*colpo, battuta*] coup: *dare due picchi alla porta* frapper deux coups à la porte; *da dove vengono questi picchi?* d'où viennent ces coups? ◇ (*loc.*) *d'un picchio* [*di colpo*] tout à coup.

2 **pìcchio, i** |'pikkjo, i| *s.m.* (*t.zool.*) pic ~ *picchio verde* pic vert, pivert ~ *picchio rosso* pic rouge ~ *picchio nero* pic noir, de montagne.

picchiòtto |pik'kjɔtto| *s.m.* [*battente, batacchio*] *heurtoir, marteau.

piccinerìa |pittʃine'ria| *s.f.* [*meschinità, grettezza*] mesquinerie: *mi sorprende tanta piccineria* tant de mesquinerie m'étonne; *che piccineria!* quelle mesquinerie! ◇ [*azione meschina*] petitesse: *non vi credevo capaci di queste piccinerie* je ne vous croyais pas capables de toutes ces petitesses.

piccinìna |pittʃi'nina| *s.f.* **1** (*con tono compassionevole*) [*bambina*] petite: *ha freddo, povera piccinina!* elle a froid, pauvre petite! # *vieni, piccinina della mamma!* viens, l'amour de sa mère! **2** (*region.*) [*giovane commessa di sartoria*] midinette.

piccìno |pit'tʃino| *agg.* **1** [*piccolo per età*] petit: *è ancora piccino per capire, per questi lavori* il est encore bien petit pour comprendre, pour ces travaux-là; *cosa pretendi da un bimbo così piccino?* que prétends-tu d'un enfant encore si petit? ◇ [*cucciolo*] *una covata di coniglietti piccini piccini* une portée de minuscules petits lapins ✦ (*s.*) *prendilo in braccio, povero piccino!* prends-le dans tes bras, le pauvre petit!; *la gatta è gelosa dei suoi piccini* la chatte est jalouse de ses petits ◇ (*loc. fig.*) *farsi piccino* [*rannicchiarsi per questioni di spazio o per non farsi notare*] se faire tout petit: *per entrare ho dovuto farmi piccino piccino* pour entrer, j'ai dû me faire tout petit ~ *farsi, sentirsi piccino* [*provare umiliazione, vergogna*] *con i vostri rimproveri mi avete fatto sentire piccino* avec vos reproches, vous m'avez fait sentir tout petit **2** (*cose*) [*piccolo di dimensioni*] petit: *una casetta piccina piccina* une maison toute petite **3** (*fig.*) [*meschino, gretto*] mesquin: *un animo piccino* une âme mesquine # *siete di mente piccina* vous êtes étroits d'esprit.

picciolàto |pittʃo'lato| *agg.* (*bot.*) pétiolé: *foglie picciolate* feuilles pétiolées.

picciolo |'pittʃolo| *agg.* (*lett.*) → **piccolo.**

picciòlo |pit'tʃɔlo| *s.m.* (*bot.*) pétiole ◇ [*gambo del frutto*; *peduncolo*] pétiole, queue (*f.*): *staccare una ciliegia dal picciolo* détacher une cerise de sa pétiole, de sa queue.

piccionàia |pittʃo'naja| *s.f.* **1** [*locale per i piccioni*; *colombaia*] pigeonnier *m.*, colombier *m.* (*lett.*): ◇ (*loc. fig.*) *tirare i sassi in piccionaia* [*danneggiarsi con le propri mani*] donner des bâtons, des verges pour se faire fouetter **2** (*scherz.*) [*soffitta adattata ad abitazione*] combles *m. pl.*, mansarde: *vive in una piccionaia* il vit sous les combles ‖ *pur di sistemarmi, mi accontenterei di una piccionaia* pourvu que je me loge, je me contenterais d'un grenier, d'une mansarde **3** (*scherz.*) [*loggione di teatro*] poulailler (*m.*): *abbiamo trovato posto in piccionaia* nous avons trouvé des places au poulailler ◇ [*spettatori del loggione*] spectateurs *m. pl.* du poulailler: *la piccionaia ha cominciato a fischiare* les spectateurs du poulailler ont commencé à siffler.

piccioncìno |pittʃon'tʃino| *s.* **1** *s.m.* [*piccolo piccione*] pigeonnau **2** *s.* (*fig.*) [*bambino*; *ragazza minuta e graziosa*] mignon* *agg.* # *guarda che bel piccioncino!* regarde quel joli bambin; *è una piccioncina tutta pepe* c'est une enfant (qui est) comme du vif argent **3** *s.* (*scherz.*) [*innamorato*] tourtereau *m.*

piccióne |pit'tʃone| *s.m.* **1** (*t.zool.*) pigeon ~ *piccione domestico* pigeon ramier ~ *piccione terraiolo* pigeon de roche **2** (*corr.*) pigeon: *piccione femmina* femelle du pigeon, pigeon femelle, pigeonne (*raro*); *piccioni viaggiatori* pigeons voyageurs; *gara di tiro al piccione* concours de tir au pigeon; *allevare piccioni* élever des pigeons ◇ (*loc. fig.*) *prendere due piccioni con una fava* faire d'une pierre deux coups **3** (*fig.*) [*persona ingenua, sprovveduta*] pigeon: *per forza ti imbrogliano, sei un piccione!* ils te roulent forcément, tu es un pigeon! **4** (*cuc.*) tranche *f.* grasse.

picciòtto |pit'tʃɔtto| *s.* (*region.*) jeune homme *m.*, jeune fille *f.* → **giovanotto.**

piccirìllo |pittʃi'rillo| *s.* (*region.*) → **fanciullo, bambino.**

picciuòlo |pit'tʃwɔlo| *s.m.* → **picciolo.**

pìcco, chi |'pikko, ki| *s.m.* **1** pic: *salire su un picco* monter sur un pic ◇ (*scherz.*) *abita su un picco* [*luogo scomodo, scosceso*] il habite sur un pic → **cima, vetta** ◇ *loc.* A PICCO à pic: *la montagna scende a picco sul lago* la montagne descend à pic sur le lac; *è caduto a picco nel burrone* il est tombé à pic dans le ravin ~ *la nave andava, colava a picco* [*affondava*] le bateau coulait à pic ~ (*fig.*) *una speculazione sbagliata l'ha mandato a picco* [*in rovina*] une mauvaise speculation l'a fait sombrer **2** (*mar.*) *picco della randa* corne *f.* de brigantine; *picco di carico* mât de charge.

piccolézza |pikko'lettsa| *s.f.* **1** [*limitatezza di dimensioni*] petitesse, exiguïté: *la piccolezza di un oggetto* la petitesse d'un objet; *non avevo notato la piccolezza delle stanze* je n'avais pas remarqué l'exiguïté des pièces ◇ [*esiguità, limitatezza*] exiguïté # *scusateci per la piccolezza del pasto* excusez-nous pour la modestie du repas **2** (*per est.*) [*cosa insignificante*; *inezia*] petit rien *m.*, bagatelle: *come ferita è una piccolezza* c'est une blessure de rien du tout, c'est une toute petite blessure ‖ *lasciate stare queste piccolezze!* laissez de côté ces bagatelles! **3** (*fig.*) [*meschinità, piccineria*] petitesse, mesquinerie: *piccolezza d'animo* petitesse d'esprit; *non reagiamo a queste piccolezze!* ne réagissons pas à ces petitesses, à ces mesquineries!

pìccolo |'pikkolo| **I** *agg.* **1** (*di età*) petit: *un bambino piccolo* un petit enfant; *un gattino piccolo* un petit chat; *ha due figli ancora piccoli* il a deux enfants encore petits, en bas âge; *pretendi troppo, è ancora piccolo* tu (en) exiges trop, il est encore si petit; *da piccolo era più buono* quand il était petit, il était plus sage ◇ (*loc.*) *fin da piccolo* depuis que je suis petit, depuis mon enfance ✦ (*s.*) *un piccolo* un, une enfant; un petit: *ha il piccolo malato* son enfant est malade ‖ *la cagna allatta i piccoli* la chienne allaite ses petits **2** (*di dimensione, statura*) petit: *una casa, una valigia piccola* une petite maison, une petite valise; *i piccoli paesi* les petits villages; *formato piccolo* petit format; *ha il naso piccolo* elle a un petit nez; *prova a entrare tu che sei più piccolo* essaie d'entrer, toi qui es plus petit; *in fotografia non mi sembrava così piccolo* en photo(graphie), il ne me semblait pas si petit; *sono rimaste solo le taglie piccole* il ne reste plus que les petites tailles; *dammi la misura più piccola che hai* donne-moi la taille la plus petite que tu aies; *è un appartamento troppo piccolo per noi* c'est un appartement trop petit pour nous ◇ (*loc. fig.*) *farsi piccolo* (*piccolo*) *per la vergogna* se faire tout petit de honte **3** (*di quantità, intensità, importanza*) petit: *una piccola spesa, un piccolo debito* une petite dépense, une petite dette; *un piccolo rumore* un petit bruit; *la piccola industria* la petite industrie; *associazione di piccoli commercianti* association de petits commerçants; *è stata una piccola svista* cela a été une petite méprise; *fammi questo piccolo favore* rends-moi ce petit service; *ci hanno preparato una piccola sorpresa* ils nous ont préparé une petite surprise ◇ (*loc.*) *piccola pubblicità* petites annonces ~ *piccolo teatro* théâtre d'avant-garde **4** [*di breve durata*] petit: *un piccolo intervallo* un petit intervalle; *ho fatto una piccola passeggiata* j'ai fait une petite promenade ◇ (*loc. fig.*) *far le ore piccole* rentrer à une heure avancée **5** (*per est.*) [*di modeste condizioni*] petit: *i piccoli impiegati* les petits employés; *appartiene alla piccola borghesia* il appartient à la petite bourgeoisie; (*spreg.*) *ha una mentalità* (*da*) *piccolo borghese* il a une mentalité de petit-bourgeois **6** (*fig.*) [*gretto, meschino*] étroit: *una mente piccola* un esprit étroit; *siete di animo piccolo* vous avez un esprit étroit; *hanno vedute piccole* ils ont des vues étroites **II** *s.* **1** *s.* [*bambino*] enfant; petit: *giochi, spettacoli per i piccoli* jeux, spectacles pour enfants ‖ *povera piccola!* pauvre petite!; *ehi! piccolo, vieni qui!* eh! petit, viens ici! **2** *s.* [*chi è di condizioni inferiori*] petit: *la crisi colpisce soprattutto i piccoli* la crise frappe surtout les petits; *i piccoli son sempre destinati a soccombere* les petits sont toujours destinés à succomber **3** *s.m.* [*ciò che è di scarsa rilevanza*] détail: *si preoccupa anche del piccolo* il se soucie aussi du détail; *specula anche sul piccolo* il spécule même sur des détails, sur le détail ◇ *loc.* IN PICCOLO en petit: *riproduzione in piccolo* reproduction en petit; *in piccolo, è tutto suo padre* en plus petit, c'est son père tout craché # *faccio il commerciante in piccolo* je suis dans le commerce de détail ~ *nel mio, nel suo, nel proprio piccolo...* toutes proportions gardées... ~ *nel mio piccolo faccio quel che posso* dans la faible mesure de mes moyens, je fais ce que je peux; *nel loro piccolo sono molto efficienti* dans la faible mesure de leurs moyens, ils sont très efficaces Ⓒ **grande**.

piccolo-borghése |pikkolobor'geze| *agg. e s.* petit-bourgeois.

picconàre |pikko'nare| *v.tr. e intr.* (*aus.* '*avere*') [*rompere col piccone*] piocher (*tr.*): *picconare un pavimento* piocher un sol ✦ (*ass.*) *ho picconato tutta la mattina* j'ai pioché toute la matinée.

picconàta |pikko'nata| *s.f.* coup *m.* de pioche, de pic: *demolire un muro a picconate* démolir un mur à coups de pioche, de pic.

piccóne |pik'kone| *s.m.* (*utensile*) pioche *f.*, pic ◇ (*loc.*) *dare il primo colpo di piccone*: (*pr.*) donner le premier coup de pioche, de pic; (*fig.*) [*dare inizio a un lavoro*] poser la première pierre.

picconière |pikko'njɛre| *s.m.* [*operaio che lavora col piccone*] piocheur: *una squadra di picconieri* une équipe de piocheurs.

piccóso |pik'koso| *agg.* [*permaloso, puntiglioso*] susceptible: *ti offendi subito, come sei piccoso!* comme tu es susceptible, tu te fâches tout de suite!

piccòzza |pik'kɔttsa| *s.f.* [*piccone col manico corto*] pioche ◇ (*alpinismo*) piolet *m.*

picea |'pitʃea| *s.f.* (*t.bot.*) épicéa *m.*

piceo |'pitʃeo| *agg.* de poix (*loc. inv.*): *sostanza picea* substance de poix ◇ [*che ha l'aspetto o il colore della pece*] *color piceo* noir comme la poix.

Picifórmi |pitʃi'formi| *s.m. pl.* (*t. zool.*) Piciformes.

pick-up |'pikʌp| *s.m. inv.* (*ingl.*) pick-up.

picnic |'piknik| *s.m. inv.* (*ingl.*) pique-nique (*var.*): *dei picnic* des pique-niques.

picnòmetro |pik'nɔmetro| *s.m.* (*fis.*) pycnomètre.

picnòsi |pik'nɔzi| *s.f. inv.* (*patol.*) pycnose *var.*

pico- |'piko| *pref.* (*indica misura divisa per un trilione, corrisponde gener. a*) pico: *picofarad* picofarad.

picofàrad |piko'farad| *s.m. inv.* (*fig.*) picofarad *var.*

picòzzo |pi'kɔttso| *s.m.* (*veter.*) pince *f.*

picràto |pi'krato| *s.m.* (*chim.*) picrate.

pìcrico, ci, ca, che |'pikriko, tʃi, ka, ke| *agg.* picrique: *acido picrico* acide picrique.

picr(o)- |'pikr(o)| *pref.* (*significa* '*amaro*', *corrisponde gener. a*) picr(o): *picrotossina* picrotoxine.

picrotossìna |pikrotos'sina| *s.f.* picrotoxine.

pidocchierìa |pidokkje'ria| *s.f.* **1** économie de bouts de chandelles, pingrerie: *questo non è risparmio, ma pidocchieria!* ce n'est pas de l'épargne, c'est de l'économie de bouts de chandelles! **2** [*azione gretta, meschina*] mesquinerie: *non mi aspettavo simili pidocchierie* je ne m'attendais pas à de telles mesquineries.

pidòcchio, i |pi'dɔkkjo, i| *s.m.* **1** (*t.zool.*) pou* **2** (*fig., spreg.*) [*persona gretta, meschina*] pingre: *non si accontentano mai questi pidocchi!* il leur en faut toujours davantage, à ces pingres! ◇ (*loc. fig.*) *un pidocchio rifatto* un parvenu.

pidocchióso |pidok'kjoso| *agg.* **1** [*pieno, infestato di pidocchi*] pouilleux*: *un povero barbone sporco e pidocchioso* un clochard sale et pouilleux # *un pollaio pidocchioso* un poulailler plein de vermine **2** (*fig., spreg.*) [*che è spilorcio e meschino*] pingre: *figurati se paga quel pidocchioso!* tu imagines comment il paie, ce vieux pingre! ✦ (*s.*) *un pidocchioso* un pingre.

piè |'pjɛ| *s.m. inv.* **1** (*lett.*) [*piede*] pied *var.* (*corr.*): *il piè veloce Achille* Achille au pied léger **2** (*loc.*) *saltare a piè pari* sauter à pieds joints ~ *a piè fermo* de pied ferme ~ *a piè di pagina* au bas de la page ~ *a piè del monte* au pied de la montagne ~ (*fig.*) A OGNI PIÈ SOSPINTO [*a ogni momento*] à chaque instant: *mi provoca a ogni piè sospinto* il me provoque à chaque instant.

'pièce' |pjɛs| *s.f. inv.* pièce *var.*

'pied-à-terre' |pjetatɛʀ| *s.m. inv.* pied-à-terre: *alloggiare in un 'pied-à-terre'* habiter un pied-à-terre.

piedattèrra |pjedat'tɛrra| *s.m. inv.* → **'pied-à-terre'**.

'pied-de-poule' |pjedpul| *agg. inv. e s.m. inv.* pied-de-poule (*var.*): *dei 'pied-de-poule'* des pieds-de-poule.

pìede |'pjɛde| *s.m.* **1** (*anat., corr.*) pied: *piede destro, sinistro* pied droit, gauche; *piede cavo, piatto, valgo, equino* pied creux, plat, valgus, équin; *il collo, il dorso, la pianta del piede* le cou-de-pied, la plante du pied; *i piedi del cavallo* les pieds du cheval; *lavarsi i piedi* se laver les pieds; *ho male, freddo ai piedi* j'ai mal, froid aux pieds; *si è ferito a un piede* il s'est blessé au pied, à un pied; *non camminate a piedi nudi* ne marchez pas pieds nus, nu-pieds; *muoviamoci in punta di piedi* déplaçons-nous sur la pointe des pieds; *non mettere i piedi per terra* ne pas mettre pied à terre; *guarda dove metti i piedi* regarde où tu mets les pieds, où tu marches; *l'ho schiacciato col piede* je l'ai écrasé avec le pied, du pied ◇ (*eccl.*) *il bacio del piede* le baiser du pied **2** *loc.* ANDARE, CAMMINARE A PIEDI aller, marcher à pied: *noi proseguiamo a piedi* nous, nous continuons à pied ~ *rimanere, restare a piedi* rester sans moyen de locomotion ~ IN PIEDI debout: *sedetevi, perché state in piedi?* asseyez-vous, pourquoi restez-vous debout?; *posti a sedere e posti in piedi* places assises, places debout; *ha fatto il viaggio tutto in piedi* il a fait tout le voyage debout ~ STARE, REGGERSI IN PIEDI se tenir debout: *non mi reggo in piedi dalla debolezza* je suis si faible que je ne tiens plus debout; *il bambino comincia a reggersi in piedi* l'enfant commence à se tenir debout ~ ALZARSI IN PIEDI se mettre debout ~ *in piedi!* debout! ~ ESSERE IN PIEDI [*essere alzato dal letto*] être sur pied, debout: *sono in piedi dalle quattro di stamattina* je suis sur pied, debout depuis quatre heures du matin ~ *mettere un piede in fallo*: (*pr., fig.*) faire un faux pas ~ *partire col piede sbagliato*: (*pr., fig.*) mal partir, partir du mauvais pied ~ *battere, pestare i piedi*: (*pr.*) piétiner, trépigner; (*fig.*) [*protestare*] protester ~ (*fig.*) *pestare i piedi a qc.* [*dargli fastidio*] casser les pieds à qqn. (*fam.*) ~ *da capo a piedi* des pieds à la tête, de pied en cap ~ *arrampicarsi con le mani e coi piedi*: (*pr.*) grimper en s'aidant des mains et des pieds; (*fig.*) [*aiutarsi in tutti i modi*] faire des pieds et des mains ~ *puntare i piedi*: (*pr.*) s'arc-bouter; (*fig.*) [*ostinarsi*] s'obstiner, s'entêter ~ METTER PIEDE *in un luogo* [*andarci, entrarci*] mettre les pieds (quelque part): *sono anni che non metto più piede in uno stadio* cela fait des années que je ne mets plus les pieds dans un stade; *non mettere più piede in casa mia!* ne mets plus les pieds chez moi! ~ SALTARE (*un ostacolo*) A PIEDI PARI: (*pr.*) sauter (un obstacle) à pieds joints; (*fig.*) [*tralasciare completamente*] *nel resoconto ha saltato a piedi pari le nostre critiche* dans le résumé, il a sauté à pieds joint nos critiques ◇ (*loc. fig.*) *darsi la zappa sui piedi* donner des verges pour se faire fouetter ~ *sentirsi mancare la terra sotto i piedi* sentir la terre se dérober sous ses pieds ~ *correre con le ali ai piedi* avoir des ailes aux talons ~ *andare, andarci coi piedi di piombo* aller, y aller (*fam.*) très prudemment ~ *cadere in piedi* retomber sur ses pieds ~ *stare coi piedi per terra* avoir les pieds sur terre

~ *essere con un piede nella fossa* avoir un pied dans la tombe ~ *tiene sempre il piede in due staffe* il ménage toujours la chèvre et le chou ~ *avere qc. tra i piedi* avoir qqn. dans les pattes (*fam.*) ~ *levarsi, togliersi dai piedi q.c.* se débarrasser de qqch. ~ *toglietevi dai piedi, fannulloni!* fichez-moi le camp, fainéants! (*fam.*) ~ *non riesco a cavare i piedi da questo lavoro* je n'arrive pas à me tirer de ce travail ~ *lasciarsi mettere sotto i piedi* fouler qqn. aux pieds ~ *mettere qc. sotto i piedi* dominer qqn. ~ *non mi faccio mettere i piedi sul collo da nessuno* personne ne peut m'avoir sous sa coupe ~ *gettarsi ai piedi di qc.* se jeter aux pieds de qqn. ~ *ha tutti ai suoi piedi* tout le monde est à ses pieds ~ *consegnarsi a qc. mani e piedi* se livrer à qqn. pieds et poings liés ~ *sono legata mani e piedi* j'ai pieds et poings liés ~ *avere, portarsi una palla al piede* traîner un boulet au pied ~ *mi ha licenziato su, sui due piedi* on m'a renvoyé sur-le-champ ~ *camminare coi propri piedi* être indépendant ~ PRENDERE PIEDE [*affermarsi*; *diffondersi*] prendre (consistance); *i sospetti su di lui prendono sempre più piede* les soupçons prennent sur lui de plus en plus de consistance; *una moda che fatica a prendere piede* une mode qui a du mal à prendre ~ *ragionamento fatto coi piedi* raisonnement que l'on a fait, fait comme un pied ~ *lavoro fatto coi piedi* travail fait avec les pieds ~ *ha sempre fretta, gli scotta la terra sotto i piedi* il est toujours pressé, le pavé lui brûle les pieds ~ *essere sul piede di guerra* être sur le pied de guerre ~ *essere sul piede di partenza* être (tout) prêt à partir ~ (*dir.*) *denuncia a piede libero* accusation en liberté **3** (*per est.*) [*oggetto, cosa a forma di piede*] pied: *piede di porco* pied-de-biche; *piede di pollo* pied-de-poule ◇ (*alpinismo*) *piede d'elefante* pied d'éléphant; *piede di leone* → **stellaria** ◇ (*mar.*) *piede di ruota* pied-de-roue **4** [*sostegno, base*] pied: *i piedi del tavolo, del divano* les pieds d'une table, d'un divan; *una seggiola senza un piede* une chaise sans un pied; *il piede del fungo* le pied, la queue d'un champignon → **gambo**; *si è staccato il piede della lampada* le pied de la lampe s'est détaché ◇ (*tip.*) *il piede di una lettera* le pied d'une lettre ◇ *loc.* STARE, RIMANERE IN PIEDI tenir debout # *il tetto non sta più in piedi* le toit ne tient plus; *solo pochi edifici sono rimasti in piedi* seuls quelques édifices sont restés debout; (*fig.*) *cosa, ragionamento che non sta, non si regge in piedi* chose, raisonnement qui ne tient pas debout ~ (*fig.*) METTERE, RIMETTERE, TENERE IN PIEDI mettre, remettre, garder sur pied, en état: *mettere in piedi un'azienda, un gruppo sportivo, uno spettacolo* mettre sur pied une entreprise, un groupe sportif, un spectacle; *rimettere in piedi un impianto* remettre en état une installation # *tenere in piedi un'associazione, un'iniziativa* organiser une association, une initiative ~ (*fig.*) *mettere due cose su un piede di parità* mettre deux choses sur un pied d'égalité **5** (*fig.*) [*parte, zona estrema in basso, in fondo*] pied: *il piede di una colonna, di un albero* le pied d'une colonne, d'un arbre; *il piede della perpendicolare* le pied de la perpendiculaire; *siamo arrivati ai piedi della montagna* nous sommes arrivés au pied de la montagne; *stava seduta ai piedi del letto* elle était assise au pied du lit # *leggi l'annotazione al piede del foglio* lis la note en bas de page ◇ (*loc.*) *ci lasciano sempre da piedi* [*per ultimi*] ils nous quittent, ils nous laissent toujours les derniers ~ *devo rifarmi da piedi* [*da capo, dall'inizio*] je dois recommencer depuis le début **6** (*unità di misura ant. e ingl.*) pied: *piede greco, romano, inglese* pied grec, romain, anglais; *una lunghezza di tre piedi* une longueur de trois pieds; *piede quadrato, cubico* pied carré, cubique **7** (*metr.*) pied.

piedestàllo |pjedes'tallo| *s.m.* → **piedistallo.**

piedìno |pje'dino| *s.m.* **1** petit pied: *il bambino ha i piedini gelati* l'enfant a ses petits pieds gelés ◇ (*loc.*) *fare* (*il*) *piedino* faire du pied **2** (*cuc.*) *piedini di maiale* pieds de porc **3** [*parte della macchina da cucire*] pied-de-biche: *dei piedini* des pieds-de-biche.

piedipiàtti |pjedi'pjatti| *s.m. inv.* (*pop.*) [*poliziotto, vigile*] flic *var.*

piedistàllo |pjedis'tallo| *s.m.* piédestal*: *piedistallo di legno, di marmo* piédestal en bois, en marbre; *il piedistallo di una colonna* le piédestal d'une colonne # *bicchieri col piedistallo* verres à pied ◇ (*loc. fig.*) *far da piedistallo a qc.* servir de piédestal à qqn. ~ *mettersi, mettere qc. su un piedistallo* [*esaltarsi, esaltare qc.*] se mettre, placer qqn. sur un piédestal.

piedritto |pje'dritto| *s.m.* (*arch.*) pied-droit, piédroit.

pièga, ghe |'pjɛga, ge| *s.f.* **1** [*elemento incurvato o piegato ad angolo*] pli (*m.*): *le pieghe della pelle* les plis de la peau; *non fargli fare pieghe* ne lui fais pas faire de plis ◇ [*segno lasciato da una piegatura*] *un foglio, un abito tutto a pieghe* [*spiegazzato*] une feuille pleine, un habit plein de plis, froissé(e); *togliere le pieghe col ferro da stiro* enlever les plis avec un fer (à repasser) ◇ (*per anal.*) *le pieghe di una gonna, di una tenda* les plis d'une jupe, d'un rideau; *rifare la piega ai pantaloni* refaire le pli du pantalon # *una gonna a pieghe* une jupe plissée ◇ (*acconc.*) *la piega dei capelli* le pli des cheveux; *fare la messa in piega* faire une mise en plis ◇ (*anat.*) repli (*m.*): *piega cerebrale, peritoneale* repli du cerveau, du péritoine **2** (*geol.*) pli: *piega dritta, coricata* pli droit, couché; *pieghe isoclinali* plis isoclinaux **3** *loc. fig.* NON FARE UNA PIEGA (*persone*) [*restare impassibile*] ne pas broncher: *ha ascoltato il rimprovero senza fare una piega* il a écouté le reproche sans broncher; *ha accettato il prezzo senza fare una piega* il a accepté le prix sans broncher ◇ (*cose*) [*essere perfetto, chiaro*] impeccable: *il ragionamento, la spiegazione non fa una piega* le raisonnement, l'explication est impeccable ~ PRENDERE UNA (BRUTTA, CATTIVA) PIEGA [*indirizzo, andamento*] prendre un (mauvais) pli: *quel ragazzo sta prendendo una cattiva piega* ce garçon est en train de prendre un mauvais pli, de filer un mauvais coton # *gli affari hanno preso una brutta piega* les affaires ont pris une mauvaise tournure **4** *al plur.* (*fig.*) [*parti nascoste, intime*] replis: *scrutare nelle pieghe della coscienza* scruter les replis de l'âme # *ipotesi mascherate nelle pieghe del discorso* hypothèses cachées entre les lignes du texte.

piegabàffi |pjega'baffi| *s.m. inv.* [*mascherina per tenere in piega i baffi durante il sonno*] relève-moustache.

piegàbile |pje'gabile| *agg.* [→ PIEGARE A] pliable.

piegacìglia |pjega'tʃiʎʎa| *s.m. inv.* [*arnese che serve a piegare in su le ciglia*] recourbe-cils.

piegafèrro |pjega'fɛrro| *s.m.* (*edil. tecnol.*) fer à couder les barres.

piegaménto |pjega'mento| *s.m.* [→ PIEGARE] pliage, pliement: *piegamento di una barra, di un lenzuolo, di un braccio* pliage, pliement d'une barre, d'un drap, d'un bras ◇ (*ginnastica*) flexion *m.* → **flessione.**

piegàre |pje'gare| **A** *v.tr.* **1** [*modificare la struttura lineare o piatta di un oggetto*; *curvare*] plier: *piegare un filo di ferro, una barra metallica, una lamiera* plier un fil de fer, une barre métallique, une tôle; *piegare a 'U', ad angolo retto, a gomito* plier en 'U', en angle droit, en coude (couder); *l'ho piegato a mano* je l'ai plié à la main; *il calore ha piegato la plastica* la chaleur a plié le plastique # *il peso ha fatto piegare la trave* le poids a fait ployer la poutre; *i rami erano piegati dal vento* les branches étaient courbées par le vent ◇ [*ripiegare secondo un certo criterio*] *piegare un fazzoletto, un tovagliolo* plier un mouchoir, une serviette de table; *piegate il foglio in due, in quattro* pliez la feuille en deux, en quatre ◇ (*di parti del corpo*) [*articolare ad angolo*] plier, incliner: *piegare le braccia, le gambe,* plier les bras, les jambes; *piegare leggermente la testa a sinistra* plier, incliner légèrement la tête à gauche; *piegare il busto in avanti* plier, incliner le buste en avant **2** [*inclinare verso il basso*] plier; ployer (10): *piegare la testa, la fronte* plier, baisser la tête, le front ‖ *l'abbondanza della frutta fa piegare i rami degli alberi* l'abondance des fruits fait ployer les branches des arbres # *ho piegato troppo il vaso e mi è uscito dell'olio* j'ai trop incliné le vase et l'huile s'est répandue ◇ (*loc. fig.*) *piegare la fronte* [*far atto di reverenza*] courber le front ~ *piegare la testa* [*sottomettersi*] courber la tête: *a malincuore, ma ha dovuto piegare la testa* à contrecœur, il a dû courber la tête ~ *piegare il groppone* [*lavorare duro*] trimer, besogner, peiner **3** (*fig.*) [*far cedere*; *sottomettere*] plier, assujettir, soumettre (71): *nessuno riuscirà a piegarlo* personne ne réussira à le plier; *non mi piegheranno certo con le minacce!* ce n'est certainement pas par la menace qu'ils me soumettront; *ci hanno piegati solo con la forza* ils nous ont soumis seulement par la force ◇ [*superare, vincere*] vaincre (54): *piegare un avversario irriducibile* vaincre un adversaire irréductible; *dobbiamo piegare la resistenza del nemico* il nous faut vaincre la résistance de l'ennemi ◇ [*riuscire a convincere*] convaincre (54): *a forza d'insistere l'hanno piegato* à force d'insister ils l'ont convaincu **B** *v.intr.* (*aus. 'avere'*) [*mutare direzione*; *curvare*] tourner: *la strada piega prima a destra, poi a sinistra* la route tourne d'abord à droite, puis à gauche; *hai piegato troppo a nord* tu as tourné trop au nord; (*mar.*) tu as viré, tu es monté trop au nord # *il grafico dei prezzi piega bruscamente al rialzo* la courbe des prix monte brusquement **C** *v.pron.* PIEGARSI **1** *rifl.* [*curvarsi*] (se) plier; se ployer: *piegatevi in avanti, sulle gambe, sulle ginocchia* pliez-vous en avant, sur les jambes, sur les genoux || *si era piegata sino a terra* elle s'était ployée jusqu'à terre; *si piegava sotto il peso eccessivo* elle ployait sous le poids excessif; *piegarsi in due dal dolore, dal ridere* se tordre de douleur, se tordre (de rire) ◇ (*fig.*) [*cedere, condiscendere*] se plier; se prêter à: *alla fine si è piegata alle mie preghiere* à la fin, elle s'est pliée à mes prières, elle a exaucé mes prières; *a malincuore ho dovuto piegarmi* j'ai dû plier à contrecœur || *non bisognerebbe mai piegarsi a simili sotterfugi* il ne faudrait jamais se prêter à de pareils subterfuges # *si sono piegati dopo una lunga resistenza* ils se sont inclinés après une longue résistance ◇ (*loc.*) *si spezza, ma non si piega* il plie et ne rompt pas, il préfère mourir que se rendre **2** *intr.* [*curvarsi, inclinarsi*] ployer *intr.*, faire *intr.* s'affaisser: *i rami si piegano sotto il peso della neve* les branches ploient sous le poids de la neige; *gli si piegavano le gambe dalla paura* la peur le faisait s'affaisser sur ses jambes; *le strutture si sono piegate per il calore dell'incendio* la chaleur de l'incendie a fait s'affaisser les structures; *invece che piegarsi si è spezzato* au lieu de s'affaisser, il s'est cassé.

piegàta |pje'gata| *s.f.* (*nella loc.*) *dare una piegata alla meglio alla biancheria* [→ PIEGARE A 1] plier tant bien que mal le linge.

piegàto |pje'gato| *agg.* **1** [*che ha assunto struttura lineare diversa da quella normale*] plié (*p.p.*): *lamiere piegate* tôles pliées; *rami piegati* branches pliées ◇ (*di abiti*) [*spiegazzato*] froissé: *hai la giacca tutta piegata sulla schiena* ta veste est toute froissée dans le dos **2** (*di carta, biancheria e sim.*) [*sistemato con opportune piegature*] plié: *camicie stirate e piegate* chemises repassées et pliées; *un foglio piegato nel mezzo* une feuille pliée en deux **3** [*che è in una data posizione mediante la piegatura delle articolazioni*] plié, replié: *tenere le braccia piegate* avoir les bras (re)pliés; *stava piegato sulle ginocchia* il était plié sur ses genoux # *il manichino ha la testa troppo piegata in avanti* le mannequin a la tête trop penchée en avant.

piegatondino |pjegaton'dino| *s.m.* (*edil.*) cintreuse *f.* à barres.

piegatóre, trice |pjega'tore, tritʃe| *s.* [*chi piega*] plieur*.

piegatrice |pjega'tritʃe| *s.f.* (*tecnol.*) plieuse.

piegatùbi |pjega'tubi| *s.m.inv.* (*tecnol.*) cintreuse *f. var.* pour tubes.

piegatùra |pjega'tura| *s.f.* **1** [→ PIEGARE A 1] pliage (*m.*): *piegatura di un foglio, di una lamiera* pliage d'une feuille, d'une tôle; *piegatura a mano, a macchina* pliage à la main, à la machine ◇ (*legatoria*) pliage, pliure **2** [*segno, linea della piegatura; piega*] pli (*m.*): *bisogna eliminare quelle piegature* il faut enlever ces plis.

pieghettàre |pjeget'tare| *v.tr.* [*eseguire una serie di pieghe strette e regolari su carta o tessuti*] plisser: *pieghettare una gonna* plisser une jupe; *si diverte a pieghettare fogli di carta* il s'amuse à plisser (en éventail) des feuilles de papier.

pieghettàto |pjeget'tato| *agg.* [*che è piegato a pieghe fitte e regolari*] plissé: *camicetta pieghettata* chemisier plissé; *un foglio pieghettato* une feuille pliée (en éventail).

pieghettatóre, trice |pjegetta'tore, tritʃe| *s.* [*chi esegue la pieghettatura di tessuti*] plisseur*.

pieghettatrice |pjegetta'tritʃe| *s.f.* (*tecnol. tess.*) plisseuse.

pieghettatùra |pjegetta'tura| *s.f.* **1** [→ PIEGHETTARE] plissage (*m.*): *pieghettatura a macchina* plissage à la machine **2** [*le pieghe di un tessuto*] plissé *m.*, plissure (*raro*): *la tenda ha perduto la pieghettatura* le rideau a perdu son plissé.

pieghévole |pje'gevole| **I** *agg.* **1** [*che si piega con facilità*] pliable: *legni, metalli pieghevoli* bois, métaux pliables, flexibles ◇ (*fig.*) [*arrendevole, flessibile*] souple: *animo, carattere pieghevole* esprit, caractère souple ◇ (*raro, fig.*) → **versatile** **2** [*che si può ripiegare per ridurre l'ingombro*] pliant: *tavolino, letto pieghevole* table pliante, lit pliant; *sedie pieghevoli* chaises pliantes **II** *s.m.* [*stampato pubblicitario ripiegato una o più volte*] dépliant.

pieghevolézza |pjegevo'lettsa| *s.f.* (*raro*) → **flessibilità**.

piègo, ghi |'pjɛgo, gi| *s.m.* (*raro*) → **plico**.

piegolina |pjego'lina| *s.f.* petit pli *m.*

pielite |pie'lite| *s.f.* (*med.*) pyélite.

pielografìa |pielogra'fia| *s.f.* (*med.*) pyélographie.

pielonefrite |pielone'frite| *s.f.* (*med., veter.*) pyélonéphrite.

piemia |pje'mia| *s.f.* (*med.*) pyémie, pyohémie.

piemontése |pjemon'tese| **1** *agg.* [*del Piemonte*] piémontais: *vini piemontesi* vins piémontais **2** (*s.m.*) *il piemontese* [*il dialetto*] le piémontais.

pièna |'pjɛna| *s.f.* **1** [*fase di portata superiore al normale di un corso d'acqua*] crue: *fiume, torrente in piena* fleuve, torrent en crue; *fase di piena ascendente* phase de crue, de montée des eaux ◇ (*per est.*) [*massa d'acqua straripata*] inondation: *la piena ha devastato le campagne* l'inondation a dévasté les campagnes **2** (*fig.*) [*affollamento, calca di persone*] foule: *la piazza è invasa da una piena di turisti* la place est envahie par une foule de touristes **3** (*fig.*) [*foga, sovrabbondanza*] fougue (*lett.*), impétuosité: *comprensibili esagerazioni pronunciate nella piena del discorso* exagérations compréhensibles prononcées dans la fougue du discours; *dare sfogo alla piena dei sentimenti* donner libre cours à la fougue, à l'impétuosité de ses sentiments.

pienaménte |pjena'mente| *avv.* [→ PIENO I 3] pleinement, tout à fait *loc. inv.*

pienézza |pje'nettsa| *s.f.* **1** → **interezza, completezza** **2** (*per est.*) [*grado massimo di possibilità, di intensità*] plénitude: *la pienezza di un suono* la plénitude d'un son; *raggiungere la pienezza delle forze* atteindre la plénitude de ses forces; *un sentimento espresso nella sua pienezza* un sentiment exprimé dans sa plénitude.

pièno |'pjɛno| **I** *agg.* **1** [*riempito al massimo della capacità*] plein: *un bicchiere, un piatto, un secchio pieno* un verre, un plat, un seau plein; *recipiente pieno fino all'orlo, troppo pieno* récipient plein jusqu'aux bords, trop plein; *la valigia è già piena, piena zeppa* la valise est déjà pleine, pleine à craquer; *l'autobus, il teatro è già pieno* l'autobus, le théâtre est déja plein; *ho il salvadanaio pieno* ma tirelire est pleine ◇ (*per est.*) (*opposto a 'cavo, vuoto'*) *spighe, noci piene* épis pleins, noix pleines; *copertoni pieni* pneus pleins; *muro pieno* mur plein; *parlare con la bocca piena* parler la bouche pleine; (*pop.*) *una cavalla, una mucca piena* [*gravida*] une jument, une vache pleine # (*ricamo*) *punto pieno* plumetis ◇ (*fam.*) [*sazio, satollo*] *non prendo altro, sono già pieno* je ne mange plus rien, je suis rassasié, j'ai le ventre plein (*pop.*); *sono pieno come un uovo, fino agli occhi* je suis plein comme un œuf; *medicine da prendere a stomaco pieno* médicaments à prendre après le repas; *a pancia piena si ragiona meglio* on raisonne mieux (avec) l'estomac plein ◇ (*fig.*) [*florido, abbondante*] *petto pieno* poitrine pleine; *fianchi pieni* hanches pleines; *ha una bella faccia piena* il a un beau visage plein ◇ (*loc. fig.*) *la misura è già, ormai piena* tu passes, vous passez la mesure; ma patience est à bout ~ *elargire, spargere a piene mani* donner à pleines mains ~ *avere la giornata, la settimana piena* avoir sa journée, sa semaine pleine **2** (*con specificazione del contenuto*) plein: *una bottiglia piena di acqua, di vino* une bouteille pleine d'eau, de vin; *guardaroba pieno di vestiti* garde-robe pleine de vêtements; *ambiente pieno di fumo* pièce pleine de fumée → **saturo**; *un giardino pieno di fiori* un jardin plein de fleurs; *ha sempre la casa piena di amici* sa maison est toujours pleine d'amis; *la piazza è piena di gente* la place est noire de monde, pleine de gens → **affollato**; *guardava con occhi pieni di lacrime* il regardait les yeux pleins de larmes ◇ [*coperto, cosparso*] *aveva il corpo pieno di lividi* il avait le corps couvert de bleus; *il cielo è pieno di nubi* le ciel est couvert de nuages; *abbiamo fatto una strada piena di sassi e di buche* nous sommes passés sur une route pleine de cailloux et de trous ◇ (*fig.*) [*che abbonda*] *un ragazzo pieno di vita, di salute, di entusiasmo* un garçon plein de vie, de santé, d'enthousiasme; *un ambiente pieno di sole, di luce* une pièce pleine de soleil, de lumière; *un compito pieno di errori* un devoir plein d'erreurs; *è sempre pieno di idee* il est toujours plein d'idées, il a toujours des idées; *sono pieni di quattrini* ils sont pleins aux as (*fam.*); *sono pieni di debiti* ils sont pleins, criblés de dettes; *ci ha rivolto un discorso pieno di rimproveri* il nous a fait un discours plein de reproches; *la vita è piena di sorprese, di amarezze* la vie est pleine de surprises, de déceptions; *è sempre piena di gentilezze, di premure* elle est toujours pleine de gentilesses, d'égards; *ho l'animo pieno di gioia,* *di speranza* mon âme est pleine de joie, d'espoir; *è un tipo pieno di superbia* c'est un type plein d'orgueil; *sono pieni di odio, di invidia verso di noi* ils sont pleins, pétris de haine, d'envie à notre encontre # *siamo già pieni di lavoro, di preoccupazioni* nous sommes déja surchargés de travail, accablés de soucis; *aveva gli occhi pieni di sonno* ses yeux étaient lourds de sommeil ◇ (*loc. fig.*) *un tipo pieno di sé* un type plein de soi ~ *essere pieno di q.c., di qc.* [*esserne stufo*] en avoir assez de qqch., de qqn. ~ *averne piene le tasche* en avoir marre, en avoir plein le dos (*fam.*) **3** [*intero, completo, totale*] plein: *piena occupazione* plein(-) emploi; *impiego a tempo pieno* emploi à temps plein; *nel pieno rispetto degli accordi* dans le plein respect des accords; *con piena soddisfazione delle parti* avec la pleine satisfation des parties; *luna piena:* (*pr.*) lune pleine; (*fig.*) [*faccia florida e rotonda*] pleine lune; *il viaggio richiede un giorno pieno* le voyage demande un jour plein; *ho scritto due pagine piene* j'ai écrit deux pages pleines; *concedere i pieni poteri* accorder les pleins pouvoirs *è giunto alla piena maturità* il a atteint sa pleine maturité; *siamo in piena salute, in piena forma* nous sommes en pleine santé, en pleine forme # *assolvere con formula piena* acquitter; *si è laureato a pieni voti* il a eu sa licence avec mention très bien → **massimo**; *non era nel pieno possesso delle facoltà mentali* il ne jouissait pas de toutes ses facultés (mentales) ◇ [*intenso*] *a pieno ritmo, a pieno regime* à plein rythme, à plein régime; *un ragazzo in pieno sviluppo* un garçon en pleine croissance # *colore pieno* couleur intense; *è giorno pieno, una notte piena* [*inoltrati*] il fait complètement jour, complètement nuit ◇ (*loc.*) *cantare a piena voce, a piena gola* chanter à gorge déployée ~ *respirare a pieni polmoni* respirer à pleins poumons ~ *ti comprendo a pieno* [*appieno, perfettamente*] je te comprends très bien **4** *loc.* IN PIENO en plein *loc.*, plein (*agg.*): *azzeccare, sbagliare in pieno* deviner en plein, se tromper en plein → **completamente**; *centrare in pieno il bersaglio* [*con precisione*] mettre en plein dans le mille, faire mouche; *è stato colpito in pieno petto* il a été atteint en pleine poitrine; *in pieno giorno, in piena notte, in pieno inverno* en plein jour, en pleine nuit, en plein hiver; *una rapina in pieno giorno* un vol en plein jour; *è stato aggredito in pieno centro* il a été victime d'une agression en plein centre; *l'ha insultato in piena assemblea* il l'a insulté en pleine assemblée, au beau milieu de l'assemblée # *ti ho capito in pieno* je t'ai tout à fait compris; *si è assunto in pieno la responsabilità del fatto* il a complètement assumé la responsabilité de ce qui est arrivé **5** (*mus.*) plein: *accordo pieno* accord plein; *nota piena* note pleine **II** *s.m.* **1** [*limite di riempimento*] limite *f.* de remplissage: *indice del pieno, del troppo pieno* signe de la limite de remplissage, de remplissage dépassée **2** [*rifornimento completo, massimo*] plein: *fare il pieno di acqua, di benzina, di viveri* faire le plein d'eau, d'essence, de vivres; *vado a fare il pieno* je vais faire le plein ◇ (*fig.*) *tutte le sere fa il pieno* [*si ubriaca*] tous les soirs il a sa dose, il est plein (*pop.*) ◇ [*carico completo*] complet*: *il teatro fa sempre il pieno* [*il tutto esaurito*] le théâtre affiche complet, joue à guichet(s) fermé(s); *siamo quasi al pieno* nous sommes presque au complet **3** (*fig.*) [*punto, momento centrale o di maggior intensità*] milieu, cœur: *ci ha svegliato nel pieno della notte* il nous a réveillés en plein milieu, au beau milieu de la nuit; *non siamo ancora nel pieno dell'estate* nous ne sommes pas encore au cœur de l'été # *è un uomo nel pieno delle energie, delle forze* c'est un homme dans toute la force de l'âge **4** (*arald.*) écu plein *agg.* **5** (*mus.*) *il pieno dell'organo* le son de tous les jeux d'orgue Ⓒ I 1 **vuoto.**

pienóne |pje'none| *s.m.* [*grande folla*] salle *f.* bondée, comble # *ieri sera a teatro c'era un pienone* hier soir au théâtre, la salle était pleine à craquer.

pienòtto |pje'nɔtto| *agg.* **1** [*abbastanza pieno*] quasi plein: *la vasca comincia a essere pienotta*, la baignoire est presque, quasi pleine **2** (*fam.*) [*abbastanza grasso; cicciottello*] grassouillet*, potelé: *una ragazza pienotta* une fille bien potelée, bien en chair # *faccia pienotta* visage joufflu; *fianchi pienotti* hanches rondes.

pièride |pi'ɛride| *s.f.* (*t.zool.*) piéride.

Pièridi |pi'ɛridi| *s.f. pl.* (*t.zool.*) Piéridés.

'pierrot' |pjɛʀo| *s.m. inv.* (*teat.*) pierrot *var.*

pietà |pje(ɛ)'ta| *s.f. inv.* **1** [*sentimento di compassione*] pitié (*var.*): *avere, provare pietà per qc.* avoir pitié de qqn., éprouver de la pitié pour qqn.; *suscitare, fare pietà* susciter de la pitié, faire pitié; *fallo per pietà verso quel povero vecchio!* fais-le par pitié, par charité pour le pauvre vieux; *siete senza alcuna pietà* vous êtes sans pitié; *li ha bastonati senza pietà* il les a battus sans pitié; *se mi ricapita a tiro, non avrò pietà* s'il tombe entre mes mains, je serai sans pitié; *vorrei denunciarlo, ma i figli mi fanno pietà* je voudrais le dénoncer, mais ses enfants me font pitié; *è in uno stato da far pietà* (*ai sassi*) il est dans un état qui fait pitié, pitoyable; *se lo vedessi, fa pietà!* si tu le voyais, il fait pitié; *per pietà! non ci rovini!* je vous en prie (supplie), ne nous ruinez pas! ◇ (*fig.*) [*cosa penosa; spettacolo triste*] *che pietà queste riunioni!* quelle pitié ces réunions, quelles réunions pitoyables!; *starlo ad ascoltare è una pietà* c'est pitié d'écouter ça ◇ *loc. fig.* FAR PIETÀ faire pitié: *abita in una casa che fa pietà* il habite dans une maison qui fait pitié, pitoyable; *quando parla fa pietà* quand il parle il fait pitié # *si è conciato in modo tale da far pietà* il s'est mis dans un état pitoyable **2** (*lett.*) [*devozione, rispetto*] piété (*var.*): *la pietà verso i genitori* piété filiale # *la pietà verso la patria* amour de la patrie **3** (*relig.*) *pratiche di pietà* pratiques de piété **4** (*teol.*) piété **5** (*pitt. scult.*) *la 'Pietà' di Michelangelo* la 'Pietà' de Michel-Ange.

pietànza |pje'tantsa| *s.f.* **1** [*secondo piatto*] plat *m.* de résistance, plat principal*: *cosa c'è per pietanza?* qu'est-ce qu'il y a comme plat de résistance? **2** [*vivanda cucinata*] plat, mets (*m.*): *una pietanza pesante, leggera, squisita* un plat, un mets lourd, léger, exquis.

pietìsmo |pje'tizmo| *s.m.* **1** (*st. relig.*) piétisme **2** (*spreg.*) [*forma ostentata o manieristica di pietà*] piétisme.

pietìsta |pje'tista| *s.* (*st. relig.*) piétiste.

pietìstico, ci, ca, che |pje'tistiko, tʃi, ka, ke| *agg.* **1** (*st. relig.*) piétiste **2** (*spreg.*) *atteggiamento pietistico* [*improntato a sentimenti ostentati o superficiali di pietà*] pitié ostentatoire.

pietosaménte |pjetosa'mente| *avv.* **1** [→ PIETOSO 1] par *prep.*, avec pitié (*loc. inv.*): *il cadavere era stato pietosamente coperto con un lenzuolo* le cadavre avait été par pitié recouvert d'un drap **2** [→ PIETOSO 2] pitoyablement: *si lamentava pietosamente* il se plaignait pitoyablement.

pietóso |pje'toso| *agg.* **1** [*che ha, prova pietà; compassionevole*] compatissant, charitable: *persona pietosa* personne compatissante, charitable; *animo pietoso* âme compatissante, charitable; *non siate troppo pietosi con loro* ne soyez pas trop charitables pour eux ◇ [*dettato, mosso da pietà*] pieux*: *ho dovuto dirle una bugia pietosa* j'ai dû lui faire un pieux mensonge; *è un gesto pietoso che vi fa onore* c'est un geste pieux qui vous fait honneur ◇ (*loc. fig.*) *mano pietosa, mani pietose* [*persona pietosa*] main secourable: *è stato soccorso da mani pietose* il a été aidé par une main secourable **2** [*che muove a pietà*] pitoyable: *una storia, una vicenda pietosa* une histoire, une affaire pitoyable; *questo è davvero un caso pietoso* c'est vraiment un cas pitoyable; *è ridotto in uno stato pietoso* il est dans un état pitoyable, en piteux état ◇ [*miserando, penoso*] piteux*: *un lavoro pietoso* un travail piteux; *che film pietoso!* quel film piteux! # *fare una figura pietosa* faire piètre figure **3** (*lett.*) [*rispettoso, devoto*] pieux: *un figlio pietoso* un fils pieux.

piètra |'pjɛtra| *s.f.* **1** [*blocco di roccia*] pierre: *pietra grezza, squadrata, conciata* pierre brute, dressée, taillée; *pietra angolare, miliare* pierre angulaire, miliaire; *pietra focaia, molare* pierre à fusil (à feu), (pierre) meulière; *pietra pomice* pierre ponce; *pietra preziosa* pierre précieuse; *pietra filosofale* pierre philosophale; *pietra di paragone* pierre de touche; *pietra per affilare* pierre à aiguiser; *pietra da taglio, da calce, da costruzione, da rivestimento* pierre de taille, à chaux, de construction, de parement; *pietra sacra, dell'altare* pierre sacrée, d'autel; *pietra sepolcrale, tombale* pierre sépulcrale, tombale; *muro in pietra, di pietra* mur en pierre, de pierre ◇ (*geol.*) *pietra oscillante* pierre branlante; *età della pietra scheggiata, levigata* âge de la pierre taillée, polie **2** (*loc. fig.*) *è duro come una pietra* il est dur comme la pierre ~ *hanno un cuore di pietra* ils ont un cœur de pierre ~ *una scena da commuovere le pietre* une scène à faire pleurer les pierres ~ *restare, rimanere di pietra* être pétrifié ~ *sentirsi una pietra sullo stomaco* avoir un poids sur l'estomac ~ *è come cavar sangue da una pietra* c'est demander l'impossible ~ *sei stato una pietra d'inciampo* tu as été une pierre d'achoppement ~ *voi siete la pietra* *dello scandalo* vous êtes l'objet du scandale; c'est par vous que le scandale arrive ~ *mettiamoci una pietra sopra* mettons une pierre dessus et n'en parlons plus ~ *porre la prima pietra* poser la permière pierre ~ *demolire, non lasciare pietra su pietra* démolir, ne pas laisser pierre sur pierre ◇ (*prov.*) *chi è senza peccato, scagli la prima pietra* que celui d'entre vous qui est sans péché, lui jette la première pierre **3** (*med.*) pierre: *mal della pietra* maladie de la pierre, gravelle → 2 **calcolo.**

pietràia |pje'traja| *s.f.* **1** tas *m.*, amas *m.* de pierres: *la biscia si è nascosta nella pietraia* la couleuvre s'est cachée dans un tas de pierres **2** (*per est.*) terrain *m.* pierreux: *è inutile coltivare questa pietraia* il est inutile de cultiver ce terrain pierreux.

pietràme |pje'trame| *s.m.* [*ammasso di pietre*] pierraille *f.*

pietràta |pje'trata| *s.f.* (*raro*) → **sassata.**

pietrificàre |pjetrifi'kare| **A** *v.tr.* **1** [*trasformare in pietra, sim. a pietra*] pétrifier: *questi vegetali sono stati pietrificati dal tempo* ces végétaux ont été pétrifiés par le temps; *è tutto pietrificato dal gelo* tout est pétrifié par le gel **2** (*fig.*) [*raggelare per paura, sgomento, sorpresa*] pétrifier: *il ladro sorpreso è rimasto pietrificato* le voleur est resté pétrifié **B** *v.intr. pron.* PIETRIFICARSI **1** [→ *tr.* 1] se pétrifier: *la lava si è pietrificata* la lave s'est pétrifiée **2** (*fig.*) [→ *tr.* 2] rester *intr.* pétrifié: *si sono pietrificati dal terrore* ils sont restés pétrifiés de terreur.

pietrificàto |pjetrifi'kato| *agg.* [*diventato* (*come*) *pietra*] pétrifié: *fossili pietrificati* fossiles pétrifiés ◇ (*fig.*) *alla notizia è rimasto pietrificato* à la nouvelle il resta pétrifié.

pietrificazióne |pjetrifikat'tsjone| *s.f.* [→ PIETRIFICARE A 1; B 1] pétrification.

pietrìna |pje'trina| *s.f.* **1** petite pierre **2** (*per accendini*) pierre à briquet.

pietrino |pje'trino| *s.m.* (*edil.*) carreau: *rivestimento di pietrini* revêtement en carreaux.

pietrisco, chi |pje'trisko, ki| *s.m.* [*roccia frantumata*] pierraille *f.*, cailloutis: *stendere del pietrisco sul fondo stradale* répandre de la pierraille, du cailloutis sur la chaussée.

pietróso |pje'troso| *agg.* **1** [*fatto di pietra*; *sim. alla pietra*] de pierre *loc. inv.*, pierreux*: *ammasso pietroso* amas de pierres ‖ *materiale pietroso* matériaux pierreux **2** [*pieno di pietre*] pierreux, rocailleux*; *terreno, sentiero pietroso* terrain, sentier pierreux, rocailleux → **sassoso.**

pietrùzza |pje'truttsa| *s.f.* petite pierre.

pievanìa |pjeva'nia| *s.f.* **1** (*eccl.*) cure, presbytère *m.* **2** (*per est.*) [*pieve, parrocchia*] paroisse.

pievàno |pje'vano| *s.m.* (*eccl.*) curé → **curato, parroco.**

pième |'pjɛve| *s.f.* (*eccl.*) (*territorio*) paroisse, cure ◇ (*chiesa*) église paroissiale.

pievelóce |pjeve'lotʃe| *agg.* (*scherz.*) au pied(s) léger(s) *loc. inv.* ✦ *s.* (*fig., scherz.*) [*fannullone, posapiano*] traînard.

pièzo- |'pjɛddzo| *pref.* (*significa* '*pressione*', *corrisponde gener. a*) piézo(-): *piezometro* piézomètre; *piezoelettrico* piézo-électrique.

piezoelettricità |pjeddzoelettritʃi'ta| *s.f. inv.* (*fis.*) piézo-électricité *var.*

piezoelèttrico, ci, ca, che |pjeddzoe'lɛttriko, tʃi, ka, ke| *agg.* (*fis.*) piézo-électrique: *proprietà piezoelettriche* propriétés piézo-électriques; *accendino piezoelettrico* briquet piézo-électrique.

piezografìa |pjedzogra'fia| *s.f.* (*fis.*) piézographie.

piezògrafo |pjed'dzɔgrafo| *s.m.* (*fis.*) piézographe.

piezometrìa |pjedzome'tria| *s.f.* (*fis.*) piézométrie.

piezomètrico, ci, ca, che |pjeddzo'mɛtriko, tʃi, ka, ke| *agg.* (*fis.*) piézométrique.

piezòmetro |pjed'dzɔmetro| *s.m.* (*fis.*) piézomètre.

pif |pif| *inter.* (*pop.*) → **piffete.**

pifferàio, i |piffe'rajo, i| *s.* joueur* de fifre, fifre *m.*

pifferàro |piffe'raro| *s.* → **pifferaio.**

pifferàta |piffe'rata| *s.f.* (*raro*) musique (*corr.*) de fifres.

piffero |'piffero| *s.m.* **1** (*mus.*) fifre **2** [*chi suona il piffero*] fifre.

piffete |'piffete| *inter.* (*pop.*) (*voce onomat.*, *spesso seguita da* '*paffete*') pif (paf): *l'ha raggiunto e,* '*piffete paffete*', *gli ha dato due sberle* il l'a rattrapé et, pif paf, il lui a donné une paire de claques.

pigàrgo, ghi |pi'gargo, gi| *s.m.* (*t.zool.*) pygargue.

pigiàma |pi'dʒama|, *pl.* **pigiàma, pigiàmi** |pi'dʒami| *s.m.* pyjama: *mettersi il pigiama* se mettre en pyjama; *scusa se ti ricevo in pigiama* excuse-moi si je te reçois en pyjama.

pigia pigia |'pidʒa'pidʒa| *loc. sost. m. inv.* [*calca, ressa*] bousculade *f. var.*, cohue (*f. var.*): *andiamo fuori da questo pigia pigia* sortons de cette bousculade, de cette cohue; *sul treno c'era un gran pigia pigia* dans le train c'était la cohue.

pigiàre |pi'dʒare| **A** *v.tr.* [*far pressione su q.c.*] pousser: *ho dovuto pigiarli per farceli entrare* j'ai dû les pousser pour les faire entrer; *chi pigia da dietro?* qui est-ce qui pousse, derrière? → **spingere** ◇ [*calcare, premere*] fouler; presser: *in cantina pigiano l'uva* dans la cave ils foulent, ils pressent le raisin ‖ *la folla pigiava da ogni parte* la foule pressait de tous les côtés; *pigiare il tabacco nella pipa* presser le tabac dans sa pipe **B** *v. pron. recipr.* PIGIARSI [*premersi l'uno con l'altro*] se serrer, se presser: *ci siamo pigiate durante tutto il viaggio* nous nous sommes serrées, pressées les unes contre les autres pendant tout le voyage.

pigiàta |pi'dʒata| *s.f.* [→ PIGIARE] foulage *m.* # *basta una pigiata leggera* il suffit de comprimer, presser légèrement ◇ (*loc.*) *dare una pigiata a q.c.* fouler, écraser qqch.

pigiàto |pi'dʒato| *agg.* **1** [*stretto, ammassato*] serré (*p.p.*): *erano pigiati l'uno contro l'altro* ils étaient serrés les uns contre les autres; *qui stiamo troppo pigiati* ici nous sommes trop serrés, trop entassés **2** [*schiacciato*] pressé: *uva pigiata* raisin pressé.

pigiatóio, i |pidʒa'tojo, i| *s.m.* (*tecnol.*) fouloir, pressoir.

pigiatóre, trice |pidʒa'tore, tritʃe| *s.* [*chi pigia, spec. l'uva*] fouleur*.

pigiatrìce |pidʒa'tritʃe| *s.f.* (*tecnol.*) fouloir *m.* (à raisin).

pigiatùra |pidʒa'tura| *s.f.* [→ PIGIARE A] foulage *m.*, écrasement (*m.*): *la pigiatura dell'uva* le foulage, l'écrasement du raisin.

pigionàle |pidʒo'nale| *s.* (*raro*) → **pigionante.**

pigionànte |pidʒo'nante| *s.* [*chi sta a pigione*; *pensionante*] locataire: *spese a carico dei pigionanti* frais à la charge des locataires; *i pigionanti estivi* les (sous)locataires pour la saison estivale.

pigióne |pi'dʒone| *s.f.* **1** [*affitto, locazione*] location: *dare, prendere a pigione un appartamento* donner, prendre en location un appartement; louer un appartement; *i miei sono sempre vissuti a pigione* mes parents ont toujours été en location, locataires # *stare a pigione presso qc.* être logé chez qqn., être locataire chez qqn.; *tenere, prendere qc. a pigione* [*ospitare come pensionante*] loger qqn. **2** [*canone d'affitto*] loyer (*m.*): *pagare, riscuotere, aumentare la pigione* payer, toucher, augmenter le loyer.

pigliàbile |piʎ'ʎabile| *agg.* (*raro*) → **prendibile.**

pigliamósche |piʎʎa'moske| *s.m. inv.* **1** (*t.zool.*) gobe-mouche(s) **2** → **acchiappamosche.**

pìglia pìglia |'piʎʎa'piʎʎa| *loc. sost. m. inv.* [*un prendere generale e indiscriminato*] pillage (*s.m. var.*): *cos'è questo piglia piglia?* qu'est-ce que c'est que ce pillage? # *nel suo frutteto è un piglia piglia da parte di tutti* dans son verger c'est à qui vole le plus.

pigliàre |piʎ'ʎare| *v.tr. e intr.* (*aus.* '*avere*') (*pop.*) → **prendere.**

pigliatùtto |piʎʎa'tutto| *agg. inv.* (*gioco delle carte*) *asso pigliatutto* as gagnant *var.*, carte *f.* maîtresse *var.*

1 **pìglio, i** |'piʎʎo, i| *s.m.* (*solo nella loc.*) DAR DI PIGLIO A Q.C. [*prendere, afferrare q.c.*] prendre, saisir qqch.: *ha dato di piglio all'accetta* il a pris, saisi la, une hache ◇ (*fig.*) [*incominciare q.c.*] commencer: *ho dato di piglio allo sgombero della soffitta* j'ai commencé à débarrasser la mansarde.

2 **pìglio, i** |'piʎʎo, i| *s.m.* **1** [*sguardo, espressione, atteggiamento*] air: *aveva un piglio severo, deciso* il avait un air sévère, décidé; *ha un piglio molto disinvolto* il a un air très désinvolte **2** (*fig.*) [*tono, andamento*] accent: *il racconto ha un piglio popolaresco* le récit a un accent populaire.

pigmeìsmo |pigme'izmo| *s.m.* (*antrop.*) pygméisme.

pigmentàle |pigmen'tale| *agg.* (*biol.*) pigmentaire.

pigmentàre |pigmen'tare| **A** *v.tr.* (*chim.*) [*colorire con pigmenti*] pigmenter: *pigmentare artificialmente una sostanza* pigmenter artificiellement une substance **B** *v.pron. intr.* PIGMENTARSI (*biol.*) [*assumere un determinato colore per azione di uno o più pigmenti*] se pigmenter: *la pelle delle braccia si è pigmentata di scuro* la peau des bras s'est pigmentée de tâches foncées.

pigmentàrio, i |pigmen'tarjo, i| *agg.* (*biol.*) pigmentaire: *cirrosi pigmentaria* cirrhose pigmentaire.

pigmentazióne |pigmentat'tsjo-

ne| *s.f.* **1** (*biol.*) pigmentation: *pigmentazione chiara, giallastra* pigmentation claire, jaunâtre **2** [→ PIGMENTARE A] pigmentation.
pigménto |pig'mento| *s.m.* (*biol.*, *chim.*) pigment.
pigmèo |pig'mɛo| **1** *agg.* pygmée, pygméen*: *tribù pigmea* tribu pygmée **2** *s.* Pygmée: *i costumi dei Pigmei* les coutumes des Pygmées ◇ (*fig.*) [*persona piccola di statura*] nain: *come avrà fatto a sposare quel pigmeo!* comment a-t-elle fait pour épouser ce nain? ◇ (*fig.*) [*persona di modesta rilevanza*] pygmée: *di fronte a lui mi sento un pigmeo in fatto di conoscenze mediche* à côté de lui je me sens un pygmée en matière de connaissances médicales Ⓒ 2 **gigante**.
pìgna |'piɲɲa| *s.f.* **1** (*bot.*) pomme de pin, pigne: *pigne verdi* pommes de pin vertes ◇ (*per anal.*) [*mucchietto a forma di piramide*] pyramide: *una pigna di caramelle* une pyramide de bonbons. **2** (*arch.*) pignon *m.* **3** (*idraul.*) crépine.
pignàtta |piɲ'ɲatta| *s.f.* **1** [*pentola di terracotta o di metallo*] marmite, pot (*m.*): *togliere la pignatta dal fuoco* retirer la marmite du feu **2** (*edil.*) brique creuse.
pignattàio, i |piɲɲat'tajo, i| *s.* [*fabbricante o venditore di pignatte*] potier *m.*
pignolàggine |piɲɲo'laddʒine| *s.f.* (*raro*) → **pignoleria.**
pignoleggiàre |piɲɲoled'dʒare| *v.intr.* (*aus. 'avere'*) [*fare il pignolo, il minuzioso*] être tatillon*, tatillonner (*raro*): *a voler pignoleggiare, difetti se ne trovano* à vouloir être tatillon, on finit toujours par trouver des défauts; *pignoleggia su tutto* il tatillonne sur tout.
pignolerìa |piɲɲole'ria| *s.f.* **1** [*meticolosità eccessiva; mania di precisione*] le fait *m.* d'être tatillon*, méticulosité (*lett.*): *la sua pignoleria è proverbiale* sa méticulosité est proverbiale # *non capisco tutta questa pignoleria* je ne comprends pas qu'on soit tatillon à ce point **2** [*azione, comportamento da pignolo*] tatillonnage: *queste pignolerie sono ridicole* ces tatillonnages sont ridicules.
pignolésco, chi, ca, che |piɲɲo'lesko, ki, ka, ke| *agg.* [*improntato a pignoleria*] méticuleux*; tatillon*: *controlli pignoleschi* contrôles méticuleux ‖ *precisione pignolesca* précision tatillonne.
pignòlo |piɲ'ɲɔlo| **1** *agg.* [*molto preciso, meticoloso*] méticuleux*: *non gli sfugge niente, è talmente pignolo!* rien ne lui échappe, il est si méticuleux!; *sii più pignolo, sono questioni delicate* sois plus méticuleux, ce sont là des problèmes délicats ◇ [*pedante, esagerato*] tatillon*: *come siete pignoli!* comme vous êtes tatillons!; *perché sei così pignolo con tuo figlio?* pourquoi es-tu si tatillon avec ton fils? ✦ (*s.*) *un pignolo* un tatillon: *non fare il pignolo* ne sois pas tatillon **2** *s.m.* → **pinolo.**
pignóne |piɲ'ɲone| *s.m.* **1** (*mecc.*) pignon: *pignone del differenziale* pignon du différentiel **2** (*idraul.*) épi.
pignoràbile |piɲɲo'rabile| *agg.* [→ PIGNORARE] saisissable: *beni non pignorabili* biens non saisissables.
pignorabilità |piɲɲorabili'ta| *s.f. inv.* (*dir.*) saisissabilité *var.*
pignoraménto |piɲɲora'mento| *s.m.* [→ PIGNORARE 1] saisie (*f.*): *pignoramento di mobili* saisie mobilière, saisie-exécution; *pignoramento di frutti pendenti* saisie-brandon; *beni non soggetti a pignoramento* biens non passibles de saisie, insaisissables.
pignorànte |piɲɲo'rante| *s.* (*dir.*) saisissant.
pignoràre |piɲɲo'rare| *v.tr.* **1** (*dir.*) [*sottoporre a procedimento di espropriazione*] saisir: *pignorare uno stabile* saisir un immeuble; *gli hanno pignorato tutto l'arredamento* ils lui ont saisi tous ses mebules **2** (*per est.*) [*dare in pegno, in garanzia*] mettre (71) en gage, engager (3): *ha pignorato i suoi gioielli al monte di pietà* elle a mis (en gage), engagé ses bijoux au mont-de-piété.
pignoratàrio, i |piɲɲora'tarjo, i| *s.* → **pignorante.**
pignoratìzio, i |piɲɲora'tittsjo, i| *agg.* (*dir.*) pignoratif*; gagiste: *credito pignoratizio* crédit pignoratif ‖ *creditore pignoratizio* créancier gagiste.
pignorazióne |piɲɲorat'tsjone| *s.f.* → **pignoramento.**
pigolaménto |pigola'mento| *s.m.* → **pigolio.**
pigolàre |pigo'lare| *v.intr.* (*aus. 'avere'*) **1** [*emettere pigolii*] pépier, piauler, piailler (*fam.*): *i pulcini pigolano dietro la chioccia* les poussins pépient, piaillent derrière la poule # *senti come pigolano i rondinini* écoute comme les hirondelles gazouillent **2** (*fig.*) [*piagnucolare; lamentarsi debolmente*] pleurnicher: *cos'ha quel bambino, che continua a pigolare?* qu'a donc cet enfant à continuer de pleurnicher? # *il male l'ha sfinito, lo senti appena pigolare ogni tanto* le mal l'a épuisé, on l'entend à peine geindre de temps en temps.
pigolìo, ii |pigo'lio, ii| *s.m.* [*verso breve e ripetuto di pulcini o uccelli da nido*] pépiement, piaulement, piaillement (*fam.*): *il pigolio dei passeri sul tetto* le pépiement des moineaux sur le toit; *ho sentito un pigolio dietro la siepe* j'ai entendu un piaulement, un piaillement derrière la haie ◇ (*fig.*) [*piagnucolio*] piaillerie *f.* # *è da stamattina che continua con questo pigolio!* depuis ce matin il n'arrête pas de piailler.
pigraménte |pigra'mente| *avv.* [→ PIGRO] paresseusement: *lavora pigramente* il travaille paresseusement; *l'intestino reagisce pigramente* l'intestin réagit paresseusement.
pigrìzia |pi'grittsja| *s.f.* [*indolenza, svogliatezza*] paresse: *il suo difetto è la pigrizia* son défaut est la paresse; *non mi son fatto la barba per pigrizia* je ne me suis pas rasé par paresse; *sembra la pigrizia in persona* on dirait la paresse personnifiée.
pìgro |'pigro| *agg.* **1** (*persone*) [*indolente, svogliato*] paresseux*: *quanto siete pigri!* comme vous êtes paresseux!; *non riesco a lavorare con una persona così pigra* je n'arrive pas à travailler avec quelqu'un de si paresseux ✦ (*s.*) *un pigro* un paresseux: *sei un pigro di prima categoria* tu es un paresseux de premier ordre **2** (*cose*) [*lento, inerte*] lent; paresseux: *una pianta pigra a crescere* une plante lente à pousser; *mente pigra* [*ottusa*] un esprit lent, engourdi ‖ *intestino pigro* intestin paresseux # *mercato pigro* [*che ha scarso movimento d'affari*] marché inactif.
pigróne |pi'grone| *s.* [*persona pigra*] paresseux*: *alzati pigrone!* lève-toi, paresseux!
1 **pìla** |'pila| *s.f.* **1** pile: *una pila di libri, di mattoni* une pile de livres, de briques **2** (*arch.*) pile: *il ponte poggia su tre enormi pile* le pont repose sur trois énormes piles **3** (*elettr.*) pile: *pila elettrica, voltaica, atomica, a secco* pile électrique, voltaïque, atomique, sèche; *pila corazzata* pile blindée; *batteria di pile* batterie de piles ◇ (*per est.*) *pila tascabile* [*lampada tascabile*] lampe de poche: *fammi luce con la pila* éclaire-moi avec ta lampe de poche # *pila fotoelettrica* photopile.
2 **pìla** |'pila| *s.f.* **1** [*contenitore fisso per acqua*] bassin (*m.*): *la pila della fontana* le bassin de la fontaine ◇ (*spec.*) *la pila dell'acqua santa* le bénitier → **acquasantiera** **2** (*industria cartaria*) pile.
pilàf |pi'laf| *s.m. inv.* (*turco*) (*cuc.*) pilaf *var.* ✦ (*appos.*) *riso pilaf* riz pilaf.
pilàre |pi'lare| *v.tr.* [*eliminare la pula dal riso*] décortiquer: *pilare il riso greggio* décortiquer le riz (en paille).
pilàstro |pi'lastro| *s.m.* **1** (*arch.*) pilier; (*incassato*) pilastre: *pilastro quadrato, liscio, scanalato* pilier carré, lisse, cannelé; *le arcate poggiano su pilastri di pietra* les arcades reposent sur des piliers en pierre # *ha ceduto il pilastro centrale del ponte* la pile centrale du pont a cédé **2** (*fig.*) [*fondamento, sostegno, perno*] pilier: *è il pilastro della famiglia, dell'azienda* c'est le pilier de la famille, la cheville ouvrière *f.* de l'entreprise; *si è infortunato il pilastro della squadra* le pilier de l'équipe s'est blessé # *la libertà è il pilastro della democrazia* la liberté est le fondement de la démocratie **3** (*anat.*) pilier: *pilastro delle fauci, del diaframma* pilier de la gorge, du diaphragme.
pìlatro |'pilatro| *s.m.* (*t.bot.*) mille-pertuis, millepertuis.
pilatùra |pila'tura| *s.f.* [→ PILARE] décortication, décorticage *m.*
pìleo |'pileo| *s.m.* **1** (*st. abbigl.*) pileus **2** (*zool.*) pileum.
pilerìa |pile'ria| *s.f.* [*stabilimento per la brillatura del riso*] rizerie.
pilière |pi'ljɛre| *s.m.* → **pilone** 1.
pilìfero |pi'lifero| *agg.* (*anat.*) pileux*: *il sistema pilifero* le système pileux; *zone pilifere* zones pileuses ◇ (*bot.*) pilifère.
pillàcchera |pil'lakkera| *s.f.* (*region.*) [*schizzo, patacca*] éclaboussure (*corr.*) (de boue): *hai i pantaloni pieni di pillacchere* ton pantalon est couvert (d'éclabousssures) de boue.
pillaccheróso |pillakke'roso| *agg.* (*region.*) couvert de boue (*corr.*).
pillàre |pil'lare| *v.tr.* **1** [*pestare, premere col pillo* (2)] piler: *pillare lo zucchero* piler le sucre **2** (*tecnol.*) [*battere col pillo* (1)] damer.
pìllo |'pillo| *s.m.* **1** [*grossa mazzeranga per battere il terreno*] dame *f.*, demoiselle *f.*, *hie *f.* **2** [*pestello*] pilon.
pìllola |'pillola| *s.f.* **1** (*farm.*) pilule: *preparato, vitamina in pillole* préparation, vitamine en pilules; *pillola* (*anticoncezionale*) pilule (anticonceptionnelle, contraceptive) ◇ (*loc. fig.*) *prendere qc., q.c. in pillole* [*a piccole cosi*] prendre qqn., qqch. au compte-gout-

tes **2** (*fig.*) [*cosa spiacevole, incresciosa*] pilule: *una pillola amara* une pilule amère; *è una pillola dura da inghiottire* c'est une pilule difficile à avaler ◇ (*loc.*) *indorare, inzuccherare la pillola* dorer la pilule **3** (*fig., scherz.*) [*colpo violento; grosso proiettile*] claque, coup *m.*; marmite (*gerg.*): *l'ha colpito con certe pillole!* il a reçu de ces claques! ‖ *questo mortaio spara delle pillole micidiali* ce mortier lance des marmites meurtrières.

pillolàio, i |pillo'lajo, i| *s.m.* (*farm.*) pilulier.

pillolàre |pillo'lare| *agg.* (*farm.*) pilulaire: *massa pillolare* masse pilulaire.

pillolàrio, i |pillo'larjo, i| *s.m.* (*t. zool.*) insecte pilulaire.

pillolièra |pillo'ljɛra| *s.f.*, **pillolière** |pillo'ljɛre| *s.m.* (*farm.*) pilulier *m.*

pillottàre |pillot'tare| *v.tr.* (*cuc.*) [*far sgocciolare sulle carni allo spiedo il grasso già scolato*] arroser: *pillottare un pollo* arroser un poulet.

pillòtto |pil'lɔtto| *s.m.* (*cuc.*) louche *f.* (à rôti).

pilo |'pilo| *s.m.* (*st. mil.*) pilum.

pilocarpìna |pilokar'pina| *s.f.* (*chim., farm.*) pilocarpine.

pilocàrpo |pilo'karpo| *s.m.* → **iaborandi.**

pilóne |pi'lone| *s.m.* **1** [*grosso pilastro di sostegno*] pylône: *i piloni di una teleferica* les pylônes d'un téléférique; *piloni in calcestruzzo, in acciaio* pylônes en béton, en acier; *piloni a traliccio* pylônes en treillis # *i piloni di un ponte* les piles d'un pont ◇ (*mar.*) *pilone d'ormeggio* pylône d'amarrage **2** (*rugby*) pilier.

pilòrico, ci, ca, che |pi'lɔriko, tʃi, ka, ke| *agg.* (*anat.*) pylorique: *valvola pilorica* valvule pylorique.

pilòro |pi'lɔro| *s.m.* (*anat.*) pylore.

pilosebàceo |pilose'batʃeo| *agg.* (*anat.*) pilo-sébacé: *apparato pilosebaceo* appareil pilo-sébacé.

pilòta |pi'lɔta| **1** *s.* (*aer., auto., mar.*) pilote (*m.*): *pilota collaudatore, istruttore* pilote d'essai; *primo, secondo pilota* (*pilota in seconda*) premier, second pilote; *brevetto di pilota* brevet de pilote ◇ (*per anal.*) *pilota automatico* pilote automatique **2** (*in funzione di agg. inv.*) *donna pilota* femme-pilote; *nave pilota* bateau-pilote ◇ [*che ha funzione di modello sperimentale*] *scuola, azienda pilota* classe-pilote, usine-pilote; *centri pilota* centres-pilote(s) ◇ (*t.zool.*) *pesce pilota* pilote *s.m.*, rémora *s.m.*

pilotàggio, i |pilotad'dʒo, i| *s.m.* [→ PILOTARE 1] pilotage: *scuola di pilotaggio* école de pilotage ◇ (*mar.*) *contratto di pilotaggio* contrat de pilotage.

pilotàre |pilo'tare| *v.tr.* **1** (*aer., auto., mar.*) [*dirigere, guidare*] piloter: *pilotare un elicottero, un motoscafo, una macchina da corsa* piloter un hélicoptère, un canot à moteur, une voiture de course; *pilotare in porto una nave* piloter un bateau dans le port ♦ (*ass.*) *ha pilotato in condizioni difficili* il a piloté dans des conditions difficiles **2** (*fig.*) [*tenere sotto controllo l'andamento di q.c.*] conduire (75), guider: *ha saputo pilotare l'assemblea in modo eccellente* il a su conduire la séance d'une excellente façon; *dobbiamo pilotare la crisi verso una soluzione soddisfacente* nous devons guider la crise vers une solution satisfaisante.

pilotìna |pilo'tina| *s.f.* (*mar.*) bateau-pilote *m.*

piluccàre |piluk'kare| *v.tr.* **1** [*mangiare spiccando gli acini a uno a uno*] grappiller; picorer: *piluccare un grappolo d'uva, una pannocchia di granoturco* grappiller une grappe de raisin, un épi de maïs ‖ *gli uccelli hanno piluccato i filari delle viti* les oiseaux ont picoré dans les vignes **2** (*per est.*) [*mangiare, portar via a pezzettini*] grignoter: *i bambini hanno piluccato la torta* les enfants ont grignoté le gâteau; *continua a piluccare qua e là* il continue à grignoter çà et là **3** (*fig.*) [*prendere a piccole quantità; racimolare*] grappiller: *pilluccare quattrini dalle tasche del padre* picorer, grappiller des sous dans les poches de son père; *a ogni partita riesce a piluccare qualcosa* à chaque partie il réussit à grappiller quelque chose.

piluccóne |piluk'kone| *s.* (*fig.*) [*chi cerca sempre di trarre qualche profitto per sé*] grappilleur*.

pim |pim| *inter.* (*voce onomat., spesso seguita da 'pam'*) pan!, vlan!: *ho sentito pim e poi ho visto il vetro rotto* j'ai entendu pan!, bang!, et puis j'ai vu le carreau cassé; *ha estratto la pistola e, pim pam, contro il ladro* il a sorti son pistolet et pan! contre le voleur; *l'ho acciuffato e, pim pam, gli ho dato due sberle* je l'ai attrapé et, vlan! vlan! je lui ai donné une paire de claques.

pimàrico, ci, ca, che |pi'mariko, tʃi, ka, ke| *agg.* (*chim.*) pimarique: *acido pimarico* acide pimarique.

pimentàre |pimen'tare| *v.tr.* (*cuc.*) [*condire con pimento*] pimenter: *pimentare lo spezzatino* pimenter le ragoût.

piménto |pi'mento| *s.m.* (*cuc.*) piment.

pimpànte |pim'pante| *agg.* (*fam.*) pimpant (*corr.*): *l'ho vista tutta pimpante* je l'ai vue toute pimpante.

pimpinèlla |pimpi'nɛlla| *s.f.* (*t. bot.*) pimprenelle.

pìna |'pina| *s.f.* → **pigna** 1.

pinàccia, ce |pi'nattʃa, tʃe| *s.f.* (*mar. ant.*) pinasse.

Pinàcee |pi'natʃee| *s.f. pl.* (*t.bot.*) Abiétacées, Abiétinées (*corr.*).

pinacotèca, che |pinako'tɛka, ke| *s.f.* pinacothèque, galerie de peinture: *la mostra sarà organizzata in pinacoteca* l'exposition sera organisée dans la pinacothèque, dans la galerie de peinture; *la pinacoteca braidense* la pinacothèque de Brera.

pinàstro |pi'nastro| *s.m.* (*t.bot.*) pinastre, pin maritime.

'pince' |pɛ̃s| *s.f. inv.* (*abbigl.*) pince *var.*

'pince-nez' |pɛ̃sne| *s.m. inv.* pince-nez.

Pìnco Pallìno |'pinkopal'lino| *loc. sost. fam.* [*individuo generico*] un tel # *figurati se devo ricevere qualsiasi Pinco Pallino che si presenta!* tu te rends compte, s'il me faut recevoir le premier jean-foutre qui se présente!; *non mi fa paura, per me è un Pinco Pallino qualsiasi* il ne me fait pas peur, pour moi c'est un type quelconque, un homme de rien; *eppure è un laureato, non è un Pinco Pallino qualsiasi* pourtant il a un diplôme, ce n'est pas n'importe qui.

pindareggiàre |pindared'dʒare| *v.intr.* (*lett.*) [*imitare lo stile pindarico*] pindariser.

pindàrico, ci, ca, che |pin'dariko, tʃi, ka, ke| *agg.* (*letter.*) pindarique: *poesia, ode pindarica* poésie, ode pindarique ◇ (*loc.*) *volo pindarico* envol poétique.

pineàle |pine'ale| *agg.* (*anat.*) pinéal*: *ghiandola pineale* glande pinéale.

pinéta |pi'neta| *s.f.*, **pinéto** |pi'neto| *s.m.* [*bosco di pini*] pinède *f.*, pinière *f.*, pineraie *f.*

ping-pong |'piŋpɔŋ| *s.m. inv.* (*ingl.*) ping-pong *var.*, tennis de table: *gara, campionato di ping-pong* épreuve, championnat de ping-pong.

pìngue |'pingwe| *agg.* **1** [*grasso, adiposo*] gras*, bien plein: *fianchi pingui* hanches grasses; *ha una bella faccia pingue* il a un beau visage bien plein, aux traits pleins **2** (*per est.*) [*fertile, ubertoso*] gras: *terreno pingue* terrain gras **3** (*fig.*) [*ricco, abbondante*] gros*: *ha fatto pingui guadagni* il a fait de gros bénéfices.

pinguèdine |pin'gwɛdine| *s.f.* [*grassezza eccessiva*] embonpoint (*m.*): *combattere la pinguedine* combattre l'embonpoint; *la pinguedine è dannosa all'organismo* l'embonpoint est néfaste à la santé.

pingueménte |pingwe'mente| *avv.* [→ PINGUE] grassement, abondamment.

pinguìno |pin'gwino| *s.m.* **1** (*t.zool.*) pingouin **2** [*gelato da passeggio ricoperto di cioccolato*] chocolat glacé, esquimau **3** (*fig., fam.*) [*bambino*] bambin (*corr.*) # *dove va quel pinguino!* où va ce moutard?

pinìfero |pi'nifero| *agg.* pinifère, pinigère.

1 **pìnna** |'pinna| *s.f.* **1** (*zool.*) nageoire: *pinne pari, impari* nageoires paires, impaires; *pinne addominali* nageoires abdominales **2** (*nuoto*) palme: *nuotare con le pinne* nager avec des palmes **3** (*anat.*) *pinna nasale* aile du nez **4** (*aer., mar.*) nageoire.

2 **pìnna** |'pinna| *s.f.* (*t.zool.*) pinne.

pinnàcolo |pin'nakolo| *s.m.* **1** (*arch.*) pinacle **2** (*gioco di carte*) rami.

Pinnìpedi |pin'nipedi| *s.m. pl.* (*t. zool.*) Pinnipèdes.

pinnotèro |pinno'tɛro| *s.m.* (*t.zool.*) pinnothère.

pìnnula |'pinnula| *s.f.* (*zool.*) pinnule, pennule.

pino |'pino| *s.m.* **1** (*t.bot.*) pin ~ *pino silvestre* pin sylvestre ~ *pino marittimo* pin maritime **2** [*il legno*] (bois de) pin: *travi di pino* poutres en (bois de) pin **3** (*fig.*) [*figura sim. a un pino*] champignon: *pino vulcanico, atomico* champignon d'un volcan, atomique.

pinocchiàta |pinok'kjata| *s.f.* gâteau de pignons.

pinòcchio, i |pi'nɔkkjo, i| *s.m.* (*region.*) → **pinolo.**

pinòlo |pi'nɔlo| *s.m.* [*seme del pino*] pigne *f.*, pignon.

'pinot' |pino| *s.m. inv.* [*vino giallo paglierino tipico delle tre Venezie*] pinot *var.*

pinta |'pinta| *s.f.* pinte.
pin-up girl |pinʌpgə:l| *loc. sost. f. inv.* (*ingl.*) pin-up: *mi hanno attaccato una pin-up* (*girl*) *sul cofano* ils m'ont collé une pin-up sur le coffre (arrière).
pìnza |'pintsa| *s.f.* **1** (*utensile*) pince: *pinza da carpentiere, da elettricista* pince de charpentier, d'électricien; *pinza da minatore* pince de mineur; *dammi un paio di pinze* donne-moi une pince **2** (*med.*) pince: *pinza emostatica* pince hémostatique; *pinze chirurgiche* pinces de chirurgie **3** (*zool.*) pince → **chela** **4** (*gerg.*) lampe de scène (*corr.*).
pinzàre |pin'tsare| *v.tr.* **1** [*stringere con le pinze*] pincer (2): *pinzare due lamiere* pincer deux tôles; *pinzare una vena* pincer une veine **2** (*region.*) [*mordere, pungere*] piquer: *mi ha pinzato una zanzara* j'ai été piqué par un moustique **3** → **aggraffare.**
pinzàta |pin'tsata| *s.f.* **1** coup *m.* de pince: *gli ha dato un pinzata in testa* il lui a donné un coup de pince sur la tête **2** (*region.*) [*puntura*] piqûre: *mi son beccato due pinzate di vespa* j'ai attrapé deux piqûres de guêpe, une guêpe m'a piqué deux fois.
pinzatùra |pintsa'tura| *s.f.* [→ PINZARE 1] pincement *m.*
pinzétta |pin'tsetta| *s.f.* [*pinza piccola o per usi particolari*] pincette, pince: *le pinzette per le sopracciglia* la pince à épiler; *sono pinzette troppo deboli* ce sont des pincettes trop fragiles; *non trovo le pinzette per lo zucchero* je ne trouve pas la pince à sucre.
pinzimònio, i |pintsi'mɔnjo, i| *s.m.* (*cuc.*) poivrade *f.*
pinzòchero |pin'tsɔkero| *s.* **1** (*spreg.*) [*bigotto, bacchettone*] bigot **2** (*st. mediev.*) membre d'un mouvement qui refusait l'obéissance à l'Église.
pio- |pio| *pref.* (*significa 'pus', corrisponde gener. a*) pyo: *piodermite* pyodermite.
pio, ii |'pio, ii| *agg.* **1** [*devoto, religioso*] pieux*: *una vecchietta molto pia* une petite vieille très pieuse; *letture pie* des lectures pieuses # *luoghi pii* des lieux saints **2** [*caritatevole, pietoso*] *opera pia* œuvre pie; *l'ha aiutata una mano pia* une main charitable l'à aidée ◇ (*Vangelo*) *le pie donne* les saintes femmes ◇ [*mite, misericordioso*] *il pio Enea* le pieux Enée; *hanno un cuore pio* ils ont bon cœur **3** (*fig.*) [*illusorio, irrealizzabile*] illusoire: *un pio desiderio* un désir illusoire # *la tua è una pia illusione* tu caresses là une douce illusion.
piòda |'pjɔda| *s.f.* (*alpinismo*) paroi lisse.
piodermìte |pioder'mite| *s.f.* pyodermite.
piògeno |pi'ɔdʒeno| *agg.* (*med.*) pyogène: *infezione piogena* infection pyogène.
pioggerèlla |pjoddʒe'rɛlla| *s.f.* petite pluie fine, crachin *m.*, bruine: *che ristoro questa pioggerella!* comme ça rafraîchit cette petite pluie (fine)!
piòggia, ge |'pjɔddʒa, dʒe| *s.f.* **1** (*meteor., corr.*) pluie: *pioggia leggera, violenta, torrenziale* pluie fine, violente, torrentielle; *le piogge autunnali* les pluies d'automne; *piogge cicloniche, equinoziali* pluies cycloniques, d'équinoxe; *la stagione delle piogge* la saison des pluies; *il tempo è da pioggia* le temps est à la pluie; *entrate, non state sotto la pioggia!* entrez, ne restez pas sous la pluie! # *sta per arrivare un rovescio di pioggia* il va y avoir une averse; *irrigare a pioggia* irriguer par aspersion ◇ (*per est.*) *una pioggia di fuoco* une pluie de feu # *l'hanno coperta con una pioggia di fiori* ils l'ont submergée de fleurs **2** (*fig.*) [*gran numero*] grêle: *è scappato fra una pioggia di insulti* il s'est sauvé sous une grêle d'insultes # *la relazione è una pioggia di inesattezze* le compte rendu fourmille d'inexactitudes.
piòlo |pi'ɔlo| *s.m.* **1** [*tondello di legno di forma allungata pronto da conficcare in qualche parte*] cheville *f.*, crochet: *piantare pioli sul muro* planter des chevilles, des crochets dans le mur; *il piolo non ha retto il peso dello zaino* le crochet n'a pas supporté le poids du sac à dos # *scala a pioli* échelle; *i pioli dell'attaccapanni* les patères du portemanteau ◇ (*loc. fig.*) *stare impalato, piantato come un piolo* rester planté comme un piquet **2** (*raro*) → **piantatoio** **3** [*pilastrino davanti ai portoni d'ingresso*] borne.
piombàggine |pjom'baddʒine| *s.f.* **1** (*miner.*) plombagine **2** (*t.bot.*) plombago, plumbago.
1 **piombàre** |pjom'bare| **A** *v.intr.* (*aus. 'essere'*) **1** [*essere, cadere a piombo*] être (43) (*aus.* avoir) à plomb; tomber: *il muro piomba perfettamente* le mur est parfaitement à plomb, d'aplomb || *l'abito sul dietro non piomba bene* le veston, derrière, ne tombe pas bien, ne tombe pas d'aplomb **2** [*cadere, precipitare dall'alto con violenza*] tomber: *gli è piombata in testa una tegola* une tuile lui est tombée sur la tête; *una parte del cornicione è piombata sul marciapiede* une partie de la corniche est tombée sur le trottoir # *un'ondata l'ha fatto piombare in mare* une lame (de fond) l'a précipité, entraîné dans la mer ◇ (*fig.*) [*cadere, sprofondare*] *è piombata nella disperazione più cupa* elle est tombée dans le plus sombre désespoir; *l'aula è piombata nel silenzio, nel buio* la salle de classe est tombée dans la misère ◇ (*fig.*) [*capitare, spec. malauguratamente*] fondre (53) (*aus.* avoir), tomber: *una terribile disgrazia gli è piombata sul capo* un terrible malheur a fondu, est tombé sur lui **3** [*gettarsi con impeto; avventarsi*] foncer (2) (*aus.* avoir), fondre: *reparti corazzati sono piombati sul confine* des divisions blindées ont foncé vers la frontière; *il falco è piombato sulla preda* le faucon a fondu sur sa proie; *gli è piombato addosso come una furia* il a foncé sur lui comme une furie **4** [*arrivare improvvisamente, di colpo*] tomber, arriver à l'improviste: *mi è piombato in casa senza avvertirmi* il est tombé, arrivé chez moi à l'improviste, sans m'avertir; *l'ho visto piombare in direzione stravolto* je l'ai vu arriver è l'improviste à la direction, bouleversé; *un gran silenzio è piombato nell'assemblea* un grand silence est tombé dans l'assemblée; *questa notizia mi è piombata assolutamente di sorpresa* cette nouvelle m'est tombée dessus tout à fait par surprise # *mi è piombata addosso una gran sonnolenza* j'ai été envahi par une grande somnolence **B** *v. tr.* (*fig.*) [*mettere, far cadere all'improvviso*] faire (45) *intr.* tomber: *il fallimento l'ha piombato nella miseria* la faillite l'a fait tomber dans la misère # *la notizia ci ha piombato nella costernazione* la nouvelle nous a plongés dans la consternation.
2 **piombàre** |pjom'bare| *v.tr.* **1** [*assicurare con sigillo di piombo*] plomber: *piombare un pacco, un vagone ferroviario* plomber un paquet, un wagon (de chemin de fer) # *la porta è stata piombata dall'ufficiale giudiziario* l'huissier a mis les scellés sur la porte **2** (*med.*) [*otturare con leghe di piombo o altro metallo*] plomber: *farsi piombare un dente cariato* se faire plomber une dent cariée.
1 **piombàto** |pjom'bato| *agg.* **1** plombé: *pacco piombato* paquet plombé; *i prigionieri viaggiavano in vagoni piombati* les prisonniers voyageaient dans des wagons plombés **2** [*rivestito, appesantito con piombo*] plombé: *mazze piombate* cannes plombées # *vetro piombato* verre au plomb **3** (*med.*) plombé: *un dente piombato* une dent plombée.
2 **piombàto** |pjom'bato| *s.m.* (*chim.*) plombate.
piombatóia |pjomba'toja| *s.f.* → **piombatoio.**
piombatóio, i |pjomba'tojo, i| *s.m.* (*mil.*) mâchicoulis.
piombatùra |pjomba'tura| *s.f.* **1** [→ 2 PIOMBARE 1] plombage (*m.*): *la piombatura delle merci* le plombage des marchandises **2** [→ 2 PIOMBARE 2] plombage: *la piombatura di un dente* le plombage d'une dent; *mi è partita la piombatura* mon plombage est parti.
piómbico, ci, ca, che |'pjombiko, tʃi, ka, ke| *agg.* (*chim.*) plombique.
piombìfero |pjom'bifero| *agg.* (*geol.*) plombifère: *strati piombiferi* couches plombifères.
piombìno |pjom'bino| *s.m.* **1** [*piccola massa di piombo per vari usi*] plomb: *i piombini della lenza, della rete da pesca* les plombs de la ligne, du filet de pêche; *il piombino dello scandaglio, del filo a piombo* le plomb de sonde, du fil à plomb; *mettere i piombini a una gonna* mettre des plombs à une jupe # *trina a piombino* dentelle à fuseaux **2** [*cilindretto di piombo con fori per sigillare*] plomb: *mettere il piombino a un pacco* mettre un plomb à un paquet **3** [*proiettile per fucili ad aria compressa*] plomb: *una scatola di piombini* une boîte de plombs.
piómbo |'pjombo| *s.m.* **1** (*miner., chim.*) plomb: *miniere, giacimenti di piombo* mines, gisements de plomb; *tubi, lastre di piombo* tubes, feuilles de plomb; *camere di piombo* chambres de plomb; *biossido di piombo* bioxyde de plomb; *versare piombo fuso in uno stampo* verser du plomb fondu dans un moule; *bilanciare una struttura con contrappesi di piombo* équilibrer une structure avec des contrepoids de plomb # *non riesco a spostarlo, pesa come il piombo* je n'arrive pas à le déplacer, c'est comme du plomb ◇ (*loc. fig.*) *andare, procedere coi piedi di piombo* [*con estrema cautela*] y aller très prudemment, y aller mou, mollo (*pop.*) ~ *sentirsi addosso una cappa di piombo* [*sentirsi pesantemente oppressi*] se sentir très opprimé ~ *c'è un cielo di piombo* [*grigio, plumbeo*] le ciel est de plomb **2** [*pezzo di piombo con funzione di appesan-*

timento] plomb: *il piombo della lenza* le plomb de la ligne; *corda tesa da un piombo* corde tendue par un plomb; *piombi del palombaro* plombs du scaphandrier **3** *loc.* A PIOMBO [*a perpendicolo*] à pic; d'aplomb: *scogli a piombo sul mare* rochers à pic sur la mer || *il muro non è a piombo* le mur n'est pas d'aplomb; *metti a piombo quell'asta* mets cette tige d'aplomb, droite; *la giacca gli cade perfettamente a piombo* sa veste tombe parfaitement d'aplomb # *mi è caduta una mela a piombo sulla testa* une pomme m'est tombée juste sur, en plein sur la tête ~ *filo a piombo* fil à plomb ~ DI PIOMBO de plomb: *si è addormentato di piombo* [*all'improvviso*] il s'est endormi d'un sommeil de plomb ~ *è caduto di piombo sul pavimento* [*di colpo*; *pesantemente*] il est tombé lourdement sur le sol **4** [*sigillo in piombo*] plomb: *mettere, togliere i piombi* mettre, enlever les plombs; *i piombi dell'imballaggio erano manomessi* les plombs de l'emballage avaient été manipulés étaient trafiqués (*pop.*) **5** [*proiettile d'arma da fuoco*; *colpo d'arma da fuoco*] plomb, plombs (*pl.*): *cartuccia caricata con piombo grosso* cartouche de gros plomb(s); *il fagiano era imbottito di piombo!* le faisan était farci de plombs!; *a queste provocazioni bisogna rispondere col piombo* il faut répondre avec du plomb à ces provocations # *è caduto sotto il piombo nemico* ils est mort sous les balles de l'ennemi **6** (*tip.*) plomb (*sing.*): *sono stati conservati i piombi della prima edizione* le plomb de la première édition a été conservé ♦ (*in funzione di agg. inv.*) *color grigio piombo* (couleur) plombée: *un mare color piombo* une mer plombée.

piombóso |pjom'boso| *agg.* (*chim., miner.*) plombeux*.

pióne |pi'one| *s.m.* (*fis. nucl.*) pion, méson pi.

pionefròsi |pione'frɔzi| *s.f. inv.* (*med.*) pyonéphrose *var.*

pionière |pjo'njɛre| *s.* **1** pionnier (*m.*): *i pionieri dell'esplorazione dell'Antartico* les pionniers de l'exploration de l'Antarctique; *un pioniere dell'industria elettronica* un pionnier de l'industrie électronique **2** (*mil.*) pionnier.

pionierismo |pjonje'rizmo| *s.m.* activité *f.* de pionnier: *il pionierismo degli esploratori ottocenteschi* l'activité de pionnier(s) des explorateurs du XIXe siècle ◇ [*spirito intraprendente, d'avventura*] esprit aventureux: *c'è molto pionierismo nei loro progetti* il y a beaucoup d'esprit aventureux dans leurs projets.

pionieristico, ci, ca, che |pjonje'ristiko, tʃi, ka, ke| *agg.* de pionnier (*loc. inv.*): *spirito pionieristico* esprit de pionnier; *iniziative pionieristiche* initiatives de pionnier.

pio pio |'pio'pio| *inter.* (*voce onomat. che ripete il verso del pulcino*) piou piou ◇ (*richiamo per polli*) pi pi pi pi.

piòppa |'pjɔppa| *s.f.* → **pioppo (nero).**

pioppàia |pjop'paja| *s.f.* → **pioppeto.**

pioppparèllo |pjoppa'rɛllo| *s.m.* (*t. bot.*) pholiote *f.* (du peuplier).

pioppéto |pjop'peto| *s.m.* [*piantagione, bosco di pioppi*] peupleraie *f.*

pioppicolo |pjop'pikolo| *agg.* (*agr.*) de(s) peupliers *loc.*

pioppicoltóre, trice |pjoppikol'tore, tritʃe| *s.* planteur* de peupliers.

pioppicoltùra |pjoppikol'tura| *s.f.* culture du peuplier.

pioppino |pjop'pino| *s.m.* → **pioppparello.**

piòppo |'pjɔppo| *s.m.* **1** (*t.bot.*) peuplier ~ *pioppo bianco* peuplier blanc ~ *pioppo nero, nostrano* peuplier noir ~ *pioppo italico, cipressino* peuplier d'Italie, pyramidal **2** [*il legno*] peuplier: *assi di pioppo* planches en peuplier.

piorrèa |pior'rɛa| *s.f.* (*med.*) pyorrhée.

piòta |'pjɔta| *s.f.* **1** [*zolla erbosa*] morceau *m.* de gazon **2** (*lett.*) [*pianta del piede*] plante du pied ◇ (*fig.*) → **capostipite** ◇ (*loc. scherz.*) *alzare le piote* [*andarsene*] s'en aller.

piotàre |pjo'tare| *v.tr.* [*ricoprire con zolle erbose*] gazonner: *piotare il bordo di un'aiola* gazonner les bords d'un parterre.

piovanèllo |pjova'nɛllo| *s.m.* (*t. zool.*) bécasseau.

1 **piovàno** |pjo'vano| *agg.* pluvial*, de pluie (*loc. inv.*): *acqua piovana* eau pluviale, de pluie.

2 **piovàno** |pjo'vano| *s.m.* (*region.*) → **curato, parroco.**

piovàsco, chi |pjo'vasko, ki| *s.m.* [*scroscio di pioggia con vento*] ondée *f.*

piòvere |'pjɔvere| (166) **A** *v.intr. impers.* (*aus. 'essere, avere'*) **1** (*detto della pioggia*) [*cadere, venir giù*] pleuvoir (29) (*aus.* avoir): *piove a dirotto* il pleut à verse; *comincia a piovere, sta per piovere* il commence à pleuvoir, il va pleuvoir; *ha piovuto, è piovuto per tre ore di seguito* il a plu pendant trois heures d'affilée ◇ (*prov.*) *piove sul bagnato* un malheur ne vient jamais seul ~ *tanto tonò che piovve* ce que l'on craignait depuis longtemps est arrivé **2** (*per est.*) [*gocciolare*; *filtrare acqua*] pleuvoir: *in questa stanza ci piove* il pleut dans la pièce # *piove dal soffitto* il tombe de la pluie du plafond **B** *v.intr.* (*aus. 'essere'*) [*cadere, riversarsi dall'alto come pioggia*] **1** pleuvoir (*aus.* avoir), tomber: *piovevano dappertutto sassi, frutta marcia* les pierres, les pommes pourries pleuvaient de partout; *gli sono piovuti una quantità di oggetti in testa* une quantité d'objets lui sont tombés sur la tête ◇ (*loc. fig.*) *piovere dal cielo* tomber du ciel: *tu piovi dal cielo! avevo proprio bisogno di te* tu tombes du ciel! j'avais justement besoin de toi # *non aspettare che ti piovano le cose dal cielo* ne t'attends pas à ce que les alouettes te tombent toutes rôties **2** (*fig.*) [*arrivare in gran numero*] pleuvoir: *piovono telefonate, richieste da ogni parte* les demandes, les coups de téléphone pleuvent de toutes parts # *non credevo che mi piovessero addosso tante critiche* je ne pensais pas que tant de critiques me tomberaient dessus, sur le dos.

piovigginàre |pjoviddʒi'nare| *v. intr. impers.* (*aus. 'essere, avere'*) [*piovere leggermente e a piccole gocce*] pleuvasser (*aus.* avoir), pleuvoter (*aus.* avoir): *è piovigginato un po' sul mezzogiorno* il a pleuvassé, pleuvoté un peu vers midi; *da noi ha appena piovigginato* chez nous, il a à peine pleuvoté.

pioviggine |pjo'viddʒine| *s.f.* (*meteor.*) pluie fine, crachin *m.*, bruine.

piovigginóso |pjoviddʒi'noso| *agg.* (*meteor.*) pluvieux*: *abbiamo avuto giornate piovigginose* nous avons eu des journées pluvieuses.

piovìschio, i |pjo'viskjo, i| *s.m.* → **pioggerella.**

piovórno |pjo'vorno| *agg.* (*raro, lett.*) → **piovoso.**

piovosità |pjovosi'ta| *s.f. inv.* **1** [*abbondanza di pioggia*] pluviosité (*var.*): *la piovosità dei mesi autunnali* la pluviosité des mois d'automne **2** [*quantità di pioggia*] pluviosité: *zone di scarsa piovosità* zones de faible pluviosité; *calcolare la media della piovosità annuale* calculer la moyenne de la pluviosité annuelle.

piovóso |pjo'voso| **I** *agg.* **1** [*abbondante di piogge*] pluvieux*: *una stagione, una giornata piovosa* une saison, une journée pluvieuse **2** [*che porta, promette pioggia*] pluvieux: *vento piovoso* vent pluvieux; *c'è un cielo piovoso* le ciel est pluvieux **II** *s.m.* (*st. fr.*) pluviôse.

piòvra |'pjɔvra| *s.f.* **1** (*t.zool.*) pieuvre **2** (*fig.*) [*persona, ente rapace*] pieuvre # *ha sposato una piovra!* il a épousé une mégère rapace!; *il fisco sta diventando una piovra* le fisc devient un vampire.

1 **pipa** |'pipa| *s.f.* **1** pipe: *una pipa di radica, di schiuma* une pipe en bruyère, en écume (de mer); *caricare, nettare, fumare la pipa* bourrer, curer, fumer la pipe **2** (*per est.*) [*oggetto a forma di pipa*] canne: *la pipa del vetraio* la canne du verrier **3** (*fig., scherz.*) [*naso grosso*] pif *m.* (*pop.*): *ha una pipa enorme* il a un pif énorme **4** (*fig., pop.*) [*rimprovero, rimbrotto*] reproche (*corr.*): *mi ha fatto una pipa che non finiva più* il m'a fait des reproches à n'en plus finir **5** (*fig., pop.*) [*muso, broncio*] tête: *e adesso non mettere su la solita pipa!* et maintenant, ne fais pas la tête comme d'habitude **6** (*gerg. mil.*) patte d'épaule **7** (*ling.*) signe *m.* diacritique (pour indiquer une articulation palatale).

2 **pìpa** |'pipa| *s.f.* (*t.zool.*) pipa *m.*

pipàio, i |pi'pajo, i| *s.m.* [*fabbricante di pipe*] pipier.

pipàre |pi'pare| *v.intr.* (*aus. 'avere'*) [*fumare la pipa*] fumer *tr.* la pipe: *ho pipato qualche volta, ma preferisco le sigarette* j'ai fumé quelquefois la pipe, mais je préfère la cigarette # *dopo mangiato mi va di pipare* après les repas, j'aime une bonne pipe.

pipàta |pi'pata| *s.f.* **1** [→ PIPARE] *adesso mi faccio una bella pipata* maintenant, je vais fumer une bonne pipe ◇ [*tiro di fumo di pipa*] bouffée: *mi lasci dare una pipata?* tu me laisses tirer une bouffée? ◇ [*sbuffo di fumo di pipa*] fumée: *non mandarmi le pipate in faccia!* ne m'envoie pas la fumée de ta pipe dans la figure! **2** [*singola carica di tabacco per la pipa*] pipe: *mi son rimaste due pipate di tabacco* il me reste seulement deux pipes de tabac.

pipeline |'paiplain| *s.f. inv.* (*ingl.*) pipe-line (*m. var.*): *delle pipeline* des pipe-lines.

Piperàcee |pipe'ratʃee| *s.f. pl.* (*t. bot.*) Pipéracées.

piperazina |pipera'dzina| *s.f.* (*chim.*) pipérazine.

piperina |pipe'rina| *s.f.* (*chim.*) pipérine, pipérin *m.*

piperonàlio, i |pipero'naljo, i| *s.m.* (*chim.*) pipéronal*, héliotropine *f.*
pipétta |pi'petta| *s.f.* pipette.
pipì |pi'pi| *s.f. inv.* pipi (*m. var.*): *far la pipì* faire pipi; *il bambino fa ancora la pipì a letto* l'enfant fait encore pipi au lit.
pipiàre |pi'pjare| *v.intr.* (*aus.* '*avere*') (*raro*) → **pigolare.**
pipistrèllo |pipis'trɛllo| *s.m.* **1** (*t. zool.*) chauve-souris (*f.*): *dei pipistrelli* des chauves-souris ~ *pipistrello comune* chauve-souris commune **2** (*abbigl.*) macfarlane.
pipìta |pi'pita| *s.f.* **1** (*zool.*) pépie **2** [*pellicola attorno alle unghie*] envie.
pippiolìno |pippjo'lino| *s.m.* (*ricamo*) picot.
pìppolo |'pippolo| *s.m.* **1** (*region.*) [*chicco, pallottolina*] grain (*corr.*): *ho mangiato due o tre pippoli di moscato* j'ai mangé deux ou trois grains de muscat **2** (*region.*) [*picciolo*] queue (*f.*): *è ingordo di ciliege, si mangia anche i pippoli!* il est gourmand de cerises, il mange même les queues!
'piqué' |pike| *s.m. inv.* (*tess.*) piqué (*var.*): *tovaglia di 'piqué'* nappe de piqué.
pìra |'pira| *s.f.* (*lett.*) [*catasta di legna per bruciare cadaveri o condannati al rogo*] bûcher *m.* (*corr.*).
piràlide |pi'ralide| *s.f.* (*t.zool.*) pyrale ~ *piralide del granturco* pyrale du maïs ~ *piralide degli alveari* pyrale des ruches.
piramidàle |pirami'dale| *agg.* **1** pyramidal*: *struttura piramidale* structure pyramidale; *una costruzione piramidale* une construction pyramidale ◇ (*anat.*) *cellula piramidale* cellule pyramidale; *osso piramidale* os pyramidal **2** (*fig.*) [*madornale, enorme*] colossal*: *una 'gaffe' piramidale* une gaffe colossale.
piramidalménte |piramidal'mente| *avv.* [→ PIRAMIDALE] pyramidalement.
piràmide |pi'ramide| *s.f.* **1** (*geom.*) pyramide: *piramide regolare, triangolare* pyramide régulière, triangulaire; *tronco di piramide* tronc de pyramide **2** (*st. egiz.*) pyramide: *visita alle piramidi* visite aux pyramides **3** (*per est.*) [*catasta, mucchio a forma di piramide*] pyramide: *una piramide di barattoli* une pyramide de boîtes ◇ (*alpinismo*) *piramide umana* pyramide humaine ◇ (*anat.*) *piramidi del Malpighi* pyramides de Malpighi ◇ (*sociol.*) *piramide sociale* pyramide sociale **4** (*geol.*) *piramide di erosione* pyramide d'érosion.
piramidóne |pirami'done| *s.m.* (*marchio depositato*) (*farm.*) pyramidon.
pirandellìano |pirandel'ljano| *agg.* (*letter.*) de Pirandello (*loc. inv.*): *il teatro pirandelliano* le théâtre de Pirandello ◇ (*per est.*) digne de Pirandello # *una situazione pirandelliana* une situation pirandellienne.
piranhà |pi'raɲa| *s.m. inv.* (*port.*) (*t.zool.*) piranha *var.*, piraya *var.*
piràta |pi'rata| **I** *s.m.* **1** pirate: *le scorrerie dei pirati saraceni* les incursions des pirates sarrasins ✦ (*agg.*) *nave, vascello pirata* bateau, navire pirate **2** (*loc.*) *pirata della strada* [*responsabile di un investimento stradale che fugge senza prestare soccorso e senza farsi identificare*] chauffard ~ *pirata dell'aria* [*pilota mil. che colpisce indiscriminatamente obiettivi civili*] pirate de l'air; [*dirottatore di aereo*] pirate de l'air **3** (*fig.*) [*persona disonesta, spregiudicata negli affari*] aigrefin, gangster: *il mercato edilizio è in mano a dei pirati* le marché du bâtiment est dans les mains d'aigrefins, de gangsters ✦ (*agg.*) *un finanziere pirata* un financier gangster **II** (*agg.*) *stazione, radio pirata* [*abusiva, illegale*] émetteur, radio pirate.
pirateggiàre |pirated'dʒare| *v. intr.* (*aus.* '*avere*') **1** [*esercitare la pirateria*] pirater: *il gruppo ha pirateggiato a lungo nell'oceano Indiano* le groupe a piraté longtemps dans l'océan Indien **2** (*fig.*) [*compiere ruberie; taglieggiare*] pirater: *sono abituati a pirateggiare con tutti* ils sont habitués à pirater tout le monde; *la banda ha pirateggiato diversi locali notturni* la bande a piraté dans plusieurs boîtes de nuit.
pirateria |pirate'ria| *s.f.* **1** piraterie: *lotta contro la pirateria navale* lutte contre la piraterie navale **2** (*fig.*) piraterie: *questo è un atto di pirateria commerciale* c'est un acte de piraterie commerciale.
piratésco, chi, ca, che |pira'tesko, ki, ka, ke| *agg.* de pirate (*loc. inv.*): *l'agguato rivela una tecnica piratesca* l'embuscade révèle une technique de pirate ◇ (*fig.*) *comportamento piratesco* comportement de pirate.
pirenàico, ci, ca, che |pire'naiko, tʃi, ka, ke| *agg.* [*dei Pirenei*] pyrénéen*: *passo pirenaico* col pyrénéen.
pirène |pi'rɛne| *s.m.* (*chim.*) pyrène.
pireneìte |pirene'ite| *s.f.* (*miner.*) pyrénéite.
Pirenomicèti |pirenomi'tʃɛti| *s.m. pl.* (*t.bot.*) Pyrénomycètes.
piressìa |pires'sia| *s.f.* (*med.*) pyrexie.
pirètico, ci, ca, che |pi'rɛtiko, tʃi, ka, ke| *agg.* (*med.*) pyrétique.
piretoterapìa |piretotera'pia| *s.f.* (*med.*) pyrétothérapie.
pirètro |pi'rɛtro, 'piretro| *s.m.* (*t. bot.*) pyrèthre.
pirex |'pireks| *s.m. inv.* (*marchio depositato*) pyrex: *un recipiente in pirex* un récipient en pyrex.
pirico, ci, ca, che |'piriko, tʃi, ka, ke| *agg.* à feu (*loc. inv.*): *polvere pirica* poudre à feu.
piridìna |piri'dina| *s.f.* (*chim.*) pyridine.
piridossìna |piridos'sina| *s.f.* (*farm.*) pyridoxine.
pirifórme |piri'forme| *agg.* piriforme: *cisti piriforme* kyste piriforme.
pirite |pi'rite| *s.f.* (*miner.*) pyrite.
piritico, ci, ca, che |pi'ritiko, tʃi, ka, ke| *agg.* pyriteux*.
piro- |'piro| *pref.* **1** (*significa 'fuoco, calore, combustione', corrisponde gener. a*) pyro: *pirofobia* pyrophobie; *pirometro* pyromètre **2** (*significa 'che funziona a vapore', corrisponde gener. a*) à vapeur (*loc. inv.*): *piroscafo* (paquebot à) vapeur **3** (*med.*) (*significa 'febbre', corrisponde gener. a*) pyro: *pirogeno* pyrogène.
piroclàstico, ci, ca, che |piro'klastiko, tʃi, ka, ke| *agg.* pyroclastique: *attività piroclastica di un vulcano* activité pyroclastique d'un volcan; *rocce piroclastiche* roches pyroclastiques.
pirocorvétta |pirokor'vetta| *s.f.* (*st. mar. mil.*) corvette (à turbine).
piroelettricità |piroelettritʃi'ta| *s.f. inv.* (*fis.*) pyroélectricité *var.*
piroelèttrico, ci, ca, che |piroe'lɛttriko, tʃi, ka, ke| *agg.* (*fis.*) pyroélectrique.
piroétta |piro'etta| *s.f.* **1** (*danza, ginnastica*) pirouette **2** (*per est.*) [*capriola, giravolta*] pirouette: *far piroette dalla contentezza* faire des pirouettes de joie; *ha fatto due o tre piroette e poi è caduto* il a fait deux ou trois pirouettes et puis il est tombé ◇ (*fig.*) [*voltafaccia*] *a me queste piroette improvvise danno fastidio* ces pirouettes subites m'embêtent.
piroettàre |piroet'tare| *v.intr.* (*aus.* '*avere*') [*far piroette*] pirouetter: *piroettare sui pattini* pirouetter sur ses patins; *le ballerine piroettavano in perfetta sincronia* les ballerines pirouettaient avec un ensemble parfait.
piròfila |pi'rɔfila| *s.f.* **1** (*marchio depositato*) pyrex *m.* (*marchio depositato*) verre *m.* trempé **2** (*per est.*) plat *m.* en pyrex.
piròfilo |pi'rɔfilo| *agg.* (*marchio depositato*) [*che resiste al calore, al fuoco*] en pyrex (*loc. inv.*): *materiali pirofili* matériaux en pyrex.
pirofobìa |pirofo'bia| *s.f.* (*psicol.*) pyrophobie.
pirofòrico, ci, ca, che |piro'fɔriko, tʃi, ka, ke| *agg.* pyrophorique: *lega piroforica* alliage pyrophorique.
pirofosfàto |pirofos'fato| *s.m.* (*chim.*) pyrophosphate.
pirofregàta |pirofre'gata| *s.f.* (*st. mar. mil.*) frégate (à turbine).
piròga, ghe |pi'rɔga, ge| *s.f.* pirogue.
pirogàllico, ci, ca, che |piro'galliko, tʃi, ka, ke| *agg.* (*chim.*) pyrogallique.
pirogallòlo |pirogal'lɔlo| *s.m.* (*chim.*) pyrogallol.
pirogenazióne |pirodʒenat'tsjone| *s.f.* (*chim.*) pyrogénation.
pirògeno |pi'rɔdʒeno| *s.m.* (*farm.*) préparation *f.* pyrogène *agg.* ✦ (*agg.*) *preparato pirogeno* préparation pyrogène.
pirografìa |pirogra'fia| *s.f.* [*incisione eseguita con punta metallica arroventata*] pyrogravure.
pirogràfico, ci, ca, che |piro'grafiko, tʃi, ka, ke| *agg.* de la pyrogravure *loc. inv.* # *riproduzione pirografica* pyrogravure.
pirografìsta |pirogra'fista| *s.* [*chi incide con la tecnica pirografica*] pyrograveur*.
pirolegnóso |pirolen'ɲoso| *agg.* (*chim.*) pyroligneux* *agg. e s.m.*
pirolétta |piro'letta| *s.f.* → **piroetta.**
pirolìsi |piro'lizi| *s.f. inv.* (*chim.*) pyrolyse *var.*
piròlo |pi'rɔlo| *s.m.* (*mus.*) cheville *f.* → **bischero.**
pirolusìte |pirolu'zite| *s.f.* (*miner.*) pyrolusite.
piròmane |pi'rɔmane| *s.* pyromane: *ha tendenze da piromane* il a des instincts de pyromane.
piromanìa |piroma'nia| *s.f.* (*psicol.*) pyromanie.
piromànte |piro'mante| *s.* [*chi esercita la piromanzia*] pyromancien*.

piromanzìa |piroman'tsia| *s.f.* pyromancie.
pirometrìa |pirome'tria| *s.f.* (*fis.*) pyrométrie.
piromètrico, ci, ca, che |piro'mɛtriko, tʃi, ka, ke| *agg.* (*scient.*) pyrométrique.
piròmetro |pi'rɔmetro| *s.m.* (*fis.*) pyromètre: *pirometro ottico* pyromètre optique.
piromorfìte |piromor'fite| *s.f.* (*miner.*) pyromorphite.
piróne |pi'rone| *s.m.* (*mus.*) fiche *f.*
pìro pìro |'piro'piro| *s.m. inv.* (*t. zool.*) maubèche *f. var.*
piroplasmòsi |piroplaz'mɔzi| *s.f. inv.* (*veter.*) piroplasmose *var.*
piròpo |pi'rɔpo| *s.m.* (*miner.*) pyrope.
piròscafo |pi'rɔskafo| *s.m.* [*bastimento a vapore*] paquebot (à vapeur): *piroscafo di linea* paquebot de ligne # *piroscafo da carico* cargo.
piroscissióne |piroʃʃis'sjone| *s.f.* (*chim.*) craquage *m.*, cracking *m.*
pirosfèra |piros'fɛra| *s.f.* (*geol.*) pyrosphère.
piròsi |pi'rɔzi| *s.f. inv.* (*med.*) pyrosis *m.*
pirosolfàto |pirosol'fato| *s.m.* (*chim.*) pyrosulfate.
pirosolfìto |pirosol'fito| *s.m.* (*chim.*) pyrosulfite.
pirosolfòrico, ci, ca, che |pirosol'fɔriko, tʃi, ka, ke| *agg.* (*chim.*) pyrɔsulfurique.
pirossenìte |pirosse'nite| *s.f.* (*miner.*) pyroxénite.
piròsseno |pi'rɔsseno| *s.m.* (*miner.*) pyroxène.
pirossilìna |pirossi'lina| *s.f.* (*chim.*) pyroxyline.
pirotècnica, che |piro'tɛknika, ke| *s.f.* pyrotechnie.
pirotècnico, ci, ca, che |piro'tɛkniko, tʃi, ka, ke| **I** *agg.* pyrotechnique: *industria pirotecnica* industrie pyrotechnique # *spettacolo pirotecnico* feux d'artifice **II** *s.* **1** *s.* [*tecnico dei fuochi artificiali*] artificier *m.*, pyrotechnicien* (*raro*) **2** *s.m.* (*mil.*) École centrale de pyrotechnie.
pìrrica, che |'pirrika, ke| *s.f.* (*st. gr.*) pyrrhique.
pirrìchio, i |pir'rikjo, i| *s.m.* (*metr.*) pyrrhique.
pirrocòride |pirro'kɔride| *s.m.* (*t. zool.*) pyrrhocore, pyrrhocoris.
pirròlo |pir'rɔlo| *s.m.* (*chim.*) pyrrol(e).
pirroniàno |pirro'njano| *agg.* (*filos.*) pyrrhonien*: *teoria pirroniana* théorie pyrrhonienne ♦ (*s.*) *un pirroniano* un pyrrhonien.
pirronìsmo |pirro'nizmo| *s.m.* (*filos.*) pyrrhonisme.
pirronìsta |pirro'nista| *agg. e s.* → **pirroniano.**
pirrotìte |pirro'tite| *s.f.* (*miner.*) pyrrhotine.
pirùvico, ci, ca, che |pi'ruviko, tʃi, ka, ke| *agg.* (*chim.*) pyruvique: *alcool piruvico* alcool pyruvique.
pisàno |pi'zano| *agg.* [*di Pisa*] pisan.
piscatòrio, i |piska'tɔrjo, i| *agg.* (*lett.*) piscatoire, piscatorial* ◇ (*eccl.*) *anello piscatorio* anneau du pêcheur.
pìsci- |'piʃʃi| *pref.* (*significa 'pesce', corrisponde gener. a*) pisci: *pisciforme* pisciforme; *piscicoltura* pisciculture.
pìscia, sce |'piʃʃa, ʃe| *s.f.* (*pop.*) [*orina*] pisse (*volg.*), urine (*corr.*) # *mi scappa la piscia* j'ai envie de pisser (*volg.*), d'uriner; *il bambino ha fatto la piscia* l'enfant a fait pipi (*fam.*), a pissé.
pisciacàne |piʃʃa'kane| *s.m.* (*t. bot.*) orobanche *f.*
pisciàre |piʃ'ʃare| **A** *v.intr.* (*aus. 'avere'*) **1** (*pop.*) [*orinare*] pisser (*volg.*), uriner (*corr.*): *pisciare a letto* pisser au lit, faire pipi (*fam.*) au lit; *è andato un momento a pisciare* il est allé pisser ◇ (*loc. fig.*) *pisciarci sopra* [*trattare con disprezzo*] cracher sur qqch. ~ *pisciarsi sotto dal ridere, dalla paura* pisser de rire, de peur **2** (*fig., pop.*) [*lasciar filtrare, perdere liquidi*] pisser **B** *v.tr.* (*pop.*) [→ *tr.* 2] pisser: *quel catino piscia acqua da tutte le parti* de cette cuvette, l'eau pisse de partout.
pisciàta |piʃ'ʃata| *s.f.* (*pop.*) [→ PISCIARE A 1] pisse (*volg.*) # *vado a fare una pisciata* je vais pisser (*volg.*), faire pipi (*fam.*).
pisciatòio, i |piʃʃa'tojo, i| *s.m.* (*pop.*) [*orinatoio*] pissotière *f.* (*fam.*), urinoir (*corr.*): *all'angolo c'è un pisciatoio* au coin il y a une pissotière, un urinoir.
piscicoltóre, trice |piʃʃikol'tore, tritʃe| *s.* pisciculteur *m.*
piscicoltùra |piʃʃikol'tura| *s.f.* pisciculture.
pisciforme |piʃʃi'forme| *agg.* pisciforme.
piscìna |piʃ'ʃina| *s.f.* **1** piscine: *piscina coperta, scoperta, riscaldata* piscine couverte, en plein air, chauffée; *vieni in piscina con noi?* viens-tu à la piscine avec nous? **2** [*peschiera, vivaio*] vivier *m.*
pìscio, i |'piʃʃo, i| *s.m.* (*pop.*) [*orina, spec. di animale*] pissat (*corr.*): *c'è odore di piscio di cavallo* il y a une odeur d'écurie, il y a une odeur de pissat de cheval (*pop.*).
piscióne |piʃ'ʃone| *s.* (*pop., scherz.*) [*spec. bambino che orina addosso*] pisseur* (*volg.*): *brutto piscione, perché non chiami la mamma?* vilain pisseur, pourquoi n'appelles-tu pas ta maman?
piscìvoro |piʃ'ʃivoro| *agg.* piscivore *agg. e s.m.*
pisellàio, i |pisel'lajo, i|, *f.* **pisellàia** |pisel'laja| *s.m.* (*agr.*) lieu planté de pois.
pisèllo |pi'sɛllo| *s.m.* **1** (*t.bot.*) pois **2** [*il frutto*] (petit) pois: *minestra, riso con piselli* potage, riz aux petits pois; *piselli in scatola, surgelati* petits pois en boîte, surgelés; *sgranare piselli* écosser des petits pois **3** (*fig., pop.*) [*organo sessuale maschile*] zizi (*fam.*): *se non fai il bravo, ti taglio il pisello!* si tu n'es pas sage, je vais te couper ton zizi.
pisifórme |pizi'forme| *s.m.* (*anat.*) os pisiforme *agg.*
pisolàre |pizo'lare| *v.intr.* (*aus. 'avere'*) (*fam.*) [*sonnecchiare, dormicchiare*] sommeiller: *ho pisolato per una mezz'ora* j'ai sommeillé une demi-heure # *vado a pisolare un attimo* je vais dormir un peu.
pisolìno |pizo'lino| *s.m.* (*fam.*) (petit) somme (*corr.*): *schiacciare un pisolino* faire un petit somme; *un pisolino dopo mangiato fa bene* un petit somme après le repas, ça fait du bien.
pisolìte |pizo'lite| *s.f.* (*geol.*) pisolithe.
pìsolo |'pizolo| *s.m.* → **pisolino.**
pispigliàre |pispiʎ'ʎare| *v.tr. e intr.* (*aus. 'avere'*) (*raro*) → **bisbigliare.**
pispìglio, i |pis'piʎʎo, i| *s.m.* (*raro*) → **bisbiglio.**
pìspola |'pispola| *s.f.* **1** (*t.zool.*) pipit *m.*, pipi *m.*, pitpit *m.*, farlouse **2** (*fig.*) [*frottola, corbelleria*] blague: *racconta pispole a tutto andare* il raconte des blagues sans cesse **3** [*fischietto per imitare il verso di alcuni uccelli*] pipeau *m.*
pispolàre |pispo'lare| *v.intr.* (*aus. 'avere'*) **1** [*imitare il verso della pispola*] frouer, piper (*arc.*) # *è bravissimo a pispolare* il sait très bien imiter le chant des passereaux **2** [*fischiare con la pispola*] siffler avec un pipeau: *smettila di pispolare con quel fischietto!* arrête de siffler avec ce pipeau!
pìsside |'pisside| *s.f.* **1** (*liturg. catt.*) ciboire *m.*, pyxide (*arc.*) **2** (*t.bot.*) pyxide.
pìssi pìssi |'pissi'pissi| *inter.* (*voce onomat. che ripete il suono di un bisbiglio*) psitt, pst ♦ *s.m. inv.* chuchotement (*var.*): *ho sentito un pissi pissi* j'ai entendu un chuchotement.
pìsta |'pista| *s.f.* **1** piste: *pista da ballo, da pattinaggio* piste de bal, de patinage; *pista ciclistica, per moto, per auto da corsa* piste d'un vélodrome, pour motos, d'un autodrome; *pista di collaudo, di prova* piste d'essai; *correre, gareggiare su pista* courir sur piste, s'affronter sur la piste; *gli atleti entrano in pista* les athlètes entrent en piste; *il centro dispone di una pista coperta* la ville possède une piste couverte ◇ (*aer.*) *piste aeroportuali* pistes d'aéroport # *atterrare su una pista di fortuna* atterrir sur un terrain de fortune; *pista di rollaggio* taxiway, chemin de roulement, voie de circulation (des avions) **2** [*percorso, sentiero*] piste: *aprire, scoprire una pista* ouvrir, découvrir une piste; *abbiamo seguito la pista dei carovanieri* nous avons suivi la piste des caravaniers # *attenti a non smarrire la pista!* attention, ne vous égarez pas! ♦ *escl.* (*invito a lasciar libero il passaggio*) *pista!* place!, gare! **3** (*per est.*) [*traccia, impronta*] piste, voie: *i cani seguono la pista del capriolo* les chiens suivent la piste, la voie du chevreuil; *siamo sulla pista dei rapinatori* nous sommes sur la piste, sur les traces des voleurs ◇ (*fig.*) [*ipotesi di ricerca; direzione*] *la polizia segue varie piste* la police suit plusieurs pistes; *forse siamo sulla pista buona* nous sommes peut-être sur la bonne piste; *è stata scartata la pista del delitto passionale* la piste du délit passionnel est écartée **4** (*registratori magnetici, cine.*) piste: *pista sonora* piste sonore; *nastro a quattro piste* bande (à) quatre pistes.
pistàcchio, i |pis'takkjo, i| *s.m.* **1** (*t.bot.*) pistachier ~ *pistacchio di terra* arachide *f.* → **arachide** **2** [*il frutto*] pistache (*f.*): *gelato al pistacchio* glace à la pistache ♦ (*in funzione di agg. inv.*) *verde pistacchio* vert pistache.
pistàgna |pis'taɲɲa| *s.f.* (*abbigl.*) col *m.*
pistaiòlo |pista'jɔlo| *s.* (*ciclismo*) pistard *m.*
pistillìfero |pistil'lifero| *agg.* (*bot.*) pistillaire.
pistìllo |pis'tillo| *s.m.* (*bot.*) pistil.

pistòla |pis'tɔla| *s.f.* **1** (*armi*) pistolet (*m.*): *pistola automatica, semiautomatica, a canna lunga* pistolet automatique, semi-automatique, à canon long; *pistola a ripetizione* pistolet à répétition; *pistola lanciarazzi* pistolet lance-fusées; *sparare un colpo di pistola in aria, a salve* tirer un coup de pistolet en l'air, à blanc; *minacciare qc. con la pistola* menacer qqn. avec un pistolet # *pistola a tamburo* revolver ◇ (*loc. fig.*) *star sempre con la pistola in, alla mano* [*usare sempre un atteggiamento aggressivo, di minaccia*] être (toujours) agressif*, violent **2** (*tecnol.*) *pistola a spruzzo* pistolet à peinture **3** (*numism.*) pistole.

pistolèro |pisto'lɛ(e)ro| *s.* pistolero.

pistolettàta |pistolet'tata| *s.f.* coup *m.* de pistolet.

pistolòtto |pisto'lɔtto| *s.m.* **1** (*scherz.*) [*discorso enfatico*] laïus, homélie (*f.*): *ci ha fatto il solito pistolotto* il nous a fait son laïus habituel; *ha concluso con un pistolotto a effetto* il a conclu par une homélie grandeloquente # *eccoci al pistolotto finale* nous voici à la péroraison **2** pistolet à canon court.

pistóne |pis'tone| *s.m.* **1** (*mecc.*) piston: *pistone ad anelli elastici* pistons à segments; *corsa del pistone* course du piston **2** (*mus.*) piston **3** (*armi ant.*) tromblon.

pita |'pita| *s.f.* (*t.bot.*) pite.

pitagorèo |pitago'rɛo| *agg.* → **pitagorico.**

pitagòrico, ci, ca, che |pita'gɔriko, tʃi, ka, ke| *agg.* pythagoricien*, pythagorique (*arc.*): *filosofia pitagorica* philosophie pythagoricienne; *scuola pitagorica* école pythagoricienne ✦ (*s.*) *un pitagorico* un pythagoricien ◇ (*mat.*) *tavola pitagorica* table de multiplication, de Pythagore.

pitagorismo |pitago'rizmo| *s.m.* (*mat., st. filos.*) pythagorisme.

pitàle |pi'tale| *s.m.* (*pop.*) pot (*corr.*) de chambre, vase (*corr.*) de nuit → **orinale.**

pitecàntropo |pite'kantropo| *s.m.* (*antrop.*) pithécanthrope.

pitècia |pi'tɛtʃa|, *pl. m.* **ci** |tʃi|, *pl. f.* **cie** |tʃe| *s.m. e f.* (*t.zool.*) pithécie *f.*

pitèco, chi |pi'tɛko, ki| *s.m.* (*t. zool.*) pithèque.

pitecòide |pite'kɔide| *agg.* (*zool.*) pithécoïde.

pitiàtico, ci, ca, che |pi'tjatiko, tʃi, ka, ke| *agg.* (*psicol.*) pithiatique.

pitiatismo |pitja'tizmo| *s.m.* (*psicol.*) pithiatisme.

pìtico, ci, ca, che |'pitiko, tʃi, ka, ke| *agg.* (*st. gr.*) pythien*, pythique: *giochi pitici* jeux pythiques, pythiens; *odi pitiche* odes pythiques.

pitiriasi |piti'riazi| *s.f. inv.* (*med.*) pityriasis *m.*

pitoccàre |pitok'kare| *v.tr. e intr.* (*aus.* '*avere*') **1** [*mendicare, elemosinare*] mendier: *è umiliante dover pitoccare anche il necessario* devoir mendier même le nécessaire, c'est humiliant; *non fa che pitoccare con tutti* il ne fait que mendier partout, auprès de tout le monde **2** (*fig.*) [*chiedere con insistenza e in modo poco dignitoso*] mendier: *è sempre qui a pitoccare favori* il est toujours ici pour mendier des services; *non ti vergogni di pitoccare così?* tu n'as pas honte de mendier ainsi?

pitoccherìa |pitokke'ria| *s.f.* **1** (*spreg.*) [*il fatto di essere o di dimostrarsi pitocco*] mendicité, misère, gueuserie (*lett.*) **2** [*azione, comportamento da pitocco*] avarice.

pitòcco, chi, ca, che |pi'tɔkko, ki, ka, ke| *s.* **1** [*mendicante, pezzente*] mendiant, gueux* (*lett.*.): *manda via quel pitocco* chasse ce mendiant; *fare il pitocco* vivre en gueux ◇ [*chi è troppo pressante nelle sue richieste*] importun, casse-pieds *inv.* (*fam.*): *che pitocco!, non mi lascia mai in pace* quel casse-pieds! il ne me fiche jamais la paix ✦ (*agg.*) *individuo pitocco* (individu) casse-pieds **2** (*fig.*) [*migragnoso, tirchio*] avare: *è sempre stato un pitocco anche con i figli* il a toujours été avare même avec ses enfants.

pitóne |pi'tone| *s.m.* **1** (*t.zool.*) python **2** [*la pelle conciata*] python: *scarpe, borsetta di pitone* chaussures, sac en (peau de) python.

pitonéssa |pito'nessa| *s.f.* **1** (*st. gr.*) pythonisse **2** (*fig.*) [*maga, indovina*] pythonisse (*lett.*): *farsi leggere la mano da una pitonessa* se faire lire dans la main par une pythonisse.

pìttima |'pittima| *s.f.* **1** [*impiastro, cataplasma*] emplâtre *m.*, cataplasme *m.* **2** (*fig.*) [*persona noiosa, lagnosa*] raseur* *s.* (*fam.*), geignard *s.* (*fam.*): *ha sempre da lamentarsi, quella pittima!* il se plaint toujours ce raseur, ce geignard! ◇ [*chi difende il proprio interesse con pignoleria*] grippe-sou (*inv.*): *che pittima!, ha voluto fino all'ultima lira* quel grippe-sou! il a tout exigé jusqu'au dernier centime → **avaro.**

pittografìa |pittogra'fia| *s.f.* pictographie.

pittogràfico, ci, ca, che |pitto'grafiko, tʃi, ka, ke| *agg.* pictographique.

pittogràmma |pitto'gramma| *s.m.* pictogramme.

pittóre, trice |pit'tore, tritʃe| *s.* **1** [*chi esercita la pittura*] peintre (*m.*): *pittori rinascimentali, moderni* peintres de la Renaissance, modernes; *un pittore provetto, dilettante* un peintre expert, amateur; *pittore di ritratti, ritrattista* peintre de portraits, portraitiste; *pittore paesaggista* peintre de paysages, paysagiste; *pittore d'interni* peintre décorateur; *un pittore di nature morte* un peintre de nature(s) morte(s); *pittore di maniera* peintre de genre; *pittore in smalto, su vetro* peintre sur émail, peintre verrier **2** (*fig.*) [*descrittore efficace*] peintre: *un grande pittore degli ambienti mondani ottocenteschi* un grand peintre mondain du XIXe siècle **3** (*per est.*) [*tinteggiatore, imbianchino*] peintre en bâtiment(s).

pittorèllo |pitto'rɛllo| *s.* (*spreg.*) [*pittore di modeste capacità*] rapin (*m.*): *questi pittorelli si danno troppe arie!* ces rapins se donnent de ces airs!

pittorescaménte |pittoreska'mente| *avv.* [→ PITTORESCO] pittoresquement (*lett.*), avec pittoresque (*loc. inv.*): *un paesaggio pittorescamente perfetto* un paysage pittoresquement parfait; *sa rendere le situazioni molto pittorescamente* il sait rendre les situations avec beaucoup de pittoresque.

pittorésco, chi, ca, che |pitto'resko, ki, ka, ke| *agg.* **1** pittoresque: *un ambiente, un panorama pittoresco* un milieu, un panorama pittoresque **2** (*fig.*) [*vivace, originale*] pittoresque: *uno stile, un linguaggio pittoresco* un style, un langage pittoresque; *ha usato delle immagini molto pittoresche* il a utilisé des images très pittoresques ◇ (*persone*) [*originale, estroso*] *è un tipo molto pittoresco* c'est un type très pittoresque ✦ (*s.m.*) *il pittoresco* le pittoresque: *ricerca del pittoresco* recherche du pittoresque.

pittoricismo |pittori'tʃizmo| *s.m.* (*pitt.*) recherche *f.* de l'effet: *l'autore tende troppo al pittoricismo* l'auteur tend trop à la recherche de l'effet.

pittoricità |pittoritʃi'ta| *s.f. inv.* [*l'essere pittorico*] pittoresque *m. var.*

pittòrico, ci, ca, che |pit'tɔriko, tʃi, ka, ke| *agg.* **1** [*relativo alla pittura*] pictural*: *abilità pittorica* habileté picturale; *tecniche pittoriche* techniques picturales **2** (*fig.*) [*espressivo, efficace*] expressif*, imagé: *ha un linguaggio molto pittorico* il a un langage très expressif, imagé; *è riuscito a ottenere un bell'effetto pittorico* il a réussi (à obtenir) un bel effet expressif.

pittorùcolo |pitto'rukolo| *s.* (*spreg.*) [*pittore da strapazzo*] rapin *m.*, barbouilleur*: *ormai qualsiasi pittorucolo organizza una personale* désormais, n'importe quel rapin, quel barbouilleur peut organiser une exposition.

pittòsporo |pit'tɔsporo| *s.m.* (*t. bot.*) pittosporum.

pittrìce |pit'tritʃe| *s.f.* → **pittore.**

pittùra |pit'tura| *s.f.* **1** [*arte del dipingere*] peinture: *scuola, maestro di pittura* école, maître de peinture; *pittura murale, parietale* peinture murale; *pittura vascolare* peinture sur vase; *pittura a olio, a tempera, a encausto* peinture à l'huile, à la détrempe, à l'encaustique; *pittura sacra* peinture sacrée ◇ [*dipinto, quadro*] tableau (*m.*): *una raccolta di pitture barocche* une collection de tableaux baroques; *pitture a tempera, a carboncino* tableaux peints à la détrempe, au fusain **2** (*fig.*) [*descrizione ricca di espressività, efficace*] peinture: *ha fatto una pittura fedele dell'ambiente* il a fait une peinture fidèle du milieu **3** (*pop.*) [*trucco, rossetto*] fard *m.* (*corr.*); rouge *m.* à lèvres (*corr.*): *ti sei messa troppa pittura* tu as mis trop de fard ‖ *ha macchiato il bicchiere di pittura* elle a laissé du rouge à lèvres sur son verre **4** (*pop.*) [→ PITTURARE A 2] *ho appena terminato la pittura del tinello* j'ai à peine fini de peindre la salle à manger ◇ [*vernice, tinta*] peinture: *un barattolo di pittura antiruggine* un pot de peinture antirouille; *attenzione, pittura fresca!* attention, peinture fraîche!, attention à la peinture (fraîche)!

pitturàre |pittu'rare| **A** *v.tr.* **1** [*colorire con arte; dipingere*] peindre (66): *pitturare una tela, un quadro* peindre une toile, un tableau; *la cappella è stata pitturata da un grande artista* la chapelle a été peinte par un grand artiste **2** (*per est.*) [*tinteggiare, verniciare*] peindre: *pitturare la facciata, l'interno di un palazzo* peindre la façade, l'intérieur d'un immeuble; *ho pitturato il soffitto di rosso* j'ai peint le plafond en rouge ◻ (*pop.*) *pitturarsi la faccia* [*truccarsi*] se maquiller (*corr.*) **B** *v.*

pron. rifl. PITTURARSI (*pop.*) [*truccarsi, imbellettarsi*] se maquiller (*corr.*): *hai finito di pitturarti?* as-tu fini de te maquiller? ✦ → *tr.* 2 □.

pitùita |pi'tuita, pitu'ita| *s.f.* (*fisiol.*) pituite.

pituitàrio, i |pitui'tarjo, i| *agg.* (*anat.*) pituitaire: *ghiandola pituitaria* glande pituitaire.

1 **più** |'pju| *avv.* **I** (*comparativo di maggioranza*) **1** (*col 2° t. sottinteso*) [*in maggior quantità, misura, grado; maggiormente*] plus: *più facile, più difficile* plus facile, plus difficile; *una strada più lunga* une route plus longue; *un incarico più importante* une charge plus importante ◇ (*in unione con altri avv.*) *mi sembra molto, parecchio più alto* il me semble beaucoup plus grand; *leggi più avanti* lis plus loin; *vieni più vicino* viens plus près; *camminate più adagio* marchez plus doucement; *respira sempre più debolmente* il respire toujours plus faiblement; *parla più forte* parle plus fort; *ci vedremo più tardi* nous nous verrons plus tard ✦ *ass.* le plus: *ciò che più desidero è la tranquillità* ce que je désire le plus c'est la tranquillité; *è la cosa che più disprezzo* c'est la chose que je méprise le plus; *è l'impiegato che più stimiamo* c'est l'employé que nous estimons le plus # *più di così non posso* c'est le maximum que je puisse faire ◇ (*col 2° t. espresso*) plus... que: *è più giovane di me* il est plus jeune que moi; *il piombo è più pesante del rame* le plomb est plus lourd que le cuivre; *mi sembra più caldo che freddo* cela me semble plus chaud que froid; *è più tardi di quanto pensiate* il est plus tard que vous ne pensez ◇ *loc.* PIÙ CHE (+ *agg., avv. o sost.*) [*oltremodo, assolutamente*] plus que: *è più che onesto* il est plus qu'honnête; *sei stato più che corretto* tu as été plus que correct; *procedono più che lentamente* ils avancent plus que lentement; *hai più che ragione* tu as plus que raison ~ PIÙ CHE (+ *agg., v. o sost.*) (*con valore correttivo o per indicare una prevalenza*) plus que: *più che stanco, sono sfiduciato* plus que fatigué, je suis découragé; *più che offendermi, mi addolora* plus que m'offenser, il me fait de la peine ~ PIÙ DI [*oltre; superiore a*] plus de: *più d'un'ora, d'un chilo* plus d'une heure, d'un kilo # *più di tutto, d'ogni altra cosa* par-dessus tout ~ NON PIÙ DI pas plus de: *non più di due ore fa, di una settimana fa* il n'y a pas plus de deux heures, d'une semaine; *voglio spendere non più di diecimila lire* je ne veux pas dépenser plus de dix mille lires # *mi interessa non più di tanto* il ne m'intéresse pas plus que cela **2** *loc.* DI PIÙ [*maggiormente*] davantage: *dovevi studiare di più* tu devais travailler davantage; *accostati di più* approche-toi davantage # *niente di più squisito, strano, errato* rien de plus exquis, bizarre, faux ◇ (*con significato di 'maggior quantità, valore, prezzo, risultato, tempo'*) davantage (*indeterminato*); (de) plus (*determinato*): *dammene di più* donne-m'en davantage; *di più non potevamo pretendere* nous ne pouvions pas prétendre davantage; *mi fermerò di più un'altra volta* je m'arrêterai davantage, plus longtemps la prochaine fois ‖ *cosa vuoi di più da me, dalla vita!* qu'est-ce que tu veux de plus!; *questo vale, costa* (*molto, assai*) *di più* ceci vaut, côute (beaucoup) plus; *ho due anni di più* j'ai deux ans de plus; *mi aspettavo di più da te* je m'attendais à quelque chose de plus de ta part; *è un pensiero di più, che mi dai* c'est un souci en plus que tu me donnes; *venite in due, non di più* venez à deux, pas plus; [*inoltre*] de plus, en outre: *di più, si doveva prevedere anche il maltempo* de plus, en outre il fallait prévoir aussi le mauvais temps; *occorreva, di più, una maggiore cautela* en outre, il fallait prendre plus de précautions ~ DIRÒ DI PIÙ je dirai même plus: *dirò di più, siete in malafede* je dirai même plus, vous êtes de mauvaise foi ~ C'È DI PIÙ [*c'è di più grave, di più importante*] ce qui est pire: *c'è di più, volevano truffarci* et, ce qui est pire, ils voulaient nous escroquer; *c'è di più, ha deciso di divorziare* et, ce qui est pire, il a décidé de divorcer ~ *escl.* (*di*) *più,* (*di*) *più!* bien plus: *'avrà trent'anni' 'ma scherzi?* (*di*) *più,* (*di*) *più!'* 'elle aura trente ans' 'mais tu plaisantes? bien plus, bien plus!' ~ NON (DI) PIÙ [*non oltre*] pas plus: *mi fermo due giorni, non* (*di*) *più* je resterai deux jours, pas plus; *ne occorrerà un metro, non* (*di*) *più* il en faudra un mètre, pas plus ~ IN PIÙ [*in eccesso, in supero*] en plus, de plus: *c'è una differenza in più di cento lire* il y a cent lires en plus, de plus; *qui c'è una persona in più* ici il y a une personne en plus; *c'è voluto un giorno in più* il a fallu une journée de plus; *discutere per mille lire in più o in meno* discuter pour mille lires de plus ou de moins # *questi documenti sono tutti in più* [*non necessari*] ces documents sont tous en trop; *mi ha dato il resto in più, mille lire in più* il m'a rendu de la monnaie en trop, mille lires en plus, en trop ◇ [*inoltre*] *in più dovevi avvertirmi* de plus, tu devais m'avertir ~ ...E PIÙ [*e oltre...*] et (même) plus: *pesa un quintale e più* il pèse cent kilos et (même) plus; *costa un milione e più* cela coûte un million et (même) plus; *ha parlato per un'ora e più* il a parlé pendant une heure et (même) plus ◇ *loc.* (*con valore raff.*) *tanto, molto, ancor più* d'autant plus: *voi dovreste preoccuparvi ancor* (*di*) *più* vous devriez vous faire d'autant plus de souci ~ (*lett.*) *vie più* → **vieppiù** ~ SEMPRE (DI) PIÙ de plus en plus, toujours plus, toujours davantage: *lo desidero sempre* (*di*) *più* je le désire de plus en plus, toujours davantage; *'migliora?' 'sempre* (*di*) *più'* 'il fait des progrès?' 'de plus en plus'; *mi convinco sempre* (*di*) *più che...* je me convaincs de plus en plus que... ~ PER DI PIÙ [*in aggiunta*] de plus: *è solo, e per di più malato* il est seul et, de plus, malade; *sei incompetente e per di più ostinato* tu es incompétent et, de plus, obstiné # *ha voluto accompagnarmi e per di più in taxi* il a voulu m'accompagner et, qui mieux est, en taxi ~ A PIÙ NON POSSO: *gridava a più non posso* il criait à tue-tête; *correva a più non posso* il courait à perdre haleine; *si sta dando da fare a più non posso per...* il se donne on ne peut plus de mal pour... ~ PIÙ CHE MAI plus que jamais: *ti apprezza più che mai* il t'apprécie plus que jamais; *sono più che mai deciso a...* je suis plus que jamais décidé à... ~ NIENTE PIÙ rien de plus: *è un amico e niente più* c'est un ami et rien de plus: *ci siamo telefonati una volta e niente più* nous nous sommes téléphoné une fois et rien de plus ✦ *loc. cong.* TANTO PIÙ CHE... d'autant plus que...: *mi ha sorpreso, tanto più che siamo parenti* cela m'a surpris, d'autant plus que nous sommes parents; *bisogna avvertirlo, tanto più che è il padre* il faut l'avertir, d'autant plus que c'est son père **3** (*in costruzioni correl.*) PIÙ... PIÙ plus... plus: *più lo guardo, più mi piace* plus je le regarde, plus il me plaît; *più ti agiti, più combini pasticci* plus tu t'énerves, plus tu fais de bêtises; *quanto più protesta, tanto più aggrava la sua situazione* plus il proteste, plus il aggrave son cas ~ PIÙ... MENO plus... moins: *più ci penso, meno mi convinco* plus j'y pense, moins je suis convaincu; *quanto più lo aiuti, tanto meno ti è riconoscente* plus tu l'aides, moins il t'est reconnaissant; *quanto più insisti, tanto meno ottieni* plus tu insistes, moins tu obtiens ◇ *loc.* PIÙ O MENO [*all'incirca*] plus ou moins: *più o meno sono la stessa cosa* c'est plus ou moins la même chose; *più o meno mi ha detto così* il m'a dit plus ou moins cela # *più o meno peserà dieci chili* il pèsera dans les dix kilos, un peu plus un peu moins ~ *poco più poco meno saranno in venti* ils seront environ une vingtaine ~ *giorno più giorno meno, ci vorrà un mese* à un jour près, il faut compter un mois ~ *chi più chi meno sono tutti dei bugiardi* ils sont tous, qui plus qui moins, des menteurs ~ *uno più uno meno non ha importanza,* (*non cambia nulla*) à une personne près, cela ne change rien ~ NÉ PIÙ NÉ MENO [*esattamente, precisamente*] ni plus ni moins: *ti riferisco né più né meno di quel che ho sentito* je te répète, ni plus ni moins, ce que j'ai entendu # *la situazione è né più né meno quella di allora* la situation est, plus ou moins, la même qu'alors; *si comporta da padrone né più né meno* il se comporte, plus ou moins, en patron **4** (*in frasi neg., col valore temporale di 'di qui in avanti; d'ora in poi; ormai'*) plus: *non c'è più speranza, religione, rispetto* il n'y a plus d'espoir, de religion, de respect; *non ci interessa più* il ne nous intéresse plus; *non voglio più vederlo* je ne veux plus le voir; *non ne può più del capufficio* il ne me supporte plus ce chef de bureau; *non ha più una lira* il n'a plus un sou; *non ha più amici* il n'a plus d'amis; *non parte più* il ne part plus; *non abitano più qui da anni* ils n'habitent plus ici depuis longtemps; *sono stanco che non ne posso più* je n'en peux plus, je suis à bout; *non ha più i genitori* il n'a plus ses parents # *ci vado stasera o non più* j'y vais ce soir ou jamais ◇ *loc.* MAI PIÙ plus jamais: *non lo vedrò mai più* je ne le verrai plus jamais; *non parlarmene mai più!* ne m'en parle plus jamais! # *'lo faresti ancora?' 'mai più'* 'tu le ferais encore?' 'jamais de la vie!, jamais plus!' **5** (*mat.*) plus: *due più tre uguale a cinque* $(2 + 3 = 5)$ deux plus trois, deux et trois font cinq; *'a'* più *'b' al quadrato*

($a + b)^2$ 'a' plus 'b' au carré; *il quadrato di 'x' più il quadrato di 'y'* ($x^2 + y^2$) 'x' au carré plus 'y' au carré ♦ (*con valore di prep. o di cong.*) plus: *un appartamento di due camere più i servizi* un appartement de deux pièces (plus) cuisine (et) salle de bains; *verranno loro tre più un amico* ils viendront à trois, plus un ami; *pago un milione di affitto più le spese* je paie un million de loyer, plus les charges; *calcola la cifra esatta più gli interessi* calcule le montant exact, plus les intérêts # *misura otto metri più dieci centimetri* il mesure huit mètres dix (centimètres) ◇ (*nelle misurazioni di temperatura, indica valore sopra lo zero*) *c'è una temperatura di più diciassette* (+ *17º*) la température est de plus dix-sept; il fait dix-sept degrés (au-dessus de zéro); *l'escursione è stata da meno tre a più sei* (*da* — *3º a* + *6º*) l'amplitude a varié de moins trois à plus six ◇ (*nelle classificazioni scolastiche, indica voto abbondante*) *nel tema ho preso sei più* (*6* +) j'ai eu six plus pour la dissertation **II** *sup. rel. di maggioranza* (*preceduto dall'art. det.*) le plus, la plus: *è il più giovane dei fratelli* c'est le plus jeune des frères; *sei tu la più irrequieta* c'est toi la plus inquiète; *sei stato il più fortunato di tutti* tu as été le plus chanceux de tous; *mettilo il più alto possibile* mets-le le plus haut possible; *scrivimi il più presto che puoi* écris-moi le plus vite possible; *darsi da fare il più possibile* se donner le plus de mal possible Ⓒ I 1, 2, 3, 5; II **meno** 1.

2 **più** |'pju| **I** *agg. inv.* (*esprime il comparativo di maggioranza dei sost., col 2º t. espresso o sottinteso*) **1** [*maggiore in quantità, in numero; maggiore*] plus (de)... que (de): *ha più difetti che pregi* il a plus de défauts que de qualités; *hai avuto più buon senso di noi* tu as eu plus de bon sens que nous; *oggi ho avuto più clienti di ieri* aujourd'hui j'ai eu plus de clients qu'hier *mi ha dato più fastidio che aiuto* il m'a plus dérangé qu'aidé ◇ (*loc.*) *credersi, ritenersi da più* (*degli altri*) se croire supérieur (aux autres) ~ *questo è per di più* [*superfluo*] ça c'est du superflu **2** [*più di uno; parecchi*] plusieurs: *son passati più mesi da allora* depuis (lors), plusieurs mois sont passés; *starò fuori per più settimane* je serai absent plusieurs semaines # *hanno discusso per più e più ore* ils ont discuté des heures entières, pendant des heures et des heures; *occorrono più e più giorni prima che...* il faudra plus d'un jour avant que...; *ti ho avvertito più e più volte* je t'ai averti plus d'une fois ◇ *loc.* ESSERE DI PIÙ [*in numero maggiore*] être plus nombreux*: *le donne sono di più degli uomini* les femmes sont plus nombreuses que les hommes ~ ESSERE IN PIÙ [*in molti, in parecchi*] être nombreux: *eravamo in più a far la coda* nous étions nombreux à faire la queue **3** (*mat.*) plus: *questo valore è più o meno* cette valeur monte ou descend-elle?; *ci vuole il segno più o il segno meno?* il faut le signe plus ou le signe moins? → **positivo** **II** *s.m. inv.* **1** [*la parte principale; la cosa più importante*] plus: *ho chiesto il più possibile* j'ai demandé le plus possible; *ora resta il più* maintenant il reste le plus difficile (à faire); *il più è incominciare* le plus difficile est de commencer # *il più è fatto* le difficile, le plus gros est fait ◇ (*loc.*) *il più dei, delle...* [*la maggior parte dei, delle...*] la plupart de: *nel più dei casi accade il contrario* dans la plupart des cas il arrive le contraire *il più delle volte è in ritardo* la plupart du temps il est en retard ~ *parlare del più e del meno* [*conversare senza un preciso argomento*] parler de la pluie et du beau temps; parler de choses et d'autres ~ *dal più al meno* [*all'incirca*] environ ~ IL DI PIÙ [*ciò che sopravanza*] le surplus, le superflu: *togli il di più* retire le surplus # (*iron.*) *vuol fare il di più* il veut faire du zèle; il fait le fanfaron* ~ *un di più*; *un per di più* [*cosa superflua*] (du) superflu: *questo è un di più del tutto inutile* ceci est (du) superflu, c'est tout à fait inutile ~ PER LO PIÙ [*generalmente*] en général: *per lo più ci ha sempre accontentato* en général, il nous a toujours contentés; *per lo più non sbaglia* en général, il ne se trompe pas ~ (TUTT')AL PIÙ [*al massimo; se mai*] au maximum, au pire: *al più mancherà una settimana* il manquera une semaine au maximum; *tutt'al più mi licenzieranno* au pire ils me renverront; *venite in pochi, tutt'al più in cinque* venez peu nombreux, cinq au maximum; *spero di venire, o tutt'al più le telefono* j'espère venir, ou, au pire je vous téléphonerai ~ (*interrog., lett.*) CHE PIÙ...? [*che altro...?*] de plus: *che più ti aspettavi?* qu'est-ce que tu voulais de plus?; *sono andato di persona, che più dovevo fare?* j'y suis allé personnellement, que pouvais-je faire de plus? **2** *al plur.* [*la maggioranza*] la majorité *f. sing.*, la plupart (*f. sing.*): *questa è l'opinione dei più* c'est l'opinion de la majorité; *i più sono di questo parere* la plupart sont de cet avis; *i più avevano già abbandonato la sala* la plupart avaient dejà quitté la salle ◇ (*loc. euf.*) *passare nel numero dei più* [*morire*] mourir, casser sa pipe (*fam.*) ◇ (*prov.*) *i più tirano i meno* c'est la loi du nombre **3** (*mat.*) le plus: *ci vuole il più davanti* il faut le signe plus devant; *togliendo la parentesi il meno diventa più* en retirant la parenthèse, le moins devient plus Ⓒ I 1, 3; II **meno** 2, 3.

piuccheperfètto |piukkeper'fɛtto| *s.m.* (*gram.*) plus-que-parfait.

piùma |'pjuma| *s.f.* plume: *una piuma di canarino* une plume de canari; *gli uccelli perdono le piume* les oiseaux perdent leurs plumes; *dormire su un materasso di piume* dormir sur un matelas de plume(s); *è leggero come una piuma* il est léger comme une plume; *i bersaglieri hanno le piume sul cappello* les bersagliers ont des plumes sur leur chapeau, au chapeau ♦ (*in funzione di agg. inv.*) (*pugilato*) *peso piuma* poids plume.

piumàggio, i |pju'maddʒo, i| *s.m.* [*penne di un uccello*] plumage: *il piumaggio del fagiano* le plumage du faisan.

piumàio, i |pju'majo, i| *s.* [*chi lavora la piuma da letto o da ornamento*] plumassier*.

piumàto |pju'mato| *agg.* **1** couvert de plumes: *animali piumati* animaux couverts de plumes **2** (*per est.*) [*ornato di piume*] empanaché: *cappello piumato* chapeau empanaché.

piumétta |pju'metta| *s.f.* **1** petite plume **2** (*bot.*) plumule.

piumìno |pju'mino| *s.m.* **1** (*zool.*) duvet **2** [*largo guanciale di piume usato come copriletto*] édredon: *dormire col piumino sui piedi* dormir avec un édredon sur les pieds **3** [*tampone di piume morbide per darsi la cipria*] *houppette *f.*, *houppe *f.* à poudre **4** [*mazzo di piume fissate su un'asta per spolverare*] plumeau: *pulisci il lampadario col piumino* nettoie le lustre avec le plumeau **5** [*proiettile per fucile ad aria compressa*] fléchette *f.*

piumosità |piumosi'ta| *s.f. inv.* caractère *m. var.* plumeux (de qqch.).

piumóso |pju'moso| *agg.* couvert de plumes: *uccelli piumosi* oiseaux couverts de plumes ◇ (*bot.*) plumeux*: *fiori piumosi* fleurs plumeuses ◇ (*fig.*) [*morbido, soffice*] doux*: *stoffa piumosa* étoffe douce.

piùria |'pjurja| *s.f.* (*med.*) pyurie.

piuttòsto |pjut'tɔsto| **I** *avv.* **1** [*più spesso, più facilmente*] plutôt: *fa piuttosto freddo che caldo* il fait plutôt froid que chaud; *piuttosto più che meno* plutôt plus que moins; *andremo in vacanza a luglio piuttosto che a agosto* nous irons en vacances en juillet plutôt qu'en août; *qui fa piuttosto fresco* ici il fait (plutôt) frisquet ◇ [*preferibilmente, più volentieri*] *prenderei piuttosto un tè* je prendrais plutôt un thé; *andrei piuttosto al mare* j'irais plutôt à la mer ◇ *loc.* O PIUTTOSTO ou plutôt: *vi telefoneremo, o piuttosto, verremo noi da voi* nous vous téléphonerons, ou, plutôt, nous irons chez vous **2** [*alquanto; abbastanza*] plutôt, assez: *quel film è piuttosto noioso, bello* ce film est plutôt ennuyeux, beau; *è una persona piuttosto riservata* c'est une personne plutôt réservée; *si comporta piuttosto bene, male* il se comporte plutôt bien, mal; *è piuttosto tardi, bisogna andare* il est plutôt tard, il faut partir **II** *loc. congv.* PIUTTOSTO DI, CHE (*introduce una prop. comparativa con il v. all'inf. o al congv.*) plutôt que de (+ *inf.*), plutôt que (+ *congv.*): *piuttosto di accettare, si sparerebbe* il se tuerait plutôt que d'accepter; *piuttosto di rinunciare, andrebbe a piedi* il irait à pied plutôt que d'y renoncer; *piuttosto morire che fare una cosa simile* plutôt mourir que faire une chose pareille; *fa di tutto piuttosto di lavorare* il fait tout au monde plutôt que travailler; *piuttosto che vada in rovina, la farò riparare* plutôt qu'elle tombe en ruine, je la ferai réparer ◇ (*in rare forme del comparativo*) *è furbo piuttosto che intelligente* il est rusé plutôt qu'intelligent ◇ (*ell.*) *piuttosto la morte!* plutôt mourir!; '*è piuttosto vecchiotto*' '*sì, piuttosto*' 'il est plutôt vieux' 'oui, plutôt'.

piva |'piva| *s.f.* [*cornamusa, zampogna*] cornemuse, musette ◇ (*loc. fig.*) *tornare con le pive nel sacco* [*restare delusi*] revenir bredouille *agg.*, s'en revenir tout penaud *agg.*

pivèllo |pi'vɛllo| *s.* (*fam.*) [*principiante, inesperto*] blanc-bec *m.*; débutant: *dei pivelli* des blancs-becs; *come autista è ancora un pivello* comme chauffeur, c'est encore un blanc-bec ‖ *è ancora un pivello nel mestiere* c'est encore un débutant dans le métier.

piviàle |pi'vjale| *s.m.* (*liturg. catt.*) chape *f.*
pivière |pi'vjɛre| *s.m.* (*t.zool.*) pluvier.
'pivot' |pivo| *s.m. inv.* (*pallacanestro*) pivot *var.*
pizia |'pittsja| *s.f.* (*mitol.*) pythie.
pizio, i |'pittsjo, i| *agg.* (*st. gr.*) pythien*, pythique: *feste pizie* fêtes pythiennes, pythiques.
pizza |'pittsa| *s.f.* **1** (*cuc.*) pizza: *pizza al forno* pizza au four; *pizza napoletana* pizza napolitaine **2** (*per est.*) [*oggetto schiacciato*] *il cappello nella valigia si è ridotto una pizza* le chapeau dans la valise a été aplati comme une crêpe ◇ (*cine.*) (boîte à rouleau du) film *m.* **3** (*fig.*) [*cosa, persona stancante, noiosa*] barbe: *sono stato alla conferenza, ma che pizza!* je suis allé à la conférence, mais quelle barbe! # *quel film è una pizza* ce film est un navet.
pizzai(u)òlo |pittsa'j(w)ɔlo| *s.* vendeur* de pizzas: *è il miglior pizzaiolo della zona* c'est le meilleur vendeur de pizzas, la meilleure pizzeria de l'endroit ◇ *loc. avv.* (*cuc.*) *alla pizzaiola* à la tomate: *fettine alla pizzaiola* escalopes à la tomate.
pizzardóne |pittsar'done| *s.m.* (*scherz.*) [*vigile urbano*] flic (*pop.*).
pizzerìa |pittse'ria| *s.f.* pizzeria: *andiamo a mangiare in pizzeria* allons dans une pizzeria.
pizzicàgnolo |pittsi'kaɲɲolo| *s.* [*salumiere*] charcutier*: *il padre faceva il pizzicagnolo* son père était charcutier.
pizzicaménto |pittsika'mento| *s.m.* [→ PIZZICARE A 2] pincement.
pizzicànte |pittsi'kante| *agg.* → **piccante.**
pizzicàre |pittsi'kare| **A** *v.tr.* **1** [*essere piccante; produrre pizzicore*] piquer: *il peperoncino pizzica la bocca* le piment pique la bouche; *il fumo gli pizzicava gli occhi* la fumée lui piquait les yeux **2** [*stringere tra il pollice e l'indice*] pincer (2): *pizzicare le guance di un bambino* pincer les joues d'un enfant; *smettila di pizzicarmi il collo!* arrête de me pincer le cou! ◇ (*per est.*) [*prendere a piccoli pezzi; piluccare*] grignoter; grappiller: *chi ha pizzicato il panettone?* qui a grignoté le 'panettone?' ‖ *fammi pizzicare un po' di uva* laisse-moi grappiller un peu de raisin **3** [*pungere, pinzare, beccare*] piquer: *l'ha pizzicata una vespa* une guêpe l'a piquée; *il tacchino mi ha pizzicato il mignolo* le dindon m'a piqué le petit doigt **4** (*fig.*) [*cogliere sul fatto; sorprendere*] pincer: *si è fatto pizzicare dalla polizia* il s'est fait pincer par la police; *l'hanno pizzicato con la refurtiva in mano* ils l'ont pincé la main dans le sac; *sono senza patente, speriamo che non mi pizzichino* je n'ai pas mon permis (de conduire), j'espère ne pas être pincé; *non riesco mai a pizzicarlo al momento giusto!* je ne réussis jamais à le pincer au bon moment ◇ [*arrestare*] piquer, arrêter: *hanno pizzicato il capo della banda* ils ont arrêté le chef de la bande **5** (*fig.*) [*stuzzicare, punzecchiare*] lancer (2) des pointes (à): *continuavano a pizzicarlo con battutine allusive* ils n'arrêtaient pas de lui lancer des pointes **6** (*mus.*) [*far vibrare una corda col dito*] pincer: *pizzicare la chitarra* pincer (les cordes de) la guitare **B** *v.intr.* (*aus.* '*avere*') **1** [*sentire pizzicore, bruciore*] piquer: *mi pizzica la lingua per il pepe* la langue me pique à cause du poivre; *la cipolla pizzica agli occhi* l'oignon pique les yeux ◇ (*loc. fig.*) *sentirsi pizzicare le mani* [*provare la smania di picchiare qc.*] avoir la main qui (nous) démange **2** [*essere piccante*] piquer: *il pecorino pizzica* le fromage de brebis pique; *non mi piacciono le ricette che pizzicano* je n'aime pas les mets qui piquent **C** *v.pron. recipr.* PIZZICARSI **1** [→ *tr.* 2] se taquiner: *si pizzicavano per gioco* ils se taquinaient par jeu **2** (*fig.*) [→ *tr.* 5] se lancer *tr.* des piques: *durante il dibattito si sono pizzicate più volte* durant le débat, elles se sont lancé plusieurs fois des piques.
pizzicàta |pittsi'kata| *s.f.* **1** → **pizzico 1, pizzicotto 2** (*mus.*) pincement *m.*
pizzicàto |pittsi'kato| *agg.* **1** [*piluccato; smangiucchiato*] grappillé; grignoté: *un grappolo d'uva mezzo pizzicato* une grappe de raisin à moitié grappillé **2** (*mus.*) pincé: *corde pizzicate* cordes pincées ♦ (*s.m.*) *il pizzicato* le pizzicato.
pizzicherìa |pittsike'ria| *s.f.* [*negozio di salumi; salumeria*] charcuterie.
pizzichino |pizzi'kino| *agg.* **1** → **piccante 2** (*fam.*) → **frizzante.**
pìzzico, chi |'pittsiko, ki| *s.m.* **1** [→ PIZZICARE A 2] pinçon: *mi ha dato un pizzico in un braccio* il m'a fait un pinçon au bras → **pizzicotto** ◇ [*puntura*] piqûre (*f.*): *sono pieno di pizzichi di zanzare* je suis couvert de piqûres de moustiques **2** [*piccola quantità; presina*] pincée (*f.*): *aggiungi un pizzico di sale* ajoute une pincée de sel; *c'è rimasto appena un pizzico di farina* il ne reste qu'une pincée de farine ◇ (*fig.*) grain, brin: *in tutto questo ci vedo un pizzico di malizia* dans tout cela, je vois un grain, un brin de malice; *non hanno un pizzico di buon senso* ils n'ont pas un grain de bon sens; *un pizzico di fantasia non guasterebbe* un grain d'imagination ne nuirait pas.
pizzicóre |pittsi'kore| *s.m.* [*sensazione di bruciore, di prurito pungente*] picotement; démangeaison (*f.*): *quanto pepe, sento ancora il pizzicore in bocca!* que de poivre, je sens encore des picotements dans la bouche! ‖ *ho un fastidioso pizzicore alla schiena* j'ai une fastidieuse démangeaison dans le dos ◇ (*fig.*) [*capriccio, smania*] démangeaison, envie *f.* # *gli è venuto il pizzicore della moto* il veut une moto, ça le démange.
pizzicorìno |pittsiko'rino| *s.m.* [*pizzicore leggero e, per lo più, piacevole*] picotement agréable: *senti che bel pizzicorino lasciano in bocca!* sens quel picotement agréable ils laissent dans la bouche!
pizzicottàre |pittsikot'tare| *v.tr.* [*dar pizzicotti; prendere a pizzicotti*] pincer (2): *mi piace pizzicottargli le guance* j'aime lui pincer les joues; *smettila di pizzicottarmi sul braccio!* arrête de me pincer le bras!
pizzicòtto |pittsi'kɔtto| *s.m.* [*pizzico dato col pollice e l'indice*] pinçon: *mi ha svegliato con un pizzicotto* il m'a réveillé avec un pinçon; *ha la mania di dare pizzicotti alle ragazze* il a la manie de faire des pinçons aux filles.
pìzzo |'pittso| *s.m.* **1** [*trina, merletto*] dentelle (*f.*): *il pizzo di uno scialle, di una camicetta* la dentelle d'un châle, d'un chemisier; *fazzoletti col pizzo* des mouchoirs garnis de dentelle **2** [*cima, vetta di un monte*] pic: *siamo saliti sul pizzo più alto* nous sommes montés sur le pic le plus haut **3** [*barba a punta sotto il mento*] bouc: *si è fatto crescere il pizzo* il s'est laissé pousser un bouc **4** (*region.*) [*angolo di un tessuto*] coin: *si è messo a tirare un pizzo della tovaglia* il s'est mis à tirer un coin de la nappe; *annodare i pizzi di un fazzoletto* nouer les coins d'un mouchoir.
placàbile |pla'kabile| *agg.* [→ PLACARE] qui peut être apaisé *loc.*
placabilità |plakabili'ta| *s.f. inv.* (*raro*) possibilité *var.* d'apaiser, d'être apaisé.
placaménto |plaka'mento| *s.m.* (*raro*) [→ PLACARE] apaisement.
placàre |pla'kare| **A** *v.tr.* **1** [*far tornare calmo, tranquillo*] apaiser, calmer: *placare lo sdegno, la rabbia di qc.* apaiser, calmer l'indignation, la colère de qqn.; *con le sue parole è riuscito a placare gli animi* ses paroles ont réussi à apaiser les esprits **2** [*mitigare, attenuare*] apaiser, calmer: *finalmente ho potuto placare la sete* finalement, j'ai pu apaiser, étancher ma soif; *la pomata gli ha placato molto il dolore* la pommade a beaucoup calmé sa douleur **B** *v.pron. intr.* PLACARSI **1** [*diventar calmo; quietarsi*] (*persone*) s'apaiser, se calmer: *all'arrivo della polizia la folla si è placata* à l'arrivée de la police la foule s'est apaisée; *riprenderemo a discutere quando ti sarai placato* nous recommencerons à discuter quand tu te seras calmé ◇ (*cose*) *la tempesta si è ormai placata* la tempête s'est enfin apaisée; *il mare si è del tutto placato* la mer s'est tout à fait calmée **2** [→ *tr.* 2] s'apaiser: *vedrai che il dolore si placherà a poco a poco* tu verras que la douleur s'apaisera peu à peu # *gli stimoli della fame cominciano a placarsi* les aiguillons de la faim commencent à s'émousser.
placatóre, trice |plaka'tore, tritʃe| *s. e agg.* (*raro*) celui *s.m.*, celle *s.f.* qui apaise; qui apaise *loc.*
plàcca, che |'plakka, ke| *s.f.* **1** [*lastra, lamina di metallo*] plaque: *rivestire con una placca d'argento, d'alluminio* revêtir d'une plaque d'argent, d'aluminium; *qui ci starebbe bene una placca di ottone* ici, une plaque de laiton irait bien ◇ [*piastra, targhetta con incise indicazioni particolari*] *una placca di rame con cognome e nome* une plaque de cuivre avec nom et prénom; *tutti i dipendenti hanno una placca di riconoscimento* tous les employés ont une plaque d'identité **2** (*elettr.*) plaque **3** (*med.*) plaque: *placche striate, motrici, cutanee* plaques striées, motrices, cutanées; *ha delle placche in gola* il a des plaques dans la gorge **4** (*alpinismo*) dalle.
placcàggio, i |plak'kaddʒo, i| *s.m.* (*rugby*) [→ PLACCARE 2] plaquage, placage.
placcàre |plak'kare| *v.tr.* **1** [*rivestire con una lamina di metallo nobile*] plaquer: *placcare di argento un portatovaglioli* plaquer d'argent un rond de serviette; *ho fatto placcare in oro la cornice* j'ai fait plaquer d'or le cadre **2** (*rugby*) [*bloccare, arrestare un av-*

versario, afferrandolo per le gambe o per la cintura] plaquer.
placcàto |plak'kato| *agg.* [*rivestito con una lamina di metallo nobile*] plaqué (*s.m.*): *posate placcate in argento* couverts en plaqué argent; *oggetti placcati in oro* objets en plaqué or.
placcatóre, trice |plakka'tore, tritʃe| *s.* [*tecnico che esegue la placcatura*] plaqueur*.
placcatùra |plakka'tura| *s.f.* (*tecnol.*) [→ PLACCARE 1] placage (*m.*): *placcatura a caldo, a freddo* placage à chaud, à froid; *placcatura in oro* placage d'or, en or.
placchétta |plak'ketta| *s.f.* plaquette.
placébo |pla'tʃebo| *s.m. inv.* (*lat.*) (*med.*) placebo *var.*
placènta |pla'tʃɛnta| *s.f.* (*anat.*, *bot.*) placenta *m.*
placentàle |platʃen'tale| *agg.* [*della placenta*] placentaire.
Placentàli |platʃen'tali|, **Placentàti** |platʃen'tati| *s.m. pl.* (*t. zool.*) Placentaires.
placentàre |platʃen'tare| *agg.* (*anat.*, *bot.*) placentaire.
placentazióne |platʃentat'tsjone| *s.f.* (*anat.*, *bot.*) placentation.
placet |'platʃet| *s.m. inv.* (*lat.*) (*dir.*) placet *var.* ◇ (*per est.*) [*benestare, approvazione*] approbation *f. var.*
placidaménte |platʃida'mente| *avv.* [→ PLACIDO] placidement, en toute tranquillité, sérénité *loc. inv.*
placidézza |platʃi'dettsa| *s.f.* (*raro*) → **placidità.**
placidità |platʃidi'ta| *s.f. inv.* placidité (*var.*): *invidio la sua placidità* j'envie sa placidité.
plàcido |'platʃido| *agg.* placide: *un placido* un homme placide # *che mare placido!* quelle mer clame! ◇ (*fig.*) serein: *agonia, morte placida* agonie, mort douce, sereine; *dopo una vita operosa si avvia verso un placido tramonto* après une vie de travail, il va vers un déclin serein → **sereno** ◇ (*per est.*) [*calmo, lento*] lent: *sei troppo placido nelle cose* tu es trop lent quand tu fais quelque chose.
plàcito |'platʃito| *s.m.* **1** (*dir. mediev.*) sentence *f.* ◇ (*per est.*) [*consenso, approvazione*] consentement, approbation (*f.*): *senza il vostro placito non mi muovo* sans votre consentement, votre approbation, je ne bougerai pas **2** (*st. germ.*) plaid → **assemblea.**
Placòfori |pla'kɔfori| *s.m. pl.* (*t. zool.*) Placophores.
plafonàre |plafo'nare| *v.tr.* → **soffittare.**
plafonatùra |plafona'tura| *s.f.* → **soffittatura.**
'plafond' |plaf5| *s.m. inv.* **1** [*soffitto*] plafond *var.* **2** (*fig.*) [*limite massimo*] plafond: *l'atleta ha reso al 'plafond' delle sue capacità* l'athlète a atteint le maximum, le plafond de ses capacités ◇ (*econ.*, *fin.*) plafond: *abbiamo già superato il 'plafond' dell'indebitamento previsto* nous avons déjà dépassé le plafond de l'endettement prévu **3** (*aer.*) plafond.
plafóne |pla'fone| *s.m.* (*raro*) → **soffitto.**
'plafonnier' |plafɔnje| *s.f. inv.* → **plafoniera.**
plafonièra |plafo'njɛra| *s.f.* plafonnier *m.*
plàga, ghe |'plaga, ge| *s.f.* (*lett.*) [*zona, regione*] contrée (*corr.*), région (*corr.*): *percorrere plaghe aride e deserte* parcourir des contrées, des régions arides et désertes.
plagàle |pla'gale| *agg.* (*mus.*) plagal*.
plagiàre |pla'dʒare| *v.tr.* **1** [*spacciare abusivamente come proprio*; *copiare*] plagier: *plagiare un articolo di una rivista* plagier un article d'une revue; *hai malamente plagiato il commento del testo* tu as maladroitement plagié le commentaire du texte **2** (*dir.*) [*commettere il reato di plagio* (2)] suggestioner, envoûter: *plagiare un giovane, un minorato* suggestionner un jeune, un arriéré (mental); *la ragazza è stata chiaramente plagiata dai suoi rapitori* la jeune fille a été visiblement envoûtée par ses ravisseurs.
plagiàrio, i |pla'dʒarjo, i| *agg.* de plagiaire (*loc. inv.*): *modi plagiari* façons de plagiaire ✦ (*s.*) *un plagiario* un plagiaire.
plagiàto |pla'dʒato| *agg.* plagié (*p.p.*): *una persona plagiata* une personne plagiée, envoûtée ✦ (*s.*) *un plagiato* une personne *f.* plagiée *agg.*, envoûtée *agg.* # (*fig.*) *è un povero plagiato* il n'a aucune personnalité.
plàgio, i |'pladʒo, i| *s.m.* **1** [→ PLAGIARE 1] plagiat: *un plagio letterario* un plagiat littéraire; *i periti hanno riscontrato gli estremi del plagio* les experts ont trouvé les preuves du plagiat **2** (*dir.*) envoûtement: *plagio di un minore* envoûtement d'un mineur.
plagioclàsio, i |pladʒo'klazjo, i| *s.m.* (*miner.*) plagioclases *pl.*
plaid |plæd| *s.m. inv.* (*ingl.*) [*coperta, scialle*] plaid *var.*
planaménto |plana'mento| *s.m.* (*aer.*) [→ PLANARE] planage.
planàre |pla'nare| *v.intr.* (*aus.* '*avere*') (*aer.*) [*eseguire il volo librato*] planer: *l'aereo plana lentamente verso la pista* l'avion plane lentement vers la piste ◇ (*per anal.*) *il falco è sceso planando* le faucon est descendu en planant.
planària |pla'narja| *s.f.* (*zool.*) planaire.
planarità |planari'ta| *s.f. inv.* (*fis.*) planéité *var.*
planàta |pla'nata| *s.f.* (*aer.*) vol *m.* plané.
planàto |pla'nato| *agg.* (*aer.*) *volo planato* vol plané.
plància, ce |'plantʃa, tʃe| *s.f.* **1** (*mar.*) passerelle: *plancia coperta, scoperta, di comando* passerelle couverte, découverte, de commandement ◇ [*passerella fra la nave e la banchina*] passerelle, planche à terre **2** (*aer.*) planche: *plancia di volo* planche.
plàncton |'plankton| *s.m. inv.* (*biol.*) plancton *var.*
planctònico, ci, ca, che |plank'tɔniko, tʃi, ka, ke| *agg.* du plancton *loc. inv.*
planetàrio, i |plane'tarjo, i| *agg.* **1** (*astron.*) planétaire: *il sistema planetario* le système planétaire ✦ (*s.m.*) *il planetario* le planétarium **2** (*mecc.*) planétaire: *ruote planetarie* roues planétaires ✦ (*s.m.*) *il planetario* le planétaire.
plane(t)icità |plane(t)itʃi'ta| *s.f. inv.* (*ott.*) planéité *var.*
planetòide |plane'tɔide| *s.m.* (*astron.*) planétoïde.
plàni- |'plani| *pref.* (*significa 'piano'*, *corrisponde gener. a*) plani: *planimetro* planimètre.
planimetrìa |planime'tria| *s.f.* **1** (*geom.*) planimétrie **2** (*topografia*) planimétrie ◇ [*rappresentazione grafica*; *pianta*] représentation graphique; plan (*m.*): *la planimetria di un terreno* la représentation graphique d'un terrain ‖ *la planimetria di un appartamento* le plan d'un appartement.
planimètrico, ci, ca, che |plani'mɛtriko, tʃi, ka, ke| *agg.* planimétrique: *disegno planimetrico* dessin planimétrique.
planìmetro |pla'nimetro| *s.m.* (*tecnol.*) planimètre.
Planipénni |plani'penni| *s.m. pl.* (*t.zool.*) Planipennes.
planisfèrico, ci, ca, che |planis'fɛriko, tʃi, ka, ke| *agg.* planisphérique.
planisfèro |planis'fɛro| *s.m.* (*astron.*, *geogr.*) planisphère.
planitùdine |plani'tudine| *s.f.* (*fis.*) planéité.
plànkton |'plankton| *s.m. inv.* → **plancton.**
plansichter |plan'ziktɛr| *s.m. inv.* (*ted.*) (*tecnol.*) plansichter *var.*
plantagenèto |plantadʒe'nɛto| *agg.* (*st. ingl.*) des Plantagenêts (*loc. inv.*): *dinastia plantageneta* dynastie des Plantagenêts ✦ (*s.*) *i Plantageneti* les Plantagenêts.
Plantaginàcee |plantadʒi'natʃee| *s.f. pl.* (*t.bot.*) Plantaginacées.
plantàre |plan'tare| *agg.* (*anat.*) plantaire ✦ (*s.m.*) *il plantare* la semelle *f.* orthopédique.
plantìgrado |plan'tigrado| *agg.* (*zool.*) plantigrade: *animali plantigradi* animaux plantigrades.
Plantìgradi |plan'tigradi| *s.m. pl.* (*t.zool.*) Plantigrades.
plàntula |'plantula| *s.f.* (*bot.*) plantule.
-plasìa |pla'zia| *suff.* (*significa 'alterazione di tessuti animali o vegetali'*, *corrisponde gener. a*) plasie: *neoplasia* néoplasie.
plàsma |'plazma| *s.m.* (*biol.*, *chim.*, *miner.*) plasma.
plasmàbile |plaz'mabile| *agg.* **1** [→ PLASMARE 1] qui peut être modelé, façonné (*loc.*): *materiali plasmabili* matériaux qui peuvent être modelés, façonnés *creta plasmabile* glaise pétrissable **2** [→ PLASMARE 2] malléable: *i giovani sono facilmente plasmabili* les jeunes sont facilement malléables.
plasmabilità |plazmabili'ta| *s.f. inv.* → **malleabilità.**
plasmàgeno |plaz'madʒeno| **1** *s.m.* (*biol.*) plasmagène **2** *agg.* (*fis.*) plasmagène.
plasmacèllula |plazma'tʃɛllula| *s.f.* → **plasmocito.**
plasmàre |plaz'mare| *v.tr.* **1** [*far assumere la forma voluta a una materia morbida*; *modellare*] modeler (4): *plasmare la creta, la cera* modeler l'argile, la cire; *in pochi attimi ha plasmato una statuetta* en peu de temps il a modelé une figurine ◇ (*fig.*) [*fare, realizzare con grande cura*] fignoler (*fam.*): *ha plasmato l'abitazione con una fine impronta personale* il a fignolé son installation en y mettant un cachet personnel très raffiné # *i personaggi sono plasmati con una forte carat-*

terizzazione storica les personnages sont empreints d'un parfait caractère d'époque **2** (*fig.*) [*formare moralmente e intellettualmente; educare*] former, façonner: *plasmare i giovani, l'animo giovanile* former, façonner les jeunes, l'esprit des jeunes; *sono stati plasmati dall'esempio del padre* ils ont été façonnés par l'exemple du père.

plasmàtico, ci, ca, che |plaz'matiko, tʃi, ka, ke| *agg.* (*med.*) plasmatique.

plasmatóre, trice |plazma'tore, tritʃe| *agg. e s.* (*raro*) **1** → **modellatore** **2** (*fig.*) → **educatore.**

plasmificàre |plazmifi'kare| *v.tr.* (*fis.*) [*trasformare un gas in plasma*] plasmifier.

plasmocìto |plazmo'tʃito|, **plasmocita** |plazmo'tʃita| *s.m.* plasmocyte.

plasmòdio, i |plaz'mɔdjo, i| *s.m.* **1** (*biol.*) plasmode **2** (*zool.*) plasmodium.

plasmòlisi |plaz'mɔlizi| *s.f. inv.* (*med.*) plasmolyse *var.*

plasmòpara |plaz'mɔpara| *s.f.* (*bot.*) plasmopora *m.*

-plàstica |'plastika| *suff.* (*significa 'modellare', corrisponde gener. a*) plastie: *rinoplastica* rhinoplastie.

plàstica, che |'plastika, ke| *s.f.* **1** plastique: *imparare le tecniche della plastica* apprendre les techniques de la plastique **2** (*chir.*) plastie: *plastica facciale* plastie faciale; *si è fatta fare la plastica al naso* elle s'est fait faire une plastie au nez, une opération esthétique **3** (*chim., corr.*) plastique *m.*, matière plastique: *oggetti di plastica* objets en (matière) plastique; *ho usato un contenitore di plastica* j'ai utilisé un récipient en plastique.

plasticaménte |plastika'mente| *avv.* **1** [→ PLASTICO I 4] sur maquette (*loc. inv.*): *ricostruire plasticamente un ambiente* reconstruire un milieu sur maquette **2** (*fig.*) [→ PLASTICO I 6] très expressivement: *ha descritto plasticamente la scena* il a décrit très expressivement la scène.

plasticàre |plasti'kare| *v.tr.* **1** (*raro*) → **modellare** **2** [*impregnare, rivestire di materiale plastico; plastificare*] plastifier: *plasticare un cartone, un oggetto di legno* plastifier un carton, un objet en bois.

plasticàto |plasti'kato| *agg.* [*rivestito, impregnato di sostanza plastica*] plastifié: *legno plasticato* bois plastifié; *rete metallica plasticata* grillage métallique plastifié.

plasticatóre, trice |plastika'tore, tritʃe| *s.* [*chi modella oggetti in materiali plastici*] modeleur*.

plasticìsmo |plasti'tʃizmo| *s.m.* goût des effets plastiques: *eccessiva ricerca di plasticismo* excessive recherche du goût des effets plastiques.

plasticità |plastitʃi'ta| *s.f. inv.* **1** plasticité (*var.*): *un impasto di buona plasticità* un mélange de bonne plasticité; *materiali di grande plasticità* matériaux d'une grande plasticité → **malleabilità, duttilità** **2** [*risalto; efficacia figurativa*] qualité *var.*, beauté *var.* plastique: *la plasticità di un quadro* la qualité, la beauté plastique d'un tableau; *l'artista sa ottenere effetti di grande plasticità* l'artiste sait obtenir des effets d'une grande beauté plastique ◇ [*efficacia descrittiva*] *la plasticità di una descrizione paesaggistica* la qualité plastique de la description d'un paysage.

plàstico, ci, ca, che |'plastiko, tʃi, ka, ke| **I** *agg.* **1** plastique: *la cera è molto plastica* la cire est très plastique; *ho ottenuto un composto sufficientemente plastico* j'ai obtenu une préparation suffisamment plastique **2** (*di materiali industriali*) plastique: *sostanze, materie plastiche* substances, matières plastiques; *articoli plastici* articles en (matière) plastique # *esplosivo plastico* plastic **3** [*relativo alla tecnica della modellatura*] plastique: *arti plastiche* arts plastiques; *procedimenti plastici* procédés plastiques; *chirurgia plastica* chirurgie plastique, plastie *s.f.* **4** [*realizzato in rilievo*] *rappresentazione plastica di una regione montagnosa* maquette *s.f.* d'une région montagneuse **5** [*ben risaltato nelle forme esteriori*] plastique: *ha un corpo molto plastico* elle a un corps très plastique # *la ricostruzione plastica di un interno* la maquette d'un intérieur **6** (*fig.*) [*molto espressivo*] (très) expressif*: *la raffigurazione è di grande effetto plastico* la représentation est d'un grand effet expressif; *ha un modo di scrivere molto plastico* il possède une façon d'écrire très expressive **II** *s.m.* **1** [*rappresentazione, riproduzione in rilievo*] maquette (*f.*): *il plastico di una piazza, di una città, di una regione* la maquette d'une place, d'une ville, d'une région; *il plastico del progetto è esposto al pubblico* la maquette du projet est exposée au public **2** [*esplosivo plastico*] plastic: *ordigno, bomba al plastico* engin, bombe au plastic.

plastìdio, i |plas'tidjo, i| *s.m.* (*bot.*) plaste.

plastificànte |plastifi'kante| *agg. e s.m.* (*chim.*) plastifiant.

plastificàre |plastifi'kare| *v.tr.* **1** [*rivestire di materiale plastico*] plastifier: *plastificare il piano di un tavolo* plastifier la surface d'une table; *il corrimano della ringhiera è stato plastificato* la main courante de la rampe a été plastifiée **2** (*chim.*) [*rendere plastico un materiale con aggiunta di sostanze speciali*] plastifier.

plastificàto |plastifi'kato| *agg.* plastifié.

plastificazióne |plastifikat'tsjone| *s.f.* [→ PLASTIFICARE 2] plastification.

plastilìna |plasti'lina| *s.f.* (*marchio depositato*) pâte, cire à modeler: *modellare con la plastilina* modeler avec de la pâte (à modeler).

plastisòl |plasti'sɔl| *s.m. inv.* (*chim.*) plastisol *var.*

-plàsto |'plasto| *suff.* (*significa 'modellare', corrisponde gener. a*) plaste: *fenoplasto* phénoplaste.

plàsto |'plasto| *s.m.* (*bot.*) plaste.

Platanàcee |plata'natʃee| *s.f. pl.* (*t.zool.*) Platanacées.

platanària |plata'narja| *s.f.* (*t. bot.*) érable *m.*, faux platane *m.*

platanéto |plata'neto| *s.m.* [*piantagione, bosco di platani*] platanaie *f.*, plantation *f.* de platanes.

platanìsta |plata'nista| *s.f.* (*t.zool.*) plataniste *m.*

plàtano |'platano| *s.m.* **1** (*t.bot.*) platane ~ *platano falso, selvatico* → **platanaria** **2** [*il legno*] bois de platane.

platèa |pla'tεa| *s.f.* **1** [*il settore più basso di un teatro, davanti al palcoscenico*] parterre (*m.*): *posti in platea* places de parterre # *le prime file della platea* l'orchestre ◇ (*per est.*) [*spettatori seduti in platea*] *tutta la platea in piedi applaudiva* tout le parterre, debout, applaudissait **2** (*fig.*) [*pubblico, folla*] public (*m.*): *ricercare il consenso della platea* rechercher l'approbation du public; *la sua platea va riducendosi* son public se réduit **3** (*edil.*) platée: *platea di fondazione* platée de fondations; *fondazione a platea* fondations avec platée **4** (*geogr.*) plateau (*m.*): *platea continentale* plateau continental.

plateàle |plate'ale| *agg.* **1** [*di estrema, indiscutibile evidenza*] grossier*; bas*: *un fallo, un errore plateale* une faute, une erreur grossière ‖ *una tale affermazione è una menzogna plateale* une telle affirmation est, constitue un bas mensonge **2** [*grossolano, volgare*] vulgaire, grossier: *mi ha fatto una scenata plateale* il m'a fait une scène vulgaire; *ci ha offeso in modo plateale* il nous a offensé d'une façon grossière.

platealménte |plateal'mente| *avv.* **1** [→ PLATEALE 1] bassement: *ha mentito platealmente* il a bassement menti **2** [→ PLATEALE 2] grossièrement: *l'ha insultata platealmente* il l'a grossièrement insultée.

plateàtico, ci |plate'atiko, tʃi| *s.m.* (*dir.*) patente *f.*

'plateau' |pla'to| *s.m. inv.* **1** plateau *var.* → **vassoio** **2** [*cassetta aperta per imballaggio* (*della verdura*)] cageot (*var.*): *un 'plateau' di ciliege* un cageot de cerises → **contenitore** **3** (*tecnol.*) soubassement *var.* → **basamento** **4** (*geogr.*) (*di montagna*) plateau → **altipiano**; (*di mare*) → **platea.**

Platelmìnti |platel'minti| *s.m. pl.* (*t.zool.*) Plathelminthes.

plateresco, chi, ca, che |plate'resko, ki, ka, ke| *agg.* (*arch.*) plateresque.

plàti- |'plati| *pref.* (*significa 'largo', corrisponde gener. a*) platy: *Platirrine* Platyrrhiniens.

platicèrco, chi |plati'tʃεrko, ki| *s.m.* (*t.zool.*) platycerque.

plàtina |'platina| *s.f.* (*tip.*) platine.

platinàre |plati'nare| **A** *v.tr.* **1** [*rivestire con uno strato di platino*] platiner: *platinare una lastra di rame* platiner une plaque de cuivre **2** [*dare ai capelli la lucentezza del platino*] teindre (66) les cheveux couleur platine: *ha platinato i capelli* elle a teint ses cheveux couleur platine □ *platinarsi i capelli* se teindre les cheveux couleur platine **B** *v.pron. rifl.* PLATINARSI [→ *tr.* 2] se teindre les cheveux couleur platine.

platinàto |plati'nato| *agg.* platiné: *rame, vetro platinato* cuivre, verre platiné ◇ (*mecc.*) *puntine platinate* vis platinées ◇ [*che ha la lucentezza del platino*] *capelli platinati* cheveux platinés.

platinatùra |platina'tura| *s.f.* [→ PLATINARE A 1] platinage *m.*

platìnico, ci, ca, che |pla'tiniko, tʃi, ka, ke| *agg.* (*chim.*) platinique.

platinìfero |plati'nifero| *agg.* platinifère: *giacimenti platiniferi* gisements platinifères.

platinìte |plati'nite| *s.f.* (*metall.*) platinite.

plàtino |'platino| *s.m.* (*chim.*) platine.

platino argènto |'platinoar'dʒɛnto| *s.m.* (*chim.*) platine argent.
platinóso |plati'nozo| *agg.* (*chim.*) platineux*.
platinotipìa |platinoti'pia| *s.f.* (*foto.*) platinotypie.
Platirrìne |platir'rine| *s.f. pl.* (*t. zool.*) Platyr(r)hiniens *m.*
platonicaménte |platonika'mente| *avv.* **1** de façon platonicienne (*loc. inv.*): *concepire l'aldilà platonicamente* concevoir l'au-delà de façon platonicienne **2** [→ PLATONICO 3] platoniquement: *amarsi platonicamente* s'aimer platoniquement **3** [→ PLATONICO 4] platoniquement: *considerare la realtà platonicamente* considérer la réalité platoniquement.
platònico, ci, ca, che |pla'tɔniko, tʃi, ka, ke| *agg.* **1** [*di Platone; della filosofia di Platone*] platonicien*, platonique (*arc.*): *la filosofia platonica* la philosophie platonicienne; *i dialoghi platonici* les dialogues platoniciens; *l'influenza platonica sul pensiero umanistico* l'influence platonicienne sur la pensée humaniste **2** [*seguace della filosofia di Platone*] platonicien: *i filosofi platonici* les philosophes platoniciens ♦ (*s.*) *i platonici* les platoniciens **3** (*loc.*) *amore platonico* amour platonique: *il loro è stato un amore platonico* leur amour a été un amour platonique **4** (*fig.*) [*che non ha possibilità di realizzarsi; idealistico*] platonique: *un desiderio platonico* un désir platonique; *è sempre immersa nelle sue fantasie platoniche* elle est toujours plongée dans ses rêveries platoniques.
platonismo |plato'nizmo| *s.m.* (*st. filos.*) platonisme.
plaudènte |plau'dɛnte| *agg.* (*lett.*) qui applaudit *loc.* (*corr.*): *folla plaudente* foule qui applaudit.
plàudere |'plaudere|, **plaudire** |plau'dire| *v.intr.* (*dif. del p.p.*) (*lett.*) **1** → **applaudire** **2** → **approvare.**
plausibile |plau'zibile| *agg.* plausible: *ragioni, spiegazioni plausibili* raisons, explications plausibles → **logico, fondato.**
plausibilità |plauzibili'ta| *s.f. inv.* plausibilité *var.*
plausibilménte |plauzibil'mente| *avv.* [→ PLAUSIBILE] plausiblement.
plàuso |'plauzo| *s.m.* **1** [*approvazione, consenso*] approbation (*f.*): *meritate il nostro plauso* vous méritez notre approbation; *ha riscosso il plauso generale* il a obtenu l'approbation générale **2** (*lett.*) → **applauso.**
plautino |plau'tino| *agg.* (*letter.*) de Plaute *loc. inv.* (*corr.*): *la commedia plautina* les comédies de Plaute.
playback |'pleibæk| *s.m. inv.* (*ingl.*) (*cine.*, *tv.*) présonorisation *f. var.* (*t. racc.*), play-back *var.*
playboy |'pleibɔi| *s.m. inv.* (*ingl.*) play-boy (*var.*): *i playboy* les play-boys; *far vita da playboy* mener une vie de play-boy.
plebàglia |ple'baʎʎa| *s.f.* (*spreg.*) [*massa di persone di basso livello; gentaglia*] populace, racaille (*corr.*): *non mi interessa l'approvazione della plebaglia* l'approbation de la populace, de la racaille ne m'intéresse pas; *è una plebaglia che vive di pettegolezzi* c'est une populace qui vit de commérages.
plèbe |'plɛbe| *s.f.* plèbe (*spreg.*), bas peuple (*m.*): *gli scontenti, le lotte della plebe* les mécontentements, les luttes de la plèbe, du bas peuple; *lottare in favore delle plebi* lutter en faveur de la plèbe ◇ (*st. rom.*) *i tribuni della plebe* les tribuns de la plèbe, du peuple.
plebeaménte |plebea'mente| *avv.* (*raro*) → **volgarmente.**
plebeismo |plebe'izmo| *s.m.* (*raro*) expression *f.* (*corr.*) plébéienne, populaire.
plebèo |ple'bɛo| *agg.* **1** [*della plebe*] plébéien*: *origini plebee* origines plébéiennes; *un'usanza plebea* une coutume plébéienne ♦ (*s.*) *un plebeo* un plébéien **2** (*fig.*) [*volgare, triviale*] vulgaire, trivial*: *modi plebei* façons vulgaires, triviales; *usa un linguaggio plebeo* il a un langage vulgaire.
plebiscitàrio, i |plebiʃʃi'tarjo, i| *agg.* **1** plébiscitaire: *democrazia plebiscitaria* démocratie plébiscitaire; *elezioni plebiscitarie* élections plébiscitaires **2** (*fig.*) [*unanime, generale*] unanime: *ha ottenuto un riconoscimento plebiscitario* il a obtenu une reconnaissance unanime.
plebiscito |plebiʃ'ʃito| *s.m.* **1** plébiscite: *decisione approvata mediante plebiscito* décision approuvée par plébiscite ◇ (*st. rom.*) plébiscite **2** (*fig.*) [*consenso unanime*] consentement unanime: *ha ottenuto un plebiscito di consensi* il a obtenu un consentement unanime # *la sua rielezione è stata un plebiscito* pour sa réelection, il a été plébiscité.
Plecòtteri |ple'kɔtteri| *s.m. pl.* (*t. zool.*) Plécoptères.
-plegia |ple'dʒia| *suff.* (*significa 'paralisi', corrisponde gener. a*) plégie: *emiplegia* hémiplégie.
plèiade |'plɛjade| *s.f.* **1** pléiade: *una pleiade di scienziati* une pléiade de savants ◇ (*letter. fr.*) *la Pleiade* la Pléiade **2** *al plur.* (*astron.*) Pléiade *sing.* ◇ (*mitol.*) pléiade.
pleistocène |pleisto'tʃɛne| *s.m.* (*geol.*) pléistocène.
pleistocènico, ci, ca, che |pleisto'tʃɛniko, tʃi, ka, ke| *agg.* (*geol.*) pléistocène.
plenàrio, i |ple'narjo, i| *agg.* **1** [*con la partecipazione di tutti gli aventi diritto*] plénier*: *assemblea, riunione plenaria* assemblée, réunion plénière **2** [*totale, assoluto*] total*, absolu: *consenso plenario* consentement total, absolu ◇ (*relig. catt.*) *indulgenza plenaria* indulgence plénière.
plenilunàre |plenilu'nare| *agg.* de pleine lune *loc. inv.*
plenilùnio, i |pleni'lunjo, i| *s.m.* pleine lune *f.*
plenipotenziàrio, i |plenipoten'tsjarjo, i| *agg.* plénipotentiaire: *ministro plenipotenziario* ministre plénipotentiaire ♦ (*s.*) *il plenipotenziario* le plénipotentiaire.
plenitùdine |pleni'tudine| *s.f.* (*lett.*) **1** plénitude **2** → **moltitudine.**
plenum |'plɛnum| *s.m. inv.* (*lat.*) plenum (*var.*): *il plenum della direzione del partito* le plenum de la direction du parti.
pleonàsmo |pleo'nazmo| *s.m.* (*ling.*) pléonasme.
pleonasticaménte |pleonastika'mente| *avv.* [→ PLEONASTICO] pléonastiquement.
pleonàstico, ci, ca, che |pleo'nastiko, tʃi, ka, ke| *agg.* pléonastique: *espressione pleonastica* expression pléonastique.
1 **pleròma** |ple'rɔma| *s.m.* (*filos.*) plérome.
2 **pleròma** |ple'rɔma| *s.m.* (*bot.*) pléroma, tibouchina.
plesiosàuro |plezjo'sauro| *s.m.* (*paleont.*) plésiosaure.
plessimetro |ples'simetro| *s.m.* **1** (*med.*) plessimètre **2** (*mus.*) métronome.
plèsso |'plɛsso| *s.m.* **1** (*anat.*) plexus: *plesso nervoso* plexus nerveux **2** (*bur.*) complexe → 2 **complesso.**
plètora |'plɛtora| *s.f.* **1** (*med.*) pléthore **2** (*fig.*) pléthore: *una pletora di avvocati* une pléthore d'avocats → **sovrabbondanza.**
pletòrico, ci, ca, che |ple'tɔriko, tʃi, ka, ke| *agg.* **1** (*med.*) pléthorique **2** (*fig.*) pléthorique: *uffici con personale pletorico* bureaux avec un personnel pléthorique.
Plettognàti |pletto'ɲɲati| *s.m. pl.* (*t.zool.*) Plectognathes.
plèttro |'plɛttro| *s.m.* (*mus.*) plectre: *strumenti a plettro* instruments avec plectre ◇ (*fig., lett.*) [*ispirazione, poesia*] inspiration *f.* (*corr.*) (poétique), poésie *f.*
plèura |'plɛura| *s.f.* (*anat.*) plèvre.
pleuralgìa, gie |pleural'dʒia, dʒie| *s.f.* (*med.*) pleurodynie.
plèurico, ci, ca, che |'plɛuriko, tʃi, ka, ke| *agg.* (*anat.*) pleural*.
pleurite |pleu'rite| *s.f.* (*med.*) pleurésie # *pleurite secca* pleurite.
pleuritico, ci, ca, che |pleu'ritiko, tʃi, ka, ke| *agg.* (*med.*) pleurétique ♦ (*s.*) *un pleuritico* un pleurétique.
plèuro- |'plɛuro| *pref.* (*significa 'fianco', corrisponde gener. a*) pleuro: *pleurotomia* pleurotomie; *pleuropolmonite* pleuropneumonie.
Pleurobrànchidi |pleuro'brankidi| *s.m. pl.* (*t.zool.*) Pleurobranchidés.
pleurocèntesi |pleuro'tʃɛntezi| *s.f. inv.* → **toracentesi.**
pleurodinìa |pleurodi'nia| *s.f.* (*med.*) pleurodynie.
Pleuronèttidi |pleuro'nɛttidi| *s.m. pl.* (*t.zool.*) Pleuronectes, Pleuronectidés.
pleuropolmonite |pleuropolmo'nite| *s.f.* (*med.*) pleuropneumonie.
pleuròto |pleu'rɔto| *s.m.* (*t. bot.*) pleurote.
pleurotomìa |pleuroto'mia| *s.f.* (*chir.*) pleurotomie.
plexiglàs |pleksi'glas| *s.m. inv.* (*marchio depositato*) plexiglas.
plica, che |'plika, ke| *s.f.* (*anat.*) plique.
plico, chi |'pliko, ki| *s.m.* [*busta o involucro sigillato con lettere, documenti e sim.*] pli: *spedire, aprire un plico* envoyer, ouvrir un pli; *plico parte* pli à part; *sotto plico sigillato* sous pli cacheté.
plinto |'plinto| *s.m.* **1** (*arch., edil.*) plinthe (*f.*): *plinto di cemento armato* plinthe en béton armé **2** (*sport*) cheval* de bois.
pliocène |plio'tʃɛne| *s.m.* (*geol.*) pliocène.
pliocènico, ci, ca, che |plio'tʃɛniko, tʃi, ka, ke| *agg.* (*geol.*) pliocène.
'plissé' |plise| *agg. inv.* plissé (*var.*): *una gonna 'plissé'* une jupe plissée → **pieghettato** ♦ (*s.m. inv.*) *un 'plissé'* un plissé *var.*
plissettàre |plisset'tare| *v. tr.* [*pieghettare* (*a macchina*) *un tessuto*]

plisser: *plissettare una gonna* plisser une jupe.
plissettàto |plisset'tato| *agg.* → 'plissé'.
plotóne |plo'tone| *s.m.* **1** (*mil.*) peloton: *un plotone di cavalleria* un peloton de cavalerie; *plotone d'esecuzione* peloton d'exécution ⋕ *un plotone di fanteria* une section d'infanterie **2** (*ciclismo*) peloton: *il plotone degli inseguitori* le peloton des poursuivants.
pluf |pluf| *inter.* (*voce onomat. che riproduce il rumore di q.c. che cade nell'acqua*) plouf: *ho sentito pluf, ed era già scomparso sott'acqua* j'ai entendu plouf, et il avait déjà disparu dans l'eau, (sous l'eau).
Plumbaginàcee |plumbadʒi'natʃee| *s.f. pl.* (*t.bot.*) Plombaginacées, Plombaginées.
plùmbeo |'plumbeo| *agg.* de plomb (*loc. inv.*): *un cielo plumbeo* un ciel de plomb ◇ (*fig.*) [*pesante, opprimente*] lourd: *si è creata un'atmosfera plumbea* l'atmosphère est devenue lourde ◇ (*fig.*) [*fortemente monotono, noioso*] ennuyeux*: *una esposizione plumbea e disarticolata* une exposition ennuyeuse et sans suite.
plum-cake |plʌm'keik| *s.m. inv.* (*ingl.*) cake *var.*, plum-cake (*var.*): *dei plum-cake* des plum-cakes.
plùmula |'plumula| *s.f.* (*bot.*, *zool.*) plumule.
pluràle |plu'rale| **1** *agg.* (*gram.*) pluriel*: *aggettivo, pronome plurale* adjectif, pronom pluriel **2** *s.m.* (*gram.*) pluriel: *formare il plurale di un sostantivo* former le pluriel d'un substantif; *termini usati solo al plurale* termes utilisés simplement au pluriel ◇ (*loc.*) *parlare al plurale* parler au nom de tous **C** **singolare**.
pluralìsmo |plura'lizmo| *s.m.* **1** (*polit.*) pluralisme: *pluralismo democratico* pluralisme démocratique **2** (*filos.*) pluralisme.
pluralìsta |plura'lista| *s.* (*filos.*, *polit.*) pluraliste *agg.*
pluralìstico, ci, ca, che |plura'listiko, tʃi, ka, ke| *agg.* (*filos.*, *polit.*) pluraliste: *teoria, società pluralistica* théorie, société pluraliste.
pluralità |plurali'ta| *s.f. inv.* **1** pluralité (*var.*): *pluralità religiosa, sociale* pluralité religieuse, sociale **2** [*prevalenza numerica*; *maggioranza*] majorité, *var.*, pluralité (*arc.*): *nella pluralità dei casi* dans la majorité des cas; *esiste una pluralità di consensi* il existe une majorité de consentements.
pluralizzàre |pluralid'dzare| *v.tr.* [*mettere al plurale*] mettre (71) au pluriel: *pluralizzare un verbo, un aggettivo* mettre au pluriel un verbe, un adjectif.
plùri- |'pluri| *pref.* (*significa 'più di uno*; *più del normale'*, *corrisponde gener. a*) pluri; multi; poly; à plusieurs (+ *sost.*): *pluricellulare* pluricellulaire ‖ *plurimiliardario* multimilliardaire ‖ *plurilingue* polyglotte, multilingue; *pluricoltura* polyculture ‖ *plurimotore* à plusieurs moteurs.
pluriaggravàto |pluriaggra'vato| *agg.* (*dir.*) avec plusieurs circonstances aggravantes (*loc. inv.*): *reato pluriaggravato* délit avec plusieurs circonstances aggravantes.
pluriannuàle |pluriannu'ale| *agg.* pluriannuel*.
pluriatòmico, ci, ca, che |pluria'tɔmiko, tʃi, ka, ke| *agg.* polyatomique.
pluricanàle |plurika'nale| *agg.* à plusieurs chaînes *loc. inv.*
pluricellulàre |pluritʃellu'lare| *agg.* (*biol.*) pluricellulaire.
pluriclàsse |pluri'klasse| *agg.* *scuola pluriclasse* école à classes uniques, groupées ✦ (*s.f.*) *una pluriclasse* une classe unique.
pluricoltùra |plurikol'tura| *s.f.* (*agr.*) polyculture.
pluridecoràto |pluridekoˈrato| *agg.* plusieurs fois décoré.
pluridimensionàle |pluridimensjo'nale| *agg.* à plusieurs dimensions (*loc. inv.*): *spazio pluridimensionale* espace à plusieurs dimensions.
pluridisciplinàre |pluridiʃʃipli'nare| *agg.* pluridisciplinaire.
pluridisciplinarità |pluridiʃʃiplinari'ta| *s.f. inv.* pluridisciplinarité *var.*
pluriennàle |plurien'nale| *agg.* pluriannuel*: *piano pluriennale* plan pluriannuel, qui s'étend sur plusieurs années.
plurigemellàre |pluridʒemel'lare|, **plurigèmino** |pluri'dʒɛmino| *agg.* (*med.*) multiple: *parto plurigemellare, plurigemino* accouchement multiple.
plurilateràle |plurilate'rale| *agg.* plurilatéral* → **multilaterale.**
plurilìngue |pluri'lingwe| *agg.* **1** multilingue: *regione plurilingue* région multilingue, région où l'on parle plusieurs langues **2** (*raro*) → **poliglotta.**
plurimiliardàrio, i |plurimiliar'darjo, i| *agg. e s.* multimilliardaire.
plurimilionàrio, i |plurimilio'narjo, i| *agg. e s.* multimillionnaire.
plurimillenàrio, i |plurimille'narjo, i| *agg.* vieux*, ancien* de plusieurs millénaires: *una civiltà plurimillenaria* une civilisation vieille de plusieurs millénaires.
plùrimo |'plurimo| *agg.* **1** (*di sistemi elettorali*) plural*: *voto plurimo* vote plural; *elezione plurima* élection plurale **2** [*multiplo*] multiple: *parto plurimo* accouchement multiple.
plurimotóre |plurimo'tore| *agg.* (*aer.*) à plusieurs moteurs *loc. inv.* ✦ (*s.m.*) *un plurimotore* un avion à plusieurs moteurs.
plurinazionàle |plurinattsjo'nale| *agg.* plurinational*: *società plurinazionale* société plurinationale, multinationale → **multinazionale** ✦ (*s.f.*) *le plurinazionali* les multinationales, les plurinationales (*raro*).
plurinominàle |plurinomi'nale| *agg.* plurinominal*: *collegio plurinominale* collège plurinominal.
pluripara |plu'ripara| *agg.* multipare.
pluripartìsmo |pluripar'tizmo| *s.m.* pluripartisme.
pluripartìtico, ci, ca, che |pluripar'titiko, tʃi, ka, ke| *agg.* (formé) de plusieurs partis (*loc. inv.*): *maggioranza pluripartitica* majorité formée de plusieurs partis.
pluripòsto |pluri'pɔsto| *agg. e s.m.* (*aer.*) multiplace *var.*
plurireattóre |plurireat'tore| *agg.* (*aereo*) *plurireattore* (avion) à plusieurs réacteurs *loc. inv.*
plurisecolàre |pluriseko'lare| *agg.* vieux* de plusieurs siècles: *tradizioni plurisecolari* traditions vieilles de plusieurs siècles.
plurisìllabo |pluri'sillabo| *agg.* (*ling.*) polysyllabe, polysyllabique: *parole plurisillabe* mots polysyllabes, polysyllabiques ✦ (*s.m.*) *un plurisillabo* un polysyllabe.
pluristàdio, i |pluris'tadjo, i| *agg.* (*aer.*) à plusieurs étages (*loc. inv.*): *missili pluristadio* fusées à plusieurs étages.
plurivalènte |pluriva'lɛnte| *agg.* **1** [*che ha più valori*] polyvalent **2** (*chim.*) plurivalent, polyvalent.
plurivoco, ci, ca, che |plu'rivoko, tʃi, ka, ke| *agg.* (*ling.*, *logica*, *mat.*) plurivoque.
plusvalènza |plusva'lɛntsa| *s.f.* (*econ.*) plus-value.
plusvalóre |plusva'lore| *s.m.* (*econ.*) plus-value *f.*
plùteo |'pluteo| *s.m.* **1** (*arch.*) pluteus **2** (*di biblioteca*) pluteus: *i plutei della biblioteca Laurenziana* les pluteus de la (bibliothèque) Laurentienne **3** (*st. mil.*) pluteus.
plùto- |'pluto| *pref.* (*significa 'ricchezza'*, *corrisponde gener. a*) plouto: *plutocratico* ploutocratique; *plutocrazia* ploutocratie.
plutòcrate |plu'tɔkrate| *s.* ploutocrate *m.*
plutocràtico, ci, ca, che |pluto'kratiko, tʃi, ka, ke| *agg.* (*polit.*) ploutocratique: *regimi plutocratici* régimes ploutocratiques.
plutocrazìa |plutokrat'tsia| *s.f.* (*polit.*) ploutocratie.
plutóne |plu'tone| *s.m.* (*astron.*, *geol.*) pluton.
plutoniàno |pluto'njano| *agg.* (*geol.*) plutonique, plutonien* (*arc.*).
plutònico, ci, ca, che |plu'tɔniko, tʃi, ka, ke| *agg.* (*geol.*) plutonique.
plutonìgeno |pluto'nidʒeno| *agg.* (*fis. nucl.*) plutonigène.
plutònio, i |plu'tɔnjo, i| *s.m.* (*chim.*) plutonium.
plutonìsmo |pluto'nizmo| *s.m.* (*geol.*) plutonisme.
pluviàle |plu'vjale| **1** *agg.* pluvial*: *acque pluviali* eaux pluviales **2** *s.m.* [*tubo di scarico per l'acqua piovana*] descente *f.*
pluviàno |plu'vjano| *s.m.* (*t. zool.*) pluvian.
plùvio, i |'pluvjo, i| *agg.* (*lett.*) → **piovoso.**
pluviògrafo |plu'vjɔgrafo| *s.m.* (*meteor.*) pluviomètre enregistreur.
pluviometrìa |pluvjome'tria| *s.f.* (*meteor.*) pluviométrie.
pluviomètrico, ci, ca, che |pluvjo'mɛtriko, tʃi, ka, ke| *agg.* (*meteor.*) pluviométrique.
pluviòmetro |plu'vjɔmetro| *s.m.* pluviomètre.
pluvionivàle |pluvjoni'vale| *agg.* (*meteor.*) pluvio-nival*, nivo-pluvial*.
pnèuma |'pnɛuma| *s.m.* **1** (*filos.*) pneuma **2** (*mus.*) pause *f.*
pneumàtica, che |pneu'matika, ke| *s.f.* → **pneumatologia.**
pneumàtico, ci, ca, che |pneu'matiko, tʃi, ka, ke| **1** *agg.* pneumatique: *canotto pneumatico* canot pneumatique; *martello pneumatico* marteau pneumatique; *freno pneumatico* frein pneumatique; *posta pneumatica* poste pneumatique **2** *s.m.* [*rivestimento elastico esterno delle ruote di veicoli*] pneu*: *pneumatico senza camera d'aria* pneu sans chambre à air; *pneumatico*

antineve, radiale, chiodato pneu à neige, radial, clouté.
pnèumat(o)- |ˈpnɛumat(o)| *pref.* (*significa* '*soffio*', *corrisponde gener. a*) pneumat(o): *pneumatico* pneumatique; *pneumatoforo* pneumatophore.
pneumatòforo |pneumaˈtɔforo| *s.m.* (*bot.*) pneumatophore.
pneumatologìa, gie |pneumatoloˈdʒia, dʒie| *s.f.* (*filos.*) pneumatologie.
pneumatoterapìa |pneumatoteraˈpia| *s.f.* (*med.*) pneumatothérapie.
pneumectomìa |pneumektoˈmia| *s.f.* (*chir.*) pneumectomie, pneumonectomie.
pnèumo- |ˈpnɛumo| *pref.* (*significa* '*polmone*', *corrisponde gener. a*) pneumo: *pneumografia* pneumographie: *pneumoperitoneo* pneumopéritoine.
pneumocèle |pneumoˈtʃɛle| *s.m.* (*med.*) pneumocèle *f.*
pneumocòcco, chi |pneumoˈkɔkko, ki| *s.m.* (*biol.*) pneumocoque.
pneumoconiòsi |pneumokoˈnjɔzi| *s.f. inv.* (*med.*) pneumoconiose *var.*
pneumogàstrico, ci, ca, che |pneumoˈgastriko, tʃi, ka, ke| *agg.* pneumogastrique.
pneumografìa |pneumograˈfia| *s.f.* (*med.*) pneumographie.
pneumògrafo |pneuˈmɔgrafo| *s.m.* (*med.*) pneumographe.
pneumologìa, gie |pneumoloˈdʒia, dʒie| *s.f.* (*med.*) pneumologie.
pneumòlogo, gi |pneuˈmɔlogo, dʒi| *s.m.* pneumologue *s.*
pneumometrìa |pneumomeˈtria| *s.f.* (*med.*) spirométrie.
pneumòmetro |pneuˈmɔmetro| *s.m.* (*med.*) pneumatomètre, spiromètre.
pneumonectomìa |pneumonectoˈmia| *s.f.* → **pneumectomia.**
pneumònico, ci, ca, che |pneuˈmɔniko, tʃi, ka, ke| *agg.* (*med.*) pneumonique (*arc.*).
pneumonìte |pneumoˈnite| *s.f.* (*med.*) pneumonie.
pneumoperitonèo |pneumoperitoˈnɛo| *s.m.* (*med.*) pneumopéritoine.
pneumorragìa, gie |pneumorraˈdʒia, dʒie| *s.f.* (*med.*) pneumorragie.
pneumotomìa |pneumotoˈmia| *s.f.* (*chir.*) pneumotomie.
pneumotoràce |pneumotoˈratʃe| *s.m.* (*med.*) pneumothorax.
1 **po'** |pɔ| (*forma sincopata di 'poco', del quale è più frequente in molte locuzioni*) **I** *pron. indef.* peu: *c'è di tutto un po'* il y a un peu de tout; '*vuoi del vino?*' '*appena un po*' 'veux-tu du vin?' 'juste un peu!'; *ho un po' di febbre* j'ai un peu de fièvre; *mi serve un po' di colla* j'ai besoin d'un peu de colle; *abbiate un po' di pazienza* ayez un peu de patience, prenez patience → 2 **poco; pochino** II, **pochissimo** II **II** *s.m. inv.* peu: *per quel po' che conosco...* pour le peu que je connaisse...; *prendi pure quel po' che rimane* prends aussi le peu qui reste; *aspetta ancora un po'* attends encore un peu; *ancora un po' e perdevo il treno* encore un peu et je manquais le train # *ogni po' si ferma* il s'arrête toutes les cinq minutes ◇ (*con valore enf., nelle loc.*) PO' PO' DI [*quantità di misura notevole*]: *s'è mangiato tutto quel po' po' di roba* il a mangé tout ça; *devo finire questo po' po' di lavoro* je dois terminer tout ce travail; *quel po' po' di mascalzone me la pagherà* ce voyou, il me le paiera ~ NIENTE PO' PO' DI MENO CHE rien de moins que: *è venuta niente po' po' di meno che la contessa* il est venu rien de moins que la comtesse; c'est la comtesse en personne qui est venue, rien moins → 2 **poco, pochino** II, **pochissimo** II **III** *avv.* un peu: *un po'* (*di*) *più, un po'* (*di*) *meno* un peu plus, un peu moins; *è un tipo un po' bizzarro* c'est un type un peu bizarre; *mi sembri un po' stanco* tu as l'air un peu fatigué; *si è fatto un po' tardi* il est un peu tard; *è un po' azzardato...* c'est un peu hasardeux...; *parla un po' più forte* parle un peu plus fort; *dimmi un po'*... dis-moi un peu...; *vieni un po' qui* viens un peu ici; *ascolta un po', non ti sembra di esagerare?* écoute voir, tu ne crois pas que tu exagères un peu? # *ma guarda un po' che pretese!* mais regarde-moi ça, quelles prétentions! ~ UN PO' PER..., UN PO' PER [*in parte per... in parte per*] en partie à cause de... en partie à cause de...: *mi sentivo spossato un po' per il caldo, un po' per la fame* je me sentais épuisé en partie à cause de la chaleur, en partie à cause de la faim → 3 **poco, pochino** III, **pochissimo** III.
2 **po'** |pɔ| *avv.* (*lett.*) (*forma tronca di poi*) → **poi.**
poc'ànzi |pokˈantsi| (*raro*), **pocànzi** |poˈkantsi| *avv.* (*lett.*) [*poco fa, poco prima*] naguère, récemment (*corr.*).
póccia, ce |ˈpottʃa, tʃe| *s.f.* (*region.*) → **mammella.**
pocciàre |potˈtʃare| *v.tr.* (*region.*) → **poppare.**
'pochade' |pɔʃad| *s.f. inv.* (*teat.*) pochade *var.*
'poche' |pɔʃ| *s.f. inv.* [*tasca*] (*spec. nelle loc.*) '*argent de poche*' argent de poche ~ '*livre de poche*' livre de poche.
pòcher |ˈpɔker| *e deriv.* → **poker** *e deriv.*
pochézza |poˈkettsa| *s.f.* [*scarsezza*] peu *m.* ◇ [*insufficienza, esiguità*] insuffisance: *pochezza di mezzi, di risorse* insuffisance de moyens, de ressources ◇ (*fig.*) *pochezza d'animo, d'ingegno* étroitesse, manque *m.* d'esprit; *nella sua pochezza, ha fatto ciò che ha potuto* avec les faibles moyens dont il dispose, il a fait ce qu'il a pu.
pochino |poˈkino| (*diminutivo di 'poco' del quale è più frequente in certe espressioni o loc.*) **I** *agg. indef.* (*in funzione di nome del predicato*) [*meno che poco*] trop peu de, très peu de: *questa carne è un po' pochina* il y a trop peu de, pas assez de viande; *il mio tempo è un po' pochino* j'ai très peu de temps # *l'acqua è pochina, non la sciupate* il n'y a pas beaucoup d'eau, ne la gaspillez pas ◇ (*preceduto da neg.*) [*non poco*] nombreux*: *i suoi meriti non sono pochini* ses mérites sont nombreux → 1 **poco, pochissimo** I **II** *pron. indef. e s.* **1** *solo al m. sing.* (*con valore neutro, derivato dall'agg. per ell. di un sost. come 'tempo, spazio, prezzo, valore' e sim.*) peu: *ho dovuto attendere pochino* j'ai dû attendre un petit peu; *guadagnare pochino* gagner peu, ne pas gagner lourd; *spendere pochino* dépenser assez peu (d'argent) # *questa stoffa costa pochino* ce tissu ne coûte pas cher du tout **2** *solo al m. sing.* (*preceduto da agg. det. come 'quel, questo'*) [*quantità minima*] le petit peu (de): *quel pochino che possiedo un giorno sarà vostro* le petit peu que je possède un jour sera à vous; *ha mangiato solo un pochino di pane* il n'a mangé qu'un petit peu, qu'un petit bout de pain # *con quel pochino di pensione non può vivere* avec la minuscule pension qu'il touche, il ne peut pas vivre **3** *solo al plur.* [*pochissime persone*] très peu (de gens, de personnes): *pochini sono veramente preparati* très peu (de gens) sont vraiment préparés; *solo pochine delle allieve sono esterne* seulement très peu d'élèves sont externes ◇ (*fam.*) [*pochissimo denari*] le petit peu: *devo lavorare, perché quei pochini della pensione non mi bastano* je dois travailler, car le petit peu de retraite que je touche ne me suffit pas **4** *solo al m. sing.* [*pochissime cose, quantità minima*] très peu (de choses): *d'inverno in campagna c'è pochino da fare* l'hiver, à la campagne, il y a très peu (de choses) à faire # *ti accontenti di pochino!* tu te contentes de pas grand-chose! **5** *loc.* UN POCHINO (*seguito dal partitivo*) [*alquanto, in una certa misura*] un petit peu de: *con un pochino di perseveranza, di coraggio* avec un petit peu de persévérance, de courage; *dammi un pochino di vino* donne-moi un petit peu de vin; *avrei bisogno di un pochino di riposo* j'aurais besoin d'un petit peu de repos; *concedimi un pochino di tempo* accorde-moi un petit peu de temps ◇ (*in frasi ell. del sost. 'tempo, denaro, spazio' e sim.*) un petit peu: *aspetto ancora un pochino* j'attends encore un petit peu; *dovrei parlare un pochino con te* je devrais parler un petit peu avec toi; *spostati un pochino* pousse-toi un petit peu → 2 **poco, 1 po'** I, II, **pochissimo** II **III** *avv.* **1** [*molto scarsamente, insufficientemente*] assez peu: *ci vede e ci sente pochino* il voit et il entend assez peu; *dorme e mangia pochino* il dort et il mange assez peu ◇ *loc.* POCHINO POCHINO [*pochissimo*] très peu: *questo bambino mangia pochino pochino* cet enfant mange très peu **2** *loc.* UN POCHINO [*abbastanza*] un petit peu: *mi sento un pochino stanco* je me sens un petit peu fatigué; *sto un pochino meglio di ieri* je vais un petit peu mieux qu'hier; *quel ragazzo è un pochino distratto* ce garçon est un petit peu, un tantinet distrait; *s'è affaticato un pochino* il s'est fatigué un petit peu ◇ (*con valore enf., in espressioni d'incoraggiamento, di comando e sim.*) [*dunque*] un peu: *dimmi un pochino cosa è successo* dis-moi un peu ce qui est arrivé → 3 **poco, 1 po'** III, **pochissimo** III.
pochìssimo |poˈkissimo| (*sup. di 'poco'*) **I** *agg. indef.* **1** [*in quantità, in misura molto piccola, limitata, ridotta*] très peu de: *pochissimo spazio, tempo, denaro* très peu de place, de temps, d'argent; *ha pochissima memoria* il a très peu de mémoire; *c'era pochissimo vento* il y avait très peu de vent; *quel che ci resta da fare è pochissimo* il nous reste très peu (de choses) à faire **2** (*con sost. plur. o coll.*) [*un numero esiguo, limitatissimo di persone o cose*] très peu de: *pochissimi spettatori* très peu de spectateurs; *c'era pochissima*

gente il y avait très peu de gens, de monde ◇ (*con valore euf.*) [*quasi nessuno*] *c'è pochissima speranza di salvarlo* on a très peu d'espoir de le sauver # *mi è stato di pochissimo aiuto* il m'a très peu aidé → 1, 2, 3 **poco**; **pochino** **II** *pron. indef. e s.m.* **1** *solo al m. sing.* (*con valore neutro, derivato dall'agg. per ell. di un sost. come 'tempo, spazio, prezzo, valore' e sim.*) très peu: *guadagna pochissimo* il gagne très peu; *ho speso pochissimo* j'ai dépensé très peu; *s'è fermato pochissimo* il s'est arrêté très peu # *c'è pochissimo da qui alla stazione* nous sommes à deux pas de la gare **2** *solo al m. sing.* (*preceduto da agg. come 'quel, questo'*) [*piccolissima quantità*] le peu: *quel pochissimo che ho è tuo* le peu que j'ai est à toi **3** *solo al plur.* [*pochissime persone*] très peu de gens, de personnes: *pochissimi sanno che tu sei qui* très peu de gens, de personnes savent que tu es ici; *pochissimi la pensano come lui* très peu de gens pensent comme lui **4** *solo al m. sing.* [*pochissime cose*] très peu (de choses): *c'è ancora pochissimo da fare* il y a encore très peu (de choses) à faire → 2 **poco**, 1 **po'** I, **pochino** **III** *avv.* [*molto scarsamente*] très peu: *ha dormito pochissimo* il a dormi très peu; *quel bambino mangia pochissimo* cet enfant mange très peu # *ci vedo pochissimo* je ne vois presque pas; *la cosa mi piace pochissimo* la chose ne me plaît pas du tout → 3 **poco**, 1 **po'** III, **pochino** III.

pocket-book |'pɔkit'buk| *s.m. inv.* (*ingl.*) [*libro di piccolo formato, in edizione economica*] livre *var.* de poche.

1 **pòco, chi, ca, che** |'pɔko, ki, ka, ke| *agg. indef.* **1** peu de (+ *sost.*): *poco vino, denaro, lavoro* peu de vin, d'argent, de travail → **scarso, insufficiente**; *poco entusiasmo* peu d'enthousiasme; *poca memoria* peu de mémoire → **labile**; *poco spazio* peu de place → **angusto**, 1 **stretto**; *in poco tempo* en peu de temps → 1 **breve**; *cavarsela con poca spesa* s'en tirer à peu de frais → **esiguo, modesto**; *c'era poco vento* il y avait peu de vent → **debole**; *la poca fiducia che gli hanno accordato l'ha demoralizzato* le peu de confiance qu'ils lui ont accordé l'a démoralisé # *quel bambino ha poca salute* cet enfant n'a pas beaucoup de santé; *ho poca fame e, quindi, poca voglia di mangiare* je n'ai pas très faim et, donc, je n'ai guère envie de manger ◇ (*in funzione di nome del predicato*) *quel che ci resta da fare è poco* il ne nous reste pas grand-chose à faire; il reste encore peu à faire; *mille lire sono poche* mille lires sont peu de chose, ce n'est pas grand-chose; *questo pane mi sembra poco per tante persone* ce pain me semble insuffisant pour tant de personnes ◇ (*preceduto da neg.*) [*molto*] pas mal, beaucoup: *il tempo a disposizione non è poco* nous avons pas mal de temps à notre disposition; *quel che ci resta non è poco* il nous reste encore beaucoup (à faire); *ha dimostrato non poco coraggio* il a montré beaucoup de courage **2** (*con sost. plur. o coll.*) [*un numero esiguo, limitato di persone o cose*] peu de (+*sost.*), quelque: *poche persone, pochi spettatori* peu de personnes, peu de spectateurs; *c'era poca gente* il y avait peu de gens, de monde; *ci disse in poche parole cos'era successo* il nous dit en peu de mots ce qui était arrivé ‖ *mancano pochi chilometri* il ne reste que quelques kilomètres; *fra pochi mesi l'opera sarà completata* dans quelques mois l'ouvrage sera achevé; *per pochi minuti abbiamo perso il treno* nous avons raté le train de quelques minutes ◇ (*con valore interiettivo in talune espressioni*) *pochi discorsi!*, *poche chiacchiere!* pas d'histoires! ◇ (*con valore euf.*) [*quasi nessuno*] ne... guère: *c'è poca speranza di salvarlo* on n'a guère d'espoir de le sauver; *ha poca voglia di lavorare* il n'a guère envie de travailler; *m'è stato di poco aiuto* il ne m'a guère aidé ◇ (*loc.*) *in poche parole* [*riassumendo, insomma*] en bref ~ *essere di poche parole* [*molto riservato*] parler peu; être réservé ~ *è poca cosa* c'est peu de chose, ce n'est pas grand-chose 🄲 **tanto** 1, **molto**.

2 **pòco, chi, ca, che** |'pɔko, ki, ka, ke| *pron. indef. e sost.* (*troncato in po'*) **1** *solo al m. sing.* (*con valore neutro, derivato dall'agg. per ell. di un sost. come 'tempo, spazio, prezzo, valore' e sim.*) peu; peu de: *guadagnare, spendere poco* gagner, dépenser peu; *costare poco* coûter peu, ne pas coûter cher; *s'è laureato da poco* il est licencié depuis peu; *manca poco a mezzogiorno* il manque peu à midi ‖ *è poco che ha scritto* il y a peu de temps qu'il a écrit; *tra poco sapremo i risultati* dans peu de temps, sous peu nous saurons les résultats; *sono qui per poco* je suis ici pour peu de temps; *c'è poco da qui alla stazione* il y a peu de chemin d'ici à la gare # *comprare per poco* acheter à bon marché, pas cher; (*arrivederci*) *a fra poco!* (au revoir) à bientôt, à tout à l'heure!; *è uscito poco fa* il vient de sortir, il n'y a pas longtemps qu'il est sorti; *mi tratterrò poco* je ne resterai pas longtemps → 1 **poco, pochino** II, **pochissimo** III **2** *solo al m. sing.* (*preceduto dall'art. det. o da agg. come 'quel, questo'*) [*piccola quantità*] le peu de: *non sperperare quel po' che t'è rimasto* ne gaspille pas le peu d'argent qui t'est resté; *vive con quel po' che gli ha lasciato il padre* il vit avec le peu d'argent que lui a laissé son père # *quel poco che ho è a tua disposizione* le peu que j'ai est à ta disposition; *il poco è meglio del niente* peu vaut mieux que rien **3** *solo al plur.* [*poche persone*] peu *sing.* (de gens, de personnes): *pochi sanno quello che è accaduto* peu savent ce qui est arrivé; *poche di voi possono ricordare quei tempi* peu d'entre vous peuvent se souvenir de ce temps-là; *pochi altri la pensano come lui* peu d'autres pensent comme lui ◇ (*scherz.*) *pochi ma buoni!* peu (nombreux), mais bien choisis ◇ (*fam., scherz.*) [*pochi denari*] *meglio pochi ma subito!* mieux vaut peu (d'argent), mais tout de suite; *con quei pochi che guadagna non può vivere* avec le peu (d'argent) qu'il gagne, il ne peut pas vivre ◇ *loc.* POCO DI BUONO [*persona disonesta, poco raccomandabile*] *è un, una poco di buono* c'est un, une pas grand-chose, un vaurien, une malhonnête; *sono dei, delle poco di buono* ce sont des malhonnêtes, des pas grand-chose **4** *solo al m. sing.* [*poche cose, piccola quantità*] peu (de choses): *accontentarsi di poco* se contenter de peu (de choses); *non ti arrabbiare per così poco* ne te fâche pas pour si peu; *meglio poco che niente* mieux vaut peu que rien; *c'è poco da fare* il y a peu (de choses) à faire; *non è poco che egli abbia riconosciuto i suoi torti* ce n'est pas peu de choses qu'il ait reconnu ses torts ◇ (*iron.*) *e ti par poco?* ça te semble peu?; *e dici poco!* et tu trouves que c'est peu! ◇ *loc.* MANCARE POCO CHE (NON), PER POCO (NON) [*quasi*] s'en falloir* de peu que (+ *congv.*), faillir*: *è mancato poco che annegasse* il s'en fallut de peu qu'il se noyât, il a failli se noyer; *c'è mancato poco che non provocasse un incidente* il s'en fallut de peu qu'il ne provoquât un accident; *per poco cadevo* j'ai failli tomber; *per poco non coinvolgeva anche me* il s'en fallut de peu qu'il ne me compromît aussi ~ A OGNI POCO [*molto spesso*] à chaque instant: *a ogni poco si fermava* il s'arrêtait à chaque instant ~ A DIR POCO [*come minimo, almeno*] au bas mot, le moins qu'on puisse dire: *ci vorranno ancora, a dir poco, due ore di cammino* il (nous) faudra, au bas mot, encore deux heures de marche ~ CI VUOL POCO A (+ *inf.*) [*è facile*] c'est facile à (+ *inf.*): *ci vuol poco a capirlo* c'est facile à comprendre ~ C'È POCO DA (+ *inf.*) [*non è il caso*] il n'y a pas de quoi (+ *inf.*): *c'è poco da ridere e da prendere in giro* il n'y a pas de quoi rire ni de quoi se moquer ~ DA POCO [*di scarso valore, entità, importanza*]: *è roba da poco* ce n'est pas grand-chose, c'est peu de chose; *è un lavoro da poco* c'est un travail sans importance; *è una ferita da poco* ce n'est pas une blessure grave; (*riferito a persone*) de rien → **dappoco** ◇ *loc.* CI CORRE POCO: (*pr.*) [*c'è poca distanza*] *ci corre poco tra qui e la stazione* il y a peu (de chemin) d'ici à la gare; (*fig.*) *tra te e lui ci corre poco* il y a peu de différence entre toi et lui ~ SAPERE DI POCO: (*pr.*) [*essere insipido*] être insipide: *questo pesce sa di poco* ce poisson est insipide; (*fig.*) [*essere poco interessante, attraente*] *è un film che sa di poco* c'est un film insipide; *quella ragazza sa di poco* cette fille est insipide **5** *loc.* UN POCO, UN PO' (*seguito dal partitivo*) [*alquanto, in discreta misura*] un peu de: *un poco di pane, di tempo, di speranza* un peu de pain, un peu de temps, un peu d'espoir; *assaggia un poco di questo e un poco di quello* goûte un peu de ceci et un peu de cela; *versami un poco di vino* verse-moi un peu de vin; *dammene un altro poco* donne-m'en encore un peu; *vorrei anch'io un poco di pace* moi aussi je voudrais un peu de paix ◇ (*riferito a 'tempo, denaro, spazio' e sim.*) un peu: *mi trattengo ancora un poco* je reste encore un peu; *vorrei parlare un poco con te* je voudrais parler un peu avec toi; *spostati un poco a destra* pousse-toi un peu à droite → 1 **po'** I, II.

3 **pòco** |'pɔko| *avv.* (*troncato in po'*) **1** (*con v.*) [*scarsamente, insufficientemente*] peu: *ho dormito* (*troppo*) *poco* j'ai (trop) peu dormi; *ha studiato molto poco* il a étudié très peu # *ci vede poco* il ne voit pas très bien; *la cosa*

mi piace poco la chose ne me plaît guère ◇ (*con agg.*) [*non molto*] *è una persona poco intelligente* c'est une personne peu intelligente; *quella donna è poco seria* cette femme est peu sérieuse; *sono collaboratori poco fidati* ce sont des collaborateurs peu sûrs; *tu sei di poco minore di me* tu es de peu plus petit que moi, de peu mon cadet ◇ (*con avv.*) pas très: *mi sento poco bene* je ne me sens pas très bien; *abita poco lontano da qui* il n'habite pas très loin d'ici; *lo faccio poco volentieri* je ne le fais pas très volontiers; (*escl.*) *poco male!* pas de mal! ◇ POCO POCO [*pochissimo*] très peu: *quel bambino mangia poco poco* cet enfant mange très peu ◇ (*preceduto da una neg.*) [*assai, parecchio*] beaucoup: *ha sofferto non poco* il a beaucoup souffert; *s'è divertito non poco* il s'est beaucoup amusé ◇ (*loc.*) *poco più, poco meno* un peu plus, un peu moins ~ *poco dopo, poco prima,* (*poc'anzi*) peu de temps après, avant ~ *a poco a poco* peu à peu ~ *poco o nulla* peu ou point ~ *né molto né poco* ni peu ni prou, ni peu ni point ~ *presso a poco, press'a poco* → **pressappoco** **2** *loc.* UN POCO, UN PO' (*con valore attenuativo*) [*non molto*] un peu: *sono un poco stanco* je suis un peu fatigué; *sta un poco meglio di ieri* il va un peu mieux qu'hier; *il lavoro mi affatica un poco* le travail me fatigue un peu ◇ (*con valore enf. in espressioni d'incoraggiamento, di comando e sim.*) [*dunque*] *vedi un poco di combinare q.c.* voyons un peu ce que l'on peu faire; *guarda un poco che cosa mi va a capitare!* regarde un peu ce qui m'arrive!; *sentiamo un poco quello che sai* écoutons un peu ce que tu (en) sais; *senti un poco che cosa vogliono* vois donc un peu ce qu'ils veulent → 1 **po'** III, **pochino** III, **pochissimo** III.

pòculo |'pɔkulo| *s.m.* (*lett.*) → 1 **calice**, 1 **coppa**.

podàgra |po'dagra| *s.f.* (*med.*) podagre.

podàgrico, ci, ca, che |po'dagriko, tʃi, ka, ke| *agg.* **1** goutteux*: *dolori podagrici* douleurs goutteuses **2** [*affetto da podagra*] goutteux: *un individuo podagrico* un individu goutteux ♦ *s.* (*raro*) *i podagrici* [*i malati di podagra*] les goutteux (*corr.*).

podagróso |poda'groso| *agg. e s.* [*che soffre di podagra*] goutteux* → **gottoso**.

podàlico, ci, ca, che |po'daliko, tʃi, ka, ke| *agg.* (*med.*) podalique: *parto podalico* accouchement podalique; *presentazione podalica del feto* présentation podalique du fœtus.

podalìrio, i |poda'lirjo, i| *s.m.* (*t. zool.*) flambé.

podària |po'darja| *s.f.* (*geom.*) podaire.

poderàle |pode'rale| *agg.* [*relativo a uno o più poderi*] de la ferme *loc. inv.*, du domaine (*loc. inv.*): *casa, strada poderale* maison, route de la ferme, du domaine; *colture poderali* cultures de la ferme, du domaine.

podére |po'dere| *s.m.* [*fondo rustico coltivato, talora con annessa casa colonica*] ferme *f.*, domaine: *un podere ricco e ben tenuto* une ferme riche et bien tenue.

poderosaménte |poderosa'mente| *avv.* [→ PODEROSO] puissamment, vigoureusement.

poderóso |pode'roso| *agg.* [*dotato di grande forza, potenza, robustezza*] puissant, vigoureux*: *muscoli poderosi* muscles puissants, vigoureux; *gli sferrò un poderoso calcio* il lui envoya un puissant coup de pied; *mise insieme un poderoso esercito* il rassembla une puissante armée ◇ (*fig.*) exceptionnel*: *erudizione, intelligenza poderosa* érudition, intelligence exceptionnelle # *ha una memoria poderosa* il a une excellente mémoire Ⓒ **debole.**

1 **podestà** |podes'ta| *s.m. inv.* **1** (*st. it.*) podestat *var.* **2** [*capo delle amministrazioni comunali durante la dittatura fascista*] maire *var.*

2 **podestà** |podes'ta| *s.f. inv.* (*arc., lett.*) → 1 **potestà** 2.

podestarìle |podesta'rile| *agg.* du podestat (*loc. inv.*): *palazzo podestarile* palais du podestat: *autorità, ordinanza podestarile* autorité, ordonnance du podestat.

podesterìa |podeste'ria| *s.f.* **1** [*la carica del podestà e il periodo della sua durata*] podestariat *m.* **2** (*per est.*) palais *m.* du podestat.

pòdio, i |'pɔdjo, i| *s.m.* **1** [*pedana, palco*] estrade (*f.*): *tutte le personalità erano già sul podio* toutes les personnalités étaient déjà sur l'estrade # *il direttore d'orchestra non era ancora salito sul podio* le chef d'orchestre n'était pas encore à son pupitre **2** (*arch. classica*) podium → **basamento, piedistallo.**

podìsmo |po'dizmo| *s.m.* (*sport*) marche *f.* et course à pied.

podìsta |po'dista| *s.* **1** [*atleta che pratica i vari tipi di corsa a piedi*] coureur* (à pied) **2** (*per est.*) [*persona molto resistente nel camminare*] marcheur*.

podìstico, ci, ca, che |po'distiko, tʃi, ka, ke| (*agg.*) *gara podistica* course à pied *loc. inv.*; [*marcia*] marche *s.f.*

pòdo- |'pɔdo| *pref.* (*significa 'piede, peduncolo, sostegno', corrisponde gener. a*) podo: *podologia* podologie; *podometro* podomètre.

podofillìna |podofil'lina| *s.f.* (*farm.*) podophylline.

podofìllo |podo'fillo| *s.m.* (*t.bot.*) podophylle.

podologìa, gie |podolo'dʒia, dʒie| *s.f.* (*med.*) podologie.

podològico, ci, ca, che |podo'lɔdʒiko, tʃi, ka, ke| *agg.* podologique.

podòmetro |po'dɔmetro| *s.m.* (*tecnol.*) pédomètre, podomètre.

podsòl |pod'sɔl|, **podzòl** |pod'zɔl| *s.m. inv.* (*geogr.*) podzol *var.*

podsòlico, ci, ca, che |pod'sɔliko, tʃi, ka, ke| *agg.* (*geol.*) podzolique.

podsolizzàre |podsolid'dzare| *v. tr.* (*geogr.*) [*trasformare un suolo in podsol*] podzoliser.

podsolizzazióne |podsoliddzat'tsjone| *s.f.* [→ PODSOLIZZARE] podzolisation.

poèma |po'ɛma| *s.m.* **1** (*letter.*) poème: *poema epico, storico* poème épique, historique; *i poemi cavallereschi* les poèmes de chevalerie, chevaleresques ◇ (*per est.*) [*brevi composizioni poetiche o raccolte di composizioni, spec. di natura lirica*] poèmes *pl.* ◇ (*mus.*) *poema sinfonico* poème symphonique **2** (*fig., spec. iron.*) [*scritto, discorso di eccessiva lunghezza*] roman: *non fare un poema, bastano due righe* n'écris pas un roman, deux lignes suffisent; *non c'era bisogno di scrivermi un poema* tu n'avais pas besoin de m'écrire un roman ◇ (*spec. scherz.*) [*di quanto suscita l'impressione del meraviglioso o del bizzarro*] poème: *le aurore boreali sono un poema* les aurores boréales sont un poème; *la sua vita è tutta un poema* sa vie est tout un poème.

poemétto |poe'metto| *s.m.* [*composizione poetica più breve e di minore impegno del poema*] petit poème: *poemetto didascalico, lirico* petit poème didactique, lyrique.

poesìa |poe'zia| *s.f.* **1** poésie: *opere di poesia e opere di prosa* ouvrages de poésie et ouvrages de prose # *scrivere, esprimersi in poesia* écrire, dire en vers ◇ [*con particolare riferimento al contenuto, al carattere o alle forme*] *poesia epica, lirica, drammatica* poésie épique, lyrique, dramatique; *poesia dotta, popolare, realistica* poésie érudite, populaire, réaliste; *poesia allegorica, ermetica* poésie allégorique, hermétique **2** [*le opere poetiche di un'epoca o di un ambiente storico-culturale*] poésie: *la poesia classica, medievale, romantica* la poésie classique, médiévale, romantique; *la poesia delle origini, del Dolce Stil Novo* la poésie des origines, du 'Dolce Stil Novo'; *la poesia italiana, inglese, russa* la poésie italienne, anglaise, russe ◇ [*di un singolo autore*] poésie, poème (*m.*): *la poesia di Orazio, di Ariosto* les poésies, les poèmes d'Orace, d'Arioste ◇ [*componimento singolo di non grande estensione*] *scrivere, leggere una poesia* écrire, lire une poésie: *improvvisare una poesia* improviser une poésie; *studiare una poesia a memoria* apprendre une poésie par cœur **3** [*l'elevata tensione di sentimento e la suggestione fantastica che promanano da un'opera veramente riuscita*] poésie: *un romanzo, un quadro, un film ricco di poesia* un roman, un tableau, un film plein de poésie; *una pagina, una sonata, una canzone povera di poesia* une page, une sonate, une chanson presque sans poésie; *sono versi privi di poesia* ce sont des vers mais sans poésie **4** (*fig.*) [*capacità di commuovere e di suscitare una tensione affettiva e spirituale*] poésie: *la poesia del mare, della montagna* la poésie de la mer, de la montagne; *la poesia di un tramonto, di una notte di luna* la poésie d'un coucher de soleil, d'un clair de lune ◇ [*capacità di commuoversi e di esperire sentimenti e affettività elevati*] *un uomo, una donna incapace di poesia* un homme, une femme incapable de poésie; *una generazione, una vita senza poesia* une génération, une vie sans poésie ◇ [*sogno, irrealtà, illusione*] *vivere di poesia* être dans les nuages; *questa è poesia*: *ora veniamo al sodo!* ça, c'est de la poésie: venons-en au réel Ⓒ 1 **prosa.**

poèta |po'ɛta| *s.m.* **1** poète: *poeta epico, lirico, drammatico* poète épique, lyrique, dramatique; *i poeti latini, italiani, francesi* les poètes latins, italiens, français; *i poeti dialettali, ermetici* les poètes dialectaux, hermétiques; *poeta* *si nasce, non si diventa* on naît poète, on devient orateur ◇ (*per anton.*) *il (sommo, divino) poeta (Poeta)* [*Dante Alighieri*] le poète divin ◇ (*per est.*) [*scrittore, artista che crea opere di grande valore poetico*] *Leopardi è grande poeta anche nelle 'Operette morali'* Leopardi est encore un grand poète dans les 'Operette Morali'; *in quel quadro è presente, oltre l'artista, il poeta* dans ce tableau est présent, outre l'artiste, le poète **2** (*fig.*) [*persona dotata di notevole immaginazione o sentimento*] poète: *avere un animo, un cuore di poeta* avoir une âme, un cœur de poète; *ogni cosa bella lo affascina, è un grande poeta* toute chose belle le fascine, c'est un grand poète ◇ [*sognatore, utopista*] *non concluderà mai nulla di buono, è un poeta* il n'arrivera jamais à rien, c'est un poète, un rêveur # *smettila di fare il poeta e affronta la realtà!* arrête de rêver et fais face à la réalité!

poetàre |poe'tare| **A** *v.intr.* (*aus. 'avere'*) [*comporre versi, poesie*] faire (45) *tr.* des vers, écrire (51) *tr.* des poèmes, versifier (*raro*) **B** *v.tr.* (*lett.*) [*mettere in versi*] versifier (*corr.*), mettre (71) en vers.

poetàstro |poe'tastro| *s.* (*spreg.*) [*poeta di nessun valore*] poétereau *m.*, versificateur *m.*

poeteggiàre |poeted'dʒare| *v.intr.* (*aus. 'avere'*) (*raro*) [*assumere un tono da poeta, spec. nella conversazione*] rimailler (*arc.*).

poetéssa |poe'tessa| *s.f.* poétesse → **poeta.**

poètica, che |po'ɛtika, ke| *s.f.* poétique: *la poetica romantica, simbolista* la poétique romantique, symboliste; *la poetica del Manzoni, del D'Annunzio* la poétique de Manzoni, de D'Annunzio; *le poetiche del Novecento* les poétiques du XXe siècle ◇ [*trattato sull'arte della poesia*] *la poetica di Aristotele* la poétique d'Aristote.

poeticaménte |poetika'mente| *avv.* **1** [→ POETICO 1] poétiquement: *esprimersi poeticamente* s'exprimer poétiquement **2** [→ POETICO 2] poétiquement: *descrivere poeticamente la natura* décrire poétiquement la nature; *è un'opera poeticamente poco valida* c'est un ouvrage poétiquement peu valable.

poeticherìa |poetike'ria| *s.f.* (*raro, spreg.*) [*fantasticheria, stranezza da poeta*] rêvasserie de poète (*corr.*).

poeticità |poetitʃi'ta| *s.f. inv.* poéticité *var.*

poeticizzàre |poetitʃid'dzare| *v. tr.* [*rendere poetico, arricchire di poesia*] poétiser, rendre (53) poétique: *riesce a poeticizzare anche le vicende banali della vita* il réussit même à poétiser, à rendre poétiques les vicissitudes les plus banales de la vie.

poètico, ci, ca, che |po'ɛtiko, tʃi, ka, ke| *agg.* **1** poétique: *opere poetiche* œuvres poétiques; *linguaggio poetico* langage poétique; *immagini, frasi poetiche* images, phrases poétiques; *licenza poetica* licence poétique; *è un romanzo di grande valore poetico* c'est un roman d'une grande valeur poétique ◇ [*che può essere oggetto di poesia*] *un argomento poetico* un sujet poétique **2** [*ricco di poesia; sensibile alla poesia*] poétique: *prosa, pagina poetica* prose, page poétique; *visione poetica della vita* vision poétique de la vie; *animo poetico* âme poétique; *sensibilità poetica* sensibilité poétique ◇ (*iron., scherz.*) *come sei poetico stasera!* que tu es romantique, poétique ce soir!

poetizzàre |poetid'dzare| (*raro*) **A** *v.tr.* **1** → **poeticizzare** **2** → **poetare** B **B** *v.intr.* (*aus. 'avere'*) **1** → **poetare** A **2** → **poeteggiare.**

poetùcolo |poe'tukolo| *s.* (*spreg.*) [*poeta, scrittore di poesie di scarsissimo valore*] poétereau *m.*, versificateur *m.*

pòggia |'pɔddʒa| *s.f. inv.* (*mar.*) **1** [*il lato sottovento di una nave*] côté *m. var.* du navire frappé par le vent, lof *m. var.* **2** [*paranco per manovrare l'estremità inferiore dell'antenna*] palan *m. var.* 🄲 1 **orza.**

poggiacàpo |poddʒa'kapo| *s.m. inv.* → **appoggiatesta.**

poggiamàno |poddʒa'mano| *s.m. inv.* → **appoggiamano.**

poggiapièdi |poddʒa'pjɛdi| *s.m. inv.* [*cuscino, sgabello per appoggiarvi i piedi*] tabouret *var.*, repose-pied.

1 **poggiàre** |pod'dʒare| **A** *v.tr.* [*appoggiare, posare temporaneamente*] appuyer (11); poser: *poggiare la testa sul guanciale* appuyer sa tête sur l'oreiller ‖ *poggiare la sigaretta sul portacenere* poser sa cigarette sur le cendrier; *poggia lì la valigia!* pose ta (la) valise là! **B** *v.intr.* (*aus. 'avere'*) **1** [*appoggiarsi, basarsi, fondarsi*] reposer, s'appuyer (*pron.*): *il ponte poggia su due pilastri* le pont repose, s'appuie sur deux piliers; *l'edificio poggia sulla roccia* l'édifice repose sur le roc ◇ (*fig.*) *su che cosa poggiano i tuoi sospetti?* sur quoi reposent, se fondent tes soupçons? **2** [*spostarsi, accostarsi lateralmente*] appuyer: *poggiare a destra* appuyer à droite, sur la droite; *poggia!* (*voce di comando ad animali da tiro o da soma*) appuie!

2 **poggiàre** |pod'dʒare|, **puggiàre** |pud'dʒare| *v.intr.* (*aus. 'avere'*) (*mar.*) **1** [*orientare la prua della nave in modo da favorire l'azione del vento sulla velatura*] arriver, laisser venir ◇ (*come comando di manovra*) *poggia!* arrivez!, laissez venir! **2** (*riferito a una nave*) [*cercare rifugio in un porto*] se réfugier *pron.* 🄲 1 **orzare.**

poggiàta |pod'dʒata| *s.f.* **1** [→ 2 POGGIARE 1] arrivée: *fare una poggiata a dritta* faire une arrivée à droite **2** [→ 2 POGGIARE 2] appui *m.* 🄲 1 **orzata.**

poggiatèsta |poddʒa'tɛsta| *s.m. inv.* → **appoggiatesta.**

pòggio, i |'pɔddʒo, i| *s.m.* [*piccola altura con pendio uniforme e dolce*] coteau → **colle.**

poggiòlo |pod'dʒɔlo| *s.m.* (*region.*) → **balcone, terrazzino.**

pogònio, i |po'gɔnjo, i| *s.m.* (*zool.*) vexille.

pogrom |pa'grom| *s.m. inv.* (*russo*) pogrom(e) *var.*

poh |phɔ| *inter.* (*esprime 'disprezzo o disgusto'*) peuh: *poh, che faccia tosta!* peuh, quel culot!; *poh, che brodaglia!* peuh, quel délayage!

pòi |'pɔi| **I** *avv.* (*lett., troncato in 'po'*') **1** [*dopo, in seguito, più tardi*] ensuite, après, plus tard (*loc. inv.*): *non posso accettare, poi ti dirò il perché* je ne peux pas accepter, après, ensuite, plus tard je te dirai pourquoi; *di questo discuteremo poi* de ceci nous discuterons après; *ora studia, poi andrai a giocare* pour l'instant travaille, après, ensuite tu iras jouer; *voleva partire ma poi ci ripensò* il voulait partir mais ensuite il changea d'avis ◇ (*usato ell.*) *poi, poi, ora sono occupato!* plus tard, plus tard, pour l'instant je suis occupé ◇ (*correl. con 'prima'*) *prima i fatti, poi le parole* d'abord les actes, ensuite les paroles; *prima uno e poi l'altro* un d'abord, l'autre ensuite; *o prima o poi non importa* avant ou après, c'est pareil; *prima c'è il ponte, poi la curva* il y a le pont d'abord, puis le virage ◇ (*associato, più o meno pleon. ad altri avv. di tempo*) ensuite: *poi, in seguito si vedrà* ensuite on verra; *intanto incominciamo noi, poi dopo qualcuno continuerà* nous commençons d'abord, ensuite quelqu'un continuera ◇ *loc.* PRIMA O POI [*un giorno o l'altro, presto o tardi*] tôt ou tard: *prima o poi, tutti i nodi vengono al pettine* tôt ou tard, tout se paie ~ IN POI [*in avanti*]: *d'ora in poi* dorénavant; *da oggi, da domani in poi* à partir d'aujourd'hui, à partir de demain ~ A POI [*a più tardi*] à plus tard: (*arrivederci*) *a poi!* (au revoir) à plus tard! ~ PER POI [*per dopo*] pour plus tard: *conviene lasciarlo per poi* il vaut mieux le laisser pour plus tard **2** [*inoltre, in secondo luogo, e per di più*] puis, ensuite: *prima di tutto non mi piace, poi è troppo caro* d'abord, ça ne me plaît pas, ensuite, c'est trop cher; *non è onesto e poi non ci guadagnerei niente* ce n'est pas honnête et puis je n'y gagnerais rien ◇ (*posposto, serve a riprendere il discorso o a introdurre un nuovo argomento*) d'autre part *loc. inv.*, d'ailleurs (*loc. inv.*): *quanto poi al compenso, per ora ti devi accontentare* d'autre part, en ce qui concerne la rémunération, il faut t'en contenter; *quanto poi alla data, vedremo di metterci d'accordo* d'autre part, en ce qui concerne la date, nous essaierons de nous mettre d'accord; *devi poi sapere che ormai è troppo tardi* tu dois d'ailleurs savoir qu'il est désormais trop tard; *quando poi affrontarono l'aspetto finanziario le cose cambiarono* d'ailleurs, lorsqu'ils en vinrent à l'aspect financier, les choses changèrent **3** (*sempre posposto ad altre parole*) [*dunque, infine, insomma*] en somme *loc. inv.*, en définitive (*loc. inv.*): *che c'è poi di male?* qu'est-ce qu'il y a de mal en somme, en définitive?; *ti decidi poi a partire?* en somme, tu te décides à partir?; *s'è convinto poi?* en définitive, s'est-il convaincu? ◇ (*con valore avvers.*) [*in fondo, dopo tutto*] après tout (*loc. inv.*): *lui, poi, che c'entra?* lui, après tout, il n'y est pour rien; *così mi hanno detto, ma poi non so se sia vero* ils m'ont dit cela, mais, après tout, je ne sais pas si c'est vrai; *non è poi così difficile come si crede* après tout, ce n'est pas si difficile qu'on le croit # *io li ho avvertiti, faranno poi come meglio credono* je les ai prévenus, mais ils feront ce qu'ils voudront **4** (*in espressioni enf., indica 'meraviglia, sorpresa, contraddizione'*) ensuite: *e poi viene a fare delle osservazioni a me!* et ensuite, il vient me faire des observations!; *e poi ha il coraggio di lamentarsi!* et ensuite, et encore il a l'audace de se plaindre!; *e poi dicono che sono bugiardo io!* et ensuite, et puis ils disent que je suis un menteur! # *questo poi no!* ça, par exemple, non!; jamais de la vie!; *questa poi è bella!* ça, par exemple, elle est bien bonne celle-là!; *questo poi è troppo!* ça, alors, c'est trop fort!; *questa poi non me l'aspettavo* ça, par esemple, franchement, je ne m'attendais pas à cela; **5** (*con valore raff.*) [*ancora, ripetutamente*] *no e poi no!* non, non et non!; *te l'ho detto e poi ridetto* je te l'ai dit et redit; *bisogna lavorare e poi lavorare* il faut travailler dur; *ti ringrazio tanto e poi tanto* je te remercie mille fois **II** *s.m. inv.* [*l'avvenire, il tempo futuro*] avenir *var.* ◇ (*loc.*) *il senno del poi* [*la facile saggezza di chi sentenzia a cose fatte*] l'esprit de l'escalier; *bisogna pensare al poi* il faut penser au lendemain ◇ (*prov.*) *del senno di poi son piene le fosse, i fossi* l'esprit de l'escalier ne manque à personne; avec des si, des car et des mais on mettrait Paris dans une bouteille [C] I 1 **prima**.

poiàna |po'jana| *s.f.* (*t.zool.*) buse.

poiché |poi'ke| *cong.* **1** (*introduce una prop. caus., sempre anticipata rispetto alla principale, con il v. all'indic.*) [*perché, giacché, dal momento che*] puisque, comme: *poiché ho finito, me ne vado* puisque, comme j'ai fini, je m'en vais; *poiché le cose stanno così, rinuncio* puisqu'il en est ainsi, je renonce; *poiché avete già deciso, è inutile chiedere il mio parere* puisque vous avez déjà décidé, il est inutile de me demander mon avis **2** (*arc., lett.*) (*introduce una prop. temporale con il v. all'indic.*) [*dopo che*] après que (+ *indic.*) (*corr.*): *poiché ebbe finito se ne andò* après qu'il eut fini, il s'en alla.

-poièsi |po'jɛzi| *suff.* (*significa 'formazione, produzione', corrisponde gener. a*) poïèse: *emopoiesi* hémopoïèse.

pointer |'pɔintə| *s.m. inv.* (*ingl.*) pointer *var.*, pointeur *var.*

'pois' |pwa| *s.m. inv.* pois: *stoffa a 'pois' neri su fondo bianco* tissu à pois noirs sur fond blanc.

'poise' |pwaz| *s.m. inv.* (*fis.*) poise *var.*

poker |'poukə, 'pɔker| *s.m. inv.* (*ingl.*) poker (*var.*): *giocare a poker* jouer au poker ◇ [*la combinazione costituita da quattro carte uguali*] *poker d'assi* poker d'as.

pokerìsta, pocherìsta |poke'rista| *s.* joueur* de poker: *è una brava pokerista* c'est une bonne joueuse de poker.

1 **polàcca, che** |po'lakka, ke| *s.f.* **1** (*mus.*) polonaise **2** [*stivaletto femminile a punta*] bottine **3** [*giacchetta femminile con guarnizioni di galloni o pelliccia*] polonaise.

2 **polàcca, che** |po'lakka, ke| *s.f.* (*arc., mar.*) polacre.

polacchìno |polak'kino| *s.m. spec. al plur.* [*stivaletti corti e allacciati*] bottines *f.*

polàcco, chi, ca, che |po'lakko, ki, ka, ke| **1** *agg.* [*della Polonia*] polonais: *lingua, letteratura polacca* langue, littérature polonaise **2** (*s.m.*) *il polacco* [*la lingua*] le polonais.

polaccóne |polak'kone| *s.m.* (*mar.*) polacre *f.*

polàre |po'lare| **I** *agg.* **1** polaire: *i circoli polari* les cercles polaires; *ghiacciai polari* glaciers polaires; *terre, régioni polari* terres, régions polaires; *calotta polare* calotte polaire ◇ (*astron.*) *giorno, notte polare* jour, nuit polaire; *stella polare* étoile polaire ◇ (*chim.*) *legame polare di una molecola* liaison polaire d'une molécule ◇ (*mat.*) *retta, curva, traiettoria polare* droite, courbe, trajectoire polaire; *coordinate polari* coordonnées polaires ◇ *loc.* FREDDO POLARE: (*pr.*) froid polaire; (*fig., iperb.*) [*rigidissimo e intenso*] *qui fa un freddo polare, oggi* il fait un froid de canard ici aujourd'hui **2** (*per est.*) [*opposto, antitetico*] antithétique: *termini polari* termes antithétiques; *locuzioni polari* locutions antithétiques **II** *s.f.* (*aerodinamica*) polaire: *polare mobile, fissa di un corpo* polaire mobile, fixe d'un corps ◇ (*geom.*) *la polare di una curva* la polaire d'une courbe.

polarimetrìa |polarime'tria| *s.f.* (*fis.*) polarimétrie.

polarimètrico, ci, ca, che |polari'mɛtriko, tʃi, ka, ke| *agg.* polarimétrique: *misurazioni polarimetriche* mesurages polarimétriques.

polarìmetro |pola'rimetro| *s.m.* (*fis., tecnol.*) polarimètre.

polariscòpio, i |polaris'kɔpjo, i| *s.m.* (*fis.*) polariscope.

polarità |polari'ta| *s.f. inv.* **1** (*biol.*) polarité (*var.*): *polarità di un organismo* polarité d'un organisme ◇ (*fis.*) *polarità positiva, negativa* polarité positive, négative ◇ (*geom.*) polarité **2** (*per est.*) [*opposizione, antiteticità*] opposition (*var.*): *polarità di due concetti, di due nozioni* opposition de deux concepts, de deux notions.

polarizzàbile |polarid'dzabile| *agg.* [→ POLARIZZARE A 1; B 1] polarisable.

polarizzabilità |polariddzabili'ta| *s.f. inv.* (*fis.*) polarisabilité *var.*

polarizzànte |polarid'dzante| *agg.* (*ott.*) polarisant: *apparecchi polarizzanti* appareils polarisants.

polarizzàre |polarid'dzare| **A** *v.tr.* **1** (*fis.*) [*provocare, determinare un rapporto di polarità*] polariser: *polarizzare un raggio luminoso, la luce* polariser un rayon lumineux, la lumière; *polarizzare gli elettrodi di una pila* polariser les électrodes d'une pile; *polarizzare elettricamente, magneticamente un corpo* polariser électriquement, magnétiquement un corps ◇ (*biol.*) *polarizzare una cellula* polariser une cellule **2** (*fig.*) [*orientare, far convergere su un determinato punto*] polariser, concentrer: *polarizzare il proprio interesse su un particolare* polariser son intérêt sur un détail → **accentrare**; *fa di tutto per polarizzare su di sé l'attenzione dei presenti* il fait tout pour polariser sur lui l'attention de l'assistance **B** *v.pron. intr.* POLARIZZARSI **1** [→ *tr.* 1] se polariser: *questo raggio luminoso s'è polarizzato* ce rayon lumineux s'est polarisé **2** [→ *tr.* 2] se concentrer: *l'attenzione dei presenti s'è polarizzata su di lei* l'attention de l'assistance s'est concentrée sur elle.

polarizzàto |polarid'dzato| *agg.* [*che ha subito la polarizzazione*] polarisé (*p.p.*): *luce polarizzata* lumière polarisée; *corpo polarizzato magneticamente* corps polarisé magnétiquement.

polarizzatóre, trice |polariddza'tore, tritʃe| *s.m.* (*fis., tecnol.*) polariseur: *polarizzatore a riflessione, a rifrazione* polariseur à réflexion, à réfraction; *polarizzatore ottico, per raggi X* polariseur optique, pour rayons X ✦ (*agg.*) *apparecchio, dispositivo polarizzatore* appareil, dispositif polariseur.

polarizzazióne |polariddzat'tsjone| *s.f.* [→ POLARIZZARE A 1; B 1] polarisation: *polarizzazione della luce, della radiazione* polarisation de la lumière, de la radiation; *polarizzazione elettrica, magnetica, elettrolitica* polarisation électrique, magnétique, électrolytique.

polarografìa |polarogra'fia| *s.f.* (*chim.*) polarographie.

polarogràmma |polaro'gramma| *s.m.* polarogramme.

polaròid |pola'rɔid| *agg. e s.m. inv.* polaroïd *var.*

pòlca, che |'pɔlka, ke|, (*raro*) **pòlka** |'pɔlka| *s.f. inv.* (*mus.*) polka *var.*

pòlder |'pɔldər| *s.m. inv.* (*ol.*) polder *var.*

polédro |po'ledro| *s.* (*lett.*) → **puledro**.

polemàrco, chi |pole'marko, ki| *s.m.* (*st. gr.*) polémarque.

polèmica, che |po'lɛmika, ke| *s.f.* polémique: *polemica letteraria, religiosa, politica* polémique littéraire, religieuse, politique; *impegnarsi in una aspra polemica* s'engager dans une âpre polémique → **controversia, diatriba**.

polemicaménte |polemika'mente| *avv.* **1** [→ POLEMICO 1] polémiquement: *uno scritto polemicamente duro* un écrit polémiquement dur **2** [→ POLEMICO 2] polémiquement: *assumere un tono polemicamente critico* prendre un ton polémiquement critique.

polemicità |polemitʃi'ta| *s.f. inv.* caractère *m. var.* polémique: *la polemicità di un discorso, di un articolo* le caractère polémique d'un discours, d'un article # *è un critico temuto per la sua aspra polemicità* c'est un critique dont on craint l'âpre polémique.

polèmico, ci, ca, che |po'lɛmiko, tʃi, ka, ke| *agg.* **1** (*cose*) polémique: *scritto, discorso polemico* écrit, discours polémique; *tono, atteggiamento polemico* ton, attitude polémique ◇ (*persone*) [*che ama la polemica, che è solito fare della polemica*] *un critico, uno scrittore polemico* un critique, un écrivain polémique; *quel saggista è piuttosto polemico* cet essayiste est plutôt polémique **2** (*per est.*) [*soggettivo, volutamente provocatorio*] polémique: *intervento polemico* intervention polémique; *valutazione, obiezione polemica* appréciation, objection polémique; *è una critica dettata da spirito polemico* c'est une critique dictée par un esprit polémique.

polemìsta |pole'mista| *s.* polémiste ◇ (*per est.*) [*chi ama la polemica*] polémiste.

polemizzàre |polemid'dzare| *v. intr.* (*aus.* 'avere') [*fare, sostenere una polemica con scritti o discorsi*] polémiquer, faire (45) *tr.* de la polémique: *nel suo ultimo libro polemizza contro i sostenitori della nuova teoria* dans son dernier livre il polémique contre les partisans de la nouvelle théorie ◇ (*per est.*) [*discutere, spec. per partito preso o per amore di controversia*] *polemizza*

su tutto e contro tutti il polémique sur tout et contre tous.
polemologìa, gie |polemolo-dʒia, dʒie| *s.f.* polémologie.
polemòlogo, gi, (*pop.*) **ghi, ga, ghe** |pole'mɔlogo, dʒi, gi, ga, ge| *s.* polémologue.
Polemoniàcee |polemo'njatʃee| *s.f. pl.* (*t.bot.*) Polémoniacées.
polemònio, i |pole'mɔnjo, i| *s.m.* (*t.bot.*) polémonium.
polèna |po'lɛna| *s.f.* (*mar.*) figure de proue.
polènda |po'lɛnda| *e deriv.* → **polenta** *e deriv.*
polènta |po'lɛnta| *s.f.* polenta: *polenta al sugo, con salsicce* polenta à la sauce, avec des saucisses; *polenta di farina dolce* bouillie de farine de châtaignes, (*in Corsica*) polenta ◇ (*per est.*) [*pietanza appiccicosa e più densa del giusto*] bouillie.
polentàta |polen'tata| *s.f.* [*mangiata di polenta*] gueuleton *m.* (*fam.*) de polenta.
polentìna |polen'tina| *s.f.* (*fam.*) [*impiastro di farina di lino*] cataplasme *m.* (*corr.*) de farine de lin.
polentóne |polen'tone| *s.* **1** [*mangiatore di polenta*] mangeur* de polenta ◇ (*spreg., scherz.*) [*epiteto dato agli abitanti dell'Italia sett.*] ⊠ **2** (*region., fig.*) [*persona lenta e pigra*] lambin (*fam.*), paresseux* (*corr.*).
poleografìa |poleogra'fia| *s.f.* poléographie.
pòli- |'pɔli| *pref.* **1** (*significa 'molteplicità, pluralità', corrisponde gener. a*) poly: *poligamia* polygamie; *politeismo* polythéisme **2** (*significa 'numero superiore al normale', corrisponde gener. a*) poly: *polidattilia* polydactylie **C** **mono-**.
-poli |poli| *suff.* (*significa 'città', corrisponde gener. a*) pole: *metropoli* métropole # *tendopoli* village de toile.
poliachènio, i |polia'kɛnjo, i| *s.m.* (*t.bot.*) polyakène.
poliàcido |poli'atʃido| *agg. e s.m.* (*chim.*) polyacide.
poliadèlfo |polia'dɛlfo| *agg.* (*bot.*) polyadelphe: *stami poliadelfi* étamines polyadelphes.
poliambulànza |poliambu'lantsa| *s.f.* (*raro*) → **poliambulatorio.**
poliambulatòrio, i |poliambula'tɔrjo, i| *s.m.* [*ambulatorio con diversi settori specialistici*] polyclinique *f.*; (*gratuito*) dispensaire.
poliammide |poliam'mide| *s.f.* (*chim.*) polyamide *m.*
poliammina |poliam'mina| *s.f.* polyamine.
poliandrìa |polian'dria| *s.f.* **1** (*etn.*) polyandrie **2** (*bot., zool.*) polyandrie.
poliàndro |poli'andro| *agg.* (*bot.*) polyandre.
poliarchìa |poliar'kia| *s.f.* (*polit.*) polyarchie.
poliàrchico, ci, ca, che |poli'arkiko, tʃi, ka, ke| *agg.* polyarchique: *governo poliarchico* gouvernement polyarchique.
poliartrìte |poliar'trite| *s.f.* (*med.*) polyarthrite.
poliatòmico, ci, ca, che |polia'tɔmiko, tʃi, ka, ke| *agg.* (*chim., fis.*) polyatomique: *molecola poliatomica* molécule polyatomique.
polibàsico, ci, ca, che |poli'baziko, tʃi, ka, ke| *agg.* (*chim.*) polybasique.
policàrpico, ci, ca, che |poli'karpiko, tʃi, ka, ke| *agg.* (*bot.*) polycarpique, polycarpien*.
policèntrico, ci, ca, che |poli'tʃɛntriko, tʃi, ka, ke| *agg.* (*arch., polit.*) polycentrique.
policentrismo |politʃen'trizmo| *s.m.* (*polit.*) polycentrisme.
Polichèti |poli'kɛti| *s.m. pl.* (*t. zool.*) Polychètes.
policìclico, ci, ca, che |poli'tʃikliko, tʃi, ka, ke| *agg.* (*chim.*) polycyclique.
policitemìa |politʃite'mia| *s.f.* (*med.*) polycythémie.
policlìnica, che |poli'klinika, ke| *s.f.* policlinique.
policlìnico, ci |poli'kliniko, tʃi| *s.m.* polyclinique *f.*
policòrdo |poli'kɔrdo| *s.m.* (*mus.*) polycorde.
policroìsmo |polikro'izmo| *s.m.* (*ott.*) polychroïsme.
policromàre |polikro'mare| *v.tr.* [*decorare a più colori*] polychromer: *policromare una statua* polychromer une statue.
policromàtico, ci, ca, che |polikro'matiko, tʃi, ka, ke| *agg.* **1** (*fis.*) polychrome **2** (*raro*) → **policromo.**
policromàto |polikro'mato| *agg.* [*decorato a più colori*] polychrome: *vetro policromato* vitre polychrome.
policromìa |polikro'mia| *s.f.* polycromie **C** **monocromia.**
polìcromo |po'likromo| *agg.* polychrome: *ceramiche policrome* céramique polychrome → **multicolore.**
polidattilìa |polidatti'lia| *s.f.* (*med.*) polydactylie.
poliedricaménte |poliedrika'mente| *avv.* [→ POLIEDRICO 2] d'une façon multiforme *loc. inv.*
poliedricità |poliedritʃi'ta| *s.f. inv.* **1** (*mat.*) forme *var.* polyédrique **2** (*fig.*) [*molteplicità di aspetti, di attitudini, di capacità*] *poliedricità d'ingegno* esprit *m. var.* souple; *poliedricità di interessi* diversité *var.* des intérêts.
polièdrico, ci, ca, che |poli'ɛdriko, tʃi, ka, ke| *agg.* **1** polyédrique: *figura poliedrica* figure polyédrique **2** (*fig.*) [*che ha molteplici capacità, attitudini*] multiforme: *un'intelligenza poliedrica* une intelligence multiforme, souple, riche.
polièdro |poli'ɛdro| *s.m.* (*geom.*) polyèdre: *poliedri regolari* polyèdres réguliers; *facce del poliedro* faces du polyèdre.
poliembrionìa |poliembrjo'nia| *s.f.* (*biol.*) polyembryonie.
poliennàle |polien'nale| *agg.* [*che dura, o è durato, più anni*] pluriannuel*: *buoni poliennali del Tesoro* bons du Trésor pluriannuels.
polièstere |poli'ɛstere| *s.m.* (*chim.*) polyester ✦ (*agg.*) *resina poliestere* polyester *s.m.*
polietilène |polieti'lɛne| *s.m.* (*chim.*) polyéthylène, polythène.
polifagìa, gie |polifa'dʒia, dʒie| *s.f.* polyphagie.
polìfago, gi, ga, ghe |po'lifago, dʒi, ga, ge| *agg.* polyphage: *organismi polifagi* organismes polyphages.
polifàse |poli'faze| *agg. inv.* (*fis.*) polyphasé (*var.*): *sistema polifase* système polyphasé; *circuiti polifase* circuits polyphasés.
polifonìa |polifo'nia| *s.f.* (*mus.*) polyphonie **C** **monodia.**
polifonicaménte |polifonika'mente| *avv.* [→ POLIFONICO] polyphoniquement.
polifònico, ci, ca, che |poli'fɔniko, tʃi, ka, ke| *agg.* polyphonique: *musica polifonica* musique polyphonique; *brano polifonico* morceau polyphonique.
polifonìsmo |polifo'nizmo| *s.m.* (*mus.*) polyphonie *f.*
polìgala |po'ligala| *s.f.* (*t.bot.*) polygale *m.*, polygala *m.*
Poligalàcee |poliga'latʃee| *s.f. pl.* (*t.bot.*) Polygalacées.
poligamìa |poliga'mia| *s.f.* (*etn., zool.*) polygamie: *poligamia maschile o poliginia* polygamie masculine; *poligamia femminile o poliandrìa* polygamie féminine ou polyandrie; *poligamia promiscua* polygamie mixte **C** **monogamia.**
poligàmico, ci, ca, che |poli'gamiko, tʃi, ka, ke| *agg.* polygamique: *istituzioni poligamiche* institutions polygamiques.
polìgamo |po'ligamo| *agg.* polygame: *una donna poligama* une femme polygame; *animali poligami* animaux polygames; *popolazioni poligame* populations polygames ✦ (*s.*) *un poligamo* un polygame **C** **monogamo.**
poligènesi |poli'dʒɛnezi| *s.f. inv.* polygénie *var.* **C** **monogenesi.**
poligenètico, ci, ca, che |polidʒe'nɛtiko, tʃi, ka, ke| *agg.* polygénétique: *sviluppo poligenetico della specie umana* développement polygénétique de la race humaine ◇ [*che sostiene la poligenesi*] *teoria poligenetica delle lingue* théorie polygénétique des langues.
poligenìsmo |polidʒe'nizmo| *s.m.* polygénisme **C** **monogenismo.**
poligenìsta |polidʒe'nista| *s.* polygéniste.
poliginìa |polidʒi'nia| *s.f.* → **poligamia.**
poliglobulìa |poliglobu'lia| *s.f.* polyglobulie.
poliglòtta |poli'glɔtta| *agg. e s.* polyglotte: *essere* (*un*) *poliglotta* être polyglotte.
poliglòttico, ci, ca, che |poli'glɔttiko, tʃi, ka, ke| *agg.* [*che concerne, che parla più lingue*] multilingue: *area, zona poliglottica* aire, zone multilingue.
poliglottìsmo |poliglot'tizmo| *s.m.* [*uso, compresenza di più lingue*] multilinguisme.
poliglòtto |poli'glɔtto| *agg. e s.* (*raro*) → **poliglotta.**
Poligonàcee |poligo'natʃee| *s.f. pl.* (*t.bot.*) Polygonacées.
poligonàle |poligo'nale| *agg.* polygonal*: *figura poligonale* figure polygonale; *un edificio a pianta poligonale* un édifice à base polygonale ✦ *s.f.* (*mat.*) *la poligonale* la polygonale.
poligonàto |poligo'nato| *s.m.* (*t. bot.*) polygonatum.
poligonazióne |poligonat'tsjone| *s.f.* (*tecnol.*) polygonation.
polìgono |po'ligono| *s.m.* **1** (*mat.*) polygone: *poligono regolare, irregolare* polygone régulier, irrégulier; *l'area di un poligono* la surface d'un polygone **2** (*mil.*) polygone: *poligono di tiro* polygone de tir.
poligrafàre |poligra'fare| *v.tr.* [*riprodurre in più copie con il poligrafo*]

polycopier: *poligrafare uno scritto, un disegno* polycopier un écrit, un dessin.
poligrafìa |poligra'fia| *s.f.* **1** (*tip.*) polycopie ◇ (*per est.*) [*ogni copia così ottenuta*] polycopié *m.* **2** (*raro*) [*l'attività di chi scrive su argomenti vari*] polygraphie.
poligràfico, ci, ca, che |poli'grafiko, tʃi, ka, ke| *agg.* **1** (*cose*) polygraphique: *stabilimento poligrafico* établissement polygraphique; *officina poligrafica* atelier polygraphique # *Istituto poligrafico dello Stato* Imprimerie Nationale **2** (*persone*) [*che lavora in aziende del settore grafico*] polygraphique: *un operaio poligrafico* un ouvrier polygraphique ✦ (*s.*) *i poligrafici* les typographes, les ouvriers du livre, les imprimeurs.
poligrafo |po'ligrafo| *s.* [*scrittore di argomenti vari*] polygraphe ✦ (*agg.*) *uno scrittore poligrafo* un polygraphe *s.*
polìlobo |po'lilobo| *agg.* (*arch.*) polylobe.
polimerìa |polime'ria| *s.f.* **1** (*biol.*) polymérie: *polimeria di un organo* polymérie d'un organe; *polimeria genetica* polymérie génétique **2** (*raro*) → **polimerismo.**
polimèrico, ci, ca, che |poli'mɛriko, tʃi, ka, ke| *agg.* (*chim.*) polymère: *sistemi, composti polimerici* systèmes, composés polymères.
polimerìsmo |polime'rizmo| *s.m.* (*chim.*) polymérisme.
polimerizzàbile |polimerid'dzabile| *agg.* (*chim.*) [→ POLIMERIZZARE] polymérisable.
polimerizzàre |polimerid'dzare| (*chim.*) **A** *v.tr.* (*chim.*) [*ottenere un composto polimero mediante la fusione di più molecole di una stessa sostanza*] polymériser: *polimerizzare un idrocarburo* polymériser un hydrocarbure **B** *v.pron. intr.* POLIMERIZZARSI [*subire la polimerizzazione*] se polymériser.
polimerizzàto |polimerid'dzato| *agg.* (*chim.*) polymérisé (*p.p.*): *composti, oli polimerizzati* composés polymérisés, huiles polymérisées.
polimerizzazióne |polimerid-dzat'tsjone| *s.f.* [→ POLIMERIZZARE A] polymérisation.
polìmero |po'limero| *agg.* (*chim.*) polymère: *composto polimero* composé polymère ✦ (*s.m.*) *i polimeri* les polymères.
polimetrìa |polime'tria| *s.f.* (*metr.*) métrique qui utilise plusieurs vers.
polìmetro |po'limetro| *agg. e s.m.* (poème) en vers libres (*loc. inv.*): *è un* (*ditirambo*) *polimetro* c'est un dithyrambe en vers libres.
polimorfìsmo |polimor'fizmo| *s.m.* (*biol., miner.*) polymorphie *f.*, polymorphisme.
polimòrfo |poli'mɔrfo| *agg.* polymorphe: *animali, gruppi polimorfi* animaux, groupes polymorphes; *piante polimorfe* plantes polymorphes; *composti chimici polimorfi* composés chimiques polymorphes.
polinesiàno |poline'zjano| *agg.* [*della Polinesia*] polynésien*: *isole polinesiane* îles polynésiennes; *lingua polinesiana* langue polynésienne.
polinevrìte |poline'vrite| *s.f.* (*med.*) polynévrite: *polinevrite difterica, tifica* polynévrite diphtérique, du thyphus.
polinòmio, i |poli'nɔmjo, i| *s.m.* (*mat.*) polynôme 🄲 **monomio.**
polinucleàto |polinukle'ato| *agg.* (*biol.*) polynucléaire (*agg. e s.*): *cellule polinucleate* cellules polynucléaires.
pòlio |'pɔljo| *s.f. inv.* (*abbrev.*) → **poliomielite.**
poliomielìte |poljomie'lite| *s.f.* (*med.*) poliomyélite, polio.
poliomielìtico, ci, ca, che |poljomie'litiko, tʃi, ka, ke| *agg.* **1** poliomyélitique: *epidemia, deformazione poliomielitica* épidémie, déformation poliomyélitique **2** [*affetto da poliomielite*] poliomyélitique: *un bambino poliomielitico* un enfant poliomyélitique ✦ (*s.*) *i poliomielitici* les poliomyélitiques.
poliorcètico, ci, ca, che |poljor'tʃɛtiko, tʃi, ka, ke| *agg.* (*lett.*) poliorcétique: *l'arte poliorcetica* l'art poliorcétique ✦ (*s.f.*) *la poliorcetica* l'art *m.* poliorcétique *agg.*
polipàio, i |poli'pajo, i| *s.m.* [*colonia di polipi*] polypier ◇ (*per est.*) [*gli scheletri calcarei o cornei di tali animali*] polypier.
polipeptìde |polipep'tide| *s.m.* (*biol., chim.*) polypeptide.
polipètalo |poli'pɛtalo| *agg.* (*bot.*) polypétale: *fiore polipetalo* fleur polypétale; *corolla polipetala* corolle polypétale.
poliplòide |poli'plɔide| *agg.* polyploïde: *nuclei poliploidi* noyaux polyploïdes ✦ *s.* [*individuo dotato di tali cellule*] personne *f.* polyploïde (*agg.*): *è un poliploide* c'est une personne polyploïde.
poliploidìa |poliploi'dia| *s.f.* (*biol.*) polyploïdie.
polipnèa |polip'nɛa| *s.f.* (*med.*) polypnée.
pòlipo |'pɔlipo| *s.m.* **1** (*t.zool.*) polype → **polpo** **2** (*med.*) polype: *polipo uterino, nasale* polype de l'utérus, du nez.
Polipodiàcee |polipo'djatʃee| *s.f. pl.* (*t.bot.*) Polypodiacées.
polipòdio, i |poli'pɔdjo, i| *s.m.* (*t.bot.*) polypode.
polipòide |poli'pɔide| *agg.* polypoïde: *organismi polipoidi* organismes polypoïdes.
polìporo |po'liporo| *s.m.* (*t.bot.*) polypore.
polipòsi |poli'pɔzi| *s.f. inv.* (*med.*) polypose (*var.*): *poliposi intestinale* polypose intestinale.
polipóso |poli'poso| *agg.* [*caratterizzato, causato dalla presenza di polipi*] polypeux*: *formazione poliposa* formation polypeuse; *colite poliposa* colite polypeuse.
polipropilène |polipropi'lɛne| *s.m.* (*chim.*) polypropylène.
polìptero |po'liptero| *s.m.* (*zool.*) polyptère.
poliptòto |polip'tɔto| *s.m.* → **poliptoto.**
polire |po'lire| (197) *v.tr.* [*levigare, rendere perfettamente liscio*] polir: *polire il marmo di un pavimento* polir le marbre d'un sol ◇ (*fig.*) [*rifinire, limare*] *polire un verso, una poesia* polir un vers, une poésie.
polirème |poli'rɛme| *s.f.* (*st. classica*) embarcation polyrème *agg.*
poliritmìa |polirit'mia| *s.f.* (*mus.*) polyrythmie.
poliritmico, ci, ca, che |poli'ritmiko, tʃi, ka, ke| *agg.* à plusieurs rythmes (*loc. inv.*): *andamento poliritmico di una composizione* développement à plusieurs rythmes d'une composition.
polirìtmo |poli'ritmo| *agg.* → **poliritmico.**
polisaccàride |polisak'karide| *s.m.* (*chim.*) polysaccharide.
polisarcìa, cie |polisar'tʃia, tʃie| *s.f.* → **obesità.**
polisemàntico, ci, ca, che |polise'mantiko, tʃi, ka, ke| *agg.* (*ling.*) polysémique: *parola polisemantica* mot polysémique.
polisemìa |polise'mia| *s.f.* (*ling.*) polysémie.
polisèmico, ci, ca, che |poli'sɛmiko, tʃi, ka, ke| *agg.* → **polisemantico.**
polisèmo |poli'sɛmo| *agg.* → **polisemantico.**
polisènso |poli'sɛnso| **1** *agg. e s.m.* (*ling.*) polysémique: *un* (*vocabolo*) *polisenso* un mot polysémique → **polisemantico** **2** *s.m.* (*gioco enigmistico*) calembour, jeu de mots.
polisillàbico, ci, ca, che |polisil'labiko, tʃi, ka, ke| *agg.* [*formato da più sillabe*] polysyllabe, polysyllabique: *radici polisillabiche* racines polysyllabes, polysyllabiques; *parola polisillabica* mot polysyllabe 🄲 **monosillabico.**
polisìllabo |poli'sillabo| *s.m.* (*ling.*) polysyllabe ✦ *agg.* → **polisillabico** 🄲 **monosillabo.**
polisillogìsmo |polisillo'dʒizmo| *s.m.* (*filos.*) polysyllogisme.
polisìndeto |poli'sindeto| *s.m.* (*gram.*) polysyndète *f.* 🄲 **asindeto.**
polisintètico, ci, ca, che |polisin'tɛtiko, tʃi, ka, ke| *agg.* (*ling.*) polysynthétique.
polisolfùro |polisol'furo| *s.m.* (*chim.*) polysulfure.
polisportìvo |polispor'tivo| *agg.* [*che consente varie attività sportive*] omnisports (*inv.*): *campo polisportivo* terrain omnisports; *società polisportiva* société omnisports.
polìsta |po'lista| *s.* joueur* de polo.
polistàdio |polis'tadjo| *agg. inv.* [*a più stadi*] à plusieurs étages (*loc. inv.*): *missile polistadio* missile à plusieurs étages.
polìste |po'liste| *s.f.* (*t.zool.*) poliste *f. o m.*
polìstico, ci, ca, che |po'listiko, tʃi, ka, ke| *agg.* [*relativo al gioco del polo o ai polisti*] de, du polo *loc.*, des joueurs de polo *loc.*
polìstilo |po'listilo| *agg.* (*arch.*) polystyle: *pilastro polistilo* pilier polystyle.
polistiròlo |polisti'rɔlo| *s.m.* (*chim.*) polystyrène, polystyrolène.
politeàma |polite'ama| *s.m.* [*teatro destinato a spettacoli vari*] théâtre.
politècnico, ci, ca, che |poli'tɛkniko, tʃi, ka, ke| **1** *agg.* polytechnique: *istituto politecnico* institut polytechnique; *scuole politecniche* écoles polytechniques **2** *s.m.* [*istituto universitario d'ingegneria e architettura*] école *f.* polytechnique, polytechnique *f.* # *il politecnico di Torino* l'Institut polytechnique de Turin.
politeìsmo |polite'izmo| *s.m.* (*relig.*) polythéisme 🄲 **monoteismo.**
politeìsta |polite'ista| *s.* polythéiste 🄲 **monoteista.**
politeìstico, ci, ca, che |polite'istiko, tʃi, ka, ke| *agg.* [*fondato sul politeismo*] polythéiste: *religioni po-*

liteistiche religions polythéistes Ⓒ **monoteistico.**

politemàtico, ci, ca, che |polite'matiko, tʃi, ka, ke| *agg.* (*mus.*) de plusieurs thèmes (*loc. inv.*): *composizione politematica* composition de plusieurs thèmes.

politène |poli'tεne| *s.m.* (*chim.*) polythène.

politézza |poli'tettsa| *s.f.* **1** [*levigatezza*] poli (*m.*): *la politezza dell'onice* le poli de l'onyx **2** (*fig.*) [*eleganza, perfezione formale*] élégance: *politezza di stile* élégance du style ◇ (*per est.*) [*educazione, cortesia*] courtoisie: *politezza di modi, di maniere* courtoisie des manières.

politica, che |po'litika, ke| *s.f.* **1** politique: *le norme della politica* les normes de la politique; *intendersi di politica* s'y connaître en politique; *è uno studioso di politica* c'est un spécialiste de (la) politique, un politologue ◇ (*con particolare riferimento alla prassi e all'azione concreta*) *la politica di Cavour* la politique de Cavour; *una politica rivoluzionaria, reazionaria* une politique révolutionnaire, réactionnaire; *fare una politica di distensione, di avvicinamento, di isolamento* faire, pratiquer une politique de détente, d'approche, d'isolement; *la sua è una politica saggia e onesta* sa politique est une politique sage et honnête ◇ (*in riferimento a sfere e settori particolari*) *politica esterna, interna* politique extérieure, intérieure; *politica urbanistica, scolastica* politique urbaniste, scolaire; *politica finanziaria* politique financière **2** (*per est.*) [*la partecipazione attiva alla vita politica del momento*] politique: *darsi alla politica* s'occuper de politique; *fare della politica* faire de la politique; *s'è ritirato dalla politica* il s'est retiré de la (vie) politique **3** (*fig.*) [*comportamento accorto e astuto per conseguire un determinato scopo*] diplomatie, adresse: *con la sua politica ottiene tutto quello che vuole* avec sa diplomatie, il obtient tout ce qu'il veut; *con la sua politica saprà trarsi d'impaccio* avec son adresse il saura s'en tirer → **accortezza, diplomazia.**

politicaménte |politika'mente| *avv.* **1** [→ POLITICO 1] politiquement: *tesi politicamente interessante* thèse politiquement intéressante **2** [→ POLITICO 3] diplomatiquement: *agire politicamente* agir diplomatiquement.

politicànte |politi'kante| *s.* (*spreg.*) [*chi si occupa di politica senza preparazione o in modo disonesto*] politicien*: *è un volgare politicante* c'est un vulgaire politicien.

politicàstro |politi'kastro| *s.* (*spreg.*) [*uomo politico da strapazzo e intrigante*] politicard *m.*

politicismo |politi'tʃizmo| *s.m.* tendance *f.* à faire prévaloir les aspects politiques sur les autres, tendance à politiser.

politicità |polititʃi'ta| *s.f. inv.* caractère *m. var.* politique: *la politicità di uno sciopero, di un provvedimento* le caractère politique d'une grève, d'une mesure; *la politicità di un'associazione* le caractère politique d'une association; *molti negano la politicità della scienza* beaucoup de personnes nient le caractère politique de la science.

politicizzàre |polititʃid'dzare| *v. tr.* **1** [*dare un'impronta, un carattere politico*] politiser: *politicizzare la cultura, la scuola* politiser la culture, l'école; *politicizzare uno sciopero, una rivendicazione sindacale* politiser une grève, une revendication syndicale **2** [*indurre a una maggiore partecipazione alla vita politica*] politiser: *politicizzare le masse* politiser les masses.

politicizzàto |polititʃid'dzato| *agg.* politisé.

politicizzazióne |polititʃiddzat'tsjone| *s.f.* **1** [→ POLITICIZZARE 1] politisation: *promuovere la politicizzazione della cultura* promouvoir la politisation de la culture, politiser la culture **2** [→ POLITICIZZARE 2] politisation: *la politicizzazione dell'elettorato* la politisation de l'électorat.

polìtico, ci, ca, che |po'litiko, tʃi, ka, ke| *agg.* **1** politique: *elezioni politiche* élections politiques; *partiti, movimenti politici* partis, mouvements politiques; *il pensiero politico di Marx* la pensée politique de Marx; *la situazione politica internazionale* la situation politique internationale; *interessarsi di economia politica* s'occuper d'économie politique; *s'è dato attivamente alla vita politica* ils s'est consacré activement à la vie politique ◇ (*loc.*) *diritti politici* droits politiques ~ *scienze politiche* sciences politiques ~ *prezzo politico* [*fissato dallo stato*] prix imposé ~ *delitti politici* délits politiques **2** [*che si occupa prevalentemente della vita politica*] politique: *un giornale politico* un journal politique: *è un uomo politico* c'est un homme politique ✦ (*s.m.*) *i politici* les politiques: *è un politico di grande valore* c'est un politique de grande valeur **3** (*fig.*) [*che si comporta con astuzia e tatto*] politique (*lett.*), diplomatique # *dovresti essere un po' più politico nel trattare con i tuoi superiori* tu devrais avoir un peu plus de diplomatie quand tu discutes avec tes supérieurs ✦ (*s.m.*) *un politico* un diplomate: *è un politico raffinato nel condurre i suoi affari* c'est un diplomate raffiné quand il s'agit de, pour la conduite de ses propres affaires.

politicóne |politi'kone| *s.* [*persona molto abile, accorta e, spesso, spregiudicata*] fine mouche *f.*; fin matois *m.* (*lett.*): *che politicona quella donna!* quelle fine mouche, cette femme ‖ *quel politicone è pronto a qualsiasi compromesso* ce fin matois est prêt à n'importe quel compromis.

politicùme |politi'kume| *s.m.* [*cattiva politica*] politicaillerie *f.*

polìto |po'lito| *agg.* (*lett.*) poli (*corr.*) → **liscio, levigato** ◇ (*fig.*) [*forbito, perfettamente rifinito*] soigné.

politologia, gie |politolo'dʒia, dʒie| *s.f.* politologie, politicologie.

politòlogo, gi |poli'tɔlogo, dʒi| *s.* politologue, politicologue.

politonàle |polito'nale| *agg.* polytonal*: *musica politonale* musique polytonale; *lingue politonali* langues polytonales.

politonalità |politonali'ta| *s.f. inv.* **1** (*mus.*) polytonalité (*var.*): *la politonalità medievale* la polytonalité médiévale **2** (*ling.*) polytonalité: *la politonalità della lingua cinese* la polytonalité de la langue chinoise.

politraumatizzàto |politraumatid'dzato| *agg.* (*med.*) polytraumatisé.

politrico, chi |po'litriko, ki| *s.m.* (*t.bot.*) polytric.

polìttico, ci |po'littiko, tʃi| *s.m.* **1** (*pitt., scult.*) polyptyque **2** (*fig.*) [*opera lett. o musicale costituita da più parti autonome, ma collegate come tematica*] polyptyque.

polittòto |polit'tɔto| *s.m.* polyptote.

politùra |poli'tura| *s.f.* [→ POLIRE] polissage *m.*

poliùria |poli'uria| *s.f.* (*med.*) polyurie.

polivalènte |poliva'lεnte| *agg.* **1** polyvalent: *elemento polivalente* élément polyvalent **2** (*fig.*) [*che ha efficacia e valore in casi diversi*] polyvalent: *espressione polivalente* expression polyvalente; *vaccino polivalente* vaccin polyvalent → **plurivalente** Ⓒ **1 monovalente.**

polivalènza |poliva'lεntsa| *s.f.* **1** (*chim.*) polyvalence, caractère *m.* polyvalent **2** (*fig.*) [*molteplicità di efficacia, di valori*] polyvalence, caractère polyvalent: *la polivalenza di un siero, di una legge* la polyvalence, le caractère polyvalent d'un sérum, d'une loi. Ⓒ **monovalenza.**

polivinile |polivi'nile| *s.m.* (*chim.*) polyvinyle.

polivinilico, ci, ca, che |polivi'niliko, tʃi, ka, ke| *agg.* polyvinylique: *resine poliviniliche* résines polyvinyliques.

polizia |polit'tsia| *s.f.* police: *provvedimenti di polizia* mesures de police; *uffici di polizia* postes de police; *organi di polizia* organes de la police; *forze, agenti di polizia* forces, agents de police; *funzionarî di polizia* personnel de police # *il fermo di polizia* l'arrestation ◇ (*con particolare riferimento ai compiti o alle funzioni*) *polizia giudiziaria, scientifica* police judiciaire, scientifique; *polizia sanitaria, dei costumi* police sanitaire, des mœurs (les mœurs); *polizia stradale, ferroviaria, portuale* police de la route, des chemins de fer, des ports; *polizia tributaria* police fiscale; *polizia femminile* formations féminines de (la) police ◇ (*con particolare riferimento agli organi, alle forze e alle sedi della polizia*) *rivolgersi alla polizia* s'adresser à la police; *far parte della polizia* faire part, être de la police; *chiamarono la polizia* ils appelèrent la police; *non è stato ancora denunciato alla polizia* il n'a pas encore été dénoncé à la police; *è ricercato dalla polizia* il est recherché par la police; *fu condotto alla polizia* il fut conduit au commissariat, au poste de police.

poliziescaménte |polittsjeska'mente| *avv.* [→ POLIZIESCO 1] d'une manière policière *loc. inv.*, avec des mesures, des méthodes policières (*loc. inv.*): *una fabbrica poliziescamente diretta* une usine dirigée avec des méthodes policières.

poliziésco, chi, ca, che |polit'tsjesko, ki, ka, ke| *agg.* **1** (*spreg.*) [*della polizia*] policier* (*corr.*): *un governo, un regime poliziesco* un gouvernement, un régime policier; *modi, metodi polizieschi* façons, méthodes policières; *quel collegio è diretto con sistemi polizieschi* ce collège est dirigé avec des méthodes policières → **repressivo, intimidatorio** ◇ (*raro*) [*della polizia*] *indagine poliziesca* enquête policière # *intervento poliziesco* inter-

vention de la police **2** (*per est.*) [*basato su un delitto e sulle relative indagini della polizia*] policier: *romanzo, film poliziesco* roman, film policier.
poliziòtto |polit'tsjɔtto| *s.m.* policier; agent (de police): *fare il poliziotto* être policier; être agent (de police); *fu fermato da un poliziotto* il fut interpellé par un agent # *poliziotto privato, dilettante* détective privé, amateur ◇ (*spreg.*) → **sbirro** ✦ (*con funzione di agg. inv.*) *donna poliziotto* femme agent de police; *cani poliziotto* chiens policiers.
pòlizza |'pɔlittsa| *s.f.* **1** [*foglio, documento che comprova un contratto, un'obbligazione e sim.*] police: *polizza* (*di assicurazione*) *sulla vita, contro il furto, contro l'incendio* police d'assurance sur la vie, contre le vol, contre l'incendie; *rilasciare, firmare la polizza* délivrer, signer la police d'assurance # *polizza di pegno* reconnaissance; *polizza di carico, di deposito* connaissement **2** (*ant.*) → **biglietto.**
polizzàrio, i |polit'tsarjo, i| *s.m.* registre de police.
polizzìno |polit'tsino| *s.m.* **1** (*banca*) récépissé (de dépôt) **2** (*Borsa*) déclaration *f.* (de contrat conclu).
pòlka |'pɔlka| *s.f. inv.* → **polca.**
pólla |'polla| *s.f.* source (d'eau): *acqua di polla* eau de source.
pollachiùria |pollaki'urja| *s.f.* (*med.*) pollakiurie.
pollàio, i |pol'lajo, i| *s.m.* **1** [*recinto per polli*] *raccogliere le uova nel pollaio* ramasser les œufs dans le poulailler ◇ (*per est.*) [*i polli*] basse-cour (*f.*): *il gallo è il re del pollaio* le coq est le roi de la basse-cour **2** (*fig.*) [*ambiente sudicio e disordinato*] porcherie (*f.*): *questa casa sembra un pollaio* cette maison est comme une porcherie.
pollaiòlo |polla'jɔlo| *s.* [*venditore di pollame*] volailler *m.*, marchand de volailles.
pollàme |pol'lame| *s.m.* [*gli animali da cortile*] volaille (*f.*); *negozio di pollame* magasin de volailles.
pollànca, che |pol'lanka, ke| *s.f.* (*region.*) → **pollastra.**
pollàstra |pol'lastra| *s.f.* **1** [*gallina ancora giovane*] jeune poule, poulette (*arc.*) **2** (*fig., scherz.*) [*ragazza giovane e avvenente*] mignonne, poulette (*fam.*): *guarda che pollastra!* regarde cette mignonne!
pollastrèlla |pollas'trɛlla| *s.f.* → **pollastra.**
pollàstro |pol'lastro| *s.m.* **1** [*pollo giovane*] poulet: *un pollastro arrosto* un poulet rôti **2** (*fig., scherz.*) [*giovane ingenuo e credulone*] pigeon: *c'è cascato il pollastro!* il s'est fait avoir, le pigeon! → **semplicione.**
pollédro |pol'ledro| *s.* (*lett.*) → **puledro.**
polleria |polle'ria| *s.f.* [*negozio di pollame e uova*] magasin *m.* de volailles.
pòllice |'pɔllitʃe| *s.m.* **1** (*anat., corr.*) pouce: *quel bambino si succhia il pollice* cet enfant suce son pouce ◇ (*fam.*) → **alluce** ◇ (*loc. fig.*) *starsene a girare i pollici* rester là à se tourner les pouces **2** (*unità di misura di lunghezza*) pouce: *uno schermo di 21 pollici* un écran de 21 pouces ◇ (*fig.*) [*tratto minimo, misura piccolissima*] *non ha voluto cedere nemmeno un pollice di terreno* il n'a pas voulu céder un seul pouce de terrain; *non ha indietreggiato di un pollice* il n'a pas reculé d'un pouce.
pollicitazióne |pollitʃitat'tsjone| *s.f.* (*dir.*) pollicitation.
pollicoltóre, trice |pollikol'tore, tritʃe| *s.* [*chi alleva polli*] volailleur*, aviculteur*.
pollicoltùra |pollikol'tura| *s.f.* aviculture.
pollìna |pol'lina| *s.f.* [*lo sterco del pollame, usato come concime*] colombine.
pòlline |'pɔlline| *s.m.* (*bot.*) pollen.
pollìnico, ci, ca, che |pol'liniko, tʃi, ka, ke| *agg.* (*bot.*) pollinique: *granuli pollinici* granules polliniques.
pollinifero |polli'nifero| *agg.* (*bot.*) pollinifère.
pollìnio, i |pol'linjo, i| *s.m.* (*bot.*) pollinie *f.*
pollinizzazióne |polliniddzat'tsjone| *s.f.* (*bot.*) pollinisation.
pollìno |pol'lino| *agg.* (*solo nelle loc.*) *pidocchi pollini* poux de la volaille *loc. inv.*, des poules *loc. inv.* ~ *sterco pollino* fiente de volaille → **pollina** ~ *occhio pollino* œil-de-perdrix → **callo.**
pollinòsi |polli'nɔzi| *s.f. inv.* (*med.*) pollinose *var.*, pollinosis *m.*, rhume *m.* des foins.
pollivéndolo |polli'vendolo| *s.* marchand de volailles, volailler *m.*
póllo |'pollo| *s.m.* **1** [*il gallo e la gallina, spec. in quanto allevati per usi alimentari*] poulet ~ *pollo d'India* [*il tacchino*] dindon, poulet d'Inde (*arc.*) ~ *pollo sultano* poule *f.* sultane ◇ (*corr.*) *pollo arrosto, allo spiedo, in gelatina* poulet rôti, à la broche, en gelée; *pollo di primo canto* poulet de grain; *pollo d'allevamento* poulet l'élevage; *tirare il collo a un pollo* tordre le cou à un poulet; *possiede un allevamento di polli* il possède un élevage de poulets **2** (*loc. fig.*) *andare a letto, alzarsi con i polli* [*prestissimo*] se coucher, se lever comme, avec les poules ~ *far ridere i polli* [*dire delle enormità o comportarsi in modo ridicolo*] faire pouffer (de rire) ~ *conoscere i propri polli* connaître son monde, ses gens **3** (*fig.*) [*persona assai ingenua; sempliciotto, babbeo*] pigeon: *l'ha trovato il pollo che fa per lei!* elle a trouvé le pigeon qui lui convient!; *non ha ancora trovato il pollo da spennare* elle n'a pas encore trouvé son pigeon à plumer.
pollóne |pol'lone| *s.m.* **1** (*bot.*) bourgeon; rejeton, drageon, surgeon **2** (*lett., fig.*) [*discendente, rampollo*] descendant *s.*, rejeton (*arc*).
polluzióne |pollut'tsjone| *s.f.* (*med.*) pollution.
polmonàre |polmo'nare| *agg.* pulmonaire: *arteria polmonare* artère pulmonaire; *malattie polmonari* maladies pulmonaires.
polmonària |polmo'narja| *s.f.* (*t. bot.*) pulmonaire.
Polmonàti |polmo'nati| *s.m. pl.* (*t.bot.*) Pulmonés.
polmóne |pol'mone| *s.m.* **1** (*anat.*) poumon: *la base, i lobi del polmone* la base, les lobes du poumon; *essere malato di polmoni* être malade des poumons; *l'aria di montagna fa bene ai polmoni* l'air de la montagne est bon pour les poumons, fait du bien aux poumons; *respirava quell'aria a pieni polmoni* il respirait cet air à pleins poumons ◇ (*loc. fig.*) *gridare a pieni polmoni* crier à pleins poumons ~ (*scherz.*) *avere buoni polmoni* avoir de bons poumons **2** *polmone d'acciaio* poumon d'acier.
polmonite |polmo'nite| *s.f.* (*med.*) pneumonie: *polmonite acuta* pneumonie aiguë; *polmonite semplice, doppia* pneumonie simple, double.
1 **pòlo** |'pɔlo| *s.m.* **1** (*astron., geogr.*) pôle: *poli terrestri* pôles terrestres; *il polo nord o artico* le Pôle Nord ou arctique; *il polo sud o antartico* le Pôle Sud ou antarctique; *poli celesti* pôles célestes; *i poli di Marte, di Giove* les pôles de Mars, de Jupiter ◇ (*biol.*) *i poli dell'uovo* les pôles de l'œuf ◇ (*econ.*) *polo di sviluppo* pôle de croissance ◇ (*elettr.*) *polo elettrico, magnetico* pôle électrique, magnétique; *polo positivo, negativo* pôle positif, négatif ◇ (*mat.*) pôle ◇ (*meteor.*) *polo del freddo* pôle du froid **2** (*per est.*) [*le terre polari*] Pôle: *organizzare una spedizione al polo* organiser une expédition au Pôle; *sorvolare il polo* survoler le Pôle ◇ (*loc. fig.*) *dall'uno all'altro polo* [*in ogni parte della terra*] d'un pôle à l'autre **3** (*fig.*) [*posizione antitetica, situazione diametralmente opposta*] pôle: *tu ed io, in fatto di politica, ci troviamo ai poli opposti* toi et moi, en fait de politique, nous sommes aux pôles opposés; *in quanto a principi morali, voi due siete ai poli opposti* quant aux principes moraux, vous êtes tous deux aux pôles opposés.
2 **pòlo** |'pɔlo| *s.m.* (*sport*) polo.
'polonaise' |pɔlɔnɛz| *s.f. inv.* → 1 **polacca** 1.
polonése |polo'nese| **1** *s.f.* → 1 **polacca** 1 **2** *agg. e s.m.* [*tessuto a righe per tappezzeria*] polonais.
polònio, i |po'lɔnjo, i| *s.m.* (*chim.*) polonium.
pólpa |'polpa| *s.f.* **1** (*riferito ad animali macellati*) [*le parti magre e senza osso*] viande sans os: *polpa di manzo, di vitello* viande (sans os) de bœuf, de veau; *un taglio tutta polpa* un morceau de viande (entièrement) sans os ◇ [*la parte tenera e succosa* (*di un frutto*)] pulpe, chair: *la polpa della pera, dell'albicocca, del melone* la pulpe, la chair de la poire, de l'abricot, du melon ◇ (*solo nelle loc. pop.*) *le polpe* [*i polpacci*] les mollets ~ *essere* (*bene*) *in polpa* [*in carne*] être bien en chair **2** (*anat.*) pulpe: *polpa dentaria* pulpe des dents **3** (*raro, fig.*) [*la parte migliore; il succo, il nocciolo*] substance (*corr.*).
polpàccio, i |pol'pattʃo, i| *s.m.* [*la massa muscolare della parte posteriore della gamba*] mollet.
polpacciùto |polpat'tʃuto| *agg.* [*che ha grossi polpacci*] qui a de gros mollets (*loc.*): *gambe polpacciute* jambes qui ont de gros mollets.
polpastrèllo |polpas'trɛllo| *s.m.* pulpe *f.* des doigts.
polpétta |pol'petta| *s.f.* **1** (*cuc.*) boulette, croquette: *polpette di vitello* boulettes, croquettes de veau ◇ (*loc. fig.*) *ridurre qc. in polpette, far polpette di qc.* [*malmenarlo, ridurlo in cattive condizioni*] mettre qqn. chair à pâté **2** [*boccone avvelenato per animali randagi o predatori*] gob(b)e.
polpettóne |polpet'tone| *s.m.* **1**

(*cuc.*) godiveau: *polpettone lesso, in umido* godiveau bouilli, en sauce **2** (*fig.*) [*discorso, scritto, opera farraginosa e caotica*] *quel romanzo è un polpettone* ce roman est un salmigondis; *quel film è un polpettone* ce film est un navet.

pólpo |'polpo| *s.m.* (*t.zool.*) poulpe.

polpóso |pol'poso| *agg.* [*ricco di polpa*] pulpeux*; (*lett.*) charnu: *albicocche, pesche polpose* abricots pulpeux, pêches pulpeuses ‖ *gambe polpose* jambes charnues → **carnoso** ◇ [*che ha la consistenza della polpa*; *sim. alla polpa*] pulpeux: *sostanza polposa* substance pulpeuse.

polpùto |pol'puto| *agg.* [*che ha abbondante polpa*] charnu: *gambe polpute* jambes charnues → **carnoso.**

polsìno |pol'sino| *s.m.* [*la parte terminale delle maniche di camicia o di alcuni abiti femminili*] poignet, manchette (*f.*): *polsini inamidati* poignets empesés, amidonnés; *polsini di ricambio* poignets, manchettes de rechange; *aveva i polsini slacciati* ses poignets étaient déboutonnés.

pólso |'polso| *s.m.* **1** (*anat.*, *corr.*) poignet: *polso sottile, grosso, robusto* poignet fin, fort, robuste; *frattura del polso* fracture du poignet; *lo afferrarono per i polsi* ils l'attrapèrent par les poignets **2** (*per est.*) [*la parte terminale della manica lunga di vestiti e altri indumenti*] poignet: *giacca con polsi sfilacciati* veste aux poignets effilochés; *la sua camicia aveva i polsi logori* sa chemise avait les poignets usés # *aveva un cappotto con polsi di pelliccia* elle avait un manteau avec des revers de manche en fourrure → **polsino** **3** (*fisiol.*, *med.*) pouls: *polso regolare, debole, accelerato* pouls régulier, faible, accéléré; *il polso gli manca* son pouls défaille; *sentire il polso* prendre le pouls → **pulsazione** ◇ (*loc. fig.*) *tastare il polso a qc.* tâter le pouls à qqn. **4** (*fig.*) [*energia, fermezza, autorità*] poigne (*f.*): *un uomo, un dirigente, un comandante di polso* un homme, un dirigeant, un commandant à poigne; *guidare, dirigere, amministrare con polso fermo* conduire, diriger, administrer avec de la poigne # *sono genitori privi di polso* ce sont des parents qui manquent d'autorité.

poltàceo |pol'tatʃeo| *agg.* (*med.*) pultacé: *feci poltacee* excréments pultacés.

poltiglia |pol'tiʎʎa| *s.f.* [*miscuglio semiliquido e appiccicoso di sostanze varie*] bouillie; boue; bourbier (*m.*): *la minestra di fagioli sembrava una poltiglia* la soupe aux haricots ressemblait à une bouillie ‖ *la neve è diventata una poltiglia* la neige s'est transformée en boue ‖ *le strade erano diventate una poltiglia per la pioggia* la pluie avait transformé les rues en bourbier → **mota, melma, fanghiglia** ◇ [*miscela anticrittogamica liquida*] *poltiglia bordolese* bouillie bordelaise ◇ (*loc. fig.*) *ridurre qc. in poltiglia* mettre qqn. en bouillie.

poltrìre |pol'trire| (197) *v.intr.* (*aus.* '*avere*') [*indugiare a letto, senza dormire, per pigrizia*] paresser au lit, faire (45) *tr.* la grasse matinée: *alzati, non stare lì a poltrire!* lève-toi, ne reste pas là à paresser au lit!; *è abituato a poltrire fino a tarda ora* il a l'habitude de faire la grasse matinée (jusqu'à une heure tardive) ◇ (*per est.*) [*oziare, stare senza far niente*] paresser, fainéanter: *non fa che poltrire dalla mattina alla sera* il ne fait que paresser, fainéanter du matin au soir.

poltróna |pol'trona| *s.f.* **1** [*sedia imbottita, ampia e comoda a braccioli*] fauteuil (*m.*): *poltrona in pelle* fauteuil en cuir; *una elegante poltrona di velluto* un élégant fauteuil de velours; *poltrona da ufficio, da soggiorno, da teatro* fauteuil de bureau, de salon, d'orchestre; *poltrona letto* fauteuil transformable, convertible; *leggere il giornale in poltrona* lire le journal dans son fauteuil # *poltrona a sdraio* chaise longue ◇ (*loc.*) *starsene in poltrona*: (*pr.*) être assis dans un fauteuil; (*fig.*) [*oziare*] ne rien faire, paresser **2** (*in sale di spettacolo*) [*posto con sedie imbottite, situato nella parte anteriore della platea*] fauteuil d'orchestre: *poltrona di prima, di terza fila* fauteuil d'orchestre du premier, du troisième rang; *prenotare una poltrona* louer un fauteuil d'orchestre **3** (*fig.*) [*ufficio, impiego poco faticoso e molto redditizio*] portefeuille *m.*, fromage (*m.*): *aspirare alla poltrona di ministro* aspirer au portefeuille de ministre; *pur di conservare la sua poltrona, è disposto a tutto* il ferait n'importe quoi pour conserver son portefeuille, son fromage.

poltronàggine |poltro'naddʒine| *s.f.* → **poltroneria.**

poltroncìna |poltron'tʃina| *s.f.* **1** petit fauteuil *m.* **2** [*posto di teatro nelle file più arretrate della platea*] place de parterre.

poltróne |pol'trone| *s.* **1** [*persona che ama starsene a letto oltre il normale e non far niente*] paresseux*, fainéant: *poltrone, alzati!* lève-toi, paresseux, fainéant!; *è un poltrone, non fa niente dalla mattina alla sera* c'est un paresseux, il ne fait rien du matin au soir ♦ (*agg.*) *sono scolari poltroni* ce sont des élèves paresseux **2** (*ant.*) → **vigliacco, pauroso.**

poltroneggiàre |poltroned'dʒare| *v.intr.* (*aus.* '*avere*') (*raro*) [*vivere oziosamente*] paresser (*corr.*), fainéanter (*corr.*).

poltronerìa |poltrone'ria| *s.f.* [*l'essere poltrone*] paresse, fainéantise: *è d'una poltroneria insopportabile* il est d'une paresse, d'une fainéantise insupportable → **indolenza, infingardaggine, pigrizia.**

poltronésco, chi, ca, che |poltro'nesko, ki, ka, ke| *agg.* (*raro*) [*da poltrone*] de paresseux* *loc.* (*corr.*), de fainéant *loc.* (*corr.*).

poltronissima |poltro'nissima| *s.f.* (*nei teatri*) [*poltrona delle prime due o tre file*] fauteuil *m.*

poltronìte |poltro'nite| *s.f.* (*scherz.*) → **poltroneria.**

pólve |'polve| *s.f.* (*lett.*) → **polvere.**

pólvere |'polvere| *s.f.* **1** *al sing.* [*minutissime e incoerenti particelle di terra arida, facilmente sollevabili e trasportabili dal vento*] poussière: *su questi mobili c'è un dito di polvere* sur ces meubles, il y a un doigt de poussière; *passando, sollevavano una nuvola di polvere* en passant, ils soulevaient un nuage de poussière; *i libri erano coperti di polvere* les livres étaient couverts de poussière ◇ (*loc. fig.*) *gettare (la) polvere negli occhi a qc.* jeter de la poudre aux yeux de qqn. ~ *mordere la polvere* mordre la poussière ~ *mangiare la polvere* [*stare dietro, avere la peggio*] mordre la poussière ~ *far mangiare la polvere* faire manger la poussière ~ *scuotere la polvere di dosso a qc.* [*bastonarlo*] donner une raclée à qqn. **2** (*per est.*) [*massa incoerente costituita da particelle minutissime*] poussière: *polveri meteoriche* poussière météorique ◇ [*qualsiasi materiale ridotto in minutissime particelle*] poussière, poudre: *polvere di marmo, di ferro* poussière de marbre, de fer; *talco, cacao in polvere* talc, cacao en poudre; *latte, caffè in polvere* lait, café en poudre, lyophilisé; *polveri medicinali, cosmetiche* poudres médicinales, de parfumerie; *prodotti chimici in polvere* produits chimiques en poudre ◇ (*loc.*) *ridurre in polvere*: (*pr.*, *fig.*) réduire en poussière **3** [*polvere pirica o da sparo*] poudre: *polvere nera, senza fumo* poudre noire, sans fumée; *polvere alla nitroglicerina* poudre à la nitroglycérine # *fucili caricati a polvere* fusils chargés à blanc; *fuoco alle polveri!* feu! ◇ (*loc. fig.*) *sentire odore di polvere* [*presentire lotte imminenti*] sentir la poudre ~ *avere le polveri bagnate* être pris au dépourvu ~ *tenere asciutte le polveri* [*stare pronto alla lotta*] dresser ses batteries ~ *dar fuoco alle polveri* mettre le feu aux poudres ~ *avere (molta) polvere da sparare* [*disporre di buone risorse*] avoir plusieurs cordes à son arc **4** (*loc. fig.*) *essere polvere* [*essere destinato a morire*] être poussière ~ *tornare in polvere* [*morire*] redevenir poussière.

polverétta |polve'retta| *s.f.* (*agr.*) poudrette.

polverièra |polve'rjɛra| *s.f.* [*deposito di esplosivi*] poudrière: *far saltare la polveriera nemica* faire sauter la poudrière ennemie ◇ (*fig.*) [*zona in cui esiste un pericolo di guerra, di disordini*] *il Medio Oriente è una polveriera* le Moyen-Orient est une poudrière.

polverificio, i |polveri'fitʃo, i| *s.m.* [*stabilimento per la produzione di esplosivi*] poudrerie *f.*

polverina |polve'rina| *s.f.* (*farm.*) poudre.

polverino |polve'rino| *s.m.* **1** (*ant.*) [*polvere finissima con cui si asciugava uno scritto ancora fresco*] poudre *f.* d'or, à écrire ◇ (*per est.*) [*il recipiente di tale polvere*] poudrier **2** *al plur.* (*region.*) [*gli arenili del Tevere*] sables (du Tibre).

polverio, ii |polve'rio, ii| *s.m.* tourbillon, nuage de poussière: *polverio di farina, di cemento* tourbillon, nuage de poussière de farine, de ciment; *con questo polverio non riesco a vedere niente* avec ce tourbillon de poussière, je ne vois rien.

polverizzàbile |polverid'dzabile| *agg.* [→ POLVERIZZARE A 1; B] pulvérisable: *sostanze, liquidi polverizzabili* substances, liquides pulvérisables.

polverizzaménto |polveriddza'mento| *s.m.* (*raro*) → **polverizzazione.**

polverizzàre |polverid'dzare| **A** *v.tr.* **1** [*ridurre una sostanza solida in polvere o in minutissimi frammenti*] pulvériser: *polverizzare il sale, il tabacco* pulvériser le sel, le tabac; *polverizzare il marmo, il carbone* pulvériser le marbre, le charbon; *l'esplosione ha polverizzato* *l'edificio* l'explosion a pulvérisé l'édifice → **demolire** ◇ (*per est.*) [*ridurre un liquido in minutissime goccioline*] *polverizzare un anticrittogamico* pulvériser un liquide anticryptogamique → **nebulizzare**; *polverizzare il gasolio* pulvériser le gas-oil **2** (*fig.*) [*annientare, annullare*] pulvériser, réduire (75) en poudre: *polverizzare l'avversario* pulvériser l'adversaire; *l'esercito nemico è stato polverizzato* l'armée ennemie a été pulvérisée, réduite en poudre ◇ [*superare abbondantemente*] *polverizzare un record* pulvériser un record ◇ [*frazionare in parti minime*] fractionner: *polverizzare un capitale, la proprietà terriera* fractionner un capital, la propriété foncière **B** *v.pron. intr.* POLVERIZZARSI [→ *tr.* 1] se pulvériser: *questo carbone si sta polverizzando tutto* ce charbon est en train de se pulvériser entièrement.

polverizzàto |polverid'dzato| *agg.* [*ridotto in polvere, in particelle minutissime*] pulvérisé: *minerale polverizzato* mineral pulvérisé; *combustibili liquidi polverizzati* combustibles liquides pulvérisés.

polverizzatóre |polveriddza'tore| *s.m.* **1** (*tecnol.*) pulvérisateur, broyeur **2** (*agr.*) pulvérisateur.

polverizzazióne |polveriddzat'tsjone| *s.f.* **1** [→ POLVERIZZARE A 1; B] pulvérisation: *la polverizzazione di una radice medicinale* la pulvérisation d'une racine médicinale; *sottoporre a polverizzazione un combustibile* soumettre un combustible à pulvérisation, pulvériser un combustible **2** [→ POLVERIZZARE A 2] fractionnement, démembrement: *la polverizzazione di un capitale* le fractionnement d'un capital; *la polverizzazione di una proprietà terriera* le démembrement d'une propriété foncière **3** (*agr.*) pulvérisation.

polveróne |polve'rone| *s.m.* (nuage de) poussière (*f.*): *con questo polverone non si vede niente* avec ce nuage de poussière on ne voit rien; *guarda che polverone stai sollevando!* regarde quel nuage de poussière tu soulèves!; *i nostri piedi affondavano nel polverone della strada* nos pieds s'enfonçaient dans la poussière de la route ◇ (*fig.*) bruit, confusion *f.*

polveróso |polve'roso| *agg.* **1** [*coperto di polvere*] poussiéreux*: *mobili polverosi* meubles poussiéreux; *una stradina polverosa di campagna* une petite route de campagne poussiéreuse **2** [*sim. alla polvere*] poudreux*: *sostanza polverosa* substance poudreuse → **polverulento**; *neve polverosa* neige poudreuse → **farinoso.**

polverulènto |polveru'lɛnto|, (*raro*) **pulverulènto** |pulveru'lɛnto| *agg.* **1** [*che ha la forma e la consistenza della polvere*] pulvérulent, poudreux*: *polline polverulento* pollen pulvérulent, poudreux **2** (*lett.*) → **polveroso** 1.

polverùme |polve'rume| *s.m.* [*grande quantità di polvere sopra mobili o altri oggetti*] (tas, couche *f.* de) poussière (*f.*): *ripulire un locale dal polverume* enlever la poussière d'un local; *guarda che polverume su questa scrivania!* regarde quelle couche de poussière sur ce bureau! ◇ (*per est., spreg.*) [*i mobili e gli oggetti stessi*] *vivere nel polverume* vivre dans la poussière; *butta via questo polverume!* jette toutes ces vieilleries poussiéreuses!

polvìscolo |pol'viskolo| *s.m.* → **pulviscolo.**

pomàrio, i |po'marjo, i| *s.m.* (*lett.*) → **frutteto.**

pomàta |po'mata| *s.f.* [*preparazione farmaceutica o cosmetica*] pommade.

pomàto |po'mato| *agg.* **1** (*raro*) → **pomellato 2** (*ant.*) planté d'arbres fruitiers.

pomellàto |pomel'lato| *agg.* (*solo nella loc.*) *cavallo (dal mantello) pomellato* cheval pommelé.

pomellatùra |pomella'tura| *s.f.* [*le chiazze di colore del cavallo pomellato*] taches *pl.* (de la robe du cheval pommelé).

pomèllo |po'mɛllo| *s.m.* **1** [*la parte della gota che copre lo zigomo*] pommette (*f.*): *aveva i pomelli arrossati dal freddo* il avait les pommettes rougies par le froid **2** [*elemento sferico o rotondeggiante per impugnatura od ornamento*] pomme (*f.*): *pomello di plastica, di avorio, di porcellana* pomme, pommeau en plastique, en ivoire, en porcelaine; *il pomello di un mobile, di un cassetto, di una leva* la pomme, le bouton d'un meuble, d'un tiroir, d'un levier.

pomèlo |po'mɛlo| *s.m.* → **pompelmo.**

pomeràno |pome'rano| **1** *agg.* [*della Pomerania*] poméranien* **2** (*s.m.*) *il pomerano* [*il dialetto*] le poméranien.

pomeridiàno |pomeri'djano| *agg.* de l'après-midi (*loc. inv.*): *le ore pomeridiane* le heures de l'après-midi; *alle quattro pomeridiane* à quatre heures de l'après-midi # *il sonnellino pomeridiano* la sieste

pomerìggio, i |pome'riddʒo, i| *s.m.* [*la parte del giorno compresa tra il mezzogiorno e la sera*] après-midi (*m. e f. inv.*): *ogni pomeriggio* tous les après-midi; *tutto il pomeriggio* tout l'après-midi; *nel primo, nel tardo pomeriggio* en début, en fin d'après-midi; *abito da pomeriggio* robe d'après-midi; *lavorare di pomeriggio* travailler l'après-midi; *il dottore riceve solo al pomeriggio* le docteur reçoit seulement l'après-midi; *ci vedremo nel pomeriggio* on se verra dans l'après-midi; *passa tutti i pomeriggi con lei* il passe tous ses après-midi avec elle; *è uscito di primo pomeriggio* il est sorti au début de l'après-midi; *era un bel pomeriggio d'estate* c'était un bel après-midi d'été ♦ (*in funzione di agg. inv.*) *ieri, oggi, domani pomeriggio* hier, aujourd'hui, demain après-midi; *lunedì, sabato pomeriggio* lundi, samedi après-midi; *le domeniche pomeriggio* les dimanches après-midi.

pomèrio, i |po'mɛrjo, i| *s.m.* (*st. rom.*) pomœrium, pomerium.

pométo |po'meto| *s.m.* (*raro*) → **frutteto.**

pòmfo |'pɔmfo|, **pònfo** |'pɔnfo| *s.m.* (*med., corr.*) pustule *f.*, bouton (*corr.*): *pomfo da orticaria, da puntura d'insetti* pustule, bouton d'urticaire, d'une piqûre d'insectes.

pomfòide |pom'fɔide|, **ponfòide** |pon'fɔide| *agg.* [*che ha l'aspetto, le caratteristiche di pomfo*] boutonneux*.

pómice |'pomitʃe| *s.f.* (*miner.*) ponce: *un metallo lucidato con la pomice* un métal poli à la (pierre) ponce # *dare la pomice* poncer ♦ (*con funzione di agg.*) *pietra pomice* pierre ponce.

pomìceo |po'mitʃeo| *agg.* [*che ha la porosità e la leggerezza della pomice*] ponceux*: *roccia pomicea* roche ponceuse.

pomiciàre |pomi'tʃare| **A** *v.intr.* (*aus.* '*avere*') (*pop.*) [*abbandonarsi a effusioni e carezze amorose, spec. in luogo pubblico*] peloter *tr.* (*volg.*) qqn., faire (45) *tr.* des papouilles (*volg.*) **B** *v. tr.* (*raro*) [*pulire con la pomice*] poncer (2) (*corr.*).

pomiciàta |pomi'tʃata| *s.f.* (*pop.*) [→ POMICIARE A] pelotage *m.* (*fam.*).

pomiciatùra |pomitʃa'tura| *s.f.* [→ POMICIARE B] ponçage *m.*

pomicióne |pomi'tʃone| *s.* (*pop.*) [*chi si abbandona a effusioni amorose, spec. in luogo pubblico*] peloteur* (*volg.*).

pomicióso |pomi'tʃoso| *agg.* (*raro*) → **pomiceo.**

pomicoltóre |pomikol'tore| *s.m.* (*raro*) → **frutticoltore.**

pomicoltùra |pomikol'tura| *s.f.* (*raro*) → **frutticoltura.**

pomidòro |pomi'dɔro| *e deriv.* → **pomodoro** *e deriv.*

pómo |'pomo| *s.m.* **1** (*lett.*) → **frutto** ◇ (*region.*) → **melo, mela** ◇ (*loc. corr.*) *il pomo della discordia* la pomme *f.* de discorde **2** (*fig.*) [*piccolo elemento di forma sferica o rotondeggiante per impugnatura o per ornamento*] pommeau; pomme: *il pomo della spada, del bastone* le pommeau de l'épée, de la canne || *i pomi del letto* les pommes du lit ◇ (*anat.*) *pomo d'Adamo* pomme d'Adam ◇ (*mar.*) → **galletta.**

pomodoràta |pomodo'rata| *s.f.* coup *m.* de tomates: *accogliere qc. a pomodorate* accueillir qqn. à coups de tomates # *l'oratore fu preso a pomodorate* l'orateur reçut des tomates, des pommes pourries.

pomodòro |pomo'dɔro| *s.m.* **1** (*t. bot.*) tomate (*f.*): *dei pomodori, pomidori, pomidoro* des tomates **2** [*il frutto*] tomate: *insalata di pomodori* salade de tomates; *salsa di pomodoro* sauce tomate; *succo di pomodoro* jus de tomate ◇ (*loc.*) *diventar rosso come un pomodoro* [*arrossire violentemente*] devenir rouge comme une tomate.

pomogranàto, pómo granàto |pomogra'nato| *s.m.* (*region.*) → **melograno.**

pómolo |'pomolo| *s.m.* (*region.*) → **impugnatura, maniglia.**

pomologìa, gie |pomolo'dʒia, dʒie| *s.f.* pomologie.

pomològico, ci, ca, che |pomo'lɔdʒiko, tʃi, ka, ke| *agg.* pomologique: *ricerche pomologiche* recherches pomologiques.

pomòlogo, gi |po'mɔlogo, dʒi| *s.* pomologue.

1 **pómpa** |'pompa| *s.f.* (*mecc., tecnol.*) pompe: *pompe idrauliche, pneumatiche* pompes hydrauliques, pneumatiques; *pompe a turbina* pompes à turbine; *pompa a mano, a pedale* pompes à bras, à pédale; *pompa da incendio* pompe à incendie; *pompa della benzina, dell'olio* pompe à essence, à huile; *pompa per trivellazioni* pompe de forage; *pompa dei distributori di carburante* pompe (à essence); *pompa per acqua* pompe (à eau) # *pompa a motore elettrico* motopompe électrique.

2 **pómpa** |'pompa| *s.f.* **1** (*eltt.*) [*apparato fastoso e solenne*] pompe: *nozze celebrate con grande pompa* noces cé-

lébrées en grande pompe ◇ (*corr.*) *impresa di pompe funebri* entreprise de pompes funèbres **2** (*per est.*) [*ostentazione di lusso, sfarzo, ricchezza*] pompes *pl.*, magnificence: *rinunciare al mondo e alle sue pompe* renoncer au monde et à ses pompes; *si vestì con gran pompa* elle s'habilla avec magnificence → **vanità, piacere** ◇ (*loc. scherz.*) *far pompa della propria cultura, erudizione* exhiber, faire étalage, parade de sa culture, de son érudition ~ *far pompa di sé* se pavaner ~ *mettersi in pompa magna* [*vestirsi con eleganza e lusso eccessivi*] s'habiller avec magnificence ~ *montare in grande pompa* [*darsi delle arie*] se croire sorti de la cuisse de Jupiter **3** (*st. classica*) cortège (*m.*): *pompa nuziale, funebre* cortège nuptial, funèbre → **processione.**

pompàggio, i |pom'paddʒo, i| *s.m.* [→ POMPARE 1] pompage: *il pompaggio di un liquido, di un gas* le pompage d'un liquide, d'un gaz; *stazione di pompaggio* station de pompage.

pompàre |pom'pare| *v.tr.* **1** [*aspirare o immettere un liquido, un gas con una pompa*] pomper: *pompare acqua da un pozzo* pomper de l'eau d'un puits; *pompare gas in una bombola* pomper du gaz dans une bouteille; *pompare la benzina nel serbatoio* pomper l'essence dans le réservoir ◇ (*per est.*) [*gonfiare immettendo aria*] gonfler: *pompare una camera d'aria, un pneumatico* gonfler une chambre à air, un pneu ♦ (*ass.*) *ora pompa tu, io mi sono stancato* maintenant, à toi de gonfler, moi, je suis fatigué **2** (*fig.*) [*ingrandire, gonfiare*] grossir: *la notizia è stata pompata ad arte* la nouvelle a été grossie à dessein ◇ [*assorbire*] pomper: *il fisco ci sta pompando tutti i nostri risparmi* le fisc nous pompe toutes nos économies.

pompàta |pom'pata| *s.f.* coup *m.* de pompe: *dare una pompata alle ruote* donner un coup de pompe aux pneus; *occorre un'altra pompata per riempire il secchio* il faut encore un coup de pompe pour remplir le seau.

pompàto |pom'pato| *agg.* [*aspirato o immesso con una pompa*] pompé: *l'acqua pompata non è ancora sufficiente* l'eau pompée ne suffit encore pas; *è stato il gas pompato nelle tubazioni a provocare l'esplosione* c'est le gaz refoulé dans les tuyaux qui a provoqué l'explosion ◇ (*fig.*) [*ingrandito esageratamente*] grossi exagérément: *una notizia pompata* une nouvelle grossie exagérément.

pompatóre, trice |pompa'tore, tritʃe| *s.* [*operaio addetto alla vuotatura dei pozzi neri, al pompaggio degli oli greggi*] pompeur*.

pompatùra |pompa'tura| *s.f.* (*raro*) → **pompaggio.**

pompeàno |pompe'ano| *agg.* → 2 **pompeiano.**

1 **pompeiàno** |pompe'jano| *agg.* [*di Pompei*] pompéien*: *gli scavi pompeiani* les fouilles pompéiennes, de Pompei.

2 **pompeiàno** |pompe'jano|, **pompeàno** |pompe'ano| *agg.* (*st. rom.*) pompéien*: *l'esercito pompeiano* l'armée pompéienne.

pompèlmo |pom'pɛlmo| *s.m.* **1** (*t. bot.*) pamplemoussier **2** [*il frutto*] pamplemousse.

pompétta |pom'petta| *s.f.* [*piccola pompa per aspirare e iniettare liquidi*] burette: *la pompetta per oliare meccanismi* la burette à huiler, graisser les mécanismes.

pompière |pom'pjɛre| *s.m.* **1** pompier: *chiamare i pompieri* appeler les pompiers **2** (*fig., lett.*) [*artista che si avvale di espedienti grossolani*] pompier (*corr.*).

pompieristico, ci, ca, che |pompje'ristiko, tʃi, ka, ke| *agg.* (*raro*) **1** des pompiers (*loc. inv.*): *esercitazioni pompieristiche* exercices, entraînements des pompiers **2** (*fig.*) (*di artista che si compiace di effetti appariscenti o grossolanamente emotivi*) pompier*: *stile pompieristico* style pompier.

Pompìlidi |pom'pilidi| *s.m. pl.* (*t. zool.*) Pompilidés.

pompista |pom'pista| *s.* pompiste.

'pompon' |pɔ̃pɔ̃| *s.m. inv.* pompon *var.*

pomposaménte |pomposa'mente| *avv.* [→ POMPOSO] pompeusement.

pomposità |pomposi'ta| *s.f. inv.* [*sfarzosità, lusso*] pompe *var.*, (*lett.*) magnificence *var.*, faste (*m. var.*): *la pomposità di un ricevimento* la pompe, la magnificence, le faste d'une réception # *pomposità di stile* style pompeux → **ampollosità.**

pompóso |pom'poso| *agg.* [*solenne e fastoso*; *vanaglorioso*] somptueux*; affecté: *una cerimonia pomposa* une cérémonie somptueuse → **sfarzoso, solenne**; *vesti pompose* vêtements somptueux → **lussuoso** || *gesti pomposi* gestes affectés → **appariscente.**

pònce |'pontʃe| *s.m.* → **punch.**

poncho |'pontʃo| *s.m. inv.* (*sp.*) (*abbigl.*) poncho *var.*

pòncio, i |'pontʃo, i| *s.m.* → **poncho.**

ponderàbile |ponde'rabile| *agg.* **1** [→ PONDERARE 3] pondérable: *una quantità ponderabile* une quantité pondérable → **pesabile, misurabile** **2** (*raro*) [→ PONDERARE 1] pesé (*corr.*) Ⓒ **2** **imponderabile.**

ponderabilità |ponderabili'ta| *s.f. inv.* → **misurabilità.**

ponderàle |ponde'rale| *agg.* pondéral*: *sistemi ponderali* systèmes pondéraux; *indice ponderale di accrescimento del bambino* index pondéral de croissance de l'enfant.

ponderàre |ponde'rare| *v.tr.* **1** [*considerare, esaminare attentamente*] peser (6): *ponderare il pro e il contro* peser le pour et le contre; *hai ponderato bene i vantaggi e gli svantaggi della tua decisione?* as-tu bien pesé les avantages et les inconvénients de ta décision?; *prima di parlare, pondera le parole!* avant de parler, pèse tes mots! → **meditare, valutare** ♦ (*ass.*) *ha ponderato bene prima di agire* il a bien réfléchi avant d'agir → **riflettere** **2** (*stat.*) [*attribuire ai singoli termini di una serie un coefficiente proporzionale alla loro importanza o frequenza*] pondérer (8) **3** (*raro, ant.*) → **gravare, pesare.**

ponderataménte |ponderata'mente| *avv.* [→ PONDERATO] avec pondération *loc. inv.*

ponderatézza |pondera'tettsa| *s.f.* pondération: *agire con ponderatezza* agir avec pondération → **prudenza, assennatezza**; *è un uomo di grande ponderatezza* c'est un homme d'une grande pondération → **equilibrio** Ⓒ **impulsività.**

ponderàto |ponde'rato| *agg.* (*persone*) pondéré: *un uomo ponderato* un homme pondéré; *essere ponderato* être pondéré → **assennato, equilibrato, riflessivo** ◇ (*cose*) [*fatto con ponderazione*] réfléchi; pesé: *decisione ponderata* décision réfléchie || *un discorso molto ponderato* un discours très pesé → **meditato.**

ponderazióne |ponderat'tsjone| *s.f.* [→ PONDERARE 1] pondération, réflexion: *una decisione del genere richiede molta ponderazione* une décision de ce genre demande beaucoup de réflexion → **riflessione, assennatezza.**

ponderosità |ponderosi'ta| *s.f. inv.* (*raro, lett.*) → **pesantezza, onerosità.**

ponderóso |ponde'roso| *agg.* (*raro, lett.*) **1** pondéreux* (*corr.*), lourd; *un carico, un peso ponderoso* une cargaison pondéreuse, lourde, un poids considérable → **pesante** **2** [*che comporta grande impegno e responsabilità*] pesant, difficile: *un incarico, un compito ponderoso* une tâche pesante, difficile; un devoir absorbant, difficile, ardu → **impegnativo, oneroso.**

pòndo |'pondo| *s.m.* (*arc., lett.*) → **peso.**

ponènte |po'nɛnte| *s.m.* **1** [*la parte dell'orizzonte dove tramonta il sole*] ponant (*lett.*), ouest: *Riviera di ponente* Riviera du ponant; *facciata volta a ponente* façade orientée à l'ouest; *dirigersi verso ponente* se diriger vers l'ouest → **occidente, ovest** ◇ (*raro*) [*i paesi situati a ovest rispetto a un determinato punto*] occident **2** (*vento di*) *ponente* vent d'ouest Ⓒ **levante.**

ponentino |ponen'tino| *s.m.* [*vento di mare che spira, nella stagione estiva, sulla costa tosco-laziale*] vent d'ouest.

pònfo |'ponfo| *e deriv.* → **pomfo** *e deriv.*

ponghista |pon'gista| *s.* [*giocatore di ping-pong*] pongiste.

ponsò |pon'sɔ| *agg. e s.m. inv.* [*color rosso fuoco*] ponceau *s.m. var.*

pontàre |pon'tare| *v.tr. e intr.* (*aus.* '*avere*') (*arc., lett.*) → 1 **poggiare,** 1 **puntare.**

pontàto |pon'tato| *agg.* (*mar.*) ponté: *nave, imbarcazione pontata* navire ponté, embarcation pontée.

pontatùra |ponta'tura| *s.f.* (*mar.*) pontage *m.*

pónte |'ponte| *s.m.* **1** pont: *ponte di ferro, di cemento armato, di legno* pont de fer, en béton armé, en bois; *ponte stradale, ferroviario* pont-route, pont de chemin de fer; *ponte girevole, levatoio* pont tournant, pont-levis, pont levant; *ponte su barche* (*di barche*), *di zattere* pont de bateaux, de radeaux; *gettare un ponte* [*costruirlo*] jeter un pont ◇ (*loc. fig.*) *tagliare i ponti con qc.* couper les ponts avec qqn. ~ *bruciare i ponti dietro di sé* couper, brûler les ponts derrière soi ~ *ne è passata d'acqua sotto i ponti!* il en a coulé de l'eau sous les ponts! ~ (*prov.*) *a nemico che fugge ponti d'oro* il faut faire un pont d'or à l'ennemi en fuite ~ (*prov.*) *l'acqua cheta rovina i ponti* il n'est pire eau que l'eau qui dort **2** (*per est., anat.*) pont: *ponte di Varolio* pont de Varole ◇ (*edil.*) pont: *ponte di ca-*

valletti, di corda pont de tréteaux, de corde ◇ (*mar.*) *ponte di coperta, di passeggiata* pont supérieur (principal), pont promenade; *ponte di comando* passerelle (de commandement); *ponte di volo* pont d'envol; *ponte di poppa* plage arrière; *ponte di prua* plage avant ◇ (*mecc., tecnol.*) *gru a ponte* pont roulant; *ponte a bilico* pont basculant ◇ (*auto.*) *ponte anteriore, posteriore* pont avant, arrière ◇ (*elettr., elettron.*) *circuito a ponte* circuit à pont; *ponte a induzione* pont d'induction; *ponte elettronico* pont électronique ◇ (*odontoiatria*) *protesi a ponte* bridge ◇ (*sport*) *fare ponte* faire le pont **3** (*fig.*) [*mezzo di passaggio e di collegamento*] liaison *f.*, pont: *ponte radio, telefonico, televisivo* liaison radio, téléphonique, par télévision; *la città assediata veniva rifornita con un ponte aereo* la ville assiégée était ravitaillée par un pont aérien ◇ (*mil.*) *testa di ponte* tête de pont **4** *loc.* FARE IL PONTE [*considerare festivi i giorni feriali compresi fra due festività*] faire le pont: *un ponte di cinque giorni* un pont de cinq jours; *poiché martedì è festa, farò il ponte dal sabato al mercoledì* puisque mardi est fête, je ferai le pont du samedi au mercredi **5** (*raro*) → **bridge.**

pontéfice |pon'tefitʃe| *s.m.* **1** (*eccl.*) pontife: *sommo pontefice* souverain pontife; *fu ricevuto dal pontefice* il fut reçu par le pontife, le pape → **papa** ◇ (*st. rom.*) *il pontefice massimo* le grand pontife; *il collegio dei pontefici* le collège des pontifes **2** (*fig.*) [*capo, fondatore di una scuola, di un partito, di una tendenza*] chef.

ponteggiatóre |ponteddʒa'tore| *s.m.* [*operaio specializzato nella messa in opera di ponteggi*] monteur* d'échafaudages.

pontéggio, i |pon'teddʒo, i| *s.m.* (*edil.*) échafaudage: *ponteggio tubolare in legno* échafaudage tubulaire, en bois → **impalcatura.**

ponticèllo |ponti'tʃello| *s.m.* **1** (*mus.*) chevalet: *il ponticello del contrabbasso* le chevalet d'une contrebasse **2** [*la parte arcuata dell'impugnatura della spada*] quillon.

pòntico, ci, ca, che |'pontiko, tʃi, ka, ke| *agg.* [*del Ponto, del Mar Nero*] de la Mer Noire *loc. inv.*; pontique: *regione pontica* région de la Mer Noire ‖ *monti pontici* chaîne pontique.

pontière |pon'tjɛre| *s.m.* [*soldato del genio specialista nella costruzione e manutenzione di ponti*] pontonnier: *un reparto di pontieri* une unité de pontonniers.

pontificàle |pontifi'kale| **I** *agg.* **1** pontifical*: *paramenti pontificali* ornements pontificaux; *seggio pontificale* siège pontifical; *messa pontificale* messe pontificale ◇ (*fig., iron., scherz.*) [*maestoso, solenne; dogmatico, autoritario*] pontifiant: *assumere un'aria pontificale* prendre un air pontifiant; *si rivolse a noi con fare pontificale* il s'adressa à nous en pontifiant, d'une manière pontifiante **2** (*st. rom.*) pontifical: *il collegio pontificale* le collège pontifical; *le insegne pontificali* les insignes pontificaux **II** *s.m.* (*eccl.*) **1** (office) pontifical: *assistere a un pontificale* assister à un (office) pontifical **2** [*libro liturgico*] pontifical (romain): *consultare il pontificale* consulter le pontifical (romain).

pontificalménte |pontifikal'mente| *avv.* (*iron., scherz.*) → **altezzosamente, contegnosamente.**

pontificàre |pontifi'kare| *v. intr.* (*aus.* '*avere*') **1** (*riferito al pontefice, ai vescovi*) [*celebrare funzioni e riti sacri in forma solenne*] pontifier (*raro*) **2** (*fig.*) [*assumere toni, atteggiamenti dogmatici e autoritari*] pontifier: *ci tiene a pontificare tra i suoi dipendenti* il faut toujours qu'il se mette à pontifier devant ses subordonnés; *smettila di pontificare, sei insopportabile!* arrête de pontifier, tu es insupportable!

pontificàto |pontifi'kato| *s.m.* **1** (*eccl.*) pontificat: *assumere il pontificato* assumer le pontificat; *fu elevato al pontificato* il fut élevé au pontificat → **papato** ◇ [*il periodo di tempo in cui resta in carica un pontefice*] *sotto il pontificato di Giovanni XXIII* sous le pontificat de Jean XXIII **2** (*st. rom.*) *pontificato massimo* grand pontificat, pontificatus maximus.

pontifìcio, ci, cia, cie |ponti'fitʃo, tʃi, tʃa, tʃe| *agg.* [*del papa*] pontifical*: *bolla, autorità pontificia* bulle, autorité pontificale; *i palazzi pontifici* les palais pontificaux; *lo Stato, il governo pontificio* l'État, le gouvernement pontifical → **papale.**

pontìle |pon'tile| *s.m.* [*ponte proteso sulle acque per l'attracco di piccole imbarcazioni*] appointement # *pontile di imbarco* embarcadère; *pontile da sbarco* débarcadère.

pontìno |pon'tino| *agg.* [*della regione Pontina del Lazio*] pontin: *regione pontina* région pontine, la Pontine; *agro pontino* plaine pontine; *paludi pontine* marais pontins.

pontìsta |pon'tista| *s.m.* → **ponteggiatore.**

pontóne |pon'tone| *s.m.* ponton: *pontone a biga* ponton-grue; *pontone armato* ponton armé.

pontonière |ponto'njɛre| *s.m.* (*raro*) **1** pontonnier **2** → **pontiere.**

pony |'pouni| *s.m. inv.* (*ingl.*) poney *var.*

ponzaménto |pontsa'mento| *s.m.* (*raro*) [→ PONZARE A 1] réflexion *f.* (*corr.*).

ponzàre |pon'tsare| **A** *v.intr.* (*aus.* '*avere*') **1** (*scherz.*) [*concentrarsi, riflettere lungamente, ponderare*] se concentrer *pron.*, réfléchir longuement: *lasciami ponzare prima di decidere* laisse-moi me concentrer, réfléchir longuement avant de décider # *ci hai ponzato tanto per scrivere simili inezie?* les âneries que tu as écrites sont-elles le fruit de profondes réflexions? **2** (*region.*) [*sforzarsi intensamente, spec. per l'espulsione del feto o delle feci*] faire (45) *tr.* des efforts (*corr.*); pousser (*corr.*) **B** *v.tr.* [*soppesare, ponderare*] mûrir: *ponzare una decisione* mûrir une décision.

pool |pu:l| *s.m. inv.* (*ingl.*) (*econ.*) pool (*var.*): *il pool del petrolio, dell'acciaio* le pool du pétrol, de l'acier ◇ [*il personale che esegue lo stesso lavoro in una stessa impresa*] *il pool sportivo di un giornale* le pool des rédacteurs sportifs d'un journal.

pop |pɔp| *agg. inv.* (*ingl.*) [*popolare*] pop: *un cantante, un pittore pop* un chanteur, un peintre pop; *una canzone pop* une chanson pop; *gli artisti pop* les artistes pop.

pop-art |pɔp'a:t| *s.f. inv.* (*ingl.*) (*arts.*) pop'art *m. var.*

pop-corn |'pɔp'kɔ:n| *s.m. inv.* (*ingl.*) [*chicchi di granturco arrostiti*] maïs soufflé, pop-corn (*var.*): *è molto ghiotto di pop-corn* il adore le maïs soufflé.

pòpe |'pɔpe| *s.m.* pope.

pòpelin |'pɔpelin| *s.m.* → **'popeline'.**

popelìna |pope'lina| *s.f.* → **'popeline'.**

'popeline' |pɔplin| *s.f. inv.* popeline (*var.*): *'popeline' di cotone, di lana* popeline de coton, de laine; *una gonna di 'popeline' chiara* une jupe de popeline claire.

pòplite |'pɔplite| *s.m.* **1** (*anat.*) creux poplité: *la regione del poplite* le creux poplité **2** (*lett.*) → **ginocchio; polpaccio.**

poplitèo |popli'tɛo| *agg.* poplité: *muscoli poplitei* muscles poplités.

popò |po'pɔ| *s.f. inv.* → **cacca.**

popolàccio, i |popo'lattʃo, i| *s.m.* (*pegg.*) → **plebaglia.**

popolaménto |popola'mento| *s.m.* [→ 2 POPOLARE A 1] peuplement: *il popolamento di una riserva di caccia* le peuplement d'une réserve de chasse; *provvedere al popolamento di una nuova area boschiva* pourvoir au peuplement d'une nouvelle zone boisée.

popolàno |popo'lano| *s.* [*appartenente alla classe sociale del popolo*] homme *m.*, femme *f.* du peuple: *un onesto popolano* un honnête homme du peuple ◆ (*agg.*) populaire: *espressione popolana* expression populaire; *il buon senso popolano* le bon sens populaire.

1 **popolàre** |popo'lare| *agg.* **1** populaire: *la sovranità popolare* la souveraineté populaire; *movimento, manifestazione popolare* mouvement, manifestation populaire; *governare con il consenso popolare* gouverner avec le consentement populaire ◇ [*relativo al popolo* (*inteso come classe sociale*)] *rivendicazioni, lotte popolari* revendications, luttes populaires; *interessi popolari* intérêts populaires; *partiti, governi popolari* partis, gouvernements populaires → **democratico** **2** [*diffuso in mezzo al popolo*] populaire: *massime, proverbi popolari* maximes, proverbes populaires; *medicina popolare* médecine populaire; *vocaboli, espressioni popolari* mots, expressions populaires ◇ (*di forme d'arte*) [*che nasce dal popolo o si diffonde in mezzo al popolo*] *teatro popolare* théâtre populaire; *canzone, poesia popolare* chanson, poésie populaire; *la musica popolare italiana* la musique populaire italienne **3** [*che risponde alle esigenze, ai gusti del popolo*] populaire: *libri, spettacoli popolari* livres, spectacles populaires; *scuola, biblioteca popolare* école, bibliothèque populaire ◇ [*fatto a favore del popolo, destinato al popolo*] modéré: *case popolari* habitations à loyer modéré (H.L.M.); *prezzi popolari* prix modérés **4** [*che gode il favore e le simpatie del popolo*] populaire: *un uomo politico molto popolare* un homme politique très populaire; *una legge poco popolare* une loi peu populaire; *un artista, un cantante, un corridore popolare* un artiste, un chanteur, un coureur populaire → **noto** ◇ [*praticato, diffuso tra il popolo*] *il calcio è uno sport molto popolare* le football est un sport très populaire Ⓒ 4 **impopolare.**

2 **popolàre** |popo'lare| **A** *v.tr.*

1 [*andare o mandare a vivere* (*una popolazione*) *in una regione, in un luogo disabitato*] peupler: *popolare una regione con coloni* peupler une région de colons; *parte della Siberia è stata recentemente popolata da tecnici e operai* une partie de la Sibérie a été récemment peuplée de techniciens et d'ouvriers ◇ [*riempire, collocare*] *popolare di pesci un fiume* peupler un fleuve en poissons; *quella riserva è stata popolata di varie specie di uccelli* cette réserve a été peuplée de différentes espèces d'oiseaux **2** [*vivere, abitare*] peupler: *le tribù che popolano il deserto* les tribus qui peuplent le désert; *gli animali che un tempo popolavano la nostra regione* les animaux qui, autrefois, peuplaient notre région **B** *v.pron. intr.* POPOLARSI **1** [*diventare popolato, acquistare forme d'insediamento e di residenza*] se peupler: *la regione si va rapidamente popolando* la région se peuple rapidement **2** [*riempirsi, affollarsi di gente*] se remplir (de gens): *il teatro si va popolando* le théâtre se remplit # *la spiaggia già comincia a popolarsi di villeggianti* la plage commence déjà à se peupler d'estivants.

popolareggiànte |popolared'dʒante| *agg.* qui s'inspire de l'art populaire (*loc.*): *poesia, musica popolareggiante* poésie, musique qui s'inspire de l'art populaire; *scrittore popolareggiante* écrivain qui s'inspire de l'art populaire.

popolarescaménte |popolareska'mente| *avv.* [→ POPOLARESCO] populairement.

popolarésco, chi, ca, che |popola'resko, ki, ka, ke| *agg.* populaire, du peuple (*loc. inv.*): *modi, gusti popolareschi* façons, goûts populaires; *linguaggio popolaresco* langage du peuple; *una franchezza tutta popolaresca* une franchise d'homme, de femme du peuple.

popolarità |popolari'ta| *s.f. inv.* **1** popularité (*var.*): *la popolarità di un artista, di un atleta, di un uomo di Stato* la popularité d'un artiste, d'un athlète, d'un homme d'État; *la popolarità di una legge, di un governo* la popularité d'une loi, d'un gouvernement; *acquistare, perdere popolarità* acquérir, perdre sa popularité → **notorietà** **2** [*carattere, natura popolare*] caractère *m. var.*, nature *var.* populaire: *popolarità di modi, di linguaggio* caractère, nature populaire d'un mode de vie, d'un langage Ⓒ 1 **impopolarità.**

popolarizzàre |popolarid'dzare| *v.tr.* [*divulgare, rendere accessibile al popolo*] populariser, vulgariser: *popolarizzare una dottrina, uno sport* populariser, vulgariser une doctrine, un sport; *popolarizzare l'arte, il teatro* populariser l'art, le théâtre.

popolarménte |popolar'mente| *avv.* **1** [→ 1 POPOLARE 1] populairement # *una guerra popolarmente sentita come ingiusta* une guerre ressentie comme injuste par le peuple **2** [→ 1 POPOLARE 3] populairement.

popolàto |popo'lato| *agg.* **1** [*pieno di gente*] peuplé: *un quartiere, una città scarsamente popolata* un quartier, une ville peu peuplé(e); *un bosco popolato di selvaggina* un bois peuplé de gibier → **popoloso** **2** (*per est.*) [*frequentato, affollato*] plein de monde: *è un ospedale assai popolato* c'est un hôpital plein de monde; *la domenica, il campo sportivo è sempre popolato* le dimanche, le terrain de sport est toujours plein de monde ◇ (*fig.*) parsemé # *un cielo limpido e popolato di stelle* un ciel limpide et peuplé d'étoiles.

popolazióne |popolat'tsjone| *s.f.* **1** population: *la popolazione di Milano, di Parigi* la population de Milan, de Paris; *la popolazione dell'Africa, dell'Europa* la population de l'Afrique, de l'Europe ◇ [*gruppo, agglomerato umano*] *le popolazioni indigene dell'America centrale* les populations indigènes de l'Amerique centrale; *popolazioni primitive, barbariche* populations primitives, barbares ◇ (*demografia*) *movimento, censimento della popolazione* mouvement, recensement de la population; *popolazione attiva, inattiva* population active, inactive **2** [*gruppo di persone con determinati elementi in comune*] population: *popolazione scolastica* population scolaire; *la popolazione urbana, rurale* la population urbaine, rurale **3** [*gli animali di una regione, di un luogo*] population: *la popolazione di un'arnia, di un formicaio* la population d'une ruche, d'une fourmillière; *la popolazione ittica di questo fiume è in netto aumento* la population de poissons dans ce fleuve est en nette augmentation.

popolino |popo'lino| *s.m.* (*spreg.*) [*la parte del popolo culturalmente e socialmente meno dotata*] petit peuple, menu peuple: *i pregiudizi, le chiacchiere del popolino* les préjugés, les commérages du petit peuple.

pòpolo |'pɔpolo| *s.m.* **1** peuple: *il popolo francese, inglese, giapponese* le peuple français, anglais, japonais; *i popoli arabi, antichi, mediterranei* les peuples arabes, antiques, méditerranéens; *un popolo giovane* un peuple jeune **2** [*i cittadini di uno Stato, distinti dagli organi di potere*] peuple: *i rappresentanti del popolo* les représentants du peuple; *tutelare i diritti del popolo* défendre les droits du peuple; *governare a nome del popolo* gouverner au nom du peuple; *il re era amato dal suo popolo* le roi était aimé de son peuple ◇ [*i cittadini più umili e meno ricchi*] *un uomo, una donna del popolo* un homme, une femme du peuple; *gente del popolo* gens du peuple; *provenire dal popolo* provenir du peuple **3** [*gli abitanti di una città o di un determinato territorio*] peuple: *il popolo di Parigi* le peuple de Paris; *il popolo fiorentino, bolognese* le peuple de Florence, de Bologne ◇ [*comunità religiosa*] *il popolo di Dio* le peuple de Dieu; *il popolo cristiano, musulmano* le peuple chrétien, musulman **4** [*folla, moltitudine*] foule *f.*, monde, gens (*pl.*): *con gran concorso di popolo* avec (un) grand concours de foule; *la piazza è già piena di popolo* la place est déjà pleine de monde; *passò tra due ali di popolo festante* il traversa une foule en liesse qui faisait la haie sur son passage.

popolóso |popo'loso| *agg.* populeux*: *regione, città popolosa* région, ville populeuse.

poponàia |popo'naja| *s.f.* [*terreno coltivato a poponi*] melonnière.

poponàio, i |popo'najo, i| *s.* marchand, vendeur* de melons.

popóne |po'pone| *s.m.* (*region.*) → **melone.**

1 **póppa** |'poppa| *s.f.* **1** (*mar.*) arrière *m.*, poupe: *poppa quadrata, tonda* arrière carré, arrondi; *i fanali di poppa* les feux arrière (*agg.*); *stare, mettersi a poppa* être, rester à l'arrière ◇ (*per anal.*) *la poppa di un aeromobile* l'arrière d'un aéronef ◇ (*loc.*) *navigare con il vento in poppa, avere il vento in poppa*: (*pr.*) naviguer, avoir le vent en poupe; (*fig.*) avoir le vent en poupe **2** (*lett.*) → **nave** Ⓒ 1 **prua.**

2 **póppa** |'poppa| *s.f.* **1** (*pop.*) [*mammella*] mamelle (*corr.*), sein *m.* (*corr.*): *le poppe di una mucca, di una capra* les mamelles d'une vache, d'une chèvre; *una donna dalle poppe turgide di latte* une femme aux seins gonflés de lait ◇ (*per est.*) [*latte*] lait (*m.*): *dare la poppa* donner le lait; *il bambino voleva la poppa* l'enfant voulait le lait **2** (*lett.*) → **petto.**

poppànte |pop'pante| *s.* **1** [*lattante*] nourrisson *m.*, bébé (*m.*): *avere in braccio un poppante* avoir un nourrisson, un bébé dans les bras → **lattante** ✦ (*agg.*) *un bambino poppante* un nourrisson *s.m.* **2** (*fig., iron., spreg.*) [*giovane immaturo, inesperto*] blanc-bec *m.*, bébé: *è ancora un poppante e pretende di saperne più degli altri* ce n'est qu'un blanc-bec, un bébé qui prétend en savoir plus que tout le monde.

poppàre |pop'pare| *v.tr.* **1** [*succhiare dalla mammella o dal poppatoio*] téter (8): *poppare il latte* téter le lait ✦ (*ass.*) *il bambino stava poppando* l'enfant tétait ◇ (*pleon.*) *popparsi il dito* téter (*fam.*), sucer (2) son doigt **2** (*fig.*) [*bere con avidità*] siffler ◇ (*pleon.*) *s'è poppato un litro di vino* il a sifflé un litre de vin.

poppàta |pop'pata| *s.f.* [*ogni singolo pasto del lattante*] tétée: *una poppata ogni tre ore* une tétée toutes les trois heures.

poppatóio, i |poppa'tojo, i| *s.m.* [*piccolo recipiente per l'allattamento artificiale* (*munito di tettarella di caucciù*)] biberon.

poppavia |poppa'via| *s.f.* (*mar.*) arrière *m.*, poupe ◇ (*spec. nella loc. avv. mar.*) A POPPAVIA à l'arrière, en poupe: *spostare un carico a poppavia* transférer un chargement à l'arrière Ⓒ **proravia.**

poppière |pop'pjɛre| *s.m.* (*mar.*) **1** [*marinaio addetto alle manovre di poppa*] gabier de la plage arrière, marin de poupe (*arc.*) **2** → **capovoga.**

poppièro |pop'pjɛro| *agg.* [*di poppa*] arrière (*inv.*): *albero, fumaiolo poppiero* mât, cheminée arrière; *la parte poppiera della nave* la partie arrière d'un navire.

poppùto |pop'puto| *agg.* [*che ha grosse poppe*] aux seins généreux *loc. inv.*, pigionnant (*fam.*): *una popputa balia* une nourrice aux seins généreux.

populàre |popu'lare| *e deriv.* → **popolare** *e deriv.*

populazionismo |populattsjo-nizmo| *s.m.* populationnisme, doctrine *f.* antimalthusianiste.

populazionista |populattsjo'nista| *agg. e s.* populationniste.

popùleo |po'puleo| *agg.* (*lett.*) [*di pioppo*] de peuplier *loc. inv.* (*corr.*).

populismo |popu'lizmo| *s.m.* (*polit.*) populisme.

populista |popu'lista| *s.* populiste: *i populisti russi* les populistes russes ✦ *(agg.) tendenze populiste* tendances populistes.
populìstico, ci, ca, che |popu'listiko, tʃi, ka, ke| *agg.* populiste: *il movimento populistico russo* le mouvement populiste russe.
populìt |popu'lit|, **pòpulit** |'pɔpulit| *s.m. inv.* (*marchio depositato*) aggloméré *var.* de ciment et de fibre de bois, populit *var.*
1 **pòrca, che** |'pɔrka, ke| *s.f.* (*agr.*) billon *m.*
2 **pòrca, che** |'pɔrka, ke| *s.f.* → **scrofa, troia.**
porcacciόne |porkat'tʃone| *s.* [*persona impudica, sfacciata, volgare*] cochon* → **sporcaccione.**
1 **porcàio, i** |por'kajo, i| *s.m.* [*luogo sudicio, sporco*] porcherie (*f.*): *chi ha ridotto a un porcaio il mio studio?* qui a fait de mon bureau une porcherie? ◇ (*fig.*) [*ambiente immorale, equivoco*] milieu louche, suspect: *tieniti lontano da quel porcaio!* tiens-toi à l'écart de ce milieu louche, suspect!
2 **porcàio, i** |por'kajo, i|, **porcàro** |por'karo| *s.* [*guardino di porci*] porcher*: *fare il porcaio* être porcher.
porcàta |por'kata| *s.f.* [*azione, comportamento sleale, disonesto*] tour *m.* de cochon (*fam.*), crasse, vacherie (*fam.*): *questa porcata me la pagherà* il me paiera ce tour de cochon, cette crasse, cette vacherie → **mascalzonata.**
1 **porcellàna** |portʃel'lana| *s.f.* porcelaine: *porcellana bianca, colorata* porcelaine blanche, colorée; *statuine, isolatori di porcellana* statuettes, isolants en, (de) porcelaine; *un servizio da tè di porcellana* un service à thé en porcelaine ◇ (*per est.*) [*l'oggetto in porcellana*] *una porcellana di Capodimonte* une porcelaine de Capodimonte; *una raccolta di porcellane antiche* une collection de vieilles porcelaines.
2 **porcellàna** |portʃel'lana| *s.f.* (*t. bot.*) pourpier *m.*
porcellanàre |portʃella'nare| *v.tr.* (*raro*) [*rivestire di uno strato di porcellana o di altre sostanze sim.*] émailler (*corr.*): *porcellanare una vasca metallica* émailler une baignoire métallique.
porcellanàto |portʃella'nato| *agg.* [*ricoperto di porcellana o di altre sostanze sim.*] émaillé: *pentola, vasca porcellanata* casserole, baignoire émaillée.
porcellino |portʃel'lino| *s.* **1** *s.* [*maialino*] porcelet *m.*, petit cochon *m.*, goret (*m.*): *la scrofa ha partorio otto porcellini* la truie a eu huit petits, a fait huit porcelets, petits cochons, gorets ◇ (*fig., scherz.*) [*bambino poco pulito*] petit cochon, petit goret: *guarda, sei diventato un porcellino!* regarde, tu t'es sali, tu es sale comme un petit cochon, un petit goret! **2** *s.m.* (*t.zool.*) *porcellino d'India* → **cavia** ~ *porcellino di terra, di sant'Antonio* cloporte.
porcèllo |por'tʃɛllo| *s.* [*maiale giovane, di pochi mesi*] petit cochon *m.*, porcelet *m.*, goret (*m.*): *un porcello di latte* un petit cochon de lait ◇ (*fig., scherz.*) [*persona sporca o di costumi riprovevoli*] pourceau *m.* (*lett.*), cochon* *s.*
porcellόne |portʃel'lone| *s.* [*persona poco amante della pulizia o di costumi impudichi*] cochon*.
porcherìa |porke'ria| *s.f.* **1** [*roba sporca, sudicia*] saleté: *getta via tutta questa porcheria!* jette toute cette saleté, toute cette cochonnerie! (*fam.*) ◇ [*sporcizia, sudiciume*] *quel vecchietto vive in mezzo alla porcheria* ce petit vieux vit dans une porcherie, dans la crasse ◇ [*escrementi*] *quel gatto fa le sue porcherie dappertutto* ce chat fait ses saletés partout **2** (*per est.*) [*cibo, bevanda sgradevole, di sapore disgustoso*] cochonnerie (*fam.*), saloperie (*pop.*): *questa minestra, questo caffè è una porcheria* cette soupe, ce café est une cochonnerie, une saloperie **3** (*fig., fam.*) [*lavoro, opera fatta male, di nessun valore*] cochonnerie, saloperies: *quel quadro, quel film, quel romanzo è una porcheria* ce cadre, ce film, ce roman est une cochonnerie, une saloperie; *il tuo compito è una vera porcheria* ton devoir est une vraie cochonnerie; *costruiscono delle case che sono delle porcherie* ils construisent des maisons qui sont des cochonneries **4** (*fig.*) [*comportamento, azione disonesta, sleale*] crasse, vacherie (*fam.*): *m'ha fatto una grossa porcheria* il m'a fait une grosse crasse, une grosse vacherie; *sono venute a galla tutte le sue porcherie* on a découvert toutes ses crasses # *è una vera porcheria che le autorità non sistemino queste strade* c'est une vraie honte que les autorités ne réparent pas ces routes ◇ [*atto, comportamento, espressione oscena, licenziosa*] cochonnerie: *certe porcherie non si fanno!* on ne fait pas certaines cochonneries!; *smettila di dire porcherie!* arrête de dire des cochonneries!
porchétta |por'ketta| *s.f.* (*cuc.*) cochon *m.* de lait rôti.
porciglióne |portʃiʎ'ʎone| *s.m.* (*t. zool.*) râle.
porcilàia |portʃi'laja| *s.f.* → **porcile.**
porcile |por'tʃile| *s.m.* [*stalla per maiali*] porcherie *f.* ◇ (*fig.*) [*luogo, ambiente assai sudicio*] *quella casa è un porcile* cette maison est une porcherie.
porcinèllo |portʃi'nɛllo| *s.m.* (*t. bot.*) bolet rude.
porcino |por'tʃino| **1** *agg.* porcin, de porc (*loc. inv.*): *carne porcina* viande de porc → **suino** ◇ [*che è sim. a quello del porco*] porcin: *avere occhi porcini* avoir des yeux porcins **2** *s.m.* (*t.bot.*) cèpe, ceps, bolet (de Bordeaux) ~ *porcino malefico* bolet satan ~ *porcino nero* cèpe, ceps noir, bolet tête de nègre.
pòrco, ci, ca, che |'pɔrko, tʃi, ka, ke| *s.* (*raro al f.*) **1** *s.m.* [*il maiale domestico*] porc, cochon: *ingrassare un porco* engraisser un porc, un cochon ◇ (*per est.*) [*la carne di maiale macellata*] porc: *un chilo di porco* un kilo de porc ◇ (*prov.*) *gettar le perle ai porci* jeter des perles aux pourceaux **2** *s.* (*fig.*) [*persona ingorda, sporca, neghittosa*] cochon*, porc (*m.*): *quell'uomo fa la vita del porco* cet homme vit comme un cochon; *s'è ingrassato come un porco* il est devenu gras comme un porc; *è sudicio come un porco* il est sale comme un porc, un cochon; *mangia e dorme come un porco* il mange et dort comme un cochon ◇ (*titolo d'ingiuria e d'offesa rivolto a persone disoneste, oscene*) cochon (*fam.*); (*solo come insulto*) salaud (*pop.*): *sei un porco!* tu es un cochon, un salaud; *brutto porco!* sale cochon!; *quel porco me la pagherà* ce salaud me paiera ça → **mascalzone, farabutto** **3** (*fig., volg., con funzione di agg.*) [*pessimo, indecente, schifoso*] *questo porco governo!* ce salaud de gouvernement!; *non si può più vivere questa porca vita* on ne peut plus vivre cette putain (*volg.*) de vie; *fa sempre il suo porco comodo* il en prend toujours à son aise (*corr.*); *è un tempaccio porco* c'est un putain (*volg.*) de temps ◇ (*in imprecazioni ed espressioni blasfeme o pop.*) *porco cane!* nom d'un chien!; *porca miseria!* putain (*volg.*) de misère! **4** *s.m.* (*lett.*) → **cinghiale** **5** (*s.m.*) *piè di porco* [*leva usata dai ladri*] pied-de-biche, pince *f.* monseigneur, monseigneur.
porcospino |porkos'pino| *s.m.* **1** → **istrice,** 2 **riccio** **2** (*fig.*) [*persona scontrosa, diffidente, chiusa*] *hérisson.
pòrfido |'pɔrfido| *s.m.* (*miner.*) porphyre.
porfireo |por'fireo| *agg.* (*lett.*) porphyrique (*corr.*).
porfirico, ci, ca, che |por'firiko, tʃi, ka, ke| *agg.* porphyrique: *roccia porfirica* roche porphyrique; *struttura porfirica* structure porphyrique.
porfirizzàre |porfirid'dzare| *v.tr.* (*farm.*) [*ridurre una sostanza in polvere impalpabile*] porphyriser.
porfirizzazióne |porfiriddzat'tsjone| *s.f.* [→ PORFIRIZZARE] porphyrisation.
pòrfiro |'pɔrfiro| *s.m.* (*arc., lett.*) → **porfido.**
porfirogènito |porfiro'dʒɛnito| *agg.* (*st. biz.*) porphyrogénète.
porfiròide |porfi'rɔide| (*agg.*) porphyroïde.
pòrgere |'pɔrdʒere| (167) **A** *v.tr.* **1** [*offrire, dare*] tendre (53), passer, donner: *porgere il bicchiere* tendre, passer le verre; *mi porgi il piatto, per piacere?* peux-tu me passer, donner l'assiette, s'il te plaît?; *gli porse una lettera* il lui tendit une lettre ◇ [*stendere, avvicinare*] tendre, offrir (23), donner: *porgere la mano* tendre la main; *porgere il braccio* offrir le bras; *porgere la gota* tendre la joue; *la balia gli porse la mammella* la nourrice lui donna le sein ◇ (*loc. fig.*) *porgere orecchio, ascolto* tendre, prêter l'oreille ~ *porgere l'occasione favorevole, il destro* présenter, offrir une occasion favorable **2** *ass.* [*recitare, declamare con efficacia espressiva*] réciter, déclamer: *porgere con garbo* réciter, déclamer avec grâce, aisance # *quell'oratore ha un modo di porgere inconfondibile* cet orateur a dans le débit une aisance qu'on ne peut confondre ✦ (*s.m. inv.*) *l'arte del porgere* l'art d'offrir *v.tr.* **B** *v.pron. rifl.* (*lett.*) PORGERSI [→ *tr.* 1] se montrer (*corr.*), se présenter (*corr.*) → **mostrar(si), presentar(si).**
porgitóre, trice |pordʒi'tore, tri'tʃe| *s.* (*raro*) [*chi parla o recita con garbo ed eloquenza*] beau* parleur* (*corr.*).
Poriferi |po'riferi| *s.m. pl.* (*t.zool.*) Spongiaires.
porno-film |porno'film| *s.m. inv.* film *var.* pornographique, film porno (*fam.*).
pornografìa |pornogra'fia| *s.f.* pornographie: *quel giornale, quel film è pura pornografia* ce journal, ce film, c'est de la pure pornographie.

pornograficaménte |pornografika'mente| *avv.* [→ PORNOGRAFICO] pornographiquement (*raro*).

pornogràfico, ci, ca, che |porno'grafiko, tʃi, ka, ke| *agg.* pornographique, porno (*fam.*): *spettacolo pornografico* spectacle pornographique; *è una commedia pornografica* c'est une comédie pornographique; *i suoi scritti sono pornografici* ses écrits sont pornographiques → **osceno.**

pornògrafo |por'nɔgrafo| *s.* pornographe *m.*

pòro |'pɔro| *s.m.* **1** (*anat.*, *corr.*) pore: *pori* (*sudoriferi*) pores (sudorifiques) ◇ (*loc. fig.*) *sprizzare rabbia, veleno da ogni poro* écumer de rage ~ *sprizzare invidia da ogni poro* mourir d'envie ~ *sprizzare salute da tutti i pori* éclater de santé ~ *sprizzare gioia da tutti i pori* rayonner de joie **2** [*ognuna delle piccole cavità in un corpo poroso*] pore: *i pori di una roccia* les pores d'une roche; *i pori della carta, del legno* les pores du papier, du bois.

porosità |porosi'ta| *s.f. inv.* **1** porosité (*var.*): *la porosità della pomice* la porosité de la pierre ponce **2** *spec. al plur.* [*i pori stessi*] porosité (*sing.*): *le porosità di una roccia* la porosité d'une roche.

poróso |po'roso| *agg.* poreux*: *materiali porosi* matériaux poreux; *rocce porose* roches poreuses; *la pomice è molto porosa* la pierre ponce est très poreuse.

pórpora |'porpora| *s.f.* **1** [*sostanza colorante rossa*] pourpre **2** [*colore rosso vivo, scarlatto*] pourpre: *tingere di porpora, in porpora* teindre en pourpre; *il cielo era di porpora* le ciel était de pourpre ✦ (*in funzione di agg. inv.*) pourpre (*var.*): *lana porpora* laine pourpre; *calzettoni porpora* grosses chaussettes pourpres ◇ (*loc. fig.*) *diventare, farsi di porpora* [*arrossire*] devenir pourpre **3** (*per est.*) [*tessuto, abito tinto di rosso*] pourpre: *le porpore di Tiro* les pourpres tyrienne; *indossare la porpora* revêtir la pourpre ◇ (*fig.*) [*la dignità, il titolo di cardinale*] *aspirare alla porpora* aspirer à la pourpre; *essere elevato alla porpora* être élevé à la pourpre **4** (*med.*) urticaire.

porporàto |porpo'rato| *agg.* vêtu de pourpre ✦ *s.m.* [*cardinale*] cardinal*: *l'illustre porporato* l'illustre cardinal.

porporeggiàre |porpored'dʒare| *v.intr.* (*aus.* '*avere*') (*lett.*) [*rosseggiare come porpora*] tirer sur le pourpre (*corr.*).

porporìna |porpo'rina| *s.f.* **1** (*chim.*) purpurine **2** [*polvere metallica finissima per dorature*] purpurine.

porporìno |porpo'rino| *agg.* purpurin (*lett.*), pourpré (*lett.*): *labbra, gote porporine* lèvres, joues purpurines, purprées # *una seta porporina* une soie pourpre.

porràccio, i |por'rattʃo, i| *s.m.* → **asfodelo.**

pórre |'porre| (168) **A** *v.tr.* **1** [*mettere, posare*] poser, mettre (71), ranger (3): *porre i libri sul tavolo, i vestiti nell'armadio* poser, mettre les livres sur la table, ranger les vêtements dans l'armoire; *porre la firma su un documento* mettre, apposer une signature sur un papier; *porre le premesse, i presupposti* poser les préliminaires, les conditions; *porre in disordine* mettre en désordre; *porre la propria candidatura* poser sa (propre) candidature → **presentare**; *gli pose una mano sulla spalla* il lui posa une main sur l'épaule # *porre le basi, le fondamenta di un edificio* jeter les bases, les fondements d'un édifice ◇ (*fig.*) *pongo in te ogni mia speranza* je mets, je place en toi tout mon espoir ◇ [*fissare, stabilire, imporre*] mettre: *porre un termine, un limite, una condizione* mettre un terme, une limite, une condition **2** [*collocare, dedicare*] *porre un monumento* élever un monument ✦ (*ass.*) *gli amici dolenti posero* (plaque) posée par ses amis **3** (*mat.*) [*assumere, ammettere*] supposer: *ponendo A uguale a B,...* supposons A égal à B,... **4** (*loc.*) *porre in dubbio* mettre en doute → **dubitare** ~ *porre a confronto* comparer → **confrontare, paragonare** ~ *por(re) termine, fine a q.c.* mettre fin à qqch. → **terminare** ~ *por(re) mano a* mettre la main à → **iniziare** ~ *por(re) piede in, a* entrer, mettre les pieds dans, sur, à → 1 **entrare, arrivare** ~ *porre una domanda* poser une question → **rivolgere** ~ *porre un quesito* [*proporlo alla soluzione*] poser la question ~ *porre una questione* [*impostarla*] poser une question ~ *porre mente* [*rivolgere l'attenzione*] prêter attention ~ *porre in atto, in opera, in essere* mettre à exécution → **attuare, realizzare** ~ PONIAMO (IL CASO) CHE [*supponiamo, ammettiamo*] supposons que, admettons que: *poniamo che tu abbia ragione* supposons, admettons que tu aies raison; *poniamo il caso che egli sia già arrivato* supposons qu'il soit déjà arrivé ~ *senza por tempo in mezzo* sur le champ, immédiatement ~ PORRE GLI OCCHI SU QC., SU Q.C.: (*pr.*) poser les yeux sur qqn., qqch.; *le pose gli occhi addosso* il posa les yeux sur elle; (*fig.*) [*farne oggetto di particolari interessi*] jeter son dévolu: *da tempo ha posto gli occhi su quel terreno* depuis longtemps il a jeté son dévolu sur ce terrain **5** (*raro*) [*piantare*] planter **B** *v.pron. rifl.* PORSI [→ *tr.* 1] se mettre: *porsi in salvo, al riparo* se mettre à l'abri; *porsi a tavola, in cammino* se mettre à table, en route; *porsi in contatto con qc.* se mettre en contact avec qqn. # *porsi a sedere* s'asseoir.

pòrro |'pɔrro| *s.m.* **1** (*t.bot.*) poireau **2** (*pop.*) → **verruca.**

porróso |por'roso| *agg.* (*pop.*) [*pieno di verruche*] verruqueux* (*corr.*): *mani porrose* mains verruqueuses.

porta- |porta| *pref.* (*terza pers. sing. dell'indic. pres. di 'portare'*) (*significa 'portare, contenere, sostenere', corrisponde gener. a*) porte-: *portasigari* porte-cigares; *portasapone* porte-savon.

pòrta |'pɔrta| *s.f.* **1** porte: *la porta di un palazzo, di un appartamento* la porte d'un immeuble, d'un appartement; *la porta di una bottega, di un magazzino* la porte d'un magasin, d'un entrepôt; *porta a un battente, a due battenti* porte à un battant, à deux battants; *porta di legno, a vetri* porte en bois, vitrée; *porta di sicurezza* porte, sortie de secours; *porta a saracinesca, a scorrimento* porte coulissante; *porta girevole* porte à tambour, tournante; *aprire, sbattere la porta* ouvrir, claquer la porte; *bussare alla porta* frapper à la porte; *sfondare, buttare giù la porta* enfoncer, abattre la porte; *entrare per la porta principale* entrer par la porte principale; *uscire dalla porta secondaria, di servizio* sortir par la porte de service ◇ (*per anal.*) *le porte dell'automobile* les portes de l'automobile → **portiera**; *la porta dell'armadio, della cassaforte, del forno* la porte de l'armoire, du coffre-fort, du four → **sportello**; *le porte stagne* les portes étanches ◇ (*loc. fig.*) *sfondare una porta aperta* enfoncer une porte ouverte ~ *aprire la porta a qc.* ouvrir sa porte à qqn. ~ *chiudere la porta* (*in faccia*) *a qc.* fermer, consigner sa porte à qqn. ~ *prendere la porta* prendre la porte ~ *indicare a qc. la porta* indiquer la porte à qqn. ~ *mettere qc. alla porta* mettre qqn. à la porte ~ *battere a tutte le porte* frapper à toutes les portes ~ *andare di porta in porta* [*mendicare*] mendier de porte en porte ~ (*dir.*) *processo, dibattimento a porte chiuse* procès, débat à huis clos **2** [*ognuna delle aperture e dei relativi serramenti esistenti nelle mura perimetrali di una città fortificata*] porte: *le porte di Roma imperiale* les portes de la Rome impériale ◇ (*per est.*) [*il quartiere o il rione intorno a tali porte* (*anche quando queste non sussistono più*)] porta: *abita a Porta Venezia* (*a Milano*) il habite près de, à la Porta Venezia (à Milan) ◇ (*loc.*) *abitare fuori porta* [*fuori città, in periferia*] habiter hors les murs, en dehors de la ville, en banlieue ~ ESSERE ALLE PORTE: (*pr.*) être aux portes; *il nemico è alle porte* l'ennemi est aux, à nos portes; (*fig.*) [*essere vicino, imminente*] *una nuova guerra è alle porte* une nouvelle guerre est à nos portes **3** (*sport*) but (*m.*): *tirare in porta* tirer au but; *difendere la porta* défendre les buts ◇ (*sci*) *saltare una porta* sauter une porte **4** (*anat.*) (*vena*) *porta* veine porte (*agg.*), *porta erniaria* viene porte herniaire **5** (*geogr.*) *porta del ghiacciaio* extrémité de la langue du glacier **6** (*lett.*) [*valico, passo; via di accesso a un territorio*] porte, défilé *m.* **7** (*cibernetica, elettron.*) porte.

portaàcqua |porta'akkwa| *s.m. inv.* porteur* *s. var.* de boissons.

portaàghi |porta'agi| *s.m. inv.* porte-aiguille(s) *var.*

portabagàgli |portaba'gaʎʎi| *s.m. inv.* **1** [*facchino*] porteur* *s. var.* **2** [*dispositivo per sorreggere e tenere fermi bagagli e sim.*] porte-bagages ✦ (*con funzione di agg. inv.*) *carro, carrello portabagagli* chariot à bagages *loc. inv.*

portabandièra |portaban'djɛra| *agg. e inv.* porte-drapeau *m. var.*, porte-étendard (*m.*): (*ufficiale*) *portabandiera* officier porte-drapeau → 1 **alfiere** ◇ (*fig.*) [*il principale esponente di un'idea, di un movimento*] *fu il portabandiera del futurismo* il fut le porte-drapeau du futurisme → **fautore, banditore.**

portàbile |por'tabile| *agg.* [→ PORTARE A II 2] portable: *quest'abito non è più portabile* cette robe n'est plus portable, mettable.

portàbiti |por'tabiti| *s.m. inv.* → **attaccapanni.**

portabóllo |porta'bollo| *s.m. inv.* [*custodia del bollo di circolazione*] porte-vignette.

portaborràcce |portabor'rattʃe| *s.m. inv.* porteur* *s. var.* de boissons.

portabottìglie |portabot'tiʎʎe| *s.m. inv.* **1** porte-bouteilles **2** [*cesto adatto per il trasporto a mano di bottiglie*] porte-bouteille.
portacàrte |porta'karte| *s.m. inv.* **1** [*accessorio da tavolo per carte, lettere e sim.*] porte-carte(s) **2** [*cartella, astuccio per portare con sé carte, documenti e sim.*] porte-documents: *un portacarte in cuoio* un porte-documents en cuir.
portacatino |portaka'tino| *s.m. inv.* porte-cuvette *var.*
portacénere |porta'tʃenere| *s.m. inv.* [*piccolo recipiente per deporvi la cenere e i mozziconi delle sigarette e dei sigari*] cendrier *var.*
portacéste |porta'tʃeste|, **portacésta** |porta'tʃesta| *s. inv.* porteur* *var.* des costumes des acteurs.
portachiàvi |porta'kjavi| *s.m. inv.* porte-clefs, porte-clés.
portacìpria |porta'tʃiprja| *s.m. inv.* [*piccolo astuccio con specchietto, contenente cipria e piumino*] poudrier *var.*
portacolóri |portako'lori| *s.m. inv.* athlète *var.* qui défend les couleurs d'une équipe.
porta-container |'pɔ:tə'kən'teinə| *agg. e s.f. inv.* (*ingl.*) (*nave*) *portacontainer* porte-conteneurs *s.m.*
portadìschi |porta'diski| *agg. e s.m. inv.* **1** (*piatto*) *portadischi* [*parte del fonografo su cui viene posto il disco*] plateau *s.m. var.* **2** (*album*) *portadischi* [*album, mobiletto per riporvi i dischi*] album *s. var.* pour disques, discothèque (*s.f. var.*); (*valigetta*) *portadischi* [*contenitore portatile*] valise *s.f. var.* pour disques.
portadólci |porta'doltʃi| *s.m. inv.* plateau *var.* à dessert.
portaelicòtteri |portaeli'kɔtteri| *s.f. inv.* (*mar.*) porte-hélicoptères *m.*
portaèrei |porta'ɛrei| **1** *agg. e s.f. inv.* (*mar.*) (*nave*) *portaerei* porte-avions *s.m.* **2** *s.m. inv.* (*aer.*) avion *var.* porte--avions.
portaeronàvi |portaero'navi| *s.f. inv.* (*mil.*) porte-aéronefs *m.*
portaferiti |portafe'riti| *s.m. inv.* [*soldato addetto al trasporto dei feriti*] brancardier *var.* militaire.
portafiàccole |porta'fjakkole| *s.m. inv.* porte-flambeau (*var.*): *dei portafiaccole* des porte-flambeaux.
portafiammiferi |portafjam'miferi| *s.m. inv.* porte-allumettes.
portafiàschi |porta'fjaski| *s.m. inv.* → **portabottiglie.**
portafinèstra |portafi'nɛstra| *s.f.* porte-fenêtre: *le portefinestre* les portes--fenêtres.
portafióri |porta'fjori| *agg. e s.m. inv.* (*vaso, cassetta*) *portafiori* vase *var.*, pot *var.* à fleurs.
portafògli |porta'fɔʎʎi| *s.m. inv.* → **portafoglio** 1.
portafòglio, i |porta'fɔʎʎo, i| *s.m.* **1** portefeuille: *un portafoglio di pelle, di plastica* un portefeuille de peau, de plastique; *gli hanno rubato il portafoglio* ils lui ont volé son portefeuille ◇ (*loc. fig.*) *avere il portafoglio gonfio* avoir un portefeuille bien garni ~ *mettere mano al portafoglio* [*pagare, sborsare denari*] payer, débourser ~ (*abbigl.*) *gonna a portafoglio* jupe portefeuille **2** (*fig.*) [*ministero o carica di ministro*] portefeuille: *il portafoglio delle Finanze, degli Esteri* le portefeuille des Finances, des Affaires étrangères; *ministro senza portafoglio* ministre sans portefeuille; *spera di avere un portafoglio nel nuovo governo* il espère avoir un portefeuille dans le nouveau gouvernement **3** (*banca*) *portafoglio titoli* portefeuille-titres; *portafoglio estero* portefeuille de valeurs étrangères.
portaformàggio |portafor'maddʒo| *s.m. inv.* casier *var.* à fromage.
portafortùna |portafor'tuna| *agg. e s.m. inv.* (*cose*) porte-bonheur: *un* (*ciondolo*) *portafortuna* une breloque porte-bonheur → **talismano, amuleto** ◇ (*raro*) (*persone*) mascotte *f. var.* (*corr.*): *sei il nostro portafortuna* tu es notre mascotte.
portafrùtta |porta'frutta| *agg. e s.m. inv.* (*vassoio*) *portafrutta* compotier *s.m. var.*, plat *s.m. var.* à fruits → **fruttiera.**
portafusìbili |portafu'zibili| *s.m. inv.* tableau *var.* des fusibles.
portagiòie |porta'dʒɔie| *s.m. inv.* coffret *var.* à bijoux.
portagioièlli |portadʒo'jɛlli| *s.m. inv.* → **portagioie.**
portagomitoli |portago'mitoli|, **portagomitolo** |portago'mitolo| *s.m. inv.* boîte *f. var.* à laine.
portagònne |porta'gɔnne| *s.m. inv.* porte-jupe (*var.*): *dei portagonne* des porte-jupe(s).
portaimmondizie |portaimmon'dittsje| *s.m. inv.* → **pattumiera.**
port(a)incènso |port(a)in'tʃɛnso| *s.m. inv.* → **navicella** 2.
port(a)innèsto |port(a)in'nɛsto|, *s.m. inv.* (*agr.*) porte-greffe (*var.*): *dei portainnesto* des porte-greffe(s).
port(a)inségna |port(a)in'seɲɲa|, *s.* **1** *s.m. inv.* porte-drapeau *var.*, porte--enseigne *var.* (*arc.*): *dei portainsegna* des porte-drapeaux **2** *s. inv.* (*fig.*) [*l'esponente più importante di un'idea, di una corrente*] porte-drapeau (*m. var.*): *il portainsegna del surrealismo* le porte--drapeau du surréalisme.
portalàmpada |porta'lampada|, **portalàmpade** |porta'lampade| *s.m. inv.* [*dispositivo in cui si avvita la lampadina elettrica*] douille *f. var.*
portalàpis |porta'lapis| *s.m. inv.* **1** [*cilindretto metallico in cui si adatta il lapis per scrivere*] porte-crayon (*var.*): *dei portalapis* des porte-crayon(s) **2** [*astuccio per contenere matite*] trousse *f. var.*
1 **portàle** |por'tale| *agg.* (*anat.*) de la veine porte *loc. inv.*
2 **portàle** |por'tale| *s.m.* **1** [*grande porta decorata di chiesa o palazzi*] portail: *un portale romanico, gotico* un portail roman, gothique **2** (*edil.*) portail.
portalèttere |porta'lɛttere| *s. inv.* → **postino.**
portamatìta |portama'tita| *s.m. inv.* → **portalapis** 1.
portamatìte |portama'tite| *s.m. inv.* → **portalapis** 2.
portaménto |porta'mento| *s.m.* **1** [*il modo particolare di atteggiare la persona, spec. nel camminare*] démarche *f.*; allure *f.*, port: *un portamento elegante* une démarche élégante ‖ *un portamento dimesso, disinvolto* une allure humble, désinvolte; *avere un bel portamento* avoir un beau port **2** (*mus.*) glissé **3** (*raro, fig.*) [*condotta*] conduite *f.* (*corr.*).
portamìna |porta'mina| *s.m. inv.* porte(-)mine (*var.*): *dei portamina* des porte(-)mine(s).
portamissili |porta'missili| *s.m. inv.* (*mil.*) porte-engins, porte-fusées.
portamonéte |portamo'nete| *s.m. inv.* porte-monnaie: *portamonete di coccodrillo, di plastica* porte-monnaie de, en crocodile, de, en plastique.
portamòrso |porta'mɔrso| *s.m. inv.* porte-mors.
portampólle |portam'polle| *s.m. inv.* → **ampolliera, oliera.**
portamunizióni |portamunit'tsjoni| *s.m. inv.* [*soldato addetto al trasporto delle munizioni*] pourvoyeur *var.*
portamùsica |porta'musika| *s.m. inv.* (*raro*) porte-musique (*corr.*).
portànte |por'tante| **I** *agg.* **1** (*tecnol.*) portant, porteur*: *muri portanti* murs portants; *armature portanti* armatures portantes; *carrozzeria portante* carrosserie portante; *forza, superficie portance* force, surface portante; *fune portante* câble porteur; *onda portante* onde porteuse **2** (*loc.*) *ben portante, benportante* [*che appare in buona salute; che porta bene la propria età*] bien portant **II** *s.m.* [*ambio del cavallo*] amble.
portantina |portan'tina| *s.f.* **1** (*ant.*) chaise à porteurs **2** (*raro*) → **barella.**
portantino |portan'tino| *s.m.* **1** [*dipendente di ospedali addetto al trasporto di malati in barella o ad altri lavori di fatica*] brancardier **2** (*ant.*) [*chi trasportava persone con la portantina o con la bussola*] porteur.
portànza |por'tantsa| *s.f.* **1** capacité de charge: *portanza di una struttura, di un'armatura* capacité de charge d'une structure, d'une armature **2** (*aer.*) portance: *la portanza della superficie alare di un aereo* la portance de la surface alaire d'un avion.
portaoggètti |portaod'dʒɛtti| *s.m. inv.* porte-objet(s) *var.*
port(a)ombrèlli |port(a)om'brɛlli| *s.m. inv.* porte-parapluies.
portaórdini |porta'ordini| *s.m. inv.* [*incaricato del recapito di ordini o di altre comunicazioni urgenti*] courrier *var.*, messager* *var.*, estafette *f. var.*
portaòvo |porta'ɔvo| *s.m. inv.* → **portauovo.**
portapàcchi |porta'pakki| *s.m. inv.* **1** [*piccolo portabagagli applicato a biciclette e motociclette*] porte-bagages **2** [*chi recapita pacchi a domicilio*] garçon *var.* de courses, livreur* *s. var.*
portapénne |porta'penne| *s.m. inv.* **1** [*l'asticciola alla cui estremità s'infila il pennino metallico*] porte-plume **2** [*astuccio per custodire le penne*] trousse *f. var.*
portapiàtti |porta'pjatti| *s.m. inv.* **1** [*grande vassoio per portare i piatti in tavola*] plateau *var.* **2** [*rastrelliera su cui si fanno scolare i piatti*] égouttoir *var.*
portapipe |porta'pipe| *s.m. inv.* râtelier *var.* à pipes.
portaposàte |portapo'sate| *s.m. inv.* [*cassetta a più scomparti per riporre in ordine le posate*] casier *var.* à couverts.
portapuntina |portapun'tina| *s.m. inv.* (*tecnol.*) *il porta puntina del giradischi* le porte-aiguille du tourne--disque.

portaprànzi |porta'prandzi| *s.m. inv.* porte-dîner(s) *var.*

portaràzzi |porta'raddzi| *s.m. inv.* → **portamissili.**

portàre |por'tare| **A** *v.tr.* **I** (*sfera di accezioni in cui l'idea di movimento è prevalente*) **1** (*con sogg. di persona*) [*prendere, tenere su di sé o con sé, per spostare o trasferire*] porter; apporter; rapporter: *portare in braccio, in collo un bambino* porter un enfant dans ses bras, sur le cou; *portare un pacco, un peso* porter un paquet, un poids; *portare le valigie alla stazione* porter le valises à la gare; *portare un sacco in cantina* porter, apporter un sac à la cave; *portare in mano, sulle spalle, sulla testa* porter à la main, sur les épaules, sur la tête || *portare un regalo, un dono* apporter un cadeau, un don; *le hanno portato in regalo un vassoio d'argento* ils lui ont apporté (fait cadeau d')un plateau d'argent; *cameriere, mi porti il conto* garçon, (apportez-moi) l'addition, s'il vous plaît; *portami una tazza di caffè, per favore* apporte-moi une tasse de café, s'il te plaît; *vi ho portato q.c. da mangiare* je vous ai apporté qqch. à manger || *cosa ti ha portato dalla Francia?* qu'est-ce qu'il t'a rapporté de France? ◇ (*con sogg. di animali da soma o di veicoli*) transporter: *la macchina portava cinque persone* la voiture transportait cinq personnes; *è una nave che porta sigarette di contrabbando* c'est un bateau qui transporte des cigarettes de contrebande # *il cavallo portava con fatica il grosso carico* le cheval tirait avec peine le lourd chargement ◇ *loc.* PORTARE IN TAVOLA [*servire*] servir (21): *portare in tavola la minestra, il pane, il vino* servir le potage, le pain, le vin ✦ (*ass.*) *posso portare in tavola?* est-ce que je peux servir? ~ PORTARE QC. IN TRIONFO porter qqn. en triomphe: *dopo la vittoria fu portato in trionfo per le vie della città* après la victoire, on le porta en triomphe par (dans) les rues de la ville ◇ (*loc. fig.*) *portare uno alle stelle* porter qqn. aux nues ~ *portare uno in palma di mano* mettre qqn. sur un piédestal ~ *portare acqua al mare, legna al bosco, vasi a Samo, nottole ad Atene, cavoli a Legnaia* [*fare cose inutili*] porter de l'eau à la rivière **2** [*consegnare, recare, recapitare*] apporter: *portare una lettera, un telegramma* (ap)porter une lettre, un télégramme; *mi hanno portato proprio adesso questo pacco* ils viennent de m'apporter ce paquet ◇ (*fig.*) *portare una notizia* apporter une nouvelle; *ti porto i suoi saluti* je t'apporte son bon souvenir; il t'envoie le bonjour (*pop.*); *non mi hanno ancora portato la sua risposta* ils ne m'ont pas encore apporté sa réponse **3** [*accompagnare, condurre*] (em)mener (6), conduire (75): *lo portarono subito dal medico* ils l'emmenèrent, le conduisirent immédiatement chez le médecin; *portare i bambini a spasso, ai giardini* (em)mener les enfants en promenade, au square; *portare le pecore al pascolo* mener paître les moutons; *portare uno al cinema, all'ospedale, in questura* emmener qqn. au cinéma, à l'hôpital, au commissariat; *mi porti con te?* tu m'emmènes avec toi?; *portare qc. in prigione* conduire qqn. en prison ✦ (*ass.*) *questo sentiero porta a casa mia* ce sentier mène, conduit chez moi; *dove porta questa strada?* où conduit cette route?; *quest'autobus porta alla stazione* cet autobus va à la gare; *la scala porta in soffitta* l'escalier conduit au grenier ◇ (*per est.*) [*fare arrivare*] amener (6): *hanno portato l'elettricità anche in quel paesino di montagna* on a amené, porté l'électricité jusqu'à ce petit village de montagne # *porteranno l'acquedotto fin qui* on construira l'aqueduc jusqu'ici ◇ (*loc. fig.*) *portare a compimento, a termine, a buon fine* mener à bien, à terme, à bonne fin ~ *portare l'acqua al proprio mulino* [*fare i propri interessi*] apporter de l'eau à son moulin; prêcher pour son saint, sa paroisse ~ PORTARE ALLA TOMBA [*far morire*] emporter: *questo malanno mi porterà sicuramente alla tomba* cette maladie m'emportera certainement, me conduira au tombeau ~ *portare nella tomba un segreto* [*morire senza averlo rivelato*] emporter un secret dans la tombe ~ (*scherz.*) *qual buon vento ti porta?* quel bon vent t'amène? **4** [*guidare, saper condurre*] conduire: *portare l'automobile, un camion* conduire une automobile, un camion; *ancora non la porta bene la macchina* il ne sait pas encore bien conduire ◇ *loc.* PORTARE IN PORTO: (*pr.*) amener au port: *portare la nave in porto* conduire le navire au port; (*fig.*) [*concludere positivamente*] mener à bien: *portare in porto un'impresa, un affare* mener à bien une entreprise, une affaire **5** [*trascinare, trasportare*] entraîner: *andiamo dove ci porta la corrente* allons où nous entraîne le courant; *la corrente portava rami, carcasse e relitti di ogni genere* le courant entraînait des branches, des carcasses et des épaves de toutes sortes # *si lasciò portare dalle onde* il se laissa porter par les vagues ◇ (*fig.*) [*indurre, spingere*] *il suo temperamento lo porta a litigare con tutti* son tempérament le porte à se disputer avec tout le monde; *ecco a cosa ti porta l'orgoglio!* voilà à quoi ton orgueil t'a mené!; *la fame l'ha portato a chiedere l'elemosina* la faim l'a porté, l'a mené à la mendicité; *le tue parole mi portano a sperare bene* tes paroles me donnent lieu d'avoir bon espoir; *questo mi porta a credere che tu voglia ingannarmi* cela me porte à croire que tu veux me tromper ◇ (*loc.*) *che il diavolo ti porti* que le diable t'emporte; *che il diavolo se lo porti* que le diable l'emporte **6** [*recare con sé, arrecare*] amener: *le nubi portano pioggia, la tramontana il sereno* les nuages amènent la pluie, la tramontane ramène le beau temps; *gli insetti portano molte malattie* les insectes amènent bien des maladies ◇ (*fig.*) [*addurre, presentare*] apporter, fournir: *portare argomenti, testimonianze* apporter, fournir des arguments, des témoignages; *portano molte prove contro di lui* ils apportent bien des preuves contre lui; *ha portato valide giustificazioni a sostegno del suo operato* il a fourni des justifications valables pour soutenir sa conduite # *portare un esempio, un paragone* citer, donner comme exemple, comme comparaison ◇ (*loc.*) *portare aiuto (soccorso), assistenza* porter secours, assistance ~ (*fam.*) *portare bene, male* [*portare fortuna, sfortuna*] porter bonheur, malheur ~ PORTARE CONSIGLIO porter conseil: *la notte porta consiglio* la nuit porte conseil ~ *portare guerra* porter la guerre ~ *portare fortuna, sfortuna* porter bonheur, malheur ~ *portare iella, scalogna* porter la guigne, la poisse **7** [*prendere con sé, farsi accompagnare* (*spec. quando si viaggia*)] apporter: *ho portato solo una valigia* je n'ai apporté qu'une (seule) valise; *dove sono le provviste che hai portato?* où sont les provisions que tu as apportées? # *ho portato anche mia moglie e i bambini* ma femme et mes enfants sont (venus) avec moi; *non ho portato l'ombrello* je n'ai pas pris mon parapluie **8** (*in varie espressioni, il significato è determinato dall'avv. che l'accompagna*) ~ PORTARE AVANTI [*far progredire, svolgere*] poursuivre (52): *non ho tempo di portare avanti questo lavoro* je n'ai pas le temps de poursuivre ce travail ~ *portare in alto* [*sollevare, innalzare*] (*anche fig.*) soulever (6) ~ PORTARE GIÙ descendre (53): *portami giù la valigia!* descends ma valise! ~ *portare in lungo* [*protrarre*] traîner ~ PORTARE SU [*fare aumentare*] augmenter: *portare su i prezzi* augmenter les prix ~ *portare via* (*con compl. ogg. di cosa*) [*togliere, sottrarre con la violenza o con l'inganno*] emporter: *il vento gli portò via il cappello* le vent emporta son chapeau; *i ladri gli portarono via tutto* les voleurs lui ont tout emporté → **rubare** # *gli hanno portato via il posto* ils lui ont soufflé sa place; *porta via quei libri dalla scrivania* enlève ces livres du bureau ◇ (*con compl. ogg. di persona*) [*condurre con sé con la forza; far morire*] retirer, emmener; emporter: *portatelo via da qui, non voglio più vederlo* retirez-le d'ici, je ne veux plus le voir; *lo portarono via con le manette* ils l'emmenèrent avec les menottes || *un male incurabile l'ha portato via in poche settimane* une maladie incurable l'a emporté en quelques semaines **II** (*sfera di accezioni in cui l'idea di movimento manca o è irrilevante*) **1** [*avere, tenere su di sé o con sé*] porter: *portare un braccio al collo* porter, avoir un bras en écharpe; *la lettera non porta data* la lettre ne porte, n'a pas de date, n'est pas datée; *porta ancora i segni delle ferite* il porte encore les traces de ses blessures; *il libro porta un titolo curioso* le livre porte un titre curieux; *normalmente i vigili non portano armi* normalement, les agents ne portent pas d'armes ◇ [*reggere su di sé; essere in grado di sostenere un carico*] *lo stelo porta il fiore* la tige porte la fleur; *questo camion può portare solo venti quintali* ce camion ne peut transporter que deux tonnes, vingt quintaux ✦ (*ass.*) *quanto porta questa bilancia?* (jusqu'à) quel poids cette balance peut-elle peser? ◇ (*loc. fig.*) *portare un nome onorato, illustre* porter un nom illustre ~ *porta scritto in fronte la sua dabbenaggine* sa naïveté est écrite sur son visage ~ PORTARE (CHIUSO) IN CUORE porter dans son cœur: *porta chiuso in cuore il suo segreto* il porte, il a un secret dans son cœur ~ *portare pazienza* s'armer de patience → **pazientare** ◇ (*spec.*) être patient: *portare in seno un bambino, un figlio* [*essere incinta*] porter un

enfant dans son sein **2** [*avere indosso, abbigliarsi, acconciarsi*] porter: *portare un abito elegante, la pelliccia* porter une robe élégante, un manteau de fourrure; *portare i pantaloni corti* porter un short; *portare gli occhiali, le lenti a contatto* porter des lunettes, des verres de contact; *portare la barba, i capelli a zazzera* porter une longue barbe, les cheveux longs; *portare il lutto* porter le deuil; *la sposa portava l'abito bianco* la mariée portait une robe blanche; *porta la divisa solo quando è in servizio* il ne porte l'uniforme qu'en service # *che numero di scarpe porti?* quelle est ta pointure?, quelle pointure fais-tu?, quelle pointure chausses-tu? ◇ (*riferito a parti del corpo, per indicare un atteggiamento, un contegno particolare*) *portare la testa alta, bassa* porter la tête haute, basse; *portare il busto eretto* porter le buste bien droit ◇ (*loc. fig.*) *portare i calzoni* [*di moglie che comanda a bacchetta*] porter la culotte ~ *portare la testa alta* [*essere superbo*] être fier **3** (*fig.*) [*nutrire, provare, dimostrare*] *portare amore* aimer; *portare odio, rancore* nourrir une haine, une rancune; *portare rispetto alla vecchiaia* avoir du respect pour les vieux ◇ (*per est.*) [*favorire, proteggere*] soutenir (27), appuyer (11): *portare un candidato* soutenir, appuyer un candidat; *vincerà sicuramente il concorso, è portato dal presidente della commissione* il gagnera certainement le concours, il est appuyé, pistonné par le président de la commission # *vogliono portarti come loro rappresentante* ils veulent te présenter comme leur représentant **4** (*fig.*) [*sopportare*] supporter: *portare con dignità il proprio dolore, la propria miseria* supporter avec dignité sa douleur, sa misère; *devi portare le conseguenze dei tuoi errori* tu dois supporter les conséquences de tes erreurs ◇ (*loc.*) *portare bene, male il vino, l'alcool* bien, mal supporter le vin, l'alcool; tenir le vin, l'alcool ~ PORTARE BENE, MALE GLI ANNI, L'ETÀ ne pas porter, paraître (72) son âge; faire (45) plus vieux que son âge: *li porta bene i suoi quarant'anni* il ne porte, il ne paraît pas ses quarante ans ‖ *ha solo trent'anni, ma li porta male* il n'a que trente ans, mais il fait plus vieux que son âge ~ *portare la propria croce* porter sa croix ~ (*prov.*) *ambasciator non porta pena* ambassadeur ne porte pas douleur **5** [*produrre, causare*] porter: *il tuo sacrificio ha portato ottimi frutti* ton sacrifice a porté de très bons fruits; *la sua iniziativa non ha portato altro che lutti e rovine* son initiative n'a causé que deuils et ruines # *vedi che cosa ha portato la tua testardaggine?* tu vois à quoi a mené ton entêtement? **6** (*mat.*) [*fare il riporto*] retenir (27): *quattordici più sette fa ventuno* (14 + 7 = 21), *scrivo uno e porto due* quatorze plus (et) sept font vingt et un, j'abaisse (le) un et je retiens deux → **riportare**
B *v.pron. intr.* PORTARSI **1** [*recarsi, spostarsi*] se rendre (53), aller (13) *intr.*; se déplacer (2): *si portarono sul luogo del disastro* ils se rendirent sur le lieu de la catastrophe; *portarsi in testa, in coda* aller en tête, à la, en queue ‖ *portarsi al centro della strada* se déplacer vers le milieu de la chaussée; *la macchina si portò sul ciglio della strada* la voiture se déplaça vers le bord de la route # *portarsi sopravvento, sottovento* gagner au vent, tomber sous le vent **2** [*comportarsi, agire*] se comporter, se conduire: *portarsi con signorilità* se comporter avec distinction; *portarsi da galantuomo* se comporter, se conduire en honnête homme; *cerca di portarti bene!* essaie de te bien conduire **3** *portarsi* (*come*) *candidato* [*presentare e sostenere la propria candidatura*] se porter candidat **4** PORTARSI (BENE, MALE) [*essere in* (*buona, cattiva*) *salute*] se porter bien, mal: *come ti porti?* comment te portes-tu?, comment est ta santé?; *per l'età che ha, si porta bene* il se porte bien pour son âge.

portaritràtti |portari'tratti| *s.m. inv.* porte-photos.

portarivìste |portari'viste| *s.m. inv.* porte-revues.

portarocchétto |portarok'ketto| *s.m.* [*asta della macchina da cucire che porta il rocchetto*] porte-bobine.

portarossétto |portaros'setto| *s.m.* étui à rouge à lèvres.

portasapóne |portasa'pone| *s.m. inv.* **1** porte-savon (*var.*): *dei portasapone* des porte-savon(s) **2** [*scatoletta per riporvi e portare con sé una saponetta*] boîte *f. var.* à savon.

portascàlmo |portas'kalmo| *s.m.* (*mar.*) toletière *f. var.*, porte-dame (de nage).

portascì |porta'ʃi| *s.m. inv.* porte-skis.

portasciugamàno |portaʃʃuga'mano| *s.m.* [*arnese per reggere gli asciugamani*] porte-serviettes *inv.*

portasigarétte |portasiga'rette| *s.m. inv.* porte-cigarettes.

portasìgari |porta'sigari| *s.m. inv.* porte-cigares.

portaspàda |portas'pada| *s.m. inv.* porte-épée.

portaspazzolino |portaspattso'lino| *s.m. inv.* étui *var.* à brosse à dents.

portaspìlli |portas'pilli| *s.m. inv.* pelote *f. var.* à épingles.

portastàffe |portas'taffe| *s.m. inv.* porte-étriers.

portastànghe |portas'tange| *s.m. inv.* porte-brancard (*var.*): *dei portastanghe* des porte-brancards.

portastecchìni |portastek'kini| *s.m. inv.* porte-cure-dents.

portastendàrdo |portasten'dardo| *s.m.* **1** [*supporto o anello per sostenere lo standardo*] porte-étendard *inv.* **2** [*chi è addetto a portare lo stendardo*] porte-étendard.

portastuzzicadènti |portastuttsika'dɛnti| *s.m. inv.* → **portastecchini.**

portàta |por'tata| *s.f.* **1** [*ciascuna delle vivande servite in tavola durante un pranzo*] plat (*m.*): *un banchetto di dieci portate* un banquet de dix plats **2** [*la capacità massima di carico di un mezzo di trasporto*] charge, port *m.*, portée: *la portata di un autocarro, di un vagone ferroviario* la charge utile d'un autocar, d'un wagon ferroviaire; *la portata di un ascensore, di una teleferica* la charge maxima d'un ascenseur, d'un téléphérique; *quella nave ha una portata lorda, netta di dieci tonnellate* ce navire a un port, une portée en lourd, en marchandise de dix tonnes ◇ (*per anal.*) *la portata di una bilancia, di un amperometro* la portée d'une balance, d'un ampèremètre **3** [*la distanza massima a cui un'arma da fuoco può lanciare il proiettile*] portée: *un cannone a grandissima portata* un canon à longue portée → **gittata** ◇ (*per anal.*) *portata di un proiettore, di un radiotrasmettitore, di un cannocchiale* portée d'un projecteur, d'un poste émetteur, d'une lunette; *è fuori della portata della nostra vista* il est hors de (la portée de notre) vue ◇ (*loc.*) *a portata di voce* à (la) portée de voix ~ *a portata di mano*: (*pr.*) à (la) portée de (la) main; (*fig.*) [*in luogo vicino, comodo*] tout près: *mettimi la bottiglia dell'acqua a portata di mano* mets-moi la bouteille d'eau tout près, à portée (de main) ~ (*fig.*) ESSERE ALLA PORTATA DI QC. être à la portée de qqn.: *il suo discorso è alla portata di tutti* son discours est à la portée de tous; *questa pelliccia non è alla portata della mia borsa* cette fourrure n'est pas dans mes moyens, n'est pas à la portée de ma bourse **4** (*fis.*) débit (*m.*): *la portata di un fiume* le débit d'un fleuve **5** (*fig.*) portée: *un avvenimento politico di portata internazionale* un événement politique de portée internationale; *la portata di tale scoperta è incalcolabile* la portée d'une telle découverte est incalculable.

portatèssera |porta'tɛssera|, **portatèssere** |porta'tɛssere| *s.m. inv.* porte-carte(s).

portàtile |por'tatile| *agg.* portatif*: *televisore, macchina da scrivere portatile* téléviseur portatif, machine à écrire portative; *radio portatile* poste (de radio) portatif → **trasportabile** # *scala portatile* échelle pliante; *sedia portatile* chaise pliante.

1 **portàto** |por'tato| *agg.* **1** [*che ha una determinata disposizione, un'inclinazione naturale*] enclin, doué: *essere portato allo studio, al perdono* être enclin aux études, au pardon; *è un ragazzo poco portato per la matematica* c'est un garçon peu doué pour les mathématiques → **dotato, incline** **2** [*già usato*] usagé: *un abito portato* un habit usagé; *gli ha regalato un cappotto portato* elle lui a offert un manteau usagé **3** [*mosso, trascinato, travolto*] emporté: *una foglia portata dal vento* une feuille emportée par le vent ◇ (*fig.*) *essere portato dalle passioni* être emporté par les passions.

2 **portàto** |por'tato| *s.m.* **1** [*effetto, conseguenza*] effet, conséquence (*f.*): *ecco il tragico effetto, portato dei suoi stravizi!* voilà le tragique effet, la tragique conséquence de ses excès **2** (*lett.*) [*il frutto del concepimento*] enfant *s.* (*corr.*).

portatóre, trice |porta'tore, tri'tʃe| *s.* **1** porteur*: *i portatori della barella, del feretro* les porteurs de la civière, du cercueil ◇ (*fig.*) *portatore di sventura, di buone notizie* porteur de malheur, de bonnes nouvelles → **apportatore** **2** (*in escursioni, spedizioni, battute di caccia e sim.*) [*chi porta carichi o bagagli*] porteur: *i portatori della carovana* les porteurs de la caravane **3** (*banca, fin.*) porteur: *titoli al portatore* titres au porteur **4** (*med.*) porteur: *un portatore di virus* un porteur de virus; *è portatrice di una grave malattia* elle est porteuse d'un dangereux microbe.

portatovagliòlo |portatovaʎ'ʎɔlo| *s.m.* pochette *f.* à serviette; rond de serviette.

portauòva |porta'wɔva| *s.m. inv.* boîte *f. var.* à œufs.

portauòvo |porta'wɔvo| *s.m. inv.* [*piccolo calice in cui si tiene ritto l'uovo da mangiare a tavola*] coquetier *var.*

portautensili |portauten'sili| *s.m. inv.* porte-outil (*var.*): *dei portautensili* des porte-outil(s).

portavalóri |portava'lori| *s.m. inv.* convoyeur de fonds ✦ (*agg. inv.*) *cassetta portavalori* caisse de sécurité *loc.*

portavàsi |porta'vazi| *s.m. inv.* [*sostegno per vasi da fiori*] jardinière *f. var.* ◇ [*vaso di elegante fattura atto a contenerne un altro di terracotta con fiori*] cache-pot.

portavènto |porta'vɛnto| *s.m.* (*mus.*) porte-vent *inv.*

portavivànde |portavi'vande| *s.m. inv.* → **portapranzi.**

portavóce |porta'votʃe| *s.* **1** *s.m.inv.* [*tubo metallico per trasmettere la voce da un punto all'altro, a distanze limitate*] porte-voix ◇ (*pop.*) [*megafono*] porte-voix **2** *s. inv.* (*fig.*) [*chi parla per conto d'altri*] porte-parole: *il portavoce del ministero degli Interni, del presidente del Consiglio* le porte-parole du ministère de l'Intérieur, du président du Conseil; *sono i portavoce di una grande società industriale* ce sont les porte-parole, les agents de relations publiques d'une grande société industrielle ◇ (*spreg.*) [*chi ripete cose dette da altri*] *è il portavoce di tutte le maldicenze e i pettegolezzi* c'est lui qui répand tous les potins et tous les commérages.

portellino |portel'lino| *s.m.* (*raro*) → **oblò.**

portèllo |por'tɛllo| *s.m.* **1** (*in navi, aerei, costruzioni meccaniche*) [*porta di piccole dimensioni*] *portello delle murate* sabord; *portello della fusoliera* trappe *f.* du fuselage; *portello di una caldaia* porte *f.* d'une chaudière **2** [*porticina a un solo battente praticata in un portone*] portillon.

portellóne |portel'lone| *s.m.* (*in navi*) [*grosso portello*] sabord ◇ (*aerei*) trappe *f.*

portènto |por'tɛnto| *s.m.* [*fatto, avvenimento straordinario; prodigio, miracolo*] miracle: *operare portenti* faire des miracles; *non tutti credono nei portenti* tous ne croient pas aux miracles; tout le monde ne croit pas aux miracles ◇ (*fig., iperb.*) [*cosa eccezionale o persona prodigiosamente dotata, abile*] merveille *f.*, phénomène, prodige: *questa nuova medicina è un portento* ce nouveau médicament est une merveille; *quel pianista è un portento* ce pianiste est un phénomène; *quel ragazzo è un portento (d'intelligenza)* ce garçon est un prodige (d'intelligence).

portentosaménte |portentosa'mente| *avv.* [→ PORTENTOSO] prodigieusement.

portentóso |porten'toso| *agg.* [*che ha il carattere, la natura di portento; prodigioso, miracoloso*] miraculeux*: *guarigione portentosa* guérison miraculeuse ◇ (*iperb., fig.*) [*eccezionale, straordinario*] miraculeux; prodigieux*: *una medicina portentosa* un médicament miraculeux ‖ *un artista portentoso* un artiste prodigieux; *ha un'intelligenza portentosa* il a une intelligence prodigieuse ✦ *s.m.* (*con valore neutro*) qui tient du prodige (*loc.*): *un avvenimento, un fatto che ha del portentoso* un événement, un fait qui tient du prodige.

porticàto |porti'kato| **1** *s.m.* arcades (*f. pl.*): *la piazza è abbellita da un meraviglioso porticato* la place est embellie par de merveilleuses arcades **2** *agg.* [*fornito di portici*] à arcades (*loc. inv.*): *un cortile porticato* une cour à arcades.

pòrtico, ci |'pɔrtiko, tʃi| *s.m.* **1** (*arch.*) arcades *f. pl.*, porche: *i portici di Bologna* les arcades de Bologne; *passeggiare sotto i portici* se promener sous les arcades; *una basilica con un grande portico sulla facciata* une basilique avec un grand porche sur la façade **2** [*tettoia su pilastri destinata a deposito di veicoli e attrezzi* (*nelle fattorie*)] *hangar.

portièra |por'tjɛra| *s.f.* **1** portière: *un'automobile a due, a quattro portiere* une automobile à deux, à quatre portières **2** [*tenda pesante appesa davanti a una porta interna*] portière: *una portiera di velluto, di broccato* une portière de velours, de brocart.

portieràto |portje'rato| *s.m.* [*mansione di portiere*] conciergerie (*f.*): *spese di portierato* frais de conciergerie.

portière |por'tjɛre| *s.* **1** [*chi sorveglia e custodisce l'ingresso di edifici pubblici o privati e, talora, ha altre mansioni particolari*] concierge; portier*: *il portiere di uno stabile privato* le concierge d'un établissement privé; *le chiavi sono presso la portiera della scuola* les clés sont chez la concierge de l'école ‖ *sulla porta dell'albergo c'era il portiere in livrea* sur le seuil de l'hôtel se tenait le portier en livrée; *lavora come portiere in un magazzino* il travaille comme portier dans un magasin → **portinaio** **2** (*sport*) gardien *m.* de but, portier *m.*

portinàio, i |porti'najo, i| *s.* [*chi esercita la funzione di sorveglianza e di custodia all'ingresso di uno stabile privato o di sedi di comunità religiose*] concierge, portier*: *chiamare il portinaio* appeler le concierge; *chiedere informazioni alla portinaia* demander des renseignement à la concierge ✦ (*agg.*) *il frate portinaio, la suora portinaia* le frère portier, tourier, la (sœur) tourière.

portincènso |portin'tʃɛnso| *s.m. inv.* → **navicella** 2.

portinerìa |portine'ria| *s.f.* [*stanza, appartamento del portinaio; il servizio che costui svolge*] conciergerie: *un palazzo con portineria* un immeuble avec concierge, avec une conciergerie # *per informazioni rivolgersi in portineria* pour tous renseignements, s'adresser au concierge.

portinnèsto |portin'nɛsto| *s.m.* → **portainnesto.**

portinségna |portin'seɲɲa| *s.m. inv.* → **portainsegna.**

portland |'pɔ:tlənd| *s.m. inv.* (*ingl.*) portland *var.*

1 **pòrto** |'pɔrto| *s.m.* port: *porto naturale, artificiale, prefabbricato* port naturel, artificiel, préfabriqué; *porto mercantile, militare* port de commerce, militaire; *porto marittimo, fluviale* port maritime, fluvial; *entrare in porto* entrer dans le port ◇ (*loc.*) *porto canale* port chenal ~ *porto franco* port franc ~ PORTO DI MARE: (*pr.*) port de mer; (*fig.*) [*di luogo dove c'è un grande andirivieni di persone*] moulin: *la tua casa è un porto di mare* ta maison est comme un moulin ~ *essere, arrivare in porto*: (*pr.*) être arrivé; (*fig.*) [*al sicuro o alla fine di un lavoro, di un'impresa e sim.*] arriver à bon port ~ (*fig.*) *condurre in porto, a buon porto un affare* [*condurre favorevolmente a termine, a compimento*] mener à bien une affaire.

2 **pòrto** |'pɔrto| *s.m.* **1** *porto d'armi* [*il portare con sé un'arma al di fuori della propria abitazione*] port d'armes: *fu condannato per porto d'armi abusivo* il fut condamné pour port d'armes abusif ◇ [*il documento attestante l'autorizzazione a portare con sé armi*] (permis de) port d'armes; permis de chasse: *fu sorpreso senza il porto d'armi* il fut surpris sans son (permis de) port d'armes (sans son permis de chasse) **2** [*trasporto e recapito di merci con relativo costo*] port: *spese di porto a carico del mittente, del destinatario* frais de port payés; *porto assegnato* port dû; *franco di porto* franc, franco de port; *pagare il porto della merce* payer le port de la marchandise.

3 **pòrto** |'pɔrto| *s.m. inv.* [*vino pregiato prodotto nei dintorni di Oporto*] porto *var.*

portogàllo |porto'gallo| *s.m.* (*region.*) → **arancio.**

portoghése |porto'gese| **I** *agg.* **1** [*del Portogallo*] portugais: *lo Stato, il popolo portoghese* l'état, le peuple portugais **2** (*pasticceria*) *latte alla portoghese* lait de poule **II** *s.* **1** *s.m. il portoghese* [*la lingua*] le portugais **2** *s.* (*fig., scherz.*) [*chi riesce a entrare in teatro o in altrò luogo di spettacolo senza pagare il biglietto*] resquilleur*: *fare il portoghese* faire le resquilleur; *i portoghesi non mancano mai* il y a toujours des resquilleurs.

portolàno |porto'lano| *s.m.* (*mar.*) portulan; instructions *f. pl.* nautiques.

portombrèlli |portom'brɛlli| *s.m. inv.* → **portaombrelli.**

portóne |por'tone| *s.m.* [*porta principale d'ingresso di notevoli dimensioni* (*di un palazzo*)] grande porte *f.*, porte principale.

portoricàno |portori'kano| *agg.* [*di Portorico*] portoricain: *il popolo portoricano* le peuple portoricain.

portòro |por'tɔro| *s.m.* (*min.*) portor.

portuàle |portu'ale| *agg.* portuaire: *strutture, istallazioni portuali* structures, installations portuaires # *polizia portuale* police du port ✦ (*s.m.*) *i portuali* [*i lavoratori dei porti*] les ouvriers des ports, les dockers; *è in corso uno sciopero dei portuali* une grève des dockers, des ouvriers des ports est en cours.

portuàrio, i |portu'arjo, i| *agg.* (*raro*) → **portuale.**

portulàca, che |portu'laka, ke| *s.f.* (*t.bot.*) pourpier *m.*

Portulacàcee |portula'katʃe| *s.f. pl.* (*t.bot.*) Portulacacées.

portùno |por'tuno| *s.m.* (*t.zool.*) portune.

portuóso |portu'oso| *agg.* riche en ports: *costa, regione portuosa* côte, région riche en ports.

porzióne |por'tsjone| *s.f.* **1** portion: *una porzione di terreno, di eredità* une portion de terrain, d'héritage; *dividere il patrimonio in porzioni uguali, giuste* diviser le patrimoine en portions égals, justes ◇ (*fig.*) part: *anche lui ha avuto la sua porzione di* *guai* il a eu, lui aussi, sa part d'ennuis **2** [*la quantità di cibo a disposizione di ogni commensale*] portion, part: *una porzione scarsa, abbondante* une maigre, une abondante portion; *una porzione di pastasciutta, di dolce* une portion de pâtes, une part de gâteau; *fare le porzioni* diviser en parts.

pos- |pɔs| *pref.* → **post-**.

posa- |posa| *pref.* (*significa 'collocazione o supporto', corrisponde gener. a*) porte-: *posamolle* porte-pincettes # *posamine* mouilleur de mines; *posacavi* câblier.

pòsa |'pɔsa| *s.f.* **1** [→ POSARE A] pose: *la posa della prima pietra* la pose de la première pierre # *la posa di un cavo sottomarino, di una mina* l'immersion d'un câble sous-marin, d'une mine **2** [→ POSARE B 3] pose: *posa lunga, breve* pose longue, brève; *stare in posa per venti minuti, per un'ora* garder la pose pendant vingt minutes, pendant une heure; *necessitano ancora altre pose per finire il ritratto* il faut encore d'autres séances de pose pour le portrait ◇ (*per est.*) [*l'atteggiamento, la posizione assunta da chi deve essere ritratto*] *posa naturale, sforzata, solenne, languida* pose naturelle, artificielle, solennelle, langoureuse ◇ (*loc.*) *mettersi in posa*: (*pr.*) prendre la pose, poser; (*fig.*) [*assumere un atteggiamento non naturale*] prendre des poses **3** (*fig.*) [*comportamento, atteggiamento studiato, affettato*] air *m.*; pose: *con le sue pose da superuomo si rende ridicolo* avec ses airs de surhomme il se rend ridicule ‖ *lo fa per posa* elle le fait par pose **4** (*foto.*) pose: *tempo di posa* temps de pose; *posa lunga, breve* pose longue, brève; *una posa di un cinquantesimo di secondo* une pose d'un cinquantième de seconde ◇ [*ripresa fotografica e fotografia eseguita con una esposizione di luce superiore al secondo*] pose; photo: *fare una posa* faire une pose ‖ *la posa è un po' mossa* la photo est un peu floue ◇ [*ciascuna delle immagini ricavabili su una pellicola di determinata lunghezza*] photo: *un rullino fotografico di 20 pose* un rouleau (un film) de 20 photos, clichés ◇ (*cine.*) *teatro di posa* théâtre de pose **5** [*sedimento, deposito*] dépôt *m.* # *la posa del vino* la lie du vin **6** (*anat., lett.*) [*sosta, pausa*] répit *m.* (*corr.*) ◇ *loc. corr.* SENZA POSA [*incessantemente*] sans répit: *affannarsi senza posa* s'agiter sans répit.

posacàvi |posa'kavi| *agg. e s.f. inv.* (*mar.*) (*nave*) *posacavi* (navire) câblier *m. var.*

posacènere |posa'tʃenere| *s.m. inv.* → **portacenere.**

posafèrro |posa'fɛrro| *s.m. inv.* pose-fer (à repasser) (*var.*): *dei posaferro* des pose-fers.

posamìne |posa'mine| *agg. e s.m. inv.* (*mar.*) (*nave, sommergibile*) *posamine* mouilleur *s.m. var.* de mines.

posamòlle |posa'mɔlle| *s.m. inv.* porte-pincettes.

posapiàno |posa'pjano| *s. inv.* (*scherz.*) [*persona lenta e placida*] lambin *var.* (*fam.*); tortue (*f. var.*): *essere un posapiano* être un lambin ‖ *che posapiano, quella donna!* quelle tortue, cette femme!

posàre |po'sare| **A** *v.tr.* [*deporre, mettere giù*] poser, mettre (71): *posare il piatto sul tavolo* poser l'assiette sur la table; *posare a terra la valigia* poser la valise par terre; *posò il bimbo nella culla* elle mit, posa l'enfant dans son berceau → **adagiare**; *posa subito quell'arma!* pose tout de suite cette arme!; *gli posò una mano sulla spalla* elle posa sa main sur son épaule; *posò la testa sul cuscino* il posa sa tête sur le coussin → **appoggiare**; *l'accento deve essere posato sulla sillaba tonica* l'accent doit être mis sur la syllabe tonique ◇ (*fig., lett.*) [*sedere, calmare*] calmer ◇ (*loc.*) *posare gli occhi su qc., su q.c.*: (*pr.*) poser les yeux sur qqn., qqch.; (*fig.*) [*avere interessi particolari*] jeter son dévolu sur qqn., qqch. **B** *v.intr.* (*aus.* '*avere*') **1** [*poggiare*] reposer: *il ponte posa su pilastri* le pont repose sur des piliers; *l'edificio posa sulla viva roccia* l'édifice repose sur la roche ◇ (*fig.*) [*fondarsi*] *l'ipotesi posa su validi elementi* l'hypothèse repose sur des éléments valables; *il mio ragionamento posa sui fatti* mon raisonnement repose sur des faits **2** (*di liquidi*) [*lasciar depositare le particelle contenute in sospensione*] déposer: *lasciar posare il vino, il caffè* laisser déposer le vin, le café **3** [*mettersi, stare in un certo atteggiamento per farsi ritrarre* (*da un pittore*)] poser: *ha posato per molti pittori* elle a posé pour de nombreux peintres; *posare per foto pubblicitarie* poser pour des photos publicitaires ◇ (*fig.*) [*assumere degli atteggiamenti ostentati, affettati, darsi delle arie*] poser: *finiscila di posare a superuomo!* arrête de poser au surhomme!; *quella ragazza posa continuamente* cette fille pose continuellement **4** (*lett.*) → 1 **riposare, giacere** **C** *v.pron.* POSARSI **1** *rifl.* [*fermarsi, appoggiarsi*] se poser: *l'uccello andò a posarsi su un ramo* l'oiseau alla se poser sur une branche; *le api si posavano sui fiori* les abeilles se posaient sur les fleurs **2** *intr.* [→ *pron.* 1] tomber *intr.*; se déposer: *la neve si posa sui tetti* la neige tombe sur les toits ‖ *la polvere si posa dappertutto* la poussière se dépose partout.

posaréti |posa'reti| *s.f. inv.* navire *m.* pose-filets.

1 **posàta** |po'sata| *s.f.* **1** [*utensile da cucina e da tavola, spec. coltello, forchetta e cucchiaio*] couvert (*m.*): *un servizio di posate di acciaio inossidabile* un service de couverts en acier inoxydable; *mettere le posate in tavola* mettre les couverts sur la table; *cambiare le posate* changer les couverts; *è caduta una posata* un couvert est tombé **2** (*per est.*) [*coperto*] couvert: *aggiungi una posata per il nuovo venuto* ajoute un couvert pour le nouvel arrivé, le nouveau convive.

2 **posàta** |po'sata| *s.f.* (*raro*) **1** → **sosta, fermata** **2** → **posatura.**

posataménte |posata'mente| *avv.* [→ POSATO] posément.

posaterìa |posate'ria| *s.f.* [*assortimento, servizio di posate*] couverts (*m. pl.*): *un negozio, una fabbrica di posateria* un magasin, une fabrique de couverts; *ha messo in tavola la posateria d'argento* il a mis sur la table les couverts d'argent.

posatézza |posa'tettsa| *s.f.* [*equilibrio, pacatezza, riflessività*] calme (*m.*): *è stato di una posatezza ammirevole* il a fait preuve d'un calme admirable.

posàto |po'sato| *agg.* posé: *è un ragazzo molto posato* c'est un garçon très posé → **equilibrato, assennato** Ⓒ **impulsivo.**

posatóio i |posa'tojo, i| *s.m.* [*supporto* (*di una gabbia*) *su cui si posano i polli o gli uccelli in cattività*] perchoir, juchoir.

posatóre, trice |posa'tore, tri-tʃe| *s.* **1** poseur* *m.* # *posatore di cavi sottomarini* spécialiste de la pose de câbles sous-marins, officier de câblier **2** (*fig.*) [*chi assume pose, atteggiamenti ostentati e innaturali*] poseur* (*s.*): *che gran posatrice, quella ragazza!* quelle grande poseuse, cette fille!

posatùra |posa'tura| *s.f.* [*il sedimento, il deposito di un liquido sul fondo di un recipiente*] dépôt (*m.*): *la posatura dell'olio, del caffè* le dépôt de l'huile, du café.

pòscia |'pɔʃʃa| *avv.* (*lett.*) [*dopo, poi, in seguito*] après (*corr.*), puis (*corr.*), ensuite (*corr.*) ◇ (*loc. cong.*) *poscia che, posciaché*: (*con valore temporale*) [*dopo che*] après que; (*con valore caus.*) [*poiché*] puisque.

poscrìtto |pos'kritto| *s.m.* post-scriptum *inv.*

posdatàre |posda'tare| *e deriv.* → **postdatare** *e deriv.*

posdomàni |posdo'mani| *avv.* → **dopodomani.**

posidònia |pozi'dɔnja| *s.f.* (*t.bot.*) épi *m.* d'eau.

positiva |posi'tiva| *s.f.* (*foto.*) épreuve (positive): *una positiva a colori* une épreuve, une photographie en couleurs.

positivaménte |pozitiva'mente| *avv.* **1** [→ POSITIVO 1] objectivement: *ragionare positivamente* raisonner objectivement → **concretamente, oggettivamente** **2** [→ POSITIVO 2] sûrement, certainement: *la notizia è positivamente vera* la nouvelle est sûrement, certainement vraie → **sicuramente** **3** [→ POSITIVO 4] favorablement: *il suo libro è stato giudicato positivamente dalla critica* son livre a été favorablement reçu par la critique **4** [→ POSITIVO 5] affirmativement: *rispondere positivamente* répondre affirmativement.

positivismo |positi'vizmo| *s.m.* **1** (*filos.*) positivisme **2** [*atteggiamento mentale, tendenza informata a spirito pratico, concretezza*] positivisme.

positivìsta |positi'vista| *s.* **1** (*filos.*) positiviste **2** [*chi ha spirito pratico, concreto, positivo*] positiviste.

positivistico, ci, ca, che |positi'vistiko, tʃi, ka, ke| *agg.* positiviste: *scuola positivistica* école positiviste.

positività |positivi'ta| *s.f. inv.* (*filos., scient.*) positivité *var.*

positivo |pozi'tivo| *agg.* **1** positif*: *conoscenza, certezza positiva* connaissance, certitude positive; *un metodo positivo* une méthode positive; *le scienze positive* les sciences positives → **sperimentale, oggettivo** **2** (*per est.*) [*sicuro, certo*] sûr, positif: *questo è positivo, (che) nessuno di voi era presente* ce qui est sûr, c'est qu'aucun d'entre vous n'était présent; *per ora questo è l'unico elemento positivo* pour l'instant, c'est le seul élément positif ◇ (*come inciso o risposta affermativa*) certainement *avv.*, pour sûr *loc.* (*pop.*): *lui, positivo, non* *sarà d'accordo* lui, certainement, pour sûr, il ne sera pas d'accord; '*credi di farcela?*' '*positivo!*' 'tu penses y arriver?' 'certainement!' ◇ *loc.* È POSITIVO CHE il est certain que: *è positivo che egli non voleva farti del male* il est certain qu'il ne voulait pas te faire (de) mal ~ *loc. avv.* DI POSITIVO [*con certezza*] tout à fait sûr: *lo so di positivo* j'en suis tout à fait sûr ✦ *s.m.* (*con valore neutro*) *per ora non so nulla di positivo* pour l'istant, je ne sais rien de sûr, de certain; *cosa c'è di positivo in quello che si dice sul tuo conto?* qu'est-ce qu'il y a de vrai dans ce qu'on dit sur ton compte? **3** [*pratico, concreto, risoluto*] positif: *una mente positiva* un esprit positif; *mi pare un uomo positivo* c'est, me semble-t-il, un homme positif **4** [*vantaggioso, utile, favorevole*] positif: *i lati positivi di un fatto* les côtés positifs d'un fait; *questo è l'unico aspetto positivo della questione* c'est le seul aspect positif de la question; *la vicenda ha avuto un esito positivo* l'affaire a eu une issue positive; *i risultati non sono stati molto positivi* les résultats n'ont pas été très positifs **5** [*affermativo*; *che conferma una previsione, una possibilità*] affirmatif*, positif: *ricevere, dare una risposta positiva* recevoir, donner une réponse affirmative, positive; *l'indagine s'è conclusa in modo positivo* l'enquête s'est terminée d'une façon positive ◇ (*med.*) *un'analisi positiva* le résultat positif d'une analyse **6** (*dir.*) *diritto positivo* droit positif ◇ (*fis.*) *elettricità positiva* électricité positive; *polo positivo* pôle positif ◇ (*foto.*) *immagine positiva* image positive → **positiva** ◇ (*ling.*) *aggettivo, avverbio* (*di grado*) *positivo* adjectif, adverbe positif ◇ (*mat.*) *numeri positivi* nombres positifs ◇ (*mus.*) *organo positivo* positif *s.m.* © 4; 5 **negativo.**

positóne |posi'tone| *s.m.* → **positrone.**

positróne |posi'trone| *s.m.* (*fis.*) positon.

posit(r)ònio, i |posi't(r)ɔnjo, i| *s.m.* (*fis.*) positonium.

positùra |posi'tura| *s.f.* [*posizione*] position: *dormire in una positura scomoda* dormir dans une position incommode.

posizionàle |pozittsjo'nale| *agg.* (*fis.*) *forza posizionale* force de champ *loc. inv.*

posizióne |posit'tsjone| *s.f.* **1** position, situation: *posizione ridente, soleggiata, centrale, periferica* position riante, ensoleillée, centrale, périphérique; *la posizione di un terreno, di un edificio, di una città* la position, la situation d'un terrain, d'un édifice, d'une ville; *la posizione di una nave, di un aereo* la position d'un navire, d'un avion; *la posizione astronomica della Terra, di una stella* la position astronomique de la Terre, d'une étoile; *luci di posizione* feux de position; *bisogna cambiare posizione a quel mobile* il faut changer ce meuble de place, il faut changer la place de ce meuble # *la villa si trova in ottima posizione* la villa est très bien située ◇ (*ling.*) *sillaba lunga per posizione* syllabe longue par position ◇ (*mil.*) *una posizione strategica* une position stratégique; *guerra di posizione* guerre de position; *attaccare le posizioni nemiche* attaquer les positions ennemies ◇ (*sport*) *le posizioni di testa, di coda* les premières, les dernières places ◇ (*loc. fig.*) *prendere posizione* [*schierarsi pro o contro*] prendre position **2** [*il modo in cui è messo, atteggiato un oggetto, il corpo o una parte di esso*] position: *un'arma in posizione di sparo* une arme en position de tir; *una posizione comoda, provocante, sconveniente* une position commode, provocante, peu convenable; *la posizione delle braccia e delle gambe è sbagliata* la position des bras et des jambes ne va pas; *s'è messo già in posizione per il lancio* il s'est dejà mis en position pour le lancement # *in posizione d'attenti, di riposo* au garde-à-vous, au repos **3** (*fis.*) [*condizione, situazione particolare*] position, situation: *posizione delicata, imbarazzante, difficile* position, situation délicate, embarrassante, difficile; *posizione giuridica, sociale, fiscale* position juridique, sociale, fiscale; *la posizione scolastica di uno studente* la situation scolaire d'un élève ◇ [*stato sociale ed economico*] *nella sua posizione può fare ciò che vuole* dans sa position, il peut faire ce qu'il veut; *s'è fatto un'ottima posizione* il s'est fait une excellente situation ◇ (*banca*) *posizione di un cliente* position d'un client **4** (*fig.*) [*convinzione, opinione*] position: *posizione superata, antiquata* position dépassée, arriérée; *è fermo sulle proprie posizioni* il reste sur ses positions; *ha difeso validamente la sua posizione politica* il a efficacement défendu sa position politique.

poslimìnio, i |pozli'minjo, i| *s.m.* → **postliminio.**

poslùdio, i |poz'ludjo, i| *s.m.* → **postludio.**

posologìa, gie |pozolo'dʒia, dʒie| *s.f.* posologie.

pospórre |pos'porre| (168) *v.tr.* **1** [*collocare, mettere dopo*] placer (2), mettre (71) après: *posporre il cognome al nome* placer, mettre le nom après le prénom ◇ (*fig.*) faire (45) *intr.* passer après: *si deve posporre la ricchezza all'onore* on doit faire passer la richesse après l'honneur; honneur passe richesse **2** (*raro*) → 2 **differire, posticipare** © 1 **anteporre, preporre.**

pospositìvo |posposi'tivo| *agg.* (*ling.*) postpositif*: *pronome pospositivo* pronom postpositif.

posposizióne |pospozit'tsjone| *s.f.* [→ POSPORRE 1] postposition.

pospósto |pos'posto| *agg.* [*messo, collocato dopo*] mis, placé après: *aggettivo posposto al nome* adjectif mis, placé après le nom.

pòssa |'pɔssa| *s.f.* (*lett.*) [*forza, vigore, potenza*] force (*corr.*), vigueur (*corr.*), puissance (*corr.*) ◇ (*loc. avv.*) *a tutta possa* [*con tutte le forze*] de toutes ses forces.

possànza |pos'santsa| *s.f.* (*arc., lett.*) → **potenza, forza.**

possedére |posse'dere| (183) *v.tr.* **1** [*avere in proprietà, in possesso*] posséder (8): *possedere un'arma, una villa* posséder une arme, une villa; *possedere grandi ricchezze* posséder de grandes richesses; *possiede la maggioranza delle azioni di quella società* il possède la majorité des actions de cette société; *l'Inghilterra possedeva estesissime colonie* l'Angleterre possédait de très vastes colonies ◇ [*avere in sé*] *possiede molte virtù* il possède de nombreuses vertus; *possiede una bellissima voce* il possède une très belle voix ✦ *ass.* [*essere ricco*] *è uno che possiede* c'est quelqu'un qui a du bien **2** (*fig.*) [*padroneggiare, dominare*] posséder: *essere posseduto dalla gelosia, dal demonio* être possédé par la jalousie, par le démon; *era posseduto da un'insaziabile cupidigia di denaro* il était possédé par une insatiable avidité pour l'argent ◇ [*conoscere molto bene*] *possedere una arte, un mestiere* posséder un art, un métier; *possiede molte lingue* il connait, possède plusieurs langues ◇ (*loc.*) *possedere una donna* [*unirsi carnalmente con lei*] posséder (*volg.*), connaître une femme **3** (*lett.*) → **occupare, popolare.**

possediménto |possedi'mento| *s.m.* **1** [*proprietà fondiaria, tenuta*] propriété (*f.*): *passa la vita nei suoi possedimenti* il passe sa vie dans ses propriétés; *ha venduto quasi tutti i suoi possedimenti* il a vendu presque toutes ses propriétés ◇ [*il territorio extra-metropolitano di uno Stato*] possession (*f.*): *i possedimenti olandesi delle Indie* les possessions hollandaises aux Indes **2** (*raro*) → **possesso** 1.

posseditóre, trice |posseddi'tore, tritʃe| *s.* (*raro*) → **possessore.**

possedùto |posse'duto| *agg. e s.* possédé: *pareva un* (*giovane*) *posseduto dal demonio* on aurait dit un (jeune) possédé du démon → **ossesso, indemoniato.**

possènte |pos'sɛnte| *agg.* (*lett.*) → **potente.**

possenteménte |possente'mente| *avv.* [→ POSSENTE] puissamment.

possessióne |posses'sjone| *s.f.* (*raro*) **1** → **possesso** **2** → **possedimento.**

possessività |possesivi'ta| *s.f. inv.* (*psicol.*) possessivité *var.*

possessìvo |posses'sivo| *agg.* possessif*: *istinto, temperamento possessivo* instinct, tempérament possessif; *ha assunto un atteggiamento possessivo nei confronti dei figli* elle a pris une attitude possessive vis-à-vis de ses enfants ◇ (*gram.*) *aggettivi, pronomi possessivi* adjectifs, pronoms possessifs.

possèsso |pos'sɛsso| *s.m.* **1** [→ POSSEDERE 1] possession (*f.*): *il possesso di una casa, di un terreno, di un titolo* la possession d'une maison, d'un terrain, d'un titre; *essere, entrare, tornare in possesso di una somma* être, entrer, rentrer en possession d'une somme (d'argent); *prendere possesso di una carica, della diocesi* prendre possession d'une charge, du diocèse; *ha già preso possesso dell'appartamento* il a déjà pris possessions de l'appartement; *è venuto in possesso di importanti informazioni* il a réussi à entrer en possession d'informations importantes # *è stato trovato in possesso di documenti compromettenti* on l'a trouvé porteur de documents compromettants **2** *spec. al plur.* [*possedimento*] possessions, domaines: *quasi tutti i possessi coloniali europei hanno ottenuto l'indipendenza* presque toutes les possessions coloniales des puissances européennes ont obtenu leur indépendance; *ogni giorno visita i suoi possessi* il visite tous les jours ses domaines # *è un riccone, ha possedimenti sterminati* c'est un richard, il a des biens immenses → **proprietà** **3** [→ POSSEDERE 2] possession: *avere il possesso, essere nel* (*pieno*) *possesso delle proprie facoltà mentali* être en (pleine) possession de ses facultés mentales # *avere il perfetto possesso di una lingua, di un'arte* avoir la maîtrise, la parfaite connaissance d'une langue, d'un art → **padronanza** **4** (*dir.*) possession: *possesso legittimo, di fatto* possession légitime, de fait; *acquistare, perdere il possesso di un bene* entrer en possession, perdre la possession d'un bien.

possessóre |posses'sore|, **posseditrice** |possedi'tritʃe|, (*raro*) **possessóra** |posses'sora| *s.* (*dir.*) possesseur (*m.*): *il legittimo possessore di un bene* le légitime possesseur d'un bien.

possessòrio, i |posses'sɔrjo, i| *agg.* (*dir.*) possessoire: *azione possessoria* action possessoire; *giudizio possessorio* jugement possessoire.

possibile |pos'sibile| *agg.* **1** possible: *un evento possibile* un événement possible; *valutare le possibili conseguenze* tenir compte des conséquences possibles; *per chi vuole, tutto è possibile* à qui veut vraiment, tout est possible; *ha tentato tutte le strade possibili* il a essayé tous les moyens possibles; *non è possibile che le cose stiano proprio così* il n'est pas possible que les choses en soient vraiment là # *non mi è stato possibile fartelo sapere* il m'a été impossible de te le faire savoir; *è una cosa possibile a farsi* c'est une chose qui peut se faire ◇ (*in usi ell.*) *verrò domani, se possibile* je viendrai demain, si (c'est) possible ◇ (*raff.*) *il più tardi possibile* le plus tard possible; *il più presto possibile* le plut tôt possible; *nel miglior modo possibile* le mieux possible; *cercherò di farlo con la maggior diligenza possibile* je m'appliquerai à le faire avec le plus grand soin possible ◇ (*in alcune frasi interrog. esprime 'incredulità, stupore'*) *è mai possibile?* pas possible?, c'est pas vrai?, est-ce possible?; *ma ti pare possibile che non lo sappia ancora?* te semble-t-il possible qu'il ne le sache pas encore?; *possibile che tu non ti sia accorto di niente?* est-il possible que tu ne te sois aperçu de rien? ◇ (*in risposte, indica 'probabilità'*) *'credi che ci telefoneranno domani?' 'possibile!'* 'crois-tu qu'ils nous téléphoneront demain?' 'c'est possible' ♦ (*s.m.*) *farò il possibile per accontentarlo* je ferai mon possible pour le contenter; *nei limiti del possibile, lo aiuterò* je l'aiderai dans toute la mesure du possible **2** (*raro, fig.*) [*tollerabile, passabile, discreto*] possible (*fam.*): *quella che fai tu non è più una vita possibile* la vie que tu mènes est vraiment impossible, n'est vraiment pas possible Ⓒ **impossibile.**

possibilismo |possibi'lizmo| *s.m.* possibilisme: *possibilismo politico* possibilisme politique.

possibilista |possibi'lista| *s.* possibiliste ♦ (*agg.*) *corrente possibilista* courant, tendance possibiliste.

possibilistico, ci, ca, che |possibi'listiko, tʃi, ka, ke| *agg.* possibiliste: *atteggiamento possibilistico* attitude possibiliste; *correnti possibilistiche* courants, tendances possibilistes.

possibilità |possibili'ta| *s.f. inv.* **1** possibilité (*var.*): *il mondo della possibilità* le monde de la possibilité → **eventualità, probabilità** # *le possibilità di successo sono poche* les chances de succès sont maigres **2** [*la capacità, la facoltà, la condizione di fare q.c.*] possibilité: *avere, non avere la possibilità di difendersi* avoir, ne pas avoir la possibilité de se défendre; *non sono nella possibilità di aiutarti* je n'ai pas la possibilité, les moyens de t'aider **3** *spec. al plur.* [*i mezzi a disposizione, spec. economici*] [*mezzi morali*] possibilités, qualités ◇ [*mezzi materiali*] moyens (*m.*): *contribuirò nel limite delle mie possibilità* j'y contribuerai dans la mesure de mes moyens → **capacità, attitudine** Ⓒ 1 **impossibilità, inattuabilità.**

possibilménte |possibil'mente| *avv.* [*nei limiti del possibile*] si (cela est) possible (*loc.*): *possibilmente, telefonerò domani* si (cela m'est) possible, je téléphonerai demain.

possidènte |possi'dɛnte| *s.* [*chi possiede beni immobiliari*] propriétaire: *un piccolo, un ricco possidente di campagna* un petit, un riche propriétaire terrien.

post- |pɔst|, (*anche*) **pos-** |pɔs| (*davanti a cons.*) *pref.* (*indica 'posteriorità nel tempo o nello spazio', corrisponde gener. a*) post(-): *postdatare* postdater; *postdentale* postdental; *poscritto* post-scriptum # *postbellico* de l'après-guerre Ⓒ **pre-, ante-, anti-.**

pòsta |'pɔsta| *s.f.* **1** poste: *posta aerea, pneumatica, ordinaria* poste aérienne, pneumatique, ordinaire; *il ministero delle Poste e Telecomunicazioni* le ministère des Postes et Télécomunications; *un funzionario delle poste* un employé des Postes; *spedire per posta* envoyer, expédier par la poste; *servirsi della posta* se servir de la poste # *rispondere a* (*stretto*) *giro di posta* répondre par retour du courrier ◇ [*l'edificio sede degli uffici di tale servizio*] *andare alla posta* aller à la poste ◇ [*la corrispondenza stessa*] courrier (*m.*): *posta in partenza* courrier à expédier, départ; *posta in arrivo* courrier arrivé, arrivée; *la distribuzione della posta* la distribution du courrier; *leggere la posta* lire le courrier; *rispondere alla posta* répondre au courrier, faire son courrier ◇ (*per est.*) [*rubrica di periodici, trasmissioni e sim.*] *piccola posta* courrier des lecteurs; *posta degli emigranti* courrier des émigrants ◇ *loc. avv. o agg.* FERMO POSTA, FERMOPOSTA poste restante: *spedire fermo posta* adresser poste restante; *ho ricevuto una lettera fermoposta* j'ai reçu une lettre poste restante **2** [*la somma puntata al gioco o scommessa*] mise, enjeu (*m.*): *posta alta, bassa* mise élevée, basse; enjeu élevé, bas; *stabilire la posta minima, massima* fixer la mise minimum, maximum; *raddoppiare la posta* doubler la mise; *ha perso la posta della scommessa* il a perdu l'enjeu du pari ◇ (*fig.*) [*ciò che è oggetto di una competizione, di un'impresa; ciò che è in palio*] *la posta in gioco è molto alta* l'enjeu est très important # *la posta non vale il rischio* le jeu n'en vaut pas la chandelle **3** (*caccia*) affût (*m.*): *stare, mettersi, aspettare alla posta* être à l'affût, aux aguets; *ogni cacciatore aveva la sua posta* chaque chasseur avait son affût → **appostamento** ◇ (*loc. fig.*) *fare la posta a qc.* [*aspettarlo al varco*] épier, guetter qqn. ◇ (*pesca*) *reti da posta* filets à poste ◇ (*mar.*) *àncora di posta* ancre de bossoir **4** (*loc. avv.*) *a posta* → **apposta** ~ *a bella posta* [*deliberatamente*] exprès **5** (*ant.*) [*stazione di fermata delle diligenze e delle corriere*] poste, relais (*m.*): *cavalli, vetture di posta* chevaux de poste, malle-poste; *scese alla prima posta* il descendit à la première poste, au premier relais ◇ (*per est.*) [*la diligenza e la corriera stessa*] malle-poste, malle.

postagiro |posta'dʒiro| *s.m.* virement postal*: *il versamento è stato effettuato per postagiro* le versement a été effectué par virement postal.

postàle |pos'tale| *agg.* de poste *loc. inv.*, postal*: *ufficio postale* bureau de poste; *servizio, amministrazione postale* service postal, administration postale; *spese postali* frais de poste; *cartolina postale* carte postale; *pacco postale* colis postal; *casella postale* boîte postale (*abbrev.* B.P.); *vaglia postale* chèque postal; *conto corrente postale* compte de chèques postaux (C.C.P.); *codice di avviamento postale* (*C.C.P.*) codification postale (C.P.) # *cassetta postale* boîte aux lettres; *un impiegato, un ufficiale postale* un employé des Postes; *biglietto postale* carte-lettre ◇ [*che fa servizio di posta*] postal: *aereo postale* avion postal; *vagone postale* wagon postal, wagon-poste ♦ *s.m.* [*mezzo adibito al trasporto di passeggeri e posta*] (*nave*) paquebot-poste, malle *f.* (*nella Manica*); (*aereo*) avion postal *agg.*, (*autobus*) car postal *agg.*

postàre |pos'tare| **A** *v.tr.* (*mil.*) [*collocare, disporre in modo opportuno e funzionale*] placer (2): *postare un battaglione* placer un bataillon, faire prendre position à un bataillon # *postare un mortaio, la contraerea* mettre en batterie un mortier, la défense contre avions → **appostare** **B** *v.pron. intr.* POSTARSI (*raro*) → **fermar(si), collocar(si).**

postazióne |postat'tsjone| *s.f.* [→ POSTARE A] emplacement *m.* # *provvedere alla postazione di una mitragliatrice* pourvoir à la mise en place d'une mitrailleuse ◇ (*per est.*) [*il luogo in cui si dispongono pezzi di artiglieria o armi pesanti*] position: *postazione di lancio* position de tir; *una postazione di mortai* une position de mortiers, des mortiers en batterie; *far saltare una postazione nemica* faire sauter une position ennemie.

postbèllico, ci, ca, che |post'belliko, tʃi, ka, ke| *agg.* d'après-guerre (*loc. inv.*): *crisi postbellica* crise d'après-guerre # *periodo postbellico* après-guerre.

postcombustióne |postkombus'tjone| *s.f.* (*tecnol.*) postcombustion.

postcommùnio, i |postkom'munjo, i| *s.m.* (*liturg.*) postcommunion *f.*

postconciliàre |postkontʃi'ljare| *agg.* post-conciliaire.

postconsonàntico, ci, ca, che |postkonso'nantiko, tʃi, ka, ke| *agg.* (*ling.*) postconsonantique: *vocale postconsonantica* voyelle postconsonantique Ⓒ **preconsonantico.**

pos(t)datàre |pos(t)da'tare| *v.tr.*

1 [*apporre una data posteriore a quella reale*] postdater: *postdatare un assegno, un documento* postdater un chèque, un document **2** [*assegnare una data posteriore a quella precedentemente proposta e accettata*] postdater: *postdatare un manoscritto, un avvenimento storico* postdater un manuscrit, un événement historique; *il quadro deve essere postdatato almeno di un anno* le tableau doit être postdaté d'au moins un an.
postdatàto |postda'tato| *agg.* postdaté (*p.p.*): *assegno postdatato* chèque postdaté.
postdatazióne |postdatat'tsjone| *s.f.* **1** [→ POSTDATARE 1] postdatation: *la postdatazione di una lettera* la postdatation d'une lettre **2** [→ POSTDATARE 2] postdatation: *la postdatazione di un'opera letteraria* la postdatation d'une œuvre littéraire.
postdentàle |postden'tale| *agg. e s.f.* (*ling.*) postdental*.
postdiluviàno |postdilu'vjano| *agg.* d'après le déluge (*loc. inv.*): *periodo postdiluviano* période d'après le déluge.
posteggiàre |posted'dʒare| *v.tr.* [*lasciare un veicolo in sosta, spec. in un posteggio*] parquer, garer: *posteggiare la propria vettura al posteggio, in un piazzale* parquer, garer sa voiture au parc (parking), sur une place → **parcheggiare** ✦ (*ass.*) *non so proprio dove posteggiare* je ne sais vraiment pas où me parquer, me garer (*fam.*).
posteggiatóre, trice |posteddʒa'tore, tritʃe| *s.* **1** gardien* de parking **2** (*region.*) [*rivenditore che ha un posteggio in mercati e sim.*] (marchand, commerçant) ambulant, forain: *un posteggiatore di calzature* un marchand de souliers ambulant; *una posteggiatrice di frutta e verdura* une marchande de fruits et légumes ambulante, foraine.
postéggio, i |pos'teddʒo, i| *s.m.* **1** [*spazio riservato alla posta di veicoli, talora custodito*] parc (*t.racc.*), parking: *posteggio a pagamento, gratuito* parc (de stationnement) payant, gratuit; *posteggio per biciclette, per auto* parc à bicyclettes, à voitures; *lasciare la macchina al posteggio* laisser sa voiture au parking → **parcheggio** **2** (*in mercati e sim.*) [*spazio riservato a venditori ambulanti*] emplacement # *tassa di posteggio* droit, redevance de *halage.
postelegràfico, ci, ca, che |postele'grafiko, tʃi, ka, ke| *agg.* des postes et télégraphes (*loc. inv.*): *servizi postelegrafici* services des postes et télégraphes ✦ *s.* (*spec. al plur.*) *i postelegrafici* les employés aux postes et télégraphes, les postiers.
postelegrafònico, ci, ca, che |postelegra'fɔniko, tʃi, ka, ke| *agg.* des Postes et Télécommunications *loc. inv.*, des P. et T. (*loc. inv.*): *servizi postelegrafonici* services des Postes et Télécommunications ✦ *s.* (*spec. al plur.*) *i postelegrafonici* les employés des Postes et Télécommunications, des P. et T., les postiers.
postelementàre |postelemen'tare| (*agg.*) *istruzione postelementare* instruction faisant suite à celle des classes élémentaires *loc.*
postèma |pos'tema| *s.f.* (*arc.*) → **ascesso.**
postembrionàle |postembrio'nale| *agg.* (*biol.*) postembryonnaire: *sviluppo postembrionale* développement postembryonnaire.
poster |'poustə| *s.m.inv.* (*ingl.*) poster *var.*
postergàle |poster'gale| *s.m.* (*raro*) → **schienale, spalliera.**
postergàre |poster'gare| *v.tr.* **1** [*posporre; differire, dilazionare*] différer (8), remettre (71) **2** (*lett.*) → **trascurare, disprezzare.**
posterìa |poste'ria| *s.f.* (*region.*) [*negozio di generi alimentari*] épicerie (*corr.*).
posterióre |poste'rjore| **1** *agg.* postérieur: *la parte posteriore di una casa, di un'automobile* la partie postérieure d'une maison, d'une automobile; *gli scrittori posteriori al Manzoni* les écrivains postérieurs à Manzoni; *la civiltà romana è posteriore a quella greca* la civilisation romaine est postérieure à la civilisation grecque → **successivo** # *le zampe posteriori di un quadrupede* les membres postérieurs d'un quadrupède ◇ (*ling.*) *vocali posteriori* voyelles postérieures **2** *s.m.* (*euf., spec. scherz.*) [*deretano, sedere*] postérieur (*fam.*) ⓒ **1 anteriore.**
posteriòri (a) |aposte'rjɔri| *loc. avv. e agg.* (*lat.*) a posteriori.
posteriorità |posterjori'ta| *s.f. inv.* postériorité (*var.*): *la posteriorità della civiltà romana rispetto a quella greca* la postériorité de la civilisation romaine par rapport à la civilisation grecque.
posteriorménte |posterjor'mente| *avv.* [*nella parte posteriore*] dans la partie postérieure *loc. inv.* ◇ [*dopo*] postérieurement.
posterità |posteri'ta| *s.f. inv.* postérité (*var.*): *passare, tramandare alla posterità* entrer dans la postérité, transmettre à la postérité ◇ [*discendenza*] postérité (*lett.*), descendance.
pòstero |'pɔstero| *s.* (*raro al f.*) *spec. al plur.* [*chi verrà in seguito, chi vivrà in futuro*] descendants, postérité (*f. sing.*): *il giudizio dei posteri* le jugement des descendants, de la postérité; *passare ai posteri* passer à la postérité.
postglaciàle |postgla'tʃale| *agg.* (*geol.*) postglacial*: *periodo postglaciale* période postglaciale.
postìccio, ci, cia, ce |pos'tittʃo, tʃi, tʃa, tʃe| *agg.* **1** postiche, faux*: *barba posticcia* barbe postiche, fausse barbe; *capelli posticci* cheveux postiches → **artificiale, finto** ✦ *s.m. pl.* [*ciuffo o ciocca di capelli per acconciature*] → **'postiche'** **2** (*raro*) → **provvisorio.**
'postiche' |postiʃ| *s.m. inv.* postiche *var.*
posticino |posti'tʃino| *s.m.* [*posto piccolo, semplice, grazioso*] *vieni, c'è un posticino anche per te* viens, il y a une petite place pour toi aussi; *vi porto in un posticino dove si mangia bene e si spende poco* je vous emmène dans un petit restaurant où l'on mange bien pour pas cher ◇ (*euf.*) → **gabinetto.**
posticipàre |postitʃi'pare| *v.tr.* [*rinviare a un tempo successivo, differire*] retarder, remettre (71): *posticipare una riunione, un viaggio* retarder, ajourner une réunion, un voyage; *la gita è stata posticipata di due settimane* l'excursion a été remise de deux semaines ⓒ **anticipare.**
posticipataménte |postitʃipata'mente| *avv.* [→ POSTICIPATO] après, après coup ◇ (*comm.*) après livraison, à terme échu: *pagare posticipatamente* payer après livraison ⓒ **anticipatamente.**
posticipàto |postitʃi'pato| *agg.* [*rinviato, differito*] retardé *p.p.*, différé: *data posticipata* date retardée, différée # *un'estate posticipata* un été en retard ◇ [*corrisposto dopo la prestazione*] *pagamento, affitto posticipato* paiement à terme échu, loyer payé à l'échéance du terme ⓒ **anticipato.**
posticipazióne |postitʃipat'tsjone| *s.f.* [→ POSTICIPARE] renvoi *m.*, remise: *c'è stata una posticipazione degli esami* il y a eu renvoi de l'examen; l'examen a été renvoyé → **rinvio.**
post(i)èrla |pos't(j)ɛrla| *s.f.* [*porticina segreta nel muro di una fortificazione*] poterne.
postiglióne |postiʎ'ʎone| *s.m.* postillon.
postìlla |pos'tilla| *s.f.* [*breve annotazione, chiosa, glossa*] apostille: *in calce al contratto era stata aggiunta una postilla* au bas du contrat on avait ajouté une apostille, une note; *il testo reca interessanti postille di mano dell'autore* le texte porte des notes, des annotations manuscrites très intéressantes de l'auteur → **nota** ◇ *loc.* FARE UNA POSTILLA: (*pr.*) [*piccola aggiunta, precisazione*] apostiller: *fare una postilla a una lettera* apostiller une lettre; (*fig.*) *vorrei fare una postilla a quanto già è stato detto* je voudrais préciser un point déjà mentionné.
postillàre |postil'lare| *v.tr.* [*annotare con postille*] apostiller: *postillare un testo, un documento* apostiller un texte, un document → **commentare, chiosare.**
postillàto |postil'lato| *agg.* [*annotato con postille*] apostillé *p.p.*, annoté (*p.p.*): *un manoscritto tutto postillato* un manuscrit tout apostillé, annoté.
postillatóre, trice |postilla'tore, tritʃe| *s.* [*autore di postille*] annotateur*.
postillatùra |postilla'tura| *s.f.* [→ POSTILLARE] apostilles *pl.*, annotations *pl.*
postindustriàle |postindus'trjale| *agg.* post(-)industriel*.
postìno |pos'tino| *s.* [*chi recapita le lettere a domicilio*] facteur; préposé (*t. amministrativo*).
postipòfisi |posti'pɔfizi| *s.f. inv.* (*anat.*) posthypophyse *var.*
postlarvàle |postlar'vale| *agg.* (*zool.*) postlarvaire: *stadio postlarvale* stade postlarvaire.
postlìminio, i |postli'minjo, i| *s.m.* (*dir. rom.*) postliminium.
postlùdio, i |post'ludjo, i| *s.m.* (*mus.*) postlude.
postnatàle |postna'tale| *agg.* post-natal*.
1 **pósto** |'posto| *s.m.* **1** [*spazio, luogo in cui sta, o potrebbe o dovrebbe trovarsi una persona o una cosa*] place (*f.*): *prendere il proprio posto* prendre sa place; *cambiar posto, di posto* changer de place; *far posto a qc.* faire place à qqn.; *cercare un posto per parcheggiare la macchina* chercher une place pour garer sa voiture; *qui c'è posto per tutti* ici il y a de la place pour tout le monde; *questo mobile occupa molto posto* ce meuble tient beaucoup de place; *rimetti il libro a (al suo) posto* remets

le livre à sa place # *avere i capelli a posto* [*in ordine*] être bien coiffé ◇ (*fig.*) *il posto di un medico è in mezzo ai suoi malati* la place du médecin est auprès de ses malades → **compito, ufcio**; *nel suo cuore non c'è posto per l'odio* dans son cœur il n'y a pas de place pour la haine ◇ (*loc. fig.*) *essere a posto con la propria coscienza* avoir la conscience tranquille ~ *tieni le mani a posto!* [*non toccare, non essere manesco*] bas les pattes! ~ *tenere la lingua a posto* tenir sa langue ~ ESSERE A POSTO: (*pr.*) [*in ordine*] être en ordre: *la tua casa è sempre a posto* ta maison est toujours en ordre; *vada pure, tutto è a posto* vous pouvez vous en aller, tout est en ordre; (*fig.*) [*star bene, non aver bisogno di altro*] *sono a posto, non desidero mangiare altro* ça va, je n'ai besoin de manger rien d'autre; (*iron.*) *adesso siamo a posto!* maintenant, nous voilà bien!, nous voilà dans de beaux draps! ~ *mettere le cose a posto*: (*pr.*) [*rimettere ordine*] mettre les choses à leur place, ranger les choses; (*fig.*) [*sistemare una questione controversa, chiarire un equivoco*] mettre les choses au point, au clair ~ AL POSTO DI [*invece, in sostituzione di*] à la place de: *verrò io al posto di mio fratello* je viendrai à la place de mon frère; *ci vado io al tuo posto* j'y vais à ta place # *cos'hai al posto della testa?* qu'est-ce que tu as dans la tête? ~ *avere la testa a posto* [*essere equilibrato, saggio*] avoir du plomb dans la tête ~ *essere una persona a posto* être une personne comme il faut **2** (*fig.*) [*posizione, condizione individuale*] place: *essere al primo posto in una graduatoria* avoir la première place dans un concours; *occupa l'ultimo posto della classifica* il occupe la dernière place au classement; *mettiti al mio posto, cosa faresti?* (mets-toi) à ma place, qu'est-ce que tu ferais?; *al tuo posto, io non avrei accettato* à ta place, je n'aurais pas accepté ◇ *loc.* STARE AL PROPRIO POSTO se tenir à sa place: *io so stare al mio posto* moi, je sais me tenir à ma place; *lei stia al suo posto, non faccia lo sfacciato!* vous, tenez-vous à votre place (occupez-vous de vos affaires), ne soyez pas insolent! ~ METTERE A POSTO UNO [*farlo stare a dovere*] remettre qqn. à sa place: *adesso lo metto a posto io, quell'impudente!* maintenant, je le remets à sa place, cet impudent! **3** [*luogo attrezzato o adatto per determinate attività, funzioni*] poste: *posto di guida, di pilotaggio* poste de conduite, de pilotage; *posto di manovra, di osservazione* poste de manœuvre, d'observation ◇ (*mil.*) *posto di combattimento, di guardia* poste de combat, de garde; *posto di comando* poste de commande; *abbandonare il proprio posto* abandonner son poste ◇ [*luogo, edificio dove è organizzato un servizio*] *posto di medicazione, di pronto soccorso* poste de secours; *posto di controllo, di blocco* poste de contrôle (de police) # *posto di ristoro* restoroute; *posto telefonico pubblico* téléphone public, cabine téléphonique; *conosco un posto dove si mangia bene e si spende poco* je connais un endroit où l'on mange bien pour pas cher; *quel posto non è adatto per una ragazza perbene* cet endroit ne convient pas à une jeune fille comme il faut **4** (*in locali di spettacolo, alberghi, ospedali, mezzi di trasporto e sim.*) [*spazio singolo dotato di particolari attrezzature*] place: *un posto allo stadio, a teatro, al cinema* une place au stade, au théâtre, au cinéma; *posti a sedere, in piedi* places assises, debout; *prenotare un posto di 1ª classe in treno, in aereo* louer une place en 1ère classe dans un train, dans un avion; *questo è il mio posto a tavola* c'est ma place à table; *l'alunno fu interrogato dal posto* l'élève fut interrogé à sa place → **banco** # *quell'ospedale dispone soltanto di 50 posti letto* cet hôpital ne dispose que de 50 lits; *è un albergo con 200 posti* c'est un hôtel avec 200 lits **5** [*impiego, occupazione stabile*] emploi, place; [*carica*] poste: *un posto di cassiere, di direttore, di segretario* un emploi, une place de caissier, de directeur, de secrétaire; *posto-lavoro, posto di lavoro* poste de travail; *perdere il posto* perdre sa place; *ha ottenuto il posto in banca* il a obtenu un emploi dans la banque ‖ *occupare un posto di grande responsabilità* occuper un poste de grande responsabilité; *è stato bandito un concorso per 100 posti di ruolo* on a ouvert un concours pour 100 postes de titulaires ◇ (*loc.*) *mettere, mettersi a posto* [*trovare per altri, per sé una buona sistemazione*] trouver un emploi **6** [*località, zona, paese*] endroit, lieu: *un posto incantevole, tranquillo, isolato* un endroit, un lieu enchanteur, tranquille, isolé; *un posto di villeggiatura* un lieu de villégiature; *che bel posto per un pic-nic!* quel endroit charmant pour pique-niquer!; *la polizia era già sul posto del delitto* la police était déjà sur les lieux du délit # *in questo posto sorgerà la mia villa* c'est là que ma villa sera construite; *ecco il parere della gente, di quelli del posto* voilà l'avis des résidents, des gens du cru ◇ (*loc. fig.*) *conquistarsi un posto al sole* se faire une place au soleil.

2 **pósto** |'posto| *agg.* [*situato, collocato*] situé, placé: *un paese posto in collina* un village situé sur une colline ◇ *loc.* POSTO CHE [*dato che, ammesso che*] puisque *cong.*, en supposant que ~ *posto ciò* [*premesso questo*] en supposant cela.

postònico, ci, ca, che |pos'tɔniko, tʃi, ka, ke| *agg.* (*ling.*) posttonique: *vocali postoniche* voyelles posttoniques.

postoperatòrio, i |postopera'tɔrjo, i| *agg.* postopératoire: *trattamento postoperatorio* traitement postopératoire.

postpalatàle |postpala'tale| *agg. e s.f.* (*ling.*) (*consonante*) *postpalatale* (consonne) post-palatale.

postraumàtico, ci, ca, che |postrau'matiko, tʃi, ka, ke| *agg.* post-traumatique: *shock postraumatico* choc post-traumatique.

postrèmo |pos'trɛmo| *agg.* (*lett.*) → **ultimo.**

postribolàre |postribo'lare| *agg.* [*da postribolo*] de lupanar (*loc. inv.*): *gergo postribolare* argot de lupanar.

postribolo |pos'tribolo| *s.m.* (*lett.*) [*casa di prostituzione*] lupanar → **bordello.**

postrisorgimentàle |postrisordʒimen'tale| *agg.* postérieur à la Renaissance.

postromàntico, ci, ca, che |postro'mantiko, tʃi, ka, ke| *agg.* postromantique.

post-scolàstico, ci, ca, che |postsko'lastiko, tʃi, ka, ke| *agg.* postscolaire.

postscriptum |post'skriptum| *s.m. inv.* (*lat.*) → **poscritto.**

postsincronizzàre |postsinkronid'dzare| *v.tr.* (*cine.*) [*fornire di colonna sonora un film muto*] postsynchroniser.

postsincronizzazióne |postsinkroniddzat'tsjone| *s.f.* [→ POSTSINCRONIZZARE] postsynchronisation.

postulànte |postu'lante| *s.* postulant: *una turba di postulanti* une foule de postulants ◇ (*dir. canonico*) *molti sono i postulanti in quell'ordine religioso* il y a beaucoups de postulants dans cet ordre religieux.

postulàre |postu'lare| *v.tr.* **1** (*filos., mat.*) [*richiedere, presupporre come premessa necessaria*] postuler: *postulare la successione infinita dei numeri naturali* postuler la succession infinie des nombres naturels ◇ (*per est.*) supposer: *l'affinità di certe lingue postula un'origine comune* l'affinité de certaines langues suppose une origine commune; *la democrazia postula la libertà* la démocratie suppose la liberté → **esigere** **2** (*raro, lett.*) [*chiedere con insistenza*] postuler (*corr.*) ◇ (*dir. canonico*) [*chiedere l'ammissione in un ordine religioso*] postuler.

postulàto |postu'lato| *s.m.* **1** (*filos., mat.*) postulat: *un postulato filosofico* un postulat philosophique; *il postulato dell'infinità della successione dei numeri* le postulat de l'infinité de la succession des nombres → **assioma** ◇ (*per est.*) [*affermazione, proposizione assunta come vera, anche se non dimostrata*] *che l'uomo sia per natura altruista è un postulato inaccettabile* que l'homme soit altruiste par nature constitue un postulat inacceptable **2** (*dir. canonico*) postulat.

postulatóre |postula'tore| *s.m.* (*dir. canonico*) [→ POSTULARE 2] postulation.

postulazióne |postulat'tsjone| *s.f.* (*dir. canonico*) [→ POSTULARE 2] postulation.

pòstumo |'pɔstumo| **I** *agg.* **1** posthume ◇ [*pubblicato dopo la morte dell'autore*] *un romanzo, uno scritto postumo* un roman, un écrit posthume ◇ (*per anal.*) *fama postuma* célébrité posthume **2** (*fig.*) [*che avviene in ritardo o troppo tardi*] tardif*: *pentimento postumo* remords tardif; *congratulazioni postume* félicitations tardives **II** *s.m. spec. al plur.* (*med.*) séquelles (*f.*): *i postumi d'una pleurite* les séquelles d'une pleurésie ◇ (*fig.*) séquelles, conséquences (*f.*): *i postumi di una crisi di governo* les séquelles, les conséquences d'une crise gouvernementale; *i postumi di una controversia* les séquelles d'une controverse → **strascico, conseguenza, ripercussione.**

postùra |pos'tura| *s.f.* (*arc.*) → **posizione.**

posturàle |postu'rale| *agg.* (*fisiol., med.*) postural*.

postùtto |pos'tutto| *avv.* (*solo nella loc.*) *al postutto* [*alla fine, insomma*] après tout, en fin de compte.

postvocàlico, ci, ca, che

|postvo'kaliko, tʃi, ka, ke| *agg.* (*ling.*) post-vocalique: *fonema in posizione post-vocalica* phonème en position post-vocalique [C] **prevocalico.**
potàbile |po'tabile| *agg.* potable: *acqua potabile* eau potable → **bevibile.**
potabilità |potabili'ta| *s.f. inv.* potabilité *var.* (*raro*): *è discutibile la potabilità di quest'acqua* on peut douter que cette eau soit potable, la potabilité de cette eau est discutable.
potabilizzàre |potabilid'dzare| *v. tr.* [*rendere potabile*] rendre (53) potable: *potabilizzare un corso d'acqua, un fiume* rendre potable un cours d'eau, un fleuve.
potabilizzazióne |potabilid-dzat'tsjone| *s.f.* [→ POTABILIZZARE] épuration, clarification de l'eau: *impianto di potabilizzazione* installation d'épuration de l'eau; *la potabilizzazione dell'acqua piovana* l'épuration de l'eau de pluie.
'potage' |pɔtaʒ| *s.m. inv.* potage *var.*
potagióne |pota'dʒone|, **potazióne** |potat'tsjone| *s.f.* (*arc.*) → **potatura.**
potaiòlo |pota'jɔlo| *s.m.* (*raro*) → **potatoio.**
pòtamo- |'pɔtamo| *pref.* (*significa 'fiume, di fiume', corrisponde gener. a*) potamo: *potamochero* potamochère.
-pòtamo |'pɔtamo| *suff.* (*significa 'fiume, di fiume', corrisponde gener. a*) potame: *ippopotamo* hippopotame.
potamochèro |potamo'kɛro|, **potamocèro** |potamo'tʃɛro| *s.m.* (*t.zool.*) potamochère.
potamogèton |potamo'dʒɛton| *s.m. inv.* (*t.bot.*) potamot *var.*, potamogéton *var.*
potamologìa, gie |potamolo'dʒia, dʒie| *s.f.* potamologie.
potàre |po'tare| *v.tr.* **1** [*tagliare parte dei rami* (*di un albero*)] tailler, élaguer, émonder: *potare a corona, a ombrello* tailler, élaguer, émonder en couronne, en cône; *potare gli olivi, le viti* tailler les oliviers, les vignes; *la siepe non è stata ancora potata* la haie n'a pas encore été taillée **2** (*raro, fig.*) [*recidere, amputare*] élaguer.
potàssa |po'tassa| *s.f.* (*chim.*) potasse: *potassa caustica* [*idrato di potassio*] potasse caustique.
potàssico, ci, ca, che |po'tassiko, tʃi, ka, ke| *agg.* potassique: *sali potassici* sels potassiques.
potàssio, i |po'tassjo, i| *s.m.* (*chim.*) potassium: *carbonato di potassio o potassa* carbonate de potassium ou potasse; *idrato di potassio o potassa caustica* hydroxyde de potassium ou potasse caustique; *bromuro di potassio* bromure de potassium; *clorato di potassio* chlorate de potassium.
potàto |po'tato| *agg.* [*che ha parte dei rami tagliati*] taillé, élagué: *viti potate* vignes taillées.
potatóio, i |pota'tojo, i| *s.m.* [*roncola, falcetto per potatura*] émondoir.
potatóre, trice |pota'tore, tritʃe| *s.* [*chi pota*] émondeur *m.*, élagueur *m.*
potatùra |pota'tura| *s.f.* [→ POTARE 1] taille, élagage *m.*, émondage (*m.*): *potatura a cono, a piramide* taille en cône, en pyramide # *fare la potatura delle viti, degli olivi* tailler les vignes, les oliviers ◇ (*per est.*) [*i rami tagliati*] émondes (*pl.*): *raccogliere e bruciare la potatura* ramasser et brûler les émondes.
potentàto |poten'tato| *s.m.* (*lett.*) grand État (*corr.*) ◇ (*per est.*) [*sovrano, principe di uno Stato*] potentat.
potènte |po'tɛnte| **1** *agg.* [*che ha notevole forza, efficacia, autorità*] puissant; violent: *uno Stato, un esercito molto potente* un État très puissant, une armée très puissante; *un'industria, un'organizzazione potente* une puissante industrie, organisation; *un motore, una macchina potente* un moteur puissant, une voiture puissante; *un uomo, un funzionario potente* un homme, un fonctionnaire puissant, influent → **influente, autorevole**; *una voce potente* une voix puissante → **tonante, possente**; *un rimedio potente* un remède puissant → **efficace** || *un veleno potente* un poison violent; *una potente esplosione* une violente explosion; *si scatenò un potente temporale* un violent orage se déchaina → **violento, fragoroso** # *le sue descrizioni sono potenti* ses descriptions sont vigoureuses ◇ (*iperb., scherz.*) *gli diede un potente manrovescio* il le frappa violemment du revers de la main ◇ [*sessualmente capace, virile*] viril: *un uomo potente* un homme viril # *dopo la malattia non è più tanto potente* après sa maladie, sa virilité est affaiblie ◇ (*lett.*) [*capace, atto*] capable **2** *s.m. spec. al plur.* [*persona di grande potere e influenza*] puissants: *i potenti della terra* les puissants de la terre; *adulare i potenti* aduler les puissants [C] 1 **impotente.**
potenteménte |potente'mente| *avv.* [→ POTENTE 1] puissamment.
potentìlla |poten'tilla| *s.f.* (*t.bot.*) potentille.
potènza |po'tɛntsa| *s.f.* **1** [*forza, autorità, efficacia*] puissance: *la potenza militare di uno Stato* la puissance militaire d'un État; *un'organizzazione industriale di eccezionale potenza* une organisation industrielle d'une puissance exceptionnelle; *la potenza di un uomo politico* la puissance d'un homme politique → **importanza, influenza**; *la potenza di un esplosivo* la puissance d'un explosif; *la potenza di un veleno, di un antiparassitario* la puissance d'un poison, d'un insecticide; *la sua voce è d'una potenza incredibile* sa voix a une puissance incroyable # *quel pugile ha un pugno di straordinaria potenza* ce boxeur a un coup de poing d'une force extraordinaire; *la potenza delle onde, del vento* la violence des lames, du vent; *l'urto fu di una potenza sbalorditiva* le choc fut d'une violence inouïe → **violenza** ◇ [*influenza, capacità di determinare un comportamento*] *la potenza dell'oro, del denaro* la puissance de l'or, de l'argent; *la potenza dell'amore, dell'odio* la puissance de l'amour, de la haine; *grande è la potenza della pubblicità* la puissance de la publicité est très grande ◇ [*capacità sessuale*] virilité: *la potenza dell'uomo, a una certa età, si riduce di molto* la virilité de l'homme, à un certain âge, diminue beaucoup ◇ (*lett.*) → **capacità** **2** [*persona, gruppo, ente potente*] puissance: *tuo padre, nell'ufficio, è una potenza* ton père, au bureau, est une puissance; *nel partito è una potenza* dans le parti c'est une puissance ◇ (*dir., polit.*) *le grandi potenze europee, mondiali* les grandes puissances européennes, mondiales; *le potenze belligeranti si sono accordate* les puissances belligérantes se sont mises d'accord ◇ (*teol.*) *le potenze celesti, infernali* les puissances célestes, infernales; *le potenze delle tenebre* les puissances des ténèbres **3** (*filos.*) *potenza attiva, passiva* puissance active, passive ◇ *loc.* IN POTENZA en puissance: *il seme è in potenza l'organismo adulto* la semence est, en puissance, l'organisme adulte **4** (*fis.*) puissance: *potenza motrice, utile, perduta* puissance motrice, utile, absorbée; *potenza al banco* puissance au banc d'essai; *potenza fiscale di un autoveicolo* puissance fiscale d'une voiture; *potenza di una sorgente luminosa* puissance d'une source lumineuse; *la potenza elettrica di una corrente continua* la puissance électrique, le voltage d'un courant continu **5** (*geol.*) puissance, épaisseur: *potenza di strato* puissance, épaisseur d'une couche **6** (*mat.*) puissance: *potenza di un numero reale* puissance d'un nombre réel; *elevare un numero alla quarta potenza* élever un nombre à la puissance quatre ◇ *loc. fig.* ALL'ENNESIMA POTENZA [*massimamente, estremamente*] à la nième puissance # *è un delinquente all'ennesima potenza* c'est un délinquant à la puissance n [C] 1 **impotenza.**
potenziàle |poten'tsjale| **I** *agg.* **1** potentiel*; virtuel*: *valori potenziali* valeurs potentielles; *energia potenziale* énergie potentielle; *i contrasti fra i popoli creano un potenziale pericolo di guerra* les contrastes entre les peuples créent un danger potentiel, virtuel de guerre → **virtuale, possibile** || *il progetto è rimasto allo stato potenziale* le projet est resté à l'état virtuel **2** (*gram.*) potentiel: *congiuntivo, ottativo potenziale* subjonctif, optatif potentiel; *valore, azione potenziale* valeur, action potentielle ♦ (*s.m.*) *il potenziale* le potentiel: *il potenziale del presente, del passato* le potentiel du présent, du passé **II** *s.m.* **1** (*fis.*) potentiel: *potenziale elettrico, magnetico* potentiel électrique, magnétique; *il potenziale di un esplosivo* le potentiel d'un explosif **2** (*per est.*) [*i mezzi, le forze disponibili*] potentiel: *il potenziale bellico, nucleare di uno Stato* le potentiel belliqueux, nucléaire d'un État; *il potenziale economico, finanziario di un'industria* le potentiel économique, financier d'une industrie.
potenzialità |potentsjali'ta| *s.f. inv.* **1** potentialité (*var.*): *essere allo stato di potenzialità* être à l'état de potentialité → **virtualità** ◇ (*gram.*) *modi, tempi della potenzialità* modes, temps de la potentialité **2** (*per est.*) [*capacità, disponibilità di mezzi, di forze*] puissance: *potenzialità economica di una industria* puissance économique d'une industrie; *la potenzialità lavorativa di una nazione* la puissance de travail d'une nation **3** (*mecc.*) puissance: *la potenzialità di un impianto* la puissance d'un dispositif; *la potenzialità di un generatore di vapore* la puissance d'un générateur de vapeur.
potenzialménte |potentsjal'mente| *avv.* [→ POTENZIALE I 1] potentiellement.
potenziaménto |potentsja'mento| *s.m.* [→ POTENZIARE] développement; augmentation *f.* (de la puissan-

ce): *il potenziamento dell'industria, del turismo* le développement de l'industrie, du tourisme || *il potenziamento della capacità produttiva di un'industria* l'augmentation de la capacité de rendement d'une industrie # *provvedere al potenziamento della difesa, degli armamenti* augmenter la puissance de la défense, de l'armement.

potenziàre |poten'tsjare| *v.tr.* [*portare ad alto livello di efficienza, di sviluppo*] augmenter (la puissance); développer: *potenziare l'esercito, gli armamenti* augmenter la puissance de l'armée, de l'armement; *potenziare una industria* augmenter la capacité de rendement d'une industrie → **rafforzare** || *potenziare il turismo, il commercio* développer le tourisme, le commerce → **incrementare.**

potenziàto |poten'tsjato| (*agg.*) *motore potenziato* [*cui è stata aumentata la potenza*] moteur poussé.

potenziòmetro |poten'tsjɔmetro| *s.m.* (*elettr.*) potentiomètre.

1 **potére** |po'tere| (169) *v.tr.* **I** (*seguito da un inf., a cui fa da servile e di cui assume l'aus.*) **1** (*sogg. di persona*) [*essere capace, essere in grado*] pouvoir (42): *non posso spostare da solo questo mobile* je ne peux pas déplacer ce meuble à moi tout seul; *con i mezzi di cui disponi puoi fare ciò che vuoi* avec les moyens dont tu disposes, tu peux faire ce que tu veux; *grazie al tuo aiuto, son potuto tornare sano e salvo* grâce à ton aide, j'ai pu rentrer sain et sauf; *questa notte non ho potuto dormire* cette nuit je n'ai pas pu dormir; *per le preoccupazioni, non mi son potuto addormentare, non ho potuto addormentarmi* à cause de mes soucis, je n'ai pas pu m'endormir; *non ho potuto vedere quello che accadeva* je n'ai pas pu voir ce qui arrivait; *non posso spendere una simile cifra* je ne peux pas dépenser une telle somme; *non posso vedere quell'individuo!* je ne peux (pas) souffrir cet individu! ◇ (*sogg. di cosa*) *questo motore può esercitare un grande sforzo* ce moteur peut développer (fournir) un grand effort; *è una lente che può ingrandire fino a un milione di volte* c'est une lentille qui peut grossir jusqu'à un million de fois; *soffiava un vento tale che poteva mettere in difficoltà qualsiasi natante* il soufflait un tel vent que n'importe quel bateau aurait pu être mis en difficulté **2** [*avere l'autorizzazione, il permesso*] pouvoir: *solo io posso parlare* je suis le seul à pouvoir parler; *in casa mia puoi venire quando vuoi* tu peux venir chez moi quand tu voudras (veux); *potete usare il telefono, se volete* vous pouvez utiliser le téléphone, si vous voulez; *non può mangiare quello che vuole* il ne peut pas manger ce qu'il veut ◇ (*in formule di cortesia*) *posso usare la tua macchina?* puis-je me servir de ta voiture?; *posso, si può entrare, vedere?* puis-je entrer, voir? ◇ (*con tono risentito*) *si può sapere che diavolo stai facendo?* peut-on savoir ce que diable tu es en train de faire? **3** [*essere probabile, possibile*] pouvoir: *tutti possiamo sbagliare* tout le monde peut se tromper; *non può essere stato lui!* cela ne peut pas avoir été lui!; *può essere come dici tu* cela se peut, c'est possible que ce soit comme tu dis; *se potrò, ti aiuterò* si je peux, je t'aiderai ◇ (*in formule che esprimono 'desiderio, maledizione'*) *che io possa morire se non è vero quello che dico* que le diable m'emporte si je ne dis pas la vérité; *gli potesse venire un colpo!* que le diable l'emporte! ◇ (*per attenuare una affermazione o per rendere più generica, evasiva una risposta, una valutazione*) *potrà avere una trentina d'anni* il doit avoir une trentaine d'années; *si può ritenere che l'esperimento sia riuscito* on peut estimer que l'expérience a réussi; *può averlo pagato un milione* il doit l'avoir payé un million; *può darsi* cela se peut, c'est possible; (*tutto*) *può essere* tout est possible **4** [*aver motivo, avere ragione di*] pouvoir: *non posso lamentarmi* je ne peux pas me plaindre; *puoi dire d'essere contento* tu peux être content **5** [*essere lecito, consentito, conveniente*] pouvoir: *queste cose non si possono dire* on ne peut pas dire ces choses-là; *non puoi accusarlo senza prima avere le prove* tu ne peux pas l'accuser sans avoir d'abord réuni les preuves; *si potrebbe fare come dici tu* on pourrait faire comme tu dis ◇ (*in alcuni usi ha quasi il significato di 'dovere'*) *i soldati non possono lasciare il loro posto di combattimento* les soldats ne peuvent pas abandonner leur poste (de combat); *potevi dirmelo subito* tu aurais pu me le dire tout de suite; *questo non puoi farlo, se vuoi restarmi amico* tu ne peux pas faire cela, si tu tiens à notre amitié **II** (*usato senza il v. all'inf., che però è facilmente recuperabile dal contesto*) **1** [→ I 1] pouvoir: *ognuno fa quello che può* chacun fait ce qu'il peut; *verremo non appena potremo* nous viendrons dès que nous pourrons; *dopo quanto è successo, non posso che dare le dimissioni* après ce qui est arrivé, je ne peux que donner ma démission; *vorrei comprare quella villa, ma non posso: costa troppo* je voudrais acheter cette villa, mais je ne peux pas: elle coûte trop cher; *dimenticalo, se puoi* oublie-le, si tu peux; *farò come meglio potrò* je ferai de mon mieux; *si salvi chi può* sauve qui peut **2** (*con il compl. ogg. espresso*) [*avere autorità, essere influente*] *qui io non posso niente, chi può tutto è il direttore* ici je n'ai aucune autorité, c'est le directeur qui peut tout; *è un insegnante che può molto sugli allievi* c'est un professeur qui a beaucoup d'influence sur ses élèves ♦ *ass.* (*spec. riferito alle capacità finanziarie*) *è uno che può* c'est un homme qui a les moyens; *lui sì che può!* lui, il a les moyens; *potere molto, poco* avoir beaucoup, peu d'autorité **3** *loc.* NON POTERNE PIÙ [*non avere più la forza di sopportare, resistere*] en avoir (28) assez, n'en plus pouvoir: *non ne posso più delle tue chiacchiere!* j'en ai assez, j'en ai par-dessus la tête de tes commérages! # *non ne potevamo più di quell'idiota del direttore* nous en avions par-dessus la tête de cet imbécile de directeur ♦ (*ass.*) *basta, non ne posso più!* assez, je n'en peux plus! ~ NON POTERCELA CON QC. [*essere inferiore*] ne pas avoir le dessus (sur qqn.): *con lui non ce la può nessuno, è troppo forte* sur lui personne n'a le dessus, il est trop fort ~ *loc. avv.* A PIÙ NON POSSO [*con grande impegno, con tutte le forze*] de toutes ses forces: *gridavano a più non posso* ils criaient de toutes leurs forces # *correva a più non posso* il courait à perdre haleine ◇ (*per anal.*) *piove, grandina a più non posso* il pleut à verse, il grêle très fort **III** (*ass.*) *volere è potere* vouloir c'est pouvoir.

2 **potére** |po'tere| *s.m.* **1** pouvoir: *un individuo dotato di poteri magici, soprannaturali* un individu doté de pouvoirs magiques, surnaturels; *il potere di Dio* le pouvoir de Dieu → **potenza, virtù**; *raramente il volere e il potere coesistono* le vouloir et le pouvoir coexistent rarement ◇ [*la capacità e la facoltà di fare una determinata cosa*] *avere il potere di decidere* avoir le pouvoir de décider, décisionnel (*dir.*); *non hai il potere di impedirgli di dire quello che vuole* tu n'as pas le pouvoir de l'empêcher de dire ce qu'il veut; *ha fatto tutto quello che era in suo potere* il a fait tout ce qui était en son pouvoir → **capacità**; *fare questo non è in mio potere* faire cela n'est pas en mon pouvoir → **competenza**; *non è in loro potere dare simili permessi* il n'est pas en leur pouvoir de donner de telles permissions # *la soluzione del problema esula dal mio potere* la solution du problème n'est pas de ma compétence, de mon ressort ◇ *loc.* AVERE POTERE SU (QC). avoir de l'influence de l'ascendant, sur (qqn.): *il buon esempio ha un grande potere sui giovani* le bon exemple a beaucoup d'influence sur les jeunes; *le tue parole non hanno alcun potere su di me* tes paroles n'ont aucun ascendant sur moi; *che potere vuoi che abbia su di noi?* quelle influence veux-tu qu'il ait sur nous? ~ AVERE, TENERE QC. IN PROPRIO POTERE être maître de qqn., dominer qqn.: *ormai ha tutti gli avversari in suo potere* désormais, il domine tous ses adversaires ~ ESSERE, CADERE IN POTERE DI QC. tomber au pouvoir de qqn.: *il nostro esercito è caduto in potere dei nemici* notre armée est tombée au pouvoir, sous la coupe de l'ennemi **2** (*polit.*) pouvoir: *andare, essere al potere* parvenir, être au pouvoir; *prendere, perdere il potere* prendre, perdre le pouvoir; *la rosa dei candidati al potere s'è ridotta* la liste des candidats au pouvoir s'est abrégée; *s'è impadronito del potere con un colpo di Stato* il a pris le pouvoir par un coup d'État ◇ [*gli organi che esercitano il potere politico*] *il potere centrale, periferico* le pouvoir central, périphérique **3** (*dir.*) pouvoir: *i poteri dello Stato, del capo dello Stato* les pouvoir de l'État, du chef de l'État; *il potere legislativo, esecutivo, giudiziario* le pouvoir législatif, exécutif, judiciaire; *la divisione dei poteri* la séparation des pouvoirs; *potere discrezionale* pouvoir discrétionnaire; *conflitto di poteri* conflit de pouvoirs, d'autorité; *abuso di potere* abus de pouvoir; *esercitare i propri poteri* exercer ses pouvoirs; *avere il potere di acquistare, di alienare* avoir le pouvoir d'acquérir, d'aliéner ◇ (*dir. canonico*) *potere spirituale, temporale* pouvoir spirituel, temporel ◇ (*loc.*) *per il potere conferitomi dalla legge, dal capo dello Stato, dal popolo...* (*formula premessa*

a sentenze, delibere e sim.) en vertu des pouvoirs qui me sont conférés, au nom du président, du peuple ~ *il quarto potere* [*la stampa*] le quatrième pouvoir, la presse ~ PIENI POTERI pleins pouvoirs: *dare pieni poteri al governo* donner les pleins pouvoirs au gouvernement; *assumere i pieni poteri* assumer les pleins pouvoirs; *essere investito di pieni poteri* être chargé des pleins pouvoirs **4** (*scient.*) pouvoir: *potere d'acquisto della moneta, di una merce* pouvoir d'achat de la devise, d'une marchandise; *potere di mercato* pouvoir de marché; *potere emissivo* pouvoir émissif; *potere calorifico di un combustibile* pouvoir calorifique d'un combustible; *potere detergente di un prodotto* pouvoir détergent d'un produit; *potere risolvente di uno strumento ottico* pouvoir séparateur d'un instrument optique.

1 **potestà** |potes'ta| *s.f. inv.* **1** (*dir.*) puissance (*var.*): *patria potestà* puissance paternelle; *potestà maritale* puissance maritale ◇ *al plur.* (*teol.*) *le Potestà* les Puissances **2** (*raro, lett.*) → 2 **potere** ◇ [*persona investita di un'autorità*] autorité *var.*

2 **potestà** |potes'ta| *s.m.* (*lett.*) → 1 **podestà 2.**

potestativo |potesta'tivo| *agg.* (*dir.*) potestatif*: *condizione potestativa* condition potestative; *diritto potestativo* droit potestatif.

potòmetro |po'tɔmetro| *s.m.* (*tecnol., bot.*) potomètre.

'pot-pourri' |popuʀi| *s.m. inv.* **1** (*raro, cuc.*) pot-pourri *var.* (*corr.*) **2** (*fig.*) [*componimento lett. o musicale fatto di brani eterogenei*] pot-pourri → **zibaldone, centone 3** (*per est.*) [*miscuglio, accozzaglia*] fatras, fouillis.

'pouf' |puf| *s.m. inv.* pouf *var.*

'pourparler' |puʀpaʀle| *s.m. inv.* [*abboccamento, incontro*] pourparler *var.*

poveràccio, ci, cia, ce |pove'rattʃo, tʃi, tʃa, tʃe| *s.* (*pegg.*) [*persona che si trova in una situazione disgraziata*] pauvre (diable): *poveraccio, come farà a pagare?* le pauvre, comment pourra-t-il payer?; *quel poveraccio che colpa ne ha?* est-ce la faute de ce pauvre diable?

poveraménte |povera'mente| *avv.* [→ POVERO I 1] pauvrement.

poverèllo |pove'rɛllo| *s.* (*dim.*) [*persona povera, ma umile e buona*] pauvre: *un poverello mi ha chiesto l'elemosina* un pauvre m'a demandé la charité ◇ (*per anton.*) *il poverello di Assisi* [*san Francesco*] le pauvre, le poverello d'Assise.

poverétto |pove'retto| *s.* (*dim.*) [*persona degna di compatimento, di commiserazione*] pauvre: *poveretto, non sa ancora niente dell'incidente!* le pauvre, il ne sait encore rien de l'accident! # *cerchiamo di aiutare quel poveretto* essayons d'aider ce malheureux.

poverino |pove'rino| *s.* (*dim.*) [*persona da commiserare, da compiangere per sfortuna, infelicità*] pauvret*, pauvre petit: *poverino, s'è fatto male!* le pauvret, il s'est fait mal! ◇ (*iron.*) *poverina, non lo sapeva lei!* la pauvre, elle ne le savait pas!

pòvero |'pɔvero| **I** *agg.* **1** (*posposto al sost.*) (*persone*) [*che dispone di scarse risorse economiche*] pauvre: *bambini poveri* enfants pauvres; *gente povera* gens pauvres; *una famiglia povera* une famille pauvre; *ha sposato una ragazza povera* il a épousé une jeune fille pauvre # *nascere, essere, morire povero* naître, être, mourir dans la misère ◇ (*cose*) [*proprio di chi è povero; abitato da gente povera*] *una casa povera e disadorna* une maison pauvre et nue; *un matrimonio, un funerale povero* un mariage, un enterrement pauvre; *una regione, un paese povero* une région, un pays pauvre # *fare una vita povera* mener une vie misérable ◇ (*loc.*) *povero in canna* [*poverissimo*] pauvre comme Job **2** (*posposto al sost.*) [*scarsamente dotato o privo di q.c.*] pauvre (en, de): *un paese, una regione povera di abitanti* un pays, une région pauvre en habitants; *una zona povera d'acqua* une région pauvre en eau; *un organismo povero di calcio* un organisme pauvre en calcium; *una campagna povera* (*di vegetazione*) une campagne pauvre en végetation → **sterile, infruttuoso**; *un componimento povero* (*di idee*) une rédaction pauvre d'idées; *è una persona povera di spirito* c'est une personne pauvre d'esprit → **dappoco, imbecille** # *un ragazzo povero di fantasia* un garçon manquant d'imagination ◇ *loc.* IN PAROLE POVERE [*in modo semplice e chiaro*] pour parler tout net: *in parole povere, sei un mascalzone!* pour parler tout net, tu es un voyou! **3** (*preposto al sost.*) [*che desta pietà, compassione*] pauvre: *povero uomo!* pauvre homme!; *poveri bambini!* pauvres enfants!; *poveri noi!* pauvres de nous!; (*fam.*) *povero cristo!, povero diavolo!* pauvre diable!; *povera bestia, come è mal ridotta!* pauvre bête, dans quel état elle est!; *queste sono le piccole gioie della povera gente* ce sont les petites joies des pauvres gens; *fate l'elemosina a un povero storpio* faites la charité à un pauvre estropié; *è un paesino formato di povere capanne* c'est un village formé de pauvres chaumières; *come farà a vivere quella povera donna?* comment pourra vivre cette pauvre femme?; *un povero uomo, un pover'uomo* → **poveruomo** ◇ (*come espressione di 'disprezzo e commiserazione'*) *è un povero scemo, spera che io gli creda!* c'est un pauvre imbécile, il espère que je vais le croire! # *povero illuso, non ha capito ancora con chi ha a che fare!* pauvre naïf, il n'a pas encore compris à qui il a affaire! ◇ (*come espressione di minaccia*) *povero te, se non dici la verità!* gare à toi, si tu ne dis pas la vérité!; *povero lui, se mi capita tra le mani!* gare à lui, s'il tombe entre mes mains! ◇ (*iron.*) *povero martire!* pauvre martyr!; *povera vittima!* pauvre victime! ◇ (*fam.*) (*riferito a persone defunte, come espressione di rimpianto*) *la povera nonna* notre pauvre grand-mère; *preghiamo per i nostri poveri morti* prions pour nos pauvres morts **II** *s.m.* **1** [*persona povera*] pauvre: *ospizio per i poveri* hospice pour les pauvres; *la società è composta di poveri e di ricchi* la société est composée de pauvres et de riches; *bisogna aiutare i poveri* il faut aider les pauvres ◇ (*teol*). *i poveri di spirito* les pauvres d'esprit **2** (*per est.*) [*chi vive di elemosina*] pauvre: *ha rifiutato la carità a un povero* il a refusé la charité à un pauvre → **mendicante** Ⓒ I 1, 2; II **ricco.**

poveròmo |pove'rɔmo| *s.m.* (*pop.*) → **poveruomo.**

povertà |pover'ta| *s.f. inv.* **1** [*l'essere povero*] pauvreté (*var.*): *quanta povertà regna in quella famiglia!* quelle pauvreté règne dans cette famille! # *essere, vivere, cadere in povertà* être, vivre, tomber dans la misère ◇ (*dir. canonico*) *voto di povertà* vœu de pauvreté **2** (*per est.*) [*scarsezza, limitata disponibilità*] pauvreté (en, de): *la povertà d'acqua di una regione* la pauvreté en eau d'une région; *povertà di idee, di fantasia* pauvreté d'idées, d'imagination; *povertà di spirito* pauvreté d'esprit → **meschinità.**

poveruòmo |po(ɔ)ve'rwɔmo|, (*pop.*) **poveròmo** |pove'rɔmo| *s.m. sing.* pauvre homme (*var.*): *quel poveruomo non ce la fa più* ce pauvre homme n'en peut plus ◇ (*spreg.*) [*uomo dappoco*] pauvre type: *è un poveruomo, come se la caverà da solo negli uffici del ministero?* c'est un pauvre type, comment s'en tirera-t-il tout seul dans les bureaux du ministère?

pozióne |pot'tsjone| *s.f.* **1** potion: *pozione soporifera, espettorante* potion soporifique, expectorante **2** (*lett.*) [*filtro magico*] philtre *m.* (*corr.*).

pózza |'pottsa| *s.f.* **1** [*piccola cavità del terreno piena d'acqua*] flaque d'eau: *mise il piede in una pozza* il mit le pied dans une flaque d'eau; *la strada era piena di pozze* la route était couverte de flaques d'eau → **pozzanghera 2** (*per est.*) [*notevole quantità di liquido versato al suolo e diffuso a macchia*] mare: *una pozza d'olio* une mare d'huile; *giaceva in una pozza di sangue* il gisait dans une mare de sang.

pozzànghera |pot'tsangera| *s.f.* [*pozza d'acqua sporca e fangosa*] flaque de boue: *sta attento a non mettere i piedi nelle pozzanghere* fais attention de ne pas mettre les pieds dans les flaques de boue.

pozzétta |pot'tsetta| *s.f.* **1** [*piccola cavità praticata in una sostanza incoerente*] puits (*m.*): *fece una pozzetta nella farina e vi versò le uova* elle creusa un puits dans la farine et y versa les œufs **2** *spec. al plur.* (*per anal.*) [*piccola cavità nelle gote o nel mento*] fossettes.

pozzétto |pot'tsetto| *s.m.* **1** (*nelle fognature*) [*cavità di accesso*] puisard **2** (*mar.*) cockpit.

pózzo |'pottso| *s.m.* **1** puits: *il parapetto, la bocca del pozzo* la margelle d'un puits; *pozzo freatico, artesiano, di scolo* puits phréatique, artésien, d'écoulement: *attingere acqua dal pozzo* puiser, tirer de l'eau du puits ◇ (*loc. fig.*) *essere un pozzo di scienza* être un puits de science ~ *guadagnare un pozzo di soldi* [*moltissimo*] gagner un tas, des tas (*fam.*) d'argent ~ *è* (*come*) *il pozzo di san Patrizio* [*dispone, abbisogna di disponibilità illimitate*] c'est un gouffre ~ *mostrare la luna nel pozzo* montrer la lune dans le puits **2** (*per est.*) [*scavo praticato nel terreno per estrarne materiali o per altre finalità tecniche*] puits: *pozzo petrolifero, metanifero* puits de pétrole, de méthane; *pozzo di miniera* puits de mine, bure (*f.*); *pozzo d'estrazione, di* *fondazione* puits d'extraction, de fondation # *pozzo nero* fosse d'aisance **3** (*geogr.*) gouffre: *pozzi glaciali* gouffres glacials; *pozzi carsici* gouffres karstiques **4** (*mar.*) puits: *pozzo delle catene* puits aux chaînes; *pozzo della deriva* puits de la dérive; *pozzo di bordo* puits de bord **5** (*in alcuni giochi*) pioche *f.*

pozzolàna |pottso'lana| *s.f.* (*geol.*) pouzzolane.

pozzolànico, ci, ca, che |pottso'laniko, tʃi, ka, ke| *agg.* aux pouzzolanes (*loc. inv.*): *cemento pozzolanico* ciment aux pouzzolanes.

pràcrito |'prakrito| *agg. e s.m.* (*ling.*) *i* (*dialetti*) *pracriti* les prâkrits *s.m.*

pragmàtica, che |prag'matika, ke| *s.f.* (*filos.*) pragmatique.

pragmaticaménte |pragmatika'mente| *avv.* [→ PRAGMATICO 1] d'une manière pragmatique *loc. inv.*

pragmàtico, ci, ca, che |prag'matiko, tʃi, ka, ke|, **prammàtico, ci, ca, che** |pram'matiko, tʃi, ka, ke| *agg.* **1** pragmatique: *una linea di condotta pragmatica e realistica* une ligne de conduite pragmatique et réaliste **2** (*dir. rom.*) pragmatique ◇ (*loc.*) *pragmatica sanzione* pragmatique sanction.

pragmatìsmo |pragma'tizmo|, (*raro*) **prammatìsmo** |pramma'tizmo| *s.m.* (*filos.*) pragmatisme.

pragmatìsta |pragma'tista|, (*raro*) **prammatìsta** |pramma'tista| *s.* pragmatiste.

pragmatisticaménte |pragmatistika'mente| *avv.* [→ PRAGMATISTICO] d'une manière pragmatiste *loc. inv.*

pragmatìstico, ci, ca, che |pragma'tistiko, tʃi, ka, ke|, (*raro*) **prammatìstico, ci, ca, che** |pramma'tistiko, tʃi, ka, ke| *agg.* pragmatiste: *corrente pragmatistica* courant pragmatiste.

pralìna |pra'lina| *s.f.* praline: *praline al caffè* pralines au café.

pralinàre |prali'nare| *v.tr.* [*preparare sotto forma di pralina*] praliner.

pralinàto |prali'nato| *agg.* [*rivestito di uno strato di zucchero cotto o di cioccolato*] praliné: *mandorle pralinate* amandes pralinées.

prammàtica, che |pram'matika, ke| *s.f.* (*solo nella loc.*) DI PRAMMATICA [*secondo consuetudine*] de règle, d'usage: *diede una risposta negativa, come di prammatica* il donna une réponse négative, comme de règle; *è di prammatica l'abito da sera* la tenue de soirée est de rigueur, il est d'usage de se mettre en tenue de soirée.

prammàtico |pram'matiko| *e deriv.* → **pragmatico** *e deriv.*

pranzàre |pran'dzare| *v.intr.* (*aus.* '*avere*') [*consumare il pranzo*] (*a mezzogiorno*) déjeuner; (*alla sera*) dîner: *pranzare a casa, presso amici, in trattoria* déjeuner, dîner à la maison, chez des amis, au restaurant.

prànzo |'prandzo| *s.m.* **1** [*il pasto principale, che solitamente è quello di mezzogiorno*] déjeuner; (*alla sera*) dîner: *invitare a pranzo* inviter à déjeuner, à dîner; *cosa c'è oggi per pranzo?* qu'y-a-t-il à déjeuner aujourd'hui? # *sala da pranzo* salle à manger ◇ (*per est.*) [*i cibi e le bevande che si offrono e si consumano nel pasto principale*] *un pranzo modesto, frugale* un déjeuner léger, frugal; *un lauto pranzo* un dîner copieux **2** [*l'ora in cui si pranza, mezzogiorno*] déjeuner; midi: *all'ora di pranzo* à l'heure du déjeuner || *prima di pranzo* avant midi; *dopo pranzo* après midi **3** [*banchetto, convito*] repas: *pranzo di nozze* repas de noces; *l'ambasciatore ha offerto un pranzo* l'ambassadeur a offert un déjeuner (un dîner).

praseodìmio, i |praseo'dimjo, i| *s.m.* (*chim.*) praséodyme.

pràsio, i |'prazjo, i| *s.m.* (*miner.*) prase.

pràssi |'prassi| *s.f. inv.* **1** (*filos.*) praxis **2** (*per est.*) [*linea di comportamento, procedura abituale*] pratique *var.*, usage (*m. var.*): *seguire la prassi* suivre l'usage, la coutume **C** 1 **teoria.**

prassìa |pras'sia| *s.f.* (*med.*) praxie.

prassinoscòpio, i |prassinos'kɔpjo, i| *s.m.* praxinoscope.

prassiterapìa |prassitera'pia| *s.f.* (*med.*) praxithérapie.

prataiòla |prata'jɔla| *s.f.* → **margheritina.**

pratai(u)òlo |prata'j(w)ɔlo| **1** *agg.* des près *loc. inv.* # *gallina prataiola* canepetière **2** *agg. e s.m.* (*t.bot.*) (*fungo*) *prataiolo* psalliote *s.m. o f.*, champignon de Paris (*corr.*).

pratellìna |pratel'lina| *s.f.* → **margheritina.**

praterìa |prate'ria| *s.f.* [*ampia pianura con vegetazione prevalentemente erbacea*] prairie: *le praterie dell'America settentrionale* les prairies de l'Amérique du Nord.

pràtica, che |'pratika, ke| *s.f.* **1** pratique: *mettere in pratica un consiglio* mettre en pratique un conseil; *altro è la teoria, altro è la pratica* la théorie et la pratique sont deux choses différentes; *molte cose s'imparano con la pratica* beaucoup de choses s'apprennent par la pratique ◇ *loc. avv.* IN PRATICA [*concretamente, in effetti*] en fait; pratiquement (*avv.*): *in pratica hai ragione tu* en fait tu as raison || *in pratica il lavoro è già finito* pratiquement le travail est déjà terminé **2** [*conoscenza, capacità acquisite mediante l'esperienza e l'esercizio*] pratique, expérience: *avere pratica di un mestiere, di un'arte* avoir la pratique, l'expérience d'un métier, d'un art; *i giovani non hanno pratica della vita* les jeunes n'ont pas l'expérience de la vie; *non ho affatto pratica di queste cose* je n'ai pas du tout la pratique de ces choses; *gli manca ancora la pratica* il manque encore de pratique, d'expérience # *ho una lunga pratica di questo autore* je connais à fond cet auteur; *avere poca pratica di uno strumento, di una macchina* ne pas bien connaître un instrument, une machine; *avere pratica di un luogo, di un ambiente* bien connaître un endroit, un milieu ◇ [*tirocinio professionale, apprendistato*] stage (*m.*): *far pratica di notaio, di avvocato* faire un stage chez un notaire, chez un avocat # *ha fatto pratica presso lo studio legale del padre* il a fait son apprentissage dans l'étude de son père **3** (*bur.*) affaire: *sbrigare, archiviare una pratica* régler (dépêcher) une affaire; *la tua pratica è molto complessa* ton affaire est très complexe; *chi s'è occupato di questa pratica?* qui s'est occupé de cette affaire?; ◇ [*incartamento*] dossier (*m.*): *insabbiare una pratica* enterrer un dossier; *la tua pratica si trova in archivio* ton dossier est aux archives; *archiviare una pratica* classer un dossier ◇ *spec. al plur.* [*atto, documento necessario per autorizzazioni, concessioni e sim.*] démarches: *fare le pratiche per il passaporto* faire les démarches nécessaires pour obtenir son passeport; *sta facendo le pratiche per sposarsi* il est en train de faire les démarches nécessaires pour se marier **4** [*consuetudine, usanza*] usage *m.*, coutume: *è pratica di questo paese accogliere ospitalmente i turisti* c'est l'usage, la coutume de ce pays de se montrer hospitalier(s) pour les touristes ◇ *spec. al plur.* [*atti compiuti secondo un determinato rituale o per fini particolari, spec. illeciti*] pratiques: *pratiche religiose, culturali* pratiques religieuses, culturelles; *dedicarsi a pratiche di magia* s'adonner à des pratiques de magie # *pratiche abortive* manœuvres abortives **5** (*raro*) [*familiarità, relazione*] relation (*corr.*): *rompere ogni pratica con una persona* rompre toute relation, tout commerce avec qqn.; *ho una certa pratica con lui* je suis en relation avec lui, je le fréquente ◇ (*per est.*) [*rapporti amorosi illeciti*] liaison: *aveva una pratica con la moglie dell'amico* il avait une liaison avec la femme de son ami **6** (*mar.*) pratique: *dare pratica a una nave* donner libre pratique à un navire **C** 1 **teoria** 1.

praticàbile |prati'kabile| **I** *agg.* **1** [→ PRATICARE A 1] praticable: *terapia praticabile* thérapie praticable; *è uno sport praticabile solo d'inverno* c'est un sport praticable seulement en hiver → **attuabile** **2** [→ PRATICARE A 4] praticable: *una strada, un valico poco praticabile d'inverno* une route, un col peu praticable l'hiver # *c'è un bel ballatoio praticabile* il y a un beau balcon sur lequel se tenir; *la soffitta è poco praticabile* la mansarde n'est pas habitable **II** *s.m.* (*cine., teat.*) praticable **C** I **impraticabile.**

praticabilità |pratikabili'ta| *s.f. inv.* praticabilité *var.* (*raro*): *la praticabilità di un solaio, di un terrazzo* la praticabilité d'un grenier, d'une terrasse; *la praticabilità del valico è limitata al periodo estivo* la praticabilité du col se limite à l'été → **transitabilità** **C** **impraticabilità.**

praticàccia, ce |prati'kattʃa, tʃe| *s.f.* (*pegg., scherz.*) [*conoscenza, capacità notevole, ma solo a livello empirico*] routine (*corr.*): *lavora bene, ma solo grazie a una certa praticaccia del mestiere* il travaille bien, mais seulement grâce à une certaine routine de métier.

praticaménte |pratika'mente| *avv.* **1** [→ PRATICO 1] pratiquement: *è un programma praticamente inattuabile* c'est un programme pratiquement irréalisable **2** [*in realtà, in concreto*; *in sostanza*] pratiquement: *è una macchina che praticamente non serve a niente* c'est une machine qui pratiquement ne sert à rien; *il lavoro è praticamente finito* le travail est pratiquement terminé.

praticantàto |pratikan'tato| *s.m.* (*raro*) → **tirocinio, apprendistato.**

praticànte |prati'kante| **I** *agg.* pratiquant: *è un cattolico poco praticante* c'est un catholique peu pratiquant **II** *s.* **1** [*apprendista, tirocinante*] stagiaire: *fa il praticante presso un avvocato* il est stagiaire chez un avocat **2** (*spreg.*) [*chi è abile in una determinata attività senza averne un'approfondita conoscenza teorica*] routinier*: *è solo un praticante!* ce n'est qu'un routinier!

praticàre |prati'kare| **A** *v.tr.* **1** [*mettere in pratica, esercitare*] pratiquer: *praticare la virtù, la giustizia* pratiquer la vertu, la justice; *praticare una terapia* pratiquer une thérapeutique; *praticare lo sport* pratiquer le sport; *praticare una professione, il commercio* pratiquer, exercer une profession, le commerce ✦ (*ass.*) *è medico, ma non ha mai praticato* il est médecin, mais il n'a jamais exercé ◇ (*per est.*) *praticare il cannibalismo, la schiavitù* pratiquer le cannibalisme, l'esclavage; *praticare una religione* pratiquer une religion; *popoli che praticano la poligamia* peuples qui pratiquent la polygamie ✦ (*ass.*) *si professa cattolico, ma non pratica* il se déclare catholique, mais il ne pratique pas **2** (*in alcuni usi particolari*) [*fare*] pratiquer, faire (45): *praticare la respirazione artificiale* pratiquer la respiration artificielle; *praticare un'incisione, una iniezione* pratiquer une incision, faire une piqûre; *gli è stato praticato lo sconto del 10%* on lui a fait, accordé une réduction de 10% **3** [*frequentare con una certa assiduità*] fréquenter: *praticare una persona, un luogo, un ambiente* fréquenter une personne, un endroit, un milieu; *è uno che pratica sempre gente per bene* c'est un homme qui fréquente toujours des gens bien; *questo caffè è praticato da intellettuali e artisti* ce café est frequenté par des intellectuels et des artistes; *non devi praticare certe persone* tu ne dois pas fréquenter certaines personnes, te créer de ces relations ◇ (*per anal.*) *pratica una donna sposata* il fait la cour à, fréquente une femme mariée; *nessuno poteva sospettare che praticasse la vicina di casa* personne ne pouvait soupçonner qu'il faisait la cour à sa voisine **4** *spec. al pass.* [*percorrere*] emprunter, parcourir (17): *quando piove, quella strada non si può più praticare* lorsqu'il pleut, on ne peut plus emprunter ce chemin, passer par ce chemin # *è un valico che si può praticare anche d'inverno* c'est un col toujours praticable, même en hiver **B** *v. intr.* (*aus.* '*avere*') [→ *tr.* 3] fréquenter (*tr.*): *non mi piace che tu pratichi con certe persone* je n'aime pas que tu fréquentes certaines personnes # *praticare in un locale, in una città* aller fréquemment dans une boîte (de nuit), une ville ◇ (*prov.*) *dimmi con chi pratichi, con chi vai e ti dirò chi sei* dis-moi qui tu hantes et je te dirai qui tu es ~ *chi pratica con lo zoppo impara a zoppicare* on apprend à hurler avec les loups.

praticità |pratitʃi'ta| *s.f. inv.* **1** [*carattere, valore pratico*] caractère *m. var.* pratique: *la praticità di un sistema, di un metodo d'insegnamento* le caractère pratique d'un système, d'une méthode d'enseignement **2** [*comodità, funzionalità*] avantages *pl.* pratiques: *la praticità di un congegno automatico, di una macchina* les avantages pratiques d'un dispositif automatique, d'une machine; *oggi l'architettura mira soprattutto alla praticità* aujourd'hui l'architecture vise surtout les avantages pratiques # *indossava un abito di grande praticità ed eleganza* elle portait une robe très pratique et très élégante.

pràtico, ci, ca, che |'pratiko, tʃi, ka, ke| *agg.* **1** pratique: *esercizio pratico* exercice pratique; *metodo pratico d'insegnamento* méthode pratique d'enseignement; *frequenta un corso pratico di lingua inglese* il suit un cours pratique d'anglais # *non sa come comportarsi nella vita pratica* il ne sait pas se comporter dans la pratique de chaque jour ◇ [*che è aderente alla realtà e che tende a realizzazioni concrete*] *consiglio pratico* conseil pratique; *interessi pratici* intérêts pratiques; *avere un carattere, un ingegno pratico* avoir un caractère, une intelligence pratique; *è un uomo eminentemente pratico* c'est un homme très pratique; *è una persona di (uno) spiccato senso pratico* c'est une personne ayant un sens pratique très développé → **positivo, realistico** ◇ *loc. avv.* AL-L'ATTO PRATICO [*nel caso concreto, in pratica*] en pratique: *è un bel progetto: bisogna vedere se, all'atto pratico, è realizzabile* c'est un beau projet: il faut voir si, en pratique, il est réalisable **2** [*comodo, funzionale*] pratique: *è una macchina semplice e pratica* c'est une voiture simple et pratique; *questo dispositivo automatico è molto pratico* ce dispositif automatique est très pratique; *questo sistema di lavoro non è pratico* ce système de travail n'est pas pratique; *indossava un abito molto pratico per la montagna* elle avait une tenue très pratique pour la montagne **3** (*persone*) [*che ha pratica, esperienza, conoscenza*] rompu (à), expert (en): *essere pratico di un mestiere, di una tecnica, di un'arte* être rompu à un métier, à une technique, à un art; *è un avvocato pratico di divorzi* c'est un avocat expert en matière de divorce → **esperto** # *è un meccanico molto pratico* c'est un mécanicien très habile, qui connaît bien son métier; *non sono molto pratico degli usi di questa gente* je ne connais pas très bien les coutumes de ces gens; *ancora non è pratica di questa macchina* elle ne connaît pas encore bien cette voiture **4** (*filos.*) pratique: *attività pratica* activité pratique; *ragion pratica* raison pratique ◇ (*fis.*) *sistema pratico* système pratique 🄲 1 **teorico**; 4 **teorico, teoretico, speculativo**; **assoluto.**

pratìcolo |pra'tikolo| *agg.* qui vit dans les prairies, les prés (*loc.*): *animale praticolo* animal qui vit dans les prairies, les prés.

praticoltùra |pratikol'tura| *s.f.* culture des prairies.

praticóne |prati'kone| *s.* (*spec. spreg.*) [*chi esercita un mestiere, una professione senza un'adeguata preparazione teorica*] charlatan (*m.*): *quel medico è un praticone* ce médecin est un charlatan.

pratile |pra'tile| *s.m.* (*st. fr.*) prairial.

pratista |pra'tista| *s.m.* [*giocatore di hockey su prato*] hockeyeur.

pratìvo |pra'tivo| *agg.* **1** cultivé en prairie, mis à pré: *una zona prativa* une zone cultivée en prairie; *terreni prativi* terrains mis à pré **2** (*raro*) [*che cresce nei prati*] des prés *loc. inv.*

pràto |'prato| *s.m.* **1** (*agr.*) prairie *f.*, pré: *prato naturale, artificiale* prairie naturelle, artificielle; *prato a taglio unico, doppio* pré à une coupe, à deux coupes; *un terreno coltivato a prato* un terrain cultivé en prairie; *un bel prato di erba medica* un beau pré d'herbe médicinale **2** [*tratto di terreno ricoperto di erba*] gazon, pelouse (*f.*): *i bambini stanno giocando nel prato* les enfants jouent sur le gazon, sur la pelouse ◇ [*terreno erboso destinato a determinate competizioni sportive*] gazon: *hockey su prato* hockey sur gazon; *il prato di un campo di golf* le (gazon d'un) terrain de golf.

pratolìna |prato'lina| *s.f.* → **margheritina.**

pravaménte |prava'mente| *avv.* (*lett.*) → **malvagiamente, perfidamente.**

pravità |pravi'ta| *s.f. inv.* (*lett.*) → **perversità, malvagità.**

pràvo |'pravo| *agg.* (*lett.*) → **perverso, malvagio.**

pre- |pre| *pref.* **1** (*significa 'anteriorità nel tempo o nello spazio', corrisponde gener. a*) pré(-): *preavviso* préavis; *prevedere* prévoir; *prealpino* préalpin; *prepalatale* pré-palatale # *preporre* placer avant **2** (*significa 'stare più in alto, essere superiore, eccellere; preferenza', corrisponde gener. a*) pré: *preminente* prééminent; *prevalere* prévaloir # *predominio* suprématie.

preaccennàre |preattʃen'nare| *v. tr.* [*menzionare, accennare prima*] mentionner auparavant.

preaccennàto |preattʃen'nato| *agg.* [*nominato, menzionato prima*] susmentionné: *la somma preaccennata* la somme susmentionnée.

preaccensióne |preattʃen'sjone| *s.f.* (*mecc.*) pré-allumage *m.*

preadamita |preada'mita| *s.m.* préadamite.

preadamìtico, ci, ca, che |preada'mitiko, tʃi, ka, ke| *agg.* [*che risale a un'epoca anteriore ad Adamo*] préadamite ◇ (*fig., scherz.*) [*superato, antiquato*] dépassé, arriéré, suranné.

preadamitismo |preadami'tizmo| *s.m.* préadamisme.

preadolescènte |preadoleʃ'ʃɛnte| *agg. e s.* [*individuo fra gli 11 e i 14 anni*] préadolescent, prépubertaire *agg.* (*raro*): *un (ragazzo) preadolescente* un garçon qui n'a pas encore atteint la puberté, prépubertaire.

preadolescènza |preadoleʃ'ʃɛntsa| *s.f.* (*pedag., psicol.*) préadolescence, prépuberté: *i problemi della preadolescenza* les problèmes de la préadolescence.

preagònico, ci, ca, che |prea'gɔniko, tʃi, ka, ke| *agg.* qui précède l'agonie (*loc.*): *stato preagonico* état qui précède l'agonie.

preallàrme |preal'larme| *s.m.* [*segnale di avvertimento, di pericolo*] alerte (*f.*): *segnale di preallarme* signal d'alerte; *le forze di polizia sono in stato di preallarme* la police est en état d'alerte.

prealpino |preal'pino| *agg.* préalpin: *zona prealpina* zone préalpine; *flora prealpina* flore préalpine.

preàmbolo |pre'ambolo| *s.m.* **1** *spec. al plur.* préambules: *non facciamo tanti preamboli!* trêve de préambules!; *senza tanti preamboli, dimmi cosa vuoi* sans tant de préambules, de détours,

dis-moi ce que tu veux **2** [*discorso introduttivo, premessa*] préambule.
preamplificàre |preamplifi'kare| *v.tr.* (*elettron.*) [*effettuare la preamplificazione*] préamplifier.
preamplificazióne |preamplifikat'tsjone| *s.f.* (*elettron.*) [→ PREAMPLIFICARE] préamplification.
preamplificatóre |preamplifika'tore| *s.m.* préamplificateur.
preanestesìa |preaneste'zia| *s.f.* (*med.*) pré-anesthésie.
preanestètico, ci, ca, che |preanes'tɛtiko, tʃi, ka, ke| *agg.* pré--anesthésique.
preannunciàre |preannun'tʃare| *e deriv.* → **preannunziare** *e deriv.*
preannunziàre |preannun'tsjare|, **preannunciàre** |preannun'tʃare| *v.tr.* [*dire, annunziare in precedenza*] annoncer (2) (à l'avance): *il forte abbassamento della temperatura preannunzia un temporale* la forte baisse de la température annonce un orage; *contrariamente a quanto era stato preannunziato, il concerto non avrà luogo* contrairement à ce qui avait été annoncé, le concert n'aura pas lieu ✦ (*con il 'si' passivante*) *si preannunzia una crisi* une crise s'annonce.
preannunziàto |preannun'tsjato|, **preannunciàto** |preannun'tʃato| *agg.* [*detto, annunziato in precedenza*] annoncé *p.p.* (à l'avance): *il concerto preannunziato avrà luogo alle ore 21* le concert annoncé aura lieu à 21 heures.
preannùnzio, i |prean'nuntsjo, i|, **preannùncio, i** |prean'nuntʃo, i| *s.m.* [*indizio generico, notizia non ancora definitiva*] annonce (*f.*): *questi fiori sono un preannunzio della primavera* ces fleurs sont l'annonce du printemps; *questo è solo un preannunzio dei nuovi provvedimenti* ce n'est là que l'annonce des nouvelles mesures.
preappennìnico, ci, ca, che |preappen'niniko, tʃi, ka, ke| *agg.* des reliefs préapennins (*loc. inv.*): *la zona preappenninica adriatica* la zone des reliefs préapennins du versant adriatique.
preàrio, i |pre'arjo, i| *agg.* (*etn., ling.*) préaryen*: *le lingue, le popolazioni prearie* les langues, les populations préaryennes.
preatlètico, ci, ca, che |prea'tlɛtiko, tʃi, ka, ke| *agg.* (*sport*) préliminaire: *esercizio preatletico* exercice préliminaire.
preavvertiménto |preavverti'mento| *s.m.* [→ PREAVVERTIRE] préavis.
preavvertire |preavver'tire| *v.tr.* (*raro*) → **preavvisare, premonire.**
preavviaménto |preavvja'mento| *s.m.* (*tip.*) prémise *f.*
preavvisàre |preavvi'zare| *v.tr.* [*avvisare in precedenza*] aviser à l'avance (d'avance), avertir préalablement: *perché non mi avete preavvisato del vostro arrivo?* pourquoi ne m'avez-vous pas avisé à l'avance, d'avance de votre arrivée? ◇ [*ammonire preventivamente*] avertir: *attenzione a quello che fai, ti ho già preavvisato* attention à ce que tu fais, je t'ai déja averti.
preavvìso |preav'vizo| *s.m.* **1** préavis: *preavviso telefonico* préavis téléphonique; *ricevere un preavviso di pagamento* recevoir un préavis de payement; *se n'è andato senza preavviso* il est parti sans préavis **2** (*dir.*) préavis: *preavviso di licenziamento, di dimissioni* préavis de licenciement, de démission ◇ (*per est., bur., dir.*) *indennità di preavviso* indemnité compensatoire du préavis; *un preavviso di un mese* un préavis d'un mois; *essere in preavviso* être dans la période de préavis.
prebàrba |pre'barba| (*s.m. e agg. inv.*) *un* (*una lozione*) *prebarba* une lotion avant-rasage *loc. inv.*
prebaròcco, chi, ca, che |preba'rɔkko, ki, ka, ke| *agg.* (*raro*) pré-baroque.
prebèllico, ci, ca, che |pre'bɛlliko, tʃi, ka, ke| *agg.* d'avant-guerre (*loc. inv.*): *il periodo prebellico* la période d'avant-guerre.
prebelligerànza |prebellidʒe'rantsa| *s.f.* période qui précède immédiatement l'ouverture des hostilités.
prebènda |pre'bɛnda| *s.f.* **1** (*eccl.*) prébende ◇ (*per est.*) [*il beneficio stesso*] prébende **2** (*fig.*) [*guadagno, lucro*] bénéfice (*m.*): *non si dimette per non perdere le laute prebende* il ne démissionne pas, afin de ne pas perdre le bénéfice de sa grasse prébende.
prebendàrio, i |preben'darjo, i| *s.m.* (*raro, eccl.*) prébendier (*corr.*).
precambriàno |prekam'brjano| *s.m. e agg.* (*geol.*) précambrien*.
precàmbrico, ci, ca, che |pre'kambriko, tʃi, ka, ke| *s.m. e agg.* → **precambriano.**
precàmera |pre'kamera| *s.f.* (*mecc.*) préchambre.
precampionàto |prekampjo'nato| *s.m.* (*sport*) période *f.* de préparation (au championnat): *partite di precampionato* parties de préparation (au championnat).
precariaménte |prekarja'mente| *avv.* [→ PRECARIO 1] précairement.
precariàto |preka'rjato| *s.m.* (*dir.*) précarité *f.*
precarietà |prekarje'ta| *s.f. inv.* précarité *var.* (*lett.*): *la precarietà della situazione politica* la precarité, l'instastabilité de la situation politique → **incertezza, instabilità** # *precarietà di salute* fragilité de sa santé ◇ (*dir.*) *precarietà di una concessione* précarité d'une concession → **provvisorietà.**
precàrio, i |pre'karjo, i| *agg.* **1** précaire: *la situazione economica è alquanto precaria* la situation économique est plutôt précaire; *date le sue precarie condizioni di salute, non può assumere tale incarico* ses conditions précaires de santé lui interdisent d'assumer une telle charge → **cagionevole, malsicuro, instabile** **2** (*dir.*) *possesso precario* possession précaire; *concessione precaria* concession précaire; *a titolo precario* à titre précaire → **provvisorio, temporaneo** ✦ (*s.m.*) *un precario* une jouissance *f.* précaire *agg.* **3** [*che ha un rapporto di lavoro non stabile con un'amministrazione pubblica*] provisoire, contractuel*: *personale precario* personnel provisoire, engagé à titre précaire; *docenti precari* professeurs non titulaires, contractuels ✦ (*s.*) *un precario* un employé à titre provisoire, un contractuel: *la categoria dei precari* la catégorie des contractuels.
precarolìngio, i |prekaro'lindʒo, i| *agg.* (*st.*) pré-carolingien*.
precauzionàle |prekauttsjo'nale| *agg.* de précaution (*loc. inv.*): *misure precauzionali* mesures de précaution → **cautelativo, prudenziale.**
precauzionalménte |prekauttsjonal'mente| *avv.* [→ PRECAUZIONALE] précautionneusement.
precauzióne |prekaut'tsjone| *s.f.* **1** précaution; prudence: *agire con precauzione* agir avec précaution ‖ *nella nebbia bisogna procedere con molta precauzione* dans le brouillard il faut avancer très prudemment, avec beaucoup de prudence → **cautela, prudenza** **2** [*atto, misura di previdenza*] précaution: *precauzioni igieniche, sanitarie* précautions hygiéniques, sanitaires; *ho preso le mie precauzioni* j'ai pris mes précautions.
prèce |'prɛtʃe| *s.f.* (*lett.*) → **preghiera.**
precedènte |pretʃe'dɛnte| **I** *agg.* (*nel tempo*) précédent; (*seguito in genere da un compl.*) précédant (*p. pres. inv.*): *il mese precedente* le mois précédent; *il tuo precedente soggiorno qui risale a molti anni fa* ton précédent séjour ici remonte à bien des années ‖ *il giorno precedente alla partenza* le jour précédant le départ ◇ (*nello spazio*) précédent: *troverete la definizione nella pagina precedente* vous trouverez la définition à la page précédente; *è entrato nel portone precedente* il est entré par la porte précédente **II** *s.m.* **1** précédent: *creare un precedente, dei precedenti* créer un précédent, des précédents; *è un precedente che desta qualche preoccupazione* c'est un précédent qui cause quelques soucis ◇ *loc. agg.* SENZA PRECEDENTI sans précédent (*sing.*): *un caso senza precedenti* un cas sans précédent; *è stata una vittoria senza precedenti* ce fut une victoire sans précédent **2** *spec. al plur.* [*la condotta passata di una persona*] antécédents: *avere buoni, cattivi precedenti* avoir de bons, de mauvais antécédents; *dati i suoi precedenti, non posso fidarmi di lui* étant donné ses antécédents, je ne peux pas me fier à lui; *ha dei pessimi precedenti* il a de très mauvais antécédents ◇ (*dir.*) *precedenti penali, giudiziari* antécédents pénaux, judiciaires.
precedenteménte |pretʃedente'mente| *avv.* [→ PRECEDENTE I] précédemment.
precedènza |pretʃe'dɛntsa| *s.f.* **1** (*diritto di*) *precedenza* [*nella circolazione stradale o ferroviaria, il diritto di passare per primo*] priorité: *segnale di precedenza* signal de priorité; *dare la precedenza a destra* donner, laisser la priorité (à droite); *avere la* (*il diritto di*) *precedenza* avoir la priorité; *è una strada con diritto di precedenza* c'est une route à priorité; *ordine di precedenza* ◇ [*nelle cerimonie ufficiali, il posto spettante rispetto al grado*] ordre *m.* des préséances **2** [*priorità*] priorité: *questi problemi debbono essere risolti con precedenza assoluta* on doit résoudre ces problèmes en priorité; *i telegrammi urgenti hanno la precedenza* les telégrammes urgents ont la priorité **3** *loc. avv.* IN PRECEDENZA [*prima, precedentemente*] précédemment (*avv.*): *quello che dici ora è in aperto contrasto con quanto in precedenza hai affermato* ce que tu dis maintenant contredit complètement ce que tu avais affirmé précédemment # *erano già d'accordo in precedenza* ils étaient déjà d'accord auparavant.

precèdere |pre'tʃɛdere| (125) **A** *v. tr.* [*essere, andare, arrivare avanti, prima*] précéder (8); devancer (2): *la guida precedeva il gruppo* le guide précédait le groupe; *ho tamponato la macchina che mi precedeva* j'ai tamponné la voiture qui me précédait; *è accaduto proprio il giorno che precedeva il matrimonio* c'est arrivé juste le jour qui précédait le mariage; *il film sarà preceduto da una breve presentazione* le film sera précédé d'une brève présentation ‖ *volevo offrire io, ma tu mi hai preceduto* je voulais l'offrir, mais tu m'as devancé → **prevenire** **B** *v. intr.* (*aus.* '*avere*') [→ *tr.*] marcher devant, précéder (*tr.*): *nel corteo i bambini precedevano* dans le cortège les enfants marchaient devant ‖ *ha urtato la macchina che precedeva* il a heurté la voiture qui (le) précédait.

precessióne |pretʃes'sjone| *s.f.* (*astron.*) *precessione degli equinozi* précession des équinoxes.

precettàre |pretʃet'tare| *v.tr.* (*bur.*) [*invitare con ordine scritto all'adempimento di determinati obblighi*] sommer, enjoindre (61) (*dir.*): *precettare qc. a effettuare un pagamento* sommer qqn. d'effectuer un paiement, lui enjoindre d'avoir à payer ◇ (*mil.*) [*richiamare in servizio i militari in congedo*] rappeler (4) sous les drapeaux.

precettazióne |pretʃettat'tsjone| *s.f.* **1** (*mil.*) [→ PRECETTARE] rappel *m.* (sous les drapeaux): *la precettazione dei riservisti* le rappel des réservistes **2** (*dir.*) injonction.

precettista |pretʃet'tista| *s.* [*chi riduce l'insegnamento a un'arida esposizione di principi*] théoricien*.

precettistica, che |pretʃet'tistika, ke| *s.f.* **1** [*i principi, le regole inerenti a una determinata disciplina*] théorie, préceptes *m. pl.* **2** [*insegnamento basato su un'arida e schematica esposizione di principi*] théorie, enseignement *m.* pédantesque.

precettistico, ci, ca, che |pretʃet'tistiko, tʃi, ka, ke| *agg.* [*fondato sulla precettistica*; *da precettista*] théorique: *insegnamento precettistico* enseignement théorique, pédantesque; *metodi precettistici* méthodes théoriques.

precettivo |pretʃet'tivo| *agg.* (*dir.*) didactique: *norma precettiva* norme didactique **C** **programmatico.**

precètto |pre'tʃɛtto| *s.m.* **1** précepte, règle (*f.*): *precetti morali, religiosi, civili* préceptes moraux, religieux, civils; *i saggi precetti dei nostri padri* les sages préceptes de nos pères; *è un utile precetto di vita pratica* c'est un précepte, un principe utile dans la pratique quotidienne → **insegnamento, norma, massima, consiglio** # *un manuale di linguistica fatto di aridi precetti* un manuel de linguistique fait de règles arides ◇ (*eccl.*) commandement: *i precetti della Chiesa* les commandements de l'Église # *festa di precetto* fête d'obligation; *il precetto pasquale* la communion pascale; *fare il precetto* faire ses Pâques ◇ *loc.* È DI PRECETTO c'est un commandement de l'Église: *è di precetto andare a messa la domenica* aller à la messe le dimanche est un commandement de l'Église **2** (*bur.*) commandement, sommation *f.*, injonction (*f.*): *precetto di pagamento* commandement de payer; *ho ricevuto il precetto di comparire in giudizio* j'ai reçu sommation, injonction de paraître en justice → **ordine, invito** ◇ (*dir.*) *precetto ingiuntivo* injonction ✦ (*in funzione di agg. inv.*) (*mil.*) *cartolina precetto* ordre d'appel *loc.*, feuille de route (sous les drapeaux) *loc.*

precettóre |pretʃet'tore| *s.m.* précepteur* (*s.*): *affidare i propri figli a un precettore* confier ses enfants à un précepteur → **istitutore** # *fare il precettore in un collegio* être professeur dans un collège.

precìdere |pre'tʃidere| (130) *v.tr.* (*lett.*) → **tagliare, mozzare; impedire.**

precìngere |pre'tʃindʒere| (119) *v. tr.* (*lett.*) → **cingere, coronare.**

precipitàbile |pretʃipi'tabile| *agg.* [→ PRECIPITARE B 2] précipitable.

precipitabilità |pretʃipitabili'ta| *s.f. inv.* (*chim.*) précipitabilité *var.*

precipitànte |pretʃipi'tante| *s.m.* (*chim.*) précipitant.

precipitàre |pretʃipi'tare| **A** *v.tr.* **1** [*gettare giù a capofitto, scaraventare*] précipiter: *i traditori venivano precipitati da una rupe* les traîtres étaient précipités du haut d'un rocher # *precipitare in mare la zavorra* jeter le, du lest à la mer **2** (*fig.*) [*affrettare eccessivamente*] précipiter: *precipitare una decisione, un giudizio* précipiter, hâter une décision, un jugement ✦ (*ass.*) *in simili casi, non bisogna mai precipitare* dans de tels cas, il ne faut rien précipiter; *rifletti bene, non precipitare* réfléchis bien, il ne faut rien précipiter ◇ (*mus.*) accélérer (8) **B** *v.intr.* (*aus.* '*essere*') **1** [*cadere giù a capofitto*] tomber: *precipitare dal tetto, in un burrone* tomber du toit, dans un ravin; *un aereo è precipitato in mare* un avion est tombé dans la mer # *i massi gli precipitarono addosso* les pierres (d'éboulement) dévalèrent sur lui ◇ (*fig.*) *precipitare in rovina* tomber dans la misère, se ruiner; *è precipitato nella più tetra disperazione* il a sombré dans le plus noir désespoir ✦ *ass.* (*fig.*) [*aggravarsi, peggiorare rapidamente*] se précipiter (*pron*): *gli eventi precipitano* les événements se précipitent # *la situazione ormai sta precipitando* la situation empire sans retour **2** (*chim.*) [*separarsi e depositarsi sul fondo*] précipiter (*aus.* avoir) **C** *v.pron.* PRECIPITARSI **1** *rifl.* [→ *tr.* 1] se précipiter: *precipitarsi nel vuoto, da una torre* se précipiter dans le vide, d'une tour; *si precipitò in mare* il se précipita dans la mer **2** *intr.* (*fig., iperb.*) [*affrettarsi, accorrere precipitosamente*] se précipiter: *precipitarsi alla stazione* se précipiter à la gare # *saputa la notizia, tutti si precipitarono a chiedere chiarimenti* dès que la nouvelle fut connue, chacun se hâta de demander des éclaircissements.

precipitataménte |pretʃipitata'mente| *avv.* [→ PRECIPITATO 1] précipitamment.

precipitàto |pretʃipi'tato| **1** *agg.* précipité: *una decisione precipitata* une décision précipitée → **avventato, sconsiderato** **2** *s.m.* (*chim.*) précipité.

precipitazióne |pretʃipitat'tsjone| *s.f.* **1** [→ PRECIPITARE A 2] précipitation: *agire con precipitazione* agir avec précipitation; *il problema va affrontato senza precipitazione* on doit aborder le problème sans précipitation; *ha preso la decisione con troppa precipitazione* il est décidé avec trop de précipitation → **avventatezza** **2** (*chim.*) précipitation ◇ (*per est.*) [*la sostanza stessa che precipita*] précipité *m.* **3** (*meteor.*) précipitation: *precipitazione atmosferica, liquida* précipitation atmosphérique, liquide.

precipite |pre'tʃipite| *agg.* (*lett.*) **1** la tête la première *loc. inv.* (*corr.*) **2** [*ripido, scosceso*] escarpé, abrupt.

precipitevolissimevolménte |pretʃipitevolissimevol'mente| *avv.* (*scherz.*) [*a gran precipizio*] avec la plus grande précipitation *loc. inv.*

precipitevolménte |pretʃipitevol'mente| *avv.* [*a precipizio*] précipitamment.

precipitosaménte |pretʃipitosa'mente| *avv.* **1** [→ PRECIPITOSO 1] précipitamment: *fuggire precipitosamente* s'enfuir précipitamment **2** [→ PRECIPITOSO 2] *hâtivement: *decidere precipitosamente* décider hâtivement.

precipitóso |pretʃipi'toso| *agg.* **1** [*che si svolge con grande rapidità e impeto*] précipité # *darsi a una fuga precipitosa* s'enfuir précipitamment ◇ (*raro*) [*che cade o corre con impeto*] impétueux* (*corr.*): *un fiume dalle acque precipitose* un fleuve aux eaux impétueuses → **impetuoso, travolgente** # *pioggia precipitosa* pluie battante **2** (*fig.*) (*persone*) [*avventato, sconsiderato*] irréfléchi, *hâtif*: *essere precipitoso nelle decisioni* être irréfléchi, hâtif dans ses décisions; *non essere troppo precipitoso nel giudicare gli altri* ne sois pas trop hâtif dans tes jugements (sur les autres) ◇ (*cose*) [*fatto, detto senza ponderazione, con troppa fretta*] *è stata una risoluzione precipitosa* ce fut là une résolution hâtive.

precipizio, i |pretʃi'pittsjo, i| *s.m.* précipice: *cadere in un precipizio* tomber dans un précipice; *la montagna è piena di precipizi* la montagne est pleine de précipices → **burrone, dirupo** ◇ *loc.* ESSERE, STARE, CAMMINARE SULL'ORLO DEL PRECIPIZIO: (*pr.*) être, rester, marcher au bord du précipice: *alcune capre stavano proprio sull'orlo del precipizio* quelques chèvres se tenaient juste au bord du précipice; (*fig.*) [*rischiare la catastrofe*] être au bord du précipice, de la ruine: *la azienda ormai è sull'orlo del precipizio* l'entreprise est désormais au bord du précipice, de la ruine → **rovina, crollo** *loc. avv.* A PRECIPIZIO: (*pr.*) [*a starpiombo*] *in quel posto la montagna scende a precipizio sul mare* à cet endroit, la montagne tombe à pic sur (dans) la mer; [*precipitando a piombo e con violenza*] *cadde a precipizio nel burrone* il tomba, dévala dans le ravin; (*fig.*) [*con grande fretta, precipitosamente*] *parlare a precipizio* parler comme une mitrailleuse; *mangiare a precipizio* manger avec un lance-pierres (*fam.*); *correre a precipizio* courir à perdre haleine, à toutes jambes.

precipuaménte |pretʃipua'mente| *avv.* [→ PRECIPUO] principalement.

precipuo |pre'tʃipuo| *agg.* [*principale, fondamentale o peculiare*] principal*: *questo è il fine precipuo della ricerca* ceci est le but principal de la recherche; *è tra i caratteri precipui della civiltà classica* c'est l'un des principaux caractères de la civilisation classique.

precisaménte |pretʃiza'mente| *avv.* [→ PRECISO 1] avec précision *loc. inv.*, précisément: *calcolare, esprimersi precisamente* calculer, s'exprimer avec précision; *riferire precisamente un discorso* rapporter précisément, fidèlement un discours; '*volevi dir questo?*', '*precisamente!*' 'tu voulais dire cela?' 'précisément' → **esattamente** ◇ (*con valore raff.*) [*proprio*] *è accaduto precisamente quello che temevo* il est arrivé précisément ce que je craignais; *le cose stanno precisamente così* voilà où en sont précisément les choses.

precisàre |pretʃi'zare| *v.tr.* [*determinare, definire con precisione*] préciser: *precisare il senso di un termine* préciser le sens d'un terme; *sarebbe bene che precisassi meglio il tuo pensiero* il serait préférable que tu précises mieux ta pensée; *non è stato ancora precisato il giorno e l'ora del fatto* on n'a pas encore précisé le jour et l'heure de l'incident; *vorrei precisare un particolare* je voudrais préciser un détail → **puntualizzare** ✦ (*ass.*) *le cose, tanto per precisare, non stanno proprio così* précisons que les choses, à dire vrai, n'en sont pas à ce point.

precisazióne |pretʃizat'tsjone| *s.f.* [→ PRECISARE] éclaircissement *m.*, explication: *la precisazione di un concetto, di un vocabolo* l'éclaircissement, l'explication d'un concept, d'un mot # *sarà utile una precisazione dei limiti della discussione* il sera utile de préciser les limites de la discussion ◇ (*per est.*) [*dichiarazione, indicazione circostanziata*] *il presidente ha fornito le precisazioni richieste* le président a fourni les éclaircissements requis.

precisióne |pretʃi'zjone| *s.f.* précision: *la precisione dei termini* la précision des termes → **proprietà** 3; *la precisione di una definizione* la précision d'une définition; *la precisione di un impiegato* la précision d'un employé → 1 **diligenza, meticolosità**; *lavorare con precisione* travailler avec précision; *ne conosce con precisione tutti i particolari* il connaît avec précision tous les détails → **esattezza**; *non so con precisione che ora sia* je ne sais pas avec précision l'heure qu'il est ◇ *loc.* DI PRECISIONE de précision: *meccanica, strumenti di precisione* mécanique, instruments de précision.

precìso |pre'tʃizo| *agg.* **1** (*cose*) précis, exact: *un calcolo preciso* un calcul précis, exact; *il numero preciso* le nombre exact; *alle sette precise* à sept heures précises; *ricevere informazioni precise* recevoir des renseignements précis; *non ha idee molto precise in proposito* il n'a pas d'idées très précises sur le sujet → **chiaro**; *usa una terminologia molto precisa* il utilise une terminologie très précise → **appropriato**; *ha fatto un lavoro poco preciso* il a effectué un travail peu précis; *non ci sono norme precise al riguardo* il n'y a pas de normes précises à ce sujet → **rigoroso, esatto** # *è tutto* (*mio, loro, ecc.*) *preciso dovere intervenire* c'est ton (mon, leur, etc.) devoir le plus strict que d'intervenir → **esclusivo** ◇ [*che funziona con esattezza*] juste; précis: *un termometro, un orologio preciso* un thermomètre précis, une horloge précise; *è una macchina poco precisa* c'est une machine peu précise ✦ *ass.* (*come risposta aff. o conferma ass.*) précisément (*avv.*): '*volevi dire proprio questo?*' '*preciso!*' 'c'est exactement ce que tu voulais dire?' 'précisément!' ◇ *loc. avv.* DI PRECISO [*con precisione, con certezza*] de précis: *di preciso non so proprio niente* de précis, je ne sais vraiment rien **2** (*persone*) [*che fa le cose con accuratezza*] precis, soigneux*: *un disegnatore, un sarto preciso* un dessinateur, un couturier précis, soigneux; *è un ragazzo molto preciso* c'est un garçon très soigneux → **diligente, meticoloso; accurato** # *è precisa nel vestire* elle s'habille avec soin, goût **3** [*uguale, perfettamente corrispondente*] identique, pareil*: *un ritratto preciso all'originale* un portrait identique à l'original; *questo abito è preciso al mio* cette robe est pareille à la mienne → **identico** # *sono le sue precise parole* ce sont ses propres paroles.

precitàto |pretʃi'tato| *agg.* (*raro*) précité: *il precitato autore* l'auteur précité → **suddetto**.

preclàro |pre'klaro| *agg.* (*lett.*) → **celebre, illustre.**

preclàssico, ci, ca, che |pre'klassiko, tʃi, ka, ke| *agg.* préclassique: *letteratura preclassica* littérature préclassique.

preclìnico, ci, ca, che |pre'kliniko, tʃi, ka, ke| *agg.* préclinique.

preclùdere |pre'kludere| (106) *v.tr.* **1** (*fig.*) [*vietare, impedire totalmente*] exclure (46): *precludere ogni via di scampo* exclure toute échappatoire; *la sua intransigenza gli preclude ogni possibilità di carriera* son intransigeance exclut pour lui toute possibilité de faire carrière □ *così facendo, s'è preclusa ogni speranza* en agissant ainsi, elle s'est interdit tout espoir ◇ (*dir.*) forclore (57): *precludere l'esercizio di una facoltà* forclore l'exercice d'une faculté **2** (*raro*) [*chiudere, sbarrare*] barrer (*corr.*).

preclusióne |preklu'zjone| *s.f.* **1** [→ PRECLUDERE 2] barrage *m.* **2** (*dir.*) forclusion: *la preclusione dell'esercizio di una facoltà* la forclusion de l'exercice d'une faculté.

preclusìvo |preklu'zivo| *agg.* [*che preclude, che può precludere*] qui empêche *loc.* # *il suo comportamento è preclusivo di ogni possibilità d'accordo* son comportement empêche tout accord, rend tout accord impossible ◇ (*dir.*) *azione preclusiva* action de forclusion.

precòce |pre'kɔtʃe| *agg.* précoce: *pubertà, vecchiaia precoce* puberté, vieillesse précoce; *quest'anno abbiamo un autunno precoce* cette année nous avons un automne précoce; *è un bambino precoce* c'est un enfant précoce # *parto precoce* accouchement prématuré ◇ (*bot.*) *fiori precoci* fleurs précoces, *hâtives ◇ (*med.*) *diagnosi, trattamento precoce* diagnostic, traitement précoce ◇ (*zool.*) *prole precoce* animal précoce.

precoceménte |prekotʃe'mente| *avv.* [→ PRECOCE] précocement.

precocità |prekotʃi'ta| *s.f. inv.* précocité (*var.*): *precocità d'intelligenza, di ingegno* précocité d'intelligence, d'esprit; *precocità sessuale* précocité sexuelle; *precocità di fioritura, di maturazione* précocité de floraison, de maturation.

precògnito |pre'kɔɲɲito| *agg.* (*lett.*) [*conosciuto in precedenza*] connu précédemment.

precognizióne |prekoɲɲit'tsjone| *s.f.* (*lett.*) [*cognizione anticipata*] préconnaissance.

precolombiàno |prekolom'bjano| *agg.* précolombien*: *civiltà precolombiana* civilisation précolombienne; *popoli precolombiani* peuples précolombiens.

precombustióne |prekombus'tjone| *s.f.* précombustion.

precompressióne |prekompres'sjone| *s.f.* (*tecnol.*) précontrainte.

precomprèsso |prekom'prɛsso| *agg.* (*tecnol.*) précontraint: *cemento armato precompresso* béton armé précontraint ✦ (*s.m.*) *il, un precompresso* le, un ciment précontraint; *un ponte in precompresso* un pont en précontraint.

precomprìmere |prekom'primere| (124) *v.tr.* (*tecnol.*) [*sottoporre a compressione preventiva*] précontraindre (65): *precomprimere conglomerati cementizi* précontraindre des conglomérats de ciment.

preconcètto |prekon'tʃɛtto| **1** *agg.* préconçu (*pegg.*): *idee preconcette* idées préconçues, toutes faites; *antipatia preconcetta* antipathie préconçue **2** *s.m.* [*idea, giudizio, convinzione non basati su conoscenze ed esperienze dirette*] préjugé, préconception *f.* (*lett.*): *ha dei preconcetti nei miei confronti* il a des préjugés à mon encontre; *non ha preconcetti* il est sans préjugés # *bisogna giudicare senza preconcetti* il faut juger sans idée préconçue → **prevenzione 2, pregiudizio.**

preconfezionàre |prekonfet-tsjo'nare| *v.tr.* [*confezionare in anticipo*] pré-confectionner.

precongressuàle |prekongres'suale| *agg.* précédant *p. pres.* le congrès (*loc.*): *riunione, assemblea precongressuale* réunion, assemblée précédant le congrès.

preconizzàre |prekonid'dzare| *v. tr.* **1** [*profetizzare, predire*] prédire (48): *gli è stato preconizzato un brillante avvenire* on lui a prédit un brillant avenir **2** (*raro*) [*annunciare solennemente in pubblico*] proclamer (*corr.*) # *preconizzare un cardinale* préconiser un cardinal.

preconizzazióne |prekoniddzat'tsjone| *s.f.* (*eccl.*) [→ PRECONIZZARE 2] préconisation.

preconoscènza |prekonoʃ'ʃɛntsa| *s.f.* [→ PRECONOSCERE] prescience.

preconóscere |preko'noʃʃere| (126) *v.tr.* (*lett.*) [*conoscere q.c. anteriormente al suo determinarsi*] connaître (72) d'avance, à l'avance (*corr.*).

precònscio, sci, scia, sce |pre'kɔnʃo, ʃi, ʃa, ʃe| *agg.* (*psican.*) préconscient: *stato preconscio* état préconscient ✦ (*s.m.*) *il preconscio* le préconscient.

preconsonàntico, ci, ca, che |prekonso'nantiko, tʃi, ka, ke| *agg.* (*ling.*) préconsonantique: *un fonema preconsonantico* un phonème préconsonantique Ⓒ **postconsonantico.**

precòrdi |pre'kɔrdi| *s.m. pl.* **1** (*lett., anat.*) région *f. sing.* précordiale **2** (*fig., enf., scherz.*) [*il profondo del cuore, come sede dei sentimenti e degli affetti*] cœur (*sing.*): *giungere ai precordi* aller droit au cœur; *un sospiro che vien fin dai precordi* un soupir qui vient du

fond, du tréfonds (*lett.*) de son cœur # *toccare i precordi* toucher.
precordiàle |prekor'djale| *agg.* précordial*: *regione, dolore precordiale* région, douleur précordiale.
precòrdio, i |pre'kɔrdjo, i| *s.m.* (*anat.*) région *f.* précordiale.
precórrere |pre'korrere| (127) **A** *v.tr.* [*prevenire, anticipare*] devancer (2), prévenir (27): *precorrere i desideri* devancer, prévenir les désirs; *precorrere i tempi* devancer les temps **B** *v.intr.* (*aus.* '*essere*') (*lett.*) [*precedere, correre avanti*] devancer *tr.* (*corr.*).
precorrezióne |prekorret'tsjone| *s.f.* (*tecnol.*) précorrection.
precorritóre, trice |prekorri'tore, tritʃe| *agg.* [*che precorre*] précurseur *m.*, avant-coureur (*m.*): *una mente precorritrice dei tempi nuovi* un esprit précurseur des temps nouveaux; *i segni precorritori della tempesta* les signes précurseurs, avant-coureurs de la tempête ✦ *s.* (*lett.*) → **precursore.**
precostituire |prekostitui're| (197) *v.tr.* [*costituire, predisporre già in precedenza*] (pré)constituer, préparer à l'avance ◻ *precostituirsi un alibi* se préparer un alibi.
precostituito |prekostitu'ito| *agg.* [*formato, costituito già in precedenza*] préconstitué: *maggioranza precostituita* majorité préconstituée.
precòtto |pre'kɔtto| *agg.* [*cotto preventivamente*] précuit: *cibi precotti* aliments précuits.
precristiàno |prekris'tjano| *agg.* préchrétien*: *basilica precristiana* basilique préchrétienne; *le religioni precristiane* les religions préchrétiennes.
precursóre |prekur'sore| *s.m.* précurseur: *i precursori della scienza moderna* les précurseurs de la science moderne ◇ (*per anton.*) *il Precursore* [*S. Giovanni Battista*] le Précurseur ✦ *agg.* → **precorritore.**
prèda |'prɛda| *s.f.* **1** [*quel che si toglie agli altri nel corso di rapine, saccheggi e sim.*] proie # *vivere di preda* vivre de rapines, de vols; *i nemici fecero preda della città conquistata* l'ennemi conquit la ville et la pilla; *le navi nemiche erano piene di preda* les navires ennemis étaient chargés du butin → **rapina, furto, bottino, saccheggio** ◇ (*dir.*) *diritto di preda* droit de prise; *preda bellica, di guerra* butin *m.* **2** (*fig.*) [*balìa, potere*] proie: *il bosco era in preda alle fiamme* la fôret était la proie des flammes; *la nave fu lasciata in preda alle onde e ai venti* le navire fut laissé en proie aux vagues et aux vents ◇ (*per est.*) *essere in preda alla più nera disperazione* être en proie au plus noir désespoir **3** [*gli animali che vengono cacciati, uccisi da altri animali carnivori o da cacciatori*] proie: *animali da preda* bêtes de proie; *aveva ancora tra gli artigli la preda* il tenait encore la proie entre ses griffes; *i cani smisero di inseguire la preda* les chiens cessèrent de suivre la proie # *il cacciatore tornò con una buona preda* le chasseur fit bonne chasse.
predàce |pre'datʃe| *agg.* (*lett.*) → **rapace, avido.**
predàre |pre'dare| *v.tr.* [*prendere come preda*; *far preda*] voler; piller: *predare greggi, oggetti preziosi* voler des troupeaux, des objets précieux; *predare un viandante* voler un passant → **derubare, rapinare** || *le navi corsare predavano le coste* les bateaux pirates pillaient les côtes → **saccheggiare, depredare** ✦ (*ass.*) *alcuni animali escono a predare di notte* certains animaux sortent la nuit pour chaparder (*fam.*).
predatóre, trice |preda'tore, tritʃe| *s.* [*chi vive di preda*] pillard, pilleur*; prédateur (*m.*): *una banda di feroci predatori* une bande de pillards féroces || *l'aquila, il lupo, la volpe sono dei predatori* l'aigle, le loup, le renard sont des prédateurs # *i predatori del mare* les pirates → **pirata, corsaro** ✦ (*agg.*) *uccelli predatori* oiseaux de proie *loc.*, rapaces.
predatòrio, i |preda'tɔrjo, i| *agg.* (*raro*) [*proprio del predare*; *di, da predatore*] déprédateur*.
predazióne |predat'tsjone| *s.f.* [→ PREDARE] prédation.
predecessóre |predetʃes'sore| *s.m.* prédécesseur: *il predecessore dell'attuale presidente era molto più attivo* le prédécesseur du président actuel était beaucoup plus actif; *ha seguito l'esempio dei suoi predecessori* il a suivi l'exemple de ses prédécesseurs ◇ *al plur.* [*antenati*] ancêtres, aïeux; ascendants: *i nostri predecessori* nos ancêtres, nos aïeux || *annovera tra i suoi predecessori principi e papi* il compte au nombre de ses ascendants des princes et des papes.
predèlla |pre'dɛlla| *s.f.* **1** [*piattaforma, pedana di legno che serve di base, di supporto*] socle *m.*; estrade: *i banchi erano senza predella* les bancs n'avaient pas de socle || *la predella della cattedra era altissima* l'estrade de la chaire était très haute ◇ (*per anal.*) *predella dell'altare* [*il gradino superiore*] marchepied *m.* **2** (*arts.*) prédelle: *la predella di un polittico* la prédelle d'un polyptyque; *la predella di una pala d'altare* la prédelle d'un retable **3** (*arc.*) → **redini, briglia.**
predellino |predel'lino| *s.m.* [*gradino per salire o scendere* (*su una carrozza*)] marchepied: *scendendo, è caduto dal predellino del tram* en descendant, il est tombé du marchepied du tram.
predestinàre |predesti'nare| *v.tr.* (*riferito spec. alla divinità*) [*assegnare, predisporre il corso della vita umana o degli avvenimenti della storia*] prédestiner.
predestinàto |predesti'nato| *agg.* prédestiné: *un uomo predestinato a grandi cose* un homme prédestiné à de grandes choses ✦ (*s.*) *un predestinato* un prédestiné.
predestinazióne |predestinat'tsjone| *s.f.* [→ PREDESTINARE] prédestination (*lett.*), destinée: *era predestinazione che dovesse finire male* c'était sa prédestination, sa destinée de finir mal ◇ (*teol.*) *la teoria della predestinazione* la théorie de la prédestination.
predestinazionismo |predestinattsjo'nizmo| *s.m.* (*teol.*) théorie *f.* de la prédestination.
predeterminàre |predetermi'nare| *v.tr.* [*determinare, disporre in precedenza*] prédéterminer; fixer à l'avance: *predeterminare un prezzo, un peso* prédéterminer un prix, un poids || *predeterminare le norme di un concorso* fixer à l'avance les règles d'un concours.
predeterminataménte |predeterminata'mente| *avv.* [→ PREDETERMINATO] avec prédétérmination *loc. inv.*
predeterminàto |predetermi'nato| *agg.* fixé *p.p.* à l'avance: *un piano d'azione predeterminato in ogni suo particolare* un plan d'action fixé à l'avance dans tous ses détails.
predeterminazióne |predeterminat'tsjone| *s.f.* [→ PREDETERMINARE] prédétérmination.
predeterminismo |predetermi'nizmo| *s.m.* (*filos.*) prédétérminisme.
predétto |pre'detto| *agg.* [*precedentemente citato, nominato, trattato*] susdit, susmentionné: *il libro predetto* le livre susdit, susmentionné; *per le predette ragioni, non posso essere presente* pour les raisons susdites, je ne pourrai pas être présent.
prediàle |pre'djale| *agg.* (*dir.*) prédial*: *servitù prediale* servitude prédiale; *imposta prediale* impôt prédial.
prèdica, che |'prɛdika, ke| *s.f.* **1** (*eccl.*) sermon *m.*, homélie *f.*; (*dei protestanti*) prêche (*m.*): *fare una predica* faire un sermon, dire une homelie; *ascoltare una predica* écouter un sermon; *quel prete fa delle belle prediche domenicali* ce prêtre fait de beaux sermons, le dimanche → **omelia** ◇ (*loc. fig., iron.*) *senti da che pulpito vien la predica!* tu es bien qualifié pour parler! **2** (*per est.*) [*lungo e noioso discorso di rimprovero, di esortazione*] sermon, semonce: *finiscila con le tue prediche!* arrête tes sermons! # *il padre gli fece una bella predica* son père le sermonna, lui passa un savon (*fam.*) → **ramanzina, paternale.**
predicàbile |predi'kabile| *agg. e s.m.* (*filos.*) prédicable: *i cinque predicabili aristotelici* les cinq prédicables aristotéliciens.
predicàre |predi'kare| **A** *v.tr.* **1** [*esporre, insegnare pubblicamente*; *esortare al compimento dei propri doveri o alla pratica della virtù*] prêcher: *predicare il Vangelo, il buddismo* prêcher l'Évangile, le bouddhisme; *predicare il quaresimale* prêcher le carême; *predicare la fratellanza, la pace universale* prêcher la fraternité, la paix universelle ✦ (*ass.*) *il nuovo parroco predica molto bene* le nouveau curé prêche très bien ◇ (*loc. fig.*) *predicare bene e razzolare male* donner de bons conseils et de mauvais exemples **2** (*per est.*) [*fare lunghi e noiosi discorsi di rimprovero, di esortazione*] prêcher, répéter (8): *quel vecchio non fa che predicare la pazienza e la rassegnazione* ce vieillard ne fait que prêcher la patience et la résignation; *è da tanto che te lo predico, ma tu non mi hai dato retta* il y a longtemps que je te le répète, mais tu n'as pas voulu m'écouter **3** (*filos., ling.*) [*attribuire un predicato a un soggetto*] affirmer: *predicare una qualità del soggetto* affirmer un qualité du sujet; *il predicato è ciò che si predica del soggetto* le prédicat est ce qu'on affirme du sujet **4** (*lett.*) → **celebrare, lodare B** *v.intr.* (*aus.* '*avere*') [→ *tr.* 1] prêcher (*tr. e intr.*): *ha predicato sui misteri della fede* il a prêché les mystères de la foi; *predicare ai fedeli* prêcher aux fidèles; *quel sacerdote predica con l'esempio* ce prêtre prêche d'exemple ◇ (*loc. fig.*) *predicare al vento, al deserto* prêcher dans le désert.

predicativo |predika'tivo| *agg.* **1** (*gram.*) prédicatif*: *verbo predicativo* verbe prédicatif; *complemento predicativo del soggetto, dell'oggetto* complément prédicatif du sujet, de l'objet # *aggettivo in funzione predicativa* adjectif en fonction de prédicat **2** (*filos.*) prédicatif: *la categoria predicativa* la catégorie prédicative.

predicàto |predi'kato| *s.m.* **1** (*gram.*) prédicat, attribut; *predicato verbale* prédicat; *predicato nominale* attribut ◇ (*filos.*) *il giudizio è definito come l'unione di un soggetto e di un predicato* le jugement est défini comme l'union d'un sujet et d'un prédicat **2** *loc.* ESSERE IN PREDICATO DI, PER être en passe de: *è in predicato per la carica di presidente* il est en passe d'être nommé président; *è in predicato di essere nominato sindaco* il est en passe d'être nommé maire **3** *predicato d'onore* distinction honorifique; *predicato nobiliare* titre nobiliaire.

predicatóre, trice |predika'tore, tritʃe| *s.* **1** prédicateur (*m.*): *un grande predicatore* un grand prédicateur; *fare il predicatore* être prédicateur # *è membro dell'ordine dei predicatori* il appartient à l'ordre des frères prêcheurs **2** (*per est.*) [*sostenitore, banditore instancabile*] apôtre (*m.*): *s'è fatto predicatore della fratellanza e della pace universale* il s'est fait l'apôtre de la fraternité et de la paix universelle ◇ (*fig., scherz.*) [*chi ama dispensare consigli e avvertimenti di tono moraleggiante*] sermonneur*, prêcheur*: *quel suo tono da predicatore è indisponente* ce ton de sermonneur indispose contre lui # *e smettila di fare il predicatore!* arrête donc de faire des sermons!

predicatòrio, i |predika'tɔrjo, i| *agg.* (*spec. spreg.*) [*da predica, da predicatore*] de sermonneur* *loc.*, de prêcheur* (*loc.*): *e smettila con quel tono predicatorio!* cesse donc de prendre ce ton de sermonneur!

predicazióne |predikat'tsjone| *s.f.* **1** [→ PREDICARE A 1] prédication: *la predicazione della buona novella* la prédication de la bonne nouvelle; *s'è dato alla predicazione del buddismo* il s'est lancé dans la prédication du bouddhisme **2** [→ PREDICARE A 3] attribution: *predicazione del soggetto* attribution du sujet.

predicòzzo |predi'kɔttso| *s.m.* (*scherz.*) [*paternale, ramanzina*] semonce *f.*, sermon: *gli è andata bene: se l'è cavata con un predicozzo* il a eu de la chance: il s'en est tiré avec une semonce, un sermon.

predigerito |predidʒe'rito| *agg.* [*sottoposto artificialmente alle prime fasi di digestione*] prédigéré: *alimenti predigeriti per lattanti* aliments prédigérés pour nourrissons.

predigestióne |predidʒes'tjone| *s.f.* prédigestion: *alcuni alimenti per lattanti vengono sottoposti alla predigestione* certains aliments pour nourrissons subissent une prédigestion.

predilètto |predi'lɛtto| *agg.* [*fatto oggetto di particolare affetto, amato più di ogni altro*] préféré, favori*: *il figlio prediletto* le fils préféré; *gli studi prediletti* les études préférées; *il tennis è il mio sport prediletto* le tennis est mon sport favori → **preferito** ✦ (*s.*) *il prediletto* le préféré: *è il prediletto della maestra* c'est le préféré, le chouchou (*fam.*) de l'institutrice.

predilezióne |predilet'tsjone| *s.f.* [→ PREDILIGERE] prédilection: *non nasconde la sua predilezione per te* il ne cache pas sa prédilection pour toi; *ha una vera predilezione per la pittura* il a une vraie prédilection pour la peinture ◇ (*per est.*) [*l'oggetto di tale affetto, inclinazione*] *il teatro è la sua predilezione* le théâtre est ce qu'il préfère (au monde); il a une passion pour le théâtre.

prediligere |predi'lidʒere| (170) *v. tr.* [*amare in modo particolare*] avoir (28) une prédilection pour: *il minore è il figlio che predilige* il a une prédilection pour son (fils) cadet ◇ [*preferire*] préférer (8): *prediligeva gli sport nautici* il préférait les sports nautiques; *è proprio l'autore che io prediligo* c'est vraiment l'auteur que je préfère.

predire |pre'dire| (132) *v.tr.* [*dire, annunciare eventi futuri*] prédire (48): *predire il futuro* prédire l'avenir → **divinare** ◇ [*prevedere*] prévoir (37): *come avevi predetto, è andata a finire male* comme tu avais prévu, cela a mal fini.

predisponènte |predispo'nɛnte| *agg.* (*med.*) prédisposant (*p. pres.*): *fattori predisponenti* facteurs prédisposants.

predispórre |predis'porre| (168) **A** *v.tr.* **1** [*preparare, stabilire dettagliatamente in precedenza*] préparer: *predisporre un piano d'azione, di difesa* préparer un plan d'action, de défense; *aveva già predisposto tutto per lo spettacolo* il avait déjà tout préparé pour le spectacle **2** [*preparare psicologicamente, favorire un determinato stato d'animo*] (pré)disposer, préparer: *predisporre qc. al perdono* disposer qqn. à pardonner; *l'ingiustizia predispone alla ribellione* l'injustice prépare la révolte; *bisogna predisporla alla tremenda notizia* il faut la préparer à la terrible nouvelle **3** (*med.*) [*creare in un organismo una particolare disposizione a contrarre determinate malattie*] prédisposer: *la denutrizione predispone (l'organismo) all'anemia* la dénutrition prédispose (l'organisme) à l'anémie; *l'affaticamento predispone alle malattie infettive* la fatigue prédispose aux maladies infectieuses **B** *v.pron. rifl.* PREDISPORSI [→ *tr.* 2] se préparer: *predisporsi a una brutta notizia, alla morte* se préparer à une mauvaise nouvelle, à la mort.

predisposizióne |predispozit'tsjone| *s.f.* **1** [→ PREDISPORRE A 1] prévision, préparation: *la predisposizione di adeguate misure di emergenza* la prévision des mesures d'urgence appropriées **2** [*inclinazione, propensione*] disposition: *ha una spiccata predisposizione per l'arte* il a des dispositions prononcées pour l'art **3** [→ PREDISPORRE A 3] prédisposition: *predisposizione a contrarre una malattia* prédisposition à contracter une maladie; *è un soggetto con spiccata predisposizione alla tubercolosi* c'est un sujet qui a une prédisposition marquée à la tuberculose.

predispósto |predis'posto| *agg.* **1** [*preparato dettagliatamente in precedenza*] prévu: *è un piano di difesa ben predisposto* c'est un plan de défense bien prévu, bien préparé; *le misure predisposte non potranno essere attuate* les mesures qui avaient été prévues ne pourront pas être prises **2** [*incline, propenso*] disposé: *è ben predisposto nei miei confronti* il est bien disposé à mon égard # *è predisposto al peggio* il s'attend au pire → **preparato** 1 **3** (*med.*) prédisposé (*p.p.*): *un organismo predisposto alle malattie infettive* un organisme prédisposé aux maladies infectieuses; *è predisposto alla tubercolosi* il est prédisposé à la tuberculose.

predizióne |predit'tsjone| *s.f.* [→ PREDIRE] prédiction ◇ (*per est.*) [*ciò che si predice o è stato predetto*] *la sua predizione non si avverò* sa prédiction ne s'est pas accomplie.

predominànte |predomi'nante| *agg.* prédominant: *l'ambizione, in quell'uomo, è predominante* l'ambition, chez cet homme, est prédominante; *il colore predominante è il verde* la couleur prédominante est le vert; *nelle zone tropicali i deserti sono predominanti* dans les zones tropicales les déserts sont prédominants → **prevalente.**

predominànza |predomi'nantsa| *s.f.* (*ant.*) → **predominio, prevalenza.**

predominàre |predomi'nare| **A** *v. intr.* (*aus.* 'avere') [*prevalere, imporsi*] (*cose*) prédominer; (*persone*) dominer: *nel suo carattere predomina l'ambizione e la vanità* dans son caractère, c'est l'ambition et la volonté qui prédominent; *in quel quadro il rosso predomina sugli altri colori* dans ce tableau, le rouge prédomine sur les autres couleurs; *è una regione in cui predomina la steppa* c'est une région où prédomine la steppe ‖ *vuole sempre predominare su tutti* il veut toujours dominer, l'emporter sur tout le monde ✦ (*ass.*) *questa è la moda che predomina oggi* c'est la mode qui prédomine aujourd'hui **B** *v.tr.* (*raro*) → **dominare, sopraffare.**

predominio, i |predo'minjo, i| *s.m.* [→ PREDOMINARE] prédominance *f.* ◇ [*superiorità, supremazia*] suprématie (*f.*): *esercitare, perdere il predominio* exercer, perdre sa suprématie; *il predominio dei Greci sul Mediterraneo durò per molti secoli* la suprématie des Grecs en Méditerranée dura de longs siècles # *l'ambizione, in quella donna, ha il predominio su ogni altro sentimento* l'ambition, chez cette femme, prédomine sur tout autre sentiment.

predóne |pre'done| *s.m.* [*chi esercita il brigantaggio, chi vive di ruberie*] pillard (*s.*): *i predoni del deserto* les pillards du désert; *è un popolo di predoni* c'est un peuple de pillards, de brigands # *i predoni del mare* les corsaires → **pirata.**

preelèggere |pree'lɛddʒere| (154) *v.tr.* (*ant.*) → **preferire.**

preelettoràle |preeletto'rale| *agg.* préélectoral*.

preellènico, ci, ca, che |preel'lɛniko, tʃi, ka, ke| *agg.* préhellénique: *civiltà preellenica* civilisation préhellénique.

preesàme |pree'zame| *s.m.* examen blanc.

preesistènte |preezis'tɛnte| *agg.* préexistant: *si sono sposati ignorando il vincolo matrimoniale preesistente* ils se sont mariés en ignorant les liens conjugaux préexistants → **precedente, anteriore** # *dove arrivavano, i barbari distruggevano i popoli preesistenti* les bar-

bares tuaient les habitants des régions qu'ils envahissaient.
preesistènza |preezis'tɛntsa| *s.f.* préexistence (*lett.*): *la teoria della preesistenza dell'anima* la théorie de la préexistence de l'âme.
preesistere |pree'zistere| (116) *v. intr.* (*aus.* '*essere*') [*esistere anteriormente*] préexister (*aus.* avoir): *già prima di quella greca preesistevano altre civiltà* déjà avant la civilisation grecque préexistaient d'autres civilisations; la civilisation hellénique fut précédée par d'autres civilisations.
prefabbricàre |prefabbri'kare| *v. tr.* [*preparare in precedenza e in luogo diverso da quello della sistemazione i vari elementi di una struttura*] préfabriquer.
prefabbricàto |prefabbri'kato| *agg.* préfabriqué: *case, scuole prefabbricate* maisons, écoles préfabriquées; *un solaio a travetti prefabbricati* un grenier en poutrelles préfabriquées.
prefabbricazióne |prefabbrikat'tsjone| *s.f.* [→ PREFABBRICARE] préfabrication: *la prefabbricazione di travetti per solai* la préfabrication de poutrelles pour greniers.
prefàzio, i |pre'fattsjo, i| *s.m.* (*liturg.*) préface *f.*
prefazionàre |prefattsjo'nare| *v. tr.* [*scrivere una prefazione*] préfacer (2).
prefazióne |prefat'tsjone| *s.f.* préface: *una prefazione dell'autore* préface de l'auteur.
preferènza |prefe'rɛntsa| *s.f.* préférence: *palesare, dichiarare la propria preferenza* manifester, déclarer sa préférence; *dare la preferenza* donner la préférence; *avere delle preferenze per un lavoro* avoir des préférences pour un travail; *giudicare senza preferenze* juger avec impartialité, sans préférence ◇ (*per anal.*) *titolo di preferenza* titre de préférence # *voti di preferenza, preferenze* votes préférentiels ◇ *loc. avv.* A PREFERENZA, DI PREFERENZA de préférence: *scelgo te a preferenza di ogni altro* je te choisis de préférence à tout autre; *le festività, di preferenza, le passo in campagna* de préférence, je passe le fêtes à la campagne.
preferenziàle |preferen'tsjale| *agg.* préférentiel*, de préférence (*loc. inv.*): *voto preferenziale* vote préférentiel; *trattamento preferenziale* traitement préférentiel ‖ *titolo preferenziale* titre de préférence.
preferìbile |prefe'ribile| *agg.* [→ PREFERIRE] préférable: *è preferibile la morte al disonore* la mort est préférable au déshonneur; *data la situazione, penso che sia la cosa preferibile* étant donné la situation, je pense que ceci est préférable ◇ (*con valore neutro*) *è preferibile sentire cosa ne pensa* il est préférable de savoir ce qu'il en pense → 2 **meglio.**
preferibilménte |preferibil'mente| *avv.* [→ PREFERIBILE] de préférence *loc. inv.*, préférablement (*lett.*).
preferìre |prefe'rire| (197) *v.tr.* [*anteporre ad altri, avere una particolare simpatia o tendenza per qc. o per q.c.*] préférer (8), aimer mieux: *preferire la montagna al mare* préférer la montagne à la mer, aimer mieux la montagne que la mer; *preferirei che fossi tu a dirglielo* je préférerais que ce soit toi qui le lui dises; *preferisce i colori sfumati* elle préfère les couleurs nuancées → **prediligere.**
preferìto |prefe'rito| *agg.* préféré: *la lettura preferita* la lecture préférée; *è il mio piatto preferito* c'est mon plat préféré; *il suo sport preferito è il calcio* son sport préféré est le football ✦ (*s.*) *il preferito* le préféré: *è la sua preferita* c'est sa préférée → **prediletto, beniamino.**
prefestìvo |prefes'tivo| *agg. e s.m.* (*giorno*) *prefestivo* veille *s.f.* d'un jour de fête.
prefettìzia |prefet'tittsja| *s.f.* (*region.*) → **'redingote', finanziera.**
prefettìzio, i |prefet'tittsjo, i| *agg.* [*del prefetto*] préfectoral*: *carica prefettizia* charge préfectorale; *decreto prefettizio* arrêté préfectoral; *commissario prefettizio* commissaire préfectoral.
prefètto |pre'fetto| *s.m.* **1** (*bur.*) préfet: *il prefetto di Milano* le préfet de Milan; *un decreto del prefetto* un arrêté du préfet, préfectoral ◇ (*eccl.*) *prefetto apostolico* préfet apostolique; *prefetto delle cerimonie pontificie* préfet des cérémonies pontificales ◇ (*st. rom.*) *il prefetto del pretorio* le préfet du préteur; *il prefetto dell'urbe* le préfet de la ville (de Rome) **2** (*in seminari o collegi*) [*istitutore*] préfet, maître d'étude.
prefettùra |prefet'tura| *s.f.* (*bur.*) préfecture: *la prefettura di Firenze, di Genova* la préfecture de Florence, de Gênes; *un funzionario di prefettura* un fonctionnaire de la préfecture; *la prefettura ha respinto la domanda* la préfecture a refusé la demande; *recarsi, andare in prefettura* se rendre, aller à la préfecture ◇ (*eccl.*) *prefettura apostolica* préfecture apostolique ◇ (*st. rom.*) *prefettura del pretorio* préfecture du prétoire; *prefettura imperiale* préfecture impériale.
prèfica, che |'prɛfika, ke| *s.f.* (*st. rom.*) principale pleureuse.
prefiggere |pre'fiddʒere| (109) *v. tr.* **1** [*proporre, imporre*] fixer, proposer (à l'avance): *gli prefissò un termine ben preciso* il lui fixa (d'avance) un délai précis □ *prefiggersi una mèta* se proposer un but; *ci siamo prefissi questo scopo* nous nous sommes fixé ce but ◇ (*raro*) [*stabilire, fissare già in precedenza*] fixer d'avance, déterminer **2** (*ling.*) [*anteporre*] préfixer.
prefiggiménto |prefiddʒi'mento| *s.m.* (*raro*) → **proposito, determinazione.**
prefiguraménto |prefigura'mento| *s.m.* (*raro*) → **prefigurazione.**
prefiguràre |prefigu'rare| *v.tr.* [*rappresentare, esprimere simbolicamente o allegoricamente un evento futuro*] préfigurer ◇ (*per est., nella critica lett.*) [*anticipare motivi destinati a ulteriori svolgimenti*] *alcune concezioni care all'umanesimo si prefigurano già in Dante* certaines conceptions chères aux humanistes sont déjà préfigurées chez Dante.
prefigurazióne |prefigurat'tsjone| *s.f.* [→ PREFIGURARE] préfiguration: *Abele è una prefigurazione del Messia* Abel est la préfiguration du Messie.
prefinanziaménto |prefinantsja'mento| *s.m.* [→ PREFINANZIARE] préfinancement; *chiedere un prefinanziamento* demander un préfinancement ◇ (*per est.*) [*l'importo di tale operazione*] préfinancement.
prefinanziàre |prefinan'tsjare| *v. tr.* (*econ.*) [*anticipare l'importo di un finanziamento*] préfinancer (2), accorder un préfinancement: *prefinanziare una impresa* préfinancer une entreprise.
prefioritùra |prefjori'tura| *s.f.* (*bot.*) préfloraison.
prefissàto |prefis'sato| *agg.* [*fissato in anticipo*] préétabli: *prezzi prefissati* prix préétablis ◇ (*dir.*) *termine prefissato* préfixion *s.f.*
prefissazióne |prefissat'tsjone| *s.f.* (*ling.*) préfixation.
prefìsso |pre'fisso| **I** *agg.* [*proposto, desiderato*] (ce qu'on s'est) fixé, proposé: *la meta prefissa* le but qu'on s'est fixé ◇ (*raro*) [*determinato, stabilito già in precedenza*] fixé *p.p.* (*corr.*) **II** *s.m.* **1** (*ling.*) préfixe **2** (*tel.*) indicatif: *prefisso interurbano* indicatif interurbain; *fare il prefisso* composer l'indicatif [C] II 1 **suffisso.**
prefissòide |prefis'sɔide| *s.m.* (*ling.*) préfixe entrant dans la formation des composés de mots.
prefiorazióne |preflorat'tsjone| *s.f.* (*bot.*) préfloraison.
prefogliazióne |prefoʎʎat'tsjone| *s.f.* (*bot.*) préfoliation, préfoliaison, vernation.
preformàre |prefor'mare| *v.tr.* (*raro*) [*formare in anticipo*] préformer.
preformazióne |preformat'tsjone| *s.f.* **1** [→ PREFORMARE] préformation **2** (*biol.*) préformation.
pregad(d)ìo |prega(d)'dio| *s.m. inv.* (*region.*) → **mantide.**
pregàre |pre'gare| *v.tr.* **1** [*rivolgersi alla divinità in pensiero o in parole per adorarla o per chiedere grazie*] prier: *pregare Gesù Cristo, la Madonna, i santi* prier Jésus Christ, la Vierge, les saints; *pregare gli dei* prier les dieux; *pregherò Dio che ti protegga* je prierai Dieu (afin) qu'il te protège ✦ (*ass.*) *pregare devotamente, mentalmente, in silenzio* prier avec dévotion, mentalement, en silence; *pregare per sé, per i defunti, per la propria salvezza* prier pour soi, pour les morts, pour son propre salut; *quella donna prega tutto il giorno* cette femme prie toute la journée ◇ (*in usi enf.*) *prega Dio di non capitarmi più tra le mani!* prie Dieu de ne jamais tomber entre mes mains! **2** [*implorare, chiedere con cortesia e calore*] prier: *ti prego, aiutalo!* je t'en prie, aide-le!; *è inutile che mi pregate, non otterrete nulla* inutile de prier, vous n'obtiendrez rien; *lo pregò che lo accompagnasse* il le pria de l'accompagner → **supplicare** ◇ *loc.* FARSI, NON FARSI PREGARE [*fare una cosa dopo ripetute richieste oppure farla subito e volentieri*] se faire, ne pas se faire prier: *è una che vuol farsi pregare* c'est une fille qui veut se faire prier; *se lo inviti, non si farà pregare* si tu l'invites, il ne se fera pas prier **3** (*per est.*) [*invitare rispettosamente e cortesemente a fare q.c.*] prier: *ti prego di rispondermi quanto prima* je te prie de me répondre le plus tôt possible; *siete pregati di accomodarvi* vous êtes priés de bien vouloir entrer (vous asseoir); *vi prego di volermi scusare* je vous prie de bien vouloir m'excuser ✦ (*impers.*) *si prega di non fumare* prière de ne pas fumer ◇ (*in formule di cortesia*) *stia comodo, la prego* ne vous dérangez pas, je vous prie; *andatevene, vi prego!* allez-vous-en, je vous (en) prie! [C] 2; 3 **comandare, ordinare.**

pregévole |pre'dʒevole| *agg.* de valeur *loc. inv.*; précieux*: *un quadro pregevole* un tableau de valeur || *una pregevole traduzione dell'Iliade* une précieuse traduction de l'"Iliade'; *è una pregevole raccolta di incisioni* c'est une précieuse collection de gravures.

pregevolézza |predʒevo'lettsa| *s.f.* [*valore, pregio notevole*] valeur: *la pregevolezza di un saggio critico* la valeur d'un essai critique.

pregevolménte |predʒevol'mente| *avv.* [→ PREGEVOLE] précieusement.

preghièra |pre'gjɛra| *s.f.* **1** prière: *dire, recitare le preghiere del mattino, della sera* dire, réciter les prières du matin, du soir; *Dio ascolta la preghiera degli umili* Dieu écoute la prière des humbles; *essere assorto, raccogliersi in preghiera* être absorbé, se recueillir dans la prière **2** [*domanda, richiesta umile e pressante*] prière: *rivolgere una preghiera a qc.* adresser une prière à qqn.; *le accorate preghiere della madre lo distolsero dal delitto* les prières pleines de tendresse de sa mère le dissuadèrent de commettre ce crime; *è una preghiera e non un ordine* c'est une prière, ce n'est pas un ordre; *ascolta la mia preghiera: perdonalo!* écoute ma prière: pardonne-lui! **3** (*per est.*) [*invito cortese e rispettoso a fare q.c.*] prière: *con preghiera di una pronta risposta* prière de répondre rapidement; *con preghiera di diffondere la notizia il più possibile* prière de donner la plus grande diffusion à la nouvelle ◇ *loc. prep.* DIETRO, SU PREGHIERA DI à la prière: *dietro preghiera di un amico* à la prière d'un ami.

pregiàbile |pre'dʒabile| *agg.* (*lett.*) → **pregevole.**

pregiabilità |predʒabili'ta| *s.f. inv.* (*lett.*) → **pregevolezza.**

pregiàre |pre'dʒare| **A** *v.tr.* (*lett.*) [*stimare, avere in grande considerazione*] apprécier (*corr.*), estimer (*corr.*) ◇ (*raro*) [*celebrare, lodare*] vanter (*corr.*), louer (*corr.*) **B** *v.pron. intr.* PREGIARSI **1** [*farsi un vanto, ascrivere a proprio onore*] être (43) *intr.* heureux*: *è un uomo di grande valore e mi pregio di essergli di aiuto* c'est un homme de grande valeur, et je suis heureux de pouvoir l'aider ◇ (*in formule epistolari di cortesia*) *ci pregiamo informarla che la sua richiesta è stata accolta* nous avons l'honneur, l'avantage de vous informer que votre requête a reçu un accueil favorable **2** (*raro*) [*vantarsi*] s'estimer (*corr.*).

pregiàto |pre'dʒato| *agg.* [*di notevole valore, di ottima qualità*] précieux*, de valeur (*loc. inv.*): *metalli pregiati* métaux précieux # *vini pregiati* vins réputés; *valuta pregiata* devise forte ◇ (*in intestazioni di lettere, come appellativo di cortesia, spec. al sup.*) *pregiatissimo* (*preg.mo*) *signore* Monsieur; *pregiatissima* (*preg.ma*) *ditta* Messieurs.

prègio, i |'prɛdʒo, i| *s.m.* **1** [*valore, merito, qualità*] prix, valeur *f.*; mérite; qualité (*f.*): *oggetti di pregio* objet de prix, de valeur; *è una porcellana di gran pregio* c'est une porcelaine de grande valeur || *ha il pregio di essere breve* il a le mérite d'être bref; *è uno scrittore di scarso pregio* c'est un écrivain de faible mérite → **merito** || *quel libro ha più difetti che pregi* ce livre a plus de défauts que de qualités; *i suoi pregi artistici non sono pochi* ses qualités artistiques ne sont pas moindres **2** *loc.* TENERE, AVERE IN (GRAN) PREGIO QC., Q.C. [*avere stima, considerazione*] apprécier *hautement qqn., qqch., jouir de la considération de qqn.: *il tuo amico è tenuto in gran pregio da tutti* ton ami jouit de la considération de tout le monde, est hautement estimé par tout le monde; *ho in gran pregio la tua sincerità* j'apprécie beaucoup ta sincérité ~ (*in formule epistolari di cortesia*) *farsi* (*un*) *pregio* [*considerare titolo di onore, di vanto*] avoir l'honneur: *la nostra ditta si fa pregio di inviarle in visione i suoi prodotti* nous avons l'honneur de vous adresser, à titre d'échantillons, les produits de notre maison.

pregiudicàre |predʒudi'kare| *v. tr.* [*compromettere, danneggiare, recar pregiudizio*] compromettre (71): *la tua impulsività ha pregiudicato l'esito delle trattative* ton impulsivité a compromis le résultat des négociations; *pregiudicare la propria reputazione* compromettre sa réputation, nuire à sa réputation; *la scossa sismica ha pregiudicato la stabilità di molti edifici* la secousse sismique a compromis la stabilité de nombreux édifices.

pregiudicativo |predʒudika'tivo| *agg.* (*raro*) → **compromettente, pregiudizievole.**

pregiudicàto |predʒudi'kato| **1** *agg.* [*compromesso*] compromis: *questione pregiudicata* question compromise **2** *s.* [*chi ha riportato condanne penali o è stato sottoposto a misure di sicurezza*] repris de justice: *arrestare un pregiudicato* arrêter un repris de justice.

pregiudiziàle |predʒudit'tsjale| **1** *agg.* préjudiciel*: *questione pregiudiziale* question préjudicielle; *porre una condizione pregiudiziale* poser une condition préjudicielle **2** *s.f.* (*dir.*) question préjudicielle: *la pregiudiziale del pagamento dei danni* la question préjudicielle du paiement des dommages-intérêts ◇ (*polit.*) question préalable: *il partito pone come pregiudiziale la riforma sanitaria* le parti pose comme question préalable la réforme sanitaire.

pregiudizialità |predʒudittsjali'ta| *s.f. inv.* (*dir.*) caractère *m. var.* préjudiciel.

pregiudizialménte |predʒudittsjal'mente| *avv.* [→ PREGIUDIZIALE 1] préalablement, au préalable *loc. inv.*

pregiudiziévole |predʒudit'tsjevole| *agg.* préjudiciable: *il tuo atteggiamento può riuscire pregiudizievole al buon esito delle trattative* ton comportement peut être préjudiciable au bon résultat des négociations → **compromettente**; *la fatica eccessiva è pregiudizievole alla salute* la grande fatigue est préjudiciable à la santé → **nocivo, dannoso** Ⓒ **favorevole, utile.**

pregiudìzio, i |predʒu'dittsjo, i| *s.m.* **1** préjugé: *pregiudizi sociali, di casta* préjugés sociaux, de caste; *giudicare, decidere senza pregiudizi* juger, décider sans préjugés; *se hai dei pregiudizi nei miei riguardi, dimmelo* si tu as des préjugés à mon égard, dis-le-moi → **prevenzione 2, preconcetto** ◇ [*falsa credenza, superstizione*] *sono pregiudizi molto diffusi* ce sont des préjugés très répandus **2** [*danno, grave rischio*] détriment, préjudice: *con pregiudizio della salute, della reputazione* au détriment de sa santé, de sa réputation; *senza pregiudizio di terzi* sans préjudice causé aux tiers; *recare pregiudizio a qc.* porter préjudice à qqn. # *essere di pregiudizio per, recare pregiudizio a* être prejudiciable à.

preglaciàle |pregla'tʃale| *agg.* (*geol.*) préglaciaire.

pregnànte |preɲ'ɲante| *agg.* **1** (*di una parola o di un'espressione*) prégnant: *valore pregnante* valeur prégnante; *senso pregnante* sens prégnant **2** (*raro*) [*in stato di gravidanza*] enceinte *f.* (*corr.*) → **gravido.**

pregnànza |preɲ'ɲantsa| *s.f.* **1** (*di una parola o di un'espressione*) prégnance: *pregnanza di senso* prégnance de sens **2** (*raro*) [*gravidanza*] grossesse (*corr.*).

prégno |'preɲɲo| *agg.* **1** (*pop.*) (*di animali*) [*gravido*] pleine (*corr.*), gravide (*raro*): *la vacca è di nuovo pregna* la vache est de nouveau pleine ◇ (*raro*) (*di una donna*) enceinte (*corr.*) **2** (*fig.*) [*pieno, gonfio, saturo*] plein, saturé, rempli: *aria pregna di odori* air plein, saturé d'odeurs # *un'espressione pregna di minacce* une expression grosse de menaces.

1 **prègo, ghi** |'prɛgo, gi|, **priègo, ghi** |'prjɛgo, gi| *s.m.* (*arc., lett.*) → **preghiera.**

2 **prègo** |'prɛgo| *inter.* (*in formule di cortesia, come risposta aff. a una richiesta o a ringraziamenti e scuse*) je vous en prie: *'posso?'*, *'prego!'* 'pardon!', 'je vous en prie!; *'grazie!'*, *'prego!'*, 'merci!', 'je vous en prie, il n'y a pas de quoi!'; *'mi scusi!'*, *'prego!'* 'excusez-moi!' 'de rien, je vous en prie!' ◇ (*come espressione di congedo, di comando o di invito*) *'prego!, andate pure!'* 'je vous (en) prie, vous pouvez partir!'; *'prego!, sedetevi!'* 'je vous (en) prie, asseyez-vous!'; *'fate silenzio, prego!'* 'taisez-vous, je vous (en) prie!' ◇ (*con tono interrog., come invito a chiedere o a ripetere ciò che non si è capito*) pardon, vous dites: *'prego? vuol ripetere?'* 'pardon, vous dites? pourriez-vous répéter? (s'il vous plaît); *'prego?, desidera?'* 'pardon? qu'est-ce que vous désirez?'

pregustaménto |pregusta'mento| *s.m.* (*raro*) action *f.* de goûter d'avance.

pregustàre |pregus'tare| *v.tr.* [*gustare, assaporare già in anticipo*] goûter d'avance: *pregustare la vendetta* goûter d'avance la vengeance; *pregustare la gioia delle vacanze* goûter d'avance la joie des vacances.

pregustazióne |pregustat'tsjone| *s.f.* (*lett.*) [→ PREGUSTARE] prégustation (*corr.*).

preistòria |preis'tɔrja| *s.f.* préhistoire: *la preistoria dell'Italia antica* la préhistoire de l'Italie antique ◇ (*per est.*) *la preistoria di una parola, di una istituzione* l'origine d'un mot, d'une institution → **origine.**

preistòrico, ci, ca, che |preis'tɔriko, tʃi, ka, ke| *agg.* **1** préhistorique: *reperti preistorici* pièces préhistoriques; *popolazioni preistoriche* populations préhistoriques **2** (*fig., scherz.*) [*vecchio, antiquato*] préhistorique; moyanâgeux*, antédiluvien*: *una* *macchina preistorica* une voiture préhistorique || *ha una mentalità preistorica* il a une mentalité moyenâgeuse, antédiluvienne # *indossava un'abito preistorico* elle portait une robe de sa grand--mère.

prelatìno |prela'tino| *agg.* prélatin: *le popolazioni prelatine dell'Italia antica* les populations prélatines de l'Italie antique.

prelatìzio, i |prela'tittsjo, i| *agg.* (*eccl.*) de prélat (*loc. inv.*): *dignità prelatizia* dignité de prélat; *cappello prelatizio* chapeau de prélat.

prelàto |pre'lato| *s.m.* prélat.

prelatùra |prela'tura| *s.f.* **1** (*eccl.*) prélature ◇ (*per est.*) [*il territorio su cui esercita la giurisdizione un prelato*] prélature **2** [*i prelati*] prélature, les prélats *m.pl.*

prelavàggio, i |prela'vaddʒo, i| *s.m.* [*lavaggio preliminare*] prélavage.

prelazióne |prelat'tsjone| *s.f.* (*dir.*) préemption: *avere* (*il diritto di*) *la prelazione sull'acquisto di un bene* avoir un droit de préemption pour l'acquisition d'un bien.

prelegàto |prele'gato| *s.m.* (*dir.*) prélegs.

prelevaménto |preleva'mento| *s.m.* [→ PRELEVARE 1] retrait, prélèvement: *il prelevamento di denari, di merci* le retrait d'argent, de marchandises; *il prelevamento di un campione di un prodotto alimentare* le prélèvement d'un échantillon d'un produit alimentaire → **prelievo.**

prelevàre |prele'vare| *v.tr.* **1** [*prendere, ritirare* (*del denaro*)] prélever (6), retirer: *prelevare una forte somma dal proprio conto in banca* prélever, retirer une grosse somme sur son compte en banque ◇ [*portar via* (*merci e sim.*)] retirer: *prelevare dal magazzino le merci vendute* retirer du magasin les marchandises vendues; *prelevare dal deposito munizioni e vestiario* retirer du dépôt des munitions et des vêtements **2** [*asportare a scopo di esame*] prélever: *prelevare il sangue, un tessuto* prélever du sang, un tissu; *prelevare un campione di una merce, di un prodotto* prélever un échantillon d'une marchandise, d'un produit **3** (*per est.*) [*catturare, arrestare*] arrêter: *le guardie sono venute a prelevarlo in piena notte* les gardes sont venus l'arrêter en pleine nuit ◇ (*scherz.*) [*passare a prendere*] enlever (6): *verrò a prelevarti a casa* je passerai chez toi pour t'enlever.

prelezióne |prelet'tsjone| *s.f.* (*arc.*) → **prolusione.**

prelibàre |preli'bare| *v.tr.* (*lett.*) → **pregustare, assaggiare.**

prelibataménte |prelibata'mente| *avv.* [→ PRELIBATO] exquisément.

prelibatézza |preliba'tettsa| *s.f.* goût *m.* exquis.

prelibàto |preli'bato| *agg.* [*squisito, eccellente*] exquis, excellent: *un piatto, un cibo prelibato* un plat exquis, excellent.

prelièvo |pre'ljɛvo| *s.m.* [→ PRELEVARE 1] retrait, prélèvement: *prelievo di una somma in banca* retrait, prélèvement d'une somme à la banque; *prelievo di un campione di un prodotto alimentare, di una merce* prélèvement d'un échantillon d'un produit alimentaire, d'une marchandise; *prelievo fiscale* prélèvement fiscal → **prelevamento.**

preliminàre |prelimi'nare| **1** *agg.* préliminaire, préalable: *avvertenza, nota preliminare* avertissement, note préliminaire → **introduttivo**; *corso, incontro preliminare* cours, rencontre préliminaire → **preparatorio**; *esaminare un problema preliminare* examiner un problème préalable ◇ (*dir.*) préalable: *atti preliminari all'istruzione penale* actes préalables à l'instruction pénale; *questioni preliminari nel processo penale* questions préalables dans un (au) procès pénal **2** *s.m. spec. al plur.* [*premessa necessaria*] préliminaires, préalable (*sing.*): *preliminari di pace* préliminaires de paix; *discutere i preliminari di un contratto* discuter les préalables d'un contrat; *prima va chiarito un preliminare importante* il faut d'abord éclaicir un préalable important.

preliminarménte |preliminar'mente| *avv.* [→ PRELIMINARE 1] préalablement, au préalable *loc. inv.*

prelodàto |prelo'dato| *agg.* (*raro*) nommé *p.p.* précédemment, loué précédemment.

prelògico, ci, ca, che |pre'lɔdʒiko, tʃi, ka, ke| *agg.* (*psicol.*, *sociol.*) prélogique.

prelùdere |pre'ludere| (106) *v.intr.* (*aus.* '*avere*') **1** [*preannunciare, costituire un preludio, un indizio*] (faire) présager (3): *i loro frequenti e aspri litigi preludono a una separazione* leurs fréquentes et âpres disputes font présager une séparation; *la rottura delle relazioni diplomatiche preludeva ormai alla guerra* la rupture des relations diplomatiques présageait à coup sûr la guerre **2** (*raro*) [*introdurre, fare una breve premessa*] introduire (75).

preludiàre |prelu'djare| *v.intr.* (*aus.* '*avere*') **1** (*mus.*) [*far da preludio*] préluder ◇ [*eseguire un preludio*] préluder **2** (*raro, fig.*) [*annunciare, preludere*] préluder (à).

prelùdio, i |pre'ludjo, i| *s.m.* **1** (*mus.*) prélude ◇ [*componimento strumentale a sé stante*] *i preludi di Chopin* les préludes de Chopin **2** (*fig.*) [*segno premonitore, indizio*] prélude: *le aspre polemiche tra le correnti del partito sono il preludio di una scissione* les âpres polémiques entre les diverses tendances du parti sont le prélude d'une scission; *la rottura delle relazioni diplomatiche è spesso il preludio di una guerra* la rupture des relations diplomatiques est souvent le prélude d'une guerre ◇ (*raro*) [*discorso preliminare*; *proemio, inizio*] prélude.

pre-maman |premamɑ̃| *agg. inv.* pour futures mamans *loc.* ✦ (*s.m. inv.*) *un abito, un indumento pre-maman* une robe de grossesse.

prematrimoniàle |prematrimo'njale| *agg.* [*anteriore al matrimonio*] prénuptial*: *visita prematrimoniale* examen prénuptial.

prematuraménte |prematura'mente| *avv.* **1** [→ PREMATURO 1] prématurément: *un bambino nato prematuramente* un enfant né prématurément, avant terme **2** [→ PREMATURO 2] prématurément: *è una decisione presa prematuramente* c'est une décision prise prématurément.

prematurità |prematuri'ta| *s.f. inv.* prématurité (*var.*): *la prematurità di un parto* la prématurité d'un accouchement ◇ (*fig.*) [*intempestività*] intempestivité (*var.*): *la prematurità di una decisione* l'intempestivité d'une décision.

prematùro |prema'turo| *agg.* **1** prématuré: *morte prematura* mort prématurée; *un parto prematuro* un accouchement prématuré, avant terme ✦ *s.* [*il bambino che nasce prima del compiersi del nono mese*] *l'allevamento dei prematuri* l'élevage des prématurés **2** (*fig.*) [*affrettato, intempestivo*] prématuré: *una decisione prematura* une décision prématurée; *è prematuro parlare di conclusioni* il est prématuré de parler de conclusions.

premeditàre |premedi'tare| *v.tr.* [*maturare un proposito, tramare*] préméditer: *premeditare una rapina, un omicidio, una fuga* préméditer un vol, un meurtre, une fuite; *da lungo tempo premeditava la vendetta* il préméditait depuis longtemps sa vengeance → **progettare, predisporre.**

premeditataménte |premeditata'mente| *avv.* [→ PREMEDITATO] avec préméditation *loc. inv.*

premeditàto |premedi'tato| *agg.* prémédité: *è stato un omicidio premeditato* ce fut un meurtre prémédité.

premeditazióne |premeditat'tsjone| *s.f.* [→ PREMEDITARE] préméditation: *premeditazione di un delitto* préméditation d'un délit.

premènte |pre'mente| *agg.* **1** (*mecc.*) foulant: *pompa premente* pompe (re)foulante **2** (*raro*) [*urgente, incalzante*] urgent (*corr.*).

prèmere |'prɛmere| **A** *v.tr.* [*esercitare una pressione*] appuyer (11) (sur) *intr.*, presser: *premere un pulsante, un tasto* appuyer sur un bouton, une touche; presser un bouton → **spingere, schiacciare**; *premere l'acceleratore* appuyer sur l'accélérateur; *premere il fazzoletto sulla ferita* presser son mouchoir sur une blessure → **comprimere**; ◇ (*fig.*) *premere il nemico in fuga* mettre l'ennemi en fuite, poursuivre l'ennemi en fuite → 1 **incalzare** ◇ (*lett.*, *fig.*) [*opprimere, tormentare*] presser **B** *v.intr.* (*aus.* '*avere*') **1** (*con il compl. introdotto dalle prep.* '*su, sopra*' *e, più raramente,* '*contro*') [→ *tr.*] appuyer (sur): *premeva sulla ferita con la mano* il appuyait, pressait sur la blessure avec sa main; *premi qui con il dito!* appuie ici avec ton doigt! # *tutto il peso premeva sull'asse delle ruote* tout le poids reposait sur l'essieu des roues; (*fig.*) *il nemico premeva contro le nostre linee* l'ennemi exerçait une pression sur nos lignes → **gravare** ◇ *loc. fig.* PREMERE SU QC. faire (45) *tr.* pression sur qqn., exercer (2) *tr.* une pression sur qqn.: *premere sulla giunta regionale per fare approvare una riforma* faire pression sur le conseil régional pour faire passer une réforme; *premeva sui suoi dipendenti perché lavorassero di più* il exerçait une pression sur ses employés pour les faire travailler davantage **2** (*fig.*) [*stare a cuore, importare*] tenir (27) (à cœur), importer: *il tuo avvenire mi preme molto* ton avenir me tient à cœur; *gli premeva di arrivare in tempo* il tenait à arriver à temps; *a tutti preme scoprire la verità* tout le monde tient à découvrir la vérité, il importe à tous de découvrir la vérité.

preméssa |pre'messa| *s.f.* **1** [*chia-*

rimento, osservazione preliminare] préambule (*m.*): *premessa di un provvedimento legislativo* préambule d'une disposition législative; *su, vieni al sodo senza tante premesse!* allons!, viens-en au fait sans tant de préambules! → **preambolo** # *premessa di un libro* préface d'un livre → **introduzione, prefazione**; *vorrei fare una premessa prima di dare inizio alla discussione* avant d'ouvrir la discussion, je voudrais dire tout d'abord **2** [*presupposto, condizione*] préalable *m.*; prémisse: *la disponibilità delle parti è la premessa necessaria per una reale collaborazione* la disponibilité des parties est le préalable nécessaire à une réelle collaboration ‖ *è una teoria basata su una premessa sbagliata* c'est une théorie reposant sur des prémisses erronées ◇ (*filos.*) *una delle premesse è sbagliata* une des prémisses est erronée.

premésso |pre'messo| *agg.* (*raro*) [*fatto precedere, messo o detto prima*] susdit, susmentionné: *per le premesse considerazioni, io non sarò presente* pour les considérations susdites, susmentionnées, je ne serai pas présent ◇ (*loc.*) *premesso che* attendu que, étant donné que ~ *ciò premesso* ceci dit; cela étant.

premestruàle |premestru'ale| *agg.* prémenstruel*: *dolori premestruali* douleurs prémenstruelles.

preméttere |pre'mettere| (155) *v. tr.* [*far precedere, mettere o dire prima*] faire (45) *intr.* précéder: *premise all'opera una breve introduzione* il fit précéder son ouvrage d'une courte introduction; *si deve premettere l'aggettivo al sostantivo* il faut faire précéder le nom de l'adjectif, il faut placer l'adjectif avant le nom # *premettere alcune considerazioni di carattere generale* avancer d'abord quelques considérations d'ordre général ◇ *loc.* PREMETTERE CHE dire que, déclarer tout d'abord que: *debbo premettere che non conosco bene la dinamica dell'incidente* il faut dire que je ne connais pas bien le déroulement de l'incident ~ PREMESSO CHE si l'on admet que: *premesso che un simile progetto è irrealizzabile* s'il l'on admet que ce projet est irréalisable..., une fois le projet reconnu irréalisable... ~ CIÒ PREMESSO ceci dit: *ciò premesso, apriamo pure il dibattito* cela dit, ouvrons le débat.

premiàbile |pre'mjabile| *agg.* (*raro*) [→ PREMIARE] digne de prix.

premiàndo |pre'mjando| *s.* (*raro*) personne *f.* qui doit recevoir un prix.

premiàre |pre'mjare| *v.tr.* [*dare una ricompensa, onorare con un premio*] couronner, décerner un prix; récompenser: *premiare un poeta, un artista, un romanzo* couronner un poète, un artiste, un roman; *premiare il vincitore* décerner un prix au vainqueur ‖ *premiare la virtù, il coraggio* récompenser la vertu, le courage; *il successo ha giustamente premiato il suo sacrificio* le succès a justement récompensé son sacrifice → **ricompensare** # *i vincitori del concorso furono premiati* les lauréats du concours reçurent un prix.

premiàto |pre'mjato| *agg.* [*che ha ricevuto un premio*] récompensé *p.p.*, couronné: *gli alunni premiati* les élèves récompensés, couronnés # *una fabbrica premiata* une fabrique titulaire de nombreuses récompenses ♦ (*s.*) *un premiato* un lauréat: *ecco l'elenco dei premiati* voilà la liste des lauréats.

premiatóre, trice |premja'tore, tritʃe| *agg. e s.* (*raro*) qui décerne un prix *loc.* (*corr.*).

premiazióne |premjat'tsjone| *s.f.* [→ PREMIARE] distribution des prix: (*cerimonia della*) *premiazione dei vincitori del concorso* distribution des prix aux lauréats du concours.

premier |'premjə| *s.m. inv.* (*ingl.*) premier ministre (*var.*): *il premier britannico, tedesco* le Premier ministre britannique, allemand.

premilitàre |premili'tare| *agg.* (*arc.*) prémilitaire (*corr.*): *corso di preparazione premilitare* cours de préparation prémilitaire.

preminènte |premi'nɛnte| *agg.* prééminent (*lett.*), éminent; prioritaire: *ha una posizione preminente nella società* il a une position éminente dans la société → **insigne** ‖ *è un problema di preminente interesse* c'est un problème d'un intérêt prioritaire → **prioritario, precipuo.**

preminenteménte |preminente'mente| *avv.* [→ PREMINENTE] principalement: *un gesto di natura preminentemente umanitaria* un geste de nature principalement humanitaire → **soprattutto.**

preminènza |premi'nɛntsa| *s.f.* prééminence: *mantenere la preminenza in un ambiente* avoir la prééminence dans un milieu; *gli interessi pratici hanno la preminenza su quelli teorici* les intérêts pratiques ont la prééminence sur les intérêts théoriques; le côté pratique de la chose l'emporte sur son côté théorique → **priorità, superiorità; prevalenza.**

prèmio, i |'prɛmjo, i| *s.m.* **1** [*ricompensa, contraccambio; riconoscimento*] récompense (*f.*): *la virtù è premio a sé stessa* la vertu trouve en soi sa récompense; *la promozione fu il giusto premio della sua seria preparazione* son succès aux examens a été la juste récompense du sérieux de sa préparation **2** [*somma di denaro, oggetto di valore reale o simbolico e sim. spettante al vincitore*] prix: *concorsi a premi* concours dotés de prix; *l'estrazione dei premi* le tirage au sort des prix; *vincere, consegnare il primo premio di una competizione sportiva* gagner, remettre le premier prix d'une compétition sportive; *partecipare a una tombola con molti premi* participer à une tombola dotée de nombreux prix; *ebbe il premio di consolazione* il eut le prix de consolation; *come premio c'era una coppa d'oro e una crociera* comme prix, il y avait une coupe en or et une croisière **3** (*per est.*) [*gara, competizione*] prix: *il premio Nobel, Strega* le prix Nobel, Strega; *il gran premio delle nazioni* le grand prix des nations; *istituire un premio di pittura* fonder un prix de peinture; *partecipare a un premio letterario* concourir pour un prix littéraire ◇ [*l'opera o la persona premiata*] *ha parlato alla televisione il premio Nobel per la pace* le prix Nobel pour la paix a parlé à la télévision; *il prèmio Campiello ha avuto il consenso della critica mondiale* le prix Campiello a été décerné avec l'approbation de la critique dans le monde entier **4** [*indennità, compenso straordinario*] prime (*f.*): *premio di produzione, di operosità* prime de production, de rendement; *premio di esportazione* prime à l'exportation ◇ (*comm.*) *contratto a premio* contrat à prime ◇ (*sport*) *premio d'ingaggio, di partita* prime d'engagement, de match **5** [*somma pagata all'assicuratore per una polizza*] prime: *premio d'assicurazione* prime d'assurance; *il premio deve essere pagato anticipatamente* la prime doit être versée à l'avance **6** [*maggior valore, aggio*] prime: *la moneta aurea fa premio su quella cartacea* la devise en or fait prime sur le papier-monnaie **C** 1 **castigo, punizione.**

premistòffa |premis'tɔffa| *s.m. inv.* (*tecnol.*) presse-étoffe, pied-de-biche *var.*

premistóppa |premis'toppa| *s.m. inv.* (*tecnol.*) presse-étoupe: *premistoppa di una valvola, di una pompa* presse-étoupe d'une soupape, d'une pompe.

prèmito |'prɛmito| *s.m.* (*med.*) épreintes *pl.*

premitùra |premi'tura| *s.f.* **1** → **pressione 2** [*pigiatura*] pressurage (*m.*): *la premitura dell'uva* le pressurage du raisin.

premolàre |premo'lare| *agg. e s.m.* (*anat.*) prémolaire (*s.f.*): *un* (*dente*) *premolare* une prémolaire; *i* (*denti*) *premolari* les prémolaires.

premonìre |premo'nire| (197) *v.tr.* (*lett.*) [*avvertire in anticipo mediante indizi*] avertir.

premonitóre, trice |premoni'tore, tritʃe| *agg.* prémonitoire: *segni, indizi premonitori della tempesta* signes, indices prémonitoires de la tempête; *sintomi premonitori di una malattia* symptômes prémonitoires d'une maladie.

premonitòrio, i |premoni'tɔrjo, i| *agg.* [*che serve di avvertimento*] prémonitoire: *segno premonitorio di una guerra* signe prémonitoire, avant-coureur d'une guerre ◇ [*relativo alla premonizione*] prémonitoire.

premonizióne |premonit'tsjone| *s.f.* (*metapsichica*) prémonition.

premonstratènse |premonstra'tɛnse| *agg.* (*relig.*) de Prémontré (*loc. inv.*): *l'ordine premonstratense* l'ordre des chanoines de Prémontré, l'ordre des Prémontrés ♦ (*s.m.*) *i premonstratensi* les prémontrés.

premostràre |premos'trare| *v.tr.* [*mostrare prima*] montrer auparavant.

premunire |premu'nire| (197) **A** *v.tr.* **1** [*irrobustire, immunizzare*] prémunir: *premunire l'organismo contro un'epidemia, il raffreddore* prémunir l'organisme contre une épidémie, le rhume; *premunire i giovani contro i pericoli della vita* prémunir les jeunes contre les dangers de la vie; *la saggezza premunisce lo spirito contro le avversità della sorte* la sagesse prémunit l'esprit contre les adversités du destin **2** (*raro*) [*fortificare, predisporre alla difesa*] fortifier (*corr.*): *premunire la città contro un eventuale assalto nemico* fortifier la ville contre un éventuel assaut de l'ennemi **B** *v.pron. rifl.* PREMUNIRSI [*adottare delle misure di difesa e di protezione*] se munir; se prémunir: *premunirsi di armi, di un bastone* se munir d'armes, d'un bâton; *premunirsi di impermeabile* se munir d'un imperméable || *premunirsi contro una malattia infettiva, contro il freddo* se prémunir contre une maladie infectieuse, contre le froid ◇ (*fig.*) *premunirsi contro gli imprevisti* se prémunir, s'armer contre les imprévus; *premunirsi contro le avversità della sorte* se prémunir contre les adversités du destin.

premunizióne |premunit'tsjone| *s.f.* (*raro*) [→ PREMUNIRE A 1; B] prémunition.

premùra |pre'mura| *s.f.* **1** [*sollecitudine, cura*] attention, soin (*m.*): *studiare con premura* étudier avec attention, avec soin; *provvide con premura al disbrigo della pratica* il expédia l'affaire avec soin ◇ (*loc.*) *sarà mia premura farle sapere l'esito* je m'empresserai de vous faire connaître le résultat ~ *mi son fatto premura di avvertirla* je me suis empressé de vous avertir ◇ *spec. al plur.* [*attenzione affettuosa, riguardo*] attentions, égards (*m.*): *mi hanno circondata di mille premure* ils m'ont comblée d'attentions, de prévenances; *ha sempre avuto per quell'orfano le premure di una madre* elle a toujours eu les attentions d'une mère pour cet orphelin; *non puoi immaginare di quante premure sono stato fatto oggetto!* tu ne peux (pas) savoir combien d'égards ils ont eus pour moi! **2** [*urgenza, fretta*] *hâte: *ho premura di arrivare* j'ai hâte d'arriver # *non c'è premura*: *manca ancora un'ora alla partenza* ça ne presse pas: il reste encore une heure avant le départ; *falle premura, se non vogliamo perdere il treno* dis-lui de se hâter, de se presser, sans quoi on va rater le train [C] 1 **noncuranza, trascuratezza**; 2 **calma, flemma**.

premuràrsi |premu'rarsi| *v.pron. intr.* [*darsi cura, interessarsi con sollecitudine*] s'empresser: *si premurò di avvertire di persona i familiari* il s'empressa d'avertir personnellement la famille.

premurosaménte |premurosa'mente| *avv.* [→ PREMUROSO] avec empressement *loc. inv.*

premuróso |premu'roso| *agg.* (*persone*) [*gentile, sollecito, pieno di premure*] empressé, prévenant: *un uomo molto premuroso* un homme très empressé, prévenant; *mostrarsi, essere premuroso con qc.* se montrer, être empressé auprès de qqn.; *diventa sempre più premuroso verso la moglie* il devient de plus en plus prévenant, attentionné pour sa femme # *le madri sono premurose del bene dei figli* les mères veulent le bien de leurs enfants ◇ (*cose*) [*caratterizzato da viva sollecitudine e affettuosa premura*] *gesto, interessamento premuroso* geste, intérêt empressé.

prenarràre |prenar'rare| *v.tr.* (*arc.*) [*narrare prima*] narrer avant.

prenatàle |prena'tale| *agg.* prénatal*: *vita prenatale* vie prénatale; *malattia prenatale* maladie prénatale.

prènce |'prɛntʃe| *s.m.* (*ant., lett.*) → **principe**.

prèndere |'prɛndere| (105) **A** *v.tr.* **I** (*con sogg. in posizione o in funzione att.*) **1** [*afferrare, stringere, sollevare*] prendre (73): *prendere con i denti, con le mani, con gli artigli* prendre avec les dents, avec les mains, avec les griffes; *prendere uno per le braccia, per le gambe, per la vita* prendre qqn. par les bras, par les jambes, par la taille; *prendere qc. per (la) mano* prendre qqn. par la main; *prendere in braccio, in spalla un bambino* prendre un enfant dans ses bras, sur ses épaules; *prendere tra le braccia una persona cara* prendre une personne aimée dans ses bras; *prendere uno per la giacca, per il cappotto* prendre qqn. par sa veste, par son manteau; *la prese per i capelli e la trascinò in casa* il la prit par les cheveux et la traîna à la maison; *prese la valigia e se ne andò* il prit sa valise et s'en alla # *prendere un animale per la coda* saisir un animal par la queue ◇ [*prelevare, attingere*] *prendere acqua dalla fontana, dal fiume* prendre, puiser de l'eau à la fontaine, dans la rivière ◇ PRENDERE UNO PER IL NASO, PER IL SEDERE se moquer *pron.* de qqn., se payer (9) *pron.* la tête de qqn. (*fam.*) ◇ *loc.* PRENDERE PER IL COLLO: (*pr.*) prendre qqn. à la gorge, au collet; (*fig.*) [*imporre condizioni particolarmente gravose e inique*] mettre le couteau sous la gorge à, de qqn. ~ *prendere il toro per le corna*: (*pr., fig.*) prendre le taureau par les cornes ~ (*fig.*) *è un tipo da prendere con le molle* [*una persona poco raccomandabile*] il n'est pas à prendre avec des pincettes **2** [*portare con sé, munirsi di*] prendre, emporter: *prendere l'ombrello, il cappotto* prendre son parapluie, son manteau; *per le vacanza prese tutti i soldi che aveva* pour les vacances il prit, il emporta tout l'argent qu'il avait ◇ [*far uso, servirsi d'un mezzo di trasporto*] *prendere il treno, l'autobus, la nave* prendre le train, l'autobus, le bateau **3** [*guadagnare far pagare; accettare*] gagner, toucher: *prende mezzo milione al mese* il gagne, il touche cinq cent mille lires par mois; *non ha preso nulla di quello che gli abbiamo offerto* il n'a rien touché de ce que nous lui avons offert # *per le sue prestazioni, prende diecimila lire all'ora* pour ses services, il demande, il prend dix mille lires de l'heure ◇ [*farsi dare mediante pattuizione*] *prendere in affitto una casa* prendre une maison en location, louer une maison; *prendere in prestito un libro* emprunter un livre; *prendere a nolo una macchina* louer une voiture; *prendere lezioni private* prendre des leçons particulières ◇ (*loc.*) *prenda, prenda pure* (*cortese invito ad accettare ciò che si offre*) mais, prenez donc! ~ *prendere o lasciare* c'est à prendre ou à laisser ~ *prendere esempio da qc.* prendre exemple sur qqn. **4** [*acquistare, procurarsi*] prendre: *se esci, prendimi il giornale* si tu sors, prends-moi le journal; *non dimenticare di prendermi le sigarette* n'oublie pas de me prendre des cigarettes ◇ [*recarsi in un luogo per ritirare q.c. o per prelevare e accompagnare qc.*] *prendere l'abito in lavanderia* reprendre la robe chez le teinturier; *passeremo a prenderlo domani* nous irons le prendre, le chercher demain; *sono andati a prendere i bagagli all'aeroporto* ils sont allés chercher, retirer les bagages à l'aéroport **5** [*portar via con la forza o con l'astuzia; rubare*] prendre, voler: *prendere a qc. i gioielli, i denari* prendre, voler des bijoux, de l'argent à qqn.; *mi hanno preso il portafoglio* on m'a pris, volé mon portefeuille **6** [*catturare*] prendre, attraper: *prendere un ladro, una banda di rapinatori* prendre, attraper un voleur, une bande de voleurs; *i carabinieri l'hanno preso e l'hanno sbattuto dentro* les gendarmes l'ont pris, arrêté et l'ont flanqué en prison; *un intero reparto fu preso prigioniero* tout un détachement fut fait prisonnier, a été capturé → **arrestare** ◇ (*caccia, pesca*) prendre: *prendere una lepre, un fagiano* prendre un lièvre, un faisan; *prendere uccelli con le reti, al laccio* prendre des oiseaux au filet, au lacet; *prendere pesci con la rete, con l'amo* prendre des poissons au filet, à la ligne # *l'ha preso alla prima fucilata* il l'a abattu du premier coup (de fusil) → **colpire, abbattere** ◇ (*dama, scacchi*) *prendere una pedina, una torre* prendre un pion, une tour; *prendere un pezzo all'avversario* prendre une pièce à l'adversaire ◇ (*loc. fig.*) *prendere due piccioni con una fava* [*conseguire un duplice risultato con una sola azione o iniziativa*] faire d'une pierre deux coups ~ *prendere un granchio* [*prendere un grosso abbaglio*] commettre une bévue, faire une gaffe (*fam.*) ~ *prendere all'amo* [*adescare con lusinghe o inganni*] prendre dans ses filets, faire tomber dans le panneau ~ *prendere nella rete* [*irretire con inganni e sim.*] prendre au piège **7** [*scegliere, assumere, tenere come compagno, collaboratore, dipendente e sim.*] prendre: *prendere con sé una nipote* prendre, emmener une nièce chez soi; *prendere in casa un orfano* prendre un orphelin chez soi; *prendere a servizio, alle proprie dipendenze* prendre à son service, engager; *prendere come direttore, per segretaria* prendre comme directeur, comme secrétaire; *prendere un nuovo operaio, una domestica* prendre un nouvel ouvrier, une domestique; *ha preso per marito un collega d'ufficio* elle a pris pour mari, elle a épousé un collègue de bureau; *ha preso in moglie una brava ragazza* il a pris pour femme, il a epousé une fille pleine de qualités **8** [*cogliere, raggiungere, colpire*] atteindre (66), toucher: *prendere alla testa, al petto qc.* atteindre, toucher qqn. à la tête, à la poitrine; *prendere in pieno* atteindre en plein; *una pallottola l'ha preso a una gamba* une balle l'a atteint à la jambe ◇ (*fig.*) [*sorprendere*] (sur)prendre: *l'ho preso mentre stava rubando in casa tua* je l'ai (sur)pris à voler chez toi; *se ti ci prendo ancora, non te la passerai liscia!* si je t'y prends encore, tu passeras un sale quart d'heure! ◇ (*loc.*) *prendere qc. con le mani nel sacco, sul fatto, in fallo, in flagrante* [*mentre fa q.c. di male*] prendre qqn. la main dans le sac, sur le fait, en faute, en flagrant délit ~ *prendere qc. in castagna* [*mentre sbaglia*] prendre qqn. sur le fait **9** [*impossessarsi con la forza, occupare*] prendre, s'emparer *pron.* de: *prendere una fortezza, una città* prendre une forteresse, une ville; s'emparer d'une forteresse, d'une ville; *presero la posizione nemica dopo un lungo assedio* après un long siège, ils s'emparèrent de la position ennemie # *presero gli assediati per fame* ils vinrent à bout par la faim de la garnison assiégée → **espugnare** ◇ (*fig.*) [*invadere, impadronirsi*] *a volte lo prendono degli strani dubbi* il lui vient parfois un étrange doute, parfois de drôles de doutes s'emparent de lui; *lo prese un grande desiderio di vendetta* un violent désir de vengeance s'empara de lui **10** [*trattare*] prendre: (*saper*) *prendere uno per il suo verso* savoir prendre qqn.; *il direttore non sa prendere le persone* le directeur ne sait pas prendre les gens; *prendere con le buone, con le cattive* prendre par la douceur, de force # *lo prese a pugni e a schiaffi* il le bourra de coups et de taloches (*fam.*); *prese il cane a calci* il flanqua un coup de pied au chien **11** [*stimare, giudicare, credere*] prendre: *ti avevo preso per un uomo serio, ma debbo ricredermi* je t'avais pris pour un homme sérieux, mais je dois changer d'opinion; *lo presero per un fannullone* ils le prirent pour un fainéant ◇ [*interpretare, intendere*] *prendere alla lettera* prendre à la lettre; *prendere in senso buono, cattivo* prendre dans le bon, dans le mauvais sens; *prese le mie parole come un'offesa* il prit mes paroles en mauvaise part # *il brano io lo prendo in questo senso* moi, j'interprète le passage dans ce sens; *non prenderai mica per buone le cose che dice quel fanfarone?* tu ne vas tout de même pas croire ce fanfaron! ◇ (*per est.*) [*scambiare per sbaglio*] *ti avevo preso per mio fratello* je t'avais pris pour mon frère ◇ (*loc.*) *prendere in esame, in considerazione* [*considerare, valutare attentamente*] prendre en considération, examiner ~ *prendere tutto per oro colato* [*credere a tutto*] prendre tout pour argent comptant ~ *ma per chi mi prende?, per chi mi ha preso?* mais pour qui me prend-il?, pour qui m'a-t-il pris? ~ (*prov.*) *prendere fischi per fiaschi, lucciole per lanterne* prendre des vessies pour des lanternes **12** [*introdurre nel proprio organismo, mangiando, bevendo e sim.*] prendre: *prendere l'antipasto, il secondo* prendre le hors-d'œuvre, le plat de résistance; *prendere un po' di carne, di vino, di dolce* prendre un peu de viande, de vin, de dessert; *prendere una pillola, una medicina, un sonnifero* prendre un cachet, un médicament, un somnifère; '*cosa prende?*', '*prendo un caffè!*' 'que prenez-vous?', 'je prends, je prendrai un café, merci' ◇ (*loc. fig.*) *prendere una boccata d'aria* [*uscire all'aperto*] prendre l'air ~ *prendere amore per qc., per q.c.* [*provare, sentire*] éprouver de l'amour pour qqn., pour qqch. ~ *prendere odio per qc.* prendre qqn. en haine, en grippe ~ *prendere odio per q.c.* prendre en aversion qqch. ~ *prendere piacere, diletto di q.c.* prendre plaisir à qqch. **13** [*assumere*] prendre: *prendere l'aspetto, le forme di qc.* prendre l'aspect, l'apparence de qqn.; *prendere la direzione di una società* prendre la direction d'une société; *prese il nome dalla città in cui nacque* il prit le nom de la ville où il était né # *prendere una carica* obtenir une charge ◇ (*fig.*) [*ereditare, derivare*] tenir (27) de, ressembler à: *è un vezzo che ho preso da voi* c'est une habitude que je tiens de vous || *ha preso tutto da suo padre* il ressemble en tout à son père → **somigliare** **14** [*fotografare, ritrarre*] prendre: *l'ha preso in una posa assai buffa* il l'a pris dans une position plutôt ridicule; *mi ha preso di profilo* il m'a pris de profil **15** [*imboccare, percorrere*] prendre: *prendere la strada per Parigi* prendre la route pour, de Paris; *prendere la scorciatoia* prendre le raccourci; *per andare alla stazione, prenda la prima* (*strada*) *a destra* pour aller à la gare, prenez la première (route) à droite; *prendere la strada del mare* prendre la route qui mène à la mer; *ho preso la strada più breve* j'ai pris le chemin le plus court ◇ (*loc.*) *prendere la strada giusta, sbagliata*: (*pr., fig.*) prendre le bon, le mauvais chemin **II** (*con il sogg. che subisce l'azione*) **1** [*ricevere, derivare*] *lo studio prendeva luce e aria da una grossa finestra* le bureau était éclairé et aéré par une grande fenêtre; *lo stabilimento prende la corrente elettrica da una centrale nucleare* une centrale nucléaire fournit le courant électrique à l'usine; l'usine reçoit le courant d'une centrale nucléaire **2** [*contrarre; subire*] prendre: *prendere un raffreddore, l'influenza* prendre, attraper un rhume, la grippe; *essere preso dalla febbre* être pris par la fièvre *prendere un colpo d'aria, di freddo* prendre, attraper un courant d'air, un coup de froid; *ho preso una paura che non ti dico!* j'ai pris une de ces peurs! # *ha preso l'epatite virale* il a attrapé une hépatite virale; *essere preso dal sonno* s'endormir **3** [*buscare, beccare*] recevoir (33): *prendere un pugno, uno schiaffo, un sacco di legnate* recevoir un coup de poing, une gifle, une volée de coups; *prendere una sgridata* recevoir un bon savon # *prendere una multa* attraper une contravention; *prendere le botte* recevoir une volée □ *prendersi un calcio* recevoir un coup de pied ◇ (*loc.*) *prenderle, prenderne* [*ricevere un sacco di botte*] prendre une raclée; (*detto dei bambini*) recevoir une fessée **III** (*in espressioni e loc. varie*) **1** (*il significato è determinato dal compl. diretto*) *prendere atto* prendre acte ~ *prendere appunti, note* prendre des notes ~ *prendere le armi* prendre les armes ~ *prendere il velo, la tonaca, l'abito religioso* [*intraprendere la vita monastica*] prendre le voile, l'habit ~ *prendere il lutto* prendre le deuil ~ *prendere un abbaglio* [*sbagliarsi*] commettre une bévue ~ *prendere l'avvio* [*iniziare*] prendre le départ, démarrer ~ *prendere alloggio, albergo* [*alloggiare*] loger, aller habiter ~ *prendere congedo, commiato* prendre congé ~ *prendere consiglio* prendre conseil ~ *prender fiato* [*riposarsi*] reprendre haleine ~ *prendere le mosse* [*cominciare, iniziare*] commencer ~ *prender sonno* s'endormir ~ *prender servizio* commencer à travailler ~ *prender tempo* [*indugiare*] tergiverser ~ *prender posto* prendre place ~ *prender parte* prendre part ~ *prender piede* prendre pied ~ *prender fuoco*: (*pr.*) prendre feu; (*fig.*) s'enflammer ~ *prender contatto* prendre contact ~ *prendere il largo*: (*pr., fig.*) prendre le large ~ *prendere il mare* prendre la mer ~ *prendere origine*: (*pr.*) prendre sa source; (*fig.*) prendre naissance ~ *prender forma, colore* prendre forme, couleur ~ *prender corpo* prendre corps ~ *prender freddo* prendre froid ~ *prender la fuga, il volo* prendre la fuite, prendre la poudre d'escampette, prendre son vol ~ *prender terra* toucher terre ~ *prender posizione* prendre position ~ *prendere possesso* prendre possession ~ *prender quota*: (*aer.*) prendre de l'altitude; (*Borsa*) prendre de la valeur ~ *prendere un bagno* prendre un bain ~ *prendere coraggio, ardire* reprendre courage ~ *prendere vendetta* se venger ~ *prendere una cotta* [*innamorarsi*] tomber amoureux*, avoir le béguin ~ *prendere una sbornia* [*ubriacarsi*] prendre une cuite ~ *prendere interesse a* prendre intérêt à, s'intéresser à ~ *prendere gusto, piacere a q.c.* prendre goût, plaisir à qqch. ~ *prendere le parti di qc.* [*difenderlo*] prendre le parti de qqn. ~ *prendere la mano*: (*pr.*) (*riferito al cavallo*) [*sfuggire al controllo della guida*] prendre le mors aux dents, s'emballer; (*fig.*) (*riferito a persone*) [*sfuggire alla disciplina di qc.*] échapper au contrôle de ~ *prenderci la mano* se faire la main (à qqch.) (*fam.*) ~ *prendere le cose come vengono* prendre les choses comme elles viennent ~ *prendersi a cuore* prendre à cœur ~ *prendere in disparte* prendre à part, à l'écart ~ *prendere in giro* [*burlarsi, deridere*] se moquer de ~ *prendere di mira qc., q.c.* [*farne il proprio bersaglio*] prendre qqn., qqch. pour cible ~ *prendere in odio, in antipatia* prendre qqn. en haine, en grippe ~ *prendere qc. in simpatia* éprouver de la sympathie pour qqn. ~ *prendere in parola* prendre au mot ~ *prendere di petto, di punta* [*affrontare direttamente e decisamente*] prendre de front ~ *prendere di peso qc., q.c.* [*afferrarlo e tenerlo sollevato*] soulever, prendre qqn., qqch. comme un poids mort; soulever qqn., qqch. ~ *prendere sul serio* prendre au sérieux ~ *prendere a ben volere* prendre en sympathie **2** (*con il pron. 'la' indet. per compl. ogg.*) prendre ~ PRENDERLA IN BUONA, IN CATTIVA PARTE; BENE, MALE [*reagire* (*favorevolmente, sfavorevolmente a un fatto*)] prendre bien, mal: *l'ha presa in buona parte* il l'a bien pris; *non la prenderai mica male?* tu ne le prendras pas mal au moins?; *non so come la prenderà* je ne sais pas comment il prendra la chose ~ *prenderla da lontano, alla lontana* [*cominciare a dire o a fare q.c. da lontano e con grande cautela*] (re)prendre les choses de loin ~ *prender*(*se*)*la con qc.* [*adirarsi con lui, attribuirgli la colpa di q.c.*] s'en prendre à qqn. ~ PRENDERSELA [*preoccuparsi, provare risentimento*] s'en faire (45), se fâcher: *non te la prendere così!* ne t'en fais pas, ne te fâche pas ainsi!; *se la prende troppo* il s'en fait trop ~ *prendersela calda* [*infervorarsi, accalorarsi, arrabbiarsi*] se donner un mal fou; se fâcher ~ *prendersela comoda* ne pas s'en faire ~ *prendersela a male* [*restare dispiaciuto, offeso*] être déçu; prendre en mauvaise part, se vexer **B** *v.intr.* (*aus. 'avere'*) **1** [*andare in una determinata direzione, passare attraverso*] prendre: *prendere a destra, a sinistra* prendre à droite, à gauche; *prendere per i campi, per il bosco* prendre par les champs, par le bois **2** (*riferito a piante*) [*attecchire in un terreno nuovo*] prendre: *queste rose hanno preso bene* ces roses ont bien pris; *non so se questi pini prenderanno* je ne sais pas si ces pins prendront **3** [*accendersi*] prendre: *la legna è bagnata e stenta a prendere* le bois est mouillé et il a du mal à prendre; *il fuoco non prende* le feu ne prend pas **4** [*rapprendersi, far presa, attaccare*] prendre: *il cemento ha preso* le ciment a pris; *que-*

sto legante stenta a prendere ce liant a du mal à prendre; *è una colla che prende subito* c'est une colle qui prend immédiatement; *questo colore prende bene* cette couleur prend bien ◇ [*far presa sul fondo*] mordre (53): *l'ancora ha preso* l'ancre a mordu **5** (*seguito dalla prep. 'a' + inf.*) [*incominciare, dare inizio*] commencer (2) à (+ *inf.*), se mettre (71) *pron.* à (+ *inf.*): *prendere a dire, a fare* commencer à dire, à faire; *prendere a sonare, a dipingere* se mettre à jouer, à peindre **C** *v.pron.* PRENDERSI **I** *intr.* [*afferrarsi, aggrapparsi con le mani*] s'agripper; se retenir (27): *prenditi al mio braccio!* agrippe-toi à mon bras! ‖ *per non cadere, si prese al tavolo* pour ne pas tomber, il se retint à la table ✦ → *tr.* II 3 □ **II** *recipr.* **1** [*andare d'accordo*] s'entendre (53): *speriamo che si prendano, quei due* espérons qu'ils s'entendent, ces deux là; *tra padre e figlio non si prendono affatto* le père et le fils ne s'entendent absolument pas; *non so se ci prenderemo sul prezzo* je ne sais pas si nous nous entendrons sur le prix **2** [*azzuffarsi; afferrarsi*] *prendersi a pugni, a calci* échanger des coups de poing, de pied; *prendersi a botte* échanger des coups; *prendersi per i capelli* se prendre aux cheveux; (*detto di donne*) se crêper le chignon ◇ (*loc.*) *prendersi per mano* se prendre par la main ~ *giocare a prendersi* jouer à chat(-perché) **3** [*cominciare ad avere in sé un determinato sentimento e atteggiamento*] se prendre: *prendersi in simpatia, in antipatia* se prendre de sympathie, d'antipathie; *prendersi a benvolere, a malvolere* se prendre d'affection, en grippe # *prendersi in odio* commencer à se détester.

prendibile |pren'dibile| *agg.* [*espugnabile, conquistabile*] prenable: *è una fortezza non facilmente prendibile* cette forteresse n'est pas facilement prenable, est presque imprenable **C** **imprendibile.**

prendingiro |prendin'dʒiro| *s.m. inv.* (*fam.*) [*chi ha l'abitudine di prendersi gioco degli altri*] chineur* *s. var.* (*corr.*), moqueur* *s. var.* (*corr.*).

prendisole |prendi'sole| *s.m. inv.* [*costume per prendere il sole*] bain *var.* de soleil.

prenditóre, trice |prendi'tore, tritʃe| *s.* **1** (*banca*) preneur (*m.*): *firma del prenditore* signature du preneur **2** (*baseball*) attrapeur.

prenditoria |prendito'ria| *s.f.* (*ant., region.*) bureau *m.* (*corr.*) de loterie.

prenóme |pre'nome| *s.m.* prénom.

prenominàto |prenomi'nato| *agg.* (*raro*) → **suddetto, predetto.**

prenotàre |preno'tare| **A** *v.tr.* [*far riservare, assicurarsi in anticipo*] retenir (27), réserver: *prenotare una camera in albergo* retenir, réserver une chambre à l'hôtel; *prenotare un posto in aereo, in treno, a teatro* retenir, réserver une place d'avion, de chemin de fer, de théâtre # *prenotare una copia di un libro di prossima pubblicazione* souscrire à un exemplaire d'un livre en cours de publication **B** *v.pron. rifl.* PRENOTARSI [*mettersi in nota*] faire (45) *intr.* retenir: *prenotarsi per un posto a teatro* faire retenir une place de théâtre; *mi sono prenotato per una crociera* j'ai fait retenir une place pour une croisière.

prenotàto |preno'tato| *agg.* (*cose*) [*fissato, riservato in anticipo*] réservé: *posti prenotati* places reservées ◇ (*persone*) [*che ha fatto la prenotazione*] *vettura riservata ai viaggiatori prenotati* voiture réservée aux voyageurs qui ont retenu (leur place).

prenotazióne |prenotat'tsjone| *s.f.* [→ PRENOTARE] location, réservation: *la prenotazione di un posto a teatro* la location, la réservation d'une place de théâtre # *riceve senza prenotazione* il reçoit sans rendez-vous ◇ (*per est.*) [*il documento attestante la prenotazione*] billet *m.* de réservation.

prenozióne |prenot'tsjone| *s.f.* (*filos.*) prénotion.

prènsile |'prɛnsile| *agg.* préhensile, prenant: *coda prensile* queue préhensile, prenante.

prensióne |pren'sjone| *s.f.* (*raro*) [→ PRENDERE A I 1] préhension # *organo di prensione* organe préhenseur.

prenunziàre |prenunt'tsjare| *e deriv.* → **preannunziare** *e deriv.*

preoccupànte |preokku'pante| *agg.* préoccupant: *giungono notizie preoccupanti* des nouvelles préoccupantes, inquiétantes nous parviennent, sont parvenues; *la situazione incomincia a diventare preoccupante per tutti* la situation commence à être préoccupante pour tout le monde → **inquietante, allarmante.**

preoccupàre |preokku'pare| **A** *v. tr.* [*mettere in apprensione, procurare preoccupazioni*] préoccuper, inquiéter (8): *il suo ritardo incomincia a preoccuparmi* son retard commence à me préoccuper, à m'inquiéter; *c'è qualcosa che ti preoccupa?* y a-t-il quelque chose qui te préoccupe? → **impensierire** **B** *v.pron. intr.* PREOCCUPARSI [*stare in apprensione*] se préoccuper, s'inquiéter: *si preoccupa molto per la salute del figlio* elle se préoccupe, s'inquiète beaucoup pour la santé de son fils; *si preoccupava per un nonnulla* il s'inquiétait pour un rien; *si preoccupa di tutto* il s'inquiète de tout # *non preoccuparti, va tutto bene!* ne te fais pas de souci, tout va bien! ◇ [*prendersi il disturbo; curarsi*] se donner la peine: *non si è preoccupato neppure di telefonarmi* il ne s'est même pas donné la peine de me téléphoner.

preoccupàto |preokku'pato| *agg.* préoccupé, soucieux*, inquiet*: *ti vedo un po' preoccupato* je te trouve un peu préoccupé, soucieux; *era preoccupato per l'esito degli esami* il était préoccupé, inquiet dans l'attente du résultat de son examen; *era preoccupata per suo padre* elle était inquiète au sujet de son père; *sono preoccupato per te* je suis inquiet à ton sujet → **ansioso, impensierito.**

preoccupazióne |preokkupat'tsjone| *s.f.* **1** [→ PREOCCUPARE] préoccupation, inquiétude: *preoccupazione eccessiva, esagerata* préoccupation, inquiétude excessive, exagérée; *non riusciva a nascondere la sua preoccupazione* il ne réussissait pas à cacher son inquiétude → **apprensione, inquietudine** ◇ (*per est.*) [*ansietà, pensiero insistente che provoca turbamento, timore*] souci (*m.*): *ha delle preoccupazioni economiche* il a des soucis financiers, matériels # *il suo ritardo incomincia a destare qualche preoccupazione* son retard commence à (m')inquiéter **2** [*la causa, l'oggetto che preoccupa, che impensierisce*] souci: *questo ragazzo è la mia preoccupazione* ce garçon me cause du souci, est un souci pour moi.

preolimpiònico, ci, ca, che |preolim'pjɔniko, tʃi, ka, ke| *agg.* (*sport*) préolympique: *gara preolimpionica* épreuve préolympique.

preomìnidi |preo'minidi| *s.m. pl.* préhominiens.

preoperatòrio, i |preopera'tɔrjo, i| *agg.* (*chir.*) préopératoire.

preoràle |preo'rale| *agg.* (*zool.*) préoral*.

preordinaménto |preordina'mento| *s.m.* → **preordinazione.**

preordinàre |preordi'nare| *v.tr.* [*predisporre, ordinare ad un fine già in anticipo*] ordonner par avance, de avance: *a tale scopo ho già preordinato tutto l'occorrente* dans ce but, j'ai par avance ordonné tout le nécessaire.

preordinazióne |preordinat'tsjone| *s.f.* [→ PREORDINARE] ordre *m.* donné à l'avance.

prepalatàle |prepala'tale| *agg. e s.f.* (*ling.*) *le* (*consonanti*) *prepalatali* les (consonnes) prépalatales.

preparàre |prepa'rare| **A** *v.tr.* **1** (*con compl. ogg. di cosa*) [*approntare, disporre per tempo*] préparer: *preparare la tavola per il pranzo* préparer, mettre la table pour le repas; *preparare il terreno per la semina* préparer le terrain pour semer; *preparare un esame, un concorso* préparer un examen, un concours; *preparare la sala operatoria* préparer la salle opératoire; *preparare una spedizione offensiva, la guerra* préparer une expédition offensive, la guerre; *preparare una tela, il muro per un affresco* préparer une toile, le mur pour une fresque; *preparare un saggio critico* préparer un essai critique # *preparere il letto, le valigie* faire le lit, ses valises □ *prepararsi la cena* préparer son dîner ◇ (*fig.*) [*riservare, portare con sé*] *chissà cosa ci prepara il nuovo anno!* qui sait ce que l'année nouvelle nous réserve! **2** (*con compl. ogg. di persona*) [*addestrare, mettere nelle condizioni necessarie*] préparer, entraîner: *preparare un atleta a una gara* préparer un athlète à une épreuve; *preparare i soldati al combattimento corpo a corpo* entraîner les soldats au corps à corps; *preparare un ragazzo a un esame, a un concorso* préparer un garçon à un examen, à un concours ◇ (*fig.*) [*predisporre moralmente e psicologicamente*] préparer: *preparare qc. a una brutta notizia* préparer qqn. à une mauvaise nouvelle: *ho cercato di prepararlo per l'intervento chirurgico* j'ai essayé de le préparer à (l'idée de) l'intervention chirurgicale # *preparare il proprio animo al peggio* rassembler son courage pour le pire **B** *v.pron.* PREPARARSI **1** *intr.* [*stare per accadere; essere in procinto di manifestarsi*] se préparer: *si preparano tempi difficili* des temps difficiles se préparent; *si sta preparando un temporale* un orage se prépare **2** *rifl.* [→ *tr.* 2] se préparer: *prepararsi a una gara, a un concorso* se préparer à une épreuve, à un concours; *prepararsi per uscire, per partire* se préparer à sortir, à partir → **accinger(si)**; *prepararsi al peggio* se préparer au pire → **predispor(si)** ✦ → *tr.* 1 □.

preparativo |prepara'tivo| *s.m. spec. al plur.* préparatifs: *preparativi di guerra* préparatifs de guerre; *i preparativi per un viaggio* les préparatifs pour un voyage; *fervevano i preparativi per la festa* on était en pleins préparatifs pour la fête.

preparàto |prepa'rato| **I** *agg.* **1** (*cose*) [*pronto*] prêt: *tavola preparata* table prête, mise → **apparecchiato**; *s'è servito del materiale già preparato* il s'est servi du matériel déjà prêt → **pronto** **2** (*persone*) [*dotato di un'adeguata preparazione specifica*] préparé (*p.p.*): *un alunno ben preparato* un élève bien préparé; *è un pugile poco preparato* c'est un boxeur peu préparé # *un funzionario preparato* un fonctionnaire compétent → **competente** ◇ (*fig.*) [*ben disposto moralmente e psicologicamente*] *non era preparato alla notizia* il n'était pas préparé à la nouvelle; *sono preparato al peggio* je suis préparé au pire **II** *s.m.* **1** (*chim., farm.*) préparation *f.*; (*prodotti industriali*) produit: *preparati chimici, farmaceutici* préparations chimiques, pharmaceutiques ‖ *un preparato sgrassante* un produit dégraissant # *un preparato contro la tosse* un remède contre la toux **2** (*scient.*) préparation: *preparato anatomico* préparation anatomique; *preparati microscopici* préparations pour le microscope.

preparatóre, trice |prepara'tore, tritʃe| *s.* préparateur*; prospecteur: *preparatore chimico, tecnico, di farmacia* préparateur de chimie, technique, en pharmacie ‖ *preparatore di pezzi anatomici* prospecteur de pièces anatomiques.

preparatòrio, i |prepara'tɔrjo, i| *agg.* préparatoire: *esercizio preparatorio* exercice préparatoire; *un corso preparatorio* un cours préparatoire; *i lavori sono ancora in fase preparatoria* les travaux sont encore dans la phase préparatoire → **preliminare, introduttivo.**

preparazióne |preparat'tsjone| *s.f.* **1** [→ PREPARARE A; B 2] préparation: *la preparazione di un dolce, di un esame* la préparation d'un gâteau, d'un examen; *provvedere alla preparazione atletica dei giovani* pourvoir à la préparation athlétique des jeunes; *lo studio è preparazione alla vita* l'étude est la préparation à la vie # *la preparazione delle carte per sposarsi* la réunion des pièces nécessaires pour se marier; *l'ha informata della morte del figlio senza alcuna preparazione* il lui a annoncé la mort de son fils sans du tout l'y préparer ◇ (*mil.*) *preparazione del tiro* préparation du tir; *preparazione balistica* préparation balistique; *preparazione d'artiglieria* préparation d'artillerie **2** (*per est.*) [*competenza, capacità*] préparation: *avere una buona, una scarsa preparazione professionale* avoir une bonne, une mauvaise préparation professionnelle; *il candidato ha rivelato un'ottima preparazione* le candidat a fait preuve d'une excellente préparation; *quell'atleta denota una preparazione insufficiente* cet athlète révèle une préparation insuffisante ◇ [*i mezzi necessari a un determinato scopo*] *l'Italia entrò in guerra pur essendo modesta la sua preparazione* l'Italie entra en guerre malgré une préparation insuffisante.

preponderànte |preponde'rante| *agg.* prépondérant: *l'opinione preponderante* l'opinion prépondérante → **prevalente, predominante.**

preponderànza |preponde'rantsa| *s.f.* prépondérance: *la schiacciante preponderanza del nemico* l'écrasante prépondérance de l'ennemi.

preponderàre |preponde'rare| *v. intr.* (*raro*) (*aus.* '*avere*') → **prevalere, predominare.**

prepórre |pre'porre| (168) *v.tr.* **1** [*far precedere, porre avanti*] mettre (71), placer (2) avant: *nelle firme, il nome va preposto al cognome* dans les signatures, le prénom doit être mis, placé avant le nom → **premettere** # *l'autore prepone al libro una nota introduttiva* l'auteur fait précéder le livre d'une (note d')introduction **2** (*fig.*) [*anteporre, considerare più importante*] préférer (8): *preporre il piacere al dovere* préférer le plaisir au devoir → **preferire** # *ha preposto gli interessi personali al bene pubblico* il a placé son intérêt avant l'intérêt général ◇ [*mettere a capo*] mettre à la tête: *fu preposto al governo dello Stato* il fut mis à la tête du gouvernement.

prepositìvo |prepozi'tivo| *agg.* (*gram., ling.*) prépositif*: *articolo prepositivo* article prépositif; *locuzione prepositiva* locution prépositive.

prepòsito |pre'pɔzito| *s.m.* (*st. rom.*) prévôt ◇ (*eccl.*) curé.

prepositùra |prepozi'tura| *s.f.* (*eccl.*) prévôté ◇ (*per est.*) [*la sua sede*] cure.

preposituràle |prepozitu'rale| *agg.* (*raro, eccl.*) prévôtal* (*corr.*).

preposizionàle |prepozittsjo'nale| *agg.* de préposition (*loc. inv.*): *valore preposizionale di una locuzione* valeur de préposition d'une locution.

preposizióne |prepozit'tsjone| *s.f.* (*gram.*) préposition: *preposizioni proprie, improprie* prépositions propres, impropres; *preposizioni articolate* prépositions articulées.

prepòsto |pre'pɔsto| *s.m.* (*raro*) → **prevosto.**

prepotènte |prepo'tɛnte| *agg.* **1** (*persone*) [*che vuole imporre la propria volontà, il proprio capriccio*] autoritaire: *un uomo prepotente* un homme autoritaire → **arrogante** # *quel bambino è molto prepotente* cet enfant a un caractère despotique ♦ (*s.*) *un prepotente* un tyran, un despote: *quel ragazzo è un prepotente* ce garçon est un tyran; *i prepotenti vanno umiliati* les tyrans doivent être abaissés # *non fare il prepotente con me* n'abuse pas de ton autorité avec moi **2** (*cose*) [*irresistibile, violento*] irrésistible: *un bisogno prepotente di affetto* un besoin irrésistible d'affection; *non potei più resistere al desiderio prepotente di sfogarmi* je ne pus résister au désir irrésistible de m'épancher **C** 1 **mite.**

prepotentemènte |prepotente'mente| *avv.* [→ PREPOTENTE] violemment, impérieusement.

prepotènza |prepo'tɛntsa| *s.f.* **1** [*carattere, modi da prepotente*] insolence; violence: *la sua prepotenza è diventata insopportabile* son insolence est devenue insupportable → **arroganza** ‖ *con la prepotenza non otterrai nulla* tu n'obtiendras rien par la violence, par la force ◇ *loc. avv.* DI PREPOTENZA *l'ottenne di prepotenza* il l'obtint par la force; *agì di prepotenza* il agit avec violence **2** [*sopruso, soverchieria*] abus *m.* de pouvoir: *questa è una prepotenza bella e buona!* c'est un abus de pouvoir pur et simple!; *le sue prepotenze erano note a tutti* tout le monde connaissait ses abus de pouvoir **C** 1 **mitezza.**

prepotére |prepo'tere| *s.m.* abus de pouvoir: *il prepotere della nobiltà, della burocrazia* l'abus de pouvoir de la noblesse, de la bureaucratie.

prepuberàle |prepube'rale| *agg.* prépubertaire.

prepùbere |pre'pubere| *agg.* prépubère.

prepubertà |prepuber'ta| *s.f. inv.* prépuberté *var.*

prepùzio, i |pre'puttsjo, i| *s.m.* (*anat.*) prépuce.

preraffaellismo |preraffael'lizmo| *s.m.* (*arts., letter.*) préraphaélisme.

preraffaellita |preraffael'lita| *agg.* préraphaélite: *la poesia, la pittura preraffaellita* la poésie, la peinture préraphaélite ♦ (*s.*) *i preraffaelliti* les préraphaélites.

preraffreddaménto |preraffredda'mento| *s.m.* (*tecnol.*) préréfrigération (*f.*): *preraffreddamento di vagoni ferroviari* préréfrigération des wagons de chemin de fer.

preraffreddàre |preraffred'dare| *v.tr.* (*raro*) (*tecnol.*) [*sottoporre a un raffreddamento preventivo*] préréfrigérer (8).

prerinascimentàle |prerinaʃʃimen'tale| *agg.* antérieur à la Renaissance.

preriscaldaménto |preriskalda'mento| *s.m.* préchauffage: *preriscaldamento dell'acqua di una caldaia* préchauffage de l'eau d'une chaudière.

preriscaldàre |preriskal'dare| *v. tr.* (*tecnol.*) [*sottoporre a riscaldamento preventivo*] préchauffer: *preriscaldare il carburante di un bruciatore, di un motore a scoppio* préchauffer le carburant d'un brûleur, d'un moteur à explosion.

preriscaldatóre |preriskalda'tore| *s.m.* (*tecnol.*) préchauffeur.

prerogativa |preroga'tiva| *s.f.* **1** (*dir.*) prérogative: *prerogative parlamentari, diplomatiche* prérogatives parlementaires, diplomatiques; *le prerogative del capo dello Stato* les prérogatives du chef de l'État ◇ (*per est.*) [*privilegio, diritto personale*] *non rinuncio alla mia prerogativa di votare per ultimo* je ne renonce pas à ma prérogative de voter le dernier **2** [*qualità, caratteristica singolare*] propriété, qualité: *illustrare le prerogative di un prodotto, di una macchina* illustrer les propriétés, les qualités d'un produit, d'une machine; *la sincerità è la sua prerogativa* la sincérité est sa qualité principale → **dote, pregio.**

preromànico, ci, ca, che |prero'maniko, tʃi, ka, ke| *agg.* (*arts.*) préroman.

preromàno |prero'mano| *agg.* préromain: *le popolazioni preromane dell'Italia* les populations préromaines de l'Italie.

preromanticismo |preromanti'tʃizmo| *s.m.* préromantisme.

preromàntico, ci, ca, che |prero'mantiko, tʃi, ka, ke| *agg.* préromantique: *la letteratura preromantica* la littérature préromantique ♦ (*s.*) *i preromantici* les préromantiques.

preromànzo |prero'mandzo| *agg.*

(*ling.*) préroman: *le lingue preromanze dell'Italia* les langues préromanes de l'Italie.

présa |ˈpresa| *s.f.* **1** prise: *allentare, lasciare la presa* relâcher la prise; *queste tenaglie hanno una forte presa* ces tenailles ont une forte prise; *gli mancò la presa e precipitò nel burrone* il n'eut plus de prise et il tomba dans le ravin; *sono andati distrutti gli impianti per la presa d'acqua, d'aria, di gas e di corrente elettrica* les installations de la prise d'eau, d'air, de gaz et de courant électrique ont été détruites # *non riuscì a sfuggire alla presa del serpente* il ne réussit pas à échapper à l'étreinte du serpent ◇ (*calcio*) arrêt (*m.*): *presa alta, bassa* arrêt haut, bas; *presa a terra, al volo* arrêt à terre, de volée ◇ (*lotta*) *presa di braccio, di spalla* prise de bras, d'épaule ◇ (*rugby*) *presa alla vita, alle gambe* prise à la taille, aux jambes ◇ (*loc. fig.*) *venire alle prese con qc.* en venir aux mains (avec qqn.) ~ ESSERE ALLE PRESE CON QC., Q.C. être aux prises avec qqn., qqch.: *sono alle prese con un problema piuttosto difficile* je suis aux prises avec un problème plutôt difficile; *è mezz'ora che il cane è alle prese con quell'osso* voilà une demi-heure que le chien est aux prises avec cet os ~ PRESA IN GIRO, PER IL BAVERO [*canzonatura*] mise en boîte: *è stata una bella presa in giro!* ce fut une drôle de mise en boîte! **2** [PRENDERE A I 6] prise: *presa di una pedina, di una dama* prise d'un pion, d'une dame; *presa di un cavallo, della regina* prise d'un cavalier, de la dame # *cane da presa* chien d'arrêt ◇ (*carte*) levée, pli (*m.*): *fare una buona, una cattiva presa* faire une bonne, une mauvaise levée **3** [→ PRENDERE A I 9] prise: *la presa di un forte, di una città* la prise d'un fort, d'une ville; *la presa della Bastiglia* la prise de la Bastille **4** [→ PRENDERE B 2, 4] prise: *la presa di una pianta* la prise d'une plante; *presa della vernice, della colla* prise du vernis, de la colle; *cemento, gesso a presa rapida* ciment, plâtre à prise rapide; *tempo di presa* temps de prise; *presa dell'ancora* prise, morsure de l'ancre ◇ *loc.* FAR PRESA: (*pr.*) prendre: *le radici non hanno fatto presa* les racines n'ont pas pris; *questo legante fa presa subito* ce liant prend immédiatement; *la colata comincia a far presa* la coulée commence à prendre # *l'àncora fa buona presa sul fondo* l'ancre mord bien sur le fond; (*fig.*) [*colpire, impressionare*] avoir prise: *sono discorsi che fanno poca presa sul pubblico* ce sont des discours qui ont peu de prise sur le public; *le sue idee fecero molta presa sugli ascoltatori* ses idées eurent beaucoup de prise sur les auditeurs **5** (*cine., tv*) prise: *presa diretta dei suoni* prise directe des sons; *presa fotografica* prise de vues # *macchina da presa* caméra ◇ *loc.* (*rad., tv*) *in presa diretta* sur l'antenne, en direct: *trasmissione in presa diretta* émission en direct **6** (*il significato è determinato dal compl. che l'accompagna*) *la presa in considerazione, in esame di una proposta di legge, di una domanda* la prise en considération, en examen d'une proposition de loi, d'une demande ~ *presa di contatto* prise de contact ~ *presa di posizione* prise de position ~ PRESA DI POSSESSO prise de possession: *presa di possesso di un bene, di un territorio* prise de possession d'un bien, d'un territoire; *presa di possesso di una carica, di un ufficio* prise de possession d'une charge, d'un bureau ~ *la presa del potere* la prise du pouvoir **7** [*piccola quantità* (*di sostanze in polvere*) *che si può prendere tra il pollice e l'indice*] prise; pincée: *presa di tabacco* prise de tabac ‖ *una presa di sale, di pepe, di zafferano* une pincée de sel, de poivre, de safran ◇ (*per est.*) [*dose*] dose: *una presa di bicarbonato* une dose de bicarbonate **8** [*impugnatura, manico*] poignée: *la presa di un coperchio* la poignée d'un couvercle; *una pentola con due prese* une marmite à deux poignées, à deux anses **9** *presa* (*da cucina*) [*cuscinetto imbottito per prendere utensili molto caldi*] poignée **10** (*tecnol.*) prise: *presa d'aria, d'acqua* prise d'air, d'eau; *presa di gas, di vapore* prise de gaz, de vapeur ◇ (*elettr.*) *presa di corrente a spina* prise (de courant) à fiche; *presa di terra* prise de terre.

presàgio, i |preˈzadʒo, i| *s.m.* **1** présage: *presagi favorevoli, lieti* présages heureux; *tristi presagi di guerra* tristes présages de guerre → **indizio, segno** ◇ [*previsione, profezia*] *gli antichi traevano presagi dal volo degli uccelli* les anciens tiraient des présages du vol des oiseaux **2** [*presentimento*] pressentiment, prémonition (*f.*): *avere nel cuore un triste presagio* avoir dans le cœur un triste pressentiment.

presagire |prezaˈdʒire| (197) *v.tr.* **1** [*pronosticare, prevedere*] prédire (48); prévoir (38): *gli presagì una brillante carriera* il lui prédit une brillante carrière ‖ *nulla lasciava presagire la crisi* rien ne laissait prévoir la crise ◇ (*lett.*) [*essere indizio, segno premonitore*] annoncer (2) (*corr.*): *le eclissi, per gli antichi, presagivano calamità* les éclipses, pour les anciens, annonçaient des calamités **2** (*lett.*) [*presentire*] pressentir (21): *il mio cuore presagisce sventure* mon cœur pressent des malheurs.

presàgo, ghi, ga, ghe |preˈzago, gi, ga, ge| *agg.* (*lett.*) [*che predice o presenta*] prévoyant (*corr.*).

presalàrio, i |presaˈlarjo, i| *s.m.* présalaire.

presàme |preˈsame| *s.m.* → I **caglio**.

presbiopìa |prezbioˈpia| *s.f.* (*med.*) presbytie.

prèsbite |ˈprɛzbite| *agg.* presbyte: *è diventato presbite* il est devenu presbyte; *ha un occhio presbite* il a un œil presbyte ✦ (*s.*) *un presbite* un presbyte: *occhiali da presbite* des lunettes de presbyte.

presbiteràle |prezbiteˈrale| *agg.* (*raro*) presbytéral*.

presbiteràto |prezbiteˈrato| *s.m.* (*eccl.*) presbytérat.

presbiterianésimo |prezbiterjaˈnezimo|, **presbiterianismo** |prezbiterjaˈnizmo| *s.m.* (*st. relig.*) presbytérianisme.

presbiteriàno |prezbiteˈrjano| *agg.* presbytérien*: *la Chiesa presbiteriana* l'Église presbytérienne ✦ (*s.*) *i presbiteriani* les presbytériens.

presbitèrio, i |prezbiˈtɛrjo, i| *s.m.* **1** (*arch.*) présbyterium ◇ (*per est.*) (*region.*) [*la casa, la residenza del parroco o del rettore di una chiesa*] presbytère, cure *f.* **2** (*nelle chiese presbiteriane*) [*organo di governo locale*] presbyterium.

presbìtero |prezˈbitero| *s.m.* (*st. eccl.*) presbytériat.

presbitìsmo |prezbiˈtizmo| *s.m.* → **presbiopìa**.

prescégliere |preʃˈʃeʎʎere| (178) *v.tr.* [*scegliere, dopo attento esame, preferire*] choisir: *ho prescelto te come mio segretario* je t'ai choisi comme secrétaire; *fra tutte le ditte abbiamo prescelto la vostra* parmi toutes les maisons nous avons choisi la vôtre.

prescegliménto |preʃʃeʎʎiˈmento| *s.m.* (*raro*) [→ PRESCEGLIERE] choix (*corr.*).

prescélto |preʃˈʃelto| *agg.* [*scelto tra tanti, preferito*] choisi, élu: *la ditta prescelta per le nostre forniture* la maison que nous avions choisie comme fournisseur ✦ (*s.*) *il prescelto* l'élu # *fra tanti sono stato proprio io il prescelto* parmi tant d'autres, c'est précisément moi qu'on a choisi; *i prescelti dovranno presentarsi domani* ceux qui ont été choisis, ceux dont les candidatures ont été retenues devront se présenter demain.

prèscia, sce |ˈprɛʃʃa, ʃe| *s.f.* (*region.*) → **fretta, premura**.

presciènte |preʃˈʃɛnte| *agg.* (*raro*) prescient.

presciènza |preʃˈʃɛntsa| *s.f.* (*teol.*) prescience.

prescìndere |preʃˈʃindere| (181) *v.intr.* (*aus.* '*avere*') [*lasciare da parte, non considerare, fare astrazione*] laisser de côté, faire (45) *tr.* abstraction de: *prescindiamo dagli aspetti particolari del problema* laissons de côté les aspects particuliers du problème; *nella valutazione commerciale di un bene non si può prescindere dalla sua utilità* dans l'évaluation commerciale d'un bien, on ne peut pas faire abstraction de son utilité ◇ *loc.* PRESCINDENDO DA, A PRESCINDERE DA indépendamment de, abstraction faite de: *a prescindere dal fatto che non ho soldi, non comprerei mai la tua auto* indépendamment du fait que je n'ai pas le fric (*pop.*) pour cela, jamais je n'achèterais ta voiture; *prescindendo dal fatto che* indépendamment du fait que # *non si può bocciare uno studente prescindendo dal giudizio della scuola di provenienza* on ne peut pas recaler un étudiant sans tenir compte de la façon dont il était noté dans l'établissement d'où il vient.

presciùtto |preʃˈʃutto| *s.m.* (*pop.*) → **prosciutto**.

prescolàre |preskoˈlare| *agg.* préscolaire.

prescolàstico, ci, ca, che |preskoˈlastiko, tʃi, ka, ke| *agg.* prescolaire: *istruzione prescolastica* instruction prescolaire; *età prescolastica* âge prescolaire.

prescrittìbile |preskritˈtibile| *agg.* [→ PRESCRIVERE 2] prescriptible: *reati, diritti non prescrittibili* délits, droits non prescriptibles ⓒ **imprescrittibile.**

prescrittibilità |preskrittibiliˈta| *s.f. inv.* (*dir.*) prescriptibilité *var.* (*raro*): *la prescrittibilità di una pena* la prescriptibilité d'une peine ⓒ **imprescrittibilità.**

prescrìtto |presˈkritto| *agg.* **1** prescrit: *i documenti prescritti* les pièces nécessaires, les papiers prescrits; *la domanda non è stata presentata nei termini prescritti* la demande n'a pas été présentée dans les délais prescrits; *non ha fatto la cura prescritta* il n'a pas suivi le traitement prescrit → **stabilito, obbligatorio** ♦ (*s.m.*) *il prescritto* la prescription (*f.*): *attenersi al prescritto della legge* se conformer aux prescriptions de la loi **2** (*dir.*) prescrit: *diritto, reato prescritto* droit, délit prescrit.

prescrìvere |pres'krivere| (182) *v. tr.* **1** [*ordinare, stabilire*] prescrire (51): *fare quello che la legge, il dovere prescrive* faire ce que la loi, le devoir prescrit; *prescrivere una cura, una medicina* prescrire un traitement, un médicament **2** (*dir.*) [*estinguere per prescrizione*] prescrire: *prescrivere un diritto, una pena* prescrire un droit, une peine # *alcuni reati si prescrivono dopo cinque anni* pour certains délits, il y a prescription au bout de cinq ans.

prescrizióne |preskrit'tsjone| *s.f.* **1** [→ PRESCRIVERE 1] prescription: *le prescrizioni della morale, della Chiesa* les prescriptions de la morale, de l'Église; *attenersi alle prescrizioni del medico* s'en tenir aux prescriptions du médecin → **disposizione, norma, regola** # *i segnali stradali di prescrizione* les signaux obligatoires de la circulation sur route **2** [→ PRESCRIVERE 2] prescription: *prescrizione della pena* prescription pénale; *termini di prescrizione* termes de prescription; *cadere in prescrizione* s'éteindre, être éteint par prescription.

presegnalàre |preseɲɲa'lare| *v.tr.* [*segnalare in anticipo*] signaler (à l'avance): *presegnalare un incrocio, uno stop, un veicolo fermo* signaler (à l'avance) un croisement, un stop, un véhicule arrêté.

presegnàle |preseɲ'ɲale| *s.m.* [*segnale che ne precede e ne preannuncia un altro o che segnala in anticipo un fatto*] signal* # *il triangolo rosso è presegnale di veicolo fermo* le triangle rouge signale un véhicule arrêté.

preselettóre |preselet'tore| *s.m.* (*tecnol., tel.*) présélecteur.

preselezióne |preselet'tsjone| *s.f.* **1** (*tel.*) présélection **2** (*nella circolazione stradale*) [*canalizzazione preventiva dei veicoli*] acheminement *m.* (de la circulation).

presèlla |pre'sɛlla| *s.f.* (*tecnol.*) châsse ◇ [*grappa metallica a due punte per tenere uniti due elementi*] agrafe.

presenìle |prese'nile| *agg.* (*raro*) présénile.

presentàbile |prezen'tabile| *agg.* présentable: *questo vestito non è più presentabile* ce vêtement n'est plus présentable → **decoroso**; *è un lavoro abbastanza presentabile* c'est un travail assez présentable → **passabile, accettabile** ◇ (*persone*) *vestito così non sono presentabile* comme me voilà habillé, je ne suis pas présentable → **decente.**

presentàre |prezen'tare| **A** *v.tr.* **I** (*con compl. ogg. di cosa*) **1** [*mostrare, offrire alla vista, esibire*] présenter: *presentare i documenti alla polizia* présenter ses papiers à la police → **consegnare**; *presentare le armi* présenter les armes; *presentare una merce, un nuovo prodotto in vetrina* présenter une marchandise, un nouveau produit en vitrine; *presentare un assegno in banca* présenter, encaisser un chèque à la banque; *il cadavere presentava ferite in tutto il corpo* le cadavre présentait des blessures sur tout le corps; *il muro presentava molteplici screpolature* le mur présentait de nombreuses lézardes # *presentare il biglietto al controllore* tendre, montrer son billet au contrôleur ◇ [*esporre, volgere*] *la luna ci presenta sempre la stessa faccia* la lune nous présente toujours la même face; *la nave presentava la prua alle onde* le navire présentait sa proue aux lames (*lett.*) ◇ (*fig.*) [*prospettare*] *il problema presenta parecchie difficoltà* le problème présente de nombreuses difficultés; *l'affare presenta vantaggi minimi* l'affaire présente des avantages minimes ◇ (*loc.*) *presentare il fianco al nemico*: (*pr.*) présenter son flanc à l'ennemi; (*fig.*) [*porsi in una situazione pericolosa*; *esporsi a critiche*] s'exposer (aux critiques de qqn.) **2** [*fare, inoltrare, far pervenire*] présenter: *presentare una domanda, un esposto* faire, présenter (*lett.*) une demande, un exposé; *presentare una proposta, un disegno di legge* présenter une proposition, un projet de loi; *presentare le dimissioni* présenter sa démission → **rassegnare**; *il progetto fu presentato al ministro* le projet fut présenté au ministre ◇ [*offrire, porgere*] *presentare un dono, un mazzo di fiori* présenter un don, un bouquet de fleurs ◇ (*spec. in formule di cortesia*) *presentare gli ossequi, i saluti* présenter ses hommages, ses salutations; '*presenti i miei omaggi alla sua signora*', '*grazie, presenterò*' 'présentez mes hommages à Madame', 'merci, je n'y manquerai pas' ◇ [*proporre*] *presentare la propria candidatura* présenter sa candidature **3** [*esporre, riferire, portare a conoscenza*] présenter: *i fatti non sono stati presentati obiettivamente* les faits n'ont pas été présentés objectivement; *ha presentato le cose così come sono* il a présenté les choses telles qu'elles sont; *la tua situazione è stata presentata sotto una luce favorevole* ta situation a été présentée sous un jour favorable ◇ [*illustrare, spiegare*] *presentare il bilancio* présenter le bilan; *presentare un film, uno spettacolo, un libro* présenter un film, un spectacle, un livre; *presentare al pubblico un nuovo modello di autovettura* présenter au public un nouveau modèle de voiture (automobile); *ha presentato l'argomento con molto garbo* il a présenté son sujet d'une manière fort agréable **II** (*con compl. ogg. di persona*) **1** [*far fare la conoscenza personale*] présenter: *ti presento un mio carissimo amico* je te présente un de mes plus chers amis; *scusate se non vi ho ancora presentati* excusez-moi si je ne vous ai pas encore présentés **2** [*introdurre, fornire al pubblico i dati essenziali*] présenter: *l'oratore fu presentato dal rettore dell'università* l'orateur fut présenté par le recteur de l'université **B** *v.pron.* PRESENTARSI **I** *intr.* **1** [*mostrarsi, apparire*] se présenter, apparaître (72) (*intr.*): *la situazione si presenta piena di difficoltà* la situation se présente pleine de difficultés; *mi si presentò davanti agli occhi uno spettacolo orribile* un spectacle horrible se présenta à mes yeux; *la cosa si presenta come un grosso affare* la chose apparaît comme une grosse affaire; *il caso si presenta disperato* le cas apparaît comme désespéré **2** [*capitare, accadere*] se présenter: *se mi si presenta l'occasione, verrò volentieri* si l'occasion s'en présente, je viendrai volontiers; *un'altra occasione come questa non mi si presenterà più* pareille occasion ne se présentera plus (à moi); *mi si presenta un caso stranissimo* un cas étrange se présente à moi → **offrir(si)** **II** *rifl.* **1** [→ *tr.* I 1] se présenter: *non ti vergogni di presentarti in pubblico vestito così?* tu n'as pas honte de te présenter en public habillé comme ça?; *non ti presentare più davanti a me in queste condizioni!* ne te présente plus devant moi dans cet état-là ◇ [*recarsi di persona*] *presentarsi in questura, al commissariato* se présenter à la préfecture de police, au commissariat ◇ *loc.* PRESENTARSI BENE, MALE [*produrre buona, cattiva impressione*] présenter *intr.* bien, mal: *è un bravo rappresentante, ma si presenta piuttosto male* c'est un bon représentant, mais il présente plutôt mal # *quella ragazza si presenta molto bene* cette jeune fille fait une excellente impression **2** [→ *tr.* II 1] se présenter: *se permette, mi presento* si vous permettez, je me présente **3** [→ *tr.* II 2] se présenter: *l'artista si presentò da solo* l'artiste se présenta tout seul.

presentat(')àrm |prezenta'tarm| *s.m. inv.* (*mil.*) le fait *var.* de présenter armes # *fare, ordinare il presentatarm* faire, ordonner le 'présentez armes!', que les armes soient présentées ♦ *ass.* (*come comando*) *presentatarm!* présentez armes!

presentatóre, trice |prezenta'tore, tritʃe| *s.* présentateur*: *il presentatore di una domanda, di un disegno di legge* le présentateur d'une demande, d'un projet de loi; *il presentatore di un film, di un libro* le présentateur d'un film, d'un livre # *ti farò da presentatore al circolo sportivo* je serai ton parrain au club sportif ◇ (*nel mondo dello spettacolo*) *un presentatore radiofonico, televisivo* un présentateur de la radio, de la télévision; *fare il presentatore* être présentateur.

presentazióne |prezentat'tsjone| *s.f.* **1** [→ PRESENTARE A I 1] présentation: *presentazione della tessera al controllore* présentation de la carte au contrôleur; *presentazione all'incasso di un assegno* encaissement d'un chèque, présentation à l'encaissement d'un chèque **2** [→ PRESENTARE A I 2] présentation: *presentazione di una domanda, di un ricorso* présentation d'une demande, d'un recours; *è scaduto il termine per la presentazione dei documenti* le délai pour la présentation des documents est échu **3** [→ PRESENTARE A I 3, II 2] présentation: *presentazione di un film, di uno spettacolo, di un cantante* présentation d'un film, d'un spectacle, d'un chanteur; *presentazione alla stampa dell'ultimo modello di un'autovettura* présentation à la presse du dernier modèle d'une voiture; *il libro è preceduto da una breve presentazione* le livre est précédé d'une brève présentation **4** [→ PRESENTARE A II 1] présentation: *fare le presentazioni* faire les présentations ◇ (*per est.*) [*introduzione, raccomandazione*] *presentazio-*

ne in società, nel mondo dello spettacolo présentation dans la société, dans le monde du spectacle; *aveva una lettera di presentazione per il ministro* il avait une lettre de présentation pour le ministre.

1 **presènte** |pre'zɛnte| **I** *agg.* **1** présent: *gli alunni presenti in aula* les élèves présents en classe; *non ero presente all'accaduto* je n'étais pas présent quand cela est arrivé; *i giornalisti qui presenti, vorrebbero rivolgerle alcune domande* les journalistes, ici présents, voudraient vous poser quelques questions # *è stata inaugurata la diga, presente il ministro dei lavori* la digue a été inaugurée, en présence du ministre du Travail; *fu interrogato in questura, presenti i genitori* il fut interrogé à la préfecture de police devant ses parents ◇ (*come risposta aff. all'appello*) '*presente!*' 'présent!' ◇ (*loc. fig.*) *essere presente a sé stesso* [*avere piena lucidità di mente, consapevolezza*] être lucide ~ AVERE, TENERE PRESENTE QC., Q.C. [*ricordarsene, tenerne conto*] se souvenir de, se rappeler qqn., qqch.: *avrò sempre presenti le sue ultime parole* je me souviendrai de, je me rappellerai toujours ses dernières paroles; *è un particolare che non ho presente* c'est un détail dont je ne me souviens pas # *bisogna tener presenti le notevoli difficoltà* il faut tenir compte des importantes difficultés; *se trovi q.c. di interessante, tieni presente anche me* si tu trouves qqch. d'intéressant, pense aussi à moi; *tieni presente che è un po' sordo* n'oublie pas qu'il est un peu sourd ~ FAR PRESENTE [*richiamare alla mente, ricordare*] faire remarquer (que): *ti faccio presente il suo coraggio e la sua abnegazione* je te fais remarquer son courage et son abnégation; *ti faccio presente che l'impresa è irta di difficoltà* je te fais remarquer que l'entreprise est pleine de difficultés **2** [*contemporaneo, attuale*] présent, actuel*: *il momento, il tempo presente* le moment, le temps présent; *la generazione presente* la génération présente; *le sue presenti condizioni sono pessime* ses conditions actuelles sont très mauvaises ◇ (*talora equivale al dim. 'questo', spec. in formule epistolari*) -ci: *il presente luogo, il presente libro* cet endroit-ci, ce livre-ci; *nel presente caso* dans ce cas-ci, dans le présent cas; *con il presente biglietto, con la presente lettera* avec ce billet-ci, avec cette lettre-ci ✦ (*s.f.*) lettre: *con la presente rispondo alla vostra del 19-11-79* je réponds à votre lettre du 19-11-79 **3** (*gram.*) présent: *tempo presente* temps présent; *indicativo, infinito presente* indicatif, infinitif présent ✦ (*s.m.*) *il presente* le présent: *il presente (del) congiuntivo* le présent du subjonctif **II** *s.* **1** *s.* [*chi assiste, partecipa direttamente*] présents *pl.* # *pochi erano i presenti* il y avait peu de monde; *prendi nota di tutti i presenti* prends les noms de tous ceux qui sont là, qui sont venus **2** *s.m.* [*il momento, la situazione attuale*] présent: *il presente e il passato* le présent et le passé; *pensare al presente* penser au présent; *è il presente che conta, non il passato* c'est le présent qui compte, non le passé ◇ *loc. avv.* AL PRESENTE, PER IL PRESENTE [*per ora*] pour le moment: *al presente non ho preoccupazioni economiche* pour le moment je n'ai pas de soucis financiers 🄲 I 1; II 1 **assente**; I 2 **passato**; **futuro**.

2 **presènte** |pre'zɛnte| *s.m.* [*dono, regalo*] présent: *fare un presente* faire un présent.

presenteménte |prezente'mente| *avv.* [→ PRESENTE I 2] à présent *loc. inv.*, actuellement.

presentiménto |presenti'mento| *s.m.* pressentiment: *un presentimento di sciagure* un pressentiment de malheurs.

presentìre |presen'tire| *v.tr.* [*avere la sensazione interiore del determinarsi di un evento, spec. sfavorevole*] pressentir (21): *presentivo che sarebbe successo q.c. di grave* je pressentais qu'il arriverait qqch. de grave; *io presentivo la nostra sconfitta* je pressentais notre défaite → **presagire, temere**.

presènza |pre'zɛntsa| *s.f.* **1** (*riferito a persone e animali*) présence: *nessuno s'era accorto della sua presenza* personne ne s'était aperçu de sa présence; *qui la tua presenza non è gradita* ta présence, ici, n'est pas désirée; *la tua presenza mi è di conforto* ta présence me réconforte; *la zona è infestata dalla presenza di vipere* la zone est infestée de vipères; la présence de vipères rend la zone peu sûre # *per la validità della seduta, è necessaria almeno la presenza di due terzi dei consiglieri* le quorum des conseillers est des deux tiers ◇ (*loc.*) *presenza di spirito* présence d'esprit ~ *premio, gettone, indennità di presenza* prime, jeton, indemnité de présence ~ *fare atto di presenza* faire acte de présence ◇ *loc. avv.* ALLA PRESENZA DI en présence de: *fu ammesso alla presenza del re* il fut admis en présence du roi; *fu interrogato alla presenza del suo avvocato difensore* il fut interrogé en présence de son avocat ~ IN PRESENZA DI en présence de: *in presenza di molti testimoni* en présence de nombreux témoins; *dall'acido solforico, in presenza di zinco, si sviluppa idrogeno* en présence de zinc, l'acide sulfurique dégage de l'hydrogène; *lo schiaffeggiò in mia presenza* elle le gifla en ma présence **2** (*riferito a cose*) [*esistenza*] présence: *l'analisi del sangue ha rivelato una presenza eccessiva di glucosio* l'analyse du sang a révélé la présence d'un excès de glucose; *nel Sahara s'è accertata la presenza del petrolio* dans le Sahara, on a vérifié la présence de pétrole **3** [*aspetto esteriore, apparenza, figura*] présenter (*v.intr.*): *persona di bella presenza* personne présentant bien; *una ragazza che non ha presenza* une jeune fille qui ne présente pas bien 🄲 1 **assenza**.

presenziàre |prezen'tsjare| **A** *v.tr.* [*assistere, essere presente*] assister *intr.* à, être (43) *intr.* présent à: *presenziare la cerimonia* assister, être présent à la cérémonie **B** *v.intr.* (*aus.* '*avere*') [→ *tr.*] assister, être présent: *presenziare all'inaugurazione* assister, être présent à l'inauguration.

presèpe |pre'zɛpe| *s.m.* → **presepio**.

presèpio, i |pre'zɛpjo, i|, **presèpe** |pre'zɛpe| *s.m.* **1** [*ricostruzione, rappresentazione plastica della nascita di Gesù*] crèche (*f.*): *presepio in terracotta, in marmo, in cartapesta* crèche en terre cuite, en marbre, en papier mâché; *presepio animato, vivente* crèche animée; *le figurine del presepio* les santons de la crèche **2** (*lett.*) → **greppia, stalla.**

presèrie |pre'sɛrje| *s.f. inv.* (*comm., tecnol.*) présérie.

preservaménto |preserva'mento| *s.m.* → **preservazione.**

preservàre |preser'vare| *v.tr.* [*salvaguardare, difendere, tenere lontano*] préserver: *preservare le piante dal gelo* préserver les plantes du gel; *è una sostanza chimica per preservare il legname dall'umidità* c'est une substance chimique pour préserver le bois de l'humidité; *preservare i giovani dalla corruzione* préserver les jeunes de la corruption; *Dio ci preservi da simili sventure!* Dieu nous préserve de semblables malheurs!

preservatìvo |preserva'tivo| *s.m.* (*med.*) préservatif: *preservativi anticoncezionali, antivenerei* préservatifs anticonceptionnels, contre les maladies vénériennes.

preservatóre, trice |preserva'tore, tritʃe| *s.* (*raro*) préservateur* (*arc.*).

preservazióne |preservat'tsjone| *s.f.* [→ PRESERVARE] préservation (*raro*), le fait *m.* de préserver, de protéger # *sacco-custodia per la preservazione dei vestiti dalle tarme* housse à vêtements pour protéger les vêtements des mites.

prèside |'prɛside| *s.* [*capo di un istituto di istruzione secondaria o di una facoltà universitaria*] proviseur *m.*, directeur*; doyen*: *fa il preside in un liceo, in un istituto magistrale* il est proviseur dans un lycée, directeur d'une école normale; *è la preside di una scuola media* c'est la directrice d'une école secondaire ‖ *è stato eletto preside della facoltà di medicina* il a été élu doyen de la faculté de médecine.

presidentàto |presiden'tato| *s.m.* → **presidenza** 1.

presidènte |presi'dɛnte| *s.m.* président: *il presidente di uno Stato* le président d'un État; *il presidente del consiglio dei ministri* le président du conseil des ministres; *il presidente della camera dei deputati* le président de la chambre des députés # *il presidente dell'ordine degli avvocati* le bâtonnier de l'ordre des avocats; *eleggere il presidente di una commissione, di una banca, di un ente* élire le président d'une commission, d'une banque, d'un organisme.

presidentéssa |presiden'tessa| *s.f.* [*donna che ha la carica di presidente*] présidente: *la presidentessa del comitato* la présidente du comité ◇ (*pop.*) [*la moglie del presidente*] femme (*corr.*) d'un président.

presidènza |presi'dɛntsa| *s.f.* **1** présidence: *aspirare alla presidenza della Repubblica, di una facoltà, di una scuola* aspirer à la présidence de la République, d'une faculté, d'une école; *rifiutò la presidenza della camera dei deputati* il refusa la présidence de la chambre des députés ◇ (*per est.*) [*la sede, l'ufficio del preside o del presidente*] bureau *m.* du proviseur, présidence: *recarsi in presidenza* aller dans le bureau du proviseur, aller à la présidence; *fu chiamato in presidenza* il fut appelé dans le bureau du proviseur, chez le proviseur **2** [*i collaboratori del preside o del presidente*] collaborateurs *m. pl.* du proviseur, du président # *il tavolo della presidenza* la table de la présidence.

presidenziàle |presiden'tsjale| *agg.* présidentiel*: *carica presidenziale* charge présidentielle; *repubblica presidenziale* république présidentielle; *decreto presidenziale* décret présidentiel.
presidenzialismo |presidentsja'lizmo| *s.m.* présidentialisme.
presidiàle |presi'djale| *agg.* (*raro*) présidial* *agg. e s.*
presidiàre |presi'djare| *v.tr.* (*mil.*) [*munire, occupare, controllare con un presidio*] mettre (71), tenir (27) une garnison: *presidiare una città, una fortezza* mettre une garnison dans une ville, une forteresse; *le truppe presidiavano i territori occupati* les troupes tenaient garnison dans les territoires occupés ◇ (*per est.*) *le forze di polizia presidiano il palazzo del governo* les forces de police sont massées devant le palais du gouvernement; *picchetti di studenti presidiavano la scuola* des élèves formaient des piquets (de grève) devant l'école.
presidiàrio, i |presi'djarjo, i| *agg.* (*raro*) de la garnison *loc. inv.* (*corr.*).
presìdio, i |pre'sidjo, i| *s.m.* **1** (*mil.*) garnison (*f.*): *essere, stare di presidio* être en garnison; *il generale lasciò a presidio della città occupata parte dell'esercito* le général laissa une partie de l'armée en garnison dans la ville occupée ◇ (*per est.*) [*le forze armate di stanza in un luogo*] *il comandante del presidio* le major de garnison # *fu ucciso dal presidio di confine* il fut tué par les gardes de frontière, par la police des frontières **2** (*raro, lett., fig.*) → **difesa, protezione** **3** (*med.*) instrument: *presidi terapeutici, diagnostici* instruments thérapeutiques, diagnostiques.
presìdium |pre'sidium| *s.m. inv.* (*lat.*) (*polit.*) præsidium *var.*, présidium *var.*
presièdere |pre'sjɛdere| **A** *v.tr.* [*essere a capo, dirigere*] présider: *presiedere una commissione, un dibattito* présider une commission, un débat # *presiedere un liceo* être proviseur d'un lycée; *presiedere la facoltà di giurisprudenza* être doyen, président de la faculté de droit; *presiedeva il comizio il capo del governo* le comice se tenait sous la présidence du chef du gouvernement **B** *v.intr.* (*aus.* '*avere*') **1** [→ *tr.*] présider: *presiedere ai lavori* présider aux travaux **2** (*fig.*) [*svolgere una determinata funzione*] commander: *il cuore presiede alla circolazione* le cœur commande la circulation.
presina |pre'sina| *s.f.* → **presa** 9.
préso |'preso| *agg.* **1** [*attratto intensamente, tutto occupato*] épris; occupé, pris: *era talmente presa di lui da non pensare ad altro* elle était tellement éprise de lui qu'elle ne pensait à rien d'autre → **innamorato** ‖ *è sempre così preso che non trova un minuto di tempo per me* il est toujours si occupé, pris qu'il ne trouve pas une minute pour moi **2** [*occupato, espugnato*] occupé, pris: *la città presa* la ville occupée, prise **3** *loc. avv.* PER PARTITO PRESO par parti pris: *tu parli così per partito preso* tu parles ainsi par parti pris.
presocràtico, ci, ca, che |preso'kratiko, tʃi, ka, ke| *agg. e s.m.* (*filos.*) présocratique (*agg.*): *i* (*filosofi*) *presocratici* les philosophes présocratiques.
prèssa |'pressa| *s.f.* **1** (*tecnol.*) presse: *pressa meccanica, idraulica* presse mécanique, hydraulique; *pressa da stampa* presse à estamper **2** (*region.*) → **calca, folla** **3** (*ant.*) → **fretta, premura.**
pressacàrte |pressa'karte| *s.m. inv.* → **fermacarte.**
pressaforàggio |pressafo'raddʒo|, **pressaforàggi** |pressafo'raddʒi| *s.m. inv.* (*agr.*) presse *f. var.* à fourrage.
pressànte |pres'sante| *agg.* pressant: *un impegno pressante* une affaire pressante → **urgente.**
pressanteménte |pressante'mente| *avv.* [→ PRESSANTE] d'une façon pressante *loc. inv.*
pressapàglia |pressa'paʎʎa| *s.m. inv.* (*agr.*) presse *var.* à paille.
pressappochismo |pressappo'kizmo| *s.m.* manque de précision: *pecca un po' di pressappochismo* il pèche un peu par manque de précision → **faciloneria, superficialità.**
pressappochista |pressappo'kista| *s. inv.* personne *f.* qui se contente de l'à-peu-près.
pressappòco, prèss'a pòco |pressap'pɔko| *avv.* à peu près (*loc. inv.*): *ci vorranno pressappoco due ore* il faudra à peu près deux heures; *hanno pressappoco la stessa età* ils ont à peu près le même âge; *questo, pressappoco, è il suo pensiero* c'est, à peu près, sa pensée # *abito pressappoco vicino al comune* j'habite presque à côte de la mairie ✦ *s.m. inv.* (*raro*) *il pressappoco* l'à-peu-près: *non bisogna accontentarsi del pressappoco* il ne faut pas se contenter de l'à-peu-près.
pressàre |pres'sare| *v.tr.* **1** [*comprimere, sottoporre a una forte pressione, spec. mediante pressa*] presser: *pressare la carta, un tessuto* presser le papier, un tissu; *pressare materiali metallici* presser des matériaux métalliques; *pressare la paglia, il fieno* presser la paille, le foin **2** (*raro, fig.*) [*stimolare, sollecitare insistentemente*] presser (*corr.*).
pressàto |pres'sato| *agg.* [*sottoposto a una forte pressione, compresso*] pressé: *fieno pressato* foin pressé; *tessuti pressati di lana* tissus de laine pressés.
pressatóre, trice |pressa'tore, tritʃe| *s.* [*operaio addetto alla pressatura*] presseur *m.*
pressatùra |pressa'tura| *s.f.* [→ PRESSARE 1] pressage (*m.*): *pressatura di tessuti, di foraggi* pressage des tissus, des fourrages.
prèssi |'prɛssi| *s.m. pl.* [*vicinanze, dintorni*] alentours: *si aggirava nei pressi della banca* il rôdait aux alentours de la banque; *abita nei pressi della stazione* il habite aux alentours de la gare.
pressióne |pres'sjone| *s.f.* **1** pression: *esercitare una notevole pressione su q.c.* exercer une pression considérable sur qqch.; *la pressione del dito sul grilletto* la pression du doigt sur la détente ◇ (*fisiol., med.*) tension: *pressione sanguigna* tension artérielle ✦ (*ass.*) *misurare la pressione* prendre la tension; *avere la pressione alta, bassa* avoir une tension élevée, basse ◇ (*fis.*) pression: *la pressione di un gas, di un fluido* la pression d'un gaz, d'un fluide; *controllare la pressione dei propri pneumatici* contrôler la pression des pneus # *pressione osmotica* tension osmotique ◇ (*meteor.*) *pressione atmosferica, barometrica* pression atmosphérique, barométrique ✦ (*ass.*) *alta, bassa pressione* haute, basse pression **2** (*fig.*) [*sollecitazione, azione insistente sull'altrui volontà*] pression: *le sinistre fanno pressione sul governo perché si dimetta* la gauche fait pression sur le gouvernement pour qu'il démissionne; *la pressione delle forze nemiche si fa sempre più incalzante* l'ennemi exerce une pression de plus en plus vive ◇ (*econ., fin.*) *pressione tributaria, fiscale* pression fiscale ◇ (*loc.*) *essere sotto pressione* être sous pression.
prèsso |'prɛsso| **I** *avv.* près de (*prep.*): *la mia abitazione è qui presso* ma maison est près d'ici → **vicino** ◇ (*loc.*) *a presso* → **appresso** ~ *da presso* → **dappresso** ~ *di presso* → **dipresso** ~ *presso a poco* → **pressappoco** ~ *presso che* → **pressoché** **II** *prep.* **1** [*vicino, accanto a*] près de: *vive in un paesino presso Firenze* il vit dans un petit village près de Florence; *giungemmo fin presso il fiume* nous arrivâmes près du fleuve; *stava seduto presso il caminetto* il était assis près de la cheminée ◇ *loc.* PRESSO A à côté de, près de: *la sua abitazione è presso a un fiume* sa maison est à côté, près d'une rivière; il habite près d'une rivière ◇ (*lett., in determinazioni di tempo*) *presso al mattino* presque matin (*corr.*); *essere presso alla mèta* être près du but (*corr.*) **2** (*per est.*) [*in casa di*] chez: *i bambini vivono presso i nonni* les enfants vivent chez leurs grands-parents; *abita presso sua zia* il habite chez sa tante; *si rifugiò presso alcuni amici* il se réfugia chez des amis ◇ (*negli indirizzi*) *al sig. Bianchi, presso la sig.ra Rossi* M. Bianchi, aux bons soins de Mme Rossi ◇ *loc.* PRESSO DI (*seguita da un pron. pers.*): *presso di te, di voi, di loro* chez toi, vous, eux; *è vissuto presso di noi per molto tempo* il a vécu longtemps chez nous, à la maison; *non volle accoglierlo presso di sé* il ne voulut pas l'accueillir chez lui **3** (*fig.*) (*indica un rapporto di lavoro con una persona o un ambiente*) *sta facendo pratica presso un notaio* il fait un stage chez un notaire; *lavora presso una ditta commerciale* il travaille dans une entreprise commerciale; *è stato ambasciatore presso la Santa Sede* il a été ambassadeur près le Saint-Siège; *è segretario presso il comune* il est secrétaire à la mairie ◇ [*nell'opinione di*] *ha trovato favore presso la corte* il jouit d'une grande faveur à la cour; *gode fama di santità presso il popolo* il est en odeur de sainteté auprès du peuple ◇ [*nell'ambiente di; nella civiltà di*] *mi sono informato presso il comune* je me suis reinseigné à la mairie; *è una moda che va molto presso i giovani* c'est une mode qui a tout à fait la faveur des jeunes; *presso gli antichi Greci era in uso l'ostracismo* l'ostracisme était en usage chez les anciens Grecs.
pressoché, prèsso che |presso'ke|, |'pressoke| *avv.* (*arc., lett.*) [*quasi, circa, pressappoco*] presque (*corr.*), environ (*corr.*), à peu près (*corr.*).
pressoflessióne |pressofles'sjone| *s.f.* (*ing.*) pressoflexion.
pressofusióne |pressofu'zjone| *s.f.* (*metall.*) moulage *m.* sous pression; fonderie sous pression.
pressóio, i |pres'sojo, i| *s.m.* (*raro*) → **torchio, pressa.**

pressóre |pres'sore| *agg. m.* (*tecnol.*) presseur: *rullo pressore* cylindre presseur.
pressòstato |pres'sɔstato| *s.m.* (*tecnol.*) pressostat.
pressurizzàre |pressurid'dzare| *v. tr.* (*scient.*, *tecnol.*) [*rendere e mantenere la pressione interna di un ambiente superiore a quella esterna*] pressuriser: *pressurizzare la cabina di un aereo* pressuriser la cabine d'un avion.
pressurizzàto |pressurid'dzato| *agg.* pressurisé: *cabina pressurizzata* cabine pressurisée.
pressurizzazióne |pressurid-dzat'tsjone| *s.f.* [→ PRESSURIZZARE] pressurisation: *la pressurizzazione della cabina di un aereo* la pressurisation de la cabine d'un avion.
prestabilìre |prestabi'lire| (197) *v.tr.* [*stabilire in precedenza, predisporre*] établir à l'avance, préétablir (*raro*): *prestabilire le condizioni di un accordo* établir à l'avance les conditions d'un accord; *dobbiamo prestabilire un piano comune d'azione* nous devons établir à l'avance un plan commun d'action.
prestabilìto |prestabi'lito| *agg.* établi à l'avance, fixé, préétabli (*raro*): *tutto s'è svolto secondo il piano prestabilito* tout s'est déroulé selon le plan établi à l'avance; *nel giorno prestabilito* le jour fixé; au, le jour dit.
prestaménte |presta'mente| *avv.* (*raro*) [→ PRESTO II 2] promptement (*lett.*).
prestanóme |presta'nome| *s. inv.* prête-nom (*m. var.*): *dei prestanome* des prête-noms; *lei è solo una prestanome: il progetto infatti è di suo marito* elle n'est qu'un prête-nom: le projet en fait est de son mari.
prestànte |pres'tante| *agg.* **1** [*robusto, pieno di vita*] vigoureux*; gaillard: *un fisico prestante* un physique vigoureux → **vigoroso, gagliardo**; *nonostante la sua età, è ancora un uomo prestante* malgré son âge, c'est encore un homme vigoureux ‖ *un giovanotto prestante* un gaillard *s.* → **aitante** **2** (*ant.*) [*eccezionale, eccellente*] exceptionnel* (*corr.*), excellent (*corr.*).
1 **prestànza** |pres'tantsa| *s.f.* **1** prestance: *una donna di straordinaria prestanza* une femme d'une prestance extraordinaire → **vigore, gagliardia**; *è un uomo sulla cinquantina, ma ancora di notevole prestanza* c'est un homme d'une cinquantine d'années, mais il a encore une prestance remarquable **2** (*ant.*) [*eccellenza, singolarità*] excellence (*corr.*).
2 **prestànza** |pres'tantsa| *s.f.* (*arc.*) → **prestito.**
prestàre |pres'tare| **A** *v.tr.* **1** [*dare (una somma di denaro, un bene o un oggetto) con patto di restituzione*] prêter: *prestare denaro a interesse, a titolo gratuito, sulla parola* prêter de l'argent à, (avec) un intérêt, à titre gratuit (gracieux) sur parole; *mi son fatto prestare la bicicletta* je me suis fait prêter la bicyclette; *restituiscimi le mille lire che ti ho prestato* rends-moi les mille lires que je t'ai prêtées **2** (*loc.*) *prestare aiuto* prêter son aide ~ *prestare attenzione* prêter attention ~ *prestare fede* [*credere*] ajouter foi ~ *prestare giuramento* prêter serment ~ *prestare orecchio* prêter l'oreille ~ *prestar servizio* [*lavorare*] travailler ~ *prestar servizio militare* faire son service militaire ~ *prestare una mano* prêter main-forte **B** *v. pron.* PRESTARSI **1** *intr.* [*essere adatto, idoneo*] se prêter: *è un metallo che si presta a svariati usi* c'est un métal qui se prête à des usages variés; *questo legno non si presta alla lucidatura* ce bois ne se prête pas au vernissage (à l'encaustiquage); *le mie forze ormai non si prestano più a simili fatiche* mes forces, désormais, ne se prêtent plus à de pareilles fatigues; je n'ai décidément plus les forces pour un tel effort ◇ [*offrirsi, offrire il fianco*] prêter *intr.* à: *la sua frase si presta a varie interpretazioni* sa phrase prête à plusieurs interprétations; *è una condotta la sua che non si presta a critiche* sa conduite ne prête pas à la critique **2** *rifl.* [*adoperarsi, prodigarsi*] rendre (53) *tr.* service; se prêter à: *è una persona che si presta volentieri* c'est une personne qui rend volontiers service ‖ *non mi presterò mai a compiere una così indegna azione* je ne me prêterai jamais à pareille indignité; *sarà difficile che si presti a un simile compromesso* il est improbable qu'il se prête à un tel compromis → **offrir(si).**
prestàto |pres'tato| *agg.* [*dato, avuto in prestito*] prêté: *gli restituì puntualmente tutto il denaro prestato* il lui rendit ponctuellement tout l'argent prêté.
prestatóre, trice |presta'tore, tritʃe| *s.* [*che presta*] prêteur* # *prestatore di lavoro, d'opera* ouvrier*, salarié.
prestavóce |presta'votʃe| *s. inv.* → **doppiatore.**
prestazióne |prestat'tsjone| *s.f.* **1** [*il prestare la propria opera*; *l'eseguire un lavoro, un compito per altri*] *prestazione di lavoro* (heures de) travail (*m.*); *prestazioni straordinarie* travaux supplémentaires; *si richiede una prestazione di alto livello professionale* on demande spécialiste pour travail hautement qualifié ◇ (*per est.*) [*l'opera, il lavoro prestato*] *è un'ottima prestazione artigianale* c'est un excellent travail artisanal; *ancora non mi sono state pagate le prestazioni fuori contratto* mes heures supplémentaires ne m'ont pas encore été réglées; *quanto le debbo per le sue prestazioni?* combien vous dois-je pour vos honoraires? **2** (*dir.*) prestation: *prestazione in natura, in denaro* prestation en nature, en argent ◇ (*sport*) performance: *offrire una prestazione magnifica, scadente* offrir une performance magnifique, médiocre; *è un purosangue che dà ottime prestazioni* c'est un pur-sang qui accomplit d'excellentes performances ◇ (*tecnol.*) performance: *potenziare le prestazioni di un motore* augmenter les performances d'un moteur; *è un automezzo di notevoli prestazioni* c'est un véhicule automobile aux performances remarquables.
prestézza |pres'tettsa| *s.f.* (*raro*) → **celerità, prontezza.**
prestidigitatóre, trice |prestidid3ita'tore, tritʃe| *s.* (*raro*) → **prestigiatore.**
prestidigitazióne |prestidid3itat'tsjone| *s.f.* prestidigitation.
prestigiatóre, trice |presti-d3a'tore, tritʃe| *s.* prestidigitateur*: *è un abilissimo prestigiatore* c'est un prestidigitateur très habile.
prestigio, i |pres'tid3o, i| *s.m.* **1** prestige: *il prestigio economico di una nazione* le prestige économique d'une nation; *godere di un certo prestigio* jouir d'un certain prestige; *è un nome di grande prestigio* c'est un nom de grand prestige **2** *gioco di prestigio* tour de prestidigitation.
prestigióso |presti'd3oso| *agg.* prestigieux* (*lett.*): *un nome prestigioso* un nom prestigieux; *un successo prestigioso* un succès prestigieux; *una personalità prestigiosa* une prestigieuse personnalité; *la tua è stata un'interpretazione prestigiosa* ton interprétation a été prestigieuse → **singolare, 1 straordinario.**
prestinàio, i |presti'najo, i| *s.m.* (*region.*) → **fornaio.**
prestino |pres'tino| *avv.* (*fam.*) → **presto.**
prestissimo |pres'tissimo| *avv.* [*molto presto*] très bientôt ◇ (*mus.*) prestissimo.
prèstito |'prestito| *s.m.* **1** [→ PRESTARE A 1] prêt: *prestito gratuito, a interesse* prêt gratuit, à intérêt; *prestito garantito, comodato* prêt sur garantie, à usage; *prestito a breve, a lunga scadenza* prêt à court, à long terme; *prestiti monetari, in natura* prêts monétaires, en nature; *fare, ottenere, ricevere un prestito* faire, obtenir, recevoir un prêt; *chiedere in prestito un milione* demander un milion à titre de prêt # *dare un libro, una bicicletta in prestito* prêter un livre, une bicyclette ◇ [*la somma di denaro, la cosa prestata*] emprunt: *un piccolo prestito pubblico* un petit emprunt public; *restituire un prestito* restituer un emprunt # *questo libro non è mio, è un prestito* ce livre n'est pas à moi, on me l'a prêté **2** (*fig.*) [*derivare, mutuare da altri*] d'emprunt *loc. inv.*, emprunté (*agg.*): *idee prese a prestito* idées d'emprunt; *usi presi in prestito da altri popoli* usages empruntés à d'autres peuples ◇ (*ling.*) *prestito lessicale, semantico* emprunt lexical, sémantique; '*club*', *in italiano, è un prestito lessicale dall'inglese* 'club', en italien, est un emprunt lexical de l'anglais.
prèsto |'presto| **I** *avv.* **1** [*in breve tempo, fra poco*] bientôt, vite: *spero di finir presto* j'espère finir bientôt; *ritornerò presto* je reviendrai bientôt; *ti scriverò presto* je t'écrirai bien vite # *ben presto te ne accorgerai* tu ne tarderas pas à t'en apercevoir; *perché dovrei andarmene così presto?* pourquoi devrais-je m'en aller si tôt? → 1 **subito** ◇ (*in formule di commiato*) *arrivederci a presto* au revoir à bientôt; *a presto!* à bientôt! ◇ (*loc.*) *presto o tardi* [*prima o poi*] tôt ou tard ~ AL PIÙ PRESTO [*nel più breve tempo possibile*] le plus tôt possible, au plus tôt: *te lo farò avere al più presto* je te le ferai avoir le plus tôt possible; [*non prima*; *come minimo*] *potrai riaverlo fra un mese al più presto* tu pourras l'avoir de nouveau dans un mois, au plus tôt **2** [*in fretta, rapidamente*] vite: *cerca di fare più presto che puoi* tâche de faire le plus vite possible # *su, fate presto!* allez, dépêchez-vous!; *vieni presto al dunque* conclus ♦ (*inter.*) *presto, ci vuole un medico!* vite, un médecin!; *presto, altrimenti faccio tardi!* vite, sinon je serai en retard! ◇ (*per est.*) [*facilmente*] *è presto detto* c'est vite dit; *è presto fatto* c'est vite fait;

si fa presto a dire, a criticare on a vite fait de dire, de critiquer; *faccio presto a dirgliene quattro* je lui aurai bientôt dit son fait ◇ (*prov.*) *presto e bene raro avviene* vite et bien vont mal ensemble **3** [*in anticipo, prima del tempo stabilito o conveniente*] trop tôt: *arrivai presto alla stazione, mancava ancora un'ora alla partenza* j'arrivai trop tôt à la gare, il y avait une heure avant le départ; *è ancora troppo presto per decidere* il est encore trop tôt pour décider ◇ (*per est.*) [*di buon'ora*] tôt, de bonne heure (*loc. inv.*): *la mattina presto* tôt le matin, de bonne heure; *alzarsi presto* se lever tôt **4** (*mus.*) presto ✦ (*s.m.*) *un presto* un presto **II** *agg.* (*lett.*) **1** → **preparato, pronto** **2** → **veloce, agile** C I 1, 3 **tardi.**

prèsule |'prɛzule| *s.m.* [*prelato, vescovo*] prélat, évêque.

presùmere |pre'z(s)umere| (118) **A** *v.tr.* [*ritenere, supporre, congetturare*] présumer: *da che presumi la sua colpevolezza?* qu'est-ce qui te fait présumer de sa culpabilité?; *presumo che ormai non verrà più* je présume que désormais il ne viendra plus ✦ (*impers.*) *si presume che sia già arrivato* on présume qu'il est déjà arrivé **B** *v.intr.* (*aus.* '*avere*') [*avere, nutrire una fiducia eccessiva, sproporzionata*] présumer: *presumere troppo di sé* trop présumer de soi; *presumere delle proprie forze* présumer de ses forces # *presume di saper tutto lui* il prétend savoir tout → **pretendere.**

presumìbile |prezu'mibile| *agg.* [→ PRESUMERE A] présumable (*raro*), probable: *colpevolezza solo presumibile* culpabilité seulement présumable → **opinabile, congetturabile**; *se verrà, com'è presumibile, l'affare è fatto* s'il vient, ainsi qu'il est probable, l'affaire est faite → **probabile, verisimile**; *ciò non è assolutamente presumibile* cela n'est absolument pas présumable # *non è presumibile che accetti una simile proposta* on ne saurait présumer qu'il acceptera une telle proposition.

presumibilménte |prezumibil'mente| *avv.* [→ PRESUMIBILE] probablement.

presuntìvo |prez(s)un'tivo| *agg.* présomptif*: *erede presuntivo al trono* héritier présomptif du trône → **presumibile** # *calcolo presuntivo* devis; *bilancio presuntivo* budget → **preventivo.**

presùnto |pre'zunto| *agg.* [*che si presume*] présumé: *il presunto colpevole* le présumé coupable → **supposto** ◇ (*dir.*) *morte presunta* mort présumée.

presuntuosàggine |prezuntuo'zaddʒine| *s.f.* (*raro*) → **presuntuosità.**

presuntuosaménte |prezuntuosa'mente| *avv.* [→ PRESUNTUOSO] avec présomption *loc. inv.*, présomptueusement (*lett.*).

presuntuosità |prezuntuosi'ta| *s.f. inv.* [*l'essere presuntuoso*] présomption (*var.*): *è di una presuntuosità incredibile* il est d'une présomption incroyable → **presunzione, arroganza.**

presuntuóso |prezuntu'oso| *agg.* (*persone*) présomptueux*: *è un ragazzo presuntuoso* c'est un garçon présomptueux; *sei intelligente, ma troppo presuntuoso* tu es intelligent, mais trop présomptueux → **arrogante, superbo** ✦ (*s.*) *un presuntuoso* un présomptueux: *non fare il presuntuoso!* ne sois pas présomptueux!; *ti sei comportato da presuntuoso* tu t'es comporté comme un présomptueux ◇ (*cose*) [*che rivela presunzione*] *parole sprezzanti e presuntuose* paroles méprisantes et présomptueuses.

presunzióne |prezun'tsjone| *s.f.* **1** [→ PRESUMERE B] présomption: *peccare di presunzione* pécher par présomption; *è d'una presunzione senza limiti* il est d'une présomption sans limites; *questa è presunzione bella e buona!* ça c'est vraiment de la présomption! → **orgoglio, immodestia** **2** (*dir.*) *presunzione legale* présomption légale.

presuppórre |presup'porre| (168) *v.tr.* **1** [*comportare come condizione necessaria, implicare come premessa*] supposer: *il suo intervento presuppone una concezione marxistica* son intervention suppose une conception marxiste; *il suo discorso presuppone una vasta cultura* son discours suppose une vaste culture; *la perfetta conoscenza di una lingua presuppone uno studio assiduo* la parfaite connaissance d'une langue suppose une étude assidue → **richiedere** **2** [*immaginare, prevedere in precedenza*] imaginer, supposer: *è finita come avevamo presupposto* cela s'est terminé comme nous l'avions imaginé, supposé; *presuppongo che ormai tutto sia finito* je suppose que, maintenant, tout est fini → **supporre.**

presupposizióne |prezuppozit'tsjone| *s.f.* [→ PRESUPPORRE 2] supposition préalable, présupposition (*lett.*) → **supposizione** ◇ [*la cosa presupposta*] *la presupposizione è risultata fondata* la présupposition s'est révélée fondée.

presuppósto |presup'posto| *s.m.* [*premessa, condizione necessaria*] prémisses *f. pl.*, condition (*f.*): *il tuo ragionamento si fonda su un presupposto errato* ton raisonnement se base sur de fausses prémisses; *il rispetto dei diritti altrui è il presupposto necessario per una convivenza comune* le respect des droits d'autrui est la condition nécessaire pour la vie en commun ◇ (*dir.*) prémisses: *presupposti processuali* prémisses du procès.

pretàglia |pre'taʎʎa| *s.f.* (*spreg.*) prêtaille.

pretaiòlo |preta'jɔlo| *agg.* (*raro, spreg.*) [*che frequenta i preti*] calotin (*fam.*).

'prêt-à-porter' |prɛtapɔrte| *s.m. inv.* prêt-à-porter *var.*

prète |'prete| *s.m.* **1** prêtre: *un prete cattolico, ortodosso, buddista* un prêtre catholique, orthodoxe, bouddhiste; *prete operaio* prêtre-ouvrier, prêtre au travail; *cappello, abito da prete* chapeau, habit de prêtre; *farsi prete* se faire prêtre; *chiamare il prete* (*per l'estrema unzione*) appeler un prêtre ◇ *loc.* (*fig., pop.*) *uno scherzo da prete* [*di cattivo gusto*] un vilain tour ~ *boccone da prete* [*ghiotto*] bon morceau ~ *governo da preti* [*accentuatamente clericale*] gouvernement clérical ◇ (*prov.*) *sbaglia il prete all'altare* [*tutti sono soggetti a errori*] il n'est si bon cheval qui ne bronche **2** (*region.*) [*intelaiatura di legno per reggere lo scaldino sotto le lenzuola*] moine.

pretendènte |preten'dɛnte| *s.* prétendant: *pretendente al trono, alla corona, alla presidenza* prétendant au trône, à la couronne, à la présidence ◇ (*spec.*) *quella ragazza ha molti pretendenti* cette jeune fille a de nombreux prétendants → **corteggiatore, spasimante.**

pretèndere |pre'tɛndere| (105) **A** *v.tr.* **1** [*esigere, richiedere con fermezza, come proprio diritto*] exiger (3), prétendre (53): *pretendere una giusta retribuzione* exiger une juste rétribution; *pretendere il rispetto* exiger le respect; *pretendo che mi si dica la verità* j'exige qu'on me dise la vérité; *pretendo, almeno da voi, un po' di gratitudine* je prétends avoir droit pour le moins à un peu de reconnaissance de votre part ✦ (*ass.*) *è un direttore che pretende molto dai suoi dipendenti* c'est un directeur qui exige beaucoup de son personnel ◇ [*volere, chiedere più del dovuto, del giusto o in modo autoritario, arrogante*] prétendre (+ *inf.*): *pretende di fare i propri comodi* il prétend faire tout ce qu'il veut; *pretende d'essere pagato senza aver fatto niente* il prétend être payé sans avoir rien fait; *pretendeva di comandare a tutti* il prétendait commander tout le monde; *pretenderesti diecimila lire per un oggetto simile?* tu prétendrais recevoir dix mille lires pour un tel objet? # *tu pretendi l'impossibile da me* tu exiges de moi l'impossible; *è uno che pretende sempre e solo privilegi e onori* c'est quelqu'un bourré de prétentions, mais qui veut seulement privilèges et honneurs **2** [*affermare, sostenere*] prétendre: *pretende di aver ragione quando i fatti dimostrano il contrario* il prétend avoir raison quand les faits démontrent le contraire; *alcuni pretendono che la vittima conoscesse molto bene l'assassino* certains prétendent que la victime connaissait très bien l'assassin ◇ [*rivendicare un merito, un diritto non concordemente riconosciuto*] *pretende d'essere lui lo scopritore* il prétend être l'inventeur; *sono molti a pretendere la paternità di questa invenzione* nombreux sont ceux qui prétendent avoir la paternité de cette invention **3** [*ritenersi capace, presumere*] prétendre: *pretende di correre più di me* il prétend courir plus vite que moi; *pretendeva di parlare francese dopo appena due lezioni* il prétendait parler français après seulement deux leçons; *pretende di saper tutto* il prétend tout savoir **B** *v. intr.* (*aus. 'avere'*) [*aspirare, ambire*] prétendre: *pretendere* (*alla successione*) *al trono* prétendre (à la succession) au trône; *pretendere alla mano di una donna* prétendre à la main d'une femme.

pretensióne |preten'sjone| *s.f.* **1** [*sopravvalutazione, ostentazione eccessiva di sé*] prétention: *parla con troppa pretensione* elle parle avec trop de prétention → **presunzione**; *è una donna piena di pretenzione* c'est une femme pleine de prétentions **2** (*tecnol.*) *pretensione di un'armatura metallica* prétention d'une armature métallique **3** (*lett.*) → **pretesa.**

pretensiosità |pretensjosi'ta| *e deriv.* → **pretenziosità** *e deriv.*

pretenziosaménte |pretentsjosa'mente|, **pretensiosaménte** |pretensjosa'mente| *avv.* [→ PRETENZIOSO] prétentieusement.

pretenziosità |pretentsjosi'ta| *s.f. inv.* caractère *m. var.* prétentieux: *la pretenziosità di un arredamento, di un* *appellativo* le caractère prétentieux d'un ameublement, d'une appellation; *è un individuo di una pretenziosità incredibile* c'est un individu qui a un caractère incroyablement prétentieux.

pretenzióso |preten'tsjoso|, **pretensióso** |preten'sjoso| *agg.* (*persone*) prétentieux*: *è una donna mediocre e pretenziosa* c'est une femme médiocre et prétentieuse # *è un ospite troppo pretenzioso* c'est un hôte trop exigeant → **esigente** ✦ (*s.*) *un pretenzioso* un prétentieux: *sei un pretenzioso!* tu es un prétentieux! ◇ (*cose*) [*che denota pretenzione, che è frutto di pretenzione*] *tono, discorso pretenzioso* ton, discours prétentieux; *arredamento pretenzioso* ameublement prétentieux; *uno stile pretenzioso* un style prétentieux.

preterintenzionàle |preterintentsjo'nale| *agg.* sans préméditation *loc. inv.*, involontaire: *omicidio preterintenzionale* homicide sans préméditation, par imprudence # *evento preterintenzionale* fait, incident qui n'a pas été voulu.

preterintenzionalità |preterintentsjonali'ta| *s.f. inv.* (*dir.*) non-préméditation (*var.*): *la preterintenzionalità di un omicidio* la non-préméditation d'un homicide.

preterire |prete'rire| (197) *v.tr.* (*raro*) → **tralasciare, omettere.**

pretèrito |pre'tɛrito| *agg. e s.m.* (*arc.*) → **passato.**

preterizióne |preterit'tsjone| *s.f.* (*retorica*) prétérition.

pretermèttere |preter'mettere| (155) *v.tr.* (*raro, lett.*) → **omettere, tralasciare.**

pretermissióne |pretermis'sjone| *s.f.* (*raro, lett.*) → **omissione.**

preternaturàle |preternatu'rale| *agg.* (*teol.*) préternaturel*: *doni preternaturali* dons préternaturels.

pretésa |pre'tesa| *s.f.* [*richiesta, esigenza*] prétention: *avanzare, accampare pretese eccessive, assurde* avoir, afficher des prétentions excessives, absurdes; *avere pretese modeste* avoir de modestes prétentions; *ha la pretesa di essere infallibile* il a la prétention d'être infallible → **presunzione**; *non ha alcuna pretesa al trono* il n'a aucune prétention au trône → **aspirazione** ✦ *ass. spec. al plur.* [*esigenze, aspirazioni eccessive e ingiustificate*] *è un ospite pieno di pretese* c'est un hôte plein de prétentions; *quella donna ha troppe pretese* cette femme a trop de prétentions ◇ *loc. avv. o agg.* SENZA (TANTE, TROPPE, MOLTE) PRETESE sans (beaucoup, trop de) prétentions: *una ragazza senza troppe pretese* une jeune fille sans (trop de) prétentions; *abito in un appartamentino senza pretese* j'habite un petit appartement sans prétention(s); *veste senza tante pretese* elle s'habille sans trop de prétentions.

pretésco, chi, ca, che |pre'tesko, ki, ka, ke| *agg.* (*spreg.*) de prêtre *loc. inv.*, de prêtaille (*loc. inv.*): *modi preteschi* façons de prêtre, de prêtaille.

pretéso |pre'teso| *agg.* prétendu: *un preteso diritto* un prétendu droit; *e questa sarebbe la tua pretesa superiorità?* et c'est ça ta prétendue supériorité? → **supposto.**

pretèsta |pre'tɛsta| *s.f.* (*st. rom.*) prétexte *s.f. e agg. f.*

pretèsto |pre'tɛsto| *s.m.* prétexte: *cercare pretesti* chercher des prétextes; *addurre dei pretesti* donner pour prétexte; *si allontanò con un pretesto* il prit un prétexte pour s'éloigner; *il suo malessere è solo un pretesto per non studiare* son malaise n'est qu'un prétexte pour ne pas travailler ◇ (*loc.*) *con il pretesto di aiutarlo...* sous prétexte de l'aider... → **scusa** ◇ [*occasione, motivo*] occasion (*f.*): *fornire un valido pretesto di critica* fournir une occasion valable de critique; *colse il pretesto dell'interruzione per sciogliere l'assemblea* il saisit l'occasion de l'interruption pour dissoudre l'assemblée.

pretestuóso |pretestu'oso| *agg.* [*che si fonda su pretesti*] qui est un prétexte (*loc.*): *motivo pretestuoso* motif qui est un prétexte; *giustificazioni pretestuose* justifications qui ne sont que des prétextes.

pretino |pre'tino| **1** *agg.* (*raro*) → **pretesco** **2** *s.m.* petit abbé ◇ (*spreg.*) [*prete di poco conto*] curaillon, cureton.

pretònico, ci, ca, che |pre'tɔniko, tʃi, ka, ke| *agg.* (*ling.*) prétonique: *vocali pretoniche* voyelles prétoniques.

pretónzolo |pre'tonzolo| *s.m.* (*spreg.*) [*prete di scarsa personalità*] curaillon.

pretóre |pre'tore| *s.m.* **1** juge de paix; juge de première instance **2** (*st. rom.*) préteur.

pretoriàno |preto'rjano| *s.m.* (*st. rom.*) prétorien* *s. e agg.*

pretorile |preto'rile| *agg.* de, du juge (de paix, de première instance) *loc.*

1 **pretòrio, i** |pre'tɔrjo, i| *agg.* **1** du juge de paix (*loc. inv.*): *competenza pretoria* compétence du juge de paix; *sentenza pretoria* sentence du juge de paix ◇ [*del municipio*] *albo pretorio* tableau d'affichage public; *palazzo pretorio* hôtel de ville **2** [*relativo al pretore rom. o all'imperatore*] du préteur *loc. inv.*, prétorien*: *editto pretorio* édit du préteur; *province pretorie* provinces prétoriennes; *corte pretoria* cohorte prétorienne.

2 **pretòrio, i** |pre'tɔrjo, i| *s.m.* (*st. rom.*) **1** prétoire ◇ [*la parte centrale riservata al pretore nell'accampamento rom.*] prétoire **2** [*il corpo dei pretoriani*] prétoire: *prefetto del pretorio* préfet du prétoire.

pretrattaménto |pretratta'mento| *s.m.* (*tecnol.*) prétraitement.

prettaménte |pretta'mente| *avv.* [→ PRETTO] purement.

prètto |'prɛtto| *agg.* [*schietto, genuino*] pur: *parlare in pretto toscano* parler en pur toscan.

pretùra |pre'tura| *s.f.* **1** (*dir.*) tribunal* *m.* de première instance: *una sentenza della pretura* une sentence du tribunal de première instance ◇ (*per est.*) [*la sede, gli uffici della pretura*] *recarsi in pretura* aller au tribunal de première instance; *discutere una causa in pretura* exposer, plaider une cause devant le tribunal de première instance **2** (*st. rom.*) préture.

preuniversitàrio, i |preuniversi'tarjo, i| *agg.* pré-universitaire.

prevalènte |preva'lɛnte| *agg.* [*che predomina, che ha maggiore importanza, influenza*] supérieur, prédominant: *forze prevalenti* forces supérieures → 1 **supériore**; *l'opinione prevalente* l'opinion prédominante → **predominante** # *nel consiglio, il suo prestigio ha un peso prevalente* dans le conseil, son prestige a un poids prépondérant → **determinante** ◇ [*superiore numericamente*] prédominant: *nei paesi nordici sono prevalenti i tipi biondi* dans les pays nordiques, les types blonds sont prédominants.

prevalenteménte |prevalente'mente| *avv.* [→ PREVALENTE] généralement, pour la plupart (*loc. inv.*): *cielo prevalentemente sereno* ciel généralement serein # *una moda con colori prevalentemente chiari* une mode aux couleurs en majorité claires ◇ [*per lo più, soprattutto*] le plus souvent *loc. inv.*, surtout: *passa i week-end prevalentemente in montagna* il passe ses week--ends le plus souvent en montagne; *mangio prevalentemente carne* je mange surtout de la viande.

prevalènza |preva'lɛntsa| *s.f.* **1** [→ PREVALERE A] prévaloir (36) *v.intr.* sur, donner *v.tr.* la priorité à: *la violenza spesso ha la prevalenza sul diritto* la violence souvent prévaut sur le droit → 2 **sopravvento**; *venne data la prevalenza ai problemi sociali* on donna la priorité aux problèmes sociaux → **priorità** # *in quella città gli abitanti di colore hanno la prevalenza sui bianchi* dans cette ville, les habitants de couleur l'emportent sur les blancs ◇ *loc. avv.* IN PREVALENZA en majorité, pour la plupart: *gli espositori erano in prevalenza italiani* les exposants étaient en majorité, pour la plupart italiens **2** (*idraul.*) *hauteur d'élévation.

prevalére |preva'lere| (191) **A** *v. intr.* (*aus.* '*avere, essere*') [*imporsi, risultare superiore, predominare*] l'emporter (*aus.* avoir), prévaloir (36) (*aus.* avoir): *questa è l'opinione che ha prevalso fra le tante* c'est l'opinion qui l'a emporté sur toutes les autres; *la violenza è prevalsa sul diritto* la violence l'a emporté sur le droit; *il bene pubblico deve prevalere su quello privato* le bien public doit prévaloir, l'emporter sur le droit privé ✦ (*ass.*) *infine prevalse la sua tesi* enfin sa thèse a prévalu; *nell'opera prevale l'impegno sociale* dans cette œuvre, l'engagement social est ce qui compte le plus; *le forze nemiche finiranno con il prevalere* les forces ennemies finiront par l'emporter → **vincere** ◇ [*essere superiore numericamente*; *presentarsi con maggior frequenza*] être (43) (*aus.* avoir) les plus nombreux: *nel nord prevalgono i tipi biondi* dans le nord les types blonds sont les plus nombreux; *in alcune zone africane prevalgono i nomadi dediti alla pastorizia* dans certains zones africaines, les nomades qui pratiquent l'élevage sont les plus nombreux # *è una malattia che prevale nei climi umidi e caldi* c'est une maladie qui est très fréquente dans les climats humides et chauds **B** *v.pron. intr.* PREVALERSI (*raro*) → **approfittare, valer(si).**

prevaricaménto |prevarika'mento| *s.m.* (*raro*) → **prevaricazione.**

prevaricàre |prevari'kare| *v.intr.* (*aus.* '*avere*') [*abusare del proprio potere per fini illeciti*] prévariquer.

prevaricatóre, trice |prevarika'tore, tritʃe| *s.* prévaricateur*: *sono dei prevaricatori* ce sont des prévaricateurs.

prevaricazióne |prevarikat'tsjone| *s.f.* [→ PREVARICARE] prévarication: *condannare per prevaricazione* condamner pour prévarication ◇ (*dir.*) *delitto di prevaricazione* délit de prévarication.

prevedére |preve'dere| (192) *v.tr.* **1** [*intuire, presagire, conoscere in precedenza quello che avverrà*] prévoir (38): *prevedere il futuro, il tempo* prévoir l'avenir, le temps; *prevedere l'esito di una gara* prévoir le résultat d'une compétition; *non era difficile prevedere una simile crisi* prévoir cette crise n'était pas difficile; *è andato tutto come era stato previsto* tout s'est passé comme prévu → **pronosticare, indovinare** ♦ (*con il 'si' pass.*) *si prevede un abbondante raccolto* on prévoit une récolte abondante **2** (*dir.*) [*prendere in considerazione; contemplare*] prévoir: *questo caso non è previsto dal codice civile* ce cas n'est pas prévu par le code civil.

prevedibile |preve'dibile| *agg.* [→ PREVEDERE 1] prévisible: *l'esito era prevedibile* le résultat était prévisible # *era prevedibile che andasse a finire così* il était à prévoir que cela finirait ainsi; *la tua domanda è stata respinta, com'era prevedibile* comme on pouvait le prévoir, comme prévu, ta demande a été repoussée ⓒ **imprevedibile.**

prevedibilità |prevedibili'ta| *s.f. inv.* prévisibilité *var.*

prevedùto |preve'duto| *agg.* (*raro*) → **previsto.**

preveggènte |preved'dʒɛnte| *agg.* (*lett.*) → **previdente.**

preveggènza |preved'dʒɛntsa| *s.f.* (*lett.*) → **previdenza.**

prevenìre |preve'nire| (202) *v.tr.* **1** [*fare o dire q.c. prima che venga fatta, proposta o richiesta da altri*] prévenir (27) (*lett.*), devancer (2): *prevenire una domanda, un'obiezione* prévenir une question, une objection; *prevenire un desiderio* prévenir un désir; *stavo per intervenire, ma tu mi hai prevenuto* j'allais intervenir mais tu m'a devancé; *bisogna prevenire i tempi.* il faut devancer les événements → **precorrere** ◇ (*raro*) [*giungere prima, precedere*] devancer (*corr.*), précéder (8) (*corr.*) **2** [*prendere precauzioni; provvedere in anticipo*] prévenir: *prevenire un'epidemia, una disgrazia* prévenir une épidémie, un malheur; *prevenire i danni, gli infortuni* prévenir les dégâts, les accidents; *bisogna prevenire piuttosto che punire il delitto* en matière de délits, mieux vaut prévenir que punir # *riuscirono a stento a prevenire lo scandalo* ils réussirent avec peine à empêcher le scandale de se produire **3** [*predisporre, influenzare in modo sfavorevole, ostile*] prévenir: *ho l'impressione che ti hanno prevenuto contro di me* j'ai l'impression qu'ils t'ont prévenu contre moi ◇ [*mettere in guardia, preavvisare, avvertire*] *ti prevengo che mi opporrò alla tua iniziativa con tutti i mezzi* je te préviens que je m'opposerai par tous les moyens à ton initiative; *vi avevo prevenuto: ora le lacrime sono inutili!* je vous avais prévenu: maintenant les larmes sont inutiles!

preventivaménte |preventiva'mente| *avv.* **1** [→ PREVENTIVO 1] préventivement: *incarcerare qc. preventivamente* écrouer qqn. préventivement; *vaccinarsi preventivamente* se faire vacciner préventivement **2** [*prima, in precedenza*] préalablement: *consultare preventivamente un dottore* consulter préalablement un docteur; *calcolare preventivamente il tempo di lavorazione* calculer préalablement le temps de travail.

preventivàre |preventi'vare| *v.tr.* [*calcolare in anticipo, mettere in preventivo*] calculer à l'avance; inscrire (51) au budget: *preventivare le spese di un progetto* calculer à l'avance les frais d'un projet ‖ *per la costruzione dell'ospedale è stato preventivato mezzo miliardo* cinq cent millions ont été inscrits au budget pour la construction de l'hôpital ◇ (*per est.*) [*prevedere*] prévoir (38): *questo contrattempo non era preventivato* ce contretemps, je ne l'avais pas prévu.

preventìvo |preven'tivo| *agg.* **1** préventif*: *carcerazione preventiva* détention préventive; *cura preventiva* cure préventive; *istruttoria preventiva* instruction préventive; *sono state adottate misure preventive* des mesures préventives ont été adoptées **2** (*contabilità, econ.*) *bilancio preventivo* budget; *calcolo preventivo* devis ♦ (*s.m.*) *un, il preventivo* un, le devis: *preventivo economico, finanziario* devis économique, financier; *preventivo dei costi, delle spese* devis des coûts, des dépenses; *una spesa superiore al preventivo* une dépense dépassant celle du devis; *fare il preventivo di esercizio, di un'impresa* établir le devis d'une exploitation, d'une entreprise; *mi son fatto fare un preventivo per l'impianto di riscaldamento* j'ai fait établir un devis pour l'installation du chauffage.

preventòrio, i |preven'tɔrjo, i| *s.m.* préventorium: *preventorio (antitubercolare)* préventorium (antituberculeux).

prevenùto |preve'nuto| *agg.* prévenu: *essere prevenuto contro qc.* être prévenu contre qqn. ♦ *s.* (*bur.*) *il prevenuto* le prévenu → **imputato.**

prevenzióne |preven'tsjone| *s.f.* **1** [→ PREVENIRE 2] prévention: *la prevenzione della disoccupazione* la prévention du chomâge; *centro per la prevenzione della tubercolosi* centre pour la prévention de la tuberculose; *leggi per la prevenzione degli infortuni sul lavoro* loi pour la prévention des accidents du travail **2** [→ PREVENIRE 3] prévention: *non c'è in lui alcuna prevenzione nei tuoi riguardi* il n'a nulle prévention contre toi; *questa è un'assurda prevenzione contro di me* c'est une absurde prévention contre moi; *è stato giudicato senza prevenzioni* il a été jugé sans prévention → **pregiudizio, preconcetto.**

prevèrb(i)o, i |pre'vɛrb(j)o, i| *s.m.* (*ling.*) préverbe.

previaménte |prevja'mente| *avv.* [→ PREVIO] préalablement.

previdènte |previ'dɛnte| *agg.* prévoyant: *i giovani sono poco previdenti* les jeunes sont peu prévoyants; *ti sei dimostrato molto previdente* tu t'es montré très prévoyant → **prudente** ⓒ **imprevidente.**

previdenteménte |previdente'mente| *avv.* [→ PREVIDENTE] avec prévoyance *loc. inv.*

previdènza |previ'dɛntsa| *s.f.* prévoyance: *persona di grande previdenza* personne d'une grande prévoyance → **prudenza, provvidenza** ◇ [*attività, istituzione a carattere assistenziale a favore di una categoria*] *fondo di previdenza* fond de prévoyance; *enti di previdenza* sociétés de prévoyance; *Previdenza sociale* Sécurité sociale ⓒ **imprevidenza.**

previdenziàle |previden'tsjale| *agg.* de prévoyance (*loc. inv.*): *istituto previdenziale* institution de prévoyance; *oneri previdenziali* charges de la Securité sociale # *assicurazioni previdenziali* assurances sociales.

prèvio, i |'prɛvjo, i| *agg.* (*bur.*) préalable → **precedente** ◇ (*corr.*) après (*avv.*): *previo esame* après examen; *previo assenso, accordo* après accord; *previa autorizzazione* après autorisation.

previsionàle |previsjo'nale| *agg.* (*econ., fin.*) prévisionnel*.

previsióne |previ'zjone| *s.f.* [→ PREVEDERE 1] prévision: *il risultato ha superato le più ottimistiche previsioni* le résultat a dépassé les prévisions les plus optimistes → **pronostico**; *le mie previsioni si sono rivelate giuste* mes prévisions se sont révélées justes → **congettura**; *tutto è andato secondo le previsioni* tout s'est passé selon les prévisions, comme prévu ◇ (*contabilità, econ.*) *previsioni di mercato* prévisions du marché; *previsioni di cassa* prévisions de trésorerie; *previsioni dei redditi, delle spese* prévisions des revenus, des dépenses; *bilancio di previsione* budget ◇ (*meteor.*) *le previsioni del tempo* les prévisions météorologiques, la météo(rologie) ◇ *loc.* IN PREVISIONE DI, NELLA PREVISIONE CHE en prévision de: *in previsione della crisi...* en prévision de la crise...

prevìsto |pre'visto| *agg.* prévu: *caso previsto* cas prévu; *le spese previste* les dépenses prévues; *non era previsto che andasse a finire così* il n'était pas prévu que cela finirait ainsi ♦ (*s.m.*) *il previsto* le prévu # *ho dovuto attendere più del previsto* j'ai dû attendre plus longtemps que je ne l'avais prévu; *tutto è andato secondo il previsto* tout s'est passé comme prévu; *è arrivato prima del previsto* il est arrivé plus tôt que prévu.

prevocàlico, ci, ca, che |prevo'kaliko, tʃi, ka, ke| *agg.* (*ling.*) prévocalique: *un fonema prevocalico* un phonème prévocalique ⓒ **postvocalico.**

prevostàle |prevos'tale| *agg.* prévôtal*.

prevòsto |pre'vɔsto| *s.m.* **1** [*parroco*] curé **2** (*st. fr.*) prévôt.

prevostùra |prevos'tura| *s.f.* **1** → **prepositura** **2** (*st. fr.*) prévôté.

preziosaménte |prettsjosa'mente| *avv.* **1** [→ PREZIOSO 1] précieusement: *un vaso preziosamente ornato* un vase précieusement décoré **2** [→ PREZIOSO 2] avec préciosité (*loc. inv.*): *parlare preziosamente* parler avec préciosité.

preziosìsmo |prettsjo'sizmo| *s.m.* **1** [*ricercatezza affettata, preziosità*] préciosité (*f.*): *una poesia piena di preziosismi* une poésie pleine de préciosités; *basta con questi preziosismi!* assez avec toute cette préciosité! **2** [*movimenti, correnti caratterizzati dalla ricerca di raffinatezza, preziosità*] préciosité: *il preziosismo linguistico dannunziano* la préciosité linguistique de D'Annunzio.

preziosità |prettsjosi'ta| *s.f. inv.* **1** [*l'essere prezioso; valore*] valeur (*var.*): *la preziosità di una gemma, di un og-*

getto, di una veste la valeur d'une pierre précieuse, d'un objet, d'un vêtement; *questa porcellana è di una preziosità inestimabile* cette porcelaine a une valeur inestimable **2** (*fig.*) [*ricercatezza, eleganza affettata e artificiosa*] préciosité (*var.*): *preziosità stilistica* préciosité dans le style.

prezióso |pret'tsjoso| *agg.* **1** précieux*: *metalli, oggetti preziosi* métaux, objets précieux ✦ *s.m.* (*spec. al plur.*) *i preziosi* [*oggetti di oreficeria, gioielli*] les bijoux: *negozio, furto di preziosi* magasin, vol de bijoux ◇ *loc. fam., fig.* DIVENTARE, FARSI PREZIOSO [*farsi desiderare*] se faire désirer: *sei diventato prezioso, non ti fai più vedere!* tu te fais désirer, on ne te voit plus! ~ *non fare tanto il prezioso!* ne te fais pas tant désirer! **2** (*fig.*) [*di grande importanza, valore, utilità*] précieux: *un consiglio prezioso* un conseil précieux; *perdere tempo prezioso* perdre un temps précieux; *la libertà è un bene prezioso* la liberté est un bien précieux; *ha un prezioso collaboratore* il a un précieux collaborateur ◇ [*caratterizzato da eleganza raffinata e artificiosa*] *stile prezioso* style précieux → **ricercato,** 2 **affettato**; *una prosa preziosa* une prose précieuse.

prezzàre |pret'tsare| *v.tr.* **1** (*comm.*) [*indicare, segnare il prezzo, spec. con un cartellino*] indiquer, afficher le prix (de): *prezzare una merce, un articolo* indiquer, afficher le prix d'une marchandise, d'un article **2** (*ant.*) → **apprezzare.**

prezzàrio, i |pret'tsarjo, i| *s.m.* (*comm.*) liste *f.*, catalogue des prix.

prezzémolo |pret'tsemolo| *s.m.* (*t.bot.*) persil ◇ (*loc. fig.*) *essere come il prezzemolo* [*essere, ficcarsi dappertutto*] être partout.

prèzzo |'prɛttso| *s.m.* **1** prix: *prezzi alti, bassi* prix élevés, bas; *prezzi fissi* prix fixes; *prezzo all'ingrosso, al minuto* prix de gros, de détail; *prezzi di saldo, di costo, di realizzo* prix de solde, de revient, de liquidation; *il prezzo di una automobile, di un vestito* le prix d'une voiture, d'un vêtement; *crollo dei prezzi* chute des prix; *un oggetto di poco, di alto prezzo* un objet de bas prix, de prix élevé; *l'ho acquistata a un prezzo di favore* je l'ai eue à prix d'ami; *contrattare il prezzo* débattre le prix # *vendere, comprare a buon prezzo, a caro prezzo* vendre, acheter (à) bon marché, cher; *non sono abituato a tirare sul prezzo* je ne suis pas habitué à marchander ◇ (*per est.*) *vendere la vita a caro prezzo* vendre chèrement sa peau; *pagare q.c. a caro prezzo* payer cher *avv.* qqch.; *mettere a prezzo il proprio onore* mettre à prix son honneur; *ha istruito i figli a prezzo di innumerevoli sacrifici* il a instruit ses enfants au prix de nombreux sacrifices **2** (*gram.*) *complemento di prezzo* complément de prix **3** (*lett.*) → **stima, pregio.**

prezzolàre |prettso'lare| *v.tr.* [*assoldare, pagare per servizi non leciti*] soudoyer (10): *prezzolare un sicario* soudoyer un tueur (à gages); *prezzolare la stampa locale* soudoyer la presse locale.

prezzolàto |prettso'lato| *agg.* [*assoldato, pagato per azioni illecite o disoneste*] soudoyé: *stampa prezzolata* presse soudoyée; *artista prezzolato* artiste soudoyé # *un sicario prezzolato* un tueur à gages.

prìa |'pria| *avv.* (*arc., lett.*) → 1 **prima.**

priapèo |pria'pɛo| **I** *agg.* priapéen* **II** *s.m.* **1** (*letter. gr., rom.*) priapée *f.* **2** (*metr. classica*) priapéen.

priapìsmo |pria'pizmo| *s.m.* (*med.*) priapisme.

Priapùlidi |pria'pulidi| *s.m. pl.* (*t. zool.*) Priapuliens.

1 **prigióne** |pri'dʒone| *s.f.* prison: *mettere, andare in prigione* mettre, aller en prison; *è stato vent'anni in prigione* il est resté vingt ans en prison; *è stato condannato a un anno di prigione* il a été condamné à un an de prison → **carcere** ◇ (*fig.*) *questa stanza è una vera prigione* cette pièce est une vraie prison; *per molti ragazzi il collegio è una prigione* pour beaucoup d'enfants, le collège est une prison.

2 **prigióne** |pri'dʒone| *agg. e s.* (*arc., lett.*) → **prigioniero.**

prigionìa |pridʒo'nia| *s.f.* [*la condizione di chi è prigioniero, spec. di guerra*] captivité: *tornò dopo due anni di prigionia* il revint après deux ans de captivité ◇ (*raro, fig.*) [*soggezione, schiavitù*] esclavage *m.*

prigionièro |pridʒo'njɛro| *agg.* **1** prisonnier*: *prigioniero di guerra* prisonnier de guerre; *cadere prigioniero* être fait prisonnier; *fu fatto prigioniero un intero reparto* un peloton tout entier fut fait prisonnier ✦ (*s.*) *i prigionieri* les prisonniers: *restituzione, riscatto dei prigionieri* restitution, rançon des prisonniers ◇ (*raro*) [*detenuto, carcerato*] prisonnier (*corr.*) **2** (*per est.*) [*chiuso in uno spazio circoscritto; impedito, limitato nei movimenti, nella libertà*] prisonnier, pris: *la volpe rimase prigioniera nella trappola* le renard resta pris au piège; *sono rimasti prigionieri nella funivia per due ore* ils sont restés deux heures prisonniers dans le téléphérique; *non può uscire mai, è quasi sempre prigioniera in casa* elle ne peut jamais sortir, elle est presque toujours prisonnière à la maison ◇ (*fig.*) [*schiavo, soggetto*] esclave: *essere prigioniero delle passioni* être l'esclave de ses passions; *è prigioniero dei suoi pregiudizi* il est l'esclave de ses préjugés **3** (*mecc.*) *vite prigioniera* boulon prisonnier, goujon **4** (*gioco di ragazzi*) *palla prigioniera* balle-chasseur.

prillàre |pril'lare| *v.intr.* (*aus.* '*avere*') (*region.*) (*riferito al fuso o alla trottola*) [*rotare, girare rapidamente su sé stesso*] tourner, tournoyer (10).

1 **prìma** |'prima| *avv.* **I** (*con valore temporale*) **1** [*nel tempo anteriore, precedente*] auparavant, avant: *dovevi pensarci prima* tu devais y penser avant, auparavant; *prima non lo sapevo* auparavant, avant je ne le savais pas; *questo edificio prima non c'era* cet édifice n'était pas là auparavant # *te l'ho già detto prima* je te l'ai déjà dit ◇ (*nelle determinazioni di tempo*) *un mese, un anno prima* un mois, un an auparavant; *un'ora, un istante prima* une heure, un instant avant; *sono giunti tre giorni prima* ils sont arrivés trois jours avant ◇ (*con valore comparativo o rel.*) *tutto è rimasto come prima* tout est resté comme avant; *ora ne so quanto prima* maintenant, j'en sais autant qu'avant; *sono stanco più di prima* je suis plus fatigué qu'avant, qu'auparavant; *ci capisco meno di prima* j'y comprends encore moins qu'avant; *sono gli stessi di prima* ce sont les mêmes qu'avant # *da quando ha conosciuto quella donna, non è più quello di prima* depuis qu'il a connu cette femme, ce n'est plus le même homme ✦ (*in funzione di agg. inv.*) *l'anno, il giorno prima* l'année, le jour d'avant → **precedente** # *accadde la sera prima* cela arriva la veille au soir ◇ *loc.* PRIMA O POI tôt ou tard: *prima o poi, dovrà pur decidersi!* tôt ou tard, il devra bien se décider! ~ *le cose, le usanze di prima* [*di un tempo, di una volta*] les choses, les usages d'autrefois **2** (*in correl. con 'poi' o con 'dopo'*) [*per prima cosa, in primo luogo*] d'abord: *prima la famiglia, poi il lavoro* la famille d'abord, ensuite le travail; *prima il dovere, dopo il piacere* le devoir d'abord, ensuite les distractions; *non verrò: prima perché non posso; poi perché è un ambiente che non mi piace* je ne viendrai pas: d'abord parce que je ne peux pas; ensuite, le pourrais-je, parce que ce milieu ne me plaît pas ◇ (*loc.*) *da prima* → **dapprima** **3** (*fam.*) [*più presto; più in fretta*] plus tôt; plus vite: *dovresti alzarti un po' prima, la mattina* tu devrais te lever un peu plus tôt le matin; *prima verrai, meglio sarà* plus tôt tu viendras et mieux cela (ça) vaudra ‖ *pensavo di far prima* je pensais être plus rapide, faire plus vite # *chi arriva prima aspetta* celui qui arrive avant, attend ◇ (*loc.*) *quanto prima, prima possibile, quanto prima potrò, prima che posso, prima che potrò* dès que possible **4** *loc. prep.* PRIMA DI avant: *prima di pranzo, prima di sera* avant le repas, avant ce soir; *prima della guerra, prima di Cristo* avant la guerre, avand Jésus-Christ (av. J.-C.); *sono arrivato prima di te* je suis arrivé avant toi; *prima di tutto devi aver fiducia in me* avant tout, il faut que tu aies confiance en moi # *prima d'ora, prima d'oggi* jusqu'à présent; *devi finire prima del solito* tu dois finir plus tôt que d'habitude **5** *loc. cong.* PRIMA DI (+ *inf.*), PRIMA CHE (+ *congv.*) avant de (+ *inf.*), avant que (+ *congv.*): *rifletti bene prima di rispondere* réfléchis bien avant de répondre; *prima di partire, avvertimi* avant de partir, avertis-moi; *moviamoci, prima che sia troppo tardi!* dépêchons-nous, avant qu'il ne soit trop tard!; *prima che potesse parlare, la sala si vuotò* avant qu'il (n')ait eu le temps de parler, la salle se vida ◇ [*piuttosto*] plutôt que (de): *prima di cedere, si farebbe ammazzare* plutôt que de céder, il se ferait tuer; *prima morire che cedere!* plutôt mourir que céder! **II** (*con valore spaziale*) [*avanti, più vicino*] avant, d'abord (*loc. inv.*): *cinque chilometri prima* cinq kilomètres avant; *prima troverai il giardino, poi l'edificio* d'abord tu trouveras le jardin, ensuite l'édifice; *viene prima Milano o Bergamo?* c'est Milan qui vient d'abord, ou Bergame? ◇ (*in una graduatoria, in una serie*) *in classifica generale prima vieni tu e poi io* dans le classement général, tu es juste avant moi; *io occupo il secondo posto: prima ci sei tu* j'occupe la deuxième place: toi la première ✦ (*in funzione di agg. inv.*) précédent (*agg.*):

prendi la pagina prima prends la page précédente; *io abito nella casa prima* j'habite la maison qui précède, précédente ◊ *loc. prep.* PRIMA DI avant: *prima della piazza c'è una galleria* avant la place, il y a un tunnel; *nell'ordine alfabetico la 'v' viene prima della 'z'* dans l'ordre alphabétique, le 'v' vient avant le 'z' © I 1 **poi**; II **dopo**.

2 **prima** |'prima| *s.f.* 1 (*cine., teat.*) première: *intervenire, andare alla prima* assister, aller à la première 2 (*auto.*) première: *ingranare la prima* passer la première; *andare in prima* rouler en première 3 (*sport*) prime: *invito, legamento di prima* invite, engagement de prime; *parata di prima* parade de prime 4 (*liturg.*) prime: *recitare prima* dire prime.

primage |'praimidʒ| *s.m. inv.* (*ingl.*) (*tecnol.*) primage *var.*

primaménte |prima'mente| *avv.* (*lett.*) [*prima, per prima cosa*] premièrement (*corr.*), d'abord *loc. avv.* (*corr.*).

primariaménte |primarja'mente| *avv.* [→ PRIMARIO I 2] en premier lieu *loc. inv.*, premièrement.

primariàto |prima'rjato| *s.m.* charge *f.* de médicin-chef.

primàrio, i |pri'marjo, i| **I** *agg.* 1 primaire: *scuola primaria* école primaire → **elementare**; *era primaria* ère primaire ◊ (*chim.*) *atomo primario* atome primaire ◊ (*econ.*) *attività, produzione primaria* activité, production primaire ◊ (*med.*) *processi morbosi primari* processus morbides primaires → **iniziale** 2 [*di capitale importanza, di indiscusso valore*] premier*, primordial*: *un argomento di primaria importanza* un sujet de première importance; *è uno dei primari avvocati della città* c'est un des premiers avocats de la ville; *abbiamo dati di primario interesse* nous avons des données d'un intérêt primordial, capital ◊ (*filos.*) primaire: *qualità primarie* qualité primaires **II** *s.m.* [*il medico che dirige un ospedale o un reparto ospedaliero*] médecin-chef: *primario chirurgo* chirurgien-chef; *primario ortopedico* chirurgien-chef spécialiste d'orthopédie; *il primario dell'ospedale* le médecin-chef de l'hôpital; *essere primario* être médecin-chef © I 2 **secondario.**

primàte |pri'mate| *s.m.* (*eccl.*) primat.

Primàti |pri'mati| *s.m. pl.* (*t.zool.*) Primates.

primaticcio, ci, cia, ce |prima'tittʃo, tʃi, tʃa, tʃe| *agg.* [*che matura in anticipo*] précoce, *hâtif*: *ortaggi primaticci* primeurs *s.f.*, légumes précoces, hâtifs; *fichi primaticci* figues précoces; *pesche primaticce* pêches précoces → **precoce.**

primatista |prima'tista| *s.* [*chi detiene un primato, spec. sportivo*] recordman*.

primàto |pri'mato| *s.m.* 1 [*superiorità, preminenza*] primauté *f.*, suprématie (*f.*): *primato artistico, tecnologico, economico* primauté, suprématie artistique, technologique, économique # *conquistare un primato* gagner le premier rang; *detenere, avere un primato* venir au premier rang; *la Russia ha il primato mondiale nella produzione del grano* l'URSS vient au premier rang dans la production mondiale du blé 2 (*sport*) record: *primato olimpionico, mondiale* record olympique, mondial; *conquistare, perdere un primato* détenir, perdre un record; *migliorare un primato* améliorer un record; *ha abbassato il primato sul giro* il a amélioré le record de vitesse du tour; *detiene il primato mondiale del salto con l'asta* il détient le record du monde du saut à la perche.

primavèra |prima'vɛra| *s.f.* 1 [*la prima stagione dell'anno, compresa tra l'inverno e l'estate*] printemps (*m.*): *una primavera bella, fredda, piovosa* un printemps beau, froid, pluvieux; *a primavera i prati si coprono di fiori* au printemps, les près se couvrent de fleurs ◊ (*prov.*) *una rondine non fa primavera* une hirondelle ne fait pas le printemps 2 (*per est.*) [*clima mite*] printemps: *sembra una giornata di primavera* on dirait une journée de printemps; *nelle isole Canarie è sempre primavera* aux Canaries, c'est toujours le printemps # *un sole, un'aria di primavera* un soleil, un air printanier ◊ (*lett.*) [*la giovinezza*] printemps (*corr.*) 3 (*lett., scherz.*) [*un anno di età*] printemps: *ha almeno una trentina di primavere* elle a au moins trente printemps 4 → **primula.**

primaverile |primave'rile| *agg.* 1 [*di primavera, proprio della primavera*] printanier*; de printemps (*loc. inv.*): *sole, stagione primaverile* soleil printanier, saison printanière ‖ *frutti primaverili* fruits de printemps ◊ [*che si indossa in primavera*] *abito primaverile* robe printanière 2 (*per est.* [*sim. a quello della primavera*] printanier: *il clima è già primaverile* le climat est déjà printanier.

primaverilizzazióne |primaveriliddzat'tsjone| *s.f.* (*agr.*) vernalisation, printanisation.

primazìa |prima'tsia| *s.f.* (*raro*) [*supremazia*] primauté (*corr.*), suprématie (*corr.*) ◊ (*eccl.*) primatie.

primaziàle |primat'tsjale| *agg.* primatial*: *autorità, chiesa primaziale* autorité, église primatiale.

primeggiàre |primed'dʒare| *v. intr.* (*aus.* 'avere') [*essere il primo, tra i primi*] l'emporter (sur); se distinguer (*pron.*): *in latino, primeggia su tutti i compagni* en latin, il l'emporte sur tous ses camarades → **eccellere** ‖ *primeggia per ingegno e per coraggio* il se distingue par son intelligence et par son courage → **distinguer(si)** ◊ [*avere il primato*] occuper *tr.* la première place: *primeggiare nelle industrie, nelle lettere* occuper la première place dans l'industrie, dans les lettres; *la Grecia primeggiava nell'arte* la Grèce occupait la première place dans l'art ◊ (*per est.*) [*assumere grande rilievo*] dominer (*tr.*): *in tutto il romanzo primeggia la figura del protagonista* la figure du héros domine tout le roman.

primèvo |pri'mɛvo| *agg.* (*lett.*) 1 [*assai antico, antichissimo*] des premiers âges *loc. inv.* (*corr.*), primitif* (*corr.*) 2 [*che è di età assai giovane*] (très) jeune.

primiceriàto |primitʃe'rjato| *s.m.* (*eccl.*) primicériat.

primicèrio, i |primi'tʃɛrjo, i| *s.m.* primicier.

primièra |pri'mjɛra| *s.f.* (*nel gioco della scopa o dello scopone*) prime.

primieraménte |primjera'mente| *avv.* (*lett.*) [→ PRIMIERO] premièrement (*corr.*).

primièro |pri'mjɛro| *agg.* (*lett.*) → **primo, precedente** ✦ *s.m.* (*in enigmistica*) *il primiero* mon premier.

primigènio, i |primi'dʒɛnio, i| *agg.* (*lett.*) [*che risale a tempi remoti, originario*] primitif* (*corr.*) ◊ [*che è generato per primo; primordiale*] premier*; primordial*.

primìpara |pri'mipara| *agg. f. e s.f.* primipare: *una (gestante) primipara* une (femme enceinte) primipare.

primipilo |primi'pilo| *s.m.* (*st. rom.*) primipile.

primìssimo |pri'missimo| *agg.* 1 [→ PRIMO I 1] (tout) premier*: *è arrivato primo, primissimo!* il est arrivé premier, tout premier; *è la primissima* elle est la toute première ✦ (*s.*) *i primissimi* les tout premiers: *al concorso s'è classificato tra i primissimi* au concours il s'est classé parmi les tout premiers 2 [→ PRIMO I 2] premier: *le primissime ore del giorno* les premières heures du jour; *i primissimi anni di Roma* les premières années de Rome 3 [→ PRIMO I 3] (tout) premier: *è in primissima posizione* il est en toute première position; *occupa uno dei primissimi posti* il occupe une des toutes premières places.

primitiva |primi'tiva| *s.f.* (*mat.*) fonction primitive.

primitivaménte |primitiva'mente| *avv.* [→ PRIMITIVO] d'une façon primitive.

primitivismo |primiti'vizmo| *s.m.* primitivisme.

primitività |primitivi'ta| *s.f. inv.* caractère *m. var.* primitif.

primitìvo |primi'tivo| *agg.* 1 primitif*; originel*: *con il restauro il dipinto ha riacquistato la sua forma primitiva* le tableau, ainsi restauré, a repris son aspect primitif → **originario** ‖ *il vocabolo ha perso il suo significato primitivo* le mot a perdu son sens originel; *è un popolo che ha conservato la sua primitiva fierezza* c'est un peuple qui a conservé sa fierté native, originelle 2 (*per est., etn.*) primitif: *civiltà, culture primitive* civilisations, cultures primitives; *l'arte primitiva* l'art primitif; *l'uomo primitivo* l'homme primitif ◊ (*di popoli e di costumi contemporanei rimasti a livelli di civiltà preistorica*) *le tribù primitive dell'Oceania* les tribus primitives de l'Océanie; *l'arte primitiva delle popolazioni delle foreste equatoriali* l'art primitif des populations de la forêt équatoriale ✦ (*s.m.*) *i primitivi* les primitifs: *i costumi dei primitivi* les coutumes primitives # *i primitivi della Nuova Zelanda* les aborigènes de Nouvelle Zélande ◊ (*arts.*) *pittori, scultori primitivi* peintres, sculpteurs primitifs ✦ (*s.m.*) *un primitivo* un primitif: *i primitivi senesi* les primitifs siennois 3 (*fig.*) (*persone*) [*rozzo, incolto*] primitif: *è un uomo primitivo* c'est un homme primitif ✦ (*s.*) *un primitivo* un sauvage: *sei un primitivo!* tu es un sauvage! ◊ (*cose*) [*rudimentale, rozzo, antico*] *armi primitive* armes primitives; *mezzi primitivi* moyens primitifs; *metodi primitivi* méthodes primitives → **superato** 4 (*ling.*) primitif: *nome primitivo* nom primitif ◊ (*mat.*) *funzione primitiva* fonction primitive ◊ (*med.*) primaire: *processi morbosi primitivi* processus morbides primaires © 4 **derivato, secondario.**

primìzia |pri'mittsja| *s.f.* 1 [*frutto,*

ortaggio precoce] primeurs (*pl.*): *negozio di primizie* magasin de primeurs; *le pesche in questo mese sono una primizia* les pêches ce mois-ci sont des primeurs **2** (*fig.*) [*notizia, composizione lett. o musicale non ancora divulgata*] primeur: *ho una primizia per il tuo giornale* j'ai une nouvelle en primeur pour ton journal; *queste pagine sono una primizia* ces pages constituent une primeur; *questa sinfonia è una primizia* cette symphonie est donnée en primeur # *è un articolo pieno di primizie* c'est un article plein de nouvelles inédites.

prìmo |'primo| **I** *agg. numer. ord.* **1** (*in una successione numerica, in una graduatoria o in una classifica*) premier*: *il primo capitolo di un libro* le premier chapitre d'une livre; *prima persona singolare, plurale* première personne du singulier, du pluriel; *Napoleone primo* (*I*) Napoléon premier (Ier); *papa Leone primo* (*I*) pape Léon premier (Ier); *è al primo posto* il occupe la première place; *è arrivato primo* il est arrivé premier; *a quel concorso risultai primo in graduatoria* je fus premier à ce concours; *ingranò la prima marcia e partì* il engagea la première vitesse et partit # *atto primo, scena prima* acte un, scène un ◇ (*scuola*) *frequentare la prima* (*classe*) *elementare* suivre le cours préparatoire; *frequentare la prima media, liceale* être en sixième, en première **2** (*in una successione cronologica*) premier: *la prima parte di un discorso* la première partie d'un discours; *le prime ore del giorno* les premières heures du jour; *il primo dopoguerra* les premières années de l'après-guerre; *il primo Novecento* les premières années du XXe siècle; *la prima maniera di un artista* la première manière d'un artiste; *mi svegliai alle prime luci dell'alba* je me réveillai aux premières lueurs du jour; *ti restituirò l'ombrello alla prima occasione* je te rendrai ton parapluie à la première occasion # *la prima mattina, il primo pomeriggio* au début de la matinée, de l'après-midi ◇ [*che viene prima di tutti gli altri*] *il primo giorno della settimana, del mese, dell'anno* le premier jour de la semaine, du mois, de l'année; *il primo anniversario della vittoria* le premier anniversaire de la victoire; *è la prima volta che mi succede un fatto del genere* c'est la première fois qu'il m'arrive quelque chose de semblable; *questa sia la prima e l'ultima volta!* que ce soit la première et la dernière fois! # *la prima colazione* le petit déjeuner; *il primo piatto* l'entrée ◇ [*che costituisce la parte iniziale*] *la prima infanzia, la prima giovinezza* la première, la prime enfance, la première jeunesse; *alle prime gravi difficoltà ha abbandonato l'impresa* aux premières graves difficultés il a abandonné l'entreprise; *ha abbattuto il cinghiale al primo colpo* il a abattu le sanglier du premier coup ◇ (*loc.*) *a un primo esame* au premier abord, à première vue; *in prima istanza* en premier lieu; *fare un primo bilancio* dresser un premier bilan; *si tratta solo di un primo abbozzo* il s'agit seulement d'une première épreuve ◇ (*loc. fig.*) *i primi albori della civiltà* [*gli inizi*] l'aube de la civilisation ~ *notizie, informazioni di prima mano* nouvelles, informations de première main ~ *essere alle prime armi* [*inesperto*] faire ses premières armes ◇ (*loc. avv.*) *a prima vista* [*subito, immediatamente*] à première vue ~ *in un primo tempo, in un primo momento* [*all'inizio*] tout d'abord **3** (*in una successione spaziale*) [*che viene prima di tutti, che occupa una posizione iniziale o più vicina*] premier: *la prima linea di un esercito* la première ligne d'une armée; *essere in prima fila* être au premier rang; *abita al primo piano* il habite au premier étage; *afferrò il primo oggetto che gli capitò* il saisit le premier objet qui lui tomba sous la main **4** [*che è di particolare importanza, valore*] premier: *il primo premio* le premier prix; *un albergo di prima categoria* un hôtel de première catégorie; *una carrozza di prima classe* un wagon de première classe; *merci di prima qualità, di prima scelta* marchandises de première qualité, de premier choix; *il primo chirurgo, il primo avvocato, il primo sarto della città* le premier chirurgien, le premier avocat, le premier couturier de la ville; *il primo bar del paese* le premier café du village; *è uno spettacolo di prim'ordine* c'est un spectacle de premier ordre → **eccellente** ◇ [*principale, fondamentale*] *i primi rudimenti di una disciplina, di una lingua* les premiers rudiments d'une discipline, d'une langue; *il suo primo pensiero è la famiglia* sa première pensée est toujours pour sa famille; *il tuo primo dovere è quello di studiare* ton premier devoir est de travailler ◇ *loc.* DI PRIMO GRADO du premier degré: *esercizi di primo grado* exercices du premier degré; *ustioni di primo grado* brûlures du premier degré ~ (*teat. lirico*) *prima donna* prima donna ~ (*teat.*) *primo attore, prima attrice* acteur principal, actrice principale ~ (*a bordo dei mercantili*) *primo ufficiale* second (du bord) ~ *primo ministro* premier ministre ~ *il primo cittadino* le premier citoyen, le maire ~ (*loc. avv.*) *in primo luogo, per prima cosa* [*principalmente*] en premier lieu, premièrement **5** (*econ.*) *materie prime* matières premières ◇ (*mat.*) *numeri primi* nombres premiers; *la prima potenza di un numero* la première puissance d'un nombre # *minuto primo* minute ♦ (*s.f.*) *alla prima* puissance un: *nove alla prima* neuf (à la) puissance un **II** *s.* **1** *s.* [*la persona o la cosa che viene per prima*] premier (*s. e agg.*): *la prima della classe* la première de la classe; *essere il primo, la prima in un concorso* être premier, première à un concours; *è arrivato per primo* il est arrivé (le) premier; *è il primo arrivato* c'est le premier arrivé; *siamo stati tra i primi a essere informati* nous avons été parmi les premiers à être informés; *lo regalerò al primo che capita* j'en ferai cadeau au premier venu ◇ *loc.* IL PRIMO VENUTO: (*pr.*, *fig.*) le premier venu: *certe cose non si dicono al primo venuto* on ne dit pas certaines choses au premier venu; *non sono il primo venuto!* je ne suis pas le premier venu! ◇ (*loc. avv.*) *sulle prime* [*in un primo momento*] au premier moment, au premier abord ~ ALLA PRIMA [*al primo tentativo; subito*] du premier coup: *riuscire, farcela alla prima* réussir, y arriver du premier coup ~ (PER) PRIMO [*prima di tutto*] tout d'abord: *per primo, è normale che sia così* tout d'abord c'est normal que ce soit ainsi # (*per*) *primo paga, poi discuteremo* commence par payer, après on discutera ◇ (*prov.*) *beati gli ultimi se i primi son discreti* la sobriété des uns fait le bonheur des autres ~ *gli ultimi saranno i primi* les derniers seront les premiers **2** *s.m.* [*il primo piatto, la prima portata*] entrée (*f.*): *servire, mangiare il primo* servir, manger l'entrée; *ordinare il primo* commander l'entrée, ce que l'on prendra comme entrée **3** *s.m.* (*in una successione cronologica*) [*il primo giorno o il primo anno*] premier: *il primo della settimana, del mese, dell'anno* le premier jour de la semaine, le premier du mois, de l'an; *il primo di settembre, di maggio* le premier (1er) septembre, le (1er) mai # *sui primi del novecento* au début du XXe siècle; *partirò ai primi del mese prossimo* je partirai au début du mois prochain; *morì ai primi di questo secolo* il mourut au début du siècle **4** *s.m.* [*minuto primo*] minute (*f.*): *un primo, tre primi* une minute, trois minutes; *nove primi e dieci secondi* neuf minutes et dix secondes; *ha percorso il tragitto in quaranta primi e quindici secondi* il a parcouru la distance en quarante minutes et quinze secondes Ⓒ I 1, 2; II 1 **ultimo.**

primogènito |primo'dʒɛnito| *agg. e s.* [*nato per primo*] aîné, premier*-né: *la* (*figlia*) *primogenita* la fille aînée, l'aînée; *i diritti del primogenito* les droits de l'aîné; le droit d'aînesse.

primogenitóre, trice |primodʒeni'tore, tritʃe| *s.* père *m.* de l'humanité, mère *f.* de l'humanité # *Adamo ed Eva sono i nostri primogenitori* Adam et Ève sont nos premiers parents → **progenitore.**

primogenitùra |primodʒeni'tura| *s.f.* [*la condizione, i diritti e doveri propri del primogenito*] aînesse: *l'istituto* (*feudale*) *della primogenitura* l'institution du droit d'aînesse; *Esaù vendette la sua primogenitura* Esaü vendit son droit d'aînesse.

primordiàle |primor'djale| *agg.* **1** primordial*: *forze, istinti primordiali* forces primordiales, instincts primordiaux; *la fase primordiale della civiltà umana* la phase primordiale de la civilisation humaine **2** (*per est.*) [*che è all'inizio, non ancora sviluppato*] à l'état d'ébauche (*loc. inv.*): *il progetto è ancora allo stato primordiale* le projet est encore à l'état d'ébauche ◇ (*fig.*) [*rudimentale, superato*] rudimentaire: *popoli che usano ancora tecniche primordiali* peuples qui utilisent encore des techniques rudimentaires.

primordialménte |primordjal'mente| *avv.* (*raro*) [→ PRIMORDIALE] primordialement.

primòrdio, i |pri'mordjo, i| *s.m. spec. al plur.* [*principio, inizio, prima manifestazione*] origine (*f. sing.*): *i primordi della storia* les origines de l'histoire; *i primordi della letteratura italiana* les origines de la littérature italienne; *ai primordi della civiltà umana* à l'origine de la civilisation ◇ (*bot.*) primordium.

primula |'primula| *s.f.* (*t.bot.*) primevère ◇ (*per est.*) [*il suo fiore*] *un mazzetto di primule rosse* un bouquet de primevères rouges.

Primulàcee |primu'latʃee| *s.f. pl.* (*t.bot.*) Primulacées.

principàle |printʃi'pale| **I** *agg.* **1** principal*: *l'argomento principale di una discussione* le sujet principal d'une discussion → **primario**; *i punti principali di un contratto* les points principaux d'un contrat → **qualificante**; *il motivo principale* la raison principale → **dominante**; *l'attore principale di una compagnia* l'acteur principal de la compagnie → **primo**; *è entrato per la porta principale del palazzo* il est entré par la porte principale de l'immeuble **2** (*gram.*) principal: *proposizione principale* proposition principale ◇ (*mus.*) *registro principale* registre principal ◆ (*s.m.*) *il principale* le principal **II** *s.m.* (*fam., spec. in uffici e imprese*) [*il padrone, il capo*] patron, chef: *ti vuole il principale* le patron te demande Ⓒ I 1 **secondario, accessorio,** 2 **dipendente.**

principalménte |printʃipal'mente| *avv.* [→ PRINCIPALE I 1] principalement.

principàto |printʃi'pato| *s.m.* **1** principat: *sotto il principato di Augusto* sous le principat d'Auguste # *aspirare al principato* aspirer au trône **2** [*il territorio, lo stato governato da un principe*] principauté (*f.*): *il principato di Monaco* la principauté de Monaco **3** (*teol.*) *i Principati* les Principautés.

prìncipe |'printʃipe| **I** *s.m.* **1** prince: *il principe di Monaco* le prince de Monaco; *i principi italiani del Rinascimento* les princes italiens de la Renaissance # *Augusto e Traiano furono dei grandi principi* Auguste et Trajan furent de grands empereurs ◇ [*titolo dei membri delle famiglie regnanti*] *principe ereditario* prince héritier; *principe consorte* prince consort; *principi del sangue* princes du sang **2** (*per anal.*) prince: *i principi della Chiesa* les princes de l'Église; *il principe degli apostoli* le prince des apôtres; *il principe delle tenebre* le prince des ténèbres ◇ *loc.* IL PRINCIPE AZZURRO [*lo sposo ideale sognato da ogni ragazza*] le prince charmant: *aspettare il principe azzurro* attendre le prince charmant ~ *vivere, vestire, mangiare come un principe* vivre, s'habiller, dîner comme un prince; *far vita da principe* vivre comme un prince, comme un roi **3** (*fig.*) [*persona di grande autorità e prestigio*] prince: *il principe del giornalismo* le prince du journalisme; *Cicerone fu il principe del foro romano* Cicéron fut le prince du forum **4** (*abbigl.*) *principe di Galles* prince de Galles **5** (*st. mil. rom.*) prince **II** *agg.* **1** (*filol.*) *edizione principe* édition princeps **2** → **principale, primario** I.

principescaménte |printʃipeska'mente| *avv.* [→ PRINCIPESCO] princièrement.

principésco, chi, ca, che |printʃi'pesko, ki, ka, ke| *agg.* [*di, da principe, appartenente a un principe*] princier* (*lett.*): *dimora principesca* demeure princière; *famiglia principesca* famille princière ◇ (*fig.*) [*sontuoso, sfarzoso, degno di un principe*] princier (*corr.*): *ospitalità, accoglienza principesca* hospitalité princière, accueil princier; *abiti principeschi* vêtements princiers # *fare una vita principesca* vivre comme un prince.

principéssa |printʃi'pessa| *s.f.* **1** [*titolo spettante alle figlie di sovrani o principi regnanti*] princesse: *principessa reale* princesse royale ◇ [*titolo che compete alla sovrana di un principato o alla moglie di un principe*] princesse **2** (*fig.*) [*simbolo di agiatezza, lusso e signorilità*] princesse: *vivere, vestire come una principessa* vivre, s'habiller comme une princesse; *è insopportabile con quelle sue arie da principessa* elle est insupportable avec ses grands airs, avec ses airs de princesse.

principessìna |printʃipes'sina| *s.f.* petite princesse, jeune princesse.

principiànte |printʃi'pjante| *s.* [*chi è agli inizi, alle prime armi*] débutant: *ci vuole un po' di pazienza, è solo una principiante* il faut avoir un peu de patience, ce n'est qu'une débutante; *per essere un principiante, se la cava benino* pour un débutant, il s'en tire assez bien # *lavora come principiante presso un calzolaio* il est apprenti chez un cordonnier ◇ (*spreg.*) *un lavoro da principiante* un travail de débutant; *recitano come dei principianti* ils jouent comme des débutants; *guida ancora come un principiante* il conduit encore comme un débutant.

principiàre |printʃi'pjare| **A** *v.tr.* [*cominciare, iniziare*] commencer (2): *principiare un lavoro, un romanzo, un viaggio* commencer un travail, un roman, un voyage; *principiare gli studi, la carriera* commencer ses études, sa carrière; *ha principiato la lettera con un errore* il a commercé la lettre par une erreur ◇ *loc.* PRINCIPIARE A (+ *inf.*) commencer à (+ *inf.*): *principiare a scrivere, a parlare* commencer à écrire, à parler ◆ (*impers.*) *è principiato a piovere* il a commencé à pleuvoir **B** *v.intr.* (*aus.* 'essere, avere') [*aver inizio, principio*] commencer (*aus.* avoir): *l'anno è principiato bene* l'année a bien commencé; *è principiato l'inverno* l'hiver a commencé ◇ *loc.* A PRINCIPIARE DA [*cominciando da*] à partir de, à commencer par: *a principiare dalla settimana prossima...* à partir de la semaine prochaine...; *a principiare dal sindaco, tutti erano favorevoli* à commencer par le maire, tout le monde était favorable.

principìno |printʃi'pino| *s.m.* petit prince, jeune prince.

princìpio, i |prin'tʃipjo, i| *s.m.* **1** [→ PRINCIPIARE] commencer (2) (*v.tr.*): *dar principio* commencer; *aver principio* commencer; *diede principio al suo discorso* il commença son discours # *la prima guerra mondiale ebbe principio dal delitto di Serajevo* la première guerre mondiale eut comme origine immédiate l'assassinat de Sarajevo **2** (*con valore temporale*) [*il primo momento, la fase iniziale; inizio*] début, commencement: *il principio dell'anno* le début, le commencement de l'année; *al principio dell'autunno* au début de l'automme; *sul principio del giorno* au début du jour; *dal principio dello spettacolo* du début, depuis le début du spectacle; *vedere un film dal principio alla fine* voir un film du début à la fin; *il principio è sempre il momento più difficile* le début est toujours le moment le plus difficile → **avvio**; *è il principio della fine* c'est le commencement de la fin ◇ (*con valore locale, topografico*) [*il primo tratto, la parte che s'incontra per prima*] *il principio della strada* le commencement de la rue; *il principio del libro* le commencement, le début d'un livre; *la sua villa si trova proprio al principio della città* sa villa se trouve juste au commencement, à l'entrée de la ville ◇ (*loc. avv.*) *in principio, al principio* au début, au commencement ~ *sul principio, da principio* tout d'abord **3** [*causa, origine*] début, origine (*f.*): *quell'incidente è stato il principio di ogni nostro male* cet accident fut le début, à l'origine de tous nos maux **4** [*fondamento, presupposto di un ragionamento, di una dottrina o di una scienza*] principe: *i principi della fisica, della chimica* les principes de la physique, de la chimie; *i principi del diritto, della logica* les principes du droit, de la logique; *i principi morali, religiosi* les principes moraux, religieux; *il principio di Archimede* le principe d'Archimède; *il principio di identità, di contraddizione* le principe d'identité, de contradiction; *un ragionamento basato su principi sbagliati, giusti* un raisonnement reposant sur des principes faux, justes; *questi ragionamenti muovono da un principio discutibile* ces raisonnements partent d'un principe discutable ◇ [*norma di comportamento*] *un uomo di sani principi* un homme de principes; *un individuo senza principi* un individu sans principes; *impartire buoni principi* donner de bons principes ◇ *loc.* QUESTIONE DI PRINCIPIO question de principe: *ne ha fatto una questione di principio* il en a fait une question de principe ~ *avv.* PER PRINCIPIO par principe: *non accetta, per principio, che si mettano in discussione le sue idee* il n'accepte pas, par principe, qu'on mette ses idées en question Ⓒ 1; 2 **fine** 1.

princisbécco, chi |printʃiz'bekko, ki| *s.m.* [*lega di rame, zinco e stagno*] pinchbeck, pinsbeck ◇ (*loc. fig.*) *restare, rimanere di princisbecco* [*male, sorpreso, di stucco*] rester bouche bée.

prioràle |prio'rale| *agg.* prieural*: *titolo priorale* titre prieural; *dignità priorale* dignité prieurale.

prioràto |prio'rato| *s.m.* (*eccl.*) priorat: *aspirare al priorato di un convento* aspirer à devenir prieur, au priorat d'un couvent ◇ (*st.*) *il priorato di Dante Alighieri* le priorat de Dante Alighieri.

prióre |pri'ore| *s.* **1** (*eccl.*) prieur: *il priore conventuale* le prieur, le Père prieur du couvent; *la priora* la prieure, la Mère prieure **2** (*st.*) prieur: *palazzo dei priori* palais des prieurs.

priorìa |prio'ria| *s.f.* (*raro*) → **priorato** ◇ (*per est.*) [*chiesa retta da un priore*] prieuré *m.*

priorità |priori'ta| *s.f. inv.* **1** priorité (*var.*): *la priorità di un'invenzione, di una scoperta* la priorité d'une invention, d'une découverte → **anteriorità** *avere la (il diritto di) priorità* avoir la (le droit de) priorité **2** [*il fatto, la condizione di avere un'importanza, una urgenza, un valore superiore*] priorité: *la priorità di un intervento, di una scelta* la priorité d'une intervention, d'un choix; *la priorità dei valori spirituali* la priorité des valeurs spirituelles; *hanno riconosciuto l'assoluta priorità dei problemi economici* ils ont reconnu la priorité absolue des problèmes économiques Ⓒ 1 **posteriorità.**

prioritàrio, i |priori'tarjo, i| *agg.* prioritaire: *scelta prioritaria* choix prioritaire; *creditore prioritario* créancier prioritaire; *l'impegno prioritario del nuovo governo sono le riforme* l'enga-

gement prioritaire du nouveau gouvernement est constitué par les réformes.
priscillianésimo |priʃʃillja'nezimo| *s.m.* (*st. relig.*) priscillianisme.
priscillianista |priʃʃillja'nista| *s.* priscillianiste.
prisco, chi, ca, che |'prisko, ki, ka, ke| *agg.* (*lett.*) [*molto antico*] ancien* (*corr.*).
prisma |'prizma| *s.m.* (*mat.*) prisme: *prisma obliquo, retto* prisme oblique, droit ◇ (*ott.*) *prisma rifrangente* prisme réfringent.
prismàtico, ci, ca, che |pris'matiko, tʃi, ka, ke| *agg.* prismatique: *superficie prismatica* surface prismatique ◇ (*per est.*) [*a forma di prisma*] *cristallo prismatico* cristal prismatique.
prìstino |'pristino| *agg.* (*lett.*) [*di un'epoca anteriore, precedente*] premier* (*corr.*): *pristinaforma* forme première # *rimessa in pristino* remise en état ◇ (*loc.*) *rimettere, restituire in pristino* [*ricondurre allo stato primitivo*] restaurer (qqch).
pritanèo |prita'nεo| *s.m.* (*st. gr.*) prytanée.
pritania |prita'nia| *s.f.* (*st. gr.*) prytanie.
prìtano |'pritano|, **pritàno** |pri'tano| *s.m. spec. al plur.* prytanes.
privacy |'praivəsi| *s.f. inv.* (*ingl.*) vie *var.* privée.
privàre |pri'vare| **A** *v.tr.* [*togliere, portar via*; *far rimanere qc. senza q.c.*] priver: *privare i figli del necessario per vivere* priver ses enfants du nécessaire pour vivre; *privare uno della libertà personale, del proprio appoggio morale* priver qqn. de la liberté, de son appui moral; *fu privato dei diritti politici* on le priva de ses droits politiques # *privare qc. della vista, della vita* ôter la vue, la vie à qqn.; *fu privato di tutti i suoi beni* on le déposséda de tous ses biens → **spogliare B** *v.pron. rifl.* PRIVARSI [→ *tr.*] se priver: *privarsi di un diritto, dei propri averi* se priver d'un droit, de ses biens; *per i figli si priva di tutto, anche dello stretto necessario* pour ses enfants, elle se prive de tout, même du stricte nécessaire; *mi son dovuto privare sia del fumo che degli alcolici* j'ai dû me priver de fumer et de boire 🄲 **donare, concedere.**
privataménte |privata'mente| *avv.* **1** [→ PRIVATO 1] *vivere privatamente* vivre retiré (*agg.*); *studiare privatamente* faire des études pour son compte *loc. inv.* **2** [→ PRIVATO 2] dans l'intimité (*loc. inv.*): *matrimonio celebrato privatamente* mariage célébré dans l'intimité ◇ [*segretamente, a tu per tu*] en particulier *loc. inv.*, en privé (*loc. inv.*): *mi ha raccontato tutto privatamente* il m'a tout raconté en privé; *debbo parlarti privatamente* je dois te parler en particulier, en privé → **confidenzialmente** 🄲 **pubblicamente.**
privatista |priva'tista| *s.* élève d'une école privée ◇ (*per est.*) candidat libre: *presentarsi agli esami come privatista* se présenter à l'examen comme candidat libre.
privatìstico, ci, ca, che |priva'tistiko, tʃi, ka, ke| *agg.* **1** (*econ.*) privé: *un'economia privatistica* une économie privée ◇ (*per est.*) [*proprio di un'economia fondata sull'iniziativa privata*] *una società con metodi privatistici* une société basée sur l'iniziative privé **2** (*dir.*) de droit privé (*loc. inv.*): *studi privatistici* études de droit privé.
privatìva |priva'tiva| *s.f.* **1** [*monopolio riservato allo stato*] monopole (*m.*): *generi di privativa* produits dont l'État a le monopole; *lo Stato italiano ha la privativa dei tabacchi* l'État italien a le monopole des tabacs ◇ (*per est., region.*) [*spaccio di sali e tabacchi*] bureau *m.* de tabac (*corr.*) ◇ (*fig.*) [*proprietà esclusiva*] *pretende di avere la privativa della verità* il prétend avoir le monopole de la vérité **2** *privativa industriale* droit *m.* exclusif d'exploitation industrielle, brevet; *diritto di privativa* droit exclusif (d'exploitation).
privatìvo |priva'tivo| *agg.* (*ling.*) privatif*: *prefisso privativo* préfixe privatif.
privatizzàre |privatid'dzare| *v.tr.* [*rendere di proprietà privata ciò che era statale o pubblico*] privatiser: *privatizzare un servizio* privatiser un service; *privatizzare le ferrovie, le linee aeree, marittime* privatiser les chemins de fer, les lignes aériennes, maritimes 🄲 **statalizzare.**
privatizzazióne |privatiddzat'tsjone| *s.f.* [→ PRIVATIZZARE] privatisation.
privàto |pri'vato| *agg.* **1** privé: *un investigatore, un imprenditore privato* un détective, un entrepreneur privé; *proprietà, iniziativa privata* propriété, initiative privée; *scrittura privata* acte sous seing privé; *enti privati* organismes privés; *aziende, società, organizzazioni private* entreprises, sociétés, organisations privées; *scuola privata* école privée, école libre; *s'è ritirato a vita privata* il est rentré dans la vie privée # *un privato cittadino o un cittadino privato* un particulier; *dà lezioni private* il donne des leçons particulières ◇ (*dir.*) *diritto privato* droit privé ♦ (*s.m.*) *un privato* un particulier: *è un'azienda gestita da privati* c'est une entreprise gérée par des particuliers **2** [*riservato a una persona o a poche persone*] privé: *udienza privata* audience privée # *celebrare il matrimonio in forma privata* célébrer un mariage dans l'intimité ◇ [*strettamente personale, individuale*] *faccende private* affaires privées; *vita privata* vie privée ◇ *loc. avv.* IN PRIVATO en particulier, en privé: *ti chiarirò, in privato, la mia posizione* je t'expliquerai en particulier, en privé, entre nous ma position 🄲 1 **pubblico**; 2 **ufficiale, comune** 1.
privazióne |privat'tsjone| *s.f.* **1** [→ PRIVARE A] privation: *la privazione dei diritti politici* la privation des droits politiques # *è stato punito con la privazione della libertà* on l'a puni en le privant de sa liberté **2** [*sacrificio, rinuncia*] privation: *una vita piena di privazioni* une vie pleine de privations; *ha dovuto imporsi molte privazioni per istruire i figli* il a dû s'imposer bien des privations pour instruire ses enfants.
privilegiàre |privile'dʒare| *v.tr.* [*concedere, accordare un privilegio, un trattamento di favore*] privilégier: *privilegiare una classe, una categoria particolare* privilégier une classe, une catégorie particulière; *la natura ha privilegiato l'uomo del dono della parola* la nature a privilégié l'homme par le don de la parole.
privilegiàto |privile'dʒato| *agg.* privilégié: *un essere privilegiato* un être privilégié; *classi privilegiate* classes privilégiées; *condizione, posizione privilegiata* condition, position privilégiée # *avere un trattamento privilegiato* bénéficier d'un traitement de faveur ♦ (*s.*) *un privilegiato* un privilégié: *sei un privilegiato dalla fortuna* tu es un privilégié de la fortune ◇ (*Borsa*) *azione privilegiata* action privilégiée ◇ (*dir.*) *creditori privilegiati* créanciers privilégiés; *credito privilegiato* créance privilégiée.
privilègio, i |privi'lεdʒo, i| *s.m.* **1** privilège: *i privilegi della nobiltà, del clero* les privilèges de la noblesse, du clergé; *concedere, ottenere un privilegio* accorder, obtenir un privilège ◇ (*dir.*) *il privilegio di un credito, di un creditore* le privilège d'une créance, d'un créancier **2** (*per est.*) [*speciale onore, distinzione*] privilège: *a lui toccò il privilegio di ospitare il re e la regina* c'est à lui que revint le privilège de recevoir le roi et la reine; *gli fu concesso il privilegio di presiedere la riunione* on lui accorda le privilège de présider la réunion ◇ [*merito, dote particolare*] mérite: *ha il privilegio della sincerità* il a le mérite d'être sincère; *è uno scritto noioso, ma ha il privilegio di essere chiaro* c'est un écrit ennuyeux, mais il a le mérite d'être clair **3** (*ant.*) [*documento attestante la concessione del privilegio*] privilège.
privo |'privo| *agg.* [*mancante, sprovvisto*] dépourvu (de), sans (*prep.*): *una frase priva di senso* une phrase dépourvue de sens; *un paesino di montagna privo di corrente elettrica* un village de montagne sans électricité; *essere privo di mezzi, di denaro* être sans ressources, sans argent # *è un uomo privo di affetti* c'est un homme qui n'est pas entouré d'affection; *da un anno e più siamo privi di sue notizie* depuis un ans, nous n'avons pas de nouvelles de lui; *rimase privo di sensi* il resta évanoui; *è un ragazzo non molto dotato, ma non privo di buon senso* ce n'est pas un garçon très doué, mais il ne manque pas de bon sens.
pro- |prɔ| *pref.* **1** (*significa 'davanti, fuori', corrisponde gener. a*) pro: *procedere* procéder; *proclamare* proclamer; *pronao* pronaos **2** (*nei nomi di parentela, indica 'ascendenza o discendenza remota'*) *prozio* grand-oncle; *pronipote* arrière-neveu, petit-neveu; arrière-petit-neveu **3** (*significa 'invece di, al posto di', 'che fa le veci di', corrisponde gener. a*) pro; vice-: *proconsole* proconsul ‖ *prorettore* vice-recteur **4** (*indica 'anteriorità, priorità nel tempo o nello spazio', corrisponde gener. a*) pro: *prologo* prologue; *profilassi* prophylaxie; *protorace* prothorax **5** (*biol.*) (*indica 'struttura biologica più primitiva', corrisponde gener. a*) pro: *proscimmie* prosimiens.
1 **pro** |prɔ|, (*raro*) **prò** |prɔ| *s.m. inv.* (*in alcune loc.*) [*vantaggio, utilità*] profit *var.*, avantage (*var.*): *che pro te ne viene?* quel profit, quel avantage en tires-tu? # *a che pro* (*fare questo*)*?* à quoi bon (faire cela)?; *buon pro ti faccia!* grand bien te fasse!

2 **pro** |prɔ| *prep.* [*in favore di; in difesa di*] en faveur de *loc.*, pour: *una sottoscrizione pro infanzia abbandonata* une souscription en faveur de, pour l'enfance abandonnée; *essere pro o contro q.c.* être pour ou contre qqch. ✦ (*in funzione di s.m. inv.*) *valutare, soppesare il pro e il contro* peser le pour et le contre → **vantaggio** ⓒ **contro.**

proàvo |pro'avo| *s.* **1** (*lett.*) → **bisnonno** **2** *solo al m. pl.* (*lett.*) → **antenato, progenitore.**

probàbile |pro'babile| *agg.* probable: *è un'ipotesi molto probabile* c'est une hypothèse très probable → **verosimile**; *la sua vittoria è (molto, poco, affatto) probabile* sa victoire est (très, peu, tout à fait) probable → **possibile**; *è probabile che ci sia anch'io* il est probable que je serai des vôtres moi aussi; '*verrai anche tu?*' '(*è*) *probabile*' 'viendras-tu toi aussi?' 'c'est probable'; '*pioverà?*' '*niente di più probabile*' 'pleuvra-t-il?' 'rien n'est plus probable!' ⓒ **improbabile.**

probabilìsmo |probabi'lizmo| *s.m.* (*filos., teol.*) probabilisme.

probabilìsta |probabi'lista| *s.* probabiliste.

probabilìstico, ci, ca, che |probabi'listiko, tʃi, ka, ke| *agg.* **1** (*filos., teol.*) probabiliste **2** (*stat.*) probabiliste: *calcolo probabilistico* calcul probabiliste.

probabilità |probabili'ta| *s.f. inv.* chance *var.*, probabilité (*var.*): *ci sono poche probabilità di vincere* il y a peu de chances de gagner; *ci saranno dieci probabilità su cento* il y a aura (il y a) environ dix chances sur cent # *con molta probabilità verrò domani da te* très probablement, j'irai demain chez toi ◇ (*stat.*) *il calcolo delle probabilità* le calcul des probabilités ⓒ **improbabilità.**

probabilménte |probabil'mente| *avv.* [→ PROBABILE] probablement: *probabilmente sarà di ritorno domani* il sera probablement de retour demain → **forse.**

probaménte |proba'mente| *avv.* (*raro*) → **onestamente, rettamente.**

probànte |pro'bante| *agg.* probant: *un argomento, una testimonianza probante* un argument, un témoignage probant → **dimostrativo.**

probàtico, ci, ca, che |pro'batiko, tʃi, ka, ke| *agg.* (*st. ebr.*) *piscina probatica* piscine probatique.

probatìvo |proba'tivo| *agg.* (*raro, lett.*) [*convincente, probatorio*] probatoire (*corr.*).

probatòrio, i |proba'tɔrjo, i| *agg.* (*dir.*) probatoire.

probità |probi'ta| *s.f. inv.* probité *var.* → **onestà, rettitudine.**

probivìri |probi'viri| *s.m. pl.* (*dir.*) prud'hommes.

problèma |pro'blɛma| *s.m.* **1** problème: *il problema della droga* le problème de la drogue; *i problemi pratici, di ogni giorno* les problèmes pratiques, de tous les jours; *quel ragazzo è diventato un problema* ce garçon est un problème; *metterli d'accordo? è un problema!* les mettre d'accord? c'est un probleme!; *di ogni cosa ne fa un problema personale* elle fait de tout un problème personnel **2** (*mat.*) problème: *assegnare, impostare, risolvere un problema algebrico, geometrico* donner, poser, résoudre un problème d'algèbre, de géométrie.

problemàtica, che |proble'matika, ke| *s.f.* problématique.

problematicaménte |problematika'mente| *avv.* [→ PROBLEMATICO] problématiquement.

problematicità |problematitʃi'ta| *s.f. inv.* caractère *m. var.*, nature *var.* problématique.

problemàtico, ci, ca, che |proble'matiko, tʃi, ka, ke| *agg.* **1** du problème (*loc. inv.*): *ipotesi, esposizione problematica* hypothèse, exposé du problème **2** (*per est.*) [*incerto, dubbio*] problématique: *la possibilità di un finanziamento è molto problematica* la possibilité d'un financement est très problématique ⓒ **2 certo 1, sicuro.**

pròbo |'prɔbo| *agg.* (*raro, lett.*) probe → **onesto, retto.**

Proboscidàti |proboʃʃi'dati| *s.m. pl.* (*t.zool.*) Proboscidiens.

proboscidàto |proboʃʃi'dato| *agg.* (*zool.*) proboscidien*.

probòscide |pro'bɔʃʃide| *s.f.* (*zool.*) trompe ◇ (*fam., scherz.*) [*grosso naso*] pif *m.* (*pop.*), gros nez *m.* (*corr.*).

procàccia |pro'kattʃa| *s. inv.* [*chi recapita corrispondenza o pacchi spec. in piccoli paesi o in campagna*] facteur *m. var.* rural*.

procacciaménto |prokattʃa'mento| *s.m.* (*raro*) [→ PROCACCIARE] recherche *f.* (*corr.*).

procacciànte |prokat'tʃante| *agg. e s.* (*raro*) → **trafficone, trafficante.**

procacciàre |prokat'tʃare| **A** *v. tr.* (*raro*) [*procurare; ottenere*] procurer (*corr.*): *procacciare i mezzi di sostentamento alla propria famiglia* procurer les moyens de subsistance à sa famille; *procacciare a qc. un posto di lavoro* procurer un emploi à qqn. □ *procacciarsi da vivere* se procurer de quoi vivre # *procacciarsi guai a non finire* s'attirer des ennuis à n'en plus finir **B** *v.pron. rifl.* → *tr.* □.

procacciatóre, trice |prokattʃa'tore, tritʃe| *s.* (*raro*) [*chi è sempre intento a procacciare q.c., per sé o altri*] pourvoyeur* (*corr.*): *procacciatore di affari* pourvoyeur d'affaires.

procaccìno |prokat'tʃino| *s.* → **procaccia.**

procàce |pro'katʃe| *agg.* [*provocante, eccitante*] provocant, aguichant: *una ragazza procace, dalle forme procaci* une fille provocante, aguichante, aux formes provocantes; *una bellezza procace* une beauté provocante.

procaceménte |prokatʃe'mente| *avv.* [→ PROCACE] d'une manière provoquante *loc. inv.*

procàcia, cie |pro'katʃa, tʃe| *s.f.* (*raro*) → **procacità.**

procacità |prokatʃi'ta| *s.f. inv.* [*l'essere procace*] impudence *var.*, effronterie *var.* → **impudicizia.**

pro capite |prɔ'kapite| *loc. avv.* (*lat.*) [*a testa*] par tête, par personne: *la retta è di L. 10.000 pro capite* la pension est de 10.000 lires par personne → **ciascuno.**

procèdere |pro'tʃɛdere| (125) *v. intr.* (*aus. 'essere' nei significati* 1, 4, 6; *aus. 'avere' nei significati* 2, 3, 5) **1** [*avanzare, andare avanti*] avancer (2) (*aus.* avoir), aller (13): *procedere lentamente, a lunghi passi, con cautela* avancer lentement, à grands pas, avec prudence; *procedere oltre il ponte* aller au delà du pont; *procedere a passo d'uomo* avancer au pas; *procedevamo di pari passo* nous avancions d'un même pas ◇ (*fig.*) *procedere negli anni* avancer en âge; *come procede il lavoro?* comment va le travail?; *gli affari procedono bene* les affaires marchent, vont bien; *tutto procedeva a gonfie vele* tout allait à merveille → 1 **filare** # *con il procedere degli anni si è fatto più sensato* en vieillissant, il est devenu plus sensé **2** (*fig.*) [*continuare a fare q.c.*] poursuivre (52), procéder (8): *procedere nel discorso* poursuivre son discours; *procedere per deduzione, per esclusione* procéder par déduction, par exclusion; *un momento: procediamo con ordine!* un instant!: procédons par ordre! → **continuare 3** (*dir.*) [*iniziare un procedimento giudiziario*] procéder, poursuivre: *procedere penalmente, civilmente contro qc.* procéder au pénal, au civil contre qqn.; *procedere d'ufficio* procéder d'office; *ottenere, negare l'autorizzazione a procedere* obtenir, nier l'autorisation à poursuivre qqn. ◇ *loc.* (*sentenza di*) *non luogo a procedere* (ordonnance de) non-lieu (à poursuivre) **4** (*bur.*) [*dare inizio a*] procéder (*aus.* avoir): *procedere all'appello, alla votazione* procéder à l'appel, au vote **5** (*fig.*) [*comportarsi, agire*] procéder, agir: *un modo di procedere onesto, turpe* une façon de procéder, d'agir honnête, ignoble; *questo non è un procedere da galantuomo!* un homme d'honneur n'agit pas ainsi; ceci n'est pas la façon d'agir d'un homme d'honneur **6** [*avere inizio da; derivare*] procéder, provenir (27): *il tuo giudizio procede da una totale ignoranza dei fatti* ton jugement procède, provient d'une ignorance totale des faits ◇ (*teol.*) *lo Spirito Santo procede dal Padre e dal Figlio* le Saint-Esprit procède du Père et du Fils.

procedìbile |protʃe'dibile| *agg.* (*dir.*) qui peut être poursuivi *loc.*

procedibilità |protʃedibili'ta| *s.f. inv.* (*dir.*) possibilité *var.* de poursuivre.

procediménto |protʃedi'mento| *s.m.* **1** [*modo di svolgersi, di svilupparsi*] déroulement, procédé: *esporre, illustrare il procedimento dei lavori* exposer, illustrer le déroulement des travaux; *procedimento di lavorazione* (*di q.c.*) procédé de travail (de qqch.) ◇ (*per est.*) *procedimenti logici, scientifici* procédés logiques, scientifiques ◇ (*mat.*) *il procedimento* (*del problema*) *è giusto* la méthode est bonne, le raisonnement est juste **2** (*dir.*) procès: *procedimento civile, penale* procès civil, criminel; *aprire un procedimento disciplinare* procéder à une enquête disciplinaire; *procedimento sommario, formale* enquête sommaire, formelle → **processo 3** (*fig.*) [*modo di comportarsi*] procédé: *il tuo è un procedimento sleale, scorretto* ton procédé est déloyal, incorrect.

procedùra |protʃe'dura| *s.f.* (*dir.*) procédure: *codice di procedura civile, penale* code de procédure civile, pénale; *procedura normale, eccezionale* procédure ordinaire, exceptionnelle; *annullare una sentenza per vizio di procedura* annuler une sentence pour vice de procédure ◇ (*per est.*) *inoltrare una domanda secondo le normali procedure* faire suivre une demande selon la procédure normale.

proceduràle |protʃedu'rale| *agg.*

(*dir.*) de procédure (*loc. inv.*): *vizio, errore, incidente procedurale* vice, erreur, incident de procédure.
procedurista |protʃedu'rista| *s.* expert en procédure.
procèlla |pro'tʃɛlla| *s.f.* (*lett.*) → **tempesta, burrasca.**
procellària |protʃel'larja| *s.f.* (*t. zool.*) pétrel *m.*
Procellarifórmi |protʃellari'formi| *s.m. pl.* (*t.zool.*) Procellariformes.
procellosaménte |protʃellosa'mente| *avv.* (*lett.*) → **tempestosamente.**
procellóso |protʃel'loso| *agg.* (*lett.*) → **tempestoso.**
processàbile |protʃes'sabile| *agg.* [→ PROCESSARE] qui peut être poursuivi en justice *loc.*
processànte |protʃes'sante| *agg. e s.m.* (*dir.*) poursuivant.
processàre |protʃes'sare| *v.tr.* [*sottoporre a processo giuridico*] poursuivre (52) en justice: *lo hanno processato per furto* ils l'ont poursuivi (en justice) pour vol.
processionàle |protʃessjo'nale| *agg.* (*eccl.*) processionnel*.
processionària |protʃessjo'narja| *s.f.* (*t.zool.*) processionnaire.
processióne |protʃes'sjone| *s.f.* (*eccl.*) procession: *la processione del Corpus Domini* la procession de la Fête-Dieu ◇ (*fig.*) [*corteo; una fila*] procession, file, queue: *una processione di dimostranti, di visitatori* une procession, une file, une queue de manifestants, de visiteurs; *c'era un'interminabile processione di macchine ferme sull'autostrada* il y avait un bouchon *m.* énorme, une très longue queue de voitures arrêtées sur l'autoroute.
procèsso |pro'tʃɛsso| *s.m.* **1** (*dir.*) procès: *processo civile, penale* procès civil, criminel; *istruire, celebrare un processo* instruire, célébrer un procès; *essere sotto processo* être en procès; *mettere sotto processo* intenter un procès (à qqn.) ◇ (*per est.*) *un pubblico numeroso assisteva al processo* un public nombreux assistait au procès → **dibattito, udienza** ◇ (*fam.*) *non mi farai il processo perché mi sono dimenticato di telefonarti!* tu ne vas pas me faire une histoire parce que j'ai oublié de te téléphoner! ◇ (*loc.*) *processo verbale* procès-verbal → 2 **verbale**; *processo di esecuzione* procès d'exécution ◇ (*loc. fig.*) *fare il processo alle intenzioni* faire un procès d'intentions ~ *processo alle streghe* procès aux sorcières **2** [*successione di fatti collegati tra di loro*] processus, cours: *processo di evoluzione, di involuzione* processus d'évolution, d'involution; *è un processo storico irreversibile* c'est un processus historique irréversible; *processi fisiologici, patologici* processus physiologiques, pathologiques; *processo infiammatorio* processus inflammatoire; *seguire il processo di una malattia* suivre le processus, le cours d'une maladie → **svolgimento, sviluppo** **3** [*serie di operazioni per un determinato trattamento di q.c.*] procédé: *processi chimici, fisici* procédés chimiques, physiques; *processo di stampa, di fabbricazione* procédé d'imprimerie, de fabrication → **procedimento.**
processuàle |protʃessu'ale| *agg.* (*dir.*) de procès (*loc. inv.*): *il diritto processuale* les textes juridiques intéressant le, un procès; *le spese processuali* les frais de justice, les depens.
procìnto |pro'tʃinto| *s.m. sing.* (*solo nella loc.*) *essere in procinto di* (+ *inf.*) [*essere sul punto di*] être sur le point de... (+ *inf.*).
procióne |pro'tʃone| *s.m.* (*t.zool.*) raton.
proclàma |pro'klama| *s.m.* [*comunicazione, appello solenne e ufficiale*] proclamation (*f.*): *rivolgere un proclama alle forze armate, al paese* adresser une proclamation aux forces armées, au pays.
proclamàre |prokla'mare| **A** *v.tr.* **1** [*dichiarare solennemente e ufficialmente*] proclamer: *proclamare i risultati di una elezione* proclamer les résultats d'une élection: *proclamare qc. vincitore* proclamer qqn. vainqueur **2** (*per est.*) [*affermare energicamente*] proclamer: *proclamare la propria innocenza* proclamer son innocence **B** *v. pron. rifl.* PROCLAMARSI [→ *tr.* 2] se proclamer: *proclamarsi innocente, estraneo ai fatti* se proclamer innocent, étranger aux faits.
proclamatóre, trice |proklama'tore, tritʃe| *s.* proclamateur*.
proclamazióne |proklamat'tsjone| *s.f.* [→ PROCLAMARE] proclamation.
proclìtico, ci, ca, che |pro'klitiko, tʃi, ka, ke| *agg.* (*gram.*) proclitique: *una parola proclitica* un mot proclitique ◆ (*s.f.*) *le proclitiche* les proclitiques *m.*
proclìve |pro'klive| *agg.* (*raro*) [*disposto, propenso*] enclin: *essere proclive all'ira, alla comprensione* être enclin à la colère, à la compréhension.
proclività |proklivi'ta| *s.f. inv.* (*raro, lett.*) → **propensione, inclinazione.**
procombènte |prokom'bɛnte| *agg.* **1** (*bot.*) procombant **2** (*raro, lett.*) [*perdente, sconfitto*] perdant (*corr.*), vaincu (*corr.*): *la parte procombente* la partie perdante, vaincue.
procómbere |pro'kombere| *v.intr.* (*dif. del p.p.*) (*lett.*) [*cadere in avanti, bocconi*] succomber (*corr.*).
proconsolàre |prokonso'lare| *agg.* (*st. rom.*) proconsulaire.
proconsolàto |prokonso'lato| *s.m.* (*st. rom.*) proconsulat.
procònsole |pro'kɔnsole| *s.m.* (*st. rom.*) proconsul.
Procordàti |prokor'dati| *s.m. pl.* (*t.zool.*) Protoc(h)ordés, Proc(h)ordés.
procrastinaménto |prokrastina'mento| *s.m.* → **procrastinazione.**
procrastinàre |prikrasti'nare| *v. tr.* (*raro*) [*rinviare, differire nel tempo*] différer (8) (*corr.*): *procrastinare un pagamento, una tratta* différer un paiement, une traite.
procrastinazióne |prokrastinat'tsjone| *s.f.* (*raro*) [→ PROCRASTINARE] procrastination (*lett.*).
procreàbile |prokre'abile| *agg.* (*raro*) [→ PROCREARE] qui peut être procréé *loc.* (*corr.*).
procreaménto |prokrea'mento| *s.m.* (*raro*) → **procreazione.**
procreàre |prokre'are| *v.tr.* [*generare, con riferimento alla continuazione della specie*] procréer (*lett.*).
procreatóre, trice |prokrea'tore, tritʃe| *s.* (*raro*) procréateur* (*lett.*).
procreazióne |prokreat'tsjone| *s.f.* [→ PROCREARE] procréation (*lett.*), génération (*corr.*) → **generazione, riproduzione.**
proctalgìa, gie |proktal'dʒia, dʒie| *s.f.* (*med.*) proctalgie.
proctìte |prok'tite| *s.f.* (*med.*) proctite, rectite.
proctologìa, gie |prɔktolo'dʒia, dʒie| *s.f.* (*med.*) proctologie.
proctòlogo, gi |prok'tɔlogo, dʒi| *s.m.* proctologue.
proctorrèa |proktor'rɛa| *s.f.* (*med.*) proctorrhée.
procùra |pro'kura| *s.f.* **1** (*dir.*) procuration: *dare, conferire la procura a qc.* donner procuration à qqn. → **delega** ◇ *loc.* PER PROCURA par procuration: *votare per procura* voter par procuration; *matrimonio per procura* mariage par procuration **2** (*loc.*) *la Procura della Repubblica* le Parquet *m.* général; *gli uffici della Procura* les bureaux du Parquet.
procuràbile |proku'rabile| *agg.* [→ PROCURARE A 1] procurable.
procuràre |proku'rare| **A** *v.tr.* **1** [*far avere, ottenere*] procurer: *procurami i biglietti per lo spettacolo* procure-moi les billets pour le spectacle; *procurarsi il necessario per vivere* se procurer de quoi vivre ◇ [*causare, provocare*] causer: *procurare un danno a qc.* causer des dommages a qqn. **2** (*seguito da 'di' + inf. o da 'che' + congv.*) [*fare in modo di, far sì che*] tâcher de (+ *inf.*), faire (45) en sorte que (+ *congv.*): *procura di far le cose per bene!* tâche de faire bien les choses!; *procura che tutto sia in ordine!* fais en sorte que, veille à ce que tout soit en ordre! → **provvedere** **B** *v. pron. rifl.* PROCURARSI [→ *tr.* 1] se procurer.
procuratìa |prokura'tia| *s.f.* (*st.*) *le procuratie vecchie, nuove di Venezia* les vieilles procuraties, les nouvelles procuraties à Venise.
procuratoràto |prokurato'rato| *s.m.* (*dir.*) charge *f.* de procurateur.
procuratóre |prokura'tore| *s.m.* **1** (*dir.*) fondé de pouvoir: *il procuratore di una ditta* le fondé de pouvoir d'une société ◇ (*per est.*) *il procuratore di un pugile, di un cantante* le manager d'un boxeur, d'un chanteur → **manager** **2** *procuratore* (*legale*) avoué: *fare il tirocinio di procuratore* faire un stage d'avoué **3** (*dir.*) procureur: *procuratore* (*della Repubblica*) procureur de la République; *il procuratore generale* le procureur général (chargé du ministère public) # *il sostituto procuratore* (*della Repubblica*) l'avocat général **4** (*banca*) *procuratore di banca* fondé de pouvoirs **5** (*st.*) procurateur.
procuratòrio, i |prokura'tɔrjo, i| *agg.* (*dir.*) procuratoire.
Procùste |pro'kuste| *s.f.* (*nella loc. fig.*) *letto di Procuste* lit de Procuste.
pròda |'prɔda| *s.f.* **1** (*lett.*) → **riva** **2** (*tosc.*) → **orlo, estremità** **3** (*lett.*) → **prora.**
pròde |'prɔde| *agg.* (*raro*) [*valoroso, coraggioso*] brave (*corr.*), vaillant (*corr.*): *un prode cavaliere* un brave, vaillant chevalier ◆ (*s.m.*) *avanti, miei prodi!* en avant mes braves, mes preux! (*lett.*) **C** **codardo.**
prodése |pro'dese| *s.m.* (*mar.*) amarre *f.* de l'avant.
prodézza |pro'dettsa| *s.f.* **1** [*valore, coraggio*] bravoure, vaillance: *dimostrare la propria prodezza* démontrer sa bravoure, sa vaillance **2** [*impresa coraggiosa, eroica*] exploit *m.*,

prouesse: *le prodezze degli antichi eroi* les exploits, les prouesses des héros antiques ◇ (*per est.*) exploit: *la squadra ha compiuto una vera e propria prodezza* l'équipe a accompli un véritable exploit ◇ (*fam., iron.*) *bella prodezza mettersi contro dei bambini!* belle prouesse, de s'en prendre à des enfants!
prodière |pro'djɛre| *s.m.* [*marinaio che sta a prua*] brigadier ◇ (*sport*) barreur.
prodièro |pro'djɛro| *agg.* (*mar.*) de l'avant *loc. inv.*, avant *prep.*
prodigalità |prodigali'ta| *s.f. inv.* prodigalité *var.* → **generosità** [C] **avarizia.**
prodigalménte |prodigal'mente|, (*raro*) **prodigaménte** |prodiga'mente| *avv.* [→ PRODIGO] prodigalement (*raro*), prodiguement (*raro*).
prodigàre |prodi'gare| **A** *v.tr.* [*distribuire, dispensare con larghezza, con prodigalità*] prodiguer: *prodigare i propri beni* prodiguer ses biens; *prodigare lodi, incoraggiamenti* prodiguer des louanges, des encouragements ◇ (*loc. fig.*) *prodigare tutto sé stesso in, per q.c.* se prodiguer corps et âme pour qqch. **B** *v.pron. rifl.* PRODIGARSI [*darsi, dedicarsi con abnegazione e sacrifici*] se prodiguer: *prodigarsi per aiutare i deboli, per una giusta causa* se prodiguer pour aider les faibles, pour une juste cause; *i medici si sono prodigati per salvargli la vita* les médecins se sont prodigués pour lui sauver la vie.
prodìgio, i |pro'didʒo, i| *s.m.* miracle, prodige: *i prodigi di Gesù* les miracles de Jésus-Christ; *credere ai prodigi* croire aux prodiges → **miracolo** ◇ (*per est.*) *i prodigi della scienza, della tecnica* les prodiges de la science, de la technique; *quella persona è un prodigio d'intelligenza* cette personne est un prodige d'intelligence # *è una cura che fa prodigi* c'est une cure qui fait merveille ◇ (*loc.*) *bambino, ragazza prodigio* enfant, fille prodige.
prodigiosaménte |prodidʒosa'mente| *avv.* [→ PRODIGIOSO] prodigieusement.
prodigiosità |prodidʒosi'ta| *s.f. inv.* [*carattere eccezionale; portentosità*] prodigieux *m.*
prodigióso |prodi'dʒoso| *agg.* prodigieux*: *avvenimenti prodigiosi* événements prodigieux; *avere una memoria prodigiosa* avoir une prodigieuse mémoire → **miracoloso, portentoso** ✦ (*in funzione di s.m. sing.*) *un fatto, una qualità che ha del prodigioso* un fait, une qualité qui tient du prodige.
pròdigo, ghi |'prɔdigo, gi| *agg.* **1** prodigue: *un uomo prodigo* un homme prodigue ◇ (*loc.*) *il figliol prodigo* l'enfant, le fils prodigue **2** (*per est.*) prodigue: *essere prodigo di lodi, di complimenti, di premure* être prodigue de louanges, de compliments, d'attentions → **generoso** [C] **avaro.**
proditoriaménte |proditorja'mente| *avv.* [→ PRODITORIO] traîtreusement: *è stato proditoriamente ferito alle spalle* il a été traîtreusement blessé dans le dos.
proditòrio, i |prodi'tɔrjo, i| *agg.* [*da traditore; commesso a tradimento*] traître*: *comportamento proditorio* comportement traître; *un gesto proditorio* un geste traître.
pròdomo |'prɔdomo| *s.m.* → **pronao.**
pro domo sua |prɔ'dɔmo'sua| *loc. avv. e agg. inv.* (*lat.*) pro domo.
prodótto |pro'dotto| *s.m.* **1** produit: *i prodotti della terra, del sottosuolo* les produits de la terre, du sous-sol; *prodotti chimici, alimentari* produits chimique, alimentaires; *prodotti di bellezza* produits de beauté ◇ (*fig.*) fruit: *è un prodotto della sua fantasia* c'est le fruit de sa fantaisie; *un prodotto dell'ingegno umano* un fruit de l'intelligence humaine → **frutto 2** (*mat.*) produit.
prodròmico, ci, ca, che |pro'drɔmiko, tʃi, ka, ke| *agg.* (*med.*) prodromique.
pròdromo |'prɔdromo| *s.m.* prodrome (*lett.*): *i prodromi della crisi, della guerra* les prodromes de la crise, de la guerre ◇ (*med.*) *i prodromi della malattia* les prodromes (*corr.*) de la maladie.
producènte |produ'tʃɛnte| *agg.* [*che produce effetti positivi*] efficace, utile: *il suo atteggiamento è stato poco producente ai fini che si proponeva* son comportement a été peu efficace, utile quant aux buts qu'il se proposait [C] **controproducente.**
producìbile |produ'tʃibile| *agg.* [→ PRODURRE A] productible.
producibilità |produtʃibili'ta| *s.f. inv.* **1** possibilité *var.* de produire (un document, etc.) **2** → **produttività.**
prodùrre |pro'durre| (108) **A** *v.tr.* **1** [*generare, dare come frutto*] produire (75): *è un terreno che produce soltanto ortaggi* c'est un terrain qui produit seulement des légumes; *vitigni che producono ottimo vino* cépages qui produisent un vin excellent ◇ (*per est.*) *la reazione chimica produce anidride carbonica* la réaction chimique produit de l'anhydride carbonique; *organo che produce globuli bianchi* organe qui produit des globules blancs → **sprigionare 2** [*costruire; fabbricare*] produire: *una ditta che produce apparecchi elettronici, articoli sanitari* une entreprise qui produit des appareils électroniques, des articles sanitaires ✦ (*ass.*) *produrre artigianalmente, in serie* produire de manière artisanale, en série; *bisogna produrre di più* il faut produire plus ◇ (*cine.*) *produrre un film* produire un film ◇ (*fig.*) *è un artista che produce molte opere* c'est un artiste qui produit beaucoup → **creare 3** [*causare, provocare*] provoquer, causer, produire: *produrre rumore* provoquer du bruit; *il terremoto ha prodotto danni incalcolabili* le tremblement de terre a causé des dommages incalculables; *le sue parole hanno prodotto un grande effetto sugli uditori* ses paroles ont produit un grand effet sur l'assistance; *la cura non ha prodotto alcun effetto* la cure n'a produit aucun effet □ *prodursi una ferita alle mani, al viso* se blesser aux mains, au visage **4** [*presentare, mostrare*] produire: *produrre un certificato medico* produire un certificat médical; *produrre la documentazione richiesta* produire la documentation demandée → 1 **allegare** ◇ (*dir.*) *produrre dei testimoni* produire des témoins; *produrre prove inoppugnabili* produire des preuves incontestables → **addurre, citare B** *v.pron. rifl.* PRODURSI **1** [*esibirsi in uno spettacolo*] se produire: *prodursi sulle scene, in un numero di 'cabaret'* se produire sur la scène (sur les planches), dans un numéro de variétés **2** → *tr.* 3 □.
produttivaménte |produttiva'mente| *avv.* [→ PRODUTTIVO 1] d'une manière productive (*loc. inv.*): *investire produttivamente una certa somma di denaro* investir d'une manière productive une certaine somme → **fruttuosamente.**
produttivìstico, ci, ca, che |produtti'vistiko, tʃi, ka, ke| *agg.* d'encouragement à la productivité (*loc. inv.*): *una politica produttivistica* une politique d'encouragement à la productivité; *incentivi produttivistici* encouragements à la productivité.
produttività |produttivi'ta| *s.f. inv.* **1** (*econ.*) productivité (*var.*): *la produttività di un'impresa* la productivité d'une entreprise; *aumentare la produttività* augmenter la productivité ◇ (*loc.*) *premio di produttività* prime de, à la productivité ~ *produttività di un bene* productivité d'un bien **2** [*capacità di produrre*] productivité: *la produttività di un terreno* la productivité d'un terrain.
produttìvo |produt'tivo| *agg.* **1** [*che produce*] productif*: *terreno produttivo* terrain productif ◇ (*per est.*) [*che dà un utile, un guadagno*] *un investimento produttivo* un investissement productif **2** [*che riguarda la produzione industriale*] de production (*loc. inv.*): *processo, ciclo produttivo* processus, cycle de production [C] 1 **improduttivo.**
produttóre, trice |produt'tore, tritʃe| *s.* **1** producteur*: *produttore di vino, di acque minerali* producteur de vin, d'eau minérale; *dal produttore al consumatore* du producteur au consommateur ◇ (*persone*) *un produttore di reddito* un producteur de revenus ✦ (*agg.*) *una ditta produttrice* une maison productrice **2** (*cine.*) producteur ✦ (*agg.*) *la società produttrice di un film* la société productrice d'un film.
produzióne |produt'tsjone| *s.f.* **1** [→ PRODURRE A 1] production: *le zone adatte alla produzione del riso, del vino* les zones propices à la production du riz, les zones vinicoles ◇ [*ciò che viene prodotto*] *quest'anno la produzione è stata abbondante, mediocre* cette année la production a été abondante, médiocre **2** [→ PRODURRE A 2] production: *produzione in serie* production en série; *ciclo di produzione* cycle de production; *costi di produzione* coûts de production ◇ [*il prodotto*] *è una produzione scadente* c'est une production médiocre; *fermare, incrementare la produzione* arrêter, augmenter la production **3** (*fig.*) [→ PRODURRE A 2] ensemble *m.* de l'œuvre, des œuvres: *fare un catalogo della produzione di Picasso* faire un catalogue de l'ensemble des œuvres de Picasso **4** (*cine.*) production # *quell'attore, quel regista è stato imposto dalla produzione* cet acteur, ce metteur en scène a été imposé par la maison qui finance le film **5** (*dir.*) production: *produzione di testimoni, di prove* production de témoins, de preuves.
proemiàle |proe'mjale| *agg.* (*lett.*) [*che serve da proemio, da introduzione*] préliminaire (*corr.*).
proèmio, i |pro'ɛmjo, i| *s.m.* (*letter.*) proème ◇ (*per est.*) [*introduzione*] préface *f.*, préambule, introduction *f.*
profanaménte |profana'mente|

avv. (*raro*) [→ PROFANO] d'une manière profane *loc. inv.* (*corr.*).
profanaménto |profana'mento| *s.m.* (*raro*) → **profanazione.**
profanàre |profa'nare| *v.tr.* **1** (*relig.*) [*violare q.c. di sacro*] profaner: *profanare un tempio* profaner un temple **2** (*per est.*) [*offendere, macchiare*] profaner: *profanare la memoria, il ricordo di qc.* profaner la mémoire, le souvenir de qqn.
profanatóre, trice |profana'tore, tritʃe| *s. e agg.* profanateur*.
profanazióne |profanat'tsjone| *s.f.* [→ PROFANARE] profanation.
profanità |profani'ta| *s.f. inv.* caractère *m. var.* profane ◇ (*raro*) (*per est.*) acte *m. var.* (*corr.*) profane.
profàno |pro'fano| *agg.* **1** (*relig.*) profane: *persone profane* personnes profanes; *musica profana* musique profane ✦ (*s.*) *non ammettere i profani ai riti liturgici* ne pas admettre les profanes aux rites liturgiques ✦ (*s.m.*) *mescolare il sacro al profano* mêler le sacré au profane **2** (*per est.*) impie: *parole profane* paroles impies; *toccare q.c. con mano profana* porter sur qqch. une main impie **3** (*persone*) [*incompetente*] profane: *essere profano di musica* être profane en musique ✦ (*s.*) *in quel campo è un profano* dans ce domaine, c'est un profane ◻C 1 **sacro 1.**
profàse |pro'faze| *s.f.* (*biol.*) prophase.
profènda |pro'fɛnda| *s.f.* [*razione di biada per i cavalli*] picotin *m.*, provende.
proferìbile |profe'ribile| *agg.* [→ PROFERIRE 2] qu'on peut, qu'on ose proférer *loc.*, prononçable: *parole non proferibili* mots qu'on n'ose pas prononcer, proférer.
proferìre |profe'rire| (197) *v.tr.* **1** [*articolare, pronunziare* (*un suono linguistico*)] prononcer (2): *proferire bene, male una vocale, una consonante* prononcer bien, mal une voyelle, une consonne; *non riesce a proferire la 'r'* il n'arrive pas à prononcer le 'r' **2** (*per est.*) [*dire, esprimere*] proférer (8): *proferire delle minacce, un giuramento* proférer des menaces, un serment; *non proferì parola* il ne proféra pas un mot, ne souffla pas mot.
professànte |profes'sante| *agg.* [*credente che manifesta apertamente la propria fede*] pratiquant: *cattolico professante* catholique pratiquant.
professàre |profes'sare| **A** *v.tr.* **1** [*dichiarare apertamente la propria ideologia, religione, i propri sentimenti*] professer: *professare le proprie idee liberali, marxiste* professer ses idées libérales, marxistes; *professare una religione* professer une religion # *professare la propria ignoranza, incompetenza* confesser, admettre son ignorance, son incompétence → **ammettere, confessare**; *professare il proprio amore a qc.* déclarer son amour à qqn. → **dichiarare** ◇ (*relig.*) *professare i voti religiosi* prononcer (2) ses vœux **2** [*esercitare* (*una professione*)] exercer (2): *professare l'avvocatura* exercer la profession d'avocat ✦ (*ass.*) *quel medico non professa più* ce médecin n'exerce plus **B** *v.pron. rifl.* PROFESSARSI [→ *tr.* 1] se déclarer: *professarsi credente, ateo* se déclarer croyant, athée; *professarsi incompetente in q.c.* se déclarer incompétent en qqch. → **dichiarar(si).**
professionàle |professjo'nale| *agg.* professionnel*: *preparazione, correttezza professionale* préparation, correction professionnelle; *deformazione professionale* déformation professionnelle; *malattia professionale* maladie professionnelle; *segreto professionale* secret professionnel # *l'albo professionale* l'ordre de la profession ◇ (*nell'ordinamento scolastico*) *l'istruzione professionale* l'enseignement professionnel; *istituto professionale* école professionnelle ◇ (*dir.*) *delinquente professionale* délinquant récidiviste.
professionalménte |professjonal'mente| *avv.* [→ PROFESSIONALE] professionnellement.
professionalità |professjonali'ta| *s.f. inv.* [*carattere professionale di un'attività*] professionnalisme *m. var.* ◇ (*dir.*) caractère *m. var.* professionnel.
professióne |profes'sjone| *s.f.* **1** profession: *la professione del medico, dell'avvocato* la profession de médecin, d'avocat # *esercitare la libera professione* exercer une profession libérale ◇ *loc.* DI PROFESSIONE professionnel*, *agg.* de profession: *un pittore, un musicista di professione* un peintre, un musicien professionnel; *è un ladro di professione* c'est un voleur de profession ~ PER PROFESSIONE de profession # *fare l'attore, il fotografo per professione* exercer le metier d'acteur, de photographe **2** [→ PROFESSARE A 1] profession; déclaration: *fare* (*pubblica*) *professione di fede* faire profession de foi ‖ *le sue professioni di stima non mi convincono* ses déclarations d'estime ne me convainquent pas ◇ (*relig.*) *la professione* (*solenne, semplice*) *dei voti religiosi* la profession (solennelle, simple) des vœux religieux.
professionìsmo |professjo'nizmo| *s.m.* **1** exercice d'une profession libérale **2** (*sport*) professionnalisme # *passare al professionismo* passer professionnel ◻C 2 **dilettantismo.**
professionìsta |professjo'nista| *s.* **1** professionnel*: *è il miglior professionista in quel campo* c'est le meilleur professionnel dans cette discipline # *libero professionista* libre praticien, personne qui exerce une profession libérale, professionnel ◇ (*per est.*) *i professionisti del furto, dello scasso* les professionnels du vol, de l'effraction **2** (*sport*) professionnel: *passare, diventare professionista* passer professionnel, pro (*fam.*) ✦ (*agg.*) *un corridore professionista* un coureur professionnel ◻C 2 **dilettante.**
professionìstico, ci, ca, che |professjo'nistiko, tʃi, ka, ke| *agg.* [*che riguarda il professionismo*] professionnel* ◇ (*sport*) professionnel.
profèsso |pro'fɛsso| *agg.* (*eccl.*) profès* ✦ (*s.*) *un professo, una professa* un profès, une professe.
professoràle |professo'rale| *agg.* du professorat *loc. inv.*, professoral*: *esperienza professorale* expérience du professorat ◇ (*spreg.*) professoral: *con quel suo tono professorale...* avec son ton professoral... → **cattedratico, saccente.**
professoràto |professo'rato| *s.m.* professorat.
professóre |profes'sore| *s.m.* professeur, prof (*fam.*): *professore di scuola media, di liceo, universitario* professeur d'école secondaire, de lycée, d'université; *professore di italiano, di matematica* professeur d'italien, de mathématiques; *professore di ruolo, incaricato, supplente* (professeur) titulaire, chargé de cours, suppléant # *il prof. Bianchi* M. Bianchi; *'professore, posso uscire?'* Monsieur, puis-je sortir? ◇ [*professionista medico*] *mi son fatta visitare dal professor X* j'ai consulté le professeur X ◇ (*nei complessi musicali*) *professore d'orchestra* instrumentiste ◇ (*fig.*) [*persona dotta, esperta*] expert: *in quel campo è un professore, ne sa quanto un professore* dans ce domaine c'est un expert, il est savant comme un livre ◇ (*spreg.*) *non darti tante arie da professore!* ne te donne pas tant d'airs de savant!
professoréssa |professo'ressa| *s.f.* professeur *m.*, prof *m.* (*fam.*): *la professoressa di lettere* le professeur de lettres # *la prof. Rossi* M.me, M.elle le professeur Rossi.
profèta |pro'fɛta| *s.m.* prophète: *i profeti dell'Antico Testamento* les prophètes de l'Ancien Testament ◇ (*loc.*) *profeta di sciagure, di sventure* prophète de malheur ~ *sono stato facile profeta* j'ai été bon prophète ◇ (*prov.*) *nessuno è profeta in patria* nul n'est prophète dans, en son pays.
profetàre |profe'tare| *v.tr.* [*predire per ispirazione divina*] prophétiser.
profetéssa |profe'tessa| *s.f.* prophétesse.
profeticaménte |profetika'mente| *avv.* [→ PROFETICO] prophétiquement.
profètico, ci, ca, che |pro'fɛtiko, tʃi, ka, ke| *agg.* prophétique: *le sue parole si rivelarono profetiche* ses paroles se révélèrent prophétiques.
profetìsmo |profe'tizmo| *s.m.* (*st. relig.*) prophétisme.
profetizzàre |profetid'dzare| *v.tr.* [*predire; fare profezie*] prophétiser: *profetizzare il regno di Dio* prophétiser le règne de Dieu; *profetizzare un'imminente crisi* prophétiser une crise imminente ✦ (*ass.*) prophétiser.
profettìzio, i |profet'tittsjo, i| *agg.* (*dir.*) profectif*.
profezìa |profet'tsia| *s.f.* **1** (*relig.*) prophétie **2** [*previsione del futuro*] prophétie: *si sono avverate le sue profezie* ses prophéties se sont révélées exactes.
profferìre |proffe'rire| (197) *v.tr.* (*raro, lett.*) → **offrire.**
proffèrta |prof'fɛrta| *s.f.* (*raro, lett.*) [*proposta, offerta*] proposition (*corr.*): *profferte amorose* propositions (amoureuses).
proficuaménte |profikua'mente| *avv.* [*utilmente; con profitto*] profitablement, avec profit (*loc. inv.*): *seguire proficuamente un corso aziendale* suivre avec profit un cours de gestion.
proficuità |profikui'ta| *s.f. inv.* caractère *m. var.* profitable.
proficuo |pro'fikuo| *agg.* (*raro*) [*vantaggioso, utile*] profitable, utile: *una lettura proficua* une lecture profitable; *è stato un incontro proficuo* cela a été une rencontre profitable, utile.
profilàre |profi'lare| **A** *v.tr.* **1** [*tracciare, delineare i contorni di q.c.*] esquisser: *profilare un volto, un profilo a matita, col cesello* esquisser un visage au crayon, au ciselet ◇ (*fig.*) [*tracciare*] tracer (2): *profilare il carattere di un*

personaggio con pochi tratti essenziali tracer le caractère d'un personnage en quelques traits essentiels **2** (*tess.*) [*ornare con una guarnizione*] border, passepoiler: *profilare una giacca di velluto* border, passepoiler une veste de velours **3** (*mecc.*) [*tagliare secondo un certo profilo*] profiler: *profilare una sbarra, una lamina di acciaio* profiler une barre, une lame d'acier ◇ (*aer.*) *profilare la sagoma di un aereo* profiler le modèle d'un avion **B** *v.pron. intr.* PROFILARSI **1** [→ *tr.* 1] se profiler: *la vetta si profilava contro l'azzurro del cielo* le sommet se profilait sur le bleu du ciel → **delinear(si), stagliar(si)** **2** (*fig.*) [*apparire imminente, minaccioso*] menacer (2) (*tr.*): *si profila una nuova crisi economica, politica* une nouvelle crise économique, politique nous menace → **incombere.**

profilàssi |profi'lassi| *s.f. inv.* (*med.*) prophylaxie *var.*

profilàto |profi'lato| **1** *agg.* [*tracciato, delineato*] esquissé: *una figura profilata a matita* une figure esquissée au crayon # *un naso molto profilato* un nez très fin → **sottile** ◇ (*mecc.*) *una trave profilata a L* une poutre profilée en L ◇ (*tess.*) *una gonna profilata* une jupe passepoilée, bordée ◇ (*fig.*) *un carattere chiaramente profilato* un caractère nettement tracé **2** *s.m.* (*mecc.*) profilé: *profilati a T, a doppia T, a U* profilés en T, en H, en U.

profilatóio, i |profila'tojo, i| *s.m.* (*tecnol.*) ciselet à bout rond.

profilatrice |profila'tritʃe| *s.f.* (*tecnol.*) machine à profiler.

profilàttico, ci, ca, che |profi'lattiko, tʃi, ka, ke| *agg.* prophylactique: *cure profilattiche* soins prophylactiques ◆ (*s.m.*) *un profilattico* un préservatif → **preservativo.**

profilatùra |profila'tura| *s.f.* **1** (*mecc.*) profilage (*m.*): *la profilatura di un'autovettura* le profilage d'une voiture **2** (*tess.*) bord *m.*, passepoil (*m.*): *la profilatura di una camicetta* le bord, le passepoil d'un corsage # *una giacca con profilature di velluto* une veste bordée de velours.

profìlo |pro'filo| *s.m.* **1** profil; silhouette (*f.*): *il profilo delle montagne* le profil des montagnes ‖ *si stagliò all'orizzonte il profilo di una nave* la silhouette d'un navire se profila à l'horizon ◇ (*loc.*) *profilo geologico* profil géologique; *profilo fluviale* profil fluvial, d'équilibre; *profilo alare* profil d'aile **2** [*linea del volto*] profil: *avere un bel profilo, un profilo delicato* avoir un beau profil, un profil délicat; *disegnare un profilo* dessiner un profil ◇ *loc.* DI PROFILO de profil: *fotografare, ritrarre di profilo* photographier, prendre de profil; *mettersi di profilo* se mettre de profil; *è una bella ragazza, soprattutto vista di profilo* c'est une jolie fille, surtout vue de profil ◇ *loc. fig.* SOTTO IL PROFILO du point de vue: *esaminiamo la cosa sotto il profilo giuridico, umano* examinons la chose du point de vue juridique, humain; *sotto un certo profilo la tua tesi è sostenibile* d'un certain point de vue, ta thèse est soutenable **3** (*mecc.*) → **profilatoio** **4** (*tess.*) bordure *f.*, passepoil: *una gonna con dei profili gialli* une jupe avec une bordure jaune, des passepoils jaunes **5** (*fig.*) [*schizzo, ritratto di un personaggio*] portrait: *il profilo del protagonista di un romanzo* le portrait du protagoniste d'un roman ◇ (*per est.*) *tracciare i profili degli alunni di una classe* tracer des portraits des élèves d'une classe ◇ [*breve saggio letterario*] aperçu: *pubblicare un profilo sul romanticismo* publier un aperçu sur le romantisme.

'profiterole' |prɔfitʀɔl| *s.m. inv.* profiterole *var.*

profittàre |profit'tare| *v.intr.* (*aus. 'avere'*) **1** [*trarre profitto, utilità*] faire (45) *tr.* des progrès: *profittare negli studi* faire des progrès dans ses études → **progredire** **2** [*dare un guadagno, un profitto*] rendre (53): *un terreno che profitta molto, poco* un terrain qui rend beaucoup, peu **3** (*fam.*) [*approfittare*] abuser (*corr.*), profiter (*corr.*): *non vorrei profittare troppo della tua cortesia* je ne voudrais abuser de ta gentillesse; *profittare della buona fede di qc.* profiter de la bonne foi de qqn. → **abusare.**

profittatóre, trice |profitta'tore, tritʃe| *s.* [*chi trae profitti illeciti*] profiteur*: *un profittatore di guerra* un profiteur de guerre → **sfruttatore.**

profittévole |profit'tevole| *agg.* (*raro, lett.*) → **utile, vantaggioso.**

profittevolménte |profittevol'mente| *avv.* (*raro, lett.*) → **utilmente, vantaggiosamente.**

profitto |pro'fitto| *s.m.* **1** profit: *trarre profitto da q.c.* tirer profit de qqch.; *ho quasi finito la cura, ma non ne sento alcun profitto* j'ai presque fini la cure, mais je n'en ressens aucun profit # *ho cercato di convincerlo, ma con poco, scarso, nessun profitto* j'ai essayé de le convaincre, avec peu, très peu de succès, sans aucun succès → **giovamento, utilità** ◇ (*loc.*) *mettere a profitto q.c.* mettre à profit qqch. **2** (*nelle valutazioni scolastiche*) [*progresso; rendimento*] progrès, rendement: *valutare il profitto globale di una classe, di un alunno* évaluer le rendement global d'une classe, d'un élève; *voto di profitto* note de progrès; *il suo profitto lascia un po' a desiderare* son rendement laisse un peu à désirer **3** (*econ.*) profit: *profitto netto, lordo* profit net, lourd; *conto profitti e perdite* compte (des) profits et pertes; *profitto di congiuntura, di speculazione* profit de conjoncture, de spéculation; *ricavare un profitto illecito* retirer un profit illicite **C** 3 **perdita.**

proflùvio, i |pro'fluvjo, i| *s.m.* (*raro*) [*flusso abbondante*] flux (*corr.*), flot (*corr.*): *un profluvio di sangue* un flux, un flot de sang; *un profluvio di lacrime* des flots de larmes ◇ (*fig.*) [*abbondanza*] *un profluvio di lamentele, di critiche* un flux, un flot de plaintes, de critiques.

profondaménte |profonda'mente| *avv.* **1** [→ PROFONDO I 1] profondément: *conficcare profondamente un palo* enfoncer profondément un pieu ◇ (*fig.*) *dormire, respirare profondamente* dormir, respirer profondément **2** [→ PROFONDO I 3] profondément: *era profondamente commosso, turbato* il était profondément touché, troublé → **intensamente.**

profondaménto |profonda'mento| *s.m.* (*raro*) → **sprofondamento.**

profondàre |profon'dare| **A** *v.tr.* **1** (*raro*) [*far penetrare a fondo; affondare*] enfoncer (2) (*corr.*): *profondare l'aratro nel terreno* enfoncer la charrue dans la terre **2** (*raro*) [*rendere più profondo*] approfondir (*corr.*): *profondare un fossato* approfondir un fossé **B** *v.intr.* (*aus. 'essere'*) (*raro*) → **sprofondare** **C** *v.pron.* PROFONDARSI → **sprofondar(si).**

profóndere |pro'fondere| (146) **A** *v.tr.* [*elargire con generosità; prodigare*] prodiguer, dissiper: *profondere ricchezze* prodiguer des richesses; *ci ho profuso un capitale!* j'y ai dissipé, gaspillé un capital! **B** *v.pron. rifl.* PROFONDERSI (*in q.c.*) [*abbandonarsi a; sovrabbondare di*] se confondre (53) (en qqch.): *profondersi in mille scuse* se confondre en mille excuses; *profondersi in sperticati elogi* se confondre en louanges outrées.

profondìmetro |profon'dimetro| *s.m.* (*mar.*) profondimètre.

profondità |profondi'ta| *s.f. inv.* **1** [*il fatto di essere profondo*] profondeur (*var.*): *la profondità della voragine lo atterriva* la profondeur du gouffre l'effrayait; *mi preoccupa la profondità della ferita* la profondeur de la blessure m'inquiète ◇ (*fig.*) *la profondità delle tenebre, della notte* la profondeur des ténèbres, de la nuit; *la profondità di un concetto* la profondeur d'un concept; *mi stupisce la profondità del suo odio* la profondeur de sa haine m'étonne **2** *spec. al plur.* [*luogo profondo*] profondeurs: *scendere nelle profondità marine* descendre dans les profondeurs de la mer ◇ (*fig.*) *scandagliare le profondità dell'animo umano* scruter les profondeurs de l'âme humaine ◇ *loc.* IN PROFONDITÀ: *immergersi in profondità* s'immerger par le fond; *pescare in profondità* pêcher au fond; *il proiettile è penetrato in profondità* le projectile a pénétré profondément, en profondeur; (*fig.*) *analizzare in profondità la situazione* analyser en profondeur la situation ~ DI PROFONDITÀ de profondeur: *flora di profondità* flore de profondeur; *bomba di profondità* bombe de profondeur **3** [*distanza misurata dall'alto verso il basso*] profondeur: *misurare la profondità delle acque di un lago, di un tratto di mare* mesurer la profondeur des eaux d'un lac, d'un tronçon de mer; *quant'è la profondità?* quelle est la profondeur? ◇ (*per est.*) [*misurazione in senso orizzontale*] *la profondità di un foro, di un mobile* la profondeur d'un trou, d'un meuble ◇ (*foto., ott.*) *profondità di campo, di fuoco* profondeur de champ, de foyer ◇ (*mar.*) *timone di profondità* gouvernail de profondeur.

profóndo |pro'fondo| **I** *agg.* **1** profond: *acque profonde* eaux profondes; *una profonda voragine* un gouffre profond; *un pozzo profondo 50 metri* un puits profond de 50 mètres; *un armadio profondo 60 centimetri* une armoire profonde de 60 centimètres, de 60 centimètres de profondeur, d'une profondeur de 60 centimètres # (*mettere*) *profonde radici* s'enraciner profondément ◇ (*loc.*) *una ferita profonda* une blessure profonde ~ *inchino profondo* profonde révérence ◇ (*loc. fig.*) *sonno profondo* sommeil profond ~ *sguardo profondo, occhi profondi* regard profond, yeux profonds ~ *notte profonda* nuit profonde ~ *sospiro profondo* soupir profond ~ *colore profondo* couleur profonde → 1 **carico** ~ *buio profondo* obscurité profonde → **pesto** ~ *silenzio profondo* profond silence ~ *nel profondo Sud* au cœur du Sud ◇ (*mus.*) *basso profondo* basse-contre, basse profonde, noble **2** (*fig.*) (*riferito ad attività mentali*) profond: *una profonda conoscenza di q.c.* une profonde connaissance de qqch.; *concetti, pensieri profondi* concepts profonds, pensées profondes; *una profonda verità* une profonde vérité ◇ (*persone*) *un profondo conoscitore dell'animo umano* un profond connaisseur de l'âme humaine; *come è profondo, questo filosofo!* comme il est profond, ce philosophe! **3** (*fig.*) (*riferito a sentimenti*) profond: *nutrire un odio profondo per qc.* nourrir une profonde haine pour qqn. # *è con profondo rammarico che...* c'est à mon grand regret que... **II** *s.m.* **1** [→ *agg.* 1] profondeur (*f.*): *nel profondo del mare* dans les profondeurs de la mer ◇ (*fig.*) profond: *trarre un sospiro dal profondo del petto* pousser un soupir du plus profond de son cœur, un soupir (venu) des talons **2** (*fig.*) [→ *agg.* 3] profond: *sono sentimenti nascosti nel profondo del suo animo, del suo cuore* ce sont des sentiments cachés au plus profond de son âme, de son cœur ◇ (*psicol.*) profondeur: *l'analisi, la psicologia del profondo* l'analyse, la psychologie des profondeurs **C** I 2 **superficiale**.

profórma, pro fórma |pro'fɔrma| *loc. inv.* [*per pura formalità*] pour la forme: *dare una controllata pro forma* contrôler pour la forme ✦ (*con valore di agg. inv.*) *un controllo pro forma* un contrôle pro forma; *una fattura pro forma* une facture pro forma ✦ (*in funzione di s.m. inv.*) formalité (*f. var.*): *è soltanto un pro forma* ce n'est qu'une formalité.

pròfugo, ghi, ga, ghe |'prɔfugo, gi, ga, ge| *s.* [*chi è costretto a vivere in terra straniera o comunque lontano dal suo paese*] réfugié; rescapé: *un profugo politico* un réfugié politique ‖ *i profughi del terremoto, dell'alluvione* les rescapés du tremblement de terre, de l'inondation ◇ (*loc.*) *campo* (*di, per*) *profughi* camp de réfugiés.

profumàre |profu'mare| **A** *v.tr.* [*cospargere di profumo; rendere profumato*] parfumer: *profumare il fazzoletto di lavanda* parfumer son mouchoir à la lavande; *quei fiori profumano tutta la stanza* ces fleurs parfument toute la pièce □ *profumarsi i vestiti* parfumer ses vêtements **B** *v.intr.* (*dif. del p.p.*) [*emanare profumo*] sentir (21) bon: *come profuma questa rosa!* comme cette rose sent bon! **C** *v.pron. rifl.* PROFUMARSI **1** [→ *tr.* 1] se parfumer: *profumarsi di colonia* se parfumer à l'eau de cologne **2** → *tr.* □.

profumataménte |profumata'mente| *avv.* [→ PROFUMATO 2] grassement: *l'ho pagato profumatamente!* je l'ai grassement payé!; *farsi pagare profumatamente* se faire grassement payer → **lautamente, moltissimo.**

profumàto |profu'mato| *agg.* **1** [*cosparso di profumo; che emana profumo*] parfumé: *una signora tutta profumata* une dame très parfumée; *una rosa molto profumata* une rose très parfumée **2** (*fig.*) [*molto caro; generoso*] très cher (*avv.*): *pagare profumato* payer très cher # *mi hanno presentato un conto piuttosto profumato* ils m'ont présenté une note plutôt salée (*fam.*).

profumerìa |profume'ria| *s.f.* **1** [*negozio dove si vendono profumi*] parfumerie: *l'ho comprato in profumeria* je l'ai acheté à la parfumerie **2** [*fabbricazione di profumi*] parfumerie: *erba usata in profumeria* herbe utilisée en parfumerie ◇ [*assortimento di profumi*] *commerciante in profumeria* commerçant en parfumerie.

profumièra |profu'mjɛra| *s.f.* (*raro*) [*vaso in cui si conservano o si bruciano profumi*] cassolette (*corr.*), brûle-parfum(s) *m.* (*corr.*).

profumière |profu'mjɛre| *s.* [*negoziante o fabbricante di profumi*] parfumeur*.

profumièro |profu'mjɛro| *agg.* [*che riguarda i profumi*] du parfum *loc. inv.*, des parfums (*loc. inv.*): *industria profumiera* industrie du parfum.

profumista |profu'mista| *s.* [*addetto alla lavorazione di profumi*] parfumeur*.

profùmo |pro'fumo| *s.m.* **1** [*piacevole esalazione odorosa*] parfum: *il profumo della rosa* le parfum de la rose; *che profumo, quei fiori!* quel parfum ont ces fleurs! ◇ (*fig.*) *il profumo dell'innocenza, della poesia* le parfum de l'innocence, de la poésie **2** [*miscela commerciale profumata*] parfum: *un flaconcino di profumo* un flacon de parfum; *mettersi un po' di profumo* se mettre un peu de parfum **C** 1 **puzza.**

profusaménte |profuza'mente| *avv.* **1** [→ PROFUSO 1] à profusion *loc. inv.*, profusément (*lett.*): *spendere, guadagnare profusamente* dépenser, gagner à profusion, profusément **2** [→ PROFUSO 2] abondamment: *il sudore gli colava profusamente da tutte le parti* la sueur lui coulait abondamment de partout → **abbondantemente 3** [→ PROFUSO 3] prolixement (*lett.*), longuement: *parlare profusamente* parler prolixement.

profusióne |profu'zjone| *s.f.* **1** [*grande abbondanza*] profusion: *profusione di elogi, di scuse* éloges, excuses à profusion; *raccontare con profusione di particolari* raconter avec une profusion de détails ◇ *loc. avv.* A PROFUSIONE à profusion: *averne* (*di soldi*) *a profusione* avoir de l'argent à profusion **2** (*raro, lett.*) [*spargimento abbondante*] flot *m.* (*corr.*).

profùso |pro'fuzo| *agg.* **1** [*abbondante, copioso*] profus (*lett.*), abondant: *tesori profusi* (*in quantità*) trésors profus (en abondance); *elogi profusi* éloges profus, abondants **2** (*raro*) [*versato in quantità*] abondant: *sudore, sangue profuso* sueur abondante, sang abondant **3** (*raro, fig.*) [*che si prolunga nel tempo*] prolixe: *un discorso profuso* un discours prolixe.

progeneràre |prodʒene'rare| *v.tr.* (*raro, lett.*) → **procreare, generare.**

progènie |pro'dʒɛnje| *s.f. inv.* (*lett.*) [*stirpe, discendenza*] descendants *pl.*, race (*var.*): *vantare la propria progenie* vanter ses descendants, sa race, son origine ◇ (*scherz.*) *come sta la progenie?* comment va ta progéniture? → **prole.**

progenitóre, trice |prodʒeni'tore, tritʃe| *s.* [*capostipite di una famiglia, di una stirpe*] fondateur* d'une famille ◇ *al plur.* [*antenati*] ancêtres, aïeux* (*lett.*): *i nostri progenitori* nos ancêtres, nos aïeux.

progestativo |prodʒesta'tivo| *agg.* (*biol.*) progestatif*.

progesteróne |prodʒeste'rone| *s.m.* (*biol., chim.*) progestérone.

progettàre |prodʒet'tare| *v.tr.* (*tecnol.*) [*elaborare, studiare preparandone il progetto*] projeter (5): *progettare un ponte, una diga, un grattacielo* projeter un pont, une digue, un gratte-ciel ◇ (*fig.*) *progettare una fuga* projeter une fuite; *progettare un safari* projeter un safari → **ideare, preparare.**

progettazióne |prodʒettat'tsjone| *s.f.* [→ PROGETTARE] projet *m.*, plan (*m.*): *la progettazione di una strada* le projet, le plan d'une route.

progettista |prodʒet'tista| *s.* projeteur *m.*, auteur *m.* du projet, architecte (*m.*): *il progettista della nuova autovettura di serie* l'auteur du projet de la nouvelle voiture de série; *il progettista del grattacielo* l'architecte du gratte-ciel ✦ (*in funzione di agg. inv.*) *architetto progettista* architecte.

progettìstica, che |prodʒet'tistika, ke| *s.f.* planning *m.*, technique de réalisation des projets industriel, de construction.

progettìstico, ci, ca, che |prodʒet'tistiko, tʃi, ka, ke| *agg.* relatif* au planning, à la réalisation des projets.

progètto |pro'dʒɛtto| *s.m.* **1** projet, plan: *il progetto della metropolitana* le projet du métropolitain; *non ho ancora visto il progetto della nuova casa* je n'ai pas encore vu les plans de la nouvelle maison ◇ (*costruzioni*) *progetto di massima* avant-projet; *progetto esecutivo, definitivo* projet exécutif, définitif ◇ (*dir.*) *progetto di legge* projet de loi **2** (*fig.*) projet: *per le prossime ferie non ho ancora fatto nessun progetto* je n'ai pas encore fait de projets pour les prochaines vacances → **programma**; *son tutti progetti campati in aria!* tout ça, ce sont des projets en l'air → **proposito**; *progetti di matrimonio* projet de mariage # *il direttore aveva dei progetti sul tuo conto* le directeur avait des intentions sur ton compte (te concernant).

proglòttide |pro'glɔttide| *s.f.* (*zool.*) proglottis *m.*

prognatismo |proɲɲa'tizmo| *s.m.* (*anat.*) prognathisme.

prognàto |proɲ'ɲato| *agg.* (*anat.*) prognathe.

prògnosi |'prɔɲɲozi| *s.f. inv.* (*med.*) pronostic (*m. var.*): *la prognosi è riservata* le pronostic est réservé; *è stato ricoverato con una prognosi di 20 giorni* il a été hospitalisé avec un pronostic de guérison en une vingtaine de jours.

prognòstico, ci, ca, che |proɲ'ɲɔstiko, tʃi, ka, ke| *agg.* (*med.*) pronostique.

progràmma |pro'gramma| *s.m.* **1** programme: *programma di lavoro, di ricerche* programme de travail, de recherches; *che programmi hai per questa sera?* quel est ton programme pour ce soir? # *quest'anno non voglio far programmi per le ferie* cette année je ne veux pas faire de projets pour les vacances ◇ (*nella didattica*) *il programma* (*scolastico*) le programme (scolaire): *i programmi ministeriali* les programmes ministériels; *attenersi ai programmi ministeriali* s'en tenir aux programmes ministériels ◇ (*teat.*) *il programma della stagione sinfonica della Scala* le programme de la saison symphonique de la Scala; *hai comperato il programma della serata?* as-tu acheté le programme de la soirée? ◇ (*per est., cine., tv*) *un vecchio programma* un vieux programme; *hai visto il programma della televisione di ieri sera?* est-ce que tu as vu le programme de la télévision, heir soir? ◇ (*polit.*) *presentare il programma elettorale* présenter le programme électoral; *il programma del nuovo governo* le programme du nouveau gouvernement ◇ (*mus.*) *musica a programma* musique à programme ◇ *loc. avv.* IN PROGRAMMA au programme: *che cosa c'è in programma questa sera a teatro, alla tv?* qu'est-ce qu'il y a au programme ce soir au théâtre, à la télé? # *stasera ho in programma di uscire a cena con amici* ce soir j'ai l'intention d'aller dîner avec des amis ~ FUORI PROGRAMMA hors programme: *fuori programma, trasmettiamo un breve documentario* hors programme, nous passons un bref documentaire; *quella gita era fuori programma* cette promenade était hors programme ◇ (*loc. fig., fam.*) *ha un nome che è tutto un programma!* il a un nom qui est tout un programme! **2** (*elettron.*) programme: *il programma di un calcolatore elettronico* le programme d'un ordinateur.

programmàbile |program'mabile| *agg.* [→ PROGRAMMARE] programmable.

programmàre |program'mare| *v. tr.* [*mettere in programma; proporre come programma*] projeter (5): *programmare un lavoro, un ciclo di produzione* projeter un travail, un cycle de production; *programmare una gita, un'escursione* projeter une promenade, une excursion; *programmare una serie di riforme sociali* projeter une série de réformes sociales ◇ (*nel mondo dello spettacolo*) passer: *programmare un film, una commedia musicale* passer un film, une comédie musicale; *il film viene programmato contemporaneamente in due sale* on passe, on donne le film dans deux salles en même temps ◇ (*elettron.*) programmer: *programmare una serie di dati con il calcolatore* programmer une série de données avec un calculateur.

programmàtico, ci, ca, che |program'matiko, tʃi, ka, ke| *agg.* relatif* au programme, conforme à un programme: *scelte programmatiche* choix relatifs au programme; *il discorso programmatico del governo* le discours relatif au programme du gouvernement.

programmatóre, trice |programma'tore, tritʃe| *s.* programmeur*.

programmazióne |programmat'tsjone| *s.f.* [→ PROGRAMMARE] programmation: *programmazione della produzione industriale* programmation de la production industrielle; *la programmazione di un calcolatore elettronico* la programmation d'un ordinateur # *il film ha incassato dieci milioni nei primi giorni di programmazione* le film a encaissé dix millions les premiers jours d'affiche; *uno spettacolo di prossima programmazione* un spectacle qui passera prochainement, sera transmis prochainement.

programmista |program'mista| *s.* **1** [*chi espone e commenta i programmi radiofonici e televisivi*] programmateur* **2** (*raro*) → **programmatore.**

progredìre |progre'dire| (197) *v. intr.* (*aus. 'avere', spec. con sogg. di persona; aus. 'essere', spec. con sogg. di cosa*) [*andare avanti; procedere verso un fine prestabilito*] avancer (2) (*aus.* avoir), progresser (*aus.* avoir): *il lavoro progredisce* (*bene*) le travail avance (bien); *progredire nel lavoro, nella carriera* avancer, progresser dans son travail, dans sa carrière ◇ [*fare progressi; migliorare*] faire (45) *tr.* des progrès, progresser: *la tecnica è progredita notevolmente* la technique a fait des progrès considérables, a progressé considérablement; *l'alunno ha progredito in quasi tutte le materie* l'élève a fait des progrès dans presque toutes les matières Ⓒ **regredire.**

progredito |progre'dito| *agg.* [*avanzato nel progresso, spec. civile e tecnologico*] évolué: *popolazioni abbastanza progredite* populations assez évoluées; *una tecnica progredita* une technique évoluée

progressióne |progres'sjone| *s.f.* progression # *è un fenomeno in lenta ma costante progressione* c'est un phénomène qui progresse lentement mais constamment ◇ (*mat.*) *progressione aritmetica, geometrica* progression arithmétique, géométrique ◇ (*mus.*) progression Ⓒ **regressione.**

progressismo |progres'sismo| *s.m.* progressisme.

progressista |progres'sista| *s. e agg.* progressiste Ⓒ **conservatore.**

progressìstico, ci, ca, che |progres'sistiko, tʃi, ka, ke| *agg.* (*raro*) → **progressista.**

progressivaménte |progressiva'mente| *avv.* [→ PROGRESSIVO] progressivement: *è andato progressivamente peggiorando* il a empiré progressivement.

progressività |progressivi'ta| *s.f. inv.* progressivité *var.* ◇ (*dir.*) *la progressività delle imposte dirette* la progressivité des impôts directs.

progressivo |progres'sivo| *agg.* progressif*: *un aumento, un miglioramento progressivo* une augmentation, une amélioration progressive → **graduale** ◇ (*dir.*) *imposta progressiva* impôt progressif.

progrèsso |pro'gresso| *s.m.* progrès: *i progressi della scienza, della tecnica* les progrès de la science, de la technique; *credere nel progresso* croire au progrès; *lottare per il progresso* lutter pour le progrès; *fare progresso in q.c.* faire des progrès en qqch.; (*q.c.*) *è in continuo progresso* (qqch.) fait continuellement des progrès.

proibìre |proi'bire| (197) *v.tr.* [*comandare di non fare q.c.; vietare*] défendre (53), interdire (48): *il medico gli ha proibito di fumare* le médecin lui a défendu, interdit de fumer; *te lo proibisco!* je te l'interdis! ◇ (*loc.*) (*è*) *proibito fumare* défense de fumer Ⓒ **permettere.**

proibitìvo |proibi'tivo| *agg.* **1** (*raro*) [*che esprime, contiene una proibizione*] prohibitif*: *disposizioni proibitive* dispositions prohibitives ◇ (*ling.*) *congiuntivo proibitivo* subjonctif prohibitif **2** (*per est.*) [*che limita le possibilità di scelta dell'individuo*] prohibitif: *prezzi proibitivi* prix prohibitifs # *condizioni atmosferiche proibitive* conditions atmosphériques très mauvaises.

proibito |proi'bito| *agg.* [*non permesso; vietato*] défendu *p.p.*, interdit: *giochi proibiti* jeux défendus, interdits ◇ (*dir.*) prohibé: *armi proibite* armes prohibées ◇ (*Bibbia*) *il frutto proibito* le fruit défendu ◇ (*pugilato*) *colpi proibiti* coups défendus ♦ (*in funzione di s.m.*) *non ho fatto nulla di proibito* je n'ai rien fait d'interdit; *il fascino del proibito* le charme de l'interdit, de ce qui est interdit, défendu Ⓒ **permesso** 1.

proibizióne |proibit'tsjone| *s.f.* [→ PROIBIRE] interdiction, défense: *lo hai fatto nonostante tutte le mie proibizioni* tu l'as fait malgré toutes mes interdictions → **divieto** ◇ (*dir.*) prohibition Ⓒ **autorizzazione.**

proibizionismo |proibittsjo'nizmo| *s.m.* prohibitionnisme.

proibizionista |proibittsjo'nista| *s. e agg.* prohibitionniste.

proibizionistico, ci, ca, che |proibittsjo'nistiko, tʃi, ka, ke| *agg.* prohibitionniste.

proiettàre |projet'tare| **A** *v.tr.* **1** [*gettare, spingere fuori con violenza*] éjecter, projeter (5): *il guidatore è stato proiettato fuori dal veicolo* le conducteur a été éjecté de la voiture, a été projeté hors de la voiture → **scaraventare** ◇ (*fig.*) orienter: *proiettare le proprie speranze nel futuro* orienter ses espoirs vers l'avenir → **indirizzare, protendere** **2** [*emettere, indirizzare* (*un fascio luminoso*)] projeter: *la luce proiettata dai fari sull'asfalto* la lumière projetée par les phares sur la chaussée; *la torre proiettava la sua ombra sul selciato* la tour projetait son ombre sur le pavé ◇ (*cine., foto.*) *proiettare delle diapositive* projeter des diapositives; *proiettare un film, un cartone animato* projeter, passer un film, des dessins animés **3** (*mat.*) *proiettare una figura geometrica* [*determinarne la proiezione*] projeter une figure géométrique ◇ (*geogr.*) *proiettare su una carta i meridiani e i paralleli* projeter sur une carte les méridiens et les parallèles **B** *v.pron.* PROIETTARSI **1** *rifl.* [→ *tr.* 1] se projeter: *si proiettò fuori dal veicolo in fiamme* il se projeta du véhicule en flammes ◇ (*fig.*) *proiettarsi nel futuro* se projeter dans l'avenir **2** *intr.* [→ *tr.* 2] s'élancer (2): *le guglie si proiettavano contro l'azzurro del cielo* les flèches s'élançaient dans le ciel bleu.

proiettificio, i |projetti'fitʃo, i| *s.m.* [*fabbrica di proiettili*] poudrerie *f.*

proièttile |pro'jettile| *s.m.* [*qualunque corpo lanciato da un'arma da fuoco*] projectile; (*di artiglieria*) obus; (*di fucile*) balle (*f.*): *proiettili esplosivi, perforanti* projectiles, obus explosifs, perforants; *proiettili incendiari* obus incendiaires; *estrarre il proiettile dalla ferita* extraire la balle de la blessure ◇ (*corr.*) [*cartuccia*] *pistola con il proiettile in canna* revolver avec une balle dans le canon ◇ (*loc. fig.*) *è partito veloce come un proiettile* il est parti comme une flèche ♦ (*in funzione di agg. inv.*) *uomo proiettile* homme obus.

proiettìvo |projet'tivo| *agg.* **1**

(*mat.*) projectif*: *gruppo, spazio proiettivo* groupe, espace projectif **2** (*psicol.*) projectif: *test proiettivo* test projectif.
proiètto |pro'jɛtto| *s.m.* **1** (*balistica*) projectile, obus **2** (*geol.*) bombe *f.* (volcanique).
proiettóre |projet'tore| *s.m.* **1** (*ott.*) projecteur: *proiettore da teatro* projecteur de théâtre ◇ (*auto.*) *proiettori abbaglianti* feux de route; *proiettori antiabbaglianti, anabbaglianti* phares code; *proiettori fendinebbia all'iodio* phares, projecteurs antibrouillard à iode; *proiettore di retromarcia* phare de recul, feu de marche arrière ◇ (*elettron.*) *proiettore elettronico* projecteur électronique **2** (*cine., foto.*) projecteur: *proiettore per diapositive, cinematografico* projecteur de diapositives, de cinéma.
proiettùra |projet'tura| *s.f.* (*raro, arch.*) projecture → **aggetto.**
proiezióne |projet'tsjone| *s.f.* **1** [→ PROIETTARE A 1] projection: *proiezione di lapilli da un vulcano* projection de lapilli d'un volcan **2** [→ PROIETTARE A 2] projection: *proiezione di un fascio luminoso* projection d'un faisceau lumineux ◇ (*cine., foto.*) *macchina, apparecchio da proiezione* appareil de projection; *sala, cabina di proiezione* salle, cabine de projection; *assistere alla proiezione di un film* assister à la projection d'un film ◇ (*mat.*) *proiezione di una retta su un piano* projection d'une droite sur un plan ◇ (*in cartografia*) *proiezione ortogonale, conica, cilindrica* projection orthogonale, conique, cylindrique ◇ (*stat.*) *proiezione dei dati di previsione* projection des données de prévision **3** (*psicol.*) projection.
proiezionista |projettsjo'nista| *s.* (*cine.*) projectionniste.
prolamina |prola'mina| *s.f.* (*chim.*) prolamine.
prolàn |pro'lan| *s.m. inv.* (*biol.*) prolan *var.*
prolàsso |pro'lasso| *s.m.* (*med.*) prolapsus.
prolattina |prolat'tina| *s.f.* (*biol.*) prolactine.
prolazióne |prolat'tsjone| *s.f.* (*st. mus.*) prolation.
pròle |'prɔle| *s.f. sing.* **1** (*raro*) [*l'insieme dei figli*] enfants *m. pl.* (*corr.*) ◇ (*bur., dir.*) *prole legittima, illegittima* enfants légitimes, illégitimes; *sposato con prole, senza prole* marié avec des enfants, sans enfants ◇ (*scherz.*) *come sta la prole?* comment va ta progéniture? **2** (*lett.*) → **figlio 3** (*lett.*) → **stirpe, discendenza.**
prolegàto |prole'gato| *s.m.* (*eccl.*) vice-légat: *dei prolegati* des vice-légats.
prolegòmeni |prole'gɔmeni| *s.m. pl.* (*lett.*) prolégomènes.
prolèssi |pro'lɛssi| *s.f. inv.* (*filos., ling.*) prolepse *var.*
proletariàto |proleta'rjato| *s.m.* prolétariat.
proletàrio, i |prole'tarjo, i| *s.* **1** prolétaire (*m.*): *la massa dei proletari* la masse des prolétaires → **lavoratore** ◇ (*corr.*) *è un povero proletario!* c'est un pauvre prolétaire! ✦ *agg.* prolétarien*: *la classe proletaria* la classe prolétarienne; *le lotte proletarie* les luttes prolétariennes **2** (*st. rom.*) prolétaire.
proletarizzàre |proletarid'dzare| *v.tr.* (*polit.*) [*conformare, adeguare alla condizione proletaria*] prolétariser: *proletarizzare la cultura, i mezzi di comunicazione* prolétariser la culture, les moyens de communication; *proletarizzare il ceto medio* prolétariser les classes moyennes.
proletarizzazióne |proletariddzat'tsjone| *s.f.* (*polit.*) [→ PROLETARIZZARE] prolétarisation.
prolèttico, ci, ca, che |pro'lɛttiko, tʃi, ka, ke| *agg.* proleptique.
proliferàre |prolife'rare| *v.intr.* (*aus.* '*avere*') **1** (*biol.*) [*riprodursi, crescere per proliferazione*] proliférer (8) **2** (*per est.*) [*riprodursi, diffondersi in grande quantità*] (*di istituzioni*) se multiplier *pron.*; (*di idee, di costumi*) se répandre (53) (*pron.*): *simili organismi stanno proliferando* ces organismes se multiplient ‖ *è una moda che sta proliferando* c'est une mode qui est en train de se répandre ✦ (*spec. in funzione di s.m. inv.*) prolifération (*f. var.*): *il proliferare delle armi atomiche* la prolifération des armes atomiques.
proliferazióne |proliferat'tsjone| *s.f.* **1** (*biol.*) prolifération **2** [→ PROLIFERARE 2] prolifération: *il trattato contro la proliferazione delle armi atomiche* le traité contre la prolifération des armes atomiques; *la non proliferazione* la non-prolifération → **diffusione.**
prolifero |pro'lifero| *agg.* **1** (*biol.*) prolifère **2** (*raro*) → **prolifico.**
prolificàre |prolifi'kare| *v.intr.* (*aus.* '*avere*') **1** (*di uomini e animali*) [*generare figli*] proliférer (8) ◇ (*fig.*) se multiplier *pron.*, se répandre (53) (*pron.*): *sono idee che prolificano facilmente* ce sont des idées qui se répandent facilement → **proliferare 2** (*bot.*) [*produrre gemme*] bourgeonner **3** (*biol.*) → **proliferare.**
prolificazióne |prolifikat'tsjone| *s.f.* [→ PROLIFICARE] prolification, prolifération ◇ (*fig.*) [*espansione, moltiplicazione*] multiplication.
prolificità |prolifitʃi'ta| *s.f. inv.* **1** prolificité *var.* (*lett.*): *la prolificità dei conigli* la prolificité des lapins **2** (*fig., scherz.*) [*capacità di produrre molto*] fécondité (*var.*): *la prolificità di uno scrittore* la fécondité d'un écrivain → **fecondità** Ⓒ 1 **sterilità.**
prolifico, ci, ca, che |pro'lifiko, tʃi, ka, ke| *agg.* **1** prolifique: *una donna prolifica* une femme prolifique **2** (*fig., scherz.*) [*che produce molto*] fécond (*corr.*): *uno scrittore prolifico* un écrivain fécond → **fecondo** Ⓒ 1 **sterile.**
proligero |pro'lidʒero| *agg.* (*bot., scient.*) proligère.
prolissaménte |prolissa'mente| *avv.* [→ PROLISSO] prolixement.
prolissità |prolissi'ta| *s.f. inv.* prolixité *var.* Ⓒ **concisione, laconicità.**
prolisso |pro'lisso| *agg.* prolixe: *un discorso prolisso* un discours prolixe; *uno scrittore prolisso* un écrivain prolixe → **verboso, 1 lungo** Ⓒ **conciso, stringato.**
pro loco |prɔ'lɔko| *loc. sost. f. inv.* (*lat.*) [*associazione per incrementare il turismo in piccole località*] syndicat *s.m. var.* d'initiative.
pròlogo, ghi |'prɔlogo, gi| *s.m.* (*teat.*) prologue: *il prologo di una tragedia* le prologue d'une tragédie ◇ (*fig.*) [*premessa; preannuncio*] *quello non era che il prologo di tutte le disgrazie* ce n'était que le prologue à tous ces malheurs Ⓒ **epilogo.**
prolùnga, ghe |pro'lunga, ge| *s.f.* (*elettr.*) prolongateur *m.*, rallonge: *una prolunga di 5 metri per l'aspirapolvere* un prolongateur, une rallonge de 5 mètres de long pour l'aspirateur.
prolungàbile |prolun'gabile| *agg.* [→ PROLUNGARE A] qu'on peut prolonger (*loc.*): *un cavo prolungabile* un câble qu'on peut prolonger; *una vacanza prolungabile* des vacances qu'on peut prolonger # *una scadenza prolungabile* une échéance qu'on peut différer.
prolungaménto |prolunga'mento| *s.m.* **1** [→ PROLUNGARE A 1] prolongement: *il prolungamento dell'autostrada* le prolongement de l'autoroute **2** [→ PROLUNGARE A 2] prolongation: (*f.*): *prolungamento d'orario* prolongation d'horaire Ⓒ 1 **accorciamento.**
prolungàre |prolun'gare| **A** *v.tr.* **1** [*rendere più lungo*] prolonger (3): *prolungare un cavo, una strada* prolonger un câble, une route → **allungare 2** [*far durare di più*] prolonger: *prolungare un soggiorno, una vacanza* prolonger un séjour, les vacances → **protrarre B** *v.pron. intr.* PROLUNGARSI [→ *tr.* 2] se prolonger; s'étendre (53): *l'attesa si è prolungata oltre il previsto* l'attente s'est prolongée plus que prévu ‖ *non voglio prolungarmi oltre* (*nel mio discorso*) je ne veux pas m'étendre davantage (dans mon discours) Ⓒ 1 **accorciare.**
prolungataménte |prolungata'mente| *avv.* [→ PROLUNGATO] longuement.
prolungàto |prolun'gato| *agg.* [*che si prolunga nel tempo*] prolongé: *un suono prolungato* un bruit prolongé; *un'attesa prolungata* une attente prolongée.
prolungazióne |prolungat'tsjone| *s.f.* (*mus.*) prolongation.
prolusióne |prolu'zjone| *s.f.* [*discorso introduttivo*] discours *m.* inaugural* ◇ (*nel mondo universitario*) leçon inaugurale.
prolùvie |pro'luvje| *s.f. inv.* (*lett.*) → **inondazione, piena 1.**
promanàre |proma'nare| *v.tr. e intr.* (*aus.* '*essere*') (*raro*) → **emanare, diffondere.**
promemòria |prome'mɔrja| *s.m. inv.* [*appunti; nota sintetica*] mémento *var.*, mémorandum (*var.*): *ti ho lasciato un promemoria sulla scrivania* je t'ai laissé un mémento, un mémorandum sur le bureau.
proméssa |pro'messa| *s.f.* promesse: *fare, mantenere una promessa* faire une promesse, tenir sa promesse; *venir meno alle promesse* manquer à sa promesse ◇ (*loc.*) *ogni promessa è debito* chose promise, chose due ~ *promessa di matrimonio* promesse de mariage ~ *promessa di vendita* promesse de vente ~ (*fig.*) *promessa di marinaio* serment *m.* d'ivrogne ◇ (*concr.*) *quel ragazzo è una promessa del calcio, del cinema* ce garçon est un espoir du football, du cinéma.
proméssso |pro'messo| **1** *agg.* promis ◇ (*loc.*) *gli sposi promessi, i promessi sposi* les fiancés ~ *la terra promessa*: (*pr., fig.*) la terre promise **2** *s.* (*raro*) [*fidanzato*] fiancé.
prometèico, ci, ca, che |pro-

me'tɛiko, tʃi, ka, ke| *agg.* (*lett.*) prométhéen*.
promèteo |pro'mɛteo| *s.m.* (*chim.*) prométhium.
promettènte |promet'tɛnte| *agg.* (*persone*) [*che fa sperare bene per il futuro*] qui promet (*loc.*): *è un regista giovane, ma promettente* c'est un metteur en scène jeune, mais qui promet ◇ (*cose*) prometteur*: *gli inizi promettenti di una impresa difficile* les débuts prometteurs d'une entreprise difficile.
prométtere |pro'mettere| (155) **A** *v.tr.* **1** [*impegnarsi, obbligarsi formalmente a fare q.c.*] promettre (71): *promettere una mancia, una ricompensa* promettre un pourboire, une récompense; *promettere il proprio interessamento, il proprio aiuto a qc.* promettre de s'intéresser à qqn., d'aider qqn. → **offrire**; *non posso prometterti nulla* je ne peux rien te promettre; *promettere la propria figlia in sposa a qc.* promettre sa fille en mariage à qqn. ◆ (*ass.*) *promettere e non mantenere* promettre et ne pas tenir ◇ *loc.* PROMETTERE DI (+ *inf.*) promettre de (+ *inf.*): *ha promesso di fare del suo meglio* il a promis de faire de son mieux ~ PROMETTERE CHE (+ *indic. o cond.*) promettre que (+ *indic. o cond.*): *prometto che non lo farò più* je promets que je ne le ferai plus; *mi avevi promesso che saresti venuto* tu m'avais promis de venir ◇ (*loc. fig.*) *promettere mari e monti* promettre monts et merveilles **2** (*per est.*) [*far sperare o prevedere*] promettre: *il tempo non promette nulla di buono* le temps ne promet rien de bon → **annunciare** ◆ (*ass.*) *un'attività che promette bene* une activité qui s'annonce bien; *un giovane che promette* (*bene, molto*) un jeune qui promet ◆ (*in usi impers.*) *oggi promette di essere una bella giornata* le temps promet d'être beau aujourd'hui **B** *v.pron.* PROMETTERSI **1** *rifl.* (*lett.*) [*offrirsi; consacrarsi*] se promettre # *si è promessa a Dio* elle s'est vouée à Dieu **2** *intr.* (*raro*) → **ripromettersi(si)**.
prominènte |promi'nɛnte| *agg.* proéminent; saillant: *un naso prominente* un nez proéminent ‖ *degli scogli prominenti* des rochers saillants.
prominènza |promi'nɛntsa| *s.f.* proéminence, protubérance.
promiscuaménte |promiskua'mente| *avv.* [→ PROMISCUO 1] dans la promiscuité *loc. inv.*, pêle-mêle *loc. inv.*
promiscuità |promiskui'ta| *s.f. inv.* promiscuité (*var.*): *promiscuità di razze* promiscuité de races ◇ (*spreg.*) *persone nella più completa promiscuità* hommes et femmes dans la plus complète promiscuité.
promìscuo |pro'miskuo| *agg.* **1** [*formato di elementi diversi, eterogenei*] mixte: *un gruppo promiscuo* un groupe mixte; *allevamento promiscuo* élevage mixte ◇ [*che comprende persone di sesso maschile e femminile*] *classe promiscua* classe mixte → **misto** **2** (*gram.*) *nome promiscuo* nom épicène.
promissòrio, i |promis'sɔrjo, i| *agg.* (*dir.*) qui constitue une promission *loc.* # *giuramento promissorio* acte de promission.
promontòrio, i |promon'tɔrjo, i| *s.m.* **1** (*geogr.*) promontoire **2** (*anat.*) promontoire.
promòsso |pro'mɔsso| *agg. e s.* [*che ha superato un esame; che ha ottenuto la promozione alla classse scolastica superiore*] reçu (*p.p.*): *gli alunni promossi* les élèves reçus; *le* (*candidate*) *promosse* les candidates reçues; *ci sono stati 20 promossi e 5 respinti* il y a eu 20 reçus et 5 refusés ⓒ **bocciato, respinto.**
promotóre, trice |promo'tore, tritʃe| *s.* promoteur* (*lett.*): *i promotori di un'impresa, di un convegno* les promoteurs d'une entreprise, d'un congrès; *farsi promotore di un'iniziativa* être le promoteur d'une initiative ◆ (*agg.*) *il comitato promotore* le comité promoteur.
promozionàle |promottsjo'nale| *agg.* promotionnel*: *svolgere un'attività promozionale* exercer une activité promotionnelle; *impostare una campagna promozionale* organiser une campagne promotionnelle.
promozióne |promot'tsjone| *s.f.* **1** [→ PROMUOVERE 3] passage *m.* # *ottenere la promozione a giugno, a settembre* être reçu en juin, en septembre **2** [→ PROMUOVERE 2] promotion: *promozione a capodivisione* promotion au grade de chef de service **3** (*per est., sport*) passage: *i tifosi esultavano per la promozione della loro squadra in serie A* les supporters se réjouissaient du passage de leur équipe en première division **4** (*econ.*) promotion: *la promozione delle vendite* la promotion des ventes ⓒ 1 **bocciatura**; 3 **retrocessione.**
promulgaménto |promulga'mento| *s.m.* (*raro*) → **promulgazione.**
promulgàre |promul'gare| *v.tr.* **1** (*dir.*) [*rendere esecutivo mediante pubblicazione*] promulguer: *promulgare una legge, un decreto-legge* promulguer une loi, un décret-loi **2** (*per est.*) [*diffondere, divulgare*] divulguer, promulguer: (*lett.*): *promulgare idee rivoluzionarie* divulguer des idées révolutionnaires.
promulgatìvo |promulga'tivo| *agg.* qui sert à promulguer *loc.*
promulgatóre, trice |promulga'tore, tritʃe| *s.* promulgateur *m.*
promulgazióne |promulgat'tsjone| *s.f.* [→ PROMULGARE] promulgation.
promuòvere |pro'mwɔvere| (157) *v.tr.* **1** [*dare impulso a q.c.; interessarsi al raggiungimento di uno scopo*] promouvoir (31), encourager (3); organiser: *promuovere le arti, le scienze* promouvoir, encourager les arts, les sciences ‖ *promuovere un convegno, un concorso* organiser un congrès, un concours ◇ (*dir.*) *promuovere un'azione legale* intenter, introduire une action en justice (à, contre qqn.) ◇ [*aumentare, incrementare*] *promuovere le vendite* encourager les ventes **2** [*innalzare di grado, di dignità*] promouvoir, nommer: *promuovere qc. da colonnello a generale* promouvoir un colonel au grade de général; *è stato promosso capufficio* il a été nommé chef de service **3** (*nel linguaggio scolastico*) [*dichiarare idoneo, per scrutinio o esame*] passer; être (43) reçu: *promuovere alla terza* passer en troisième ‖ *essere promosso con la media del sette* être reçu avec sept de moyenne; *è stato promosso all'esame di maturità* il a été reçu au bachot ⓒ 3 **bocciare, respingere.**
prònao |'prɔnao| *s.m.* (*arch.*) pronaos.
pronatóre |prona'tore| *s.m. e agg.* (*anat.*) pronateur*.
pronazióne |pronat'tsjone| *s.f.* (*anat.*) pronation.
pronipóte |proni'pote| *s.* **1** [*figlio di nipote, rispetto ai nonni*] arrière-petit-fils *m.*, arrière-petite-fille *f.* ◇ [*figlio di nipote, rispetto agli zii*] arrière-neveu *m.*, petit-neveu *m.*; arrière-nièce *f.*, petite-nièce *f.* **2** *spec. al plur.* (*per est.*) [*discendente*] descendants: *tramandare certe tradizioni ai pronipoti* transmettre certaines traditions à ses descendants → **postero.**
pròno |'prɔno| *agg.* **1** (*lett.*) [*chino, curvo all'ingiù*] penché (*corr.*), courbé (*corr.*) **2** (*raro, fig.*) [*incline, propenso*] enclin (*corr.*).
pronóme |pro'nome| *s.m.* (*gram.*) pronom: *pronomi personali, relativi* pronoms personnels, relatifs.
pronominàle |pronomi'nale| *agg.* (*gram.*) pronominal*: *forma pronominale del verbo* forme pronominale du verbe # *particelle pronominali* pronoms personnels compléments.
pronominalménte |pronominal'mente| *avv.* (*raro*) [→ PRONOMINALE] pronominalement.
pronosticàre |pronosti'kare| *v.tr.* [*prevedere, presagire con pronostico*] prédire (48); pronostiquer: *pronosticare un futuro felice* prédire un avenir heureux; *pronosticare lunga vita* prédire une longue vie ‖ *pronosticare un risultato sportivo* pronostiquer un résultat sportif; *questo vento pronostica la pioggia* ce vent pronostique, annonce la pluie.
pronosticatóre, trice |pronostika'tore, tritʃe| *s.* pronostiqueur.
pronòstico, ci |pro'nɔstiko, tʃi| *s.m.* pronostic: *fare un pronostico* faire un pronostic; *è stato un facile pronostico* ce fut un pronostic facile; *oggi è difficile fare pronostici sul futuro* aujourd'hui il est difficile de faire des pronostics.
prontaménte |pronta'mente| *avv.* [→ PRONTO 2] promptement (*lett.*): *intervenire, rispondere prontamente* intervenir, répondre promptement → **rapidamente, immediatamente.**
prontézza |pron'tettsa| *s.f.* [*rapidità, immediatezza*] promptitude (*lett.*), rapidité: *prontezza di riflessi* promptitude, rapidité de réflexes; *la prontezza dei soccorsi* la rapidité des secours → **celerità** # *prontezza di parola* facilité d'élocution ◇ (*fig.*) [*vivacità, acutezza*] *prontezza di mente* promptitude, rapidité d'esprit # *prontezza di spirito* présence d'esprit; *una prontezza di memoria eccezionale* une mémoire exceptionnellement prompte, rapide ⓒ **lentezza.**
prónto |'pronto| *agg.* **1** (*cose*) [*preparato, predisposto per q.c.*] prêt: *la colazione è pronta* le petit déjeuner est prêt; *il caffè è pronto* le café est prêt; *avere tutto pronto per la partenza* avoir tout prêt pour le départ; *la macchina, la nave, la casa è pronta* la voiture, la maison est prête, le navire est paré ◇ (*persone*) *tenersi pronto per il viaggio* se tenir prêt pour le voyage; *tra cinque minuti sono pronto* je suis prêt dans cinq minutes; *essere pronto a tutto* être prêt à tout; *sarei pronto a giurarlo* je serais prêt à le jurer; *essere pronto per l'interrogazione* être prêt pour l'interrogation ◇ [*pro-*

clive, incline] prompt, enclin: *essere pronto all'ira, al pettegolezzo, al riso* être prompt, enclin à la colère, aux commérages, avoir le rire facile ◇ *loc.* BELL'E PRONTO fin *avv.* prêt: *trovare tutto bell'e pronto* trouver tout fin prêt; *ha trovato la casa bell'e pronta* elle a trouvé la maison fin prête ~ (*al telefono*) *pronto? chi parla?* allô? qui est à l'appareil? ~ *pronto! qui parla la ditta Rossi* allô! ici la maison Rossi ~ (*nella partenza delle corse*) *pronti... via!* prêts... partez! **2** (*persone*) [*che agisce con prontezza; acuto*] rapide, prompt: *un'intelligenza pronta* une intelligence rapide → **vivace** # *una mente pronta* un esprit vif; *essere pronto nel capire, nel rispondere* comprendre, répondre rapidement → **rapido** ◇ (*cose*) *avere sempre la risposta pronta* être toujours prompt à la risposte, avoir la risposte facile; *essere di lingua pronta* avoir la repartie facile; *essere di mano pronta* avoir la main prompte, leste; *avere i riflessi pronti* avoir des réflexes prompts, rapides ◇ (*cose*) [*rapido, veloce*] *auguri di pronta guarigione* tous les(nos) vœux pour une prompte, rapide guérison; *tutti volevano una pronta soluzione della controversia* ils voulaient tous une rapide solution de la controverse ~ *loc.* PRONTO SOCCORSO secours, service d'urgence: *un posto di pronto soccorso* un poste de secours, un service d'urgence; *essere ricoverato al pronto soccorso* être hospitalisé par l'intervention du service des urgences ~ *pagare a pronta cassa, a pronti contanti* payer comptant ~ *cemento a pronta presa* ciment à prise rapide [C] 1 **impreparato**; 2 **lento, tardo.**

prontuàrio, i |prontu'arjo, i| *s.m.* [*opuscolo con essenziali e ordinate notizie su un argomento specifico*] barème; recueil: *un prontuario dei tassi d'interesse* un barème des intérêts; *il prontuario delle tariffe postali, ferroviarie* le barème des tarifs postaux, des tarifs des chemins de fer ‖ *il prontuario farmaceutico* le recueil des formules pharmaceutiques, le codex, le widal (*marchio depositato*); *un prontuario dei termini medici, giornalistici* un recueil du vocabulaire médical, journalistique.

prònubo |'prɔnubo| *s.* **1** *s.* (*lett.*) [*chi favorisce un'unione amorosa*] paranymphe → **mediatore, paraninfo** ◇ (*st. rom.*) paranymphe **2** *s.f.* (*zool.*) pronuba.

pronùncia |pro'nuntʃa| *e deriv.* → **pronunzia** *e deriv.*

pronunciaménto |pronuntʃa'mento| *s.m.*, **pronunciamiento** |pronθja'mjento| *s.m. inv.* (*sp.*) **1** (*polit.*) pronunciamiento (*var.*): *un pronunciamento dell'esercito, della marina* un pronunciamiento de l'armée, de la marine → **insurrezione, ribellione** **2** (*dir.*) prononcé (*var.*): *restare in attesa del pronunciamento della Corte costituzionale* attendre le prononcé de la Cour constitutionnelle.

pronùnzia |pro'nuntsja|, **pronùncia, ce** |pro'nuntʃa, tʃe| *s.f.* **1** (*fam.*) prononciation: *la pronunzia italiana, francese* la prononciation italienne, française; *imparare l'esatta pronunzia di una parola* apprendre la correcte prononciation d'un mot; *avere una pronunzia nasale* avoir une prononciation nasale, parler du nez; *avere un difetto di pronunzia* avoir un défaut de prononciation # *avere una pronunzia perfetta* avoir une diction parfaite; *avere una pronunzia dialettale* avoir un accent dialectal → **cadenza, accento** ◇ (*per est.*) *pronunzia aperta, chiusa di una vocale* prononciation ouverte, fermée d'une voyelle **2** (*dir.*) prononcé (*m.*): *la pronunzia del giudice, della Corte* le prononcé du jugement (du juge), de la Cour.

pronunziàbile |pronun'tsjabile|, **pronunciàbile** |pronun'tʃabile| *agg.* [→ PRONUNZIARE A 1] prononçable [C] **impronunziabile.**

pronunziàre |pronun'tsjare|, **pronunciàre** |pronun'tʃare| **A** *v.tr.* **1** [*articolare con la voce*] prononcer (2): *non riesce a pronunziare la 's', la 'r' francese* il ne réussit pas à prononcer le 's', le 'r' français; *la 'h' non si pronunzia* le 'h' ne se prononce pas; *impara a pronunziare bene le parole!* apprends à bien prononcer les mots! **2** (*per est.*) [*dire, proferire, spec. in modo solenne*] prononcer: *pronunziare un discorso, l'elogio funebre* prononcer un discours, l'oraison (l'éloge) funèbre; *pronunziare i voti religiosi* prononcer les vœux # *pronunziare la formula del giuramento* prêter serment ◇ [*dichiarare apertamente*] protester *intr.* de: *pronunziare la propria innocenza* protester de son innocence ◇ (*dir.*) *pronunziare una sentenza* rendre (53) un arrêt → **emettere** **B** *v.pron. intr.* PRONUNZIARSI [*esprimere il proprio parere su q.c.*] se prononcer: *pronunziarsi pro o contro q.c.* se prononcer pour ou contre qqch.; *su questo problema non ha voluto pronunziarsi* il n'a pas voulu se prononcer sur ce problème ◇ (*dir.*) *la Corte di cassazione si è pronunziata varie volte su questo argomento* la Cour de cassation s'est prononcée plusieurs fois sur ce point.

pronunziàto |pronun'tsjato|, **pronunciàto** |pronun'tʃato| **1** *agg.* [*prominente, sporgente*] fort, prononcé: *un naso pronunciato* un nez fort prononcé ◇ (*fig.*) [*vistoso, evidente*] prononcé, marqué: *avere una pronunziata cadenza dialettale* avoir un accent dialectal prononcé: *avere una pronunziata tendenza per q.c.* avoir une tendance marquée, une nette tendance à faire qqch. **2** *s.m.* (*raro, dir.*) arrêt (*corr.*) → **sentenza.**

propagàbile |propa'gabile| *agg.* [→ PROPAGARE] qu'on peut propager *loc.*

propagabilità |propagabili'ta| *s.f. inv.* possibilité *var.* de propager, d'être propagé.

propagaménto |propaga'mento| *s.m.* [→ PROPAGAZIONE] propagation *f.*

propagànda |propa'ganda| *s.f.* propagande; publicité: *propaganda elettorale, politica* propagande électorale, politique; *fare opera di propaganda* faire de la propagande; *svolgere un'intensa propaganda per qc. o per q.c.* faire beaucoup de propagande pour qqn., pour qqch. ‖ *propaganda commerciale* publicité; *propaganda televisiva, radiofonica* publicité télévisée, radiophonique → **pubblicità** ◇ (*loc.*) *vendere a prezzi di propaganda* vendre à des prix réclame ~ (*fam.*) *è tutta propaganda!, è solo propaganda!* ce n'est que de la propagande!

propagandàre |propagan'dare| *v.tr.* **1** [*diffondere con propaganda*] propager (3), diffuser: *propagandare una idea, una religione* propager, diffuser une idée, une religion **2** (*econ.*) [*incrementare le vendite con la pubblicità*] faire (45) de la publicité, de la réclame; *propagandare un prodotto, un articolo* faire de la publicité, de la réclame pour un produit, pour un article.

propagandìsta |propagan'dista| *s.* propagandiste: *i propagandisti, le propagandiste di un partito* les propagandistes d'un parti ◇ (*econ.*) *fare il propagandista di una ditta di cosmetici* être représentant d'une maison de produits de beauté.

propagandìstico, ci, ca, che |propagan'distiko, tʃi, ka, ke| *agg.* [*che si propone il fine di propaganda*] publicitaire: *una campagna propagandistica* une campagne publicitaire ◇ (*spreg.*) de propagande (*loc. inv.*): *è una bassa manovra propagandistica per fini elettorali* c'est une basse manœuvre de propagande à des fins électorales.

propagàre |propa'gare| **A** *v.tr.* **1** [*diffondere; divulgare*] propager (3): *propagare un culto, un'idea* propager un culte, une idée; *propagare notizie false e tendenziose* propager des nouvelles fausses et tendancieuses ◇ (*med.*) *propagare un contagio* propager la contagion **2** (*biol.*) [*moltiplicare mediante riproduzione*] propager: *propagare la specie* propager l'espèce **B** *v.pron.* PROPAGARSI **1** *intr.* [→ *tr.* 1] se propager, se répandre (53): *la notizia si è propagata in un baleno* la nouvelle s'est propagée, répandue en un clin d'œil ◇ (*med.*) *l'epidemia si va propagando rapidamente* l'épidémie se propage rapidement ◇ (*fis.*) *studiare il modo di propagarsi dei raggi luminosi* étudier la propagation *s.f.* des rayons lumineux **2** *rifl.* (*biol.*) [→ *tr.* 2] se propager: *una specie che si propaga molto rapidamente* une espèce qui se propage très rapidement → **riprodur(si).**

propagatóre, trice |propaga'tore, tritʃe| *s.* (*persone*) propagateur* # *i propagatori del contagio* les véhicules de la contagion; *un propagatore di notizie false* un colporteur de fausses nouvelles.

propagazióne |propagat'tsjone| *s.f.* [→ PROPAGARE] propagation: *la propagazione di una notizia* la propagation d'une nouvelle ◇ (*biol.*) *la propagazione della specie* la propagation de l'espèce.

propagginàre |propaddʒi'nare| *v. tr.* **1** (*agr.*) [*riprodurre mediante propagginazione*] provigner, marcotter **2** (*st.*) [*condannare alla pena capitale della propagginazione*] enterrer un condamné la tête en bas.

propagginazióne |propaddʒinat'tsjone| *s.f.* **1** (*agr.*) provignage *m.*, provignement *m.*, marcottage *m.* **2** (*st.*) supplice *m.* consistant à enterrer un condamné la tête en bas.

propàggine |pro'paddʒine| *s.f.* **1** (*bot.*) provin *m.*, marcotte: *le propaggini della vite* les provins, les marcottes de la vigne **2** (*fig.*) [*derivazione, diramazione*] rejeton *m.*; ramification: *le ultime propaggini di una tribù primitiva* les derniers rejetons d'une tribu primitive ‖ *stroncare un male, un vizio fin nelle sue più nascoste propaggini* arracher un mal, un vice jusqu'aux ramifications les plus profondes # *le estreme propaggini di una catena alpina* les extrêmes contreforts d'une chaîne alpine.

propagolazióne |propagolat'tsjone| *s.f.* (*biol.*) propagation par propagules.

propàgolo |pro'pagolo| *s.m.* (*biol.*) propagule *f.*

propalàre |propa'lare| *v.tr.* [*divulgare; svelare*] divulguer, ébruiter: *propalare un segreto, una notizia riservata* divulguer, ébruiter un secret, une nouvelle réservée.

propalatóre, trice |propala'tore, tritʃe| *s.* (*raro*) → **divulgatore.**

propalazióne |propalat'tsjone| *s.f.* (*raro*) [→ PROPALARE] divulgation, ébruitement *m.*

propàno |pro'pano| *s.m.* (*chim.*) propane.

proparossìtono |proparos'sitono| *agg. e s.f.* (*gram. gr.*) proparoxyton (*s.m.*): *le* (*parole*) *proparossitone* les proparoxytons.

propedèutica, che |prope'dɛutika, ke| *s.f.* propédeutique.

propedèutico, ci, ca, che |prope'dɛutiko, tʃi, ka, ke| *agg.* propédeutique → **preparatorio, introduttivo.**

propellènte |propel'lɛnte| **1** *agg.* (*tecnol.*) propulsif*, propulseur*: *carica propellente* charge propulsive, propulseuse **2** *s.m.* (*tecnol.*) propergol: *propellente solido, liquido* propergol solide, liquide.

propèllere |pro'pɛllere| (143) *v.tr.* (*raro*) [*spingere in avanti, spec. nello spazio aereo*] propulser (*corr.*).

propèndere |pro'pɛndere| *v.intr.* (*p.p.* '*propenso*') (*aus.* '*avere*') [*essere favorevole, disposto a una soluzione più che ad altre*] pencher pour; incliner à: *propendere per il sì, per il no* pencher pour le oui, pour le non; *io propenderei per una soluzione di compromesso* je pencherais pour une solution de compromis ‖ *propendo a credere che* j'incline à croire que.

propène |pro'pɛne| *s.m.* (*chim.*) propène.

propensióne |propen'sjone| *s.f.* **1** [*tendenza, inclinazione*] penchant *m.*, inclination: *quel ragazzo ha una spiccata propensione per la musica* ce garçon a un penchant marqué pour la musique; *dimostra una certa propensione per quella ragazza* il manifeste une certaine inclination, un certain penchant pour cette fille **2** (*econ.*) *propensione al consumo, al risparmio* propension à consommer, à épargner 🄲 1 **avversione.**

propènso |pro'pɛnso| *agg.* [*incline, favorevole*] enclin, porté (*p.p.*): *essere propenso al perdono* être enclin à pardonner; *sono propenso a crederti* je suis porté à te croire # *l'ho trovato ben propenso nei tuoi riguardi* je l'ai trouvé bien disposé à ton égard.

propergòlo |proper'gɔlo| *s.m.* (*chim.*) propergol.

properispòmeno |properis'pɔmeno| *agg. e s.f.* (*gram. gr.*) *le* (*parole*) *properispomene* les propérispomènes *s.m.*

propilèi |propi'lɛi| *s.m. pl.* (*st. arch.*) propylées.

propilène |propi'lɛne| *s.m.* (*chim.*) propylène.

propìlico, ci, ca, che |pro'piliko, tʃi, ka, ke| *agg.* (*chim.*) propylique.

propina |pro'pina| *s.f.* (*bur.*) *propina d'esame* indemnité d'examen → **indennità.**

propinàre |propi'nare| *v.tr.* [*dare da bere q.c. di nocivo*] administrer: *propinare un veleno, un sonnifero* administrer un poison, un somnifère ◇ (*scherz.*) *che cos'è quest'intruglio che ci hai propinato?* qu'est-ce que c'est que cette mixture que tu nous as fait avaler? ◇ (*per est., scherz.*) *ieri ci hanno propinato una noiosissima conferenza* hier on nous a fait avaler une conférence extrêmement ennuyeuse.

propinquità |propinkwi'ta| *s.f. inv.* (*raro, lett.*) → **vicinanza; parentela.**

propìnquo |pro'pinkwo| *agg. e s.* (*lett.*) → 1 **vicino; parente.**

pròpio |'prɔpjo| *e deriv.* (*pop.*) → **proprio** *e deriv.*

propiònico, ci, ca, che |pro'pjɔniko, tʃi, ka, ke| *agg.* (*chim.*) propionique.

propitèco, chi, ci |propi'tɛko, ki, tʃi| *s.m.* (*zool.*) propithèque.

propiziaménte |propittsja'mente| *avv.* [→ PROPIZIO] d'une façon propice *loc. inv.*

propiziàre |propit'tsjare| *v.tr.* [*rendere propizio, benevolo*] rendre (53) propice, favorable: *propiziare, propiziarsi gli dèi* se rendre les dieux propices, favorables # *ha cercato di propiziarsi il direttore* il a essayé de gagner la faveur du directeur.

propiziativo |propittsja'tivo| *agg.* (*raro*) → **propiziatorio.**

propiziatóre, trice |propittsja'tore, tritʃe| *s.* propitiateur* ✦ (*agg.*) *rito propiziatore* rite propitiateur → **propiziatorio.**

propiziatòrio, i |propittsja'tɔrjo, i| *agg.* propitiatoire: *cerimonia propiziatoria* cérémonie propitiatoire.

propiziazióne |propittsjat'tsjone| *s.f.* [→ PROPIZIARE] propitiation: *sacrifici di propiziazione* sacrifices de propitiation.

propìzio, i |pro'pittsjo, i| *agg.* propice: *la fortuna ci è propizia* la chance nous est propice, favorable → **favorevole, benigno** ◇ [*adatto, opportuno*] *aspettare il momento più propizio* attendre le moment le plus propice.

pròpoli |'prɔpoli| *s.m. o f. inv.* (*zool.*) propolis *f.*

proponènte |propo'nɛnte| *agg. e s.* (*polit.*) proposant *m.*

proponìbile |propo'nibile| *agg.* [→ PROPORRE A 1] proposable (*raro*): *l'emendamento non è neppure proponibile* l'amendement n'est même pas proposable ◇ (*dir.*) recevable: *l'azione giudiziaria non è proponibile* l'action judiciaire n'est pas recevable 🄲 **improponibile.**

proponibilità |proponibili'ta| *s.f. inv.* possibilité *var.* de proposer: *la proponibilità di un obiettivo* la possibilité de (se) proposer un but ◇ (*dir.*) *la proponibilità di un'azione giudiziaria* la possibilité de proposer une action judiciaire 🄲 **improponibilità.**

proponiménto |proponi'mento| *s.m.* **1** [*intenzione, progetto*] résolution (*f.*): *dimostra un fermo proponimento di migliorarsi* il manifeste la ferme résolution de s'améliorer; *nonostante tutti i suoi proponimenti...* malgré toutes ses résolutions... → **proposito** **2** [→ PROPORRE A 1] proposition (*f.*): *il proponimento di una legge, di una riforma* la proposition d'une loi, d'une réforme → **proposta.**

propórre |pro'porre| (168) **A** *v.tr.* **1** [*presentare come oggetto di valutazione o di deliberazione*] proposer: *proporre un problema* proposer un problème; *proporre una legge, un progetto* proposer une loi, un projet; *propongo una sospensione dei lavori* je propose la suspension des travaux; *propongo la candidatura del sig. Bianchi a presidente* je propose M. Bianchi comme candidat à la présidence → **suggerire** # *proporre qc. come esempio* donner qqn. en exemple → **additare** **2** [*deliberare; prefiggersi come scopo*] décider: *abbiamo proposto all'unanimità di soprassedere* nous avons décidé à l'unanimité de renvoyer la chose à plus tard □ *mi sono proposto di evitare il fumo* j'ai décidé d'éviter, de m'abstenir de fumer; *mi sono proposto di tacere, a qualunque costo* j'ai décidé de me taire, quel qu'en soit le prix # *ci eravamo proposti di non discutere più* nous avions convenu de ne plus en parler → **concordare** **B** *v.pron. rifl.* PROPORSI → *tr.* 2 □.

proporzionàbile |proportsjo'nabile| *agg.* (*raro*) [→ PROPORZIONARE] proportionnable.

proporzionàle |proportsjo'nale| *agg.* **1** proportionnel*: *un riconoscimento proporzionale al merito* une récompense proportionnelle au mérite **2** (*econ.*) proportionnel: *imposta proporzionale* impôt proportionnel ✦ (*s.f.*) *la proporzionale* la proportionnelle **3** (*mat.*) proportionnel: *grandezze direttamente, inversamente proporzionali* grandeurs directement, inversement proportionnelles **4** (*polit.*) proportionnel: *sistema* (*di elezione*) *proporzionale* système (d'élection) proportionnel; *rappresentanza proporzionale* représentation proportionnelle ✦ (*s.f.*) *la proporzionale pura, mista* la proportionnelle pure, mixte 🄲 4 **maggioritario.**

proporzionalità |proportsjonali'ta| *s.f. inv.* proportionnalité (*var.*): *la proporzionalità della pena al reato* la proportionnalité de la peine par rapport au délit ◇ (*econ.*) *la proporzionalità delle imposte dirette* la proportionnalité, le caractère proportionnel des impôts directs ◇ (*mat.*) *proporzionalità diretta, inversa* proportionnalité directe, inverse ◇ (*polit.*) proportionnalité.

proporzionalménte |proportsjonal'mente| *avv.* [→ PROPORZIONALE 1] proportionnellement.

proporzionàre |proportsjo'nare| *v.tr.* [*adeguare, ridurre secondo una certa proporzione*] proportionner: *proporzionare le spese ai guadagni* proportionner les dépenses aux revenus.

proporzionataménte |proportsjonata'mente| *avv.* [→ PROPORZIONATO] proportionnément (*raro*), d'une manière proportionnée *loc. inv.*

proporzionàto |proportsjo'nato| *agg.* proportionné: *un premio proporzionato al merito* une récompense proportionnée au mérite; *una reazione non proporzionata alla causa* une réaction non proportionnée à la cause; *un corpo ben proporzionato* un corps bien proportionné → **adeguato** 🄲 **sproporzionato.**

proporzióne |proport'sjone| *s.f.* **1** proportion: *le giuste proporzioni tra le varie parti di un edificio, di un corpo* les justes proportions entre les différentes parties d'un édifice, d'un corps; *il campanile non è in proporzione con la chiesa* le clocher et l'église ne sont pas en proportion, ne sont pas proportionnés ◇ *loc.* IN PROPORZIONE proportionnellement (*avv.*): *in proporzione, guadagni più tu di me* tu gagnes proportionnellement plus que moi # *la tassa è in proporzione con il reddito* l'impôt est proportionnel au revenu ~ *fatte le debite, le dovute proporzioni* toute(s) proportion(s) gardée(s) ~ (*fig.*) (*non*) *avere il senso delle proporzioni* (ne pas) avoir le sens des proportions **2** (*mat.*) proportion **3** *al plur.* [*dimensione*; *grandezza*] proportions: *un edificio di vaste, di modeste proporzioni* un édifice de vastes, de modestes proportions ◇ (*fig.*) *nel paese c'è stata una reazione di vaste proporzioni* dans le pays il y a eu une réaction qui a pris des proportions considérables **C** 1 **sproporzione.**

propòsito |pro'pɔzito| *s.m.* **1** [*decisione, deliberazione personale*] résolution *f.*, intention (*f.*): *ho fatto il proposito di non fumare più* j'ai pris la résolution de ne plus fumer; *mostrarsi fermo in un proposito* se montrer ferme dans sa résolution; *era venuto con il preciso proposito di offendere* il était venu avec l'intention précise d'offenser; *i tuoi propositi sono buoni, ma...* tes intentions sont bonnes, mais... ◇ *loc.* DI PROPOSITO: *un uomo, una donna di proposito* [*risoluto, tenace*] un homme sérieux, une femme sérieuse; *mettersi di proposito a studiare* [*con impegno*] se mettre à étudier sérieusement; *l'ha fatto di proposito* [*apposta*] il l'a fait exprès, de propos délibéré **2** [*progetto, intenzione*] projet: *che propositi hai per il tuo avvenire?* quels sont tes projets d'avenir?; *mi ha manifestato i suoi propositi di lavoro, di studio* il m'a révélé ses projets de travail, d'étude **3** [*argomento, materia di un discorso*] propos, sujet: *... e veniamo al proposito principale del nostro incontro* ... venons-en au propos, au sujet principal de notre entrevue ◇ (*loc. avv.*) *a questo, a quel proposito* à ce sujet, à ce propos: *io avrei una mia idea in proposito, al proposito* moi, j'aurais une idée à ce sujet, à ce propos ~ A PROPOSITO à propos: *a proposito di Mario: la sai, l'ultima sua avventura?* à propos de Mario: est-ce que tu connais sa dernière aventure?; *a proposito: che ora è?* à propos, quelle heure est-il? ~ *a che proposito hai parlato di me con i colleghi?* à quel propos as-tu parlé de moi avec nos collègues? **4** [*occasione opportuna*] propos: *capiti proprio a proposito!* tu arrives à propos, au bon moment; *quegli arretrati sono venuti a proposito* ces arrérages tombent à propos; *arrivare male a proposito* arriver mal à propos # *parlare fuori di proposito* parler à tort et à travers.

proposizionàle |propozittsjo'nale| *agg.* (*log., mat.*) propositionnel*: *calcolo proposizionale* calcul propositionnel.

proposizióne |propozit'tsjone| *s.f.* **1** proposition: *confutare le proposizioni dell'avversario* réfuter les propositions de l'adversaire **2** (*gram.*) proposition: *proposizioni principali, subordinate, coordinate* propositions principales, subordonnées, coordonnées **3** (*letter.*) prologue (*m.*): *la proposizione dell'"Eneide"* le prologue de l'"Énéide" → **protasi** **4** (*dir.*) proposition.

propósta |pro'posta| *s.f.* [→ PROPORRE A 1] proposition: *fare, avanzare una proposta* faire, avancer une proposition; *accettare, rifiutare le proposte di un accordo* accepter, repousser les propositions d'un accord; *mettere ai voti una proposta* mettre une proposition aux voix; *fare delle turpi proposte* faire des propositions déshonnêtes # *l'asta è aperta: chi fa la prima proposta?* la vente (aux enchères) est ouverte: qui porte la première enchère? ◇ (*dir.*) *proposta di legge* proposition de loi.

1 **propósto** |pro'posto| *agg.* [*presentato alla deliberazione*] proposé: *sono stati approvati solo 2 dei 5 emendamenti proposti* 2 seulement des 5 amendements proposés ont été approuvés ◇ [*offerto, promesso*] proposé (*p.p.*): *rifiutare gli aiuti proposti* refuser les aides proposées.

2 **propósto** |pro'posto| *s.m.* (*arc., dial.*) → **prevosto.**

propretóre |propre'tore| *s.m.* (*st. rom.*) propréteur.

propretùra |propre'tura| *s.f.* (*st. rom.*) propréture.

propriaménte |proprja'mente| *avv.* **1** [*realmente, esattamente*] exactement, précisément: *le cose sono andate propriamente così* les choses se sont passées exactement ainsi; *questo non è propriamente di mia competenza* ceci n'est pas exactement de ma compétence; *'ne sei entusiasta?' 'non propriamente'* 'tu en es enthousiaste?' 'pas précisément' **2** [*nel suo preciso significato*] proprement, au sens propre (*loc. inv.*): *questa parola significa propriamente...* ce mot signifie proprement, au sens propre...; *non è un reato propriamente detto* ce n'est pas un délit proprement dit ◇ [*con proprietà di linguaggio*] avec propriété (*loc. inv.*): *esprimersi, parlare propriamente* s'exprimer, parler avec propriété, correctement → **correttamente.**

proprietà |proprje'ta| *s.f. inv.* **1** (*dir.*) propriété (*var.*): *il diritto di proprietà* le droit de propriété; *proprietà pubblica, privata* propriété publique, privée; *proprietà artistica, letteraria* propriété artistique, littéraire; *la proprietà fondiaria* la propriété foncière ◇ (*corr.*) [*beni, spec. immobili*] *avere delle proprietà in campagna* avoir des propriétés à la campagne; *vendere una proprietà* vendre une propriété ◇ [*l'insieme dei proprietari di un'impresa*] propriétaires (*m. pl.*): *la proprietà del giornale* les propriétaires du journal; *un accordo tra la proprietà e le maestranze* un accord entre les propriétaires (le patronat) et les ouvriers ◇ *loc.* DI PROPRIETÀ: *abitare in una casa di proprietà* habiter une maison dont on est propriétaire; *quel fondo è di proprietà della moglie* ce fonds est la propriété de sa femme; *un'aerea di proprietà del Comune* un terrain appartenant à la commune **2** [*qualità specifica*; *caratteristica*] propriété: *le proprietà curative delle erbe* les propriétés curatives des herbes ◇ (*mat.*) *proprietà distributiva, commutativa* propriété distributive, commutative **3** [*precisione linguistica, espressiva*] propriété: *proprietà di vocaboli* propriété de mots; *esprimersi con notevole, scarsa proprietà* (*di linguaggio*) s'exprimer avec beaucoup, peu de propriété (de langage) **4** (*raro*) [*garbo; buon gusto*] soin (*corr.*), goût (*corr.*): *vestire con proprietà* s'habiller avec soin, avec goût **C** 3 **improprietà.**

proprietàrio, i |proprje'tarjo, i| *s.* propriétaire: *il proprietario di una automobile, di una casa, di un libro* le propriétaire d'une voiture, d'une maison, d'un livre; *i grandi proprietari terrieri* les grands propriétaires terriens, fonciers.

1 **pròprio, i** |'prɔprjo, i| **I** *agg.* **1** (*come agg. poss. di 3ª pers. sing.*) son (propre), sa (propre), ses (propres): *ognuno ama la propria famiglia, i propri genitori* chacun aime sa (propre) famille, ses (propres) parents → 1 **suo** ◇ (*come agg. poss. di 3ª pers. plur.*) leur (propre), leurs (propres): *vivono del proprio lavoro* ils vivent de leur (propre) travail; *sono molto affezionati alle proprie cose* ils sont très attachés à leurs (propres) affaires → 2 **loro** # *preferisce stare a casa propria* il préfère rester chez lui; *avere una casa propria* avoir une maison à soi **2** (*in funzione raff. di un altro agg. poss.*) propre: *l'ho scritto di mia propria mano* je l'ai écrit de ma propre main; *ti sei fatto male con le tue proprie mani* tu t'es fait mal de tes propres mains # *l'ha voluto constatare con i suoi propri occhi* il a voulu le vérifier directement; *fanno solo i loro propri comodi* ils n'en font qu'à leur aise **3** [*caratteristico, particolare*] particulier*, caractéristique, propre (à): *ha un modo tutto proprio di parlare* il a une façon toute particulière, personnelle de parler; *il profumo proprio dei tartufi* l'odeur caractéristique des truffes; *questi sintomi sono propri del morbillo* ces symptômes sont propres à la rougeole; *la temerarietà è propria degli sciocchi* la témérité est propre aux sots ◇ *loc.* È PROPRIO DI QC. (+ *inf.*) c'est le propre de qqn. de (+ *inf.*): *è proprio del sapiente dubitare di se stesso* c'est le propre du savant de douter de lui-même; *è proprio dei giovani voler cambiare tutto* c'est le propre des jeunes gens de vouloir tout changer **4** [*appropriato, adatto*] propre, convenable: *usare un linguaggio proprio* utiliser un langage propre, approprié; *cercare il momento proprio per intervenire* chercher le moment convenable pour intervenir → **propizio** ◇ (*per est., raro*) [*elegante*; *compìto*] convenable: *un abbigliamento, un abito proprio* un habillement, une tenue convenable **5** *loc.* VERO E PROPRIO [*verissimo, indiscutibile*] véritable: *questo è un abuso vero e proprio* c'est un véritable abus; *è una vera e propria calunnia* c'est une véritable calomnie **6** (*ling.*) propre: *nome proprio* nom propre **7** (*mat.*) *frazione propria* fraction à quotient complet **II** *pron. poss. di 3ª pers.* le sien* *sing.*; le leur (*pl.*): *vede i vizi altrui e non i propri* il voit les vices d'autrui mais pas les siens ‖ *preferiscono le cose altrui alle proprie* ils préfèrent les choses des autres aux leurs **III** *s.m.* **1** [→ *agg.* 1] (*con ell. di un sost., desumibile dal contesto*) *spen-*

dere del proprio assumer personnellement une dépense; y être de sa poche; *rimetterci del proprio* perdre son argent; *ci ha messo del proprio* il a perdu de son argent; *lavorare in proprio* travailler à son compte; *avere un negozio in proprio* avoir un magasin à soi; *rispondere in proprio di q.c.* être directement responsable de qqch. **2** (*raro*) [*elemento specifico, caratteristico*] propre (*corr.*): *il proprio di una situazione, di una questione* le propre d'une situation, d'une question.

2 **pròprio** |ˈprɔprjo| *avv.* **1** (*in frasi aff. con valore raff.*) [*esattamente, precisamente*] exactement, justement: *le cose stanno proprio così* il en est exactement ainsi # *proprio tu dovevi farmi questo?* comment! c'est toi qui me fais une chose pareille?; *proprio ora che dobbiamo uscire!* juste au moment où nous devons sortir!; *proprio a me doveva capitare questa?* il fallait que ce soit à moi qu'une chose pareille arrive! ◇ (*come risposta aff. a una domanda*) '*sei stato tu?*' '*sì, proprio!*' 'c'est toi qui l'as fait?' 'oui, moi-même'!; '*ci sei andato?*' '*proprio, proprio così!*' 'tu y es allé?' 'oui, j'y ai été!' **2** (*in frasi neg.*) [*affatto; per nulla*] vraiment: *quel tipo non mi piace proprio* ce type ne me plaît vraiment pas; *non vuol proprio saperne di uscire* il ne veut vraiment pas entendre parler de sortir **3** (*con valore raff.*) [*veramente, davvero*] vraiment: *oggi si sta proprio bene* aujourd'hui on est vraiment bien; *adesso è proprio tardi* maintenant, il est vraiment tard # *ma è proprio vero?* mais c'est absolument vrai?; *è proprio vero che non tutti i mali vengono per nuocere* c'est bien vrai qu'à quelque chose malheur est bon ◇ (*fam., usato da solo, nelle interrog.*) '*ho vinto il primo premio?*' '*proprio?*' 'j'ai gagné le premier prix?' 'vraiment?'

propriocettivo |proprjotʃetˈtivo| *agg.* (*fisiol.*) proprioceptif*: *sensibilità propriocettiva* sensibilité proprioceptive.

propugnàcolo |propuɲˈɲakolo| *s.m.* (*lett.*) → **difesa, baluardo.**

propugnàre |propuɲˈɲare| *v.tr.* [*sostenere, difendere con energia*] combattre (76) pour, défendre (53): *propugnare la causa dei deboli* combattre pour la cause des faibles, défendre la cause des faibles; *propugnare un'idea* défendre, soutenir une idée.

propugnatóre, trice |propuɲɲaˈtore, tritʃe| *s.* [*sostenitore, difensore*] partisan, apôtre.

propugnazióne |propuɲɲatˈtsjone| *s.f.* (*lett.*) → **difesa.**

propulsióne |propulˈsjone| *s.f.* (*tecnol.*) propulsion: *un motore a propulsione nucleare, a elica, a reazione* un moteur à propulsion nucléaire, par hélice, à réaction.

propulsìvo |propulˈsivo| *agg.* (*tecnol.*) propulsif*.

propulsóre |propulˈsore| *s.m.* (*tecnol.*) propulseur: *propulsore a elica, a reazione* propulseur à hélice, à réaction.

propulsòrio, i |propulˈsɔrjo, i| *agg.* (*tecnol.*) propulseur*, propulsif* → **propulsivo.**

pròra |ˈprɔra| *s.f.* **1** (*mar.*) proue, avant *m.* → **prua** **2** (*lett.*) → **nave.**

proravìa |proraˈvia| *s.f.* (*nella loc. avv., mar.*) *a proravia* à l'avant 🄲 **poppavia.**

pròroga, ghe |ˈprɔroga, ge| *s.f.* [→ PROROGARE] delai (*m.*): *una proroga di due giorni, di una settimana* un délai de deux jours, d'une semaine; *chiedere, ottenere una proroga di pagamento* demander, obtenir un délai de paiement → **dilazione** # *proroga di una scadenza* prorogation d'une échéance.

prorogàbile |proroˈgabile| *agg.* [→ PROROGARE] qu'on peut proroger, ajourner *loc.* 🄲 **improrogabile.**

prorogabilità |prorogabiliˈta| *s.f. inv.* possibilité *var.* de proroger, d'ajourner (qqch.) 🄲 **improrogabilità.**

prorogàre |proroˈgare| *v.tr.* [*rimandare, rinviare nel tempo*] proroger (3); prolonger (3): *prorogare una scadenza* proroger une échéance ‖ *prorogare di 30 giorni i termini di presentazione di una domanda* prolonger de 30 jours les délais de la présentation d'une demande # *prorogare un contratto* renouveler un contrat.

prorogazióne |prorogatˈtsjone| *s.f.* (*raro*) → **proroga.**

prorompènte |proromˈpɛnte| *agg.* [*impetuoso, irrefrenabile*] impétueux*; débordant # *un applauso prorompente* un tonnerre d'applaudissements.

prorómpere |proˈrompere| (176) *v.intr.* (*dif. del p.p.*) **1** [*uscire con impeto*] déborder: *il fiume proruppe dagli argini* le fleuve déborda # *le lacrime gli prorompevano dagli occhi* un torrent de larmes coulait de ses yeux **2** (*fig.*) [*sfogarsi, scoppiare*] éclater: *prorompere in singhiozzi, in lacrime* éclater en sanglots, fondre en larmes; *finalmente proruppe tutto il suo rancore represso* finalement, il laissa éclater toute sa rancune jusqu'alors contenue ◇ [*intervenire, interloquire con energia*] *la folla proruppe in un'ovazione indescrivibile* la foule éclata en une ovation indescriptible; '*sono tutte fandonie!*' *proruppe l'accusato* 'ce sont pures inventions!' s'écria, protesta l'accusé.

pròsa |ˈprɔza| *s.f.* **1** prose: *prosa narrativa, letteraria, giornalistica* prose narrative, littéraire, journalistique; *una prosa fluida, scorrevole* une prose fluide, coulante; *un componimento in prosa* une composition en prose; *la prosa italiana del Settecento* la prose italienne du XVIIIe siècle ◇ [*opera scritta in prosa*] ouvrage (*m.*): *leggere, commentare una prosa del Manzoni* lire, commenter un ouvrage en prose de Manzoni ◇ (*teat.*) *teatro di prosa* théâtre; *la stagione di prosa* la saison théâtrale **2** (*fig.*) [*l'insieme degli aspetti meschini, monotoni della vita quotidiana*] routine: *la prosa di tutti i giorni* la routine quotidienne 🄲 1 **poesia.**

prosaicaménte |prozaikaˈmente| *avv.* [→ PROSAICO 1] prosaïquement.

prosaicìsmo |prozaiˈtʃizmo| *s.m.* prosaïsme.

prosaicità |prozaitʃiˈta| *s.f. inv.* → **prosaicismo.**

prosàico, ci, ca, che |proˈzaiko, tʃi, ka, ke| *agg.* **1** (*fig.*) [*meschino, volgare*] prosaïque: *di tutte le cose, tu vedi gli aspetti più prosaici* tu ne vois en toutes choses que les aspects les plus prosaïques; *ma come sei prosaico!* comme tu es prosaïque! **2** (*spreg.*) [*banale, non valido da un punto di vista estetico*] prosaïque: *versi prosaici* vers prosaïques; *stile prosaico* style prosaïque **3** (*arc.*) → **prosastico.**

prosàpia |proˈzapja| *s.f.* (*lett.*) → **stirpe, discendenza.**

prosasticità |prozastitʃiˈta| *s.f. inv.* [*carattere prosastico, banale* (*di q.c.*)] prosaïsme *m. var.* 🄲 **poeticità.**

prosàstico, ci, ca, che |proˈzastiko, tʃi, ka, ke| *agg.* [*scritto in prosa*] en prose (*loc. inv.*): *le opere prosastiche di Dante* les œuvres en prose de Dante ◇ (*spreg.*) *uno stile prosastico* un style prosaïque → **prosaico** 🄲 **poetico.**

prosatóre, trice |prozaˈtore, tritʃe| *s.* prosateur *m.* 🄲 **poeta.**

proscènio, i |proʃˈʃɛnjo, i| *s.m.* (*teat.*) avant-scène (*f.*): *palchi di proscenio* loges d'avant-scène → **ribalta.**

Proscìmmie |proʃˈʃimmje| *s.f. pl.* (*t.zool.*) Prosimiens, Lémuriens.

prosciògliere |proʃˈʃɔʎʎere| (123) *v.tr.* **1** (*dir.*) [*emanare una sentenza di proscioglimento di un imputato*] acquitter: *essere prosciolto per insufficienza di indizi* être acquitté pour manque de preuves **2** (*raro*) [*liberare, sciogliere da un impegno, da un vincolo*] délier (*corr.*): *prosciogliere da un giuramento, dai voti* délier d'un serment, des vœux.

proscioglimènto |proʃʃoʎʎiˈmento| *s.m.* **1** (*dir.*) acquittement **2** (*raro*) [*liberazione, esenzione da un obbligo*] dégagement (*corr.*).

prosciòlto |proʃˈʃɔlto| *agg.* (*dir.*) acquitté, absous.

prosciugaménto |proʃʃugaˈmento| *s.m.* [→ PROSCIUGARE] assèchement.

prosciugàre |proʃʃuˈgare| **A** *v.tr.* [*rendere asciutto, liberando dall'acqua*] assécher (8): *prosciugare una palude* assécher un marais; *prosciugare un terreno di fondazione* assécher un terrain de construction → **bonificare** # *il sole ha prosciugato la biancheria* le soleil a séché le linge → **asciugare** ◇ [*inaridire*] dessécher (8); (*per mezzo di canali*) drainer ◇ (*scherz.*) *prosciugare il fiasco di vino* sécher (8) (*fam.*) un fiasco de vin **B** *v.pron. intr.* PROSCIUGARSI [→ *tr.*] se dessécher.

prosciugàto |proʃʃuˈgato| *agg.* asséché, séché, desséché.

prosciùtto |proʃˈʃutto| *s.m.* (*cuc.*) jambon: *prosciutto crudo, cotto, affumicato* jambon cru (jambon de Parme, de Bayonne, etc.) cuit, fumé; *un panino con prosciutto* un sandwich au jambon; *antipasto di prosciutti* hors-d'œuvre de jambons variés ◇ (*loc. fam., scherz.*) *avere le orecchie foderate di prosciutto* être dur d'oreille (*corr.*), faire la sourde oreille (*corr.*).

proscritto |prosˈkritto| **1** *agg.* proscrit → **bandito** ✦ (*s.*) *i proscritti* les proscrits → **esule** **2** *s.m.* (*st. rom.*) proscrit.

proscrittóre |proskritˈtore| *s.m.* proscripteur.

proscrìvere |prosˈkrivere| (182) *v. tr.* **1** [*bandire; esiliare*] bannir, exiler ◇ (*raro*) [*vietare, proibire*] proscrire (51) (*corr.*): *proscrivere l'uso di un medicinale* proscrire un médicament **2** (*st. rom.*) [*condannare alla proscrizione*] proscrire.

proscrizióne |proskritˈtsjone| *s.f.* **1** [→ PROSCRIVERE 1] proscription: *la proscrizione di un'opera immorale* la proscription d'un ouvrage immoral **2** (*st. rom.*) proscription.

prosècco, chi |pro'sɛkko, ki| *s.m.* [*pregiato vino bianco aromatico, tipico del Trevigiano*] ⊠.
prosecuzióne |prosekut'tsjone| *s.f.* [→ PROSEGUIRE] continuation: *la prosecuzione di un lavoro* la continuation d'un travail ◇ [*seguito*] suite → **continuazione, seguito.**
proseggiàre |prosed'dʒare| *v.intr.* (*aus.* 'avere') (*raro*) [*scrivere in prosa*] écrire (51) en prose (*corr.*) ◇ [*scrivere in modo prosaico*] écrire prosaïquement.
prosegretàrio, i |prosegre'tarjo, i| *s.* [*sostituto di segretario*] secrétaire-adjoint.
proseguìbile |prose'gwibile| *agg.* [→ PROSEGUIRE A] qu'on peut continuer *loc.*
proseguiménto |prosegwi'mento| *s.m.* [→ PROSEGUIRE] continuation (*f.*): *consigliare a qc. il proseguimento degli studi* conseiller à qqn. la continuation de ses études, de continuer ses études ◇ [*seguito*] suite *f.* → **continuazione, seguito** ◇ *loc.* (*formula di augurio*) *buon proseguimento!* bonne continuation! (*fam.*).
proseguìre |prose'gwire| **A** *v.tr.* [*continuare; riprendere*] poursuivre (52), continuer: *proseguire il viaggio, gli studi* poursuivre, continuer son voyage, ses études **B** *v.intr.* (*aus.* 'avere', *raro* 'essere') [→ *tr.*] continuer (*aus.* avoir): *proseguire nell'impresa* continuer (dans) l'entreprise; *proseguiamo* (*nel viaggio*) *fino a Parigi* nous continuons jusqu'à Paris; *l'oratore proseguì* (*a parlare*) *dicendo che...* l'orateur continua (à parler) en disant que... → **procedere** [C] A **interrompere**; B **fermar(si).**
proselitìsmo |prozeli'tizmo| *s.m.* prosélytisme: *fare del proselitismo* faire du prosélytisme.
prosèlito |pro'zɛlito| *s.* prosélyte.
prosènchima |pro'zɛnkima| *s.m.* (*bot.*) prosenchyme.
prosettóre, trice |proset'tore, tritʃe| *s.* prosecteur *m.*
prosièguo |pro'sjɛgwo| *s.m.* (*bur.*) (*nella loc.*) *in prosieguo di tempo* [*successivamente*] par la suite.
prosillogìsmo |prosillo'dʒizmo| *s.m.* (*filos.*) prosyllogisme.
prosìndaco, ci |pro'sindako, tʃi| *s.m.* [*assessore che fa le veci del sindaco*] adjoint (au maire).
prosit |'prɔzit| *inter.* (*lat.*) **1** (*formula augurale nei brindisi*) à votre santé → **salute, cincin** **2** (*eccl.*) prosit.
Prosobrànchi |proso'branki| *s.m. pl.* (*t.zool.*) Prosobranches.
prosodìa |prozo'dia| *s.f.* (*ling., metr.*) prosodie.
prosòdico, ci, ca, che |pro'zɔdiko, tʃi, ka, ke| *agg.* (*ling., metr.*) prosodique.
prosopopèa |prozopo'pɛa| *s.f.* (*retorica*) prosopopée ◇ (*fig.*) [*atteggiamento solenne, arrogante*] morgue, air *m.* d'importance: *parlava con una tale prosopopea!* il parlait avec une telle morgue, un tel air d'importance!
prosperaménte |prospera'mente| *avv.* [→ PROSPERO] avec prospérité.
prosperàre |prospe'rare| **A** *v.intr.* (*aus.* 'avere') [*essere in uno stato soddisfacente, avere condizioni di vita soddisfacenti*] prospérer (8): *in questo clima la vite prospera* dans ce climat la vigne prospère; *è un'attività che prospera* c'est une activité qui prospère # *prosperare in salute* être bien portant ◇ (*fig.*) *è uno Stato dove prospera la violenza* c'est un État où la violence prospère **B** *v.tr.* → **favorire.**
prosperità |prosperi'ta| *s.f. inv.* prospérité (*var.*): *vivere nella prosperità* vivre dans la prospérité, dans l'aisance; # *salute e prosperità!* à vos souhaits → **agiatezza** [C] **indigenza.**
pròspero |'prɔspero| *agg.* [*favorevole, felice*] favorable; heureux*: *un vento prospero* un vent favorable ‖ *prosperi eventi* d'heureux événements ◇ [*florido, redditizio*] prospère: *un commercio prospero* un commerce prospère; *una nazione prospera* une nation prospère.
prosperosaménte |prosperoza'mente| *avv.* [→ PROSPEROSO] prospèrement, d'une façon prospère *loc. inv.*
prosperosità |prosperosi'ta| *s.f. inv.* prospérité *var.*
prosperóso |prospe'roso| *agg.* (*cose*) [*florido, fiorente*] prospère, florissant: *una regione prosperosa* une région prospère, florissante; *un commercio prosperoso* un commerce prospère ◇ (*persone, spec. donne*) [*di ottime condizioni fisiche*] plantureux*: *una ragazza, una donna prosperosa* une fille, une femme plantureuse.
prospettàre |prospet'tare| **A** *v.tr.* **1** [*presentare alla riflessione; proporre*] exposer: *gli ho prospettato tutte le ipotesi possibili* je lui ai exposé toutes les hypothèses possibles; *gli hanno prospettato la situazione in tutta la sua gravità* ils lui ont exposé la situation dans toute sa gravité **2** (*raro*) (*di edificio e sim.*) [*essere rivolto verso*] donner *intr.* sur: *la terrazza prospetta la piazza* la terrasse donne sur la place **B** *v.intr.* (*aus.* 'essere') [→ *tr.* 2] donner (*aus.* avoir) sur: *la villa prospetta sul lago* la villa donne sur le lac **C** *v.pron. intr.* PROSPETTARSI [*presentarsi sotto un certo aspetto*] s'annoncer (2): *il futuro non gli si prospettava molto roseo* son avenir ne s'annonçait pas très brillant; *l'impresa si prospetta più difficile del previsto* l'entreprise s'annonce plus difficile que prévu.
prospetticaménte |prospettika'mente| *avv.* [→ PROSPETTICO] en perspective *loc. inv.*
prospèttico, ci, ca, che |pros'pɛttiko, tʃi, ka, ke| *agg.* (*arts., geom.*) perspectif*.
prospettìva |prospet'tiva| *s.f.* **1** (*arts., geom.*) perspective: *prospettiva lineare* perspective linéaire; *studi di prospettiva* études de perspective; *errori di prospettiva* erreurs de perspective; *disegnare, rappresentare in prospettiva* dessiner, représenter en perspective **2** (*per est.*) [*veduta panoramica*] perspective: *da qui si gode una bella prospettiva sul mare* d'ici on jouit d'une belle perspective sur la mer **3** (*fig.*) [*eventualità proiettata nel futuro; previsione*] perspective: *è una prospettiva che non mi attira* c'est une perspective qui ne m'attire pas; *non lo entusiasma la prospettiva di passare la domenica in casa* la perspective de passer le dimanche à la maison ne l'enthousiasme guère; *non avere prospettiva di miglioramento, di successo per il futuro* ne pas avoir de perspective d'amélioration, de succès pour l'avenir ◇ (*loc.*) *in prospettiva* en perspective.
prospettivaménte |prospettiva'mente| *avv.* **1** [→ PROSPETTIVO 2] en perspective *loc. inv.* **2** [→ PROSPETTIVO 1] suivant la perspective *loc.*
prospettivìsmo |prospetti'vizmo| *s.m.* (*filos.*) perspectivisme.
prospettivìsta |prospetti'vista| *s.* peintre *m.* de perspectives.
prospettìvo |prospet'tivo| *agg.* **1** [*realizzabile nel futuro; prevedibile*] en perspective *loc. inv.* **2** (*raro*) [*prospettico*] perspectif*.
prospètto |pros'pɛtto| *s.m.* **1** [*ciò che si vede di fronte; visuale*] angle, vue (*f.*): *i vari prospetti del panorama* les différents angles sous lesquels on voit le panorama ◇ [*facciata di un edificio*] façade (*f.*): *disegnare il prospetto di un palazzo* dessiner la façade d'un immeuble ◇ *loc.* DI PROSPETTO de face: *fotografare qc. di prospetto* photographier qqn. de face; *disegnare di prospetto una macchina* dessiner une voiture de face **2** [*indicazione sintetica; tabella riassuntiva*] tableau: *il prospetto delle entrate e delle uscite* le tableau des recettes et des dépenses → **2 specchietto.**
prospettóre, trice |prospet'tore, tritʃe| *s.* prospecteur*.
prospezióne |prospet'tsjone| *s.f.* (*geol.*) prospection.
prospiciènte |prospi'tʃɛnte| *agg.* [*orientato verso*] donnant *p. pres.* sur: *una villa prospiciente il mare* une villa donnant sur la mer.
prossenèta |prosse'nɛta| *s.* **1** proxénète → **ruffiano** **2** (*lett.*) → **sensale, mezzano.**
prossenetìsmo |prossene'tizmo| *s.m.* (*raro, lett.*) proxénétisme (*corr.*) → **lenocinio.**
pròsseno |'prɔsseno| *s.m.* (*st. gr.*) proxène.
prossimàle |prossi'male| *agg.* (*med.*) proximal*.
prossimaménte |prossima'mente| *avv.* [→ PROSSIMO I 2] prochainement.
prossimità |prossimi'ta| *s.f. inv.* proximité *var.* → **vicinanza** ◇ *loc.* IN PROSSIMITÀ DI à proximité de, près de; (*nel tempo*) à l'approche de: *in prossimità del mare* à proximité de la mer, près de la mer ‖ *in prossimità delle vacanze* à l'approche des vacances.
pròssimo |'prɔssimo| **I** *agg.* **1** [*molto vicino nello spazio*] proche # *la vetta è ormai prossima* le sommet n'est plus loin; *scendo alla prossima fermata* je descends au prochain arrêt, à la prochaine station ◇ (*fig.*) *un significato prossimo al precedente* un sens proche du sens précédent ◇ (*loc. fig.*) *parenti, congiunti prossimi* proches, parents → **1 stretto** **2** [*vicino nel tempo*] *l'estate è ormai prossima* l'été approche; *gli esami sono prossimi* les examens approchent; *essere prossimo alla guarigione* être sur le point de guérir; *il treno è prossimo a partire* le train est sur le point de partir, va partir → **imminente** ◇ (*riferito a un futuro imminente*) prochain: *lunedì prossimo* lundi prochain; *la prossima settimana* la semaine prochaine; *l'anno prossimo, il mese prossimo* l'année prochaine, le mois prochain; *ci incontreremo giovedì prossimo venturo* (*p.v.*) nous nous verrons jeudi prochain → **venturo** ◇ (*raro, riferito a un recente passato*) *inda-*

gare le cause prossime di un fatto enquêter sur les causes immédiates d'un fait **3** (*gram.*) *passato, trapassato prossimo* passé composé, plus-que-parfait **II** *s.m.* **1** *solo al sing.* [*ciascun uomo, visto nella prospettiva della fratellanza cristiana*] prochain: *ama il prossimo tuo come te stesso!* tu aimeras ton prochain comme toi-même ◇ (*per est., fam.*) [*gli altri*; *la gente*] *non disturbare il prossimo!* ne dérange pas les autres!; *ecco cosa succede a far del bene al prossimo!* voilà ce qui arrive quand on veut faire du bien à son prochain! **2** (*lett.*) → **parente, congiunto** 🄲 I 1, 2 **lontano** 1.

prostaglandìna |prostaglan'dina| *s.f.* (*med.*) prostaglandine.

pròstata |'prɔstata| *s.f.* (*anat.*) prostate.

prostatectomìa |prostatekto'mia| *s.f.* (*chir.*) prostatectomie.

prostàtico, ci, ca, che |pros'tatiko, tʃi, ka, ke| *agg.* **1** (*anat.*) prostatique **2** (*med.*) prostatique ✦ (*s.*) *un prostatico* un prostatique.

prostatìte |prosta'tite| *s.f.* (*med.*) prostatite.

prosternàre |proster'nare| **A** *v.tr.* (*raro*) [*stendere a terra*] prosterner **B** *v. pron. rifl.* PROSTERNARSI [→ *tr.*] se prosterner → **inchinar(si), inginocchiarsi.**

prosternazióne |prosternat'tsjone| *s.f.* [→ PROSTERNARE A] prosternation, prosternement (*m.*): *era in un profondo stato di prosternazione* il était dans un état de profonde prosternation → **abbattimento.**

pròstesi |'prɔstezi| *s.f. inv.* (*raro*) → **protesi** 1, 2.

prostètico, ci, ca, che |pros'tɛtiko, tʃi, ka, ke| *agg.* (*raro*) → **protetico.**

pròstilo |'prɔstilo| *s.m.* (*arch.*) prostyle.

prostituìre |prostitu'ire| (197) **A** *v.tr.* **1** [*offrire* (*il proprio corpo*) *per danaro, per rapporti sessuali*] prostituer: *prostituire il proprio corpo* prostituer son corps # *prostituire sé stessa, sé stesso* se prostituer ◇ (*per est.*) *prostituire il proprio ingegno, la propria arte* prostituer son talent, son art **2** [*incitare alla prostituzione*] prostituer: *prostituire la propria moglie* prostituer sa femme **B** *v.pron. rifl.* PROSTITUIRSI [→ *tr.* 1] se prostituer ◇ (*per est.*) *prostituirsi ai potenti* se prostituer aux puissants.

prostitùta |prosti'tuta| *s.f.* prostituée.

prostitùto |prosti'tuto| *s.m.* prostitué.

prostituzióne |prostitut'tsjone| *s.f.* [→ PROSTITUIRE A 1] prostitution.

prostraménto |prostra'mento| *s.m.* (*raro*) → **prostrazione.**

prostràre |pros'trare| **A** *v.tr.* **1** [*fiaccare, sfinire*] abattre (76): *la lunga malattia lo ha prostrato* la longue maladie l'a abattu, l'a prostré ◇ (*fig.*) [*abbattere, avvilire*] *la tragedia familiare lo ha prostrato* la tragédie familiale l'a abattu **2** (*raro*) [*stendere a terra*; *vincere*] abattre (*corr.*): *prostrare il proprio avversario* abattre son adversaire ◇ (*fig.*) [*umiliare*; *offendere*] abaisser: *prostrare l'arroganza di qc.* abaisser l'orgueil (l'arrogance) de qqn. **B** *v.pron. rifl.* PROSTRARSI [*inchinarsi in segno di rispetto o di servilismo*] se prosterner: *i fedeli si prostrano davanti all'altare* les fidèles se prosternent devant l'autel; → **genuflettersi**; *prostrarsi ai piedi di qc.* se prosterner aux pieds de qqn.

prostrazióne |prostrat'tsjone| *s.f.* [→ PROSTRARE A 1] prostration, accablement (*m.*): *era in uno stato di prostrazione fisica e morale* il était dans un état de prostration physique et morale, d'accablement physique et moral → **abbattimento.**

prosuòcera |pro'swɔtʃera| *s.f.* mère de la belle-mère, mère du beau-père.

prosuòcero |pro'swɔtʃero| *s.m.* père de la belle-mère, père du beau-père.

protagonìsta |protago'nista| *s.* (*teat.*) protagoniste: *fare la parte del protagonista* avoir le rôle du protagoniste, le premier rôle ◇ (*per est.*) *fare da protagonista in una trattativa* être le protagoniste dans une négociation.

protàllo |pro'tallo| *s.m.* (*bot.*) prothalle.

protamìna |prota'mina| *s.f.* (*biol., chim.*) protamine.

pròtasi |'prɔtazi| *s.f. inv.* (*filos., gram., letter.*) protase *var.*

proteàsi |prote'azi| *s.f. inv.* (*biol.*) protéase *var.*

protèggere |pro'tɛddʒere| (154) **A** *v.tr.* **1** [*difendere, riparare da q.c.*] protéger (8) (3): *proteggere il corpo dal freddo, dalla pioggia* protéger son corps du froid, de la pluie; *proteggere un articolo fragile* protéger un article fragile □ *proteggersi le mani con i guanti* se protéger les mains avec des gants ◇ (*per est.*) *proteggere un procedimento dalle imitazioni per mezzo di un brevetto* protéger, défendre un procédé des imitations par un brevet; *proteggere la fauna, la flora alpina* protéger la faune, la flore alpine **2** [*aiutare, soccorrere*] protéger: *proteggere i deboli, gli indifesi* protéger les faibles ◇ [*favorire*] *ha fatto carriera perché lo proteggeva lo zio molto potente* il a fait carrière grâce à la protection d'un oncle très puissant **B** *v.pron. rifl.* PROTEGGERSI **1** [→ *tr.* 1] se protéger: *proteggersi dal freddo, dalle intemperie* se protéger du froid, des intempéries **2** → *tr.* 1 □.

protèico, ci, ca, che |pro'tɛiko, tʃi, ka, ke| *agg.* (*biol., chim.*) protéique.

protèide |pro'tɛide| *s.f.* (*biol., chim.*) protéide.

proteifórme |protei'forme| *agg.* protéiforme: *un ingegno proteiforme* un esprit protéiforme → **versatile.**

proteìna |prote'ina| *s.f.* (*biol., chim.*) protéine.

proteìnico, ci, ca, che |prote'iniko, tʃi, ka, ke| *agg.* (*raro*) → **proteico.**

proteinoterapìa |proteinotera'pia| *s.f.* (*med.*) protéinothérapie.

proteinùria |protei'nuria| *s.f.* (*patol.*) protéinurie.

pròtele |'prɔtele| *s.m.* (*t.zool.*) protèle.

pro tempore |prɔ'tɛmpore| *loc. avv.* (*lat.*) [*provvisoriamente*] momentanément, provisoirement: *dirigere un ufficio pro tempore* diriger momentanément, provisoirement un bureau ✦ (*in funzione di agg. inv.*) provisoire: *il parroco pro tempore* le curé provisoire, intérinaire.

protèndere |pro'tɛndere| (105) **A** *v.tr.* [*tendere in avanti*] tendre (53): *protendere le braccia verso qc.* tendre les bras vers qqn. **B** *v.pron.* PROTENDERSI **1** *rifl.* [→ *tr.*] se pencher: *protendersi nel vuoto* se pencher dans le vide **2** *intr.* [→ *tr.*] s'avancer (2): *la scogliera si protende nel mare* la falaise s'avance dans la mer.

pròteo |'prɔteo| *s.m.* (*t.zool.*) protée.

proteolìsi |proteo'lizi| *s.f. inv.* (*biol., chim.*) protéolyse *var.*

proteolìtico, ci, ca, che |proteo'litiko, tʃi, ka, ke| *agg.* (*biol., chim.*) protéolytique.

proterandrìa |proteran'dria| *s.f.* (*bot.*) protérandrie.

protervaménte |proterva'mente| *avv.* [→ PROTERVO] opiniâtrement, obstinément: *insistere protervamente in q.c.* insister opiniâtrement, obstinément sur qqch. → **ostinatamente** ◇ (*per est.*) → **insolentemente.**

protèrvia |pro'tɛrvja| *s.f.* [*arroganza ostinazione*; *caparbietà*] opinâtreté ◇ [*arroganza*] arrogance.

protèrvo |pro'tɛrvo| *agg.* [*caparbio*] opiniâtre ◇ [*arrogante*] arrogant.

pròtesi |'prɔtezi| *s.f. inv.* **1** (*med.*) prothèse (*var.*): *protesi dentaria, ortopedica* prothèse dentaire, orthopédique; *applicare una protesi* appliquer une prothèse **2** (*ling.*) pro(s)thèse **3** (*arch.*) autel *m.* de la prothèse.

protesìsta |prote'sista| *s.m.* mécanicien-dentiste.

protéso |pro'teso| *agg.* [*teso in avanti*] penché: *stare proteso su un burrone* être penché au-dessus d'un ravin ◇ (*fig.*) *avere la mente protesa nel futuro* avoir l'esprit tourné, ouvert vers l'avenir ◇ [*intento, assorto*] *tenere lo sguardo proteso alla scena* avoir les yeux fixés sur la scène.

protèsta |pro'tɛsta| *s.f.* **1** protestation: *parole di protesta* mots de protestation; *protesta civile, incivile* protestation polie, impolie; *la protesta giovanile* la protestation des jeunes; *organizzare una protesta di massa* organiser une protestation collective; *abbandonare l'aula per protesta, in segno di protesta* quitter la salle en signe de protestation **2** [*dichiarazione solenne di un proprio sentimento, di una propria idea*] protestation, démonstration: *grandi proteste di stima, di amicizia* de grandes protestations, démonstrations d'estime, d'amitié.

protestàbile |protes'tabile| *agg.* (*comm.*) [→ PROTESTARE B2] protestable.

protestànte |protes'tante| *agg.* (*relig.*) protestant: *la Chiesa protestante* l'Église protestante ✦ (*s.*) *i protestanti* les protestants.

protestantésimo |protestan'tezimo| *s.m.* (*relig.*) protestantisme.

protestàre |protes'tare| **A** *v.intr.* (*aus.* '*avere*') [*dichiarare energicamente disapprovazione, opposizione*] protester: *protestare contro i soprusi, un'ingiustizia* protester contre les abus, une injustice; *che cosa c'è da protestare?* qu'est-ce que vous avez à protester? **B** *v.tr.* **1** [*dichiarare solennemente un proprio sentimento, una propria convinzione*] protester *intr.* (de): *protestare la propria innocenza, la propria buona fede* protester de son innocence, de sa bonne foi **2** (*dir.*) [*constatare il mancato pa-*

gamento di un effetto] protester: *protestare una cambiale, una tratta* protester un effet, une traite **C** *v.pron. rifl.* PROTESTARSI [→ *tr.* 1] se proclamer: *protestarsi innocente, estraneo ai fatti* se proclamer innocent, étranger à ces faits.

protestatàrio, i |protesta'tarjo, i| *agg.* de protestation *loc. inv.*

protestatóre, trice |protesta'tore, tritʃe| *s.* **1** (*dir. comm.*) protestataire **2** (*raro*) [*chi tende alla protesta abituale*] protestataire.

protestazióne |protestat'tsjone| *s.f.* (*raro*) → **protesta.**

protèsto |pro'tɛsto| *s.m.* (*dir.*) protêt: *protesto cambiario* protêt de change, cambiste; *finire sul bollettino dei protesti* finir sur le registre des protêts # *lasciar andare in protesto un effetto* ne pas honorer un effet.

protètico, ci, ca, che |pro'tɛtiko, tʃi, ka, ke| *agg.* (*ling.*) prothétique, prosthétique.

protettivo |protet'tivo| *agg.* de protection *loc. inv.*, protecteur*: *un rivestimento protettivo* un revêtement de protection ◇ (*fig.*) *assumere un atteggiamento* (*troppo*) *protettivo verso i figli* avoir une attitude (trop) protectrice envers ses enfants.

protètto |pro'tɛtto| **1** *agg.* (*cose*) protégé: *un confine ben protetto* une frontière bien protégée **2** *s.* (*persone*) protégé: *fare assumere un proprio protetto* faire engager un de ses protégés → **favorito, raccomandato.**

protettoràle |protetto'rale| *agg.* (*raro*) de protecteur *loc. inv.*

protettoràto |protetto'rato| *s.m.* (*dir. internazionale*) protectorat: *gli antichi protettorati dell'Inghilterra* les anciens protectorats britanniques.

protettóre, trice |protet'tore, tritʃe| *s.* **1** *s.* protecteur*: *il protettore degli oppressi* le protecteur des opprimés ✦ (*agg.*) *il Santo protettore* le patron; *la Società protettrice degli animali* la Société protectrice des animaux **2** *s.m.* (*tecnol.*) protecteur: *un protettore del fegato* un protecteur du foie ✦ (*agg.*) *un dispositivo protettore del circuito* un dispositif protecteur du circuit **3** *s.m.* (*euf.*) [*sfruttatore di prostituta*] souteneur.

protezióne |protet'tsjone| *s.f.* protection: *protezione antiaerea* protection antiaérienne; *la protezione del paesaggio* la protection du site; *la Società per la protezione degli animali* la Société pour la protection des animaux # *mettere una vernice a protezione della ruggine* protéger contre la rouille par un vernis ◇ [*favoritismo*] *ottenere un posto a forza di protezioni* obtenir une place à force de protections ◇ (*loc.*) *essere sotto la protezione di qc.* être sous la protection de qqn. ~ *prendere, tenere qc. sotto la propria protezione* prendre, avoir qqn. sous sa protection.

protezionismo |protettsjo'nizmo| *s.m.* (*econ.*) protectionnisme Ⓒ **liberismo.**

protezionista |protettsjo'nista| *s.* protectionniste ✦ (*agg.*) *uno Stato protezionista* un État protectionniste.

protezionistico, ci, ca, che |protettsjo'nistiko, tʃi, ka, ke| *agg.* (*econ.*) protectionniste.

protide |pro'tide| *s.m.* (*biol., chim.*) protide → **proteina.**

protidico, ci, ca, che |pro'tidiko, tʃi, ka, ke| *agg.* (*chim.*) protidique: *ormoni protidici* hormones protidiques.

protista |pro'tista| *s.m.* (*biol.*) protiste.

protistologìa, gie |protistolo'dʒia, dʒie| *s.f.* (*biol.*) protistologie.

pròto- |'prɔto| *pref.* (*significa 'primo' nello spazio o nel tempo, corrisponde gener. a*) prot(o)-: *prototipo* prototype; *protogino* protogyne # *protoromantico* précurseur du romantisme ◇ (*significa 'primo in ordine di importanza', corrisponde gener. a*) proto: *protostoria* protohistoire ◇ (*ling.*) (*indica lo 'stadio più arcaico' di una lingua o dei suoi parlanti, corrisponde gener. a*) proto: *protogermanico* protogermanique ◇ (*biol.*) (*indica 'organismo strutturalmente semplice', corrisponde gener. a*) proto: *protozoo* protozoaire; *protoplasma* protoplasma, protoplasme.

pròto |'prɔto| *s.m. inv.* prote (*var.*): *un errore sfuggito al proto* une erreur qui a échappé au prote.

protoattìnio, i |protoat'tinjo, i| *s.m.* (*chim.*) protactinium.

1 **protocollàre** |protokol'lare| *agg.* (*bur.*) protocolaire: *cerimonia protocollare* cérémonie protocolaire.

2 **protocollàre** |protokol'lare| *v.tr.* (*bur.*) [*registrare nel protocollo*] enregistrer: *protocollare una lettera in arrivo* enregistrer une lettre à l'arrivée.

protocollista |protokol'lista| *s.* (*bur.*) enregistreur *m.* au protocole.

protocòllo |proto'kɔllo| *s.m.* **1** protocole: *firmare il protocollo di un accordo internazionale* signer le protocole d'un accord international **2** [*cerimoniale diplomatico*] protocole: *il capo del protocollo* le chef du protocole; *attenersi al protocollo* suivre le protocole ◇ (*scherz.*) *non facciamone una questione di protocollo!* n'en faisons pas une question de protocole! **3** (*bur.*) *ufficio* (*del*) *protocollo* secrétariat général, bureau d'enregistrement; *registrare sul protocollo* enregistrer, inscrire sur le registre; *citare il numero di protocollo di una circolare* donner le numéro d'enregistrement, la référence d'une circulaire **4** [*particolare formato di carta*] ministre: *un foglio di carta da protocollo* une feuille de papier ministre ✦ (*in funzione di agg. inv.*) *formato protocollo* format ministre.

Protocordàti |protokor'dati| *s.m. pl.* (*t. zool.*) Procordés, Protoc(h)ordés.

protòfita |pro'tɔfita| *s.m.* (*bot.*) protophyte *m. o f.*

protoginìa |protodʒi'nia| *s.f.* (*bot.*) protogynie.

protògino |pro'tɔdʒino| *s.m.* (*miner.*) protogine *m. o f.*

protomàrtire |proto'martire| *s.m.* (*eccl.*) protomartyr.

pròtome |'prɔtome| *s.f.* (*arts.*) protomé *m.*

protomèdico, ci |proto'mɛdiko, tʃi| *s.m.* (*st.*) protomédecin.

protóne |pro'tone| *s.m.* (*fis.*) proton.

protonèma |proto'nɛma| *s.m.* (*bot.*) protonéma.

1 **protònico, ci, ca, che** |pro'tɔniko, tʃi, ka, ke| *agg.* (*fis.*) protonique.

2 **protònico, ci, ca, che** |pro'tɔniko, tʃi, ka, ke| *agg.* → **pretonico.**

protonotariàto |protonota'rjato| *s.m.* (*eccl.*) protonotariat.

protonotàrio, i |protono'tarjo, i| *s.m.* (*st.*) protonotaire ◇ (*eccl.*) *protonotario apostolico* protonotaire apostolique.

protoplàsma |proto'plazma| *s.m.* (*biol.*) protoplasma, protoplasme.

protoplasmàtico, ci, ca, che |protoplaz'matiko, tʃi, ka, ke| *agg.* (*biol.*) protoplasmique.

protoràce |proto'ratʃe| *s.m.* (*zool.*) prothorax.

protoromàntico, ci, ca, che |protoro'mantiko, tʃi, ka, ke| *agg.* (*letter.*) précurseur *m.* du romantisme ✦ (*s.*) *i protoromantici* les précurseurs du romantisme.

protosincrotróne |protosinkro'trone| *s.m.* (*fis.*) accélérateur de protons.

protòssido |pro'tɔssido| *s.m.* (*chim.*) protoxyde.

protostòria |protos'tɔrja| *s.f.* protohistoire.

protostòrico, ci, ca, che |protos'tɔriko, tʃi, ka, ke| *agg.* protohistorique.

protòtipo |pro'tɔtipo| *s.m.* **1** prototype: *collaudare un nuovo prototipo di automobile* essayer un nouveau prototype d'automobile ✦ (*agg.*) *un meccanismo prototipo* un prototype *s.m.* **2** (*fig.*) spécimen: *è un vero prototipo di fannullone* c'est un vrai spécimen de fainéant, c'est le type même du fainéant → 2 **esemplare.**

protòttero |pro'tɔttero| *s.m.* (*t. zool.*) protoptère.

Protozòi |protod'dzɔi| *s.m. pl.* (*t. zool.*) Protozoaires.

protozòico, ci, ca, che |protod'dzɔiko, tʃi, ka, ke| *agg.* (*geol.*) archéozoïque.

protràrre |pro'trarre| (190) **A** *v.tr.* **1** [*prolungare nel tempo*] prolonger (3): *protrarre una discussione fino a tarda ora* prolonger tardivement une discussion **2** [*spostare nel tempo; differire*] retarder; proroger (3): *protrarre l'ora di chiusura dei negozi* retarder l'heure de fermeture des magasins ‖ *i termini sono stati protratti di un mese* les délais ont été prorogés d'un mois **B** *v. pron. intr.* PROTRARSI [→ *tr.* 1] se prolonger, durer: *la discussione si è protratta fino all'alba* la discussion s'est prolongée jusqu'à l'aube; *è un'attesa che si sta protraendo troppo* c'est une attente qui est en train de trop durer → **durare.**

protràttile |pro'trattile| *agg.* (*biol.*) protractile Ⓒ **retrattile.**

protrazióne |protrat'tsjone| *s.f.* **1** [→ PROTRARRE A 1; B] prolongation: *aggiornare la seduta data la protrazione delle discussioni* ajourner la séance, vu la prolongation de la discussion → **prolungamento** **2** [→ PROTRARRE A 2] prorogation: *la protrazione dei termini* la prorogation des délais → **differimento, dilazione.**

protrombìna |protrom'bina| *s.f.* (*biol.*) prothrombine.

protrùdere |pro'trudere| (106) **A** *v.tr.* (*med.*) [*far sporgere in fuori*] obtenir (27) une protrusion: *protrudere la lingua* obtenir une protrusion de la langue **B** *v.intr.* (*aus.* '*essere*') (*med.*) [*sporgere in fuori*] pousser (*aus.* avoir): *i suoi denti cominciano a protrudere* ses dents commencent à pousser.

protrusióne |protru'zjone| *s.f.* (*geol., med.*) protrusion.
protuberànte |protube'rante| *agg.* (*raro*) protubérant → **sporgente.**
protuberànza |protube'rantsa| *s.f.* protubérance → **sporgenza.**
Protùri |pro'turi| *s.m. pl.* (*t.zool.*) Protoures.
protutóre, trice |protu'tore, tritʃe| *s.* protuteur*.
pròva |'prɔva| *s.f.* **1** [*operazione che serve a sperimentare, saggiare q.c. o qc.*] essai (*m.*): *sottoporre a una prova un modello* soumettre un modèle à un essai, aux essais; mettre un modèle à l'essai; *fare la prova di un'automobile usata* faire l'essai d'une, essayer une voiture d'occasion; *prendere q.c. in prova* prendre qqch. à l'essai ◇ (*tecnol.*) *prova di collaudo* essai de réception; *prova al banco* essais au banc; *prova su strada* essais sur route; *volo di prova* vol d'essai(s) ◇ (*med.*) test (*m.*): *prova di funzionalità epatica* test du fonctionnement hépatique → **test** # *fare la prova del sangue* faire l'examen du sang ◇ (*mat.*) preuve: *prova del nove* preuve par neuf ◇ (*teat.*) répétition: *la prova generale di uno spettacolo* la répétition générale d'un spectacle; *assistere alle prove di un concerto* assister aux répétitions d'un concert ◇ (*tip.*) épreuve: *prova di stampa* épreuve d'imprimerie ◇ (*arts.*) essai: *prova d'autore* essai d'auteur ◇ (*loc.*) *assumere, tenere qc. in prova* engager, prendre qqn. à l'essai ~ *periodo di prova* période d'essai ~ *voglio fare ancora una prova, l'ultima prova* je veux faire un essai, le dernier essai → **tentativo** ~ *è di un'onestà a tutta prova* il est d'une honnêteté à toute épreuve ~ *mettere in prova un abito* préparer un costume pour l'essayage ~ A PROVA DI BOMBA: (*pr., fig.*) à toute épreuve: *un rifugio a prova di bomba* un refuge à toute épreuve; *è di una lealtà a prova di bomba* il est d'une loyauté à toute épreuve ◇ (*loc. fig.*) *questa impresa sarà il banco di prova delle tue capacità* cette entreprise sera le banc d'essai de tes capacités **2** (*fig.*) [*esperienza, conoscenza diretta*] expérience: *non hai ancora fatto la prova della fame!* tu n'as pas encore fait l'expérience de la faim, connu la faim! # *non hai prova di* (*che*) *cosa significhi vivere soli!* tu ne sais ce que vivre seuls veut dire ◇ (*fig.*) [*situazione che mette in evidenza specifiche qualità di una persona*] épreuve: *prove scritte, orali di un esame* épreuves écrites, orales d'un examen; *mettere alla prova qc.* mettre qqn. à l'épreuve; *tu stai mettendo a dura prova la mia pazienza* tu es en train de mettre ma patience à dure épreuve # *lo vedremo alla prova* (*dei fatti*) on le verra à l'œuvre ◇ (*sport*) *vincere la prova dei 100 metri* gagner l'épreuve des 100 mètres ◇ *loc.* DAR PROVA DI faire preuve de: *dar prova di coraggio, di amicizia* faire preuve de courage, d'amitié; *dà prova di essere un bravo ragazzo* il fait preuve de gentillesse, ce garçon # *dar prova di sé* prouver ses qualités ~ LA PROVA DEL FUOCO: (*st.*) l'épreuve du feu; (*fig.*) *questa sarà la prova del fuoco della tua bravura* ce sera la preuve de ton courage ◇ (*loc. fig.*) *questa è la prova del nove della sua disonestà* c'est la preuve de sa malhonnêteté ~ *alla prova dei fatti...* à l'épreuve... **3** (*per est.*) [*esperienza, spec. dolorosa; peripezia*] épreuve: *le prove della vita* les épreuves de la vie; *è stata per lui una dura prova* ce fut une dure épreuve pour lui; *ne ha dovuto subire, di prove, nella vita!* il a dû en subir des épreuves dans la vie! **4** [*dimostrazione, testimonianza*] preuve: *avere, portare le prove delle proprie affermazioni* avoir, donner les preuves de ses affirmations; *questa è una prova lampante della sua colpevolezza* c'est la preuve éclatante de sa culpabilité; *prima di muovere certe accuse, bisogna avere le prove!* avant d'accuser quelqu'un, il faut avoir des preuves # *ricevere prove di simpatia, di stima* recevoir des témoignages de sympathie, d'estime ◇ (*dir.*) *assolvere per insufficienza di prove* acquitter par manque de preuves.
provàbile |pro'vabile| *agg.* (*raro*) [→ PROVARE A 6] prouvable → **dimostrabile.**
provàre |pro'vare| **A** *v.tr.* **1** [*sottoporre q.c. a prova*] essayer (9), expérimenter: *provare un'automobile sportiva* essayer une voiture de sport; *provare un abito, un paio di scarpe* essayer un costume, une paire de souliers; *provare un nuovo tipo di materiale* expérimenter un nouveau type de matériel; ◇ [*assaggiare* (*un cibo, una bevanda*)] goûter: *prova un po' questo intingolo* goûte un peu cette sauce; *provare un vino* goûter un vin ◇ (*teat.*) [*fare le prove di uno spettacolo*] répéter (8): *provare una nuova commedia* répéter une nouvelle comédie; *proviamo ancora questa scena!* répétons encore cette scène! **2** (*con ogg. di persona*) [*sottoporre a dura prova*] éprouver: *quella tragedia l'ha duramente provata* cette tragédie l'a durement éprouvée; *è stato duramente provato dalla vita* il a été durement éprouvé par la vie **3** PROVARE A (+ *inf.*) [*cercare di; tentare di*] essayer de (+ *inf.*): *proverò a migliorare* je vais essayer de m'améliorer; *provò ad alzarsi, ma non ce la fece* il essaya de se lever, mais il n'y parvint pas; *prova a convincerlo con le buone maniere!* essaie de le convaincre par la douceur! ◆ (*ass.*) *provaci ancora una volta, un'altra volta, e vedrai!* essaie encore une fois, une autre fois, et tu verras!; *ho provato tante volte, ma non ci sono riuscito* j'ai essayé un tas de fois, mais je n'y suis pas parvenu # (*bisogna*) *provare per credere!* il faut le faire pour le croire! **4** [*conoscere per averne fatto esperienza*] connaître (72): *tu non hai mai provato la fame!* toi, tu n'as jamais connu la faim!; *provare le pene dell'esilio* connaître les tristesses de l'exil → **sperimentare** ◇ (*loc. fig.*) *ho provato le pene dell'inferno* j'ai souffert les peines de l'enfer **5** [*sentire dentro di sé* (*una sensazione, un sentimento*)] connaître; éprouver, ressentir (21): *provare fame, sete, stanchezza* connaître la faim, la soif, la fatigue ‖ *provare gioia, dolore* ressentir, éprouver de la joie, de la douleur; *provare della simpatia per qc.* éprouver, ressentir de la sympathie pour qqn. **6** [*rendere evidente, dimostrare con prove*] prouver: *provare la propria innocenza* prouver son innocence; *provare la verità delle proprie affermazioni* prouver la vérité de ses affirmations; *ha provato di essere il migliore* il a prouvé, démontré qu'il était le meilleur; *ti ho provato che avevo ragione io* je t'ai prouvé que c'est moi qui avais raison ◇ (*dir.*) *provare un diritto* prouver un droit; *provare che il fatto non sussiste* prouver que le fait ne subsiste pas ◇ (*mat.*) démontrer: *provare un teorema* démontrer un théorème ◇ (*fis.*) *provare la legge di gravità* démontrer la loi de la pesenteur ◇ (*filos.*) *provare una tesi* démontrer, prouver une thèse **B** *v. pron. intr.* PROVARSI **1** [→ *tr.* 3] essayer (*tr.*): *provati a rifarlo e vedrai!* essaie de le refaire et tu verras!; *provati, se ne hai il coraggio!* essaie, si tu en as le courage! **2** [*gareggiare; lottare*] se mesurer: *provarsi nella gara dell'arco* se mesurer (avec qqn.) à un concours de tir à l'arc → **misurar(si).**
provàto |pro'vato| *agg.* **1** [*stremato; sfinito*] épuisé: *il pugile appariva molto provato* le boxeur apparaissait épuisé ◇ (*fig.*) éprouvé: *è una donna molto provata* c'est une femme très éprouvée **2** [*sperimentato, saggiato*] expérimenté (*p.p.*): *è un metodo già provato con successo* c'est une méthode déjà expérimentée avec succès # *una persona di provata onestà* une personne d'une honnêteté à toute épreuve **3** [*dimostrato con prove*] prouvé (*p.p.*): *non è una pura ipotesi: è un fatto provato!* ce n'est pas une pure hypothèse: c'est un fait prouvé.
provenïènte |prove'njɛnte| *agg.* provenant *p. pres.* # *una coda di automobili provenienti dai luoghi di villeggiatura* un bouchon s'étendant sur des kilomètres, dû au retour des vacanciers.
provenïènza |prove'njɛntsa| *s.f.* provenance: *merce di dubbia provenienza* marchandise de provenance douteuse.
provenire |prove'nire| (202) *v.intr.* (*aus. 'essere'*) **1** [*venire, giungere da un determinato luogo*] être (43) (*aus.* avoir) en provenance, venir (27): *un aereo che proviene da New York* un avion en provenance de New York **2** (*fig.*) [*trarre, avere origine*] être de, descendre (53): *proviene da una buona famiglia* il est de bonne famille, il descend de parents honorables ◇ [*derivare*] être de source, provenir (27): *la notizia proviene da fonte autorevole* la nouvelle est de source sûre; *è un vizio che proviene dall'ignoranza* c'est un vice qui provient de l'ignorance.
provènto |pro'vɛnto| *s.m.* [*guadagno, introito*] gain, revenu: *proventi leciti, illeciti* gains, bénéfices licites, illicites; *i proventi di un podere* les profits, les revenus d'une propriété; *proventi della propria professione* le revenu de sa profession.
provenzàle |proven'tsale| **1** *agg.* [*della Provenza*] provençal*: *la letteratura provenzale* la littérature provençale **2** (*s.m.*) *il provenzale* [*la lingua*] le provençal.
provenzaleggiànte |proventsaled'dʒante| *agg.* (*letter.*) d'inspiration provençale *loc. inv.*
provenzaleggiàre |proventsaled'dʒare| *v.intr.* (*aus. 'avere'*) (*raro, lett.*) [*ispirarsi alla letter. provenzale mediev.*] imiter *tr.* (*corr.*) les poètes provençaux.

provenzalésco, chi, ca, che |proventsa'lesko, ki, ka, ke| *agg.* (*raro*) → **provenzaleggiante.**
provenzalismo |proventsa'lizmo| *s.m.* (*letter.*) provençalisme.
provenzalista |proventsa'lista| *s.* spécialiste de langue et de littérature provençales.
proverbiàle |prover'bjale| *agg.* proverbial*: *saggezza proverbiale* sagesse proverbiale ◇ (*fig.*) [*notorio, risaputo*] *le sue 'gaffe' sono diventate proverbiali* ses gaffes sont devenues proverbiales; *è di una avarizia proverbiale* il est d'une avarice proverbiale.
proverbialménte |proverbjal'mente| *avv.* [→ PROVERBIALE] proverbialement: *è un tipo proverbialmente astuto* c'est un individu proverbialement rusé.
provèrbio, i |pro'vɛrbjo, i| *s.m.* proverbe: *parlare per proverbi* parler par proverbes ◇ (*eccl.*) *il Libro dei Proverbi* le Livre des Proverbes ◇ (*loc. fig.*) *passare in proverbio* passer en proverbe.
provétta |pro'vetta| *s.f.* éprouvette.
provètto |pro'vɛtto| *agg.* **1** [*professionalmente capace; esperto*] expérimenté (*p.p.*): *un provetto avvocato* un avocat expérimenté; *un provetto alpinista* un alpiniste expérimenté **2** (*lett.*) [*avanzato, inoltrato*] avancé (*corr.*): *una persona in età provetta* une personne d'un âge avancé.
provìncia, ce, cie |pro'vintʃa, tʃe| *s.f.* **1** (*in Italia*) province, (*in Francia*) département (*m.*): *città capoluogo di provincia* chef-lieu de département ◇ [*amministrazione provinciale*] *il presidente della provincia* le président du département **2** (*per est.*) [*città minore, paese, in opposizione al capoluogo*] province: *abitudini, tradizioni di provincia* habitudes, traditions de province; *fare una 'tournée' in provincia* faire une tournée en province; *odiare la vita di provincia* haïr la vie de province **3** (*st. rom.*) province **4** (*dir. canonico*) province ecclésiastique.
provincialàto |provintʃa'lato| *s.m.* (*relig.*) provincialat.
provinciàle |provin'tʃale| *agg.* **1** de province (*loc. inv.*): *amministrazione provinciale* administration de province; *medico provinciale* medecin de province ✦ (*s.f.*) *la (strada) provinciale* la (route) départementale **2** (*fig.*) [*dalla mentalità arretrata; dal comportamento rozzo*] provincial*: *avere gusti, abitudini provinciali* avoir des goûts provinciaux, des habitudes provinciales; *un giornale provinciale* un journal provincial ✦ (*s.*) *sei sempre rimasta una provinciale!* tu es toujours restée une provinciale! **3** (*eccl.*) provincial: *il Padre provinciale* le Père provincial ✦ (*s.m.*) *il provinciale dei cappuccini* le provincial des capucins **4** (*st. rom.*) provincial.
provincialismo |provintʃa'lizmo| *s.m.* provincialisme.
provincialità |provintʃali'ta| *s.f. inv.* (*pegg.*) [*carattere provinciale*] provincialisme *m. var.*
provincialménte |provintʃal'mente| *avv.* **1** [→ PROVINCIALE 2] d'une manière provinciale *loc. inv.* **2** (*raro*) [→ PROVINCIALE 1] d'une manière provinciale.
provino |pro'vino| *s.m.* **1** (*cine.*) bout d'essai: *fare un provino* faire un bout d'essai **2** (*tecnol.*) échantillon **3** (*chim.*) éprouvette *f.*
provitamina |provita'mina| *s.f.* (*biol.*) provitamine.
provocàbile |provo'kabile| *agg.* [→ PROVOCARE 1] qu'on peut provoquer *loc.*
pròvo |'prɔvo| *s.m. inv.* provo *var.* ✦ (*agg.*) *il movimento provo* le mouvement provo.
provocaménto |provoka'mento| *s.m.* (*raro*) → **provocazione.**
provocànte |provo'kante| *agg.* provocant: *un comportamento provocante* une attitude provocante ◇ [*eccitante*] *una donna provocante* une femme provocante, aguichante; *atteggiamenti, posizioni provocanti* attitudes, poses provocantes.
provocàre |provo'kare| *v.tr.* **1** [*indurre, eccitare*] provoquer, pousser: *provocare qc. alla ribellione, all'esasperazione* provoquer, pousser qqn. à la révolte, à l'exaspération ◇ [*irritare; sfidare*] *con il tuo atteggiamento lo stai provocando* par ton attitude tu es en train de le provoquer; *è stata lei a provocarlo!* c'est elle qui l'a provoqué! **2** [*essere causa di q.c.*] provoquer, causer: *l'alluvione ha provocato gravi danni* l'inondation a provoqué, causé de sérieux dégâts → **cagionare** # *il raffreddore gli ha provocato la febbre* le rhume lui a donné de la fièvre; *provocarsi il vomito* provoquer des vomissements → **procurare.**
provocativo |provoka'tivo| *agg.* (*raro*) → **provocante, provocatorio.**
provocatóre, trice |provoka'tore, tritʃe| *s.* provocateur*: *un gruppo di provocatori* un groupe de provocateurs ✦ (*agg.*) *agente provocatore* agent provocateur.
provocatòrio, i |provoka'tɔrjo, i| *agg.* provocateur*: *la tua insinuazione è provocatoria* ton insinuation est provocatrice.
provocazióne |provokat'tsjone| *s.f.* [→ PROVOCARE 1] provocation: *resistere alle provocazioni* résister aux provocations ◇ (*dir.*) provocation.
pròvola |'prɔvola| *s.f.* [*formaggio fresco tipico dell'Italia merid.*] ⊠.
provolóne |provo'lone| *s.m.* [*formaggio tipico a pasta dura*] ⊠.
provvedére |provve'dere| (192) (*eccetto fut. 'io provvederò' e cond. 'io provvederei'*) **A** *v.intr.* (*aus. 'avere'*) **1** [*prendere le misure necessarie per un determinato fine o in favore di qc.*] pourvoir (39): *provvedere alla famiglia* pourvoir aux besoins de sa famille; *provvedere alle esigenze generali* pourvoir aux exigences générales ◇ [*curare l'andamento di q.c.*] s'occuper (*pron.*): *provvedere all'amministrazione della casa* s'occuper de l'administration de la maison ◇ [*prendersi cura di qc.*] prendre (73) *tr.* soin de: *provvedere ai propri figli* prendre soin de ses enfants ◇ (*senza compl. indiretto*) faire (45) *tr.* le nécessaire: *provvedi tu!* tu feras le nécessaire!; *ho già provveduto!* j'ai déjà fait le nécessaire!; *per l'assistenza deve provvedere la Regione* pour l'assistance, c'est la Région qui doit faire le nécessaire → **intervenire** **2** PROVVEDERE CHE (+ *congv.*) [*badare, curare*] veiller à ce que (+ *congv.*): *provvedi che tutto sia in ordine* veille à ce que tout soit en ordre ◇ PROVVEDERE DI (+ *inf.*) [*cercare*] tâcher de (+ *inf.*): *provvedi di fare in fretta!* tâche de faire vite! **B** *v.tr.* **1** [*fornire, dotare*] pourvoir: *provvedere qc. del necessario* pourvoir qqn. du nécessaire **2** [*procurare, procacciare*] procurer: *provvedere il necessario per il viaggio* procurer le nécessaire pour le voyage **C** *v.pron. rifl.* PROVVEDERSI [→ *tr.* 1] se munir: *provvedersi degli attrezzi necessari* se munir des outils nécessaires; *provvedersi del passaporto* se munir d'un passeport, avoir son passeport.
provvediménto |provvedi'mento| *s.m.* [*disposizione, misura finalizzata a un certo scopo*] mesure *f.*, disposition (*f.*): *provvedimenti legislativi, disciplinari* mesures législatives, disciplinaires; *prendere i provvedimenti più urgenti* prendre les mesures les plus urgentes; *prendere provvedimenti contro qc.* prendre des mesures contre qqn. ◇ (*dir.*) *provvedimenti giudiziari, amministrativi* dispositions judiciaires, administratives.
provveditoràto |provvedito'rato| *s.m.* (*bur.*) inspection (*f.*): *il provveditorato agli studi, alle opere pubbliche* (*in Italia*) le provveditorato; (*in Francia*) l'inspection d'Académie, des Travaux publics ◇ [*l'edificio*] *andare in Provveditorato* aller au provveditorato.
provveditóre |provvedi'tore| *s.m.* (*nell'amministrazione*): (*in Italia*) provveditore; (*in Francia*) inspecteur: *il Provveditore agli studi* le provveditore, l'inspecteur d'Académie.
provvedùto |provve'duto| *agg.* (*persone*) [*accorto, astuto*] prudent, avisé: *un segretario (poco) provveduto* un secrétaire (peu) prudent, (peu) avisé Ⓒ **sprovveduto.**
provvidaménte |provvida'mente| *avv.* [→ PROVVIDO] prudemment → **prudentemente, previdentemente.**
provvidènza |provvi'dɛntsa| *s.f.* **1** providence: *credere nella provvidenza, nella divina provvidenza* croire à la providence, à la divine providence ◇ (*fam.*) *il tuo intervento è stato una provvidenza (del cielo)* ton intervention a été providentielle *agg.*, a été une aubaine; *l'aver trovato quel lavoro è stata per lui una provvidenza* avoir trouvé ce travail a été providentiel, une chance pour lui **2** (*bur.*) mesure: *emanare delle provvidenze per i disoccupati* prendre des mesures pour les chômeurs → **provvedimento.**
provvidenziàle |provviden'tsjale| *agg.* providentiel*: *un intervento, un aiuto provvidenziale* une intervention, une aide providentielle.
provvidenzialità |provvidentsjali'ta| *s.f. inv.* caractère *m. var.* providentiel.
provvidenzialménte |provvidentsjal'mente| *avv.* [→ PROVVIDENZIALE] providentiellement.
pròvvido |'prɔvvido| *agg.* (*raro, lett.*) [*previdente, saggio*] prévoyant (*corr.*) ◇ (*per est.*) [*utile, opportuno*] utile, opportun: *una provvida iniziativa* une initiative utile, opportune.
provvigióne |provvi'dʒone| *s.f.* (*comm.*) commission: *provvigione d'incasso* commission d'encaissement; *provvigione stornata* commission ristournée; *pagare, ricevere una provvigione* payer, toucher une commission; *avere uno sti-*

pendio più le provvigioni toucher un salaire, plus les commissions.

provvisionàle |provvizjo'nale| *s.f.* (*dir.*) provision.

provvisióne |provvi'zjone| *s.f.* (*raro*) → **provvista, rifornimento.**

provvisoriaménte |provvizorja'mente| *avv.* [→ PROVVISORIO] provisoirement: *provvisoriamente, potete sistemarvi qui* provisoirement, vous pouvez vous installer ici → **temporaneamente.**

provvisorietà |provvizorje'ta| *s.f. inv.* caractère *m. var.*, état *m. var.* provisoire.

provvisòrio, i |provvi'zɔrjo, i| *agg.* provisoire: *un incarico provvisorio* une charge provisoire; *un allacciamento provvisorio* un branchement provisoire ◇ (*dir.*) *libertà provvisoria* liberté provisoire ◇ (*loc.*) *in via provvisoria* provisoirement *avv.* C **fisso, definitivo, stabile.**

provvista |prov'vista| *s.f.* [*rifornimento di beni materiali*] provision: *far provviste* (*di carne, di carburante per il riscaldamento*) faire des provisions (de viande, de carburant pour le chauffage) ◇ [*scorta*] *si sono esaurite le provviste* les provisions sont épuisées.

provvisto |prov'visto| *agg.* [*fornito, dotato*] *un'auto provvista di accessori vari* une auto équipée de divers accessoires; *essere provvisto di denaro* être pourvu, muni d'argent; *avere una cantina ben provvista* avoir une cave bien garnie.

prozìa |pro'tsia| *s.f.* [*zia del padre o della madre*] grand-tante: *delle prozie* des grands-tantes.

prozio, ii |prot'tsio, ii| *s.m.* [*zio del padre o della madre*] grand-oncle: *dei prozii* des grands-oncles.

prùa |'prua| *s.f.* (*mar., corr.*) avant *m. o avv.*, proue: *il timone di prua* le gouvernail avant; *stare a prua* rester à l'avant # *gli alberi di prua* les mâts de misaine ◇ (*per est.*) *la prua di un aereo, di un idrovolante* l'avant d'un avion, d'un hydravion ◇ (*loc.*) *mettere, volgere la prua al vento* mettre le cap vers le large C **poppa.**

prudènte |pru'dɛnte| *agg.* (*persone*) prudent: *un guidatore prudente* un conducteur prudent ◇ (*cose*) *un consiglio prudente* un conseil prudent; *con questo tempo, è poco prudente mettersi in viaggio* par ce temps, il n'est pas prudent de se mettre en route C **imprudente.**

prudenteménte |prudente'mente| *avv.* [→ PRUDENTE] prudemment.

prudènza |pru'dɛntsa| *s.f.* prudence: *agire con prudenza* agir avec prudence; *usare prudenza nel fare q.c.* faire qqch. avec prudence # *mi raccomando: prudenza!* je vous en prie: soyez prudent(s)! ◇ (*prov.*) *la prudenza non è mai troppa* on n'est jamais trop prudent C **imprudenza.**

prudenziàle |pruden'tsjale| *agg.* [*dettato dalla prudenza*] de prudence (*loc. inv.*): *norme prudenziali* règles de prudence.

prudenzialménte |prudentsjal'mente| *avv.* (*raro*) [→ PRUDENZIALE] prudemment (*corr.*) → **prudentemente.**

prùdere |'prudere| *v.intr.* (*dif. del p.p.*: *usato solo alla 3ª. pers. e raramente al p. rem.*) [*dare, provocare prurito*] démanger (3): *dove ti prude?* où est-ce que ça te démange?; *mi prude il naso* le nez me démange ◇ (*loc. fig.*) *mi prudono le mani* les mains me démangent ~ *gli prudeva la lingua* la langue lui démangeait.

'pruderie' |pRydRi| *s.f. inv.* pruderie *var.*

prueggiàre |prued'dʒare| *v.intr.* (*aus. 'avere'*) (*mar.*) [*tenere la prua in direzione opposta a quella del vento*] gouverner vent debout.

pruéggio, i |pru'eddʒo, i| *s.m.* (*mar.*) action *f.* de gouverner vent debout # *stare, andare a prueggio* gouverner vent debout.

prùgna |'pruɲɲa| *s.* [*frutto del prugno o susino*] prune # *prugne secche* pruneaux; *prugne cotte* pruneaux cuits → **susina** ◆ (*in funzione di agg. inv.*) *color prugna* prune: *una camicetta* (*color*) *prugna* un chemisier prune.

prùgno |'pruɲɲo| *s.m.*(*raro*) → **susino.**

prùgnola |'pruɲɲola| *s.f.* [*frutto del prugnolo*] prunelle.

1 **prùgnolo** |'pruɲɲolo| *s.m.* (*t.bot.*) (*arbusto*) prunellier.

2 **prùgnolo** |'pruɲɲolo| *s.m.* (*t.bot.*) (*fungo*) tricholome.

pruìna |pru'ina| *s.f.* **1** (*lett.*) → **brina** **2** (*bot.*) pruine.

pruinóso |prui'noso| *agg.* **1** (*bot.*) pruiné **2** (*raro, lett.*) couvert de givre (*corr.*).

prunàio, i |pru'najo, i| *s.m.* [*luogo ricoperto di pruni*] ronceraie *f.* → **pruneto** ◇ (*loc. fig.*) *cacciarsi in un prunaio* se fourrer dans le pétrin → **pasticcio, imbroglio.**

prunàlbo |pru'nalbo| *s.m.* (*raro, lett.*) → **biancospino.**

1 **prunèlla** |pru'nɛlla| *s.f.* (*t.bot.*) lamier *m.*

2 **prunèlla** |pru'nɛlla| *s.f.* **1** (*liquore*) prunelle **2** [*particolare tipo di stoffa*] prunelle.

prunéto |pru'neto| *s.m.* [*terreno ricoperto di pruni o di alberi spinosi*] ronceraie *f.*

prùno |'pruno| *s.m.* [*denominazione generica di arbusti spinosi*] ronce *f.* ◇ [*spina*] épine (*f.*): *mi si è conficcato un pruno nel piede* j'ai une épine dans le pied.

prurìgine |pru'ridʒine| *s.f.* **1** (*med.*) prurigo *m.* **2** (*raro, lett.*) → **prurito.**

pruriginóso |pruridʒi'noso| *agg.* **1** (*med.*) prurigineux* **2** [*che provoca prurito*] prurigineux ◇ (*fig.*) [*eccitante, stimolante*] excitant: *uno spettacolo di una morbosità pruriginosa* un spectacle d'une morbidité excitante.

prurito |pru'rito| *s.m.* [*sensazione sgradevole o dolorosa alla pelle*] démangeaison (*f.*): *avere, sentire prurito* avoir une démangeaison ◇ (*med.*) prurit ◇ (*fig.*) [*voglia; stimolo*] démangeaison (*fam.*): *adesso gli è venuto il prurito di scrivere* maintenant il a la démangeaison d'écrire # *una pubblicità imperniata sui più bassi pruriti* une publicité excitant les plus mauvais instincts.

prussiàno |prus'sjano| *agg.* **1** [*della Prussia*] prussien* **2** (*fig.*) [*autoritario; intransigente*] autoritaire: *ha avuto una educazione prussiana* il a reçu une éducation autoritaire → **spartano**; *avere una suocera prussiana* avoir une belle-mère autoritaire.

prussiàto |prus'sjato| *s.m.* (*chim.*) prussiate.

prùssico, ci |'prussiko, tʃi| *agg. m.* (*chim.*) *acido prussico* acide prussique.

psèud(o)- |'psɛud(o)| *pref.* (*significa 'falso, apparentemente simile', corrisponde gener. a*) pseud(o)-; *pseudoartrosi* pseudarthrose; *pseudopodo* pseudopode ◇ (*spesso con valore spreg.*) *pseudocultura* pseudoculture.

pseudoacàcia, cie |pseudoa'katʃa, tʃe| *s.f.* → **robinia.**

pseudoartròsi |pseudoar'trɔzi| *s.f. inv.* (*med.*) pseudarthrose *var.*

pseudobulbàre |pseudobul'bare| *agg.* (*med.*) pseudo-bulbaire.

pseudocàrpo |pseudo'karpo| *s.m.* (*bot.*) pseudocarpe.

pseudoconcètto |pseudokon'tʃetto| *s.m.* (*filos.*) pseudo-concept, pseudo-idée *f.*

pseudoestesìa |pseudoeste'zia| *s.f.* (*med.*) pseudesthésie.

pseudofecondazióne |pseudofekondat'tsjone| *s.f.* (*bot.*) pseudo-fécondation.

pseudoletteràto |pseudolette'rato| *agg. e s.* faux* lettré.

pseudomembràna |pseudomem'brana| *s.f.* (*med.*) pseudo-membrane.

pseudomòrfo |pseudo'mɔrfo| *agg.* (*miner.*) pseudomorphe.

pseudomorfòsi |pseudomor'fɔzi, pseudo'mɔrfozi| *s.f. inv.* (*miner.*) pseudomorphisme *m. var.*

Pseudoneuròtteri |pseudoneu'rɔtteri| *s.m. pl.* (*t.zool.*) Pseudonévroptères, Pseudo-névroptères.

pseudònimo |pseu'dɔnimo| *s.m.* pseudonyme.

pseudopòdio, i |pseudo'pɔdjo, i| *s.m.* (*biol.*) pseudopode.

pseudoprofèta |pseudopro'fɛta| *s.m.* pseudo-prophète.

pseudoscarlattina |pseudoskarlat'tina| *s.f.* (*med.*) pseudo-scarlatine.

psi |psi| *s.m. inv.* [*ventitreesima lettera dell'alfabeto gr.*] psi.

psicagogìa, gie |psikago'dʒia, dʒie| *s.f.* psychagogie.

psicagògico, ci, ca, che |psika'gɔdʒiko, tʃi, ka, ke| *agg.* psychagogique.

psicanàlisi |psika'nalizi| *s.f. inv.* psycanalyse *var.*

psicanalista |psikana'lista| *s.* psychanalyste.

psicanalitico, ci, ca, che |psikana'litiko, tʃi, ka, ke| *agg.* psychanalytique.

psicanalizzàre |psikanalid'dzare| *v.tr.* [*curare mediante psican.*] psychanaliser.

psicastenia |psikaste'nia| *s.f.* (*psicol.*) psychasténie.

psicastènico, ci, ca, che |psikas'tɛniko, tʃi, ka, ke| *agg. e s.* (*psicol.*) psychasténique.

1 **psiche** |'psike| *s.f. inv.* psyché *var.*, psychè *var.*

2 **psiche** |'psike| *s.f. inv.* (*mobile*) psyché *var.*

psichedèlico, ci, ca, che |psike'dɛliko, tʃi, ka, ke| *agg.* psychédélique.

psichiàtra |psi'kjatra| *s.* psychiatre.

psichiatrìa |psikja'tria| *s.f.* psychiatrie.

psichiàtrico, ci, ca, che |psi'kjatriko, tʃi, ka, ke| *agg.* psychiatrique.

psichico, ci, ca, che |'psikiko, tʃi, ka, ke| *agg.* psychique.
psichismo |psi'kizmo| *s.m.* psychisme.
psico- |'psiko| *pref.* (*in termini scient., indica 'relazione con la* (1) *psiche e con la sua attività', corrisponde gener. a*) psych(o): *psicometria* psychométrie; *psicolinguistica* psycholinguistique.
psicoanàlisi |psikoa'nalizi| *e deriv.* → **psicanalisi** *e deriv.*
psicoastenìa |psikoaste'nia| *e deriv.* → **psicastenia** *e deriv.*
psicobiologìa, gie |psikobiolo'dʒia, dʒie| *s.f.* psychobiologie.
psicochìmica, che |psiko'kimika, ke| *s.f.* psychochimie.
psicochirurgìa, gie |psikokirur'dʒia, dʒie| *s.f.* psychochirurgie.
psicodiagnòstica, che |psikodiaɲ'ɲɔstika, ke| *s.f.* psychodiagnostic *m.*
psicodinàmica, che |psikodi'namika, ke| *s.f.* psychodynamique.
psicodràmma |psiko'dramma| *s.m.* psychodrame.
psicodrammàtico, ci, ca, che |psikodram'matiko, tʃi, ka, ke| *agg.* psychodramatique.
psicofàrmaco, ci, chi |psiko'farmako, tʃi, ki| *s.m.* (*farm.*) psycholeptique.
psicofarmacologìa, gie |psikofarmakolo'dʒia, dʒie| *s.f.* psychopharmacologie.
psicofìsica, che |psiko'fizika, ke| *s.f.* psychophysique.
psicofìsico, ci, ca, che |psiko'fiziko, tʃi, ka, ke| *agg.* psychophysique.
psicofisiologìa, gie |psikofizjolo'dʒia, dʒie| *s.f.* psychophisiologie.
psicogènesi |psiko'dʒɛnezi| *s.f. inv.* psychogenèse *var.*, psychogénie *var.*
psicografìa |psikogra'fia| *s.f.* psychographie.
psicogràmma |psiko'gramma| *s.m.* psychogramme.
psicolinguìstica, che |psikolin'gwistika, ke| *s.f.* psycholinguistique.
psicolinguìstico, ci, ca, che |psikolin'gwistiko, tʃi, ka, ke| *agg.* psycholinguistique.
psicologìa, gie |psikolo'dʒia, dʒie| *s.f.* psychologie ◇ (*corr.*) *mancare di psicologia nel trattare con qc.* manquer de psychologie pour traiter avec qqn. ◇ (*per est.*) *capire, non capire la psicologia di qc.* comprendre, ne pas comprendre la psychologie de qqn.
psicologicaménte |psikolodʒika'mente| *avv.* [→ PSICOLOGICO] psychologiquement.
psicològico, ci, ca, che |psiko'lɔdʒiko, tʃi, ka, ke| *agg.* psychologique.
psicologismo |psikolo'dʒizmo| *s.m.* psychologisme.
psicologista |psikolo'dʒista| *s.* psychologiste.
psicòlogo, gi |psi'kɔlogo, dʒi| *s.* psychologue ◇ (*per est.*) *lei non è psicologo nel trattare con i figli!* vous n'êtes pas psycologue avec vos enfants!
psicomanzìa |psikoman'tsia| *s.f.* psychomancie.
psicometrìa |psikome'tria| *s.f.* psychométrie.
psicomètrico, ci, ca, che |psiko'mɛtriko, tʃi, ka, ke| *agg.* (*scient.*) psychométrique.
psicometrìsta |psikome'trista| *s.* psychométricien*.
psicomotòrio, i |psikomo'tɔrjo, i| *agg.* (*med.*) psychomoteur*.
psiconevròsi |psikone'vrɔzi|, (*raro*) **psiconeuròsi** |psikoneu'rɔzi| *s.f. inv.* (*med., psicol.*) psychonévrose *var.*
psicopatìa |psikopa'tia| *s.f.* psychopathie.
psicopàtico, ci, ca, che |psiko'patiko, tʃi, ka, ke| *agg. e s.* psychopathe *s.*
psicopatologìa, gie |psikopatolo'dʒia, dʒie| *s.f.* psychopathologie.
psicopatològico, ci, ca, che |psikopato'lɔdʒiko, tʃi, ka, ke| *agg.* psychopatologique.
psicopatòlogo, gi |psikopa'tɔlogo, dʒi| *s.* psychopatologiste.
psicopedagogìa, gie |psikopedago'dʒia, dʒie| *s.f.* psychopédagogie.
psicopedagògo, ghi, ga, ghe |psikopeda'gɔgo, gi, ga, ge| *s.* psychopédagogue.
psicosensoriàle |psikosenso'rjale| *agg.* (*psicol.*) psychosensoriel*.
psicòsi |psi'kɔzi| *s.f. inv.* psychose *var.* ◇ (*per est.*) *si erano lasciati prendere dalla psicosi degli esami* ils s'étaient laissé atteindre par la psychose des examens.
psicosociàle |psikoso'tʃale| *agg.* psychosocial*.
psicosociologìa, gie |psikosotʃolo'dʒia, dʒie| *s.f.* psychosociologie.
psicosociòlogo, gi |psikoso'tʃɔlogo, dʒi| *s.* psychosociologue.
psicosomàtica, che |psikoso'matika, ke| *s.f.* psychosomatique.
psicosomàtico, ci, ca, che |psikoso'matiko, tʃi, ka, ke| *agg.* psychosomatique.
psicotècnica, che |psiko'tɛknika, ke| *s.f.* psychotechnique.
psicotècnico, ci, ca, che |psiko'tɛkniko, tʃi, ka, ke| **1** *agg.* psychotechnique: *test, esame psicotecnico* test, examen psychotechnique **2** *s.* psychotechnicien*.
psicoterapèutico, ci, ca, che |psikotera'pɛutiko, tʃi, ka, ke| *agg.* psychothérapique.
psicoterapìa |psikotera'pia| *s.f.* psychotérapie.
psicoteràpico, ci, ca, che psikote'rapiko, tʃi, ka, ke| *agg.* psychothérapique.
psicoterapìsta |psikotera'pista| *s.* psychothérapeute.
psicòtico, ci, ca, che |psi'kɔtiko, tʃi, ka, ke| *agg. e s.* psychotique.
psicotònico, ci, ca, che |psiko'tɔniko, tʃi, ka, ke| *agg.* psychotonique.
psicòtropo |psi'kɔtropo| *agg. e s.m.* psychotrope.
psicròmetro |psi'krɔmetro| *s.m.* (*meteor.*) psychromètre.
psilla |'psilla| *s.f.* (*t.zool.*) psylle.
psillio, i |'psilljo, i| *s.m.* (*t.bot.*) psyllium.
psilòsi |psi'lɔzi| *s.f. inv.* (*med.*) alopécie *var.*
Psittàcidi |psit'tatʃidi| *s.m. pl.* (*t. zool.*) Psittacidés.
Psittacifórmi |psittatʃi'formi| *s.m. pl.* (*t.zool.*) Psittaciformes.
psittacismo |psitta'tʃizmo| *s.m.* psittacisme.
psittacòsi |psitta'kɔzi| *s.f. inv.* (*med., veter.*) psittacose *var.*
psòas |'psɔas| *s.m. inv.* (*anat.*) psoas.
psòco, chi |'psɔko, ki| *s.m.* (*t.zool.*) psoque.
Psocòtteri |pso'kɔtteri| *s.m. pl.* (*t. zool.*) Psocoptères.
psorìasi |pso'riazi| *s.f. inv.* (*med.*) psoriasis *m.*
pss |ps|, **ps** |ps|, **pst** |pst| *inter. fam.* (*suono usato per invitare al silenzio o per richiamare l'attenzione di qc.*) psitt!, pst!
ptàrmica, che |'ptarmika, ke| *s.f.* (*t.bot.*) ptarmique, bouton *m.* d'argent (*corr.*).
Pteranodóntidi |pterano'dontidi| *s.m. pl.* (*paleont.*) Ptéranodons.
ptèride |'ptɛride| *s.f.* (*t.bot.*) ptéride, ptéris.
Pteridòfite |pteri'dɔfite| *s.f. pl.* (*t. bot.*) Ptéridophytes.
Pteridospèrme |pteridos'pɛrme| *s.f. pl.* (*t.bot.*) Ptéridospermales, Ptéridospermées.
pterigio, i |pte'ridʒo, i| *s.m.* (*med.*) ptérygion.
pterigoidèo |pterigoi'dɛo| *agg.* (*anat.*) ptérygoïdien *agg. e s.m.*
Pterigòti |pteri'gɔti| *s.m. pl.* (*t. zool.*) Ptérygotes.
ptèro- |'ptɛro| *pref.* (*in termini scient. significa 'ala', corrisponde gener. a*) ptér(o): *Pterosauri* Ptérosauriens.
Pterodàttili |ptero'dattili| *s.m. pl.* Ptérodactyles.
Pteròpodi |pte'rɔpodi| *s.m. pl.* (*t. zool.*) Ptéropodes.
Pterosàuri |ptero'sauri| *s.m. pl.* (*paleont.*) Ptérosauriens.
ptialìna |ptia'lina| *s.f.* (*biol.*) ptyaline.
ptialismo |ptia'lizmo| *s.m.* (*med.*) ptyalisme.
ptilòsi |pti'lɔzi| *s.f. inv.* (*med.*) ptilose *var.*
ptomaìna |ptoma'ina| *s.f.* (*chim.*) ptomaïne.
ptòsi |'ptɔzi| *s.f. inv.* (*med.*) ptose *var.*, ptôse *var.* # *ptosi palpebrale* ptosis.
puah |pwah| *inter.* (*esprime 'disgusto, disprezzo', spec. ostentato*) pouah (*fam.*).
pubblicàbile |pubbli'kabile| *agg.* [→ PUBBLICARE] publiable.
pubblicaménte |pubblika'mente| *avv.* [→ 1 PUBBLICO 2] publiquement: *accusare pubblicamente qc.* accuser publiquement qqn. # *è un fatto pubblicamente noto* c'est un fait connu de tout le monde; *è pubblicamente risaputo che...* il est de notoriété publique, il est notoire que... Ⓒ **segretamente.**
pubblicàno |pubbli'kano| *s.m.* (*st. rom.*) publicain.
pubblicàre |pubbli'kare| *v.tr.* **1** [*rendere noto, manifesto a un vasto pubblico*] divulguer; afficher: *pubblicare una notizia* divulguer une nouvelle ‖ *la delibera è stata pubblicata all'albo pretorio* l'arrêté a été affiché à la mairie ◇ (*raro*) [*divulgare*] *pubblicare un segreto* divulguer, répandre (53) un secret **2** [*diffondere, per mezzo della stampa*] publier, faire (45) *intr.* paraître: *pubblicare un libro, una collana* publier, faire paraître un livre, une collection de livres; *pubblicare una rivista* publier une revue; *pubblicare un romanzo a puntate, a dispense* publier un roman-feuilleton, un roman par livrai-

sons; *la legge è stata pubblicata sulla 'Gazzetta Ufficiale'* la loi a été publiée à l'Officiel (au Journal officiel); *pubblicare una lettera inedita di un celebre scrittore* publier une lettre inédite d'un écrivain célèbre.

pubblicazióne |pubblikat'tsjone| *s.f.* **1** [→ PUBBLICARE 2] publication: *una collana in corso di pubblicazione* une collection en cours de publication # *un saggio di recente pubblicazione* un essai récemment publié, qui vient de paraître; *sospendere, riprendere le pubblicazioni* cesser de paraître, recommencer à paraître **2** [*opera pubblicata per mezzo della stampa*] publication: *pubblicazioni letterarie, scientifiche* publications littéraires, scientifiques # *hai letto la sua ultima pubblicazione?* est-ce que tu as lu son dernier ouvrage? **3** (*dir.*) *pubblicazioni* (*di matrimonio*) publications de mariage ◇ (*loc.*) *fare le pubblicazioni* publier les bans *m.*

pubblicismo |pubbli'tʃizmo| *s.m.* [*mezzi pubblici per la diffusione della propaganda*] information *f.* ◇ (*pubblicità*) publicité *f.*

pubblicista |pubbli'tʃista| *s.* [*collaboratore saltuario di giornali o riviste*] journaliste, publiciste (*arc.*).

pubblicistica, che |pubbli'tʃistika, ke| *s.f.* (*giorn.*) information.

pubblicistico, ci, ca, che |pubbli'tʃistiko, tʃi, ka, ke| *agg.* qui se rapporte à l'information *loc.*, à la publicité *loc.*

pubblicità |pubblitʃi'ta| *s.f. inv.* **1** publicité (*var.*): *la pubblicità delle sedute, delle udienze* la publicité des séances, des audiences; *la pubblicità di un bilancio* la publicité d'un bilan # *notizie destinate alla pubblicità* nouvelles destinées au public ◇ (*corr.*) *non dare troppa pubblicità alla cosa!* ne donne pas trop de publicité à la chose! **2** [*propaganda comm.*] publicité: *pubblicità radiofonica, televisiva* publicité radiophonique, télévisée; *pubblicità murale* publicité murale; *agenzia di pubblicità* agence de publicité; *fare pubblicità* faire de la publicité, de la réclame; *fare pubblicità a q.c.* faire de la publicité a qqch.; *farsi* (*della*) *pubblicità* se faire de la publicité ◇ (*nei quotidiani*) *la piccola pubblicità* les petites annonces; *la pagina della pubblicità* la page de la publicité 🅲 1 **segretezza, riservatezza.**

pubblicitàrio, i |pubblitʃi'tarjo, i| **1** *agg.* publicitaire: *campagna pubblicitaria* campagne publicitaire; *è stata un'ottima trovata pubblicitaria* ce fut une excellente trouvaille publicitaire # *un agente pubblicitario* un agent de publicité **2** *s.* agent *m.* de publicité: *fare il pubblicitario* être un agent de publicité.

pubblicizzàre |pubblitʃid'dzare| *v. tr.* [*propagandare una merce, un articolo comm.*] publiciser.

pubblicizzazióne |pubblitʃiddzat'tsjone| *s.f.* [→ PUBBLICIZZARE] promotion (d'un article), réclame.

1 **pùbblico, ci, ca, che** |'pubbliko, tʃi, ka, ke| *agg.* **1** public*: *il bene pubblico* le bien public; *la pubblica amministrazione* l'administration publique; *enti pubblici* organismes publics; *il pubblico impiego* l'emploi public; *scuole pubbliche* écoles publiques ◇ (*loc.*) *diritto pubblico* droit public ~ *pubblico ufficiale* officier public ~ *il pubblico ministero* le ministère public ~ *il ministero della Pubblica Istruzione* le ministère de l'Éducation nationale ~ *il ministero dei Lavori pubblici* le ministère des Travaux publics **2** [*che è di tutti; generale*] public: *l'opinione pubblica* l'opinion (publique); *rendere di pubblico dominio* (*una notizia, un segreto*) rendre de notoriété publique (une nouvelle, un secret); *rendere pubblico omaggio a qc.* rendre un hommage public à qqn. # *godere della pubblica stima* jouir de l'estime de tout le monde ◇ [*aperto a tutti*] *i giardini pubblici* les jardins publics; *luoghi pubblici* lieux publics; *tenere un pubblico dibattito* prendre part à un débat public 🅲 1 **privato.**

2 **pùbblico, ci** |'pubbliko, tʃi| *s.m.* public: *il pubblico ha applaudito fragorosamente lo spettacolo* le public a applaudi bruyamment le spectacle; *luoghi aperti al pubblico* lieux ouverts au public; *orario di apertura al pubblico* horaire d'ouverture au public # *uno stadio gremito di pubblico* un stade bondé ◇ *loc.* IN PUBBLICO en public: *parlare in pubblico* parler en public # *mettere in pubblico un doloroso segreto* rendre public, divulguer un pénible secret.

pùbe |'pube| *s.m.* (*anat.*) pubis.

puberàle |pube'rale| *agg.* [*della pubertà*] pubertaire: *periodo puberale* âge pubertaire, de la puberté.

pùbere |'pubere| *agg. e s.* pubère → **adolescente** 🅲 **impubere.**

pubertà |puber'ta| *s.f. inv.* puberté *var.* → **adolescenza.**

pubescènte |pubeʃ'ʃɛnte| *agg.* (*biol.*) pubescent.

pubescènza |pubeʃ'ʃɛntsa| *s.f.* (*biol.*) pubescence.

pùbico, ci, ca, che |'pubiko, tʃi, ka, ke| *agg.* (*anat.*) pubien*.

public relations |'pʌblikri'leiʃənz| *loc. sost. f. pl.* (*ingl.*) relations publiques, public-relations.

Pucciniàcee |puttʃi'njatʃee| *s.f. pl.* (*t.bot.*) Urédinées, Urédinales.

puddellàggio, i |puddel'laddʒo, i| *s.m.* (*metall.*) puddlage.

puddellàre |puddel'lare| *v.tr.* (*metall.*) [*sottoporre a processo di affinazione in speciali forni a riverbero*] puddler.

puddellatùra |puddella'tura|, **puddellazióne** |puddellat'tsjone| *s.f.* → **puddellaggio.**

puddinga, ghe |pud'dinga, ge| *s.f.* (*geol.*) poudingue *m.*

pudellàre |pudel'lare| *e deriv.* → **puddellare** *e deriv.*

pudibóndo |pudi'bondo| *agg.* (*lett.*) [*pieno di pudore*] pudique (*corr.*) → **verecondo** ◇ (*scherz.*) *dài, non fare il pudibondo, adesso!* allons!, ne fais pas le pudibond maintenant!

pudicaménte |pudika'mente| *avv.* [→ PUDICO] pudiquement 🅲 **impudicamente.**

pudicizia |pudi'tʃittsia| *s.f.* (*raro, lett.*) pudicité → **castità, verecondia** 🅲 **impudicizia.**

pudico, ci, ca, che |pu'diko, tʃi, ka, ke| *agg.* pudique 🅲 **impudico.**

pudóre |pu'dore| *s.m.* **1** pudeur (*f.*): *arrossire per pudore* rougir par pudeur; *avere un falso pudore* avoir une fausse pudeur ◇ (*dir.*) *offesa al pubblico pudore* outrage public à la pudeur **2** (*per est.*) [*riservatezza, discrezione*] pudeur: *mentire senza pudore* mentir sans pudeur; *abbi almeno il pudore di stare zitto!* aie au moins la pudeur de te taire!

puericoltrice |puerikol'tritʃe|, **puericultrice** |puerikul'tritʃe| *s.f.* puéricultrice.

puericoltùra |puerikol'tura|, **puericultùra** |puerikul'tura| *s.f.* puériculture.

puerile |pue'rile| *agg.* puéril: *età puerile* âge puéril → **infantile** ◇ (*per est., spreg.*) *comportarsi in modo puerile* se comporter d'une façon puérile, enfantine.

puerilismo |pueri'lizmo| *s.m.* puérilisme → **infantilismo.**

puerilità |puerili'ta| *s.f. inv.* puérilité (*var.*): *la puerilità di un certo comportamento* la puérilité d'un certain comportement ◇ [*atto, gesto puerile*] *la tua è stata una puerilità imperdonabile* ce fut de ta part une puérilité, un enfantillage impardonnable.

puerilménte |pueril'mente| *avv.* [→ PUERILE] puérilement.

puerizia |pue'rittsia| *s.f.* (*lett.*) → **fanciullezza, infanzia.**

puèrpera |pu'ɛrpera| *s.f.* [*donna che ha appena partorito*] accouchée.

puerperàle |puerpe'rale| *agg.* (*med.*) puerpéral*.

puerpèrio, i |puer'pɛrjo, i| *s.m.* (*med.*) puerpéralité *f.*

puf |puf| *s.m. inv.* → **puff.**

puff, puf |puf(f)| *inter.* (*voce onomat. che riproduce il rumore di un corpo che cade su un liquido o un corpo soffice*) pouf ◇ (*loc.*) *puff puff* (*riproduce lo sbuffare di una locomotiva a vapore o l'ansimare di una persona*) teuf-teuf ♦ (*in funzione di s.m. inv.*) *il puff puff della locomotiva a vapore* le teuf-teuf de la locomotive à vapeur.

puffino |puf'fino| *s.m.* (*t.zool.*) puffin.

pugilàto |pudʒi'lato| *s.m.* (*sport*) boxe (*f.*): *un incontro di pugilato* un combat, un match de boxe → **boxe** ◇ (*per est.*) [*rissa*] pugilat: *la discussione finì in un pugilato generale* la discussion se termina par un pugilat général.

pugilatóre |pudʒila'tore|, **pùgile** |'pudʒile| *s.m.* [*chi pratica il pugilato*] boxeur.

pugilistica, che |pudʒi'listika, ke| *s.f.* [*arte del pugilato*] boxe.

pugilistico, ci, ca, che |pudʒi'listiko, tʃi, ka, ke| *agg.* (*sport*) de boxe (*loc. inv.*): *una riunione pugilistica* une réunion de boxe.

pùglia |'puʎʎa| *s.f.* (*carte*) poule.

pùgna |'puɲɲa| *s.f.* (*lett.*) → **battaglia, combattimento.**

pugnàce |puɲ'ɲatʃe| *agg.* (*lett.*) → **battagliero, combattivo.**

pugnalàre |puɲɲa'lare| *v.tr.* [*ferire, uccidere con pugnale*] poignarder ◇ (*loc.*) *pugnalare qc. alle spalle*: (*pr., fig.*) poignarder qqn. dans le dos.

pugnalàta |puɲɲa'lata| *s.f.* coup *m.* de poignard: *è stato raggiunto da due pugnalate al petto* il a été atteint de deux coups de poignard dans le dos ◇ (*fig.*) *questo tuo abbandono è una vera pugnalata alle spalle* ton abandon est un vrai coup de poignard dans le dos.

pugnalatóre, trice |puɲɲala'tore, tritʃe| *s.* (*raro*) [*chi usa il pugnale*] poignardeur*.

pugnàle |puɲ'ɲale| *s.m.* [*arma bianca corta a due tagli*] poignard: *un colpo di pugnale* un coup de poignard.
pugnàre |puɲ'ɲare| *v.intr.* (*aus.* '*avere*') (*lett.*) → **combattere.**
pugnèllo |puɲ'ɲɛllo| *s.m.* (*raro*) → **manciata.**
pùgno |'puɲɲo| *s.m.* **1** poing: *aprire, chiudere il pugno* ouvrir, fermer le poing; *battere i pugni sul tavolo* taper du poing sur la table; *salutare con il pugno chiuso* saluer du poing levé # *tenere la spada in pugno* avoir l'épée à la main ◇ (*loc.*) *pugno di ferro* [*tirapugni*] coup de poing américain ◇ *loc. fig.* IN PUGNO en main: *avere in pugno la vittoria* avoir la victoire en main; *tenere in pugno qc.* avoir qqn. en main ~ DI PUGNO DI QC., DI PROPRIO PUGNO de la main de qqn., de sa main: *una lettera di pugno del poeta* une lettre de la main du poète; *l'ha firmato lui, di proprio pugno* c'est lui qui l'a signé, de sa main ~ *mostrare il pugno, i pugni* montrer le poing ~ (*avere*) *pugno di ferro in guanto di velluto* (avoir) une main de fer dans un gant de velours **2** [*colpo sferrato con il pugno*] coup de poing: *dare, ricevere pugni* donner, recevoir des coups de poing; *gli ha mollato un pugno sul muso* il lui a flanqué un coup de poing sur le nez, en pleine gueule (*pop.*) ◇ (*loc.*) *prendersi a pugni* se battre à coups de poing ~ FARE A PUGNI: (*pr.*) *ho dovuto fare a pugni per entrare* j'ai dû jouer des coudes pour entrer; (*fig.*) *sono due colori che fanno a pugni* (*tra di loro*) ce sont deux couleurs qui jurent **3** [*quantità di materiale che si può tenere in pugno*] poignée (*f.*): *un pugno di sale, di farina* une poignée de sel, de farine → **manciata** ◇ (*per est.*) [*quantità piccola, trascurabile*] *un pugno di terra coltivabile* un lopin de terre à cultiver; *un pugno di eroi, di scalmanati* une poignée de héros, d'enragés; *un pugno di denaro* une poignée d'argent ◇ (*loc. fig.*) *rimanere con un pugno di mosche* (*in mano*) se trouver les mains vides, rester bredouille.
puh |pu| *inter.* → **puah.**
pùla |'pula| *s.f.* **1** [*residuo della trebbiatura dei cereali*] balle **2** (*nel gergo della malavita*) [*polizia*] flicaille (*pop.*).
pùlce |'pultʃe| *s.f.* **1** (*t.zool.*) puce ~ *pulce di terra* puce de terre ~ *pulce delle nevi* puce des glaciers ~ *pulce d'acqua* puce d'eau ◇ (*loc. fig.*) *essere una pulce, noioso come una pulce* être ennuyeux comme la pluie ~ *mettere una pulce nell'orecchio, all'orecchio* mettre la puce à l'oreille **2** *il gioco della pulce* le jeu de puce.
pulcèlla |pul'tʃɛlla| *s.f.* (*lett.*) → **pulzella.**
pulcesécca, che |pultʃe'sekka, ke| *s.f.* [*piccola striatura della pelle, dovuta a contusione*] pinçon *m.*
pulcinèlla |pultʃi'nɛlla| *s.m. inv.* **1** (*teat.*) Polichinelle (*var.*): *la maschera di Pulcinella* le masque de Polichinelle ◇ (*fig.*) [*persona volubile, poco seria*] polichinelle: *non fidarti di lui: è un pulcinella!* ne te fie pas à lui: c'est un polichinelle → **burattino** ◇ (*loc. fig.*) *il segreto di Pulcinella* le secret de Polichinelle **2** (*t. zool.*) *pulcinella di mare* macareux.
pulcinellàta |pultʃinel'lata| *s.f.* (*raro*) [*comportamento, azione da pulcinella*] bouffonnerie (*corr.*), farce (*corr.*).
pulcìno |pul'tʃino| *s.m.* **1** [*il piccolo della gallina e di altri Gallinacei*] poussin ◇ (*loc. fig.*) *essere bagnato come un pulcino* être trempé comme une soupe, jusqu'aux os ~ *sentirsi, essere come un pulcino nella stoppa* se sentir, être très embarrassé **2** (*sport*) minime: *i pulcini della squadra dell'Inter* les minimes (de l'équipe) de l'Internationale (de Milan).
pulcióso |pul'tʃoso| *agg.* plein de puces ◇ (*per est.*) [*sudicio, sozzo*] crasseux*.
pulédra |pu'ledra| *s.f.* [*cavalla giovane*] puliche.
puledrìno |pule'drino| *s.m.* [*piccolo puledro*] poulain.
pulédro |pu'ledro| *s.m.* [*cavallo giovane*] poulain ◇ (*per est.*) *un puledro di mulo, di zebra* un petit de mule, de zèbre ◇ (*loc. fig.*) *essere agile come un puledro* être agile comme un écureuil.
puléggia, ge |pu'leddʒa, dʒe| *s.f.* (*mecc.*) poulie: *puleggia fissa, folle* poulie fixe, folle; *puleggia a cinghia* poulie à courroie; *puleggia di trasmissione* poulie de transmission.
puléggio, i |pu'leddʒo, i| *s.m.* (*t. bot.*) pouliot.
pùlica, che |'pulika, ke| *s.f.* (*tecnol.*) bulle d'air.
pulicària |puli'karja| *s.f.* (*t.bot.*) pulicaire.
pùliga, ghe |'puliga, ge| *s.f.* → **pulica.**
pulimentàre |pulimen'tare| *v.tr.* (*tecnol.*) [*lucidare, levigare*] polir: *pulimentare un blocco di marmo, un letto di ottone* polir un bloc de marbre, un lit en cuivre.
pulimentazióne |pulimentat'tsjone| *s.f.* (*tecnol.*) polissage *m.*
puliménto |puli'mento| *s.m.* **1** [→ PULIMENTARE] polissage **2** (*raro*) → **pulitura.**
pulìre |pu'lire| (197) **A** *v.tr.* [*liberare dallo sporco*] nettoyer (10): *pulire la casa* nettoyer la maison; *pulire il riso, l'insalata* nettoyer, laver le riz, la salade; *pulire un giardino* nettoyer un jardin; *pulire la pipa, gli occhiali* nettoyer sa pipe, ses lunettes □ *pulirsi i denti* se laver les dents; *pulirsi le mani nel grembiule* essuyer ses mains à son tablier; *pulirsi il naso* se moucher **B** *v.pron. rifl.* PULIRSI [→ *tr.*] → *tr.* □.
pulisciorécchi |puliʃʃio'rekki| *s.m. inv.* cure-oreille (*var.*): *dei pulisciorecchi* des cure-oreilles.
puliscipènne |puliʃʃi'pɛnne| *s.m. inv.* essuie-plume *var.*
puliscipièdi |puliʃʃi'pjɛdi| *s.m. inv.* [*grata di ferro davanti a una porta, per pulirsi le scarpe*] décrottoir *var.* ◇ [*zerbino*] paillassou *var.*
pulìta |pu'lita| *s.f.* [→ PULIRE] *dare una pulita alla casa* nettoyer (10) *v.tr.* la maison; *dare una pulita ai pavimenti* nettoyer par terre; *dare una pulita alla tavola* donner un coup *m.* de torchon à la table; *darsi una pulita* faire un brin *m.* de toilette.
pulitaménte |pulita'mente| *avv.* [*onestamente; con rettitudine*] honnêtement, proprement (*fam.*): *comportarsi pulitamente* se conduire honnêtement, proprement.
pulìto |pu'lito| **I** *agg.* **1** [*privo di sporcizia, di sudiciume*] propre: *una casa, una stanza pulita* une maison, une pièce propre; *una camicia pulita* une chemise propre; *avere le scarpe pulite* avoir des chaussures propres ◇ (*per est.*) *un foglio, un compito pulito* [*senza cancellature*] une feuille, une copie propre ◇ (*persone*) *è un bambino molto pulito* c'est un enfant très propre ◇ (*loc.*) *avere la fedina penale pulita* avoir un casier judiciaire vierge ◇ (*loc. fig.*) *farla pulita* [*passarla liscia*] s'en bien tirer ~ FAR PIAZZA PULITA faire place nette; se débarrasser: *ha fatto piazza pulita di tutti i dolci* il a fait place nette de tous les gâteaux ‖ *far piazza pulita dei propri avversari* se débarrasser de ses adversaires; *far piazza pulita di tutti i pregiudizi* se débarrasser de tous les préjugés **2** (*fig.*) [*onesto; leale*] honnête, propre: *una persona pulita* une personne honnête, propre; *un lavoro pulito* un travail honnête; *una faccenda poco pulita* une affaire pas très propre # *facciamo le cose pulite!* faisons les choses honnêtement!; *avere la coscienza pulita* avoir la conscience nette **3** (*fam., scherz.*) [*privo di denaro*] fauché: *avere il portafoglio pulito* être fauché; *uscire dal casinò pulito pulito* sortir du casino complètement fauché, à sec **4** [*forbito, elegante*] recherché: *linguaggio pulito* langage recherché ◇ [*privo di volgarità*] convenable, correct: *una parola poco pulita* un mot peu convenable; *barzellette pulite* histoires convenables, correctes **II** *s.m.* [→ *agg.* 1] sec: *camminare sul pulito* marcher sur le sec ◇ (*per est., raro*) *mettere, copiare al pulito una bozza, un disegno* mettre, copier au net une épreuve, un dessin **III** *avv.* (*raro*) → **pulitamente** 🄲 I 1, 2, 4 **sporco, sudicio.**
pulitóre, trice |puli'tore, tritʃe| *s.* (*raro*) [*addetto alle pulizie*] nettoyeur* (*corr.*).
pulitrice |puli'tritʃe| *s.f.* **1** (*tecnol.*) polissoir *m.* ◇ (*metall.*) ébarbeuse **2** (*agr.*) vanneuse, tarare *m.*
pulitùra |puli'tura| *s.f.* [→ PULIRE] nettoyage *m.* ◇ (*tecnol.*) polissage (*m.*): *la pulitura del marmo* le polissage du marbre; *la pulitura di parti meccaniche* le polissage des pièces mécaniques → **lucidatura.**
pulìzia |pulit'tsia| *s.f.* **1** [→ PULIRE] nettoyage (*m.*): *fare le grandi pulizie* faire le grand nettoyage; *impresa di pulizie* entreprise de nettoyage # *fare la pulizia* (*di casa*) faire le ménage; *la donna delle pulizie* la femme de ménage ◇ (*loc. fig.*) *far pulizia di q.c.* faire place nette de qqch. **2** [*il fatto di essere pulito*] propreté: *educare i bambini alla pulizia* apprendre aux enfants la propreté; *trascurare la pulizia personale* négliger sa propreté personnelle, son hygiène personnelle, se négliger 🄲 2 **sporcizia.**
pul(l)man |'pulmən, 'pulman| *s.m. inv.* (*ingl.*) (*ferr.*) pullman *var.* ◇ [*corriera*] (auto)car *var.*
pulmìno |pul'mino| *s.m.* petit car, minibus: *il pullmino dell'asilo* le petit car, le minibus de l'école maternelle.
pullover |pul'lɔver| *s.m. inv.* (*ingl.*) pull-over *var.*, pull *var.* (*fam.*): *dei pullover* des pull-overs.
pullulànte |pullu'lante| *agg.* pullulant.

pullulàre |pullu'lare| *v.intr.* (*aus.* 'avere', *raro* 'essere') **1** [*venir fuori, spuntare in grandi quantità*] pulluler: *pullulavano insetti da ogni parte* des insectes pullulaient (partout) ◇ (*per est.*) *iniziative di questo tipo pullulano da ogni parte* des initiatives de ce genre pullulent partout **2** [*essere pieno, gremito*] pulluler, fourmiller, grouiller (*fam.*): *la piazza pullulava di turisti* la place pullulait, fourmillait, grouillait de touristes.

pullulazióne |pullulat'tsjone| *s.f.* [→ PULLULARE] pullulation, pullulement *m.*

pùlpito |'pulpito| *s.m.* (*eccl.*) chaire *f.* ◇ (*loc. fig.*) *salire sul pulpito* monter en chaire ~ *scendere dal pulpito* descendre de la chaire ~ (*fam.*) *da che pulpito viene la predica!* tu es drôlement qualifié pour prêcher!

1 **pulsànte** |pul'sante| *s.m.* (*tecnol.*) bouton, poussoir: *i pulsanti di un ascensore, di un cronometro* les boutons, les poussoirs d'un ascenseur, d'un chronomètre; *schiacciare, premere un pulsante* appuyer sur un bouton; *interruttore a pulsante* interrupteur à bouton-poussoir, (*per lampada da tavolo*) interrupteur olive.

2 **pulsànte** |pul'sante| *agg.* (*elettr.*) pulsatoire: *corrente pulsante* courant pulsatoire ◇ (*fis.*) *grandezze pulsanti* grandeurs pulsatoires.

pulsàre |pul'sare| *v.intr.* (*aus.* 'avere') (*detto del cuore*) [*dilatarsi ritmicamente*] battre (76): *il cuore pulsa regolarmente* le cœur bat régulièrement → **palpitare** ◇ (*fig.*) [*essere in movimento; essere operoso*] palpiter: *una città che pulsa di vita* une ville qui palpite de vie.

pulsàtile |pul'satile| *agg.* (*raro, med.*) pulsatile.

pulsatilla |pulsa'tilla| *s.f.* (*t.bot.*) pulsatille.

pulsazióne |pulsat'tsjone| *s.f.* **1** (*med.*) pulsation: *controllare le pulsazioni* contrôler les pulsations; *avere 90 pulsazioni al minuto* avoir 90 pulsations par minute **2** (*fis.*) pulsation: *pulsazione di una grandezza* pulsation d'une grandeur.

pulsionàle |pulsjo'nale| *agg.* (*psican.*) pulsionnel*.

pulsióne |pul'sjone| *s.f.* (*psicol.*) pulsion.

pulsòmetro |pul'sɔmetro| *s.m.* (*fis.*) pulsomètre.

pulsoreattóre |pulsoreat'tore| *s.m.* (*aer.*) pulsoréacteur.

pulverulènto |pulveru'lɛnto| *agg.* (*raro*) → **polverulento.**

pulvinàre |pulvi'nare| *s.m* (*st. rom.*) pulvinar.

pulvìno |pul'vino| *s.m.* (*arch.*) coussinet.

pulvìscolo |pul'viskolo| *s.m.* (*scient.*) poussières (*f. pl.*): *pulviscolo atmosferico* poussières atmosphériques; *pulviscolo radioattivo* poussières radioactives ◇ (*corr.*) [*polvere molto minuta*] fine poussière *f.*, grain de poussière.

pulzèlla |pul'tsɛlla| *s.f.* (*lett., scherz.*) [*ragazza; giovane donna*] pucelle ◇ (*st. fr.*) *la pulzella d'Orléans* la pucelle d'Orléans.

pum |pum| *inter.* (*voce onomat. che riproduce uno sparo, un tonfo sordo*) boum.

pùma |'puma| *s.m. inv.* (*t.zool.*) puma *var.*

punch |pʌntʃ| *s.m. inv.* (*ingl.*) punch *var.*

punching-ball |'pʌntʃiŋ'bɔ:l| *s.m.* (*ingl.*) (*sport*) punching-ball *var.*

pungènte |pun'dʒɛnte| *agg.* [*aguzzo; acuminato*] piquant: *uno spino pungente* une épine piquante ◇ (*per est.*) *un indumento di lana pungente* un vêtement en laine piquante, rêche → **ruvido** ◇ (*fig.*) *un odore pungente* une odeur piquante, âcre → **irritante**; *freddo pungente* froid piquant → **penetrante**; *una ironia pungente* une ironie piquante → **mordente.**

pùngere |'pundʒere| (150) *v.tr.* **1** [*produrre una lieve ferita mediante puntura*] piquer: *essere punto da un insetto* être piqué par un insecte; *mi sono punta un dito cucendo* je me suis piquée au doigt en cousant ◇ (*per est.*) [*irritare; pizzicare*] *una barba ispida che punge* une barbe hirsute qui pique; *questo indumento di lana punge troppo* ce vêtement en laine pique trop ◇ (*fig.*) tourmenter: *lo pungeva continuamente il rimorso* le remords le tourmentait continuellement; il était lanciné par le remords ◇ (*loc. lett., scherz.*) *mi punge vaghezza di fare* il me démange de faire un voyage **2** (*fig.*) [*offendere, provocare*] taquiner, provoquer; piquer: *divertirsi a pungere bonariamente un amico* s'amuser à taquiner gentiment un ami → **punzecchiare** ‖ *sentirsi punto sul vivo, nel proprio orgoglio* se sentir piqué au vif, dans son orgueil.

pungiglióne |pundʒiʎ'ʎone| *s.m.* (*zool.*) aiguillon.

pungitòpo |pundʒi'tɔpo| *s.m.* (*t. bot.*) *houx.

pungolàre |pungo'lare| *v.tr.* [*stimolare con il pungolo*] aiguillonner: *pungolare i buoi* aiguillonner les bœufs ◇ (*fig.*) [*incitare, spronare*] *bisogna pungolarlo continuamente, quel pigrone!* il faut toujours l'aiguillonner, ce paresseux!

pùngolo |'pungolo| *s.m.* [*bastone acuminato per pungolare animali*] aiguillon ◇ (*fig.*) [*stimolo, sprone*] aiguillon.

punìbile |pu'nibile| *agg.* [→ PUNIRE] punissable: *un reato punibile con l'arresto* un délit punissable par l'arrestation, l'incarcération.

punibilità |punibili'ta| *s.f. inv.* (*dir.*) possibilité *var.* juridique d'infliger une peine.

Punicàcee |puni'katʃee| *s.f. pl.* (*t. bot.*) Punicacées.

pùnico, ci, ca, che |'puniko, tʃi, ka, ke| *agg.* (*st.*) punique.

punire |pu'nire| (197) *v.tr.* [*sottoporre a una pena, a un castigo*] punir: *punire il colpevole* punir le coupable; *è stato punito per aver detto una bugia* il a été puni pour avoir dit un mensonge, pour avoir menti # *punire una colpa* sanctionner une faute.

punitivo |puni'tivo| *agg.* punitif* ◇ (*mil.*) *spedizione punitiva* expédition punitive.

punitóre, trice |puni'tore, tri-tʃe| *agg. e s.* (*raro*) [*che punisce*] punisseur*.

punizióne |punit'tsjone| *s.f.* **1** punition: *infliggere una punizione* infliger une punition → **pena, castigo** **2** (*sport*) (*tiro di*) *punizione* coup franc: *battere una punizione* tirer un coup franc.

1 **pùnta** |'punta| *s.f.* **1** [*estremità acuminata, pungente*] pointe: *la punta della spada, del coltello, di un ago* la pointe de l'épée, du couteau, d'une aiguille ◇ (*per est.*) [*parte terminale*] bout (*m.*): *la punta del naso* le bout du nez # *rifare la punta della matita* tailler un crayon; *punte di asparagi* pointes d'asperges; *punta di petto* poitrine ◇ *loc.* A PUNTA en pointe: *una barba a punta* une barbe en pointe; *tagliare q.c. a punta* tailler qqch. en pointe ~ *danzare sulle punte* faire des pointes ~ *camminare in punta di piedi* marcher sur la pointe des pieds ◇ (*auto.*) *punta tacco* (manœuvre) pointe-talon ◇ (*scherma*) *colpire di punta* frapper d'estoc, frapper de la pointe ◇ (*loc. fig.*) *prendere di punta qc.* brusquer qqn. ~ *mettersi di punta a fare q.c.* s'y mettre à faire qqch. ~ *essere pieno di debiti fino alla punta dei capelli* être criblé de dettes ~ *il suo nome?, ce l'ho sulla punta della lingua...* son nom?, je l'ai sur le bout de la langue ~ *avere un argomento, una materia sulla punta delle dita* connaître un sujet, une matière sur le bout du doigt ~ *mangiare in punta di forchetta* manger du bout des lèvres ~ *parlare in punta di forchetta* parler avec affectation ~ *non vedere più in là della punta del* (*proprio*) *naso* ne pas voir plus loin que le bout de son nez **2** (*fig.*) [*massima frequenza, intensità*] maximum, minimum: *punta massima, minima di un fenomeno* maximum, minimum d'un phénomène; *punte stagionali* températures maximums (maxima), minimum (minima) d'une saison; *la punta massima del freddo, del caldo* la température maximum (maxima), minimum (minima) ◇ (*loc.*) *ora, ore di punta* heure, heures de pointe **3** *loc. agg. fig.* DI PUNTA [*che si distingue per capacità*] fort (*agg.*): *uomo di punta* homme fort # *il gruppo di punta di un partito, di un'associazione* le peloton de tête d'un parti, d'une association **4** (*per est.*) [*piccola parte; piccola quantità*] pointe: *una punta di formaggio* une pointe de fromage # *una punta di sale, di pepe* un grain, une pincée de sel, de poivre → **pizzico** ◇ (*fig.*) *una punta di invidia, di ironia, di sarcasmo* une pointe d'envie, d'ironie, de sarcasme **5** (*raro*) [*improvvisa sensazione dolorosa; fitta*] pincement (*m.*): *sentire una punta al cuore* avoir un pincement au cœur **6** (*mecc.*) *punta da trapano* foret *m.*, mèche: *la punta numero 6 del trapano* la mèche numéro 6 **7** (*arald.*) pointe **8** (*tip.*) *punta secca* → **puntasecca.**

2 **pùnta** |'punta| *s.f.* (*caccia*) arrêt (*m.*): *cane da punta* chien d'arrêt; *attento: il cane è in punta!* attention: le chien est à l'arrêt!, en arrêt.

puntàle |pun'tale| *s.m.* **1** [*guarnizione protettiva*] *il puntale di un bastone, di un ombrello* l'embout d'un bâton, d'un parapluie; *il puntale delle stringhe* le ferret des lacets **2** (*mar.*) épontille *f.*

puntaménto |punta'mento| *s.m.* (*mil.*) pointage.

1 **puntàre** |pun'tare| **A** *v.tr.* **1** [*appoggiare con forza*] appuyer (11): *puntare la scala contro il muro* appuyer l'échelle contre le mur; *puntare i gomiti sul tavolo* appuyer ses coudes sur la table; *puntare le mani contro la pa-*

rete appuyer les mains contre le mur ◇ (*loc.*) *puntare i piedi*: (*pr.*) s'arc--bouter (sur ses pieds); (*fig.*) se buter, s'entêter → **ostinarsi** **2** [*dirigere, rivolgere verso una determinata direzione*] braquer, pointer: *puntare lo sguardo, gli occhi verso qc., q.c.* braquer, fixer son regard, ses yeux sur qqn., qqch.; *puntare il dito* pointer son index; *puntare il cannocchiale, il binocolo su, verso q.c.* pointer la longue-vue, les jumelles sur qqch. ◇ (*mil.*) *puntare il fucile, la pistola verso il bersaglio* pointer, braquer le fusil, le pistolet vers la cible; *puntare il cannone* pointer un canon # *puntare un bersaglio* viser la cible; *puntate!* en joue! **3** [*scommettere in un gioco d'azzardo*] miser: *puntare centomila lire su un cavallo, su un numero della 'roulette'* miser, parier cent mille lires sur un cheval, sur un numéro de la roulette ◆ (*ass.*) *puntare sul nero, su un pugile* miser sur le noir, sur un boxeur ◇ (*fig.*) *puntiamo tutti su di te!* nous comptons, misons (*fam.*) tous sur toi! **4** [*contrassegnare con il segno grafico del punto*] pointer: *puntare una sigla, una lettera* pointer un sigle, une lettre ◇ (*mus.*) *puntare una semiminima* pointer une noire **B** *v.intr.* (*aus.* '*avere*') **1** [*dirigersi, muoversi direttamente verso una meta ben determinata*] se diriger (3) (*pron.*): *puntare verso est* se diriger vers l'est; *ora punteremo su Firenze* maintenant, nous nous dirigerons vers Florence **2** (*fig.*) PUNTARE A [*aspirare, tendere a una meta*] viser (*tr.*): *puntare a una certa carica, alla promozione* viser un certain poste, une promotion **3** (*fig.*) PUNTARE SU [*fare affidamento su qc., su q.c.*] compter sur: *posso puntare su di te?* je peux compter sur toi?; *puntare sulle sole proprie forze* compter seulement sur ses forces → **contare** **C** *v. pron. rifl.* PUNTARSI [→ *tr.* 1] s'appuyer: *puntarsi all'uscio con tutte le proprie forze* s'appuyer de toutes ses forces à (sur) la porte; *gli si puntò contro decisamente* il s'appuya à lui avec décision ◇ (*fig.*) [*ostinarsi, intestardirsi*] se buter, s'obstiner: *ormai s'è puntato e non c'è verso di fargli cambiare idea* il est décidément buté, obstiné et il n'y a pas moyen de lui faire changer d'idée; *s'è puntato che tutti ce l'abbiano con lui* il s'obstine à croire que tout le monde est contre lui → **impuntar(si)**.

2 **puntàre** |pun'tare| *v.tr.* (*detto del cane da caccia*) [*individuare e seguire la preda*] tomber *intr.* en arrêt devant: *il cane puntò la lepre, il fagiano* le chien tomba en arrêt devant le lièvre, le faisan.

puntasécca |punta'sekka| *s.f.* (*tip.*) pointe sèche: *delle puntesecche* des pointes sèches.

puntaspilli |puntas'pilli| *s.m. inv.* → **portaspilli**.

1 **puntàta** |pun'tata| *s.f.* **1** coup *m.* (de pointe): *una puntata di sciabola* un coup de sabre → **stoccata** **2** [*escursione di breve durata*] saut (*m.*): *faremo una puntata anche a Venezia* nous ferons aussi un saut jusqu'à Venise; *dopo cena faremo una puntata da te* après le dîner nous ferons un saut chez toi **3** (*mil.*) incursion: *fare una puntata dentro le linee del nemico* faire une incursion dans les lignes ennemies ◇ (*calcio*) *una puntata a rete* une attaque **4** (*caccia*) arrêt (*m.*): *la puntata del cane* l'arrêt du chien **5** (*giochi d'azzardo*) mise, enjeu *m.* # *fare una piccola, una grossa puntata* jouer petit jeu, gros jeu; *fare una puntata su un cavallo, sul rosso* miser sur un cheval, sur le rouge.

2 **puntàta** |pun'tata| *s.f.* [*ciascuna delle parti di uno scritto pubblicato periodicamente*] feuilleton *m.* # *romanzo a puntate* roman-feuilleton; *la prima, l'ultima puntata di un servizio giornalistico* le premier, le dernier article d'un reportage; *il seguito alla prossima puntata* suite au prochain numéro; *pubblicare a puntate le memorie di qc.* publier les mémoires de qqn. par fascicules ◇ (*per est.*) *un originale televisivo a puntate* un feuilleton télévisé; *trasmettiamo il riassunto delle puntate precedenti* voici le résumé des épisodes *m.* précédents.

puntatina |punta'tina| *s.f.* (*fam.*) [*breve visita*] saut *m.* (*corr.*): *farò una puntatina a Parigi* je ferai un saut jusqu'à Paris → **capatina**.

puntàto |pun'tato| *agg.* **1** [*appoggiato su q.c.*] planté: *tenere i piedi ben puntati a terra* avoir les pieds plantés sur terre **2** [*rivolto, diretto*] fixé (*p.p.*): *tutti tenevano gli occhi puntati su di lui* tous avaient les yeux fixés sur lui ◇ (*armi da sparo*) pointé *p.p.* # *tenere il fucile, il cannone puntato* pointer le fusil, le canon **3** (*giochi d'azzardo*) misé (*p.p.*): *raddoppiare la somma puntata* doubler la somme misée, la mise **4** (*di segno grafico*) [*contrassegnato con un punto*] pointé: *lettere puntate* lettre pointée, marquée d'un point ◇ (*mus.*) *nota puntata* note pointée **5** (*raro*) [*fornito di punta*] pointu (*corr.*) → **puntuto**.

puntatóre, trice |punta'tore, tri'tʃe| *s.* **1** *s.* [*chi scommette danaro nel gioco d'azzardo*] parieur (*m.*): *è un forte puntatore* c'est un grand parieur **2** *s.m.* [*sottufficiale addetto al puntamento*] pointeur.

puntatùra |punta'tura| *s.f.* (*tip.*) ponctuation.

punteggiàre |punted'dʒare| *v.tr.* **1** [*segnare con uno o più punti*] pointiller (*raro*): *punteggiare una linea* pointiller une ligne **2** [*forare con uno o più buchi*] trouer: *punteggiare la suola delle scarpe* trouer la semelle des chaussures; *punteggiare una lamiera* trouer une tôle **3** (*fig.*) [*intervallare*; *intercalare*] ponctuer: *punteggiare un discorso di improperi, di parolacce* ponctuer un discours d'injures, de gros mots **4** (*raro, gram.*) [*inserire la conveniente punteggiatura*] ponctuer.

punteggiàto |punted'dʒato| *agg.* **1** [*segnato con uno o più punti*] pointillé: *linea punteggiata* ligne pointillée ◇ (*per est.*) *un cielo punteggiato di stelle* un ciel parsemé d'étoiles → **cosparso** **2** [*cosparso di q.c. di colore diverso*] parsemé: *un parco punteggiato di rose* un parc parsemé de roses ◇ (*fig.*) [*intervallato*] ponctué (*p.p.*): *un discorso tutto punteggiato di bestemmie* un discours tout ponctué de blasphèmes.

punteggiatùra |punteddʒa'tura| *s.f.* **1** (*gram.*) ponctuation: *punteggiatura corretta* ponctuation correcte; *errore di punteggiatura* erreur de ponctuation; *correggere la punteggiatura* corriger la ponctuation → **interpunzione** **2** [→ PUNTEGGIARE 1] pointillage (*m.*): *la punteggiatura di una linea* le pointillage d'une ligne **3** [→ PUNTEGGIARE 2] moucheture; perçage (*m.*): *punteggiatura di un tessuto* moucheture d'un tissu ‖ *punteggiatura di una lamiera* perçage d'une tôle.

puntéggio, i |pun'teddʒo, i| *s.m.* [*somma dei punti riportati in una gara, in un concorso e sim.*] score: *il punteggio finale* le score final; *ottenere un buon punteggio* obtenir un bon score # *il massimo punteggio* le maximum des points.

puntellaménto |puntella'mento| *s.m.* [→ PUNTELLARE] étayage, étançonnement.

puntellàre |puntel'lare| **A** *v.tr.* [*sostenere, reggere con puntelli e sim.*] étayer (9), étançonner, soutenir (27): *puntellare una volta, un ponte* étayer, étançonner, soutenir une voûte, un pont ◇ (*mar.*) *puntellare una nave* accorer un navire ◇ (*fig.*) étayer: *puntellare una tesi, un discorso con argomenti convincenti* étayer une thèse, un discours avec (par) des arguments convaincants **B** *v.pron. rifl.* PUNTELLARSI [*sostenersi, appoggiarsi*] s'appuyer (11): *puntellarsi a una parete* s'appuyer à un mur.

puntellatùra |puntella'tura| *s.f.* [→ PUNTELLARE] étayage *m.*, étayement *m.*, étaiement *m.*, étançonnement (*m.*): *eseguire la puntellatura di una galleria* faire l'étayage, l'étançonnement d'une galerie ◇ [*l'insieme dei puntelli*] les étais *m. pl.*, les étançons (*m. pl.*): *togliere una puntellatura* enlever les étais, les étançons.

puntèllo |pun'tello| *s.m.* **1** (*tecnol.*) étai, étançon: *mettere, togliere i puntelli* mettre, enlever les étais, les étançons **2** (*fig.*) [*sostegno, appoggio*] étai, soutien; argument: *è il puntello della famiglia* c'est l'étai, le soutien de la famille ‖ *sostenere una tesi con puntelli poco validi* soutenir une thèse avec des arguments peu valables.

punterìa |punte'ria| *s.f.* **1** (*mecc.*) poussoir (*m.*): *registrare le punterie del motore* régler les poussoirs du moteur **2** (*mil.*) instrument de pointage: *strumenti, congegni di punteria* instruments, mécanismes de pointage.

punteruòlo |punte'rwɔlo| *s.m.* **1** (*tecnol.*) poinçon, pointeau: *il punteruolo per il trapano* le poinçon, le pointeau de la perceuse # *il punteruolo del ciabattino* l'alène du cordonnier **2** (*t. zool.*) charançon, calandre (*f.*): *punteruolo del grano* charançon du blé; *punteruolo del riso* charançon du riz.

puntifórme |punti'forme| *agg.* [*a forma di punto*; *piccolo come un punto*] ponctuel*.

puntiglio, i |pun'tiʎʎo, i| *s.m.* [*cocciutaggine, testardaggine*] entêtement, obstination (*f.*): *lo fa solo per (un) puntiglio* il le fait seulement par entêtement; *il tuo è solo un puntiglio puerile* ton entêtement est puéril, ton obstination est puérile → **caparbietà** ◇ [*volontà tenace*; *amor proprio*] amour--propre: *mettersi di puntiglio a fare q.c.* faire qqch. par amour-propre, avec acharnement.

puntigliosaménte |puntiʎʎosa'mente| *avv.* [→ PUNTIGLIOSO] avec entêtement *loc. inv.*, avec obstination *loc. inv.*

puntigliosità |puntiʎʎosi'ta| *s.f.*

inv. [*caparbietà, testardaggine*] obstination *var.*, entêtement *m. var.*

puntiglióso |puntiʎ'ʎoso| *agg.* [*caparbio, ostinato*] obstiné, entêté: *un carattere puntiglioso* un caractère obstiné; *non fare il puntiglioso, adesso!* ne sois pas entêté, maintenant! ◇ [*metodicamente impegnato*] tenace, appliqué: *essere puntiglioso nel lavoro, nello studio* être tenace, appliqué dans son travail, dans ses études.

puntìna |pun'tina| *s.f.* [*piccola punta, per usi vari*] (petite) (fine) pointe: *la puntina di uno spillo* la pointe de l'aiguille # *la puntina del giradischi* le saphir, l'aiguille du tourne-disques; *puntina* (*da disegno*) punaise.

puntinìsmo |punti'nizmo| *s.m.* (*arts.*) pointillisme → **divisionismo.**

puntinìsta |punti'nista| *s. e agg.* [*pittore che pratica il puntinismo*] pointilliste.

puntìno |pun'tino| *s.m.* petit point: *gli son venuti dei puntini rossi sulla faccia* il a eu une éruption de petits points rouges sur le visage ◇ *loc.* A PUNTINO [*con precisione, per bene*] avec précision: *fare una cosa a puntino* faire une chose avec précision, très bien; *era vestito a puntino* il était très bien vêtu, tiré à quatre épingles ~ (*gram.*) *puntini di sospensione* (petits) points de suspension ◇ (*loc. fig.*) *mettere i puntini sulle 'i'* mettre les points sur les 'i'.

1 **pùnto** |'punto| *s.m.* **1** point: *i punti neri, rossi delle ali di un insetto* les points noirs, rouges des ailes d'un insecte; *le stelle apparivano come dei punti lontani* les étoiles apparaissaient comme des points lointains; *avere dei punti neri sulla pelle* avoir des points noirs sur la peau ◇ (*fis.*) *punto di fusione, di ebollizione* point de fusion, d'ébullition ◇ (*geom.*) *punto di tangenza, di contatto* point de tangence, de contact; *i punti di una linea, di un piano* les points d'une ligne, d'un plan; *punto di fuga* point de fuite ◇ (*geogr.*) *i punti cardinali* les points cardinaux; *fare, rilevare il punto* faire, relever le point ◇ (*mecc.*) *i punti morti di uno stantuffo* les points morts d'un piston ◇ (*segno di interpunzione*) *punto* (*fermo*) point (final); *punto interrogativo, esclamativo* point d'interrogation, d'exclamation; *punto e virgola* point-virgule; *due punti* deux-points; *punti di sospensione* points de suspension → **puntino** ◇ (*mus., tip.*) point ◇ (*topografia*) *punto goniometrico, radiogoniometrico* point goniométrique, radiogoniométrique; *punti di inquadramento, di riferimento* points d'encadrement, de référence ◇ (*loc. fig.*) *di punto in bianco* de but en blanc → **improvvisamente** ~ PUNTO DI VISTA point de vue: *i nostri punti di vista sono molto contrastanti* nos points de vue sont très contrastants; *dal mio, dal suo punto di vista...* selon mon, son point de vue... ~ *cogliere nel punto* frapper juste → **segno** ~ *fare il punto* (*su una questione, su un problema*) faire le point (sur une question, sur un problème) ~ *fare punto* s'arrêter ~ *punto e basta!* un point, c'est tout! ~ *mettere i punti sulle 'i'* mettre les points sur les 'i' → **puntino** ~ A PUNTO au point: *mettere a punto un meccanismo, un motore* mettre au point un mécanisme, un moteur; *mettere a punto una questione* mettre au point une question ~ *questo è il suo punto nero* c'est une tache (à sa réputation), c'est ce qui ternit son blason **2** [*luogo, posizione*] point, endroit: *il punto più alto della catena* le point le plus haut de la chaîne; *il serbatoio perde acqua da più punti* le réservoir fuit, perd à plusieurs endroits # *arriviamo fino a quel punto e poi facciamo sosta* arrivons jusque-là et nous ferons halte ◇ (*loc.*) *punto di ritrovo* point de ralliement ~ *punto di partenza* point de départ ◇ (*loc. fig.*) *il punto dolente* le point crucial ◇ (*comm.*) *punto* (*di*) *vendita* point de vente **3** [*momento; istante*] moment: *a quel punto tutti scattarono in piedi* à ce moment, tous se levèrent; *a un certo punto me ne sono andato* à un certain moment, je suis parti ◇ (*loc. fig.*) *arrivare a buon punto, a mal punto* arriver bien à propos, mal à propos ~ ESSERE SUL PUNTO DI (+ *inf.*) être sur le point de (+ *inf.*): *sono sul punto di accettare* je suis sur le point d'accepter ~ *in punto di morte* à l'article de la mort ~ *fino a un certo punto* jusqu'à un certain point ~ IN PUNTO juste (*agg.*): *sono le 16 in punto* il est 16 heures justes; *arriverò a mezzogiorno in punto* j'arriverai à midi tapant, juste **4** (*fig.*) [*passo, brano di un discorso o di uno scritto*] point, passage: *spiegare un punto oscuro, controverso di una poesia* expliquer un point, un passage obscur, controversé d'une poésie ◇ (*per est.*) *discutere i vari punti dell'ordine del giorno* discuter les différents points de l'ordre du jour; *il punto centrale, più importante di una questione* le point central, le plus important d'une question ◇ (*loc. fig.*) *punto chiave* point essentiel ~ *venire al punto* venir à l'essentiel ~ (*esporre*) *punto per punto* (exposer) point par point, en détail → **dettagliatamente** ~ *riuscire a convincerlo: questo è il punto!, qui sta il punto!* réussir à le convaincre!: voilà le hic! ~ *armato, equipaggiato di tutto punto* armé, équipé de pied en cap ~ *a che punto siete?* où en êtes vous? ~ *essere a buon punto* (*con il lavoro*) aller bien, être avancé (dans son travail) ~ *al punto in cui siamo...* au point où nous en sommes ~ A TAL PUNTO CHE, DA: *non pensavo che arrivasse a tal punto* je ne pensais pas qu'il en arriverait là; *ero spossato a tal punto da non reggermi in piedi* j'étais à tel point fatigué que je ne tenais plus debout; *l'ha strapazzato a tal punto che il poverino non capiva più niente* il l'a malmené à tel point que le pauvre ne comprenait plus rien **5** [*unità di un punteggio*] point: *segnare, perdere un punto, due punti* marquer, perdre un point, deux points; *vincere per pochi punti* gagner de peu de points, avec un score modeste ◇ (*Borsa*) *quelle azioni, quei titoli sono saliti di due punti* ces actions, ces titres ont gagné deux points ◇ (*loc.*) *vittoria ai punti* victoire aux points ~ *il punto della bandiera* le but de l'honneur ~ *essere promosso con il massimo dei punti* être reçu avec mention très bien ◇ (*loc. fig.*) *dare dei punti a qc.* rendre des points à qqn. ◇ (*amministrazione*) *un punto di contingenza* un point de l'indemnité variant avec le coût de la vie **6** (*cucito*) point: *punti fitti, radi* points serrés, espacés; *punto a croce, a filza* point de croix, de devant; *punto erba* point de tige; *punto occhiello* point d'œillet ◇ (*loc. fam.*) *dare un punto ai calzoni, alle calze* faire un point aux pantalons, aux chaussettes **7** (*chir.*) point: *suturare, cucire una ferita con dei punti* suturer, recoudre une blessure avec des points de suture; *togliere i punti* enlever les points (de suture).

2 **pùnto** |'punto| **1** *avv.* (*in frasi neg.*) [*affatto; per niente*] point: *non lo voglio punto* je ne le veux point; *non mi piace né punto né poco* il ne me plaît pas du tout, il ne me plaît ni peu ni prou **2** *agg.* (*lett., tosc.*) [*nessuno*] nul*, aucun: *non ne ho punto voglia* je n'en ai nulle envie.

puntóne |pun'tone| *s.m.* (*edil.*) arbalétrier.

puntuàle |puntu'ale| *agg.* **1** ponctuel*: *essere puntuale nei pagamenti, nelle consegne* être ponctuel dans ses paiements, dans ses livraisons; *arrivare puntuale a un appuntamento* être ponctuel, arriver à l'heure à un rendez-vous; *mi raccomando: sii puntuale!* sois ponctuel, je t'en prie! **2** [*completo nei particolari; ben circostanziato*] circonstancié, précis: *un intervento, una critica puntuale* une intervention, une critique circonstanciée, précise **3** (*ling., mat.*) ponctuel.

puntualità |puntuali'ta| *s.f. inv.* ponctualité (*var.*): *la puntualità non è il suo forte* la ponctualité n'est pas son fort.

puntualizzàre |puntualid'dzare| *v.tr.* [*definire con precisione, negli aspetti essenziali*] faire (45) le point de: *puntualizzare una situazione, un problema* faire le point d'une situation, d'un problème.

puntualizzazióne |puntualiddzat'tsjone| *s.f.* [→ PUNTUALIZZARE] mise au point: *ci voleva proprio, questa puntualizzazione!* cette mise au point était vraiment nécessaire.

puntualménte |puntual'mente| *avv.* **1** [→ PUNTUALE 1] ponctuellement; régulièrement: *pagare puntualmente* payer ponctuellement ‖ *essere puntualmente in ritardo* être régulièrement en retard **2** [→ PUNTUALE 2] avec précision (*loc. inv.*): *rispondere puntualmente ai vari interventi* répondre avec précision aux diverses interventions → **dettagliatamente, particolareggiatamente.**

puntuazióne |puntuat'tsjone| *s.f.* → **interpunzione.**

puntùra |pun'tura| *s.f.* **1** [*piccola ferita prodotta da un oggetto a punta*] piqûre: *una puntura d'insetto* une piqûre d'insecte; *una puntura di spillo, d'ago* une piqûre d'épingle, d'aiguille ◇ (*pop.*) [*iniezione*] piqûre: *punture ricostituenti* piqûres fortifiantes; *farsi prescrivere delle punture* se faire prescrire des piqûres ◇ (*med.*) *puntura lombare* piqûre lombaire → **rachicentesi** **2** [*dolore intenso; fitta*] élancement (*m.*): *sentire, provare delle punture alle articolazioni* sentir, éprouver des élancements dans les articulations.

puntùto |pun'tuto| *agg.* [*appuntito; aguzzo*] pointu.

punzecchiaménto |puntsek-

kja'mento| *s.m.* (*fig.*) → **punzecchiatura** 1.
punzecchiàre |puntsek'kjare| **A** *v.tr.* **1** [*pungere frequentemente, più volte*] piquer: *è stato punzecchiato dalle zanzare* il a été piqué par des moustiques **2** (*fig.*) [*offendere; provocare*] taquiner: *continuava a punzecchiarlo con delle allusioni ambigue* il continuait a le taquiner avec, par des allusions ambiguës **B** *v. pron. recipr.* PUNZECCHIARSI [→ *tr.* 2] se taquiner: *smettetela di punzecchiarvi* (*a vicenda*)! arrêtez de vous taquiner (réciproquement)!
punzecchiatùra |puntsekkja'tura| *s.f.* **1** [→ PUNZECCHIARE A 2] taquinerie: *sono stufo delle sue punzecchiature!* j'en ai assez, marre (*fam.*) de tes taquineries! **2** (*raro*) [→ PUNZECCHIARE A 1] piqûre (*corr.*) → **puntura.**
punzonàre |puntso'nare| *v.tr.* [*marcare con un punzone*] poinçonner: *punzonare un oggetto d'oro* poinçonner un objet en or ◇ (*sport*) *punzonare una bicicletta, una macchina da corsa* poinçonner une bicyclette, une voiture de course.
punzonatóre, trice |puntsona'tore, tritʃe| *s.* [*addetto alla punzonatura*] poinçonneur*.
punzonatrice |puntsona'tritʃe| *s.f.* (*tecnol.*) poinçonneuse.
punzonatùra |puntsona'tura| *s.f.* [→ PUNZONARE] poinçonnage *m.*, poinçonnement *m.* ◇ (*sport*) *presentarsi alla punzonatura* se présenter au poinçonnage, au contrôle.
punzóne |pun'tsone| *s.m.* **1** (*tecnol.*) poinçon **2** (*raro*) → **punteruolo.**
punzonièra |puntso'njɛra| *s.f.* étui *m.* pour poinçons.
punzonista |puntso'nista| *s.* [*operaio addetto ai punzoni*] poinçonneur*.
1 **pùpa** |'pupa| *s.f.* (*fam.*) [*bambola*] poupée (*corr.*): *giocare con le pupe* jouer à la poupée, avec les poupées ◇ (*fig.*) [*bambina*] petite fille: *è la tua pupa?* c'est ta petite fille? ◇ (*fig.*) [*ragazza, spec. di vistosa bellezza*] *passeggiava con una pupa che era uno schianto* il se promenait avec une belle mignonne.
2 **pùpa** |'pupa| *s.f.* (*zool.*) pupe → **ninfa.**
pupàro |pu'paro| *s.m.* montreur de marionnettes.
pupàttola |pu'pattola| *s.f.* → 1 **pupa, bambola.**
pupazzettista |pupattset'tista| *s.* [*creatore, disegnatore di pupazzi o pupazzetti*] caricaturiste.
pupazzétto |pupat'tsetto| *s.m.* [*figurina disegnata o ritagliata in modo sommario o caricaturale*] petit bonhomme: *distrarsi disegnando pupazzetti* se distraire en dessinant des petits bonshommes; *ritaglia dei pupazzetti di carta* il découpe des petits bonshommes en papier.
pupàzzo |pu'pattso| *s.m.* [*fantoccio; burattino*] marionnette *f.*, pantin: *uno spettacolo di pupazzi* un spectacle de marionnettes; *giocare con i pupazzi* jouer avec des pantins ◇ (*fig., spreg.*) *non mi fiderò più di quel pupazzo!* je ne me fierai plus à ce pantin!
pupilla |pu'pilla| *s.f.* **1** (*anat., corr.*) pupille: *dilatazione della pupilla* dilatation de la pupille ◇ (*corr.*) [*occhio*] œil* (*m.*): *le sue pupille erano iniettate di odio* ses yeux étaient pleins de haine ◇ (*fig.*) *mi è caro come la pupilla dei miei occhi* j'y tiens comme à la prunelle de mes yeux **2** (*ott.*) pupille.
1 **pupillàre** |pupil'lare| *agg.* (*anat.*) pupillaire.
2 **pupillàre** |pupil'lare| *agg.* (*dir.*) pupillaire: *beni pupillari* biens pupillaires.
pupillo |pu'pillo| *s.* (*dir.*) pupille (*fig.*) [*persona prediletta; protetto*] chouchou* (*fam.*), protégé: *essere la pupilla di qc.* être la protégée, la chouchoute de qqn.
pupinizzazióne |pupiniddzat'tsjone| *s.f.* (*tel.*) pupinisation.
pùpo |'pupo| *s.m.* **1** (*fam.*) [*bambino*] bébé, poupon: *portare a spasso il pupo* promener son bébé **2** marionnette *f.* sicilienne: *il teatro, l'opera dei pupi* le théâtre des marionnettes siciliennes.
puraménte |pura'mente| *avv.* **1** [→ PURO I 2] uniquement, purement: *l'ho detto puramente nel tuo interesse* je l'ai dit uniquement dans ton intérêt; *a titolo puramente indicativo...* à titre purement indicatif... → **esclusivamente, soltanto** **2** [→ PURO I 3] purement (*raro*): *vivere puramente* vivre purement, dans la pureté Ⓒ 2 **impuramente.**
purché |pur'ke| *cong.* **1** (*con valore conc.*) [*a condizione che; a patto che*] à (la) condition que: *ti darò ancora una mano, purché sia l'ultima volta* je vais te donner encore un coup de main, à la condition que ce soit la dernière fois; *si farà il corteo, purché non piova* le defilé aura lieu, à la condition qu'il ne pleuve pas; *ti lascio uscire, purché rientri per le 6* je te laisse sortir, à condition que tu rentres à six heures **2** (*con valore desiderativo, in prop. principali*) pourvu que (*loc. cong.*): *purché non gli accada niente!* pourvu qu'il ne lui arrive rien!; *purché sia vero!* pourvu que cela soit vrai!
purchessia |purkes'sia| *agg. indef. inv.* (*raro*) [*di qualunque tipo, genere*] quelconque, quel* qu'il soit, n'importe (le)quel*: *prestami un libro purchessia* prête-moi un livre quelconque, quel qu'il soit, n'importe lequel, n'importe quel livre → **qualunque.**
pùre |'pure| **I** *avv.* **1** (*con valore aggiuntivo*) [*anche*] aussi: *questo interessa pure a me!* cela m'intéresse aussi; *il padre lavora, e la mamma pure* le père travaille et la mère aussi; *verranno pure i parenti* les parents aussi viendront ◇ [*perfino*] même: *è andato a trovarlo pure il direttore* même le directeur est allé le voir; *l'ha detto pure lui* même lui l'a dit, il l'a dit lui aussi **2** (*con valore avvers.*) [*tuttavia, nondimeno*] mais: *tutti gli davano torto, pure lui insisteva* tout le monde lui donnait tort, mais il n'en insistait pas moins # *quand'anche tutti fossero contrari, pure io non cederò* quand bien même tout le monde serait contre, je ne céderai pas **3** [*proprio, davvero*] pourtant, bien: *vi avevo pur avvisati!* je vous avais pourtant, bien avertis!; *bisogna pur fare q.c.* il faut pourtant faire qqch. # *è pur bello avere tanti amici!* qu'il est beau d'avoir tant d'amis! **4** (*con valore raff., posposto a un v. impers. o al congv.*) donc: *entra pure!* entrez donc!; *si sieda pure!* asseyez-vous donc!; *lasciate pure che si sfoghi!* laissez donc qu'il se défoule!; *fa' pure come se fossi a casa tua!* fais donc comme chez toi! # *dica pure!* dites-moi!, je vous écoute! **5** (*loc. cong., con valore conc.*) SE PURE, PUR(E) SE quand bien même (+ *cond.*), même si (+ *indic.*): *se pure tutti fossero contrari, io andrò per la mia strada* quand bien même tout le monde serait contre moi, je suivrais mon propre chemin ~ QUANDO PURE quand (bien) même, même si: *quando pure raggiungessi lo scopo, che vantaggio ne avrai?* quand même tu atteindrais ton but, (même si tu atteignais ton but), quel avantage y trouverais-tu? ~ SIA PURE bien que: *ho detto di sì, sia pure a malincuore* je lui ai dit oui, bien qu'à contre-cœur ~ PUR DI (+ *inf.*) pour (+ *inf.*), pourvu que (+ *congv.*): *pur di riuscire, è capace di tutto* il est capable de tout pour réussir, pourvu qu'il réussisse; *faceva ogni sforzo pur di dissuaderlo* il faisait tout son possible pour le dissuader; *è disposta a tutto pur di farlo contento* elle est prête à tout, pourvu qu'il soit content **II** *cong.* (*con valore conc.*) [*anche se; sebbene*] même si (+ *indic.*), bien que (+ *congv.*): *l'ha fatto capire pur non dicendolo espressamente* il l'a fait comprendre, même s'il ne l'a pas dit expressément; *fosse pure il re, il padreterno, gli direi di no* même si c'était le roi en personne, même si c'était le Tout-puissant, je lui dirais non; *cadesse pure il mondo, nessuno gli cambia idea* même si le monde s'écroulait, personne ne le ferait changer d'avis # *pur sapendolo, hai taciuto* tu t'es tu, alors que tu le savais; *non posso aiutarti, pur con tutta la mia buona volontà* je ne peux pas t'aider, malgré toute ma bonne volonté ◇ *loc.* AMMESSO PURE CHE (+ *congv.*) même si (+ *indic.*): *ammesso pure che avessi ragione, non dovevi comportati così* même si tu avais raison, tu ne devais pas agir de cette façon.
purè |pu'rɛ| *s.m. inv.* purée (*var.*): *purè* (*di patate*) purée (de pommes de terre); *purè di verdure* purée de légumes.
purèa |pu'rɛa| *s.f.* (*raro*) → **purè.**
purézza |pu'rettsa| *s.f.* pureté: *la purezza di un'immagine* la pureté d'une image → **nitidezza**; *la purezza di un metallo* la pureté d'un métal; *la purezza del cielo* la pureté du ciel → **trasparenza**; *la purezza di un sentimento* la pureté d'un sentiment; *purezza di costumi, di vita* pureté des mœurs → **innocenza, illibatezza**; *la virtù della purezza* la vertu de la pureté → **castità**; *purezza di stile, di lingua* pureté du style, de la langue Ⓒ **impurità.**
pùrga, ghe |'purga, ge| *s.f.* **1** purge: *dare, prendere una purga* donner, prendre une purge **2** (*tecnol.*) purge: *la purga delle pelli, dei filati* la purge des peaux, des fils **3** (*polit.*) purge → **epurazione.**
1 **purgànte** |pur'gante| *s.m.* [*preparato purgativo*] purgatif: *un energico, un blando purgante* un purgatif énergique, léger.
2 **purgànte** |pur'gante| *agg.* (*teol. catt.*) du purgatoire (*loc. inv.*): *le anime purganti* les âmes du purgatoire.
purgàre |pur'gare| **A** *v.tr.* **1** [*curare con un purgante*] purger (3): *bi-*

sognerà purgare il bambino il faudra purger l'enfant **2** (*tecnol.*) [*liberare da impurità*] purger: *purgare la seta* purger la soie **3** (*raro, fig.*) [*liberare di elementi sconvenienti da un punto di vista morale o ling.*] expurger (3), épurer: *purgare l'edizione di un'opera* expurger, épurer l'édition d'une œuvre; *purgare il proprio stile* épurer son style **4** (*teol. catt.*) [*espiare, emendare*] expier: *purgare nell'aldilà le proprie colpe* expier ses fautes dans l'au-delà ◇ (*per est., fam.*) *mi sono preso una libertà con lui, ma poi me l'ha fatta purgare!* j'ai pris quelques libertés avec lui, mais après il me l'a fait payer → **scontare, pagare** **B** *v.pron. rifl.* PURGARSI **1** [→ *tr.* 1] se purger: *mi sono purgato stamattina* je me suis purgé ce matin **2** [→ *tr.* 4] se purifier.

purgatézza |purga'tettsa| *s.f.* (*lett.*) [*purezza di stile*] pureté.

purgativo |purga'tivo| *agg.* purgatif*: *confetto, cioccolatino purgativo* dragée purgative, chocolat purgatif.

purgàto |pur'gato| *agg.* **1** *edizione purgata* [*in cui sono stati soppressi brani ritenuti sconvenienti*] édition expurgée **2** (*raro*) *stile purgato* [*corretto da un punto di vista formale*] style épuré (*corr.*).

purgatòio, i |purga'tɔjo, i| *s.m.* [*pozzetto, locale di scolo*] purgeoir.

purgatòrio, i |purga'tɔrjo, i| *s.m.* (*teol.*) purgatoire: *le anime del purgatorio* les âmes du purgatoire ◇ (*loc. fig.*) *soffrire le pene del purgatorio* souffrir le martyre → 2 **inferno** ~ (*fam.*) *sembra un'anima del purgatorio* il a l'air d'une âme en peine.

purgazióne |purgat'tsjone| *s.f.* **1** (*dir.*) purge: *purgazione dall'ipoteca* purge de l'hypothèque **2** [→ PURGARE A 4] purification, purgation (*arc.*).

purificàre |purifi'kare| **A** *v.tr.* **1** (*raro*) [*liberare da scorie; depurare*] filtrer (*corr.*): *purificare l'olio, il vino* filtrer l'huile, le vin **2** (*fig.*) [*liberare da impurità, colpe*] purifier: *purificare l'anima, la coscienza* purifier son âme, sa conscience **B** *v.pron. rifl.* PURIFICARSI [→ *tr.* 2] se purifier: *purificarsi dal peccato* se purifier du péché.

purificativo |purifika'tivo| *agg.* (*raro,*) (*cose*) [*atto a purificare*] purificatoire (*corr.*): *riti purificativi* rites purificatoires.

purificatóio, i |purifika'tojo, i| *s.m.* (*liturg.*) purificatoire.

purificatóre, trice |purifika'tore, tritʃe| *agg.* purificateur*: *pene, sofferenze purificatrici* peines, souffrances purificatrices ✦ (*s.*) *il purificatore* le purificateur (*raro*).

purificazióne |purifikat'tsjone| *s.f.* **1** [→ PURIFICARE A 1] épuration: *la purificazione dell'oro* l'épuration de l'or **2** (*fig.*) [→ PURIFICARE A 2; B] purification: *la purificazione dai peccati* la purification des péchés **3** (*relig.*) purification ◇ (*liturg. catt.*) *la festa della Purificazione della Vergine* la fête de la Purification de la Vierge.

purìna |pu'rina| *s.f.* (*chim.*) purine.

purìnico, ci, ca, che |pu'riniko, tʃi, ka, ke| *agg.* (*chim.*) purique.

purino |pu'rino| *s.m.* purin.

purismo |pu'rizmo| *s.m.* (*ling., letter.*) purisme.

purìsta |pu'rista| *s.* puriste.

purìstico, ci, ca, che |pu'ristiko, tʃi, ka, ke| *agg.* (*ling., letter.*) puriste.

purità |puri'ta| *s.f. inv.* → **purezza.**

puritanésimo |purita'nezimo|, **puritanìsmo** |purita'nizmo| *s.m.* (*st. relig.*) puritanisme ◇ (*fig.*) [*rigorismo; moralismo esagerato*] puritanisme.

puritàno |puri'tano| *s.* **1** (*st. relig.*) puritain ✦ (*agg.*) *il movimento puritano* le mouvement puritain **2** (*fig.*) [*chi si comporta con moralismo eccessivo o ostentato*] puritain: *non fare la puritana, adesso!* ne fais pas la puritaine, maintenant ✦ (*agg.*) *atteggiamento puritano* attitude puritaine.

pùro |'puro| **I** *agg.* **1** (*cose*) pur: *alcol puro* alcool pur; *acqua pura* eau pure; *cielo puro* ciel pur → **terso, limpido**; *bere un bicchierino di whishy puro* boire un verre de whisky sec, pur → **liscio**; *un cane di razza pura* un chien de pure race; *un quadro, una statua dalle linee pure* un tableau, une statue aux lignes pures; *parlare in puro italiano, francese* parler un italien, un français pur ◇ (*scient.*) *matematica pura* mathématique pure; *scienze pure* sciences pures **2** [*esclusivo, solo*] pur: *è una pura combinazione!* c'est un pur hasard; *ti dirò la pura verità* je te dirai la pure vérité; *l'ho visto per puro caso* je l'ai vu par un pur hasard # *portare con sé il puro necessario* porter avec soi le strict nécessaire **3** (*persone*) [*non macchiato da colpe; onesto*] pur: *essere puro di cuore* avoir un, le cœur pur; *avere l'animo puro* avoir l'âme pure ◇ [*casto, immacolato*] *una ragazza pura* une jeune fille pure ✦ (*s.*) *un puro* une personne *f.* pure *agg.* **II** *s.m.* [*persona intransigente, coerente fino all'estremo*] pur: *in politica, è un puro* en politique, c'est un pur © I 3 **impuro.**

purosàngue |puro'sangwe| *agg. inv.* **1** pur-sang (*s.m. inv.*): *un cavallo purosangue* un pur-sang ✦ (*s.*) *un purosangue* un pur-sang **2** (*per est., scherz.*) vrai *var.*, de vieille souche (*loc. inv.*): *un napoletano, un milanese purosangue* un vrai napolitain, milanais; un napolitain, un milanais de vieille souche.

purpùreo |pur'pureo| *agg.* (*lett.*) purpré, pourpre (*corr.*).

purpurìna |purpu'rina| *s.f.* (*chim., tecnol.*) purpurine.

purtròppo |pur'trɔppo| *avv.* (*indica 'rincrescimento, disappunto, rammarico'*) malheureusement: *purtroppo è vero!* malheureusement c'est vrai!; *purtroppo devo andarmene* malheureusement, je dois m'en aller; *'ci sono speranze?' 'purtroppo no!'* 'y a-t-il un espoir?' 'malheureusement pas!'

purulènto |puru'lɛnto| *agg.* (*med.*) purulent.

purulènza |puru'lɛntsa| *s.f.* (*med.*) purulence.

pus |pus| *s.m. inv.* (*med.*) pus.

push-pull |puʃ'pul| *s.m. inv.* (*elettron.*) push-pull.

pusillànime |puzil'lanime| *agg.* pusillanime (*lett.*): *dimostrarsi pusillanime* se montrer pusillanime; *un comportamento pusillanime* un comportement pusillanime → **vile, pavido** ✦ (*s.*) *un pusillanime* une personne *f.* pusillanime *agg.* © **coraggioso, forte** 1.

pusillanimità |puzillanimi'ta| *s.f. inv.* pusillanimité *var.* (*lett.*) → **vigliaccheria, paura** © **coraggio.**

pusillo |pu'zillo| *agg.* (*lett.*) → **piccolo, umile.**

pùsta |'pusta| *s.f.* → **puszta.**

pùstola |'pustola| *s.f.* (*med.*) pustule.

pustolóso |pusto'loso| *agg.* (*med.*) pustuleux*.

pùszta |'pusta| *s.f. inv.* (*geogr.*) puszta.

putacàso |puta'kazo| *avv.*, **pùta càso** |'puta'kazo| *loc. avv.* [*eventualmente; per ipotesi*] si par hasard, admettons, supposons: *se, putacaso, gli capita un incidente...* si, par hasard, il lui arrive un accident...; *mettiamo, putacaso, che cambi idea...* admettons, supposons, qu'il change d'idée.

putativo |puta'tivo| *agg.* putatif*: *padre putativo* père putatif ◇ (*dir.*) *reato putativo* délit putatif; *matrimonio putativo* mariage putatif.

puteàle |pute'ale| *s.m.* (*arts.*) margelle *f.*

pùtido |'putido| *agg.* (*lett.*) [*puzzolente, maleodorante*] qui sent *loc.*, puant (*volg.*).

putifèrio, i |puti'fɛrjo, i| *s.m.* [*scenata, litigio*] esclandre: *fare un putiferio per una cosa da poco* faire un esclandre pour une vétille ◇ [*schiamazzo confuso e disordinato*] chahut, vacarme: *è successo un putiferio* il y a eu du chahut; *smettetela con questo putiferio!* arrêtez ce vacarme! → **baccano** ◇ [*disordine, confusione*] désordre, confusion (*f.*): *c'è un putiferio sulla tua scrivania* quel désordre sur ton bureau!

putire |pu'tire| (204) *v.intr.* (*aus. 'avere'*) (*lett.*) → **puzzare.**

putìzza |pu'tittsa| *s.f.* (*geogr.*) exhalaison sulfureuse.

pùtre |'putre| *agg.* (*lett.*) → **putrido.**

putrèdine |pu'trɛdine| *s.f.* **1** [*putrefazione*] putréfaction: *i primi segni della putredine* les premiers signes de la putréfaction ◇ [*sostanza putrefatta, in putrefazione*] pourriture **2** (*fig.*) [*corruzione; marciume*] pourriture: *putredine morale* pourriture morale.

putredinóso |putredi'noso| *agg.* (*raro*) → **putrido, marcio.**

putrefàre |putre'fare| (103) **A** *v. intr.* (*aus. 'essere'*) [*subire un processo di decomposizione*] se gâter *pron.*, pourrir (*aus.* avoir, être): *la carne, il pesce putrefà abbastanza rapidamente* la viande, le poisson se gâte, pourrit assez vite **B** *v.pron. intr.* PUTREFARSI [→ *intr.*] se putréfier, pourrir (*intr.*): *delle carogne che stavano putrefacendosi* des charognes qui étaient en train de se putréfier, de pourrir.

putrefattìbile |putrefat'tibile| *agg.* [→ PUTREFARE] putréfiable.

putrefattivo |putrefat'tivo| *agg.* de putrefaction (*loc. inv.*): *processo putrefattivo* processus de putréfaction.

putrefàtto |putre'fatto| *agg.* [*che è in putrefazione; marcio*] putréfié, pourri: *carne putrefatta* viande putréfiée, pourrie, gâtée ◇ (*fig.*) [*corrotto; moralmente guasto*] pourri: *una società putrefatta* une société pourrie.

putrefazióne |putrefat'tsjone| *s.f.* [→ PUTREFARE] putréfaction, décomposition: *il cadavere era in stato di avanzata putrefazione* le cadavre était dans un état de décomposition avancée ◇ (*fig.*) [*corruzione*] *una società in putrefazione* une société pourrie *agg.*

putrèlla |pu'trɛlla| *s.f.* (*edil.*) poutrelle.

putrescènte |putreʃ'ʃɛnte| *agg.* (*raro*) putrescent.

putrescènza |putreʃ'ʃɛntsa| *s.f.* (*raro*) putrescence.
putrescìbile |putreʃ'ʃibile| *agg.* (*raro, lett.*) putrescible © **imputrescibile.**
putrescibilità |putreʃʃibili'ta| *s.f. inv.* putrescibilité *var.*
putrescina |putreʃ'ʃina| *s.f.* (*chim.*) putrescine.
putridità |putridi'ta| *s.f. inv.* putridité *var.*
pùtrido |'putrido| *agg.* **1** [*putrefatto, marcio*] pourri, putride (*raro*): *pesce putrido* poisson pourri; *legno putrido* bois pourri ◇ (*loc.*) *acque putride* eaux putrides **2** (*fig.*) [*corrotto*; *moralmente guasto*] putride ✦ (*s.m.*) *in questa faccenda c'è del putrido* dans cette histoire, il y a du louche.
putridùme |putri'dume| *s.m.* [*insieme di cose putride*] pourriture (*f.*): *butta via il putridume* jette la pourriture ◇ (*fig.*) [*corruzione*] *quanto putridume, in quell'ambiente!* quelle pourriture, dans ce milieu!
putsch |'putʃ| *s.m. inv.* (*ted.*) (*polit.*) putsch.
puttàna |put'tana| *s.f.* (*volg.*) putain: *fare la puttana* faire la putain → **prostituta** ◇ (*fig., riferito anche a uomini*) [*persona moralmente meschina, corrotta*] salaud *m.*, salope: *sei stato una gran puttana, in quell'occasione* tu as été un grand salaud, en cette occasion!; *gli, le ha dato della puttana* il l'a traité de salaud, traitée de garce ✦ *inter.* (*come imprecazione*) *puttana (la) miseria!* putain de misère! ◇ (*loc. fig.*) *mandare tutto a puttana* [*in aria*] tout foutre (*pop.*) en l'air.
puttaneggiàre |puttaned'dʒare| *v.intr.* (*aus.* '*avere*') (*volg.*) [*fare la puttana*] faire (45) *tr.* la putain ◇ (*fig.*) *ha puttaneggiato* [*ha brigato*] *con tutti pur di fare carriera* il a fait tout le temps le lèche-cul pour faire carrière.
puttanésco, chi, ca, che |putta'nesko, ki, ka, ke| *agg.* (*volg.*) [*da puttana*] putassier*.
puttanière |putta'njɛre| *s.m.* [*chi frequenta abitualmente puttane*] putassier.
puttino |put'tino| *s.m.* (*arts.*) petit amour ◇ (*per est.*) *quel bambino ha un viso da puttino* cet enfant a un visage de petit amour.
pùtto |'putto| *s.m.* **1** (*arts.*) putto: *dei putti* des putti; *un quadro che rappresenta una Madonna con putto* un tableau qui représente la Madone avec un putto **2** (*arc., region.*) [*bambino, fanciullo*] enfant.
pùzza |'puttsa| *s.f.* → **puzzo.**
puzzàre |put'tsare| *v.intr.* (*aus.* '*avere*') **1** [*mandare, emanare cattivo odore*] empester, sentir (21) (mauvais): *questo pesce puzza* ce poisson empeste, sent mauvais; *ti puzza il fiato* ton haleine sent mauvais; *gli puzzavano i piedi* ses pieds sentaient mauvais, puaient (*volg.*); *questa stanza puzza di chiuso* cette pièce sent le renfermé **2** (*fig., fam.*) PUZZARE DI Q.C. [*presentare i sintomi, gli indizi di q.c. di negativo*] sentir: *la faccenda puzza di bruciato lontano un miglio* l'affaire sent le brûlé à des kilomètres # *quel tipo mi puzzava tanto di ladro* ce type m'avait l'air d'être un voleur **3** (*fam.*) [*non essere considerato*; *non stare a cuore*] *gli puzzava la sua ricchezza* il gaspillait sa richesse; *ti puzza la salute, la vita?* tu fais litière, tu fais bon marché de ta santé, de ta vie?
puzzle |'pʌzl| *s.m. inv.* (*ingl.*) puzzle *var.*
pùzzo |'puttso| *s.m.*, **pùzza** |'puttsa| *s.f.* **1** [*odore cattivo, nauseante*] puanteur (*f.*): *un puzzo insopportabile* une puanteur insupportable; *da dove viene questo puzzo?* d'où vient cette puanteur? # *c'è puzza di fritto, di cavoli* cela sent la friture, le chou; *c'è puzzo di chiuso* cela sent le renfermé **2** (*fig.*) [*indizio, segno*] sentir (*v.tr.*): *c'è puzzo di imbroglio, di truffa* on sent la tromperie; *c'è puzzo di bruciato nella faccenda* l'affaire sent le brûlé.
pùzzola |'puttsola| *s.f.* (*t.zool.*) putois *m.* # *pelliccia di puzzola* kolinski.
puzzolènte |puttso'lente| *agg.* [*che emana cattivo odore*] qui sent (sentent) fort *loc.*, puant (*volg.*): *piedi puzzolenti* pieds qui sentent fort, puants ✦ *s.* (*fig.*) salaud: *sei proprio un puzzolente!* tu es un beau salaud!
puzzonàta |puttso'nata| *s.f.* (*region., spreg.*) [*azione spregevole, disonesta*] saloperie (*pop.*).
puzzóne |put'tsone| *s.* (*region., spreg.*) [*essere spregevole*; *fetente*] fumier *m.* (*pop.*).

Q

q |q| *s.m. o f.* [*quindicesima lettera dell'alfabeto*] q (*m.*): *q minuscolo* q minuscule; *Q maiuscola* Q majuscule ◇ (*tel.*) *Q come Quarto*: (*in Francia*) Q comme Quintal; (*in Belgio*) Q comme Quinze.

qua |kwa| *avv.* **1** [*in questo luogo, in questo posto*] ici: *sono qua da alcuni minuti* je suis ici depuis quelques instants; *venite qua* venez (ici); *portamelo qua* apporte-le moi (ici); *qua si sta meglio* on est mieux ici # *deve sempre andare qua e là per gli uffici* il doit toujours aller çà et là dans les bureaux, d'un bureau à l'autre ◇ *loc. avv.* DI QUA d'ici: *fuori di qua!* hors d'ici!; *di qua c'è una bellissima vista* d'ici on a une très belle vue; *non mi muovo di qua* je ne bouge pas d'ici; *di qua a là ci sono cento metri* d'ici à là il y a cent mètres # *andava un po' di qua e un po' di là* il allait çà et là ◇ (*fig.*) *è più di là che di qua* il a un pied dans la tombe ◇ *loc. avv.* IN QUA de ce côté: *guarda in qua* regarde de ce côté # *fatti più in qua* écarte-toi; approche-toi; *da un po' di tempo in qua mi sento stanca* depuis quelque temps je me sens fatiguée; *da quando in qua ci si veste così?* depuis quand s'habille-t-on comme ça? **2** (*seguito da un altro avv.*) ici: *vieni qua su* viens en haut; monte jusqu'ici; *qua fuori si sta bene* ici dehors on est bien; *cerchiamo qua dietro o qua sotto* cherchons ici derrière ou ici-dessous; *il ristorante è qua vicino* le restaurant est près d'ici; *qua intorno ci sono molti giardini* autour d'ici il y a beaucoup de jardins # *qua dentro fa caldo* là-dedans, il fait chaud **3** (*con valore raff.*) -ci: *voglio questo qua* je veux celui-ci # *qua la mano!* donne-moi la main!; *prendi qua questi soldi* prends cet argent; *guarda qua che confusione!* regarde quel désordre! ◇ (*in unione a* 'ecco') voici, voilà: *eccoci qua* nous voici, voilà; *eccoti qua finalmente!* te voilà enfin!; *eccolo qua che viene* le voilà, le voici qui arrive (qu'il arrive) **4** *loc. prep.* (AL) DI QUA DI en deçà de: *al di qua dei monti* en deçà des montagnes; *al di qua del fiume la proprietà è sua* en deçà du fleuve, la propriété est à lui [C] 1 **là**.

quaccherismo |kwakke'rizmo| *s.m.* **1** (*st. relig.*) quakerisme **2** (*fig.*) [*moralismo intransigente*] moralisme.

quàcchero |'kwakkero| *s.* (*st. relig.*) quaker*.

quàcquero |'kwakkwero| *e deriv.* → **quacchero** *e deriv.*

quadernàrio, i |kwader'narjo, i| **1** *agg.* → **quaternario** 1 **2** *s.m.* (*ant.*) [*quartina*] quatrain.

quadèrno |kwa'derno| *s.m.* **1** cahier: *quaderno a righe, a quadretti* cahier rayé, quadrillé; *quaderno d'italiano, di francese* cahier d'italien, de français; *quaderno di bella, di brutta* cahier de devoirs, de brouillon ◇ (*comm.*) *quaderno di cassa* livre de caisse; *quaderno d'oneri* cahier des charges **2** [*fascicolo di opere a stampa*] cahier: *quaderni critici* cahiers critiques **3** (*agr.*) carré, planche *f.*

quadr- |kwadr|, **quàdri-** |'kwadri|, **quàdru-** |'kwadru| *pref.* (*significano 'quattro', corrispondono gener. a*) quadr; quadri; quadru: *quadrangolare* quadrangulaire ‖ *quadrimotore* quadrimoteur ‖ *quadrumane* quadrumane.

quadràbile |kwa'drabile| *agg.* [→ QUADRARE] qui peut être équilibré *loc.*; carrable: *è un bilancio quadrabile* c'est un budget qui peut être équilibré ‖ *una figura non quadrabile* une figure non carrable.

quadragenàrio, i |kwadradʒe'narjo, i| *agg. e s.* (*raro*) → **quarantenne.**

quadragèsima |kwadra'dʒezima| *s.f.* (*eccl.*) quadragésime: *domenica di quadragesima* dimanche de (la) quadragésime.

quadragesimàle |kwadradʒezi'male| *agg.* (*raro, eccl.*) quadragésimal* → **quaresimale.**

quadragèsimo |kwadra'dʒezimo| *agg. numer. ord.* (*lett.*) → **quarantesimo.**

quadrangolàre |kwadrango'lare| *agg.* **1** (*mat.*) quadrangulaire **2** (*sport*) quadrangulaire: *incontro quadrangolare* rencontre quadrangulaire.

quadràngolo |kwa'drangolo| **1** *agg.* → **quadrangolare** 2 **2** *s.m.* (*geom.*) quadrangle.

quadrànte |kwa'drante| *s.m.* **1** (*astron., geom.*) quadrant **2** [*strumento o dispositivo suddiviso in quadranti*] cadran: *il quadrante dell'orologio* le cadran de la montre; *quadrante graduato, murale* cadran gradué, mural; *quadrante solare* cadran solaire → **meridiana.**

quadràre |kwa'drare| **A** *v.tr.* **1** [*ridurre in forma quadrata, rendere quadrato*] carrer: *quadrare un foglio, un cartoncino* carrer une feuille, un carton ◇ (*loc. fig.*) *quadrare la testa a qc.* former le jugement, la jugeote (*fam.*) de qqn. **2** (*geom.*) [*costruire un quadrato equivalente*] réduire (75) au carré # *quadrare un cerchio* carrer un cercle **3** (*mat.*) [*elevare al quadrato*] carrer, élever (6) au carré: *quadrare un binomio* carrer un binôme, élever un binôme au carré **B** *v.intr.* (*aus.* 'essere, avere') **1** [*corrispondere esattamente; adattarsi*] cadrer (avec) (*aus.* avoir); aller (13) (*aus.* être): *l'attivo deve quadrare con il passivo* l'actif doit cadrer avec le passif ‖ *è una definizione che gli quadra proprio* c'est une définition qui lui va vraiment (bien) # *i conti non quadrano* les comptes ne tombent pas, ne sont pas justes **2** (*fam.*) [*garbare, piacere, andare a genio*] plaire (68) (*corr.*) (*aus.* avoir): *è una persona che non mi quadra affatto* c'est une personne qui ne me plaît pas, qui ne me va du tout; *il suo comportamento mi quadra poco* son comportement ne me plaît pas.

quadràtico, ci, ca, che |kwa'dratiko, tʃi, ka, ke| *agg.* (*mat.*) quadratique: *equazioni quadratiche* équations quadratiques.

quadratìno |kwadra'tino| *s.m.* **1** petit carré **2** (*mar.*) poste des aspirants **3** (*tip.*) cadratin.

1 **quadràto** |kwa'drato| *agg.* **1** [*che ha la forma di un quadrato*] carré: *un vassoio, un tavolo quadrato* un plat carré, une table carrée; *città a pianta quadrata* ville au plan carré ◇ (*loc. fig.*) *ha le spalle quadrate* il a les épaules solides ~ *è dotato di una corporatura quadrata* c'est un solide gaillard **2** (*fig.*) [*solido, bene impostato, moralmente coerente*] résolu, solide: *una mente quadrata* un esprit résolu, solide; *ha fatto un ragionamento ben quadrato* il a fait un raisonnement solide # *è un uomo quadrato* c'est un homme sérieux **3** (*mat.*) carré: *radice quadrata* racine carrée; *metro quadrato* (m^2) mètre carré (m^2) [C] 2 **superficiale.**

2 **quadràto** |kwa'drato| *s.m.* **1** (*geom.*) carré: *calcolare l'area di un quadrato* calculer l'aire d'un carré **2** [*superficie, oggetto a forma di quadrato geometrico*] carré: *un quadrato di terra, di lamiera* un carré de terre, de tôle; *si sono disposti a quadrato* ils se sont mis en carré **3** [*pannolino per neonati*] couche *f.*, couches *f. pl.* **4** (*mar.*) carré: *quadrato di poppa* carré des officiers **5** (*mat.*) carré: *il quadrato di un numero* le carré d'un nombre; *elevare un numero al quadrato* élever un nombre au carré **6** (*mil.*) carré: *far quadrato contro il nemico* se former en carré (contre l'ennemi) **7** (*pugilato*) ring **8** (*tip.*) cadrat.

quadratrice |kwadra'tritʃe| *s.f.* (*geom.*) quadratrice.

quadratùra |kwadra'tura| *s.f.* **1** [→ QUADRARE A 1, 2] quadrature: *la quadratura del cerchio* la quadrature du cercle; *la quadratura di una figura piana* la quadrature d'une figure plate ◇ (*fig.*) solidité: *la quadratura della sua mente* la solidité de son jugement; *è una persona di una quadratura eccezionale* c'est une personne d'une solidité exceptionnelle **2** [*pareggio in contabilità*] apurement (*m.*): *la quadratura dei conti* l'apurement des comptes **3** [*riquadro, scomparto di forma quadrata*] cadre (*m.*): *la quadratura del soffitto di una volta* le cadre du plafond d'une voûte.

quadrellatùra |kwadrella'tura| *s.f.*

(*tecnol.*) carroyage *m.* # *tracciare una quadrellatura* carroyer.

quadrèllo |kwa'drɛllo|, *pl. m.* **quadrèlli** |kwa'drɛlli| (*nei significati 1, 2, 3, 4*), *pl. f.* **quadrèlla** |kwa'drɛlla| (*nel significato 5*) *s.m.* **1** [*mattonella quadrata*] carreau **2** [*lombata di animali macellati*] carré **3** [*grosso ago a tre spigoli usato dai tappezzieri*] carrelet **4** [*riga, lima quadrangolare*] carrelet **5** (*lett.*) [*dardo, freccia*] dard (*corr.*), carreau.

quadrerìa |kwadre'ria| *s.f.* **1** galerie de tableaux **2** collection de tableaux.

quadrettàre |kwadret'tare| *v.tr.* [*suddividere in quadretti*] quadriller: *quadrettare un foglio di carta* quadriller une feuille de papier.

quadrettàto |kwadret'tato| *agg.* **1** (*di carta*) [*diviso in quadretti*] quadrillé **2** *tessuto quadrettato* tissu à (petits) carreaux *loc. inv.*

quadrettatùra |kwadretta'tura| *s.f.* [→ QUADRETTARE] quadrillage *m.*

quadrétto |kwa'dretto| *s.m.* **1** petit carré ◇ *loc.* A QUADRETTI quadrillé *agg.*; à (petits) carreaux: *un foglio a quadretti* une feuille quadrillée ‖ *una camicia a quadretti* une chemise à (petits) carreaux # *tagliare a quadretti* couper en petits carrés **2** petit tableau **3** (*fig.*) [*spettacolo, scenetta*] tableau, scène (*f.*): *un quadretto familiare* un tableau de famille, une scène familiale.

quàdrica, che |'kwadrika, ke| *s.f.* (*mat.*) quadrique.

quadricìpite |kwadri'tʃipite| *s.m.* (*anat.*) quadriceps.

quàdrico, ci, ca, che |'kwadriko, tʃi, ka, ke| *agg.* (*mat.*) quadrique.

quadricromìa |kwadrikro'mia| *s.f.* (*foto., tip.*) quadrichromie.

quadridimensionàle |kwadridimensjo'nale| *agg.* (*fis.*) à quatre dimensions *loc. inv.*, quadridimensionnel* (*raro*): *uno spazio quadridimensionale* un espace à quatre dimensions, quadridimensionnel.

quadriennàle |kwadrien'nale| *agg.* **1** [*che dura quattro anni*] quadriennal*: *un corso quadriennale* un cours quadriennal **2** [*che avviene ogni quattro anni*] quadriennal: *mostra quadriennale* exposition quadriennale ♦ (*s.f.*) *la quadriennale* l'exposition quadriennale *agg.*

quadrièннio, i |kwadri'ɛnnjo, i| *s.m.* période *f.* de quatre ans.

quadrìfido |kwa'drifido| *agg.* (*bot.*) quadrifide.

quadrifogliàto |kwadrifoʎ'ʎato| *agg.* (*bot.*) quadrifolié.

quadrifòglio, i |kwadri'fɔʎʎo, i| *s.m.* **1** (*t. bot.*) trèfle à quatre feuilles **2** [*intersezione di due autostrade*] trèfle: *raccordo a quadrifoglio* croisement en trèfle.

quadrifonìa |kwadrifo'nia| *s.f.* (*tecnol.*) quadriphonie, tétraphonie.

quadrifònico, ci, ca, che |kwadri'fɔniko, tʃi, ka, ke| *agg.* (*tecnol.*) tétraphonique.

quadrìfora |kwa'drifora| *agg.* (*arch.*) bigéminé ♦ (*s.f.*) *una quadrifora* une fenêtre bigéminée *agg.*

quadrifórme |kwadri'forme| *agg.* (*raro*) quadriforme.

quadrifrónte |kwadri'fronte| *agg.* (*lett.*) quadrifrons.

quadrìga, ghe |kwa'driga, ge| *s.f.* **1** (*st. ant.*) quadrige (*m.*): *una quadriga greca, romana* un quadrige grec, romain **2** [*gruppo di quattro cavalli destinati al traino*] quadrige.

quadrigàrio, i |kwadri'garjo, i| *s.m.* conducteur de quadrige.

quadrigàto |kwadri'gato| *s.m.* (*numism.*) quadrigat.

quadrigèmino |kwadri'dʒɛmino| *agg.* **1** (*anat.*) quadrijumeau*: *lamina quadrigemina* lame quadrijumelle **2** quadrigémellaire: *parto quadrigemino* accouchement quadrigémellaire.

quadrigètto |kwadri'dʒɛtto| *s.m.* (*aer.*) quadriréacteur.

quadrìglia |kwa'driʎʎa| *s.f.* **1** [*disposizione affiancata di quattro persone*] quadrille **2** [*danza diffusa nell'Europa dell'Ottocento*] quadrille *m.*

quadrilàtero |kwadri'latero| **I** *agg.* quadrilatéral*: *figura quadrilatera* figure quadrilatérale; *pianta quadrilatera* plan quadrilatéral **II** *s.m.* **1** (*geom.*) quadrilatère: *il trapezio è un quadrilatero* le trapèze est un quadrilatère **2** (*mil.*) quadrilatère: *il quadrilatero austriaco* le quadrilatère autrichien **3** (*sport*) milieu de terrain → **centrocampo.**

quadrilìngue |kwadri'lingwe| *agg.* (*raro*) quadrilingue.

quadrilióne |kwadri'ljone| *s.m.* quatrillion.

quadrilobàto |kwadrilo'bato| *agg.* (*arch., bot.*) quadrilobé.

quadrìlobo |kwa'drilobo| *s.m.* (*arch.*) quadrilobe.

quadriloculàre |kwadriloku'lare| *agg.* (*scient.*) quadriloculaire.

quadrilùstre |kwadri'lustre| *agg.* (*lett.*) de quatre lustres *loc. inv.*

quadrimestràle |kwadrimes'trale| *agg.* tous les quatre mois (*loc. inv.*): *rate quadrimestrali* versements tous les quatre mois # *una rivista quadrimestrale* une revue qui sort tous les quatre mois.

quadrimèstre |kwadri'mɛstre| *s.m.* quadrimestre: *i voti del primo quadrimestre* les notes du premier quadrimestre.

quadrimotóre |kwadrimo'tore| *agg. e s.m.* (*aer.*) quadrimoteur.

quadrinòmio, i |kwadri'nɔmjo, i| *s.m.* (*mat.*) quadrinôme.

quadripartìre |kwadripar'tire| (197) *v.tr.* [*dividere in quattro parti*] diviser, partager (3) en quatre.

1 **quadripartìto** |kwadripar'tito| *agg.* divisé, partagé en quatre: *scudo quadripartito* écu divisé en quatre.

2 **quadripartìto** |kwadripar'tito| *agg.* [*formato da quattro partiti*] quadriparti, quadripartite: *accordo quadripartito* accord quadriparti(te); *governo quadripartito* gouvernement quadriparti ♦ (*s.m.*) *il quadripartito* le gouvernement quadriparti *agg.*

quadripartizióne |kwadripartit'tsjone| *s.f.* (*raro*) [→ QUADRIPARTIRE] quadripartition.

quadripètalo |kwadri'pɛtalo| *agg.* (*bot.*) quadripétale.

quadriplegìa, gìe |kwadriple'dʒia, dʒie| *s.f.* (*med.*) quadriplégie.

quadripolàre |kwadripo'lare| *agg.* (*fis.*) quadripolaire.

quadripòrtico, ci |kwadri'pɔrtiko, tʃi| *s.m.* (*arch.*) portique à quatre arcades.

quadrireattóre |kwadrireat'tore| *agg. e s.m.* (*aer.*) quadriréacteur *s.m.*

quadrirème |kwadri'rɛme| *s.f.* (*st. mar.*) quadrirème.

quadrisìllabo |kwadri'sillabo| *s.m.* **1** quadrisyllabe, tétrasyllabe ♦ *agg.* quadrisyllabique: *vocabolo quadrisillabo* mot quadrisyllabique, tétrasyllabique **2** [*verso quaternario*] quadrisyllabe.

quadrittòngo, ghi |kwadrit'tɔngo, gi| *s.m.* (*ling.*) groupe de quatre voyelles contiguës.

quadrìvio, i |kwa'drivjo, i| *s.m.* **1** [*punto d'incontro di quattro vie, incrocio di due strade*] carrefour **2** (*st. mediev.*) quadrivium: *arti del quadrivio* arts du quadrivium.

1 **quàdro** |'kwadro| *agg.* [*di forma quadrata*] carré: *una lama a punta quadra* une lame à pointe carrée; *vela quadra* voile carrée # *piastrelle quadre* carreaux; *parentesi quadra* crochet ◇ (*loc. fig.*) *ha le spalle quadre* il a les épaules solides ~ (*spreg.*) *è una testa quadra* c'est une tête carrée.

2 **quàdro** |'kwadro| *s.m.* **1** [*pittura su tavola o su tela*] tableau: *un quadro di Morandi, di Picasso* un tableau de Morandi, de Picasso; *la cornice di un quadro* le cadre d'un tableau → **dipinto** ◇ (*fig.*) *sul luogo del disastro ci si presentò un quadro terrificante* sur le lieu du désastre, un tableau terrifiant s'offrit à nos yeux **2** [*oggetto o elemento a forma quadrata*] cadre; carreau: *antenna a quadro* antenne à cadre ‖ *una giacca a quadri* une veste à carreaux # *una decorazione a quadri* une décoration en carrés ◇ (*arch.*) *un soffitto a quadri* un plafond à caissons ◇ (*per est.*) [*attrezzo ginnico*] *quadro svedese* cadre **3** [*rappresentazione di dati secondo un ordine funzionale*] tableau: *quadro riassuntivo, sinottico* tableau récapitulatif, synoptique; *i quadri dei risultati* le tableau (d'affichage) des résultats; *i quadri degli esami* les tableaux des examens; *il quadro delle partenze, degli arrivi* le tableau des départs, des arrivées **4** (*fig.*) [*ampia e organica descrizione*] fiche *f.*; tableau: *quadro clinico* fiche clinique ‖ *ha fatto il quadro della situazione* il a brossé un tableau de la situation ♦ (*agg. inv.*) *legge quadro* loi-cadre **5** (*foto.*) cadrage # *fuori quadro* hors cadre **6** (*teat.*) tableau: *due atti e sei quadri* deux actes et six tableaux ◇ (*cine.*) séquence (*f.*): *montare i quadri di un film* monter les séquences d'un film **7** (*tecnol.*) tableau: *quadro di controllo, di manovra* tableau de contrôle, de manœuvre; *i quadri di comando* les tableaux de bord **8** *al plur.* (*mil.*) cadres: *i quadri di una divisione* les cadres d'une division; *radiare dai quadri* rayer des cadres; *rientrare nei quadri* rentrer dans les cadres ◇ (*per est.*) *i quadri di un partito* les dirigeants d'un parti **9** *al plur.* (*carte*) carreau (*sing.*): *un asso di quadri* un as de carreau.

quadròtta |kwa'drɔtta| *s.f.* papier *m.* carré.

quadrùccio, i |kwa'druttʃo, i| *s.m.* (*cine.*) viseur.

quadrùmane |kwa'drumane| *agg.* quadrumane: *animali quadrumani* animaux quadrumanes ♦ (*s.m.*) *un quadrumane* un quadrumane *s.*

quadrùmviro |kwa'drumviro| *e deriv.* → **quadrunviro** *e deriv.*

quadrunviràle |kwadrunvi'rale| *agg.* quatuorviral*.

quadrunviràto |kwadrunvi'rato| *s.m.* (*st. rom., fascista*) quatuorvirat.
quadrùnviro |kwa'drunviro| *s.m.* quatuorvir.
quadrùpede |kwa'drupede| *agg.* (*zool.*) quadrupède: *animali quadrupedi* animaux quadrupèdes ✦ (*s.m.*) *un quadrupede* un quadrupède *s.*
quadruplicàre |kwadrupli'kare| **A** *v.tr.* [*moltiplicare per quattro*] quadrupler: *quadruplicare una somma* quadrupler une somme ◇ (*per est.*) *quadruplicare gli sforzi* redoubler ses efforts **B** *v.pron. intr.* QUADRUPLICARSI [*aumentare di quattro volte*] quadrupler (*intr.*): *in pochi anni il capitale si è quadruplicato* en quelques années le capital a quadruplé.
quadruplicazióne |kwadruplikat'tsjone| *s.f.* [→ QUADRUPLICARE] quadruplement *m.*
quadrùplice |kwa'druplitʃe| *agg.* [*costituito da quattro elementi o aspetti*] quadruple: *quadruplice coppia* copie quadruple ◇ (*st.*) *Quadruplice Alleanza* Quadruple-Alliance.
quàdruplo |'kwadruplo| *agg.* **1** quadruple: *una somma quadrupla* une somme quadruple ✦ (*s.m.*) *il quadruplo* le quadruple: *ha guadagnato il quadruplo* il a gagné le quadruple **2** [*formato da quattro elementi*] quadruple: *un filo quadruplo* un fil quadruple.
quaggiù |kwad'dʒu| *avv.* [*in questo luogo, in questo punto*] ici, en bas (*loc. inv.*): *sono quaggiù in cantina* je suis ici, en bas à la cave; *vieni quaggiù ad aiutarmi* descends (ici) m'aider ◇ (*loc.*) *i beni di quaggiù* [*di questo mondo*] les choses d'ici-bas ◇ *loc. avv.* DA, DI QUAGGIÙ d'ici, en bas: *da quaggiù non si vede niente* d'ici, d'en bas on ne voit rien.
quàglia |'kwaʎʎa| *s.f.* (*t.zool.*) caille.
quaglière |kwaʎ'ʎɛre| *s.m.* **1** [*fischio di richiamo che imita il maschio della quaglia*] courcaillet **2** [*rete*] cailler.
quàlche |'kwalke| *agg. indef. m. e f.* **1** [*alcuni, non molti*] quelques (*pl.*): *ho letto qualche giornale* j'ai lu quelques journaux; *qualche ragazzo giocava sulla neve* quelques enfants jouaient dans la neige; *mi occorre qualche minuto* il me faut quelques minutes; *resterò qui qualche giorno* je resterai ici quelques jours ◇ *loc.* QUALCHE ALTRO autre: *c'è qualche altra notizia?* y a-t-il d'autres nouvelles?; *ve ne è qualche altro esemplare* il y en a d'autres exemplaires ◇ [*qualche mio, qualche tuo...*] quelques-uns (-unes) de mes, de tes...: *ho bisogno di qualche tuo libro* il me faut quelques-uns de tes livres; *voglio qualche tua rivista* je veux quelques-unes de tes revues **2** (*con valore sing.*) quelque, un: *avete qualche lettera per me?* avez-vous quelque lettre, une lettre, quelque chose (*fam.*) pour moi?; *attesi qualche tempo* j'attendis quelque temps; *ci daranno da svolgere qualche tema d'attualità* on nous donnera à développer quelque, un sujet d'actualité # *troverò qualche soluzione* je trouverai bien une solution; *deve essere qualche personaggio importante* ce doit être un personnage important ◇ *loc.* QUALCHE ALTRO un autre: *qualche altro ragazzo può fare di meglio* un autre (garçon) peut mieux faire ◇ (*loc.*) *in qualche luogo, da qualche parte* quelque part ~ *qualche giorno lo saprò* un jour ou l'autre je le saurai ~ *qualche volta uscirò con lui* je sortirai quelquefois avec lui ~ *in qualche modo si caverà d'impiccio* d'une façon ou d'une autre, il se tirera d'embarras ~ *l'ha fatto in qualche modo* [*non molto bene*] il l'a fait n'importe comment **3** [*un certo*] certain: *è un libro di qualche pregio* c'est un livre d'une certaine valeur; *c'è qualche fondamento di verità* il y a un certain fondement de vérité; *è donna di qualche fascino* c'est une femme qui a un certain charme.
qualchedùno |kwalke'duno| *pron. indef.* → **qualcuno**.
qualcòsa |kwal'kɔsa| *pron. indef.* **1** quelque chose: *hai bisogno di qualcosa?* as-tu besoin de quelque chose?; *qualcosa di buono è stato fatto* quelque chose de bon a été fait; *vorrei qualcosa da bere* je voudrais (quelque chose) à boire; *possiamo fare qualcosa per te?* pouvons-nous faire quelque chose pour toi?; *appena arrivate, fateci sapere qualcosa* dès votre arrivée, faites-nous savoir quelque chose; *vorrei qualcosa di meglio* je voudrais quelque chose de mieux; *ha detto qualcosa di simile* il a dit quelque chose de semblable, comme ça (*fam.*); *gli è costato qualcosa come 20 milioni* cela, lui a coûté quelque chose comme 20 millions; *parto alle due e qualcosa* je pars à deux heures et quelque chose; *questo quadro è qualcosa di meraviglioso* ce tableau, c'est quelque chose de merveilleux ◇ (*loc.*) *è già qualcosa che sia venuto* c'est déjà quelque chose qu'il soit venu ~ *ha qualcosa da parte* [*del denaro*] il a quelque chose de côté; il a mis un peu de côté (*fam.*) ~ *ne so io qualcosa!* moi, j'en sais quelque chose! ~ *qualcosa mi dice che farai strada* quelque chose me dit que tu feras ton chemin **2** *loc.* QUALCOS'ALTRO quelque chose d'autre, autre chose: *vorrei qualcos'altro da mangiare* je voudrais quelque chose d'autre, autre chose à manger; *c'è qualcos'altro da fare?* y a-t-il autre chose à faire?; *desideri ancora qualcos'altro?* tu désires encore autre chose? **3** [*persona di un certo rilievo*] quelque chose: *pensa di essere qualcosa* il se croit quelque chose # *lo considerano qualcosa, perché ha molti amici influenti* ils le considèrent comme quelqu'un parce qu'il a des amis influents.
qualcùno |kwal'kuno| *pron. indef.* **1** quelqu'un: *c'è qualcuno* il y a quelqu'un; *qualcuno di voi deve farlo* quelqu'un d'entre vous doit le faire; *sento avvicinarsi qualcuno* j'entends quelqu'un approcher; *deve intervenire qualcuno di famiglia* il faut que quelqu'un de la famille intervienne; *ci vorrebbe qualcuno pratico di queste cose* il faudrait quelqu'un qui s'y connaisse ◇ *loc.* QUALCUN ALTRO quelqu'un d'autre, un autre: *c'è ancora qualcun altro?* il y a encore quelqu'un d'autre?; *ce ne vorrebbe qualcun'altra* il en faudrait une autre ◇ (*seguito da un agg. o da un partitivo*) quelqu'un de: *c'è qualcuno di disponibile?* y a-t-il quelqu'un de disponible?; *c'è qualcuno ferito?* y a-t-il quelqu'un de blessé?; quelqu'un est-il blessé? ◇ (*loc.*) *ne ha fatta qualcuna delle sue* il a fait des siennes **2** (*con valore plur.*) [*alcuni, non molti*] quelques-uns (-unes), certains: *lasciatemene qualcuno* laissez-m'en quelques-uns; *riceveremo volentieri qualcuno dei vostri amici* nous recevrons volontiers quelques-uns de vos amis; *ho letto qualcuna delle sue storie* j'ai lu quelques-unes de ses histoires; *qualcuno di noi ha viaggiato molto* certains d'entre nous ont beaucoup voyagé → **alcuno** **3** [*persona di una certa importanza*] quelqu'un: *ora si crede qualcuno* maintenant il se croit quelqu'un; *spera di diventare qualcuno* il espère devenir quelqu'un.
1 **quàle** |'kwale| **I** *agg.* **1** *interrog.* quel*: *quale libro desideri?* quel livre désires-tu?; *qual è la tua opinione?* quelle est ton opinion?; *quali sono i tuoi desideri?* quels sont tes souhaits?; *a quale avvocato ti sei rivolto?* à quel avocat t'es-tu adressé?; *vedremo quale romanzo hai comperato* nous verrons quel roman tu as acheté ◇ (*loc.*) *sentii* (*una*) *non so quale sensazione di paura* j'éprouvai je ne sais quelle sensation de peur **2** *escl.* quel: *quale onore!* quel honneur!; *quali minacce!* quelles menaces! **3** *rel.* tel* que: *un poeta quale Dante* un poète tel que Dante; *l'uomo muore quale visse* l'homme meurt tel qu'il a vécu; *la lezione non è quale la vorrei* la leçon n'est pas telle que je la voudrais; *preferisco alcune materie, quali l'italiano e la storia* je préfère quelques matières, telles que l'italien et l'histoire # *è stato di una gentilezza quale non avrei mai immaginato* il a été d'une délicatesse que je n'aurais jamais imaginée **4** [*tale e quale, tal quale*] tout à fait comme *loc. inv.*, tel quel (que), exactement comme (*loc. inv.*): *vi restituisco la grammatica tale e quale* je vous rends votre grammaire tout à fait comme, telle que vous me l'avez donnée; *l'ho ritrovato tale quale l'ho lasciato* je l'ai retrouvé tel que je l'ai laissé, exactement comme je l'ai laissé; tel je l'ai laissé, tel je l'ai retrouvé; *quella bicicletta non è più quale te l'avevo regalata* cette bicyclette n'est plus telle que (exactement comme je...) je te l'avais donnée; *è tale e quale suo padre* il est tel que son père, exactement comme son père ◇ (*loc.*) *per noi è tale e quale* [*la stessa cosa*] pour nous, c'est la même chose **5** *correl.* QUALE... TALE... tel... tel...: *quale il padre, tale il figlio* tel père, tel fils; *quale la vita, tale la morte* telle vie, telle mort **6** (*lett.*) [*quale... quale, uno... un altro*] tel... tel **7** *indef.* [*qualunque*] quel que: *quali che siano le sue doti intellettuali...* quelles que soient ses qualités intellectuelles...; *quali che siano i benefici del progresso scientifico* quels que soient les bienfaits du progrès scientifique **8** (*pleon.*: *non si traduce*) *con una certa qual soddisfazione* avec une certaine satisfaction; *c'era un certo qual orgoglio nelle sue parole* il y avait un certain orgueil dans ses paroles; *in un certo qual modo non ha tutti i torti* dans un certain sens tous les torts ne sont pas de son côté **9** *loc. fam.* PER LA QUALE: *questo formaggio non è tanto per la quale* [*eccellente*] ce fromage n'est pas fameux (*agg.*); *quest'uomo non è tanto per la quale* [*poco onesto*] cet homme n'est pas particulièrement recommandable *agg.* **II** *avv.* [*in qualità di*] en tant que (*loc. inv.*): *quale rappresentante della ditta* en tant que représentant de la Maison; *quale intermediario* en tant qu'intermédiaire

quale indenizzo à titre d'indemnité. 2 **quàle** |'kwale| *pron.* **I** *interrog.* lequel*: *quale desideri?* lequel (laquelle) désires-tu?; *hai comprato dei romanzi moderni? quali?* as-tu acheté des romans modernes? lesquels?; *quale di questi due rasoi preferisci?* lequel de ces deux rasoirs préfères-tu?; *quali di questi ragazzi sono i vostri cugini?* lesquels de ces enfants sont vos cousins?; *non so quale prendere* je ne sais pas lequel (laquelle) prendre **II** *indef.* (*lett.*) [*qual... qual..., chi... chi...; quali... quali..., alcuni... altri*] l'un... l'autre, les uns... les autres...: *quale la vuole a un modo* (*e*) *quale a un altro* l'un la veut (les uns la veulent) d'une façon et l'autre (les autres) d'une autre **III** *rel.* **1** *sogg.* [*il quale, la quale, i quali, le quali*] qui: *la madre, la quale ha cura del suo bambino* la mère, qui a soin de son enfant; *raggiungeremo lo zio, il quale ci attende* nous rejoindrons notre oncle, qui nous attend # *tutti i viaggiatori parlano della fertilità di quel paese, la quale è veramente straordinaria* tous les voyageurs parlent de la fertilité de ce pays: celle-ci est vraiment extraordinaire → **che** **2** DEL QUALE dont, (*riferito solo a persone*) de qui: *le donne delle quali conoscete la storia* les femmes dont vous connaissez l'histoire; *gli scolari dei quali vi lagnate così spesso* les écoliers dont, de qui vous vous plaignez si souvent; *i gioielli dei quali ci avete descritto la bellezza* les bijoux dont vous nous avez décrit la beauté ◇ (*in espressioni partitive con ell. del v.*) dont: *conosco dei ragazzi, alcuni dei quali ottimi nuotatori* je connais des enfants, dont quelques-uns excellents nageurs; *ho molti libri, alcuni dei quali francesi* j'ai plusieurs livres, dont quelques-uns français **3** AL QUALE auquel, à qui (*riferito solo a persone*): *l'uomo al quale penso* l'homme à qui, auquel je pense; *Colombo, al quale si deve la scoperta dell'America* Colomb, à qui l'on doit la découverte de l'Amérique; *le scienze alle quali mi applico* les sciences auxquelles je m'applique; *è un male al quale i medici non possono portare rimedio* c'est un mal auquel les médecins ne peuvent porter remède **4** DAL QUALE (*origine*) dont, duquel: *gli antenati dai quali discendo* les aïeux dont je descends; *la famiglia da cui esce* la famille dont il sort ◇ (*provenienza*, *separazione*) dont, duquel, de qui (*riferito solo a persone*): *le persone dalle quali ho ottenuto questi favori* les personnes dont, de qui j'ai reçu ces faveurs; *la persona dalla quale ho saputo ciò* la personne dont je tiens cela; *l'uomo da cui si allontanò* l'homme dont il s'éloigna ◇ (*riferito solo a luogo*) d'où: *la città dalla quale è partito* la ville d'où il est parti; *la torre da cui siamo scesi* la tour d'où nous sommes descendus ◇ (*con valore di 'presso'*) où; chez qui (*riferito a persone*): *il supermercato dal quale mi servo* le supermarché où je m'approvisionne ‖ *il parrucchiere dal quale vado* le coiffeur chez qui je vais; *gli amici dai quali abito* les amis chez qui j'habite # *l'uomo dal quale ha divorziato* l'homme d'avec qui elle a divorcé ◇ (*compl. di agente, di causa efficiente*) par qui (*riferito solo a persone*); par lequel (*a cose*): *i contadini dai quali la terra è coltivata* les paysans par qui la terre est cultivée; *il professore dal quale l'allievo è stato accompagnato* le professeur par qui l'élève a été accompagné # *la furia delle acque dalla quale sono state distrutte molte case* la fureur des eaux qui a détruit plusieurs maisons ◇ (*coi v. che esprimono sentimento*) dont, duquel, de qui (*riferito solo a persone*): *l'amico dal quale sono amato* l'ami dont, de qui je suis aimé; *le persone dalle quali è odiato* les personnes dont, de qui il est haï ◇ (*riferito a termini astratti*) dont, par lequel: *la disgrazia dalla quale è stato colpito* le malheur dont il a été frappé **5** (*preceduto da altre prep.*) lequel, qui (*riferito solo a persone*): *la pazienza con la quale fa tutte le cose* la patience avec laquelle il fait toutes choses; *i ragazzi coi quali siamo andati nel bosco* les enfants avec qui (avec lesquels) nous sommes allés dans les bois; *le persone nelle quali avevo posto la mia fiducia* les personnes en qui, dans lesquelles j'avais mis ma confiance ◇ (*nelle determinazioni di luogo e di tempo*) [*nel quale*] où: *la città nella quale sono vissuto* la ville où j'ai vécu; *il secolo nel quale viviamo* le siècle où nous vivons; *l'anno 1915 fu quello nel quale scoppiò la prima guerra mondiale* l'année 1915 fut celle où éclata la première guerre mondiale ◇ PER IL QUALE par où: *la breccia per la quale erano penetrati nella fortezza* la brèche par où ils avaient pénétré dans la forteresse; *ecco la via per la quale dovete passare* voilà le chemin par où vous devez passer.

qualìfica, che |kwa'lifika, ke| *s.f.* **1** [*attribuzione, giudizio sulle capacità o qualità di una persona*] qualification, appellation: *si è meritato la qualifica di incapace* il a mérité la qualification, l'appellation d'incapable; *gli hanno attribuito la qualifica di coraggioso* on lui a attribué la qualification de courageux # *ha la qualifica di sfruttatore* il passe pour un exploiteur ◇ (*bur.*) *ha riportato la qualifica di ottimo* il a été noté comme excellent **2** (*econ., dir.*) qualification: *è stato assunto con la qualifica di operaio* il a été engagé avec la qualification d'ouvrier; *ha avuto la qualifica di caporeparto* il a eu la qualification de chef d'atelier; *occorre la qualifica di commercialista* il faut la qualification de conseiller commercial.

qualificàbile |kwalifi'kabile| *agg.* [→ QUALIFICARE A] qualifiable: *un comportamento difficilmente qualificabile* un comportement difficilement qualifiable Ⓒ **inqualificabile.**

qualificànte |kwalifi'kante| *agg.* qualifiant.

qualificàre |kwalifi'kare| **A** *v.tr.* [*giudicare, definire, distinguere con una qualifica*] qualifier (de): *l'ho qualificato un incapace* je l'ai qualifié d'incapable; *non ci sono parole atte a qualificarlo* il n'y a pas de mots pour le qualifier # *è qualificato come un serio professionista* il passe pour un professionnel sérieux ◇ (*bur.*) *qualificare un impiegato, un funzionario* qualifier, noter un employé, un fonctionnaire **B** *v.pron. rifl.* QUALIFICARSI **1** [*attribuirsi una qualifica*] se faire (45) passer: *si è qualificato come un ingegnere* il s'est fait passer pour ingénieur **2** [*ottenere una qualifica nel lavoro o nello studio*] se qualifier, obtenir (27) *tr.* un diplôme: *si è qualificato al concorso* il s'est qualifié au concours, il a été diplômé **3** [*conseguire un risultato sportivo*] se qualifier: *si è qualificato per le semifinali* il s'est qualifié pour les demi-finales Ⓒ A; B 1, 2 **squalificare.**

qualificatìvo |kwalifika'tivo| *agg.* qualificatif*: *titoli qualificativi* titres qualificatifs; *corsi qualificativi* cours qualificatifs ◇ (*gram.*) *aggettivi qualificativi* adjectifs qualificatifs.

qualificàto |kwalifi'kato| *agg.* qualifié: *è un professionista qualificato* c'est un professionnel qualifié; *non sei la persona più qualificata per questo lavoro* tu n'es pas la personne la mieux qualifiée pour ce travail; *assumono solo operai qualificati* ils n'engagent que des ouvriers qualifiées Ⓒ **squalificato.**

qualificatóre, trice |kwalifika'tore, tritʃe| *agg. e s.* (*raro*) [*che, chi qualifica*] qualificatif* (*corr.*).

qualificazióne |kwalifikat'tsjone| *s.f.* [→ QUALIFICARE] qualification: *la qualificazione del personale* la qualification du personnel # *corsi di qualificazione* cours de promotion, de perfectionnement, de formation ◇ (*sport*) *incontri, prove di qualificazione* rencontres, épreuves de qualification.

qualità |kwali'ta| *s.f. inv.* **1** (*persone*) qualité (*var.*): *qualità morali, intellettuali, artistiche* qualités morales, intellectuelles, artistiques; *è un ragazzo non privo di qualità* c'est un garçon qui ne manque pas de qualités; *fra le sue qualità non c'è certamente la modestia* la modestie n'est certainement pas parmi ses qualités ◇ (*cose*) *certificato di qualità* garantie de qualité; *merce di prima qualità* marchandise de première qualité; *è di qualità scadente* c'est de qualité inférieure; *è un vino di qualità* c'est un vin de qualité ◇ *loc.* IN QUALITÀ DI en qualité de: *si presentò in qualità di paciere* il se présenta en qualité de médiateur **2** [*specie, sorta, genere*] sorte *var.*, espèce (*var.*): *c'erano fiori di ogni qualità* il y avait des fleurs de toutes sortes, de toutes les espèces Ⓒ **1 difetto.**

qualitativaménte |kwalitativa'mente| *avv.* [→ QUALITATIVO] qualitativement: *una preparazione qualitativamente inferiore* une préparation qualitativement inférieure.

qualitativo |kwalita'tivo| *agg.* qualitatif*: *valori, dati qualitativi* valeurs, données qualitatives; *l'aspetto qualitativo, non quantitativo* l'aspect qualitatif, non quantitatif Ⓒ **quantitativo.**

qualóra |kwa'lora| *cong.* [*se mai, nel caso che*] si (+ *indic.*), au cas où, dans le cas où (+ *cond.*): *qualora insorgessero difficoltà, avvertimi* si des difficultés survenaient, préviens-moi; *qualora vi mettiate d'accordo, ne sarei molto lieto* au cas où, dans le cas où vous vous mettriez d'accord, j'en serais très heureux.

qualsìasi |kwal'siasi| *agg. indef. m. e f.* **1** n'importe quel*, quelque... que ce soit (*retto da v. al pres. e al fut.*), quelque... que ce fût (*retto da v. al p. e al cond.*): *sono disposto a pagare qualsiasi somma* je suis disposé à payer n'importe quel prix, quelque somme que ce soit; *potrei arrivare in qualsiasi momento* je pourrais arriver à n'importe quel moment, à quelque moment que ce fût **2** [*qualsiasi cosa*] n'importe quoi, quoi que ce soit (*retto da v. al pres. e al fut.*), quoi que ce fût (*retto da v. al p. e al cond.*): *puoi scegliere qualsiasi cosa* tu peux choisir n'importe quoi (quoi que ce soit); *farei qualsiasi cosa per te* je ferais n'importe quoi (quoi que ce soit) pour toi ◇ (*loc.*) quoi que (+ *congv.*): *qualsiasi cosa io faccia mi critica* quoi que je fasse, il me critique **3** [*qualsiasi altro*] tout autre *m.*, toute autre (*f.*): *qualsiasi altra precauzione* toute autre précaution ◇ (*in frasi comparative*) aucun autre: *è più veloce di qualsiasi altro* il est plus rapide qu'aucun autre **4** (*preceduto dall'art. indef., dall'art. partitivo o da un numer.*) quelconque (*posposto*), n'importe lequel* (*anteposto*): *ha trovato una scusa qualsiasi* il a trouvé un prétexte quelconque, n'importe quel prétexte → **qualunque** **5** (*spreg.*) [*mancante di doti, di qualità*] quelconque (*posposto*): *non è una stoffa qualsiasi* ce n'est pas un tissu quelconque.

qualsisia |kwalsi'sia| *agg. indef. m. e f.* (*lett.*) → **qualsiasi.**

qualsivòglia |kwalsi'vɔʎʎa| *agg. indef. m. e f.* (*lett.*) → **qualunque, qualsiasi.**

qualùnque |kwa'lunkwe| *agg. indef. m. e f.* **1** n'importe quel*, quelque... que ce soit (*retto da v. al pres. e al fut.*), quelque... que ce fût (*retto da v. al p. e al cond.*): *telefonami a qualunque ora* téléphone-moi à n'importe quelle heure, à quelque heure que ce soit; *datemi qualunque libro* donnez-moi n'importe quel livre, un livre quelconque; *faremo volentieri qualunque sacrificio* nous ferons volontiers n'importe quel sacrifice, quelque sacrifice que ce soit; *resterò qui in qualunque modo* je resterai ici de n'importe quelle façon, d'une façon ou d'une autre; *darebbero qualunque cifra* ils donneraient n'importe quelle somme, quelque somme que ce fût # *qualunque persona potrebbe dirtelo* n'importe qui pourrait te le dire **2** *loc.* QUALUNQUE COSA n'importe quoi, quoi que ce soit (*retto da v. al pres. e al fut.*), quoi que ce fût (*retto da v. al p. e al cond.*): *ditemi qualunque cosa, ma non guardatemi così* dites-moi n'importe quoi (quoi que ce soit), mais ne me regardez pas ainsi; *fai qualunque cosa, ma lavora* fais n'importe quoi, mais travaille; *gli darei qualunque cosa* je lui donnerais n'importe quoi, quoi que ce fût ~ quoi que (+ *congv.*): *qualunque cosa facciate, non riuscirete* quoi que vous fassiez, vous ne réussirez pas **3** *loc.* QUALUNQUE ALTRO tout autre *m.*, toute autre (*f.*): *qualunque altro motivo* tout autre motif; *qualunque altro pensiero* toute autre pensée; *qualunque altra proposta non mi interessa* toute autre proposition ne m'intéresse pas; *qualunque altro tentativo sarebbe inutile* toute autre tentative serait inutile ◇ (*in frasi comparative*) aucun autre: *meglio di qualunque altro* mieux qu'aucun autre; *era meno ricco di qualunque altro* il était moins riche qu'aucun autre; *quell'allieva è più studiosa di qualunque altra* cette élève est plus studieuse qu'aucune autre **4** (*preceduto dall'art. indef., dall'art. partitivo o da un numer.*) quelconque (*posposto*), n'importe lequel (*anteposto*): *datemi un libro qualunque* donnez-moi un livre quelconque, n'importe quel livre, un livre n'importe lequel; *comprerò un giornale qualunque* j'achèterai un journal quelconque; *in un momento qualunque puoi leggerlo* à n'importe quel moment tu peux le lire; tu peux le lire à un moment quelconque **5** (*spreg.*) [*mancante di doti, qualità*] quelconque (*posposto*): *è un uomo qualunque* c'est un homme quelconque; *è un prodotto qualunque* c'est un produit quelconque; *Bruno non è una guida qualunque* Bruno n'est pas un guide quelconque **6** (+ *congv.*) quelque... qui (*sogg.*); quelque... que (*ogg.*): *qualunque disgrazia accada, conservate sempre la calma* quelque malheur qui vous arrive, gardez toujours votre sang-froid; *qualunque intenzione abbiate...* quelque intention que vous ayez...; *qualunque consiglio le diate, non ne segue alcuno* quelque conseil que vous lui donniez, elle n'en suit aucun **7** (*seguito dal v. 'essere' o dai v. 'potere, dovere' seguiti da 'essere'*) quel que: *qualunque sia la vostra opinione* quelle que soit votre opinion; *qualunque siano i tuoi meriti* quels que soient tes mérites; *qualunque possa essere il vostro desiderio* quel que puisse être votre désir; *qualunque debba essere la sua decisione* quelle que soit sa décision.

qualunquismo |kwalun'kwizmo| *s.m.* [*atteggiamento di insofferenza, di indifferenza* (*verso le questioni politiche*)] je-m'en-fichisme (*fam.*).

qualunquìsta |kwalun'kwista| *s.* [*chi prova o esprime indifferenza* (*verso i problemi politici*)] je-m'en-fichiste (*fam.*), indifférent.

qualunquìstico, ci, ca, che |kwalun'kwistiko, tʃi, ka, ke| *agg.* [*relativo al qualunquismo, ai qualunquisti*] je-m'en-fichiste (*fam.*), indifférent: *atteggiamenti qualunquistici* attitudes je-m'en-fichistes.

qualvòlta |kwal'vɔlta| *avv.* (*lett.*) → **ogniqualvolta.**

quàndo |'kwando| **I** *avv. interrog.* quand: *quando partiranno i vostri cognati?* quand vos beaux-frères partiront-ils?; *quando ha fatto questo lavoro tuo fratello?* quand ton frère a-t-il fait ce travail?; *quando l'hai saputo?* quand l'as-tu su?; *fammi sapere di preciso quando verrai* fais-moi savoir avec précision quand tu viens; *chiedigli quando ha intenzione di partire* demande-lui quand il a l'intention de partir; *chissà quando metterà la testa a posto!* Dieu sait quand il se rangera! ◇ (*preceduto da una prep., in loc.*) DA QUANDO depuis quand: *da quando sei a Parigi?* depuis quand est-tu à Paris?; *da quando in qua ci si comporta così?* depuis quand se comporte-t-on ainsi? ~ A QUANDO à quand: *a quando la partenza?* à quand le départ? ~ DI QUANDO de quand: *di quando è questo giornale?* de quand est ce journal? ~ FINO A QUANDO jusqu'à quand: *fino a quando resterai qui?* jusqu'à quand restes-tu ici? ~ PER QUANDO quand: *per quando sarai pronto?* quand seras-tu prêt? ◆ (*s.m. inv.*) *il come e il quando* le pourquoi et le comment **II** *cong.* **1** (*con valore temporale*) quand: *verrò quando avrò finito questo lavoro* je viendrai quand j'aurai fini ce travail; *è arrivato quando ormai non l'aspettavano più* il est arrivé quand plus personne ne l'attendait; *avevo già deciso di partire, quando squillò il telefono* j'avais déjà décidé de partir quand le téléphone sonna ◇ *loc.* QUAND'ECCO lorsque: *dormivo, quand'ecco che sento...* je dormais, lorsque (tout à coup) j'entends... ~ *arrivò proprio quando uscivo* il arriva, juste comme je sortais ~ *tutto è rimasto come quando vivevano insieme* tout est resté comme lorsqu'ils vivaient ensemble ~ *quando si dice aver fortuna!* ce que c'est que d'avoir de la chance! ~ *quando si nasce fortunati!* quand on est né coiffé! ~ *quando meno te lo aspetti* au moment où l'on s'y attend le moins ~ *rimarrò fino al 12 luglio, quando dovrò ritornare* je resterai jusqu'au 12 juillet, jusqu'au moment où je devrai rentrer ~ *allor quando...* → **allorché** **2** *loc.* (*preceduto da una prep.*) ~ DA QUANDO depuis que: *non ha più scritto da quando è partito* il n'a plus écrit depuis qu'il est parti ~ DI QUANDO de quand: *è una foto di quando era in vacanza* c'est une photo de quand, de l'époque où (*fam.*), il était en vacances ~ PER QUANDO pour quand: *tutto deve essere a posto per quando tornerà* tout doit être à sa place pour quand il rentrera ~ A QUANDO à quand: *pensava a quando viveva con lui* elle pensait à quand, à l'époque où (*fam.*) elle vivait avec lui ~ FINO A QUANDO jusqu'au moment où: *resterò qui fino a quando tornerete* je resterai ici jusqu'au moment où vous reviendrez; *versa fino a quando ti dico basta* verse jusqu'au moment où je te dis assez ~ FINO A QUANDO [*per tutto il tempo che*] tant que: *copierete questo brano fino a quando farete degli errori* vous copierez ce morceau tant que vous ferez des fautes; *aspetterò fino a quando vorrete* j'attendrai tant que vous voudrez ~ *di quando in quando* de temps en temps, de temps à autre **3** (*con valore di 'mentre'*) en (+ *p. pres.*): *quando si studia, s'imparano una infinità di belle cose* en étudiant, on apprend une infinité de belles choses; *quando raccontava le sue avventure era emozionato* en racontant ses aventures, il était ému **4** (*con valore causale*) [*dato che*] quand # *non si preoccupava, quando sapeva che suo fratello curava anche i suoi affari* il ne se préoccupait pas, du moment qu'il savait que son frère prenait aussi soin de ses affaires ◇ [*poiché*] puisque: *quando ti dico che non lo so...* puisque je te dis que je ne le sais pas... **5** (*con valore avvers.*) [*mentre, invece*] alors que: *ha voluto parlare, quando gli conveniva tacere* il a voulu parler, alors qu'il aurait dû se taire; *chiede i danni, quando sono io il danneggiato* il demande des dommages, alors que c'est moi la victime **6** (*con valore cond.*) [*se, qualora*] si: *quando tu lo volessi, potrei aiutarti* si tu le voulais, je pourrais t'aider # *quando c'è la salute, c'è tutto* santé passe richesse ◇ *loc.* QUAND'ANCHE quand bien même (+ *cond.*): *ti aiuterei, quand'anche tu non volessi* je t'aiderais, quand bien même tu ne voudrais pas; *quand'anche si presentasse, non lo riceverei* quand bien même il se présenterait, je ne le recevrais pas **7** [*quando... quando, ora... ora*] tantôt... tantôt: *viene spesso: quando di mattina,* *quando di pomeriggio* il vient souvent: tantôt le matin, tantôt l'après-midi **III** *avv.* [*in cui*] où: *è stata quella volta quando sono partita* cela a été cette fois où je suis partie; *lo stesso giorno quando ci siamo incontrati* le jour même où nous nous sommes rencontrés ◇ (*loc.*) *quando Berta filava* du temps que Berthe filait.

quàntico, ci, ca, che |'kwantiko, tʃi, ka, ke| *agg.* (*fis.*) quantique: *orbita quantica* orbite quantique.

quantificàbile |kwantifi'kabile| *agg.* [→ QUANTIFICARE] quantifiable: *dati quantificabili* données quantifiables.

quantificàre |kwantifi'kare| *v.tr.* [*attribuire una quantità a*; *rendere quantitativo*] quantifier.

quantificatóre |kwantifika'tore| *s.m.* (*fis.*) quantificateur.

quantificazióne |kwantifikat'tsjone| *s.f.* (*fis.*) quantification.

quantìstico, ci, ca, che |kwan'tistiko, tʃi, ka, ke| *agg.* (*fis.*) quantique: *meccanica quantistica* mécanique quantique → **quantomeccanica.**

quantità |kwanti'ta| *s.f. inv.* quantité (*var.*): *una certa quantità di materiale* une certaine quantité de matériel # *una discreta quantità di gente affluiva nella sala* un bon nombre de personnes affluait dans la salle; *ho una grande quantità di lavoro da fare* j'ai beaucoup de travail à faire ◇ (*ling.*) *quantità vocalica* quantité vocalique ◇ (*mat.*) *quantità aritmetica, algebrica* quantité arithmétique, algébrique.

quantitativaménte |kwantitativa'mente| *avv.* [→ QUANTITATIVO 1] quantitativement: *non è quantitativamente determinato* ce n'est pas quantitativement déterminé.

quantitativo |kwantita'tivo| **1** *agg.* quantitatif*: *valori quantitativi* valeurs quantitatives; *analisi, metrica quantitativa* analyse, métrique quantitative **2** *s.m.* [*quantità*] quantité (*f.*): *un forte quantitativo di merce* une importante quantité de marchandises; *il quantitativo è aumentato* la quantité a augmenté Ⓒ **qualitativo.**

quantizzàre |kwantid'dzare| *v.tr.* (*fis.*) [*analizzare in base ai principi della meccanica quantistica*] quantifier.

quantizzàto |kwantid'dzato| *agg.* (*fis.*) quantifié.

quantizzazióne |kwantiddzat'tsjone| *s.f.* (*fis.*) [→ QUANTIZZARE] quantification.

1 **quànto** |'kwanto| *avv.* **1** *interrog.* combien: *quanto costa questo libro?* [*in che quantità, misura*] combien: *quanto costa questo libro?* combien coûte ce livre?; *quanto hai mangiato?* combien as-tu mangé?; *chi sa quanto ha speso?* qui sait combien il a dépensé? ◇ (*dopo gli agg. esprimenti misura o peso*) *quanto è lungo?* de quelle longueur est-ce?; quelle est la longueur de?; *quanto è alto?* de quelle hauteur est-ce? ◇ [*fino a che punto*] à quel point (*loc. inv.*): *non sai quanto lo desiderassi* tu ne sais pas à quel point je le désirais; *immagina quanto lo stimino* imagine à quel point ils l'estiment; *si è pentito e Dio sa quanto* il s'est repenti, à quel point Dieu seul le sait **2** *escl.* que, comme; combien: *quanto sei pauroso!* que, comme tu es peureux!; *quanto era noioso!* qu'il était ennuyeux!; *quanto mi sono stancata oggi!* comme je me suis fatiguée aujourd'hui! ‖ *mi son proprio annoiato, e quanto!* je me suis vraiment ennuyé et combien! ◇ (*nelle interrog. indirette*) combien: *non ti dico quanto ho sofferto!* je ne te dis pas combien j'ai souffert!; *mi domando quanto ha speso* je me demande combien il a pu dépenser # *chissà quanto avete mangiato!* qui sait comme vous avez mangé! **3** (*nei comparativi di uguaglianza e nelle prop. comparative*): (*con agg. e avv.*) aussi... que, autant que...: *è generoso quanto sua sorella* il est aussi généreux que sa sœur; *una vita attiva rende il corpo sano quanto robusto* une vie active rend le corps aussi sain que robuste, sain autant que robuste; *vive magnificamente quanto un principe* il vit aussi magnifiquement qu'un prince ◇ (*con i v.*) autant que...: *lavoreremo quanto voi* nous travaillerons autant que vous; *guadagna quanto te* il gagne autant que toi; *l'ho aiutato quanto ho potuto* je l'ai aidé autant que j'ai pu ◇ (*nel compl. di paragone*) comme: *è curioso quanto una scimmia* il est curieux comme un singe; *forte quanto un leone* fort comme un Turc **4** *loc. avv.* QUANTO PIÙ... TANTO PIÙ... plus... plus..., QUANTO MENO... TANTO MENO... moins... moins...: *quanto più si è in buona compagnia, tanto più si è allegri* plus on est en bonne compagnie, plus on est gai; plus on est de fous plus on rit; *quanto più insisti, tanto meno ottieni* plus tu insisteras, moins tu obtiendras ~ *non tanto... quanto* non pas tant... que ~ TANTO... QUANTO [*e... e, sia... sia*] aussi bien... que: *desidero tanto l'uno quanto l'altro* je désire aussi bien l'un que l'autre; *l'ho detto tanto a lui quanto a lei* je l'ai dit tant, aussi bien à lui qu'à elle ~ QUANTO MAI: *è una ragazza quanto mai semplice* c'est une fille on ne peut plus simple; *ho riso quanto mai* j'ai ri comme jamais ~ QUANT'È VERO (CHE) aussi vrai que...: *quant'è vero che mi chiamo...* aussi vrai que je m'appelle... # *se ne pentirà, quanto è vero Iddio!* il le regrettera, je le jure **5** (*con valore restrittivo*) [*per ciò che riguarda*] quant: *quanto a fare le parti, pensaci voi* quant à faire les parts, c'est (ce sera) à vous d'y veiller; *quanto ai suoi capricci, non ho intenzione di tollerarli* quant à ses caprices, je n'ai pas l'intention de les tolérer; (*in*) *quanto ai denari che vi devo, provvederò al più presto* quant à l'argent que je vous dois, je ferai le nécessaire au plus vite **6** (*usato per dar valore di sup. rel.*) le (*art.*): *quanto prima* le plus tôt possible; *farò quanto più presto potrò* je ferai le plus rapidement possible # *quanto meno* au moins **7** *loc. cong.* PER QUANTO (*seguito da agg., p., avv.*) quelque *inv.* ... que, pour... que, si... que, tout (+ *indic.*) ...que: *per quanto sia laborioso* quelque laborieux qu'il soit; pour laborieux qu'il soit; si laborieux qu'il soit (soit-il); tout laborieux qu'il est; *per quanto potenti siano i vostri nemici* quelque puissants que soient vos ennemis; *per quanto bene operiate* quelque bien que vous agissiez ◇ [*sebbene, benché*] quoique que, bien que: *per quanto forte tu sia* bien que tu sois fort; *per quanto tu cerchi di persuaderlo* bien que tu cherches à le persuader ◇ [*tuttavia*] cependant, pourtant: *non l'avrei mai creduto, per quanto è successo* je ne l'aurais jamais cru, cependant, pourtant cela est arrivé # *cercheremo di fare qualcosa per lui, per quanto non se lo meriti* nous essaierons de faire quelque chose pour lui, bien qu'il ne le mérite pas **8** *loc. cong.* IN QUANTO (CHE) [*perché, per il fatto che*] puisque *cong.*, car (*cong.*): *non sono venuto in quanto temevo di disturbarti* je ne suis pas venu, (car) j'avais peur de te déranger; *è meglio non dirgli niente, in quanto è suscettibile* il vaut mieux ne rien lui dire, puisqu'il est susceptible; susceptible comme il est, mieux vaut ne rien lui dire ◇ [*in qualità di*] en tant que: *in quanto giudice* en tant que juge; *in quanto uomo vi comprendo* en tant qu'homme je vous comprends **9** *loc. fam.* DA QUANTO [*tanto, in tanto grande misura*] tellement (*avv.*): *non si può mangiare da quanto scotta* on ne peut pas le manger, tellement ça brûle; *non gli si può credere da quanto è bugiardo* on ne peut pas le croire tellement il est menteur; menteur comme il est, on ne saurait le croire.

2 **quànto** |'kwanto| *agg.* **1** *interrog.* combien *avv.* de (+ *sost.*): *quanti libri hai?* combien de livres as-tu?; *quanto denaro ci resta?* combien d'argent nous reste-t-il?; *quante volte te l'ho detto?* combien de fois te l'ai-je dit?; *gli ho chiesto per quanti mesi sarà assente* je lui ai demandé combien de mois il s'absentera # *quanti anni hai?* quel âge as-tu?; *mi ha detto quanti anni ha* il m'a dit quel âge il a **2** *interrog.* (*in espressioni ell., riferito a 'tempo, denaro, distanza, ecc.'*) combien: *quanto è che non ci vai?* cela fait combien de temps que tu n'y vas pas?; *da quanto lo desideravi?* depuis combien de temps le désirais-tu?; *fra quanto mi raggiungerai?* dans combien de temps me rejoindras-tu?; *ogni quanto passa l'autobus?* tous les combien passe l'autobus?; *quanto c'è da qui a casa tua?* combien y a-t-il d'ici (à) chez toi?; *quanti ne abbiamo oggi?* on est le combien, le combien sommes-nous aujourd'hui? # *quante me ne ha dette!* il m'en a dit de toutes les couleurs!; *quante ne ha dette su di lui!* il en a dit de toutes les couleurs sur lui!; *quante ne ha combinate!* il en a fait de belles! **3** *escl.* que de (+ *sost.*), combien de (+ *sost.*): *quante cravatte!* que de cravates!; *quante volte sono venuto qui!* que de fois je suis venu ici!; *quanta pazienza bisogna avere!* que de patience il faut avoir!; *quanto tempo hai perso!* que de temps tu as perdu!; *quanto tempo è passato!* que de temps est passé!; *non puoi immaginare quante storie racconta* tu ne peux imaginer combien d'histoires il raconte ◇ (*in espressioni ell.*) *quanto ci hai messo!* que tu as mis longtemps!; que tu as été long! **4** (*in correl. con 'tanto', nei compl. e nelle prop. comparative di uguaglianza*) autant *avv.* de... que (de): *al congresso c'erano tanti uomini quante donne* au congrès il y avait autant d'hommes que de femmes; *ha tanta buona volontà quanta intelligenza* il a autant de bonne volonté que d'intelligence; *non ha tanto umorismo quanto suo fratello, quanto me* il n'a pas autant d'esprit que son frère, que moi # *ha tanta pazienza quanta non immaginavo* il a une patience que

je n'imaginais pas; *ha dimostrato tanto coraggio quanto non crederesti mai* tu ne croirais jamais le courage qu'il a montré **5** *loc.* PER QUANTO quelque... qui (*sogg.*), quelque... que (*ogg.*): *per quante persone intervengano* quel que soit le nombre de personnes qui interviennent; *per quante virtù possediate* quelques vertues que vous possédiez; *per quanti sforzi tu faccia* quelques efforts que tu fasses **6** (*fam.*) [*tutto quanto*] tout: *ha perso tutta quanta la sua esuberanza* il a perdu toute son exubérance ◇ [*al completo*] (tout) entier*: *tutta quanta l'assemblea* l'assemblée (toute) entière ◇ [*interamente*] entièrement *avv.*, complètement (*avv.*): *era tutto quanto distrutto* il était entièrement, complètement détruit # *il vestito è tutto quanto sporco* le vêtement est d'une saleté repoussante **7** (*fam.*) [*tutti quanti*] tous; tout le monde (*loc. inv.*): *hanno sbagliato tutti quanti* ils se sont tous trompés; *andatevene tutti quanti!* allez-vous en tous! ‖ *tutti quanti dicono così* tout le monde le dit.

3 **quànto** |'kwanto| **1** *pron. interrog.* combien (*avv.*): *quanto ne compri?* combien en achètes-tu?; *quanti di noi faranno questo lavoro?* combien d'entre nous feront ce travail?; *in quanti eravate?* combien étiez-vous?; *quanti altri verranno?* combien d'autres viendront?; *devo comprare della stoffa, ma non so quanta* je dois acheter de l'étoffe, mais je ne sais pas combien # *quanto c'è di vero in quello che dice?* qu'y a-t-il de vrai dans ce qu'il dit? **2** *pron. escl.* combien: *quanti sono!* combien ils sont!; *che bei fiori e quanti!* quelles belles fleurs, et combien il y en a!; *vedi quanti hanno aderito!* tu vois combien ont adhéré!; *quanti ne hanno presi!* combien ils en ont pris! **3** *pron. rel.* [*tanto... quanto, tanti... quanti*] autant *avv.* que: *ne ha comprati tanti quanti suo fratello* il en a acheté autant que son frère **4** *pron. rel. al plur.* [*tutti quelli che*] tous ceux qui (*sogg.*), tous ceux que (*compl.*): *quanti parlano con lui sono contenti* tous ceux qui lui parlent sont contents; *non vuole avere a che fare con quanti lo hanno criticato* il ne veut pas avoir affaire à ceux qui l'ont critiqué **5** *pron. rel. al sing.* [*tutto quello che*] tout ce que: *raccontateci quanto avete sentito dire* racontez-nous tout ce que vous avez ouï dire; *devi dargli quanto ti chiede* tu dois lui donner tout ce qu'il te demande; *faremo quanto potremo per aiutarti* nous ferons tout ce que nous pourrons pour t'aider; *ho fatto quanto ho potuto* j'ai fait tout ce que j'ai pu; *è quanto ho trovato* c'est tout ce que j'ai trouvé ◇ [*ciò che*] ce qui (*sogg.*), ce que (*ogg.*): *quanto è stato detto è vero* ce qui a été dit est vrai; *quanto dici è vero* ce que tu dis est vrai; *quanto vedo è bello* ce que je vois est beau; *fai attenzione a quanto ti dirò* fais attention à ce que je te dirai; *per quanto io sappia* d'après ce que je sais; *da quanto posso capire...* à ce que je peux comprendre; *a quanto si dice* à ce qu'on dit ◇ *loc.* PER QUANTO quoi que: *per quanto facciate* quoi que vous fassiez; *per quanto abbia studiato...* quoi qu'il ait étudié... ◇ (*loc.*) *questo è quanto* c'est tout **6** (*nelle prop. comparative*) que... ne (+ *indic.*): *quest'uomo è più intelligente di quanto pensiate* cet homme est plus intelligent que vous ne pensez; *agisce diversamente da quanto dice* il agit autrement qu'il ne dit; *siete più sicuri di questa cosa di quanto lo sia io?* êtes-vous plus sûrs de cela que je ne le suis?; en êtes vous plus sûrs que moi?

4 **quànto** |'kwanto| *s.m.* (*fis.*) quantum*: *quanti di energia, di luce* quanta d'énergie, de lumière; *la teoria dei quanti* la théorie des quanta.

quantomeccànica, che |kwantomek'kanika, ke| *s.f.* (*fis.*) mécanique quantique.

quantoméno |kwanto'meno| *avv.* au moins *loc. inv.*, au minimum *loc. inv.*

quantùnque |kwan'tunkwe| *cong.* [*benché, sebbene*] quoique, bien que: *quantunque fossi stanco, l'ho accompagnato* quoique, bien que je sois (fusse) fatigué, je l'ai accompagné; *non era in casa, quantunque lo avessi avvertito* il n'était pas chez lui, bien que je l'eusse averti; *accetto, quantunque non del tutto convinto* j'accepte, bien que je ne sois pas tout à fait convaincu.

qua qua |kwak'kwa| *inter.* (*voce onomat. che riproduce il verso delle oche o anatre*) coin-coin.

quarànta |kwa'ranta| *agg. numer. card. inv.* quarante: *ho passato i quarant'anni* j'ai passé les quarante ans; *porta la taglia quaranta* elle porte la taille quarante; *ci sono ancora quaranta chilometri* il y a encore quarante kilomètres ✦ (*s.m. inv.*) *il quaranta* le quarante: *è stato estratto il quaranta* le quarante est sorti; *è nata nel quaranta* elle est née en quarante.

quarantamila |kwaranta'mila| *agg. numer. card. inv.* quarante mille: *una città di quarantamila abitanti* une ville de quarante mille habitants; *ha versato quarantamila lire* il a versé quarante mille lires ✦ (*s.m. inv.*) *il quarantamila* le quarante mille.

quarantèna |kwaran'tɛna| *s.f.* quarantaine: *dopo lo sbarco, i passeggeri sono stati messi in quarantena* après le débarquement, les passagers ont été mis en quarantaine ◇ (*loc. fig.*) *nel suo ufficio è tenuto in quarantena* [*in disparte*] au bureau, on l'a mis en quarantaine.

quarantennàle |kwaranten'nale| *agg.* [*che dura quarant'anni*] quarantenaire: *mutui quarantennali* emprunts quarantenaires.

quarantènne |kwaran'tɛnne| *agg.* (âgé) de quarante ans (*loc.*): *un uomo quarantenne* un homme de quarante ans ✦ (*s.*) *un quarantenne* un quadragénaire.

quarantènnio, i |kwaran'tɛnnjo, i| *s.m.* (période *f.* de) quarante ans: *un quarantennio di lotte* (une période de) quarante ans de luttes.

quarantèsimo |kwaran'tɛzimo| *agg. numer. ord.* quarantième: *la quarantesima parte* la quarantième partie; *è arrivato quarantesimo* il est arrivé quarantième ◇ (*in unione con i sost. 'capitolo, volume' e sim.*) quarante: *il quarantesimo volume dell'enciclopedia* le volume quarante de l'encyclopédie ✦ (*s.m.*) *un quarantesimo del totale* un quarantième du total.

quarantina |kwaran'tina| *s.f.* quarantaine: *una quarantina di persone* une quarantaine de personnes; *è sulla quarantina* il frôle la quarantaine.

quarantóre |kwaran'tore| *s.f. pl.* (*liturg.*) quarante heures.

quarantòtto |kwaran'tɔtto| **1** *agg. numer. card. inv.* quarante-huit: *sono le dieci e quarantotto* il est dix heures quarante-huit (minutes); *abita al numero quarantotto* il habite au numéro quarante-huit ✦ *s.m. inv.* quarante-huit: *sei per otto fa quarantotto* six multiplié par huit font quarante-huit **2** *s.m. inv.* [*l'anno 1848*] quarante-huit: *le rivoluzioni del quarantotto* les révolutions de quarante-huit ◇ (*loc. fig.*) *che quarantotto!* [*confusione, baccano*] quelle pagaille! ~ *quando l'ha saputo, ha fatto un quarantotto* quand il l'a su, il a fait le diable à quatre ~ *ha mandato tutto a carte quarantotto* il a tout fichu en l'air.

quarantott'óre |kwarantot'tore| *s.f. inv.* → **ventiquattr'ore.**

quarésima |kwa'rezima| *s.f.* (*eccl.*) carême (*m.*): *mezza quaresima* mi-carême; *osservare la quaresima* faire, observer le carême # *la prima domenica di quaresima* la quadragésime ◇ (*loc. fig.*) *è lungo come la quaresima* il est lent comme un escargot, une tortue ◇ (*riferito a persona molto alta*) il est long comme un jour sans pain.

quaresimàle |kwarezi'male| **I** *agg.* quadragésimal*: *digiuno quaresimale* jeûne quadragésimal **II** *s.m.* **1** [*prediche tenute durante la quaresima*] carême **2** [*tipo di biscotto fatto durante la quaresima*] ⊠.

quaresimalista |kwarezima'lista| *s.m.* prédicateur de carême.

quark |kvark| *s.m. inv.* (*ted.*) (*fis.*) quark *var.*

quàrta |'kwarta| *s.f.* **1** [*quarta classe di un corso di studi*] huitième: *è stato promosso in quarta* il a été admis en huitième **2** (*astron.*) quart *m.* **3** (*auto.*) quatrième: *metti la quarta* mets la quatrième ◇ (*loc. fig.*) *è partito in quarta* il est parti en quatrième vitesse **4** (*mar.*) aire de vent, quart, rhumb *m.* **5** (*mus.*) quarte.

quartabuòno |kwarta'bwɔno| *s.m.* [*squadra da falegname*] équerre *f.*

quartàna |kwar'tana| *s.f.* (*med.*) fièvre quarte.

quartazióne |kwartat'tsjone| *s.f.* (*metall.*) (in)quartation.

quartettista |kwartet'tista| *s.* **1** [*compositore di mus. per quartetti*] compositeur* de quatuors **2** [*chi fa parte di un quartetto*] membre *m.* d'un quatuor.

quartétto |kwar'tetto| *s.m.* **1** [*gruppo di quattro persone*] quatuor **2** (*mus.*) quatuor **3** [*gli esecutori di un quartetto*] quatuor.

quartière |kwar'tjɛre| *s.m.* **1** quartier: *quartiere popolare, residenziale, commerciale* quartier populaire, résidentiel, commercial; *il quartiere latino* le quartier latin; *i quartieri alti* les beaux quartiers **2** (*arald.*) quartier **3** (*mar.*) phare **4** (*mil.*) quartier: *i quartieri d'inverno* les quartiers d'hiver; *il quartiere generale* le quartier général (q.g.) ◇ (*loc. fig.*) *dare, non dare quartiere a qc.* [(*non*) *concedere tregua*] donner du répit à qqn., ne pas donner de répit à qqn. ~ *lotta senza quartiere* lutte sans merci, sans quartier **5** [*parte posteriore di una calzatura*] quartier **6** (*region.*) → **appartamento.**

quartiermàstro |kwartjer'mastro| *s.m.* (*st. mil.*) quartier-maître: *dei quartiermastri* des quartiers-maîtres.

quartile |kwar'tile| *s.m.* (*dir.*) quartile.

quartina |kwar'tina| *s.f.* **1** (*metr.*) quatrain *m.* **2** (*mus.*) quartolet *m.*

quartino |kwar'tino| *s.m.* **1** (*mus.*) petite clarinette *f.* **2** (*tip.*) encart **3** [*misura di un quarto di litro*] quart.

quàrto |'kwarto| **I** *agg. numer. ord.* quatrième: *si è classificato quarto* il s'est classé quatrième; *elevato alla quarta potenza* élevé à la quatrième puissance; *abita al quarto piano* il habite au quatrième (étage) # *frequenta la quarta elementare* il est en huitième ◇ (*in unione con i nomi di re o papi e con i sost. 'capitolo, volume' e sim.*) *Enrico quarto* (*IV*) Henri quatre (IV); *Clemente quarto* (*IV*) Clément quatre (IV); *studiate il paragrafo quarto* étudiez le paragraphe quatre ◇ (*loc.*) *il quarto potere* la presse ~ *il quarto stato* le prolétariat ~ *il quarto grado* le quatrième degré ~ *la quarta dimensione* la quatrième dimension ✦ (*s.*) quatrième: *ci manca il quarto per giocare* il nous manque un quatrième pour jouer; *la quarta da sinistra è mia sorella* la quatrième à partir de la gauche est ma sœur **II** *s.m.* **1** [*la quarta parte*] quart: *un quarto di litro* un quart de litre; *bottiglie da un quarto, da tre quarti* bouteilles d'un quart, de trois quarts (de litre); *un quarto di chilo* un quart de kilo; *gli spetta un quarto dell'eredità* un quart de l'héritage lui revient; *vale un quarto di quanto l'hai pagato* cela vaut le quart de ce que tu l'as payé; *ha comprato un quarto di chilo di prosciutto* il a acheté un quart de kilo de jambon, 250 g de jambon; *ho aspettato un quarto d'ora* j'ai attendu un quart d'heure; *manca un quarto alle tre* il est trois heures moins le quart; *sono le quattro e un quarto* il est quatre heures et quart; *ho l'appuntamento alle cinque e tre quarti* mon rendez-vous est à six heures moins le quart; *ha comprato un giaccone a tre quarti* il a acheté une veste trois quarts (de long) ◇ (*loc.*) *ho passato un brutto quarto d'ora* j'ai passé un mauvais quart d'heure ~ *ha avuto il suo quarto d'ora di celebrità* il a eu son heure de gloire **2** [*la quarta parte di un animale macellato*] quartier: *quarti posteriori, anteriori* quartiers postérieurs, antérieurs; *un quarto d'agnello al forno* un quartier d'agneau au four **3** (*arald.*) quartier ◇ (*loc.*) *ha i suoi quarti di nobiltà* il a ses quartiers de noblesse **4** (*astron.*) quartier: *primo, ultimo quarto* premier, dernier quartier **5** (*tip.*) *in quarto* in-quarto **6** [*uno dei quattro pezzi di legno che formano la periferia della ruota di un carro*] jante *f.* **7** (*sport*) quart: *quell'atleta è stato ammesso ai quarti di finale* cet athlète a été admis aux quarts de finale.

quartodècimo |kwarto'dɛtʃimo| *agg. numer. ord.* (*lett.*) → **quattordicesimo.**

quartogènito |kwarto'dʒɛnito| *agg.* [*nato per quarto dagli stessi genitori*] (né le) quatrième: *figlio quartogenito* enfant (né le) quatrième ✦ (*s.*) *è il quartogenito di sei fratelli* il est le quatrième de six frères.

quartùltimo |kwar'tultimo| *agg.* quatrième avant le dernier: *la quartultima sillaba* la quatrième syllabe avant la dernière ✦ (*s.*) *si è piazzato quartultimo* il s'est classé quatrième avant le dernier.

quarzìfero |kwar'tsifero| *agg.* (*miner.*) quartzifère.

quarzìte |kwar'tsite| *s.f.* (*miner.*) quartzite *m.*

quàrzo |'kwartso| *s.m.* (*miner.*) quartz ◇ (*loc.*) *lampada a quarzo* lampe à enveloppe de quartz, à tube de quartz.

quarzóso |kwar'tsoso| *agg.* (*miner.*) quartzeux*: *rocce quarzose* roches quartzeuses.

quasar |'kwazar| *s.m. inv.* (*ingl.*) (*astron.*) quasar *var.*

quàsi |'kwazi| **I** *avv.* **1** [*circa, pressoché, poco meno che*] presque: *siamo quasi arrivati* nous sommes presque arrivés; *è quasi due chili* il pèse presque deux kilos; *è quasi un'ora che sono qui* il y a presque une heure que je suis ici; *non lo trovo quasi mai* je ne le trouve presque jamais; *non c'era quasi nessuno* il n'y avait presque personne; *serve quasi sempre* cela sert presque toujours; *'siete pronte?' 'quasi'* 'vous êtes prêtes?' 'presque'; *direi quasi di esserci riuscito* je dirais presque que j'y suis arrivé ◇ *loc.* QUASI QUASI peut-être: *quasi quasi era meglio* c'était peut-être mieux # *quasi quasi glielo dico* je suis tenté de le lui dire; *quasi quasi me ne andrei* je serais tenté de partir ~ O QUASI ou presque: *questo è tutto, o quasi* c'est tout, ou presque # *non c'era nessuno, o quasi* il n'y avait personne, ou peu s'en fallait ~ SENZA QUASI sans presque: *'sembrano quasi indifferenti' 'senza quasi'* 'ils ont l'air presque indifférents' 'ils le sont sans presque' **2** (*in unione a un v. con valore di 'mancare poco che'*) pour un peu: *quasi m'investiva* pour un peu il me renversait # *è stato quasi per morire* il a failli mourir; *quasi urlava dalla rabbia* il hurlait quasiment de rage **II** *cong.* [*come se*] comme si: *vuol dirigere tutti, quasi fosse lui il padrone* il veut diriger tout le monde, comme si c'était lui le patron # *mi odia, quasi gli avessi fatto del male* si je l'avais battu, il ne me détesterait pas davantage.

quasiché |kwazi'ke| *cong.* [*come se*] (+ *congv.*) comme si (+ *indic.*): *non gli interessa, quasiché non lo facessi per lui* cela ne l'intéresse pas, comme si je ne le faisais pas pour lui.

quàsi contràtto |'kwazikon'tratto| *loc. sost. m.* (*dir.*) quasi-contrat *s.m.*

quàsi delitto |'kwazide'litto| *loc. sost. m.* (*dir.*) quasi-délit *s.m.*

quasimòdo |kwazi'mɔdo| *s.m. sing.* (*liturg.*) la quasimodo *f.*, le dimanche de quasimodo.

quàsi possèsso |'kwazipos'sɛsso| *loc. sost. m.* (*dir.*) quasi-possession *f.*

quàsi rèndita |'kwazi'rɛndita| *loc. sost. f.* (*dir.*) quasi-rente.

quàsi usufrùtto |'kwaziuzu'frutto| *loc. sost. m.* (*dir.*) quasi-usufruit *s.m.*

quàssia |'kwassja| *s.f.* (*t.bot.*) quassia *m.*, quassier *m.*

quassìna |kwas'sina| *s.f.* (*chim.*) quassine.

quàssio, i |'kwassjo, i| *agg.* de quassia (*loc. inv.*): *legno quassio* bois de quassia ✦ (*s.m.*) *il quassio* le bois de quassia.

quassù |kwas'su| *avv.* ici (en haut): *sono quassù in terrazzo* je suis ici (en haut) sur la terrasse; *venite quassù ad aiutarmi* venez ici (en haut) m'aider; montez donc m'aider; *quassù in montagna fa molto freddo* ici en montagne il fait très froid ◇ *loc.* DA, DI QUASSÙ d'ici: *da quassù si gode un'ottima vista* d'ici on a une vue magnifique 🄲 **quaggiù.**

quatèrna |kwa'tɛrna| *s.f.* quaterne *m.*

quaternàrio, i |kwater'narjo, i| *agg.* **1** [*costituito da quattro elementi*] quaternaire: *verso quaternario* vers quaternaire ✦ (*s.m.*) *un quaternario* un quaternaire **2** (*geol.*) quaternaire: *periodo quaternario* ère quaternaire ✦ (*s.m.*) *il quaternario* le quaternaire.

quaternióne |kwater'njone| *s.m.* (*mat.*) quaternion.

quattaménte |kwatta'mente| *avv.* [→ QUATTO 2] en tapinois *loc.*, en catimini *loc.*

quàtto |'kwatto| *agg.* **1** [*rannicchiato, addossato a un riparo*] tapi: *se ne stava quatto quatto in un cantuccio* il était tapi dans un coin **2** [*silenzioso e nascosto*] *avanzava quatto quatto per coglierlo di sorpresa* il avançait à pas de loup *loc. inv.* pour le prendre par surprise; *se ne stava quatto quatto* il se tenait coi.

quattordicènne |kwattordi'tʃɛnne| *agg.* (âgé) de quatorze ans (*loc.*): *un ragazzo quattordicenne* un garçon (âgé) de quatorze ans ✦ (*s.m.*) *un quattordicenne* un garçon de quatorze ans ✦ (*s.f.*) *una quattordicenne* une fille de quatorze ans.

quattordicèsimo |kwattordi'tʃɛzimo| *agg. numer. ord.* quatorzième: *gli spetta la quattordicesima parte* la quatorzième partie lui revient ◇ (*in unione con i nomi di re o papi e con i sost. 'capitolo, volume' e sim.*) quatorze: *Luigi quattordicesimo* (*XIV*) Louis quatorze (XIV); *Benedetto quattordicesimo* (*XIV*) Benoît quatorze (XIV) ✦ *s.* quatorzième: *è il quattordicesimo* c'est le quatorzième; *i due quattordicesimi di un numero* les deux quatorzièmes d'un numéro.

quattórdici |kwat'torditʃi| *agg. numer. card. inv.* quatorze: *ha quattordici anni* il a quatorze ans; *ci sono quattordici piani* il y a quatorze étages ✦ (*s.m.*) *il quattordici* le quatorze.

quattrinàio, i |kwattri'najo, i| *s.m.* (*fam.*) [*chi ha molti quattrini*] richard: *è un quattrinaio!* c'est un richard! ✦ *agg.* cousu d'or: *ho uno zio quattrinaio* j'ai un oncle cousu d'or.

quattrinèlla |kwattri'nɛlla| *s.f.* → **nummolaria.**

quattrino |kwat'trino| *s.m.* **1** [*soldo, moneta spicciola*] sou: *sono senza un quattrino* je suis sans un sou; *mi pagherà fino all'ultimo quattrino* il me paiera jusqu'au dernier sou; *non gli devo nemmeno un quattrino* je ne lui dois même pas un sou ◇ (*loc.*) *non vale un quattrino* cela ne vaut pas un sou ~ *non ha il becco di un quattrino* il n'a pas un sou (vaillant) **2** *al plur.* [*denari*] argent (*sing.*): *butta via il suo tempo e i suoi quattrini* il gaspille son temps et son argent; *non pensa che ai quattrini* il ne pense qu'à l'argent ◇ (*loc.*) *ha fatto un sacco di quattrini* il a gagné un tas d'argent ~ *ha guadagnato fior di quattrini* il a gagné un argent fou ~ *fa quattrini a palate* il remue l'argent à la pelle ~ *è a corto di quattrini* il est à court d'argent **3** [*moneta italiana del XIV sec.*] quatrin.

quàttro |'kwattro| **I** *agg. numer. card. inv.* quatre: *le quattro stagioni* les quatre saisons; *i quattro punti cardinali* les quatre points cardinaux; *auto a quattro marce* voiture à quatre vitesses; *le quattro operazioni* les quatre opérations; *ho impiegato quattro ore* j'ai mis quatre heures ◇ (*loc. fig.*) *l'ha gridato ai quattro venti* il l'a crié sur les toits, aux quatre vents ~ *ha sudato quattro camicie* il a sué sang et eau ~ *gli voglio parlare a quattr'occhi* je veux lui parler entre quatre yeux ~ *se ne sta sempre chiuso fra quattro mura* il reste toujours claquemuré, enfermé entre quatre murs ~ *si è spiegato in quattro parole* il s'est expliqué en deux mots ~ *andiamo a fare quattro salti:* (*in casa*) on va faire une petite sauterie; (*in un locale pubblico*) on va danser entre amis ~ *ho voglia di fare quattro chiacchiere con te* j'ai envie de faire un brin de causette avec toi ~ *la sua casa è a quattro passi da qui* sa maison est à deux pas d'ici ~ *alla conferenza c'erano quattro gatti* à la conférence il y avait quatre pelés et un tondu **II** *s.m.* **1** [*il numero 4*] quatre: *il quattro per cento* quatre pour cent; *ha giocato il quattro di picche* il a joué le quatre de pique; *mettetevi in fila per quattro* mettez-vous en rang par quatre; *uscite a quattro a quattro* sortez quatre par quatre ◇ (*loc. fig.*) *mi faccio in quattro per lui* je me mets en quatre pour lui ~ *è partito in quattro e quattr'otto* il est parti en moins de deux, en cinq sec ~ *gliene ho dette quattro* je lui ai dit ses quatre vérités ~ *ha fatto il diavolo a quattro* il a fait le diable à quatre ◇ (*prov.*) *non dire quattro se non l'hai nel sacco* il ne faut pas vendre la peau de l'ours (avant de l'avoir tué) **2** (*sport*) quatre: *quattro con* quatre avec barreur; *quattro senza* quatre sans barreur.

quattròcchi |kwat'trɔkki| *s.m. inv.* (*fam., scherz.*) [*persona che porta gli occhiali*] binoclard *var.*

quattrocentésco, chi, ca, che |kwattrotʃen'tesko, ki, ka, ke| *agg.* du XVᵉ siècle (*loc. inv.*): *la cultura quattrocentesca di Firenze* la culture du XVᵉ siècle à Florence; la culture de la Renaissance florentine.

quattrocentèsimo |kwattrotʃen'tɛzimo| *agg. numer. ord. e s.* quatre centième.

quattrocentino |kwattrotʃen'tino| *agg.* du XVᵉ siècle (*loc. inv.*): *volume quattrocentino* volume du XVᵉ siècle.

quattrocentista |kwattrotʃen'tista| *s.m.* **1** écrivain du XVᵉ siècle **2** artiste du XVᵉ siècle **3** (*st., arte it.*) quattrocentiste **4** [*studioso delle arti e della letter. del Quattrocento*] spécialiste du XVᵉ siècle **5** (*sport*) coureur du 400 mètres plats.

quattrocentìstico, ci, ca, che |kwattrotʃen'tistiko, tʃi, ka, ke| *agg.* du XVᵉ siècle *loc. inv.*

quattrocènto |kwattro'tʃɛnto| **1** *agg. numer. card. inv.* quatre cent(s): *ho viaggiato per quattrocento chilometri* j'ai voyagé pendant, j'ai fait quatre cents kilomètres ♦ (*s.m.*) *il Quattrocento* le XVᵉ siècle **2** *s.m.* (*st., arte it.*) *il Quattrocento* le Quattrocento.

quattrofòglie |kwattro'fɔʎʎe| *s.m. inv.* (*arald.*) quatre-feuilles.

quattromila |kwattro'mila| *agg. numer. card. inv. e s.m.* quatre mille.

quégli |'kweʎʎi| *agg. e pron. dim. m. pl.* → **quello.**

quéi |'kwei| *agg. e pron. dim. m. pl.* → **quello.**

quel |'kwel| *agg. dim. m. sing.* → **quello.**

quélla |'kwella| *agg. e pron. dim. f. sing.* → **quello.**

quélle |'kwelle| *agg. e pron. dim. f. pl.* → **quello.**

quéllo |'kwello| **I** *agg. dim.* **1** ce *m.*, cet (*davanti a voc. o 'h' muta*), cette *f.*, ces (*pl. m. e f.*): *quel palazzo* ce palais; *quelle finestre* ces fenêtres; *quello stato* cet état; *quella nazione* cette nation; *quei soldati* ces soldats; *quegli uomini* ces hommes ◇ (*si usano le forme rafforzate da* -là *per sottolineare la lontananza nel tempo e nello spazio; tali forme sono obbligatorie nelle contrapposizioni*) *in quel tempo* en ce temps-là; *in quell'anno* cette année-là; *quel giorno* ce jour-là; *in quella stagione* en cette saison-là; *vorrei proprio quel quadro* je voudrais ce tableau-là; *prendi quel frutto lassù* prends ce fruit là-haut; *questa catapecchia e quel palazzo* ce taudis-ci et ce palais-là; *questa finestra è larga e quella porta è stretta* cette fenêtre-ci est large et cette porte-là est étroite ◇ (*seguito dall'agg. poss.*) *quella sua dichiarazione è falsa* sa déclaration est fausse; *quei suoi amici sono ragazzi allegri* ses amis sont des garçons joyeux ◇ (*loc.*) *quegli sciocchi!* ces (les) imbéciles! ~ *quello stordito di mio fratello* mon étourdi de frère ~ *ehi, quell'uomo!* eh là ~ *ha preso uno di quegli spaventi!* il a eu une de ces peurs! ~ *ho avuto una di quelle sorprese!* j'ai eu une de ces surprises! ~ *ha fatto tante di quelle sciocchezze!* les bêtises qu'il a pu faire! **2** (*in funzione di art. det., spec. seguito da prop. rel.*) le *m.*, la *f.*, les (*pl. m. e f.*): *quel libro che mi hai mandato* le livre que tu m'as envoyé; *quella casa che vedi lassù* la maison que tu vois là-haut; *per quel poco che avete fatto* pour le peu que vous avez fait; *tornò quella sera stessa* il retourna le soir même **3** (*in espressioni ell.*) *ne dice, ne pensa di quelle!* il en dit, il en pense de belles!; *ne ho sentite di quelle!* j'en ai entendu de toutes les couleurs! ◇ *loc. avv.* (*lett.*) *in quella* [*in quel preciso istante*] à ce moment-là (*corr.*) ~ *in quella che* [*nel momento in cui*] au moment où (*corr.*) **II** *pron. dim.* **1** celui-là *m.*, celle-là *f.*, ceux-là *pl. m.*, celles-là (*pl. f.*): *vuoi questo o quello?* tu veux celui-ci ou celui-là?; *prendi quello, è migliore* prends celui-là, il est meilleur; *il tuo posto è quello* ta place est celle-là; *scelgo quelli* je choisis ceux-là; *datemi quelle* donnez-moi celles-là ◇ (*seguito da prop. rel. o dalla prep. 'di'*) celui, celle, ceux, celles: *venderemo quelli che sono nella tua camera* nous vendrons ceux qui sont dans ta chambre; *quelli che chiacchierano troppo si rendono insopportabili* ceux qui bavardent trop se rendent insupportables; *invece di questo libro dammi quello di tuo fratello* au lieu de ce livre, donne-moi celui de ton frère; *quella che vi parla è mia sorella* celle qui vous parle est ma sœur; *questo paese è quello dove abito* ce pays est celui où j'habite **2** (*seguito da agg. qualificativo o loc. agg.*) le, la, les: *prendo quella gialla* je prends la jaune; *quella nera è la migliore* la noire est la meilleure; *ho portato delle mele: scegliete quelle mature* j'ai apporté des pommes: choisissez celles qui sont mûres, les mûres # *ecco il tuo libro e quello destinato a tua sorella* voilà ton livre et celui qui est destiné à ta sœur; *il suo vestito era più grazioso di quello di Maria* sa robe était plus jolie que celle de Maria ◇ (*loc.*) *quelli del piano di sopra* les locataires de l'étage au-dessus; *quello del gas, della luce* l'employé du gaz, de l'électricité **3** (*seguito da p.p. o p. pres., sempre volti in fr. con una prop. rel.*) celui, celle, ceux, celles: *ecco la lettera scritta da lui e quella scritta da me* voilà la lettre écrite par lui et celle qui a été écrite par moi; *il gusto della filosofia non era quello dominante* le goût de la philosophie n'était pas celui qui dominait **4** (*accompagnato dal v. 'essere', in particolari costrutti enf.*) *è quello il mio ombrello* c'est là mon parapluie; *non è quello il posto adatto* ce n'est pas là la place convenable; *quelle erano le mie intenzioni* c'étaient là mes intentions; *è quello il suo scopo* c'est là son but, voilà son but; *era quella la sua mania* c'était là sa manie ◇ (*loc.*) *quello* (*sì che*) *sa parlare!* en voilà un qui sait parler! ~ *gran colpo fu quello!* ce fut un grand coup que celui-là! ~ *quello è vino!* ça, c'est du vin! ~ *quello si chiama far sul serio!* voilà ce qui s'appelle faire les choses sérieusement! **5** [*questo... quello..., l'uno... l'altro...*] l'un... l'autre, l'une... l'autre *f.*, les uns... les autres, les unes... les autres: *delle due sorelle questa era bionda, quella bruna* des deux sœurs, l'une était blonde, l'autre brune; *non venderò né questa né quella* je ne vendrai ni l'une ni l'autre; *venderò questa e quella* je vendrai l'une et l'autre **6** (*con valore di 'egli, ella', ecc.*) il *m.*, elle *f.*, ils *pl. m.*, elles (*pl. f.*): *e quello rispose...* et il répondit... **7** (*con valore di 'lo stesso'*) le même: *sei sempre quello* tu es toujours le même; *non è più quella* ce n'est plus la même **8** (*con valore di 'ciò'*) cela; ça (*fam.*): *a quello non avevamo pensato* nous n'avions pas songé à cela; *non si parla più di quello* on ne parle plus de cela; *quello mi fa piacere* ça me fait plaisir ◇ (*come antecedente di un pron. rel.*) ce qui (*sogg.*), ce que (*ogg.*): *faccio quello che mi piace* je fais ce qui me plaît; *descrivimi quello che hai visto* décris-moi ce que tu as vu; *quello che dite è inesatto* ce que vous dites est inexact; *e, quel che è peggio...* et, ce qu'il y a de pis, de pire... **9** (*con valore di 'quanto'*) *è molto più ricco di quel che credessimo* il est beaucoup (bien) plus riche que nous ne le croyions; *studia meno di quel che dica* il étudie moins qu'il ne le dit; *è meno buono di quel che si dica* il est moins bon qu'on ne le dit **10** *loc.* IN QUEL DI dans la province de...: *in quel di Genova, di Roma* dans la province de Gênes, de Rome **11** *loc.* QUELLI DI... les gens de...: *quelli della campagna, della città* les gens de la campagne, de la ville; *quelli del partito* les gens du parti ◇ [*gli abitanti di*] les habitants de...: *quelli di Napoli* les habitants de Naples.

quercéto |kwer'tʃeto| *s.m.*, **quercéta** |kwer'tʃeta| *s.f.* [*bosco di querce, terreno piantato a querce*] chênaie *f.*

quèrcia, ce |'kwɛrtʃa, tʃe| *s.f.* **1** (*t.bot.*) chêne *m.* **2** [*il legno di tale pianta*] chêne.

quercino |kwer'tʃino| *agg.* [*di quercia*] de chêne *loc. inv.*

querciòla |kwer'tʃɔla| *s.f.* [*quercia già adulta, ma non ancora formata*] chêneau *m.*

querciòlo |kwer'tʃɔlo| *s.m.* [*quercia giovane con rami ancora flessibili*] chêneau.

quercite |kwer'tʃite| *s.f.* (*chim.*) quercite.

quercitrina |kwertʃi'trina| *s.f.* (*chim.*) quercitrine.

quercitróne |kwertʃi'trone| *s.m.* (*bot.*) quercitron.

querèla |kwe'rɛla| *s.f.* **1** (*dir.*) plainte: *ha sporto querela per diffamazione* il a déposé une plainte pour diffamation; *vuole fargli querela per falso* il veut déposer une plainte contre lui en faux # *ha ottenuto la remissione di querela* il a obtenu le désistement d'instance **2** (*lett.*) → **lamento.**

querelànte |kwere'lante| *s.* [*chi presenta querela*] plaignant.

querelàre |kwere'lare| **A** *v.tr.* [*presentare querela*] porter plainte (contre): *lo vuole querelare per calunnia* il veut porter plainte contre lui pour calomnie **B** *v.pron. intr.* (*lett.*) QUERELARSI [*lamentarsi*] se plaindre (65) (*corr.*).

querelàto |kwere'lato| *agg.* [*che ha ricevuto una querela*] accusé: *la persona querelata* la personne accusée ◆ (*s.*) *il querelato* l'accusé.

querimònia |kweri'mɔnja| *s.f.* **1** (*lett.*) [*lamento insistente*] plainte (*corr.*) ◇ (*poet.*) [*gemito*] gémissement *m.* **2** (*arc.*) → **reclamo.**

quèrulo |'kwɛrulo| *agg.* (*lett.*) [*lamentoso; che si lamenta spesso*] plaintif*; geignard (*fam.*): *una voce querula* une voix plaintive ‖ *una persona querula* une personne geignarde.

querulomania |kweruloma'nia| *s.f.* (*psichiatria*) quérulence.

quesito |kwe'zito| *s.m.* **1** [*interrogativo*] question (*f.*): *ha posto un difficile quesito* il a posé une question difficile **2** [*problema*] problème: *è riuscito a risolvere il quesito* il est arrivé à résoudre le problème **3** (*lett.*) [*domanda, richiesta*] demande *f.* (*corr.*).

quésti |'kwesti| *agg. e pron. dim. m. pl.* → **questo.**

questionàbile |kwestjo'nabile| *agg.* (*raro*) [→ QUESTIONARE 1] discutable.

questionàre |kwestjo'nare| *v.intr.* (*aus.* '*avere*') **1** [*fare una discussione molto vivace*] discuter: *questionavano di politica* ils discutaient (de) politique **2** [*litigare*] se disputer (*pron.*): *cominciarono a questionare sul conto* ils se mirent à se disputer à propos de l'addition.

questionàrio, i |kwestjo'narjo, i| *s.m.* questionnaire: *riempite il questionario* remplissez le questionnaire; *ho risposto al questionario per l'assunzione di lavoro* j'ai répondu au questionnaire pour l'engagement de travail.

questióne |kwes'tjone| *s.f.* **1** question: *è una questione essenzialmente tecnica* c'est une question essentiellement technique; *è questione di pochi giorni* c'est une question de jours; *è una questione di vita o di morte* c'est une question de vie ou de mort; *c'è una questione pregiudiziale da risolvere* il y a une question préalable à résoudre ◇ [*problema*] problème (*m.*): *si tratta di una grave questione* il s'agit d'un grave problème; *la questione è che...* le problème est que... **2** [*problema politico o sociale di cui si studia la soluzione*] problème: *la questione meridionale* le problème du Midi **3** [*controversia, litigio, discussione*] discussion: *è sorta una questione su questo argomento* une discussion est née à ce sujet; *ho avuto una questione con lui* j'ai eu une discussion avec lui # *finiamola di far questioni!* arrêtons de faire des histoires!; *sono venuti a questione per niente* ils se sont disputés pour rien ◇ (*loc.*) *è una questione di lana caprina* c'est une querelle d'Allemand.

quésto |'kwesto| **I** *agg. dim.* **1** ce *m.*, cet (*davanti a voc. o 'h' muta*), cette *f.*, ces (*pl. m. e f.*): *questo quadro* ce tableau; *questa bambina* cette petite fille; *quest'uomo* cet homme; *questo libro è mio* ce livre est à moi; *abbiamo fissato le camere in questo hotel* nous avons retenu les chambres dans cet hôtel ◇ (*si usano le forme rafforzate da -ci per sottolineare la vicinanza nello spazio e nel tempo; tali forme sono obbligatorie nelle contrapposizioni*) *metti questo vestito* mets cette robe(-ci); *questo prodotto è migliore di quello* ce produit-ci est meilleur que celui-là; *questa giacca è di lana, quella di velluto* cette veste-ci est en laine, celle-là est en velours ◇ (*seguito dall'agg. poss.*) *lo avvertirò con questo mio biglietto* je l'avertirai par ce billet; *questi vostri lamenti sono ingiustificati* vos plaintes sont injustifiées ◇ (*loc.*) *a questo mondo, in questa vita* dans ce monde, dans cette vie ~ *l'abbiamo fatto con queste mani* nous l'avons fait de nos propres mains ~ *non devi uscire con questo freddo* tu ne dois pas sortir par ce froid, par un froid pareil **2** (*in funzione di art. det., spec. seguito da prop. rel.*) le *m.*, la *f.*, les (*pl. m. e f.*): *questa notizia che ho avuto ora mi rallegra* la nouvelle que je viens de recevoir me réjouit; *questo ragazzo che ti presento è un mio amico* le garçon que je te présente est un de mes amis **3** (*con valore temporale*) [*di oggi, in corso*] ce, cet, cette, ces: *in questo momento* en ce moment; *questi lunghi mesi d'inverno* ces longs mois d'hiver; *quest'anno il raccolto è scarso* cette année la récolte est insuffisante # *quest'oggi* aujourd'hui ◇ [*prossimo*] ce (*ecc.*), prochain: *ci vedremo uno di questi giorni* on se verra un de ces jours; *ho fissato l'appuntamento per questo giovedì* j'ai fixé le rendez-vous pour ce jeudi, pour jeudi prochain; *partirò quest'altro mese* je partirai le mois prochain ◇ [*trascorso da poco*] ce dernier *m.*, cette dernière *f.*, (*ecc.*): *le vicende di questi dieci anni* les événements de ces dix dernières années # *questa notte non ho chiuso occhio* la nuit dernière je n'ai pas fermé l'œil **4** (*in espressioni ell.*) ça: *questa poi...!* ça alors...!; *questa è veramente bella!* ça alors, elle est bien bonne!; *questa è proprio carina!* ça, c'est du joli!; *sentite questa!* écoutez ça!; *questa non la passi liscia* ça, tu me la paieras; *ci mancherebbe anche questa!* il ne manquerait plus que ça!; *questa non me l'aspettavo!* je ne m'attendais pas à ça!; *prendi questa!* prends-ça et mets-le dans ta poche! # *prendi queste* (*botte*)! attrape!; *questa mi giunge nuova* voilà qui est nouveau ◇ *loc. avv.* (*lett.*) *in questa* [*in quel mentre, frattanto*] à ce moment-là (*corr.*), sur ces entrefaites (*corr.*) ~ *in questa che* [*nel momento in cui*] au moment où (*corr.*) **II** *pron. dim.* **1** celui-ci *m.*, celle-ci *f.*, ceux-ci *pl. m.*, celles-ci *pl. f.* ◇ [*ciò, questa cosa*] ceci, cela: *questo è mio cugino* celui-ci est (voilà) mon cousin; *il tuo posto è questo* ta place est celle-ci; *vorrei una dozzina di queste* je voudrais une douzaine de celles-ci; *prendi questo* prends ceci; *preferisci questo o quello?* tu préfères ceci ou cela? ◇ (*seguito da prop. rel.*) celui, celle, ceux, celles: *questo che hai scelto mi va bene* celui que tu as choisi me convient # *questo che tu ammiri è il più bel panorama della città* tu admires là le plus beau panorama de la ville; *questi che sono entrati adesso, sono miei parenti* ce sont des parents qui viennent d'entrer; *preferisco quest'altro* je préfère l'autre **2** (*seguito da agg. qualificativo o loc. agg.*) le, la, les: *delle versioni, questa inglese è la migliore* des versions, l'anglaise est la meilleure; '*di questi mobili quale preferisci?*' '*questo in mogano*' 'lequel préfères-tu de ces meubles?' 'le meuble qui est, celui en acajou' **3** (*seguito da p.p. o p. pres., sempre volti in fr. con una prop. rel.*) celui, celle, ceux, celles: *scelgo questo, fatto in materiale più resistente* je choisis celui qui est fait en un matériau plus résistant; *il giudizio migliore è questo riguardante mio fratello* le jugement le meilleur est celui qui concerne mon frère **4** (*accompagnato dal v. 'essere', in particolari costrutti enf.*) *questo è il premio che vi attende* c'est là, voilà le prix qui vous attend; *sono queste le consolazioni che dài ai tuoi genitori?* est-ce là les consolations que tu apportes à tes parents? # *questo è il peggiore dei dolori* c'est là la pire des douleurs; *è questo il mio nuovo collega* voici mon nouveau collègue ◇ (*loc.*) *questo è vino!* voilà ce qui s'appelle du vin! ~ *gran giorno è questo!* c'est un grand jour que celui-ci! **5** [*questo... quello..., l'uno... l'altro...*] l'un... l'autre, l'une... l'autre, les uns... les autres, les unes... les autres: *qui non c'è silenzio: questo parla, quello discute* ici il n'y a pas de silence: l'un parle, l'autre discute; *non chiedere consigli a questo e a quello* ne demande conseil ni à l'un ni à l'autre **6** (*con valore di 'egli, ella', ecc.*) il *m.*, elle *f.*, ils *pl. m.*, elles (*pl. f.*): *questi non disse niente* il ne dit rien; *la chiamò, ma questa non rispose* il l'appela, mais elle ne répondit pas **7** (*con valore neutro*) [*ciò, la cosa di cui si parla*] cela, ça (*fam.*), ceci: *questo non devi dirlo* tu ne dois pas dire cela, ça; *questo non mi convince* cela ne me convainc pas; *non dico questo* je ne dis pas cela; *da questo si de-*

duce che devi stare più attento on déduit de cela que tu dois faire plus attention; *sono venuto per questo* je suis venu pour cela; *questo non va* cela ne va pas || *questo è per voi* ceci est pour vous # *questo è quanto ho potuto sapere* voilà ce que j'ai pu savoir ◇ (*come antecedente di un pron. rel.*) ce: *questo che senti deve passare sotto silenzio* ce que tu entends doit être pass- sous silence ◇ (*loc.*) *questo e altro* non seulement ça, mais d'autres choses ~ *questo mai e poi mai* ça, jamais ~ *questo è quanto* c'est tout ~ *e con questo?* et alors? ~ (*fam.*) *questo poi!* ça alors! ~ *e con questo ti saluto* sur ce, je te dis au revoir; (*in una lettera*) je te fais mes amitiés ~ *questo no!* ça, non! ~ *questo sì!* ça, d'accord! ~ *con questo però* mais avec ça ~ *con tutto questo* [*nonostante ciò*] avec tout ça.

questóre |kwes'tore| *s.m.* **1** [*pubblico funzionario preposto ai servizi di polizia nelle città capoluogo di provincia*] préfet de police **2** [*membro del Parlamento*] questeur **3** (*st. rom.*) questeur.

questòrio, i |kwes'tɔrjo, i| *agg.* (*st. rom.*) questorien*.

quèstua |'kwɛstua| *s.f.* [*raccolta di elemosine*] quête # *andare alla questua* allez quêter.

questuànte |kwestu'ante| *agg.* [*che fa la questua*] quêteur*: *frate questuante* frère quêteur ◆ (*s.*) *un questuante* un quêteur.

questuàre |kwestu'are| **A** *v.intr.* (*aus. 'avere'*) [*fare la questua, chiedere offerte*] quêter **B** *v.tr.* (*fig.*) [*elemosinare*] quêter, mendier: *questuare favori* quêter, mendier des faveurs.

questùra |kwes'tura| *s.f.* **1** [*organo amministrativo formato dal questore e dai suoi dipendenti*] préfecture de police **2** [*polizia*] police: *c'è una rapina, chiamate la questura!* il y a un vol, appelez la police! **3** (*st. rom.*) questure.

questurìno |kwestu'rino| *s.m.* (*pop.*) [*agente della questura*] flic → **poliziotto.**

quetàre |kwe'tare| *v.tr.* → **quietare.**

quèto |'kwɛto| *agg.* → **quieto.**

qui |kwi| *avv.* **1** [*in questo luogo, in questo posto*] ici, là: *sono qui* je suis ici; *qui non c'è nessuno* ici il n'y a personne; *abito qui* j'habite ici; *vieni qui* viens ici; *ritornerò qui sabato* je rentrerai ici samedi; *mi son fatto male qui al braccio* je me suis fait mal là, au bras; *'dove sei?' 'qui, davanti a te'* 'où es-tu?' 'là, devant toi'; *'dove sei?' 'qui'* 'où es-tu?' 'je suis ici' # *tutto qui?* rien que ça? ◇ (*con valore pleon.*) *guarda qui che cosa ha combinato!* regarde ce qu'il a fabriqué; *tieni qui!* tiens!; *date qui!* donnez! ◇ (*loc.*) *qui giace* ci-gît; *qui accluso* ci-inclus; *qui allegato* ci-joint **2** (*seguito da altri avv. di luogo*) ici: *vieni qui dentro* viens ici dedans; *sto qui fuori* je reste ici dehors; *abito qui vicino* j'habite près d'ici; *vieni qui vicino a me* viens ici près de moi; *qui dietro c'è un negozio* ici derrière il y a un magasin; *mettilo qui sotto* mets-le ci-dessous; *è qui sopra* il est ci-dessus; *qui intorno ci sono molti alberi* par ici il y a beaucoup d'arbres; *le vie qui intorno sono tutte strette* les rues par ici sont toutes étroites; *mi piace passeggiare qui intorno* j'aime me promener par ici # *resta qui intorno* ne t'éloigne pas ◇ (*contrapposto a 'lì, là'*) *qui e lì* ça et là; *ora qui ora lì* (*là*) tantôt ici, tantôt là; *uno qui uno lì* l'un ici, l'autre là; *da qui a lì* d'ici là ◇ *loc. avv.* DI QUI [*di questo luogo*] d'ici: *siete di qui?* vous êtes d'ici?; *è gente di qui* ce sont des gens d'ici; (*moto a luogo*) *vieni di qui un momento* viens ici un instant; (*moto da luogo*) DI QUI, DA QUI d'ici: *via di qui!* hors d'ici!; *da qui a Milano ci sono cento chilometri* d'ici à Milan il y a cent kilomètres; *non muoverti di qui* ne bouge pas d'ici!; (*moto per luogo*) (PER) DI QUI par ici: *di qui non si passa* on ne passe pas par ici; *è scappato di qui* il s'est enfui par ici ~ FIN QUI jusqu'ici: *è arrivato fin qui* il est arrivé jusqu'ici ◇ *loc. prep.* DI (DA) QUI IN GIÙ à partir d'ici: *di qui in giù era tutto bagnato* à partir d'ici, il était tout mouillé ~ DI (DA) QUI IN AVANTI dorénavant: *di qui in avanti la strada è più facile* dorénavant la route est plus facile; *da qui in avanti si comporterà meglio* dorénavant il se comportera mieux ~ DA QUI A d'ici (à): *da qui a domani c'è tempo* d'ici à demain il y a le temps; *di qui a poco parto* d'ici peu je pars **3** (*fig.*) [*in questo punto*] ici: *qui comincio a non capire più* ici je commence à ne plus comprendre; *qui hai torto* ici tu as tort ◇ [*a questo punto*] là: *e qui è finita la nostra avventura* et là s'est terminée notre aventure; *qui comincia il bello* c'est là que commence le plus beau ◇ *loc.* FIN QUI jusqu'ici: *fin qui ho capito tutto* jusqu'ici j'ai tout compris **4** [*da questo, da ciò*] de là: *di qui si può dedurre...* de là, on peut déduire... # *di qui si capisce il suo atteggiamento* ceci connu, on comprend son attitude **5** (*raff. di 'questo'*) -ci: *prendi questo qui* prends celui-ci; *questo vestito qui mi piace di più* cette robe-ci me plaît davantage # *questo signore qui* ce monsieur-là **6** (*raff. di 'ecco' espresso o sottinteso*) voici, voilà: *eccomi qui* me voici; *ecco qui un altro concorrente* voici un autre concurrent; *eccoti qui finalmente!* te voilà finalement!; *'dov'è il mio libro?' 'eccolo'* 'où est mon livre?' 'le voilà' Ⓒ 1 **lì.**

quid |kwid| *s.m. inv.* (*lat.*) [*qualcosa; un non so che*] quelque chose, un je ne sais quoi: *c'è un quid che non mi convince* il y a quelque chose, un je ne sais quoi qui ne me convainc pas.

quiddità |kwiddi'ta| *s.f. inv.* (*filos.*) quiddité, *var.*

quiescènte |kwjeʃ'ʃɛnte| *agg.* **1** (*scient.*) inactif*: *vulcano quiescente* volcan inactif **2** (*lett.*) [*che è in stato di riposo, sonnacchioso*] endormi (*corr.*).

quiescènza |kwjeʃ'ʃɛntsa| *s.f.* **1** (*dir.*) retraite: *trattamento di quiescenza* pension de retraite; *premio di quiescenza* prime de retraite; *fondo di quiescenza* fond de retraite **2** (*bot.*) germination retardée: *quiescenza di una pianta* germination retardée d'une plante **3** (*geol.*) repos (*m.*): *quiescenza di un vulcano* repos d'un volcan.

quietaménte |kwjeta'mente| *avv.* **1** [*con tranquillità*] tranquillement **2** [*con calma*] calmement.

quietànza |kwje'tantsa| *s.f.* [*ricevuta di pagamento*] quittance; acquit (*m.*): *chiedere, rilasciare una quietanza* demander, délivrer une quittance || *firmare per quietanza un mandato di pagamento* signer pour acquit un mandat de paiement.

quietanzàre |kwjetan'tsare| *v.tr.* [*rilasciare ricevuta di avvenuto pagamento*] quittancer (2): *quietanzare un'obbligazione* quittancer une obligation.

quietàre |kwje'tare| **A** *v.tr.* [*rendere calmo e tranquillo, ricondurre alla quiete*] calmer, apaiser: *quietare il pianto di un bambino* calmer, apaiser les pleurs d'un enfant; *quietare la collera, lo sdegno* apaiser sa colère, son indignation **B** *v.pron. intr.* QUIETARSI **1** (*persone*) [*tornare alla calma*] se calmer: *dopo quelle parole si quietò* après ces mots, il se calma **2** (*fenomeni naturali, meteor.*) [*cessare di essere agitato*] se calmer, s'apaiser: *la tempesta si quietò* la tempête se calma, s'apaisa.

quiète |'kwjɛte| *s.f.* **1** [*mancanza di movimento, l'essere immobile*] repos (*m.*): *stato di quiete di un corpo* état de repos d'un corps **2** [*calma, assenza di attività, mancanza di rumori e di disturbi*] calme (*m.*): *la quiete della notte* le calme de la nuit; *si godeva la quiete del mare* il goûtait le calme de la mer **3** [*serenità, tranquillità interiore*] paix; quiétude (*lett.*): *la quiete domestica* la paix domestique; *è un uomo che ama la propria quiete* c'est un homme qui aime la paix || *quel pensiero gli toglieva la quiete* ce souci lui enlevait la quiétude # *quel gruppo sta disturbando la quiete pubblica* ce groupe dérange la tranquillité publique, l'ordre public Ⓒ 3 **inquietudine.**

quietìsmo |kwje'tizmo| *s.m.* **1** (*st. relig.*) quiétisme **2** [*apatia, inerzia*] apathie *f.*

quietìsta |kwje'tista| *s.* **1** (*st. relig.*) quiétiste **2** (*fig.*) [*apatico, che ama il quieto vivere*] apathique.

quietìstico, ci, ca, che |kwje'tistiko, tʃi, ka, ke| *agg.* (*st. relig.*) quiétiste.

quièto |'kwjɛto| *agg.* **1** [*calmo, che è in uno stato di quiete*] calme: *una notte quieta* une nuit calme; *una città quieta* une ville calme ◇ (*persone*) [*tranquillo*] tranquille: *è un bambino che non sta mai quieto* c'est un enfant qui ne reste jamais tranquille; *ma stai un po' quieto!* mais reste donc un peu tranquille! ◇ (*loc. fig.*) *è un'acqua quieta* c'est une eau qui dort **2** [*pacifico, alieno da ogni turbamento e disordine*] paisible: *conduce una vita quieta* il mène une vie paisible; *è gente quieta* ce sont des gens paisibles; *ama il quieto vivere* il aime la vie paisible Ⓒ **inquieto.**

quinàrio, i |kwi'narjo, i| *agg.* **1** (*mat.*) quinaire **2** (*metr.*) de cinq syllabes (*loc. inv.*): *verso quinario* vers de cinq syllabes ◆ (*s.m.*) *il quinario* le vers de cinq syllabes.

quìnci |'kwintʃi| *avv.* (*ant., poet.*) **1** [*di qui, da questo luogo*] d'ici (*corr.*) ◇ (*con valore temporale*) DA QUINCI INNANZI dorénavant (*corr.*) ◆ *s.m.* (*solo nelle loc.*) *parlare in quinci e quindi, stare sul quinci e sul quindi* [*parlare, comportarsi con affettazione*] parler avec préciosité **2** [*per qui*] par ici (*corr.*).

quindecènviro |kwinde'tʃɛnviro| *s.m.* (*st. rom.*) quindécemvir.

quindècimo |kwin'dɛtʃimo| *agg. numer. ord.* (*lett.*) → **quindicesimo.**

quìndi |'kwindi| **I** *avv.* **1** [*in seguito, poi*] puis, ensuite: *lo feci avver-*

tire, quindi intervenni direttamente je le fis prévenir, puis, ensuite j'intervins directement **2** → **quinci** **II** *cong.* [*perciò, di conseguenza*] donc, par conséquent: *hai sbagliato, quindi pagherai* tu t'es trompé, donc, par conséquent tu paieras.
quindicennàle |kwinditʃen'nale| *agg.* **1** [*che dura quindici anni*] de quinze ans (*loc. inv.*): *un mutuo quindicennale* un emprunt de quinze ans **2** [*che ricorre ogni quindici anni*] qui a lieu tous les quinze ans (*loc.*): *celebrazione quindicennale* célébration qui a lieu tous les quinze ans ✦ (*s.m.*) *il quindicennale della vittoria* le quinzième *agg.* anniversaire de la victoire.
quindicènne |kwindi'tʃɛnne| *agg.* (âgé) de quinze ans (*loc. inv.*): *un ragazzo quindicenne* un garçon (âgé) de quinze ans ✦ (*s.m.*) *un quindicenne* un garçon (âgé) de quinze ans ✦ (*s.f.*) *una quindicenne* une fille (âgée) de quinze ans.
quindicènnio, i |kwindi'tʃɛnnjo, i| *s.m.* (période *f.* de) quinze ans.
quindicèsimo |kwindi'tʃɛzimo| *agg. numer. ord.* quinzième: *il secolo quindicesimo* le quinzième siècle, le XVe siècle; *è stato scelto il quindicesimo candidato* le quinzième candidat a été choisi ◇ (*in unione con i nomi di re o papi e con i sost. 'capitolo, volume' e sim.*) quinze: *Luigi quindicesimo* (*XV*) Louis quinze (XV); *Benedetto quindicesimo* (*XV*) Benoît quinze (XV) ✦ (*s.*) *è arrivato quindicesimo* il est arrivé quinzième.
quìndici |'kwinditʃi| *agg. numer. card. inv.* quinze: *un ragazzo di quindici anni* un garçon de quinze ans; *partirò fra quindici giorni* je partirai dans quinze jours ✦ (*s.m. inv.*) *il quindici* le quinze: *è stato estratto il quindici* le quinze a été tiré; *viene il quindici di ogni mese* il vient le quinze de chaque mois ✦ (*s.f. pl.*) *sono le quindici* il est quinze heures.
quindicimila |kwinditʃi'mila| *agg. numer. card. e s.m.* quinze mille.
quindicìna |kwindi'tʃina| *s.f.* **1** [*circa quindici unità*] quinzaine: *starò fuori una quindicina di giorni* je resterai absent une quinzaine de jours **2** [*paga di quindici giorni*] quinzaine.
quindicinàle |kwinditʃi'nale| *agg.* **1** qui dure quinze jours (*loc.*): *turni quindicinali* tours de quinze jours **2** [*che ricorre ogni quindici giorni*] bimensuel*: *una rivista quindicinale* une revue bimensuelle ✦ (*s.m.*) *un quindicinale* un (journal*) bimensuel.
quinòa |kwi'nɔa| *s.f.* (*t.bot.*) quinoa.
quìnqua- |'kwinkwa| *pref.* (*significa 'cinque', corrisponde gener. a*) quinqua: *quinquagesima* quinquagésime.
quinquagenàrio, i |kwinkwadʒe'narjo, i| *agg. e s.m.* (*lett.*) → **cinquantenne.**
quinquagèsima |kwinkwa'dʒɛzima| *s.f.* (*eccl.*) quinquagésime.
quinquagèsimo |kwinkwa'dʒɛzimo| *agg. numer. ord.* (*lett.*) → **cinquantesimo.**
quinquennàle |kwinkwen'nale| *agg.* **1** [*che dura cinque anni*] quinquennal*: *contratto quinquennale* contrat quinquennal **2** [*che ricorre ogni cinque anni*] quinquennal.
quinquènne |kwin'kwɛnne| *agg.* → **cinquenne.**
quinquènnio, i |kwin'kwɛnnjo, i| *s.m.* **1** quinquennat: *un quinquennio di studi* un quinquennat d'études ◇ (*di piano, carica, ecc.*) caractère quinquennal: *il quinquennio della presidenza* le caractère quinquennal de la présidence **2** (*st. rom.*) quinquennium.
quinquerème |kwinkwe'rɛme| *s.f.* (*st. mar.*) quinquérème.
quint- |kwint| *pref.* (*significa 'quinto', corrisponde gener. a*) quint: *quintuplicare* quintupler.
quìnta |'kwinta| *s.f.* **1** (*teat.*) coulisse ◇ (*loc. fig.*) *stare dietro le quinte* se tenir dans la coulisse **2** (*mus.*) quinte **3** (*scherma*) quinte: *guardia di quinta* garde de quinte.
quintàle |kwin'tale| *s.m.* quintal*.
1 **quintàna** |kwin'tana| *s.f.* **1** (*st. rom.*) voie quintane **2** [*giostra mediev. o giostra del Saracino*] quintaine.
2 **quintàna** |kwin'tana| *s.f.* (*med.*) fièvre quintane *agg.*
quintèrno |kwin'tɛrno| *s.m.* (cahier de) cinq feuilles (*f. pl.*): *un quinterno di carta protocollo* cinq feuilles de papier ministre ◇ (*bibliografia*) cahier.
quintessènza |kwintes'sɛntsa| *s.f.* quintessence ◇ (*loc. fig.*) *è la quintessenza della bontà, della scemenza* c'est la quintessence de la bonté, de l'imbécillité.
quintessenziàle |kwintessen'tsjale| *agg.* (*raro*) quintessenciel*.
quintessenziàre |kwintessen'tsjare| *v.tr.* (*raro*) [*portare alla quintessenza*] quintessencier (*lett.*).
quintétto |kwin'tetto| *s.m.* **1** (*mus.*) quintette **2** groupe de cinq personnes ◇ (*sport*) *il quintetto d'attacco* les cinq attaquants, les (cinq) avants.
quintilióne |kwinti'ljone| *s.m.* (*mat.*) quintillion.
quintìno |kwin'tino| *s.m.* cinquième de litre.
quìnto |'kwinto| **I** *agg. numer. ord.* cinquième: *abitiamo al quinto piano* nous habitons au cinquième étage; *gli spetta la quinta parte* la cinquième partie lui revient; *è il suo quinto figlio* c'est son cinquième enfant ◇ (*in unione con i nomi di re o papi e con i sost. 'capitolo, volume' e sim.*) cinq: *Carlo quinto* (*V*) *di Francia* Charles cinq (V) de France; *il capitolo quinto* le chapitre cinq; *il quinto atto* le cinquième acte, l'acte cinq # *Carlo quinto* (*V*) *di Spagna* Charles Quint (V), Charles d'Espagne ✦ (*s.*) *è la quinta da destra* c'est la cinquième à partir de la droite; *elevare un numero alla quinta* élever un nombre à la puissance cinq ~ *il quinto grado* le cinquième degré ~ *la quinta colonna* la cinquième colonne **II** *s.m.* **1** cinquième: *un quinto* (*di litro*) un cinquième (de litre); *riduciamo le spese di un quinto* réduisons les dépenses d'un cinquième **2** (*mar.*) couple.
quintodècimo |kwinto'dɛtʃimo| *agg. numer. ord. e s.* (*lett.*) → **quindicesimo.**
quintogènito |kwinto'dʒɛnito| *agg. e s.* cinquième enfant.
quintùltimo, quint'ùltimo |kwin'tultimo| *agg. e s.* cinquième avant le dernier.
quintuplicàre |kwintupli'kare| **A** *v.tr.* [*moltiplicare per cinque, accrescere di cinque volte*] quintupler: *quintuplicare un reddito* quintupler un revenu **B** *v.pron. intr.* QUINTUPLICARSI [*aumentare di cinque volte*] quintupler (*intr.*): *gli interessi si sono quintuplicati* les intérêts ont quintuplé.
quintùplice |kwin'tuplitʃe| *agg.* [*che si compone di cinque parti*] quintuple: *un'alleanza quintuplice* une quintuple alliance.
quìntuplo |'kwintuplo| *agg. e s.* quintuple.
qui pro quo |'kwiprɔ'kwɔ| *s.m. inv.* (*lat.*) quiproquo (*var.*): *uno spiacevole quiproquo* un malheureux quiproquo.
quirìte |kwi'rite| *s.m.* (*st. rom.*) quirite.
quisquìlia |kwis'kwilja| *s.f.* [*inezia, cosa da niente*] bagatelle: *discutono per delle quisquilie* ils discutent pour des bagatelles, des riens ◇ [*futilità*] futilité: *si preoccupa per una quisquilia* il s'inquiète pour une futilité ◇ (*iron.*) *per lui un milione è una quisquilia* pour lui, un million c'est une bagatelle, un rien.
quistióne |kwis'tjone| *e deriv.* → **questione** *e deriv.*
quìvi |'kwivi| *avv.* (*lett.*) [*lì, là, in quel luogo o momento*] là (*corr.*).
quiz |kwiz| *s.m. inv.* jeu (*var.*): *un quiz televisivo* un jeu télévisé; *un quiz radiofonico* un jeu radiophonique.
quòndam |'kwɔndam| *avv.* (*lat.*) **1** [*una volta, un tempo*] ancien* (*agg.*): *il Sig. X, quondam direttore* Monsieur X, ancien directeur **2** (*raro*) [*defunto*] feu* *agg.*
quòrum |'kwɔrum| *s.m. inv.* (*lat.*) quorum (*var.*): *nell'ultima assemblea non si è raggiunto il quorum* à la dernière assemblée on n'a pas atteint le quorum.
quòta |'kwɔta| *s.f.* **1** [*parte spettante a ciascuno in una ripartizione*] quote-part: *le quote* les quotes-parts; *stabilire la quota di una spesa* établir la quote-part d'une dépense; *esigere la propria quota* exiger sa quote-part; *ha pagato la quota di partecipazione* il a payé la quote-part de participation # *quota d'ammortamento* amortissement **2** [*la somma che deve pagare ogni membro di un'associazione*] cotisation: *ogni partecipante è impegnato per una certa quota* chaque participant doit verser une cotisation d'un certain montant **3** [*parte*] part: *la somma fu divisa in tre quote* la somme fut divisée en trois parts **4** (*comm.*) quota (*m.*): *quota d'importazione* quota d'importation **5** [*la proporzione offerta dagli allibratori per le scommesse su ciascun cavallo*] cote **6** [*altitudine*] altitude: *hanno raggiunto quota duemila* ils ont atteint deux mille mètres d'altitude; *l'aereo volava a bassa quota* l'avion volait à basse altitude; *il velivolo ha ripreso quota* l'avion a repris de l'altitude **7** (*cartografia*) cote: *quota 325* cote 325 **8** [*livello*] niveau *m.* # *ho calcolato che sei a quota venti* j'ai calculé que tu as vingt points ◇ (*loc.*) *essere a quota zero* être à zéro **9** [*quotazione in Borsa*] cote.
quotàbile |kwo'tabile| *agg.* (*banca*) cotable.
quotàre |kwo'tare| **A** *v.tr.* **1** [*obbligare per una quota*] cotiser: *hanno quotato tutti per mille lire* ils ont tous cotisé pour mille lires **2** [*assegnare il prezzo a un titolo in un listino di Borsa*] coter: *ogni azione fu quotata cinquantamila lire* chaque action fut cotée cinquante mille lires **3** (*fig.*) [*valutare, stimare*] coter: *nel suo ambiente è molto quotato* dans son milieu il est très bien

coté **4** (*cartografia*) [*determinare, segnare la quota*] coter: *quotare un disegno tecnico* coter un dessin technique **B** *v.pron. intr.* QUOTARSI [*partecipare a una contribuzione impegnandosi a pagare una certa somma*] se cotiser # *ogni partecipante si è quotato per cinquemila lire* chaque participant a versé une cotisation de cinq mille lires.

quotàto |kwo'tato| *agg.* **1** (*detto di un titolo in un listino di Borsa*) coté: *titoli quotati* titres cotés **2** (*fig.*) [*stimato, tenuto in considerazione*] coté: *un pittore molto quotato* un peintre très coté **3** (*topografia*) coté: *una carta topografica quotata* une carte topographique cotée.

quotazióne |kwotat'tsjone| *s.f.* [→ QUOTARE A 2] cotation: *quotazione di titoli azionari, di obbligazioni* cotation de titres, d'obligations ◇ [*valore quotato*] cote: *quotazione ufficiale* cote officielle; *quotazione di chiusura* cote de clôture ◇ (*fig.*) *la quotazione di quel cantante è in ribasso* la cote de ce chanteur est en baisse.

quotidianaménte |kwotidjana'mente| *avv.* [→ QUOTIDIANO 1] quotidiennement.

quotidianità |kwotidjani'ta| *s.f. inv.* (*raro*) quotidienneté (*var.*): *la quotidianità di questi fatti* la quotidienneté de ces faits.

quotidiàno |kwoti'djano| **1** *agg.* [*di ogni giorno, che avviene ogni giorno*] quotidien*: *il pane quotidiano* le pain quotidien; *la nostra passeggiata quotidiana* notre promenade quotidienne **2** *s.m.* [*periodico che si pubblica tutti i giorni*] quotidien: *un grande quotidiano d'informazione* un grand quotidien d'informations; *i quotidiani del mattino, del pomeriggio* les quotidiens du matin, de l'après-midi.

quotità |kwoti'ta| *s.f. inv.* (*dir.*) quotité *var.*

quotizzàre |kwotid'dzare| *v.tr.* [*dividere, ripartire in quote*] lotir: *quotizzare un terreno* lotir un terrain.

quotizzazióne |kwotiddzat'tsjone| *s.f.* [→ QUOTIZZARE] lotissement (*m.*): *la quotizzazione di un terreno* le lotissement d'un terrain.

quòto |'kwɔto| *s.m.* (*mat.*) quotient.

quoziènte |kwot'tsjente| *s.m.* **1** (*mat.*) quotient **2** [*numero, indice che esprime un determinato valore o rapporto*] quotient: *quoziente di natalità, di mortalità* quotient de natalité, de mortalité; *quoziente respiratorio* quotient respiratoire; *quoziente elettorale* quotient électoral; *quoziente d'intelligenza* quotient d'intelligence.

R

r |ɛrre| *s.f. o m.* [*sedicesima lettera dell'alfabeto*] r (*m.*): *r minuscola* r minuscule; *R maiuscolo* R majuscule ◇ (*tel.*) *R come Roma*: (*in Francia*) R comme Raoul; (*in Belgio*) R comme Robert ◇ (*loc.*) *arrotare la r* rouler les r ~ *avere la r moscia* grasseyer.

rabàrbaro |ra'barbaro| *s.m.* **1** (*t. bot.*) rhubarbe *f.* **2** (*farm.*) rhubarbe: *estratto di rabarbaro* extrait de rhubarbe; *tintura di rabarbaro* teinture de rhubarbe **3** [*liquore amaro preparato col rizoma della pianta omonima*] rabarbaro.

ra(b)bàzza |ra(b)'battsa| *s.f.* (*mar.*) pied *m.*

rabbellìre |rabbel'lire| (197) *v.tr.* → **riabbellire.**

rabberciaménto |rabbertʃa'mento| *s.m.* [→ RABBERCIARE] rafistolage; (*di vestiti, tessuti*) rapiéçage, rapiècement, stoppage.

rabberciàre |rabber'tʃare| *v.tr.* [*accomodare alla meglio*] rafistoler (*fam.*); (*di vestiti, tessuti*) rapiécer (8), stopper: *rabberciare un vecchio mobile* rafistoler un vieux meuble ‖ *rabberciare un calzino* rapiécer, stopper une chaussette.

rabberciàto |rabber'tʃato| *agg.* [*riparato in qualche modo*] rafistolé *p.p.*; rapiécé *p.p.*, stoppé (*p.p.*): *una casa rabberciata* une maison rafistolée ‖ *una giacca rabberciata* une veste rapiécée, stoppée; *una calza rabberciata* un bas stoppé.

rabberciatóre, trice |rabbertʃa'tore, tritʃe| *s.* (*raro*) [*chi rabbercia*] raccommodeur* (*corr.*), stoppeur*.

rabberciatùra |rabbertʃa'tura| *s.f.* [*riparazione sommaria e provvisoria*] rapiéçage *m.*, rapiècement *m.*, stoppage *m.*

ràbbi |'rabbi| *s.m. inv.* rabbi *var.*

ràbbia |'rabbja| *s.f.* **1** (*med.*) rage → **idrofobia** **2** (*fig.*) [*sdegno, furore, grande irritazione*] rage: *una rabbia cieca* une rage aveugle; *pieno di rabbia* plein de rage; *è fuori di sé dalla rabbia* il est fou de rage; *si rode dalla rabbia* il écume de rage ◇ [*collera*] colère: *rosso di rabbia* rouge de colère; *ha scatti di rabbia* il a des mouvements de colère ◇ (*prov.*) *chi troppo vuole, di rabbia muore* qui trop embrasse, mal étreint ~ *uccello in gabbia, non canta per amor, canta per rabbia* l'oiseau en cage ne chante pas par amour, mais de dépit **3** [*dispetto, stizza*] *la sua impazienza mi fa rabbia* son impatience m'exaspère; *che rabbia tutto quello spreco* tout ce gaspillage me fait mal au cœur **4** [*furia violenta e disordinata*] fureur: *la rabbia del vento* la fureur du vent ◇ [*violenza*] violence: *la rabbia delle onde* la violence des vagues; *la pioggia continuava a scrosciare con rabbia* la pluie continuait à tomber avec violence **5** [*accanimento, impegno frenetico*] acharnement (*m.*): *lavora con rabbia* il travaille avec acharnement; *si è difeso con rabbia* il s'est défendu avec acharnement.

ràbbico, ci, ca, che |'rabbiko, tʃi, ka, ke| *agg.* (*med.*) rabique: *virus rabbico* virus de la rage, virus rabique.

rabbinàto |rabbi'nato| *s.m.* rabbinat.

rabbìnico, ci, ca, che |rab'biniko, tʃi, ka, ke| *agg.* rabbinique: *letteratura rabbinica* littérature rabbinique.

rabbinìsmo |rabbi'nizmo| *s.m.* rabbinisme.

rabbinìsta |rabbi'nista| *s.m.* rabbiniste.

rabbìno |rab'bino| *s.m.* rabbin.

ràbbio, i |'rabbjo, i| *s.m.* (*pesca*) épuisette *f.*

rabbiosaménte |rabbjosa'mente| *avv.* [*con rabbia*] rageusement.

rabbióso |rab'bjoso| *agg.* **1** (*med., veter.*) enragé: *un cane, un gatto rabbioso* un chien, un chat enragé ◇ (*loc. fig.*) *l'hanno cacciato come un cane rabbioso* ils l'ont chassé comme un chien enragé **2** (*persone*) [*pieno di rabbia, reso violento dall'ira*] furieux*: *si sentivano delle urla rabbiose* on entendait des cris furieux; *gli ha dato uno sguardo rabbioso* il lui a lancé un regard furieux, furibond # *nutre un odio rabbioso contro di lui* il nourrit une haine farouche contre lui; *è un uomo rabbioso di carattere* c'est un homme de caractère (très) irascible **3** (*cose*) [*violento, infuriato*] furieux: *fiamme rabbiose hanno distrutto tutto* des flammes furieuses ont tout consumé; *la forza rabbiosa del vento ha spazzato via tutto* la force furieuse du vent a tout balayé # *una fame rabbiosa* une faim de loup.

rabboccàre |rabbok'kare| *v.tr.* **1** [*riempire nuovamente* (*fiaschi, bottiglie*) *fino all'orlo*] (r)emplir jusqu'au goulot: *rabboccare un fiasco* (r)emplir un fiasco jusqu'au goulot # *rabboccare una botte* rembouger un tonneau **2** [*spianare con intonaco superfici irregolari*] (re)jointoyer (10).

rabboccatùra |rabbokka'tura| *s.f.* **1** [→ RABBOCCARE 1] remplissage *m.* (à ras bord) **2** [→ RABBOCCARE 2] (re)jointoiement *m.*

rabbonìre |rabbo'nire| (197) **A** *v.tr.* [*far tornare calmo, tranquillo*] calmer, apaiser: *è stato difficile rabbonirlo* on a eu du mal à le calmer, à l'apaiser **B** *v.pron. intr.* RABBONIRSI [*addolcirsi, mitigarsi*] se radoucir: *a quelle parole si è un po' rabbonito* à ces mots il s'est un peu radouci ◇ [*calmarsi, placarsi*] se calmer, s'apaiser: *il mare si è rabbonito* la mer s'est calmée, s'est apaisée.

rabbonìto |rabbo'nito| *agg.* [*reso calmo*] apaisé, tranquille.

rabbrividìre |rabbrivi'dire| (197) *v.intr.* (*aus. 'essere', raro 'avere'*) [*avere, sentire i brividi*] frissonner (*aus.* avoir): *rabbrividì per il freddo* il frissonna de froid; *rabbrividisco solo a pensarci* rien que d'y penser, j'en frissonne.

rabbuffàre |rabbuf'fare| **A** *v.tr.* **1** [*scompigliare, mettere in disordine*] mettre (71) en désordre ◇ (*detto di capelli*) ébouriffer: *il vento le rabbuffò i capelli* le vent lui ébouriffa les cheveux ◇ (*detto di penne, peli*) *hérisser: *l'uccello rabbuffò le penne* l'oiseau hérissa ses plumes **2** (*ant.*) [*rimproverare, sgridare*] gronder, réprimander **B** *v.pron.* RABBUFFARSI **1** *intr.* [*turbarsi minacciando tempesta*] se gâter: *il tempo si sta rabbuffando* le temps se gâte ◇ (*detto di mare*) grossir ◇ (*detto di cielo*) se couvrir (23) **2** *rifl., recipr.* (*raro*) [*azzuffarsi*] en venir (27) aux mains (*corr.*), se battre (76) (*corr.*).

rabbuffàto |rabbuf'fato| *agg.* **1** [*scompigliato nei capelli*] ébouriffé **2** [*che ha le penne arruffate*]* hérissé **3** [*in disordine*] en désordre *loc. inv.*

rabbùffo |rab'buffo| *s.m.* [*sgridata, forte rimprovero*] réprimande *f.*, semonce *f.* 🄲 **lode, elogio.**

rabbuiàrsi |rabbu'jarsi| *v.pron. intr.* [*oscurarsi, diventare buio*] s'obscurcir, s'assombrir: *il cielo verso sera si rabbuiò* le ciel s'obscurcit, s'assombrit dans la soirée ◇ (*fig.*) *a quella notizia si rabbuiò in volto* à cette nouvelle son visage s'assombrit, se rembrunit.

rabdologia, gie |rabdolo'dʒia, dʒie| *s.f.* rabdologie.

rabdològico, ci, ca, che |rabdo'lɔdʒiko, tʃi, ka, ke| *agg.* rabdologique.

rabdomànte |rabdo'mante| *s.* rhabdomancien*, sourcier*: *bacchetta di rabdomante* baguette de sourcier, baguette divinatoire ◇ [*scopritore di sorgenti*] sourcier.

rabdomàntico, ci, ca, che |rabdo'mantiko, tʃi, ka, ke| *agg.* de la rhabdomancie *loc. inv.*, du rhabdomancien* (*loc.*): *capacità rabdomantiche* capacités du rhabdomancien.

rabdomanzìa |rabdoman'tsia| *s.f.* r(h)abdomancie.

rabelesiàno |rabele'ziano| *agg.* rabeleisien*: *spirito rabelesiano* verve rabelaisienne.

rabescàre |rabes'kare| *v.tr.* **1** [*decorare con arabeschi*] orner d'arabesques **2** (*per est.*) [*decorare con disegni bizzarri*] gribouiller, barbouiller: *rabescare la pagina di un libro* gribouiller, barbouiller la page d'un livre.

rabescàto |rabes'kato| *agg.* orné *p.p.* d'arabesques; gribouillé *p.p.*, barbouillé *p.p.*

rabescatùra |rabeska'tura| *s.f.* [*decorazione fatta ad arabeschi*] arabesques *pl.*
rabésco, chi |ra'besko, ki| *s.m.* **1** arabesque *f.* → **arabesco 2** (*fig.*) [*scrittura incomprensibile*] gribouillis, gribouillage, barbouillage.
rabicàno |rabi'kano| *agg.* [*mantello equino variato da chiazze o parti bianche*] rubican: *cavallo rabicano* cheval rubican ✦ (*s.m.*) *un rabicano* un rubican.
ràbico, ci, ca, che |'rabiko, tʃi, ka, ke| *agg.* (*med.*, *veter.*) rabique: *virus rabico* virus de la rage, virus rabique.
ràca |'raka| *s. inv.* raca *var.* # *gli ha detto raca* il l'a insulté.
raccapezzàre |rakkapet'tsare| **A** *v.tr.* [*riuscire a trovare, a mettere insieme q.c.*] ramasser, rassembler **B** *v. pron. intr.* RACCAPEZZARSI [*venire a capo di q.c.*] se retrouver, se reconnaître.
raccapricciaménto |rakkaprittʃa'mento| *s.m.* → **raccapriccio.**
raccapricciànte |rakkaprit'tʃante| *agg.* [*che desta raccapriccio*] horrible, affreux*: *una scena raccapricciante* une scène horrible, affreuse # *un urlo raccapricciante* un cri à (vous) figer le sang (dans les veines).
raccapricciàre |rakkaprit'tʃare| *v.intr.* (*aus. 'essere', raro nei tempi comp.*) [*provare raccapriccio; inorridire*] frémir (*aus.* avoir) d'horreur # *una scena da far raccapricciare i capelli* une scène à faire dresser les cheveux sur la tête.
raccapriccio, i |rakka'prittʃo, i| *s.m.* [*senso di orrore, di paura*] horreur (*f.*): *la scena destò in tutti un forte raccapriccio* la scène fit horreur à tout le monde; *lo vidi fremere di raccapriccio* je le vis frémir d'horreur.
raccattacicche |rakkatta'tʃikke| *s. inv.* [*chi raccatta le cicche di sigarette*] ramasseur* *var.* de mégots.
raccattafièno |rakkatta'fjɛno| *s.m. inv.* (*agr.*) râteleuse *f.*
raccattapàlle |rakkatta'palle| *s. inv.* (*sui campi di tennis*) ramasseur* de balles.
raccattàre |rakkat'tare| *v.tr.* **1** [*raccogliere da terra*] ramasser: *raccattare un libro caduto* ramasser un livre (qui était) tombé ◇ (*fig.*) *raccattare chiacchiere* glaner des commérages **2** [*mettere insieme, radunare*] ramasser: *raccattare soldi* ramasser de l'argent.
raccattatóre, trice |rakkatta'tore, tritʃe| *s.* (*raro*) [*chi raccatta*] ramasseur*.
raccattatùra |rakkatta'tura| *s.f.* [→ RACCATTARE] ramassage *m.*
raccèndere |rat'tʃɛndere| (105) *v. tr.* → **riaccendere.**
raccerchiàre |rattʃer'kjare| *v.tr.* **1** [*circondare, accerchiare del tutto*] entourer **2** [*rimettere i cerchi alle botti e alle ruote*] recercler.
racchétta |rak'ketta| *s.f.* raquette: *racchetta da neve* raquette à neige, de montagnard; *racchetta da tennis* raquette de tennis # *racchetta da sci* bâton de ski; *lo sport della racchetta* le tennis ◇ (*mil.*) roquette, fusée.
ràcchia |'rakkja| *s.f.* (*spreg.*, *fam.*) [*persona brutta, noiosa*] mocheté: *che racchia!* quelle mocheté!
1 **ràcchio, i** |'rakkjo, i| *s.m.* [*piccolo grappolo di pochi chicchi non maturati*] grappillon.
2 **ràcchio, i** |'rakkjo, i| *agg.* (*spreg.*, *fam.*) [*brutto, sgraziato*] moche, laid (*corr.*) © **bello 1.**
racchiocciolàrsi |rakkjottʃo'larsi| *v.pron. rifl.* [*rannicchiarsi, accovacciarsi*] se blottir.
racchióna |rak'kjona| *s.f.* (*spreg.*, *fam.*) [*donna sgraziata, brutta*] mocheté.
racchiùdere |rak'kjudere| (106) *v.tr.* **1** [*contenere*] renfermer, contenir (27): *una biblioteca che racchiude molti tesori* une bibliothèque qui renferme de nombreux trésors ◇ (*fig.*) cacher: *ha racchiuso in cuore un segreto* il a caché un secret dans son cœur **2** (*ant.*) [*rinchiudere, trattenere*] retenir (27) (*corr.*).
raccoglibriciole |rakkoʎʎi'britʃole| *s.m. inv.* ramasse-miettes.
raccògliere |rak'kɔʎʎere| (123) **A** *v.tr.* **1** [*prendere, sollevare da terra*] ramasser: *raccogli quella busta* ramasse cette enveloppe; *è stato raccolto in fin di vita* on l'a ramassé à moitié mort ◇ (*nei lavori a maglia*) *raccogliere un punto* rattraper une maille ◇ (*loc. fig.*) *raccogliere il guanto* ramasser, relever le gant ~ *raccogliere un'allusione* relever une allusion ~ (*fam.*) *è da raccogliere col cucchiaino* il est à ramasser à la petite cuillère **2** [*prendere i prodotti agricoli*] récolter # *raccogliere il fieno* faire les foins ◇ (*frutti, fiori*) cueillir (18) # *raccogliere le olive* faire la cueillette des olives ◇ (*fig.*) *raccogliere la gloria* récolter la gloire; *raccogliere il frutto di anni di fatiche* recueillir le fruit d'années d'efforts ◇ (*prov.*) *chi semina vento raccoglie tempesta* qui sème le vent récolte la tempête ~ *come si semina, si raccoglie* on ne récolte que ce qu'on a semé **3** [*riunire*] réunir; rassembler; recueillir (18): *ha raccolto gli amici per una festa* il a réuni des amis pour une fête ‖ *ha raccolto le opere minori in un volume* il a rassemblé les œuvres mineures dans un volume ‖ *raccogliere fondi per gli orfani* recueillir des fonds pour les orphelins; *raccoglie informazioni per conto di lui* il recueille des informations pour son compte # *di solito raccoglie i capelli in una treccia* d'habitude elle natte ses cheveux ◇ [*radunare*] réunir: *raccogliere indizi* réunir des indices ◇ (*loc.*) *il Po raccoglie le acque di molti fiumi* le Pô reçoit les eaux de nombreux affluents ~ *raccoglie in sé molte doti* il détient, possède de nombreuses qualités ~ *deve ancora raccogliere le idee* il doit encore rassembler ses idées ~ *ha raccolto le sue ultime forze* il a rassemblé ses dernières forces ◇ (*mar.*) *raccogliere le vele* carguer, amener les voiles; *raccogliere le reti* relever les filets **4** [*collezionare*] collectionner: *raccogliere ceramiche* collectionner des céramiques **5** [*ricevere, accogliere*] recueillir: *ha raccolto le sue ultime volontà* il a recueilli ses dernières volontés; *raccogliere la successione di un grande uomo* recueillir l'héritage d'un grand homme # *ha raccolto l'appello di pace* il a répondu à l'appel de paix; *raccoglie sempre molte simpatie* il rencontre toujours beaucoup de sympathies ◇ (*sport*) *raccogliere la palla* recevoir (33) le ballon **B** *v.pron.* RACCOGLIERSI **1** *intr.* [*riunirsi, ammassarsi*] se réunir, se rassembler: *la famiglia si è raccolta per il suo compleanno* la famille s'est réunie, rassemblée pour son anniversaire; *l'acqua si raccoglie a valle* les cours d'eau se réunissent dans la vallée **2** *rifl.* [*concentrarsi*] se recueillir: *ciascuno si raccolse in silenzio* chacun se recueillit en silence.
raccogliménto |rakkoʎʎi'mento| *s.m.* [→ RACCOGLIERE B 2] recueillement: *pregare con raccoglimento* prier avec (beaucoup de) recueillement.
raccogliticcio, ci, cia, ce |rakkoʎʎi'tittʃo, tʃi, tʃa, tʃe| **1** *agg.* [*raccolto alla meglio, a caso*] de fortune *loc. inv.*; hétéroclite: *un esercito raccogliticcio* une armée de fortune ‖ *una cultura raccogliticcia* une culture hétéroclite **2** *s.m.* [*elementi disparati messi insieme alla meglio*] ramassis (*pegg.*): *un raccogliticcio di sbandati* un ramassis de déséquilibrés.
raccoglitóre, trice |rakkoʎʎi'tore, tritʃe| *s.* **1** *s.* [*chi raccoglie*] cueilleur* (*raro*): *raccoglitore di olive, di frutta* cueilleur d'olives, de fruits ◇ [*collezionista*] collectionneur*: *raccoglitore di monete romane* collectionneur de monnaies romaines **2** *s.m.* [*custodia per documenti, francobolli, ecc.*] classeur.
raccoglitrice |rakkoʎʎi'tritʃe| *s.f.* (*tecnol.*) ramasseuse.
raccòlta |rak'kɔlta| *s.f.* **1** (*di prodotti della terra*) récolte: *la raccolta del fieno* la récolte du foin, la fenaison ◇ (*di frutti, di cotone*) cueillette: *la raccolta delle olive* la cueillette des olives ◇ (*di uva*) vendange **2** (*fig.*) récolte: *una raccolta di denari, di fondi* une récolte d'argent, de fonds; *una raccolta di firme* une récolte de signatures # *bacino di raccolta* bassin de réception **3** [*collezione*] collection: *una raccolta di quadri* une collection de tableaux; *fare la raccolta di francobolli* faire collection de timbres **4** [*un insieme di scritti, di poesie*] recueil (*m.*): *pubblicare una raccolta di poesie* publier un recueil de poèmes **5** [*adunata, massa*] groupe (*m.*): *una raccolta di gente* un groupe de gens ◇ (*loc.*) *chiamare a raccolta* battre le rappel ~ *suonare a raccolta* battre le rappel, sonner le ralliement **6** [*i mezzi che una banca ha a disposizione*] recettes *pl.*
raccoltaménte |rakkolta'mente| *avv.* [→ RACCOLTO I 2] avec recueillement *loc. inv.*
raccòlto |rak'kɔlto| **I** *agg.* **1** [*rannicchiato*] pelotonné: *il gatto stava tutto raccolto* le chat était pelotonné # *gambe raccolte* jambes repliées; *capelli raccolti* cheveux relevés **2** (*fig.*) [*concentrato, pensoso*] recueilli, absorbé: *un atteggiamento raccolto* une attitude recueillie # *pregava raccolto* il priait avec recueillement ◇ [*tranquillo, contenuto*] contenu: *gioia raccolta* joie contenue ◇ [*appartato, intimo*] intime: *un luogo raccolto* un lieu intime **II** *s.m.* [*i frutti raccolti in un'annata*] récolte (*f.*): *raccolto scarso, abbondante* récolte maigre, abondante; *il raccolto del grano* la récolte du blé.
raccomandàbile |rakkoman'dabile| *agg.* [→ RACCOMANDARE A 2, 3] recommandable: *è una persona poco raccomandabile* c'est une personne peu recommandable.
raccomandànte |rakkoman'dante| *agg.* qui recommande (*loc.*): *la persona raccomandante* la personne qui

recommande ✦ (*s.*) *il raccomandante* la personne *f.* qui recommande.

raccomandàre |rakkoman'dare| **A** *v.tr.* **1** [*affidare alle cure e al favore altrui*] recommander: *raccomandare l'anima a Dio* recommander son âme à Dieu; *ti raccomando i miei figli* je te recommande, je te confie mes enfants **2** [*esortare, consigliare con insistenza*] recommander: *vi raccomando il silenzio* je vous recommande le silence; *questo negozio mi è stato raccomandato* on m'a recommandé, conseillé ce magasin; *ho raccomandato ai partecipanti di non allontanarsi* j'ai recommandé aux participants de ne pas s'éloigner # *bambini, state buoni, mi raccomando!* les enfants, soyez (bien) sages, s'il vous plaît! ◇ (*iron.*) *te lo raccomando quel tipo!* je te le recommande, ce type-là! **3** [*intercedere a favore di qc., chiedere un particolare riguardo*] recommander, pistonner (*fam.*): *l'ho raccomandato presso il direttore* je l'ai recommandé au directeur; *cerca di farsi raccomandare* il essaie de se faire recommander, pistonner **4** (*pt*) [*spedire per raccomandata*] recommander: *questa lettera deve essere raccomandata* cette lettre doit être recommandée **5** [*assicurare legando*] attacher # *raccomandare l'ancora a una catena* river l'ancre à une chaîne **6** (*lett.*) [*commettere, affidare*] confier (*corr.*) **B** *v.pron. rifl.* RACCOMANDARSI [*chiedere, implorare protezione e favore*] se recommander: *nel dolore si raccomandava a Dio* dans sa douleur, il se recommandait à Dieu # *si è raccomandato a tutti i santi del paradiso* il a imploré tous les saints du paradis ◇ (*loc.*) *è una persona che si raccomanda per la sua intelligenza* c'est une personne qui se recommande par son intelligence; *si è raccomandato alle proprie gambe* [*è fuggito*] il a pris ses jambes à son cou.

raccomandàta |rakkoman'data| *s.f.* (*pt*) lettre recommandée: *raccomandata con ricevuta di ritorno* lettre recommandée avec accusé de réception; *ho spedito il pacco per raccomandata* j'ai envoyé un paquet recommandé.

raccomandatàrio, i |rakkomanda'tarjo, i| *s.m.* recommandataire.

raccomandàto |rakkoman'dato| *agg.* recommandé: *un candidato raccomandato* un candidat recommandé, pistonné (*fam.*) ◇ (*pt*) *una lettera raccomandata* une lettre recommandée; *un plico raccomandato* un pli recommandé ✦ (*s.*) *un raccomandato* une personne *f.* recommandée, un protégé ◇ (*loc.*) *è un raccomandato di ferro* il est puissamment recommandé, pistonné (*fam.*).

raccomandatóre, trice |rakkomanda'tore, tritʃe| *s.* (*raro*) celui *m.*, celle *f.* qui recommande *loc.*

raccomandatòrio, i |rakkomanda'tɔrjo, i| *agg.* de recommandation (*loc. inv.*): *lettera raccomandatoria* lettre de recommandation.

raccomandazióne |rakkomandat'tsjone| *s.f.* [→ RACCOMANDARE] recommandation: *il bambino ricordava le raccomandazioni ricevute* l'enfant se souvenait des recommandations qu'on lui avait faites; *ha fatto carriera a forza di raccomandazioni* il a fait carrière à coups de recommandations, de pistons (*fam.*); *si è fatto scrivere una lettera di raccomandazione* il s'est fait donner une lettre de recommandation # *l'avvocato ha concluso con una raccomandazione* l'avocat a terminé sa plaidoirie par une adjuration (au tribunal, à la cour, au jury).

raccomodaménto |rakkomoda'mento| *s.m.* **1** [→ RACCOMODARE 1] réparation (*f.*): *il raccomodamento di un mobile* la réparation d'un meuble **2** (*fig.*) [*riconciliazione, rappacificamento*] réconciliation *f.*, raccommodement (*fam.*).

raccomodàre |rakkomo'dare| *v. tr.* **1** [*riparare, aggiustare*] réparer: *raccomodare un orologio* réparer une montre ◇ (*abiti*) raccommoder ◇ (*calze*) repriser **2** (*di letto*) [*sistemare, riassettare*] retaper; arranger (3): *raccomoda il letto* retape le (ton) lit ‖ *è riuscito a raccomodare la situazione* il est arrivé à arranger les choses □ *si è raccomodato la cravatta* il a ajusté sa cravate [C] 1 **rompere.**

raccomodatùra |rakkomoda'tura| *s.f.* [→ RACCOMODARE 1] réparation ◇ (*di abiti*) raccommodage *m.*, stoppage *m.* ◇ (*di calze*) reprisage *m.*, stoppage.

raccomunàre |rakkomu'nare| *v. tr.* → **accomunare.**

racconciàre |rakkon'tʃare| **A** *v.tr.* **1** → **raccomodare** **2** [*correggere migliorando*] arranger (3): *racconciare un componimento* arranger, mettre en forme une rédaction **B** *v.pron.* RACCONCIARSI **1** *intr.* (*detto del tempo*) [*rimettersi al bello*] se mettre (71) au beau **2** *rifl.* (*raro*) [*rimettersi in ordine*] se rajuster, s'arranger.

racconsolàre |rakkonso'lare| *v. tr.* (*lett.*) → 1 **consolare.**

raccontàbile |rakkon'tabile| *agg.* [→ RACCONTARE] racontable: *un fatto raccontabile* un fait racontable.

raccontafàvole |rakkonta'favole| *s. inv.* [*persona che racconta fandonie*] blagueur* *var.*

raccontàre |rakkon'tare| *v.tr.* **1** [*riferire parole o avvenimenti*] raconter: *non voglio raccontare i fatti miei* je ne veux pas raconter ma vie; *racconta a tutti i propri guai* il raconte ses malheurs à tout le monde; *raccontano che...* on raconte que...; *raccontaci com'è andata* raconte-nous comment ça s'est passé ◇ (*loc.*) *ringrazia Dio di poterla raccontare* remercie le ciel d'être encore là pour le raconter ~ *la sa raccontare bene!* ce qu'il ment bien! ~ *è uno che racconta balle, frottole* c'est quelqu'un qui raconte des histoires, qui conte des sornettes ~ *se ne raccontano delle belle, di tutti i colori sul suo conto* on en raconte de belles, de toutes les couleurs sur son compte ~ *se ne raccontano tante!* on en raconte tellement! ~ *a me la vieni a raccontare? a chi la racconti?* et c'est à moi que tu racontes ça? ~ *raccontate tutto per filo e per segno* racontez tout en détail ~ *vai a raccontarlo a qualcun altro!* va raconter ça ailleurs, à d'autres! **2** [*esporre cose fantastiche, inverosimili*] dire (48): *raccontare una fiaba* dire un conte.

raccontatóre, trice |rakkonta'tore, tritʃe| *s.* (*raro*) [*chi racconta*] raconteur*.

raccónto |rak'konto| *s.m.* **1** [*il fatto di raccontare*] récit: *fare un racconto dettagliato, succinto* faire un récit détaillé, succinct; *il suo racconto non mi convince* son récit ne me convainc pas **2** [*novella*] conte: *racconti popolari* contes populaires; *racconti per bambini* contes d'enfants, pour enfants # *racconti polizieschi* nouvelles policières.

raccorciaménto |rakkortʃa'mento| *s.m.* [→ RACCORCIARE] raccourcissement.

raccorciàre |rakkor'tʃare| **A** *v.tr.* [*far diventare più breve, più corto*] raccourcir, écourter # *bisogna raccorciare i tempi* il faut accélérer la mesure, il faut aller plus vite **B** *v.pron. intr.* RACCORCIARSI [*diventare più breve, più corto*] raccourcir (*intr.*): *le giornate si raccorciano* les jours raccourcissent [C] **allungare.**

raccordàre |rakkor'dare| *v.tr.* [*congiungere, collegare con un raccordo*] raccorder: *raccordare due autostrade* raccorder deux autoroutes; *raccordare un tubo a una pompa* raccorder un tuyau à une pompe.

raccòrdo |rak'kɔrdo| *s.m.* **1** [→ RACCORDARE] raccordement **2** (*mecc., tecnol.*) raccord: *applicare un raccordo* mettre un raccord; *anello di raccordo* bague de raccord # *gomito di raccordo* raccord coudé, coude; *raccordo stradale* embranchement, bretelle; *raccordo ferroviario* embranchement ferroviaire; *tronco di raccordo* voie de raccordement.

raccostaménto |rakkosta'mento| *s.m.* [→ RACCOSTARE] rapprochement.

raccostàre |rakkos'tare| **A** *v.tr.* **1** [*accostare di più, ravvicinare*] rapprocher: *raccostare il battente di una porta* rapprocher le battant d'une porte **2** (*fig.*) [*mettere in relazione, raffrontare*] rapprocher: *raccostare due colori contrastanti* rapprocher deux couleurs qui contrastent **B** *v.pron. rifl.* RACCOSTARSI [*avvicinarsi*] se rapprocher (de).

raccozzaménto |rakkottsa'mento| *s.m.* (*raro*) [*raccolta disordinata e difficoltosa*] rassemblement (*corr.*).

raccozzàre |rakkot'tsare| **A** *v.tr.* [*mettere insieme alla meno peggio*] rassembler (*corr.*) **B** *v.pron. intr.* (*raro*) RACCOZZARSI [*radunarsi*] se rassembler (*corr.*), se réunir (*corr.*).

racèmico, ci, ca, che |ra'tʃɛmiko, tʃi, ka, ke| *agg.* (*chim.*) racémique.

racemìfero |ratʃe'mifero| *agg.* (*lett.*) racémifère.

racemizzazióne |ratʃemiddzat'tsjone| *s.f.* (*chim.*) racémisation.

racèmo |ra'tʃɛmo| *s.m.* **1** (*bot.*) racème **2** [*motivo decorativo composto da volute stilizzate di tralci vegetali*] racème.

racemóso |ratʃe'moso| *agg.* (*bot.*) racémeux*: *infiorescenza racemosa* inflorescence racémeuse.

racer |'reisə| *s.m. inv.* (*ingl.*) (*sport*) racer *var.*

rachialgìa, gie |rakial'dʒia, dʒie| *s.f.* (*med.*) rachialgie.

rachianestesìa |rakianeste'zia| *s.f.* (*med.*) rachianesthésie.

rachicentèsi |rakitʃen'tɛzi| *s.f. inv.* (*med.*) rachicentèse *var.*, ponction *var.* lombaire.

ràchide |'rakide| *s.f.* (*anat., bot., zool.*) rachis *m.*

rachidèo |raki'dɛo| *agg.* (*anat.*) rachidien*.

rachidiàno |raki'djano| *agg.* (*anat.*) rachidien*.

rachìtico, ci, ca, che |ra'kitiko, tʃi, ka, ke| *agg.* rachitique: *arti rachitici* membres rachitiques ◇ (*fig.*) *piante rachitiche* plantes rachitiques ♦ (*s.*) *un rachitico* un rachitique.

rachìtide |ra'kitide| *s.f.* → **rachitismo.**

rachitìsmo |raki'tizmo| *s.m.* (*med.*) rachitisme.

racimolàre |ratʃimo'lare| *v.tr.* **1** (*raro*) [*cogliere i racimoli*] grappiller **2** (*fig.*) [*raggranellare, mettere insieme a fatica*] rassembler: *è riuscito a racimolare un po' di denaro* il est parvenu à rassembler un peu d'argent.

racimolatùra |ratʃimola'tura| *s.f.* [→ RACIMOLARE 1] grappillage *m.*

racìmolo |ra'tʃimolo| *s.m.* [*grappoletto d'uva*] grappillon.

racket |'rækit| *s.m. inv.* (*ingl.*) racket (*var.*): *il racket della prostituzione, delle bische* le racket de la prostitution, des tripots.

racquetàre |rakkwe'tare| *v.tr.* (*raro, lett.*) → **acquietare.**

rad |rad| *s.m. inv.* (*fis.*) rad *var.*

ràda |'rada| *s.f.* (*geogr.*) rade.

ràdar |'radar| *s.m. inv.* (*rad.*) radar (*var.*): *radar fisso, mobile* radar fixe, mobile; *radar ionosferico* radar ionosphérique; *stazione radar* station radar; *avvisare mezzo radar* repérer au radar.

radarìsta |rada'rista| *s.m.* radariste *s.*

radàzza |ra'dattsa| *s.f.* (*mar.*) fauber(t) *m.*

radazzàre |radat'tsare| *v.tr.* (*mar.*) [*pulire con la radazza*] fauberter, fauberder.

raddensàre |radden'sare| *e deriv.* → **addensare** *e deriv.*

raddirizzàre |raddirit'tsare| *e deriv.* → **raddrizzare** *e deriv.*

raddobbàre |raddob'bare| *v.tr.* (*mar.*) [*rimettere in efficienza le strutture di una nave*] radouber.

raddòbbo |rad'dɔbbo| *s.m.* (*mar.*) radoub: *bacino di raddobbo* bassin de radoub.

raddolciménto |raddoltʃi'mento| *s.m.* [→ RADDOLCIRE] radoucissement.

raddolcìre |raddol'tʃire| (197) **A** *v.tr.* **1** [*fare diventare dolce o più dolce*] adoucir: *raddolcire una bevanda* adoucir une boisson **2** (*fig.*) [*rendere meno aspro*] adoucir: *raddolcire il tono, la voce* adoucir le ton, la voix → **mitigare** **3** [*raffreddare lentamente un metallo dopo averlo riscaldato*] radoucir: *raddolcire una lega* radoucir un alliage **B** *v.pron. intr.* RADDOLCIRSI [*diventare meno rigido, rabbonirsi*] se radoucir: *la stagione si è addolcita* la saison s'est radoucie # *l'asprezza del suo carattere si va addolcendo* l'âpreté de son caractère s'attenue peu à peu.

raddoppiaménto |raddopja'mento| *s.m.* **1** [→ RADDOPPIARE] redoublement: *il raddoppiamento del prezzo* le redoublement du prix **2** [*figura retorica di reiterazione della parola*] redoublement **3** (*ling., enigmistica*) doublement.

raddoppiàre |raddop'pjare| **A** *v.tr.* **1** [*far diventare doppio*] doubler: *i commercianti hanno raddoppiato i prezzi* les commerçants ont doublé les prix; *raddoppiare una consonante* doubler une consonne # *voglio raddoppiare la comunicazione telefonica* je veux prolonger la communication (téléphonique) **2** (*per est.*) [*accrescere, aumentare*] redoubler: *dopo la malattia ha raddoppiato le premure* après sa maladie il a redoublé de précautions; *in vista degli esami ha raddoppiato gli sforzi* à l'approche des examens il a redoublé d'efforts **B** *v.intr.* (*aus.* '*essere*') **1** [*diventare doppio*] doubler (*aus.* avoir): *le entrate sono raddoppiate* la recette a doublé # *giocare a lascia o raddoppia* jouer à quitte ou double **2** [*aumentare*] redoubler (*aus.* avoir): *la forza del vento è raddoppiata* la force du vent a redoublé **3** (*equitazione*) [*effettuare il raddoppio*] faire du saute-mouton, faire du (canter) terre à terre **4** [*eseguire il colpo del raddoppio, giocando al biliardo*] doubler, faire un doublé.

raddoppiàto |raddop'pjato| *agg.* **1** [*aumentato del doppio*] doublé: *capitale raddoppiato* capital doublé # *lavora con raddoppiato impegno* il travaille en redoublant de zèle **2** [*piegato in due*] replié (*p.p.*): *lenzuolo raddoppiato* drap replié.

raddóppio, i |rad'doppjo, i| *s.m.* **1** [*raddoppiamento*] redoublement: *il raddoppio di una linea ferroviaria* le redoublement d'une ligne de chemin de fer; *il raddoppio del capitale* le redoublement du capital **2** (*equitazione*) terre à terre **3** (*biliardo*) doublé **4** (*mus.*) redoublement **5** (*teat.*) double rôle.

raddrizzàbile |raddrit'tsabile| *agg.* [→ RADDRIZZARE] qu'on peut redresser (*loc.*): *questo ferro non è raddrizzabile* ce fer, cette partie métallique ne peut pas être redressé(e).

raddrizzaménto |raddrittsa'mento| *s.m.* [→ RADDRIZZARE] redressement: *raddrizzamento di un osso* redressement d'un os; *raddrizzamento di una corrente* redressement d'un courant.

raddrizzàre |raddrit'tsare| **A** *v.tr.* [*far tornare dritto, rimettere dritto*] redresser: *bisogna raddrizzare il chiodo* il faut redresser le clou # *gli ho raddrizzato le idee* j'ai corrigé ses idées ◇ (*fis.*) *raddrizzare una corrente* redresser un courant ◇ (*loc. fig.*) *voler raddrizzare le gambe ai cani* vouloir prendre la lune avec les dents; *raddrizzare le ossa a qc.* casser les reins à qqn. **B** *v.pron. rifl.* RADDRIZZARSI [*rimettersi dritto*] se redresser: *si raddrizzò di colpo* il se redressa brusquement Ⓒ **piegare.**

raddrizzatóre |raddrittsa'tore| *s.m.* (*elettr.*) redresseur: *raddrizzatore elettrolitico* redresseur électrolitique; *raddrizzatore a vapore di mercurio* redresseur à vapeur de mercure; *raddrizzatori termoelettronici* redresseurs thermo-électroniques.

raddrizzatrìce |raddrittsa'tritʃe| *s.f.* (*mecc.*) machine à redresser, à planer, planeuse.

raddrizzatùra |raddrittsa'tura| *s.f.* → **raddrizzamento.**

radènte |ra'dɛnte| *agg.* **1** (*fis.*) de glissement (*loc. inv.*): *attrito radente* frottement de glissement **2** [*che nel suo movimento rasenta una superficie*] rasant: *tiro radente* tir rasant; *volo radente* vol rasant, en rase-mottes # *testina radente* tondeuse rotative.

radènza |ra'dɛntsa| *s.f.* [*movimento radente*] rasance.

ràdere |'radere| (153) **A** *v.tr.* **1** [*asportare i peli tagliandoli alla base col rasoio*] raser: *quel barbiere rade molto bene* ce coiffeur rase très bien □ *si rade la barba ogni mattina* il se rase tous les matins **2** [*abbattere, demolire (alla base)*] raser: *radere un bosco* raser un bois; *radere al suolo una città* raser une ville **3** [*passare, essere molto vicino a una superficie*] raser: *i gabbiani radevano il mare* les mouettes rasaient, frôlaient la mer **B** *v.pron. rifl.* RADERSI [*tagliarsi i peli*] se raser: *si rade col rasoio elettrico* il se rase avec un, au rasoir électrique.

radézza |ra'dettsa| *s.f.* [*il fatto di essere rado*] rareté: *la radezza dei capelli* la rareté des cheveux.

radiàle |ra'djale| *agg.* **1** (*anat., med.*) radial*: *nervo radiale* nerf radial **2** (*fis., mecc.*) radial: *forza, velocità radiale* force, vitesse radiale; *trapano radiale* perceuse radiale **3** (*tecnol.*) radial: *strade, linee radiali* routes, lignes radiales ◇ [*linea tranviaria*] ligne de banlieue ♦ (*s.f.*) *una radiale* une radiale **4** *un (pneumatico) radiale* un (pneu) radial.

radialménte |radjal'mente| *avv.* [→ RADIALE 2, 3] en étoile *loc. inv.*

1 **radiànte** |ra'djante| *agg.* **1** (*fis., tecnol.*) radiant: *corpo radiante* corps radiant; *pannello radiante* panneau radiant # *terapia radiante* radiothérapie **2** (*lett.*) [*splendente, luminoso*] rayonnant (*corr.*): *un volto radiante di gioia* un visage rayonnant de joie.

2 **radiànte** |ra'djante| *s.m.* **1** (*mat.*) radian **2** (*astron.*) radiant.

radiànza |ra'djantsa| *s.f.* (*fis.*) radiance: *radianza luminosa* radiance lumineuse.

1 **radiàre** |ra'djare| *v.tr.* [*far decadere in forma ufficiale da una determinata condizione*] rayer (9), radier: *radiare qc. dai quadri* rayer qqn. des cadres; *è stato radiato dall'albo* on l'a radié du tableau de l'ordre Ⓒ **ammettere.**

2 **radiàre** |ra'djare| *v.intr.* (*aus.* '*avere*') (*raro*) [*mandare raggi*] rayonner (*corr.*).

Radiàti |ra'djati| *s.m. pl.* (*t.zool.*) Radiaires.

radiatìvo |radja'tivo| *agg.* radiatif*.

radiàto |ra'djato| *agg.* → **raggiato.**

radiatóre |radja'tore| *s.m.* (*tecnol.*) radiateur: *radiatore elettrico* radiateur électrique; *radiatore a piastre* radiateur à plaques; *radiatore (per motori) a acqua* radiateur (des moteurs).

1 **radiazióne** |radjat'tsjone| *s.f.* (*fis.*) radiation: *radiazioni sonore, luminose, radioattive* radiations sonores, lumineuses, radioactives.

2 **radiazióne** |radjat'tsjone| *s.f.* [→ 1 RADIARE] radiation: *radiazione da un ufficio, da un partito* radiation d'un bureau, d'un parti.

ràdica, che |'radika, ke| *s.f.* **1** (*region.*) [*radice*] racine (*corr.*): *radica rossa, saponaria* racine rouge, saponaire # *radica amara* scorsonère **2** [*legno*] bruyère, bois *m.* de racine: *una pipa di radica* une pipe de bruyère.

radicàle |radi'kale| **I** *agg.* **1** (*scient.*) radical*: *peli, appendici radicali* poils, appendices radicaux; *elemento radicale di una parola* élément radical d'un mot; *intervento chirurgico radicale* intervention chirurgicale radicale **2** (*per est.*) [*che apporta mutamenti sostanziali*] radical: *ha fatto una cura radicale* il a fait une cure radicale; *occorrono riforme radicali* il faut des réformes radicales

3 (*polit.*) radical: *partito radicale* parti radical; *attivisti radicali* activistes radicaux ✦ (*s.m.*) *i radicali* les radicaux **II** *s.m.* **1** (*mat.*) radical: *prodotto di due radicali* produit de deux radicaux **2** (*chim.*) radical: *radicali organici, inorganici* radicaux organiques, inorganiques **3** (*ling.*) radical.

radicaleggiàre |radikaled'dʒare| *v.intr.* (*aus.* '*avere*') [*avere tendenze radicali*] tendre (53) au radicalisme, être (43) favorable au radicalisme.

radicalìsmo |radika'lizmo| *s.m.* radicalisme.

radicalizzàre |radikalid'dzare| **A** *v.tr.* (*polit.*) [*rendere radicale, sottrarre a ogni compromesso*] radicaliser: *radicalizzare la propria posizione* radicaliser sa position **B** *v.pron. intr.* RADICALIZZARSI [*essere fautore di soluzioni drastiche*] se radicaliser.

radicalizzazióne |radikaliddzat'tsjone| *s.f.* [→ RADICALIZZARE A] radicalisation.

radicalménte |radikal'mente| *avv.* [→ RADICALE I 2] radicalement: *sono radicalmente diversi* ils sont radicalement différents.

radicalsocialìsmo |radikalsotʃa'lizmo| *s.m.* radical-socialisme.

radicalsocialìsta |radikalsotʃa'lista| *agg. e s.* radical-socialiste: *i radicalsocialisti* les radicaux-socialistes.

radicaménto |radika'mento| *s.m.* [*il fatto di mettere radici*] enracinement: *il radicamento di una pianta* l'enracinement d'une plante ◇ (*fig.*) *il radicamento di una consuetudine* l'enracinement d'une coutume.

radicàndo |radi'kando| *s.m.* (*mat.*) expression *f.* sous radical*.

radicànte |radi'kante| *agg.* (*bot.*) radicant: *piante a fusto radicante* plantes radicantes.

radicàre |radi'kare| **A** *v.intr.* (*aus.* '*essere*') [*mettere radici, attecchire*] prendre (73) *tr.* racine, s'enraciner (*pron.*): *è una pianta che radica in qualsiasi terreno* c'est une plante qui prend racine, s'enracine dans n'importe quel terrain **B** *v.pron. intr.* RADICARSI [*penetrare a fondo, inserirsi*] prendre *tr.* racine, s'enraciner: *questa novità si è già radicata profondamente* cette nouveauté a déjà très bien pris racine.

radicàto |radi'kato| *agg.* [*che ha radici, inserito profondamente*] enraciné: *una pianta ben radicata* une plante bien enracinée ◇ (*fig.*) *idee radicate* idées enracinées, ancrées Ⓒ **superficiale.**

radicazióne |radikat'tsjone| *s.f.* **1** [→ RADICARE B] enracinement *m.* **2** [*lo stato delle radici di una pianta*] enracinement.

radicchio, i |ra'dikkjo, i| *s.m.* → **cicoria.**

radice |ra'ditʃe| *s.f.* **1** (*bot.*) racine: *radice a fittone, fascicolata* racine pivotante, fasciculée; *radice primaria, secondaria* racine primaire, secondaire ◇ (*loc. fig.*) *ha messo* (*le*) *radici in casa mia* il a pris racine chez moi ~ *quel sentimento ha ormai messo profonde radici nel suo animo* ce sentiment s'est pour de bon enraciné profondément dans son esprit ~ *bisogna attaccare il male alla radice* il faut attaquer le mal à la racine ~ *ha stroncato il male alla radice* il a coupé le mal à la racine ~ *va alla radice delle cose* il va au fond des choses **2** (*per est., anat.*) racine: *la radice di un dente* la racine d'une dent; *la radice dei capelli, dei nervi, dei peli* la racine des cheveux, des nerfs, des poils ◇ (*loc. fig.*) *arrossire fino alla radice dei capelli* rougir jusqu'au blanc des yeux, jusqu'aux oreilles **3** (*mat.*) racine: *estrarre la radice di un numero* extraire la racine d'un nombre **4** (*ling.*) racine: *una radice latina, greca* une racine latine, grecque.

radichétta |radi'ketta| *s.f.* (*bot.*) radicule.

radicifórme |raditʃi'forme| *agg.* en forme de racine *loc. inv.*

radicolàre |radiko'lare| *agg.* (*anat., med.*) radiculaire: *anestesia radicolare* anesthésie radiculaire.

radicolìte |radiko'lite| *s.f.* (*med.*) radiculite.

radiestesia |radjeste'zia| *e deriv.* → **radioestesia** *e deriv.*

radìfero |ra'difero| *agg.* (*fis., med.*) radifère: *ago radifero* aiguille radifère.

ràdio- |'radjo| *pref.* **1** (*significa* '*raggio, radioattivo*', *corrisponde gener. a*) radio(-): *radiologia* radiologie; *radioisotopo* radio-isotope **2** (*significa* '*radiodiffusione*', *corrisponde gener. a*) radio: *radiotelevisivo* radiotélévisé.

1 **ràdio** |'radjo| *s.f. inv.* **1** radio *var.* **2** [*apparecchio per la ricezione o la trasmissione*] radio, poste *m. var.* de radio: *radio a pile, a transistor* radio, poste à piles, à transistors, transistor (*s.m.*); *radio portatile* transistor, poste portatif, radio portative; *ascoltare la radio* écouter la radio; *aprire, chiudere la radio* ouvrir, fermer la radio; *accendere la radio* allumer la radio, le poste (de radio); *parlare per radio* parler par radio; *mandare un messaggio per radio* envoyer un message par radio; *trasmettere per radio* transmettre par radio; *cosa c'è alla radio, oggi?* qu'y a-t-il à la radio, sur les ondes aujourd'hui?; *radio audizioni italiane* (*RAI*) radiodiffusion-télévision italienne # *radio televisione francese* office de radio-diffusion-télévision française; *radio ricetrasmittente* (poste) émetteur-récepteur; *radio ricevente, trasmittente* poste récepteur, émetteur ✦ (*agg. inv.*). *stazione radio* station de radiodiffusion (*loc. inv.*): *impianti radio* installations de radiodiffusion ~ *ponte radio* relais de radio; *giornale radio* journal parlé.

2 **ràdio** |'radjo| *s.m. inv.* (*chim.*) radium *var.*

3 **ràdio, i** |'radjo, i| (*anat.*) radius.

radioabbonàto |radjoabbo'nato| *s.m.* abonné à la radio.

radioaiùti |radjoa'juti| *s.m. pl.* (*mar.*) aides *f.* radioélectriques de navigation.

radioaltimetro |radjoal'timetro| *s.m.* radio-altimètre, altimètre-radio.

radioamatóre, trice |radjoama'tore, tritʃe| *s.* sans-filiste.

radioascoltatóre, trice |radjoaskolta'tore, tritʃe| *s.* [*chi ascolta le radiodiffusioni*] auditeur*.

radioascólto |radjoas'kolto| *s.m.* **1** [*l'ascolto di trasmissioni radiofoniche*] écoute *f.* (de la) radio **2** [*l'ascolto di messaggi radiofonici*] écoute *f.* au poste (de) radio **3** [*l'ascolto di messaggi provenienti da sottomarini*] écoute *f.* sous-marine.

radioassistito |radjoassis'tito| *agg.* (*aer.*) radioaidé.

radioastronomia |radjoastrono'mia| *s.f.* (*astron.*) radioastronomie.

radioastrònomo |radjoas'trɔnomo| *s.m.* radioastronome.

radioattività |radjoattivi'ta| *s.f. inv.* (*fis.*) radioactivité *var.*

radioattivo |radjoat'tivo| *agg.* (*fis.*) radioactif*: *elementi, fenomeni radioattivi* éléments, phénomènes radioactifs; *sostanze radioattive* substances radioactives.

radioauditóre, trice |radjoaudi'tore, tritʃe| *s.* auditeur* de la radio.

radioaudizióne |radjoaudit'tsjone| *s.f.* audition (radiophonique).

radioautóre, trice |radjoau'tore, tritʃe| *s.* auteur *m.* pour la radio.

radiobiologia, gie |radjobiolo'dʒia, dʒie| *s.f.* (*biol.*) radiobiologie.

radiobùssola |radjo'bussola| *s.f.* (*rad.*) radiocompas *m.*

radiocanàle |radjoka'nale| *s.m.* (*rad.*) chaîne *f.*

radiocarbònio, i |radjokar'bɔnjo, i| *s.m.* (*chim.*) radiocarbone.

radiocèntro |radjo'tʃɛntro| *s.m.* (*rad.*) centre de radiodiffusion.

radiochimica, che |radjo'kimika, ke| *s.f.* radiochimie.

radiochirurgia, gie |radjokirur'dʒia, dʒie| *s.f.* radiochirurgie.

radiocobàlto |radjoko'balto| *s.m.* (*chim., fis.*) radiocobalt.

radiocollegaménto |radjokollega'mento| *s.m.* (*rad.*) liaison *f.* radio.

radiocomandàre |radjokoman'dare| *v.tr.* [*comandare a distanza un veicolo o una macchina mediante mezzi radio*] radioguider: *radiocomandare un aereo* radioguider un avion.

radiocomandàto |radjokoman'dato| *agg.* [*manovrato mediante mezzi radio*] radioguidé: *missili radiocomandati* missiles radioguidés.

radiocomàndo |radjoko'mando| *s.m.* (*tecnol.*) radioguidage.

radiocommèdia |radjokom'mɛdja| *s.f.* [*commedia trasmessa per radio*] pièce radiophonique.

radiocomunicazióne |radjokomunikat'tsjone| *s.f.* radiocommunication.

radioconduttóre |radjokondut'tore| *s.m.* (*fis.*) radioconducteur.

radioconversazióne |radjokonversat'tsjone| *s.f.* conversation radiophonique.

radiocrònaca, che |radjo'krɔnaka, ke| *s.f.* [*cronaca trasmessa per radio*] radioreportage (*m.*): *ascoltare la radiocronaca di una partita di calcio* écouter le radioreportage, le reportage radiodiffusé d'un match de football.

radiocronista |radjokro'nista| *s.* [*cronista radiofonico*] radioreporter *m.*

radiodermite |radjoder'mite| *s.f.* (*med.*) radiodermite.

radiodiàgnosi |radjodi'aɲɲozi| *s.f. inv.* (*med.*) radiodiagnostic *m. var.*

radiodiagnòstica, che |radjodiaɲ'ɲɔstika, ke| *s.f.* (*med.*) radiodiagnostic *m.*

radiodiffóndere |radjodif'fondere| (146) *v.tr.* [*diffondere per via radio*] radiodiffuser: *radiodiffondere il discorso del primo ministro* radiodiffuser le discours du premier ministre.

radiodiffusióne |radjodiffu'zjone| *s.f.* radiodiffusion: *servizi di radiodiffusione* services de radiodiffusion.

radiodilettànte |radjodilet'tante| *s.m.* → **radioamatore.**
radiodiscórso |radjodis'korso| *s.m.* discours radiodiffusé.
radiodistùrbo |radjodis'turbo| *s.m.* (*rad.*) interférence *f.*
radiodràmma |radjo'dramma| *s.m.* radiodrame.
radioeleménto |radjoele'mento| *s.m.* (*chim.*) radioélément.
radioelettricìsta |radjoelettri'tʃista| *s.m.* radioélectricien.
radioelettricità |radjoelettritʃi'ta| *s.f. inv.* radioélectricité *var.*
radioelèttrico, ci, ca, che |radjoe'lɛttriko, tʃi, ka, ke| *agg.* (*fis.*) radioélectrique: *segnali radioelettrici* signaux radioélectriques.
radioemanazióne |radjoemanat'tsjone| *s.f.* (*fis.*) radioémanation: *radioemanazioni naturali* radioémanations naturelles.
radioestesìa |radjoeste'zia| *s.f.* (*scient.*) radiesthésie.
radioestèsico, ci, ca, che |radjoes'tɛziko, tʃi, ka, ke| *agg.* (*scient.*) radiesthésique.
radioestesìsta |radjoeste'zista| *s.* radiesthésiste.
radiofàro |radjo'faro| *s.m.* (*aer.*, *mar.*) radiophare.
radiofonìa |radjofo'nia| *s.f.* (*rad.*, *tel.*) radiophonie.
radiofònico, ci, ca, che |radjo'fɔniko, tʃi, ka, ke| *agg.* radiophonique: *apparecchi, impianti radiofonici* appareils, installations radiophoniques; *trasmissioni radiofoniche* émissions radiophoniques.
radiofonògrafo |radjofo'nɔgrafo| *s.m.* combiné radio-phono.
radiofòto |radjo'fɔto| *s.f. inv.* (*tel.*) radiophotographie.
radiofurgóne |radjofur'gone| *s.m.* car de la radio.
radiogoniometrìa |radjogonjome'tria| *s.f.* (*rad.*) radiogoniométrie.
radiogoniomètrico, ci, ca, che |radjogonjo'mɛtriko, tʃi, ka, ke| *agg.* (*rad.*) radiogoniométrique: *stazione radiogoniometrica* station radiogoniométrique.
radiogoniometrìsta |radjogonjome'trista| *s.* radiogoniométriste.
radiogoniòmetro |radjogo'njɔmetro| *s.m.* (*rad.*) radiogoniomètre.
radiografàre |radjogra'fare| *v.tr.* [*ritrarre mediante radiografia*] radiographier.
radiografìa |radjogra'fia| *s.f.* (*rad.*) radiographie, radio (*fam.*): *deve farsi una radiografia* il doit passer une radio, se faire radiographier ◇ (*fig.*) *ha fatto la radiografia della situazione* il a examiné à fond la situation.
radiogràfico, ci, ca, che |radjo'grafiko, tʃi, ka, ke| *agg.* radiographique: *esami, accertamenti radiografici* examens, contrôles radiographiques # *studio, gabinetto radiografico* salle de radiologie.
radiogràmma |radjo'gramma| *s.m.* **1** (*rad.*) radiogramme: *esaminare un radiogramma* examiner un radiogramme **2** → **radiotelegramma.**
radiogrammòfono |radjogram'mɔfono| *s.m.* → **radiofonografo.**
radioguìda |radjo'gwida| *s.f.* radioguidage *m.*
radioguidàre |radjogwi'dare| *v.tr.* [*manovrare a distanza per mezzo di un radiocomando*] radioguider: *radioguidare un razzo* radioguider une fusée.
radioindicatóre |radjoindika'tore| *s.m.* radioindicateur.
radioisòtopo |radjoi'zɔtopo| *s.m.* (*chim.*) radio-isotope.
Radiolàri |radjo'lari| *s.m. pl.* (*t. zool.*) Radiolaires.
radiolarìte |radjola'rite| *s.f.* (*miner.*) radiolarite.
radiolìna |radjo'lina| *s.f.* [*piccola radio* (*portatile*), *spec. a transistor*] transistor *m.*
radiolocalizzàre |radjolokalid'dzare| *v.tr.* [*individuare oggetti per mezzo di un radiolocalizzatore*] radiorepérer (8).
radiolocalizzatóre |radjolokaliddza'tore| *s.m.* → **radar.**
radiolocalizzazióne |radjolokaliddzat'tsjone| *s.f.* [→ RADIOLOCALIZZARE] radiorepérage *m.*
radiologìa, gie |radjolo'dʒia, dʒie| *s.f.* (*fis.*, *med.*) radiologie.
radiològico, ci, ca, che |radjo'lɔdʒiko, tʃi, ka, ke| *agg.* **1** (*fis.*) radiologique: *ricerche radiologiche* recherches radiologiques **2** (*med.*) radiologique: *esame radiologico* examen radiologique # *gabinetto, laboratorio radiologico* salle, laboratoire de radiologie.
radiòlogo, gi |ra'djɔlogo, dʒi| *s.m.* radiologue *s.*, radiologiste *s.*
radiòmane |ra'djɔmane| *s.* radiomane.
radiomessàggio, i |radjomes'saddʒo, i| *s.m.* message radiodiffusé.
radiometeorologìa, gie |radjometeorolo'dʒia, dʒie| *s.f.* radiométéorologie.
radiometeorològico, ci, ca, che |radjometeoro'lɔdʒiko, tʃi, ka, ke| *agg.* radiométéorologique.
radiòmetro |ra'djɔmetro| *s.m.* (*fis.*) radiomètre.
radiomicròmetro |radjomi'krɔmetro| *s.m.* (*fis.*) radiomicromètre.
radiomòbile |radjo'mɔbile| *s.f.* voiture-radio.
radiomontàggio, i |radjomon'taddʒo, i| *s.m.* montage radiophonique.
radiomontatóre |radjomonta'tore| *s.m.* monteur* *s.* radio, radio-mécanicien* *s.*
radionavigatóre |radjonaviga'tore| *s.m.* radionavigant.
radionavigazióne |radjonavigat'tsjone| *s.f.* radionavigation.
radioónda |radjo'onda| *s.f.* (*fis.*) onde radioélectrique, hertzienne.
radiooperatóre |radjoopera'tore| *s.m.* [*tecnico esperto nell'uso di apparecchiature radioelettriche*] radio.
radiopilòta |radjopi'lɔta| *s.m.* (*tecnol. aer.*) pilotage automatique.
radiopropagazióne |radjopropagat'tsjone| *s.f.* (*rad.*) propagation des ondes électromagnétiques.
radioregistratóre |radjoredʒistra'tore| *s.m.* radio-enregistreur.
radioricevènte |radjoritʃe'vɛnte| *agg.* (*rad.*) récepteur*: *stazione radioricevente* station réceptrice; *apparecchio radioricevente* poste récepteur ◆ (*s.f.*) *una radioricevente* un radiorécepteur *m.*
radioricevitóre |radjoritʃevi'tore| *s.m.* (*rad.*) radiorécepteur.
radioricezióne |radjoritʃet'tsjone| *s.f.* réception radio.
radioriparatóre, trice |radjoripara'tore, tritʃe| *s.* réparateur* de radios, radio-dépanneur *m.*
radiorivelazióne |radjorivelat'tsjone| *s.f.* (*rad.*) radiodétection.
radiosaménte |radjosa'mente| *avv.* [→ RADIOSO] radieusement.
radioscopìa |radjosko'pia| *s.f.* (*med.*, *rad.*) radioscopie.
radioscòpico, ci, ca, che |radjos'kɔpiko, tʃi, ka, ke| *agg.* (*med.*, *rad.*) radioscopique: *la tecnica radioscopica* la technique radioscopique; *esame radioscopico* examen radioscopique.
radiosegnalatóre |radjoseɲɲala'tore| *s.m.* (*rad.*) émetteur (de) radio.
radiosegnàle |radjoseɲ'ɲale| *s.m.* (*rad.*) balise *f.*
radiosensibilità |radjosensibili'ta| *s.f. inv.* (*med.*) radiosensibilité *var.*
radiosità |radjosi'ta| *s.f. inv.* [*luminosità, aspetto radioso*] rayonnement *m. var.*, éclat (*m. var.*): *la radiosità degli astri* le rayonnement, l'éclat des astres ◇ (*fig.*) éclat, rayonnement # *la sua felicità traspariva dalla radiosità del viso* son bonheur rayonnait sur son visage; son bonheur transparaissait sur son visage radieux.
radióso |ra'djoso| *agg.* radieux*, rayonnant: *un cielo radioso* un ciel radieux, rayonnant; *una giornata radiosa* une journée radieuse ◇ (*fig.*) *un sorriso, un viso radioso* un sourire, un visage radieux, rayonnant.
radiosónda |radjo'sonda| *s.f.* (*meteor.*) radiosonde.
radiosondàggio, i |radjoson'daddʒo, i| *s.m.* (*meteor.*) radiosondage.
radiosorgènte |radjosor'dʒɛnte| *s.f.* (*astron.*) radiosource.
radiostélla |radjos'tella| *s.f.* (*astron.*) radioétoile.
radiotassì |radjotas'si| *s.m.* radio-taxi.
radiotècnica, che |radjo'tɛknika, ke| *s.f.* radiotechnique.
radiotècnico, ci, ca, che |radjo'tɛkniko, tʃi, ka, ke| **1** *agg.* radiotechnique: *apparecchio radiotecnico* appareil radiotechnique **2** *s.m.* [*tecnico di apparecchiature radio*] radiotechnicien* *s.*
radiotelecomàndo |radjotele'komando| *s.m.* → **radiocomando.**
radiotelefonìa |radjotelefo'nia| *s.f.* (*tel.*) radiotéléphonie.
radiotelefònico, ci, ca, che |radjotele'fɔniko, tʃi, ka, ke| *agg.* (*tel.*) radiotéléphonique: *collegamento radiotelefonico* liaison radiotéléphonique.
radiotelefonìsta |radjotelefo'nista| *s.* radiotéléphoniste.
radiotelèfono |radjote'lɛfono| *s.m.* (*tel.*) radiotéléphone.
radiotelegrafàre |radjotelegra'fare| *v.tr.* [*comunicare per radiotelefono*] radiotélégraphier.
radiotelegrafìa |radjotelegra'fia| *s.f.* (*tel.*) radiotélégraphie.
radiotelegràfico, ci, ca, che |radjotele'grafiko, tʃi, ka, ke| *agg.* (*tel.*) radiotélégraphique: *stazione radiotelegrafica* station radiotélégraphique; *collegamento radiotelegrafico* liaison radiotélégraphique.
radiotelegrafìsta |radjotelegra'fista| *s.* radiotélégraphiste, radio *m.* (*fam.*).
radiotelegràmma |radjotele'gramma| *s.m.* radiogramme, radio (*fam.*).

radiotelemetrìa |radjoteleme'tria| *s.f.* radiotélémétrie.

radiotelescòpio, i |radjoteles'kɔpjo, i| *s.m.* (*astron.*) radiotélescope.

radiotelescrivènte |radjotelescri'vɛnte| *s.f.* radiotéléscripteur *m.*

radiotelevisióne |radjotelevi'zjone| *s.f.* radiodiffusion-télévision.

radiotelevisìvo |radjotelevi'zivo| *agg.* **1** [*trasmesso per radio e per tv*] radiotélévisé **2** [*relativo alla radio-tv*] de radiodiffusion-télévision (*loc. inv.*): *rete radiotelevisiva* réseau de radiodiffusion-télévision # *apparecchiature radiotelevisive* appareillage pour radio et télévision.

radioterapèutico, ci, ca, che |radjotera'pɛutiko, tʃi, ka, ke| *agg.* → **radioterapico.**

radioterapìa |radjotera'pia| *s.f.* (*med.*) **1** (*con raggi X*) radiothérapie **2** (*con sostanze radioattive*) radiumthérapie.

radioteràpico, ci, ca, che |radjote'rapiko, tʃi, ka, ke| *agg.* (*med.*) **1** (*con raggi X*) radiothérapique **2** (*con sostanze radioattive*) radiumthérapique.

radioterapìsta |radjotera'pista| *s.* radiothérapiste.

radiotrasméttere |radjotraz'mettere| (155) *v.tr.* **1** [*trasmettere via radio, per radio*] radiodiffuser **2** [*trasmettere via radio a una persona determinata*] envoyer (14) un message radio.

radiotrasmettitóre |radjotrasmetti'tore| *s.m.* (*rad.*) émetteur.

radiotrasmissióne |radjotrasmis'sjone| *s.f.* **1** (*rad.*) radiodiffusion ◇ (*a persone determinate*; *di messaggi*) transmission par radio **2** [*programma radiofonico*] émission radiophonique.

radiotrasmittènte |radjotrasmit'tɛnte| *agg.* (*rad.*) émetteur*: *antenna radiotrasmittente* antenne émettrice; *apparecchio radiotrasmittente* poste émetteur; *stazione radiotrasmittente* poste émetteur, (*su scala nazionale*) station d'émission, de (la) radio ◆ (*s.f.*) *una radiotrasmittente*: (*apparecchio*) émetteur (*m.*); (*stazione*) station émettrice; (*su scala nazionale*) station de (la) radio, radiodiffusion.

radioutènte |radjou'tɛnte| *s.* abonné à la radio.

radiovisióne |radjovi'zjone| *s.f.* radio diffusion-télévision.

ràdium |'radjum| *s.m. inv.* (*chim.*) radium *var.*

radiumterapìa |radjumtera'pia| *s.f.* (*med.*) radiumthérapie.

ràdo |'rado| *agg.* **1** [*che non ha compattezza, spessore*; *non fitto*] rare, clairsemé; lâche: *capelli radi* cheveux rares, clairsemés ‖ *rete a maglia rada* filet à mailles lâches; *tela rada* toile lâche, peu serré # *pettine a denti radi* démêloir **2** [*non frequente nel tempo*] rare: *le sue visite si son fatte sempre più rade* ses visites se font de plus en plus rares ◇ *loc. avv.* DI RADO rarement (*avv.*): *ci vediamo di rado* nous nous voyons (on se voit) rarement # *non di rado viene a trovarmi* il vient me voir assez souvent ◆ *avv.* (*poet.*) rarement (*corr.*) Ⓒ 1 **compatto, fitto** 1.

ràdon |'radon| *s.m. inv.* (*chim.*) radon *var.*

ràdula |'radula| *s.f.* (*anat. animale*) radula, radule.

radunàre |radu'nare| **A** *v.tr.* **1** [*mettere insieme*] rassembler: *il capitano ha radunato le truppe* le capitaine a rassemblé les troupes ◇ [*riunire*] réunir: *ho radunato gli amici a casa mia* j'ai réuni mes amis chez moi **2** [*raccogliere*] rassembler: *radunate qui tutti i bagagli* rassemblez ici tous les bagages **3** [*racimolare*] rassembler: *riuscì a radunare poche migliaia di lire* il réussit à rassembler quelques milliers de lires **4** [*accumulare, ammassare*] amasser: *in una vita ha radunato molti tesori* pendant sa vie il a amassé beaucoup de trésors **B** *v.pron. intr.* RADUNARSI [*raccogliersi, riunirsi*] se rassembler, se réunir: *i dimostranti si erano radunati in piazza* les manifestants s'étaient rassemblés, réunis sur la place; *attorno al personaggio si era radunata una grande folla* une grande foule s'était assemblée autour du personnage.

radunàta |radu'nata| *s.f.* **1** [*il fatto di radunare o radunarsi in un luogo*] rassemblement *m.* # *fare radunata* se rassembler, s'assembler **2** [*riunione, adunanza*] réunion, assemblée # *radunata sediziosa* attroupement séditieux **3** (*mil.*) rassemblement: *radunata strategica* rassemblement stratégique.

radunìsta |radu'nista| *s.* participant à un meeting.

radùno |ra'duno| *s.m.* **1** [*il radunarsi in uno stesso luogo*] rassemblement, réunion (*f.*): *organizzare un raduno* organiser un rassemblement, une réunion; *partecipare a un raduno* participer à une réunion **2** (*polit.*) meeting: *un raduno internazionale* un meeting international ◇ (*sport*) meeting.

radùra |ra'dura| *s.f.* [*spazio nel bosco privo di alberi*] clairière.

ràfano |'rafano| *s.m.* (*t.bot.*) raifort.

ràfe |'rafe| *s.m.* **1** [*sutura, incrociamento*] raphé **2** (*bot.*) raphé.

ràffa |'raffa| *s.f.* → 2 **riffa.**

raffaellésco, chi, ca, che |raffael'lesko, ki, ka, ke| *agg.* [*di Raffaello*] raphaélesque: *lo stile raffaellesco* le style raphaélesque; *bellezza raffaellesca* beauté raphaélesque.

raffazzonaménto |raffattsona'mento| *s.m.* [→ RAFFAZZONARE] retapage, rafistolage (*fam.*): *quella composizione è un raffazzonamento* cette composition est un retapage, un rafistolage.

raffazzonàre |raffattso'nare| *v.tr.* [*comporre senza cura, accomodare alla meglio una cosa mal riuscita*] retaper, rafistoler (*fam.*): *raffazzonare un vestito* retaper, rafistoler une robe; *raffazzonare un tema* retaper une dissertation; *il discorso è stato raffazzonato in fretta* le discours a été rapetassé (*fam.*), retapé en vitesse.

raffazzonàto |raffattso'nato| *agg.* [*messo insieme senza cura*] bâclé.

raffazzonatóre, trice |raffattsona'tore, tritʃe| *s.* [*chi raffazzona*] rafistoleur* (*fam.*).

raffazzonatùra |raffattsona'tura| *s.f.* [*rabberciamento, rappezzamento*] retapage *m.*, rafistolage *m.* (*fam.*).

rafférma |raf'ferma| *s.f.* (*mil.*) rengagement *m.*

1 **raffermàre** |raffer'mare| **A** *v.tr.* **1** (*mil.*) [*rinnovare, prolungare la ferma del servizio mil.*] rengager (3) **2** (*tosc.*) [*rendere più stabile, riconfermare*] confirmer (*corr.*) **B** *v.pron.* RAFFERMARSI **1** *rifl.* (*mil.*) [*chiedere di rimanere in servizio mil.*] (se) rengager **2** *intr.* (*detto del pane*) [*diventare duro*] rassir *intr.* **3** *intr.* (*detto di creme, ecc.*) [*diventare sodo*] prendre (73).

2 **raffermàre** |raffer'mare| *v.tr.* → **riaffermare.**

raffermo |raf'fermo| *agg.* [*non fresco, un po' indurito*] rassis: *pane raffermo* pain rassis Ⓒ **fresco** 1.

ràffica, che |'raffika, ke| *s.f.* **1** [*colpo di vento improvviso e violento*] rafale: *raffiche di vento* rafales de vent **2** [*scarica di armi automatiche*] rafale: *una raffica di mitragliatrice* une rafale de mitrailleuse.

raffiguràbile |raffigu'rabile| *agg.* [→ RAFFIGURARE] représentable: *un paesaggio facilmente raffigurabile* un paysage facilement représentable.

raffiguràre |raffigu'rare| *v.tr.* **1** [*rappresentare, figurare*] représenter: *un dipinto che raffigura la Vergine* un tableau qui représente, représentant la Vierge # *con la fantasia si raffigurava tutto bello* son imagination lui faisait voir tout beau (tout en rose) **2** (*ant.*) [*riconoscere*] représenter, figurer: *non riesco a raffigurarmelo* je ne réussis pas à me le représenter, à me le figurer.

raffigurazióne |raffigurat'tsjone| *s.f.* [→ RAFFIGURARE] représentation; figuration.

raffilàre |raffi'lare| *v.tr.* **1** [*affilare di nuovo*] affiler (de nouveau), aiguiser (de nouveau): *bisogna raffilare le forbici, il coltello* il faut affiler, aiguiser de nouveau les ciseaux, le couteau **2** [*pareggiare ai bordi tagliando a filo*] ébarber, rogner → **rifilare** # *raffilare i capelli* égaliser les cheveux.

raffilatóio, i |raffila'tojo, i| *s.m.* (*tecnol.*) **1** (*per affilare*) affiloir **2** (*per pareggiare*) ébarboir, rognoir.

raffilatùra |raffila'tura| *s.f.* **1** [→ RAFFILARE 1] affilage *m.*, aiguisage *m.*, affûtage *m.* **2** [→ RAFFILARE 2] ébarbage *m.*, rognage *m.* **3** [*ritagli*] ébarbures *pl.*, rognures *pl.*

raffinaménto |raffina'mento| *s.m.* [→ RAFFINARE A 2; B] rafinement: *raffinamento del gusto* raffinement du goût.

raffinàre |raffi'nare| **A** *v.tr.* **1** [*purificare prodotti greggi con opportuni trattamenti chimici*] épurer; raffiner: *raffinare l'olio* épurer l'huile ‖ *raffinare lo zucchero, il sale* raffiner le sucre, le sel **2** (*fig.*) [*sgrossare, ingentilire*] (r)affiner: *ha raffinato la sua preparazione* il a (r)affiné sa préparation **3** (*raro*) [*assottigliare*] amincir (*corr.*) **B** *v. pron. intr.* RAFFINARSI [*diventare più fine, perfezionarsi*] s'affiner: *la lingua si raffina con le letture* la (connaissance de la) langue s'affine par la lecture.

raffinataménte |raffinata'mente| *avv.* [→ RAFFINATO 2] avec raffinement (*loc. inv.*): *una casa arredata raffinatamente* une maison meublée avec raffinement.

raffinatézza |raffina'tettsa| *s.f.* **1** (*fig.*) [*l'essere raffinato*] raffinement (*m.*): *una grande raffinatezza di modi* un grand raffinement de manières → **finezza** **2** [*ciò che è squisito*] raffinement: *le raffinatezze della tavola* le raffinement de la table Ⓒ 1 **grossolanità.**

raffinàto |raffi'nato| *agg.* **1** [*sottoposto a un processo di raffinazione*] épuré; raffiné: *olio raffinato* huile épurée ‖ *zucchero raffinato* sucre raffiné **2** (*fig.*) [*molto fine e ricercato*] raffiné: *un gusto raffinato* un goût raffiné; *una don-*

na raffinata une femme raffinée; *una crudeltà raffinata* une cruauté raffinée ♦ (*s.*) *un raffinato* un raffiné 🄲 1 grezzo; 2 **grossolano.**

raffinatóre, trice |raffina'tore, tritʃe| **1** *agg.* [*che raffina*] raffineur* # *macchina raffinatrice* raffineuse *s.f.* ♦ *s.f.* (*tecnol.*) raffineuse **2** *s.* [*operaio addetto a lavori di raffinazione*] raffineur.

raffinatùra |raffina'tura| *s.f.* → **raffinazione.**

raffinazióne |raffinat'tsjone| *s.f.* [*l'operazione tecnologica di raffinare*] raffinage (*m.*): *la raffinazione del sale* le raffinage du sel; *impianti di raffinazione* installations de raffinage.

raffinerìa |raffine'ria| *s.f.* raffinerie: *raffineria di petrolio* raffinerie de pétrole.

ràffio, i |'raffjo, i| *s.m.* **1** [*arnese di ferro a denti uncinati per afferrare oggetti*] croc, crochet **2** (*mar.*) grappin.

raffittìre |raffit'tire| (197) **A** *v.tr.* [*far diventare più fitto*] rendre (53) plus touffu, épaissir: *raffittire una siepe* rendre plus touffue une haie **B** *v.intr.* (*aus.* '*essere*') *e pron. intr.* RAFFITTIRSI [*diventare più denso*] s'épaissir (*pron.*) # *la pioggia raffittisce, si raffittisce* la pluie devient plus drue.

rafflesia |raffle'zia| *s.f.* (*t.bot.*) rafflesia, rafflésie.

rafforzaménto |raffortsa'mento| *s.m.* [→ RAFFORZARE] renforcement: *lavori di rafforzamento* travaux de renforcement ◇ (*fig.*) *il rafforzamento di una convinzione* le renforcement d'une conviction.

rafforzàre |raffor'tsare| **A** *v.tr.* [*far diventare più forte, saldo, resistente*] renforcer (2), fortifier: *rafforzare il fisico* renforcer, fortifier son physique; *rafforzare un dubbio, un'idea* renforcer un doute, une idée **B** *v.pron. intr.* RAFFORZARSI [*fortificarsi, rinforzarsi*] forcir *intr.*, se renforcer (*mar.*): *il vento si è rafforzato* le vent a forci, s'est renforcé.

rafforzatìvo |raffortsa'tivo| *agg.* **1** qui renforce *loc.* **2** (*ling.*) intensif*.

rafforzàto |raffor'tsato| *agg.* renforcé (*p.p.*): *muro rafforzato* mur renforcé ◇ (*gram.*) *consonante rafforzata* consonne redoublée.

raffreddaménto |raffredda'mento| *s.m.* **1** [→ RAFFREDDARE A; B 1, 2] refroidissement: *impianto di raffreddamento* installation de refroidissement; *raffreddamento di un motore* refroidissement d'un moteur ◇ (*fig.*) *il raffreddamento di un'amicizia* le refroidissement d'une amitié **2** (*med.*) refroidissement 🄲 1 **riscaldamento.**

raffreddàre |raffred'dare| **A** *v.tr.* **1** [*far diventare più freddo, rinfrescare*] refroidir: *lascia raffreddare il budino* laisse refoidir la crème; *il temporale ha raffreddato l'aria* l'orage a refroidi, rafraîchi l'air **2** (*fig.*) [*rendere meno intenso, vivo*] refroidir: *ha raffreddato l'interesse per il problema* il a refroidi l'interêt suscité par ce problème **B** *v. pron. intr.* RAFFREDDARSI **1** [*diventare freddo*] se refroidir: *l'ambiente si è raffreddato* la pièce s'est refroidie **2** (*fig.*) [*diminuire di intensità, perdere il fervore*] se refroidir: *i suoi sentimenti si sono raffreddati* ses sentiments se sont refroidis **3** (*med.*) [*prendersi un raffreddore*] s'enrhumer 🄲 A; B 1, 2 **riscaldare.**

raffreddàto |raffred'dato| *agg.* [*che ha un raffreddore*] enrhumé.

raffreddatóio, i |raffredda'tojo, i| *s.m.* (*tecnol.*) refroidissoir, rafraîchissoir.

raffreddatóre |raffredda'tore| *s.m.* (*tecnol.*) refroidisseur.

raffreddatùra |raffredda'tura| *s.f.* **1** → **raffreddore 2** (*raro*) [→ RAFFREDDARE B 3] refroidissement *m.* (*corr.*).

raffreddóre |raffred'dore| *s.m.* (*med., corr.*) rhume: *si è preso un bel raffreddore* il a attrapé un bon rhume; *ha il raffreddore da fieno* il a le rhume des foins.

raffrenaménto |raffrena'mento| *s.m.* (*raro*) [*il fatto di raffrenare*] refrènement → **frenare.**

raffrenàre |raffre'nare| **A** *v.tr.* (*lett.*) [*tenere in freno, frenare energicamente*] refréner (8), maîtriser: *raffrenare un desiderio* refréner, maîtriser un désir # *raffrenare un cavallo* tenir un cheval en bride **B** *v.pron. rifl.* RAFFRENARSI [*limitarsi, contenersi*] se maîtriser, se contenir (27): *si è raffrenato dall'inveire contro di lui* il s'est maîtrisé, contenu pour ne pas l'injurier.

raffrontàre |raffron'tare| *v.tr.* [*mettere a confronto due cose o persone*] confronter, comparer: *raffrontiamo le due versioni* confrontons, comparons les deux versions → **paragonare** ◇ (*testi, codici*) collationner.

raffrónto |raf'fronto| *s.m.* [→ RAFFRONTARE] comparaison (*f.*): *fare un raffronto fra due stili* faire une comparaison entre deux styles → **paragone** ◇ (*di testi, codici*) collation *f.*

ràfia |'rafja| *s.f.* **1** (*t.bot.*) raphia *m.* **2** [*fibra vegetale ricavata dalle foglie di tale pianta*] raphia.

Rafìdidi |ra'fididi| *s.m. pl.* (*t.bot.*) Raphidioptères.

rafìdio, i |ra'fidjo, i| *s.m.* (*biol.*) raphide *f.*

ràgade |'ragade| *s.f.* (*med.*) rhagade.

raganèlla |raga'nɛlla| *s.f.* **1** (*t.zool.*) rainette **2** (*mus.*) crécelle.

ragàzza |ra'gattsa| *s.f.* **1** [*giovane donna fra l'adolescenza e la maturità*] (jeune) fille: *una bella ragazza* une belle fille; *un bel pezzo di ragazza* un beau brin de fille; *una ragazza da marito* une fille à marier; *il cognome da ragazza* le nom de jeune fille; *una ragazza madre* une fille mère; *è una perla di ragazza* c'est une chic fille; *ragazza squillo, ragazza di vita* call-girl, fille de joie # *è ancora ragazza* elle n'est pas encore mariée; elle est encore célibataire **2** (*fam.*) [*innamorata, fidanzata*] petite amie: *si è fatto la ragazza* il a une petite amie; *la ragazza lo ha piantato* sa petite amie l'a laissé tomber **3** [*figlia*] fille.

ragazzàccio, ci, cia, ce |ragat'tsattʃo, tʃi, tʃa, tʃe| *s.* vilain garçon *m.*, vilaine fille *f.*

ragazzàglia |ragat'tsaʎʎa| *s.f.* (*spreg.*) [*turba di ragazzi villani*] marmaille.

ragazzàta |ragat'tsata| *s.f.* [*azione compiuta con leggerezza, senza riflessione*] gaminerie, enfantillage (*m.*): *è soltanto una ragazzata* ce n'est qu'une gaminerie, qu'un enfantillage; *è l'ora di smetterla con queste ragazzate* il est temps d'en finir avec ces enfantillages.

ragazzétta |ragat'tsetta| *s.f.* [*fanciulla, giovinetta*] petite fille, fillette.

ragazzétto |ragat'tsetto| *s.m.* [*ragazzo molto giovane*] petit garçon, garçonnet.

ragazzìna |ragat'tsina| *s.f.* → **ragazzetta.**

ragazzìno |ragat'tsino| *s.m.* → **ragazzetto.**

ragàzzo |ra'gattso| *s.m.* **1** [*adolescente, giovane*] garçon, jeune homme: *un ragazzo di vent'anni* un jeune homme de vingt ans; *un bel ragazzo, un ragazzo robusto* un beau garçon, un garçon robuste; *è un ragazzo in gamba* c'est un garçon remarquable ◇ (*loc.*) *ragazzo mio, qui arriva il bello!* mon garçon, c'est maintenant qu'on va rire! ~ *forza ragazzi!* allez-y, les gars! ~ *sei proprio un ragazzo!* tu n'es vraiment qu'un enfant!, tu es un vrai grosse! (*fam.*) ~ *non fare il ragazzo!* ne fais pas l'enfant! ~ *da ragazzo uscivo spesso di sera* lorsque j'étais célibataire, je sortais souvent le soir ~ *fin da ragazzo ha amato la musica* dès son enfance il aimait la musique ◇ (*sport*) *la squadra ragazzi* l'équipe des cadets, cadette **2** (*fam.*) [*innamorato, fidanzato*] petit ami: *ha il ragazzo, si è fatta il ragazzo* elle a un petit ami **3** [*figlio*] fils: *ha cinque ragazzi* elle a cinq fils **4** [*garzone*] garçon: *il ragazzo del bar* le garçon du café.

ragazzóne |ragat'tsone| *s.m.* **1** grand garçon, gaillard **2** (*pegg.*) [*ragazzo robusto di aspetto e semplice nell'animo*] grand enfant.

ragazzòtto |ragat'tsɔtto| *s.m.* gros garçon.

ragazzùme |ragat'tsume| *s.m.* → **ragazzaglia.**

raggelànte |raddʒe'lante| *agg.* (*fig.*) *sguardo raggelante* [*che raggela*] regard glaçant.

raggelàre |raddʒe'lare| **A** *v.tr.* [*gelare, ghiacciare completamente*] geler (6): *l'abbassamento di temperatura ha raggelato l'acqua* la baisse de température a fait geler l'eau ◇ (*fig.*) glacer (2): *quella frase ha raggelato l'ambiente* cette phrase a glacé l'ambiance # *le sue parole hanno raggelato la conversazione* ses mots ont jeté un froid (dans la conversation) **B** *v.intr.* (*aus.* '*essere*') *e pron. intr.* RAGGELARSI **1** [*gelare di nuovo*] regeler (6) *tr.* **2** [*gelare di più*] geler de nouveau, regeler: *con questo freddo si è raggelato* avec ce froid il a encore gelé, il a regelé ◇ (*fig.*) se glacer (*pron.*): *a quella vista (si) è raggelato* à cette vue son sang se glaça ◇ (*di sangue*) *il sangue gli si è raggelato nelle vene* le sang s'est glacé dans ses veines.

raggentilìre |raddʒenti'lire| (197) *v.tr.* → **ingentilire.**

raggiànte |rad'dʒante| *agg.* **1** [*felice, esultante (di gioia)*] rayonnant, radieux*: *dopo la promozione era raggiante* après sa promotion il était rayonnant, radieux; *aveva il viso raggiante di gioia* son visage était rayonnant (de joie) **2** (*fis.*) radiant: *calore, energia raggiante* chaleur, énergie radiante.

raggiàre |rad'dʒare| **A** *v.intr.* (*aus.* '*avere*') **1** (*lett.*) [*emettere raggi*] rayonner **2** (*fig.*) [*essere raggiante*] rayonner: *il suo volto raggiava di gioia* son visage rayonnait (de joie) **B** *v.tr.* (*poet.*) [*illuminare con raggi di luce*] faire (45) *intr.* rayonner.

raggiàto |rad'dʒato| *agg.* (*scient.*) rayonné, radié: *simmetria raggiata* symétrie rayonnée, radiée; *armatura raggiata* armature radiée; *organi raggiati* organes radiés # *aggregato cristallino raggiato* amas de cristaux à bâtonnets.

raggièra |rad'dʒɛra| *s.f.* **1** [*fascio di raggi che si dipartono da un punto*] auréole, *halo *m.* (de rayon) # *acconciatura a raggiera* coiffure en éventail **2** [*parte dell'ostensorio a forma di raggi*] soleil *m.*

ràggio, i |'raddʒo, i| *s.m.* **1** [*fascia di radiazioni luminose*] rayon: *un raggio di sole, di luna, di una stella* un rayon de soleil, de lune, d'une étoile ◇ (*fig.*) *un raggio di speranza* un rayon d'espérance **2** (*fis.*) rayon: *raggi luminosi, infrarossi* rayons lumineux, infrarouges; *raggi elettromagnetici, ultravioletti* rayons électromagnétiques, ultraviolets ◇ (*med.*) *raggi X* rayons X: *farsi fare i raggi* se faire faire des rayons (X) **3** (*mat.*) rayon: *il raggio di un cerchio* le rayon d'un cercle ◇ (*loc.*) *l'esplosione si è sentita in un raggio di venti chilometri* on a entendu l'explosion dans un rayon de vingt kilomètres # *è un'azione a largo raggio* c'est une action de grande envergure **4** (*per est.*) [*ciascuno dei legni o dei fili d'acciaio che in una ruota congiungono il mozzo al cerchio*] rayon: *i raggi della bicicletta* les rayons de la bicyclette **5** (*arald.*) rai.

raggiràre |raddʒi'rare| *v.tr.* [*ingannare, truffare*] tromper, embobiner (*fam.*): *si è lasciata raggirare con poche parole* elle s'est laissée tromper, embobiner en quelques mots.

raggiratóre, trice |raddʒira'tore, tritʃe| *s.* [*chi raggira*] emberlificoteur*: *un raggiratore senza scrupoli* un emberlificoteur sans scrupules.

raggìro |rad'dʒiro| *s.m.* [→ RAGGIRARE] manigance (*f.*): *ha ottenuto la promozione con un raggiro* il a eu de l'avancement grâce à des manigances; *è stato vittima di un raggiro* il a été victime d'une manigance ◇ [*macchinazione*] machination (*f.*): *è tutto un raggiro!* c'est toute une machination!

raggiróne |raddʒi'rone| *s.* → **raggiratore.**

raggiùngere |rad'dʒundʒere| (150) *v.tr.* **1** [*portare a termine un inseguimento*] rattraper: *l'hai quasi raggiunto* tu l'as presque rattrapé; *i due fuggitivi sono stati raggiunti dal gruppo* les deux cyclistes fugitifs ont été rattrapés par le peloton ◇ [*uguagliare*] égaler: *raggiungere il record mondiale* égaler le record mondial **2** [*riunirsi a qc.*] rejoindre (61): *devi raggiungere la compagnia* tu dois rejoindre la compagnie; *prendo la borsa e ti raggiungo* je prends mon sac et je te rejoins **3** [*arrivare in un determinato luogo*] arriver (à): *vorrei raggiungere la frontiera prima di notte* je voudrais arriver à la frontière avant la nuit; *si può raggiungere Roma in due ore* on peut arriver à Rome en deux heures **4** [*conseguire una mèta, ottenere un risultato*] atteindre (66): *hanno raggiunto la cima del monte* ils ont atteint le sommet de la montagne; *vuol raggiungere il proprio intento* il veut atteindre son but; *ha raggiunto gli ottant'anni* il a atteint quatre-vingts ans **5** [*arrivare fino a*] gagner: *ha raggiunto esausto la spiaggia* il a gagné la plage à bout de forces # *la temperatura ha raggiunto i 30°* la température a atteint 30°; *questa macchina raggiunge i centosessanta* cette voiture atteint la vitesse de cent soixante kilomètres à l'heure; *l'acqua del fiume ha raggiunto il limite di guardia* l'eau du fleuve a atteint la cote d'alerte ◇ (*sport*) *ha raggiunto il massimo punteggio* il a obtenu le maximum de points **6** [*arrivare a cogliere, colpire*] atteindre: *raggiungere il bersaglio* atteindre la cible; *il colpo l'ha raggiunto in pieno petto* le coup l'a atteint en pleine poitrine.

raggiungìbile |raddʒun'dʒibile| *agg.* [→ RAGGIUNGERE 4] que l'on peut atteindre (*loc.*): *una cima facilmente raggiungibile* un sommet que l'on peut facilement atteindre.

raggiungiménto |raddʒundʒi'mento| *s.m.* (*fig.*) [→ RAGGIUNGERE 4] réalisation (*f.*): *il raggiungimento di un ideale* la réalisation d'un idéal # *il raggiungimento dello scopo* le fait d'atteindre un but.

raggiuntàre |raddʒun'tare| *v.tr.* [*aggiuntare di nuovo*] raccorder.

raggiustaménto |raddʒusta'mento| *s.m.* (*raro, fig.*) → **riconciliazione.**

raggiustàre |raddʒus'tare| **A** *v.tr.* **1** [*accomodare, rimettere in ordine*] raccomoder, arranger (3): *raggiustare un vestito* raccomoder, arranger une robe **2** (*fig.*) [*comporre, conciliare*] arranger, réconcilier: *raggiustare una lite* arranger un différend **B** *v.pron.* RAGGIUSTARSI **1** *intr.* [*accomodarsi*] s'arranger: *la faccenda si è raggiustata* l'affaire s'est arrangée **2** *rifl., recipr.* [*riconciliarsi*] se réconcilier: *dopo la litigata si sono raggiustati* après leur querelle ils se sont réconciliés.

raggomitolaménto |raggomitola'mento| *s.m.* [→ RAGGOMITOLARE] pelotonnement.

raggomitolàre |raggomito'lare| **A** *v.tr.* [*aggomitolare di nuovo, ravvolgere*] mettre (71) en pelote, pelotonner: *raggomitolare del filo* mettre du fil en pelote, pelotonner du fil **B** *v.pron. rifl.* RAGGOMITOLARSI [*rannicchiarsi*] se pelotonner, se blottir: *il gatto si è raggomitolato sulla poltrona* le chat s'est pelotonné, blotti sur le fauteuil.

raggomitolàto |raggomito'lato| *agg.* [*rannicchiato*] pelotonné.

raggranellàre |raggranel'lare| *v. tr.* [*accumulare, mettere da parte un po' alla volta*] amasser.

raggricciàre |raggrit'tʃare| *v.intr. e pron.* → **accartocciar(si).**

raggrinzaménto |raggrintsa'mento| *s.m.* [→ RAGGRINZARE] flétrissure *f.*; rides *f. pl.*; chiffonnement, froissement.

raggrinzàre |raggrin'tsare| **A** *v.tr.* [*far diventare grinzoso, pieno di rughe o grinze*] rider; froisser, chiffonner: *l'età gli ha raggrinzato il viso* la vieillesse a ridé son visage ‖ *hai raggrinzato tutto il vestito* tu as complètement froissé, chiffonné ta robe # *ha raggrinzato la fronte* il a plissé le front; *il caldo fa raggrinzare le foglie* la chaleur flétrit, fane les feuilles **B** *v.intr.* (*aus.* '*essere*') *e pron. intr.* RAGGRINZARSI [*fare le grinze, diventare rugoso*] (*di foglie*) (se) flétrir; (*della pelle*) se rider; (*di un abito*) se froisser, se chiffonner: *il collo le si è raggrinzato* son cou s'est ridé # *le foglie cominciano a raggrinzarsi* les feuilles commencent à se faner.

raggrinzàto |raggrin'tsato| *agg.* [*grinzoso, corrugato*] (*di una foglia*) flétri; (*della pelle*) ridé; (*di un abito*) froissé, chiffonné: *una vecchia raggrinzata* une vieille toute ridée ‖ *una gonna raggrinzata* une jupe froissée, chiffonnée.

raggrinzìre |raggrin'tsire| *e deriv.* → **raggrinzare** *e deriv.*

raggrumàre |raggru'mare| **A** *v.tr.* [*far rapprendere in grumi*] faire (45) des grumeaux, engrumeler (4) (*raro*) **B** *v. pron. intr.* RAGGRUMARSI [*rapprendersi in grumi*] se grumeler (4): *la crema si è raggrumata* la crème s'est grumelée.

raggrumàto |raggru'mato| *agg.* [*rappreso in grumi*] caillé *p.p.*; grumelé (*p.p.*): *sangue raggrumato* sang caillé ‖ *panna raggrumata* crème grumelée.

raggruppaménto |raggruppa'mento| *s.m.* **1** regroupement: *il raggruppamento dei partecipanti* le regroupement des participants, des engagés **2** [*persone o elementi raggruppati*] groupe: *un raggruppamento di dimostranti* un groupe de manifestants ◇ (*mil.*) *un raggruppamento di artiglieria* un groupe d'artillerie.

raggruppàre |raggrup'pare| **A** *v. tr.* **1** [*radunare per gruppi*] grouper: *raggruppare gli atleti per specialità* grouper les athlètes par specialités **2** [*riunire*] rassembler: *hanno raggruppato gli alunni per una conferenza* ils ont rassemblé les élèves pour une conférence **B** *v.pron.* RAGGRUPPARSI **1** *rifl.* [*radunarsi in gruppi*] se grouper: *si sono raggruppati in squadre* ils se sont groupés en (par) équipes **2** *intr.* [*riunirsi*] se rassembler: *i dimoslranti si sono raggruppati in piazza* les manifestants se sont rassemblés sur la place Ⓒ **dividere, separare.**

raggruzzolàre |raggruttso'lare| *v. tr.* **1** [*mettere insieme denaro formando un gruzzolo*] mettre (71) de côté, amasser (un pécule): *in poco tempo ha raggruzzolato un piccolo capitale* en peu de temps il a amassé, mis de côté un petit capital **2** (*per est.*) [*raccogliere, ammassare*] ramasser.

ragguagliaménto |raggwaʎʎa'mento| *s.m.* (*raro*) → **ragguaglio.**

ragguagliàre |raggwaʎ'ʎare| *v.tr.* **1** (*raro*) [*ridurre al pari, livellare*] égaliser, niveler (4) **2** [*confrontare, paragonare*] comparer: *hanno ragguagliato i loro stipendi* ils ont comparé leurs salaires **3** [*informare, mettere al corrente*] informer, renseigner: *lo ragguaglierò al più presto* je l'informerai, le renseignerai le plus tôt possible.

ragguagliàto |raggwaʎ'ʎato| *agg.* **1** [*livellato*] égalisé *p.p.*, nivelé *p.p.* **2** [*paragonato*] comparé *p.p.* **3** [*informato, messo al corrente*] informé *p.p.*, renseigné *p.p.*

ragguagliatóre, trice |raggwaʎʎa'tore, tritʃe| *s.* (*raro*) [*chi fornisce ragguagli o informazioni*] informateur*.

ragguàglio, i |rag'gwaʎʎo, i| *s.m.* **1** [→ RAGGUAGLIARE 1] égalisation *f.*, nivellement **2** [→ RAGGUAGLIARE 2] comparaison *f.* **3** [→ RAGGUAGLIARE 3] information *f.*, renseignement: *mi ha* *dato ampi ragguagli* il m'a donné un grand nombre d'informations, de renseignements.

ragguardévole |raggwar'devole| *agg.* **1** (*persone*) [*degno di riguardo, di stima*] notable, remarquable: *un cittadino ragguardevole* un citoyen notable, remarquable **2** (*cose*) [*notevole, considerevole*] considérable, important: *una cifra ragguardevole* une somme considérable, importante Ⓒ **trascurabile.**

-ragia |ra'dʒia| *suff.* (*significa 'fuoriuscita', corrisponde gener. a*) rr(h)agie: *blenorragia* blennorragie.

ràgia, gie, ge |'radʒa, dʒe| *s.f.* (*chim.*) térébenthine: *acqua* (*di*) *ragia* essence de térébenthine.

ragià |ra'dʒa| *s.m. inv.* [*re indiano*] ra(d)ja(h) *var.*

ragionaménto |radʒona'mento| *s.m.* raisonnement: *ha fatto un ragionamento coerente* il a fait un raisonnement cohérent; *non seguo il suo ragionamento* je ne suis pas son raisonnement ◇ (*iron.*) *che ragionamenti!* en voilà des raisonnements! ~ *bel ragionamento!* le beau raisonnement!

ragionàre |radʒo'nare| *v.intr.* (*aus. 'avere'*) **1** [*fare, svolgere un ragionamento, riflettere*] raisonner: *ha ragionato bene* il a bien raisonné; *ho cercato di farlo ragionare* j'ai essayé de le faire raisonner # *cerca di ragionare con calma* essaie de réfléchir calmement ◇ (*loc. fam.*) *ragiona coi piedi* il raisonne comme une pantoufle **2** [*discorrere, conversare, parlare*] parler, discuter: *ragionavano di politica* ils parlaient politique; *con lui non si può ragionare* avec lui on ne peut pas discuter.

ragionataménte |radʒonata'mente| *avv.* [→ RAGIONATO] raisonnablement.

ragionàto |radʒo'nato| *agg.* [*giudicato attentamente*] raisonné: *bibliografia ragionata* bibliographie raisonnée; *catalogo ragionato* catalogue raisonné; *sono cose ragionate* ce sont des choses raisonnées, pensées.

ragionatóre, trice |radʒona'tore, tritʃe| *s.* [*chi ragiona, chi ha la capacità di ragionare bene*] raisonneur*.

ragióne |ra'dʒone| *s.f.* **1** raison: *la ragione è propria dell'uomo* la raison est le propre de l'homme; *ascolta la voce della ragione* écoute la voix de la raison; *è nell'età della ragione* il a atteint l'âge de raison; *ha ormai l'uso di ragione* il a désormais l'âge de raison ◇ (*loc.*) *ha perso il lume della ragione* il a perdu la raison **2** [*causa giusta, legittimo motivo*] raison: *ha ragione lei* c'est vous qui avez raison; *non gli dà certo ragione* il ne lui donne certainement pas raison; *ha avuto ragione del suo avversario* il a eu raison de son adversaire ◇ (*loc.*) *ha ragione da vendere* il a mille fois raison ~ CON, A RAGIONE avec (juste) raison: *l'ha denunciato e con ragione* il l'a dénoncé avec juste raison, à juste titre ~ DI SANTA RAGIONE sévèrement *avv.* # *l'ho sgridato di santa ragione* je lui ai passé un sacré savon **3** [*causa, motivo, giustificazione*] raison: *non è una buona ragione per trattarlo così* ce n'est pas une raison pour le traiter ainsi; *se agisco in questo modo, ho le mie buone ragioni* si j'agis de cette façon, c'est que j'ai de bonnes raison; *voglio conoscerne la ragione* je veux en connaître la raison; *è partito per ragioni di famiglia* il est parti pour des raisons de famille; *non vuol sentire ragione* il ne veut pas entendre raison; *quella donna è la sua ragione d'essere* cette femme est sa raison d'être # *ha fatto valere le sue ragioni* il a fait valoir tous ses droits ◇ (*loc.*) *la ragion di Stato* la raison d'État ~ *non lo conosci, ragione di più per non giudicarlo* tu ne le connais pas, raison de plus pour ne pas le juger ~ *a maggior ragione spettava a lui pagare* à plus forte raison c'était à lui de payer ~ *si è fatta una ragione dell'accaduto* elle s'est fait une raison sur ce qui est arrivé ~ *è in ritardo, ragion per cui possiamo cominciare* il est en retard, c'est pourquoi nous pouvons commencer # *ha giudicato a ragion veduta* il a jugé en connaissance de cause; *farsi ragione da sé* se faire justice soi-même **4** (*arc.*) [*diritto*] droit (*corr.*): *ragione canonica, civile* droit canon, civil # *Palazzo della Ragione* Palais de la Raison **5** [*conto, spiegazione, valutazione*] compte (*m.*): *ha chiesto ragione del suo comportamento* il lui a demandé compte de son comportement; *ha reso, dato ragione del proprio operato* il a rendu compte de ses actes **6** (*econ., mat.*) raison: *ragione diretta, inversa* raison directe, inverse; *calcola la manodopera in ragione di 5000 lire l'ora* il calcule la main d'œuvre à raison de 5.000 lires l'heure **7** (*comm.*) raison: *ragione sociale* raison sociale Ⓒ 1; 2 **torto** 2.

ragioneria |radʒone'ria| *s.f.* **1** [*disciplina che studia le funzioni amministrative di un'azienda*] comptabilité **2** (*comm.*) comptabilité: *ufficio di ragioneria* bureau de comptabilité; *la ragioneria di una grande impresa* la comptabilité d'une grande entreprise; *la ragioneria generale dello Stato* la (direction de la) comptabilité générale de l'État **3** [*corso di studi*] études *pl.* de comptabilité.

ragionévole |radʒo'nevole| *agg.* **1** [*dotato di ragione, di raziocinio*] raisonnable: *l'uomo è un animale ragionevole* l'homme est un animal raisonnable **2** (*persone*) [*che si lascia guidare dalla ragione, equilibrato*] raisonnable: *cerca di essere ragionevole!* essaie d'être raisonnable!; *parlare con persone ragionevoli* parler avec des personnes raisonnables **3** (*cose*) [*conforme alla ragione o al buon senso*] raisonnable: *è una proposta ragionevole* c'est une proposition raisonnable; *non è una proposta ragionevole* ce n'est pas une proposition raisonnable **4** [*giusto, conveniente*] raisonnable: *è un prezzo ragionevole* c'est un prix raisonnable; *non è una pretesa ragionevole* ce n'est pas une prétention raisonnable Ⓒ **irragionevole.**

ragionevolézza |radʒonevo'lettsa| *s.f.* [*il fatto di essere ragionevole*] justesse, bien-fondé (*m.*): *riconosco la ragionevolezza delle tue proposte* je reconnais la justesse de tes propositions ◇ [*buonsenso*] bon-sens (*m.*): *tanta ragionevolezza mi ha sorpreso* tant de bon-sens m'a surpris.

ragionevolménte |radʒonevol'mente| *avv.* [→ RAGIONEVOLE] raisonnablement # *ora sì che parli ragionevolmente!* finalement, tu parles raison!

ragionière |radʒo'njɛre| *s.* [*chi è diplomato in ragioneria, chi esercita la ragioneria*] expert-comptable *m.*

ragionierìstico, ci, ca, che |radʒonje'ristiko, tʃi, ka, ke| *agg.* [*che concerne un ragioniere, la ragioneria*] comptable: *attività ragionieristica* activité (de) comptable; *procedimenti ragionieristici* procédés comptables.

raglan |ra'glan| *agg. inv.* (*ingl.*) (*abbigl.*) raglan (*var.*): *taglio raglan* coupe raglan ◇ *loc.* A RAGLAN raglan (*agg. inv.*): *maniche a raglan* manches raglan.

ragliaménto |raʎʎa'mento| *s.m.* [*il fatto di ragliare in modo prolungato*] braiment.

ragliàre |raʎ'ʎare| *v.intr.* (*aus. 'avere'*) **1** [*emettere dei ragli*] braire*: *l'asino raglia* l'âne brait **2** (*fig.*) [*cantare male*] brailler: *quello non canta, raglia!* celui-là ne chante pas, il braille!

ragliàta |raʎ'ʎata| *s.f.* [*raglio ripetuto*] braiment *m.*

ràglio, i |'raʎʎo, i| *s.m.* **1** [*grido, voce dell'asino*] braiment ◇ (*prov.*) *raglio d'asino non sale al cielo* la bave du crapeau n'atteint pas la colombe **2** (*fig.*) [*canto brutto, disarmonico*] braillement.

ràgna |'raɲɲa| *s.f.* **1** [*grande rete per catturare uccelli*] filet *m.* **2** (*fig.*) [*inganno, insidia*] piège *m.* **3** (*ant.*) → **ragno 4** (*lett.*) → **ragnatela 5** [*zona logora di tessuto*] éraillure.

ragnàia |raɲ'ɲaja| *s.f.* **1** (*caccia*) chasse au filet **2** lieu *m.* propre à la chasse au filet.

ragnàre |raɲ'ɲare| **A** *v.intr.* (*aus. 'avere'*) [*tendere le ragne*] tendre (53) *tr.* des filets **B** *v.intr.* (*aus. 'essere, avere'*) *e pron. intr.* RAGNARSI **1** (*detto di tessuti*) [*mostrar la trama per il logorio*] s'élimer *pron.* **2** (*detto del cielo*) [*coprirsi di nubi rade e sottili*] s'obscurcir, se couvrir (23) *pron.* de légers nuages.

ragnatéla |raɲɲa'tela| *s.f.* toile d'araignée.

ragnàto |raɲ'ɲato| *agg.* [*sottile e rado come ragnatela*] rapé, élimé (*p.p.*): *tessuto ragnato* tissu rapé, élimé.

ragnatùra |raɲɲa'tura| *s.f.* **1** [*parte logora di una stoffa*] éraillure **2** [*zona in cui il cielo è cosparso di nuvole rade*] petits nuages *m. pl.* floconneux.

ràgno |'raɲɲo| *s.m.* (*t.zool.*) araignée *f.* ✦ (*agg.*) *uomo ragno* (acrobate) contorsionniste; *pesce ragno* vive *s.f.* ◇ (*loc. fig.*) *non cavare un ragno dal buco* n'aboutir à rien.

ragtime |'rægtaim| *s.m. inv.* (*ingl.*) (*mus.*) rag-time *var.*

ragù |ra'gu| *s.m. inv.* jus de viande servant d'assaisonnement, ragoût (*arc.*).

ragusàno |ragu'zano| *agg.* [*di Ragusa*] ragusain.

rài |'rai| *s.m. pl.* (*poet.*) **1** [*raggi*] rayons (*corr.*) **2** (*fig.*) [*sguardi*] regards (*corr.*) ◇ [*occhi*] yeux (*corr.*).

raià |ra'ja| *s.m. inv.* → **ragià.**

raid |reid| *s.m. inv.* (*ingl.*) raid *var.*

Raifórmi |rai'formi| *s.m. pl.* (*t. zool.*) Rajidés.

ràion |'rajon| *s.m. inv.* → **rayon.**

ràis |'rais| *s.m. inv.* [*chi dirige la pesca del tonno*] ⊠.

rajà |ra'ʒa| *s.m. inv.* → **ragià.**

rajàh |ra'ʒa| *s.m. inv.* → **ragià.**

ralìnga, ghe |ra'linga, ge| *s.f.* (*mar.*) ralingue.

ralingàre |ralin'gare| *v.tr.* **1** (*mar.*) [*guarnire le vele di ralinghe*] ralinguer, border une voile de ses ralingues **2** (*mar.*) [*volgere la vela in guisa che presenti solo la ralinga al vento*] ralinguer.
ràlla |'ralla| *s.f.* **1** (*mecc.*) crapaudine **2** [*untume nero*] cambouis *m.* → **morchia.**
rallegraménto |rallegra'mento| *s.m.* **1** (*arc.*) [*il fatto di rallegrarsi*] réjouissance *f.* **2** *al plur.* [*congratulazioni*] félicitations (*f.*): *rallegramenti!* félicitations!; *i miei rallegramenti per la nascita del bimbo* toutes mes félicitations pour la naissance du bébé.
rallegràre |ralle'grare| **A** *v.tr.* **1** [*rendere, far diventare allegro o più allegro*] égayer (9): *con la sua presenza rallegra la festa* par sa présence il égaie la fête; *questo colore rallegra la stanza* cette couleur égaie la pièce **2** [*causare, destare gioia*] réjouir: *questa buona notizia mi ha rallegrata* cette bonne nouvelle m'a réjouie **B** *v.pron. intr.* RALLEGRARSI **1** [*diventare allegro o più allegro*] se réjouir: *si rallegravano tutti a quella visita* ils se réjouissaient tous de cette visite ◇ [*essere felice*] être (43) *intr.* ravi: *mi rallegro di sapere che ti è andata bene* je suis ravi de savoir que tout a bien marché pour toi **2** [*congratularsi*] féliciter (*tr.*): *mi rallegro per la tua promozione* je te félicite de ta promotion.
rallentaménto |rallenta'mento| *s.m.* [→ RALLENTARE A 1, 2; B] ralentissement: *un rallentamento nella corsa* un ralentissement dans la course # *c'è un rallentamento nel suo interesse* son intérêt se ralentit, se relâche.
rallentàndo |rallen'tando| *s.m. inv.* (*mus.*) rallentando.
rallentàre |rallen'tare| **A** *v.tr.* **1** [*rendere lento, meno veloce*] ralentir: *rallentare il passo* ralentir le pas; *ha rallentato l'andatura* il a ralenti son allure **2** (*fig.*) [*diminuire d'intensità*] diminuer: *ha rallentato gli sforzi* il a diminué ses efforts **3** [*diradare, rendere meno frequenti*] espacer (2): *rallentare le visite a qc.* espacer les visites à qqn. **4** (*raro*) → **allentare B** *v. intr.* (*aus. 'essere'*) **1** [*diminuire la velocità*] ralentir (*aus.* avoir): *il treno sta rallentando* le train ralentit; *bisogna rallentare* il faut ralentir **2** (*fig.*) [*perdere di forza, d'intensità*] diminuer (*aus.* avoir, être): *la sua attività è rallentata* son activité a diminué; *nell'ultimo anno la produzione è rallentata* la production a diminué au cours de l'année dernière 🄲 **affrettare, accelerare.**
rallentàto |rallen'tato| *agg.* ralenti: *moto rallentato* mouvement ralenti.
rallentatóre |rallenta'tore| *s.m.* **1** (*mecc.*) ralentisseur **2** (*cine.*) ralenti: *proiettare una pellicola al rallentatore* projeter un film au ralenti ◇ (*loc. fig.*) *fare una cosa al rallentatore* faire une chose au ralenti.
Ràllidi |'rallidi| *s.m. pl.* (*t.zool.*) Rallidés.
Rallifórmi |ralli'formi| *s.m. pl.* (*t. zool.*) Ralliformes.
ràllo |'rallo| *s.m.* (*t.zool.*) râle.
rally |'ræli| *s.m. inv.* (*ingl.*) (*sport*) rallye.
ràma |'rama| *s.f.* (*dial.*) → **ramo** 1.
ramàglia |ra'maʎʎa| *s.f.* [*insieme di rami*] ramille.
ramàio, i |ra'majo, i| *s.m.* [*artigiano che lavora il rame*] chaudronnier* *s.*
ramaiolàta |ramajo'lata| *s.f.* **1** [*la quantità di liquido che può essere presa con il ramaiolo*] cuillerée **2** coup *m.* de cuillère.
ramaiòlo |rama'jɔlo| *s.m.* **1** [*mestolo*] louche *f.* **2** (*arc.*) récipient de cuivre (*corr.*).
ramaiuòlo |rama'juɔlo| *s.m.* → **ramaiolo.**
ramanzìna |raman'dzina| *s.f.* [*lungo rimprovero*] semonce, réprimande, savon *m.* (*fam.*) → **sgridata.**
ramàre |ra'mare| *v.tr.* **1** [*ricoprire con un sottile strato di rame*] cuivrer **2** [*dare il solfato di rame alle piante*] sulfater.
ramàrro |ra'marro| *s.m.* (*t.zool.*) lézard vert ◇ (*loc. fig.*) *era verde come un ramarro* il était verdâtre, très vert.
ramàto |ra'mato| *agg.* **1** [*di colore rossiccio sim. a quello del rame*] cuivré: *capelli ramati* cheveux (aux reflets) cuivrés **2** [*che contiene rame o sali di rame*] *acqua ramata* eau contenant du sulfate de cuivre ✦ (*s.m.*) *il ramato* [*miscela anticrittogamica a base di zolfo*] le sulfate de cuivre # *dare il ramato alle viti* sulfater les vignes.
1 **ramatùra** |rama'tura| *s.f.* **1** [→ RAMARE 1] cuivrage *m.* **2** [→ RAMARE 2] sulfatage *m.* **3** (*mil.*) encuivrage *m.*
2 **ramatùra** |rama'tura| *s.f.* (*raro*) [*i rami di un albero*] ramure (*corr.*), branchage *m.* (*corr.*).
ramàzza |ra'mattsa| *s.f.* [*scopa grossolana fatta di rami*] balai *m.* ◇ (*gerg. mil.*) *essere di ramazza* être de corvée.
ramazzàre |ramat'tsare| *v.tr.* [*spazzare con la ramazza*] balayer (9).
ràme |'rame| *s.m.* **1** (*chim.*) cuivre: *solfato di rame* sulfate de cuivre; *leghe di rame* alliages de cuivre; *età del rame* âge du cuivre ◇ (*loc. fig.*) *capelli di rame* cheveux cuivrés **2** gravure *f.* sur cuivre: *un pregevole rame d'autore* une gravure de valeur sur cuivre **3** *al plur.* [*recipienti di rame*] cuivres.
rameggiàre |rameḍ'dʒare| **A** *v.tr.* [*piantare nel terreno rami a sostegno di piante erbacee*] ramer **B** *v.intr.* (*aus. 'avere'*) (*lett.*) [*ramificarsi, aprirsi come rami*] se ramifier *pron.*
rameggiàto |rameḍ'dʒato| *agg.* (*detto delle corna del cervo*) ramé.
ramèico, ci, ca, che |ra'mɛiko, tʃi, ka, ke| *agg.* (*chim.*) cuivrique: *sali rameici* sels cuivriques.
rameóso |rame'oso| *agg.* (*chim.*) *ossido rameoso* oxyde cuivreux.
ramìa |ra'mia| *s.f.* → **ramiè.**
ramiè |ra'mjɛ| *s.m.* **1** (*t.bot.*) ramie *f.* **2** [*fibra tessile ottenuta da tale pianta*] ramie.
1 **ramìfero** |ra'mifero| *agg.* [*che contiene rame*] cuivreux*: *minerali ramiferi* minéraux cuivreux.
2 **ramìfero** |ra'mifero| *agg.* [*ricco di rami*] rameux*.
ramificàre |ramifi'kare| **A** *v.intr.* (*aus. 'avere'*) [*mettere, produrre rami*] se ramifier (*pron.*): *piante che ramificano irregolarmente* plantes qui se ramifient irrégulièrement **B** *v.pron. intr.* RAMIFICARSI [*svilupparsi in vari rami, diramarsi*] avoir (28) *tr.* des ramifications, se ramifier: *una società che si ramifica in tutta Italia* une société qui a des ramifications dans toute l'Italie.
ramificàto |ramifi'kato| *agg.* ramifié: *fusto ramificato* tronc ramifié ◇ (*chim.*) *catena ramificata* chaîne ramifiée.
ramificazióne |ramifikat'tsjone| *s.f.* [→ RAMIFICARE] ramification: *ramificazione del fusto* ramification du tronc; *la ramificazione delle vene, delle arterie* la ramification des veines, des artères; *la ramificazione a delta del Po* la ramification en delta du Pô.
ramìfico, ci, ca, che |ra'mifiko, tʃi, ka, ke| *agg.* (*lett.*) [*che produce rami*] rameux* (*corr.*).
ramìna |ra'mina| *s.f.* **1** écaille de cuivre **2** [*pentola di rame*] cuivre *m.*
ramingàre |ramin'gare| *v.intr.* (*lett.*) (*aus. 'avere'*) [*andare ramingo*] vaguer, errer (*corr.*).
ramìngo, ghi, ga, ghe |ra'mingo, gi, ga, ge| *agg.* [*che va errando in luoghi diversi*] errant, vagabond # *andare ramingo per il mondo* errer à l'aventure par le monde.
1 **ramìno** |ra'mino| *s.m.* [*vaso di rame*] bouilloire *f.*, bouillotte en cuivre.
2 **ramìno** |ra'mino| *s.m.* (*gioco di carte*) rami.
rammagliàre |rammaʎ'ʎare| *v.tr.* [*aggiustare riparando le maglie*] rem(m)ailler: *rammagliare una calza* rem(m)ailler un bas.
rammagliatrìce |rammaʎʎa'tritʃe| *s.f.* **1** [*operaia che esegue lavori di rammagliatura*] rem(m)ailleuse **2** (*tecnol.*) machine rem(m)ailleuse.
rammagliatùra |rammaʎʎa'tura| *s.f.* [*l'operazione, il lavoro di rammagliare*] re(m)maillage (*m.*): *la rammagliatura delle calze* le rem(m)aillage des bas.
rammaricaménto |rammarika'mento| *s.m.* (*raro*) → **rammarico.**
rammaricàre |rammari'kare| **A** *v.tr.* [*affliggere, amareggiare*] attrister: *le tue parole lo hanno rammaricato* tes paroles l'ont attristé **B** *v.pron. intr.* RAMMARICARSI **1** [*provare rammarico, affliggersi*] regretter (*tr.*): *si rammarica di aver parlato in quel modo* il regrette d'avoir parlé de cette façon **2** [*lamentarsi*] se désoler: *non rammaricarti, tutto si aggiusterà* ne te désole pas, tout s'arrangera.
rammàrico, chi |ram'mariko, ki| *s.m.* [*sentimento di dispiacere, di rincrescimento*] regret: *ho il rammarico di non averlo aiutato* j'ai le regret de ne pas l'avoir aidé; *con mio grande rammarico, è partito* à mon grand regret, il est parti; *lo lascio senza rammarico* je le quitte sans regret 🄲 **piacere** 2, **gioia** 1.
rammemoràre |rammemo'rare| *v.tr.* (*raro*) → **ricordare.**
rammendàre |rammen'dare| *v.tr.* [*riparare con un rammendo*] raccommoder, repriser: *rammendare una manica* raccommoder, repriser une manche ◇ [*rammendare calze*] repriser, ravauder ◇ [*rammendare in modo invisibile*] stopper.
rammendatóre, trice |rammenda'tore, tritʃe| *s.* [*operaio che esegue lavori di rammendo*] raccommodeur*, ravaudeur*, stoppeur*.
rammendatùra |rammenda'tura| *s.f.* **1** (*tess.*) rentrayage *m.*, rentraiture **2** → **rammendo.**
rammèndo |ram'mendo| *s.m.* [*il lavoro che si fa per ricostruire o rinforzare trama e ordito in un tessuto*

strappato o molto usato] reprise *f.*, stoppage: *punto rammendo* point de reprise; *fare un rammendo a una tovaglia bucata* faire une reprise à une nappe trouée; repriser, stopper une nappe trouée # *cotone da rammendo* coton à repriser ◇ [*rammendo invisibile*] stoppage ◇ [*rammendo a punto maglia*] remmaillage.

rammentàre |rammen'tare| **A** *v. tr.* [*ricordare, richiamare alla mente*] rappeler (4): *nel carattere rammenta suo padre* son caractère rappelle celui de son père **B** *v.pron. intr.* RAMMENTARSI [*ricordarsi*] se souvenir (27) de, se rappeler: *mi rammenterò di voi* je me souviendrai de vous; *si rammenta ancora di quell'episodio* il se rappelle encore cet épisode.

rammentatóre, trice |rammenta'tore, tritʃe| *s.* [*suggeritore nel teat. d'opera*] souffleur*.

rammodernàre |rammoder'nare| *v.tr.* → **rimodernare.**

rammolliménto |rammolli'mento| *s.m.* [*l'operazione di rammollire, il fatto di rammollirsi*] ramollissement: *rammollimento del bitume* ramollissement du goudron ◇ (*med.*) *rammollimento cerebrale* ramollissement cérébral ◇ (*fig.*) *il rammollimento dell'età* l'amollissement, le ramollissement de l'âge.

rammollire |rammol'lire| (197) **A** *v.tr.* [*rendere, far diventare più molle*] (r)amollir: *il calore ha rammollito la cera* la chaleur a ramolli la cire ◇ (*fig.*) *i vizi lo hanno rammollito* les vices l'ont (r)amolli **B** *v.pron. intr.* RAMMOLLIRSI [*diventare molle, più molle*] se ramollir: *è un composto che non rammollisce* c'est un mélange qui ne se ramollit pas ◇ (*fig.*) *gli si è rammollito il cervello* son cerveau s'est ramolli.

rammollito |rammol'lito| *agg.* **1** [*diventato molle o più molle*] ramolli, mou*: *burro rammollito* beurre ramolli, mou **2** (*fig.*) [*che ha poca forza morale, scarso carattere*] ramolli (*fam.*): *un vecchio rammollito* un vieux ramolli; un vieux ramollo (*fam.*); *ha il cervello rammollito* son cerveau est ramolli ✦ (*s.*) *un rammollito* un ramolli.

rammorbidire |rammorbi'dire| (197) **A** *v.tr.* [*rendere morbito o più morbido*] tremper, ramollir; assouplir: *rammorbidire il pane nel latte* tremper, ramollir le pain dans le lait ‖ *rammorbidire il carattere* assouplir son caractère **B** *v.pron. intr.* RAMMORBIDIRSI [*diventare morbido*] s'adoucir: *l'asprezza del suo discorso si è rammorbidita alla fine* l'âpreté de son discours s'est adoucie à la fin.

Ramnàcee |ram'natʃee| *s.f. pl.* (*t. bot.*) Ramnacées.

ràmno |'ramno| *s.m.* (*t.bot*) rhamnus.

ràmo |'ramo| *s.m.* **1** (*bot.*) ramification (*f.*): *i rami del fusto, della radice, delle foglie* les ramifications du tronc, de la racine, du feuillage **2** (*per est.*) [*elemento, tratto secondario che si diparte in varie direzioni*] ramification: *i rami di un corallo* les ramifications d'un corail; *i rami delle corna dei cervi* les ramifications des bois d'un cerf; *i rami di una ferrovia* les ramifications d'une voie ferrée # *i rami di un fiume* les bras d'un fleuve ◇ (*anat.*) *i rami delle arterie, delle vene, dei bronchi* les branches, les ramifications des artères, des veines, des bronches ◇ (*mat.*) *i rami di una curva* les branches d'une courbe ◇ (*fig.*) *in quella famiglia c'è un ramo di pazzia* cette famille a un grain (de folie) ~ *un ramo secco* un fruit sec **3** (*fig.*) [*settore, branca particolare di un'attività o di un'istituzione*] branche (*f.*): *i due rami del parlamento* les deux branches du parlement; *i vari rami di di una scienza* les différentes branches d'une science; *i rami dell'industria, del commercio* les branches de l'industrie, du commerce; *ramo bancario* branche bancaire # *ramo assicurativo* catégorie d'assurance.

ramolàccio, i |ramo'lattʃo, i| *s.m.* (*t.bot.*) raifort.

ramoscèllo |ramoʃ'ʃɛllo| *s.m.* [*piccolo ramo*] rameau.

ramosità |ramosi'ta| *s.f. inv.* [*il fatto di essere ramoso*] ramure *var.*

ramóso |ra'moso| *agg.* [*fornito di rami*] branchu: *quercia ramosa* chêne branchu ◇ [*ramificato*] rameux*: *le corna ramose del cervo* les cornes rameuses du cerf.

ràmpa |'rampa| *s.f.* **1** rampe: *una rampa di scale* une rampe d'escalier; *una rampa di lancio* une rampe de lancement **2** [*salita ripida*] rampe, pente.

rampànte |ram'pante| **I** *agg.* **1** (*arald.*) rampant: *leone rampante* lion rampant **2** (*arch.*) rampant: *arco rampante* arc rampant **II** *s.m.* **1** → **rampa** **2** [*striscia di tela e di gomma che si applica sotto gli sci per accrescere l'attrito*] peaux *pl.* de phoque.

rampàro |ram'paro| *s.m.* (*mil.*) rempart.

rampàta |ram'pata| *s.f.* **1** (*raro*) coup *m.* de patte, de griffe (*corr.*) → **zampata** **2** [*tratto di strada in salita*] rampe, montée raide.

rampicànte |rampi'kante| *agg.* (*bot.*) grimpant: *una pianta rampicante* une plante grimpante ✦ (*s.*) *un rampicante* une plante grimpante *agg.*

Rampicànti |rampi'kanti| *s.m. pl.* (*t.zool.*) Grimpeurs.

rampicàre |rampi'kare| *v.intr.* (*aus.* '*essere*') → **arrampicare.**

rampicatóre, trice |rampika'tore, tritʃe| *s.* → **arrampicatore.**

rampichino |rampi'kino| *s.m.* (*t. zool.*) grimpereau.

rampicóne |rampi'kone| *s.m.* → **rampone.**

rampinàre |rampi'nare| *v.tr.* (*mar.*) [*dragare il fondo con il rampino*] draguer avec le grappin.

1 **rampino** |ram'pino| *s.m.* **1** [*ferro fatto a uncino, per sostenere o afferrare*] croc, crochet ◇ (*loc.*) *a rampino* crochu *agg.* **2** (*mar.*) grappin **3** (*fig.*) [*pretesto, cavillo*] prétexte: *si attacca a ogni rampino* il cherche tous les prétextes.

2 **rampino** |ram'pino| *agg.* (*ippologia*) *cavallo rampino* cheval pinçard.

rampógna |ram'poɲɲa| *s.f.* (*lett.*) [*aspro rimprovero*] réprimande (*corr.*).

rampognàre |rampoɲ'ɲare| *v.tr.* (*lett.*) [*biasimare, rimproverare duramente*] tancer (2), réprimander (*corr.*).

rampollaménto |rampolla'mento| *s.m.* (*raro*) **1** (*detto di acqua*) [*il fatto di scaturire dalla terra*] jaillissement **2** [*il fatto di germogliare*] bourgeonnement.

rampollàre |rampol'lare| *v.intr.* (*raro, lett.*) (*aus.* '*essere*') **1** (*detto di acque sorgive*) [*scaturire*] jaillir (*aus.* avoir): *acqua che rampolla dalla viva roccia* eau qui jaillit de la roche **2** [*germogliare*] bourgeonner (*aus.* avoir): *virgulti che rampollano da un ramo* rejetons qui bourgeonnent sur une branche **3** (*fig., detto di famiglia*) [*discendere*] descendre (53) **4** (*fig.*) [*sorgere, aver origine*] jaillir # *gli è rampollata una bella idea* il lui est venu une bonne idée.

rampóllo |ram'pollo| *s.m.* **1** [*vena d'acqua che scaturisce*] source *f.* d'eau → **polla** **2** [*germoglio*] bourgeon, pousse *f.* → **pollone** **3** (*fig.*) [*discendente diretto*] descendant (*s.*): *il rampollo di una nobile famiglia* le descendant d'une famille noble ◇ (*scherz.*) [*figlio*] rejeton: *è il nostro ultimo rampollo* c'est notre dernier rejeton.

ramponàre |rampo'nare| *v.tr.* (*raro*) [*colpire, percuotere con un rampone*] *harponner (*corr.*).

rampóne |ram'pone| *s.m.* **1** (*mar.*) *harpon **2** *spec. al plur.* (*alpinismo*) crampons **3** [*ferro ripiegato a uncino*] crampon.

ràmulo |'ramulo| *s.m.* (*arboricoltura*) ramule.

ramùto |ra'muto| *agg.* (*raro*) [*provvisto di rami*] rameux*, branchu (*corr.*).

ràna |'rana| *s.f.* **1** (*t.zool.*) grenouille ◇ (*loc.*) *nuoto a rana* brasse ~ *salta come una rana* il saute comme un cabri ~ *si gonfia come una rana* il s'enfle comme la grenouille de la fable ✦ (*agg. inv.*) *uomo rana* homme-grenouille **2** (*t. zool.*) *rana pescatrice* baudroie, lotte de mer (*corr.*).

ranàtra |ra'natra| *s.f.* (*t.zool.*) ranatre.

rancidézza |rantʃi'dettsa| *s.f.* [*il fatto di essere rancido*] ranci *m.*, rance (*m.*): *si sente la rancidezza del burro* on sent le ranci du beurre.

rancidire |rantʃi'dire| (197) *v.intr.* (*aus.* '*essere*') [*divenire rancido*] rancir (*aus.* avoir) → **irrancidire.**

rancidità |rantʃidi'ta| *s.f. inv.* rancidité *var.*

ràncido |'rantʃido| *agg.* **1** (*detto di oli e grassi*) [*che ha subito un processo di alterazione*] rance: *burro rancido* beurre rance ✦ (*s.m.*) *il rancido* le rance, le ranci: *questa pancetta sa di rancido* ce lard sent le rance, le ranci **2** (*fig.*) [*vecchio, sorpassato*] dépassé: *idee, teorie rancide* idées, théories dépassées.

rancidùme |rantʃi'dume| *s.m.* **1** [*forte odore e sapore di rancido*] odeur *f.* et goût rance **2** [*roba rancida*] choses *f. pl.* pourries, moisies **3** (*fig.*) [*idee vecchie*] vieillerie (*f.*): *che rancidume queste teorie!* quelle vieillerie, ces théories! ◇ [*cose vecchie*] vieillerie.

rancière |ran'tʃɛre| *s.m.* (*raro*) [*soldato addetto alla confezione del rancio*] cuisinier (*corr.*), cuistot (*fam.*).

ràncio, i |'rantʃo, i| *s.m.* (*mil.*) soupe *f.*, ordinaire: *l'ora del rancio* l'heure de la soupe; *il segnale del rancio* le signal de la soupe; *distribuire, mangiare il rancio* distribuer, manger la soupe.

rancóre |ran'kore| *s.m.* [*risentimento profondo represso dentro di sé*] rancune (*f.*): *l'ha lasciato senza rancore* elle l'a quitté sans rancune; *gli serba rancore* il a de la rancune contre lui ◇ [*astio*] rancœur *f.*

rànda |'randa| *s.f.* **1** (*mar.*) brigantine **2** [*strumento rudimentale per tracciare circonferenze*] simbleau *m.* **3** (*arc.*) [*orlo*] bord *m.* (*corr.*).
randàgio, gi, gia, gie |ran'dadʒo, dʒi, dʒa, dʒe| *agg.* [*che s'aggira senza alcun punto di riferimento*] errant, vagabond: *un cane, un gatto randagio* un chien, un chat errant, perdu # *andare randagio* errer, vagabonder.
randeggiàre |randed'dʒare| *v. intr.* (*aus.* '*avere*') [*navigare lungo la costa*] ranger (3), longer (3) la côte.
randellàre |randel'lare| *v.tr.* [*colpire con un randello*] matraquer.
randellàta |randel'lata| *s.f.* coup *m.* de matraque, de gourdin: *si è preso una randellata in testa* il a pris un coup de matraque sur la tête.
randèllo |ran'dɛllo| *s.m.* [*bastone piuttosto grosso*] matraque *f.*, gourdin.
ranétta |ra'netta| *agg.* [*che appartiene a una varietà pregiata di mele*] de reinette (*loc. inv.*): *mela ranetta* (pomme de) reinette ✦ (*s.f.*) *una ranetta* une reinette, une rainette.
ranghinatóre |rangina'tore| *s.m.* (*agr.*) râteau faneur.
ràngo, ghi |'rango, gi| *s.m.* **1** (*mil.*) rang: *formare i ranghi* se mettre en rangs; *serrare i ranghi* serrer les rangs; *rompere i ranghi* rompre les rangs ◇ (*loc. fig.*) *rientrare nei ranghi* rentrer dans le rang **2** [*posizione sociale, ceto*] rang: *una donna, un uomo d'alto rango* une femme, un homme de haut rang; *una persona di rango superiore* une personne d'un rang supérieur **3** (*mar.*) rang: *vascello di primo, di secondo rango* vaisseau de premier, de second rang.
Rànidi |'ranidi| *s.m. pl.* (*t.zool.*) Ranidés.
ranìsta |ra'nista| *s.* (*nuoto*) brasseur*.
rannerìre |ranne'rire| (197) **A** *v.tr.* [*rendere nero o più nero*] noircir **B** *v. pron. intr.* RANNERIRSI [*diventare nero*] se noircir ◇ (*detto del cielo*) s'obscurcir, s'assombrir.
rannicchiàre |rannik'kjare| **A** *v. tr.* [*contrarre, ripiegare in piccolo spazio*] se blottir (*pron.*): *rannicchiare le spalle* se blottir **B** *v.pron. rifl.* RANNICCHIARSI [*raccogliersi, piegando il corpo e stringendo gli arti*] se pelotonner, se blottir: *si è rannicchiato su una poltrona* il s'est pelotonné, blotti dans un fauteuil ◇ (*loc. fig.*) *rannicchiarsi nel proprio guscio* rentrer, se renfermer, s'enfermer dans sa coquille.
rannicchiàto |rannik'kjato| *agg.* [*accovacciato, raccolto su sé stesso*] blotti, pelotonné.
rannidàre |ranni'dare| *v.tr.* → **annidare.**
rànno |'ranno| *s.m.* [*miscuglio detergente di acqua e cenere*] lessive (*f.*): *fare il bucato con il ranno* laver son linge avec de la lessive ◇ (*loc. fig.*) *perdere il ranno e il sapone* perdre son temps et sa peine.
rannodàre |ranno'dare| *v.tr.* [*annodare di nuovo o strettamente*] renouer: *rannodare una vecchia amicizia* renouer une amitié ancienne.
rannuvolaménto |rannuvola'mento| *s.m.* [*addensamento di nuvole*] assombrissement, obscurcissement # *si prevede un rannuvolamento* on prévoit que le ciel se couvrira ◇ (*fig.*) *dal rannuvolamento del suo volto capii tutto* l'assombrissement de son visage me fit tout comprendre.
rannuvolàre |rannuvo'lare| **A** *v.tr.* [*coprire di nuvole, oscurare*] assombrir, obscurcir ◇ (*fig.*) [*oscurare, annebbiare*] troubler: *la rabbia ti rannuvola la mente* la colère trouble ton esprit **B** *v.intr.* (*aus.* '*essere*') [*diventare nuvoloso*] se couvrir (23) *pron.* ◇ (*detto del cielo*) s'assombrir *pron.*, s'obscurcir *pron.* **C** *v.pron. intr.* RANNUVOLARSI **1** [*ricoprirsi di nuvole*] *l'orizzonte si è rannuvolato* l'horizon s'est couvert **2** (*fig.*) [*turbarsi, oscurarsi in volto*] s'assombrir, se rembrunir # *si è rannuvolato per la delusione* cette déception l'a rembruni Ⓒ **rasserenare.**
rannuvolàto |rannuvo'lato| *agg.* **1** [*coperto di nuvole*] couvert: *cielo rannuvolato* ciel couvert **2** (*fig.*) [*fortemente contrariato*] sombre, rembruni (*p.p.*): *viso rannuvolato* visage sombre, rembruni.
ranòcchia |ra'nɔkkja| *s.f.* → **ranocchio.**
ranocchiàia |ranok'kjaja| *s.f.* [*luogo pieno di ranocchi*] grenouillère (*raro*).
ranocchiésco, chi, ca, che |ranok'kjesko, ki, ka, ke| *agg.* de grenouille *loc. inv.*
ranòcchio, i |ra'nɔkkjo, i| *s.m.* **1** (*fam.*) [*rana verde*] grenouille (*corr.*) **2** (*fig.*) [*persona di bassa statura e sgraziata*] gnome **3** (*scherz.*) [*bambino*] marmot (*fam.*), moutard (*fam.*).
rantolàre |ranto'lare| *v.intr.* (*aus.* '*avere*') [*emettere rantoli*] râler.
rantolìo, ii |ranto'lio, ii| *s.m.* long râle.
ràntolo |'rantolo| *s.m.* **1** [*respiro ansimante proprio degli agonizzanti*] râle, râlement (*lett.*) **2** (*med.*) râle.
rantolóso |ranto'loso| *agg.* [*che ha il rantolo*] râlant *p.pres.*
rànula |'ranula| *s.f.* (*med., veter.*) ranule, grenouillette.
Ranuncolàcee |ranunko'latʃee| *s.f. pl.* (*t.bot.*) Renonculacées.
ranùncolo |ra'nunkolo| *s.m.* (*t.bot.*) renoncule (*f.*) ~ *ranuncolo di montagna* renoncule des Alpes ~ *ranuncolo palustre* renoncule des marais.
ràpa |'rapa| *s.f.* **1** (*t.bot.*) navet *m.*, rave ◇ (*corr.*) *cime di rapa* pousses de navet, de rave ◇ (*loc. fig.*) *testa di rapa* imbécile *agg.*, idiot *agg.* ~ *non vale una rapa* ça ne vaut pas un clou ~ *vuol cavar sangue da una rapa* il demande l'impossible **2** (*fig.*) [*testa completamente calva*] tête chauve comme un œuf, comme une boule de billard, comme mon genou (*fam.*) # *farsi la rapa* se faire tondre à ras; se faire raser la tête.
rapaccióne |rapat'tʃone| *s.m.* → **ravizzone.**
rapàce |ra'patʃe| *agg.* **1** rapace: *uccelli rapaci* oiseaux de proie, rapaces ✦ (*s.m.*) *un rapace* un rapace **2** (*fig.*) [*avido, pieno di brama*] rapace: *un individuo rapace* un individu rapace # *sguardo rapace* regard avide.
rapaceménte |rapatʃe'mente| *avv.* [→ RAPACE 2] avec rapacité *loc. inv.*
Rapàci |ra'patʃi| *s.m. pl.* (*t.zool.*) Rapaces.
rapacità |rapatʃi'ta| *s.f. inv.* rapacité (*var.*): *la rapacità dei lupi* la rapacité des loups; *un uomo di una rapacità incredibile* un homme d'une rapacité, d'une avidité incroyable.
rapàio, i |ra'pajo, i| *s.m.* [*terreno a rape*] ravière *f.*
rapàre |ra'pare| **A** *v.tr.* [*tagliare i capelli completamente*] tondre (53), couper ras les cheveux ✦ (*ass.*) raser la tête **B** *v. pron. rifl.* RAPARSI [*farsi radere i capelli a zero*] se faire (45) couper les cheveux ras, se faire raser la tête, se faire tondre à ras.
rapàta |ra'pata| *s.f.* [*l'operazione di rapare o di farsi rapare*] *dare una rapata, una bella rapata* couper les cheveux (à) ras, tondre (à) ras; *farsi dare una rapata* se faire couper les cheveux (à) ras, se faire tondre; *ti sei fatto una bella rapata!* on t'a drôlement rasé le crâne!
rapàto |ra'pato| *agg.* [*che è stato rapato, raso*] tondu à ras, rasé: *ha la testa rapata* il a la tête tondue, rasée.
rapatùra |rapa'tura| *s.f.* → **rapata.**
raperìno |rape'rino| *s.m.* → **verzellino.**
raperónzolo |rape'rontsolo| *s.m.* (*t.bot.*) raiponce *f.*
ràpida |'rapida| *s.f.* rapide *m.*
rapidaménte |rapida'mente| *avv.* [→ RAPIDO] rapidement: *si viaggia rapidamente* on voyage rapidement; *si è reso rapidamente conto della situazione* il s'est rapidement rendu compte de la situation.
rapidità |rapidi'ta| *s.f. inv.* rapidité (*var.*): *la rapidità della corrente* la rapidité du courant; *la rapidità di un'esecuzione* la rapidité d'une exécution; *è scomparso con la rapidità del lampo* il a disparu avec la rapidité de l'éclair ◇ (*foto.*) sensibilité *var.*, rapidité (*raro*).
ràpido |'rapido| *agg.* **1** [*che si muove, si sposta velocemente*] rapide: *rapidi mezzi di comunicazione* moyens de transport rapides; *linee rapide* lignes rapides ✦ *s.m.* (*ferr.*) *un rapido* un rapide **2** [*che si compie in tempo particolarmente breve*] rapide: *cemento a presa rapida* ciment à prise rapide; *consegna rapida* livraison rapide; *ha fatto una mossa rapida* il a fait un geste rapide # *ho dato una rapida scorsa al giornale* j'ai jeté un petit coup d'œil sur le journal Ⓒ **lento.**
rapiménto |rapi'mento| *s.m.* **1** [*il fatto di rapire, di venir rapito*] enlèvement, kidnappage: *il rapimento di un industriale* l'enlèvement, le kidnappage d'un industriel **2** (*fig.*) [*estasi, lo stato di chi è concentrato nella contemplazione o nell'ascolto*] ravissement.
rapina |ra'pina| *s.f.* **1** [*sottrazione indebita di cose altrui, effettuata con violenza e minacce*] vol (*m.*): *rapina a mano armata* vol, attaque à main armée; *è stato condannato per rapina* il a été condamné pour vol **2** [*bottino, cose sottratte con rapina*] butin **3** (*per est.*) [*modo abituale di alcuni animali di procurarsi il cibo*] *uccelli da rapina* oiseaux de proie, rapaces **4** (*lett.*) [*violenza, impeto*] violence (*corr.*).
rapinàre |rapi'nare| *v.tr.* [*sottrarre, portare via mediante rapina*] voler: *lo hanno aggredito e rapinato* on l'a attaqué et volé; *l'hanno rapinata dei gioielli* on lui a volé ses bijoux ◇ [*svaligiare*] dévaliser: *hanno rapinato una banca* on a dévalisé une banque.

rapinatóre, trice |rapina'tore, tritʃe| *s.* [*chi rapina*] voleur*, bandit (*m.*): *i rapinatori sono stati identificati* les voleurs, les bandits ont été identifiés.
rapìre |ra'pire| (197) *v.tr.* **1** [*portare via con la frode, strappare con violenza*] enlever (6), kidnapper (*spec. di bambini*): *lo hanno rapito a scopo di estorsione* on l'a enlevé pour lui soutirer de l'argent **2** (*lett.*) [*portare via, travolgere con sé*] ravir: *la morte lo ha rapito ai suoi* la mort l'a ravi à ses parents **3** (*fig.*) [*attrarre, tenere completamente avvinto*] ravir, charmer: *quella vista gli rapiva l'anima* cette vue le ravissait, le charmait.
rapìto |ra'pito| *agg.* **1** [*sottratto con la forza*] enlevé *p.p.*, kidnappé *p.p.* # *la polizia sta ricercando attivamente l'uomo rapito* la police est en train de rechercher la victime du rapt **2** (*fig.*) [*attratto, avvinto in una concentrazione intensa*] extasié *p.p.*, charmé (*p.p.*): *guardava rapito quello spettacolo stupendo* il regardait extasié, charmé ce spectacle merveilleux # *rapito in estasi* en extase.
rapitóre, trice |rapi'tore, tritʃe| *s.* [*autore di un rapimento*] ravisseur*: *la polizia ha arrestato i rapitori* la police a arrêté les ravisseurs.
rapòntico, ci |ra'pɔntiko, tʃi| *s.m.* (*t.bot.*) rhapontic.
rappaciàre |rappa'tʃare| **A** *v.tr.* [*mettere, rimettere in pace*] réconcilier: *rappaciare due contendenti* réconcilier (les) deux adversaires **B** *v.pron. recipr.* RAPPACIARSI [*rimettersi d'accordo*] se réconcilier: *si sono rappaciati* ils se sont réconciliés.
rappacificaménto |rappatʃifika'mento| *s.m.* (*raro*) → **rappacificazione.**
rappacificàre |rappatʃifi'kare| **A** *v.tr.* [*rimettere in pace*] réconcilier: *è riuscito a rappacificare le due famiglie* il a réussi à réconcilier les deux familles **B** *v.pron.* RAPPACIFICARSI **1** *rifl.* [*fare la pace*] se réconcilier: *si è rappacificato con sé stesso* il s'est réconcilié avec soi-même **2** *recipr.* [*riconciliarsi*] se réconcilier: *marito e moglie si sono rappacificati* les deux époux se sont réconciliés.
rappacificazióne |rappatʃifikat'tsjone| *s.f.* [→ RAPPACIFICARE] réconciliation: *la rappacificazione dei due coniugi* la réconciliation des deux époux **C** **discordia.**
rappattumàre |rappattu'mare| **A** *v.tr.* [*rappacificare alla meglio*] réconcilier (provisoirement): *per ora si sono rappattumati* pour l'instant ils se sont réconciliés **B** *v.pron.* RAPPATTUMARSI **1** *rifl.* [*fare la pace in modo provvisorio*] se réconcilier provisoirement **2** *recipr.* [*riconciliarsi formalmente*] se réconcilier.
rappezzaménto |rappettsa'mento| *s.m.* [→ RAPPEZZARE 1] rapiéçage, rapiècement.
rappezzàre |rappet'tsare| *v.tr.* **1** [*accomodare, riparare mettendo il pezzo mancante o sostituendo la parte logora*] rapiécer (8) (2): *rappezzare una giacca* rapiécer une veste **2** (*fig.*) [*comporre alla meglio, sostituire le parti peggiori*] arranger (3), rafistoler (*fam.*): *ha rappezzato un articolo* il a arrangé, rafistolé un article ◇ (*loc. fam.*) *anche stavolta l'hai rappezzata* tu as réussi une fois de plus à arranger les choses, à te tirer d'affaire.
rappezzatóre, trice |rappettsa'tore, tritʃe| *s.* [*chi rappezza*] raccommodeur*, stoppeur*.
rappezzatùra |rappettsa'tura| *s.f.* **1** [→ RAPPEZZARE 1] rapiéçage *m.*, rapiècement *m.*, stoppage *m.* **2** [→ RAPPEZZARE 2] rafistolage *m.* (*fam.*).
rappèzzo |rap'pɛttso| *s.m.* **1** [*il lavoro di rappezzare, la parte rappezzata*] rapiéçage, rapiècement: *lavoro di rappezzo* travail de rapiéçage, de rapiècement **2** [*il pezzo aggiunto per rimediare a una rottura*] pièce *f.*
rappianàre |rappja'nare| *v.tr.* → **riappianare.**
rappiccicàre |rappittʃi'kare| *v.tr.* → **riappiccicare.**
rappigliàre |rappiʎ'ʎare| **A** *v.tr.* (*raro*) [*rapprendere, coagulare*]: (*di latte*) cailler (*corr.*), faire (45) *intr.* cailler; (*di sangue*) coaguler (*corr.*), figer (3) (*corr.*) **B** *v.pron. intr.* RAPPIGLIARSI (*raro*) [*coagularsi, rassodarsi*]: (*di latte*) se cailler (*corr.*); (*di sangue*) se coaguler, se figer; (*di cemento*) prendre (73) *intr.* (*corr.*).
rapportàbile |rappor'tabile| *agg.* [→ RAPPORTARE A 1] rapportable.
rapportàre |rappor'tare| **A** *v.tr.* **1** [*confrontare, mettere in rapporto*] comparer: *rapportare due redditi, due produzioni* comparer deux revenus, deux productions **2** [*riprodurre in proporzione disegni, progetti*] reproduire (75), reporter, faire (45) un report: *rapportare la pianta di un edificio* reproduire, reporter le plan d'un édifice **3** (*raro*) [*riferire, riportare*] divulguer, transmettre (71): *rapportare una notizia* divulguer, transmettre une nouvelle ◇ [*fare maldicenze*] rapporter **B** *v.pron. intr.* RAPPORTARSI [*riferirsi, rimettersi*] se rapporter: *rapportarsi a un giudizio* s'en rapporter, s'en remettre à un jugement.
rapportatóre |rapporta'tore| *s.m.* (*tecnol.*) rapporteur.
rappòrto |rap'pɔrto| *s.m.* **1** [*esposizione, informazione*] rapport: *rapporto dettagliato, esauriente* rapport détaillé, complet; *rapporto sulla situazione politica, economica* rapport sur la situation politique, économique; *scrivere, stendere un rapporto* faire un rapport écrit, rédiger un rapport **2** [*relazione, corrispondenza, connessione*] rapport, relation (*f.*): *rapporti intimi* rapports, relations intimes; *rapporti epistolari* relations épistolaires; *rapporti sessuali* rapports sexuels; *non c'è rapporto fra i due fenomeni* il n'y a aucun rapport entre les deux phénomènes; *è in buoni, cattivi rapporti con lei* il est en bons, en mauvais rapports, termes avec elle; *ho con loro rapporti di amicizia, di affari* j'ai des rapports, des relations de amitié, d'affaires avec eux; *vuol rompere i rapporti con quella famiglia* il veut rompre tout rapport avec cette famille # *quali sono i vostri rapporti?* en quels termes êtes-vous? ◇ *loc. prep.* IN RAPPORTO A quant à: *in rapporto a quanto esposto...* quant à ce qui a été exposé... **3** (*mil.*) rapport: *gran rapporto* grand rapport; *andare a rapporto* aller au rapport; *mettersi a rapporto* se faire porter au rapport; *riunire a rapporto* rassembler pour le rapport # *chiamare a rapporto* convoquer **4** (*mat.*) rapport: *rapporto di due numeri, di due grandezze* rapport de deux nombres, de deux grandeurs ◇ (*stat.*) *rapporto fra il reddito e il numero degli abitanti* rapport entre le revenu et le nombre des habitants **5** (*fis., tecnol.*) rapport: *rapporto di trasmissione* rapport de transmission; *rapporto di compressione* rapport de compression; *rapporto di trasformazione* rapport de transformation **6** (*ciclismo*) [*cambio di velocità*] braquet, multiplication *f.* **7** (*tess.*) rapport **8** (*nei lavori di cucito*) aplat, appliqué.
rapprèndere |rap'prɛndere| (105) **A** *v.tr.* **1** (*sangue*) [*coagulare*] coaguler **2** [*cagliare*] cailler **3** [*rendere denso, solido*] (*grassi, salse*) figer (3); (*creme, gelatine*) faire (45) *intr.* prendre **B** *v. pron. intr.* RAPPRENDERSI **1** (*sangue*) [*coagularsi*] se coaguler **2** [*cagliarsi*] se cailler **3** [*diventare denso*]: (*grassi, salse*) se figer; (*creme, gelatine*) prendre (73) *intr.*
rappresàglia |rappre'saʎʎa| *s.f.* représailles (*pl.*): *rappresaglie economiche* représailles économiques; *atti di rappresaglia* actes de représailles; *l'ha fatto per rappresaglia* il l'a fait par représailles; *i nemici hanno compiuto una rappresaglia* les ennemis ont exercé des représailles.
rappresentàbile |rapprezen'tabile| *agg.* [→ RAPPRESENTARE] jouable; représentable: *un lavoro teatrale rappresentabile* une pièce jouable ‖ *un fenomeno rappresentabile* un phénomène représentable.
rappresentànte |rapprezen'tante| *s.* **1** [*chi rappresenta un'altra persona o un ente*] représentant: *rappresentante diplomatico* représentant diplomatique; *rappresentante legale, sindacale* représentant légal, syndical ◆ (*ass.*) *rappresentante (commerciale)* représentant de commerce; *fare il rappresentante* être représentant **2** [*chi appartiene a una corrente o a un movimento*] représentant: *un rappresentante dell'arte moderna* un représentant de l'art moderne.
rappresentànza |rapprezen'tantsa| *s.f.* **1** [→ RAPPRESENTARE 3] représentation: *spese di rappresentanza* frais de représentation; *sala di rappresentanza* salle de représentation; *diritto di rappresentanza* droit de représentation; *contratto di rappresentanza* contrat de représentation; *ha ottenuto la rappresentanza di quella ditta* il a obtenu la représentation de cette société; *ha responsabilità di rappresentanza* il est le responsable de la représentation ◇ *loc.* IN RAPPRESENTANZA DI comme représentant de: *in rappresentanza della cittadinanza è intervenuto il sindaco* le maire est intervenu comme représentant de la population **2** [*la delegazione, l'organo che rappresenta altre persone o enti*] délégation: *una rappresentanza di operai* une délégation d'ouvriers; *le rappresentanze dei partiti* les délégations des partis.
rappresentàre |rapprezen'tare| *v.tr.* **1** [*riprodurre o raffigurare con mezzi grafici, plastici e sim.*] représenter: *una stampa che rappresenta una caravella* une gravure qui représente une caravelle; *il dipinto rappresenta una maternità* le tableau représente une maternité **2** [*simboleggiare, rendere in-*

telligibile un'idea astratta per mezzo di figure o espressioni] représenter: *la lupa rappresenta l'avarizia* la louve représente l'avarice; *quella persona rappresenta molto per me* cette personne représente beaucoup pour moi **3** [*svolgere funzioni, esercitare diritti per conto di terzi*] représenter: *rappresenta giuridicamente la società* il représente juridiquement la société; *rappresentano i lavoratori* ils représentent les travailleurs; *rappresenta in Italia una ditta giapponese* il représente une maison japonaise en Italie **4** [*realizzare una opera teatrale, portare in scena*] représenter; jouer: *rappresentare una commedia* représenter, jouer une comédie ‖ *rappresenta la parte di Amleto* il joue le rôle de Hamlet **5** [*proiettare*] passer # *al cinema Excelsior rappresentano un film drammatico* le cinéma Excelsior donne un film dramatique.

rappresentativa |rapprezenta'tiva| *s.f.* (*sport*) équipe représentative.

rappresentativaménte |rapprezentativa'mente| *avv.* [→ RAPPRESENTATIVO] représentativement.

rappresentatività |rapprezentativi'ta| *s.f. inv.* représentativité *var.*

rappresentativo |rapprezenta'tivo| *agg.* **1** [*di rappresentanza*] représentatif*: *compiti, funzioni rappresentative* devoirs représentatifs, fonctions représentatives; *mandato di carattere rappresentativo* mandat de caractère représentatif; *organi rappresentativi* organes représentatifs **2** [*di rappresentazione*] représentatif: *processi, contenuti rappresentativi* procès, contes représentatifs.

rappresentatóre, trice |rappresenta'tore, tritʃe| *s.* (*raro*) **1** [*chi ha capacità di rappresentazione*] peintre **2** [*chi sa interpretare scene teatrali*] interprète.

rappresentazióne |rapprezentat'tsjone| *s.f.* **1** [→ RAPPRESENTARE 1] représentation: *rappresentazione cartografica* représentation cartografique; *la rappresentazione di una scena fantastica* la représentation d'une scène fantastique ◇ (*dir.*) *diritto di rappresentazione* droit de représentation ◇ (*mat., fis.*) *rappresentazione geometrica, vettoriale* représentation géométrique, vectorielle **2** (*filos., psicol.*) représentation: *processi, fenomeni di rappresentazione* processus, phénomènes de représentation **3** [*realizzazione di un'opera teatrale o cinematografica*] représentation: *prima rappresentazione* première représentation # *sacra rappresentazione* mystère.

rappréso |rap'preso| *agg.* [*divenuto denso, solido*]: (*di sangue*) coagulé; (*di latte*) caillé; (*di salsa*) figé.

rapsodia |rapso'dia| *s.f.* (*letter., mus.*) r(h)apsodie.

rapsòdico, ci, ca, che |rap'sɔdiko, tʃi, ka, ke| *agg.* r(h)apsodique: *la letteratura rapsodica* la littérature rhapsodique; *una composizione rapsodica per piano* une composition rhapsodique pour piano.

rapsodista |rapso'dista| *s.* **1** → **rapsodo** **2** [*compositore di rapsodie*] r(h)apsodiste.

rapsòdo |rap'sɔdo| *s.m.* r(h)apsode.

raptus |'raptus| *s.m. inv.* (*lat.*) **1** (*med.*) raptus **2** (*fig.*) [*momento di ispirazione breve o improvviso*] moment *var.* d'inspiration *f. var.*

rara avis |'rara'avis| *loc. sost. f. inv.* (*lat.*) (*fig.*) oiseau *m. var.* (*raro*).

raraménte |rara'mente| *avv.* [→ RARO] rarement.

rarefàre |rare'fare| (103) **A** *v.tr.* [*rendere meno denso, più rado*] raréfier **B** *v.pron. intr.* RAREFARSI [*diventare meno denso, più rado*] se raréfier: *l'aria si rarefà* l'air se raréfie.

rarefattibile |rarefat'tibile| *agg.* [→ RAREFARE] raréfiable.

rarefattivo |rarefat'tivo| *agg.* qui raréfie *loc.*, qui est cause de raréfaction *loc.*

rarefàtto |rare'fatto| *agg.* raréfié (*p.p.*): *aria rarefatta* air raréfié ⓒ **denso.**

rarefazióne |rarefat'tsjone| *s.f.* [→ RAREFARE] raréfaction: *la rarefazione di un gas* la raréfaction d'un gaz.

rarità |rari'ta| *s.f. inv.* rareté (*var.*): *la rarità del caso* la rareté du cas; *la rarità di questa pietra preziosa* la rareté de cette pierre précieuse.

ràro |'raro| *agg.* **1** [*che accade, che si verifica poco spesso*] rare: *è un caso raro, rarissimo* c'est un cas rare, rarissime; *riceve rare visite* il reçoit de rares visites ◇ *loc. avv.* RARE, RARISSIME VOLTE rarement (*avv.*): *lo vedo rare volte* je le vois rarement ~ QUALCHE RARA VOLTA rarement: *viene qualche rara volta* il vient rarement **2** [*difficile a trovarsi, che si riscontra pochissime volte*] rare: *è un fenomeno raro* c'est un phénomène rare; *è raro incontrare una persona come lui* il est rare de rencontrer une personne comme lui; *si tratta di un esemplare raro* il s'agit d'un exemplaire rare ◇ (*chim.*) *gas rari* gaz rares; *terre rare* terres rares ◇ (*loc.*) *è raro come una mosca bianca* c'est un merle blanc; c'est rare comme le merle blanc ~ *perché mi guardi come una bestia rara?* pourquoi me regardes-tu comme une bête curieuse? ~ *è un caso più unico che raro* c'est un cas rarissime, à peu près unique ✦ *avv.* (*solo nel prov.*) *presto e bene raro avviene* vite et bien ne vont pas ensemble ⓒ **frequente.**

ras |'ras| *s.m. inv.* [*titolo dato a certi capi etiopici*] ras, caïd *var.* ◇ (*fig., spreg.*) *è il ras della provincia* c'est le caïd de la région.

rasàre |ra's(z)are| **A** *v.tr.* [*tagliare i peli col rasoio o strumenti taglienti*] raser: *farsi rasare la barba, i capelli* se faire raser la barbe, les cheveux ◻ *rasarsi la barba* se raser (la barbe) ◇ (*per est.*) *rasare una siepe, un prato* tondre (53) une haie, un pré **B** *v.pron. rifl.* RASARSI [*tagliarsi i peli col rasoio*] se raser: *ti sei dimenticato di rasarti* tu as oublié de te raser ✦ → *tr.* ◻.

rasatèllo |ras(z)a'tɛllo| *s.m.* (*tess.*) satinette *f.*

rasàto |ra's(z)ato| *agg.* **1** [*con la barba, i capelli tagliati*] rasé: *è rasato di fresco* il est rasé de frais **2** (*tess.*) ras: *velluto rasato* velours à poils ras ◇ (*nei lavori a maglia*) *maglia rasata* point (de) jersey ✦ (*s.m.*) *il rasato* [*tessuto di cotone liscio*] satin **3** [*spianato*] rasé.

rasatrice |ras(z)a'tritʃe| *s.f.* (*tecnol. tess.*) tondeuse.

rasatùra |ras(z)a'tura| *s.f.* [→ RASARE] rasage (*m.*): *rasatura della barba* rasage de la barbe; *rasatura delle pelli* rasage des poils.

raschiaménto |raskja'mento| *s.m.* **1** [→ RASCHIARE A] grattage: *il raschiamento di un muro* le grattage d'un mur **2** (*med.*) grattage: *raschiamento di un osso* grattage d'un os ✦ (*ass.*) *raschiamento* (*uterino*) curet(t)age.

raschiaòlio |raskja'ɔljo| *s.m. inv.* (*tecnol.*) segment *var.* racleur d'huile.

raschiàre |ras'kjare| **A** *v.tr.* [*ripulire una superficie, eliminando croste o sporgenze, asportare lo strato esterno*] gratter: *raschiare un tavolo, una parete* gratter une table, un mur ◻ *raschiarsi la gola* se racler la gorge ◇ (*metalli*) ébarber **B** *v.intr.* (*aus. 'avere'*) [*cercare di eliminare il catarro o un fastidio alla gola*] se racler la gorge: *non faceva che raschiare* il ne faisait que se racler la gorge; *raschiava per attirare la sua attenzione* il se raclait la gorge pour attirer son attention.

raschiàta |ras'kjata| *s.f.* [*il raschiare alla meglio, in fretta*] grattage *m.* # *dare una raschiata* gratter un peu.

raschiatóio, i |raskja'tojo, i| *s.m.* [*arnese, attrezzo per raschiare*] racloir, raclette *f.* ◇ (*chir.*) curette *f.*

raschiatóre, trice |raskja'tore, tritʃe| *s.* (*raro*) [*chi raschia*] racleur* (*corr.*).

raschiatùra |raskja'tura| *s.f.* **1** [→ RASCHIARE] raclage *m.*, grattage *m.* ◇ (*chir.*) grattage **2** [*il materiale che si porta via raschiando*] raclure (*f.*): *raschiatura d'intonaco, di legno* raclure d'enduit, de bois.

raschiettàre |raskjet'tare| *v.tr.* [*usare il raschietto nel trattamento di una superficie*] gratter ◇ [*finire col raschietto un pezzo metallico*] gratter, racler: *raschiettare il fondo di un recipiente* gratter, racler le fond d'un récipient.

raschiétto |ras'kjetto| *s.m.* (*tecnol.*) **1** [*coltellino usato per cancellare, raschiando la carta*] grattoir **2** [*strumento per la raschiatura di muri e sim.*] racloir **3** [*utensile usato per rifinire superfici metalliche*] ébarboir **4** [*lama di ferro infissa presso la porta di casa per raschiare il fango dalle scarpe*] décrottoir.

raschino |ras'kino| *s.m.* [*arnese per raschiare*] raclette *f.*

1 **ràschio, i** |'raskjo, i| *s.m.* **1** [*il raschiarsi la gola e il rumore caratteristico con cui si attua*] toussotement **2** [*senso di prurito e di irritazione alla gola*] irritation *f.*

2 **ràschio, i** |'raskjo, i| *s.m.* [*il rumore continuato che si produce raschiando*] raclage.

ràscia, sce |'raʃʃa, ʃe| *s.f.* **1** (*arc., lett.*) [*tessuto spinato di grossa lana*] serge de laine **2** [*drappo nero da funerale*] tenture de deuil.

rasciugàre |raʃʃu'gare| **A** *v.tr.* **1** (*raro*) [*far diventare asciutto*] essuyer (11) (*corr.*) **2** [*prosciugare*] assécher (8): *rasciugare una palude* assécher un marais **B** *v.pron. intr.* RASCIUGARSI [*diventare asciutto*] s'essuyer.

rasciùtto |raʃ'ʃutto| *agg.* **1** (*raro*) [*asciugato*] essuyé *p.p.* (*corr.*) **2** [*prosciugato*] séché *p.p.* (*corr.*).

rasentàre |razen'tare| *v.tr.* **1** [*camminare rasente a q.c., passare vicinissimo a q.c.*] raser; frôler: *rasentare il* *muro* raser le mur || *hai rasentato quella macchina a destra* tu as frôlé la voiture à ta droite # *nuotava rasentando la riva* il nageait en suivant le rivage **2** (*fig.*) [*avvicinarsi molto a q.c.*] friser: *ha rasentato il ridicolo* il a frisé le ridicule; *rasenta la sessantina* il frise la soixantaine # *vive rasentando il codice penale* il vit en marge du code pénal; *ha rasentato la galera* il a risqué la prison.

rasènte |raˈzɛnte| *prep.* (*a una superficie verticale*) [*molto vicino a q.c., fin quasi a sfiorarla*] en rasant, tout près de: *camminava rasente al, il muro* il marchait en rasant le mur, tout près du mur # *il colpo gli passò rasente la, alla testa* le coup lui frôla la tête ◇ (*a una superficie orizzontale*) au ras de: *i gabbiani volavano rasente il, al mare* les mouettes volaient au ras de la mer; *l'elicottero volava rasente le, alle case* l'hélicoptère volait au ras des maisons.

rasièra |raˈs(z)jɛra| *s.f.* (*tecnol.*) racloir *m.*

1 **ràso** |ˈras(z)o| (*agg.*) *ha la testa completamente rasa* il a la tête complètement rasée; *ha preso il boccale raso di birra* il a pris la chope de bière, pleine à ras bords; *ha fatto tabula rasa di tutto* il a fait table rase de tout ◇ (*ricamo*) *punto raso* point remordu ◇ *loc. avv.* RASO TERRA à ras de terre: *tirare il pallone raso terra* tirer le ballon à ras de terre; *fare discorsi raso terra* tenir des propos à ras de terre # *volare raso terra* voler en rase-mottes.

2 **ràso** |ˈras(z)o| *s.m.* (*tess.*) satin: *un vestito di raso* une robe de satin.

rasoiàta |ras(z)oˈjata| *s.f.* coup *m.* de rasoir.

rasóio, i |raˈs(z)ojo, i| *s.m.* rasoir: *rasoio di sicurezza* rasoir de sûreté; *rasoio elettrico* rasoir électrique ◇ (*loc. fig.*) *camminare sul filo del rasoio* marcher sur la corde raide ~ *avere una lingua come il rasoio* avoir une langue de vipère.

ràspa |ˈraspa| *s.f.* (*tecnol.*) râpe.

raspàre |rasˈpare| **A** *v.tr.* **1** [*levigare, asportare con la raspa*] râper: *raspare del legno* râper du bois **2** (*per est.*) [*irritare la gola*] racler: *questo liquore raspa la gola* cette liqueur racle la gorge **3** (*animali*) [*grattare con le unghie*] gratter **4** (*fam., pop.*) [*rubare, sottrarre*] faucher, rafler: *ha raspato quello che ha potuto* il a fauché, raflé, piqué tout ce qu'il a pu **B** *v.intr.* (*aus. 'avere'*) **1** [*grattare, sfregare con un effetto o un rumore simile a quello della raspa*] gratter: *questo pettine raspa un po'* ce peigne gratte un peu; *questo tessuto mi dà fastidio perché raspa* ce tissu me gêne un peu parce qu'il gratte **2** (*spreg.*) [*frugare, rovistare*] fouiller: *ha raspato in tutti i cassetti* il a fouillé dans tous les tiroirs.

raspatóio, i |raspaˈtojo, i| *s.m.* (*agr.*) ratissoire *f.*

raspatùra |raspaˈtura| *s.f.* **1** [→ RASPARE A 1] râpage *m.* **2** [*scarto che resta dopo aver raspato*] râpure.

raspìno |rasˈpino| *s.m.* (*tecnol.*) grattoir.

raspìo, ii |rasˈpio, ii| *s.m.* [*un raspare continuato*] raclement.

ràspo |ˈraspo| *s.m.* **1** [*grappolo d'uva senza più chicchi*] rafle *f.*, râpe *f.* **2** (*veter.*) pelade *f.*, teigne *f.*

raspollàre |raspolˈlare| *v.tr.* [*raccogliere i raspolli rimasti sulle viti*] grappiller (*intr.*): *raspollare la vigna* grappiller.

raspollatùra |raspollaˈtura| *s.f.* **1** [→ RASPOLLARE] grappillage *m.* **2** [*ciò che si raccoglie raspollando*] grappillons *m. pl.*

raspóllo |rasˈpollo| *s.m.* [*grappolo d'uva con radi chicchi*] grappillon.

rasségna |rasˈseɲɲa| *s.f.* **1** (*mil.*) revue: *rassegna militare* revue militaire; *passare in rassegna* passer en revue # *andare sotto rassegna* passer la visite médicale **2** [*resoconto accurato, analisi, cronaca di avvenimenti*] compte rendu *m.*; revue: *una rassegna dei problemi economici del momento* un compte rendu des problèmes économiques de l'heure || *la rassegna della stampa* la revue de la presse **3** [*esposizione, mostra*] exposition; festival*: *una rassegna di pittura* une exposition de peinture || *una rassegna musicale, cinematografica* un festival de musique, un festival # *una rassegna di moda* un défilé de mode.

rassegnàre |rasseɲˈɲare| **A** *v.tr.* [*consegnare, presentare*] présenter: *il presidente ha rassegnato le dimissioni* le président a présenté, a donné sa démission, a résigné ses fonctions (*bur.*) **B** *v.pron. intr.* RASSEGNARSI [*accettare senza reagire e lottare*] se résigner: *si è ormai rassegnato al fatto compiuto* il s'est désormais résigné au fait accompli; *bisogna rassegnarsi!* il faut se résigner, se faire une raison!

rassegnataménte |rasseɲɲataˈmente| *avv.* [→ RASSEGNATO] avec résignation (*loc. inv.*): *attendere rassegnatamente* attendre avec résignation.

rassegnatàrio, i |rasseɲɲaˈtarjo, i| *s.m.* [*chi rassegna* (*le dimissioni*)] démissionnaire.

rassegnàto |rasseɲˈɲato| *agg.* [*che accetta senza reagire e lottare*] résigné: *sembra ormai rassegnato al peggio* il semble désormais résigné au pire.

rassegnazióne |rasseɲɲatˈtsjone| *s.f.* [→ RASSEGNARE B] résignation: *ha accettato il fatto con rassegnazione* il a accepté la chose avec résignation # *ci vuole rassegnazione* il faut (savoir) se résigner Ⓒ **ribellione.**

rasserenaménto |rasserenaˈmento| *s.m.* [→ RASSERENARE] éclaircie *f.*, rassérénement (*raro*): *il rasserenamento del cielo* l'éclarcie, le rassérénement du ciel ◇ (*fig.*) *il rasserenamento dell'animo* le rassérénement de l'âme.

rasserenànte |rassereˈnante| *agg.* rassérénant (*raro*): *una notizia rasserenante* une nouvelle rassérénante; *parole rasserenanti* paroles rassérénantes.

rasserenàre |rassereˈnare| **A** *v.tr.* [*rendere sereno*] rasséréner (8) (*raro*) # *la tramontana ha rasserenato il cielo* la tramontane a balayé le ciel ◇ (*fig.*) *questa notizia l'ha rasserenato* cette nouvelle l'a rasséréné **B** *v.pron. intr.* RASSERENARSI [*diventare, ritornare sereno*] se rasséréner: *il tempo si è rasserenato* le temps s'est rasséréné; *dopo la sua visita, mi sono rasserenata* après sa visite, je me suis rassérénée.

rasserenàto |rassereˈnato| *agg.* rasséréné: *osservava il cielo rasserenato* il regardait le ciel rasséréné; *il suo volto era rasserenato* son visage était rasséréné Ⓒ **rannuvolato.**

rasserenatóre |rasserenaˈtore| *agg. e s.* [*che, chi rasserena*] apaisant *agg.*

rassestàre |rassesˈtare| *v.tr.* → **riassestare.**

rassettaménto |rassettaˈmento| *s.m.* [→ RASSETTARE] rangement, mise *f.* en ordre.

rassettàre |rassetˈtare| **A** *v.tr.* **1** [*rimettere a posto, in ordine*] ranger (3): *rassettare una stanza* ranger une chambre **2** [*accomodare, riparare*] raccommoder: *rassettare un vecchio abito* raccommoder un vieux vêtement ◇ (*fig.*) *rassettare una situazione imbarazzante* arranger une situation embarrassante **B** *v.pron. rifl.* RASSETTARSI [*rimettersi a posto, in ordine*] s'arranger (3): *prima di uscire, devo rassettarmi un po'* avant de sortir, je dois m'arranger un peu.

rassettatùra |rassettaˈtura| *s.f.* [→ RASSETTARE] rangement *m.*

rassicurànte |rassikuˈrante| *agg.* [*che rassicura, infonde sicurezza*] rassurant: *parole rassicuranti* paroles rassurantes; *una decisione poco rassicurante* une décision peu rassurante.

rassicuràre |rassikuˈrare| **A** *v.tr.* [*infondere, ridare sicurezza e tranquillità*] rassurer: *le sue parole mi hanno rassicurata* ses paroles m'ont rassurée **B** *v.pron. intr.* RASSICURARSI [*riacquistare sicurezza e tranquillità*] se rassurer: *rassicurati, non c'è nulla di grave* rassure-toi, il n'y a rien de grave.

rassicuràto |rassikuˈrato| *agg.* [*che è diventato sicuro*] rassuré: *è partito coll'animo rassicurato* il est parti, l'esprit rassuré.

rassicurazióne |rassikuratˈtsjone| *s.f.* [→ RASSICURARE] assurance: *gli ho dato tutte le mie rassicurazioni* je lui ai donné toutes mes assurances # *nonostante le mie rassicurazioni, non si sente tranquillo* en dépit de mes paroles rassurantes, il ne se sent pas tranquille.

rassodaménto |rassodaˈmento| *s.m.* [→ RASSODARE] raffermissement.

rassodàre |rassoˈdare| **A** *v.tr.* **1** [*rendere sodo, più sodo e compatto*] raffermir: *rassodare il terreno* raffermir le terrain; *rassodare i tessuti con la ginnastica* raffermir les tissus par la gymnastique **2** (*fig.*) [*consolidare, rinsaldare*] consolider: *ha rassodato la sua autorità* il a consolidé son autorité **B** *v.pron. intr.* RASSODARSI **1** [*divenire sodo, indurire*] prendre (73) *intr.*, se raffermir: *il budino deve ancora rassodarsi* la crème renversée doit encore prendre, se raffermir **2** (*fig.*) [*consolidarsi, diventare più importante*] se consolider: *la loro amicizia si è rassodata* leur amitié s'est consolidée.

rassomigliànte |rassomiʎˈʎante| *agg.* [*che è sim.*] ressemblant: *è un ritratto rassomigliante* c'est un portrait ressemblant # *è molto rassomigliante a sua sorella* elle ressemble beaucoup à sa sœur.

rassomigliànza |rassomiʎˈʎantsa| *s.f.* [*il fatto di essere sim.*; *analogia di aspetti*] ressemblance: *fra i due c'è una perfetta rassomiglianza* entre eux deux il y a une ressemblance parfaite.

rassomigliàre |rassomiʎˈʎare| **A**

v.intr. (*aus.* '*avere*') [*parere, essere sim. a qc.*] rassembler: *rassomiglia molto a suo padre* il ressemble beaucoup à son père **B** *v.pron.* RASSOMIGLIARSI **1** *intr.* [*presentare analogie, corrispondenze*] ressembler (*intr.*): *si rassomiglia a un noto attore* il ressemble à un acteur connu **2** *recipr.* [*essere sim. l'uno all'altro*] se ressembler: *quei due si rassomigliano in modo incredibile* ces deux-là se ressemblent d'une façon incroyable.

rastrellaménto |rastrella'mento| *s.m.* **1** [→ RASTRELLARE 1] (*per raccogliere*) râtelage: *il rastrellamento del fieno* le râtelage du foin ◇ (*per ripulire*) ratissage **2** [→ RASTRELLARE 2] ratissage: *un rastrellamento di polizia* un ratissage de police **3** [→ RASTRELLARE 3] dragage: *un rastrellamento del fondo marino* un dragage du fond marin.

rastrellàre |rastrel'lare| *v.tr.* **1** [*raccogliere col rastrello*] râteler (4): *rastrellare l'erba, il fieno* râteler l'herbe, le foin ◇ [*ripulire col rastrello*] ratisser: *rastrellare la ghiaia del giardino* ratisser le gravier du jardin **2** [*percorrere in armi una zona occupata, come operazione bellica o di polizia*] ratisser: *i militari hanno rastrellato la zona* les militaires ont ratissé la zone; *la polizia ha rastrellato il quartiere* la police a ratissé le quartier **3** [*esplorare il fondo del mare, dei fiumi, ecc. alla ricerca di oggetti scomparsi*] draguer.

rastrellàta |rastrel'lata| *s.f.* **1** [*il rastrellare in fretta, alla meglio*] coup *m.* de râteau: *dare una rastrellata al giardino* donner un coup de râteau au jardin **2** [*colpo dato con un rastrello*] coup de râteau.

rastrellatùra |rastrella'tura| *s.f.* [→ RASTRELLARE 1] râtelage (*m.*): *rastrellatura del campo* râtelage d'un champ.

rastrellièra |rastrel'ljɛra| *s.f.* **1** [*intelaiatura di legno fissata sopra la mangiatoia per mettervi il fieno*] râtelier *m.* **2** [*struttura usata per appoggiarvi e tenervi armi, stecche da biliardo*] râtelier **3** [*arnese da appendere al muro per mettervi i piatti ad asciugare*] égouttoir *m.*

rastrellinàre |rastrelli'nare| *v.tr.* [*pareggiare con il rastrello*] râteler, ratisser.

rastrèllo |ras'trɛllo| *s.m.* **1** (*agr., corr.*) râteau **2** (*per est.*) râteau: *rastrello da pèsca* râteau de pêche; *rastrello da 'croupier'* râteau de croupier **3** (*arc.*) [*cancello per chiudere le porte delle fortezze o delle città*] *herse *f.* **4** (*region.*) [*piccolo cancello*] petite grille *f.*

rastremàre |rastre'mare| **A** *v.tr.* (*arch., colonne*) [*ridurre il diametro dal basso verso l'alto*] présenter une contracture; (*strutture portanti*) [*ridurre le dimensioni trasversali*] contracturer **B** *v. pron. intr.* RASTREMARSI [*restringersi verso l'alto*] se contracturer: *le colonne si rastremano verso il soffitto* les colonnes se contracturent vers le plafond.

rastremàto |rastre'mato| *agg.* (*arch.*) qui présente une contracture *loc.*, fuselé.

rastremazióne |rastremat'tsjone| *s.f.* (*arch.*) contracture ◇ (*edil.*) diminution.

ràstro |'rastro| *s.m.* (*mus.*) griffe *f.* (à musique).

ràta |'rata| *s.f.* [*quota, parte in cui viene suddivisa una somma da pagarsi a intervalli regolari*] versement (*m.*): *rate mensili, trimestrali, annuali* versements mensuels, trimestriels, annuels; *mi rimangono poche rate da pagare* il me reste peu de versements à faire # *ho acquistato l'auto a rate* j'ai acheté la voiture à tempérament, à crédit; *quella ditta vende anche a rate* cette maison vend aussi à crédit.

ratafià |rata'fja| *s.m. inv.* ratafia *var.*

ratània |ra'tanja| *s.f.* (*t.bot.*) ratanhia *m.*

rataplàn |rata'plan| *inter.* (*onomat.*) rataplan, rantanplan.

rateàle |rate'ale| *agg.* [*effettuato a rate*] à tempérament (*loc. inv.*): *pagamento rateale* paiement à tempérament.

ratealista |ratea'lista| *s.* celui *m.* qui vend à tempérament.

ratealménte |rateal'mente| *avv.* [→ RATEALE] à tempérament *loc. inv.*

rateàre |rate'are| *v.tr.* → **rateizzare.**

rateazióne |rateat'tsjone| *s.f.* [*suddivisione in rate*] paiement *m.* échelonné, à tempérament # *pagamento a rateazioni mensili* paiement par mensualités.

rateizzàre |rateid'dzare| *v.tr.* [*dividere un importo in rate*] échelonner (un paiement): *rateizzare un mutuo* échelonner le remboursement d'un emprunt.

rateizzazióne |rateiddzat'tsjone| *s.f.* [→ RATEIZZARE] paiement *m.* échelonné, à tempérament.

ratèle |ra'tɛle| *s.m.* (*t.zool.*) ratel.

ràteo |'rateo| *s.m.* (*comm.*) prorata *inv.* # *rateo d'interesse* taux d'intérêt.

ratièra |ra'tjɛra| *s.f.* (*tecnol. tess.*) ratière.

ratifica, che |ra'tifika, ke| *s.f.* ratification; homologation: *ratifica di un trattato, di una firma* ratification d'un traité, validation d'une signature ‖ *ratifica di un negozio giuridico* homologation d'un acte juridique → **omologazione.**

ratificàre |ratifi'kare| *v.tr.* **1** [*approvare formalmente, emanare la ratifica*] ratifier: *il parlamento deve ratificare l'accordo* le parlement doit ratifier l'accord; *il consiglio ha ratificato il provvedimento* le conseil a ratifié les mesures **2** (*per est.*) [*confermare, convalidare*] confirmer, ratifier (*lett.*): *il direttore non ha ratificato la promozione* le directeur n'a pas confirmé la promotion.

ratificatóre, trice |ratifika'tore, tritʃe| *s.* celui *m.* qui ratifie.

ratificazióne |ratifikat'tsjone| *s.f.* ratification.

ratinàre |rati'nare| *v.tr.* [*sottoporre un tessuto a ratinatura*] ratiner.

ratinatùra |ratina'tura| *s.f.* [→ RATINARE] ratinage *m.*

Ratiti |ra'titi| *s.m. pl.* (*t.zool.*) Ratites.

ratizzàre |ratid'dzare| *e deriv.* → **rateizzare** *e deriv.*

'rat musqué' |Ramyske| *loc. sost. m. inv.* rat *var.* musqué.

ràto |'rato| *agg.* (*dir.*) ratifié # *matrimonio rato e non consumato* mariage (célébré mais) non consommé.

ràtta |'ratta| *s.f.* (*arch.*) congé *m.*

rattenére |ratte'nere| *e deriv.* → **trattenere** *e deriv.*

rattiepidìre |rattjepi'dire| (197) *v.tr.* (*lett.*) → **intiepidire.**

rattizzàre |rattit'tsare| *v.tr.* [*attizzare di nuovo*] attiser (de nouveau): *rattizzare il fuoco* attiser le feu ◇ (*fig.*) *rattizzare il malcontento* attiser le mécontentement.

1 **ràtto** |'ratto| *s.m.* (*lett.*) [*rapimento, soprattutto di donne*] enlèvement (*corr.*): *il ratto delle Sabine* l'enlèvement des Sabines.

2 **ràtto** |'ratto| *s.m.* (*t.zool.*) rat.

3 **ràtto** |'ratto| *agg.* (*lett.*) **1** [*rapido, veloce*] rapide (*corr.*) **2** [*ripido, scosceso*] raide (*corr.*), escarpé (*corr.*).

rattoppàre |rattop'pare| *v.tr.* **1** [*riparare con una toppa, con delle toppe*] rapiécer (8): *rattoppare un paio di calzoni, una camera d'aria* rapiécer un pantalon, une chambre à air **2** (*fig.*) [*accomodare, aggiustare alla meglio*] arranger (3) # *rattoppare un componimento mal scritto* rapetasser, mettre en forme une rédaction mal écrite.

rattoppàto |rattop'pato| *agg.* [*riparato con toppe*] rapiécé: *un vestito tutto rattoppato* un habit tout rapiécé.

rattoppatùra |rattoppa'tura| *s.f.* → **rattoppo.**

rattòppo |rat'tɔppo| *s.m.* [*il lavoro di rattoppare, la parte rattoppata*] rapiècement, rapiéçage: *un rattoppo su un lenzuolo* un rapiècement, un rapiéçage à un drap ◇ (*fig.*) *è inutile tentare di fare dei rattoppi al tuo discorso* il est inutile d'essayer d'arranger ton discours.

rattrappiménto |rattrappi'mento| *s.m.* **1** (*med., nervi, muscoli*) rétraction *f.* ◇ [*contrazione*] contraction *f.* **2** [*deformazione*] déformation *f.* **3** [*intorpidimento*] engourdissement.

rattrappire |rattrap'pire| (197) **A** *v.tr.* **1** (*nervi, muscoli*) [*ritrarre, provocando immobilità e irrigidimento*] rétracter ◇ (*membra*) déformer: *le scarpe strette mi hanno rattrappito i piedi* les chaussures (trop) étroites m'ont déformé le pied ◇ [*contrarre*] contracter **2** [*intorpidire*] engourdir: *il freddo mi ha rattrappito il corpo* le froid m'a engourdi le corps **B** *v.pron. intr.* RATTRAPPIRSI **1** (*nervi, muscoli*) [*perdere la capacità di distendersi*] se rétracter ◇ (*membra*) s'engourdir: *a star seduto per terra mi son tutto rattrappito* je me suis tout engourdi en restant assis par terre ◇ [*contrarsi*] se contracter **2** [*intorpidirsi*] s'engourdir: *le mani si sono rattrappite per il gelo* le froid m'a engourdi les mains; mes mains se sont engourdies à cause du gel.

rattrappito |rattrap'pito| *agg.* **1** (*med., nervi, muscoli*) rétracté ◇ (*membra*) perclus: *un braccio rattrappito* un bras perclus ◇ (*detto di persona invalida*) *un vecchio rattrappito* un vieux perclus **2** [*contratto*] contracté **3** [*intorpidito*] engourdi.

rattristaménto |rattrista'mento| *s.m.* (*raro*) [*il fatto di rattristare o di rattristarsi*] tristesse *f.* (*corr.*).

rattristànte |rattris'tante| *agg.* [*che rattrista*] attristant.

rattristàre |rattris'tare| **A** *v.tr.* **1** [*rendere triste*] attrister: *questa musica mi rattrista* cette musique m'attriste **2** [*addolorare, provocare dispiacere*] attrister, chagriner: *la notizia ci ha rattristato* la nouvelle nous a attristés, chagrinés **B** *v.pron. intr.* RATTRISTARSI

1 [*diventare triste*] s'attrister # *ricordando quel fatto, mi sono rattristato* en me rappelant cette histoire, je suis devenu triste; le souvenir de cette affaire m'attrista **2** [*addolorarsi*] s'attrister: *si è molto rattristato per la tua malattia* il s'est fort attristé en apprenant ta maladie **C** **allietare, rallegrare.**
rattristàto |rattris'tato| *agg.* → **triste.**
rattristìre |rattris'tire| (197) *v.tr.* → **rattristare.**
raucaménte |rauka'mente| *avv.* [→ RAUCO] d'une voix rauque (*loc. inv.*): *parlava raucamente* il parlait d'une voix rauque.
raucèdine |rau'tʃɛdine| *s.f.* [*alterazione della voce per infiammazione delle corde vocali*] enrouement *m.* # *avere la raucedine* être enroué.
ràuco, chi, ca, che |'rauko, ki, ka, ke| *agg.* **1** [*basso come volume e intensità*] rauque: *voce rauca* voix rauque; *suono rauco* son rauque **2** [*che ha la voce rauca*] enroué (*p.p.*): *a forza di parlare, sono diventato rauco* à force de parler, je me suis enroué.
ravanèllo |rava'nɛllo| *s.m.* (*t.bot.*) radis.
ravenàla |rave'nala| *s.f.* (*t.bot.*) ravenala *m.*
ravennàte |raven'nate| *agg.* [*di Ravenna*] ravennate.
raviòlo |ravi'ɔlo| *s.m. spec. al plur.* (*cuc.*) ravioli.
ravizzóne |ravit'tsone| *s.m.* (*t.bot.*) colza ~ *ravizzone d'inverno* navette.
ravvaloràre |ravvalo'rare| *v.tr.* **1** [*rafforzare il valore di q.c.*] donner plus de valeur à **2** [*rimettere in vigore*] remettre (71) en vigueur.
ravvedérsi |ravve'dersi| (192) *v. pron. intr.* [*riconoscere i propri errori e cercare di correggersi*] se repentir (21): *spero che si ravveda* j'espère qu'il se repentira.
ravvediménto |ravvedi'mento| *s.m.* [*il fatto di ravvedersi*] repentir.
ravvedùto |ravve'duto| *agg.* [*che si è pentito dei propri errori*] repenti.
ravviàre |ravvi'are| **A** *v.tr.* **1** [*rimettere a posto, in ordine*] remettre (71) en ordre # *ravviare il letto* refaire le lit □ *ravviarsi i capelli* se coiffer, se donner un coup de peigne **2** (*ant.*) [*rimettere sulla buona via*] remettre sur le droit chemin (*corr.*) **B** *v.pron. rifl.* RAVVIARSI **1** [*rimettersi in ordine*] mettre (71) *tr.* de l'ordre (dans sa toilette, dans son vêtement), s'arranger (3): *si è ravviata frettolosamente prima di uscire* elle a remis rapidement de l'ordre dans sa toilette, elle s'est arrangée rapidement avant de sortir ◇ [*pettinarsi*] se donner un coup de peigne ♦ → *tr.* 1 □ **2** (*ant.*) [*rimettersi sulla buona strada*] rentrer *tr.* dans le droit chemin (*corr.*).
ravviàta |ravvi'ata| *s.f.* (*solo nella loc.*) *darsi una ravviata* [*una riordinata alla meglio*] remettre de l'ordre dans sa toilette, se mettre en ordre # *darsi una ravviata ai capelli* se donner un coup de peigne.
ravvicinaménto |ravvitʃina'mento| *s.m.* [→ RAVVICINARE] rapprochement # *ha chiesto il ravvicinamento alla famiglia* il a demandé à se rapprocher de sa famille ◇ (*fig.*) *il ravvicinamento dei coniugi* le rapprochement, la réconciliation *f.* des époux.
ravvicinàre |ravvitʃi'nare| **A** *v.tr.* **1** [*avvicinare di nuovo, maggiormente*] rapprocher: *la nuova sede lo ha ravvicinato alla famiglia* le nouveau siège l'a rapproché de la famille **2** (*fig.*) [*riconciliare, far tornare d'accordo*] réconcilier: *una spiegazione del fatto li ravvicinerà* l'explication des faits les réconciliera **3** (*raro*) → **avvicinare** **B** *v. pron.* RAVVICINARSI **1** *rifl.* [*avvicinarsi di più*] se rapprocher: *si è ravvicinato alla famiglia* il s'est rapproché de sa famille **2** *recipr.* [*rappacificarsi*] se réconcilier: *i due coniugi si sono ravvicinati* les deux époux se sont réconciliés.
ravviluppàre |ravvilup'pare| **A** *v. tr.* [*avvolgere in modo stretto*] envelopper: *ravviluppare una matassa* envelopper un écheveau **B** *v.pron. rifl.* RAVVILUPPARSI [*avvolgersi ben bene*] s'envelopper: *si è ravviluppato in una coperta* il s'est enveloppé, emmitouflé dans une couverture.
ravvisàbile |ravvi'zabile| *agg.* [→ RAVVISARE] reconnaissable.
ravvisàre |ravvi'zare| *v.tr.* **1** [*riconoscere all'aspetto*] reconnaître (72): *fra tanta gente non sono riuscita a ravvisarlo* je n'ai pas réussi à le reconnaître parmi tant de monde **2** (*per est.*) [*individuare l'esistenza di un determinato fatto*] envisager (3) # *nel suo comportamento si può ravvisare l'estremo di un reato* son attitude permet d'imaginer la possibilité d'un délit.
ravvivaménto |ravviva'mento| *s.m.* **1** [→ RAVVIVARE A 1] attisement (*raro*): *il ravvivamento del fuoco* l'attisement du feu ◇ (*tecnol.*) ravivage: *il ravvivamento dei colori* le ravivage des couleurs **2** [→ RAVVIVARE A 2] attisement (*raro*): *il ravvivamento di un affetto* l'attisement d'une affection **3** (*med.*) avivement.
ravvivàre |ravvi'vare| **A** *v.tr.* **1** [*rendere più vivo, più forte e vivace*] raviver: *ravvivare il fuoco* raviver le feu; *è un prodotto che ravviva i colori* c'est un produit qui ravive les couleurs **2** [*ridare vitalità, forza e vivacità*] ranimer: *ravvivare una pianta appassita* ranimer une plante fanée ◇ (*fig.*) *ravvivare la fede* ranimer la foi # *ravvivare la speranza* faire revivre l'espoir; *la gioia ravvivava il suo viso* la joie illuminait son visage **B** *v.pron. intr.* RAVVIVARSI [*riprendere vigore, forza*] se ranimer: *la loro passione si è ravvivata* leur passion s'est ranimée; *il suo interesse si è ravvivato* son intérêt s'est ranimé.
ravvivatóre, trice |ravviva'tore, tritʃe| *s.* (*raro*) [*chi ravviva*] animateur* (*corr.*).
ravvòlgere |rav'vɔldʒere| (196) **A** *v.tr.* [*avvolgere più volte, totalmente*] envelopper: *ravvolgere la scatola in una carta colorata* envelopper une boîte dans du papier de couleur **B** *v.pron. rifl.* RAVVOLGERSI [*avvolgersi strettamente in q.c.*] s'envelopper, s'emmitoufler (*fam.*): *ravvolgersi in una coperta* s'envelopper, s'emmitoufler dans une couverture.
ravvolgiménto |ravvoldʒi'mento| *s.m.* **1** [→ RAVVOLGERE] enveloppement **2** [*tortuosità, giro*] tortuosité *f.*
ravvoltolàre |ravvolto'lare| **A** *v.tr.* **1** [*avvolgere senza cura e in fretta*] envelopper: *ravvoltolare un po' di frutta* envelopper quelques fruits **2** [*avvolgere in un mantello, in uno scialle e sim.*] envelopper: *ravvoltolare un bambino in una coperta* envelopper un enfant dans une couverture **B** *v.pron. rifl.* RAVVOLTOLARSI **1** [*avvolgersi più volte*] se vautrer: *il maiale si ravvoltolava nel fango* le porc se vautrait dans la boue **2** [*avvilupparsi in un mantello, in uno scialle e sim.*] s'envelopper; s'enrouler: *si è ravvoltata nella vestaglia* elle s'est enveloppée, emmitouflée (*fam.*) dans sa robe de chambre.
raya |ra'ja| *s.m. inv.* raïa, raya.
ràyon |'rajon| *s.m. inv.* rayonne *f. var.*
raziocinànte |rattsjotʃi'nante| *agg.* [*dotato di raziocinio*] raisonnable: *essere raziocinante* être raisonnable.
raziocinàre |rattsjotʃi'nare| *v.intr.* (*raro*) (*aus. 'avere'*) [*argomentare con raziocinio*] raisonner (*corr.*).
raziocinativo |rattsjotʃina'tivo| *agg.* (*raro, lett.*) [*che serve a raziocinare, che esercita il raziocinio*] *facoltà raziocinativa* raison, faculté de raisonner; *mente raziocinativa* esprit raisonnable.
raziocìnio, i |rattsjo'tʃinjo, i| *s.m.* **1** [*facoltà, capacità di ragionare*] jugement: *l'uomo è dotato di raziocinio* l'homme est doué de jugement **2** [*buon senso, criterio*] bon sens: *una decisione presa con raziocinio* une décision prise avec bon sens **C** 1 **sconsideratezza;** 2 **leggerezza.**
1 **razionàbile** |rattsjo'nabile| *agg.* (*lett., arc.*) → **razionale.**
2 **razionàbile** |rattsjo'nabile| *agg.* [→ RAZIONARE] qui peut être rationné *loc.*
razionabilità |rattsjonabili'ta| *s.f. inv.* (*lett., arc.*) → **razionalità.**
razionàle |rattsjo'nale| *agg.* **1** [*dotato di ragione*] rationnel* # *l'uomo è un essere razionale* l'homme est un être doué de raison **2** [*fondato sulla ragione*] rationnel: *criteri, metodi razionali* critères rationnels, méthodes rationnelles; *una valutazione razionale dei fatti* une appréciation rationnelle des faits ♦ (*s.m.*) *il razionale* le rationnel: *il razionale e l'irrazionale* le rationnel et l'irrationnel **3** (*scient.*) rationnel: *architettura razionale* architecture rationnelle; *arredamento razionale* ameublement rationnel ◇ (*mat.*) *numeri razionali* nombres rationnels.
razionalìsmo |rattsjona'lizmo| *s.m.* **1** (*filos.*) rationalisme: *il razionalizmo cartesiano* le rationalisme cartésien **2** (*per est.*) [*convinzione radicata della superiorità di una razionalità spesso astratta*] rationalisme: *questo saggio pecca di razionalismo* ce sage pèche par le rationalisme.
razionalìsta |rattsjona'lista| *s.* rationaliste.
razionalìstico, ci, ca, che |rattsjona'listiko, tʃi, ka, ke| *agg.* rationaliste: *movimenti razionalistici* mouvements rationalistes; *tendenze razionalistiche* tendances rationalistes.
razionalità |rattsjonali'ta| *s.f. inv.* **1** rationalité (*var.*): *la razionalità di un principio, di un sistema* la rationalité d'un principe, d'un système; *la razionalità di un edificio, di un arredamento* la rationalité d'un édifice, d'un ameublement; *si sta procedendo con, senza razionalità* on est en train de procéder avec, sans rationalité **2** [*la facoltà di*

ragionare] faculté *var.* de raisonner: *la razionalità dell'uomo* la faculté de raisonner de l'homme.
razionalizzàre |rattsjonalid'dzare| *v.tr.* [*rendere razionale, più rispondente alle finalità*] rationaliser: *razionalizzare un sistema di produzione, un programma* rationaliser un système de production, un programme ◇ (*mat.*) *razionalizzare una frazione* rationaliser une fraction.
razionalizzazióne |rattsjonaliddzat'tsjone| *s.f.* [→ RAZIONALIZZARE] rationalisation: *razionalizzazione di una impresa* rationalisation d'une entreprise.
razionalménte |rattsjonal'mente| *avv.* [→ RAZIONALE 2] rationnellement.
razionaménto |rattsjona'mento| *s.m.* [→ RAZIONARE 1] rationnement: *il razionamento del pane in periodo bellico* le rationnement du pain en temps de guerre.
razionàre |rattsjo'nare| *v.tr.* **1** [*assegnare una razione fissa di determinati prodotti di prima necessità, per disciplinare l'uso durante periodi di emergenza*] rationner **2** [*dividere in razioni*] rationner: *razionare le bevande durante la giornata* rationner les boissons pendant la journée.
razióne |rat'tsjone| *s.f.* **1** ration: *razione singola, giornaliera* ration unique, journalière; *razione di pane, di vino* ration de pain, de vin; *hanno aumentato la razione degli assistiti* ils ont augmenté la ration des personnes assistées ◇ (*loc.*) *mettere a razione* rationner *v.tr.* **2** [*porzione*] portion; part: *in questo ristorante danno delle razioni abbondanti* dans ce restaurant, les portions sont abondantes ‖ *prendo una doppia razione di dolce* je prends une double part de gâteau.
1 **ràzza** |'rattsa| *s.f.* **1** race: *razza bianca, gialla, nera* race blanche, jaune, noire; *un gatto di razza siamese* un chat de race siamoise; *cavalli di razza* chevaux de race # *animale da razza* → **razzatore** ◇ (*loc.*) *fare razza* faire souche, se reproduire *v.pron.* ◇ (*fig.*) *è un musicista di razza* c'est un musicien-né; *è un individuo che fa razza a sé* c'est un individu qui fait bande à part, qui fait cavalier seul **2** [*generazione, discendenza*] souche: *è di nobile razza* il est de noble souche; *è di buona razza* il est d'une bonne souche ◇ (*loc.*) *razza di vipere, di cani!* race de vipères, de chiens! ~ *non voglio più vedere né lui né la sua razza* je ne veux voir ni lui, ni sa famille **3** [*specie, genere, categoria*] espèce: *ho rapporti con gente di tutte le razze* j'ai des rapports avec des gens de toutes espèces; *ma che razza di gente frequenti?* mais quelle espèce de gens fréquentes-tu?; *che razza di stupido!* quelle espèce d'idiot! # *che razza di educazione hai?* mais quelle éducation!; mais par qui donc as-tu été élevé?
2 **ràzza** |'raddza| *s.f.* (*t.zool.*) raie.
3 **ràzza** |'rattsa| *s.f.* [*elemento della ruota*] rayon *m.* → **raggio.**
razzatóre |raddza'tore| *s.m.* (*zool.*) raceur.
razzìa |rat'tsia| *s.f.* razzia: *i predoni vivono di razzie* les brigands vivent de razzias # *i ladri hanno fatto razzia di tutto* les voleurs ont fait main basse sur tout.
razziàle |rat'tsjale| *agg.* racial*: *pregiudizi razziali* préjugés raciaux; *discriminazioni, persecuzioni razziali* discriminations, persécutions raciales.
razziàre |rattsi'are| *v.tr.* [*predare, portar via con una razzia*] razzier: *razziare del bestiame* razzier le bétail; *razziare un deposito di oggetti d'arte* razzier un dépôt d'objets d'art → **saccheggiare.**
razziatóre, trice |rattsia'tore, tritʃe| *s.* [*chi fa razzia*] pillard.
razzìsmo |rat'tsizmo| *s.m.* racisme.
razzìsta |rat'tsista| *s.* raciste: *è un razzista* c'est un raciste; *fa il razzista* il fait le raciste.
razzìstico, ci, ca, che |rat'tsistiko, tʃi, ka, ke| *agg.* [*proprio del razzismo*] raciste: *ideologie, politiche razzistiche* idéologies, politiques racistes; *intolleranza razzistica* intolérance raciste.
ràzzo |'raddzo| *s.m.* **1** (*fis., tecnol.*) fusée (*f.*): *razzo incendiario* fusée incendiaire; *razzi di segnalazione* fusées de signalisation; *razzo sonda* fusée sonde; *razzi antigrandine* fusées antigrêle; *razzo a medio raggio* fusée à moyenne portée; *razzo multiplo* fusée gigogne, à étages; *razzi nucleari* fusées nucléaires; *razzo vettore* moteur-fusée # *razzi frenanti* rétrofusées; *propulsione a razzo* propulsion par réaction; *razzo intercontinentale* engin à longue distance ◇ (*loc.*) *partire come un razzo* partir comme une flèche ~ *è fuggito via a razzo* ils est parti comme une flèche **2** (*mil.*) roquette *f.*, fusée: *aereo razzo* avion-fusée; *aereo razzo da caccia* chasseur-fusée.
razzolàre |rattso'lare| *v.intr.* (*aus.* '*avere*') **1** [*raspare qua e là per terra in cerca di cibo come fanno i polli*] gratter: *le galline razzolavano sull'aia* les poules grattaient le sol de la basse-cour ◇ (*fig.*) *predica bene e razzola male* il ne prêche pas d'exemple, par l'exemple ◇ (*prov.*) *chi di gallina nasce, convien che razzoli* la caque sent toujours le hareng **2** (*fig.*) [*rovistare, frugare*] fouiller: *non voglio che tu razzoli nei miei cassetti* je ne veux pas que tu fouilles dans mes tiroirs.
re |re| *s.m. inv.* **1** [(*capo*) *sovrano di uno Stato*] roi (*var.*): *re assoluto, costituzionale* roi absolu, constitutionnel; *i sette re di Roma* les sept rois de Rome ◇ (*loc. fig.*) *il Re del cielo* le Roi du ciel ~ *il Re dei re* le Roi des rois ~ *essere ricco come un re* être riche comme Crésus ~ *essere felice come un re* être heureux comme un roi ~ *vivere come un re* vivre comme un prince ~ *in quel momento si è sentito un re* à ce moment-là il s'est senti roi ~ (*spreg.*) *re da operetta, da burla* roi d'opérette ◇ (*prov.*) *in casa sua ciascuno è re* chacun est maître chez soi **2** (*per est.*) [*la carta da gioco o il pezzo degli schacchi che raffigura il re*] roi: *re di picche, di quadri* roi de pique, de carreau; *dare scacco matto al re* mettre le roi échec et mat **3** (*fig.*) [*chi detiene una posizione di assoluto primato*] roi: *il re del petrolio* le roi du pétrole # *un re del foro* un maître du barreau **4** (*t. zool.*) *re di quaglie* râle des genêts, roi des cailles ~ *re di triglie* roi des rougets ~ *re dei granchi* roi des crabes ~ *re di aringhe* → **chimera.**
re |rɛ| *s.m. inv.* (*mus.*) ré.
-rèa |'rɛa| *suff.* (*significa* '*fuoriuscita*', *corrisponde gener. a*) rr(h)ée: *diarrea* diarrhée.
reagènte |rea'dʒɛnte| *agg. e s.m.* (*chim.*) réactif*.
reagire |rea'dʒire| (197) *v.intr.* (*aus.* '*avere*') **1** [*agire contro, rispondere a un'azione contrastandola*] réagir: *ha reagito alla provocazione* il a réagi à la provocation; *ha subito senza reagire* il a subi sans réagir **2** (*scient.*) [*avere, presentare una reazione chimica, fisica, biologica, psicologica*] réagir: *nella fissione nucleare i nuclei atomici reagiscono a catena* dans la fission nucléaire les noyaux atomiques réagissent en chaîne; *ha reagito negativamente allo stimolo* il a réagi négativement au stimulus Ⓒ 1 **accettare.**
1 **reàle** |re'ale| *agg.* **1** [*che concerne la realtà, che esiste effettivamente*] réel*: *fatti reali* faits réels; *non c'è stato un pericolo reale* il n'y a pas eu un danger réel, véritable; *ho conosciuto le sue reali intenzioni* j'ai connu ses intentions réelles, ses véritables intentions ✦ (*s.m.*) *il reale* le réel: *il reale e l'ideale* le réel et l'idéal **2** (*scient.*) réel ◇ (*dir.*) *diritti reali* droits réels ◇ (*econ.*) *valore reale* valeur réelle ◇ (*filos.*) *ente reale* être réel ◇ (*mat.*) *numeri reali* nombres réels.
2 **reàle** |re'ale| *agg.* **1** [*di re, dei re*] royal*: *palazzo reale* palais royal; *guardia reale* garde royale; *famiglia reale* famille royale ✦ (*s.m. pl.*) *i reali* les souverains **2** (*fig.*) [*che si distingue, eccelle per le sue qualità*] royal: *aquila reale* aigle royal # *germano reale* canard souchet; *pasta reale* royale.
3 **reàle** |re'ale| *s.m.* [*moneta d'argento di vario valore secondo le epoche*] réal*, réale *f.*
realgàr |real'gar| *s.m. inv.* (*miner.*) réalgar *var.*
1 **realìsmo** |rea'lizmo| *s.m.* **1** (*filos.*) réalisme **2** [*senso concr. della realtà, che si basa soprattutto sull'esperienza pratica*] réalisme: *un coraggioso realismo* un réalisme courageux; *è una situazione che va affrontata con realismo* c'est une situation qui doit être affrontée avec réalisme **3** (*arts.*) réalisme: *il realismo della narrativa russa* le réalisme de la prose russe Ⓒ 2 **idealismo.**
2 **realìsmo** |rea'lizmo| *s.m.* (*polit.*) royalisme.
1 **realìsta** |rea'lista| *s.* **1** [*chi segue o si ispira al realismo*] réaliste **2** [*chi prende in considerazione soprattutto gli aspetti reali, concreti di q.c.*] réaliste: *cerca di essere realista, non farti illusioni* essaie d'être réaliste, ne te fais pas d'illusions Ⓒ 2 **idealista.**
2 **realìsta** |rea'lista| *s.* [*sostenitore del re e della dinastia*] royaliste ◇ (*loc. fig.*) *essere più realisti del re* être plus royaliste que le roi.
realisticaménte |realistika'mente| *avv.* [→ REALISTICO 2] réalistement.
realìstico, ci, ca, che |rea'listiko, tʃi, ka, ke| *agg.* **1** [*del realismo, fondato sul realismo*] réaliste: *tendenze realistiche* tendances réalistes **2** [*che considera soprattutto la realtà, i fatti empirici*] réaliste: *politica realistica* politique réaliste.
realtà |reali'ta| *s.f. inv.* (*dir.*) réalité (*var.*): *realità di un'imposta* réalité d'un impôt.
realizzàbile |realid'dzabile| *agg.* [→ REALIZZARE A; B 1] réalisable: *un*

piano realizzabile un plan réalisable; *un guadagno realizzabile* un gain réalisable.

realizzabilità |realiddzabili'ta| *s.f. inv.* possibilité *var.* de réaliser (qqch.).

realizzàre |realid'dzare| **A** *v.tr.* **1** [*tradurre in realtà, far diventare reale*] réaliser: *ha realizzato il suo sogno* il a réalisé son rêve; *hanno realizzato un complesso industriale* ils ont réalisé un complexe industriel **2** [*raggiungere, conseguire un fine, un risultato*] réaliser: *ha realizzato un notevole guadagno* il a réalisé un bénéfice remarquable # *si impegna, ma realizza poco* il s'applique, mais il n'arrive pas à grand-chose ◇ (*sport*) [*segnare*] marquer: *ha realizzato due gol* il a marqué deux buts **B** *v.pron. intr.* REALIZZARSI **1** [*diventare reale, tradursi in realtà*] se réaliser: *il progetto si è finalmente realizzato* le projet s'est finalement réalisé **2** [*sviluppare la propria personalità, le proprie capacità*] se réaliser: *facendo questo lavoro si è realizzato* en faisant ce travail il s'est réalisé; *non riesce a realizzarsi* il ne réussit pas à se réaliser.

realizzatóre, trice |realiddza'tore, tritʃe| *s.* réalisateur*: *ne è l'ideatore e il realizzatore* il en est l'inventeur et le réalisateur ◇ (*calcio*) buteur (*m.*): *è un ottimo realizzatore* c'est un très bon buteur.

realizzazióne |realiddzat'tsjone| *s.f.* **1** [→ REALIZZARE] réalisation: *la realizzazione di un'opera* la réalisation d'une œuvre; *realizzazione scenica* réalisation scénique; *realizzazione commerciale* réalisation commerciale **2** (*mus.*) réalisation.

realizzo |rea'liddzo| *s.m.* **1** (*banca*) réalisation *f.* **2** (*comm.*) revient: *vendere a prezzi di realizzo* vendre à prix de revient, coûtant.

realménte |real'mente| *avv.* [→ 1 REALE 1] réellement: *è realmente venuto* il est réellement venu.

realtà |real'ta| *s.f. inv.* réalité (*var.*): *la conoscenza della realtà* la connaissance de la réalité; *è una speranza che non si tramuterà mai in realtà* c'est un espoir qui ne deviendra jamais réalité # *la situazione va affrontata nella sua realtà* il faut faire face à la situation avec réalisme; *è proprio la realtà romanzesca!* c'est proprement fantastique! ◇ *loc. avv.* IN REALTÀ en réalité: *si lamenta, ma in realtà sta bene* il se plaint, mais en réalité il se porte comme un charme.

reàme |re'ame| *s.m.* (*lett.*) [*regno, stato retto a forma monarchica*] royaume (*corr.*).

reàto |re'ato| *s.m.* **1** (*dir.*) délit; (*con pena correzionale*) délit; (*con pena afflittiva*) crime: *è stato colto in flagrante reato* il a été pris en flagrant délit; *corpo del reato* corps du délit || *tentativo di reato* tentative de crime; *reato di lesa maestà* crime de lèse majesté # *reato colposo* homicide par imprudence, involontaire **2** [*contravvenzione*] contravention (*f.*): *essere in reato* être en contravention.

reattànza |reat'tantsa| *s.f.* (*elettr.*) réactance.

reattìno |reat'tino| *s.m.* → **scricciolo.**

reattività |reattivi'ta| *s.f. inv.* (*scient.*) réactivité (*var.*): *reattività della materia vivente* réactivité de la matière vivante; *reattività di un organismo* réactivité d'un organisme; *reattività di un composto* réactivité d'un composé.

reattìvo |reat'tivo| **I** *agg.* (*scient.*) réactif*: *carta reattiva* papier réactif; *meccanismi reattivi* mécanismes réactifs; *circuito reattivo* circuit réactif **II** *s.m.* **1** (*chim.*) réactif **2** (*psicol.*) test (psychologique) → **test.**

reattóre |reat'tore| *s.m.* **1** (*fis., elettr.*) réacteur: *reattore nucleare, a catena* réacteur nucléaire, en chaîne **2** (*aer.*) réacteur: *un reattore supersonico* un réacteur supersonique.

reazionàrio, i |reattsjo'narjo, i| *agg.* (*polit.*) réactionnaire: *tendenze reazionarie* tendances réactionnaires; *un giornale reazionario* un journal réactionnaire; *un governo reazionario* un gouvernement réactionnaire ◆ (*s.*) *un reazionario* un réactionnaire.

reazionarismo |reattsjona'rizmo| *s.m.* [*atteggiamento proprio del reazionario*] conservatisme.

reazióne |reat'tsjone| *s.f.* **1** [→ REAGIRE 1] réaction: *la sua reazione è stata spontanea* sa réaction a été spontanée ◇ (*polit.*) *le forze della reazione* les forces de la réaction **2** (*biol., med.*) réaction: *la reazione di un tessuto, di un organo* la réaction d'un tissu, d'un organe; *reazione febbrile, anafilattica* réaction fébrile, anaphylactique; *reazione psicosica* réaction de psychose **3** (*chim.*) réaction: *reazione di analisi, di sintesi* réaction d'analyse, de synthèse; *reazioni fotochimiche* réactions photochimiques **4** (*fig., tecnol.*) réaction: *reazione nucleare* réaction nucléaire; *reazione a catena* réaction en chaîne; *motore a reazione* moteur à réaction; *propulsione a reazione* propulsion par réaction, par réacteur(s); *aereo a reazione* avion à réaction.

rébbio, i |'rebbjo, i| *s.m.* dent *f.* d'une fourche.

reboànte |rebo'ante| *agg.* **1** (*raro*) [*rimbombante, che ha una profonda risonanza*] retentissant: *suono reboante* son retentissant **2** (*fig., pegg.*) [*altisonante, di grande effetto ma privo di contenuto*] ronflant: *un discorso reboante* un discours ronflant Ⓒ 1 **sommesso.**

rèbus |'rɛbus| *s.m. inv.* **1** rébus: *rebus figurato* rébus dessiné; *risolvere un rebus* déchiffrer un rébus **2** (*fig.*) [*situazione complicata, molto difficile a risolvere*] énigme (*f. var.*): *la situazione è un vero rebus* la situation est une vraie énigme.

recalcitràre |rekaltʃi'trare| *e deriv.* → **ricalcitrare** *e deriv.*

recapitàre |rekapi'tare| *v.tr.* [*portare a destinazione, consegnare q.c. a un indirizzo o a una persona*] remettre (71): *recapitare un pacco* remettre un paquet; *la lettera è stata recapitata* la lettre a été remise.

recàpito |re'kapito| *s.m.* **1** [*indirizzo, luogo dove si possono recapitare oggetti, corrispondenza*] adresse (*f.*): *mi ha lasciato il suo recapito* il m'a laissé son adresse # *far recapito all'albergo* descendre à l'hôtel; *per la posta fa recapito da un amico* il faut envoyer son courrier chez un ami **2** [*il fatto di recapitare, di venire recapitato*] *tassa di recapito* taxe de livraison; *provvedere al recapito della corrispondenza* faire parvenir le courrier; *il recapito è avvenuto in ritardo* la livraison a été effectuée avec du retard **3** *al plur.* (*mar.*) papiers de bord.

recàre |re'kare| **A** *v.tr.* **1** [*portare, condurre*] donner, apporter: *le ha recato in dono un mazzo di fiori* il lui a donné un bouquet de fleurs; *finalmente ha recato un'informazione utile* finalement il a apporté une information utile **2** [*avere, portare su di sé*] porter: *questo documento reca la data di ieri* ce document porte la date d'hier; *il suo viso recava ancora i segni della fatica* son visage portait encore les marques de la fatigue **3** [*arrecare, cagionare, produrre*] causer: *mi dispiace recarvi noia* je suis désolé de vous causer des ennuis; *il nubifragio ha recato gravi danni* l'ouragan a causé de grands dommages # *la sua visita mi ha recato conforto* sa visite m'a réconforté; *non gli recare disturbo* ne le dérange pas; *gli ha recato un'offesa troppo grave* il l'a trop gravement offensé **4** (*lett.*) [*riportare, ridurre*] rappeler (4): *recare q.c. alla memoria, alla mente* rappeler qqch. à la mémoire, à l'esprit **5** (*lett., raro*) [*attribuire*] louer: *recare q.c. a lode di qc.* louer qqn. de (pour) qqch. **B** *v.pron. intr.* RECARSI [*andare*] aller (13) *intr.*; être (43) (*intr.*): *si reca in ufficio ogni mattina* il va au bureau tous les matins || *mi sono recata dall'avvocato* j'ai été chez mon avocat.

recèdere |re'tʃɛdere| (125) *v.intr.* (*aus. 'avere'*) **1** (*raro*) [*arretrare, retrocedere*] reculer (*corr.*) ◇ (*loc. fig.*) *non vuole recedere di un passo dai suoi progetti* il ne veut pas reculer d'une semelle (d'un pas) sur ses projets **2** (*fig.*) [*ritornare su una decisione, tirarsi indietro*] revenir (*aus.* être), abandonner (*tr.*): *ha receduto da quella decisione* il est revenu sur sa décision || *recede finalmente da ogni pretesa* finalement, il abandonne toute prétention; *non recede dalle sue posizioni* il n'abandonne pas ses positions **3** (*dir.*) [*esercitare il recesso*]: (*da un contratto*) résilier *tr.*; (*da una causa, da una querela, ecc.*) se désister (*pron.*): *recedere da un rapporto di lavoro* résilier un contrat de travail.

recensióne |retʃen'sjone| *s.f.* **1** [*presentazione e valutazione critica di una nuova opera scient. o lett.*] compte *m.* rendu: *recensione favorevole, severa, dura, polemica* compte rendu favorable, sévère, dur, polémique; *fare la recensione di un romanzo* faire le compte rendu d'un roman **2** (*filol.*) recension.

recensire |retʃen'sire| (197) *v.tr.* **1** [*fare l'esame critico di un'opera nuova*] faire (45) le compte rendu: *recensire un saggio storico* faire le compte rendu d'une étude historique **2** (*filol.*) [*fare la recensione*] faire la recension, le résumé de (un texte).

recensóre |retʃen'sore| *s.m.* [*autore di una recensione*] critique.

recènte |re'tʃɛnte| *agg.* récent: *notizie recenti* nouvelles récentes; *pubblicazioni recenti* publications récentes; *una recente invenzione* une invention récente ◇ *loc. avv.* DI RECENTE [*poco tempo fa, da poco tempo*] récemment (*avv.*): *è accaduto di recente* ça s'est passé récemment.

recenteménte |retʃente'mente| *avv.* [→ RECENTE] récemment: *l'ho visto recentemente* je l'ai vu récemment.

recentissime |retʃen'tissime| *s.f. pl.* [*le ultime notizie della notte*] (toutes) dernières nouvelles: *hai sentito le re-*

centissime? as-tu entendu les dernières nouvelles?
recenzióre |retʃen'tsjore| *agg.* (*scient.*) plus récent: *una fase culturale recenziore* une phase culturelle plus récente; *codici recenziori* codes plus récents.
recepire |retʃe'pire| (197) *v.tr.* [*accogliere, far proprio*] accepter (formellement): *la massa ha ormai recepito questo concetto* la masse a désormais formellement accepté ce concept.
rècere |'rɛtʃere| *v.tr.* (*lett.*) (*usato solo all'inf. pres. e in poche forme semplici*) [*vomitare*] rendre (53) (*corr.*) # *far recere* faire vomir.
recessióne |retʃes'sjone| *s.f.* **1** [→ RECEDERE 3]: (*di contratto*) résiliation; (*di causa, di querela, ecc.*) désistement *m.* **2** (*astron.*) récession: *la recessione delle galassie* la récession, la fuite des galaxies **3** (*biol.*) récessivité **4** (*econ.*) récession: *recessione economica* récession économique.
recessività |retʃessivi'ta| *s.f. inv.* (*biol.*) récessivité *var.*
recessìvo |retʃes'sivo| *agg.* récessif*: *fenomeni recessivi in campo economico* phénomènes récessifs dans le domaine économique; *clausole recessive* clauses récessives.
recèsso |re'tʃɛsso| *s.m.* **1** (*lett.*) [*luogo, ambiente nascosto, solitario, appartato*] lieu solitaire: *si nascose in un recesso* il se cacha dans un lieu solitaire ◇ (*fig.*) *i più oscuri, profondi recessi dell'animo* les plus obscurs, les plus profonds recoins de l'âme **2** [*il fatto di recedere*] recul: *il recesso di un ghiacciaio* le recul d'un glacier # *il recesso della febbre* la diminution de la fièvre **3** (*dir.*) *recesso attivo* retraite *f.* active; *recesso da un contratto di lavoro* résiliation *f.* d'un contrat de travail ◇ (*di causa, di querela, ecc.*) désistement: *recesso dal processo* désistement d'action ◇ (*di socio*) retrait **4** (*anat.*) repli: *recesso frontale, duodenale* repli frontal, duodénal.
recettìvo |retʃet'tivo| *e deriv.* → **ricettivo** *e deriv.*
recettóre, trice |retʃet'tore, tritʃe| *s.* récepteur* ♦ (*agg.*) *apparato recettore* appareil récepteur.
recìdere |re'tʃidere| (130) *v.tr.* **1** [*troncare con un taglio netto*] couper: *recidere lo stelo di un fiore* couper la tige d'une fleur; *recidere una fune* couper une corde **2** (*chir.*) [*asportare col bisturi, praticare un'escissione*] réséquer (8): *recidere un braccio* réséquer un bras.
recidìva |retʃi'diva| *s.f.* (*dir., med.*) récidive.
recidivànte |retʃidi'vante| *agg.* (*med.*) récidivant.
recidivàre |retʃidi'vare| *v.intr.* (*aus. 'avere'*) (*dir.*) [*essere recidivo*] récidiver: *recidivare in un reato* commettre un délit avec récidive, récidiver ◇ (*dir.*) récidiver # *recidivare in una malattia* avoir une maladie récidivante.
recidività |retʃidivi'ta| *s.f. inv.* (*dir.*) récidivité (*var.*): *la recidività di un colpevole* la récidivité d'un coupable ◇ (*med.*) *la recidività di una malattia* la récidivité d'une maladie.
recidìvo |retʃi'divo| *agg.* **1** (*dir.*) récidiviste: *un colpevole recidivo* un criminel récidiviste ♦ (*s.*) *un recidivo* un récidiviste **2** (*med.*) qui rechute (*loc.*): *un malato recidivo* un malade qui rechute, qui a une rechute ♦ (*s.*) *un recidivo* un malade qui rechute, qui a une rechute.
recìngere |re'tʃindʒere| (119) *v.tr.* [*cingere tutto intorno, circondare*] entourer de: *recingere un luogo con una palizzata* entourer une place d'une palissade # *le recinse la testa con una corona di fiori* il lui ceignit la tête d'une couronne de fleurs.
recintàre |retʃin'tare| *v.tr.* [*circondare o chiudere con un recinto*] clôturer: *recintare un giardino con una siepe* clôturer un jardin d'une haie.
recinto |re'tʃinto| *s.m.* **1** [*spazio circoscritto da elementi di delimitazione*] enclos: *recinto riservato* enclos réservé, enceinte réservée ◇ *loc.* (*alla Borsa*) *recinto delle grida* corbeille *f.* ~ (*negli ippodromi*) *recinto del peso* pesage **2** [*ciò che serve a recingere*] clôture (*f.*): *un recinto in muratura* une clôture en maçonnerie **3** [*spazio delimitato riservato ai bambini*] parc.
recinzióne |retʃin'tsjone| *s.f.* **1** [→ RECINGERE] mise en place d'une clôture: *procedere alla recinzione del giardino* procéder à la mise en place de la clôture du jardin **2** [*recinto, struttura che delimita il recinto*] clôture, enceinte: *recinzione metallica* clôture, enceinte métallique.
recipiènte |retʃi'pjɛnte| *s.m.* récipient: *recipiente di vetro* récipient en verre; *un recipiente per l'olio* un récipient pour l'huile.
reciprocaménte |retʃiproka'mente| *avv.* [→ RECIPROCO] réciproquement: *si amano reciprocamente* ils s'aiment réciproquement.
reciprocànza |retʃipro'kantsa| *s.f.* (*raro, lett.*) [*relazione reciproca*] réciprocité (*corr.*).
reciprocàre |retʃipro'kare| *v.tr.* **1** (*raro*) [*avvicendare alternativamente*] retourner **2** [*scambiare, offrire un trattamento equivalente a quello ricevuto*] échanger (3).
reciprocità |retʃiprotʃi'ta| *s.f. inv.* réciprocité (*var.*): *reciprocità di un sentimento, di un rapporto* réciprocité d'un sentiment, d'un rapport ◇ (*mat., fis.*) *reciprocità di una funzione, di due figure* réciprocité d'une fonction, de deux figures.
recìproco, ci, ca, che |re'tʃiproko, tʃi, ka, ke| *agg.* réciproque: *rapporto reciproco* rapport réciproque; *hanno una reciproca simpatia* ils ont une sympathie réciproque; *nutrono una stima reciproca* ils nourrissent une estime réciproque ◇ (*dir.*) *un patto, un trattato reciproco* un pacte, un traité réciproque ~ (*gram.*) *riflessivo reciproco* réfléchi réciproque ~ (*mat., fis.*) *numeri reciproci* nombres réciproques; *piani reciproci* plans réciproques.
recisaménte |retʃiza'mente| *avv.* [→ RECISO 3] carrément: *ha risposto recisamente di no* il a répondu carrément non.
recisióne |retʃi'zjone| *s.f.* **1** [→ RECIDERE 1] action de couper; (*di rami, di alberi*) taille: *la recisione di un ramo secco* la taille d'une branche sèche; (*di capelli*) coupe **2** [→ RECIDERE 2] résection: *la recisione di un arto* la résection d'un membre **3** (*fig.*) [*decisione, franchezza*] franchise: *ha agito con estrema recisione* il a agi avec une extrême franchise.
recìso |re'tʃizo| *agg.* **1** [*tagliato con un sol colpo*] coupé: *tronco reciso* tronc coupé, taillé **2** (*chir.*) excisé *p.p.* **3** [*breve, brusco, risoluto*] tranchant: *risposta recisa* réponse tranchante.
recisùra |retʃi'zura| *s.f.* (*raro*) [*fenditura, screpolatura*] gerçure (*corr.*), crevasse (*corr.*).
rècita |'rɛtʃita| *s.f.* **1** [*rappresentazione di un'opera teatrale*] représentation: *la compagnia terrà tre recite* la compagnie donnera trois représentations **2** [*declamazione in pubblico di testi poet.*] lecture, récitation.
recitàbile |retʃi'tabile| *agg.* [→ RECITARE A] jouable.
recital |'rɛtʃital, ri'saitl| *s.m. inv.* (*ingl.*) récital* (*var.*): *il recital di un famoso cantante* le récital d'un chanteur célèbre.
recitàre |retʃi'tare| **A** *v.tr.* **1** [*dire a voce alta ciò che si è imparato a memoria*] réciter: *recitare una poesia, dei versi* réciter un poème, des vers ◇ [*dire*] dire (48): *recitare il rosario* dire son chapelet # *recitare le preghiere* faire ses prières ◇ (*fig.*) *recita bene la lezione* il récite bien sa leçon **2** [*sostenere un ruolo, avere una parte in spettacoli teatrali, cinematografici, ecc.*] jouer: *ha recitato una piccola parte in un film* il a joué un bout de rôle dans un film; *questa sera si recita a soggetto* ce soir, on improvise (d'après un thème) ◇ (*loc. fig.*) *smettila di recitare la commedia!* arrête de jouer la comédie! ~ *recita bene la parte della vittima* il joue bien la victime **B** *v.intr.* (*aus. 'avere'*) [*esercitare il mestiere di attore, sostenere una parte in uno spettacolo*] jouer: *recita con molta naturalezza* il joue avec beaucoup de naturel; *non può vivere senza recitare* il ne peut vivre sans jouer (la comédie) ◇ (*loc. fig.*) *sembra che reciti* on dirait qu'il récite une leçon.
recitativo |retʃita'tivo| *s.m.* (*mus.*) récitatif.
recitatóre, trice |retʃita'tore, tritʃe| *s.* celui *m.*, celle *f.* qui récite, qui joue (un rôle).
recitazióne |retʃitat'tsjone| *s.f.* **1** [→ RECITARE A 1] lecture, diction: *una recitazione di testi poetici* une lecture, une diction, un récital de poésie; *insegnante di recitazione* professeur de diction **2** [→ RECITARE A 2] jeu (*m.*): *recitazione teatrale, drammatica* jeu théâtral, dramatique # *scuola di recitazione* cours d'art dramatique.
recitìccio, i |retʃi'tittʃo, i| *s.m.* **1** (*raro*) [*materia che si emette vomitando*] vomi (*corr.*), vomissure *f.* **2** (*per est., raro*) [*cosa o persona repellente, spregevole*] ordure *f.*
reclamàre |rekla'mare| **A** *v.intr.* (*aus. 'avere'*) [*fare, presentare un reclamo*] réclamer ◇ (*spec.*) adresser *tr.*, faire (45) *tr.* une réclamation: *ho reclamato presso l'amministrazione* j'ai adressé une réclamation à l'administration; *voglio reclamare contro questo provvedimento* je veux faire une réclamation contre cette mesure **B** *v.tr.* [*chiedere fermamente ciò che si deve avere*] réclamer: *ho reclamato la mia parte* j'ai réclamé ma part; *hanno reclamato la restituzione dell'intera somma* ils ont réclamé la restitution de toute la somme.
reclamazióne |reklamat'tsjone| *s.f.* (*raro*) → **reclamo**.

'réclame' |Reklam| *s.f. inv.* réclame *var.*; publicité (*var.*): *'réclame' luminosa* réclame, affiche lumineuse || *fanno 'réclame' alla televisione per quel prodotto* à la télévision ils font de la publicité pour ce produit.

reclamista |rekla'mista| *s.* **1** [*agente di pubblicità, propagandista*] publicitaire **2** (*fig.*) celui *m.*, celle *f.* qui se fait de la réclame *loc.*

reclamistico, ci, ca, che |rekla'mistiko, tʃi, ka, ke| *agg.* [*che concerne la 'réclame,' pubblicitario*] publicitaire: *condurre una campagna reclamistica* mener une campagne publicitaire.

reclamizzàre |reklamid'dzare| *v. tr.* [*far della 'réclame' a un prodotto*] faire (45) de la publicité (pour qqch.).

reclàmo |re'klamo| *s.m.* **1** [*protesta espressa a voce o per iscritto alla persona competente*] réclamation (*f.*): *ufficio reclami* bureau des réclamations; *ha fatto un reclamo al direttore* il a fait une réclamation au directeur **2** [*il documento con cui si reclama*] réclamation: *ha presentato un reclamo in carta da bollo* il a présenté une réclamation sur papier timbré.

reclinàre |rekli'nare| *v.tr.* [*appoggiare piegando verso il basso*] baisser: *reclinare la testa sul petto* baisser la tête sur la poitrine.

reclinàto |rekli'nato| *agg.* [*piegato di lato, in giù*] baissé *p.p.*

reclìno |re'klino| *agg.* (*raro, lett.*) → **reclinato.**

reclùdere |re'kludere| (106) *v.tr.* (*lett.*) [*rinchiudere, imprigionare*] enfermer (*corr.*).

reclusióne |reklu'zjone| *s.f.* **1** [→ RECLUDERE] réclusion # *la lunga reclusione lo ha fiaccato moralmente* ses longues années de prison l'ont brisé moralement ◇ (*fig.*) *la vita in quel paese è una vera reclusione* vivre dans ce pays constitue une véritable réclusion **2** (*dir.*) réclusion: *è stato condannato a dieci anni di reclusione* il a été condamné à dix ans de réclusion.

reclùso |re'kluzo| *s.* [*condannato alla reclusione*] détenu, réclusionnaire: *un gruppo di reclusi* un groupe de détenus, de réclusionnaires ◇ (*fig.*) *fa una vita da recluso* il mène une vie de reclus, une vie recluse ✦ (*agg.*) *un rapinatore recluso* un voleur en détention.

reclusòrio, i |reklu'zɔrjo, i| *s.m.* **1** [*stabilimento penale*] pénitencier **2** (*arc.*) [*ospizio, ricovero*] hospice (*corr.*).

rècluta |'rɛkluta| *s.f.* **1** (*mil.*) recrue: *centro addestramento reclute* (*C.A.R.*) centre d'instruction des recrues **2** (*fig.*) [*chi è all'inizio di una determinata attività*] recrue: *le nuove reclute del calcio* les nouvelles recrues du football.

reclutaménto |rekluta'mento| *s.m.* **1** [→ RECLUTARE 1] recrutement: *ufficio di reclutamento* bureau de recrutement de nouvelles classes **2** (*per est.*) [→ RECLUTARE 2] recrutement: *il reclutamento dei braccianti* le recrutement des ouvriers agricoles; *il reclutamento di nuovi cantanti* le recrutement de nouveaux chanteurs.

reclutàre |reklu'tare| *v.tr.* **1** [*arruolare*] recruter **2** (*per est.*) [*assumere, ingaggiare*] engager (3): *reclutare manodopera* engager de la main d'œuvre.

reclutatóre |rekluta'tore| *s.m.* [*chi negli antichi eserciti provvedeva al reclutamento*] recruteur.

recollétti |rekol'letti| *s.m. pl.* (*eccl.*) recollet *sing.*

recòndito |re'kɔndito| *agg.* **1** [*appartato, isolato*] écarté **2** (*fig.*) [*nascosto, occulto*] caché: *ha svelato i suoi pensieri più reconditi* il a révélé ses pensées les plus cachées; *mi ha confessato i suoi sentimenti reconditi* il m'a confessé ses sentiments cachés ◇ [*segreto*] secret* ✦ (*s.m.*) *il recondito* le repli, le secret: *conserva tutto nel recondito del cuore* il garde tout dans les replis, au plus profond de son cœur Ⓒ 2 **palese, evidente.**

record |'rɛkord, 'rekɔ:d| *s.m. inv.* (*ingl.*) (*sport*) record (*var.*): *record europeo, mondiale* record européen, mondial (du monde); *record del salto con l'asta* record du saut à la perche; *ha stabilito un nuovo record* il a établi un nouveau record ✦ (*appos.*) *cifra record* chiffre record; *è arrivato a tempo di record* il est arrivé en un temps record.

recordista |rekor'dista| *s.* [*tecnico cinematografico per la registrazione dei suoni*] ingénieur *m.* du son.

recordman |'rekɔ:dmən| *s.m.* (*ingl.*) → **primatista.**

recriminàre |rekrimi'nare| **A** *v.tr.* **1** (*raro*) [*ritorcere un'accusa*] récriminer **2** [*riconsiderare con rammarico ciò che si è detto o fatto*] regretter: *recriminare un giudizio avventato* regretter un jugement inconsidéré **B** *v.intr.* (*aus.* '*avere*') [*lagnarsi, rimproverando e accusando*] récriminer: *ormai è inutile recriminare* il est désormais inutile de récriminer; *perché devi sempre recriminare?* pourquoi faut-il que tu sois toujours à récriminer?

recriminatòrio, i |rekrimina'tɔrjo, i| *agg.* récriminatoire, de récrimination *loc. inv.*

recriminazióne |rekriminat'tsjone| *s.f.* [→ RECRIMINARE] récrimination: *ogni recriminazione è inutile* toute récrimination est inutile.

recrudescènza |rekrudeʃ'ʃɛntsa| *s.f.* recrudescence: *recrudescenza di una malattia* recrudescence d'une maladie; *recrudescenza della criminalità* recrudescence de la criminalité.

recto |'rɛkto| *s.m. inv.* (*lat.*) **1** recto *var.* **2** (*numis.*) face *f. var.*, avers Ⓒ **verso.**

recuperàre |rekupe'rare| *e deriv.* → **ricuperare** *e deriv.*

recusàre |reku'zare| *e deriv.* → **ricusare** *e deriv.*

redància, ce |re'dantʃa, tʃe| *s.f.* (*tecnol.*) cosse.

redarguìbile |redargu'ibile| *agg.* [→ REDARGUIRE] répréhensible.

redarguìre |redargu'ire| (197) [*rimproverare, riprendere con fermezza*] réprimander: *mi ha redarguito aspramente* il m'a vertement réprimandé.

redattóre, trice |redat'tore, tritʃe| *s.* **1** [*chi redige, stende un atto, un testo scritto*] rédacteur*: *redattore di un verbale, di un rapporto* rédacteur d'un procès-verbal, d'un rapport **2** [*nel campo editoriale, compilatore e revisore di articoli e servizi*] rédacteur: *redattore capo* rédacteur en chef; *fa il redattore* il est rédacteur (dans un journal).

redazionàle |redattsjo'nale| *agg.* de (la) rédaction *loc.*; rédactionnel*: *un articolo redazionale* un article de (la) rédaction || *lavoro redazionale* travail rédactionnel # *ufficio redazionale* rédaction.

redazióne |redat'tsjone| *s.f.* **1** rédaction: *la redazione di un manifesto* la rédaction d'un manifeste; *la redazione di un ordine del giorno* la rédaction de l'ordre du jour **2** [*il complesso dei redattori, l'ufficio dove svolgono la loro attività*] rédaction: *lavora nella redazione di un grande quotidiano* il travaille dans la rédaction d'un grand quotidien **3** (*filol.*) version: *la prima redazione di un'opera letteraria* la première version d'une œuvre littéraire.

redàzza |re'dattsa| *s.f.* (*mar.*) fauber(t) *m.*

redde rationem |'rɛdderat'tsjɔnem| *loc. sost. m. inv.* (*lat.*) reddition *f. var.* des comptes # *arriverà anche per lui il redde rationem* le jour viendra où lui aussi devra rendre des comptes.

redditière |reddi'tjɛre| *s.* [*chi percepisce redditi*] rentier*.

redditività |redditivi'ta| *s.f. inv.* [*capacità di produrre reddito*] rentabilité *var.*

redditìzio, i |reddi'tittsjo, i| *agg.* **1** [*che dà reddito*] rentable: *lavoro redditizio* travail rentable **2** [*fruttuoso, che rende bene*] fructueux*: *un affare redditizio* une affaire fructueuse **3** [*lucroso, che dà un forte utile*] lucratif*: *una professione redditizia* une profession lucrative.

rèddito |'rɛddito| *s.m.* (*econ., corr.*) revenu: *reddito lordo, netto* revenu brut, net; *reddito individuale* (*pro capite*), *nazionale* revenu individuel, national; *reddito complessivo, indicizzato* revenu global, indexé; *dichiarazione dei redditi* déclaration des revenus; *imposta sul reddito* impôt sur le revenu; *aumento, diminuzione del reddito* augmentation, baisse du revenu; *livello di reddito* niveau de revenu; *fonte di reddito* source de revenus; *titoli a reddito fisso* titres à revenu fixe; *livellamento dei redditi* nivellement des revenus.

redènto |re'dɛnto| *agg.* [*riscattato, liberato*] rattaché: *terre redente* territoires rattachés à la mère patrie ✦ (*s.m. pl.*) *i redenti* [*i cristiani*] ceux qui ont été rachetés.

redentóre, trice |reden'tore, tritʃe| *agg.* [*che redime*] rédempteur*: *opera redentrice* œuvre rédemptrice ✦ (*s.*) *un redentore degli oppressi* un défenseur des opprimés ◇ (*per anton.*) *il Redentore* [*Gesù Cristo*] le Rédempteur.

redentorista |redento'rista| *s.m.* (*eccl.*) rédemptoriste.

redenzióne |reden'tsjone| *s.f.* rédemption: *la redenzione dal peccato* la rédemption des péchés # *la redenzione dalla schiavitù* l'abolition de l'esclavage; *la lotta per la redenzione dei popoli oppressi* la lutte pour la libération (pour libérer) des peuples opprimés.

rèdia |'rɛdja| *s.f.* (*zool.*) rédie.

redibitòrio, i |redibi'tɔrjo, i| *agg.* (*dir.*) rédhibitoire: *azione redibitoria* action rédhibitoire.

redibizióne |redibit'tsjone| *s.f.* (*dir.*) rédhibition.

redìgere |re'didʒere| (171) *v.tr.* [*stendere, scrivere, compilare*] rédiger (3): *redigere un verbale* rédiger un procès-verbal; *redigere la pagina sportiva* rédiger la page sportive.

redìmere |re'dimere| (172) **A** *v.tr.* [*riscattare da una condizione negativa*] racheter (7): *redimere un prigioniero* racheter un prisonnier; payer la rançon d'un prisonnier ◇ (*comm.*) *riscattare delle azioni* racheter des actions ◇ [*liberare, affrancare*] délivrer: *redimere dal peccato* délivrer du péché; *redimere dalla schiavitù* délivrer de l'esclavage **B** *v.pron. rifl.* REDIMERSI [*liberarsi, riscattarsi*] se libérer (8): *si è redento dall'oppressione* il s'est libéré de l'oppression; *occorre redimersi dalla schiavitù del vizio* il faut se libérer de l'esclavage du vice.

redimìbile |redi'mibile| *agg.* **1** [→ REDIMERE] qui peut se racheter, être racheté *loc.*, rachetable: *un peccatore redimibile* un pécheur qui peut se racheter **2** (*econ.*) remboursable, rachetable: *debito pubblico redimibile* dette publique remboursable, rachetable.

redimibilità |redimibili'ta| *s.f. inv.* **1** [*possibilità di essere redento, di redimersi*] possibilité *var.* de se racheter: *la redimibilità della colpa* la possibilité de se racheter d'une faute **2** (*econ.*) rachetabilité (*var.*): *la redimibilità di una ipoteca* la rachetabilité d'une hypothèque.

redimito |redi'mito| *agg.* (*lett.*) [*incoronato*] couronné (*corr.*).

'redingote' |Rədɛ̃gɔt| *s.f. inv.* (*abbigl.*) redingote (*var.*): *cappotto a 'redingote'* manteau forme redingote.

rèdini |'rɛdini| *s.f. pl.* [*strisce di cuoio attaccate al morso del cavallo per guidarlo*] rênes: *prendere le redini* prendre les rênes; *allentare le redini* lâcher, rendre les rênes ◇ (*fig.*) barre (*sing.*): *le redini dello Stato* les rênes, la barre de l'État; *avere le redini della famiglia* tenir la barre à la maison # *lasciare le redini sul collo* laisser la bride sur le cou.

redintegràre |redinte'grare| *e deriv.* → **reintegrare** *e deriv.*

redivìvo |redi'vivo| *agg.* **1** [*risuscitato, tornato in vita*] ressuscité: *Lazzaro redivivo* Lazare ressuscité **2** (*fig.*) [*molto affine o somigliante*] (tout) craché: *sembra il padre redivivo* c'est son père tout craché ◇ [*novello*] nouveau*: *è un Picasso redivivo* c'est un nouveau Picasso.

rèdo |'rɛdo| *s.m.* (*tosc.*) [*vitello o puledro da latte*] veau de lait.

rèduce |'rɛdutʃe| *agg.* de retour (*loc. inv.*): *soldati reduci dal fronte* soldats de retour du front; *è reduce da un lungo viaggio* il est de retour, il revient d'un long voyage ◇ (*iron.*) *è reduce dalle patrie galere* il a tâté de la prison ✦ (*s.*) vétéran *m.*, ancien* combattant: *i reduci dell'ultima guerra* les anciens combattants de la dernière guerre # *i reduci dei campi di concentramento* les rescapés des camps de concentration.

reduplicàre |redupli'kare| *v.tr.* (*ling.*) [*raddoppiare, ripetere due volte un elemento lessicale*] redoubler.

reduplicazióne |reduplikat'tsjone| *s.f.* [→ REDUPLICARE] réduplication.

redùvio, i |re'duvjo, i| *s.m.* (*t.zool.*) réduve.

réfe |'refe| *s.m.* [*filato ritorto di cotone, iuta, canapa usato per fare uciture*] fil.

referendàrio, i |referen'darjo, i| *s.m.* référendaire.

referèndum |refe'rɛndum| *s.m. inv.* référendum *var.*, referendum (*var.*): *il referendum sul divorzio* le référendum sur le divorce.

referènte |refe'rɛnte| **1** *agg.* (*dir.*) référendaire: *sede referente* siège référendaire **2** *s.m.* (*ling.*) référent.

referènza |refe'rɛntsa| *s.f.* référence: *chiedere, dare referenze* demander, donner des références.

referenziàre |referen'tsjare| **A** *v. tr.* [*munire di buone referenze*] donner des références **B** *v.intr.* (*aus. 'avere'*) [*presentare le referenze di cui si dispone*] présenter *tr.* ses références.

referenziàto |referen'tsjato| *agg.* [*dotato di referenze*] muni de références # *segretaria referenziata offresi* secrétaire bonnes réf(érences) cherche emploi.

refèrto |re'fɛrto| *s.m.* [*relazione clinica*] rapport.

refettoriàle |refetto'rjale| *agg.* de réfectoire *loc. inv.*

refettòrio, i |refet'tɔrjo, i| *s.m.* réfectoire.

refezióne |refet'tsjone| *s.f.* [*pasto semplice*] collation # *refezione scolastica* repas scolaire.

refilàre |refi'lare| *v.tr.* (*tip.*) [*tagliare i margini di una pubblicazione in modo da avere un formato perfettamente squadrato*] ébarber.

refilo |re'filo| *s.m.* (*tip.*) ébarbure *f.*

reflettività |reflettivi'ta| *s.f. inv.* (*fisiol.*) réfléctivité *var.*

rèflex |'rɛfleks| *s.m. inv.* (*foto, rad.*) reflex ✦ (*agg. inv.*) *sistema reflex* montage reflex.

reflùsso |re'flusso| *s.m.* **1** (*med.*) reflux: *reflusso esofageo* reflux œsophagien **2** (*arc., lett.*) → **riflusso.**

rèfolo |'rɛfolo| *s.m.* bouffée *f.* de vent.

'refrain' |Rəfrɛ̃| *s.m. inv.* refrain (*var.*): *il 'refrain' di una canzone* le refrain d'une chanson.

refrattarietà |refrattarje'ta| *s.f. inv.* **1** (*fig.*) nature *var.* réfractaire: *refrattarietà al matrimonio* nature réfractaire au mariage **2** (*med.*) insensibilité *var.* # *refrattarietà a una malattia* immunité naturelle (acquise) à une maladie **3** (*tecnol.*) réfractarité (*var.*): *refrattarietà di un materiale* réfractarité d'un matériel.

refrattàrio, i |refrat'tarjo, i| *agg.* **1** [*insensibile, resistente all'azione di determinati fattori*] réfractaire: *è refrattario a ogni sentimento* il est réfractaire à tout sentiment **2** (*med.*) insensible: *materiale refrattario* matériel réfractaire ✦ (*s.m.*) *il refrattario* le matériel réfractaire *agg.*

refrigeraménto |refridʒera'mento| *s.m.* → **refrigerazione.**

refrigerànte |refridʒe'rante| **I** *agg.* **1** (*tecnol.*) réfrigérant: *un liquido refrigerante* un liquide réfrigérant; *una miscela refrigerante* un mélange réfrigérant ✦ (*s.m.*) *un refrigerante* un réfrigérant **2** (*raro*) [*che dà refrigerio*] rafraîchissant (*corr.*): *una bibita refrigerante* une boisson rafraîchissante; *una doccia refrigerante* une douche rafraîchissante **II** *s.m.* **1** (*tecnol.*) réfrigérant: *un refrigerante a condensazione* un réfrigérant à condensation **2** (*fis.*) réfrigérant.

refrigeràre |refridʒe'rare| **A** *v.tr.* **1** [*sottoporre a refrigerazione*] réfrigérer (8): *refrigerare degli alimenti* réfrigérer des aliments; *refrigerare un carro cisterna* réfrigérer un wagon-citerne **2** (*raro*) [*rinfrescare, dare refrigerio*] rafraîchir (*corr.*) **B** *v.pron. rifl.* REFRIGERARSI [*rinfrescarsi*] se rafraîchir: *refrigerarsi con una bibita* se rafraîchir avec une boisson; prendre une boisson pour se rafraîchir **C** **riscaldare.**

refrigeratìvo |refridʒera'tivo| *agg.* (*raro*) [*atto a refrigerare*] rafraîchissant (*corr.*).

refrigeràto |refridʒe'rato| *agg.* [*sottoposto a refrigerazione*] congelé: *pesce refrigerato* poisson congelé.

refrigeratóre, trice |refridʒera'tore, tritʃe| **I** *agg.* [*che refrigera*] réfrigérateur*: *impianto refrigeratore* installation réfrigératrice, de réfrigération **II** *s.m.* **1** (*tecnol.*) réfrigérateur **2** [*la parte del frigorifero dove la temperatura è più bassa*] congélateur, freezer.

refrigerazióne |refridʒerat'tsjone| *s.f.* **1** (*raro*) [→ REFRIGERARE A 2; B] rafraîchissement *m.* (*corr.*) **2** (*tecnol.*) réfrigération: *refrigerazione di carni* réfrigération de la viande; *impianti di refrigerazione* installations de réfrigération.

refrigèrio, i |refri'dʒɛrjo, i| *s.m.* **1** [*sensazione piacevole di fresco*] fraîcheur (*f.*): *ho cercato un po' di refrigerio in un bagno freddo* j'ai cherché un peu de fraîcheur en prenant un bain froid **2** (*fig.*) [*sollievo, conforto fisico o morale*] soulagement: *le tue parole sono come un refrigerio per me* tes paroles m'apportent un soulagement # *questa pomata ti arrecherà refrigerio* cette pommade te soulagera.

refurtiva |refur'tiva| *s.f.* [*il ricavato, il frutto di un furto*] butin (*m.*): *la refurtiva non è stata trovata* le butin n'a pas été retrouvé.

refùso |re'fuzo| *s.m.* (*tip.*) coquille *f.*

reg |rɛg| *s.m. inv.* (*ar.*) (*geogr.*) reg *var.*

regalàbile |rega'labile| *agg.* [→ REGALARE 1] dont on peut faire cadeau (*loc.*): *non è un oggetto regalabile!* ce n'est pas un objet dont on puisse faire cadeau.

regalàre |rega'lare| *v.tr.* **1** [*dare in regalo q.c. di utile o di gradito*] offrir (23): *hanno regalato al figlio una moto* ils ont offert une moto à leur fils; *mi ha regalato un mazzo di fiori* il m'a offert un bouquet de fleurs ◇ (*fig.*) *mi sono regalata una bella vacanza* je me suis offert de belles vacances **2** (*fig.*) [*vendere a buon mercato*] donner: *a questo prezzo la merce è regalata!* à ce prix, la marchandise est donnée; à ce prix-là, c'est donné.

1 **regàle** |re'gale| *agg.* [*proprio dei re e delle regine*] royal*: *una liberalità regale* une libéralité royale # *un portamento regale* un port de roi, de reine.

2 **regàle** |re'gale| *s.m.* (*st. mus.*) régale.

regalia |rega'lia| *s.f.* **1** [*dono in denaro*] gratification, pourboire *m.* → **mancia** **2** (*st. mediev.*) droit *m.* régalien, régale **3** *spec. al plur.* [*prestazione in natura del contadino al proprietario del fondo*] droits *m. pl.* régaliens.

regalità |regali'ta| *s.f. inv.* **1** [*lo stato, il diritto di re*] royauté *var.* **2** (*fig.*) [*il fatto di essere o apparire regale*] majesté (*var.*): *la regalità del suo portamento* la majesté de son port, de sa démarche.

regalménte |regal'mente| *avv.* [→ 1 REGALE] royalement.

regàlo |re'galo| *s.m.* **1** [*il fatto di regalare, ciò che si regala*] cadeau: *regalo di nozze* cadeau de mariage; *mi ha fatto un bellissimo regalo* il m'a fait un très beau cadeau; *mi ha dato questo libro in regalo* il m'a fait cadeau de ce livre **2** (*fig.*) [*cosa gradita, che fa piacere*] plaisir: *la tua visita è per me un gran regalo* ta visite me cause un vrai plaisir, une vraie joie ◇ (*iron.*) *se te ne vai, mi fai un regalo* si tu veux me faire plaisir, tu disparais.

règamo |'rɛgamo| *s.m.* (*pop.*) → **origano.**

regàta |re'gata| *s.f.* (*sport*) régate: *regata velica* régate de voiliers.

regatista |rega'tista| *s.* [*chi prende parte a una regata*] régatier *m.*

regèsto |re'dʒɛsto| *s.m.* (*st., paleogr.*) regeste.

reggènte |red'dʒɛnte| *agg.* **1** (*polit.*) régent: *il principe reggente* le prince régent; *i capitani reggenti* les capitaines régents ✦ (*s.*) *il reggente* le régent **2** (*gram.*) principal*: *la proposizione reggente* la proposition principale ✦ (*s.f.*) *la reggente* la principale: *il verbo della reggente* le verbe de la principale.

reggènza |red'dʒɛntsa| *s.f.* **1** (*polit.*) régence: *nominare un consiglio di reggenza* nommer un conseil de régence ◇ (*st. fr.*) *la Reggenza* la Régence ✦ (*agg.*) *stile reggenza* style Régence **2** (*gram.*) complément (*m.*): *la reggenza di un caso* le complément d'un cas ◇ (*di verbo*) régime (*m.*): *la reggenza dei verbi intransitivi* le régime des verbes intransitifs.

règgere |'rɛddʒere| (154) **A** *v.tr.* **1** [*sostenere, tenere qc. o q.c. in modo che stia su, dritto o in equilibrio*] soutenir (27); supporter: *non ce la faccio a reggere questo peso* je n'arrive pas à soutenir ce poids ‖ *questo chiodo non può reggere un quadro così pesante* ce clou ne peut pas supporter un tableau aussi lourd # *sono stanco, le gambe non mi reggono più* je suis fatigué, mes jambes ne me portent plus; *le forze non mi reggono* mes forces m'abandonnent ◇ [*tenere*] tenir (27): *reggimi il bambino per un momento* tiens-moi l'enfant un instant ◇ (*loc. fig.*) *reggere il moccolo, la candela* tenir la chandelle, le chandelier ~ *reggere il sacco a qc.* être le complice de qqn. ~ *reggere l'anima coi denti* être à la dernière extrémité □ *si reggeva la pancia dal ridere* il se tenait les côtes de rire **2** [*resistere, sopportare*] résister (*intr.*) a: *i nostri hanno retto l'attacco nemico* les nôtres ont résisté à l'assaut de l'ennemi; *ha retto bene la prova* il a bien résisté à l'épreuve # *questo prodotto regge la concorrenza* ce produit se compare favorablement à la concurrence, supporte la comparaison avec la concurrence ◇ (*loc.*) *un'imbarcazione che regge bene il mare* une embarcation qui tient bien la mer ~ *è un tipo che regge il vino* c'est un type qui tient bien le vin (la boisson) **3** [*governare, guidare*] gouverner; diriger (3): *reggere uno Stato, una nazione* gouverner un État, une nation; *l'ufficio è retto da una persona competente* le bureau est dirigé par une personne compétente → **dirigere** # *reggere le sorti del paese* présider aux destinées du pays ◇ (*per est.*) *non riusciva più a reggere il cavallo imbizzarrito* il n'arrivait plus à maîtriser son cheval qui s'était emballé ~ (*fig.*) *reggere il timone* tenir le gouvernail **4** (*gram.*) [*richiedere un determinato costrutto sintattico*] régir: *questo verbo regge un complemento indiretto* ce verbe régit un complément indirect; *è una preposizione che regge l'accusativo* c'est une préposition qui régit l'accusatif **B** *v.intr.* (*aus.* '*avere*') **1** [*resistere, sostenere senza cedere*] résister: *il ponte non ha retto alla furia delle acque* le pont n'a pas résisté à l'impétuosité des eaux; *sono piatti ovali che reggono al fuoco* ce sont des plats à servir qui résistent au feu # *la saldatura non ha retto* la soudure n'a pas tenu; *è una tesi che non regge* c'est une thèse qui ne tient pas debout; *non regge più dalla fatica* il ne se tient plus debout de fatigue ◇ (*loc.*) *non mi regge il cuore, l'anima di...* je n'ai pas le courage, le cœur de... ~ *non regge al confronto con lui* il ne soutient pas la comparaison avec lui **2** [*durare*] durer: *questo tempo non regge* ce temps ne durera pas # *è un prodotto da consumare subito perché non regge* c'est un produit qu'il faut consommer tout de suite parce qu'il ne se garde pas **C** *v.pron.* REGGERSI **1** *rifl.* [*stare o tenersi ritto, in piedi, in equilibrio*] (se) tenir: *non si regge in piedi per la debolezza* il est si faible qu'il ne tient pas debout; *questa costruzione non può reggersi su queste fondamenta* cette construction ne peut tenir debout sur de pareilles fondations # *questo periodo si regge bene* cette phrase est bien tournée ◇ (*loc.*) *reggersi a galla* se tenir à la surface, en surface **2** *rifl.* [*dominarsi, controllarsi*] se contrôler # *non mi reggo più a sentire tante sciocchezze* entendre de telles sottises me met hors de moi, me fait bondir **3** *rifl.* [*governarsi*] pratiquer *tr.* un régime: *è un paese che si regge su istituzioni democratiche* c'est un pays qui pratique un régime démocratique **4** *recipr.* [*sostenersi o aiutarsi l'un l'altro*] se soutenir: *si reggevano, tenendosi per mano* ils se soutenaient en se tenant par la main.

reggètta |red'dʒetta| *s.f.* [*nastro sottile di metallo per botti, ruote, casse*] feuillard *m.*

règgia, ge |'rɛddʒa, dʒe| *s.f.* [*residenza reale*] palais *m.* royal* ◇ (*per est.*) *la tua casa è una vera reggia!* ta maison est un vrai palais # *la reggia celeste* la demeure céleste.

reggiàno |red'dʒano| *s.m.* [*il formaggio*] parmesan ✦ *agg.* [*di Reggio Emilia*] reggien*.

reggicàlze |reddʒi'kaltse| *s.m. inv.* (*abbigl.*) porte-jarretelles; fixe-chaussettes.

reggilibro |reddʒi'libro| *s.m.* [*arnese piegato ad angolo retto per tenere in piedi una fila di libri*] serre-livres *inv.*, presse-livres *inv.*

reggilùme |reddʒi'lume| *s.m.* [*arnese a braccio per reggere un lume*] bras ◇ (*a sospensione*) tige *f.*, chaîne *f.* ◇ (*a piede*) pied.

reggimentàle |reddʒimen'tale| *agg.* (*mil.*) régimentaire; de régiment (*loc. inv.*): *compagnia reggimentale* compagnie régimentaire ‖ *comando reggimentale* commandement de régiment.

reggiménto |reddʒi'mento| *s.m.* **1** (*mil.*) régiment: *un reggimento di fanteria* un régiment d'infanterie **2** (*fig.*) [*moltitudine*] ribambelle *f.*; foule (*f.*): *un reggimento di bambini* une ribambelle d'enfants ‖ *ho in casa un reggimento di persone* j'ai une foule de personnes à la maison **3** (*arc.*) [*governo, guida*] gouvernement (*corr.*), régime (*corr.*).

reggino |redʒ'ʒino| *agg.* [*di Reggio Calabria*] reggien*.

reggipància |reddʒi'pantʃa| *s.m. inv.* **1** → **panciera** **2** [*sottopancia di cavallo*] sous-ventrière *f. var.*

reggipénne |reddʒi'penne| *s.m. inv.* [*arnese con scanalatura per appoggiarvi le penne*] porte-plume.

reggipètto |reddʒi'pɛtto| *s.m.* (*abbigl.*) soutien-gorge: *dei reggipetti* des soutiens-gorge.

reggiposàta |reddʒipo'sata| *s.m.* [*arnese su cui si appoggiano le posate durante il pranzo*] porte-couteau: *dei reggiposate* des porte-couteau(x).

reggiséno |reddʒi'seno| *s.m. inv.* → **reggipetto.**

reggispinta |reddʒis'pinta| *s.m. inv.* (*mecc.*) butée *f. var.* d'embrayage: *il reggispinta della frizione* la butée d'embrayage ✦ (*agg.*) *supporto reggispinta* support de la butée *s.f.* d'embrayage.

reggistàffe |reddʒis'taffe| *s.m. inv.* porte-étriers.

reggitèsta |reddʒi'tɛsta| *s.m. inv.* → **appoggiatesta.**

reggitóre, trice |reddʒi'tore, tri-tʃe| *s.* (*lett.*) *il Sommo Reggitore* Dieu (*m.*); *i reggitori della cosa pubblica* les gouvernants *m.* de la chose publique.

regia, gie |re'dʒia, dʒie| *s.f.* **1** (*cine., teat.*) mise en scène: *per la regia di...* pour la mise en scène de...; *ha curato la regia dello spettacolo* il a assuré la mise en scène de ce spectacle **2** (*arc.*) [*monopolio*] régie, monopole (*m.*): *la regia dei tabacchi* la régie des tabacs.

regicida |redʒi'tʃida| *s.* régicide.

regicidio, i |redʒi'tʃidjo, i| *s.m.* régicide.

regime |re'dʒime| *s.m.* **1** (*polit.*) régime: *regime autoritario, assoluto* régime monarchique, absolu; *regime dittatoriale, democratico* régime dictatorial, démocratique **2** [*regola di vita relativa al mangiare e al bere*] régime: *non può bere*: *è a regime* il ne peut pas boire: il est au régime; *segue un regime vegetariano* il suit un régime végétarien **3** (*dir., econ.*) régime: *il regime patrimoniale della famiglia* le régime patrimonial de la famille; *il regime valutario dei cambi* le régime valutaire des échanges **4** (*fis., geogr.*) régime: *regime dei corsi d'acqua* régime des eaux, des cours d'eau; *regime fluviale* régime fluvial **5** (*tecnol.*) régime: *regime di una corrente elettrica* régime d'un courant électrique; *regime di una macchina, di un motore* régime d'une voiture, d'un moteur.

regina |re'dʒina| *s.f.* **1** [*moglie del re*] reine: *la regina d'Inghilterra* la reine d'Angleterre; *la regina madre* la reine mère ◇ (*per anton.*) *la Regina del cielo* la Reine du ciel **2** (*fig.*) [*donna che eccelle e primeggia fra le altre*] reine: *la regina della festa, della canzone* la reine de la fête, de la chanson **3** (*per est.*) [*cosa che eccelle*] reine: *regina claudia* [*varietà di susine*] reine claude # *la regina del mare* [*Venezia*] Venise ◇ (*t.bot.*) *regina dei prati* reine des près ✦ (*agg.*) *uva regina* raisin *s.m.* de table; *ape regina* reine *s.f.*

des abeilles **4** (*carte, scacchi*) dame: *regina di cuori* dame de cœur; *dare scacco alla regina* faire échec à la dame, à la reine (*fam.*).

reginétta |redʒi'netta| *s.f.* [*titolo conferito a una ragazza in un concorso di bellezza*] reine → **miss.**

règio, gi, gia, gie |'rɛdʒo, dʒi, dʒa, dʒe| **1** *agg.* [*del re*] royal*: *potere regio* pouvoir royal; *decreto regio* décret royal; *la regia università* l'université royale ◇ (*chim.*) *acqua regia* eau régale **2** *s.m. pl.* (*st.*) *i regi* les soldats du roi.

regionàle |redʒo'nale| *agg.* régional*: *usi regionali* coutumes régionales; *autonomia regionale* autonomie régionale; *concorsi regionali* concours régionaux.

regionalìsmo |redʒona'lizmo| *s.m.* **1** régionalisme **2** [*interesse esclusivo o preminente per la propria regione*] régionalisme **3** (*ling.*) régionalisme.

regionalìsta |redʒona'lista| *s.* régionaliste: *è un acceso regionalista* c'est un ardent régionaliste ✦ (*agg.*) *uno scrittore regionalista* un écrivain régionaliste.

regionalìstico, ci, ca, che |redʒona'listiko, tʃi, ka, ke| *agg.* régionaliste: *letteratura regionalistica* littérature régionaliste; *ha una visione regionalistica del problema* il a une vision régionaliste du problème.

regionalménte |redʒonal'mente| *avv.* [*nella regione, regione per regione*] par régions (*loc. inv.*): *concorsi svolti regionalmente* concours qui se sont déroulés par régions.

regióne |re'dʒone| *s.f.* **1** région: *regione geografica, climatica* région géographique, climatique; *la regione alpina, pirenaica* la région des Alpes, des Pyrénées; *le regioni polari* les régions polaires **2** (*anat.*) région: *la regione frontale, sacrale* la région frontale, sacrée **3** (*dir.*) région: *le regioni a statuto ordinario* les régions à statut ordinaire; *ampliare l'autonomia delle regioni* accroître l'autonomie des régions.

regìsta |re'dʒista| *s.* [*autore, responsabile della regia*] metteur *m.* en scène: *regista televisivo, cinematografico* metteur en scène de (la) télévision, de (du) cinéma # *è aiuto-regista* c'est un assistant.

registràbile |redʒis'trabile| *agg.* [→ REGISTRARE] enregistrable.

registràre |redʒis'trare| *v.tr.* **1** [*scrivere in un registro*] enregistrer: *registrare un'entrata, un'uscita* enregistrer une entrée, une sortie; *registrare un pagamento, un incasso* enregistrer un paiement, une recette; *registrare un atto pubblico, privato* enregistrer un acte public, privé # *il vocabolario non registra questa parola* le dictionnaire ne fait pas figurer, ne donne pas ce mot ◇ (*comm.*) inscrire (51): *registrare a giornale* inscrire au journal; *registrare in dare, in avere* inscrire, porter au doit, à l'avoir **2** (*fig.*) [*presentare, rilevare, conseguire*] enregistrer: *quest'anno si è registrato un aumento del turismo* cette année on a enregistré une augmentation du tourisme # *lo spettacolo ha registrato un notevole successo* le spectacle a remporté un remarquable succès **3** [*rilevare le caratteristiche di un fenomeno o di una grandezza*] enregistrer: *il sismografo ha registrato una nuova scossa* le sismographe a enregistré une nouvelle secousse # *il termometro serve a registrare la temperatura* le thermomètre sert à marquer la température **4** [*immatricolare*] immatriculer: *registrare un veicolo* immatriculer un véhicule **5** [*fissare suoni o immagini su supporti adatti, dischi, pellicole*] enregistrer: *registrare una canzone, un concerto* enregistrer une chanson, un concert; *ho registrato la partita di calcio* j'ai enregistré la partie de football **6** (*tecnol.*) [*mettere a punto un apparato o un organo meccanico*] régler (8): *registrare un orologio* régler une montre; *ho fatto registrare i freni* j'ai fait régler les freins.

registràto |redʒis'trato| *agg.* **1** [*annotato sul registro, rilevato*] enregistré: *un contratto regolarmente registrato* un contrat régulièrement enregistré; *un fenomeno registrato da più parti* un phénomène enregistré en plusieurs endroits **2** (*tecnol.*) réglé: *macchina registrata* machine réglée # *un organo registrato* un orgue accordé.

registratóre, trice |redʒistra'tore, tritʃe| *s.* **1** *s.* [*chi registra*] enregistreur* **2** *s.m.* (*tecnol.*) *registratore a cassetta* magnétophone à cassette; *registratore di cassa* caisse *f.* enregistreuse, tiroir-caisse ◇ [*magnetofono*] magnétophone.

registrazióne |registrat'tsjone| *s.f.* **1** [*l'operazione di registrare e di essere registrato*] enregistrement (*m.*): *registrazione amministrativa* enregistrement administratif; *registrazione di un atto pubblico* enregistrement d'un acte public; *registrazione di un fenomeno* enregistrement d'un phénomène **2** (*mus.*) enregistrement: *registrazione su disco, su nastro magnetico* enregistrement sur disque, sur bande magnétique **3** (*tecnol.*) réglage (*m.*): *registrazione di un orologio* réglage d'une montre.

regìstro |re'dʒistro| *s.m.* **1** registre: *il registro delle spese* le registre des dépenses; *il registro di stato civile* le registre de l'état civil, d'état civil # *il registro del professore* le cahier des notes; *registro di classe* livre des absents, journal de classe ◇ (*mar.*) *registro di bordo* journal de bord **2** (*comm.*) registre; livre: *registro degli inventari* registre des inventaires; *registro a matrice, a madre e figlia* registre à souche ‖ *registro di cassa* livre de caisse → **libro** **3** [*organo locale dell'amministrazione delle fin.*] *ufficio del Registro* bureau de l'Enregistrement; *procuratore del registro* procurateur du registre; *tassa di registro* taxe d'enregistrement; *Registro navale, aereonautico* Bureau Veritas **4** (*mus.*) registre: *registro alto, basso, grave* registre haut, bas, grave; *registro di soprano, di basso* registre de soprano, de basse; *registro dell'organo* registre de l'orgue ◇ (*loc. fig.*) *devo cambiare registro con lui* je dois changer de ton avec lui → **tono** **5** (*tecnol.*) registre: *il registro del carburatore* le registre du carburateur # *il registro dell'orologio* la rosette de la montre **6** (*tip.*) registre.

regnànte |reɲ'ɲante| *agg.* régnant: *la casa regnante* la maison régnante ✦ (*s.m. pl.*) *i regnanti* les souverains, les princes régnants, les rois; les têtes couronnées.

regnàre |reɲ'ɲare| *v.intr.* (*aus.* '*avere*') **1** [*esercitare il potere monarchico*] régner (8) **2** (*per est., fig.*) [*dominare, esistere come condizione predominante*] régner: *nell'assemblea regnava la calma* la calme régnait dans l'assemblée; *il silenzio più assoluto regnava nell'aula* le silence le plus absolu régnait dans la salle **3** (*raro*) [*allignare, prosperare*] croître (70) (*corr.*).

regnìcolo |reɲ'ɲikolo| *agg. e s.* (*raro*) [*abitante del regno*] régnicole; sujet (du royaume).

régno |'reɲɲo| *s.m.* **1** [*stato retto a monarchia*] royaume: *il regno d'Inghilterra* le royaume d'Angleterre ◇ (*fig.*) *il regno di Dio, dei cieli* le royaume de Dieu, céleste **2** (*per est.*) [*luogo o condizione in cui predomina qc. o q.c.*] règne: *il regno animale, vegetale e minerale* le règne animal, végétal, minéral; *il regno delle tenebre* le règne des ténèbres ◇ [*dominio*] domaine; élément: *il regno della fantasia* le domaine de la fantaisie; *la casa è il regno della donna* la maison est le domaine de la femme ‖ *sul lavoro si sente nel suo regno* au travail, il se sent dans son élément **3** [*il potere, l'autorità e la carica di re*] royauté (*f.*): *aspirare al regno* aspirer à la royauté # *abdicare al regno* abdiquer ◇ [*durata del regno*] règne: *sotto il regno di Luigi XV* sous le règne de Louis XV.

règola |'rɛgola| *s.f.* **1** règle: *bisogna stabilire le regole del gioco* il faut établir les règles du jeu; *si attiene alle regole del lavoro* il se tient, s'en tient aux règles du travail, de la profession; *non si può contravvenire a questa regola* on ne peut (pas) enfreindre cette règle; *è un comportamento conforme alle regole* c'est un comportement conforme à la règle; *ha fatto tutto secondo le regole* il a tout exécuté selon les règles → **norma**; *l'eccezione conferma la regola* l'exception confirme la règle ◇ (*comm.*) *cambiali in regola* effets protestables ◇ *loc.* DI REGOLA: *di regola la sera non esce* en générale, en général, le soir il ne sort pas ~ IN REGOLA en règle: *è tutto in regola* tout est en règle; *si è messo in regola col fisco* il s'est mis en règle avec le fisc; *ha i documenti in regola* ses documents sont en règle # *non ha l'intestino in regola* son intestin ne fonctionne pas très bien ~ (*fig.*) *ha tutte le carte in regola per aspirare a quel posto* il a tous les atouts (en main) pour poser sa candidature à ce poste; *ha agito in piena regola* il a agi en bonne et due forme; *per tua norma e regola devi sapere che...* pour ta gouverne, il faut que tu saches que...; *è un lavoro fatto a regola d'arte* c'est un travail exécuté dans les règles de l'art; *è buona regola dare un'offerta* il est de règle de faire une offre **2** (*gram., mat.*) règle: *le regole della grammatica, della sintassi* les règles de la grammaire, de la syntaxe; *la regola del tre semplice* la règle de trois **3** [*moderazione, misura*] *è un uomo senza regola* c'est un homme sans mesure; *non ha regola nello spendere* il dépense sans mesure **4** (*eccl.*) *la regola benedettina, francescana* la règle bénédictine, franciscaine **5** *al plur.* (*euf., fam.*) → **mestruazione.**

regolàbile |rego'labile| *agg.* [→ 2 REGOLARE A 4, 5] réglable: *intensità, meccanismo regolabile* intensité, mécanisme réglable.

regolabilità |regolabili'ta| *s.f. inv.* possibilité *var.* de régler (qqch.).

1 **regolamentàre** |regolamen'tare| *agg.* (*bur.*) réglementaire: *procedura, prassi regolamentare* procédure, démarche réglementaire; *limiti regolamentari* limites réglementaires.
2 **regolamentàre** |regolamen'tare| *v.tr.* [*ordinare mediante un regolamento, istituire delle norme*] réglementer: *regolamentare l'uso delle imbarcazioni* réglementer l'emploi des embarcations; *regolamentare il traffico di valuta* réglementer l'échange des devises.
regolamentarménte |regolamentar'mente| *avv.* (*raro*) [→ 1 REGOLAMENTARE] réglementairement.
regolamentazióne |regolamentat'tsjone| *s.f.* [→ 2 REGOLAMENTARE] réglementation: *la regolamentazione della produzione farmaceutica* la réglementation de la production pharmaceutique; *la regolamentazione del traffico* la réglementation de la circulation.
regolaménto |regola'mento| *s.m.* **1** [→ 2 REGOLARE A 1] régularisation (*f.*): *regolamento di un rapporto giuridico* régularisation d'un rapport juridique; *il regolamento di un corso d'acqua* la régularisation d'un cours d'eau; *il regolamento della pressione* la régularisation de la pression ◇ (*loc. fig.*) *c'è stato un regolamento di conti* il y a eu un règlement de comptes **2** [*complesso di norme*] règlement: *regolamenti comunali, militari, ministeriali* règlements communaux, militaires, ministériels; *regolamento di polizia* règlement de police; *è stato punito a norma di regolamento* il a été puni conformément au règlement **3** (*comm.*) dispache (*f.*): *regolamento d'avaria* dispache d'avarie ◇ (*dir.*) *regolamento di competenza* règlement de juges.
1 **regolàre** |rego'lare| *agg.* **1** [*conforme a una regola o alle regole*] régulier*: *ha seguito un corso regolare di studi* il a fait des études régulières; *lo svolgimento è stato regolare* le déroulement a été régulier ◇ (*eccl.*) *clero regolare* clergé régulier ◇ (*geom.*) *poligono regolare* polygone régulier ◇ (*gram.*) *flessione, coniugazione regolare* flexion, conjugaison régulière; *verbi, sostantivi regolari* verbes, substantifs réguliers ◇ (*mil.*) *truppe, forze regolari* troupes, forces régulières; *eserciti regolari* armées régulières ◇ (*sport*) *un colpo, un tiro regolare* un coup, un tir régulier **2** [*conforme a un modello o a un canone*] régulier: *ha dei lineamenti regolari* il a des traits réguliers; *il respiro, il polso è regolare* la respiration est régulière, le pouls est régulier; *questo motore ha un funzionamento regolare* ce moteur a un fonctionnement régulier # *è regolare nei pagamenti* il paie régulièrement 🄲 **irregolare.**
2 **regolàre** |rego'lare| **A** *v.tr.* **1** [*ordinare, sistemare in base a una regola*] régir: *provvedimenti che regolano i cambi con l'estero* mesures qui régissent les échanges avec l'étranger; *il diritto regola i rapporti fra i cittadini* le droit régit les rapports entre (les) citoyens **2** (*per est.*) [*governare, guidare, dirigere*] régler (8); régir: *una rigida disciplina regola la loro vita* une discipline rigide règle leur vie ‖ *il fenomeno è regolato da una legge precisa* le phénomène est régi par une loi précise **3** [*saldare, liquidare*] régler: *regolare una fattura* régler une facture ◇ (*loc. fig.*) *ho un conto da regolare con lui* j'ai un compte à régler avec lui **4** [*intervenire su fenomeni o processi naturali, fisici, meccanici*] régler: *regolare la pressione* régler la pression; *regolare la velocità di una macchina a vapore* régler la vitesse d'une machine à vapeur; *questo preparato regola le funzioni intestinali* ce médicament règle les fonctions intestinales; *cerca di regolare il volume della radio* essaie de régler le volume de la radio **5** [*rendere regolare, disciplinare lo svolgimento di un'attività*] régler; régulariser: *regolare il traffico* régler la circulation ‖ *regolare il corso di un fiume* régulariser le cours d'un fleuve **6** → **regolamentare B** *v.pron. rifl.* REGOLARSI **1** [*avere un comportamento, un atteggiamento adatto alle circostanze*] se comporter: *in questa situazione non so come regolarmi* dans une telle situation je ne sais pas comment me comporter # *regolati come ti pare* fais comme tu veux; *sa regolarsi da sé* il sait se débrouiller tout seul; il sait comment agir **2** [*prendere esempio*] se régler: *mi regolo sul suo comportamento* je me règle sur son comportement **3** [*limitarsi, moderarsi*] se modérer: *ha imparato a regolarsi nelle spese* il a appris à modérer ses dépenses, à dépenser modérément # *non è capace di regolarsi nel fumo* il n'est pas capable de fumer modérément.
regolarità |regolari'ta| *s.f. inv.* régularité *var.* # *tutto si è svolto con regolarità* tout s'est déroulé régulièrement; *paga con regolarità* il paie régulièrement; *la regolarità del polso* l'égalité du pouls 🄲 **irregolarità.**
regolarizzàre |regolarid'dzare| *v. tr.* [*rendere, far diventare regolare*] régulariser: *regolarizzare una relazione* régulariser une liaison; *regolarizzare le funzioni intestinali* régulariser les fonctions intestinales.
regolarizzazióne |regolariddzat'tsjone| *s.f.* [→ REGOLARIZZARE] régularisation: *la regolarizzazione di un documento* la régularisation d'un document.
regolarménte |regolar'mente| *avv.* [→ 1 REGOLARE] régulièrement.
regolàta |rego'lata| *s.f.* (*nella loc. pop.*) *dare una regolata a qc.* [*riportarlo all'ordine, al rispetto dei patti*] reprendre (*corr.*) qqn., réprimander (*corr.*) qqn.
regolataménte |regolata'mente| *avv.* [→ REGOLATO] avec modération (*loc. inv.*): *mangia poco regolatamente* il mange sans modération.
regolatézza |regola'tettsa| *s.f.* [*il fatto di regolarsi, di essere regolato*] modération # *regolatezza di vita* vie (bien) réglée 🄲 **sregolatezza.**
regolativo |regola'tivo| *agg.* qui règle (*loc.*): *carattere regolativo* caractère qui règle.
regolàto |rego'lato| *agg.* [*moderato, che sa regolarsi*] réglé: *fa una vita regolata* il mène une vie réglée # *è regolato nel mangiare* il mange avec modération.
regolatóre, trice |regola'tore, tritʃe| **1** *agg.* régulateur*: *dispositivo regolatore* dispositif régulateur; *ha svolto un'azione regolatrice* il a mené une action régulatrice ◇ (*urbanistica*) *piano regolatore* plan d'urbanisme; réglementation urbaniste **2** *s.m.* (*tecnol.*) régulateur: *regolatore di pressione* régulateur de pression; *regolatore dell'aria* régulateur d'air; *regolatore di temperatura, di velocità* régulateur de température, de vitesse.
regolazióne |regolat'tsjone| *s.f.* **1** [*l'operazione di regolare, di venir regolato*] régulation: *regolazione del traffico* régulation du trafic **2** (*idraul.*) régularisation: *regolazione della portata di un fiume* régularisation du débit d'un fleuve **3** (*tecnol.*) réglage (*m.*): *regolazione di una macchina* réglage d'une voiture **4** (*cibernetica*) contrôle *m.*, réglage.
regolìzia |rego'littsja| *s.f.* (*pop.*) → **liquirizia.**
1 **règolo** |'rɛgolo| *s.m.* **1** [*strumento usato per tracciare linee e controllare l'allineamento*] règle (*f.*): *regolo graduato* règle graduée; *regolo quadrangolare* règle quadrangulaire, carrelet; *regolo calcolatore* règle à calcul **2** (*edil.*) meneau: *architrave a regoli* architrave à meneaux.
2 **règolo** |'rɛgolo| *s.m.* (*t.zool.*) roitelet.
regredire |regre'dire| (197) *v.intr.* (*aus.* '*essere*') **1** [*tornare indietro, diminuire*] baisser (*aus.* avoir, être): *il livello delle acque comincia a regredire* le niveau des eaux commence à baisser; *la febbre non accenna a regredire* la fièvre ne baisse pas **2** (*fig.*) [*tendere a un più basso livello qualitativo e quantitativo*] régresser: *l'economia in questi anni è regredita* l'économie (dans) ces dernières années a régressé # *quel ragazzo regredisce negli studi* ce garçon ne fait aucun progès (en classe) 🄲 2 **progredire.**
regressióne |regres'sjone| *s.f.* **1** [*il fatto di regredire*] régression: *la regressione economica* la régression économique # *la regressione delle acque* la baisse des eaux **2** (*biol.*, *geol.*) régression **3** (*psicol.*) régression: *regressione all'infanzia* régression à (au stade de) l'enfance.
regressivaménte |regressiva'mente| *avv.* [→ REGRESSIVO] régressivement.
regressivo |regres'sivo| *agg.* régressif*: *movimento regressivo* mouvement régressif; *processi regressivi* processus régressifs; *tendenze regressive* tendances régressives.
regrèsso |re'grɛsso| *s.m.* **1** [→ REGREDIRE] régression (*f.*): *regresso economico, culturale* régression économique, culturelle; *c'è un regresso nei suoi studi* il y a régression dans ses études; en classe, il régresse **2** (*dir.*) *azione di regresso* action récursoire; *diritto di regresso* droit de recours; *regresso cambiario* rechange **3** (*mar.*) recul: *regresso dell'elica, del vento* recul de l'hélice, du vent 🄲 1 **progresso.**
reiètto |re'jɛtto| *agg.* (*raro, lett.*) [*respinto, emarginato*] rejeté (*corr.*), repoussé (*corr.*): *è un individuo reietto* c'est un individu rejeté, repoussé ✦ (*s.*) *un reietto* un paria (*m.*): *i reietti della società* les parias de la société.
reiezióne |rejet'tsjone| *s.f.* **1** (*dir.*) rejet (*m.*): *reiezione di un documento* rejet d'un document **2** (*scient.*) rejet: *reiezione di un organo artificiale* rejet d'un organe artificiel.
reificànte |reifi'kante| *agg.* [*che riduce a cosa materiale*] qui réifie *loc.*, réifiant (*p. pres.*): *una concezione di vita*

reificante une conception de vie qui réifie, réifiante.
reificàre |reifi'kare| *v.tr.* [*ridurre, far scadere a cosa materiale, a oggetto concreto*] réifier: *una società che reifica i valori culturali* une societé qui réifie les valeurs culturelles.
reificazióne |reifikat'tsjone| *s.f.* [→ REIFICARE] réification.
reimbarcàre |reimbar'kare| **A** *v. tr.* [*imbarcare di nuovo*] rembarquer: *reimbarcare le merci scaricate* rembarquer la marchandise déchargée **B** *v.pron. rifl.* REIMBARCARSI [*imbarcarsi di nuovo, tornare a bordo*] (se) rembarquer: *si è reimbarcato dopo due giorni* il s'est rembarqué, il a rembarqué (*mar.*) deux jours plus tard (au bout de deux jours).
reimbàrco, chi |reim'barko, ki| *s.m.* [→ REIMBARCARE] rembarquement: *il reimbarco dei marinai* le rembarquement des marins, des hommes (*mar.*).
reimpiantàre |reimpjan'tare| *v.tr.* (*chir.*) [*praticare un reimpianto*] réimplanter.
reimpiànto |reim'pjanto| *s.m.* (*chir.*) réimplantation *f.*
reimpiegàre |reimpje'gare| *v.tr.* [*impiegare un'altra volta, di nuovo*] r(é)employer (10): *reimpiegare le persone più capaci* remployer les personnes les plus capables.
reimpiègo, ghi |reim'pjɛgo, gi| *s.m.* [→ REIMPIEGARE] r(é)emploi.
reimportàre |reimpor'tare| *v.tr.* [*importare di nuovo*] réimporter: *reimportare lo stesso prodotto* réimporter le même produit.
reimportatóre, trice |reimporta'tore, tritʃe| *s.* [*chi importa un'altra volta, di nuovo*] réimportateur *m.*
reimportazióne |reimportat'tsjone| *s.f.* réimportation.
reina |re'ina| *s.f.* (*poet.*) → **regina.**
reincàrico, chi |rein'kariko, ki| *s.m.* [*conferma, rinnovo dell'incarico già precedentemente svolto*] *ha avuto il reincarico per la formazione del nuovo governo* il est de nouveau chargé de former le gouvernement; (*all'università*) *il professore ha ottenuto il reincarico* il est de nouveau (professeur) chargé de cours; (*al liceo, ecc.*) on lui a renouvelé sa délégation.
reincarnàre |reinkar'nare| **A** *v.tr.* [*far rivivere in un nuovo corpo, in un individuo diverso*] réincarner: *alcuni credono che gli animali possano reincarnare le anime umane* certains croient que les animaux peuvent réincarner les âmes humaines ◇ (*fig.*) *sembra reincarnare il nonno* on jurerait la réincarnation de son grand-père **B** *v.pron. rifl.* REINCARNARSI [*assumere un nuovo corpo*] se réincarner.
reincarnazióne |reinkarnat'tsjone| *s.f.* réincarnation: *la credenza della reincarnazione* la croyance en la réincarnation.
reincrócio, i |rein'krotʃo, i| *s.m.* (*genetica*) recroisement.
reinfestazióne |reinfestat'tsjone| *s.f.* (*agr.*) réinfection.
reinfettàre |reinfet'tare| *v.tr.* [*infettare di nuovo*] réinfecter.
reingàggio, i |rein'gaddʒo, i| *s.m.* (*sport*) renouvellement du contrat: *il reingaggio di un giocatore* le renouvellement du contrat d'un joueur; *premio di reingaggio* prime de renouvellement de contrat.
reingrèsso |rein'grɛsso| *s.m.* **1** nouvelle entrée *f.* **2** [*reinserimento*] retour # *ha fatto il reingresso nella vita del circolo* il est revenu à la vie du cirque.
reinnestàre |reinnes'tare| *v.tr.* [*innestare di nuovo, compiere un nuovo innesto*] regreffer.
reinnèsto |rein'nɛsto| *s.m.* **1** [→ REINNESTARE] regreffage: *reinnesto di una pianta* regreffage d'une plante **2** (*mecc.*) réenclenchement.
reinscrivere |rein'skrivere| (182) *v.tr.* [*inscrivere di nuovo*] réinscrire (51).
reinseriménto |reinseri'mento| *s.m.* [→ REINSERIRE] réadaptation (*f.*): *reinserimento nella vita attiva* réadaptation à la vie active.
reinserire |reinse'rire| (197) **A** *v.tr.* [*inserire nuovamente qc. o q.c.*] insérer (8) de nouveau: *reinserire la spina nella presa* insérer de nouveau la fiche dans la prise (de courant) # *reinserire nella società un ex-detenuto* réintégrer un ex--détenu dans la société **B** *v.pron. rifl.* REINSERIRSI [*rimettersi in un determinato ambiente*] s'insérer de nouveau: *reinserirsi nell'ambiente del lavoro* s'insérer de nouveau dans le milieu du travail.
reinserzióne |reinsert'tsjone| *s.f.* (*elettr., tecnol.*) réenclenchement *m.*
reinsórgere |rein'sordʒere| (167) (*aus. 'essere'*) [*sorgere, manifestarsi di nuovo*] surgir (*aus.* avoir) de nouveau: *il problema, il male è reinsorto* le problème, le mal a de nouveau surgi.
reintegra |re'integra| *s.f.* (*bur.*) réintégration.
reintegràbile |reinte'grabile| *agg.* [→ REINTEGRARE A 2; B] réintégrable.
reintegràre |reinte'grare| **A** *v.tr.* **1** (*cose*) [*far tornare alla condizione o allo stato precedente*] renouveler (4); reprendre (73): *bisogna reintegrare la scorta di viveri* il faut renouveler la provision, le stock de vivres ‖ *gli occorre del riposo per reintegrare le forze* il lui faut du repos pour reprendre des forces, pour retrouver ses forces **2** (*persone*) [*rimettere qc. in una certa posizione*] réintégrer (8): *lo hanno reintegrato nelle sue funzioni* ils l'ont réintégré dans ses fonctions **3** [*risarcire, indennizzare*] dédommager (3), indemniser **B** *v.pron. rifl.* REINTEGRARSI [*riprendere il proprio posto*] se réintégrer: *reintegrarsi in un impiego* se réintégrer dans son emploi.
reintegrativo |reintegra'tivo| *agg.* propre à réintégrer: *un provvedimento reintegrativo* une mesure propre à réintégrer.
reintegrazióne |reintegrat'tsjone| *s.f.* **1** [→ REINTEGRARE A 2] réintégration **2** [→ REINTEGRARE A 3] dédommagement *m.*, indemnisation.
reinvestiménto |reinvesti'mento| *s.m.* [→ REINVESTIRE] replacement: *reinvestimento di un capitale* replacement d'un capital.
reinvestire |reinves'tire| *v.tr.* (*econ.*) [*investire nuovamente*] replacer (2): *reinvestire una somma* replacer une somme.
reità |rei'ta| *s.f. inv.* [*la condizione del reo*] culpabilité *var.* ◇ (*loc.*) *per non provata reità* pour absence de preuves → **colpevolezza.**
reiteràbile |reite'rabile| *agg.* [→ REITERARE] réitérable.
reiteràre |reite'rare| *v.tr.* [*ripetere, fare una seconda volta, più volte*] réitérer (8): *ha reiterato la richiesta* il a réitéré sa demande.
reiterataménte |reiterata'mente| *avv.* **1** [→ REITERATO] réitérativement **2** plusieurs fois *loc. inv.*
reiteràto |reite'rato| *agg.* [*ripetuto una o più volte*] réitéré; répété: *dopo reiterati tentativi* après des tentatives réitérées ‖ *nessuno rispose alle sue reiterate domande* personne ne répondit à ses demandes répétées.
reiterazióne |reiterat'tsjone| *s.f.* **1** [→ REITERARE] réitération (*lett.*): *reiterazione di una terapia* réitération d'une thérapeutique **2** [*figura retorica che consiste nel ripetere la stessa idea con sinonimi*] réitération.
reiudicàta |rejudi'kata| *s.f.* (*dir.*) chose jugée.
'relais' |rəlɛ| *s.m. inv.* → **relè.**
relàpso |re'lapso| *agg. e s.* (*relig.*) relaps.
relativaménte |relativa'mente| *avv.* [→ RELATIVO 2] relativement: *i prezzi sono relativamente bassi* les prix sont relativement bas; *sono rimasto relativamente soddisfatto* j'ai été relativement satisfait ◇ *loc. prep.* RELATIVAMENTE A [*in relazione a, per quanto concerne*] en ce qui concerne, quant à: *relativamente ai documenti presentati, va tutto bene* en ce qui concerne les documents, quant aux documents présentés, tout va bien.
relativismo |relati'vizmo| *s.m.* (*filos., scient.*) relativisme.
relativista |relati'vista| *s.* relativiste.
relativistico, ci, ca, che |relati'vistiko, tʃi, ka, ke| *agg.* (*filos.*) relativiste: *la filosofia relativistica* la philosophie relativiste; *un'interpretazione relativistica della realtà* une interprétation relativiste de la réalité.
relatività |relativi'ta| *s.f. inv.* relativité (*var.*): *relatività di un giudizio* relativité, caractère relativiste d'un jugement ◇ (*fis.*) *la teoria della relatività* la théorie de la relativité.
relativizzàre |relativid'dzare| *v.tr.* [*rendere relativo*] relativiser.
relativizzazióne |relatividdzat'tsjone| *s.f.* [→ RELATIVIZZARE] relativisation.
relativo |rela'tivo| *agg.* **1** [*che ha relazione con q.c.*] relatif*: *i dati sono relativi all'anno in corso* les données sont relatives à l'année en cours # *il suo rendimento è relativo alle capacità* son rendement est proportionnel à ses capacités; *la domanda con relativa documentazione* la demande avec les documents y afférents **2** [*che non ha valore o significato in sé ma rispetto a q.c. con cui ha un rapporto*] relatif: *la spesa è relativa* la dépense est relative; *sta passando un periodo di relativa calma* il est en train de passer par une période de calme relatif; *tutto è relativo a questo mondo!* tout ici-bas est relatif! ◇ (*fis., mat.*) *grandezze relative* grandeurs relatives; *peso specifico relativo* poids spécifique relatif; *velocità relativa* vitesse relative; *numeri relativi* nombres relatifs **3** (*gram.*) relatif: *nomi, aggettivi relativi* noms, adjectifs relatifs; *superlativo relativo* superlatif relatif; *proposizione relativa* proposition relative ♦ (*s.f.*) *una relativa* une relative **C** 2 **assoluto.**

relatóre, trice |rela'tore, tritʃe| **1** *agg.* qui rapporte: *deputato relatore* député qui rapporte # *giudice relatore* juge rapporteur ◆ (*s.*) *un relatore* celui *m.*, celle *f.* qui rapporte **2** *s.* [*che ha il compito di relazionare in una tesi di laurea*] rapporteur *m.* de thèse.

relax |re'laks, ri'læks| *s.m. inv.* (*ingl.*) détente *f. var.*, relax, relaxation (*f. var.*): *un'ora di relax* une heure de détente # *mi ci vuole un po' di relax* j'ai besoin de repos.

relazionàle |relattsjo'nale| *agg.* (*filos.*) relationnel*.

relazionàre |relattsjo'nare| **A** *v.tr.* [*ragguagliare, informare*] faire (45) le compte rendu; informer (qqn. de qqch.) **B** *v.intr.* (*aus.* '*avere*') [*allacciare una relazione* (*amorosa*)] avoir (28), entretenir (27) *tr.* une liaison.

relazióne |relat'tsjone| *s.f.* **1** [*rapporto fra due o più cose o fenomeni, corrispondenza*] relation; rapport (*m.*): *relazione di causa ed effetto* relation de cause à effet; *ha messo in relazione i due fatti* il a mis en relation les deux faits ‖ *tra questi avvenimenti c'è una relazione indiretta* entre ces événements il existe un rapport indirect ◇ (*mat.*) rapport: *relazione di uguaglianza* rapport d'égalité; *relazione fra due insiemi* rapport entre deux ensembles ◇ *loc. prep.* IN RELAZIONE A par rapport à: *in relazione alla vostra posizione* par rapport à votre position # *in relazione alla sua richiesta, le comunico che...* suite à votre demande, j'ai l'honneur de vous faire savoir que... **2** [*legame, vincolo*] relation: *ha una relazione di lavoro con lui* il a une relation de travail avec lui; *c'è una relazione di amicizia molto vecchia* il y a une très vieille relation d'amitié; *è in ottime relazioni con me* il est en très bonnes relations avec moi; *hanno molte relazioni* ils ont beaucoup de relations ◇ [*legame amoroso*] liaison: *ha una relazione sentimentale con quella donna* il a une liaison sentimentale avec cette femme; *ha troncato la relazione* il a rompu sa liaison **3** [*resoconto, rapporto scritto od orale*] rapport; compte rendu (*m.*): *ha presentato un'ampia relazione* il a présenté un long rapport ‖ *è uscita la relazione d'inchiesta* le compte rendu d'enquête est sorti # *c'è una relazione della minoranza* il y a un communiqué de la minorité.

relazionìsmo |relattsjo'nizmo| *s.m.* (*filos.*) relationnisme.

relè |re'lɛ| *s.m. inv.* (*elettr.*) relais: *relè telegrafico, telefonico* relais télégraphique, téléphonique; *relè termico* relais thermique.

relegàre |rele'gare| *v.tr.* [*allontanare, mandare via qc., costringerlo a vivere in una sede lontana e sgradita*] reléguer (8): *i prigionieri politici furono relegati in un piccolo paese* les prisonniers politiques furent relégués dans une petite ville.

relegazióne |relegat'tsjone| *s.f.* [→ RELEGARE] relégation: *Ovidio fu condannato alla relegazione* Ovide fut condamné à la relégation.

religionàrio, i |relidʒo'narjo, i| *s.* (*st. relig.*) religionnaire.

religióne |reli'dʒone| *s.f.* **1** religion: *la religione cristiana* la religion chrétienne # *le pratiche della religione* les pratiques religieuses ◇ (*loc. fig.*) *mi ha ascoltato con religione* il m'a écouté religieusement ~ (*scherz.*) *non c'è più religione!* il n'y a plus de moralité! **2** (*per est.*) [*culto, osservanza per valori profondamente sentiti*] culte (*m.*): *la religione della libertà* le culte de la liberté; *la religione della famiglia* le culte de la famille.

religiosaménte |relidʒosa'mente| *avv.* [→ RELIGIOSO] religieusement: *vivere religiosamente* vivre religieusement.

religiosità |relidʒosi'ta| *s.f. inv.* **1** religiosité (*var.*): *è di una profonda religiosità* il est d'une religiosité extrême **2** (*fig.*) [*scrupolosa esattezza*] extrême attention (*var.*): *ha fatto tutto con estrema religiosità* il a tout fait avec une attention extrême.

religióso |reli'dʒoso| *agg.* **1** religieux*: *fede religiosa* foi religieuse; *pratiche religiose* pratiques religieuses; *è un uomo molto religioso* c'est un homme très religieux ◆ (*s.*) *un religioso* un religieux **2** (*fig.*) [*rispettoso, pieno di devozione e di osservanza*] religieux: *ha un senso religioso del dovere* il a un sens religieux du devoir; *ascolta la musica con religioso silenzio* il écoute la musique dans un silence religieux.

reliquàrio, i |reli'kwarjo, i| *s.m.* → **reliquiario.**

reliquia |re'likwja| *s.f.* relique: *le reliquie di un santo* les reliques d'un saint # *le reliquie del passato* les vestiges du passé ◇ (*loc. fig.*) *conservare q.c. come una reliquia* conserver qqch. comme une relique.

reliquiàrio, i |reli'kwjarjo, i| *s.m.* reliquiaire.

relitto |re'litto| *s.m.* **1** [*rottame, resti di naufragio*] épave (*f.*): *il relitto di una nave* l'épave d'un navire ◇ (*per est., fig.*) *è un relitto della società* c'est un paria **2** [*lembo di terra fuori dei grandi fondi terrieri*] enclave *f.* **3** (*geol.*) enclave.

rem |'rɛm| *s.m. inv.* (*lat.*) (*fis.*) rem *var.*

remainder |ri'meində| *s.m. inv.* (*ingl.*) exemplaire *var.* invendu.

remàio, i |re'majo, i| *s.m.* fabricant *s.* d'avirons.

remàre |re'mare| *v.intr.* (*aus.* '*avere*') [*azionare i remi per imprimere un movimento all'imbarcazione*] ramer, nager (3) (*mar.*): *è capace di remare velocemente* il est capable de ramer, nager très vite.

remàta |re'mata| *s.f.* **1** [*ogni movimento di remo; il remare*] (*nella loc.*) *fare una remata* ramer un peu **2** coup *m.* d'aviron, de rame.

rematóre, trice |rema'tore, tritʃe| *s.* [*chi rema*] rameur*, nageur* (*mar.*).

rembàta |rem'bata| *s.f.* (*mar.*) rambarde.

remeggiàre |remed'dʒare| *v.intr.* (*aus.* '*avere*') **1** (*lett.*) [*remare*] ramer **2** (*fig., detto di uccelli*) [*muoversi come chi adopera i remi*] battre (76) des ailes.

reméggio, i |re'meddʒo, i| *s.m.* **1** [*i remi di un'imbarcazione*] avirons *pl.*, rames *f. pl.* ◇ [*rematore*] rameur* *s.*, nageur* *s.* (*mar.*) **2** (*raro, lett.*) [*il fatto di remare*] nage *f.* (*corr.*).

remigànte |remi'gante| *agg.* **1** (*lett.*) [*che manovra i remi*] qui rame *loc.* ◆ *s.m.* (*poet.*) *un remigante* un rameur* (*corr.*), nageur* *s.* (*mar.*) **2** [*che si muove nell'aria col movimento caratteristico dei remi*] ramé: *volo remigante* vol ramé **3** (*zool.*) rémige: *penne remiganti* plumes rémiges ◆ (*s.f.*) *le remiganti* les rémiges.

remigàre |remi'gare| *v.intr.* (*aus.* '*avere*') (*lett., raro*) **1** [*remare*] ramer (*corr.*) **2** [*volare con un movimento ritmico delle ali*] battre (76) des ailes: *gru che remigano nel cielo* grues qui battent des ailes dans le ciel.

remigatóre, trice |remiga'tore, tritʃe| *s.* [*chi remiga*] rameur*, nageur* (*mar.*).

remigazióne |remigat'tsjone| *s.f.* (*raro*) nage (*corr.*).

reminiscènza |reminiʃ'ʃɛntsa| *s.f.* **1** [*ricordo vago, impreciso*] réminiscence: *le mie reminiscenze di francese sono troppo deboli* mes réminiscences de français sont trop faibles **2** [*riecheggiamento di modelli lett. o musicali di altri autori*] réminiscence: *reminiscenze classiche* réminiscences classiques.

'remisier' |rəmizje| *s.m. inv.* (*Borsa*) remisier *var.*

remissìbile |remis'sibile| *agg.* rémissible: *una pena remissibile* une peine rémissible.

remissióne |remis'sjone| *s.f.* **1** [*il fatto di rimettere, di condonare completamente o in parte*] rémission: *la remissione dei peccati* la rémission des péchés ◇ (*dir.*) *remissione di querela* désistement *m.* d'instance; *remissione di un debito* remise d'une dette **2** (*med.*) rémission **3** (*fig.*) [*via di scampo, salvezza*] rémission: *è una malattia senza remissione* c'est une maladie qui ne pardonne pas, sans rémission.

remissivaménte |remissiva'mente| *avv.* [→ REMISSIVO 1] avec soumission *loc. inv.*

remissività |remissivi'ta| *s.f. inv.* [*condiscendenza, carattere remissivo*] soumission (*var.*): *hanno approfittato della sua remissività* ils ont profité de sa soumission.

remissìvo |remis'sivo| *agg.* **1** [*che si rimette di buon grado al parere o alla volontà altrui*] soumis: *è diventato remissivo* il est devenu soumis **2** (*dir.*) de rémission (*loc. inv.*): *formula remissiva* formule de rémission.

remissòria |remis'sɔrja| *s.f. e agg.* (*dir. eccl.*) (*lettera*) *remissoria* lettre *s.f.* de rémission.

remittènte |remit'tɛnte| *agg.* (*med.*) rémittent: *febbre remittente* fièvre rémittente.

remittènza |remit'tɛntsa| *s.f.* (*med.*) rémittence.

rèmo |'rɛmo| *s.m.* [*attrezzo per la propulsione manuale di imbarcazioni*] rame *f.*, aviron: *barca a remi* barque à rames; *a forza di remi* à force de rames # *remo alla battana, a pagaia* pagaie ◇ (*per canottaggio*) aviron ◇ (*loc. fig.*) *tirare i remi in barca* tirer son épingle du jeu.

rèmolo |'rɛmolo| *s.m.* (*raro*) [*mulinello d'acqua o di vento*] remous (*corr.*).

1 **rèmora** |'rɛmora| *s.f.* **1** [*dilazione, ritardo*] délai (*m.*): *ha finito il lavoro senza alcuna remora* il a fini son travail sans aucun délai **2** [*freno, ostacolo*] frein *m.* # *non ha remore di sorta* rien ne l'arrête.

2 **rèmora** |'rɛmora| *s.f.* (*t.zool.*) rémora *m.*

remòto |re'mɔto| *agg.* **1** [*molto lontano nel tempo*] reculé; lointain: *fin dai tempi più remoti* depuis les temps les plus reculés || *cause remote* causes lointaines, éloignées ◇ (*gram.*) passé: *passato remoto* passé simple; *trapassato remoto* passé antérieur **2** [*molto lontano nello spazio*] éloigné; lointain: *un luogo remoto* un endroit éloigné || *un paese remoto* un pays lointain [C] 2 vicino 1.

remuneràre |remune'rare| *e deriv.* → **rimunerare** *e deriv.*

réna |'rena| *s.f.* [*sabbia*] sable *m.* # *cava di rena* sablière ◇ (*loc. fig.*) *costruire sulla rena* bâtir sur le sable.

renàccio, i |re'nattʃo, i| *s.m.* terrain sablonneux.

renàio, i |re'najo, i| *s.m.* **1** banc de sable **2** [*cava di rena*] sablière *f.*

renaiòla |rena'jɔla| *s.f.* (*t.bot.*) spergule.

renaiòlo |rena'jɔlo| *s.m.* ouvrier* *s.* qui travaille dans une sablière.

renàle |re'nale| *agg.* (*anat., med.*) rénal*: *arterie renali* artères rénales; *insufficienza renale* insuffisance rénale.

renàno |re'nano| *agg.* [*del Reno, della Renania*] rhénan: *vino renano* vin rhénan.

'renard' |Rənar| *s.m. inv.* (*abbigl.*) renard *var.*

rèndere |'rɛndere| (105) **A** *v.tr.* **1** [*dare indietro, in contraccambio*] rendre (53): *gli ha reso il denaro prestato* il lui a rendu l'argent prêté; *non mi rende il saluto* il ne me rend pas son salut; *gli ha reso bene per male* il lui a rendu le bien pour le mal → **restituire** ◇ (*loc.*) *a buon rendere!* à titre, à charge de revanche! ~ *vuoto a rendere* verre consigné, repris ~ (*fig.*) *rendere pan per focaccia* rendre (à qqn.) la monnaie de sa pièce ~ *rendere la pariglia* rendre la pareille ~ *quel che è fatto è reso* je t'ai rendu la monnaie de ta pièce; c'est un prêté pour un rendu **2** (*per est.*) [*dare, dare quanto è dovuto, fare*] *il tribunale gli ha reso giustizia* le tribunal lui a rendu justice; *i militari gli hanno reso gli estremi onori* les militaires lui ont rendu les honneurs # *vuole rendere testimonianza* il veut témoigner ◇ *loc.* RENDERE CONTO DI Q.C. rendre compte de qqch.: *mi hanno reso conto di tutto* il m'ont rendu compte de tout **3** [*riprodurre, ricreare con mezzi espressivi*] rendre: *la traduzione non rende il senso della frase* la traduction ne rend pas le sens de la phrase # *non so se sono riuscita a rendere l'idea* je ne sais pas si je me suis bien fait comprendre **4** [*dare una rendita, fruttare*] rendre: *la sua attività gli rende poco* son activité lui rend peu # *ha un'attività che rende* il a une activité rentable ◇ (*seguito da un compl.*) rapporter: *un capitale che rende il 6%* un capital qui rapporte (du) 6% **5** [*dare un determinato rendimento, delle prestazioni*] *è un motore che rende bene* c'est un moteur qui a un bon rendement; *questo è un taglio di carne che rende poco* c'est un morceau de viande qui (se) réduit beaucoup à la cuisson **6** [*far essere, far diventare, produrre un determinato effetto*] rendre: *l'attesa lo rende ansioso* l'attente le rend anxieux; *quel ragazzo l'ha resa madre* ce garçon l'a mise enceinte ◇ (*loc.*) *ha reso la notizia di pubblica ragione* il a rendu publique la nouvelle ~ *hanno reso noto il verbale* ils ont communiqué le procès-verbal **7** (*lett.*) [*produrre, emettere*] rendre: *ha reso l'ultimo respiro* il a rendu son dernier soupir **B** *v.pron. rifl.* RENDERSI **1** [*diventare, risultare*] devenir (27) *intr.*; se rendre: *si è reso simpatico a tutti* il est devenu sympathique à tous || *mi sono resa utile* je me suis rendue utile **2** (*lett.*) [*affidarsi*] se rendre: *rendersi a Dio* se rendre à Dieu **3** (*raro, lett.*) [*recarsi*] se rendre, aller (13) *intr.*

'rendez-vous' |Rɑ̃devu| *s.m. inv.* rendez-vous.

rendicónto |rendi'konto| *s.m.* **1** reddition *f.* de(s) comptes: *rendiconto generale* reddition générale de(s) comptes; *fare il rendiconto* faire la reddition des comptes ◇ (*per est.*) [*resoconto, consuntivo*] bilan: *rendiconto finanziario* bilan financier **2** [*relazione, verbalizzazione e pubblicazione di lavori*] compte rendu: *i rendiconti dell'Accademia* les comptes rendus de l'Académie.

rendiménto |rendi'mento| *s.m.* **1** rendement: *il rendimento di una macchina, di un motore* le rendement d'une machine (d'une voiture), d'un moteur; *lo scarso rendimento di uno scolaro* le faible rendement d'un écolier; *un investimento ad alto rendimento* un investissement à haut rendement **2** (*lett.*) [*il fatto di rendere, di dare*] reddition (*f.*): *rendimento dei conti* reddition des comptes → **resa** # *rendimento di grazie* action de grâce(s).

rèndita |'rɛndita| *s.f.* [*reddito, frutto di beni e di capitali investiti*] rente: *ha una piccola rendita vitalizia* il a une petite rente viagère; *vive di rendita* il vit de ses rentes; *queste azioni hanno una rendita del 5%* ces actions rapportent du 5%; *gli è stata assegnata una rendita* on l'a doté d'une rente.

rène |'rɛne| *s.m.* (*anat.*) rein: *rene mobile* rein mobile ◇ (*med.*) *rene artificiale* rein artificiel.

renèlla |re'nɛlla| *s.f.* (*med.*) gravelle.

renellóso |renel'loso| *agg.* (*med.*) graveleux*.

renétta |re'ne(ɛ)tta| *agg. e s.f.* [*varietà pregiata di mele dalla buccia gialla*] (*mela*) *renetta* reinette *s.f.*

réni |'re(ɛ)ni| *s.f. pl.* [*la regione lombare, la parte inferiore della schiena*] reins (*m.*): *ho un dolore alle reni* j'ai une douleur aux reins ◇ (*loc. fig.*) *ho le reni rotte dalla fatica* j'ai les reins brisés de fatigue ~ *gli voleva spezzare le reni dalla rabbia* de rage, il voulait lui casser les reins.

renifórme |reni'forme| *agg.* (*bot.*) réniforme: *seme reniforme* graine réniforme.

rènio, i |'rɛnjo, i| *s.m.* (*chim.*) rhénium.

renitènte |reni'tɛnte| *agg.* [*che è restio, oppone resistenza o si rifiuta*] réfractaire: *si è mostrato renitente a cedere* il s'est montré réfractaire à l'idée de céder ♦ (*s.m.*) *un renitente alla leva* un insoumis.

renitènza |reni'tɛntsa| *s.f.* [*il fatto di essere renitente*] réticence: *ha mostrato una certa renitenza a seguire il mio consiglio* il a montré une certaine réticence à suivre mon conseil ◇ (*mil.*) *renitenza alla leva* insoumission (au recrutement).

renittènza |renit'tɛntsa| *s.f.* (*med.*) rénitence.

rènna |'rɛnna| *s.f.* **1** (*t.zool.*) renne **2** [*la pelle conciata dell'animale omonimo*] daim (*m.*): *una giacca di renna* une veste en daim.

renóso |re'noso| *agg.* [*ricco di rena*] sablonneux*: *un terreno renoso* un terrain sablonneux.

'rentrée' |Rɑ̃tRe| *s.f. inv.* rentrée (*var.*): *la 'rentrée' di un attore* la rentrée d'un acteur.

rèo- |'rɛo| *pref.* (*significa 'scorrimento', corrisponde gener. a*) rhéo: *reostato* rhéostat.

rèo |'rɛo| **I** *s.* **1** [*colpevole*] coupable: *essere reo di omicidio* être coupable d'assassinat **2** (*lett.*) méchant **II** *agg.* (*lett.*) méchant, mauvais.

reòforo |re'ɔforo| *s.m.* (*elettr.*) rhéophore.

reògrafo |re'ɔgrafo| *s.m.* (*elettr.*) rhéographe.

reologìa, gie |reolo'dʒia, dʒie| *s.f.* (*chim., fis.*) rhéologie.

reòmetro |re'ɔmetro| *s.m.* (*elettr.*) rhéomètre.

reoscòpico, ci, ca, che |reos'kɔpiko, tʃi, ka, ke| *agg.* (*elettr.*) rhéoscopique.

reoscòpio, i |reos'kɔpjo, i| *s.m.* (*elettr.*) appareil rhéoscopique.

reostàtico, ci, ca, che |reos'tatiko, tʃi, ka, ke| *agg.* (*elettr.*) rhéostatique.

reòstato |re'ɔstato| *s.m.* (*elettr.*) rhéostat.

reòtomo |re'ɔtomo| *s.m.* (*elettr.*) rhéotome.

reotropismo |reotro'pizmo| *s.m.* (*bot.*) rhéotropisme.

repàrto |re'parto| *s.m.* **1** [*suddivisione organica e funzionale di una fabbrica*] atelier: *reparto montaggio* atelier de montage; *reparto collaudo* atelier d'essais, des essais ◇ (*di un'industria*) département: *reparto vendite, spedizioni* département des ventes, des expéditions ◇ (*di un grande magazzino*) rayon: *reparto confezioni* rayon confection; *reparto casalinghi* rayon des articles de ménage; *reparti alimentari* rayon de l'alimentation; *reparto liquidazioni* rayon des soldes **2** [*sezione, suddivisione di un complesso ospedaliero*] service: *reparto chirurgico, neurologico* service de chirurgie, de neurologie; *reparto malattie infettive* service, pavillon des contagieux **3** (*mil.*) subdivision (*f.*): *il plotone è un reparto della compagnia* le peloton est une subdivision de la compagnie ◇ [*distaccamento*] détachement: *il reparto dei volontari* le détachement des volontaires; *il reparto d'artiglieria* le détachement d'artillerie **4** (*raro*) → **ripartizione**.

'repêchage' |Rəpɛʃaʒ| *s.m. inv.* (*sport*) repêchage *var.*

repellènte |repel'lɛnte| *agg.* **1** [*atto a respingere*] répulsif*: *sostanze repellenti* substances répulsives; *opere idrauliche repellenti* travaux hydrauliques répulsifs **2** (*fig.*) [*che provoca un senso di ripugnanza*] repoussant: *un individuo repellente* un individu repoussant.

repèllere |re'pɛllere| (143) *v.tr.* (*raro, lett.*) → **respingere**.

repentàglio, i |repen'taʎʎo, i| *s.m.* [*pericolo, rischio*] danger ◇ *loc.* METTERE A REPENTAGLIO mettre en danger: *ha messo a repentaglio la propria vita* il a mis sa vie en danger.

repènte |re'pɛnte| *agg.* (*lett.*) [*improvviso*] soudain (*corr.*), subit (*corr.*) ◇ *loc. avv.* DI REPENTE soudain *avv.* ♦ (*avv.*) soudain.

repentinaménte |repentina'mente| *avv.* [→ REPENTINO] soudainement, subitement: *si alzò repentinamente* il se leva soudainement, subitement.

repentinità |repentini'ta| *s.f. inv.* [*il verificarsi inatteso e repentino di un fatto*] soudaineté (*var.*): *repentinità di una decisione* soudaineté d'une décision.

repentìno |repen'tino| *agg.* [*che avviene o viene attuato all'improvviso*] soudain, subit: *un repentino cambiamento* un changement soudain, subit; *una reazione repentina* une réaction subite.

reperìbile |repe'ribile| *agg.* [→ REPERIRE] trouvable: *un materiale difficilmente reperibile* un matériel difficilement trouvable # *è sempre reperibile nell'ora dei pasti* on peut toujours le trouver à l'heure des repas 🄲 **irreperibile.**

reperibilità |reperibili'ta| *s.f. inv.* possibilité *var.* de trouver (qqn., qqch.): *reperibilità di un prodotto* possibilité de trouver un produit.

reperiménto |reperi'mento| *s.m.* [→ REPERIRE] découverte (*f.*): *il reperimento di prove* la découverte des preuves.

reperìre |repe'rire| (197) *v.tr.* [*trovare, ritrovare q.c. con difficoltà*] trouver: *hanno reperito i fondi per il finanziamento dell'impresa* ils ont trouvé les fonds pour le financement de l'entreprise; *la polizia ha reperito nuove prove* la police a trouvé de nouvelles preuves.

repertàre |reper'tare| *v.tr.* (*dir.*) [*produrre come reperto*] produire (75): *repertare prove a un processo* produire des preuves à un procès.

repèrto |re'pɛrto| *s.m.* **1** [*ciò che è stato trovato dopo una ricerca scient., specialistica*] pièce (*f.*): *reperti fossili* pièces fossiles; *reperti archeologici* pièces archéologiques; *reperti giudiziari* pièces à conviction **2** [*dato emerso da un esame clinico*] rapport: *reperto radiologico* rapport, résultat de l'examen radiologique.

repertoriàre |reperto'rjare| *v.tr.* (*bur.*) [*mettere a repertorio*] répertorier.

repertòrio, i |reper'tɔrjo, i| *s.m.* **1** [*le opere, i pezzi di una compagnia teatrale, di un cantante, di un attore*] répertoire: *il repertorio di una compagnia drammatica* le répertoire d'une troupe de théâtre, d'une troupe d'artistes dramatiques ◇ (*fig.*) *ha un inesauribile repertorio di barzellette* il a tout un répertoire de blagues **2** [*elenco, raccolta di dati disposti in ordine*] répertoire: *repertorio bibliografico* répertoire bibliographique; *un repertorio di giurisprudenza* un répertoire de jurisprudence.

repletivo |reple'tivo| *agg.* (*med.*) réplétif*.

replèto |re'plɛto| *agg.* (*poet.*) → **pieno.**

replezióne |replet'tsjone| *s.f.* (*med.*) réplétion.

rèplica, che |'rɛplika, ke| *s.f.* **1** [→ REPLICARE 1] répétition: *la replica di un discorso* la répétition d'un discours **2** [*intervento, obiezione, risposta*] réplique: *ha un tono che non ammette repliche* il a un ton qui n'admet pas de réplique; *non mi è piaciuta la sua replica* sa réplique ne m'a pas plu ◇ (*dir.*) *diritto di replica* droit de réplique **3** (*teat.*) (nouvelle) représentation: *la replica di uno spettacolo* la représentation d'un spectacle; *la commedia ha avuto dieci repliche* la pièce a eu dix représentations **4** [*riproduzione di un'opera artistica eseguita dallo stesso autore*] réplique.

replicàbile |repli'kabile| *agg.* **1** [→ REPLICARE 1] que l'on peut répéter *loc.* **2** [→ REPLICARE 2] que l'on peut rejouer *loc.*

replicàre |repli'kare| *v.tr.* **1** [*ripetere nuovamente*] répéter (8): *ha replicato l'esperienza* il a répété l'expérience **2** (*teat.*) [*eseguire una seconda volta o altre volte una stessa opera*] rejouer, redonner: *replicare una commedia* rejouer, redonner une pièce ♦ (*ass.*) *stasera si replica* ce soir, deuxième représentation **3** [*rispondere, adducendo nuovi elementi*] répliquer: *dopo quelle parole non ha avuto più nulla da replicare* après ces mots, il n'a plus rien eu à répliquer; *sente sempre il bisogno di replicare* il éprouve toujours le besoin de répliquer.

replicataménte |replikata'mente| *avv.* à plusieurs reprises *loc. inv.*

replicazióne |replikat'tsjone| *s.f.* (*ling.*) répétition.

'reportage' |Rəpɔrtaʒ| *s.m. inv.* reportage (*var.*): *un 'reportage' politico, sportivo* un reportage politique, sportif.

reporter |re'pɔrter, ri'pɔ:tə| *s. inv.* (*ingl.*) reporter (*var.*): *il reporter di un grande quotidiano* le reporter d'un grand quotidien.

repositòrio, i |repozi'tɔrjo, i| *s.m.* (*eccl.*) reposoir.

repressióne |repres'sjone| *s.f.* [→ REPRIMERE] répression: *la repressione di un tumulto* la répression d'une émeute ◇ (*psicol.*) *la repressione di un impulso* la répression d'une impulsion.

repressìvo |repres'sivo| *agg.* répressif*: *una politica repressiva* une politique répressive # *un procedimento repressivo della criminalità* une mesure de répression de la criminalité, qui réprime la criminalité.

reprèsso |re'prɛsso| *agg.* **1** [*contenuto a forza, impedito*] réprimé: *voglia di ridere repressa* envie de rire réprimée → **frenato 2** (*psicol.*) refoulé: *in famiglia si sente represso* en famille, il se sent refoulé ♦ (*s.*) *un represso* un refoulé.

repressóre |repres'sore|, **reprimitrìce** |reprimi'triʃe| *s.* [*chi attua una repressione*] auteur *m.* de la, d'une répression.

reprimènda |repri'mɛnda| *s.f.* (*raro, lett.*) réprimande (*corr.*): *ha avuto una severa reprimenda* il a reçu une sévère réprimande.

reprìmere |re'primere| (124) **A** *v. tr.* **1** [*impedire che un proprio stato fisico o psichico si manifesti liberamente*] réprimer, étouffer; cacher: *non è riuscito a reprimere un grido di dolore* il n'est pas arrivé à réprimer, à étouffer un cri de douleur ‖ *ha represso il suo disappunto* il a caché, surmonté sa déception **2** [*impedire con mezzi coercitivi azioni di lotta e di protesta*] réprimer: *i militari hanno represso la sollevazione* les militaires ont réprimé le soulèvement; *la manifestazione è stata repressa* la manifestation a été réprimée **B** *v.pron. rifl.* REPRIMERSI [*trattenersi*] se retenir (27): *non ha saputo reprimersi e gli ha urlato in faccia la verità* il n'a (pas) pu se retenir et il lui a hurlé la vérité au visage.

rèprobo |'rɛprobo| *agg.* [*malvagio, colpevole di gravi colpe*] réprouvé: *animo reprobo* âme réprouvée ♦ (*s.*) *un reprobo* un réprouvé 🄲 **pio, probo.**

'reps' |Rɛps| *s.m. inv.* (*tess.*) reps.

reptatòrio, i |repta'tɔrjo, i| *agg.* (*biol.*) reptatoire: *locomozione reptatoria* locomotion reptatoire.

reptazióne |reptat'tsjone| *s.f.* (*biol.*) reptation.

repùbblica, che |re'pubblika, ke| *s.f.* république: *repubblica democratica, popolare* république démocratique, populaire; *repubblica presidenziale* république présidentielle; *il presidente della Repubblica* le président de la République ◇ (*fig.*) *la repubblica letteraria* la république des lettres.

repubblicanaménte |repubblikana'mente| *avv.* [→ REPUBBLICANO 1] dans un esprit républicain *loc. inv.*

repubblicanésimo |repubblika'nezimo| *s.m.* républicanisme.

repubblicàno |repubbli'kano| *agg.* **1** [*della repubblica, retto a repubblica*] républicain: *un ordinamento repubblicano* un système républicain; *la costituzione repubblicana* la constitution républicaine **2** [*favorevole alla repubblica*] républicain: *il partito repubblicano* le parti républicain; *ha idee repubblicane* il a des idées républicaines ♦ (*s.*) *un repubblicano* un républicain.

repubblichìno |repubbli'kino| (*st. it.*) **I** *agg.* de la République sociale italienne (*loc. inv.*): *formazioni repubblichine* formations de la République sociale italienne **II** *s.* **1** soldat *m.* de la République sociale italienne **2** [*collaborazionista*] collaborateur *m.*

repulisti |repu'listi| *s.m. inv.* (*lat.*) (*fam.*) *nelle loc.* FARE REPULISTI, UN (IL) REPULISTI [*fare pulizia, eliminare tutto, tutti*] donner un grand coup de balai: *in questa casa occorre un bel repulisti* cette maison a besoin d'un grand coup de balai; *dopo un repulisti, in questo ufficio si starebbe meglio* on serait mieux dans ce bureau si on y donnait d'abord un grand coup de balai.

repulsióne |repul'sjone| *s.f.* **1** (*fis.*) répulsion **2** → **ripulsione.**

repulsivo |repul'sivo| *agg.* → **ripulsivo.**

repulsóre |repul'sore| *s.m.* → **respingente.**

reputàre |repu'tare| **A** *v.tr.* **1** [*ritenere, giudicare*] estimer: *lo reputano una persona per bene* on le considère (comme) une personne bien; *ho reputato sia meglio partire subito* j'ai estimé qu'il valait (vaut) mieux partir tout de suite ◇ [*pensare*] penser: *reputo che non sappia la verità* je pense qu'il ne sait pas la vérité **2** [*stimare, considerare*] estimer: *lo reputo necessario* j'estime que c'est nécessaire; *lo reputa poco* il l'estime peu **B** *v.pron. rifl.* REPUTARSI **1** [*credersi*] se croire (56): *si reputa un genio* il se croit un génie **2** [*ritenersi*] s'estimer: *puoi reputarti fortunato* tu peux t'estimer heureux.

reputàto |repu'tato| *agg.* [*noto, stimato*] réputé: *un medico reputato* un médecin réputé.

reputazióne |reputat'tsjone| *s.f.*

réputation: *ha una buona, una cattiva reputazione* il a une bonne, une mauvaise réputation; *ha la reputazione di essere un pessimo parlatore* il a la réputation d'être (un) très mauvais orateur ♦ (*ass.*) *ha perso la reputazione* il a perdu sa bonne réputation; *si è rovinato la reputazione* il a ruiné sa bonne réputation; *ha difeso la propria reputazione* il a défendu sa réputation.
rèquie |'rɛkwje| *s.f. sing.* [*riposo, sospensione di noie e affanni*] tranquillité: *finalmente ho trovato un po' di requie* j'ai finalement trouvé un peu de tranquillité ◇ [*tregua*] répit (*m.*): *quel pensiero non le dà requie* cette pensée ne lui laisse pas de répit, nul répit; *è sempre senza requie* il est toujours sans répit, il ne reste pas en place.
requiem |'rɛkwjem| *s.m. o f. sing.* (*lat.*) (*eccl.*) Requiem (*m. inv.*): *messa da requiem* messe de Requiem; *dire, recitare un requiem* dire, réciter un Requiem.
requisìre |rekwi'zire| (197) *v.tr.* [*prendere di autorità per un bisogno pubblico, attuare la requisizione*] réquisitionner: *requisire un edificio, una fabbrica* réquisitionner un immeuble, une usine Ⓒ **restituire**.
1 **requisìto** |rekwi'zito| *agg.* [*preso d'autorità*] réquisitionné: *la casa requisita* la maison réquisitionnée.
2 **requisìto** |rekwi'zito| *s.m.* qualité *f.* (requise): *ha tutti i requisiti per essere assunto* il a toutes les qualités requises pour être engagé; *il primo requisito di un automobilista è la prontezza di riflessi* la qualité essentielle d'un automobiliste est la rapidité des réflexes.
requisitòria |rekwizi'tɔrja| *s.f.* (*dir.*) réquisitoire (*m.*): *il pubblico ministero ha fatto una lunga requisitoria* le ministère public a fait un long réquisitoire ◇ (*per est., fig.*) *la requisitoria dell'opposizione* le réquisitoire de l'opposition.
requisitòrio, i |rekwizi'tɔrjo, i| *agg.* (*dir.*) réquisitorial*.
requisizióne |rekwizit'tsjone| *s.f.* [→ REQUISIRE] réquisition: *la requisizione di servizi di pubblica utilità* la réquisition des services d'utilité publique.
résa |'resa| *s.f.* **1** (*mil.*) reddition: *resa incondizionata* reddition sans conditions; *intimare la resa* ordonner la reddition; *accettare, rifiutare la resa* accepter, refuser la reddition **2** [*il fatto di rendere, di dare un utile, di fornire un servizio*] rendement (*m.*): *la resa di una caldaia* le rendement d'une chaudière; *la resa di una coltura agricola* le rendement d'une culture agricole → **rendimento** # *questo taglio di carne ha un'ottima resa* ce morceau de viande est très profitable; *questa lana ha una buona resa* cette laine fournit beaucoup **3** [*il fatto di rendere, di riconsegnare q.c.*] restitution: *chiedere la resa di un prestito* demander la restitution d'un prêt **4** *solo nella loc.* LA RESA DEI CONTI la reddition des comptes; (*fig.*) [*il fatto di dover affrontare le proprie responsabilità*] *alla resa dei conti si vedrà chi ha ragione* quand il faudra rendre les comptes, on verra qui a raison **5** [*merce invenduta*] invendus (*m. pl.*): *l'inventario di una resa di libri* l'inventaire des (livres) invendus.

rescindènte |reʃʃin'dɛnte| *agg. e s.m.* (*dir.*) rescindant.
rescìndere |reʃ'ʃindere| (181) *v.tr.* (*dir.*) [*dichiarare nullo, privo di efficacia con effetto retroattivo*] rescinder: *rescindere un contratto* rescinder un contrat.
rescindìbile |reʃʃin'dibile| *agg.* [→ RESCINDERE] rescindable.
rescindibilità |reʃʃindibili'ta| *s.f. inv.* possibilité *var.* de rescinder (un contrat).
rescissióne |reʃʃis'sjone| *s.f.* (*dir.*) rescision: *chiedere la rescissione di una obbligazione* demander la rescision d'une obligation.
rescissòrio, i |reʃʃis'sɔrjo, i| *agg.* (*dir.*) rescisoire.
rescrìtto |res'kritto| *s.m.* (*st. rom., eccl.*) rescrit.
resecàre |rese'kare| *v.tr.* **1** (*med.*) [*sottoporre a resezione*] réséquer (8) **2** (*raro*) → **risecare.**
resèda |re'zɛda| *s.f.* (*t.bot.*) réséda *m.*
Resedàcee |reze'datʃee| *s.f. pl.* (*t. bot.*) Résédacées.
resezióne |reset'tsjone| *s.f.* (*med.*) résection: *resezione gastrica, epatica* résection gastrique, hépatique.
residènte |resi'dɛnte| *agg.* résidant (*p. pres.*): *i lavoratori residenti all'estero* les travailleurs résidant à l'étranger ♦ (*s.*) *un residente* un résident.
residènza |resi'dɛntsa| *s.f.* résidence: *certificato di residenza* certificat de résidence; *comune di residenza* commune de résidence; *obbligo di residenza* obligation à résidence; *ha cambiato residenza* il a changé de résidence; *ha fissato la propria residenza a Genova* il a fixé sa résidence à Gênes.
residenziàle |residen'tsjale| *agg.* résidentiel*: *zona residenziale* zone résidentielle; *quartiere residenziale* quartier résidentiel.
residuàle |residu'ale| *agg.* résiduel*: *la parte residuale* la partie résiduelle.
residuàre |residu'are| *v.intr.* (*aus.* '*essere*') [*costituire un residuo, restare come residuo*] rester: *gli utili che residuano alla chiusura del bilancio* les bénéfices qui restent à la clôture du bilan.
residuàto |residu'ato| *agg.* [*che forma un residuo*] restant: *le somme residuate* les sommes restantes ♦ (*s.m.*) *un residuato bellico* un matériel de guerre inutilisé.
resìduo |re'siduo| **I** *agg.* [*che resta, che avanza*] restant: *materiale residuo* matériel restant; *somme residue* sommes restantes **II** *s.m.* **1** [*quanto resta o avanza dopo una determinata utilizzazione*] reste: *c'è un residuo di olio nella bottiglia* il y a un reste d'huile dans la bouteille ◇ (*fig.*) *nel suo animo c'è ancora un residuo di sospetto* dans son esprit il y a encore des traces de, une ombre de soupçon **2** *al plur.* (*agr.*) déchets **3** (*chim.*) résidu: *i residui della combustione, della distillazione* les résidus de la combustion, de la distillation; *residuo di catrame* résidu de goudron # *residuo di s(e)tacciatura* refus d'un crible; *residuo di malto* drêche **4** (*comm.*) reliquat: *residui di bilancio* reliquats de bilan; *residuo di cassa* boni, reste de caisse ◇ [*residuo da pagare*] *il residuo è di 100.000 lire* le reliquat est de 100.000 lires.
resiliènte |resi'ljɛnte| *agg.* (*fis.*) résilient.

resiliènza |resi'ljɛntsa| *s.f.* (*fis.*) résilience.
rèsina |'rɛzina| *s.f.* résine: *resine naturali, artificiali* résines naturelles, artificielles.
resinàceo |rezi'natʃeo| *agg.* [*che contiene resina*] résineux*.
resinàre |rezi'nare| *v.tr.* [*sottoporre a resinatura*] résiner: *resinare una conifera* résiner, gemmer un conifère; *resinare un tessuto* résiner un tissu.
resinàto |rezi'nato| *agg.* [*aromatizzato con resina*] résiné: *vino resinato* vin résiné ♦ *s.m.* (*chim.*) *un resinato* un résiné.
resinatùra |rezina'tura| *s.f.* **1** [*l'operazione di estrarre la resina da piante resinose*] gemmage (*m.*): *resinatura a morte, a vita* gemmage à mort, à vie **2** (*tess.*) gommage *m.*
resinazióne |rezinat'tsjone| *s.f.* [*operazione di estrazione dell'olio di trementina dalle piante resinose*] gemmage *m.*
resìnico, ci, ca, che |re'ziniko, tʃi, ka, ke| *agg.* (*chim.*) résinique: *acido resinico* acide résinique.
resinière |rezi'njɛre| *s.m.* [*operaio della resina*] résinier* *s.*
resinìfero |rezi'nifero| *agg.* résinifère: *piante resinifere* plantes résinifères.
resinificàre |rezinifi'kare| **A** *v.tr.* [*rendere resinoso*] résinifier **B** *v.pron. intr.* RESINIFICARSI [*diventare resinoso*] devenir (27) *intr.* résineux*.
resinificazióne |rezinifikat'tsjone| *s.f.* [→ RESINIFICARE] résinification.
resinìte |rezi'nite| *s.f.* (*miner.*) résinite.
resinóso |rezi'noso| *agg.* résineux*: *piante, sostanze resinose* plantes, substances résineuses ◇ (*fig.*) *elettricità resinosa* électricité résineuse.
resipiscènte |rezipiʃ'ʃɛnte| *agg.* (*lett.*) [*che si ravvede da un errore*] repentant (*corr.*).
resipiscènza |rezipiʃ'ʃɛntsa| *s.f.* (*lett.*) résipiscence.
resìpola |re'sipola| *s.f.* (*pop.*) → **erisipela.**
resistènte |resis'tɛnte| *agg.* résistant: *piante resistenti al freddo* plantes résistantes au froid; *è poco resistente alla fatica* il est peu résistant à la fatigue ♦ (*s.*) *un resistente* [*chi ha partecipato alla Resistenza*] un résistant.
resistènza |resis'tɛntsa| *s.f.* **I** (*persone*) **1** [*azione di opposizione, di contrasto contro qc.*] résistance: *resistenza passiva* résistance passive; *piegare la resistenza del nemico* vaincre la résistance de l'ennemi # *hanno fatto resistenza alla forza pubblica* ils ont résisté à la force publique **2** (*polit., st. mod.*) résistance: *la resistenza europea contro il nazismo* la résistance européenne au nazisme ♦ (*ass.*) *la Resistenza* la Résistance **3** [*capacità di resistere allo sforzo fisico, intellettuale, morale*] résistance: *ha una grande resistenza contro la depressione* il a une grande résistance à la dépression; *l'organismo ha dimostrato una notevole resistenza all'infezione* l'organisme a montré une remarquable résistance à l'infection ◇ (*sport*) endurance: *gare, corse di resistenza* compétitions, courses d'endurance **4** (*psican.*) résistance **II** (*cose*) [*ogni forza che si oppone a un'altra forza; durata, solidità*] résistance: *la*

resistenza di questo materiale la résistance de ce matériau; *prova di resistenza* preuve de résistance # *la chiave non gira, fa resistenza* la clé ne tourne pas, elle résiste; *un'impalcatura di scarsa resistenza* un échafaudage peu résistant ◇ (*elettr.*) *resistenza elettrica* résistance électrique ◇ (*edil.*) *resistenza di un carico alla trazione* résistance d'un poids à la traction ◇ (*mecc.*) *resistenza idraulica* résistance hydraulique; *resistenza di pressione* résistance de pression.

resistenziàle |resisten'tsjale| *agg.* (*polit., st. mod.*) de la Résistance (italienne) (*loc. inv.*): *il movimento resistenziale* (le mouvement de) la Résistance.

resìstere |re'sistere| (116) *v.intr.* (*aus.* '*avere*') **1** (*persone, animali*) [*opporsi validamente a una persona o forza contraria, fare un'azione di contrasto*] résister: *ha resistito all'aggressione* il a résisté à l'agression; *è una donna affascinante, nessuno le resiste* c'est une femme fascinante, personne ne lui résiste; *è riuscito a resistere alla violenza delle onde* il est parvenu à résister à la violence des vagues; *non resiste alla tentazione di parlare* il ne résiste pas au besoin de parler, il ne peut tenir sa langue; *resiste bene agli strapazzi* il résiste bien aux grandes fatigues # *non resisto più!* je n'en peux plus!, je ne tiens plus le coup! (*fam.*); *bisogna resistere!* il faut tenir bon! **2** (*cose*) [*contrastare le forze esterne, tollerare*] résister: *un materiale che resiste alla pressione* un matériau qui résiste à la pression; *il ponte resiste bene alla piena* le pont résiste bien à la crue # *piante che non resistono ai climi freddi* plantes qui ne supportent pas les climats froids **C** **cedere.**

resistìbile |resis'tibile| *agg.* (*raro*) [→ RESISTERE] résistible **C** **irresistibile.**

resistività |resistivi'ta| *s.f. inv.* (*elettr.*) résistivité *var.*

réso |'reso| *agg.* [*dato, restituito*] rendu: *la merce resa* la marchandise rendue, le rendu.

rèso |'rɛzo| *s.m.* (*t.zool.*) rhésus.

resocontista |resokon'tista| *s.* [*chi fa il resoconto di sedute, udienze, avvenimenti*] chroniqueur (*m.*): *resocontista sportivo* chroniqueur sportif.

resocónto |reso'konto| *s.m.* **1** [*rapporto dettagliato su sedute, incontri, avvenimenti*] compte rendu: *il resoconto dell'ultimo congresso* le compte rendu du dernier congrès **2** [*rendiconto*] relevé de comptes: *il resoconto dell'anno finanziario* le relevé de comptes pour l'année financière.

resorcìna |rezor'tʃina| *s.f.* (*chim.*) résorcine.

resorgìva |resor'dʒiva| *s.f.* → **risorgiva.**

respingènte |respin'dʒɛnte| *s.m.* (*ferr.*) tampon.

respìngere |res'pindʒere| (119) *v. tr.* **1** [*spingere, ricacciare indietro*] repousser: *respingere un attacco* repousser une attaque; *la domanda è stata respinta* la demande a été repoussée **2** [*rifiutare, non accogliere*] refuser: *il ministro ha respinto il ricorso* le ministre a refusé le recours; *la mozione è stata respinta dalla maggioranza* la motion a été refusée par la majorité **3** [*mandare indietro, rimandare*] renvoyer (14), retourner: *la lettera è stata respinta al mittente* la lettre a été renvoyée, retournée à l'expéditeur **4** (*per est.*) [*bocciare agli esami*] recaler: *è stato respinto all'esame di maturità* il a été recalé au bachot, refusé au baccalauréat ◇ (*fig.*) *respingere un pretendente, un innamorato* repousser un prétendant, un amoureux.

respìnta |res'pinta| *s.f.* (*calcio*) dégagement (*m.*): *respinta di pugno* dégagement du poing.

respìnto |res'pinto| *agg.* [*non accolto, non approvato*] repoussé: *una proposta respinta* une proposition repoussée; *un innamorato respinto* un amoureux repoussé ◇ [*bocciato*] refusé, recalé (*fam.*): *gli studenti respinti* les étudiants refusés, recalés ✦ (*s.*) *i respinti* les refusés, récalés.

respiràbile |respi'rabile| *agg.* [→ RESPIRARE B] respirable.

respirabilità |respirabili'ta| *s.f. inv.* respirabilité *var.*

respiràre |respi'rare| **A** *v.intr.* (*aus.* '*avere*') **1** [*effettuare la respirazione*] respirer: *respirare con il naso, con la bocca* respirer par le nez, par la bouche; *respirare a pieni polmoni* respirer à pleins poumons ◇ (*per est.*) *non si può respirare in questa ressa!* on n'arrive pas à respirer dans cette cohue!; *in questa stanza c'è un caldo che non si respira* dans cette pièce il fait une telle chaleur qu'on étouffe **2** (*fig.*) [*avere un po' di pace, di riposo, di sollievo*] respirer: *dopo mesi di duro lavoro, ora comincio a respirare* après des mois de dur travail, je commence maintenant à respirer; *lasciami respirare almeno un momento!* laisse-moi au moins respirer un instant! **B** *v.tr.* [*immettere nell'organismo aria o altro mediante la respirazione*] respirer: *è andato in montagna per respirare un po' d'aria buona* il est allé à la montagne pour respirer un peu de bon air ◇ (*fig.*) *è tornato a respirare l'aria nativa* il est retourné respirer l'air de son pays natal ~ *voglio respirare un'altra aria* je veux changer d'air ~ *la musica gli è necessaria come l'aria che respira* la musique lui est nécessaire comme l'air qu'il respire.

respiratóre |respira'tore| *s.m.* (*tecnol.*) *respiratore per la pesca subacquea* tube respirateur pour la pêche sous-marine; *respiratore per usi medici* masque à oxygène (à usage médical).

respiratòrio, i |respira'tɔrjo, i| *agg.* (*anat., fisiol.*) respiratoire: *apparato respiratorio* appareil respiratoire; *organi respiratori* organes respiratoires; *affezioni respiratorie* affections respiratoires.

respirazióne |respirat'tsjone| *s.f.* (*fisiol.*) respiration: *respirazione regolare, ritmica, affannosa* respiration régulière, rythmique, pénible; *disturbi della respirazione* troubles de la respiration # *respirazione bocca a bocca* bouche-à-bouche.

respìro |res'piro| *s.m.* **1** [*la funzione del respirare; ogni singolo atto respiratorio*] souffle; soupir: *ha il respiro corto* il a le souffle court; *trattieni il respiro* retiens ton souffle ‖ *ha reso l'ultimo respiro* il a rendu le dernier soupir; *emise un profondo respiro* il poussa un profond soupir ◇ (*loc. fig.*) *si è fermato per riprendere respiro* il s'est arrêté pour reprendre haleine ~ *c'è una afa che toglie il respiro* il fait une chaleur étouffante ~ *ha emesso un respiro di sollievo* il a poussé un soupir de soulagement ~ *mi manca il respiro* j'ai du mal à respirer ◇ [*respirazione*] respiration (*f.*): *respiro normale, regolare* respiration normale, régulière; *aveva il respiro affannoso* il avait une respiration oppressée **2** (*fig.*) [*sollievo, riposo*] répit: *ha un lavoro che non gli dà respiro* il a un travail qui ne lui laisse pas de répit; *non ha mai un momento di respiro* il n'a jamais un moment de répit; *lasciami qualche giorno di respiro* laisse-moi quelques jours de répit **3** (*fig.*) *solo nella loc.* DI AMPIO, VASTO, LARGO RESPIRO (*detto di temi in opere lett. e musicali*) [*ampio, profondo*] de longue haleine: *un'opera di largo respiro* une œuvre de longue haleine # *una sinfonia di vasto respiro* une symphonie monumentale.

responsàbile |respon'sabile| *agg.* **1** responsable: *responsabile giuridicamente* juridiquement responsable # *il direttore responsabile* le gérant ✦ (*s.*) *il responsabile di quanto accaduto* le responsable de ce qui s'est passé **2** [*dotato di responsabilità*] responsable: *è un ragazzo responsabile* c'est un garçon responsable; *si è dimostrato una persona responsabile* il s'est montré une personne responsable **3** [*colpevole*] coupable: *è responsabile di gravi illeciti* il est coupable de graves abus **C** **irresponsabile.**

responsabilità |responsabili'ta| *s.f. inv.* responsabilité (*var.*): *responsabilità civile, penale, amministrativa* responsabilité civile, pénale, administrative; *società a responsabilità limitata* société à responsabilité limitée; *la responsabilità della famiglia* la responsabilité de la famille; *si è assunto una grave responsabilità* il a pris une grave responsabilité; *ha un compito di grande responsabilità* il a une tâche de grande responsabilité; *ha agito con scarso senso di responsabilità* il a agi avec un sens médiocre de responsabilité.

responsabilizzàre |responsabilid'dzare| *v.tr.* [*rendere responsabile*] rendre (53) responsable.

responsabilizzazióne |responsabiliddzat'tsjone| *s.f.* [→ RESPONSABILIZZARE] **1** prise de responsabilité **2** définition des responsabilités.

responsabilménte |responsabil'mente| *avv.* [→ RESPONSABILE 2] d'une manière responsable (*loc. inv.*): *si è comportato responsabilmente* il s'est comporté d'une manière responsable.

responsióne |respon'sjone| *s.f.* (*arc.*) → **risposta.**

responsìvo |respon'sivo| *agg.* (*raro*) responsif*.

respònso |res'pɔnso| *s.m.* [*risposta in tono elevato e solenne*] verdict: *il responso degli dei* le verdict des dieux; *il responso del medico* le verdict du médecin ◇ [*verdetto*] *il responso della giuria* le verdict du jury.

responsoriàle |responso'rjale| *s.m.* (*eccl.*) responsorial*.

responsòrio, i |respon'sɔrjo, i| *s.m.* (*eccl.*) répons.

rèssa |'rɛssa| *s.f.* [*l'affollarsi di un gran numero di persone che si muovono disordinatamente spingendo e urtando*] cohue: *alla biglietteria c'era una gran ressa* au guichet il y avait une grande cohue → **calca.**

1 **rèsta** |'rɛsta| *s.f.* → **arista.**
2 **rèsta** |'rɛsta| *s.f.* (*st. mil.*) arrêt *m.* ◇ (*loc. fig.*) *è partito con la lancia in resta* [*ha attaccato con decisione, con foga*] il a mis flamberge au vent.
3 **rèsta** |'rɛsta| *s.f.* **1** [*filza di ortaggi o frutti legati insieme a treccia*] chapelet *m.*, glane: *una resta di cipolle* un chapelet, une glane d'oignons **2** [*lungo cavo per trascinare la rete nella pesca d'altura*] câble *m.*
restànte |res'tante| *agg.* [*che resta, residuo*] restant: *la parte restante* la partie restante; *la somma restante* la somme restante ✦ (*s.m.*) *il restante* le reste: *il restante del viaggio sarà fatto in macchina* le reste du voyage se fera en voiture.
restàre |res'tare| *v.intr.* (*aus.* '*essere*') **1** [*continuare a stare, trattenersi in un posto*] rester: *se vi fermerete, resteremo anche noi* si vous restez, nous resterons aussi; *oggi resto in casa tutto il giorno* aujourd'hui je reste à la maison toute la journée; *resta dove sei* reste où tu es; *la cosa resti fra di noi* que cela reste entre nous **2** [*avanzare, rimanere, esserci ancora*] rester: *nel frigorifero non è restato niente* il n'est rien resté dans le réfrigérateur; *restano tre giorni* il reste trois jours; *gli resta poco da vivere* il lui reste peu de temps à vivre; *se non parli, non mi resta che andarmene* si tu ne dis rien, il ne me reste plus qu'à m'en aller; *resta da vedere se parte anche lui* (il) reste à voir s'il partira (lui) aussi; *resta il fatto che i soldi sono insufficienti* il reste qu'il n'y a pas assez de sous # *fermo restando la premessa, si può discutere* si l'on est bien d'accord sur le fait (d'où découle la conséquence), on peut discuter; *fermo restando che tutti devono lavorare...* étant bien entendu que tous doivent travailler... **3** [*arrestarsi, fermarsi*] s'arrêter (*pron.*): *restiamo un po' qui all'ombra* arrêtons-nous un peu ici à l'ombre **4** [*trovarsi, essere situato*] se trouver *pron.*, être (43) (*aus.* avoir): *dove resta la stazione?* où se trouve, où est la gare?; *la sua stanza resta in fondo al corridoio* votre chambre se trouve, est au fond du couloir **5** (*con valore copulativo*) [*permanere in uno stato, in un atteggiamento, continuare a stare in una posizione*] rester: *restare seduti* restez assis; *resta tu alla guida* reste au volant; *il negozio resta chiuso il lunedì* le magasin reste fermé le lundi → **rimanere** # *resti pure comodo* ne vous dérangez pas **6** (*con valore copulativo*) [*trovarsi in una determinata condizione o situazione a conclusione di fatti, avvenimenti*] être, rester: *restare ferito, contuso* être blessé, contusionné; *restò vedova con due bambini* elle resta veuve avec deux enfants; *andiamo piano*: *resta sempre indietro* allons doucement: il reste toujours en arrière; *resterà senz'altro deluso* il sera sûrement déçu → **rimanere** # *restiamo intesi per domenica* on demeure d'accord pour dimanche ◇ (*loc. fig.*) *è restato sul colpo* il est mort sur le coup ~ *se glielo dici, resta a bocca aperta* si tu le lui dis, il restera bouche bée ~ *non vuol restare a bocca asciutta* il ne veut pas rester le bec dans l'eau ~ *è restato di stucco* il est resté stupéfait, baba (*fam.*) ~ *lo hai fatto restare con un palmo di naso* tu l'as bien attrapé ~ *ci resterà male* il sera déçu; [*ne sarà mortificato*] il sera mortifié ✦ (*ass.*) *allora restiamo così* demeurons d'accord comme ça 🄲 **1 partire.**
restauràbile |restau'rabile| *agg.* [→ RESTAURARE] qu'on peut restaurer (*loc.*): *un quadro non restaurabile* un tableau qu'on ne peut pas restaurer; *una democrazia difficilmente restaurabile* une démocratie qu'on peut difficilement restaurer.
restauràre |restau'rare| *v.tr.* **1** [*sottoporre a restauro, restituire allo stato primitivo*] restaurer: *restaurare un affresco* restaurer une fresque; *la facciata è stata restaurata da poco* la façade a été restaurée depuis peu de temps **2** (*fig.*) [*ristabilire, ripristinare*] restaurer, rétablir: *restaurare l'ordine, la pace* restaurer, rétablir l'ordre, la paix; *si tende a restaurare antiche consuetudini* on tend à rétablir d'anciennes habitudes.
restaurativo |restaura'tivo| *agg.* de restauration (*loc. inv.*): *tecniche restaurative* techniques de (la) restauration.
restauratóre, trice |restaura'tore, tritʃe| *s.* restaurateur*: *è un bravo restauratore di libri antichi* c'est un bon restaurateur de livres anciens.
restaurazióne |restaurat'tsjone| *s.f.* [→ RESTAURARE 2] restauration: *la restaurazione della legalità* la restauration de la légalité; *la restaurazione della monarchia* la restauration de la monarchie ✦ *ass.* (*st. eur.*) *la Restaurazione* la Restauration.
restàuro |res'tauro| *s.m.* [*l'operazione di restituire alle forme originarie opere d'arte e manufatti*] restauration (*f.*): *il restauro di un edificio* la restauration d'un immeuble; *un restauro archeologico, pittorico, scultorio* une restauration d'archéologie, de peinture, de sculpture; *centro di restauro* laboratoire de restauration ◇ (*loc.*) *in restauro* en restauration ~ *chiuso per restauri* fermé pour travaux.
restio, ii |res'tio, ii| *agg.* **1** (*persone*) [*non disposto, mal disposto a un determinato comportamento*] rétif*: *è un ragazzo restio a ubbidire* c'est un garçon difficile à faire obéir; c'est un garçon rétif # *è molto restio quando deve spendere* il n'aime pas dépenser **2** (*animali*) [*che si rifiuta di obbedire*] rétif: *un cavallo restio* un cheval rétif 🄲 **docile, ubbidiente.**
restituìbile |restitu'ibile| *agg.* [→ RESTITUIRE] restituable: *un prestito facilmente restituibile* un prêt facilement restituable.
restituire |restitu'ire| (197) *v.tr.* **1** [*rendere, ridare quanto s'era avuto*] rendre (53): *mi ha restituito il libro* il m'a rendu le livre; *abbiamo fatto dei sacrifici per restituire la somma* nous avons fait des sacrifices pour rendre cette somme # *questa cura gli ha restituito le forze* ce traitement lui a redonné des forces; *i medici lo hanno restituito alla vita* les médecins l'ont ramené à la vie ◇ (*loc. fig.*) *restituire a qc. la parola* rendre à qqn. sa parole **2** [*dare indietro quanto è stato preso ingiustamente*] restituer: *il nemico dovrà restituire le terre occupate* l'ennemi devra restituer les terres occupées **3** [*contraccambiare*] rendre: *gli ha restituito il favore* il lui a rendu une, la politesse; *spero che mi restituirai la visita* j'espère que tu me rendras visite; *dovrebbe almeno restituire il saluto* il devrait au moins lui rendre son salut **4** (*lett.*) [*riportare nello stato o condizione precedenti*] rétablir: *restituire un cittadino nei suoi diritti* rétablir un citoyen dans ses droits; *restituire un testo nella sua forma originaria* rétablir un texte dans sa forme originale.
restitutóre, trice |restitu'tore, tritʃe| *s.* **1** *s.* (*raro*) [*chi restituisce*] restituteur *m.* **2** *s.* (*lett.*) → **restauratore** **3** *s.m.* (*tecnol.*) appareil restituteur.
restitutòrio, i |restitu'tɔrjo, i| *agg.* (*dir.*) restitutoire.
restituzióne |restitut'tsjone| *s.f.* [→ RESTITUIRE 1, 2] restitution: *la restituzione di un libro* la restitution d'un livre.
rèsto |'rɛsto| *s.m.* **1** reste; suite (*f.*): *dov'è il resto della compagnia?* où est le reste de la compagnie?; *passerò il resto delle vacanze al mare* je passerai le reste des vacances à la mer ‖ *non posso raccontarvi il resto* je ne peux pas vous raconter la suite (de l'affaire, de l'histoire) → **rimanente** ◇ *loc. avv.* PER IL RESTO, QUANTO AL RESTO pour le reste: *è un po' lento, per il resto non posso lamentarmi* il est un peu lent, pour le reste je ne peux pas me plaindre ~ DEL RESTO du reste, d'ailleurs: *del resto, chi ti obbliga a fare tanto?* du reste, d'ailleurs qui t'oblige à faire tout cela?; *anch'io, del resto, avevo preso questa decisione* moi aussi, d'ailleurs, j'avais pris cette décision **2** [*il denaro che si deve avere indietro, dopo aver pagato l'acquisto con un biglietto di taglio superiore*] monnaie (*f.*): *aspetti il resto* attendez la monnaie; *non ho il resto da darle* je n'ai pas de monnaie; *tenga il resto* gardez la monnaie **3** *spec. al plur.* [*avanzi, relitti*] restes: *i resti del pranzo* les restes du repas; *i resti di un antico castello* les restes d'un vieux château → **rovina** **4** (*mat.*) reste # *cinque diviso due fa due col resto di uno* cinq divisés par deux donne deux et il reste un.
restringènte |restrin'dʒɛnte| *agg.* (*farm., med.*) astringent: *un preparato restringente* un produit astringent ✦ (*s.m.*) *un restringente* un astringent 🄲 **lassativo.**
restringere |res'trindʒere| (131) **A** *v.tr.* **1** [*ridurre, far diminuire di volume, di ampiezza, di quantità*] rétrécir: *il lavaggio ha ristretto questa maglia* le lavage a rétréci ce tricot # *la cottura restringe i cibi* la cuisson réduit les aliments **2** (*fig.*) [*limitare, ridurre, contenere*] limiter: *hanno ristretto il campo delle ricerche* ils ont limité le champ de leurs recherches; *bisogna restringere i consumi* il faut limiter la consommation **B** *v.pron. intr.* RESTRINGERSI **1** [*ridursi di volume, di estensione, farsi più stretto*] rétrécir *intr.*; se rétrécir: *la maglia si è ristretta dopo la lavatura* le tricot a rétréci au lavage ‖ *la strada si restringe in prossimità dell'abitato* la route se rétrécit à proximité du village **2** [*avvicinarsi a qc. per occupare meno spazio*] se serrer: *restringetevi un po'!* serrez-vous un peu! **3** (*fig.*) [*limitarsi*] se borner.
restringiménto |restrindʒi'mento| *s.m.* **1** [→ RESTRINGERE A; B 1] rétrécissement: *il restringimento di una strada* le rétrécissement d'une route **2**

(*med.*) rétrécissement: *restringimento arterioso, uretrale* rétrécissement artériel, urétral → **stenosi.**

restrittivaménte |restrittiva'mente| *avv.* [→ RESTRITTIVO] d'une manière restrictive (*loc. inv.*): *interpretare restrittivamente una legge* interpréter une loi d'une manière restrictive.

restrittìvo |restrit'tivo| *agg.* restrictif*: *una clausola, una norma restrittiva* une clause, une norme restrictive.

restrizióne |restrit'tsjone| *s.f.* [→ RESTRINGERE A 2] restriction: *una restrizione dei consumi* une restriction de la consommation; *una restrizione della libertà* une restriction de la liberté; *restrizione del credito* restriction des crédits.

resultàre |resul'tare| *e deriv.* → **risultare** *e deriv.*

resupìno |resu'pino| *agg.* (*lett.*) → **supino.**

resurrezióne |ressuret'tsjone| *s.f.* → **risurrezione.**

resuscitàre |resuʃʃi'tare| *v.tr. e intr.* (*aus.* '*essere*') → **risuscitare.**

retàggio, i |re'taddʒo, i| *s.m.* (*lett.*) [*eredità*] héritage (*corr.*): *il retaggio di antiche tradizioni* l'héritage d'anciennes traditions.

retàre |re'tare| *v.tr.* **1** (*grafica*) [*dividere* (*un disegno*) *in quadrati uguali in vista di una riproduzione su scala diversa*] graticuler **2** [*stendere le reti per prendere uccelli e per pescare*] placer (2) les filets.

retàta |re'tata| *s.f.* **1** (coup *m.* de) filet (*m.*): *in una notte hanno fatto tre retate* en une nuit ils ont tendu trois fois le filet **2** [*la quantità di pesci o di altri animali che si cattura con una rete*] coup de filet: *una buona retata* un bon coup de filet **3** (*fig.*) [*cattura di persone colpevoli o sospette eseguita dalla polizia con grande rapidità*] coup de filet, rafle: *nel quartiere c'è stata una retata* dans le quartier il y a eu un coup de filet, une rafle.

réte |'rete| *s.f.* **1** (*caccia, pesca*) filet (*m.*): *rete per farfalle* filet à papillons; *chiudere la rete* tirer le filet; *gettare le reti* jeter les filets # *rete per lepri, per cervi* panneau ◇ (*loc. fig.*) *è caduto, è rimasto nella rete, è incappato nella rete* il est tombé dans le panneau ~ *è stato preso nelle proprie reti* il a été pris à son propre piège **2** (*per est.*) [*intrecciatura di fili di varia natura secondo i vari usi*] *rete metallica* *haie métallique; *rete mimetica* filets de camouflage; *rete parasiluri* filets pare--torpilles; *rete di protezione* filets de protection; *rete da sbarco* filets de débarquement; *rete della bicicletta* filet garde-jupes; *rete del letto* sommier; *rete per la spesa* filet à provisions; *rete per i capelli* filet à cheveux **3** [*le linee reali o ideali che si intersecano formando come le maglie di una rete*] réseau (*m.*): *rete ferroviaria, stradale, aerea* réseau de chemin de fer, routier, aérien; *rete topografica, geodetica* réseau topographique, géodésique; *rete elettrica* réseau électrique; *rete delle trasmissioni* réseau de transmission; *rete di distribuzione* réseau de distribution; *rete di spionaggio* réseau d'espionnage **4** (*in alcuni sport*) filet: *andare a rete* monter au filet; *mandare la palla in rete* envoyer la balle dans le filet ◇ (*calcio*) *rete!* but!; *la rete del pareggio* le but égalisateur; *tirare in rete* tirer au but!; *hanno vinto per due reti a una* ils ont gagné par deux buts à un; *ha segnato tre reti* il a marqué trois buts **5** (*macelleria*) crépine: *la rete del maiale* la crépine de porc; *fegatelli con rete* foie de porc enroulé dans une crépine **6** (*pitt.*) graticule.

retène |re'tɛne| *s.m.* (*chim.*) rétène.

reticèlla |reti'tʃɛlla| *s.f.* **1** [*piccola rete a maglie strette usata per tenere in ordine i capelli*] filet *m.* à cheveux, résille **2** [*rete a maglie sottili che copre le ruote della bicicletta*] filet garde-jupes **3** [*elemento dell'arredamento di vetture ferr., autobus, aerei*] filet.

reticènte |reti'tʃɛnte| *agg.* réticent: *sull'argomento sono tutti reticenti* sur le sujet, ils sont tous réticents; *hanno incriminato un testimone reticente* on a inculpé un témoin réticent.

reticènza |reti'tʃɛntsa| *s.f.* réticence: *ha risposto con una certa reticenza* il a répondu avec une certaine réticence; *parla senza reticenze!* parle sans réticence!; *la sua reticenza fa aumentare i sospetti* sa réticence accroît les soupçons.

rètico, ci, ca, che |'rɛtiko, tʃi, ka, ke| **1** *agg.* [*della Rezia, dei Reti*] rhétique: *le Alpi Retiche* les Alpes rhétiques; *la lingua retica* le rhétique *s.m.* ◇ (*geol.*) rhétien* **2** (*s.m.*) *il retico* [*la lingua*] le rhétique.

1 **reticolàre** |retiko'lare| *agg.* (*scient.*) réticulaire: *l'apparato reticolare delle cellule* l'appareil réticulaire des cellules; *archi reticolari* arcs réticulaires.

2 **reticolàre** |retiko'lare| *v.tr.* [tracciare un reticolo, suddividere con un reticolo] *reticolare un foglio* rayer (9) une feuille; *reticolare un obiettivo* réticuler un objectif.

reticolàto |retiko'lato| **I** *agg.* (*scient., tecnol.*) réticulé: *un diaframma reticolato* un diaphragme réticulé; *una mappa reticolata* une carte réticulée **II** *s.m.* **1** [*struttura di protezione e di recinzione, costituita da un intreccio di filo spinato*] grillage, treillis: *il reticolato che delimita la proprietà* le grillage, le treillis qui délimite la propriété **2** (*mil.*) barbelé: *stendere dei reticolati* poser des barbelés **3** [*tracciato, complesso di linee intrecciate in forma di rete*] réseau: *reticolato geografico* réseau des méridiens et des parallèles # *reticolato delle parole incrociate* grille des mots croisés.

reticolatùra |retikola'tura| *s.f.* (*foto.*) réticulation.

reticolazióne |retikolat'tsjone| *s.f.* [→ 2 RETICOLARE] formation d'un réseau.

retìcolo |re'tikolo| *s.m.* **1** [*complesso di linee intrecciate in forma di rete*] réseau: *reticolo cristallino* réseau cristallin **2** (*ott.*) réticule **3** (*fis.*) *reticolo di diffrazione* réseau de diffraction **4** (*anat., zool.*) bonnet.

reticolocìto |retikolo'tʃito|, **reticolòcita** |retikolo'tʃita| *s.m.* (*med.*) réticulocyte.

reticoloendotelìale |retikoloendote'ljale| *agg.* (*anat., fisiol.*) réticulo-endothélial*.

retifórme |reti'forme| *agg.* (*raro*) rétiforme.

rètina |'retina| *s.f.* (*anat.*) rétine.

retìna |re'tina| *s.f.* [*rete sottile e leggera usata per tenere in ordine i capelli*] résille.

retinàre |reti'nare| *v.tr.* [*applicare, inserire un retino*] tramer: *retinare una lastra* tramer une plaque.

retinàto |reti'nato| *agg.* **1** (*grafica*) tramé **2** (*tecnol.*) armé: *calcestruzzo, vetro retinato* béton, verre armé.

retinatùra |retina'tura| *s.f.* **1** (*grafica*) tramage *m.* **2** (*tecnol.*) armement (*m.*): *retinatura del cemento, del vetro* armement du béton, du verre.

retìnico, ci, ca, che |re'tiniko, tʃi, ka, ke| *agg.* (*anat., med.*) rétinien*: *lesioni retiniche* lésion rétiniennes.

retinìte |reti'nite| *s.f.* (*med.*) rétinite.

retìno |re'tino| *s.m.* **1** [*piccola rete usata per catturare i pesci*] épuisette *f.* ◇ (*per le farfalle*) filet à papillons **2** (*foto., tip.*) trame *f.*

retinoscopìa |retinosko'pia| *s.f.* (*med.*) pupilloscopie.

rètore |'rɛtore| *s.m.* **1** [*chi nell'ant. Grecia svolgeva la professione di oratore*] rhéteur **2** (*spreg.*) [*chi si compiace di frasi artefatte e ampollose*] rhéteur, phraseur* (*s.*): *un discorso da retore* un discours de rhéteur, de phraseur.

retoriàno |reto'rjano| *agg. e s.m.* (*st. relig.*) rhétorien*.

retòrica, che |re'tɔrika, ke| *s.f.* rhétorique: *la retorica classica* la rhétorique classique ◇ (*fig., spreg.*) *un discorso pieno di retorica* un discours plein de rhétorique # *la retorica del bel gesto* l'emphase, le théâtralisme (*lett.*) du beau geste.

retoricaménte |retorika'mente| *avv.* **1** [→ RETORICO 1] rhétoriquement: *un'orazione retoricamente perfetta* un discours rhétoriquement parfait **2** [→ RETORICO 2] pompeusement # *uno scritto retoricamente prolisso* un écrit d'une prolixité emphatique.

retòrico, ci, ca, che |re'tɔriko, tʃi, ka, ke| *agg.* **1** de la rhétorique *loc. inv.*; théâtral*: *la tecnica retorica* la technique de la rhétorique ‖ *artifici, effetti retorici* artifices, effets théâtraux ◇ (*gram.*) rhétorique: *interrogazione retorica* interrogation rhétorique **2** (*fig., spreg.*) [*vuoto, ampolloso, prolisso*] emphatique, déclamatoire; théâtral: *un discorso retorico* un discours emphatique, déclamatoire ‖ *un gesto retorico* un geste théâtral; *un atteggiamento retorico* une attitude théâtrale.

retoricùme |retori'kume| *s.m.* (*spreg.*) emphase *f.* maniérée: *il retoricume barocco* l'emphase boursouflée, maniérée du baroque.

retoromànzo |retoro'mandzo| *agg. e s.m.* (*ling.*) rhéto-roman.

retràrre |re'trarre| (190) *v.tr.* (*raro*) → **ritrarre.**

retràttile |re'trattile| *agg.* rétractiles: *appendici retrattili* appendices rétractiles; *artigli retrattili* griffes rétractiles. ◇ (*aer.*) *carrello d'atterraggio retrattile* train d'atterrissage escamotable.

retrattilità |rettrattili'ta| *s.f. inv.* rétractilité (*var.*): *retrattilità di un organo* rétractilité d'un organe.

retrattóre |retrat'tore| *s.m.* (*chir.*) rétracteur.

retrazióne |retrat'tsjone| *s.f.* → **ritrazione.**

retribuìre |retribu'ire| (197) *v.tr.* [*compensare per la prestazione d'opera*] rétribuer: *retribuire adeguatamente i lavoratori* rétribuer d'une manière adéquate les travailleurs → **pagare.**

retribuìto |retribu'ito| *agg.* [*compensato, pagato*] rémunéré, rétribué: *un lavoro ben retribuito* un travail bien rémunéré, rétribué.

retributìvo |retribu'tivo| *agg.* de (la) rétribution (*loc.*): *onere retributivo* charge de la rétribution # *miglioramenti retributivi* aménagement salarial, amélioration salariale; *livelli retributivi* niveaux salariaux.

retribuzióne |retribut'tsjone| *s.f.* [→ RETRIBUIRE] rémunération, rétribution: *la retribuzione di una categoria* la rémunération, la rétribution d'une catégorie; *concordare la retribuzione* fixer le(s) salaire(s), la rémunération.

retrìvo |re'trivo| *agg.* [*contrario, ostile al progresso*] rétrograde: *una persona di animo retrivo* une personne à l'esprit rétrograde; *una politica retriva* une politique rétrograde © **progressista.**

rètro- |'rɛtro| *pref.* (*significa 'posizione arretrata, movimento all'indietro', corrisponde gener. a*) retro: *retroattivo* rétroactif; *retrogrado* rétrograde # *retrodatare* antidater.

rètro |'rɛtro| **I** *avv.* (*arc., poet.*) → **indietro, dietro** ◇ (*loc.*) *vedi retro* voir au verso ◇ (*scherz.*) *vade retro satana!* vade retro!; arrière, Satan! **II** *s.m. inv.* **1** [*la parte posteriore*] derrière (*var.*): *il retro di un armadio* le derrière d'une armoire; *il retro della casa* sur le derrière de la maison, derrière la maison ◇ [*rovescio*] revers: *il retro di una medaglia* le revers d'une médaille **2** → **retrobottega.**

retroagìre |retroa'dʒire| (197) *v. intr.* (*aus. 'avere'*) [*agire sul passato, avere un effetto retroattivo*] rétroagir.

retroattivaménte |retroattiva'mente| *avv.* [→ RETROATTIVO] rétroactivement.

retroattività |retroattivi'ta| *s.f. inv.* rétroactivité (*var.*): *la retroattività di una legge* la rétroactivité d'une loi.

retroattìvo |retroat'tivo| *agg.* (*dir.*) rétroactif*: *una legge retroattiva* une loi rétroactive; *un contratto con effetto retroattivo* un contrat à effet rétroactif.

retroazióne |retroat'tsjone| *s.f.* rétroaction.

retrobócca |retro'bokka| *s.m. inv.* [*la parte posteriore della bocca*] arrière-bouche (*var.*): *dei retrobocca* des arrière-bouches.

retrobottéga |retrobot'tega| *s.m. inv.* [*piccola stanza dietro una bottega*] arrière-boutique (*f. var.*): *dei retrobottega* des arrière-boutiques.

retrocàmera |retro'kamera| *s.m. o f. inv.* [*piccolo ambiente accessorio situato dietro una camera*] débarras *m.*

retrocàrica |retro'karika| *s.f. solo nella loc.* A RETROCARICA; *armi a retrocarica* armes se chargeant par la culasse.

retrocèdere |retro'tʃɛdere| (125) **A** *v.intr.* (*aus. 'essere'*) **1** [*tornare indietro, muoversi all'indietro*] reculer (*aus.* avoir): *il nemico fu costretto a retrocedere* l'ennemi fut contraint à reculer ◇ (*fig.*) *retrocedere da una decisione* revenir sur sa décision **2** (*sport*) [*spostarsi in un grado o in una categoria inferiore*] reléguer (8) (*tr.*): *la squadra retrocederà in serie B* l'équipe sera reléguée en deuxième division **B** *v.tr.* **1** [*far tornare a un grado, a una carica, a un livello inferiore*] rétrograder; reléguer: *è stato retrocesso da caporale a soldato semplice* il a été rétrogradé de caporal à simple soldat ‖ *la squadra è stata retrocessa* l'équipe a été reléguée (en deuxième division) **2** (*dir.*) [*restituire una cosa a chi prima l'aveva trasferita*] rétrocéder (8) **3** (*comm.*) [*abbuonare, bonificare*] bonifier © A 1 **procedere**; A 2; B 1 **avanzare** 1.

retrocessióne |retrotʃes'sjone| *s.f.* **1** [→ RETROCEDERE A 1] recul (*m.*): *una brusca retrocessione* un brusque recul ◇ [*regressione*] régression **2** (*comm.*) bonification **3** (*dir.*) rétrocession: *retrocessione di un bene, di una terra* rétrocession d'un bien, d'une terre **4** (*bur., mil.*) rétrogradation **5** (*sport*) relégation, descente (en deuxième division).

retrocucìna |retroku'tʃina| *s.m. inv.* [*piccolo ambiente accessorio situato dietro la cucina*] arrière-cuisine (*f. var.*): *dei retrocucina* des arrière-cuisines.

retrodatàre |retroda'tare| *v.tr.* **1** [*datare con una data anteriore a quella effettiva*] antidater: *retrodatare un documento* antidater un document **2** *retrodatare un'opera d'arte* attribuer une date antérieure à une œuvre d'art.

retrodatazióne |retrodatat'tsjone| *s.f.* [→ RETRODATARE] le fait *m.* d'antidater; apposition d'une antidate: *la retrodatazione di una lettera* le fait d'antidater une lettre; *la retrodatazione di un dipinto* le fait d'antidater un tableau.

retroflessióne |retrofles'sjone| *s.f.* (*med.*) rétroflexion: *retroflessione dell'utero* rétroflexion de l'utérus.

retroflèsso |retro'flɛsso| *agg.* **1** (*bot., med.*) rétrofléchi: *utero retroflesso* utérus rétrofléchi **2** (*fon.*) rétroflexe: *una vocale retroflessa* une rétroflexe *s.f.*

retrogradàre |retrogra'dare| *v. intr.* (*aus. 'avere'*) (*astron.*) [*essere animato di moto retrogado*] rétrograder.

retrogradazióne |retrogradat'tsjone| *s.f.* [→ RETROGRADARE] rétrogradation.

retrògrado |re'trɔgrado| *agg.* **1** (*scient.*) rétrograde: *moto, movimento retrogrado* mouvement rétrograde; *amnesia retrograda* amnésie rétrograde **2** (*fig.*) [*volto al passato, che ama le usanze del passato*] rétrograde: *un paese retrogrado* un pays rétrograde; *una politica retrograda* une politique rétrograde; *una persona retrograda* une personne rétrograde ◆ (*s.*) *un retrogrado* un rétrograde © 2 **progressista.**

retroguàrdia |retro'gwardja| *s.f.* (*mil.*) arrière-garde ◇ (*fig.*) *rimanere, essere alla retroguardia* [*essere su posizioni arretrate*] rester en arrière.

retrogùsto |retro'gusto| *s.m.* → **retrosapore.**

retromàrcia, ce |retro'martʃa, tʃe| *s.f.* (*mecc.*) marche arrière: *dov'è la retromarcia in questa macchina?* où est la marche arrière sur cette voiture?; *devi fare retromarcia* il faut faire marche arrière.

retropàlco, chi |retro'palko, ki| *s.m.* (*teat.*) arrière-scène *f.*

retroposizióne |retropozit'tsjone| *s.f.* rétroposition.

retropropulsióne |retropropul'sjone| *s.f.* (*tecnol.*) rétropropulsion.

retroràzzo |retro'raddzo| *s.m.* [*motore a razzo per frenare un veicolo spaziale*] rétrofusée *f.*

retròrso |re'trɔrso| *agg.* plié en arrière.

retrosapóre |retrosa'pore| *s.m.* [*residuo caratteristico di sapore presentato da un vino dopo la degustazione*] arrière-goût: *dei retrosapori* des arrière-goûts.

retroscèna |retroʃ'ʃɛna| *s.* **1** *s.f.* (*teat.*) arrière-scène **2** *s.m. inv.* (*fig.*) [*quanto vi è di poco chiaro o corretto in un fatto*] coulisses *f. pl.*, dessous (*pl.*): *i retroscena della politica* les coulisses de la politique; *non conosco il retroscena dell'accaduto* je ne connais pas les dessous de l'affaire.

retrospettìva |retrospet'tiva| *s.f.* rétrospective: *una retrospettiva di Chardin* une rétrospective de Chardin.

retrospettivaménte |retrospettiva'mente| *avv.* [→ RETROSPETTIVO] rétrospectivement.

retrospettìvo |retrospet'tivo| *agg.* rétrospectif*: *un criterio retrospettivo* un critère rétrospectif; *una mostra retrospettiva* une exposition rétrospective.

retrospezióne |retrospet'tsjone| *s.f.* rétrospection.

retrostànte |retros'tante| *agg.* (situé) derrière (*avv.*): *la strada retrostante la casa* la rue qui passe derrière la maison © **antistante.**

retrotèrra |retro'tɛrra| *s.m. inv.* **1** (*geogr.*) arrière-pays, hinterland (*var.*): *il retroterra di Genova* l'arrière-pays de Gênes **2** [*complesso di interessi (economici, politici, ecc.) che ruotano intorno a un'attività*] background *var.* ◇ (*per est.*) *il retroterra culturale* l'infrastructure *f. var.* culturelle.

retrotrèno |retro'trɛno| *s.m.* [*treno posteriore*] arrière-train: *i retrotreni* les arrière-trains; *il retrotreno di un autocarro* l'arrière-train d'un camion © **avantreno.**

retroversióne |retrover'sjone| *s.f.* **1** retraduction (d'un texte) **2** (*med.*) rétroversion: *retroversione uterina* rétroversion de l'utérus.

retrovìa |retro'via| *s.f. spec. al plur.* (*mil.*) arrière (*m.*): *concentrare i rinforzi nelle retrovie* concentrer les renforts à l'arrière.

retrovisìvo |retrovi'zivo| *agg.* [*che vede o fa vedere indietro*] *specchio, specchietto retrovisivo* rétroviseur *s.m.* → **retrovisore.**

retrovisóre |retrovi'zore| *s.m.* rétroviseur.

1 **rètta** |'rɛtta| *s.f.* [*pensione che paga chi è ospite di un convitto*] pension: *retta mensile* pension mensuelle; *mezza retta* demi-pension # *essere a mezza retta* être demi-pensionnaire.

2 **rètta** |'rɛtta| *s.f.* (*geom.*) droite, ligne droite: *rette parallele, perpendicolari* droites parallèles, perpendiculaires.

3 **rètta** |'rɛtta| *s.f. solo nella loc.* DARE RETTA (A Q.C) [*dare ascolto, prestare attenzione*] *dammi retta, non fare così!* crois-moi, ne fais pas comme ça; *non gli dar retta, è un bugiardo* ne l'écoute pas, c'est un menteur; *se mi avessi dato retta, non saresti in questo guaio* si tu m'avais écouté, tu ne serais pas dans ce pétrin; *a dar retta a tutti si finisce male* on ne peut contenter tout le monde et son père; *non vuol dar retta a nessuno* il ne veut rien entendre, il ne veut écouter personne.

rettàle |ret'tale| *agg.* (*anat., med.*) réctal*.

rettaménte |retta'mente| *avv.* **1** [→ RETTO I 3] avec droiture (*loc. inv.*): *si è comportato rettamente* il s'est comporté avec droiture **2** [→ RETTO I 4] correctement: *ha interpretato rettamente il passo* il a interprété correctement le passage.

rettangolàre |rettango'lare| *agg.* (*geom.*) rectangulaire: *un tavolo rettangolare* une table rectangulaire.

rettàngolo |ret'tangolo| **1** *agg.* (*geom.*) rectangle: *un triangolo rettangolo* un triangle rectangle **2** *s.m.* rectangle.

rettifica, che |ret'tifika, ke| *s.f.* **1** [→ RETTIFICARE 1] rectification: *la rettifica di un errore* la rectification d'une erreur; *apportare una rettifica a un certificato* apporter une rectification à un certificat **2** (*tecnol.*) rectification: *rettifica della bussola* rectification, compensation de la boussole; *rettifica di un tiro* rectification d'un tir.

rettificàbile |rettifi'kabile| *agg.* [→ RETTIFICARE] rectifiable.

rettificàre |rettifi'kare| *v.tr.* **1** [*fare, apportare una rettifica*] rectifier: *rettificare un documento* rectifier un document; *rettificare una bussola* rectifier une boussole **2** [*sottoporre a rettificazione*] rectifier: *rettificare un composto chimico* rectifier un composé chimique; *rettificare una corrente elettrica* rectifier un courant électrique; *hanno rettificato il corso del fiume* ils ont rectifié le cours du fleuve.

rettificàto |rettifi'kato| *agg.* (*chim.*) rectifié: *alcool rettificato* alcool rectifié ✦ (*s.m.*) *un rettificato* un produit rectifié *agg.*

rettificatóre, trice |rettifika'tore, tritʃe| **1** *agg.* [*che rettifica*] rectifieur* (*s.*): *operaio rettificatore* rectifieur ✦ (*s.*) *un rettificatore* un rectifieur **2** *s.m.* (*chim.*) rectificateur.

rettificatrice |rettifika'tritʃe| *s.f.* (*tecnol.*) rectifieuse: *rettificatrice per profili* rectifieuse pour profils.

rettificazióne |rettifikat'tsjone| *s.f.* [→ RETTIFICARE] rectification.

rettifilo |retti'filo| *s.m.* [*tratto di strada a tracciato rettilineo*] ligne *f.* droite: *è sbandato su un rettifilo* il a fait une embardée sur une ligne droite.

1 **rèttile** |'rɛttile| *agg.* (*bot.*) rampant.

2 **rèttile** |'rɛttile| *s.m.* **1** (*t.zool.*) reptile ✦ *s.m. pl.* (*t.zool.*) *i Rettili* les Reptiles **2** (*fig.*) [*persona vile e malvagia*] reptile.

rettilìneo |retti'lineo| *agg.* [*che segue la linea retta*] rectiligne: *direzione rettilinea* direction rectiligne ◇ (*fig.*) *una condotta rettilinea* une conduite droite ✦ (*s.m.*) *un rettilineo* une ligne *f.* droite: *sul rettilineo d'arrivo* sur la ligne droite précédant l'arrivée Ⓒ **curvilineo.**

rettite |ret'tite| *s.f.* (*med.*) rectite.

rettitùdine |retti'tudine| *s.f.* [*dirittura morale, onestà, lealtà*] droiture, rectitude: *è un uomo di grande rettitudine* c'est un homme d'une grande droiture.

rètto |'rɛtto| **I** *agg.* **1** (*gram.*) direct: *casi retti* cas directs **2** (*geom., mat.*) droit: *angolo retto* angle droit; *piramide retta* pyramide droite **3** (*fig.*) [*leale, onesto, buono*] droit: *è una persona retta e sincera* c'est une personne droite et sincère ◇ (*loc.*) *ha abbandonato la retta via* il a abandonné le droit chemin **4** (*fig.*) [*esatto, corretto, giusto*] exact: *la retta pronuncia di una parola* la prononciation exacte d'un mot **II** *s.m.* **1** [*cosa giusta e onesta*] juste: *il retto e il vero* le juste et le vrai **2** (*anat.*) rectum **3** [*la faccia anteriore di fogli e monete*] recto; face (*f.*): *il retto di un foglio* le recto (d'une feuille) ‖ *il retto di un medaglione* la face d'un médaillon.

rettocèle |retto'tʃɛle| *s.m.* (*med.*) rectocèle *f.*

rettocolite |rettoko'lite| *s.f.* (*med.*) recto-colite.

rettoràle |retto'rale| *agg.* rectoral*: *decisione rettorale* décision rectorale.

rettoràto |retto'rato| *s.m.* **1** [*la carica, l'ufficio di rettore*]: (*eccl.*) rectorat; (*di collegio*) provisorat; (*di seminario*) directorat; (*d'università*) rectorat **2** [*ufficio del rettore*]: (*di collegio*) bureau du proviseur; (*di seminario*) bureau du directeur; (*d'università*) bureau du recteur.

rettóre |ret'tore| *s.m.* **1** [*superiore di un seminario*] directeur **2** [*direttore di un convitto, di un collegio*] proviseur **3** [*chi ha la direzione dell'università*] recteur **4** [*l'ecclesiastico che regge una chiesa non parrocchiale con titolo di rettoria*] recteur **5** (*lett.*) [*chi regge, governa*] conducteurs*: *i rettori dei popoli* les conducteurs des peuples ◇ (*per anton.*) *il rettore del cielo, il supremo rettore* [*Dio*] le Rois des rois.

rettoria |retto'ria| *s.f.* (*eccl.*) rectorat *m.*

rettòrico |ret'tɔriko| *e deriv.* → **retorico** *e deriv.*

rettoscopia |rettosko'pia| *s.f.* (*med.*) rectoscopie.

rettoscòpio, i |rettos'kɔpjo, i| *s.m.* (*med.*) rectoscope.

reuclinìano |reukli'njano| *agg.* (*ling.*) reuchlinien*.

rèuma |'rɛuma| *s.m.* (*med.*) rhumatisme.

reumatalgia, gie |reumatal'dʒia, dʒie| *s.f.* (*med.*) rhumatalgie.

reumàtico, ci, ca, che |reu'matiko, tʃi, ka, ke| *agg.* (*med.*) rhumatismal*: *affezioni reumatiche* affections rhumatismales # *un soggetto reumatico* un sujet rhumatisant ✦ (*s.m.*) *un reumatico* un rhumatisant.

reumatismo |reuma'tizmo| *s.m.* (*med.*) rhumatisme: *soffrire di reumatismi* souffrir de rhumatismes.

reumatizzàre |reumatid'dzare| **A** *v.tr.* [*procurare un reumatismo*] donner des rhumatismes (à): *questa umidità mi ha reumatizzato* cette humidité m'a donné des rhumatismes **B** *v.pron. intr.* REUMATIZZARSI [*prendersi un reumatismo*] attraper *tr.* des rhumatismes: *in questo clima mi sono reumatizzato* avec ce climat j'ai attrapé des rhumatismes.

reumatizzàto |reumatid'dzato| *agg.* [*affetto da reumatismi*] rhumatisant.

reumatologia, gie |reumatolo'dʒia, dʒie| *s.f.* (*med.*) rhumatologie.

reumatològico, ci, ca, che |reumato'lɔdʒiko, tʃi, ka, ke| *agg.* rhumatologique.

reumatòlogo, gi |reuma'tɔlogo, dʒi| *s.* rhumatologue, rhumatologiste.

revanscismo |revan'ʃizmo| *s.m.* (*polit.*) esprit revanchard.

revanscista |revan'ʃista| *s.* [*sostenitore del revanscismo*] revanchard.

revanscistico, ci, ca, che |revan'ʃistiko, tʃi, ka, ke| *agg.* (*polit.*) revanchard: *tendenze revanscistiche* tendances revanchardes.

reverèndo |reve'rɛndo| **1** *agg.* (*eccl.*) révérend: *il reverendo padre* le révérend père; *la reverenda madre superiora* la révérende mère supérieure; *il molto reverendo vescovo di...* Monseigneur l'évêque de... **2** *s.m.* [*prete, sacerdote*] Monsieur le curé: *buon giorno, reverendo* bonjour, Monsieur le curé ◇ [*vicario*] vicaire ◇ [*parroco*] curé: *vorrei parlare al reverendo* je voudrais parler à Monsieur le curé.

reverènte |reve'rɛnte| *e deriv.* → **riverente** *e deriv.*

reverenziàle |reveren'tsjale| *agg.* révérenciel*: *un saluto reverenziale* un salut révérenciel.

'revers' |RəVɛR| *s.m. inv.* (*abbigl.*) revers.

reversàle |rever'sale| *agg.* (*dir.*) réversal*: *lettera reversale* lettres réversales ✦ (*s.f.*) récépissé *m.*

reversìbile |rever'sibile| *agg.* (*scient.*) réversible: *processo reversibile* processus réversible; *una reazione reversibile* une réaction réversible; *beni reversibili* biens réversibles; *una pensione reversibile* une pension réversible Ⓒ **irreversibile.**

reversibilità |reversibili'ta| *s.f. inv.* (*scient.*) réversibilité (*var.*): *la reversibilità di una trasformazione fisica* la réversibilité d'une transformation physique; *la reversibilità di una liquidazione* la réversibilité d'une dette; *la reversibilità di una lesione* la réversibilité d'une lésion Ⓒ **irreversibilità.**

reversibilménte |reversibil'mente| *avv.* [→ REVERSIBILE] d'une manière réversible *loc. inv.*

reversìno |rever'sino| *s.m.* (*gioco di carte*) reversi, reversis.

reversióne |rever'sjone| *s.f.* (*dir., biol.*) réversion.

revisionàre |revizjo'nare| *v.tr.* [*rivedere attentamente, sottoponendo a esame e analisi*] réviser: *revisionare le prove scritte di un esame* réviser les matières de l'écrit d'un examen; *revisionare un organo meccanico* réviser un organe mécanique; *revisionare la contabilità* réviser la comptabilité.

revisióne |revi'zjone| *s.f.* **1** [→ REVISIONARE] révision: *la revisione di una lista elettorale* la révision d'une liste électorale; *la revisione di un processo* la révision d'un procès; *la revisione di un motore* la révision d'un moteur **2** (*mus.*) révision.

revisionismo |revizjo'nizmo| *s.m.* (*polit.*) révisionnisme.

revisionista |revizjo'nista| *s.* révisionniste.

revisionìstico, ci, ca, che |revizjo'nistiko, tʃi, ka, ke| *agg.* (*polit.*) révisionniste: *politica revisionistica* politique révisionniste; *correnti revisionistiche* courants révisionnistes.

revisóre |revi'zore| *s.m.* réviseur: *revisore di bozze* réviseur d'épreuves ◇ (*comm.*) *revisore dei conti* vérificateur comptable ◇ (*dir.*) *revisore dei conti* auditeur des comptes.

revivalismo |reviva'lizmo| *s.m.* (*relig.*) revivalisme.

revivalista |reviva'lista| *s.* revivaliste.

revivalìstico, ci, ca, che |reviva'listiko, tʃi, ka, ke| *agg.* (*relig.*) revivaliste.
reviviscènte |reviviʃ'ʃɛnte| *agg.* **1** (*biol.*) reviviscent **2** (*fig.*, *lett.*) [*che torna a rivivere*] reviviscent: *un mito reviviscente* un mythe reviviscent.
reviviscènza |reviviʃ'ʃɛntsa| *s.f.* **1** (*biol.*) reviviscence, réviviscence: *la reviviscenza dei muschi* la reviviscence des mousses **2** (*fig.*, *lett.*) [*il fatto di tornare a rivivere*] reviviscence: *la reviviscenza di una ideologia* la reviviscence d'une idéologie.
rèvoca, che |'rɛvoka, ke| *s.f.* **1** [*il fatto di revocare, di essere revocato*] révocation: *la revoca di un ordine* la révocation d'un ordre → **annullamento** **2** (*dir.*) révocation: *la revoca di un testamento, di una concessione* la révocation d'un testament, d'une concession ◇ (*di sequestro, di opposizione, di ipoteca*) mainlevée: *la revoca di un sequestro* la mainlevée d'une saisie.
revocàbile |revo'kabile| *agg.* [→ REVOCARE 1] révocable: *sentenza non revocabile* sentence non révocable; *una concessione revocabile* une concession révocable.
revocabilità |revokabili'ta| *s.f. inv.* révocabilité (*var.*): *la revocabilità di un negozio giuridico* la révocabilité d'un acte juridique.
revocàre |revo'kare| *v.tr.* **1** [*annullare, dichiarare non più valido e operante*] révoquer: *revocare una concessione, un trasferimento* révoquer une concession, un transfert; *revocare un funzionario da un incarico* révoquer un fonctionnaire, retirer à un fonctionnaire sa charge; *il decreto è stato revocato* le décret a été révoqué **2** (*arc.*, *lett.*) [*richiamare indietro*] rappeler (4) # *revocare in patria un esule* autoriser un exilé à rentrer au pays.
revocativo |revoka'tivo| *agg.* [*di revoca, che comporta una revoca*] révocatoire: *un provvedimento revocativo* une mesure révocatoire.
revocatòrio, i |revoka'tɔrjo, i| *agg.* révocatoire: *un atto revocatorio* un acte révocatoire.
revocazióne |revokat'tsjone| *s.f.* [→ REVOCARE 1] révocation: *la revocazione di una nomina* la révocation d'une nomination.
revolùto |revo'luto| *agg.* **1** (*bot.*) révoluté **2** (*lett.*) [*che ha compiuto un giro completo*] révolu.
revolver |re'vɔlver, ri'vɔlvə| *s.m. inv.* (*ingl.*) **1** [*pistola a tamburo*] revolver *var.* **2** (*tecnol.*) *nella loc.* A REVOLVER à revolver: *motore a revolver* moteur à revolver.
revolveràta |revolve'rata| *s.f.* coup *m.* de revolver.
revulsióne |revul'sjone| *s.f.* (*med.*) révulsion.
revulsivo |revul'sivo| *agg.* (*farm.*, *med.*) révulsif*: *un preparato ad azione revulsiva* une préparation à action révulsive ♦ (*s.m.*) *un revulsivo* un révulsif.
reziàrio, i |ret'tsjarjo, i| *s.m.* (*st. rom.*) rétiaire.
rézzo |'reddzo| *s.m.* (*lett.*) [*luogo ombroso*] ombrage (*corr.*) ◇ [*frescura*] frais (*corr.*), fraîcheur *f.* (*corr.*).
riabbandonàre |riabbando'nare| *v.tr.* [*abbandonare di nuovo*] abandonner de nouveau: *è stato riabbandonato* il a été de nouveau abandonné.
riabbassàre |riabbas'sare| **A** *v.tr.* [*abbassare di nuovo, di più*] baisser de nouveau, encore: *riabbassa il volume della radio* baisse encore le volume de la radio **B** *v.pron.* RIABBASSARSI **1** *rifl.* [*chinarsi, piegarsi*] se baisser de nouveau **2** *intr.* [*diminuire*] baisser *intr.* de nouveau: *la temperatura si è riabbassata* la température a de nouveau baissé.
riabbàttere |riab'battere| **A** *v.tr.* [*abbattere di nuovo*] abattre (76) de nouveau **B** *v.pron. intr.* RIABBATTERSI [*demoralizzarsi di nuovo*] se démoraliser.
riabbellìre |riabbel'lire| (197) **A** *v.tr.* [*abbellire ancora, di più, nuovamente*] embellir de nouveau: *riabbellire un locale con fiori* embellir de nouveau une pièce avec des fleurs **B** *v.pron. intr.* RIABBELLIRSI [*farsi bello di nuovo o di più*] embellir *intr.* de nouveau: *dopo la vacanza si è riabbellita* après les vacances, elle a de nouveau embelli.
riabbonaménto |riabbona'mento| *s.m.* réabonnement.
riabbonàre |riabbo'nare| *v.tr.* [*abbonare di nuovo*] réabonner: *ho riabbonato la mia amica al circolo* j'ai réabonné mon amie au club.
riabbottonàre |riabbotto'nare| **A** *v.tr.* [*abbottonare ancora, di nuovo*] reboutonner: *riabbottonare una federa* reboutonner une taie □ *riabbottonati il cappotto* reboutonne ton manteau **B** *v.pron. rifl.* RIABBOTTONARSI [*abbottonarsi di nuovo*] se reboutonner: *riabbottonati*: *fa freddo* reboutonne-toi: il fait froid.
riabbracciàre |riabbrat'tʃare| **A** *v.tr.* **1** [*tornare ad abbracciare*] embrasser de nouveau: *ha riabbracciato il padre* il a de nouveau embrassé son père ◇ (*fig.*) *ha riabbracciato quel credo politico* il a embrassé de nouveau ce credo politique **2** (*per est.*) [*vedere di nuovo qc. dopo un certo periodo*] revoir (37): *desidero tanto riabbracciarti* je désire tant te revoir **B** *v.pron. recipr.* RIABBRACCIARSI **1** [*abbracciarsi di nuovo*] s'embrasser de nouveau **2** (*per est.*) [*rivedersi*] se revoir ◇ [*riunirsi*] se réunir.
riabilitàre |riabili'tare| **A** *v.tr.* **1** (*dir.*) [*reintegrare nell'esercizio dei diritti mediante opportuno provvedimento*] réhabiliter **2** (*fig.*) [*rendere nuovamente la buona fama, la stima*] réhabiliter: *la sua decisione lo ha riabilitato di fronte a tutti* sa décision l'a réhabilité aux yeux de tous **3** [*rendere di nuovo abile a q.c.*] rendre (53) de nouveau apte (à) **B** *v.pron. rifl.* RIABILITARSI [*riacquistare la stima*] se réhabiliter: *con la sua condotta si è riabilitato* il s'est réhabilité par sa bonne conduite.
riabilitàto |riabili'tato| *agg. e s.* réhabilité.
riabilitazióne |riabilitat'tsjone| *s.f.* [→ RIABILITARE] réhabilitation: *ha ottenuto la riabilitazione politica* il a obtenu la réhabilitation politique.
riabitàre |riabi'tare| **A** *v.tr.* [*tornare ad abitare*] réhabiter: *riabita lo stesso appartamento* il réhabite le même appartement **B** *v.intr.* (*aus.* '*avere*') [*abitare di nuovo*] réhabiter: *riabita in quella città* il réhabite dans cette ville.
riabituàre |riabitu'are| **A** *v.tr.* [*abituare di nuovo, far riprendere l'abitudine*] réhabituer: *l'estate lo ha riabituato allo sport* l'été l'a réhabitué au sport **B** *v.pron. rifl.* RIABITUARSI [*prendere di nuovo un'abitudine*] se réhabituer: *mi sono riabituata a questo clima* je me suis réhabituée à ce climat.
riaccadére |riakka'dere| *v.intr.* (*aus.* '*essere*') [*accadere di nuovo*] arriver de nouveau, encore: *purtroppo è riaccaduto* malheureusement, cela est encore arrivé.
riaccasàre |riakka'sare| **A** *v.tr.* (*raro*) [*accasare di nuovo*] remarier **B** *v. pron. rifl.* RIACCASARSI [*accasarsi di nuovo*] se remarier.
riaccèndere |riat'tʃɛndere| (105) **A** *v.tr.* [*accendere di nuovo*] rallumer: *riaccendere la pipa* rallumer sa pipe ◇ (*fig.*) *ha riacceso un antico rancore* il a rallumé une vieille rancune **B** *v.pron. intr.* RIACCENDERSI [*tornare ad accendersi*] se rallumer: *il fuoco si è riacceso* le feu s'est rallumé, a repris ◇ (*fig.*) *la discordia si è riaccesa* la dispute s'est rallumée.
riaccennàre |riattʃen'nare| **A** *v.tr.* [*abbozzare, indicare di nuovo*] attirer de nouveau l'attention (sur), faire (45) de nouveau allusion (à): *riaccennare un vecchio problema* attirer de nouveau l'attention sur un vieux problème **B** *v. intr.* (*aus.* '*avere*') [*accennare di nuovo*] faire (45) *tr.* de nouveau allusion à: *riaccennare a un episodio dimenticato* faire de nouveau allusion à un épisode oublié.
riaccensióne |riattʃen'sjone| *s.f.* rallumage *m.*
riaccettàre |riattʃet'tare| *v.tr.* [*accettare di nuovo*] accepter de nouveau: *ha riaccettato l'incarico* il a de nouveau accepté la charge.
riacchiappàre |riakkjap'pare| *v. tr.* [*acchiappare, catturare di nuovo*] rattraper: *hanno riacchiappato il monello* on a rattrapé le gamin.
riacciuffàre |riattʃuf'fare| *v.tr.* [*acciuffare di nuovo*] rattraper: *riacciuffare un ladruncolo* rattraper un petit voleur.
riaccògliere |riak'kɔʎʎere| (123) *v.tr.* [*accogliere di nuovo*] accueillir (18) de nouveau: *hanno riaccolto il figlio in famiglia* ils ont de nouveau accueilli leur fils dans la famille.
riaccomodàre |riakkomo'dare| **A** *v.tr.* [*accomodare di nuovo*] réparer: *riaccomodare il ferro da stiro* réparer le fer à repasser **B** *v.pron.* RIACCOMODARSI **1** *recipr.* [*tornare in buoni rapporti con qc.*] se réconcilier, se raccommoder (*fam.*): *è difficile riaccomodarsi dopo anni* il est difficile de se réconcilier, de se raccommoder quand on a laissé passer des années **2** *intr.* [*ritornare normale*; *aggiustarsi*] s'arranger (3): *la faccenda si è riaccomodata* l'affaire s'est arrangée.
riaccompagnàre |riakkompaɲ'ɲare| *v.tr.* [*accompagnare di nuovo*] raccompagner: *ti riaccompagno alla stazione* je te raccompagne à la gare.
riaccoppiaménto |riakkoppja'mento| *s.m.* (*mecc.*) réenclenchement.
riaccordàre |riakkor'dare| **A** *v.tr.* [*tornare ad accordare*] accorder de nouveau: *riaccordare uno strumento* accorder de nouveau un instrument **B** *v. pron. recipr.* RIACCORDARSI [*accordarsi di nuovo*] se remettre (71) d'accord: *dopo la lite si sono riaccordati* après la dispute, ils se sont remis d'accord.
riaccostàre |riakkos'tare| **A** *v.tr.*

[*accostare di nuovo*] rapprocher: *riaccostare le imposte* rapprocher les volets **B** *v.pron. rifl.* RIACCOSTARSI [*accostarsi, avvicinarsi nuovamente*] se rapprocher (de): *si è riaccostato nuovamente a quel gruppo* il s'est encore une fois rapproché de ce groupe.

riaccreditàre |riakkredi'tare| *v.tr.* **1** [*avvalorare di nuovo*] accréditer de nouveau: *riaccreditare una notizia, una voce* accréditer de nouveau une nouvelle, un bruit **2** (*comm.*) [*accreditare di nuovo*] créditer de nouveau: *riaccreditare una somma* créditer de nouveau une somme.

riaccusàre |riakku'zare| *v.tr.* **1** [*accusare nuovamente*] accuser de nouveau: *accusa e riaccusa* il accuse et accuse de nouveau **2** [*accusare a propria volta, ritorcere l'accusa*] accuser à son tour: *se mi accusa, lo riaccuso* s'il m'accuse, je l'accuse à mon tour.

riacquisìre |riakkwi'zire| (197) *v. tr.* [*acquisire di nuovo*] recouvrer (*lett.*): *riacquisire un diritto* recouvrer un droit.

riacquisizióne |riakkwisit'tsjone| *s.f.* [→ RIACQUISIRE] recouvrement *m.* (*lett.*).

riacquistàbile |riakkwiz'tabile| *agg.* **1** [→ RIACQUISTARE 1] rachetable **2** [→ RIACQUISTARE 2] recouvrable.

riacquistàre |riakkwis'tare| *v.tr.* **1** [*acquistare nuovamente*] racheter (7): *riacquistare la stessa merce* racheter la même marchandise **2** (*fig.*) [*ricuperare, riprendere*] recouvrer (*lett.*): *ha riacquistato la salute* il a recouvré la santé.

riacquìsto |riak'kwisto| *s.m.* **1** [*il fatto di riacquistare, ciò che si riacquista*] rachat: *è un ottimo riacquisto* c'est un excellent rachat **2** (*fig.*) [*ricupero*] recouvrement.

riacutizzàre |riakutid'dzare| **A** *v. tr.* [*acutizzare di nuovo*] aggraver de nouveau: *il freddo mi ha riacutizzato i dolori* le froid a aggravé de nouveau mes douleurs; *questa vertenza sta riacutizzando la tensione sindacale* ce différend aggrave de nouveau la tension syndicale **B** *v.pron. intr.* RIACUTIZZARSI [*farsi di nuovo più acuto*] s'aggraver de nouveau.

riacutizzazióne |riakutiddzat'tsjone| *s.f.* [→ RIACUTIZZARE] nouvelle aggravation: *la riacutizzazione di una malattia* la nouvelle aggravation d'une maladie.

riadagiàre |riada'dʒare| **A** *v.tr.* [*adagiare nuovamente*] recoucher: *riadagiare il neonato nella culla* recoucher le bébé dans le berceau **B** *v.pron. rifl.* RIADAGIARSI [*tornare ad adagiarsi*] se recoucher.

riadattàbile |riadat'tabile| *agg.* [→ RIADATTARE] qui peut être réadapté *loc.*

riadattaménto |riadatta'mento| *s.m.* [*il fatto di riadattare, di riadattarsi*] réadaptation (*f.*): *un periodo di riadattamento* une période de réadaptation; *il riadattamento alla vita sociale* la réadaptation à la vie sociale.

riadattàre |riadat'tare| **A** *v.tr.* [*adattare di nuovo o a qualcosa di diverso*] réadapter # *ho riadattato il mio vestito alla bambina* j'ai mis ma robe à la taille de l'enfant **B** *v.pron. rifl.* RIADATTARSI [*tornare ad adattarsi*] se réadapter: *mi sono riadattato all'ambiente* je me suis réadapté au milieu.

riaddormentàre |riaddormen'tare| **A** *v.tr.* [*addormentare di nuovo*] rendormir (21): *riaddormentare il bambino* rendormir l'enfant **B** *v.pron. intr.* RIADDORMENTARSI [*riprendere il sonno interrotto*] se rendormir: *non sono riuscito a riaddormentarmi* je ne suis pas arrivé à me rendormir.

riadottàre |riadot'tare| *v.tr.* [*adottare di nuovo*] adopter de nouveau, encore: *hanno riadottato lo stesso testo* ils ont encore adopté le même texte.

riadunàre |riadu'nare| **A** *v.tr.* [*adunare di nuovo*] réunir, assembler de nouveau: *riadunare l'assemblea* réunir de nouveau l'assemblée **B** *v.pron. rifl.* RIADUNARSI [*tornare ad adunarsi*] s'assembler de nouveau.

riaffacciàre |riaffat'tʃare| **A** *v.tr.* **1** [*mostrare, far vedere di nuovo*] remontrer, montrer de nouveau **2** (*fig.*) [*ripresentare, mettere nuovamente avanti*] énoncer (2) de nouveau # *ha riaffacciato il suo dubbio* il recommence à douter **B** *v.pron.* RIAFFACCIARSI **1** *rifl.* [*affacciarsi di nuovo*] se remontrer: *si riaffacciò alla finestra* il se remontra à la fenêtre **2** *intr.* (*fig.*) [*presentarsi nuovamente*] revenir (27) *intr.* en mémoire, en tête: *le si riaffacciò alla mente quel pensiero* cette pensée lui revint en tête.

riaffermàre |riaffer'mare| **A** *v.tr.* [*affermare in tono più deciso, di nuovo*] réaffirmer: *ha riaffermato la sua posizione* il a réaffirmé sa position **B** *v. pron. rifl.* RIAFFERMARSI [*dimostrare di nuovo le proprie capacità*] s'imposer de nouveau: *si è riaffermato come cantante* il s'est de nouveau imposé comme chanteur.

riafferràre |riaffer'rare| *v.tr.* [*afferrare di nuovo*] ressaisir: *riuscì a riafferrare la corda appena in tempo* il réussit à ressaisir la corde juste à temps.

riaffilàre |riaffi'lare| *v.tr.* [*affilare nuovamente*] réaffûter, raffûter: *bisogna riaffilare questo coltello* il faut réaffûter ce couteau.

riaffittàre |riaffit'tare| *v.tr.* [*affittare di nuovo*] relouer: *cerca di riaffittare l'appartamento* il essaie de relouer son appartement.

riaffogliàre |riaffoʎ'ʎare| *v.tr.* (*banca*) [*aggiungere un nuovo foglio cedole a un titolo mobiliare nel quale tutte le cedole precedenti siano state esaurite*] recouponner (un titre).

riaffratellàre |riaffratel'lare| **A** *v.tr.* [*affratellare di nuovo*] réconcilier **B** *v.pron. recipr.* RIAFFRATELLARSI [*affratellarsi, unirsi di nuovo in fratellanza*] fraterniser *intr.*

riaffrontàre |riaffron'tare| **A** *v.tr.* [*affrontare di nuovo*] affronter de nouveau: *vuol riaffrontare una situazione pericolosa* il veut de nouveau affronter une situation dangereuse **B** *v.pron. recipr.* RIAFFRONTARSI [*affrontarsi di nuovo*] s'affronter de nouveau: *si sono riaffrontati con coraggio* ils se sont de nouveau affrontés courageusement.

riagganciàre |riaggan'tʃare| **A** *v. tr.* [*agganciare di nuovo*] fixer de nouveau: *riagganciare gli sci* fixer de nouveau les skis ◇ (*vestiti*) ragrafer **B** *v. pron.* RIAGGANCIARSI **1** *rifl.* (*fig.*) [*ricollegarsi*] se rattacher: *si è riagganciato alla tradizione italiana* il s'est rattaché à la tradition italienne **2** *intr.* [→ *rifl.*] *quest'opera si riaggancia al verismo* cette œuvre se rattache au vérisme.

riaggiustàre |riaddʒus'tare| **A** *v. tr.* [*rimettere in ordine, aggiustare di nuovo*] réajuster, rajuster: *riaggiustare un vestito* réajuster une robe **B** *v.pron. intr.* RIAGGIUSTARSI [*riaccomodarsi*] s'arranger: *tutto si è riaggiustato* tout s'est arrangé.

riaggravàre |riaggra'vare| **A** *v.tr.* [*aggravare nuovamente*] aggraver de nouveau **B** *v.pron. intr.* RIAGGRAVARSI [*tornare ad aggravarsi*] s'aggraver de nouveau: *la situazione si è riaggravata* la situation s'est de nouveau aggravée.

riagguantàre |riaggwan'tare| *v. tr.* [*agguantare un'altra volta*] ressaisir ◇ [*riacciuffare*] se ressaisir *pron.* (de).

rialesàggio, i |riale'zaddʒo, i| *s.m.* (*tecnol.*) réalésage.

rialesàre |riale'zare| *v.tr.* [*eseguire una finitura con un alesatore*] réaléser (8).

rialesatùra |rialeza'tura| *s.f.* → rialesaggio.

riallacciàre |riallat'tʃare| **A** *v.tr.* **1** [*allacciare di nuovo*] rétablir: *riallacciare una linea telefonica* rétablir une ligne téléphonique ◇ [*riabbottonare*] reboutonner: *riallacciare la giacca* reboutonner sa veste ◇ [*riaffibbiare*] reboucler **2** (*fig.*) [*stringere di nuovo*] renouer: *riallacciare un'amicizia* renouer une amitié **B** *v.pron. intr.* RIALLACCIARSI [*riferirsi, essere in relazione*; *ricollegarsi*] se rattacher: *questo capitolo si riallaccia a quello precedente* ce chapitre se rattache au précédent; *riallacciarsi a una tradizione* se rattacher à une tradition.

riallargàre |riallar'gare| *v.tr.* [*allargare di nuovo*] élargir de nouveau: *riallargare la strada* élargir de nouveau la route.

riallungàre |riallun'gare| **A** *v.tr.* [*tornare ad allungare*] rallonger (3): *riallungare l'orlo alle gonne* rallonger les (l'ourlet des) jupes **B** *v.pron. rifl.* RIALLUNGARSI [*allungarsi di nuovo*] se rallonger.

riàlto |ri'alto| *s.m.* **1** [*luogo rilevato da terra*] *hauteur *f.* ◇ (*geogr.*) *rialto oceanico* relief océanique **2** [*ricamo in rilievo*] broderie *f.* en relief.

rialzàbile |rial'tsabile| *agg.* [→ RIALZARE] relevable.

rialzàre |rial'tsare| **A** *v.tr.* **1** [*alzare di nuovo*] relever (6): *ha rialzato il bambino caduto* il a relevé, ramassé l'enfant qui était tombé; *a quel rumore ha rialzato la testa* à ce bruit il a relevé la tête **2** [*alzare ancora di più, aumentare ulteriormente*] exhausser: *hanno rialzato la casa di un piano* ils ont exhaussé la maison d'un étage **3** (*fig.*) [*far salire*] *hausser: *hanno rialzato i prezzi* ils ont haussé les prix **B** *v.intr.* (*aus.* '*essere*') [*salire, elevarsi*] monter (*aus.* avoir, être): *il prezzo dell'oro tende a rialzare* le prix de l'or tend à monter **C** *v.pron.* RIALZARSI **1** *rifl.* [*sollevarsi, sollevarsi di nuovo*] se relever: *il bambino piangendo si rialzò* l'enfant se releva en pleurant **2** *intr.* [*salire a valori più alti*] monter (*intr.*): *la temperatura si è rialzata* la température a monté.

rialzàto |rial'tsato| *agg.* [*sollevato, messo in alto*] relevé: *teneva il colletto rialzato* il tenait son col relevé; il avait relevé le col de (son manteau, sa veste) ◇ (*edil.*) *piano rialzato* rez-de-chaussée surélevé, entresol.

rialzista |rial'tsista| *s.* [*chi in Borsa effettua speculazioni al rialzo*] *haussier *m.*
rialzo |ri'altso| *s.m.* **1** [→ RIALZARE A 3] *hausse *f.*; relèvement: *il rialzo dei prezzi* la hausse des prix; *i titoli sono in rialzo* les titres sont en hausse ‖ *il rialzo del tasso di sconto* le relèvement du taux d'escompte; *il rialzo dei salari* le relèvement des salaires ◇ (*Borsa*) *c'è una tendenza al rialzo* la tendance est à la hausse; *si gioca al rialzo* on joue à la hausse **2** [*rilievo del terreno*] *hauteur *f.* **3** [*spessore usato per rialzare le scarpe*] semelle *f.* spéciale (pour hausser le talon) **4** (*gioco infantile*) chat perché ⓒ 1 **ribasso.**
riamare |ria'mare| *v.tr.* **1** [*amare di nuovo*] aimer (de nouveau): *pensa di non poter riamare più nessun'altra* il pense qu'il ne pourra aimer aucune autre femme, qu'il n'éprouvera d'amour pour aucune autre femme **2** [*ricambiare l'amore, corrispondere all'amore di chi ci ama*] payer (9) de retour: *ama ed è riamato* il aime et il est payé de retour.
riammalarsi |riamma'larsi| *v. pron. intr.* [*ammalarsi di nuovo*] retomber *intr.* malade, rechuter (*intr.*): *ha preso freddo e si è riammalato* il a pris froid et il est retombé malade, et il a rechuté.
riamméttere |riam'mettere| (155) *v.tr.* [*ammettere di nuovo*] réadmettre (71): *il direttore lo ha riamesso a scuola* le directeur l'a réadmis à l'école; *è stato riamesso al circolo* il a été réadmis au club.
riammissióne |riammis'sjone| *s.f.* [→ RIAMMETTERE] réadmission: *si è dato da fare per la sua riammissione* il s'est donné du mal pour sa réadmission.
riammogliàre |riammoʎ'ʎare| **A** *v.tr.* (*raro*) [*ridare moglie*] remarier **B** *v.pron. rifl.* RIAMMOGLIARSI [*riprendere moglie*] se remarier.
riandàre |rian'dare| (101) **A** *v.intr.* (*aus. 'essere'*) [*andare di nuovo, tornare*] retourner: *è riandato a visitare quel museo* il est retourné visiter ce musée **B** *v.tr.* **1** (*raro, lett.*) [*ripercorrere*] reparcourir (17) **2** (*fig.*) [*riesaminare, ripassare con la memoria*] remémorer.
rianimàre |riani'mare| **A** *v.tr.* **1** [*restituire vigore, ridare vitalità*] ranimer: *rianimare una persona svenuta* ranimer une personne évanouie; *il riposo lo ha rianimato* le repos l'a ranimé **2** (*fig.*) [*ridare coraggio, fiducia*] redonner du courage (à): *le sue parole lo hanno rianimato* ses mots lui ont redonné du courage **B** *v.pron. intr.* RIANIMARSI **1** [*riprendere forza, vigore*] revenir (27) *intr.* à soi: *il ferito si è rianimato lentamente* le blessé est lentement revenu à lui **2** (*fig.*) [*riprendere coraggio, fiducia*] reprendre (73) *tr.* courage: *alla notizia si è rianimato* à la nouvelle, il a repris courage **3** (*fig.*) [*tornare attivo, in pieno movimento*] se ranimer: *verso sera la città si rianima* vers le soir la ville se ranime.
rianimazióne |rianimat'tsjone| *s.f.* **1** [→ RIANIMARE B 3] reprise de l'animation: *la rianimazione delle città dopo le ferie* la reprise de l'animation des villes après les vacances **2** (*med.*) réanimation: *rianimazione postoperatoria* réanimation postopératoire; *centro, sala di rianimazione* centre, salle de réanimation.
riannaffiàre |riannaf'fjare| *v.tr.* [*annaffiare di nuovo*] arroser de nouveau.
riannessióne |riannes'sjone| *s.f.* [→ RIANNETTERE] réannexion: *la riannessione di un territorio* la réannexion d'un territoire.
riannèttere |rian'nɛ(e)ttere| (112) *v.tr.* [*annettere di nuovo*] réannexer.
riannodàre |rianno'dare| **A** *v.tr.* [*annodare di nuovo*] renouer: *riannodare un nastro* renouer un ruban; *ha riannodato una vecchia relazione amorosa* il a renoué une vieille liaison (amoureuse) **B** *v.pron. intr.* RIANNODARSI **1** [*riferirsi*] se rapporter **2** [*ricollegarsi*] se rattacher.
riannuvolàre |riannuvo'lare| **A** *v.intr.* (*aus. 'essere'*) [*coprire nuovamente di nubi*] couvrir (23) (le ciel) de nouveau de nuages: *questo vento ha riannuvolato il cielo* ce vent a de nouveau couvert le ciel de nuages **B** *v.pron. intr.* RIANNUVOLARSI [*coprirsi nuovamente di nubi*] se couvrir de nuages: *il cielo si è riannuvolato* le ciel s'est de nouveau couvert de nuages.
riapertùra |riaper'tura| *s.f.* **1** [→ RIAPRIRE] réouverture: *riapertura di una piaga* la réouverture d'une plaie **2** [*ripresa di attività di un ente, istituto, ecc. pubblico*] rentrée; réouverture: *la riapertura delle scuole* la rentrée des classes; *la riapertura del parlamento* la rentrée parlementaire ‖ *la riapertura della caccia* la réouverture de la chasse.
riappaciàre |riappa'tʃare| *v.tr.* → **rappacificare.**
riappacificàre |riappatʃifi'kare| *v.tr.* → **rappacificare.**
riappaltàre |riappal'tare| *v.tr.* **1** [*appaltare di nuovo*] réadjuger (3) **2** [*appaltare ad altri*] sous-traiter.
riappaltatóre, trice |riappalta'tore, tritʃe| *s.* [*chi ridà ad altri un appalto precedentemente assunto*] sous--entrepreneur*, sous-traitant *m.*
riappàlto |riap'palto| *s.m.* [*appalto ad altri di un lavoro già preso in appalto*] réadjudication *f.* → **subappalto.**
riapparìre |riappa'rire| (142) *v.intr.* (*aus. 'essere'*) [*apparire di nuovo*] réapparaître (72) (*aus.* avoir), reparaître (72) (*aus.* avoir): *dopo il temporale, riapparve il sole* après l'orage, le soleil réapparut, reparut.
riapparizióne |riapparit'tsjone| *s.f.* [*nuova apparizione, ricomparsa*] réapparition: *la riapparizione di una cometa* la réapparition d'une comète; *la riapparizione di un sintomo* la réapparition d'un symptôme.
riappellàre |riappel'lare| *v.tr.* [*ricorrere nuovamente a un giudice di grado superiore*] réappeler (4).
riappèndere |riap'pendere| (105) *v.tr.* [*appendere di nuovo*] accrocher (de nouveau): *vai a riappendere il cappotto in anticamera* va accrocher de nouveau ton manteau dans l'antichambre.
riappianàre |riappja'nare| **A** *v.tr.* [*appianare di nuovo*] aplanir de nouveau: *riappianare un terreno* aplanir de nouveau un terrain; *riappianare una controversia* aplanir de nouveau une controverse **B** *v.pron. intr.* RIAPPIANARSI [*risolversi, chiarirsi nuovamente*] s'aplanir: *col tempo la questione si riappianerà* avec le temps le problème s'aplanira de nouveau.
riappiccicàre |riappittʃi'kare| **A** *v.tr.* [*appiccicare di nuovo*] recoller: *riappiccicare un'etichetta scollata* recoller une étiquette décollée **B** *v.pron. intr.* RIAPPICCICARSI [*aderire fortemente, attaccarsi nuovamente*] recoller (*tr.*): *il manico si è riappiccicato al vaso* l'anse a été recollée au vase ◇ (*fig., fam.*) *quel seccatore mi si è riappiccicato* ce casse--pieds est de nouveau à mes trousses.
riappisolàrsi |riappizo'larsi| *v. pron. intr.* [*appisolarsi di nuovo*] s'assoupir de nouveau.
riaprìre |ria'prire| (186) **A** *v.tr.* [*aprire di nuovo*] rouvrir (23): *riapri la finestra*: *fa caldo* rouvre la fenêtre: il fait chaud; *voglio riaprire un conto corrente* je veux rouvrir un compte courant; *la seduta è stata riaperta* la séance a été rouverte; *devono riaprire l'inchiesta* ils doivent rouvrir l'enquête ♦ (*ass.*) *le scuole riaprono a settembre* les classes rentrent en septembre ◇ (*fig.*) *riaprire una ferita, una piaga* rouvrir une blessure, une plaie ~ *cerca di riaprire gli occhi e di non farti ingannare* essaie d'ouvrir (de nouveau) les yeux et de ne pas te faire avoir (*fam.*) **B** *v.pron. intr.* RIAPRIRSI [*aprirsi di nuovo*] se rouvrir: *la porta si è riaperta* la porte s'est rouverte # *quando si riapre l'ufficio?* quand le bureau rouvre--t-il?
riàrdere |ri'ardere| (113) **A** *v.tr.* [*ardere completamente, disseccare*] brûler: *il vento ha riarso il terreno* le vent a brûlé, desséché le terrain **B** *v.intr.* (*aus. 'essere'*) [*ardere di nuovo*] flamber (*aus.* avoir), reprendre (73) (*aus.* avoir): *il fuoco ha preso a riardere* le feu s'est remis à flamber; le feu a repris ◇ (*fig.*) brûler (*aus.* avoir); *riarde in lui la gelosia* la jalousie brûle à nouveau en lui.
riarmaménto |riarma'mento| *s.m.* → **riarmo.**
riarmàre |riar'mare| **A** *v.tr.* **1** [*armare di nuovo*] réarmer: *riarmare un paese* réarmer un pays **2** [*provvedere di strutture di sostegno costruzioni, scavi e sim.*] refaire (45) l'armature (de): *riarmare un ponte* refaire l'armature d'un pont **3** [*rimettere in sesto, in efficienza*] rééquiper, réarmer: *riarmare una nave* rééquiper, réarmer un navire; *riarmare una linea ferroviaria* rééquiper une ligne de chemin de fer **B** *v. pron. rifl.* RIARMARSI [*fornirsi di nuove armi*] réarmer (*intr.*): *le grandi potenze si riarmano* les grandes puissances réarment.
riarmatùra |riarma'tura| *s.f.* (*mar.*) *riarmatura di una nave* réarmement *m.* d'un navire.
riàrmo |ri'armo| *s.m.* (*mil.*) réarmement: *la corsa al riarmo* la course au réarmement.
riàrso |ri'arso| *agg.* [*secco per eccessiva aridità*] brûlé, desséché: *terra riarsa* terre brûlée, desséchée # *ho la gola riarsa* j'ai la gorge sèche.
riascoltàre |riaskol'tare| *v.tr.* [*ascoltare di nuovo*] écouter de nouveau: *riascoltare un brano di musica* écouter de nouveau un morceau de musique.
riassalìre |riassa'lire| (199) *v.tr.* [*tornare ad assalire*] assaillir (19) de nouveau: *riassalire una fortificazione* assaillir de nouveau une fortification.
riassaporàre |riassapo'rare| *v.tr.* [*assaporare di nuovo*] savourer de nou-

veau: *riassaporare un piatto* savourer de nouveau un plat ◇ (*fig.*) *riassaporare il successo* savourer de nouveau le succès.

riassegnàre |riassen'nare| *v.tr.* [*assegnare di nuovo, per la seconda volta*] attribuer de nouveau: *la cattedra è stata riassegnata al medesimo insegnante* la chaire a été (de nouveau) attribuée au même professeur.

riassestaménto |riassesta'mento| *s.m.* [*riordinamento sul piano organizzativo e funzionale*] redressement: *il riassestamento di un'impresa* le redressement d'une entreprise.

riassestàre |riasses'tare| **A** *v.tr.* [*assestare di nuovo, riordinare*] redresser: *riassestare una ditta* redresser une maison; *si deve riassestare il bilancio* il faut redresser le bilan **B** *v.pron.* RIASSESTARSI **1** *rifl.* [*rimettersi in ordine, sistemarsi*] se redresser: *quell'industriale si sta riassestando* cet industriel se redresse **2** *intr.* [*subire un assestamento, un nuovo assestamento*] se tasser: *il terreno si è riassestato* le terrain s'est tassé.

riassèsto |rias'sesto| *s.m.* → **riassestamento.**

riassettàre |riasset'tare| *v.tr.* [*rimettere in ordine, a posto*] remettre (71) en ordre: *riassettare la casa* remmettre la maison en ordre.

riassètto |rias'sɛtto| *s.m.* **1** [*l'operazione, il lavoro di riassettare*] mise *f.* en ordre # *bisogna dare un riassetto a questa libreria* il faut remettre en ordre cette bibliothèque **2** [*nuovo ordinamento*] réorganisation (*f.*): *il riassetto delle carriere statali* la réorganisation des carrières de l'État.

riassicuràre |riassiku'rare| **A** *v.tr.* **1** [*assicurare di nuovo*] rassurer: *mi ha riassicurato sulla sua onestà* il m'a rassuré quant à son honnêteté **2** [*rinnovare una polizza d'assicurazione*] réassurer: *riassicurare la casa contro gli incendi* réassurer la maison contre les incendies **B** *v.pron. rifl.* RIASSICURARSI **1** [*ridiventare certo, sicuro (di q.c.)*] se rassurer: *mi sono riassicurato dopo averlo visto* j'ai été rassuré quand je l'ai eu contrôlé **2** [*fare un contratto di riassicurazione*] se réassurer: *si è riassicurato per una somma maggiore* il s'est réassuré pour une plus grosse somme.

riassicuratóre, trice |riassikura'tore, tritʃe| *agg.* [*che riassicura*] de réassurance *loc. inv.* ◆ (*s.m.*) *il riassicuratore* le réassureur.

riassicurazióne |riassikurat'tsjone| *s.f.* (*dir. comm.*) réassurance: *riassicurazione in eccedente* réassurance des excédents; *riassicurazione a premio di rischio* réassurance à prime de risque; *stipulare una riassicurazione* effectuer une réassurance.

riassopìrsi |riasso'pirsi| (197) *v. pron. intr.* [*assopirsi di nuovo*] s'assoupir de nouveau.

riassorbiménto |riassorbi'mento| *s.m.* **1** [→ RIASSORBIRE A] réabsorption (*f.*): *controllare il riassorbimento dell'acqua da parte di un terreno* contrôler la réabsorption de l'eau par un terrain ◇ (*fig.*) résorption: *il riassorbimento della manodopera, dell'inflazione* la résorption *f.* de la main-d'œuvre, de d'inflation **2** (*med.*) résorption: *il riassorbimento di un ematoma* la résorption d'un hématome.

riassorbìre |riassor'bire| (204) **A** *v.tr.* [*assorbire di nuovo, completamente*] réabsorber: *il terreno arido riassorbì subito la pioggia* le terrain sec réabsorba aussitôt la pluie ◇ (*med.*) *far riassorbire un ascesso* résorber un abcès ◇ (*fig.*) *lo Stato si è impegnato a riassorbire la disoccupazione, l'inflazione* l'État s'est engagé à résorber le chômage, l'inflation **B** *v.pron. intr.* RIASSORBIRSI [*essere nuovamente assorbito*] se résorber: *l'ematoma si è riassorbito* l'hématome s'est résorbé.

riassortiménto |riassorti'mento| *s.m.* renouvellement de stock.

riassùmere |rias'sumere| (118) *v. tr.* **1** [*assumere di nuovo*] assumer de nouveau; reprendre (73): *riassumere una carica* assumer de nouveau une charge || *riassumere il comando* reprendre le commandement ◇ [*riprendere*] reprendre: *riassumere il potere* reprendre le pouvoir **2** [*riprendere a servizio*]: (*di operaio*) réembaucher; (*di impiegato*) rengager (3) **3** [*compendiare, condensare in forma sintetica*] résumer: *riassumere un discorso per sommi capi* résumer un discours à grands traits # *riassumendo, posso affermare...* en résumé, je puis affirmer...

riassumìbile |riassu'mibile| *agg.* [→ RIASSUMERE] que l'on peut rengager *loc.*, réemployable; que l'on peut résumer (*loc.*): *un operaio riassumibile* un ouvrier que l'on peut rengager, réemployable || *una novella riassumibile in poche righe* une nouvelle que l'on peut résumer en quelques lignes.

riassuntivo |riassun'tivo| *agg.* [*che serve a riassumere, che costituisce un riassunto*] récapitulatif*: *capitolo riassuntivo* chapitre récapitulatif; *quadro riassuntivo* tableau récapitulatif; *dati riassuntivi* données récupitulatives.

riassùnto |rias'sunto| **I** *agg.* **1** [*ripreso a servizio*]: (*di operaio*) réembauché; (*di impiegato*) rengagé **2** [*riepilogato, compendiato*] résumé: *un brano riassunto brevemente* un morceau résumé brièvement **II** (*s.m.*) *un riassunto* un résumé.

riassunzióne |riassunt'tsjone| *s.f.* **1** [→ RIASSUMERE 2] rengagement (*m.*): *la riassunzione degli operai licenziati* le rengagement des ouvriers licenciés **2** (*dir.*) reprise.

riattaccàre |riattak'kare| *v.tr.* **1** [*attaccare di nuovo*] rattacher; (*i cavalli*) réatteler (4); (*un quadro*) raccrocher **2** [*ricucire*] recoudre (60): *attaccami questo bottone, per favore* recouds-moi ce bouton, s'il te plaît **3** [*attaccare un'altra volta con la colla*] recoller: *devo riattaccare questa etichetta* je dois recoller cette étiquette **4** [*interrompere una conversazione telefonica*] raccrocher: *stavo ancora parlando, quando ha riattaccato* j'étais encore en train de parler, quand il a raccroché **5** [*riprendere, ricominciare dopo una breve interruzione*] recommencer (2): *ha riattaccato a lavorare* il a recommencé à travailler; *riattacca a piovere* il recommence à pleuvoir; *speriamo che non riattacchi a parlare* espérons qu'il ne va pas recommencer à parler ◆ (*ass.*) *riattacchiamo (a lavorare) alle otto* on recommence (à travailler), on embraye (*fam.*) à huit heures **6** [*muovere nuovamente all'attacco*] attaquer de nouveau, réattaquer: *i nemici vogliono riattaccare le nostre posizioni* les ennemis veulent attaquer de nouveau, réattaquer nos positions ◆ (*ass.*) *riattaccheremo all'alba* nous réattaquerons à l'aube.

riattaménto |riatta'mento| *s.m.* [→ RIATTARE] remise *f.* en état: *il riattamento di una casa* la remise en état d'une maison.

riattàre |riat'tare| *v.tr.* [*riparare per rendere q.c. atta nuovamente all'uso*] remettre (71) en état: *riattare una strada, un fabbricato* remettre en état une route, un bâtiment # *riattare un vestito* transformer une robe.

riatterràre |riatter'rare| **A** *v.tr.* [*gettare nuovamente a terra*] jeter (5) de nouveau à terre: *riatterrare un avversario* jeter de nouveau à terre un adversaire **B** *v.intr.* (*aus.* '*essere, avere*') [*tornare a terra*] atterrir (*aus.* avoir): *l'aereo è riatterrato nello stesso aeroporto* l'avion est revenu atterrir dans le même aéroport; *l'aereo ha riatterrato* l'avion a atterri.

riattivàre |riatti'vare| *v.tr.* [*far tornare nuovamente attivo, far funzionare di nuovo*] rétablir; remettre (71) en service, en activité: *riattivare una linea telefonica* rétablir une ligne téléphonique || *la strada è stata riattivata* la route a été remise en service, a été de nouveau ouverte (à la circulation).

riattivazióne |riattivat'tsjone| *s.f.* [→ RIATTIVARE] rétablissement *m.*; remise en activité: *riattivazione di una linea ferroviaria* rétablissement d'une ligne de chemin de fer (ferroviaire) || *la riattivazione di una fabbrica* la remise en activité d'une usine # *la riattivazione di una strada* la réouverture d'une route ◇ (*med.*) réactivation: *riattivazione della circolazione del sangue, della respirazione* réactivation de la circulation du sang, de la respiration.

riattizzàre |riattit'tsare| *v.tr.* [*attizzare di nuovo*] attiser de nouveau: *riattizzare il fuoco* attiser de nouveau le feu ◇ (*fig.*) *riattizzare un odio* attiser de nouveau une haine.

riattraversàre |riattraver'sare| *v. tr.* [*attraversare di nuovo*] retraverser: *riattraversare la strada* retraverser la route.

riavallàre |riaval'lare| *v.tr.* [*avallare di nuovo, rinnovare l'avallo*] avaliser de nouveau: *riavallare un permesso* avaliser de nouveau un permis.

riavàllo |ria'vallo| *s.m.* (*comm.*) renouvellement de l'aval.

riavére |ria'vere| (97) **A** *v.tr.* **1** [*avere di nuovo*] avoir (28) de nouveau: *spero di non riavere delle preoccupazioni simili* j'espère ne plus avoir (de nouveau) de tels soucis **2** [*ricuperare, riacquistare*] recouvrer: *dopo l'operazione, ha riavuto la vista* après l'opération, il a recouvré la vue **3** [*avere indietro, rientrare in possesso*] récupérer (8): *ho riavuto quel libro* j'ai récupéré ce livre # *ho paura che non riavrò più quei soldi* j'ai bien peur de ne pas ravoir, revoir cet argent **B** *v.pron. intr.* RIAVERSI [*riprendere le forze, superare una crisi fisica, psichica, economica*] se remettre (71); se rétablir: *dopo quello spavento, si è riavuta a stento* elle a eu du mal à se remettre de cette frayeur || *dopo il fallimento non si è più riavuto* après sa faillite, il ne s'est pas rétabli.

riavolàre |riavo'lare| *v.tr.* [*rimesta-*

re, impastare con il riavolo] ringarder.
riàvolo |ri'avolo| *s.m.* (*metall.*) ringard, râble.
riavvampàre |riavvam'pare| *v. intr.* (*aus. 'essere'*) [*avvampare di nuovo*] reprendre (73) (*aus.* avoir): *il fuoco è riavvampato all'improvviso* le feu a soudain repris ◇ (*fig.*) s'enflammer de nouveau: *riavvampa la discordia politica* la discorde politique s'enflamme de nouveau.
riavventàre |riavven'tare| **A** *v.tr.* (*raro*) [*avventare di nuovo*] relancer (2) (*corr.*) **B** *v.pron. rifl.* RIAVVENTARSI [*scagliarsi, gettarsi nuovamente contro qc.*] se ruer de nouveau: *si riavventò contro il rivale* il se rua de nouveau sur son rival.
riavvertìre |riavver'tire| *v.tr.* [*avvertire, avvisare di nuovo*] avertir de nouveau.
riavvicinaménto |riavvitʃina'mento| *s.m.* [→ RIAVVICINARE] rapprochement, le fait de se rapprocher # *ha ottenuto un riavvicinamento alla sua città* il a obtenu de se rapprocher de sa ville natale ◇ (*fig.*) *dopo la lite, ha tentato un riavvicinamento* après la dispute, il a tenté un rapprochement.
riavvicinàre |riavvitʃi'nare| **A** *v. tr.* [*avvicinare di nuovo, rimettere vicino*] rapprocher: *riavvicina quelle due poltrone* rapproche ces deux fauteuils ◇ (*fig.*) *ha cercato di riavvicinare i due cugini* il a essayé de rapprocher les deux cousins **B** *v.pron.* RIAVVICINARSI **1** *intr.* [*diventare vicino, più vicino*] se rapprocher: *le due parti del meccanismo si riavvicinano* les deux parties du mécanisme se rapprochent **2** *rifl.* [*riaccostarsi*] se rapprocher: *si è riavvicinata ai genitori* elle s'est rapprochée de ses parents **3** *recipr.* [*avvicinarsi di nuovo, reciprocamente*] se rapprocher: *le due famiglie si sono riavvicinate* les deux familles se sont rapprochées, réconciliées.
riavvòlgere |riav'vɔldʒere| (196) *v.tr.* [*avvolgere di nuovo*] envelopper, emballer de nouveau; enrouler de nouveau: *riavvolgi questa scatola* enveloppe de nouveau cette boîte ‖ *bisogna riavvolgere la bobina* il faut de nouveau enrouler la bobine.
riavvolgiménto |riavvoldʒi'mento| *s.m.* (*elettr.*) rebobinage.
riazzuffàrsi |riattsuf'farsi| *v.pron. recipr.* [*azzuffarsi di nuovo, a vicenda*] en venir (27) *intr.* de nouveau aux mains: *li hanno divisi, ma si sono riazzuffati* on les a séparés, mais ils en sont de nouveau venus aux mains.
ribaciàre |riba'tʃare| *v.tr.* **1** [*baciare di nuovo*] embrasser de nouveau: *la baciò e ribaciò* il l'embrassa et l'embrassa de nouveau, il l'embrassa mille fois **2** [*restituire il bacio*] rendre (53) un baiser.
ribadìre |riba'dire| (197) **A** *v.tr.* **1** [*ribattere la punta di un chiodo e farla rientrare nel legno, metallo, ecc.*] river: *ribadire una graffa* river une agrafe ◇ (*loc. fig.*) *ribadire le catene della schiavitù* serrer la vis **2** (*fig.*) [*confermare, rafforzare*] confirmer, répéter (8): *ribadisco la mia opinione* je confirme, répète mon opinion; *ha ribadito le sue accuse* il a confirmé, répété, maintenu ses accusations **B** *v. pron. intr.* RIBADIRSI [*confermarsi, diventare più saldo*] s'affirmer: *si è ribadita nel suo animo la stessa impressione* cette impression s'affirma dans son esprit.
ribaditóio, i |ribadi'tojo, i| *s.m.* (*tecnol.*) rivoir.
ribaditóre |ribadi'tore| *s.m.* (*tecnol.*) riveur.
ribaditrìce |ribadi'tritʃe| *s.f.* (*tecnol.*) riveuse: *ribaditrice pneumatica, meccanica* riveuse pneumatique, mécanique.
ribaditùra |ribadi'tura| *s.f.* **1** [→ RIBADIRE A 1] rivure **2** [*la parte ribadita del chiodo*] rivure.
ribadocchìno |ribadok'kino| *s.m.* (*st. mil.*) ribaudequin.
ribagnàre |ribaɲ'ɲare| **A** *v.tr.* [*bagnare di nuovo*] arroser de nouveau: *ha ribagnato il giardino* il a de nouveau arrosé le jardin **B** *v.pron.* RIBAGNARSI **1** *intr.* [*bagnarsi nuovamente*] se remouiller: *uscendo, si è ribagnata tutta* en sortant, elle s'est complètement remouillée, elle s'est de nouveau fait tremper **2** *rifl.* [*fare di nuovo il bagno*] se rebaigner: *mi sono ribagnato in mare* je me suis rebaigné en mer.
ribalderìa |ribalde'ria| *s.f.* **1** [*il fatto di essere un ribaldo*] canaillerie: *è un individuo di una ribalderia incredibile* c'est un individu d'une canaillerie incroyable **2** [*azione, comportamento da ribaldo*] scélératesse: *questa è una ribalderia !* ça, c'est une scélératesse!
ribàldo |ri'baldo| *s.m.* **1** (*fig.*) [*scellerato, disonesto*] scélérat: *è un ribaldo !* c'est un scélérat! **2** (*st. mediev.*) ribaud.
ribalenàre |ribale'nare| *v.intr.* (*aus. 'essere'*) (*fig.*) [*balenare di nuovo*] revenir (27) à l'esprit: *mi ribalena nella mente il suo volto* son visage me revient à l'esprit.
ribàlta |ri'balta| *s.f.* **1** [*elemento di chiusura* (*di un mobile*) *costituito da un piano, fissato con una cerniera in modo da poter essere alzato e abbassato*] abattant (*m.*): *mobile a ribalta* un secrétaire à abattant; (*di botola*) trappe **2** (*teat.*) rampe; scène: *le luci della ribalta* les feux de la rampe ‖ *chiamare gli attori alla ribalta* appeler les acteurs sur la scène; *presentarsi alla ribalta* se présenter sur la scène ◇ (*loc. fig.*) *è un personaggio alla ribalta* c'est un personnage qui est sous les feux de la rampe ~ *è salito da poco alla ribalta* il a fait son apparition depuis peu de temps.
ribaltàbile |ribal'tabile| *agg.* [→ RIBALTARE] *sedile ribaltabile* siège transformable, à abattant; *letto ribaltabile* lit escamotable; *piano ribaltabile* abattant ✦ *s.m.* (*mecc.*) *un ribaltabile* un basculeur.
ribaltaménto |ribalta'mento| *s.m.* **1** [→ RIBALTARE] renversement ◇ (*spec.*) *il ribaltamento di un'automobile, di un aereo* le capotage d'une voiture, d'un avion **2** (*mat.*) renversement.
ribaltàre |ribal'tare| **A** *v.tr.* [*rovesciare, mandare sottosopra*] renverser: *senza volerlo ha fatto ribaltare la poltrona* sans le vouloir, il a renversé le fauteuil, il a fait se renverser le fauteuil **B** *v.pron. intr.* RIBALTARSI [*rovesciarsi, andare sottosopra*] se renverser # *la macchina si è ribaltata nella scarpata* la voiture a capoté sur le talus.
ribaltatóre |ribalta'tore| *s.m.* (*tecnol.*) culbuteur.
ribaltìna |ribal'tina| *s.f.* (*tip.*) volet *m.*, rabat *m.* de jaquette.
ribassaménto |ribassa'mento| *s.m.* (*arch., edil.*) surbaissement.
ribassàre |ribas'sare| **A** *v.tr.* [*abbassare, diminuire*] rabaisser, baisser ◇ (*fig.*) *ribassare i prezzi* baisser, réduire (75) les prix; *mi hanno ribassato la retta* on a réduit le prix de ma pension **B** *v.intr.* (*aus. 'essere'*) [*diventare più basso*] baisser (*aus.* avoir): *il cambio è ribassato* le (taux de) change a baissé; *gli affitti non sono ribassati* les loyers n'ont pas baissé **C** **rincarare**.
ribassàto |ribas'sato| *agg.* (*arch., edil.*) surbaissé.
ribassìsta |ribas'sista| *s.m.* [*chi, in Borsa, specula al ribasso*] baissier.
ribàsso |ri'basso| *s.m.* [*diminuzione, calo, abbassamento*] baisse (*f.*): *c'è stato un ribasso del carbone* il y a eu une baisse du prix du charbon, le prix du charbon a baissé; *il mercato tende al ribasso* le marché tend, est à la baisse; *c'è un ribasso dei titoli azionari* il y a une baisse des actions; *specula al ribasso* il spécule à la baisse ◇ [*sconto*] rabais ◇ [*riduzione di importo*] remise *f.* ◇ (*loc. fig.*) *quell'uomo politico è in ribasso* cet homme politique est en baisse **C** **rialzo**.
ribàttere |ri'battere| **A** *v.tr.* **1** [*tornare a battere*] rebattre (76): *questo tappeto va ribattuto* il faut rebattre ce tapis # *ribatti quel chiodo* rive ce clou; *ribattere una lettera* (*a macchina*) retaper une lettre (à la machine) ◇ (*mus.*) répéter (8): *ribattere una nota* répéter une note # *ribattere un tasto* retaper une touche ◇ (*scherma*) rabattre (76): *ribattere un colpo* rabattre un coup ◇ (*sport*) renvoyer (14): *ribattere la palla* renvoyer la balle ◇ (*fig.*) repousser: *ribattere l'assalto* repousser une attaque **2** [*ricercare ancora la selvaggina, dopo averla già battuta e fatta levare*] rabattre, traquer: *ribattere una quaglia* rabattre une caille; faire lever plusieurs fois une caille **3** [*spianare una cucitura, gli orli ripiegati*] rabattre: *ribattere un orlo* rabattre un ourlet **4** (*fig.*) [*replicare a quanto detto da altri, confutare*] réfuter: *ribattere un'accusa, un'obiezione* réfuter une accusation, une objection **B** *v.intr.* (*aus. 'avere'*) **1** [*bussare di nuovo*] frapper de nouveau: *hanno ribattuto alla porta* on a de nouveau frappé à la porte **2** (*fig.*) [*insistere*] insister: *ribatte sempre sullo stesso punto* il insiste toujours sur le même point; *batti e ribatti, riuscirà* à force d'insister, il arrivera **3** [*replicare, contraddire*] répliquer: *ha ascoltato senza ribattere* il a écouté sans répliquer; *'non lo farò' – ribatté pronto* 'je ne le ferai pas' – répliqua-t-il; *non ha il coraggio di ribattere* il n'a pas le courage de répliquer.
ribattezzàre |ribatted'dzare| *v.tr.* **1** [*battezzare nuovamente*] rebaptiser **2** (*fig.*) [*dare un nuovo nome o un nome diverso*] rebaptiser: *ribattezzare una via* rebaptiser une rue.
ribattìno |ribat'tino| *s.m.* [*chiodo per collegare elementi metallici*] rivet.
ribattitóre, trice |ribatti'tore, tritʃe| *s.* **1** [*operaio addetto a lavori di ribattitura*] riveur *m.* **2** (*sport*) [*chi ribatte la palla*] celui *m.*, celle *f.* qui renvoie la balle.
ribattitùra |ribatti'tura| *s.f.* [→

RIBATTERE A 3] rabat (*m.*): *la ribattitura di un orlo* le rabat d'un ourlet.

ribattùta |ribat'tuta| *s.f.* **1** [*il fatto di ribattere*] (*nella loc.*) *dare una ribattuta a un tappeto* rebattre un tapis **2** (*sport*) renvoi *m.*

ribèca, che |ri'bεka, ke| *s.f.* (*mus.*) rebec *m.*

ribellàre |ribel'lare| **A** *v.tr.* (*raro*) [*indurre alla rivolta*] inciter à la révolte (*corr.*) **B** *v.pron. intr.* RIBELLARSI [*sollevarsi contro un'autorità, rifiutare di obbedire*] se révolter (contre): *si è ribellata alle sue prepotenze* elle s'est révoltée contre ses violences; *è inutile ribellarsi al proprio destino* il est inutile de se révolter contre le destin; *il popolo si è ribellato allo sfruttamento* le peuple s'est révolté contre l'exploitation ◇ (*contro l'autorità legittima*) se rebeller: *si è ribellato all'autorità paterna* il s'est rebellé contre l'autorité paternelle.

ribèlle |ri'bεlle| *agg.* **1** rebelle: *i soldati ribelli sono stati catturati* les soldats rebelles ont été capturés ◆ (*s.*) *un ribelle* un rebelle **2** (*per est.*) [*insofferente di ogni autorità, costrizione, imposizione*] rebelle: *ha una natura ribelle* il a une nature rebelle, il est rebelle de nature; *è ribelle per temperamento* il est rebelle de tempérament ◆ (*s.*) *un ribelle* un rebelle **3** (*fig.*) [*che resiste a ogni cura*] rebelle: *una malattia, una nevralgia ribelle* une maladie, une névralgie rebelle.

ribellióne |ribel'ljone| *s.f.* [→ RIBELLARE B] rébellion, révolte: *la ribellione contro un regime, una dittatura* la rébellion, la révolte contre un régime, une dictature; *organizzare, reprimere una ribellione* organiser, réprimer une révolte ◇ [*rivolta*] révolte: *una ribellione contro il destino* une révolte contre le destin; *una ribellione contro lo sfruttamento* une révolte contre l'exploitation.

ribellismo |ribel'lizmo| *s.m.* tendence *f.* à la révolte, à la rebellion.

ribenedire |ribene'dire| (197) *v.tr.* [*benedire di nuovo, un'altra volta*] consacrer de nouveau: *ribenedire una chiesa sconsacrata* consacrer de nouveau une église désaffectée.

ribére |ri'bere| (120) *v.tr.* [*bere di nuovo o di più*] boire (67) de nouveau, encore: *ho ribevuto un po' di latte* j'ai encore bu un peu de lait.

rìbes |'ribes| *s.m. inv.* **1** (*t.bot.*) groseiller *var.* **2** [*il frutto*] groseille *f. var.* # *ribes nero* cassis.

ribobinàre |ribobi'nare| *v.tr.* [*avvolgere nuovamente in bobine*] rebobiner.

ribobinatùra |ribobina'tura| *s.f.* (*cine.*) rebobinage *m.*

ribòbolo |ri'bɔbolo| *s.m.* (*tosc.*) [*motto proverbiale, arguto*] quolibet.

riboccànte |ribok'kante| *agg.* **1** [*traboccante, sovrabbondante*] débordant: *un cuore riboccante d'affetto* un cœur débordant d'affection **2** [*pieno zeppo*] regorgeant: *un negozio riboccante di merci* un magasin regorgeant de marchandises ◇ (*di folla*) bondé: *un tram riboccante di gente* un tram bondé (de gens).

riboccàre |ribok'kare| *v.intr.* (*aus. 'essere'*) **1** (*raro*) [*traboccare*] déborder (*aus.* avoir) **2** (*fig.*) [*essere molto pieno; sovrabbondante*] être (43) (*aus.* avoir) bondé: *la sala riboccava di gente* la salle était bondée (de gens).

ribolliménto |ribolli'mento| *s.m.* [→ RIBOLLIRE A 2, 4] bouillonnement: *il ribollimento di un metallo fuso* le bouillonnement d'un métal en fusion ◇ (*di fieno*) fermentation *f.* ◇ (*fig.*) *un ribollimento d'ira* un bouillonnement de colère.

ribollio, ii |ribol'lio, ii| *s.m.* (*raro*) [*ribollimento agitato e continuo*] bouillonnement (*corr.*).

ribollire |ribol'lire| (204) **A** *v.intr.* (*aus. 'avere'*) **1** [*bollire di nuovo, una seconda volta*] bouillir (20) de nouveau # *l'acqua comincia a ribollire* l'eau recommence à bouillir **2** [*agitarsi in superficie, fermentare*] bouillonner; fermenter: *l'acqua del mare ribolliva frangendosi contro gli scogli* l'eau de la mer bouillonnait en se brisant sur les rochers ‖ *il vino nuovo sta ribollendo* le vin nouveau fermente **3** (*fig.*) [*manifestarsi, insorgere in modo disordinato*] rouler: *gli ribollivano in testa mille pensieri* mille pensées roulaient dans sa tête # *chissà cosa gli ribolle dentro!* qui sait ce qui lui passe par la tête! **4** (*fig.*) [*essere in preda a una passione violenta*] bouillir, bouillonner: *ribolliva d'ira, di rabbia* il bouillait, bouillonnait de colère ◇ (*loc.*) *mi sento ribollire il sangue nelle vene* le sang bout dans mes veines **B** *v.tr.* [*far bollire una seconda volta*] faire (45) *intr.* bouillir à nouveau: *ribollire il latte* faire à nouveau bouillir le lait.

ribollitùra |ribolli'tura| *s.f.* [→ RIBOLLIRE A 1] seconde cuisson, seconde ébullition: *la ribollitura del brodo* la seconde cuisson, ébullition du bouillon.

ribonuclèico, ci |ribonu'klεiko, tʃi| (*agg.*) *acido ribonucleico* (*R.N.A.*) acide ribonucléique (A.R.N.).

ribòtta |ri'bɔtta| *s.f.* [*il ritrovarsi in compagnia per mangiare e bere*] ribote (*scherz.*), ripaille (*fam.*), bombe (*fam.*): *hanno fatto una bella ribotta* ils ont fait ripaille, une bombe à tout casser.

ribrézzo |ri'breddzo| *s.m.* **1** [*sensazione di forte repulsione*] horreur (*f.*): *ho ribrezzo dei serpenti* j'ai horreur des serpents; *quell'individuo mi fa ribrezzo* cet individu me fait horreur, me répugne, me dégoûte; *una scena che suscita ribrezzo* une scène qui suscite (de) l'horreur ◇ [*raccapriccio*] *certi delitti mi fanno ribrezzo* certains crimes me font horreur **2** (*arc., lett.*) [*brivido di freddo o di febbre*] frisson Ⓒ **1 attrazione.**

ribussàre |ribus'sare| *v.tr.* [*bussare di nuovo*] frapper de nouveau, refrapper.

ributtànte |ribut'tante| *agg.* [*che suscita un forte senso di ripulsione, di ripugnanza*] répugnant, dégoûtant: *un individuo ributtante* un individu répugnant, dégoûtant; *è di una volgarità ributtante* il est d'une vulgarité repoussante, dégoûtante Ⓒ **attraente, piacevole.**

ributtàre |ribut'tare| **A** *v.tr.* **1** [*buttare di nuovo*] jeter (5) de nouveau: *ributtò via la sigaretta appena accesa* il la jeta (de nouveau) la cigarette qu'il venait d'allumer **2** (*piante*) [*rimettere i germogli, le gemme*] jeter de nouveau: *i gerani hanno ributtato qualche germoglio* les géraniums ont de nouveau jeté quelques bourgeons **3** [*buttare di nuovo fuori, restituire*] rejeter (5): *la marea ha ributtato i rottami della nave* la marée a rejeté les débris du navire **4** → **vomitare** **5** [*ricacciare indietro, respingere con energia*] repousser: *i nostri hanno ributtato i nemici al di là del confine* nos troupes ont repoussé l'ennemi au-delà de la frontière **B** *v.intr.* (*aus. 'avere'*) [*suscitare un forte senso di ripulsione, di ripugnanza*] dégoûter, répugner: *è uno spettacolo che ributta* c'est un spectacle qui dégoûte (dégoûtant), répugne (répugnant); *mi ributta il solo pensiero* rien que l'idée me dégoûte **C** *v.pron. rifl.* RIBUTTARSI [*buttarsi di nuovo*] se jeter de nouveau: *ributtati, fai un altro bagno* jette-toi, plonge de nouveau; *si è ributtato sul letto* il s'est de nouveau jeté sur le lit ◇ (*fig.*) *mi sembra che si sia ributtato giù* il me semble qu'il a reperdu, de nouveau perdu courage.

ricacciàre |rikat'tʃare| **A** *v.tr.* **1** [*cacciare, mandare via, respingere di nuovo*] chasser de nouveau: *è stato ricacciato da quel circolo* on l'a de nouveau chassé de ce club **2** [*respingere, allontanare con violenza*] refouler, repousser: *ricacciare l'invasore* refouler, repousser l'envahisseur **3** [*mettere di nuovo, rificcare*] remettre (71): *ha ricacciato le mani in tasca e se n'è andato* il a remis ses mains dans ses poches et il est parti **4** [*rimandare indietro, giù*] renvoyer (14); ravaler: *lo ha ricacciato a terra con un pugno* d'un coup de poing, il l'a renvoyé à terre ‖ *ricacciando indietro le lacrime, cominciò a parlare* ravalant ses larmes, il a commencé à parler ◇ (*fam.*) *gli vuol far ricacciare in gola tutte le sue ingiurie* il veut lui faire ravaler toutes ses insultes **B** *v.pron. rifl.* RICACCIARSI [*mettersi, ficcarsi nuovamente*] se refourrer: *la talpa si ricacciò nella tana* la taupe se refourra dans sa tanière ◇ (*fig.*) *attento a non ricacciarti nei guai!* ne va pas te remettre dans de mauvais draps!

ricàccio, i |ri'kattʃo, i| *s.m.* → **pollone.**

ricadére |rika'dere| (121) *v.intr.* (*aus. 'essere'*) **1** [*cadere di nuovo*] retomber: *il bambino è ricaduto* l'enfant est retombé ◇ (*fig.*) *ricadere ammalato* retomber malade; *è ricaduto nello stesso errore* il est retombé dans la même erreur; *com'è ricaduto in basso!* comme il est retombé bas! **2** [*cadere giù, scendere verso il basso*] retomber: *il pallone gli ricadde sulla testa* le ballon lui retomba sur la tête; *i capelli le ricadono sulle spalle* ses cheveux lui tombent sur les épaules; *ha voglia di tirarsi su il ciuffo; le ricade sempre sugli occhi* elle a beau relever sa mèche, elle retombe toujours sur ses yeux **3** (*fig.*) [*riversarsi, gravare*] retomber: *la colpa ricadrà su di lui* la faute retombera sur lui; *il peso della famiglia ricade tutto su di lei* le poids de la famille retombe entièrement sur elle.

ricadùta |rika'duta| *s.f.* **1** (*fis., tecnol.*) retombée: *ricaduta radioattiva* retombée radioactive **2** (*med.*) rechute: *ha avuto una ricaduta* il a fait une rechute.

ricalàre |rika'lare| **A** *v.tr.* [*calare di nuovo*] tendre (53) de nouveau; redescendre (53): *ricalare la fune a un naufrago* tendre de nouveau le cordage à un naufragé ‖ *ricalare la scala nel* *pozzo* redescendre l'escalier dans le puits ◇ (*per est.*) *ricalare le reti* rejeter (5) les filets **B** *v.intr.* (*aus.* '*essere*') **1** [*scendere di nuovo*] redescendre (*aus.* avoir, être): *il sole è ricalato dietro i monti* le soleil est redescendu derrière les montagnes **2** [*diminuire nuovamente, diventare più basso*] baisser (*aus.* avoir): *il livello del fiume è ricalato* le niveau du fleuve a baissé; *i prezzi non accennano a ricalare* les prix n'ont pas l'air de vouloir baisser.

ricalcàbile |rikal'kabile| *agg.* **1** [→ RICALCARE 1] qu'on peut décalquer (*loc.*): *un disegno ricalcabile* un dessin qu'on peut décalquer **2** (*tecnol.*) refoulable.

ricalcàre |rikal'kare| *v.tr.* **1** [*copiare, riprodurre a ricalco*] calquer, décalquer: *ricalcare un disegno, uno schema* calquer, décalquer un dessin, un schéma ◇ (*tecnol.*) refouler: *ricalcare il rame* refouler du cuivre **2** *ricalcare le scene* [*riprendere a recitare*] remonter sur les planches ◇ (*loc. fig.*) *ricalcare le orme di qc.* marcher sur les traces de qqn. **3** (*fig.*) [*riprodurre fedelmente; seguire un esempio*] être (43) *intr.* calqué sur; calquer: *questo dramma ricalca la tragedia greca* ce drame est calqué sur la tragédie grecque ‖ *qui, Racine ricalca Euripide* Racine, ici, calque Euripide **4** [*rificcare*] renfoncer (2): *si ricalcò il cappello in testa* il renfonça son chapeau sur la tête.

ricalcatóio, i |rikalka'tojo, i| *s.m.* (*tecnol.*) refouloir.

ricalcatùra |rikalka'tura| *s.f.* **1** [→ RICALCARE 1] décalque *m.*, décalquage (*m.*): *la ricalcatura di un disegno* le décalque, le décalquage d'un dessin **2** [→ RICALCARE 3] imitation, reproduction: *la ricalcatura di un'opera classica* l'imitation, la reproduction d'une œuvre classique.

ricalcificànte |rikaltʃifi'kante| *s.m.* (*med.*) recalcifiant.

ricalcificàre |rikaltʃifi'kare| **A** *v. tr.* [*ricreare il normale equilibrio calcico mediante la somministrazione di preparati a base di calcio*] recalcifier: *ricalcificare un organismo* recalcifier un organisme **B** *v.pron. intr.* RICALCIFICARSI [*riacquistare il normale equilibrio calcico*] se recalcifier: *l'organismo si sta ricalcificando* l'organisme se recalcifie.

ricalcificazióne |rikaltʃifikat'tsjone| *s.f.* (*med.*) recalcification: *la ricalcificazione di un organismo* la recalcification d'un organisme.

ricalcitraménto |rikaltʃitra'mento| *s.m.* [→ RICALCITRARE] regimbement (*lett.*): *il ricalcitramento di un cavallo* le regimbement d'un cheval # *il ricalcitramento di una persona testarda* les manifestations récalcitrantes d'une personne têtue.

ricalcitrànte |rikaltʃi'trante| *agg.* [*che ricalcitra*] récalcitrant, regimbeur* (*lett.*): *un cavallo ricalcitrante* un cheval récalcitrant ◇ (*fig.*) *è ricalcitrante, ma spero di convincerlo* il est récalcitrant, mais j'espère le convaincre Ⓒ **docile, ubbidiente.**

ricalcitràre |rikaltʃi'trare| *v.intr.* (*aus.* '*avere*') **1** (*animali*) [*impuntarsi, rifiutare di andare avanti, dando calci*] regimber, ruer: *il mulo ricalcitrava* le mulet regimbait, ruait **2** (*fig.*) [*opporre resistenza*] regimber, se rebiffer *pron.* (*fam.*): *ricalcitra di fronte alla disciplina* il regimbe devant la discipline; il se rebiffe contre la discipline.

ricàlco, chi |ri'kalko, ki| *s.m.* [*ricalcatura, la tecnica di ricalcare*] décalque, décalquage: *un disegno a ricalco* un dessin au décalque, décalquage; *contabilità a ricalco* comptabilité par décalque # *carta da ricalco* papier carbone.

ricalibratùra |rikalibra'tura| *s.f.* (*armi*) recalibrage *m.*

ricamàre |rika'mare| *v.tr.* **1** [*ornare con un ricamo, con dei ricami*] broder: *ricamare un fazzoletto* broder un mouchoir; *ha ricamato dei fiori sulla tovaglia* elle a brodé des fleurs sur la nappe ✦ (*ass.*) *ha imparato a ricamare* elle a appris à broder; *ricama bene* elle brode bien **2** (*fig.*) [*curare eccessivamente gli aspetti formali*] ciseler (7): *è uno scrittore che ricama la pagina* c'est un écrivain qui cisèle son style **3** [*riferire un fatto, aggiungendo particolari superflui o inventati*] broder: *dimmi che cosa è accaduto senza ricamare* dis-moi ce qui s'est passé, sans broder.

ricamàto |rika'mato| *agg.* [*lavorato a ricamo, ornato con ricami*] brodé: *una tovaglia ricamata* une nappe brodée.

ricamatóre, trice |rikama'tore, tritʃe| *s.* **1** [*chi esegue lavori di ricamo*] brodeur* **2** (*fig.*) [*chi cura eccessivamente q.c., specie in campo artistico*] ciseleur *m.*

ricamatùra |rikama'tura| *s.f.* [*il lavoro, l'operazione di ricamare*] broderie: *ricamatura di un corredo* broderie d'un trousseau → **ricamo.**

ricambiàre |rikam'bjare| *v.tr.* **1** [*cambiare di nuovo*] rechanger (3): *bisogna ricambiare i dollari che ci sono rimasti* il faut rechanger les dollars qui nous sont restés **2** [*sostituire*] changer (3): *ho ricambiato alcuni pezzi del motore* j'ai changé quelques pièces du moteur **3** [*contraccambiare*] rendre (53): *le ricambio la gentilezza* je vous rends la politesse; *spero che mi ricambi il favore* j'espère qu'il me rendra ce service # *ha già ricambiato gli auguri* il a déja répondu aux vœux en envoyant les siens; '*auguri vivissimi*' '*li ricambio*' 'tous mes vœux' 'à vous aussi'.

ricàmbio, i |ri'kambjo, i| *s.m.* **1** [*contraccambio, il fatto di ricambiare*] échange # *mi ha fatto questo regalo solo per averne uno in ricambio* il ne m'a fait ce cadeau que pour en avoir un en retour; *il ricambio del saluto è un segno di buona educazione* rendre son salut est un signe de bonne éducation **2** [*sostituzione, il pezzo che sostituisce*] rechange: *pezzi di ricambio* pièces de rechange; pièces détachées # *ruota di ricambio* roue de secours ✦ (*ass.*) *ricambi per auto* pièces détachées; *ricambi per televisori, per lavatrici* pièces de rechange pour téléviseur, pour machine à laver **3** (*econ., sociol.*) *ricambio del lavoro* déplacement des travailleurs **4** (*med.*) métabolisme: *ricambio generale* métabolisme général → **metabolismo** # *malattie del ricambio* maladies de la nutrition.

ricàmo |ri'kamo| *s.m.* **1** [*ornamento eseguito su un tessuto con ago e filo*] broderie (*f.*): *scuola di ricamo* école de broderie; *disegno per ricamo* dessin pour broderie; *ricamo a macchina* broderie (faite) à la machine; *ricamo a mano* broderie (faite) à la main; *ha fatto un ricamo sulla sua camicetta* elle a fait une broderie sur son chemisier # *filo da ricamo* fil à broder **2** (*fig.*) [*particolare raffinatezza e preziosità di linee*] dentelle (*f.*): *un bassorilievo che è un ricamo* un bas-relief qui est comme une dentelle; *il ricamo delle linee gotiche* la dentelle de l'architecture gothique **3** (*fig.*) [*commento superfluo, particolare inventato*] le fait de broder # *riferisci l'accaduto senza tanti ricami* rapporte ce qui s'est passé sans tant broder autour.

ricancellàre |rikantʃel'lare| *v.tr.* [*cancellare di nuovo*] effacer (2) de nouveau: *ricancellare la lavagna* effacer de nouveau le tableau (noir).

ricantàre |rikan'tare| *v.tr.* **1** [*cantare di nuovo*] rechanter: *ricanta quella canzone che mi piace tanto* rechante-moi cette chanson qui me plaît tant **2** (*fig., fam.*) [*ripetere, tornare a dire con insistenza*] répéter (8): *gli ho ricantato apertamente quello che penso di lui* je lui ai répété ouvertement ce que je pense de lui.

ricapitàre |rikapi'tare| *v.intr.* (*aus.* '*essere*') **1** [*capitare di nuovo, cadere di nuovo*] retomber: *mi sono ricapitate fra le mani vecchie fotografie* de vieilles photos me sont retombées entre les mains **2** [*ritornare*] revenir (27): *se ricapiti da queste parti, vienimi a trovare* si tu reviens par ici, viens me voir **3** [*ripresentarsi*] se représenter (*pron.*): *se ricapita l'occasione...* si l'occasion se représente... **4** [*accadere, succedere di nuovo*] arriver de nouveau: *che non ricapiti più!* que cela n'arrive plus!

ricapitolàre |rikapito'lare| *v.tr.* [*ridire per sommi capi, riprendendo in esame i punti essenziali*] récapituler, résumer: *cercherò di ricapitolare il lungo discorso* je vais tenter de récapituler, de résumer ce long discours # *ricapitolando, si può affermare che...* en résumé, on peut affirmer que... → **riassumere.**

ricapitolazióne |rikapitolat'tsjone| *s.f.* [→ RICAPITOLARE] récapitulation: *fare una ricapitolazione* faire une récapitulation.

ricàrica, che |ri'karika, ke| *s.f.* [→ RICARICARE] recharge: *la ricarica di un'arma* la recharge d'une arme ◇ (*di orologio*) remontage (*m.*): *orologio a ricarica automatica* montre à remontage automatique.

ricaricàbile |rikari'kabile| *agg.* [→ RICARICARE] rechargeable.

ricaricaménto |rikarika'mento| *s.m.* [→ RICARICARE] rechargement.

ricaricàre |rikari'kare| *v.tr.* [*caricare di nuovo*] recharger (3): *ricaricare un fucile, una batteria* recharger un fusil, une batterie # *ricaricare un orologio* remonter une montre (une horloge).

ricàrico, chi |ri'kariko, ki| *s.m.* **1** → **ricaricamento** **2** (*edil.*) rechargement.

ricascàre |rikas'kare| *v.intr.* (*aus.* '*essere*') → **ricadere.**

ricattàre |rikat'tare| **A** *v.tr.* [*fare un ricatto, dei ricatti*] faire (45) *intr.* chanter: *i rapitori ricattano la famiglia* les ravisseurs font chanter la famille ◇ (*scherz.*) *mi vuoi ricattare?* tu veux me faire chanter? **B** *v.pron. rifl.* RICATTARSI (*lett.*) [*vendicarsi, rifarsi*] se venger (3).

ricattatóre, trice |rikatta'tore, tritʃe| *s.* [*chi fa un ricatto, dei ricatti*] maître *m.* chanteur: *è vittima di un ricattatore* il est victime d'un maître chanteur.

ricattatòrio, i |rikatta'tɔrjo, i| *agg.* de chantage (*loc. inv.*): *una lettera ricattatoria* une lettre de chantage; *pressioni ricattatorie* pressions de chantage.

ricàtto |ri'katto| *s.m.* [*coercizione esercitata su una persona per estorcerle denaro o profitti illeciti*] chantage: *ha subito un ricatto* il a été victime d'un chantage; *ha ceduto al ricatto* il a cédé au chantage; *è gente che vive di ricatti* ce sont des gens qui vivent de chantage(s).

ricavàbile |rika'vabile| *agg.* [→ RICAVARE] que l'on peut tirer (de qqch.) *loc.*

ricavàre |rika'vare| *v.tr.* **1** [*trarre, cavar fuori mediante una trasformazione*] tirer: *dal romanzo hanno ricavato il copione per un film* du roman on a tiré le scénario d'un film # *hanno ricavato una stanzetta dal sottoscala* ils ont aménagé une petite pièce dans la soupente; *da quest'uva si ricava un ottimo vino* ce raisin donne un excellent vin **2** [*dedurre, arrivare a comprendere*] déduire (75): *da quel che ha detto, non si ricava niente* de ce qu'il a dit, on ne peut rien déduire, inférer # *ricava le notizie dai giornali* il puise les nouvelles dans les journaux ◇ [*trarre*] tirer: *ognuno può ricavare le conclusioni che crede* chacun peut (en) tirer les conclusions qu'il veut **3** [*incassare, ottenere un utile*] tirer: *quanto hai ricavato dalla vendita del terreno?* combien as-tu tiré de la vente du terrain? ◇ [*guadagnare*] *che cosa hai ricavato da tanti anni di studio?* quel bénéfice as-tu tiré, que te reste-t-il de tant d'années d'études? **4** (*raro*) [*cavare di nuovo*] tirer de nouveau.

ricavàto |rika'vato| **I** *agg.* [*incassato, guadagnato*] gagné: *la somma ricavata* la somme gagnée **II** *s.m.* **1** [*ciò che si è ottenuto da una vendita, da una operazione comm.*] profit: *ha investito il ricavato in titoli* il a investi le profit en titres **2** (*fig.*) [*vantaggio, frutto*] fruit: *non ha visto il ricavato dei suoi sforzi* il n'a pas vu le fruit de ses efforts.

ricàvo |ri'kavo| *s.m.* [*la somma di denaro ricavata da un'operazione economica*] produit, profit.

riccaménte |rikka'mente| *avv.* [→ RICCO 1, 2] richement: *vestito riccamente* richement vêtu; *una casa riccamente arredata* une maison richement meublée; *un libro riccamente illustrato* un livre richement illustré.

ricchézza |rik'kettsa| *s.f.* **1** richesse: *una famiglia di una ricchezza eccezionale* une famille d'une richesse exceptionnelle; *un sottosuolo di straordinaria ricchezza* un sous-sol d'une richesse extraordinaire; *quello scrittore ha una notevole ricchezza di stile* cet écrivain a une remarquable richesse de style # *sul lavoro ha dimostrato la ricchezza del suo ingegno* au travail, il a montré sa fertilité d'esprit; *la sua ricchezza d'animo è nota a tutti* la fertilité de son esprit est connue de tous ◇ (*per est., fig.*) *quella casa è tutta la sua ricchezza* cette maison est toute sa richesse **2** (*econ.*) revenu (*m.*): *ricchezza mobile* richesse mobilière, revenus non fonciers; *imposta di ricchezza mobile* impôt sur les revenus non fonciers, sur la forme mobilière **3** [*ampiezza, comodità di un indumento ottenuta con l'abbondanza del tessuto*] ampleur: *la moda esige una grande ricchezza nelle gonne* la mode exige beaucoup d'ampleur pour les jupes Ⓒ 1 **povertà.**

rìccia, ce |'rittʃa, tʃe| *s.f.* (*t.bot.*) riccie.

1 **rìccio, ci, cia, ce** |'rittʃo, tʃi, tʃa, tʃe| *agg.* [*fittamente ondulato in modo da formare avvolgimenti e anelli*] frisé: *un bambino dai capelli ricci* un enfant aux cheveux frisés ◇ (*per anal.*) *insalata, indivia riccia* salade, chicorée frisée # *pasta riccia* coquillettes Ⓒ **liscio.**

2 **rìccio, ci** |'rittʃo, tʃi| *s.m.* **1** [*ciocca di capelli ricci o arricciati*] boucle (*f.*): *ha dei bei ricci* elle a de belles boucles; *si sta facendo i ricci* elle se fait des boucles ◇ (*prov.*) *ogni riccio un capriccio* capricieux jusqu'à la racine des cheveux **2** (*per est.*) [*oggetto, elemento a forma di riccio di capelli*]: (*di burro*) coquille *f.*; (*di legno*) copeau; (*di violino*) volute *f.* **3** [*l'involucro esterno delle castagne*] bogue *f.* **4** (*t.zool.*) *hérisson **5** (*t.zool.*) *riccio di mare* oursin, hérisson de mer.

ricciolìno |rittʃo'lino| *agg.* **1** [*dai capelli ricci*] frisé **2** [*dalle foglie ricce, increspate*] frisé: *insalata ricciolina* salade frisée ✦ (*s.f.*) *la ricciolina* la salade frisée *agg.*

rìcciolo |'rittʃolo| *s.m.* [*ciocca di capelli ricci*] boucle *f.* ◇ (*per anal.*) *un ricciolo di burro* une coquille *f.* de beurre.

ricciolùto |rittʃo'luto| *agg.* [*dai capelli ricci*] frisé, bouclé: *una bambina ricciolutа* une petite fille frisée, bouclée.

ricciutèllo |rittʃu'tɛllo| *agg.* [*leggermente arricciato*] frisotté.

ricciùto |rit'tʃuto| *agg.* **1** [*dai capelli ricci*] frisé, bouclé: *un ragazzo ricciuto* un garçon frisé, bouclé **2** [*riccio*] frisé, bouclé: *capelli ricciuti* cheveux frisés, bouclés.

rìcco, chi, ca, che |'rikko, ki, ka, ke| *agg.* **1** [*che ha larga disponibilità di mezzi e beni economici*] riche: *è ricco di famiglia* il est d'une famille riche; *è ricco a milioni* il est riche à millions; *è uno dei paesi più ricchi* c'est un des pays les plus riches ◇ (*loc.*) *è ricco a palate, è ricco sfondato* il est cousu d'or ✦ (*s.m.*) *i ricchi* les riches **2** [*fornito abbondantemente di risorse e beni vari*] riche (en): *un sottosuolo ricco di minerali* un sous-sol riche en minerais; *alimenti ricchi di vitamine* aliments riches en vitamines; *un giornale ricco di notizie* un journal riche en informations # *un ragazzo ricco di fantasia* un garçon plein d'imagination **3** (*tessuti, abiti*) [*abbondante*] ample: *una ricca gonna* une jupe ample; *una giacca molto ricca e comoda* une veste très ample et confortable **4** [*che è fonte di disponibilità economica*] riche: *una ricca eredità* un riche héritage; *ha fatto un ricco matrimonio* il a fait un riche mariage # *esercita una ricca professione* il exerce une profession prospère **5** [*che ha un grande valore, lussuoso*] riche: *una ricca villa* une riche villa; *un ricco gioiello* un bijou précieux, riche ◇ (*di una somma*) généreux*: *un ricco compenso* une généreuse rétribution; *una ricca mancia* un généreux pourboire ◇ (*scherz.*) *un ricco gelato* une glace délicieuse; *un ricco pranzo* un repas plantureux; *una ricca dormita* un bon somme **6** [*vistoso, sfarzoso*] riche: *un arredamento ricco* un riche ameublement; *una ricca scenografia* une riche mise en scène Ⓒ 1, 2 **povero**; 3, 4, 5, 6 **misero.**

riccóne |rik'kone| *s.* [*persona molto ricca*] richard* (*pegg.*), très riche.

ricérca, che |ri'tʃerka, ke| *s.f.* [→ RICERCARE] recherche: *ricerca scientifica, linguistica* recherche scientifique, linguistique; *sta svolgendo una ricerca molto importante* il fait des recherches très importantes; *la polizia è alla ricerca dei rapinatori* la police est à la recherche des voleurs, recherche les voleurs # *ricerca di mercato, d'impresa* étude de marché, marketing.

ricercàre |ritʃer'kare| *v.tr.* **1** [*cercare di nuovo*] rechercher, chercher: *sto ricercando lo stesso libro di qualche minuto fa* je (re)cherche le même livre que tout à l'heure ✦ (*ass.*) *cerca e ricerca, alla fine si trova* à force de chercher, on finit par trouver **2** [*cercare con molta cura e impegno*] rechercher: *ricercare un oggetto rubato* rechercher un objet volé; *stanno ricercando i moventi del crimine* ils recherchent les mobiles du crime; *ricerca la causa di quel fenomeno* il recherche la cause de ce phénomène.

ricercataménte |ritʃerkata'mente| *avv.* [→ RICERCATO 2] d'une manière recherchée *loc. inv.*, avec recherche (*loc. inv.*): *parla, scrive ricercatamente* il parle d'une manière recherchée, avec affectation; *vestire ricercatamente* s'habiller avec recherche.

ricercatézza |ritʃerka'tettsa| *s.f.* **1** [*il fatto di essere ricercato, di avere una cura eccessiva*] recherche: *ricercatezza formale, stilistica* recherche formelle, dans le style; *veste con molta ricercatezza* il s'habille avec beaucoup de recherche **2** *spec. al plur.* [*modo, frase ricercata*] préciosités: *un'esecuzione con troppe ricercatezze* une exécution remplie de trop de préciosités.

ricercàto |ritʃer'kato| *agg.* **1** [*che viene ricercato, che è oggetto di ricerche*] demandé, recherché: *è un cantante ricercato* c'est un chanteur fort demandé; *gli operai specializzati sono molto ricercati* les ouvriers spécialisés (o.s.) sont très recherchés; *è un criminale ricercato dalla polizia* c'est un criminel recherché par la police, que la police recherche ✦ (*s.*) *un ricercato* une personne *f.* recherchée *agg.* **2** [*che ha una cura eccessiva, una raffinatezza artificiosa*] recherché: *usa delle espressioni ricercate* il emploie des expressions recherchées # *è molto ricercato nel vestire* il s'habille avec recherche.

ricercatóre, trice |ritʃerka'tore, tritʃe| *s.* **1** *s.* [*chi svolge una ricerca, chi attende a ricerche*] chercheur* # *una ricercatrice di mercato* une personne chargée de recherches de marché **2** *s.m.* (*tecnol.*) détecteur: *ricercatore di mine* détecteur de mines.

ricerchiàre |ritʃer'kjare| *v.tr.* [*cerchiare di nuovo o meglio*] recercler: *ricerchiare una botte* recercler un tonneau.

ricerchiatùra |ritʃerkja'tura| *s.f.* [→ RICERCHIARE] recerclage *m.*

ricetrasmettitóre |ritʃetrasmetti'tore| *s.m.* (*rad.*) émetteur-récepteur.

ricetrasmittènte |ritʃetrazmit'tɛnte| *agg. e s.m.* → **ricetrasmettitore.**

ricètta |ri'tʃɛtta| *s.f.* **1** [*prescrizione scritta di farmaci da parte del medico*] ordonnance: *devo farmi fare la ricetta* je dois me faire faire l'ordonnance; *da vendersi solo dietro presentazione di ricetta medica* délivré seulement sur ordonnance **2** (*per est., fig.*) [*rimedio, antidoto*] remède (*m.*): *ha una ricetta infallibile contro il mal di schiena* il a un remède infaillible contre les douleurs lombaires **3** (*cuc.*) recette: *una ricetta per la zuppa di pesce* une recette pour la soupe de poisson; *la ricetta di uno sciroppo* la recette d'un sirop; *un libro di ricette* un livre de recettes.

ricettàcolo |ritʃet'takolo| *s.m.* **1** [*luogo di raccolta, rifugio*] nid; repaire: *questi ninnoli non sono che ricettacoli per la polvere* ces bibelots ne sont que des nids à poussières ‖ *questa via è un ricettacolo di contrabbandieri* ce chemin est un repaire de contrebandiers **2** (*bot.*) réceptacle.

1 **ricettàre** |ritʃet'tare| *v.tr.* **1** [*rendersi colpevole di ricettazione*] receler (6), recéler (8) **2** (*raro*) [*dare ricetto, ricovero*] donner asile (à).

2 **ricettàre** |ritʃet'tare| *v.tr.* [*prescrivere mediante ricetta*] prescrire (51) (par ordonnance).

ricettàrio, i |ritʃet'tarjo, i| *s.m.* **1** (*cuc.*) livre de recettes **2** bloc d'ordonnance.

ricettatóre, trice |ritʃetta'tore, tritʃe| *s.* [*colpevole di ricettazione*] receleur*.

ricettazióne |ritʃettat'tsjone| *s.f.* (*dir.*) recel (*m.*): *reato di ricettazione* délit de recel; *è stato accusato di ricettazione* il a été accusé de recel.

ricettività |ritʃettivi'ta| *s.f. inv.* (*scient., tecnol.*) réceptivité (*var.*): *ricettività di un organismo, di un apparecchio* réceptivité d'un organisme, d'un appareil # *la ricettività di un luogo di soggiorno* la capacité d'accueil d'une localité de séjour.

ricettivo |ritʃet'tivo| *agg.* **1** [*che ha la capacità di ricevere in sé, di assimilare*] réceptif*: *scarsa capacità ricettiva* faible capacité réceptive; *ha una intelligenza ricettiva* il a une intelligence réceptive **2** (*med.*) réceptif: *un organismo scarsamente ricettivo* un organisme peu réceptif; *è molto ricettivo alle malattie virali* il est très réceptif aux maladies virales **3** (*rad.*) réceptif: *un apparecchio molto ricettivo* un appareil très réceptif.

ricettizio, i |ritʃet'tittsjo, i| *agg.* (*dir.*) réceptice.

ricètto |ri'tʃɛtto| *s.m.* (*raro, lett.*) [*ricovero rifugio*] asile (*corr.*), refuge (*corr.*).

ricettóre |ritʃet'tore| *agg. e s.m.* (*fis., tecnol.*) récepteur*.

ricevènte |ritʃe'vɛnte| **1** *agg.* [*che riceve*] récepteur*: *radio ricevente* radio réceptrice; *apparecchio ricevente* poste récepteur ✦ (*s.m.*) *il ricevente* le récepteur **2** *s.m.* (*tennis*) relanceur.

ricévere |ri'tʃevere| *v.tr.* **1** [*accogliere, accettare, prendere ciò che viene dato*] recevoir (33): *ho ricevuto un pacco* j'ai reçu un paquet; *ha ricevuto come compenso mezzo milione* il a reçu comme rémunération un demi-million; *riceve la merce in deposito* il reçoit la marchandise en dépôt; *ricevono in cambio l'alloggio* ils reçoivent en échange le logement; *ricevendo quell'invito si sentì a disagio* en recevant cette invitation, il se sentit mal à l'aise; *i bambini ricevono il sacramento della cresima* les enfants reçoivent le sacrement de la confirmation; *ricevute le istruzioni, partirono* après avoir reçu les instructions, ils partirent # *ricevette in prestito una notevole somma* il emprunta une somme considérable; *ho ricevuto in dono un libro* on m'a fait cadeau d'un livre; *il suo stomaco non riceve più cibo* son estomac ne supporte plus aucune nourriture **2** [*raccogliere segnali nella tecnica delle telecomunicazioni*] capter: *ricevere impulsi, segnali* capter des impulsions, des signaux; *questa radio riceve tutti i tipi di onde* ce poste (de radio) capte toutes les ondes **3** [*avere, provare, sentire, subire*] éprouver; recevoir: *ha ricevuto un profondo dolore* il a éprouvé une profonde douleur ‖ *il conforto che ho ricevuto da lui è grande* le réconfort que j'ai reçu de lui est grand; *dopo quelle parole, ha ricevuto uno schiaffo* après ces mots, il a reçu une gifle # *riceve un po' di sollievo dalle mie visite* mes visites lui apportent quelque soulagement ◇ (*loc. fig.*) *ha ricevuto un duro colpo* il a eu un coup dur **4** [*recarsi ad accogliere qc., dare il benvenuto*] accueillir (18), recevoir: *andiamo a riceverlo alla stazione* nous allons l'accueillir à la gare; *mi ha ricevuto come un amico* il m'a reçu, accueilli comme un ami; *il presidente è stato ricevuto all'aereoporto dal capo del governo* le président a été accueilli à l'aéroport par le chef du gouvernement **5** [*accogliere gli ospiti nella propria casa, i clienti in una sede di lavoro*] recevoir: *sabato sera ha ricevuto molti amici* samedi soir il a reçu beaucoup d'amis ✦ (*ass.*) *il medico riceve dalle 10 alle 12* le médecin reçoit de 10 à 12 (heures) **C** 1 **inviare, dare** 1.

ricevìbile |ritʃe'vibile| *agg.* (*raro*) [→ RICEVERE 1, 2] recevable.

riceviménto |ritʃevi'mento| *s.m.* **1** [→ RICEVERE 1] réception (*f.*): *il ricevimento di una lettera, di un pacco* la réception d'une lettre, d'un paquet; *occorre dare conferma del ricevimento* il faut donner un avis, un accusé de réception ◇ (*comm.*) *al ricevimento di* à la réception de **2** [*accoglienza, specie di persone di riguardo*] accueil: *il ricevimento dei nuovi diplomatici* l'accueil des nouveaux diplomates ◇ [*il fatto di accogliere un nuovo membro di una comunità*] réception **3** [*trattenimento offerto in occasione di feste, cerimonie, ricorrenze*] réception: *sala per ricevimenti* salle de réception; *ricevimento di nozze* réception de mariage; *è stato offerto un grande ricevimento* on a donné une grande réception; une grande réception a eu lieu.

ricevitóre, trice |ritʃevi'tore, tritʃe| *s.* **1** *s.* [*persona che riscuote somme per conto di enti pubblici*] receveur*: *ricevitore postale* receveur des postes; *ricevitore delle imposte* receveur des contributions; *ricevitore del Registro* receveur de l'Enregistrement # *ricevitore della dogana* percepteur de la douane **2** *s.* (*baseball*) [*giocatore della difesa*] attrapeur **3** *s.m.* (*rad., tv*) récepteur: *ricevitore radar* récepteur panoramique; *ricevitore acustico* récepteur acoustique; *ricevitore ad amplificazione diretta* récepteur à amplification directe **4** *s.m.* [*il pezzo dell'apparecchio telefonico in cui è incorporato sia il ricevitore sia il microfono*] récepteur: *alzare, abbassare il ricevitore* décrocher, raccrocher le récepteur, le combiné ◇ (*solo per ascolto*) écouteur.

ricevitorìa |ritʃevito'ria| *s.f.* [*ufficio che compie speciali riscossioni e operazioni amministrative*] bureau *m.* de receveur, recette # *ricevitoria delle imposte* bureau des contributions; *ricevitoria del lotto* bureau de loterie.

ricevùta |ritʃe'vuta| *s.f.* **1** [*il fatto di ricevere effetti postali, oggetti spediti*] réception ◇ *spec. nella loc.* ACCUSARE RICEVUTA DI Q.C. accuser réception de qqch. **2** [*dichiarazione scritta e firmata che attesta il ricevimento di q.c. e la sua natura*] (*di una somma di denaro*) reçu *m.*; (*di merci, oggetti*) récépissé (*m.*): *ricevuta di deposito* reçu de dépôt; *gli ho firmato la ricevuta* je lui ai signé le reçu ‖ *ricevuta di una raccomandata* récépissé d'une lettre recommandée; *ricevuta di carico* récépissé de charge ◇ (*spec.*) quittance: *ricevuta del gas, del telefono* quittance du gaz, du téléphone; *ricevuta d'affitto, di pagamento* quittance de loyer, de paiement # *ricevuta di ritorno* accusé de réception.

ricezióne |ritʃet'tsjone| *s.f.* **1** réception: *ricezione di uno stimolo esterno* réception d'une stimulation externe **2** (*rad., tv*) réception.

richiamàbile |rikja'mabile| *agg.* [→ RICHIAMARE A 2] rappelable.

richiamàre |rikja'mare| **A** *v.tr.* **1** [*chiamare di nuovo, tornare a chiamare*] rappeler (4): *l'ho chiamato e richiamato, ma non vuole venire* je l'ai appelé et rappelé, mais il ne veut pas venir ✦ (*ass.*) *il dottore non è in casa, richiami all'ora di pranzo* le docteur n'est pas à la maison, veuillez rappeler à l'heure du déjeuner **2** [*richiamare in servizio i militari in congedo*] rappeler: *richiamare alle armi* rappeler sous les drapeaux ✦ (*ass.*) *è stata richiamata la classe 1948* la classe de 1948 (du 48) a été rappelée **3** [*chiamare indietro, far tornare indietro*] rappeler: *richiamalo, devo dirgli una cosa urgente* rappelle-le, j'ai une chose urgente à lui dire; *è stato richiamato in sede* il a été rappelé au siège; *richiamare in sede un diplomatico* rappeler un diplomate **4** (*per est., fig.*) [*invitare, sollecitare una persona a una determinata forma di comportamento*] rappeler: *l'ho richiamato alla realtà* je l'ai rappelé à la réalité; *richiama tuo figlio al senso del dovere* rappelle ton fils au sentiment du devoir; *il presidente ha richiamato i cittadini all'osservanza delle leggi* le président a rappelé la nation à l'observance des lois **5** [*rimproverare*] réprimander: *il professore ha richiamato gli alunni* le professeur a réprimandé les élèves **6** (*fig.*) [*rievocare, far ricordare, rendere nuovamente vivo*] rappeler: *questi luoghi mi richiamano alla mente, alla memoria la mia infanzia* ces lieux me rappellent mon enfance ✦ (*ass.*) *questa musica mi richiama gli anni '60* cette musique me rappelle les années 60 **7** [*citare, far riferimento*] citer: *richiamare una proposta, una teoria* citer une proposition, une théorie # *mi richiamo a quanto detto precedentemente* je me réfère à ce qui a été dit précédemment **8** [*attirare, far venire verso un determinato punto*] attirer: *la luce richiama le farfalle* la lumière attire les papillons; *la vetrina richiama i clienti* la vitrine attire les clients # *ha richiamato il cane con un fischio* il a sifflé son chien (pour le rappeler) ◇ (*loc. fig.*) *ho cercato di richiamare la sua attenzione su questo problema* j'ai essayé d'attirer (de nouveau) son attention sur ce problème **9** [*ritirare*] rappeler: *le truppe sono state richiamate dal fronte* les troupes ont été rappelées du front, ramenées en arrière (à l'arrière) **B** *v. pron. intr.* RICHIAMARSI [*ricordarsi, rifarsi a q.c.*] se rapporter à: *mi richiamo a una precisa norma di legge* je me rapporte à une stipulation précise de la loi.

richiamàta |rikja'mata| *s.f.* (*aer.*) ressource: *fare una richiamata dolce, brusca* faire une ressource douce, brusque.

richiamàto |rikja'mato| *agg.* (*mil.*) rappelé: *i marinai richiamati* les marins rappelés ◇ (*in tempo di guerra*) mobilisé ✦ (*s.m.*) *i richiamati* les rappelés; les mobilisés.

richiàmo |ri'kjamo| *s.m.* **1** (*mil.*) rappel: *il richiamo di una classe* le rappel d'une classe **2** [*il fatto di chiamare indietro*] rappel: *il richiamo in sede di un diplomatico* le rappel d'un diplomate **3** (*per est., fig.*) [*invito, sollecitazione*] rappel: *un richiamo al senso di responsabilità* un rappel au sens de la responsabilité; *un richiamo all'ordine* un rappel à l'ordre; *è un richiamo alla realtà* c'est un rappel à la réalité ✦ (*ass.*) *fare un richiamo orale, scritto* faire une observation, une remarque orale, écrite **4** [*voce, gesto con cui si richiama*] appel: *sono accorsa al suo richiamo* j'ai accouru à son appel; *ho udito un grido di richiamo* j'ai entendu un (cri d')appel **5** (*fig.*) [*nostalgia, spinta, attrazione*] appel, attrait: *il richiamo della natura, del mare* l'appel, l'attrait de la nature, de la mer; *la pubblicità è un potente richiamo* la publicité est un attrait puissant ◇ (*loc.*) *il richiamo della foresta* l'appel de la forêt **6** (*caccia*) appeau: *richiami vivi, finti, artificiali* appeaux vivants, artificiels; *un richiamo per anatre* un appeau à canards **7** [*citazione, riferimento*] référence (*f.*): *richiamo a una procedura* référence à une procédure; *fece un breve richiamo al passato* il fit une brève référence au passé **8** [*nota, segno, abbreviazione*] renvoi: *richiamo* (*tipografico, bibliografico*) renvoi; *un asterisco di richiamo* un astérisque de renvoi, un appel de note.

richiedènte |rikje'dɛnte| *agg.* [*che fa una richiesta*] requérant, demandeur*: *l'ufficio richiedente* le bureau requérant, demandeur ✦ (*s.*) *il richiedente* le requérant, le demandeur.

richièdere |ri'kjɛdere| (122) *v.tr.* **1** [*chiedere di nuovo, tornare a chiedere*] redemander: *gliel'ho richiesto più volte, ma non vuole darmelo* je le lui ai redemandé plusieurs fois, mais il ne veut pas me le donner **2** [*chiedere indietro, in restituzione*] redemander: *gli ho richiesto gli appunti che gli avevo prestato* je lui ai redemandé les notes que je lui avais prêtées **3** [*domandare con insistenza, fermezza o autorità*] demander: *ho richiesto il parere del mio avvocato* j'ai demandé l'avis de mon avocat; *mi hanno richiesto la patente* on m'a demandé mon permis (de conduire); *le piante grasse richiedono poca acqua* les plantes grasses demandent peu d'eau **4** [*esigere, pretendere*] exiger (3): *si richiede la maggiore età* on exige la majorité.

richièsta |ri'kjɛsta| *s.f.* **1** [*il fatto di richiedere*] demande: *in questo settore c'è poca richiesta* dans ce secteur il y a peu de demande; *vi è una grande richiesta di manodopera* il y a une grande demande de main-d'œuvre; *è stata accolta la richiesta di un aumento salariale* la demande d'une augmentation de salaire a été acceptée; *il prodotto è buono, ma la richiesta è eccessiva* le produit est bon, mais la demande est excessive # *le tue richieste sono esagerate* tes prétentions sont exagérées ◇ *loc. avv.* A RICHIESTA: *a richiesta generale* à la demande générale; *fermata a richiesta* arrêt facultatif **2** (*bur.*) requête: *presentare una richiesta all'ufficio competente* présenter une requête au bureau compétent # *questi studi richiedono molta applicazione* ces études exigent beaucoup d'application; *è un malato che richiede una continua assistenza* c'est un malade qui exige des soins continus **3** [*ricercare, apprezzare*] demander: *è un prodotto molto richiesto* c'est un produit très demandé.

richièsto |ri'kjɛsto| *agg.* **1** [*ricercato, apprezzato*] demandé: *è un articolo molto richiesto* c'est un article très demandé **2** [*che è necessario, preteso*] requis: *titoli di studio richiesti* diplômes requis.

richiùdere |ri'kjudere| (106) **A** *v.tr.* [*chiudere di nuovo*] refermer: *richiudi la porta* referme la porte; *mise la lettera nel cassetto e lo richiuse* il mit la lettre dans le tiroir et le referma **B** *v.pron.* RICHIUDERSI **1** *intr.* [*tornare a chiudersi*] se refermer: *la porta si è richiusa* la porte s'est refermée; *la ferita deve prima richiudersi* la plaie doit d'abord se refermer **2** *rifl.* [*raccogliersi in sé stesso*] se renfermer: *mi ero richiuso nei miei pensieri* je m'étais renfermé dans mes pensées.

riciclàbile |ritʃi'klabile| *agg.* [→ RICICLARE 2] qu'on peut écouler *loc.*

riciclàggio, i |ritʃi'kladdʒo, i| *s.m.* **1** → **riciclo** 1 **2** [→ RICICLARE 2] écoulement: *il riciclaggio del denaro di un riscatto* l'écoulement de l'argent d'une rançon.

riciclàre |ritʃi'klare| *v.tr.* **1** (*in varie tecnologie*) [*sottoporre più volte una sostanza a uno stesso ciclo di lavorazione*] recycler: *riciclare l'acqua, una soluzione* recycler l'eau, une solution **2** (*fig.*) [*rimettere in circolazione denaro di provenienza delinquenziale o illecita sotto forma di denaro legale*] écouler: *hanno riciclato il denaro del riscatto* ils ont écoulé l'argent de la rançon.

riciclo |ri'tʃiklo| *s.m.* **1** [→ RICICLARE 1] recyclage: *il riciclo di un prodotto chimico* le recyclage d'un produit chimique **2** → **riciclaggio** 2.

ricìngere |ri'tʃindʒere| (119) *v.tr.* **1** [*cingere di nuovo*] ceindre (66) de nouveau: *ricingere la spada* ceindre l'épée de nouveau **2** → **recingere.**

ricinina |ritʃi'nina| *s.f.* (*chim.*) ricinine.

rìcino |'ritʃino| *s.m.* **1** (*t.bot.*) ricin **2** *olio di ricino* huile de ricin.

ricinolèico, ci, ca, che |ritʃino'lɛiko, tʃi, ka, ke| *agg.* (*chim.*) ricinoléique.

rickèttsia |rik'kɛtsja| *s.f.* (*biol.*) rickettsie.

rickettsiòsi |rikkets'jɔzi| *s.f. inv.* (*med.*) rickettsiose *var.*

riclassificàre |riklassifi'kare| *v. tr.* [*classificare di nuovo*] reclasser.

ricògliere |ri'kɔʎʎere| (123) *v.tr.* **1** [*cogliere di nuovo*] cueillir (18) de nouveau: *ho ricolto i fiori nel giardino* j'ai de nouveau cueilli les fleurs dans le jardin **2** [*sorprendere di nuovo*] surprendre (73) de nouveau: *l'ho ricolto mentre tirava i sassi* je l'ai encore surpris en train de lancer des pierres.

ricognitivo |rikoɲɲi'tivo| *agg.* (*dir.*) récognitif* (*m.*): *atto ricognitivo* acte récognitif.

ricognitóre |rikoɲɲi'tore| *s.m.* **1** celui qui va en reconnaissance *loc.* **2** (*aer.*) avion de reconnaissance.

ricognizióne |rikoɲɲit'tsjone| *s.f.* **1** (*mil.*) reconnaissance: *ricognizione terrestre, navale, aerea* reconnaissance terrestre, navale, aérienne; *una ricognizione ad ampio raggio* une reconnaissance en profondeur, sur une grande échelle; *la nave è partita in ricognizione* le navire est parti en reconnaissance **2** (*dir.*) reconnaissance: *ricognizione di debito* reconnaissance de dette # *atto di ricognizione* acte récognitif.

ricollegaménto |rikollega'mento| *s.m.* [→ RICOLLEGARE A 1] rattachement.

ricollegàre |rikolle'gare| **A** *v.tr.* **1** [*collegare di nuovo, ricongiungere*] rattacher: *i centri isolati sono stati ricollegati* les centres isolés ont été rattachés ◇ (*tecnol.*) raccorder: *hanno ricollegato i fili dell'antenna* ils ont raccordé les fils de l'antenne **2** (*fig.*) [*mettere in relazione due o più fatti o elementi*] relier: *ho ricollegato il suo atteggiamento con i suoi discorsi* j'ai relié son attitude à ses propos **B** *v.pron.* RICOLLEGARSI **1** *rifl.* [*rimettersi in comunicazione telefonica, radiofonica*] rétablir *tr.* la liaison: *si sono ricollegati via radio con la nave* ils ont rétabli la liaison (par) radio avec le navire **2** *rifl.* [*riferirsi*] se rapporter à: *mi ricollego al tuo discorso* je me rapporte à tes propos **3** *recipr.* [*legarsi insieme, rivelando una relazione*] se rattacher: *i due fenomeni si ricollegano* les deux phénomènes se rattachent.

ricollocaménto |rikolloka'mento| *s.m.* **1** [→ RICOLLOCARE] replacement **2** (*tecnol.*) repose *f.*

ricollocàre |rikollo'kare| *v.tr.* [*collocare di nuovo, rimettere*] replacer (2): *ho ricollocato ogni cosa al suo posto* j'ai replacé, remis chaque chose à sa place.

ricolmàre |rikol'mare| *v.tr.* **1** [*colmare di nuovo*] remplir: *svuotato il bicchiere, lo ricolmava subito* dès que le verre était vide, il le remplissait **2** [*colmare fino all'orlo*] remplir à ras bord **3** (*fig.*) [*colmare con sovrabbondanza*] combler: *lo ricolmò di doni* il le combla de cadeaux.

ricólmo |ri'kolmo| *agg.* **1** plein à ras bord: *un bicchiere ricolmo di vino* un verre de vin plein à ras bord **2** (*fig.*) [*pieno, sovrabbondante*] rempli: *un cuore ricolmo di gioia* un cœur rempli de joie **C vuoto.**

ricoloràre |rikolo'rare| *v.tr.* [*colorare di nuovo, ridare il colore*] recolorer: *ricolorare un quadro* recolorer, repeindre un tableau.

ricolorìre |rikolo'rire| (197) *v.tr.* → **ricolorare.**

ricoltivàre |rikolti'vare| *v.tr.* [*coltivare di nuovo*] remettre (73) en culture, cultiver de nouveau: *ha deciso di ricoltivare quella terra* il a décidé de remettre cette terre en culture # *ha cominciato a ricoltivare quegli studi* il a repris ces études.

ricominciàre |rikomin'tʃare| **A** *v. tr.* [*cominciare da capo; riprendere dopo un'interruzione*] recommencer (2), reprendre (73): *ricominciò il lavoro* il recommença, il reprit le travail; *devo ricominciare tutto dall'inizio* il me faut tout reprendre au début ◆ (*ass.*) *ricominciamo?* on recommence?, recommence-t-on?; *si ricomincia!* on recommence! **B** *v.intr.* (*aus.* '*essere*'; (*raro*) '*avere*') [*avere di nuovo inizio, cominciare di nuovo*] recommencer, reprendre: *sta ricominciando a piovere* il recommence à pleuvoir; *lo spettacolo è ricominciato* le spectacle a repris # *è ricominciato l'inverno* l'hiver est de retour.

ricomméttere |rikom'mettere| (155) *v.tr.* **1** [*commettere di nuovo*] commettre (71) de nouveau # *ricommettere lo stesso errore* retomber dans la même erreur **2** [*ricongiungere*] recoller, réunir: *ricommettere i pezzi di un vaso* recoller, réunir les morceaux d'un vase.

ricommettitùra |rikommetti'tura| *s.f.* **1** (*raro*) [→ RICOMMETTERE 2] assemblage *m.* (*corr.*) **2** [*la parte dove è stata realizzata la giunzione*] jonction, raccord *m.*

ricomparìre |rikompa'rire| (142) *v.intr.* (*aus.* '*essere*') [*comparire di nuovo, tornare a comparire*] réapparaître (72): *dopo una lunga assenza, è ricomparso improvvisamente* après une longue absence, il est réapparu à l'improviste # *sta per ricomparire il sole* le soleil va faire sa réapparition, va réapparaître.

ricompàrsa |rikom'parsa| *s.f.* [→ RICOMPARIRE] réapparition: *ha fatto una breve ricomparsa* il a fait une brève réapparition; *c'è una ricomparsa di quel fenomeno* il y a (une) réapparition du phénomène.

ricompènsa |rikom'pɛnsa| *s.f.* récompense: *ha avuto la giusta ricompensa* il a eu sa juste récompense; *si aspettava una ricompensa maggiore* il s'attendait à une plus grande récompense ◇ (*iron.*) *bella ricompensa!* me voilà bien récompensé! ◇ (*loc.*) *ricompensa al valore militare, civile* décoration militaire, civile (à titre militaire, civil).

ricompensàbile |rikompen'sabile| *agg.* [→ RICOMPENSARE] qu'on peut récompenser (*loc.*): *una persona difficilmente ricompensabile* une personne qu'on peut difficilement récompenser.

ricompensàre |rikompen'sare| *v. tr.* [*dare una ricompensa, un contraccambio*] récompenser: *devi ricompensarlo per tutto quello che ha fatto* tu dois le récompenser pour tout ce qu'il a fait; *come potrò ricompensarti?* comment pourrai-je te récompenser?; *sono stata mal ricompensata* j'ai été mal récompensée # *ci ha ricompensati con l'ingratitudine* il nous a payés d'ingratitude ◇ (*loc.*) *l'ho ricompensato ad usura* je l'ai récompensé au centuple.

ricomperàre |rikompe'rare| *v.tr.* → **ricomprare.**

ricomponìbile |rikompo'nibile| *agg.* [→ RICOMPORRE] recomposable (*raro*).

ricompórre |rikom'porre| (168) **A** *v.tr.* [*comporre di nuovo, riordinare, ricostruire*] reconstruire (75), recomposer: *ricomporre i pezzi di un meccanismo* reconstruire les pièces d'un mécanisme ◇ (*tip.*) *ricomporre una riga, una pagina* recomposer une ligne, une page ◇ (*fig.*) *ricompose il viso* il recomposa son visage **B** *v.pron.* RICOMPORSI **1** *rifl.* [*riassumere la primitiva compostezza*] reprendre (73) *tr.* son calme: *dopo lo sforzo, si ricompose* après l'effort, il reprit son calme **2** *intr.* [*ritornare a essere composto, integro*] se recomposer: *il suo volto si ricompose nella pace della morte* son visage se recomposa dans la paix de la mort.

ricomposizióne |rikompozit'tsjone| *s.f.* [→ RICOMPORRE A] recomposition: *ricomposizione tipografica* recomposition typographique; *la ricomposizione di un meccanismo smontato* la recomposition d'un mécanisme démonté # *ricomposizione fondiaria* remembrement agricole.

ricómpra |ri'kompra| *s.f.* **1** [→ RICOMPRARE 1] rachat *m.* **2** (*dir.*) réméré *m.*

ricompràbile |rikom'prabile| *agg.* [→ RICOMPRARE 1] rachetable: *un terreno ricomprabile* un terrain rachetable.

ricompràre |rikom'prare| *v.tr.* **1** [*comprare di nuovo quanto si era venduto o era già stato comprato da altri*] racheter (7): *ha ricomprato le azioni a prezzo più basso* il a racheté les actions à un prix inférieur **2** (*arc., lett.*) → **riscattare.**

ricomunicàre |rikomuni'kare| **A** *v.tr.* **1** [*comunicare nuovamente*] communiquer de nouveau: *gli ricomunicai le istruzioni* je lui communiquai de nouveau les instructions **2** [*amministrare nuovamente la comunione*] donner de nouveau la communion, communier (*raro*) **B** *v.pron. intr.* RICOMUNICARSI [*accostarsi nuovamente alla Comunione*] communier *intr.* de nouveau.

riconcentràre |rikontʃen'trare| **A** *v.tr.* [*concentrare nuovamente*] concentrer de nouveau **B** *v.pron. rifl.* [*raccogliersi su se stesso*] se recueillir.

riconciliàbile |rikontʃi'ljabile| *agg.* [→ RICONCILIARE A 1] réconciliable: *due persone difficilmente riconciliabili* deux personnes difficilement réconciliables.

riconciliàre |rikontʃi'ljare| **A** *v.tr.* **1** [*far tornare d'accordo, in buona armonia*] réconcilier: *riconciliare due avversari* réconcilier deux adversaires; *ho cercato di riconciliare la coppia* j'ai essayé de réconcilier le couple **2** [*ritrovare, cattivare, riacquistare*] regagner: *il suo gesto gli ha riconciliato le simpatie di tutti* son geste lui a regagné la sympathie de tous **B** *v.pron.* RICONCILIARSI **1** *rifl.* [*tornare in pace con qc.*] se réconcilier: *si è riconciliato con la moglie* il s'est réconcilié avec sa femme **2** *recipr.* [*rappacificarsi, tornare in armonia*] se réconcilier: *i due avversari si sono riconciliati* les deux adversaires se sont réconciliés.

riconciliatóre, trice |rikontʃilja'tore, tritʃe| *s.* réconciliateur*.

riconciliazióne |rikontʃiliat'tsjone| *s.f.* **1** [→ RICONCILIARE] réconciliation: *fra i due è avvenuta una riconciliazione* entre les deux il y a eu (une) réconciliation → **pace 2** (*liturg. catt.*) réconciliation.

riconcimàre |rikontʃi'mare| *v.tr.* [*concimare di nuovo*] ramender.

ricondannàre |rikondan'nare| *v. tr.* [*condannare di nuovo*] condamner de nouveau, recondamner: *è stato ricondannato per lo stesso reato* il a été de nouveau condamné pour le même délit.

riconducìbile |rikondu'tʃibile| *agg.* [→ RICONDURRE 2, 3] qu'on peut ramener (à) *loc.*

ricondùrre |rikon'durre| (108) *v.tr.* **1** [*condurre di nuovo*] conduire (75) de nouveau, reconduire (75): *la prossima settimana lo ricondurrò dal medico* la semaine prochaine je le conduirai de nouveau chez le médecin **2** [*condurre indietro o verso chi parla*] ramener (6): *se vuoi, ti riconduco a casa* si tu veux, je te ramène chez toi; *riconducimelo!* ramène-le moi!; *la polizia ha ricondotto gli evasi in carcere* la police a ramené les évadés en prison **3** (*fig.*) [*riportare, ristabilire*] ramener: *ha ricondotto la pace in famiglia* il a ramené la paix dans la famille; *devi ricondurlo alla ragione* tu dois le ramener à la raison.

riconduzióne |rikondut'tsjone| *s.f.* (*dir.*) reconduction.

riconférma |rikon'ferma| *s.f.* [→ RICONFERMARE] confirmation; renouvellement (*m.*): *le sue parole non sono che la riconferma delle nostre previsioni* ses paroles ne sont que la confirmation de, ne font que confirmer nos prévisions; *questi sono i fatti che porto a riconferma di quanto ho detto* ce sont là les faits que j'apporte en confirmation de ce que j'ai dit; voici des preuves qui confirment mes dires ‖ *vuol sollecitare la riconferma del mandato* il veut demander le renouvellement de son mandat; *ha ottenuto la riconferma dell'incarico* il a obtenu le renouvellement de ses fonctions.

riconfermàbile |rikonfer'mabile| *agg.* [→ RICONFERMARE] que l'on peut confirmer ◇ [*rinnovabile*] renouvelable: *contratto riconfermabile* contrat renouvelable.

riconfermàre |rikonfer'mare| *v. tr.* [*confermare nuovamente o ulteriormente*] confirmer; maintenir (27): *mi hanno riconfermato l'incarico* ils m'ont confirmé dans mes fonctions; *lo hanno riconfermato segretario* ils l'ont confirmé dans ses fonctions de secrétaire ‖ *penso che lo riconfermino nell'incarico* je pense qu'il sera maintenu dans sa charge.

riconfessàre |rikonfes'sare| **A** *v. tr.* [*confessare di nuovo*] avouer de nouveau: *ha riconfessato il furto con le stesse parole* il a de nouveau avoué le vol, dans les mêmes termes ◇ (*relig.*) reconfesser: *riconfessare i propri peccati* reconfesser ses péchés **B** *v.pron. rifl.* RICONFESSARSI (*relig.*) [*confessarsi di nuovo*] se reconfesser.

riconfiscàre |rikonfis'kare| *v.tr.* [*procedere a una nuova confisca*] confisquer de nouveau, reconfisquer: *le terre sono state riconfiscate* les terres ont été de nouveau confisquées.

riconfortàre |rikonfor'tare| **A** *v.tr.* [*confortare di nuovo o di più*] réconforter: *lo riconfortarono prove più attendibili* des preuves plus tangibles le réconfortèrent; *le sue parole mi hanno riconfortato* ses paroles m'on réconforté **B** *v.pron. intr.* RICONFORTARSI [*riprendere conforto*] se réconforter: *mi riconforto, pensando al suo ritorno* je me réconforte, en pensant à son retour.

riconfrontàre |rikonfron'tare| *v. tr.* [*confrontare di nuovo*] confronter de nouveau.

ricongelàre |rikondʒe'lare| *v.tr.* [*congelare di nuovo*] recongeler (6).

ricongelazióne |rikondʒelat'tsjone| *s.f.* [→ RICONGELARE] recongélation.

ricongiùngere |rikon'dʒundʒere| (150) **A** *v.tr.* [*congiungere di nuovo*] réunir: *ricongiungere due parti* réunir deux parties ◇ [*riunire*] réunir **B** *v.pron.* RICONGIUNGERSI **1** *rifl.* [*congiungersi di nuovo*] se (re)joindre (61) # *ben presto si ricongiunse al gruppo* bien vite il se joignit (de nouveau) au groupe **2** *recipr.* [*riunirsi*] se réunir; se rejoindre: *la famiglia si è ricongiunta* la famille s'est réunie || *i due reparti si sono ricongiunti dopo due giorni di marcia* les deux divisions se sont rejointes après deux jours de marche.

ricongiungiménto |rikondʒundʒi'mento| *s.m.* [→ RICONGIUNGERE] (*persone*) réunion (*f.*): *il suo ricongiungimento con la famiglia ha allietato tutti* sa réunion avec sa famille a réjoui tout le monde ◇ (*cose*) jonction (*f.*): *il ricongiungimento delle due parti di un incastro* la jonction des deux parties d'un emboîtement ◇ (*truppe*) jonction ◇ (*tecnol.*) rattachement.

ricongiunzióne |rikondʒunt'tsjone| *s.f.* → **ricongiungimento.**

riconiàre |riko'njare| *v.tr.* [*coniare di nuovo*] frapper de nouveau.

riconnèttere |rikon'nɛttere| (112) **A** *v.tr.* [*connettere di nuovo o in modo migliore*] rapprocher: *devi riconnettere i due avvenimenti* tu dois, il faut rapprocher les deux événements **B** *v.pron. intr.* RICONNETTERSI [*collegarsi di nuovo o meglio*] se rattacher: *le due parti si riconnettono* les deux parties se rattachent.

riconoscènte |rikonoʃ'ʃɛnte| *agg.* [*che ha, che sente o esprime riconoscenza*] reconnaissant: *non si è mostrato riconoscente verso di lui* il ne s'est pas montré reconnaissant envers lui; *gli sono riconoscente per quello che ha fatto per me* je lui suis reconnaissant, je lui suis gré de ce qu'il a fait pour moi 🄲 **ingrato.**

riconoscènza |rikonoʃ'ʃɛntsa| *s.f.* [*sentimento, manifestazione di devozione e ringraziamento per il benefattore*] reconnaissance: *è un debito di riconoscenza* c'est une dette de reconnaissance; *gli ha mostrato la sua riconoscenza* il lui a témoigné sa reconnaissance; *provo un sentimento di riconoscenza nei suoi confronti* j'éprouve un sentiment de reconnaissance envers lui 🄲 **ingratitudine.**

riconóscere |riko'noʃʃere| (126) **A** *v.tr.* **1** [*ravvisare, identificare qc. o q.c. che già si conosce*] reconnaître (72): *non mi riconosci?* tu ne me reconnais pas?; *il cane lo riconobbe subito* le chien le reconnut tout de suite; *ho riconosciuto la sua scrittura* j'ai reconnu son écriture; *il cassiere ha riconosciuto uno dei rapinatori* le caissier a reconnu un des voleurs; *lo riconoscerei fra mille* je le reconnaîtrais entre mille; *non si riconosce più* on ne le reconnaît plus **2** [*distinguere, conoscere realmente*] discerner, distinguer: *è difficile riconoscere il giusto dall'ingiusto* il est difficile de discerner, distinguer le vrai du faux **3** [*ammettere, confessare*] reconnaître: *finalmente ha riconosciuto il suo torto* finalement il a reconnu ses torts # *è difficile riconoscere la propria inferiorità* il est difficile d'admettre sa propre infériorité **4** [*considerare reale, operante, accettare l'esistenza di un fatto*] reconnaître: *l'hanno riconosciuto come capo* ils l'ont reconnu comme chef; *hanno riconosciuto i nuovi confini* ils ont reconnu les nouvelles frontières; *occorre che si riconoscano i diritti civili* il faut que les droits civils soient reconnus; *ha riconosciuto il figlio illegittimo* il a reconnu son fils (illégitime) **5** [*perlustrare, prendere conoscenza diretta dei luoghi*] reconnaître: *riconoscere un terreno* reconnaître un terrain **6** [*dichiarare, ammettere l'esistenza di un diritto altrui*] reconnaître: *vi riconosciamo le spese di trasporto* nous vous reconnaissons les frais de transport **B** *v.pron. rifl.* RICONOSCERSI [*avere coscienza di sé*] se reconnaître: *si è riconosciuto colpevole* il s'est reconnu coupable; *si è riconosciuto autore di...* il s'est reconnu l'auteur de...

riconoscìbile |rikonoʃ'ʃibile| *agg.* [→ RICONOSCERE A 1, 2] reconnaissable: *così vestito, era difficilmente riconoscibile* ainsi vêtu, il était difficilement reconnaissable; *la casa è immediatamente riconoscibile per i fregi sulla facciata* la maison est immédiatement reconnaissable aux frises de la façade (qui ornent la façade) 🄲 **irriconoscibile.**

riconosciménto |rikonoʃʃi'mento| *s.m.* **1** [→ RICONOSCERE A] reconnaissance (*f.*): *un segno di riconoscimento* un signe de reconnaissance; *documenti di riconoscimento* documents de reconnaissance, d'identité; *il riconoscimento di un governo, di uno Stato straniero* la reconnaissance d'un gouvernement, d'un État étranger; *il riconoscimento di un figlio naturale* la reconnaissance d'un enfant naturel; *quell'onorificenza è il riconoscimento delle sue doti* cette décoration est la reconnaissance de ses dons # *il riconoscimento dei propri torti è un atto di coraggio* reconnaître ses erreurs est un acte de courage ◇ (*aer., mar.*) *segnale di riconoscimento* signal de reconnaissance ◇ (*comm.*) *riconoscimento di un debito* reconnaissance d'une dette ◇ *loc.* IN RICONOSCIMENTO DI en reconnaissance de: *in riconoscimento dei servizi resi alla società...* en reconnaissance des services rendus à la société **2** [*identificazione*] identification (*f.*): *il riconoscimento di una salma* l'identification d'un corps.

riconoscitìvo |rikonoʃʃi'tivo| *agg.* qui fait reconnaître *loc.*; apte à reconnaître.

riconquista |rikon'kwista| *s.f.* [→ RICONQUISTARE] reconquête: *la riconquista di un territorio* la reconquête d'un territoire; *la riconquista della libertà* la reconquête de la liberté.

riconquistàre |rikonkwis'tare| *v. tr.* [*conquistare di nuovo*; *ricuperare ciò che si era perduto*] reprendre (73), reconquérir (26): *i nostri hanno riconquistato le posizioni perdute* nos troupes ont repris les positions perdues; *vuole riconquistare la sua fiducia* il veut reconquérir sa confiance.

riconsacràre |rikonsa'krare| *v.tr.* [*consacrare di nuovo*] consacrer de nouveau.

riconsacrazióne |rikonsakrat'tsjone| *s.f.* [→ RICONSACRARE] consécration (nouvelle): *la riconsacrazione di una chiesa* la consécration nouvelle d'une église.

riconségna |rikon'seɲɲa| *s.f.* **1** nouvelle remise: *la riconsegna delle chiavi* la nouvelle remise des clefs **2** [*restituzione*] restitution: *la riconsegna della merce rubata* la restitution de la marchandise volée.

riconsegnàre |rikonseɲ'ɲare| *v. tr.* **1** [*consegnare di nuovo*] restituer, remettre (71): *ha riconsegnato il documento firmato* il a restitué, remis le document (dûment) signé ◇ (*persone*) remettre: *riconsegnare un colpevole alla giustizia* remettre un coupable à la justice **2** [*restituire ciò che si aveva in consegna o che era stato perso*] restituer, rendre: *il facchino mi ha riconsegnato i bagagli* le porteur m'a restitué, rendu mes bagages; *hanno riconsegnato il pacco al legittimo proprietario* ils ont restitué, rendu le paquet au légitime propriétaire.

riconsideràre |rikonside'rare| *v. tr.* [*considerare di nuovo, con più attenzione*] reconsidérer (8): *sto riconsiderando la sua proposta* je suis en train de reconsidérer sa proposition.

riconsolàre |rikonso'lare| **A** *v.tr.* [*consolare di nuovo*] reconsoler: *l'ho consolata e riconsolata* je l'ai consolée et encore consolée ◇ (*lett.*) → **confortare B** *v.pron. rifl.* RICONSOLARSI [*consolarsi di nuovo*] se consoler: *si è riconsolato, pensando ai suoi* il s'est consolé en pensant aux siens.

riconsolidàre |rikonsoli'dare| *v. tr.* [*consolidare di nuovo o di più*] consolider de nouveau: *ha riconsolidato la sua fama* il a consolidé de nouveau sa réputation.

riconsultàre |rikonsul'tare| *v.tr.* [*consultare di nuovo*] consulter de nouveau: *è meglio che tu riconsulti il medico* il vaut mieux que tu consultes de nouveau le médecin.

ricontàre |rikon'tare| *v.tr.* [*contare di nuovo*] recompter: *deve ricontare il denaro dell'incasso* il doit recompter l'argent de la recette.

riconvalidàre |rikonvali'dare| *v. tr.* [*convalidare di nuovo o meglio*] valider de nouveau: *ha riconvalidato la sua tesi* il a de nouveau validé sa thèse → **riconfermare.**

riconvenìre |rikonve'nire| (202) **A** *v.intr.* (*aus. 'avere'*) [*convenire, concordare di nuovo*] convenir (27) de nouveau: *abbiamo riconvenuto di non fare questa spesa* nous avons convenu (de nouveau) de ne pas faire cette dépense **B** *v.tr.* [*proporre da parte del convenuto nello stesso giudizio delle domande giudiziali contro l'attore*] introduire (75) une demande reconventionnelle, agir en reconventionnelle.

riconvenzionàle |rikonventsjo'-

nale| *agg.* (*dir.*) reconventionnel*: *domanda, causa riconvenzionale* demande, cause reconventionnelle; *agire in via riconvenzionale* introduire une demande reconventionnelle.
riconvenzióne |rikonven'tsjone| *s.f.* (*dir.*) reconvention.
riconversióne |rikonver'sjone| *s.f.* [→ RICONVERTIRE A 2] reconversion: *riconversione economica, industriale* reconversion économique, industrielle; *riconversione produttiva* reconversion de la production.
riconvertìre |rikonver'tire| **A** *v. tr.* **1** [*convertire di nuovo*] convertir de nouveau: *l'ho riconvertito a quel progetto* je l'ai converti de nouveau à ce projet **2** (*econ.*) [*trasformare un complesso industriale per farlo tornare alla precedente produzione*] reconvertir **B** *v. pron. rifl.* RICONVERTIRSI [*convertirsi di nuovo*] se convertir de nouveau: *si è riconvertito a quella religione* il s'est converti de nouveau à cette religion.
riconvocàre |rikonvo'kare| *v.tr.* [*convocare nuovamente*] convoquer de nouveau, reconvoquer: *riconvocare i testimoni* convoquer de nouveau les témoins.
riconvocazióne |rikonvokat'tsjone| *s.f.* [→ RICONVOCARE] nouvelle convocation: *la riconvocazione del consiglio* la nouvelle convocation du conseil.
ricopèrto |riko'pɛrto| *agg.* **1** [*chiuso in un involucro per ornamento o per protezione*] recouvert: *un libro ricoperto di carta colorata* un livre recouvert de papier coloré; *poltrona ricoperta di pelle* fauteuil recouvert de cuir; *dente ricoperto* dent recouverte ◇ (*di metallo*) plaqué: *un vaso ricoperto d'argento* un vase plaqué argent, argenté **2** [*nascosto, occultato*] recouvert, caché.
ricopertùra |rikoper'tura| *s.f.* **1** couverture: *la ricopertura del tetto* la couverture du toit ◇ (*di metalli*) placage *m.* **2** [*ciò con cui si ricopre*] couverture ◇ (*di sedie, ecc.*) *housse ◇ (*di metalli*) placage ◇ (*tecnol.*) *la ricopertura di un pneumatico* le rechapage *m.* d'un pneu.
ricopiàre |riko'pjare| *v.tr.* **1** [*copiare di nuovo*] recopier: *ricopiare un documento* recopier un document # *ricopia il compito in bella* mets le devoir au propre **2** [*copiare, trascrivere*] copier: *ricopio questa lettera a macchina* je copie cette lettre au propre.
ricopiatóre, trice |rikopja'tore, tritʃe| *s.* celui *m.*, celle *f.* qui recopie.
ricopiatùra |rikopja'tura| *s.f.* **1** [*lavoro di trascrizione*] transcription: *una ricopiatura attenta, curata* une transcription attentive, soignée **2** → 1 **copia** 1.
ricoprènte |riko'prɛnte| *agg.* [*che ricopre*] (re)couvrant *p. pres.*
ricopriménto |rikopri'mento| *s.m.* **1** (*raro*) [→ RICOPRIRE A 1] recouvrement, couverture *f.* **2** (*raro*) [*elemento di copertura*] recouvrement **3** (*geol.*) recouvrement.
ricoprìre |riko'prire| (186) **A** *v.tr.* **1** [*coprire di nuovo; rivestire*] recouvrir (23): *la nebbia ha ricoperto la pianura* le brouillard a recouvert la plaine; *ho ricoperto più volte il bambino durante il sonno* j'ai recouvert plusieurs fois l'enfant durant son sommeil **2** (*fig.*) [*colmare, elargire abbondantemente*] couvrir (23): *l'ha ricoperto di baci e di carezze* il l'a couvert de baisers et de caresses; *dopo averlo ricoperto d'ingiurie, lo cacciò* après l'avoir couvert d'injures, il le jeta dehors # *gli piace essere ricoperto d'attenzioni* il aime être comblé d'attentions ◇ (*loc. fig.*) *ricoprire d'oro una persona* couvrir d'or une personne **3** (*fig.*) [*occupare, assumere*] occuper: *ricopre una carica molto importante* il occupe une charge très importante; *ricopriva un posto di responsabilità* il occupait un poste de responsabilité **4** (*fig.*) [*nascondere, celare, occultare*] cacher: *ricoprire le proprie intenzioni* cacher ses intentions; *ha cercato di ricoprire i suoi errori* il a essayé de cacher ses erreurs **B** *v.pron. intr.* RICOPRIRSI [*coprirsi interamente, rivestirsi*] se (re)couvrir: *le cime dei monti si ricoprono di neve* les sommets des montagnes se (re)couvrent de neige.
ricordàbile |rikor'dabile| *agg.* **1** [→ RICORDARE A 1] digne de mention **2** → **memorabile.**
ricordànza |rikor'dantsa| *s.f.* (*arc., poet.*) **1** [*il fatto di ricordare*] souvenir *m.* (*corr.*) ◇ [*ricordo*] *le ricordanze della mia vita* les souvenirs de ma vie **2** [*facoltà della memoria*] mémoire (*corr.*).
ricordàre |rikor'dare| **A** *v.tr.* **1** [*serbare ricordo, avere presente nella memoria*] se rappeler (4) *pron.*; se souvenir (27) (*pron.*): *non riesco a ricordare il suo nome* je n'arrive pas à me rappeler son nom; *l'abbiamo incontrato in villeggiatura, ricordi?* nous l'avons rencontré pendant les vacances, te rappelles-tu?; *non ricorda mai nulla* il ne se rappelle jamais rien; il ne se souvient jamais de rien ‖ *per quanto ricordo, non deve essere vecchio* autant qu'il m'en souvienne, il ne doit pas être (très) vieux; *se ben ricordo, partì una settimana fa* si je me souviens bien, il est parti il y a une semaine **2** [*richiamare alla memoria*] rappeler: *ricorda che dobbiamo partire presto* rappelle-toi que nous devons partir tôt; *ricordami di telefonargli* rappelle-moi que je dois lui téléphoner; *questa musica mi ricorda un bel periodo della mia vita* cette musique me rappelle une période heureuse de ma vie; *ricordami ai tuoi* rappelle-moi au bon souvenir de ta famille **3** [*nominare, parlare volontariamente di qc. o di q.c.*] parler; ne pas oublier: *ti ricordiamo spesso nei nostri discorsi* nous parlons souvent de toi dans nos conversations ‖ *ricordami nelle tue preghiere* ne m'oublie pas dans tes prières **4** [*rassomigliare a qc. o a q.c.*] rappeler: *la ragazza ricorda la nonna nei lineamenti* cette jeune fille a des traits qui rappellent ceux de sa grand-mère **B** *v.pron. intr.* RICORDARSI [→ *tr.* 1] se rappeler, se souvenir: *non mi ricordo questo fatto* je ne me rappelle pas ce fait; je ne me souviens pas de ce fait; *me ne ricordo come se fosse ieri* je m'en souviens comme si c'était hier; *si è ricordato di lei nel testamento* il s'est souvenu d'elle dans son testament; *mi ricordo confusamente di lui* je me souviens confusément de lui; *se ben mi ricordo, lavora in quell'industria* si mes souvenirs sont exacts, si je me souviens bien, il travaille dans cette industrie ◇ (*in tono di minaccia*) *se ne ricorderà per un pezzo!* il s'en souviendra longtemps!; *mi ricorderò di voi!* je me souviendrai de vous! ◇ (*loc.*) *non ricordarsi dal naso alla bocca* n'avoir aucune mémoire **C** A 1 **dimenticare.**
ricordìno |rikor'dino| *s.m.* **1** petit souvenir **2** [*immaginetta sacra*] image *f.* (sainte).
ricòrdo |ri'kɔrdo| *s.m.* **1** [→ RICORDARE A 1, 2, 3] souvenir: *conservo un buon ricordo di quella persona* je garde un bon souvenir de cette personne; *hanno sempre vivo il ricordo di quel fatto* ils conservent un souvenir très vivant de cet événement; *ha lasciato un ottimo ricordo di sé* il a laissé un bon souvenir (de lui); *di quell'impresa si è perso ogni ricordo* on a perdu jusqu'au souvenir de cet exploit; *me lo ha dato per ricordo* il me l'a donné en souvenir ◇ (*loc. epistolare*) *affettuosi ricordi* affectueux souvenirs **2** [*quanto ha la funzione, la capacità, lo scopo di ricordare*] souvenir: *un negozio di ricordi* un magasin de souvenirs; *quella caduta gli ha lasciato un brutto ricordo* cette chute lui a laissé un mauvais souvenir ✦ (*in funzione di agg. inv.*) commémoratif* (*var.*): *una serie di francobolli-ricordo* une série de timbres commémoratifs **3** → **vestigia.**
ricoricàre |rikori'kare| **A** *v.tr.* [*coricare di nuovo*] recoucher: *ha ricoricato il bambino nella culla* il a recouché l'enfant dans le berceau **B** *v.pron. rifl.* RICORICARSI [*adagiarsi, stendersi di nuovo*] se recoucher: *dopo mangiato, si è ricoricato* après le repas, il s'est recouché.
ricorrèggere |rikor'rɛddʒere| (154) *v.tr* [*correggere di nuovo*] recorriger (3): *ricorreggere le bozze* recorriger les épreuves.
ricorrènte |rikor'rɛnte| *agg.* **1** qui revient (*loc.*): *avvenimenti, situazioni ricorrenti* événements, situations qui reviennent; *motivi ricorrenti* motifs qui reviennent # *febbre ricorrente* fièvre récurrente; *le feste ricorrenti nell'anno* les fêtes de l'année **2** (*bur., dir.*) appelant: *la parte ricorrente* la partie appelante ✦ (*s.m.*) *il ricorrente* l'appellant.
ricorrènza |rikor'rɛntsa| *s.f.* **1** [*ritorno periodico*] répétition: *la ricorrenza di un processo morboso* la répétition d'un processus morbide **2** [*la festività che ritorna, il giorno in cui si commemora un avvenimento*] anniversaire (*m.*): *per la ricorrenza del suo compleanno* à l'occasion de son anniversaire → **anniversario**; *la ricorrenza della proclamazione della Repubblica* la célébration de l'anniversaire de la République # *in questa lieta ricorrenza, sono lieto...* en cette heureuse circonstance, il m'est agréable de...; *per la ricorrenza di Natale tornerò a casa* pour (la fête de) Noël, je rentrerai à la maison; *domani si festeggia una ricorrenza religiosa* demain, c'est une fête religieuse.
ricórrere |ri'korrere| (127) **A** *v.intr.* (*aus.* '*essere*') **1** [*correre di nuovo*] recourir (17) (*aus.* avoir): *anche questo anno ricorrerò nella stessa squadra* encore cette année, je recourrai, je courrai encore dans la même équipe **2** [*correre indietro, ritornare correndo al luogo da dove si era partiti*] courir (17) de nouveau: *sono dovuto ricorrere in ufficio perché avevo dimenticato la borsa* j'ai dû courir de nouveau au bureau parce que j'avais oublié mon sac ◇ (*fig.*) *ricorrere col pensiero al passato* retourner en pensée à son passé **3** [*rivolgersi a*

una persona o a un ente, per aiuto o tutela] faire (45) *tr.* appel: *è ricorso a me per un consiglio* il a fait appel à moi pour un conseil; *è meglio che tu ricorra a un avvocato* il vaut mieux que tu fasses appel à un avocat # *è ricorso alle minacce per ottenere quello che voleva* il a eu recours aux menaces pour obtenir ce qu'il voulait; *smettila di ricorrere a degli stratagemmi* arrête de recourir à des stratagèmes; *è capace di ricorrere anche alla forza, alla violenza* il est capable aussi de recourir à la force, à la violence ◇ (*dir.*) *ricorrere in appello* interjeter appel; *ricorrere in cassazione* introduire un recours, se pourvoir en cassation; *ricorrere contro una sentenza* introduire un recours contre un jugement **4** [*ripetersi a intervalli, con una certa regolarità*] *crisi economiche che ricorrono ciclicamente* crises économiques qui se répètent; *è un tema che ricorre spesso nel romanzo* c'est un thème qui revient souvent dans le roman; *oggi ricorre il quinto anniversario del loro matrimonio* c'est aujourd'hui le cinquème anniversaire de jeur mariage; *domenica ricorre la festa del santo patrono* dimanche, c'est la fête du saint patron **B** *v.tr.* **1** [*tornare a correre*] courir de nouveau, recourir: *ricorre i cento metri piani* il doit de nouveau courir le cent mètres plats **2** (*fig.*) [*esporsi*] recourir: *facendo così, ricorri lo stesso pericolo* en faisant comme ça, tu recours le même danger.

ricorrezióne |rikorret'tsjone| *s.f.* recorrection.

ricórso |ri'korso| *s.m.* **1** [*il fatto di rivolgersi a una persona o ente per aiuto o consiglio*] recours: *ho fatto ricorso a un avvocato* j'ai eu recours à un avocat; *quando ha bisogno, fa ricorso agli amici* quand il a besoin de qqch., il fait appel aux amis, il a recours aux amis **2** (*dir.*) recours: *ricorso in cassazione* recours en cassation; *presentare ricorso al consiglio superiore* faire recours au conseil # *ricorso in appello* interjection en appel **3** [*il fatto di usare determinati mezzi e comportamenti*] recours: *ha fatto ricorso all'astuzia, pur di ottenerlo* il a eu recours à l'astuce afin de l'obtenir; *bisogna condannare il ricorso alla violenza* il faut condamner le recours à la violence **4** [*ritorno, ripetizione periodica di avvenimenti*] cycle: *i corsi e i ricorsi storici* les cycles historiques.

ricostituènte |rikostitu'ɛnte| *agg.* (*farm.*) reconstituant: *medicine ricostituenti* médicaments reconstituants; *cura ricostituente* cure reconstituante ♦ (*s.m.*) *un ricostituente* un reconstituant.

ricostituire |rikostitu'ire| (197) **A** *v.tr.* **1** [*costituire nuovamente*] reconstituer un parti **2** (*fig.*) [*riportare all'efficienza e al vigore consueti*] *deve ricostituire le proprie forze col riposo* il doit reprendre ses forces en se reposant **B** *v.pron. rifl.* RICOSTITUIRSI [*costituirsi nuovamente*] se reconstituer: *la società si è ricostituita su nuove basi* la société s'est reconstituée sur de nouvelles bases.

ricostituito |rikostitu'ito| *agg.* reconstitué: *latte ricostituito* lait reconstitué; *legno ricostituito* bois reconstitué; *pietre preziose ricostituite* pierres précieuses reconstituées.

ricostituzióne |rikostitut'tsjone| *s.f.* [→ RICOSTITUIRE A 1] reconstitution: *la ricostituzione di un esercito, di una società* la reconstitution d'une armée, d'une société ◇ (*della chioma di un albero*) ravalement *m.*

ricostruire |rikostru'ire| (197) *v.tr.* **1** [*costruire nuovamente*] reconstruire (75): *ricostruire un ponte crollato* reconstruire un pont écroulé **2** (*fig.*) [*ricomporre lo svolgimento di un fatto, integrando i dati conosciuti con ipotesi e congetture logiche*] reconstituer: *la polizia è riuscita a ricostruire il delitto* la police a réussi a reconstituer le délit; *ho cercato di ricostruire la scena nella mia mente* j'ai essayé de reconstituer la scène dans mon esprit **3** [*riordinare, rifare un testo pervenuto mutilo o alterato*] restituer: *ricostruire un testo letterario* restituer, rétablir un texte littéraire.

ricostruttivo |rikostrut'tivo| *agg.* de reconstruction (*loc. inv.*): *metodi ricostruttivi* méthodes de reconstruction; *un procedimento ricostruttivo* un processus de reconstruction.

ricostruttóre |rikostrut'tore| *agg. m. e s.m.* reconstructeur.

ricostruzióne |rikostrut'tsjone| *s.f.* **1** [→ RICOSTRUIRE 1] reconstruction: *la ricostruzione di una città* la reconstruction d'une ville; *la ricostruzione economica di un paese* la reconstruction économique d'un pays **2** [→ RICOSTRUIRE 2] reconstitution: *la ricostruzione di un fatto di sangue* la reconstitution d'un crime **3** [→ RICOSTRUIRE 3] restitution: *la ricostruzione di un testo lacunoso* la restitution d'un texte plein de lacunes.

ricòtta |ri'kɔtta| *s.f.* [*latticinio fresco ricavato dal siero di latte, fatto coagulare a bassa temperatura*] ⊠ ◇ (*loc. fig.*) *è un uomo di ricotta* c'est une chiffe molle ~ *ha le mani di ricotta* il a des mains en beurre ~ *ma hai le gambe di ricotta?* mais tu as des jambes de coton!

ricòtto |ri'kɔtto| *agg.* [*che ha subito due cotture*] recuit: *carne ricotta* viande recuite ◇ (*metall.*) recuit.

ricottùra |rikot'tura| *s.f.* **1** [→ RICUOCERE 1] nouvelle cuisson; seconde cuisson, recuisson (*raro*): *la ricottura di un cibo* la nouvelle cuisson d'un aliment ‖ *la ricottura delle ceramiche* la seconde cuisson, la recuisson des céramiques **2** (*metall.*) recuit (*m.*): *ricottura in bianco e nero* recuit blanc et noir; *ricottura in muffola* recuit en vase clos # *forno di ricottura* four à recuire.

ricoveràre |rikove'rare| **A** *v.tr.* [*accogliere o internare in un ambiente di cura o di assistenza*] hospitaliser: *ricoverare un malato* (*in un ospedale*) hospitaliser un malade; *il vecchio è stato ricoverato in una casa di cura* le vieillard a été hospitalisé, mis dans une maison de santé **B** *v.pron. intr.* RICOVERARSI **1** [*entrare in un ospedale, in una clinica per curarsi*] entrer *intr.* à l'hôpital: *vuol ricoverarsi per analisi* il veut entrer à l'hôpital pour (faire) des examens **2** [*trovar riparo, rifugiarsi*] se réfugier: *gli alpinisti si ricoverarono in un rifugio* les alpinistes se réfugièrent dans un abri.

ricoveràto |rikove'rato| *agg.* **1** [*accolto, ospitato in un luogo di cura*] hospitalisé: *i malati ricoverati* les malades hospitalisés ♦ (*s.*) *un ricoverato* un hospitalisé # *il ricoverato è stato dimesso* le malade est sorti de l'hôpital **2** [*chi è ospite di un ospizio*] pensionnaire *s.* (d'un hospice).

ricóvero |ri'kovero| *s.m.* **1** [*il fatto di ricoverare, di venir ricoverato in un luogo di cura o di assistenza*] hospitalisation (*f.*): *ricovero d'urgenza* hospitalisation d'urgence # *disporre il ricovero immediato* hospitaliser immédiatement; *provvedere al ricovero di un vecchio in un ospizio* faire admettre un veillard à l'hospice; *ricovero in manicomio* internement **2** [*luogo in cui si può trovare rifugio e protezione*] abri: *ricovero antiaereo* abri contre les bombardements # *abbiamo trovato ricovero in una baita* nous avons trouvé refuge dans un chalet **3** [*ospizio*] hospice: *ricovero per vecchi* hospice de vieillards.

ricovràre |riko'vrare| *v.tr.* (*poet.*) → **ricoverare**.

ricreàre |rikre'are| **A** *v.tr.* **1** (*raro*) [*creare di nuovo*] recréer (*corr.*): *ricreare le strutture di un movimento politico* recréer la structure d'un mouvement politique **2** (*fig.*) [*ristorare, sollevare, divertire*] récréer: *uno spettacolo che ricrea lo spirito* un spectacle qui récrée, divertit (*lett.*) l'esprit **B** *v.pron. rifl.* RICREARSI [*svagarsi, divertirsi*] se récréer, se divertir: *si ricrea con un po' di musica* il se récrée, délasse avec un peu de musique.

ricreativo |rikrea'tivo| *agg.* délassant, récréatif*: *una lettura ricreativa* une lecture délassante, récréative # *circolo ricreativo* centre de récréation.

ricreatòrio, i |rikrea'tɔrjo, i| *s.m.* [*luogo in cui i ragazzi, dopo gli impegni scolastici, sono accolti a scopo ricreativo*] centre de loisirs; (*religioso*) patronage (paroissial).

ricreazióne |rikreat'tsjone| *s.f.* **1** [→ RICREARE A 2] délassement (*m.*): *la lettura è la sua ricreazione preferita* la lecture est son délassement préféré **2** [*ristoro, riposo dal lavoro*] récréation: *prenditi un po' di ricreazione* prends un instant de repos, une petite récréation; *gli alunni sono in ricreazione* les élèves sont en récréation.

ricrédersi |ri'kredersi| *v.pron. intr.* [*cambiare opinione o convinzione*] changer (3) d'opinion: *mi sono ricreduta sul suo conto* j'ai changé d'opinion sur son compte # *il suo comportamento mi ha fatto ricredere* son attitude m'a fait changer d'avis.

ricréscere |ri'kreʃʃere| (128) *v.intr.* (*aus. 'essere'*) **1** [*crescere di nuovo, tornare a crescere*] (re)pousser (*aus.* avoir); augmenter (*aus.* avoir): *si è fatto ricrescere la barba* il s'est (de nouveau) laissé pousser la barbe ‖ *i prezzi sono ricresciuti* les prix ont encore augmenté **2** (*dial.*) [*aumentare di volume, crescere alla vista*] gonfler (*aus.* avoir), augmenter de volume (*corr.*): *la pasta è ricresciuta* la pâte a gonflé.

ricréscita |ri'kreʃʃita| *s.f.* **1** [→ RICRESCERE 1] repousse: *la ricrescita dei capelli* la repousse des cheveux **2** [*aumento di volume*] augmentation (de volume) # *il riso cotto fa una buona ricrescita* le riz gonfle beaucoup à la cuisson.

rictus |'riktus| *s.m. inv.* (*med.*) rictus: *rictus tetanico* rictus tétanique.

ricucire |riku'tʃire| (203) *v.tr.* **1** [*cu-*

cire di nuovo, riparare con una cucitura] recoudre (60): *ricucire una tasca* recoudre une poche # *una coperta fatta di pezzi ricuciti insieme* un patchwork, une couverture en patchwork **2** (*chir.*) [*rimarginare, suturare*] recoudre **3** (*fig.*, *detto di componimenti, discorsi e sim.*) [*mettere insieme elementi diversi*] recoudre.

ricucitùra |rikutʃi'tura| *s.f.* **1** [*riparazione ottenuta con ago e filo*] couture (*f.*): *la ricucitura di uno strappo* la couture d'un accroc **2** (*fig.*, *detto di opere lett. e sim.*) [*accozzamento di elementi diversi*] pot-pourri (*m.*): *il film è una ricucitura di vecchie scene* le film est un pot-pourri de vieilles séquences.

ricuòcere |ri'kwɔtʃere| (129) *v.tr.* **1** [*cuocere di nuovo o di più*] recuire (75) **2** (*metall.*) [*sottoporre a ricottura un metallo*] recuire.

ricuperàbile |rikupe'rabile| *agg.* [→ RICUPERARE 1, 2, 3] récupérable: *un credito ricuperabile* un crédit récupérable; *uno svantaggio ricuperabile* un retard récupérable; *un ragazzo ricuperabile* un enfant récupérable.

ricuperaménto |rikupera'mento| *s.m.* (*raro*) [→ RICUPERARE 1] récupération *f.* (*corr.*): *il ricuperamento del denaro* la récupération de l'argent ◇ [*il fatto di riacquistare*] recouvrement.

ricuperàre |rikupe'rare| *v.tr.* **1** [*rientrare in possesso di ciò che era nostro o che ci era stato tolto*] récupérer (8): *ricuperare i propri beni, il proprio denaro* récupérer ses biens, son argent; *la polizia ha ricuperato la refurtiva* la police a récupéré le butin ◇ [*riacquistare*] retrouver: *ha ricuperato la salute* il a retrouvé, recouvré la santé; *recuperate le forze, continuò a lavorare* une fois ses forces retrouvées, il a pu continuer à travailler # *voleva ricuperare la sua libertà* il voulait recouvrer sa liberté **2** [*rimontare uno svantaggio, riguadagnare*] rattraper: *vuole ricuperare il tempo perduto* il veut rattraper le temps perdu; *la squadra deve ricuperare lo svantaggio* l'équipe doit rattraper son retard; *il treno non ha ricuperato il ritardo* le train n'a pas rattrapé, récupéré son retard **3** [*rendere nuovamente disponibile, restituire*] récupérer: *ricuperare un delinquente alla vita sociale* récupérer un délinquant pour (le remettre dans) la vie sociale; *bisogna ricuperare i minorati all'attività lavorativa* il faut récupérer les invalides pour (les remettre dans) la vie active **4** [*ritrovare le vittime di un incidente*; *ritrovare dei rottami*] retrouver: *l'auto è stata ricuperata lontana dalla strada* la voiture a été retrouvée loin de la route ◇ [*mettere in salvo dei naufraghi*] sauver: *i croceristi sono stati ricuperati in tempo* les membres de la croisière ont été sauvés à temps **5** [*ripigliare persone o cose gettate o perdute in mare*] renflouer: *ricuperare una nave* renflouer un bateau ◇ (*per est.*) repêcher, sauver: *ricuperare le vittime di un naufragio* repêcher, sauver les victimes d'un naufrage.

ricuperatóre, trice |rikupera'tore, tritʃe| *s.* **1** *s.* (*raro*) [*chi ricupera*] celui *m.*, celle *f.* qui récupère **2** *s.m.* [*chi effettua le operazioni di recupero di relitti navali*] celui qui récupère (les épaves des navires) **3** *s.m.* (*tecnol.*) récupérateur: *ricuperatore di energia termica* récupérateur d'énergie thermique; *ricuperatore di rinculo* récupérateur de recul.

ricùpero |ri'kupero| *s.m.* **1** [→ RICUPERARE 1] récupération (*f.*): *il ricupero del bottino* la récupération du butin # *ho bisogno di due ore di sonno di ricupero* j'ai deux heures de sommeil à récupérer ◇ [*il fatto di riacquistare*] recouvrement: *il ricupero delle forze* le recouvrement des forces; *il ricupero di un credito* le recouvrement d'un crédit; *il ricupero della salute* le recouvrement de la santé ◇ (*loc.*) *film di ricupero* remake ~ *materiali di ricupero* matériel de récupération **2** (*sport*) rattrapage: *il ricupero dello svantaggio* le rattrapage du retard # *partita di ricupero* match en retard **3** [*ritrovamento delle vittime di un incidente*; *ritrovamento di rottami*] ramassage: *il ricupero dei feriti* le ramassage des blessés ◇ [*salvataggio di naufraghi*] sauvetage **4** [*l'operazione di ripescare persone o cose perdute in mare*] renflouement, renflouage: *il ricupero di una barca* le renflouement, renflouage d'un bateau # *ricupero di una salma* (*in mare*) repêchage d'un corps **5** [*cosa, oggetto ricuperato*] débris: *i ricuperi di un carico* les débris d'un chargement **6** (*fig.*) [*reinserimento nella vita sociale mediante un'opera di rieducazione*] récupération (*f.*): *il ricupero di anormali psichici* la récupération des malades mentaux; *il ricupero di ex-carcerati* la récupération des anciens détenus ◇ (*loc.*) *classi di ricupero* classes de rettrapage # *ha grandi capacità di ricupero* il récupère facilement.

ricùrvo |ri'kurvo| *agg.* [*curvato, che presenta una curvatura*] (*persone*) voûté: *un vecchio ricurvo* un vieillard voûté ◇ (*cose*) recourbé: *una lama ricurva* une lame recourbée.

ricùsa |ri'kuza| *s.f.* → **rifiuto.**

ricusàbile |riku'zabile| *agg.* **1** [→ RICUSARE 1] refusable: *invito ricusabile* invitation refusable **2** (*dir.*) récusable.

ricusàre |riku'zare| *v.tr.* **1** [*rifiutare, non accettare*] refuser: *ricusare una proposta* refuser une proposition **2** (*dir.*) [*chiedere che un funzionario giudiziario o un consulente legale non esplichi la propria funzione, non sussistendo tutte le condizioni di garantita libertà di giudizio*] récuser **3** (*nave*) [*restare sul primo bordo*] refuser: *la nave ricusa* le navire refuse ◇ (*vento*) [*essere scarso*] refuser.

ricusazióne |rikuzat'tsjone| *s.f.* (*dir.*) récusation.

ridacchiàre |ridak'kjare| *v.intr.* (*aus.* '*avere*') [*ridere a tratti, con intonazione maligna o canzonatoria*] ricaner: *quando entrò, incominciarono a ridacchiare* quand il entra, ils commencèrent à ricaner.

ridanciàno |ridan'tʃano| *agg.* **1** [*facile al riso*] jovial*, qui aime rire (*loc.*): *ha un carattere ridanciano* il a un caractère jovial, qui aime rire **2** [*che fa ridere e divertire*] amusant, comique: *un racconto ridanciano* un récit amusant, comique.

ridàre |ri'dare| (102) **A** *v.tr.* **1** [*passare, offrire nuovamente*] repasser: *mi ridai la penna, per favore?* tu me repasses le stylo, s'il te plaît? ◇ *loc.* DAGLI E RIDAGLI à force d'insister: *dagli e ridagli, c'è riuscito* à force d'insister, il a réussi **2** [*dare indietro, restituire*] rendre (53): *quando mi ridai il libro che ti ho prestato?* quand me rendras-tu le livre que je t'ai prêté? **B** *v. intr.* (*aus.* '*avere*') **1** (*region.*) (*malattie*) [*manifestarsi di nuovo*] réapparaître (72): *gli ha ridato fuori la febbre, un foruncolo* sa fièvre, son furoncle a réapparu **2** (*raro, fig.*) [*ricascare, incappare*] retomber (*aus.* être): *ha ridato nella rete* il est retombé dans le panneau ♦ (*ass.*) *ci ha ridato* il y est retombé.

ridarèlla |rida'rɛlla| *s.f.* (*fam.*) [*accesso di riso continuo*] fou rire (*m.*): *gli ha preso la ridarella* il a eu le fou rire.

ridarèllo |rida'rɛllo| *agg.* → **ridente.**

rìdda |'ridda| *s.f.* **1** (*fig.*) [*movimento vorticoso e disordinato*] foule: *una ridda di idee* une foule, un flot d'idées; *una ridda di cifre* une foule de chiffres; *in centro c'era una ridda di auto* dans le centre (de la ville) il y avait une foule de voitures ◇ [*turbine*] tourbillon (*m.*): *una ridda di pensieri* un tourbillon de pensées **2** (*arc.*) [*danza in cerchio di ritmo molto veloce*] ronde.

riddàre |rid'dare| *v.intr.* (*aus.* '*avere*') **1** (*fig., raro*) [*fare una ridda, muoversi vorticosamente*] tourbillonner **2** (*arc.*) [*danzare la ridda*] danser *tr.*, faire (45) *tr.* la ronde (*corr.*).

ridènte |ri'dɛnte| *agg.* [*che ride, che esprime gioia*; *piacevole*] riant: *occhi ridenti* des yeux riants; *un ridente paesaggio* un paysage riant.

ridere |'ridere| (130) **A** *v.intr.* (*aus.* '*avere*') **1** [*manifestare allegria, ilarità, con particolare contrazione dei muscoli della faccia e suoni caratteristici*] rire (47): *a quella vista scoppiò a ridere* à ce spectacle il éclata de rire; *non potei trattenermi dal ridere* je ne pus me retenir de rire; *questa barzelletta fece ridere tutti fino alle lacrime* tout le monde rit aux larmes en entendant cette histoire; *rido di gusto quando sono con lui* je ris de bon cœur quand je suis avec lui; *non è proprio il caso di ridere* ce n'est vraiment pas le moment de rire; *c'è ben poco da ridere, non c'è niente da ridere* il n'y a pas de quoi rire; *gli ha riso in faccia* il lui a ri au nez # *che c'è da ridere?* qu'y a-t-il de drôle?, pourquoi riez-vous?; *un milione, per loro, è cosa da ridere* un million, pour eux, ce n'est rien du tout ◇ (*loc.*) *ridono a crepapelle* ils rient* à s'en tenir les côtes ~ *rideva come un matto* il riait comme un fou ~ *con loro si muore, si crepa dal ridere* avec eux on meurt, on crève de rire ~ *rideva sotto i baffi* il riait sous cape ~ *queste cose fanno ridere i polli* ces choses font rire les pierres ~ *si fa ridere dietro* il prête à rire ~ *sono vili a ridere alle sue spalle* ils sont lâches de rire à ses dépens ~ *ma non mi faccia ridere!* ne me faîtes pas rire! **2** [*scherzare, rallegrarsi, divertirsi*] plaisanter: *l'ho detto così solo per ridere* je l'ai dit pour plaisanter; *guarda che non rido, faccio sul serio!* je ne plaisante pas! ◇ (*prov.*) *ride bene chi ride ultimo* rira bien qui rira le dernier ~ *chi ride in gioventù, piange in vecchiaia* qui rit le matin, pleure le soir ~ *chi ride il venerdì, piange la domenica* tel qui rit vendredi, dimanche pleurera **3** [*manifestare, esprimere con il proprio aspetto allegria e felicità*] rire: *le ridevano gli* *occhi* ses yeux riaient ◇ (*lett.*) *la primavera rideva d'intorno* le printemps s'épanouissait (*corr.*) tout autour; *le stelle ridono nel cielo* les étoiles brillent (*corr.*) dans le ciel **4** [*mostrarsi propizio*] sourire (47): *la vita ride davanti a lei* la vie lui sourit → **arridere** **B** *v.pron. intr.* RIDERSI [*farsi beffe, non curarsi minimamente*] *me la rido di lui e di tutta la sua gente* je me moque de lui et de tout le monde ✦ (*ass.*) *io mi arrabbio e lui se la ride* moi, je m'énerve et lui il rit ⓒ A **piangere.**

ridestàre |rides'tare| **A** *v.tr.* **1** [*destare di nuovo*] réveiller: *mi ha ridestato il telefono* le téléphone m'a réveillé **2** (*fig.*) [*ravvivare, rinfocolare*] réveiller: *questa canzone ridesta in lui molti ricordi* cette chanson réveille en lui de nombreux souvenirs **B** *v.pron. intr.* RIDESTARSI **1** [*tornare a svegliarsi*] se réveiller: *si è ridestato improvvisamente* il s'est réveillé à l'improviste **2** (*fig.*) [*risorgere, riaccendersi*] se réveiller: *si è ridestato in lui l'antico entusiasmo* le vieil enthousiasme s'est réveillé en lui.

ridévole |ri'devole| *agg.* (*raro*) [*degno di riso*] risible.

ridicolàggine |ridiko'laddʒine| *s.f.* **1** [*il fatto di essere ridicolo*] ridicule (*m.*): *mi fa pena la sua ridicolaggine* son ridicule me fait de la peine **2** [*cosa ridicola*] sottise: *non dire ridicolaggini* ne dis pas de sottises.

ridicolaménte |ridikola'mente| *avv.* → **ridicolmente.**

ridicoleggiàre |ridikoled'dʒare| *v.tr.* → **ridicolizzare.**

ridicolizzàre |ridikolid'dzare| *v. tr.* [*rendere ridicolo; mettere, volgere in ridicolo*] ridiculiser: *ha ridicolizzato il suo avversario* il a ridiculisé son adversaire; *cercava di ridicolizzare la situazione* il essayait de ridiculiser la situation.

ridicolménte |ridikol'mente| *avv.* [→ RIDICOLO I 1] ridiculement.

ridìcolo |ri'dikolo| **I** *agg.* **1** ridicule: *si è comportato in maniera ridicola* il s'est comporté d'une manière ridicule; *con quel discorso si è reso ridicolo* ces paroles l'ont rendu ridicule; *si trova in una situazione ridicola* il se trouve dans une situation ridicule # *ha fatto una figura ridicola* il a fait piètre figure **2** (*fig.*) [*di nessun conto, insignificante*] ridicule: *è una spesa ridicola* c'est une dépense ridicule; *è un compenso ridicolo per un lavoro così* c'est une rétribution ridicule pour un tel travail **II** *s.m.* [*il fatto di essere, di rendersi ridicolo; aspetto ridicolo*] ridicule: *non capisce il ridicolo della situazione* il ne voit pas (ne saisit pas) le ridicule de la situation ◇ (*loc.*) *ha gettato il ridicolo sopra i suoi familiari* il a couvert ses parents de ridicule ~ *lo ha messo in ridicolo di fronte ai colleghi* il l'a tourné en ridicule devant ses collègues ~ *è ormai caduto nel ridicolo* il a désormais sombré dans le ridicule.

ridimensionaménto |ridimensjona'mento| *s.m.* [→ RIDIMENSIONARE A 1, 3] réorganisation *f.*; remise *f.* en perspective: *il ridimensionamento di un complesso industriale* la réorganisation d'un complexe industriel ‖ *il ridimensionamento di un fatto storico* la remise en perspective d'un fait historique.

ridimensionàre |ridimensjo'nare| **A** *v.tr.* **1** [*organizzare su basi nuove la funzionalità di un impianto o di una industria*] réorganiser: *ridimensionare un'industria, un'impresa commerciale* réorganiser une industrie, une entreprise commerciale **2** [*trasformare, operando delle riduzioni*] réduire (75): *ridimensionare un piano urbanistico* réduire un plan d'urbanisme; *il progetto di lavoro è stato ridimensionato* le projet de travail a été réduit **3** (*fig.*) [*ridurre alle giuste proporzioni, ricondurre a una valutazione più adeguata*] remettre (71) en perspective: *ridimensionare un avvenimento* remettre en perspective un événement # *ridimensionare un personaggio politico* réduire la stature d'un personnage politique; *questo ragazzo va un po' ridimensionato* cet enfant, il faut le calmer **B** *v.pron. intr.* RIDIMENSIONARSI [*ridursi a giuste proporzioni*] (se) modérer: *le sue ambizioni si sono ridimensionate* il a modéré ses ambitions.

ridipìngere |ridi'pindʒere| (119) *v.tr.* **1** [*dipingere di nuovo*] repeindre (66): *ridipingere lo stesso soggetto* repeindre le même sujet **2** [*dipingere su una pittura precedente*] repeindre.

ridìre |ri'dire| (132) *v.tr.* **1** [*dire di nuovo, ripetere quello che si era già detto*] redire (48): *non farti ridire sempre la stessa cosa!* ne me fais pas redire la même chose!; *gliel'ho detto e ridetto mille volte* je le lui ai dit et redit mille fois **2** [*riferire, riportare quanto detto da altri*] répéter (8): *e adesso non andare a ridirglielo!* et maintenant ne va pas le lui répéter; *è un'immatura, ridice sempre tutto quello che sente* elle n'est pas encore de maturité, elle répète tout ce qu'elle entend **3** [*dire, esporre*] redire, répéter: *ridimmi il brano che dovevi studiare a memoria* redis-moi, répète-moi le morceau que tu devais apprendre par cœur **4** [*dire a propria volta, rispondendo*] répondre (53): *e tu cosa gli hai ridetto?* et toi, que lui as-tu répondu? # *non ho nulla da ridire* je n'ai rien à dire **5** [*criticare, disapprovare*] redire: *trova sempre da ridire su tutto* il trouve toujours à redire sur tout; *cos'hai da ridire sul mio conto?* qu'as-tu à redire sur mon compte?

ridiscéndere |ridiʃ'ʃendere| (105) **A** *v.tr.* [*scendere fino al punto da dove si era saliti*] redescendre (53): *ridiscendere le scale* redescendre les escaliers; **B** *v.intr.* (*aus.* '*essere*') [*scendere di nuovo*] redescendre (*aus.* être, avoir): *è ridisceso al pian terreno* il est redescendu au rez-de-chaussée.

ridiscórrere |ridis'korrere| (127) *v.intr.* (*aus.* '*avere*') [*tornare a discorrere, a parlare di q.c. o di qc.*] reparler: *ne ridiscorreremo la prossima volta* nous en reparlerons la prochaine fois.

ridisegnàre |ridiseɲ'ɲare| *v.tr.* [*disegnare di nuovo*] redessiner: *ha ridisegnato la pianta della casa* il a redessiné le plan de la maison.

ridisfàre |ridis'fare| (103) *v.tr.* [*disfare un'altra volta*] redéfaire (45): *anche oggi ha ridisfatto il letto* aujourd'hui aussi il a redéfait le lit.

ridispórre |ridis'porre| (168) *v.tr.* [*tornare a disporre*] disposer de nouveau: *ridisporre i documenti nello stesso ordine* disposer de nouveau les documents dans le même ordre.

ridistillàre |ridistil'lare| *v.tr.* [*sottoporre a ulteriore distillazione*] redistiller: *ridistillare una grappa* redistiller une eau-de-vie.

ridistribuìre |ridistribu'ire| (197) *v.tr.* [*distribuire di nuovo o in modo diverso*] redistribuer: *ridistribuire gli oneri fiscali* redistribuer les charges fiscales; *hanno ridistribuito gli incarichi nella azienda* ils ont redistribué les charges dans l'entreprise.

ridistribuzióne |ridistribut'tsjone| *s.f.* [→ RIDISTRIBUIRE] redistribution: *la ridistribuzione del reddito* la redistribution du revenu.

ridivenìre |ridive'nire| (202) *v.intr.* (*aus.* '*essere*') → **ridiventare.**

ridiventàre |ridiven'tare| *v.intr.* (*aus.* '*essere*') [*diventare nuovamente, tornare a essere*] redevenir (27): *è ridiventato allegro* il est redevenu gai; *il salotto lucidato è ridiventato nuovo* le salon ciré est redevenu comme neuf.

ridivìdere |ridi'videre| (130) **A** *v.tr.* [*dividere nuovamente o ulteriormente*] rediviser: *hanno ridiviso la proprietà* ils ont redivisé la propriété # *i profitti sono stati ridivisi* les bénéfices ont été divisés **B** *v.pron. intr.* RIDIVIDERSI **1** [*suddividersi ancora*] se rediviser: *il partito si è ridiviso in due gruppi* le parti s'est redivisé en deux groupes **2** [*tornare a dividersi*] se rediviser: *i soci si sono ridivisi* les associés se sont redivisés.

ridomandàre |ridoman'dare| *v.tr.* **1** [*domandare di nuovo*] redemander: *devo ridomandargli il suo indirizzo* je dois lui redemander son adresse **2** [*domandare in restituzione*] redemander: *gli ho ridomandato i miei libri* je lui ai redemandé mes livres.

ridonàre |rido'nare| *v.tr.* **1** [*donare, dare di nuovo; rendere quanto si era perso*] redonner: *mi ha ridonato la fiducia* il m'a redonné confiance; *questa cura mi ha ridonato la salute* cette cure m'a redonné la santé **2** [*donare in contraccambio*] échanger (3).

ridondànte |ridon'dante| *agg.* [*eccessivamente ricco, gonfio*] redondant: *un'architettura ridondante di ornamenti* une architecture aux ornements redondants ✦ (*ass.*) *un discorso, uno stile ridondante* un discours, un style redondant.

ridondànza |ridon'dantsa| *s.f.* redondance: *ridondanza di aggettivi, di metafore* redondance d'adjectifs, de métaphores; *una ridondanza di elementi decorativi* une redondance d'éléments décoratifs ◇ (*cibernetica*) redondance.

ridondàre |ridon'dare| *v.intr.* (*aus.* '*essere*') **1** [*sovrabbondare, presentare una quantità eccessiva*] surabonder (*aus.* avoir) # *prosa che ridonda di metafore* prose surabondante, redondante de métaphores **2** (*lett.*) [*risultare, risolversi*] tourner (*corr.*): *questo atteggiamento ridonda a suo favore* cette attitude tourne à son avantage.

ridòsso |ri'dɔsso| *s.m.* **1** [*riparo, posizione di riparo*] abri: *gli scalatori cercavano un ridosso di roccia* les alpinistes cherchaient un abri dans la roche ◇ (*mar.*) *la nave si ancorò in un ridosso della costa* le navire jeta l'ancre en un point abrité de la côte ◇ *loc. avv.* A RIDOSSO (DI) à l'abri (de): *mettersi, stare a ridosso del vento, del mare, delle onde* se mettre, être à l'abri du vent, de la mer, des vagues # *il giardino aveva a ridosso un alto muro* le jardin était adossé à un haut mur; il y avait un haut mur derrière le jardin **2** (*fig.*) [*vicinanza assidua e incalzante*] *avere qc. a ridosso* avoir qqn. à ses trousses ~ *gli inseguitori erano ormai a ridosso del fuggitivo* les poursuivants étaient désormais aux trousses du fugitif.

ridòtta |ri'dɔtta| *s.f.* (*mil.*) redoute.

1 **ridótto** |ri'dotto| *agg.* **1** [*che ha subito una riduzione nelle dimensioni, nell'entità, nel valore*] réduit: *prezzi ridotti* prix réduits; *un modello in proporzioni ridotte* un modèle réduit; *film a passo ridotto* film de format réduit, étroit; *procedeva a velocità ridotta* il allait à vitesse réduite # *ferrovia a scartamento ridotto* chemin de fer à voie étroite; *un costume ridotto* un maillot de bain très succinct **2** [*scaduto, deteriorato*] réduit: *vaso ridotto in pezzi* vase réduit en morceaux # *è ridotto in pessime condizioni* il est fort mal en point ✦ (*ass.*) *guarda com'è ridotto!* regarde dans quel état il est! **3** (*mat.*) réduit: *frazione ridotta ai minimi termini* fraction réduite à sa plus simple expression.

2 **ridótto** |ri'dotto| *s.m.* **1** [*luogo, ambiente di riunione*] foyer: *il ridotto del teatro* le foyer du théâtre **2** → **ridotta.**

riducènte |ridu'tʃɛnte| *agg.* [*che riduce, che ha la capacità e la funzione di ridurre*] réducteur*: *bagno riducente* bain réducteur; *agenti, sostanze riducenti* agents réducteurs, substances réductrices # *crema riducente* crème amaigrissante ✦ *s.m.* (*chim.*) *un riducente* un réducteur Ⓒ **dilatante.**

riducìbile |ridu'tʃibile| *agg.* [→ RIDURRE A 1, 3, 4, 5, 6] réductible: *un prezzo non riducibile* un prix non réductible; *un'ernia riducibile* une hernie réductible; *un composto riducibile* un composé réductible Ⓒ **irriducibile.**

riducibilità |ridutʃibili'ta| *s.f. inv.* [*possibilità di venir ridotto*] réductibilité (*var.*): *la riducibilità di un composto* la réductibilité d'un composé; *la riducibilità di un polinomio* la réductibilité d'un polynôme Ⓒ **irriducibilità.**

ridùrre |ri'durre| (108) **A** *v.tr.* **1** [*riportare, far tornare alla situazione precedente o normale*] ramener (6): *ridurre uno alla ragione* ramener qqn. à la raison → **ricondurre** ◇ (*med.*) réduire (75): *ridurre un'ernia, un prolasso* réduire une hernie, un prolapsus; *ridurre una frattura* réduire une fracture **2** [*far diventare, rendere, mettere in condizioni peggiori*] *si è ridotto a chiedere l'elemosina* il en est au point de demander l'aumône; *ha ridotto quel vestito uno straccio* elle a fait de cette robe un chiffon; *ha ridotto quel vaso in frantumi* il a réduit ce vase en miettes; *è mal ridotto:* (*nel fisico*) il est mal en point; (*nelle finanze*) il est réduit à la misère ◇ (*iron.*) *siamo ridotti proprio bene!* on est joli, on est frais! ◇ (*loc. fig.*) *la malattia lo ha ridotto uno scheletro* la maladie en a fait un squelette ~ *i dispiaceri lo hanno ridotto uno straccio* les malheurs en ont fait une épave ~ *ha ridotto al silenzio l'avversario* il a réduit son adversaire au silence ~ *lo voleva ridurre in briciole* il voulait le réduire en miettes ~ *se potessi, lo ridurrei in polvere* si je pouvais, je le réduirais en poussière ~ *era ridotto agli estremi* il était à la dernière extrémité ✦ (*ass.*) *guarda come ti riduci!* regarde dans quel état tu te mets! **3** [*adattare un'opera a una forma diversa da quella originaria, mediante opportune trasformazioni*] adapter; mettre (71): *ridurre un romanzo per un film* adapter un roman pour l'écran ‖ *ridurre in prosa un testo poetico* mettre un texte poétique en prose **4** (*chim., fis.*) [*operare una riduzione*] réduire: *ridurre un composto* réduire un composé **5** [*portare a una grandezza, a una quantità inferiore a quella precedente*] réduire: *ridurre la velocità di una macchina* réduire la vitesse d'une voiture; *hanno ridotto al minimo i rischi* ils ont réduit les risques au minimum; *voglio ridurre in scala questa carta geografica* je veux réduire cette carte (géographique) à une échelle inférieure → **diminuire** # *bisogna ridurre i prezzi* il faut baisser les prix **6** (*mat.*) [*semplificare due o più termini omogenei, in base a un principio di equivalenza*] réduire: *ridurre i termini simili di un polinomio* réduire les termes semblables d'un polynôme; *ridurre al minimo comun denominatore* réduire au plus petit dénominateur commun **B** *v.pron. intr.* RIDURSI **1** [*mettersi, condursi in condizioni peggiori*] se réduire, être (43) *intr.* réduit: *l'automobile, per lo scontro, si ridusse a un ammasso di rottami* dans l'accident, l'automobile a été réduite à un tas de ferraille # *per una cura dimagrante si è ridotta uno straccio* à cause de ce régime, elle n'est plus que l'ombre d'elle-même; *si è ridotto a non poter più uscire di casa* il en est arrivé à ne plus sortir de chez lui **2** [*diminuire, restringersi*] (se) réduire: *questa carne, cuocendo si è ridotta* cette viande s'est réduite à la cuisson; *moderando la velocità, si riducono gli incidenti* en modérant la vitesse, on réduit les risques **3** (*raro*) [*rifugiarsi, ritirarsi*] se réfugier: *ridursi in un'isola, in una stanza* se réfugier sur une île, dans sa chambre.

riduttàsi |ridut'tazi| *s.f. inv.* (*biol., chim.*) réductase *var.*

riduttóre, trice |ridut'tore, tri'tʃe| *s.* **1** *s.* [*autore di una riduzione, spec. di un'opera musicale o lett., per la radio, la tv e il cine.*] adapteur*: *un riduttore cinematografico* un adapteur cinématographique **2** *s.m.* (*elettr.*) réducteur: *un riduttore di corrente* un réducteur de courant **3** *s.m.* (*chim., mecc., tecnol.*) réducteur: *un riduttore di velocità, di pressione* un réducteur de vitesse, de pression.

riduzióne |ridut'tsjone| *s.f.* **1** [*modificazione, diminuzione per lo più quantitativa*] réduction: *riduzione delle tasse* réduction des impôts; *riduzione delle ore lavorative* réduction des heures de travail; *una riduzione del cinquanta per cento (50%)* une réduction, une remise de cinquante pour cent (50%) # *biglietto a riduzione* billet à prix réduit **2** [*assoggettamento a una condizione*] réduction: *riduzione in schiavitù* réduction à l'esclavage **3** [*trasformazione, elaborazione, adattamento di un'opera lett.*] adaptation; mise: *riduzione cinematografica* adaptation cinématographique ‖ *riduzione di una poesia in prosa* mise d'une poésie en prose **4** (*chim., fis., tecnol.*) réduction: *la riduzione di un composto* la réduction d'un composé; *una riduzione di pressione* une réduction de pression; *una riduzione di corrente, di tensione* une réduction de courant, de tension **5** (*filos.*) réduction: *riduzione fenomenologica* réduction phénoménologique **6** (*ling.*) réduction **7** (*mat.*) réduction: *riduzione ai minimi termini* réduction à la plus simple expression **8** (*med.*) réduction: *riduzione di un prolasso, di un'ernia* réduction d'un prolapsus, d'une hernie **9** (*mus.*) arrangement *m.*

riècco |ri'ɛkko| *avv.* [*ecco di nuovo, ecco un'altra volta*] revoilà, revoici: *riecco il sole!* revoilà, revoici le soleil! ◇ (*in unione ai pron. pers. atoni 'mi, ti, ci, si', ecc.*) *rieccoci qua* nous revoilà ici; *rieccolo, quel seccatore* le revoilà, ce raseur; *rieccoci da capo* nous revoilà derechef; *rieccoci a casa* nous revoilà chez nous; *rieccoli, che vengono* les revoilà qui reviennent # *rieccoci alle solite* nous y voilà encore.

riecheggiaménto |riekeddʒa'mento| *s.m.* [→ RIECHEGGIARE B] écho: *riecheggiamenti letterari* échos littéraires.

riecheggiàre |rieked'dʒare| **A** *v. intr.* (*aus. 'essere'*) [*echeggiare* (*di nuovo*)] résonner: *l'esplosione riecheggiò fra i monti* l'explosion résonna dans la montagne **B** *v.tr.* (*fig.*) [*presentare elementi derivanti da un modello di prestigio*] rappeler (4), évoquer: *una prosa che riecheggia lo stile manzoniano* une prose qui rappelle, évoque le style de Manzoni; *una composizione che riecheggia Mozart* une composition qui rappelle (le style de) Mozart.

rièdere |ri'ɛdere| *v.intr.* (*aus. 'essere'*) *dif.* (*poet.*) → **ritornare.**

riedificàbile |riedifi'kabile| *agg.* [→ RIEDIFICARE] réédifiable (*raro*): *una città riedificabile* une ville réédifiable.

riedificàre |riedifi'kare| *v.tr.* [*edificare di nuovo, ricostruire*] rebâtir, réédifier (*lett.*), reconstruire (75): *riedificare un palazzo distrutto* rebâtir, réédifier, reconstruire un immeuble détruit.

riedificazióne |riedifikat'tsjone| *s.f.* [→ RIEDIFICARE] reconstruction, réédification: *la riedificazione su un territorio colpito dal terremoto* la reconstruction d'une région frappée par un tremblement de terre.

riedizióne |riedit'tsjone| *s.f.* **1** réédition: *la riedizione di un libro esaurito* la réédition d'un livre épuisé **2** (*cine.*) *la riedizione di un film* le remake *m.*

rieducàbile |riedu'kabile| *agg.* [→ RIEDUCARE] qu'on peut rééduquer *loc.*

rieducàre |riedu'kare| *v.tr.* **1** [*educare di nuovo, dare un'educazione nuova*] rééduquer: *rieducare un ragazzo traviato* rééduquer un jeune homme dévoyé **2** (*med.*) [*far ricuperare la funzionalità a un soggetto, a un organo o a una facoltà*] rééduquer: *rieducare un arto* rééduquer un membre; *rieducare al linguaggio* rééduquer au langage.

rieducazióne |riedukat'tsjone| *s.f.* **1** [→ RIEDUCARE 1] rééducation: *istituti per la rieducazione dei minorenni* instituts pour la rééducation des mineurs **2** [→ RIEDUCARE 2] rééducation: *rieducazione funzionale, motoria* rééducation fonctionnelle.

rielaboràre |rielabo'rare| *v.tr.* [*elaborare di nuovo o con criteri diversi*] élaborer de nouveau: *rielaborare un*

piano élaborer de nouveau un plan.
rielaborazióne |rielaborat'tsjone| *s.f.* [→ RIELABORARE] nouvelle élaboration: *la rielaborazione di un progetto* la nouvelle élaboration d'un projet.
rielèggere |rie'lɛddʒere| (154) *v.tr.* [*eleggere nuovamente una stessa persona o alla stessa carica*] réélire (55): *rieleggere un consigliere comunale* réélire un conseiller communal.
rieleggìbile |rieled'dʒibile| *agg.* [→ RIELEGGERE] rééligible: *è un candidato rieleggibile* c'est un candidat rééligible.
rieleggibilità |rieleddʒibili'ta| *s.f. inv.* rééligibilité *var.*
rielezióne |rielet'tsjone| *s.f.* [→ RIELEGGERE] réélection: *la rielezione del sindaco in carica* la réélection du maire en fonctions.
riemèrgere |rie'mɛrdʒere| (114) *v.intr.* (*aus.* '*essere*') [*emergere di nuovo, tornare alla superficie*] remonter à la surface: *si tuffò e riemerse a trenta metri di distanza* il plongea et remonta à la, en surface trente mètres plus loin # *il sommergibile riemerse* le sous--marin fit surface.
riemersióne |riemer'sjone| *s.f.* [→ RIEMERGERE] remontée à la, en surface.
riempìbile |riem'pibile| *agg.* [→ RIEMPIRE A 1; B 1] qu'on peut remplir (*loc.*): *una vasca riempibile in pochi minuti* une baignoire qu'on peut remplir en quelques minutes.
riémpiere |ri'empjere| *v.tr.* → **riempire.**
riempiménto |riempi'mento| *s.m.* [→ RIEMPIRE A] remplissage: *il riempimento di una fossa* le remplissage d'un fossé # *il riempimento di un modulo* le fait de remplir un formulaire ◇ (*edil.*) *materiali di riempimento* remblai *sing.*
riempìre |riem'pire| **A** *v.tr.* **1** [*fare ben pieno, occupare completamente un volume*] remplir: *riempire una bottiglia di vino* remplir une bouteille de vin ◇ (*loc. fig.*) *riempire il vuoto lasciato da qc.* combler le vide laissé par qqn. ~ *mi ha riempito la testa di chiacchiere* j'ai la tête pleine de son bavardage ~ *vederti mi riempie di gioia* te voir me remplit de joie □ *si è riempito lo stomaco* il s'est rempli l'estomac ✦ (*ass.*) *le patate riempiono subito* les pommes de terre bourrent tout de suite **2** [*compilare moduli, schede e sim.*] remplir: *riempire un questionario* remplir un questionnaire # *riempire un assegno* libeller un chèque **B** *v.pron.* RIEMPIRSI **1** *intr.* [*diventare pieno*] se remplir, s'emplir: *la piazza si è riempita di gente* la place s'est (r)emplie de monde ◇ (*fig.*) *alla notizia si è riempito di tristezza* cette nouvelle l'a rempli de tristesse **2** *rifl.* [*mangiare troppo, saziarsi*] se bourrer: *si è riempito e ora sta male* il s'est bourré et maintenant il se sent mal Ⓒ A 1 **svuotare.**
riempìta |riem'pita| *s.f.* [*il fatto di riempire alla meglio o in fretta*] remplissage *m.* # *dare una riempita a q.c.* remplir qqch.
riempitìvo |riempi'tivo| **1** *agg.* de remplissage (*loc. inv.*): *materiale riempitivo* matériel de remplissage; *una frase riempitiva* une phrase de remplissage **2** *s.m.* [*quanto serve e viene usato per riempire*] remplissage: *una frase che è un puro riempitivo* une phrase qui n'est que du remplissage; *impiegare un materiale come riempitivo* employer un materiau comme remplissage ◇ (*loc. fig.*) *a quella festa faceva da riempitivo* à cette fête il servait de bouche-trou.
riempitrice |riempi'tritʃe| *s.f.* (*tecnol.*) remplisseuse.
riempitùra |riempi'tura| *s.f.* **1** [*il fatto di riempire; ciò che serve a riempire*] remplissage *m.* **2** (*cuc.*) farce.
rientràbile |rien'trabile| *agg.* (*aer.*) *carrello rientrabile* train d'atterrissage escamotable.
rientraménto |rientra'mento| *s.m.* **1** [*la parte rientrante*]: (*di una costa*) échancrure *f.*; (*di un muro*) niche *f.* **2** (*raro*) → **rientro.**
rientrànte |rien'trante| **1** *agg.* [*che presenta una rientranza*] rentrant: *la parte rientrante di un muro* la partie rentrante d'un mur # *guance rientranti* joues creuses **2** *s.m.* (*mil.*) angle rentrant.
rientrànza |rien'trantsa| *s.f.* [*concavità, parte che rientra verso l'interno*]: (*di costa*) échancrure; (*di muro*) renforcement *m.* Ⓒ **sporgenza.**
rientràre |rien'trare| *v.intr.* (*aus.* '*essere*') **1** [*entrare di nuovo nello stesso luogo in cui si era precedentemente entrati*] rentrer: *le squadre stanno per rientrare in campo* les équipes vont rentrer sur le terrain; *rientra subito in casa* rentre tout de suite à la maison **2** [*ritornare in un luogo dopo essersene allontanati*] rentrer: *la nave è rientrata in porto* le navire est rentré au port; *la capsula è rientrata nell'atmosfera* la capsule est rentrée dans l'atmosphère # *è rientrato in sede* il a repris son poste ✦ (*ass.*) *il dottore rientrerà all'ora di pranzo* le docteur rentre pour déjeuner **3** (*fig.*) [*ritornare in uno stato o in una posizione da cui si era stati rimossi*] rentrer: *rientrerà in servizio martedì* il rentrera en service mardi, il reprendra son service mardi; *è rientrato in possesso della macchina rubata* il a repris possession de la voiture volée; *il giocatore rientra in gara* le joueur rentre dans la partie; *non rientra nelle spese* il ne rentre pas dans ses frais ◇ (*loc.*) *rientrare in sé* rentrer en soi-même ~ *è rientrato nelle sue grazie* il est rentré dans ses bonnes graces **4** [*spostarsi in dentro, con una deviazione*] être (43) (*aus.* avoir) en retrait: *la strada rientra in prossimità del fiume* la route est en retrait à proximité du fleuve; *il muro rientra vicino al cancello* le mur est en retrait, rentre près de la grille **5** [*star dentro, essere compreso*] rentrer: *rientra nella graduatoria dei vincitori* il rentre, il est sur la liste des vainqueurs; *non rientra in nessuna categoria* il ne rentre dans aucune catégorie # *è una questione che non rientra nelle mie competenze* c'est un problème qui n'est pas de ma compétence.
rientràto |rien'trato| *agg.* [*ritornato indietro; non realizzato*] résorbé (*p.p.*): *uno sfogo cutaneo rientrato* une éruption rentrée, résorbée # *un'iniziativa rientrata* une initiative avortée, stoppée.
riéntro |ri'entro| *s.m.* **1** rentrée (*f.*): *il rientro in campo dei giocatori* la rentrée des joueurs sur le terrain ◇ [*ritorno*] retour: *al mio rientro in sede ne riparleremo* nous en reparlerons à mon retour; *al rientro dalle vacanze verrò a trovarti* au retour des vacances j'irai te voir; *il rientro dell'astronave nell'atmosfera è stato regolare* le retour du vaisseau spatial dans l'atmosphère a été régulier **2** [*il restringimento subìto dai tessuti, dopo essere stati bagnati la prima volta*] rétrécissement **3** (*tecnol.*) escamotage: *il rientro del carrello d'atterraggio* l'escamotage du train d'atterrissage.
riepilogàre |riepilo'gare| *v.tr.* [*fare il riepilogo, un riepilogo*] récapituler: *cerchiamo di riepilogare i fatti* essayons de récapituler les faits; *riepilogando...* pour récapituler..., en résumé.
riepilogativo |riepiloga'tivo| *agg.* [*che serve a riepilogare*] récapitulatif*.
riepilogazióne |riepilogat'tsjone| *s.f.* (*raro*) → **riepilogo.**
riepilogo, ghi |rie'pilogo, gi| *s.m.* [*compendio riassuntivo di scritti o discorsi*] résumé; récapitulation (*f.*): *alla fine di ogni capitolo c'è un breve riepilogo* à la fin de chaque chapitre il y a un résumé ‖ *ho fatto un breve riepilogo dei fatti* j'ai fait une brève récapitulation des faits.
riequilibràre |riekwili'brare| *v.tr.* [*dare nuovo equilibrio*] rééquilibrer.
riesàme |rie'zame| *s.m.* [*nuovo, ulteriore esame*] réexamen: *occorre un riesame del problema* il faut faire un réexamen du problème, il faut réexaminer le problème.
riesaminàre |riezami'nare| *v.tr.* [*esaminare di nuovo o da capo*] réexaminer: *riesaminare una situazione* réexaminer une situation.
riesercitàre |riezertʃi'tare| **A** *v.tr.* [*esercitare di nuovo*] exercer (2) de nouveau: *riesercitare una professione* exercer de nouveau une profession **B** *v. pron. rifl.* RIESERCITARSI [*esercitarsi di nuovo*] s'entraîner de nouveau: *riesercitarsi in un esercizio* s'entraîner de nouveau dans un exercice, refaire un exercice.
riespórre |ries'porre| (168) **A** *v.tr.* [*esporre di nuovo*] réexposer: *occorre riesporre i fatti con più calma* il faut réexposer les faits plus calmement **B** *v. pron. rifl.* RIESPORSI [*esporsi di nuovo*] se réexposer: *non voglio riespormi a questo pericolo* je ne veux pas me réexposer à ce danger.
riesportàre |riespor'tare| *v.tr.* [*esportare di nuovo, esportare merci importate*] réexporter: *riesportare manufatti* réexporter des produits manufacturés.
riesportatóre |riesporta'tore| *s.m.* réexportateur.
riesportazióne |riesportat'tsjone| *s.f.* [→ RIESPORTARE] réexportation.
rièssere |ri'essere| (96) *v.intr.* (*aus.* '*essere*') [*essere di nuovo*] être (43) (*aus.* avoir) de nouveau: *dobbiamo riessere a casa presto* on doit être rentrés de bonne heure, nous devons être rentrés à la maison de bonne heure ◇ (*loc. fam.*) *ci risiamo!* nous y revoilà! ~ *risiamo alle solite!* nous y voilà encore!
riesumàre |riezu'mare| *v.tr.* **1** [*dissotterrare, togliere dalla tomba*] exhumer: *riesumare un cadavere* exhumer un cadavre **2** (*fig.*) [*portare alla luce, rimettendo in uso*] exhumer: *riesumare una vecchia disposizione di legge* exhumer une ancienne disposition de loi.
riesumazióne |riezumat'tsjone| *s.f.* [→ RIESUMARE 1] exhumation: *la riesumazione di un cadavere* l'exhumation d'un cadavre.

rievocàre |rievo'kare| *v.tr.* **1** [*evocare di nuovo, tornare a evocare*] évoquer: *rievocare il passato* évoquer le passé **2** [*richiamare alla memoria*] rappeler (4): *rievocare un amico* rappeler un ami **3** [*commemorare*] commémorer: *hanno rievocato l'uomo politico scomparso* ils ont commémoré l'homme politique disparu.
rievocazióne |rievokat'tsjone| *s.f.* **1** [→ RIEVOCARE 1] (nouvelle) évocation: *si abbandona volentieri alla rievocazione del passato* il s'abandonne volontiers à l'évocation du passé **2** [*ricordo, quanto viene rievocato*] rappel *m.*, évocation: *questa rievocazione è troppo triste* ce rappel, cette évocation est trop triste **3** [*commemorazione*] commémoration: *la rievocazione di un illustre personaggio* la commémoration d'un illustre personnage.
rifacìbile |rifa'tʃibile| *agg.* (*raro*) [→ RIFARE A 1, 3] refaisable.
rifaciménto |rifatʃi'mento| *s.m.* **1** [→ RIFARE A 1] remaniement: *curare il rifacimento di una commedia musicale* veiller au, assurer le remaniement d'une comédie musicale; *il rifacimento di un dramma classico* le remaniement d'un drame classique ◇ (*di un'opera edile*) réfection (*f.*): *il rifacimento di un ponte* la réfection d'un pont **2** (*arc.*) → **risarcimento** **3** (*cine.*) remake.
rifacitóre, trice |rifatʃi'tore, tri-tʃe| *s.* [*chi rifà*] remanieur*: *il rifacitore di una commedia* le remanieur d'une comédie.
rifalciàre |rifal'tʃare| *v.tr.* [*falciare di nuovo*] faucher de nouveau: *bisogna rifalciare l'erba* il faut de nouveau faucher l'herbe.
rifàre |ri'fare| (103) **A** *v.tr.* **1** [*fare di nuovo, in tutto o in parte*] refaire (45): *rifare un lavoro, un esercizio* refaire un travail, un exercice □ *mi sono rifatta il trucco* j'ai refait mon maquillage # *ho rifatto la punta alla matita* j'ai taillé mon crayon; *bisogna rifare la tappezzeria* il faut changer le papier peint; *è tutto da rifare* tout est à recommencer ◇ [*riparare*] réparer # *devo rifare i tacchi alle scarpe* il faut que je fasse refaire les talons de mes souliers ◇ [*ricomporre, redigere di nuovo*] refondre (53): *ho dovuto rifare l'articolo* j'ai dû refondre l'article ◇ (*loc.*) *ha rifatto il lavoro di sana pianta* il a refait le travail de A jusqu'à Z ~ *rifarsi una cultura, una verginità* se faire une culture, se refaire une virginité **2** [*riportare alle condizioni originarie, precedenti*] *hai rifatto il letto?* as-tu fait le lit?; *devo ancora rifare la cucina* je dois encore faire le ménage ◇ [*comprare, ricomprare*] racheter (7): *vuol rifarsi la pelliccia* elle veut se racheter un mateau de fourrure □ *s'è rifatto la macchina* il s'est racheté une voiture; (*fig.*) *rifarsi la bocca, lo stomaco* [*ingerire cibi graditi dopo aver mangiato q.c. non buono*] garder une chose pour la bonne bouche ~ *rifarsi gli occhi* se rincer l'œil ◇ [*cambiare*] changer (3): *ha rifatto le tende* elle a changé les rideaux **3** [*compiere un'azione una altra volta, ripetere*] refaire: *non rifare mai più una cosa del genere* ne refais jamais ça; *ho rifatto tre volte la stessa strada* j'ai refait trois fois le même chemin; *deve rifare l'esame* il doit refaire son examen, il doit se présenter à l'examen (*fam.*) # *hanno rifatto la pace* ils se sont réconciliés; *ha rifatto il tentativo, ma senza convinzione* il a encore essayé, mais sans conviction **4** [*dare una somma di denaro a titolo di risarcimento*] *occorre rifarlo delle spese* il faut lui rembourser ses frais, il faut le dédommager de ses frais; *l'assicurazione lo rifarà dei danni* l'assurance le remboursera des dommages subis **5** [*imitare, contraffare movimenti e rumori di persone, animali, cose*] contrefaire (45), imiter: *rifare la voce di un noto personaggio* contrefaire, imiter la voix d'un personnage célèbre ◇ (*loc.*) *rifare il verso a uno* [*prenderlo in giro*] imiter, singer qqn. ♦ (*ass.*) *rifare il cane* imiter le chien **6** [*cucinare in modo diverso q.c. già cucinato*] accommoder des mets # *rifare in umido il bollito avanzato* faire un ragoût avec les restes d'un pot-au-feu **B** *v.pron. intr.* RIFARSI **1** [*ristabilirsi, riprendere forze, ritornare in buone condizioni*] se refaire: *nonostante quel pessimo affare si è rifatto molto presto* malgré cette très mauvaise affaire, il s'est refait très vite ◇ (*di salute*) se remettre (71), refaire *tr.* sa santé: *dopo quella crisi non si è più rifatto* après dette crise il ne s'est plus remis **2** [*prendersi la rivincita*] se venger (3): *è aggressivo perché vuol rifarsi dell'offesa* il est agressif parce qu'il veut se venger de l'injure; *non devi rifarti con i più deboli* tu ne dois pas te venger sur les plus faibles # *si è rifatto della spesa* il s'est refait; *vuol rifarsi della perdita* il veut se remettre d'une perte ◇ (*loc. fig.*) *rifarsi, rifarsela con qc.* [*sfogarsi, prendersela con qc.*] s'en prendre à qqn. ♦ (*ass.*) *dapprincipio perdeva, poi si è rifatto* au début il perdait, puis il s'est refait **3** [*richiamarsi, prendere le mosse*] remonter (*intr.*): *bisogna rifarsi ai suoi tempi* il faut remonter à son époque; *è meglio rifarsi da capo* il vaut mieux remonter au début ◇ (*loc. fig.*) *non sapeva da che parte rifarsi* il ne savait pas comment s'y prendre **4** [*diventare nuovamente*] redevenir (27) (*intr.*): *a quella vista, si è rifatto allegro* en voyant cela, il est redevenu gai; *il cielo si è rifatto sereno* le ciel est redevenu beau # *si è rifatto freddo* le froid est revenu ◇ (*loc. fig.*) *rifarsi vivo* [*tornare a far visita*] redonner signe de vie, redonner de ses nouvelles.
rifasaménto |rifaza'mento| *s.m.* (*elettr.*) mise *f.* en phase.
rifasciàre |rifaʃ'ʃare| *v.tr.* [*fasciare di nuovo*] remettre (71) un bandage: *rifasciare una ferita* remettre un bandage sur une blessure ◇ (*per anal.*) *rifasciare un neonato* langer (3) de nouveau un bébé.
rifasciatùra |rifaʃʃa'tura| *s.f.* [→ RIFASCIARE] nouveau bandage *m.*
rifàtto |ri'fatto| *agg.* **1** [*di vivanda avanzata, cucinata in modo diverso*] fait: *carne rifatta in umido* viande faite en ragoût **2** *solo nella loc.* VILLANO RIFATTO parvenu (*s.*): *i suoi modi dimostrano che è un villano rifatto* ses façons montrent que c'est un parvenu.
riferìbile |rife'ribile| *agg.* **1** [→ RIFERIRE A 1] racontable # *un segreto non riferibile* un secret qu'on ne peut pas répéter ◇ (*per est.*) qu'on peut répéter (*loc.*): *una frase non riferibile* une phrase que l'on ne peut pas répéter **2** [→ RIFERIRE A 2] qui peut se rapporter (à) (*loc.*): *sono fatti riferibili alla stessa causa* ce sont des faits qui peuvent se rapporter à la même cause ◇ (*per est.*) qui peut se rapporter: *sono sintomi riferibili a un quadro preciso* ce sont des signes qui peuvent se rapporter à un fait précis.
riferiménto |riferi'mento| *s.m.* **1** [→ RIFERIRE C] référence (*f.*): *in questo film ci sono riferimenti al mondo attuale* dans ce film il y a des références au monde actuel ◇ [*allusione*] allusion (*f.*): *nei miei riguardi ha fatto dei riferimenti che non mi piacciono* il a fait à mon sujet des allusions qui ne me plaisent pas ◇ (*comm.*) *in riferimento alla vostra del...* suite à votre lettre du... ◇ *loc.* PUNTO DI RIFERIMENTO point de repère: (*pr.*) *nell'antichità le stelle erano l'unico punto di riferimento per i naviganti* dans l'antiquité les étoiles étaient les uniques points de repère pour les navigateurs; (*fig.*) *non ho ancora un punto di riferimento per la mia ricerca* je ne sais pas encore par où commencer mes recherches **2** (*fis., geom.*) référence.
riferìre |rife'rire| (197) **A** *v.tr.* **1** [*comunicare, esporre quanto si conosce*] rapporter: *ha riferito tutto a sua madre* il a tout rapporté à sa mère; *il ricercatore ha riferito che...* le chercheur a rapporté que...; *ci riferiscono che...* on nous rapporte que... # *la relazione riferisce fedelmente quanto si è detto* le rapport relate exactement ce qui a été dit ◇ [*dire*] dire (48): *glielo riferirò senz'altro* je ne manquerai pas de le lui dire ◇ [*ripetere*] répéter (8): *devi riferirmi come sono andati i fatti* tu dois me répéter comment les choses se sont passées **2** [*mettere in relazione*] attribuer: *hanno riferito gli effetti a cause diverse* ils ont attribué les effets à des causes diverses **B** *v.intr.* (*aus.* '*avere*') [*fare una relazione, comunicare per dovere di ufficio*] en référer (8): *il consiglio riferirà al ministro* le conseil en référera au ministre; *hanno riferito all'autorità competente* ils en ont référé aux autorités compétentes **C** *v.pron. intr.* RIFERIRSI **1** [*fare riferimento, un riferimento*] se référer: *mi riferisco a un problema noto a tutti* je me réfère à un problème connu de tous; *per quanto si riferisce a...* en ce qui concerne... ◇ [*alludere*] faire (45) *tr.* allusion: *a chi ti riferisci?* à qui veux-tu faire allusion?; *se ti riferisci a me, sbagli* si tu fais allusion à moi, tu te trompes **2** [*essere in rapporto, concernere*] se rapporter: *l'aggettivo concorda con il nome a cui si riferisce* l'adjectif s'accorde (en genre et en nombre) avec le nom auquel il se rapporte; *questi dati si riferiscono all'ultimo censimento* ces données se rapportent au dernier recensement.
rifermentàre |rifermen'tare| *v. intr.* [*fermentare di nuovo*] fermenter de nouveau.
rifermentazióne |rifermentat'tsjone| *s.f.* [→ RIFERMENTARE] nouvelle fermentation.
1 **riffa** |'riffa| *s.f.* [*lotteria privata, avente per premio un oggetto di valore*] loterie.
2 **riffa** |'riffa| *s.f.* (*dial.*) [*violenza, prepotenza*] violence (*corr.*) ◇ (*loc. avv.*) *di riffa o di raffa* [*in ogni modo, ad ogni costo*] de gré ou de force.
rifiatàre |rifja'tare| *v.intr.* (*aus.* '*avere*') **1** [*respirare*] souffler: *lasciami*

rifiatare un momento laisse-moi souffler une minute ◇ [*riprendere fiato*] reprendre (73) *tr.* *haleine: *dopo la corsa si fermò a rifiatare* après sa course il s'arrêta pour reprendre haleine ◇ (*fig.*) *ha lavorato tutto il giorno senza rifiatare* il a travaillé toute la journée sans reprendre haleine **2** [*parlare, pronunciare una parola*] dire (48) *tr.* un mot: *ascoltò senza rifiatare* il écouta sans dire un mot, sans broncher # *non gli lasciò il tempo di rifiatare* il ne lui laissa pas le temps de faire ouf.

rificcàre |rifik'kare| **A** *v.tr.* [*ficcare nuovamente*] refourrer: *rificca tutto in valigia* refourre tout dans la valise □ *si rificcò il capello in testa* il enfonça son chapeau **B** *v.pron. rifl.* RIFICCARSI [*ficcarsi di nuovo*] se refourrer: *mi sono rificcato sotto le coperte* je me suis refourré sous les couvertures ◇ (*fig.*) *speriamo che non si rificchi nei guai* expérons qu'il ne s'attirera plus d'ennuis, de nouveaux ennuis.

rifilàre |rifi'lare| *v.tr.* **1** [*tagliare a filo*] rogner, ébarber: *rifilare un libro* rogner, ébarber un livre **2** (*fam.*) [*dare q.c. di non gradito, fare un danno*] refiler: *mi hanno rifilato una banconota falsa* on m'a refilé un faux billet # *gli ha rifilato un pugno* il lui a flanqué un coup de poing **3** (*fam.*) [*dire tutto d'un fiato*] envoyer (14) une bordée (*corr.*), dégoiser: *le ha rifilato una vivace protesta* il lui a envoyé une bordée de rouspétances.

rifilatóre, trice |rifila'tore, tri'tʃe| *s.* [*operaio addetto a lavori di rifilatura*] pareur* ◇ (*legatoria*) rogneur*.

rifilatrìce |rifila'tritʃe| *s.f.* (*tecnol.*) pareuse ◇ (*legatoria*) rogneuse.

rifilatùra |rifila'tura| *s.f.* **1** [→ RIFILARE 1] ébarbage (*m.*): *rifilatura di pezzi metallici* ébarbage de pièces métalliques ◇ (*legatoria*) rognage *m.* **2** [*ciò che si toglie rifilando*] ébarbure.

rifiltràre |rifil'trare| *v.tr.* [*filtrare di nuovo*] refiltrer: *bisogna rifiltrare l'infuso* il faut refiltrer l'infusion.

rifiniménto |rifini'mento| *s.m.* → **rifinitura.**

rifinìre |rifi'nire| (197) *v.tr.* **1** (*raro*) [*finire nuovamente*] finir de nouveau: *son già rifinite le scorte* les provisions sont déjà épuisées **2** [*dare l'ultima mano a un lavoro per completarlo meglio*] mettre (71) la dernière main # *il falegname ha rifinito molto bene la cornice* le menuisier a donné une bonne finition au cadre; *questa giacca è ben rifinita* cette veste a une bonne finition ◇ [*perfezionare*] parfaire (45), fignoler (*fam.*): *ho terminato l'articolo, ma voglio rifinirlo* j'ai terminé l'article, mais je veux le fignoler **3** (*tosc.*) → **sfinire.**

rifinitézza |rifini'tettsa| *s.f.* **1** [*il fatto di essere rifinito*] fini *m.* **2** (*tosc.*) → **spossatezza.**

rifinìto |rifi'nito| *agg.* **1** [*portato a perfezione*] fini: *un vestito ben rifinito* un habit fini **2** (*tosc.*) [*ridotto in cattive condizioni*] éreinté (*corr.*).

rifinitóre, trice |rifini'tore, tri'tʃe| *s.* [*operaio, artigiano addetto a operazioni di rifinitura*] pareur* ◇ (*nelle sartorie*) finisseur*.

rifinitùra |rifini'tura| *s.f.* **1** [→ RIFINIRE 2] finissage *m.* # *dare l'ultima rifinitura a un lavoro* mettre la dernière main à un ouvrage ◇ (*abbigl.*) finition **2** → **guarnizione.**

rifioriménto |rifjori'mento| *s.m.* **1** → **rifioritura** **2** [*ripresa di uno sviluppo culturale o economico*] renaissance *f.*, renouveau: *rifiorimento artistico* renaissance, renouveau artistique.

rifiorìre |rifjo'rire| (197) *v.intr.* (*aus.* '*essere*') **1** [*fiorire nuovamente*] refleurir (*aus.* avoir): *ci sono piante che rifioriscono più volte durante l'anno* il y a des plantes qui refleurissent plusieurs fois dans l'année, qui remontent **2** (*fig.*) [*tornare a fiorire, a prosperare, dopo un periodo di crisi*] refleurir: *sono rifiorite le lettere e le arti* les lettres et les arts ont refleuri # *al mare è rifiorita* elle a repris bonne mine au bord de la mer **3** (*detto di macchie, ruggine, pustole e sim.*) [*riapparire*] réapparaître (72) (*aus.* avoir): *in questa stanza sono rifiorite macchie di umidità* des taches d'humidité ont réapparu dans cette pièce.

rifiorita |rifjo'rita| *s.f.* nouvelle floraison.

rifioritùra |rifjori'tura| *s.f.* **1** [*nuova fioritura di una pianta*] refleurissement *m.* (*lett.*) **2** (*fig.*) [*nuovo sviluppo di q.c.*] renaissance: *una rifioritura delle arti plastiche* la renaissance des arts plastiques **3** (*per est.*) [*abbellimento, frangia*] fioriture: *un discorso con molte rifioriture* un discours avec beaucoup de fioritures **4** [*il ricomparire di macchie di vario tipo su una superficie*] réapparition: *sul muro c'è una rifioritura di muffa* il y a une réapparition de la moisissure sur le mur.

rifischiàre |rifis'kjare| *v.tr.* **1** [*fischiare di nuovo, ripetere fischiando*] siffler, siffloter de nouveau: *rifischiare una canzonetta* siffler, siffloter de nouveau une chansonnette **2** (*fig., fam.*) [*andare a ridire, a riferire*] rapporter (*corr.*): *ha rifischiato tutto al direttore* il a tout rapporté au directeur.

rifiutàbile |rifju'tabile| *agg.* [→ RIFIUTARE A 1] refusable: *una proposta rifiutabile* une proposition refusable.

rifiutàre |rifju'tare| **A** *v.tr.* **1** [*non accettare, respingere*] refuser: *ha rifiutato il mio invito* il a refusé, décliné mon invitation; *non rifiutare la sua amicizia* ne refuse pas son amitié; *ha rifiutato ogni compenso* il a refusé toute récompense **2** [*non voler fare, non acconsentire*] refuser: *rifiuta di far parte del comitato* il refuse de faire partie du comité ◇ (*ippica*) *il cavallo rifiuta l'ostacolo* le cheval refuse l'obstacle ◇ (*mar.*) *il vento rifiuta* le vent refuse **3** (*lett.*) [*rinnegare*] renier: *rifiuta i suoi scritti giovanili* il renie ses œuvres de jeunesse **B** *v.pron. intr.* RIFIUTARSI [*negarsi di acconsentire, non indursi a compiere una determinata azione*] se refuser: *si rifiutò di partire con me* il se refusa à partir avec moi; *mi rifiuto di credere a questa accusa!* je me refuse à croire à une telle accusation! ©︎ **accettare.**

rifiùto |ri'fjuto| *s.m.* **1** [→ RIFIUTARE] refus: *il rifiuto di una proposta, di una carica* le refus d'une proposition, d'une charge; *il tuo improvviso rifiuto mi ha stupito* ton soudain refus m'a étonné ◇ (*ippica*) *il rifiuto del cavallo* le refus du cheval **2** [*scarto, cosa avanzata*] ordure (*f.*): *buttalo fra i rifiuti* jette-le aux ordures # *merce di rifiuto* marchandise de rebut ◇ (*loc. fig.*) *è un rifiuto della società* c'est un rebut de la société **3** *al plur.* [*immondizia*] ordures: *la raccolta dei rifiuti* le ramassage des ordures # *la cassetta dei rifiuti* la corbeille, la poubelle ©︎ 1 **accettazione.**

riflessìbile |rifles'sibile| *agg.* (*scient.*) réflexible.

riflessibilità |riflessibili'ta| *s.f. inv.* (*scient.*) réflexibilité *var.*

riflessióne |rifles'sjone| *s.f.* **1** (*fis.*) réflexion: *la riflessione della luce, del suono* la réflexion de la lumière, du son; *riflessione totale* réflexion totale; *angolo di riflessione* angle de réflexion **2** [→ RIFLETTERE B] réflexion: *è una decisione che richiede molta riflessione* c'est une décision qui demande beaucoup de réflexion; *dopo un attimo di riflessione, rispose* après un istant de réflexion, il répondit # *ha agito senza riflessione* il a agi sans réfléchir **3** [*considerazione, osservazione*] réflexion: *ha fatto una amara riflessione* il a fait une amère réflexion; *un libro pieno di riflessioni critiche* un livre plein de réflexions critiques.

riflessivaménte |riflessiva'mente| *avv.* [→ RIFLESSIVO 1] avec réflexion (*loc. inv.*): *si è comportato poco riflessivamente* il a agi avec peu de réflexion.

riflessività |riflessivi'ta| *s.f. inv.* (*mat.*) réflexivité *var.*

riflessìvo |rifles'sivo| *agg.* **1** [*dotato di capacità di riflettere*] réfléchi: *una persona riflessiva* une personne réfléchie; *è di natura riflessiva* il est d'une nature réfléchie **2** (*gram.*) réfléchi: *forma riflessiva* forme réfléchie; *pronomi, aggettivi, verbi riflessivi* pronoms, adjectifs, verbes réfléchis **3** (*mat.*) réflexif*: *proprietà riflessiva* propriété réflexive ©︎ 1 **impulsivo.**

1 **riflèsso** |ri'flesso| *s.m.* **1** [*luce rinviata da una superficie brillante o diffondente*] reflet: *il riflesso della neve* le reflet de la neige; *sono abbagliato dal riflesso del sole* je suis aveuglé par le reflet du soleil # *i riflessi di un brillante* les éclats d'un brillant ◇ [*riverbero*] réverberation (*f.*): *il riflesso mi dà noia* la réverberation me gêne **2** (*per est., fig.*) [*fatto che è la conseguenza di un altro fenomeno, a cui è subordinato*] reflet: *la crisi politica è il riflesso di quella economica* la crise politique est le reflet de la crise économique ◇ *loc. avv.* DI RIFLESSO indirectement: *se sei danneggiato tu, di riflesso lo sono anch'io* si toi tu es atteint, moi, indirectement, je le suis aussi **3** (*fisiol.*) réflexe: *riflessi nervosi, muscolari* réflexes nerveux, musculaires; *riflessi condizionati* réflexes conditionnés.

2 **riflèsso** |ri'flɛsso| *agg.* **1** (*fis.*) réfléchi: *luce riflessa* lumière réfléchie; *immagine riflessa* image réfléchie ◇ (*loc. fig.*) *brillare di luce riflessa* briller d'un éclat emprunté **2** (*fisiol.*) réflexe: *atto riflesso* acte réflexe **3** (*fig.*) [*che non è frutto di iniziativa personale*] dicté (*p.p.*): *è una decisione riflessa* c'est une decision dictée.

riflessògeno |rifles'sɔdʒeno| *agg.* (*med.*) réflexogène.

riflessologia, gie |riflessolo'dʒia, dʒie| *s.f.* (*psicol.*) réflexologie.

riflessoterapia |riflessotera'pia| *s.f.* (*med.*) réflexothérapie.

riflettènte |riflet'tɛnte| *agg.* **1** [*che riflette*] réfléchissant: *superficie riflettente* surface réfléchissante; *potere riflettente di un corpo* pouvoir réfléchis-

sant d'un corps **2** (*filos.*) réfléxif*.
riflèttere |ri'flɛttere| (179) **A** *v.tr.* **1** (*fis.*) [*rinviare un flusso di energia luminosa o di altre energie radianti*] réfléchir: *riflettere raggi luminosi, un suono* réfléchir des rayons lumineux, un son; *riflettere le onde radio* réfléchir les ondes radio ◇ (*per est.*) *il mare rifletteva la luna* la mer réfléchissait la lune **2** [*mandare indietro la luce o un'immagine*] réfléchir: *lo specchio rifletteva la sua figura* le miroir réfléchissait sa silhouette **3** (*fig.*) [*rispecchiare, denotare*] refléter (8): *gli occhi riflettono l'anima* les yeux reflètent l'âme; *il rincaro dei prezzi riflette l'inflazione* la hausse des prix reflète l'inflation **B** *v.intr.* (*aus. 'avere'*) [*concentrare, impegnare le proprie facoltà psichiche*] réfléchir: *ho riflettuto molto* j'ai beaucoup réfléchi; *rifletti su ciò che ho detto* réfléchis, pense à ce que je t'ai dit; *cerca di riflettere, non essere ostinato* essaie de réfléchir, ne sois pas obstiné → **meditare** **C** *v.pron. rifl.* RIFLETTERSI **1** [*riverberarsi, essere riflesso*] se réfléchir ◇ (*per est.*) se refléter: *gli alberi si riflettono nelle acque del fiume* les arbres se reflètent dans les eaux du fleuve ◇ (*fig.*) *l'animo si riflette nello sguardo* le regard est le reflet de l'âme **2** (*fig.*) [*ripercuotersi, influire*] se répercuter: *non è giusto che la colpa si rifletta su tutti* il n'est pas juste que la faute se répercute sur tous; *la situazione politica si riflette su quella economica* la situation politique se répercute sur la situation économique.
riflettività |riflettivi'ta| *s.f. inv.* (*fis.*) réflectivité *var.*
riflettóre |riflet'tore| *s.m.* (*tecnol.*) réflecteur ◇ (*cine.*) sunlight.
rifluìre |riflu'ire| (197) *v.intr.* (*aus. 'essere, avere'*) **1** [*fluire, scorrere all'indietro*] refluer: *le acque cominciano a rifluire dalle zone allagate* les eaux commencent à refluer des zones inondées ◇ (*fig.*) *la gente rifluiva dalla piazza centrale* les gens refluaient de la place centrale **2** [*fluire, scorrere nuovamente*] couler de nouveau: *il sangue cominciò a rifluire nelle vene* le sang commença à couler de nouveau dans les veines **3** (*fig.*) [*tornare ad affluire*] affluer de nouveau: *le merci rifluiscono sul mercato* les marchandises affluent de nouveau sur le marché.
riflùsso |ri'flusso| *s.m.* **1** [→ RIFLUIRE 1] refluement (*raro*) **2** [*flusso o scorrimento in senso contrario*] reflux: *il flusso e il riflusso della marea* le flux et le reflux (de la marée) ◇ (*di fiume alla foce*) mascaret ◇ (*fig.*) *il riflusso della gente nelle vie cittadine* le reflux des gens dans les rues de la ville.
rifocillaménto |rifotʃilla'mento| *s.m.* (*raro*) [→ RIFOCILLARE] restauration *f.* (*corr.*).
rifocillàre |rifotʃil'lare| **A** *v.tr.* [*ristorare con cibi e bevande*] restaurer: *rifocillare i naufraghi* restaurer les naufragés **B** *v.pron. rifl.* RIFOCILLARSI [*ristorarsi, mangiando o bevendo*] se restaurer: *mi sono rifocillata con un pasto caldo* je me suis restaurée avec un repas chaud.
rifoderàre |rifode'rare| *v.tr.* [*foderare nuovamente, rifare le fodere*] refaire (45) la doublure, redoubler: *rifoderare una poltrona* refaire la doublure d'un fauteuil.
rifóndere |ri'fondere| (146) *v.tr.* **1** [*fondere nuovamente, fare un'ulteriore fusione*] refondre (53): *rifondere dei metalli* refondre des métaux **2** (*fig.*) [*rimaneggiare, ricomporre*] refondre: *rifondere uno scritto* refondre un texte **3** (*fig.*) [*risarcire, rimborsare*] rembourser: *rifondere le spese* rembourser les frais; *ho dovuto rifondere i danni* j'ai dû rembourser les dégâts.
rifondìbile |rifon'dibile| *agg.* **1** qu'on peut refondre (*loc.*): *metalli rifondibili* métaux qu'on peut refondre **2** (*fig.*) [→ RIFONDERE 3] remboursable: *spese rifondibili* frais remboursables.
rifórma |ri'forma| *s.f.* **1** [→ RIFORMARE A 2] réforme: *la riforma elettorale* la réforme électorale; *una radicale riforma dell'economia* une réforme radicale de l'économie; *le riforme del Settecento* les réformes du XVIIIe siècle; *una politica di riforme* une politique de réformes ✦ (*ass.*) *la Riforma* la Réforme: *l'età della Riforma e della Controriforma* la période de la Réforme et de la Contre-réforme **2** (*mil.*) réforme.
riformàbile |rifor'mabile| *agg.* **1** [→ RIFORMARE A 1] réformable: *un gruppo facilmente riformabile* un groupe facilement réformable **2** [→ RIFORMARE A 3] susceptible d'être réformé: *un giovane riformabile* un jeune homme susceptible d'être réformé.
riformàre |rifor'mare| **A** *v.tr.* **1** [*formare di nuovo, ricostituire*] reformer: *hanno riformato una squadra di calcio* ils ont reformé une équipe de football **2** [*dare nuova forma allo scopo di migliorare, innovare*] réformer: *vogliono riformare radicalmente il partito* ils veulent réformer radicalement le parti; *c'è un progetto per riformare la scuola superiore* il y a un projet pour réformer l'enseignement du second cycle **3** (*mil.*) [*esonerare permanentemente dal servizio mil. i militari riconosciuti inabili*] réformer **B** *v.pron. intr.* RIFORMARSI [*tornare a formarsi*] se reformer: *si è riformato il ghiaccio* la glace s'est reformée.
riformatìvo |riforma'tivo| *agg.* de réforme (*loc. inv.*): *provvedimenti riformativi* mesures de réforme.
riformàto |rifor'mato| *agg.* **1** réformé: *la Chiesa riformata* l'Église réformée ✦ (*s.m.*) *i riformati* les réformés **2** (*mil.*) réformé: *un ragazzo riformato* un jeune homme réformé ✦ (*s.m.*) *un riformato* un réformé.
riformatóre, trice |riforma'tore, tritʃe| *s.* réformateur*: *un grande riformatore politico, religioso* un grand réformateur politique, religieux ✦ (*agg.*) *un'opera riformatrice* une œuvre réformatrice.
riformatòrio, i |riforma'tɔrjo, i| *s.m.* maison *f.* de correction.
riformazióne |riformat'tsjone| *s.f.* **1** nouvelle formation **2** (*arc.*) → **riforma.**
riformismo |rifor'mizmo| *s.m.* (*polit.*) réformisme.
riformìsta |rifor'mista| *s.* réformiste: *è un riformista* c'est un réformiste.
riformìstico, ci, ca, che |rifor'mistiko, tʃi, ka, ke| *agg.* (*polit.*) réformiste: *una politica riformistica* une politique réformiste; *correnti riformistiche* courants réformistes.
riforniménto |riforni'mento| *s.m.* **1** [→ RIFORNIRE A 2; B] ravitaillement: *provvedere al rifornimento di materie prime* s'occuper du ravitaillement en matières premières ◇ (*di velivoli, di automobili*) *stazione, posto di rifornimento* station, centre de ravitaillement # *devo fare rifornimento di benzina* je dois faire de l'essence (le plein) ◇ (*aer.*) *rifornimento in volo* ravitaillement en plein vol # *fare il rifornimento in volo* faire le plein en vol **2** [*i materiali, i prodotti di cui ci si rifornisce*] stock; ravitaillement: *i rifornimenti di viveri* les stocks de vivres ‖ *inviare rifornimenti* envoyer le ravitaillement.
rifornìre |rifor'nire| (197) **A** *v.tr.* **1** [*fornire di nuovo*] fournir de nouveau **2** [*provvedere dei mezzi necessari a garantire l'efficienza o il funzionamento*] ravitailler, approvisionner: *rifornire di viveri una città* ravitailler, approvisionner une ville en vivres # *l'ho rifornito del necessario* je l'ai pourvu du nécessaire; *occorre rifornire il guardaroba* il faut remonter la garde-robe; *l'ho rifornito di denaro* je l'ai pourvu d'argent ◇ (*per anal.*) ravitailler: *rifornire un aereo, un'auto di carburante* ravitailler un avion, une voiture en carburant; *rifornire una nave d'acqua* ravitailler un navire en eau **B** *v.pron. rifl.* RIFORNIRSI [*fare rifornimento, provvedersi*] *mi sono rifornito di sigarette* j'ai fait mes provisions de cigarettes; *si è rifornito di tutto il necessario* il s'est équipé de tout le nécessaire; *non è difficile per lui rifornirsi di denaro fresco* ce n'est pas difficile pour lui de se munir d'argent frais.
rifornitóre, trice |riforni'tore, tritʃe| *agg.* **1** [*che rifornisce*] approvisionneur*, grossiste: *il negoziante rifornitore* le commerçant approvisionneur; le grossiste ✦ (*s.*) *un rifornitore* un approvisionneur **2** [*che rifornisce aerei*] ravitailleur: *velivolo rifornitore* avion ravitailleur ✦ (*s.m.*) *un rifornitore* un ravitailleur.
rifrangènte |rifran'dʒɛnte| *agg.* (*fis.*) réfringent.
rifrangènza |rifran'dʒɛntsa| *s.f.* (*fis.*) réfringence.
rifràngere |ri'frandʒere| (147) (*p.p. rifratto nei significati A 1, B 1; rifranto nei significati* A 2; B 2) **A** *v.tr.* **1** [*provocare una rifrazione*] réfracter: *il prisma rifrange la luce* le prisme réfracte la lumière **2** (*raro*) [*frangere, spezzare di nuovo o di più*] briser (*corr.*) de nouveau **B** *v.pron. intr.* RIFRANGERSI **1** (*fis.*) [*subire una rifrazione*] se réfracter **2** [*spezzarsi, rompersi deviando*] se briser: *le acque si rifrangevano cadendo dalla roccia* les eaux se brisaient en tombant du haut des rochers.
rifrangìbile |rifran'dʒibile| *agg.* (*fis.*) réfrangible # *non rifrangibile* irréfrangible.
rifrangibilità |rifrandʒibili'ta| *s.f. inv.* (*fis.*) réfrangibilité *var.*
rifràtto |ri'fratto| *agg.* (*fis.*) réfracté: *luce rifratta* lumière réfractée.
rifrattòmetro |rifrat'tɔmetro| *s.m.* (*fis.*) réfractomètre.
rifrattóre, trice |rifrat'tore, tritʃe| *agg.* (*fis.*) réfracteur: *telescopio rifrattore* téléscope réfracteur ✦ (*s.m.*) *un rifrattore* un appareil réfracteur *agg.*
rifrazióne |rifrat'tsjone| *s.f.* (*fis.*) réfraction: *la rifrazione della luce* la

réfraction de la lumière; *rifrazione elettromagnetica* réfraction électromagnétique; *angolo di rifrazione* angle de réfraction.

rifréddo |ri'freddo| *s.m.* [*cibo cotto e conservato che si mangia freddo*] plat froid.

rifrìggere |ri'friddʒere| (148) *v.tr.* **1** [*friggere nuovamente, rifare fritto*] remettre (71) à frire **2** (*fig.*) [*ripetere le stesse cose*] rabâcher: *nei suoi articoli rifrigge sempre le stesse cose* il rabâche toujours les mêmes choses dans ses articles.

rifrìtto |ri'fritto| *agg.* **1** frit une seconde fois: *pesce rifritto* poisson frit une seconde fois ◆ (*s.m.*) *il rifritto* le graillon: *quest'olio sa di rifritto* cette huile sent le graillon **2** (*fig.*) [*ripetuto, stantio*] rabâché: *è un argomento fritto e rifritto* c'est un argument rabâché, ressassé.

rifrugàre |rifru'gare| **A** *v.tr.* [*tornare a frugare*] fouiller de nouveau # *frugava il fondo dei cassetti* il raclait les fonds de tiroirs **B** *v.intr.* (*aus.* '*avere*') [*frugare di nuovo, più a fondo*] fouiller de nouveau: *rifruga nelle tue tasche* fouille de nouveau dans tes poches.

rifucinàre |rifutʃi'nare| *v.tr.* (*tecnol.*) [*fucinare di nuovo*] reforger (3).

rifuggìre |rifud'dʒire| **A** *v.intr.* (*aus.* '*essere*') **1** [*fuggire di nuovo*] s'enfuir (22) *pron.* (de nouveau): *il carcerato è rifuggito* le prisonnier s'est encore enfui **2** (*fig.*) [*aborrire, avere in orrore*] avoir (28) *tr.* horreur de: *rifugge sempre dalle bassezze* il a toujours horreur des bassesses **B** *v.tr.* (*raro*) [*scansare, fuggire*] éviter: *rifugge la fatica* il évite de se fatiguer.

rifugiàrsi |rifu'dʒarsi| *v.pron. intr.* **1** [*cercare, trovare rifugio*] se réfugier: *si è rifugiato in un portone per ripararsi dalla pioggia* il s'est réfugié sous une porte cochère pour s'abriter de la pluie **2** (*fig.*) [*cercare, trovare aiuto*] trouver *tr.* refuge: *si è rifugiato nella preghiera* il a trouvé, il trouve refuge dans la prière.

rifugiàto |rifu'dʒato| *s.* [*persona che, in seguito a persecuzioni politiche, ha trovato rifugio in un altro paese*] réfugié politique.

rifùgio, i |ri'fudʒo, i| *s.m.* **1** [*asilo, riparo, difesa, protezione*] abri, refuge: *rifugio alpino* abri, refuge alpin; *un rifugio antiaereo* un abri contre les bombardements; *un rifugio antiatomico* un abri antiatomique, antiretombées; *questo è un rifugio tranquillo* c'est un refuge tranquille # *ha offerto rifugio a tutti* il a abrité tout le monde **2** (*fig.*) [*ciò che si ritiene in grado possa offrire protezione, quiete*] refuge: *è lei il nostro rifugio* c'est elle notre refuge.

rifulgènte |riful'dʒɛnte| *agg.* [*risplendente, brillante*] resplendissant.

rifùlgere |ri'fuldʒere| (173) *v.intr.* (*aus.* '*essere, avere*') [*risplendere, brillare*] briller: *il sole rifulgeva nel cielo* le soleil brillait dans le ciel; *i suoi occhi rifulgevano di gioia* ses yeux brillaient, resplendissaient de joie.

rifusióne |rifu'zjone| *s.f.* **1** [→ RIFONDERE 1] refonte: *la rifusione di un cannone* la refonte d'un canon **2** [*rimborso*] remboursement (*m.*): *la rifusione delle spese* le remboursement des dépenses ◇ [*risarcimento*] dédommagement (*m.*): *la rifusione dei danni* le dédommagement.

rifùso |ri'fuzo| *agg.* **1** (*metall.*) refondu ◇ *loc.* A RIFUSO [*in abbondanza*] à foison **2** [*rimborsato, risarcito*] remboursé, dédommagé.

rìga, ghe |'riga, ge| *s.f.* **1** [*elemento lineare, segno rettilineo tracciato su una superficie*] ligne: *righe verticali, orizzontali, trasversali* lignes verticales, horizontales, transversales; *fare, tracciare una riga* faire, tracer une ligne # *un foglio, un quaderno a righe* une feuille réglée, un cahier réglé **2** [*la linea di separazione dei capelli in alcune pettinature*] raie: *porta la riga a destra, a sinistra, in mezzo* il porte la raie à droite, à gauche, au milieu; *si è fatto la riga* il s'est fait une raie **3** [*i segni grafici fatti su una delle linee orizzontali in cui è diviso un foglio o una pagina*] ligne: *rifare una riga* refaire une ligne; *ha saltato una riga* il a sauté une ligne; *è pagato a un tanto la riga* il est payé à la ligne **4** (*per est.*) [*il contenuto linguistico espresso nella riga o nelle righe*] ligne: *scrivi due righe di ringraziamento* écris deux lignes pour remercier; *è partito da un mese e non ha ancora scritto una riga* il est parti depuis un mois et il n'a pas encore écrit une ligne ◇ (*loc. fig.*) *leggere fra le righe* lire entre les lignes **5** [*ordine di più persone messe una accanto all'altra*] rang (*m.*): *la prima, l'ultima riga* le premier, le dernier rang; *serrare, rompere le righe* serrer, rompre les rangs; *in riga!* à vos rangs!; *i giocatori si sono messi in riga* les joueurs se sont mis en rang → **fila** **6** [*strumento per tracciare linee rette*] règle: *usa la riga, non vedi che quella linea è storta?* sers-toi de ta règle, tu ne vois pas que cette ligne est de travers? **7** *al plur.* (*nella segnaletica stradale*) clous *m.*, passage *m. sing.* zébré, clouté: *i pedoni devono camminare sulle righe* les piétons doivent traverser dans les clous **8** [*disegno sui tessuti*] rayure: *un tessuto, un vestito a righe* un tissu, une robe à rayures **9** [*traccia sul vetro, sui metalli*] raie ◇ [*solcatura nell'anima delle armi da fuoco*] guidon *m.* ◇ *riga per le curve* pistolet (*m.*); *riga a T* té *m.* **10** [*la stria sul manto di alcuni animali*] rayure: *le righe delle zebre* les rayures des zèbres.

rigàggio, i |ri'gaddʒo, i| *s.m.* (*tip.*) lignage.

rigàglie |ri'gaʎʎe| *s.f. pl.* **1** (*cuc.*) abattis *m.* (de poulet) **2** déchets *m.* de soie.

rigàgnolo |ri'gaɲɲolo| *s.m.* **1** petit ruisseau **2** [*piccolo corso d'acqua che scorre al lato delle strade*] rigole *f.*, caniveau.

rigàme |ri'game| *s.m.* [*scanalature degli stipiti, entro le quali scorre la saracinesca*] rainure *f.*

rigàre |ri'gare| **A** *v.tr.* **1** [*segnare con una o più righe, tracciare una riga*] régler (8): *rigare un foglio* régler une feuille ◇ (*per est.*) [*solcare*] sillonner: *il suo viso era rigato di lacrime* son visage était sillonné de larmes **2** [*guastare, danneggiare*] rayer (9): *mi hanno rigato la macchina* on a rayé, éraflé ma voiture; *non rigare il pavimento!* ne raie (raye) pas le parquet **B** *v.intr.* (*aus.* '*avere*') *solo nella loc.* RIGARE D(I)RITTO [*adempiere scrupolosamente ai propri doveri*] filer droit: *d'ora in poi cerca di rigare d(i)ritto* dorénavant essaie de filer droit.

rigatìno |riga'tino| *s.m.* **1** tissu à petites rayures **2** *al plur.* (*cuc.*) macaronis cannelés.

rigàto |ri'gato| *agg.* [*che presenta delle righe*] rayé: *tessuto rigato* tissu rayé, à rayures; *armi a canna rigata* armes à canon rayé # *carta rigata* papier réglé ◇ (*per est.*) *volto rigato di lacrime* visage sillonné de larmes.

rigatóne |riga'tone| *s.m.* (*agr.*) rayonneur.

rigatóni |riga'toni| *s.m. pl.* (*cuc.*) gros macaronis cannelés: *rigatoni al sugo* gros macaronis cannelés à la sauce tomate.

rigatrìce |riga'tritʃe| *s.f.* (*tip.*) régleuse.

rigatterìa |rigatte'ria| *s.f.* [*bottega, comm. del rigattiere*] brocante ◇ [*tutto quanto vende il rigattiere*] friperie, brocante.

rigattière |rigat'tjɛre| *s.m.* [*chi compra e rivende roba usata o di scarso valore*] brocanteur* *s.*, fripier* *s.*

rigatùra |riga'tura| *s.f.* **1** [→ RIGARE A 1] réglage *m.*, réglure: *la rigatura di un foglio di carta* le réglage, la réglure d'une feuille de papier ◇ (*di armi*) rayage *m.* **2** [*la riga, le righe tracciate su una superficie, scanalature di armi*] *un quaderno a rigatura larga* un cahier à lignes espacées; *un tavolo pieno di brutte rigature* une table couverte de vilaines rayures; *rigatura di un'arma da fuoco* rayage d'une arme à feu.

rigelàre |ridʒe'lare| **A** *v.tr.* [*far gelare di nuovo*] regeler (6): *il freddo ha rigelato l'acqua della fontana* le froid a regelé l'eau de la fontaine **B** *v.intr.* (*aus.* '*essere*') [*gelare di nuovo*] regeler (*aus.* avoir): *il lago è rigelato* le lac a regelé ◆ (*ass.*) *se aumenta il freddo, rigela* si le froid augmente, il va geler de nouveau, il va encore geler.

rigèlo |ri'dʒɛlo| *s.m.* (*fis.*) regel.

rigeneràbile |ridʒene'rabile| *agg.* [→ RIGENERARE A 1, 3; B 1] régénérable.

rigeneraménto |ridʒenera'mento| *s.m.* → **rigenerazione.**

rigeneràre |ridʒene'rare| **A** *v.tr.* **1** (*biol., med.*) [*riprodurre e riformare parti dell'organismo, organi e tessuti*] régénérer (8): *le piante possono rigenerare foglie e rami* les plantes peuvent régénérer les feuilles et les branches # *le lucertole possono rigenerare la coda* la queue des lézards peut repousser ◆ (*ass.*) *il cancro rigenera* le cancer récidive, fait des métastases **2** (*per est.*) [*far rinascere, ricrescere, ridare forza e vigore*] régénérer: *una lozione per rigenerare i capelli* une lotion pour régénérer les cheveux; *una crema per rigenerare la pelle* une crème pour régénérer la peau # *quest'aria mi ha rigenerato le forze* cet air m'a redonné des forces **3** (*tecnol.*) [*ripristinare in una sostanza peculiari attitudini perdute o attenuate con l'uso*] régénérer: *rigenerare la gomma, la lana* régénérer le caoutchouc, la laine; *rigenerare degli oli minerali* régénérer des huiles minérales # *rigenerare un pneumatico* rechaper un pneu **4** (*fig., lett.*) [*far rinascere, restituire alla vita*] régénérer: *rigenerare socialmente un paese* régénérer socialement un pays **B** *v.pron. intr.* RIGENERARSI **1** (*detto di tessuti animali e vegetali*) [*riprodursi, ricostituirsi*] se régénérer: *i tessuti si rigenerano* les tissus se régénèrent **2** (*fig.*) [*nascere a nuova vita*] se régénérer: *quel popolo si è rigenerato nella libertà* ce peuple s'est régénéré dans la liberté.

rigenerativo |ridʒenera'tivo| *agg.* (*biol., tecnol.*) régénérateur: *capacità rigenerativa di un tessuto* capacité régénératrice d'un tissu; *procedimenti rigenerativi* processus régénérateurs.

rigeneràto |ridʒene'rato| *agg.* régénéré: *lana rigenerata* laine régénérée; *oli rigenerati* huiles régénérées; *burro rigenerato* beurre régénéré # *latte rigenerato* lait reconstitué; *pneumatico rigenerato* pneu rechapé ✦ (*s.m.*) *un rigenerato* un produit régénéré *agg.*

rigeneratóre, trice |ridʒenera'tore, tritʃe| *agg.* régénérateur*: *un medicinale rigeneratore* un médicament régénérateur ✦ *s.m.* (*tecnol.*) *il rigeneratore* le régénérateur.

rigenerazióne |ridʒenerat'tsjone| *s.f.* [→ RIGENERARE] régénération: *la rigenerazione di un tessuto* la régénération d'un tissu; *la rigenerazione della gomma* la régénération du caoutchouc # *rigenerazione di un pneumatico* rechapage d'un pneu ◇ (*fig.*) *la rigenerazione sociale di un paese* la régénération sociale d'un pays.

rigermogliàre |ridʒermoʎ'ʎare| *v.intr.* (*aus.* '*essere*') **1** [*germogliare di nuovo*] bourgeonner (*aus.* avoir) de nouveau **2** (*fig.*) [*rinascere, rigenerarsi*] renaître (74).

rigettàbile |ridʒet'tabile| *agg.* (*dir.*) [→ RIGETTARE A 3] rejetable: *istanza rigettabile* instance rejetable.

rigettàre |ridʒet'tare| **A** *v.tr.* **1** [*gettare di nuovo, un'altra volta; gettare indietro*] rejeter (5): *rigettare le reti* rejeter les filets; *il mare ha rigettato una carcassa* la mer a rejeté une carcasse **2** (*volg.*) → **vomitare** **3** [*respingere, non accogliere*] rejeter: *hanno rigettato il ricorso* ils ont rejeté, repoussé le recours; *il paziente ha rigettato il cuore artificiale* le patient a rejeté le cœur artificiel **4** → **rigermogliare** **B** *v.pron. rifl.* RIGETTARSI [*gettarsi di nuovo, ritornare*] se remettre (71): *si è rigettato a letto* il s'est remis au lit ◇ (*fig.*) *si è rigettato nella mischia* il s'est rejeté dans la mêlée.

rigètto |ri'dʒɛtto| *s.m.* **1** [→ RIGETTARE A 3] rejet: *il rigetto di una proposta* le rejet d'une proposition **2** → **pollone** **3** (*biol., med.*) rejet: *crisi di rigetto* crise de rejet.

rìggia, ge |'riddʒa, dʒe| *s.f.* (*mar.*) gambe.

righèllo |ri'gɛllo| *s.m.* [*piccola riga a sezione quadrata, usata per tracciare brevi linee*] règle *f.*

righettàre |riget'tare| *v.tr.* [*segnare con piccole righe a breve distanza l'una dall'altra*] régler (8): *righettare un foglio* régler une feuille.

righettàto |riget'tato| *agg.* [*disegnato a righe fitte e sottili*] (*tessuto*) rayé: *una camicetta righettata* un chemisier rayé, à rayures # *carta righettata* papier réglé.

righìno |ri'gino| *s.m.* **1** → **righello** **2** (*tip.*) ligne *f.* incomplète.

rigidaménte |ridʒida'mente| *avv.* [→ RIGIDO 1, 2] rigidement # *stava rigidamente sull'attenti* il se tenait raide au garde-à-vous; *è stato educato rigidamente* il a été élevé avec sévérité.

rigidézza |ridʒi'dettsa| *s.f.* **1** (*fis.*) rigidité ◇ (*fig.*) *l'eccessiva rigidezza della disciplina* la rigidité excessive de la discipline **2** (*meteor.*) rigueur: *la rigidezza del clima* la rigueur du climat.

rigidità |ridʒidi'ta| *s.f. inv.* **1** rigidité (*var.*): *la rigidità di un corpo* la rigidité d'un corps; *rigidità cadaverica* rigidité cadavérique ◇ (*fig.*) *la rigidità di una certa educazione* la rigidité d'une certaine éducation; *la rigidità di un sistema economico* la rigidité d'un système économique **2** (*meteor.*) rigueur (*f.*): *la rigidità dell'inverno nordico* la rigueur de l'hiver nordique.

rìgido |'ridʒido| *agg.* **1** [*teso, duro, privo di elasticità*] rigide: *un corpo rigido* un corps rigide # *era rigido sull'attenti* il était figé au garde-à-vous **2** (*per est.*) [*inflessibile, duro, severo*] rigide: *un uomo, un professore rigido* un homme, un professeur rigide, sévère; *un regolamento molto rigido* un règlement très rigide, sévère → **severo** # *una persona con rigidi principi morali* une personne aux principes moraux rigoureux **3** (*meteor.*) rigoureux*: *un clima rigido* un climat rigoureux, dur **4** (*econ.*) *domanda, offerta rigida* demande, offre rigide.

rigiocàre |ridʒo'kare| *v.tr. e intr.* (*aus.* '*avere*') [*giocare di nuovo; rimettere in gioco*] rejouer.

rigiràre |ridʒi'rare| **A** *v.tr.* **1** [*girare di nuovo o più volte*] retourner: *continuava a rigirare l'anello al dito* elle n'arrêtait de retourner la bague à son doigt; *rigirava la chiave nella serratura* il retournait la clé dans la serrure ◇ (*loc. fam.*) *comunque la si rigiri, ha sempre ragione lui* on a beau dire et beau faire, c'est toujours lui qui a raison ~ *è un uomo che è capace di rigirarti come vuole* c'est un homme qui est capable de faire de toi tout ce qu'il veut ~ *ha rigirato i fatti a suo favore* il a déformé les faits en sa faveur ~ *non rigirare il discorso* ne change pas de discours ~ *ha dimostrato di saperla rigirare bene* il a montré qu'il savait y faire **2** [*circondare*] contourner: *rigiriamo il monte a nord* contournons la montagne au nord ◇ [*percorrere*] parcourir (17): *ho girato e rigirato tutte le vie del centro* j'ai parcouru cent fois les rues du centre de la ville **3** [*trasferire di nuovo nell'ambito di una circolazione*] endosser de nouveau: *rigirare un assegno* endosser de nouveau un chèque **B** *v.intr.* (*aus.* '*avere*') [*girare intorno, andare in giro*] faire (45) *tr.* le tour: *ho rigirato per tutta la zona* j'ai fait le tour de toute la zone # *gira e rigira, alla fine l'ho trovato* à force de chercher, je l'ai trouvé ◇ (*loc. fig.*) *gira e rigira, ottiene sempre quello che vuole* quoi qu'il arrive, quoi qu'on fasse, il obtient toujours ce qu'il veut **C** *v.pron. rifl.* RIGIRARSI [*girarsi su sé stesso, rivoltarsi*] se retourner: *mi sono rigirata nel letto tutta la notte* je me suis retournée dans mon lit toute la nuit; *in questa stanza non ci si rigira* dans cette pièce on n'a pas la place de se retourner.

rigìro |ri'dʒiro| *s.m.* **1** [→ RIGIRARE A 1, 2; B; C] détour: *i rigiri di una strada* les détours d'une route; *per trovarlo abbiamo fatto molti rigiri* pour le trouver nous avons fait mille détours **2** (*fig.*) [*viluppo, garbuglio*] détour: *non fare tanti rigiri di parole* parle sans détours **3** (*fig.*) [*imbroglio, intrigo*] manigance (*f.*): *è vittima di un rigiro* il est victime d'une manigance, d'une supercherie.

rigiudicàre |ridʒudi'kare| *v.tr.* (*dir.*) [*emettere un nuovo giudizio sulla stessa controversia*] juger (3) (en deuxième instance): *rigiudicare una causa in appello* juger une cause en appel.

rìgo, ghi |'rigo, gi| *s.m.* **1** [*linea tracciata su un foglio, riga di scrittura e il suo contenuto*] ligne (*f.*): *scrivimi un rigo ogni tanto* mets-moi deux lignes de temps à autre; *rileggi, hai saltato un rigo* relis, tu as sauté une ligne # *aspetto un tuo rigo* j'attends un mot de toi **2** (*mus.*) portée *f.*

rigodóne |rigo'done| *s.m.* rigaudon, rigodon.

rigóglio, i |ri'goʎʎo, i| *s.m.* **1** [*grande sviluppo assunto da un vegetale*] luxuriance (*f.*): *il rigoglio di una pianta* la luxuriance d'une plante **2** (*per est.*) [*esuberanza di vigore, forza, energia*] épanouissement: *è nel pieno rigoglio della sua giovinezza* il est dans le plein épanouissement, dans la fleur de sa jeunesse **3** (*raro, detto di pentole in ebollizione*) [*gorgoglio*] bouillonnement.

rigogliosaménte |rigoʎʎosa'mente| *avv.* **1** [→ RIGOGLIOSO 1] avec luxuriance (*loc. inv.*): *questa pianta cresce rigogliosamente* cette plante pousse avec luxuriance **2** [→ RIGOGLIOSO 2] vigoureusement # *un'intelligenza rigogliosamente vivace* une intelligence très vivace.

rigogliosità |rigoʎʎosi'ta| *s.f. inv.* (*raro*) [*vistosa esuberanza*] luxuriance *var.*, vigueur *var.* ◇ (*fig.*) luxuriance.

rigoglióso |rigoʎ'ʎoso| *agg.* **1** (*piante*) [*che si sviluppa vigorosamente*] luxuriant: *un albero rigoglioso* une plante luxuriante **2** (*fig.*) [*pieno di vigore, salute, energia*] vigoureux*: *un ragazzo sano e rigoglioso* un enfant sain et vigoureux # *una fantasia rigogliosa* une imagination fertile; *una bellezza rigogliosa* une beauté florissante.

rigògolo |ri'gɔgolo| *s.m.* (*t.zool.*) loriot, compère-loriot.

rigolóne |rigo'lone| *s.m.* → **rigodone.**

rigonfiaménto |rigonfja'mento| *s.m.* **1** [→ RIGONFIARE A; C] regonflage: *il rigonfiamento di una camera d'aria* le (re)gonflage d'une chambre à air ◇ (*di calce, di terra e sim.*) foisonnement **2** [*la parte che si è rigonfiata*] enflure *f.*, gonflement: *ho su una gamba un rigonfiamento sospetto* j'ai sur la jambe une enflure suspecte.

rigonfiàre |rigon'fjare| **A** *v.tr.* [*gonfiare di nuovo*] regonfler: *rigonfiare un pallone* regonfler un ballon **B** *v.intr.* (*aus.* '*essere*') [*lievitare, crescere di volume*] lever (6): *la pasta non è rigonfiata bene* la pâte n'a pas assez levé **C** *v.pron. intr.* RIGONFIARSI [*gonfiarsi di nuovo*] renfler *intr.* # *mi si è rigonfiato il braccio* mon bras a de nouveau enflé, est de nouveau enflé.

rigónfio, i |ri'gonfjo, i| *agg.* [*gonfio, tumido, molto gonfio*] gonflé; renflé: *occhi rigonfi di lacrime* des yeux gonflés de larmes ◇ (*fig.*) *un uomo rigonfio di superbia* un homme gonflé d'orgueil ✦ (*s.m.*) *un rigonfio* un renflement.

rigóre |ri'gore| *s.m.* **1** [*rigidità, asprezza, durezza*] rigueur (*f.*): *il rigore della legge* les rigueurs de la loi ◇ *loc.* DI RIGORE de rigueur: *arresti di rigore* arrêts de rigueur; *è di rigore l'abito nero* la tenue de soirée est de rigueur # *cella di rigore* cellule disciplinaire **2** (*calcio*) réparation (*f.*): *area di rigore* surface de réparation; *dischetto del rigore* point de réparation # *calcio di rigore* penalty ◆ (*ass.*) *un rigore* un penalty: *concedere, tirare un rigore* donner, tirer un penalty **3** [*coerenza assoluta con le premesse*] rigueur: *rigore logico, di logica* rigueur logique; *rigore scientifico* rigueur scientifique ◇ *loc. avv.* A RIGOR DI LOGICA en toute logique: *a rigor di logica, non mi sembra giusto* en toute logique, je ne trouve pas ça juste ~ A RIGOR DI TERMINI strictement parlant: *a rigor di termini, questa è un'omissione* strictement parlant, c'est une omission **4** [*rigidezza delle condizioni climatiche*] rigueur: *il rigore del clima nordico* la rigueur du climat nordique.

rigorìsmo |rigo'rizmo| *s.m.* rigorisme: *rigorismo morale, politico* rigorisme moral, politique.

rigorìsta |rigo'rista| *s.* **1** rigoriste → **intransigente** **2** joueur* qui sait bien tirer un penalty.

rigorìstico, ci, ca, che |rigo'ristiko, tʃi, ka, ke| *agg.* [*di rigorismo, proprio dei rigoristi*] rigoriste: *una morale rigoristica* une morale rigoriste.

rigorosaménte |rigorosa'mente| *avv.* [→ RIGOROSO] rigoureusement: *rigorosamente parlando* rigoureusement parlant; à proprement parler.

rigorosità |rigorosi'ta| *s.f. inv.* [*carattere rigoroso*] rigueur (*var.*): *la rigorosità di un ragionamento, di un provvedimento* la rigueur d'un raisonnement, d'une mesure.

rigoróso |rigo'roso| *agg.* [*che si comporta con rigore; caratterizzato da rigore*] sévère; rigoureux*: *un uomo rigoroso* un homme sévère ‖ *un atteggiamento rigoroso* une attitude rigoureuse; *una morale rigorosa* une morale rigoureuse ◇ [*severo*] sévère: *una punizione rigorosa* une punition sévère Ⓒ **indulgente, bonario.**

rigovernàre |rigover'nare| *v.tr.* **1** [*lavare e asciugare stoviglie*] faire (45) la vaisselle: *rigovernare i piatti* faire la vaisselle ◆ (*ass.*) *devo ancora rigovernare* je n'ai pas encore fait la vaisselle **2** [*curare e dare da mangiare ad animali*] panser: *rigovernare i cavalli* panser les chevaux.

rigovernàta |rigover'nata| *s.f. solo nella loc.* DARE UNA RIGOVERNATA [*rigovernare alla meglio, in fretta*] mettre en ordre: *dare una rigovernata alla cucina* mettre la cuisine en ordre.

rigovernatùra |rigoverna'tura| *s.f.* [→ RIGOVERNARE 1] vaisselle: *acqua di rigovernatura* eau de vaisselle; *mani che sanno di rigovernatura* mains qui sentent la vaisselle.

riguadagnàre |rigwadaɲ'ɲare| *v. tr.* [*guadagnare di nuovo quanto si era perduto*] regagner: *dobbiamo riguadagnare il tempo perduto* nous devons regagner, rattraper le temps perdu; *ho riguadagnato terreno* j'ai regagné du terrain; *vuole riguadagnare la sua stima* il veut regagner son estime.

riguardàre |rigwar'dare| **A** *v.tr.* **1** [*guardare di nuovo*] regarder (de nouveau): *riguarda bene questa fotografia* regarde bien encore cette photographie **2** [*guardare attentamente, controllare*] revoir (37): *devo riguardare questa pratica* je dois revoir ce dossier; *è uno che riguarda sempre tutto* c'est qqn. qui revoit toujours tout # *riguarda la lezione* repasse ta leçon **3** [*concernere, interessare*] concerner: *questo problema non riguarda solo me, ma tutti* ce problème ne concerne pas que moi, il nous concerne tous; *per quel che riguarda quell'affare...* en ce qui concerne, pour ce qui est de, quant à cette affaire...; *per quanto mi riguarda* en ce qui me concerne # *questo non ti riguarda* cela ne te regarde pas **4** [*tenere, trattare con riguardo*] prendre (73) soin: *riguarda la tua salute* prends soin de ta santé, ménage ta santé **5** [*considerare, tenere in conto di*] considérer (8): *lo riguarda come un nemico* il le considère comme un ennemi **B** *v.pron. rifl.* RIGUARDARSI **1** [*stare attento, aversi riguardo e cura*] *riguardati dal freddo, dalla fatica* défends-toi du froid, prends garde à la fatigue ◆ (*ass.*) *riguardati!* ménage-toi; *sei in convalescenza, cerca di riguardarti* tu es convalescent, essaie de te ménager **2** [*stare in guardia, diffidare*] se garder: *riguardati dal dire parole simili!* garde-toi de telles affirmations! ◆ (*ass.*) *non si riguardi!* n'y prenez, ne prenez pas garde!

riguardàta |rigwar'data| *s.f.* coup *m.* d'œil: *ho dato una riguardata a quei documenti* j'ai donné de nouveau un coup d'œil à ces documents.

riguàrdo |ri'gwardo| *s.m.* **1** [*cautela, attenzione*] précaution (*f.*): *cerca di agire con riguardo* essaie d'agir avec précaution; *gli si avvicinò con i debiti riguardi* il s'en approcha avec les précautions voulues # *non ha avuto riguardi nel parlare chiaramente* il n'a pas eu peur de parler franchement ◇ [*cura nell'usare q.c.*] attention (*f.*): *abbi riguardo del vestito nuovo* fais attention à ta robe neuve ◇ *loc.* SENZA RIGUARDO: *spende senza riguardo* il dépense sans compter; *si affatica senza riguardo* il se fatigue sans ménagement ~ *far riguardo a* faire attention à **2** [*cura, precauzione nei confronti della propria salute*] soin: *ha ogni riguardo per la sua salute* il se ménage beaucoup, il prend soin de sa santé # *devi stare in riguardo per non riammalarti* il faut te ménager si tu ne veux retomber malade; *abbiti riguardo!* fais attention à toi, ménage-toi! **3** [*cortesia, attenzione*] égard: *non l'ho fatto per riguardo a sua moglie* c'est par égard pour sa femme que je ne l'ai pas fait; *non ha avuto alcun riguardo per me* il n'a eu aucun égard pour moi; *non ha riguardo per nessuno* il n'a d'égards pour personne ◇ [*rispetto*] respect: *gli ha mancato di riguardo* il lui a manqué de respect ◇ [*considerazione*] égard: *ha trattato l'ospite con molto riguardo* il a reçu son hôte avec becaucoup d'égards ◇ [*premura*] attentions (*f. pl.*): *è pieno di riguardi per sua moglie* il est plein d'attentions pour sa femme ◇ (*loc.*) *persone di riguardo* personnes à ménager; [*personaggi importanti*] gens importants ~ *ospiti di riguardo* hôtes importants, invités de marque ~ *un abito di riguardo* un vêtement de cérémonie ~ *parla pure senza tanti riguardi* tu peux parler à cœur ouvert **4** [*rapporto, relazione, attinenza*] *a questo riguardo, voglio dire che...* à ce sujet, je veux dire que...; *riguardo a ciò, è tutto deciso* sur ce point, tout est décidé; *è una brava persona sotto tutti i riguardi* c'est quelqu'un de bien à tous égards ◇ *loc. prep.* RIGUARDO A: *riguardo a quella pratica bisogna aspettare* pour ce qui est de ce dossier, en ce qui concerne ce dossier, il faut attendre ~ NEI RIGUARDI DI [*nei confronti, verso*] à l'égard de: *perché sei così scortese nei riguardi dei tuoi amici?* pourquoi es-tu si impoli à l'égard de tes amis?; *si prenderanno provvedimenti nei riguardi dei ritardatari* des mesures seront prises à l'égard des retardataires ~ A, AL RIGUARDO DI [*a confronto, in paragone*] par rapport à: *a riguardo della Terra la Luna è piccola* la Lune est petite par rapport à la Terre **5** → **risguardo.**

riguardosaménte |rigwardosa'mente| *avv.* **1** [→ RIGUARDOSO 1] respectueusement **2** [→ RIGUARDOSO 2] prudemment.

riguardóso |rigwar'doso| *agg.* **1** [*che usa riguardi; pieno di riguardi*] plein d'égards: *è riguardoso con i suoi ospiti* il est plein d'égards envers ses invités **2** (*raro*) [*cauto, prudente*] prudent (*corr.*).

riguarnìre |rigwar'nire| *v.tr.* [*guarnire di nuovo*] regarnir.

rigurgitànte |rigurdʒi'tante| *agg.* **1** [*traboccante*] débordant **2** [*brulicante, pieno zeppo*] fourmillant, grouillant: *una sala rigurgitante di invitati* une salle fourmillante d'invités; *una stazione rigurgitante di viaggiatori* une gare grouillante de voyageurs.

rigurgitàre |rigurdʒi'tare| **A** *v.intr.* (*aus.* '*essere, avere*') **1** [*sgorgare, traboccare*] déborder ◇ (*di acque*) être (43) (*aus.* avoir) refoulé: *l'acqua rigurgitava dalle bocchette stradali* l'eau était refoulée hors des bouches d'égouts **2** (*fig.*) (*persone*) [*essere affollato, gremito*] grouiller (*aus.* avoir): *la piazza rigurgitava di gente* la place grouillait de monde ◇ (*cose*) regorger (3) (*aus.* avoir) de: *il negozio rigurgitava di merci* le magasin regorgeait de marchandises; *quella casa rigurgita di quadri* cette maison regorge de tableaux **B** *v.tr.* [*fare uscire liquido dalla bocca*] régurgiter, rejeter (5): *il bambino ha rigurgitato un po' di latte* le bébé a régurgité, rejeté un peu de lait.

rigùrgito |ri'gurdʒito| *s.m.* **1** [*il fatto di traboccare*] débordement **2** (*acque*) [*ritorno vorticoso all'indietro*] refluement: *il rigurgito di un corso d'acqua* le refluement d'un cours d'eau **3** (*med.*) régurgitation *f.*, renvoi (*fam.*) **4** (*fig.*) [*improvviso e violento ritorno*] sursaut: *un rigurgito di rabbia* un sursaut de colère.

rilanciàre |rilan'tʃare| *v.tr.* **1** [*lanciare di nuovo, un'altra volta*] relancer (2): *rilanciare il disco* relancer le disque ◇ (*fig.*) *ha rilanciato la proposta* il a relancé la proposition; *vogliamo rilanciare quel prodotto* nous voulons relancer ce produit **2** [*lanciare a propria volta, di rimando*] relancer: *rilanciare la palla all'avversario* relancer la balle à l'adversaire **3** [*fare una puntata superiore nel gioco del poker*] relancer **4** [*fare un'offerta superiore nelle aste pubbliche*] surenchérir dans une adjudication, couvrir (23), relancer une enchère ◆ (*ass.*) *nessuno rilancia?* qui dit mieux? ~ *rilancio!* se couvre!

rilàncio, i |ri'lantʃo, i| *s.m.* **1** [→

RILANCIARE 1, 2] relance (*f.*): *il rilancio di una moda* la relance d'une mode # *il rilancio del pallone* le renvoi du ballon **2** [*aumento della puntata nel poker*] relance **3** [*offerta aumentata nelle aste pubbliche*] relance, relancement.

rilasciaménto |rilaʃʃa'mento| *s.m.* **1** [→ RILASCIARE A 4] relâchement ◇ (*fig.*) *un rilasciamento dei costumi* un relâchement des mœurs **2** (*med.*) relâchement: *rilasciamento muscolare* relâchement musculaire.

rilasciàre |rilaʃ'ʃare| **A** *v.tr.* **1** [*lasciare di nuovo*] laisser (de nouveau): *ho rilasciato la borsa a casa* j'ai encore laissé, oublié le sac à la maison **2** [*mettere in libertà*] relâcher: *il prigioniero è stato rilasciato* le prisonnier a été relâché, relaxé # *il medico rilascerà il malato domani* le docteur renverra demain le malade (chez lui) **3** [*consegnare, concedere*] délivrer: *mi devo far rilasciare un attestato* je dois me faire délivrer un certificat; *gli hanno rilasciato da poco il passaporto* on lui a délivré un, son passeport depuis peu **4** [*distendere, allentare*] relâcher: *rilasciare la tensione nervosa* relâcher la tension nerveuse ◇ (*med.*) relâcher **B** *v.pron.* RILASCIARSI **1** *recipr.* [*separarsi di nuovo*] se séparer de nouveau: *dopo un litigio si sono rilasciati* après une dispute, ils se sont de nouveau séparés **2** *intr.* → **rilassar(si)**.

rilàscio, i |ri'laʃʃo, i| *s.m.* **1** [→ RILASCIARE A 2] élargissement, relaxe (*f.*): *il rilascio della persona fermata* l'élargissement, la relaxe, la libération d'une personne détenue (du détenu) ◇ (*dir.*) relaxation *f.* **2** [→ RILASCIARE A 3] remise (*f.*): *il rilascio di un documento* la remise d'un document **3** (*mar.*) relâche (*f.*): *rilascio forzato* relâche forcée.

rilassaménto |rilassa'mento| *s.m.* **1** [→ RILASSARE A 1, 2] relaxation *f.*, relaxe *f.* ◇ (*dopo una contrazione*) décontraction *f.* ◇ (*di tessuti muscolari*) relâchement **2** [→ RILASSARE A 3] relâchement: *si nota un rilassamento nei costumi* on note un relâchement des mœurs ◇ [*distensione*] détente (*f.*): *c'è un rilassamento nei rapporti internazionali* il y a une détente dans les rapports internationaux.

rilassànte |rilas'sante| *agg.* qui détend (*loc.*): *una cura rilassante* une cure qui détend; *una lettura rilassante* une lecture qui détend, délassante.

rilassàre |rilas'sare| **A** *v.tr.* **1** [*rendere meno teso, distendere*] relaxer, relâcher: *ho bisogno di rilassare i muscoli* j'ai besoin de relaxer, détendre mes muscles **2** [*allentare uno stato di tensione*] détendre (53): *devi rilassare la mente* il faut te détendre l'esprit ◇ (*per est.*) *le vacanze rilassano il sistema nervoso* les vacances détendent le système nerveux **3** (*fig.*) [*rendere meno rigido, duro, stretto*] relâcher: *hanno rilassato la sorveglianza, la disciplina* ils ont relâché la sourveillance, la discipline **B** *v.pron.* RILASSARSI **1** *rifl.* [*distendersi, allentarsi, sollevarsi fisicamente e spiritualmente*] se détendre: *rilassati e non pensare a niente* détends-toi, relaxe-toi et ne pense à rien; *i muscoli col caldo si rilassano* les muscles à la chaleur se détendent **2** *intr.* [*infiacchirsi, diventare meno rigido*] se relâcher: *la morale si va rilassando* la morale se relâche de plus en plus.

rilassataménte |rilassata'mente| *avv.* [→ RILASSATO 2] d'une manière détendue *loc. inv.*

rilassatézza |rilassa'tettsa| *s.f.* (*fig.*) [*il fatto di essere rilassato in senso morale*] relâchement (*m.*): *una rilassatezza morale* un relâchement moral.

rilassàto |rilas'sato| *agg.* **1** [*disteso, non teso*] relaxé: *muscoli rilassati* muscles relaxés **2** (*persone*) [*che gode di un effetto distensivo; non teso né fisicamente né psichicamente*] décontracté, détendu: *era rilassato su una poltrona* il était décontracté dans un fauteuil **3** (*fig.*) [*infiacchito, scaduto*] relâché: *costumi rilassati* mœurs relâchées **4** (*med.*) relâché, relaxé **C** 1; 2; 4 **contratto** 1, **teso.**

rilastricàre |rilastri'kare| *v.tr.* [*lastricare di nuovo*] repaver.

rilavàre |rila'vare| *v.tr.* [*lavare di nuovo o meglio*] relaver: *bisogna rilavare questo lenzuolo* il faut relaver ce drap.

rilavatùra |rilava'tura| *s.f.* **1** [→ RILAVARE] second lavage *m.* **2** [*acqua adoperata per lavare*] lavure, rinçure ◇ (*di piatti*) eau de vaisselle.

rilavoràre |rilavo'rare| *v.tr.* [*lavorare di nuovo*] retravailler ◇ (*tecnol.*) *rilavorare un pezzo* retravailler une pièce.

rilegàre |rile'gare| *v.tr.* **1** [*legare di nuovo*] ficeler (4) (de nouveau): *rilega meglio quel pacco* ficelle mieux ce paquet **2** [*cucire insieme i vari fogli di un libro e ricoprirli con una copertina*] relier: *rilegare un libro in cuoio* relier un livre en cuir **3** [*montare, incastonare*] monter, sertir: *rilegare un brillante in platino* monter un brillant sur platine, sertir de platine un brillant.

rilegatóre, trice |rilega'tore, tri'tʃe| *s.* [*operaio, artigiano che esegue lavori di rilegatura*] relieur*.

rilegatrìce |rilega'tritʃe| *s.f.* (*tecnol.*) relieuse, couseuse.

rilegatùra |rilega'tura| *s.f.* **1** [→ RILEGARE 2] reliure: *rilegatura in pelle, in tela* reliure (en) peau, en toile **2** [→ RILEGARE 3] sertissage *m.*

rilèggere |ri'lɛddʒere| (154) *v.tr.* [*leggere di nuovo, un'altra volta*] relire (55): *rileggi il brano, se vuoi capirlo* relis le passage, si tu veux le comprendre.

rilènto |ri'lɛnto| *avv.* (*solo nella loc. avv.*) A RILENTO [*con grande lentezza*] au ralenti: *va a rilento* il va au ralenti ◇ (*fig.*) *i lavori procedono a rilento* les travaux avancent au ralenti.

rilettùra |rilet'tura| *s.f.* relecture # *ho dato una rilettura ai miei appunti* j'ai relu mes notes.

rilevàbile |rile'vabile| *agg.* [→ RILEVARE A 3, 4, 5, 7] qu'on peut relever, noter (*loc.*): *dati rilevabili* données que l'on peut relever, noter; *un particolare facilmente rilevabile* un détail qu'on peut facilement relever.

rilevaménto |rileva'mento| *s.m.* **1** [*l'operazione di rilevare, il fatto di venir rilevato*] relevé: *un rilevamento statistico* un relevé des statistiques; *i rilevamenti fiscali, catastali* les relevés fiscaux, cadastraux **2** (*mar.*) *rilevamento vero* relèvement vrai ~ *rilevamento polare* gisement **3** (*aer., mar., topografia*) relèvement: *rilevamento idrografico* relèvement hydrographique; *effettuare il rilevamento di un terreno* effectuer le relèvement, le levé d'un terrain **4** [*il cambio di una sentinella*] relève *f.* **5** [*sporgenza del terreno*] bosse (*f.*): *una strada piena di rilevamenti* une route pleine de trous et de bosses.

rilevànte |rile'vante| *agg.* [*considerevole, che ha una notevole entità*] considérable: *una quantità, una somma rilevante* une quantité, une somme considérable; *ha subito perdite rilevanti* il a subi des pertes considérables ◇ [*importante*] important: *l'aspetto rilevante di un problema* l'aspect important d'un problème **C** **trascurabile.**

rilevànza |rile'vantsa| *s.f.* [*importanza; il fatto di essere rilevante*] importance: *una spesa di una certa rilevanza* une dépense d'une certaine importance; *un particolare che riveste grande rilevanza* un détail qui prend une grande importance.

rilevàre |rile'vare| **A** *v.tr.* **1** (*raro*) [*levare, togliere di nuovo*] lever (6) de nouveau **2** [*prendere, ritrarre come risultato concreto*] prendre (73): *gli hanno rilevato le impronte digitali* on lui a pris ses empreintes digitales ◇ [*ricavare*] en tirer: *non ne ha rilevato alcun vantaggio* il n'en a tiré aucun avantage **3** [*compiere un rilevamento topografico; determinare la posizione topografica*] faire (45) le relevé: *rilevare l'andamento delle coste* faire le relevé des côtes; *rilevare una zona alpina* faire le relevé d'une zone alpine **4** [*individuare con particolari procedimenti una determinata situazione*] *le ultime statistiche hanno rilevato un nuovo fenomeno* les dernières statistiques ont fait ressortir un nouveau phénomène; *hanno rilevato l'attuale situazione economica* ils ont examiné attentivement la situation économique actuelle **5** [*notare, osservare*] révéler (6); prouver, montrer: *l'esame medico ha rilevato che non c'era niente di grave* l'examen médical a révélé qu'il n'y avait rien de grave || *dalle sue osservazioni si rileva che ha capito chiaramente la situazione* ses observations prouvent, montrent qu'il a très bien compris la situation ◇ [*cogliere, mettere in evidenza*] relever (6); remarquer: *ha rilevato una grossa mancanza* il a relevé une faute grave || *ti faccio rilevare le tue contraddizioni* je te fais remarquer tes contradictions **6** [*sollevare qc. da un obbligo o da un impegno, sostituendolo o dandogli il cambio*] relever; relayer (9): *rilevare una sentinella* relever une sentinelle **7** [*subentrare nella proprietà o nella gestione di un bene o di un'attività*] relever; acheter (7): *rilevare un negozio, un'azienda* relever un fond de commerce, une entreprise || *ha rilevato quella partita di merci* il a acheté cette partie de la marchandise ◇ [*accollarsi*] assumer: *ho rilevato il suo debito* j'ai assumé ses dettes; j'ai pris ses dettes à ma charge **8** [*andare a prendere per accompagnare altrove*] passer chercher: *lo hanno rilevato in ufficio* ils sont passés le chercher à son bureau **B** *v.intr.* (*aus.* '*avere*') **1** [*alzarsi, sollevarsi, fare rilievo*] se détacher (*pron.*): *ricami che rilevano sulla stoffa* broderies qui se détachent sur le tissu ◇ [*sporgere*] se détacher **2** (*raro*) [*importare, contare*] importer.

rilevatàrio, i |rileva'tarjo, i| *s.m.* **1** [*chi rileva l'esercizio di un'azienda*] acheteur* *s.*; preneur* *s.* ◇ (*di un con-*

tratto e sim.) successeur **2** [*cessionario*] cessionnaire *s.*

rilevàto |rile'vato| **1** *agg.* [*che è in rilievo, che sporge*] cahoteux*, inégal*: *un tratto di strada rilevato* un tronçon de route cahoteux, inégal # *una figura dai contorni rilevati* une silhouette aux contours prononcés **2** *s.m.* (*edil.*) *hauteur (*f.*): *strada in rilevato* route en hauteur.

rilevatùra |rileva'tura| *s.f.* [*sporgenza, protuberanza*] saillie, protubérance.

rilevazióne |rilevat'tsjone| *s.f.* [→ RILEVARE A 3, 4] relevé (*m.*): *rilevazione statistica, contabile* relevé des statistiques, de comptabilité # *rilevazione antropometrica* mensuration ◇ (*geogr.*) relèvement *m.*

rilièvo |ri'ljɛvo| *s.m.* **1** [*il fatto di rilevare, stagliandosi su una superficie*] le fait de faire ressortir # *per far rilievo sulla parete chiara, prendi i mobili scuri* pour les faire ressortir sur un mur clair, prends des meubles foncés **2** [*la cosa in rilievo, elemento prominente o sporgente*] relief: *il rilievo di una medaglia* le rilief d'une médaille **3** (*arts.*) relief: *alto, medio, basso rilievo* *haut-relief, demi-relief, bas-relief; *tutto rilievo* plein relief; *fotografie, film in rilievo* photographies, film en relief; *l'ombreggiatura dà rilievo alle figure* l'ombre donne du relief aux silhouettes **4** (*comm.*) reprise (*f.*): *il rilievo di una azienda* la reprise d'une entreprise **5** (*geogr.*) relief: *il rilievo appenninico* le relief des Apennins **6** (*topografia*) levé: *hanno fatto il rilievo di quel terreno* on a fait le levé de ce terrain; *prendono un rilievo della zona* on procède au levé de la zone **7** (*fig.*) [*risalto, spicco, evidenza, importanza*] importance: *un fatto di scarso rilievo* un fait de peu d'importance; *hanno dato molto rilievo alla notizia* ils ont donné beaucoup d'importance à la nouvelle # *un personaggio di rilievo* un personnage important; *voglio mettere in rilievo le sue capacità* je veux mettre en valeur ses capacités **8** (*fig.*) [*osservazione, obiezione*] remarque (*f.*): *il direttore ha fatto dei rilievi nei suoi confronti* le directeur a fait des remarques à son sujet.

rilimàre |rili'mare| *v.tr.* [*limare di nuovo*] relimer: *rilimare una sbarra di ferro* relimer une barre de fer ◇ (*fig.*) *rilimare una poesia* limer, polir une poésie.

rilòga, ghe |ri'lɔga, ge| *s.f.* [*sostegno per tende con guida*] tringle.

rilucènte |rilu'tʃɛnte| *agg.* [*splendente, luminoso*] luisant # *stelle rilucenti* étoiles brillantes.

rilùcere |ri'lutʃere| *v.intr.* (*non è usato al p. rem.*; *dif. del p.p.*) [*risplendere di una luce viva*] briller: *non è tutto oro quel che riluce* tout ce qui brille n'est pas or.

rilucidatùra |rilutʃida'tura| *s.f.* (*tecnol.*) repolissage *m.*

riluttànte |rilut'tante| *agg.* [*restio, ritroso, esitante*] réticent, hésitant # *è riluttante a cedere su questo punto* il ne veut pas céder sur ce point.

riluttànza |rilut'tantsa| *s.f.* **1** [*ritrosia, contrarietà, esitazione*] réticence, hésitation: *ha obbedito con riluttanza* il a obéi avec réticence **2** (*elettr.*) réluctance.

riluttàre |rilut'tare| *v.intr.* (*aus. 'avere'*) [*essere restio, ritroso a fare q.c.*] être (43) réticent, hésiter: *riluttava ad assumere quell'impegno* il était réticent pour, il hésitait à prendre cet emploi.

1 **rìma** |'rima| *s.f.* **1** (*metr.*) rime: *rima baciata* rime plate, suivie; *rima chiusa* rime embrassée; *rima incatenata* rime enchaînée; *rima alternata* rime croisée, alternée # *poema in sesta, in ottava rima* poésie en sextine, en octave; *mettere in rima* mettre en vers; *questa parola fa rima con...* cette parole rime avec... ◇ (*loc. fig.*) *gli ho risposto per le rime* je lui ai rivé son clou **2** *al plur.* [*versi*] vers *m.*

2 **rìma** |'rima| *s.f.* **1** (*anat.*) fente: *rima boccale* fente buccale **2** (*alpinismo*) rimaye.

rimacinàre |rimatʃi'nare| *v.tr.* [*macinare di nuovo*] remoudre (59).

rimacinatùra |rimatʃina'tura| *s.f.* [→ RIMACINARE] remoulage *m.*

rimalmèzzo |rimal'mɛddzo| *s.f.* (*metr.*) rime intérieure.

rimandàre |riman'dare| *v.tr.* **1** [*mandare di nuovo*] renvoyer (14): *rimandare il bambino a scuola* renvoyer l'enfant à l'école **2** [*mandare indietro, restituire*] renvoyer: *ha rimandato (indietro) i regali* il a renvoyé les cadeaux **3** [*differire, rinviare nel tempo*] remettre (71); repasser: *ha rimandato l'appuntamento di una settimana* il a remis, renvoyé son rendez-vous d'une semaine; *ha rimandato la partenza* il a remis, ajourné son départ ‖ *il candidato è stato rimandato a settembre* le candidat doit repasser en septembre; *è rimandato in francese* il a échoué en français, il doit repasser son français **4** [*fare rimando, rinviare*] renvoyer: *questo argomento rimanda a un altro volume* ce sujet renvoie à un autre volume.

rimandàto |riman'dato| *agg.* (*di alunno obbligato a riparare in un'altra sessione*) recalé: *gli alunni rimandati* les élèves recalés # *è rimandato alla sessione autunnale* il est ajourné à la session de septembre ✦ (*s.*) *un rimandato* un recalé.

rimàndo |ri'mando| *s.m.* **1** [*il fatto di rimandare*] renvoi: *il rimando della palla* le renvoi de la balle ◇ [*rinvio*] délai: *un rimando di pochi giorni* un délai de quelques jours ◇ *loc.* DI RIMANDO en retour: *'la tua posizione è ingiusta'*; *e lui di rimando*: *'anche la tua'* 'ta position est injuste'; et lui en retour: 'la tienne aussi' **2** [*segno di richiamo, indicazione al lettore*] renvoi: *ha fatto un rimando a una nota precedente* il a fait un renvoi à une note précédente.

rimaneggiàbile |rimaned'dʒabile| *agg.* [→ RIMANEGGIARE] remaniable.

rimaneggiaménto |rimaneddʒa'mento| *s.m.* [→ RIMANEGGIARE 2] remaniement: *un rimaneggiamento ministeriale* un remaniement ministériel.

rimaneggiàre |rimaned'dʒare| *v. tr.* **1** [*maneggiare di nuovo*] remanier # *ha cominciato a rimaneggiare il pennello* il a recommencé à peindre **2** (*fig.*) [*operare dei cambiamenti, delle sostituzioni in una formazione organica*] remanier: *rimaneggiare una squadra sportiva* remanier une équipe sportive.

rimanènte |rima'nɛnte| *agg.* [*che rimane, che avanza*] restant: *la somma, la parte rimanente* la somme, la partie restante ✦ (*s.m.*) *il rimanente* le restant, le reste: *voglio ritirare il rimanente della merce* je veux retirer le restant de la marchandise ✦ (*s.m. pl.*) *i rimanenti* [*gli altri, tutti gli altri*] les autres.

rimanènza |rima'nɛntsa| *s.f.* **1** [*ciò che rimane*] reste (*m.*): *la rimanenza di un articolo, di una merce* le reste d'un article, d'une marchandise # *rimanenze di cassa* fonds de caisse; *rimanenze di magazzino* stocks dormants **2** (*fis.*) rémanence.

rimanére |rima'nere| (174) **A** *v.intr.* (*aus. 'essere'*) **1** [*fermarsi, fermarsi in un luogo, restare*] rester: *quanto tempo rimarrai a Milano?* combien de temps resteras-tu à Milan?; *è rimasto in ufficio* il est resté au bureau; *sono rimasta a pranzo da loro* je suis restée dîner chez eux; *è rimasto due ore ad aspettarmi* il est resté deux heures à m'attendre; *dove eravamo rimasti ieri?* où en étions-nous restés, hier?; *la cosa rimanga fra noi* que la chose reste entre nous; *il suo ricordo rimarrà nel cuore di tutti* son souvenir restera dans tous les cœurs ◇ [*essere situato, ubicato*] se trouver (*pron.*): *dove rimane piazza Roma?* où se trouve piazza Roma? ◇ (*loc.*) *il pranzo mi è rimasto sullo stomaco* mon dîner n'a pas passé; le dîner m'est resté sur l'estomac **2** (*con valore copulativo*) [*risultare, finire per essere, trovarsi in una determinata condizione*] *vedendomi, è rimasto meravigliato* en me voyant, il a été étonné; *il suo discorso è rimasto lettera morta* ses paroles sont demeurées lettre morte; *siamo rimasti svegli fino a notte tarda* nous nous sommes couchés très tard; *è rimasto ingannato da quel truffatore* il a été dupé par cet escroc; *dopo l'incidente, siamo rimasti a piedi* après l'accident nous n'avions plus de voiture; *in seguito al fallimento è rimasto povero* après sa faillite, il est resté pauvre; *è rimasto ferito in uno scontro* il a été blessé dans un accident ◇ (*loc.*) *siamo rimasti d'accordo per domani* nous nous sommes mis d'accord pour demain ~ *è rimasto al verde, all'asciutto* il est resté sans le sou, il est à sec ~ *sono rimasta in asso* je suis restée en panne ~ *di fronte a quella prospettiva rimasero in forse* devant cette perspective ils hésitèrent ~ *è rimasto di stucco, secco* il est resté baba (*fam.*) ~ *non rimanere come un allocco* ne reste pas (là) comme un idiot ~ *è rimasto in camicia* [*si è ritrovato povero*] il s'est retrouvé sans le sou ~ *sono rimasto indietro*: (*pr., fig.*) je suis en retard ~ *è rimasto secco* [*morto*] il est mort ◇ (*fam.*) *pensava di essere furbo, ma ci è rimasto* [*è rimasto ingannato*] il croyait être malin, mais il s'est fait avoir ~ *è caduto dalla moto e ci è rimasto* [*è morto*] il a fait une chute de moto et il s'est tué ✦ (*ass.*) *a quella notizia sono rimasta* en apprenant cette nouvelle, j'ai été stupéfaite **3** [*essere d'avanzo, sopravanzare*] rester: *m'è rimasto poco denaro* il ne m'est pas resté beaucoup d'argent; *sono rimasti pochi invitati* il n'est resté que peu d'invités ◇ [*sopravvivere*] *gli è rimasto un solo parente* il ne lui est resté qu'un seul parent **B** *v.pron. intr.* RIMANERSI **1** (*raro, lett.*) [*fermarsi, non procedere oltre*] s'arrêter (*corr.*) **2** (*lett.*) [*restare, mantenersi*] rester (*corr.*) **3** (*ra-

ro, lett.) [*trattenersi, astenersi*] s'abstenir (de) (*corr.*) C A 1; B 1 **andare** 1.
rimangiàre |riman'dʒare| *v.tr.* **1** [*mangiare di nuovo*] manger (3); remanger (3): *cominci già a rimangiare?* tu recommences déjà à manger ‖ *rimangiare delle patate* remanger des pommes de terre **2** (*fig.*) [*contraddire quanto in precedenza sostenuto o promesso*] rétracter: *si è rimangiato la parola* il a rétracté ce qu'il avait dit, il est revenu sur sa parole # *perché ti sei rimangiato la promessa?* pourquoi reviens-tu sur ta promesse?
rimarcàbile |rimar'kabile| *agg.* → **rimarchevole.**
rimarcàre |rimar'kare| *v.tr.* **1** [*marcare di nuovo*] marquer (de nouveau): *rimarcare un pezzo* marquer de nouveau une pièce; *hanno rimarcato un altro gol* ils ont marqué un autre but ◇ (*mil.*) *rimarcare visita* se refaire porter malade **2** (*fig.*) [*rilevare, notare e far notare*] remarquer: *ha rimarcato un'inesattezza* il a remarqué une inexactitude; *voglio rimarcare il suo tono polemico* je veux (faire) remarquer son ton polémique.
rimarchévole |rimar'kevole| *agg.* remarquable: *un pregio rimarchevole* une valeur remarquable.
rimàrco, chi |ri'marko, ki| *s.m.* (*bur.*) remarque *f.*
rimàre |ri'mare| **A** *v.intr.* (*aus. 'avere'*) **1** [*fare rima*] rimer: *cuore rima con amore* cœur rime avec bonheur **2** (*lett.*) [*scrivere poesie, composizioni in rima*] rimer **B** *v.tr.* (*raro*) [*mettere in rima, far fare rima*] rimer.
rimarginàre |rimardʒi'nare| **A** *v.tr.* **1** [*ricongiungere i margini di una ferita*] cicatriser: *una pomata per rimarginare le ferite* une pommade pour cicatriser les blessures **2** (*fig.*) [*lenire*] cicatriser: *il tempo rimargina le ferite del cuore* le temps cicatrise les blessures du cœur **B** *v.pron. intr.* RIMARGINARSI [*cicatrizzarsi*] se cicatriser: *la ferita si è rimarginata* la blessure s'est cicatrisée.
rimàrio, i |ri'marjo, i| *s.m.* dictionnaire des rimes.
rimaritàre |rimari'tare| **A** *v.tr.* [*maritare di nuovo, ridare marito*] remarier: *ha rimaritato la figlia* il a remarié sa fille **B** *v.pron. rifl.* RIMARITARSI [*riprendere marito*] se remarier: *si è rimaritata dopo anni di vedovanza* elle s'est remariée après des années de veuvage.
rimasticàre |rimasti'kare| *v.tr.* **1** [*masticare di nuovo, continuare a masticare*] mâcher (beaucoup): *la carne è dura e devi rimasticarla bene* la viande est dure et il faut beaucoup la mâcher **2** (*fig.*) [*ripetere, riprendere senza originalità*] rabâcher: *rimastica sempre le stesse idee* il rabâche toujours les mêmes idées.
rimasticaticcio, i |rimastika'tittʃo, i| *s.m.* (*fig., spreg.*) [*roba rimasticata*] chose remâchée.
rimasticatùra |rimastika'tura| *s.f.* [→ RIMASTICARE] rabâchage *m.*
rimàsto |ri'masto| *agg.* [*avanzato; che sopravanza, resta*] qui reste *loc.*, restant: *col denaro rimasto comprerò un libro* avec l'argent qui reste j'achèterai un livre; *l'oratore si rivolse alla gente rimasta* l'orateur s'adressa aux gens qui étaient restés (là).
rimasùglio, i |rima'suʎʎo, i| *s.m.* [*piccola quantità di roba rimasta, senza valore*] reste: *c'è ancora un rimasuglio di carne* il y a encore un reste de viande # *un rimasuglio di pane, di formaggio* un talon (de pain, de fromage).
rimàto |ri'mato| *agg.* rimé.
rimatóre, trice |rima'tore, tritʃe| *s.* **1** [*autore di composizioni in versi*] poète (*m.*): *i rimatori provenzali* les poètes provençaux **2** [*chi compone rime povere d'ispirazione*] rimailleur*.
rimbacuccàre |rimbakuk'kare| *v.tr.* [*imbacuccare di nuovo o di più*] emmitoufler de nouveau # *ha rimbacuccato il bambino* elle a réemmitouflé l'enfant.
rimbaldanzìre |rimbaldan'tsire| (197) **A** *v.intr.* (*aus. 'essere'*) [*imbaldanzire di nuovo*] reprendre (73) *tr.* son assurance: *quando ha saputo, è rimbaldanzito* quand il a su, il a repris son assurance **B** *v.tr.* [*fare imbaldanzire di nuovo o di più*] enhardir: *la notizia lo ha rimbaldanzito* la nouvelle l'a enhardi.
rimballàre |rimbal'lare| *v.tr.* [*imballare di nuovo*] remballer: *rimballare merci* remballer des marchandises.
rimbalzàre |rimbal'tsare| *v.intr.* (*aus. 'essere, avere'*) **1** [*balzare, fare un salto, essere rilanciato in direzione opposta*] rebondir: *il pallone è rimbalzato nel cortile* le ballon a rebondi dans la cour ◇ (*di proiettile*) ricocher ◇ (*di suono*) se répercuter *pron.* **2** (*fig.*) [*propagar(si)*] se propager (3) (*pron.*): *la notizia è rimbalzata dappertutto* la nouvelle s'est propagée partout.
rimbalzèllo |rimbal'tsɛllo| *s.m.* (*gioco di ragazzi*) ricochet: *giocare a rimbalzello* faire des ricochets.
rimbàlzo |rim'baltso| *s.m.* [→ RIMBALZARE] rebond: *il rimbalzo della palla* le rebond d'une balle ◇ *loc. avv.* DI RIMBALZO par ricochet; par contre-coup: *è stato colpito di rimbalzo* il a été touché par ricochet ‖ *lo scandalo di rimbalzo ha colpito anche lui* le scandale l'a touché par contre-coup ◇ (*mil.*) *tiro di rimbalzo* tir à ricochet.
rimbambiménto |rimbambi'mento| *s.m.* [→ RIMBAMBIRE] gâtisme.
rimbambìre |rimbam'bire| (197) **A** *v.intr.* (*aus. 'essere'*) [*perdere la lucidità di mente; tornare quasi alle condizioni psichiche di un bambino*] devenir (27) gâteux*: *mi sembra un po' rimbambito* j'ai l'impression qu'il est devenu un peu gâteux **B** *v.pron. intr.* RIMBAMBIRSI [*perdere l'equilibrio, la capacità di intendere*] devenir *intr.* gâteux: *dopo quell'episodio si è un po' rimbambito* après cet épisode, il est devenu gâteux.
rimbambìto |rimbam'bito| *agg.* [*che non ha la capacità di ragionare*] gâteux*: *è rimbambito* il est gâteux ✦ (*s.*) *un rimbambito* un gâteux.
rimbarcàre |rimbar'kare| *e deriv.* → **reimbarcare** *e deriv.*
rimbeccàre |rimbek'kare| **A** *v.tr.* [*ribattere prontamente con vivacità*] répliquer: *non posso dire una parola che mi rimbecca subito* je ne peux pas dire un mot sans qu'il me réplique, sans qu'il me renvoie la balle **B** *v.pron. recipr.* RIMBECCARSI [*rimandarsi risposte pronte e pungenti*] se renvoyer (14) *tr.* la balle: *quando sono insieme si rimbeccano sempre* quand ils sont ensemble, ils se renvoient toujours la balle.
rimbécco, chi |rim'bekko, ki| *s.m.* [*il fatto di rimbeccare*] riposte *f.*, réplique *f.* ◇ *loc. avv.* DI RIMBECCO du tac au tac: *gli rispose di rimbecco* il lui répondit du tac au tac.
rimbecilliménto |rimbetʃilli'mento| *s.m.* [→ RIMBECILLIRE] abêtissement.
rimbecillìre |rimbetʃil'lire| (197) **A** *v.intr.* (*aus. 'essere'*) [*diventare imbecille, perdere la vivacità di mente*] s'abêtir (*pron.*): *in quella compagnia è rimbecillito* il s'est abêti avec ces gens-là **B** *v.tr.* [*far perdere la capacità di ragionare*] abêtir: *questo rumore mi rimbecillisce* ce bruit m'abêtit **C** *v.pron. intr.* RIMBECILLIRSI [*perdere le facoltà psichiche*] s'abêtir: *invecchiando, si è rimbecillito* en vieillisant, il s'est abêti.
rimbecillìto |rimbetʃil'lito| *agg.* [*che ha perso la facoltà di ragionare*] gâteux*: *una persona rimbecillita* une personne gâteuse ✦ (*s.*) *un rimbecillito* un gâteux.
rimbellìre |rimbel'lire| (197) **A** *v.intr.* (*aus. 'essere'*) **1** [*ridiventare bello*] redevenir (27) beau*: *con la guarigione è rimbellito* en guérissant, il est redevenu beau **2** [*diventare più bello*] devenir (27) plus beau **B** *v.tr.* [*far diventare di nuovo bello, più bello*] rendre (53) plus beau: *la gioia la rimbellisce* la joie la rend plus belle.
rimbiancàre |rimbjan'kare| *v.tr.* [*imbiancare di nuovo*] reblanchir: *rimbiancare una parete* reblanchir un mur.
rimbiondìre |rimbjon'dire| (197) **A** *v.tr.* [*far imbiondire di nuovo*] refaire (45) *intr.* blondir **B** *v.intr.* (*aus. 'essere'*) [*imbiondire di nuovo*] redevenir (27) blond.
rimboccàre |rimbok'kare| *v.tr.* [*ripiegare all'orlo, all'estremità*] replier # *rimboccare le lenzuola, le coperte* border le (son) lit; *rimboccare i pantaloni* retrousser son pantalon ◇ (*loc.*) *si è rimboccato le maniche*: (*pr., fig.*) il a retroussé ses manches.
rimboccatùra |rimbokka'tura| *s.f.* **1** [*l'operazione di rimboccare*] bordage *m.*; retroussement (*m.*): *la rimboccatura delle lenzuola, delle coperte* le bordage d'un lit ‖ *la rimboccatura delle maniche, dei calzoni* le retroussement des manches, de son pantalon **2** [*orlo alto che si fa per accorciare un indumento*] ourlet *m.*
rimbócco, chi |rim'bokko, ki| *s.m.* → **rimboccatura.**
rimbombànte |rimbom'bante| *agg.* **1** [*che rimbomba*] tonnant, retentissant: *un suono rimbombante* un son tonnant, retentissant **2** (*fig.*) [*roboante, sonoro, pieno di retorica*] ronflant: *un discorso rimbombante* un discours ronflant.
rimbombàre |rimbom'bare| *v.intr.* (*aus. 'essere, avere'*) **1** [*riecheggiare fragorosamente*]: (*di artiglieria*) tonner (*aus.* avoir); (*di tuono, di acque*) gronder (*aus.* avoir) **2** (*fig.*) [*risuonare*] résonner (*aus.* avoir): *la sua voce rimbombava nella stanza* sa voix résonnait dans la pièce.
rimbómbo |rim'bombo| *s.m.* **1** [→ RIMBOMBARE 1] grondement: *il rimbombo del tuono* le grondement du tonnerre **2** [→ RIMBOMBARE 2] retentissement (*lett.*): *il rimbombo di passi su un tavolato* le retentissement des pas sur un plancher.

rimborsàbile |rimbor'sabile| *agg.* [→ RIMBORSARE] remboursable: *una spesa rimborsabile* une dépense remboursable.

rimborsabilità |rimborsabili'ta| *s.f. inv.* (*comm.*) remboursabilité *var.*

rimborsàre |rimbor'sare| *v.tr.* [*restituire il denaro sborsato per conto di un altro o per una prestazione non fornita*] rembourser: *mi rimborseranno le spese di viaggio* ils me rembourseront les frais de voyage; *lo rimborserò fino all'ultimo centesimo* je le rembourserai jusqu'au dernier centime; *il biglietto verrà rimborsato* le billet sera remboursé.

rimbórso |rim'borso| *s.m.* [→ RIMBORSARE] remboursement: *ha ottenuto un rimborso completo* il a obtenu un remboursement complet; *ha chiesto il rimborso del biglietto* il a demandé le remboursement du billet.

rimboscàre |rimbos'kare| *e deriv.* → **rimboschire** *e deriv.*

rimboschiménto |rimboski'mento| *s.m.* [*ricostituzione di un bosco distrutto*; *creazione di un bosco su terreni privi di vegetazione arborea*] reboisement.

rimboschìre |rimbos'kire| (197) **A** *v.tr.* [*fare il rimboschimento*] (re)boiser: *rimboschire un terreno* (re)boiser un terrain **B** *v.intr.* (*aus.* '*essere*') (*detto di luoghi, terreni, ecc.*) [*diventare di nuovo boscoso*] se reboiser *pron.* **C** *v. pron. intr.* RIMBOSCHIRSI [*imboschirsi di nuovo*] se reboiser.

rimbrottàre |rimbrot'tare| *v.tr.* [*rimproverare con una certa asprezza*] réprimander: *è insopportabile*: *mi rimbrotta ogni momento* il est insupportable: il me réprimande tout le temps.

rimbròtto |rim'brɔtto| *s.m.* [*rimprovero insistente*] réprimande *f.* # *quell'uomo è un continuo rimbrotto* cet homme n'arrête pas de rouspéter.

rimediàbile |rime'djabile| *agg.* [→ RIMEDIARE A] réparable, remédiable: *è un danno rimediabile* c'est un dégât réparable, remédiable.

rimediàre |rime'djare| **A** *v.intr.* (*aus.* '*avere*') [*trovare, porre rimedio*] remédier: *è un inconveniente a cui si può rimediare con facilità* c'est un inconvénient auquel on peut facilement remédier ◇ [*riparare*] réparer: *bisogna rimediare al mal fatto* il faut réparer le mal qui a été fait # *è uno sbaglio al quale non si può rimediare* c'est une erreur irréparable ♦ (*ass.*) *e ora come si rimedia?* et maintenant, qu'est-ce qu'on va faire? **B** *v.tr.* (*fam., region.*) [*procurarsi, assicurarsi, ottenere q.c. con grande fatica*] trouver (le moyen): *riesce a rimediare da vivere* il trouve le moyen de vivre; *ha rimediato un invito a cena* il a trouvé le moyen de se faire inviter à dîner # *da questo cappotto si può rimediare una giacca* on peut couper une veste dans ce manteau.

rimèdio, i |ri'mɛdjo, i| *s.m.* [*mezzo per combattere o risolvere un male, un inconveniente, una difficoltà*] remède: *in questo caso il miglior rimedio è il riposo* dans ce cas, le meilleur remède est le repos; *cerca di trovare un rimedio* essaie de trouver un remède # *è una situazione senza rimedio* c'est une situation sans issue ◇ (*prov.*) *a mali estremi, estremi rimedi* aux grands maux, les grands remèdes ~ *spesso il rimedio è peggiore del male* le remède est souvent pire que le mal ~ *a tutto c'è rimedio fuorché alla morte* il y a un remède à tout.

rimeditàre |rimedi'tare| *v.tr. e intr.* (*aus.* '*avere*') [*meditare di nuovo*] méditer de nouveau: *ho rimediato il, sul tuo suggerimento* j'ai médité de nouveau ta, sur ta proposition.

rimeggiàre |rimed'dʒare| *v.intr.* (*aus.* '*avere*') (*raro*) [*comporre versi*] rimer.

rimembrànza |rimem'brantsa| *s.f.* (*lett.*) → **ricordo** 1.

rimembràre |rimem'brare| *v.tr.* (*lett.*) → **ricordar(si)**.

rimenàre |rime'nare| *v.tr.* **1** (*lett.*) [*ricondurre, riportare*] ramener (6) (*corr.*) **2** [*agitare, rimescolare*] remuer, brasser ◇ (*region.*) *rimenare la pasta* pétrir la pâte.

rimeritàre |rimeri'tare| *v.tr.* (*lett.*) → **ricompensare**.

rimescolaménto |rimeskola'mento| *s.m.* **1** [→ RIMESCOLARE A 1, 2; B 2] mélange **2** [→ RIMESCOLARE A 3; B 1] trouble: *lo spavento mi procurò un grosso rimescolamento* la peur me procura un trouble grave.

rimescolàre |rimesko'lare| **A** *v.tr.* **1** [*mescolare di nuovo*] mélanger (3) de nouveau **2** [*mescolare meglio, completamente*] remuer: *la polenta va rimescolata con forza* il faut remuer la polenta avec force ◇ (*carte*) battre (76): *rimescola le carte e distribuisci* bats les cartes et fais la donne **3** (*fig.*) [*agitare, turbare*] *quello spettacolo mi ha rimescolato il sangue* à ce spectacle mon sang n'a fait qu'un tour **B** *v.pron. intr.* RIMESCOLARSI **1** (*detto di sangue*) [*agitarsi per un turbamento*] *quando ci penso mi si rimescola il sangue* quand j'y repense, mon sang ne fait qu'un tour **2** [*intromettersi, mischiarsi a un gruppo*] se mélanger: *si è rimescolato fra la folla* il s'est mélangé à la foule.

rimescolàta |rimesko'lata| *s.f.* *solo nella loc.* DARE UNA RIMESCOLATA A Q.C. [*il fatto di rimescolare una sola volta o in fretta*] tourner qqch. # *dare una rimescolata alle carte* mêler, battre les cartes ◇ [*il rimestare*] le fait *m.* de tourner.

rimescolìo, ii |rimesko'lio, ii| *s.m.* **1** [*agitazione, trambusto*] brassage, mouvement: *c'è un gran rimescolio di gente per le strade* il y a un grand brassage, mouvement de gens dans les rues **2** (*fig.*) [*turbamento*] trouble.

1 **riméssa** |ri'messa| *s.f.* **1** [→ RIMETTERE A 1, 2] remise: *la rimessa in scena* la remise en scène; *la rimessa in gioco* la remise en jeu **2** [*spedizione, invio*] envoi (*m.*): *la rimessa di una merce* l'envoi de la marchandise **3** [*consegna*] livraison: *la merce deve essere pagata alla rimessa* la marchandise doit être payée à la livraison **4** [*raccolto*] récolte **5** [*invio di denaro*] dépôt *m.*, versement (*m.*): *rimessa bancaria, postale, telegrafica* depôt bancaire, postal, télégraphique; *rimessa in conto corrente* dépôt au, à un compte courant **6** [*perdita*] perte: *vendere a rimessa* vendre à perte **7** → **rimessiticcio** **8** (*sport*) remise en jeu: *rimessa laterale* remise en jeu latérale, rentrée en touche; *rimessa dal fondo* remise en jeu du fond (du terrain).

2 **riméssa** |ri'messa| *s.f.* [*deposito per autoveicoli*] garage (*m.*): *ho portato la macchina in rimessa* j'ai mis la voiture au garage # *mettere una macchina in rimessa* remiser, garager une voiture; *rimessa per aerei, locomotive* *hangar à avions, à locomotives; *la rimessa degli autobus* le dépôt des autobus.

rimessiticcio, ci, cia, ce |rimessi'tittʃo, tʃi, tʃa, tʃe| *agg.* (*bot.*) *germoglio rimessiticcio* rejeton *s.m.* ♦ (*s.m.*) *un rimessiticcio* un rejeton.

riméssο |ri'messo| **I** *agg.* **1** [*messo di nuovo*] *dente rimesso* dent artificielle; *orlo rimesso* faux ourlet **2** [*perdonato, condonato*] remis: *debito rimesso* dette remise; *peccati rimessi* péchés remis **3** [*ristabilito, sollevato*] remis, rétabli: *l'ho trovato rimesso* je l'ai trouvé bien remis, rétabli **4** (*arc.*) → **umile** **II** *s.m.* **1** [*intarsio di legni diversi*] marqueterie *f.* **2** [*orlo*] ourlet.

rimestaménto |rimesta'mento| *s.m.* [→ RIMESTARE] remuement ◇ (*fig.*) remous.

rimestàre |rimes'tare| *v.tr.* **1** [*mestare di nuovo, a lungo*] remuer: *rimestare la polenta* remuer la polenta **2** (*fig.*) [*andare a ricercare, frugare*] fouiller: *perché stai rimestando nei miei cassetti?* pourquoi es-tu en train de fouiller dans mes tiroirs?

rimestatóre, trice |rimesta'tore, tritʃe| *s.* [*chi rimesta*] remueur *m.*

rimestìo, ii |rimes'tio, ii| *s.m.* [*il rimestare continuo*] remue-ménage.

rimettàggio, i |rimet'taddʒo, i| *s.m.* (*tess.*) remettage.

riméttere |ri'mettere| (155) **A** *v.tr.* **1** [*mettere di nuovo, tornare a mettere*] remettre (71): *ho rimesso la macchina in garage* j'ai remis la voiture au garage; *rimetti il motore in moto* remets le moteur en marche; *voglio rimettere questo lume in salotto* je veux remettre ce lustre dans le salon □ *mi sono rimessa il cappotto* j'ai remis mon manteau ◇ (*loc.*) *ha rimesso a nuovo la casa* il a remis sa maison à neuf ~ *questa cura lo ha rimesso in sesto* cette cure l'a remis d'aplomb ~ *una vacanza ti rimetterà in forze* des vacances te remettront sur pied, te rendront tes forces ~ *vogliono rimettere in piedi la società* ils veulent remettre à flot la société ~ *non rimetterò più piede in casa sua* je ne remettrai plus les pieds chez lui ~ *l'hanno rimesso in piedi dopo un mese d'ospedale* ils l'ont remis sur pied après un mois d'hôpital ~ *penso di rimettere mano a quel lavoro* je pense reprendre ce travail ~ *hanno rimesso tutto in discussione* ils ont tout remis en discussion, en jeu ~ *perché vuoi rimettere in gioco la faccenda?* pourquoi veux-tu remettre en jeu cette affaire? ~ *il prigioniero è stato rimesso in libertà* le prisonnier a été remis en liberté ~ *rimetti insieme i pezzi del meccanismo* remets ensemble, assemble les pièces du mécanisme ~ *devo rimettere a posto l'orologio* je dois remettre ma montre à l'heure ~ *rimetti tutto a posto prima di uscire* remets tout en place avant de sortir ~ *gli hanno rimesso a posto l'osso fratturato* ils lui ont réduit la fracture de son os ~ *voglio che ogni cosa sia rimessa in ordine* je veux que tout soit remis en ordre **2** (*sport*) [*rimandare, rinviare, rispedire*] remettre: *hanno rimesso la palla in gioco* ils ont remis le ballon en jeu # *rimettere la palla al portiere* renvoyer la balle au gardien de but **3** [*consegnare, inviare, far recapitare*] remettre: *rimettere la merce a un negoziante* remettre, consigner la marchandise à un commerçant; *mi hanno rimesso il saldo di una fattura* ils m'ont remis le solde d'une facture **4** [*assegnare, trasmettere, affidare a un'altra persona o ente*] porter: *rimettere un caso alla Corte costituzionale* porter un cas devant la Cour constitutionnelle; *la vertenza è stata rimessa a una comissione* le litige a été porté devant une commission **5** [*differire, rimandare*] renvoyer (14): *abbiamo rimesso la gita a domani* nous avons renvoyé la promenade a demain **6** [*annullare, rinunciare a perseguire*] remettre: *rimettere una pena, un debito* remettre une peine, une dette ◇ [*perdonare*] pardonner: *gli hanno rimesso i peccati* on lui a pardonné ses péchés ◇ (*eccl., liturg.*) *rimetti a noi i nostri debiti, come noi li rimettiamo ai nostri debitori* pardonne-nous nos offenses comme nous pardonnons à ceux qui nous ont offensés **7** [*vomitare*] vomir: *ha rimesso il pranzo* il a vomi son déjeuner ♦ (*ass.*) *avevo voglia di rimettere* j'avais envie de vomir **8** [*riprodurre, tornare a dare*] donner; repousser: *quell'olivo continua a rimettere* cet olivier continue de donner ‖ *il cane ha rimesso il pelo* les poils du chien ont repoussé **9** RIMETTERCI [*subire una perdita o un danno*] *in quell'affare ci ha rimesso una bella somma* il a perdu une belle somme d'argent dans cette affaire; *in un incidente ci ha rimesso la macchina* il a abîmé sa voiture dans un accident; *che ci rimette?* qu'est-ce que vous perdez?; *ci ho rimesso del mio* j'en ai été de ma poche ◇ [*lasciarci*] y laisser: *per una imprudenza ci ha rimesso la vita, la delle* par imprudence, il y a laissé la vie, sa peau ◇ (*loc. fig.*) *ci ha rimesso un occhio della testa* ça lui a couté les yeux de la tête ~ *non voglio rimetterci le penne* je ne veux pas y laisser des, mes plumes **B** *v.pron.* RIMETTERSI **1** *rifl.* [*mettersi di nuovo*] se remettre: *si è rimesso a studiare* il s'est remis à étudier # *si è rimesso a letto* [*si è riammalato*] il s'est recouché; il est retombé malade **2** *intr.* [*ristabilirsi, tornare nelle normali condizioni di salute*] se remettre: *sono sicura che ti rimetterai presto* je suis sûre que tu te remettras très vite; *non si è ancora rimesso dallo spavento* il ne s'est pas encore remis de sa frayeur # *dopo la cura si è rimesso in salute* après la cure, il a retrouvé la santé **3** *rifl.* [*affidarsi ad altri, lasciare che altri decida*] se remettre: *mi rimetto a te* je m'en remets à toi; *ci rimettiamo al suo giudizio* nous nous en remettons à votre jugement; *si sono rimessi al caso* ils s'en sont remis au hasard **4** *intr.* (*meteor.*) [*cambiare*] *il tempo si rimette al brutto* le temps se gâte de nouveau ♦ (*ass.*) *speriamo che il tempo si rimetta* [*si rasserени*] espérons que le temps revienne au beau, s'améliore.

rimettitùra |rimetti'tura| *s.f.* **1** [*l'operazione di mettere a posto un osso slogato*] remboîtement *m.* **2** [*il mettere nuovi germogli*] repousse.

rimiràre |rimi'rare| **A** *v.tr.* **1** [*mirare di nuovo, con ammirazione*] contempler (de nouveau): *rimirare un panorama* contempler un panorama **2** [*mirare con meraviglia, con più attenzione*] regarder avec étonnement: *rimirava attonita la scena* elle regardait avec étonnement la scène **B** *v.intr.* (*aus.* '*avere*') [*prendere di nuovo la mira*] viser de nouveau **C** *v.pron. rifl.* RIMIRARSI [*guardarsi con compiacimento*] s'admirer, se mirer: *si rimirava allo specchio* elle s'admirait, se mirait devant la glace.

rimischiàre |rimis'kjare| *v.tr.* [*mischiare di nuovo o meglio*] mêler de nouveau # *rimischiare le carte* battre de nouveau les cartes.

rimisuràre |rimizu'rare| *v.tr.* [*misurare di nuovo*] mesurer de nouveau: *rimisura questa stoffa* mesure de nouveau cette étoffe.

rìmmel |'rimmel| *s.m. inv.* (*marchio depositato*) rimmel *var.*

rimminchionito |rimminkjo'nito| *agg.* (*volg.*) → **rimbecillito.**

rimodellàre |rimodel'lare| *v.tr.* [*modellare di nuovo*] refaçonner.

rimodernaménto |rimoderna'mento| *s.m.* [→ RIMODERNARE] modernisation (*f.*): *il rimodernamento di una azienda* la modernisation d'une entreprise.

rimodernàre |rimoder'nare| *v.tr.* [*rendere moderno, più moderno con modifiche e trasformazioni*] moderniser, remettre (71) à neuf: *rimodernare un impianto* moderniser une installation; *ho rimodernato il salotto* j'ai modernisé le salon; *ha rimodernato il vestito nero* il a remis à neuf son habit noir # *deve rimodernare le proprie idee* il doit prendre une mentalité plus moderne, se mettre à la page.

rimodernatùra |rimoderna'tura| *s.f.* → **rimodernamento.**

rimónda |ri'monda| *s.f.* → **rimondatura.**

rimondàre |rimon'dare| *v.tr.* **1** [*mondare, pulire di nuovo, a fondo*] émonder; sarcler (de nouveau): *rimondare un albero* émonder un arbre ‖ *rimondare un campo dalle erbacce* sarcler les mauvaises herbes **2** (*fig.*) [*liberare dalle colpe, dai peccati*] purifier.

rimondatùra |rimonda'tura| *s.f.* [→ RIMONDARE 1] émondage *m.*, sarclage *m.*

rimónta |ri'monta| *s.f.* **1** (*sport*) remontée: *la rimonta di uno svantaggio* la remontée d'un désavantage **2** [*sostituzione della tomaia o di una parte di essa nella riparazione delle scarpe*] remontage *m.* **3** (*mil.*) *cavallo di rimonta* cheval de remonte **4** *la rimonta degli uccelli migratori* la remontée des oiseaux migrateurs.

rimontàbile |rimon'tabile| *agg.* [→ RIMONTARE] remontable.

rimontàggio, i |rimon'taddʒo, i| *s.m.* → **rimontatura.**

rimontàre |rimon'tare| **A** *v.tr.* **1** [*montare di nuovo*] remonter: *rimontare un motore, un meccanismo* remonter un moteur, un mécanisme **2** (*mar.*) [*percorrere contro corrente, contro vento*] remonter le courant; remonter dans le vent **3** [*percorrere dal basso verso l'alto un corso d'acqua*] remonter **4** [*fare la rimonta di un paio di scarpe*] faire (45) le remontage **5** [*effettuare la rimonta di uno svantaggio*] remonter **B** *v.intr.* (*aus.* '*essere*') **1** [*montare di nuovo*] remonter: *rimontare a cavallo, in bicicletta* remonter à cheval, à bicyclette ◇ (*loc. fig.*) *è rimontato su tutte le furie* il est monté de nouveau sur ses ergots **2** (*fig.*) [*risalire*] remonter: *rimontare alle origini della civiltà* remonter aux origines de la civilisation.

rimontatùra |rimonta'tura| *s.f.* (*tecnol.*) [→ RIMONTARE A 1] remontage (*m.*): *rimontatura di un motore, dell'orologio* remontage d'un moteur, d'une horloge.

rimorchiàre |rimor'kjare| *v.tr.* **1** [*trascinare un veicolo privo di mezzi di propulsione*] remorquer: *rimorchiare una nave* remorquer un navire; *la nostra macchina è stata rimorchiata fino in città* notre voiture a été remorquée jusqu'en ville **2** (*fig.*) [*trascinarsi dietro qc. o q.c.*] ramener (6), se laisser entraîner: *ha rimorchiato a cena due persone* il a ramené deux personnes à dîner; *si fa rimorchiare da tutti* il se laisse entraîner par tous.

rimorchiatóre |rimorkja'tore| *s.m.* (*mar.*) remorqueur.

rimòrchio, i |ri'mɔrkjo, i| *s.m.* **1** [*la manovra di rimorchiare, il fatto di venir rimorchiato*] remorquage: *il rimorchio di un'auto in panne* le remorquage d'une voiture par une dépanneuse; *rimorchio di fianco* remorquage à couple # *prendere a rimorchio* remorquer; *è stato effettuato il rimorchio della nave* on a pris le bateau en remorque ◇ (*loc.*) *essere a rimorchio*: (*pr., fig.*) être à la remorque **2** [*il veicolo privo di motore, trainato da una motrice*] remorque (*f.*): *rimorchio agricolo, ribaltabile* remorque agricole, basculante; *autocarro con rimorchio* camion avec remorque **3** [*cavo, catena usati per rimorchiare*] remorque.

rimòrdere |ri'mɔrdere| (156) *v.tr.* **1** [*mordere di nuovo*] mordre (53) (de nouveau), remordre (53): *lo ha rimorso lo stesso cane* le même chien l'a encore mordu, l'a remordu **2** (*fig.*) [*tormentare, dare rimorso*] tenailler: *è un pensiero che rimorde la coscienza* c'est une pensée qui tenaille sa conscience.

rimordiménto |rimordi'mento| *s.m.* (*lett.*) → **rimorso.**

rimorsicàre |rimorsi'kare| *v.tr.* → **rimordere** 1.

rimòrso |ri'mɔrso| *s.m.* [*tormento procurato dalla coscienza di aver fatto male*] remords: *sente rimorso per quel che ha fatto* il a le remords de ce qu'il a fait; *spinto dal rimorso, ha confessato* poussé par le remords, il a avoué.

rimòsso |ri'mɔsso| *agg.* **1** [*tolto dal proprio posto*] déplacé: *il mobile rimosso* le meuble déplacé ◇ [*portato via*] enlevé **2** [*destituito, allontanato da una carica o un posto di lavoro*] destitué: *l'impiegato rimosso* l'employé destitué **3** (*psicol.*) refoulé.

rimostrànza |rimos'trantsa| *s.f.* [*ferma protesta, il fatto di esprimere le proprie ragioni contro un torto subito*] remontrance: *fare una rimostranza* faire une remontrance.

rimostràre |rimos'trare| **A** *v.tr.* [*mostrare di nuovo*] remontrer: *mi puoi rimostrare quell'articolo?* peux-tu me remontrer cet article? **B** *v.intr.* (*aus.* '*avere*') (*raro*) [*far conoscere le proprie ragioni*] faire (45) *tr.* des remontrances.

rimovìbile |rimo'vibile| *agg.* [→ RIMUOVERE 2, 4, 5] qu'on peut déplacer, enlever (*loc.*): *ostacolo rimovibile* obstacle qu'on peut déplacer, enlever.

rimozióne |rimot'tsjone| *s.f.* **1** [→

RIMUOVERE 1, 2, 3] enlèvement *m.*; levée: *la rimozione delle macerie* l'enlèvement des décombres || *la rimozione di un cadavere, dei sigilli* la levée du corps, des scellés **2** [*sospensione, destituzione da una carica*] destitution: *la rimozione da un incarico* la destitution d'une charge **3** (*psicol.*) refoulement *m.*

rimpacchettàre |rimpakket'tare| *v.tr.* [*impacchettare di nuovo*] rempaqueter (5).

rimpaginàre |rimpadʒi'nare| *v.tr.* [*impaginare di nuovo*] remettre (71) une page à sa place, remettre en page: *rimpaginare un foglio di giornale* remettre une page à sa place dans le journal.

rimpaginatùra |rimpadʒina'tura| *s.f.* (*tip.*) [→ RIMPAGINARE] (nouvelle) mise en page.

rimpagliàre |rimpaʎ'ʎare| *v.tr.* [*impagliare di nuovo*] rempailler: *rimpagliare una sedia* rempailler une chaise.

rimpagliatóre, trice |rimpaʎʎa'tore, tritʃe| *s.* [*chi rimpaglia*] rempailleur*.

rimpagliatùra |rimpaʎʎa'tura| *s.f.* [→ RIMPAGLIARE] rempaillage *m.*

rimpallàre |rimpal'lare| *v.intr.* (*aus.* '*avere*') [*fare il rimpallo nel gioco del biliardo*] faire (45) *tr.* un contre (-coup).

rimpàllo |rim'pallo| *s.m.* (*biliardo*) contre.

1 **rimpanàre** |rimpa'nare| *v.tr.* (*cuc.*) [*impanare di nuovo*] paner de nouveau: *rimpanare una cotoletta* paner de nouveau une côtelette.

2 **rimpanàre** |rimpa'nare| *v.tr.* (*mecc.*) [*rifare il pane di una vite*] refaire (45) le filet, fileter (4) de nouveau.

rimpannucciàre |rimpannut'tʃare| **A** *v.tr.* (*raro*) **1** [*rivestire con nuovi panni*] nipper (*fam.*) **2** (*fig.*) [*far tornare in buone condizioni economiche*] remplumer **B** *v.pron. intr.* RIMPANNUCCIARSI [*migliorare le proprie condizioni finanziarie*] se remplumer (*fam.*).

rimpastàre |rimpas'tare| *v.tr.* **1** [*impastare di nuovo*] pétrir de nouveau: *rimpastare la pasta lievitata troppo* pétrir de nouveau la pâte qui a trop levé **2** (*fig.*) [*modificare la struttura di un organo politico o amministrativo collegiale*] remanier: *rimpastare il governo* remanier le gouvernement.

rimpàsto |rim'pasto| *s.m.* **1** [→ RIMPASTARE 1] action *f.* de pétrir de nouveau **2** [→ RIMPASTARE 2] remaniement: *un rimpasto ministeriale* un remaniement ministériel.

rimpatriaménto |rimpatrja'mento| *s.m.* [→ RIMPATRIARE B] rapatriement.

rimpatriàre |rimpa'trjare| **A** *v. intr.* (*aus.* '*essere*') [*tornare in patria*] faire (45) *tr.* retour dans son pays: *i prigionieri di guerra sono rimpatriati* les prisonniers de guerre ont fait retour au pays **B** *v.tr.* [*rimandare, far tornare in patria*] rapatrier.

rimpatriàta |rimpa'trjata| *s.f.* (*fam.*) [*il ritrovarsi tra amici dopo lungo tempo*] retrouvailles *pl.* (*fam.*).

rimpatriàto |rimpa'trjato| *agg. e s.* rapatrié.

rimpàtrio, i |rim'patrio, i| *s.m.* [*ritorno in patria*] rapatriement: *il rimpatrio degli emigranti* le rapatriement des émigrants.

rimpegnàre |rimpeɲ'ɲare| *v.tr.* [*impegnare di nuovo*] rengager (3).

rimpellàre |rimpel'lare| *v.tr.* **1** [*ricoprire di pelle*] recouvrir (23) de peau **2** [*rifare un muro, in tutto o in parte*] renformir.

rimpètto |rim'pɛtto| *avv.* → **dirimpetto.**

rimpiàngere |rim'pjandʒere| (165) *v.tr.* [*ricordare con nostalgia e tristezza q.c. o qc. che si è perduto*] pleurer; regretter: *tutti lo rimpiangono* tous le pleurent || *è inutile rimpiangere il tempo perduto* il est vain de regretter le temps perdu.

rimpiànto |rim'pjanto| *s.m.* [*ricordo nostalgico di qc. o di q.c. che si è perduto*] regret: *il rimpianto della giovinezza* le regret de la jeunesse.

rimpiattàre |rimpjat'tare| **A** *v.tr.* [*nascondere bene*] cacher: *rimpiattare una chiave in fondo a un cassetto* cacher une clé au fond d'un tiroir **B** *v. pron. rifl.* RIMPIATTARSI [*nascondersi*] se cacher: *si è rimpiattato dietro a un cespuglio* il s'est caché derrière un buisson.

rimpiattìno |rimpjat'tino| *s.m.* (*gioco di ragazzi*) cache-chache (*inv.*): *giocare a rimpiattino* jouer à cache-cache.

rimpiazzàre |rimpjat'tsare| *v.tr.* [*sostituire una persona con un'altra che eserciti le stesse funzioni*] remplacer (2): *hanno rimpiazzato il ragioniere* ils ont remplacé le comptable.

rimpiàzzo |rim'pjattso| *s.m.* [*il fatto di rimpiazzare, di essere rimpiazzato*] remplacement: *c'è stato il rimpiazzo di un giocatore* il y a eu le remplacement, on a procédé au remplacement d'un joueur.

rimpiccinìre |rimpittʃi'nire| (197) *v.tr.* [*far diventare piccolo, più piccolo*] rapetisser.

rimpiccioliménto |rimpittʃoli'mento| *s.m.* → **rimpiccolimento.**

rimpicciolìre |rimpittʃo'lire| *v.tr. e intr.* (*aus.* '*essere*') → **rimpiccolire.**

rimpiccoliménto |rimpikkoli'mento| *s.m.* [→ RIMPICCOLIRE] rapetissement.

rimpiccolìre |rimpikko'lire| (197) **A** *v.tr.* [*rendere più piccolo*] rapetisser: *la distanza rimpiccoliva il paese* la distance rapetissait le village **B** *v.intr.* (*aus.* '*essere*') [*diventare più piccolo* (*anche alla vista*)] rapetisser (*aus.* avoir): *la nave rimpiccoliva sempre più* le navire rapetissait de plus en plus.

rimpiegàre |rimpje'gare| *v.tr.* → **reimpiegare.**

rimpinguàre |rimpin'gware| **A** *v. tr.* **1** [*impinguare di più, di nuovo*] rengraisser: *rimpinguare il ventre* rengraisser son ventre **2** (*fig.*) [*arricchire di nuovo*] renflouer: *rimpinguare le proprie finanze* renflouer ses finances **B** *v.pron. rifl.* RIMPINGUARSI [*arricchirsi*] s'enrichir, faire (45) *tr.* son beurre (*fam.*).

rimpinzaménto |rimpintsa'mento| *s.m.* [→ RIMPINZARE] gavage.

rimpinzàre |rimpin'tsare| **A** *v.tr.* [*riempire il più possibile, troppo*] bourrer, gaver: *hanno rimpinzato il bambino di caramelle* ils ont bourré, gavé l'enfant de bonbons ◇ (*fig.*) *ha rimpinzato il discorso di stupidaggini* il a bourré le discours de bêtises **B** *v.pron. rifl.* RIMPINZARSI [*imbottirsi, riempirsi*] se bourrer, se gaver: *si è rimpinzato di pasta* il s'est bourré, gavé de pâtes.

rimpolpàre |rimpol'pare| **A** *v.tr.* **1** [*rimettere in carne*] rengraisser **2** (*fig.*) [*arricchire*] *rimpolpare un'opera* étoffer un ouvrage; *rimpolpare il portafoglio* regonfler, gonfler le portefeuille **B** *v. pron. rifl.* RIMPOLPARSI [*ingrassare, rimettersi in carne*] se remplumer (*fam.*).

rimprosciuttìre |rimproʃʃut'tire| (197) *v.intr.* (*aus.* '*essere*') (*pop.*) [*diventare più asciutto e magro* (*come un prosciutto*)] se racornir *pron.* (*corr.*).

rimproveràbile |rimprove'rabile| *agg.* [→ RIMPROVERARE 1] reprochable (*raro*): *è difficilmente rimproverabile* c'est difficilement reprochable.

rimproveràre |rimprove'rare| *v.tr.* **1** [*riprendere, manifestare la propria disapprovazione*] adresser des reproches à, réprimander, reprocher: *ho rimproverato i ritardatari* j'ai adressé des reproches aux retardataires; *lo rimprovero per la sua pigrizia* je lui reproche sa paresse; *non ho nulla da rimproverarmi* je n'ai rien à me reprocher ◇ (*spec. i bambini*) gronder, reprendre (73): *il maestro lo ha rimproverato severamente* le maître l'a sévèrement grondé, repris ◇ [*biasimare*] blâmer: *è stato rimproverato per la sua inefficienza* on le blâma pour son inefficacité ◇ [*ammonire*] réprimander **2** [*rinfacciare q.c. brontolando*] reprocher: *gli ho rimproverato il suo opportunismo* je lui ai reproché son opportunisme **C** 1 **elogiare.**

rimpròvero |rim'prɔvero| *s.m.* [*il fatto di rimproverare, di essere rimproverato*] reproche: *un rimprovero giusto, meritato* un reproche juste, mérité; *gli ho mosso un severo rimprovero* je lui ai adressé un reproche sévère; *mi ha parlato con tono di rimprovero* il m'a parlé sur un ton de reproche; *gli ho dato un'occhiata di rimprovero* je lui ai lancé un regard plein de reproches; *ha preso il mio discorso come un rimprovero* il a pris mes paroles pour un reproche.

rimuginàre |rimudʒi'nare| *v.tr.* **1** [*ripensare a lungo, agitare nella mente*] ruminer, remâcher: *smettila di rimuginare!* arrête de ruminer!; *perdeva il tempo a rimuginare quell'idea* il perdait son temps à ruminer, à remâcher cette idée; *rimuginava dentro di sé cosa rispondere* il ruminait en lui ce qu'il devait répondre **2** [*agitare frugando, cercando*] fouiller.

rimuneràre |rimune'rare| *v.tr.* **1** [*ricompensare, contraccambiare*] rémunérer (8): *è ben rimunerato per il suo lavoro* il est bien rémunéré pour son travail **2** [*rendere, dare profitto*] rendre (53) *intr.*, être (43) *intr.* rentable: *è un'attività che rimunera* c'est une activité rentable, qui rend.

rimuneratìvo |rimunera'tivo| *agg.* [*che rimunera adeguatamente*] rémunérateur*: *un lavoro rimunerativo* un travail rémunérateur.

rimuneràto |rimune'rato| *agg.* rémunéré ◇ [*ricompensato*] rémunéré; récompensé (*p.p.*): *un'attività ben rimunerata* une activité bien rémunérée || *un gesto ben rimunerato* un geste bien récompensé.

rimuneratóre, trice |rimunera'tore, tritʃe| *s.* [*chi rimunera*] rémunérateur*.

rimuneratòrio, i |rimunera'tɔrjo, i| *agg.* (*raro*) [*che rimunera*] rémunératoire.

rimunerazióne |rimunerat'tsjone| *s.f.* [→ RIMUNERARE 2] rémunération: *una professione che dà una buona rimunerazione* une profession qui comporte une bonne rémunération.

rimuòvere |ri'mwɔvere| (157) *v.tr.* **1** [*muovere di nuovo*] remuer **2** [*muovere, spostare*] déplacer (2): *non rimuovere quell'armadio* ne déplace pas cette armoire ◇ [*levare, portare via*] enlever (6), lever (6): *occorre rimuovere l'albero che è caduto sulla strada* il faut enlever l'arbre qui est tombé sur la route ◇ (*fig.*) *ha rimosso ogni ostacolo* il a levé tous les obstacles; *è riuscito a rimuovere ogni causa di contrasto* il a réussi à supprimer toute cause de désaccord; *è difficile rimuovere tutte le difficoltà* il est difficile d'écarter, d'aplanir toutes les difficultés **3** (*fig.*) [*distogliere, far recedere da un'atteggiamento, da un proposito*] détourner: *è un testardo: nessuno riesce a rimuoverlo da quell'idea* il est têtu: personne ne réussit à le détourner de cette idée **4** [*destituire, allontanare da una carica*] renvoyer (14), destituer: *è stato rimosso dall'ufficio* il a été renvoyé du bureau **5** (*psicol.*) [*effettuare una rimozione*] refouler.

rimutàre |rimu'tare| **A** *v.tr.* [*mutare di nuovo*] rechanger (3), changer (3) de nouveau: *ha rimutato parere* il a rechangé d'avis, il a encore changé d'avis **B** *v.intr.* (*aus.* '*essere*') [*cambiare di nuovo*] rechanger, (*aus.* avoir, être) changer (*aus.* avoir, être) de nouveau: *l'indirizzo del governo è rimutato* l'orientation du gouvernement est changée de nouveau, a encore changé.

rinalgìa, gie |rinal'dʒia, dʒie| *s.f.* (*med.*) rhinalgie.

rinànto |ri'nanto| *s.m.* (*t.bot.*) rhinante.

rinarràre |rinar'rare| *v.tr.* [*narrare di nuovo*] raconter de nouveau: *mi son fatto rinarrare l'accaduto* je me suis fait raconter de nouveau ce qui s'est passé.

rinascènte |rinaʃ'ʃɛnte| *agg.* [*che rinasce*] renaissant.

rinascènza |rinaʃ'ʃɛntsa| *s.f.* → **rinascimento.**

rinàscere |ri'naʃʃere| (158) *v.intr.* (*aus.* '*essere*') [*nascere di nuovo, tornare a nascere*] refaire (45) *tr.* sa vie; repousser (*aus.* avoir, être); renaître (74): *se rinascessi, non farei più questa scelta* si j'avais ma vie à refaire, je ne ferais plus ce choix || *al bambino è rinato un dente* un dent a repoussé, est repoussée à l'enfant || *dopo la cura mi sento rinascere* après la cure je me sens renaître, revivre; *rinasce la speranza* l'espoir renaît; *in quel periodo le arti cominciarono a rinascere* durant cette période, les arts commencèrent à renaître # *le tue parole l'hanno fatto rinascere* tes paroles l'ont ressuscité; *è rinata la speranza* l'espoir est revenu ◇ (*per est.*) repousser: *questa pianta rinasce a primavera* cette plante repousse au printemps; *i capelli rinascono più forti dopo averli tagliati* les cheveux repoussent plus forts après avoir été coupés # *i fiori rinascono nell'acqua* les fleurs reprennent dans l'eau.

rinascimentàle |rinaʃʃimen'tale| *agg.* (de la) Renaissance (*loc. inv.*): *l'età rinascimentale* l'âge de la Renaissance; *l'arte rinascimentale* l'art de la Renaissance; *mobili rinascimentali* meubles Renaissance.

rinasciménto |rinaʃʃi'mento| *s.m.* **1** [→ RINASCERE] renaissance (*f.*): *rinascimento politico, letterario* renaissance politique, littéraire **2** (*st. eur.*) Renaissance: *il Rinascimento italiano, francese* la Renaissance italienne, française; *l'arte del Rinascimento* l'art de la Renaissance ✦ (*agg. inv.*) *un palazzo rinascimento* un palais Renaissance.

rinàscita |ri'naʃʃita| *s.f.* [*il fatto di rinascere*] repousse; renaissance: *la rinascita delle foglie* la repousse des feuilles; *la rinascita di un dente* la repousse d'une dent || *una rinascita economica* une renaissance économique; *la rinascita della speranza* la renaissance de l'espoir.

rinavigàre |rinavi'gare| *v.intr.* (*aus.* '*avere*') [*navigare di nuovo*] naviguer de nouveau: *rinavigavano lungo la costa* ils naviguaient de nouveau le long de la côte.

rincagnàto |rinkaɲ'ɲato| *agg.* [*schiacciato, poco rilevato*] aplati: *faccia rincagnata* visage aplati; *naso rincagnato* nez aplati, camus.

rincalzàre |rinkal'tsare| *v.tr.* **1** [*fermare, consolidare, rendere più stabile*] caler: *rincalzare un palo con delle pietre* caler un poteau avec des pierres; *rincalzare un tavolo con una zeppa* caler une table (avec une cale) ◇ (*per est.*) border: *rincalzare le lenzuola, le coperte* border le lit **2** (*agr.*) [*accumulare terra intorno alla base di piante coltivate*] butter: *rincalzare il granturco* butter le maïs **3** (*lett.*) → **inseguire.**

rincalzatóre |rinkaltsa'tore| *agg.* (*agr.*) *aratro rincalzatore* buttoir *s.m.* ✦ (*s.m.*) *un rincalzatore* un buttoir.

rincalzatrìce |rinkaltsa'tritʃe| *s.f.* (*agr.*) déchausseuse.

rincalzatùra |rinkaltsa'tura| *s.f.* (*agr.*) buttage *m.*, rechaussement (*m.*): *fare la rincalzatura del granturco* faire le buttage du maïs.

rincàlzo |rin'kaltso| *s.m.* **1** [→ RINCALZARE 1] calage: *usare una zeppa per rincalzo* utiliser une cale pour le calage ◇ *loc. fig.* A RINCALZO à l'appui: *a rincalzo di quanto esposto* à l'appui de ce qui a été exposé ~ DI RINCALZO: *e io, di rincalzo, risposi...* et moi, en insistant, je répondis... **2** [→ RINCALZARE 2] buttage **3** [*zeppa*] cale *f.* **4** (*mil.*) renfort, soutien: *truppe, reparti di rincalzo* troupes, unités de renfort; *posizione di rincalzo* position de soutien; *andare di rincalzo* aller en renfort **5** (*sport*) joueur de réserve: *una squadra che possiede ottimi rincalzi* une équipe qui possède d'excellents joueurs de réserve.

rincamminàrsi |rinkammi'narsi| *v.pron. intr.* [*incamminarsi di nuovo*] se remettre (71) en route: *dopo averla salutata, mi sono rincamminato* après l'avoir saluée, je me suis remis en route ◇ [*riprendere il cammino*] reprendre (73) *tr.* son chemin.

rincantucciàre |rinkantut'tʃare| **A** *v.tr.* [*mettere in un posto riparato*] rencogner: *il bambino ha rincantucciato i giocattoli in un angolo* l'enfant a rangé ses jouets dans un coin, a rencogné ses jouets ◇ [*nascondere*] cacher **B** *v. pron. rifl.* RINCANTUCCIARSI [*ritirarsi in un cantuccio*] se rencogner: *il cane si è rincantucciato sotto la poltrona* le chien s'est rencogné sous le fauteuil ◇ [*nascondersi*] se cacher.

rincantucciàto |rinkantut'tʃato| *agg.* [*chiuso, appartato in un cantuccio*] rencogné: *se ne stava rincantucciato in silenzio* il était rencogné en silence ◇ (*per est.*) [*nascosto*] caché.

rincaràre |rinka'rare| **A** *v.tr.* [*rendere più caro*] augmenter, renchérir: *mi hanno rincarato l'affitto* on m'a augmenté le loyer ◇ (*spec.*) augmenter, *hausser: *vogliono rincarare il prezzo del pane* ils veulent augmenter, hausser le prix du pain ◇ (*prezzi già alti*) surélever (6) ◇ (*loc. fig.*) *lo trattò male e, per rincarare la dose, lo ingiuriò* il le traita mal et, pour renchérir, il l'injuria **B** *v.intr.* (*aus.* '*essere*') [*diventare più caro*] augmenter (*aus.* avoir): *la vita continua a rincarare* la vie continue à augmenter.

rincarnàre |rinkar'nare| *v.tr.* → **reincarnare.**

rincarnazióne |rinkarnat'tsjone| *s.f.* → **reincarnazione.**

rincàro |rin'karo| *s.m.* (*comm.*) renchérissement: *hanno frenato il rincaro degli affitti* on a mis un frein au renchérissement des loyers ◇ (*dei prezzi*) *hausse *f.* ◇ (*di prezzi già alti*) nouvelle hausse **C** **ribasso.**

rincartàre |rinkar'tare| *v.tr.* [*riavvolgere nella carta*] envelopper de nouveau: *rincartami questo pacco* enveloppe-moi de nouveau ce paquet ◇ (*per est.*) envelopper avec une deuxième feuille de papier.

rincasàre |rinka'sare| *v.intr.* (*aus.* '*essere*') [*tornare a casa, rientrare*] rentrer (chez soi, à la maison): *stasera rincaserò tardi* ce soir je rentrerai tard (chez moi, à la maison).

rincassàre |rinkas'sare| *v.tr.* [*incassare di nuovo*] rencaisser.

rincatenàre |rinkate'nare| *v.tr.* [*incatenare di nuovo, più strettamente*] renchaîner.

rincattivìre |rinkatti'vire| (197) **A** *v.intr.* (*aus.* '*essere*') [*incattivire di nuovo, di più*] devenir (27) plus méchant: *sembra rincattivire ogni giorno* il semble devenir plus méchant, empirer chaque jour **B** *v.pron. intr.* RINCATTIVIRSI [*diventare più cattivo*] devenir *intr.* plus méchant.

rinchìte |rin'kite| *s.m.* (*t.zool.*) rhynchite.

rinchiùdere |rin'kjudere| (106) **A** *v.tr.* [*chiudere dentro*] enfermer: *l'hanno rinchiuso in casa* ils l'ont enfermé chez lui; *la belva è stata rinchiusa nella gabbia* le fauve a été enfermé dans la cage # *l'hanno rinchiuso in prigione* on l'a mis en prison ◇ (*cose*) enfermer: *bisogna rinchiudere il denaro nella cassaforte* il faut enfermer l'argent dans le coffre-fort # *rinchiudere in un monastero* cloîtrer **B** *v.pron. rifl.* RINCHIUDERSI [*chiudersi dentro*] s'enfermer; se renfermer: *si è rinchiuso nella sua stanza* il s'est enfermé chez lui, dans sa chambre || *si è rinchiuso in sé stesso* il s'est renfermé en lui-même # *rinchiudersi in un monastero* se cloîtrer.

rinchiùso |rin'kjuso| *s.m.* [*luogo completamente chiuso e senz'aria*] renfermé: *questa stanza sa di rinchiuso* cette pièce sent le renfermé ◇ (*per est.*) → **recinto.**

rincitrullìre |rintʃitrul'lire| (197) **A** *v.tr.* [*rendere citrullo, più citrullo*] abêtir, abrutir: *mi ha rincitrullito con i suoi discorsi* il m'a abêti, abruti avec ses discours **B** *v.intr.* (*aus.* '*essere*') [*diventare citrullo, più citrullo*] s'abrutir *pron.*, être (43) (*aus.* avoir) abruti: *ma sei rincitrullito?* est-ce que tu n'es pas un peu abruti?

rincitrullìto |rintʃitrul'lito| *agg.* [*intontito, svagato, inebetito*] abruti: *sono rincitrullito per la stanchezza* je suis abruti de fatigue.

rincivilìre |rintʃivi'lire| (197) **A** *v.tr.* [*rendere civile di nuovo, di più*] civiliser: *il contatto con quelle persone lo ha rincivilito* le contact avec ces personnes l'a civilisé ◇ [*dirozzare*] dégrossir **B** *v.pron. intr.* RINCIVILIRSI [*incivilire di nuovo, di più*] se civiliser: *da quando vive qui si è rincivilito* depuis qu'il vit ici, il s'est civilisé ◇ [*raffinarsi*] s'affiner.

rinco- |rinko| *pref.* (*significa* '*becco*', *corrisponde gener. a*) r(h)ynch(o): *rinconellide* rhynchonelle.

rincòforo |rin'kɔforo| *s.m.* (*t.zool.*) rhynchophore.

rincollàre |rinkol'lare| *v.tr.* [*incollare di nuovo*] recoller: *rincollare due fogli di carta* recoller deux feuilles de papier.

rincòllo |rin'kɔllo| *s.m.* [*ingorgo, ristagno di acque*] engorgement.

rincominciàre |rinkomin'tʃare| *v.tr. e intr.* (*aus.* '*avere*') → **ricominciare.**

rinconèllide |rinko'nɛllide| *s.m.* (*t.zool.*) rhynconelle *f.*

rincontràre |rinkon'trare| **A** *v.tr.* [*incontrare di nuovo*] rencontrer de nouveau: *l'ho rincontrato due giorni fa* je l'ai rencontré de nouveau il y a deux jours **B** *v.pron. recipr.* RINCONTRARSI [*incontrarsi di nuovo vicendevolmente*] se rencontrer de nouveau: *ci siamo rincontrati alla stazione* nous nous sommes rencontrés de nouveau à la gare.

rincóntro |rin'kontro| *s.m.* **1** (*arc.*) [*incontro, scontro*] rencontre *f.* (*corr.*) ◇ *loc.* A RINCONTRO, DI RINCONTRO [*dirimpetto, di fronte a*] en face (de); [*a paragone*] en comparaison (de) **2** (*arald.*) rencontre.

rincoraggiàre |rinkorad'dʒare| *v. tr.* [*dare nuovo coraggio (a qc.)*] redonner du courage.

rincoràre |rinko'rare| **A** *v.tr.* [*infondere coraggio, fiducia*] encourager (3), redonner du courage: *ho cercato di rincorarlo* j'ai essayé de l'encourager, de lui redonner (du) courage **B** *v. pron. intr.* RINCORARSI [*riprendere coraggio*] reprendre (73) *tr.* courage.

rincórrere |rin'korrere| (127) **A** *v.tr.* [*correre dietro qc. o q.c.; inseguirlo correndo*] courir (17) après, poursuivre (52): *rincorrere un ladro* courir après, poursuivre un voleur **B** *v.pron. recipr.* RINCORRERSI [*corrersi dietro l'un l'altro*] se poursuivre: *i ragazzi si rincorrevano nel giardino* les garçons se poursuivaient dans le jardin # *giocare a rincorrersi* jouer à s'attraper.

rincórsa |rin'korsa| *s.f.* [*breve corsa a passi sempre più rapidi*] élan (*m.*): *salto con, senza la rincorsa* saute avec, sans élan; *prendere la rincorsa* prendre son élan.

Rincòti |rin'kɔti| *s.m. pl.* (*t.zool.*) Rhynchotes.

rincréscere |rin'kreʃʃere| (128) *v. intr.* (*aus.* '*essere*') [*sentire rincrescimento, causare rammarico*] regretter (*tr.*): *mi rincresce di non essere stato presente* je regrette de ne pas avoir été présent; *gli rincrescerà doverti dire di no* il regrettera d'être obligé de te dire non; *rincresce dover dire certe cose* on regrette de devoir dire certaines choses, on répugne à dire certaines vérités ◇ [*fare dispiacere*] faire (45) *tr.* de la peine: *mi rincresce di saperlo in difficoltà* cela me fait de la peine de savoir qu'il a des difficultés ◇ (*loc.*) *ti rincresce darmi una mano?* cela t'ennuie de me donner un coup de main?; *ti rincresce alzarti un momento?* ça te dérange de te lever un moment?; *la prego di attendere, se non le rincresce* je vous prie d'attendre, si cela ne vous dérange pas.

rincresciménto |rinkreʃʃi'mento| *s.m.* [*dispiacere non grave, rammarico*] regret: *mi ha espresso il suo rincrescimento* il m'a témoigné son regret; *con nostro grande rincrescimento, dobbiamo...* à notre grand regret, nous devons...; *è con vero rincrescimento che rifiutiamo...* c'est avec un vif regret que nous refusons...

rincretinìre |rinkreti'nire| *v.tr.*, *intr.* (*aus.* '*essere*') *e pron.* → **rimbecillire.**

rincrudelìre |rinkrude'lire| (197) *v.intr.* (*aus.* '*essere*') **1** [*diventare più crudele*] devenir (27) plus cruel **2** → **infierire.**

rincrudiménto |rinkrudi'mento| *s.m.* [→ RINCRUDIRE] recrudescence (*f.*): *un rincrudimento della crisi economica* une recrudescence de la crise économique.

rincrudìre |rinkru'dire| (197) **A** *v.tr.* **1** (*raro*) [*incrudire di nuovo, di più*] rendre (53) plus âpre: *il tempo ha rincrudito le difficoltà della viabilità* le temps a rendu plus âpres les difficultés de la circulation, a empiré l'état des routes ◇ (*per anal.*) aggraver: *l'influenza ha rincrudito il suo stato di debolezza* la grippe a aggravé son état de faiblesse **2** (*fig.*) [*esacerbare di nuovo, di più*] exacerber: *quella frase ha rincrudito il suo dolore* cette phrase a exacerbé sa douleur **B** *v.pron. intr.* RINCRUDIRSI [*diventare più crudo*] devenir (27) *intr.* plus âpre: *il tempo si è rincrudito* le temps est devenu plus âpre ◇ (*per est.*) *il male si è rincrudito* le mal s'est aggravé.

rinculàre |rinku'lare| *v.intr.* (*aus.* '*essere, avere*') [*muoversi, spostarsi all'indietro*] reculer (*aus.* avoir): *i buoi sono tornati indietro rinculando* les bœuf sont revenus en reculant; *il cannone ha rinculato* le canon a reculé Ⓒ **avanzare 1.**

rinculàta |rinku'lata| *s.f.* [*brusca mossa, contraccolpo all'indietro*] recul *m.*

rincùlo |rin'kulo| *s.m.* [*il fatto di rinculare*] recul: *forza di rinculo* force de recul; *cannone senza rinculo* canon sans recul.

rincuoràre |rinkwo'rare| *v.tr.* → **rincorare.**

rincurvàre |rinkur'vare| *v.tr.* → **incurvare.**

rincurvìre |rinkur'vire| (197) *v.tr. e intr.* (*aus.* '*essere*') → **incurvire.**

rinevicàre |rinevi'kare| *v.intr.* (*aus.* '*essere*') [*nevicare di nuovo*] reneiger (3) (*aus.* avoir).

rinfacciàre |rinfat'tʃare| *v.tr.* **1** [*ricordare in modo umiliante a qc. quanto si è fatto per lui*] reprocher: *è capace di rinfacciarti il più piccolo favore* il est capable de te reprocher la plus petite faveur **2** [*dire in faccia a uno i suoi difetti*] jeter (5) à la tête: *mi rinfaccia continuamente i miei sbagli* il me jette continuellement mes fautes à la tête.

rinfagottàre |rinfagot'tare| **A** *v.tr.* [*infagottare di nuovo, meglio*] emmitoufler (*fam.*) de nouveau: *ha rinfagottato il bambino con una grossa sciarpa* elle a emmitouflé de nouveau l'enfant dans une grande écharpe **B** *v.pron. rifl.* RINFAGOTTARSI [*imbacuccarsi*] s'emmitoufler: *si era rinfagottato in una vecchia coperta* il s'était emmitouflé dans une vieille couverture.

rinfiammàre |rinfjam'mare| **A** *v. tr.* [*infiammare di nuovo*] enflammer de nouveau, renflammer: *il cibo piccante gli ha rinfiammato l'intestino* la nourriture relevée lui a de nouveau enflammé l'intestin ◇ (*fig.*) *ha rinfiammato gli animi* il a renflammé les esprits **B** *v. pron. intr.* RINFIAMMARSI [*diventare più infiammato*] se renflammer: *la ferita si è rinfiammata* la blessure s'est renflammée.

rinfiancàre |rinfjan'kare| *v.tr.* **1** [*rinforzare una costruzione sui fianchi*] étayer (9) ◇ (*di volte*) arc-bouter **2** (*fig.*) [*rafforzare, sostenere*] renforcer (2), appuyer (11): *rinfiancare un ragionamento* renforcer, appuyer un raisonnement.

rinfiànco, chi |rin'fjanko, ki| *s.m.* **1** (*arch.*) soutènement, étaiement: *muro di rinfianco* mur de soutènement; *lavori di rinfianco* travaux d'étaiement # *arco di rinfianco* arc-boutant **2** (*fig.*) [*aiuto, sostegno*] appui, soutien.

rinfocolàre |rinfoko'lare| *v.tr.* **1** [*attizzare di nuovo il fuoco*] attiser de nouveau **2** (*fig.*) [*riaccendere, infiammare di più*] rallumer: *ha rinfocolato l'odio fra le famiglie* il a rallumé la haine entre les familles.

rinfoderàre |rinfode'rare| *v.tr.* [*infoderare di nuovo*] rengainer ◇ (*fig.*) *rinfoderare gli artigli* rentrer ses griffes.

rinforzàre |rinfor'tsare| **A** *v.tr.* **1** [*rendere più forte, accrescere la forza*] renforcer (2): *la ginnastica rinforza i muscoli* la gymnastique renforce les muscles; *hanno rinforzato il muro pericolante* ils ont renforcé le mur qui menace ruine; *rinforzare una guarnigione* renforcer une garnison; *vuol rinforzare il proprio prestigio* il veut renforcer son prestige **2** (*raro*) [*rimettere in forze, rendere di nuovo vigoroso*] se fortifier *pron.* (*corr.*) **B** *v.intr.* (*aus.* '*essere*') [*diventare più forte*] augmenter (*aus.* avoir, être): *il vento, la pioggia, il mare rinforza* le vent, la pluie, la mer augmente **C** *v.pron. intr.* RINFORZARSI [*acquistare maggiore forza*] se fortifier: *ci siamo rinforzati vivendo all'aria aperta* nous nous sommes fortifiés en vivant en plein air.

rinforzàto |rinfor'tsato| *agg.* **1** [*reso più forte, più resistente*] renforcé (*p.p.*): *un arco rinforzato* un arc renforcé ◇ (*mil.*) *tiro rinforzato* tir renforcé **2** [*rinvigorito*] fortifié: *si sente rinforzato* il se sent fortifié.

rinfòrzo |rin'fɔrtso| *s.m.* **1** [*l'operazione di rinforzare, il fatto di venir rinforzato*] consolidation (*f.*): *provvedere al rinforzo di un muro* pourvoir à la consolidation d'un mur, renformir un mur **2** [*ciò con cui si rinforza*] renfort: *mettere un rinforzo ai tacchi* mettre un renfort aux talons ◇ *loc.* DI RINFORZO en renfort: *pezzo di rinforzo* pièce en renfort; *ha assunto degli operai di rinforzo* il a embauché des ouvriers en renfort **3** (*mil.*) renfort: *truppe di rinforzo* troupes de renfort; *hanno inviato dei rinforzi* ils ont envoyé des renforts, du renfort **4** (*foto.*) renforcement, renforçage.

rinfrancàre |rinfran'kare| **A** *v.tr.* [*rendere più franco e sicuro*] rassurer: *quelle parole lo hanno rinfrancato* ces paroles l'ont rassuré **B** *v.pron. intr.* RINFRANCARSI [*diventare più sicuro, franco*] prendre (73) *tr.* courage: *si è rinfrancato dopo le mie assicurazioni* il a pris courage après mes garanties, mes assurances lui ont rendu courage.

rinfrancàto |rinfran'kato| *agg.* [*sollevato, fiduciosamente ottimista*] rassuré: *mi sento rinfrancato* je me sens rassuré.

rinfrescaménto |rinfreska'mento| *s.m.* → **rinfrescata** 1.

rinfrescànte |rinfres'kante| *agg.* [*che rinfresca*] rafraîchissant: *una bevanda rinfrescante* une boisson rafraîchissante; *un preparato rinfrescante* un remède rafraîchissant ✦ (*s.m.*) *un rinfrescante* [*bevanda lassativa*] une boisson *f.* laxative.

rinfrescàre |rinfres'kare| **A** *v.tr.* **1** [*refrigerare; rendere nuovamente fresco, più fresco*] rafraîchir; changer (3): *la pioggia ha rinfrescato l'aria* la pluie a rafraîchi l'air ‖ *ho aperto la finestra per rinfrescare l'aria* j'ai ouvert la fenêtre pour changer l'air **2** [*restaurare*] rafraîchir: *rinfrescare un dipinto* rafraîchir une peinture ◇ [*dare una mano di tinta*] *rinfrescare le pareti* rafraîchir les murs ◇ [*pulire e stirare*] *rinfrescare una camicia* rafraîchir une chemise ◇ (*loc. fig.*) *rinfrescare a uno la memoria* [*rammentargli q.c.*] rafraîchir la mémoire à qqn. **3** (*med.*) [*esercitare una leggera azione lassativa*] rafraîchir: *la cicoria rinfresca l'intestino* la chicorée rafraîchit l'intestin **B** *v.intr.* (*aus. 'essere, avere'*) **1** (*meteor.*) [*diventare più fresco*] se rafraîchir (*pron.*): *dopo l'acquazzone, l'aria è rinfrescata* après l'averse, l'air s'est rafraîchi **2** (*mar.*) [*aumentare di forza*] fraîchir: *il vento rinfresca* le vent fraîchit **C** *v. pron. rifl.* RINFRESCARSI [*ristorarsi con cibi, bevande, riposo*] se rafraîchir: *voglio fare una doccia per rinfrescarmi* je veux prendre une douche pour me rafraîchir; *questa bibita mi ha rinfrescato* cette boisson m'a rafraîchi.

rinfrescàta |rinfres'kata| *s.f.* **1** [*abbassamento della temperatura atmosferica*] fraîcheur, froid (*m.*): *alla prima rinfrescata ritorniamo in città* aux premières fraîcheurs, aux premiers froids nous retournons en ville **2** *loc.* DARSI UNA RINFRESCATA [*il fatto di rinfrescare il proprio corpo accaldato, spec. mediante un lavaggio*] faire (45) *v.tr.* un brin de toilette: *voglio darmi una rinfrescata* je veux faire un brin de toilette **3** [*operazione intesa a conferire maggiore vivezza*] rafraîchir (*v.tr.*): *dare una rinfrescata a un quadro* rafraîchir un tableau; *questo vestito ha bisogno di una rinfrescata* ce vêtement a besoin d'être rafraîchi **4** (*mar.*) affraîchie.

rinfrésco, chi |rin'fresko, ki| *s.m.* **1** [*servizio di bevande e dolci in occasione di feste e ricevimenti*] cocktail, réception (*f.*): *sono stata invitata a quel rinfresco* j'ai été invitée à ce cocktail, à cette réception **2** *al plur.* [*i cibi e le bevande che vengono offerti*] rafraîchissements: *gli ospiti hanno gradito i rinfreschi* les invités ont apprécié les rafraîchissements.

rinfùsa |rin'fuza| *s.f.* *solo nella loc.* ALLA RINFUSA [*disordinatamente, senza distinzione*] en vrac, pêle-mêle: *merci alla rinfusa* marchandises en vrac; *ha messo tutto alla rinfusa* il a tout mis pêle-mêle.

ring |riŋ| *s.m. inv.* (*ingl.*) ring *var.*

ringagliardire |ringaʎʎar'dire| (197) **A** *v.tr.* **1** [*rendere gagliardo di nuovo o di più*] redonner du courage ◇ (*fig.*) remonter **2** [*irrobustire*] fortifier **B** *v.pron. intr.* RINGAGLIARDIRSI **1** [*ingagliardirsi di più o di nuovo*] reprendre (73) *tr.* (du) courage: *dopo quell'episodio si è ringagliardito* après cet épisode, il a repris (du) courage **2** [*irrobustirsi*] se fortifier.

ringalluzzire |ringallut'tsire| (197) **A** *v.tr.* [*far diventare fiero, vivace come un galletto*] ragaillardir: *quella conquista l'ha ringalluzzito* cette conquête l'a ragaillardi **B** *v.pron. intr.* RINGALLUZZIRSI [→ *tr.*] se rengorger (3): *a quel complimento si è ringalluzzito* à ce compliment il s'est rengorgé.

ringalluzzito |ringallut'tsito| *agg.* [*euforico, compiaciuto per una lode*] ragaillardi (*p.p.*): *se n'è andato tutto ringalluzzito* il est parti tout ragaillardi.

ringentilire |rindʒenti'lire| (197) **A** *v.tr.* [*ingentilire di nuovo o di più*] affiner: *quel colore la ringentilisce* cette couleur l'affine **B** *v.pron. intr.* RINGENTILIRSI [*diventare più gentile, perdere in rozzezza*] devenir (27) *intr.* plus aimable: *con l'età si è ringentilita* en vieillissant, elle est devenue plus aimable # *i costumi si sono ringentiliti* les mœurs se sont adoucies.

ringhiànte |rin'gjante| *agg.* [*che ringhia*] grondant.

ringhiàre |rin'gjare| *v.intr.* (*aus. 'avere'*) [*digrignare i denti, mandando un brontolio minaccioso*] montrer *tr.* les dents, gronder: *il cane ringhiava alla vista degli sconosciuti* le chien montrait les dents, grondait à la vue des inconnus ◇ (*fig.*) *smettila di ringhiare!* arrête de gronder, de grogner!

ringhièra |rin'gjɛra| *s.f.* [*parapetto costituito di barre o tubi di metallo*] *la ringhiera del balcone* la balustrade (du balcon); *la ringhiera delle scale* la rampe (de l'escalier); *la ringhiera del ponte* le garde-fou *m.*, le garde-corps *m. inv.* (du pont).

ringhio, i |'ringjo, i| *s.m.* [*il fatto di ringhiare*] grondement.

ringhiosaménte |ringjosa'mente| *avv.* **1** [→ RINGHIOSO 1] en grondant *loc. inv.* **2** (*fig.*) [→ RINGHIOSO 2] en grognant (*loc. inv.*): *mi rispose ringhiosamente* il me répondit en grognant.

ringhióso |rin'gjoso| *agg.* **1** [*che ringhia*] grondant: *cane ringhioso* chien grondant **2** (*fig.*) [*che parla a denti stretti e in tono minaccioso*] *hargneux*: *persona ringhiosa* personne hargneuse.

ringiallire |rindʒal'lire| (197) **A** *v.tr.* **1** → **ingiallire** **2** [*ingiallire di nuovo*] jaunir de nouveau **B** *v.intr.* (*aus. 'essere'*) **1** → **ingiallire** **2** [→ *tr.* 2] jaunir (*aus.* avoir) de nouveau: *le foglie incominciano a ringiallire* les feuilles jaunissent de nouveau.

ringiovaniménto |rindʒovani'mento| *s.m.* [→ RINGIOVANIRE] rajeunissement.

ringiovanire |rindʒova'nire| (197) **A** *v.tr.* [*rendere di nuovo giovane, più giovane*] rajeunir: *la felicità l'ha ringiovanito* le bonheur l'a rajeuni **B** *v.intr.* (*aus. 'essere'*) [→ *tr.*] rajeunir (*aus.* avoir, être): *dopo la cura è ringiovanito* le traitement l'a rajeuni, après le traitement il a rajeuni Ⓒ **invecchiare.**

ringiovanito |rindʒova'nito| *agg.* [*che presenta un aspetto insolitamente giovanile*] rajeuni (*p.p.*): *sembra ringiovanito* il semble rajeuni.

ringoiàre |ringo'jare| *v.tr.* **1** [*ingoiare di nuovo*] ravaler **2** (*fig.*) [*rimandare giù, dentro; ritrattare*] ravaler: *ha ringoiato la sua proposta* il a ravalé sa proposition; *voglio fargli ringoiare i suoi insulti* je veux lui faire ravaler ses insultes.

ringorgàrsi |ringor'garsi| *v.pron. intr.* [*ingorgarsi di nuovo, rigurgitare*] s'engorger (3), se boucher de nouveau.

ringranaménto |ringrana'mento| *s.m.* [→ RINGRANARE] rengrènement.

ringranàre |ringra'nare| **A** *v.tr.* **1** [*ingranare di nuovo*] embrayer (9) *intr.* de nouveau, passer de nouveau une vitesse: *ringranare la terza* embrayer, passer de nouveau la troisième ◇ (*di linguaggio in genere*) rengréner (8) **2** [*coltivare ancora a grano o allo stesso tipo di cereali*] embrayer de nouveau **B** *v.intr.* (*aus. 'avere'*) [→ *tr.* 1] embrayer de nouveau: *non riesco a ringranare* je n'arrive pas à embrayer (de nouveau) ◇ (*fig.*) *è difficile ringranare sul lavoro dopo le vacanze* il est difficile d'embrayer de nouveau, de se remettre au travail après les vacances.

ringrandire |ringran'dire| (197) **A** *v.tr.* [*far diventare di nuovo grande o più grande*] agrandir de nouveau: *ha ringrandito la stanza abbattendo una parete* il a agrandi (de nouveau) la pièce en abattant une cloison **B** *v.intr.* (*aus. 'essere'*) [*diventare grande di nuovo o di più*] grandir (*aus.* avoir, être), devenir (27) plus grand: *quella macchia è ringrandita* cette tache a grandi, est devenue plus grande.

ringrassàre |ringras'sare| *v.tr. e intr.* (*aus. 'essere'*) [*diventare più grasso*] rengraisser (*aus.* avoir), regrossir (*aus.* avoir, être).

ringràvio, i |rin'gravjo, i| *s.m.* (*st.*) rhingrave.

ringraziaménto |ringrattsja'mento| *s.m.* [→ RINGRAZIARE] remerciement: *una lettera, un biglietto di ringraziamento* une lettre, un billet de remerciement; *visita di ringraziamento* visite de remerciement; *molti ringraziamenti* mille remerciements; *vi porgo i miei più vivi ringraziamenti* je vous présente mes plus vifs remerciements.

ringraziàre |ringrat'tsjare| *v.tr.* [*esprimere la propria gratitudine; rendere grazie a qc. di q.c.*] remercier: *mi ha ringraziato per quello che ho fatto* il m'a remercié pour ce que j'ai fait; *è stato ringraziato di cuore da tutti* tout le monde l'a remercié du fond du cœur; *se n'è andato senza ringraziare* il est parti sans remercier # *la ringrazio, ma non fumo* merci, je ne fume pas ◇ (*loc.*) *ringraziando Dio, tutto è andato bene* Dieu merci, tout s'est bien passé ~ *Dio sia ringraziato!*

Dieu soit loué! ~ *sia ringraziato il cielo!* le ciel soit loué!

ringrullìre |ringrul'lire| (197) **A** *v. intr.* (*aus.* '*essere*') [*diventare grullo, più grullo*] s'abrutir, s'abêtir **B** *v.tr.* [*far diventare grullo*] abrutir, abêtir.

ringuainàre |ringwai'nare| *v.tr.* [*inguainare di nuovo*] rengainer: *ringuainare la spada* rengainer l'épée.

rinìte |ri'nite| *s.f.* (*med.*) rhinite.

rinnamoraménto |rinnamora'mento| *s.m.* (*raro*) nouvel* amour.

rinnamoràre |rinnamo'rare| **A** *v. tr.* [*far innamorare di nuovo*] faire (45) *intr.* retomber amoureux* **B** *v.pron. intr.* RINNAMORARSI [*innamorarsi di nuovo*] retomber *intr.* amoureux: *si è rinnamorato di lei* il est de nouveau (retombé) amoureux d'elle.

rinnegàbile |rinne'gabile| *agg.* [→ RINNEGARE] reniable.

rinnegaménto |rinnega'mento| *s.m.* [→ RINNEGARE] reniement.

rinnegàre |rinne'gare| *v.tr.* [*non riconoscere, non osservare quanto prima si osservava, si riconosceva*] renier: *ha rinnegato la sua fede* il a renié sa foi.

rinnegàto |rinne'gato| *s.* [*chi ha rinnegato una fede, una dottrina, una idea*] renégat.

rinnegatóre, trice |rinnega'tore, tritʃe| *s.* celui *m.*, celle *f.* qui renie.

rinnèsto |rin'nɛsto| *e deriv.* → **reinnesto** *e deriv.*

rinnovàbile |rinno'vabile| *agg.* [→ RINNOVARE] renouvelable: *una cambiale rinnovabile* une traite renouvelable.

rinnovaménto |rinnova'mento| *s.m.* [→ RINNOVARE] renouvellement: *rinnovamento dell'ordinamento giuridico* renouvellement de l'organisation juridique ◇ [*rinascita*] renouveau: *rinnovamento di una nazione* renouveau d'une nation; *rinnovamento spirituale, culturale* renouveau spirituel, culturel.

rinnovàre |rinno'vare| **A** *v.tr.* **1** [*trasformare, rendere più efficiente e valido*] renouveler (4): *rinnovare le strutture economiche* renouveler les structures économiques **2** [*cambiare, sostituire con elementi nuovi*] renouveler, rénover: *voglio rinnovare il mio guardaroba* je veux renouveler, remonter ma garde-robe; *hanno rinnovato le tappezzerie* ils ont renouvelé, rénové la tapisserie **3** [*fare, compiere di nuovo; ripetere un'altra volta*] renouveler: *ha rinnovato la promessa* il a renouvelé sa promesse; *mi ha rinnovato le sue scuse* il m'a renouvelé ses excuses **4** [*riconfermare la validità, prorogare per un altro periodo*] renouveler: *rinnovare il contratto di locazione* renouveler le contrat de location; *rinnovare una cambiale* renouveler une lettre de change **B** *v. pron. intr.* RINNOVARSI **1** [*diventare, tornare nuovo; trasformarsi, adeguarsi*] se renouveler: *una società che aspira a rinnovarsi* une société qui aspire à se renouveler **2** [*ripetersi, avvenire di nuovo*] renouveler: *è un fenomeno che non si rinnova facilmente* c'est un phénomène qui ne se renouvelle pas facilement.

rinnovatóre, trice |rinnova'tore, tritʃe| *agg.* rénovateur*: *tendenze rinnovatrici* tendances rénovatrices ◆ (*s.*) *un rinnovatore* un rénovateur.

rinnovazióne |rinnovat'tsjone| *s.f.* [→ RINNOVARE] renouvellement *m.*, rénovation: *una rinnovazione radicale* un renouvellement radical, une rénovation radicale.

rinnovellàre |rinnovel'lare| *v.tr.* (*lett.*) [*far rivivere, far insorgere nuovamente*] renouveler (4) (*corr.*).

rinnòvo |rin'nɔvo| *s.m.* **1** [→ RINNOVARE] renouvellement: *il rinnovo di un contratto* le renouvellement d'un contrat; *il rinnovo di una cambiale* le renouvellement d'une lettre de change ◇ [*cambiamento*] rénovation (*f.*): *il rinnovo dei locali* la rénovation des locaux; *lavori di rinnovo* travaux de rénovation **2** (*agr.*) changement de culture: *il rinnovo di un terreno* le changement de culture sur un terrain.

rin(o)- |'rin(o)| *pref.* (*significa* '*naso*', *corrisponde gener. a*) rhin(o): *rinoceronte* rhinocéros.

rinobilitàre |rinobili'tare| *v.tr.* [*nobilitare di nuovo*] anoblir de nouveau, ennoblir de nouveau.

rinoceronte |rinotʃe'ronte| *s.m.* (*t.zool.*) rhinocéros.

rinofaringe |rinofa'rindʒe| *s.f.* (*anat.*) rhinopharynx *m.*

rinofaringite |rinofarin'dʒite| *s.f.* (*med.*) rhinopharyngite.

rinolalia |rinola'lia| *s.f.* (*med.*) rhinolalie, rhinophonie.

rinolaringite |rinolarin'dʒite| *s.f.* (*med.*) rhinolaryngite.

rinòlofo |ri'nɔlofo| *s.m.* (*t.zool.*) rhinolophe.

rinologia, gie |rinolo'dʒia, dʒie| *s.f.* (*med.*) rhinologie.

rinomànza |rino'mantsa| *s.f.* (*lett.*) [*fama, celebrità*] renommée (*corr.*), renom *m.* (*corr.*).

rinomàto |rino'mato| *agg.* renommé: *un negozio rinomato* un magasin renommé # *un chirurgo rinomato* un chirurgien célèbre, un patron (en chirurgie).

rinoplàstica, che |rino'plastika, ke| *s.f.* (*chir.*) rhinoplastie.

rinorragia, gie |rinorra'dʒia, dʒie| *s.f.* (*med.*) rhinorragie.

rinorràgico, ci, ca, che |rinor'radʒiko, tʃi, ka, ke| *agg.* (*med.*) rhinorragique.

rinorrèa |rinor'rɛa| *s.f.* (*med.*) rhinorrhée.

rinoscleròma |rinoskle'rɔma| *s.m.* (*med.*) rhinosclérome.

rinoscopia |rinosko'pia| *s.f.* (*med.*) rhinoscopie.

rinoscòpio, i |rinos'kɔpjo, i| *s.m.* (*med.*) rhinoscope.

rinquartàre |rinkwar'tare| **A** *v.tr.* **1** (*raro*) [*moltiplicare per quattro*] quadrupler (*corr.*) **2** (*agr.*) [*ringranare per il quarto anno consecutivo*] quartager (3) **B** *v.intr.* (*aus.* '*avere*') (*biliardo*) [*fare un rinquarto*] faire (45) ricocher sur trois bandes.

rinquàrto |rin'kwarto| *s.m.* (*biliardo*) *un rinquarto* un trois bandes.

rinsaccàre |rinsak'kare| **A** *v.tr.* **1** [*insaccare di nuovo, ancora*] remettre (71) dans le sac: *rinsaccare il grano* remettre le blé dans le sac **2** [*scuotere un sacco facendolo battere sul terreno per comprimere il contenuto*] tasser un sac **B** *v.pron. intr.* RINSACCARSI [*stare con la testa affondata nelle spalle; alzare le spalle*] rentrer la tête dans les épaules: *invece di rispondere, si rinsaccò nelle spalle* au lieu de répondre, il rentra la tête dans les épaules.

rinsaldaménto |rinsalda'mento| *s.m.* [→ RINSALDARE] raffermissement.

rinsaldàre |rinsal'dare| **A** *v.tr.* [*rendere più saldo, robusto*] raffermir, rendre (53) plus solide: *rinsaldare una amicizia* raffermir, rendre plus solide une amitié **B** *v.pron. intr.* RINSALDARSI [*diventare più saldo, sicuro*] s'ancrer: *si è rinsaldato nelle sue convinzioni* il s'est ancré dans ses convictions.

rinsanguàre |rinsan'gware| **A** *v.tr.* (*fig.*) [*rinvigorire, ridare forza, energia*] remettre (71) à flot, renflouer: *rinsanguare l'erario con nuove tasse* remettre à flot, renflouer le trésor par de nouveaux impôts **B** *v.pron. intr.* RINSANGUARSI [*rinvigorirsi, reperire nuovi mezzi*] se renflouer: *l'impresa si è rinsanguata* l'entreprise s'est renflouée # *con quest'affare si è un po' rinsanguato* cette affaire l'a un peu renfloué ◇ [*rimettersi in forze*] se remettre (71).

rinsaporìre |rinsapo'rire| *v.tr.* [*dare nuovo sapore*] redonner du goût, de la saveur.

rinsaviménto |rinsavi'mento| *s.m.* retour à la raison, assagissement.

rinsavìre |rinsa'vire| (197) *v.intr.* (*aus.* '*essere*') [*ricuperare il senno, tornare a essere ragionevole*] recouvrer la raison, s'assagir (*pron.*): *dopo tante pazzie è rinsavito* après tant de folies, il a recouvré la raison, il s'est assagi ◇ [*ricuperare la salute*] recouvrer (*lett.*) la santé.

rinsecchiménto |rinsekki'mento| *s.m.* [→ RINSECCHIRE 1] amaigrissement.

rinsecchìre |rinsek'kire| (197) *v. intr.* (*aus.* '*essere*') **1** (*persone*) [*diventare magro, asciutto*] maigrir (*aus.* avoir): *dopo tanto sport è rinsecchito* avec tant de sport il a maigri, tout ce sport l'a fait maigrir **2** (*cibi*) [*diventare secco*] sécher (8).

rinsecchìto |rinsek'kito| *agg.* [*divenuto magro*] amaigri # *viso rinsecchito* visage ratatiné.

rinselvàre |rinsel'vare| *v.tr.* (*lett.*) → **rimboschire**.

rinselvatichìre |rinselvati'kire| (197) **A** *v.tr.* [*rendere selvatico di nuovo o di più*] rendre (53) sauvage **B** *v.intr.* (*aus.* '*essere*') [*diventare selvatico di nuovo o di più*] redevenir (27) sauvage.

rinserràre |rinser'rare| **A** *v.tr.* [*serrare di nuovo*] resserrer, renfermer **B** *v. pron. rifl.* RINSERRARSI [*chiudersi, serrarsi dentro*] se renfermer.

rinsudiciàre |rinsudi'tʃare| **A** *v.tr.* [*insudiciare di nuovo, di più*] resalir: *hai rinsudiciato la cucina* tu as resali la cuisine **B** *v.pron. rifl.* RINSUDICIARSI [→ *tr.*] se resalir: *il bambino si è rinsudiciato* l'enfant s'est resali.

rintanàrsi |rinta'narsi| *v.pron. intr.* **1** [*rientrare nella tana*] rentrer *intr.* dans sa tanière, se terrer **2** (*fig.*) [*rinchiudersi, rifugiarsi*] se cloîtrer, se confiner: *si è rintanato in casa* il s'est cloîtré, confiné chez lui ◇ (*per est.*) [*nascondersi*] se cacher: *il cane si è rintanato nel garage* le chien s'est caché dans le garage.

rintasàre |rinta's(z)are| **A** *v.tr.* [*intasare di nuovo*] embouteiller de nouveau: *un altro incidente ha rintasato il traffico* un autre accident a embouteillé de nouveau la circulation **B** *v. pron. intr.* RINTASARSI [→ *tr.*] s'obstruer de nouveau, se reboucher: *il tubo di scarico si è rintasato* le tuyau de décharge s'est obstrué, bloqué de nouveau, s'est rebouché.

rintavolàre |rintavo'lare| *v.tr.* [*intavolare di nuovo*] recommencer (2), rentamer (*raro*): *rintavolare un discorso* recommencer, rentamer un discours.

rintegràre |rinte'grare| *e deriv.* → **reintegrare** *e deriv.*

rintelàre |rinte'lare| *v.tr.* [*intelare di nuovo*] entoiler de nouveau.

rinterraménto |rinterra'mento| *s.m.* → **rinterro.**

rinterràre |rinter'rare| **A** *v.tr.* **1** [*interrare di nuovo*] enterrer de nouveau **2** [*riempire di terra*] combler: *rinterrare una palude* combler un marécage ◇ (*agr.*) remblayer (9) **3** (*floricoltura*) [*rinnovare lo strato di terra di un vaso in cui sia coltivata una pianta*] rempoter **B** *v.pron. intr.* RINTERRARSI [*colmarsi di terra*] s'ensabler: *la foce del fiume si sta rinterrando* l'embouchure du fleuve s'ensable.

rintèrro |rin'tɛrro| *s.m.* **1** [→ RINTERRARE A] remblai, remblayage **2** [*deposito lasciato dalle acque*] alluvions *f. pl.*

rintèrzo |rin'tɛrtso| *s.m.* (*biliardo*) *un rinterzo* un deux bandes.

rintiepidìre |rintjepi'dire| (197) **A** *v.tr.* [*rendere tiepido di nuovo*] tiédir de nouveau: *rintiepidire il latte* tiédir de nouveau le lait **B** *v.pron. intr.* RINTIEPIDIRSI [*intiepidirsi di nuovo*] s'attiédir.

rintoccàre |rintok'kare| *v.intr.* (*aus.* '*avere*') [*suonare a rintocchi*] sonner; tinter: *l'orologio rintocca* l'horloge sonne (les heures) ‖ *la campana rintocca* le cloche tinte.

rintócco, chi |rin'tokko, ki| *s.m.* [*tocco, suono ripetuto di strumenti metallici a percussione*] coup: *il rintocco del pendolo* le coup de la pendule; *il pendolo ha battuto due rintocchi* la pendule a sonné deux coups ◇ (*di campana*) tintement # *rintocco funebre* glas; *le campane suonavano a rintocchi* les cloches sonnaient le glas ◇ *un rintocco isolato* un coup de cloche.

rintonacàre |rintona'kare| *v.tr.* [*intonacare di nuovo*] recrépir: *bisogna rintonacare la stanza* il faut recrépir la pièce.

rintonacatùra |rintonaka'tura| *s.f.* [→ RINTONACARE] recrépissage *m.*

rintonàre |rinto'nare| *v.tr.* [*intonare di nuovo*] entonner de nouveau: *rintonare una canzone* entonner de nouveau une chanson.

rintontìre |rinton'tire| (197) **A** *v.tr.* [*intontire di nuovo, di più*] abrutir: *questi rumori mi rintontiscono* ces bruits m'abrutissent **B** *v.pron. intr.* RINTONTIRSI [*diventare tonto, intontito*] s'abrutir, devenir (27) *intr.* abruti: *in questo caos c'è da rintontirsi* dans ce chaos, il y a de quoi s'abrutir, devenir abruti.

rintorpidìre |rintorpi'dire| (197) **A** *v.tr.* [*intorpidire di nuovo, di più*] engourdir de nouveau: *l'ozio lo ha rintorpidito* l'oisiveté l'a de nouveau engourdi **B** *v.pron. intr.* RINTORPIDIRSI [*intorpidirsi di nuovo, di più*] s'engourdir de nouveau: *in questa posizione mi sono rintorpidito* dans cette position, je me suis de nouveau engourdi.

rintracciàbile |rintrat'tʃabile| *agg.* **1** (*persone*) qu'on peut atteindre (*loc.*): *per stasera non è rintracciabile* ce soir on ne peut pas l'atteindre **2** (*cose* qu'on peut trouver (*loc.*): *una stoffa così non è facilmente rintracciabile* une étoffe comme ça, on ne peut pas la trouver, la dénicher facilement Ⓒ **irreperibile.**

rintracciaménto |rintrattʃa'mento| *s.m.* **1** (*raro*) [→ RINTRACCIARE] dépistage (*corr.*) **2** [*scoperta*] découverte *f.*

rintracciàre |rintrat'tʃare| *v.tr.* **1** [*ritrovare seguendo le tracce*] retrouver la piste, être (43) *intr.* sur la piste de: *la polizia ha rintracciato il rapinatore* la police a retrouvé la piste du voleur # *non so dove rintracciarlo* je ne sais pas où l'atteindre, le trouver **2** [*cercare, ricercare*] rechercher: *rintracciare le cause di un fatto* rechercher les causes d'un événement.

rintristìre |rintris'tire| (197) *v.intr.* (*aus.* '*essere*') [*intristire di nuovo, di più*] (*persone*) dépérir (*aus.* avoir), devenir (27) triste: *in questo ambiente è rintristita* dans ce milieu elle a dépéri, est devenue triste ◇ (*piante*) dépérir, s'étioler *pron.*

rintrodùrre |rintro'durre| (108) *v. tr.* [*introdurre di nuovo*] réintroduire (75): *l'ho rintrodotto in quel circolo* je l'ai réintroduit dans ce cercle.

rintronaménto |rintrona'mento| *s.m.* **1** [→ RINTRONARE A 1] assourdissement ◇ [*rintontimento*] abasourdissement **2** → **rimbombo.**

rintronàre |rintro'nare| **A** *v.tr.* **1** [*assordare, frastornare*] assourdir: *smettila di rintronarmi il cervello* arrête de m'assourdir ◇ [*stordire*] abasourdir: *il rumore mi ha rintronato le orecchie* le bruit m'a abasourdi **2** [*scuotere con gran rimbombo*] ébranler (avec fracas): *il temporale ha fatto rintronare il quartiere* l'orage a ébranlé (avec fracas) le quartier **B** *v.intr.* (*aus.* '*avere, essere*') [*risuonare con fragore, con un suono rimbombante*] retentir (*aus.* avoir), résonner (*aus.* avoir): *lo scoppio rintronò in tutta la valle* l'explosion retentit, résonna dans toute la vallée.

rintròno |rin'trɔno| *s.m.* → **rintronamento.**

rintuzzaménto |rintuttsa'mento| *s.m.* (*raro*) **1** [→ RINTUZZARE 1] rabaissement **2** [→ RINTUZZARE 2] refoulement **3** [→ RINTUZZARE 3] réfutation *f.*

rintuzzàre |rintut'tsare| *v.tr.* **1** [*reprimere, soffocare, contrastare*] rabattre (76), rabaisser: *rintuzzare la superbia di qc.* rabattre, rabaisser l'orgueil de qqn. **2** [*respingere*] repousser: *rintuzzare l'assalto del nemico* repousser l'assaut de l'ennemi **3** [*ribattere, rimbeccare*] réfuter: *rintuzzare le accuse* réfuter des accusations.

rinunciàre |rinun'tʃare| *e deriv.* → **rinunziare** *e deriv.*

rinùnzia |ri'nuntsja| *s.f.* **1** [*il fatto di rinunziare*] renoncement (*m.*): *questa è per me la rinunzia dei miei progetti* c'est pour moi le renoncement à mes projets # *opto per la rinunzia a una azione giudiziaria* j'opte pour le désistement (d'une action judiciaire) ◇ [*atto, documento*] renonciation: *la rinunzia a un'eredità* la renonciation à un héritage; *fare atto di rinunzia* faire un acte de renonciation **2** *spec. al plur.* [*sacrificio, privazione*] renoncement (*sing.*): *non devi arrivare alla rinunzia di te stessa* tu ne dois pas arriver au renoncement de toi-même; *ha fatto una vita di rinunzie* il a eu une vie de renoncements; sa vie a été un perpétuel renoncement.

rinunziàre |rinun'tsjare| *v.intr.* (*aus.* '*avere*') [*non esigere, rifiutare spontaneamente quanto ci spetta*] renoncer (2): *ha rinunciato a quella carica* il a renoncé à cette charge; *non vuol rinunziare a quel progetto* il ne veut pas renoncer à ce projet; *non rinunzierà di certo a quella proprietà* il ne renoncera certainement pas à cette propriété # *rinunzio a indovinare*; *ci rinunzio* je donne ma langue au chat Ⓒ **accettare.**

rinunziatàrio, i |rinuntsja'tarjo, i| **1** *agg.* [*che rinunzia con troppa facilità ai propri diritti*] défaitiste: *una politica rinunziataria* une politique défaitiste; *un atteggiamento rinunziatario* une attitude défaitiste ✦ (*s.*) *un rinunziatario* un défaitiste **2** *s.m.* (*dir.*) renonciataire.

rinunziatóre, trice |rinuntsja'tore, tritʃe| *s.* (*raro*) [*chi rinunzia*] renonciateur*.

rinvangàre |rinvan'gare| *v.tr.* → **rivangare.**

rinvasàre |rinva'zare| *v.tr.* [*mettere (un fiore) in un vaso più grande*] rempoter.

rinvasatùra |rinvaza'tura| *s.f.* [→ RINVASARE] rempotage *m.*

rinvàso |rin'vazo| *s.m.* → **rinvasatura.**

rinvenìbile |rinve'nibile| *agg.* [→ 1 RINVENIRE 1] (re)trouvable: *un oggetto difficilmente rinvenibile* un objet difficilement (re)trouvable → **ritrovabile.**

1 **rinveniménto** |rinveni'mento| *s.m.* [→ 1 RINVENIRE 2] découverte (*f.*): *il rinvenimento di una necropoli* la découverte d'une nécropole # *il rinvenimento d'una reliquia* l'invention d'une relique.

2 **rinveniménto** |rinveni'mento| *s.m.* (*metall.*) revenu.

1 **rinvenìre** |rinve'nire| (202) *v.tr.* **1** [*ritrovare*] retrouver: *sono riuscito a rinvenire l'ombrello perduto* j'ai réussi à retrouver le parapluie (que j'avais) perdu ◇ [*trovare*] trouver: *è stato rinvenuto il corpo del reato* le corps du délit a été trouvé **2** [*scoprire*] découvrir (23): *è stata rinvenuta un'antica tomba* une tombe ancienne a été découverte.

2 **rinvenìre** |rinve'nire| (202) *v.intr.* (*aus.* '*essere*') **1** [*riprendere i sensi, riacquistare conoscenza*] revenir (27) à soi, reprendre (73) *tr.* ses esprits, reprendre *tr.* connaissance **2** [*riacquistare, assorbendo acqua, il proprio volume, la freschezza, la morbidezza*] reprendre (73) (*aus.* avoir); tremper (*tr.*): *questi fiori sono rinvenuti subito nell'acqua fresca* ces fleurs ont repris tout de suite dans l'eau fraîche ‖ *far rinvenire i fagioli in acqua tiepida* faire tremper les haricots dans l'eau tiède Ⓒ 1 **svenire.**

rinverdìre |rinver'dire| (197) **A** *v.tr.* [*far tornare di nuovo verde*] reverdir: *la pioggia ha rinverdito i prati* la pluie a reverdi les prés ◇ (*fig.*) renouveler (4): *questa notizia ha rinverdito le sue speranze* cette nouvelle a renouvelé ses espoirs **B** *v.intr.* (*aus.* '*essere*') [*diventare di nuovo verde*] reverdir (*aus.* avoir): *le colline a primavera rinverdiscono* les collines, au printemps, reverdissent Ⓒ **ingiallire.**

rinvestìre |rinves'tire| *e deriv.* → **reinvestire** *e deriv.*

rinviàre |rinvi'are| *v.tr.* **1** [*inviare*

a sua volta, di nuovo, in restituzione] retourner; (r)envoyer (14): *rinviare una lettera al mittente* retourner une lettre à l'expéditeur ‖ *mi hanno rinviato una sollecita risposta* ils m'ont envoyé une prompte réponse **2** [*respingere, ridare*] renvoyer: *il giocatore ha rinviato la palla* le joueur a renvoyé la balle; *hanno rinviato la persona sospetta al paese di origine* ils ont renvoyé la personne suspecte dans son pays d'origine **3** [*differire nel tempo, spostare ad altra data*] remettre (71): *ho rinviato di un giorno il viaggio* j'ai remis le voyage d'un jour ◇ (*dir.*) ajourner, renvoyer: *rinviare un'udienza, un dibattito* ajourner, renvoyer une audience, un débat.

rinvigoriménto |rinvigori'mento| *s.m.* [→ RINVIGORIRE] reprise *f.*, rétablissement des forces: *ho notato in lui un certo rinvigorimento* j'ai noté en lui une certaine reprise des forces ◇ (*fig.*) raffermissement.

rinvigorire |rinvigo'rire| (197) **A** *v.tr.* [*ridare vigore, forza*] redonner des forces (à): *la vacanza al mare lo ha rinvigorito* les vacances à la mer lui ont redonné des forces ◇ [*rendere più vigoroso, rinforzare*] fortifier: *la ginnastica rinvigorisce i muscoli* la gymnastique fortifie les muscles, donne du muscle **B** *v.pron. intr.* RINVIGORIRSI **1** [*riacquistare le forze*] reprendre (73) *tr.* des forces: *con quella cura si è rinvigorito* avec cette cure il a repris des forces ◇ [*diventare più vigoroso*] se fortifier **2** (*fig.*) [*riacquistare vigore*] *il suo carattere si rinvigorisce* son caractère se fortifie; *le sue speranze si rinvigoriscono* ses espoirs se raniment.

rinvilire |rinvi'lire| (197) **A** *v.tr.* [*far diminuire i prezzi di prodotti alimentari*] baisser, diminuer le prix: *rinvilire il prezzo delle patate* baisser, diminuer le prix des pommes de terre **B** *v.intr.* (*aus.* '*essere*') [*diminuire di prezzo*] baisser (*aus.* avoir): *il grano è rinvilito* le blé a baissé.

rinvìo, ii |rin'vio, ii| *s.m.* **1** [→ RINVIARE 1, 2] retour; renvoi: *il rinvio della corrispondenza* le retour de la correspondance ‖ *il rinvio della merce* le renvoi de la marchandise ◇ (*sport*) *il rinvio della palla* le renvoi du ballon; *fare un bel rinvio* faire un beau renvoi ◇ (*tip.*) *segno di rinvio* renvoi **2** [→ RINVIARE 3] renvoi: *ha chiesto il rinvio di un mese* il a demandé un renvoi d'un mois # *si è deciso il rinvio della partenza* on a décidé de remettre le départ ◇ (*dir.*) *il rinvio di un'udienza* le renvoi d'une audience; *il rinvio del dibattito* l'ajournement des débats; *il rinvio dell'esecuzione di una condanna* le sursis de l'exécution; *il rinvio a giudizio* le renvoi d'une peine en ajournement; *cassazione senza rinvio* cassation par voie de retranchement.

rinvoltàre |rinvol'tare| *v.tr.* [*involtare di nuovo, meglio*] envelopper de nouveau: *rinvoltare dei bicchieri* envelopper de nouveau des verres.

rinvoltùra |rinvol'tura| *s.f.* **1** [*l'operazione di rinvoltare*] enveloppement *m.* **2** [*tela per ricoprire merci*] bâche.

rinzaffàre |rintsaf'fare| *v.tr.* (*edil.*) [*dare al muro la prima crosta di intonaco*] crépir.

rinzaffatùra |rintsaffa'tura| *s.f.* → **rinzaffo.**

rinzàffo |rin'tsaffo| *s.m.* (*edil.*) crépi.

rinzeppàre |rintsep'pare| *v.tr.* **1** [*rimpinzare*] gaver, bourrer: *mi hanno rinzeppato di cose buone* ils m'ont bourré, gavé de bonnes choses **2** [*riempire*] farcir, truffer # *hai rinzeppato il compito di errori* ton devoir est farci de fautes.

1 **rìo, ii** |'rio, ii| *s.m.* **1** (*lett.*) [*piccolo corso d'acqua, ruscello*] ruisseau (*corr.*) **2** (*nella laguna veneta*) [*diramazione di un canale*] canal*.

2 **rìo, ii** |'rio, ii| *agg.* (*poet.*, *lett.*) **1** [*malvagio, perverso*] mauvais (*corr.*), méchant (*corr.*) **2** [*avverso*] adverse (*corr.*), hostile (*corr.*).

riobbligàre |riobbli'gare| *v.tr.* [*obbligare di nuovo*] obliger (3) de nouveau.

rioccupàre |riokku'pare| **A** *v.tr.* [*occupare di nuovo*] reprendre (73); réoccuper: *rioccupare le posizioni perdute* reprendre les positions perdues; *rioccupare la manodopera* réoccuper la main-d'œuvre **B** *v.pron. intr.* RIOCCUPARSI [*occuparsi di nuovo di qc. o di q.c.*] s'occuper de nouveau, encore: *ci rioccuperemo presto di lei* nous nous occuperons de nouveau, encore de vous bientôt.

rioccupazióne |riokkupat'tsjone| *s.f.* [→ RIOCCUPARE A] réoccupation.

riolite |rio'lite| *s.f.* (*miner.*) rhyolit(h)e.

rionàle |rio'nale| *agg.* de, du quartier (*loc.*): *comitati rionali* comités de quartier; *mercato rionale* marché du quartier.

rióne |ri'one| *s.m.* [*quartiere di una città*] quartier: *rione popolare* quartier populaire; *rione centrale, periferico* quartier du centre, périphérique.

rioperàre |riope'rare| *v.tr.* [*operare di nuovo*] opérer (8) de nouveau.

riordinaménto |riordina'mento| *s.m.* **1** [→ RIORDINARE 2] réorganisation (*f.*): *il riordinamento di un'azienda* la réorganisation d'une entreprise; *il riordinamento di un archivio* la réorganisation des archives ◇ [*riforma*] réforme (*f.*): *il riordinamento della scuola* la réforme de l'enseignement **2** [→ RIORDINARE 1] rangement: *il riordinamento di una stanza* le rangement d'une pièce.

riordinàre |riordi'nare| *v.tr.* **1** [*rimettere in ordine*] ranger (3): *devo riordinare la mia stanza* il faut que je range ma chambre ◇ [*mettere in ordine, in assetto*] mettre (71) de l'ordre (dans), ranger: *voglio riordinare le mie idee* je veux mettre de l'ordre dans mes idées; *ha riordinato i suoi documenti* il a rangé ses papiers, il a remis de l'ordre dans ses papiers □ *si è riordinata i capelli* elle s'est coiffée, elle a arrangé ses cheveux **2** [*dare un ordinamento, un assetto nuovo*] réorganiser: *riordinare l'amministrazione pubblica* réorganiser l'administration publique **3** [*fare una nuova ordinazione*] faire (45) une nouvelle commande.

riordinatóre, trice |riordina'tore, tritʃe| *s.* [*chi riordina*] réorganisateur*.

riordinazióne |riordinat'tsjone| *s.f.* [→ RIORDINARE 3] nouvelle commande.

riórdino |ri'ordino| *s.m.* → **riordinamento.**

riorganizzàre |riorganid'dzare| *v.tr.* [*organizzare di nuovo*; *attuare una organizzazione diversa*] réorganiser: *hanno riorganizzato l'azienda* ils ont réorganisé l'entreprise; *vogliono riorganizzare il partito su nuove basi* ils veulent réorganiser le parti sur de nouvelles bases.

riorganizzativo |riorganiddza'tivo| *agg.* réorganisateur*.

riorganizzatóre, trice |riorganiddza'tore, tritʃe| *s.* réorganisateur*: *il riorganizzatore di un'azienda* le réorganisateur d'une entreprise.

riorganizzazióne |riorganiddzat'tsjone| *s.f.* [→ RIORGANIZZARE] réorganisation: *la riorganizzazione di un apparato burocratico* la réorganisation d'un appareil bureaucratique.

riosservàre |riosser'vare| *v.tr.* [*osservare di nuovo, meglio*] observer de (à) nouveau.

riottosaménte |riottosa'mente| *avv.* [→ RIOTTOSO] en recalcitrant *loc. inv.*, en rebelle *loc. inv.*

riottosità |riottosi'ta| *s.f. inv.* (*lett.*) caractère *m. var.* indocile.

riottóso |riot'toso| *agg.* **1** [*litigioso, attaccabrighe*] querelleur*, batailleur*: *un ragazzo riottoso* un garçon querelleur, batailleur **2** (*per est.*) [*caparbio, ribelle*] récalcitrant, rebelle.

rìpa |'ripa| *s.f.* **1** (*lett.*) [*sponda, riva*] rivage *m.*, rive: *uccelli di ripa* oiseaux de rivage ◇ *la ripa del mare* le bord *m.*, le rivage de la mer **2** (*lett.*) [*argine, dirupo*] talus *m.*

ripagàre |ripa'gare| *v.tr.* **1** [*pagare di nuovo*] repayer (9) # *ho dovuto ripagare il biglietto* j'ai dû payer une seconde fois mon billet **2** [*risarcire, indennizzare*] payer (9), dédommager (3): *abbiamo dovuto ripagare il vetro* nous avons dû payer la vitre; *l'hanno ripagato del danno subito* ils lui ont payé tout de suite les dégâts; ils lui ont immédiatement donné un dédommagement pour les dégâts **3** (*fig.*) [*ricompensare*] dédommager: *l'ha ripagata di tutti i sacrifici fatti* il l'a dédommagée de tous les sacrifices qu'elle avait faits ◇ (*iron.*) *ti ripagherò della tua cortesia* je te rendrai la pareille; tu peux t'attendre à la pareille ◇ (*loc.*) *lo vuol ripagare con la stessa moneta* il veut lui rendre la monnaie de sa pièce.

riparàbile |ripa'rabile| *agg.* [→ 1 RIPARARE A 2, 3] réparable: *un errore riparabile* une erreur réparable; *un danno difficilmente riparabile* des dégâts difficilement réparables.

1 **riparàre** |ripa'rare| **A** *v.tr.* **1** [*proteggere*; *dare riparo*; *difendere da un pericolo, un danno*] protéger (8): *questa sciarpa mi ripara dal freddo* ce cache-nez me protège du froid **2** [*risarcire*; *mettere rimedio a un male, a un danno*] réparer: *è un torto che devi riparare* c'est un tort que tu dois réparer; *puoi e devi riparare l'offesa fatta* tu peux et tu dois réparer cette offense # *deve riparare matematica* il doit repasser l'examen de mathématiques, repasser les math(s) (*fam.*) **3** [*aggiustare, accomodare*] réparer: *devo far riparare la macchina* je dois faire réparer ma voiture; *hanno riparato il tetto* on a réparé le toit ◇ [*ricucire, rammendare*] raccommoder: *ho riparato il lenzuolo* j'ai raccommodé le drap **B** *v.intr.* (*aus.* '*avere*') [*provvedere, curare*] réparer *tr.*, parer: *devo riparare al danno fatto dal bambino* je dois réparer les

dégâts faits par l'enfant; *è semplice riparare a questo inconveniente* il est facile de parer à cet inconvénient **C** *v. pron. rifl.* RIPARARSI [*mettersi al riparo, in salvo*] s'abriter: *mi sono riparata in un portone* je me suis abritée sous une porte.
2 **riparàre** |ripa'rare| *v.intr.* (*aus.* '*essere*') [*rifugiarsi, cercare asilo*] se réfugier *pron.*, chercher *tr.* refuge: *è riparato all'estero* il s'est réfugié à l'étranger, il a cherché refuge à l'étranger.
riparàta |ripa'rata| *s.f.* (*solo nella loc.*) *dare una riparata a q.c.* réparer rapidement qqch.
riparàto |ripa'rato| *agg.* [*aggiustato, accomodato*] réparé (*p.p.*): *bisogna andare a ritirare il televisore riparato* il faut aller chercher le téléviseur maintenant qu'il est réparé ◇ [*al riparo di*] abrité (*p.p.*): *è una casa riparata dalla collina* c'est une maison abritée (du vent) par la colline ◇ [*non esposto*] abrité: *è una località riparata dal vento* c'est une localité abritée du vent.
riparatóre, trice |ripara'tore, tritʃe| **1** *agg.* réparateur*: *un gesto riparatore* un geste réparateur; *una pena riparatrice* une peine réparatrice **2** *s.* [*tecnico, operaio che esegue lavori di riparazione*] réparateur: *un riparatore di televisori* un réparateur de téléviseurs.
riparazióne |riparat'tsjone| *s.f.* **1** [→ 1 RIPARARE A 3] réparation: *la riparazione di un motore* la réparation d'un moteur; *la riparazione di un orologio* la réparation d'une montre; *casa in riparazione* maison en réparation; *strada in riparazione* route en réfection, réparation ◇ (*edil.*) *lavori di riparazione* travaux de réfection **2** (*fig.*) [→ 1 RIPARARE A 2] réparation: *la riparazione di un'offesa* la réparation d'une offense; *in riparazione del torto subito* en réparation du tort subi; *esige da lui una riparazione* il lui demande réparation # *esami di riparazione* examens de repêchage.
ripàrio, i |ri'parjo, i| *agg.* (*lett.*) [*che abita sulle rive*] riverain (*corr.*).
riparlàre |ripar'lare| **A** *v.intr.* (*aus.* '*avere*') [*parlare di nuovo, tornare a parlare*] reparler: *riparla sempre delle stesse cose* il reparle toujours de la même chose; *è un problema di cui dovremo riparlare* c'est un problème dont nous devons reparler; *ne riparleremo!* nous en reparlerons! **B** *v.pron. recipr.* RIPARLARSI [*parlarsi di nuovo, essere rappacificati*] se reparler: *dopo tanti anni ora si riparlano* après tant d'années, maintenant ils se reparlent.
ripàro |ri'paro| *s.m.* **1** [*il fatto di riparare o di ripararsi; il mezzo usato come protezione*] abri: *trovò un riparo dalla pioggia* il trouva un abri contre la pluie; *si è messo al riparo dal vento* il s'est mis à l'abri du vent; *si è fatto un riparo di frasche* il s'est fait un abri de feuillage # *questa roccia fa da riparo alla casa* cette roche protège la maison **2** [*rimedio, provvedimento*] remède: *bisogna porre riparo a questa situazione* il faut porter remède, remédier à cette situation # *vuol correre ai ripari* il veut prendre des mesures (urgentes).
ripartìbile |ripar'tibile| *agg.* [→ 1 RIPARTIRE] partageable: *somma ripartibile* somme partageable ◇ (*econ.*) *utile ripartibile* bénéfice distribuable.
ripartimentàle |ripartimen'tale| *agg.* d'une, de la section *loc.*
ripartiménto |riparti'mento| *s.m.* **1** (*bur.*) section *f.* **2** (*raro*) → **scompartimento.**
1 **ripartìre** |ripar'tire| (197) *v.tr.* [*suddividere in un determinato numero di parti*] répartir, partager (3): *ha ripartito la somma fra i figli* il a réparti, partagé la somme entre ses enfants; *si sono ripartiti gli utili della società* ils se sont partagé les bénéfices de la société.
2 **ripartìre** |ripar'tire| *v.intr.* (*aus.* '*essere*') **1** [*riprendere un moto interrotto*] repartir (21): *la macchina non mi vuol ripartire* la voiture ne veut pas (re)partir **2** [*partire da un luogo in precedenza raggiunto*] repartir: *vuoi già ripartire?* veux-tu déjà repartir?
ripartito |ripar'tito| *agg.* e *s.m.* (*arald.*) reparti.
ripartitóre, trice |riparti'tore, tritʃe| *s.* **1** *s.* (*raro*) [*chi ripartisce*] répartiteur *m.* **2** *s.* [*impiegato postale addetto alla suddivisione della corrispondenza*] trieur* **3** *s.m.* (*elettr.*) régulateur, dispatcher.
ripartizióne |ripartit'tsjone| *s.f.* **1** [→ 1 RIPARTIRE] répartition: *la ripartizione degli utili* la répartition des bénéfices ◇ (*mat.*) *ripartizione proporzionale* partage proportionnel **2** (*bur.*) division, service (*m.*): *la ripartizione dell'economato* la division, le service de l'économat.
ripàrto |ri'parto| *s.m.* **1** (*raro*) → **ripartizione** 1 **2** (*Borsa*) partage, répartition *f.*
ripassàre |ripas'sare| **A** *v.tr.* **1** [*attraversare, passare di nuovo, un'altra volta*] repasser: *dovremo ripassare le Alpi* nous devrons repasser les Alpes; *ripasserò la frontiera domani* je repasserai la frontière demain; *ripassarono il fiume a guado* ils repassèrent la rivière à gué **2** [*tornare a percorrere con l'occhio, la mano, il pennello e sim.*] repasser: *ripassare la farina nello staccio* repasser la farine au tamis; *vuol ripassare il disegno con l'inchiostro di china* il veut repasser son dessin à l'encre de Chine; *ha ripassato una mano di vernice sulle persiane* il a repassé une couche de peinture sur les persiennes; *ho dovuto ripassare col ferro la biancheria* j'ai dû repasser le linge # *ripassare il filo nell'ago* renfiler son aiguille **3** [*ridare*] repasser: *ripassami la bottiglia per favore* repasse-moi la bouteille, s'il te plaît ◇ [*restituire*] rendre (53): *ripassami il libro quando l'hai finito* rends-moi le livre quand tu l'auras terminé **4** [*verificare*] vérifier: *ripassa il conto prima di pagare* vérifie la note avant de payer ◇ [*esaminare*] contrôler, examiner: *voglio ripassare la biancheria* je veux contrôler, examiner le linge ◇ [*rivedere*] repasser, revoir (37), réviser: *ha ripassato la sua parte* il a repassé, revu son rôle; *devo far ripassare il motore* je dois faire réviser le moteur **5** (*scherz.*) [*sgridare, picchiare di nuovo*] *lo ha ripassato ben bene* il lui a passé un bon savon (*fam.*); *ripassare le costole a qc.* flanquer une raclée (*fam.*) à qqn. **B** *v.intr.* (*aus.* '*essere*') [*ritornare, farsi vedere in un luogo*] repasser (*aus.* avoir, être): *ripasserò da casa tua* je repasserai chez toi; *è ripassato dal bar poco fa* il a (est) repassé au bar il y a quelques instants; *le dispiace ripassare?* cela ne vous fait rien de repasser?
ripassàta |ripas'sata| *s.f.* **1** [*il fatto di ripassare*] *hai dato una ripassata alla stanza?* as-tu donné un coup *m.* de balai à la chambre?; *bisogna dare una ripassata* [*una controllata*] *alla biancheria* il faut examiner le linge; *dai una ripassata* [*una stirata*] *a questa gonna* donne un coup de fer à cette jupe; *il motore ha bisogno di una ripassata* le moteur a besoin d'une revision; *devi dare una ripassata alla lezione* tu dois repasser ta leçon; *ha dato una ripassata di vernice alla porta* il a redonné un coup de peinture à la porte **2** [*aspro rimprovero, severa sgridata*] savon *m.* (*fam.*): *se lo vedo, gli do una bella ripassata* si je le vois, je lui passe un bon savon.
ripàsso |ri'passo| *s.m.* **1** [*ripetizione sistematica di una materia scolastica*] révision *f.* **2** [*passaggio di ritorno di molti uccelli e pesci in migrazioni periodiche*] nouveau passage.
ripensaménto |ripensa'mento| *s.m.* **1** [→ RIPENSARE A 1] nouvelle réflexion (*f.*): *è necessario un ripensamento sui fatti* une nouvelle réflexion sur les faits est nécessaire **2** [→ RIPENSARE A 2] changement d'avis: *ha avuto un improvviso ripensamento* il a changé d'avis à l'improviste.
ripensàre |ripen'sare| **A** *v.intr.* (*aus.* '*avere*') **1** [*pensare di nuovo, tornare a riflettere con maggiore attenzione*] repenser: *ripensaci bene prima di decidere* repenses-y bien avant de décider; *ora che ci ripenso...* maintenant que j'y repense...; *ho ripensato a quello che mi hai detto* j'ai repensé à ce que tu m'as dit # *pensa e ripensa, ho deciso...* à force d'y penser, j'ai décidé... **2** [*cambiare opinione*] changer (3) d'avis: *ci ho ripensato, non parto più* j'ai changé d'avis, je ne pars plus **3** [*pensare, riandare con la memoria*] penser à, se rappeler (4) (*pron.*): *ripensavo a una persona cara* je pensais à une personne chère, je me rappelait une personne chère; *mi rattristo solo a ripensarci* cela me rend triste rien que d'y penser **B** *v.tr.* (*lett.*) [*riconsiderare, rievocare*] évoquer.
ripènse |ri'pɛnse| *agg.* (*raro*) [*della riva, posto alla riva*] riverain (*corr.*).
ripentiménto |ripenti'mento| *s.m.* [→ RIPENTIRSI] repentir: *un tardivo ripentimento* un repentir tardif # *ha avuto un ripentimento* il est revenu sur sa décision.
ripentìrsi |ripen'tirsi| *v.pron. intr.* **1** [*pentirsi di nuovo*] se repentir (21) (de nouveau): *si è ripentito veramente* il s'est vraiment repenti (de nouveau) ◇ [*rammaricarsi di nuovo*] regretter de nouveau: *si è ripentito di non essere partito* il a de nouveau regretté de ne pas être parti **2** [*ritornare su una decisione*] revenir (27) sur sa décision: *ha promesso, ma si è ripentito* il a promis, mais il est revenu sur sa promesse.
ripercórrere |riper'korrere| (127) *v.tr.* [*percorrere di nuovo, un'altra volta*] parcourir (17) de nouveau: *ho ripercorso tutta la strada a piedi* j'ai parcouru, refait de nouveau toute la route à pied ◇ (*fig.*) *ripercorrere con la mente i momenti più belli del passato* revivre

en (par la) pensée les plus beaux moments du passé.
ripercuòtere |riper'kwɔtere| (162) **A** *v.tr.* **1** [*percuotere di nuovo, più volte*] frapper de nouveau **2** [*riflettere, respingere indietro*] renvoyer (14): *la superficie dell'acqua ripercuote i raggi del sole* la surface de l'eau renvoie les rayons du soleil ◇ (*di suoni*) répercuter **B** *v.pron. intr.* RIPERCUOTERSI [*trasmettere, provocare per contraccolpo, un colpo, una spinta*] se répercuter: *il colpo alla schiena si è ripercosso in tutto il corpo* le coup dans le dos s'est répercuté dans tout le corps ◇ (*fig.*) *la crisi di un settore si ripercuote anche sugli altri* la crise dans un secteur se répercute dans les autres.
ripercussióne |riperkus'sjone| *s.f.* [→ RIPERCUOTERE A 2; B] répercussion: *la ripercussione di un suono* la répercussion d'un son; *le ripercussioni politiche, economiche* les répercussions politiques, économiques # *la ripercussione della luce* la réflexion de la lumière.
ripèrdere |ri'pɛrdere| (163) *v.tr.* [*perdere di nuovo*] reperdre (53): *ho riperso le chiavi* j'ai reperdu mes clés.
ripesàre |ripe'sare| *v.tr.* [*pesare di nuovo*] peser (6) de nouveau.
ripescàggio, i |ripes'kaddʒo, i| *s.m.* → **'repêchage'**.
ripescàre |ripes'kare| *v.tr.* **1** [*pescare di nuovo*] repêcher: *ha ripescato un'altra acciuga* il a repêché un (autre) anchois ◇ (*fig.*) *ha ripescato la stessa carta* il a pris, repêché la même carte **2** (*fig.*) [*trovare dopo aver molto cercato*] dénicher, retrouver: *ho ripescato queste foto in solaio* j'ai déniché, retrouvé ces photos dans le grenier # *si è fatto ripescare con le mani nel sacco* il s'est fait repincer les mains dans le sac.
ripestàre |ripes'tare| *v.tr.* **1** [*pestare di nuovo*] piler de nouveau # *ripestare la carne* aplatir de nouveau la viande **2** [*schiacciare di nuovo*] écraser de nouveau: *mi hai ripestato un piede* tu m'as de nouveau écrasé le pied **3** [*calpestare di nuovo*] marcher de nouveau (sur): *smettila di ripestare le foglie secche* ne marche pas de nouveau sur, ne piétine pas les feuilles sèches **4** [*picchiare di nuovo*] battre (76) de nouveau: *lo hanno ripestato* ils l'ont de nouveau battu.
ripetènte |ripe'tɛnte| *agg.* qui redouble une classe (*loc.*): *un alunno ripetente* un élève qui redouble une classe ♦ (*s.*) *un ripetente* un redoublant.
ripètere |ri'pɛtere| **A** *v.tr.* **1** [*dire, pronunziare per la seconda volta, una altra volta*] répéter (8): *ti ho detto e ti ripeto che non posso!* je t'ai dit et je te répète que je ne peux pas!; *quante volte ti devo ripetere la stessa cosa?* combien de fois dois-je te répéter la même chose?; *puoi ripetermi l'ultima frase?* peux-tu me répéter la dernière phrase?; *ripetimi tutto parola per parola* répète-moi tout mot pour mot; *torno a ripetere che partirò* je (te) répète que je partirai # *non fartelo ripetere due volte* ne te le fais pas dire deux fois **2** [*ripassare*] repasser, réviser: *deve ancora ripetere la lezione* il doit encore repasser, réviser sa leçon **3** [*fare eseguire di nuovo*] recommencer (2), répéter: *deve ripetere la cura* il doit recommencer un traitement; *vuol ripetere il tentativo* il veut répéter une tentative; *la prova può essere ripetuta* l'épreuve peut être répétée **4** [*rifare, imitare quanto fatto dagli altri*] répéter, refaire (45): *speriamo che non ripeta lo stesso errore* espérons qu'il ne répète, (répétera) pas, qu'il ne refasse (ne refera) pas la même erreur **5** [*frequentare di nuovo lo stesso anno di corso*] redoubler: *ripetere l'anno* redoubler **6** (*dir.*) [*richiedere in giudizio ciò a cui si ha diritto*] répéter: *ripetere i danni* répéter des dommages et intérêts **B** *v. pron. intr.* RIPETERSI **1** [*ridire o rifare in altra forma cosa già detta o fatta*] se répéter: *è un artista che si ripete* c'est un artiste qui se répète **2** [*ricorrere, accadere di nuovo*] répéter: *spera che non si ripeta più* il espère que cela ne se répétera plus.
ripetìbile |ripe'tibile| *agg.* [→ RIPETERE A 1, 3, 4] répétable: *parole non ripetibili* mots non répétables; *un'esperienza ripetibile* une expérience répétable.
ripetitivo |ripeti'tivo| *agg.* répétitif*: *gesti ripetitivi* gestes répétitifs.
ripetitóre, trice |ripeti'tore, tritʃe| **I** *agg.* répétiteur*: *bussola ripetitrice* compas répétiteur ◇ (*mar.*) *nave ripetitrice* répétiteur *s.m.* ◇ (*rad.*, *tv*) *stazione ripetitrice* relais hertzien **II** *s.m.* **1** [*insegnante che impartisce lezioni private*] répétiteur **2** (*mar.*) substitut **3** (*tecnol.*) répétiteur: *ripetitore elettromeccanico* répétiteur électromécanique # *ripetitore tv* (*televisivo*) relais de télévision.
ripetitrìce |ripeti'tritʃe| *s.f.* (*foto.*, *tecnol.*) répétitrice.
ripetizióne |ripetit'tsjone| *s.f.* **1** [→ RIPETERE A 1, 3, 4] répétition: *la ripetizione di una prova* la répétition d'une épreuve; *la ripetizione di un segnale* la répétition d'un signal; *un lavoro pieno di ripetizioni* un travail plein de répétitions; *armi a ripetizione* armes à répétition # *ha detto delle sciocchezze a ripetizione* il a dit bêtise(s) sur bêtise(s) **2** [*ripasso*] révision: *ripetizione trimestrale* révision trimestrelle **3** [*lezione privata*] cours *m. pl.* particuliers: *va a ripetizione* il prend des cours particuliers **4** (*dir.*) répétition **5** → **raddoppiamento.**
ripetutaménte |ripetuta'mente| *avv.* [→ RIPETUTO 2] plusieurs fois *loc. inv.*, maintes fois (*loc. inv.*): *lo abbiamo ripetutamente avvisato* nous l'avons averti plusieurs fois, maintes fois.
ripetùto |ripe'tuto| *agg.* **1** [*detto, fatto di nuovo*] répété: *rima ripetuta* rime répétée **2** *al plur.* [*numeroso, frequente*] plusieurs: *ho suonato ripetute volte* j'ai sonné plusieurs fois.
ripiàngere |ri'pjandʒere| (165) **A** *v.tr.* [*piangere di nuovo*] pleurer de nouveau: *ripiange l'accaduto* il pleure de nouveau sur ce qui s'est passé **B** *v. intr.* (*aus.* '*avere*') [*mettersi a piangere di nuovo*] pleurer de nouveau.
ripiàno |ri'pjano| *s.m.* **1** (*agr.*) terrasse *f.* **2** (*geogr.*) plateau **3** [*palchetto di scaffale, armadio e sim.*] rayon: *mensola a ripiani* console à rayons **4** [*pianerottolo*] palier.
ripiantàre |ripjan'tare| *v.tr.* [*piantare di nuovo*] replanter.
ripicca, che |ri'pikka, ke| *s.f.* [*dispetto fatto in risposta a un dispetto ricevuto*] vengeance; dépit (*m.*): *questa non è che una stupida ripicca* ce n'est qu'une stupide vengeance || *è partito solo per ripicca* il est parti uniquement par dépit.
ripicchiàre |ripik'kjare| **A** *v.tr.* [*percuotere nuovamente*] frapper de nouveau: *il bambino ha ripicchiato suo fratello* l'enfant a de nouveau frappé son frère, a encore donné des coups à son frère **B** *v.intr.* (*aus.* '*avere*') [*picchiare di nuovo*] frapper de nouveau: *hanno ripicchiato alla porta* ils ont de nouveau frappé à la porte ◇ (*loc. fig.*) *picchia e ripicchia* à force de frapper.
ripicco, chi |ri'pikko, ki| *s.m.* → **ripicca.**
ripidaménte |ripida'mente| *avv.* [→ RIPIDO] abruptement: *un sentiero che si inerpica ripidamente* un sentier qui grimpe abruptement.
ripidézza |ripi'dettsa| *s.f.* [*il fatto di essere ripido*] raideur: *la ripidezza di una scarpata* la raideur d'un talus.
rìpido |'ripido| *agg.* [*che ha una forte pendenza*] raide: *una ripida salita* une montée raide; *una scarpata ripida* un talus raide.
ripiegaménto |ripjega'mento| *s.m.* [→ RIPIEGARE] repliement, repli: *ripiegamento di un telone* repliement d'une bâche; *ripiegamento tattico, strategico* repli tactique, stratégique; *il ripiegamento dell'anima su sé stessa* le repliement de l'âme sur elle même ◇ (*geol.*) repli.
ripiegàre |ripje'gare| **A** *v.tr.* **1** [*piegare di nuovo, un'altra volta*] replier: *ripiegò il foglio in quattro* il replia la feuille en quatre **2** [*piegare su di sé, serrare verso l'interno*] replier: *si sedette e ripiegò le gambe* il s'assit et replia ses jambes; *l'uccello ripiegò le ali* l'oiseau replia ses ailes ◇ (*mar.*) *ripiegare le vele* amener les voiles **B** *v. intr.* (*aus.* '*avere*') **1** (*mil.*) [*ritirarsi su posizioni più arretrate*] se replier (*pron.*): *le nostre truppe hanno ripiegato dietro ai colli* nos troupes se sont repliées derrière les collines **2** [*cedere, recedere da un proposito, dalla posizione assunta*] se rabattre (76): *hanno ripiegato su una altra soluzione* ils se sont rabattus sur une autre solution **C** *v.pron.* RIPIEGARSI **1** *rifl.* [*rivolgersi su sé stesso*] se replier: *si è ripiegato in sé per cercare di capire* il s'est replié sur lui-même pour essayer de comprendre **2** *intr.* [*piegarsi, flettersi*] ployer (10) *intr.*, se courber: *i rami si ripiegavano sotto il peso della neve* les branches ployaient, se courbaient sous le poids de la neige C B 1 **avanzare 1.**
ripiegàta |ripje'gata| *s.f.* (*solo nella loc.*) *dare una ripiegata a q.c.* replier rapidement qqch.
ripiegatùra |ripjega'tura| *s.f.* [*l'azione di ripiegare, il fatto di venir ripiegato*] pliage (*m.*): *la ripiegatura delle lenzuola* le pliage des draps.
ripiègo, ghi |ri'pjɛgo, gi| *s.m.* [*espediente, trovata*] expédient: *questa scelta è un ripiego* ce choix est un expédient; *quel tizio vive di ripieghi* ce type vit d'expédients ◇ *loc.* DI RIPIEGO: *una soluzione di ripiego* une solution de rechange, un pis-aller *s.m. inv.*
ripièna |ri'pjɛna| *s.f.* **1** (*edil.*) remplage *m.* **2** (*min.*) remblai *m.*, remblayage *m.* # *macchina per ripiena* remblayeuse.

ripienatrice |ripjena'tritʃe| *s.f.* (*min.*) remblayeuse.

ripièno |ri'pjɛno| **I** *agg.* **1** [*ben pieno, completamente pieno*] plein, rempli: *un bicchiere ripieno di vino* un verre plein, rempli de vin ◇ (*fig.*) *ho l'anima ripiena di amarezza* j'ai le cœur gonflé d'amertume **2** [*riempito, farcito*] farci; fourré: *melanzane ripiene* aubergines farcies ‖ *ciocolatini ripieni* chocolats fourrés # *panini ripieni* sandwiches **II** *s.m.* **1** [*materiale di riempimento*] rembourrage, matelassure (*f.*): *un cuscino con il ripieno di lana* un coussin avec (un) rembourrage, (une) matelassure de laine **2** (*cuc.*) farce (*f.*): *il ripieno dei ravioli* la farce des ravioli ◇ (*di dolci*) crème (*f.*): *il ripieno delle paste* la crème des gâteaux **3** (*mus.*) remplissage.

ripigliàre |ripiʎ'ʎare| *v.tr.* (*fam.*) → **riprendere.**

ripiglìno |ripiʎ'ʎino| *s.m.* (*gioco infantile*) berceau.

ripiombàre |ripjom'bare| **A** *v.intr.* (*aus.* '*essere*') **1** [*piombare nuovamente*] retomber: *ripiombò in un sonno profondo* il retomba dans un sommeil profond; *è ripiombato in una cupa malinconia* il est retombé dans une sombre mélancolie **2** [*avventarsi*] fondre (53) (*aus.* avoir) de nouveau: *ripiombò contro di lui come una furia* il fondit de nouveau sur lui comme une furie **B** *v.tr.* [*ricoprire di piombo*] plomber de nouveau ◇ (*fig.*) replonger (3).

ripiòvere |ri'pjɔvere| (166) *v.intr. impers.* (*aus.* '*essere, avere*') [*tornare a piovere*] repleuvoir (29) (*aus.* avoir).

ripopolaménto |ripopola'mento| *s.m.* [→ RIPOPOLARE] repeuplement: *il ripopolamento di una zona montana* le repeuplement d'une zone de montagne.

ripopolàre |ripopo'lare| **A** *v.tr.* [*popolare di nuovo, accrescere la densità di insediamento*] repeupler: *ripopolare una terra abbandonata* repeupler une terre abandonnée **B** *v.pron. intr.* RIPOPOLARSI [*tornare a popolarsi*] se repeupler: *questa zona si è ripopolata rapidamente* cette zone s'est rapidement repeuplée.

ripórre |ri'porre| (168) *v.tr.* **1** [*porre di nuovo, un'altra volta; rimettere*] (re)-mettre (71): *ha riposto in vendita la casa* il a remis en vente sa maison; *vuol riporre in discussione la decisione presa* il veut remettre en question la décision prise; *vuoi riporre in dubbio la mia parola?* tu veux mettre en doute ma parole? # *hanno riposto mano ai lavori* ils ont repris les travaux; *riporre una domanda* reposer une question; *riporre una candidatura* réprésenter une candidature **2** [*porre, collocare allo stesso posto, al proprio posto*] remettre, ranger (3): *riponi questo libro nel suo scaffale* remets, range ce livre sur l'étagère; *si prega di riporre in ordine le schede* vous êtes priés de remettre les fiches en ordre **3** [*porre q.c. in un luogo opportuno, dove sia custodita*] ranger: *riponi i vestiti nell'armadio* range tes vêtements dans l'armoire # *riporre i gioielli in cassaforte* mettre ses bijoux dans le coffre-fort; *riporre il fieno* rentrer les foins **4** (*fig.*) [*porre con certezza un sentimento in qc. o in q.c.*] placer (2), mettre: *aveva riposto tutta la sua fiducia in lui* il avait placé, mis toute sa confiance en lui; *ha riposto le sue ultime speranze in quell'affare* il a mis ses derniers espoirs dans cette affaire **5** → **nascondere.**

riportàre |ripor'tare| **A** *v.tr.* **1** [*portare di nuovo, un'altra volta*] porter de nouveau: *riportò il bicchiere alle labbra senza parlare* sans dire un mot, il porta de nouveau le verre à ses lèvres ◇ (*in unione a un avv.*) *ha riportato via tutto* il a tout enlevé; *riporta dentro i giocattoli* ramasse tes jouets; *bisogna riportare fuori l'ombrellone* il faut sortir le parasol; *ho riportato giù l'occorrente* j'ai descendu le nécessaire; *ha riportato su il necessario* il a monté le nécessaire **2** [*restituire, rendere*] rapporter, rendre (53): *riportami il libro che ti ho prestato* rapporte-moi, rends-moi le livre que je t'ai prêté # *riporta il cane dal suo padrone* ramène le chien à son maître **3** [*ricondurre, portare qc. o q.c. dove già era*] ramener (6), reconduire (75): *vieni a cena da noi, poi ti riporto a casa in macchina* viens dîner chez nous, puis je te ramène, reconduis chez toi en voiture; *ho riportato la temperatura a zero* j'ai ramené la température à zéro; *riportare un aereo alla base* ramener un avion à sa base # *riportare una commedia sulla scena* représenter de nouveau une comédie (sur la scène) **4** [*indossare di nuovo*] remettre (71): *riporta a ogni festa lo stesso vestito* il remet, à chaque fête, le même costume **5** [*riferire, citare*] relater, rapporter: *il giornale della sera riporta il fatto* le journal du soir relate, rapporte le fait; *la radio non ha riportato quella notizia* la radio n'a pas rapporté cette nouvelle ◇ [*ridire, rapportare ad altri*] rapporter: *attento, quello riporta tutto* attention, celui-là rapporte tout **6** [*conseguire, ottenere*] remporter, obtenir (27): *all'esame ha riportato una bella votazione* à l'examen il a obtenu de bonnes notes; *sono sicuro che riporterà una netta vittoria* je suis sûr qu'il remportera une nette victoire # *hanno riportato una dura sconfitta* ils ont essuyé une dure défaite **7** [*ricevere, avere*] avoir (28): *ne ho riportato una bella impressione* j'en ai eu une bonne impression **8** [*subire, come conseguenza di disastri e di incidenti*] subir # *nell'incidente ha riportato lievi ferite* dans l'accident il a été légèrement blessé; *a causa dell'incendio ha riportato seri danni* l'incendie lui a causé d'importants dégâts **9** [*trasferire, riprodurre*] reproduire (75): *riportare in scala maggiore un disegno* reproduire un dessin sur une échelle plus grande **10** (*mat.*) [*fare il riporto*] retenir (27) **11** [*segnare in entrata, in uscita*] reporter: *riportare in attivo, in passivo* reporter à l'actif, au passif **B** *v.pron. intr.* RIPORTARSI **1** [*tornare con la mente a usanze, a tempi passati*] se reporter: *ci riportiamo al medioevo* nous nous reportons au moyen âge **2** [*richiamarsi, riferirsi*] se rapporter: *ci riportiamo a ciò che è stato detto precedentemente* nous nous rapportons à ce qui a été dit précédemment.

riportàto |ripor'tato| *s.m.* **1** [*colui che aliena titoli di credito al riportatore*] reporté **2** (*Borsa*) reporté.

riportatóre, trice |riporta'tore, tritʃe| *s.* [*chi prende titoli a riporto*] reporteur *m.*

riportatùra |riporta'tura| *s.f.* [→ RIPORTARE A 9] *riportatura di un disegno* report *m.* d'un dessin.

ripòrto |ri'pɔrto| *s.m.* **1** (*mat.*) retenue (*f.*): *riporto di un numero* retenue d'un numéro, d'un chiffre **2** (*contabilità, Borsa*) report: *contratto di riporto* contrat de report **3** (*abbigl.*) application (*f.*): *ricamo da riporto* broderie avec applications **4** (*caccia*) *cane da riporto* retrevier **5** (*edil.*) *materiale da riporto* remblai, remblayage.

riposànte |ripo'sante| *agg.* reposant: *un ambiente riposante* un milieu reposant; *una lettura riposante* une lecture reposante.

1 **riposàre** |ripo'sare| **A** *v.intr.* (*aus.* '*avere*') **1** [*sospendere un'attività per eliminare la stanchezza o per non affaticarsi*] se reposer (*pron.*): *non telefonare, sta riposando* ne téléphone pas, il se repose; *sento la necessità di riposare* j'éprouve la nécessité de me reposer ◇ (*agr.*) *lasciar riposare un terreno* laisser reposer la terre ◇ (*nelle iscrizioni funebri*) *riposa nella pace del Signore...* repose dans la paix du Seigneur...; *qui riposa l'anima di...* ici repose... ◇ (*cuc.*) *bisogna lasciar riposare la pasta per un'ora* il faut laisser reposer la pâte une heure; *far riposare il vino* faire reposer le vin ◇ (*fig.*) *riposare sugli allori* [*contentarsi delle posizioni raggiunte*] se reposer sur ses lauriers; s'endormir sur le rôti (*fam.*) **2** (*fig.*) [*fondarsi, poggiare*] reposer: *su quali premesse riposa la tua tesi?* sur quelles prémisses repose ta thèse?; *questa teoria riposa su solide basi* cette théorie repose sur des bases solides **B** *v.tr.* [*far riposare, dare quiete*] reposer: *questo colore riposa gli occhi* cette couleur repose les yeux; *cerca di riposare un po' il cervello!* essaie de reposer un peu ton cerveau! **C** *v.pron. intr.* RIPOSARSI [*prendere ristoro, riposo*] se reposer: *durante le vacanze ci riposeremo* pendant les vacances nous nous reposerons; *ora riposati, poi ricomincerai* repose-toi, d'abord, et puis tu recommenceras.

2 **riposàre** |ripo'sare| *v.tr.* [*posare di nuovo, un'altra volta*] reposer: *riposò la penna* il reposa le stylo; *mangia e riposa il cucchiaio nel piatto* mange et repose ta cuillière dans l'assiette.

riposàta |ripo'sata| *s.f.* (*raro*) [*breve riposo ristoratore*] (bref) repos *m.* (*corr.*).

riposàto |ripo'sato| *agg.* [*tornato all'efficienza, non affaticato*] reposé: *tornerò sul problema con mente riposata* je reviendrai sur le problème à tête reposée; *ora mi sento riposato* maintenant, je me sens reposé ◇ (*fig.*) *fa una vita riposata* il mène une vie calme, paisible Ⓒ **stanco.**

riposino |ripo'sino| *s.m.* (*fam.*) petit somme (*corr.*).

ripòso |ri'pɔso| *s.m.* **1** [→ 1 RIPOSARE A 1; B; C] repos: *riposo settimanale, festivo* repos hebdomadaire, dominical; *mi ha concesso tre giorni di riposo* il m'a donné trois jours de repos; *non ha un momento di riposo* il n'a pas un moment de repos, de répit; *prenditi un po' di riposo* prends un peu de repos # *buon riposo!* bonne nuit!; *lavora senza riposo* il travaille sans relâche ✦ (*inter.*) *attenti!, riposo!* garde-à-vous!, repos! ◇ (*euf.*) *il riposo eterno; l'ultimo, l'estremo riposo* le repos éternel **2** (*agr.*) friche *f.*, jachère (*f.*): *terreno in riposo* terre en friche, en jachère, au repos **3** [*cessazione di rapporto stabile, dopo l'acquisizione del diritto alla pensione*] retraite (*f.*): *collocamento a riposo* mise à la retraite; *funzionario a riposo* fonctionnaire à la retraite; *è stato messo a riposo* il a été mis à la retraite ◇ (*loc.*) *casa di riposo* maison de repos, hospice **4** (*mus.*) repos: *accordo di riposo* accord de repos; *nota, grado di riposo* note, grade de repos **5** (*teat.*) relâche *f.* **6** (*lett.*) [*quiete, tranquillità*] paix *f.* (*corr.*), tranquillité *f.* (*corr.*).

ripósta |ri'posta| *s.f.* (*raro*) → **provvista.**

ripostaménte |riposta'mente| *avv.* [→ RIPOSTO 2] secrètement.

ripostìglio, i |ripos'tiʎʎo, i| *s.m.* [*luogo dove si può riporre q.c.*] débarras.

ripósto |ri'posto| *agg.* **1** [*posato, collocato*] rangé ◇ (*fig.*) *fiducia mal riposta* confiance mal placée **2** [*appartato, recondito*] retiré: *un luogo riposto* un lieu retiré ◇ [*segreto, nascosto*] secret: *i più riposti pensieri* ses pensées les plus secrètes ✦ *s.m.* (*mar.*) laverie *f.*, chambre *f.* du bord où l'on fait la vaisselle.

ripregàre |ripre'gare| *v.tr.* [*pregare di nuovo, ancora*] prier de nouveau # *l'ho pregato e ripregato più volte* je l'ai prié à plusieurs reprises.

riprèndere |ri'prendere| (105) **A** *v.tr.* **1** [*prendere di nuovo, un'altra volta*] reprendre (73): *riprendi la penna e scrivi* reprends ton crayon et écris; *ha ripreso il viaggio ieri sera* il a repris son voyage hier soir; *l'aereo ha ripreso quota* l'avion a repris de l'altitude; *lo riprende al suo servizio* il le reprend à son service; *vorrebbe riprendere gli studi* il voudrait reprendre ses études; *dopo aver ripreso fiato, è ripartito* après avoir repris haleine, il est reparti; *sta riprendendo conoscenza* il reprend connaissance; *i nemici hanno ripreso le armi* les ennemis ont repris les armes # *vuol riprendere in esame la tua proposta* il veut réexaminer ta proposition; *vuol riprendere moglie* il veut se remarier; *non riuscivo a riprendere sonno* je n'arrivais pas à me rendormir; *ho ripreso l'influenza* j'ai rattrapé la grippe ◇ (*nei lavori a maglia*) *riprendere una maglia, un punto* relever une maille; (*se è sfilata*) rattraper une maille ◇ [*riacchiappare*] rattraper, rejoindre (61): *l'evaso è stato ripreso* le fugitif a été rattrapé, repris; *il ciclista ha ripreso il gruppo* le cycliste a rattrapé, rejoint le peloton **2** [*prendere indietro quanto s'era dato o venduto*] reprendre: *vado a riprendere il cappotto in guardaroba* je vais reprendre mon manteau au vestiaire; *riprendi il denaro che gli hai dato* reprends l'argent que tu lui as donné; *vado a riprendere i bambini a scuola* je vais reprendre les enfants à l'école **3** [*rimproverare, contestare una mancanza o un errore*] reprendre: *l'ho ripreso più di una volta* je l'ai repris plus d'une fois; *è stato ripreso severamente* il a été sévèrement repris **4** [*richiamare, informarsi, intonarsi*] reprendre: *il colore del quadro riprende quello della parete* la couleur du cadre reprend celle du mur **5** [*fotografare*] prendre: *ha ripreso il gruppo con abilità* il a pris le groupe avec habilité ◇ [*filmare*] filmer: *la televisione ha ripreso l'incontro* la télévision a filmé la rencontre **6** [*ritoccare una cucitura per restringere l'abito*] reprendre: *bisogna riprendere il vestito sulla spalla* il faut reprendre le vêtement à l'épaule **B** *v.intr.* (*aus.* 'avere') **1** [*rimettersi; riacquistare forza, vivacità, velocità*] reprendre: *con l'umidità questa pianta ha ripreso* avec l'humidité cette plante a repris **2** [*ricominciare*] se remettre (71) (*pron.*): *riprese a gridare più forte* il se remit à crier plus fort; *hanno ripreso a lavorare insieme* ils se sont remis à travailler ensemble **C** *v.pron. rifl.* RIPRENDERSI **1** [*riacquistare le normali forze e capacità*] se remettre: *dopo la malattia si è ripreso a stento* après sa maladie, il mit longtemps à se remettre **2** [*correggersi*] se reprendre: *aveva cominciato male, ma si è ripreso* il avait mal commencé, mais il s'est repris.

riprensìbile |ripren'sibile| *agg.* (*lett.*) [→ RIPRENDERE A 3] répréhensible (*corr.*).

riprensióne |ripren'sjone| *s.f.* (*lett.*) [*rimprovero, biasimo, critica*] blâme *m.* (*corr.*), réprimande (*corr.*).

riprensivo |ripren'sivo| *agg.* (*lett.*) [*che riprende, biasima*] qui blâme *loc.* (*corr.*).

riprésa |ri'presa| *s.f.* **1** reprise: *la ripresa dei lavori* la reprise des travaux; *la ripresa in esame di un progetto* la reprise en considération d'un projet; *la ripresa delle trattative* la reprise des pourparlers; *la ripresa di uno spettacolo* la reprise d'un spectacle ◇ *loc. avv.* A PIÙ RIPRESE à plusieurs reprises, à maintes reprises: *è un lavoro che va fatto a più riprese* c'est un travail qui doit être fait à plusieurs, à maintes reprises **2** (*auto.*) reprise: *questa auto ha una buona ripresa* cette voiture a une bonne reprise **3** (*cine.*) prise de vue(s): *ripresa televisiva* prise de vue par la télévision; *ripresa diretta* prise de vue en direct # *macchina da ripresa* caméra **4** (*econ.*, *fin.*) reprise: *un'azienda in rapida ripresa* une entreprise en rapide reprise; *azioni in ripresa* actions en reprise; *ripresa economica* reprise économique **5** (*mus.*) reprise **6** (*sartoria*) reprise **7** (*sport*) deuxième mi-temps, reprise: *la rete è stata segnata nella ripresa* le but a été marqué pendant (à) la deuxième mi-temps; *ha vinto alla terza ripresa* il a gagné à la troisième reprise.

ripresentàre |riprezen'tare| **A** *v. tr.* [*presentare di nuovo*] représenter: *ripresentare una proposta di legge* représenter une proposition de loi **B** *v. pron. rifl.* RIPRENSENTARSI [*presentarsi di nuovo*] se représenter: *si ripresenterà al concorso* il se représentera au concours.

ripréso |ri'preso| *agg.* (*sartoria*) repris, serré: *un abito ripreso in vita* un vêtement repris, serré à la taille ◇ (*nei lavori a maglia*) repris: *punti ripresi* mailles reprises.

riprestàre |ripres'tare| *v.tr.* [*prestare di nuovo*] reprêter: *mi puoi riprestare la penna?* tu peux me reprêter ton stylo?

ripristinaménto |ripristina'mento| *s.m.* → **ripristino.**

ripristinàre |ripristi'nare| *v.tr.* **1** [*riportare alla normale funzionalità*] rétablir: *ripristinare un servizio* rétablir un service; *la linea ferroviaria è stata ripristinata in poche ore* la voie ferrée a été rétablie en quelques heures ◇ (*fig.*) *ripristinare l'ordine in città* rétablir, restaurer l'ordre en ville **2** [*riportare in vigore, in uso*] rétablir, remettre (71) en vigueur: *ripristinare un'antica tradizione* rétablir une vieille tradition; *si vuol ripristinare una vecchia legge* on veut remettre en vigueur une vieille loi.

riprìstino |ri'pristino| *s.m.* **1** [→ RIPRISTINARE 1] rétablissement: *il ripristino di un servizio pubblico* le rétablissement d'un service public ◇ (*fig.*) *il ripristino della pace* le rétablissement de la paix **2** [→ RIPRISTINARE 2] remise *f.* en vigueur: *il ripristino di una legge* la remise en vigueur d'une loi.

riproducìbile |riprodu'tʃibile| *agg.* [→ RIPRODURRE A 2] reproductible: *un disegno riproducibile a ricalco* un dessin reproductible avec un calque.

riproducibilità |riprodutʃibili'ta| *s.f. inv.* reproductibilité (*var.*): *la riproducibilità di un fenomeno* la reproductibilité d'un phénomène.

riprodùrre |ripro'durre| (108) **A** *v.tr.* **1** [*produrre di nuovo*] reproduire (75): *riprodurre un fenomeno fisico in laboratorio* reproduire un phénomène physique en laboratoire **2** [*far eseguire una copia; ricavare da un originale uno o più esemplari*] reproduire: *riprodurre una statua in gesso* reproduire une statue en plâtre; *riprodurre una stampa a colori* reproduire une gravure en couleurs **B** *v.pron. intr.* RIPRODURSI **1** [*rideterminarsi, ripetersi*] se reproduire: *bisogna evitare che si riproduca questo scontento generale* il faut éviter que ce mécontentement général ne se reproduise **2** (*animali, piante*) [*generare individui della stessa specie*] se reproduire: *il leone si riproduce in cattività* le lion se reproduit en captivité.

riproduttività |riproduttivi'ta| *s.f. inv.* reproductivité *var.*

riproduttìvo |riprodut'tivo| *agg.* reproductif*: *procedimenti riproduttivi* procédés reproductifs; *processi riproduttivi* processus reproductifs.

riproduttóre, trice |riprodut'tore, tritʃe| **1** *agg.* (*scient.*, *tecnol.*) reproducteur*: *apparato riproduttore* appareil reproducteur; *organi riproduttori* organes reproducteurs **2** *s.m.* [*animale destinato alla riproduzione*] reproducteur.

riproduttrice |riprodut'tritʃe| *s.f.* (*informatica*) reproductrice.

riproduzióne |riprodut'tsjone| *s.f.* **1** [→ RIPRODURRE A; B 1] reproduction: *la riproduzione di un esperimento* la reproduction d'une expérience; *riproduzione in scala* reproduction à l'échelle; *riproduzione a stampa* reproduction imprimée; *riproduzione in bianco e nero* reproduction en noir et blanc; *riproduzione fotografica, anastatica* reproduction photographique, anastatique **2** [*quanto riproduce una realizzazione originale*] reproduction: *la riproduzione di un disegno tecnico* la reproduction d'un dessin technique **3** (*biol.*) reproduction: *riproduzione sessuale* reproduction sexuelle; *organi di riproduzione* organes de reproduction.

riprografia |riprogra'fia| *s.f.* (*tecnol.*) reprographie.

riproiettàre |riprojet'tare| *v.tr.* [*proiettare di nuovo*] repasser: *riproiettare un film* repasser un film.

riprométtere |ripro'mettere| (155) **A** *v.tr.* [*promettere di nuovo*] promettre (71) de nouveau: *me lo ha promesso e ripromesso più volte* il me l'a promis et promis plusieurs fois **B** *v.pron. intr.* RIPROMETTERSI **1** [*avere il proposito, l'intenzione*] se promettre (de nouveau): *si è ripromesso di studiare la questione con calma* il s'est de nouveau promis d'étudier la question avec calme **2** [*attendersi, far conto, sperare*] s'attendre (53) (à) # *si ripromette grossi guadagni da quest'affare* il attend de gros profits de cette affaire.

ripropórre |ripro'porre| (168) **A** *v.tr.* [*proporre di nuovo*] reproposer: *riproporre una legge* reproposer une loi; *mi ha riproposto questa alternativa* il m'a reproposé cette alternative **B** *v. pron. intr.* RIPROPORSI [*proporsi con maggiore evidenza*] se poser de nouveau, se reposer: *è un problema che si ripropone spesso* c'est un problème qui se pose souvent.

ripròva |ri'prɔva| *s.f.* nouvelle preuve: *ha fatto la riprova dell'esperimento* il a fait une nouvelle preuve de l'expérience; *è una riprova della mia ipotesi* c'est une nouvelle preuve de mon hypothèse # *a riprova di quanto ho detto...* pour prouver ce que j'ai dit... ◇ (*mat.*) preuve.

1 **riprovàre** |ripro'vare| **A** *v.tr.* **1** [*provare di nuovo*] essayer (9) de nouveau: *devo riprovare il vestito* je dois de nouveau essayer la robe; *provando e riprovando si riuscirà* à force d'essayer, on arrivera **2** [*risentire la stessa sensazione, lo stesso sentimento*] ressentir (21): *al ricordo, riprovò dolore* à ce souvenir, il ressentit de la douleur **3** [*confermare; dimostrare ulteriormente*] confirmer: *questo fatto riprova la sua buona fede* ce fait confirme sa bonne foi **B** *v.pron. intr.* RIPROVARSI [*provarsi, cimentarsi di nuovo*] essayer *intr.* encore, de nouveau: *non riprovarti a fare una cosa simile!* n'essaie pas encore (de faire) une chose pareille!

2 **riprovàre** |ripro'vare| *v.tr.* **1** (*lett.*) [*disapprovare, rifiutare*] réprouver (*corr.*): *tutti hanno riprovato la sua scelta* tout le monde a réprouvé son choix **2** → **bocciare.**

riprovàto |ripro'vato| *agg. e s.* [*bocciato agli esami*] refusé, recalé.

riprovazióne |riprovat'tsjone| *s.f.* (*lett.*) [*disapprovazione, biasimo*] réprobation (*corr.*).

riprovévole |ripro'vevole| *agg.* [*che comporta, merita riprovazione*] répréhensible, blâmable: *condotta riprovevole* conduite répréhensible, blâmable ◇ (*persone*) *è veramente riprovevole* il est vraiment blâmable.

riprovevolménte |riprovevol'mente| *avv.* [→ RIPROVEVOLE] d'une manière répréhensible *loc. inv.*

ripuàrio, i |ripu'arjo, i| *agg.* (*raro*) → **ripario.**

ripubblicàre |ripubbli'kare| *v.tr.* [*pubblicare di nuovo*] (*da parte dell'editore*) republier ◇ (*da parte dell'autore*) rééditer.

ripubblicazióne |ripubblikat'tsjone| *s.f.* [→ RIPUBBLICARE] nouvelle publication; réédition.

ripudiàbile |ripu'djabile| *agg.* [→ RIPUDIARE] répudiable.

ripudiàre |ripu'djare| *v.tr.* **1** [*rifiutare una persona a cui si è legati da un vincolo coniugale*] répudier: *ripudiare la moglie, il marito* répudier sa femme, son mari **2** [*rinnegare*] renier: *ripudiare una fede, una politica* renier une foi, une politique ◇ [*sconfessare*] désavouer: *ha ripudiato gli scritti giovanili* il a désavoué ses écrits de jeunesse.

ripùdio, i |ri'pudjo, i| *s.m.* [→ RIPUDIARE] répudiation *f.*; reniement: *il ripudio di una donna* la répudiation d'une femme ‖ *il ripudio di una fede* le reniement d'une foi.

ripugnànte |ripuɲ'ɲante| *agg.* **1** répugnant: *uno spettacolo ripugnante* un spectacle répugnant **2** (*raro*) → **contrastante.**

ripugnànza |ripuɲ'ɲantsa| *s.f.* répugnance: *sento ripugnanza per quell'animale* j'éprouve de la répugnance pour cet animal # *è una scena che desta ripugnanza* c'est une scène qui répugne; *mi fa ripugnanza* cela me répugne.

ripugnàre |ripuɲ'ɲare| *v.intr.* (*aus.* '*avere*') **1** [*suscitare ripugnanza*] répugner: *parlare di certe cose mi ripugna* parler de certaines choses me répugne; *è un atteggiamento che ripugna* c'est une attitude qui répugne, répugnante **2** (*lett.*) [*resistere, opporsi*] résister (*corr.*): *ripugnare a un'imposizione ingiusta* résister à un ordre injuste ◇ [*essere in contrasto, in antitesi*] être (43) contraire (à).

ripuliménto |ripuli'mento| *s.m.* → **ripulitura.**

ripulìre |ripu'lire| (197) **A** *v.tr.* **1** [*pulire di nuovo*] nettoyer (10) de nouveau: *ripulisci i vetri* nettoie de nouveau les vitres **2** [*nettare, pulire bene, a fondo, con cura*] nettoyer: *ripulire una stanza, la casa* nettoyer une chambre, la maison # *bisogna ripulire il giardino dalle erbacce* il faut débarrasser le jardin des mauvaises herbes; *hanno ripulito gli alberi* ils ont émondé les arbres ◇ (*fig.*) *ha ripulito la tavola* il a nettoyé la table; *i ladri gli hanno ripulito la casa* les voleurs ont fait le vide chez lui; *si è fatto ripulire al gioco* il s'est fait nettoyer au jeu **3** (*fig.*) [*perfezionare, rivedere*] polir: *ripulire uno scritto* polir un écrit **B** *v.pron. rifl.* RIPULIRSI **1** [*lavarsi, pettinarsi, mettersi abiti puliti*] faire (45) *tr.* un brin de toilette: *prima di uscire devo ripulirmi* avant de sortir, je dois faire un brin de toilette **2** (*fig.*) [*incivilirsi, ingentilirsi*] se dégrossir.

ripulìsti |ripu'listi| *s.m.* → **repulisti.**

ripulìta |ripu'lita| *s.f.* [*il fatto di ripulire alla meglio, rapidamente*] *ha dato una ripulita alla casa* elle a nettoyé la maison; *datti una ripulita alle scarpe, ai pantaloni* donne un coup *m.* de brosse à tes souliers, à ton pantalon; *la siepe ha bisogno di una ripulita* la haie a besoin d'un coup de ciseau; *appena rincasato, si diede una ripulita* à peine rentré chez lui, il fit un brin *m.* de toilette; *la polizia ha fatto una ripulita nel quartiere* la police a ratissé le quartier.

ripulìto |ripu'lito| *agg.* [*rimesso in condizioni presentabili*] nettoyé *p.p.*, propre: *una casa ripulita* une maison nettoyée, propre.

ripulitóre, trice |ripuli'tore, tritʃe| *s.* [*chi ripulisce*] nettoyeur*.

ripulitùra |ripuli'tura| *s.f.* **1** [→ RIPULIRE] nettoyage (*m.*): *la ripulitura di un canale* le nettoyage d'un canal; *la ripulitura della canapa* le nettoyage du chanvre **2** [*il materiale che si elimina nel ripulire*] détritus *m.*

ripullulàre |ripullu'lare| *v.intr.* (*aus.* '*essere*') [*pullulare di nuovo*] pulluler (*aus.* avoir) de nouveau: *il centro ripullulava di gente* le centre (de la ville) pullulait de nouveau de gens.

ripùlsa |ri'pulsa| *s.f.* (*lett.*) [*rifiuto deciso, risposta negativa*] refus *m.* (*corr.*): *ha ottenuto una ripulsa* il a essuyé un refus 🄲 **consenso, assenso.**

ripulsióne |ripul'sjone| *s.f.* **1** [*avversione spontanea e profonda*] répulsion: *sento una viva ripulsione per quella persona* j'éprouve une vive répulsion pour cette personne; *ha vinto a fatica la propria ripulsione* il a dominé avec peine sa répulsion **2** (*fis., tecnol.*) répulsion 🄲 1 **attrazione.**

ripulsìvo |ripul'sivo| *agg.* répulsif*: *c'è qualcosa di ripulsivo in lui* il y a quelque chose de répulsif en lui ◇ (*fis., tecnol.*) *una forza ripulsiva* une force répulsive.

ripuntatóre |ripunta'tore| *s.m.* (*agr.*) sous-soleuse.

ripuntatùra |ripunta'tura| *s.f.* (*agr.*) sous-solage *m.*

riputàre |ripu'tare| *e deriv.* → **reputare** *e deriv.*

riquadràre |rikwa'drare| *v.tr.* **1** [*squadrare, ridurre a una forma di quadrato o di cubo*] équarrir: *riquadrare un blocco di marmo* équarrir un bloc de marbre **2** [*decorare con un riquadro*] border: *riquadrare un soffitto* border un plafond **3** (*fig.*) [*rimettere a posto, far tornare normale*] remettre (71) d'aplomb: *riquadrare il cervello a uno* remettre d'aplomb la tête de qqn.

riquadràto |rikwa'drato| **1** *agg.* [*squadrato, ridotto a forma quadrata o cubica*] équarri **2** *s.m.* (*tip.*) article de journal encadré.

riquadratùra |rikwadra'tura| *s.f.* **1** [→ RIQUADRARE 1, 2] équarrissage *m.*, équarrissement *m.* **2** (*tip.*) filet *m.* d'encadrement.

riquàdro |ri'kwadro| *s.m.* **1** [*scomparto, pannello, porzione quadrangolare di una superficie*] compartiment, panneau **2** [*riquadratura*] bordure (*f.*): *un riquadro di stucco* une bordure en stuc ◇ [*cornice*] cadre.

riqualificàre |riqwalifi'kare| **A** *v. tr.* (*bur.*) [*effettuare una riqualificazione*] requalifier # *riqualificare la manodopera* recycler la main-d'œuvre **B** *v.pron. rifl.* RIQUALIFICARSI [*qualificarsi di nuovo*] se qualifier (de nouveau): *la squadra si è riqualificata per la semifinale* l'équipe s'est encore une fois qualifiée pour la demi-finale.

riqualificazióne |rikwalifikat'tsjone| *s.f.* (*bur.*) requalification # *riqualificazione della manodopera* recyclage de la main-d'œuvre.

risàcca, che |ri'sakka, ke| *s.f.* [*ritorno impetuoso dell'onda respinta da un ostacolo*] ressac (*m.*): *il fragore della risacca* le fracas du ressac.

risàia |ri'saja| *s.f.* [*terreno coltivato a riso*] rizière.

risaiòlo |risa'jɔlo| *s.* ouvrier* des rizières.

risalàre |risa'lare| *v.tr.* [*salare di nuovo, di più*] resaler.

risaldàre |risal'dare| *v.tr.* [*saldare di nuovo, meglio*] ressouder: *risaldare giunti metallici* ressouder des joints métalliques.

risaldatùra |risalda'tura| *s.f.* [→ RISALDARE] ressoudure.

risalire |risa'lire| (199) **A** *v.tr.* [*salire di nuovo*] remonter: *non voglio risalire tutte quelle scale* je ne veux pas remonter tous ces escaliers; *hanno risalito il corso del fiume* ils ont remonté le cours du fleuve **B** *v.intr.* (*aus.* '*essere, avere*') **1** [*salire di nuovo*] remonter (*aus.* avoir): *il livello dell'acqua ha cominciato a risalire* le niveau de l'eau a commencé à remonter; *risalire a cavallo* remonter à cheval **2** [*aumentare di nuovo, rincarare*] remonter, monter de nouveau: *i titoli stanno risalendo* les titres remontent; *i prezzi sotto le le feste sono risaliti* les prix ont monté de nouveau pendant les fêtes **3** [*ritornare con la mente, con la memoria a fatti passati*] remonter: *risalire alla fonte* remonter à la source; *risalire dagli effetti alle cause* remonter des effets aux causes **4** [*essere accaduto in un passato remoto o recente*] remonter: *son fatti che risalgono alla mia infanzia* ce sont des faits qui remontent à mon enfance.

risalita |risa'lita| *s.f.* [*il fatto di salire di nuovo*] remontée: *la risalita è lunga e faticosa* la remontée est longue et fatigante; *la risalita degli uccelli migratori* la remontée des oiseaux migrateurs; *mezzi di risalita* remontées.

risaltàre |risal'tare| **A** *v.tr.* [*saltare di nuovo*] ressauter: *risaltare un fosso* ressauter un fossé; *ha risaltato l'ostacolo* il a ressauté l'obstacle **B** *v. intr.* (*aus.* '*avere*') **1** [*sporgere in fuori rispetto al piano fondamentale*] ressortir (21) (*aus.* être): *ha fatto risaltare la figura del Cristo* il a fait ressortir la figure du Christ # *sul coperchio risalta un bassorilievo* le couvercle est orné d'un bas-relief **2** (*fig.*) [*emergere, distinguersi*] se distinguer (*pron.*): *risaltava su tutti per la sua personalità* il se distinguait de tous par sa personnalité # *riesce sempre a far risaltare i propri meriti* il arrive toujours à mettre ses mérites en évidence.

risàlto |ri'salto| *s.m.* **1** [*spicco, rilievo, appariscenza*] relief: *il regista ha dato risalto a un solo personaggio* le metteur en scène n'a mis en relief qu'un seul personnage # *questo fatto ha assunto un particolare risalto* ce fait a pris une importance particulière ◇ [*evidenza*] évidence (*f.*): *dovevi porre in risalto questo aspetto* tu devai mettre cet aspect en évidence **2** (*arch.*) ressaut, saillie *f.* **3** [*rilievo roccioso*] saillie.

risalutàre |risalu'tare| *v.tr.* [*salutare di nuovo*] saluer de nouveau; redire (48) bonjour ◇ [*ricambiare il saluto*] rendre (53) son salut, le bonjour.

risanàbile |risa'nabile| *agg.* [→ RISANARE 2, 3] qu'on peut assainir (*loc.*): *un terreno risanabile* un terrain qu'on peut assainir.

risanaménto |risana'mento| *s.m.* **1** [*guarigione*] guérison *f.* **2** [*l'operazione di risanare, il fatto di venir risanato*] assainissement: *il risanamento di una zona periferica, di un terreno* l'assainissement d'une zone de banlieue, d'un terrain # *il risanamento di un'impresa economica* le redressement d'une entreprise.

risanàre |risa'nare| *v.tr.* **1** [*far tornare sano, guarire*] guérir: *la cura lo ha risanato* le traitement l'a guéri **2** [*rendere salubre, bonificare*] assainir: *risanare una zona paludosa* assainir une zone marécageuse; *risanare un quartiere della città* assainir un quartier de la ville **3** [*riparare; riassestare*] redresser; assainir: *risanare l'economia di un paese* redresser l'économie d'un pays; *un progetto per risanare le finanze* un projet pour redresser les finances || *hanno risanato il bilancio dell'azienda* ils ont assaini le bilan de l'entreprise.

risanatóre, trice |risana'tore, tritʃe| *agg.* qui guérit *loc.*; qui assainit (*loc.*): *rimedio risanatore* remède qui guérit || *una politica risanatrice* une politique qui assainit ✦ (*s.*) *un risanatore* un guérisseur.

risanguinàre |risangwi'nare| *v.tr. e intr.* (*aus.* '*avere*') [*sanguinare di nuovo*] ressaigner.

risapére |risa'pere| (177) *v.tr.* [*venire a sapere indirettamente*] savoir (41): *si è venuto a risapere quello che ha detto* on a su ce qu'il a dit.

risapùto |risa'puto| *agg.* [*noto a tutti, largamente conosciuto*] connu: *è una cosa risaputa* c'est chose archiconnue, c'est connu # *è risaputo che è poco serio* tout le monde sait qu'il est peu sérieux.

risarcibile |risar'tʃibile| *agg.* [→ RISARCIRE 1] qui peut être dédommagé *loc.* # *un danno risarcibile* un dégât dont on peut être dédommagé.

risarcibilità |risartʃibili'ta| *s.f. inv.* possibilité *var.* d'être dédommagé.

risarciménto |risartʃi'mento| *s.m.* **1** [→ RISARCIRE 1] dédommagement: *risarcimento danni* dédommagement; *chiedere il risarcimento dei danni* demander des dédommagements; *chiedono tre milioni a titolo di risarcimento* ils demandent trois millions à titre de dédommagement, de dommages-intérêts # *azione di risarcimento* action en indemnité **2** [*rimborso*] remboursement: *il risarcimento delle spese* le remboursement des frais ◇ [*pagamento*] paiement.

risarcire |risar'tʃire| (197) *v.tr.* **1** [*compensare un danno materiale o riparare un danno morale*] dédommager (3), indemniser: *l'investitore ha dovuto risarcire i danni* celui qui a provoqué la collision a dû régler les dommages-intérêts # *lo hanno risarcito delle spese sostenute* on lui a remboursé les frais **2** (*raro*) → **restaurare.**

risàta |ri'sata| *s.f.* [*il fatto di ridere per una certa durata e in modo sonoro*] rire (*m.*): *una risata omerica* un rire homérique; *è scoppiato in una fragorosa risata* il a éclaté d'un rire bruyant; *si sentivano delle matte risate* on entendait de gros rires # *ci siamo fatti delle grasse risate* nous nous sommes tordus de rire; *ha provocato una risata generale* il a provoqué l'hilarité générale; *tutto è finito in una risata* tout s'est terminé dans la bonne humeur; *mi ha fatto una bella risata in faccia* il m'a ri au nez.

risatina |risa'tina| *s.f.* petit rire *m.*

riscaldaménto |riskalda'mento| *s.m.* **1** [→ RISCALDARE A 2] chauffage: *il riscaldamento della casa* le chauffage de la maison **2** [*mezzo o impianto per riscaldare un ambiente*] chauffage: *riscaldamento centrale, autonomo* chauffage central, autonome; *riscaldamento a gasolio, a cherosene* chauffage au mazout, au kérosène; *riscaldamento a gas, a pannelli* (*solari*) chauffage au gaz, aux panneaux solaires; *riscaldamento ad aria calda* chauffage à (circulation d')air chaud **3** [*aumento di temperatura*] échauffement: *il riscaldamento del motore* l'échauffement du moteur **4** (*agr.*) échaudement: *il riscaldamento del frumento* l'échaudement du blé **5** (*med.*) échauffement: *riscaldamento intestinale* échauffement intestinal **6** (*sport*) *il riscaldamento degli atleti prima di una gara* l'échauffement des athlètes avant une épreuve.

riscaldàre |riskal'dare| **A** *v.tr.* **1** [*scaldare di nuovo, far ritornare caldo*] réchauffer: *riscaldo un po' di caffè* je réchauffe un peu de café **2** [*rendere caldo, aumentare la temperatura*] chauffer: *il sole riscalda la terra* le soleil chauffe la terre **3** (*fig.*) [*infervorare, mettere in uno stato di eccitazione*] échauffer: *la discussione riscaldava gli animi* la discussion échauffait les esprits **4** [*provocare una leggera infiammazione o irritazione*] échauffer: *il cioccolato riscalda* (*l'intestino*) le chocolat échauffe (l'intestin) **B** *v.pron.* RISCALDARSI **1** *rifl.* [*riprendere calore*] se réchauffer: *cercava di riscaldarsi camminando* il essayait de se réchauffer en marchant ◇ (*sport*) s'échauffer **2** *intr.* [*diventare caldo*] être (43) chaud: *l'acqua non si è ancora riscaldata* l'eau n'est pas encore chaude **3** *intr.* (*fig.*) [*infervorarsi, accendersi*] s'échauffer: *si riscaldano sempre quando parlano di politica* ils s'échauffent toujours quand ils parlent politique; *ma non riscaldarti tanto!* mais ne t'échauffe pas tant! [C] A 1, 2, 3; B 1, 2, 3 **raffreddare.**

riscaldàta |riskal'data| *s.f.* [*il fatto di riscaldare in fretta, alla meglio*] *dare una riscaldata alla carne* réchauffer la viande.

riscaldàto |riskal'dato| *agg.* **1** [*reso caldo*] chauffé: *una stanza ben riscaldata* une pièce bien chauffée **2** [*scaldato di nuovo, un'altra volta*] réchauffé: *non mi piace il caffè riscaldato* je n'aime pas le café réchauffé ◇ (*fig.*) *è una minestra riscaldata* c'est du réchauffé.

riscaldatóre |riskalda'tore| *s.m.* (*tecnol.*) réchauffeur.

riscàldo |ris'kaldo| *s.m.* **1** (*pop.*) [*infiammazione*] inflammation *f.* (*corr.*) **2** (*tecnol.*) réchauffage: *forno di riscaldo* four de réchauffage.

riscattàbile |riskat'tabile| *agg.* [→ RISCATTARE] rachetable: *una colpa riscattabile* une faute rachetable; *un bene riscattabile* un bien rachetable.

riscattàre |riskat'tare| **A** *v.tr.* **1** [*liberare dalla schiavitù, dalla prigionia versando una somma di denaro*] racheter (7): *riscattare i prigionieri di guerra* racheter les prisonniers de guerre; *il rapito è stato riscattato dalla famiglia* celui qui avait été enlevé a été racheté par la famille **2** (*fig.*) [*liberare, redimere da uno stato di soggezione*] délivrer: *riscattare il popolo dalla miseria* délivrer le peuple de la misère ◇ (*relig.*) *riscattare l'uomo dal peccato* délivrer l'homme du péché **3** [*rendere libero da determinati vincoli economici e giuridici*] dégager (3): *riscattare un prestito* dégager un prêt # *riscattare gli anni di servizio ai fini della pensione* racheter les années de service valables pour la pension **B** *v.pron. rifl.* RISCATTARSI [*redimersi, liberarsi da q.c.*] se racheter.

riscattatóre, trice |riskatta'tore, tritʃe| *s.* (*raro*) [*chi riscatta*] racheteur*.

riscàtto |ris'katto| *s.m.* [→ RISCATTARE] rachat; rançon (*f.*): *il riscatto del prigioniero* le rachat du prisonnier || *il prezzo del riscatto del rapito* le prix de la rançon (pour libérer la personne enlevée); *stanno trattando per il riscatto* ils sont en train de traiter pour la rançon ◇ (*dir.*) réméré: *clausola di riscatto* clause de réméré; *vendita con patto di riscatto* vente à réméré # *il riscatto di una casa, di un bene* le rachat d'une maison, d'un bien.

rischiaraménto |riskjara'mento| *s.m.* [→ RISCHIARARE] éclairage: *un rapido rischiaramento* un éclairage rapide.

rischiaràre |riskja'rare| **A** *v.tr.* **1** [*illuminare; rendere chiaro, più chiaro*] éclairer: *la luna rischiarava la campagna* la lune éclairait la campagne; *un sorriso le rischiarò il viso* un sourire éclaira son visage **2** [*schiarire*] éclaircir: *rischiarò la voce e proseguì* il s'éclaircit la voix et continua; *devo rischiaragli le idee* je dois lui éclaircir les idées **B** *v.intr.* (*aus. 'essere'*) [*farsi chiaro, più chiaro*] s'éclaircir (*pron.*): *aspettiamo che rischiari* nous attendons que le ciel s'éclaircisse **C** *v.pron. intr.* RISCHIARARSI [*diventare chiaro, più chiaro*] s'éclaircir: *il cielo comincia a rischiararsi* le ciel commence à s'éclaircir # *si è rischiarato in volto* son visage s'est éclairé ◇ [*illuminarsi*] s'illuminer.

rischiàre |ris'kjare| *v.tr.* **1** [*mettere a repentaglio*] risquer: *ha rischiato la vita, la pelle* (*fam.*) il a risqué sa vie, sa peau; *ha rischiato il tutto per tutto* il a risqué le tout pour le tout **2** [*correre il pericolo di*] faillir*, risquer de: *ha rischiato di cadere* il a failli tomber, a risqué de tomber.

rìschio, i |'riskjo, i| *s.m.* risque: *ha evitato un grave rischio* il a évité un gros risque; *si è esposto a un bel rischio!* il s'est exposé à un beau risque!; *ha corso il rischio di perdere tutto* il a couru le risque de tout perdre; *c'era il rischio di ammalarsi* il y avait le risque de tomber malade; *lo faccio a mio rischio e pericolo* je le fais à mes risques et périls # *non mettere a rischio la tua salute* ne mets pas ta santé en danger ◇ (*comm.*) *rischio marittimo, ordinario* risque de mer, ordinaire; *rischio di trasporto* risque de transport ◇ *loc.* A, COL RISCHIO DI au risque de: *a rischio di bisticciare, gli dirò quello che penso* au risque de nous disputer, je lui dirai ce que je pense; *col rischio di ammalarsi, è uscito senza giacca* au risque de tomber malade, il est sorti sans veste.

rischióso |ris'kjoso| *agg.* [*che comporta un rischio, dei rischi*] risqué: *una operazione rischiosa* une opération risquée: *è troppo rischioso partire con questo tempo* c'est trop risqué que de partir par ce temps Ⓒ **sicuro.**

risciacquàre |riʃʃak'kware| *v.tr.* [*lavare nuovamente in acqua pulita per eliminare il sapone*] rincer (2): *risciacquare il bucato* rincer le linge (la lessive); *riasciacquarsi la bocca*: (*pr.*) se rincer la bouche; (*fig.*) faire (45) des gorges chaudes de qqch.

risciacquàta |riʃʃak'kwata| *s.f.* **1** [*il risciacquare in fretta, alla meglio*] *dare una risciacquata ai bicchieri* passer les verres à l'eau; *mi dò una risciacquata alle mani* je me rince les mains **2** (*fig., fam.*) [*rimprovero, rabbuffo*] savon *m.* # *quel ragazzo ha bisogno di una risciacquata* ce garçon a besoin qu'on lui lave la tête.

risciacquatùra |riʃʃakkwa'tura| *s.f.* **1** [→ RISCIACQUARE] rinçage (*m.*): *la risciacquatura del bucato* le rinçage de la lessive **2** [*l'acqua usata per risciacquare*] rinçure ◇ (*fig.*) *questo vino è una risciacquatura di bicchiere* ce vin, c'est de la rinçure.

risciàcquo |riʃ'ʃakkwo| *s.m.* **1** [*il fatto di risciacquare la bocca*] rinçage de la bouche **2** (*med.*) gargarisme.

risciò |riʃ'ʃɔ| *s.m. inv.* [*carrozzella a due ruote trainata da un uomo*] pousse-pousse, pousse.

risciògliere |riʃ'ʃɔʎʎere| (123) *v.tr.* [*sciogliere di nuovo*] dissoudre (63) de nouveau.

riscontàre |riskon'tare| *v.tr.* [*presentare allo sconto cambiali di terzi già scontate*] réescompter.

riscónto |ris'konto| *s.m.* [→ RISCONTARE] réescompte.

riscontràbile |riskon'trabile| *agg.* **1** [→ RISCONTRARE A 3] qu'on peut relever (*loc.*): *errori come questi sono facilmente riscontrabili* on peut facilement relever des erreurs de ce genre **2** [→ RISCONTRARE A 2] contrôlable.

riscontràre |riskon'trare| **A** *v.tr.* **1** [*mettere a fronte, confrontare due o più elementi per verificarli e controllarne la corrispondenza*] comparer: *riscontrare la copia con l'originale* comparer la copie avec l'original **2** [*esaminare attentamente, controllare*] contrôler, vérifier: *riscontrare un conto, una partita di merce* contrôler, vérifier un compte, un stock de marchandises **3** [*rilevare in base a un confronto o a un esame*] relever: *sono state riscontrate delle irregolarità* on a relevé des irrégularités **B** *v.intr.* (*aus. 'avere'*) [*corrispondersi, concordare*] correspondre (53) à, concorder avec: *la sua versione non riscontra con la mia* sa version (des faits) ne correspond pas à, ne concorde pas avec la mienne.

riscóntro |ris'kontro| *s.m.* **1** [→ RISCONTRARE A 1] confrontation (*f.*): *il riscontro dei dati* la confrontation des données # *ha fatto il riscontro fra le due traduzioni* il a confronté les deux traductions; *le tue affermazioni non trovano riscontro con la realtà* tes affirmations ne répondent pas à la réalité; *sono avvenimenti che non trovano riscontro nella storia* ce sont des événements sans précédent dans l'histoire **2** [→ RISCONTRARE A 2] contrôle, vérification (*f.*): *il riscontro di una fattura* le contrôle, la vérification d'une facture; *fare il riscontro di cassa* faire le contrôle de la caisse, contrôler la caisse # *fare il riscontro del peso* contrôler le poids **3** [*corrispondenza simmetrica, rispondenza fra due o più elementi*] pendant: *alla chiesa romanica fa riscontro il palazzo del podestà* à l'église romane fait pendant le palais du podestat ◇ *loc. prep.* DI RISCONTRO A en face de: *di riscontro al palazzo c'è un giardino* en face du palais il y a un jardin ◇ (*iron.*) *la sua volgarità faceva degno riscontro all'ambiente* sa vulgarité était en parfaite harmonie avec l'ambiance **4** (*bur., comm.*) réponse (*f.*): *in attesa di un vostro riscontro* dans l'attente d'une réponse de votre part; *sperando in un pronto riscontro* dans l'espoir d'une prompte réponse **5** (*mecc.*) assemblage **6** (*fam.*) [*corrente d'aria che si forma in un ambiente*] courant d'air (*corr.*).

riscoprìre |risko'prire| (186) *v.tr.* [*scoprire di nuovo*] redécouvrir (23).

riscòssa |ris'kɔssa| *s.f.* rescousse; révolte: *alla riscossa!* à la rescousse! || *hanno incitato il popolo alla riscossa* ils ont incité le peuple à la révolte.

riscossióne |riskos'sjone| *s.f.* [→ RISCUOTERE A 3] encaissement *m.*; le fait *m.* de toucher: *la riscossione di un assegno, di un credito* l'encaissement d'un chèque, d'un crédit || *la riscossione dello stipendio* le fait de toucher son salaire, la paie # *la riscossione delle imposte, delle tasse* la perception des impôts, des taxes.

riscòsso |ris'kɔsso| *agg.* [*incassato, ritirato, preso*] touché: *un assegno riscosso* un chèque touché, encaissé # *una imposta, una tassa riscossa* un impôt perçu, une taxe perçue.

riscotìbile |risko'tibile| *agg.* [→ RISCUOTERE A 3] recouvrable, encaissable: *un vaglia riscotibile* un mandat recouvrable, encaissable # *un'imposta riscotibile* un impôt percevable.

riscotibilità |riskotibili'ta| *s.f. inv.* [*il fatto di essere riscotibile*] perceptibilité *var.*

riscotiménto |riskoti'mento| *s.m.* **1** [→ RISCUOTERE A 3] recouvrement **2** [→ RISCUOTERE A 1, 2; B] réveil: *un brusco riscotimento dal sonno* un brusque réveil.

riscritturàre |riskrittu'rare| *v.tr.* [*scritturare di nuovo*] réengager (3).

riscrìvere |ris'krivere| (182) *v.tr.* [*scrivere di nuovo, rifare uno scritto*] récrire (51), réécrire (51): *riscrivi questa lettera* récris, réécris cette lettre.

riscuòtere |ris'kwɔtere| (162) **A** *v.tr.* **1** [*scuotere di nuovo*] secouer (de nouveau): *scuotilo e riscuotilo, finché non si sveglia* secoue-le tant et plus jusqu'à ce qu'il se réveille **2** [*svegliare, ridestare*] tirer: *l'ho riscosso dal sonno* je l'ai tiré de son sommeil ◇ (*per est.*) *riscuotere qc. dall'inerzia, da uno stato di prostrazione* tirer qqn. de l'inertie, de l'état de prostration **3** [*prendere, ritirare del denaro*] toucher, encaisser: *voglio riscuotere questo assegno* je veux toucher, encaisser ce chèque; *ha già riscosso la pensione* il a déjà touché sa pension ◇ (*per anal.*) *riscuotere una tassa, un'imposta* percevoir (33) une taxe, un impôt **4** [*ottenere, conseguire, ricevere*] remporter: *ha riscosso un vivo successo* il a remporté un vif succès # *riscuote la simpatia di tutti* il éveille la sympathie de tous; *riscuote l'ammirazione generale* il suscite l'admiration générale **B** *v.pron. intr.* RISCUOTERSI **1** [*svegliarsi, destarsi*] se réveiller **2** [*riprendersi, risollevarsi, reagire*] sortir (21) (*intr.*): *si è riscosso dalla sua inerzia* il est sorti de son inertie Ⓒ A 2; B 1 **dormire**; A 3 **pagare.**

risecàre |rise'kare| *v.tr.* [*tagliare, togliere via*] élaguer: *risecare i rami di una pianta* élaguer les branches d'une plante ◇ (*fig.*) *risecare le spese* réduire (75) les frais.

risecchìre |risek'kire| (197) **A** *v. intr.* (*aus.* '*essere*') [*diventare secco, perdere freschezza ed elasticità*] se dessécher (8) (*pron.*): *la pelle al sole risecchisce* au soleil la peau se dessèche **B** *v.pron. intr.* RISECCHIRSI [*diventare duro, secco*] sécher (8) *intr.*; rassir (*intr.*): *i fiori si sono risecchiti* les fleurs ont séché || *il pane è risecchito* le pain a rassi.

risecchìto |risek'kito| *agg.* [*secco, riarso*] sec*.

risedére |rise'dere| (183) *v.intr.* (*aus.* '*essere*') [*sedere di nuovo*] se rasseoir (30): *risiedi e stai fermo* rassieds-toi et reste tranquille.

riséga, ghe |ri'sega, ge| *s.f.* (*edil., geogr.*) redan *m.*

risémina |ri'semina| *s.f.* nouveau semis *m.*, ressemis *m.*

riseminàre |risemi'nare| *v.tr.* [*seminare di nuovo*] ressemer (6), réensemencer (2).

risentiménto |risenti'mento| *s.m.* **1** [*reazione di sdegno o di irritazione; animosità verso qc.*] ressentiment: *provo un certo risentimento per lei* j'éprouve un certain ressentiment contre elle; *una insinuazione che ha provocato il suo risentimento* une insinuation qui a soulevé son ressentiment; *sfoga il suo risentimento contro tutti* il épanche son ressentiment contre tous **2** (*med.*) séquelle *f.*

risentìre |risen'tire| **A** *v.tr.* **1** [*sentire di nuovo*] réentendre (53): *fammi risentire quella canzone* fais-moi réentendre cette chanson; *non voglio più risentire parlare di lui* je ne veux plus réentendre parler de lui **2** [*sentire vivamente, soffrendo per danni materiali o morali*] ressentir (21): *risente la mancanza di una vera amicizia* il ressent le manque d'une véritable amitié; *risente il giovamento di una vacanza distensiva* il ressent l'utilité de vacances délassantes, pour se détendre **B** *v.intr.* (*aus.*) '*avere*') [*provare, riflettere stati fisici o psichici che hanno cause più o meno lontane*] se ressentir (*pron.*): *risente di un trauma psichico* il se ressent d'un traumatisme psychique; *risento ancora di quel colpo che ho preso alla schiena* je me ressens encore du coup que j'ai reçu dans le dos **C** *v.pron.* RISENTIRSI **1** *recipr.* [*sentirsi di nuovo* (*fra chi parla al telefono*)] s'entendre (53) de nouveau: *ci risentiremo presto* on s'entendra bientôt de nouveau # *a risentirci!* au revoir! **2** *intr.* [*reagire a una offesa, sentire irritazione e animosità verso qc.*] se vexer, se fâcher: *non è il caso di risentirsi così* ce n'est pas la peine de se vexer, se fâcher comme ça; *si è risentito verso di me per una banale osservazione* il s'est fâché avec moi pour une simple observation **3** *intr.* (*raro, lett.*) [*riprendere i sensi, riaversi*] revenir (27) *intr.* à soi (*corr.*).

risentitaménte |risentita'mente| *avv.* [→ RISENTITO 1] avec ressentiment (*loc. inv.*): *mi ha risposto risentitamente* il m'a répondu avec ressentiment.

risentìto |risen'tito| *agg.* **1** [*che ha, esprime, riflette risentimento*] irrité; vif*: *mi ha risposto con tono risentito* il m'a répondu d'un ton irrité || *gli ha detto parole risentite* il lui a dit des paroles très vives; *gli ho scritto una lettera risentita* je lui ai écrit une lettre dans des termes (très) vifs **2** [*sentito di nuovo*] entendu (de nouveau): *sono cose sentite e risentite* ce sont des propos entendus maintes et maintes fois **3** (*med.*) rapide.

riseppellìre |riseppel'lire| (197) *v. tr.* [*seppellire di nuovo*] enterrer de nouveau.

riserbàre |riser'bare| *v.tr.* → **riservare.**

riserbatézza |riserba'tettsa| *s.f.* → **riservatezza.**

risèrbo |ri'sɛrbo| *s.m.* [*discrezione e cautela nel parlare e nel comportarsi*] réserve *f.*, discrétion (*f.*): *una persona piena di riserbo* une personne pleine de réserve, de discrétion; *ha mantenuto il massimo riserbo sulla cosa* il a gardé la plus grande discrétion sur l'affaire ◇ [*ritegno*] retenue (*f.*): *ha manifestato senza riserbo i suoi sentimenti* il a manifesté sans retenue ses sentiments Ⓒ **sfrontatezza.**

riserìa |rise'ria| *s.f.* rizerie.

riserràre |riser'rare| *v.tr.* [*serrare di nuovo*] refermer.

risèrva |ri'sɛrva| *s.f.* **1** [*il tenere da parte provviste di vario genere per servirsene in seguito*] réserve: *materiale di riserva* matériel de réserve; *riserva di viveri, di medicinali* réserve de vivres, de médicaments; *riserva di grano* réserve de blé; *lo tengo di riserva* je le garde en réserve; *è Barolo riserva 1969* c'est un Barolo, réserve 1969 ◇ (*auto.*) *sono in riserva* je roule sur la réserve ◇ (*econ., fin.*) *riserva monetaria* réserve monétaire; *riserva aurea, argentea* encaisse métallique; *riserva legale, occulta* réserve légale, cachée; *fondo di riserva* fonds de réserve **2** (*mil.*) réserve: *ufficiali della riserva* officiers de réserve; *richiamare la riserva* rappeler la réserve ◇ (*sport*) (*giocatore di*) *riserva* joueur de réserve **3** [*l'esclusività di un diritto o di una facoltà in favore di determinate persone*] réserve: *riserva di caccia, di pesca* réserve de chasse, de pêche; *riserva di proprietà, di un diritto* réserve de propriété, d'un droit **4** [*limitazione, restrizione posta all'approvazione di q.c.*] réserve: *ho accettato l'incarico con riserva* j'ai accepté la charge sous réserve; *è d'accordo con me senza riserve* il est d'accord avec moi sans réserves; *è poco convinto, ha delle riserve mentali, ha qualche riserva da fare* il est peu convaincu, il a des réserves à faire, il fait des réserves; *ne prendiamo atto con tutte le riserve del caso* nous en prenons acte sous toutes réserves; *accetto, con riserva di...* j'accepte, sous réserve de, que...

riservàre |riser'vare| *v.tr.* **1** [*tenere in serbo per disporre all'occorrenza in favore di determinate persone*] garder: *ti ho riservato un piatto delizioso* je t'ai gardé un plat délicieux ◇ (*fig.*) *riserva la tua ironia per un'altra occasione* réserve ton ironie pour une autre occasion **2** [*destinare, tenere a disposizione q.c. per sé o per gli altri*] réserver: *si è riservata l'incarico più importante* elle s'est réservé la charge la plus importante; *ci hanno riservato i posti* ils nous ont réservé des places; *gli hanno riservato un trattamento di riguardo* on lui a réservé un traitement exceptionnel; *è una persona che riserva infinite sorprese* c'est une personne qui réserve d'infinies surprises.

riservataménte |riservata'mente| *avv.* **1** [*con prudenza*] avec réserve *loc. inv.* **2** [*con discrezione*] avec discrétion *loc. inv.* **3** [*con ritegno*] avec retenue *loc. inv.*

riservatàrio, i |riserva'tarjo, i| *agg. e s.m.* (*dir.*) réservataire.

riservatézza |riserva'tettsa| *s.f.* **1** [*segretezza*] caractère *m.* confidentiel # *sono questioni su cui bisogna mantenere un'estrema riservatezza* ce sont des questions extrêmement confidentielles **2** [*discrezione; il fatto di essere riservato*] discrétion: *si comporta con molta riservatezza* il se comporte avec beaucoup de discrétion # *glielo comunico con molta riservatezza* je vous le communique de manière très confidentielle.

riservàto |riser'vato| *agg.* **1** réservé; confidentiel*: *una lettera riservata* une lettre confidentielle; *istruzioni riservate* des instructions confidentielles # *caccia, pesca riservata* chasse, pêche gardée; *proprietà riservata* propriété privée; *proprietà letteraria riservata* tous droits (de traduction, de reproduction, d'adaptation) réservés ◇ (*dir.*) *riservato dominio* domaine réservé ◇ (*med.*) *prognosi riservata* pronostic réservé **2** [*discreto, pieno di riserbo*] réservé: *è una persona molto riservata* c'est une personne très réservée; *ha tenuto un comportamento riservato* il a gardé un comportement réservé.

riservìre |riser'vire| *v.tr.* [*servire di nuovo*] resservir (21).

riservìsta |riser'vista| *s.* (*mil.*) réserviste.

risèrvo |ri'sɛrvo| *s.m.* → **riserbo.**

risgorgàre |rizgor'gare| *v.intr.* (*aus.* '*essere*') [*sgorgare di nuovo*] rejaillir (*aus.* avoir).

risguàrdo |riz'gwardo| *s.m.* (*tip.*) garde *f.*

risìbile |ri'sibile| *agg.* risible: *è una pretesa risibile* c'est une prétention risible.

risibilità |risibili'ta| *s.f. inv.* [*il fatto di essere risibile*] ridicule *m. var.*

risibilménte |risibil'mente| *avv.* [→ RISIBILE] risiblement.

risicàre |rizi'kare| *e deriv.* → **rischiare** *e deriv.*

risìcolo |ri'sikolo| *agg.* rizicole: *la produzione risicola* la production rizicole, du riz.

risicoltóre |risikol'tore| *s.m.* riziculteur* *s.*

risicoltùra |risikol'tura| *s.f.* riziculture.

risicultóre |risikul'tore| *s.m.* → **risicoltore.**

risicultùra |risikul'tura| *s.f.* → **risicoltura.**

risièdere |ri'sjɛdere| *v.intr.* (*aus.* '*avere*') [*avere la propria residenza, sede, domicilio*] résider: *risiede a Milano da molto tempo* il réside à Milan depuis longtemps ◇ (*fig.*) *si pensava che il coraggio risiedesse nel cuore* on pensait que le courage résidait dans le cœur.

risièro |ri'sjɛro| *agg.* [*del riso*] rizier*: *l'industria risiera* l'industrie rizière.

risigillàre |risidʒil'lare| *v.tr.* [*sigillare di nuovo, meglio*] recacheter (7).

risìpola |ri'zipola| *s.f.* → **erisipela.**

rìsma |'rizma| *s.f.* **1** [*confezione di carta in fogli tagliati costituita da 400, 500 o 1000 fogli*] rame **2** (*fig., spreg.*)

[*razza, specie, genere*] acabit (*m.*): *non voglio trattare con gente di quella risma* je ne veux pas traiter avec des gens de cet acabit.

1 **riso** |'riso| *s.m.* **1** (*t.bot.*) riz **2** [*i granelli commestibili della pianta stessa*] riz: *farina, polvere, acqua di riso* farine, poudre, eau de riz; *brillare il riso* décortiquer le riz ◇ (*cuc.*) *riso in bianco* riz blanc; *riso al latte* riz au lait; *frittelle di riso* beignets de riz ◇ (*loc. fig.*) (*nei lavori a maglia*) *punto, grana di riso* point de riz.

2 **riso** |'riso|, *f. pl.* **risa** |'risa| *s.m.* **1** [*la facoltà, il fatto di ridere*; *manifestazione di ilarità e di allegria*] rire; rire (*v. intr.*): *uno scoppio di risa* un éclat de rire; *ha risposto con un riso di scherno* il a répondu avec un rire railleur; *tutto finì in riso* tout finit en un éclat de rire, par des rires ‖ *ha trattenuto il riso a fatica* il s'est retenu avec peine de rire # *il suo comportamento è cagione di riso* sa conduite est objet de risée; *sa volgere tutto in riso* il sait tout tourner en plaisanterie; il sait tout prendre à la blague (*fam.*) ◇ (*prov.*) *il riso fa buon sangue* rire fait du bien ~ *il riso abbonda sulla bocca, sul labbro degli stolti* le rire abonde sur les lèvres des sots **2** (*fig.*) [*espressione di gioia*; *aspetto ridente*] sourire: *il riso della primavera* le sourire du printemps; *il riso degli occhi* le sourire des yeux **C** 1 **pianto.**

risolare |riso'lare| *e deriv.* → **risuolare** *e deriv.*

risolino |riso'lino| *s.m.* petit rire: *ha avuto un risolino ironico* il a eu un petit rire ironique.

risollevare |risolle'vare| **A** *v.tr.* [*sollevare di nuovo*; *ritirare su*] soulever (5) de nouveau: *bisogna risollevare quella poltrona per pulire meglio* il faut de nouveau soulever ce fauteuil pour mieux nettoyer ◇ (*loc. fig.*) *non voglio che risollevi quella questione* je ne veux pas que tu soulèves de nouveau ce problème ~ *ha risollevato la famiglia dalla miseria* il a tiré sa famille de la misère ~ *ha risollevato le sorti dell'azienda* il a renfloué l'entreprise ~ *mi ha risollevato il morale* il m'a remonté le moral **B** *v.pron. rifl.* RISOLLEVARSI **1** [*sollevarsi di nuovo*] se relever (6): *cadde, ma si risollevò subito* il tomba, mais il se releva tout de suite **2** [*rimettersi, ricrearsi*] se remettre (71): *si è un po' risollevato con quello spettacolo divertente* il s'est un peu remis grâce à ce spectacle amusant **3** [*ribellarsi di nuovo*] se soulever de nouveau.

risolto |ri'sɔlto| *agg.* **1** [*che ha avuto una soluzione*] résolu: *problema risolto* problème résolu **2** [*sciolto, guarito*] guéri: *un male risolto* un mal guéri.

risolubile |riso'lubile| *agg.* [→ RISOLVERE A 1, 4] résoluble: *un problema risolubile* un problème résoluble ◇ (*dir.*) *un contratto risolubile* un contrat résoluble.

risolutamente |risoluta'mente| *avv.* [→ RISOLUTO] résolument: *si è rifiutato risolutamente di riceverlo* il s'est résolument refusé à le recevoir.

risolutezza |risolu'tettsa| *s.f.* [*il fatto di essere risoluto*] résolution: *un uomo di grande risolutezza* un homme d'une grande résolution; *ha agito con risolutezza* il a agi avec résolution.

risolutivo |risolu'tivo| *agg.* **1** (*dir.*) résolutoire: *formula, clausola, condizione risolutiva* formule, clause, condition résolutoire **2** (*med.*) résolutif* **3** [*decisivo, che determina la conclusione*] décisif*: *fase risolutiva del processo di sviluppo* phase décisive d'un processus de développement.

risoluto |riso'luto| *agg.* [*fermo e deciso nei propri propositi e nelle determinazioni*] résolu: *un carattere risoluto* un caractère résolu; *parlava con tono risoluto* il parlait d'un ton résolu; *è risoluto ad andare fino in fondo* il est résolu à aller jusqu'au bout.

risolutore, trice |risolu'tore, tritʃe| *s.* celui *m.*, celle *f.* qui résout # *è un risolutore di giochi enigmistici* il résout les énigmes.

risoluzione |risolut'tsjone| *s.f.* **1** [→ RISOLVERE A 1] résolution: *la risoluzione di un problema* la résolution d'un problème **2** (*chim., fis.*) résolution: *la risoluzione di un composto* la résolution d'un composé **3** (*dir.*) résolution: *la risoluzione di un contratto* la résolution d'un contrat **4** (*med.*) guérison: *risoluzione di una malattia, di una crisi* guérison d'une maladie, d'une crise **5** (*mus.*) résolution **6** [*il fatto di prendere una decisione*; *la decisione stessa*] résolution: *la tua risoluzione è un po' affrettata* ta résolution est un peu hâtive; *c'è stata una risoluzione votata all'unanimità* il y a eu une résolution votée à l'unanimité; *è una risoluzione irrevocabile* c'est une résolution irrévocable.

risolvente |risol'vɛnte| *agg.* **1** (*mat.*) résolvant: *un'equazione risolvente* une équation résolvante **2** (*chim., fis.*) résolvant: *potere risolvente* pouvoir résolvant **3** (*med.*) résolutif*: *un intervento risolvente* une intervention résolutive.

risolvere |ri'sɔlvere| (117) **A** *v.tr.* **1** [*trovare la soluzione, dare una soluzione opportuna*] résoudre (64): *risolvere un problema* résoudre un problème; *devo risolvere una questione complicata* je dois résoudre une question compliquée; *è un indovinello facile da risolvere* c'est une devinette facile à résoudre; *questa somma non risolverà la situazione* cette somme ne résoudra pas la difficulté; *questo caso non si può risolvere clinicamente* ce cas ne peut pas se résoudre du point de vue clinique **2** [*scomporre, dividere in parti*] décomposer: *risolvere un composto* décomposer un composé **3** [*decidere, prendere una decisione*] résoudre, décider: *abbiamo risolto di partire* nous avons résolu, décidé de partir **4** (*dir.*) [*eliminare retroattivamente gli effetti*] résoudre: *risolvere un contratto* résoudre un contrat **B** *v.pron. intr.* RISOLVERSI **1** (*raro*) [*sciogliersi, stemperarsi*] se résoudre: *la nebbia si è risolta in pioggia* le brouillard s'est résolu en pluie **2** [*concludersi, avere un esito, andare a finire*] se résoudre: *tutto si è risolto per il meglio* tout s'est résolu pour le mieux, au mieux; *la questione si è risolta a suo vantaggio* la question s'est résolue à son avantage **3** [*decidersi, uscendo da perplessità*] se résoudre, se décider: *si sono risolti ad accettare* ils se sont résolus, décidés à accepter **4** [*terminare con una guarigione*] guérir (*intr.*): *è un'influenza che si risolverà in pochi giorni* c'est une grippe qui guérira en quelques jours.

risolvibile |risol'vibile| *agg.* [→ RISOLVERE A 1] résoluble, soluble: *un problema risolvibile* un problème résoluble, soluble; *una difficoltà risolvibile* une difficulté soluble → **risolubile.**

risolvibilità |risolvibili'ta| *s.f. inv.* résolubilité *var.*

risonante |riso'nante| *agg.* réson(n)ant: *un'aula risonante* une salle résonante ◇ (*fig.*) *discorsi risonanti* discours qui font du bruit *loc.*

risonanza |riso'nantsa| *s.f.* **1** (*fis.*) réson(n)ance: *fenomeno di risonanza* phénomène de résonance; *cassa di risonanza* caisse de résonance **2** (*fig.*) [*diffusione con ripercussione, interesse suscitato*] retentissement (*m.*): *un avvenimento che ha avuto vasta risonanza* un événement qui a eu un grand retentissement.

risonare |riso'nare| **A** *v.intr.* (*aus.* '*avere, essere*') **1** [*rimbombare*; *rimandare, diffondere un suono*] retentir; résonner: *un grido risuonò nel silenzio* un cri retentit dans le silence ‖ *questa sala risuona troppo* cette salle résonne trop ◇ [*echeggiare*] retentir: *il teatro risuonava di applausi* le théâtre retentissait d'applaudissements; *mi risuonano ancora nella mente le sue parole* ses mots retentissent encore dans ma tête **2** (*fis.*) [*entrare in risonanza*] résonner **B** *v.tr.* [*suonare di nuovo*] jouer de nouveau, rejouer: *risuona quel motivo* joue de nouveau cet air ◇ (*fig., pop.*) *te le hanno risuonate?* on t'a de nouveau flanqué une raclée?

risonatore |risona'tore| *s.m.* (*fis., tecnol.*) résonateur: *risonatore acustico, elettrico* résonateur acoustique, électrique.

risone |ri'sone| *s.m.* rizon.

risorgere |ri'sordʒere| (167) *v.intr.* (*aus.* '*essere*') **1** (*astron.*) [*sorgere di nuovo*] se lever (6) (*pron.*): *il sole risorgerà di nuovo* le soleil se lèvera de nouveau **2** [*risuscitare, tornare in vita*] ressusciter (*aus.* avoir, être): *Cristo fece risorgere Lazzaro* le Christ fit ressusciter Lazare ◇ (*fig.*) *far risorgere qc. a nuova vita* ressusciter qqn. **3** (*fig.*) [*riacquistare forza, vigore*; *riprendersi, risollevarsi*] renaître (74): *il periodo in cui le arti risorsero* la période où les arts renaquirent; *sentiva risorgere in sé la speranza* il sentait renaître en lui l'espoir # *la città è risorta più bella dalle rovine della guerra* la ville est née de nouveau et plus belle des ruines de la guerre; *mi ha fatto risorgere il ricordo di quei tempi* cela a ranimé en moi le souvenir de ce temps-là.

risorgimentale |risordʒimen'tale| *agg.* du Risorgimento (*loc. inv.*): *i moti risorgimentali* les mouvements insurrectionnels du Risorgimento.

risorgimento |risordʒi'mento| *s.m.* **1** (*in riferimento a situazioni culturali*) [*il fenomeno, il fatto di risorgere*] renaissance (*f.*): *il risorgimento degli studi classici* la renaissance des études classiques **2** (*st. it.*) Risorgimento: *la storia del Risorgimento* l'histoire du Risorgimento.

risorgiva |risor'dʒiva| *s.f.* source résurgente.

risorgivo |risor'dʒivo| *agg.* (*geol.*) résurgent.

risorio, i |ri'sɔrjo, i| *agg.* (*anat.*) *muscolo risorio* risorius *s.m.*

risorsa |ri'sorsa| *s.f.* ressource: *risorse economiche, agricole, minerarie* ressources économiques, agricoles, minières; *risorse intellettuali* ressources intellectuelles; *è una persona di molte risorse* c'est une personne, un homme de ressources.

risórto |ri'sorto| *agg.* **1** [*tornato in vita*] ressuscité **2** (*fig.*) [*sollevato, rifiorito*] refleuri.

risospingere |risos'pindʒere| (119) *v.tr.* [*sospingere di nuovo*] pousser de nouveau.

risotterràre |risotter'rare| *v.tr.* [*sotterrare di nuovo*] enterrer de nouveau # *risotterrare i semi, un tesoro* enfouir de nouveau les semailles, un trésor.

risòtto |ri'sɔtto| *s.m.* (*cuc.*) risotto: *risotto alla milanese, coi funghi* risotto à la milanaise, aux champignons.

risovvenire |risovve'nire| (202) **A** *v.tr.* (*lett.*) [*sovvenire di nuovo, tornare ad aiutare*] venir (27) de nouveau en aide **B** *v.pron. intr.* (*raro*) RISOVVENIRSI [*ritornare alla mente*] se ressouvenir (27) de.

risparmiàre |rispar'mjare| **A** *v.tr.* **1** [*non consumare, non sprecare; limitare il consumo in modo da conservare q.c.*] économiser: *risparmia poche centinaia di lire al giorno* il économise quelques centaines de lires par jour; *compra all'ingrosso, così risparmia sempre qualcosa* elle achète en gros, comme ça elle économise toujours quelque chose; *va spesso a piedi, così risparmia la benzina* il va souvent à pied, comme ça, il économise l'essence ◇ (*per est., fig.*) *non mi convinci: risparmia il fiato, la voce* tu ne me convaincs pas: ne perds pas ta salive; *risparmia le forze!* ménage tes forces!; *per risparmiare tempo ho preso l'aereo* pour gagner du temps j'ai pris l'avion; *se non risparmi il motore, fondi!* si tu ne ménages pas ton moteur, tu vas le bousiller!; *non lo vuoi? tanto di risparmiato!* tu n'en veux pas? toujours ça de gagné!; *non risparmia gli sforzi per aiutarlo* il ne ménage pas ses efforts pour l'aider **2** [*evitare a sé o agli altri un onere, una fatica, un fastidio, un impegno*] épargner: *puoi risparmiare a tutti le tue battute* tu peux épargner à tout le monde tes boutades, tu peux nous faire grâce de tes plaisanteries; *non mi risparmia mai le sue malignità* il ne m'épargne jamais ses méchancetés # *sarebbe meglio che risparmiasse i suoi consigli* mieux vaudrait qu'il nous fasse grâce de ses conseils ◇ (*fam.*) *risparmiati di essere villano!* épargne-nous ton insolence! **3** [*non togliere, concedere, avere riguardo di*] épargner: *la morte non risparmia nessuno* la mort n'épargne personne; *la sua cattiveria non risparmia nessuno* sa méchanceté n'épargne personne # *gli hanno risparmiato la vita* ils lui ont fait grâce de la vie **B** *v.pron. rifl.* RISPARMIARSI [*risparmiare le proprie forze, evitare un impegno eccessivo*] se ménager (3): *è un tipo che non si risparmia* c'est un type qui ne se ménage pas; *ha lavorato senza risparmiarsi* il a travaillé sans se ménager Ⓒ A 1 **sperperare.**

risparmiatóre, trice |risparmja'tore, tritʃe| *s.* [*chi risparmia*] épargnant: *è un piccolo risparmiatore* c'est un petit épargnant.

rispàrmio, i |ris'parmjo, i| *s.m.* **1** [→ RISPARMIARE A 1, 2] économie (*f.*): *risparmio di tempo, di energia* économie de temps, d'énergie # *lavora senza risparmio* il travaille sans se ménager; *fa risparmio di combustibile* il économise le combustible **2** [*somma di denaro risparmiato*] économie; épargne (*f.*): *ha qualche risparmio* il a quelques économies; *vive dei propri risparmi* il vit de ses économies; *ha investito i propri risparmi in una casa* il a investi ses économies dans une maison ‖ *si incoraggia il piccolo risparmio* on encourage la petite épargne; *ha un libretto di risparmio* il a un livret (de caisse d'épargne); *Cassa di Risparmio* Caisse d'Épargne.

rispecchiàre |rispek'kjare| **A** *v.tr.* **1** [*riflettere*] refléter (8): *il lago rispecchiava gli alberi* le lac reflétait les arbres **2** (*fig.*) [*riflettere, denotare*] refléter: *il suo comportamento rispecchia un animo gretto* son comportement reflète un esprit mesquin **B** *v.pron. rifl.* RISPECCHIARSI [*specchiarsi di nuovo*] se regarder de nouveau dans la glace: *si rispecchia cento volte al giorno* elle se regarde dans la glace cent fois par jour.

rispedire |rispe'dire| (197) *v.tr.* **1** [*spedire di nuovo*] réexpédier: *gli ho rispedito un altro pacco* je lui ai réexpédié un paquet; je lui ai expédié un autre paquet; *il ragazzo fu rispedito a casa* le garçon fut réexpédié chez lui **2** [*spedire, mandare indietro*] retourner, renvoyer (14): *il plico è stato rispedito al mittente* le pli a été retourné, renvoyé à l'expéditeur; *rispedire indietro la merce* renvoyer la marchandise **3** [*fare proseguire per altro indirizzo*] faire (45) *intr.* suivre.

rispedizióne |rispedit'tsjone| *s.f.* [→ RISPEDIRE 1, 2] réexpédition; renvoi (*m.*): *la rispedizione della merce* la réexpédition, le renvoi de la marchandise; *la rispedizione di una lettera* le renvoi d'une lettre.

rispettàbile |rispet'tabile| *agg.* **1** [→ RISPETTARE 1] respectable: *una persona rispettabile* une personne respectable ◇ (*loc.*) *il rispettabile pubblico* les personnes *s.f. pl.* présentes, l'auditoire *s.m.* **2** (*fig.*) [*considerevole, notevole, rilevante*] considérable, respectable: *una somma rispettabile* une somme considérable, respectable; *un'età rispettabile* un âge respectable ◇ (*iron.*) *ha un naso rispettabile* il a un nez imposant.

rispettabilità |rispettabili'ta| *s.f. inv.* respectabilité (*var.*): *ha messo in dubbio la sua rispettabilità* il a mis en doute sa respectabilité.

rispettabilménte |rispettabil'mente| *avv.* [→ RISPETTABILE 2] respectablement.

rispettàre |rispet'tare| *v.tr.* **1** [*avere, portare rispetto*] respecter: *rispettare i genitori* respecter ses parents; *è uno che sa farsi rispettare* c'est un type qui sait se faire respecter ◇ (*fam.*) *un uomo che si rispetti non si comporta così* un homme qui se respecte ne se comporte pas ainsi **2** [*astenersi dal maltrattare, dal danneggiare*] respecter: *rispettare le piante, gli animali* respecter les plantes, les animaux; *bisogna rispettare i prigionieri* il faut respecter les prisonniers **3** [*osservare, adempiere a un impegno*] respecter: *voglio rispettare le regole del contratto* je veux respecter les clauses du contrat; *la legge va rispettata* la loi doit être respectée # *ha rispettato la promessa* il a été fidèle à sa promesse; *ha rispettato la propria firma* il a fait honneur à sa signature.

rispettàto |rispet'tato| *agg.* respecté: *un uomo rispettato* un homme respecté.

rispettivaménte |rispettiva'mente| *avv.* [→ RISPETTIVO] respectivement: *sono arrivati rispettivamente primo e secondo* ils sont arrivés respectivement premier et deuxième.

rispettivo |rispet'tivo| *agg.* respectif*: *sono partite con i rispettivi mariti* elles sont parties avec leurs maris respectifs # *ogni articolo deve avere il rispettivo cartellino* chaque article doit avoir sa propre étiquette.

rispètto |ris'pɛtto| *s.m.* **1** [*sentimento di stima e di considerazione verso persone e istituzioni*] respect: *rispetto verso i genitori* respect envers ses parents; *rispetto della legge* respect de la loi; *nutre un profondo rispetto per le mie idee* il éprouve un profond respect pour mes idées; *non ha rispetto per nessuno* il n'a de respect pour personne; *si è imposto al rispetto di tutti* il s'est attiré le respect de tous; *non mancare di rispetto a nessuno* ne manquer de respect à personne # *è una persona degna del massimo rispetto* c'est une personne très respectable; *l'ho fatto per rispetto alla sua posizione* je l'ai fait par égard pour sa position ◇ (*loc.*) *con il dovuto rispetto, le faccio notare...* sauf votre respect, je vous ferai remarquer... ~ *con rispetto parlando, prende la gente per il sedere* sauf votre respect, il se fiche des gens **2** *al plur.* [*omaggi*] respects; hommages: (*a un uomo*) *i miei rispetti* mes respects ‖ (*a una donna*) mes hommages **3** [*considerazione, valutazione*] respect: *rispetto umano* respect humain ◇ *loc. avv.* SOTTO QUESTO, QUEL RISPETTO à cet égard: *sotto questo rispetto, hai ragione* à cet égard, tu as raison ~ SOTTO, PER OGNI RISPETTO à tous égards: *è una degna persona sotto ogni rispetto* c'est à tous égards une personne fort digne ~ PER DIVERSI ASPETTI [*sotto diversi punti di vista*] à de nombreux égards; [*per diverse ragioni*] pour différentes raisons **4** [*rapporto, confronto*] *solo nella loc. prep.* RISPETTO A par rapport à: *è piccolo, ma rispetto a lui non è male* il est petit, mais, par rapport à lui, il n'est pas mal; *rispetto a quello che dobbiamo fare, siamo indietro* par rapport à ce que nous devons faire, nous sommes en retard **5** (*lett.*) [*composizione in versi di carattere pop.*] couplets *pl.*, *huitain **6** (*mar.*) *àncora di rispetto* ancre de réserve **7** (*tip.*) *foglio di rispetto* avant-titre Ⓒ 1 **disprezzo.**

rispettosaménte |rispettosa'mente| *avv.* [→ RISPETTOSO] respectueusement: *si è comportato rispettosamente* il s'est conduit respectueusement.

rispettóso |rispet'toso| *agg.* [*che denota, esprime rispetto*] respectueux*: *un ragazzo rispettoso* un garçon respectueux; *si è tenuta a rispettosa distanza* elle s'est tenue à distance respectueuse # *bisogna essere rispettosi delle idee altrui* il faut respecter les idées d'autrui.

rispiegàre |rispje'gare| *v.tr.* **1** [*spiegare di nuovo, meglio*] expliquer de nouveau: *il professore ha rispiegato la lezione* le professeur a de nouveau expliqué la leçon **2** [*distendere di nuovo*] déplier de nouveau.

rispìngere |ris'pindʒere| (119) *v.tr.* → **respingere.**

risplendènte |risplen'dɛnte| *agg.* [*pieno di splendore, luminoso*] resplendissant: *una luce risplendente* une lumière resplendissante; *occhi risplendenti* des yeux resplendissants ◇ [*scintillante*] étincelant.

risplèndere |ris'plɛndere| *v.intr.* (*dif. del p.p.*) [*avere splendore; emettere una luminosità viva*] briller: *il sole risplende* le soleil brille ◇ [*scintillare*] étinceler (4): *l'oro risplendeva alla luce* l'or étincelait à la lumière ◇ [*brillare*] briller: *le stelle risplendevano nel cielo* les étoiles brillaient dans le ciel ◇ (*fig.*) *il suo viso risplendeva di gioia* son visage resplendissait de joie; *risplende fra gli altri per le sue doti* il brille entre tous par ses qualités.

rispogliàre |rispoʎ'ʎare| *v.tr.* [*spogliare di nuovo, di più*] déshabiller de nouveau: *ha rispogliato il bambino* elle a de nouveau déshabillé l'enfant ◇ (*fig.*) *i ladri lo hanno rispogliato del portafoglio* les voleurs l'ont de nouveau dépouillé de son portefeuille.

rispolveràre |rispolve'rare| *v.tr.* **1** [*spolverare di nuovo*] épousseter (5) de nouveau: *devi rispolverare la stanza* il (te) faut de nouveau épousseter (les meubles de) la pièce **2** (*fig.*) [*riesumare, rivangare cose passate*] remâcher: *ha rispolverato le sue vecchie teorie* il a remâché ses vieilles théories.

rispondènte |rispon'dɛnte| *agg.* **1** qui répond (à) (*loc.*): *una struttura non più rispondente ai bisogni* une structure qui ne répond plus aux besoins **2** qui correspond (à) *loc.*, correspondant: *discorsi non rispondenti alla verità* des propos qui ne correspondent pas à la vérité **3** (*comm.*) répondant.

rispondènza |rispon'dɛntsa| *s.f.* [*il fatto di corrispondere, di essere rispondente*] rapport *m.*, correspondance: *ci deve essere una rispondenza fra parole e fatti* il doit exister un rapport entre les paroles et les faits ◇ (*comm.*) répondant *m.*

rispóndere |ris'pondere| (159) **A** *v.intr.* (*aus. 'avere'*) **1** [*dare le informazioni, i dati richiesti; replicare a un discorso*] répondre (53): *deve rispondere per scritto* il doit répondre par écrit; *agli amici rispondo per telefono* aux amis, je réponds par téléphone; *mi ha risposto con una scrollata di spalle* il m'a répondu par un haussement d'épaules; *non rispondere a mezza bocca* ne réponds pas du bout des lèvres; *risponde troppo spesso a sproposito* il répond trop souvent de travers; *gli ho risposto secco di no* je lui ai répondu sèchement: non; *troppe persone rispondono maleducatamente* trop de personnes répondent grossièrement; *rispondo sempre al suo saluto* je réponds toujours à son bonjour; *i nostri hanno risposto subito al fuoco del nemico* nos troupes ont immédiatement répondu au feu (de l')ennemi; *non rispondere così a tua madre!* ne réponds pas comme ça à ta mère!; *si prega di rispondere* répondez, s'il vous plaît; *ha risposto polemicamente alle sue accuse* il a répondu de façon polémique à ses accusations; *rispondendo, spiega chiaramente cosa vuoi* en répondant, explique clairement ce que tu veux ◇ (*bur.*) *chi risponde al nome di Mario Rossi?* qui répond au nom de Mario Rossi? ◇ (*nei giochi di carte*) *rispondere a colori, a quadri* suivre (52) la couleur, fournir à carreau ◇ (*pugilato*) *rispondere a un diretto con un montante* répondre à un direct par un uppercut **2** [*corrispondere, soddisfare, essere adeguato*] répondre: *l'esito non ha risposto alle nostre aspettative* le résultat n'a pas répondu à nos attentes; *un provvedimento che non risponde alle reali necessità* une mesure qui ne répond pas aux nécessités réelles; *non ha risposto all'attesa dei genitori* il n'a pas répondu à l'attente de ses parents **3** [*garantire, rendere conto, dare giustificazione*] répondre: *deve rispondere del proprio operato* il doit répondre de ses actes; *i genitori rispondono dei figli minori* les parents répondent, sont responsables de leurs enfants mineurs; *non posso rispondere degli altri* je ne peux pas répondre des autres; *se non la smetti non rispondo più di me stesso, delle mie azioni* si tu n'arrêtes pas, je ne réponds plus de moi, de mes actes **4** (*scient., tecnol.*) [*reagire adeguatamente, esplicare determinate funzioni*] répondre: *rispondere agli stimoli* répondre aux stimulations; *la vettura non risponde bene ai comandi* la voiture ne répond pas bien aux commandes **5** [*guardare, essere posto di fronte, avere riscontro*] donner sur: *questa finestra risponde sul mare* cette fenêtre donne sur la mer **6** (*fig.*) (*di un dolore fisico*) [*ripercuotersi da una parte all'altra del corpo*] se répercuter (*pron.*): *ho un mal di denti che mi risponde alla testa* j'ai un mal de dents qui se répercute dans toute la tête **B** *v.tr.* **1** [*dare una risposta*] répondre: *non so cosa rispondere* je ne sais que répondre; *qualcosa dovrà pur rispondere* il devra bien répondre quelque chose; *ha risposto un sì deciso* il a répondu par un oui décidé; *ha risposto due parole* il a répondu en deux mots # *non rispose verbo* il ne souffla mot **2** [*giocare una carta dello stesso seme di quella giocata da altri*] suivre (la couleur) ◇ (*loc. fig.*) *rispondere picche* refuser tout net, envoyer promener (*fam.*) **C** *v. pron. recipr.* RISPONDERSI [*corrispondersi*] correspondre (53) (*intr.*): *elementi che si rispondono simmetricamente* éléments qui correspondent symétriquement Ⓒ A 1; B 1 **domandare.**

risposàre |rispo'zare| **A** *v.tr.* [*sposare di nuovo*] remarier **B** *v.pron. intr.* RISPOSARSI [*sposarsi di nuovo*] se remarier.

rispósta |ris'posta| *s.f.* **1** [*il fatto di rispondere; soddisfazione della domanda, della richiesta*] réponse: *risposta orale, scritta, telefonica* réponse orale, écrite, par téléphone; *mi ha dato una risposta secca* il m'a donné une réponse sèche; *la sua risposta è troppo evasiva* votre réponse est trop évasive; *per tutta risposta, se n'è andato* pour toute réponse, il est parti ◇ (*fig.*) *giocavano a botta e risposta* ils se répondaient du tac au tac **2** [*azione che fa seguito a un'altra*] réponse: *è la risposta alle sue provocazioni* c'est la réponse à ses provocations ◇ (*scherma*) *stoccata di risposta* riposte **3** (*scient., tecnol.*) réponse: *la risposta a un'eccitazione nervosa* la réponse à une excitation nerveuse; *la risposta di una vettura ai freni* la réponse d'une voiture aux freins **4** (*mus.*) réponse Ⓒ 1 **domanda.**

rispuntàre |rispun'tare| *v.intr.* (*aus. 'essere'*) **1** [*spuntare di nuovo*] réapparaître (72) (*aus.* avoir); repousser (*aus.* avoir): *la luna è rispuntata dietro il colle* la lune a réapparu derrière la colline ‖ *sono rispuntate le viole* les violettes ont repoussé **2** (*fig.*) [*riapparire, ricomparire*] réapparaître: *prima o poi rispunterà* tôt ou tard il réapparaîtra **3** (*fam.*) [*saltar di nuovo fuori*] ressortir (21) (*tr.*): *è rispuntata quella vecchia faccenda* on a de nouveau ressorti cette vieille affaire.

risputàre |rispu'tare| *v.tr.* [*sputare di nuovo; sputare via, fuori dalla bocca*] recracher: *ha bevuto il decotto, ma lo ha risputato nauseato* il a bu la décoction, mais il l'a recrachée dégoûté.

rìssa |'rissa| *s.f.* [*zuffa fra due o più persone con scambio di ingiurie e di percosse*] rixe, bagarre (*fam.*): *la discussione è degenerata in una rissa* la discussion a dégénéré en (une) rixe, (une) bagarre; *è stato coinvolto in una rissa* il a été impliqué dans une bagarre.

rissaiòlo |rissa'jɔlo| *agg.* (*raro*) → **rissoso.**

rissàre |ris'sare| *v.intr.* (*aus. 'avere'*) [*scontrarsi in una rissa*] se bagarrer *pron.* (*fam.*).

rissosità |rissosi'ta| *s.f. inv.* caractère *m. var.* irascible, bagarreur; amour *m. var.* pour la bagarre.

rissóso |ris'soso| *agg.* **1** [*facile alla rissa*] bagarreur*: *un ragazzo rissoso* un garçon bagarreur **2** [*che è proprio del rissoso*] bagarreur: *carattere rissoso* caractère bagarreur.

ristabiliménto |ristabili'mento| *s.m.* [→ RISTABILIRE] rétablissement: *il ristabilimento della normalità* le rétablissement de la normalité; *ti occorre del riposo per un ristabilimento completo* il te faut du repos pour un rétablissement complet, pour te rétablir complètement.

ristabilire |ristabi'lire| (197) **A** *v.tr.* **1** [*rendere di nuovo operante; ripristinare un ordine, un assetto*] rétablir: *hanno ristabilito l'ordine* on a rétabli l'ordre; *bisogna ristabilire la verità* il faut rétablir la vérité; *in questa via è stato ristabilito il divieto di sosta* dans cette rue on a rétabli l'interdiction de stationner **2** [*rendere di nuovo sano, rimettere in salute*] rétablir: *la cura lo ha completamente ristabilito* le traitement l'a complètement rétabli **B** *v.pron. intr.* RISTABILIRSI **1** [*ricuperare in pieno la salute*] se rétablir: *si è ristabilito da poco* il s'est rétabli depuis peu **2** [*insediarsi di nuovo; ritornare ad abitare*] s'établir de nouveau.

ristagnaménto |ristaɲɲa'mento| *s.m.* [→ RISTAGNARE] stagnation *f.*

ristagnàre |ristaɲ'ɲare| **A** *v.intr.* (*aus. 'avere'*) **1** [*diventare stagnante, paludoso*] (*acque*) stagner, croupir: *in quella zona l'acqua piovana ristagna* dans cette région l'eau de pluie stagne, croupit ◇ (*fiumi*) cesser de couler: *nel delta il fiume ristagna* dans le delta, le fleuve cesse de couler **2** (*fig.*) [*diminuire la propria attività o intensità fino a cessare*] stagner: *l'industria tessile ristagna* l'industrie textile stagne **B** *v.*

pron. intr. RISTAGNARSI [*fermarsi, cessare di scorrere*] s'arrêter de couler: *il sangue si è ristagnato* le sang s'est arrêté de couler.

ristàgno |ris'taɲɲo| *s.m.* [→ RISTAGNARE] stagnation *f.*; étanchement: *il ristagno delle acque* la stagnation des eaux || *il ristagno del sangue* l'étanchement du sang ◇ (*fig.*) stagnation: *il ristagno degli affari* la stagnation des affaires.

ristàmpa |ris'tampa| *s.f.* **1** [*nuova stampa identica alla precedente*] réimpression: *ristampa anastatica* réimpression anastatique; *fare la ristampa di un libro esaurito* faire la réimpression d'un livre épuisé; réimprimer un livre épuisé; *la pubblicazione è in ristampa* la publication est en réimpression ◇ [*edizione*] édition: *il libro è alla seconda ristampa* le livre est à sa deuxième édition **2** [*opera, oggetto a stampa ristampati*] édition: *la terza ristampa è esaurita* la troisième édition est épuisée.

ristampàbile |ristam'pabile| *agg.* [→ RISTAMPARE] réimprimable: *un'opera ristampabile* une œuvre réimprimable.

ristampàre |ristam'pare| *v.tr.* [*fare una nuova stampa senza apportare modifiche*] réimprimer: *ristampare un libro* réimprimer un livre ◇ [*ripubblicare*] rééditer.

ristàre |ris'tare| (104) *v.intr.* (*aus.* '*essere*') **1** (*lett.*) [*fermarsi, sostare*] s'arrêter *pron.* (*corr.*) **2** (*fig., lett.*) [*cessare*] cesser (*aus.* avoir) (*corr.*).

ristorànte |risto'rante| *s.m.* restaurant # *il ristorante della stazione* le buffet ✦ (*in funzione di agg. inv.*) *albergo ristorante* hôtel-restaurant; *carrozza ristorante* wagon-restaurant.

ristoràre |risto'rare| **A** *v.tr.* **1** [*ridare energia e vigore*] remonter: *questo pasto mi ha ristorato* (*lo stomaco*) ce repas m'a remonté; *lo ha ristorato con una tazza di caffè* il l'a remonté avec une tasse de café ◇ (*per est.*) redonner des forces: *una buona dormita ristora la mente* un bon somme redonne des forces à l'esprit **2** (*fig., lett.*) [*limitare un danno; compensare, risarcire*] réparer **B** *v.pron. rifl.* RISTORARSI [*riprendere forza e vigore*] se restaurer: *dopo essersi ristorato con uno spuntino, ripartì* après s'être restauré avec un casse-croûte, il est reparti # *mi sono ristorato con tre ore di sonno* ces trois heures de sommeil m'ont redonné des forces; *mi sono ristorato con una birra* je me suis désaltéré avec une bière.

ristoratóre, trice |ristora'tore, tritʃe| **1** *agg.* [*che ristora*] réparateur*: *sonno ristoratore* sommeil réparateur **2** (*s.m.*) *i ristoratori* les restaurateurs, les hôteliers.

ristornàre |ristor'nare| *v.intr.* (*aus.* '*essere*') [*tornare, rimbalzare indietro*] ricocher (*aus.* avoir), rebondir (*aus.* avoir).

ristórno |ris'torno| *s.m.* **1** [*rimbalzo*] ricochet, rebond **2** (*comm.*) ristourne *f.*

ristòro |ris'tɔro| *s.m.* [→ RISTORARE] soulagement, réconfort: *che ristoro saperlo al sicuro!* quel soulagement de le savoir en sûreté!; *nelle sue parole puoi trovare ristoro* dans ses paroles, tu peux trouver du réconfort # *ho trovato ristoro nel riposo* ce repos m'a fait du bien, m'a réconforté; *il ristoro del sonno* le repos que procure le sommeil; *il ristoro della musica* la détente que procure la musique; *questa bevanda mi ha dato un po' di ristoro* cette boisson m'a un peu désaltéré; *che ristoro, questo fresco!* que ça fait du bien, cette fraîcheur!; *servizio ristoro* service restaurant, de cafeteria (cafétéria); *posto di ristoro* buffet.

ristrettézza |ristret'tettsa| *s.f.* **1** [*il fatto di essere ristretto come spazio*] étroitesse: *la ristrettezza di una stanza* l'étroitesse d'une pièce **2** (*fig.*) [*scarsità, angustia*] manque (*m.*): *la ristrettezza di tempo ci obbliga a bruciare le tappe* le manque de temps nous oblige à brûler les étapes # *conosco le sue ristrettezze finanziarie* je connais ses difficultés financières; *vive in ristrettezze* il vit dans la gêne **3** (*fig.*) [*povertà, grettezza*] étroitesse: *ristrettezza d'idee* étroitesse d'idées; *ristrettezza mentale* étroitesse d'esprit.

ristrettìvo |ristret'tivo| *agg.* → **restrittivo.**

ristrétto |ris'tretto| *agg.* **1** [*molto limitato come spazio o volume*] étroit; serré: *un ambiente ristretto* une pièce étroite || *un corridoio ristretto fra due file di camere* un couloir serré entre deux rangées de chambres **2** [*ridotto, limitato al massimo*] restreint, limité: *una cerchia ristretta di persone* un cercle restreint, limité de personnes # *mi ha fatto un prezzo ristretto* il m'a fait un prix réduit **3** [*concentrato, condensato*] concentré: *un sugo molto ristretto* une sauce très concentrée, réduite # *un caffè ristretto* un café bien tassé, serré; *un brodo ristretto* un consommé **4** (*fig.*) [*gretto, limitato*] étroit, limité: *una mentalità ristretta* une mentalité étroite, limitée; *ha un'esperienza troppo ristretta* il a une expérience trop limitée; *dispone di un lasso di tempo ristretto* il dispose d'un laps de temps limité **5** (*fig.*) [*riassunto*] condensé: *un pensiero ristretto in poche parole* une pensée condensée en peu de mots **6** (*fig.*) [*rigoroso, preciso*] restreint: *uso ristretto* usage restreint; *il significato ristretto di una parola* le sens restreint d'un mot **7** [*che sta in uno spazio limitato, insufficiente*] serré: *in questa macchina siamo troppo ristretti* dans cette voiture nous sommes trop serrés **8** (*arc., lett.*) → **assorto.**

ristrìngere |ris'trindʒere| (131) *v. tr.* **1** [*stringere di nuovo*] resserrer: *ristringere un dado, una vite* resserrer un écrou, une vis **2** → **restringere.**

ristrutturàre |ristruttu'rare| *v.tr.* [*dare una nuova struttura; organizzare su nuove basi*] restructurer: *ristrutturare uno spazio urbano* restructurer un espace urbain ◇ (*fig.*) *ristrutturare un settore industriale, un partito politico* restructurer un secteur industriel, un parti politique.

ristrutturazióne |ristrutturat'tsjone| *s.f.* [→ RISTRUTTURARE] restructuration.

ristuccàre |ristuk'kare| *v.tr.* **1** [*stuccare di nuovo, ridare lo stucco*] stuquer de nouveau: *ristuccare una parete* stuquer de nouveau un mur **2** (*fig.*) [*saziare fino alla nausea*] écœurer: *questo dolce mi ha ristuccato* ce gâteau m'a écœuré **3** (*fig.*) [*annoiare*] embêter, ennuyer (11).

ristuccatùra |ristukka'tura| *s.f.* [*l'operazione di ristuccare; il modo in cui risulta*] nouveau stucage (*m.*): *la ristuccatura di una parete* le nouveau stucage d'un mur, la réparation du stuc sur un mur; *una ristuccatura ben fatta* un nouveau stucage bien fait.

ristudiàre |ristu'djare| *v.tr.* [*studiare di nuovo, meglio*] étudier de nouveau: *ristudiati la lezione* étudie de nouveau ta leçon; *devo ristudiare il problema* je dois de nouveau étudier le problème.

risucchiàre |risuk'kjare| *v.tr.* **1** [*succhiare di nuovo*] sucer (2) de nouveau **2** [*attrarre, trascinare in un risucchio*] entraîner (dans le remous): *il canotto fu risucchiato nel vortice* le canot fut entraîné dans le remous # *è stato risucchiato dalle eliche* il a été happé par les hélices.

risùcchio, i |ri'sukkjo, i| *s.m.* [*movimento vorticoso di masse di acque o di aria, che esercita forza di attrazione*] remous: *un risucchio d'acqua* un remous d'eau; *un risucchio d'aria* un remous, un appel d'air; *il risucchio di una tromba d'aria* le remous d'un tourbillon.

risultànte |risul'tante| *s.f. o m.* (*fis., mat.*) résultante (*f.*): *la risultante di un sistema di forze* la résultante d'un système de forces; *la risultante di due equazioni* la résultante de deux équations ◇ (*fig.*) *questa è la risultante di una politica sbagliata* ceci est le résultat d'une mauvaise politique.

risultànza |risul'tantsa| *s.f.* (*bur.*) résultat (*m.*): *le risultanze dell'inchiesta* les résultats de l'enquête.

risultàre |risul'tare| *v.intr.* (*aus.* '*essere*') **1** [*emergere, apparire, essere accertato*] résulter (*aus.* avoir, être): *dalle analisi è risultata una lieve anemia* des analyses a résulté, est résultée une légère anémie # *non mi risulta che si sia fatto male* il ne me semble pas qu'il se soit fait mal; *da questo fatto risulta che è vero* il s'ensuit que c'est vrai; *da quanto mi risulta è sempre stato qui* pour autant que je sache, il a toujours été ici; *da quanto risulta, il colpevole è lui* à ce qu'il semble, le coupable c'est lui; *da quanto risulta dagli ultimi studi, è un male curabile* d'après ce qu'il ressort des dernières recherches, c'est un mal curable; *questo non mi risulta* je n'en suis pas au courant **2** [*dimostrarsi, rivelarsi*] se révéler (8): *i miei sospetti sono risultati fondati* mes soupçons se sont révélés fondés # *è risultato vincitore del concorso* il a été le vainqueur du concours; il a passé, réussi le concours.

risultàto |risul'tato| *s.m.* [*ciò che risulta come esito, effetto, conseguenza di cause, operazioni*] résultat: *il risultato delle elezioni* le résultat des élections; *un prodotto che ha dato cattivi risultati* un produit qui a donné de mauvais résultats; *le analisi hanno dato un risultato negativo* les analyses ont donné un résultat négatif ◇ (*mat.*) *il risultato di un'operazione* le résultat d'une opération.

risuolàre |riswo'lare| *v.tr.* [*rimettere nuove suole*] ressemeler (4): *risuolare un paio di scarpe* ressemeler une paire de souliers.

risuolatùra |riswola'tura| *s.f.* [→ RISUOLARE] ressemelage *m.*

risuonàre |riswo'nare| *e deriv.* → **risonare** *e deriv.*

risurrezióne |risurret'tsjone| *s.f.* [*il fatto di risorgere, di ritornare in vita* *dopo la morte*] résurrection: *la risurrezione di Cristo* la résurrection du Christ; *la festa della Risurrezione* la fête de la Résurrection ◇ (*arts.*) *una risurrezione rinascimentale* une résurrection due au mouvement de la Renaissance ◇ (*fig.*) *una risurrezione morale* une renaissance morale.

risuscitàre |risuʃʃi'tare| **A** *v.tr.* **1** [*far tornare in vita, ridare vita*] ressusciter: *Cristo risuscitò Lazzaro* le Christ ressuscita Lazare ◇ (*loc. fig.*) *è un vino che risusciterebbe i morti* c'est un vin à ressusciter un mort **2** (*raro, fig.*) [*ridestare, riaccendere*] ressusciter: *ha risuscitato un'antica passione* il a ressuscité une ancienne passion **B** *v.intr.* (*aus.* '*essere*') **1** [*tornare in vita*] ressusciter (*aus.* avoir, être): *Cristo dopo tre giorni risuscitò* le Christ après trois jours ressuscita **2** (*fig.*) [*riprendere vita, forza, vigore*] revivre (58) (*aus.* avoir): *quando sono al mare mi sembra di risuscitare* quand je suis à la mer, j'ai l'impression de revivre.

risvegliaménto |rizveʎʎa'mento| *s.m.* [→ RISVEGLIARE] réveil.

risvegliàre |rizveʎ'ʎare| **A** *v.tr.* **1** [*svegliare di nuovo*] réveiller de nouveau **2** [*scuotere, togliere dall'inattività*] tirer: *lo ha risvegliato dalla sua inerzia* il l'a tiré de son inertie **3** (*fig.*) [*eccitare, stimolare*] réveiller: *mi ha risvegliato il desiderio di fare un viaggio* le désir de faire un voyage m'a réveillé; *questo profumo risveglia l'appetito* ce parfum réveille l'appétit ◇ [*ravvivare*] *queste foto risvegliano ricordi lontani* ces photos réveillent de lointains souvenirs **B** *v.pron. intr.* RISVEGLIARSI **1** [*svegliarsi di nuovo*] se réveiller de nouveau **2** (*fig.*) [*riscuotersi dall'inerzia, riprendere l'attività*] se réveiller: *si è risvegliato dall'abbattimento* il s'est réveillé de sa prostration; *mi si è risvegliato il dolore alla schiena* ma douleur au dos s'est réveillée; *il vulcano si è risvegliato* le volcan s'est réveillé; *si è risvegliata in lui l'antica passione* l'ancienne passion s'est réveillée en lui # *mi si è risvegliato un certo appetito* un certain appétit m'est revenu.

risvéglio, i |riz'veʎʎo, i| *s.m.* [*il fatto di risvegliarsi, di essere risvegliato*] réveil: *un brusco risveglio* un brusque réveil; *il risveglio dalla narcosi* le réveil de la narcose ◇ (*fig.*) *il risveglio dalle illusioni* le réveil des illusions; *il risveglio della coscienza civile* le réveil de la conscience civile; *il risveglio di un vulcano spento* le réveil d'un volcan éteint.

risvòlto |riz'vɔlto| *s.m.* **1** (*abbigl.*) revers: *i risvolti della giacca* les revers de la veste (du veston); *pantaloni senza risvolti* pantalons sans revers **2** (*tip.*) volet, rabat **3** (*fig.*) [*aspetto, conseguenza*] conséquence (*f.*): *i risvolti politici della crisi* les conséquences politiques de la crise.

ritagliàre |ritaʎ'ʎare| *v.tr.* **1** [*tagliare di nuovo*] recouper: *ritaglia ancora qualche fetta di prosciutto* recoupe encore quelques tranches de jambon **2** [*staccare tagliando; tagliare via un determinato elemento*] découper: *ritagliare delle figurine* découper des images; *ho ritagliato un articolo importante* j'ai découpé un article important.

ritàglio, i |ri'taʎʎo, i| *s.m.* **1** [*pezzo, elemento ritagliato*] coupure (*f.*): *un ritaglio di giornale* une coupure de journal **2** [*pezzo avanzato dopo che è stata tagliata la parte che serve*] chute *f.*, reste: *ritagli di stoffa* chutes d'étoffe; *un collo di pelliccia fatto con ritagli* un col de fourrure fait avec des chutes ‖ *ritagli di carne in umido* restes de viande en sauce ◇ (*fig.*) *se ho un ritaglio di tempo, vengo* si j'ai un moment libre, je viens; *leggo nei ritagli di tempo* je lis à mes moments perdus.

ritappàre |ritap'pare| *v.tr.* [*tappare di nuovo*] reboucher: *ritappare una bottiglia* reboucher une bouteille.

ritappezzàre |ritappet'tsare| *v.tr.* [*tappezzare di nuovo*] retapisser: *ritappezzare una stanza* retapisser une pièce.

ritardàndo |ritar'dando| *s.m.* (*mus.*) ritardando.

ritardànte |ritar'dante| *agg.* → **ritardativo**.

ritardàre |ritar'dare| **A** *v.tr.* **1** [*far giungere in ritardo*] retarder: *non lo fate ritardare* ne le retardez pas **2** [*rallentare, rendere più tardo; svolgere o far svolgere in maggior tempo*] retarder: *ritardare l'avanzata del nemico* retarder l'avancée de l'ennemi ◇ (*mus.*) *ritardare una nota, un passaggio* retarder une note, un passage **3** [*differire; svolgere o far svolgere più tardi*] retarder, différer (8): *abbiamo ritardato la partenza* nous avons retardé, différé le départ; *ha dovuto ritardare la consegna del lavoro* il a dû différer la livraison du travail; *lo spettacolo è stato ritardato* le spectacle a été retardé **B** *v.intr.* (*aus.* '*avere*') **1** [*tardare; verificarsi più tardi di quanto stabilito*] tarder: *non possiamo ritardare ulteriormente a pagare* nous ne pouvons pas tarder davantage à payer **2** [*essere in ritardo*] avoir (28) *tr.* du retard: *sono in pensiero: non ritarda mai tanto* je suis préoccupé: il n'a jamais autant de retard; *il treno ritarderà un'ora* le train aura une heure de retard; *ritarderò mezz'ora a causa del traffico* j'aurai une demi-heure de retard à cause de la circulation # *sta ritardando troppo* il est trop en retard; *il mio orologio ritarda di cinque minuti* ma montre retarde de cinq minutes **C** **anticipare**.

ritardatàrio, i |ritarda'tarjo, i| *s.* retardataire.

ritardativo |ritarda'tivo| *agg.* (*chim.*) retardateur*.

ritardàto |ritar'dato| *agg.* [*che avviene, si svolge più tardi rispetto al previsto o al normale*] retardé: *un pagamento ritardato* un paiement retardé # *ordigni a scoppio ritardato* engins à retardement ◇ (*fis.*) *moto ritardato* mouvement retardé ◇ (*med.*) *insulina a effetto ritardato* insuline retard ◇ (*mus.*) *nota ritardata* note retardée ◇ (*psicol.*) *bambini, soggetti ritardati* enfants, sujets retardés.

ritardatóre, trice |ritarda'tore, tritʃe| **1** *agg.* [*che fa ritardare*] qui retarde (*loc.*): *una tattica ritardatrice* une tactique qui retarde **2** *s.m.* (*chim., tecnol.*) *un ritardatore* un retardateur ◇ (*miner.*) *un ritardatore* un engin à retardement.

ritàrdo |ri'tardo| *s.m.* retard: *è partito in ritardo* il est parti en retard; *il treno arriverà in ritardo* le train arrivera en retard, aura du retard; *l'aereo ha un'ora di ritardo* l'avion a une heure de retard; *è sempre in ritardo* il est toujours en retard; *scusatemi per il ritardo* excusez-moi pour mon retard; *quel bambino presenta un ritardo psichico* cet enfant présente un retard psychique ◇ (*farm.*) *insulina ritardo* insuline retard ◇ (*mus.*) *il ritardo di un suono* le retard d'un son.

ritastàre |ritas'tare| *v.tr.* [*tastare, toccare di nuovo*] retâter.

ritégno |ri'teɲɲo| *s.m.* **1** [*discrezione, moderazione, riserbo, pudore*] pudeur *f.*, retenue (*f.*): *ha ritegno a parlare della sua vita sentimentale* il a une certaine pudeur à parler de sa vie sentimentale; *non ha alcun ritegno* il n'a aucune retenue, pudeur; *ci vorrebbe un po' di ritegno!* il faudrait un peu de retenue! # *non devi aver ritegno a chiedere quanto ti si deve* il ne faut pas te gêner pour demander ce qu'on te doit **2** (*mar.*) retenue: *fune di ritegno* câble de retenue.

ritelefonàre |ritelefo'nare| *v.tr. e intr.* (*aus.* '*avere*') [*telefonare di nuovo*] retéléphoner.

ritelegrafàre |ritelegra'fare| *v.tr. e intr.* (*aus.* '*avere*') [*telegrafare di nuovo*] retélégraphier.

ritempràre |ritem'prare| **A** *v.tr.* **1** [*ridare la tempra*] retremper: *ritemprare l'acciaio* retremper l'acier **2** (*fig.*) [*rafforzare, rinvigorire*] retremper, affermir: *ritemprare le forze, lo spirito* retremper, affermir ses forces, son esprit **B** *v.pron. rifl.* RITEMPRARSI [*riprendere forza, vigore*] reprendre (73) *tr.* des forces; se retremper: *in vacanza si è ritemprato* en vacances, il a repris des forces ‖ *il carattere si ritempra nelle avversità* le caractère se retrempe dans l'adversité.

ritenére |rite'nere| (188) **A** *v.tr.* **1** [*pensare, credere, stimare*] trouver; penser, croire (56); tenir (27) pour: *ritenevano la sua versione non rispondente a verità* ils trouvaient que sa version ne correspondait pas à la vérité ‖ *non ritengo opportuno andare da loro* je ne pense, crois pas qu'il soit opportun d'aller chez eux; *ha ritenuto di far bene* il a cru bien faire ‖ *non si può ritenere responsabile* on ne peut pas le tenir (pour) responsable ◇ [*giudicare*] estimer: *ritenne che fosse il momento di agire* il estima que c'était le moment d'agir **2** [*trattenere, contenere, fermare*] retenir (27): *non riusciva più a ritenere le lacrime* il n'arrivait plus à retenir ses larmes # *non ritiene il cibo, quello sciroppo* il n'arrive pas à garder la nourriture, ce sirop **3** [*impedire*] empêcher: *lo vuol ritenere dal partire* il veut l'empêcher de partir **4** [*tenere a mente*] retenir: *non riesco a ritenere i numeri telefonici* je n'arrive pas à retenir les numéros de téléphone → **ricordare** **5** [*non corrispondere una parte della somma dovuta come compenso o stipendio*] retenir: *mi hanno ritenuto due giornate di assenza* ils m'ont retenu deux jours d'absence **6** → **prenotare** **B** *v.pron. rifl.* RITENERSI **1** [*stimarsi, credersi*] se croire: *si ritiene sempre all'altezza della situazione* il se croit toujours à la hauteur de la situation ◇ [*considerarsi*] s'estimer, se considérer (8): *si ritengono mortificati dal tuo comportamento* ils s'estiment, se considèrent blessés par ton comportement **2** (*lett.*) [*trattenersi, frenarsi dal fare q.c.*] se retenir (*corr.*).

ritentàre |riten'tare| *v.tr.* [*tentare di nuovo*] retenter: *ho ritentato di con-*

vincerlo j'ai retenté de le convaincre ◇ [*riprovare*] *puoi sempre ritentare* tu peux toujours retenter; *ho tentato e ritentato, ma è stato inutile* j'ai tenté et retenté, mais cela a été inutile (mais inutilement).

ritentiva |riten'tiva| *s.f.* faculté de retenir.

ritentìvo |riten'tivo| *agg.* [*atto a ritenere*] rétenteur*.

ritenùta |rite'nuta| *s.f.* **1** [*detrazione da una somma dovuta come stipendio o compenso*] retenue: *hanno fatto una ritenuta sulla paga* ils ont fait une retenue sur la paie; *ritenuta d'acconto* retenue à la source ◇ (*per la previdenza sociale*) précompte *m.* **2** (*idraul.*) retenue: *bacino di ritenuta* bassin de retenue **3** (*mar.*) retenue.

ritenutézza |ritenu'tettsa| *s.f.* retenue, réserve.

ritenùto |rite'nuto| *agg.* **1** [*cauto, prudente*] prudent: *è un uomo ritenuto nel parlare* c'est un homme prudent dans ses propos ◇ [*riservato*] réservé **2** [*trattenuto*] retenu.

ritenzióne |riten'tsjone| *s.f.* [→ RITENERE A 2, 5] rétention ◇ (*dir.*) *diritto di ritenzione* droit de rétention ◇ (*med.*) *ritenzione di urina* rétention d'urine; *ritenzione idrica* rétention hydrique.

ritèssere |ri'tɛssere| *v.tr.* [*tessere di nuovo*] retisser.

ritessitùra |ritessi'tura| *s.f.* [→ RITESSERE] retissage *m.*

ritidòma |riti'dɔma| *s.m.* (*bot.*) rhytidome, écorce *f.* (*corr.*).

ritingere |ri'tindʒere| (119) *v.tr.* [*tingere di nuovo o in un altro colore*] repeindre (66): *devo ritingere le pareti* je dois repeindre les murs □ *si è ritinta i capelli* elle s'est reteint les cheveux.

ritinto |ri'tinto| *agg.* [*tinto di nuovo*] repeint: *una parete ritinta* un mur repeint ◇ (*fig.*) *è tinta e ritinta* [*troppo truccata*] c'est un vrai pot de peinture.

ritiràre |riti'rare| **A** *v.tr.* **1** [*tirare di nuovo*] relancer (2), faire (45) un nouveau tir: *ritira il pallone* relance le ballon, fais un nouveau tir (avec le ballon) ◇ (*loc. fig.*) *ha ritirato fuori le solite scuse* il a ressorti les excuses habituelles ~ *non ritirare in ballo una faccenda così vecchia* ne remets pas sur le tapis une histoire si ancienne **2** [*tirare indietro, ritrarre*] retirer: *tese la mano, ma la ritirò subito* il tendit la main, mais il la retira aussitôt # *la lumaca ritira le corna* l'escargot rentre ses cornes **3** [*far tornare indietro, richiamare*] rappeler (4); retirer: *ritirare un ambasciatore* rappeler un ambassadeur ‖ *quel paese ha ritirato la sua squadra* ce pays a retiré son équipe **4** [*levare, togliere, riprendere*] retirer: *devo ritirare l'arrosto dal forno* je dois retirer le rôti du four # *ritirare i panni stesi* rentrer le linge ◇ [*tirare su*] lever (6): *ritirare le reti* lever les filets **5** [*prendere, farsi consegnare*] retirer: *vado alla posta a ritirare un pacco* je vais à la poste retirer un paquet; *deve ritirare lo scontrino* vous devez retirer le bulletin; *ha ritirato del denaro in banca* il a retiré de l'argent de la banque # *hai già ritirato lo stipendio?* tu as déjà touché ton salaire? **6** [*riprendere quanto si era dato o concesso*] retirer: *gli hanno ritirato il passaporto* on lui a retiré son passeport; *gli possono anche ritirare la patente* on peut même lui retirer son permis **7** [*togliere dalla circolazione*] retirer de la circulation: *devono ritirare la moneta fuori corso* on doit retirer de la circulation la monnaie qui n'a plus cours **8** [*sparare di nuovo*] tirer de nouveau **9** (*fig.*) [*revocare, annullare, disdire*] retirer; reprendre (73): *ha ritirato la propria candidatura* il a retiré sa candidature ‖ *non puoi ritirare la promessa* tu ne peux pas reprendre ta parole, ce que tu as promis; *ha ritirato la parola data* il a repris sa parole **B** *v.pron.* RITIRARSI **1** *rifl.* [*tirarsi indietro, da parte*] se retirer: *si ritirò dal balcone* il se retira du balcon **2** *rifl.* [*indietreggiare, tornare indietro*] se retirer: *l'esercito si ritirò sulla linea fortificata* l'armée se retira sur la ligne fortifiée **3** *rifl.* [*rientrare a casa*] rentrer (*intr.*): *devo ritirarmi alle undici* je dois rentrer à onze heures **4** *rifl.* [*appartarsi*] se retirer: *ogni pomeriggio si ritira a leggere* chaque après-midi il se retire pour lire ◇ [*andare a dormire*] aller (13) *intr.* se coucher **5** *rifl.* [*tirarsi indietro, recedere da un impegno, abbandonare un'attività*] se retirer: *si è ritirato dopo vent'anni di servizio* il s'est retiré après vingt ans de service; *vuol ritirarsi a vita privata* il veut se retirer; *si è ritirata in buon ordine* elle s'est retirée en bon ordre; *si è ritirato dalla gara* il s'est retiré de la compétition # *perché vuoi ritirarti dall'esame?* pourquoi veux-tu renoncer à te présenter à l'examen?; *si sono ritirati dall'impegno* ils se sont dérobés à leur engangement **6** *intr.* [*arretrare, tornare indietro, rientrare*] se retirer: *le acque del fiume si sono ritirate* les eaux de la rivière se sont retirées **7** *intr.* [*diminuire di dimensioni e di volume*] rétrécir (*intr.*): *con l'acqua calda la maglia di lana si è ritirata* à l'eau chaude, le pull de laine a rétréci.

ritiràta |riti'rata| *s.f.* **1** (*mil.*) retraite: *ritirata tattica, strategica* retraite tactique, stratégique; *coprire, suonare la ritirata* couvrir, sonner la retraite ◇ (*loc. fig.*) *quando mi ha visto ha battuto la ritirata* quand il m'a vu, il a battu en retraite ~ *non gli è rimasto che una prudente ritirata* il n'a plus qu'à battre prudemment en retraite **2** (*fig.*) [*latrina, gabinetto*] toilette.

ritiràto |riti'rato| *agg.* [*appartato, isolato, solitario*] retiré: *fa una vita molto ritirata* il mène une vie très retirée; *vive ritirato dal mondo* il vit retiré du monde.

ritiro |ri'tiro| *s.m.* **1** [*il fatto di levare, riprendere quanto s'era messo, portato o dato*] retrait: *il ritiro della patente* le retrait du permis (de conduire); *il ritiro dei bagagli* le retrait des bagages; *il ritiro dal commercio di un prodotto* le retrait du commerce d'un produit; *il ritiro dello stipendio, della pensione* le retrait de son salaire, de sa pension **2** [*il fatto di richiamare indietro*] rappel; retrait: *il ritiro di un ambasciatore* le rappel d'un ambassadeur ‖ *il ritiro delle truppe* le retrait des troupes **3** [*il fatto di ritirarsi, di abbandonare un'attività*] retrait: *il ritiro dalla vita politica* le retrait de la vie politique; *il ritiro dagli affari* le retrait des affaires # *ritiro spirituale* retraite; *fare un ritiro spirituale* faire, suivre une retraite; *il ritiro di un ghiacciaio* le recul d'un glacier **4** [*luogo, ambiente appartato*] lieu retiré, retraite *f.* **5** (*edil., metall.*) retrait.

ritmàre |rit'mare| *v.tr.* [*regolare secondo un ritmo, eseguire ritmicamente*] rythmer: *ritma i propri movimenti* il rythme ses propres mouvements # *ritmare il passo* marquer le pas.

ritmàto |rit'mato| *agg.* [*regolato secondo un ritmo*] rythmé: *prosa ritmata* prose rythmée # *passo ritmato* pas cadencé.

ritmica, che |'ritmika, ke| *s.f.* (*metr., mus.*) rythmique.

ritmicaménte |ritmika'mente| *avv.* [→ RITMICO] avec rythme (*loc. inv.*): *battere ritmicamente le mani* frapper des mains avec rythme.

ritmicità |ritmitʃi'ta| *s.f. inv.* [*carattere, valore ritmico*] rythme (*m. var.*): *ritmicità di movimento* rythme de mouvement.

ritmico, ci, ca, che |'ritmiko, tʃi, ka, ke| *agg.* rythmique: *movimenti ritmici* mouvements rythmiques; *poesia ritmica* poésie rythmique.

ritmo |'ritmo| *s.m.* **1** (*metr.*) rythme: *il ritmo di una lirica, di una prosa* le rythme d'un poème, d'une prose **2** (*mus.*) rythme: *un ritmo negro* un rythme noir **3** (*per est., fig.*) [*successione regolare nel tempo di movimenti e fenomeni*] rythme: *il ritmo della danza* le rythme de la danse; *il ritmo cardiaco* le rythme cardiaque; *il ritmo normale delle pulsazioni* le rythme normal des pulsations **4** (*per est., fig.*) [*velocità, frequenza nello svolgimento di fatti e fenomeni*] rythme: *il ritmo frenetico della vita moderna* le rythme frénétique de la vie moderne; *ha un ritmo di lavoro troppo intenso* il a un rythme de travail frénétique; *hanno intensificato il ritmo di produzione* ils ont intensifié le rythme de la production **5** (*fig.*) [*il succedersi nello spazio di linee architettoniche e motivi ornamentali*] harmonie (*f.*): *il ritmo di un colonnato* l'harmonie d'une colonnade.

ritmologia, gie |ritmolo'dʒia, dʒie| *s.f.* étude des rythmes.

rito |'rito| *s.m.* **1** (*eccl.*) rite **2** [*cerimonia, funzione religiosa*] cérémonie *f.*, rite: *il rito nuziale* la cérémonie nuptiale, le rite nuptial; *il rito funebre* le rite funèbre **3** [*norma, prescrizione, procedura*] rite: *rito formale, sommario* rite formel, sommaire # *si sono sposati col rito civile* ils ont fait un mariage civil; *tutto si è svolto secondo il rito* tout s'est déroulé selon l'usage ◇ *loc.* DI RITO d'usage: *i documenti di rito* les documents d'usage; *il discorso di rito* le discours d'usage.

ritoccàbile |ritok'kabile| *agg.* [→ RITOCCARE 2] retouchable.

ritoccàre |ritok'kare| *v.tr.* **1** [*toccare di nuovo*] (y) toucher *intr.* de nouveau: *guai a te se lo ritocchi!* gare à toi si tu y touches de nouveau! # *ritocca a te* c'est de nouveau ton tour **2** (*fig.*) [*apportare correzioni, miglioramenti, restauri*] retoucher: *ritoccare un disegno, un dipinto* retoucher un dessin, un tableau # *bisogna ritoccare la verniciatura di quel mobile* il faut changer la peinture de ce meuble; *hanno ritoccato i prezzi* on a modifié les prix □ *voglio ritoccarmi le labbra* je veux me remettre du rouge à lèvres; *si è* *ritoccata il viso* elle s'est remaquillée, refaite une beauté.

ritoccàta |ritok'kata| *s.f.* [*l'operazione di ritoccare in fretta, una volta sola*] retouche: *il disegno ha bisogno di una ritoccata* le dessin a besoin d'une retouche # *ha dato una ritoccata al testo* il a retouché le texte; *si è data una ritoccata al trucco* elle s'est remaquillée; *datti una ritoccata ai capelli* donne-toi un coup de peigne.

ritoccàto |ritok'kato| *agg.* [*che ha subito un ritocco*] retouché: *un copione ritoccato* un manuscrit retouché; *un mobile ritoccato* un meuble retouché.

ritoccatóre, trice |ritokka'tore, tritʃe| *s.* [*specialista in ritocco*] retoucheur*: *ritoccatore fotografico* retoucheur photographe.

ritoccatùra |ritokka'tura| *s.f.* → **ritocco.**

ritócco, chi |ri'tokko, ki| *s.m.* [*l'operazione di ritoccare per modificare e abbellire*] retouche (*f.*): *ritocco fotografico* retouche photographique, à une photo; *ha apportato dei ritocchi al testo* il a fait quelques retouches au texte; *questa parete ha bisogno di un ritocco* ce mur a besoin d'une retouche # *deve darsi un ritocco al trucco* elle doit se remaquiller.

ritògliere |ri'tɔʎʎere| (123) *v.tr.* **1** [*togliere di nuovo*] enlever (6) de nouveau **2** [*togliere a sua volta, riprendere*] reprendre (73): *mi aveva tolto il giornale di mano, ma io gliel'ho ritolto* il m'avait pris le journal des mains, mais je le lui ai repris.

ritóndo |ri'tondo| *e deriv.* → **rotondo** *e deriv.*

ritóne |ri'tone| *s.m.* (*archeol.*) rhyton.

ritòrcere |ri'tɔrtʃere| (189) **A** *v.tr.* **1** [*torcere di nuovo, con più energia*] retordre (53): *ritorcere il bucato* retordre le linge **2** (*tess.*) [*eseguire la ritorcitura*] retordre **3** (*fig.*) [*rivolgere quanto viene detto o fatto in proprio danno contro chi lo dice o fa*] retourner: *è riuscito a ritorcere l'accusa contro l'accusatore* il a réussi à retourner l'accusation contre l'accusateur **B** *v.pron. intr.* RITORCERSI [*rivolgersi contro chi parla o agisce*] se retourner: *questo argomento si ritorce contro di te* cet argument se retourne contre toi.

ritorcìbile |ritor'tʃibile| *agg.* (*raro*) [→ RITORCERE A 3; B] rétorquable (*lett.*): *argomento ritorcibile* argument rétorquable.

ritorcitrìce |ritortʃi'tritʃe| *s.f.* (*tess.*) retordeuse.

ritorcitùra |ritortʃi'tura| *s.f.* (*tecnol.*) câblage *m.* ◇ (*tess.*) retordage *m.*, retordement *m.*

ritornàre |ritor'nare| **A** *v.intr.* (*aus.* '*essere*') **1** [*essere di ritorno, venire di nuovo*] revenir (27): *ritornerò da voi la prossima settimana* je reviendrai chez vous la semaine prochaine; *quando ritornerai dal viaggio?* quand reviens-tu de voyage?; *ritornate presto!* revenez vite! ◇ [*rientrare*] rentrer: *ritorno sempre a casa alle sette* je rentre toujours (à la maison) à sept heures; *ritorna a casa subito!* rentre, reviens tout de suite à la maison! ◇ (*in unione con un avv.*) *ritorna giù subito!* redescends tout de suite!; *ritorno su per avvertirlo* je remonte pour le prévenir; *son dovuto ritornare indietro* j'ai dû retourner en arrière ◇ (*loc. fig.*) *è ritornato sui propri passi* il est revenu sur ses pas ~ *spero che ritorni sulla retta via* j'espère qu'il reprendra le droit chemin ~ *non ritornare più su questo argomento* ne reviens plus sur la question ~ *è ritornato sulla sua decisione* il est revenu sur sa décision ~ *sta ritornando in sé* il revient à lui, il reprend ses esprits **2** [*ricomparire, rinvenire*] revenir: *sta ritornando il mal tempo* le mauvais temps revient; *mi ritorna in mente com'era* maintenant, je me souviens comment c'était (comment il était) # *gli è ritornata la febbre* il a de nouveau la fièvre **3** [*andare di nuovo in un luogo dove si è già stati*] retourner: *ritornerò a Roma fra due mesi* je retournerai à Rome dans deux mois; *ritorneremo a visitare questa mostra* nous retournerons visiter cette exposition ◇ (*periodicamente*) se rendre (53) (*pron.*): *ogni giorno ritorna in ufficio* il se rend chaque jour au bureau **4** [*ripetersi*] revenir: *è una frase che ritorna spesso nei suoi discorsi* c'est une phrase qui revient souvent dans sa bouche **5** [*diventare di nuovo, tornare a essere*] redevenir (27): *dopo quelle parole è tornato calmo* après ces mots, il est redevenu calme; *il tempo è ritornato sereno* le temps s'est remis au beau, est redevenu beau **B** *v.tr.* [*restituire, dare in cambio*] rendre: *ritornare un libro, un favore* rendre un livre, un service **C** *v.pron. intr.* RITORNARSENE [*tornare, venire di nuovo in un luogo*] s'en retourner: *se ne è ritornato a casa* il s'en est retourné chez lui.

ritornèllo |ritor'nɛllo| *s.m.* **1** (*metr., mus.*) refrain: *il ritornello di una canzone, di una ballata* le refrain d'une chanson, d'une ballade ◇ [*segno di ripetizione*] signe de reprise **2** (*fig.*) [*parole, discorso ripetuti con monotonia troppe volte*] refrain: *è sempre lo stesso ritornello* c'est toujours le même refrain; *smettila con questo ritornello!* arrête avec ce refrain!

ritórno |ri'torno| *s.m.* [→ RITORNARE] retour: *il ritorno a casa, in ufficio* le retour à la maison, au bureau; *viaggio di ritorno* voyage de retour; *un biglietto di andata e ritorno* un billet d'aller et retour; un aller (et) retour; *analfabetismo di ritorno* retour à l'analphabétisme, désalphabétisation; *al mio ritorno ti telefono* à mon retour je te téléphone; *sulla via del ritorno si fermerà da noi* sur le chemin de retour il s'arrêtera chez nous; *sarà di ritorno domani* il sera de retour demain # *ha fatto ritorno da poco* il est revenu depuis peu ◇ (*comm.*) *conto di ritorno* compte de retour; *merci di ritorno* marchandises de retour ◇ (*filos.*) *l'eterno ritorno* l'éternel retour ◇ (*loc.*) *ritorno di fiamma*: (*pr., fig.*) retour de flamme ~ DI RITORNO [*in restituzione, da restituire*]: *l'ho avuto di ritorno ieri* on me l'a rendu hier; *bottiglia, vuoto di ritorno* bouteille consignée, emballage consigné.

ritorsióne |ritor'sjone| *s.f.* [→ RITORCERE A 3; B] rétorsion: *ritorsione fra Stati* (mesure(s) de) rétorsion, (de) représailles *pl.* (entre États) # *la ritorsione di un'accusa* le retournement d'une accusation.

ritòrta |ri'tɔrta| *s.f.* **1** [*ramoscello flessibile, vermena verde attorcigliata*] *hart *m.* (*arc.*) **2** *al plur.* (*arc., fig.*) [*catene, ceppi*] liens *m.*

ritòrto |ri'tɔrto| **I** *agg.* **1** [*contorto*] tordu: *rami ritorti* branches tordues **2** (*tess.*) retors: *filo ritorto* fil retors ♦ (*s.m.*) *un ritorto di cotone, di lana* un retors de coton, de laine **II** *s.m. plur.* (*mus.*) corps de rechange.

ritosàre |rito'zare| *v.tr.* [*tosare di nuovo*] retondre (53).

ritradùrre |ritra'durre| (108) *v.tr.* [*tradurre di nuovo*] retraduire (75): *occorre ritradurre questo passo* il faut retraduire ce passage.

ritraduzióne |ritradut'tsjone| *s.f.* [→ RITRADURRE] retraduction.

ritràrre |ri'trarre| (190) **A** *v.tr.* **1** [*tirare, trarre indietro*; *ritirare*] retirer: *istintivamente ritrasse la mano* il retira instinctivement sa main # *ritrassi lo sguardo da quello spettacolo* je détournai les yeux de ce spectacle **2** [*ricavare, ottenere*] tirer, retirer: *ne ha ritratto una discreta rendita* il en a tiré, retiré un assez bon revenu **3** [*rappresentare in fotografia o in opere figurative*] *ritrarre una persona* faire (45) le portrait d'une personne: *si è fatto ritrarre in un dipinto a olio* il a fait peindre son portrait à l'huile ◇ (*foto.*) photographier une personne ◇ (*per est.*) *in quel romanzo ha ritratto fedelmente i fatti* dans ce roman il a décrit fidèlement les faits **B** *v.pron. rifl.* RITRARSI **1** [*farsi indietro, ritirarsi*] se retirer: *si è ritratto da quel proposito* il s'est retiré de ce projet **2** [*farsi l'autoritratto*] se représenter.

ritrascrìvere |ritras'krivere| *v.tr.* (182) [*scrivere un'altra volta*] retranscrire (51).

ritrascrizióne |ritraskrit'tsjone| *s.f.* [→ RITRASCRIVERE] retranscription.

ritrasformàre |ritrasfor'mare| **A** *v.tr.* [*trasformare di nuovo, riportare nella forma primitiva*] transformer de nouveau: *ritrasformare un impianto* transformer de nouveau une installation **B** *v.pron. intr.* RITRASFORMARSI [*trasformarsi nuovamente*] se transformer de nouveau.

ritrasméttere |ritras'mettere| (155) *v.tr.* [*trasmettere di nuovo*] retransmettre (71): *ritrasmettere una commedia* retransmettre une pièce; *ritrasmettere un segnale* retransmettre un signal.

ritrasmettitóre |ritrasmetti'tore| *s.m.* (*tel.*) retransmetteur.

ritrasmissióne |ritrasmis'sjone| *s.f.* (*rad., tel., tv*) retransmission.

ritrattàbile |rittrat'tabile| *agg.* [→ RITRATTARE 2] rétractable: *un'accusa ritrattabile* une accusation rétractable.

ritrattàre |ritrat'tare| *v.tr.* **1** [*trattare di nuovo*] traiter de nouveau: *ha ritrattato lo stesso argomento* il a traité (de nouveau) le même sujet ◇ (*chim., tecnol.*) *ritrattare un composto chimico* retraiter un composé chimique **2** [*dichiarare errato o falso quanto si era precedentemente affermato*] cesser d'affirmer (de soutenir), rétracter: *ritrattare una tesi* cesser de soutenir une thèse; *ha ritrattato la sua dichiarazione* il a rétracté sa déclaration # *si è ritrattato* il s'est dédit 🄲 2 **affermare.**

ritrattazióne |ritrattat'tsjone| *s.f.* rétractation, désaveu (*m.*): *ha fatto una ritrattazione pubblica* il a fait une rétractation publique.

ritrattista |ritrat'tista| *s.* [*chi fa ritratti*] portraitiste.

ritrattìstica, che |ritrat'tistika, ke| *s.f.* art *m.* du portrait.
ritrattìstico, ci, ca, che |ritrat'tistiko, tʃi, ka, ke| *agg.* du portrait (*loc. inv.*): *la tecnica ritrattistica* la technique du portrait.
ritràtto |ri'tratto| *s.m.* [*fotografia o opera figurativa che rappresenta una persona*] portrait: *ritratto a olio, a carboncino* portrait à l'huile, au fusain; *ritratto intero, a mezzo busto* portrait en pied (en entier), en buste; *ritratto dal vero* portrait d'après nature; *è un ritratto molto fedele* c'est un portrait très fidèle ◇ (*fig.*) portrait, image (*f.*): *è il ritratto della nonna* c'est le portrait de sa grand-mère; *sembrava il ritratto del dolore* c'était l'image de la douleur; *è il ritratto della salute* il est l'image de la santé.
ritraversàre |ritraver'sare| *v.tr.* [*traversare di nuovo*] retraverser: *ritraversare la strada* retraverser la route.
ritraziόne |ritrat'tsjone| *s.f.* [→ RITIRARE A 2] rentrée: *la ritrazione del carrello* la rentrée du train d'atterrissage ◇ (*biol., tecnol.*) rétraction: *la ritrazione di un organo* la rétraction d'un organe.
ritrito |ri'trito| *agg.* [*consumato, logoro, sfruttato*] rebattu, ressassé: *un argomento trito e ritrito* un sujet (plus que) rebattu, ressassé.
ritrosàggine |ritro'saddʒine| *s.f.* **1** [*timidezza*] sauvagerie: *abbiamo vinto la sua ritrosaggine* nous avons vaincu sa sauvagerie **2** [*riluttanza*] réticence: *ha accettato, ma con ritrosaggine* il a accepté, mais avec réticence.
ritrosaménte |ritrosa'mente| *avv.* **1** [→ RITROSO 2] timidement **2** [→ RITROSO 3] avec réticence *loc. inv.*
ritrosìa |ritro'sia| *s.f.* **1** [*timidezza, scontrosità*] timidité, sauvagerie: *è di una ritrosia incredibile* il est d'une timidité, d'une sauvagerie incroyable **2** [*riluttanza, renitenza*] réticence: *ha firmato con ritrosia* il a signé avec réticence.
ritrosità |ritrosi'ta| *s.f. inv.* → **ritrosia.**
ritróso |ri'troso| *agg.* **1** [*scontroso, poco socievole*] sauvage: *è così ritroso che incute soggezione* il est tellement sauvage qu'il intimide **2** [*timido*] timide **3** [*che oppone resistenza, avverso, riluttante*] peu disposé: *è ritroso ad accettare questo incarico* il est peu disposé à accepter cette charge **4** *solo nella loc.* A RITROSO [*che va all'indietro, in senso opposto*] à reculons: *camminava a ritroso* il marchait à reculons.
ritrovàbile |ritro'vabile| *agg.* [→ RITROVARE A 2] retrouvable: *un oggetto difficilmente ritrovabile* un objet difficilement retrouvable.
ritrovaménto |ritrova'mento| *s.m.* [→ RITROVARE A 2, 4] découverte *f.*; retrouvaille (*f.*): *il ritrovamento dell'arma del delitto* la découverte de l'arme du crime.
ritrovàre |ritro'vare| **A** *v.tr.* **1** [*trovare di nuovo*] retrouver: *se ti ritrovo qui, ti darò uno schiaffo!* si je te retrouve ici, je te donnerai une gifle! **2** [*rinvenire, ricuperare una cosa perduta o una persona che si cercava*] retrouver: *non ho più ritrovato il borsellino* je n'ai plus retrouvé mon porte-monnaie; *ritroverà facilmente la strada* il retrouvera facilement le chemin; *hanno ritrovato il bambino che si era perduto* on a retrouvé l'enfant qui s'était perdu **3** (*per est., fig.*) [*recuperare*] retrouver, recouvrer: *ha ritrovato il coraggio* il a retrouvé, recouvré son courage; *dopo tante preoccupazioni ha ritrovato la serenità* après tant de soucis il a retrouvé la sérénité **4** [*scoprire, trovare dopo ricerche e indagini*] trouver: *hanno ritrovato una nuova tecnica di lavorazione* ils ont trouvé une nouvelle technique de travail **5** [*ravvisare, riconoscere*] reconnaître (72), retrouver: *è difficile ritrovare il suo stile in questo scritto* il est difficile de reconnaître, de retrouver son style dans cette œuvre **6** (*fam.*) [*avere, possedere*] avoir (28): *con i soldi che si ritrova può scegliere come vuole* avec l'argent qu'il a, il peut choisir ce qu'il veut **B** *v.pron.* RITROVARSI **1** *intr.* [*trovarsi, essere di nuovo in un posto senza volerlo*] se retrouver: *dopo aver camminato a lungo, si è ritrovato al punto di partenza* après avoir longtemps marché, il s'est retrouvé au point de départ; *non avrei mai pensato di ritrovarmi in queste condizioni* je n'aurais jamais pensé que je me retrouverais dans de pareilles conditions **2** *intr.* [*raccapezzarsi, trovarsi a proprio agio*] se retrouver: *non mi ci ritrovo più in questo schedario* je ne m'y retrouve plus dans ce fichier # *in quell'ambiente non mi ci ritrovo* dans ce milieu je ne suis pas à l'aise **3** *recipr.* [*incontrarsi, convenire di nuovo*] se retrouver: *ci ritroviamo al bar* on se retrouve au café ⓒ A 1, 2, 3 **perdere.**
ritrovàto |ritro'vato| *s.m.* **1** [*procedimento, scoperta*] découverte (*f.*): *l'ultimo ritrovato della medicina* la dernière découverte de la médecine # *i moderni ritrovati della cosmesi* les dernières nouveautés de la cosmétique (de la cosmétologie, des soins de beauté) ◇ [*invenzione*] invention *f.* **2** [*espediente, trovata*] expédient.
ritrovatóre, trice |ritrova'tore, tritʃe| *s.* → **inventore, scopritore.**
ritròvo |ri'trɔvo| *s.m.* **1** [*riunione, convegno*] réunion (*f.*): *sala di ritrovo* salle de réunion **2** [*luogo frequentato da persone che si ritrovano*] rendez-vous (*inv.*): *questo bar è diventato un ritrovo per la gioventù* ce bar est devenu le rendez-vous de la jeunesse **3** [*locale*] établissement: *ritrovo pubblico* établissement public # *ritrovo notturno* boîte de nuit.
ritruccàre |ritruk'kare| *v.tr.* [*truccare di nuovo*] remaquiller.
ritto |'ritto| *agg.* [*rizzato, diritto, in posizione verticale*] droit: *sta' ritto* tiens-toi droit; *metti ritta quella bambola* mets cette pupée droite; *il gatto aveva la coda ritta* le chat avait la queue toute droite, en l'air # *aveva i capelli ritti per lo spavento* d'épouvante, ses cheveux s'étaient dressés sur sa tête ◇ [*in piedi, tirato su*] debout (*avv.*): *non riesce a star ritto da solo* il n'arrive pas à se tenir debout tout seul; *questo tavolo sta ritto per miracolo* cette table tient debout par miracle.
rituàle |ritu'ale| **I** *agg.* **1** (*eccl.*) rituel*: *gesto, canto rituale* geste, chant rituel; *preghiere rituali* prières rituelles **2** (*per est., fig.*) [*conforme all'uso, all'abitudine*] d'usage (*loc. inv.*): *dopo i rituali saluti, sono entrati in discussione* après les politesses d'usage, ils ont commencé la discussion **II** *s.m.* **1** [*le cerimonie proprie di una festa o di una liturgia*] rituel: *il rituale di Pasqua* le rituel de Pâques **2** [*libro, raccolta di norme e preghiere proprie di un rito*] rituel.
ritualìsmo |ritua'lizmo| *s.m.* (*eccl.*) ritualisme.
ritualìsta |ritua'lista| *s.* ritualiste.
ritualità |rituali'ta| *s.f. inv.* caractère *m. var.*, aspect *m. var.* rituel.
ritualizzàre |ritualid'dzare| *v.tr.* [*far diventare rituale*] rendre (53) rituel*.
ritualizzazióne |ritualiddzat'tsjone| *s.f.* [→ RITUALIZZARE] ritualisation.
ritualménte |ritual'mente| *avv.* [→ RITUALE I] rituellement.
rituffàre |rituf'fare| **A** *v.tr.* [*tuffare di nuovo*] replonger (3) **B** *v.pron. rifl.* RITUFFARSI [*tuffarsi di nuovo*] replonger *intr.*
riudìre |riu'dire| (200) *v.tr.* [*udire di nuovo*] réentendre (53).
riunificàre |riunifi'kare| *v.tr.* [*unificare di nuovo*] réunifier: *riunificare due partiti* réunifier deux partis.
riunificazióne |riunifikat'tsjone| *s.f.* [→ RIUNIFICARE] réunification.
riunióne |riu'njone| *s.f.* [→ RIUNIRE] réunion: *una riunione di famiglia* une réunion de famille; *una riunione sportiva* une réunion sportive; *la riunione della commissione* la réunion de la commission.
riunìre |riu'nire| (197) **A** *v.tr.* **1** [*unire di nuovo, mettere di nuovo insieme*] rassembler: *riunire i pezzi di un vaso rotto* rassembler, recoller les morceaux d'un vase brisé; *cerca di riunire i fogli sparsi sul tavolo* essaie de rassembler les papiers épars sur la table **2** [*adunare, far convenire nello stesso luogo*] réunir: *ha riunito un gruppo di amici* il a réuni un groupe d'amis; *il sindaco ha riunito il consiglio comunale* le maire a réuni le conseil municipal **3** [*riconciliare*] rapprocher: *questo episodio ha riunito i due coniugi* cet épisode (ce fait) a rapproché les deux époux **B** *v.pron.* RIUNIRSI **1** *intr.* [*tornare a stare insieme*] se joindre (61) de nouveau: *si sono riuniti alla compagnia* ils se sont de nouveau joints à la compagnie **2** *intr.* [*adunarsi, raccogliersi, fare una riunione*] se réunir: *i parlamentari si riuniranno domani* les parlementaires se réuniront demain **3** *rifl.* [*tornare insieme*] se réconcilier: *i due coniugi si sono riuniti* les deux époux se sont réconciliés ⓒ **separare.**
riunìto |riu'nito| *agg.* [*di nuovo unito, messo insieme*] réuni: *l'assemblea riunita* l'assemblée réunie; *siamo qui riuniti per...* nous sommes ici réunis pour... ◇ [*associato, consociato*] *ospedali riuniti* hôpitaux réunis; *società riunite* sociétés réunies.
riusàre |riu'zare| *v.tr.* [*usare di nuovo*] réemployer (10), remployer (10).
riuscìre |riuʃ'ʃire| (201) *v.intr.* (*aus. 'essere'*) **1** [*avere un determinato esito o risultato; andare a finire*] réussir (*aus.* avoir): *il tentativo di lancio è riuscito* la tentative de lancement a réussi; *l'operazione è riuscita* l'opération a réussi # *la fotografia è riuscita un po' sfocata* la photographie est un peu floue; *riesce sempre bene in fotografia* il est très photogénique; *la maionese non è*

riuscita la mayonnaise est ratée, a tourné ◇ (*prov.*) *non tutte le ciambelle riescono col buco* on ne fait pas mouche à tout coup **2** [*essere capace, potere; raggiungere, conseguire un risultato*] réussir (à), arriver (à): *spero di riuscire a convincerlo* j'espère réussir, arriver à le convaincre; *guarda se ti riesce di aprire questa scatola* vois si tu arrives à ouvrir cette boîte # *provati, se ti riesce!* essaie un peu! **3** [*risultare, determinarsi, essere*] être (43) (*aus.* avoir): *è una ragazza che riesce simpatica a tutti* c'est une fille qui est sympathique à tout le monde; *mi riesce difficile tacergli la verità* il m'est difficile de lui cacher la vérité; *il tentativo è riuscito inutile* la tentative a été inutile # *quel viso non mi riesce nuovo* ce visage me dit quelque chose **4** [*aver successo, affermarsi, avere particolari attitudini*] réussir: *riesce bene negli studi* il réussit bien dans ses études; *è riuscito negli affari* il a réussi dans les affaires # *è un ragazzo che riuscirà* c'est un garçon qui ira loin **5** [*andare a finire, sbucare*] déboucher (*aus.* avoir): *questo sentiero riesce davanti al paese* ce sentier débouche devant le village **6** [*uscire di nuovo*] ressortir: *non posso riuscire dopo cena* je ne peux pas ressortir après dîner **7** [*venir fuori da dove si era entrati*] ressortir: *non ce la faceva a riuscire dal cunicolo* il n'arrivait plus à (res)sortir de la galerie.

riuscìta |riuʃ'ʃita| *s.f.* [*esito, risultato, successo, rendimento*] succès *m.*, réussite: *la vostra iniziativa ha avuto piena riuscita* votre initiative a été couronnée d'un plein succès; *la riuscita di questo esperimento dipende anche da te* le succès de cette expérience dépend aussi de toi # *qualunque sia la riuscita dell'impresa...* quel que soit le résultat de l'entreprise...; *questa stoffa ha fatto una buona riuscita* cette étoffe a fait de l'usage; *ha fatto una buona riuscita sul lavoro* il a bien réussi dans son travail.

riuscìto |riuʃ'ʃito| *agg.* [*che ha avuto buon esito, successo*] réussi: *un tentativo riuscito* une tentative réussie; *una festa ben riuscita* une fête réussie; *un esperimento non riuscito* une expérience mal réussie # *un matrimonio mal riuscito* un mariage raté.

riutilizzàre |riutilid'dzare| *v.tr.* [*utilizzare di nuovo, per un nuovo uso*] réutiliser: *riutilizzare degli scarti* réutiliser des déchets.

riutilizzazióne |riutiliddzat'tsjone| *s.f.* [→ RIUTILIZZARE] réutilisation.

riva |'riva| *s.f.* **1** [*la fascia di terra che delimita una distesa o un corso d'acqua*] (*di mare*) rivage (*m.*): *nuotare fino a riva* nager jusqu'au rivage # *in riva al mare* au bord de la mer ◇ (*di lago, di fiume*) rive, bord (*m.*): *lungo la riva del fiume* le long de la rive du fleuve; *lungo le rive del Tevere, della Senna* sur les bords du Tibre, de la Seine ◇ (*di canale, di fiume*) berge **2** (*mar.*) *a riva!* en haut!

rivaccinàre |rivattʃi'nare| *v.tr.* [*vaccinare di nuovo*] revacciner.

rivaccinazióne |rivattʃinat'tsjone| *s.f.* revaccination.

rivàle |ri'vale| *s.* rival*: *ha un rivale* il a un rival ◇ (*loc. fig.*) *in questo campo è senza rivali* dans ce domaine il est sans rival ~ *non teme rivali* il n'a pas son rival ♦ (*agg.*) *potenze rivali* puissances rivales.

rivaleggiàre |rivaled'dʒare| *v.intr.* (*aus.* '*avere*') [*competere, essere rivali*] rivaliser: *rivaleggiano per il potere* ils rivalisent à qui aura le pouvoir; ils briguent tous deux le pouvoir; *due ditte che rivaleggiano sullo stesso mercato* deux maisons qui rivalisent sur le même marché.

rivalérsi |riva'lersi| (191) *v.pron. intr.* **1** [*rifarsi, prendersi una rivincita, una soddisfazione su qc.*] se rattraper: *se c'è un aumento il negoziante si rivale sui clienti* s'il y a une hausse (des prix), le marchand se rattrape sur les clients # *dopo questa delusione, spera di rivalersi sul lavoro* après cette déception, il espère trouver un remède dans le travail; *non devi rivalerti sui più deboli* tu ne dois pas te venger sur les plus faibles **2** [*valersi di nuovo*] se servir (21) de nouveau (de): *si è rivalso di mezzi sleali* il s'est de nouveau servi de moyens déloyaux.

rivalicàre |rivali'kare| *v.tr.* [*valicare di nuovo*] franchir de nouveau.

rivalità |rivali'ta| *s.f. inv.* rivalité (*var.*): *rivalità politica, professionale* rivalité politique, professionnelle → **antagonismo**; *la rivalità ha segnato la fine della loro amicizia* la rivalité a marqué la fin de leur amitié.

rivàlsa |ri'valsa| *s.f.* **1** [*il fatto di rivalersi*] compensation: *cerca la rivalsa a quell'affare* il cherche une compensation à cette affaire **2** [*rivincita*] revanche: *ha un desiderio di rivalsa su di lui* il a le désir de prendre une revanche sur lui **3** (*comm.*) retraite **4** (*dir.*) recours *m.*

rivalutàre |rivalu'tare| *v.tr.* **1** [*valutare di nuovo, fare una nuova valutazione*] évaluer de nouveau: *ho fatto rivalutare questo quadro da un altro esperto* j'ai fait évaluer de nouveau ce tableau par un autre expert **2** [*dare una valutazione superiore, aumentare di valore*] revaloriser, réévaluer: *rivalutare la moneta* revaloriser, réévaluer la monnaie; *rivalutare un patrimonio* revaloriser un patrimoine ◇ (*fig.*) *rivalutare un artista* remettre (71) un artiste en valeur Ⓒ 2 **svalutare**.

rivalutazióne |rivalutat'tsjone| *s.f.* [→ RIVALUTARE 2] revalorisation, réévaluation; remise en valeur: *la rivalutazione della lira* la revalorisation, la réévaluation de la lire ‖ *la rivalutazione di un'opera d'arte* la remise en valeur d'une œuvre d'art.

rivangàre |rivan'gare| *v.tr.* **1** [*vangare di nuovo*] bêcher de nouveau: *rivangare l'orto* bêcher de nouveau le potager **2** (*fig.*) [*tirar fuori fatti lontani, che sarebbe opportuno non ricordare*] ressortir (21): *non rivangare queste vecchie storie!* ne ressors pas ces vieilles histoires!

rivarcàre |rivar'kare| *v.tr.* → **rivalicare**.

rivascolarizzazióne |rivaskolariddzat'tsjone| *s.f.* (*chir.*) revascularisation.

rivedére |rive'dere| (192) **A** *v.tr.* **1** [*vedere di nuovo; incontrare*] revoir (37): *sono andato a rivedere quel film* je suis allé revoir ce film; *non l'ho più rivisto* je ne l'ai plus revu; *era tanto che non ti rivedevo!* il y avait longtemps que je ne te revoyais pas ◇ (*loc. fig.*) *ha rivisto il sole* il a revu la lumière ~ *chi non muore si rivede!* tiens, un revenant! **2** [*esaminare, verificare, controllare*] revoir, réviser: *devo rivedere i conti* je dois revoir, réviser les comptes; *hai rivisto le bozze di stampa?* as-tu revu les épreuves?; *ho fatto rivedere la macchina* j'ai fait réviser la voiture; *ha rivisto il suo giudizio sul mio conto* il a révisé son jugement sur mon compte ◇ [*ripassare*] *rivedere la lezione, la parte* revoir, réviser sa leçon, son rôle **B** *v.pron. recipr.* RIVEDERSI [*vedersi insieme un'altra volta; rincontrarsi*] se revoir: *ci rivedremo dopo le vacanze* on se reverra après les vacances # *ci rivedremo!* je t'attends au tournant!; *a rivederci, arrivederci* au revoir; *a rivederla, arrivederla* au revoir ◇ (*loc. fig.*) *ci rivedremo a Filippi!* l'affaire ne s'arrête pas là!

rivedìbile |rive'dibile| *agg.* **1** [→ RIVEDERE A 1] qui peut être revu (*loc.*): *non è uno spettacolo rivedibile* ce n'est pas un spectacle qui peut être revu **2** (*mil.*) ajourné: *è stato fatto rivedibile* il a été ajourné.

rivedùta |rive'duta| *s.f.* coup *m.* d'œil: *dare una riveduta alla relazione* donner un coup d'œil au rapport.

rivedùto |rive'duto| *agg.* revu: *riveduto e corretto* revu et corrigé.

rivelàbile |rive'labile| *agg.* [→ RIVELARE A 1, 3] que l'on peut révéler (*loc.*): *una notizia rivelabile* une nouvelle que l'on peut révéler.

rivelàre |rive'lare| **A** *v.tr.* **1** [*far conoscere, rendere noto*] révéler (8): *rivelare le verità di fede* révéler les vérités de la foi; *ha rivelato un segreto professionale* il a révélé, divulgué un secret professionnel **2** [*manifestare, rendere palese*] trahir; faire (45) preuve de: *la sua voce rivelava la sua ansia* sa voix trahissait son anxiété ‖ *il candidato ha rivelato prontezza di riflessi* le candidat a fait preuve de rapidité dans ses réflexes, de réflexe **3** (*scient.*) [*rendere sensibile, osservabile, misurabile una grandezza, un fenomeno*] détecter: *tecniche per rivelare la radioattività* des techniques pour détecter la radioactivité **B** *v.pron. rifl.* RIVELARSI [*mostrarsi, dimostrarsi*] se révéler, s'avérer (8): *si è rivelato un ottimo regista* il s'est révélé, avéré un excellent metteur en scène Ⓒ A 1, 2 **nascondere**.

rivelatìvo |rivela'tivo| *agg.* révélateur*: *parole rivelative* paroles révélatrices, mots révélateurs.

rivelàto |rive'lato| *agg.* révélé: *verità rivelata* vérité révélée ◇ (*relig.*) *religione rivelata* religion révélée.

rivelatóre, trice |rivela'tore, tritʃe| **I** *agg.* révélateur*: *indizio rivelatore* indice révélateur **II** *s.m.* **1** (*tecnol.*) *rivelatore di mine* détecteur de mines; *rivelatore di frequenza* déceleur de fréquence **2** (*chim., foto.*) révélateur.

rivelazióne |rivelat'tsjone| *s.f.* [→ RIVELARE A 1] révélation: *la rivelazione di un segreto* la révélation d'un secret; *la rivelazione di una fede* la révélation d'une foi; *ha fatto delle rivelazioni incredibili* il a fait des révélations incroyables; *quell'attore è una vera rivelazione* cet acteur est une véritable révélation ◇ (*relig. crist.*) *la rivelazione* la révélation.

rivellino |rivel'lino| *s.m.* (*st. mil.*) demi-lune *f.*

rivéndere |ri'vendere| *v.tr.* **1** [*vendere di nuovo; vendere quanto si è comprato*] revendre (53): *compra all'ingrosso e rivende al minuto* il achète en gros et (il) revend au détail; *se rivendessi questo quadro ci guadagnerei una bella somma* si je revendais ce tableau, je réaliserais un joli bénéfice **2** (*fig., fam.*) [*essere molto più bravo*] surclasser (*corr.*): *in questo campo la può rivendere a tutti* dans ce domaine, il peut surclasser n'importe qui (tout le monde).

rivendibile |riven'dibile| *agg.* [→ RIVENDERE 1] qu'on peut revendre (*loc.*): *un oggetto rivendibile facilmente* un objet qu'on peut facilement revendre.

rivéndica, che |ri'vendika, ke| *s.f.* (*dir.*) revendication.

rivendicàre |rivendi'kare| *v.tr.* **1** [*vendicare di nuovo*] venger (3) de nouveau **2** [*esigere il riconoscimento di un diritto; lottare per un bene*] revendiquer: *rivendicare un diritto* revendiquer un droit; *ha rivendicato la sua parte di eredità* il a revendiqué sa part d'héritage; *rivendicano un servizio sociale più adeguato* ils revendiquent un service social plus approprié; *ha rivendicato la priorità della scoperta* il a revendiqué la priorité de la découverte **3** (*lett.*) [*restituire, far ricuperare*] rendre (53): *rivendicare la libertà al popolo* rendre la liberté au peuple.

rivendicatóre, trice |rivendika'tore, tritʃe| *agg.* revendicateur*: *parole rivendicatrici* paroles revendicatrices ✦ (*s.*) *un rivendicatore* un revendicateur.

rivendicazióne |rivendikat'tsjone| *s.f.* [→ RIVENDICARE 2] revendication: *rivendicazioni sindacali, politiche, economiche* revendications syndicales, politiques, économiques # *promuovere un'azione di rivendicazione* promouvoir une action revendicatrice.

rivéndita |ri'vendita| *s.f.* **1** [*l'operazione, l'attività di rivendere*] revente: *la rivendita è stata svantaggiosa* la revente a été désavantageuse, à perte **2** [*vendita al minuto*] vente au détail **3** [*negozio di vendita al minuto*] débit (*m.*): *rivendita di tabacchi* débit, bureau de tabac # *rivendita di pane* boulangerie.

rivenditóre, trice |rivendi'tore, tritʃe| *s.* [*chi rivende*] revendeur*: *non conosco il nome del rivenditore* je ne connais pas le nom du revendeur ◇ (*al minuto*) détaillant.

rivendùgliolo |riven'duʎʎolo| *s.* [*rivenditore al minuto di cose di scarso valore o usate*] vendeur* ambulant, marchand de bricoles.

rivenire |rive'nire| (202) *v.intr.* (*aus.* 'essere') [*venire di nuovo, ritornare*] revenir (27): *riverrò domani* je reviendrai demain.

riverberàre |riverbe'rare| **A** *v.tr.* [*riflettere, irradiare la luce, il calore*] renvoyer (14), réverbérer (8): *il finestrino mi riverbera il sole negli occhi* la (petite) fenêtre me renvoie, réverbère le soleil dans les yeux # *riverberare un suono* réfléchir un son **B** *v.pron. intr.* RIVERBERARSI [*riflettersi, ripercuotersi*] se réverbérer: *la fiamma si riverbera nella stanza* la flamme se réverbère dans la pièce # *suono che si riverbera* son qui se réfléchit ◇ (*fig.*) rejaillir (*intr.*): *la vergogna si riverbera su tutta la famiglia* la honte rejaillit sur toute la famille.

riverberatóio, i |riverbera'tojo, i| *s.m.* (*tecnol.*) four à réverbère.

riverberazióne |riverberat'tsjone| *s.f.* [→ RIVERBERARE] réverbération: *la riverberazione della luce* la réverbération de la lumière # *la riverberazione di un suono* la réflexion d'un son.

rivèrbero |ri'vɛrbero| *s.m.* [→ RIVERBERARE] réverbération *f.*; réverbère: *il riverbero del sole mi abbaglia* la réverbération du soleil m'éblouit ‖ *lampada a riverbero* réverbère; *forno a riverbero* four à réverbère # *riverbero di un suono* réflexion d'un son ◇ *loc. avv.* DI RIVERBERO indirectement (*avv.*): *la luce della strada illumina di riverbero anche la stanza* la lumière de la rue éclaire aussi indirectement la pièce; *lo scandalo ha danneggiato di riverbero tutta la categoria* le scandale a nui indirectement à tout son milieu.

riverènte |rive'rɛnte| *agg.* [*che sente, dimostra riverenza*] déférent, respectueux*: *un fedele riverente* un fidèle déférent, respectueux; *lo ascoltavano con animo riverente* ils l'écoutaient avec un esprit respectueux Ⓒ **irriverente.**

riverentemènte |riverente'mente| *avv.* [→ RIVERENTE] respectueusement.

riverènza |rive'rɛntsa| *s.f.* **1** [*sentimento, atteggiamento rispettoso*] respect *m.*, révérence (*lett.*): *si è accostato alla tomba con grande riverenza* il s'est approché de la tombe avec beaucoup de respect **2** [*inchino, genuflessione*] révérence: *fare la riverenza* faire la révérence.

riverenziàle |riveren'tsjale| *agg.* → **reverenziale.**

riverìre |rive'rire| (197) *v.tr.* **1** [*sentire, manifestare rispetto*] révérer (8): *è un grande maestro e tutti lo riveriscono* c'est un grand maître et tous le révèrent **2** [*salutare con profondo rispetto*] présenter ses respects (à): *riverisco!* (je vous présente) mes respects!

riverito |rive'rito| *agg.* [*che suscita, merita riverenza*] respecté: *è amato e riverito da tutti* il est aimé et respecté de tous ◇ (*nello stile epistolare*) *riverito signore* Monsieur ◇ (*come saluto*) *riverita, signora!* mes hommages, Madame!

rivernicìare |riverni'tʃare| *v.tr.* [*verniciare di nuovo*] revernir: *far riverniciare la macchina* faire revernir sa voiture # *riverniciare la ceramica* vernisser de nouveau la faïence.

riverniciatùra |rivernitʃa'tura| *s.f.* [→ RIVERNICIARE] revernissage *m.*

riversàre |river'sare| **A** *v.tr.* **1** [*versare di nuovo*] reverser: *versò un bicchiere e se ne riversò subito un altro* il se versa un verre et s'en reversa aussitôt un autre **2** [*versare, effondere con abbondanza*] déverser: *il vulcano riversava un fiume di lava* le volcan déversait un torrent de lave ◇ (*fig.*) *riversa tutto il suo affetto sui figli* elle reporte toute son affection sur ses enfants; *ha riversato l'intera responsabilità su di me* il a rejeté toute la responsabilité sur moi; *non riversare la colpa su di lui* ne rejette pas ta faute sur lui **B** *v.pron. intr.* RIVERSARSI **1** [*traboccare, effondersi, spargersi*] se répandre (53): *il fiume, rotti gli argini, si riversò nella pianura* le fleuve, après avoir rompu ses digues, se répandit dans la plaine **2** (*fig.*) [*affluire, spargersi*] se déverser: *la folla si riversò fuori dallo stadio* la foule se déversa hors du stade.

riversibile |river'sibile| *e deriv.* → **reversibile** *e deriv.*

rivèrso |ri'vɛrso| *agg.* (*raro, lett.*) [*rovesciato, supino*] renversé (*corr.*) # *si gettò riverso sul letto* il se jeta à la renverse sur le lit.

rivestiménto |rivesti'mento| *s.m.* **1** [→ RIVESTIRE A 3, 7] revêtement: *il rivestimento di una parete, di una poltrona* le revêtement d'un mur, d'un fauteuil # *il rivestimento in legno di una stanza* le boisage d'une pièce ◇ (*metall.*) *il rivestimento del forno* le revêtement du four ◇ (*fig.*) *il rivestimento di una carica* le fait de recouvrir une charge **2** [*ciò che serve a ricoprire, rivestire*] *rivestimento in stucco* lambris; *rivestimento di gomma* chape *f.* (en) caoutchouc; *rivestimento di cemento* revêtement en ciment; *rivestimento di marmo* placage de marbre; *il rivestimento di una poltrona* la *hausse *f.* d'un fauteuil **3** (*min.*) coffrage ◇ (*tecnol.*) habillage, chemisage: *pannelli di rivestimento* panneaux d'habillage **4** (*biol.*) revêtement: *rivestimento epiteliale, ceroso* revêtement épithélial, cireux; *tessuti di rivestimento* tissus de revêtement; *rivestimenti vegetali* revêtements végétaux.

rivestìre |rives'tire| **A** *v.tr.* **1** [*vestire di nuovo*] rhabiller: *ho dovuto rivestire il bambino da capo a piedi* j'ai dû rhabiller l'enfant de la tête aux pieds **2** [*ricoprire come un vestito*] tapisser: *quelle vallate sono rivestite da foreste* ces vallées sont tapissées de forêts **3** [*ricoprire con materiali particolari un oggetto, una superficie*] recouvrir (23): *rivestire le pareti del bagno di ceramica* recouvrir les murs de la salle de bains en faïence; *hanno rivestito le poltrone in pelle* ils ont recouvert les fauteuils de peau # *ha rivestito lo studio con una nuova tappezzeria* il a tapissé le bureau avec un nouveau papier peint; *vuol rivestire le pareti in legno* il veut lambrisser les murs (avec du bois) **4** [*indossare*] revêtir (25): *rivestire la toga, la divisa* revêtir la toge, l'uniforme **5** (*fig.*) [*avere in sé, presentare*] revêtir: *sono fatti che rivestono un carattere molto delicato* ce sont des faits qui revêtent un caractère très délicat **6** (*fig.*) [*mascherare*] déguiser: *rivestono la loro malignità di falso interessamento* ils déguisent leur méchanceté sous un faux intérêt **7** (*fig.*) [*avere, detenere, ricoprire*] occuper: *riveste una carica molto elevata* il occupe une charge très élevée **B** *v.pron.* RIVESTIRSI **1** *rifl.* [*vestirsi di nuovo*] se rhabiller: *rivestiti, comincia a far freddo* rhabille-toi, il commence à faire froid ◇ (*fig.*) *si è rivestito di coraggio* il s'est armé de courage **2** *rifl.* [*cambiarsi i vestiti, vestirsi diversamente*] s'habiller **3** *rifl.* [*mettersi, indossare*] revêtir (*tr.*): *si è rivestito della divisa* il a revêtu l'uniforme **4** *intr.* [*ricoprirsi*] se couvrir (23): *gli alberi si rivestono di foglie* les arbres se couvrent de feuilles Ⓒ A 1, 2 **spogliare.**

rivestito |rives'tito| *agg.* **1** [*ricoperto*] revêtu: *una poltrona rivestita di velluto* un fauteuil revêtu de velours; *un pavimento rivestito di legno* un plan-

cher revêtu de bois ◇ (*fig.*) *un fatto rivestito di leggenda* un événement voilé de légende **2** [*vestito a nuovo*] rhabillé ◇ (*fig.*) *un villano rivestito* un parvenu.
rivestitóre, trice |rivesti'tore, tritʃe| *s.* [*chi riveste*] rhabilleur*.
rivestitùra |rivesti'tura| *s.f.* → **rivestimento.**
rivétto |ri'vetto| *s.m.* (*tecnol.*) rivet.
rivièra |ri'vjɛra| *s.f.* bord *m.* de la mer # *la Riviera Ligure* la Riviera (ligurienne).
rivieràsco, chi, ca, che |rivje'rasko, ki, ka, ke| *agg.* **1** [*situato, abitante sulle coste del mare*] de la côte (*loc. inv.*): *paesaggi rivieraschi* paysages de la côte ♦ (*s.*) *un rivierasco* un habitant de la côte **2** [*situato, abitante sulle coste di un fiume*] riverain ♦ (*s.*) *un rivierasco* un riverain.
rivìncere |ri'vintʃere| (193) *v.tr.* **1** [*vincere di nuovo*] gagner de nouveau **2** [*ricuperare al gioco quanto si era perduto*] regagner.
rivìncita |ri'vintʃita| *s.f.* [*partita, gara, competizione che dà la possibilità di compensare una sconfitta*] revanche: *la squadra ha concesso la rivincita* l'équipe a accordé la revanche; *gli ha negato la rivincita* il lui a refusé sa revanche ◇ (*fig.*) *spirito di rivincita* esprit de revanche; *si è preso una bella rivincita* il a pris une belle revanche.
riviràre |rivi'rare| *v.tr. e intr.* (*aus.* '*avere*') [*virare di nuovo*] revirer.
rivìràta |rivi'rata| *s.f.* [→ RIVIRARE] revirement *m.*
rivisitàre |rivizi'tare| *v.tr.* **1** [*visitare di nuovo*] visiter de nouveau: *il medico lo ha rivisitato da poco* le médecin vient de le visiter (de nouveau) # *devo andare a farmi rivisitare* je dois aller de nouveau chez le médecin **2** [*rendere la visita*; *rifare visita*] rendre (53) une visite; refaire (45) une visite.
rivìsta |ri'vista| *s.f.* **1** [*pubblicazione periodica*] revue: *una rivista scientifica, letteraria, politica* une revue scientifique, littéraire, politique # *una rivista di moda* un journal de mode; *una rivista settimanale* un hebdomadaire; *una rivista illustrata* un magazine **2** [*spettacolo comico-musicale di varietà*] revue: *teatro di rivista* théâtre de revue; *attore di rivista* acteur de revue **3** (*mil.*) revue: *passare in rivista le truppe* passer les troupes en revue **4** coup *m.* d'œil # *dare una rivista agli appunti* revoir ses notes.
rivitalizzàre |rivitalid'dzare| *v.tr.* [*dare nuova vitalità a*] revitaliser.
rivitalizzazióne |rivitaliddzat'tsjone| *s.f.* [→ RIVITALIZZARE] revitalisation.
rivìvere |ri'vivere| (194) **A** *v.intr.* (*aus.* '*essere*') **1** [*vivere di nuovo*] avoir (28) *tr.* une seconde vie: *se dovessi rivivere, non lo sposerei più* si je devais avoir une seconde vie, si je devais vivre une seconde fois, je ne l'épouserais plus **2** (*fig.*) [*riacquistare forza, vigore*] revivre (58): *in questa pace mi sembra di rivivere* dans cette paix j'ai l'impression de revivre; *una tradizione che torna a rivivere* une tradition qui commence à revivre **B** *v.tr.* [*tornare a vivere*] revivre: *vorrebbe rivivere quei giorni felici* il voudrait revivre ces jours heureux.
riviviscènza |rivivi∫'∫ɛntsa| *e deriv.* → **reviviscenza** *e deriv.*
rìvo |'rivo| *s.m.* (*lett.*) [*piccolo corso d'acqua*] ruisseau ◇ (*fig.*) *un rivo di sangue, di lacrime* un ruisseau de sang, de larmes; *era in un rivo di sudore* il était ruisselant de sueur.
rivolàre |rivo'lare| *v.intr.* (*aus.* '*essere, avere*') [*volare di nuovo, indietro*] revoler (*aus.* avoir).
rivolére |rivo'lere| (195) *v.tr.* **1** [*volere di nuovo, ancora*] vouloir (40) de nouveau **2** [*voler riavere ciò che si è prestato o perduto*] vouloir: *rivuole a tutti i costi i suoi soldi* il veut absolument son argent # *rivoglio i miei libri* rends-mois mes livres.
rivòlgere |ri'vɔldʒere| (196) **A** *v.tr.* **1** [*volgere di nuovo, un'altra volta*] tourner: *rivolse gli occhi verso di me* il tourna les yeux vers moi **2** [*rovesciare*] renverser: *rivolgere una scatola* renverser une boîte **3** [*indirizzare, dirigere*] adresser: *non mi ha rivolto la parola* il ne m'a pas adressé la parole; *gli ha rivolto delle critiche severe* il lui a adressé de sévères critiques # *le ha rivolto una domanda imbarazzante* il lui a posé une question embarrassante **B** *v. pron. rifl.* RIVOLGERSI **1** [*volgersi indietro, in una determinata direzione*] se retourner: *lo chiamai e si rivolse subito* je l'appelai et il se retourna tout de suite **2** [*indirizzare il discorso, una domanda, una richiesta*] s'adresser: *mi sono rivolta a lui* je me suis adressée à lui; *non sa più a chi rivolgersi* il ne sait plus à qui s'adresser, à quel saint se vouer.
rivolgiménto |rivoldʒi'mento| *s.m.* **1** [*profondo mutamento dell'ordine civile e delle istituzioni*] bouleversement: *rivolgimento politico, sociale, economico* bouleversement politique, social, économique **2** (*chir.*) version *f.* # *rivolgimento di stomaco* haut-le-cœur.
rìvolo |'rivolo| *s.m.* **1** petit ruisseau **2** [*rigagnolo*] rigole *f.* ◇ (*fig.*) *un rivolo di sudore* de grosses gouttes *f. pl.* de sueur; *un rivolo di sangue* un ruisseau de sang.
rivòlta |ri'vɔlta| *s.f.* **1** [*improvvisa ribellione contro l'ordine costituito*] révolte: *una rivolta popolare, militare* une révolte populaire, militaire; *preparare una rivolta* préparer une révolte; *hanno soffocato la rivolta nel sangue* ils ont noyé la révolte dans le sang **2** → **risvolto.**
rivoltaménto |rivolta'mento| *s.m.* [→ RIVOLTARE A 2] retournement.
rivoltànte |rivol'tante| *agg.* **1** révoltant: *un individuo rivoltante* un individu révoltant **2** [*che ripugna al gusto*] dégoûtant: *un cibo rivoltante* une nourriture dégoûtante Ⓒ **gradevole.**
rivoltàre |rivol'tare| **A** *v.tr.* **1** [*voltare di nuovo, continuare a voltare*] retourner: *voltava e rivoltava le pagine del libro* il tournait et retournait les pages du livre **2** [*voltare dalla parte opposta, dall'altra parte*] retourner: *il contadino rivoltava il fieno* le paysan retournait le foin; *ha fatto rivoltare il soprabito* elle a fait retourner son manteau; *rivolta la bistecca* retourne le bifteck # *ho già rivoltato l'insalata* j'ai déjà tourné, fatigué la salade ◇ (*fam.*) *voltata e rivoltata, è sempre la stessa cosa* quel que soit le point de vue, c'est toujours pareil **3** [*provocare disgusto, ripugnare*] écœurer: *questo cibo mi ha rivoltato lo stomaco* cette nourriture m'a écœuré # *un individuo così ipocrita da far rivoltare* un individu tellement hypocrite qu'il en est écœurant **B** *v.pron.* RIVOLTARSI **1** *rifl.* [*volgersi da un'altra parte, dalla parte opposta*] se retourner: *si voltava e si rivoltava nel letto* il se retournait sans cesse dans son lit **2** *intr.* [*ribellarsi, agitarsi contro qc.*] se révolter: *è un ragazzo ribelle, che si rivolta contro i genitori* c'est un garçon rebelle qui se révolte contre ses parents; *il popolo si è rivoltato contro il tiranno* le peuple s'est révolté contre le tyran **3** *intr.* [*sconvolgersi, turbarsi*] écœurer *intr.*, être (43) *intr.* écœuré: *al solo pensiero mi si rivolta lo stomaco* rien que d'y penser j'en suis écœuré.
rivoltàta |rivol'tata| *s.f.* [→ RIVOLTARE A 2] *solo nella loc.* DARE UNA RIVOLTATA A (Q.C.) retourner (qqch.): *da' una rivoltata alla bistecca* retourne le bifteck.
rivoltàto |rivol'tato| *agg.* **1** (*abiti*) [*con la parte interna messa al di fuori*] retourné: *giaccia rivoltata* veste retournée **2** (*arald.*) contourné.
rivoltatùra |rivolta'tura| *s.f.* [*l'operazione di rivoltare oggetti di tappezzeria*] retournement *m.* ◇ (*abiti*) retournage *m.*
rivoltèlla |rivol'tɛlla| *s.f.* revolver *m.*
rivoltellàta |rivoltel'lata| *s.f.* coup *m.* de revolver.
rivòlto |ri'vɔlto| *agg.* [*girato, voltato*] tourné: *era rivolto indietro* il était tourné vers l'arrière # *naso rivolto all'insù* nez retroussé ♦ *s.m.* (*mus.*) renversement.
rivoltolàre |rivolto'lare| **A** *v.tr.* [*voltolare di nuovo*] rouler **B** *v.pron. rifl.* RIVOLTOLARSI [*voltolarsi più volte, continuamente*] se rouler # *il maiale si rivoltolava nel fango* le porc se vautrait dans la boue.
rivoltolóne |rivolto'lone| *s.m.* [*il fatto di rivoltolarsi bruscamente o all'improvviso*] culbute (*f.*): *fare un rivoltolone sul tappeto* faire une culbute sur le tapis.
rivoltóso |rivol'toso| *agg.* [*che è in rivolta*] rebelle, révolté: *movimento rivoltoso* mouvement rebelle, révolté ♦ (*s.*) *un rivoltoso* un rebelle, un révolté.
rivoluzionàre |rivoluttsjo'nare| *v. tr.* [*mettere in rivoluzione*; *attuare cambiamenti radicali*] révolutionner: *una scoperta che ha rivoluzionato il mondo* une découverte qui a révolutionné le monde; *il progresso ha rivoluzionato la nostra vita* le progrès a révolutionné notre vie.
rivoluzionàrio, i |rivoluttsjo'narjo, i| *agg.* révolutionnaire: *concezioni, idee rivoluzionarie* conceptions, idées révolutionnaires; *lotte rivoluzionarie* luttes révolutionnaires; *partiti rivoluzionari* partis révolutionnaires ♦ (*s.*) *un rivoluzionario* un révolutionnaire.
rivoluzionarìsmo |rivoluttsjona'rizmo| *s.m.* esprit révolutionnaire.
rivoluzióne |rivolut'tsjone| *s.f.* **1** (*polit.*) révolution: *la rivoluzione francese* la révolution française; *la rivoluzione d'ottobre* la révolution d'octobre **2** (*per est., fig.*) [*trasformazione, innovazione radicale*] révolution: *la rivoluzione industriale* la révolution industrielle; *una rivoluzione scientifica* une révolution scientifique **3** (*fig., fam.*) [*confusione, scompiglio*] pagaïe, confusion (*corr.*): *ha messo la rivoluzione dappertutto* il a créé partout de la pagaïe, de la

confusion # *ha portato la rivoluzione in casa* il a révolutionné la maison; *se non mi obbedite, faccio la rivoluzione* si vous ne m'obéissez pas, je chambarde tout **4** (*scient.*) révolution: *moto di rivoluzione* mouvement de révolution; *solido di rivoluzione* solide de révolution.

rivomitàre |rivomi'tare| *v.tr.* [*vomitare di nuovo*] vomir de nouveau, revomir.

rivulària |rivu'laria| *s.f.* (*t.bot.*) rivulaire.

rivulsióne |rivul'sjone| *e deriv.* → **revulsione** *e deriv.*

rivuotàre |rivwo'tare| *v.tr.* [*vuotare di nuovo*] vider de nouveau, revider: *ho rivuotato da poco il portacenere* je viens juste de vider (encore une fois) le cendrier.

-riza |riddza| *suff.* (*significa 'radice', corrisponde gener. a*) rhize: *micorriza* mycorhize.

rìzo- |'riddzo| *pref.* (*significa 'radice', corrisponde gener. a*) rhizo: *rizostoma* rhizostome.

rizoàtono |riddzo'atono| *agg.* (*ling.*) ne portant pas d'accent sur la racine *loc.*

rizòbio, i |rid'dzɔbjo, i| *s.m.* (*biol.*) rhizobium.

rizocàrpico, ci, ca, che |riddzo'karpiko, tʃi, ka, ke| *agg.* (*bot.*) rhizocarpé.

rizoctònia |riddzo'ktɔnja| *s.f.* (*t. bot.*) rhizoctone *m.*, rhizoctonie.

rizòfago, gi |rid'dzɔfago, dʒi| *agg.* rhizophage.

rizòma |rid'dzɔma| *s.m.* (*bot.*) rhizome.

rizomatóso |riddzoma'toso| *agg.* (*bot.*) rhizomateux*.

Rizòpodi |rid'dzɔpodi| *s.m. pl.* (*t. zool.*) Rhizopodes.

rizostòma |riddzos'tɔma| *s.m.* (*t. zool.*) rhizostome.

rizòtomo |ridz'ɔtomo| *s.m.* (*arc.*) rhizotome.

rizotònico, ci, ca, che |riddzo'tɔniko, tʃi, ka, ke| *agg.* (*ling.*) accentué sur la racine.

rìzza |'rittsa| *s.f.* (*mar.*) saisine.

rizzàre |rit'tsare| **A** *v.tr.* **1** [*mettere, alzare su in modo che stia ritto*] dresser: *rizzare una tenda, un palo* dresser une tente, un poteau ◇ (*loc. fig.*) *ha rizzato la cresta* il s'est dressé sur ses ergots ~ *quando lo elogiano rizza il pelo* quand on fait son éloge, il hérisse le poil ~ *quando lo sentiva, rizzava le orecchie* quand il l'entendait, il dressait l'oreille **2** [*costruire, innalzare*] élever (6): *rizzare un argine* élever une digue **B** *v.pron.* RIZZARSI **1** *rifl.* [*alzarsi ritto in piedi*] se dresser: *si rizzò sulla punta dei piedi* il se dressa sur la pointe des pieds; *si è rizzato sul letto* il s'est dressé sur son séant **2** *intr.* [*diventare ritto*] se dresser: *per lo spavento gli si rizzarono i capelli* l'épouvante fit dresser ses cheveux sur sa tête.

roàno |ro'ano| *agg.* (*detto di cavallo dal mantello chiaro*) [*picchiettato di peli marroni*] rouan*: *cavallo roano* cheval rouan ◆ (*s.*) *un roano* un rouan.

roast-beef |'roustbi:f| *s.m. inv.* (*ingl.*) (*cuc.*) rosbif *var.*, roast-beef.

ròba |'rɔba| *s.f.* **1** [*proprietà, sostanze*] biens (*m. pl.*): *ha lasciato tutta la sua roba ai nipoti* il a laissé tous ses biens à ses petits-enfants # *tutta la roba di casa è molto raffinata* tout dans la maison est très raffiné ◇ [*cose personali*] affaires (*pl.*): *ha preso poca roba ed è partito* il a pris quelques affaires et il est parti; *è molto geloso della sua roba* il est très jaloux de ses affaires **2** [*ogni oggetto materiale; la sostanza di cui è fatto*] objets (*m. pl.*): *roba di valore* objets de valeur; *roba rubata* objets volés; *chi ha portato questa roba?* qui a apporté ces objets? # *non sappiamo di che roba è fatto* nous ne savons pas en quoi c'est fait; *non toccare quella roba* ne touche pas cela; *cos'è questa roba?* qu'est-ce que c'est que ça?; *questa è roba nostra* ceci est à nous; *ha copiato: questa non è roba sua* vous avez copié: ce n'est pas de votre cru; *non preoccuparti, è roba da niente* ne t'en fais pas, ce n'est rien; *non è roba per te* ce n'est pas pour toi; *non è roba che ti riguardi* cela ne te regarde pas ◇ [*cosa*] choses (*pl.*): *ha solo roba vecchia da vendere* il n'a que de vieilles choses à vendre; *ho della roba da farti vedere* j'ai des choses à te montrer; *ha la casa piena di roba* sa maison est pleine de choses; *ho mangiato roba buona* j'ai mangé de bonnes choses # *non c'è molta roba da mangiare* il n'y a pas grand-chose à manger ◇ (*loc.*) *bella roba!* c'est du joli!, c'est du propre! ~ *che roba!* regarde-moi ça! ~ *troppa roba!* c'est trop! ~ *roba da matti!* c'est de la (pure) folie!, c'est fou! ~ *roba da chiodi!* c'est inouï! ~ *è roba da ridere* c'est à mourir de rire ~ *è roba da piangere* c'est à pleurer ~ *è roba da poco* c'est une affaire de peu d'importance, ce n'est rien **3** [*abito, indumento, stoffa*] vêtement (*m.*): *non ho roba per l'inverno* je n'ai pas de vêtements d'hiver; *quell'uomo ha molta roba* cet homme a beaucoup de vêtements # *è roba da lavare* ce sont des choses à laver; *questa giacca è fatta di roba buona* cette veste est faite d'une bonne étoffe **4** [*merce, mercanzia, articolo*] marchandise: *roba di scarto* marchandise de rebut; *roba di prima qualità* marchandise de première qualité; *si vende roba d'occasione* on vend des marchandises d'occasion; *compra roba a buon mercato* il achète des marchandises bon marché; *è roba fine* c'est de la bonne marchandise **5** [*cibo*] chose # *gli hanno sconsigliato la roba piccante* on lui a déconseillé tout ce qui est pimenté; *mi piace la roba dolce, ma preferisco quella salata* j'aime le sucré, les douceurs, mais je préfère le salé, les choses salées.

robàccia, ce |ro'battʃa, tʃe| *s.f.* marchandise de mauvaise qualité, camelote (*fam.*).

róbbia |'robbja| *s.f.* (*t.bot.*) garance.

robinia |ro'binja| *s.f.* (*t.bot.*) robinier *m.*

robivècchi |robi'vɛkki| *s. inv.* [*chi compra e rivende oggetti vecchi, usati*] brocanteur* *var.*, fripier* *var.* → **rigattiere.**

roboànte |robo'ante| *agg.* → **reboante.**

ròbot |'rɔbot| *s.m. inv.* robot *var.*

robòtico, ci, ca, che |ro'bɔtiko, tʃi, ka, ke| *agg.* de robot *loc. inv.*

robotizzàre |robotid'dzare| *v.tr.* [*trasformare in robot; rendere come un robot*] robotiser.

robotizzazióne |robotiddzat'tsjone| *s.f.* [→ ROBOTIZZARE] robotisation.

roburite |robu'rite| *s.f.* (*chim., min.*) roburite.

robustaménte |robusta'mente| *avv.* [→ ROBUSTO] vigoureusement.

robustézza |robus'tettsa| *s.f.* [*il fatto di essere robusto*] robustesse: *la robustezza di una costruzione* la robustesse d'une construction; *robustezza di corporatura* robustesse physique.

robùsto |ro'busto| *agg.* **1** (*persone*) robuste: *un ragazzo robusto* un garçon robuste; *un fisico robusto* un physique robuste; *stomaco robusto* estomac robuste # *di robusta costituzione* de forte constitution ◇ [*forte*] fort: *voce robusta* voix forte **2** (*cose*) [*solido, che si piega difficilmente*] solide: *un tronco, un mobile robusto* un tronc, un meuble solide **3** (*fig.*) [*forte, saldo, coraggioso*] fort: *un'intelligenza robusta* une forte intelligence; *un vino robusto* un vin fort # *un discorso robusto* un discours vigoureux **C** 1 **debole, gracile.**

rocàggine |ro'kaddʒine| *s.f.* [*il fatto di essere roco*] enrouement *m.*

rocambolésco, chi, ca, che |rokambo'lesko, ki, ka, ke| *agg.* rocambolesque: *una fuga rocambolesca* une fuite rocambolesque.

1 **ròcca, che** |'rɔkka, ke| *s.f.* **1** [*fortezza di grandi dimensioni*] forteresse **2** [*roccia*] roche: *allume di rocca* alun de roche; *cristallo di rocca* cristal de roche **3** (*anat.*) *rocca petrosa* rocher *m.* pierreux.

2 **rócca, che** |'ro(ɔ)kka, ke| *s.f.* [*arnese di legno per la filatura a mano*] quenouille.

roccafòrte |rokka'fɔrte| *s.f.* [*fortezza, città fortificata*] citadelle, forteresse: *delle roccheforti* des citadelles; *una roccaforte medievale* une citadelle médiévale ◇ (*fig.*) *un circolo che è la roccaforte dei conservatori* un club qui est la citadelle des conservateurs.

roccèlla |rot'tʃɛlla| *s.f.* (*t.bot.*) roccella, rocelle.

1 **rocchétto** |rok'ketto| *s.m.* **1** [*piccolo cilindro di legno forato per incannare il filato*] bobine (*f.*): *un rocchetto di filo, di cotone* une bobine de fil, de coton # *un rocchetto per la seta* un rochet **2** (*elettr.*) bobine: *rocchetto d'induzione* bobine d'induction **3** (*mecc.*) *il rocchetto di un ingranaggio* le pignon; *il rocchetto di un orologio* le barillet d'une montre; *il rocchetto dentato di avvolgimento, di svolgimento* la bobine enrouleuse (réceptrice), dérouleuse (débitrice); *il rocchetto per il trasporto del film* la bobine réceptrice du film.

2 **rocchétto** |rok'ketto| *s.m.* (*eccl.*) rochet.

ròcchio, i |'rɔkkjo, i| *s.m.* [*blocco, pezzo, porzione di forma cilindrica*] morceau: *un rocchio di salsiccia* un morceau de saucisson; *un rocchio di capitone* un morceau de grosse anguille ◇ (*arch.*) tronçon.

ròccia, ce |'rɔttʃa, tʃe| *s.f.* **1** (*geol.*) roche: *roccia eruttiva, sedimentaria* roche éruptive, sédimentaire **2** [*parete, blocco di pietra viva e nuda con forte pendenza*] rocher (*m.*): *scalata su roccia* escalade de rocher; *fare della roccia* faire du rocher # *alpinismo su roccia* varappe; *scarpe da roccia* chaussures pour l'escalade de rocher **3** [*suolo roccioso, massa compatta della super-*

ficie terrestre] roc (*m.*): *costruire sulla roccia* bâtir sur le roc ◇ (*fig.*) *saldo come la roccia* ferme comme un roc.
rocciatóre, trice |rottʃa'tore, tritʃe| *s.* [*chi pratica l'alpinismo su roccia*] rochassier*, grimpeur*.
roccióso |rot'tʃoso| *agg.* **1** [*costituito da roccia*] rocheux*: *una parete rocciosa* une paroi rocheuse; *le Montagne Rocciose* les Montagnes Rocheuses **2** [*pieno di rocce*] rocheux: *un terreno roccioso* un terrain rocheux.
ròcco, chi |'rɔkko, ki| *s.m.* **1** (*eccl.*) crosse *f.* **2** (*scacchi*) tour *f.*
ròccolo |'rɔkkolo| *s.m.* (*caccia*) tenderie *f.*, jardinet.
ròco, chi, ca, che |'rɔko, ki, ka, ke| *agg.* [*rauco*] enroué; rauque: *è roco* il est enroué ‖ *ha la voce roca* sa voix est rauque.
rococò |roko'kɔ| *s.m. inv.* (*arts.*) rococo (*var.*): *il rococò francese, italiano* le rococo français, italien ✦ (*agg. inv.*) *mobili rococò* meubles rococo.
rodàggio, i |ro'daddʒo, i| *s.m.* (*tecnol.*) rodage: *automobile in rodaggio* voiture en rodage ◇ (*fig.*) *periodo di rodaggio* période de rodage; *un matrimonio in rodaggio* un couple tout neuf.
rodamìna |roda'mina| *s.f.* (*chim.*) rhodamine.
rodàre |ro'dare| *v.tr.* [*sottoporre a rodaggio*] roder: *rodare un motore* roder un moteur ◇ (*fig.*) *non è ancora rodato* il n'est pas encore rodé.
rodéo |ro'deo| *s.m.* rodeo, rodéo.
ródere |'rodere| (175) **A** *v.tr.* **1** [*tritare, sgretolare, rosicchiare con i denti*] ronger (3): *un libro roso dai topi* un livre rongé par les rats # *i tarli hanno roso questo mobile* ce meuble est tout vermoulu ◇ (*fig.*) *sta rodendo il freno* il ronge son frein; *è un osso duro da rodere* c'est un dur à cuire □ *si rode il fegato dalla rabbia* la rage le dévore **2** (*scherz.*) → 1 **mangiare B** *v.pron. rifl.* RODERSI (*fig.*) [*consumarsi, tormentarsi intimamente*] *si rode dalla gelosia* la jalousie le ronge; il est dévoré de jalousie; *si rode dalla bile* il se fait de la bile.
rodiése |ro'djeze|, **rodiòta** |ro'djɔta| *agg.* [*di Rodi*] rhodien*.
rodilégno |rodi'leɲɲo| *s.m. inv.* (*t. zool.*) ronge-bois.
1 **ròdio, i** |'rɔdjo, i| *s.m.* (*chim.*) rhodium.
2 **ròdio, i** |'rɔdjo, i| *agg.* [*di Rodi*] rhodien*: *le antiche città rodie* les antiques cités rhodiennes.
rodìo, ii |ro'dio, ii| *s.m.* [*rodimento continuo, prolungato*] rongement: *il rodio dei tarli* le rongement des vers (rongeurs) ◇ (*fig.*) tourment: *un rodio interiore* un tourment intérieur.
1 **rodite** |ro'dite| *s.f.* (*t.zool.*) rhodite *m.*
2 **rodite** |ro'dite| *s.f.* (*miner.*) rhodite.
roditóre, trice |rodi'tore, tritʃe| *agg.* [*che rode*] rongeur*: *un verme roditore* un ver rongeur ✦ *s.m. pl.* (*t. zool.*) *i Roditori* les Rongeurs.
ròdo- |'rɔdo| *pref.* (*significa 'rosa', corrisponde gener. a*) rhod(o): *Rodoficee* Rhodophycées.
rododèndro |rodo'dɛndro| *s.m.* (*t. bot.*) rhododendron.
Rodoficee |rodo'fitʃee| *s.f. pl.* (*t. bot.*) Rhodophycées.
rodomontàta |rodomon'tata| *s.f.* rodomontade → **spacconata.**
rodomontésco, chi, ca, che |rodomon'tesko, ki, ka, ke| *agg.* (*raro*) de rodomont *loc. inv.* → **spaccone.**
roentgen |'roentgən| *e deriv.* → **röntgen** *e deriv.*
rogàre |ro'gare| *v.tr.* **1** [*stendere e autenticare un documento privato o pubblico*] rédiger (3): *rogare un atto* rédiger un acte (notarié) **2** [*richiedere a un notaio o a un funzionario pubblico la stesura e l'autenticazione di un atto*] faire (45) *intr.* dresser, authentifier (un acte).
rogatòria |roga'tɔrja| *s.f.* (*dir.*) commission rogatoire.
rogatòrio, i |roga'tɔrjo, i| *agg.* (*dir.*) rogatoire: *atto rogatorio* acte rogatoire.
rogazióni |rogat'tsjoni| *s.f. pl.* (*eccl.*) rogations.
ròggia, ge |'rɔddʒa, dʒe| *s.f.* (*region.*) canal* *m.* d'irrigation.
rògito |'rɔdʒito| *s.m.* (*dir.*) acte notarié # *andare a rogito* conclure un contrat.
rógna |'roɲɲa| *s.f.* **1** → **scabbia** **2** (*t.bot.*) teigne ◇ (*bot., veter.*) gale **3** (*fig.*) [*lite molto rischiosa; occupazione ingrata, noia, fastidio*] ennui (*m.*): *che rogna, questa pratica!* quel ennui, cette affaire! # *quello va in cerca di rogne* celui-là (me, lui, etc.) cherche noise.
rognonàta |roɲɲo'nata| *s.f.* (*cuc.*) rognonnade.
rognóne |roɲ'ɲone| *s.m.* (*cuc.*) rognon.
rognóso |roɲ'ɲoso| *agg.* **1** [*affetto da rogna*] galeux*; teigneux*: *un gatto rognoso* un chat galeux ‖ *un olivo rognoso* un olivier qui a la teigne, teigneux ◇ (*bot., veter.*) galeux ◇ (*loc. fig.*) *è morto come un cane rognoso* il est mort comme un chien galeux **2** (*fig.*) [*che può procurare noie e fastidi*] embêtant: *un lavoro rognoso* un travail embêtant **3** (*spreg.*) [*pedante, esigente, meschino*] mesquin: *un ispettore rognoso* un inspecteur mesquin.
rògo, ghi |'rɔ(o)go, gi| *s.m.* **1** [*catasta di legna su cui si bruciavano i cadaveri o i condannati a morte*] bûcher: *condannare al rogo* condamner au bûcher **2** (*fig.*) [*incendio*] brasier: *un rogo di libri* un brasier de livres.
rollàre |rol'lare| *v.intr.* (*aus. 'avere'*) (*detto di aerei e natanti*) [*oscillare intorno all'asse longitudinale*] rouler.
rollàta |rol'lata| *s.f.* (*aer., mar.*) coup *m.* de roulis.
rollìno |rol'lino| *s.m.* **1** (petit) rouleau ◇ (*foto.*) rouleau, bobine *f.* de film **2** (*tecnol.*) molette *f.*
rollìo, ii |rol'lio, ii| *s.m.* (*aer., astron., mar.*) roulis: *aletta di rollio* aileron anti-roulis # *tavola di rollio* violon 🄲 **becchegio.**
ròllo |'rɔllo| *s.m.* → **rotolo.**
rollòmetro |rol'lɔmetro| *s.m.* (*mar.*) indicateur de roulis.
romagnòlo |romaɲ'ɲɔlo| *agg.* [*della Romagna*] romagnol: *le spiagge romagnole* les plages romagnoles.
romàico, ci, ca, che |ro'maiko, tʃi, ka, ke| *agg.* (*ling.*) romaïque: *i dialetti romaici* les dialectes romaïques.
romanaménte |romana'mente| *avv.* [→ ROMANO] à la romaine *loc. inv.*
romàncio, ci, cia, ce |ro'mantʃo, tʃi, tʃa, tʃe| **1** *agg.* (*ling.*) romanche: *lingua romancia* langue romanche **2** (*s.m.*) *il romancio* [*la lingua*] le romanche.
romàndo |ro'mando| *agg.* (*ling.*) romand: *popolazioni romande* populations romandes; *dialetti romandi* dialectes romands.
romanésco, chi, ca, che |roma'nesko, ki, ka, ke| *agg.* [*proprio di Roma medievale e moderna*] romain: *i poeti romaneschi* les poètes romains.
romànico, ci, ca, che |ro'maniko, tʃi, ka, ke| *agg.* (*arts.*) roman: *stile romanico* style roman; *una chiesa romanica* une église romane.
romanìsmo |roma'nizmo| *s.m.* **1** (*ling.*) idiotisme du dialecte romain **2** [*dottrina della Chiesa rom.*] romanisme.
romanìsta |roma'nista| *s.* **1** [*studioso di lingue e lett. romanze*] romaniste **2** [*specialista di diritto rom.*] romaniste **3** [*cultore di st. e tradizioni rom.*] romaniste.
romanìstica, che |roma'nistika, ke| *s.f.* **1** (*dir.*) études *pl.* de droit romain **2** (*filol., ling.*) philologie romane.
romanità |romani'ta| *s.f. inv.* romanité *var.*
romanizzàre |romanid'dzare| *v.tr.* [*rendere rom. per lingua, istituzioni, costumi e sim.*] romaniser.
romanizzazióne |romaniddzat'tsjone| *s.f.* [→ ROMANIZZARE] romanisation.
romàno |ro'mano| *agg.* [*di Roma*] romain: *l'impero romano* l'empire romain; *la Chiesa romana* l'Église (catholique) romaine; *il rito romano* le rite romain; *i numeri romani* les chiffres romains ✦ *s.* (*st.*) *i Romani* les Romains ◇ (*cuc.*) *gnocchi, carciofi alla romana* gnocchi, artichauts à la romaine ◇ (*st. mod.*) *saluto romano* salut romain ◇ (*tip.*) *carattere romano* (caractère) romain ◇ (*loc.*) *pagare alla romana* payer chacun son écot.
romanticaménte |romantika'mente| *avv.* [→ ROMANTICO 2] romantiquement: *un amore vissuto romanticamente* un amour vécu romantiquement.
romanticherìa |romantike'ria| *s.f.* [*affettazione di sentimenti; atteggiamento esageratamente sentimentale*] sensiblerie.
romanticìsmo |romanti'tʃizmo| *s.m.* **1** (*st. arts.*) romantisme **2** (*fig.*) [*comportamento caratterizzato dal distacco della realtà e dal predominio del sentimento*] romantisme: *il romanticismo dei giovani* le romantisme des jeunes; *un amore pieno di romanticismo* un amour plein de romantisme **3** (*fig.*) [*capacità di ispirare sentimenti romantici*] romantisme: *il romanticismo di una vecchia canzone* le romantisme d'une vieille chanson.
romàntico, ci, ca, che |ro'mantiko, tʃi, ka, ke| *agg.* **1** [*del romanticismo*] romantique: *il movimento romantico* le mouvement romantique; *l'arte romantica* l'art romantique ✦ (*s.*) *un romantico* un romantique: *la polemica fra classicisti e romantici* la polémique entre les partisans du classicisme et les romantiques, entre les classiques et les romantiques **2** (*fig.*) [*di indole sentimentale o malinconica*; *pieno di romanticismo*] romantique: *sogni romantici* rêves romantiques; *un amore romantico* un amour romantique; *una*

passeggiata romantica une promenade romantique ✦ (*s.*) *un romantico* un romantique: *vuol fare il romantico* il veut être romantique.

romanticùme |romanti'kume| *s.m.* (*spreg.*) romantisme exagéré: *è un film pieno di romanticume* c'est un film d'un romantisme exagéré ◇ [*sentimentalismo*] sentimentalisme.

romantizzàre |romantid'dzare| *v. tr.* (*raro*) [*far diventare romantico*] romantiser.

romànza |ro'mandza| *s.f.* romance: *le romanze del Berchet* les romances de Berchet; *cantare una romanza* chanter une romance.

romanzàre |roman'dzare| *v.tr.* [*raccontare un fatto aggiungendo al vero elementi romanzeschi*] romancer (2): *romanzare la vita di un personaggio celebre* romancer la vie d'un personnage célèbre.

romanzàto |roman'dzato| *agg.* [*colorito con aggiunte fantastiche*] romancé (*p.p.*): *una biografia romanzata* une biographie romancée.

romanzeggiàre |romandzed'dʒare| **A** *v.intr.* (*aus.* '*avere*') (*lett.*) [*raccontare con l'aggiunta di elementi fantastici, come in un romanzo*] faire (45) *tr.* du roman **B** *v.tr.* (*raro*) → **romanzare.**

romanzescaménte |romandzeska'mente| *avv.* [→ ROMANZESCO] romanesquement, d'une manière romanesque *loc. inv.*

romanzésco, chi, ca, che |roman'dzesko, ki, ka, ke| *agg.* [*di romanzo, proprio dei romanzi*] romanesque: *letteratura romanzesca* littérature romanesque # *uno scrittore romanzesco* un romancier; *un personaggio romanzesco* un personnage de roman ◇ (*fig.*) *una vita romanzesca* une vie romanesque; *un'avventura romanzesca* une aventure romanesque ✦ (*s.m.*) *il romanzesco* le romanesque: *un fatto che ha del romanzesco* un fait qui tient du romanesque.

romanzétto |roman'dzetto| *s.m.* **1** petit roman **2** [*storia fantastica*] roman **3** [*avventura amorosa*] petite aventure *f.*

romanzière |roman'dzjɛre| *s.* [*scrittore di romanzi*] romancier*.

romanzìna |roman'dzina| *s.f.* → **ramanzina.**

1 **romànzo** |ro'mandzo| *s.m.* [*opera narrativa di una certa estensione*] roman: *romanzo giallo, rosa* roman policier, à l'eau de rose; *romanzo di fantascienza* roman de science-fiction; *romanzo di cappa e spada* roman de cape et d'épée; *romanzo d'appendice, a puntate* roman-feuilleton, feuilleton; *romanzo a fumetti* roman-feuilleton en bandes dessinées; *romanzo fiume* roman-fleuve; *romanzo sceneggiato* roman adapté (pour la télévision, pour la radio) ◇ (*fig.*) *un breve romanzo d'amore* une courte histoire d'amour; *la sua vita è tutta un romanzo* sa vie est toute un roman.

2 **romànzo** |ro'mandzo| *agg.* (*filol., ling.*) roman: *filologia romanza* philologie romane; *le lingue romanze* les langues romanes.

rombàre |rom'bare| *v.intr.* (*aus.* '*avere*') [*produrre un rombo, un suono forte*] vrombir; gronder: *l'auto ci sorpassò rombando* la voiture nous doubla en vrombissant ‖ *il cannone rombava* le canon grondait.

rombétto |rom'betto| *s.m.* (*t.zool.*) turbotin.

rómbico, ci, ca, che |'rombiko, tʃi, ka, ke| *agg.* **1** (*mat.*) rhombique **2** (*miner.*) rhombique: *sistema rombico* système rhombique.

rombo- |rombo| *pref.* (*significa* '*rombo*', *corrisponde gener. a*) rombo: *romboidale* rhomboïdal.

1 **rómbo** |'rombo| *s.m.* **1** (*geom.*) losange **2** (*mar.*) rhumb, rumb.

2 **rómbo** |'rombo| *s.m.* (*t.zool.*) turbot ~ *rombo liscio* barbue *f.*

3 **rómbo** |'rombo| *s.m.* [*suono, rumore forte, profondo di una certa durata*] vrombissement; grondement: *il rombo di un aereo* le vrombissement d'un avion; *il rombo di un motore* le vrombissement d'un moteur ‖ *il rombo del cannone* le grondement du canon.

romboèdrico, ci, ca, che |rombo'ɛdriko, tʃi, ka, ke| *agg.* rhomboédrique.

romboèdro |rombo'ɛdro| *s.m.* (*geom., miner.*) rhomboèdre.

romboidàle |romboi'dale| *agg.* rhomboïdal*.

rombòide |rom'bɔide| **1** *agg.* (*geom.*) rhomboïdal **2** *agg. e s.m.* (*anat.*) rhomboïde.

romèico, ci, ca, che |ro'mɛiko, tʃi, ka, ke| *agg.* → **romaico.**

romèno |ro'mɛno|, **rumèno** |ru'mɛno| **1** *agg.* [*della Romania*] roumain: *il popolo romeno* le peuple roumain **2** (*s.m.*) *il romeno* [*la lingua*] le roumain.

romèo |ro'mɛo| *s.* [*pellegrino che andava a Roma o in Terrasanta*] pèlerin *m.* ✦ (*agg.*) *strada romea* route qui mène à Rome *loc.*

rómice |'romitʃe| *s.f.* (*t.bot.*) rumex *m.*

romitàggio, i |romi'taddʒo, i| *s.m.* → **eremitaggio.**

romìtico, ci, ca, che |ro'mitiko, tʃi, ka, ke| *agg.* → **eremitico.**

romìto |ro'mito| **1** *agg.* (*lett.*) [*isolato, appartato, solitario*] solitaire (*corr.*) **2** *s.m.* → **eremita.**

romitòrio, i |romi'tɔrjo, i| *s.m.* → **eremo.**

rómpere |'rompere| (176) **A** *v.tr.* **1** [*spaccare, frantumare, provocare una divisione in pezzi*] casser, briser (*lett.*): *ha rotto un bicchiere* il a cassé, brisé un verre; *attento a non rompere il vetro* fais attention à ne pas casser la vitre; *sciando, si è rotto una gamba* il s'est cassé une jambe en skiant, au ski ◇ (*fig.*) *per fare questo lavoro si è rotto la schiena* à ce travail, il s'est cassé les reins; *finirà per rompersi l'osso del collo* il finira par se casser le cou; *si è rotto la testa per cercare una soluzione* il s'est cassé la tête pour trouver une solution; *se lo incontro, gli rompo la testa, la faccia, il muso* si je le rencontre, je lui casse la figure, la gueule (*pop.*) ◇ (*fam., volg.*) *rompere l'anima, le scatole, le tasche, i corbelli a qc.* casser les pieds (*fam.*) à qqn. ◇ (*prov.*) *chi rompe paga e i cocci sono suoi* qui casse les verres les paie **2** [*spezzare, dividere*; *travolgere, far crollare*] rompre (44): *rompi quel panino* romps ce petit pain; *il fiume in piena ha rotto gli argini* le fleuve en crue a rompu ses digues ◇ (*ippica*) *rompere il trotto* passer du trot au galop ◇ (*mil.*) *rompere il passo, le righe* rompre le pas, les rangs; *i nostri hanno rotto l'accerchiamento nemico* nos troupes ont rompu l'encerclement ennemi ◇ (*fig.*) *è stato lui a rompere il ghiaccio* c'est lui qui a rompu, brisé la glace **3** (*fig.*) [*far cessare, interrompere*] rompre: *ha rotto il silenzio* il a rompu le silence; *non rompere l'incanto!* ne romps pas le charme!; *ha deciso di rompere il digiuno* il a décidé de rompre le jeûne; *quello Stato ha rotto le relazioni diplomatiche* cet État a rompu les relations diplomatiques; *hanno rotto il fidanzamento* ils ont rompu leurs fiançailles; *hanno rotto i patti, la tregua* ils ont rompu les traités, la trêve # *quella telefonata mi ha rotto il sonno* ce coup de téléphone a interrompu mon sommeil, m'a réveillé; *hanno rotto gli indugi* ils se sont décidés ◇ (*fig.*) *ha rotto i ponti con lui* elle a rompu les ponts avec lui **4** [*guastare, deteriorare, mettere fuori uso*] casser: *ha già rotto il giocattolo* il a déjà cassé son jouet; *ho rotto l'orologio* j'ai cassé ma montre; *ha rotto la macchina* il a bousillé sa voiture; *come hai fatto a rompere l'ombrello?* comment as-tu fait pour casser ton parapluie? **5** (*tessuti*) [*strappare*] déchirer: *ha rotto la camicia* il a déchiré sa chemise **B** *v. intr.* (*aus.* '*avere*') **1** [*troncare una amicizia, un rapporto d'affetto*] rompre: *ha rotto col fidanzato* elle a rompu avec son fiancé **2** [*scoppiare, prorompere*] fondre (53): *rompere in lacrime* fondre en larmes # *rompere in singhiozzi* éclater en sanglots **C** *v.pron. intr.* ROMPERSI **1** [*spezzarsi, spaccarsi*] se rompre # *si è rotto l'incanto* le charme est rompu **2** [*andare in pezzi, infrangersi*] se casser, se briser: *si è rotta la statuina di porcellana* la statuette de porcelaine s'est cassée, brisée **3** [*guastarsi, deteriorarsi*] se détraquer, se casser: *mi si è rotto l'orologio* ma montre s'est détraquée [C] A 1, 4, 5; C **aggiustare.**

rompibàlle |rompi'balle| *s. inv.* (*volg.*) → **rompiscatole.**

rompicàpo |rompi'kapo| *s.m.* **1** cassement de tête # *questo lavoro è un vero rompicapo* ce travail est un vrai casse-tête **2** [*indovinello*; *problema difficile*] casse-tête *inv.*

rompicòllo |rompi'kɔllo| *s. inv.* [*persona avventata e imprudente*] casse-cou (*m.*): *non uscire con quel rompicollo* ne sors pas avec ce casse-cou → **scavezzacollo** ◇ *loc. avv.* A ROMPICOLLO [*a rotta di collo, precipitosamente*] à bride abattue, à tombeau ouvert: *veniva giù a rompicollo* il descendait à bride abattue, à tombeau ouvert.

rompighiàccio |rompi'gjattʃo| **1** *s.m. o f. inv.* (*mar.*) brise-glace(s) *m. var.* **2** *s.m. inv.* [*arnese a punta col quale si rompe il ghiaccio*] piolet *var.*

rompiménto |rompi'mento| *s.m.* [→ ROMPERE A; C] bris: *il rompimento di un vetro* le bris d'une vitre (d'un carreau) ◇ (*fig.*) *che rompimento di scatole!* quel embêtement, quel ennui!, quelle barbe! (*fam.*).

rompiscàtole |rompis'katole| *s. inv.* (*fam.*) [*chi dà noia, fastidio*] casse-pieds: *quello è un gran rompiscatole* celui-là est un grand casse-pieds.

rompitàsche |rompi'taske| *s. inv.* (*fam.*) → **rompiscatole.**

rompitùtto |rompi'tutto| *s. inv.*

[*chi rompe, guasta facilmente ogni oggetto*] brise-tout *m.*
romùleo |ro'muleo| *agg.* (*lett.*) de Romulus *loc. inv.* # *la città romulea* Rome; *la gente romulea* les Romains.
rónca, che |'ronka, ke| *s.f.* → **roncola.**
roncàre |ron'kare| *v.tr.* (*raro*) [*tagliare, estirpare usando la ronca*] élaguer avec la serpe (*corr.*).
roncatùra |ronka'tura| *s.f.* [*l'operazione di roncare*] élagage *m.*
ronchétto |ron'ketto| *s.m.* → **roncolo.**
ronciglio, i |ron'tʃiʎʎo, i| *s.m.* → **uncino.**
rónco, chi |'ronko, ki| *s.m.* (*med.*) r(h)onchus.
róncola |'ronkola| *s.f.* [*attrezzo a lama ricurva usata per i lavori agricoli e di giardinaggio*] serpe.
roncolàta |ronko'lata| *s.f.* coup *m.* de serpe.
róncolo |'ronkolo| *s.m.* [*grosso coltello a lama ricurva*] serpette *f.*
roncóne |ron'kone| *s.m.* (*st. mil.*) pertuisane *f.*
rónda |'ronda| *s.f.* (*mil.*) ronde: *fare la ronda* faire la ronde ◇ (*scherz.*) *fare la ronda a una ragazza* faire la cour à une jeune fille, tourner autour d'une jeune fille.
rondàccia, ce |ron'dattʃa, tʃe| *s.f.* (*st. mil.*) rondache.
'rondeau' |Rɔ̃do| *s.m. inv.* → 2 **rondò.**
rondèlla |ron'dɛlla| *s.f.* (*mecc.*) rondelle: *rondella di spinta, d'arresto* rondelle de butée, d'arrêt; *rondella di tenuta ermetica* rondelle d'étanchéité → **rosetta.**
rondèllo |ron'dɛllo| *s.m.* (*lett.*) rondel, rondeau.
róndine |'rondine| *s.f.* (*t.zool.*) hirondelle ~ *rondine di mare, pesce rondine* hirondelle de mer ◇ (*loc.*) *abito a coda di rondine* habit (à queue de morue), frac (*arc.*) ◇ (*prov.*) *una rondine non fa primavera* une hirondelle ne fait pas le printemps.
rondinìno |rondi'nino| *s.m.* → **rondinotto.**
rondinòtto |rondi'nɔtto| *s.m.* [*il piccolo nato dalla rondine*] petite hirondelle *f.*, hirondeau (*arc.*).
1 **rondò** |ron'dɔ| *s.m. inv.* [*spartitraffico*] rond-point (*var.*): *dei rondò* des ronds-points.
2 **rondò** |ron'dɔ| *s.m. inv.* (*mus.*) rondeau *var.*
rondóne |ron'done| *s.m.* (*t.zool.*) martinet.
ronfàre |ron'fare| *v.intr.* (*aus. 'avere'*) **1** (*fam.*) [*russare forte*] ronfler **2** (*detto del gatto*) [*fare le fusa*] ronronner.
ronròn |ron'rɔn| *inter. e s.m. inv.* ronron *var.*, ronronnement (*var.*): *il ronron del gatto* le ronron du chat.
röntgen |'rœntgən| *s.m. inv.* (*ted.*) (*fis.*) röntgen *var.*, rœntgen *var.*
röntgenterapia |rœntgəntera'pia| *s.f.* (*med.*) radiothérapie, röntgenthérapie.
ronzànte |ron'dzante| *agg.* [*che ronza*] bourdonnant: *vespa ronzante* guêpe bourdonnante.
ronzàre |ron'dzare| *v.intr.* (*aus. 'avere'*) **1** (*detto di insetti*) [*volare con un rumore continuato*] bourdonner: *sento ronzare una zanzara* j'entends un moustique qui bourdonne **2** (*per est.*) [*fendere l'aria con un rumore sordo e vibrante; risonare di un rumore continuato*] ronfler: *l'aereo ronzava nel cielo* l'avion ronflait, vrombissait dans le ciel # *mi sento ronzare le orecchie* j'ai des bourdonnements d'oreilles **3** (*fig.*) [*girare intorno a una donna per farle la corte*] tourner: *ronzare intorno a una ragazza* tourner autour d'une jeune fille **4** (*fig.*) [*passare, girare*] passer: *che cosa ti ronza per il capo?* qu'est-ce qui te passe par la tête? ◇ [*turbinare*] s'agiter (*pron.*): *mille pensieri mi ronzavano nella mente* mille pensées s'agitaient dans ma tête.
ronzatóre |ron'dzatore| *s.m.* **1** (*elettr.*) ronfleur **2** (*tecnol.*) vibrateur.
ronzinànte |rondzi'nante| *s.m.* [*cavallo vecchio e stanco*] *haridelle *f.*, canasson (*fam.*).
ronzìno |ron'dzino| *s.m.* [*cavallo di scarso pregio, malandato*] *haridelle *f.*, canasson (*fam.*).
ronzìo, ii |ron'dzio, ii| *s.m.* [*rumore continuato di insetti che ronzano*] bourdonnement: *il ronzio delle api* le bourdonnement des abeilles ◇ (*per est.*) *sento un ronzio alle orecchie* j'ai des bourdonnements d'oreilles, mes oreilles bourdonnent # *il ronzio di un motore* le ronflement d'un moteur.
ronzóne |ron'dzone| *s.m.* (*pop.*) **1** [*moscone*] bourdon (*corr.*) **2** [*corteggiatore*] soupirant (*corr.*).
ròrido |'rɔrido| *agg.* (*lett.*) [*rugiadoso, cosparso di minutissime gocce*] humide de rosée (*corr.*): *erba rorida di pioggia* herbe humide de rosée.
1 **ròsa** |'rɔza| *s.f.* **1** (*t.bot.*) rose ~ *rosa canina* rose sauvage, églantine; (*pianta*) églantier *m.* ~ *rosa di macchia* rose de bruyère ~ *rosa tea* rose-thé, rose thé ◇ (*per est.*) *rosa delle Alpi* → **rododendro**; *rosa di Natale* → **elleboro**; *rosa di mare* → **attinia**; *rosa del Giappone* → **camelia** **2** [*il fiore di tale pianta*] rose: *un mazzo di rose* un bouquet de roses ◇ (*st. mediev.*) *la guerra delle Due Rose* la guerre des Deux-Roses; *il cavaliere della Rosa* le chevalier à la Rose ◇ (*loc. fig.*) *è bella, fresca come una rosa* elle est belle, fraîche comme une rose, comme une paquerette ~ *è un bocciolo di rosa* c'est un bouton de rose ~ *si trova, è su un letto di rose* il est sur un lit de roses ~ *non son tutte rose e fiori* tout n'est pas rose ◇ (*prov.*) *se son rose fioriranno* qui vivra verra ~ *non c'è rosa senza spine* il n'est pas de roses sans épines **3** [*prodotti ricavati dalla pianta di rose*] rose: *legno di rosa* bois de rose; *sciroppo di rose* sirop de rose; *acqua di rose* eau de rose; *olio di rose* huile de roses ◇ (*loc. fig.*) *è un romanzo all'acqua di rose* c'est un roman à l'eau de rose **4** (*fig.*) [*gruppo, insieme di persone*] groupe (*m.*): *la rosa dei candidati* le groupe des candidats **5** (*arch.*) rose **6** → **rosetta** **7** [*acconciatura di capelli*] épi *m.* **8** (*geogr.*) *la rosa dei venti* la rose des vents **9** *la rosa del violino* la rose, la rosette du violon **10** (*balistica*) gerbe: *rosa di tiro* gerbe de dispersion.
2 **ròsa** |'rɔsa| *agg. inv.* rose (*var.*): *una camicia rosa* une chemise rose ◇ (*fig.*) *un romanzo rosa* un roman rose ~ *vede tutto rosa* il voit tout en rose ✦ (*s.m. inv.*) *il rosa* le rose (*var.*): *il rosa confetto* le rose bonbon.
rosàcea |ro'zatʃea| *s.f.* (*med.*) rosacée, acné rosacée.
Rosàcee |ro'zatʃee| *s.f. pl.* (*t.bot.*) Rosacées.
rosàceo |ro'zatʃeo| *agg.* [*rosato, di color rosa*] rosé ◇ (*med.*) *acne rosacea* (acné) rosacée.
rosàio, i |ro'zajo, i| *s.m.* **1** [*arboscello di rosa*] rosier **2** [*roseto*] roseraie *f.*
rosàlba |ro'zalba| *s.f.* (*t.zool.*) rosalbin *m.*
rosanilìna |rozani'lina| *s.f.* (*chim.*) rosaniline.
rosàrio, i |ro'zarjo, i| *s.m.* **1** (*eccl.*) (*di cinque decine*) chapelet; (*di quindici decine*) rosaire: *recitare il rosario* dire son chapelet **2** (*fig.*) [*sequela di fatti, serie di elementi che si succedono con regolarità*] grêle *f.*; bordée (*f.*): *un rosario di colpi* une grêle de coups ‖ *un rosario di ingiurie* une bordée d'insultes.
rosàta |ro'zata| *s.f.* [*rosa di pallini da caccia*] rosace.
rosàto |ro'zato| *agg.* **1** [*di color rosa, tendente al rosa*] rose: *guance rosate* joues roses; *labbra rosate* lèvres roses; *l'Aurora dalle dita rosate* l'Aurore aux doigts de rose **2** [*che contiene essenza di rose*] rosat (*inv.*): *acqua rosata* eau rosat; *miele rosato* miel rosat ◇ (*spec.*) *vino rosato* (vin) rosé ✦ (*s.m.*) *un rosato* un rosé → **'rosé'**.
ròsbif |'rɔzbif| *s.m. inv.* → **roast-beef.**
'rosé' |ROZe| *agg. inv.* rosé (*var.*): *vino 'rosé'* (vin) rosé ✦ (*s.m. inv.*) *un 'rosé'* un rosé *var.*
ròseo |'rɔzeo| *agg.* [*di color rosa*] rose: *nubi rosee* nuages roses; *ha un colorito roseo* elle a un teint de rose ◇ (*fig.*) *un avvenire roseo* un avenir tout en rose; *rosee prospettive* perspectives agréables.
rosèola |ro'zɛola| *s.f.* (*med.*) roséole.
roséto |ro'zeto| *s.m.* [*luogo piantato a rose*] roseraie *f.*
rosétta |ro'zetta| *s.f.* **1** [*decorazione, ornamento a forma di rosa*] rosette **2** [*taglio di pietre preziose*] rose: *un diamante tagliato a rosetta* un diamant en rose **3** [*forma di pane tonda, lavorata di sopra come una rosa*] ⊠ **4** (*bot.*) rosette: *foglie disposte a rosetta* feuilles en rosette **5** (*mecc.*) rosette.
Rosicànti |rosi'kanti| *s.m. pl.* (*t. zool.*) Rongeurs.
rosicàre |rosi'kare| *v.tr.* [*rodere*] ronger (3) ◇ [*rosicchiare*] grignoter ◇ (*prov.*) *chi non risica non rosica* qui ne risque rien n'a rien.
rosicchiaménto |rosikkja'mento| *s.m.* [→ ROSICCHIARE 2] grignotement.
rosicchiàre |rosik'kjare| *v.tr.* **1** [*rodere di continuo e leggermente*] ronger (3): *il cane sta rosicchiando un osso* le chien est en train de ronger un os; *non rosicchiarti le unghie!* ne te ronge pas les ongles! **2** [*mangiucchiare*] grignoter: *rosicchiare un biscotto* grignoter un biscuit ◇ (*fig., sport*) *rosicchiare punti, minuti agli avversari* grignoter des points, des minutes aux adversaires; *c'è poco da rosicchiare in questo affare* il y a peu à grignoter dans cette affaire.
rosicoltóre, trice |rozikol'tore, tritʃe| *s.* [*chi coltiva rose*] rosiériste.
rosignòlo |roziɲ'ɲɔlo| *s.m.* (*poet.*) → **usignolo.**
rosmarino |rozma'rino| *s.m.* (*t. bot.*) romarin.

rosminiàno |rozmi'njano| **1** *agg.* (*filos.*) rosminien* **2** *s.m.* [*sacerdote dell'ordine della Provvidenza*] rosminien, membre de l'Institut de la Charité.
rosolàccio, i |rozo'lattʃo, i| *s.m.* (*t.bot.*) ponceau, coquelicot (*corr.*).
rosolàre |rozo'lare| **A** *v.tr.* [*far cuocere lentamente, in modo che le vivande prendano una crosta tendente al rosso*] rissoler, faire (43) *intr.* dorer: *rosolare la carne* rissoler la viande, la faire dorer **B** *v.pron. intr.* ROSOLARSI [*cuocere, diventare rosso-bruno per mezzo di una cottura lenta*] se rissoler (*raro*): *l'arrosto si sta rosolando* le rôti est en train de rissoler ◇ (*fig.*) *quella ragazza si rosola al sole* cette jeune fille se fait dorer au soleil.
rosolàta |rozo'lata| *s.f.* → **rosolatura**.
rosolatùra |rozola'tura| *s.f.* [→ ROSOLARE] le fait *m.* de rissoler qqch.; roussissement *m.*, roussissure # *dare una rosolatura a q.c.* rissoler qqch.
rosolìa |rozo'lia| *s.f.* (*med.*) rubéole, roséole épidémique.
rosòlida |ro'zɔlida| *s.f.* → **drosera**.
rosolièra |rozo'ljɛra| *s.f.* porte-liqueurs *m. inv.*
rosòlio, i |ro'zɔljo, i| *s.m.* [*liquore dolce, di debole gradazione alcolica*] rossolis.
rosóne |ro'zone| *s.m.* (*arch.*) rosace *f.*
ròspo |'rɔspo| *s.m.* **1** (*t.zool.*) crapaud ~ *coda di rospo* → **rana (pescatrice)** ◇ (*loc. fig.*) *ha ingoiato il, un rospo* il a avalé une couleuvre, des couleuvres ~ *sputa il rospo!* crache! **2** (*fig.*) [*persona brutta, fisicamente sgradevole*] (vilain) crapaud **3** (*fig.*) [*persona poco socievole, scontrosa*] ours (mal léché).
rossàstro |ros'sastro| *agg.* [*tendente a un rosso un po' smorzato*] rougeâtre: *una luce rossastra* une lumière rougeâtre.
rosseggiànte |rossed'dʒante| *agg.* [*che tende al rosso*] rougeoyant: *nuvoli rosseggianti* nuages rougeoyants.
rosseggiàre |rossed'dʒare| *v.intr.* (*aus. 'avere'*) [*diventare, essere rosso; tendere al rosso*] rougeoyer (10): *al tramonto il cielo comincia a rosseggiare* au coucher (du soleil) le ciel commence à rougeoyer.
rossèllo |ros'sɛllo| *s.m.* [*macchia rossastra sulla pelle*] rongeur *f.*
rossétta |ros'setta| *s.f.* (*t.zool.*) roussette.
1 **rossétto** |ros'setto| *s.m.* [*cosmetico per labbra*] rouge à lèvres: *darsi il rossetto* se mettre du rouge à lèvres ◇ (*per guance*) fard, rouge (à joues).
2 **rossétto** |ros'setto| *s.m.* **1** (*t.zool.*) pagel, pagelle *f.* **2** → **rossola**.
rossiccio, ci, cia, ce |ros'sittʃo, tʃi, tʃa, tʃe| *agg.* [*rosso piuttosto chiaro; tendente al rosso*] rougeâtre: *foglie rossicce* feuilles rougeâtres # *capelli, peli rossicci* cheveux, poils roussâtres.
rossiniàno |rossi'njano| *agg.* de Rossini *loc. inv.*
rossino |ros'sino| *agg.* (*veter.*) *mal rossino* rouget *s.m.*
rósso |'rosso| **I** *agg.* **1** rouge: *vino rosso* vin rouge; *il semaforo è rosso* le feu est au rouge; *ha gli occhi rossi di pianto* il a les yeux rouges (de pleurs), les yeux rougis; *ha il naso rosso per il freddo* il a le nez tout rouge de froid ◇ (*fig.*) *è rosso dalla vergogna* il est rouge de honte; *è diventato rosso come un peperone, un gambero* il est devenu rouge comme une tomate, une pivoine; *è diventato rosso di rabbia* il s'est fâché tout rouge; *Cappuccetto Rosso* le Petit Chaperon rouge; *il Mar Rosso* la Mer Rouge; *la Croce Rossa* la Croix-Rouge; *le Camice rosse* les Chemises rouges # *quel bambino è bianco e rosso* cet enfant a de belles couleurs ◇ (*comm.*) *numeri rossi* nombres rouges; *clausola rossa* clause rouge ◇ (*polit.*) *bandiera rossa* drapeau rouge; *un governo rosso* un gouvernement rouge; *i partiti rossi* les partis rouges **2** [*usato come caratteristica fisica di persone e animali*] rouge; roux*: *popolazioni di pelle rossa* populations à la peau rouge ‖ *ha la barba rossa* il a la barbe rousse **3** [*rossiccio*] roux: *le foglie rosse d'autunno* les feuilles rousses de l'automne **II** *s.* **1** *s.m.* [*il color rosso*] rouge: *rosso scuro, brillante* rouge foncé, brillant; *il rosso le sta bene* le rouge lui va bien; *si è fermato al rosso* il s'est arrêté au (feu) rouge ◇ (*fig.*) *vede rosso* il voit rouge ◇ (*prov.*) *rosso di sera bel tempo si spera* ciel rouge le soir présage le beau temps **2** *s.m.* [*color rossiccio*] rouge, roux **3** *s.* [*persona dai capelli rossi*] roux, rouquin (*fam.*) **4** (*s.m.*) *il rosso* (*dell'uovo*) [*tuorlo*] le jaune **5** *s.m.* [*vino rosso*] rouge, rouquin (*fam.*) **6** *s.m.* (*gioco della 'roulette'*) rouge **7** *s.m.* (*arald.*) gueules *f. pl.* **8** *s.* [*aderente ai partiti di sinistra*] rouge: *la lotta fra i rossi e i neri* la lutte entre les rouges et les fascistes.
róssola |'rossola| *s.f.* (*t.bot.*) russule.
rossóre |ros'sore| *s.m.* [*arrossamento del viso causato da uno stato emotivo*] rougeur (*f.*): *il rossore gli salì alle guance* une rougeur, le rouge lui monta aux joues # *con rossore, debbo ammettere che...* le rouge au front, je dois vous dire que...; *posso affermare senza rossore...* je peuics affirmer sans rougir...
ròsta |'rɔsta| *s.f.* (*arch.*) croisée en éventail.
rosticcère |rostit'tʃɛre| *s.* → **rosticciere**.
rosticceria |rostittʃe'ria| *s.f.* [*negozio dove si preparano e si vendono vivande calde e fredde*] rôtisserie.
rosticcière |rostit'tʃɛre| *s.* [*proprietario, gestore di una rosticceria*] rôtisseur*.
rosticcio, i |ros'tittʃo, i| *s.m.* (*metall.*) scorie *f.*; mâchefer.
rostràle |ros'trale| *agg.* (*st. rom.*) rostral*.
rostràto |ros'trato| *agg.* [*munito di rostro*] rostral*: *colonna rostrata* colonne rostrale # *nave rostrata* navire muni de rostre(s) ◇ (*bot.*) rostré: *organi rostrati* organes rostrés.
ròstro |'rɔstro| *s.m.* **1** [*il becco dei rapaci*] bec: *il rostro dell'aquila* le bec de l'aigle **2** (*bot.*, *zool.*) rostre **3** (*edil.*) rostre **4** [*sperone innestato sulla prua delle navi dell'antichità classica*] rostre **5** *al plur.* [*tribuna per gli oratori del foro dell'ant. Roma*] rostres.
ròta |'rɔta| *s.f.* (*dir. eccl.*) *Sacra Rota* rote.
rotàbile |ro'tabile| *agg.* **1** [*percorribile da veicoli a ruota*] carrossable: *strada rotabile* route carrossable → **carrozzabile** ◆ (*s.f.*) *una rotabile* une route carrossable *agg.* **2** (*ferr.*) roulant: *materiale rotabile* matériel roulant ◆ (*s.m.*) *un rotabile* un matériel roulant *agg.*
rotacìsmo |rota'tʃizmo| *s.m.* (*ling.*) rhotacisme.
rotacizzàre |rotatʃid'dzare| *v.tr.* [*modificare un suono per rotacismo*] modifier par rhotacisme.
rotacizzazióne |rotatʃiddzat'tsjone| *s.f.* [→ ROTACIZZARE] changement (d'une consonne) par rhotacisme.
rotàia |ro'taja| *s.f.* **1** (*tecnol.*) rail (*m.*): *rotaie ferroviarie, tranviarie* rails de chemin de fer, de tramway # *uscire dalle rotaie* dérailler **2** (*raro*) [*solco lasciato dalle ruote*] ornière.
ròtang |'rɔtang| *s.m. inv.* (*t.bot.*) rotang *var.*
rotànte |ro'tante| *agg.* [*che ruota*] roulant: *organi meccanici rotanti* organes mécaniques roulants.
rotàre |ro'tare| **A** *v.intr.* (*aus. 'avere'*) **1** [*muoversi con moto circolare intorno a un punto o a un asse*] tourner: *la terra rota intorno al proprio asse* la terre tourne autour de son axe **2** [*volteggiare*] tournoyer (10): *il falco rotava nel cielo* le faucon tournoyait dans le ciel **B** *v.tr.* [*voltare, volgere in giro*] rouler: *rotare gli occhi* rouler les yeux # *rotare le braccia* faire des moulinets avec les bras.
rotariàno |rota'rjano| *s.* rotarien*.
rotativa |rota'tiva| *s.f.* (*tip.*) rotative.
rotativista |rotati'vista| *s.m.* rotativiste *s.*
rotatìvo |rota'tivo| *agg.* **1** rotatif*: *motori rotativi* moteurs rotatifs; *antenne rotative* antennes rotatives **2** de rotation (*loc. inv.*): *sistemi rotativi di colture* systèmes de rotation des cultures.
rotàto |ro'tato| *agg.* (*bot.*) rotacé.
rotatòria |rota'tɔrja| *s.f.* sens *m.* giratoire.
rotatòrio, i |rota'tɔrjo, i| *agg.* rotatoire: *movimento rotatorio* mouvement rotatoire # *verso rotatorio* sens giratoire.
rotazionàle |rotattsjo'nale| *agg.* [*di, della rotazione*] rotatoire: *moto rotazionale* mouvement rotatoire.
rotazióne |rotat'tsjone| *s.f.* **1** [→ ROTARE A 1] rotation: *movimento di rotazione* mouvement de rotation; *solido di rotazione* solide de rotation; *la rotazione di un corpo celeste* la rotation d'un corps céleste ◇ (*mecc.*) *regime di rotazione* régime de rotation **2** (*fig.*) [*avvicendamento, ordinato susseguirsi di cicli chiusi*] roulement (*m.*): *la rotazione del personale* le roulement du personnel; *la rotazione dei capitali* le roulement, le mouvement des capitaux (des fonds) **3** (*agr.*) rotation des cultures, assolement *m.* **4** (*ginnastica*) rotation.
roteàre |rote'are| **A** *v.tr.* [*volgere, girare rapidamente intorno*] tourner; rouler: *faceva roteare un bastone* il faisait tourner un bâton ‖ *roteando gli occhi, seguiva tutto* en roulant les yeux, il suivait tout **B** *v.intr.* (*aus. 'avere'*) [*muoversi intorno, circolarmente*] tournoyer (10): *l'aquila roteava nel cielo* l'aigle tournoyait dans le ciel.
roteazióne |roteat'tsjone| *s.f.* [→ ROTEARE] rotation.
rotèlla |ro'tɛlla| *s.f.* **1** petite roue # *pattini a rotelle* patins à roulettes; *poltrona a rotelle* fauteuil roulant; *ro-*

tella dello sperone molette de l'éperon; *rotella tagliapasta* videlle **2** [*piccola ruota di un meccanismo*] roue: *le rotelle dell'orologio* les roues de la montre ◇ (*fig., fam.*) *gli manca qualche rotella* il lui manque une case **3** → **rotula 4** (*st. mil.*) rondelle **5** (*mecc., tecnol.*) galet *m.*

rotellina |rotel'lina| *s.f.* [*piccola rotella*] roulette # *rotellina dello sperone* molette.

rotellista |rotel'lista| *s.* [*chi pratica gli sport in cui vengono impiegati i pattini a rotelle*] *hockeyeur *m.* sur roulettes.

rotenóne |rote'none| *s.m.* (*chim.*) roténone *f.*

Rotìferi |ro'tiferi| *s.m. pl.* (*t.zool.*) Rotifères.

rotismo |ro'tizmo| *s.m.* (*mecc.*) train d'engrenage # *rotismo differenziale* différentiel ◇ (*tecnol.*) rouage: *il rotismo dell'orologio* le rouage de l'horloge.

rotocàlco, chi |roto'kalko, ki| *s.m.* **1** (*tip.*) rotogravure *f.* **2** [*periodico illustrato*] magazine illustré.

rotocalcografìa |rotokalkogra'fia| *s.f.* (*tip.*) rotogravure.

rotocalcogràfico, ci, ca, che |rotokalko'grafiko, tʃi, ka, ke| *agg.* (*tip.*) de rotogravure *loc. inv.*; en rotogravure (*loc. inv.*): *impianti rotocalcografici* installations de rotogravure ‖ *stampa rotocalcografica* imprimerie en rotogravure.

rotocompressóre |rotokompres'sore| *s.m.* (*tecnol.*) compresseur rotatif.

rotolaménto |rotola'mento| *s.m.* [→ ROTOLARE] roulement.

rotolàre |roto'lare| **A** *v.tr.* [*fare avanzare facendo girare su sé stesso un corpo quasi sferico*] rouler: *far rotolare un masso per una china* faire rouler un rocher sur une pente **B** *v.intr.* (*aus.* '*essere*') **1** [*venire avanti, girando su sé stesso*] rouler (*aus.* avoir): *il pallone rotolava per il prato, in rete* le ballon roulait sur le pré, dans les filets **2** [*ruzzolare*] tomber: *è rotolato giù per le scale* il est tombé dans l'escalier **C** *v. pron. rifl.* ROTOLARSI [*girarsi su di sé, voltolarsi*] se rouler: *il bambino si rotolava sul letto* l'enfant se roulait sur le lit.

rotolìo, ii |roto'lio, ii| *s.m.* [*un rotolamento continuato*] roulement continu.

ròtolo |'rɔtolo| *s.m.* [*involto a forma cilindrica*] rouleau; bobine (*f.*): *un rotolo di carta, di stoffa* un rouleau de papier, d'étoffe; *un rotolo di pellicola fotografica* (un rouleau de) pellicule *f.*, film (photographique) → **pellicola** ‖ *un rotolo di filo spinato* une bobine de (fil de fer) barbelé ◇ *loc. avv.* A ROTOLI [*in malora, in rovina*] à la dérive: *l'azienda va a rotoli* l'entreprise va à la dérive.

rotolóne |roto'lone| *s.m.* [*il fatto di rotolarsi*] cabriole (*f.*): *i bambini facevano rotoloni sul prato* les enfants se roulaient, faisaient des cabrioles, des galipettes (*fam.*) sur le pré ◇ [*caduta*] dégringolade *f.* → **ruzzolone** # *ha fatto un rotolone per le scale* il a dégringolé dans l'escalier.

rotolóni |roto'loni| *avv.* [*rotolando*] en roulant *loc. inv.* # *è caduto rotoloni per le scale* il est tombé, il a dégringolé dans l'escalier ◇ *loc. avv.* A ROTOLONI en roulant # *veniva giù a rotoloni* il dégringolait ◇ (*fig.*) *tutto va a rotoloni* tout va à vau-l'eau.

rotonàve |roto'nave| *s.f.* (*mar.*) navire *m.* à rotors.

rotónda |ro'tonda| *s.f.* **1** (*arch.*) rotonde **2** [*terrazza di forma circolare*] terrasse **3** [*spartitraffico*] rond-point (*m.*): *delle rotonde* des ronds-points **4** (*st. abbigl.*) rotonde.

rotondaménte |rotonda'mente| *avv.* (*lett.*) [→ ROTONDO 1] circulairement (*corr.*), en rond *loc. inv.* (*corr.*).

rotondeggiànte |rotonded'dʒante| *agg.* [*che presenta una forma rotonda*] arrondi: *un blocco rotondeggiante* un bloc arrondi.

rotondeggiàre |rotonded'dʒare| *v.intr.* (*aus.* '*avere*') [*assumere, avere una forma più o meno rotonda*] s'arrondir (*pron.*): *la luna piena rotondeggiava nel cielo* la pleine lune s'arrondissait dans le ciel.

rotondètto |roton'dɛtto| *agg.* (*fam.*) [*leggermente rotondo, grassottello*] rondelet* (*corr.*), grassouillet* (*corr.*).

rotondézza |roton'dettsa| *s.f.* → **rotondità**.

rotondità |rotondi'ta| *s.f. inv.* **1** [*il fatto di essere rotondo*] rotondité (*var.*): *la rotondità della terra* la rotondité de la terre **2** [*forma rotonda spec. delle membra*] rondeur (*var.*): *corpo pieno di rotondità* corps plein de rondeurs.

rotóndo |ro'tondo| **1** *agg.* [*che ha forma più o meno circolare o sferica*] rond: *un tavolo rotondo* une table ronde; *un viso rotondo* un visage rond; *una donna rotonda* une femme (toute) ronde # *un mento rotondo* un menton arrondi ◇ (*anat.*) *muscolo grande rotondo* (muscle) grand rond; *muscolo piccolo rotondo* (muscle) petit rond ◇ (*ciclismo*) *pedalata rotonda* coup de pédale harmonieux **2** *s.m.* rond, partie *f.* ronde: *il rotondo di un vaso* la partie ronde d'un vase.

rotóre |ro'tore| *s.m.* (*mecc., tecnol.*) rotor.

1 **rótta** |'rotta| *s.f.* **1** [*rottura, il fatto di rompere*] rupture: *una disastrosa rotta del Po* une désastreuse rupture des digues du Pô # *è in rotta con suo fratello* il s'est brouillé avec son frère ◇ *loc. avv.* A ROTTA DI COLLO à tombeau ouvert: *guidava a rotta di collo* il roulait à tombeau ouvert **2** [*sconfitta molto grave, disfatta*] débâcle, défaite: *la rotta dei nemici* la débâcle, la défaite de l'ennemi **3** [*fuga*] déroute: *mettere in rotta un esercito* mettre une armée en déroute.

2 **rótta** |'rotta| *s.f.* (*aer., mar.*) route: *la rotta di una nave, di un aereo* la route d'un navire, d'un avion; *rotta alla bussola* route au compas; *sono fuori rotta* ils font fausse route; *fanno rotta per Genova* ils font route vers Gênes; *la nave ha cambiato rotta* le navire a changé de route, de cap # *ufficiale di rotta* officier de navigation, officier des montres; *occorre invertire la rotta* il faut virer cap pour cap, il faut faire route inverse.

ròtta |'rɔtta| *s.f.* (*mus.*) rote.

rottamazióne |rottamat'tsjone| *s.f.* [*distruzione delle macchine usate*] mise à la ferraille.

rottàme |rot'tame| *s.m.* [*insieme di pezzi rotti*] ferraille (*f.*): *rottami di ferro* ferraille; *quella macchina è ormai un rottame* cette voiture n'est plus qu'un tas de ferraille ◇ [*insieme di frammenti qualsiasi*] débris ◇ (*fig.*) *quell'uomo è un rottame* cet homme est une épave.

rótto |'rotto| **I** *agg.* **1** [*deteriorato, guastato, indebolito*] cassé; brisé: *un braccio rotto* un bras cassé ‖ *una voce rotta dall'emozione* une voix brisée par l'émotion # *scarpe rotte* souliers percés, troués; *una voce rotta dai singhiozzi* une voix entrecoupée de sanglots; *sono rotto dalla fatica* je suis rompu, moulu de fatigue ◇ [*frantumato, andato in pezzi*] *un bicchiere rotto* un verre cassé **2** [*assuefatto, ben avvezzo*] rompu: *un uomo rotto a tutti i vizi* un homme rompu à tous les vices **II** *s.m.* **1** *solo nella loc.* PER IL ROTTO DELLA CUFFIA [*con un danno limitato*] de justesse: *se l'è cavata per il rotto della cuffia* il s'en est tiré de justesse **2** *al plur.* [*frazione di una cifra tonda*] poussières (*f.*): *mille lire e rotti* mille lires et des poussières # *erano cinquanta e rotti* ils étaient à peu près cinquante.

rottùra |rot'tura| *s.f.* **1** [→ ROMPERE A 1, 2, 4, 5; C] bris *m.*; rupture: *la rottura di un vetro* le bris d'une vitre ‖ *la rottura dei freni* la rupture des freins ◇ (*fis.*) *carico di rottura* charge de rupture ◇ (*fig., volg.*) *rottura di scatole, di corbelli, di tasche* [*noia, seccatura*] embêtements *m. pl.* (*corr.*), ennuis *m. pl.* (*corr.*) **2** (*fig.*) [*cessazione, interruzione di rapporti*] rupture: *rottura delle relazioni diplomatiche* rupture des relations diplomatiques; *rottura delle trattative* rupture des négociations; *rottura di un fidanzamento* rupture de fiançailles ◇ (*dir.*) *la rottura dei sigilli* le bris des scellés.

ròtula |'rɔtula| *s.f.* (*anat.*) rotule.

rotùleo |ro'tuleo| *agg.* (*anat.*) rotulien*: *tendine rotuleo* tendon rotulien.

'roulette' |ʀulɛt| *s.f. inv.* roulette (*var.*): *giocare alla 'roulette'* jouer à la roulette.

'roulotte' |ʀulɔt| *s.f. inv.* [*rimorchio abitabile, trainato da un'autovettura*] caravane (*var.*): *una 'roulotte' per campeggio* une caravane de camping.

roulottista |rulot'tista| *s.* [*chi possiede una 'roulotte' e frequenta i campeggi*] caravanier*.

round |raund| *s.m. inv.* (*ingl.*) (*pugilato*) round *var.*, reprise *f. var.*

'routier' |ʀutje| *s.m. inv.* → **stradista.**

'routine' |ʀutin| *s.f. inv.* routine (*var.*): *la 'routine' professionale* la routine professionnelle.

rovàio, i |ro'vajo, i| *s.m.* (*lett.*) [*borea, tramontana*] aquilon.

rovèllo |ro'vɛllo| *s.m.* (*lett.*) **1** [*stizza, risentimento*] dépit (*corr.*) **2** [*pensiero ossessionante*] obsession *f.* (*corr.*).

rovènte |ro'vɛnte| *agg.* [*infuocato, molto caldo*] ardent: *lacrime roventi* larmes ardentes; *un dolore rovente* une douleur ardente # *ferro rovente* fer rouge; *sabbia rovente* sable brûlant ◇ (*fig.*) → **cocente.**

róvere |'rovere| *s.* **1** *s.m. o f.* (*t.bot.*) (chêne) rouvre *m.* **2** *s.m.* [*il legno di tale pianta*] rouvre.

roveréto |rove'reto| *s.m.* [*bosco di roveri*] rouvraie *f.*

rovèscia (àlla) |'allaro'vɛʃʃa| *loc. avv.* → **rovescio.**

rovesciàbile |roveʃ'ʃabile| *agg.* [→ ROVESCIARE A 2] renversable.

rovesciaménto |roveʃʃa'mento|

s.m. [→ ROVESCIARE A 1, 2] retournement: *il rovesciamento di un abito* le retournement d'un vêtement ◇ (*fig.*) renversement: *il rovesciamento di una situazione* le renversement d'une situation; *il rovesciamento del governo* le renversement du gouvernement ◇ (*mar.*) *il rovesciamento di una imbarcazione* le chavirement d'une embarcation.

rovesciàre |roveʃ'ʃare| **A** *v.tr.* **1** [*rivoltare, voltare dalla parte opposta*] retourner: *rovesciare le tasche* retourner ses poches # *ha fatto rovesciare il cappotto* il a fait mettre le manteau à l'envers ◇ (*fig.*) *finalmente ha rovesciato il sacco* finalement il a vidé son sac **2** [*capovolgere, gettare giù*] renverser: *passando, ha rovesciato una sedia* en passant, il a renversé une chaise; *i ribelli hanno rovesciato il governo* les rebelles ont renversé le gouvernement # *un'ondata ha rovesciato l'imbarcazione* une vague (une lame) a fait chavirer l'embarcation **3** [*versare, far uscire, cadere fuori o giù con forza*] renverser: *hai rovesciato il bicchiere* tu as renversé le verre; *attento, rovesci l'olio sul pavimento!* attention, tu renverses (de) l'huile sur le parquet! ◇ (*fig.*) *gli ha rovesciato addosso una sequela di improperi* il lui a déversé une kyrielle d'injures; *ha rovesciato la colpa su di lui* il a rejeté la faute sur lui **B** *v.pron. intr.* ROVESCIARSI **1** [*capovolgersi, gettarsi sottosopra*] se retourner; se renverser: *l'automobile si rovesciò nel fosso* la voiture se retourna dans le fossé || *la situazione si è rovesciata* la situation s'est renversée # *a un colpo di vento più forte la barca si rovesciò* un coup de vent plus fort fit chavirer la barque **2** [*versarsi, cadere fuori o giù con forza*] se répandre (53), se renverser: *il brodo si è rovesciato sulla tovaglia* le bouillon s'est répandu sur la nappe; *il bicchiere si è rovesciato sul tavolo* le verre s'est renversé sur la table ◇ (*per est.*) s'abattre (76): *un acquazzone si rovesciò all'improvviso sui campi* une averse s'abattit tout à coup sur les champs **3** (*fig.*) [*accorrere in gran numero o rumorosamente*] se déverser, s'écouler: *la gente si rovesciò nelle strade* la foule se déversa dans les rues; *la folla si rovesciò fuori dalla sala* la foule s'écoula hors de la salle.

rovesciàta |roveʃ'ʃata| *s.f.* (*calcio*) retournée.

rovesciàto |roveʃ'ʃato| *agg.* **1** [*capovolto*] renversé; retourné: *foglia rovesciata* feuille renversée || *una camicia rovesciata* une chemise retournée **2** (*arald.*) versé.

rovèscio, i |ro'vɛʃʃo, i| **I** *agg.* [*opposto alla parte dritta o normale*] à l'envers *loc. inv.*; à la renverse (*loc. inv.*): *punto rovescio* point à l'envers || *è caduto rovescio* il est tombé à la renverse ◇ [*riverso*] *aveva il capo rovescio sul guanciale* il avait la tête renversée sur l'oreiller **II** *s.m.* **1** [*parte, lato, elemento opposto al diritto*] revers: *il rovescio della mano* le revers de la main; *il rovescio della medaglia* le revers de la médaille # *scrivi sul rovescio del foglio* écris au dos, au verso de la feuille ◇ (*di tessuto*) envers ◇ (*loc.*) *per dritto o per rovescio, ha sempre ragione* d'un côté ou de l'autre, il a toujours raison ◇ (*prov.*) *ogni diritto ha il suo rovescio* toute médaille a son revers **2** (*tennis*) revers: *giocare di rovescio* jouer en revers **3** [*acquazzone violento, ma di breve durata*] averse (*f.*): *un rovescio di pioggia ci ha sorpreso in campagna* une averse nous a surpris en pleine campagne **4** [*grave perdita, improvvisa crisi*] revers: *ha avuto un rovescio finanziario* il a subi un revers financier **III** *loc. avv.* A ROVESCIO, ALLA ROVESCIA [*in una posizione, in un modo opposto al normale*] à l'envers: *si è messo le calze alla rovescia* il a mis ses chaussettes à l'envers; *stira la camicia alla rovescia* repasse la chemise à l'envers ◇ (*fig.*) *il mondo va a rovescio* le monde va de travers; *capisce tutto alla rovescia* il comprend tout de travers; *oggi mi va tutto alla rovescia* aujourd'hui pour moi tout va de travers ~ DA ROVESCIO [*dalla parte opposta al dritto*] à l'envers: *questa parola si può leggere da rovescio* ce mot peut se lire à l'envers ~ DI ROVESCIO [*con il lato contrario a quello normale*] de revers # *ha tirato un colpo di rovescio* il a fait, exécuté un revers.

1 **rovescióne** |roveʃ'ʃone| *s.m.* **1** [*scroscio di pioggia violento e improvviso*] (grosse) averse *f.* **2** [*manrovescio*] revers de main.

2 **rovescióne** |roveʃ'ʃone| *avv.* à la renverse (*loc. inv.*): *cadde rovescioni* il tomba à la renverse; *si buttò rovescioni sul letto* il se jeta à la renverse sur le lit.

rovéto |ro'veto| *s.m.* [*luogo pieno di rovi; cespuglio di rovi*] ronceraie *f.* ◇ (*Bibbia*) *roveto ardente* buisson ardent.

rovina |ro'vina| *s.f.* **1** [→ ROVINARE A 1] écroulement (*m.*): *l'inondazione ha provocato la rovina del ponte* l'inondation a provoqué l'écroulement du pont **2** *al plur.* [*macerie, ruderi*] ruines: *la città era un ammasso di rovine* la ville n'était plus qu'un amas de ruines; *ho visitato le rovine di Pompei* j'ai visité les ruines de Pompéi **3** [*distruzione, grave disfacimento*] ruine: *casa in rovina* maison en ruines # *la rovina del raccolto* la perte d'une récolte; *il giardino va in rovina* le jardin est en friche **4** (*fig.*) [*deterioramento, danno gravissimo*] *quel ragazzo lo ha mandato in rovina* ce jeune homme l'a ruiné; *quest'impresa è stata una vera rovina* cette affaire a été vraiment ruineuse; *dopo quella perdita è andato in rovina* après cette perte, il est tombé dans la misère; *quell'uomo vuole la mia rovina* cet homme veut ma perte, mon malheur; *è la rovina della famiglia* c'est la ruine de la famille.

rovinàccio, i |rovi'nattʃo, i| *s.m.* [*avanzo di muri caduti o demoliti*] gravats *pl.*

rovinàre |rovi'nare| **A** *v.tr.* **1** [*abbattere, far cadere, demolire*] démolir → **crollare** ◇ (*prov.*) *l'acqua cheta rovina i ponti* méfiez-vous de l'eau qui dort **2** [*guastare, compromettere gravemente*] ruiner: *il vizio del bere lo ha rovinato* la boisson l'a ruiné; *si è rovinata la salute* elle a ruiné sa santé # *rovinare la reputazione di qc.* salir la réputation de qqn. **3** [*danneggiare, deteriorare*] endommager (3), détruire (75) partiellement; abîmer: *il maltempo ha rovinato il raccolto* le mauvais temps a endommagé, détruit partiellement la récolte || *la pioggia mi ha rovinato le scarpe* la pluie a abîmé mes souliers **4** (*fig.*) [*sciupare*] gâcher, gâter: *mi ha rovinato la festa* il a gâché, gâté ma fête # *non rovinare i miei progetti* ne détruis pas, ne bouleverse pas mes projets **B** *v.intr.* (*aus.* '*essere*') [*cadere giù crollando, venire distrutto*] s'écrouler (*pron.*): *l'edificio lesionato minaccia di rovinare* l'édifice lézardé menace de s'écrouler # *la valanga rovinò a valle* l'avalanche s'abattit dans la vallée **C** *v. pron. rifl.* ROVINARSI [*danneggiarsi gravemente*] se ruiner: *si è rovinato col gioco* il s'est ruiné au jeu # *il mobile si è rovinato in quell'ambiente troppo umido* le meuble a beaucoup souffert dans cette pièce trop humide.

rovinàto |rovi'nato| *agg.* **1** [*mandato in rovina*] en ruine (*loc. inv.*): *una vecchia chiesa mezza rovinata* une vieille église en ruine **2** [*danneggiato*] abîmé: *un paio di scarpe rovinate* une paire de souliers abîmés, perdus ✦ (*ass.*) *è un uomo rovinato* c'est un homme ruiné.

rovinìo, ii |rovi'nio, ii| *s.m.* **1** [*rumore, fracasso di cose che rovinano*] fracas: *un rovinio di vetri rotti* un fracas de vitres brisées (de carreaux cassés) **2** [*un rovinare continuato*] écroulement: *un rovinio di pietre* un écroulement de pierres ◇ [*frana*] éboulement.

rovinìsta |rovi'nista| *s.m.* [*pittore di rovine*] ruiniste.

rovinosaménte |rovinosa'mente| *avv.* **1** [→ ROVINOSO 2] ruineusement **2** [→ ROVINOSO 3] violemment.

rovinóso |rovi'noso| *agg.* **1** [*che porta rovina*] catastrophique: *tempesta rovinosa* tempête catastrophique **2** [*che manda in rovina*] ruineux*: *un affare rovinoso* une affaire ruineuse **3** [*impetuoso, furioso*] impétueux: *fiume rovinoso* fleuve au cours impétueux.

rovistàre |rovis'tare| *v.tr.* [*guardare e cercare con attenzione, frugando e rimovendo ogni cosa*] fouiller: *ho rovistato tutta la casa* j'ai fouillé toute la maison ✦ (*ass.*) *chi ha rovistato nei miei cassetti?* qui a fouillé dans mes tiroirs?

rovistìo, ii |rovis'tio, ii| *s.m.* **1** [*un rovistare affannoso o continuato*] fouille *f.* **2** bruit de choses froissées.

róvo |'rovo| *s.m.* (*t.bot.*) ronce *f.* # *cespuglio di rovi* roncier.

ròzza |'rɔ(o)ttsa| *s.f.* [*cavallo vecchio o malandato*] *haridelle, canasson *m.* (*fam.*).

rozzaménte |roddza'mente| *avv.* [→ ROZZO] grossièrement: *una statua di pietra rozzamente scolpita* une statue de pierre grossièrement sculptée; *un ragazzo che si esprime rozzamente* un garçon qui s'exprime grossièrement.

rozzézza |rod'dzettsa| *s.f.* [*il fatto di essere rozzo*] grossièreté; rudesse: *la rozzezza del suo linguaggio* la grossièreté de son langage || *un uomo di una rozzezza incredibile* un homme d'une rudesse incroyable.

rózzo |'roddzo| *agg.* **1** [*non lavorato, così come si trova in natura*] brut; grossier*: *pietra rozza* pierre brute; *lana rozza* laine brute || *panno rozzo* drap grossier; *un mobile rozzo* un meuble grossier **2** (*fig.*) [*non ingentilito dall'educazione, da buone maniere, da cultura*] fruste: *persone dai modi rozzi* personnes aux manières frustes; *è un uomo rozzo* c'est un homme fruste, mal dégrossi.

rùba |'ruba| *s.f. solo nella loc.* ANDARE A RUBA [*essere venduto in pochissimo tempo*] se vendre en un clin d'œil, comme des petits pains: *la merce in liquidazione è andata a ruba* la marchandise en liquidation s'est vendue en un clin d'œil, comme des petits pains.

rubacchiaménto |rubakkja'mento| *s.m.* (*raro*) [→ RUBACCHIARE] chapardage (*fam.*) ◇ (*di prodotti della campagna*) maraudage, maraude *f.*

rubacchiàre |rubak'kjare| *v.tr.* [*rubare di quando in quando, poco per volta*] chaparder (*fam.*), chiper (*fam.*): *è un vagabondo che vive rubacchiando* c'est un vagabond qui vit en chapardant, en chipant, qui vit de chapardage # *rubacchia sulla spesa* elle fait danser l'anse du panier ◇ (*prodotti della campagna*) marauder.

rubacuòri |ruba'kwɔri| *agg. inv.* [*che fa innamorare, attira tutte le simpatie*] enjôleur* (*var.*): *occhi rubacuori* des yeux enjôleurs ✦ (*s.*) *un rubacuori* un boureau *m.* des cœurs, un enjôleur.

rubàre |ru'bare| **A** *v.tr.* **1** [*impadronirsi illecitamente di valori e beni che appartengono ad altri*] voler: *mi hanno rubato il portafoglio* on m'a volé mon portefeuille; *rubano le macchine con facilità* on vole facilement les voitures; *è un negoziante che ruba sul peso* c'est un commerçant qui vole sur le poids; *essendo sicuro, ruba a man salva* quand il est sûr de lui, il vole effrontément ◇ (*fig.*) *non fa niente, ruba lo stipendio* il ne fait rien, il vole son salaire; *io non li rubo i soldi!* Dieu sait que je ne le vole pas, cet argent! ◇ (*Decalogo*) *settimo non rubare* le bien d'autrui tu ne prendras ni retiendras injustement **2** (*per est.*, *fig.*) [*portare via, sottrarre*] *continua a rubarmi del tempo prezioso* il continue à me faire perdre un temps précieux; *gli ha rubato il cuore* elle lui a pris son cœur; *non mi rubare il mestiere!* ne gâche pas mon métier!; *ruba le ore al sonno per leggere* il prend sur son sommeil pour lire; *vuoi rubare il mestiere al boia?* veux-tu tuer?; *mi hai rubato la parola di bocca* j'allais le dire ◇ (*mar.*) *rubare il vento* manger le vent, déventer **B** *v.pron. recipr.* RUBARSI [*contendersi l'uno con l'altro*] s'arracher: *durante i festeggiamenti in suo onore se lo rubavano per complimentarsi* durant la réception donnée en son honneur, on se l'arrachait pour le féliciter.

rubàto |ru'bato| *agg. e s.m.* **1** [*tolto illecitamente ad altri*] volé **2** (*mus.*) rubato.

rubber |'rʌbə| *s.m. inv.* (*ingl.*) [*partita nel gioco del bridge*] rob *var.*, robre *var.*

rubefacènte |rubefa'tʃente| *agg. e s.m.* (*med.*) rubéfiant.

rubefazióne |rubefat'tsjone| *s.f.* (*med.*) rubéfaction.

rubellite |rubel'lite| *s.f.* (*miner.*) rubellite.

rubèola |rubɛola| *s.f.* → **rosolia.**

ruberìa |rube'ria| *s.f.* [*il fatto di rubare con l'inganno, ripetutamente*] volerie, vol (*m.*): *si è arricchito con le ruberie* il s'est enrichi à force de voleries; *è una ruberia!* c'est un vol manifeste!, c'est du vol!

rubescènte |rubeʃ'ʃɛnte| *agg.* rubescent.

Rubiàcee |ru'bjatʃee| *s.f. pl.* (*t. bot.*) Rubiacées.

rubicèllo |rubi'tʃɛllo| *s.m.* (*miner.*) rubicelle *f.*

rubicóndo |rubi'kondo| *agg.* rubicond.

rubìdio, i |ru'bidjo, i| *s.m.* (*miner.*) robidium.

rubinetterìa |rubinette'ria| *s.f.* robinetterie.

rubinétto |rubi'netto| *s.m.* robinet: *aprire, chiudere il rubinetto* ouvrir, fermer le robinet.

rubìno |ru'bino| *s.m.* (*miner.*) rubis.

rubìzzo |ru'bittso, ru'biddzo| *agg.* bien portant # *un vecchietto rubizzo* un petit vieux bien propre.

rùblo |'rublo| *s.m.* rouble.

rubrìca, che |ru'brika, ke| *s.f.* **1** [*quaderno a margini scalettati*] répertoire (*m.*): *una rubrica dei nominativi dei clienti* un répertoire des noms des clients; *rubrica telefonica* répertoire téléphonique **2** [*sezione di un quotidiano o di un periodico, riservata a un argomento fisso*] feuilleton *m.*, rubrique: *rubrica letteraria, sindacale, sportiva* feuilleton littéraire, syndical, sportif; rubrique littéraire, syndicale, sportive; *la rubrica delle cronache mondane* la rubrique des mondanités, le carnet mondain **3** (*paleogr.*) rubrique **4** *al plur.* (*eccl.*) rubriques **5** (*dir.*) *rubrica di un reato* rubrique d'un délit.

rubricàre |rubri'kare| *v.tr.* **1** [*segnare, annotare in una rubrica*] répertorier: *rubricare una pratica* répertorier un dossier **2** (*nella pratica degli ant. amanuensi*) [*porre rubriche in un codice*] répertorier.

rubricàrio, i |rubri'karjo, i| *s.m.* → **rubrica** 1.

rùca, che |'ruka, ke| *s.f.* **1** → **1 ruga 2** → **ruchetta.**

'ruche' |ryʃ| *s.f. inv.* (*abbigl.*) ruche *var.*

ruchétta |ru'ketta| *s.f.* (*t.bot.*) roquette.

rudbèkia |rud'bɛkja| *s.f.* (*t.bot.*) rudbeckie.

rùde |'rude| *agg.* rude; sévère: *un uomo rude* un homme rude ‖ *è stato un po' troppo rude* il a été un peu trop sévère; *i suoi sistemi sono rudi* ses systèmes sont sévères.

rudeménte |rude'mente| *agg.* [→ RUDE] rudement: *mi ha risposto rudemente* il m'a répondu rudement.

rudentàto |ruden'tato| *agg.* (*arch.*) rudenté: *colonna rudentata* colonne rudentée.

rudènte |ru'dɛnte| *s.f. o m.* (*arch.*) rudenture *f.*

ruderàle |rude'rale| *agg.* (*bot.*) rudéral*: *flora, fauna ruderale* flore, faune rudérale.

rùdere |'rudere|, **rùdero** |'rudero| *s.m. spec. al plur.* [*avanzo di costruzioni ant.*] ruines (*f.*): *i ruderi di un castello medievale* les ruines d'un château médiéval ◇ (*fig.*) *dopo la malattia, sembra un rudere* après sa maladie, il a l'air d'une ruine, d'une loque.

rudézza |ru'dettsa| *s.f.* rudesse: *rudezza di modi* rudesse de manières, manières rudes; *lo ha trattato con rudezza* il l'a traité avec rudesse; *con le sue rudezze si è inimicato tutti* par ses rudesses il s'est fâché avec tout le monde.

rudimentàle |rudimen'tale| *agg.* rudimentaire: *tecniche rudimentali* techniques rudimentaires; *una preparazione rudimentale* une préparation rudimentaire ◇ (*biol.*) *organi, radici rudimentali* organes, racines rudimentaires.

rudiménto |rudi'mento| *s.m.* rudiment: *i primi rudimenti di una lingua* les premiers rudiments d'une langue; *possiede pochi rudimenti di musica* il ne possède que quelques rudiments de musique ◇ (*biol.*) rudiment.

Rudìste |ru'diste| *s.f. pl.* Rudistes *m.*

rùffa |'ruffa| *s.f.* [*calca disordinata di persone che cercano di afferrare q.c.*] mêlée ◇ (*loc.*) *fare a ruffa raffa* voler à qui mieux mieux.

ruffianàta |ruffja'nata| *s.f.* (*volg.*) [*azione, comportamento da ruffiani* (2)] saloperie (*pop.*), saleté (*corr.*).

ruffianeggiàre |ruffjaned'dʒare| *v.intr.* (*aus.* 'avere') (*volg.*) [*fare il ruffiano* (2); *agire con ostentata adulazione*] faire (45) *tr.* le lèche-cul, flagorner (*corr.*): *a forza di ruffianeggiare, è passato di grado* à force de faire le lèche-cul, de flagorner, il est monté en grade.

ruffianerìa |ruffjane'ria| *s.f.* (*volg.*) [*il fatto di essere ruffiano, di fare il ruffiano* (1)] maquerellage *m.* (*pop.*), maquereautage *m.* (*pop.*) ◇ [*adulazione*] lèche (*pop.*), flagornerie (*corr.*).

ruffianésco, chi, ca, che |ruffja'nesko, ki, ka, ke| *agg.* de maquereau *loc. inv. m.* (*pop.*), de maquerelle *loc. inv. f.* (*pop.*): *comportamento ruffianesco* attitude de maquereau, de maquerelle ◇ [*adulatore*] de lèche-cul *loc. inv.* (*volg.*) flagorneur*.

ruffiàno |ruf'fjano| *s.* (*volg.*) **1** [*mezzano di amori altrui o di meretricio*] maquereau* (*pop.*), entremetteur* (*pegg.*) **2** (*per est.*) [*chi cerca di ingraziarsi qc. con lodi e adulazioni*] lèche-cul *inv.* (*volg.*), flagorneur* (*corr.*): *fa il ruffiano con il direttore* il fait le lèche-cul, le flagorneur avec le directeur; *che ruffiano!* quel lèche-cul!

1 **rùga, ghe** |'ruga, ge| *s.f.* [*grinza, piega della pelle*] ride: *una faccia piena di rughe* un visage plein de rides, tout ridé; *un cosmetico per le rughe* un produit de beauté contre les rides.

2 **rùga, ghe** |'ruga, ge| *s.f.* (*pop.*) → **bruco.**

rugbista |rug'bista| *s.m.* joueur de rugby, rugbyman*.

rugby |'rʌgbi| *s.m. inv.* (*ingl.*) rugby *var.*

ruggènte |rud'dʒɛnte| *agg.* [*che emette ruggiti*] rugissant ◇ (*fig.*) *gli anni ruggenti* [*gli anni dal 1920 al 1929*] l'époque *f.* de la course au bien-être, les années folles.

rugghiàre |rug'gjare| *e deriv.* → **ruggire** *e deriv.*

rùgghio, i |'ruggjo, i| *s.m.* (*lett.*) → **ruggito.**

rùggine |'ruddʒine| *s.f.* **1** (*chim.*) rouille: *un'ancora corrosa dalla ruggine* une ancre rongée par la rouille # *un catenaccio pieno di ruggine* un cadenas tout rouillé ◇ (*per est.*) *color ruggine* couleur rouille *agg. inv.* ✦ (*ass.*) *una borsa ruggine* un sac rouille **2** (*t.bot.*) *ruggine del grano, dei cereali* rouille du blé, des céréales ~ *ruggine delle Crocifere* rouille des Cruciféracées **3** (*fig.*) [*disaccordo, attrito, astio*] rancune ◇ (*loc.*) *c'è della ruggine fra di loro* entre eux, il n'y a pas d'amour perdu ~ *avere della ruggine contro qc.* avoir une dent contre qqn.

rugginosità |ruddʒinosi'ta| *s.f. inv.* [*il fatto di essere rugginoso*] rouillure (*var.*): *rugginosità della frutta* rouillure des fruits.

rugginóso |ruddʒi'noso| *agg.* [*ricoperto di ruggine, pieno di ruggine*] rouillé: *un ferro rugginoso* un fer rouillé ◇ (*per est.*) couleur rouille *inv.*
ruggìre |rud'dʒire| (197) *v.intr.* (*aus. 'avere'*) [*emettere dei ruggiti, un ruggito*] rugir: *la belva ruggiva* le fauve rugit ◇ (*fig.*) *l'uomo cominciò a ruggire di rabbia* l'homme commença à rugir de rage; *il vento ruggiva fra gli alberi* le vent rugissait dans les arbres.
ruggìto |rud'dʒito| *s.m.* [*il grido sonoro e prolungato caratteristico del leone*] rugissement ◇ (*per est., fig.*) *il ruggito di rabbia dell'avversario* le rugissement furieux de l'adversaire; *il ruggito del vento, del mare* le rugissement du vent, de la mer.
rugiàda |ru'dʒada| *s.f.* (*meteor.*) rosée.
rugiadóso |rudʒa'doso| *agg.* **1** humide de rosée: *un prato rugiadoso* un pré humide de rosée **2** (*spreg.*) → **untuoso** **3** (*lett.*) → **rigoglioso.**
rugliàre |ruʎ'ʎare| *v.intr.* (*aus. 'avere'*) **1** (*animali*) [*fremere, brontolare cupamente*] grogner **2** (*elementi naturali*) [*rumoreggiare, risuonare*] gronder, mugir ◇ (*tempesta*) rugir.
rùglio, i |'ruʎʎo, i| *s.m.* **1** [→ RUGLIARE 1] grognement **2** [→ RUGLIARE 2] grondement, mugissement.
rugosità |rugosi'ta| *s.f. inv.* rugosité (*var.*): *la rugosità della pelle* la rugosité de la peau.
rugóso |ru'goso| *agg.* [*coperto di rughe*] ridé: *un vecchio rugoso* un vieillard tout ridé; *un viso rugoso* un visage ridé ◇ [*increspato, grinzoso*] rugueux*: *superficie rugosa* surface rugueuse; *mani rugose* mains rugueuses.
ruìna |ru'ina| *e deriv.* → **rovina** *e deriv.*
ruinifórme |ruini'forme| *agg.* (*geol.*) ruiniforme.
rullàggio, i |rul'laddʒo, i| *s.m.* (*aer.*) roulement (sur le sol).
rullàre |rul'lare| **A** *v.intr.* (*aus. 'avere'*) **1** (*detto di tamburi percossi con forza*) [*risonare*] rouler **2** (*aer.*) [*eseguire il rullaggio*] rouler **B** *v. tr.* [*spianare, pareggiare con un rullo*] aplanir (au rouleau compresseur).
rullàta |rul'lata| *s.f.* (*aer.*) roulement *m.* (sur le sol).
rullatùra |rulla'tura| *s.f.* (*agr.*) roulage *m.*
rullétta |rul'letta| *s.f.* (*mat.*) roulante.
rullétto |rul'letto| *s.m.* (*tecnol.*) roulette *f.* de graveur.
rullìno |rul'lino| *s.m.* → **rollino.**
rullìo, ii |rul'lio, ii| *s.m.* **1** [*un rullare prolungato*] roulement: *un rullio di tamburi* un roulement de tambours **2** → **rollio.**
rùllo |'rullo| *s.m.* **1** [*la successione ritmica dei suoni emessi da un tamburo percosso*] roulement: *il rullo dei tamburi* le roulement des tambours **2** (*tecnol.*) rouleau: *un rullo di acciaio, di legno* un rouleau d'acier, de bois; *rullo compressore* rouleau compresseur; *rullo per cuscinetti* rouleau pour roulements; *rullo di guida* rouleau-guide; (*di un proiettore*) galet guide-film; *il rullo della macchina da scrivere* le rouleau de la machine à écrire # *rullo inchiostratore* rouleau toucheur; *rullo trasportatore* transporteur **3** [*rotolo di pellicola*] rouleau, bobine *f.* → **rollino** **4** (*mus.*) rouleau perforé.
rullòmetro |rul'lɔmetro| *s.m.* → **rollometro.**
rum |rum| *s.m. inv.* rhum *var.*
rùmba |'rumba| *s.f.* (*danza, mus.*) rumba.
rumèno |ru'mɛno| *agg.* → **romeno.**
ruminànte |rumi'nante| *agg.* ruminant.
Ruminànti |rumi'nanti| *s.m. pl.* (*t. zool.*) Ruminants.
ruminàre |rumi'nare| *v.tr.* **1** [*far tornare il cibo dal rumine alla bocca per masticarlo con cura*] ruminer: *le bestie ruminavano nella stalla* les bêtes ruminaient dans l'étable **2** (*fig.*) [*rimuginare; pensare e ripensare alla stessa cosa*] ruminer: *a cosa stai ruminando?* qu'est-ce que tu rumines?, qu'est-ce que tu mijotes?
ruminazióne |ruminat'tsjone| *s.f.* [→ RUMINARE 1] rumination.
rùmine |'rumine| *s.m.* (*zool.*) rumen, panse *f.*
rumóre |ru'more| *s.m.* **1** [*manifestazione sonora priva di armonia, poco gradevole*] bruit: *il rumore del tuono, dei passi* le bruit du tonnerre, des pas; *rumore di fondo* bruit de fond; *ho sentito un rumore* j'ai entendu du bruit; *si è alzato senza far rumore* il s'est levé sans faire de bruit; *non fate rumore* ne faites pas de bruit **2** [*strepito, suoni confusi*] rumeur (*f.*): *il rumore della folla minacciosa* la rumeur de la foule menaçante **3** [*scalpore; largo interesse che si manifesta con discussione e polemiche*] bruit: *la notizia ha fatto rumore* la nouvelle a fait du bruit; *un avvenimento politico che ha destato gran rumore* un événement politique qui a fait grand bruit **4** (*arc.*) [*rivolta, sollevazione*] révolte *f.* (*corr.*) **5** (*lett.*) [*fama, diceria*] réputation *f.* **6** *al plur.* (*cine., rad., tv*) *colonna dei rumori* bruitage *sing.* © 1; 2; 3 **silenzio.**
rumoreggiaménto |rumoreddʒa'mento| *s.m.* (*raro*) [*rumore continuo e di varia intensità*] grondement.
rumoreggiànte |rumored'dʒante| *agg.* [*che rumoreggia*] grondant: *una folla rumoreggiante* une foule grondante.
rumoreggiàre |rumored'dʒare| *v. intr.* (*aus. 'avere'*) **1** (*di elementi naturali*) [*fare rumore a lungo, ripetutamente*] gronder: *si sentiva il tuono rumoreggiare da lontano* on entendait le tonnerre gronder de loin **2** [*manifestare disapprovazione e ostilità per mezzo di voci e grida*] gronder: *la folla rumoreggiava in piazza* la foule grondait sur la place.
rumorìo, ii |rumo'rio, ii| *s.m.* [*un rumore non molto forte continuato*] bruit sourd et prolongé.
rumorista |rumo'rista| *s.* [*tecnico addetto alla produzione degli effetti da inserire in una colonna sonora*] bruiteur *m.*
rumorosaménte |rumorosa'mente| *avv.* [→ RUMOROSO 1] bruyamment.
rumorosità |rumorosi'ta| *s.f. inv.* [*il fatto di essere rumoroso*] bruit *m. var.* ◇ (*tecnol.*) bruyance *var.*
rumoróso |rumo'roso| *agg.* **1** [*che provoca rumore, rumori*] bruyant: *una macchina rumorosa* une voiture bruyante; *una fabbrica rumorosa* une usine bruyante # *una risata rumorosa* un rire sonore **2** [*pieno di rumore*] bruyant: *una strada rumorosa* une rue bruyante.
rùna |'runa| *s.f.* (*ling.*) rune.
rùnico, ci, ca, che |'runiko, tʃi, ka, ke| *agg.* (*ling.*) runique.
ruolìno |rwo'lino| *s.m.* (*mil.*) rôle: *ruolino di marcia* rôle, liste *f.* de marche; *ruolino di servizio* rôle de service.
ruòlo |'rwɔlo| *s.m.* **1** [*elenco di persone e di dati redatto in varie organizzazioni a fini amministrativi*] rôle, liste (*f.*): *ruolo dei contribuenti* rôle des contribuables; *i ruoli del personale* les rôles, la liste du personnel; *ruolo organico* rôle, liste des employés effectifs; *ruoli aperti, chiusi* listes ouvertes, fermées # *impiegato di ruolo* fonctionnaire titulaire; *professore di ruolo* professeur titulaire; *è stato messo in ruolo* il a été titularisé; *passaggio in ruolo* titularisation ◇ (*mar.*) *ruolo d'equipaggio* rôle d'équipage; *ruolo di combattimento* rôle de combat **2** (*dir.*) rôle: *ruolo d'udienza* rôle d'audience; *il ruolo delle cause del tribunale* le rôle (des causes) du tribunal; *mettere a ruolo* inscrire au rôle **3** (*teat.*) rôle: *ha il ruolo di protagonista* il joue le rôle du protagoniste (principal); *nella commedia sostiene il ruolo dell'amante* dans la pièce il joue le rôle de l'amant → **parte** ◇ (*per est.*) *ha avuto un ruolo importante nella mia vita* il a eu un rôle important dans ma vie.
ruòta |'rwɔta| *s.f.* **1** (*mecc., tecnol.*) roue: *ruota direttrice, indipendente, motrice* roue directrice, indépendante, motrice; *ruota di scorta* roue de secours; *ruota idraulica* roue hydraulique; *veicolo a due, a quattro ruote* véhicule à deux, à quatre roues; *ruota anteriore, posteriore* roue avant, arrière; *ruota condotta* roue menée ◇ (*loc.*) *la ruota della fortuna* la roue de la fortune ~ *seguiva a ruota il compagno*: (*pr.*) il suivait son compagnon, son coéquipier roue contre roue, la roue dans la roue; (*fig.*) il suivait son compagnon de près ~ *è arrivato a ruota* il est arrivé roue contre roue ~ *ha vinto di una ruota* il a gagné d'une roue ~ *quando lo lodano fa la ruota* quand on le félicite, le compliment, il fait la roue ~ *è l'ultima ruota del carro* c'est la dernière roue du carrosse, de la charrette ~ *ha cercato di ungere le ruote* il a essayé de lui graisser la patte ~ *gli mette sempre il bastone fra le ruote* il lui met toujours des bâtons dans les roues ~ *l'aquila scendeva a grandi ruote* l'aigle fondait en faisant de grands cercles, en tournoyant largement ~ *parlava a ruota libera* il parlait sans arrêt **2** (*mar.*) *ruota di prora* étrave; *ruota di poppa* étambot *m.*; *ruota a pale* roue à aubes; *ruota del timone* roue du gouvernail, de la barre **3** (*per est.*) [*organo, elemento, oggetto a forma di ruota*] cloche: *gonne a ruota* jupes cloches; *mantello a ruota* paletot cloche # *la ruota della tortura, del supplizio* la roue de la torture, du supplice ✦ (*ass.*) *essere condannato alla ruota* être condamné à la roue **4** [*urna da cui si estraggono i numeri del lotto*] roue **5** (*nei conventi di clausura*) tour *m.*
ruotàre |rwo'tare| *e deriv.* → **rotare** *e deriv.*
ruotismo |rwo'tizmo| *s.m.* → **rotismo.**
rùpe |'rupe| *s.f.* [*roccia erta e scoscesa*] rocher (*m.*): *salire su una rupe*

monter sur un rocher # *Rupe Tarpea* Roche Tarpéienne.
rupèstre |ru'pɛstre| *agg.* rupestre; rocheux*: *pitture rupestri* peintures rupestres ‖ *un paesaggio rupestre* un paysage rocheux.
rùpia |'rupja| *s.f.* (*med.*) rupia *m.*
rupìa |ru'pia| *s.f.* [*moneta di alcuni stati asiatici*] roupie.
rupicola |ru'pikola| *s.f.* (*t.zool.*) rupicole *m.*
rupicolo |ru'pikolo| *agg.* rupicole: *flora, fauna rupicola* flore, faune rupicole.
ruràle |ru'rale| *agg.* rural*: *popolazione rurale* population rurale; *scuola rurale* école rurale # *cassa rurale* caisse agricole ◆ (*s.m.*) *un rurale* un rural Ⓒ **cittadino.**
ruscellaménto |ruʃʃella'mento| *s.m.* [*scorrimento delle acque in numerosi rivoli lungo un pendio*] ruissellement.
ruscellétto |ruʃʃel'letto| *s.m.* [*piccolo e breve corso d'acqua*] ruisselet, petit ruisseau.
ruscèllo |ruʃ'ʃɛllo| *s.m.* [*breve corso d'acqua*] ruisseau.
rush |rʌʃ| *s.m. inv.* (*ingl.*) (*sport*) rush (*var.*): *dei rush* des rusches.
rusignòlo |ruziɲ'ɲɔlo| *s.m.* (*poet.*) → **usignolo.**
rùspa |'ruspa| *s.f.* (*mecc.*) décapeuse, scraper *m.*
ruspànte |rus'pante| (*agg.*) *pollo ruspante* [*allevato all'aria aperta, nelle fattorie*] poulet fermier, de ferme *loc. inv.*
ruspàre |rus'pare| **A** *v.intr.* (*aus.* '*avere*') (*detto dei polli*) [*razzolare per cercare cibo*] gratter *tr.* le sol **B** *v.tr.* [*livellare con la ruspa*] niveler (4) le terrain, terrasser.
russàre |rus'sare| *v.intr.* (*aus.* '*avere*') [*emettere, dormendo, un suono rumoroso col respiro*] ronfler: *ha russato tutta la notte* il a ronflé toute la nuit.
russificàre |russifi'kare| *v.tr.* [*assimilare ai russi* (*in senso culturale o politico*)] russifier.
russificazióne |russifikat'tsjone| *s.f.* [→ RUSSIFICARE] russification.
rùsso- |'russo| *pref.* (*significa* '*russo*', *corrisponde gener. a*) russo: *russofilo* russophile.
rùsso |'russo| **1** *agg.* [*della Russia*] russe: *popolazione russa* population russe ◇ (*cuc.*) *insalata russa* salade russe # *uova alla russa* œufs durs mayonnaise **2** *s.m.* [*lingua del gruppo slavo*] russe.
russòfilo |rus'sɔfilo| *agg.* russophile.
rùssola |'russola| *s.f.* → **rossola.**
russoviàno |russo'vjano| *agg.* de Rousseau (*loc. inv.*): *filosofia russoviana* philosophie de Rousseau.
rusticàggine |rusti'kaddʒine| *s.f.* [*rustichezza accentuata nelle maniere*] rusticité.
rusticàle |rusti'kale| *agg.* (*lett.*) → **rustico.**
rusticaménte |rustika'mente| *avv.* [→ RUSTICO I] rustiquement: *una casa costruita rusticamente* une maison construite rustiquement, en style rustique.
rusticàno |rusti'kano| *agg.* [*di, da gente del contado*] paysan*, rustique (*lett.*): *duello rusticano* duel de paysans; *cavalleria rusticana* honneur paysan.
rustichézza |rusti'kettsa| *s.f.* → **selvatichezza.**
rusticità |rustitʃi'ta| *s.f. inv.* rusticité *var.* → **rozzezza.**
rùstico, ci, ca, che |'rustiko, tʃi, ka, ke| **I** *agg.* **1** [*di campagna*] rustique: *fondo rustico* domaine rustique; *casa rustica* maison rustique # *torta rustica* gâteau (fait à la) maison **2** [*semplice, grezzo, non rifinito*] rustique: *una cucina rustica* une cuisine rustique; *mobili rustici* meubles rustiques # *un muro rustico* un mur de pierres sèches **3** (*fig.*) [*rude; aspro, scontroso*] frustre, rustre (*spreg.*): *un uomo rustico* un homme frustre, rude; *che gente rustica!* quelles personnes frustres, rustres! # *è rustico, ma d'animo gentile* sous un aspect un peu rude, il cache un cœur d'or **II** *s.m.* **1** [*locale annesso a fattorie, ville e sim.*] annexe *f.* **2** [*casa rustica*] maison *f.* rustique, fermette *f.* **3** (*edil.*) gros œuvre **4** *al plur.* (*cuc.*) friands **5** (*lett.*) → **contadino** Ⓒ I 1 **cittadino,** 3 **garbato.**
rùta |'ruta| *s.f.* (*t.bot.*) rue.
rutabàga |ruta'baga| *s.f. inv.* (*t. bot.*) rutabaga *m. var.*
Rutàcee |ru'tatʃee| *s.f. pl.* (*t.bot.*) Rutacées.
rutènio, i |ru'tɛnjo, i| *s.m.* (*chim.*) ruthénium.
rutèno |ru'tɛno| *agg.* **1** [*della Rutenia*] ruthène: *chiesa rutena* église ruthène **2** (*lett.*) [*russo, ucraino*] ukrainien*.
rutilànte |ruti'lante| *agg.* (*lett.*) rutilant.
rutilàre |ruti'lare| *v.intr.* (*aus.* '*avere*') (*raro, lett.*) [*rifulgere intensamente con bagliori rossastri*] rutiler.
1 **rùtilo** |'rutilo| *agg.* → **rutilante.**
2 **rùtilo** |'rutilo| *s.m.* (*miner.*) rutile.
rutìna |ru'tina| *s.f.* (*farm.*) rutoside *m.*
rutinàrio, i |ruti'narjo, i| *agg. e s.* [*di* '*routine*'] routinier*.
ruttàre |rut'tare| **A** *v.intr.* (*aus.* '*avere*') [*fare un rutto, dei rutti*] roter (*volg.*) **B** *v.tr.* (*lett.*) → **eruttare.**
rùtto |'rutto| *s.m.* [*emissione rumorosa di aria dallo stomaco attraverso la bocca*] rot (*volg.*).
ruttóre |rut'tore| *s.m.* (*elettr.*) rupteur.
ruvidaménte |ruvida'mente| *avv.* [→ RUVIDO 2] rudement: *mi ha risposto ruvidamente* il m'a répondu rudement.
ruvidézza |ruvi'dettsa| *s.f.* **1** [*asprezza al tatto; il fatto di essere ruvido*] rugosité: *la ruvidezza di un tessuto* la rugosité d'un tissu **2** (*fig.*) [*scortesia, rozzezza*] rudesse: *ruvidezza di modi* rudesse de manières, façons *pl.* rudes.
ruvidità |ruvidi'ta| *s.f. inv.* → **ruvidezza.**
rùvido |'ruvido| *agg.* **1** [*aspro al tatto, non liscio*] rêche, rugueux*: *pelle ruvida* peau rêche, rugueuse; *lana ruvida* laine rêche ◇ [*scabro, non levigato*] *legno ruvido* bois raboteux; *pietra ruvida* pierre brute **2** (*fig.*) [*scortese, di maniere rozze*] rude: *un uomo ruvido* un homme rude Ⓒ 1 **liscio.**
ruzzàre |rud'dzare| *v.intr.* (*aus.* '*avere*') (*detto di animali e di bambini*) [*fare chiasso, saltare, giocare*] s'ébattre (76) *pron.*, folâtrer.
rùzzo |'ruddzo| *s.m.* **1** [*il fatto di ruzzare*] ébats *pl.* **2** [*capriccio, puntiglio*] caprice ◇ [*voglia*] envie *f.*
rùzzola |'ruttsola| *s.f.* [*disco di legno usato come gioco*] palet (*m.*): *giocare alla ruzzola* jouer au palet.
ruzzolàre |ruttso'lare| **A** *v. intr.* (*aus.* '*essere*') **1** [*cadere rotolando*] dégringoler (*aus.* avoir): *è ruzzolato giù per le scale* il a dégringolé dans l'escalier **2** [*rotolare*] rouler (*aus.* avoir): *la pietra ruzzolò sotto la macchina* la pierre roula sous la voiture **B** *v.tr.* [*far rotolare*] faire (45) *intr.* rouler: *ruzzolare un sasso* faire rouler un caillou.
ruzzolàta |ruttso'lata| *s.f.* [→ RUZZOLARE A I] dégringolade (*fam.*), culbute: *ha fatto una ruzzolata per le scale* il a fait une dégringolade, une culbute dans l'escalier.
ruzzolìo, ii |ruttso'lio, ii| *s.m.* [*un ruzzolare continuato*] dégringolade *f.* (*fam.*), culbute *f.*
ruzzolóne |ruttso'lone| *s.m.* [*caduta improvvisa; il fatto di cadere ruzzolando*] dégringolade *f.* (*fam.*), culbute *f.* # *ha fatto un gran ruzzolone per le scale* il a dégringolé dans l'escalier ◇ *loc. avv.* RUZZOLONI, A RUZZOLONI: *è sceso giù a ruzzoloni* il est tombé en dégringolant; *è finito a ruzzoloni sotto il tavolo* il s'est effondré sous la table; *finire ruzzoloni per terra* dégringoler par terre ◇ (*fig.*) *ha fatto un ruzzolone catastrofico* il a fait une culbute, une degringolade catastrophique.

S

s |'ɛsse| *s.f. o m.* **1** [*diciassettesima lettera dell'alfabeto*] s (*m.*): *s minuscola* s minuscule; *S maiuscolo S* majuscule ◇ (*tel.*) *S come Sondrio*: (*in Francia*) S comme Suzanne; (*in Belgio*) S comme Sophie ◇ *loc.* A S en s: *curva a S* virage en s **2** (*è usata come abbrev. di numerosissime parole*) *S. o s.* [*santo, santa*] st, ste; *SS. o ss.* [*santi, sante*] s.ts, s.tes; *SS. o Ss.* [*santissimo, santissima*] très saint(e); *S.S.* [*Sua Santità*] S.S.; *S.V.* [*Signoria Vostra*] V.S.; *S.A.* [*Sua Altezza*] S.A.; *S.M.* [*Sua Maestà*] S.M. ◇ (*simbolo dello zolfo*) S ◇ (*sigla geografica di Sud*) S ◇ (*simbolo del 'secondo'*) s.

s- |s| *pref.* **1** (*conferisce al vocabolo valore contrario, opposto, corrisponde gener. a*) dé: *sfiducia* découragement; *sleale* déloyal; *slegare* délier # *scontento* mécontent **2** (*con valore privativo, corrisponde gener. a*) dis # *sbucciare* éplucher; *spolverare* épousseter ◇ (*con valore privativo-pegg.*) dé: *sragionare* déraisonner; *scostumato* débauché # *sgrammaticato* plein de fautes de grammaire **3** (*esprime 'allontanamento, separazione', corrisponde gener. a*) dé: *sfornare* défourner # *sconfinare* franchir les limites; *scampare* se sauver; *scomunicare* excommunier **4** (*talora ha valore ints.*) *scacciare* chasser; *scancellare* effacer **5** (*con valore semplicemente derivativo, corrisponde gener. a*) dé: *sdoppiare* dédoubler # *sbracciarsi* retrousser ses manches; *scadere* périmer.

sabadiglia |saba'diʎʎa| *s.f.* (*t.bot.*) sabadille, cévadille.

sabàtico, ci, ca, che |sa'batiko, tʃi, ka, ke| *agg.* → **sabbatico.**

sàbato |'sabato| *s.m.* [*sesto giorno della settimana*] samedi # *il sabato inglese* la semaine anglaise ◇ (*liturg.*) *sabato di Passione* samedi de la Passion; *sabato santo* samedi saint ◇ (*prov.*) *Dio non paga il sabato* tôt ou tard on est toujours puni.

sabàudo |sa'baudo| *agg.* (*st.*) de la maison de Savoie *loc. inv.* # *lo Stato sabaudo* l'État savoyard; la Savoie; l'État de Savoie ✦ (*s.*) *i sabaudi* les membres *m.* de la maison de Savoie.

sàbba |'sabba| *s.m. inv.* sabbat *var.*

sabbàtico, ci, ca, che |sab'batiko, tʃi, ka, ke| *agg.* (*solo nella loc. relig. ebr.*) *anno sabbatico* année sabbatique ◇ (*per est.*) [*l'anno durante il quale, all'estero, un professore universitario è esonerato dall'insegnamento per dedicarsi allo studio e alla ricerca*] année de congé; année sabbatique.

sabbazïàno |sabbat'tsjano| *agg.* (*st. relig.*) sabbathien*.

sàbbia |'sabbja| *s.f.* **1** sable (*m.*): *sabbia argillosa, granitica* sable argileux, granitique ✦ (*in funzione di agg. inv.*) *color sabbia* sable ◇ (*loc. fig.*) *costruire sulla sabbia* bâtir sur le sable ~ *scrivere sulla sabbia* écrire sur le sable ~ *seminare nella sabbia* [*fare un lavoro inutile*] bâtir sur le sable **2** (*per est.*) *sabbie mobili* sables mouvants ◇ (*med.*) *sabbia biliare* calcul *m.* biliaire.

sabbiàre |sab'bjare| *v.tr.* **1** (*tecnol.*) [*pulire, finire con getti di sabbia silicea*] sabler ◇ [*rendere opaco un oggetto spruzzandovi sabbia*] sabler **2** (*raro*) [*coprire di sabbia*] sabler.

sabbiàto |sab'bjato| *agg.* sablé.

sabbiatóre, trice |sabbja'tore, tritʃe| *s.* [*operaio addetto alla sabbiatrice*] sableur*.

sabbiatrice |sabbja'tritʃe| *s.f.* (*tecnol.*) sableuse.

sabbiatùra |sabbja'tura| *s.f.* **1** (*med.*) bain *m.* de sable: *fare le sabbiature* prendre des bains de sable **2** [→ SABBIARE 1] sablage *m.*

sabbièra |sab'bjɛra| *s.f.* (*ferr.*) sablière.

sabbionàra |sabbjo'nara| *s.f.* (*raro*) sablonnière.

sabbióne |sab'bjone| *s.m.* **1** [*sabbia a granelli molto grossi*] sablon **2** [*distesa di sabbia, terreno arenoso*] terrain sableux, sablonneux.

sabbióso |sab'bjoso| *agg.* **1** [*che contiene molta sabbia*] sableux*, sablonneux* **2** [*sim. alla sabbia; che ha la consistenza della sabbia*] sableux.

sabeìsmo |sabe'izmo| *s.m.* (*st. relig.*) sabéisme.

sabèlla |sa'bɛlla| *s.f.* (*t.zool.*) sabelle.

sabellianìsmo |sabellja'nizmo| *s.m.* (*st. relig.*) sabellianisme.

sabelliàno |sabel'ljano| *agg.* sabellien*: *eresia sabelliana* hérésie sabellienne ✦ (*s.*) *i sabelliani* les sabelliens.

sabèllico, ci, ca, che |sa'bɛlliko, tʃi, ka, ke| *agg.* (*st.*) sabellien*; sabellique: *dialetti sabellici* dialectes sabelliques.

sabèo |sa'bɛo| **1** *agg.* (*st.*) sabéen*; sabien*: *la religione sabea* la religion sabéenne, sabienne; *la civiltà sabea* la civilisation sabéenne **2** (*s.m.*) *il sabbeo* [*la lingua*] le sabéen.

sabìna |sa'bina| *s.f.* (*t.bot.*) sabine.

sabìr |sa'bir| *s.m. inv.* (*ling.*) sabir *var.*

sabotàggio, i |sabo'taddʒo, i| *s.m.* [→ SABOTARE] sabotage # *sabotaggio parlamentare* obstructionnisme parlementaire → **ostruzionismo.**

sabotàre |sabo'tare| *v.tr.* [*distruggere, danneggiare gravemente; ostacolare, limitare lo svolgimento di una attività o di un servizio*] saboter ◇ (*fig.*) *sabotare l'attività parlamentare* faire de l'obstructionnisme parlementaire; *le iniziative del governo sono costantemente sabotate* les initiatives du gouvernement se heurtent à un obstructionnisme permanent.

sabotatóre, trice |sabota'tore, tritʃe| *s.* saboteur* ✦ (*agg.*) *azione sabotatrice* acte de sabotage *loc. inv.*

saburràle |sabur'rale| *agg.* (*solo nella loc. med.*) *lingua saburrale* langue saburrale.

sàcca, che |'sakka, ke| *s.f.* **1** [*borsa molto ampia e poco profonda per riporvi e trasportare oggetti vari*] sac (*m.*): *sacca da viaggio* sac de voyage; *una sacca a tracolla* un sac en bandoulière → **bisaccia** ◇ (*region.*) → **tasca** **2** (*per est.*) [*oggetto, tratto di terreno a forma di sacca*] anse # *il fiume in quel tratto fa una sacca* le fleuve fait une boucle à cet endroit ◇ (*aer.*) *sacca d'aria* trou *m.* d'air ◇ (*anat., med.*) *sacca auricolare* sac auriculaire; *sacca di pus, di liquido* poche de pus, de liquide ◇ (*bot.*) *sacca pollinica* chambre, sac pollinique ◇ (*mil.*) *due divisioni nemiche furono chiuse in una sacca* deux divisions ennemies furent enfermées dans une poche.

saccaràsi |sakka'razi| *s.f. inv.* (*chim.*) saccharase *var.*

saccaràto |sakka'rato| *s.m.* (*chim.*) saccharate.

sàccari- |'sakkari| *pref.* → **saccaro-.**

saccàrico, ci, ca, che |sak'kariko, tʃi, ka, ke| *agg.* saccharique.

saccàride |sak'karide| *s.m.* → **carboidrato.**

saccarìfero |sakka'rifero| *agg.* saccharifère ◇ [*che produce zucchero*] *industria saccarifera* industrie saccharifère.

saccarificàbile |sakkarifi'kabile| *agg.* [→ SACCARIFICARE] saccharifiable.

saccarificàre |sakkarifi'kare| *v. tr.* (*chim.*) [*trasformare, convertire in zucchero*] saccharifier.

saccarificazióne |sakkarifikat'tsjone| *s.f.* [→ SACCARIFICARE] saccharification.

saccarimetrìa |sakkarime'tria| *s.f.* (*chim.*) saccharimétrie.

saccarimètrico, ci, ca, che |sakkari'mɛtriko, tʃi, ka, ke| *agg.* (*scient.*) saccharimétrique.

saccarìmetro |sakka'rimetro| *s.m.* (*tecnol., chim.*) saccharimètre.

saccarìna |sakka'rina| *s.f.* (*chim.*) saccharine.

saccarinàto |sakkari'nato| *agg.* sacchariné.

saccarìno |sakka'rino| *agg.* saccharin.

sàccaro- |'sakkaro|, **sàccari-** |'sakkari| *pref.* (*significano 'contenente zucchero' o 'che ha relazione con lo zucchero', corrisponde gener. a*) sacchar(o): *saccarifero* saccharifère; *saccarimetria* saccharimétrie; *saccarosio* saccharose; *saccaromicete* saccharomyces.

saccaròide |sakka'rɔide| *agg. e s.m.* (*miner.*) saccharoïde *agg.*
saccarolàto |sakkaro'lato| *s.m.* (*farm.*) saccharolé.
saccarometrìa |sakkarome'tria| *s.f.* → **saccarimetria.**
saccaròmetro |sakka'rɔmetro| *s.m.* → **saccarimetro.**
Saccaromicèti |sakkaromi'tʃɛti| *s.m. pl.* (*t.bot.*) Saccharomyces.
saccaròsio, i |sakka'rɔzjo, i| *s.m.* (*chim.*) saccharose.
saccarùro |sakka'ruro| *s.m.* (*farm.*) saccharure.
saccàta |sak'kata| *s.f.* [*la quantità di roba che può essere contenuta in un sacco*] sac *m.*, sachée (*raro*) ◇ (*loc. fam.*) *avere una saccata di soldi* [*averne moltissimi*] avoir un tas d'argent.
saccatùra |sakka'tura| *s.f.* (*meteor.*) [*zona cuneiforme di bassa pressione*] poche.
saccènte |sat'tʃɛnte| *agg.* [*che ostenta in modo presuntuoso e inopportuno la propria erudizione*] pédant ✦ (*s.*) *un saccente* un pédant.
saccenteménte |sattʃente'mente| *avv.* [→ SACCENTE] avec pédanterie *loc. inv.*
saccenterìa |sattʃente'ria| *s.f.* [*pedantesca e fastidiosa ostentazione di erudizione o cultura*] pédanterie.
saccentóne |sattʃen'tone| *s.* [*chi ostenta pedantescamente e inopportunamente una erudizione più presunta che reale*] pédant, demi-savant.
saccheggiaménto |sakkeddʒa'mento| *s.m.* (*raro*) → **saccheggio.**
saccheggiàre |sakked'dʒare| *v. tr.* **1** [*depredare, appropriarsi di tutto ciò che può essere asportato, devastando e distruggendo*] piller, mettre (71) à sac ◇ (*per est.*) [*rapinare, svaligiare*] dévaliser **2** (*fig.*) [*appropriarsi abusivamente di beni, di diritti, di idee altrui*] piller.
saccheggiatóre, trice |sakkeddʒa'tore, tritʃe| *s.* [*chi saccheggia, chi compie un saccheggio*] pilleur*, pillard.
sacchéggio, i |sak'keddʒo, i| *s.m.* **1** [→ SACCHEGGIARE 1] pillage **2** [→ SACCHEGGIARE 2] pillage: *saccheggio di idee, di teorie altrui* pillage des idées, des théories d'autrui.
saccherìa |sakke'ria| *s.f.* fabrique de sacs.
sacchettifìcio, i |sakketti'fitʃo, i| *s.m.* fabrique *f.* de sachets.
sacchétto |sak'ketto| *s.m.* sachet, cornet ◇ (*mil.*) *sacchetto a terra* sac de terre ◇ (*moda*) *abito, giacca a sacchetto* robe, veste sac ◇ (*per est.*) [*il contenuto*] (petit) sac.
sacciforme |sattʃi'forme| *agg.* (*scient.*) sacciforme.
1 **sàcco, chi** |'sakko, ki| *s.m.* **1** sac: *sacco per grano, per caffè, per cemento* sac à blé, à café, à ciment; *sacco postale, per corrispondenza* sac postal, pour la correspondance ◇ (*loc. agg.*) *corrispondenza fuori sacco* plis hors sac ◇ (*loc. fig.*) *vuotare il sacco* [*sfogarsi, dire tutto*] vider son sac ~ *colmare il sacco* [*passare i limiti*] passer les bornes ~ *mettere qc. nel sacco* [*ingannarlo, abbindolarlo*] rouler qqn. ~ *tornare, tornarsene con le pive nel sacco* [*deluso, scornato*] revenir bredouille *agg.* ~ *avere la testa nel sacco* [*essere distratto*] avoir la tête ailleurs ~ *fare q.c. con la testa nel sacco* [*agire sbadatamente*] agir à l'aveuglette ~ *cogliere, sorprendere qc. con le mani nel sacco* prendre qqn. la main dans le sac ~ *reggere, tenere il sacco a qc.* être le complice de qqn., faire la courte échelle à qqn. ~ ESSERE, NON ESSERE FARINA DEL PROPRIO SACCO [*essere, non essere opera propria*] (ne) pas être de son cru: *questa composizione d'italiano non è farina del tuo sacco* cette composition d'italien n'est pas de ton cru ◇ (*prov.*) *non dire quattro se non l'hai nel sacco* il ne faut pas vendre la peau de l'ours avant de l'avoir tué ~ *sacco vuoto non sta in piedi* un sac vide ne tient pas debout **2** (*per anal.*) [*oggetto, elemento sim. a un sacco*] sac: *sacco di montagna, sacco alpino* sac à dos, d'alpiniste; *sacco a pelo, sacco da bivacco* sac de couchage, de campeur, de camping # *il sacco delle reti a strascico* la poche du chalut ◇ (*anat.*) *sacco embrionale* sac embryonnaire; *sacco vitellino o del torlo* sac vitellin, membrane vitelline; *sacco scrotale* bourse *f.* du scrotum; *sacchi aerei* sacs aériens ◇ (*bot.*) *sacco pollinico* chambre *f.*, sac pollinique ◇ (*pugilato*) *allenarsi al sacco* s'entraîner au punching-ball → **punching--ball** ◇ (*loc.*) *fare il sacco a qc.* mettre le lit de qqn. en portefeuille ~ *essere, sembrare un sacco* être fagoté comme un sac ~ *agg., avv.* A SACCO (*moda*) sac: *linea a sacco* ligne sac; *un vestito a sacco* une robe sac; (*tess.*) *tessuto a sacco* tissu de bure **3** (*per est.*) [*la quantità di roba che è o può essere contenuta in un sacco*] sac: *un sacco di granturco* un sac de maïs; *misurare il grano a sacchi* mesurer le blé par sacs; *questo autotreno non può trasportare più di 300 sacchi di cemento* ce camion à remorque ne peut transporter plus de 300 sacs de ciment ◇ (*loc. fig.*) *è un sacco d'ossa* [*una persona eccessivamente magra*] il n'a que la peau sur les os **4** (*fig.*) [*grande quantità*] tas: *un sacco di soldi, di guai, di amici* un tas d'argent, d'ennuis, d'amis; *ha raccontato un sacco di frottole* il a raconté un tas d'histoires; *gli fecero un sacco di complimenti* ils lui firent un tas de compliments # *gliene ha date un sacco e una sporta* il lui a flanqué une bonne volée; *i nonni gli vogliono un sacco di bene* ses grands--parents ont énormément d'affection pour lui (elle) ◇ *loc. avv.* A SACCHI à foison # *spende quattrini a sacchi* il dépense sans compter **5** [*abito religioso, fatto di ruvido panno*] froc, bure (*f.*): *vestire il sacco* porter le froc, la bure **6** (*fig., scherz.*) [*banconota da mille lire*] sac: *m'è costato sei sacchi* ça m'a coûté six sacs **7** (*pop., scherz.*) [*stomaco*] sac # *riempirsi il sacco* s'en mettre plein la panse.
2 **sàcco, chi** |'sakko, ki| *s.m.* [*saccheggio*] sac: *il sacco di Roma* le sac de Rome; *mettere a sacco una città* mettre une ville à sac.
saccòccia, ce |sak'kɔttʃa, tʃe| *s.f.* (*region.*) → **tasca.**
saccolèva |sakko'lɛva| *s.m. inv.* (*mar.*) sacolève *var.*, sacoléva *f. var.*
saccomànno |sakko'manno| *s.m.* (*arc.*) **1** (*mil.*) goujat ◇ (*per est.*) [*predone, brigante*] brigand **2** → **saccheggio.**
saccóne |sak'kone| *s.m.* [*grosso sacco, riempito di foglie di granturco o di paglia, usato come materasso o come base del materasso*] paillasse *f.*
sacculifórme |sakkuli'forme| *agg.* (*scient.*) sacculiforme.
sàcculo |'sakkulo| *s.m.* (*anat.*) saccule.
sacèllo |sa'tʃɛllo| *s.m.* (*arch.*) sacellum: *dei sacelli* des sacella.
sacerdotàle |satʃerdo'tale| *agg.* sacerdotal*: *paramenti sacerdotali* parements sacerdotaux; *dignità sacerdotale* dignité sacerdotale.
sacerdòte |satʃer'dɔte| *s.m.* **1** [*il ministro di un culto religioso*] prêtre, ministre: *un sacerdote cristiano, buddista, pagano, ebreo* un prêtre, un ministre chrétien, bouddhiste, païen, juif; *le sacerdotesse dell'antica Roma* les prêtresses de Rome antique ✦ *ass.* [*quello cattolico*] prêtre: *farsi sacerdote* se faire prêtre; *essere consacrato sacerdote* être ordonné prêtre; *in punto di morte volle il sacerdote* à l'article de la mort, il demanda un prêtre → **prete 2** (*fig.*) [*chi svolge un'attività di alto valore morale, civile, culturale*] *sacerdote di Esculapio* [*medico*] médecin; *sacerdote delle Muse* [*poeta*] nourrisson des Muses; *i sacerdoti della giustizia* les juges, les magistrats.
sacerdotéssa |satʃerdo'tessa| *s.f.* prêtresse.
sacerdòzio, i |satʃer'dɔttsjo, i| *s.m.* **1** (*relig.*) sacerdoce: *il sacerdozio cristiano* le sacerdoce chrétien ✦ *ass.* [*quello della religione cattolica*] prêtrise (*f.*) # *il sacramento del sacerdozio* le sacrement de l'ordre; *ricevere il sacerdozio* recevoir le sacrement de l'ordre **2** (*fig.*) [*attività, funzione di alto valore morale, civile, culturale*] sacerdoce.
sacertà |satʃer'ta| *s.f. inv.* (*lett.*) → **sacralità.**
1 **sacràle** |sa'krale| *agg.* [*che ha carattere sacro*] sacré.
2 **sacràle** |sa'krale| *agg.* (*anat.*) sacré.
sacralgìa, gie |sakral'dʒia, dʒie| *s.f.* (*med.*) sacralgie.
sacralità |sakrali'ta| *s.f. inv.* caractère *m. var.* sacré.
sacralizzàre |sakralid'dzare| *v.tr.* [*rendere sacro, sacrale*] sacraliser.
sacralizzàrsi |sakralid'dzarsi| *v. pron. intr.* (*med., riferito alle ultime vertebre lombari*) [*assumere i caratteri tipici delle vertebre sacrali*] subir *tr.* une sacralisation.
1 **sacralizzazióne** |sakraliddzat'tsjone| *s.f.* [→ SACRALIZZARE] sacralisation.
2 **sacralizzazióne** |sakraliddzat'tsjone| *s.f.* [→ SACRALIZZARSI] sacralisation.
sacramentàle |sakramen'tale| *agg.* **1** sacramentel* ✦ *s.m. pl.* (*teol.*) *i sacramentali* les sacramentaux, les sacrements mineurs **2** (*fig., scherz.*) [*solito, abituale, immancabile*] sacro-saint: *non può fare a meno del suo sacramentale sonnellino pomeridiano* il ne peut se passer de sa sacro-sainte sieste.
sacramentalménte |sakramental'mente| *avv.* [→ SACRAMENTALE 1] sacramentellement (*raro*).
sacramentàre |sakramen'tare| *v. tr.* (*raro*) **1** (*eccl.*) [*amministrare i sacramenti*] administrer les sacrements (à) **2** [*giurare*] jurer **3** (*pop.*) [*bestemmiare*] sacrer (*fam.*), jurer (*corr.*).

1 **sacramentàrio, i** |sakramen'tarjo, i| *agg. e s.m.* (*eccl.*) sacramentaire.
2 **sacramentàrio, i** |sakramen'tarjo, i| *s.* (*st. relig.*) sacramentaire.
sacramentàto |sakramen'tato| *agg.* (*solo nella loc.*) *Gesù sacramentato* [*presente nell'ostia consacrata*] le saint sacrement.
sacraménto |sakra'mento| *s.m.* **1** (*teol.*) sacrement: *accostarsi ai sacramenti* [*confessarsi e comunicarsi*] fréquenter les sacrements ✦ *ass.* [*l'Eucarestia, l'ostia consacrata*] Saint Sacrement: *il Divino, il Santissimo Sacramento* le Saint Sacrement; *esporre il Sacramento* exposer le Saint Sacrement ◇ (*come escl. di meraviglia o di indignazione*) sacredieu: *sacramento!* sacredieu! ◇ (*loc. fig.*) *fare q.c. con tutti i sacramenti* [*con impegno e con scrupolo formale*] faire qqch. dans toutes règles de l'art **2** (*lett.*) [*giuramento solenne*] serment (*corr.*).
sacràre |sa'krare| **A** *v.tr.* (*lett.*) → **consacrare B** *v.intr.* (*aus.* '*avere*') (*raro*) → **sagrare.**
sacràrio, i |sa'krarjo, i| *s.m.* **1** (*eccl.*) cuvette *f.* ◇ (*st. rom.*) sacrarium **2** (*per est.*) [*edificio, costruzione in genere consacrata alla memoria di persone che sono oggetto di venerazione*] monument **3** (*fig.*) [*ciò che viene considerato come riservato, intimo, sacro*] sanctuaire # *nel sacrario della coscienza* en, dans son for intérieur.
1 **sacràto** |sa'krato| *agg.* (*lett.*) [*consacrato, sacro*] consacré ✦ (*corr. al sup., liturg.*) *il sacratissimo Cuore di Gesù* le Sacré-Cœur (de Jésus).
2 **sacràto** |sa'krato| *s.m.* (*lett.*) → 1 **sagrato 1.**
sacrestàno |sakres'tano| *s.* (*raro*) → **sagrestano.**
sacrestia |sakres'tia| *s.f.* (*raro*) → **sagrestia.**
sacrificàbile |sakrifi'kabile| *agg.* [→ SACRIFICARE] sacrifiable (*raro*).
sacrificàle |sakrifi'kale| *agg.* sacrificiel*, sacrificatoire.
sacrificànte |sakrifi'kante| *agg. e s.* [*che sacrifica, chi compie il sacrificio*] sacrificateur* (*s.*): *il* (*sacerdote*) *sacrificante* le sacrificateur.
sacrificàre |sakrifi'kare| **A** *v.tr.* **1** (*relig.*) [*immolare, offrire in dono alla divinità*] sacrifier ✦ (*ass.*) *sacrificare agli dèi* sacrifier aux dieux ◇ (*relig. catt.*) [*celebrare la Messa*] célébrer (8) la messe **2** (*per est.*) [*privarsi, rinunciare a q.c.*] sacrifier **3** (*fig.*) (*con compl. ogg. di persona*) [*limitare, danneggiare le possibilità, le aspirazioni, i diritti di qc.*] sacrifier ◇ (*con compl. ogg. di cosa*) [*eliminare, togliere o impiegare in modo non adeguato*] *per mancanza di spazio ho dovuto sacrificare il tuo articolo* par manque de place, j'ai dû sacrifier ton article; *quel bel mobile è sacrificato in quell'angolo* ce beau meuble est sacrifié, dans ce coin **B** *v.pron. rifl.* SACRIFICARSI **1** [→ *tr.* 1] se sacrifier **2** [→ *tr.* 2] se sacrifier: *i genitori si sacrificano volentieri per il bene dei figli* les parents se sacrifient volontiers pour le bien de leurs enfants.
sacrificàto |sakrifi'kato| *agg.* **1** sacrifié **2** (*persone*) [*limitato, danneggiato nelle proprie possibilità, aspirazioni, diritti*] sacrifié ✦ (*s.*) *un sacrificato* un sacrifié ◇ (*cose*) [*non valorizzato, impiegato in modo non adeguato*] *con questa luce è una stanza sacrificata* avec cette lumière c'est une pièce sacrifiée.
sacrificatóre, trice |sakrifika'tore, tritʃe| *s.* (*lett.*) sacrificateur*.
sacrifìcio, i |sakri'fitʃo, i| *s.m.* **1** (*relig.*) sacrifice: *sacrifici cruenti, incruenti* sacrifices sanglants, sans effusion de sang ◇ (*relig. catt.*) *sacrificio della croce* sacrifice de la croix; *sacrificio dell'altare* sacrifice de l'autel; *il santo sacrificio* le saint sacrifice, la messe **2** (*per est.*) [*rinuncia a un bene, a un diritto*] sacrifice: *fare sacrificio della propria vita, di sé* faire le sacrifice de sa vie, se sacrifier **3** (*fig.*) [*privazione, disagio*] sacrifice.
sacrìfico, ci, ca, che |sa'krifiko, tʃi, ka, ke| *agg.* (*st. rom.*) sacrificatoire.
sacrifìzio, i |sakri'fittsjo, i| *s.m.* (*lett.*) → **sacrificio.**
sacrilegaménte |sakrilega'mente| *avv.* [→ SACRILEGO 1] de manière sacrilège *loc. inv.*
sacrilègio, i |sakri'lɛdʒo, i| *s.m.* **1** (*relig.*) sacrilège **2** (*fig.*) [*grave mancanza di rispetto verso persone, oggetti o luoghi degni di venerazione*] sacrilège ◇ (*iperb., scherz.*) *quel grattacielo, al centro della città vecchia, è un vero sacrilegio* ce gratte-ciel, au centre de la vieille ville, est un véritable sacrilège; *che sacrilegio, annacquare questo vino!* quel sacrilège de mettre de l'eau dans ce vin!
sacrìlego, ghi, ga, ghe |sa'krilego, gi, ga, ge| *agg.* **1** (*persone*) sacrilège ✦ (*s.*) *un sacrilego* un sacrilège **2** (*cose*) [*che costituisce un sacrilegio*] sacrilège ◇ (*teol.*) *comunione, confessione sacrilega* communion, confession sacrilège.
sacripànte |sakri'pante| *s.m.* **1** [*uomo grande e grosso*] gaillard, costaud **2** (*spec. scherz.*) [*persona vivace, furba, spregiudicata*] sacripant.
sacrista |sa'krista| *s.m.* **1** → **sagrestano 2** *sacrista di Sua Santità* sacriste du pape, de la Chapelle pontificale.
sacristia |sakris'tia| *s.f.* (*raro*) → **sagrestia.**
sacro- |sakro| *pref.* (*significa 'dell'osso sacro', corrisponde gener. a*) sacro-: *sacroiliaco* sacro-iliaque.
1 **sàcro** |'sakro| *agg.* **1** sacré: *luoghi, oggetti, paramenti sacri* lieux, objets, parements sacrés; *persone sacre* personnes sacrées ◇ (*relig. catt.*) *l'ordine sacro* l'ordre sacré; *i libri sacri, la Sacra Scrittura* les livres saints, l'Écriture Sainte; *la Sacra Famiglia* la Sainte Famille; *il Sacro Collegio* le Sacré Collège ✦ *s.m.* (*con valore neutro*) [*ciò che è sacro*] sacré: *il sacro e il profano* le sacré et le profane **2** (*per est.*) [*che ha per oggetto o per fine la relig., il culto religioso*] sacré: *arte, musica sacra* art sacré, musique sacrée **3** (*fig.*) [*degno di particolare venerazione e rispetto*] sacré: *luoghi sacri alla patria* lieux sacrés de la patrie (consacrés à la patrie); *l'ospite è sacro* l'hôte est sacré → **inviolabile**; *sono stati violati i più sacri diritti dell'uomo* les droits les plus sacrés de l'homme ont été violés **4** (*med.*) *morbo sacro* épilepsie *s.f.* Ⓒ 1 **profano.**
2 **sàcro** |'sakro| *agg. e s.m.* (*anat.*) sacrum (*s.m.*): *il sacro, l'osso sacro* le sacrum.
sacrolombàre |sakrolom'bare| *agg.* (*anat.*) lombo-sacré.
sacrosantaménte |sakrosanta'mente| *avv.* [→ SACROSANTO 2] à bon droit *loc. inv.*
sacrosànto |sakro'santo| *agg.* **1** (très) saint: *le sacrosante verità di fede* les saintes vérités de la foi; *il sacrosanto nome di Gesù* le très saint nom de Jésus **2** (*per est.*) [*inviolabile, sacro*] sacré; sacro-saint: *la libertà è un diritto sacrosanto* la liberté est un droit sacré ‖ *ha le sue sacrosante abitudini* il a ses sacro-saintes habitudes ◇ (*iperb.*) [*verissimo, giustissimo*] *questa è una verità sacrosanta!* c'est la pure vérité!; *gli ha dato quattro sacrosanti scapaccioni* il lui a donné quatre claques bien méritées.
sa(d)ducèo |sa(d)du'tʃɛo| *s.m.* (*st. relig.*) sad(d)ucéen*.
sadicaménte |sadika'mente| *avv.* [→ SADICO 1] sadiquement.
sàdico, ci, ca, che |'sadiko, tʃi, ka, ke| **1** *agg.* sadique: *istinti sadici* instincts sadiques **2** *s.* [*chi è affetto da sadismo*] sadique ◇ (*iperb.*) [*chi si diverte a tormentare, a stuzzicare gli altri*] *sei un sadico a lasciarmi così nell'incertezza!* c'est du sadisme, tu es un sadique de me laisser ainsi dans l'incertitude!
sadismo |sa'dizmo| *s.m.* **1** (*med.*) sadisme **2** (*per est.*) [*divertimento crudele, consistente nel tormentare gli altri*] sadisme.
sadomasochismo |sadomazo'kizmo| *s.m.* (*psichiatria*) sadomasochisme.
sadomasochista |sadomazo'kista| *s.* sadomasochiste.
sadomasochìstico, ci, ca, che |sadomazo'kistiko, tʃi, ka, ke| *agg.* (*psichiatria*) sadomasochiste.
saétta |sa'etta| *s.f.* **1** [*folgore, fulmine*] foudre, éclair *m.* ◇ (*spec. nelle similitudini*) éclair: *correre come una saetta* filer comme un éclair, courir comme le vent; *è veloce come una saetta* il est rapide comme l'éclair; *sembra una saetta* il est comme un éclair **2** (*tecnol.*) mèche ◇ (*edil.*) → **saettone 3** [*lancetta dell'orologio*] aiguille **4** (*lett.*) → **freccia.**
saettaménto |saetta'mento| *s.m.* **1** [→ SAETTARE 1] décochement de flèches **2** (*fig.*) [*serie, ripetizione*] feu roulant.
saettànte |saet'tante| *agg.* [*violento e rapido come una saetta*] fulgurant: *occhiate saettanti* coups d'œil fulgurants ◇ (*calcio*) *tiro saettante* shoot *s.m.*, (boulet *s.m.* de) canon *s.m.*
saettàre |saet'tare| *v.tr.* **1** (*lett.*) [*scagliare frecce*] lancer (2) des flèches ◇ (*per est.*) [*colpire, uccidere con frecce o con fulmini*] frapper d'une flèche **2** (*per anal.*) [*lanciare, scagliare con violenza e rapidità*] *saettare sguardi intimidatori* lancer, darder un regard intimidateur; *saettare parole piene di odio* décocher des remarques haineuses ◇ (*calcio*) shooter: *saettare la palla in rete* shooter dans les filets; *il centravanti raccoglieva e saettava a rete* l'avant-centre recevait le ballon et shootait dans les filets.
saettatóre, trice |saetta'tore, tritʃe| *s.* **1** (*lett.*) [*chi scaglia frecce*] archer *m.* **2** (*st. mil.*) archer.
saettìa |saet'tia| *s.f.* (*eccl.*) *herse.

saettóne |saet'tone| *s.m.* **1** (*t.zool.*) couleuvre *f.* d'Esculape **2** (*edil.*) contre-fiche *f.*
safàri |sa'fari| *s.m. inv.* safari *var.* ◇ (*per est.*) [*la carovana, i cacciatori*] safari.
safèno |sa'fɛno| *agg.* (*anat., solo nelle loc.*) *nervo safeno* nerf saphène; *la* (*vena*) *safena* la (veine) saphène.
sàffico, ci, ca, che |'saffiko, tʃi, ka, ke| *agg.* **1** saphique: *lo stile saffico* le style saphique **2** (*metr.*) saphique: *metri saffici* mètres saphiques ◆ (*s.f.*) *una saffica* une ode saphique (*agg.*): *le saffiche del Parini* les odes saphiques de Parini **3** → **lesbico.**
saffirìna |saffi'rina| *s.f.* (*miner.*) saphirine.
saffìsmo |saf'fizmo| *s.m.* → **lesbismo.**
sàga, ghe |'saga, ge| *s.f.* saga ◇ (*per est.*) [*racconto, storia romanzata di un popolo, di un gruppo, di una famiglia*] légende.
sagàce |sa'gatʃe| *agg.* sagace: *un sagace indagatore* un enquêteur sagace → **accorto, perspicace**; *una risposta sagace* une réponse sagace → 1 **saggio**; *un piano sagace* un plan sagace → **ingegnoso.**
sagaceménte |sagatʃe'mente| *avv.* [→ SAGACE] avec sagacité *loc. inv.*
sagàcia, cie |sa'gatʃa, tʃe| *s.f.* **1** sagacité: *la sagacia di un investigatore* la sagacité d'un enquêteur → **avvedutezza, perspicacia** **2** (*lett.*) (*riferito a cani da caccia*) [*capacità, bravura, fiuto nello scovare e seguire la selvaggina*] flair *m.* (*corr.*).
sagacità |sagatʃi'ta| *s.f. inv.* (*raro*) → **sagacia.**
sagàrzia |sa'gartsja| *s.f.* (*t.zool.*) sagartia.
saggézza |sad'dʒettsa| *s.f.* sagesse: *la saggezza dei proverbi* la sagesse des proverbes → **sapienza**; *parlare, agire con saggezza* parler, agir avec sagesse → **assennatezza.**
saggiaménte |saddʒa'mente| *avv.* [→ 1 SAGGIO] sagement.
saggiàre |sad'dʒare| *v.tr.* **1** [*misurare, valutare le caratteristiche chimico-fisiche* (*di un metallo prezioso, di un minerale*)] titrer: *saggiare l'oro, il platino* titrer l'or, le platine **2** (*per est.*) [*provare, cercare di individuare, di conoscere*] tâter, sonder: *saggiare le intenzioni dell'avversario* sonder les intentions de l'adversaire # *saggiare le proprie forze* éprouver ses propres forces ◇ (*raro*) [*mettere alla prova*] éprouver: *saggiare la fedeltà di un amico* éprouver la fidélité d'un ami **3** (*region.*) → **assaggiare.**
saggiatóre, trice |saddʒa'tore, tritʃe| *s.* **1** *s.* [*chi prova, valuta la natura e le caratteristiche dei metalli preziosi*] essayeur *m.* **2** *s.m.* (*tecnol.*) trébuchet.
saggiatùra |saddʒa'tura| *s.f.* [→ SAGGIARE 1] titrage *m.* ◇ (*per est.*) [*il segno che rimane sul metallo saggiato*] poinçon *m.* de garantie.
saggiavìno |saddʒa'vino| *s.m. inv.* (*tecnol.*) goûte-vin.
saggìna |sad'dʒina| *s.f.* → **sorgo.**
sagginàle |saddʒi'nale| *s.m.* tige *f.* sèche du sorgho.
sa(g)ginàre |sa(d)dʒi'nare| *v.tr.* [*ingrassare con saggina, mettere all'ingrasso* (*suini, volatili*)] engraisser (les animaux), gaver (les oies).
1 **sàggio, gi, gia, ge** |'saddʒo, dʒi, dʒa, dʒe| *agg.* (*persone*) avisé; (*cose*) sage: *un saggio amministratore* un administrateur avisé → **accorto, giudizioso** ‖ *una saggia decisione* une sage décision → **equilibrato** # *s'è dimostrata una ragazza molto saggia* elle s'est révélée une fille très raisonnable, elle a prouvé qu'elle était une fille fort raisonnable ◆ (*s.*) *un saggio* un sage # *comportarsi da saggio* se conduire avec sagesse Ⓒ **avventato, malaccorto.**
2 **sàggio, i** |'saddʒo, i| *s.m.* **1** [*accertamento, analisi del titolo di un metallo prezioso*] contrôle, essai: *fare il saggio dell'oro, di un minerale argentifero* faire le contrôle de l'or, d'un minerai argentifère; *Ufficio provinciale del saggio* Bureau régional de contrôle, de garantie des titres légaux # *tubo saggio* éprouvette → **provetta** **2** (*per est.*) [*prova, dimostrazione delle proprie capacità o della propria preparazione*] aperçu, échantillon # *dare saggio di sé* montrer ce qu'on vaut ◇ (*scuola*) séance *f.*; épreuve (*f.*): *saggio ginnico* séance de gymnastique ‖ *saggio di calligrafia* épreuve d'écriture # *saggio di composizione italiana, di francese* composition d'italien, de français; *saggio musicale, di danza* récital de musique, de danse **3** [*esemplare, campione proposto in esame, in prova*] échantillon: *un saggio di olio, di farina* un échantillon d'huile, de farine ◇ (*editoria*) spécimen; essai: *copia, esemplare di saggio* copie, exemplaire spécimen ‖ *ho esaminato un saggio scolastico* j'ai examiné un essai scolaire; *ti manderò un saggio dei miei scritti* je t'enverrai un de mes essais **4** (*banca, fin.*) → 3 **tasso, interesse.**
3 **sàggio, i** |'saddʒo, i| *s.m.* [*trattazione, indagine scritta su un determinato argomento*] essai: *saggio storico, critico* essai historique, critique; *quello studioso ha pubblicato molti saggi* cet érudit est l'auteur de nombreux essais → **studio, monografia.**
saggista |sad'dʒista| *s.* [*autore, scrittore di saggi*] essayiste *m.*
saggìstica, che |sad'dʒistika, ke| *s.f.* **1** (*letter.*) essais (*m. pl.*): *il genere della saggistica* les essais, comme genre littéraire **2** (*per est.*) [*la produzione di saggi*] essais.
saggìstico, ci, ca, che |sad'dʒistiko, tʃi, ka, ke| *agg.* [*che concerne i saggi, la saggistica*] d'essais (*loc. inv.*): *produzione, letteratura saggistica* production, littérature d'essais.
saginàre |sadʒi'nare| *v.tr.* (*lett.*) → **sagginare.**
sagittàle |sadʒit'tale| *agg.* (*anat.*) sagittal*.
sagittària |sadʒit'tarja| *s.f.* (*t.bot.*) sagittaire.
sagittàrio, i |sadʒit'tarjo, i| *s.m.* **1** (*astron.*) Sagittaire **2** → 2 **serpentario** **3** (*ant.*) → **arciere.**
sagittàto |sadʒit'tato| *agg.* (*bot.*) sagitté: *foglia sagittata* feuille sagittée.
1 **sàgo, ghi** |'sago, gi| *s.m.* (*st. rom.*) sagum.
2 **sàgo, ghi** |'sago, gi| *s.m.* (*raro*) → **sagù.**
sàgola |'sagola| *s.f.* (*mar.*) ligne: *sagola da scandaglio* ligne de sonde # *sagola da fiocina* harpon.
sàgoma |'sagoma| *s.f.* **1** [*forma esterna, profilo, linea*] silhouette # *la sagoma di una nave, di un aereo, di un vaso* la ligne d'un navire, d'un avion, d'un vase ◇ (*ferr.*) *sagoma* (*limite o di carico*) gabarit *m.* (de chargement) ◇ (*fig., fam.*) [*persona bizzarra, curiosa e divertente*] numéro (*m.*): *sei proprio una sagoma!* tu es vraiment un curieux numéro!, quel type tu fais!; *che sagoma, quel bambino!* quel numéro, cet enfant! **2** [*modello, fac-simile per la riproduzione di una forma, di un profilo*] modèle (*m.*): *sagoma di cartone, di legno, di metallo* modèle en carton, en bois, en métal; *sagoma per fonderia, per carrozzeria* modèle, moule pour fonderie, pour carrosserie # *sagoma per sartoria* patron de couture **3** (*spec. nel tiro a segno*) [*elemento che raffigura schematicamente un uomo o un animale*] silhouette (de tir): *colpire, abbattere la sagoma* toucher, abattre la silhouette.
sagomàre |sago'mare| *v.tr.* [*modellare, far assumere una linea, un profilo determinati*] *sagomare un mobile, un cornicione* moulurer, galber un meuble, une corniche; *sagomare la carrozzeria di un'auto* profiler la carrosserie d'une voiture; *sagomare al tornio* façonner au tour, tourner; *sagomare blocchi di pietra* tailler des blocs de pierre; *sagomare metalli* profiler des métaux.
sagomàto |sago'mato| *agg.* [*modellato secondo una linea, un profilo determinati*] mouluré, galbé: *cornice ben sagomata* corniche bien moulurée, galbée.
sagomatóre, trice |sagoma'tore, tritʃe| *s.* **1** *s.* [*operaio addetto a lavori di sagomatura*] façonneur *m.* # *sagomatore di blocchi di pietra* tailleur de pierre **2** *s.f.* (*tecnol.*) machine à faire les moulures.
sagomatùra |sagoma'tura| *s.f.* [→ SAGOMARE] *la sagomatura di un mobile* le moulurage *m.* d'un meuble; *sagomatura al tornio* tournage (*m.*); *sagomatura di blocchi di pietra* taille des pierres; *sagomatura di metalli* profilage *m.* des métaux.
sàgra |'sagra| *s.f.* **1** [*festa religiosa, spec. con fiera e mercato*] fête **2** (*per est.*) [*festa pop. per celebrare un determinato avvenimento*] fête: *la sagra dell'uva* la fête du raisin ◇ [*commemorazione di gesta o eroi nazionali*] commémoration # *la sagra dei Mille* l'anniversaire de l'expédition des Mille.
sagràre |sa'grare| *v.intr.* (*aus.* '*avere*') [*bestemmiare*] jurer, sacrer (*fam.*).
1 **sagràto** |sa'grato| *s.m.* **1** [*lo spazio consacrato antistante l'ingresso principale di una chiesa*] parvis **2** (*ant.*) → **cimitero.**
2 **sagràto** |sa'grato| *s.m.* (*pop.*) → **bestemmia.**
sagrestàna |sagres'tana| *s.f.* **1** (*eccl.*) sacristine **2** [*donna addetta alla cura e alla pulizia della sagrestia*] sacristine, sacristaine ◇ (*pop.*) femme du sacristain.
sagrestàno |sagres'tano| *s.m.* sacristain.
sagrestìa |sagres'tia|, (*raro*) **sacrestìa** |sakres'tia| *s.f.* sacristie.
sagrì |sa'gri| *s.m. inv.* (*raro*) [*zigrino*] chagrin *var.*
sagrìsta |sa'grista| *s.m.* (*raro*) → **sagrestano.**
sàgro |'sagro| *s.m.* **1** (*t.zool.*) sacre **2** (*ant., mil.*) couleuvrine *f.*

sagù |sa'gu| *s.m. inv.* sagou *var.*
sahariàna |saa'rjana| *s.f.* saharienne.
sahariàno |saa'rjano| *agg.* [*del Sahara*] saharien*: *la regione sahariana* la région saharienne.
sàia |'saja| *s.f.* **1** (*tess.*) serge **2** (*per est.*) [*il tipo di tessuto ottenuto*] serge → **diagonale.**
sàiga, ghe |'saiga, ge| *s.f.* (*t.zool.*) saïga *m.*
saimìri |sai'miri| *s.m. inv.* (*t.zool.*) saïmiri *var.*
'saint-honoré' |sɛ̃tɔnɔʀe| *s.m. inv.* (*cuc.*) saint-honoré *var.*
sàio, i |'sajo, i| *s.m.* **1** [*tonaca monacale*] froc ◇ (*loc.*) *vestire, prendere il saio*: (*pr.*) porter l'habit de religieux, le froc; (*fig.*) [*farsi frate, suora*] entrer dans les ordres, prendre le froc; prendre le voile **2** (*st. abbigl.*) saie *f.*
sakè |sa'kɛ| *s.m. inv.* (*giapp.*) saké *var.*, saki *var.*
1 **sàla** |'sala| *s.f.* **1** salle: *sala da pranzo, da ballo, da ricevimento* salle à manger, de bal, de réception; *la sala operatoria di un ospedale, di una clinica* la salle d'opération d'un hôpital, d'une clinique; *sala parto* salle d'accouchement; *sala delle aste* salle des ventes; *sala di scherma, d'armi* salle d'armes # *la sala d'aspetto di uno studio* (*professionale*) l'antichambre d'un bureau ◇ (*mar.*) *sala nautica* chambre des cartes, de navigation; *sala macchine* salle des machines ◇ (*cine., teat.*) *sala di proiezione, di audizione* salle de projection, d'audition; *sala di spettacolo* salle de spectacle ♦ (*ass.*) *è severamente proibito fumare in sala* il est strictement interdit de fumer dans la salle; *la sala era gremitissima* la salle était bondée **2** (*per est.*) [*i presenti in una sala per spettacoli pubblici*] salle ◇ [*i mobili che arredano una sala*] salle à manger.
2 **sàla** |'sala| *s.f.* [*l'asse delle ruote* (*di un carro*)] essieu *m.*
3 **sàla** |'sala| *s.f.* (*bot.*) carex *m.*, laîche (*corr.*).
salàcca, che |sa'lakka, ke| *s.f.* **1** (*pop.*) → **sardina, alosa** ◇ (*loc. fig.*) *mangiare salacche, campare con una salacca* [*mangiare, vivere poveramente*] manger mal, pauvrement; bouffer des briques (*pop.*) ~ *essere, sembrare una salacca* [*persona magra e allampanata*] être maigre comme un clou **2** (*fig.*) [*colpo dato con forza e a mano aperta*] claque.
salàce |sa'latʃe| *agg.* **1** [*arguto, piccante, mordace*] cru, salé, épicé: *parole salaci* mots crus; *espressioni salaci* expressions crues, salées, épicées; *epigrammi salaci* épigrammes épicés **2** [*eccitante, lascivo, scurrile*] épicé, grivois.
salacità |salatʃi'ta| *s.f. inv.* [*arguzia mordace o scurrile*] grivoiserie *var.*
salagióne |sala'dʒone| *s.f.* (*spec. riferito a prodotti ittici*) [*salatura*] salaison, salage *m.*
salàma |sa'lama| *s.f.* [*insaccato di carne di maiale con marsala e droghe*] ⊠.
salamàndra |sala'mandra| *s.f.* (*t. zool.*) salamandre ~ *salamandra pezzata* salamandre tachetée ~ *salamandra nera* salamandre noire ~ *salamandra acquaiola* → 1 **tritone.**
salàme |sa'lame| *s.m.* **1** [*insaccato di carne di maiale magra*] saucisson: *un panino al salame* un sandwich au saucisson, un saucisson-beurre **2** (*fig.*) [*persona goffa, impacciata, o sciocca*] andouille (*f.*): *sei un gran salame!* tu es une belle andouille!
salamelècco, chi |salame'lɛkko, ki| *s.m.* salamalec: *gli fa mille salamelecchi* il lui fait un tas de salamalecs → **smanceria.**
salamìno |sala'mino| *s.m.* [*tipo di insaccato sim. al salame*] saucisson.
salamìstra |sala'mistra| *s.f.* [*donna saccente*] bas-bleu *m.*
salamòia |sala'mɔja| *s.f.* [*soluzione concentrata di un sale, spec. del cloruro di sodio, in acqua*] saumure.
salamoiàre |salamo'jare| *v.tr.* [*mettere in salamoia*] mettre (71), conserver dans la saumure.
salangàna |salan'gana| *s.f.* (*t. zool.*) salangane, nid *m.* d'hirondelle (*corr.*).
salàre |sa'lare| *v.tr.* [*mettere il sale, condire* (*un cibo, una bevanda*) *con sale*] saler: *salare l'insalata, la minestra* saler la salade, la soupe ◇ [*cospargere di sale, mettere sotto sale* (*un cibo*)] *salare il pesce, la carne* saler le poisson, la viande ◇ (*loc. fig., region.*) *salare la scuola, una lezione* [*assentarsi ingiustificatamente*] sécher la classe, un cours → **marinare.**
salariàle |sala'rjale| *agg.* salarial*.
salariàre |sala'rjare| *v.tr.* [*retribuire con un salario*] rémunérer (8), salarier (*raro*) ◇ (*per est.*) [*assumere, far lavorare a pagamento*] embaucher.
salariàto |sala'rjato| *agg.* salarié ♦ (*s.*) *un salariato* un salarié: *salariati fissi, avventizi* salariés fixes, journaliers # *i salariati dello Stato* les fonctionnaires.
salàrio, i |sa'larjo, i| *s.m.* salaire: *salario a tempo, a cottimo* salaire horaire, aux pièces; *pagare, riscuotere il salario* payer un salaire, toucher son salaire.
salassàre |salas'sare| *v.tr.* **1** [*sottoporre a salasso*] saigner **2** (*fig.*) [*far pagare prezzi molto alti; spremere denaro*] *in quel ristorante ti salassano* dans ce restaurant, c'est le coup de fusil; *la moglie non fa che salassarlo* sa femme le ruine.
salàsso |sa'lasso| *s.m.* **1** (*med.*) saignée (*f.*): *fare un salasso* faire une saignée **2** (*fig.*) [*spesa, pagamento di una somma notevole*] saignée # *la villeggiatura è stata un vero salasso* les vacances nous ont saignés (à blanc).
salàta |sa'lata| *s.f.* (*nella loc.*) *dare una salata all'arrosto* saler le rôti.
salataménte |salata'mente| *avv.* [→ SALATO I 2] cher: *te la farò pagare salatamente, questa offesa!* tu me le paieras cher, cet affront!
salatìno |sala'tino| *s.m.* biscuit salé.
salàto |sa'lato| **I** *agg.* **1** salé: *l'acqua del mare è salata* l'eau de mer est salée ◇ (*di cibi e vivande*) [*condito con sale*] salé: *pane, formaggio salato* pain, fromage salé ♦ *ass.* [*che contiene troppo sale*] *questa pastasciutta è salata* ces pâtes en sauce sont trop salées; *l'arrosto è buono, ma un po' salato* le rôti est bon, mais un peu salé ◇ [*conservato sotto sale*] *pesce salato* poisson salé; *carne salata* viande salée **2** (*fig.*) (*di prezzo*) [*eccessivamente alto*] salé: *un conto salato* une addition salée # *è un ottimo ristorante, ma un po' salato* c'est un très bon restaurant, mais un peu cher → **costoso** ◇ (*per est.*) (*di conseguenze*) [*grave, oneroso*] cher *avv.*; cher*: *te la farò pagare salata, questa prepotenza!* je te la ferai payer cher, ton insolence!; *son capricci che si pagano salati* ce sont des caprices qui coûtent cher # *una risposta salata* une réponse mordante, cinglante ◇ (*raro*) [*piccante, salace*] grivois **II** *s.m.* [*carne di maiale salata e insaccata*] (petit) salé.
salatóio, i |sala'tojo, i| *s.m.* (*nei caseifici*) local* pour le salage.
salatùra |sala'tura| *s.f.* **1** [→ SALARE] salaison, salage *m.* **2** (*industria della concia*) salage **3** (*chim., fis.*) salage.
sàlce |'saltʃe| *s.m.* (*lett.*) → **salice.**
salcerèlla |saltʃe'rɛlla| *s.f.* (*t.bot.*) salicaire.
salcéto |sal'tʃeto| *s.m.* (*lett.*) → **saliceto.**
salcìccia, ce |sal'tʃittʃa, tʃe| *s.f.* (*pop.*) → **salsiccia.**
sàlcio, i |'saltʃo, i| *s.m.* (*region.*) → **salice.**
sàlda |'salda| *s.f.* [*soluzione di amido in acqua, usata per dare rigidità ai tessuti o alla biancheria da stirare*] empois *m.*, amidon *m.* # *dare la salda a un tessuto* apprêter un tissu; *dare la salda a una gonna, al colletto di una camicia* empeser, amidonner une jupe, le col d'une chemise ◇ (*tecnol., tess.*) apprêt *m.*
saldàbile |sal'dabile| *agg.* [→ SALDARE A 1] soudable.
saldacónti |salda'konti| *s.m. inv.* (*amministrazione*) livre *var.* des comptes.
saldaménte |salda'mente| *avv.* **1** [→ 1 SALDO 1] solidement **2** [→ 1 SALDO 2] profondément.
saldàre |sal'dare| **A** *v.tr.* **1** (*metall.*) [*unire, congiungere due o più parti mediante l'azione del calore*] souder: *saldare a caldo* souder à chaud, corroyer; *saldare a stagno* souder à l'étain # *saldare a fuoco* braser ◇ (*fig.*) [*coordinare organicamente*] lier: *i due temi del romanzo non sono ben saldati* les deux thèmes du roman ne sont pas bien liés; *saldare insieme le varie parti del film* lier ensemble les différentes parties du film **2** [*pareggiare il dare e l'avere; liquidare, pagare*] solder, régler (8): *saldare un conto, una partita* solder un compte, régler une marchandise; *saldare un debito, una fattura* régler une dette, une facture **B** *v. pron. intr.* SALDARSI [*ricongiungersi, riunirsi*] se souder # *i due lembi della ferita si sono saldati* les deux lèvres de la plaie se sont rapprochées et cicatrisées ◇ (*mil.*) *le due colonne corazzate si sono saldate* les deux colonnes blindées ont fait leur jonction.
saldàto |sal'dato| *agg.* **1** (*di parti metalliche*) [*unito, congiunto con saldatura*] soudé ◇ (*fig.*) [*coordinato in un tutto organico*] lié: *temi ben saldati fra loro* thèmes bien liés entre eux; *parti, scene mal saldate* parties, scènes mal liées **2** [*ricongiunto, cicatrizzato*] soudé: *due segmenti ossei ben saldati* deux segments osseux bien soudés **3** (*econ.*) soldé: *conto saldato* compte soldé # *debito saldato* dette réglée.
saldatóio, i |salda'tojo, i| *s.m.* (*raro*) → 1 **saldatore.**
1 **saldatóre** |salda'tore| *s.m.* (*metall.*) soudeuse (*f.*): *saldatori elettrici* soudeuses électriques.
2 **saldatóre, trice** |salda'tore,

tritʃe| *s.* [*operaio specializzato nella saldatura*] soudeur*.
saldatrice |salda'tritʃe| *s.f.* (*metall.*) soudeuse.
saldatùra |salda'tura| *s.f.* **1** [→ SALDARE A 1] soudure: *saldatura a caldo* soudure à chaud; *saldatura a contatto* soudure par contact; *saldatura a punti* soudure par points; *saldatura ad arco* soudure à l'arc; *saldatura a fuoco* soudure au feu ◇ (*fig.*) *la saldatura dei vari episodi di un romanzo, di un film* la liaison des différents épisodes d'un roman, d'un film ◇ (*per est.*) [*il punto in cui le due parti sono saldate*] soudure: *la saldatura è stata coperta con vernice* la soudure a été recouverte de vernis; *il pezzo s'è rotto di nuovo alla saldatura* la pièce s'est encore cassée à (l'endroit de) la soudure **2** [→ SALDARE B] soudure: *la saldatura di due ossa* la soudure de deux os ◇ (*mil.*) jonction **3** (*econ.*) soudure: *saldatura del bilancio* soudure du budget.
saldézza |sal'dettsa| *s.f.* **1** [*fermezza, costanza*] fermeté **2** (*raro*) [*stabilità, solidità*] solidité (*corr.*).
1 **sàldo** |'saldo| *agg.* **1** [*stabile, sicuro, fermo*] solide: *un muro ben saldo* un mur bien solide # *stare, tenersi, reggersi saldo sulle gambe, in sella, sui pattini* se tenir bien d'aplomb sur ses jambes, en selle, sur les patins ◇ [*resistente, forte*] fort, résistant # *il suo fisico, nonostante l'età, è ancora saldo* en dépit de son âge, il est encore robuste **2** (*fig.*) [*costante, irremovibile*] ferme; solide: *rimaner saldo nei propri principi* rester ferme sur ses principes ‖ *la loro amicizia è ben salda* leur amitié est solide → **duraturo, tenace** ◇ [*valido, inoppugnabile*] solide: *occorrono argomentazioni più salde* il faut des argumentations plus solides.
2 **sàldo** |'saldo| *s.m.* **1** (*contabilità*) solde: *fare il saldo* faire le solde **2** [*pagamento, estinzione di debito*] solde: *il saldo di una fattura* le solde d'une facture # *versare una somma a saldo di un conto* verser une somme en règlement d'un compte ◇ [*la somma da pagare*] *pagare il saldo in contanti* régler le solde en comptant **3** [*rimanenza di una partita di merce messa in vendita a prezzo di liquidazione*] soldes: *saldi di fine stagione* soldes (de fin) de saison.
sàle |'sale| *s.m.* **1** (*chim.*) sel: *sali neutri* sels neutres ◇ (*spec.*) *sali da bagno* sels de bain **2** (*corr.*) sel: *sale* (*da cucina*) [*cloruro di sodio*] sel (de cuisine); *sale grosso, fino o raffinato* gros sel, sel fin; (*rivendita di*) *sali e tabacchi* débit de tabac et de sel (*in Italia*); *conservare sotto sale* conserver dans le sel, par salaison; *condirono l'insalata con olio, sale e pepe* ils assaisonnèrent la salade avec de l'huile, du sel et du poivre # *arrosto giusto di sale* rôti salé à point; *il brodo non va bene di sale* la bouillon n'est pas assez salé ◇ (*loc. fig.*) *rimanere di sale* [*restare attonito, sbalordito*] tomber de (son) haut, rester baba (*fam.*) ~ *avere poco, molto sale in zucca, in testa* [*avere molta, poca intelligenza, giudizio*] avoir peu, beaucoup d'esprit ~ *capire, intendere q.c. con un grano di sale* [*con un po' di discernimento*] ne pas prendre les choses à la lettre **3** *spec. al plur.* (*fig., lett.*) [*arguzia, facezia*] sel, esprit ◇ (*per est.*) → **mare.**

salentino |salen'tino| *agg.* [*del Salento*] du Salento *loc. inv.*, de la région du Salento (*loc. inv.*): *i dialetti salentini* les dialectes du Salento, de la région de Salento; *penisola salentina* péninsule du Salento, salentine.
salernitàno |salerni'tano| **1** *agg.* [*di Salerno*] salernitain: *la costa salernitana* la côte de la région de Salerne, salernitaine; *il dialetto salernitano* le dialecte salernitain **2** (*s.m.*) *il Salernitano* [*il territorio*] le Salernitain.
salesiàno |sale'zjano| *agg.* (*eccl.*) salésien*: *congregazione salesiana* société, congrégation salésienne ✦ (*s.*) *i salesiani* les salésiens.
salgèmma |sal'dʒɛmma| *s.m. inv.* (*miner.*) sel *var.* gemme.
saliàre |sa'ljare| *agg.* (*st. rom.*) salien* # *carme saliare* chant des Saliens.
Salicàcee |sali'katʃee| *s.f. pl.* (*t. bot.*) Salicacées.
salicària |sali'karja| *s.f.* → **salcerella.**
sàlice |'salitʃe| *s.m.* **1** (*t.bot.*) saule ~ *salice piangente* saule pleureur ~ *salice da vimini* saule des vanniers ◇ (*loc. fig.*) *sembrare un salice piangente* [*persona in lacrime o molto triste*] être (un) pleurnicheur* *s.* **2** (*per est.*) [*il legno del salice*] osier → **vimine.**
salicéto |sali'tʃeto| *s.m.* [*terreno piantato a salici*] saulaie *f.*, saussaie *f.*, saulsaie *f.*
salicilàto |salitʃi'lato| *s.m.* (*chim.*) salicylate.
salicìlico, ci, ca, che |sali'tʃiliko, tʃi, ka, ke| *agg.* (*chim.*) salicylique: *acido salicilico* acide salicylique.
salicìna |sali'tʃina| *s.f.* (*chim.*) salicine, salicoside *m.*
salicionàle |salitʃo'nale| *s.m.* (*mus.*) salicional.
sàlico, ci, ca, che |'saliko, tʃi, ka, ke| *agg.* (*st.*) salique.
salicòrnia |sali'kɔrnja| *s.f.* (*t.bot.*) salicorne.
1 **salïènte** |sa'ljɛnte| *agg.* **1** [*di particolare importanza*] saillant: *i punti salienti del discorso* les points saillants du discours # *le fasi salienti di una gara* les phases déterminantes d'une épreuve; *i fatti più salienti di un periodo storico* les événements majeurs d'une période historique → **notevole, rilevante** **2** (*scient.*) *acque sotterranee salienti* eaux souterraines montantes; *marea saliente* marée montante, (le) flot; *osso saliente* os saillant.
2 **salïènte** |sa'ljɛnte| *s.m.* [*sporgenza, prominenza*] saillie *f.*; éperon: *saliente roccioso* éperon rocheux ◇ (*arch.*) *facciata a salienti* façade à saillants ◇ (*fortificazioni*) [*elemento della cinta esterna sporgente ed avanzato*] saillie ◇ (*mil.*) saillant.
salièra |sa'ljɛra| *s.f.* salière: *saliera di vetro* salière en verre.
salierìna |salje'rina| *s.f.* [*piccola saliera*] saleron *m.*
salìfero |sa'lifero| *agg.* salifère: *giacimenti saliferi* gisements salifères.
salificàbile |salifi'kabile| *agg.* [→ SALIFICARE] salifiable.
salificàre |salifi'kare| *v.tr.* (*chim.*) [*determinare la formazione di un sale*] salifier.
salificazióne |salifikat'tsjone| *s.f.* [→ SALIFICARE] salification.
salìgno |sa'liɲɲo| *agg.* [*di sale*; *sim. al sale*] salin.

salìna |sa'lina| *s.f.* **1** saline, salin *m.* **2** [*miniera, cava di salgemma*] mine de sel gemme ◇ (*per anal.*) mine de sel.
salinàggio, i |sali'naddʒo, i| *s.m.* (*raro*) → **salinatura.**
salinàio, i |sali'najo, i| *s.* [*operaio che lavora in una salina*] saunier *m.*, salinier*.
salinàre |sali'nare| *v.intr.* (*aus.* '*avere*') (*detto della salina*) [*produrre sale*] sauner.
salinàro |sali'naro| *s.* → **salinaio.**
salinatóre, trice |salina'tore, tritʃe| *s.* → **salinaio.**
salinatùra |salina'tura| *s.f.* [*estrazione del sale dalle saline*] salinage *m.*, relargage *m.*
salinità |salini'ta| *s.f. inv.* salinité *var.*
salìno |sa'lino| *agg.* **1** [*di sale*] salin: *deposito salino* dépôt salin ◇ [*che contiene sale*] *acque saline* eau saline **2** [*sim. al sale*] salé.
salinòmetro |sali'nɔmetro| *s.m.* (*tecnol.*) salinomètre.
sàlio, ii |'saljo, ii| *s.m.* salien *agg. m.*
salìre |sa'lire| (199) **A** *v.intr.* (*aus.* '*essere*') **1** (*con sogg. di persona o essere animato*) [*andare, muoversi verso l'alto, raggiungere un luogo più elevato*] monter (*aus.* avoir, être); s'élever (*pron.*): *salire* (*su*) *per le scale* monter l'escalier; *salire su una scala* monter sur, à une échelle; *salire all'ultimo piano in ascensore* monter au dernier étage en ascenseur; *alcuni uccelli salgono anche a duemila metri di altezza* certains oiseaux s'élèvent jusqu'à deux mille mètres d'altitude ◇ [*montare*] *salire a bordo di una nave, di un aereo* monter à bord (d'un bateau, d'un avion); *salire sul treno, sull'autobus* monter dans le train, dans l'autobus; *salire in macchina* monter en auto(mobile), en voiture; *salire a cavallo* monter à cheval ◇ (*per est.*) [*recarsi, andare*] *salire in casa, in ufficio* monter à la maison, au bureau ✦ (*spec. ass.*) *salgo a prendere il cappotto e scendo subito* je monte prendre mon manteau et je (re)descends tout de suite; *non vuoi salire a prendere un aperitivo?* tu ne veux pas monter prendre un apéritif? ◇ (*loc. fig.*) *salire in onore, in fama, in gloria* s'élever au faîte des honneurs, de la renommée, de la gloire ~ *salire di grado, di prestigio* monter en grade, gagner en prestige ~ *salire agli onori degli altari* [*essere santificato*] être sanctifié ~ *salire al trono* monter sur le trône ~ *salire in cattedra* [*fare il saccente*] pontifier ~ (*euf.*) *salire in cielo, in paradiso* [*morire*] aller, monter au ciel, au paradis **2** (*con sogg. di cosa*) [*alzarsi nell'aria*; *andare, spostarsi verso l'alto*] monter: *il dirigibile salì molto in alto* le dirigeable monta très haut; *il sommergibile salì in superficie* le submersible fit surface, monta, (vint) à la surface; *il livello del fiume sta salendo* le niveau du fleuve est en train de monter; *una vampata di rossore le salì al viso* une rougeur lui monta au visage # *le fiamme salivano fino al tetto* les flammes s'élevaient jusqu'au toit; *il monte sale fino a 5.000 metri* la montagne atteint 5.000 mètres, culmine à 5.000 mètres ◇ (*fig.*) [*aumentare, crescere*] *la temperatura, la febbre continua a salire* la température, la fièvre continue de monter; *i prez-*

zi salgono les prix montent; *la benzina è salita ancora di prezzo* le prix de l'essence a encore monté # *il numero delle vittime è già salito a più di mille* le nombre des victimes s'élève déjà à plus de mille **B** *v.tr.* [*percorrere dal basso verso l'alto*] monter: *salì i gradini della scalinata a due a due* il monta les marches quatre à quatre; il monta l'escalier quatre à quatre 🄲 A 1; B **scendere**.

saliscéndi |saliʃ'ʃe(ɛ)ndi| *s.m. inv.* **1** [*congegno di chiusura per porte e finestre*] loquet (*var.*): *abbassare, alzare il saliscendi* baisser, lever le loquet **2** [*un susseguirsi di salite e di discese*] montée *f.* et descente *f.* # *quella strada è un saliscendi continuo* cette route monte et descend continuellement ◇ (*fig.*) [*viavai continuo di gente*] va-et-vient **3** [*dispositivo per regolare a piacere l'altezza di lampadari, lumi*] va-et-vient, monte *f.* et baisse *f. var.*

salita |sa'lita| *s.f.* **1** [→ SALIRE] montée, le fait *m.* de monter: *la salita delle scale* la montée de l'escalier # *strada in salita* route en côte; *prenotare l'ascensore per la salita* appeler l'ascenseur pour monter; *la salita del monte* l'escalade de la montagne ◇ (*alpinismo*) *salita in libera, in cordata* montée libre, en cordée ◇ (*auto., ciclismo*) *corsa, gara in salita* course de côte; *tappa in salita* étape en côte ◇ (*ginnastica*) *salita alla fune, alla pertica* montée à la corde, à la perche ◇ (*sci*) *salita diretta* montée directe; *salita di sbieco* montée en diagonale **2** [*tratto di terreno o di strada che sale*] côte: *camminare in salita* monter (à pied) une côte; *ci fermammo in cima alla salita* nous nous arrêtâmes au sommet de la côte, nous avons fait halte en haut de la côte 🄲 1 **discesa**; 2 **china, declivio.**

saliva |sa'liva| *s.f.* (*biol.*) salive.

salivàle |sali'vale| *agg.* salivaire.

1 **salivàre** |sali'vare| *agg.* → **salivale.**

2 **salivàre** |sali'vare| *v.intr.* (*aus.* '*avere*') (*raro*) [*secernere, emettere saliva*] saliver (*corr.*).

salivatòrio, i |saliva'tɔrjo, i| *agg.* [*che facilita, che stimola la secrezione di saliva*] salivant.

salivazióne |salivat'tsjone| *s.f.* [→ 2 SALIVARE] salivation.

sàlma |'salma| *s.f.* dépouille mortelle: *la benedizione, la traslazione della salma* la bénédiction, le transfert de la dépouille mortelle → **cadavere** ◇ (*lett.*) corps *m.* humain (*corr.*).

1 **salmarìno, sal marìno** |salma'rino| *s.m.* (*chim.*) sel marin.

2 **salmarìno** |salma'rino| *s.m.* → **salmerino.**

salmàstro |sal'mastro| *agg.* **1** saumâtre: *acque salmastre* eaux saumâtres **2** [*che ha l'odore, il sapore della salsedine marina*] au goût saumâtre *loc. inv.* # *vento salmastro* vent chargé d'embruns, chargé de sel marin ✦ (*s.m.*) *il salmastro* le parfum, le goût du sel marin: *si sente nell'aria il salmastro* on sent dans l'air un parfum, un goût d'embruns, de sel (marin).

salmastróso |salmas'troso| *agg.* [*che ha sapore di salsedine*] saumâtre: *acqua salmastrosa* eau saumâtre ◇ [*che contiene sale*] salé.

salmeggiàre |salmed'dʒare| *v. intr.* (*aus.* '*avere*') (*raro*) → **salmodiare.**

salmerìa |salme'ria| *s.f. spec. al plur.* (*mil.*) (convoi *m. sing.* de) ravitaillement (*m. sing.*): *addetto alle salmerie* préposé au (convoi de) ravitaillement.

salmerìno |salme'rino| *s.m.* (*t. zool.*) omble, omble-chevalier.

salmerìsta |salme'rista| *s.m.* (*mil.*) tringlot.

salmì |sal'mi| *s.m. inv.* (*cuc.*) civet (*var.*): *lepre in salmì* civet de lièvre.

salmìsta |sal'mista| *s.m.* **1** psalmiste ◇ (*per anton.*) *il salmista* [*David*] le Psalmiste **2** (*ant.*) → **salterio.**

salmistràre |salmis'trare| *v.tr.* [*trattare la lingua di bue con sale e salnitro e lasciarla alcuni giorni in salamoia drogata*] saler (*corr.*).

salmistràto |salmis'trato| *agg.* (*pop.*) (*solo nella loc.*) *lingua salmistrata* langue à l'écarlate, écarlate.

sàlmo |'salmo| *s.m.* psaume ◇ (*liturg.*) *i salmi dell'ufficio funebre* les psaumes de l'office des morts; *recitare, cantare i salmi* réciter, chanter les psaumes ◇ (*prov.*) *tutti i salmi finiscono in gloria* [*certe cose finiscono sempre allo stesso modo*] c'est toujours la même chanson, rengaine.

salmodìa |salmo'dia| *s.f.* psalmodie.

salmodiàre |salmo'djare| *v.intr.* (*aus.* '*avere*') [*recitare, cantare salmi, spec. in cori alternati*] psalmodier.

salmòdico, ci, ca, che |sal'mɔdiko, tʃi, ka, ke| *agg.* psalmodique.

salmonàto |salmo'nato| (*agg.*) *trota salmonata* truite saumonnée.

salmóne |sal'mone| **1** *s.m.* (*t.zool.*) saumon ◇ (*corr.*) *salmone affumicato* saumon fumé; *salmone in scatola* saumon en boîte **2** *agg. e s.m.* (*color*) *salmone* saumon (*agg. inv.*): *una camicetta* (*color*) *salmone* un chemisier saumon.

salmonèlla |salmo'nɛlla| *s.f. pl.* (*biol.*) salmonella *pl. inv.*

salmonellòsi |salmonel'lɔzi| *s.f. inv.* (*med.*) salmonellose *var.*

salmonicoltóre |salmonikol'tore| *s.m.* salmoniculteur.

salmonicoltùra |salmonikol'tura| *s.f.* salmoniculture.

Salmònidi |sal'mɔnidi| *s.m. pl.* (*t. zool.*) Salmonidés.

salnitro |sal'nitro| *s.m.* (*pop.*) [*nitrato di potassio*] salpêtre (*corr.*).

salnitróso |salni'troso| *agg.* [*che contiene salnitro*] salpêtreux* (*raro*).

salòlo |sa'lɔlo| *s.m.* (*chim.*) salol, salicylate de phényle.

Salomóne |salo'mone| *s.m.* (*per anton.*) Salomon: *giudizio di Salomone* jugement digne de Salomon → **salomonico.**

salomonicaménte |salomonika'mente| *avv.* [→ SALOMONICO] comme Salomon (*loc. inv.*): *parlare salomonicamente* parler comme Salomon.

salomònico, ci, ca, che |salo'mɔniko, tʃi, ka, ke| *agg.* de Salomon (*loc. inv.*): *il regno salomonico* le règne de Salomon ◇ [*degno della saggezza e della imparzialità di Salomone*] *saggezza salomonica* sagesse de Salomon; *una risposta salomonica* une réponse digne de Salomon.

salóne |sa'lone| *s.m.* **1** [*sala ampia e spaziosa, destinata a ricevimenti, a riunioni*] salle (*f.*): *salone da ballo, da pranzo* salle de bal, à manger ✦ (*in funzione di agg. inv., nella loc. ferr.*) *vettura salone* voiture-salon **2** [*mostra, esposizione*] salon: *salone di pittura, di scultura* salon de peinture, de sculpture ◇ [*il luogo, l'edificio di tale mostra*] *non sono riuscito a entrare nel salone della tecnica* je n'ai pas réussi à entrer au salon de la technique **3** (*in insegne*) [*bottega di barbiere e parrucchiere*] salon.

saloon |sə'lu:n| *s.m. inv.* (*ingl.*) saloon *var.*

salottièro |salot'tjɛro| *agg.* [*che frequenta salotti artistici, letterari*] salon(n)ard (*pegg.*): *un poeta, un aristocratico salottiero* un poète, un aristocratique salonnard ◇ (*per est.*) [*che riflette la frivolezza, l'esteriorità, tipiche dei salotti mondani*] *discorsi salottieri* propos de salon, frivoles.

salottino |salot'tino| *s.m.* [*salotto piccolo e intimo* (*in appartamenti privati*)] petit salon, boudoir.

salòtto |sa'lɔtto| *s.m.* **1** [*sala di ricevimento, di riunione e sim.* (*in appartamenti privati, in studi professionali, in circoli*)] salon: *ricevere gli ospiti nel salotto* recevoir ses invités au salon ◇ (*per est.*) *cambiare il salotto* changer le mobilier du salon **2** (*per est.*) [*convegno, riunione artistica, culturale*] salon # *tiene salotto tutti i martedì* elle reçoit tous les mardis ◇ [*le persone che abitualmente vi partecipano*] monde: *è molto noto nei salotti* il est très connu dans le monde ◇ (*spreg.*) [*ambiente, raduno di gente mondana, frivola, senza una vera cultura*] salon(n)ard (*agg.*): *poeti, artisti da salotto* poètes, artistes salonnards # *chiacchiere, pettegolezzi da salotto* bavardages de salon, frivoles.

sàlpa |'salpa| *s.f.* (*t.zool.*) saupe.

salpàre |sal'pare| **A** *v.intr.* (*aus.* '*essere*') [*levare le ancore e partire*] lever (6) *tr.* l'ancre, appareiller (*aus.* avoir): *la nave sta salpando* le navire est en train de lever l'ancre, le navire appareille ◇ (*fig., scherz.*) [*andarsene, partire*] partir (21): *è salpato per lidi lontani* il est parti pour de lointains rivages **B** *v.tr.* (*solo nella loc.*) *salpare l'ancora, le ancore* [*recuperare le ancore dal fondo*] lever l'ancre.

salpìnge |sal'pindʒe| *s.f.* **1** (*anat.*) *salpinge uterina o tromba uterina o tuba di Falloppio* trompe utérine, de Falloppe; *salpinge uditiva o tuba di Eustachio* trompe d'Eustache **2** [*tromba usata presso gli ant. Greci*] salpinx *m.*

salpingectomìa |salpindʒekto'mia| *s.f.* (*chir.*) salpingectomie.

salpingìte |salpin'dʒite| *s.f.* (*med.*) salpingite.

1 **sàlsa** |'salsa| *s.f.* (*cuc.*) *salsa bianca, tartara, verde* sauce blanche, tartare, verte; (*salsa*) *maionese* (sauce) mayonnaise; *salsa* (*di pomodoro*) sauce tomate ◇ (*loc. fig.*) *cucinare in tutte le salse* [*presentare la stessa cosa sotto aspetti diversi*] mettre à toutes les sauces ~ (*scherz.*) *la salsa di s. Bernardo* [*la fame*] le meilleur des apéritifs, la faim (*corr.*).

2 **sàlsa** |'salsa| *s.f.* (*geol.*) salse.

salsamentàrio, i |salsamen'tarjo, i| *s.* (*region.*) → **salumiere.**

salsapariglia |salsapa'riʎʎa| *s.f.* **1** (*t.bot.*) salsepareille **2** sirop *m.* de salsepareille, de cuisinier.

salsèdine |sal'sɛdine| *s.f.* **1** [*presenza di elementi salini, spec. nelle ac-*

que marine] salinité # *il vento era impregnato di salsedine* le vent était imprégné de sel, d'embruns ◇ [*superficiale residuo di acque salate*] sel (*m.*): *togliersi la salsedine dal corpo* se laver à l'eau douce pour se débarrasser du sel **2** → **salinità**.

salsedinóso |salsedi'noso| *agg.* [*impregnato di salsedine*] salsugineux*.

salsiccia, ce |sal'sittʃa, tʃe| *s.f.* **1** [*insaccato di carne suina grassa e magra, di piccolo diametro*] saucisse ◇ (*loc. fig.*) *far salsiccia di qc.* [*farlo a pezzi*] réduire qqn. en chair à pâté, en chair à saucisse **2** (*min.*) saucisson *m.*

salsicciàio, i |salsit'tʃajo, i| *s.* [*chi confeziona e vende salsicce*] charcutier* → **salumiere.**

salsicciòtto |salsit'tʃɔtto| *s.m.* **1** [*grossa salsiccia da mangiare cruda*] saucisson ◇ (*loc. fig.*) *essere, sembrare un salsicciotto* [*una persona goffa o troppo grassa*] être, ressembler à un pot à tabac **2** (*min.*) bondin.

salsièra |sal'sjɛra| *s.f.* [*recipiente per servire in tavola la salsa*] saucière.

sàlso |'salso| *agg.* [*contenente elementi salini*] salé: *acqua salsa* eau salée ✦ (*loc. sost.*) *di salso* de sel # *questo cibo sa di salso* ce plat est (trop) salé.

salsoiòdico, ci, ca, che |salso'jɔdiko, tʃi, ka, ke| *agg.* salso-iodique ◇ (*per est.*) *cure salsoiodiche* cures salso-iodiques.

saltabécca, che |salta'bekka, ke| *s.f.* (*pop.*) → 1 **cavalletta.**

saltabeccàre |saltabek'kare| *v. intr.* (*aus. 'avere'*) [*saltellare qua e là, procedere a balzi come una cavalletta*] sautiller, gambader.

saltaleóne |saltale'one| *s.m.* (*tecnol.*) ressort à boudin.

saltamartino |saltamar'tino| *s.m.* **1** (*region.*) [*nome dato ad alcuni insetti saltatori*] grillon (*corr.*), sauterelle *f.* (*corr.*) ◇ (*fig.*) [*bambino vivace, irrequieto*] petit démon, garnement **2** [*giocattolo munito di una molla che gli fa fare piccoli salti*] diablotin.

saltambànco, chi |saltam'banko, ki| *s.* → **saltimbanco.**

saltàre |sal'tare| **A** *v.intr.* **I** (*aus. 'essere'*) **1** (*con sogg. di persona o animale*) [*sollevarsi, staccarsi di slancio dal suolo per raggiungere un determinato luogo o posto*] sauter (*aus.* avoir): *saltare dalla finestra, dal trampolino* sauter par la fenêtre, du tremplin; *saltare a terra* sauter par, à terre; *saltare oltre la siepe* sauter de l'autre côté de la haie; *saltare a cavallo, in sella, in groppa* sauter à cheval, en selle, en croupe → **montare, salire**; *saltare sull'autobus* sauter dans l'autobus; *il grillo saltò via* le grillon sauta; *un pesce è saltato fuori del torrente* un poisson a sauté hors (de l'eau) du torrent ◇ (*loc.*) *saltare come una capra, come un camoscio* sauter comme un cabri ◇ (*fig.*) [*passare da un punto a un altro omettendo la parte intermedia*] sauter, passer (*aus.* avoir, être): *saltare da un'idea a un'altra, da un concetto all'altro* sauter, passer d'une idée à l'autre, d'un concept à un autre; *saltate a pagina 10* passez, sautez à la page 10; *saltiamo al capitolo seguente* passons, sautons au chapitre suivant ◇ (*loc.*) *saltare giù dal letto* sauter (à bas) du lit ~ *saltare addosso a uno* sauter sur qqn. ~ *saltare al collo di qc.* [*picchiarlo*] sauter à la gorge de qqn.; [*abbracciarlo*] sauter au cou de qqn. ~ (*fig.*) *saltare di palo in frasca* [*passare bruscamente da un argomento all'altro*] parler à bâtons rompus **2** (*con sogg. di cosa*) [*sollevarsi di colpo; schizzar via*] *la palla è saltata al di là del muro* la balle est allée de l'autre côté du mur; *è saltata la molla* le ressort a sauté ◇ [*esplodere*] sauter: *è saltata la polveriera* la poudrière a sauté ◇ *loc.* SALTARE IN ARIA [*essere squarciato e proiettato in alto da uno scoppio*] sauter: *la nave, colpita dal siluro, saltò in aria* le navire, touché par la torpille, sauta; *la fabbrica è saltata in aria per una fuga di gas* l'usine a sauté par, suite d'une fuite de gaz ~ SALTARE IN TESTA, IN MENTE (*detto di idee, desideri improvvisi, strani*) passer par la tête: *che idee ti saltano in mente?* quelles idées te passent par la tête? ✦ *ass.* (*fam.*) *che ti salta?* qu'est-ce qui te prend? ~ *gli è saltato il ticchio, il capriccio, il grillo di partire* il lui a pris la fantaisie de partir **3** *loc. fig.* SALTAR SU [*intervenire all'improvviso*] intervenir (27): *a quel punto è saltato su dicendo che avevo torto* il est alors brusquement intervenu pour dire que j'avais tort ~ SALTAR FUORI [*apparire improvvisamente, farsi avanti inaspettatamente*] *al momento giusto saltarono fuori altri due pretendenti* au bon moment deux autres prétendants se présentèrent; *da dove salti fuori tu?* d'où sors-tu?; *prima o poi quella matita salterà fuori* tôt ou tard on retrouvera ce crayon; *è saltata fuori a dire che lei non c'entrava affatto* elle a déclaré qu'elle n'avait absolument rien à y voir ~ SALTARE AGLI OCCHI sauter aux yeux: *la sua innocenza salta subito agli occhi* son innocence saute immédiatement aux yeux ~ *se mi salta la mosca al naso sono guai!* si la moutarde me monte au nez, ça ira mal! **4** *loc.* FAR SALTARE (*pr.*) [*distruggere mediante un'esplosione*] faire (45) (*aus.* avoir) sauter: *far saltare un treno, un ponte* faire sauter un train, un pont ◇ (*per anal.*) *far saltare la serratura* faire sauter la serrure; (*in giochi d'azzardo*) *far saltare il banco* faire sauter la banque; *farsi saltare le cervella* se faire sauter, se brûler la cervelle ◇ (*fig.*) [*rimuovere, destituire da un incarico, da un ufficio*] *far saltare il governo* faire sauter le gouvernement; *hanno fatto saltare il direttore generale* ils ont fait sauter le directeur général; *per questa irregolarità è stato fatto saltare* à cause de cette irrégularité on l'a fait sauter **II** (*aus. 'avere'*) [*fare dei salti, ricadendo sul punto di partenza o poco più lontano*] sauter: *saltare a piè pari, a piedi giunti* sauter à pieds joints; *saltare su un piede solo* sauter à cloche-pied; *saltare sul piede sinistro, sul piede destro* sauter sur le pied gauche, sur le pied droit; *saltare dalla gioia, dalla felicità* sauter de joie, de bonheur; *smettila di saltare!* arrête de sauter (comme ça) # *i ragazzi sono stanchi: hanno saltato tutto il giorno nel prato* les enfants sont fatigués: ils ont couru toute la journée dans le pré ◇ (*ginnastica, sport*) *saltare in alto, in lungo, con l'asta* sauter en hauteur, en longueur, à la perche; *salta oltre un metro e ottanta* il saute plus d'un mètre quatre-vingt; *riesce a saltare cinque metri e cinquanta* il arrive à sauter cinq mètres cinquante ✦ (*ass.*) *saltar bene, male* bien, mal sauter **B** *v.tr.* **1** [*oltrepassare, superare con un salto*] sauter ◇ (*ginnastica, sport*) *il cavallo, saltando la siepe, è caduto* le cheval, en sautant la haie, est tombé; *il vincitore ha saltato con stile inimitabile tutti gli ostacoli* le vainqueur a franchi tous les obstacles dans un style impeccable; *saltare la corda* sauter *intr.* à la corde ◇ (*loc. fig.*) *saltare il fosso* [*decidersi a un passo difficile; risolvere con decisione una difficoltà*] franchir le pas ~ *saltare l'ostacolo* [*evitare un'insidia*] tourner une difficulté ◇ (*prov.*) *o mangiar questa minestra o saltar questa finestra* il faut en passer par là **2** (*fig.*) [*tralasciare, omettere*] sauter ◇ (*per anal.*) *saltare i pasti, il pranzo, la cena* sauter les repas, le déjeuner, le dîner; *saltare una classe, un anno* sauter une classe, une année **3** (*cuc.*) [*cuocere con olio o burro, a fuoco vivo*] faire *intr.* sauter.

saltarèlla |salta'rɛlla| *s.f.* (*tecnol.*) sauterelle.

saltarellàre |saltarel'lare| *v.intr.* (*aus. 'avere'*) (*region.*) → **salterellare.**

saltarèllo |salta'rɛllo| *s.m.* (*region.*) → **salterello.**

saltarùpe |salta'rupe| *s.m. inv.* (*t. zool.*) oréotrague *var.*

saltàto |sal'tato| *agg.* **1** (*nelle loc.*) *ballo, passo saltato* [*eseguito con piccoli salti intermittenti e discontinui*] danse sautillante, pas sautillant ~ *andatura saltata* (*del cavallo*) allure sautillante du cheval **2** (*cuc.*) sauté: *scaloppe saltate* escalopes à la poêle.

saltatóio, i |salta'tojo, i| *s.m.* [*bacchettina orizzontale* (*delle gabbie*) *su cui saltano e si posano gli uccelli*] perchoir.

saltatóre, trice |salta'tore, tritʃe| *s.* **1** (*ginnastica, sport*) sauteur* **2** (*di animali o insetti*) [*che si muove a salti*] sauteur ✦ (*spec. agg.*) *animali saltatori* animaux sauteurs; *ragni saltatori* araignées sauteuses **3** (*lett.*) → **acrobata; danzatore.**

saltazióne |saltat'tsjone| *s.f.* saltation.

saltellaménto |saltella'mento| *s.m.* [→ SALTELLARE 1] sautillement.

saltellànte |saltel'lante| *agg.* [*che saltella*] sautillant.

saltellàre |saltel'lare| *v.intr.* (*aus. 'avere'*) **1** [*fare dei piccoli salti; muoversi, procedere a saltelli*] sautiller **2** (*fig., lett.*) → **palpitare; aleggiare, vagare.**

saltellìo, ii |saltel'lio, ii| *s.m.* sautillement continu.

saltèllo |sal'tɛllo| *s.m.* petit saut # *camminare, procedere a saltelli* marcher, avancer en sautillant.

saltellóni |saltel'loni|, (*raro*) **saltellóne** |saltel'lone| *avv.* [*a piccoli salti*] par bonds *loc. inv.* ◇ (*loc.*) *a saltelloni* en sautillant.

salterellàre |salterel'lare| *v.intr.* (*aus. 'avere'*) [*far salti piccoli e frequenti*] sautiller.

salterèllo |salte'rɛllo| *s.m.* **1** petit saut **2** [*musica e danza popolare dell'Italia centrale*] saltarelle *f.* **3** [*fuoco d'artificio*] serpenteau **4** (*mus.*) sautereau.

saltèrio, i |sal'tɛrjo, i| *s.m.* **1** (*mus.*) psaltérion **2** (*eccl., liturg.*) psautier.

salticchiàre |saltik'kjare| *v.intr.* (*aus.* '*avere*') → **saltellare.**

saltimbànco, chi |saltim'banko, ki| *s.* saltimbanque ◇ (*fig.*, *spreg.*) [*professionista, artista privo di serietà professionale*] cabotin: *i saltimbanchi della politica* les cabotins de la politique.

saltimbócca |saltim'bokka| *s.m. inv.* [*piatto tipico romano, consistente in una fettina di vitello arrotolata, farcita e poi passata al tegame*] ⊠.

saltimpàlo |saltim'palo| *s.m.* (*t. zool.*) traquet.

sàlto |'salto| *s.m.* **1** saut, bond: *salto in avanti, in alto, all'indietro* saut en avant, en l'air, en arrière; *il salto della cavalletta, del grillo* le saut de la sauterelle, du grillon; *con un salto oltrepassò il muretto* d'un bond, il passa le petit mur ◇ (*sport*) *salto in alto, in lungo, con l'asta* saut en hauteur, en longueur, à la perche; *salto triplo* triple saut; *salto mortale* saut périlleux ◇ *loc. fig.* FARE I SALTI MORTALI [*fare di tutto per raggiungere q.c.*] faire des acrobaties, faire des pieds et des mains ~ *fare i salti mortali dalla gioia, dalla felicità* bondir de joie, de bonheur ~ *fare un salto nel buio* [*prendere una decisione*] faire un saut dans l'inconnu ~ FARE UN SALTO (IN UN LUOGO) [*recarvisi in fretta e per breve tempo*] faire un saut (dans un endroit): *faccio un salto in banca e torno subito* je fais un saut à la banque et je reviens tout de suite; *ho fatto un salto a casa* j'ai fait un saut à la maison; *devo fare un salto a Parigi* je dois faire un saut à Paris; *domani farò un salto da te* demain je ferai un saut (jusque) chez toi ~ IN UN SALTO, IN DUE SALTI [*in brevissimo tempo, con la maggiore rapidità possibile*] deux secondes: *in due salti sono al centro* deux secondes et je suis au centre # *vado subito: in un salto sono in ufficio* je pars tout de suite: en un rien de temps je serai au bureau ◇ (*fam.*) *fare quattro salti in famiglia, tra amici* [*ballare alla buona*] faire une petite sauterie en famille, entre amis **2** (*per est.*) [*brusco dislivello fra due piani*] saut: *il torrente fa un salto di 20 metri* le torrent fait un saut de 20 mètres # *tra i due bacini idrografici c'è un salto di oltre 50 metri* entre les deux bassins hydrographiques il y a une dénivellation de plus de 50 mètres ◇ (*negli impianti idroelettrici*) chute (*f.*): *salto utile lordo* chute brute; *salto utile netto* chute motrice ◇ (*mus.*) *salto di quarta, di sesta* chute de quarte, de sixte **3** (*fig.*) [*variazione improvvisa; passaggio, mutamento rapido; sbalzo*] saute *f.*; bond: *salto di temperatura* saute de température || *i generi alimentari hanno fatto un bel salto sul mercato* le prix des denrées alimentaires a fait un grand bond sur le marché; *le azioni hanno fatto un salto del 5%* les actions ont fait un bond de 5%; *con la nomina a direttore ha fatto un bel salto* sa nomination de directeur a constitué un grand bond (dans sa carrière) # *salto di qualità, di quantità* grande différence de qualité, de quantité; *salto di frequenza, di tensione* grande différence de fréquence, de tension ◇ (*scuola*) saut: *salto di una classe, di un anno di studio* saut d'une classe, d'une année d'études; *fare, tentare il salto* faire, tenter le saut ◇ [*omissione, lacuna*] omission *f.*, lacune (*f.*): *nel testo c'è un salto* dans le texte il y a une omission, une lacune # *nel suo ragionamento c'è un salto logico* son raisonnement n'a pas de suite; *un salto di due, di tre righe* deux, trois lignes sautées ◇ (*loc. fig.*, *polit.*) *salto della quaglia* surenchère *f.* électorale ~ (*cuc.*) *patate al salto* pommes de terre sautées ~ *avv.* A SALTI [*in modo irregolare, discontinuo*] par bonds: *avanzava a salti* il avançait par bonds ◇ (*mar.*) *salto del vento* renversement du vent.

saltòmetro |sal'tɔmetro| *s.m.* (*atletica*) sautoir.

saltuariaménte |saltuarja'mente| *avv.* [→ SALTUARIO] de temps à autre *loc. inv.*, de temps en temps *loc. inv.*

saltuarietà |saltuarje'ta| *s.f. inv.* [*discontinuità, irregolarità*] irrégularité *var.*

saltuàrio, i |saltu'arjo, i| *agg.* [*discontinuo, irregolare*] irrégulier* # *ricevere delle visite saltuarie* recevoir des visites de temps en temps.

salubèrrimo |salu'bɛrrimo| *agg.* (*sup. di* '*salubre*') très salubre.

salùbre |sa'lubre| *agg.* salubre: *aria, clima salubre* air, climat salubre → 1 **salutare.**

salubreménte |salubre'mente| *avv.* [→ SALUBRE] salubrement.

salubrità |salubri'ta| *s.f. inv.* salubrité *var.*

salumàio, i |salu'majo, i| *s.* → **salumiere.**

salùme |sa'lume| *s.m. spec. al plur.* [*i prodotti di carne di maiale, salata o insaccata*] charcuterie (*f. sing.*): *un negozio di salumi* une charcuterie.

salumerìa |salume'ria| *s.f.* [*negozio di salumi e di altri generi alimentari*] charcuterie.

salumière |salu'mjɛre| *s.* [*chi vende salumi*] charcutier*.

salumifìcio, i |salumi'fitʃo, i| *s.m.* fabrique *f.* de charcuterie.

1 **salutàre** |salu'tare| *agg.* salutaire: *aria salutare* air salutaire → **salubre** ◇ (*fig.*) [*giovevole, utile*] *un consiglio, una lezione salutare* un conseil, une leçon salutaire Ⓒ **dannoso, nocivo.**

2 **salutàre** |salu'tare| **A** *v.tr.* **1** [*rivolgere a qc. parole o atti di saluto*] saluer: *salutare con un cenno del capo, con un sorriso* saluer d'un signe de la tête, d'un sourire; *salutare con un* '*buongiorno*' saluer d'un 'bonjour', dire bonjour ◇ (*come formula di saluto, spec. nello stile epistolare e in espressioni confidenziali di commiato*) *ti saluto affettuosamente* toute mon affection; *distintamente vi salutiamo* veuillez agréer l'expression de nos sentiments distingués; *ciao, ti saluto* salut; *devo andare, vi saluto* je dois partir, (je vous dis) au revoir! ◇ (*come preghiera di trasmettere i propri saluti ad una terza persona*) *saluta i tuoi nonni da parte mia* je te prie de me rappeler au bon souvenir de tes grands-parents; *salutamela tanto, se la vedi* dis-lui bien des choses de ma part, si tu la vois; *a rivederla, e mi saluti sua moglie* au revoir, et présentez, je vous prie, mes respectueux hommages à votre épouse (à madame X) ◇ (*mil.*) [*eseguire il saluto nei modi prescritti*] saluer: *salutare con la spada, con la bandiera* saluer de l'épée, du drapeau; *salutare presentando le armi* présenter les armes ◇ *loc.* ANDARE, PASSARE, VENIRE A SALUTARE QC. [*fargli visita*] aller (13), passer dire bonjour, au revoir: *se ho un minuto di tempo, passo a salutarvi* si j'ai un instant, je passerai vous dire bonjour; *prima di partire andrò a salutarla* avant de partir j'irai, je passerai lui dire au revoir ~ *ti saluto!* [*esprime, con tono amaro e rassegnato, una perdita o una delusione*] charmant! **2** (*per est.*) [*lasciare o rivedere con un particolare stato d'animo*] revoir (37), laisser: *salutare la propria casa, il proprio paese natio con commozione* revoir sa maison, son village natal avec émotion **3** (*fig.*) [*accogliere con manifestazioni di simpatia, di gioia o di disapprovazione, di antipatia*] saluer: *il suo arrivo fu salutato da ovazioni entusiastiche* son arrivée fut saluée par des ovations enthousiastes ◇ (*lett.*) → **acclamare, proclamare B** *v. pron. recipr.* SALUTARSI [→ *tr.* 1] se saluer: *salutarsi affettuosamente, freddamente* se saluer avec affection, froidement ◇ (*in espressioni neg.*) [*aver rotto ogni rapporto*] *prima erano molto amici, ma ora non si salutano neppure* avant, ils étaient très amis, mais maintenant ils ne se disent même plus bonjour.

salutarménte |salutar'mente| *avv.* [→ 1 SALUTARE] salutairement.

salutazióne |salutat'tsjone| *s.f.* → **saluto** ◇ (*loc. relig.*) *salutazione angelica* salutation angélique.

salùte |sa'lute| *s.f.* **1** [*stato di benessere, di efficienza fisica e psichica*] santé: *essere in* (*buona*) *salute* être en bonne santé; *avere, non avere salute* avoir de la santé, n'avoir pas de santé; *avere una salute di ferro* avoir une santé de fer; *scoppiare di salute* éclater de santé; *sembra, è il ritratto della salute* il respire la santé; *conservarsi in salute* se maintenir en bonne santé; *è nocivo, dannoso alla salute* c'est mauvais pour la santé; *quando c'è la salute c'è tutto* quand la santé va, tout va; le principal, c'est d'avoir la santé ◇ (*come augurio a chi starnuta*) à tes, vos souhaits: *salute!* à tes (vos) souhaits!; (*nel brindare*) santé!: *alla* (*vostra*) *salute!* à votre santé!, à la vôtre!; *alla salute di tutti!* à la santé de tous!; *brindare, bere alla salute di qc.* trinquer, boire à la santé de qqn. ◇ (*come saluto*) *salute!* salut! # *salute e felicità!* santé et prospérité! ✦ *inter.* (*esprime* '*stupore*') chapeau (*m.*): *hai speso tutti quei soldi per una pelliccia? salute!* tu as dépensé tout cet argent pour une fourrure? chapeau!; *s'è mangiato un pollo da solo? alla salute!* il a mangé un poulet à lui tout seul? chapeau! ◇ (*loc.*) *pensare alla salute*: (*pr.*) penser à sa santé; (*fig.*) [*lasciar correre, non prendersela eccessivamente*] laisser tomber, ne pas s'en faire (*fam.*) **2** [*le condizioni fisiche, abituali od occasionali, di una persona*] santé: *essere delicato, cagionevole di salute* avoir une santé délicate, chancelante **3** (*lett.*) → **salvezza.**

salutìfero |salu'tifero| *agg.* (*arc.*) → 1 **salutare.**

salutìno |salu'tino| *s.m.* (*nella loc.*, *fam.*) *fare un salutino a qc.* [*fargli una breve visita amichevole*] faire une petite visite *f.* à qqn.; passer dire bonjour à qqn.

salutìsta |salu'tista| *s.* **1** personne *f.* qui se préoccupe trop de sa santé **2** [*membro dell'Esercito della Salvezza*] salutiste.

salùto |sa'luto| *s.m.* **1** salut: *un saluto cordiale, amichevole* un salut cordial, amical; *rivolgere, ricambiare il saluto* faire, rendre le salut; *fare un cenno, un gesto di saluto* faire un geste de salut # *togliersi il cappello in segno di saluto* saluer en enlevant son chapeau; *levare, togliere il saluto a qc.* [*troncare ogni rapporto*] ne plus saluer qqn., ne plus dire bonjour à qqn. ◇ (*mar.*) *saluto alla voce* salut de la voix; *saluto con le sirene, con la bandiera* salut avec les sirènes, avec le pavillon (les couleurs); *saluto con le artiglierie* salut au canon ◇ (*mil.*) *saluto individuale, di reparto* salut individuel, de subdivision; *saluto con le armi* présentez armes; *fare il saluto al capitano* faire le salut au capitaine ◇ (*sport*) *il saluto dei due pugili* le salut des deux boxeurs; *il saluto delle due squadre di calcio* le salut des deux équipes de football **2** (*per est.*) [*indirizzo di omaggio, breve discorso* (*in cerimonie di carattere ufficiale*)] hommage, salut: *rivolse un commosso saluto ai caduti* il adressa un hommage ému aux morts pour la patrie **3** *spec. al plur.* (*in formule di cortesia*) souvenir (*sing.*): *mandare i saluti a qc.* exprimer son bon souvenir à qqn.; *porta i miei saluti ai tuoi familiari* présente, s'il te plaît, mon souvenir respectueux, mon bon souvenir, à tes parents ◇ (*nella chiusa di lettere*) sentiments (distingués, respectueux, meilleurs, etc.): *i più cordiali e affettuosi saluti* mes sentiments bien cordiaux, affectueux; *con i miei migliori saluti* avec l'expression de mes (de nos) sentiments les meilleurs; (*nelle lettere comm.*) *distinti saluti* veuillez agréer, Messieurs, l'assurance de nos sentiments distingués, nos salutations (très) distinguées ◇ *loc.* TANTI SALUTI!: (*pr.*) salut! (*fam.*); (*fig.*) [*espressione di distacco o di fastidio*] ça suffit comme ça: *beh, se le cose stanno così, tanti saluti!* eh bien! si c'est ça, ça suffit!

sàlva |'salva| *s.f.*, **sàlve** |'salve| *s.f. inv.* **1** salve (*var.*): *una salva di artiglieria accolse il capo dello Stato* une salve de coups de canon accueillit le chef de l'État # *cartucce da salva* cartouches à blanc ◇ *loc. avv.* A SALVA, A SALVE [*senza proiettile*] à blanc: *tirare, sparare a salva* tirer à blanc **2** (*per est.*) [*sparo simultaneo di più pezzi di artiglieria sullo stesso bersaglio*] salve **3** (*fig.*) [*manifestazione, esplosione rumorosa, improvvisa e simultanea*] salve: *una salva di applausi* une salve d'applaudissements # *una salva di fischi* des huées.

salvàbile |sal'vabile| *agg.* qui peut être sauvé (*loc.*): *una parte è ancora salvabile* une partie peut être encore sauvée ✦ *s.m.* (*con valore neutro, nella loc.*) *salvare il salvabile* sauver les meubles (en faisant la part du feu).

salvacondótto |salvakon'dotto| *s.m.* sauf-conduit, laissez-passer (*inv.*): *dei salvacondotti* des sauf-conduits.

salvadanàio, i |salvada'najo, i|, (*raro*) **salvadanàro** |salvada'naro| *s.m.* [*piccolo recipiente in cui, attraverso una stretta fessura, si introducono i denari da conservare*] tirelire *f.*

salvafiàschi |salva'fjaski| *s.m. inv.* panier *var.* à bouteilles.

salvagènte |salva'dʒɛnte| *s.m.* **1** [*ogni mezzo galleggiante atto a tenere a galla*] bouée *f.* de sauvetage # *salvagente a ciambella, a giubbotto* ceinture de sauvetage, gilet ◇ (*mar. mil.*) brassière *f.* **2** [*marciapiede sopraelevato per i pedoni che attraversano o che attendono i mezzi pubblici*] refuge.

salvagócce |salva'gottʃe| *s.m. inv.* protège-gouttes.

salvaguardàre |salvagwar'dare| **A** *v.tr.* [*tutelare, difendere*] sauvegarder **B** *v.pron. rifl.* SALVAGUARDARSI [→ *tr.*] se garder.

salvaguàrdia |salva'gwardja| *s.f.* [*tutela, difesa, custodia*] sauvegarde # *a salvaguardia della propria reputazione* pour défendre sa réputation.

salvaménto |salva'mento| *s.m.* (*raro*) [→ SALVARE A 1; B 1] sauvetage (*corr.*).

salvamotóre |salvamo'tore| *s.m.* (*mecc.*) disjoncteur: *salvamotore a interruttore* disjoncteur # *salvamotore a fusibile* coupe-circuit.

salvapùnte |salva'punte| *s.m. inv.* **1** *salvapunte di matite, di penne* protège-mine *var.*, protecteur *var.* de crayon **2** *salvapunte di scarpe* bout *var.* en fer, en caoutchouc.

salvàre |sal'vare| **A** *v.tr.* **1** [*sottrarre a un pericolo o a un danno molto grave*] sauver: *salvare uno dalla morte, da sicura morte* sauver qqn. de la mort, d'une mort certaine; *salvare a uno la vita, la pelle* sauver la vie à qqn. # *la commissione d'esame decise di salvarlo dalla bocciatura* le jury d'examen décida de lui éviter le recalage; *l'innocente fu salvato dalla condanna* l'innocent échappa à la condamnation ✦ *ass.* [*sottrarre alla morte*] *salvare un naufrago* sauver un naufragé; *i medici sperano di salvarlo* les médecins espèrent le sauver; *era in procinto di annegare ma fu salvato* il était sur le point de se noyer quand il fut sauvé □ *salvarsi l'anima* [*evitare la dannazione eterna*] sauver son âme ◇ (*in invocazioni*) *Gesù mio, salvami!* Jésus, sauvez, sauve-moi!; *Madonna santa, salvatelo!* Sainte Vierge, sauvez-le!; *Dio ci salvi da una simile sciagura!* Dieu nous garde d'un tel malheur! ◇ (*come formula di augurio*) garder: *Dio ti salvi!* Dieu te garde! **2** (*con compl. ogg. di cosa*) [*preservare, difendere dai pericoli o danni*] sauver: *salvare la casa, il patrimonio* sauver sa maison, sa fortune; *salvare l'onore, la reputazione, il proprio nome* sauver son honneur, sa réputation; *il capitano riuscì a salvare la nave* le commandant parvint à sauver son navire # *la vernice salva il metallo dalla ruggine* la peinture protège le métal de, contre la rouille; *la naftalina salva i vestiti dalle tarme* la naphtaline protège les vêtements contre les mites; *salvare il salvabile* faire la part du feu, sauver les meubles ◇ (*loc. fig.*) *salvare le apparenze, le forme, la faccia* sauver les apparences, la face ~ (*prov.*) *salvare capra e cavoli* ménager la chèvre et le chou **3** (*region.*) → **conservare, serbare** **B** *v.pron. rifl.* SALVARSI **1** [→ *tr.* 1] échapper *intr.* à: *salvarsi dalla morte, dalla rovina* échapper à la mort, à la ruine; *riuscirono a salvarsi dall'inondazione* ils parvinrent à échapper à l'inondation # *si salvò a nuoto* il se sauva à la nage; *s'è salvato per miracolo* il a été sauvé par miracle ◇ (*loc.*) *si salvi chi può!*: (*pr.*) sauve qui peut!; (*fig., scherz.*) *ecco quell'attaccabottoni, si salvi chi può!* voilà ce raseur: sauve qui peut!; *salvarsi in extremis, per il rotto della cuffia* s'en sortir en extremis, de justesse **2** (*per est.*) [*difendersi, proteggersi*] échapper à; se protéger (3) de: *nessuno si salva dalle sue critiche* personne n'échappe à ses critiques ‖ *in questo posto non c'è verso di salvarsi dalle zanzare* là, rien à faire pour se protéger des moustiques; *salvarsi dalle malelingue* se protéger des mauvaises langues # *non sono riuscito a salvarmi da quel seccatore* je ne suis pas arrivé à me débarrasser de ce raseur ◇ [*trovare scampo, rifugio*] se réfugier: *durante la guerra si rifugiò sulle montagne* pendant la guerre il se réfugia dans la montagne **3** (*teol.*) *salvarsi* [*evitare la dannazione eterna*] faire (45) *tr.* son salut ✦ → *tr.* 1 □.

salvastrèlla |salvas'trɛlla|, (*region.*) **salbastrèlla** |salbas'trɛlla| *s.f.* (*t.bot.*) sanguisorbe, pimprenelle.

salvatàcco, chi |salva'takko, ki| *s.m.* protège-talon.

salvatàggio, i |salva'taddʒo, i| *s.m.* sauvetage: *scialuppa, battello di salvataggio* chaloupe, bateau de sauvetage; *cintura, giubbotto di salvataggio* ceinture, gilet de sauvetage; (*mar. mil.*) brassière (*f.*); *aerei, elicotteri di salvataggio* avions, hélicoptères de sauvetage; *fare, compiere un salvataggio* opérer un sauvetage; *tentare un salvataggio* tenter un sauvetage ◇ (*fig.*) [*azione, intervento diretto a salvare da una situazione particolarmente grave*] *il salvataggio di una banca in crisi* le sauvetage d'une banque en difficulté; *il salvataggio di una squadra di calcio dalla retrocessione* le sauvetage d'une équipe de football en danger d'être déclassée.

salvàtico |sal'vatiko| *e deriv.* → **selvatico** *e* **deriv.**

salvatóre, trice |salva'tore, tritʃe| *s.* sauveur *m.*, sauveteur (*m.*): *il salvatore della patria* le sauveur de la patrie # *è andato di persona a ringraziare la sua salvatrice* il est allé en personne remercier sa salvatrice ◇ (*per anton.*) *il Salvatore* [*Gesù Cristo*] le Sauveur ✦ *agg.* (*lett.*) *la grazia salvatrice* la grâce salvatrice.

salvazióne |salvat'tsjone| *s.f.* [*il salvare la propria anima, il salvarsi spiritualmente*] salut (*m.*): *la via della salvazione* la voie du salut # *luogo di salvazione* [*il Purgatorio*] purgatoire.

1 **sàlve** |'salve| *inter.* (*fam.*) (*formula di saluto augurale*) salut: *salve, come stai?* salut, comment vas-tu? → **salute** ◇ (*lett., liturg.*) salut.

2 **sàlve** |'salve| *s.f. inv.* → **salva.**

salveregìna, sàlve regìna |salvere'dʒina| *s.f.* [*preghiera crist., rivolta alla Vergine*] salve *m.*, salvé *m.*, Salve Regina (*m. inv.*): *le salveregina, le salveregine* les salves, les salvés, les Salve Regina.

salvézza |sal'vettsa| *s.f.* **1** [*l'essere salvo*] salut *m.* # *per i naufraghi non c'è più speranza di salvezza* pour les naufragés, il n'y a plus d'espoir; *provvedere alla salvezza dei propri beni* pourvoir à la sauvegarde de ses biens ◇ (*in* *senso spirituale) la salvezza eterna* le salut éternel; *pregare per la salvezza dell'anima* prier pour le salut de son âme ◇ (*loc.*) *àncora di salvezza*: (*pr., fig.*) ancre de salut **2** (*per est.*) [*la persona o la cosa che salva, che ha salvato*] *tu sei la mia salvezza* tu es mon sauveur, mon salut; *quella rinuncia fu la sua salvezza* ce renoncement l'a sauvé.

sàlvia |'salvja| *s.f.* (*t.bot.*) sauge.

salviètta |sal'vjetta| *s.f.* **1** [*tovagliolo*] serviette **2** (*region.*) → **asciugamano.**

salvìfico, ci, ca, che |sal'vifiko, tʃi, ka, ke| *agg.* (*teol.*) salvateur* (*lett.*): *virtù salvifica* vertu salvatrice.

1 **sàlvo** |'salvo| **I** *agg.* **1** sauf*: *l'aereo è andato distrutto ma i passeggeri sono salvi* l'avion est détruit mais les passagers sont saufs; *la patria è salva* la patrie est sauve, sauvée # *tutto è perduto ma l'onore è salvo* tout est perdu, fors l'honneur; *ha riportato parecchie fratture, ma gli organi vitali sono salvi* il a eu plusieurs fractures, mais les organes vitaux sont indemnes → **illeso, incolume**; *l'incendio è stato domato e i macchinari sono salvi* l'incendie a pu être maîtrisé et l'outillage est intact; *arrivano i soccorritori, siamo salvi!* voici du secours, nous sommes sauvés! ◇ *loc.* SANO E SALVO sain et sauf: *sono tornati sani e salvi* ils sont rentrés sains et saufs; *eccomi qui, sano e salvo!* me voilà, sain et sauf! # *i quadri sono arrivati sani e salvi* les tableaux sont arrivés indemnes ◇ (*in senso spirituale*) sauvé: *chi ha fede sarà salvo* seul celui qui a la foi sera sauvé; *speriamo che la sua anima sia salva* espérons que son âme sera sauvée ◇ [*fuor di pericolo*] *il medico assicura che ormai è salvo* le médecin affirme qu'il est sauvé; *se la tempesta si calmerà, possiamo dirci salvi* si la tempête se calme, on peut considérer que nous sommes sauvés ◇ (*loc.*) *avere, promettere, lasciare salva la vita* avoir, promettre, laisser la vie sauve ~ *rubare a man salva* voler impunément **2** *ass.* [*a condizione che sia salvo, che non subisca danno o pregiudizio*] pourvu que soit sauvegardé, à (la) condition que (*loc.*): *salvi i miei diritti, sono disposto a un accomodamento* pourvu que mes droits soient sauvegardés, je suis disposé à un arrangement; *l'interesse della comunità deve prevalere, salvi sempre i diritti dei singoli* l'intérêt de la communauté doit prévaloir, à la seule condition que les droits individuels soient respectés ◇ (*loc.*) *salvo il vero* si je ne me trompe, si je ne m'abuse **II** *s.m.* (*solo nella loc.*) IN SALVO [*al sicuro, al riparo da ogni pericolo e rischio*] en sûreté, à l'abri # *tutti sono stati tratti in salvo* tous ont été sauvés.

2 **sàlvo** |'salvo| *prep.* [*eccetto, fuorché, tranne*] sauf: *sono stati tutti bravi, salvo due o tre* ils ont tous été bien, sauf deux ou trois # *salvo qualche eccezione, gli alunni hanno raggiunto un buon livello di preparazione* à quelques exceptions près, les élèves ont atteint un bon niveau de préparation ◇ (*loc.*) *salvo errori e omissioni* (*S.E. & O.*) sauf erreur ou omission (S.E.O.) ◇ *loc. congv.* SALVO (IL CASO) CHE, (*raro*) SALVO SE (+ *congv.*) [*a meno che, tranne il caso che*] à moins que (+ *congv.*): *mi troverai in ufficio, salvo* (*il caso*) *che sia fuori per servizio* tu me trouveras au bureau, à moins que je ne sois sorti pour raison professionnelle.

sàmara |'samara| *s.f.* (*t.bot.*) samare.

samàrio, i |sa'marjo, i| *s.m.* (*chim.*) samarium.

samaritàno |samari'tano| **1** *agg.* [*della Samaria*] samaritain: *la popolazione samaritana* la population samaritaine ✦ (*s.*) *la parabola evangelica del buon Samaritano* la parabole évangélique du bon Samaritain **2** *s.* (*fig.*) [*persona buona e caritatevole*] *essere, fare il buon samaritano* faire le bon samaritain; *sei stato per me un vero samaritano* tu as été pour moi une providence (*f.*); *quell'infermiera è una samaritana* cette infirmière est une vraie providence.

sàmba |'samba| *s.f. o m. inv.* samba *f. var.*

sambernàrdo |samber'nardo| *s.m.* → **sanbernardo.**

1 **sambùca, che** |sam'buka, ke| *s.f.* (*mil., mus.*) sambuque.

2 **sambùca, che** |sam'buka, ke| *s.f.* [*liquore sim. all'anisetta*] ⊠.

1 **sambùco, chi** |sam'buko, ki| *s.m.* (*t.bot.*) sureau.

2 **sambùco, chi** |sam'buko, ki| *s.m.* (*mar.*) sambouk.

samoàno |samo'ano| **1** *agg.* [*delle isole Samoa*] samoan: *civiltà samoana* civilisation samoane **2** (*s.m.*) *il samoano* [*la lingua*] le samoan.

samoièdo |samo'jɛdo| *agg. e s.* samoyède.

sàmolo |'samolo| *s.m.* (*t.bot.*) samolus, samole, mouron d'eau.

samovar |samo'var| *s.m. inv.* (*russo*) samovar *var.*

sampan |sam'pan|, **sampang** |sam'pang| *s.m. inv.* (*cin.*) sampan(g) *var.*

sampietrino |sampje'trino| *s.m.* **1** [*operaio addetto alla manutenzione della basilica di S. Pietro a Roma*] ouvrier du Vatican, saint pierrain, 'sàmpietrino' **2** [*pietra usata a Roma per la pavimentazione di strade o piazze*] 'sampietrino'; pierre de pavage romain **3** [*ant. moneta di rame dello Stato pontificio*] ⊠.

sampiètro |sam'pjɛtro| *s.m. inv.* (*t.zool.*) saint-pierre.

sàmple |'sample| *s.m.* (*tess.*) semple.

sampógna |sam'poɲɲa| *s.f.* (*lett.*) → **zampogna.**

samuràì |samu'rai| *s.m. inv.* samourai *var.*

san |san| *agg.* (*abbrev. di 'santo'*) (*usato davanti a sost. m. inizianti per una o più cons. escluso il gruppo 's + cons.' e per semiconsonante*) saint: *san Cristoforo* saint Christophe; *san Iacopo* saint Jacques.

sanàbile |sa'nabile| *agg.* **1** [→ SANARE A 1] guérissable, curable: *una ferita facilmente sanabile* une blessure facilement guérissable, curable → **guaribile** **2** (*econ.*) qu'on peut difficilement assainir (*loc. inv.*): *gestione, bilancio difficilmente sanabile* gestion, bilan qu'on peut difficilement assainir.

sanabilità |sanabili'ta| *s.f. inv.* (*raro*) possibilité *var.* de guérir; possibilité d'assainir → **sanabile.**

sanaménte |sana'mente| *avv.* **1** [→ SANO 1] sainement **2** [→ SANO 4] sainement.

sanaménto |sana'mento| *s.m.* → **guarigione.**

sanàre |sa'nare| **A** *v.tr.* **1** [*guarire, far ritornare sano*] guérir: *sanare una ferita* guérir une blessure ◇ (*fig.*) *il tempo sana ogni dolore* le temps apaise toute douleur **2** (*per est., fig.*) [*porre rimedio, riportare a una condizione di normalità*] remédier *intr.* à; assainir ‖ *sanare un terreno, una zona malarica* assainir un terrain, une zone paludéenne → **bonificare** ◇ (*bur., dir.*) [*concedere una sanatoria*] régulariser # *sanare un vizio* remédier à un vice de procédure ◇ (*econ.*) [*pareggiare; riportare alla normalità la gestione, le condizioni di un'industria*] assainir: *sanare* (*il deficit di*) *un bilancio dissestato* assainir un budget mal équilibré; *sanare un'azienda* assainir une entreprise **3** (*region.*) → **castrare** **B** *v.pron. intr.* SANARSI (*fig.*) [*guarire*] guérir (*intr.*): *il suo dolore si sanerà solo con il tempo* sa douleur guérira seulement avec le temps.

sanatòria |sana'tɔrja| *s.f.* (*bur., dir.*) acte *m.* de régularisation.

sanatoriàle |sanato'rjale| *agg.* de sanatorium *loc. inv.* # *ospedale sanatoriale* sanatorium.

1 **sanatòrio, i** |sana'tɔrjo, i| *s.m.* sanatorium, sana (*fam.*): *è stato ricoverato in sanatorio* il a été hospitalisé dans un sanatorium.

2 **sanatòrio, i** |sana'tɔrio, i| *agg.* (*bur., dir.*) régularisant: *provvedimento sanatorio* mesure régularisante.

sanazióne |sana'tsjone| *s.f.* (*dir. canonico*) legitimation d'un mariage.

sanbernàrdo, san bernàrdo |sanber'nardo| *s.m.* (*t.zool.*) saint-bernard.

sancìre |san'tʃire| (197) *v.tr.* **1** [*ratificare, riconoscere valido ed operante mediante un atto ufficiale*] sanctionner, ratifier: *sancire un patto* sanctionner, ratifier un pacte ◇ [*stabilire, rendere operante mediante una legge*] garantir: *la costituzione sancisce l'uguaglianza di tutti i cittadini* la constitution garantit l'égalité de tous les citoyens **2** *spec. al p.p.* [*dare carattere di stabilità*] consacré, sanctionné: *un uso sancito dalla consuetudine* un usage consacré par la coutume.

sancta sanctorum |'sankta sank'tɔrum| *loc. sost. inv.* (*lat.*) **1** (le) Saint des Saints **2** (*fig., scherz.*) [*luogo accessibile solo a pochi privilegiati*] temple (*m. var.*): *la sua casa è il sancta sanctorum degli intellettuali* sa maison est le temple des intellectuels.

sanctus |'sanktus| *s.m. inv.* (*lat.*) (*liturg.*) sanctus.

sanculòtto |sanku'lɔtto| *s.* (*st. fr.*) sans-culotte: *i sanculotti* les sans-culottes.

sandalifìcio, i |sandali'fitʃo, i| *s.m.* manufacture *f.* de sandales.

1 **sàndalo** |'sandalo| *s.m.* sandale *f.*

2 **sàndalo** |'sandalo| *s.m.* **1** (*t.bot.*) santal* **2** (*per est.*) [*il legno, usato in ebanisteria*] santal ~ *sandalo rosso* santal rouge ~ *sandalo bianco* citrin blanc, santal blanc ◇ (*per est.*) *olio essenziale di sandalo* essence de santal.

3 **sàndalo** |'sandalo|, **sàndolo** |'sandolo| *s.m.* (*mar.*) sandale *f.*

sàndix |'sandiks| *s.m. inv.* (*archeol.*) sandix.

sandolino |sando'lino| *s.m.* (*mar.*) périssoire *f.*

sàndolo |'sandolo| *s.m.* → 3 **sandalo.**

sandow |'sandou| *s.m. inv.* (*marchio depositato*) sandow.

sandràcca, che |san'drakka, ke| *s.f.* sandaraque.

sandwich |'sɛnduitʃ| (*ingl.*) *s.m. inv.* sandwich (*var.*): *un sandwich al prosciutto* un sandwich au jambon ✦ (*in funzione di agg. inv.*) (*fig.*) *uomo-sandwich, uomini-sandwich* homme-sandwich, hommes-sandwichs ◇ (*calcio*) sandwich.

sanfedismo |sanfe'dizmo| *s.m.* (*st.*) sanfédisme.

sanfedista |sanfe'dista| *s.* **1** sanfédiste **2** (*per est., spreg.*) [*reazionario*] réactionnaire.

sanfedistico, ci, ca, che |sanfe'distiko, tʃi, ka, ke| *agg.* sanfédiste: *la reazione sanfedistica napoletana del 1799* la réaction sanfédiste à Naples en 1799 ◇ (*per est., spreg.*) [*caratterizzato da un cieco clericalismo reazionario*] réactionnaire.

sanforizzàre |sanforid'dzare| *v.tr.* [*trattare i tessuti di cotone in modo da renderli irrestringibili*] sanforiser.

sanforizzazióne |sanforiddzat'tsjone| *s.f.* [→ SANFORIZZARE] sanforisage *m.*

sangàllo |san'gallo| *s.m.* broderie *f.* anglaise.

sangiaccàto |sandʒak'kato| *s.m.* (*st.*) sandjak.

sangiàcco, chi |san'dʒakko, ki| *s.m.* gouverneur d'un sandjak.

sangiovése |sandʒo'vese| *s.m.* **1** [*vitigno tipico della Toscana e Romagna*] ⊠ **2** [*vino rosso pregiato, ricavato da tale vitigno*] ⊠.

sangrìa |san'gria| *s.f. inv.* (*sp.*) sangria *var.*

sàngue |'sangwe| **I** *s.m.* **1** (*biol.*) sang: *sangue arterioso, venoso* sang artériel, veineux ◇ (*corr.*) *una goccia, un fiotto di sangue* une goutte, un flot de sang; *perdita di sangue* perte de sang, hémorragie; *c'erano macchie di sangue dappertutto* il y avait des taches de sang partout; *le sue mani erano sporche di sangue* ses mains étaient couvertes de sang # *gli esce il sangue dal naso* il saigne du nez ◇ (*con riferimento al colore*) *rosso* (*come il*) *sangue* rouge sang; *rosso sangue di bue* rouge sang de bœuf ◇ (*loc.*) *duello al primo, all'ultimo sangue* duel au premier sang, à mort ~ *bistecca al sangue* [*poco cotta*] biftek saignant ~ *battere, picchiare, frustare a sangue* battre, fouetter jusqu'au sang ~ (*iperb.*) *giacere in una pozza, in un lago di sangue* être étendu dans une mare de sang ~ *avere gli occhi iniettati di sangue* avoir les yeux injectés de sang ◇ (*loc. fig.*) *un* (*grave*) *fatto di sangue* un crime sanglant ~ *succhiare il sangue a qc.* [*sfruttarlo*] saigner qqn. ~ *cavar sangue da una rapa* demander l'impossible ~ *dare, versare il proprio sangue per la patria, per un ideale* donner, verser son sang pour la patrie, pour un idéal ~ *soffocare nel* (*in un lago di*) *sangue una rivolta* noyer une révolte dans le sang ~ *vendicare con il sangue, lavare nel sangue un'offesa* laver un outrage dans le sang ~ *aver sete, essere assetato di sangue* être assoiffé de sang, être un buveur de sang ~ *versare, spargere sangue, fiumi di sangue* verser, faire couler le sang, un fleuve de sang ~ *senza spargimento di sangue* sans effusion de sang ~ *è stato versato troppo sangue* trop de sang a coulé ~ *piangere lacrime di sangue* pleurer des larmes de sang ~ *sudar sangue* suer sang et eau ~ *sentirsi gelare il sangue* sentir son sang se glacer dans ses veines ~ *sentirsi rimescolare il sangue* (*nelle vene*) sentir que son sang ne fait qu'un tour ~ *il sangue gli salì, gli montò alla testa* le sang lui monta à la tête ~ *scritto a lettere, a caratteri di sangue* écrit en lettres de sang ~ *avere il sangue caldo, bollente* [*essere focoso, facile ad infiammarsi*] avoir le sang chaud ~ *non aver sangue nelle vene* avoir du sang de navet ~ FARE Q.C. A SANGUE FREDDO faire qqch. de sang froid: *lo uccise a sangue freddo* il le tua de sang froid ~ SANGUE FREDDO sang-froid: *conservare, perdere il sangue freddo* conserver, perdre son sang-froid; *in quella circostanza ha mostrato un ammirevole sangue freddo* dans cette circonstance il a montré un sang-froid admirable; *calma e sangue freddo!* du calme et du sang-froid! ~ *farsi cattivo sangue, guastarsi il sangue* se faire du mauvais sang, se ronger les sangs (*fam.*) ~ *tra di loro non corre, non c'è buon sangue* [*non sono in buoni rapporti*] ils sont à couteaux tirés ~ AVERE Q.C. NEL SANGUE avoir qqch. dans le sang: *la poesia ce l'ha nel sangue* il a la poésie dans le sang ◇ (*prov.*) *il riso fa buon sangue* [*giova alla salute*] (le) rire est le propre de l'homme **2** (*fig.*) [*razza, stirpe; nazionalità*] sang: *sangue italiano, spagnolo* sang italien, espagnol; *principi di sangue reale* princes du sang (royal); *avere sangue popolano* avoir du sang populaire ◇ [*parentela, famiglia*] *rapporti, vincoli di sangue* liens du sang; *la voce del sangue* la voix du sang; *avere lo stesso sangue* avoir le même sang; *essere dello stesso sangue* être du même sang ◇ [*figlio, discendente diretto*] chair (*f.*): *sangue del proprio sangue* chair de sa chair; *è sangue mio!* c'est la chair de ma chair! ◇ (*prov.*) *buon sangue non mente* bon sang ne peut mentir **3** (*zool.*) sang: *un cavallo di puro sangue* un cheval pur-sang # *un cane di mezzo sangue* un chien bâtard, mâtiné, corniaud ✦ (*in funzione di agg. inv. o di sost. inv.*) *un* (*cavallo*) *puro sangue* un (cheval) (de) pur-sang **4** (*t.bot.*) *sangue di drago* sang-dragon, sang-(de)-dragon **II** *inter.* (*esprime 'minaccia, imprecazione, disappunto' e sim.*) sang ~ *sangue di Giuda!, sangue di Bacco!* bon sang! ~ *sangue d'un cane!* nom d'un chien!

sanguemisto, sàngue misto |sangwe'misto| *s.m.* (*raro al f.*) sang-mêlé *inv.*

sanguifero |san'gwifero| *agg.* (*anat., fisiol.*) sanguin.

sanguificàre |sangwifi'kare| **A** *v. tr.* [*irrorare di sangue*] tremper de sang **B** *v.intr.* (*aus. 'avere'*) [*stimolare la produzione di sangue*] activer *tr.* la production du sang **C** *v.pron. intr.* SANGUIFICARSI [*trasformarsi in sangue*] se transformer, se changer (3) en sang.

sanguificazióne |sangwifikat'tsjone| *s.f.* [→ SANGUIFICARE A] irroration de sang.

sanguìgna |san'gwiɲɲa| *s.f.* (*pitt.*) sanguine ◇ (*per est.*) [*il disegno eseguito con tale pastello*] sanguine.

sanguìgno |san'gwiɲɲo| *agg.* **1** sanguin **2** [*ricco, abbondante di sangue*] sanguin: *un uomo di complessione sanguigna* un homme (de, au tempérament) sanguin ✦ (*s.*) *i sanguigni* les sanguins ◇ [*misto a sangue*] sanguinolent: *sputo sanguigno* crachat sanguinolent, de sang **3** (ROSSO) SANGUIGNO, (COLORE) SANGUIGNO [*rosso scuro intenso*] rouge sang; sanguin: *un drappo rosso sanguigno* un drap rouge sang ‖ *arance sanguigne* oranges sanguines; *pietra sanguigna* jaspe sanguin **4** (*lett.*) → **sanguinoso, cruento.**

sanguinàccio, i |sangwi'nattʃo, i| *s.m.* (*cuc.*) boudin.

sanguinànte |sangwi'nante| *agg.* [*che versa, che gronda sangue*] sanglant, saignant, en sang (*loc. inv.*): *piedi sanguinanti* pieds sanglants, en sang # *aveva una mano sanguinante* il avait la main couverte de sang ◇ (*di carni macellate, fresche o poco cotte*) saignant: *roast-beef, bistecca sanguinante* roast-beef, bifteck saignant.

sanguinàre |sangwi'nare| **A** *v. intr.* (*aus. 'avere'*) **1** [*perdere, versare sangue*] saigner ◇ (*riferito a carni macellate, fresche o poco cotte*) être (43) saignant: *questa bistecca ancora sanguina* ce bifteck est encore saignant **2** (*fig.*) [*provare o arrecare dolore profondo, intenso*] saigner **B** *v.tr.* (*raro, lett.*) → **insanguinare.**

sanguinària |sangwi'narja| *s.f.* (*t. bot.*) sanguinaire.

sanguinàrio, i |sangwi'narjo, i| *agg.* sanguinaire ✦ (*s.*) *un sanguinario* un sanguinaire.

sànguine |'sangwine| *s.m.* → **sanguinella.**

sanguinèlla |sangwi'nɛlla| *s.f.* **1** (*t.bot.*) andropogon *m.*, barbon *m.* **2** (*arancia*) *sanguinella* (orange) sanguine **3** [*diaspro rosso*] jaspe *m.* sanguin.

sanguinèllo |sangwi'nɛllo| *s.m.* (*agr.*) sanguine *f.*

sanguineo |san'gwineo| *agg.* (*lett.*) → **sanguigno.**

sanguinolènto |sangwino'lɛnto| *agg.* (*spec. di carni macellate, fresche o poco cotte*) [*sanguinante*] saignant ◇ [*misto a sangue*] sanguinolent: *bava sanguinolenta* bave sanguinolente.

sanguinosaménte |sangwinosa'mente| *avv.* [→ SANGUINOSO 1] de manière sanglante *loc. inv.*

sanguinóso |sangwi'noso| *agg.* **1** [*caratterizzato da spargimento di sangue, da morti e feriti*] sanglant ◇ (*fig.*) [*che offende gravemente, che ferisce a sangue*] *insulto sanguinoso* mortelle, insulte sanglante; *un'ingiuria sanguinosa* mortelle, une injure sanglante (*raro*) **2** (*raro*) [*macchiato, sporco di sangue; insanguinato*] ensanglanté (*corr.*) **3** (*lett.*) → **sanguinario, crudele.**

sanguisòrba |sangwi'sɔrba| *s.f.* → **salvastrella.**

sanguisùga, ghe |sangwi'suga, ge| *s.f.* **1** (*t.zool.*) sangsue **2** (*fig.*) [*persona insaziabile nello spillare denaro ad altri*] sangsue: *quello strozzino è proprio una sanguisuga* cet usurier est une vraie sangsue ◇ (*scherz.*) [*persona importuna e noiosa*] pot *m.* de colle.

sanicola |sa'nikola| *s.f.* (*t.bot.*) sanicle, sanicule.

sànie |'sanje| *s.f. inv.* (*lett.*) → **pus.**

sanificàre |sanifi'kare| *v.tr.* (*arc., lett.*) → **risanare.**

sanità |sani'ta| *s.f. inv.* **1** [*stato di buona salute*] santé *var.* # *essere in perfetta sanità di mente* être sain d'esprit; *la sanità di un organo* le caractère sain d'un organe ◇ (*in senso morale*) pureté (*var.*): *sanità di principi, di costumi* pureté de principes, de mœurs **2** [*ente, organismo che ha il compito di tutelare la salute pubblica o quella di una determinata comunità*] santé: *ministero della Sanità* ministère de la Santé publique; *ispettorato per l'igiene e la sanità* inspection de la santé publique; (*Corpo della*) *Sanità militare* Service de la Santé de l'Armée; *Sanità marittima, di porto* (Bureau de) la Santé **3** [*salubrità*] salubrité (*var.*): *la sanità di un clima* la salubrité d'un climat 🄲 1 **malattia.**

sanitàrio, i |sani'tarjo, i| **1** *agg.* sanitaire; médical*: *le condizioni sanitarie di un paese, di una comunità* les conditions sanitaires d'un pays, d'une communauté; *impianti sanitari* [*servizi igienici*] installations sanitaires, le sanitaire (*s.m.*); *ufficiale sanitario* médecin de l'Administration sanitaire, officier de la Santé; *cordone sanitario* cordon sanitaire ‖ *enti, uffici sanitari* organismes, bureaux médicaux; *prescrizioni sanitarie* prescriptions médicales; *controllo sanitario* contrôle médical; *visita sanitaria* visite médicale **2** *s.m.* (*bur.*) médecin # *un certificato rilasciato da un sanitario* un certificat médical.

sàno |'sano| *agg.* **1** sain: *un bambino, un ragazzo sano* un enfant, un garçon sain # *mantenersi, crescere sano* rester, grandir sainement; *quella donna è sana come un pesce* cette femme se porte comme un charme; *eccomi qua, vivo e sano* me voilà en pleine forme; *guarda come è sano e vegeto quel vecchiettino!* regarde comme il a bon pied, bon œil, ce petit vieux! ◇ (*di singoli organi*) *cuore sano* cœur sain; *polmoni sani* poumons sains; *aver denti bianchi e sani* avoir des dents blanches et saines ◇ (*per anal., di piante, di frutti*) [*non guasto, non viziato*] *un pero sano* une poire saine; *frutta sana* fruits sains ✦ *s.* [*persona sana*] personne saine *agg.* # *i sani e i malati* les personnes bien portantes et les personnes malades **2** [*che rivela buona salute*] sain: *aspetto sano* aspect sain → **florido** # *avere un colorito sano* respirer la santé, avoir de bonnes couleurs ◇ [*che giova, che fa bene alla salute*] *aria sana* air sain; *clima sano* climat sain; *un vitto sano* une nourriture saine; *fa una vita sana* il mène une vie saine → 1 **salutare, salubre** **3** (*cose*) [*non rotto, non danneggiato; intero, completo*] intact, entier*: *i piatti sono arrivati sani* les assiettes sont arrivées intactes # *ti ho atteso un'ora sana* je t'ai attendu une grande heure ◇ *loc.* SANO E SALVO sain et sauf; indemne: *è tornato dalla guerra sano e salvo* il est revenu de la guerre sain et sauf ‖ *è uscito dall'incidente sano e salvo* il est sorti indemne de l'accident ◇ *loc. avv.* DI SANA PIANTA [*del tutto, completamente*] entièrement (*avv.*): *ho dovuto rifare il lavoro di sana pianta* j'ai dû entièrement refaire le travail # *è una storia inventata di sana pianta* c'est une histoire inventée de toutes pièces ~ (*prov.*) *chi va piano va sano e va lontano* qui veut aller loin ménage sa monture **4** (*fig.*) [*onesto, retto*] sain: *letture sane* lectures saines # *un ambiente moralmente poco sano* une ambiance moralement assez malsaine; *un divertimento sano* un amusement honnête ◇ [*rivolto al bene, a un fine utile*] *sana utilizzazione del tempo libero* saine utilisation de son temps libre; *seguire una sana norma di vita* suivre une règle de vie saine # *fare una politica sana* faire une politique éclairée 🄲 1 **malato**; 2 **malsano.**

sanpietrìno |sanpje'trino| *s.m.* → **sampietrino.**

sanrocchìno |sanrok'kino| *s.m.* manteau de pèlerin.

sànsa |'sansa| *s.f.* marc *m.* d'olives # *olio di sansa* huile d'olive de deuxième pression; *panello di sansa* grignon.

sanscritìsmo |sanskri'tizmo| *s.m.* sanscritisme, sanskritisme.

sanscritìsta |sanskri'tista| *s.* sanskritiste.

sànscrito |'sanskrito| **1** *agg.* sanskrit **2** (*s.m.*) *il sanscrito* [*la lingua*] le sanskrit.

sansevièria |sanse'vjɛrja| *s.f.* (*t. bot.*) sansevière.

'sans-façon' |sɑ̃fasɔ̃| *loc. avv.* (*spec. nella loc.*) *alla 'sans-façon'* [*alla buona*] sans-façon.

sansimonìano |sansimo'njano| *s. e agg.* (*filos.*) saint-simonien*: *socialismo sansimoniano* socialisme saint-simonien.

sansimonìsmo |sansimo'nizmo| *s.m.* (*filos.*) saint-simonisme.

sansimonìsta |sansimo'nista| *s. e agg.* saint-simonien*.

sansóne |san'sone| *s.m.* [*uomo dotato di forza straordinaria*] hercule.

santabàrbara |santa'barbara| *s.f.* (*mar. mil.*) sainte-barbe.

Santalàcee |santa'latʃee| *s.f. pl.* (*t.bot.*) Santalacées.

santalina |santa'lina| *s.f.* (*chim.*) santaline.

santaménte |santa'mente| *avv.* [→ SANTO I 3] saintement.

santarellìna |santarel'lina| *s.f.* → **santerellina.**

santarèllo |santa'rɛllo| *s.* → **santerello.**

santerellìna |santerel'lina| *s.f.* [*ragazza che si finge ingenua, innocente*] sainte nitouche.

santerèllo |sante'rɛllo| *s.* (*spreg.*) [*chi ostenta una pietà religiosa, un'ingenuità, una sottomissione che in effetti non ha*] petit saint *m.*, sainte nitouche *f.*

santiddio |santid'dio| *inter.* (*esprime 'impazienza, meraviglia, disappunto'*) bon Dieu!

santificaménto |santifika'mento| *s.m.* → **santificazione.**

santificànte |santifi'kante| *agg.* sanctifiant.

santificàre |santifi'kare| **A** *v.tr.* **1** [*rendere santo*] sanctifier: *santificare la propria vita con le sofferenze, con le opere buone* sanctifier sa vie par les épreuves, les bonnes actions **2** [*canonizzare, dichiarare santo*] canoniser: *fu santificato subito dopo la sua morte* il fut canonisé dès après sa mort **3** (*per est.*) [*osservare il precetto festivo*] sanctifier ◇ [*onorare, venerare devotamente*] révérer (8), sanctifier: *santificare il nome di Dio* révérer, sanctifier le nom de Dieu **B** *v.pron. rifl.* SANTIFICARSI [*diventare santo, farsi santo*] se sanctifier.

santificatìvo |santifika'tivo| *agg.* (*raro*) → **santificante.**

santificatóre, trice |santifika'tore, tritʃe| *s.* sanctificateur* ✦ (*agg.*) *la grazia santificatrice di Dio* la grâce sanctificatrice de Dieu.

santificazióne |santifikat'tsjone| *s.f.* **1** [→ SANTIFICARE A 1; B] sanctification **2** [→ SANTIFICARE A 2] canonisation **3** [→ SANTIFICARE A 3] sanctification.

santimònia |santi'mɔnja| *s.f.* [*santità di vita, spec. ostentata e falsa*] fausse dévotion, bigoterie.

santìno |san'tino| *s.m.* image *f.* pieuse.

santìppe |san'tippe| *s.f.* (*spreg.*) épouse acariâtre.

santìssimo |san'tissimo| *agg.* (*sup. di 'santo'*) très saint: *il santissimo nome di Gesù* le très saint nom de Jésus # *la santissima Trinità* la Sainte-Trinité; *Maria santissima* la Sainte Vierge; *il Santissimo Sacramento* le Saint Sacrement; *Santissimo Padre* [*titolo con cui si ci rivolge al papa*] Saint-Père ✦ (*s.m.*) *il Santissimo* le Saint Sacrement: *adorazione del Santissimo* adoration du Saint Sacrement.

santità |santi'ta| *s.f. inv.* **1** sainteté (*var.*): *la santità di Cristo, di Maria Vergine* la sainteté du Christ, de la Vierge; *essere in fama di santità* avoir une, la renommée de sainteté; *morire in odore di santità* mourir en odeur de sainteté ◇ (*per est.*) *la santità dei sacramenti, della preghiera* la sainteté des sacrements, de la prière **2** (*fig.*) [*probità, integrità, purezza*] *santità di opere, di costumi* intégrité *var.* des œuvres, des mœurs; *santità di intenzioni* pureté *var.* d'intentions ◇ [*qualità di ciò che è sacro e inviolabile*] valeur *var.* sacrée, caractère *m. var.* sacré: *la santità del giuramento* la valeur sacrée du serment; *la santità della legge* la valeur sacrée de la loi; *la santità della famiglia, della patria* le caractère sacré de la famille, de la patrie **3** *Vostra Santità* (*V.S.*), *Sua Santità* (*S.S.*) (*titolo riservato al sommo pontefice*) Votre Sainteté (V.S.).

sànto |'santo| **I** *agg.* **1** saint: *il nome santo di Dio* le saint nom de Dieu; *la santa Chiesa* la sainte Église; *lo Spirito Santo* le Saint-Esprit; *la santa Madre di Dio* la sainte Mère de Dieu; *la santa Eucarestia* la sainte Eucharistie; *celebrare la santa messa* célébrer la sainte messe # *farsi il segno della santa croce* faire le signe de la croix; *il santo* (*s.*) *Natale* la Noël; *la santa* (*s.*) *Pasqua* les Pâques ◇ (*in formule d'invocazione o d'impazienza, di risentimento*) *Madonna santa, aiutami!* sainte Vierge, venez à mon secours!; *Dio santo e buono, perdonateci!* mon Dieu, pardonne nous!; *Cristo santo, smettila!* finis donc, bon Dieu! (*pop.*); *ma santo cielo, ti pare questo il modo di trattare le persone?* juste ciel, est-ce là une façon de traiter les gens? ◇ (*loc.*) *il Santo Padre* le Saint-Père ~ *la Santa Sede* [*la Chiesa cattolica, la Curia romana*] le Saint-Siège ~ *campo santo* → **camposanto** ~ *il santo Sepolcro* le saint Sépulcre ~ *Terra Santa* Terre Sainte ~ *i luoghi santi* les lieux saints ~ *la settimana santa* la semaine sainte ~ *acqua santa* [*benedetta*] eau bénite ~ *olio santo* huile sainte ~ *anno santo* [*quello del giubileo*] année sainte **2** [*riconosciuto ufficialmente dalla Chiesa, degno di essere venerato e invocato da tutti i fedeli*] saint: *santo Stefano* saint Étienne; *sant'Antonio* saint Antoine; *san Francesco* saint François; *s. Agata* sainte Agathe; *i ss.* (*SS., Ss.*) *Pietro e Paolo* saint Pierre et saint Paul; *i santi martiri, i santi apostoli* les saints martyrs, les saints apôtres; *le sante vergini* les vierges saintes # *fare, dichiarare santo* canoniser ◇ (*seguito dal nome pr., indica il giorno della festività del santo o la chiesa a lui intitolata*) *il veglione di S. Silvestro* le réveillon de la Saint-Sylvestre; *oggi è san Pietro e Paolo* c'est aujourd'hui la Saint-Pierre et Paul; *il Papa ha celebrato in S. Pietro* le pape a célébré la messe dans, en la basilique de Saint-Pierre; *si sono sposati a S. Maria Maggiore* ils se sont mariés à l'église de Sainte-Marie-Majeure **3** (*per est.*) [*conforme ai precetti divini; buono, giusto, retto*] saint, pieux*: *pensieri, propositi santi* de pieuses pensées, de pieux propos; *le sante gioie della maternità* les saintes joies de la maternité; *acceso di santo zelo* enflammé d'un zèle pieux; *condurre una vita santa* mener une vie de saint; *fare una santa morte* mourir en saint, saintement; *quella è proprio una santa donna!* c'est vraiment une sainte femme!; *faresti una opera santa ad aiutarlo!* tu ferais une œuvre pieuse en l'aidant! ◇ [*ispirato da motivi religiosi*] *guerra santa* guerre sainte; *lega santa* la (Sainte) Ligue; *la Santa Alleanza* la Sainte-Alliance **4** (*fig.*) [*inviolabile, sacro, degno di somma riverenza*] sacré: *il giuramento è santo* le serment est sacré # *venerare la santa memoria dei propri antenati* avoir le culte des (de ses) ancêtres ◇ [*efficace, salutare, utile*] *rimedio santo* remède miraculeux, infaillible; *medicina santa* médicament miraculeux; *il tuo è stato un santo consiglio* tu m'as donné un bon conseil **5** (*fam., con valore prevalentemente raff.*) *lavora tutto il santo giorno* il travaille toute la sainte journée; *fammi il santo piacere di non seccarmi!* tu vas me faire le plaisir de ne pas me casser les pieds! ◇ (*loc.*) *parole sante!* saintes paroles! ~ *santa pazienza!* (*esclamazione che esprime 'disappunto, impazienza'*) bon sang!, bon Dieu! (*pop.*) ~ DI SANTA RAGIONE [*giustamente e con durezza*] *bastonare, picchiare qc. di santa ragione* battre qqn. comme plâtre; *prenderle, darle di santa ragione* recevoir, flanquer une bonne râclée **II** *s.* **1** *s.* [→ *agg.* 2] saint: *il culto dei santi* le culte des saints # *la festa di tutti i santi* la Toussaint ◇ (*loc. fig., fam.*) *non sapere a che santo votarsi* ne savoir à quel saint se vouer ~ *qualche santo ti* (*mi, ci, vi*) *aiuterà* le ciel t' (m', nous, vous) aidera ~ *raccomandarsi a tutti i santi* se recommander à tous les saints du paradis ~ *avere un santo, qualche santo dalla propria* avoir (le bon) Dieu pour soi ~ NON C'È SANTI (CHE TENGANO) (*per indicare l'inevitabilità di un fatto*): *quando vuole una cosa, non c'è santi, bisogna dargliela!* quand il veut quelque chose, il n'y a pas de raison qui tienne, il faut céder ~ (*prov.*) *scherza coi fanti, ma lascia stare i santi* il ne faut pas plaisanter avec les choses sacrées **2** *s.* (*in espressioni metaforiche*) [*persona di grandi virtù e doti crist.*] saint: *vivere come un santo* vivre en saint, saintement; *fare una morte da santo* mourir en saint, saintement # *quella donna ha una pazienza da santi* cette femme a une patience d'ange ◇ (*loc.*) *non essere un santo, uno stinco di santo* ne pas être un saint, un petit saint (*fam.*) **3** *s.m.* [*immagine, rappresentazione di un santo*] image *f.* pieuse: *regalare un santo* offrir une image pieuse → **santino** **4** *s.m.* (*fam.*) *il santo* [*il santo protettore e il giorno dell'onomastico*] fête (*f.*): *oggi è il mio santo* c'est aujourd'hui ma fête.

santocchierìa |santokkje'ria| *s.f.* (*raro*) → **bigotteria.**

santòcchio, i |san'tɔkkjo, i| *s.* (*raro*) → **bigotto, bacchettone.**

santolìna |santo'lina| *s.f.*, **santolìno** |santo'lino| *s.m.* (*t.bot.*) santoline.

sàntolo |'santolo| *s.* (*region.*) → **padrino; madrina.**

santóne |san'tone| *s.* **1** *s.m.* santon: *un santone indiano* un santon indien **2** *s.* → **bacchettone, bigotto.**

santonìna |santo'nina| *s.f.* (*chim., farm.*) santonine.

santoréggia, ge |santo'reddʒa, dʒe| *s.f.* (*t bot.*) sa(r)riette.

santuàrio, i |santu'arjo, i| *s.m.* **1** sanctuaire: *il santuario di Loreto, di Lourdes* le sanctuaire de Lorette, de Lourdes ◇ (*per est., lett.*) → **tempio, chiesa** **2** (*fig.*) [*il centro dei valori e dei sentimenti più sacri*] sanctuaire: *il santuario della famiglia* le sanctuaire de la famille.

sànza |'santsa| *prep.* (*arc.*) → **senza.**

sanzionàre |santsjo'nare| *v.tr.* **1** [*ratificare, sancire*] sanctionner, approuver: *sanzionare una legge* sanctionner une loi ◇ (*per est.*) [*confermare, convalidare*] sanctionner, consacrer: *una lunga tradizione sanziona questi usi* une longue tradition sanctionne ces coutumes; *quel goal sanzionò la loro definitiva vittoria* ce but consacra leur victoire définitive # *la validità dello spettacolo fu sanzionata da un lungo applauso* des applaudissements prolongés prouvèrent la faveur du public (pour le spectacle) ◆ (*al p.p.*) *usi sanzionati dalla consuetudine* coutumes sanctionnées par l'usage **2** (*raro*) [*colpire con sanzioni economico-politiche*] sanctionner.

sanzióne |san'tsjone| *s.f.* **1** sanction; approbation: *presentare una legge alla sanzione reale* présenter une loi à la sanction royale ‖ *ottenere la sanzione del parlamento* obtenir l'approbation du parlement → **ratifica** # *il consiglio regionale ha rifiutato la propria sanzione alla proposta della giunta* le conseil régional a refusé de sanctionner la proposition de la junte ◇ (*per est.*) [*approvazione, conferma*] faveur; approbation: *il pubblico ha dato la sua sanzione alla commedia con un caloroso applauso* de chaleureux applaudissements sont venus prouver la faveur du public (pour cette pièce) ‖ *l'iniziativa non ha avuto la sanzione dei superiori* l'initiative n'a pas eu l'approbation des supérieurs (des dirigeants) **2** (*dir.*) sanction: *sanzioni civili, penali* sanctions civiles, pénales; *incorrere nelle sanzioni della legge* encourir les sanctions de la loi ◇ [*provvedimento punitivo nei confronti di uno Stato in seguito a determinate violazioni*] sanction.

sàpa |'sapa| *s.f.* (*raro, cuc.*) verjus *m.*

sapèrda |sa'pɛrda| *s.f.* (*t.zool.*) saperde, aiguillonnier *m.*

1 **sapére** |sa'pere| (177) **A** *v.tr.* **1** [*essere a conoscenza, essere al corrente di fatti, situazioni, dati e sim.*] savoir (41): *sai dove abita?* sais-tu où il habite?; *sapete cos'è questo?* savez-vous ce que c'est que ça?; *non so che fine abbia fatto* je ne sais pas ce qu'il est devenu; *sono lieto di saperlo felice e in buona salute* je suis content de le savoir heureux et en bonne santé # *sa vita, morte e miracoli di tutti* il connaît tous les faits et gestes de chacun ◇ (*come risposta aff., neg. o elusiva*) *'sai cos'è accaduto?' 'so tutto'* 'sais-tu ce qui est arrivé?' 'je sais tout'; *'ma come è andata?' 'non lo so'* 'mais comment est-ce que ça a été?' 'je ne le sais pas'; *non ne so nulla* je n'en sais rien; *e chi ne sa nulla!* va donc savoir, allez savoir! (*fam.*); *ne so assai, io!* est-ce que je sais? ◇ [*apprendere, essere informato*] *potrei sapere che cosa è successo?* pourrais-je savoir ce qui est arrivé?; *vorrei proprio sapere chi te l'ha detto* je voudrais bien savoir qui te l'a dit; *si può sapere che cosa vuoi da me?* puis-je savoir ce que tu me veux?; *voglio sapere come sono andate le cose esattamente* je veux savoir exactement comment ça s'est passé ◇ (*loc.*) *far sapere a uno* [*informarlo*] faire savoir à qqn. ~ VENIRE A SAPERE [*essere informato, venire a conoscenza*] se savoir (*pron.*), apprendre (73): *se si venisse a sapere, siamo rovinati* si cela se sait, nous sommes perdus ~ NON VOLERNE PIÙ SAPERE DI QC., DI Q.C. ne plus vouloir entendre parler de qqn., de qqch.: *non ne voglio più sapere di quel delinquente!* je ne veux plus entendre parler de ce vaurien, je ne veux plus rien avoir à faire avec ce vaurien; *non ne vuole più sapere di studiare* il ne veut plus entendre parler d'études ~ (A) SAPERLO!, (AD) AVERLO SAPUTO! si j'avais su!; *a saperlo, sarei venuto con voi!* si j'avais su, j'aurais été avec vous! ~ PER QUANTO IO SAPPIA, CHE IO SAPPIA que je sache: *che io sappia, non è ancora partito* (pour autant) que je sache, il n'est pas encore parti ~ SAPPI, SAPPIATE CHE... sache, sachez que...: *sappiate che non sono più disposto a tollerare simili abusi!* sachez que je ne suis plus disposé à tolérer de tels abus! ~ SE TU SAPESSI!, SE SAPESTE! si tu savais!, si vous saviez!: *che tragedia, se sapeste!* quelle tragédie!, si vous saviez! ~ *chi sa chi crede di essere; si crede chi sa chi* mais pour qui se prend-il? ~ *sai, sapete com'è; si sa* naturellement, évidemment ~ *non si sa mai* on ne sait jamais ~ DIO SOLO SA PERCHÉ, DOVE, QUANDO... Dieu sait pourquoi, où, quand; *Dio solo sa quando tornerà!* Dieu sait quand il reviendra! ~ *chi sa* → **chissà** ◆ *s.m.* (*con valore neutro*) UN (CERTO) NON SO CHE [*q.c. di vago, di indefinito*] un je ne sais quoi: *sentire, provare un* (*certo*) *non so che* ressentir, éprouver un je ne sais quoi **2** [*disporre di nozioni, di cognizioni derivanti dallo studio, dall'insegnamento e sim.*] savoir, connaître (72): *sapere q.c. a memoria, a mente* savoir,

connaître qqch. par cœur; *sapere la lezione, la parte* savoir sa leçon, son rôle; *sapere la musica* connaître la musique; *sapere un sacco di cose* savoir un tas de choses; *quello è un ignorante, non sa nulla* c'est un ignorant, il ne sait rien; *pochi sanno la storia come lui* peu de gens connaissent l'histoire comme lui # *sapere la matematica* être fort en mathématiques ♦ *ass.* [*essere particolarmente dotto*] *è un uomo che sa!* c'est un savant, c'est un homme qui en sait des choses! (*fam.*); *ciascuno vale per quanto sa* chacun vaut pour ce qu'il sait ◇ *loc.* SAPERE DI (+ *partitivo*) s'y connaître, être fort en: *sapere di latino, di greco* être fort en latin, en grec ~ *sapere q.c. dall'*'a' *alla* 'z', *per filo e per segno, come l'avemmaria* savoir, connaître qqch. de 'a' à 'z', sur le bout du doigt **3** [*conoscere q.c. per esperienza diretta, per averlo cioè sperimentato o sofferto personalmente*] connaître, savoir: *so bene che cos'è la vita!* je connais la vie!; *tutti sappiamo come vanno queste cose* tout le monde sait de quoi il retourne; *lo so anch'io, purtroppo, cosa sia il dolore* moi aussi je le sais, malheureusement, ce que c'est que la douleur; *è ancora un ragazzo, non sa nulla del mondo* c'est encore un enfant, il ne connaît rien du monde **4** [*essere cosciente, consapevole*] savoir: *so quello che dico!* je sais ce que je dis!; *l'ho fatto senza saperlo* je l'ai fait sans le savoir ◇ [*aver ben chiaro nella mente; conoscere il modo per raggiungere un determinato scopo*] *è un tipo che sa quello che vuole* c'est un type qui sait ce qu'il veut; *non so più come debbo comportarmi con lui* je ne sais plus comment je dois me comporter avec lui; *sa lui come farsi rispettare!* il sait bien comment se faire respecter! ◇ [*prevedere, presagire*] *lo sapevo che sarebbe andata a finire così!* je savais bien que ça allait finir ainsi, que ça finirait comme ça! **5** [*essere capace, competente, esperto*] connaître, savoir: *sapere il proprio mestiere* connaître son métier; *saper leggere, ballare, cavalcare* savoir lire, danser, monter à cheval; *saper* (*parlare*) *il francese, l'inglese, il russo* savoir (parler) le français, l'anglais, le russe; *non sa guidare la macchina* il ne sait pas conduire ◇ [*essere particolarmente abile*] *è un tipo che ci sa fare con i clienti* c'est un individu qui sait s'y prendre avec les clients, qui sait y faire avec la clientèle; *bisogna saper stare al mondo!* il faut savoir se tenir dans le monde, avoir du savoir-vivre!; *sa vendere la sua merce!* il sait se faire valoir! # *so cavarmela da solo!* je suis capable de me débrouiller tout seul! ◇ (*come sinonimo del v.* '*potere*') *non so ancora capacitarmi* je n'arrive pas encore à comprendre; *non so descrivervi l'atrocità di quello spettacolo* je ne saurais vous décrire l'atrocité de ce spectacle; *non so dirti quanto ti sia riconoscente!* je te suis extrêmement reconnaissant ◇ (*con valore pleon.*) *sappimi dire se vieni con noi* tu me diras si tu viens avec nous ◇ *loc.* SAPERE IL FATTO PROPRIO connaître son affaire: *è un uomo che sa il fatto suo* c'est un homme qui connaît son affaire ~ *farò quanto so e posso* je ferai ce qui est en mon pouvoir ~ *saperla lunga* en savoir long ~ *sapere dove il diavolo tiene la coda*; *saperne una più del diavolo* connaître la musique; avoir le nez fin, creux; [*essere molto furbo e scaltro*] être malin comme un singe; être une fine mouche **B** *v.intr.* (*aus.* '*avere*') **1** [*aver sapore, odore*] sentir (21): *la stanza sa di chiuso e di muffa* cette pièce sent le renfermé et le moisi; *i suoi abiti sapevano di sigaro* ses vêtements sentaient le cigare # *questa minestra sa troppo di sale* cette soupe est trop salée; *il vino sa d'aceto* le vin a un goût de vinaigre; *la carne sa di bruciato* la viande a un goût de brûlé, de cramé ◇ (*fig.*) *la sua richiesta sa di ricatto* sa demande sent le chantage ◇ *loc.* SAPER DI POCO, DI NULLA; NON SAPER DI NIENTE: (*pr.*) ne pas avoir de goût, être insipide: *quest'insalata non sa di niente* cette salade n'a aucun goût, est insipide; (*fig.*) [*avere scarso valore, non destare alcun interesse*] être insipide: *è una bella ragazza, ma non sa di nulla* c'est une belle fille, mais elle est insipide **2** *impers.* (*nella loc.*) MI SA [*mi dà l'impressione, mi sembra, mi pare*] j'ai *tr.* l'impression: *mi sa tanto che va a piovere* j'ai l'impression qu'il va pleuvoir; *mi sa che non dica la verità* j'ai l'impression qu'il ne dit pas la vérité; *mi sa che va a finire male* j'ai l'impression que ça va mal finir; *mi sa cent'anni che non la vedo* j'ai l'impression qu'il y a un siècle que je ne l'ai vue # *mi sa meglio così* je crois que c'est mieux ainsi; *mi sa peggio dirglielo adesso* je crois que ce serait pire de le lui dire maintenant Ⓒ A 1, 3 **ignorare.**

2 **sapére** |sa'pere| *s.m. inv.* [*le cognizioni, le nozioni possedute*] savoir (*var.*): *i rami del sapere* les branches du savoir, de la science.

sapidità |sapidi'ta| *s.f. inv.* saveur (*var.*), sapidité *var.* (*raro*) → **arguzia** ◇ (*raro*) → **saporosità.**

sàpido |'sapido| *agg.* [*gustoso, saporito*] fin, piquant → **spiritoso, arguto** ◇ (*raro*) [*saporito, gustoso*] savoureux*.

sapiènte |sa'pjɛnte| *agg.* **1** (*persone*) [*dotato di sapienza, saggezza, dottrina*] savant, sage: *Socrate fu molto sapiente* Socrate fut très savant, un grand sage ♦ (*s.*) *un sapiente* un savant, un sage; *i sette sapienti* les sept sages ◇ (*animali*) [*ammaestrato*] savant: *un orso, un cane sapiente* un ours, un chien savant ◇ (*cose*) [*che denota sapienza*] sage: *una sapiente risposta* une sage réponse **2** [*di notevole capacità e abilità specifica, professionale*] *un sapiente amministratore* un administrateur très capable; *con mano sapiente* d'une main habile; *è un restauro eseguito con arte sapiente* c'est une restauration faite avec un art savant Ⓒ 1 **ignorante, incolto.**

sapienteménte |sapjente'mente| *avv.* **1** [→ SAPIENTE 1] sagement, savamment **2** [→ SAPIENTE 2] savamment.

sapientóne |sapjen'tone| *s.* [*chi fa sfoggio, ostenta la propria sapienza, erudizione*] pédant: *smettila di fare il sapientone!* arrête de faire le pédant! # *non fare la sapientona!* ne fais pas la femme savante! → **saccente.**

sapiènza |sa'pjɛntsa| *s.f.* **1** [*scienza, saggezza, prudenza*] sagesse, sapience (*lett.*): *la sapienza degli antichi filosofi* la sagesse des philosophes anciens **2** *il libro della Sapienza* le livre de la Sagesse, de la Sapience.

sapienziàle |sapjen'tsjale| *agg.* sapiential*.

Sapindàcee |sapin'datʃee| *s.f. pl.* (*t.bot.*) Sapindacées.

sapìndo |sa'pindo| *s.m.* (*t.bot.*) savannier.

saponàceo |sapo'natʃeo| *agg.* saponacé.

saponàio, i |sapo'najo, i| *s.* [*fabbricante di sapone*] savonnier* ◇ marchand de savon.

saponària |sapo'narja| *s.f.* (*t.bot.*) saponaire, saponaria.

saponàrio, i |sapo'narjo, i| *agg.* **1** [*che riguarda il sapone*] savonnier* ◇ [*sim. al sapone*] *pietra saponaria* → **steatite** **2** [*relativo alla saponaria*] de saponaire *loc. inv.*

saponàro |sapo'naro| *s.* → **saponaio.**

saponàta |sapo'nata| *s.f.* eau de savon, eau savonneuse: *fare la saponata* préparer de l'eau savonneuse.

saponàto |sapo'nato| *agg.* (*nella loc.*) ACQUA SAPONATA [*in cui è disciolto del sapone*] eau savonneuse, eau de savon: *lavare con acqua saponata* laver avec de l'eau savonneuse, dans une eau de savon.

sapóne |sa'pone| *s.m.* savon: *sapone giallo, verde, di Marsiglia* savon jaune, vert, de Marseille; *sapone alla lavanda, alla colonia* savon à la lavande, à l'eau de cologne; *sapone in polvere, a scaglie* savon en poudre, en paillettes; *sapone per barba* savon à barbe; *comperare un pezzo di sapone* acheter un (pain de) savon; *lavarsi con acqua e sapone* se laver à l'eau et au savon ◇ (*loc. fig.*) *una bellezza ad acqua e sapone* une beauté naturelle ~ *perdere ranno e sapone* [*fare una cosa assolutamente inutile*] perdre son temps ~ BOLLA DI SAPONE: (*pr.*) *divertirsi a fare le bolle di sapone* s'amuser à faire des bulles de savon; (*fig.*) *risolversi in una bolla di sapone* finir en eau de boudin.

saponerìa |sapone'ria| *s.f.* → **saponificio.**

saponétta |sapo'netta| *s.f.* **1** [*sapone profumato per toletta*] savonnette **2** [*ant. orologio da tasca*] savonnette.

saponièra |sapo'njɛra| *s.f.* → **portasapone.**

saponière |sapo'njɛre| *s.m.* **1** [*fabbricante di saponi*] savonnier ◇ (*per est.*) marchand *s.* de savons **2** [*chi lavora in un saponificio*] savonnier.

saponièro |sapo'njɛro| *agg.* savonnier*.

saponificàbile |saponifi'kabile| *agg.* [→ SAPONIFICARE] saponifiable.

saponificàre |saponifi'kare| *v.tr.* (*chim.*) [*trasformare in sapone*] saponifier: *saponificare grassi animali, vegetali* saponifier des graisses animales, végétales.

saponificatóre, trice |saponifika'tore, tritʃe| *s.* [*operaio addetto alla riduzione di sostanze grasse in sapone*] savonnier *m.*

saponificazióne |saponifikat'tsjone| *s.f.* [→ SAPONIFICARE] saponification.

saponifìcio, i |saponi'fitʃo, i| *s.m.* [*fabbrica di saponi*] savonnerie *f.*

saponìna |sapo'nina| *s.f.* (*chim.*) saponine.

saponóso |sapo'noso| *agg.* [*che*

contiene sapone] savonneux* ◇ [*che ha l'aspetto, le proprietà del sapone*] *sostanza saponosa* substance savonneuse.

sapóre |sa'pore| *s.m.* **1** [*sensazione, percezione del gusto*] saveur (*f.*): *sentire, non sentire il sapore, i sapori* percevoir, ne pas percevoir une saveur # *sono raffreddato e non riesco a sentire più né odori né sapori* j'ai un rhume qui me fait perdre le goût et l'odorat ◇ [*la proprietà di determinate sostanze capaci di suscitare sensazioni gustative*] goût: *sapore dolce, gradevole, squisito* goût doux, agréable, délicieux; *sapore amaro, disgustoso, nauseante* goût amer, dégoûtant, écœurant; *l'acqua non ha alcun sapore* l'eau n'a ni goût, ni saveur # *dar sapore a un cibo, a una vivanda* [*renderli gustosi, saporiti*] assaisonner un aliment, un mets; *senti che sapore ha questa pietanza!* goûte voir ce plat! **2** (*fig.*) [*tono, modo particolare di esprimere un sentimento, un atteggiamento*] ton, intonation (*f.*): *pittura, musica di sapore romantico* peinture, musique de ton, d'inspiration romantique # *parole di sapore amaro* paroles qui laissent un goût amer, sarcastique; *frasi, espressioni di sapore arcaico* phrases, expressions archaïques; *questa scusa ha il sapore di una bugia* cette excuse sent le mensonge → **sentore** ✦ *ass.* [*vivacità, interesse*] *una battuta, una novella senza sapore* une réplique, une nouvelle insipide; *sono queste cose che danno sapore alla vita* ce sont ces choses qui donnent du goût à la vie ◇ (*loc. scherz.*) *far sentire il sapore del bastone* [*prendere a bastonate*] donner une volée de coups (de bâton) **3** *al plur.* (*region.*) [*erbe aromatiche usate in cuc.*] aromates; plantes *f.* et herbes *f.* aromatiques; bouquet garni.

saporìre |sapo'rire| (197) *v.tr.* (*raro*) → **insaporire.**

saporitaménte |saporita'mente| *avv.* **1** [→ SAPORITO 1] savoureusement # *dormire saporitamente* dormir profondément, à poings fermés **2** *pagare saporitamente* payer une note salée; recevoir un coup de barre, de fusil.

saporìto |sapo'rito| *agg.* **1** [*gustoso, ricco di sapore*] savoureux*: *cibo saporito* mets savoureux ◇ (*fig.*) *un sonno saporito* [*profondo, riposante*] un sommeil profond; *una scena, una prosa saporita* [*vivace, sostanziosa*] une scène, une prose savoureuse; *una storiella saporita* [*piccante, arguta*] une histoire piquante **2** [*leggermente salato*] salé: *il minestrone è un po' saporito* la soupe est un peu salée ◇ (*fig.*) *un conto saporito* [*alto, caro*] une note salée © **insipido.**

saporosaménte |saporosa'mente| *avv.* [→ SAPOROSO] de manière savoureuse *loc. inv.*, savoureusement (*raro*) ◇ (*fig.*) *una storia saporosamente narrata* une histoire racontée de manière savoureuse.

saporosità |saporosi'ta| *s.f.* saveur.

saporóso |sapo'roso| *agg.* [*che ha un sapore intenso e gustoso*] savoureux* → **saporito** ◇ (*fig.*) *un racconto saporoso* un récit savoureux.

sapòta |sa'pɔta| *s.f.* (*t.bot.*) sapotier *m.*, sapotillier *m.*

Sapotàcee |sapo'tatʃee| *s.f. pl.* (*t. bot.*) Sapotacées.

sapotìglia |sapo'tiʎʎa| *s.f.* [*frutto della sapota*] sapote, sapotille.

sapro- |sapro| *pref.* (*significa 'putrefazione, sostanze organiche in decomposizione', corrisponde gener. a*) sapro: *saprofito* saprophyte.

sapròfago, gi |sa'prɔfago, dʒi| *agg.* saprophage.

sapròfita |sa'prɔfita| *s.m.* → **saprofito.**

saprofìtico, ci, ca, che |sapro'fitiko, tʃi, ka, ke| *agg.* saprophytique: *vita saprofitica* vie saprophytique.

saprofitìsmo |saprofi'tizmo| *s.m.* saprophytisme.

sapròfito |sa'prɔfito| *s.m. e agg.* saprophyte: *un (organismo) saprofito* un (organisme) saprophyte.

sapropèl |sapro'pɛl| *s.m. inv.* (*geol.*) sapropel *var.*, sapropèle *f. var.*

sapropèlico, ci, ca, che |sapro'pɛliko, tʃi, ka, ke| *agg.* (*geol.*) sapropélique.

sapùta |sa'puta| *s.f.* (*lett.*) (*nella loc.*) *a mia, sua saputa* [*conoscenza*] à ma, sa connaissance.

saputaménte |saputa'mente| *avv.* [→ SAPUTO 1] d'un ton pédant *loc. inv.*

saputèllo |sapu'tɛllo| *s.* [*chi ostenta la propria cultura, chi si dà delle arie*] pédant, suffisant: *con quella sua aria da saputello si rende insopportabile* avec son air (de) pédant, (de) suffisant, il se rend odieux; *smettila di fare la saputella!* arrête de faire la pédante, le bas-bleu! ✦ (*agg.*) *è un ragazzino un po' saputello* c'est un petit garçon un peu prétentieux.

sapùto |sa'puto| *agg.* **1** [*che ostenta la propria cultura o presume di saper tutto*] pédant, prétentieux*: *le persone sapute sono insopportabili* les personnes pédantes sont odieuses; *quel bambino è saputo e petulante* cet enfant est prétentieux et insolent ✦ (*s.*) *un saputo* un pédant, un prétentieux **2** (*lett.*) [*che è a conoscenza, che è bene informato*] *far saputo qc.* renseigner qqn. ◇ (*per est.*) → **saggio, avveduto.**

sarabànda |sara'banda| *s.f.* **1** (*mus.*) sarabande **2** (*per est.*) [*suono, movimento chiassoso, scomposto; grande confusione, agitazione*] sarabande: *questo non è un ballo, è una sarabanda!* ce n'est pas une danse, c'est une sarabande!

saràcca, che |sa'rakka, ke| *s.f.* (*region.*) → **salacca.**

saràcco, chi |sa'rakko, ki| *s.m.* [*sega a mano di forma trapezoidale*] égoïne *f.*, scie *f.* égoïne.

saracènico, ci, ca, che |sara'tʃɛniko, tʃi, ka, ke| *agg.* → **saraceno.**

saracèno |sara'tʃɛno| *agg.* **1** [*musulmano*] sarrasin: *l'esercito saraceno* l'armée sarrasine ✦ *s.* (*st.*) *i Saraceni* les Sarrasins **2** (*t. bot.*) *grano saraceno* sarrasin *s.m.*

saracinésca, che |saratʃi'neska, ke| *s.f.* **1** [*serramento metallico per negozi, autorimesse e sim.*] rideau *m.* de fer: *saracinesca a comando elettrico* rideau de fer à commande électrique; *saracinesca automatica* rideau de fer automatique; *abbassare la saracinesca* baisser le rideau ◇ (*ant.*) [*cancellata di ferro o pesante tavolato mobile per consentire o impedire l'accesso a fortezze, castelli e sim.*] sarrasine, *herse **2** [*dispositivo metallico per regolare il flusso di un liquido in tubature o condutture*] vanne.

saracìno |sara'tʃino| **1** *agg.* (*ant.*) → **saraceno 2** (*s.m.*) *la giostra del saracino* [*fantoccio della quintana*] la quintaine *f.*

sàrago, ghi |'sarago, gi| *s.m.* (*t. zool.*) sargue.

sarcàsmo |sar'kazmo| *s.m.* **1** sarcasme: *parole, espressioni piene di sarcasmo* paroles, expressions pleines de sarcasme; *fare del sarcasmo* user de sarcasme; *il suo sarcasmo mi lascia indifferente* ses sarcasmes me laissent indifférent **2** *spec. al plur.* [*frase, espressione sarcastica*] sarcasmes.

sarcasticaménte |sarkastika'mente| *avv.* [→ SARCASTICO] sarcastiquement.

sarcàstico, ci, ca, che |sar'kastiko, tʃi, ka, ke| *agg.* sarcastique.

sarchiaménto |sarkja'mento| *s.m.* (*raro*) → **sarchiatura.**

sarchiàre |sar'kjare| *v.tr.* (*agr.*) [*smuovere il terreno in superficie intorno alle piante coltivate*] biner, sarcler: *sarchiare l'orto* biner, sarcler le potager; *sarchiare le patate, il granoturco* biner les pommes de terre, sarcler le maïs ✦ (*ass.*) *ha sarchiato tutto il giorno* il a sarclé toute la journée.

sarchiàta |sar'kjata| *s.f.* [*il sarchiare una sola volta o in fretta e alla meglio*] binage *m.*, sarclage *m.* # *bisogna dare una buona sarchiata a questi fagioli* il faut bien biner ces haricots.

sarchiatóre, trice |sarkja'tore, tritʃe| *s.* celui *m.*, celle *f.* qui bine; sarcleur*.

sarchiatrìce |sarkja'tritʃe| *s.f.* (*agr.*) bineur *m.*, bineuse; sarcleur *m.*, sarcleuse.

sarchiatùra |sarkja'tura| *s.f.* [→ SARCHIARE] binage *m.*

sarchiellàre |sarkjel'lare| *v.tr.* (*agr.*) [*smuovere leggermente la terra con il sarchiello per togliere le erbacce*] sarcler.

sarchièllo |sar'kjɛllo| *s.m.* (*agr.*) binette *f.*, sarclette *f.*

sàrchio, i |'sarkjo, i| *s.m.* (*agr.*) sarcloir.

sàrcina |'sartʃina| *s.f.* (*biol., chim.*) sarcine.

sàrco- |'sarko| *pref.* (*significa 'carne, parte carnosa, muscolare' oppure 'che ha relazione con la carne', corrisponde gener. a*) sarco: *sarcoplasma* sarcoplasma; *sarcofago* sarcophage.

sarcocèle |sarko'tʃɛle| *s.m.* (*med.*) sarcocèle *f.*

sarcòfaga, ghe |sar'kɔfaga, ge| *s.f.* (*t.zool.*) sarcophage.

sarcòfago, gi, ghi |sar'kɔfago, dʒi, gi| *s.m.* sarcophage: *un sarcofago egiziano* un sarcophage égyptien.

sarcòide |sar'kɔide| *s.m.* (*med.*) sarcoïde *f.*

sarcolèmma |sarko'lɛmma| *s.m.* (*anat.*) sarcolemme, myolemme.

sarcòma |sar'kɔma| *s.m.* (*med.*) sarcome.

sarcomatòsi |sarkoma'tɔzi| *s.f. inv.* (*med.*) sarcomatose *var.*

sarcomatóso |sarkoma'toso| *agg.* sarcomateux*.

sarcoplàsma |sarko'plazma| *s.m.* (*anat.*) sarcoplasma, sarcoplasme.

sarcòpte |sar'kɔpte| *s.m.* (*t.zool.*) sarcopte.

sàrda |'sarda| *s.f.* → **sardina.**

sardagnòlo |sardaɲ'ɲɔlo| *agg.* (*raro*) → **sardegnolo.**

sardàna |sar'dana| *s.f.* sardane.

sardanapalésco, chi, ca, che |sardanapa'lesko, ki, ka, ke| *agg.* (*raro*, *scherz.*) sardanapalesque.

sardegnòlo |sardeɲ'ɲɔlo| *agg.* (*pop.*) (*animali*) [*della Sardegna*] sarde: *somarello sardegnolo* bourricot sarde → **sardo** ✦ *s.* (*spreg.*) (*persone*) *un sardegnolo* un sarde (*corr.*).

sardèlla |sar'dɛlla| *s.f.* (*region.*) → **sardina.**

sardignòlo |sardiɲ'ɲɔlo| *agg.* (*raro*) → **sardegnolo.**

sardina |sar'dina| *s.f.* (*t.zool.*) sardine ◇ (*corr.*) *sardine fritte, alla marinara* sardines frites, à la marinière; *sardine sott'olio* sardines à l'huile; *una scatola di sardine* une boîte de sardines ◇ (*loc. fig.*) *essere pigiati come sardine* être serrés comme des sardines.

sàrdo |'sardo| **1** *agg.* [*della Sardegna*] sarde **2** (*s.m.*) *il sardo* [*la lingua*] le sarde.

sardònica, che |sar'dɔnika, ke| *s.f.* (*miner.*) sardoine.

sardonicaménte |sardonika'mente| *avv.* [→ SARDONICO 1] sardoniquement (*raro*).

sardònico, ci, ca, che |sar'dɔniko, tʃi, ka, ke| *agg.* **1** sardonique: *riso sardonico* rire sardonique → **beffardo, ironico** **2** (*med.*) sardonique.

sargàsso |sar'gasso| *s.m.* (*t.bot.*) sargasse *f.* ◇ (*corr.*) *mare dei Sargassi* mer des Sargasses.

sàrgia, ge |'sardʒa, dʒe| *s.f.* (*tessuto*) serge.

sàrgo, ghi |'sargo, gi| *s.m.* → **sarago.**

sàri |'sari| *s.m. inv.* sari *var.*

sariga, ghe |sa'riga, ge| *s.f.* (*t. zool.*) sarigue.

sarìssa |sa'rissa| *s.f.* (*st. mil.*) sarisse.

sarmàtico, ci, ca, che |sar'matiko, tʃi, ka, ke| *agg.* sarmatique (*raro*): *la lingua sarmatica* la langue sarmatique # *la pianura sarmatica* la plaine de Sarmatie; *le popolazioni sarmatiche* les populations sarmates.

sarménto |sar'mento| *s.m.* (*bot.*) sarment → **tralcio** ◇ (*per est.*) [*ramo flessibile, piegato verso terra*] sarment.

sarmentóso |sarmen'toso| *agg.* sarmenteux* ◇ [*ricco di sarmenti*] sarmenteux.

sarong |sa'rɔng| *s.m. inv.* (*abbigl.*) sarong *var.*

sàros |'saros| *s.m. inv.* (*astron.*) saros.

sarracènia |sarra'tʃɛnja| *s.f.* (*t. bot.*) sarracenia.

sarrusòfono |sarru'zɔfono|, **sarrussòfono** |sarrus'sɔfono| *s.m.* (*mus.*) sarrusophone.

sàrta |'sarta| *s.f.* [*donna che confeziona abiti, spec. femminili*] couturière: *fare la sarta* être couturière; *lavora come sarta* elle travaille comme couturière ◇ (*per est.*) directrice d'une maison de couture.

sàrtia |'sartja| *s.f. spec. al plur.* (*mar.*) *hauban (*m.*): *mollare le sartie* mollir, choquer les haubans.

sartiàme |sar'tjame| *s.m.* (*mar.*) *haubans *pl.*

sartiàre |sar'tjare| *v.tr.* (*mar.*) [*far scorrere una manovra nelle pulegge e sim.*] affaler: *sartiare un cavo* affaler un bout, un cordage.

sartìna |sar'tina| *s.f.* **1** [*giovane apprendista di sartoria*] jeune couturière, midinette **2** [*sarta di modeste capacità e pretese*] petite couturière.

sàrto |'sarto| *s.m.* [*chi confeziona abiti*] (*per uomini*) tailleur; (*per donne*) couturier* (*s.*): *fare il sarto* être tailleur ‖ *sarto per donna* couturier ◇ [*proprietario, direttore di una sartoria, di una casa di moda*] couturier: *un grande sarto parigino* un grand couturier parisien.

sartóre |sar'tore| *s.* (*arc.*, *region.*) → **sarto.**

sartorìa |sarto'ria| *s.f.* **1** [*bottega, laboratorio artigianale di sarto*] atelier *m.* de couture: *sartoria da uomo, da donna* atelier de couture pour hommes, pour femmes; *sartoria teatrale* atelier de couture pour le théâtre; *aprire una sartoria* ouvrir un atelier de couture; *lavorare in una sartoria* travailler dans un atelier de couture # *indossa sempre abiti di sartoria* elle porte tojours des robes de couturier ◇ (*per est.*) maison de couture # *vestirsi in sartoria* s'habiller chez les grands couturiers **2** [*l'arte, la tecnica, l'attività della confezione di abiti*] *haute couture: *lo sviluppo della sartoria italiana* l'essor de la haute couture italienne.

sartorìàle |sarto'rjale| *agg.* [*di sartoria*] de la couture *loc. inv.*

sartòrio, i |sar'tɔrjo, i| *s.m.* (*anat.*) muscle couturier.

sartotècnica, che |sarto'tɛknika, ke| *s.f.* technique de la couture.

sassafràsso |sassa'frasso| *s.m.* → **sassofrasso.**

sassàia |sas'saja| *s.f.* **1** [*luogo pieno di sassi*] lieu *m.*, champ *m.* pierreux # *un terreno che sembra una sassaia* un champ qui ressemble à un terrain vague **2** [*argine, riparo fatto di sassi messi a difesa contro le frane*] barrage *m.* de pierres.

sassaiòla |sassa'jɔla| *s.f.* [*fitto lancio di sassi*] grêle, volée de pierres; bataille à coups de pierres: *fu accolto con una fitta sassaiola* il fut accueilli par une grêle, une volée de pierres ‖ *rimase ferito in una sassaiola* il fut blessé dans une bataille à coups de pierres # *fare la sassaiola* se battre à coups de pierres, se lapider.

sassaiòlo |sassa'jɔlo| *agg.* → **sassatile.**

sassànide |sas'sanide| *agg. e s.* (*st.*) sassanide.

sassàta |sas'sata| *s.f.* coup *m.* de pierre: *prendere a sassate qc.* poursuivre qqn. à coups de pierres; *fare a, alle sassate* se battre à coups de pierres, se lapider # *tirare una sassata* lancer des pierres.

sassàtile |sas'satile| *agg.* (*scient.*) saxatile.

sassèlla |sas'sɛlla| *s.m. inv.* [*vino rosso pregiato della Valtellina*] ⊠.

sassèllo |sas'sɛllo| *agg. e s.m.* (*t. zool.*) (*tordo*) *sassello* mauvis *s.m.*

sasséto |sas'seto| *s.m.* terrain pierreux.

sassi- |sassi| *pref.* (*significa 'sasso', corrisponde gener. a*) saxi: *sassicolo* saxicole.

sassìcola |sas'sikola| *s.f.* (*t.zool.*) motteux *m.*

sassìcolo |sas'sikolo| *agg.* (*bot.*) saxicole, saxatile: *flora sassicola* flore saxicole; *rettili sassicoli* reptiles saxatiles.

sassìfraga, ghe |sas'sifraga, ge| *s.f.* (*t.bot.*) saxifrage.

Sassifragàcee |sassifra'gatʃee| *s.f. pl.* (*t.bot.*) Saxifragacées.

sàsso |'sasso| *s.m.* **1** [*piccolo frammento di pietra*] pierre *f.*, (*ciottolo*) caillou*: *un colpo di sasso* un coup de pierre; *raccogliere, tirare un sasso* ramasser, lancer une pierre ◇ (*raro*) → **masso, macigno** ◇ (*lett.*) [*parete, sporgenza rocciosa*] roc (*corr.*) ◇ (*prov.*) *tirar sassi in colombaia, in piccionaia* [*fare cose che tornano a proprio danno*] donner des verges pour se faire fouetter, donner des batons pour se faire battre ~ *tirare il sasso e nascondere la mano* [*colpire senza scoprirsi*] lancer la pierre et mettre sa main dans sa poche ~ *sono cose da far piangere i sassi, da far pietà, compassione ai sassi* [*particolarmente tristi, penose e ridicole*] c'est à vous fendre le cœur; il y a de quoi faire pleurer les pierres **2** [*roccia compatta, pietra*] roc, rocher: *le fondamenta di quella casa poggiano sul sasso* les fondations de cette maison reposent sur le roc ◇ (*loc. fig.*) *questo pane è duro come un sasso* ce pain est dur comme de la pierre ~ *avere un cuore di sasso* avoir un cœur de pierre ~ *neppure le lacrime di un bambino sono riuscite a intenerirlo, è di sasso!* pas même les larmes d'un enfant n'ont réussi à l'attendrir, il est dur, insensible comme le marbre, la pierre! ~ *cosa avrei dovuto fare di fronte alle sue provocazioni? non sono di sasso!* qu'est-ce que j'aurais dû faire devant ses provocations? je ne suis pas en bois! ~ *restai di sasso per la paura* je restai pétrifié de peur; *a quella notizia rimasi di sasso per lo stupore* à cette nouvelle je restai médusé, interdit.

sassofonìsta |sassofo'nista|, **saxofonìsta** |saksofo'nista| *s.* [*suonatore di sassofono*] saxophoniste, saxo (*fam.*).

sassòfono |sas'sɔfono|, **saxòfono** |sak'sɔfono| *s.m.* (*mus.*) saxophone: *sassofono tenore, contralto, soprano* saxophone ténor, alto, soprano ◇ (*per est.*) [*chi suona il sassofono*] saxophoniste.

sassofràsso |sasso'frasso| *s.m.* (*t. bot.*) sassafras.

sàssola |'sassola| *s.f.* (*mar.*) écope.

sassolino |sasso'lino| *s.m.* (*miner.*) sassoline *f.*

sassolite |sasso'lite| *s.f.* → **sassolino.**

sàssone |'sassone| **1** *agg.* [*della Sassonia*] saxon*: *l'antica lingua sassone* la vieille langue saxonne ◇ (*gram.*) *genitivo sassone* génitif possessif ✦ *s.* (*st.*) *i Sassoni* les Saxons **2** (*s.m.*) *il sassone* [*la lingua*] le saxon.

sassóso |sas'soso| *agg.* [*pieno di sassi*] pierreux*, caillouteux*.

1 **satanàsso** |sata'nasso| *s.m.* **1** Satan → **diavolo, demonio** ◇ *loc. inter.* (*fam.*) *per satanasso!* par tous les diables! **2** (*per anal.*) [*individuo violento, furioso*] diable, démon: *si divincolava come un satanasso* il se démenait comme un beau diable, comme un diable dans un bénitier # *gridava come un satanasso* il criait comme un fou ◇ [*persona irrequieta, esuberante, vivace*] *quel ragazzo è un satanasso, non sta mai fermo* ce garçon est un vrai diable, il ne reste jamais tranquille.

2 **satanàsso** |sata'nasso| *s.m.* (*t. zool.*) satan.

satànico, ci, ca, che |sa'taniko, tʃi, ka, ke| *agg.* **1** satanique: *opera, tentazione satanica* œuvre, tentation satanique **2** (*fig.*) [*maligno, perfido, diabolico*] satanique, diabolique: *ghigno, riso satanico* ricanement, rire satanique ◇ [*proprio del satanismo*] *la letteratura satanica* la littérature satanique.

satanìsmo |sata'nizmo| *s.m.* satanisme.

satèllite |sa'tɛllite| *s.m.* **1** (*astron.*) satellite: *i satelliti di Giove, di Marte* les satellites de Jupiter, de Mars ◇ (*astronautica*) *satellite artificiale* satellite artificiel **2** (*fig.*) [*persona, organo, struttura che non ha una propria autonomia, ma dipende strettamente da altri*] satellite # *si presentò seguito da un codazzo di satelliti* il se présenta suivi d'un cortège de personnes dépendant étroitement de lui ◇ (*mecc.*) *il satellite del differenziale* le satellite du différentiel ✦ (*in funzione di agg.*) (*anat.*) *nervo satellite* nerf satellite; *vene satelliti* veines satellites; (*polit.*) *stato, nazione satellite* état, nation satellite; (*urbanistica*) *città satellite* ville satellite.

satellizzàbile |satellid'dzabile| *agg.* (*astronautica*) satellisable.

satellizzàre |satellid'dzare| *v.tr.* **1** [*trasformare in satellite; mettere in orbita intorno alla terra*] satelliser: *razzo vettore satellizzato* fusée porteuse satellisée **2** (*fig.*) [*trasformare in satellite*] satelliser: *satellizzare un paese* satelliser un pays.

satellizzazióne |satelliddzat'tsjone| *s.f.* **1** (*astronautica*) satellisation **2** [→ SATELLIZZARE 2] satellisation.

satì |sa'ti| *agg. f. e s.m. inv.* (*relig. induista*) satî.

'satin' |satɛ̃| *s.m. inv.* satin *var.*

satinàre |sati'nare| *v.tr.* [*rendere lucido e liscio come la seta*] satiner: *satinare la carta, un tessuto* satiner le papier, un tissu.

satinàto |sati'nato| *agg.* satiné: *carta satinata* papier satiné → **levigato, lucido**: *tessuti satinati* tissus satinés → **rasato**; *legno satinato* bois satiné.

satinatóre, trice |satina'tore, tritʃe| *s.* [*operaio che sottopone a satinatura* (*una stoffa*)] satineur*.

satinatrice |satina'tritʃe| *s.f.* (*tecnol.*) calandre.

satinatùra |satina'tura| *s.f.* [→ SATINARE] satinage *m.* → **calandratura.**

satinèlla |sati'nɛlla| *s.f.* [*stoffa di seta sim. al 'satin'*] satinette.

sàtira |'satira| *s.f.* **1** (*letter.*) satire: *satira aspra, mordace, amara* satire âpre, mordante, amère; *satira bonaria, sorridente, pacata* satire débonnaire, souriante, anodine; *satira classica, moderna* satire classique, moderne; *l'origine, lo sviluppo della satira latina* l'origine, l'essor de la satire latine **2** (*per est.*) [*azione, attività a carattere satirico*] satire: *satira politica, sociale, morale* satire politique, sociale, morale; *fare la satira di un personaggio, di un ambiente sociale* faire la satire d'un personnage, d'un milieu social.

satireggiàre |satired'dʒare| **A** *v. tr.* [*colpire, mettere in ridicolo con la propria satira*] railler, satiriser (*raro*): *satireggiare un personaggio* railler, satiriser un personnage **B** *v.intr.* (*aus. 'avere'*) [*fare della satira*] faire (45) *tr.* des satires ◇ [*comporre satire*] écrire (51) *tr.* des satires.

satirescaménte |satireska'mente| *avv.* [→ SATIRESCO] d'une manière satirique *loc. inv.*, satiriquement (*raro*).

satirésco, chi, ca, che |sati'resko, ki, ka, ke| *agg.* satirique: *un sorriso satiresco* un sourire satirique → **lascivo, malizioso**; *avere un'espressione satiresca* avoir une expression satirique ◇ (*letter.*) *dramma satiresco* drame satirique.

satirìasi |sati'riazi| *s.f. inv.* (*med.*) satyriasis *m.*

satiricaménte |satirika'mente| *avv.* [→ SATIRICO] satiriquement.

satìrico, ci, ca, che |sa'tiriko, tʃi, ka, ke| *agg.* satirique: *componimento satirico* composition satirique; *la poesia satirica classica* la poésie satirique classique; *tono satirico* ton satirique → **mordace, sferzante** ✦ (*s.m.*) *un satirico* un satirique.

sàtiro |'satiro| *s.m.* **1** (*mitol.*) satyre **2** (*fig.*) [*uomo morbosamente lussurioso*] satyre: *un vecchio satiro* un vieux satyre ◇ (*scherz.*) [*uomo intraprendente e sfacciato con le donne*] satyre.

satìvo |sa'tivo| *agg.* (*lett.*) (*terreni*) propre à être ensemencé (*corr.*) ◇ (*piante*) [*coltivato, coltivabile*] cultivable (*corr.*).

satollaménto |satolla'mento| *s.m.* (*raro*) [→ SATOLLARE] rassasiement.

satollàre |satol'lare| **A** *v.tr.* [*saziare di cibo, rimpinzare*] rassasier: *non si riesce a satollarlo mai* on n'arrive jamais à le rassasier **B** *v.pron. rifl.* SATOLLARSI [*mangiare a sazietà*] se rassasier.

satóllo |sa'tollo| *agg.* [*sazio, pieno di cibo*] rassasié, repu: *sentirsi satollo* se sentir rassasié, repu 🄲 **affamato, digiuno.**

satrapìa |satra'pia| *s.f.* (*st.*) satrapie.

satràpico, ci, ca, che |sa'trapiko, tʃi, ka, ke| *agg.* satrapique.

sàtrapo |'satrapo| *s.m.* **1** satrape **2** (*fig.*) [*chi esercita un ufficio, una carica con sussiego, prepotenza, autorità*] satrape.

saturàbile |satu'rabile| *agg.* [→ SATURARE A 1; B 1] saturable.

saturabilità |saturabili'ta| *s.f. inv.* saturabilité *var.*

saturàre |satu'rare| **A** *v.tr.* **1** (*chim.*) [*rendere saturo*] saturer: *saturare una soluzione* saturer une solution ◇ (*econ.*) *saturare il mercato* saturer le marché ◇ (*fis.*) *saturare un ambiente di vapore* saturer un local de vapeur **2** (*per est.*) [*colmare, riempire*] saturer: *saturare l'organismo di antibiotici* saturer l'organisme d'antibiotiques ◇ (*fig.*) *saturare la mente di nozioni inutili* (se) bourrer la mémoire de notions inutiles □ *saturarsi la memoria di nomi e di date* se bourrer la mémoire de noms et de dates **B** *v.pron.* SATURARSI **1** *intr.* [→ *tr.* 1] se saturer: *l'aria s'è saturata di vapore* l'air (s')est saturé de vapeur **2** *rifl.* [→ *tr.* 2] se bourrer: *saturarsi di medicine* se bourrer de médicaments ✦ → *tr.* 2 □.

saturatóre |satura'tore| *s.m.* (*tecnol., chim.*) saturateur.

saturazióne |saturat'tsjone| *s.f.* **1** [→ SATURARE A 1; B 1] saturation: *punto di saturazione* point de saturation; *saturazione di un idrocarburo* saturation d'un hydrocarbure ◇ (*fig.*) *saturazione del mercato* saturation du marché **2** [→ SATURAZIONE A 2; B 2] saturation: *sono giunto a saturazione, non ti sopporto più!* je suis arrivé à saturation (j'ai atteint la limite), je ne peux plus te supporter.

saturèia |satu'rɛja| *s.f.* (*t.bot.*) sar(r)iette.

saturnàli |satur'nali| *s.m. pl.* **1** (*st.*) saturnales *f.* **2** (*fig.*) [*festa licenziosa, orgiastica*] saturnale(s).

satùrnia |sa'turnja| *s.f.* (*t.zool.*) saturnie.

saturniàno |satur'njano| *agg.* saturnien* (*raro*).

saturnìno |satur'nino| *agg.* **1** (*med.*) saturnin: *malattia saturnina* saturnisme, maladie saturnine (*raro*); *colica saturnina* colique saturnine **2** (*raro*) [*del pianeta Saturno*] saturnien* **3** (*ant.*) → **malinconico.**

satùrnio, i |sa'turnjo, i| *agg.* **1** (*metr.*) saturnien* **2** (*lett.*) [*di Saturno; sacro a Saturno*] saturnien.

saturnìsmo |satur'nizmo| *s.m.* (*med.*) saturnisme.

satùrno |sa'turno| *s.m.* saturne ◇ (*alchimia mediev.*) → **piombo.**

sàturo |'saturo| *agg.* **1** (*chim.*) saturé: *soluzione satura* solution saturée ◇ (*econ.*) *mercato saturo* marché saturé ◇ (*elettr.*) *sostanza ferromagnetica satura* substance ferromagnétique saturée ◇ (*fis.*) *vapore saturo* vapeur saturée **2** (*per est.*) [*pieno, traboccante*] plein; (sur)chargé; saturé: *ambiente saturo di fumo* pièce pleine, remplie de fumée ‖ *atmosfera satura di elettricità* atmosphère surchargée d'électricité ‖ *ormai il suo organismo è saturo di medicinali* désormais son organisme est saturé de médicaments ◇ (*fig.*) *il suo cervello è saturo di formule matematiche* son cerveau est bourré, saturé de formules mathématiques; *uno sguardo saturo di odio* un regard chargé de haine.

saudiàno |sau'djano| *agg.* (*raro*) → **saudita.**

saudita |sau'dita| *agg.* saoudite, séoudite: *Arabia Saudita* Arabie Saoudite, Séoudite.

sàuna |'sauna| *s.f.* sauna *m. o f.*

Sàuri |'sauri| *s.m. pl.* (*t.zool.*) Sauriens.

sàuro |'sauro| *agg.* saure: *mantello sauro bruciato, chiaro* manteau saure brûlé, clair ◇ (*per est.*) [*il cavallo stesso*] *un bel cavallo sauro* un beau cheval saure ✦ (*s.m.*) *un sauro* un cheval saure *agg.*

savàna |sa'vana| *s.f.* (*geogr.*) savane.

'savarin' |savarɛ̃| *s.m. inv.* savarin *var.*

saviaménte |savja'mente| *avv.* [→ SAVIO] sagement.

saviézza |sa'vjettsa| *s.f.* (*raro*) [*buon senso, assennatezza, saggezza*] sagesse (*corr.*).

sàvio, i |'savjo, i| *agg.* **1** (*persone*) [*dotato di grande sapienza, esperienza, saggezza*] sage: *un giovane savio* un jeune homme sage → **posato, giudizioso**; *in quella occasione si dimostrò molto savio e riflessivo* en cette occasion il s'est montré très sage et très réfléchi → **prudente, accorto, saggio** ◇ [*sano di mente, equilibrato*] sensé: *comportati da persona savia!* comporte-toi en personne sensée! ✦ (*s.m.*) *un savio* un sage: *i sette savi dell'antichità* les sept sages

de l'antiquité; *è una massima di un antico savio* c'est une maxime d'un sage de l'antiquité; *i matti, talora, sono più originali dei savi* les fous sont parfois plus originaux que les sages **2** (*cose*) [*che denota avvedutezza, assennatezza*] sage: *una savia decisione* une sage décision # *gli ha dato una savia risposta* il lui a donné une réponse sensée.
savoiàrdo |savo'jardo| **I** *agg.* [*della Savoia*] savoyard, savoisien*: *i dialetti savoiardi* les dialectes savoyards **II** *s.m.* **1** *il savoiardo* [*il gruppo dialettale franco-provenzale*] le dialecte savoyard *agg.* **2** [*biscotto a base di farina, uova e zucchero*] biscuit de Savoie (à la cuiller).
'savoir-faire' |savwaʀfɛʀ| *s.m. inv.* savoir-faire: *con il suo 'savoir-faire' s'è attirato le simpatie di tutti* par (grâce à) son savoir-faire il s'est attiré la sympathie de tout le monde.
savonaròla |savona'rɔla| *s.f.* [*poltrona, seggiola caratteristica del rinascimento italiano*] chaise, fauteuil *m.* en X.
sax |saks| *s.m. inv.* → **sassofono.**
'saxhorn' |saksɔʀn| *s.m. inv.* (*mus.*) saxhorn *var.*
saxìcolo |sak'sikolo| *agg.* → **sassicolo.**
saxofonista |saksofo'nista| *e deriv.* → **sassofonista** *e deriv.*
saziàre |sat'tsjare| **A** *v.tr.* **1** [*appagare interamente la fame o il desiderio, la capacità di mangiare un determinato cibo*] rassasier: *saziare un affamato* rassasier un affamé # *questo cibo non basta a saziare tutti* cette nourriture ne suffit pas pour que tout le monde mange à sa faim ♦ (*ass.*) *è un dolce molto buono, ma sazia subito* c'est un excellent gâteau, mais il rassasie tout de suite, mais on en est tout de suite rassasié **2** (*fig.*) [*soddisfare, appagare pienamente desideri, aspirazioni*] satisfaire (45), assouvir: *saziare la propria ambizione* satisfaire son ambition; *saziare la brama di vendetta* assouvir sa soif de vengeance # *la sua avidità di denaro è sfrenata, non si riesce mai a saziarla* pour ce qui est de l'argent, son avidité est insatiable **B** *v.pron.* SAZIARSI **I** *rifl.* **1** [→ *tr.* 1] se rassasier; être (43) *intr.* rassasié: *non si sazia mai* il n'est jamais rassasié # *mi sono saziato con le lasagne* je me suis coupé l'appétit avec les lasagnes; (après les lasagnes je n'ai plus faim); *s'è saziato di dolci* il s'est bourré de gâteaux (il n'a plus faim) **2** [→ *tr.* 2] se lasser: *era così bella che non si saziava di guardarla* elle était si jolie qu'il ne se lassait pas de la regarder **II** *intr.* [*appagarsi, contentarsi*] s'assouvir: *il suo desiderio di vendetta non si sazia mai* sa soif de vengeance ne s'assouvit jamais, il a toujours faim de vengeance.
sazietà |sattsje'ta| *s.f. inv.* satiété (*var.*): *provare un senso di sazietà* avoir une sensation de satiété, de réplétion; *ha mangiato fino alla sazietà* il a mangé jusqu'à satiété, à sa faim ◇ (*fig.*) *sazietà di piaceri* satiété, assouvissement de plaisirs; *sazietà di onori, di ricchezze* satiété d'honneurs, de richesses ◇ *loc.* A SAZIETÀ: (*pr.*) (jusqu')à satiété: *mangiare, bere a sazietà* manger, boire (jusqu')à satiété; *di pastasciutta ce n'è a sazietà per tutti* des pâtes, il y en a assez pour que tout le monde en ait à satiété, pour que tout le monde en mange à sa faim; (*fig.*) *aver ricchezze a sazietà* avoir des richesses à satiété, en abondance # *divertirsi a sazietà* s'amuser à loisir.
sàzio, i |'sattsjo, i| *agg.* **1** [*interamente appagato nell'appetito o nel desiderio e nella capacità di mangiare un determinato cibo*] rassasié *p.p.*, repu: *sentirsi sazio* se sentir rassasié, repu **2** (*fig.*) [*pienamente soddisfatto nei desideri, nelle aspirazioni*] assouvi *p.p.*, repu # *sazio di piaceri, di divertimenti* soûl de plaisirs, d'amusements ◇ (*per est.*) [*stufo, nauseato*] las*: *sono sazio di questa vita!* je suis las, j'en ai assez de cette vie! # *ormai siamo tutti sazi delle tue chiacchiere* maintenant nous en avons vraiment assez de tes commérages.
sbaccellàre |zbattʃel'lare| *v.tr.* [*togliere dal baccello, sgranare*] écosser: *sbaccellare i fagioli, i piselli* écosser des haricots, des petits pois.
sbaccellatùra |zbattʃella'tura| *s.f.* [→ SBACCELLARE] écossage *m.*
sbacchettàre |zbakket'tare| *v.tr.* [*battere con forza un tessuto per togliere la polvere*] battre (76): *sbacchettare un tappeto, una coperta* battre un tapis, une couverture.
sbaciucchiaménto |zbatʃukkja'mento| *s.m.* [→ SBACIUCCHIARE] embrassades *f. pl.*, baisers *pl.*
sbaciucchiàre |zbatʃuk'kjare| **A** *v.tr.* [*baciare ripetutamente, con insistenza*] bécoter (*fam.*) **B** *v.pron. recipr.* SBACIUCCHIARSI [→ *tr.*] se bécoter: *se ne stavano in un angolino a sbaciucchiarsi* ils restaient dans un coin à se bécoter.
sbaciucchìo, ii |zbatʃuk'kio, ii| *s.m.* [→ SBACIUCCHIARE] bécotage (*fam.*).
sbaciucchióne |zbatʃuk'kjone| *s.* [*chi sbaciucchia*] embrasseur*.
sbadatàggine |zbada'taddʒine| *s.f.* **1** [*negligenza, distrazione*] étourderie, distraction: *la sua sbadataggine è proverbiale* son étourderie, sa distraction est proverbiale **2** [*atto, cosa fatta sbadatamente*] négligence, étourderie (*fam.*): *basta con queste sbadataggini!* assez de ces négligences!
sbadataménte |zbadata'mente| *avv.* [→ SBADATO] étourdiment ◇ [*con disattenzione*] par inadvertance *loc. inv.*, par mégarde *loc. inv.* ◇ [*con negligenza*] négligemment.
sbadàto |zba'dato| *agg.* (*persone*) [*che non bada a quello che fa; disattento, negligente*] étourdi, distrait, inattentif*: *un uomo sbadato* un homme étourdi, distrait, inattentif ♦ (*s.*) *uno sbadato* un étourdi: *sei uno sbadato!* tu es un étourdi!; *quel ragazzo è un grande sbadato* ce garçon est un grand étourdi, une tête en l'air, une tête de linotte ◇ (*cose*) [*che è effetto di sbadataggine*] distrait: *un gesto sbadato* un geste distrait.
sbadigliàre |zbadiʎ'ʎare| *v.intr.* (*aus.* '*avere*') [*fare sbadigli*] bâiller: *sbadigliare di fame, di sonno* bâiller de faim, de sommeil; *sbadigliare per la noia* bâiller d'ennui; *e smettila di sbadigliare!* finis donc de bâiller ainsi!
sbadiglio, i |zba'diʎʎo, i| *s.m.* [→ SBADIGLIARE] bâillement: *lo sbadiglio è contagioso* le bâillement est contagieux # *fare uno sbadiglio, una serie di sbadigli* bâiller, bâiller à se décrocher la mâchoire.
sbafàre |zba'fare| *v.tr.* (*fam.*) **1** [*mangiare a spese di altri, scroccare*] écornifler: *sbafare una cena, un pranzo* écornifler, resquiller un dîner, un repas ◇ (*per anal.*) *sbafare un biglietto d'ingresso a teatro* carotter un billet de théâtre ♦ (*ass.*) *è gente abituata a sbafare* ce sont des gens (qui sont) habitués à écornifler, à resquiller; *noi paghiamo e lui sbafa* nous, nous payons et lui, il resquille **2** (*col 'si' pleon.*) [*mangiare in abbondanza e con ingordigia*] bâfrer (*pop.*), bouffer (*pop.*): *da solo s'è sbafato un pollo intero* il a bâfré, bouffé à lui seul tout un poulet; *se l'è sbafato quasi tutto lui l'antipasto* il a bouffé presque tous les hors-d'œuvre.
sbafàta |zba'fata| *s.f.* (*fam.*) [*mangiata fatta a spese altrui; scorpacciata*] gueuleton (*m.*): *fare, farsi una (bella) sbafata* resquiller un bon gueuleton # *che sbafata di lasagne, a quel pranzo!* quelle ventrée de lasagnes on a resquillée à ce dîner!
sbafatóre, trice |zbafa'tore, tri-tʃe| *s.* (*fam.*) [*chi ha l'abitudine di mangiare a scrocco*] pique-assiette *inv.*, écornifleur*: *uno sbafatore di pranzi* un pique-assiette, un écornifleur, un resquilleur*.
sbàffo |'zbaffo| *s.m.* (*fam.*) [*segno, frego, sbavatura sim. a un baffo*] trace *f.* (*corr.*), traînée *f.* (*corr.*): *uno sbaffo di rossetto* une trace de rouge à lèvres; *uno sbaffo d'inchiostro* une traînée d'encre # *togliti quello sbaffo dal naso!* attention: tu as du (noir, rouge, etc.) sur le nez!
sbàfo |'zbafo| *s.m. nella loc. avv.* A SBAFO [*a spese altrui, senza pagare*] à l'œil: *mangiare, bere a sbafo* manger, boire à l'œil; *vado sempre allo stadio a sbafo* j'entre toujours au stade à l'œil, en resquillant, par resquille # *vivere a sbafo* vivre aux crochets de qqn.
sbagliàre |zbaʎ'ʎare| **A** *v.tr.* **1** [*compiere un'azione, comportarsi in modo errato, inesatto*] se tromper *pron.* (dans), rater, manquer: *sbagliare una manovra* se tromper dans, rater une manœuvre; *sbagliare la pronuncia, l'accento di una parola* se tromper dans la prononciation, l'accent d'un mot; *il centravanti ha sbagliato un pallone facilissimo* le centre-avant a manqué, raté un ballon très facile; *ho sbagliato tutto nella vita* j'ai tout raté dans ma vie # *sbagliare il tiro, la mira* mal viser; *il dottore ha sbagliato la diagnosi* le médecin a fait une erreur de diagnostic ◇ [*commettere un errore di scelta*] rater, manquer: *sbagliare mestiere, professione* rater sa vocation; *sbagliare momento, occasione* manquer, rater le moment, l'occasion ◇ [*calcolare, valutare male*] se tromper (dans): *sbagliare i conti, i calcoli* se tromper dans ses comptes, dans ses calculs; *sbagliare un'operazione, un problema* se tromper dans une opération, dans un problème ◇ (*loc. fam.*) SBAGLIARLA [*illudersi, ingannarsi*] se tromper, se mettre (71) *pron.* (se fourrer) le doigt dans l'œil: *se credi di intimorirmi, ti sbagli, la sbagli di grosso* si tu crois me faire peur, tu te trompes lourdement, tu te mets (te fourres) le doigt dans l'œil **2** [*scambiare, confondere*] se tromper de: *sbagliare strada, porta* se tromper de route,

de porte; *sbagliare numero telefonico* se tromper de numéro de téléphone; *ho sbagliato treno* je me suis trompé de train **B** *v.intr.* (*aus.* '*avere*') **1** [*operare, agire, comportarsi in modo errato, inopportuno*] se tromper *pron.* en (+ *v.*); dans (+ *sost.*): *sbagliare a leggere, a scrivere* se tromper en lisant, en écrivant; *sbagliare a prendere le misure* se tromper en prenant les mesures; *sbagliare nel fare i calcoli* se tromper en faisant ses calculs ‖ *sbagliare nella scelta della professione* se tromper dans le choix de sa profession # *hai sbagliato a comportarti così con lui* tu as eu tort de te comporter ainsi avec lui; *sbagli a rifiutare quell'offerta* tu as tort de refuser cette offre; *sbagliare di persona* se tromper de personne, faire erreur sur la personne → **equivocare** **2** *ass.* [*commettere un errore, degli errori di ordine materiale o morale*] se tromper: *sbagliare di grosso* se tromper lourdement; *tutti possiamo sbagliare* tout le monde peut se tromper; *non è possibile sbagliare*: *c'è una strada sola* vous ne pouvez pas vous tromper, il n'y a qu'une seule route # *sbagliare di poco* n'être pas loin de la vérité; *ha sbagliato, ma si è pentito* il a mal agi, mais il s'en est repenti ◇ (*per attenuare un'affermazione*) *sbaglierò, non vorrei sbagliare* si je ne me trompe, à moins que je ne me trompe, si je ne m'abuse ◇ (*prov.*) *sbagliando s'impara* c'est en forgeant qu'on devient forgeron **C** *v.pron. intr.* SBAGLIARSI [*ingannarsi nel giudizio*] se tromper: *credevo che fosse un galantuomo, ma mi sono sbagliato* je croyais que c'était un gentleman, mais je me suis trompé; *se non mi sbaglio, noi ci siamo già visti* si je ne me trompe, nous nous sommes déjà vus; *se credi di potermi convincere, ti sbagli di grosso* si tu crois pouvoir me convaincre, tu te trompes lourdement.

sbagliàto |zbaʎ'ʎato| *agg.* **1** [*errato, impreciso, inesatto*] faux*, inexact, erroné: *un calcolo sbagliato* un calcul faux, inexact; *una diagnosi sbagliata* un diagnostic faux; *la pronuncia di quella parola è sbagliata* la prononciation de ce mot est erronée ◇ (*loc.*) *fare una mossa, una manovra sbagliata*: (*pr.*) faire une fausse manœuvre; (*fig.*) [*imprudente, avventata*] faire un faux pas **2** [*impostato e realizzato male*] raté *p.p.*, manqué: *programma sbagliato* réalisation (d'un programme) ratée, manquée; *quadro, film sbagliato* tableau, film raté.

sbàglio, i |'zbaʎʎo, i| *s.m.* **1** [*errore, inesattezza* (*di un'azione, di un lavoro*)] faute *f.*; erreur (*f.*): *sbagli di pronuncia, di ortografia* faute de prononciation, d'orthographie ‖ *uno sbaglio di progettazione, di costruzione* une erreur dans un projet, une erreur de construction; *è stato uno sbaglio abbattere quel muro* ce fut une erreur que d'abattre ce mur → **errore** ◇ [*errore* (*di valutazione, di giudizio*)] erreur: *sbaglio di calcolo, di indirizzo* erreur de calcul, d'adresse; *sbaglio di citazione* erreur de citation; *uno sbaglio di prospettiva* une erreur de perspective; *è stato uno sbaglio sottovalutarlo* le sous-estimer a été une erreur; *che sbaglio non avere accettato la sua offerta!* quelle erreur, quelle bêtise de ne pas avoir accepté son offre! ◇ (*in senso morale*) *sono sbagli di gioventù!* ce sont des erreurs de jeunesse! **2** [*scambio, equivoco*] substitution (*f.*): *sbaglio di persona* substitution de personne # *scusi, c'è stato uno sbaglio, non cercavamo lei* excusez-nous, nous nous sommes trompés, ce n'est pas vous que nous cherchions ◇ *loc. avv.* PER SBAGLIO par mégarde: *l'ho fatto per sbaglio* je l'ai fait par mégarde; *ho preso per sbaglio il suo soprabito* j'ai pris par mégarde votre pardessus.

sbalestraménto |zbalestra'mento| *s.m.* [→ SBALESTRARE A 1] ballottement: *lo sbalestramento del viaggio* le ballottement du voyage.

sbalestràre |zbales'trare| **A** *v.tr.* **1** [*muovere, spostare con poco riguardo; scagliare, scaraventare lontano*] jeter (5): *la barca fu sbalestrata dalle onde contro gli scogli* la barque fut jetée par les vagues contre les récifs; *con uno spintone lo sbalestrarono fuori della porta* ils le jetèrent dehors (par la force) # *balestrare un mobile da una stanza all'altra* transbahuter (*fam.*) un meuble d'une pièce dans une autre **2** (*fig.*) [*trasferire, destinare in luoghi lontani e disagevoli*] expédier: *sbalestrare un dipendente in un piccolo centro* expédier un employé dans une petite ville ◇ [*sbilanciare, dissestare economicamente o finanziariamente*] déséquilibrer: *un investimento sbagliato può sbalestrare una azienda* un mauvais placement peut deséquilibrer une entreprise; *tutte queste spese hanno sbalestrato il bilancio familiare* tous ces frais ont déséquilibré le budget familial ◇ [*turbare, mettere in uno stato fisico o psichico di confusione, di squilibrio*] bouleverser, désaxer: *la morte della figlia l'ha sbalestrata* la mort de sa fille l'a bouleversée; *tutto questo lavoro mi ha sbalestrato un po'* tout ce travail m'a quelque peu désaxé, désorienté **B** *v.intr.* (*aus.* '*avere*') (*raro*) [*fare, dire cose inesatte*; *divagare*] divaguer (*corr.*), déraisonner (*corr.*).

sbalestràto |zbales'trato| *agg.* **1** [*che si trova in uno stato di squilibrio fisico o psichico, di disorientamento o di disagio*] désaxé: *una mente sbalestrata* un esprit désaxé, déréglé; *restare, sentirsi sbalestrato* être, se sentir désaxé, perdu # *sono un po' sbalestrato per il viaggio* je suis un peu abruti par le voyage; *nel suo nuovo ambiente si sente ancora un po' sbalestrato* dans son nouveau milieu, il se sent encore quelque peu dépaysé, perdu ◇ [*spostato, squinternato*; *che conduce una vita disordinata*] déséquilibré: *vita sbalestrata* vie déséquilibrée; *è un uomo sbalestrato* c'est un homme déséquilibré ✦ (*s.*) *uno sbalestrato* un désaxé **2** [*che è in uno stato di dissesto economico*] déséquilibré: *un bilancio familiare sbalestrato* un budget familial déséquilibré # *una azienda sbalestrata* une entreprise en difficulté.

sballàre |zbal'lare| **A** *v.tr.* **1** [*togliere, liberare dall'imballaggio*] déballer: *sballare dei mobili* déballer des meubles; *sballare con precauzione* déballer avec précaution **2** (*fig.*) [*chiedere cose esagerate, inaccettabili*] demander: *sballare un prezzo assurdo* demander un prix fou # *in quel ristorante sballano certe cifre!* dans ce restaurant on vous présente de ces additions! ◇ [*dire, raccontare cose inverosimili*] raconter: *sballare frottole, fandonie* raconter des blagues, des histoires ◇ (*loc.*) *sballarle grosse* en dire, en conter de belles **B** *v.intr.* (*aus.* '*essere*') (*in alcuni giochi, spec. di carte*) [*superare il limite consentito, il punteggio massimo*] dépasser (*aus.* avoir): *attento a non sballare!* attention à ne pas dépasser le maximum de points! # *il banco è sballato e paga tutti* la banque a perdu et elle paie tout le monde ◇ (*fig., pop.*) → **morire.**

sballàto |zbal'lato| *agg.* [*sbagliato, privo di fondamento*] *un ragionamento sballato* un raisonnement qui ne tient pas debout (*loc.*); *è una notizia sballata, inventata di sana pianta* c'est une nouvelle inventée de toutes pièces ◇ [*imprudente, avventato*] *hasardeux*, téméraire: *un affare sballato* une affaire hasardeuse, vouée à l'échec; *è una proposta sballata* c'est une proposition téméraire, hasardeuse.

sballatùra |zballa'tura| *s.f.* [→ SBALLARE A 1] déballage (*m.*): *la sballatura di un frigorifero* le déballage d'un réfrigérateur.

1 **sbàllo** |'zballo| *s.m.* → **sballatura.**

2 **sbàllo** |'zballo| *s.m.* (*gerg.*) → **droga.**

sballottaménto |zballotta'mento| *s.m.* [→ SBALLOTTARE] ballottement.

sballottàre |zballot'tare| *v.tr.* [*scuotere violentemente, sbattere qua e là*] ballotter, secouer: *la carrozza ci ha sballottato per tutto il viaggio* la voiture nous a ballottés, secoués pendant tout le trajet; *le onde sballottavano paurosamente la nostra imbarcazione* les vagues ballottaient épouvantablement notre embarcation # *incominciò a baciare il bambino e a sballottarlo affettuosamente* elle commença à embrasser l'enfant et à le bercer affectueusement; *eravamo sballottati dalla folla* nous étions bousculés par la foule → **urtare** ◇ (*par anal.*) *lo sballottavano continuamente da un posto all'altro* ils le ballottaient continuellement d'un endroit à un autre.

sballottìo, ii |zballot'tio, ii| *s.m.* → **sballottamento.**

sballottolàre |zballotto'lare| *v.tr.* → **sballottare.**

sbalordiménto |zbalordi'mento| *s.m.* [→ SBALORDIRE A 2; B 1] étourdissement; ébahissement, stupeur (*f.*): *riprendersi, riaversi dallo sbalordimento*, se remettre d'un étourdissement, revenir à soi ‖ *grande fu lo sbalordimento, la sorpresa* grand fut l'ébahissement, grande fut la stupeur.

sbalordìre |zbalor'dire| (197) **A** *v. tr.* **1** [*far perdere i sensi, tramortire*] étourdir: *lo sbalordì con un pugno* il l'étourdit d'un coup de poing; *la bastonata l'ha sbalordito* le coup de bâton l'a étourdi ◇ (*per est.*) [*intontire, stordire*] abasourdir: *la confusione, il frastuono e tutte le vostre chiacchiere mi hanno sbalordito* le vacarme, le tapage et tous vos bavardages m'ont abasourdi **2** (*fig.*) [*turbare, sconcertare, confondere*] abasourdir, stupéfier: *la notizia ci ha sbalordito tutti* la nouvelle nous a tous abasourdis; *la sua morte, così improvvisa e tragica, ci ha sbalorditi* sa mort, si inattendue et si tragique, nous a stupéfiés ◇ [*colmare di meraviglia, far restare stupefatto*] surprendre (73), épater (*fam.*): *le tue affermazioni mi hanno sbalordito* tes affirmations m'ont surpris; *la bravura di quel prestigiatore ha sbalordito il pubblico* les tours de ce prestidigitateur ont épaté le public # *ha una destrezza da sbalordire* il est d'une adresse étonnante **B** *v.intr.* (*aus.* '*avere*') **1** [→ *tr.* 2] être (43) frappé de stupeur, abasourdi: *a quella notizia, sbalordì* à cette nouvelle, il fut frappé de stupeur; *a sentire le tue affermazioni, ti assicuro che sbalordisco* à entendre tes affirmations, je t'assure que je suis abasourdi; *cose da sbalordire!* il y a vraiment de quoi être abasourdi! **2** (*raro*) [→ *tr.* 1] être étourdi, se sentir (21) *pron.* étourdi.

sbalorditàggine |zbalordi'taddʒine| *s.f.* **1** [*sbadataggine, stupidaggine, sventatezza*] étourderie: *l'ho fatto per sbalorditaggine, scusami* je l'ai fait par étourderie, par mégarde, excuse-moi **2** [*atto, comportamento da sbalordito*] étourderie.

sbalorditivaménte |zbalorditiva'mente| *avv.* [→ SBALORDITIVO] incroyablement.

sbalorditìvo |zbalordi'tivo| *agg.* [*eccezionale, incredibile*] stupéfiant, étonnant: *una memoria sbalorditiva* une mémoire stupéfiante, étonnante; *bravura sbalorditiva* habileté étonnante # *la sua ricchezza è sbalorditiva* sa richesse est immense → **immenso, stragrande** ◇ [*esagerato, eccessivo*] exorbitant: *prezzi sbalorditivi* prix exorbitants.

sbalordìto |zbalor'dito| *agg.* **1** [*tramortito, privo di sensi*] étourdi (*p.p.*): *restò sbalordito dal colpo* il fut étourdi par le coup ◇ (*per est.*) [*sventato, stordito*] *quel segretario è un po' sbalordito* ce secrétaire est un peu étourdi; *sei uno sbalordito!* tu es un étourdi, une tête en l'air! # *ha un'aria da sbalordito, quel ragazzo!* ce garçon a vraiment l'air étourdi! **2** (*fig.*) [*stupefatto, attonito per la meraviglia*] stupéfait: *rimase sbalordito di fronte alla sua destrezza* il resta stupéfait devant son adresse.

1 **sbalzàre** |zbal'tsare| **A** *v.tr.* **1** (*spec. con ogg. di persona*) [*scagliare via violentemente, buttare giù all'improvviso*] (pro)jeter (5): *l'urto lo sbalzò fuori dalla macchina* le choc le projeta hors de la voiture # *sbalzare di sella* désarçonner; *fu sbalzato da cavallo* le cheval le démonta **2** (*fig.*) [*rimuovere, allontanare improvvisamente da una carica, da un ufficio, ecc.*] expédier, reléguer (8): *fu sbalzato in un paesetto di montagna* il fut expédié, relégué dans un petit village de montagne # *sbalzare un re dal trono* renverser un roi, détrôner un roi, faire perdre son trône à un roi **B** *v.intr.* (*aus.* '*essere*') **1** [*essere scagliato via violentemente, cadere giù all'improvviso*] jeter (*tr.*): *sbalzando a terra battè la testa* il fut jeté à terre et ce fut sa tête qui porta **2** [*fare uno sbalzo improvviso*] bondir (*aus.* avoir) # *la temperatura è sbalzata sotto zero* la température est tombée au-dessous de zéro ◇ (*fig.*) *da impiegato è sbalzato alla direzione generale* d'employé qu'il était, il est passé à la direction générale; *è sbalzato al primo posto in classifica* il est passé à la première place du classement (général).

2 **sbalzàre** |zbal'tsare| *v.tr.* [*lavorare a sbalzo*] repousser, bosseler (4), travailler en relief une pièce d'orfèvrerie: *sbalzare un disegno* repousser, bosseler un dessin; *sbalzare un vaso d'argento* bosseler un vase d'argent.

sbalzàto |zbal'tsato| *agg.* [*lavorato a sbalzo*] repoussé, ciselé (*p.p.*): *un piatto di rame sbalzato* un plat en cuivre repoussé, ciselé.

sbalzatóre, trice |zbaltsa'tore, tritʃe| *s.* [*artigiano, operaio specializzato in lavori a sbalzo*] repousseur *m.*

sbalzellàre |zbaltsel'lare| *v.intr.* (*aus.* '*avere*') (*raro*) [*procedere a piccoli balzi*; *saltellare*] (*di vettura*) cahoter (*corr.*); (*persone*) sautiller (*corr.*).

sbalzellìo, ii |zbaltsel'lio, ii| *s.m.* (*raro*) [*un continuo sbalzellare*] sautillement (*corr.*), cahotement (*corr.*).

sbalzellóni |zbaltsel'loni| *avv.* (*raro*) → **balzelloni.**

sbàlzo |'zbaltso| *s.m.* **1** [*movimento brusco e improvviso in avanti o in alto*] écart; cahot: *il cavallo, con uno sbalzo, lo gettò di sella* le cheval, en faisant un écart, le jeta à terre ‖ *la macchina faceva sbalzi enormi sulla strada sassosa* la voiture faisait, subissait de grands cahots sur la route caillouteuse ◇ (*fig.*) [*avanzamento, progresso rapido e improvviso*; *oscillazione*] bond; écart, saute (*f.*): *passando da impiegato a caporeparto, ha fatto un bello sbalzo* en passant d'employé à chef de bureau, il a fait un drôle de bond ‖ *con questi sbalzi di temperatura ci si ammala facilmente* avec ces écarts, ces sautes de température on tombe facilement malade # *i prezzi hanno fatto un nuovo sbalzo* les prix ont subi, enregistré une nouvelle hausse ◇ *loc. avv.* DI SBALZO: (*pr.*) *gli fu addosso di sbalzo* brusquement, il lui sauta dessus; (*fig.*) *è stato nominato direttore generale di sbalzo* il a été nommé directeur général de but en blanc ~ A SBALZI par à-coups: (*pr.*) *la macchina procedeva a sbalzi sulla strada sassosa* la voiture avançait par à-coups sur le chemin caillouteux; (*fig.*) *è uno studente che si applica a sbalzi* c'est un étudiant qui s'applique par à-coups **2** (*edil.*) saillie *f.*, encorbellement: *balcone, mensola a sbalzo* balcon, console en saillie, en encorbellement; *uno sbalzo in legno, in acciaio* un encorbellement en bois, en acier ◇ (*aer.*) *ala a sbalzo* aile en cantilever **3** (*arts.*) repoussé, repoussage: *la tecnica, l'arte dello sbalzo* la technique, l'art du repoussé, du travail façonné par repoussage # *un piatto d'argento lavorato a sbalzo* un plat d'argent travaillé en bosselage, bosselé.

sbancaménto |zbanka'mento| *s.m.* [→ 2 SBANCARE] déblaiement.

1 **sbancàre** |zban'kare| **A** *v.tr.* **1** *sbancare il banco* (*in giochi d'azzardo*) [*vincere l'intera somma di cui dispone il banco*] faire (45) *intr.* sauter la banque **2** (*fig.*) [*far spendere tutto il denaro, mandare in rovina*] ruiner: *tutte le spese per costruire la casa mi hanno sbancato* toutes les dépenses pour construire la maison m'ont ruiné **B** *v.pron. intr.* SBANCARSI [→ *tr.* 2] se ruiner.

2 **sbancàre** |zban'kare| *v.tr.* [*asportare uno strato di terreno o di roccia per rendere possibili lavori edilizi o stradali*] déblayer (9): *per quella strada hanno dovuto sbancare il fianco della collina* pour cette route on a dû déblayer le flanc de la colline.

1 **sbandaménto** |zbanda'mento| *s.m.* **1** [→ SBANDARE A 1; B] embardée (*f.*): *la macchina, dopo uno sbandamento, è uscita di strada* la voiture a fait une embardée et est sortie de la route # *sbandamento a dritta, a sinistra* bande, gîte à tribord, à bâbord **2** [→ SBANDARE A 2] débandade (*f.*): *sbandamento morale, politico* débandade, confusion morale, politique # *la guerra porta sempre uno sbandamento delle coscienze* la guerre amène toujours un trouble profond dans les consciences.

2 **sbandaménto** |zbanda'mento| *s.m.* **1** [→ SBANDARSI 1] débandade *f.*, dispersion *f.* **2** [→ SBANDARSI 2] débandade.

sbandàre |zban'dare| **A** *v.intr.* (*aus.* '*avere*') **1** (*riferito a veicoli in corsa*) [*procedere serpeggiando o deviare improvvisamente dalla traiettoria di moto*] faire (45) *tr.* une embardée: *la vettura ha sbandato in curva uscendo di strada* la voiture a fait une embardée dans un virage et est sortie de la route ◇ (*riferito a mezzi di trasporto navali, aerei*) [*inclinarsi trasversalmente*] donner de la bande, de la gîte; dévier: *sbandare a dritta, a sinistra* donner de la bande, de la gîte à tribord, à bâbord; *la nave sta sbandando sul fianco destro* le bateau donne de la bande à tribord ‖ *l'aereo, per la violenza della tempesta, cominciò a sbandare* la violence de la tempête commença à faire dévier l'avion **2** (*fig.*) [*deviare, inclinare verso una linea ideologica o pratica non ortodossa*] dégénérer (8): *è un movimento che sta sbandando verso l'anarchia* c'est un mouvement qui est un train de dégénérer en anarchie ✦ *ass.* s'écarter *pron.* du droit chemin: *da quando frequenta quel ragazzo, ha cominciato a sbandare* depuis qu'elle fréquente ce garçon, elle tend à s'écarter du droit chemin **B** *v.tr.* (*con valore causativo*) [→ *intr.* 1] faire *tr.* une embardée: *la tempesta ha sbandato la nave* la tempête a fait faire une embardée au bateau; *quella frenata imprudente ha sbandato la vettura* cet imprudent coup de frein a fait faire une embardée à la voiture.

sbandàrsi |zban'darsi| *v.pron. intr.* **1** (*mil.*) [*disunirsi, disperdersi in varie direzioni*] se débander, se disperser: *alcuni reparti nemici si sbandarono al primo urto* certaines formations ennemies se débandèrent au premier choc; *la squadriglia dei bombardieri si sbandò per sottrarsi alla contraerea* l'escadrille de bombardement se dispersa pour échapper à la D.C.A. ◇ (*per anal.*) *i dimostranti, intimoriti dalla presenza della polizia, si sbandarono* les manifestants, impressionnés par la présence de la police, se dispersèrent; *il gregge, spaventato dai cani, s'è sbandato sui monti* le troupeau, effrayé par les chiens, s'est dispersé dans les montagnes **2** (*fig.*) [*perdere l'unità, la coesione*; *disgregarsi, dividersi*] se disperser: *dopo la morte della madre, la famiglia s'è sbandata* après la mort de la mère, la famille s'est dispersée.

sbandàta |zban'data| *s.f.* [→ SBANDARE A 1; B] embardée: *la sbandata fece finire la vettura giù per la scarpata* l'embardée fit aller la voiture sur le talus ◇ (*loc. fig.*, *scherz.*) *prendere una sbandata* [*innamorarsi fortemente*] tomber amoureux* (*corr.*).

sbandàto |zban'dato| *agg.* **1** (*mil.*) débandé *p.p.*, dispersé (*p.p.*): *un esercito sbandato* une armée débandée, dispersée → **disperso**; *tentò inutilmente di riunire i soldati sbandati* il essaya en vain de rassembler les soldats dispersés → **isolato** ✦ (*s.m.*) *uno sbandato* un soldat à la débandade, en déroute ◇ (*per est.*) [*privo di coesione, di unità*] dispersé: *una famiglia sbandata* une famille dispersée **2** (*fig.*) [*che è fuori di una linea morale o ideologica ortodossa*; *disorientato, isolato*] désaxé, déséquilibré: *un ragazzo sbandato* un garçon désaxé, déséquilibré; *gioventù sbandata* jeunesse déséquilibrée ✦ (*s.*) *uno sbandato* un désaxé, un déséquilibré: *sono degli sbandati!* ce sont des désaxés, des déséquilibrés!

sbandieraménto |zbandjera'mento| *s.m.* **1** [→ SBANDIERARE 1] étalage de drapeaux, pavoisement (*raro*) → **sventolio** **2** [→ SBANDIERARE 2] étalage: *uno sbandieramento di coraggio, di patriottismo* un étalage de courage, de patriotisme → **esibizione, ostentazione.**

sbandieràre |zbandje'rare| *v.tr.* **1** [*agitare, sventolare bandiere, vessili e sim.*] agiter (un drapeau) # *i liberatori entrarono sbandierando il tricolore* les libérateurs entrèrent en déployant le drapeau tricolore ✦ (*ass.*) *la popolazione corse incontro ai liberatori sbandierando* la population courut à la rencontre des libérateurs en agitant des drapeaux **2** (*fig.*) [*ostentare, sfoggiare, rendere pubblico*] étaler, faire (45) étalage de: *sbandierare i propri meriti, i propri successi* étaler ses mérites, ses succès; faire étalage de ses mérites, de ses succès # *ha sbandierato la notizia a tutti i venti* il a crié, publié la nouvelle sur les toits.

sbandieràta |zbandje'rata| *s.f.* [*sventolamento di bandiere*] pavoisement *m.* (*raro*) # *la folla accolse i liberatori con una grande sbandierata* la foule accueillit les libérateurs en pavoisant partout; *la sbandierata del palio di Siena* l'étalage de drapeaux qui a lieu pour la course du palio de Sienne.

sbandieràto |zbandje'rato| *agg.* [*magnificato, vantato*] vanté (*p.p.*): *dov'è il tuo tanto sbandierato coraggio?* où est ton courage si vanté?

sbandieratóre, trice |zbandjera'tore, tritʃe| *s.* (*in parate, in manifestazioni pop.*) [*chi esegue esercizi di bravura con le bandiere*] ⊠.

sbandìre |zban'dire| (197) *v.tr.* (*lett.*) → **bandire, esiliare.**

sbandòmetro |zban'dɔmetro| *s.m.* (*aer.*) indicateur de virage.

sbaraccàre |zbarak'kare| *v.tr.* (*fam.*) [*rimuovere, togliere via in fretta*] balayer (9): *la rivoluzione ha sbaraccato via tutti i privilegi nobiliari* la révolution a balayé tous les privilèges des nobles ✦ *ass.* [*andarsene portandosi via le proprie cose*] déguerpir, décamper: *dobbiamo sbaraccare da qui* il nous faut déguerpir, décamper d'ici # *il circo incomincia a sbaraccare* le cirque commence à plier bagage.

sbaragliaménto |zbaraʎʎa'mento| *s.m.* (*raro*) [→ SBARAGLIARE 1] mise *f.* en déroute.

sbaragliàre |zbaraʎ'ʎare| *v.tr.* **1** (*mil.*) [*mettere in rotta, sgominare, disperdere*] mettre (71) en déroute: *sbaragliare l'esercito nemico* mettre en déroute l'armée ennemie **2** (*per est.*) [*vincere, battere*] battre (76): *sbaragliare la squadra avversaria* battre l'équipe adverse; *nelle elezioni sbaragliò tutti gli altri concorrenti* aux élections il a battu tous ses adversaires.

sbaraglìno |zbaraʎ'ʎino| *s.m.* (*gioco*) → **tavola** (*reale*).

sbaràglio, i |zba'raʎʎo, i| *s.m.* *spec. nella loc.* ALLO SBARAGLIO: (*pr.*, *mil.*) à la boucherie: *andare, mandare allo sbaraglio* aller, envoyer à la boucherie; *condusse un intero reparto allo sbaraglio* il envoya tout un détachement à la boucherie; (*fig.*) *gettarsi allo sbaraglio* [*rischiare tutto per tutto*] risquer le tout pour le tout; *mettere allo sbaraglio la propria vita* risquer (résolument) sa vie → **pericolo, rischio** # *mette allo sbaraglio la famiglia* il met la vie de la famille en danger.

sbarazzàre |zbarat'tsare| **A** *v.tr.* [*liberare, sgomberare da un ostacolo, da un impedimento*] dégager (3): *sbarazzare la strada da una frana* dégager la route coupée par un éboulement # *bisogna sbarazzare il porto dalla nave affondata* il faut relever l'épave du navire qui a coulé dans le port (et qui l'obstrue); *sbarazzare l'intestino* libérer l'intestin ◇ (*per est.*) [*rendere disponibile, libero*] débarrasser: *sbarazzare una stanza dai mobili* débarrasser une pièce de ses meubles; *sbarazzare il tavolo per apparecchiare* débarrasser la table pour mettre le couvert **B** *v.pron. rifl.* SBARAZZARSI **1** [*liberarsi, togliersi di dosso*] se décharger (3): *sbarazzarsi di un carico* se décharger d'un fardeau; *i soldati si sbarazzarono dello zaino* les soldats posèrent leur sac, se déchargèrent de leur sac à dos **2** [*liberarsi* (*da un impiccio, da uno scocciatore*)] se délivrer, se débarrasser; se décharger: *sbarazzarsi di una seccatura* se délivrer d'un ennui; *sbarazzarsi di un rivale, di uno scocciatore* se débarrasser d'un rival, d'un casse-pieds ‖ *sbarazzarsi di una responsabilità* se décharger d'une responsabilité.

sbarazzinàta |zbarattsi'nata| *s.f.* (*raro*) → **birichinata.**

sbarazzìno |zbarat'tsino| **1** *s.* [*ragazzo molto vivace e poco rispettoso delle formalità, delle convenienze*] espiègle, (petit) coquin: *che sbarazzino, quel bambino!* quel espiègle, quel (petit) coquin, cet enfant!; *quella ragazza è una grande sbarazzina* cette petite fille est bien coquine **2** *agg.* [*da sbarazzino*] *aria sbarazzina* petit air fripon; *che maniere sbarazzine ha quella ragazza!* quelles manières désinvoltes elle a, cette fille! ◇ *loc.* ALLA SBARAZZINA gamin *agg.*, à l'air gamin # *portare il cappello alla sbarazzina* porter un chapeau qui donne l'air gamin.

sbarbàre |zbar'bare| **A** *v.tr.* **1** [*tagliare, radere la barba*] raser: *chi ti ha sbarbato così bene?* qui t'a si bien rasé? **2** [*sradicare, svellere con le radici*] déraciner, arracher: *sbarbare una pianta* déraciner, arracher une plante; *sbarbare le cipolle, le barbabietole* arracher les oignons, les betteraves; *l'uragano ha sbarbato molti alberi* l'ouragan a déraciné beaucoup d'arbres ◇ (*fig.*, *raro*) [*estirpare, eliminare dalle radici*] déraciner **B** *v.pron. rifl.* SBARBARSI [→ *tr.* 1] se raser: *si sbarba accuratamente tutte le mattine* il se rase soigneusement chaque matin.

sbarbatèllo |zbarba'tɛllo| *s.m.* (*spreg.*, *scherz.*) [*giovane privo di maturità e di esperienza*] blanc-bec: *degli sbarbatelli* des blancs-becs.

sbarbàto |zbar'bato| *agg.* **1** [*rasato*] rasé **2** (*pop.*) [*imberbe*] imberbe (*corr.*).

sbarbatùra |zbarba'tura| *s.f.* **1** (*nella lavorazione dei cappelli di feltro*) rasage *m.* **2** (*raro*) [→ SBARBARE A 1; B] rasage (*corr.*).

sbarbettàre |zbarbet'tare| *v.tr.* (*agr.*) [*eseguire la sbarbettatura*] ébarber.

sbarbettatùra |zbarbetta'tura| *s.f.* (*agr.*) ébarbement *m.*

sbarbicàre |zbarbi'kare| *v.tr.* (*fam.*, *region.*) → **sbarbare, sradicare.**

sbarbìno |zbar'bino| *s.m.* (*region.*) [*adolescente che vuol dimostrarsi furbo, ma dall'aria innocente*] blanc-bec: *degli sbarbini* des blancs-becs.

sbarcàre |zbar'kare| **A** *v.tr.* **1** [*scaricare merci*; *far scendere persone da un'imbarcazione o da un aereo*] débarquer, décharger (3): *sbarcare il carico* débarquer, décharger la cargaison; *sbarcare carbone, veicoli, nafta* décharger du charbon, des véhicules, du mazout; *sbarcare l'equipaggio, i passeggeri* débarquer l'équipage, les passagers; *le truppe furono sbarcate a Napoli* les troupes ont été débarquées à Naples ◇ (*scherz.*) *il tram mi sbarca proprio davanti casa* le tram me laisse, me crache (*pop.*) juste devant chez moi **2** (*fig.*) [*passare alla meglio un determinato periodo di tempo, gli stenti e le difficoltà inerenti*] *sbarcare l'inverno* passer tant bien que mal l'hiver; *quella povera donna non riesce a sbarcare* cette pauvre femme n'arrive pas à joindre les deux bouts ◇ (*loc.*) *sbarcare il lunario* [*vivere tirando avanti a stento*] tirer le diable par la queue ~ (*pop.*) SBARCARLA, SBARCARSELA [*cavarsela*] s'en tirer: *non so se quella povera famiglia riuscirà a sbarcarla* je ne sais pas si cette pauvre famille réussira à s'en tirer **B** *v.intr.* (*aus.* '*essere*') **1** [*scendere da un'imbarcazione o da un aereo*] débarquer (*aus.* avoir): *fra una ora sbarcheremo* on débarque dans une heure; *è sbarcato a Napoli* il a débarqué à Naples; *i passeggeri stanno sbarcando dall'aereo* les passagers sont en train de débarquer (de l'avion) # *l'uomo è riuscito a sbarcare sulla luna* l'homme a réussi à se poser sur la lune, à alunir **2** (*per est.*, *mar.*) [*cessare di far parte dell'equipaggio di una nave mercantile o mil.*] débarquer ◇ (*mil.*) [*scendere e attestarsi su una zona costiera controllata dal nemico, come operazione offensiva*] débarquer: *Garibaldi sbarcò a Marsala* Garibaldi débarqua à Marsala; *sono sbarcati gli alleati!* les alliés ont débarqué! Ⓒ A 1 **imbarcare.**

sbarcatóio, i |zbarka'tojo, i| *s.m.* [*impianto, mobile o fisso, per agevolare l'imbarco o lo sbarco dei passeggeri e dell'equipaggio di navi e imbarcazioni*] débarcadère.

sbàrco, chi |'zbarko, ki| *s.m.* **1** [→ SBARCARE A 1; B 1] débarquement: *operazioni di sbarco* opérations de débarquement; *lo sbarco delle merci, dei veicoli imbarcati* le débarquement, le déchargement des marchandises, des véhicules embarqués # *pontile di sbarco* débarcadère; *dare il permesso di sbarco* donner l'autorisation de débarquer **2** [→ SBARCARE B 2] débarquement: *mezzi, truppe da sbarco* moyens, troupes de débarquement; *lo sbarco in Normandia, di Anzio* le débarquement en Normandie, à Anzio # *testa di sbarco* tête de pont © **imbarco.**

sbardàre |zbar'dare| *v.tr.* [*togliere la bardatura del cavallo*] débâter.

sbàrra |'zbarra| *s.f.* **1** [*qualsiasi elemento usato per limitare, impedire un passaggio, un accesso*] barre; barreau *m.*; barrière: *una sbarra di legno, di metallo* une barre de bois, de métal; *serrò la porta con una sbarra* il ferma la porte avec une grosse barre, bâcle (*raro*) → **spranga** ‖ *le sbarre dell'inferriata di una finestra* les barreaux (de la grille) d'une fenêtre; *le sbarre di una cancellata, di una gabbia* les barreaux d'une grille, d'une cage ‖ *le sbarre della dogana* les barrières de la douane; *le sbarre del passaggio a livello* la barrière du passage à niveau ◇ (*loc. fig.*) *passare la vita dietro le sbarre* [*in prigione*] passer sa vie derrière les barreaux **2** (*nei tribunali*) [*la cancellata, la barriera che separava i giudici dagli imputati*] barre ◇ (*loc.*) *andare, presentarsi alla sbarra* [*in tribunale, in giudizio*] se présenter, être convoqué, comparaître devant le tribunal ~ *essere chiamato, portato alla sbarra* être convoqué, comparaître devant le tribunal ~ (*fig.*) *essere, mettere qc., q.c. alla sbarra* [*essere sottoposto, sottoporre a inchiesta, a severo giudizio*] être, mettre qqn. sur la sellette **3** [*attrezzo, strumento, organo per usi vari*] barre ◇ (*ginnastica*) *esercizi alla sbarra* exercices à la barre ◇ (*sollevamento pesi*) haltère: *sollevare la sbarra* soulever l'haltère **4** [*bastone, spranga*] barre: *lo colpì con una sbarra* il le frappa avec une barre, il lui donna un coup de barre **5** [*segno grafico costituito da una lineetta verticale o leggermente inclinata*] barre → **barra** **6** (*arald.*) barre.

sbarraménto |zbarra'mento| *s.m.* [→ SBARRARE 2] barrage: *sbarramento di un passaggio, di un accesso* barrage d'un passage, d'un accès; *diga di sbarramento* barrage; *opere di sbarramento* (ouvrages de) barrage; *la polizia distese un cordone di sbarramento* la police fit un barrage ◇ (*mil.*) *sbarramento terrestre, navale, aereo* barrage terrestre, naval, aérien; *tiro di sbarramento* tir de barrage ◇ (*per est.*) [*l'ostacolo, i mezzi che impediscono il passaggio, l'accesso*] *uno sbarramento di travi, di filo spinato* un barrage de poutres, de fil de fer barbelé; *uno sbarramento di polizia* un barrage de police.

sbarràre |zbar'rare| *v.tr.* **1** [*chiudere, serrare con una sbarra*] barricader: *sbarrare la porta con una spranga di ferro* barricader la porte avec une grosse barre, une bâcle de fer **2** (*per est.*) [*ostacolare, impedire l'accesso, il passaggio*] barrer, bloquer: *due macchine, poste trasversalmente, sbarravano il passaggio* deux voitures, mises en travers, barraient, bloquaient le passage; *una frana sbarrava il transito* un éboulement bloquait le passage → **bloccare**; *un agente armato gli sbarrò il passo* un agent armé lui barra la route ◇ [*segnare con una o due righe trasversali*] barrer: *sbarrare un assegno, una scheda* barrer un chèque, une fiche **3** *sbarrare gli occhi* [*spalancarli per stupore o terrore*] écarquiller les yeux © 1 **aprire.**

sbarràto |zbar'rato| **I** *agg.* **1** [*chiuso con una sbarra*] barricadé (*p.p.*): *una porta sbarrata con una spranga di ferro* une porte barricadée avec une grosse barre, par une bâcle (*raro*) **2** (*per est.*) [*inaccessibile, ostruito*] barré; bloqué (*p.p.*): *trovò tutte le vie sbarrate* il trouva toutes les rues barrées ‖ *accesso, passaggio sbarrato* accès, passage bloqué ◇ [*contrassegnato con una o due linee trasversali*] barré: *assegno sbarrato* chèque barré → **barrato**; *numero sbarrato* numéro barré; *ho preso il tram 5 sbarrato* j'ai pris le (tram) 5 barré **3** *occhi sbarrati* [*spalancati per lo stupore o per il terrore*] yeux écarquillés, exorbités **II** *agg. e s.m.* (*arald.*) (écu) barré.

sbarrétta |zbar'retta| *s.f.* → **sbarra** 5.

sbassaménto |zbassa'mento| *s.m.* (*raro*) [→ SBASSARE] abaissement.

sbassàre |zbas'sare| *v.tr.* [*abbassare, diminuire di altezza o di spessore*] (a)baisser: *sbassare i tacchi delle scarpe* abaisser les talons des chaussures; *sbassare un tavolo troppo alto* baisser une table trop haute.

sbastìre |zbas'tire| (197) *v.tr.* [*togliere l'imbastitura*] débâtir: *sbastire un paio di pantaloni* débâtir un pantalon © **imbastire.**

sbatacchiaménto |zbatakkja'mento| *s.m.* [→ SBATACCHIARE] claquement.

sbatacchiàre |zbatak'kjare| **A** *v. tr.* [*sbattere violentemente e ripetutamente; agitare con forza*] battre (76); claquer: *sbatacchiare le ali* battre des ailes; *il vento sbatacchiava porte e finestre* le vent faisait claquer les portes et les fenêtres # *lo sollevò il peso e lo sbatacchiò per terra* il le souleva et le jeta, flanqua par terre; *attenzione a non sbatacchiare troppo quella bottiglia di vino* fais attention à ne pas trop secouer, agiter cette bouteille de vin **B** *v.intr.* (*aus.* '*avere*') [*urtare, sbattere ripetutamente e con violenza*] battre, claquer: *le imposte della finestra sbatacchiano* les volets de la fenêtre claquent, battent; *la porta ha sbatacchiato tutta la notte* la porte a claqué toute la nuit.

sbatacchiàta |zbatak'kjata| *s.f.* [*lo sbatacchiare una volta*] battement *m.*, claquement *m.* # *gli ha dato una bella sbatacchiata a quell'uscio* il a claqué la porte.

sbatàcchio, i |zba'takkjo, i| *s.m.* (*ing.*) étai, étançon.

sbatacchióne |sbatak'kjone| *s.m.* → **spintone.**

sbattagliàre |zbattaʎ'ʎare| *v.intr.* (*aus.* '*avere*') (*riferito a campane*) [*suonare a distesa*] sonner à toute volée.

sbàttere |'zbattere| **A** *v.tr.* **1** [*battere con forza, ripetutamente; urtare con violenza*] battre (76); claquer: *sbattere i tappeti* battre, secouer les tapis; *sbattere una coperta, un cappotto, il materasso* battre une couverture, un manteau, le matelas; *sbattere le ali* battre des ailes ‖ *se ne andò sbattendo la porta* il partit en claquant la porte # *per protesta si mise a sbattere i piedi per terra* pour protester, il se mit à taper du pied, à trépigner; *sbattere la testa contro una parete* se cogner la tête contre un mur ◇ [*agitare, frullare, montare*] battre; fouetter: *sbattere le uova* battre les œufs ‖ *sbattere la panna* fouetter la crème ◇ *loc. fig.* SBATTERE Q.C. IN FACCIA [*presentare, dire q.c. con violenza, con sdegno*] jeter qqch. à la figure de qqn.: *gli ha sbattuto la verità in faccia* il lui a jeté la vérité au visage ~ *non sapere dove sbattere la testa* ne pas savoir où donner de la tête ~ *sbattere la porta in faccia a qc.* claquer la porte au nez de qqn. **2** [*scaraventare, gettare via con violenza, scagliare contro q.c.*] jeter (5), flanquer (*fam.*): *sbattere q.c. contro il muro, per terra* jeter, flanquer qqch. contre le mur, par terre; *le onde sbatterono la nave contro gli scogli* les vagues jetèrent le bateau sur les écueils; *i ladri furono sbattuti in prigione* les voleurs furent jetés en prison → **gettare, mettere**; *prese le carte e le sbatté fuori della finestra* il prit les papiers et les jeta par la fenêtre → **buttare** ◇ (*fig.*) [*cacciare via in malo modo, mettere alla porta; trasferire lontano o in una sede scomoda*] flanquer; expédier: *sbattere qc. fuori* (*della porta*) flanquer qqn. à la porte ‖ *sbattere un dipendente in un piccolo centro di provincia* expédier un employé dans un petit centre de province **3** (*fig., fam.*) [*conferire un aspetto e un colorito stanco*] abattre: *la fatica del viaggio l'ha sbattuta un po'* la fatigue du voyage l'a un peu abattue ◇ [*dare al volto un colorito pallido, smorto*] pâlir, rendre (53) pâle # *è un vestito molto elegante, ma la sbatte troppo* c'est une robe très élégante mais qui ne lui va pas au teint ✦ (*ass.*) *è un colore che sbatte* c'est une couleur qui ne va pas au teint **B** *v.intr.* (*aus.* '*avere*') [→ *tr.* 1] battre, claquer: *le persiane hanno sbattuto tutta la notte* les persiennes ont battu, claqué toute la nuit # *sbatté con la testa contro un mobile* il se cogna la tête contre un meuble; *la macchina andò a sbattere contro un muro* la voiture alla cogner contre un mur.

sbattezzàre |zbatted'dzare| **A** *v. tr.* [*far rinnegare la fede crist.*] obliger (3) qqn. à abjurer sa religion **B** *v. pron. intr.* SBATTEZZARSI **1** [→ *tr.*] abjurer *tr.* sa religion **2** (*fig., scherz.*) [*essere pronto a tutto, fare qualunque cosa*] être (43) *intr.* prêt à tout: *si sbattezzerebbe pur di riuscire* il serait prêt à tout pour réussir **3** (*raro*) [*cambiare nome*] débaptiser *tr.*

sbattighiàccio |zbatti'gjattʃo| *s.m. inv.* [*shaker*] shaker *var.*

sbattiménto |zbatti'mento| *s.m.* [→ SBATTERE A 1; B] battage, battement: *lo sbattimento dei tappeti, dei panni* le battage des tapis, des vêtements; *lo sbattimento delle uova* le battage des œufs (en neige); *sbattimento di ali* battement d'ailes # *lo sbattimento delle onde* le clapotis, le clapotement des vagues.

sbattitóre |zbatti'tore| *s.m.* (*cuc.*) batteur, mixe(u)r).

sbattitrice |zbatti'tritʃe| *s. f.* (*tecnol.*) ébarbeuse.

sbatti(u)òva |zbatti'(w)ɔva| *s.m. inv.* fouet *var.* mécanique.

sbattùta |zbat'tuta| *s.f.* [*lo sbattere una sola volta o alla meglio*] le fait de donner un coup (*fam.*) ◇ (*loc.*) *dare una sbattuta al materasso* donner un coup au matelas.

sbattùto |zbat'tuto| *agg.* **1** [*battuto con forza, a lungo o ripetutamente*] battu, secoué (*p.p.*): *ripose nell'armadio il cappotto sbattuto* il rangea dans l'armoire le manteau après l'avoir battu ◇ [*agitato con un frullino, montato*] *uovo sbattuto* œuf battu (en neige) **2** [*visibilmente stanco*; *affaticato*] battu, abattu: *aveva il viso un po' sbattuto* son visage était un peu battu, abattu.

sbavagliàre |zbavaʎ'ʎare| *v.tr.* (*raro*) [*liberare dal bavaglio*] débâillonner (*corr.*).

sbavaménto |zbava'mento| *s.m.* → 1 **sbavatura** 1.

1 **sbavàre** |zba'vare| **A** *v.tr.* [*sporcare, imbrattare di bava*] baver *intr.* (sur): *il bambino ha sbavato tutto il vestitino nuovo* le bébé a bavé sur sa belle robe □ *s'è sbavato tutto il vestitino nuovo* sa belle robe est dégoûtante, il a bavé dessus ◇ (*per anal.*) *le lumache hanno sbavato tutta l'insalata* il y a de la bave d'escargots partout sur la salade **B** *v.intr.* (*aus.* '*avere*') [*emettere bava dalla bocca*] baver: *durante la dentizione i bambini sbavano* pendant qu'ils percent leurs dents, les enfants bavent ◇ (*per est., pitt., tip.*) (*riferito all'inchiostro o al colore*) [*spandersi, diffondersi oltre i contorni*] baver, bavocher: *è un'inchiostro che sbava sulla carta porosa* c'est une encre qui bave, bavoche sur le papier poreux; *questi acquarelli sbavano troppo* ces aquarelles bavent trop **C** *v.pron. rifl.* SBAVARSI [→ *tr.*] baver (*intr.*): *il bambino s'è sbavato tutto* le bébé a bavé sur sa robe ✦ → *tr.* □.

2 **sbavàre** |zba'vare| *v.tr.* (*metall.*) [*eliminare le bave a un pezzo fuso*] ébavurer, ébarber.

sbavàto |zba'vato| *agg.* **1** sali de bave: *aveva un bavaglino tutto sbavato* son bavoir était tout sali **2** (*tip.*) (*dell'inchiostro o del colore*) [*sparso, diffuso oltre la linea di contorno*] bavoché (*p.p.*): *stampa, impressione sbavata* gravure, impression bavochée.

sbavatrìce |zbava'tritʃe| *s.f.* (*tecnol.*) ébarbeur *m.*, ébarbeuse.

1 **sbavatùra** |zbava'tura| *s.f.* **1** [→ 1 SBAVARE B] bave **2** (*per est.*) [*la bava emessa o la leggera traccia lasciata dalla bava*] (traînée de) bave: *il grembiulino era tutto una sbavatura* le tablier était plein de bave ◇ (*pitt., tip.*) bavure, bavochure; *l'inchiostro normale, su questa carta porosa, lascia delle sbavature* l'encre normale, sur ce papier poreux, laisse des bavures, des bavochures **3** (*fig.*) [*ridondanza, lungaggine*; *difetto, imperfezione*] bavure: *uno scritto, una narrazione piena di sbavature* un écrit, un récit plein de bavures.

2 **sbavatùra** |zbava'tura| *s.f.* [→ 2 SBAVARE] ébarbage (*m.*): *sbavatura a mano, meccanica* ébarbage à la main, mécanique ◇ (*per est.*) [*l'incrostazione, la bava che resta dopo la fusione*] (*nei metalli*) bavure, ébarbure; (*nella carta*) barbe: *limare le sbavature* limer les bavures, les ébarbures.

sbaveggiatùra |zbaveddʒa'tura| *s.f.* (*pitt., tip.*) bavochure, bavure.

sbavèggio, i |zba'veddʒo, i| *s.m.* → **sbaveggiatura.**

sbavóne |zba'vone| *s.* personne *f.* qui bave.

sbeccàre |zbek'kare| **A** *v.tr.* [*rompere, scheggiare lievemente l'orlo o il beccuccio* (*di una ceramica*)] ébrécher (8): *sbeccare un piatto, una tazza* ébrécher une assiette, une tasse **B** *v.pron. intr.* SBECCARSI [→ *tr.*] s'ébrécher.

sbeccàto |zbek'kato| *agg.* (*di recipienti, di oggetti di ceramica*) [*rotto lievemente all'orlo o al beccuccio*] ébréché *p.p.*

sbeccucciàre |zbekkut'tʃare| *v. tr. e pron. intr.* → **sbeccare.**

sbeffaménto |zbeffa'mento| *s.m.* (*raro*) → **sbeffeggiamento.**

sbeffàre |zbef'fare| *v.tr.* (*raro*) → **sbeffeggiare.**

sbeffeggiaménto |zbeffeddʒa'mento| *s.m.* (*raro*) [→ SBEFFEGGIARE] moquerie *f.* (*corr.*).

sbeffeggiàre |zbeffed'dʒare| *v.tr.* [*schernire crudelmente e con insistenza*] bafouer, railler.

sbeffeggiatóre, trice |zbeffeddʒa'tore, tritʃe| *s.* [*chi sbeffeggia*] railleur*.

sbellicàrsi |zbelli'karsi| *v.pron. intr.* (*solo nella loc. iperb.*) *sbellicarsi dalle risa* [*ridere a crepapelle*] rire (47) *intr.* aux larmes, se tordre (53) (de rire).

sbellicataménte |zbellikata'mente| *avv.* (*solo nella loc.*) *ridere sbellicatamente* [*a crepapelle*] rire aux larmes, se tordre (de rire).

sbendàre |zben'dare| *v.tr.* [*togliere la benda, le bende*] débander: *sbendare una ferita* débander une blessure; *sbendare gli occhi* débander les yeux, enlever le bandeau que l'on a sur les yeux Ⓒ **bendare.**

sbèrla |'zbɛrla| *s.f.* (*region.*) → **schiaffo, ceffone.**

sberlèffo |zber'lɛffo| *s.m.* **1** [*smorfia, gesto di derisione, di scherno*] nique (*f.*): *fare uno sberleffo a qc.* faire la nique à qqn. **2** (*raro*) → **sfregio.**

sberrettàrsi |zberret'tarsi| *v.pron. intr.* (*raro*) [*togliersi il berretto in atto di esagerata cerimoniosità*] donner *tr.* (*corr.*) des coups de chapeau.

sbertucciàre |zbertut'tʃare| *v.tr.* **1** (*fam.*) [*sgualcire, sciupare malamente*] friper (*corr.*), chiffonner (*corr.*): *sbertucciare il cappello, il berretto* friper, froisser son chapeau, son béret; *guarda come hai sbertucciato quell'abito!* regarde comme tu as fripé, chiffonné cette robe! **2** (*raro*) → **schernire, canzonare.**

sbertucciàto |zbertut'tʃato| *agg.* (*fam.*) [*sgualcito, acciaccato, malridotto*] fripé *p.p.*, chiffonné *p.p.*

sbevacchiàre |zbevak'kjare| *v. intr.* (*aus.* '*avere*') (*raro*) → **sbevazzare.**

sbevazzaménto |zbevattsa'mento| *s.m.* [→ SBEVAZZARE] beuverie *f.*

sbevazzàre |zbevat'tsare| *v.intr.* (*aus.* '*avere*') [*bere smodatamente e di frequente*] pinter (*pop.*), lever (6) *tr.* le coude: *è un ubriacone, non fa che sbevazzare dalla mattina alla sera* c'est un ivrogne: il ne fait que pinter, lever le coude du matin au soir.

sbevicchiàre |zbevik'kjare| *v.intr.* (*aus.* '*avere*') → **sbevucchiare.**

sbevucchiàre |zbevuk'kjare| *v. intr.* (*aus.* '*avere*') [*bere spesso e volentieri*] pinter (*pop.*): *gli piace sbevucchiare* il aime pinter.

sbiadìre |zbja'dire| (197) **A** *v.tr.* [*attenuare, far perdere la vivezza del colore*] décolorer: *la luce ha sbiadito le tende* la lumière a décoloré les rideaux ≠ *il sole sbiadisce i colori* le soleil fait pâlir, passer les couleurs → **scolorire B** *v.intr.* (*aus.* '*essere, avere*') [*perdere la vivezza, l'intensità del colore*] passer, pâlir (*aus.* avoir): *è un colore bello, ma sbiadisce facilmente* c'est une belle teinte, mais qui passe, pâlit facilement ◇ (*fig.*) [*affievolirsi, indebolirsi*] pâlir: *la sua figura non sbiadirà mai nella mia memoria* son visage (son souvenir) ne pâlira jamais, ne s'estompera jamais dans ma mémoire **C** *v. pron. intr.* SBIADIRSI [→ *intr.*] passer (*intr.*): *questo colore è bello, ma si sbiadisce subito* cette teinte est belle, mais elle passe tout de suite ◇ (*fig.*) s'estomper: *è un ricordo che non si sbiadirà facilmente* c'est un souvenir qui ne s'estompera pas facilement.

sbiadìto |zbja'dito| *agg.* **1** [*che ha perso intensità, vivezza di colore*; *scolorito*] décoloré, déteint *p.p.*; passé: *inchiostro sbiadito* encre décolorée; *indossava un abito un po' sbiadito* elle portait une robe un peu déteinte, fanée || *una fotografia tutta sbiadita* une photographie toute pâlie, passée **2** (*fig.*) [*affievolito, indebolito*] estompé: *un ricordo sbiadito* un souvenir estompé ◇ [*scialbo, privo di personalità, di espressività*] terne: *una prosa sbiadita* une prose terne; *un personaggio sbiadito* un personnage terne; *il suo stile è un po' sbiadito* son style est un peu terne, un peu incolore.

sbiànca, che |'zbjanka, ke| *s.f.* (*chim.*) blanchiment *m.*

sbiancànte |zbjan'kante| *agg.* [*che ha la proprietà di sbiancare*] blanchissant ✦ (*s.m.*) *uno sbiancante* un produit blanchissant *agg.*

sbiancàre |zbjan'kare| **A** *v.tr.* [*rendere, far diventare bianco, chiaro*] blanchir: *sbiancare un tessuto, un lenzuolo* blanchir un tissu, un drap; *sbiancare la pasta di cellulosa* blanchir la pâte de cellulose **B** *v.intr.* (*aus.* '*essere*') [*diventare bianco, chiaro*] pâlir (*aus.* avoir), blêmir (*aus.* avoir): *il cielo incominciava a sbiancare* le ciel commençait à pâlir ◇ [*impallidire*] *sbiancare in viso* pâlir, blêmir **C** *v.pron. intr.* SBIANCARSI [→ *intr.*] pâlir (*intr.*): *il cielo cominciava a sbiancarsi* le ciel commençait à pâlir; *si sbiancò in viso* il pâlit, blêmit.

sbiancàto |zbjan'kato| *agg.* [*reso bianco, chiaro*] blanchi (*p.p.*): *un lenzuolo sbiancato* un drap blanchi ◇ (*per est.*) [*pallido*] pâle: *viso sbiancato* visage pâle.

sbianchìre |zbjan'kire| (197) (*raro*) **A** *v.tr.* **1** → **sbiancare 2** → **sbollentare, scottare B** *v.intr.* (*aus.* '*essere*') → **sbiancare.**

sbiascìare |zbjaʃ'ʃare| *v.tr. e intr.* (*aus.* '*avere*') (*region.*) → **biascicare.**

sbiasciatùra |zbjaʃʃa'tura| *s.f.* (*region.*) → **biascicatura.**

sbicchieràre |zbikkje'rare| *v.intr.* (*aus.* '*avere*') [*bere allegramente in compagnia*] trinquer (*pop.*).

sbicchieràta |zbikkje'rata| *s.f.* [→ SBICCHIERARE] tournée (*fam.*) → **bicchierata.**

sbiecàre |zbje'kare| (*raro*) **A** *v.tr.* [*disporre, piegare di sbieco*] mettre (71) en biais, de travers **B** *v.intr.* (*aus.* '*ave-*

re, essere') [*procedere di sbieco; stare di sbieco*] biaiser (*aus.* avoir).
sbièco, chi, ca, che |'zbjɛko, ki, ka, ke| *agg.* [*storto, obliquo, fuori di squadra*] biais, oblique: *muro sbieco* mur en biais; *linea sbieca* ligne oblique ◇ *loc. avv.* DI SBIECO, PER (I)SBIECO: (*pr.*) en biais, de biais: *mettere di sbieco* mettre en biais; *stare per sbieco* se mettre de biais, de travers; (*fig.*) *guardare di sbieco* [*di traverso, con malanimo*] regarder de travers.
sbiettàre |zbjet'tare| *v.tr.* (*tecnol.*) [*togliere la bietta*] décaler, décoincer (2).
sbiettatùra |zbjetta'tura| *s.f.* (*tecnol.*) décalage *m.*
sbigonciàre |zbigon'tʃare| *v.intr.* (*aus. 'avere, essere'*) → **traboccare.**
sbigottiménto |zbigotti'mento| *s.m.* [→ SBIGOTTIRE] frayeur *f.*, effroi (*lett.*): *lo sbigottimento fu generale* la frayeur fut générale.
sbigottìre |zbigot'tire| (197) **A** *v.tr.* [*turbare profondamente, sconcertare, sgomentare*] ahurir: *la notizia sbigottì l'intero paese* la nouvelle ahurit le pays tout entier **B** *v.intr.* (*aus. 'essere'*) [*rimaner turbato, stupito, atterrito*] être (43) frappé de stupeur: *di fronte alla sua violenta reazione sbigottirono tutti* devant la violence de sa réaction, ils furent tous frappés de stupeur **C** *v.pron. intr.* SBIGOTTIRSI [→ *intr.*] être frappé de stupeur: *a quelle parole ci sbigottimmo* ces paroles nous stupéfièrent, à ces mots, nous fûmes frappés de stupeur.
sbigottìto |zbigot'tito| *agg.* [*profondamente turbato, stupito, atterrito*] ahuri, effrayé: *di fronte a quella reazione rimase sbigottito* devant cette réaction, il resta ahuri; *fuggì sbigottito* il s'enfuit effrayé.
sbilanciaménto |zbilantʃa'mento| *s.m.* (*raro*) [→ SBILANCIARE] déséquilibre (*corr.*).
sbilanciàre |zbilan'tʃare| **A** *v.tr.* **1** [*far perdere l'equilibrio, squilibrare*] déséquilibrer: *quella valigia è troppo pesante e può sbilanciare l'automobile* cette valise est trop lourde et elle peut déséquilibrer la voiture; *fu sbilanciato da un urto e cadde* le choc le déséquilibra, lui fit perdre l'équilibre et il tomba **2** (*fig.*) [*dissestare, rompere un equilibrio economico*] déséquilibrer: *l'acquisto della casa mi ha un po' sbilanciato* l'achat de la maison a déséquilibré un peu mon budget, m'a mis un peu dans la gêne **B** *v.intr.* (*aus. 'avere'*) [*pendere da una parte, non essere ben equilibrato*] pencher: *il carico non è ben distribuito, sbilancia a sinistra* le chargement n'est pas bien réparti, il fait pencher à gauche **C** *v.pron. intr.* SBILANCIARSI [*andare oltre i limiti della prudenza o dell'opportunità; compromettersi*] se compromettre (71): *sbilanciarsi troppo* trop se compromettre; *non s'è voluto sbilanciare* il n'a pas voulu se compromettre.
sbilanciàto |zbilan'tʃato| *agg.* [*non in equilibrio*] déséquilibré: *peso sbilanciato* poids déséquilibré.
sbilàncio, i |zbi'lantʃo, i| *s.m.* **1** (*econ.*) déficit: *lo sbilancio tra le spese e le entrate* le déficit (entre les dépenses et les recettes) **2** (*raro*) → **squilibrio.**
sbilènco, chi, ca, che |zbi'lɛnko, ki, ka, ke| *agg.* [*storto, pendente da una parte*] boiteux*, bancal*, clopinant: *una vecchietta curva e sbilenca* une petite vieille voûtée et boiteuse, clopinante; *camminava tutto sbilenco* il marchait tout bancal, en clopinant; *era un tavolo vecchio e sbilenco* c'était une vieille table bancale ◇ (*fig.*) [*mal costruito, malfatto*] *un ragionamento sbilenco* un raisonnement boiteux.
sbirciàre |zbir'tʃare| *v.tr.* **1** [*guardare di sfuggita, con la coda dell'occhio, cercando di non farsi notare*] lorgner: *ogni tanto sbirciava la ragazza* de temps en temps il lorgnait la jeune fille # *sbirciare il compito del compagno vicino* lancer un regard, un œil sur le devoir de son voisin **2** [*guardare attentamente, squadrare*] examiner: *appena entrò, la sbirciarono da capo a piedi* dès qu'elle entra, ils l'examinèrent de la tête aux pieds.
sbirciàta |zbir'tʃata| *s.f.* [*occhiata rapida e furtiva*] coup *m.* d'œil.
sbirciatìna |zbirtʃa'tina| *s.f.* (*solo nella loc.*) *dare una sbirciatina a* [*dare un'occhiata rapida*] jeter un coup *m.* d'œil à, sur.
sbirràglia |zbir'raʎʎa| *s.f.* (*spreg.*) [*gli sbirri*] sbires *m. pl.*, flicaille (*pop.*).
sbirrésco, chi, ca, che |zbir'resko, ki, ka, ke| *agg.* (*spreg.*) de sbire (*loc.*): *metodi sbirreschi* méthodes de sbire(s).
sbirro |'zbirro| *s.m.* **1** (*spreg.*) sbire, flic (*pop.*), flicard (*pop.*): *metodi da sbirro* méthode de sbire, de flic; *ha una faccia da sbirro!* il a une tête de flic!; *tentò di fuggire, ma gli sbirri lo acciuffarono* il essaya de s'enfuir, mais les flics l'attrapèrent → **poliziotto** ◇ (*ant.*) [*agente di polizia*] flic (*pop.*), sbire **2** (*mar.*) erse *f.*
sbizzarrìre |zbiddzar'rire| (197) **A** *v.tr.* (*raro*) [*far passare i capricci, le bizzarrie*] faire (45) *intr.* (*corr.*) passer les caprices, les vices **B** *v.pron. intr.* SBIZZARRIRSI [*abbandonarsi, dar libero sfogo ai propri capricci, al proprio estro*] donner *tr.* libre cours à sa fantaisie; passer *tr.* ses caprices: *in questo quadro l'autore s'è sbizzarrito in una vasta gamma di colori* dans ce tableau l'auteur a donné libre cours à sa fantaisie, en utilisant une vaste gamme de couleurs ‖ *s'è sbizzarrito in ogni sorta di divertimenti* il s'est passé tous ses propres caprices → **scapricciar(si).**
sbloccaménto |zblokka'mento| *s.m.* → **sblocco.**
sbloccàre |zblok'kare| *v.tr.* **1** [*liberare da un blocco, da un impedimento, da un ostacolo*] débloquer: *sbloccare un meccanismo, un congegno* débloquer un mécanisme; *sbloccare una nave incagliata* débloquer, dégager, un bateau (échoué) # *sbloccare la circolazione* dégager la circulation; *sbloccare una città assediata* libérer une ville assiégée ◇ (*fig.*) *sbloccare una situazione* débloquer une situation **2** (*fig.*) [*abolire limitazioni, divieti*] débloquer, libérer (8): *sbloccare i fitti, i prezzi* débloquer, libérer les loyers, les prix; *sbloccare le assunzioni di personale* libérer l'embauchage du personnel **3** (*psicol.*) [*liberare da inibizioni*] décomplexer.
sblòcco, chi |'zblɔkko, ki| *s.m.* **1** [→ SBLOCCARE 1] déblocage: *sblocco di un congegno* déblocage d'un mécanisme; *sblocco di un porto* déblocage d'un port; *sblocco di una situazione politica* déblocage de la situation politique **2** [→ SBLOCCARE 2] déblocage: *sblocco dei fitti, dei prezzi* déblocage des loyers, des prix **3** [→ SBLOCCARE 3] déblocage.
sbòb(b)a |'zbɔb(b)a| *s.f.* (*fam., spreg.*) [*minestra dall'aspetto e dal sapore poco gradevoli; brodaglia*] lavasse.
sbòbbia |'zbɔbbja| *s.f.* → **sbobba.**
sboccaménto |zbokka'mento| *s.m.* → **sbocco.**
sboccàre |zbok'kare| **A** *v.intr.* (*aus. 'essere'*) **1** (*riferito a corsi d'acqua*) [*gettarsi, immettersi, andare a confluire*] se jeter (5) *pron.*: *questo fiume sbocca nel Tirreno* ce fleuve se jette dans la mer Tyrrhénienne; *il Ticino sbocca nel Po* le Tessin se jette dans le Pô → **sfociare** ◇ (*riferito a strade, passaggi, condutture*) [*aver termine, andare a finire*] déboucher (*aus.* avoir), aboutir (*aus.* avoir): *questa via sbocca in piazza* cette rue débouche sur la place; *sono fognature che sboccano nel fiume* ce sont des égouts qui débouchent dans la rivière; *dove sbocca questo sotterraneo?* où aboutit ce souterrain? ◇ (*per est., con sogg. di persona*) [*arrivare, ritrovarsi in un determinato luogo*] *dopo aver attraversato tutto il bosco, finalmente sboccammo in una valle* après avoir traversé tout le bois, nous débouchâmes finalement dans une vallée; *i manifestanti sboccarono in piazza del Duomo* les manifestants débouchèrent sur la place du Dôme **2** (*fig.*) [*concludersi, avere come esito*] aboutir: *il malcontento sboccò in una rivolta generale* le mécontentement aboutit à une révolte générale **3** (*ant.*) → **straripare, fuoriuscire B** *v.tr.* **1** [*togliere da un recipiente il liquido che si trova presso l'imboccatura*] vider le goulot (d'une bouteille): *sboccare un fiasco, una bottiglia* vider le goulot, le col d'un fiasco, d'une bouteille **2** (*raro*) [*rompere all'imboccatura*] égueuler (*raro*): *sboccare un vaso* égueuler un vase → **sbeccare.**
sboccatàggine |zbokka'taddʒine| *s.f.* grossièreté (de langage): *è d'una sboccataggine rivoltante* il est d'une grossièreté révoltante → **scurrilità.**
sboccataménte |zbokkata'mente| *avv.* [→ SBOCCATO 1] grossièrement.
sboccatézza |zbokka'tettsa| *s.f.* (*raro*) → **sboccataggine.**
sboccàto |zbok'kato| *agg.* **1** (*persone*) [*che usa parole, espressioni licenziose, triviali*] grossier*, vulgaire: *quella ragazza è un po' troppo sboccata* cette fille est un peu trop vulgaire ◆ (*s.*) *uno sboccato* un grossier *agg.* personnage *m.* **2** (*raro*) [*rotto all'imboccatura*] → **sbeccato.**
1 **sbocciàre** |zbot'tʃare| *v.intr.* (*aus. 'essere'*) **1** (*riferito a fiori, gemme*) [*aprirsi, schiudersi*] éclore (57) (*aus.* être, avoir), s'épanouir (*pron.*): *i fiori cominciano a sbocciare* les fleurs commencent à éclore, à s'épanouir **2** (*fig.*) [*nascere, manifestarsi, fiorire*] naître (74): *tra i due sbocciò ben presto un tenero amore* entre eux naquit bien vite un tendre amour # *il suo ingegno è sbocciato precocemente* son génie s'est révélé précocement ◆ (*s.m.*) *lo sbocciare* la naissance (*f.*): *lo sbocciare di un'arte, di una civiltà* la naissance d'un art, d'une civilisation.
2 **sbocciàre** |zbot'tʃare| *v.tr.* (*raro*) → **bocciare.**
sbòccio, i |'zbɔttʃo, i| *s.m.* [→ 1 SBOCCIARE 1] éclosion *f.*
sbocciolàre |zbottʃo'lare| *v.tr.*

[*eliminare i boccioli e le gemme sovrabbondanti*] ébourgeonner.
sbocciolatùra |zbottʃola'tura| *s.f.* [→ SBOCCIOLARE] ébourgeonnage *m.*, ébourgeonnement *m.*
sbócco, chi |'zbokko, ki| *s.m.* **1** [→ SBOCCARE A 1] *lo sbocco di un fiume, di un canale* l'embouchure *f.* d'un fleuve, le débouquement d'un canal; *lo sbocco di un sotterraneo, di una fognatura* l'arrivée *f.* d'un souterrain, d'un égout; *lo sbocco di una strada, di una valle* le débouché d'une route, d'une vallée ◇ [*il punto, la zona dello sbocco*] *la centrale elettrica si trova allo sbocco della valle* la centrale électrique se trouve au débouché de la vallée **2** (*per est.*) [*apertura, uscita*] issue (*f.*): *strada, via senza sbocco* route, rue sans issue, impasse; *questa grotta dovrebbe avere un altro sbocco* cette grotte devrait avoir une autre issue # *è una città senza sbocco marittimo* c'est une ville sans débouché maritime, sans accès à la mer ◇ (*econ.*) débouché: *sbocco* (*commerciale*) débouché (commercial); *la nostra industria automobilistica cerca sbocchi nei paesi stranieri* notre industrie automobile cherche des débouchés à l'étranger (dans l'exportation) **3** *sbocco di sangue* → **emottisi** **4** (*fig.*) [*conclusione, esito, soluzione*] issue: *una situazione senza sbocco* une situation sans issue # *il malcontento ebbe il suo sbocco naturale in una sollevazione generale* le mécontentement aboutit à un soulèvement général ◇ [*sfogo, possibilità di realizzazione, di impiego*] débouché: *trovare uno sbocco alla manodopera eccedente* chercher des débouchés pour la main d'œuvre excédentaire, en excédent; *è un corso di studi che offre pochi sbocchi professionali* ce sont des études qui offrent peu de débouchés # *trovare uno sbocco alla propria esuberanza* trouver une façon de donner cours à son exubérance.
sbocconcellàre |zbokkontʃel'lare| *v.tr.* **1** [*mangiare a piccoli bocconi, lentamente o di malavoglia*] grignoter: *mentre leggeva il giornale, sbocconcellava un pezzo di pane* tout en lisant le journal, il grignotait un morceau de pain **2** (*per est.*) (*riferito a recipienti fragili*) [*rompere, scheggiare leggermente agli orli*] ébrécher (8): *sbocconcellare una tazzina, un bicchiere* ébrécher une tasse, un verre → **sbeccare** **3** (*raro, fig.*) [*dividere, frantumare in piccole parti*] émietter (*corr.*).
sbocconcellàto |zbokkontʃel'lato| *agg.* **1** (*di pane e sim.*) [*da cui sono stati asportati piccoli pezzi, bocconi*] grignoté (*p.p.*): *un pezzo di pane tutto sbocconcellato* un morceau de pain tout grignoté **2** (*di recipienti fragili*) [*scheggiato, rotto agli orli*] ébréché.
sbocconcellatùra |zbokkontʃella'tura| *s.f.* [→ SBOCCONCELLARE 2] ébrèchement *m.* ◇ (*per est.*) [*la parte staccata o il segno che resta sull'oggetto sbocconcellato*] ébréchure.
sbòffo |'zbɔffo| *s.m.* (*riferito ad abiti, spec. femminili*) [*rigonfiamento, sbuffo, arricciatura*] bouillon: *un vestitino con gli sboffi* une petite robe à bouillons # *una camicetta con le maniche a sboffo* un chemisier à manches bouffantes, à manches ballon.
sbollàre |zbol'lare| *v.tr.* [*togliere il bollo*] ôter le timbre (à) ◇ (*per est.*) [*aprire*] décacheter (5): *sbollare una lettera* décacheter une lettre.
sbollentàre |zbollen'tare| **A** *v.tr.* (*fam.*) [*sottoporre* (*un cibo*) *a una prima e sommaria cottura in acqua bollente*] ébouillanter: *sbollentare la carne, la verdura* ébouillanter la viande, les légumes, blanchir les légumes → **scottare** **B** *v.pron. rifl.* SBOLLENTARSI (*raro*) → **scottar(si).**
sbollentatùra |zbollenta'tura| *s.f.* [→ SBOLLENTARE] ébouillantage *m.*; échaudage *m.*
sbollìre |zbol'lire| (204) *v.intr.* **1** (*aus.* '*avere*') [*smettere di bollire*] cesser de bouillir: *non alzare il coperchio prima che la pentola abbia sbollito* ne soulève pas le couvercle avant que la marmite n'ait cessé de bouillir **2** (*aus.* '*essere*') (*riferito a passioni, sentimenti*) [*calmarsi, placarsi*] se calmer *pron.*, s'apaiser (*pron.*): *la sua rabbia non è ancora sbollita del tutto* sa colère n'est pas encore tout à fait calmée, apaisée.
sbolognàre |zboloɲ'ɲare| *v.tr.* (*fam.*) **1** [*rifilare, appioppare, dar via* (*una moneta falsa*)] refiler (*pop.*): *non è riuscito a sbolognare queste cinquemila lire* il n'a pas réussi à refiler ces cinq mille lires ◇ (*per anal.*) *sbolognare le rimanenze di una partita di tessuti* refiler les restes d'un stock de tissus **2** [*liberarsi di una persona sgradita e fastidiosa*] se débarrasser *pron.* de (*corr.*), balancer (2): *sbolognare un seccatore, un rompiscatole* se débarrasser d'un raseur, d'un casse-pieds ◇ (*loc.*) *sbolognarsela* [*svignarsela, andarsene*] décamper *intr.*
sbordellàre |zbordel'lare| *v.intr.* (*aus.* '*avere*') (*region.*) [*fare rumore, chiasso*] chahuter.
sbòrnia |'zbɔrnja| *s.f.* (*fam.*) [*ubriacatura, sbronza*] cuite: *s'è preso una bella sbornia* il a pris une bonne cuite # *ancora deve smaltire la sbornia di ieri* il est encore en train de cuver son vin ◇ (*raro, fig.*) [*infatuazione amorosa, cotta*] béguin *m.* (*corr.*).
sborniàre |zbor'njare| (*fam.*) **A** *v.tr.* (*raro*) [*ubriacare, far prendere una sbornia*] soûler (*corr.*) **B** *v.pron. intr.* SBORNIARSI [→ *tr.*] se soûler: *si sbornia tutte le sere* il se soûle, il prend une cuite tous les soirs.
sborniàto |zbor'njato| *agg.* (*fam.*) [*ubriaco, sbronzo*] soûl, bourré (*pop.*).
sbornióne |zbor'njone| *s.* (*fam.*) [*ubriacone*] soûlard (*pop.*), poivrot (*pop.*): *quella donna è una sborniona* cette femme est une soûlarde, une poivrote → **beone.**
1 **sborràre** |zbor'rare| *v.tr.* (*tess.*) [*levare la borra*] débourrer.
2 **sbo(r)rare** |zbo(r)'rare| *v.intr.* (*aus.* '*avere*') (*volg.*) → **eiaculare.**
sborsaménto |zborsa'mento| *s.m.* (*raro*) → **sborso.**
sborsàre |zbor'sare| *v.tr.* [*tirar fuori denaro dalla borsa; pagare, versare in contanti*] débourser: *non intendo sborsare più un soldo!* je n'ai plus l'intention de débourser un seul sou!
sbórso |'zborso| *s.m.* [→ SBORSARE] déboursement # *provvedere allo sborso di un milione* débourser un milion → **esborso** ◇ [*il denaro, la somma sborsata*] dépense (*f.*): *rifondere lo sborso* rembourser la dépense.
sboscàre |zbos'kare| *e deriv.* → **diboscare** *e deriv.*
sbottàre |zbot'tare| *v.intr.* (*aus.* '*essere*') [*prorompere, scoppiare*] éclater (*aus.* avoir, être): *sbottare a ridere* éclater de rire; *sbottare a piangere* éclater en sanglots, fondre en larmes ✦ *ass.* [*non riuscire più a reprimere i propri sentimenti o a frenare le parole*] *me ne sono andato per non sbottare* je suis parti pour ne pas éclater; *per un po' ha taciuto, ma poi è sbottato e gli ha detto quello che si meritava* pendant un moment il s'est tu, puis il a éclaté et il lui a dit son fait.
sbottàta |zbot'tata| *s.f.* (*raro*) → **sbotto.**
sbòtto |'zbɔtto| *s.m.* [→ SBOTTARE] éclat: *sbotto di risa* éclat de rire # *dare in uno sbotto di pianto* éclater en sanglots, fondre en larmes.
sbottonàre |zbotto'nare| **A** *v.tr.* [*far uscire i bottoni dagli occhielli per aprire un indumento, un involucro e sim.*] déboutonner: *sbottonare la giacca, la federa del cuscino* déboutonner la veste, la taie de l'oreiller ☐ *sbottonarsi la camicia, il soprabito* déboutonner sa chemise, son pardessus **B** *v.pron. rifl.* SBOTTONARSI **1** (*fig., fam.*) [*aprirsi, confidarsi, parlare apertamente*] se déboutonner (*corr.*): *è molto furbo, e credo che non si sbottonerà facilmente* il est très malin et je crois qu'il ne se déboutonnera pas facilement **2** → *tr.* ☐ Ⓒ A **abbottonare.**
sbottonàto |zbotto'nato| *agg.* [*slacciato, non abbottonato*] déboutonné *p.p.*
sbottonatùra |zbottona'tura| *s.f.* [→ SBOTTONARE A] déboutonnage *m.* # *è scomoda la sbottonatura di questo cappotto* ce manteau n'est pas facile à déboutonner.
sbòvo |'zbɔvo| *s.m.* (*mar.*) guindeau → **mulinello.**
sbozzàre |zbot'tsare| *v.tr.* [*dare una prima forma* (*a un'opera scultoria*); *tracciare le linee fondamentali*] ébaucher, dégrossir: *sbozzare un blocco di pietra, di marmo, di legno* ébaucher, dégrossir un bloc de pierre, de marbre, de bois; *sbozzare una statua* ébaucher une statue ◇ (*per anal.*) ébaucher: *sbozzare un disegno, un ritratto* ébaucher un dessin, un portrait; *sbozzare un film, un romanzo, una commedia* ébaucher un film, un roman, une comédie; *sbozzare un contratto* ébaucher un contrat → 1 **abbozzare.**
sbozzàto |zbot'tsato| *agg.* (*di opera scultoria*) [*appena accennato, tracciato solo nelle linee fondamentali*] ébauché *p.p.*, dégrossi *p.p.* ◇ (*per anal.*) *un disegno, un progetto appena sbozzato* un dessin, un projet à peine ébauché → **abbozzato.**
sbozzatóre, trice |zbottsa'tore, tritʃe| *s.* [*operaio che esegue lavori di sbozzatura*] ébaucheur *m.* ✦ *s.f.* (*tecnol.*) ébauchoir *m.*
sbozzatùra |zbottsa'tura| *s.f.* [→ SBOZZARE] ébauchage *m.*, dégrossissage *m.* ◇ (*mecc.*) blooming *m.*
sbozzimàre |zboddzi'mare| *v.tr.* (*tess.*) [*togliere la bozzima*] décatir.
sbozzimatùra |zboddzima'tura| *s.f.* [→ SBOZZIMARE] décatissage *m.*
sbozzino |zbot'tsino| *s.m.* (*tecnol.*) ébauchoir.
sbòzzo |'zbɔttso| *s.m.* [→ SBOZZARE]

ébauchage; ébauche (*f.*): *lo sbozzo di una statua* l'ébauchage d'une statue ‖ *lo sbozzo di un film, di un romanzo* l'ébauche d'un film, d'un roman ◇ [*il lavoro sbozzato*] ébauche.

sbozzolàre |zbottso'lare| **A** *v.intr.* (*aus.* '*avere*') (*riferito alla crisalide*) [*uscire dal bozzolo*] déramer, décoconner **B** *v.tr.* (*raro*) [*raccogliere i bozzoli, staccarli dal loro bosco*] sortir (21) (*corr.*) les cocons.

sbozzolàto |zbottso'lato| *agg.* (*della farfalla sviluppatasi dalla crisalide del baco*) [*uscito dal bozzolo*] déramé *p.p.*, décoconné *p.p.* ◇ (*fig.*) [*uscito dall'infanzia, cresciuto*] déniaisé: *è un ragazzo ormai sbozzolato* à présent c'est un garçon déniaisé.

sbozzolatùra |zbottsola'tura| *s.f.* [→ SBOZZOLARE] déramage *m.*, déconnage *m.* ◇ [*il tempo in cui si verifica*] décoconnage.

sbracalàto |zbraka'lato| *agg.* (*fam.*) → **sbracato.**

sbracàrsi |zbra'karsi| *v.pron. rifl.* [*sbottonarsi, slacciarsi i vestiti, mettersi in libertà*] se débrailler ◇ (*raro*) [*togliersi le brache, i calzoni*] se déculotter (*corr.*) ◇ (*loc. fig.*) *sbracarsi dalle risa* [*ridere a crepapelle*] se tordre (53) (de rire).

sbracataménte |zbrakata'mente| *avv.* [→ SBRACATO] avec insouciance *loc. inv.*, sans réflexion *loc. inv.* ◇ (*loc.*) *ridere sbracatamente* [*sguaiatamente, di gran gusto*] rire à gorge déployée.

sbracàto |zbra'kato| *agg.* [*con gli indumenti sbottonati, aperti; semivestito*] débraillé: *in casa se ne sta sempre tutto sbracato* chez lui il est toujours débraillé ◇ (*raro*) [*senza brache, senza pantaloni*] déculotté *p.p.* (*corr.*).

sbracciàre |zbrat'tʃare| **A** *v.intr.* (*aus.* '*avere*') [*gesticolare, agitare le braccia con grandi gesti*] gesticuler: *quell'attore sbraccia troppo* cet acteur gesticule trop **B** *v.pron.* SBRACCIARSI **1** *rifl.* [*scoprirsi, denudarsi le braccia, rimboccando le maniche o indossando abiti con maniche corte o senza*] retrousser *tr.* ses manches; porter *tr.* des vêtements à manches courtes ou sans manches: *s'è sbracciata fino al gomito* elle a retroussé ses manches jusqu'au coude ‖ *non è ancora abbastanza caldo per sbracciarsi* il ne fait pas encore assez chaud pour porter des vêtements sans manches, pour rester sans manches **2** *intr.* [→ *intr.*] gesticuler (*intr.*): *quell'attore si sbraccia troppo nel recitare* cet acteur gesticule trop en jouant; *non finiva più di sbracciarsi per salutarmi* il gesticulait à n'en plus finir pour me saluer # *si sbracciava per segnalarmi il pericolo* il faisait fortes gestes pour me signaler le danger ◇ (*fig.*) [*fare di tutto, affannarsi per raggiungere un determinato fine*] se donner un mal fou, se mettre (71) en quatre: *si sbraccia tanto per farsi notare dal direttore* il fait des pieds et des mains, il se donne un mal fou pour se faire remarquer par le directeur; *quel poveretto si sta sbracciando per gli amici* ce pauvre type est en train de se mettre en quatre pour ses amis.

sbracciàto |zbrat'tʃato| *agg.* (*persone*) [*con le braccia scoperte, nude*] bras nus (*loc. inv.*): *a quella ragazza piace andare in giro tutta sbracciata* cette fille aime se promener les bras nus ◇ (*di indumenti*) [*privo di maniche o con le maniche molto corte*] sans manches (*loc. inv.*): *indossava una camicetta sbracciata e scollata* elle portait un chemisier décolleté et sans manches.

sbràccio, i |'zbrattʃo, i| *s.m.* [*la distanza, l'estensione, la portata massima del braccio di un uomo o di una macchina*] (ouverture *f.* de) bras.

sbraciàre |zbra'tʃare| *v.tr.* [*ravvivare, smuovere la brace*] tisonner.

sbraciàta |zbra'tʃata| *s.f.* (*region.*) → **spacconata, smargiassata.**

sbraciatóio, i |zbratʃa'tojo, i| *s.m.* [*arnese per smuovere la brace*] tisonnier.

sbraitaménto |zbraita'mento| *s.m.* → **sbraitio.**

sbraitàre |zbrai'tare| *v.intr.* (*aus.* '*avere*') [*parlare a voce alta e concitata per esprimere protesta, risentimento*] criailler, brailler: *smettila di sbraitare così!* arrête de brailler, de gueuler (*pop.*) comma ça! → 1 **vociare, urlare** # *a forza di sbraitare, ha ottenuto quello che voleva* à force de rouspéter (*fam.*) il a obtenu ce qu'il voulait.

sbraitìo, ii |zbrai'tio, ii| *s.m.* [*vocio confuso e insistente di grida adirate e di proteste*] brouhaha de mécontentement, tollé.

sbraitóne |zbrai'tone| *s.* (*fam.*) [*chi ha l'abitudine di sbraitare*] gueulard.

1 **sbramàre** |zbra'mare| *v.tr.* [*liberare, mondare dalle glume* (*il riso*)] décortiquer.

2 **sbramàre** |zbra'mare| *v.tr.* (*lett.*) [*soddisfare, saziare un ardente desiderio*] assouvir (*corr.*).

sbramàto |zbra'mato| *agg.* (*di riso e sim.*) [*liberato, mondato dalle glume*] décortiqué *p.p.*, mondé.

sbramatùra |zbrama'tura| *s.f.* [→ 1 SBRAMARE] décorticage *m.*

sbramìno |zbra'mino| *s.m.* → **scortecciatrice.**

sbranaménto |zbrana'mento| *s.m.* (*raro*) [→ SBRANARE] déchirement (*corr.*), mise *f.* (*corr.*) en pièces.

sbranàre |zbra'nare| **A** *v.tr.* **1** (*riferito a belve e a rapaci*) [*fare a pezzi, dilaniare*] dévorer ◇ (*per anal.*) *fu sbranato dagli ingranaggi della macchina* il fut mis en pièces par les engrenages de la machine → **lacerare** **2** (*fig., iperb.*) [*detestare, odiare profondamente qc. ed essere disposto ad arrecargli i peggiori mali*] mettre (71) en pièces ◇ [*straziare, causare profondo dolore*] déchirer **B** *v.pron. recipr.* SBRANARSI [→ *tr.* 2] s'entre-déchirer (*lett.*): *si dichiarano amici, ma si sbranerebbero* ils se disent amis, mais ils s'entre-déchireraient.

sbrancaménto |zbranka'mento| *s.m.* (*raro*) [→ SBRANCARE] sortie *f.* (*corr.*) du troupeau; débandade *f.*, dispersion *f.*

sbrancàre |zbran'kare| **A** *v.tr.* [*isolare, far uscire uno o più animali dal branco*] faire (45) *intr.* sortir du troupeau: *il ghepardo tentava di sbrancare le antilopi più giovani* le guépard essayait de faire sortir du troupeau les plus jeunes antilopes # *sbrancare un cervo* faire sortir un cerf de la harde ◇ [*disperdere il branco intero*] disperser ◇ (*per anal.*) *gli agenti di polizia sbrancarono i pochi dimostranti* les agents de police dispersèrent les quelques manifestants **B** *v.pron. intr.* SBRANCARSI [→ *tr.*] se disperser, s'égailler: *il gregge, spaventato dagli spari, si sbrancò* le troupeau, épouvanté par les coups de fusil, se dispersa, s'éparpilla.

sbrancàto |zbran'kato| *agg.* (*di singoli animali*) [*isolato, uscito dal branco*] égaré ◇ (*del branco intero*) [*disperso, disgregato*] dispersé *p.p.*

sbrandellàre |zbrandel'lare| *v.tr.* (*raro*) [*ridurre a brandelli*] déchirer (*corr.*), réduire (75) en lambeaux.

sbràno |'zbrano| *s.m.* **1** (*region.*) → **strappo, lacerazione** **2** (*raro*) [→ SBRANARE A 1] le fait *m.* (*corr.*) de dévorer.

sbrattàre |zbrat'tare| *v.tr.* [*pulire*] nettoyer (14); [*sgombrare*] débarrasser; [*riordinare*] ranger (3), mettre (45) en ordre: *sbrattare una stanza* nettoyer une pièce ‖ *sbrattare la tavola* débarrasser la table ♦ (*ass.*) *uscite un attimo, perché qui vorrei sbrattare* sortez un instant pour que je puisse nettoyer, faire le ménage.

sbrattàta |zbrat'tata| *s.f.* [*lo sbrattare sommariamente, frettolosamente*] nettoyage *m.* rapide ◇ (*loc.*) *dare una sbrattata al ripostiglio* nettoyer, ranger tant bien que mal le débarras.

1 **sbràtto** |'zbratto| *s.m.* **1** [→ SBRATTARE] nettoyage, nettoiement # *bisogna provvedere allo sbratto del ripostiglio* il faut nettoyer le débarras **2** *stanza di sbratto* [*in cui si tengono gli oggetti non utilizzati correntemente*] débarras.

2 **sbràtto** |'zbratto| *s.m.* (*mar.*) godille *f.*

sbravazzàre |zbravat'tsare| *v.intr.* (*aus.* '*avere*') (*raro*) [*fare il bravaccio, comportarsi da spaccone*] fanfaronner, se vanter *pron.*

sbravazzàta |zbravat'tsata| *s.f.* (*raro*) → **spacconata, smargiassata.**

sbravazzóne |zbravat'tsone| *s.* (*raro*) → **spaccone, smargiasso.**

sbreccàre |zbrek'kare| *v.tr.* [*rompere per imprudenza gli orli di un recipiente di ceramica*] ébrécher (8).

sbreccàto |zbrek'kato| *agg.* (*di recipiente di ceramica*) [*scheggiato, rotto agli orli*] ébréché *p.p.*

sbrecciàre |zbret'tʃare| *v.tr.* (*raro*) **1** [*rompere, spaccare aprendo delle brecce*] faire (45) (*corr.*), ouvrir (23) une brèche (dans) **2** → **sbreccare.**

sbrecciàto |zbret'tʃato| *agg.* → **sbreccato.**

sbrendolàre |zbrendo'lare| *v.intr.* (*aus.* '*avere*') (*region.*) [*cadere a brandelli*] tomber (*aus.* être) (*corr.*) en lambeaux, en loques.

sbréndolo |'zbrendolo| *s.m.* (*region.*) [*brandello, pezzo di vestito che penzola*] lambeau (*corr.*), loque *f.* (*corr.*).

sbrendolóne |zbrendo'lone| *s.* (*region.*) [*chi indossa abiti che cadono a brandelli*] déguenillé, loqueteux* ◇ (*per est.*) [*persona sciatta, disordinata nel vestire*] déguenillé.

sbriciàre |zbri'tʃare| *v.tr. e pron. intr.* (*raro*) → **sbriciolare.**

sbriciolaménto |zbritʃola'mento| *s.m.* [*il ridurre in briciole*] émiettement ◇ [*il ridurre in polvere*] effritement.

sbriciolàre |zbritʃo'lare| **A** *v.tr.* **1** [*ridurre in briciole, sminuzzare*] émietter; [*ridurre in polvere*] effriter: *sbriciolare un biscotto* émietter un biscuit ◇ (*per iperb.*) [*distruggere, annientare totalmente*] démolir # *il siluro colpì* *in pieno la nave, sbriciolandola* la torpille frappa en plein le navire et l'éventra **2** (*fam.*) [*cospargere di briciole*] mettre (71) (*corr.*) des miettes **B** *v.pron. intr.* SBRICIOLARSI [→ *tr.* 1] s'émietter.

sbriciolatùra |zbritʃola'tura| *s.f.* **1** [*le briciole*] miettes *pl.* **2** (*raro*) [*il ridurre in briciole*] émiettement *m.* (*corr.*); [*il ridurre in polvere*] effritement *m.* (*corr.*).

sbrigàre |zbri'gare| **A** *v.tr.* **1** [*concludere, portare a termine un lavoro, un'incombenza con una certa sollecitudine, rapidità*] expédier # *sbrigo le faccende di casa e vi raggiungo* je fais un peu le ménage et je vous rejoins ◇ (*loc. bur.*) *sbrigare una pratica* [*evaderla, risolverla*] expédier une affaire ~ *sbrigare la posta, la corrispondenza* [*esaminarla e provvedere*] faire son courrier **2** (*per est.*) [*congedare sollecitamente una persona dopo averla ascoltata, dopo averne soddisfatte le richieste*] expédier # *devo sbrigare ancora alcuni clienti, ma farò presto* je dois servir encore quelques clients, mais je n'en aurai pas pour longtemps ◇ *loc.* SBRIGARSELA se charger (3) de: *tu sèguita pure a lavorare, con quello scocciatore me la sbrigo io* toi, continue à travailler, moi je me charge de ce raseur ✦ *ass.* [*arrangiarsi, tirarsi fuori da un impiccio*] se tirer d'affaire, s'en sortir (21), se débrouiller (*fam.*): *il pasticcio l'hai fatto tu: ora sbrigatela da solo!* c'est toi qui t'es mis dans le pétrin, maintenant débrouille-toi tout seul **B** *v. pron. intr.* SBRIGARSI **1** [→ *tr.* 1] se dépêcher ✦ *ass.* [*affrettarsi*] *sbrighiamoci se non vogliamo perdere il treno!* dépêchons-nous si nous ne voulons pas rater le train **2** (*raro*) [*liberarsi di qc. o di q.c.*] se débarrasser (*corr.*).

sbrigativaménte |zbrigativa'mente| *avv.* **1** [→ SBRIGATIVO 1] rapidement: *agire, muoversi sbrigativamente* agir, se mouvoir rapidement → **sveltamente, rapidamente** **2** [→ SBRIGATIVO 2] d'une manière expéditive *loc. inv.*; *hâtivement: *è un affare che si può concludere sbrigativamente* c'est une affaire qui peut se conclure d'une manière expéditive ‖ *il giudizio è stato dato troppo sbrigativamente* le jugement a été rendu trop hâtivement.

sbrigatività |zbrigativi'ta| *s.f. inv.* [*l'essere sbrigativo*] rapidité *var.*

sbrigativo |zbriga'tivo| *agg.* **1** (*persone*) [*rapido, deciso, di poche parole*] expéditif* **2** (*cose*) [*che non richiede molto tempo, che può essere sbrigato rapidamente*] expéditif **3** [*che è proprio di una persona rapida, decisa*] expéditif ◇ (*per est.*) [*sommario, affrettato*] *hâtif*: *dare un giudizio sbrigativo* rendre un jugement hâtif.

sbrigliaménto |zbriʎʎa'mento| *s.m.* (*raro*) [→ SBRIGLIARE A 1; B] débridement.

sbrigliàre |zbriʎ'ʎare| **A** *v.tr.* **1** (*fig.*) [*lasciar libero da ogni freno, dare piena libertà*] donner libre cours (à) **2** (*chir.*) [*liberare dalla compressione, dallo strozzamento esercitato dai tessuti circonvicini*] débrider, réduire (75) **B** *v.pron. intr.* SBRIGLIARSI [→ *tr.* 1] prendre (73) *tr.* son essor, se déchaîner.

sbrigliataménte |zbriʎʎata'mente| *avv.* [→ SBRIGLIATO] sans freins *loc. inv.*, d'une façon déchaînée *loc. inv.*

sbrigliatézza |zbriʎʎa'tettsa| *s.f.* manque *m.* de frein, de retenue; débridement *m.*

sbrigliàto |zbriʎ'ʎato| *agg.* (*persone*) [*che rifiuta ogni freno; libero*] déchaîné ◇ [*non influenzato da rumore, pregiudizi; sfrenato*] débridé.

sbrinaménto |zbrina'mento| *s.m.* [→ SBRINARE] dégivrage.

sbrinàre |zbri'nare| *v.tr.* [*liberare il frigorifero dai depositi di brina che vi si formano*] dégivrer ✦ (*ass.*) *il frigorifero (si) sta sbrinando* le réfrigérateur est en train de se dégivrer.

sbrinatóre |zbrina'tore| *s.m.* [*dispositivo dei frigoriferi per lo sbrinamento*] dégivreur.

sbrindellàre |zbrindel'lare| **A** *v.tr.* [*ridurre a brandelli; lacerare*] mettre (71) en lambeaux, en loques **B** *v.intr.* (*aus.* 'avere') [*cadere a brandelli*] tomber (*aus.* être) en lambeaux, en loques ◇ [*essere mal cucito, star male indosso*] pendouiller (*fam.*).

sbrindellàto |zbrindel'lato| *agg.* (*persone*) [*che indossa indumenti mal cuciti o mal ridotti*] déguenillé, dépenaillé ◇ (*abiti*) [*lacero, sdrucito*] en lambeaux *loc. inv.*, en loques *loc. inv.*

sbrindèllo |zbrin'dɛllo| *s.m.* (*pop.*) → **brindello.**

sbrindellóne |zbrindel'lone| *s.* → **sbrendolone.**

sbrinz |'zbrints| *s.m. inv.* [*formaggio svizzero da tavola*] ⊠.

sbroccàre |zbrok'kare| *v.tr.* (*arboricoltura*) [*ripulire dai brocchi*] émonder.

sbroccatùra |zbrokka'tura| *s.f.* [→ SBROCCARE] émondage *m.*

sbròcco, chi |'zbrɔkko, ki| *s.m.* (*raro*) **1** [*moncone di ramo*] moignon (*corr.*) → 1 **brocco** **2** [*lesina corta, usata un tempo dai calzolai*] pinçon.

sbrodàre |zbro'dare| *v.tr.* → **sbrodolare.**

sbrodolaménto |zbrodola'mento| *s.m.* **1** [→ SBRODOLARE A 1; B] saleté *f.*, tache *f.* (de graisse) # *mettiti questo grembiulino per evitare lo sbrodolamento del vestitino nuovo* mets ce tablier pour éviter de salir, de tacher ta robe neuve **2** [→ SBRODOLARE A 2] délayage (*fam.*).

sbrodolàre |zbrodo'lare| **A** *v.tr.* **1** [*sporcare, insudiciare di brodo o di altri liquidi*] salir, tacher □ *sta' attento a non sbrodolarti la camicia* fais attention de ne pas salir, tacher ta chemise **2** (*fig.*) [*scrivere, esporre in modo prolisso*] délayer (9) # *ha sbrodolato una lunga storia* il a débité une longue histoire **B** *v.pron. rifl.* SBRODOLARSI [→ *tr.* 1] se salir, se tacher: *ti sei sbrodolato tutto* tu t'es tout sali, taché ✦ → *tr.* 1 □.

sbrodolàto |zbrodo'lato| *agg.* **1** [*imbrattato di brodo o di altri liquidi*] taché, sali (*p.p.*): *portava una camicia tutta sbrodolata* il portait une chemise toute tachée **2** (*fig.*) [*prolisso, troppo lungo*] délayé, prolixe.

sbrodolatùra |zbrodola'tura| *s.f.* (*raro*) → **sbrodolamento.**

sbrodolóne |zbrodo'lone| *s.* **1** [*chi ha l'abitudine di sbrodolarsi*] dégoûtant **2** (*raro, fig.*) [*chi è prolisso nel parlare o nello scrivere*] bavard (*corr.*), phraseur* (*corr.*).

sbrogliaménto |zbroʎʎa'mento| *s.m.* [→ SBROGLIARE A 1, 2; B] débrouillement, débrouillage *m.*

sbrogliàre |zbroʎ'ʎare| **A** *v.tr.* **1** [*sciogliere, districare nodi, grovigli e sim.*] débrouiller, démêler ◇ *loc.* SBROGLIARE LA MATASSA: (*pr.*) débrouiller les fils de l'écheveau; (*fig.*) [*risolvere una questione intricata*] débrouiller l'écheveau: *ormai sarà difficilissimo sbrogliare la matassa* il sera maintenant très difficile de débrouiller l'écheveau ~ (*mar.*) *sbrogliare le vele* [*liberarle dai cavi*] déferler les voiles **2** (*fig.*) [*risolvere una situazione, difficile, complessa*] débrouiller, démêler ◇ *loc.* SBROGLIARSELA [*cavarsi d'impaccio*] se débrouiller: *ti sei voluto mettere nei guai, ora sbrogliatela da solo* c'est toi qui t'es mis dans le pétrin, maintenant débrouille-toi tout seul **3** (*raro*) [*sgomberare, liberare da oggetti ingombranti*] débarrasser **B** *v.pron. rifl.* SBROGLIARSI [*togliersi da una situazione difficile; cavarsela*] se tirer d'affaire, se débrouiller.

sbrónza |'zbrontsa, 'zbrondza| *s.f.* (*region.*) → **ubriacatura, sbornia.**

sbronzàrsi |zbron'dzarsi| *v.pron. rifl.* (*region.*) → **ubriacar(si), sborniar(si).**

sbrónzo |'zbrondzo| *agg.* (*region.*) → **ubriaco.**

sbròscia, sce |'zbrɔʃʃa, ʃe| *s.f.* (*region.*) [*minestra brodosa, insipida; bevanda senza sapore*] lavasse (*fam.*) → **brodaglia** ◇ (*fig.*) [*discorso prolisso, insulso*] laïus *m.* (*fam.*).

sbrucàre |zbru'kare| *v.tr.* [*strappare le foglie di un ramo facendo scorrere la mano chiusa su di esso*] effeuiller.

sbruffàre |zbruf'fare| *v.tr.* **1** [*schizzare, spruzzare un liquido dalla bocca, dal naso*] asperger (3), éclabousser **2** *ass.* (*fig., spec.*) [*raccontare di sé cose esagerate; vantarsi*] se vanter *pron.*, raconter des blagues **3** (*raro*) [*corrompere (un funzionario) con denaro, doni*] soudoyer (10) (*corr.*), graisser la patte (à qqn.) (*fam.*).

sbruffàta |zbruf'fata| *s.f.* [*lo sbruffare una sola volta o in fretta*] aspersion, éclaboussure.

sbrùffo |'zbruffo| *s.m.* **1** [→ SBRUFFARE 1] aspersion *f.*, éclaboussure *f.* ◇ [*il liquido sbruffato*] giclée *f.* **2** (*raro, fig.*) [*il denaro, il regalo dato a un funzionario per corromperlo*] pot-de-vin (*corr.*), dessous-de-table (*corr.*) # *dare lo sbruffo a qc.* graisser la patte à qqn.

sbruffonàta |zbruffo'nata| *s.f.* [*spacconata, smargiassata*] fanfaronnade, forfanterie # *non fa che dire sbruffonate* c'est un perpétuel hâbleur; ses propos sont ceux d'un fanfaron.

sbruffóne |zbruf'fone| *s.* [*chi racconta di sé cose esagerate, incredibili o si vanta di qualità, di capacità immaginarie*] fanfaron*, bravache *m.*

sbucàre |zbu'kare| **A** *v.intr.* (*aus.* 'essere') **1** (*riferito ad animali selvatici*) [*uscir fuori da una buca, da un nascondiglio*] débusquer (*aus.* avoir) ◇ (*per est.*) [*venir fuori da un luogo profondo, chiuso*] sortir (21), déboucher (*aus.* avoir): *finalmente sbucammo fuori dalla grotta* finalement nous sortîmes, nous débouchâmes de la grotte; *i banditi sbucarono da una galleria* les bandits débouchèrent d'un passage souterrain **2** (*fam.*) [*apparire improvvisamente*] sortir (*corr.*): *e tu da dove sei sbucato?* et toi, d'où sors-tu? **3** (*riferito a sentieri, passaggi*) [*andare a finire, sboccare*] déboucher **B** *v.tr.* (*ant.*) → **stanare.**

sbucciapatàte |zbuttʃapa'tate| *s.m. inv.* [*arnese per sbucciare le patate*] épluche-légumes, éplucheur *var.* → **pelapatate.**

sbucciàre |zbut'tʃare| **A** *v.tr.* **1** [*asportare, togliere la buccia ai vegetali commestibili*] éplucher, peler (6) # *sbucciare i piselli* écosser les petits pois → 1 **sgranare** ◇ (*loc. fig., fam.*) *sbucciarsela* [*svignarsela, sottrarsi a un compito ingrato*] se tirer d'affaire, s'en sortir (21) **2** (*per est.*) [*produrre una leggera escoriazione*] écorcher □ *cadendo mi sono sbucciata un gomito* en tombant, je me suis écorché au, le coude ◇ (*calcio*) *sbucciare la palla* [*colpirla di sfriso*] couper la balle, le ballon; [*sbagliare a colpirla, colpirla male*] rater la balle **B** *v.pron.* SBUCCIARSI **1** *intr.* [*cambiare la pelle*] muer (*intr.*): *alcune serpi si sbucciano* certains serpents muent **2** *rifl.* → *tr.* 2 □.

sbucciatóre, trice |zbuttʃa'tore, tritʃe| *s.* [*chi sbuccia* (*legumi*)] éplucheur*.

sbucciatùra |zbuttʃa'tura| *s.f.* **1** [→ SBUCCIARE A 1] épluchage *m.* ◇ [*le bucce tolte*] épluchure: *gettare via la sbucciatura delle castagne* jeter les épluchures des châtaignes **2** (*fam.*) [*leggera escoriazione*] écorchure (*corr.*).

sbudellaménto |zbudella'mento| *s.m.* (*raro*) [→ SBUDELLARE A 1] étripage (*corr.*).

sbudellàre |zbudel'lare| **A** *v.tr.* **1** [*sventrare, togliere le interiora*] vider; étriper: *sbudellare un pollo* vider un poulet **2** [*ferire qc. al ventre facendogli uscire le budella*] éventrer ◇ (*per iperb.*) [*ferire gravemente con un'arma da taglio*] *è capace di sbudellarti con quel trincetto* il est capable de t'éventrer avec ce tranchet **B** *v.pron.* SBUDELLARSI **1** *recipr.* [*prendersi a coltellate*] s'éventrer, s'étriper (*fam.*): *c'è mancato poco che si sbudellassero per un nonnulla* un peu plus et ils allaient s'étriper à propos de bottes **2** *intr.* (*nella loc. fig.*) *sbudellarsi dalle risa* [*ridere a crepapelle*] se tordre (53) (de rire).

sbuffànte |zbuf'fante| *agg.* **1** (*di animali e di persone ansimanti per lo sforzo*) [*che emette il fiato rumorosamente e con impeto*] *haletant → **ansante** # *un cavallo sbuffante* un cheval qui s'ébroue **2** [*che emette getti di fumo, di vapore*] *locomotiva sbuffante* locomotive lançant des bouffées de fumée.

1 **sbuffàre** |zbuf'fare| **A** *v.intr.* (*aus. 'avere'*) **1** [*emettere il fiato dalla bocca, dal naso rumorosamente e con impeto*] *haleter, souffler; (*di cavallo*) s'ébrouer (*pron.*): *arrivammo in vetta al colle sbuffando* nous arrivâmes haletants, essoufflés au sommet du col ‖ *i cavalli sbuffavano per la fatica* les chevaux s'ébrouaient de fatigue ◇ (*riferito solo a persone, come dimostrazione di noia, di fastidio, d'insofferenza*) souffler **2** [*emettere sbuffi di fumo, di vapore*] lancer (2) *tr.* des bouffées de fumée **B** *v.tr.* (*raro*) [*emettere fumo, vapore*] lancer (*corr.*) des bouffées du fumée.

2 **sbuffàre** |zbuf'fare| *s.m. inv.* [*l'atto dello* (1) *sbuffare*] *halètement *var.*

sbuffàta |zbuf'fata| *s.f.* soupir *m.* d'ennui, d'impatience.

sbùffo |'zbuffo| *s.m.* **1** [→ 1 SBUFFARE] (*di fumo*) bouffée *f.*; (*di cavalli*) ébrouement: *la locomotiva si mosse con grandi sbuffi di fumo nero* la locomotive se mit en marche en lançant de grandes bouffées de fumée ◇ (*fig.*) *uno sbuffo di noia, d'impazienza* un geste d'ennui, d'impatience ◇ [*l'aria, il fumo, il vapore emesso sbuffando*] bouffée ◇ (*per est.*) [*folata*] souffle: *uno sbuffo di vento* un souffle, une bouffée (*mar.*) de vent **2** (*raro*) → **sboffo.**

sbugiardàre |zbudʒar'dare| *v.tr.* [*dimostrare che una persona ha detto o dice il falso, che è bugiarda*] démasquer, démentir (21).

sbullettàre |zbullet'tare| **A** *v.tr.* [*togliere le bullette, schiodare*] déclouer **B** *v.intr.* (*aus. 'avere'*) (*riferito all'intonaco di muri*) [*scrostarsi per l'umidità*] cloquer, se boursoufler *pron.* **C** *v.pron. intr.* SBULLETTARSI [*perdere le bullette*] se déclouer # *mi si sono sbullettati gli scarponi nuovi* mes brodequins neufs ont perdu leurs clous.

sbullettatùra |zbulletta'tura| *s.f.* [→ SBULLETTARE B] boursouflage *m.*, boursouflement *m.* ◇ [*scrostatura dell'intonaco*] cloque, boursouflure.

sbullonaménto |zbullona'mento| *s.m.* [→ SBULLONARE] déboulonnage, déboulonnement.

sbullonàre |zbullo'nare| *v.tr.* [*togliere, levare via i bulloni*] déboulonner.

sburocratizzàre |zburokratid'dzare| *v.tr.* [*ridurre, eliminare il burocratismo eccessivo, formalistico*] débureaucratiser.

sburràre |zbur'rare| *v.tr.* (*raro*) → **scremare.**

sbuzzàre |zbud'dzare| *v.tr.* (*region.*) → **sbudellare, sventrare.**

scàbbia |'skabbja| *s.f.* (*bot., med.*) gale ◇ (*veter.*) gale, rouvieux *m.*

scab(b)iósa |skab'(b)josa| *s.f.* (*t. bot.*) scabieuse.

scabbióso |skab'bjoso| *agg.* (*persone*) [*affetto da scabbia*] galeux*: *un uomo scabbioso* un homme galeux, scabieux (*med.*); *un cane scabbioso* un chien galeux ✦ (*s.*) *uno scabbioso* un galeux ◇ [*di scabbia*] *eruzione scabbiosa* éruption galeuse, scabieuse.

scabinàto |skabi'nato| *s.m.* (*st.*) échevinage.

scabino |ska'bino| *s.m.* (*st.*) échevin.

scabrézza |ska'brettsa| *s.f.* **1** [*ruvidezza, asprezza*] (*del suolo*) aspérité; (*della pelle*) rugosité: *la scabrezza della pelle di alcuni pesci* la rugosité de la peau de certains poissons ◇ (*raro, per est.*) (*di un terreno*) [*la condizione, la caratteristica di essere roccioso, diseguale, brullo*] aspérité, rugosité **2** (*fig.*) (*di stile lett.*) [*concisione, essenzialità*] âpreté, rudesse: *la scabrezza della prosa del Verga* l'âpreté de la prose de Verga.

scàbro |'skabro| *agg.* **1** [*ruvido, non liscio*] rugueux*, rêche ◇ (*raro, per est.*) (*di terreno*) [*roccioso, diseguale; brullo, desolato*] raboteux* **2** (*fig.*) (*di stile*) [*conciso, essenziale*] rocailleux*.

scabrosaménte |skrabrosa'mente| *avv.* (*raro*) [→ SCABROSO 2] d'une façon scabreuse *loc. inv.* (*corr.*).

scabrosità |skabrosi'ta| *s.f. inv.* **1** [*irregolarità, ruvidezza di una superficie*] rugosité *var.*, aspérité (*var.*): *togliere, limare le scabrosità di un pezzo metallico* ôter, limer les aspérités d'une pièce métallique → **scabrezza** ◇ (*per est.*) [*la condizione, la caratteristica di essere malagevole, difficile*] difficulté *var.*, caractère *m. var.* difficile: *la scabrosità di una strada* les difficultés d'une route **2** (*fig.*) [*il fatto di essere complicato, difficile; delicato, imbarazzante*] caractère, côté *m.var.* scabreux.

scabróso |ska'broso| *agg.* **1** [*malagevole, difficile*] difficile, pénible ◇ (*raro*) [*ruvido, aspro al tatto*] rugueux* (*corr.*), raboteux* (*corr.*) → **scabro 2** (*fig.*) [*complicato, difficile a risolversi, ad intendersi*] scabreux* (*lett.*), délicat: *problema scabroso* problème scabreux, délicat # *poesia scabrosa* poême raboteux ◇ (*di situazioni, di argomenti, spec. sessuali*) [*delicato, imbarazzante, che può offendere il pudore, la sensibilità altrui*] scabreux: *una domanda scabrosa* une question scabreuse, embarrassante.

scacazzaménto |skakkattsa'mento| *s.m.* (*volg.*) [→ SCACAZZARE] chiasse *f.*

scacazzàre |skakat'tsare| **A** *v. intr.* (*aus. 'avere'*) [*defecare frequentemente o per ogni dove*] chier, foirer **B** *v.tr.* (*raro*) [*sporcare di escrementi*] salir (*corr.*).

scaccàto |skak'kato| *agg.* [*disegnato, diviso a scacchi, a riquadri*] en damier *loc. inv.*

scaccheggiàto |skakked'dʒato| *agg.* (*raro*) → **scaccato.**

scacchiàre |skak'kjare| *v.tr.* (*agr.*) [*liberare dai germogli inutili, potare*] ébourgeonner.

scacchiatùra |skakkja'tura| *s.f.* [→ SCACCHIARE] ébourgeonnage *m.*, ébourgeonnement *m.*

scacchièra |skak'kjɛra| *s.f.* **1** [*pannello, tavola quadrata suddivisa in 64 riquadri uguali, su cui si gioca a scacchi, a dama*] échiquier *m.*; (*per la dama*) damier (*m.*): *disporre gli scacchi, le pedine sulla scacchiera* poser les échecs sur l'échiquier, les pions sur le damier ◇ *loc. avv. o agg.* A SCACCHIERA en échiquier, en damier: *disporsi a scacchiera* se disposer en échiquier; *formazione a scacchiera* formation en échiquier ◇ (*loc.*) *sciopero a scacchiera* [*a reparti alternati*] grève tournante **2** [*rete da pesca*] échiquier, carrelet *m.* **3** (*urbanistica*) quadrillage *m.*, damier.

scacchière |skak'kjɛre| *s.m.* **1** (*mil.*) région *f.*, zone (*f.*): *comandante di scacchiere* commandant de la région **2** (*polit. ingl.*) *Cancelliere dello Scacchiere* Chancelier de l'Échiquier **3** (*ant.*) → **scacchiera.**

scacchista |skak'kista| *s.* joueur* d'échecs.

scacchìstico, ci, ca, che |skak'kistiko, tʃi, ka, ke| *agg.* d'échecs *loc. inv.*

scàccia |'skattʃa| *s.m. inv.* (*caccia*) rabatteur* *s. var.* → **battitore.**

scacciacàni |skattʃa'kani| *agg. e s. inv.* (*pistola*) *scacciacani* pistolet *s.m. var.* à capsules, faux pistolet.

scacciafùmo |skattʃa'fumo| *s.m. inv.* (*mil.*) chasse *f. var.* d'air.

scacciamósche |skattʃa'moske| *s.m. inv.* chasse-mouches, émouchoir *var.*

scaccianéve |skattʃa'neve| *s.m. inv.* chasse-neige.

scacciapensièri |skattʃapen'sjɛri| *s.m. inv.* **1** (*mus.*) guimbarde *f. var.* **2** (*raro*) → **svago, passatempo.**

scacciàre |skat'tʃare| *v.tr.* **1** [*allontanare, cacciare via*] chasser; repousser: *non sono riusciti a scacciare gli invasori* ils n'ont pas réussi à repousser l'envahisseur **2** (*fig.*) [*far passare, dissipare*] chasser: *scacciare la malinconia, la tristezza* chasser la mélancolie, la tristesse ◇ (*prov.*) *chiodo scaccia chiodo* un clou chasse l'autre.

scacciàta |skat'tʃata| *s.f.* (*raro*) [→ SCACCIARE] expulsion (*corr.*), mise à la porte.

scaccino |skat'tʃino| *s.m.* [*chi è addetto alla pulizia e alla custodia di una chiesa*] bedeau.

scàcco, chi |'skakko, ki| *s.m.* **1** [*ciascuno dei pezzi con cui si gioca a scacchi*] pièce *f.* d'échecs **2** *al plur.* [*i pezzi del gioco degli scacchi*] échecs: *disporre gli scacchi sulla scacchiera* poser les échecs sur l'échiquier ◇ [*il gioco stesso*] *torneo, campionato di scacchi* tournoi, championnat d'échecs; *giocare a scacchi* jouer aux échecs; *fare una partita a scacchi* faire une partie d'échecs ◇ [*mossa diretta contro il re avversario*] échec: *scacco (al re)!* échec au roi!; *dare scacco (al re)* faire échec au roi, mettre le roi en échec ◇ *loc.* SCACCO MATTO, SCACCOMATTO: (*pr.*) échec et mat; (*fig.*) [*vincere, sconfiggere completamente*] échec: *dare scacco matto a un avversario* infliger, faire subir un échec à un adversaire ~ TENERE IN SCACCO: (*pr.*) tenir en échec; (*fig.*) [*mettere in difficoltà, in stato di inferiorità*] *tenere in scacco il nemico* tenir l'ennemi en échec ◇ (*fig.*) RICEVERE, SUBIRE UNO SCACCO essuyer, subir un échec: *il nemico ha subito uno scacco tale che difficilmente potrà riprendersi* l'ennemi a subi un tel échec, qu'il pourra difficilement s'en remettre **3** (*raro*) [*ogni singolo riquadro della scacchiera*] carré → **casa** ◇ (*per est.*) *loc. avv., agg.* A SCACCHI à carreaux, en damier: *stoffa a scacchi bianchi e neri* une étoffe à carreaux blancs et noirs; *una coperta disegnata a scacchi* une couverture en damier, quadrillée ~ (*scherz.*) *vedere il sole a scacchi* [*essere in prigione*] voir le soleil à travers les barreaux d'une prison; être en tôle (*gerg.*).

scaccolàrsi |skakko'larsi| *v.pron. rifl.* (*pop.*) [*togliersi le caccole dal naso*] se curer (*corr.*) le nez.

scaccomàtto |skakko'matto| *s.m. inv.* (*raro*) → **scacco** 2

scadènte |ska'dɛnte| *agg.* **1** (*persone*) [*poco dotato, mediocre*] médiocre, faible **2** (*cose*) [*di poco pregio, di cattiva qualità*] de mauvaise qualité *loc. inv.* # *lavoro scadente* travail insuffisant → **difettoso, imperfetto** ◇ [*insufficiente, scarso*] insuffisant: *una preparazione scadente* une préparation insuffisante; *riportare voti scadenti* avoir des notes insuffisantes **3** (*di titoli di credito, di impegni*) [*che scade*] échéant.

scadènza |ska'dɛntsa| *s.f.* **1** (*comm., dir.*) échéance; (*periodo di tempo*) expiration: *scadenza media* échéance moyenne; *scadenza a vista* échéance à vue; *deposito a scadenza fissa* dépôt à échéance fixe; *la scadenza di un pagamento* l'échéance d'un paiement; *una cambiale rinnovabile alla sua scadenza* une traite renouvelable à échéance; *prorogare la scadenza dei termini di un concorso* proroger l'échéance d'un concours, l'inscription pour un concours ‖ *scadenza di un contratto, di un trattato* expiration d'un contrat, d'un traité; *la scadenza di un accordo* l'expiration d'un accord # *una tratta con scadenza a due mesi* une traite à deux mois **2** (*per est.*) [*l'impegno che scade*] engagement (*m.*): *rispettare le scadenze del mese* respecter les engagements du mois ◇ [*l'importo dell'impegno che scade*] *debbo far fronte a una scadenza molto forte* je dois faire face à une échéance très importante **3** *loc.* A BREVE, A LUNGA SCADENZA à courte, à longue échéance: *fissare un incontro a breve scadenza* fixer une entreuve à courte échéance; *si riuniranno a lunga scadenza* ils prévoient une (prochaine) réunion à longue échéance.

scadenzàre |skaden'tsare| *v.tr.* (*bur., comm.*) [*mettere a scadenza*] fixer l'échéance de qqch.

scadenzàrio, i |skaden'tsarjo, i| *s.m.* échéancier, carnet d'échéanches.

scadére |ska'dere| (121) *v.intr.* (*aus. 'essere'*) **1** [*giungere al limite di tempo massimo fissato per l'esigibilità, la durata o la validità*] expirer (*aus.* avoir), échoir*: *il contratto scade fra due mesi* le contrat expire dans deux mois # *domani mi scade una tratta* demain j'ai une traite qui vient à échéance; *questo passaporto è scaduto da vari mesi* ce passeport est périmé depuis plusieurs mois ✦ *s.m.* (*nella loc.*) *allo scadere di* à la fin *f.* de, à l'expiration *f.* de **2** [*diminuire, perdere di valore, di prestigio, di qualità*] baisser (*aus.* avoir, être): *questo prodotto va sempre più scadendo* (la qualité de) ce produit ne cesse de baisser → **peggiorare**; *dopo quanto ha fatto, è scaduto di molto nell'opinione pubblica* après ce qu'il a fait, il a beaucoup baissé dans l'opinion publique → **decadere** # *certe usanze vanno scadendo di giorno in giorno* jour après jour, on voit disparaître des coutumes; *la sua salute va scadendo* sa santé décline **3** (*mar.*) (*riferito a un natante*) [*spostarsi lateralmente*] dériver (*aus.* avoir) **4** (*ant.*) → **accadere.**

scadiménto |skadi'mento| *s.m.* **1** [→ SCADERE 2] décadence *f.*, déclin **2** (*ling.*) articulation *f.* relâchée.

scadùto |ska'duto| *agg.* **1** [*che è giunto al limite di tempo massimo di adempienza, di durata o di validità*] échu *p.p.*; expiré *p.p.*; périmé: *cambiale, tratta scaduta* effet échu, traite échue; *termine scaduto* délai échu ‖ *contratto scaduto* contrat expiré ‖ *abbonamento, biglietto, documento scaduto* abonnement, billet, document périmé; *un medicinale scaduto* un médicament périmé **2** [*svalutato, decaduto*] déchu # *una bellezza scaduta* une beauté fanée.

scafàndro |ska'fandro| *s.m.* **1** (*mar.*) scaphandre: *scafandro comune, metallico* scaphandre souple, rigide **2** (*aer., astronautica*) combinaison *f*, scaphandre → **tuta.**

scaffalàre |skaffa'lare| *v.tr.* **1** [*munire di scaffalatura*] garnir de rayons, de rayonnages **2** (*raro*) [*disporre, ordinare sugli scaffali*] ranger (3) (*corr.*).

scaffalatùra |skaffala'tura| *s.f.* **1** [*gli scaffali*] rayonnage *m.* **2** (*raro*) [→ SCAFFALARE 2] rangement *m.* (*corr.*).

scaffàle |skaf'fale| *s.m.* [*mobile, spec. aperto, a più ripiani sovrapposti per riporre razionalmente libri, merci e sim.*] étagère *f.*, rayon.

scafìsta |ska'fista| *s.m.* réparateur de coque.

scafìte |ska'fite| *s.m.* (*paleont.*) scaphite.

scaf(o)- |skaf(o)| *pref.* (*significa 'imbarcazione, scafo', corrisponde gener. a*) scaph(o): *scafandro* scaphandre.

-scàfo |'skafo| *suff.* (*significa 'natante, imbarcazione', corrisponde gener. a*) scaphe: *batiscafo* bathyscaphe # *motoscafo* canot à moteur.

scàfo |'skafo| *s.m.* (*aer., mar.*) coque (*f.*): *scafo in legno, metallico* coque en bois, métallique.

scafocefalìa |skafotʃefa'lia| *s.f.* (*med.*) scaphocéphalie.

scafocèfalo |skafo'tʃɛfalo| *agg. e s.* scaphocéphale # *un (ammalato) scafocefalo* un malade de scaphocéphalie.

scafòide |ska'fɔide| *s.m.* (*anat.*) scaphoïde: *scafoide del carpo, del tarso* scaphoïde du carpe, du tarse ✦ (*agg.*) *osso scafoide* os scaphoïde.

Scafòpodi |ska'fɔpodi| *s.m. pl.* (*t. zool.*) Scaphopodes.

scagazzàre |skagat'tsare| *v.tr. e intr.* (*aus. 'avere'*) → **scacazzare.**

scagionàre |skadʒo'nare| **A** *v.tr.* [*dimostrare che uno non è colpevole; scolpare, scusare*] disculper, justifier **B** *v.pron. rifl.* SCAGIONARSI [→ *tr.*] se disculper, se justifier.

scàglia |'skaʎʎa| *s.f.* **1** (*zool.*) écaille # *pulire un pesce dalle scaglie* écailler un poisson ◇ (*per anal.*) *le scaglie di un rettile* les écailles d'un reptile → **squama** **2** (*per est.*) [*scheggia sottile e irregolare; piccolo frammento lamellare*] éclat (*m.*): *una scaglia di legno, di ferro* un éclat de bois, de fer; *scaglie di pietra, di marmo* éclats de pierre, de marbre; *scaglie di roccia* éclats de roche # *sapone in scaglie* savon en paillettes; *una scaglia di sapone* un bout de savon ◇ (*med.*) [*squame*] *le scaglie della forfora* les pellicules; *la pelle gli si staccava tutta a scaglie* sa peau se desquamait **3** *tetto, cupola a scaglie* toit, dôme écaillé *agg.* ◇ (*ant.*) *armatura, corazza a scaglie* armure, cuirasse en écailles.

1 **scagliàre** |skaʎ'ʎare| **A** *v.tr.* **1** [*gettare, lanciare lontano da sé con forza*] lancer (2), jeter (5) **2** (*fig.*) [*proferire parole, espressioni di ostilità nei confronti di una persona*] proférer (8) **B** *v.pron. rifl.* SCAGLIARSI **1** [*gettarsi, avventarsi contro qc.*] se jeter, s'élancer (2) **2** [→ *tr.* 2] se déchaîner, fulminer (*tr.*): *appena apre bocca, tutti gli si scagliano contro* dès qu'il ouvre la bouche, toute le monde se déchaîne contre lui; *gli si scagliò contro con ogni sorta di improperi* il fulmina toutes sortes d'injures contre lui → **inveire** ◇ [*confutare con violenza polemica*] s'élever (6), se dresser: *scagliarsi contro il malcostume* s'élever contre le relâchement des mœurs.

2 **scagliàre** |skaʎ'ʎare| **A** *v.tr.* **1** [*rompere, ridurre in scaglie*] écailler: *è una pietra molto friabile, sta attento a non scagliarla* c'est une pierre très friable, fais attention à ne pas l'écailler → **scheggiare** **2** (*raro*) [*pulire i pesci dalle scaglie*] écailler (*corr.*) **B** *v.pron. intr.* SCAGLIARSI **1** [→ *tr.* 1] s'écailler: *questa ceramica mi è caduta e si è scagliata* cette céramique m'a échappé des mains et s'est écaillée # *è una pietra che si scaglia facilmente* c'est une pierre qui s'effrite facilement **2** (*raro*) (*riferito a pesci*) [*squamarsi*] s'écailler.

scagliatùra |skaʎʎa'tura| *s.f.* [→ 2 SCAGLIARE A 2] écaillage *m.*
scagliòla |skaʎ'ʎɔla| *s.f.* [*polvere di gesso a presa rapida*] plâtre *m.*, gypse *m.*
scaglionaménto |skaʎʎona'mento| *s.m.* [→ SCAGLIONARE] échelonnement.
scaglionàre |skaʎʎo'nare| **A** *v.tr.* [*disporre, distribuire a intervalli opportunamente calcolati*] échelonner: *scaglionare le truppe* échelonner les troupes ◇ (*fig.*) *scaglionare i pagamenti* échelonner les paiements; *le scadenze degli effetti non sono state opportunamente scaglionate* les échéances des effets n'ont pas bien été échelonnées **B** *v.pron. rifl.* SCAGLIONARSI [→ *tr.*] s'échelonner: *il pubblico s'era scaglionato lungo il percorso* le public s'était échelonné le long du parcours.
scaglionàto |skaʎʎo'nato| *agg.* [*disposto a determinati intervalli*] échelonné *p.p.* ◇ (*arald.*) chevronné.
scaglióne |skaʎ'ʎone| *s.m.* **1** (*mil.*) échelon # *agenti di polizia disposti a scaglioni lungo il percorso* agents de police échelonnés le long du parcours ◇ (*per est.*) [*ciascun gruppo in cui, per motivi di opportunità, è suddiviso un complesso unitario di persone*] groupe: *s'è imbarcato il primo scaglione di emigranti* le premier groupe d'émigrants s'est embarqué; *si trova nel secondo scaglione degli impiegati* il se trouve dans le deuxième groupe des employés; *i dimostranti s'erano divisi in scaglioni* les manifestants s'étaient divisés en groupes **2** [*ripiano, balza, gradino di un pendio*] terrain, gradin **3** (*fin.*) échelon: *imposta a scaglioni* impôt par échelons **4** (*arald.*) chevron.
scaglióso |skaʎ'ʎoso| *agg.* **1** [*ricoperto di scaglie*] écailleux*: *superficie, pelle scagliosa* surface, peau écailleuse → **squamoso** **2** [*che si sfalda facilmente in scaglie*] écailleux.
scagnòzzo |skaɲ'ɲɔttso| *s.m.* (*spreg.*) **1** [*chi, per guadagno o per interesse personale, esegue ciecamente gli ordini di un potente*] homme de main: *lo provocò con i suoi scagnozzi* il le provoqua avec ses hommes de main → **tirapiedi** # *non faccio lo scagnozzo a nessuno!* je ne suis le valet de personne! **2** (*raro*) [*prete povero e poco dignitoso, in quanto cerca di trarre guadagno dal suo ministero*] prêtre (*corr.*) famélique ◇ (*fig.*) [*artista o professionista da strapazzo*] pied.
scàla |'skala| *s.f.* **1** (*arch., edil.*) escalier (*m.*): *scala di sicurezza* escalier de secours; *scala principale, di servizio* escalier d'honneur, de service; *scala in muratura* escalier en, de maçonnerie; *scala a chiocciola* escalier en colimaçon; *la ringhiera, i gradini della scala* la rampe, les marches de l'escalier; *una rampa di scale* une volée d'escaliers; *la tromba delle scale* la cage de l'escalier ◇ (*loc.*) *scala mobile*: (*pr.*) escalier roulant, escalator; (*fig., econ.*) échelle mobile ◇ (*prov.*) *il mondo è fatto a scale, chi le scende e chi le sale* la vie est faite de hauts et de bas **2** [*apparecchiatura mobile, dispositivo portatile per salire e scendere a un diverso dislivello*] échelle ◇ (*loc.*) *scala semplice* échelle simple ~ *scala a libretto* échelle pliante ~ *scala aerea o retrattile* échelle escamotable ~ *scala di corda o volante* échelle de corde ~ *scala da, per aereo* échelle mécanique ~ *scala di barcarizzo* échelle de coupée ◇ (*ginnastica*) *scala svedese* échelle suédoise **3** (*fig.*) [*successione, serie di elementi omogenei disposta secondo un ordine di gradazione*] échelle: *scala di valori* échelle des valeurs # *scala di colori, di suoni* gamme des couleurs, des sons → **gamma** ◇ (*alpinismo*) *scala delle difficoltà* échelle, graduation des difficultés ◇ (*carte*) séquence: *avere, fare scala* avoir, obtenir une séquence # *scala quaranta* rami; *scala reale* quinte flush ◇ (*mat., scient.*) *scala graduata* échelle graduée; *scala sismica o scala Mercalli* échelle des valeurs séismiques ou échelle de Mercalli; *scala barometrica* échelle, graduation d'un baromètre; *scala delle durezze dei minerali o scala di Mohs* échelle de dureté des minéraux ou échelle de Mohs # *scala termometrica* graduation d'un thermomètre ◇ (*mus.*) *scala diatonica, cromatica* échelle diatonique, chromatique; *scala maggiore, minore* échelle majeure, mineure # *fare le scale al pianoforte* faire des gammes au piano ◇ *loc. avv., agg.* A SCALA [*in ordine crescente o decrescente di altezza o di altri valori*] en échelle: *disporre a scala* disposer en échelle; *aveva i capelli tagliati a scala* [*male, con sfumatura irregolare*] le coiffeur avait fait des échelles, des escaliers en lui coupant les cheveux; *ha tre figli a scala, di due, di tre, di quattro anni* il a eu trois enfants nés à un an l'un de l'autre (ayant respectivement deux, trois et quatre ans) **4** (*fig.*) (*cartografia, disegno*) échelle: *scala di una carta topografica, di una planimetria* échelle d'une carte topographique, d'une planimétrie; *scala di un plastico* échelle d'une maquette; *scala di uno a diecimila* (*1 : 10.000*), *a centomila* (*1 : 100.000*) échelle au dix millième (1 : 10.000), au cent millième (1 : 100.000); *ridurre in scala* réduire à l'échelle; *rappresentare un oggetto in scala ridotta* représenter un objet sur une échelle réduite ◇ (*loc.*) *su larga, vasta scala*; *in, su scala ridotta* sur une grande échelle, sur une petite échelle; *su scala industriale, nazionale* à l'échelle industrielle, nationale **5** (*rad.*) cadran (*m.*): *scala parlante* cadran de réglage.
scalamitàre |skalami'tare| *v.tr.* (*fis.*) [*togliere l'effetto calamita*] désaimanter.
scalandróne |skalan'drone| *s.m.* (*mar.*) passerelle *f.*
1 **scalàre** |ska'lare| *v.tr.* **1** [*raggiungere la sommità di q.c. per mezzo di una scala mobile e sim.*] escalader **2** (*per est.*) [*inerpicarsi, arrampicarsi con le mani e con i piedi*] grimper *intr.* ◇ (*alpinismo*) [*effettuare un'ascensione*] escalader, faire (45) l'ascension de: *scalare una montagna* faire l'ascension d'une montagne, escalader une montagne; *scalare il* (*monte*) *Cervino* faire l'ascension du Cervin **3** [*sistemare, disporre in ordine decrescente*] *scalare i colori, le tinte* faire un dégradé de couleurs, de teintes; *scalare i capelli* couper les cheveux en dégradé, en faisant des échelles, des escaliers **4** [*diminuire, ridurre*] diminuer: *scalare le maglie* diminuer les mailles # *dal conto devi scalare le diecimila lire d'anticipo* il faut défalquer (du compte) les dix mille lires versées comme arrhes ◇ *loc.* (*auto.*) *scalare le marce* rétrograder les vitesses.
2 **scalàre** |ska'lare| *agg.* [*che è disposto in ordine crescente o decrescente; che aumenta o diminuisce gradualmente*] graduel*, proportionnel*: *tasse, imposte scalari* taxes proportionnelles, impôts proportionnels ◇ (*contabilità*) *metodo scalare* méthode à l'échelle *loc.*, par échelles *loc.* ✦ (*s.m.*) *lo scalare* le décompte dégressif, l'échelle *f.* ◇ (*fis., mat.*) scalaire: *grandezze scalari* grandeurs scalaires.
scalària |ska'larja| *s.f.* (*t.zool.*) scalaire *m.*
scalarménte |skalar'mente| *avv.* [→ 2 SCALARE] par degrés *loc. inv.*
scalàta |ska'lata| *s.f.* [→ 1 SCALARE 1, 2] escalade: *la scalata di una fortezza* l'escalade d'une forteresse; *la scalata del muro di cinta* l'escalade du mur de clôture # *la scalata del K2* l'ascension K2 ◇ (*ciclismo*) montée: *la scalata di un colle, di una montagna* la montée, la grimpée d'un col, d'une montagne ◇ *loc.* DARE LA SCALATA A Q.C.: (*pr.*) *dare la scalata alle mura della città* escalader les remparts de la ville; (*fig.*) [*aspirare, tendere, perseguire con ogni mezzo*] *dare la scalata al potere* monter au pouvoir; *dare la scalata al titolo mondiale* tenter la conquête du titre mondial.
scalàto |ska'lato| *agg.* [*graduato progressivamente, disposto secondo un ordine crescente o decrescente*] gradué.
scalatóre, trice |skala'tore, tri'tʃe| *s.* **1** [*chi compie scalate alpinistiche*] grimpeur* → **alpinista, rocciatore** **2** [*corridore ciclistico molto forte nei percorsi di montagna*] grimpeur.
scalcagnàre |skalkaɲ'ɲare| (*raro*) **A** *v.tr.* [*deformare* (*una calzatura*), *mettendo male il calcagno*] éculer **B** *v. intr.* (*aus. 'avere'*) [*battere i calcagni in terra o l'un contro l'altro*] frapper du talon, battre (76) *tr.* les talons.
scalcagnàto |skalkaɲ'ɲato| *agg.* **1** (*persone*) [*mal vestito, male in arnese*] débraillé, miteux* **2** (*calzature*) [*con i tacchi, con la parte posteriore deformata*] éculé ◇ (*per est.*) [*logoro, consunto*] usé, détérioré: *indossava un abito tutto scalcagnato* elle portait une robe tout usée # *una macchina scalcagnata* un tacot.
scalcàre |skal'kare| *v.tr.* [*fare a pezzi* (*carni già cucinate*), *trinciare*] découper: *scalcare un pollo, un cinghiale* découper un poulet, un sanglier.
scalciàre |skal'tʃare| *v.intr.* (*aus. 'avere'*) (*riferito spec. ad animali*) [*sferrare, tirar calci*] ruer # *il prigioniero si dibatteva e scalciava come un forsennato* le prisonnier se débattait et lançait des coups de pieds comme un forcené.
scalciàta |skal'tʃata| *s.f.* [*lo scalciare, spec. una sola volta*] ruade.
scalcinàre |skaltʃi'nare| *v.tr.* (*raro*) [*far cadere il rivestimento di calcina*] décrépir (*corr.*): *scalcinare l'intonaco di una parete* décrépir un mur → **scrostare.**
scalcinàto |skaltʃi'nato| *agg.* **1** [*che presenta tratti privi d'intonaco, senza calcina*] décrépi (*p.p.*): *un muro scalcinato* un mur décrépi → **scrostato** **2** (*fig.*) (*persone*) [*mal vestito, male in arnese*] débraillé ◇ [*di scarse capa-*

città, possibilità professionali o economiche] minable: *un avvocato, un pittore scalcinato* un avocat, un peintre minable ◆ (*s.*) *uno scalcinato* un miteux* # *s'è voluto sposare con quella scalcinata* il a voulu épouser cette (fille) minable **3** (*fig.*) (*cose*) [*mal ridotto, malandato*] délabré *p.p.*, en mauvais état *loc. inv.* # *una vecchia automobile scalcinata* un vieux tacot, une vieille guimbarde.

scalcinatùra |skaltʃina'tura| *s.f.* [→ SCALCINARE] décrépissage *m.* ◇ [*la parte scalcinata*] éraflure.

scaldaàcqua |skalda'akkwa| *s.m. inv.* → **scaldacqua.**

scaldabàgno |skalda'baɲɲo| *s.m.* chauffe-bain.

scaldabànchi |skalda'banki| *s. inv.* [*alunno, studente svogliato e negligente*] cancre *m. var.*

scaldabiberòn |skaldabibe'rɔn| *s.m. inv.* chauffe-biberon *var.*

scaldàcqua |skal'dakkwa| *s.m. inv.* [*apparecchio per scaldare piccole quantità d'acqua in breve tempo*] chauffe-eau: *scaldacqua elettrico, a gas* chauffe-eau électrique, à gaz.

scaldalètto |skalda'lɛtto| *s.m. inv.* chauffe-lit, bassinoire *f. var.*

scaldamàni |skalda'mani|, **scaldamàno** |skalda'mano| *s.m. inv.* **1** chauffe-mains **2** (*gioco da ragazzi*) main *f. var.* chaude.

scaldapànche |skalda'panke| *s. inv.* → **scaldabanchi.**

scaldapiàtti |skalda'pjatti| *s.m. inv.* chauffe-plats.

scaldapièdi |skalda'pjɛdi| *s.m. inv.* [*arnese, apparecchio per tenere caldi i piedi*] chauffe-pieds, chaufferette (*f. var.*): *scaldapiedi a brace* chauffe-pieds, chaufferette # *scaldapiedi ad acqua* bouillotte.

scaldaràncio |skalda'rantʃo| *s.m. inv.* chauffe-soupe.

scaldàre |skal'dare| **A** *v.tr.* **1** [*rendere caldo, portare a una temperatura più alta*] (ré)chauffer, faire (45) *intr.* chauffer: *scaldare l'acqua* chauffer l'eau; *scaldare il letto* chauffer, bassiner le lit; *scaldare la carne, la minestra* faire réchauffer la viande, la soupe → **riscaldare**; *il caminetto non riusciva a scaldare tutta la stanza* la cheminée ne suffisait pas à chauffer toute la pièce □ *scaldarsi i piedi, le mani* se (ré)chauffer les pieds, les mains ◆ *ass.* [*dar calore*] *questo termosifone non scalda* ce radiateur ne chauffe pas; *il sole comincia a scaldare* le soleil commence à chauffer ◇ (*loc.*) *scaldare il motore, le macchine* chauffer le moteur, les machines ~ *scaldarsi i muscoli* (*riferito ad atleti*) [*compiere esercizi vari per dare ai muscoli la necessaria elasticità prima di una gara*] s'échauffer ~ (*fig.*) *scaldare il posto, il banco, la sedia* (*riferito a studenti*) [*essere svogliato, negligente, fannullone*] user ses fonds de culottes sur les bancs; (*riferito a impiegati*) faire le rond de cuir **2** (*fig.*) [*infiammare, eccitare*] échauffer, animer: *scaldare gli animi* échauffer les esprits **B** *v.intr.* (*aus. 'avere'*) (*riferito spec. a parti meccaniche in attrito*) [*raggiungere una temperatura più alta del normale; surriscaldarsi*] chauffer: *questo motore scalda troppo* ce moteur chauffe (trop) **C** *v.pron.* SCALDARSI **I** *intr.* **1** [*diventare caldo, più caldo*] chauffer *intr.*; se réchauffer: *l'acqua per fare il bagno si sta scaldando* le bain est en train de chauffer || *la casa comincia a riscaldarsi* la maison commence à se réchauffer **2** (*fig.*) [→ *tr.* 2] s'échauffer, s'amuser # *è un tipo che si scalda nel discutere* c'est un type qui s'anime en discutant → **accalorar(si)** ◇ [*perdere il controllo di sé, irritarsi*] *moderi le parole, e non si scaldi tanto!* modérez vos expressions, et ne vous échauffez pas tant, ne vous emportez pas tant! **II** *rifl.* [→ *tr.* 1] se réchauffer: *bevi questa tazza di punch bollente, ti scalderai* bois ce bol de punch bouillant, ça te réchauffera ◆ → *tr.* 1 □ Ⓒ **raffreddare.**

scaldasèggiole |skalda'sɛddʒole| *s. inv.* [*persona pigra che partecipa con svogliatezza a lezioni, a un lavoro, ecc.*] paresseux* *var.*, fainéant *var.*

scaldàta |skal'data| *s.f.* (*spec. nella loc.*) DARE UNA SCALDATA [*scaldare in fretta o alla meglio*] chauffer: *mi son dato una scaldata davanti alla stufa* je me suis (ré)chauffé devant le poêle.

scaldavivànde |skaldavi'vande| *s.m. inv.* chauffe-plats.

scàldico, ci, ca, che |'skaldiko, tʃi, ka, ke| *agg.* (*letter.*) scaldique.

scaldìno |skal'dino| *s.m.* [*piccolo recipiente di terracotta o di metallo per scaldarsi spec. le mani, o per scaldare il letto*] chaufferette *f.*

scàldo |'skaldo| *s.m.* scalde.

scalèa |ska'lɛa| *s.f.* [*scalinata grande, monumentale, spec. all'aperto*] escalier *m.* d'honneur, de parade, perron *m.*

scalèno |ska'lɛno| *agg.* **1** (*geom.*) scalène: *triangolo scaleno* triangle scalène **2** (*anat.*) scalène: *muscoli scaleni* muscles scalènes ◆ (*s.m.*) *lo scaleno anteriore, posteriore* le scalène antérieur, postérieur.

scalèo |ska'lɛo| *s.m.* **1** [*scala a libretto*] échelle *f.* double **2** [*scala a due o a tre gradini più larghi del normale, usata nei negozi e nelle biblioteche*] escabeau, marchepied **3** (*ant.*) → **scalea.**

scalétta |ska'letta| *s.f.* **1** petite échelle; petit escalier (*m.*): *scaletta a pioli* petite échelle || *scaletta d'accesso* petit escalier d'accès ◇ (*loc. fig., fam.*) capelli tagliati a scaletta [*con una sfumatura irregolare*] cheveux coupés avec des échelles, avec des escaliers **2** (*cine., tv*) découpage *m.* ◇ (*per anal.*) [*lo schema, la serie degli argomenti da trattare nel corso di uno spettacolo*] programme *m.*

scalettaménto |skaletta'mento| *s.m.* (*mecc., tecnol.*) décalage.

scalettàre |skalet'tare| *v.tr.* [*tagliare, disporre come i gradini di una scala*] découper, tailler en dégradé, en gradins # *scalettare una rubrica* pourvoir d'onglets, d'index un répertoire.

scalettàto |skalet'tato| *agg.* [*disposto, tagliato a scaletta*] en gradins *loc. inv.*, en terrasse *loc. inv.* # *un quaderno con il margine scalettato* un cahier pourvu, muni d'onglets, d'un index.

scalfàre |skal'fare| *v.tr.* (*sartoria*) [*ingrandire lo scalfo*] échancrer.

scalfaròtto |skalfa'rɔtto| *s.m.* (*region.*) [*calza di lana grossa e calda*] chausson ◇ (*per est.*) pantoufle *f.* fourrée, chausson.

scalferòtto |skalfe'rɔtto| *s.m.* → **scalfarotto.**

scalfìre |skal'fire| (197) *v.tr.* [*intaccare, incidere leggermente, in superficie*] rayer (9): *scalfire il diamante* rayer le diamant ◇ [*ferire superficialmente*] égratigner, érafler: *scalfire la pelle* égratigner, érafler la peau; *il proiettile lo scalfì appena alla fronte* la balle lui érafla à peine le front □ *scalfirsi un dito con un chiodo* s'égratigner un doigt sur (avec) un clou.

scalfittùra |skalfit'tura| *s.f.* ◇ [*lieve incisione; ferita leggera, superficiale*] rayure; égratignure, éraflure: *questo vetro ha già qualche scalfittura* ce verre a déjà quelques rayures || *ha riportato solo qualche scalfittura* il n'a eu que quelques égratignures, éraflures # *questa pentola è piena di scalfitture* cette marmite est très rayée.

scàlfo |'skalfo| *s.m.* (*sartoria*) emmanchure *f.*

scalifìcio, i |skali'fitʃio, i| *s.m.* fabrique *f.* d'échelles.

scaligero |ska'lidʒero| *agg.* **1** (*st.*) de, des Della Scala (*loc. inv.*): *la signoria scaligera* le fief, la seigneurie des Della Scala ◆ (*s.m. pl.*) *gli Scaligeri* les Della Scala, la famille des Della Scala **2** (*per est.*) [*veronese*] de Vérone (*loc. inv.*): *il teatro scaligero* [*l'arena di Verona*] le théâtre de Vérone; *la città scaligera* la ville de Vérone ◆ (*s.m. pl.*) *gli Scaligeri* les Véronais **3** [*del teatro della Scala di Milano*] de la Scala (*loc. inv.*): *l'attività scaligera* les créations à la Scala, au théâtre de la Scala.

scalinàre |skali'nare| *v.tr.* → 2 **gradinare.**

scalinàta |skali'nata| *s.f.* [*scala di notevoli dimensioni, con gradini molto ampi*] escalier (*m.*): *la scalinata della Trinità dei Monti* l'escalier de la Trinité des Monts.

scalinatùra |skalina'tura| *s.f.* (*alpinismo*) marches *pl.*

scalìno |ska'lino| *s.m.* **1** (*edil., corr.*) marche (*f.*): *ogni rampa di scale era di venti scalini* chaque volée avait vingt marches → **gradino** ◇ (*per anal.*) *gli scalini di una scala a libretto* les échelons d'une échelle pliante; *una scala di corda con dieci scalini* une échelle de corde de dix échelons ◇ (*fig.*) [*grado, condizione*] échelon, degré: *è ai primi scalini della carriera* il est aux premiers échelons, degrés de sa carrière; *è salito di uno scalino nella scala sociale* il est monté d'un échelon dans l'échelle sociale **2** [*elemento architettonico che permette di superare il dislivello fra due ambienti o due piani*] marche **3** (*alpinismo*) marche.

scalmàna |skal'mana| *s.f.* **1** [*raffreddore*] rhume (*m.*): *s'è preso una bella scalmana* il a attrapé un bon rhume ◇ [*vampata di calore e di rossore al viso*] bouffée de chaleur **2** (*fig.*) [*infatuazione*] engouement *m.*, toquade (*fam.*) # *s'è preso una scalmana per quella ragazza* il s'est engoué, entiché de cette fille.

scalmanàrsi |skalma'narsi| *v. pron. intr.* **1** [*affaticarsi eccessivamente; prendersi una scalmana*] s'agiter **2** (*fig.*) [*darsi da fare con impegno e partecipazione eccessivi*] se donner du mal ◇ [*parlare, gesticolare in modo concitato e risentito*] s'échauffer: *quando discuti, non ti scalmanare tanto!* quand tu discutes, ne t'échauffe pas tant!

scalmanàta |skalma'nata| *s.f.* [→ SCALMANARSI 1] course folle.

scalmanàto |skalma'nato| *agg.* **1** [*tutto sudato e affannato*] en nage (*loc. inv.*): *non uscire così scalmanato: ti prenderai un raffreddore!* ne sors pas en nage, tu vas attraper un rhume! **2** (*fig.*) [*sfrenato, turbolento, facinoroso*] excité: *un giovane scalmanato* un jeune excité ♦ (*s.*) *uno scalmanato* un enragé: *non voglio in casa quegli scalmanati!* je ne veux pas de ces enragés chez moi!
scalmièra |skal'mjɛra| *s.f.*, **scalmière** |skal'mjɛre| *s.m.* (*mar.*) dame *f.*
scàlmo |'skalmo| *s.m.* (*mar.*) **1** [*caviglia nella quale lavora il remo*] tolet **2** [*ciascuno degli elementi delle coste di una nave in legno*] membe.
scàlo |'skalo| *s.m.* **1** (*aer.*, *mar.*) escale (*f.*): *scalo marittimo, fluviale* escale maritime, fluviale; *scalo aereo* escale d'une ligne aérienne; *scalo tecnico, intermedio* escale technique, intermédiaire ◇ (*loc.*) *volo senza scalo* vol sans escale ~ *fare scalo* faire escale **2** [*il complesso di impianti per le varie operazioni e necessità del traffico*] (*marittimo*) quai; (*aereo*) escale # *scalo passeggeri* aérogare des passagers; *scalo merci* aérogare du fret ◇ (*per anal.*) *scalo merci* (*ferroviario*) gare *f.* de marchandises **3** (*mar.*) cale *f.*
1 **scalógna** |ska'loɲɲa|, (*region.*, *pop.*) **scarógna** |ska'roɲɲa| *s.f.* [*sfortuna, iella*] malchance, guigne (*fam.*): *avere scalogna* avoir de la malchance, la guigne; *che scalogna, non me ne va bene una!* quelle malchance, quelle poisse, rien ne me réussit Ⓒ **fortuna.**
2 **scalógna** |ska'loɲɲa| *s.f.* → **scalogno.**
scalognàto |skaloɲ'ɲato|, (*region.*, *pop.*) **scarognàto** |skaroɲ'ɲato| *agg.* (*persone*) [*perseguitato dalla scalogna*] malchanceux* # *che scalognato, è la terza partita di seguito che perdo!* j'ai une de ces guignes! c'est la troisième partie que je perds! ◇ (*cose*) [*che porta sfortuna*] qui porte la guigne *loc.*, la poisse (*loc.*): *questo è un posto scalognato* c'est une place qui porte la guigne, la poisse Ⓒ **fortunato.**
scalógno |ska'loɲɲo| *s.m.* (*t.bot.*) échalote *f.*
scalogràmma |skalo'gramma| *s.m.* (*stat.*) scalogramme.
scalóne |ska'lone| *s.m.* grand escalier.
scalòppa |ska'lɔppa| *s.f.* (*cuc.*) escalope.
scaloppìna |skalop'pina| *s.f.* → **scaloppa.**
scalpàre |skal'pare| *v.tr.* (*raro*) [*togliere lo scalpo*] scalper (*corr.*) → **scotennare.**
scalpellàre |skalpel'lare| *v.tr.* **1** [*sgrossare, intagliare, lavorare con lo scalpello*] tailler au ciseau, ciseler (6): *scalpellare una pietra* tailler une pierre au ciseau, ciseler une pierre # *scalpellare sul marmo* graver sur le marbre ◇ (*loc.*) *scalpellare un'iscrizione* [*cancellarla con lo scalpello*] marteler (4), effacer (2) au marteau une inscription **2** (*chir.*) [*incidere, asportare parzialmente con lo scalpello*] *scalpellare un osso* pratiquer une incision sur un os; *scalpellare la scatola cranica* trépaner la boîte crânienne.
scalpellatóre |skalpella'tore| *s.m.* tailleur de pierres → **scalpellino** ◇ (*siderurgia*) [*chi è addetto ai lavori di sbavatura*] burineur.
scalpellatùra |skalpella'tura| *s.f.* **1** [→ SCALPELLARE 1] (*di pietre*) taille; (*di metalli*) burinage (*m.*): *la scalpellatura di un blocco di marmo* la taille d'un bloc de marbre **2** [→ SCALPELLARE 2] incision au scalpel: *la scalpellatura di un osso* l'incision au scalpel d'un os.
scalpellinàre |skalpelli'nare| *v.tr.* (*region.*) → **scalpellare.**
scalpellìno |skalpel'lino| *s.m.* **1** tailleur de pierres, ébaucheur **2** (*fig.*, *spreg.*) [*scultore, intagliatore senz'arte, grossolano*] mauvais sculpteur.
scalpèllo |skal'pɛllo| *s.m.* **1** (*tecnol.*) burin, ciseau: *scalpello da muratore* burin de maçon; *scalpello da calafato* ciseau de calfat ◇ (*chir.*) scalpel: *scalpello chirurgico* scalpel, ciseau chirurgical **2** (*scultura*) ciseau # *scalpello da sbozzo* ébauchoir ◇ (*per anton.*) *l'arte dello scalpello* l'art du ciseau, la sculpture (*f.*): *lavoro, opera di scalpello* travail, œuvre de sculpture ◇ (*fig.*) [*simbolo dello scultore*] ciseau # *un valente, un ottimo scalpello* un habile, un excellent sculpteur **3** [*attrezzo per la perforazione di terreni rocciosi e per lo scavo di pozzi, spec. petroliferi*] trépan, rotary, foreuse *f.*
scalpicciaménto |skalpittʃa'mento| *s.m.* → **scalpiccio.**
scalpicciàre |skalpit'tʃare| *v.intr.* (*aus.* '*avere*') [*camminare a passi rapidi e leggeri strisciando i piedi sul pavimento*] traîner *tr.* les pieds, piétiner.
scalpiccìo, ii |skalpit'tʃio, ii| *s.m.* [*il rumore insistente, confuso che si fa scalpicciando*] piétinement, bruit de pas.
scalpitaménto |skalpita'mento| *s.m.* (*raro*) → **scalpitio.**
scalpitànte |skalpi'tante| *agg.* [*che scalpita*] piaffant.
scalpitàre |skalpi'tare| *v.intr.* (*aus.* '*avere*') (*riferito a cavalli*) [*battere ripetutamente il terreno con gli zoccoli, in segno di impazienza o irrequietezza*] piaffer: *senti come scalpita quel cavallo!* écoute comme ce cheval piaffe! ◇ (*fig.*, *scherz.*) (*persone*) [*dare frequenti segni di impazienza*] *scalpita, perché la lettera tarda ad arrivare* il piaffe d'impatience en attendant la lettre.
scalpitìo, ii |skalpi'tio, ii| *s.m.* [*uno scalpitare insistente, confuso di uno o più cavalli*] piaffement.
scàlpito |'skalpito| *s.m.* (*lett.*) → **scalpitio.**
scàlpo |'skalpo| *s.m.* **1** scalp **2** (*chir.*) scalp.
scalpóre |skal'pore| *s.m.* **1** [*la risonanza clamorosa, l'interesse e la curiosità che un avvenimento eccezionale determina nell'opinione pubblica*] bruit, tapage **2** [*reazione rumorosa e sproporzionata, provocata da risentimento o indignazione*] tapage.
scaltraménte |skaltra'mente| *avv.* [→ SCALTRO] adroitement, avec ruse (*loc. inv.*): *agire scaltramente* agir adroitement, avec ruse.
scaltrézza |skal'trettsa| *s.f.* [*accortezza, astuzia*] adresse, ruse # *quella ragazza è d'una scaltrezza straordinaria* cette jeune fille est extrêmement astucieuse (*fam.*), est une très fine mouche.
scaltrìre |skal'trire| (197) **A** *v.tr.* [*rendere scaltro, avveduto; smaliziare*] dégourdir, déniaiser: *la vita di città lo ha scaltrito* la ville l'a dégourdi, déniaisé ◇ [*rendere più abile, più esperto in un'attività*] former: *scaltrire uno nella professione, nel mestiere* former qqn. dans la profession, le métier ◇ (*loc.*) *scaltrire lo stile, la lingua* [*renderli più eleganti, più raffinati*] ciseler (6), polir son style, sa langue **B** *v.pron. intr.* SCALTRIRSI [→ *tr.*] *quel pittore deve ancora scaltrirsi nell'uso dei colori* ce peintre a des progrès à faire dans l'emploi des couleurs.
scaltrìto |skal'trito| *agg.* **1** (*persone*) [*esperto, abile nella propria arte o professione*] expérimenté, habile: *un diplomatico, uno scrittore scaltrito* un diplomate, un écrivain expérimenté, habile ◇ [*diventato scaltro*] dégourdi, adroit → **scaltro** **2** (*cose*) [*raffinato, consumato*] consommé: *una tecnica, un'arte scaltrita* une technique consommée, un art consommé.
scàltro |'skaltro| *agg.* (*persone*) [*accorto, avveduto, esperto*] rusé, habile: *un uomo molto scaltro* un homme très rusé, un fin matois # *è un diplomatico poco scaltro* c'est un diplomate peu doué ◇ (*cose*) [*improntato a scaltrezza*] adroit, astucieux*: *comportamento scaltro* comportement adroit; *una risposta scaltra* une réponse astucieuse; *la sua proposta è molto scaltra* sa proposition est très astucieuse.
scalvàre |skal'vare| *v.tr.* (*arboricoltura*) [*tagliare i rami di un albero di alto fusto in prossimità del tronco*] ébrancher: *scalvare un pioppo* ébrancher un peuplier.
scalvatùra |skalva'tura| *s.f.* [→ SCALVARE] ébranchage *m.*, ebranchement *m.*
scàlvo |'skalvo| *s.m.* → **scalvatura.**
scalzacàne |skaltsa'kane| *s.* (*spreg.*) **1** [*persona di umile condizione economico-sociale, di scarse doti, capacità*] minable: *è un povero scalzacane!* c'est un minable!; *s'è sposata con uno scalzacane* elle a épousé un minable **2** [*chi manca di abilità, di capacità nella propria professione*] maladroit.
scalzacàni |skaltsa'kani| *s. inv.* → **scalzacane.**
scalzaménto |skaltsa'mento| *s.m.* [→ SCALZARE A 2] déchaussement; déchaussage: *lo scalzamento di una pianta* le déchaussage d'une plante.
scalzapèlli |skaltsa'pɛlli| *s.m. inv.* [*arnese usato per scalzare la pelle delle unghie*] repoussoir *var.*
scalzàre |skal'tsare| **A** *v.tr.* **1** [*privare delle scarpe e delle calze*] déchausser: *scalzare un bambino* déchausser, retirer les souliers à un enfant **2** (*per est.*) [*togliere, rimuovere la terra dal tronco, dalle radici di una pianta; asportare il materiale d'appoggio di una struttura verticale*] déchausser # *scalzare le fondamenta di un edificio* saper les fondations d'un édifice **3** (*fig.*) [*indebolire, minare alla base*] saper: *scalzare la reputazione, il prestigio di qc. con accuse, con calunnie* saper la réputation, le prestige de qqn. par des accusations, des calomnies ◇ [*rimuovere, allontanare uno dal posto, dalla condizione in cui si trova*] faire (45) *intr.* sauter: *scalzare un collega* faire sauter un collègue; *è riuscito a scalzare il direttore e a prendere il suo posto* il a réussi à faire sauter le directeur et à prendre sa place **4** (*fig.*) [*circuire una persona*

per farle dire quello che non dovrebbe o non vorrebbe] faire parler, tirer les vers du nez (à): *invano ho tentato di scalzare il suo segretario* j'ai tenté en vain de faire parler son secrétaire, de tirer les vers du nez à son secrétaire **B** *v.pron. rifl.* SCALZARSI [→ *tr.* 1] se déchausser.

scalzatóio, i |skaltsa'tojo, i| *s.m.* (*agr.*, *chir.*) déchaussoir.

scalzatùra |skaltsa'tura| *s.f.* → **scalzamento.**

scàlzo |'skaltso| *agg.* [*privo di scarpe e di calze*] nu-pieds *inv.*, déchaussé: *a piedi scalzi* les pieds nus, nu-pieds ◇ (*eccl.*) *ordini religiosi scalzi* ordres religieux déchaussés; *i Carmelitani scalzi* les Carmes déchaussés, les Carmes déchaux.

scambiàbile |skam'bjabile| *agg.* [→ SCAMBIARE A 2] échangeable.

scambiàre |skam'bjare| **A** *v.tr.* **1** [*confondere, per errore o per distrazione, una persona o una cosa con un'altra*] prendre (73) pour, confondre (53): *ti avevo scambiata per tua sorella* je t'avais prise pour ta sœur; *è tale la loro somiglianza che è facile scambiarli* ils se ressemblent tellement qu'il est facile de les confondre **2** [*dare, permutare una cosa con un'altra*] échanger (3) # *il nemico propose di scambiare i prigionieri* l'ennemi proposa l'échange des prisonniers ◇ [*mettere una cosa al posto di un'altra*] *scambiare la disposizione di due oggetti* mettre (71) un objet à la place de l'autre, changer (3) de place deux objets ◇ (*loc.*) *scambiare due parole* [*conversare alla buona del più e del meno*] échanger deux mots ~ *scambiare diecimila, centomila lire* [*cambiarle con altre ma di taglio inferiore*] changer dix mille, cent mille lires; faire la monnaie de dix mille, de cent mille lires **B** *v.pron. recipr.* SCAMBIARSI [*darsi, farsi a vicenda*] échanger (3) (*tr.*): *scambiarsi doni, regali* échanger des cadeaux # *scambiarsi visite* rendre une visite à qqn., rendre sa visite à qqn.

scambiàto |skam'bjato| *agg.* (*scherma*) *colpo scambiato* coup fourré.

scambiatóre |skambja'tore| *s.m.* **1** (*fis.*) échangeur **2** (*chim.*) échangeur.

scambiétto |skam'bjetto| *s.m.* **1** (*danza*) entrechat **2** [*gioco di parole*] calembour.

scambiévole |skam'bjevole| *agg.* [*reciproco, vicendevole*] réciproque, mutuel*.

scambievolézza |skambjevo'lettsa| *s.f.* (*raro*) → **reciprocità.**

scambievolménte |skambjevol'mente| *avv.* [→ SCAMBIEVOLE] réciproquement, mutuellement.

scàmbio, i |'skambjo, i| *s.m.* **1** [→ SCAMBIARE A 1] erreur *f.*, confusion (*f.*): *c'è stato uno scambio di persona* il y a eu erreur de personne ◇ *loc.* IN SCAMBIO [*per errore, per equivoco*] au lieu de, à la place de: *ho preso in scambio il tuo cappello* j'ai pris ton chapeau au lieu, à la place du mien **2** [→ SCAMBIARE A 2; B] échange: *l'ufficio per gli scambi culturali con l'estero* l'office des échanges culturels avec l'étranger; *si sono incontrati per un breve scambio di idee* ils se sont rencontrés pour un bref échange de vues, pour échanger des idées # *scambio di posto* changement de place ◇ (*econ.*) *valore di scambio* valeur d'échange; *zona di libero scambio* zone de libre échange **3** (*ferr.*, *tecnol.*) aiguillage: *scambio aereo* aiguillage aérien; *azionare lo scambio* actionner l'aiguillage # *scambio semplice, doppio* traversée, jonction simple, double.

scambìsta |skam'bista| *s.* **1** [*ferroviere addetto alla manovra degli scambi*] aiguilleur *m.* → **deviatore 2** (*econ.*) [*chi sostiene la libertà degli scambi*] échangiste.

scamiciàrsi |skami'tʃarsi| *v.pron. rifl.* [*mettersi in maniche di camicia*] se mettre (71) en bras de chemise ◇ (*region.*) [*levarsi la camicia*] ôter *tr.* sa chemise (*corr.*).

1 **scamiciàto** |skami'tʃato| **1** *agg.* en bras de chemise (*loc. inv.*): *lo trovai in ufficio tutto scamiciato* je le trouvai au bureau en bras de chemise ◇ (*per est.*, *raro*) [*scomposto, vestito disordinatamente*] débraillé **2** *s.* (*fig.*) [*sostenitore fanatico e turbolento di partiti e movimenti rivoluzionari*] extrémiste.

2 **scamiciàto** |skami'tʃato| *s.m.* (*abbigl.*) robe-chasuble *f.*

scamóne |ska'mone| *s.m.* (*cuc.*) culotte *f.*

scamonèa |skamo'nɛa| *s.f.* (*t.bot.*) scammonée.

scamòrza |ska'mɔrtsa| *s.f.* **1** [*formaggio fresco, caratteristico della Campania e dell'Abruzzo*] ⊠ **2** (*fig.*, *region.*) [*persona di scarse capacità e competenza*] incapable (*corr.*).

scamosceria |skamoʃʃe'ria| *s.f.* [*concia di pelli mediante trattamento con oli di pesce*] chamoisage *m.*

scamosciàre |skamoʃ'ʃare| *v.tr.* [*trattare le pelli con concia all'olio, in modo da farle sembrare di camoscio*] chamoiser.

scamosciàto |skamoʃ'ʃato| *agg.* **1** *pelle scamosciata* peau de daim, chamoisée; *vitello scamosciato* peau suédée, veau retourné **2** (*per est.*) [*che è fatto di pelle scamosciata*] de daim (*loc. inv.*): *guanti scamosciati* gants de daim ◇ [*sim. a pelle scamosciata*] de chamois *loc. inv.*

scamosciatóre, trice |skamoʃʃa'tore, tritʃe| *s.* [*operaio addetto alla preparazione delle pelli scamosciate*] chamoiseur *m.*

scamosciatùra |skamoʃʃa'tura| *s.f.* [→ SCAMOSCIARE] chamoisage *m.*

scamozzàre |skamot'tsare| *v.tr.* (*in arboricoltura*) [*tagliare la cima di un albero o potarne tutti i rami*] écimer, étêter.

scamozzatùra |skamottsa'tura| *s.f.* (*raro*) [→ SCAMOZZARE] écimage *m.* (*corr.*), étêtage *m.* (*corr.*), étêtement *m.* (*corr.*).

scampafórca |skampa'forka| *s.m. inv.* (*spreg.*) [*furfante, malandrino*] gibier *var.* de potence.

scampagnàre |skampaɲ'ɲare| *v. intr.* (*aus.* '*avere*') (*raro*) [*andare, stare in campagna per svagarsi e riposarsi*] faire (45) *tr.* (*corr.*) une partie de campagne.

scampagnàta |skampaɲɲ'ata| *s.f.* partie de campagne, promenade à la campagne.

scampanaménto |skampana'mento| *s.m.* → **scampanio.**

scampanàre |skampa'nare| *v.intr.* (*aus.* '*avere*') **1** (*detto di campane*) [*sonare a distesa e a lungo*] carillonner, sonner à toute volée **2** (*raro*, *fig.*) (*riferito ad abiti*) [*allargarsi a campana dalla vita in giù*] s'évaser *pron.*.

scampanàta |skampa'nata| *s.f.* **1** [→ SCAMPANARE 1] carillon *m.* **2** [*frastuono, chiassata a suon di grida, campanacci e sim., fatto, in segno di scherno, ai vedovi e ai vecchi che si sposano*] ⊠.

scampanàto |skampa'nato| *agg.* (*di abiti*) [*che si allarga a campana dalla vita in giù*] cloche *s.f.*

scampanellàre |skampanel'lare| *v.intr.* (*aus.* '*avere*') [*sonare un campanello con insistenza e con forza*] carillonner.

scampanellàta |skampanel'lata| *s.f.* grand coup *m.* de sonnette.

scampanellio, ii |skampanel'lio, ii| *s.m.* grands coups *pl.* de sonnette répétés.

scampanio, ii |skampa'nio, ii| *s.m.* [*suono di campane a distesa forte e prolungato*] carillonnement.

scampàre |skam'pare| **A** *v.tr.* **1** [*preservare, liberare da un male, da un grave pericolo*] sauver ◇ (*spec. in espressioni deprecative*) préserver: *Dio ce ne scampi e liberi!* (que) Dieu nous en préserve!; *Dio ci scampi dalla guerra!* Dieu nous préserve de la guerre!; *il Cielo ci scampi da certi amici!* le ciel nous préserve de certains amis! **2** [*evitare, schivare un grave danno o rischio*] échapper (*intr.*) a: *scampare la prigione, la morte* échapper à la prison, à la mort ◇ *spec. nella loc.* SCAMPARLA (BELLA, PER MIRACOLO); SCAMPARSELA: [*uscire incolume, indenne da un grave rischio*] l'echapper belle: *l'hai scampata bella!* tu l'as échappé belle!; *anche questa volta se l'è scampata!* cette fois encore il l'a échappé belle! # *l'abbiamo scampata per miracolo* nous en avons réchappé par miracle **B** *v.intr.* (*aus.* '*essere*') [*sottrarsi, sfuggire a un grave rischio o danno*] échapper (*aus.* avoir, être) à, réchapper (*aus.* avoir) de (*lett.*): *scampare a un naufragio, alla morte* échapper à un naufrage, à la mort; *riuscì a scampare alla strage* il réussit à échapper au massacre ◇ (*raro*) SCAMPARE DA: *scampò dal massacro per miracolo* il échappa au massacre par miracle.

scampàto |skam'pato| *agg.* (*persone*) [*che si è salvato, che è rimasto incolume da un grave danno o rischio*] rescapé, survivant ✦ (*s.*) *gli scampati* les rescapés: *gli scampati al naufragio* les rescapés du naufrage → **superstite, sopravvissuto** ◇ (*cose*) [*evitato, schivato*] évité (*p.p.*): *un pericolo scampato* un danger évité.

1 **scàmpo** |'skampo| *s.m.* [→ SCAMPARE B] issue *f.*, salut: *cercare, dare una via di scampo* chercher, offrir une issue # *contro* (*da*) *una simile malattia non c'è scampo* à un tel mal, il n'est point de remède ◇ (*iperb.*) *non c'è scampo contro un seccatore come lui* (il n'y a) pas moyen d'échapper à ce casse-pieds ◇ (*loc.*) *non c'è più scampo* [*non c'è rimedio, la situazione è disperata*] la situation est sans issue.

2 **scàmpo** |'skampo| *s.m.* (*t.zool.*) langoustine *f.*

scàmpolo |'skampolo| *s.m.* [*avanzo di una pezza, di un taglio di tessuto*] coupon ◇ (*per est.*, *raro*) *scampolo di terreno, di tempo* bout de terrain, instant de libre → **avanzo, rimasuglio**

◇ (*loc. fig., spreg.*) *uno scampolo d'uomo, di donna* [*molto piccoli di statura*] un petit bout d'homme, de femme.
scanalàre |skana'lare| **A** *v.tr.* [*incidere, incavare con uno o più solchi longitudinali e di limitata profondità e larghezza*] canneler (4), rainurer: *scanalare un pezzo di legno, una colonna* canneler, rainurer un morceau de bois, une colonne → **scannellare B** *v.intr.* (*aus.* '*avere*') (*raro*) [*uscire dal tracciato, dal canale*] déborder (*aus.* avoir, être).
scanalàto |skana'lato| *agg.* [*che presenta scanalature*] cannelé; rainuré (*p.p.*): *pannelli di legno scanalati* panneaux de bois rainurés.
scanalatrìce |skanala'tritʃe| *s.f.* (*tecnol.*) rainureuse.
scanalatùra |skanala'tura| *s.f.* [→ SCANALARE A] rainure, cannelure: *scanalatura meccanica, a mano* rainure, cannelure mécanique, à la main # *attendere alla scanalatura di un pezzo di legno* rainer, rainurer, canneler un morceau de bois ◇ [*l'incavo, il solco ottenuto*] *le scanalature di una colonna* les cannelures d'une colonne; *le scanalature della canna di un fucile* les rainures du canon d'un fusil; *la scanalatura degli sci* la rainure des skis.
scancellàre |skantʃel'lare| *e deriv.* → **cancellare** *e deriv.*
scandagliaménto |skandaʎʎa'mento| *s.m.* (*raro*) [→ SCANDAGLIARE 1] sondage (*corr.*).
scandagliàre |skandaʎ'ʎare| *v.tr.* **1** [*misurare la profondità delle acque*] sonder **2** (*fig.*) [*indagare, cercare di conoscere, di vagliare con cautela, senza scoprirsi*] sonder.
scandagliàta |skandaʎ'ʎata| *s.f.* [→ SCANDAGLIARE] sondage *m.*
scandagliatóre, trice |skandaʎʎa'tore, tritʃe| *s.* [*chi è addetto allo scandaglio*] sondeur *m.*
scandàglio, i |skan'daʎʎo, i| *s.m.* **1** (*tecnol.*) sonde *f.*, sondeur: *scandaglio a sagola* sonde à main, petite sonde; *scandaglio meccanico* sondeur; *scandaglio a pressione* sondeur à pression; *scandaglio acustico* sondeur acoustique, sonar de fond; *essere sulle linee di scandaglio* être sur les sondes **2** [→ SCANDAGLIARE 1] sondage: *fare lo scandaglio del fondo del mare* faire le sondage du, sonder le fond de la mer ◇ (*fig.*) *dopo un preliminare scandaglio, i due pugili s'impegnarono a fondo* après avoir échangé quelques coups pour se tâter, les deux boxeurs s'engagèrent à fond → **schermaglia.**
scandalezzàre |skandaled'dzare| *v.tr. e pron.* (*ant., region.*) → **scandalizzare.**
scandalismo |skanda'lizmo| *s.m.* tendance *f.* à exploiter, à causer des scandales; esprit de scandale.
scandalìsta |skanda'lista| *s.* [*chi interessatamente suscita clamorose e sproporzionate reazioni nell'opinione pubblica*] colporteur* d'histoires scandaleuses.
scandalìstico, ci, ca, che |skanda'listiko, tʃi, ka, ke| *agg.* à scandales *loc. inv.*, de scandales (*loc. inv.*): *stampa scandalistica* presse à scandales, à sensation; *una campagna scandalistica contro il governo* une campagne de scandales contre le gouvernement.
scandalizzàre |skandalid'dzare| **A** *v.tr.* [*offendere, turbare la coscienza morale, il senso di giustizia e del pudore degli altri*] scandaliser: *il suo comportamento immorale ci ha scandalizzato tutti* sa conduite immorale nous a tous scandalisés ◇ (*per est.*) [*suscitare indignazione, sdegno negli altri*] *il pubblico fu scandalizzato dal suo modo di fare* le public a été scandalisé par ses façons (d'agir) **B** *v.pron. intr.* SCANDALIZZARSI [*restare gravemente offeso, turbato, sdegnato per parole o atti immorali, disonesti*] s'indigner ◇ (*iperb.*) *ti scandalizzi per così poco?* tu te scandalises, te formalises pour si peu?; *ti scandalizzi se bevo un altro bicchiere?* tu seras scandalisé si je prends un autre verre?
scandalizzàto |skandalid'dzato| *agg.* (*persone*) scandalisé *p.p.* ◇ (*cose*) [*che esprime sorpresa, indignazione*] *non fare quella faccia scandalizzata!* ne prends pas cet air scandalisé!
scàndalo |'skandalo| *s.m.* **1** scandale ◇ (*per est.*) *non dovresti permettere certi scandali* tu ne devrais pas permettre certains scandales; *che scandalo, quel film!* quel scandale, ce film! # *il suo modo di vestire è uno scandalo* sa façon de s'habiller est scandaleuse; *è un vero scandalo che si buttino tanti miliardi in una simile impresa* c'est scandaleux de gaspiller tant de milliards dans une telle entreprise ◇ (*loc.*) *sei la pietra dello scandalo* tu es à l'origine du scandale; malheur à celui par qui le scandale arrive **2** [*evento che suscita una profonda reazione negativa nell'opinione pubblica e vivaci polemiche*] scandale: *l'affare Watergate è uno dei maggiori scandali politici della storia degli Stati Uniti* l'affaire Watergate est un des plus grands scandales politiques de l'histoire des États-Unis ◇ *loc.* FARE UNO SCANDALO faire du scandale: *se non pagate, farò uno scandalo* si vous ne payez pas, je ferai du scandale ~ *reprimere, soffocare uno scandalo* étouffer un scandale.
scandalosaménte |skandalosa'mente| *avv.* **1** [→ SCANDALOSO 1] scandaleusement, d'une façon scandaleuse (*loc. inv.*): *vestire scandalosamente* s'habiller d'une façon scandaleuse **2** [→ SCANDALOSO 2] scandaleusement (*fam.*).
scandalóso |skanda'loso| *agg.* **1** scandaleux*: *vita, condotta scandalosa* vie, conduite scandaleuse → **indecente**; *uno spettacolo scandaloso* un spectacle scandaleux → **vergognoso** # *sei scandalosa, vestita così!* ainsi habillée, tu fais (tu vas faire) scandale! **2** (*iperb., scherz.*) [*eccessivo, esagerato*] scandaleux, insolent.
scandènte |skan'dɛnte| *agg.* (*bot.*) grimpant → **rampicante.**
scàndere |'skandere| *v.tr.* (*raro*) → **scandire.**
scàndice |'skanditʃe| *s.f.* (*t.bot.*) pligne *m.* de Venus.
scandinavismo |skandina'vizmo| *s.m.* (*polit.*) scandinavisme.
scandinàvo |skandi'navo|, **scandìnavo** |skan'dinavo| *agg.* [*della Scandinavia*] scandinave: *la penisola scandinava* la péninsule scandinave; *le lingue scandinave* les langues scandinaves, nordiques.
scàndio, i |'skandjo, i| *s.m.* (*chim.*) scandium.
scandire |skan'dire| (197) *v.tr.* **1** (*metr.*) [*leggere i versi delle lingue a metrica quantitativa dividendoli in piedi e misurando la quantità delle sillabe*] scander: *scandire un esametro greco, latino* scander un hexamètre grec, latin **2** (*per est.*) [*pronunciare le parole con chiarezza e con una certa forza, staccando le sillabe*] scander, marteler (4): *parlava scandendo le parole* il parlait en scandant les mots, en martelant ses mots ◆ (*ass.*) *è un pregio di pochi saper scandire bene* savoir bien scander est rare ◇ (*loc. mus.*) *scandire il tempo* battre (76) la mesure **3** (*tv*) [*analizzare l'immagine da trasmettere, decomponendola in un gran numero di punti*] balayer (9).
scàndola |'skandola| *s.f.* (*region.*) [*assicella di legno per copertura di tetti*] planchette (pour couverture).
scandolezzàre |skandoled'dzare| *v.tr. e pron. intr.* (*ant., region.*) → **scandalizzare.**
scàndolo |'skandolo| *s.m.* (*pop.*) → **scandalo.**
scannafòsso |skanna'fɔsso| *s.m.* [*fosso, canale scavato nei campi, per raccogliere e convogliare le acque*] rigole *f.*
scannaménto |skanna'mento| *s.m.* (*raro*) [→ SCANNARE A 1] abattage, égorgement.
1 **scannàre** |skan'nare| **A** *v.tr.* **1** (*animali*) [*uccidere tagliando le arterie del collo e la trachea*] égorger (3): *scannare un agnello, un vitello* égorger un agneau, un veau → **sgozzare** ◇ (*persone*) [*uccidere con un colpo d'arma bianca alla gola*] égorger **2** (*per est.*) [*ammazzare spietatamente, con ferocia*] massacrer **3** (*fig.*) [*far pagare, pretendere somme, prezzi eccessivi*] ruiner, écorcher **B** *v.pron.* SCANNARSI **1** *intr.* (*fig., fam.*) [*sottoporsi a sforzi, a lavori eccessivi*] se saigner: *s'è scannato per fargli una posizione* il s'est saigné aux quatre veines pour lui faire une position **2** *recipr.* [*lottare, ferirsi, ammazzarsi in modo spietato e feroce*] (s'entre-)égorger: *corri, quei due si stanno scannando!* cours vite, ces deux là-bas sont en train de s'égorger!
2 **scannàre** |skan'nare| *v.tr.* (*raro, tess.*) [*togliere il filo dai cannelli*] dévider (*corr.*).
scannàto |skan'nato| *agg.* **1** (*fig.*) (*persone*) [*povero, senza mezzi*] pauvre, fauché (*fam.*), sans le sou (*loc. inv.*): *essere scannato* être pauvre, fauché, sans le sou; *gli studenti sono sempre scannati* les étudiants sont toujours fauchés ◆ (*s.*) *uno scannato* un sans-le-sou *inv.*, un crève-la-faim *inv.* (*fam.*): *non vorrai mica sposarti con quello scannato!* tu ne veux tout de même pas te marier avec ce crève-la-faim! ◇ (*cose*) [*faticoso e di scarso profitto*] pénible: *un lavoro scannato* un travail pénible **2** (*raro*) [*ucciso mediante la recisione delle arterie del collo e della trachea*] égorgé.
scannatóio, i |skanna'tojo, i| *s.m.* **1** [*luogo, ambiente dove si scannano bestie da macello*] abattoir **2** (*fig.*) [*locale pubblico equivoco, malfamato*] gargote *f.*, bouge.
scannatóre |skanna'tore| *s.m.* (*raro*) [*chi scanna*] égorgeur.
scannatùra |skanna'tura| *s.f.* (*raro*) [→ 1 SCANNARE A 1] égorgement *m.* (*corr.*).
1 **scannellàre** |skannel'lare| *v.tr.*

[*fare, operare solchi, incavi di limitata profondità e larghezza*] canneler (4): *scannellare un mobile* canneler un meuble → **scanalare.**
2 **scannellàre** |skannel'lare| *v.tr.* [*svolgere il filo dal cannello*] dévider.
scannellàto |skannel'lato| *agg.* **1** [*che ha una o più scanalature*] cannelé → **scanalato** **2** (*tess.*) dévidé *p.p.*
scannellatùra |skannella'tura| *s.f.* → **scanalatura.**
scannèllo |skan'nɛllo| *s.m.* [*taglio pregiato di carne bovina, tratto dalla coscia all'altezza del girello*] gîte à la noix.
1 **scànno** |'skanno| *s.m.* [*seggio, sedile imponente ed austero, riservato ad alti dignitari civili e religiosi*] siège.
2 **scànno** |'skanno| *s.m.* (*region.*) banc de sable (*corr.*).
scansabrìghe |skansa'brige| *s. inv.* [*chi cerca di evitare ogni briga, chi ama il quieto vivere*] père *m. var.* tranquille (*fam.*).
scansafatiche |skansafa'tike| *s. inv.* [*chi non ha voglia di lavorare o fa il minimo indispensabile*] fainéant *var.*, flem(m)ard *var.* (*fam.*): *che scansafatiche, quel tuo amico!* quel fainéant, ton ami!; *sei il solito scansafatiche!* tu es toujours aussi fainéant! → **fannullone** # *i miei alunni sono degli scansafatiche* mes élèves sont des cancres.
scansàre |skan'sare| **A** *v.tr.* **1** [*allontanare, spostare di poco e lateralmente*] déplacer (2): *scansare il tavolo, il frigo* déplacer la table, le frigo **2** [*evitare, schivare*] éviter, esquiver: *scansare i colpi dell'avversario* éviter, esquiver les coups de l'adversaire ◇ (*per est.*) [*sottrarsi, sfuggire*] *scansare un pericolo, una difficoltà* éviter, esquiver un danger, une difficulté; *scansare un lavoro, una fatica* éviter un travail, une fatigue; *scansare una punizione* éviter une punition; *scansare una persona* éviter une personne; *è una persona equivoca, devi scandarla!* c'est une personne louche, tu dois (il faut) l'éviter !# *da quando ha tradito, tutti lo scansano* depuis qu'il a trahi, tout le m onde le fuit **B** *v.pron. intr.* SCANSARSI [*spostarsi di poco, farsi da parte*] s'écarter, se garer: *non riuscì a scansarsi in tempo e fu investito* il ne réussit pas à s'écarter à temps et il fut renversé (par la voiture): *scansati, sta arrivando una macchina* gare-toi, voilà une voiture.
scansar(u)òte |skansa'r(w)ɔte| *s.m. inv.* [*paracarro di ferro ai lati di un portone*] chasse-roue (*var.*): *degli scansaruote* des chasse-roues.
scansìa |skan'sia| *s.f.* [*mobile a ripiani per oggetti vari*] étagère: *scansia per libri* étagère à livres, bibliothèque → **scaffale.**
scansióne |skan'sjone| *s.f.* **1** [→ SCANDIRE 1] scansion # *fare la scansione di un verso classico* scander un vers classique **2** [→ SCANDIRE 3] balayage *m.*
scànso |'skanso| *s.m. solo nella loc.* A SCANSO DI [*per prevenire, per evitare*] pour éviter, afin d'éviter: *a scanso di equivoci, di noie, di guai* pour éviter tout malentendu, des ennuis, des embêtements; *a scanso di ogni responsabilità, non voglio che figuri il mio nome* afin d'éviter toute responsabilité, je ne veux pas que mon nom figure.
scantinàre |skanti'nare| *v.intr.* (*aus.* '*avere*') (*raro*) **1** [*stonare, uscire di tono sonando uno strumento a corde*] détonner (*corr.*) **2** (*fig.*) [*dire o fare cose inopportune, sconvenienti*] faire (45) *tr.* une gaffe.
scantinàto |skanti'nato| *s.m.* [*piano di un edificio del tutto o in parte sotto il livello del suolo*] sous-sol.
1 **scantonàre** |skanto'nare| *v.tr.* [*tagliare, smussare agli spigoli, agli angoli*] biseauter ◇ (*in legatoria*) arrondir: *scantonare un libro, un cartoncino* arrondir un livre, un carton → **arrotondare.**
2 **scantonàre** |skanto'nare| *v.intr.* (*aus.* '*avere*') [*girare, svoltare rapidamente all'angolo di una via, spec. per evitare qc.*] tourner *tr.* le coin de la rue, rebrousser *tr.* chemin # *quando mi vede di lontano, scantona* dès qu'il m'aperçoit, il prend l'autre trottoir ◇ (*per est.*) [*svignarsela, allontanarsi di soppiatto*] s'esquiver *pron.* ◇ (*fig.*) [*eludere, evitare; divagare*] se dérober; changer (3) de sujet: *invece di scantonare, dovresti affrontare le tue responsabilità* au lieu de te dérober, tu devrais faire face à tes responsabilités ‖ *restiamo in argomento e non scantoniamo!* ne changeons pas de sujet!
scantonatùra |skantona'tura| *s.f.* (*arch.*) chanfrein *m.* ◇ (*legatoria*) écornure.
scantucciàre |skantut'tʃare| *v.tr.* (*region.*) → **sbocconcellare, smozzicare.**
scanzonàto |skantso'nato| *agg.* [*che affronta, che tratta con tono distaccato, sorridente e ironico anche i problemi e i fatti più seri*] désinvolte: *una prosa, una critica scanzonata* une prose, une critique désinvolte → **spregiudicato**; *un tono, una fare scanzonato* un ton, une façon d'agir désinvolte.
scapaccionàre |skapattʃo'nare| *v.tr.* (*fam.*) [*prendere a scapaccioni*] donner une paire de calottes, flanquer une taloche: *se non la smetti, ti scapacciono* si tu n'arrêtes pas je te flanque une paire de calottes.
scapaccióne |skapat'tʃone| *s.m.* [*colpo dato sulla nuca con la palma della mano, spec. per punizione*] gifle *f.*, taloche *f.* (*fam.*), calotte *f.* (*fam.*): *dare uno scapaccione* donner une gifle, une taloche, une calotte # *prendere uno a scapaccioni* talocher, calotter qqn.; *si presero a scapaccioni* ils se giflèrent ◇ (*loc. fig.*) *passare, essere promosso a scapaccioni* [*grazie all'indulgenza e alla larghezza degli esaminatori*] être reçu de justesse à l'examen grâce à un coup de pouce.
scapàre |ska'pare| *v.tr.* → **scapitozzare.**
scapatàggine |skapa'taddʒine| *s.f.* **1** [*sconsideratezza, leggerezza*] étourderie # *è d'una scapataggine unica!* c'est un étourdi comme il y en a peu! **2** [*azione, comportamento da persona scapata*] étourderie.
scapataménte |skapata'mente| *avv.* (*raro*) [→ SCAPATO] étourdiment (*corr.*).
scapàto |ska'pato| *agg.* [*senza giudizio, sventato*] étourdi, écervelé ✦ (*s.*) *uno scapato* un étourdi, un écervelé.
scapecchiàre |skapek'kjare| *v.tr.* (*tess.*) [*togliere il capecchio*] teiller.
scapecchiatùra |skapekkja'tura| *s.f.* (*tess.*) teillage.
scapestratàggine |skapestra'taddʒine| *s.f.* **1** [*il fatto di essere scapestrato*] libertinage *m.*, débauche **2** [*azione, comportamento da scapestrato*] frasque.
scapestrataménte |skapestrata'mente| *avv.* [→ SCAPESTRATO] d'une façon déréglée *loc. inv.*; en libertin *loc.*, en débauché *loc.*
scapestràto |skapes'trato| *agg.* (*persone*) [*che conduce una vita disordinata, sregolata, dissoluta*] débauché, libertin, dissolu: *un giovane scapestrato* un jeune débauché, libertin; *una gioventù scapestrata* une jeunesse dissolue, dévergondée ✦ (*s.*) *uno scapestrato* un débauché, un libertin ◇ (*cose*) [*improntato a sregolatezza, dissolutezza*] déréglé, dissolu.
scapezzaménto |skapettsa'mento| *s.m.* (*raro*) [→ SCAPEZZARE] étêtage (*corr.*), étêtement (*corr.*).
scapezzàre |skapet'tsare| *v.tr.* [*recidere, portar via la cima di un albero, tagliarne i rami sino al tronco*] étêter, écimer: *scapezzare un castagno* étêter, écimer un châtaignier ◇ (*per anal.*) *scapezzare un palo, una colonna* étêter un poteau, une colonne; *scapezzare un campanile* étêter, décapiter un clocher; *la bomba ha colpito la torre, scapezzandola* la bombe est tombée sur la tour et l'a décapitée.
scapicollàrsi |skapikol'larsi| *v. pron. intr.* (*region.*) [*correre, scendere a precipizio giù per le scale o per luoghi scoscesi, con il rischio di cadere, di farsi male*] dégringoler *tr.* (*corr.*): *scapicollarsi giù per la china* dégringoler une pente ◇ (*fig.*) [*darsi da fare, impegnarsi a fondo*] se dépêcher (*corr.*), se grouiller (*pop.*): *scapicollarsi per finire un lavoro, per arrivare in tempo* se dépêcher, se grouiller pour finir un travail, pour arriver à temps.
scapicòllo |skapi'kɔllo| *s.m.* (*region.*) [*luogo scosceso; dirupo*] escarpement (*corr.*) ◇ (*spec. nella loc.*) *a scapicollo* [*a precipizio, a rompicollo*] précipitamment (*corr.*).
scapigliàre |skapiʎ'ʎare| **A** *v.tr.* [*scompigliare, spettinare, arruffare i capelli*] ébouriffer **B** *v.pron. rifl. e intr.* SCAPIGLIARSI [→ *tr.*] s'ébouriffer, se décoiffer: *ti sei scapigliata tutta* tu t'es toute ébouriffée.
1 **scapigliàto** |skapiʎ'ʎato| *agg.* **1** [*con i capelli spettinati, arruffati*] ébouriffé **2** (*fig.*) [*scapestrato, dissoluto*] dissolu, dévergondé ✦ (*s.*) *uno scapigliato* un débauché: *mica vorrai sposare quello scapigliato!* tu ne veux tout de même pas épouser ce débauché, ce libertin!
2 **scapigliàto** |skapiʎ'ʎato| (*letter. it.*) **1** *agg.* [*relativo, proprio della scapigliatura*] ⊠ **2** *s.* [*rappresentante, fautore della scapigliatura*] ⊠.
scapigliatùra |skapiʎʎa'tura| *s.f.* **1** (*letter. it.*) ⊠ **2** [*concezione e prassi di vita improntata a disordine e dissolutezza, ad eccentricità e anticonformismo*] vie de bohème.
scapitàre |skapi'tare| *v.intr.* (*aus.* '*avere*') SCAPITARCI **1** [*subire un danno economico, rimetterci*] y perdre (53): *vendendo a simili prezzi, ci scapito* en vendant à si bas prix, j'en suis de ma poche, j'y perds **2** (*per est.*) [*ricevere un danno morale, perdere la propria reputazione*] perdre (*tr.*): *scapitarci nella reputazione* perdre sa réputation # *in*

un simile imbroglio, chi ci scapita son proprio io dans cette escroquerie, c'est bien moi le perdant ✦ (*impers.*) *a frequentare certa gente ci si scapita sempre* il y a des gens qu'il est toujours dangereux de fréquenter ◇ [*risultare inferiore, sfigurare*] faire (45) *tr.* piètre figure # *lui per me è troppo forte, ci scapito* il est le pot de fer et je suis le pot de terre.

scàpito |'skapito| *s.m.* [*danno economico, perdita di denaro*] perte (*f.*): *vendere a scapito* vendre à perte ◇ (*per est.*) [*danno materiale o morale*] détriment, préjudice: *con grave scapito della salute, della reputazione, dell'onore* au détriment, au préjudice de la santé, de la réputation, de l'honneur ◇ *loc.* A SCAPITO DI [*a danno di*] au détriment de, au préjudice de: *la quantità spesso va a scapito della qualità* souvent la quantité est au détriment de la qualité; *ciò va a scapito del suo buon nome* cela est au détriment de sa réputation.

scapitozzàre |skapitot'tsare| *v.tr.* → **scapezzare.**

scàpo |'skapo| *s.m.* **1** (*arch.*) escape (*f.*): *imo scapo, imoscapo* escape inférieure, congé inférieur # *sommo scapo, sommoscapo* congé supérieur **2** (*anat.*, *bot.*, *zool.*) scape.

scapocchiàre |skapok'kjare| *v.tr.* [*togliere, privare della capocchia*] étêter.

scàpola |'skapola| *s.f.* (*anat.*) omoplate.

1 **scapolàre** |skapo'lare| *agg.* (*anat.*) scapulaire: *regione scapolare, arterie scapolari* région scapulaire, artères scapulaires ◇ (*chir.*) *frattura scapolare* fracture scapulaire.

2 **scapolàre** |skapo'lare| *s.m.* **1** (*eccl.*) scapulaire **2** [*reliquia sacra che, racchiusa in un nastro, si porta al collo per devozione*] scapulaire.

3 **scapolàre** |skapo'lare| **A** *v.tr.* **1** (*mar.*) [*oltrepassare, superare un ostacolo, un pericolo*] esquiver, éviter: *scapolare uno scoglio, un iceberg* esquiver, éviter un écueil, un iceberg → **evitare** ◇ [*liberare un organo, un attrezzo da un ostacolo che lo trattiene*] *scapolare l'ancora* mouiller l'ancre, filer la chaîne de l'ancre; *scapolare un cavo* larguer un câble **2** *loc. fig., fam.* SCAPOLARLA [→ *intr.*] l'échapper belle: *l'ho scapolata bene anche questa volta!* je l'ai échappé belle encore cette fois-ci! **B** *v. intr.* (*aus.* '*essere, avere*') (*fam.*) [*sottrarsi, sfuggire a una situazione difficile o pericolosa*] esquiver *tr.*

scàpolo |'skapolo| *agg.* [*non ammogliato, celibe*] célibataire ✦ (*s.m.*) *uno scapolo* un garçon, un célibataire: *vita da scapolo* vie de garçon; *è un vecchio scapolo impenitente* c'est un vieux célibataire, un vieux garçon endurci **C** **ammogliato.**

scapolóne |skapo'lone| *s.* **1** *s.m.* [*uomo scapolo non più giovane*] vieux garçon **2** *s.f.* (*scherz.*) [*donna di una certa età ancora nubile*] vieille fille.

scapolo-omeràle |skapoloome'rale| *agg.* (*anat.*) scapulo-huméral*: *scapolo-omerali* scapulo-huméraux.

scapo(t)tàre |skapo(t)'tare| *v.tr.* → 2 **scappottare.**

scappaménto |skappa'mento| *s.m.* **1** (*auto.*) *tubo di scappamento* tuyau d'échappement **2** (*tecnol.*) échappement: *scappamento dell'orologio* échappement de la pendule, de la montre.

scappànte |skap'pante| *agg.* (*abbigl.*) evasé: *linea scappante* ligne évasée → **sfuggente, svasato**; *maniche scappanti* manches évasées.

scappàre |skap'pare| *v.intr.* (*aus.* '*essere*') **1** [*allontanarsi rapidamente, di nascosto, per evitare qualche pericolo o per paura*] se sauver *pron.*, s'enfuir (22) (*pron.*): *scappa, se non vuoi che ti prendano* sauve-toi, si tu ne veux pas qu'ils t'attrappent; *alla vista della polizia, scapparono tutti* à la vue de la police, tous s'enfuirent ◇ (*specificando il luogo da cui ci si allontana*) s'enfuir, s'échapper (*pron.*): *scappare di casa, dal collegio* s'enfuir de la maison, du collège; *scappare di prigione* s'échapper, s'évader de prison → **evadere**; *il merlo è scappato dall'uccelliera* le merle s'est échappé de la volière → **fuggire** ◇ (*per est.*) [*andare di corsa, allontanarsi in fretta*] courir (17) (*aus.* avoir): *dove stai scappando?* où cours-tu? # *scusami, ma debbo scappare* excuse-moi, mais je dois me sauver; *scappo a casa a prendere il soprabito* je fais un saut chez moi pour prendre mon manteau ◇ (*sport*) [*andare in fuga*] s'échapper: *il corridore è scappato* le coureur s'est échappé ◇ (*loc.*) *scappare a gambe levate, a rotta di collo* [*in gran fretta*] prendre ses jambes à son cou ~ (*region.*) *a scappa e fuggi* [*in fretta e furia*] en vitesse ◇ (*loc. fig.*) *di qui non si scappa* [*di situazione che non consente alternativa*] il n'y a pas d'alternative ~ (*iperb.*) *è brutto da far scappare* il est laid à faire peur ◇ (*prov.*) *chiudere la stalla quando i buoi sono scappati* fermer l'écurie quand les chevaux se sont échappés **2** [*sfuggire*] échapper (*aus.* avoir, être): *lasciarsi scappare una occasione d'oro* laisser échapper une occasion en or; *questa volta non me lo lascio scappare* cette fois-ci il ne m'échappera pas; *mi è scappato detto che la trovavo ingrassata e invecchiata* j'ai laissé étourdiment échapper que je la trouvais grossie et vieillie # *mi è scappato il treno sotto il naso* j'ai raté le train; *nel pulire il fucile gli è scappato un colpo* en nettoyant le fusil, le coup est parti; *se non la smetti, mi fai scappare la pazienza* si tu n'arrêtes pas, tu vas me faire perdre patience → **perdere**; *il suo indirizzo mi è scappato di mente* son adresse m'est sortie de la tête → **dimenticare**; *gli scappò una risata* il ne put s'empêcher de rire ◇ (*riferito a stimoli fisiologici*) [*farsi sentire in modo irresistibile*] *gli scappava da ridere* il ne pouvait s'empêcher de pouffer (de rire) **3** [*fuoriuscire da un involucro, saltar fuori*] sortir (21): *la camicia gli scappava dai pantaloni* sa chemise sortait de son pantalon ◇ *loc. fig.* SCAPPAR FUORI, SCAPPAR SU [*fare q.c. di inaspettato o di inopportuno*] sortir (*tr.*): *ogni tanto scappa fuori con una battuta divertente* de temps en temps il sort un mot d'esprit amusant # *scappò su a protestare* il intervint, se leva pour protester **4** (*riferito a maglie*) [*smagliarsi*] filer (*aus.* avoir).

scappàta |skap'pata| *s.f.* **1** *loc.* FARE UNA SCAPPATA [*un salto, una visita fuggevole e frettolosa*] faire un saut *m.* **2** [*il fatto di intervenire all'improvviso, inaspettatamente con una frase spiritosa, originale*] sortie ◇ [*la frase stessa*] trouvaille: *quel tipo ha delle scappate veramente divertenti* ce type a parfois des trouvailles amusantes **3** [*errore, mancanza non gravi o infedeltà amorosa occasionale, dovuti a leggerezza o a imprudenza*] fredaine, escapade: *ogni tanto fa le sue scappate* de temps en temps il fait ses fredaines **4** (*nella fase finale di uno spettacolo pirotecnico*) [*accensione simultanea di molti razzi*] bouquet *m.*

scappatèlla |skappa'tella| *s.f.* [*piccola scappata* (3)] escapade, fredaine: *una scappatella coniugale* une escapade hors du foyer conjugal.

scappatìna |skappa'tina| *s.f.* [*piccola scappata* (1)] saut *m.*; tour (*m.*): *dovrei fare una scappatina a casa* je devrais faire un saut à la maison ‖ *sabato faremo una scappatina in campagna* samedi nous ferons un tour à la campagne.

scappàto |skap'pato| *agg.* (*cuc.*) uccellini scappati.

scappatóia |skappa'toja| *s.f.* [*espediente per uscire da una situazione pericolosa, rischiosa*] échappatoire: *cercare, trovare una scappatoia* chercher, trouver une échappatoire → **espediente**; *a questo riguardo la legge non ci offre nessuna scappatoia* à cet égard la loi ne nous offre aucune échappatoire → **sotterfugio.**

scappavìa |skappa'via| *s.m. inv.* (*ant.*) → **scappatoia.**

scappellàre |skappel'lare| **A** *v.tr.* [*togliere il cappello, il cappuccio e sim.*] ôter le chapeau à; décapuchonner: *scappellare i funghi* ôter le chapeau aux champignons ‖ *scappellare la stilografica* décapuchonner le stylo ◇ (*raro*) [*salutare levandosi il cappello*] ôter son chapeau, se découvrir (23) *pron.* ◇ (*loc.*) *scappellare il falcone* [*togliergli il cappuccio prima di lanciarlo verso la preda*] déchaperonner le faucon **B** *v.pron. rifl.* SCAPPELLARSI [*togliersi il cappello, in segno di saluto e di ostentata deferenza*] ôter *tr.* son chapeau, se découvrir: *tutti si scappellano davanti a lui* tout le monde ôte son chapeau, se découvre devant lui.

scappellàta |skappel'lata| *s.f.* coup *m.* de chapeau: *ogni volta che mi incontra, mi fa grandi scappellate* toutes les fois qu'il me rencontre, il me donne de grands coups de chapeau.

scappellottàre |skappellot'tare| *v.tr.* (*fam.*) [*prendere a scappellotti*] donner des taloches, des calottes; talocher, calotter.

scappellòtto |skappel'lɔtto| *s.m.* [*leggero e bonario scapaccione*] taloche *f.* (*fam.*), calotte *f.* (*fam.*) # *lo presero a scappellotti* ils le talochèrent, calottèrent ◇ (*loc. fig.*, *fam.*) *essere promosso a scappellotti, con lo scappellotto, con uno scappellotto* [*per indulgenza altrui*] être reçu à un examen avec un coup de pouce.

1 **scappottàre** |skappot'tare| *v. intr.* (*aus.* '*avere*') (*in giochi di carte e sim.*) [*evitare di perdere per cappotto*] éviter *tr.* le capot.

2 **scappottàre** |skappot'tare| *v.tr.* [*abbassare la cappotta di una macchina decappottabile*] décapoter.

1 **scappucciàre** |skapput'tʃare| **A** *v.tr.* [*liberare dal cappuccio*] décapu-

chonner: *scappucciare una penna* décapuchonner un stylo **B** *v.pron. rifl.* SCAPPUCCIARSI [→ *tr.*] se décapuchonner.

2 **scappucciàre** |skapput'tʃare| *v.intr.* (*aus.* 'avere') (*raro*) → **inciampare** ◇ (*fig.*) → **sbagliare.**

scapricciàre |skaprit'tʃare| **A** *v. tr.* [*levare, far passare un capriccio, i capricci*] faire (45) *intr.* passer l'envie de faire des caprices: *fallo scapricciare un po'!* fais-lui donc passer l'envie de faire des caprices! **B** *v.pron. intr.* SCAPRICCIARSI [→ *tr.*] se passer *tr.* ses caprices, ses fantaisies; se défouler: *al mare s'è scapricciato come ha voluto* à la mer il s'est défoulé → **sfogar(si), sbizzarrir(si)** # *vi siete scapricciati abbastanza, ora tutti a letto!* vous vous êtes assez amusés, maintenant tout le monde au lit!

scapriccire |skaprit'tʃire| (197) *v.tr. e pron. intr.* → **scapricciare.**

scapsulàre |skapsu'lare| *v.tr.* [*togliere, levare la capsula*] décapsuler ◇ (*chir.*) [*tagliare, asportare*] extirper; *scapsulare una cisti* extirper un kyste # *scapsulare un rene* pratiquer l'ablation d'un rein Ⓒ **incapsulare.**

1 **scarabàttola** |skara'battola| *s.f.* (*pop.*) → **carabattola.**

2 **scarabàttola** |skara'battola| *s.f.*, **scarabàttolo** |skara'battolo| *s.m.* [*elegante mobiletto a vetri per ninnoli, oggetti pregiati e sim.*] vitrine *f.*

Scarabèidi |skara'bɛidi| *s.m. pl.* (*t.zool.*) Scarabéidés.

scarabèo |skara'bɛo| *s.m.* **1** (*t. zool.*) scarabée ~ *scarabeo sacro* scarabée sacré ~ *scarabeo ercole* scarabée hercule ~ *scarabeo rinoceronte* scarabée cornu **2** (*per est.*) [*l'immagine dell'insetto intagliata in pietre e metalli preziosi, frequente nell'arte egizia*] scarabée **3** (*gioco*) scrabble.

scarabocchiàre |skarabok'kjare| *v.tr.* **1** [*coprire di scarabocchi, segnare con scarabocchi*] griffonner, gribouiller (*tr. e intr.*): *scarabocchiare un foglio, un libro* griffonner, gribouiller une feuille, un livre **2** (*fig.*) [*scrivere male, senza impegno o con scarse capacità e attitudini*] griffonner.

scarabocchiàto |skarabok'kjato| *agg.* [*coperto, imbrattato di scarabocchi*] griffonné *p.p.*, gribouillé *p.p.*

scarabocchiatùra |skarabok'kja'tura| *s.f.* (*raro*) [→ SCARABOCCHIARE 1] griffonnage *m.* (*corr.*), gribouillage *m.* (*corr.*) ◇ → **scarabocchio.**

scarabòcchio, i |skara'bɔkkjo, i| *s.m.* **1** [*macchia d'inchiostro, cancellatura malfatta*; *sgorbio*] griffonnage, gribouillage ◇ [*parola, segno indecifrabile, illeggibile*] *questa firma è uno scarabocchio* cette signature n'est qu'un gribouillage, gribouillis **2** (*fig.*) [*disegno malfatto, grossolano*] gribouillage ◇ [*persona piccola e sgraziata*] avorton; nabot: *non vorrai sposare mica quello scarabocchio?* tu ne veux tout de même pas épouser cet avorton, ce nabot!

scarabocchióne |skarabok'kjone| *s.* (*raro*) **1** [*persona che scrive in maniera sciatta e indecifrabile*] griffonneur* **2** [*chi disegna o dipinge male*] gribouilleur* (*corr.*), barbouilleur* (*corr.*).

scaracchiàre |skarak'kjare| *v. intr.* (*aus.* 'avere') (*volg.*) [*sputare scatarrando*] graillonner (*fam.*).

scaràcchio, i |ska'rakkjo, i| *s.m.* (*volg.*) [*sputo catarroso*] graillon, mollard.

scaracchióne |skarak'kjone| *s.* (*volg.*) [*chi scaracchia frequentemente*] graillonneur*.

scaracciàre |skarat'tʃare| *e deriv.* → **scaracchiare** *e deriv.*

scarafàggio, i |skara'faddʒo, i| *s.m.* → **blatta.**

scaramanzia |skaraman'tsia| *s.f.* [*gesto, formula magica, oggetto per scongiurare il malocchio o la cattiva fortuna*] *fare, dire q.c. per scaramanzia* faire, dire qqch. pour conjurer le mauvais sort; *toccare ferro per scaramanzia* toucher du bois (pour conjurer le mauvais sort); *per scaramanzia preferisco non far pronostici* par superstition, je préfère ne pas faire de pronostics; *fare tutte le scaramanzie possibili contro uno iettatore* se livrer à toutes les pratiques superstitieuses possibles contre un jeteur de sort → **scongiuro.**

scaramàzza |skara'mattsa| *agg. e s.f.* (*perla*) *scaramazza* perle baroque.

scaramùccia, ce |skara'muttʃa, tʃe| *s.f.* **1** escarmouche: *tra i due opposti reparti ci fu solo una breve scaramuccia* entre les deux détachements adverses il n'y eut qu'une brève escarmouche **2** (*fig.*) [*scontro a parole, polemica breve e di scarsa importanza*] escarmouche, accrochage (*m.*): *c'è stata qualche scaramuccia tra il presidente e i consiglieri* il y a eu quelques escarmouches, quelques accrochages entre le président et les conseillers → **schermaglia.**

scaramucciàre |skaramut'tʃare| *v.intr.* (*aus.* 'avere') (*raro*) **1** [*impegnarsi in combattimenti brevi e di scarsa importanza*] combattre (76) par escarmouches, escarmoucher (*arc.*) **2** (*fig.*) [*partecipare a discussioni, a polemiche brevi e di non grande impegno*] avoir (45) *tr.* des escarmouches, des accrochages.

scaraventàre |skaraven'tare| **A** *v.tr.* **1** [*scagliare, gettare in modo sgarbato e violento*] jeter (5), flanquer (*fam.*) # *lo prese per il petto e lo scaraventò contro il muro* il l'attrappa par le collet et le projeta contre le mur **2** (*fig.*) [*mandare, trasferire in un luogo remoto*] expédier: *l'hanno scaraventato in un paesino di montagna* il a été expédié dans un petit village de montagne, il a été limogé → **sbattere B** *v.pron. intr.* SCARAVENTARSI [*gettarsi, lanciarsi con impeto*] se lancer (2), se ruer: *scaraventarsi contro, addosso a qc.* se lancer, se ruer sur qqn. # *si scaraventò giù per la scarpata come un fulmine* elle dévala le talus comme un éclair → **precipitar(si).**

scarcassàto |skarkas'sato| *agg.* (*fam.*) [*sgangherato, sfasciato*] déglingué *p.p.*, esquinté.

scarceraménto |skartʃera'mento| *s.m.* → **scarcerazione.**

scarceràre |skartʃe'rare| *v.tr.* [*dimettere, far uscire dal carcere*] libérer (8), relâcher, élargir (*dir.*): *diede ordine di scarcerarlo immediatamente* il donna l'ordre de le libérer, de le relâcher immédiatement Ⓒ **incarcerare.**

scarcerazióne |skartʃerat'tsjone| *s.f.* libération, mise en liberté, élargissement *m.* (*dir.*): *la scarcerazione degli imputati* la libération, la mise en liberté, l'élargissement des accusés.

scardàre |skar'dare| *v.tr.* [*estrarre, togliere le castagne dal riccio*] retirer de la bogue, ôter la bogue à.

scardassàre |skardas'sare| *v.tr.* **1** (*tess.*) [*pettinare, cardare la lana con lo scardasso*] carder **2** (*raro, fig.*) [*maltrattare, malmenare*] rudoyer (10), étriller (*fam.*).

scardassatóre, trice, tora |skardassa'tore, tritʃe, tora| *s.* [*chi è addetto alla scardassatura*] cardeur*.

scardassatùra |skardassa'tura| *s.f.* [→ SCARDASSARE] cardage *m.*

scardàsso |skar'dasso| *s.m.* (*tecnol., tess.*) carde *f.*

scardinàre |skardi'nare| *v.tr.* [*levare, togliere a forza dai cardini*] tirer de ses gonds, dégonder (*raro*).

scàrdola |'skardola| *s.f.* (*t.zool.*) rotengle *m.*, rotangle *m.*, gardon *m.* rouge (*corr.*).

scàrica, che |'skarika, ke| *s.f.* **1** [*sparo simultaneo di più armi da fuoco portatili; rapida successione di colpi sparati da una sola arma*] décharge; rafale: *una scarica di fucileria* une décharge de coups de fusil, une fusillade ‖ *una scarica di mitragliatrice* une rafale de mitrailleuse → **raffica** **2** (*per est.*) [*grande quantità di cose varie, che si riversano con violenza e con simultaneità o in rapidissima successione*] volée, grêle: *una scarica di pugni, di legnate* une volée, une grêle de coups de poing, de coups ◇ (*med.*) évacuation, selle: *scarica diarroica* évacuation, flux diarrhéique ◇ (*fig.*) grêle, bordée: *una scarica di insulti, di improperi* une grêle, une bordée d'insultes, d'injures **3** (*elettr.*) décharge: *scarica di un condensatore* décharge d'un condensateur ◇ (*per est.*) [*passaggio di corrente fra due corpi a diverso potenziale elettrico*] *è stato folgorato da una scarica elettrica* il a été foudroyé par une décharge électrique, il a été électrocuté # *c'è stato un temporale con molte scariche* il y a eu un orage avec beaucoup d'éclairs → **fulmine.**

scaricabarili |skarikaba'rili| *s.m. inv.* (*gioco di ragazzi*) jeu de la cloche ◇ (*loc. fig.*) *giocare, fare a scaricabarili* [*addossarsi reciprocamente colpe e responsabilità*] se renvoyer la balle.

scaricalàsino |skarika'lasino| *s.m. inv.* (*gioco*) saute-mouton *var.*

scaricaménto |skarika'mento| *s.m.* (*raro*) → 2 **scarico.**

scaricàre |skari'kare| **A** *v.tr.* **1** [*levare il carico dal mezzo di trasporto*] décharger (3): *scaricare il grano, la legna* décharger le blé, le bois; *scaricare il cemento dal camion* décharger du ciment du camion # *il traghetto ogni mattina scarica centinaia di pendolari* le bac débarque chaque matin des centaines de navetteurs; *dove debbo scaricare queste valigie?* où est-ce que je dois (dé)poser ces valises? → **deporre;** *l'autobus ha scaricato i passeggeri ed è ripartito* l'autobus a déposé les passagers et est reparti ◇ [*liberare dal carico, privare del contenuto*] *scaricare l'asino, il mulo* décharger l'âne, le mulet; *scaricare un carro, una nave, un aereo* décharger une charrette, un navire, un avion # *scaricare un serbatoio, una cisterna* vidanger un réservoir, une citerne; *scaricare il ventre* [*defecare*] aller à la selle **2** (*fig.*) [*liberare da un fastidio, da un peso morale*] décharger: *scaricare la propria* *coscienza dal rimorso* décharger, soulager sa conscience d'un, du remords ◇ [*sfogare*] *scaricare l'ira* passer sa rage; *scaricare la rabbia repressa* déverser, donner libre cours à la colère jusque là contenue **3** [*riversare il proprio carico o il proprio contenuto*] *l'arco scarica le sue spinte su due pilastri* les deux piliers contrebutent les poussées de l'arc-boutant ◇ (*per est.*) [*scagliare, scaraventare; sparare*] *gli scaricò addosso una gragnola di pugni e di bastonate* il lui assena une grêle de coups de poing et de coups de bâton; *ha scaricato la rivoltella contro il suo aggressore* il a déchargé son révolver sur son agresseur; *gli scaricò addosso tutti i proiettili* il déchargea sur lui tous les projectiles ◇ (*fig.*) [*riversare, far ricadere su altri*] se décharger (*pron.*): *scaricare le proprie responsabilità sui dipendenti* se décharger de ses responsabilités, rejeter ses responsabilités sur les employés; *scaricare i propri compiti sui colleghi* se décharger de sa tâche sur ses collègues # *scarica sempre il suo malumore sulla moglie* il décharge toujours sa mauvaise humeur sur sa femme **4** (*comm.*) [*annotare su appositi registri i beni ceduti o andati perduti*] *scaricare il materiale venduto* enregistrer, marquer (sur un registre) le matériel vendu; *scaricare la merce ricevuta* inscrire (51) (sur un registre) la marchandise reçue **5** (*riferito, come oggetto, a congegni a molla, ad accumulatori, ad armi e sim.*) [*far esaurire, togliere la carica*] décharger **B** *v.pron.* SCARICARSI **I** *rifl.* **1** [→ *tr.* 2] se décharger: *scaricarsi di una responsabilità* se décharger d'une responsabilité → **liberar(si)**; *finalmente s'è scaricato del suo segreto!* finalement il s'est déchargé de son secret! # *s'è scaricato di tutto il malumore accumulato in tanti anni di umiliazioni* il a déversé toute la mauvaise humeur qu'il avait accumulée pendant tant d'années d'humiliation → **sfogar(si)** **2** *ass.* [*andare di corpo*] déféquer (8) (*med., raro*) # *oggi il bambino s'è scaricato male* aujourd'hui le bébé n'a pas fonctionné **II** *intr.* **1** [*riversarsi*] se déverser # *il fulmine si scaricò sul campanile* la foudre est tombée sur le clocher **2** [→ *tr.* 5] se décharger: *s'è scaricata la batteria* la batterie s'est déchargée # *la sveglia s'è scaricata* le réveil n'était pas remonté **C** A 1, 4, 5; B II 2 **caricare.**

scaricatóio, i |skarika'tojo, i| *s.m.* (*raro*) **1** lieu (*corr.*) de déchargement; (*d'immondizie*) dépotoir (*corr.*) **2** [*canale di scarico*] (tuyau de) décharge *f.*, déchargeoir ◇ (*per est.*) → **fogna.**

scaricatóre, trice |skarika'tore, tritʃe| **I** *agg.* [*che ha la funzione di scaricare*] de décharge (*loc. inv.*): *fossato, condotto scaricatore* fossé, tuyau de décharge # *macchina scaricatrice* machine à décharger **II** *s.m.* **1** [*operaio addetto a lavori di carico e scarico*] débardeur; (*di porto*) docker; (*di mercati generali*) porteur des Halles: *fare lo scaricatore* être débardeur; *lo sciopero degli scaricatori* la grève des débardeurs, des dockers **2** (*tecnol.*) *scaricatore per carri* basculeur ◇ (*elettr.*) *scaricatore elettrico* éclateur ◇ (*idraul.*) bonde (*f.*): *scaricatore di fondo* bonde; *scaricatore di acque* bonde ◇ (*mecc.*) débardeur: *scaricatore meccanico* débardeur mécanique.

1 **scàrico, chi, ca, che** |'skariko, ki, ka, ke| *agg.* **1** [*senza carico*] déchargé (*p.p.*): *carro, automezzo scarico* charrette déchargée, véhicule déchargé; *i muli erano scarichi* les mulets étaient déchargés ◇ [*senza passeggeri; vuoto*] vide: *la nave è arrivata scarica* le navire est arrivé vide; *il bacino idroelettrico è quasi scarico* la bassin hydro-électrique est presque vide; *la corriera ripartì scarica* l'autocar repartit vide ◇ (*fig.*) [*libero, sgombro*] libre: *animo scarico di ogni preoccupazione* esprit libre de tout souci ◇ (*loc. fig.*) *capo scarico* → **caposcarico** **2** (*di armi, congegni a molla, accumulatori e sim.*) [*senza carica*] déchargé: *rivoltella, fucile scarico* revolver, fusil déchargé # *questo orologio è scarico* cette montre est arrêtée.

2 **scàrico, chi** |'skariko, ki| *s.m.* **1** [→ SCARICARE A 1] déchargement: *lo scarico del grano, del carbone* le déchargement du blé, du charbon; *operazioni di carico e scarico* opérations de chargement et de déchargement **2** (*tecnol.*) *valvola di scarico* soupape de décharge; *rete, impianto di scarico* égout; *lo scarico del lavandino* le tuyau de vidange de l'évier; *lo scarico delle acque piovane* la descente *f.* des eaux de pluie ◇ (*arch.*) *strutture di scarico* structures de descente, de décharge ◇ (*auto.*) échappement: *tubo di scarico* tuyau d'échappement ◇ (*elettr.*) décharge (*f.*): *dispositivo di scarico della tensione eccessiva* dispositif de décharge de la tension excessive **3** [*abbandono di rifiuti, di immondizie*] décharge: *divieto di scarico* décharge interdite # (*qui*) *è vietato lo scarico di macerie* il est interdit de déposer des immondices, des ordures ◇ [*il materiale di rifiuto*] ordures *f. pl.*, immondices (*f. pl.*): *gli scarichi industriali sono inquinanti* les déchets, les ordures industriel(le)s sont polluants ◇ [*il luogo di scarico*] décharge publique, dépotoir: *gettare allo scarico* jeter à la décharge publique, au dépotoir **4** [→ SCARICARE A 4] sorties (*f. pl.*): *registri, schede di carico e scarico* registres, fiches des entrées et des sorties # *bolletta di scarico* bulletin de déchargement; *fare lo scarico degli oggetti di consumo* décharger les objets de consommation ◇ *loc. fig.* A SCARICO (DI) [*a giustificazione, a discolpa*] à décharge (de): *testimoni a scarico* témoins à décharge → **discarico**; *a mio, a tuo, a vostro scarico* à ma, ta, votre décharge # *a scarico di ogni responsabilità, ho chiesto la sua autorizzazione* pour être totalement à couvert, je me suis fait donner son autorisation → **sgravio.**

scarificàre |skarifi'kare| *v.tr.* **1** (*chir.*) [*incidere superficialmente la pelle o una mucosa*] scarifier **2** (*per est.*) (*in arboricoltura*) [*incidere leggermente la corteccia*] scarifier ◇ (*agr., ing.*) [*rompere, frangere il terreno con lo scarificatore*] scarifier.

scarificatóre |skarifika'tore| *s.m.* (*agr., ing.*) scarificateur.

scarificatùra |skarifika'tura| *s.f.* [→ SCARIFICARE 2] scarifiage (*m.*): *la scarificatura di un albero* le scarifiage d'un arbre.

scarificazióne |skarifikat'tsjone| *s.f.* [→ SCARIFICARE 1] scarification.

scariòla |ska'rjɔla| *s.f.* (*region.*) → **scarola.**

scarióso |ska'rjoso| *agg.* (*bot., zool.*) scarieux*.

scarlattina |skarlat'tina| *s.f.* (*med.*) scarlatine.

scarlattinifórme |skarlattini'forme| *agg.* (*raro, med.*) scarlatiniforme.

scarlattinóso |skarlatti'noso| *agg.* **1** scarlatineux*: *esantema scarlattinoso* exanthème scarlatineux **2** [*affetto da scarlattina*] scarlatineux ◆ (*s.*) *uno scarlattinoso* un scarlatineux.

scarlàtto |skar'latto| *agg.* [*rosso vivo*] écarlate: *rose scarlatte* roses écarlates; *un vestito scarlatto* une robe écarlate; *si fece scarlatto in viso per la vergogna* il devint écarlate de honte ◆ (*s.m.*) *lo scarlatto* l'écarlate (*f.*): *tingere di scarlatto* teindre en écarlate.

scarlèa |skar'lɛa|, **scarléggia, ge** |skar'leddʒa, dʒe| *s.f.* (*region.*) → **sclarea.**

scarmigliàre |skarmiʎ'ʎare| **A** *v. tr.* [*scompigliare, arruffare* (*i capelli*)] (*persone*) décoiffer; (*capelli*) ébouriffer **B** *v.pron. rifl.* SCARMIGLIARSI [→ *tr.*] (*persone*) se décoiffer ◆ *intr.* (*capelli*) s'ébouriffer.

scarmigliàto |skarmiʎ'ʎato| *agg.* (*persone*) [*con i capelli in disordine*] décoiffé *p.p.* ◇ (*capelli*) [*spettinato, arruffato*] ébouriffé: *aveva i capelli tutti scarmigliati* ses cheveux étaient tout ébouriffés **C** **pettinato.**

scarnàre |skar'nare| *v.tr.* **1** (*conceria*) [*raschiare via il carniccio dalle pelli*] écharner, drayer (9) **2** (*macelleria*) [*distaccare la carne dalle ossa*] dépouiller (une peau) de la chair.

scarnatóio, i |skarna'tojo, i| *s.m.* (*tecnol., conceria*) écharnoir, drayoire *f.*

scarnificàre |skarnifi'kare| *v.tr.* [*asportare la carne, i tessuti molli; spolpare*] dépouiller (une peau) de la chair: *scarnificare un osso* dépouiller un os de sa chair # *gli avvoltoi avevano scarnificato ben bene i resti dell'antilope* les vautours n'avaient laissé que le squelette de l'antilope.

scarnificàto |skarnifi'kato| *agg.* [*spolpato, privo delle parti carnose*] décharné: *un osso, un cranio scarnificato* un os, un crâne déchamé.

scarnificazióne |skarnifikat'tsjone| *s.f.* [→ SCARNIFICARE] écharnage *m.*, écharnement *m.*

scarnire |skar'nire| (197) *v.tr.* **1** [*liberare, ripulire dalla carne, dal tessuto circostanti*] racler # *scarnire un'unghia incarnita* dégager un ongle incarné → **scarnificare**; *scarnire un osso* dépouiller un os de sa chair → **spolpare** **2** (*fig.*) [*rendere scarno, ridurre all'essenziale*] réduire (75) à l'essentiel: *scarnire lo stile, il proprio linguaggio* réduire à l'essentiel son style, son langage.

scarnito |skar'nito| *agg.* **1** [*senza carne; spolpato*] sans viande *loc. inv.*, décharné: *un osso scarnito* un os sans viande **2** (*fig.*) [*magro, asciutto, ridotto all'essenziale*] décharné # *ha uno stile nudo e scarnito* il a un style nu et sec, dépouillé.

scarnitùra |skarni'tura| *s.f.* [→ SCARNIRE 1] écharnage *m.*, raclage *m.*

scàrno |'skarno| *agg.* **1** [*molto magro, quasi scheletrico*] décharné # *un uomo piccolo e scarno* un homme petit et maigre **2** (*fig.*) [*sommario, insufficiente*] maigre, sommaire, pauvre: *il tema è un po' scarno* la dissertation est un peu pauvre, maigre → **povero** ◇ [*sem-*

plice, disadorno, spoglio] dépouillé: *stile, linguaggio scarno* style, langage dépouillé, sobre.

scàro |'skaro| *s.m.* (*t.zool.*) scare.

scarógna |ska'roɲɲa| *e deriv.* → **scalogna** *e deriv.*

scarognìre |skaroɲ'ɲire| (197) **A** *v.tr.* [*far diventare più responsabile chi è incarognito nell'ozio o nel vizio*] secouer (*fam.*): *cerca di scarognire quel fannullone di tuo figlio!* essaie de secouer ton paresseux de fils! **B** *v.pron. intr.* SCAROGNIRSI [*diventare meno svogliato o meno falso e infido*] se secouer.

scaròla |ska'rɔla| *s.f.* (*t.bot.*) scarole.

1 **scàrpa** |'skarpa| *s.f.* [*calzatura che riveste e protegge il piede*] soulier *m.*, chaussure: *scarpe di pelle di vitello, di camoscio, di foca* souliers, chaussures en box-calf, de daim, en peau de phoque; *scarpe con la suola di cuoio, di gomma, di para* souliers à semelle de cuir, de caoutchouc, de crêpe; *scarpe sportive da tennis, per atletica* chaussures de tennis, de sport; *scarpe da sci, da montagna, da caccia* souliers de ski, de montagne, de chasse → **scarpone**; *scarpe da ballo* souliers de bal → **scarpetta**; *scarpe da passeggio, da sera* souliers de marche, habillés; *scarpe scollate, accollate, alte, basse* souliers décolletés, montants, hauts, bas; *scarpe con tacco alto, basso* souliers, chaussures à talons hauts, bas; *un paio di scarpe da uomo, da donna, per bambini* une paire de chaussures d'homme, de femme, d'enfants; *lucidare le scarpe* cirer les souliers; *infilarsi, togliersi le scarpe* se chausser, se déchausser; enlever ses souliers, ses chaussures; *sfondare, risolare le scarpe* percer, ressemeler les chaussures; *queste scarpe mi stringono* ces chaussures me serrent # *cera da scarpe* cirage; *che numero di scarpe porti?* quelle est ta pointure?, (du) combien chausses-tu? ◇ (*loc. fig.*) *fare le scarpe a qc.* [*mostrarglisi amico e fargli del male di nascosto*] couper l'herbe sous les pieds de qqn. ~ *non esser degno di legare, di lustrare le scarpe a uno* n'être pas digne de dénouer les cordons de la sandale (de qqn.); ne pas arriver à la cheville de qqn. ~ *essere una scarpa vecchia* être une vieille chaussette (*volg.*) ~ *avere il giudizio sotto la suola delle scarpe* [*essere privo di senso pratico e di discernimento*] raisonner comme un tambour, comme un pied (*pop.*) ~ *rimetterci anche la suola delle scarpe* [*uscire da un affare economicamente rovinato*] y laisser jusqu'à sa dernière chemise ~ *morire con le scarpe ai piedi, mettere le scarpe al sole* [*morire di morte violenta*] ne pas mourir dans son lit ◇ (*prov.*) *contadini scarpe grosse e cervelli fini* gros sabots, esprit fin.

2 **scàrpa** |'skarpa| *s.f.* (*arch., edil.*) talus (*m.*): *terrapieno a scarpa* terre plein en talus; *scarpa esterna di un muro di sostegno* talus externe d'un mur de soutènement → 2 **scarpata** ◇ [*cuneo di puntello che si pone sotto le ruote di un veicolo fermo su terreno in pendenza*] cale.

scarpàio, i |skar'pajo, i|, (*region.*)

scarpàro |skar'paro| *s.m.* **1** (*raro*) → **calzolaio** ◇ (*per est.*) marchand *s.* de chaussures **2** (*fig., spreg.*) [*chi denota scarsa preparazione e capacità nella propria professione*] apprenti.

1 **scarpàta** |skar'pata| *s.f.* coup *m.* de pied, de godasse (*pop.*): *prendere uno a scarpate* recevoir qqn. à coups de pied, de godasse # *mi ha dato una scarpata in testa* il m'a donné un coup sur la tête avec son soulier, avec sa godasse.

2 **scarpàta** |skar'pata| *s.f.* [*superficie di un terreno o di una struttura in forte pendio*] talus (*m.*): *la scarpata della ferrovia, di un muro di sostegno* le talus du chemin de fer, d'un mur de soutènement ◇ (*geogr.*) *scarpata continentale* talus continental.

scarpétta |skar'petta| *s.f.* **1** petit soulier (*m.*): *guarda che belle scarpette da donna!* regarde les jolis petits souliers de dame! # *scarpette da ginnastica, da tennis* chaussures de gymnastique, souliers de tennis; *scarpetta da ballo* escarpin; *scarpette da pugile* chaussures de boxeur ◇ (*loc. fig., fam.*) *fare la scarpetta* [*raccogliere con il pane il sugo rimasto nel piatto*] saucer son assiette (avec un morceau de pain) **2** (*t.bot.*) *scarpetta di Venere* sabot *m.* de Vénus.

scarpièra |skar'pjɛra| *s.f.* armoire à chaussures ◇ [*borsa da viaggio per riporvi le scarpe*] sac *m.* à chaussures.

scarpinàre |skarpi'nare| *v.intr.* (*aus.* '*avere*') (*region.*) [*camminare in fretta e per lungo tempo*] user de la semelle.

scarpinàta |skarpi'nata| *s.f.* (*fam., region.*) [*camminata lunga e faticosa*] trotte (*fam.*).

scarpino |skar'pino| *s.m.* escarpin.

scarpóne |skar'pone| *s.m.* **1** [*scarpa robusta e pesante, spec. con suola doppia o chiodata*] brodequin, gros soulier: *scarponi con suole di cuoio, di gomma* brodequins à semelles de cuir, de caoutchouc; *scarponi da caccia* brodequins, souliers de chasse; *scarponi da montagna* souliers, chaussures de montagne; *scarponi da sci, da neve* souliers de ski; *scarponi da soldato, da alpino* brodequins militaires, godillots **2** (*fig.*) [*alpino o ex-alpino*] chasseur alpin: *un battaglione di scarponi* un bataillon de chasseurs alpins ◇ [*calciatore falloso e di scarsa bravura*] joueur brutal* et incorrect: *quel terzino è uno scarpone* cet arrière est un joueur brutal et incorrect.

scarriolàre |skarrjo'lare| *v.tr.* [*trasportare con la carriola*] brouetter.

scarrocciàre |skarrot'tʃare| *v. intr.* (*aus.* '*avere*') (*mar.*) [*andare a scarroccio*] dériver.

scarròccio, i |skar'rɔttʃo, i| *s.m.* (*mar.*) dérive *f.*

scarrozzàre |skarrot'tsare| **A** *v.tr.* [*portare in giro in carrozza o in automobile*] voiturer, promener (6) en voiture **B** *v.intr.* (*aus.* '*avere*') [*andare in giro in carrozza o in automobile, spec. per divertimento*] se promener *pron.* en voiture.

scarrozzàta |skarrot'tsata| *s.f.* promenade en voiture.

scarrucolaménto |skarrukola'mento| *s.m.* [→ SCARRUCOLARE B; C] glissement dans la poulie.

scarrucolàre |skarruko'lare| **A** *v. tr.* [*togliere dalla gola della carrucola*] ôter le câble de la poulie: *scarrucolare la fune, la catena* ôter le câble, la chaîne de la poulie **B** *v.intr.* (*aus.* '*avere*') **1** (*riferito alla fune, alla catena*) [*scorrere liberamente nella gola della carrucola*] courir (17) sur la poulie ◇ (*riferito alla carrucola*) [*girare rapidamente*] tourner rapidement **2** [*uscire dalla gola della carrucola*] sortir (21) (*aus.* être) de la (gorge de la) poulie **C** *v.pron. intr.* SCARRUCOLARSI [→ *intr.* 2] sortir *intr.* de la poulie: *la fune s'è scarrucolata* le câble est sorti de la (gorge de la) poulie, a déraillé.

scarrucolìo, ii |skarruko'lio, ii| *s.m.* bruit de poulie.

scarruffàre |skarruf'fare| *e deriv.* → **scompigliare** *e deriv.*

scarsaménte |skarsa'mente| *avv.* [→ SCARSO 1] insuffisamment # *guadagnare scarsamente* gagner peu → **poco.**

scarseggiàre |skarsed'dʒare| *v. intr.* (*aus.* '*avere*') [*essere insufficiente, diventare scarso*] manquer ◇ [*non avere a sufficienza*] *scarseggiare di denari, di manodopera* manquer, être à court d'argent, de main-d'œuvre; *la città scarseggia d'acqua* la ville manque d'eau.

scarsèlla |skar'sɛlla| *s.f.* (*dial.*) → **tasca** ◇ (*loc. fig.*) *mettere mano alla scarsella* [*tirar fuori il denaro, pagare*] mettre la main à la poche ~ *avere la scarsella piena* [*essere ricco*] avoir du foin dans ses bottes, être plein aux as (*pop.*).

scarsézza |skar'settsa| *s.f.* [*insufficienza, penuria*] manque *m.*, pénurie: *scarsezza di viveri, di mezzi finanziari* manque, pénurie de vivres, de moyens; *scarsezza di personale, di manodopera* manque, pénurie de personnel, de main-d'œuvre → **scarsità** # *in questo periodo c'è una grande scarsezza di alloggi* en ce moment il y a une grave crise du logement **C** **abbondanza.**

scarsità |skarsi'ta| *s.f. inv.* → **scarsezza.**

scàrso |'skarso| *agg.* **1** [*insufficiente, inadeguato rispetto a quanto sarebbe necessario o desiderabile*] insuffisant, maigre: *cibo, viveri scarsi* nourriture insuffisante, vivres insuffisants # *avere scarse disponibilità economiche* manquer de disponibilités financières ◇ (*mar.*) *vento scarso* vent faible ◇ *loc.* (ESSERE) SCARSO DI Q.C. [*essere mancante, povero di*] (être) dépourvu de, pauvre en: *una opera scarsa di originalità e di fantasia* une œuvre dépourvue d'originalité, d'imagination; *dizionario scarso di esempi* dictionnaire pauvre en exemples # *questa minestra è scarsa di sale* cette soupe manque de sel ~ (ESSERE) SCARSO IN Q.C. [*non adeguatamente preparato*] (être) faible, médiocre en qqch.: *un alunno scarso in* (*lingua*) *francese* un élève faible, médiocre en français ~ *essere scarso a quattrini* [*avere poco denaro*] être à court d'argent **2** [*leggermente inferiore a una determinata misura*] à peine (*loc. inv.*): *un chilo scarso* un kilo à peine, pas plus; *sono cento metri scarsi* il y a cent mètres à peine # *mi ha fatto un peso scarso* il n'a pas tout à fait mis le poids; *questo cappotto mi è un po' scarso di vita* ce manteau est un peu étriqué à la taille, m'est un peu juste à la taille → **stretto** **3** (*ant.*) → **avaro, parsimonioso.**

scartabellàre |skartabel'lare| *v. tr.* [*sfogliare, scorrere rapidamente per una sommaria consultazione o per trovare ciò che interessa*] feuilleter (5), consulter, compulser: *scartabellare un manuale, un vocabolario* feuilleter un manuel, compulser un dictionnaire # *scartabellare incartamenti, documenti* fouiller dans des dossiers, des documents ✦ (*ass.*) *stava scartabellando tra le tue carte* il était en train de fouiller dans tes paperasses.

scartafàccio, i |skarta'fattʃo, i| *s.m.* [*grosso quaderno o insieme di fogli, spec. mal tenuto e disordinato*] brouillon ◇ (*per est.*) livre abîmé.

scartaménto |skarta'mento| *s.m.* (*ferr.*) voie (*f.*): *ferrovia a scartamento normale, ridotto* chemin de fer à voie normale, étroite ◇ *loc. fig.* A SCARTAMENTO RIDOTTO de dimensions réduites # *abitano in un appartamento a scartamento ridotto* ils habitent un appartement de dimensions plutôt modestes; *è un frigorifero a scartamento ridotto* c'est un réfrigérateur petit modèle.

1 **scartàre** |skar'tare| *v.tr.* [*liberare, svolgere dall'involucro di carta*] défaire (45), dépaqueter (5): *scartare un pacchetto, un regalo* défaire un paquet, dépaqueter un cadeau # *scartare una caramella* ôter le papier d'un bonbon.

2 **scartàre** |skar'tare| *v.tr.* **1** (*carte*) [*eliminare una o più carte di quelle che si hanno in mano, gettandole in tavola o mettendole nel monte*] se défausser de *pron.*, jeter (5): *scartare un asso, un fante* se défausser d'un as, d'un valet ✦ (*ass.*) *scartare a fiori, a picche* se défausser à trèfle, à pique; *scartare alto, basso* se défausser d'une grosse carte, d'une basse carte # *chi ancora deve scartare?* qui n'a pas encore fourni, joué? **2** (*per est.*) [*accantonare, gettar via, rifiutare in base a una scelta*] écarter; jeter, mettre (71) au rebut: *scartare un progetto* écarter un projet ‖ *scartare gli abiti vecchi* jeter, mettre au rebut ses vieux vêtements; *scartare la frutta marcia* jeter les fruits pourris; *i pezzi difettosi vengono scartati* les pièces défectueuses sont mises au rebut # *è stato scartato alla visita di leva* il a été réformé.

3 **scartàre** |skar'tare| **A** *v.tr.* (*calcio*) [*evitare l'intervento di un avversario, superandolo con uno spostamento laterale*] dribbler **B** *v.intr.* (*aus.* '*avere*') (*riferito ad animali o a veicoli*) [*deviare bruscamente, fare un improvviso spostamento laterale*] faire (45) *tr.* un écart.

1 **scartàta** |skar'tata| *s.f.* (*raro*) [→ 1 SCARTARE] déballage *m.* (*corr.*).

2 **scartàta** |skar'tata| *s.f.* [→ 2 SCARTARE 2] triage *m.* # *dare una prima scartata alla frutta* trier les fruits une première fois.

3 **scartàta** |skar'tata| *s.f.* **1** [→ 3 SCARTARE B] écart (*m.*): *il cavallo, spaventato, ha fatto una scartata paurosa* le cheval, effrayé a fait un terrible écart **2** (*fig.*, *fam.*) [*ramanzina*] savon *m.*

scartàto |skar'tato| *agg.* [*messo da parte, gettato via, eliminato in base a una scelta*] mis *p.p.* au rebut # *le mele scartate sono state date ai maiali* les pommes écartées au triage on été données aux cochons.

scartellaménto |skartella'mento| *s.m.* (*banca*) infraction *f.* a un cartel.

scartellàre |skartel'lare| *v.intr.* (*aus.* '*avere*') (*banca*) [*praticare alla clientela condizioni più favorevoli di quelle previste dal cartello bancario*] violer *tr.* les dispositions d'un cartel, enfeindre (66) un cartel.

scartìna |skar'tina| *s.f.* **1** [*carta da gioco di poco valore*] mauvaise carte **2** (*per est.*) personne de peu de valeur *loc. inv.* # *quell'atleta è proprio una scartina* cet athlète ne vaut pas grand--chose.

scartìno |skar'tino| *s.m.* (*tip.*) macule *f.*

1 **scàrto** |'skarto| *s.m.* **1** [→ 2 SCARTARE 1] écart: *sbagliare lo scarto* se tromper d'écart # *fare lo scarto* écarter ◇ [*la carta o le carte che si eliminano*] *gli scarti non si possono riprendere* on ne peut pas reprendre les écarts, dans les écarts # *devi fare maggiore attenzione agli scarti del compagno* il faut faire plus attention aux défausses de ton partenaire **2** [→ 2 SCARTARE 2] élimination *f.* # *roba, merce di scarto* marchandise de rebut; *pezzi di scarto* rebuts ◇ (*tip.*, *editoria*) *foglio di scarto* maculature (*f.*); *esemplare di scarto* exemplaire de rebut **3** (*cose*) [*quanto è stato scartato o è da scartare*] déchets *pl.* ◇ (*persone*) [*chi è di scarse capacità, chi vale poco*] incapable: *è un vero scarto d'uomo!* c'est un incapable, une nouille (*fam.*) # *scarto di leva* réformé.

2 **scàrto** |'skarto| *s.m.* **1** (*riferito ad animali o a veicoli*) [*improvviso spostamento laterale*] écart: *la macchina ebbe un brusco scarto* la voiture fit un brusque écart ◇ (*per anal.*) *il proiettile ha pochi centimetri di scarto* le projectile a quelques centimètres d'écart → **deviazione, spostamento** **2** (*econ.*) écart → **differenza** ◇ (*sport*) *ha vinto con uno scarto di tre punti* il a gagné par trois points d'écart; *tra i due concorrenti c'è lo scarto di un solo punto* entre les deux concurrents il n'y a qu'un point d'écart # *è arrivato con uno scarto di cinque minuti* il est arrivé avec cinq minutes de retard → **distacco.**

3 **scàrto** |'skarto| *agg.* (*region.*) → **scadente.**

scartocciaménto |skartottʃa'mento| *s.m.* → **scartocciatura.**

scartocciàre |skartot'tʃare| *v.tr.* [*estrarre, liberare dal cartoccio*] dépaqueter (5) # *scartocciare le pannocchie di granoturco* [*liberarle dalle bratee*] décortiquer les épis de maïs.

scartocciatùra |skartot'tʃatura| *s.f.* [*lo scartocciare il granoturco*] décortication, décorticage *m.*

scartòccio, i |skar'tɔttʃo, i| *s.m.* (*region.*) → **cartoccio.**

scartòffia |skar'tɔffja| *s.f.* *spec. al plur.* (*spreg.*) [*carte, fogli, documenti d'ufficio*] paperasses.

scasàre |ska'sare| (*region.*) **A** *v.tr.* → **sfrattare** **B** *v.intr.* (*aus.* '*avere*') → **traslocare.**

scàssa |'skassa| *s.f.* (*mar.*) emplanture.

scassaquindici |skassa'kwinditʃi| *s.m. inv.* [*gioco pop. sim. alla morra*] quinze.

1 **scassàre** |skas'sare| *v.tr.* [*estrarre, togliere da una o più casse*] décaisser, déballer.

2 **scassàre** |skas'sare| **A** *v.tr.* **1** [*dissodare, arare il terreno a notevole profondità*] défoncer (2): *scassare un terreno incolto, un'area fabbricabile* défoncer un terrain inculte, un terrain à bâtir **2** (*per est.*, *fam.*) [*deteriorare gravemente, rompere, rovinare q.c.*] esquinter, bousiller: *ha già scassato la macchina nuova* il a déjà esquinté, bousillé sa nouvelle voiture ◇ (*fig.*) (*persone*) [*stancare, prostrare fisicamente*] épuiser: *quella camminata mi ha tutto scassato* cette marche m'a complètement épuisé **B** *v.pron. intr.* (*fam.*) SCASSARSI [*rovinarsi, rompersi*] s'esquinter, se bousiller: *la macchina s'è già scassata* la voiture (s')est déjà esquintée, bousillée.

scassàto |skas'sato| *agg.* **1** (*di terreno*) [*dissodato, arato in profondità*] défoncé **2** (*per est.*, *fam.*) [*rotto, rovinato gravemente*] esquinté, bousillé (*p.p.*): *una vecchia bicicletta scassata* un vieux vélo tout esquinté ◇ (*fig.*) (*persone*) [*stanco, prostrato fisicamente*] esquinté, flapi (*fam.*): *sentirsi tutto scassato* se sentir complètement esquinté, flapi.

scassatùra |skassa'tura| *s.f.* (*raro*) [→ 1 SCASSARE] décaissement *m.*

scassettàre |skasset'tare| *v.tr.* [*togliere dalla cassetta*] décaisser.

scassinaménto |skassina'mento| *s.m.* (*raro*) [→ SCASSINARE] effraction *f.* (*corr.*).

scassinàre |skassi'nare| *v.tr.* [*aprire forzando il sistema di chiusura*] forcer (2), crocheter (7): *scassinare una cassaforte* forcer, crocheter un coffre-fort.

scassinatóre, trice |skassina'tore, tritʃe| *s.* [*chi scassina*] crocheteur *m.*, cambrioleur* ◇ [*delinquente, ladro specializzato in furti con scasso*] cambrioleur: *fa parte di una banda di scassinatori* il fait partie d'une bande de cambrioleurs (*corr.*).

scassinatùra |skassina'tura| *s.f.* (*raro*) [→ SCASSINARE] crochetage *m.* (*corr.*), effraction.

scàsso |'skasso| *s.m.* **1** [→ 2 SCASSARE A 1] défonçage, défoncement # *fare lo scasso per piantare un vigneto, un frutteto, un oliveto* défoncer (le terrain) pour en faire un vignoble, un verger, une oliveraie **2** (*dir.*) effraction (*f.*): *furto con scasso* vol avec effraction.

scatafàscio, i |skata'faʃʃo, i| *s.m.* (*pop.*) → **catafascio.**

scatarràre |skatar'rare| *v.intr.* (*aus.* '*avere*') [*espellere il catarro sputando*] cracher, graillonner (*volg.*).

scatarràta |skatar'rata| *s.f.* (*raro*) [→ SCATARRARE] crachat *m.* (*corr.*), graillon *m.* (*pop.*).

scatarróne |skatar'rone| *s.* [*chi ha l'abitudine di scatarrare*] graillonneur*.

scatenacciàre |skatenat'tʃare| *v. intr.* (*aus.* '*avere*') [*togliere il catenaccio*] déverrouiller.

scatenaccio, ii |skatenat'tʃio, ii| *s.m.* bruit de ferraille.

scatenaménto |skatena'mento| *s.m.* (*raro*) [→ SCATENARE A 1; B] déchaînement (*corr.*).

scatenàre |skate'nare| **A** *v.tr.* **1** [*incitare, aizzare, far prorompere*] déchaîner, exciter: *scatenare l'odio, la rabbia* déchaîner la haine, la colère **2** (*raro*) [*liberare, sciogliere* (*un animale*) *dalle catene*] désenchaîner (*corr.*), libérer (8) (*corr.*) **B** *v.pron. intr.* SCATENARSI **1** [*sollevarsi, agire senza più alcun freno o ritegno*] se déchaîner: *la folla, esasperata, si scatenò contro il dittatore* la foule exaspérée se déchaîna contre le dictateur ◇ [*infuriare, prorompere con violenza*] éclater (*intr.*): *si scatenò un violento temporale* un violent orage éclata **2** (*per est.*) [*impegnarsi con tutte le proprie energie e con successo*] se déchaîner: *il corridore, su per la salita, s'è scatenato* le coureur s'est déchaîné dans la montée; *l'attacante si scatena e segna un gol* l'avant se déchaîne et marque un but ◇ (*scherz.*) [*lasciarsi trascinare dall'euforia del momento*] *ieri sera, alla festa, s'è scatenato* hier soir à la fête il s'est déchaîné.

scatenàto |skate'nato| *agg.* [*sfrenato, senza più alcun ritegno*] déchaîné.

scatenio, ii |skate'nio, ii| *s.m.* → **scatenaccio.**

scato- |skato| *pref.* (*significa 'escremento, sterco', corrisponde gener. a*) scato: *scatofilo* scatophile.

scatòfilo |ska'tɔfilo| *agg.* (*scienze naturali*) scatophile.

scàtola |'skatola| *s.f.* **1** [*recipiente con coperchio per riporre, trasportare, conservare oggetti vari*] boîte: *una scatola di latta, di legno, d'oro* une boîte en fer blanc, en bois, en or; *scatola per cravatte, per fazzoletti* boîte à cravates, à mouchoirs; *scatola armonica, musicale* boîte à musique → **carillon** ◇ (*anat.*) *scatola cranica* boîte crânienne ◇ (*auto.*) *la scatola del cambio* la boîte de vitesses ◇ (*tecnol.*) *scatola nera* boîte noire ◇ (*loc. fig.*) *caratteri, lettere di scatola* [*cubitali*] gros caractères ~ *comperare a scatola chiusa* acheter chat en poche ~ (*pop.*) *rompere le scatole a qc.* casser les pieds à, de qqn. ~ (*pop.*) *levarsi, togliersi dalle scatole* [*levarsi di torno; lasciare in pace*] ficher le camp ~ (*pop.*) *averne piene le scatole* [*non poterne più di qc. o di q.c.*] en avoir plein le dos **2** (*per est.*) (*il contenuto*) boîte: *una scatola di caramelle* une boîte de bonbons.

scatolàio, i |skato'lajo, i| *s.* [*chi fabbrica o vende al minuto scatole di cartone*] cartonnier *m.*

scatolàme |skato'lame| *s.m.* **1** [*grande quantità di scatole ad uso comm. o industriale*] boîtes *f. pl.* **2** [*assortimento di scatole di generi alimentari conservati*] (boîtes de) conserves *f. pl.* ◇ (*per est.*) [*i cibi così conservati*] *oggi si fa molto uso di scatolame* de nos jours on utilise énormément de conserves.

scatolàre |skato'lare| *agg.* en forme de boîte (*loc. inv.*): *struttura scatolare* structure en forme de boîte.

scatolàta |skato'lata| *s.f.* [*la quantità contenuta in una scatola*] (pleine) boîte.

scatolàto |skato'lato| *agg.* [*conservato in scatola*] en boîte *loc. inv.*, en conserve (*loc. inv.*): *prodotti scatolati* produits en boîte, en conserve.

scatolétta |skato'letta| *s.f.* (*diminutivo*) [*piccola scatola, ermeticamente chiusa, spec. per la conservazione di prodotti alimentari*] boîte.

scatolificio, i |skatoli'fitʃo, i| *s.m.* fabrique *f.* de boîtes.

scatolìno |skato'lino| *s.m.* petite bôite ◇ (*loc. fig., fam.*) *tenere un bambino nello scatolino* élever un enfant dans le coton.

scatologia, gie |skatolo'dʒia, dʒie| *s.f.* scatologie.

scatològico, ci, ca, che |skato'lɔdʒiko, tʃi, ka, ke| *agg.* scatologique.

scatolóne |skato'lone| *s.m.* [*grossa scatola, grosso cartone*] carton.

scatòrcio, i |ska'tɔrtʃo, i| *s.m.* → **catorcio.**

scattànte |skat'tante| *agg.* (*persone*) [*pronto, rapido nell'eseguire un ordine, un movimento*] *un impiegato scattante* un employé rapide, prompt; *un centravanti scattante* un avant-centre agile, nerveux ◇ (*motori*) [*che ha una ripresa brillante*] nerveux*: *una automobile scattante* une voiture nerveuse.

scattàre |skat'tare| **A** (*v.tr.*) *scattare una foto(grafia), un'istantanea, una lastra* [*farla, inquadrando l'oggetto e azionando lo scatto dell'otturatore della macchina da presa*] prendre (73) une photo(graphie), un instantané, une radiographie **B** *v.intr.* (*aus. 'essere, avere'*) **1** (*mecc.*) [*liberarsi bruscamente e con forza dallo stato di tensione*] jouer (*aus.* avoir), se déclencher *pron.* # *la trappola non è scattata* le déclic du piège ne s'est pas produit; *fece scattare il grilletto* il appuya sur la détente, sur la gachette ◇ (*per anal.*) *l'operazione scatta domani all'alba* l'opération commencera demain à l'aube → **iniziare, cominciare** **2** (*per est.*) [*balzar su; muoversi, slanciarsi con grande rapidità e decisione*] bondir (*aus.* avoir): *i corridori erano sulla linea di partenza pronti a scattare* les coureurs étaient sur la ligne de départ prêts à bondir, à partir # *scattare sull'attenti* se mettre au garde-à-vous; *è un dipendente che scatta* c'est un employé rapide, prompt; *è una macchina che scatta* [*che ha una brillante ripresa*] c'est une voiture nerveuse ◇ (*ciclismo*) [*accelerare decisamente l'andatura*] sprinter (*aus.* avoir): *scattare sul rettilineo d'arrivo* sprinter dans la ligne droite avant l'arrivée; *il nostro campione è scattato in prossimità del traguardo* notre champion a sprinté sur la ligne droite juste avant l'arrivée **3** (*fig.*) [*prorompere in manifestazioni o in parole di ira o di indignazione*] s'emporter (*pron.*): *è un tipo che scatta facilmente* c'est un homme qui s'emporte facilment **4** (*bur.*) [*fare uno scatto, passare a un livello, a un gradino superiore*] sauter (*aus.* avoir), passer: *la scala mobile è scattata di due punti* l'indice du coût de la vie a sauté de deux crans # *con il 1° ottobre scatterò di parametro, di livello* le 1er octobre j'avancerai d'un échelon.

scattering |'skætəriŋ| *s.m.* (*ingl.*) (*fis.*) diffusion *f.*

scattinàre |skatti'nare| *e deriv.* → **schettinare** *e deriv.*

scattino |skat'tino| *s.m.* (*orologeria*) détente *f.*

scattista |skat'tista| *s.* [*atleta dotato di notevole potenza e prontezza di scatto*] sprinter *m.*

scattivàre |skatti'vare| *v.tr.* (*region.*) [*togliere la parte guasta* (*a un frutto*)] enlever (6) la partie pourrie, gâtée.

scàtto |'skatto| *s.m.* **1** [→ SCATTARE A; B 1] déclenchement: *lo scatto dell'otturatore* le déclenchement de l'obturateur ◇ [*dispositivo, congegno che scatta automaticamente*] déclic, déclencheur: *serratura a scatto* serrure à déclic; *lo scatto della macchina fotografica s'è rotto* le déclic de l'appareil-photo s'est cassé # *s'è incantato lo scatto del portone* l'ouverture à distance du portail s'est bloquée; *lo scatto nelle armi da fuoco* le mécanisme de détente des armes à feu, la détente ◇ [*il rumore breve e secco che un congegno fa, scattando*] déclic: *udire uno scatto* entendre un déclic **2** [→ SCATTARE B 2] détente *f.*; sprint: *atleta dotato di notevole scatto* athlète qui a une belle détente ‖ *il nostro corridore con uno scatto irresistibile s'imponeva in volata* notre coureur s'imposa avec un sprint irrésistible # *con uno scatto, si alzò in piedi e se ne andò* il se leva d'un bond et disparut ◇ *loc.* DI SCATTO [*improvvisamente e rapidamente*] brusquement (*avv.*): *alzarsi, sedersi, partire di scatto* se lever, s'asseoir, partir brusquement; *si girò di scatto* il se tourna brusquement ~ A SCATTI [*con movimenti bruschi e irregolari*] par saccades: *procedere, camminare a scatti* avancer, marcher par saccades; *parlare a scatti* parler par saccades **3** [→ SCATTARE B 3] mouvement: *uno scatto d'ira, di sdegno* un mouvement de colère, d'indignation; *in uno scatto di rabbia ha rotto tutto* dans un mouvement de colère, il a tout cassé **4** [→ SCATTARE B 4] augmentation *f.*; avancement: *avere uno scatto d'anzianità* avoir un avancement à l'ancienneté # *la scala mobile ha fatto uno scatto di due punti* l'indice du coût de la vie a sauté de deux crans.

scaturigine |skatu'ridʒine| *s.f.* (*lett.*) **1** [*sorgente d'acqua*] source (*corr.*) **2** (*fig.*) → **origine, principio.**

scaturire |skatu'rire| (197) *v.intr.* (*aus. 'essere'*) **1** (*riferito a liquidi*) [*sgorgare, zampillare con forza*] jaillir (*aus.* avoir): *quest'acqua scaturisce dalla viva roccia* cette eau jaillit de la roche vive ◇ (*per est., iperb.*) *grossi lacrimoni le scaturivano dagli occhi* de grosses larmes jaillissaient de ses yeux **2** (*fig.*) [*avere origine, derivare come conseguenza*] naître (74): *il bene può scaturire anche dal male* le bien peut naître aussi du mal # *è un sentimento che scaturisce dal profondo dell'animo* c'est un sentiment qui vient du plus profond de son âme; *dalle indagini non è scaturito nulla di nuovo* l'enquête n'a rien donné de nouveau.

scautismo |skau'tizmo| *e deriv.* → **scoutismo** *e deriv.*

scavalcaménto |skavalka'mento| *s.m.* [→ SCAVALCARE 1] chevauchement.

scavalcàre |skaval'kare| *v.tr.* **1** [*superare, passare al di là, al di sopra*] sauter; enjamber: *scavalcare un ostacolo* sauter un obstacle ‖ *scavalcare un muretto* enjamber un petit mur # *per raggiungere la mèta, dovette scavalcare alcune montagne* pour atteindre le sommet, il dut faire l'ascension de plusieurs montagnes → 1 **scalare, ascendere** ◇ [*saltare* (*un punto*) *nei lavori a maglia*] sauter: *scavalcare un punto, una maglia* sauter un point, une maille ◇ (*fig.*) [*eccettuare, ignorare, lasciare da parte*] *scavalcare il capufficio* passer par dessus le chef de bureau **2** (*fig.*) [*superare, sopravanzare*] dépasser, supplanter: *è riuscito a scavalcare anche il direttore* il a réussi à supplanter même le directeur # *ha scavalcato tutti ed è diventato capufficio* il est passé sur le dos de tout le monde et il est devenu chef de bureau **3** [*buttar giù da cavallo*] désarçonner, démonter: *sta' attento a non farti scavalcare!* fais attention à ne pas te faire désarçonner!; *con una sgroppata scavalcò il cavaliere* d'une ruade il désarçonna son cavalier ◇ (*per est.*) *scavalcare un cannone* [*toglierlo*

dall'affusto] ôter un canon de l'affût.
scavallàre |skaval'lare| *v.intr.* (*aus.* '*avere*') **1** [*abbandonarsi sfrenatamente a corse e a giochi*] gambader **2** (*fig.*) [*divertirsi, avere molte avventure amorose*] mener (6) *tr.* une vie de patachon: *ha scavalcato anche lui* il a lui aussi mené une vie de patachon.
scavaménto |skava'mento| *s.m.* [→ SCAVARE 1, 3] creusage, creusement, excavation *f.*
scavàre |ska'vare| *v.tr.* **1** [*fare una cavità, un'apertura o un passaggio, asportando terra e sim.*] creuser: *scavare il terreno* creuser le terrain ◆ (*ass.*) *scavare ai piedi di un albero* creuser au pied d'un arbre ◇ (*per est.*) *scavare una buca, una fossa* creuser un trou, une fosse; *scavare una galleria* creuser, ouvrir un tunnel; *scavare un pozzo, un canale* creuser, forer un puits, un canal ◇ (*per anal.*) *scavare il tronco di un albero* creuser, évider le tronc d'un arbre; *scavare il collo, le maniche di un abito* [*allargarne il giro*] échancrer l'encolure, l'emmanchure d'une robe; *la goccia scava la pietra* la goutte creuse la roche ◇ (*loc. fig.*) *scavarsi la fossa con le proprie mani* creuser sa fosse, sa tombe **2** *ass.* (*fig.*) [*indagare, approfondire*] creuser, approfondir **3** [*dissotterrare, riportare alla luce*] déterrer, découvrir (23): *scavare una tomba, una città sepolta* découvrir une tombe, déterrer une ville ensevelie ◇ (*fig.*) [*escogitare, trovare*] chercher: *ma dove andrà a scavare simili storie?* mais où va-t-il chercher de pareilles histoires?
scavàto |ska'vato| *agg.* [*magro, vuoto*] creux*: *guance scavate* joues creuses.
scavatóre |skava'tore| *s.m.* **1** [*chi compie lavori di scavo*] terrassier **2** (*tecnol.*) → **escavatore.**
scavatrice |skava'tritʃe| *s.f.* → **escavatore.**
scavatùra |skava'tura| *s.f.* [*l'operazione di scavare, di modellare una parte di un indumento*] échancrure ◇ [*la parte scavata*] *la scavatura del collo è troppo stretta* l'échancrure de l'encolure est trop étroite.
scavezzacòllo |skavettsa'kɔllo| *s.* **1** [*giovane imprudente e scapestrato*] casse-cou *m. inv.* (*fam.*): *degli scavezzacollo,* (*raro*) *degli scavezzacolli* des casse-cou **2** *loc.* A SCAVEZZACOLLO [*a precipizio*] à tombeau ouvert, à bride abattue: *correre, scendere, venir giù a scavezzacollo* courir, descendre à tombeau ouvert, à bride abattue.
1 **scavezzàre** |skavet'tsare| *v.tr.* **1** [*rompere, spezzare*] casser **2** [*ridurre in frammenti gli steli legnosi delle piante da cui si ricavano fibre vegetali*] broyer (10).
2 **scavezzàre** |skavet'tsare| *v.tr.* [*liberare dalla cavezza*] ôter le licou à.
scavezzatrice |skavettsa'tritʃe| *s.f.* (*tecnol.*) ma(c)que, broie.
scavezzatùra |skavettsa'tura| *s.f.* **1** [*rottura*] rupture **2** [→ 1 SCAVEZZARE 2] broyage (*m.*): *la scavezzatura del lino, della canapa* le broyage du lin, du chanvre.
scavino |ska'vino| *s.m.* (*cuc.*) couteau à fruits.
scàvo |'skavo| *s.m.* **1** [→ SCAVARE 1] creusage, creusement: *lo scavo del terreno, della parete di una collina* le creusage, le creusement d'un terrain, de la paroi d'une colline # *fare lo scavo per le fondamenta di un edificio* creuser les tranchées pour les fondations d'un édifice; *lo scavo di un pozzo, di una galleria* l'excavation d'un puits, d'un tunnel; *materiale di scavo* matériaux ◇ [*il tratto o il punto scavato*] excavation *f.* # *lo scavo del collo e delle maniche è troppo stretto* l'encolure et les emmanchures sont trop étroites **2** *spec. al plur.* (*archeol.*) fouilles *f.*
scazzóne |skat'tsone| *s.m.* (*t.zool.*) chabot.
scégliere |'ʃeʎʎere| (178) *v.tr.* **1** [*distinguere, prendere tra più cose o persone quella che sembra migliore*] choisir: *c'è poco da scegliere* il n'y a pas à choisir; *la squadra ha scelto il campo* l'équipe a choisi le terrain; *non c'è da scegliere* on ne peut pas choisir # *l'ho scelto come amico* je l'ai élu comme ami; *c'è da scegliere* il y a du, le choix **2** [*prendere la parte migliore, separandola da quella peggiore*] trier.
sceglitóre, trice |ʃeʎʎi'tore, tritʃe| *s.* [*operaio addetto a operazioni di scelta*] trieur*.
sceiccàto |ʃeik'kato| *s.m.* terres *f. pl.* du cheik.
sceìcco, chi |ʃe'ikko, ki| *s.m.* (s)cheik.
scelleratàggine |ʃellera'taddʒine| *s.f.* → **scelleratezza.**
scelleratamente |ʃellerata'mente| *avv.* [→ SCELLERATO] d'une façon scélérate *loc. inv.* # *vivere scelleratamente* vivre en scélérat.
scelleratézza |ʃellera'tettsa| *s.f.* **1** [*il fatto di essere scellerato*] scélératesse (*lett.*) **2** [*azione scellerata, comportamento da scellerato*] scélératesse.
scelleràto |ʃelle'rato| *agg.* **1** criminel*, scélérat (*lett.*): *è un uomo scellerato* c'est un (homme) criminel ◆ (*s.*) *uno scellerato* un criminel **2** [*nefando, disumano*] infâme, scélérat (*lett.*): *una vita scellerata* une vie infâme, scélérate; *un'azione scellerata* une action infâme.
scellino |ʃel'lino| *s.m.* [*moneta austriaca e ingl.*] shilling.
scélta |'ʃelta| *s.f.* **1** [*il fatto di scegliere*] choix (*m.*): *la sua è stata una libera scelta* elle a fait son choix librement; *in quel negozio c'è molta scelta* dans ce magasin, il y a un très grand choix ◇ *loc. avv.* A SCELTA au choix: *promozione a scelta* promotion au choix **2** [*raccolta di opere o di parti di opere scelte secondo determinati criteri*] choix.
sceltézza |ʃel'tettsa| *s.f.* [*l'essere scelto, di qualità scelta*] raffinement *m.* # *sceltezza di stile* style raffiné.
scélto |'ʃelto| *agg.* **1** [*che è stato scelto, selezionato fra molti*] choisi: *una raccolta di poesie scelte* un recueil de poèmes choisis, une anthologie **2** (*per est.*) [*che ha elevate qualità, doti, capacità; eccellente, superiore*] choisi: *un pubblico scelto* un public choisi # *tiratore scelto* tireur d'élite; *roba scelta* marchandise de choix, de première qualité; *frutta scelta* fruits de première qualité.
scemàre |ʃe'mare| **A** *v.tr.* [*diminuire*] diminuer, baisser: *scemare i prezzi* baisser les prix ◇ [*calare*] baisser **B** *v.intr.* (*aus.* '*essere*') **1** [*diminuire di quantità*] diminuer (*aus.* avoir, être): *la pioggia va scemando* la pluie diminue **2** [*calare d'intensità, di forza*] diminuer.
scemàta |ʃe'mata| *s.f.* (*pop.*) → **stupidaggine, scemenza** 2.
sceménza |ʃe'mentsa| *s.f.* **1** [*il fatto di essere scemo*] stupidité **2** [*parola, comportamento da scemo; cosa senza senso*] sottise, bêtise, idiotie: *hai fatto una bella scemenza!* tu as fait une drôle de sottise, de bêtise!
scémo |'ʃemo| *agg.* **1** [*che manca di senno, di intelligenza*] stupide # *sembra scemo, 'ma è piuttosto abile* il a l'air idiot, mais il est plutôt malin ◆ (*s.*) *uno scemo* un idiot, un imbécile: *non fare lo scemo!* ne fais pas l'idiot!; *sei uno scemo!* tu es un imbécile!; *è un povero scemo!* c'est un pauvre imbécile! **2** (*raro*) [*non intero, non completo o pieno*] entamé (*corr.*) # *la luna è già scema* la lune est déjà dans son décroît.
scempiàggine |ʃem'pjaddʒine| *s.f.* **1** [*il fatto di essere scempio, stolto*] idiotie **2** [*comportamento, parole da persona scempia*] sottise, bêtise **3** [*piccolezza*] ineptie.
scempiaménto |ʃempja'mento| *s.m.* (*ling.*) [→ 1 SCEMPIARE] dédoublement.
1 **scempiàre** |ʃem'pjare| *v.tr.* [*rendere* (1) *scempio* (2), *sdoppiare*] dédoubler.
2 **scempiàre** |ʃem'pjare| *v.tr.* (*lett.*) [*straziare, fare* (2) *scempio*] abîmer (*corr.*), endommager (3) (*corr.*).
1 **scémpio, i** |'ʃempjo, i| *agg.* **1** [*sciocco*] sot* **2** [*non doppio, semplice*] simple.
2 **scémpio, i** |'ʃempjo, i| *s.m.* **1** [*il fatto di infierire con efferatezza su persone o cadaveri*] massacre # *fare scempio di qc.* massacrer qqn.; *hanno fatto scempio del cadavere* ils se sont acharnés sur le cadavre **2** (*fig.*) [*rovina, deturpazione di ciò che possiede un valore particolare*] massacre: *che scempio!* quel massacre!, quelle horreur! # *quella costruzione è uno scempio* ce bâtiment est une horreur; *hanno fatto scempio del paesaggio* ils ont massacré le paysage.
scèna |'ʃɛna| *s.f.* **1** scène: *direttore di scena* metteur en scène; *una musica a scena vuota* une musique, la scène étant vide; *quest'anno mettono in scena, portano sulla scena 'Giulio Cesare'* cette année on met en scène, on porte à la scène 'Jules César' # *la compagnia X questa sera va in scena con 'Enrico IV'* ce soir la compagnie X joue 'Henri IV'; *calca le scene da vent'anni* il monte sur les planches depuis vingt ans; *applausi a scena aperta* applaudissement en cours de représentation ◇ (*loc. fig.*) *è uscito dalla scena del mondo* il a quitté ce monde; *è uscito dalla scena politica* il a quitté la scène politique **2** [*le strutture mobili che raffigurano il luogo o l'ambiente in cui si svolge l'azione*] décor (*m.*): *cambiamento di scena* changement de décor; *la scena rappresenta un giardino* le décor représente un jardin **3** [*luogo, momento dell'azione*] scène: *la prima scena del primo atto* la première scène du premier acte; *la scena è nella Milano dell'ultimo Novecento* la scène se passe à Milan dans la seconde partie du XXe siècle ◇ (*fig.*) *quell'incontro è stato una scena commovente* cette rencontre a été une scène très émouvante; *agli esami ha fatto scena muta* il a séché, à l'examen; *è stato un colpo*

di scena il y a eu un coup de théâtre **4** [*scenata, manifestazione violenta*] scène: *gli ha fatto una scena!* il lui a fait une de ces scènes! **5** *spec. al plur.* [*manifestazioni esagerate*] scène # *ma non fare tante scene!* ne fais pas tant d'histoires!; *è tutta una scena* c'est toute une comédie.

scenàrio, i |ʃe'narjo, i| *s.m.* **1** [*apparato scenico*] décor **2** (*per est.*) [*paesaggio naturale, luogo pittoresco*] décor, panorama **3** [*canovaccio nella commedia dell'arte*] scénario.

scenarista |ʃena'rista| *s.* scénariste.

scenàta |ʃe'nata| *s.f.* [*violenta manifestazione di sdegno, di risentimento, di ira*] scène.

scèndere |'ʃendere| (105) **A** *v.intr.* (*aus.* 'essere') **1** [*procedere, muoversi verso il basso*] descendre (53) (*aus.* être, avoir): *è scesa dalla scala principale* elle est descendue de l'escalier principal, elle a descendu le grand escalier; *mi faccia scendere qui, per favore* faites-moi descendre ici, s'il vous plaît # *la squadra è scesa in campo* l'équipe est entrée sur le terrain ◇ (*aer.*) *l'aereo è sceso in picchiata* l'avion est descendu en piqué ◇ (*fig.*) *i manifestanti sono scesi in piazza* les manifestants sont descendus dans la rue; *un nuovo candidato è sceso in lizza* un nouveau candidat est entré en lice **2** (*fig.*) [*perdere d'importanza, abbassarsi; indursi, piegarsi*] descendre # *è sceso di grado* il a rétrogradé; *sono scesi a vie di fatto* ils en sont venus aux mains; *senz'altro scenderanno a un compromesso* sans aucun doute ils en viendront à un compromis; *scendiamo a patti?* on s'accorde là-dessus?; *non scendere anche agli insulti!* ne va pas en venir aux insultes!; *è meglio non scendere nei particolari* il vaut mieux ne pas entrer dans les détails; *le sue parole mi sono scese nel cuore* ses paroles me sont allées droit au cœur **3** [*cadere giù, ricadere*] tomber **4** [*diminuire, calare*] baisser (*aus.* avoir, être), diminuer (*aus.* avoir, être): *il livello dell'acqua del fiume è sceso* le niveau (de l'eau) de la rivière a baissé ◇ [*cadere*] tomber: *scende la notte* la nuit tombe; *è sceso il sipario* le rideau est tombé **5** [*avere origine*] → **discendere** # *il Po scende dal Monviso* le Pô prend sa source au pied du Mont Viso **B** *v.tr.* [*percorrere andando dall'alto verso il basso*] descendre: *scendeva le scale di corsa* il descendait les marches de l'escalier quatre à quatre; *non scendere i gradini a due per volta* ne descends pas deux marches à la fois Ⓒ A 1, 4; B **salire**.

scendibàgno |ʃendi'baɲɲo| *s.m.* descente *f.* de bain, tapis de bain.

scendilètto |ʃendi'lɛtto| *s.m.* descente *f.* de lit.

sceneggiaménto |ʃenedd3a'mento| *s.m.* → **sceneggiatura**.

sceneggiàre |ʃened'd3are| *v.tr.* [*ridurre in scene per il teatro*] adapter pour le théâtre; (*per la tv*) adapter pour la télévision; (*per il cine.*) adapter pour le cinéma.

sceneggiàto |ʃened'd3ato| *agg.* adapté *p.p.* pour la radio, pour la télévision.

sceneggiatóre, trice |ʃenedd3a'tore, tritʃe| *s.* [*autore di una sceneggiatura*] scénariste.

sceneggiatùra |ʃenedd3a'tura| *s.f.* **1** [*ripartizione in scene di un'opera teatrale, cinematografica, televisiva*] découpage *m.* **2** [*il testo, il copione*] scénario *m.*

scenétta |ʃe'netta| *s.f.* scénette, sketch *m.*

scenicaménte |ʃenika'mente| *avv.* [→ SCENICO] scéniquement.

scènico, ci, ca, che |'ʃɛniko, tʃi, ka, ke| *agg.* scénique.

scenografia |ʃenogra'fia| *s.f.* **1** scénographie **2** [*gli elementi scenici creati per realizzare un'opera*] décor (*m.*): *scenografia curata da...* décor de...

scenograficaménte |ʃenografika'mente| *avv.* [→ SCENOGRAFICO] du point de vue scénographique *loc. inv.*

scenogràfico, ci, ca, che |ʃeno'grafiko, tʃi, ka, ke| *agg.* scénographique.

scenògrafo |ʃe'nɔgrafo| *s.* [*ideatore e realizzatore della scenografia*] scénographe, décorateur* (de théâtre, de cinéma) # *lo scenografo è...* les décors sont de....

scenopegìa, gie |ʃenope'd3ia, d3ie| *s.f.* (*st. ebr.*) scénopégie.

scenotècnica, che |ʃeno'tɛknika, ke| *s.f.* art *m.* scénique.

scenotècnico, ci, ca, che |ʃeno'tɛkniko, tʃi, ka, ke| **1** *agg.* de la mise en scène (*loc. inv.*): *mezzi scenotecnici* procédés de mise en scène **2** *s.* technicien *m.* de la mise en scène.

scentràggio, i |ʃen'tradd3o, i| *s.m.* (*tecnol.*) décentrage.

scentraménto |ʃentra'mento| *s.m.* (*tecnol.*) [→ SCENTRARE 1] excentration *f.*

scentràre |ʃen'trare| *v.tr.* **1** [*spostare dal proprio centro*] décentrer **2** (*region.*) [*sfasciare* (*la propria auto*)] démolir sa voiture; [*avere un incidente*] avoir (28) un accident ✦ (*ass.*) *ha scentrato sull'autostrada* il a démoli sa voiture sur l'autoroute.

scentràto |ʃen'trato| *agg.* excentré.

scèpsi |'ʃɛpsi| *s.f. inv.* (*filos.*) scepticisme *m. var.*, doute *m. var.* philosophique Ⓒ **dogma**.

sceratrice |ʃera'trice| *s.f.* (*apicoltura*) machine à recueillir la cire.

scerbàre |ʃer'bare| *v.tr.* [*togliere le piante che infestano le colture*] désherber, sarcler.

scerbatùra |ʃerba'tura| *s.f.* (*agr.*) désherbage *m.*, sarclage *m.*

sceriffàto |ʃerif'fato| *s.m.* chérifat.

1 **sceriffo** |ʃe'riffo| *s.m.* shérif.

2 **sceriffo** |ʃe'riffo| *s.m.* [*principe ar.*] chérif.

scèrnere |'ʃɛrnere| *v.tr.* (*dif. del p.p.*) (*lett.*) [*discernere, distinguere*] discerner.

scèrpa |'ʃɛrpa| *s.m. inv.* sherpa(s) *var.*

scervellàrsi |ʃervel'larsi| *v.pron. intr.* [*affaticarsi la mente in problemi difficili*] se creuser la cervelle.

scervellàto |ʃervel'lato| *agg.* [*sconsiderato, privo di buon senso*] écervelé ✦ (*s.*) *uno scervellato* un écervelé.

scespiriàno |ʃespi'rjano| *agg.* shakespearien*.

scetticaménte |ʃettika'mente| *avv.* [→ SCETTICO 2] d'une manière sceptique *loc. inv.*, sceptiquement (*raro*).

scetticismo |ʃetti'tʃizmo| *s.m.* **1** (*filos.*) scepticisme **2** [*sfiducia in ogni valore o verità*] scepticisme **3** [*atteggiamento di incredulità*] scepticisme.

scèttico, ci, ca, che |'ʃɛttiko, tʃi, ka, ke| *agg.* **1** (*filos.*) sceptique ✦ (*s.m.*) *uno scettico* un sceptique **2** (*corr.*) sceptique: *su questo problema sono scettico* je suis sceptique sur ce problème ✦ (*s.*) *uno scettico* un sceptique.

scettràto |ʃet'trato| *agg.* qui tient le sceptre *loc.*

scèttro |'ʃɛttro| *s.m.* sceptre.

sceveraménto |ʃevera'mento| *s.m.* (*raro*) [→ SCEVERARE] discernement.

sceveràre |ʃeve'rare| *v.tr.* (*lett.*) [*separare, distinguere*] discerner (*corr.*).

scévro |'ʃevro| *agg.* (*lett.*) [*privo, esente*] exempt.

schèda |'skɛda| *s.f.* **1** [*cartoncino destinato a registrare dati, ordinato con altri in uno schedario*] fiche **2** [*foglio di carta predisposto a stampa per esprimere il voto*] bulletin *m.* de vote.

schedàre |ske'dare| *v.tr.* **1** [*registrare su apposita scheda dati relativi a persone o cose*] ficher: *schedare i libri di una biblioteca* cataloguer, ficher les livres d'une bibliothèque **2** [*registrare negli schedari della polizia per precedenti penali, ragioni politiche e sim.*] ficher.

schedàrio, i |ske'darjo, i| *s.m.* **1** [*raccolta di schede ordinate funzionalmente*] fichier: *aggiornare uno schedario* mettre à jour un fichier **2** [*il mobile che contiene la raccolta di schede*] fichier.

schedarista |skeda'rista| *s.* [*persona addetta alla gestione di schedari*] fichiste.

schedàto |ske'dato| *agg.* mis sur fiche # *i libri schedati* les livres catalogués ✦ (*s.*) *uno schedato* (*dalla polizia*) une personne *f.* qui figure dans le fichier (de la police); un individu fiché.

schedatóre, trice |skeda'tore, tritʃe| *s.* [*chi compie un lavoro di schedatura*] fichiste.

schedatùra |skeda'tura| *s.f.* [→ SCHEDARE 1] mise en fiche, enregistrement *m.* sur fiche # *fare la schedatura dei libri di una biblioteca* cataloguer, ficher les livres d'une bibliothèque.

schedina |ske'dina| *s.f.* **1** petite fiche **2** [*foglietto per i giochi del totocalcio, totip, enalotto*] ⊠.

schéggia, ge |'skedd3a, d3e| *s.f.* [*frammento, pezzetto che viene a staccarsi da un corpo*] éclat (*m.*): *una scheggia di vetro, di pietra* un éclat de verre, de pierre # *una scheggia di legno penetrata sotto la pelle* une écharde logée sous la peau.

scheggiaménto |skedd3a'mento| *s.m.* → **scheggiatura**.

scheggiàre |sked'd3are| **A** *v.tr.* [*fendere, rompere, facendo saltare via una o più schegge*] ébrécher (8) **B** *v. pron. intr.* SCHEGGIARSI [*rompersi in schegge*] s'ébrécher.

scheggiàto |sked'd3ato| *agg.* [*che ha una o più scheggiature*] ébréché.

scheggiatùra |skedd3a'tura| *s.f.* **1** [*il fatto di scheggiare, di essere scheggiato*] ébrèchement *m.* # *uno smalto resistente alle scheggiature* un émail résistant aux ébréchures **2** [*il punto in cui un oggetto è scheggiato*] ébréchure # *un piatto pieno di scheggiature* une assiette tout ébréchée.

schelètrico, ci, ca, che |ske'-

lɛtriko, tʃi, ka, ke| *agg.* **1** (*anat.*, *med.*) squelettique **2** (*per est.*) [*scarno, estremamente magro*] squelettique **3** (*fig.*) [*essenziale, ridotto al minimo*] squelettique.

scheletrìre |skele'trire| (197) **A** *v.tr.* [*ridurre come uno scheletro*] réduire (75) à l'état de squelette: *la malattia lo ha scheletrito* la maladie l'a réduit à l'état de squelette **B** *v.pron. intr.* SCHELETRIRSI [*diventare sim. a uno scheletro*] se réduire à l'état de squelette # *gli alberi si stanno scheletrendo* les arbres sont en train de se dépouiller.

scheletrìto |skele'trito| *agg.* [*ridotto come uno scheletro*] squelettique # *un albero scheletrito* un arbre dépouillé, dénudé.

schèletro |'skɛletro| *s.m.* **1** (*anat.*) squelette: *lo scheletro dell'uomo* le squelette de l'homme ◇ (*loc. fig.*) *è ridotto a uno scheletro* il est réduit à l'état de squelette **2** (*zool.*) squelette **3** (*per est.*) [*struttura di sostegno di organi, costruzioni, complessi meccanici*] squelette: *lo scheletro di una nave* la charpente, le squelette, la carcasse d'un navire **4** (*fig.*) [*lo schema essenziale di un'opera, di uno scritto*] squelette, architecture *f.*, plan: *lo scheletro di un romanzo* le squelette d'un roman.

schèlmo |'skɛlmo| *s.m.* **1** (*mar.*) embarcation *f.* **2** → **scalmo.**

schèma |'skɛma| *s.m.* **1** schéma: *lo schema di un problema* le schéma d'un problème **2** [*modello rigido, che non ammette variazioni*] règle (*f.*): *si è liberato dagli schemi* il s'est affranchi des règles # *rifiuta ogni schema ideologico* il réfuse, repousse tout principe, tout système idéologique **3** [*trama, abbozzo, progetto*] canevas, plan **4** (*filos.*) schème.

schematicaménte |skematika'mente| *avv.* [→ SCHEMATICO] schématiquement.

schematicità |skematitʃi'ta| *s.f. inv.* schématisme *m. var.*

schemàtico, ci, ca, che |ske'matiko, tʃi, ka, ke| *agg.* schématique.

schematìsmo |skema'tizmo| *s.m.* schématisme # *la sua esposizione pecca di schematismo* son exposé pèche par un excès de simplification.

schematizzàre |skematid'dzare| *v.tr.* [*rappresentare, esporre in modo schematico*] schématiser.

schematizzazióne |skematiddzat'tsjone| *s.f.* [→ SCHEMATIZZZARE] schématisation.

scheràno |ske'rano| *s.m.* (*arc.*, *lett.*) [*uomo facinoroso, brigante*] brigand.

schérma |'ske(ɛ)rma| *s.f.* [*la tecnica di battersi con armi bianche, sia in scontri armati, sia in gare sportive*] escrime: *campionato di scherma* championnat d'escrime; *sala di scherma* salle d'escrime, d'armes; *maestro di scherma* moniteur d'escrime, maître d'armes; *scherma di fioretto* escrime au fleuret; *tirare di scherma* faire de l'escrime, tirer au fleuret.

schermàggio, i |sker'maddʒo, i| *s.m.* **1** [*l'operazione di schermare*] protection *f.* au moyen d'un écran **2** [*elementi impiegati per schermare*] écran **3** (*elettr.*, *fis.*, *rad.*) blindage: *lo schermaggio delle candele dell'auto* le blindage des bougies de l'auto.

schermàglia |sker'maʎʎa| *s.f.* **1** (*arc.*) → **duello** **2** [*discussione polemica e vivace*] joute oratoire.

schermàre |sker'mare| *v.tr.* **1** [*fare schermo, riparare con uno schermo*] voiler: *schermare una lampada* voiler une lampe **2** (*elettr.*, *fis.*) [*impedire il flusso di una sorgente di energia per mezzo di uno schermo*] blinder **3** (*arc.*) [*difendere; proteggere*] cacher (*corr.*).

schermàto |sker'mato| *agg.* **1** [*protetto da uno schermo*] voilé **2** (*fis.*) blindé **3** (*arc.*) [*protetto, difeso*] caché *p.p.* (*corr.*).

schermatùra |skerma'tura| *s.f.* → **schermaggio.**

schermidóre, dora, tora, trice |skermi'dore, dora, tora, tritʃe| *s.* → **schermitore.**

schermire |sker'mire| (197) **A** *v.tr.* [*difendere, riparare, proteggere*] protéger (8, 3) □ *si schermiva il viso con la mano* il se protégeait le visage de la main **B** *v.pron. rifl.* SCHERMIRSI [*sottrarsi; eludere abilmente*] esquiver *tr.*; escamoter (*tr.*): *schermirsi da domande inopportune* esquiver les questions gênantes (importunes) ‖ *cercava di schermirsi dai suoi complimenti* il essayait d'escamoter ses compliments.

schermìstico, ci, ca, che |sker'mistiko, tʃi, ka, ke| *agg.* d'escrime (*loc. inv.*): *incontri schermistici* assauts, tournois d'escrime, au fleuret.

schermitóre, tora, trice |skermi'tore, tora, tritʃe| *s.* [*chi pratica la scherma*] escrimeur*.

schérmo |'ske(ɛ)rmo| *s.m.* **1** (*cine.*, *tv*) écran: *lo schermo televisivo* l'écran de télévision; *un divo dello schermo* une vedette du petit écran **2** (*tecnol.*) écran: *schermi elettrici, magnetici* écrans électriques, magnétiques; *applicare uno schermo a un proiettore* appliquer un écran sur un projecteur **3** (*fig.*) [*riparo, difesa, protezione*] écran # *si fa schermo col nome del padre* il s'abrite derrière le nom de son père.

schermografàre |skermogra'fare| *v.tr.* [*eseguire la schermografia*] radiophotographier.

schermografìa |skermogra'fia| *s.f.* (*med.*) radiophotographie.

schermogràfico, ci, ca, che |skermo'grafiko, tʃi, ka, ke| *agg.* (*med.*) de la radiophotographie *loc. inv.*, radiophotographique: *la tecnica schermografica* la technique de la radiophotographie.

schernire |sker'nire| (197) *v.tr.* **1** [*deridere, dileggiare, prendersi beffa*] railler, se moquer *pron.* (de): *schernire i sentimenti di una persona* se moquer des sentiments d'une personne ◇ [*deridere violentemente*] bafouer: *schernire gli ideali più sacri* bafouer les idéaux les plus sacrés **2** (*arc.*, *raro*) [*ingannare*] tromper (*corr.*).

schernitóre, trice |skerni'tore, tritʃe| *s.* [*chi schernisce*] railleur*, moqueur*: *vendicarsi di uno schernitore* se venger d'un railleur, d'un moqueur ✦ (*agg.*) *sguardo schernitore* regard moqueur.

schérno |'skerno| *s.m.* **1** [*il fatto di schernire, di mettere in ridicolo, di prendersi beffe*] raillerie *f.*, moquerie (*f.*): *parole di scherno* railleries # *sorriso di scherno* sourire railleur; *si fa scherno di lui* elle le tourne en ridicule, en dérision **2** [*oggetto di scherno*] risée (*f.*): *è lo scherno di tutti* c'est la risée de tout le monde **3** [*gesti, parole di scherno*] moqueries *pl.*

scherzàndo |sker'tsando| *s.m. inv.* (*mus.*) scherzando *avv.*

scherzàre |sker'tsare| *v.intr.* (*aus.* '*avere*') **1** [*celiare, parlare alla leggera per divertirsi, produrre effetti comici*] plaisanter: *scherzi o dici sul serio?* tu plaisantes ou tu parles sérieusement?; *con lui non si scherza!* c'est un homme qui ne plaisante pas!; *non te la prendere: sta scherzando* ne t'en fais pas: il plaisante ◇ (*prov.*) *scherza coi fanti e lascia stare i santi* plaisante avec tes pareils, ne plaisante pas avec ceux qui te dépassent **2** [*giocare, trastullarsi*] jouer: *i bambini scherzavano con l'acqua* les enfants jouaient avec l'eau; *non scherzare col fuoco!* ne joue pas avec le feu! ◇ (*poet.*) *il vento scherzava tra le foglie* le vent jouait dans le feuillage.

scherzévole |sker'tsevole| *agg.* (*raro*) → **scherzoso.**

schérzo |'skertso| *s.m.* **1** [*il fatto di scherzare; quanto si fa o si dice per scherzare*] plaisanterie (*f.*): *uno scherzo di cattivo gusto* une plaisanterie de mauvais goût; *prende, volta tutto in scherzo* il ne prend jamais rien au sérieux, il tourne tout en plaisanterie; *accetta lo scherzo* il accepte la plaisanterie; *ha l'aria di uno scherzo* cela a l'air d'une plaisanterie; *smettiamola con gli scherzi!* trêve de plaisanteries! # *dimmi la verità, senza scherzi* dis-moi la vérité, sérieusement, blague à part (*fam.*); *non lo faccio neppure per scherzo* je ne le fais même pas pour rire; *lo ha detto per scherzo* il l'a dit pour plaisanter ◇ (*loc. fig.*) *uno scherzo di natura* un caprice de nature ◇ (*prov.*) *lo scherzo è bello quando dura poco* les plaisanteries les plus courtes sont toujours les meilleures ~ *scherzo di mano, scherzo da villano* jeu de main, jeu de vilain **2** [*tiro, sorpresa sgradevole*] tour: *la malattia gli ha fatto un brutto scherzo* la maladie lui a joué un mauvais tour **3** [*impresa, cosa facile, da nulla*] jeu: *per lui risolvere un problema è uno scherzo* résoudre un problème est un jeu pour lui # *sembrava uno scherzo, e invece!* ça n'avait l'air de rien, et pourtant! **4** *al plur.* [*particolari effetti*] jeux: *scherzi di luce, d'acqua* jeux de lumière, d'eau **5** (*mus.*) scherzo **6** (*teat.*) *scherzo comico* farce *f.*

scherzosaménte |skertsosa'mente| *avv.* [→ SCHERZOSO 1] en plaisantant *loc. inv.*

scherzóso |sker'tsoso| *agg.* **1** [*detto, fatto per scherzo*] plaisant, badin: *un complimento scherzoso* un compliment plaisant; *in tono scherzoso* sur un ton plaisant, badin # *parole scherzose* mots amusants **2** (*persone*) qui aime plaisanter *loc.*

schettinàggio, i |sketti'naddʒo, i| *s.m.* patinage à roulettes, skating.

schettinàre |sketti'nare| *v.intr.* (*aus.* '*avere*') [*pattinare con i pattini a rotelle*] faire (45) *tr.* du patin à roulettes, du skating.

schettinatóre, trice |skettina'tore, tritʃe| *s.* patineur* à roulettes.

schèttino |'skɛttino| *s.m.* patin à roulettes.

schiàccia, ce |'skjattʃa, tʃe| *s.f.* **1** [*trappola per uccelli*] trébuchet *m.* ◇ (*loc. fig.*) *rimanere alla schiaccia* [*in* *trappola*] être pris au piège, donner dans le panneau **2** [*arnese per fare cialde, ostie*] gaufrier *m.* **3** [*arnese per arricciare i capelli*] fer *m.* à friser.

schiacciabiàde |skjattʃa'bjade| *s.m. inv.* (*agr.*) aplatisseur.

schiacciaménto |skjattʃa'mento| *s.m.* **1** [→ SCHIACCIARE A 1] écrasement: *lo schiacciamento di una lamiera* l'écrasement d'une tôle **2** [*l'effetto di venir schiacciato*; *la zona schiacciata*] aplatissement # *lo schiacciamento del naso* l'épatement du nez.

schiaccianóci |skjattʃa'notʃi| *s.m. inv.* [*arnese per schiacciare noci, mandorle*] casse-noix, casse-noisettes.

schiacciànte |skjat'tʃante| *agg.* [*inconfutabile, che vince ogni dubbio*] écrasant, accablant.

schiacciapatàte |skjattʃapa'tate| *s.m. inv.* (*cuc.*) presse-purée.

schiacciàre |skjat'tʃare| **A** *v.tr.* **1** [*premere, comprimere, urtare, provocando depressioni, alterazioni, lesioni*] écraser: *mi hai schiacciato un piede* tu m'as écrasé le pied □ *si è schiacciato un dito* il s'est écrasé le doigt ◇ (*loc. fig.*) *sta schiacciando un pisolino* il est en train de faire un petit somme; *la folla mi schiacciava da tutte le parti* j'étais de tous côtés écrasé par la foule **2** [*rompere*] casser **3** [*opprimere, sopraffare, annientare*] écraser, accabler: *l'accusa ha schiacciato l'imputato con prove decisive* le procureur a accablé l'accusé de preuves décisives **4** (*sport*) [*rinviare la palla con una schiacciata*] smasher: *schiacciare una palla* smasher une balle **B** *v.pron. intr.* SCHIACCIARSI [*perdere la forma originaria, diventando piatto, ammaccato*] s'écraser, s'aplatir: *la torta si è schiacciata* le gâteau s'est aplati.

schiacciasàssi |skjattʃa'sassi| *s.m. inv.* (*tecnol.*) rouleau *var.* compresseur.

schiaccìàta |skjat'tʃata| *s.f.* **1** [*l'azione di schiacciare, di essere schiacciato alla meglio, una sola volta*] coup (*m.*): *da' una schiacciata alla gonna col ferro da stiro* donne un coup de fer à cette jupe # *mi sono dato una schiacciata sul dito* je me suis écrasé, pincé un doigt **2** [*focaccia appiattita*] galette, fouace (*region.*), fougasse (*region.*) **3** (*dial.*) → **bocciatura** **4** (*sport*) smash *m.*

schiacciàto |skjat'tʃato| *agg.* **1** [*compresso, pestato*] écrasé: *un dito schiacciato* un doigt écrasé **2** [*piatto, appiattito*] écrasé, aplati: *naso schiacciato* nez écrasé, camus, aplati; *il muso schiacciato di un cane* le museau aplati d'un chien **3** (*sport*) *tiro, colpo schiacciato* smash *s.m.*

schiacciatùra |skjattʃa'tura| *s.f.* **1** [→ SCHIACCIARE A 1] aplatissement *m.*, écrasement *m.* # *la schiacciatura delle olive* le pressurage des olives **2** [*parte, zona schiacciata*] bosselure.

schiaffàre |skjaf'fare| *v.tr.* (*fam.*) [*mettere, gettare in fretta, malamente*] flanquer, fourrer (*corr.*): *ha schiaffato tutto nella borsa* il a tout flanqué, fourré dans son sac.

schiaffeggiàre |skjaffed'dʒare| *v.tr.* **1** [*colpire con uno schiaffo, con degli schiaffi*] gifler **2** (*fig.*) [*colpire a tratti con violenza*] fouetter: *raffiche di pioggia schiaffeggiavano i passanti* des rafales de pluie fouettaient les passants.

schiaffeggiatóre, trice |skjaffeddʒa'tore, tritʃe| *s.* celui *m.*, celle *f.* qui gifle *loc.*, qui a la main leste *loc.*

schiàffo |'skjaffo| *s.m.* **1** [*colpo dato col palmo della mano aperta sulla faccia*] gifle *f.*, claque (*f.*): *un paio di schiaffi* une paire de gifles # *lo vorrei prendere a schiaffi* je voudrais le gifler ◇ (*fig.*) *uno schiaffo morale* un soufflet (*lett.*); *questa perdita è uno schiaffo per lui!* cette perte est une gifle pour lui! ◇ (*loc.*) *una faccia da schiaffi* une tête à gifles, à claques ~ *roba da prenderlo a schiaffi!* c'est à le gifler! **2** (*biliardo*) *tiro di schiaffo* coup par la bande.

schiaffóne |skjaf'fone| *s.m.* gifle *f.* magistrale.

schiamazzàre |skjamat'tsare| *v. intr.* (*aus.* '*avere*') **1** (*persone*) [*vociare, strepitare*] faire (45) *tr.* du tapage, chahuter: *un ubriaco schiamazzava nella via* un ivrogne faisait du tapage dans la rue **2** (*galline*) [*emettere gridi rauchi e scomposti*] caqueter (5) ◇ (*oche*) cacarder, jaronner; (*anatre*) nasiller.

schiamazzatóre, trice |skjamattsa'tore, tritʃe| *s.* [*chi schiamazza*] tapageur*, chahuteur*.

schiamazzio, ii |skjamat'tsio, ii| *s.m.* (*raro*) [*il fatto di schiamazzare continuamente*] criailleries *f. pl.* (*corr.*).

schiamàzzo |skja'mattso| *s.m.* [*rumore, strepito confuso e molesto*] tapage, chahut, vacarme: *schiamazzi notturni* tapages nocturnes; *che cos'è questo schiamazzo?* qu'est-ce que c'est que ce vacarme, ce chahut?

schiantàre |skjan'tare| **A** *v.tr.* **1** [*rompere, spezzare con violenza alberi, pali e sim.*] abattre (76), déraciner, arracher **2** (*per est.*) [*far scoppiare, esplodere*] briser, fendre (53) **B** *v.intr.* (*aus.* '*essere*') (*fam.*) [*scoppiare, crepare, morire*] crever (6): *è schiantato dalla fatica, dalla rabbia* il est crevé de fatigue, de rage; *sembrava schiantare dalle risa* on aurait dit qu'il allait crever de rire **C** *v.pron. intr.* SCHIANTARSI **1** [*fracassarsi, rompersi violentemente*] se fracasser, s'écraser **2** [*scoppiare*] éclater (*intr.*): *si è schiantata una gomma* un pneu a éclaté ◇ (*fig.*) *gli si è schiantato il cuore* son cœur s'est brisé.

schiànto |'skjanto| *s.m.* **1** [*il fatto di schiantare, di schiantarsi*] brisement ◇ (*loc. fam., dial.*) *uno schianto di ragazza* [*aggressivamente bella*] un beau brin de fille ◇ *loc. avv.* DI SCHIANTO [*all'improvviso, di colpo*] soudain *avv.*, soudainement *avv.*, tout à coup # *si fermò di schianto* il s'arrêta net, brusquement; *cadde di schianto* il tomba foudroyé **2** [*il rumore secco e improvviso di qualcosa che scoppia*] éclatement **3** (*fig.*) [*strazio, tormento*] déchirement # *è uno schianto al cuore vederla in questo stato* la voir dans cet état, cela déchire le cœur.

schiàppa |'skjappa| *s.f.* (*fam.*) [*persona poco abile in una professione o in uno sport*] nullard *s.*, nullité (*corr.*): *quell'avvocato è una schiappa* cet avocat n'est qu'un nullard, qu'une nullité # *nel tennis è una schiappa* il est nul au tennis; *in inglese è una schiappa* il est nul en anglais.

schiariménto |skjari'mento| *s.m.* **1** [→ SCHIARIRE A 1; B 1] éclaircissement **2** (*fig.*) [*spiegazione, delucidazione*] éclaircissement: *chiedere uno schiarimento su una questione* demander un éclaircissement sur une question ◇ [*informazione*] renseignement: *per ulteriori schiarimenti...* pour de plus amples renseignements...

schiarìre |skja'rire| (197) **A** *v.tr.* **1** [*rendere chiaro, più chiaro*] éclaircir: *gli ho schiarito le idee* je lui ai éclairci les idées; *si è fatta schiarire i capelli* elle s'est fait éclaircir les cheveux □ *si è schiarita la voce* elle s'est éclairci la voix **2** [*sbiadire*] déteindre (66) ◇ (*per anal.*) *l'acqua calda schiarisce i colori degli indumenti* l'eau chaude fait déteindre les vêtements **B** *v.intr.* (*aus.* '*essere*') *e pron. intr.* SCHIARIRSI **1** [*diventare chiaro, più chiaro*] s'éclaircir *pron.* # *le si sono schiariti i capelli* ses cheveux sont devenus plus clairs **2** [*sbiadire*] passer *intr.* (*aus.* avoir, être), pâlir *intr.* (*aus.* avoir): *i colori scuri* (*si*) *schiariscono più facilmente* les couleurs foncées passent plus facilement **C** *v.intr. impers.* (*aus.* '*essere, avere*') **1** [*farsi giorno*] faire (45) (*aus.* avoir) jour **2** [*tornare sereno*] s'éclaircir (*pron.*): *dopo l'acquazzone, è schiarito presto* après l'averse, le ciel s'est éclairci rapidement.

schiarita |skja'rita| *s.f.* **1** [*rasserenamento*; *il ritornare sereno del cielo*] éclaircie **2** (*fig.*) [*distensione, miglioramento di una situazione tesa*] éclaircie.

schiaritùra |skjari'tura| *s.f.* [→ SCHIARIRE A 1; B 1] éclaircissement *m.* # *dare una schiaritura al vino* éclaircir le vin; *la schiaritura dei capelli* la décoloration des cheveux.

schiascopia |skjasko'pia| *s.f.* (*med.*) skiascopie.

schiàtta |'skjatta| *s.f.* (*lett.*) [*stirpe, razza*] lignée (*corr.*).

schiattàre |skjat'tare| *v.intr.* (*aus.* '*essere*') (*fam.*) [*crepare, morire*] crever (6) (*aus.* avoir, être): *schiattare dalla rabbia, dalla bile* crever de rage, de dépit.

schiavardàre |skjavar'dare| *v.tr.* [*liberare dalle chiavarde*] déboulonner.

schiavésco, chi, ca, che |skja'vesko, ki, ka, ke| *agg.* (*raro*) d'esclave *loc. inv.*

schiavettàre |skjavet'tare| *v.tr.* (*mecc.*) [*togliere le chiavette*] déclaveter (5).

schiavina |skja'vina| *s.f.* (*st. abbigl.*) esclavine.

schiavismo |skja'vizmo| *s.m.* **1** [*dottrina e sistema economico-sociale fondato sulla schiavitù*] esclavagisme **2** (*fig.*) [*comportamento che consiste nel trattare gli altri come esseri inferiori*] exploitation *f.*

schiavìsta |skja'vista| *s.* [*chi sostiene, attua lo schiavismo*] esclavagiste ♦ (*agg.*) *gli Stati schiavisti* les États esclavagistes.

schiavìstico, ci, ca, che |skja'vistiko, tʃi, ka, ke| *agg.* [*di schiavismo*; *da schiavista*] esclavagiste.

schiavitù |skjavi'tu| *s.f. inv.* [*la condizione di schiavo, il fatto di essere schiavo*] esclavage (*m. var.*): *essere ridotto in schiavitù* être réduit en esclavage; *vivere in schiavitù* vivre en esclavage ◇ (*fig.*) *la schiavitù delle abitudini* l'esclavage des habitudes; *una schiavitù politica, economica, sociale* un esclavage politique, économique, social Ⓒ **libertà, indipendenza.**

schiàvo |'skjavo| *s.* **1** [*individuo privo della libertà individuale, oggetto* *di compravendita*] esclave ◇ *loc. agg.* ALLA SCHIAVA: *braccialetto alla schiava* bracelet d'esclave; *sandali alla schiava* spartiates **2** (*fig.*) [*chi è in una condizione di asservimento, di soggezione*] esclave ♦ (*agg.*) *è schiavo delle apparenze* il est l'esclave, le jouet des apparences; *è schiavo dei suoi figli* il est esclave de ses enfants; *è schiavo della droga, del fumo* il est esclave de la drogue, du tabac **C** **libero.**

schiavóne |skja'vone| *s.m.* (*arc.*) [*slavo della costa adriatica orientale*] slavon, esclavon.

schiccheràre |skikke'rare| *v.tr.* (*raro*) [*bere avidamente, abbondantemente*] pinter (*pop.*), siffler (*fam.*).

schiccheróne |skikke'rone| *s.m.* (*raro*) grand buveur (*corr.*), pochard (*fam.*).

schidionàre |skidjo'nare| *v.tr.* (*raro*) [*infilare sullo schidione*] embrocher (*corr.*).

schidionàta |skidjo'nata| *s.f.* [*i cibi infilzati in uno schidione*] brochette.

schidioncìno |skidjon'tʃino| *s.m.* → **schidionata.**

schidióne |ski'djone| *s.m.* [*lungo spiedo per l'arrosto girato*] broche *f.*

schièna |'skjɛna| *s.f.* [*la parte posteriore del corpo dell'uomo e degli animali*] dos (*m.*): *ho un dolore alla schiena* j'ai une douleur dans le dos ◇ (*loc. fig.*) *lavoro di schiena* travail dur, éreintant ~ *strada, ponte a schiena d'asino* route, pont en dos d'âne ~ *ho la schiena rotta dalla fatica* je suis crevé de fatigue ~ *si è rotto la schiena in questo lavoro* il s'est esquinté à faire ce travail ~ *se lo prendo, gli rompo la schiena* si je l'attrape, je lui casse les reins.

schienàle |skje'nale| *s.m.* **1** [*parte di sedia, poltrona, divano su cui si appoggia la schiena*] dossier **2** *al plur.* (*cuc.*) amourettes *f.* **3** (*mar.*) dossier.

schienàta |skje'nata| *s.f.* **1** coup *m.* de reins **2** (*sport*) mise au tapis.

schienùto |skje'nuto| *agg.* large d'épaules, trapu.

schièra |'skjɛra| *s.f.* **1** (*mil.*) troupe, rang (*m.*): *ordinare le schiere* aligner les troupes; *i soldati si sono disposti in schiera* les soldats se sont disposés en rangs # *hanno sbaragliato le schiere nemiche* ils ont enfoncé les lignes ennemies **2** (*per est.*) [*gruppo di persone disposte secondo un certo ordine o appartenenti alla stessa categoria*] cortège *m.*, bande, foule: *una schiera di dimostranti* un cortège de manifestants; *una schiera di tifosi aspettava la squadra* une bande, une foule de supporters attendait l'équipe **3** [*moltitudine di animali*] bande, régiment *m.*

schieraménto |skjera'mento| *s.m.* **1** (*mil.*) disposition *f.*, formation *f.*; déploiement: *uno schieramento a ventaglio* une disposition en éventail ‖ *lo schieramento delle truppe* le déploiement des troupes; *uno schieramento di forze di polizia* un déploiement de forces de police **2** (*sport*) formation **3** [*persone, mezzi uniti nel sostenere un'idea, un programma*] coalition *f.*

schieràre |skje'rare| **A** *v.tr.* [*ordinare, disporre in schiera*] aligner ◇ [*mettere in fila*] *schierare in campo i giocatori* aligner les joueurs sur le terrain; *hanno schierato sulla tavola una dozzina di bottiglie* ils ont aligné sur la table une douzaine de bouteilles **B** *v. pron. rifl.* SCHIERARSI [*ordinarsi in schiera; prendere posizione*] prendre (73) *tr.* position, s'aligner: *i soldati si sono schierati su una linea difensiva* les soldats ont pris position sur une ligne de défense ◇ (*fig.*) *si schiera sempre dalla parte del più forte* il se range toujours du côté du plus fort; *si è schierato su una linea di intransigente opposizione* il a adopté une attitude d'opposition intransigeante.

schiettaménte |skjetta'mente| *avv.* [→ SCHIETTO 2] franchement, sincèrement.

schiettézza |skjet'tettsa| *s.f.* **1** [*il fatto di essere genuino, puro*] pureté **2** (*fig.*) [*franchezza, sincerità*] franchise, sincérité.

schiètto |'skjɛ(e)tto| *agg.* **1** [*puro, genuino, non alterato*] pur **2** (*fig.*) [*sincero, franco*] franc*, sincère # *questa è la schietta verità* ça c'est la pure, la stricte vérité; *ho parlato in modo schietto* j'ai parlé franchement.

schifàre |ski'fare| **A** *v.tr.* **1** [*avere a schifo, in dispregio*] avoir (28) horreur (de), éprouver du dégoût (pour) **2** [*fare schifo, provocare disgusto*] dégoûter ◇ [*disdegnare*] dédaigner **B** *v. pron. intr.* SCHIFARSI [*sentire schifo*] se dégoûter: *si è schifato della carne* il s'est dégoûté de la viande.

schifàto |ski'fato| *agg.* [*disgustato, nauseato*] dégoûté *p.p.*, (*fam.*) de dégoût *loc. inv.*

schifézza |ski'fettsa| *s.f.* **1** [*porcheria, cosa mal riuscita*] cochonnerie (*fam.*): *questa minestra è una schifezza* cette soupe est vraiment répugnante, est une vraie cochonnerie # *che schifezza quel film!* quelle horreur, ce film! **2** [*cosa orrenda*] horreur # *uno spettacolo di una schifezza nauseante* un spectacle écœurant.

schifiltosaménte |skifiltosa'mente| *avv.* [→ SCHIFILTOSO] en faisant des chichis *loc. inv., fam.*

schifiltosità |skifiltosi'ta| *s.f. inv.* tendance *var.* à faire des chichis.

schifiltóso |skifil'toso| *agg.* [*che ha gusti difficili, raffinati*] chichiteux* (*fam.*), difficile: *è molto schifiltosa* elle est très chichiteuse ♦ (*s.*) *uno schifiltoso* un difficile: *non fare lo schifiltoso!* ne fais pas le difficile, de chichis! (*fam.*).

1 **schifo** |'skifo| *s.m.* [*senso di ripugnanza, nausea, disgusto*] dégoût: *che schifo!* quel dégoût! # *è uno schifo!* c'est dégoûtant!; *vuoi mangiare quello schifo?* tu veux manger cette cochonnerie? (*fam.*); *è uno spettacolo che mi fa schifo* c'est un spectacle qui me dégoûte, me répugne; *è tanto gretto da fare schifo* il est d'une mesquinerie répugnante; *è uno schifo di film* ce film est horrible; *la nostra squadra ha fatto schifo* notre équipe a mal joué; *questa stanza è un vero schifo* ce boui-boui est vraiment dégoûtant, horrible.

2 **schifo** |'skifo| *s.m.* (*mar.*) esquif.

schifosàggine |skifo'saddʒine| *s.f.* **1** [*il fatto di essere schifoso*] nature repoussante, dégoûtante (de qqch.) **2** [*cosa, azione schifosa*] cochonnerie (*fam.*), saloperie (*volg.*).

schifosaménte |skifosa'mente| *avv.* [→ SCHIFOSO] d'une façon dégoûtante, répugnante *loc. inv.* # *un ambiente schifosamente sporco* une pièce d'une saleté répugnante.

schifosità |skifosi'ta| *s.f. inv.* **1** [*il fatto di essere schifoso*] dégoût *m. var.* **2** [*cosa, azione schifosa*] cochonnerie *var.* (*fam.*): *che schifosità!* quelle cochonnerie!

schifóso |ski'foso| *agg.* [*che fa schifo; pessimo; che passa ogni limite*] dégoûtant, répugnant: *un ambiente schifoso* un milieu dégoûtant, répugnant # *che tempo schifoso!* quel sale temps!; *ha una fortuna schifosa!* il a une veine de pendu!; *fa un caldo schifoso* il fait une chaleur terrible.

schinière |ski'njɛre| *s.m.* (*st. mil.*) jambière *f.* # *schiniere greco* cnémide.

schioccàre |skjok'kare| **A** *v.tr.* [*agitare, muovere in modo da produrre uno schiocco*] faire (45) *intr.* claquer: *schioccare la frusta* faire claquer son fouet # *schioccare un bacio* donner un baiser sonore **B** *v.intr.* (*aus.* '*avere*') [*produrre uno schiocco*] faire claquer, claquer (*tr.*): *schioccare con le dita* faire claquer ses doigts.

schioccàta |skjok'kata| *s.f.* [*il fatto di schioccare una volta, ogni singola volta*] claquement *m.*

schiòcco, chi |'skjɔkko, ki| *s.m.* [*rumore secco caratteristico della frusta vibrata*] claquement # *un bacio con lo schiocco* un baiser sonore ◇ [*rumore fatto con la lingua*] clappement.

schioccolàre |skjokko'lare| *v. intr.* (*aus.* '*avere*') → **chioccolare.**

schiodàre |skjo'dare| *v.tr.* [*liberare dai chiodi, aprire togliendo i chiodi*] déclouer.

schiodatùra |skjoda'tura| *s.f.* action de déclouer, enlèvement *m.* des clous.

schiomàre |skjo'mare| *v.tr.* (*lett.*) → **spettinare.**

schioppettàta |skjoppet'tata| *s.f.* coup *m.* de fusil ◇ (*loc.*) *a una schioppettata da qui* à une portée de fusil d'ici, à deux pas d'ici.

schiòppo |'skjɔppo| *s.m.* [*arma da fuoco portatile*] fusil → **fucile** ◇ (*loc.*) *a un tiro di schioppo* à une portée de fusil.

schiribìlla |skiri'billa| *s.f.* (*t.zool.*) poule d'eau.

schiribillóso |skiribil'loso| *agg.* (*tosc.*) → **arzillo.**

schiribizzo |skiri'biddzo, skiri'bittso| *s.m.* → **ghiribizzo.**

schisi |'skizi| *s.f. inv.* (*med.*) scissure *var.*, fente *var.*

schisto |'skisto| *e deriv.* → **scisto** *e deriv.*

schitarraménto |skitarra'mento| *s.m.* [→ SCHITARRARE] grattement de guitare.

schitarràre |skitar'rare| *v.intr.* (*aus.* '*avere*') [*suonare* (*male*) *la chitarra*] gratter de la guitare.

schiùdere |'skjudere| (106) **A** *v.tr.* [*aprire leggermente, solo in parte*] entrouvrir (23), entrebâiller ◇ [*aprire lentamente*] ouvrir lentement ◇ (*fig.*) *ha schiuso il suo animo alla sua confidenza* il a ouvert son cœur à ses confidences **B** *v.pron. intr.* SCHIUDERSI **1** [*aprirsi leggermente o lentamente*] s'épanouir; éclore (57) (*intr.*): *si schiudono le rose* les roses s'épanouissent ‖ *le uova cominciano a schiudersi* les œufs commencent à éclore **2** (*fig.*) [*sorgere, svilupparsi*] s'ouvrir (23).

schiudiménto |skjudi'mento| *s.m.* [→ SCHIUDERE] épanouissement, éclosion *f.*

schiùma |'skjuma| *s.f.* **1** [*formazione instabile di bolle d'aria sulla superficie di un liquido, spec. se sottoposto ad agitazione o ebollizione*] mousse: *un sapone che fa molta schiuma* un savon qui fait beaucoup de mousse ◇ (*per anal.*) écume: *la schiuma del mare* l'écume de la mer **2** [*parte di scarto di un liquido*] écume # *togliere la schiuma al brodo* écumer le bouillon **3** [*bava densa di animali e anche di persone*] écume ◇ (*fig.*) *aveva la schiuma alla bocca* il écumait (de rage) **4** (*miner.*) *schiuma di mare* écume de mer → **sepiolite**; *una pipa, un bocchino di schiuma* une pipe, un fume-cigarette en écume **5** (*fig.*) [*la parte peggiore di una collettività, di un gruppo*] écume, lie Ⓒ 5 **crema.**

schiumaiòla |skjuma'jɔla| *s.f.* (*cuc.*) écumoire.

schiumàre |skju'mare| **A** *v.tr.* [*togliere via, eliminare la schiuma*] écumer # *schiumare la birra* retirer le faux-col du verre de bière **B** *v.intr.* (*aus.* '*avere*') [*far schiuma, produrre schiuma*] mousser ◇ (*fig.*) *schiumava dalla rabbia* il écumait de rage.

schiumaròla |skjuma'rɔla| *s.f.* → **schiumaiola.**

schiumatóio, i |skjuma'tojo, i| *s.m.* → **schiumaiola.**

schiumatùra |skjuma'tura| *s.f.* [→ SCHIUMARE A] écumage *m.*

schiumògeno |skju'mɔdʒeno| **I** *agg.* [*che produce schiuma*] moussant: *sostanza schiumogena* substance moussante **II** *s.m.* **1** [*sostanza schiumogena*] mousse *f.* **2** [*estintore a schiuma*] extincteur à mousse.

schiumosità |skjumosi'ta| *s.f. inv.* aspect *m. var.* mousseux, consistance *var.* mousseuse.

schiumóso |skju'moso| *agg.* **1** [*che fa schiuma, ricco di schiuma*] mousseux*: *un liquido schiumoso* un liquide mousseux ◇ (*per anal.*) écumeux*: *onde schiumose* vagues écumeuses **2** [*sim. alla schiuma*] mousseux: *una crema schiumosa* une crème mousseuse.

schiùso |'skjuso| *agg.* [*leggermente aperto*] (entr)ouvert.

schivàbile |ski'vabile| *agg.* [→ SCHIVARE] évitable.

schivàre |ski'vare| *v.tr.* [*scansare, evitare*] esquiver, éviter: *non capisco perché lo schivi* je ne comprends pas pourquoi tu l'évites # *ho schivato la tua domanda* j'ai éludé ta question.

schivàta |ski'vata| *s.f.* (*sport*) esquive.

schìvo |'skivo| *agg.* **1** qui fuit *loc.*, qui se dérobe (*loc.*): *una persona schiva di complimenti* une personne qui fuit les compliments **2** [*ritroso, molto chiuso*] réservé.

schizofrenìa |skiddzofre'nia| *s.f.* (*med.*) schizophrénie.

schizofrènico, ci, ca, che |skiddzo'freniko, tʃi, ka, ke| *agg.* (*med.*) schizophrène ✦ (*s.*) *uno schizofrenico* un schizophrène.

schizogamìa |skiddzoga'mia| *s.f.* (*biol.*) schizogamie.

schizogènesi |skiddzo'dʒɛnezi| *s.f. inv.* (*biol.*) schizogenèse *var.*

schizogonìa |skiddzogo'nia| *s.f.* (*zool.*) schizogonie.

schizòide |skid'dzɔide| *agg.* (*med.*) schizoïde ✦ (*s.*) *uno schizoide* un schizoïde.

schizoidìa |skiddzoi'dia| *s.f.* (*med.*) schizoïdie.

schizoidico, ci, ca, che |skiddzo'idiko, tʃi, ka, ke| *agg.* (*psichiatria*) schizoïdique.

schizometamerìa |skiddzometame'ria| *s.f.* (*biol.*) schizométamérie.

Schizomicèti |skiddzomi'tʃɛti| *s.m. pl.* (*t.bot.*) Schizomycètes.

schizonevròsi |skiddzone'vrɔzi| *s.f. inv.* (*psichiatria*) schizonévrose *var.*

schizoparafasìa |skiddzoparafa'zia| *s.f.* (*psicopatologia*) schizoparaphasie.

schizòsi |skid'dzɔzi| *s.f. inv.* (*psichiatria*) schizose *var.*

schizotimìa |skiddzoti'mia| *s.f.* (*psichiatria*) schizotymie.

schizotìmico, ci, ca, che |skiddzo'timiko, tʃi, ka, ke| *s. e agg.* (*psichiatria*) schizothymique.

schizzàre |skit'tsare| **A** *v.tr.* **1** [*bagnare, insudiciare con uno o più spruzzi d'acqua o d'altro liquido*] éclabousser, asperger (3) ◇ (*loc. fig.*) *schizzare veleno* jeter, cracher son venin ~ *schizzare bile* écumer de rage ~ *schizzare odio* suinter la haine ~ *schizzava fuoco dagli occhi* ses yeux lançaient feu et flammes **2** [*abbozzare un disegno, delineare rapidamente una figura*] esquisser, croquer **B** *v.intr.* (*aus.* '*essere*') **1** (*detto di acqua e altri liquidi*) [*fuoruscire, erompere all'improvviso e con forza*] jaillir (*aus.* avoir), gicler (*aus.* avoir): *l'acqua schizzava dalla tubatura* l'eau jaillissait, giclait de la conduite; *mi sono scottata con l'olio che è schizzato dalla padella* je me suis brûlée avec l'huile qui a giclé de la poêle ◇ (*di penna*) cracher (*aus.* avoir): *questa stilografica schizza* ce stylo crache **2** [*balzare, saltare fuori di scatto, all'improvviso*] bondir (*aus.* avoir), s'élancer (2) (*pron.*): *è schizzato su dal letto* il a bondi, sauté du lit # *è schizzato via come un razzo* il est parti comme une flèche ◇ (*fig.*) *gli occhi gli schizzavano dalle orbite, dalla testa* les yeux lui sortaient de la tête **3** (*detto di cosa viscida*) [*sfuggire di mano*] glisser.

schizzàta |skit'tsata| *s.f.* **1** [*il fatto di schizzare*] giclement *m.* **2** [*spruzzo, schizzo*] jet *m.*, giclée; éclaboussure: *una schizzata d'acqua* un jet, une giclée d'eau ‖ *una schizzata di fango* une éclaboussure de boue.

schizzatóio, i |skittsa'tojo, i| *s.m.* (*tecnol.*) **1** (*liquidi, med.*) seringue *f.* **2** (*liquidi, mecc.*) injecteur, gicleur **3** (*aria, gas*) [*arnese a pompa per schizzare*] soufflet.

schizzettàre |skittset'tare| *v.tr.* [*schizzare, bagnare o sporcare con schizzi leggeri*] éclabousser: *ha schizzettato il vestito nuovo di fango, di olio* il a éclaboussé de boue, d'huile sa robe neuve.

schizzétto |skit'tsetto| *s.m.* **1** (*med.*) seringue *f.* **2** [*giocattolo con pompetta per schizzare acqua*] pistolet à eau **3** (*scherz.*) [*fuciletto di poca efficacia*] pétoire *f.*

schizzinosaménte |skittsinosa'mente| *avv.* [→ SCHIZZINOSO] dédaigneusement, en faisant des chichis *loc. inv.*, en faisant la petite bouche *loc. inv.*

schizzinóso |skittsi'noso| *agg.* [*che ha i gusti difficili; esigente*] difficile, chichiteux* (*fam.*) ✦ (*s.*) *uno schizzinoso* un difficile: *non fare lo schizzinoso* ne fais pas le difficile, la petite bouche.

schìzzo |'skittso| *s.m.* **1** [*il fatto di schizzare, di venir schizzato*] giclement # *mi sono scottata con uno schizzo di olio bollente* je me suis brûlée avec une giclée d'huile bouillante; *ho il vestito sporco di schizzi di fango* ma robe est tout éclaboussée de boue ◇ [*macchia prodotta dal liquido*] tache (*f.*): *questo schizzo è difficile da smacchiare* cette tache est difficile à enlever ◇ (*pop.*) *caffè con uno schizzo di cognac* café avec une goutte *f.* de cognac **2** [*balzo, salto, movimento rapido*] bond: *la lepre con uno schizzo saltò via* le lièvre se sauva d'un bond **3** [*abbozzo; rapida notazione di elementi essenziali*] esquisse *f.*, croquis: *lo schizzo di un ritratto* l'esquisse, le croquis d'un portrait.

schola cantorum |'skɔlakan'tɔrum| *loc. sost. f. inv.* (*lat.*) [*i cantori di una chiesa; il loro recinto*] chœur *m. var.*

schooner |'ʃu:nə| *s.m. inv.* (*ingl.*) schooner *var.*

sci |ʃi| *s.m. inv.* (*sport*) ski (*var.*): *sci di legno, di plastica* skis en bois, en plastique; *racchetta da sci* bâton de ski; *calzoni da sci* fuseau de ski; *lo sci nautico* le ski nautique; *praticare lo sci* faire du ski.

scìa, scìe |'ʃia, 'ʃie| *s.f.* **1** [*traccia spumeggiante lasciata da un'imbarcazione sull'acqua*] sillage *m.* ◇ (*fig.*) *sulla scia di...* dans le sillage de... **2** [*traccia di fumo, odore, profumo che una cosa o una persona lascia dietro di sé*] traînée.

scià |ʃa| *s.m. inv.* schah *var.*, chah *var.*, shah *var.*

sciabécco, chi |ʃa'bekko, ki| *s.m.* (*mar.*) chébec.

sciàbica, che |'ʃabika, ke| *s.f.* **1** [*grossa rete da pesca costiera*] chalut *m.* **2** [*imbarcazione per la pesca con la rete omonima*] chalutier *m.* **3** (*t. zool.*) poule d'eau.

sciabicàre |ʃabi'kare| *v.intr.* (*aus.* '*avere*') (*pesca*) [*trainare la sciabica*] traîner *tr.* le chalut.

sciàbile |ʃi'abile| *agg.* [→ 1 SCIARE] skiable: *pista sciabile* piste skiable.

sciabilità |ʃiabili'ta| *s.f. inv.* possibilité *var.* de skier sur une piste # *sciabilità di una neve* caractère skiable d'une neige.

sciàbola |'ʃabola| *s.f.* [*arma da punta e da taglio con la lama incurvata*] sabre *m.*

sciabolàre |ʃabo'lare| **A** *v.tr.* [*colpire con la sciabola*] sabrer **B** *v.intr.* (*aus.* '*avere*') [*dare sciabolate*] sabrer *tr.*, donner *tr.* des coups de sabre.

sciabolàta |ʃabo'lata| *s.f.* coup *m.* de sabre ◇ (*fig.*) *non risparmia sciabolate agli avversari* il n'épargne pas les coups de boutoir à ses adversaires.

sciabolatóre, trice |ʃabola'tore, tritʃe| *s.* [*chi combatte con la sciabola*] sabreur *m.*

sciabordàre |ʃabor'dare| **A** *v.tr.* [*agitare un liquido nel recipiente in cui è contenuto*] agiter: *sciabordare vino* agiter du vin **B** *v.intr.* (*aus.* '*avere*') (*detto di acque*) [*frangersi, sbattere contro un ostacolo*] clapoter; se briser (*pron.*): *il mare sciabordava* la mer

clapotait ‖ *le onde sciabordavano contro il bordo della barca* les vagues venaient se briser sur, contre la barque.
sciabordìo, ii |ʃabor'dio, ii| *s.m.* [*uno sciabordare continuato*] clapotis, clapotement.
sciacàllo |ʃa'kallo| *s.m.* **1** (*t.zoöl.*) chacal* **2** (*fig., spreg.*) [*individuo vile che sfrutta le sventure altrui*] chacal.
sciaccò |ʃak'kɔ| *s.m. inv.* (*st. abbigl.*) s(c)hako *var.*
sciacquabócca |ʃakkwa'bokka| *s.m. inv.* (*raro*) [*bicchiere per sciacquarsi la bocca*] rince-bouche.
sciacquadìta |ʃakkwa'dita| *s.m. inv.* rince-doigts.
sciacquàre |ʃak'kware| *v.tr.* [*lavare con acqua, per eliminare residui di sporco o di sapone*] rincer (2) □ *sciacquarsi le mani, la bocca* se rincer les mains, la bouche ◇ (*fig.*) *si sciacqua la bocca sul conto di tutti* il dit beaucoup de mal de tout le monde, il dit pis que pendre de tout le monde.
sciacquàta |ʃak'kwata| *s.f.* [*lo sciacquare o sciacquarsi una sola volta, alla meglio*] rinçage *m.* # *sciacquata della bocca* bain de bouche; *datti una sciacquata alle mani* passe-toi les mains à l'eau, sous l'eau; *do una sciacquata al pavimento* je rince le carrelage.
sciacquatùra |ʃakkwa'tura| *s.f.* **1** [*l'operazione di sciacquare*] rinçage *m.* **2** [*l'acqua usata per sciacquare*] rinçure ◇ (*fig.*) *sciacquatura di piatti* eau de vaisselle, lavasse (*fam.*); *sciacquatura di bicchieri* rinçure (de verres).
sciacquìo, ii |ʃak'kwio, ii| *s.m.* **1** [*uno sciacquare continuato*] rinçage **2** [*sciabordio; il frangersi delle acque*] clapotis, clapotement.
sciàcquo |'ʃakkwo| *s.m.* **1** [*il fatto di sciacquarsi la bocca*] bain de bouche **2** [*il liquido usato per sciacquarsi la bocca*] *uno sciacquo di acqua ossigenata* une préparation d'eau oxygénée (pour faire des bains de bouche).
sciacquóne |ʃak'kwone| *s.m.* chasse *f.* d'eau.
sciagùra |ʃa'gura| *s.f.* **1** [*grave disgrazia*] malheur *m.* **2** [*catastrofe*] catastrophe.
sciaguratàggine |ʃagura'taddʒine| *s.f.* [*malvagità, scelleratezza*] méchanceté, perversité.
sciagurataménte |ʃagurata'mente| *avv.* **1** [→ SCIAGURATO 1] malheureusement **2** [→ SCIAGURATO 2] méchamment.
sciaguràto |ʃagu'rato| *agg.* **1** [*sventurato, infelice; colpito da una sciagura; che costituisce una sciagura*] malheureux* ✦ (*s.*) *uno sciagurato* un malheureux **2** [*malvagio, scellerato*] méchant ✦ (*s.*) *uno sciagurato* un misérable, un pauvre type (*fam.*).
scialacquaménto |ʃalakkwa'mento| *s.m.* [→ SCIALACQUARE] gaspillage, dissipation *f.*
scialacquàre |ʃalak'kware| *v.tr.* [*sperperare; spendere senza alcuna misura*] gaspiller, dissiper.
scialacquatóre, trice |ʃalakkwa'tore, tritʃe| *s.* [*chi scialacqua*] gaspilleur*, dissipateur*.
scialacquìo, ii |ʃalak'kwio, ii| *s.m.* gaspillage continuel.
scialàcquo |ʃa'lakkwo| *s.m.* [*il fatto di scialacquare*] gaspillage, dissipation *f.*
scialacquóne |ʃalak'kwone| *s.* (*pop.*) [*chi ha l'abitudine di scialacquare*] gaspilleur* (*corr.*), dissipateur* (*corr.*).
scialagògo, ghi |ʃala'gɔgo, gi| *agg.* (*med.*) sialagogue ✦ (*s.m.*) *uno scialogogo* un sialagogue.
scialàppa |ʃa'lappa| *s.f.* → **gialappa.**
scialàre |ʃa'lare| **A** *v.tr.* (*raro*) [*dissipare, spendere senza risparmio*] gaspiller (*corr.*), dissiper (*corr.*), dilapider (*corr.*) **B** *v.intr.* (*aus.* '*avere*') [*avere larga disponibilità; fare vita comoda*] jeter (5) *tr.* l'argent par les fenêtres, dépenser sans compter: *non c'è da scialare* on n'a pas d'argent à jeter par les fenêtres # *c'è poco da scialare* on ne vit pas dans l'abondance Ⓒ **risparmiare.**
scialatóre, trice |ʃala'tore, tritʃe| *s.* (*raro*) [*chi sciala*] gaspilleur* (*corr.*), dissipateur* (*corr.*).
scialbàre |ʃal'bare| *v.tr.* (*raro*) [*intonacare*] crépir ◇ [*imbiancare*] blanchir, badigeonner.
scialbatùra |ʃalba'tura| *s.f.* **1** (*edil.*) crépissage *m.*, crépissure **2** (*fig.*) [*apparenza superficiale*] apparence, façade.
sciàlbo |'ʃalbo| *agg.* **1** [*pallido, smorto, poco intenso*] blafard, pâle **2** (*fig.*) [*privo di personalità e di originalità*] falot.
scialbóre |ʃal'bore| *s.m.* [*il fatto di essere scialbo*] pâleur *f.* ◇ (*fig.*) fadeur *f.*, platitude *f.*
scialìtico, ci, ca, che |ʃa'litiko, tʃi, ka, ke| *agg.* (*chir.*) scialytique.
sciallàto |ʃal'lato| *agg.* (*abbigl.*) en forme de châle *loc. inv.* # *collo sciallato* col châle.
sciàlle |'ʃalle| *s.m.* (*abbigl.*) châle.
sciàlo |'ʃalo| *s.m.* **1** [→ SCIALARE] gaspillage, dissipation *f.* # *fa scialo delle proprie ricchezze* il gaspille ses richesses ◇ (*fig.*) *scialo di citazioni* profusion *f.*, étalage de citations **2** [*pompa, lusso*] luxe Ⓒ **1 risparmio.**
scialorrèa |ʃalor'rɛa| *s.f.* (*med.*) sialorrhée → **ptialismo.**
scialùppa |ʃa'luppa| *s.f.* (*mar.*) chaloupe.
sciamanìsmo |ʃama'nizmo| *s.m.* (*etn.*) chamanisme.
sciamànno |ʃa'manno| *s.m.* (*st. ebr.*) voile jaune.
sciamàno |ʃa'mano| *s.m.* (*etn.*) chaman, shaman.
sciamàre |ʃa'mare| *v.intr.* (*aus.* '*avere, essere*') **1** (*api*) [*abbandonare il proprio alveare per formare una nuova colonia*] essaimer (*aus.* avoir) **2** (*fig.*) [*partire, allontanarsi in massa da un luogo*] essaimer.
sciamatùra |ʃama'tura| *s.f.* [*il fatto, il momento dello sciamare*] essaimage *m.*
sciàme |'ʃame| *s.m.* **1** [*gruppo di api che sciamano per formare una nuova colonia*] essaim **2** (*fig.*) [*moltitudine di persone, animali, cose*] essaim, groupe: *uno sciame di moscerini* un essaim de moucherons # *uno sciame di bambini* une troupe, une flopée (*pop.*) d'enfants ◇ *loc. avv.* A SCIAMI [*in gran quantità, a folti gruppi*] par essaims, en troupe: *i ragazzi uscivano a sciami* les enfants sortaient en troupe.
sciamìto |ʃa'mito| *s.m.* (*archeol.*) samit.
sciampàgna |ʃam'paɲɲa| *s.m. inv.* → **'champagne'.**
sciàmpo |'ʃampo| *s.m. inv.* shampoing (*var.*): *farsi lo sciampo* se faire un shampoing.
sciancàre |ʃan'kare| **A** *v.tr.* [*rendere zoppo*] estropier **B** *v.pron. intr.* SCIANCARSI [*diventare zoppo*] s'estropier, se disloquer.
sciancàto |ʃan'kato| *agg.* **1** (*persone*) [*menomato da una lesione alle gambe*] bancal*, boiteux*: *un vecchio sciancato* un vieux bancal **2** (*mobili*) [*che non si regge in piedi*] bancal.
sciancràto |ʃan'krato| *agg.* (*sartoria*) cintré *p.p.*
sciancratùra |ʃankra'tura| *s.f.* (*abbigl.*) cintrage *m.*
sciangài |ʃan'gai| *s.m. inv.* (*gioco*) mikado *var.*
sciantósa |ʃan'tosa| *s.f.* chanteuse de café concert.
sciàntung |'ʃantung| *s.m. inv.* (*tessuto*) chantoung *var.*, shant(o)ung *var.*
sciàpido |'ʃapido|, **sciàpo** |'ʃapo| *agg.* (*dial.*) → **insipido.**
sciàra |'ʃara| *s.f.* (*geol.*) scories *pl.* volcaniques.
sciaràda |ʃa'rada| *s.f.* **1** [*gioco enigmistico*] charade **2** (*fig.*) [*problema insolubile o molto difficile*] énigme.
sciaradìsta |ʃara'dista| *s.* joueur* de charades.
1 **sciàre** |ʃi'are| *v.intr.* (*aus.* '*avere*') [*procedere cogli sci sulla neve o sull'acqua*] skier, faire (45) *tr.* du ski, aller (13) (*aus.* être) à skis: *sa sciare molto bene* il sait très bien skier.
2 **sciàre** |ʃi'are| *v.intr.* (*aus.* '*avere*') (*mar.*) [*vogare all'indietro per rallentare l'imbarcazione o per cambiare direzione*] scier, déramer (*mar., sport*).
sciàrpa |'ʃarpa| *s.f.* **1** (*abbigl.*) écharpe, cache-col *m.*, cache-nez *m.* ◇ [*scialle*] écharpe **2** [*distintivo di grado*] *la sciarpa azzurra degli ufficiali* l'écharpe bleue des officiers (italiens).
sciarràno |ʃar'rano| *s.m.* (*t.zoöl.*) serran.
1 **sciàta** |ʃi'ata| *s.f.* [*il fatto di sciare per breve tempo o per un percorso limitato*] fait *m.* de skier, action de skier # *fare, farsi una sciata* faire du ski.
2 **sciàta** |ʃi'ata| *s.f.* (*mar.*) action de scier.
sciatalgìa, gie |ʃatal'dʒia, dʒie| *s.f.* (*med.*) sciatalgie.
sciàtica, che |'ʃatika, ke| *s.f.* (*med.*) sciatique.
sciàtico, ci, ca, che |'ʃatiko, tʃi, ka, ke| *agg.* (*anat., med.*) sciatique.
sciatóre, trice |ʃia'tore, tritʃe| *s.* [*chi scia, chi pratica lo sport dello sci*] skieur*.
sciatòrio, i |ʃia'tɔrjo, i| *agg.* de ski (*loc. inv.*): *una manifestazione sciatoria* une épreuve de ski.
sciattaménte |ʃatta'mente| *avv.* [→ SCIATTO] négligemment.
sciatterìa |ʃatte'ria|, **sciattézza** |ʃat'tettsa| *s.f.* **1** [*il fatto di essere sciatto*] négligé *m.*, débraillé (*m.*): *sciatteria nel vestire* débraillé, laisser-aller dans le vêtement **2** [*cosa fatta sciattamente*] négligence.
sciàtto |'ʃatto| *agg.* [*negligente, trasandato, trascurato*] négligé, débraillé.
sciattóne |ʃat'tone| *s.* (*fam.*) [*persona sciatta*] souillon, maritonne *f.*
sciàvero |'ʃavero| *s.m.* [*ciascuna delle assi curve che si ricavano da una trave*] dosse *f.*
scìbile |'ʃibile| *s.m.* [*tutto ciò che*

la mente umana conosce e può conoscere] savoir, science *f.*
sciccherìa |ʃikke'ria| *s.f.* (*pop.*) [*eleganza*] chic *m.* (*corr.*).
sciccóso |ʃik'koso| *agg.* (*fam.*) [*elegante*] chic *inv.* (*corr.*).
scièna |ʃi'ɛna| *s.f.* (*t.zool.*) sciène.
science-fiction |'saiəns'fikʃən| *loc. sost. f. inv.* (*amer.*) science-fiction *var.*
Sciènidi |ʃi'ɛnidi| *s.m. pl.* (*t.zool.*) Sciénidés.
sciènte |'ʃɛnte, ʃi'ɛnte| *agg.* (*lett.*) [*che sa*] qui sait *loc. inv.*, qui a connaissance de *loc. inv.* ◇ [*consapevole*] conscient.
scientemènte |ʃ(i)ente'mente| *avv.* **1** [→ SCIENTE] consciemment **2** [*con cognizione*] sciemment.
scientificamènte |ʃentifika'mente| *avv.* [→ SCIENTIFICO] scientifiquement.
scientificità |ʃentifitʃi'ta| *s.f. inv.* caractère *m. var.* scientifique.
scientìfico, ci, ca, che |ʃen'tifiko, tʃi, ka, ke| *agg.* scientifique # *facoltà scientifiche* facultés des sciences.
scientìsmo |ʃen'tizmo| *s.m.* (*filos.*) scientisme.
scientìsta |ʃen'tista| *s.* scientiste.
scientìstico, ci, ca, che |ʃen'tistiko, tʃi, ka, ke| *agg.* (*filos.*) scientiste.
sciènza |'ʃɛntsa| *s.f.* science: *scienze economiche, sociali, biologiche, fisiche* sciences économiques, sociales, biologiques, physiques # *lui spezza con me il pane della scienza* il rompt avec moi le pain du savoir ✦ *al plur.* (*ass.*) *scienze* (*naturali*) sciences naturelles; *si è laureato in scienze* il a passé son doctorat ès sciences; *è un insegnante di scienze* c'est un professeur de sciences naturelles.
scienziàto |ʃen'tsjato| *s.* [*chi si dedica a ricerche e studi scient.*] savant.
Scifozòi |ʃifod'dzɔi| *s.m. pl.* (*t. zool.*) Scyphozoaires.
sciìstico, ci, ca, che |ʃi'istiko, tʃi, ka, ke| *agg.* de ski (*loc. inv.*): *gara sciistica* épreuve de ski; *associazione sciistica* club de ski.
sciìta |ʃi'ita| *s.* (*st. relig.*) (s)chiite.
scilinguàgnolo |ʃilin'gwaɲɲolo| *s.m.* **1** (*raro*) [*frenulo della lingua*] filet (de la langue) **2** (*fig.*) [*parlantina*] loquacité *f.*, bagou(t) (*fam.*): *avere lo scilinguagnolo sciolto* avoir du bagout, avoir la langue bien pendue.
scilinguàto |ʃilin'gwato| *agg.* [*mal pronunciato, balbuziente*] bègue.
scilla |'ʃilla| *s.f.* (*t.bot.*) scille.
scìmia |'ʃimja| *e deriv.* → **scimmia** *e deriv.*
scimitàrra |ʃimi'tarra| *s.f.* [*sciabola a lama corta e incurvata, affilata solo nel taglio interno*] cimeterre *m.*
scimitarràta |ʃimitar'rata| *s.f.* coup *m.* de cimeterre.
scìmmia |'ʃimmja| *s.f.* **1** (*t.zool.*) singe *m.*; (*femmina*) guenon ◇ (*fig.*) *è dispettoso, maligno come una scimmia* il est malin comme un singe; *si arrampica come una scimmia* il grimpe comme un singe # *smettila di fargli la scimmia* arrête de le singer **2** (*dial.*) → **sbornia.**
scimmieggiàre |ʃimmjed'dʒare| *v.tr.* → **scimmiottare.**
scimmièsco, chi, ca, che |ʃim'mjesko, ki, ka, ke| *agg.* [*da scimmia*] simiesque.
scimmiottàre |ʃimmjot'tare| *v.tr.* **1** [*imitare in maniera goffa, pedestre*] singer (3) **2** [*rifare le mosse di qc. per scherzo*] singer.
scimmiottàta |ʃimmjot'tata| *s.f.* → **scimmiottatura.**
scimmiottatóre, trice |ʃimmjotta'tore, tritʃe| *s.* [*persona che imita goffamente*] mauvais imitateur*, singeur *m.* (*raro*).
scimmiottatùra |ʃimmjotta'tura| *s.f.* [→ SCIMMIOTTARE] singerie.
scimmiòtto |ʃim'mjɔtto| *s.m.* **1** jeune singe **2** petit singe **3** (*fig., fam.*) (*detto in espressioni affettive ai bambini*) petit lapin.
scimpanzé |ʃimpan'tse| *s.m. inv.* (*t.zool.*) chimpanzé *var.*
scimunitàggine |ʃimuni'taddʒine| *s.f.* **1** [*il fatto di essere scimunito*] bêtise, sottise **2** [*comportamento, parole da scimunito*] imbécillité, sottise.
scimunìto |ʃimu'nito| *agg.* [*scemo, stupido, di scarse capacità intellettuali*] imbécile, idiot: *che scimunito!* quel imbécile, idiot, abruti! ✦ (*s.*) *uno scimunito* un imbécile, un idiot.
Scìncidi |'ʃintʃidi| *s.m. pl.* (*t.zool.*) Scincidés, Scincoïdes.
scìnco, chi |'ʃinko, ki| *s.m.* (*t. zool.*) scinque.
scìndere |'ʃindere| (181) **A** *v.tr.* [*dividere, separare nettamente*] décomposer, dissocier # *vuol scindere la sua responsabilità da quella degli altri* il veut que sa responsabilité soit nettement séparée de celle des autres **B** *v.pron. rifl.* SCINDERSI [*separarsi, dividersi*] se scinder.
scindìbile |ʃin'dibile| *agg.* qu'on peut scinder *loc.*
scintigrafia |ʃintigra'fia| *e deriv.* → **scintillografia** *e deriv.*
scintilla |ʃin'tilla| *s.f.* **1** [*particella incandescente che si sprigiona da sostanze in combustione*] étincelle **2** (*fig.*) [*illuminazione, sprazzo*] étincelle, éclair (*m.*): *la scintilla del genio, della creazione* l'étincelle, l'éclair du génie, de la création **3** (*fig.*) [*motivo, causa immediata*] étincelle.
scintillamènto |ʃintilla'mento| *s.m.* → **scintillazione.**
scintillànte |ʃintil'lante| *agg.* [*che scintilla, risplendente*] scintillant, étincelant: *stelle scintillanti* étoiles scintillantes; *occhi scintillanti* des yeux étincelants.
scintillàre |ʃintil'lare| *v.intr.* (*aus.* '*avere*') [*risplendere di luce molto viva, di sprazzi di luce*] scintiller, étinceler (4): *le stelle scintillavano nel cielo* les étoiles scintillaient dans le ciel; *gli occhi le scintillavano di gioia* ses yeux étincelaient de joie.
scintillatóre |ʃintilla'tore| *s.m.* (*fis.*) scintillateur.
scintillazióne |ʃintillat'tsjone| *s.f.* **1** (*astron.*) scintillation, scintillement *m.* **2** (*fis.*) scintillation **3** (*arc., raro*) [*il fatto di scintillare*] scintillement (*corr.*), étincellement *m.* (*corr.*).
scintillìo, ii |ʃintil'lio, ii| *s.m.* [→ SCINTILLARE] scintillement.
scintillografia |ʃintillogra'fia| *s.f.* (*med.*) scintigraphie.
scintillògrafo |ʃintil'lɔgrafo| *s.m.* (*med.*) scintigraphe, scintillographe.
scintillogràmma |ʃintillo'gramma| *s.m.* (*med.*) scintigramme, scintillogramme.
scintillòmetro |ʃintil'lɔmetro| *s.m.* (*astron.*) scintillomètre.
scintoìsmo |ʃinto'izmo| *s.m.* (*st. relig.*) shintoïsme, shintô.
scintoìsta |ʃinto'ista| *s.* shintoïste.
scintoìstico, ci, ca, che |ʃinto'istiko, tʃi, ka, ke| *agg.* (*st. relig.*) shintoïste, shintoïque.
sciò |ʃɔ, ʃo| *inter.* (*si usa per scacciare, per allontanare animali da cortile*) psch ◇ (*scherz., per sciogliere gruppi di bambini o adulti*) oust(e): *sciò! sciò! tutti a casa!* oust! oust! rentrez chez vous!
scioccamènte |ʃokka'mente| *avv.* [→ SCIOCCO 1] sottement, bêtement: *si è scioccamente contraddetto* il s'est sottement, bêtement contredit.
scioccàre |ʃok'kare| *v.tr.* → **shoccare.**
sciocchèzza |ʃok'kettsa| *s.f.* **1** [*il fatto di essere sciocco*] sottise, bêtise **2** [*comportamento, parole da sciocco*] sottise, bêtise: *hai fatto una bella sciocchezza!* tu as fait une drôle de sottise, bêtise! **3** (*fig.*) [*cosa da nulla, inezia*] bêtise, babiole, bagatelle # *l'ho pagato una sciocchezza* je l'ai eu pour une bouchée de pain; *costa una sciocchezza* cela ne coûte presque rien.
sciocchezzàio, i |ʃokket'tsajo, i| *s.m.* (*raro*) [*raccolta di sciocchezze*] sottisier.
sciòcco, chi |'ʃɔkko, ki| *agg.* **1** [*che ha, denota scarsa intelligenza, giudizio, senno*] bête, bêta* (*fam.*): *un bambino un po' sciocco* un enfant un peu bête, bêta, un petit bêta # *non è sciocco e potrebbe migliorare* il n'est pas sot, il serait bien capable de faire des progrès; *non essere sciocco!* ne fais pas l'idiot! ✦ (*s.*) *uno sciocco* un sot, un imbécile, un idiot: *dare dello sciocco a qc.* traiter qqn. d'imbécile # *una risposta da sciocco* une réponse bête, idiote **2** [*insignificante, banale*] banal*: *uno sciocco contrattempo* un banal contretemps **3** (*dial.*) → **insipido.**
scioccóne |ʃok'kone| *s.* grand sot*.
scioglìbile |ʃoʎ'ʎibile| *agg.* **1** [→ SCIOGLIERE A 2] soluble **2** [→ SCIOGLIERE A 3] qu'on peut défaire, dénouer (*loc. inv.*): *non è un nodo scioglibile* c'est un nœud qu'on ne peut pas défaire, dénouer **3** [→ SCIOGLIERE A 5] (ré)soluble.
sciògliere |'ʃɔʎʎere| (123) **A** *v.tr.* **1** [*liquefare, portare allo stato liquido*] faire (45) *intr.* fondre: *il sole comincia a sciogliere la neve* le soleil commence à faire fondre la neige **2** [*portare a soluzione una sostanza in un'altra*] dissoudre (63), faire fondre: *sciogliere una pastiglia nell'acqua* dissoudre, faire fondre, délayer une pastille dans de l'eau # *l'acido solforico scioglie quasi tutti i metalli* l'acide sulfurique attaque presque tous les métaux **3** [*disfare ciò che è annodato, intrecciato*] défaire (45), dénouer: *sciogliere un nodo* défaire un nœud # *l'imbarcazione ha sciolto le vele* le bateau a déferlé ses voiles; *puoi sciogliere il cane* tu peux détacher, lâcher le chien; *sciogliere i muscoli, le membra, le gambe con la ginnastica* assouplir les muscles, les membres, les jambes par des exercices ◇ (*fig.*) *è bastata la sua presenza a sciogliergli la lingua* sa présence a suffi pour lui délier la langue; *hanno sciolto il ma-*

trimonio leur mariage a été dissout; *vuole sciogliere il contratto* il veut résilier le contrat; *l'assemblea è stata sciolta* l'assemblée a été dissoute; *la polizia ha sciolto i dimostranti* la police a dispersé les manifestants; *il presidente incaricato ha sciolto la riserva* le président pressenti a accepté de former le gouvernement **4** [*liberare, eliminando un vincolo o un impedimento*] délier; relever (6) || *lo hanno sciolto dal voto, dalla promessa* il a été relevé de son vœu, de sa promesse **5** [*risolvere*] résoudre (64) # *devi sciogliermi un dubbio* je voudrais que tu m'enlèves un doute **6** [*adempiere*] accomplir, s'acquitter (*pron.*): *sciogliere un voto* accomplir un vœu, s'acquitter d'un vœu; *sciogliere una promessa* s'acquitter d'une promesse, tenir une promesse **7** (*lett.*) [*innalzare*] élever (6) (*corr.*): *sciogliere un canto, un inno* élever un chant, un hymne **B** *v.pron.* SCIOGLIERSI **1** *rifl.* [*liberarsi, svincolarsi da ciò che tiene legato*] se délier, se détacher, se dénouer: *il cane si è sciolto* (*dalla catena*) le chien s'est détaché (de sa chaîne) **2** *intr.* [*liquefarsi, fondersi*] fondre (53) (*intr.*): *la neve si scioglie al sole* la neige fond au soleil; *il burro si sta sciogliendo* le beurre est en train de fondre ✦ (*s.m. inv.*) *lo sciogliersi delle nevi* la fonte *f. var.* des neiges **3** *intr.* [*disfarsi*] se dénouer # *la seduta si è sciolta alle nove* la séance a été levée à neuf heures Ⓒ A 3; B 1, 3 **legare.**

scioglilìngua |ʃoʎʎi'lingwa| *s.m. inv.* exercice *var.* de prononciation pour délier la langue.

scioglimènto |ʃoʎʎi'mento| *s.m.* **1** [→ SCIOGLIERE A 1] fonte *f.* **2** [→ SCIOGLIERE A 3, 4] dissolution *f.* # *lo scioglimento di un contratto* la résiliation d'un contrat; *lo scioglimento di una riserva* l'acceptation (d'une charge); *lo scioglimento di un voto* le dégagement d'un vœu **3** [*esito, epilogo*] dénouement.

sciolina |ʃio'lina| *s.f.* [*miscuglio di grassi minerali che si spalma sulla parte inferiore degli sci*] fart *m.*

sciolinàre |ʃioli'nare| *v.tr.* (*raro*) [*spalmare uno strato di sciolina sulla parte inferiore degli sci*] farter.

sciolinatùra |ʃiolina'tura| *s.f.* [→ SCIOLINARE] fartage *m.*

sciòlta |'ʃɔlta| *s.f.* (*pop., fam.*) → **diarrea.**

scioltamènte |ʃolta'mente| *avv.* [→ SCIOLTO 3] avec agilité *loc. inv.*, avec souplesse *loc. inv.* # *si muoveva scioltamente* sa démarche était agile et souple.

scioltézza |ʃol'tettsa| *s.f.* **1** [*agilità, destrezza nei movimenti*] agilité, souplesse # *camminava con scioltezza* il marchait d'un pas dégagé **2** [*disinvoltura; il fatto di essere sciolto, libero, spedito*] facilité, aisance: *scioltezza di parola* facilité de parole; *scioltezza di stile* aisance de style.

sciòlto |'ʃɔlto| *agg.* **1** [*disciolto*] fondu *p.p.*; dissous*: *zucchero sciolto nel caffè* sucre fondu dans le café || *solfato di soda sciolto in acqua* sulfate de soude dissous dans l'eau ◇ [*liquefatto*] fondu: *neve sciolta* neige fondue **2** [*non legato, non fermato o trattenuto*] dénoué (*p.p.*): *capelli sciolti* cheveux dénoués # *un abito sciolto* une robe floue ◇ (*metr.*) *versi sciolti* vers blancs ◇ (*mus.*) *nota sciolta* note détachée ◇ *loc. fig.* A BRIGLIA SCIOLTA à bride abattue: *galoppava a briglia sciolta* il galopait à bride abattue # *parlava a briglia sciolta* il parlait comme un moulin **3** [*agile, pronto*] souple, agile # *ha la lingua sciolta* il a la langue bien pendue **4** [*spedito, disinvolto*] dégagé, désinvolte **5** [*libero*] libre **6** [*non confezionato*] au détail (*loc. inv.*): *pasta sciolta* pâtes au détail; *zucchero sciolto* sucre au détail, au poids.

scioperànte |ʃope'rante| *s.* [*chi partecipa a uno sciopero*] gréviste.

scioperàre |ʃope'rare| *v.intr.* (*aus.* '*avere*') [*fare sciopero, partecipare a uno sciopero*] faire (45) *tr.* grève.

scioperatàggine |ʃopera'taddʒine|, **scioperatézza** |ʃopera'tettsa| *s.f.* [*l'essere scioperato, il vivere da scioperato*] désœuvrement *m.*, oisiveté, fainéantise.

scioperàto |ʃope'rato| *agg.* [*che non ha voglia di lavorare e vive in modo sregolato*] désœuvré, oisif*, fainéant: *un giovane scioperato* un jeune désœuvré, oisif, fainéant; *gente scioperata* des (gens) fainéants ✦ (*s.*) *uno scioperato* un désœuvré, un fainéant.

scioperìo, ii |ʃope'rio, ii| *s.m.* (*raro*) perte *f.* de temps (*corr.*).

scioperìstico, ci, ca, che |ʃope'ristiko, tʃi, ka, ke| *agg.* de (la) grève *loc. inv.*

sciòpero |'ʃɔpero| *s.m.* [*astensione collettiva dal lavoro da parte di lavoratori dipendenti a tutela dei propri interessi*] grève (*f.*): *sciopero generale* grève générale; *sciopero a oltranza* grève illimitée; *sciopero bianco* grève du zèle, sur le tas; *sciopero a singhiozzo* grève perlée; *sciopero a scacchiera* grève tournante; *sciopero di solidarietà* grève de solidarité; *sciopero della fame* grève de la faim; *sciopero di protesta* grève de protestation; *diritto di sciopero* droit de grève; *fare sciopero* faire grève; *sono in sciopero* je suis en grève.

sciorinamènto |ʃorina'mento| *s.m.* [→ SCIORINARE 2] étalement.

sciorinàre |ʃori'nare| *v.tr.* **1** [*stendere, mettere ad asciugare*] étendre (53) **2** (*fig.*) [*mettere in pubblico, ostentare*] etaler, faire (45) *tr.* étalage de # *sciorinare i propri fatti privati* crier sa vie privée sur les toits **3** [*fare, produrre in grande quantità*] débiter.

sciòtt |ʃɔt| *s.m. inv.* (*geogr.*) chott *var.*

sciovìa |ʃio'via| *s.f.* [*impianto per trasportare gli sciatori in salita lungo una pista percorribile*] remonte-pente (*m.*): *delle sciovie* des remonte-pentes.

scioviàrio, i |ʃio'vjarjo, i| *agg.* [*di sciovia*] mécanique.

sciovinìsmo |ʃovi'nizmo| *s.m.* [*nazionalismo fanatico*] chauvinisme.

sciovinìsta |ʃovi'nista| *s.* [*chi cede allo sciovinismo*] chauvin.

sciovinìstico, ci, ca, che |ʃovi'nistiko, tʃi, ka, ke| *agg.* [*di sciovinismo; da sciovinista*] chauvin: *tendenze sciovinistiche* tendances chauvines.

scipitàggine |ʃipi'taddʒine| *s.f.* → **scipitezza.**

scipitamènte |ʃipita'mente| *avv.* [→ SCIPITO 1] fadement.

scipitézza |ʃipi'tettsa| *s.f.* [*il fatto di essere scipito*] fadeur, insipidité ◇ (*fig.*) *la scipitezza di una battuta* la fadeur, l'insipidité d'une boutade.

scipìto |ʃi'pito| *agg.* **1** [*poco salato, poco saporito*] fade, insipide **2** (*fig.*) [*insulso, poco spiritoso*] sot*, bête.

scippàre |ʃip'pare| *v.tr.* (*gerg.*) [*fare uno scippo*] voler à la tire.

scippatóre, trice |ʃippa'tore, tritʃe| *s.* [*chi scippa*] pickpocket *m.*, voleur* à la tire.

scìppo |'ʃippo| *s.m.* (*gerg.*) [*furto compiuto strappando q.c. di mano o di dosso a una persona*] vol à la tire.

sciroccàle |ʃirok'kale| *agg.* [*di scirocco*] du siroc(c)o *loc. inv.* # *vento sciroccale* sirocco; *navigazione sciroccale* navigation par le sirocco.

sciroccàta |ʃirok'kata| *s.f.* coup *m.* de sirocco.

sciròcco, chi |ʃi'rɔkko, ki| *s.m.* sirocco ◇ (*per est.*) *volgersi a scirocco* se tourner vers le sud-est.

sciroppàre |ʃirop'pare| *v.tr.* **1** [*conservare frutta fresca in sciroppo*] conserver dans du sirop **2** (*fig., fam.*) [*sopportare una persona antipatica, noiosa o q.c. di sgradito*] se taper *pron.*, se farcir *pron.* (*pop.*): *me lo sono sciroppato tutta la sera* je me le suis tapé, farci toute la soirée.

sciroppàto |ʃirop'pato| *agg.* au sirop (*loc. inv.*): *frutta sciroppata* fruits au sirop.

sciròppo |ʃi'rɔppo| *s.m.* [*soluzione concentrata di zucchero e acqua*] sirop ◇ (*farm.*) *uno sciroppo per la tosse* un sirop contre la toux.

sciroppóso |ʃirop'poso| *agg.* **1** [*ricco di zucchero; denso come uno sciroppo*] sirupeux* **2** (*fig.*) [*che eccede in sentimentalismo, in dolcezza*] doucereux*, sentimental* # *un romanzo, un film sciropposo* un roman, un film à l'eau de rose.

scìrpo |'ʃirpo| *s.m.* (*raro, lett.*) → **giunco.**

scìrro |'ʃirro| *s.m.* (*med.*) squirr(h)e.

scirróso |ʃir'roso| *agg.* (*med.*) squirr(h)eux*, qui constitue un squirre.

scìsma |'ʃizma| *s.m.* schisme.

scismàtico, ci, ca, che |ʃiz'matiko, tʃi, ka, ke| *agg.* (*relig.*) schismatique ✦ (*s.m.*) *uno scismatico* un schismatique.

scìssile |'ʃissile| *agg.* (*scient.*) scissile, fissile.

scissióne |ʃis'sjone| *s.f.* **1** [*il fatto di scindere, di scindersi in due o più elementi*] division **2** (*biol.*) scissiparité, scission **3** (*fis.*) fission, scission: *scissione dell'atomo* fission, scission de l'atome.

scissionìsmo |ʃissjo'nizmo| *s.m.* tendance *f.* à provoquer une scission.

scissionìsta |ʃissjo'nista| *s.* scissionniste, dissident.

scissionìstico, ci, ca, che |ʃissjo'nistiko, tʃi, ka, ke| *agg.* scissionniste.

scissiparità |ʃissipari'ta| *s.f. inv.* (*biol.*) scissiparité *var.*

scissìparo |ʃis'siparo| *agg.* (*biol.*) scissipare.

scìsso |'ʃisso| *agg.* [*diviso, separato*] scindé *p.p.*, divisé *p.p.*

scissùra |ʃis'sura| *s.f.* **1** (*raro*) [*fessura, fenditura*] fente (*corr.*) **2** (*fig.*) [*divisione, discordanza*] scission, rupture **3** (*anat.*) scissure.

scìsto |'ʃisto| *s.m.* (*geol., miner.*) schiste.

scistòide |ʃis'tɔide| *agg.* (*miner.*) schistoïde.

scistosità |ʃistosi'ta| *s.f. inv.* (*geol.*, *miner.*) schistosité *var.*
scistóso |ʃis'toso| *agg.* (*geol.*, *miner.*) schisteux*.
scita |'ʃita| *s.* (*st.*) scyte.
scitala |'ʃitala|, **scitale** |'ʃitale| *s.f.* (*st. gr.*) scytale.
scìtico, ci, ca, che |'ʃitiko, tʃi, ka, ke| *agg.* [*degli Sciti*] scythe, scythique.
sciupacchiàre |ʃupak'kjare| **A** *v.tr.* [*sciupare un po', non gravemente*] abîmer (*fam.*), détériorer: *il bambino ha sciupacchiato il libro* l'enfant a abîmé, détérioré le livre ◇ [*sgualcire*] friper, froisser: *ha sciupacchiato la giacca* il a fripé, froissé sa veste **B** *v.pron. intr.* SCIUPACCHIARSI [*sciuparsi leggermente*] s'abîmer (*fam.*) # *i fiori si sono sciupacchiati col vento* le vent a flétri les fleurs ◇ [*sgualcirsi*] se friper, se froisser.
sciupàre |ʃu'pare| **A** *v.tr.* **1** [*guastare, rovinare*] abîmer (*fam.*): *non sciupare quel libro* n'abîme pas ce livre ◇ [*sgualcire*] chiffonner, froisser, friper: *guarda come hai sciupato il vestito nuovo* regarde comme tu as chiffonné, froissé, fripé ta robe neuve ◇ [*deteriorare con l'uso*] user: *si sciupa la salute in quel lavoro* il use sa santé à ce travail ◇ (*fig.*) gâcher: *mi hai sciupato la serata* tu as gâché ma soirée # *le preoccupazioni l'hanno sciupata* les soucis l'ont fanée **2** [*sprecare, usare malamente*] gaspiller: *hai sciupato troppo tempo* tu as gaspillé, perdu trop de temps # *ha sciupato anche questa occasione* il a manqué aussi cette occasion **B** *v.pron. intr.* SCIUPARSI **1** [*rovinarsi, deteriorarsi*] se défaire (45): *con l'umidità la piega dei capelli si sciupa* avec l'humidité le pli des cheveux se défait ◇ [*sgualcirsi*] se froisser, se friper, se chiffonner # *si è sciupata in viso* elle s'est fanée **2** [*deperire nel fisico, rovinarsi la salute*] (s')user: *si è sciupato in quel lavoro massacrante* ce travail éreintant l'a usé ◇ (*scherz.*, *iron.*) se fouler, se casser: *si è sciupato a portare un regalino!* en apportant ce petit cadeau, on peut dire qu'il ne s'est pour rien cassé!
sciupàto |ʃu'pato| *agg.* **1** [*guastato, deteriorato*] abîmé (*fam.*): *un libro sciupato* un livre abîmé, détérioré ◇ [*sgualcito*] chiffonné, froissé, fripé: *un cappotto sciupato* un manteau chiffonné, froissé ◇ [*deteriorato dall'uso*] usé: *ormai sono scarpe sciupate* ce sont des souliers fichus, trop usés ◇ (*fig.*) *un viso sciupato* un visage fané, fatigué; *hai un aspetto sciupato* tu as l'air fatigué, mal en point, à plat; *una mattinata sciupata da un imprevisto* une matinée gâchée par un incident imprévu **2** [*sprecato*] gaspillé *p.p.*; perdu (*p.p.*): *denaro sciupato* argent gaspillé; *tempo sciupato* temps gaspillé, perdu.
sciupìo, ii |ʃu'pio, ii| *s.m.* [*spreco continuato, abitudinario*] gâchis, gâchage, gaspillage: *che sciupio!* quel gâchis! # *uno sciupio di tempo* une perte de temps.
sciùpo |'ʃupo| *s.m.* → **sperpero, spreco.**
sciupóne |ʃu'pone| *s.* **1** [*chi spreca*] gaspilleur* **2** [*chi rovina*] négligent.
Sciùridi |'ʃuridi| *s.m. pl.* (*t.zool.*) Sciuridés.
scivolaménto |ʃivola'mento| *s.m.* [→ SCIVOLARE] glissement.
scivolàre |ʃivo'lare| *v.intr.* (*aus.* '*essere, avere*') **1** [*spostarsi agevolmente su una superficie levigata*] glisser (*aus.* avoir): *la pattinatrice scivolava sul ghiaccio* la patineuse glissait sur la glace **2** [*perdere l'equilibrio e cadere*] glisser: *è scivolato su una buccia di banana* il a glissé sur une peau de banane **3** [*sfuggire, sottrarsi alla presa*] glisser: *il sapone gli è scivolato di mano* le savon lui a glissé des mains ◇ (*fig.*) *è meglio scivolare* (*sull'argomento, sul discorso*) il vaut mieux glisser (sur la question, sur le sujet).
scivolàta |ʃivo'lata| *s.f.* **1** [*il fatto di scivolare*] glissade # *ho fatto una brutta scivolata* j'ai fait une mauvaise chute **2** (*aer.*) glissade.
scivolàto |ʃivo'lato| *agg.* **1** (*abbigl.*) fuyant: *abito scivolato* robe à ligne fuyante **2** (*mus.*) *note scivolate* glissando *s.m.*
scìvolo |'ʃivolo| *s.m.* **1** [*piano inclinato usato in varie tecnologie*] glissière (*f.*): *scivolo per lo scarico* glissière pour (le) déchargement **2** (*gioco per i bambini*) toboggan **3** (*aer.*, *mar.*) slip, cale *f.* **4** (*mus.*) roulade *f.*
scivolóne |ʃivo'lone| *s.m.* [*forte scivolata*] glissade: *un brutto scivolone* une mauvaise glissade, chute # *fare uno scivolone* glisser.
scivolosità |ʃivolosi'ta| *s.f. inv.* nature *var.* glissante.
scivolóso |ʃivo'loso| *agg.* **1** (*detto di superficie o sim. su cui si scivola con facilità*) glissant **2** [*che scivola via facilmente*] glissant **3** (*fig.*) [*viscido, falso*] mielleux*: *una persona scivolosa* une personne mielleuse.
sclarèa |skla'rɛa| *s.f.* (*t.bot.*) sauge sclarée.
sclèra |'sklɛra| *s.f.* (*anat.*) sclérotique.
scleràle |skle'rale| *agg.* (*anat.*) scléral*.
sclerànto |skle'ranto| *s.m.* (*t.bot.*) scléranthe.
sclerèma |skle'rɛma| *s.m.* (*med.*) sclérème.
sclerènchima |skle'rɛnkima| *s.m.* (*bot.*) sclérenchyme.
sclerite |skle'rite| *s.f.* (*med.*) sclérite.
sclèro- |'sklɛro| *pref.* (*significa* '*duro*', *corrisponde gener. a*) sclér(o): *sclerogeno* sclérogène.
sclerodermia |skleroder'mia| *s.f.* (*med.*) sclérodermie.
sclerògeno |skle'rɔdʒeno| *agg.* (*med.*) sclérogène.
scleròma |skle'rɔma| *s.m.* **1** (*bot.*) stéréome **2** (*med.*) sclérome.
scleròmetro |skle'rɔmetro| *s.m.* (*miner.*) scléromètre.
scleroproteìna |skleroprote'ina| *s.f.* scléroprotéine.
sclerosàre |sklero'zare| **A** *v.tr.* [*provocare la sclerosi*] scléroser: *sclerosare le vene varicose* scléroser les veines variqueuses **B** *v.pron. intr.* SCLEROSARSI [*diventare sclerotico*] se scléroser.
scleròsi |skle'rɔzi, 'sklɛrozi| *s.f. inv.* (*med.*) sclérose (*var.*): *sclerosi delle arterie* sclérose des artères.
scleróso |skle'roso| *agg.* (*bot.*) scléreux*.
scleròtica, che |skle'rɔtika, ke| *s.f.* (*anat.*) sclérotique.
scleròtico, ci, ca, che |skle'rɔtiko, tʃi, ka, ke| *agg.* (*med.*) sclérosé.
sclerotizzàrsi |sklerotid'dzarsi| *v.pron. intr.* [*diventare sclerotico*] se scléroser.
sclerotizzàto |sklerotid'dzato| *agg.* (*med.*) sclérosé.
sclerotomìa |skleroto'mia| *s.m.* (*chir.*) sclérotomie.
scleròzio, i |skle'rɔttsjo, i| *s.m.* (*bot.*) sclérote.
scòcca, che |'skɔkka, ke| *s.f.* (*mecc.*) coque.
scoccàre |skok'kare| **A** *v.tr.* **1** [*scagliare, proiettare con forza*] décocher: *scoccare una freccia* décocher une flèche ◇ (*fig.*) *scoccare un'occhiata* décocher un regard # *scoccare un bacio* envoyer un baiser **2** [*battere, suonare le ore*] sonner **B** *v.intr.* (*aus.* '*essere*') **1** (*ore*) [*suonare, battere*] sonner (*aus.* avoir): *è scoccato mezzogiorno* midi a sonné ◇ (*fig.*) *è scoccata l'ora della riscossa* l'heure de la rescousse (de la contre-attaque) a sonné ✦ *s.m. inv.* (*sul*)*lo scoccare della mezzanotte* (sur) le coup de minuit **2** [*sprigionare, balenare*] jaillir (*aus.* avoir): *all'improvviso scoccò una scintilla* tout à coup une étincelle a jailli.
scocciànte |skot'tʃante| *agg.* (*fam.*) **1** [*noioso*] assommant **2** [*seccante, inopportuno*] embêtant.
1 **scocciàre** |skot'tʃare| **A** *v.tr.* **1** (*fam.*) [*annoiare, infastidire*] assommer: *mi ha scocciato con questi discorsi* ce qu'il me disait ainsi m'a assommé ◇ [*seccare*] embêter: *il suo atteggiamento superbo ha scocciato tutti* son attitude hautaine a embêté, irrité tout le monde **2** (*dial.*) → **rompere B** *v.pron. intr.* SCOCCIARSI (*fam.*) [*annoiarsi, essere stufo*] s'ennuyer (11) # *mi sono scocciato di stare qui* j'en ai marre de rester ici ◇ [*seccarsi*] en avoir (28) marre: *mi sono scocciato delle sue provocazioni* j'en ai marre de ses provocations.
2 **scocciàre** |skot'tʃare| *v.tr.* (*mar.*) [*levare dalla coccia*] décrocher.
scocciàto |skot'tʃato| *agg.* (*fam.*) **1** [*annoiato*] assommé, irrité, ennuyé (*corr.*) **2** [*seccato*] embêté.
scocciatóre, trice |skottʃa'tore, tritʃe| *s.* (*fam.*) [*chi scoccia*; *seccatore*] casse-pieds (*inv.*): *che scocciatore!* quel casse-pieds!
scocciatùra |skottʃa'tura| *s.f.* (*fam.*) **1** [*fastidio*] barbe (*pop.*), corvée (*corr.*) **2** [*seccatura, noia*] embêtement *m.*
scòcco, chi |'skɔkko, ki| *s.m.* [*il fatto di scoccare*] décochement (*raro*) # *lo scocco della mezzanotte* le coup de minuit ◇ (*mar.*) *gancio a scocco* croc à échappement.
scodàre |sko'dare| *v.tr.* [*privare della coda*] couper la queue à, de.
scodàto |sko'dato| *agg.* à queue coupée (*loc. inv.*): *cane scodato* chien dont on a coupé la queue, à queue coupée.
scodèlla |sko'dɛlla| *s.f.* **1** [*piatto per minestra*] assiette creuse # *una scodella di minestra* une assiette de soupe **2** [*tazza*] bol *m.*
scodellàre |skodel'lare| *v.tr.* **1** [*versare minestra o cibi brodosi in una scodella, in un piatto*] verser dans les assiettes **2** (*fig.*) [*produrre con facilità, in quantità*] sortir (21): *è sempre pronto a scodellare una bugia* il est toujours prêt à sortir un mensonge # *scodella un figlio all'anno* elle fait un enfant par an.

scodellàta |skodel'lata| *s.f.* **1** [*il contenuto di una scodella*] assiettée **2** coup *m.* d'assiette.
scodellino |skodel'lino| *s.m.* **1** (*mecc.*) cuvette *f.* **2** (*st. mil.*) bassinet.
scodinzolànte |skodintso'lante| *agg.* [*che scodinzola*] frétillant.
scodinzolàre |skodintso'lare| *v. intr.* (*aus. 'avere'*) **1** [*dimenare la coda*] remuer la queue **2** (*fig.*) [*manifestare la propria gioia, il proprio attaccamento o servilismo*] frétiller de joie **3** [*dimenarsi camminando*] se dandiner *pron.*, se déhancher.
scodinzolìo, ii |skodintso'lio, ii| *s.m.* **1** [*dimenare la coda*] frétillement de (la) queue: *lo scodinzolio del cane* le frétillement de (la) queue du chien **2** (*persone*) [*il fatto di dimenarsi camminando*] dandinement, déhanchement.
scòglia |'skɔʎʎa| *s.f.* [*pelle deposta dai rettili con la muta*] dépouille.
scoglièra |skoʎ'ʎɛra| *s.f.* **1** [*successione di scogli*] rochers *m. pl.*; (*a fior d'acqua*) récif (*m.*): *scogliera corallina* récif de corail, récif-barrière **2** [*costa rocciosa*] falaise.
scòglio, i |'skɔʎʎo, i| *s.m.* **1** [*porzione di roccia che emerge dalle acque del mare*] roche *f.*, rocher: *pesce di scoglio* poisson de roche; *la barca ha urtato contro lo scoglio* la barque a heurté un rocher # *scoglio a fior d'acqua* récif, écueil, roche **2** [*grave difficoltà, ostacolo*] obstacle # *per lui la matematica è uno scoglio* les mathématiques présentent beaucoup de difficultés pour lui.
scoglionàto |skoʎʎo'nato| *agg.* (*volg.*) [*molto seccato*] emmerdé.
scoglióso |skoʎ'ʎoso| *agg.* **1** [*fatto di scogli*] rocheux* **2** [*pieno di scogli*] parsemé d'écueils.
scoiàre |sko'jare| *v.tr.* [*levare la pelle ad animali uccisi o macellati*] écorcher, dépouiller.
scoiàttolo |sko'jattolo| *s.m.* (*t. zool.*) écureuil.
scolabròdo |skola'brɔdo| *s.m. inv.* → **colabrodo.**
scolaformàggio, i |skolafor'maddʒo, i| *s.m.* [*arnese per scolare il formaggio fresco*] caseret, caserette *f.*
scolafritto |skola'fritto| *s.m. inv.* corbeille *f. var.* à friture.
scolaménto |skola'mento| *s.m.* → **scolatura.**
scolapàsta |skola'pasta| *s.f.* → **colapasta.**
scolapiàtti |skola'pjatti| *s.m. inv.* [*mobiletto, arnese da cucina per mettere a scolare i piatti*] égouttoir *var.*
1 **scolàre** |sko'lare| **A** *v.tr.* **1** [*far perdere acqua, far sgocciolare*] égoutter: *scolare la pasta* égoutter la pâte **2** [*estrarre da un recipiente il liquido o il residuo di liquido in esso contenuto*] égoutter ◇ (*fig., scherz.*) *si sono scolati una bottiglia* ils ont sifflé (*fam.*), tordu (*fam.*) le cou à une bouteille **B** *v.intr.* (*aus. 'essere'*) **1** [*perdere lentamente il liquido di cui si è bagnati*] s'égoutter (*pron.*): *ho messo i piatti a scolare* j'ai mis les assiettes à s'égoutter **2** (*liquidi*) [*scorrere verso il basso, colare giù*] couler (*aus.* avoir).
2 **scolàre** |sko'lare| (*agg.*) *età scolare* [*età in cui si frequenta la scuola dell'obbligo*] âge scolaire.
scolarésca, che |skola'reska, ke| *s.f.* **1** [*gli scolari di una classe*] classe **2** [*gli scolari di tutta la scuola*] élèves *m. pl.*, école.
scolarésco, chi, ca, che |skola'resko, ki, ka, ke| *agg.* d'écolier *loc.*
scolarétto |skola'retto| *s.* jeune écolier*, petit écolier ◇ (*loc. fig.*) *arrossire come uno scolaretto* rougir comme un nigaud.
scolarità |skolari'ta| *s.f. inv.* scolarité *var.*
scolarizzàbile |skolarid'dzabile| *agg.* [→ SCOLARIZZARE] scolarisable.
scolarizzàre |skolarid'dzare| *v.tr.* [*attrezzare con strutture scolastiche*] scolariser.
scolarizzazióne |skolariddzat'tsjone| *s.f.* [→ SCOLARIZZARE] scolarisation.
scolàro |sko'laro| *s.* **1** [*chi frequenta una scuola*]: (*elementare*) écolier*; (*media*) collégien*, lycéen* **2** [*discepolo, seguace di un maestro, di una scuola*] élève.
scolàstica, che |sko'lastika, ke| *s.f.* (*filos.*) scolastique.
scolasticaménte |skolastika'mente| *avv.* **1** [→ 1 SCOLASTICO 1] scolairement, du point de vue scolaire *loc. inv.* **2** [*formalmente*] scolastiquement.
scolasticàto |skolasti'kato| *s.m.* scolasticat.
scolasticismo |skolasti'tʃizmo| *s.m.* (*spreg.*) scolasticisme.
scolasticità |skolastitʃi'ta| *s.f. inv.* caractère *m. var.* scolaire.
1 **scolàstico, ci, ca, che** |sko'lastiko, tʃi, ka, ke| *agg.* **1** [*di scuola, che concerne la scuola*] scolaire: *anno scolastico* année scolaire # *obbligo scolastico* scolarité obligatoire; *riforma scolastica* réforme de l'enseignement; *tasse scolastiche* droits d'inscription; *ispettore scolastico*: (*di scuole elementari*) inspecteur de l'enseignement primaire **2** (*fig., spreg.*) [*privo, scarso di approfondimento critico*; *elementare*] scolaire: *stile scolastico* style scolaire; *una formazione un po' scolastica* une formation un peu scolaire.
2 **scolàstico, ci, ca, che** |sko'lastico, tʃi, ka, ke| *agg.* (*filos.*) scolastique: *il pensiero scolastico* la pensée scolastique ✦ (*s.m.*) *uno scolastico* un scolastique.
scolaticcio, i |skola'tittʃo, i| *s.m.* → **colaticcio.**
scolatóio, i |skola'tojo, i| *s.m.* **1** [*piano inclinato su cui si pongono le stoviglie da scolare*] égouttoir **2** tuyau d'écoulement, de vidange.
scolatùra |skola'tura| *s.f.* **1** [→ 1 SCOLARE A 1] égouttage *m.*, égouttement (*m.*): *la scolatura della pasta* l'égouttement des pâtes **2** [*il liquido scolato, che resta da scolare*] égoutture.
scoliàste |sko'ljaste| *s.m.* scoliaste, scholiaste.
scòlice |'skɔlitʃe| *s.m.* (*med., zool.*) scolex, tête.
scolìna |sko'lina| *s.f.* [*fossa al margine di un campo per la raccolta delle acque*] petit fossé *m.*, rigole.
1 **scòlio, i** |'skɔljo, i| *s.m.* [*componimento conviviale greco*] scolie, scholie.
2 **scòlio, i** |'skɔljo, i| *s.m.* (*filol.*) scolie *f.*
scoliòsi |sko'ljɔzi| *s.f. inv.* (*med.*) scoliose *var.*
scoliòtico, ci, ca, che |sko'ljɔtiko, tʃi, ka, ke| *agg. e s.* scoliotique.
scolìto |sko'lito| *s.m.* (*t.zool.*) scolyte.
scollacciàrsi |skollat'tʃarsi| *v. pron. rifl.* (*detto di donne*) [*indossare abiti molto scollati*] se décolleter (5).
scollacciàto |skollat'tʃato| *agg.* **1** outrageusement décolleté **2** (*fig.*) [*licenzioso, immorale*] grivois, osé.
scollacciatùra |skollattʃa'tura| *s.f.* **1** décolleté *m.* audacieux **2** (*fig.*) [*licenziosità*] grivoiserie.
scollaménto |skolla'mento| *s.m.* [→ 2 SCOLLARE] décollement: *lo scollamento di due fogli incollati* le décollement de deux feuilles (collées) ◇ (*med.*) *lo scollamento della retina* le décollement de la rétine.
1 **scollàre** |skol'lare| **A** *v.tr.* [*fare lo scollo, la scollatura ad un oggetto di abbigl.*] décolleter (5): *scollare un vestito a punta* décolleter en pointe une robe; *questa camicetta va scollata un po' di più* il faut décolleter un peu plus ce chemisier **B** *v.pron. rifl.* SCOLLARSI [*indossare vestiti molto scollati*] se décolleter.
2 **scollàre** |skol'lare| **A** *v.tr.* [*staccare due o più cose incollate fra di loro*] décoller ◇ (*chir.*) *scollare due strati di tessuto diverso* décoller deux couches de tissu différent **B** *v.pron. intr.* SCOLLARSI [*disgiungersi, staccarsi*] se décoller **C** **incollare.**
scollàto |skol'lato| *agg.* **1** (*abbigl.*) décolleté **2** [*staccato*] décollé.
1 **scollatùra** |skolla'tura| *s.f.* **1** [→ 1 SCOLLARE] décolletage *m.* **2** [*scollo*] décolleté (*m.*): *scollatura a barchetta* décolleté bateau.
2 **scollatùra** |skolla'tura| *s.f.* [→ 2 SCOLLARE] décollement (*m.*): *la scollatura di un manifesto* le décollement d'une affiche.
scollegaménto |skollega'mento| *s.m.* [→ SCOLLEGARE] séparation *f.*, disjonction *f.*
scollegàre |skolle'gare| *v.tr.* (*raro*) [*disunire, disgiungere*] séparer (*corr.*), disjoindre (61).
scollettàre |skollet'tare| *v.tr.* (*agr.*) [*asportare il colletto e le foglie da radici di barbabietole e altre piante*] décolleter (5).
scollettatrice |skolletta'tritʃe| *s.f.* (*agr.*) décolleteuse.
scollettatùra |skolletta'tura| *s.f.* (*agr.*) décolletage *m.*
scòllo |'skɔllo| *s.m.* **1** (*abbigl.*) décolleté: *uno scollo quadrato* un décolleté carré → **scollatura** **2** (*per est.*) [*la zona delle spalle femminili o del petto che viene lasciata scoperta*] décolleté.
scolmàre |skol'mare| *v.tr.* [*diminuire la colmatura* (*di q.c.*)] faire (45) *intr.* écouler le surplus, (*tecnol.*) raser.
scolmatóre |skolma'tore| *s.m.* (*idraul.*) déversoir.
scólo |'skolo| *s.m.* **1** [*il fatto di scolare, il liquido che cola*] écoulement **2** [*condotto attraverso il quale il liquido cola*] tuyau d'écoulement **3** (*volg.*) → **blenorragia.**
scolopèndra |skolo'pɛndra| *s.f.* (*t. zool.*) scolopendre.
scolopèndrio, i |skolo'pɛndrjo, i| *s.m.* (*t.bot.*) scolopendre *f.*
scolòpio, i |sko'lɔpjo, i| *s.m.* [*membro della comunità religiosa delle Scuole Pie*] piariste.
scoloràre |skolo'rare| *e deriv.* → **scolorire** *e deriv.*

scoloriménto |skolori'mento| *s.m.* [→ SCOLORIRE] décoloration (*f.*): *lo scolorimento di un tessuto* la décoloration d'un tissu ◇ (*fig.*) *lo scolorimento di un viso* la pâleur *f.* d'un visage.

scolorina |skolo'rina| *s.f.* (*chim.*) décolorant *m.* (pour dactylographie), corrector *m.* (*marchio depositato*).

scolorìre |skolo'rire| (197) **A** *v.tr.* [*far perdere vivezza, intensità*] décolorer: *il sole scolorisce le tinte vivaci* la soleil décolore, fait passer les teintes vives ◇ (*fig.*) *il tempo ha scolorito quel lontano ricordo* le temps a fait pâlir ce lointain souvenir **B** *v.pron. intr.* SCOLORIRSI [*perdere il colore, la vivacità del colore*] se décolorer: *questo abito si è scolorito* ce costume s'est décoloré ◇ (*fig.*) *a quella vista si è scolorita tutta* à cette vue elle est devenue toute blanche, elle a perdu toutes ses couleurs.

scolorito |skolo'rito| *agg.* **1** [*che ha perso in vivezza, intensità*] décoloré ◇ [*sbiadito*] délavé: *una stoffa scolorita* une étoffe délavée **2** [*pallido*] pâle: *un volto scolorito per la paura* un visage pâle de peur.

scolpàre |skol'pare| **A** *v.tr.* [*liberare, sollevare da una colpa*] disculper **B** *v.pron. rifl.* SCOLPARSI [*difendersi da un'accusa, da una colpa*] se disculper Ⓒ **incolpare.**

scolpìre |skol'pire| (197) *v.tr.* **1** [*lavorare un materiale duro e compatto per ricavarne una scultura*] sculpter **2** [*incidere*] graver **3** (*fig.*) [*imprimere, fissare*] graver: *l'ho scolpito nella mente* je l'ai gravé dans mon esprit.

scolpìto |skol'pito| *agg.* **1** [*effigiato, raffigurato in un materiale duro e compatto*] sculpté **2** [*inciso*] gravé ◇ (*fig.*) *un nome scolpito nella memoria* un nom gravé dans la mémoire.

scolpitùra |skolpi'tura| *s.f.* **1** → **scultura** **2** (*fig.*) → **immagine, effigie** **3** [*parte in rilievo del battistrada degli pneumatici*] sculpture.

scólta |'sko(ɔ)lta| *s.f.* (*lett.*) [*sentinella, guardia*] sentinelle (*corr.*).

scombaciàre |skomba'tʃare| *v.tr.* [*disgiungere due cose, parti che combaciavano*] disjoindre (61).

scombiccheràre |skombikke'rare| *v.tr.* (*raro, fam.*) **1** [*scrivere, disegnare in fretta*] griffonner (*corr.*) **2** [*scarabocchiare*] gribouiller (*corr.*).

scombinàre |skombi'nare| *v.tr.* [*mandare a monte, far fallire*] bouleverser: *mi hai scombinato la serata* tu as bouleversé ma soirée # *hanno scombinato il matrimonio* ils ont fait échouer le mariage.

scombinàto |skombi'nato| *agg.* **1** [*male impostato, poco chiaro*] embrouillé **2** [*disordinato, confusionario, privo di coerenza*] brouillon* ✦ (*s.*) *uno scombinato* un brouillon.

Scómbridi |'skombridi| *s.m. pl.* (*t. zool.*) Scombridés.

scómbro |'skombro| *s.m.* (*t.zool.*) scombre, maquereau (*corr.*).

scombuiàre |skombu'jare| *v.tr.* (*raro*) [*mettere sottosopra, confondere*] bouleverser (*corr.*).

scombussolaménto |skombussola'mento| *s.m.* [→ SCOMBUSSOLARE] bouleversement.

scombussolàre |skombusso'lare| *v.tr.* [*causare scompiglio; confondere; frastornare*] *mi ha scombussolato le idee* il m'a brouillé les idées; *questo purgante scombussola troppo l'intestino* ce purgatif dérange, détraque trop l'intestin; *gli ho scombussolato tutta la giornata* j'ai complètement bouleversé sa journée.

scombussolìo, ii |skombusso'lio, ii| *s.m.* [*uno scombussolamento molto forte; confusione*] bouleversement.

scomméssa |skom'messa| *s.f.* **1** [*il fatto di* (2) *scommettere* (1)] pari (*m.*): *ha fatto una scommessa* il a fait un pari, il a parié; *ha vinto, ha perso la scommessa* il a gagné, il a perdu son pari; *lo ha fatto per scommessa* il l'a fait à la suite d'un pari **2** [*somma impegnata nello scommettere*] enjeu (*m.*): *la scommessa è troppo alta* l'enjeu est trop élevé → **posta.**

1 **scomméttere** |skom'mettere| (155) *v.tr.* [*disunire cose o parti commesse fra loro*] disjoindre (61): *l'esplosione ha scommesso la baracca* l'explosion a disjoint la baraque → **sconnettere** ◇ (*legname*) désassembler.

2 **scomméttere** |skom'mettere| (155) *v.tr.* **1** [*fare una previsione, impegnandosi a pagare una data somma se l'affermazione è inesatta*] parier: *scommettere diecimila lire* parier dix mille lires; *ho scommesso a suo favore* j'ai parié sur lui ◇ *loc.* (*ci*) *scommetto la testa, l'osso del collo che...* je parie tout ce que tu voudras que..., je donne ma tête à couper que... **2** (*per est.*) [*affermare con sicurezza*] parier: *scommetto che oggi piove* je parie qu'aujourd'hui il va pleuvoir **3** [*puntare denaro al gioco*] parier: *scommette sui cavalli* il joue aux courses.

scommettitóre, trice |skommetti'tore, tritʃe| *s.* [*chi scommette, chi fa scommesse*] parieur *m.*

scommettitùra |skommetti'tura| *s.f.* [→ 1 SCOMMETTERE] disjonction; désassemblage *m.*

scomodaménte |skomoda'mente| *avv.* [→ 1 SCOMODO] inconfortablement, incommodément.

scomodàre |skomo'dare| **A** *v.tr.* [*disturbare; causare un disagio, un fastidio*] déranger (3) **B** *v.intr.* (*aus.* '*avere*') [*causare disagio, spec. di natura economica*] déranger (*tr.*): *in questo periodo mi scomoda sborsare quella cifra* en ce moment, cela me dérange, cela m'ennuie de débourser cette somme **C** *v.pron. rifl.* SCOMODARSI [*affrontare, subire un disagio, un fastidio*] se déranger: *non si scomoda nemmeno per un amico* il ne se dérange même pas pour un ami # *non si scomodi ad accompagnarmi* ne prenez pas la peine de m'accompagner, de me raccompagner; *perché ti sei scomodato a uscire con questo tempo?* pourquoi t'es-tu donné le mal, la peine de sortir par ce temps?

scomodità |skomodi'ta| *s.f. inv.* [*mancanza di comodità; il fatto di essere scomodo*] inconfort *m. var.*, incommodité *var.* (*lett.*): *la scomodità di una posizione* l'inconfort d'une position # *è una bella scomodità abitare così lontano!* c'est vraiment gênant d'habiter si loin; *questa sedia è di una scomodità estrema* cette chaise est vraiment très inconfortable Ⓒ **comodità.**

1 **scòmodo** |'skɔmodo| *agg.* [*privo di comodità; che comporta disagio, fastidio*] inconfortable, peu commode: *un viaggio scomodo* un voyage inconfortable, peu commode # *un turno di lavoro scomodo* un horaire de travail incommode; *se sei scomodo, cambia posto* si tu n'es pas bien, change de place; *è scomodo doversi alzare presto* il est pénible d'avoir à se lever tôt Ⓒ **comodo.**

2 **scòmodo** |'skɔmodo| *s.m.* [*fatto che disturba, che dà noia e disagio*] dérangement, gêne *f.* # *mi fa scomodo partire oggi* cela me dérange de partir aujourd'hui; *se non ti è di scomodo, vieni domani* si cela ne te dérange pas, viens demain.

scompaginaménto |skompadʒina'mento| *s.m.* [→ SCOMPAGINARE A 1; B] bouleversement # *lo scompaginamento della coalizione governativa* l'effondrement de la coalition gouvernementale.

scompaginàre |skompadʒi'nare| **A** *v.tr.* **1** [*dissestare, turbare l'ordine, la struttura di un complesso di elementi*] bouleverser: *l'esplosione ha scompaginato la struttura dell'edificio* l'explosion a bouleversé la structure du bâtiment **2** (*tip.*) [*disfare le pagine*] défaire (45) la mise en page **B** *v.pron. intr.* SCOMPAGINARSI [*scomporsi, disgregarsi*] se désagréger (3): *l'unità del partito si è scompaginata* l'unité du parti s'est désagrégée.

scompaginàto |skompadʒi'nato| *agg.* [*dissestato; reso inefficiente*] bouleversé ◇ [*sfasciato*] disloqué: *una macchina scompaginata* une voiture disloquée ◇ [*in disordine*] en désordre (*loc. inv.*): *una camera scompaginata* une chambre en désordre.

scompaginazióne |skompadʒinat'tsjone| *s.f.* → **scompaginamento.**

scompagnàre |skompaɲ'ɲare| *v. tr.* [*rendere incompleto; separare più elementi che, insieme, costituiscono un complesso*] dépareiller: *rompendo un bicchiere, ho scompagnato il servizio* en cassant un verre, j'ai dépareillé le service.

scompagnàto |skompaɲ'ɲato|, **scompàgno** |skom'paɲɲo| *agg.* [*non uniforme, diverso rispetto agli altri pezzi del complesso*] dépareillé.

scomparìre |skompa'rire| (142) *v.intr.* (*aus.* '*essere*') **1** [*sparire, sottrarsi alla vista*] disparaître (72) (*aus.* avoir, être): *la nave scomparve all'orizzonte* le bateau disparut à l'horizon # *quel quadro scompare su una parete così grande* ce tableau est perdu sur un mur aussi grand **2** (*fig.*) [*fare una brutta figura*] faire (45) *tr.* piètre figure Ⓒ 1 **comparire.**

scompàrsa |skom'parsa| *s.f.* [*il fatto di scomparire, di non essere più visibile o reperibile*] disparition ◇ (*euf.*) mort, disparition, départ (*m.*): *l'improvvisa scomparsa di un amico* la mort, la disparition subite d'un ami.

scompàrso |skom'parso| *agg.* [*che non è più visibile o reperibile*] disparu: *una persona scomparsa* une personne disparue ✦ *s.* (*euf.*) *uno scomparso* [*un morto*] un disparu: *l'illustre scomparso* l'illustre disparu.

scompartiménto |skomparti'mento| *s.m.* compartiment: *un armadio con quattro scompartimenti* une armoire à quatre compartiments.

scompartìre |skompar'tire| (204) *v.tr.* (*lett., raro*) **1** [*dividere in parti*] partager (3) (*corr.*) **2** [*distribuire*] ré-

partir (15) (*corr.*), distribuer (*corr.*).
scompàrto |skom'parto| *s.m.* [*ognuna delle parti in cui è diviso un tutto unitario*] compartiment; partie (*f.*): *un armadietto a sei scomparti* une petite armoire à six compartiments ‖ *gli scomparti della facciata di un edificio* les parties de la façade d'un édifice.
scompensàre |skompen'sare| *v. tr.* **1** [*alterare, rompere un equilibrio*] déséquilibrer: *scompensare il carico di una nave* déséquilibrer la cargaison d'un navire **2** (*med.*) [*provocare scompenso*] provoquer une décompensation.
scompensàto |skompen'sato| *agg.* (*med.*) décompensé: *un soggetto scompensato* un sujet décompensé ♦ (*s.*) *uno scompensato* un sujet *m.* décompensé *agg.*
scompensazióne |skompensat'tsjone| *s.f.* → **scompenso.**
scompénso |skom'penso| *s.m.* **1** [*mancanza di equilibrio, di compensazione*] déséquilibre: *uno scompenso sul mercato* un déséquilibre du marché ◇ (*econ.*) déficit **2** (*med.*) décompensation (*f.*): *scompenso renale* décompensation rénale; *scompenso cardiaco* décompensation cardiaque.
scompiacènte |skompja'tʃɛnte| *agg.* [*non disposto a fare un favore, a rendersi utile*] désobligeant.
scompiacènza |skompja'tʃɛntsa| *s.f.* (*raro*) [*il fatto di essere scompiacente*] désobligeance (*lett.*).
scompiacére |skompja'tʃere| (149) *v.intr.* (*aus.* '*avere*') [*mostrarsi scortese nei confronti di qc.*] désobliger (3) (*tr.*): *non vuole scompiacere a nessuno* il ne veut désobliger personne.
scompigliaménto |skompiʎʎa'mento| *s.m.* (*raro*) [→ SCOMPIGLIARE] brouillement.
scompigliàre |skompiʎ'ʎare| *v.tr.* [*mettere sottosopra, in disordine*] décoiffer, ébouriffer; mettre (71) sens dessus dessous: *il vento le scompiglia i capelli* le vent la décoiffe ‖ *ha scompigliato tutta la casa* il a mis la maison sens dessus dessous ◇ (*fig.*) *mi ha scompigliato le idee* il a brouillé mes idées; *non mi scompigliare questo progetto* ne bouleverse pas mon projet.
scompigliataménte |skompiʎʎata'mente| *avv.* avec désordre *loc. inv.*, en désordre *loc. inv.*
scompìglio, i |skom'piʎʎo, i| *s.m.* **1** [→ SCOMPIGLIARE] pagaille *f.* (pagaïe, pagaye): *che scompiglio!* quelle pagaille!; *porta lo scompiglio dappertutto* il met la pagaille partout **2** [*confusione*] confusion.
scompisciàrsi |skompiʃ'ʃarsi| *v. pron. intr.* (*solo nella loc. fig. pop.*) SCOMPISCIARSI DALLE RISA [*ridere smoderatamente*] crever (6) *intr.* de rire, rire (47) *intr.* à gorge déployée, se pâmer de rire.
scompléto |skom'pleto| *agg.* [*non completo, mancante di uno o più elementi*] incomplet*: *una collezione scompleta* une collection incomplète → **incompleto.**
scomponìbile |skompo'nibile| *agg.* [→ SCOMPORRE A 1, 2] démontable; décomposable: *una cucina scomponibile* une cuisine à éléments démontables; *una scaffalatura scomponibile* une étagère démontable ‖ *un numero scomponibile* un nombre décomposable.
scomponibilità |skomponibili'ta| *s.f. inv.* possibilité *var.* de se décomposer, de décomposer qqch.
scompórre |skom'porre| (168) **A** *v.tr.* **1** [*disfare quanto era stato scomposto organicamente*] démonter: *scomporre gli elementi di una libreria, una macchina* démonter les éléments d'une bibliothèque, d'une voiture ◇ (*scient.*) décomposer: *scomporre una forza* décomposer une force **2** (*mat.*) [*eseguire una scomposizione*] décomposer: *scomporre un numero in fattori primi* décomposer un nombre en facteurs premiers **3** [*disordinare, scompigliare*] ébouriffer, mettre (71) en désordre: *questo vento scompone i capelli* ce vent ébouriffe (les cheveux) □ *scomporsi le vesti* mettre du désordre dans sa tenue **4** [*disfare una composizione tipografica e riporne gli elementi*] distribuer **5** [*alterare, turbare*] troubler # *la notizia le scompose i lineamenti* la nouvelle lui altéra, décomposa les traits du visage **B** *v.pron. intr.* SCOMPORSI [*turbarsi, alterarsi, perdere la calma*] se troubler: *parlava senza scomporsi* il parlait sans se troubler, sans perdre contenance # *è uno che non si scompone mai* en voilà un qui ne perd jamais contenance.
scomposizióne |skompozit'tsjone| *s.f.* **1** [→ SCOMPORRE A 1] démontage (*m.*): *la scomposizione di una scaffalatura* le démontage d'une étagère ◇ [*smontaggio*] démontage **2** (*mat., scient.*) décomposition **3** (*tip.*) distribution.
scompostaménte |skomposta'mente| *avv.* **1** [→ SCOMPOSTO 1] en désordre *loc. inv.* **2** [→ SCOMPOSTO 2] sans aucune tenue *loc. inv.*
scompostézza |skompos'tettsa| *s.f.* **1** manque *m.* de tenue **2** [*disordine*] désordre *m.*
scompósto |skom'posto| *agg.* **1** [*disordinato, non ben composto*] désordonné, en désordre (*loc. inv.*): *vesti scomposte* vêtements en désordre # *capelli scomposti* cheveux ébouriffés **2** [*che manca di compostezza, di riserbo, di rispetto*] *una posizione scomposta* une position incorrecte; *è seduta in modo scomposto* elle est assise d'une manière impolie, indécente; *perché sei così scomposto a scuola?* pourquoi te tiens-tu si mal à l'école?; *non stare scomposto* tiens-toi bien **3** [*diviso, disfatto*] décomposé: *un periodo scomposto nei suoi elementi grammaticali* une période décomposée en ses divers éléments grammaticaux **4** (*fig.*) [*che manca di equilibrio, di coesione*] décousu, incohérent: *stile scomposto* style décousu, incohérent **5** (*fig.*) [*sconvolto, alterato*] décomposé: *un viso scomposto* un visage décomposé.
scomputàbile |skompu'tabile| *agg.* [→ SCOMPUTARE] déductible, qu'on peut déduire *loc.*
scomputàre |skompu'tare| *v.tr.* [*detrarre da un totale, togliere dal computo*] déduire (75).
scòmputo |'skɔmputo| *s.m.* [*l'operazione di scomputare*] décompte.
scomùnica, che |sko'munika, ke| *s.f.* (*eccl.*) excommunication.
scomunicàbile |skomuni'kabile| *agg.* qu'on peut excommunier *loc.*
scomunicàre |skomuni'kare| *v.tr.* (*eccl.*) [*colpire con la scomunica*] excommunier.
scomunicàto |skomuni'kato| *agg.* [*colpito da scomunica*] excommunié ♦ (*s.*) *uno scomunicato* un excommunié.
sconcertànte |skontʃer'tante| *agg.* [*che sconcerta*] déconcertant, déroutant.
sconcertàre |skontʃer'tare| **A** *v.tr.* **1** [*disturbare, alterare il funzionamento*] déranger (3): *sconcertare un piano* déranger, bouleverser un plan **2** [*turbare, lasciar perplesso*] déconcerter, dérouter: *il suo atteggiamento mi sconcerta* son attitude me déconcerte, me déroute **B** *v.pron. intr.* SCONCERTARSI [*turbarsi, rimanere disorientato*] se troubler: *si sconcerta per un niente* il se trouble, il perd contenance pour un rien.
sconcertàto |skontʃer'tato| *agg.* [*confuso, turbato*] déconcerté *p.p.*, dérouté *p.p.*
sconcèrto |skon'tʃɛrto| *s.m.* [*turbamento, sconvolgimento*] trouble.
sconcézza |skon'tʃettsa| *s.f.* **1** [*il fatto di essere sconcio; cosa sconcia*] indécence; obscénité: *un comportamento di una sconcezza ributtante* un comportement d'une indécence révoltante ‖ *smettila di dire sconcezze* arrête de dire des obscénités **2** [*cosa brutta, malfatta*] horreur: *che sconcezza quello spettacolo!* quelle horreur, ce spectacle!
sconciaménte |skontʃa'mente| *avv.* **1** [→ SCONCIO I] de façon obscène, indécente *loc. inv.* **2** (*fam.*) [*disgustosamente*] d'une manière dégoûtante *loc. inv.* (*corr.*), horriblement (*corr.*).
sconciàre |skon'tʃare| *v.tr.* (*raro*) [*guastare, deformare*] abîmer (*fam.*), détériorer.
scóncio, ci, cia, ce |'skontʃo, tʃi, tʃa, tʃe| **I** *agg.* [*vergognoso, turpe, osceno*] obscène: *azioni, parole sconce* actions, mots obscènes; *una storiella sconcia* une histoire obscène, graveleuse **II** *s.m.* **1** [*cosa sconcia, indecente*] indécence (*f.*): *lo sconcio della pornografia* l'indécence de la pornographie **2** [*cosa brutta, malfatta*] horreur (*f.*): *che sconcio, quel caseggiato!* quelle horreur, cet immeuble!
sconclusionataménte |skonkluzjonata'mente| *avv.* [→ SCONCLUSIONATO 1] d'une façon décousue, incohérente *loc. inv.*
sconclusionatézza |skonkluzjona'tettsa| *s.f.* [*mancanza di logica, di ordine*] incohérence.
sconclusionàto |skonkluzjo'nato| *agg.* **1** [*privo di coerenza logica, confuso, disordinato*] décousu, incohérent **2** [*incapace di realizzare i propri propositi, di risolvere i problemi personali*] inconséquent.
sconcordànza |skonkor'dantsa| *s.f.* (*raro*) [*mancanza di concordanza*] discordance (*corr.*).
sconcòrdia |skon'kɔrdja| *s.f.* (*lett.*) [*il fatto di essere discorde*] discorde, désaccord *m.* (*corr.*).
scondito |skon'dito| *agg.* [*non condito, troppo poco condito*] non assaisonné, mal assaisonné ♦ (*avv.*) *deve mangiare scondito* il ne doit pas prendre de sel.
sconfacènte |skonfa'tʃɛnte| *agg.* [*che non è appropriato*] non convenable: *una condotta sconfacente alla carica* une conduite impropre, qui n'est pas convenable à la charge.
sconfessàre |skonfes'sare| *v.tr.* **1** [*ritrattare, rinnegare quanto si era precedentemente fatto o detto*] renier, dé-

savouer: *ha sconfessato il suo passato* il a renié, désavoué son passé **2** [*disapprovare pubblicamente quanto fatto o detto da altri*] répudier; désavouer: *il partito ha sconfessato il suo operato* le parti a répudié son œuvre ‖ *il sindacato ha sconfessato un gruppo di estremisti* le syndicat a désavoué un groupe d'extrémistes.

sconfessióne |skonfes'sjone| *s.f.* [*il fatto di sconfessare, di venir sconfessato*] reniement *m.*, désaveu (*m.*): *la sconfessione di una tesi* le reniement, le désaveu d'une thèse.

sconficcaménto |skonfikka'mento| *s.m.* [→ SCONFICCARE 2] déclouage.

sconficcàre |skonfik'kare| *v.tr.* **1** [*liberare q.c. dagli elementi che lo tengono fermo*] arracher **2** [*togliere i chiodi conficcati con forza*] déclouer.

1 **sconfiggere** |skon'fiddʒere| (110) *v.tr.* **1** [*vincere in combattimento, in battaglia*] vaincre (54) **2** (*per est.*) [*superare, vincere in gare, elezioni, lotte*] battre (76).

2 **sconfiggere** |skon'fiddʒere| (110) *v.tr.* (*raro*) → **sconficcare.**

sconfinaménto |skonfina'mento| *s.m.* [→ SCONFINARE] franchissement (de limites): *lo sconfinamento di un muro* le franchissement d'un mur ◇ (*per anal.*) franchissement de la frontière: *lo sconfinamento dei contrabbandieri* le passage, le franchissement de la frontière par les contrebandiers.

sconfinàre |skonfi'nare| *v.intr.* (*aus.* '*avere*') **1** [*uscire dal confine, entrare in territorio di altri*] empiéter (8): *sconfinare nel campo del vicino* empiéter sur son voisin ◇ (*per anal.*) franchir (*tr.*): *gli esuli hanno sconfinato in Svizzera* les exilés ont franchi la frontière suisse **2** (*fig.*) [*varcare i limiti fissati*] s'écarter *pron.*, s'éloigner (*pron.*): *ha sconfinato dal tema assegnato* il s'est écarté du sujet (donné, indiqué).

sconfinataménte |skonfinata'mente| *avv.* [→ SCONFINATO] sans limites *loc. inv.*, immensément.

sconfinàto |skonfi'nato| *agg.* [*senza confini, illimitato*] infini, sans fin (*loc. inv.*): *lo spazio sconfinato* l'espace infini; *la distesa sconfinata del mare* l'étendue sans fin de la mer ◇ (*fig.*) sans bornes (*loc. inv.*): *un potere sconfinato* un pouvoir sans bornes, illimité; *un orgoglio sconfinato* un orgueil sans bornes; *un'ambizione sconfinata* une ambition sans bornes.

sconfitta |skon'fitta| *s.f.* **1** [*disfatta totale di un esercito*] défaite **2** (*per est.*) [*perdita, grave insuccesso*] défaite: *una sconfitta elettorale* une défaite électorale ⓒ **vittoria.**

1 **sconfitto** |skon'fitto| *agg.* [*vinto, battuto*] vaincu; battu: *l'esercito sconfitto* l'armée vaincue; *la squadra sconfitta* l'équipe vaincue ‖ *il candidato è rimasto sconfitto* le candidat a été battu ✦ (*s.m.*) *uno sconfitto* un vaincu.

2 **sconfitto** |skon'fitto| *agg.* (*raro*) **1** [*sconficcato*] arraché (*corr.*) **2** [*schiodato*] décloué (*corr.*).

sconfortànte |skonfor'tante| *agg.* [*che causa sconforto e avvilimento*] décourageant.

sconfortàre |skonfor'tare| **A** *v.tr.* [*togliere coraggio, fiducia, speranza*] décourager (3): *il suo atteggiamento mi sconforta* son attitude me décourage **B** *v.pron. intr.* SCONFORTARSI [*perdersi d'animo, avvilirsi*] se décourager: *si sconforta per niente* il se décourage pour un rien.

sconfortàto |skonfor'tato| *agg.* [*scoraggiato, demoralizzato*] découragé ◇ [*abbattuto*] abattu: *l'ho trovata sconfortata* je l'ai trouvée abattue ◇ [*sconsolato*] désespéré.

sconfòrto |skon'fɔrto| *s.m.* [*grave abbattimento, avvilimento morale, depressione*] découragement; désespoir: *si è lasciato prendere dallo sconforto* il s'est laissé aller au découragement ‖ *è caduto nel più cupo sconforto* il est tombé dans le plus profond désespoir; *ha avuto un momento di sconforto* il a eu un moment de désespoir.

scongelaménto |skondʒela'mento| *s.m.* [→ SCONGELARE] décongélation *f.*

scongelàre |skondʒe'lare| *v.tr.* [*riportare a una temperatura superiore allo 0°*] décongeler (6), désurgeler (6).

scongelazióne |skondʒelat'tsjone| *s.f.* → **scongelamento.**

scongiùngere |skon'dʒundʒere| (150) *v.tr.* → **disgiungere.**

scongiuràre |skondʒu'rare| *v.tr.* **1** [*pregare ardentemente, supplicare in nome dei valori più alti o più cari*] conjurer: *ti scongiuro di non abbandonarmi* je te conjure de ne pas m'abandonner **2** [*allontanare, scansare, evitare*] conjurer: *hanno scongiurato un grave pericolo* ils ont conjuré un grave danger **3** (*raro, lett.*) [*esorcizzare*] conjurer: *scongiurare il demonio* conjurer le démon.

scongiuratóre, trice |skondʒura'tore, tritʃe| *s.* [*chi scongiura*] conjurateur* (*raro*).

scongiùro |skon'dʒuro| *s.m.* **1** [*pratica, formula, gesto di carattere magico-superstizioso*] exorcisme *m.*, conjuration *f.* # *compiere gli scongiuri* conjurer le mauvais sort; *fai gli scongiuri!* conjure le mauvais sort! **2** (*raro*) [*preghiera, supplica*] prière *f.* (*corr.*), supplication *f.*

sconnessaménte |skonnessa'mente| *avv.* **1** [→ SCONNESSO 1] sans connexion *loc. inv.* **2** [→ SCONNESSO 2] d'une manière incohérente *loc. inv.*

sconnessióne |skonnes'sjone| *s.f.* manque *m.* de connexion: *la sconnessione di un racconto* le manque de connexion d'un récit ◇ [*incoerenza*] incohérence.

sconnèsso |skon'nɛsso| *agg.* **1** [*mal connesso, non ben unito insieme*] disjoint **2** (*fig.*) [*privo, povero di coerenza logica e sintattica*] incohérent.

sconnessùra |skonnes'sura| *s.f.* [*la zona, il tratto in cui una struttura è sconnessa*] disjonction, dislocation.

sconnèttere |skon'nɛ(e)ttere| (122) *v.tr.* **1** [*provocare delle sconnessure, far staccare elementi uniti e combacianti*] disjoindre (61): *l'autocarro ha sconnesso la pavimentazione* le poids lourd a disjoint le pavage (la chaussée) **2** (*fig.*) [*sragionare, dire cose sconnesse*] divaguer (*intr.*): *parla, non sconnettere* parle, ne divague pas.

sconoscènte |skonoʃ'ʃɛnte| *agg.* [*non riconoscente, poco riconoscente*] ingrat.

sconoscènza |skonoʃ'ʃɛntsa| *s.f.* [*mancanza di riconoscenza*] ingratitude.

sconóscere |sko'noʃʃere| (126) *v. tr.* (*raro*) → **disconoscere.**

sconosciménto |skonoʃʃi'mento| *s.m.* (*raro*) [*il fatto di sconoscere*] ingratitude *f.* (*corr.*).

sconosciùto |skonoʃ'ʃuto| *agg.* [*non conosciuto; che non si conosce; che non è stato sperimentato prima*] inconnu: *un'isola sconosciuta* une île inconnue # *l'investitore è rimasto sconosciuto* l'auteur de la collision est resté anonyme, ne s'est pas fait connaître ✦ (*s.*) *uno sconosciuto* un inconnu: *non vorrai fidarti di uno sconosciuto!* tu ne vas pas te fier à un inconnu! ⓒ **conosciuto, noto.**

sconquassaménto |skonkwassa'mento| *s.m.* [*lo sconquassare, il fatto di essere sconquassato*] catastrophe (*f.*): *che sconquassamento, quel viaggio!* quelle catastrophe, ce voyage!

sconquassàre |skonkwas'sare| *v. tr.* **1** [*scuotere con violenza in modo da rompere, danneggiare, rovinare*] disloquer; démolir: *la tempesta ha sconquassato la nave* la tempête a disloqué le navire ‖ *l'esplosione ha sconquassato il capannone* l'explosion a démoli le hangar; *nello scontro ha sconquassato l'automobile* il a démoli sa voiture dans la collision ◇ [*sfasciare*] fracasser: *hanno sconquassato le sedie e i tavoli* ils ont fracassé les chaises et les tables ◇ (*meccanismi*) casser: *il bambino ha sconquassato la macchinina* l'enfant a cassé sa petite voiture **2** [*scombussolare, provocare malessere*] esquinter: *quel viaggio mi ha sconquassata* ce voyage m'a esquintée (*fam.*), épuisée ◇ [*spossare*] éreinter.

sconquassàto |skonkwas'sato| *agg.* **1** (*mobili*) [*rovinato, sgangherato*] branlant ◇ [*sfasciato*] fracassé: *tavolo sconquassato* table fracassée **2** (*meccanismi*) [*mal ridotto, rotto*] détraqué.

sconquàsso |skon'kwasso| *s.m.* **1** [→ SCONQUASSARE 1] fracas: *dopo l'esplosione, ci fu uno sconquasso di vetri rotti* après l'explosion, il y eut un fracas de vitres brisées ◇ [*disastro*] désastre **2** (*fig.*) [*scompiglio, grande confusione, rovina*] branle-bas *inv.*, confusion (*f.*): *che sconquasso in famiglia dopo l'arrivo dei parenti!* quel branle-bas, quel remue-ménage à la maison, avec l'arrivée des parents!

sconsacràre |skonsa'krare| *v.tr.* [*revocare il carattere sacro di un luogo, di un ambiente, di un oggetto*] désaffecter.

sconsacràto |skonsa'krato| *agg.* [*non più consacrato (al culto)*] désaffecté.

sconsacrazióne |skonsakrat'tsjone| *s.f.* [→ SCONSACRARE] désaffectation.

sconsiderataménte |skonsiderata'mente| *avv.* [→ SCONSIDERATO] inconsidérément.

sconsideratézza |skonsidera'tettsa| *s.f.* [*il fatto di essere sconsiderato*] légèreté, inconséquence.

sconsideràto |skonside'rato| *agg.* **1** [*che agisce senza considerazione e riflessione*] étourdi, irréfléchi ✦ (*s.*) *uno sconsiderato* un étourdi, un inconscient **2** [*fatto senza riflessione*] inconsidéré: *un gesto sconsiderato* un geste inconsidéré.

sconsigliàre |skonsiʎ'ʎare| *v.tr.* [*dare un consiglio negativo; dissuadere dal fare, dal dire*] déconseiller: *lo hanno sconsigliato di...* on lui a déconseillé de...;

ti sconsiglio quell'albergo je te déconseille cet hôtel.
sconsigliatézza |skonsiʎʎa'tettsa| *s.f.* [*il fatto di essere sconsigliato*] imprudence, légèreté.
sconsigliàto |skonsiʎ'ʎato| *agg.* [*che si comporta in modo sconsiderato; incauto, privo di riflessione*] étourdi, imprudent ◆ (*s.*) *uno sconsigliato* un étourdi, un imprudent.
sconsolànte |skonso'lante| *agg.* [*che sconsola, che rattrista e sconforta*] décourageant.
sconsolataménte |skonsolata'mente| *avv.* [→ SCONSOLATO 2] désespérément.
sconsolàto |skonso'lato| *agg.* **1** (*persone*) [*che non può essere consolato*] inconsolable # *vedova sconsolata* veuve éplorée **2** (*cose*) [*che esprime dolore, sconforto*] désespéré, triste.
scontàbile |skon'tabile| *agg.* [→ SCONTARE 1, 2, 3] escomptable.
scontànte |skon'tante| *s.m.* [*chi effettua operazioni di sconto*] escompteur.
scontàre |skon'tare| *v.tr.* **1** [*detrarre da un conto o da un importo*] déduire (75): *le ho già scontato le spese* je vous ai déjà déduit les frais **2** [*estinguere totalmente o parzialmente un debito*] éteindre (66) (partiellement ou totalement) une dette: *scontare un mutuo* rembourser, éteindre (partiellement ou complètement) un prêt hypothécaire **3** (*banca*) [*eseguire un'operazione di sconto*] escompter: *scontare una cambiale* escompter un effet **4** [*espiare la pena relativa a una colpa propria o altrui*] expier: *deve scontare il delitto commesso* il doit expier le délit qu'il a commis **5** [*subire le conseguenze di errori e di eccessi*] payer (9), expier: *sconta la sua ingenuità* il paie sa naïveté ◇ (*fam.*) *gliela farò scontare una volta o l'altra* je le lui ferai payer un jour ou l'autre **6** [*subire ed estinguere una pena detentiva e restrittiva della libertà*] purger: *ha già scontato tre anni di carcere* il a déjà purgé trois ans de prison **7** (*fig.*) [*prevedere con certezza l'esito di un fatto*] escompter, prévoir (38): *fra i rischi, è già scontato anche questo* ce risque-là aussi est déjà escompté, prévu.
scontàto |skon'tato| *agg.* **1** (*banca*) escompté **2** (*detto di una pena*) [*estinto, espiato*] purgé; expié: *il carcere scontato in questi anni* la prison purgée durant ces (dernières) années ‖ *colpa espiata, delitto espiato* faute expiée, délit expié **3** [*previsto, considerato certo*] prévu: *un risultato scontato* un résultat prévu # *lo ha dato per scontato* il l'a donné pour sûr.
scontatóre, trice |skonta'tore, tritʃe| *s.* [*chi concede lo sconto bancario di un titolo di credito*] escompteur *m.*
scontentàre |skonten'tare| *v.tr.* [*rendere, lasciare scontento, non soddisfatto*] mécontenter: *cerca di non scontentarlo* essaie de ne pas le mécontenter.
scontentézza |skonten'tettsa| *s.f.* [*il fatto di essere scontento*] mécontentement *m.*
1 **scontènto** |skon'tɛnto| *agg.* [*non contento, insoddisfatto*] mécontent: *una persona scontenta* une personne mécontente; *è rimasto scontento* il a été mécontent.
2 **scontènto** |skon'tɛnto| *s.m.* [*sentimento di insoddisfazione, di scontentezza*] mécontentement: *uno scontento generale* un mécontentement général.
scontìsta |skon'tista| *s.* [*chi presenta in anticipo cambiali, da cui dedurre lo sconto*] escompteur *m.*
scónto |'skonto| *s.m.* **1** (*comm.*) remise *f.*, réduction (*f.*): *per chi paga in contanti c'è un forte sconto* une importante remise est consentie contre tout paiement comptant; *mi hanno fatto uno sconto del 5%* on m'a fait une remise de 5%; *in quel negozio si pratica lo sconto d'uso* ce magasin pratique les remises d'usage **2** [*estinzione di un debito, di un'obbligazione, di una pena*] remise ◇ *loc.* A SCONTO DI en règlement de: *le dò questa somma a sconto del mio debito* je vous remets cette somme en règlement de ma dette ◇ (*fig.*) *lo fa a sconto della villania del fratello* il le fait en expiation de la vilenie commise par son frère **3** (*banca, econ.*) escompte: *tasso di sconto* taux d'escompte; *banco di sconto* comptoir d'escompte; *lo sconto di una tratta, di una cambiale* l'escompte d'une traite, d'un effet; *sconto mercantile, di cassa* escompte commercial, de caisse.
scontornàre |skontor'nare| *v.tr.* (*foto.*) [*eliminare le parti superflue* (*di una foto*) *per evidenziare le principali*] détourer.
scontràre |skon'trare| **A** *v.tr.* **1** (*raro*) [*incontrare per caso*] rencontrer (*corr.*), tomber (sur) (*corr.*) **2** (*mar.*) [*nell'accostata, volgere il timone dalla parte opposta*] rencontrer: *scontrare il timone* rencontrer (la barre) **B** *v.pron.* SCONTRARSI **1** *intr.* [*affrontarsi in una guerra o in una battaglia*] s'affronter: *i Romani si scontrarono con i Cartaginesi* les Romains et les Carthaginois s'affrontèrent **2** *intr.* [*andare a urtare con violenza contro q.c.*] *heurter *intr.* contre; se télescoper: *la moto si scontrò con una macchina* la moto a heurté une voiture ‖ *il treno si è scontrato con un accelerato* le rapide a télescopé un omnibus **3** *recipr.* [*venire a combattimento*] s'affronter: *i due cortei si scontrarono sulla piazza* les deux cortèges s'affrontèrent sur la place **4** *recipr.* [*urtare con violenza l'uno contro l'altro*] se heurter; se télescoper: *le due auto si sono scontrate in curva* les deux voitures se sont heurtées dans le virage ‖ *i due treni si sono scontrati poco lontano dalla stazione* les deux trains se sont télescopés non loin de la gare **5** *recipr.* (*fig.*) [*divergere*] s'affronter: *in quel circolo si scontrano le idee più diverse* dans ce cercle, les idées les plus diverses s'affrontent.
scontrìno |skon'trino| *s.m.* **1** [*piccolo biglietto di riscontro che serve a comprovare un pagamento, il diritto a determinate prestazioni*] ticket # *scontrino di controllo* bulletin de vérification; *lo scontrino del Monte di Pietà* la reconnaissance du mont-de-piété **2** [*ricevuta di valori, di depositi in denaro*] récépissé, reçu.
scóntro |'skontro| *s.m.* **1** [*urto, collisione violenta di due o più veicoli*] collision (*f.*): *uno scontro automobilistico* une collision # *uno scontro ferroviario* un télescopage de trains ◇ [*tamponamento*] tamponnement **2** (*mil.*) combat, rencontre (*f.*): *lo scontro fra i due eserciti* le combat, la rencontre entre les deux armés # *uno scontro navale* une bataille navale; *lo scontro a fuoco tra la polizia e i banditi* la fusillade entre la police et les bandits ◇ [*duello*] duel **3** [*il fatto di affrontarsi in un contrasto di interessi, di idee*] conflit: *uno scontro fra grandi potenze* un conflit entre grandes puissances; *uno scontro parlamentare* un conflit parlementaire # *ho avuto uno scontro con lui* j'ai eu un accrochage (*fam.*) avec lui **4** (*mar.*) (*dell'argano*) linguet de cabestan; (*dell'invasatura*) coin de berceau **5** (*spec. al plur.*) *gli scontri della chiave* les encoches *f.* de la clef **6** (*scherma*) rencontre.
scontrosàggine |skontro'saddʒine| *s.f.* → **scontrosità**.
scontrosaménte |skontrosa'mente| *avv.* [→ SCONTROSO 2] *hargneusement, d'un air revêche *loc. inv.*
scontrosità |skontrosi'ta| *s.f. inv.* **1** [*il fatto di essere scontroso*] caractère *m. var.* revêche **2** [*da scontroso, tipico dello scontroso*] humeur *var.* revêche, *hargneuse: *queste tue scontrosità ti inimicano tutti* ton humeur revêche, hargneuse te fait te brouiller avec tout le monde (est cause que tu es brouillé avec tout le monde).
scontróso |skon'troso| *agg.* **1** [*poco socievole*] sauvage: *un uomo chiuso e scontroso* un caractère fermé et sauvage ◆ (*s.*) *uno scontroso* un sauvage **2** [*che è facile a offendersi, a irritarsi*] revêche, *hargneux*: *una indole scontrosa* un caractère revêche, hargneux.
sconvenévole |skonve'nevole| *agg.* (*lett.*) [*sconveniente, disdicevole*] inconvenant (*corr.*).
sconvenevolézza |skonvenevo'lettsa| *s.f.* (*lett.*) → **sconvenienza**.
sconvenevolménte |skonvenevol'mente| *avv.* (*lett.*) [→ SCONVENEVOLE] d'une manière inconvenante *loc. inv.*
sconveniènte |skonve'njɛnte| *agg.* **1** [*disdicevole, scorretto*] inconvenant: *una frase sconveniente* une phrase inconvenante **2** [*che manca di convenienza economica*] désavantageux*: *un accordo, un affare sconveniente* un accord désavantageux, une affaire désavantageuse.
sconvenienteménte |skonvenjente'mente| *avv.* **1** [→ SCONVENIENTE 1] d'une manière inconvenante *loc. inv.* **2** [→ SCONVENIENTE 2] désavantageusement.
sconveniènza |skonve'njɛntsa| *s.f.* **1** [*mancanza di correttezza*] inconvenance **2** [*atti, parole scorrette*] grossièreté, inconvenance **3** [*il fatto di non essere vantaggioso*] désavantage (*m.*): *la sconvenienza di questo affare* le désavantage, l'inconvénient de cette affaire.
sconvenire |skonve'nire| (202) *v. intr.* (*aus. 'essere', raro al p.p.*) **1** [*non essere adatto*] ne pas convenir (27) (*aus.* avoir) **2** [*non essere degno, decoroso*] ne pas être (43) (*aus.* avoir) convenable **3** [*non essere vantaggioso*] ne pas être avantageux*.
sconvolgènte |skonvol'dʒɛnte| *agg.* [*che sconvolge, colpisce, impressiona*] bouleversant: *una notizia sconvolgente* une nouvelle bouleversante.
sconvòlgere |skon'vɔldʒere| (196)

v.tr. **1** [*devastare, provocare grave perturbamento*] ravager (3): *l'alluvione ha sconvolto la regione* l'inondation a ravagé la région # *il nubifragio ha sconvolto le culture* l'orage a fait des ravages dans les cultures **2** [*mettere sottosopra, provocare disordine*] brouiller; déranger (3): *il vento ha sconvolto le carte* le vent a mis les papiers dans le plus grand désordre, a brouillé tous les papiers || *questa minestra mi ha sconvolto lo stomaco* cette soupe m'a dérangé l'estomac **3** (*fig.*) [*causare un profondo turbamento*] bouleverser: *la notizia lo ha sconvolto profondamente* cette nouvelle l'a bouleversé; *un fatto nuovo ha sconvolto i miei progetti* un fait nouveau est venu bouleverser mes projets.
sconvolgiménto |skonvoldʒi'mento| *s.m.* [→ SCONVOLGERE] bouleversement: *lo sconvolgimento della guerra* le bouleversement de la guerre # *uno sconvolgimento di stomaco* un dérangement gastrique.
sconvòlto |skon'vɔlto| *agg.* **1** [*devastato*] ravagé: *un paese sconvolto da una calamità naturale* un pays ravagé par une calamité naturelle **2** [*turbato, agitato*] *una mente sconvolta* un esprit dérangé; *un viso sconvolto* un visage bouleversé; *un mare sconvolto* une mer démontée.
scooter |'sku:tə| *s.m. inv.* (*ingl.*) scooter *var.*
scooterista |skute'rista| *s.* → **scuterista.**
1 **scópa** |'skopa| *s.f.* **1** (*t.bot.*) bruyère **2** [*arnese per spazzare i pavimenti*] balai *m.* ◇ (*loc. fig.*) *è un manico di scopa* c'est un manche à balai ~ *ha ingoiato il manico della scopa* il a avalé son parapluie ◇ (*prov.*) *scopa nuova, scopa bene* tout nouveau, tout beau.
2 **scópa** |'skopa| *s.f.* (*gioco di carte*) ⊠.
scopàio, i |sko'pajo, i| *s.m.* marchand *s.* de balais.
scopamàre |skopa'mare| *s.m.* (*mar.*) bonnette *f.*
scopàre |sko'pare| *v.tr.* **1** [*spazzare con la scopa*] balayer (9): *scopare una stanza* balayer une pièce; *scopare sotto i mobili* balayer sous les meubles **2** (*volg.*) [*possedere carnalmente*] baiser.
scopàta |sko'pata| *s.f.* **1** coup *m.* de balai: *ho dato una scopata alla stanza* j'ai donné un coup de balai à la pièce **2** (*volg.*) → **coito.**
scopatóre, trice |skopa'tore, tritʃe| *s.* **1** [*chi scopa* (1)] balayeur* **2** (*volg.*) [*chi scopa* (2)] baiseur*.
scopatùra |skopa'tura| *s.f.* **1** [→ SCOPARE 1] balayage *m.* **2** (*raro*) [*l'immondizia che si porta via scopando*] balayures *pl.*
scopàzzo |sko'pattso| *s.m.* (*bot.*) balai de sorcière.
scoperchiàre |skoper'kjare| *v.tr.* [*scoprire, levando il coperchio*] découvrir (23): *scoperchiare una pentola* découvrir une casserole, ôter le couvercle d'une casserole # *il forte vento ha scoperchiato il tetto* la violence du vent a arraché le toit.
scoperchiatùra |skoperkja'tura| *s.f.* [→ SCOPERCHIARE] mise à découvert.
scopèrta |sko'pɛrta| *s.f.* [→ SCOPRIRE A 3, 4] découverte: *le grandi scoperte geografiche* les grandes découvertes géographiques ◇ (*mil.*) *andare alla scoperta* aller en reconnaissance ◇ (*fam., iron.*) *bella scoperta!, che scoperta!* la belle découverte!, quelle belle découverte!
scopertaménte |skoperta'mente| *avv.* [→ SCOPERTO I 1] ouvertement.
scopèrto |sko'pɛrto| **I** *agg.* **1** [*non coperto, senza copertura o riparo*] découvert: *pentola scoperta* casserole découverte, sans couvercle; *una vettura scoperta* une voiture découverte ◇ (*mil.*) *postazione scoperta* emplacement découvert; *il fianco dell'esercito rimase scoperto* le flanc de l'armée resta découvert ◇ (*fig.*) *giocare a carte scoperte* agir, jouer cartes sur table **2** [*privo, parzialmente o completamente, di indumenti*] découvert: *dorme tutto scoperto* il dort complètement découvert # *braccia scoperte* bras nus; *a capo scoperto* la tête nue, nu(e)-tête **3** (*banca, comm.*) *conto scoperto* compte à découvert; *una fattura scoperta* une facture non réglée **II** *s.m.* **1** [*luogo non riparato*] lieu découvert ◇ *loc.* ALLO SCOPERTO: *si trovava allo scoperto* il était sans abri; *abbiamo dormito allo scoperto* nous avons dormi à la belle étoile ◇ (*fig.*) *gioca allo scoperto* il agit à découvert **2** (*banca, comm.*) découvert: *un forte scoperto di cassa* un important découvert en banque; *credito allo scoperto* crédit à découvert # *assegno (allo) scoperto* chèque sans provision.
scopéto |sko'peto| *s.m.* [*tratto di terreno ricoperto di eriche*] brande *f.*
scopétta |sko'petta| *s.f.* **1** (*fam.*) petit balai *m.*, balayette **2** (*dial.*) → **spazzola.**
scopettóne |skopet'tone| *s.m.* → **spazzolone.**
scopettóni |skopet'toni| *s.m. pl.* (*scherz.*) [*fedine larghe e folte, lunghe fino al mento*] favoris (*corr.*).
scopiazzàre |skopjat'tsare| *v.tr.* [*copiare malamente, con scarso apporto personale*] copier (sans discernement): *questo tema è scopiazzato* cette dissertation a été copiée.
scopiazzatóre, trice |skopjattsa'tore, tritʃe| *s.* [*chi scopiazza*] copieur*.
scopiazzatùra |skopjattsa'tura| *s.f.* [*il fatto di scopiazzare; scritto scopiazzato*] copiage *m.* # *questo compito è tutta una scopiazzatura* ce devoir a été entièrement copié.
scopièra |sko'pjɛra| *s.f.* armoire à balais.
scopino |sko'pino| *s.m.* (*dial.*) [*piccola scopa a manico corto*] balayette *f.* (*corr.*).
-scòpio |'skɔpjo|, **-scopia** |sko'pia| *suff.* (*significano 'esaminare, osservare', corrispondono gener. a*) scope; scopie: *radiotelescopio* radiotélescope || *radioscopia* radioscopie.
scopista |sko'pista| *s.* joueur* de 'scopa'.
scòpo |'skɔpo| *s.m.* **1** [*fine, intento, proposito che si vuole raggiungere*] but: *lo ha fatto senza uno scopo preciso* il l'a fait sans but précis; *lo scopo del nostro agire è...* le but de notre action est... # *quel figlio è l'unico scopo della sua vita* cet enfant est sa seule raison d'être (est tout ce qui le rattache à la vie) ◇ *loc.* A, ALLO SCOPO au but; dans le but, avec l'intention: *questo mezzo risponde allo scopo* ce moyen correspond au but; *ciò non risponde allo scopo prefissato* cela ne correspond pas au but fixé || *ha comprato quell'arma a scopo di rapina* il a acheté cette arme dans le but de voler; *è venuto per scopi politici* il est venu dans un but politique; *parteciperò al solo scopo di incontrarlo* je viendrai (à la réunion) dans le seul but de le rencontrer; *a che scopo?* dans quel but?; *siamo venuti allo scopo di farvi una proposta* nous sommes venus avec l'intention de vous faire une proposition # *fa tutto a scopo di lucro* il fait tout pour de l'argent **2** (*mil.*) *falso scopo* point de repérage.
scopofilia |skopofi'lia| *s.f.* (*psican.*) voyeurisme *m.*
scopòfilo |sko'pɔfilo| *s.* (*psican.*) voyeur*.
scòpola |'skɔpola| *s.f.* → **scoppola.**
scopolamina |skopola'mina| *s.f.* (*farm.*) scopolamine.
scopóne |sko'pone| *s.m.* (*gioco di carte*) ⊠.
1 **scoppiàre** |skop'pjare| *v.intr.* (*aus. 'essere'*) **1** [*rompersi, spaccarsi all'improvviso in modo violento e fragoroso*] éclater (*aus.* avoir): *è scoppiata la gomma della bicicletta* un pneu du vélo a éclaté # *speriamo che l'ascesso scoppi senza inciderlo* espérons que l'abcès crèvera sans qu'il faille l'inciser ◇ (*loc. fig.*) *ho mangiato da scoppiare* j'ai mangé à en crever ~ *è scoppiata in singhiozzi* elle a éclaté en sanglots ~ *stava per scoppiare a piangere* elle allait fondre en larmes ~ *a quella battuta scoppiò a ridere* à cette boutade, il éclata de rire ~ *sto scoppiando dal ridere* j'éclate de rire ~ *ho il cuore che scoppia* j'ai le cœur qui éclate ~ *qui dentro si scoppia dal caldo* là-dedans on crève de chaud ~ *scoppiava dalla rabbia* il crevait de rage ~ *se non glielo dico, scoppio* si je ne le lui dis pas, j'éclate ~ *'sei un farabutto', scoppiò* il éclata: 'tu es un vaurien' ~ *in questo vestito mi sento scoppiare* j'ai l'impression d'éclater dans cette robe ~ *il corridore è scoppiato in salita* le coureur a cédé, flanché (*fam.*) dans la montée **2** [*esplodere*] exploser (*aus.* avoir) # *la carica di dinamite è scoppiata prima del tempo* la charge de dynamite a fait explosion avant l'instant prévu **3** (*fig.*) [*manifestarsi, insorgere all'improvviso*] éclater: *è scoppiata una rivolta* une révolte a éclaté # *l'incendio è scoppiato per negligenza* l'incendie est dû à la négligence.
2 **scoppiàre** |skop'pjare| *v.tr.* (*raro*) [*dividere persone, cose accoppiate fra di loro*] dépareiller; désaccoupler: *scoppiare due candelabri* dépareiller deux candelabres || *scoppiare due amici* désaccoupler deux amis ◇ [*separare*] séparer.
scoppiàto |skop'pjato| *agg.* [*sfinito, ridotto allo stremo delle forze*] éreinté, claqué: *atleta scoppiato* athlète claqué.
scoppiettaménto |skoppjetta'mento| *s.m.* [→ SCOPPIETTARE] crépitement.
scoppiettànte |skoppjet'tante| *agg.* [*che fa piccoli scoppi, risuona*] crépitant: *fuoco scoppiettante* feu crépitant # *risata scoppiettante* rire perlé.
scoppiettàre |skoppjet'tare| *v. intr.* (*aus. 'avere'*) **1** [*fare scoppi piccoli e frequenti*] crépiter: *la legna scoppiettava nel caminetto* le bois crépitait dans la cheminée **2** (*fig.*) [*risuonare,*

succedersi] résonner: *la stanza scoppiettava di risate* la pièce résonnait de rires **3** [*schioccare*] claquer.

scoppiettìo, ii |skoppjet'tio, ii| *s.m.* [*uno scoppiettare continuato*] crépitement.

scoppiétto |skop'pjetto| *s.m.* [*arma da fuoco portatile del XV sec.*] escopette *f.*

scòppio, i |'skɔppjo, i| *s.m.* **1** [→ 1 SCOPPIARE 1, 2] éclatement; explosion (*f.*): *lo scoppio di una tubatura* l'éclatement d'une tuyauterie ‖ *lo scoppio di una bomba* l'explosion d'une bombe; *motore a scoppio* moteur à explosion; *si udì uno scoppio tremendo* on entendit une terrible explosion ◇ (*loc. fig.*) *uno scoppio di collera* une explosion de colère ~ *uno scoppio di risa* un éclat de rire ~ *uno scoppio d'applausi* une salve, un tonnerre d'applaudissements ~ A SCOPPIO RITARDATO à retardement **2** [*rumore di uno scoppio, detonazione*] explosion: *lo scoppio dei mortaretti* l'explosion des pétards **3** [*inizio*] début: *allo scoppio della guerra* au début de la guerre, quand la guerre éclata **4** [*manifestazione improvvisa e violenta*] déclenchement; explosion: *lo scoppio dell'epidemia* le déclenchement de l'épidémie ‖ *lo scoppio di un tumulto* l'explosion d'une émeute.

scòppola |'skɔppola| *s.f.* **1** (*dial.*) [*colpo dato col palmo della mano sulla nuca*] taloche (*fam.*): *dare, prendersi una scoppola* donner, recevoir une taloche **2** (*fig.*) [*colpo, grave perdita*] coup *m.* rude: *quell'affare è stato una bella scoppola per lui!* cette affaire a été un coup rude pour lui! **3** (*dial.*) [*berretto con visiera*] béret *m.* (*corr.*) **4** (*aer.*) saut *m.*

scopribile |sko'pribile| *agg.* [→ SCOPRIRE A] qu'on peut découvrir *loc.*, découvrable (*raro*).

scopriménto |skopri'mento| *s.m.* [*il fatto di togliere quanto copre, spec. in cerimonie ufficiali*] *lo scoprimento di una lapide* l'inauguration *f.* d'une plaque ◇ (*arc.*) → **scoperta.**

scoprire |sko'prire| (186) **A** *v.tr.* **1** [*liberare da ciò che copre, ripara, chiude, nasconde*] découvrir (23); dévoiler: *non scoprire la pentola* ne découvre pas la casserole ‖ *hanno scoperto una lapide* on a dévoilé une plaque # *il comando ha scoperto un tratto di frontiera* le commandement a laissé une partie de la frontière à découvert, sans couverture □ *si è scoperta le spalle* elle a découvert ses épaules ◇ (*loc. fig.*) *gli ha scoperto gli altarini* il a découvert le pot aux roses ~ *ha scoperto il fianco all'avversario* il a découvert son flanc à l'adversaire **2** [*permettere di vedere; rendere manifesto, palese*] dévoiler: *non vuol scoprire le sue intenzioni* il ne veut pas dévoiler ses intentions ◇ (*loc. fig.*) *ha scoperto le carte, il proprio gioco* il a découvert, dévoilé ses cartes, son jeu **3** [*acquisire alla conoscenza luoghi, fatti, nozioni prima ignoti*] découvrir: *non hanno ancora scoperto un rimedio contro il cancro* on n'a pas encore découvert de remède contre le cancer ◇ (*loc. fig.*) *ha scoperto l'America!* quelle découverte! **4** [*identificare persone fino a quel momento sconosciute*] découvrir: *se scopro chi mi ha giocato questo tiro!* si je découvre qui m'a joué ce mauvais tour! **B** *v. pron. rifl.* SCOPRIRSI **1** [*liberarsi dagli indumenti che coprono il corpo o una parte di esso*] se découvrir: *non scoprirti troppo, fa ancora freddo* ne te découvre pas trop, il fait encore froid **2** [*manifestare il proprio modo di pensare, di agire*] se découvrir: *se parli con lui, cerca di non scoprirti* si tu parles avec lui, essaie de ne pas te découvrir **3** (*pugilato*) [*dare la possibilità all'avversario di mettere a segno un colpo*] se découvrir **C** A 1; B 1 **coprire.**

scopritóre, trice |skopri'tore, tritʃe| *s.* [*chi scopre*] découvreur *m.*

scoraggiaménto |skoraddʒa'mento| *s.m.* [*lo stato d'animo di chi è scoraggiato*] découragement: *ha avuto un momento di scoraggiamento* il a eu un moment de découragement; *si è lasciato prendere dallo scoraggiamento* il s'est laissé aller au découragement.

scoraggiànte |skorad'dʒante| *agg.* [*che causa scoraggiamento*] décourageant, démoralisant: *una risposta scoraggiante* une réponse décourageante, démoralisante; *un esito scoraggiante* un résultat décourageant.

scoraggiàre |skorad'dʒare| **A** *v.tr.* [*far perdere il coraggio, la forza d'animo, la fiducia*] décourager (3): *il risultato mi ha scoraggiato* le résultat m'a découragé; *su, non scoraggiarti!* allons! ne perds pas courage! **B** *v. pron. intr.* SCORAGGIARSI [*perdere il coraggio, la fiducia*] se décourager: *dopo quel rifiuto si è scoraggiato* après ce refus il s'est découragé.

scoraggiàto |skorad'dʒato| *agg.* [*sfiduciato, che non ha più coraggio*] découragé: *mi sento scoraggiata* je suis découragée.

scoraménto |skora'mento| *s.m.* (*lett., raro*) [*profondo abbattimento morale*] abattement (*corr.*), découragement (*corr.*).

scoràre |sko'rare| *v.tr.* → **scoraggiare.**

scorbacchiàre |skorbak'kjare| *v. tr.* (*raro*) [*svergognare, dileggiare*] bafouer (*corr.*).

scorbacchiàto |skorbak'kjato| *agg.* (*raro*) [*schernito, svergognato*] bafoué *p.p.* (*corr.*).

scorbellàto |skorbel'lato| *agg.* (*pop.*) [*che non ha riguardo per nessuno, intrattabile*] *hargneux*.

scorbùtico, ci, ca, che |skor'butiko, tʃi, ka, ke| *agg.* **1** (*med.*) scorbutique: *manifestazioni scorbutiche* manifestations scorbutiques **2** (*fig.*) [*scontroso, aspro, scostante*] *hargneux*: *una persona scorbutica* une personne hargneuse ✦ (*s.*) *uno scorbutico* une personne *f.* hargneuse *agg.* # *non fare lo scorbutico!* ne sois pas hargneux!

scorbùto |skor'buto| *s.m.* (*med.*) scorbut.

scorciaménto |skortʃa'mento| *s.m.* [→ SCORCIARE A 1] raccourcissement.

scorciàre |skor'tʃare| **A** *v.tr.* **1** [*rendere, far diventare più corto*] raccourcir: *scorciare una gonna* raccourcir une jupe # *scorciarsi i capelli* se faire couper les cheveux **2** [*rappresentare di scorcio* (*in opere figurative*)] croquer **3** (*fig., in opere lett.*) [*rappresentare in modo rapido e vivace*] croquer: *scorciare un personaggio* croquer un personnage **B** *v.pron. intr.* SCORCIARSI [*diventare più corto*] raccourcir (*intr.*): *questo vestito, dopo la lavatura, si è scorciato* cette robe a raccourci au lavage.

scorciatóia |skortʃa'toja| *s.f.* **1** [*sentiero, strada secondaria, che presenta un percorso più breve rispetto alla strada normale*] raccourci *m.* **2** (*fig.*) [*modo, mezzo più sbrigativo per raggiungere un determinato intento*] biais (*m.*): *devo trovare una scorciatoia per uscire da questo pasticcio* il faut que je trouve un biais, un truc pour sortir de ce pétrin.

scórcio, i |'skortʃo, i| *s.m.* **1** (*pitt.*) raccourci **2** [*breve spazio di tempo al termine di un periodo*] fin (*f.*): *godiamoci questo bellissimo scorcio di settembre!* jouissons de cette très belle fin de septembre!; *era di moda sullo scorcio del secolo scorso* c'était à la mode vers la fin du siècle dernier # *se trovo uno scorcio di tempo, ti scriverò* si je trouve un instant, je t'écrirai.

1 **scordàre** |skor'dare| **A** *v.tr.* [*dimenticare; tralasciare di fare q.c.*] oublier: *non scordare di passare di là* n'oublie pas de passer par là **B** *v.pron. intr.* SCORDARSI **1** [*dimenticarsi, non ricordare più*] oublier (*tr.*): *mi sono scordato di venire* j'ai oublié de venir **2** (*fam.*) [*non fare più alcun conto su q.c. di atteso*] se passer # *ormai puoi scordarti i soldi che gli hai imprestato* va, tu peux maintenant faire une croix sur l'argent que tu lui as prêté **C** A; B 1 **ricordare.**

2 **scordàre** |skor'dare| **A** *v.tr.* [*far perdere l'accordatura*] désaccorder **B** *v. pron. intr.* SCORDARSI [*perdere l'accordatura*] se désaccorder: *il piano si è scordato* le piano (s')est désaccordé.

1 **scordàto** |skor'dato| *agg.* [*dimenticato, non ricordato*] oublié.

2 **scordàto** |skor'dato| *agg.* [*che ha perso l'accordatura*] désaccordé: *strumento scordato* instrument désaccordé.

scordatùra |skorda'tura| *s.f.* [*alterazione dell'accordatura in uno strumento a corde*] désaccord *m.*

scòrdio, i |'skɔrdjo, i| *s.m.* (*t.bot*) germandrée *f* aquatique.

score |skɔ:| *s.m. inv.* (*ingl.*) score *var.*

scoréggia, ge |sko'reddʒa, dʒe| *s.f.* (*volg.*) [*emissione rumorosa di gas intestinali*] pet *m.*

scoreggiàre |skored'dʒare| *v.intr.* (*aus.* 'avere') (*pop., volg.*) [*fare scoregge*] péter (8) (*volg.*).

scòrfano |'skɔrfano| *s.m.* **1** → **scorpena 2** (*fig., pop.*) [*persona molto brutta*] monstre, épouvantail.

scòrgere |'skɔrdʒere| (167) *v.tr.* **1** [*distinguere con la vista*] distinguer, apercevoir (33): *non riusciva a scorgere nulla* il n'arrivait pas à distinguer quoi que ce soit; *in lontananza scorse un paese* il aperçut un village dans le lointain; *stai attento a non farti scorgere!* fais attention à, de ne pas te faire remarquer! **2** (*raro, fig.*) [*discernere, avere cognizione*] voir (37): *non riesce a scorgere il pericolo* il n'arrive pas à voir le danger **3** (*arc., poet.*) → **guidare.**

scòria |'skɔrja| *s.f.* **1** [*residuo di processi di trasformazione di materiali*] scorie: *scorie di ferro, di alluminio, di carbone* scories de fer, d'aluminium, de charbon; *scorie vulcaniche* scories volcaniques # *scorie di lava* laves; *scorie di ghisa* crasse de fonte **2** (*fig.*) [*resi-*

duo inutile e dannoso] scorie: *le scorie di un'educazione sbagliata* les scories d'une éducation ratée.
scoriàceo |sko'rjatʃeo| *agg.* (*petrografia*) scoriacé.
scorificàre |skorifi'kare| *v.tr.* [*sottoporre un metallo al processo di scorificazione*] scorifier.
scorificazióne |skorifikat'tsjone| *s.f.* (*metall.*) scorification.
scornàre |skor'nare| **A** *v.tr.* **1** [*rompere le corna*] décorner **2** (*fig.*) [*svergognare, dileggiare, mettere in ridicolo*] ridiculiser **B** *v.pron. intr.* SCORNARSI **1** [*rompersi le corna*] se décorner **2** (*fig.*) [*fallire in un'impresa, traendone umiliazione*] se casser le nez (*fam.*): *si è scornato a causa della sua presunzione* sa présomption a fait qu'il s'est cassé le nez.
scornàto |skor'nato| *agg.* **1** [*con le corna rotte*] décorné (*p.p.*): *un caprone scornato* un bouc décorné **2** [*umiliato, sconfitto*] penaud: *se n'è tornato a casa scornato* il est rentré chez lui tout penaud.
scornatùra |skorna'tura| *s.f.* [→ SCORNARE A 1; B 1] écornement *m.*
scorniciàre |skorni'tʃare| *v.tr.* **1** [*togliere dalla cornice*] désencadrer: *scorniciare una stampa* désencadrer une gravure **2** [*modellare in forma di cornice*] moulurer Ⓒ 1 **incorniciare.**
scorniciàto |skorni'tʃato| *agg.* (*arch.*) mouluré *p.p.*
scòrno |'skɔrno| *s.m.* [*vergogna, ridicolo conseguenti a un insuccesso*] ridicule ◇ [*umiliazione*] *honte (*f.*): *con suo grave scorno non è stato rieletto* à sa grande honte, il n'a pas été réélu.
scoronàre |skoro'nare| *v.tr.* **1** [*tagliare gli alberi a corona*] découronner **2** [*togliere la corona*] ôter la couronne: *scoronare un dente* ôter la couronne d'une dent.
scorpacciàta |skorpat'tʃata| *s.f.* [*mangiata eccezionale, fino a non poterne più*] ventrée: *che scorpacciata!* quelle ventrée!, quelle ripaille! # *ha fatto una scorpacciata di fichi* il s'est gavé de figues ◇ (*fig.*) *mi son fatta una scorpacciata di libri* je me suis envoyé une tapée de bouquins.
scorpèna |skor'pɛna, 'skorpena| *s.f.* (*t.zool.*) scorpène, rascasse (*corr.*).
scorpiòide |skor'pjɔide| *agg.* (*bot.*) scorpioïde: *ramificazione scorpioide* ramification scorpioïde.
scorpióne |skor'pjone| *s.m.* **1** (*t. zool.*) scorpion ~ *scorpione d'acqua* → **nepa** **2** (*astrol.*) Scorpion **3** (*fig.*) [*persona maligna e velenosa*] mauvaise langue *f.*, langue de vipère **4** (*st. rom.*) scorpion.
Scorpiònidi |skor'pjɔnidi| *s.m. pl.* (*t.zool.*) Scorpionidés.
scorpiùro |skor'pjuro| *s.m.* (*t.bot.*) scorpiurus, chenillette *f.* (*corr.*).
scorporàre |skorpo'rare| *v.tr.* [*suddividere in più porzioni beni; detrarre una parte da un patrimonio o da una eredità*] désincorporer.
scòrporo |'skɔrporo| *s.m.* [→ SCORPORARE] désincorporation *f.*
scorrazzaménto |skorrattsa'mento| *s.m.* [→ SCORRAZZARE A 1] ébats *pl.*
scorrazzàre |skorrat'tsare| **A** *v. intr.* (*aus.* '*avere*') **1** [*correre in qua e in là, spec. per divertimento*] s'ébattre (76) *pron.*; déambuler: *i bambini scorrazzavano nel prato* les enfants s'ébattaient dans le pré ‖ *abbiamo scorrazzato tutto il giorno per la città* nous avons déambulé toute la journée dans la ville **2** (*fig.*) [*toccare di sfuggita un argomento*] effleurer *tr.* **B** *v.tr.* [*percorrere rapidamente*] parcourir (17) # *ha scorrazzato mezzo mondo* il a traîné sa bosse partout.
scorrazzàta |skorrat'tsata| *s.f.* [*il fatto di scorrazzare*] randonnée.
scórrere |'skorrere| (127) **A** *v.intr.* (*aus.* '*essere*') **1** [*muoversi, spostarsi lungo un percorso tracciato*] glisser (*aus.* avoir); courir (17) (*aus.* avoir): *fa' scorrere la fune* fais glisser, courir la corde (sur la poulie) ‖ *la penna scorreva sul foglio* la plume courait sur la feuille ◇ (*su rotaie*) glisser: *un cursore che scorre su una guida* un curseur qui glisse sur une coulisse **2** [*fluire*] couler (*aus.* avoir): *il fiume scorre lentamente* la rivière coule lentement **3** (*liquidi*) [*defluire; sgorgare*] couler: *il sangue scorreva copioso dalla ferita* le sang coulait abondamment de la blessure # *grossi lacrimoni gli scorrevano sul volto* de grosses larmes ruisselaient sur son visage **4** (*fig.*) [*procedere, susseguirsi agevolmente*] couler: *questa frase non scorre bene* cette phrase ne coule pas bien # *il traffico scorre bene in questa ora* la circulation est fluide à cette heure-ci **5** [*correre rapidamente, sfilare*] défiler (*aus.* avoir): *le immagini scorrono sullo schermo* les images défilent sur l'écran **6** [*trascorrere, passare*] s'écouler *pron.* **B** *v.tr.* **1** [*percorrere rapidamente con lo sguardo; leggere in fretta*] parcourir (17): *scorrere un libro, un giornale* parcourir un livre, un journal **2** (*lett.*) [*fare scorrerie*] ravager (3).
scorrerìa |skorre'ria| *s.f.* [*incursione armata in territorio nemico*] incursion.
scorrettaménte |skorretta'mente| *avv.* [→ SCORRETTO] incorrectement.
scorrettézza |skorret'tettsa| *s.f.* **1** [*il fatto di essere scorretto*] incorrection: *la sua scorrettezza è insopportabile* il est d'une insupportable incorrection **2** [*errore; forma grammaticalmente scorretta*] erreur, faute: *un compito pieno di scorrettezze* un devoir plein d'erreurs, de fautes.
scorrètto |skor'rɛtto| *agg.* **1** [*che contiene degli errori*] incorrect: *compito scorretto* devoir incorrect **2** [*che non è conforme ai principi dell'educazione, dell'onestà*] incorrect: *comportamento scorretto* attitude incorrecte **3** [*licenzioso, intemperante*] grossier*, cru: *parole scorrette* mots grossiers.
scorrévole |skor'revole| **1** *agg.* [*che scorre; che procede con agilità*] *porte scorrevoli* portes coulissantes; *un nastro trasportatore scorrevole* une bande transporteuse; *un inchiostro molto scorrevole* une encre très fluide ◇ (*fig.*) *traffico scorrevole* circulation fluide; *una prosa scorrevole* une prose coulante **2** *s.m.* [*elemento scorrevole di strumenti e congegni meccanici*] coulant # *lo scorrevole di una riga graduata* le curseur d'une règle à calcul.
scorrevolézza |skorrevo'lettsa| *s.f.* [*il fatto di essere scorrevole*] fluidité.
scorrevolménte |skorrevol'mente| *avv.* [→ SCORREVOLE 1] couramment.
scorrezióne |skorret'tsjone| *s.f.* (*raro*) → **scorrettezza.**
scorribànda |skorri'banda| *s.f.* **1** [*breve scorreria di una banda armata*] incursion **2** [*rapida escursione*] excursion **3** (*fig.*) [*rapida disgressione in un argomento o campo diversi da quelli abituali*] digression.
scorriménto |skorri'mento| *s.m.* **1** [→ SCORRERE A 2, 3] écoulement: *irrigazione per scorrimento* irrigation par écoulement **2** [→ SCORRERE A 1] glissement: *lo scorrimento di una fune, di un cavo* le glissement d'une corde, d'un câble ◇ [*slittamento*] patinage **3** (*fis.*) fluage **4** (*geol.*) glissement ◇ (*di morene, di ghiacciai*) cheminement **5** (*metall.*) fluage.
scórsa |'skorsa| *s.f.* [*lettura rapida e frettolosa*] coup *m.* d'œil: *vorrei che tu dessi una scorsa a questo libro* je voudrais que tu donnes un coup d'œil à, que tu jettes un coup d'œil sur ce livre, que tu parcours ce livre.
scórso |'skorso| **1** *agg.* [*trascorso, passato*] passé, dernier*: *l'anno scorso* l'an passé, l'année dernière; *il quindici del mese scorso* le quinze du mois dernier; *nei giorni scorsi* dans les derniers jours **2** *s.m.* [*errore involontario*] lapsus: *uno scorso di lingua* un lapsus.
scorsóio, i |skor'sojo, i| *agg.* [*che è fatto per scorrere*] coulant: *nodo scorsoio* nœud coulant.
scòrta |'skɔrta| *s.f.* **1** [*il fatto di scortare per accompagnare, proteggere; persone, mezzi che scortano*] escorte: *scorta d'onore* escorte d'honneur # *un gruppo di militari faceva da scorta al corteo* le cortège était escort par un détachement militaire ◇ *loc.* SULLA SCORTA DI d'après; [*fondandosi su*] sur la base de # *continua quel lavoro sulla scorta di suo padre* il continue ce travail dans les pas de son père, en se fondant sur ce qu'a laissé son père; *il ladro è stato arrestato sulla scorta di pochi indizi* un petit nombre d'indices a suffi à faire arrêter le voleur ✦ (*agg. inv.*) *nave scorta* navire escorteur *var.* **2** [*provvista di beni e materiali accantonata per i casi di necessità*] provision: *una scorta di viveri* une provision de vivres # *ha una piccola scorta di denaro* il a une petite réserve d'argent ◇ *loc.* DI SCORTA *materiali di scorta* matériel de réserve; *ruota di scorta* roue de secours; *carro di scorta* tender **3** *spec. al plur.* (*econ.*) stocks (*m.*): *scorte di grano* stocks de blé; *fino a esaurimento delle scorte* jusqu'à épuisement des stocks **4** *al plur.* (*agr.*) cheptel (*m. sing.*): *scorte vive* cheptel sur pied; *scorte morte* cheptel mort.
scortaconvòglio, i |skortakon'vɔʎʎo, i| *s.m.* (*mar. mil.*) escorteur d'escadre.
scortàre |skor'tare| *v.tr.* [*accompagnare per sorvegliare e proteggere, fare da scorta*] escorter: *la vettura presidenziale era scortata da sei motociclisti* la voiture présidentielle était escortée par six motards ◇ (*mil., in convoglio*) convoyer (10).
scortecciaménto |skortettʃa'mento| *s.m.* → **scortecciatura.**
scortecciàre |skortet'tʃare| **A** *v. tr.* **1** [*asportare, togliere la corteccia*] écorcer (2): *scortecciare un ramo* écorcer une branche **2** [*togliere l'intonaco*] décrépir: *scortecciare un muro* décrépir

un mur ◇ (*vernice, affresco*) écailler **3** [*levare la crosta* (*al pane*)] retirer la croûte du pain, écroûter le pain **B** *v.pron. intr.* SCORTECCIARSI **1** [*perdere la corteccia*] perdre (53) *tr.* son écorce **2** [*perdere l'intonaco*] se décrépir ◇ (*di vernice, affresco*) s'écailler.

scortecciàto |skortet'tʃato| *agg.* [*cui è stata tolta la corteccia*] écorcé *p.p.* # *legno scortecciato* bois pelard.

scortecciatóio, i |skortettʃa'tojo, i| *s.m.* (*agr.*) décortiqueur.

scortecciatóre, trice |skortettʃa'tore, tritʃe| *s.* [*chi scorteccia* (A 1)] écorceur *m.*

scortecciatrice |skortettʃa'tritʃe| *s.f.* (*tecnol.*) décortiqueuse.

scortecciatùra |skortettʃa'tura| *s.f.* **1** [→ SCORTECCIARE A 1, 2; B] (*di albero e sim.*) écorçage (*m.*): *la scortecciatura di un ramo* l'écorçage d'une branche ◇ (*di intonaco*) décrépissage *m.* ◇ (*di vernice, di affresco*) écaillage *m.* **2** [*quantità di corteccia asportata*] écorce **3** [*quantità di vernice o pittura asportata*] écaillure.

scortése |skor'teze| *agg.* [*che manca di cortesia, gentilezza, educazione*] impoli, désobligeant: *una persona scortese* une personne impolie; *un impiegato scortese* un employé impoli, désobligeant **C** **cortese, gentile.**

scorteseménte |skorteze'mente| *avv.* [→ SCORTESE] impoliment.

scortesìa |skorte'zia| *s.f.* **1** [*il fatto di essere scortese*] impolitesse **2** [*comportamento, parole scortesi*] impolitesse: *mi ha fatto una scortesia* il m'a fait une impolitesse # *è una vera scortesia non riceverlo* c'est vraiment impoli de ne pas le recevoir.

scorticaménto |skortika'mento| *s.m.* [*il fatto di scorticare, di essere scorticato*] écorchement.

scorticàre |skorti'kare| *v.tr.* **1** [*togliere la pelle*] écorcher **2** (*per est.*) [*causare una lacerazione della pelle*] écorcher; (*superficialmente*) érafler: *cadendo, si è scorticato un ginocchio* en tombant il s'est écorché le genou **3** (*fig.*) [*esigere un prezzo, un compenso esageratamente alto*] écorcher: *in quell'albergo mi hanno scorticato* dans cet hôtel on m'a écorché **4** (*fig.*) [*sottoporre a prove molto impegnative*; *fare domande difficili*] cuisiner: *scorticare un candidato* cuisiner un candidat.

scorticària |skorti'karja| *s.f.* (*arc.*) [*rete per la pesca*] seine (*corr.*).

scorticatóio, i |skortika'tojo, i| *s.m.* **1** [*coltello per scorticare*] couteau à écorcher **2** [*luogo dove si scortificano gli animali morti*] écorcherie *f.*

scorticatóre, trice |skortika'tore, tritʃe| *s.* [*chi scortica* (1)] écorcheur *m.*

scorticatùra |skortika'tura| *s.f.* **1** [→ SCORTICARE 1, 2] écorchement *m.* **2** [*escoriazione*] écorchure **3** [*graffio*] égratignure.

scortichino |skorti'kino| *s.m.* **1** couteau à écorcher **2** [*chi scortica le bestie macellate*] écorcheur.

scòrza |'skɔrdza, 'skɔrtsa| *s.f.* **1** [*parte della corteccia degli alberi, costituita da elementi morti*] écorce **2** (*per est.*) [*la parte esterna di alcuni frutti*] écorce: *la scorza d'arancia, di limone* l'écorce, le zeste d'orange, de citron # *la scorza delle castagne* la bogue de la châtaigne **3** (*per est.*) [*la pelle d'animali*] peau **4** (*fig.*) [*aspetto esteriore*] apparence: *sotto una scorza ruvida cela un cuore d'oro* sous une apparence rude il cache un cœur d'or # *ha la scorza dura* il a la peau dure.

scorzàre |skor'dzare, skor'tsare| *v. tr.* [*levare la scorza*] écorcer (2).

scorzatrice |skortsa'tritʃe| *s.f.* (*tecnol.*) écorceuse.

scorzatùra |skordza'tura, skortsa'tura| *s.f.* [→ SCORZARE] écorçage *m.*

scorzonéra |skordzo'nera, skortso'nera| *s.f.* (*t.bot.*) scorsonère.

scoscéndere |skoʃ'ʃe(ɛ)ndere| (105) **A** *v.tr.* (*lett.*) [*rompere, spaccare con forza*] fendre (53) (*corr.*): *il fulmine ha scosceso un ramo* la foudre a fendu la branche **B** *v.pron. intr.* SCOSCENDERSI [*franare rovinosamente*] s'ébouler, s'écrouler: *la montagna, da quel lato, si scoscende* sur ce versant, la montagne s'éboule.

scoscendiménto |skoʃʃendi'mento| *s.m.* **1** [→ SCOSCENDERE B] écroulement, éboulement **2** [*luogo scosceso*] escarpement **3** [*frana rapida e improvvisa*] éboulement.

scoscéso |skoʃ'ʃeso| *agg.* [*molto ripido*; *che scende giù a picco*] escarpé, abrupt.

scosciàre |skoʃ'ʃare| **A** *v.tr.* **1** [*slogare le cosce, in seguito a cadute, urti*] se disloquer *pron.* les cuisses **2** [*staccare le cosce di un animale cucinato*] lever, découper les cuisses **B** *v. pron. intr.* SCOSCIARSI [*nella danza, divaricare al massimo le gambe*] faire (45) *tr.* le grand écart.

scòscio, i |'skɔʃʃo, i| *s.m.* **1** [*movimento di danza*] grand-écart → **spaccata** **2** [*incavatura fra le cosce dei calzoni*] entre(-)jambes.

scòssa |'skɔssa| *s.f.* **1** [→ SCUOTERE A 1] secousse: *una scossa di terremoto* une secousse tellurique, un séisme # *la corriera procedeva a scosse* le car avançait par à-coups **2** (*com.*) [*la sensazione e la reazione provocata da una scarica di corrente elettrica*] décharge: *attento che prendi la scossa* attention, tu vas recevoir le courant, une décharge # *il portalampada dà la scossa* on s'envoie le courant quand on touche la douille **3** (*fig.*) [*grave e improvviso turbamento*] choc (*m.*): *la morte dell'amico è stata una scossa* la mort de son ami a été un choc.

scòsso |'skɔsso| *agg.* **1** [*commosso, emozionato*] secoué, ému **2** [*rovinato, compromesso*] ébranlé: *nervi scossi* nerfs ébranlés # *un patrimonio scosso* un patrimoine compromis.

scossóne |skos'sone| *s.m.* **1** forte, violente secousse *f.* **2** [*sballottamento*] cahot **3** [*spintone*] poussée *f.* violente.

scostaménto |skosta'mento| *s.m.* **1** [→ SCOSTARE] éloignement **2** (*balistica*) dérive *f.*

scostànte |skos'tante| *agg.* [*che suscita antipatia*; *che non è cordiale*] distant: *un tipo scostante* un type distant.

scostàre |skos'tare| **A** *v.tr.* [*allontanare qc. o q.c. da un'altra cui stava vicino*] écarter, éloigner: *scostare un tavolo dal muro* écarter, éloigner une table du mur ◇ (*mar.*) *scosta!* pousse! **B** *v. pron. rifl.* SCOSTARSI [*allontanarsi da dove si è accostati o vicini*] s'écarter: *scostati dal televisore* écarte-toi, éloigne-toi du téléviseur ◇ (*mar.*) *la nave si scostò dalla banchina* le navire s'écarta du quai; *l'imbarcazione stava per scostarsi dalla riva* l'embarcation allait s'éloigner de la terre.

scostumataménte |skostumata'mente| *avv.* [→ SCOSTUMATO] en débauché *loc. inv.*, licencieusement.

scostumatézza |skostuma'tettsa| *s.f.* **1** [*il fatto di essere scostumato*] inconduite **2** [*azione da scostumato*] débauche **3** [*parole da scostumato*] grossièreté.

scostumàto |skostu'mato| *agg.* [*che ha cattivi costumi, che è privo di freni morali*] débauché: *una persona scostumata* une personne débauchée # *vita scostumata* vie déréglée, dissolue ✦ (*s.*) *uno scostumato* un débauché **C** **morigerato.**

scòtano |'skɔtano| *s.m.* (*t.bot.*) fustet.

1 **scotch** |skɔtʃ| *agg. inv.* (*ingl.*) *scotch whisky* [*whisky scozzese*] whisky *var.* ✦ (*ass.*) *uno scotch* un scotch.

2 **scotch** |skɔtʃ| *s.m. inv.* (*amer.*) [*nastro adesivo*] scotch *var.*

scotennàre |skoten'nare| *v.tr.* **1** [*levare la cotenna*] enlever (6) la couenne: *scotennare un maiale* enlever la couenne d'une carcasse de porc **2** [*levare il cuoio capelluto*] scalper.

scotennatóio, i |skotenna'tojo, i| *s.m.* couteau à écorcher.

scotennatóre, trice |skotenna'tore, tritʃe| *s.* [*chi scotenna* (1)] écorcheur *m.*

scotennatùra |skotenna'tura| *s.f.* **1** action d'enlever la couenne **2** action de scalper.

scoticàre |skoti'kare| *v.tr.* [*rimuovere la cotica erbosa dei prati*] dégazonner.

scoticatóre |skotika'tore| *s.m.* (*agr.*) rasette *f.*

scoticatùra |skotika'tura| *s.f.* [→ SCOTICARE] dégazonnage *m.*

scotiménto |skoti'mento| *s.m.* [→ SCUOTERE A 1] secouement (*lett.*).

scotìsmo |sko'tizmo| *s.m.* (*filos.*) scotisme.

scotìsta |sko'tista| *s.m.* scotiste *s.*

scotìstico, ci, ca, che |sko'tistiko, tʃi, ka, ke| *agg.* (*filos.*) scotiste.

scotitóio, i |skoti'tojo, i| *s.m.* **1** → **shaker** **2** (*mecc.*) secoueur.

scòto |'skɔto| *agg. e s.* (*lett., st.*) → **scozzese.**

scotodinìa |skotodi'nia| *s.f.* (*med.*) scotodinie.

scotolàre |skoto'lare| *v.tr.* [*battere lino o canapa con la scotola*] teiller.

scotolatùra |skotola'tura| *s.f.* [→ SCOTOLARE] teillage *m.*

scotòma |sko'tɔma| *s.m.* (*med.*) scotome.

scotonizzazióne |skotoniddzat'tsjone| *s.f.* (*psicol.*) scotonisation.

1 **scòtta** |'skɔtta| *s.f.* [*siero non rappreso che rimane dopo la lavorazione del formaggio*] petit-lait *m.*

2 **scòtta** |'skɔtta| *s.f.* (*mar.*) écoute.

scottànte |skot'tante| *agg.* **1** [*che brucia, scotta*] brûlant: *un ferro scottante* un fer brûlant **2** (*fig.*) [*grave, urgente*; *che dà preoccupazione*] brûlant: *un problema scottante* un problème brûlant.

scottàre |skot'tare| **A** *v.tr.* **1** [*dare senso di bruciore per la vicinanza eccessiva di una fonte di calore*] brûler: *la minestra mi ha scottato la lingua* la soupe m'a brûlé la langue ◇ [*farsi una scottatura*] *uno schizzo d'olio bollente le ha scottato la mano* une giclée d'huile bouillante lui a brûlé la main ◇ (*fig.*) *quell'esperienza lo ha scottato* cette expérience l'a échaudé **2** [*far bollire per qualche minuto carni e verdure come primo procedimento di conservazione*] (*di legumi*) ébouillanter; (*di carni*) échauder **3** (*fig.*) [*irritare, colpire nel vivo, offendere*] piquer au vif: *quel giudizio lo ha scottato* ce jugement l'a piqué au vif **B** *v.intr.* (*aus. 'avere'*) **1** [*essere molto caldo, emettere tanto calore da ustionare*] brûler; être (43) brûlant: *gli scotta la fronte*: *ha la febbre* il a le front qui brûle: il a de la fièvre || *guarda che la minestra scotta* fais attention, la soupe est brûlante; *oggi il sole scotta* aujourd'hui le soleil est brûlant ◇ (*loc. fig.*) *a quel ragazzo scotta la terra sotto i piedi* ce garçon a le feu au derrière **2** (*fig.*) [*causare profondo interesse, viva preoccupazione*] *è un problema che scotta* c'est un problème d'un intérêt brûlant; *una refurtiva che scotta* un butin qui brûle les doigts; *la tua risposta gli scotta* ta réponse l'a touché au vif **C** *v.pron.* SCOTTARSI **1** *rifl.* [*prodursi un senso di bruciore, un'ustione per l'avvicinamento a una fonte di calore intenso*] se brûler: *si è scottata con il ferro da stiro* elle s'est brûlée avec le fer à repasser **2** *intr.* [*passare attraverso esperienze spiacevoli, rimanendo amareggiato, deluso*] se faire (45) échauder: *con quella gente mi sono già scottata una volta* je me suis déjà fait échauder une fois par ces gens-là.

scottàta |skot'tata| *s.f. nella loc.* (*cuc.*) *dare una scottata* (*al pollo*) [*scottare leggermente*] ébouillanter (un poulet).

scottàto |skot'tato| *agg.* **1** [*bruciato, ustionato leggermente*] brûlé: *è tutto scottato per il troppo sole* il est tout brûlé par le soleil **2** (*cuc.*) blanchi, ébouillanté: *funghi scottati* champignons blanchis ◇ (*di legumi*) blanchi ◇ (*di carne*) échaudé **3** (*fig.*) [*deluso, colpito*] échaudé: *è rimasta scottata da una brutta esperienza* une mauvaise expérience l'a déjà échaudé.

scottatùra |skotta'tura| *s.f.* **1** [→ SCOTTARE A 1, 3; C] brûlure # *dopo quella scottatura, prende poco sole* depuis qu'il s'est brûlé, il prend peu de soleil ◇ (*fig.*) *quella scottatura gli è servita di lezione* cette déception lui a servi de leçon **2** [*la parte scottata*] brûlure: *un unguento contro le scottature* une pommade contre les brûlures **3** *la scottatura dei legumi* le blanchiment *m.* des légumes.

1 **scòtto** |'skɔtto| *agg.* trop cuit: *il riso è scotto* le riz est trop cuit.

2 **scòtto** |'skɔtto| *s.m.* (*arc., raro*) [*quota, prezzo di un pasto in un locale pubblico*] écot ◇ (*loc. fig.*) *pagare lo scotto* [*pagare il fio*] payer les conséquences.

scout |'skaut| *s. inv.* (*ingl.*) scout *m. var.*

scoutismo |skau'tizmo| *s.m.* scoutisme.

scoutista |skau'tista| *s.* → **scout.**

scoutistico, ci, ca, che |skau'tistiko, tʃi, ka, ke| *agg.* [*dello scoutismo*] scout: *un'associazione scoutistica* une association scoute, de scouts.

scovaménto |skova'mento| *s.m.* [→ SCOVARE] dénichement (*raro*).

scovàre |sko'vare| *v.tr.* **1** [*fare uscire la selvaggina dal covo*] débusquer **2** (*fig.*) [*rintracciare, trovare, scoprire*] dénicher (*corr.*): *ho scovato un ristorante molto conveniente* j'ai déniché un restaurant très avantageux, pas cher.

scovolàre |skovo'lare| *v.tr.* [*pulire con lo scovolo*] écouvillonner.

scovolìno |skovo'lino| *s.m.* [*arnese* (*flessibile*) *per pulire le pipe*] cure-pipe: *degli scovolini* des cure-pipes.

scòvolo |'skɔvolo| *s.m.* (*mil.*) écouvillon.

scòzia |'skɔttsja| *s.f.* (*arch.*) scotie.

scozzàre |skot'tsare| *v.tr.* [*mescolare le carte da gioco*] battre (76) (les cartes).

scozzàta |skot'tsata| *s.f.* (*solo nella loc.*) *dare una scozzata alle carte* [*mescolarle*] battre les cartes.

scozzése |skot'tsese| **I** *agg.* [*della Scozia*] écossais: *la popolazione scozzese* la population écossaise; *doccia scozzese* douche écossaise ◇ (*filos.*) *scuola scozzese* école écossaise **II** *s.m.* **1** *lo scozzese* [*la lingua*] l'écossais **2** [*stoffa di lana a grandi quadri di colore diverso*] écossais.

scozzonàre |skottso'nare| *v.tr.* **1** [*domare, ammaestrare cavalli o altri animali da sella*] dresser **2** (*fig.*) [*dare una prima dirozzata, i primi rudimenti di q.c.* (*a qc.*)] dégourdir.

scozzonatùra |skottsona'tura| *s.f.* [→ SCOZZONARE 1] dressage *m.*

scozzóne |skot'tsone| *s.m.* [*chi doma, ammaestra i cavalli*] dresseur* *s.* (de chevaux).

scrànna |'skranna| *s.f.*, **scranno** |'skranno| *s.m.* chaise *f.* à haut dossier ◇ (*loc. fig.*) *sedere a scranna* [*sentenziare*] pontifier.

scratch |'skrætʃ| *s.m. inv.* (*ingl.*) (*tennis*) abandon *var.* (*t. racc.*), scratch (*var.*): *vincere per scratch* gagner par abandon (de l'adversaire).

screanzataménte |skreantsata'mente| *avv.* [→ SCREANZATO] grossièrement, impoliment.

screanzàto |skrean'tsato| *agg.* [*che non ha creanza*] grossier*, impoli ♦ (*s.*) *uno screanzato* un malotru, une personne *f.* grossière *agg.*

screditàre |skredi'tare| **A** *v.tr.* [*far perdere o diminuire la stima, il prestigio*] discréditer: *questa decisione lo ha screditato agli occhi di tutti* cette décision l'a discrédité aux yeux de tous **B** *v. pron. rifl.* SCREDITARSI [*perdere di credito, danneggiare la propria reputazione*] se discréditer: *si è screditato nell'ambiente lavorativo* il s'est discrédité dans son emploi.

screditàto |skredi'tato| *agg.* [*che ha perso credito, reputazione*] discrédité (*p.p.*): *una persona screditata* une personne discréditée.

scrédito |'skredito| *s.m.* → **discredito.**

scremàre |skre'mare| *v.tr.* [*privare il latte della parte grassa*] écrémer (8).

scrematrice |skrema'tritʃe| *s.f.* (*tecnol.*) écrémeuse.

scrematùra |skrema'tura| *s.f.* [→ SCREMARE] écrémage *m.*

screpolàre |skrepo'lare| **A** *v.tr.* [*produrre delle crepe piccole e sottili in più punti*] (*muro, intonaco*) crevasser: *l'umidità ha fatto screpolare il muro* l'humidité a crevassé le mur; (*smalto, vernice*) craqueler (4); (*pelle*) gercer (2): *il gelo mi ha screpolato le mani* le gel m'a gercé les mains **B** *v.pron. intr.* SCREPOLARSI [*aprirsi in spaccature superficiali e sottili*] (*muro, intonaco*) se crevasser; (*smalto, vernice*) se craqueler; (*pelle*) se gercer: *mi si sono screpolate le labbra* mes lèvres (se) sont gercées.

screpolàto |skrepo'lato| *agg.* [*che presenta crepe piccole e sottili*] (*muro, intonaco*) crevassé, lézardé; (*smalto, vernice*) craquelé; (*pelle*) gercé (*p.p.*): *mani screpolate* mains gercées.

screpolatùra |skrepola'tura| *s.f.* [→ SCREPOLARE] (*muro, intonaco*) lézarde, crevasse; (*smalto*) craquelure; (*pelle*) gerçure: *una crema per le screpolature delle mani* une crème pour les gerçures des mains, pour les mains gercées.

screziàre |skret'tsjare| *v.tr.* [*cospargere, disseminare di vari colori*] bigarrer.

screziàto |skret'tsjato| *agg.* **1** [*disseminato di colori diversi*] bigarré: *un prato screziato di fiori* un pré bigarré de fleurs **2** [*che presenta su un fondo di colore unito chiazze di colore diverso*] jaspé: *marmo screziato* marbre jaspé.

screziatùra |skrettsja'tura| *s.f.* [*il fatto di essere screziato*; *serie di macchie di colore*] bigarrure: *la screziatura della pelle del leopardo* la bigarrure de la peau du léopard.

scrèzio, i |'skrɛttsjo, i| *s.m.* [*disaccordo, dissenso non grave*] désaccord, mésentente *f.*

scriba |'skriba| *s.m.* (*st. ebr., rom.*) scribe.

scribacchiàre |skribak'kjare| *v. tr.* [*scrivere con scarso impegno o cose di scarso valore*] écrivailler.

scribacchino |skribak'kino| *s.m.* **1** [*scrittore privo di valore*] écrivailleur* *s.*, écrivassier* *s.* **2** [*impiegato adibito a lavori di poco conto*] gratte-papier *inv.*

scricchiolaménto |skrikkjola'mento| *s.m.* [→ SCRICCHIOLARE] craquement: *lo scricchiolamento di una superficie ghiacciata* le craquement d'une surface gelée ◇ [*cigolio*] grincement.

scricchiolànte |skrikkjo'lante| *agg.* [*che scricchiola, cigola*] grinçant.

scricchiolàre |skrikkjo'lare| *v. intr.* (*aus. 'avere'*) [*produrre un rumore leggero e crepitante*] craquer: *le foglie secche scricchiolavano sotto i loro passi* les feuilles sèches craquaient sous leurs pieds ◇ [*cigolare*] grincer (2).

scricchiolio, ii |skrikkjo'lio, ii| *s.m.* [*uno scricchiolare prolungato*] craquement: *lo scricchiolio del tavolo mi dà fastidio* le craquement de la table m'agace ◇ [*cigolio*] grincement.

scricciolo |'skrittʃolo| *s.m.* (*t.zool.*) troglodyte ◇ (*fig.*) *sembra uno scricciolo!* c'est un petit oiseau!

scrigno |'skriɲɲo| *s.m.* [*piccolo cofano per gioielli o oggetti preziosi*] coffret, écrin.

scriminatùra |skrimina'tura| *s.f.* [*la riga che divide in due parti la massa dei capelli*] raie: *porta la scriminatura di lato, in mezzo* il porte la raie sur le côté, au milieu.

scrinàre |skri'nare| *v.tr.* (*raro*) [*levare i crini*] couper, tailler la crinière et la queue d'un cheval.

script-girl |skriptgə:l| *s.f. inv.* (*ingl.*) (*cine.*) scripte *s. var.* (*t.racc.*), script(-girl) *var.*

scristianàre |skristja'nare|, **scristianizzàre** |skristjanid'dzare| **A**

v. tr. [*far abbandonare la relig. crist.*] déchristianiser **B** *v.pron. rifl.* SCRISTIANARSI, SCRISTIANIZZARSI [*abbandonare la relig. crist.*] se déchristianiser.

scriteriàto |skrite'rjato| *agg.* [*privo di criterio, di senno*] insensé: *una decisione scriteriata* une décision insensée ✦ (*s.*) *uno scriteriato* une personne *f.* dénuée *agg.* de bon sens, de jugement.

scrìtta |'skritta| *s.f.* **1** [*parola, frase scritta su un foglio, un cartello e sim.*] inscription **2** (*arc.*) [*contratto scritto*] contrat *m.* (*corr.*) (écrit).

scrìtto |'skritto| **I** *agg.* **1** [*fissato, annotato per mezzo della scrittura*] écrit: *legge scritta* loi écrite; *lingua scritta* langue écrite **2** [*destinato, decretato*] écrit: *era scritto nel destino* c'était écrit **3** (*fig.*) [*impresso*] écrit: *lo aveva scritto in fronte* il le portait écrit sur le front # *è scritto nel mio cuore* c'est gravé dans mon cœur **II** *s.m.* **1** [*notazione, espressione realizzata attraverso la scrittura*] écrit: *uno scritto illeggibile* un écrit illisible # *sono senza un suo scritto da più di un mese* je suis sans lettres, sans nouvelles de lui depuis plus d'un mois ◇ *loc. avv.* PER SCRITTO par écrit: *devi metterlo per scritto* il faut le mettre par écrit; *ho risposto per scritto* j'ai répondu par écrit; *comunicamelo per scritto* fais-le moi savoir par écrit **2** [*prova scritta*] écrit: *lo scritto è andato bene* l'écrit s'est bien passé **3** [*opera lett., saggio*] œuvre (*f.*): *gli scritti in latino di Dante* les œuvres en latin de Dante.

scrittóio, i |skrit'tojo, i| *s.m.* [*mobile per scrivere*] bureau.

scrittóre, trice |skrit'tore, tritʃe| *s.* [*autore di opere lett.*] écrivain (*m.*): *una scrittrice alla moda* un écrivain à la mode.

scrittòrio, i |skrit'tɔrjo, i| *agg.* [*che concerne la scrittura*] *i centri scrittori medioevali* les centres d'écriture du Moyen-Âge; *materiale scrittorio* matériel de bureau.

scrittùra |skrit'tura| *s.f.* **1** [*il fatto di scrivere; il modo di scrivere*] écriture: *scrittura pittografica, ideografica, fonetica* écriture pictographique, idéographique, phonétique ◇ (*prov.*) *chi non sa leggere la sua scrittura è un asino di natura* il est âne de nature qui ne sait lire sa propre écriture **2** (*per anton.*) [*i testi sacri del cristianesimo*] *la Sacra Scrittura* la Sainte Écriture, l'Écriture Sainte **3** (*comm.*) écriture: *scritture contabili semplici, doppie* écritures comptables en partie simple, en partie double; *tenere aggiornate le scritture* tenir à jour les écritures **4** (*dir.*) écritures (*pl.*): *scrittura pubblica, privata* écritures publiques, privées **5** (*cine., teat.*) engagement (*m.*): *una scrittura per una stagione teatrale* un engagement pour une saison théâtrale.

scritturàbile |skrittu'rabile| *agg.* [→ SCRITTURARE 1] engageable.

1 **scritturàle** |skrittu'rale| **I** *agg.* [*relativo a scritture*] scriptural*: *moneta scritturale* monnaie scripturale **II** *s.m.* **1** [*scrivano, copista*] copiste **2** [*soldato che ha compiti di scrivano*] secrétaire.

2 **scritturàle** |skrittu'rale| *agg.* [*della Sacra Scrittura*] scripturaire.

scritturalismo |skrittura'lizmo| *s.m.* attachement excessif à la lettre des Saintes Écritures.

scritturàre |skrittu'rare| *v.tr.* **1** [*assumere con regolare scrittura un attore o un tecnico dello spettacolo*] engager (3) **2** [*registrare nelle scritture contabili*] enregistrer.

scritturazióne |skritturat'tsjone| *s.f.* **1** [→ SCRITTURARE 1] engagement (*m.*): *la scritturazione di un complesso* l'engagement d'un groupe de musiciens **2** [*trascrizione*] transcription.

scritturìsta |skrittu'rista| *s.* expert *m.* dans les Saintes Écritures.

scritturìstico, ci, ca, che |skrittu'ristiko, tʃi, ka, ke| *agg.* [*che si riferisce alle Scritture*] scripturaire, de l'Écriture sacrée, des Saintes Écritures *loc. inv.*

scrivanìa |skriva'nia| *s.f.* [*mobile per scrivere*] bureau *m.*

scrivàno |skri'vano| *s.m.* **1** [*impiegato che attende alla stesura di documenti*] écrivain public **2** [*copista, amanuense*] copiste **3** [*qualifica che abilita un marinaio diplomato a imbarcare come ufficiale*] écrivain du bord.

scrivènte |skri'vente| *agg.* qui écrit *loc.* # *l'ufficio scrivente* le bureau émetteur ✦ (*s.*) *lo scrivente* le soussigné: *lo scrivente dichiara che...* le soussigné déclare que...

scrìvere |'skrivere|(182) *v.tr.* **1** [*tracciare su una superficie segni convenzionali esprimenti idee o suoni in modo che si possano poi leggere*] écrire (51): *scrivere a mano, a macchina* écrire à la main, à la machine; *ha scritto una lettera di proprio pugno* il a écrit une lettre de sa (propre) main ◇ (*fig.*) *ha scritto quelle parole nel suo cuore, nella sua mente* il a gravé ces paroles dans son cœur, dans son esprit ◇ (*fam.*) *gli si vede scritto in fronte che è uno sciocco* on lit sur son visage que c'est un imbécile **2** [*comporre, redigere, stendere per scritto*] écrire: *devo scrivere a mio fratello* je dois écrire à mon frère; *sta scrivendo un romanzo* il est en train d'écrire un roman ◇ (*fam.*) *voglio scrivergli due righe* je veux lui écrire un mot ✦ (*s.m.*) *il mestiere di scrivere* le métier d'écrivain **3** [*registrare*] enregistrer, inscrire (51): *scrivere una partita, un conto* enregistrer une partie, un compte.

scrivìbile |skri'vibile| *agg.* qu'on peut écrire *loc.*

scrivucchiàre |skrivuk'kjare| *v. tr.* [*scrivere poco e male; o cose di nessun valore*] écrivailler, écrivasser.

scrobìcolo |skro'bikolo| *s.m.* (*anat., bot.*) scrobicule *f.*

scroccàre |skrok'kare| *v.tr.* (*fam.*) **1** [*ottenere q.c. a spese d'altri*] faucher, piquer: *ti scrocco una sigaretta* je te fauche, pique une cigarette; *è abituato a scroccare* il est habitué à piquer; *gli ha scroccato del denaro* il lui a fauché du fric (*pop.*) **2** [*ottenere senza alcun merito*] usurper: *scrocca lo stipendio* il usurpe son salaire □ *si è scroccato il primo premio* il a usurpé le premier prix.

scroccatóre, trice |skrokka'tore, tritʃe| *s.* → scroccone.

scroccherìa |skrokke'ria| *s.f.* comportement *m.* d'escroc.

scrocchiàre |skrok'kjare| *v.intr.* (*aus.* 'avere') **1** [*scricchiolare, cigolare*] craquer **2** [*fare un suono fesso*] émettre (71) un son faux, une note fausse # *smettila di far scrocchiare le dita* arrête de faire craquer tes doigts **3** [*chiocciare*] glousser.

scròcchio, i |'skrɔkkjo, i| *s.m.* [*rumore prodotto da ciò che scrocchia*] craquement.

1 **scròcco, chi** |'skrɔkko, ki| *s.m.* **1** [*il fatto di scroccare*] escroquerie *f.* ◇ *loc. avv.* A SCROCCO: *vivere, mangiare a scrocco* vivre, se nourrir aux crochets d'autrui **2** (*dir.*) escroquerie.

2 **scròcco, chi** |'skrɔkko, ki| *s.m.* [*scatto*] déclic: *serratura a scrocco* serrure à déclic # *coltello a scrocco* couteau à cran d'arrêt.

scroccóne |skrok'kone| *s.* [*chi ha l'abitudine di scroccare*] escroc (*m.*): *è uno scroccone* c'est un escroc; (*di pranzi*) pique-assiette *inv.*; (*di denaro*) tapeur*.

scrociàre |skro'tʃare| *v.tr.* (*mar.*) [*disporre verticalmente un pennone lungo l'albero e ammainarlo in coperta*] décroiser.

scròfa |'skrɔfa| *s.f.* **1** [*femmina del maiale*] truie; (*del cinghiale*) laie **2** (*fig., spreg.*) [*donna di cattivi costumi*] putain (*volg.*).

scròfola |'skrɔfola| *s.f.* (*pop.*) → scrofolosi.

scrofolòsi |skrofo'lɔzi| *s.f. inv.* (*med.*) scrofule *var.*, écrouelles *pl.*

scrofolóso |skrofo'loso| *agg.* (*med.*) scrofuleux*: *un bambino scrofoloso* un enfant scrofuleux ✦ (*s.*) *uno scrofoloso* un scrofuleux.

scrofulària |skrofu'larja| *s.f.* (*t. bot.*) scrofulaire.

Scrofulariàcee |skrofula'rjatʃee| *s.f. pl.* (*t.bot.*) Scrofularicées.

scrollaménto |skrolla'mento| *s.m.* (*raro*) [*il fatto di scrollare*] *hochement, secouement (*lett.*).

scrollàre |skrol'lare| **A** *v.tr.* [*muovere, scuotere con una certa forza*] secouer; *hocher: *scrolla quel ramo* secoue cette branche; *si è scrollato di dosso la polvere* il a secoué la poussière qu'il avait sur lui ‖ *alla mia domanda ha scrollato la testa* quand je lui ai posé cette question, il a hoché la tête # *è uscito scrollando le spalle* il est sorti en haussant les épaules ◇ (*fig.*) *scròllati di dosso questi pensieri* chasse toutes ces préoccupations **B** *v.pron. intr.* SCROLLARSI [*scuotersi*] se secouer: *scròllati un po': è ora di svegliarsi* secoue-toi un peu: c'est l'heure de se lever.

scrollàta |skrol'lata| *s.f.* [→ SCROLLARE] *hochement *m.*; *haussement (*m.*): *una scrollata di testa* un hochement de tête ‖ *una scrollata di spalle* un haussement d'épaule # *prova a dare una scrollata a quell'albero* essaie de secouer cet arbre.

scrollatùra |skrolla'tura| *s.f.* → scrollata.

scròllo |'skrɔllo| *s.m* [*l'atto di scrollare, di scrollarsi*] secouement (*lett*).

scrosciànte |skroʃ'ʃante| *agg.* [*che scroscia*] battant; bruyant: *pioggia scrosciante* pluie battante ‖ *applausi, risa scroscianti* applaudissements, rires bruyants.

scrosciàre |skroʃ'ʃare| *v.intr.* (*aus.* 'avere, essere') **1** [*cadere, riversarsi, facendo un rumore forte*] (*della pioggia*) tomber (*aus.* être) à verse: *la pioggia è scrosciata all'improvviso* soudain la pluie s'est mise à tomber à verse ◇ (*di torrente, di cascata*) gronder (*aus.* avoir) **2** (*fig.*) [*susseguirsi rapidamente producendo un rumore sim. a quello delle acque scroscianti*] fuser (*aus.* avoir);

crépiter (*aus.* avoir): *nella stanza scrosciarono le risate* les rires fusèrent dans la pièce || *scrosciarono gli applausi* les applaudissements crépitèrent.
scròscio, i |'skrɔʃʃo, i| *s.m.* **1** [→ SCROSCIARE 1] crépitement; grondement: *lo scroscio della pioggia* le crépitement de la pluie || *lo scroscio di un torrente* le grondement du torrent # *piove a scroscio* il pleut à verse, à torrents **2** [→ SCROSCIARE 2] éclat; tonnerre: *uno scroscio di risa* un grand éclat de rire || *uno scroscio di applausi* un tonnerre d'applaudissements **3** [*pioggia che scroscia*] ondée *f.*
scrostaménto |skrosta'mento| *s.m.* → **scrostatura.**
scrostàre |skros'tare| **A** *v.tr.* **1** [*togliere la crosta di piaghe e ferite*] enlever (6) la croûte, écroûter (*raro*): *non scrostare la ferita* n'enlève pas la croûte de ta blessure **2** [*togliere l'intonaco di un muro*] décrépir **B** *v.pron. intr.* SCROSTARSI [*perdere la crosta, lo strato superficiale*] (*di intonaco*) se dégrader; (*di muro*) se décrépir; (*della tappezzeria*) se soulever (6); (*di un quadro*) s'écailler.
scrostàto |skros'tato| *agg.* [*cui è stata tolta o è caduta la crosta*] écroûté *p.p.* # *vernice scrostata* peinture écaillée.
scrostatùra |skrosta'tura| *s.f.* **1** [*il fatto di scrostare, di scrostarsi*] écaillage *m.*; (*di un muro*) décrépissage *m.* **2** [*la parte scrostata*] partie décrépie.
scrotàle |skro'tale| *agg.* scrotal*.
scròto |'skrɔto| *s.m.* (*anat.*) scrotum.
scrùpolo |'skrupolo| *s.m.* **1** scrupule: *scrupolo morale* scrupule moral; *si fa uno scrupolo di tutto* il se fait un scrupule de tout; *non avere tanti scrupoli!* n'aie pas tant de scrupules!; *ha lasciato da parte ogni scrupolo* il a laissé de côté tout scrupule # *non ti far scrupolo di disturbarmi* n'aie pas peur de me déranger; *è onesto fino allo scrupolo* il est d'une honnêteté scrupuleuse; *lavora con scrupolo* il travaille scrupuleusement **2** (*ant. misura di peso*) scrupule.
scrupolosaménte |skrupolosa'mente| *avv.* [→ SCRUPOLOSO 2, 3] scrupuleusement.
scrupolosità |skrupolosi'ta| *s.f. inv.* [*il fatto di essere scrupoloso*] conscience (*var.*): *lavora con scrupolosità* il travaille avec conscience ◇ [*meticolosità*] méticulosité *var.*
scrupolóso |skrupo'loso| *agg.* **1** [*che si fa scrupoli, che è pieno di scrupoli*] scrupuleux*: *una coscienza scrupolosa* une conscience scrupuleuse **2** [*che agisce con senso di responsabilità*] scrupuleux: *un funzionario scrupoloso* un fonctionnaire scrupuleux **3** [*che è eseguito con precisione e accuratezza*] méticuleux*: *un lavoro scrupoloso* un travail méticuleux.
scrutàre |skru'tare| *v.tr.* [*guardare, attentamente, a fondo*] scruter: *i naufraghi scrutavano l'orizzonte* les naufragés scrutaient l'horizon.
scrutatóre, trice |skruta'tore, tritʃe| **1** *agg.* [*che scruta*] scrutateur*: *occhio scrutatore* œil scrutateur **2** *s.* [*chi ha il compito di scrutinare in un seggio elettorale o in un organo collegiale*] scrutateur.
scrutinàre |skruti'nare| *v.tr.* **1** [*procedere allo spoglio delle schede di una votazione*] dépouiller le scrutin **2** [*decidere sui voti da assegnare agli alunni*] discuter les notes.
scrutinatóre, trice |skrutina'tore, tritʃe| *s.* [*persona addetta allo scrutinio delle schede*] scrutateur*.
scrutìnio, i |skru'tinjo, i| *s.m.* **1** (*dir.*) scrutin: *scrutinio segreto, pubblico* scrutin secret, public; *scrutinio di ballottaggio* scrutin de ballottage; *scrutinio uninominale* scrutin uninominal; *votazione a scrutinio segreto* vote par scrutin secret; *eletto con scrutinio* élu au scrutin **2** [*l'operazione di determinare l'esito di un corso di studi da parte di una commissione esaminatrice*] notes *f. pl.*, notation (*f.*): *fare gli scrutini* discuter les notes.
scucìre |sku'tʃire| (197) **A** *v.tr.* **1** [*disfare la cucitura*] découdre (60): *occorre scucire le maniche* il faut découdre les manches **2** (*pop.*) [*tirar fuori soldi*] abouler (*gerg.*): *scucimi diecimila lire* aboule-moi dix mille lires **B** *v.pron. intr.* SCUCIRSI [*non avere più la cucitura*; *aprirsi perché la cucitura si è rotta*] se découdre: *mi si è scucita la tasca* ma poche s'est décousue © A 1; B **cucire.**
scucìto |sku'tʃito| *agg.* **1** [*con la cucitura allentata o rotta*] décousu: *un polso scucito* une manchette décousue **2** (*fig.*) [*slegato, sconnesso*] décousu.
scucitùra |skutʃi'tura| *s.f.* **1** [→ SCUCIRE A 1] décousure **2** [*la parte scucita*] déchirure: *hai una scucitura nella giacca* tu as une déchirure à ta veste, ta veste est déchirée.
scudàto |sku'dato| *agg.* protégé par un bouclier.
scuderìa |skude'ria| *s.f.* **1** [*impianto edilizio che ospita i cavalli*] écurie: *ragazzo di scuderia* garçon d'écurie, lad; *mettere un cavallo in scuderia* mettre un cheval à l'écurie **2** [*allevamento di cavalli da corsa*] écurie **3** [*le macchine da corsa che gareggiano per una casa*] écurie ◇ (*fig.*) *ordini di scuderia* ordres d'écurie.
scudétto |sku'detto| *s.m.* **1** (*agr., bot., zool.*) écusson **2** (*sport*) championnat: *la nostra squadra ha vinto lo scudetto* notre équipe a gagné le championnat; *due squadre sono in lizza per lo scudetto* deux équipes sont en lice pour le championnat.
scudière |sku'djɛre|, **scudièro** |sku'djɛro| *s.m.* **1** [*valletto d'armi, che portava lo scudo del cavaliere al cui servizio si trovava*] écuyer* *s.* **2** [*titolo di un dignitario di corte*] écuyer.
scudisciàre |skudiʃ'ʃare| *v.tr.* [*percuotere con lo scudiscio*] cravacher.
scudisciàta |skudiʃ'ʃata| *s.f.* coup *m.* de cravache.
scudìscio, i |sku'diʃʃo, i| *s.m.* [*frustino flessibile di legno o cuoio*] cravache *f.*
1 **scùdo** |'skudo| *s.m.* **1** (*mil.*) bouclier: *uno scudo di bronzo, di ferro* un bouclier de bronze, de fer ◇ (*fig.*) *per parlare si è fatto scudo di un'altra persona* il a parlé par personne interposée; *c'è stata una levata di scudi* il y a eu une levée de boucliers **2** (*arald., mar.*) écu **3** (*artiglieria*) masque **4** (*bot., zool.*) écusson.
2 **scùdo** |'skudo| *s.m.* [*ant. moneta it.*] écu.
scùffia |'skuffja| *s.f.* **1** (*mar.*) *fare scuffia* [*ribaltarsi, rovesciarsi*] chavirer **2** (*fig., fam.*) [*sbornia*] cuite: *che scuffia ti sei preso ieri sera!* quelle cuite tu as pris hier soir! **3** (*fig., fam.*) [*cotta*] béguin (*m.*): *si è preso una bella scuffia!* il a un drôle de béguin!
scuffiàre |skuf'fjare| *v.intr.* (*aus.* 'avere') [*capovolgersi, inclinarsi sul fianco*] chavirer.
scuffìna |skuf'fina| *s.f.* (*tecnol.*) line, râpe.
scugnìzzo |skuɲ'ɲittso| *s.m.* **1** [*ragazzo dei quartieri pop. di Napoli*] gamin *s.* napolitain **2** (*fig., spreg.*) [*ragazzo spregiudicato, monello di strada*] voyou.
sculacciàre |skulat'tʃare| *v.tr.* [*percuotere ripetutamente sul sedere con la mano aperta, spec. i bambini*] donner une fessée: *se lo fai ancora, ti sculaccio* si tu recommences, je te donne une fessée.
sculacciàta |skulat'tʃata| *s.f.* **1** [*colpo dato sculacciando*] fessée **2** coup *m.* sur le derrière.
sculacciόne |skulat'tʃone| *s.m.* coup sur le derrière.
sculettàre |skulet'tare| *v.intr.* (*aus.* 'avere') [*camminare dimenando le anche*] se déhancher *pron.*, se dandiner *pron.*
scull |skʌl| *s.m. inv.* (*ingl.*) (*canottaggio*) scull *var.*
scultóre, trice |skul'tore, tritʃe| *s.* sculpteur (*m.*): *è una brava scultrice* elle a un grand talent de sculpteur.
scultòreo |skul'tɔreo|, **scultòrio, i** |skul'tɔrjo, i| *agg.* **1** [*di scultura, proprio della scultura*] sculptural*, de la sculpture (*loc. inv.*): *l'arte scultoria* l'art sculptural, la sculpture **2** (*fig.*) [*che presenta forme plastiche proprie della scultura*] sculptural: *una donna dalle forme scultoree* une femme aux formes sculpturales; *un atteggiamento scultoreo* une attitude sculpturale.
scultùra |skul'tura| *s.f.* sculpture.
scuòcere |'skwɔtʃere| (129) **A** *v. intr.* (*aus.* 'essere') [*cuocere eccessivamente*] trop cuire (75) (*aus.* avoir): *la pasta scuoce* les pâtes ont trop cuit, sont trop cuites **B** *v.pron. intr.* SCUOCERSI [*diventare scotto*] trop cuire *intr.*
scuoiàre |skwo'jare| *e deriv.* → **scoiare** *e deriv.*
scuòla |'skwɔla| *s.f.* **1** école; classe: *scuola pubblica, privata* école publique, privée; *scuola statale* école publique; *scuola parificata* école libre, subventionnée; *scuola maschile, femminile* école de garçons, de filles; *scuola mista, all'aperto* école mixte, en plein air; *scuola materna* école maternelle; *scuola primaria, elementare* école primaire; *scuola militare* école militaire; *scuola navale* école navale; *scuola agraria* école d'agriculture, institut agronomique; *scuola rurale* école communale (en zone rurale); *scuola serale* école du soir; *scuola alberghiera* école hôtelière; *scuola di ballo* école de danse; *oggi è giorno di scuola* aujourd'hui, il y a école; *oggi non c'è scuola* aujourd'hui il n'y a pas école; *scuola guida* auto-école; *maestro di scuola* instituteur, maître d'école; *scuola d'arte* école des beaux-arts || *l'apertura delle scuole* la rentrée des classes; *la chiusura delle scuole* la fin des classes; *il primo, l'ultimo giorno di scuola* le premier, le dernier jour de classe; *gli alunni vanno a scuola* les élèves vont à l'école, en classe; *l'insegnante va a scuola* le maître va faire sa classe; *ho comprato i libri per la scuola* j'ai acheté

les livres de classe # *scuola popolare* cours (du soir) pour l'instruction des adultes (analphabètes); *scuola per corrispondenza* cours par correspondance; *scuola di taglio, di cucito* cours de coupe, de couture; *scuola di recitazione, d'arte drammatica* Conservatoire d'art dramatique **2** [*complesso delle istituzioni scolastiche di un paese*] enseignement (*m.*): *la scuola italiana* l'enseignement en Italie; *la riforma della scuola* la réforme de l'enseignement; *la scuola dell'obbligo* l'enseignement gratuit obligatoire; *il mondo della scuola è in agitazione* le monde de l'enseignement est en agitation # *la scuola attiva* l'école nouvelle **3** [*insegnamento, ammaestramento non scolastico*] école: *la scuola della vita, dell'esperienza* l'école de la vie, de l'expérience; *si è formato alla scuola del dovere* il s'est formé à l'école du devoir; *nuove forme di violenza stanno facendo scuola* de nouvelles formes de violence sont en train de faire école; *è cresciuto alla scuola del vizio* il a été élevé à l'école du vice **4** [*movimento, indirizzo*] école: *la scuola di Michelangelo* l'école de Michel-Ange; *un dipinto di scuola giottesca* une peinture de l'école de Giotto; *un'opera che farà scuola* une œuvre qui fera école.

scuolabùs |skwɔla'bus| *s.m. inv.* bus-école, transport *var.* d'enfants # *servizio di scuolabus* ramassage scolaire.

scuòtere |'skwɔtere| (162) **A** *v.tr.* **1** [*agitare, sbattere con violenza facendo muovere in più direzioni*] secouer: *grosse ondate scuotevano l'imbarcazione* de grosses vagues secouaient l'embarcation; *alla mia domanda ha scosso la testa* à ma question il a secoué la tête # *il terremoto ha fatto scuotere la terra* le seïsme a ébranlé la terre; *quando lo sgrido, scuote le spalle* quand je le gronde, il hausse les épaules ◇ (*fig.*) *scuotilo dal letargo* tire-le de sa léthargie; *l'ho scosso dal sonno* je l'ai réveillé; *ho scosso la sua fede* j'ai ébranlé sa foi; *mi ha scosso ogni dubbio dell'animo* il m'a écarté tout doute de l'esprit □ *mi son scossa il torpore di dosso* j'ai secoué ma torpeur **2** [*far cadere giù, scrollando o battendo con forza*] battre (76): *scuotere la polvere dai tappeti* battre la poussière des tapis **3** (*fig.*) [*sconvolgere, turbare*] bouleverser: *quell'incidente lo ha scosso profondamente* cet accident l'a bouleversé, terriblement secoué ◇ [*commuovere*] émouvoir (32) **B** *v.pron. intr.* SCUOTERSI **1** [*sobbalzare, fare un sussulto*] sursauter (*intr.*): *quando l'ho chiamato, si è scosso all'improvviso* quand je l'ai appelé, il a sursauté **2** [*agitarsi, essere turbato*] s'agiter.

scuotiménto |skwoti'mento| *s.m.* → **scotimento.**

scùre |'skure| *s.f.* [*arnese costituito da un manico di legno cui è infissa una lama d'acciaio*] *hache, cognée.

scurétto |sku'retto| *s.m.* petit volet.

scurìccio, ci, cia, ce |sku'rittʃo, tʃi, tʃa, tʃe| *agg.* légèrment foncé.

scurìre |sku'rire| (197) **A** *v.tr.* [*rendere più scuro*] foncer (2) # *il fumo ha scurito la parete* les murs sont noircis par la fumée; *il sole scurisce la pelle* le soleil brunit la peau **B** *v.intr.* (*aus.* '*essere*') **1** [*diventare scuro, più scuro*] foncer (*aus.* avoir): *i capelli biondi col tempo scuriscono* les cheveux blonds foncent avec le temps **2** [*imbrunire*] brunir (*aus.* avoir) # *incomincia a scurire* il commence à faire sombre.

scùro |'skuro| **I** *agg.* **1** [*buio, che ha scarsissima luce*] sombre: *una stanza scura* une pièce sombre # *il cielo si è fatto scuro all'improvviso* tout à coup le ciel s'est assombri **2** [*che tende al nero; che ha un tono molto intenso, cupo*] *è un abito troppo scuro* c'est un costume trop sombre; *ha la carnagione scura* il a le teint basané; *blu, rosso, verde scuro* bleu, rouge, vert foncé **3** [*abbronzato*] bronzé **4** (*fig.*) [*cupo, fosco; preoccupato, irritato*] sombre: *gli anni scuri della guerra* les sombres années de guerre # *si fece scuro in viso* son visage s'assombrit **II** *s.m.* **1** [*mancanza di luce, di luminosità*] obscurité (*f.*): *in questa stanza c'è troppo scuro* il y a trop d'obscurité dans cette piece # *siamo rimasti allo scuro* nous sommes restés dans le noir ◇ (*fig.*) *è all'oscuro di tutto* il est complètement dans le noir; *fu tenuto all'oscuro di tutto* on ne lui a rien dit du tout **2** [*colore tendente al nero; cupezza di toni*] foncé (*agg.*): *le piace vestire di scuro* elle aime s'habiller en foncé, avec des couleurs sombres **3** (*pitt.*) obscur **4** [*imposta* (*di finestra*)] volet 🄲 I 1, 2; II 1, 2, 3 **chiaro.**

scurrìle |skur'rile| *agg.* [*che contiene una comicità licenziosa, triviale*] obscène: *una barzelletta scurrile* une histoire obscène.

scurrilità |skurrili'ta| *s.f. inv.* [*il fatto di essere scurrile; espressione, gesto scurrile*] obscénité *var.*

scurrilménte |skurril'mente| *avv.* [→ SCURRILE] de manière obscène *loc. inv.*

scùsa |'skuza| *s.f.* **1** [*espressione e manifestazione di rincrescimento; il fatto di scusare, di scusarsi*] excuse: *presentagli le mie scuse* présente-lui mes excuses; *mi ha già domandato scusa* il m'a déjà fait des excuses; *le ha scritto un biglietto di scuse* il lui a écrit un mot d'excuses; *non vuol fare le sue scuse* il ne vent pas lui faire ses excuses # *chiedo scusa, ma devo proprio andare* excusez-moi, mais je dois vraiment partir **2** [*attenuante, argomento che costituisce una parziale discolpa*] excuse: *questa volta non hai scuse* cette fois tu n'as aucune excuse; *non ammetto le sue scuse* je n'admets pas ses excuses **3** [*pretesto, finta ragione*] excuse; prétexte (*m.*): *sono tutte scuse* ce ne sont là que des excuses; *ha sempre una scusa pronta* il a toujours une excuse ‖ *ha trovato una scusa e se n'è andato* il a trouvé un prétexte et il est parti; *questa è una scusa bella e buona!* ça c'est un pur prétexte!; *con la scusa di lavorare, mi ha lasciato solo* sous le prétexte qu'il devait travailler, il m'a laissé tout seul.

scusàbile |sku'zabile| *agg.* [→ SCUSARE A 1, 2; B] excusable: *un ritardo scusabile* un retard excusable # *un comportamento non scusabile* une conduite inexcusable.

scusànte |sku'zante| *agg.* qui peut excuser (*loc.*): *un particolare scusante* un détail qui peut excuser ◆ (*s.f.*) *una scusante* une excuse: *non ha trovato una scusante valida* il n'a pas trouvé d'excuse valable.

scusàre |sku'zare| **A** *v.tr.* **1** [*scolpare, scagionare una persona; giustificare*] excuser; justifier: *non scusatelo, perché è colpa sua* ne cherchez pas à l'excuser, c'est bien sa faute ‖ *niente può scusare il suo comportamento* rien ne peut justifier sa conduite # *non bisogna scusare sempre i figli* il ne faut pas toujours trouver une bonne excuse à ses propres enfants **2** [*addurre a scusa, a difesa, a discolpa*] excuser # *la sua inesperienza può scusare l'accaduto* son inexpérience peut constituer une excuse pour ce qui s'est passé **3** (*spec. in formule di cortesia*) [*perdonare*] excuser: *scusi il ritardo* excusez-moi d'être en retard; *scusate la libertà* veuillez excuser la liberté; (*mi*) *scusi il disturbo* excusez le dérangement; *scusi, che ore sono?* excusez-moi, quelle heure est-il?; *scusate, se vi interrompo* excusez-moi de vous interrompre; *scusatemi con i vostri ospiti* excusez-moi auprès de vos invités; *scusi! scusate! scusino!* (je vous demande) pardon!; *scusi?* [*vuol ripetere?*] plaît-il?, comment? ◇ (*fam.*) *ma scusa, ti pare giusto?* mais voyons, tu crois que c'est juste? ◇ (*iron.*) *ha fatto dieci chilometri a piedi, scusate se è poco!* il a fait dix kilomètres à pied, excusez du peu! **B** *v.pron. rifl.* SCUSARSI [*difendersi, giustificarsi, chiedere scusa*] s'excuser: *non so come scusarmi del mio errore* je ne sais (pas) comment m'excuser de mon erreur; *si è scusata presso l'amico della dimenticanza* elle s'est excusée de son oubli auprès de son ami ◇ (*prov.*) *chi si scusa, si accusa* qui s'excuse, s'accuse.

scusàto |sku'zato| *agg.* [*scolpato, scagionato, perdonato*] justifié: *una mancanza scusata* une absence justifiée.

scutellària |skutel'larja| *s.f.* (*t. bot.*) scutellaire.

scutèllo |sku'tello| *s.m.* (*bot., zool.*) écusson.

scuterìsta |skute'rista| *s.* scootériste.

scutifórme |skuti'forme| *agg.* (*scient.*) scutiforme.

sdamàre |zda'mare| *v.intr.* (*aus.* '*avere*') (*dama*) [*muovere una propria pedina dall'ultima fila*] dédamer.

sdaziaménto |zdattsja'mento| *s.m.* [→ SDAZIARE] paiement de l'octroi.

sdaziàre |zdat'tsjare| *v.tr.* [*svincolare una merce dal dazio, pagando l'imposta dovuta*] payer (9) l'octroi (pour).

sdebitàre |zdebi'tare| **A** *v.tr.* [*rendere libero dai debiti*] libérer (8) qqn. de ses dettes **B** *v.pron. rifl.* SDEBITARSI [*rendersi libero dai debiti; disobbligarsi*] s'acquitter: *non ha la possibilità di sdebitarsi* il n'a pas la possibilité de s'acquitter 🄲 B **indebitar(si).**

sdegnàre |zdeɲ'ɲare| **A** *v.tr.* **1** [*avere in dispregio, aborrire, respingere*] dédaigner, mépriser: *sdegna le lodi* il dédaigne les louanges; *sdegna ogni forma di pubblicità* il méprise toute forme de publicité **2** (*raro*) [*muovere a sdegno, suscitare sdegno*] indigner (*corr.*): *il suo comportamento mi ha sdegnato* sa conduite m'a indigné **B** *v.pron. intr.* SDEGNARSI [*sentire, provare sdegno*] s'indigner: *si è sdegnato contro di lui* il s'est indigné contre lui; *a quelle parole, mi sono proprio sdegnata* à ces mots, j'ai été vraiment indignée.

sdegnàto |zdeɲ'ɲato| *agg.* [*preso dallo sdegno; che prova, denota sdegno*]

indigné: *mi ha guardato con aria sdegnata* il m'a regardé d'un air indigné.
sdégno |'zdeɲɲo| *s.m.* **1** [*sentimento di riprovazione, indignazione*] indignation (*f.*): *un nobile sdegno* une noble indignation; *ha fatto un gesto di sdegno* il a fait un geste exprimant, montrant son indignation # *quello spettacolo ha mosso tutti a sdegno* ce spectacle a indigné tout le monde **2** [*disprezzo, disdegno*] dédain: *avere a sdegno qc.* avoir du dédain pour qqn.
sdegnosaménte |zdeɲɲosa'mente| *avv.* **1** [→ SDEGNOSO 1] avec indignation *loc. inv.* **2** [→ SDEGNOSO 2] dédaigneusement.
sdegnosità |zdeɲɲosi'ta| *s.f. inv.* [*il fatto di essere sdegnoso*] dédain (*m. var.*): *la sdegnosità del suo rifiuto* le dédain de son refus ◇ [*alterigia*] *hauteur *var.*
sdegnóso |zdeɲ'ɲoso| *agg.* **1** [*che esprime sdegno, pieno di sdegno*] dédaigneux*: *una risposta sdegnosa* une réponse dédaigneuse; *un uomo sdegnoso dei compromessi* un homme dédaigneux des, qui dédaigne les compromis **2** [*disdegnoso, sprezzante*] méprisant: *è sempre sdegnoso con tutti* il est toujours méprisant avec tous ◇ [*altero*] *hautain.
sdentàre |zden'tare| **A** *v.tr.* [*rompere, spezzare i denti*] édenter: *sdentare una ruota dentata* édenter une roue (dentée) **B** *v.pron. intr.* SDENTARSI [*perdere i denti*] perdre (53) *tr.* ses dents.
Sdentàti |zden'tati| *s.m. pl.* (*t.zool.*) Édentés.
sdentàto |zden'tato| *agg.* [*privo di denti; con uno o più denti rotti*] édenté: *un bambino sdentato* un enfant édenté.
sdilinquiménto |zdilinkwi'mento| *s.m.* **1** [→ SDILINQUIRE B 1] défaillance *f.* **2** [*smanceria, svenevolezza*] simagrée.
sdilinquìre |zdilin'kwire| (197) **A** *v.tr.* (*raro*) [*rendere languido, svenevole*] affaiblir (*corr.*) **B** *v.pron. intr.* SDILINQUIRSI **1** [*venir meno, andare in deliquio*] défaillir *intr.*, s'évanouir **2** (*fig.*) [*essere eccessivamente tenero, svenevole*] se pâmer.
sdipanàre |zdipa'nare| *v.tr.* [*disfare il filo dipanato dalla matassa*] dévider.
sdirenàre |zdire'nare| **A** *v.tr.* [*sfiancare, rompere le reni*] éreinter **B** *v.pron. rifl.* SDIRENARSI [*sfiancarsi, rompersi le reni*] s'éreinter.
sdiricciàre |zdirit'tʃare| *v.tr.* [*togliere dal riccio*] ôter la bogue (à): *sdiricciare le castagne* ôter la bogue aux châtaignes.
sdoganaménto |zdogana'mento| *s.m.* [→ SDOGANARE] dédouanement.
sdoganàre |zdoga'nare| *v.tr.* [*svincolare la merce trattenuta in dogana, pagandone i relativi diritti*] dédouaner.
sdogàre |zdo'gare| *v.tr.* [*togliere le doghe*] enlever (6) les douves (à): *sdogare una botte* enlever les douves à un tonneau.
sdolcinataménte |zdoltʃinata'mente| *avv.* [→ SDOLCINATO 2] doucereusement.
sdolcinatézza |zdoltʃina'tettsa| *s.f.* **1** [*il fatto di essere sdolcinato*] mièvrerie **2** [*comportamento, gesto sdolcinato*] minauderie: *queste sdolcinatezze mi urtano* ces minauderies m'énervent.
sdolcinàto |zdoltʃi'nato| *agg.* **1** (*raro*) [*troppo dolce*] douceâtre (*corr.*) **2** (*fig.*) [*svenevole; che si abbandona a smancerie*] doucereux*: *una persona sdolcinata* une personne doucereuse.
sdolcinatùra |zdoltʃina'tura| *s.f.* [*comportamento, atto, gesto sdolcinato*] mièvrerie.
sdolenzìre |zdolen'tsire| (197) *v.tr.* (*raro*) [*togliere, mitigare l'indolenzimento*] apaiser (*corr.*) la douleur (de).
sdoppiaménto |zdoppja'mento| *s.m.* **1** [→ 2 SDOPPIARE] dédoublement: *lo sdoppiamento di un corso* le dédoublement d'une classe **2** (*psican.*) dédoublement.
1 **sdoppiàre** |zdop'pjare| *v.tr.* [*rendere semplice ciò che è doppio*] dédoubler: *sdoppiare un filo* dédoubler un fil.
2 **sdoppiàre** |zdop'pjare| **A** *v.tr.* [*scindere in due parti*] dédoubler: *sdoppiare una classe* dédoubler une classe **B** *v.pron. intr.* SDOPPIARSI [*dividersi in due*] se dédoubler.
sdottoràre |zdotto'rare|, **sdottoreggiàre** |zdottored'dʒare| *v. intr.* (*aus.* '*avere*') (*raro*) [*assumere un atteggiamento saccente, ostentando la propria cultura*] pontifier: *è uno che sdottora, sdottoreggia spesso* c'est un type qui pontifie, qui pontifie souvent.
sdràia |'sdraja| *s.f.* [*sedia a sdraio*] transatlantique *m.*, transat *m.* (*fam.*).
sdraiàre |zdra'jare| **A** *v.tr.* [*mettere a giacere*] étendre (53): *sdraiare un ammalato sul letto* étendre, coucher un malade sur le lit **B** *v.pron. rifl.* SDRAIARSI [*mettersi a giacere, stendersi*] s'étendre: *sdraiarsi sull'erba* s'étendre sur l'herbe.
sdraiàto |zdra'jato| *agg.* [*che giace disteso*] étendu; couché.
sdràio, i |'zdrajo, i| *s.m. nella loc. avv.* A SDRAIO: *sedia a sdraio* transatlantique # *mettersi a sdraio* s'étendre, s'allonger.
sdrammatizzàre |sdrammatid'dzare| *v.tr.* [*togliere carattere drammatico a un avvenimento o una notizia*] dédramatiser, dépassionner: *cerchiamo di sdrammatizzare* essayons de dédramatiser.
sdrucciolaménto |zdruttʃola'mento| *s.m.* [→ SDRUCCIOLARE] glissement.
sdrucciolàre |zdruttʃo'lare| *v.intr.* (*aus.* '*essere*') **1** [*cadere, scivolando su una superficie liscia*] glisser (*aus.* avoir): *attento a non sdrucciolare sul ghiaccio* attention à ne pas glisser sur la glace **2** (*fig.*) [*incorrere, incappare*] *sdrucciolare in un argomento scabroso* s'engager (3) dans un sujet scabreux.
sdrucciolévole |zdruttʃo'levole| *agg.* [*su cui si sdrucciola facilmente*] glissant: *strada sdrucciolevole* route glissante ◇ (*fig.*) *discorso sdrucciolevole* discours sur un terrain glissant.
sdrucciolevolézza |zdruttʃolevo'lettsa| *s.f.* état *m.* glissant (des routes, d'un terrain).
sdrucciolìo, ii |zdruttʃo'lio, ii| *s.m.* [*lo sdrucciolare continuo*] glissement.
1 **sdrùcciolo** |'zdruttʃolo| **1** *agg.* (*gram., ling.*) *parola sdrucciola* mot accentué sur l'antépénultième syllabe, mot proparoxyton; *verso sdrucciolo* vers dont les deux dernières syllabes sont brèves *loc.* **2** *s.m.* (*metr.*) vers dont les deux dernières syllabes sont brèves.
2 **sdrùcciolo** |'zdruttʃolo| *s.m.* **1** (*raro*) [*il fatto di sdrucciolare*] glissement (*corr.*) **2** [*tratto di terreno in forte pendenza*] pente *f.* ◇ (*loc. avv.*) *a sdrucciolo* en pente ◇ (*per est.*) descente *f.* en pente rapide ◇ (*per est.*) ruelle *f.* en pente ◇ [*pendio per far scendere il legname in montagna*] glissoir.
sdrucciolóne |zdruttʃo'lone| *s.m.* [*caduta fatta sdrucciolando*] glissade *f.* # *fare uno sdrucciolone* glisser ◇ (*loc. avv.*) *a sdruccioloni* en glissant.
sdrucciolóni |zdruttʃo'loni| *avv.* [*sdrucciolando*] en glissant (*loc. inv.*): *venir giù sdruccioloni per un pendio* descendre une pente en glissant.
sdruccioloso |zdruttʃo'loso| *agg.* → **sdrucciolevole**.
sdrucire |zdru'tʃire| (204) *v.tr.* **1** [*scucire strappando*] découdre (60) **2** [*lacerare, stracciare*] déchirer.
sdrucito |zdru'tʃito| *agg.* **1** [*scucito*] décousu **2** [*lacerato*] déchiré.
sdrucitùra |zdrutʃi'tura| *s.f.* **1** [→ SDRUCIRE 1] partie décousue (de qqch.) **2** [→ SDRUCIRE 2] déchirure, accroc *m.*
1 **se** |se| **I** *cong.* **1** (*con valore ipotetico*) si (+ *indic.*): *se studiasse di più, sarebbe promosso* s'il travaillait davantage, il serait reçu; *se fosse vero, lo punirei severamente* si c'était vrai, je le punirais sévèrement; *se venisse, mi farebbe piacere* s'il venait, il me ferait plaisir; *se fosse venuta, mi avrebbe fatto piacere* si elle était venue, elle m'aurait fait plaisir; *se verrai, usciremo insieme* si tu viens, nous sortirons ensemble; *vai pure, se vuoi* tu peux (y) aller, si tu veux ◇ (*loc.*) *se proprio lo vuoi sapere, è partito* si tu tiens vraiment à le savoir, il est parti ~ *se ho ben capito, si trova in città* si j'ai bien compris, il est en ville ~ *se non sbaglio, se non erro, se non mi inganno* si je ne me trompe, si je ne m'abuse, sauf erreur ~ *se è lecito, posso sapere perché...?* est-il permis de te demander pourquoi...? ~ *se non disturbo* si je ne vous dérange pas ~ *se possibile, esco a vedere* si c'est possible, je vais aller voir ~ *anche lui, se vogliamo, è un bell'uomo* lui aussi, si on veut, est un bel homme ~ *se stesse in me, se dipendesse da me* si c'était en mon pouvoir, si cela dépendait de moi ~ *se fossi in te* si j'étais à ta place, si j'étais toi ~ *se non fosse per te non lo farei certamente* si ce n'était (pas) pour toi je ne le ferais certainement pas ~ *se non fosse stato perché lo sapevo già* si ce n'avait pas été que j'en avais (eusse) déjà connaissance ◇ (*seguito da avv. o loc. avv.*) SE PER CASO *lo incontri, salutalo* si, par hasard, tu le rencontres, dis-lui bonjour (de ma part) ~ SE MAI: *se mai arrivasse, avvertimi* si par hasard il arrivait, préviens-moi; *se mai ti capitasse di vederlo* si jamais il t'arrivait de le voir; *sei tu, se mai, che devi chiedergli scusa* s'il y a quelqu'un qui doit présenter des excuses, c'est bien toi; *se mai, ci andrò io* au besoin, c'est moi qui irai ~ *se non che* → **sennonchè** **2** (*fam., enf.*) (*con l'apodosi sottintesa; esprime 'rammarico, meraviglia, minaccia' e sim.*) si: *se vedessi com'è bello!* si tu voyais comme il est beau!; *se tu sapessi!* si tu savais!; *se lo prendo!* si je l'attrape! # *ma se tutti lo sanno!* mais puisque tout le monde le sait!; *ma se l'ho visto coi miei occhi!* mais puisque je l'ai vu de mes yeux!; *ma se ti avevo detto che...* ne t'avais-je pas dit que...?; mais puis-

que je t'avais dit que... **3** (*con valore desiderativo*) si: *se lo avessi saputo prima!* si je l'avais su plus tôt!; *se Dio vuole!* Dieu merci! **4** (*con valore caus.*) [*poiché, dato che, dal momento che*] si, puisque: *se sei stato tu, perché non l'hai detto?* si c'était toi, pourquoi ne l'as-tu pas dit?; *se ti hanno detto così, è meglio non partire* puisqu'on t'a dit ça, il vaut mieux ne pas partir **5** (*con valore conc.*) [*anche se, neanche se, se pure*] même si: *non lo venderei, neanche se lo pagassero a peso d'oro!* je ne le vendrais pas, même si on m'en offrait son poids d'or!; *anche se volesse, ormai è tardi* même s'il voulait, il est désormais trop tard; *non cedo, neanche se mi prega in ginocchio* je ne céderai pas, même s'il m'en prie à genoux # *si riprenda il suo denaro, se pure è suo!* reprenez votre argent, si c'est vraiment le vôtre **6** *loc. cong.* COME SE [*quasi, nella maniera di*] comme si: *si comporta come se fosse lui il padrone* il se comporte comme s'il était le patron; *fai come se niente fosse* fais comme si de rien n'était ◇ (*con valore escl., per esprimere 'rammarico, sdegno' e sim.*) *come se non lo conoscessimo!* comme si nous ne le connaissions pas!; *come se fosse facile!* comme si c'était facile!; *urla, come se la colpa fosse mia!* il hurle comme si c'était ma faute! **7** *loc. cong.* SE NON [*eccetto, tranne che*] *chi, se non lui, poteva saperlo?* qui, si ce n'est lui, pouvait le savoir?; *che cosa posso fare, se non rassegnarmi?* que puis-je faire, sinon me résigner?; *non telefonerò, se non per casi urgenti* je ne téléphonerai pas, si ce n'est pour des cas urgents; *non ho parlato, se non con lui* je n'(en) ai parlé à qui que ce soit, sauf à lui ~ SE NON ALTRO au moins, du moins: *ho avuto, se non altro, questa soddisfazione* j'ai eu, au moins, du moins, cette satisfaction # *l'ho fatto, se non altro, per cercare di calmarlo* je l'ai fait ne serait-ce que pour essayer de le calmer; *se non altro, è un ragazzo in gamba* en tout cas, c'est un garçon remarquable **8** (*in prop. dubitative e interrog. indirette*) si (+ *indic.*): *non so se partirò* je ne sais pas si je partirai; *non so se sia venuto* je ne sais pas s'il est venu; *ditemi se ci andrete* dites-moi si vous irez; *guarda se è possibile farlo* vois s'il est possible de le faire ◇ (*in usi ell.*) *se è vero? ma certo!* si c'est vrai? mais bien sûr (que c'est vrai)!; *se sono stanco? stanchissimo!* si je suis fatigué? oui, très fatigué!; *se è ricco? altro che!* s'il est riche? et comment! ◇ (*fam.*) *lo so io se ce ne vuole di pazienza!* je sais toute la patience qu'il faut! **9** (*con valore modale*) [*come, quanto*] si; combien: *non so se mi spiego!* je ne sais pas si je me fais bien comprendre! ‖ *puoi capire se ci son rimasto male!* tu comprends combien j'ai été déçu!; *vedi se ce ne vogliono di soldi!* tu vois combien d'argent il faut! **II** *s.m. inv.* **1** [*condizione*] mais: *è tutto a posto, c'è solo un se* tout va bien, mais il y a un mais **2** [*esitazione, incertezza*] si: *con i suoi se non conclude nulla* avec ses si, il n'aboutit à rien.

2 se |se| *pron. pers. atono m. e f. di 3ª pers. sing. e pl.* (*forma che il pron. 'si', assume davanti ai pron. atoni 'la, le, li, lo' e alla particella 'ne'*) **1** [*a sé*] se: *non se lo fece dire due volte* il ne se le fit pas dire deux fois # *se lo vide innanzi* il le vit devant lui; *se li son lasciati sfuggire* ils les ont laissés s'échapper **2** (*con valore pleon.*) *se la prese con me* il s'en prit à moi; *se lo bevve tutto* il le but tout; *se ne andò* il partit; *lo vidi andarsene senza salutare* je le vis partir sans dire au revoir.

sé |se| *pron. pers. m. e f. di 3ª pers. sing. e pl.* **1** (*persone det.; animali*) lui *m. sing.*, elle *f. sing.*; (*persone, animali, cose*) eux *m. pl.*, elles (*f. pl.*): *Giulio voleva conservarla per sé* Giulio voulait la garder pour lui; *il mio amico non ha fiducia che in sé* mon ami n'a confiance qu'en lui; *quella ragazza non pensa che a sé* cette fille ne pense qu'à elle ‖ *gli egoisti non pensano che a sé* les égoïstes ne pensent qu'à eux; *le acque dei torrenti trasportano con sé grosse pietre* les eaux des torrents transportent avec elles de grosses pierres; *hanno fatto molto parlare di sé* ils ont fait beaucoup parler d'eux, d'elles # *per salvare sé, per salvarsi ha messo in pericolo gli altri* pour se sauver il a mis les autres en danger ◇ *loc.* SÉ STESSO: *ciascuno di voi parla bene di sé stesso* vous dites tous du bien de vous-mêmes; *lo ha fatto per sé stesso, non per te* il l'a fait pour lui-même, non pour toi ◇ (*loc.*) *ha molte persone sotto di sé* il a beaucoup de personnes sous ses ordres ~ *è una persona piena di sé* (*stessa*) c'est une personne pleine de soi(-même) ~ *è chiuso in sé* c'est un homme renfermé ~ *ha fatto parte per sé stesso* il a fait bande à part ~ *diceva fra sé e sé, dentro di sé* il se disait à part soi, à part lui, à lui-même ~ *pensare tra sé e sé, dentro di sé* penser en, dans son for intérieur; *mi sembrava* (*non*) *essere in sé* il me semblait être hors de lui ~ *essere fuori di sé, uscire di sé* être hors de soi ~ *rientrare, tornare in sé* [*rinvenire*] revenir à soi; [*riacquistare il dominio dei propri nervi*] redevenir soi-même **2** (*riferito a cosa, a pers. indet., a pron. indef. e compl. di v. all'inf.*) soi (*m. e f. sing.*): *l'amore di sé* l'amour de soi; *il bello in sé* le beau en soi; *la virtù è amabile in sé* la vertu est aimable en soi; *quella legge non ha nulla d'arbitrario in sé* cette loi n'a rien d'arbitraire en soi; *non amare che sé* n'aimer que soi; *avere del denaro con sé* avoir de l'argent sur soi; *non si deve parlare troppo di sé* on ne doit pas parler trop de soi ◇ *loc.* SÉ STESSO: *pensare a sé stesso* penser à soi-même **3** *loc.* A SÉ: *è un caso a sé* c'est un cas particulier, à part; *è un caso che va considerato a sé* c'est un cas qui doit être examiné à part; *hanno formato un gruppo a sé* ils ont formé un groupe à part ~ DA SÉ: *fare q.c. da sé* faire qqch. soi-même; *vuol fare tutto da sé* il veut tout faire lui-même, par lui-même, tout seul; *l'ha fatto da sé* il l'a fait à lui seul, tout seul; *si è fatto da sé* il s'est fait lui-même; *ci penserà da sé* il y pensera lui-même; *si è tradito da sé* il s'est trahi lui-même; *farsi giustizia da sé* se faire justice soi-même; *giocattolo che funziona da sé* jouet qui marche tout seul; *questa lavatrice fa tutto da sé* cette machine à laver fait tout elle-même; *questa porta si chiude da sé* cette porte se ferme toute seule, d'elle-même; *ciò va da sé* cela va de soi; *va da sé che...* il va de soi que... ~ IN SÉ, PER SÉ, DI PER SÉ: *il fatto in sé non è allarmante* le fait en soi n'est pas alarmant; *la cosa, di per sé, non mi piace* la chose, en elle-même, ne me plaît pas; *è una cosa di per sé abbastanza interessante* c'est une chose assez intéressante en elle-même, en soi ◇ (*prov.*) *ciascuno per sé e Dio per tutti* chacun pour soi et Dieu pour tous ~ *chi fa da sé fa per tre* on n'est jamais si bien servi que par soi-même ✦ (*s.m.*) soi(-même) # *un altro sé stesso* un autre soi-même; *si illudeva nel suo sé di riuscire* il entretenait, au fond de lui-même, l'illusion d'une réussite.

sebàceo |se'batʃeo| *agg.* (*anat., med.*) sébacé.

sebàcico, ci, ca, che |se'batʃiko, tʃi, ka, ke| *agg.* (*chim.*) sébacique.

sebàste |se'baste| *s.m.* (*t.zool.*) sébaste.

sebbène |seb'bɛne| *cong.* [*quantunque; benché*] quoique; bien que: *sebbene fossi sicuro, non ho voluto insistere* quoique je fusse sûr de moi, je n'ai pas voulu insister ‖ *sebbene fosse in ritardo, lo fecero entrare* bien qu'il fût en retard, ils le firent entrer; *lo farò, sebbene non spetti a me* je le ferai, bien que cela ne soit pas à moi de le faire; *sebbene stanco, ho continuato a lavorare* bien que fatigué, j'ai continué à travailler.

sèbo |'sɛbo| *s.m.* (*biol.*) sébum.

seborrèa |sebor'rɛa| *s.f.* (*med.*) séborrhée.

seborrèico, ci, ca, che |sebor'rɛiko, tʃi, ka, ke|, **seborròico, ci, ca, che** |sebor'rɔiko, tʃi, ka, ke| *agg.* (*med.*) séborrhéique.

secàbile |se'kabile| *agg.* sécable.

secàm |se'kam| *agg. e s.m. inv.* (*tv*) sécam (procédé séquentiel à mémoire).

secànte |se'kante| *agg.* (*geom., mat.*) sécant: *retta secante* droite sécante ✦ (*s.f.*) *una secante* une sécante.

sécca, che |'sekka, ke| *s.f.* **1** [*terra che affiora durante la bassa marea*] sèche: *quell'imbarcazione è finita in una secca* cette embarcation s'est échouée sur un bas-fond, une sèche (*raro*) ◇ [*fondale basso*] bas-fond *m.* ◇ (*fig.*) *mi ha lasciato nelle secche* il m'a laissé à sec, dans l'embarras; *è restato in secca* il est resté à sec **2** (*dial.*) [*aridità, siccità*] sècheresse # *il fiume è in secca* la rivière est à sec.

seccaménte |sekka'mente| *avv.* [→ SECCO I 4] sèchement.

seccaménto |sekka'mento| *s.m.* [→ SECCARE A 1; B; C 1] séchage.

seccànte |sek'kante| *agg.* [*che infastidisce, urta*] ennuyeux*, embêtant (*fam.*): *è una faccenda seccante* c'est une affaire ennuyeuse; *è seccante dover stare qui ad aspettare* c'est embêtant d'avoir à rester ici à attendre.

seccàre |sek'kare| **A** *v.tr.* **1** [*far diventare secco, asciutto, privo d'acqua*] sécher (8): *il caldo ha seccato il raccolto* la chaleur a séché, a fait sécher la récolte; *seccare i funghi, i pomodori* sécher les champignons, les tomates **2** [*prosciugare, vuotare dell'acqua*] assécher (8): *seccare un pozzo* assécher un puits **3** [*annoiare, importunare*] ennuyer (11), embêter (*fam.*): *quell'allusione mi ha proprio seccato* cette allusion m'a vraiment ennuyé; *smettila di seccarmi con le tue lamentele!* arrête de m'embêter avec tes lamentations! ◇ [*disturbare*] déranger (3): *non voglio essere seccato mentre lavoro* je ne veux pas être dérangé pendant mon travail; *se a te non secca, vengo a casa tua* se cela ne te dérange pas, j'irai chez toi **B** *v.intr.* (*aus.* '*essere*') [*diventare secco*] sécher (*aus.* avoir): *questi fiori sono seccati troppo presto* ces fleurs se sont fanées, ont séché trop vite; *far seccare i legumi al sole* faire sécher les légumes au soleil **C** *v.pron. intr.* SECCARSI **1** [*diventare secco*] sécher (*intr.*): *le piante si sono seccate* les plantes ont séché **2** [*infastidirsi, annoiarsi, urtarsi*] en avoir (28) *intr.* assez: *si è seccato di aspettare* il en a eu assez d'attendre; *si è seccato e se n'è andato* il en a eu assez, et il est parti.

seccatìvo |sekka'tivo| *agg.* → siccativo.

seccàto |sek'kato| *agg.* **1** [*reso secco, privo di umidità*] séché **2** (*fig., fam.*) [*irritato*] irrité, fâché ◇ [*annoiato*] ennuyé.

seccatóio, i |sekka'tojo, i| *s.m.* **1** [*luogo usato per seccarvi frutta, verdura e sim.*] séchoir **2** (*mar.*) rateau de pont.

seccatóre, trice |sekka'tore, triʧe| *s.* [*persona importuna e fastidiosa*] casse-pieds *inv.* (*fam.*), raseur* (*fam.*).

seccatùra |sekka'tura| *s.f.* **1** (*raro*) [→ SECCARE A 1; B; C 1] séchage *m.* **2** (*fig.*) [*disturbo, fastidio*] ennui *m.*; embêtement (*m.*): *è una vera seccatura* c'est vraiment embêtant (*fam.*), c'est un gros ennui; *che seccatura!* quel ennui! ‖ *vorrei evitare questa seccatura* je voudrais éviter cet embêtement ◇ [*preoccupazione*] souci *m.*

secchézza |sek'kettsa| *s.f.* [*il fatto di essere secco*] sécheresse: *la secchezza del tempo* la sécheresse du temps; *la secchezza di stile* la sécheresse de style # *la secchezza della gola gli impediva di parlare* il avait la gorge sèche au point de ne pouvoir parler.

sécchia |'sekkja| *s.f.* **1** [*recipiente di notevole capacità, usato soprattutto per attingere acqua*] seau *m.* **2** (*gerg.*) [*studente sgobbone*] bûcheur* *s.*

secchiàta |sek'kjata| *s.f.* **1** [*quanto è contenuto in un secchio*] seau (*m.*): **2** (*gerg.*) *fare una secchiata* [*uno studio faticoso e laborioso*] bûcher *v.intr.* dur **3** (*raro*) coup *m.* de seau, coup donné avec un seau.

secchièllo |sek'kjɛllo| *s.m.* **1** petit seau: *il secchiello portaghiaccio* le seau à glace **2** *borsa a secchiello* sac à main (en forme de seau).

sécchio, i |'sekkjo, i| *s.m.* [*recipiente usato per trasportare liquidi o materiali di piccola pezzatura*] seau: *un secchio di alluminio, di plastica* un seau en (d')aluminium, en plastique; *un secchio di legno* un seau de bois, une seille (*f.*); *un secchio per l'acqua, per il latte* un seau pour l'eau (un seau à eau), pour le lait (une laitière); *il secchio della spazzatura* le seau à ordures, la poubelle.

secchióne |sek'kjone| *s.* (*gerg.*) [*studente molto attento e diligente*] bûcheur*.

sécco, chi, ca, che |'sekko, ki, ka, ke| **I** *agg.* **1** sec*; séché: *terreno secco* terrain sec; *frutta secca* fruits secs; *funghi secchi* champignons secs; *pane secco* pain sec; *preferisco il vino secco a quello dolce* je préfère le vin sec au vin doux; *ho la gola secca* j'ai la gorge sèche ‖ *carne secca* viande séchée; *fiori secchi* fleurs séchées # *foglie secche* feuilles mortes ◇ (*med.*) *pleurite secca* pleurésie sèche; *una tosse secca* une toux sèche **2** [*asciutto, esaurito*] à sec *loc. inv.*, tari: *una fonte secca* une source à sec, tarie **3** [*molto magro*] maigre: *è secco come un chiodo* il est maigre comme un clou **4** (*fig.*) [*brusco, deciso, netto*] sec: *un no secco* un non sec; *una risposta secca* une réponse sèche; *con un colpo secco spezzò il ramo* il cassa la branche d'un coup sec; *ha fatto un terno secco al lotto* il a fait un terne sec à la loterie ◇ (*banca*) *cedolare secca* cédulaire sèche ◇ (*Borsa*) *corso secco* cours sec ◇ (*fam.*) *gli è venuto un colpo secco* [*è morto improvvisamente*] il est mort brusquement; [*ne è rimasto sconvolto*] il en a eu le sang tourné **5** (*fam.*) [*morto, stecchito*] *l'ha fatto secco* il l'a tué sur le coup; *c'è rimasto secco* il est mort sur le coup **II** *s.m.* **1** (*meteor.*) temps sec **2** [*tratto di riva o struttura artificiale senz'acqua, con poca acqua*] *tirare in secco una barca* tirer une barque au sec; *tirare una nave in secco* mettre un navire en cale sèche; *quel natante è rimasto in secco* cette embarcation s'est échouée ◇ (*mar.*) *a secco di vele* à sec de toiles ◇ (*loc. fig.*) *è rimasto in secco, a secco* il est resté sans le sou, s'est trouvé à sec **3** *loc. avv.* A SECCO [*senza acqua o altri liquidi*]: *pile a secco* pile sèche; *lavatura a secco* nettoyage à sec; *murare a secco* faire un mur en pierres sèches.

seccùme |sek'kume| *s.m.* (*coll.*) choses *f. pl.* sèches.

secentésco, chi, ca, che |seʧen'tesko, ki, ka, ke| *agg.* du XVIIe siècle *loc. inv.*

secentèsimo |seʧen'tɛzimo| *agg. numer. ord.* six centième: *il secentesimo candidato* le six centième candidat ✦ (*s.m.*) *un secentesimo* un six centième.

secentismo |seʧen'tizmo| *s.m.* **1** goût, tournure *f.* caractéristique du XVIIe siècle **2** (*per est.*) [*preziosismo*] préciosité *f.*

secentista |seʧen'tista| *s.* **1** écrivain *m.* du XVIIe siècle **2** artiste du XVIIe siècle **3** spécialiste du XVIIe siècle.

secentistico, ci, ca, che |seʧen'tistiko, ʧi, ka, ke| *agg.* **1** du XVIIe siècle (*loc. inv.*): *il gusto secentistico* le goût du XVIIe siècle **2** des écrivains du XVIIe siècle *loc. inv.* **3** des artistes du XVIIe siècle *loc. inv.*

secèrnere |se'ʧɛrnere| (180) *v.tr.* [*elaborare particolari sostanze, come attività di ghiandole e cellule*] sécréter (8): *la bile è secreta dal fegato* la bile est sécrétée par le foie.

secessióne |seʧes'sjone| *s.f.* sécession: *la secessione della plebe romana* la sécession de la plèbe romaine; *la guerra di secessione americana* la guerre de Sécession (américaine).

secessionismo |seʧessjo'nizmo| *s.m.* sécessionnisme.

secessionista |seʧessjo'nista| *s.* sécessionniste.

secessionìstico, ci, ca, che |seʧessjo'nistiko, ʧi, ka, ke| *agg.* sécessionniste.

séco |'seko| *loc. pron.* (*arc., poet.*) [*con sé; con lui, con lei, con loro*] (*riferito a persone e animali*) avec lui *m. sing.*; avec elle (*f. sing.*): *la condusse seco* il la conduisit avec lui; *partì seco lei* il partit avec elle ◇ (*riferito a cosa, a pron. indef. e con v. all'inf.*) avec soi *m. e f. sing.*; avec eux *m. pl.*; avec elles (*f. pl.*): *è una situazione che trascina seco gravi conseguenze* c'est une situation qui entraîne avec soi de graves conséquences.

secolàre |seko'lare| *agg.* **1** [*che vive, è durato uno o più sec.*] séculaire: *piante secolari* plantes séculaires; *tradizioni secolari* traditions séculaires **2** [*che appartiene al sec., che opera nel sec., nella vita civile*] séculier*: *clero secolare* clergé séculier ✦ (*s.m.*) *un secolare* [*un laico*] un séculier.

secolarésco, chi, ca, che |sekola'resko, ki, ka, ke| *agg.* [*proprio della vita secolare*] séculier*: *ambizioni secolaresche* ambitions séculières.

secolarità |sekolari'ta| *s.f. inv.* durée *var.* séculaire # *la secolarità di questi alberi* ces arbres séculaires.

secolarizzàre |sekolarid'dzare| *v. tr.* [*trasferire dalla giurisdizione ecclesiastica a quella laica e civile*] séculariser: *secolarizzare la scuola* séculariser l'école.

secolarizzazióne |sekolariddzat'tsjone| *s.f.* [→ SECOLARIZZARE] sécularisation.

secolarménte |sekolar'mente| *avv.* [→ SECOLARE] de façon laïque *loc. inv.*

sècolo |'sɛkolo| *s.m.* **1** [*periodo di cento anni*] siècle: *nel nostro secolo* au siècle d'aujourd'hui, de notre temps; *nel secolo scorso* au, le siècle dernier; *per secoli* pendant des siècles; *alla fine dei secoli* à la fin des siècles; *nei secoli passati, avvenire* dans les siècles passés, à venir; *per tutti i secoli dei secoli* dans tous les siècles des siècles; *nel XX secolo* au XXe siècle # *all'inizio dei secoli* au commencement du monde; *nella notte dei secoli* dans la nuit des temps **2** [*epoca; periodo storico dai limiti temporali vaghi*] siècle: *il secolo di Augusto* le siècle d'Auguste; *il secolo dei lumi* le siècle des lumières **3** [*epoca in cui si vive*] siècle: *la moda del secolo* la mode du siècle; *è un figlio del secolo* c'est un enfant du siècle; *roba dell'altro secolo* choses du siècle dernier, d'il y a un siècle **4** (*fig., fam.*) [*periodo di tempo che sembra lungo*] siècle: *sono secoli che non lo vedo* il y a un siècle que je ne l'ai vu **5** (*eccl.*) siècle: *uscire dal secolo* quitter le siècle; *quel prete era al secolo un musicista* ce prêtre était, dans le siècle, un musicien.

1 **secónda** |se'konda| *s.f.* **1** (*auto.*) seconde: *in discesa si parte in seconda* en descente on démarre en seconde (vitesse) **2** (*scuola*) *seconda elementare* dixième, cours *m.* élémentaire première année; *seconda media* cinquième **3** (*ferr.*) les secondes *pl.*; deuxième, seconde classe **4** (*mus.*) seconde **5** *loc.* IN SECONDA en second: *comandante, ufficiale in seconda* commandant, officier en second **6** *loc. avv.* A SECONDA [*secondo la corrente o il vento*]: *navigare a seconda* naviguer en se laissant porter par le vent, par le courant

◇ *loc. prep.* A SECONDA DI [*conformandosi a, in rapporto a*] selon (*prep.*): *bisogna regolarsi a seconda dei casi* il faut se régler selon les cas # *le auto pagano a seconda della cilindrata* l'impôt sur les automobiles est calculé sur la cylindrée **7** (*mat.*) deuxième puissance # *tre alla seconda* trois puissance deux.

2 **secónda** |se'konda| *s.f.* (*pop.*) → **placenta.**

secondaménto |sekonda'mento| *s.m.* (*med.*) délivrance *f.*, expulsion *f.* du placenta.

1 **secondàre** |sekon'dare| *v.tr.* → **assecondare.**

2 **secondàre** |sekon'dare| *v.tr.* (*med.*) [*espellere la placenta*] expulser le placenta.

secondariaménte |sekondarja'mente| *avv.* [→ SECONDARIO 1] secondement, deuxièmement # *quella casa, in primo luogo è piccola, secondariamente è troppo cara* d'abord, cette maison est petite; ensuite, elle est trop chère.

secondarietà |sekondarje'ta| *s.f. inv.* caractère *m. var.* secondaire: *la secondarietà di una causa* le caractère secondaire d'une cause ◇ (*psicol.*) secondarité *var.*

secondàrio, i |sekon'darjo, i| *agg.* **1** secondaire: *scuole secondarie* écoles secondaires; *una questione secondaria* une question secondaire; *quest'affare è di secondaria importanza* c'est une affaire d'une importance secondaire ◇ (*astron.*) *pianeta secondario* planète secondaire ◇ (*biol.*) *caratteri sessuali secondari* caractères sexuels secondaires **2** (*gram.*) *proposizione secondaria* proposition subordonnée ✦ (*s.f.*) *una secondaria* une subordonnée **3** (*geol.*) secondaire: *era secondaria* ère secondaire ✦ (*s.m.*) *il secondario* le secondaire **4** (*chim.*) secondaire: *alcool secondario* alcool secondaire **5** (*psicol.*) secondaire: *carattere secondario* caractère secondaire **C** 1 **primario**; 2 **principale.**

secondino |sekon'dino| *s.m.* [*guardia carceraria*] geôlier* *s.*, gardien de prison.

1 **secóndo** |se'kondo| *agg.* (*lett.*) [*favorevole, propizio*] favorable (*corr.*): *navigare con vento secondo* naviguer avec vent favorable.

2 **secóndo** |se'kondo| **I** *agg.* **1** [*che segue immediatamente il primo*] deuxième, second: *si è piazzato al secondo posto* il s'est placé deuxième; *ha vinto il secondo premio* il a eu (obtenu) le deuxième prix; *abitiamo al secondo piano* nous habitons au second étage; *al concorso è arrivato secondo* il est arrivé second, il a obtenu la seconde place au concours; *viaggia in seconda classe* il voyage en seconde, en deuxième classe; *è tipico della seconda metà del XX° secolo* c'est typique de la deuxième moitié du XXe siècle; *si è sposato in seconde nozze* il s'est marié en secondes noces; *leggete il secondo capitolo* lisez le deuxième chapitre # *elevate questo numero alla seconda potenza* élevez ce nombre à la puissance deux; *hai fatto la seconda colazione?* as-tu pris ton déjeuner? ◇ (*in unione con i nomi di re o papi e con i sost. 'capitolo, volume' e sim.*) deux: *Federico secondo (II)* Frédéric deux (II); *Giulio secondo (II)* Jules deux (II); *capitolo secondo* chapitre deux ◇ (*gram.*) *seconda persona* deuxième personne ◇ *loc.* IN SECONDO LUOGO [*secondariamente*] deuxièmement (*avv.*): *in secondo luogo non ho soldi* deuxièmement, je n'ai pas d'argent **2** [*altro, nuovo, differente rispetto al primo*] second: *è stato per loro un secondo padre* il a été pour eux un second père; *sta vivendo la seconda giovinezza* il est en train de vivre sa seconde jeunesse; *lo giudicano un secondo Raffaello* on le tient pour un second Raphaël # *ha senz'altro un secondo fine* il a sûrement une arrière-pensée; *non avrai una seconda possibilità* tu n'auras pas d'autre possibilité **3** [*secondario, inferiore, di minore importanza*] *è un secondo violino* c'est un deuxième violon; *è merce di seconda scelta* c'est une marchandise de deuxième qualité (choix); *non è secondo a nessuno* il n'est inférieur à personne; *è un personaggio di secondo piano* c'est un personnage de second plan; *l'ha presa di seconda mano* il l'a eue d'occasion ◇ (*mar.*) *secondo ufficiale* second (officier), officier en second, commandant en second ◇ *loc.* DI SECOND'ORDINE: *una pensione di second'ordine* une pension de second ordre; *è passato in second'ordine* il est passé en seconde catégorie **4** (*patol., psichiatria*) *stato secondo* état second **II** *s.* **1** *s.* [*chi è, ciò che è secondo in una successione, in una sequenza*] deuxième, second: *è stato il secondo a tentare quell'impresa* il a été le deuxième, le second à tenter cette entreprise; *il secondo da sinistra è mio fratello* le deuxième en partant de la gauche est mon frère; *i primi... i secondi...* les premiers... les seconds...; les uns... les autres... **2** *s.m.* [*minuto secondo*] seconde (*f.*): *un'ora, due primi e quattro secondi* une heure, deux minutes et quatre secondes ◇ (*fig.*) *aspetta un secondo* attends une seconde; *sarò pronta in un secondo* je serai prête en une seconde **3** *s.m.* [*la seconda portata*] *cosa vuoi per secondo?* que veux-tu comme plat principal, plat de résistance?; *vorrei un secondo a base di pesce* comme plat principal, je voudrais du poisson **4** *s.m.* [*padrino*] (*in un duello*) second ◇ (*di un pugile*) assistant **5** *s.m.* (*mar.*) [*ufficiale in seconda*] (commandant en) second **III** *avv.* [*in secondo luogo, secondariamente*] deuxièmement, secondement: *primo non mi piace, secondo non è capace* premièrement, il ne me plaît pas; deuxièmement il n'est pas capable.

3 **secóndo** |se'kondo| *prep.* **1** [*luogo, nella direzione di*] suivant: *avanzate secondo la linea tratteggiata* avancez suivant le pointillé # *la navigazione secondo il vento è più veloce* la navigation au largue, grand largue est plus rapide **2** [*in modo conforme a; nel modo richiesto, prescritto, voluto da*] selon: *ho agito secondo coscienza* j'ai agi selon ma conscience; *hanno operato secondo giustizia* ils ont agi selon la justice; *secondo l'articolo dieci* aux termes de, d'après l'article dix # *secondo la legge, non sei in regola* d'après la loi, tu n'es pas en règle **3** [*stando a quanto detto o scritto; conformemente a; secondo l'opinione di*] d'après, selon: *secondo la mia opinione stiamo sbagliando* d'après moi, nous sommes en train de faire erreur; *secondo me, non va bene* d'après moi, cela ne va pas bien; *secondo noi, loro, si può rimanere* d'après nous, eux, on peut rester; *secondo alcuni è un bene, secondo altri è un male* selon les uns, c'est un bien, selon les autres, c'est un mal; *secondo il mio modo di vedere, hai torto* à mon avis, d'après moi, tu as tort; *secondo quanto mi direte, deciderò* selon ce que vous me direz, je déciderai; *Vangelo secondo Matteo* Évangile selon saint Mathieu; *secondo Platone...* selon Platon... # *secondo quel che si dice, sono ricchi* ils sont riches, à ce qu'on dit **4** [*in base a, in dipendenza di*] *secondo l'ora in cui arriverà* selon l'heure à laquelle il arrivera; *'ti tratterrai molto?' 'secondo il tempo'* 'resteras-tu longtemps?' 'ça dépendra du temps'; *'partirai?' 'secondo come si mettono le cose'* 'est-ce que tu as l'intention de partir?' 'ça dépendra de la tournure que prendront les événements' ✦ (*ass.*) *'ti interessa?' 'secondo...'* 'ça t'intéresse?' 'ça dépend..., c'est selon...' **5** [*in rapporto a, in proporzione a*] suivant: *ciascuno sarà aiutato secondo il bisogno* chacun sera aidé suivant ses besoins # *vive secondo i propri mezzi* il vit selon ses moyens ◇ (*prov.*) *Dio manda i panni secondo il freddo* à brebis tondue Dieu mesure le vent **6** *loc. cong.* SECONDO CHE [*nel caso che, nell'ipotesi che*] selon, suivant que: *secondo che piova o no...* selon qu'il pleuvra ou non...; *il giudizio è diverso secondo che si guardi alla sostanza o all'apparenza* le jugement change suivant qu'on regarde à la substance ou à l'apparence.

secondoché |sekondo'ke| *cong.* → 3 **secondo** 6.

secondogènito |sekondo'dʒɛnito| *agg.* **1** [*nato per secondo tra più figli degli stessi genitori*] second (enfant): *figlio secondogenito* second enfant ✦ (*s.*) *un secondogenito* un second enfant **2** [*nato per secondo, quando i figli sono due*] cadet* ✦ (*s.*) *un secondogenito* un cadet.

secondogenitùra |sekondodʒeni'tura| *s.f.* fait *m.* d'être le second (enfant) ◇ (*quando i figli sono solo due*) condition de cadet.

secretàggio, i |sekre'taddʒo, i| *s.m.* → **secretatura.**

'secrétaire' |səkretɛr| *s.m. inv.* secrétaire *var.*

secretàre |sekre'tare| *v.tr.* [*inumidire le pelli col secreto*] secréter (8).

secretatùra |sekreta'tura| *s.f.* [→ SECRETARE] secrétage *m.*

secretìna |sekre'tina| *s.f.* (*biol.*) sécrétine.

secretivo |sekre'tivo| *agg.* **1** [*atto a secernere*] sécréteur* **2** [*di secrezione, che concerne la secrezione*] sécrétoire.

1 **secréto** |se'kreto| *agg.* (*lett.*) → 1 **segreto.**

2 **secréto** |se'kreto| *s.m.* (*lett.*) → 2 **segreto.**

secrèto |se'krɛto| *s.m.* (*biol.*) sécrétion (*f.*): *secreto ghiandolare* sécrétion glandulaire.

secretóre, trice |sekre'tore, tritʃe| *agg.* (*biol.*) sécréteur*.

secretòrio, i |sekre'tɔrjo, i| *agg.* (*biol.*) sécrétoire.

secrezióne |sekret'tsjone| *s.f.* **1** (*biol.*) sécrétion: *secrezione interna, esterna* sécrétion interne, externe **2** [*sostanza secreta*] sécrétion **3** (*med.*) sécrétion.

sèdano |'sɛdano| *s.m.* (*t.bot.*) céleri ◇ (*corr.*) *gambe di sedano* pieds de céléri; *far scottare del sedano* blanchir du céléri.

sedàre |se'dare| *v.tr.* **1** [*calmare, lenire*] calmer: *uno sciroppo per sedare la tosse* un sirop pour calmer la toux **2** [*pacificare*] apaiser: *sedare una discordia* apaiser une discorde **3** [*reprimere, far cessare*] réprimer: *sedare una rivolta* réprimer une révolte.

sedatìvo |seda'tivo| *agg.* (*farm.*) sédatif*: *un farmaco ad azione sedativa* un médicament ayant une action sédative ✦ (*s.m.*) *un sedativo* un sédatif.

sedatóre, trice |seda'tore, tritʃe| *agg. e s.* celui *m.*, celle *f.* qui calme; qui réprime.

sedazióne |sedat'tsjone| *s.f.* (*med.*) sédation.

sède |'sɛde| *s.f.* **1** [*città, luogo, edificio, in cui esplica la sua attività un'autorità, un ufficio, un ente pubblico o privato*] siège (*m.*): *la sede del partito* le siège du parti; *la sede centrale* le siège central; *Urbino è sede universitaria* Urbino est le siège d'une université; *la Società ha sede a Roma* la Société a son siège à Rome; *è stato richiamato in sede* il a été rappelé au siège # *il sindaco è fuori sede* le maire n'est pas à la mairie ◇ (*eccl.*) *la sede è vacante* le siège est vacant; *la Santa Sede, la Sede apostolica* le Saint-Siège, le siège apostolique **2** [*città, posto a cui viene assegnato un impiegato spec. statale*] poste (*m.*): *sede scoperta, vacante* poste vacant, place vacante; *raggiungere la propria sede* rejoindre son poste; *chiedere il trasferimento per un'altra sede* demander un changement de poste, sa mutation # *sede di prima nomina* premier poste (dans une carrière); *indennità di sede* indemnité de résidence **3** (*fig.*) [*momento, luogo, la circostanza in cui si svolge o può svolgersi un'azione*] lieu (*m.*): *non è questa la sede adatta per...* ce n'est pas ici le lieu de... # *te ne parlerò in separata sede* je t'en parlerai en privé, entre quatre yeux ◇ (*dir.*) *in separata sede* devant une autre juridiction ◇ *loc.* IN SEDE DI pendant: *in sede di esame* pendant les examens; *in sede di liquidazione* pendant la liquidation # *in sede di giudizio* lors d'un jugement; *in sede di bilancio* (en) faisant le bilan; *in sede storica, politica* du point de vue historique, politique **4** (*med.*) siège **5** (*mecc.*) logement *m.*

sedentarietà |sedentarje'ta| *s.f. inv.* sédentarité (*var.*): *sedentarietà di vita* sédentarité, vie sédentaire.

sedentàrio, i |seden'tarjo, i| *agg.* **1** sédentaire ◇ (*mil.*) *servizio sedentario* service sédentaire **2** (*detto di persona che trascorre gran parte del tempo seduta*) sédentaire ✦ (*s.*) *un sedentario* un sédentaire.

sedentarizzazióne |sedentariddzat'tsjone| *s.f.* sédentarisation.

1 **sedére** |se'dere| (183) **A** *v.intr.* (*aus.* '*essere*') **1** [*stare seduto, appoggiato su un elemento di sostegno con la parte posteriore e inferiore del corpo*] être (43) (*aus.* avoir) assis: *gli invitati sedevano a tavola* les invités étaient assis à table; *il cocchiere sedeva a cassetta* le cocher était assis sur son siège # *sedere in trono* être sur le trône, régner; *sedere in cattedra* avoir une chaire; *sedere sulla cattedra di san Pietro* occuper le trône de saint Pierre ◇ [*mettersi a sedere*] *si è alzato da sedere* il s'est levé; *si levò a sedere sul letto* il s'assit sur son lit; *quando entrò, tutti rimasero a sedere* quand il entra, tous restèrent assis; *lo fecero sedere* on le fit asseoir; *gli diedero da sedere* on lui offrit un siège; *mi invitarono a sedere* on m'invita à m'asseoir; *posti a sedere* places assises; *c'è da sedere?* y a-t-il des places assises?; *non ho trovato da sedere* je n'ai pas trouvé de places assises ◇ (*fig.*) *sedere su due poltrone* [*occupare contemporaneamente due posti redditizi*] manger à deux râteliers **2** [*avere un seggio, far parte di...*] siéger (8) (*aus.* avoir): *siede in parlamento* il siège au parlement # *siedono in consiglio comunale* ils appartiennent au conseil municipal; *sedeva al banco degli imputati* il était au banc des accusés **3** [*tenere seduta*] siéger **B** *v.pron. intr.* SEDERSI [*compiere i movimenti necessari per posarsi con la parte posteriore del corpo sopra un appoggio*] s'asseoir (30)] *non state in piedi, sedetevi* ne restez pas debout, asseyez-vous.

2 **sedére** |se'dere| *s.m.* [*la parte posteriore del corpo, in fondo alla schiena*] derrière: *prendere uno a calci nel sedere* donner à qqn. des coups de pieds dans le derrière.

sèdia |'sɛdja| *s.f.* chaise: *sedia impagliata* chaise de paille, paillée; *sedia imbottita* chaise rembourrée; *sedia a dondolo* rocking-chair *m.*, chaise à bascule; *sedia a sdraio* chaise longue, transatlantique; *sedia pieghevole* chaise pliante; *sedia elettrica* chaise électrique; *sedia gestatoria* chaise gestatoire, sedia gestatoria; *sedia curule* chaise curule # *sedia a braccioli* fauteuil ◇ (*arc.*) *sedia da posta* chaise de poste.

sediàio, i |se'djajo, i| *s.m.* menuisier en sièges, en chaises.

sediàrio, i |se'djarjo, i| *s.m.* porteur de la chaise gestatoire.

sediàta |se'djata| *s.f.* coup *m.* de chaise.

sedicènne |sedi'tʃɛnne| *agg.* (âgé) de seize ans (*loc. inv.*): *una ragazza sedicenne* une fille (âgée) de seize ans ✦ (*s.m.*) *un sedicenne* un garçon de seize ans ✦ (*s.f.*) *una sedicenne* une (jeune) fille de seize ans.

sedicènte |sedi'tʃɛnte| *agg.* [*che dice di essere ciò che non è, che si qualifica in modo abusivo*] soi-disant (*inv.*): *un sedicente dottore* un soi-disant docteur.

sedicèsimo |sedi'tʃɛzimo| **1** *agg. numer. ord.* seizième: *si è piazzato al sedicesimo posto* il s'est placé à la seizième place, il est sezième; *ho avuto la sedicesima parte* j'ai eu la seizième part ◇ (*in unione con i nomi di re o papi e con i sost. 'capitolo, volume' e sim.*) seize: *Luigi sedicesimo* (*XVI*) Louis seize (XVI); *il capitolo sedicesimo* le chapitre seize ✦ (*s.m.*) *un sedicesimo* un seizième **2** *s.m.* (*tip.*) *in sedicesimo* in-seize, in-16.

sédici |'seditʃi| *agg. numer. card. inv.* seize: *un palazzo di sedici piani* un immeuble de seize étages; *il treno parte alle ore sedici* le train part à seize heures ✦ (*s.m. inv.*) *il sedici* le seize.

sedile |se'dile| *s.m.* **1** siège: *sedile imbottito* siège rembourré; *sedile pieghevole* siège pliant → **sedia**; *sedile anteriore, posteriore* siège avant, arrière; *sedile della sella* siège; *sedile eiettabile* siège éjectable # *sedile della botte* chantier, berceau, calles **2** → **panca.**

sedimentàre |sedimen'tare| *v. intr.* (*aus.* '*essere, avere*') (*detto di particelle solide sospese in un liquido*) [*depositarsi sul fondo*] former *tr.* des sédiments.

sedimentàrio, i |sedimen'tarjo, i| *agg.* (*geol.*) sédimentaire.

sedimentazióne |sedimentat'tsjone| *s.f.* **1** (*geol., chim.*) sédimentation: *sedimentazione marina* sédimentation de la mer; *sedimentazione di un composto* sédimentation d'un composé **2** (*med.*) sédimentation: *velocità di sedimentazione* vitesse de sédimentation.

sediménto |sedi'mento| *s.m.* (*scient.*) sédiment: *sedimenti di minerali* sédiments des minéraux; *sedimenti urinari* sédiments de l'urine.

sedimentologia, gie |sedimentolo'dʒia, dʒie| *s.f.* (*geol.*) sédimentologie.

sedimentóso |sedimen'toso| *agg.* (*geol.*) sédimenteux*.

sediòlo |se'djɔlo| *s.m.* [*carrozzino a un posto*] sulky.

sedizióne |sedit'tsjone| *s.f.* sédition.

sediziosaménte |sedittsjosa'mente| *avv.* [→ SEDIZIOSO] séditieusement.

sedizióso |sedit'tsjoso| *agg.* séditieux*: *radunata sediziosa* rassemblement séditieux; *parole sediziose* paroles séditieuses ✦ (*s.*) *un sedizioso* un séditieux.

sèdo |'sɛdo| *s.m.* (*t.bot.*) sedum, orpin (*corr.*).

seducènte |sedu'tʃɛnte| *agg.* séduisant: *un viso seducente* un visage séduisant.

seduciménto |sedutʃi'mento| *s.m.* (*arc.*) [*il fatto di sedurre*] séduction (*corr.*).

sedùrre |se'durre| (108) *v.tr.* **1** [*lusingare, circuire una ragazza o una donna allo scopo di avere con lei rapporti sessuali*] séduire (75): *ha sedotto quella ragazza, promettendole di sposarla* il a séduit cette jeune fille, en lui promettant de l'épouser **2** [*esercitare una forte attrazione e suggestione*] séduire: *attento a non lasciarti sedurre da quella donna* prends bien garde à ne pas te laisser séduire par cette femme; *è una proposta che mi seduce molto* c'est une proposition qui me séduit infiniment.

sedùta |se'duta| *s.f.* **1** [*riunione di un organo collegiale*] séance: *una seduta del consiglio provinciale* une séance du conseil de la province; *il sindaco è in seduta* le maire est en séance ◇ (*loc.*) *il verbale è stato approvato seduta stante* le procès-verbal a été approuvé séance tenante ~ *votare per alzata e seduta* voter par assis et levé **2** [*posa di un modello per un pittore, scultore*] séance **3** [*ogni consultazione di un cliente con un professionista*] consultation.

sedùto |se'duto| *agg.* [*appoggiato con la parte posteriore del corpo a un sostegno*] assis: *stai seduto!* reste assis!; *seduti!* asseyez-vous!

seduttóre, trice |sedut'tore, tritʃe| *s.* [*chi seduce o ha sedotto*] séduc-

teur*: *un inguaribile seduttore* un incorrigible séducteur.
seduzióne |sedut'tsjone| *s.f.* **1** [→ SEDURRE] séduction: *seduzione con promessa di matrimonio* séduction avec promesse de mariage; *una donna di una seduzione irresistibile* une femme d'une séduction irrésistible; *cedere, resistere alla seduzione di un facile successo* céder, résister à la séduction d'un succès facile **2** [*fascino, malia*] charme (*m.*): *la seduzione della musica* le charme de la musique.
sefardìta |sefar'dita| *s.m.* sefardi, sefaraddi *s.*
séga, ghe |'sega, ge| *s.f.* **1** [*attrezzo o macchina per tagliare legno, metalli e sim.*] scie: *sega a mano* scie à main; *sega circolare* scie circulaire; *sega chirurgica* scie de chirurgien; *sega meccanica* scie mécanique; *sega elettrica* scie électrique; *coltello a sega* couteau-scie # *sega per marmi* sciotte **2** (*dial.*) → **mietitura** **3** (*mus.*) scie musicale **4** (*t.zool.*) *pesce sega* (poisson) scie **5** (*volg.*) [*masturbazione maschile*] poignée.
segàbile |se'gabile| *agg.* [→ SEGARE 1] que l'on peut scier *loc.*, sciable (*raro*).
ségala |'segala|, **ségale** |'segale| *s.f.* **1** (*t.bot.*) seigle *m.* **2** (*bot.*) *segale cornuta* seigle ergoté, blé cornu ◇ (*farm., med.*) seigle ergoté.
segaligno |sega'liɲɲo|, **segalino** |sega'lino| *agg.* **1** (*raro*) de seigle *loc. inv.* (*corr.*): *pane segalino* pain de seigle **2** (*fig., detto di persona lunga e magra, ma sana e robusta*) long et sec*: *un vecchio segaligno* un vieillard long et sec.
segaménto |sega'mento| *s.m.* [→ SEGARE 1] sciage.
segantìno |segan'tino| *s.m.* [*operaio che lavora alla segatura di tronchi e legname*] scieur.
segaòssa |sega'ɔssa| *s.m. inv.* scie *f. var.* de boucher.
segàre |se'gare| *v.tr.* **1** [*dividere in due o più parti mediante la sega*] scier: *segare un tronco, una trave* scier un tronc, une poutre **2** (*dial.*) [*mietere, falciare*] moissonner **3** (*per est.*) [*recidere, tagliare*] couper: *segare le vene* couper les veines **4** [*stringere tanto forte da solcare la pelle*] couper: *questi elastici mi segano le gambe* ces élastiques me coupent les jambes.
segàta |se'gata| *s.f.* → **segamento.**
segatóre, trice |sega'tore, tritʃe| *s.* **1** [*operaio addetto alla segatura di legname, marmi ecc.*] scieur *m.* **2** (*dial.*) [*mietitore*] moissonneur*.
segatrice |sega'tritʃe| *s.f.* (*tecnol.*) scie: *segatrice elettrica, circolare* scie électrique, circulaire; *segatrice a nastro, a disco* scie à ruban, circulaire.
segatùra |sega'tura| *s.f.* **1** [*l'operazione di segare*] sciage (*m.*): *segatura a mano, a macchina* sciage à la main, à la machine **2** (*dial.*) [*mietutura, falciatura*] moissonnage *m.* **3** [*materiale minuto che si produce segando legno, metalli, ecc.*] sciure.
seggétta |sed'dʒetta| *s.f.* **1** chaise percée **2** (*arc.*) → **portantina.**
sèggio, i |'sɛddʒo, i| *s.m.* **1** (*arc., lett.*) [*sedia importante destinata ad alti personaggi*] siège: *seggio reale, episcopale, papale* siège royal, épiscopal, papal **2** [*sedile in cui siedono personaggi autorevoli nell'esercizio delle loro funzioni*] siège: *seggio della presidenza* siège de la présidence **3** [*carica pubblica, autorità, ufficio*] siège: *il partito governativo ha ottenuto duecento seggi* le parti gouvernemental a obtenu deux cents sièges # *ambisce al seggio presidenziale* il aspire à la présidence; *sbalzare, togliere qc. di seggio* destituer qqn. **4** [*luogo ove si svolgono le operazioni di voto e di spoglio delle schede*] *presidente, segretario di seggio* (*elettorale*) président, secrétaire du bureau de vote; *andare al seggio per votare* aller voter.
sèggiola |'sɛddʒola| *s.f.* → **sedia.**
seggiolàio, i |seddʒo'lajo, i| *s.m.* **1** [*chi fabbrica seggiole*] chaisier* *s.* **2** [*chi aggiusta seggiole*] rempailleur* *s.* **3** marchand *s.* de chaises.
seggiolàme |seddʒo'lame| *s.m.* (*coll.*) [*insieme di sedie*] chaises *f. pl.*
seggiolàta |seddʒo'lata| *s.f.* coup *m.* de, avec une chaise: *dare una seggiolata a qc.* donner un coup de chaise à qqn.
seggiolìno |seddʒo'lino| *s.m.* **1** petite chaise (*f.*): *seggiolino per bambino* petite chaise d'enfant; *seggiolino pieghevole* petite chaise pliante, pliant *s.m.* ◇ [*sgabello*] tabouret **2** (*aer., astron.*) siège: *seggiolino del pilota* siège du pilote; *seggiolino eiettabile* siège éjectable.
seggiolóne |seddʒo'lone| *s.m.* chaise *f.* d'enfant, chaise *haute ◇ (*fam., iron.*) *è caduto dal seggiolone* [*è un po' matto*] il est tombé sur la tête.
seggiovìa |seddʒo'via| *s.f.* [*funivia a circolazione continua costituita da una fune cui sono fissati dei sedili*] télésiège *m.*
segherìa |sege'ria| *s.f.* [*stabilimento per la segatura a macchina dei tronchi*] scierie.
seghétta |se'getta| *s.f.* **1** petite scie: *seghetta da traforo* petite scie à chantourner **2** [*piccola sega per fiale di vetro*] lime **3** (*raro*) [*stringilabbro per animali da tiro*] moraille (*corr.*), tord-nez *m. inv.*
seghettàre |seget'tare| *v.tr.* [*dentellare come la lama di una sega*] denteler (4): *seghettare un foglio* denteler une feuille.
seghettàto |seget'tato| *agg.* en dents de scie *loc. inv.* ◇ (*bot.*) *foglia seghettata* feuille dentelée.
seghettatùra |segetta'tura| *s.f.* [→ SEGHETTARE] dentelure.
seghétto |se'getto| *s.m.* scie *f.* en travers, scie *f.* passe-partout.
segmentàle |segmen'tale| *agg.* **1** (*scienze naturali*) segmentaire ◇ (*med.*) *anestesia segmentale* anesthésie segmentaire **2** (*ling.*) segmental*: *tratto pertinente segmentale* trait pertinent segmental.
segmentàre |segmen'tare| *v.tr.* **1** [*dividere in segmenti*] segmenter **2** (*fig.*) [*suddividere*] subdiviser ◇ [*frazionare*] fractionner.
segmentazióne |segmentat'tsjone| *s.f.* **1** [→ SEGMENTARE] segmentation **2** (*biol.*) segmentation.
segménto |seg'mento| *s.m.* **1** (*mat.*) segment **2** (*mecc., tecnol.*) segment: *segmento per freni* segment de frein.
segnacàrte |seɲɲa'karte| *s.m.* → **segnalibro.**
segnacàso |seɲɲa'kazo| *s.m.* (*gram.*) préposition *f.* indiquant le cas.
segnàcolo |seɲ'ɲakolo| *s.m.* **1** (*lett.*) [*emblema, segno distintivo*] symbole (*corr.*), emblème **2** (*arc.*) → **segnalibro.**
segnalaménto |seɲɲala'mento| *s.m.* [*impiego di segnali*] balisage, signalisation (*f.*): *segnalamento ferroviario, marittimo, aereo* balisage, signalisation ferroviaire, maritime, aérien(ne).
segnalàre |seɲɲa'lare| **A** *v.tr.* **1** [*trasmettere, comunicare, avvisare per mezzo di segnali*] signaler: *segnalare un pericolo* signaler un danger ◇ (*mar.*) *segnalare con bandiere, bandiere a mano, fanali* signaler par pavillons sur drisse, par pavillons à bras, par fanaux **2** (*per est.*) [*comunicare, rendere noto*] signaler: *è segnalata una vasta perturbazione* on signale une vaste perturbation; *non si segnalano incidenti* on ne signale pas d'incident (aucun incident) **3** (*fig.*) [*far conoscere, far distinguere, additare*] signaler: *mi segnalò un caso interessante* il me signala un cas intéressant # *sono stati segnalati tre nominativi* trois noms ont été mis en avant, prononcés; *quel giovane è stato segnalato per le sue capacità* ce jeune homme s'est fait remarquer par ses capacités **B** *v.pron. rifl.* SEGNALARSI [*distinguersi, farsi notare*] se distinguer: *si è segnalato nel campo artistico* il s'est distingué dans les arts.
segnalàto |seɲɲa'lato| *agg.* **1** [*insigne, illustre*] célèbre: *uno scrittore segnalato* un écrivain célèbre **2** [*notevole, rimarchevole*] remarquable: *persona di segnalato valore* personne d'une valeur remarquable.
segnalatóre, trice |seɲɲala'tore, tritʃe| *s.* **1** *s.* [*persona addetta alle segnalazioni spec. mil.*] signaleur *m.* **2** *s.m.* [*strumento, dispositivo di segnalazione*] (appareil de) signalisation (*f.*): *segnalatore ottico* (appareil de) signalisation optique # *segnalatore acustico* avertisseur ✦ (*agg.*) *apparecchio segnalatore* appareil de signalisation *loc. inv.*
segnalazióne |seɲɲalat'tsjone| *s.f.* **1** [*trasmissione di segnali; indicazione attuata per mezzo di un segnale*] signalisation; signal* (*m.*): *mezzi, sistemi di segnalazione* moyens, systèmes de signalisation; *segnalazione stradale, ferroviaria* signalisation routière, ferroviaire ‖ *fare delle segnalazioni* faire des signaux **2** [*comunicazione, notizia*] communication: *la segnalazione di un grave incidente* la communication d'un grave accident **3** [*indicazione, proposta; raccomandazione*] recommandation # *è stato assunto dopo la segnalazione della direzione* il a été engagé sur avis favorable de la direction **4** [*descrizione di connotati*] signalement (*m.*): *la segnalazione di un ladro* le signalement d'un voleur.
segnàle |seɲ'ɲale| *s.m.* signal*, feu: *segnale di allarme, di pericolo* signal d'alarme, de danger; *segnali stradali, ferroviari, aeronautici* signaux de la circulation routière, ferroviaire, aéronautique; signalisation routière, ferroviaire, aéronautique; *hanno dato il segnale di partenza* ils ont donné le signal du départ # *bisogna aspettare il segnale di via libera* il faut attendre le feu vert ◇ (*elettr.*) *segnale d'entrata, d'uscita* signal d'entrée et de sortie; *segnale acustico del metrò* signal sonore (d'interdiction de monter), bruiteur ◇ (*rad., tel.*) *segnale orario* signal horaire ◇ (*tel.*) *segnale di linea libera, occupata* signal

de ligne libre, occupée; tonalité *f.*
segnalètica, che |seɲɲa'lɛtika, ke| *s.f.* [*i sistemi, i mezzi di segnalazione*] signalisation: *segnaletica stradale* signalisation routière # *segnaletica in rifacimento* marquage en attente.
segnalètico, ci, ca, che |seɲɲa'lɛtiko, tʃi, ka, ke| *agg.* signalétique: *cartellino segnaletico* fiche signalétique # *dati segnaletici* signalement.
segnalìbro |seɲɲa'libro| *s.m.* [*striscia che si pone in mezzo a un libro per ritrovare subito la pagina voluta*] (*a nastro*) signet; (*a tagliacarte*) liseuse *f.*
segnalìnee |seɲɲa'linee| *s.m. inv.* → **guardalinee.**
segnapósto |seɲɲa'posto| *s.m.* carton nominatif.
segnaprèzzo |seɲɲa'prɛttso| *s.m.* [*cartellino su cui è indicato il prezzo della merce esposta*] étiquette *f.*
segnapùnti |seɲɲa'punti| *s.m. inv.* **1** [*persona addetta alla segnatura dei punti in una gara o in un gioco*] marqueur* *s. var.* **2** [*libretto per segnare il punteggio di una gara o di un gioco*] carnet *var.* ◇ [*tabellone*] tableau *var.* (pour marquer les points).
segnàre |seɲ'ɲare| **A** *v.tr.* **1** [*notare, distinguere, indicare con uno o più segni*] marquer: *segnare in rosso gli errori* marquer les fautes en rouge; *segnare con una crocetta i capitoli da studiare* marquer d'une croix les chapitres à étudier **2** [*annotare, registrare per scritto*] noter: *ho segnato il suo indirizzo sull'agenda* j'ai noté son adresse sur mon agenda; *devi segnare le entrate e le uscite* il faut noter, que tu notes les entrées et les sorties # *segnare all'attivo, al passivo* mettre à l'actif, au passif; *ha segnato l'itinerario sulla cartina* il a tracé l'itinéraire sur la carte **3** [*registrare, indicare*] marquer: *il torrente segnava il confine fra le due proprietà* le torrent marquait la limite entre les deux propriétés; *il termometro segna un grado sopra zero* le thermomètre marque un degré au-dessus de zéro; *l'orologio segna le due* l'horloge marque deux heures ◇ (*fig.*) *segnare uno a dito* [*additarlo alla pubblica riprovazione*] montrer qqn. du doigt **4** [*dare, essere il segnale*] donner le signal: *la campanella segna la fine delle lezioni* la sonnerie donne le signal de la fin des cours (des classes) **5** [*lasciare il segno, i segni*] marquer: *lo schiaffo gli ha segnato la guancia* la gifle lui a marqué la joue **6** *segnare il passo*: (*pr.*) [*muovere a tempo di marcia i piedi, rimanendo fermo nello stesso posto*] marquer le pas; (*fig.*) *la sua attività commerciale sta segnando il passo* son activité commerciale va au ralenti **7** (*sport*) [*realizzare un punto a favore della propria squadra*] marquer: *segnare un gol, un canestro* marquer un but, un panier ✦ (*ass.*) *i nostri hanno segnato al trentesimo minuto* les nôtres ont marqué à la trentième minute **B** *v.pron. rifl.* SEGNARSI [*farsi il segno della croce*] se signer.
segnataménte |seɲɲata'mente| *avv.* (*lett.*) [*particolarmente, specialmente*] particulièrement (*corr.*), surtout (*corr.*).
segnatàrio, i |seɲɲa'tarjo, i| *s.m.* (*arc.*) → **firmatario.**
segnatàsse |seɲɲa'tasse| *s.m. inv.* [*francobollo speciale per la corrispondenza con affrancatura insufficiente*] timbre *var.* de surtaxe; port *var.* supplémentaire.
segnatèmpo |seɲɲa'tɛmpo| *s.m. inv.* [*chi misura i tempi di lavorazione in una fabbrica*] pointeur, pointeau.
segnàto |seɲ'ɲato| *agg.* **1** [*notato, indicato mediante segni*] marqué: *parcheggio entro i limiti segnati* garage (parking, parcage) entre les limites marquées; *un viso segnato dalla stanchezza* un visage marqué par la fatigue # *un libro tutto segnato* un livre rempli de signes ◇ (*loc. fig.*) *segnato da Dio* [*che ha gravi menomazioni fisiche*] difforme **2** [*deciso, stabilito, fissato*] décidé, fixé: *il loro destino è segnato* leur destin est décidé, fixé.
segnatóre, trice |seɲɲa'tore, tritʃe| *s.* [*chi segna* (A 1)] marqueur*.
segnatùra |seɲɲa'tura| *s.f.* **1** [→ SEGNARE A 1, 2, 3] marquage *m.* **2** [*indicazione della collocazione di ciascun testo in una biblioteca o in un archivio*] cote **3** (*eccl.*) *segnatura apostolica* signature apostolique **4** (*sport*) score *m.* **5** (*tip.*) tomaison ◇ [*numero*] signature **6** (*arc.*) → **firma.**
segnavènto |seɲɲa'vɛnto| *s.m. inv.* [*elemento destinato a indicare la direzione del vento, posto gener. sui tetti delle case*] girouette *f. var.*
ségno |'seɲɲo| *s.m.* **1** signe: *segno distintivo* signe distinctif; *segno di riconoscimento* signe de reconnaissance; *segni alfabetici, ortografici* signes alphabétiques, orthographiques; *segni di punteggiatura* signes de ponctuation; *il segno dell'addizione, della sottrazione* le signe de l'addition, de la soustraction; *i segni dello zodiaco* les signes du zodiaques; *è nato sotto il segno dell'Acquario* il est né sous le signe du Verseau; *si è fatto il segno della croce* il a fait un signe de croix; *ha fatto un segno sul muro* il a fait un signe sur le mur # *ho perso il segno* je ne sais plus où j'en suis; *non toccare il libro*: *non voglio perdere il segno* ne touche pas à ce livre: je ne veux pas perdre la page **2** [*traccia, impronta*] trace (*f.*): *sulla sabbia c'è il segno dei suoi passi* sur le sable il y a la trace de ses pas; *la città mostra ancora i segni del terremoto* la ville porte encore les traces du tremblement de terre # *ha sul volto i segni delle sofferenze patite* son visage porte encore les marques des souffrances qu'il a subies ◇ (*fig.*) *è un'esperienza che ha lasciato il segno* c'est une expérience qui a laissé des traces **3** [*indizio, accenno, sintomo, presagio*] marque *f.*; signe: *un segno di affetto* une marque d'affection ‖ *i primi segni di rivolta* les premiers signes de (la) révolte; *segni premonitori* signes prémonitoires; *buon segno !, brutto segno !* bon signe!, mauvais signe!; *ha dato segni di pazzia* il a donné des signes de folie; *è un segno della malattia* c'est un symptôme, un signe de la maladie; *non dava più segno di vita* il ne donnait plus signe de vie # *come segno di gratitudine mi ha fatto questo regalo* il m'a fait ce cadeau en témoignage de reconnaissance; *non dava segno di smettere* il ne faisait pas mine de s'arrêter; *è un segno di amicizia* c'est un témoignage d'amitié; *è segno che non vuole saperne* ça prouve qu'il ne veut pas en entendre parler **4** [*gesto, cenno*] signe: *mi fece segno di fermarmi* il me fit signe d'arrêter; *mi fa segno di no* il me fait signe que non; *si fecero un segno d'intesa* ils se firent un signe d'entente; *le fece un segno con la mano* il lui fit signe de la main **5** [*bersaglio, punto a cui si mira con un'arma*] *tiro a segno* tir à la cible; *ha messo a segno un colpo* il a marqué un point; *la sua critica ha colto nel segno* sa critique a porté; *è stato fatto segno a, di insulti* il a été en butte aux insultes; *è fatto segno all'ammirazione generale* il est l'objet de l'admiration générale **6** [*limite, punto, grado*] point: *a tal segno?* à ce point?; *è generosa a tal segno che...* elle est généreuse au point que... # *hai passato il segno* tu as passé les bornes ◇ *loc.* A SEGNO [*a punto, in sesto*]: *mettere l'orologio a segno* remettre sa montre à l'heure; *ha la testa a segno* il a la tête sur les épaules ◇ (*mar.*) *alzare a segno* hisser à bloc ◇ *loc. avv.* PER FILO E PER SEGNO [*dettagliatamente*] en détail: *mi ha raccontato tutto per filo e per segno* il m'a tout raconté en détail **7** (*arc., lett.*) → **bandiera** **8** (*arc.*) → **segnale.**
ségo, ghi |'sego, gi| *s.m.* [*grasso di ovini, equini, e spec. bovini usato in saponeria*] suif.
segóso |se'goso| *agg.* [*che contiene sego; che è sim. al sego*] très (trop) gras*; suiffeux* (*raro*): *un brodo segoso* un bouillon trop gras.
segregaménto |segrega'mento| *s.m.* [→ SEGREGARE A] mise *f.* à l'écart.
segregànte |segre'gante| *agg.* ségrégatif*.
segregàre |segre'gare| **A** *v.tr.* [*allontanare, appartare, isolare dal gruppo*] isoler: *segregare un ammalato per evitare il contagio* isoler un malade pour éviter la contagion **B** *v.pron. rifl.* SEGREGARSI [*isolarsi, appartarsi*] se claquemurer, s'isoler: *si è segregato in casa* il s'est claquemuré.
segregàto |segre'gato| *agg.* [*isolato, appartato*] isolé, retiré # *vivere segregato in campagna* vivre dans l'isolement à la campagne.
segregazióne |segregat'tsjone| *s.f.* ségrégation: *segregazione razziale* ségrégation raciale # *segregazione cellulare* régime cellulaire.
segregazionìsmo |segregattsjo'nizmo| *s.m.* ségrégationnisme.
segregazionìsta |segregattsjo'nista| *s.* ségrégationniste.
segregazionìstico, ci, ca, che |segregattsjo'nistiko, tʃi, ka, ke| *agg.* ségrégationniste.
1 **segréta** |se'greta| *s.f.* **1** [*cella bassa, angusta, priva di finestre*] secret (*m.*): *mettere in segreta* mettre au secret **2** (*mil.*) cachot.
2 **segréta** |se'greta| *s.f.* (*liturg.*) secrète.
segretaménte |segreta'mente| *avv.* [→ 1 SEGRETO] secrètement.
segretariàle |segreta'rjale| *agg.* de secrétaire *loc. inv.*
segretariàto |segreta'rjato| *s.m.* secrétariat: *aspirare al segretariato di un partito politico* aspirer au secrétariat d'un parti politique.
segretàrio, i |segre'tarjo, i| *s.* secrétaire: *il segretario comunale* le secrétaire municipal; *la segretaria del*

direttore la secrétaire du directeur; *segretario di redazione* secrétaire de rédaction ◇ (*cine.*) *la segretaria di edizione* scripte (*t. racc.*), script(-girl) (*f.*); *il segretario di produzione* le secrétaire de production ◇ (*polit.*) *il segretario di Stato* le secrétaire d'État ◇ *solo al m.* (*fig.*) *il segretario galante* le manuel de correspondance amoureuse.

segreterìa |segrete'ria| *s.f.* **1** [*ufficio del segretario; la sede dell'ufficio; l'insieme degli impiegati addetti*] secrétariat (*m.*): *di sabato pomeriggio la segreteria è chiusa* le secrétariat est fermé le samedi après-midi ◇ (*per anal.*) *segreteria di Stato* secrétariat d'État **2** [*la carica, il periodo di attività in carica del segretario*] secrétariat: *lasciare la segreteria del partito* quitter le secrétariat du parti **3** (*tel.*) *segreteria telefonica* [*servizio pubblico che fornisce informazioni*] répondeur *m.* téléphonique (automatique); répondeur-enregistreur, téléphone-répondeur; secrétariat de renseignement téléphonique **4** [*ant. mobile a cassetti*] secrétaire *m.* **5** (*banca*) secrétariat.

segretézza |segre'tettsa| *s.f.* [*il fatto, la condizione di essere segreto*] secret (*m.*): *si raccomanda la massima segretezza* on demande le plus grand secret # *la segretezza di un documento* le caractère secret d'un document.

1 **segréto** |se'greto| *agg.* [*che è e deve restare nascosto, celato; che non deve essere fatto conoscere*] secret*: *un piano, un messaggio segreto* un plan, un message secret; *un trattato segreto* un traité secret; *polizia segreta* police secrète; *agenti segreti* agents secrets; *società segrete* sociétés secrètes; *fondi segreti* fonds secrets ◇ (*loc. fig.*) *è segreto come una tomba* il est secret comme une tombe.

2 **segréto** |se'greto| *s.m.* **1** [*ciò che deve rimanere segreto*] secret: *segreto professionale, istruttorio* secret professionnel, de l'instruction; *segreto d'ufficio, di Stato* secret de bureau, d'État; *lo ha messo a parte del segreto* il l'a mis dans le secret; *ha mantenuto, svelato il segreto* il a gardé, dévoilé le secret; *non ho segreti per nessuno* je n'ai de secrets pour personne; *si sono incontrati in segreto* ils se sont rencontrés en secret; *ha deciso nel segreto del proprio cuore* il a décidé dans le secret de son cœur; *è il segreto di Pulcinella* c'est le secret de Polichinelle **2** [*metodo, procedimento conosciuto da poche persone*] secret: *segreto di fabbrica* secret de fabrication; *cassaforte a segreto* coffre à secret; *conosce il segreto della felicità* il connaît le secret du bonheur.

seguàce |se'gwatʃe| *s.* **1** [*chi segue una relig., una dottrina, una scuola*] disciple: *i seguaci di Hegel* les disciples de Hegel # *i seguaci del cristianesimo* les chrétiens (pratiquants) **2** [*chi segue un partito politico*] partisan **3** *al plur.* [*scorta*] suite *f. sing.*

seguènte |se'gwente| *agg.* [*che segue, che viene dopo*] suivant: *il giorno seguente* le jour suivant # *agiremo nel seguente modo* nous agirons de la façon suivante ✦ (*s.m.*) *il seguente* le suivant: *entri il seguente!* au suivant!

segùgio, i |se'gudʒo, i| *s.m.* **1** [*cane da seguito*] limier **2** (*fig.*) [*agente di polizia, investigatore*] limier.

seguidìlla |segwi'dilla| *s.f.* (*sp.*) séguedille.

seguìre |se'gwire| **A** *v.tr.* **1** [*andare, venir dietro a uno, a una cosa*] suivre (52): *seguire una guida* suivre un guide; *si accorse di essere seguito* il s'aperçut qu'on le suivait **2** [*procedere, avanzare lungo una direzione determinata*] suivre: *seguire una rotta* suivre une route; *seguì la strada sino al bivio* il suivit la route jusqu'au croisement ◇ (*fig.*) *segue le orme del padre* il marche sur les traces de son père; *è un conformista: segue la corrente* c'est un conformiste: il suit le courant (le mouvement) **3** (*fig.*) [*professare un'idea, un'opinione, una dottrina*] suivre: *devi seguire le prescrizioni del medico* il (te) faut suivre les prescriptions (les ordres) du médecin; *segue sempre la moda* elle suit toujours la mode # *segue l'esistenzialismo* il est existentialiste **4** (*fig.*) [*accompagnare, tener dietro*] suivre: *seguiva il bambino con lo sguardo* elle suivait l'enfant des yeux; *stavo seguendo i miei pensieri* je suivais le fil de ma pensée; *ha seguito un corso d'inglese* il a suivi un cours d'anglais; *ma segui quello che sto dicendo?* mais suis-tu ce que je suis en train de dire? # *cerco di seguire le novità teatrali* j'essaie de me tenir au courant des nouveautés théâtrales **B** *v. intr.* (*aus.* '*essere*') **1** [*venir dietro, dopo, in una serie, un discorso, uno scritto*] suivre (*aus.* avoir): *alla proiezione del film è seguito un dibattito* le film a été suivi *tr.* d'un débat; *mi disse ciò che segue...* il me dit ce qui suit...; *segue lettera* lettre suit # *segue al prossimo numero* la suite au prochain numéro; *a buon intenditor..., con tutto quel che segue* a bon entendeur..., etc.; *il testo segue a pag. 15* la suite à la page 15 **2** [*conseguire, derivare, venire di conseguenza*] suivre *impers.*, s'ensuivre (52) (*pron.*): *ne segue che...* il s'ensuit que... # *da un banale incidente seguì una contesa* d'un banal accident naquit une querelle; *spero che non seguano complicazioni* j'espère qu'il n'y aura pas de complications © A 1; B 1 **precedere.**

seguitàre |segwi'tare| **A** *v.tr.* [*continuare, proseguire*] continuer, poursuivre (52): *vuol seguitare gli studi* il veut continuer, poursuivre ses études → **continuare** **B** *v.intr.* (*aus.* '*essere, avere*') **1** [*continuare, durare*] continuer (*aus.* avoir): *è seguitato a piovere tutto il giorno* il a continué de pleuvoir toute la journée **2** (*lett.*) [*venire dopo, di seguito, di conseguenza*] suivre (52) (*aus.* avoir), venir (27) (*aus.* être) après (*corr.*).

séguito |'segwito| *s.m.* **1** [*gruppo di persone che costituiscono il corteo, la scorta di un personaggio autorevole*] suite (*f.*): *il presidente viaggia senza seguito* le président voyage sans être accompagné d'une suite **2** [*scolari, ammiratori, seguaci di una dottrina, di un maestro*] disciple; adepte: *una filosofia che ha scarso seguito* une philosophie qui n'a pas beaucoup de disciples ‖ *un parlamentare che ha trovato un largo seguito* un parlementaire qui a fait beaucoup d'adeptes, qui est très suivi **3** [*continuazione, proseguimento*] suite: *il seguito del racconto* la suite du récit; *stiamo a vedere il seguito* nous verrons bien la suite; *la faccenda non ha avuto seguito* l'affaire n'a pas eu de suite(s) ◇ (*bur., comm.*) *facendo seguito alla Vostra del...* suite à votre lettre du... ◇ *loc. avv.* DI SEGUITO [*continuando, senza interruzione*] de suite, sans interruption: *scrivere di seguito* écrire de suite, sans interruption ~ *e così di seguito* et ainsi de suite ~ IN SEGUITO [*dopo, successivamente*] par la suite: *in seguito ci penseremo* nous y penserons par la suite, après ◇ *loc. prep.* A SEGUITO DI [*in conseguenza a*] suite à: *a seguito della circolare ministeriale...* suite à la circulaire ministérielle ~ IN SEGUITO A [*a causa di*] à la suite de: *in seguito a quell'incidente non può lavorare* à la suite de cet accident il ne peut pas travailler **4** [*serie di cose, di azioni, di fatti*] suite: *un seguito di disgrazie* une suite de malheurs **5** (*nella loc.*) *cane da seguito* [*da inseguimento*] chien courant.

sèi |'sɛi| **1** *agg. numer. card. inv.* six: *starò assente sei giorni* je serai six jours absent; *è un'opera in sei volumi* c'est une œuvre en six volumes; *è un bambino di sei anni* c'est un enfant de six ans **2** *s.m. inv.* [*il numero 6*] six: *ha preso sei in matematica* il a eu un six, 6 sur 10 en mathématiques; *voglio partire alle sei* je veux partir à six heures; *gioca il sei di picche* joue le six de pique; *è arrivato il sei di gennaio* il est arrivé le six janvier.

seicentèsimo |seitʃen'tɛzimo| *agg.* → **secentesimo.**

seicentìsmo |seitʃen'tizmo| *e deriv.* → **secentismo** *e deriv.*

seicènto |sei tʃɛnto| *agg. numer. ord. inv.* six cent(s): *seicento chilometri* six cents kilomètres # *costa seicentocinquanta lire* ça coûte six cent cinquante lires ✦ (*s.m. inv.*) *il Seicento* le XVIIᵉ siècle: *la pittura italiana del Seicento* la peinture italienne du XVIIᵉ siècle ✦ (*s.f. inv.*) *la seicento* [*utilitaria italiana*] la six cents (Fiat), la Fiat 600.

seigiórni |sei'dʒorni| *s.f. inv.* (*sport*) (les) six jours *m. pl.*

seigiornìsta |seidʒor'nista| *s.m.* coureur de six jours.

seimila |sei'mila| *agg. numer. card. inv.* six mille: *ho speso seimila lire* j'ai dépensé six mille lires ✦ (*s.m.*) *il seimila* le six mille.

Selàci |se'latʃi| *s.m. pl.* (*t.zool.*) Sélaciens.

selaginèlla |seladʒi'nɛlla| *s.f.* (*t. bot.*) sélaginelle.

Selaginellàcee |seladʒinel'latʃee| *s.f. pl.* (*t.bot.*) Sélaginacées.

sélce |'seltʃe| *s.f.* **1** (*miner.*) silex *m.* **2** [*blocchetto di selce o altra roccia per pavimentazioni stradali*] pavé *m.*

selciàio, i |sel'tʃajo, i| *s.m.* → **selciatore.**

selciàre |sel'tʃare| *v.tr.* [*rivestire, pavimentare con selci*] paver: *selciare una strada* paver une route.

selciàto |sel'tʃato| *s.m.* [*pavimentazione con selci, di strade e piazze*] pavé, pavage: *bisogna rifare il selciato della strada* il faut remplacer les pavés, refaire le pavage de la rue.

selciatóre, trice |seltʃa'tore, tritʃe| *s.* [*operaio addetto alla selciatura*] paveur *m.*

selciatùra |seltʃa'tura| *s.f.* [→ SELCIARE] pavage *m.*

selcióso |sel'tʃoso| *agg.* (*raro*) [*di selce*] silicieux* (*corr.*).

seleniàto |sele'njato| *s.m.* (*chim.*) séléniate.

1 **selènico, ci, ca, che** |se'lɛniko, tʃi, ka, ke| *agg.* [*lunare*] sélénique.
2 **selènico, ci, ca, che** |se'lɛniko, tʃi, ka, ke| *agg.* (*chim.*) sélénique.
selènio, i |se'lɛnjo, i| *s.m.* (*chim.*) sélénium.
selenióso |sele'njoso| *agg.* (*chim.*) *acido selenioso* acide sélénieux.
selenìta |sele'nita| *s.* sélénien*, sélénite.
selenìte |sele'nite| *s.f.* (*miner.*) sélénite *m.*
1 **selenìtico, ci, ca, che** |sele'nitiko, tʃi, ka, ke| *agg.* sélénique → 1 **selenico.**
2 **selenìtico, ci, ca, che** |sele'nitiko, tʃi, ka, ke| *agg.* → 2 **selenico.**
selenìto |sele'nito| *s.m.* (*chim.*) sélénite.
seleniùro |sele'njuro| *s.m.* (*chim.*) séléniure.
selen(o)- |selen(o)| *pref.* (*significa 'Luna', corrrisponde gener. a*) sélén(o): *selenologo* sélénologue.
selenografìa |selenogra'fia| *s.f.* sélénographie.
selenogràfico, ci, ca, che |seleno'grafiko, tʃi, ka, ke| *agg.* sélénographique.
selenògrafo |sele'nɔgrafo| *s.m.* sélénographe *s.*
selenologìa, gie |selenolo'dʒia, dʒie| *s.f.* sélénologie.
selenòlogo, gi |sele'nɔlogo, dʒi| *s.* sélénologue.
selenotopografìa |selenotopogra'fia| *s.f.* sélénotopographie.
selenotopogràfico, ci, ca, che |selenotopo'grafiko, tʃi, ka, ke| *agg.* sélénotopographique.
selettivaménte |selettiva'mente| *avv.* [→ SELETTIVO] sélectivement.
selettività |selettivi'ta| *s.f. inv.* sélectivité (*var.*): *filtri ad alta selettività* filtres à haute sélectivite; *la selettività di un risonatore* la sélectivité d'un résonateur.
selettìvo |selet'tivo| *agg.* sélectif*: *memoria selettiva* mémoire sélective; *un'intelligenza selettiva* une intelligence sélective; *apparecchi selettivi* appareils sélectifs.
selettóre |selet'tore| *s.m.* **1** [*selezionatore*] sélectionneur* *s.* **2** (*rad., tel., tv*) sélecteur: *selettore automatico di linea* sélecteur automatique de ligne; *selettore di canale* sélecteur de canal; *selettore meccanografico* sélecteur mécanographique.
selezionaménto |selettsjona'mento| *s.m.* [→ SELEZIONARE] sélection *f.*
selezionàre |selettsjo'nare| *v.tr.* [*sottoporre a selezione, compiere una selezione*] sélectionner: *selezionare il personale* sélectionner le personnel ◇ (*mecc.*) trier: *selezionare le frequenze dei segnali radio* trier les fréquences des signaux de radio.
selezionàto |selettsjo'nato| *agg.* sélectionné.
selezionatóre, trice |selettsjona'tore, tritʃe| *agg.* [*che opera una selezione*] sélectionneur*: *apparato selezionatore* appareil sélectionneur ✦ (*s.*) *un selezionatore* un sélectionneur: *un selezionatore di sementi* un sélectionneur de semences.
selezionatrice |selettsjona'tritʃe| *s.f.* (*tecnol.*) trieuse.

selezióne |selet'tsjone| *s.f.* **1** sélection: *selezione professionale* sélection professionnelle; *selezione sportiva, atletica* sélection sportive, athlétique; *organi, apparati di selezione* organes, appareils de sélection **2** [*gli elementi selezionati in base a un determinato criterio*] sélection: *una selezione di liriche* une sélection d'œuvres lyriques **3** (*tel.*) composition # *eseguire una selezione* composer, faire un numéro.
selezionìstico, ci, ca, che |selettsjo'nistiko, tʃi, ka, ke| *agg.* [*che si basa sulla selezione*] sélectif*.
self-control |'selfkan'troul| *s.m. inv.* (*ingl.*) → **autocontrollo.**
self-government |'self'gʌvnmənt| *s.m. inv.* (*ingl.*) self-government *var.*
self-made-man |'self'meid-'mæn| *loc. sost. m.* (*ingl.*) self-made-man*.
self-service |'self 'sə:vis| *s.m. inv.* (*ingl.*) libre-service *var.* (*t.racc.*), self--service *var.*
sèlla |'sɛlla| *s.f.* **1** [*arnese che si pone sulla schiena di un equino per cavalcarlo comodamente*] selle: *sella all'inglese* selle anglaise; *sella da buttero* selle de gardien (de troupeaux) à cheval; *montare in sella* monter en selle; *è un cavallo da sella* c'est un cheval de selle; *sta bene in sella* il se tient bien en selle # *in sella!* à cheval!; *mettere la sella a un cavallo* seller un cheval ◇ (*fig.*) *ormai è bene in sella* désormais, il est bien en selle; *quella raccomandazione lo ha rimesso in sella* ce piston l'a remis en selle **2** (*per est.*) [*sedile elastico di motoveicoli e biciclette*] selle **3** (*anat.*) *sella turcica* selle turcique **4** (*archeol.*) siège *m.* **5** (*geogr.*) col *m.*, pas *m.* **6** (*tecnol.*) support *m.* **7** [*taglio di carne del vitello e dell'agnello macellati*] selle.
sellàio, i |sel'lajo, i| *s.m.* [*artigiano che fabbrica e ripara selle*] sellier.
sellàre |sel'lare| *v.tr.* [*mettere la sella*] seller: *sellare un cavallo* seller un cheval.
sellatùra |sella'tura| *s.f.* [→ SELLARE] sellage *m.*
sellerìa |selle'ria| *s.f.* sellerie.
sellìno |sel'lino| *s.m.* **1** [*sedile elastico per motoveicoli e biciclette*] selle *f.* **2** (*st. abbigl.*) tournure *f.*
seltz |sɛlts| *s.m. inv.* → **selz.**
sélva |'selva| *s.f.* **1** [*bosco esteso, foresta*] forêt: *la Selva Nera* la Forêt Noire **2** (*fig.*) [*moltitudine, massa compatta*] foule: *una selva di pensieri* une foule de pensées # *una selva di cifre* une tapée (*fam.*) de chiffres; *una selva di capelli* une masse de cheveux.
selvaggiaménte |selvaddʒa'mente| *avv.* [→ SELVAGGIO 3, 4, 5] sauvagement.
selvaggìna |selvad'dʒina| *s.f.* [*animali selvatici commestibili che sono oggetto di caccia*] gibier (*m.*): *una zona ricca di selvaggina* une région giboyeuse, riche en gibier.
selvàggio, i |sel'vaddʒo, i| *agg.* **1** [*che vive, cresce nelle selve*] sauvage: *animali selvaggi* animaux sauvages; *piante selvagge* plantes sauvages **2** (*per est.*) [*che è privo di coltivazione, di vita umana*] sauvage: *lande selvagge* landes sauvages **3** [*che esprime una civiltà ancora primitiva*; *fuori della civiltà*] sauvage: *riti selvaggi* rites sauvages; *credenze selvagge* croyances sauvages ✦ (*s.*) *un selvaggio* un sauvage: *una tribù di selvaggi* une tribu de sauvages **4** (*fig.*) [*disumano, crudele, feroce*] sauvage: *una violenza, una passione selvaggia* une violence, une passion sauvage **5** (*fig.*) [*scontroso, schivo dei contatti umani*] sauvage: *è così selvaggio che non fa amicizia con nessuno* il est si sauvage qu'il ne fait amitié avec personne ✦ (*s.*) *un selvaggio* un sauvage: *non fare il selvaggio!* ne fais pas le sauvage!
selvaticaménte |selvatika'mente| *avv.* [→ SELVATICO I] sauvagement.
selvatichézza |selvati'kettsa| *s.f.* [*il fatto di essere selvatico*] sauvagerie.
selvàtico, ci, ca, che |sel'vatiko, tʃi, ka, ke| **I** *agg.* **1** (*piante*) [*che cresce e si sviluppa spontaneamente*] sauvage: *erbe selvatiche* herbes sauvages; *rosa selvatica* rose sauvage **2** (*animali*) [*che cresce e vive in libertà, spec. in contrapposizione a 'domestico'*] sauvage: *gatto selvatico* chat sauvage **3** (*persone*) [*poco socievole, privo di garbo*] sauvage: *un ragazzo selvatico* un garçon sauvage **II** *s.m.* **1** [*odore, sapore caratteristico della selvaggina*] sauvagin: *puzza, sa di selvatico* il sent le sauvagin **2** (*agr.*) sauvageon.
selvaticùme |selvati'kume| *s.m.* (*coll.*) choses *f. pl.*, personnes *f. pl.* sauvages.
selvicoltóre, trice |selvikol'tore, tritʃe| *s.* sylviculteur *m.*
selvicoltùra |selvikol'tura| *s.f.* sylviculture.
selvóso |sel'voso| *agg.* couvert de forêts, boisé: *una montagna dalle pendici selvose* une montagne aux pentes couvertes de forêts, boisées.
selz |sɛlts| *s.m. inv.* eau *f. var.* de seltz: *acqua di selz* eau de seltz # *aperitivo al selz* apéritif avec seltz.
sèma |'sɛma| *s.m.* (*ling.*) sème.
semafòrico, ci, ca, che |sema'fɔriko, tʃi, ka, ke| *agg.* sémaphorique.
semaforista |semafo'rista| *s.m.* sémaphoriste.
semàforo |se'maforo| *s.m.* **1** [*apparecchio di segnalazione luminosa che serve a disciplinare il traffico stradale*] feu: *il semaforo è verde, giallo* le feu est vert, orange; *è passato col semaforo rosso* il est passé avec le feu au rouge, il a grillé le feu **2** (*ferr., mar.*) sémaphore.
semàio, i |se'majo, i| *s.m.* marchand *s.* de graines.
semantèma |seman'tɛma| *s.m.* (*ling.*) sémantème.
semàntica, che |se'mantika, ke| *s.f.* (*ling.*) sémantique.
semasiologìa, gie |semazjolo'dʒia, dʒie| *s.f.* (*ling.*) sémantique, sémasiologie.
semasiològico, ci, ca, che |semazjo'lɔdʒiko, tʃi, ka, ke| *agg.* (*ling.*) sémantique, sémasiologique.
semasiòlogo, gi |sema'zjɔlogo, dʒi| *s.* expert sémantique, en sémasiologie.
sembiànte |sem'bjante| **I** *s.m.* (*lett.*) **1** [*volto*] visage (*corr.*) **2** [*aspetto*] aspect (*corr.*) ◇ (*loc.*) *far sembiante* (*di*) faire semblant (de) **II** *agg.* (*arc., poet.*) [*simile, somigliante*] semblable (*corr.*).
sembiànza |sem'bjantsa| *s.f.* (*lett.*) **1** [*apparenza*] apparence (*corr.*): *fal-*

sità nascoste sotto le sembianze del vero faussetés cachées sous l'apparence du vrai **2** [*aspetto*] aspect *m.* (*corr.*): *aveva sembianza di un uomo onesto* il avait l'aspect d'un honnête homme.

sembràre |sem'brare| *v.intr.* (*aus.* '*essere*') → 1 **parere.**

séme |'seme| *s.m.* **1** (*bot.*) graine (*f.*): *semi oleosi* graines oléagineuses; (*di pomodoro, cocomero, zucca, ecc.*) graine; (*di pera, mela, uva, agrumi*) pépin ◇ (*per est.*) *seme da bachi* graine, œuf de ver à soie **2** (*per est., pop.*) [*nocciolo*] noyau (*corr.*) **3** [*semente*] semence (*f.*): *grano da seme* blé de semence # *porre a seme un terreno* ensemencer un terrain ◇ (*farm.*) *seme santo* semen-contra *inv.* ◇ (*fig.*) *di uomini come lui si è perso il seme* des hommes comme lui on n'en fait plus; d'hommes de ce bois-là, le plant est perdu **4** [*principio, origine, causa*] germe: *il seme della discordia* le germe de la discorde **5** [*ciascuno dei quattro colori in cui si dividono le carte da gioco*] couleur *f.* **6** (*fig., lett.*) [*discendenza, stirpe*] race *f.* **7** → **sperma.**

semeiologìa, gìe |semejolo'dʒia, dʒie| *s.f.* → **semiologia.**

semeiòtica, che |seme'jɔtika, ke| *s.f.* **1** (*med.*) sémiologie, séméiologie **2** (*filos.*) sémiotique, séméiotique.

semeiòtico, ci, ca, che |seme'jɔtiko, tʃi, ka, ke| *agg.* (*med.*) sémiologique.

semèma |se'mɛma| *s.m.* (*ling.*) sémème.

seménta |se'menta| *s.f.* (*arc.*) → **semente; semina.**

sementàre |semen'tare| *v.tr.* (*raro*) [*spargere la semente, seminare*] semer (6) (*corr.*).

seménte |se'mente| *s.f.* [*seme destinato alla semina*] semence.

semènza |se'mɛntsa| *s.f.* **1** → **semente** **2** (*pop.*) graine de courge salée et grillée **3** (*per est.*) [*piccoli chiodi a testa piatta*] semence **4** (*fig., lett.*) [*stirpe, discendenza*] origine.

semenzàio, i |semen'tsajo, i| *s.m.* [*terreno destinato alla semina per ottenere piante da trapiantare*] pépinière *f.*

semestràle |semes'trale| *agg.* **1** qui dure six mois *loc.* **2** [*che avviene ogni sei mesi*] semestriel*.

semestralità |semestrali'ta| *s.f. inv.* [*quota di una prestazione semestrale*] semestre *m. var.*

semestralménte |semestral'mente| *avv.* [→ SEMESTRALE 2] semestriellement.

semèstre |se'mɛstre| *s.m.* semestre: *pagare ogni semestre* payer tous les semestres.

sèmi- |'sɛ(e)mi| *pref.* (*significa 'mezzo, a metà, parzialmente, quasi', corrisponde gener. a*) demi- *inv.*; semi- *inv.*; hemi; mi- (*inv.*): *semiconvitto* demi-pension ‖ *seminomade* semi-nomade ‖ *semicilindrico* hémicylindrique ‖ *semiserio* mi-serieux # *semiaperto* entrouvert; *semispento* à moitié éteint.

semiacèrbo |semia'tʃɛrbo| *agg.* à moitié mûr *loc.*

semiapèrto |semia'pɛrto| *agg.* [*aperto a metà, solo in parte*] entrouvert.

semiargentàto |semiardʒen'tato| *agg.* (*tecnol.*) semi-argenté.

semiàsse |semi'asse| *s.m.* **1** (*auto.*) demi-essieu **2** (*geom.*) demi-axe.

semiautomàtico, ci, ca, che |semiauto'matiko, tʃi, ka, ke| *agg.* semi-automatique.

semiautopropùlso |semiauto-pro'pulso| *agg.* (*mil.*) semi-autopropulsé.

semibalìstico, ci, ca, che |semiba'listiko, tʃi, ka, ke| *agg.* (*mil.*) semi-balistique.

semibàrbaro |semi'barbaro| *agg.* à demi-barbare *loc.*

semibiscròma |semibis'krɔma| *s.f.* (*mus.*) quadruple croche.

semibràdo |semi'brado| *agg.* à demi-sauvage *loc.*

semibrève |semi'brɛve| *s.f.* (*mus.*) ronde.

semicàpro |semi'kapro| *s.m.* (*mitol.*) chèvre-pied: *dei semicapri* des chèvre-pieds.

semicérchio, i |semi'tʃerkjo, i| *s.m.* (*geom.*) demi-cercle.

semichiùso |semi'kjuso| *agg.* [*mezzo chiuso, non completamente chiuso*] entrouvert.

semicilìndrico, ci, ca, che |semitʃi'lindriko, tʃi, ka, ke| *agg.* hémicylindrique.

semicingolàto |semitʃingo'lato| *agg.* (*auto.*) semi-chenillé.

semicircolàre |semitʃirko'lare| *agg.* semi-circulaire.

semicircolo |semi'tʃirkolo| *s.m.* → **semicerchio.**

semicirconferènza |semitʃirkonfe'rɛntsa| *s.f.* (*geom.*) demi-circonférence.

sémico, ci, ca, che |'semiko, tʃi, ka, ke| *agg.* (*ling.*) sémique.

semi-coke |'semikouk| *s.m. inv.* (*ingl.*) semi-coke *var.*

semiconduttóre |semikondut'tore| *s.m.* (*elettr.*) semi-conducteur.

semiconservazióne |semikonservat'tsjone| *s.f.* (*tecnol.*) semi-conserve: *semiconservazione dei pesci* semi-conserve de poissons.

semiconsonànte |semikonso'nante| *s.f.* (*ling.*) semi-consonne.

semiconvitto |semikon'vitto| *s.m.* demi-pension *f.*

semiconvittóre, trice |semikonvit'tore, tritʃe| *s.* demi-pensionnaire.

semicopèrto |semiko'pɛrto| *agg.* à demi couvert *loc.*

semicòtto |semi'kɔtto| *agg.* à moitié cuit *loc.*

semicròma |semi'krɔma| *s.f.* (*mus.*) double croche.

semicrùdo |semi'krudo| *agg.* à moitié cru *loc.*

semicùpio, i |semi'kupjo, i| *s.m.* bain de siège, baignoire *f.* sabot.

semidènso |semi'dɛnso| *agg.* d'une densité moyenne *loc. inv.*, à demi solide *loc.*

semideponènte |semidepo'nɛnte| *agg.* (*gram.*) semi-déponent: *verbi semideponenti* verbes semi-déponents ✦ (*s.m.*) *un semideponente* un semi-déponent.

semidesèrtico, ci, ca, che |semide'zɛrtiko, tʃi, ka, ke| *agg.* semi-aride.

semidiàfano |semidi'afano| *agg.* (à) demi-transparent.

semidiàmetro |semidi'ametro| *s.m.* (*geom.*) demi-diamètre.

semidio |semi'dio, semid'dio|, *pl.* **semidèi** |semi'dɛi| *s.m.* (*mitol.*) demi-dieu.

semidistéso |semidis'teso| *agg.* à demi étendu *loc.*, couché.

semidistillazióne |semidistillat'tsjone| *s.f.* (*tecnol.*) semi-distillation.

semidistrùtto |semidis'trutto| *agg.* à moitié détruit *loc.*

semidominànza |semidomi'nantsa| *s.f.* (*biol.*) semi-dominance.

semidóppio, i |semi'doppjo, i| *agg.* (*bot.*) semi-double.

semierètto |semie'rɛtto| *agg.* [*quasi eretto, che è eretto a metà*] courbé # *la posizione semieretta delle scimmie* la station non complètement verticale des singes.

semiesònero |semie'zɔnero| *s.m.* exemption *f.* partielle.

semifinàle |semifi'nale| *s.f.* (*sport*) demi-finale.

semifinalista |semifina'lista| *s.* demi-finaliste.

semiflùido |semi'fluido| *agg.* à demi fluide *loc.*

semifréddo |semi'freddo| **1** *agg.* [*quasi freddo*] à moitié froid *loc.* **2** *s.m.* [*torta farcita o decorata con gelato*] ⊠.

semigràsso |semi'grasso| *agg.* (à) 50% de matières grasses (*loc.*): *formaggi semigrassi* fromages (à) 50% de matières grasses.

semigratùito |semigra'tuito| *agg.* à moitié prix *loc. inv.*, demi-gratuit *loc.*

semiinfermità |semiinfermi'ta| *s.f. inv.* → **seminfermità.**

semiinférmo |semiin'fermo| *agg.* → **seminfermo.**

semilavoràto |semilavo'rato| *agg.* semi-fini: *prodotti semilavorati* produits semi-finis ✦ (*s.m.*) *un semilavorato* un demi-produit.

semilìbero |semi'libero| *agg.* **1** partiellement libre: *un sistema economico semilibero* un système économique partiellement libre, semi-libéral **2** (*st. ant.*) à demi affranchi (*loc.*): *individui di condizione semilibera* individus à demi affranchis ✦ (*s.m.*) *un semilibero* un homme à demi affranchi *loc.*

semilibertà |semiliber'ta| *s.f. inv.* état *m. var.* de semi-liberté *var.*

semilìquido |semi'likwido| *agg.* à demi liquide *loc.*

semilunàre |semilu'nare| *agg.* (*anat.*) *osso semilunare* os semi-lunaire.

semimìnima |semi'minima| *s.f.* (*mus.*) noire.

semimòrto |semi'mɔrto| *agg.* à demi mort *loc.*

semimpermeàbile |semimperme'abile| *agg.* semi-imperméable.

sémina |'semina| *s.f.* [*l'operazione di seminare*] semailles (*pl.*): *semina alla volata* semailles à la volée # *seconda semina* réensemencement.

seminàbile |semi'nabile| *agg.* [→ SEMINARE 1] qu'on peut ensemencer *loc.*

seminagióne |semina'dʒone| *s.f.* (*lett.*) → **semina.**

seminàle |semi'nale| *agg.* **1** (*biol.*) séminal*: *liquido seminale* liquide séminal **2** (*bot.*) séminal (*raro*).

seminàre |semi'nare| *v.tr.* **1** [*spargere il seme, le sementi*] semer (6): *seminare grano* semer du blé; *seminare a spaglio, alla volata* semer à la volée ◇ (*per est.*) ensemencer (2): *seminare un terreno a grano* emblaver, ensemencer un champ en blé ◇ (*fig.*) *seminare sulla, nella sabbia* [*fare q.c. di inutile*] bâtir sur le sable ◇ (*prov.*) *chi semina vento raccoglie tempesta* qui sème le vent récolte la tempête ~ *chi non semina non raccoglie* il faut semer pour récolter **2** (*fig.*) [*spargere qua e là, lasciar cadere*] semer: *attento, stai seminando soldi!* attention, tu es en train de semer ton argent! **3** (*fig.*) [*far nascere, suscitare, provocare*] semer: *ha seminato la discordia fra gli amici* il a semé la discorde entre ses amis **4** (*sport*) [*distaccare con facilità gli avversari*] semer: *seminare gli inseguitori* semer les poursuivants.

seminarile |semina'rile| *agg.* (*eccl.*) de séminaire *loc. inv.* # *collegio seminarile* séminaire.

seminàrio, i |semi'narjo, i| *s.m.* **1** (*eccl.*) séminaire **2** [*esercitazione universitaria di specializzazione*] séminaire ◇ (*per est.*) [*corso di aggiornamento o addestramento in gruppo per l'approfondimento di determinati problemi o studi*] séminaire **3** [*istituto o aula universitaria dove hanno luogo le esercitazioni*] séminaire.

seminarista |semina'rista| *s.m.* séminariste.

seminaristico, ci, ca, che |semina'ristiko, tʃi, ka, ke| *agg.* de séminaire *loc. inv.*, de séminariste *loc. inv.*

seminasàle |semina'sale| *agg.* (*fon.*) semi-nasal* ✦ (*s.f.*) *una seminasale* une semi-nasale.

seminàta |semi'nata| *s.f.* [*il seminare; quel che si semina*] semailles *pl.*

seminativo |semina'tivo| *agg.* qu'on peut semer *loc.*

seminàto |semi'nato| **1** *agg.* [*che è stato sparso; cosparso, disseminato*] semé; parsemé: *campo seminato a grano* champ emblavé, semé de blé ‖ *cielo seminato di stelle* ciel parsemé, scintillant d'étoiles; *un sentiero seminato di fiori* un sentier parsemé de fleurs ◇ (*arald.*) *uno scudo seminato di gigli* un écu semé de lys **2** *s.m.* terrain ensemencé ◇ (*loc. fig.*) *uscire dal, fuori del seminato* s'éloigner du sujet.

seminatóio, i |semina'tojo, i| *s.m.* (*agr.*) sémoir.

seminatóre, trice |semina'tore, tritʃe| *s.* [*chi semina*] semeur*.

seminatrice |semina'tritʃe| *s.f.* (*tecnol.*) semoir (*m.*): *seminatrice a spaglio* semoir à bras, à la volée.

seminatùra |semina'tura| *s.f.* (*raro*) → **semina.**

seminfermità |seminfermi'ta| *s.f. inv.* infirmité *var.* partielle # *seminfermità mentale* handicap, débilité mental(e) partiel(le).

seminférmo |semin'fermo| *s.* personne *f.* atteinte de débilité partielle: *un seminfermo di mente* une personne atteinte de débilité mentale partielle; une personne partiellement handicapée mentale.

seminifero |semi'nifero| *agg.* **1** (*anat.*) séminifère: *dotto seminifero* conduit séminifère **2** (*bot.*) séminifère.

seminio, ii |semi'nio, ii| *s.m.* **1** [*il seminare in abbondanza, di continuo*] semailles *f. pl.* **2** (*fig.*) [*sperpero di denari*] gaspillage.

seminòmade |semi'nɔmade| *agg.* semi-nomade.

seminomadismo |seminoma'dizmo| *s.m.* semi-nomadisme.

seminterràto |seminter'rato| *s.m.* (*edil.*) sous-sol.

seminùdo |semi'nudo| *agg.* à moitié nu *loc.*

sèmio- |'sɛmjo|, **semeio-** |se'mejo| *pref.* (*significano 'segnale', corrispondono gener. a*) sémio, séméio: *semiologia, semeiologia* sémiologie, séméiologie.

semiocclusiva |semiokklu'ziva| *s.f.* (*fon.*) semi-occlusive.

semiografia |semjogra'fia| *s.f.* sémiographie, séméiographie.

semiologia, gie |semjolo'dʒia, dʒie| *s.f.* (*med.*) sémiologie, séméiologie.

semiològico, ci, ca, che |semjo'lɔdʒiko, tʃi, ka, ke| *agg.* sémiologique, séméiologique.

semiòlogo, ghi, gi |se'mjɔlogo, gi, dʒi| *s.* sémiologue, séméiologue.

semionciàle |semion'tʃale| *agg.* (*paleogr.*) semi-oncial*.

semiopàco, chi, ca, che |semio'pako, ki, ka, ke| *agg.* [*mezzo opaco, quasi trasparente*] dépoli.

semioscurità |semioskuri'ta| *s.f. inv.* [*oscurità non totale*] demi-jour *m. var.*, pénombre *var.*

semioscùro |semios'kuro| *agg.* à demi sombre *loc.*, à demi obscur *loc.*, dans la pénombre *loc.*

semiòtica, che |se'mjɔtika, ke| *s.f.* **1** (*filos.*) sémiotique, séméiotique **2** → **semeiotica.**

semiòtico, ci, ca, che |se'mjɔtiko, tʃi, ka, ke| *agg.* (*filos.*) sémiotique.

semiparalizzàre |semiparalid'dzare| *v.tr.* [*paralizzare parzialmente*] paralyser partiellement, semi-paralyser: *l'incidente ha semiparalizzato il traffico* l'accident a partiellement paralysé la circulation ✦ (*al p.p.*) *un ragazzo semiparalizzato* un garçon à demi paralysé.

semiperìmetro |semipe'rimetro| *s.m.* (*geom.*) moitié *f.* du périmètre, demi-périmètre.

semipermeàbile |semiperme'abile| *agg.* (*chim., fis.*) semi-perméable.

semipiàno |semi'pjano| *s.m.* (*geom.*) demi-plan.

semipièno |semi'pjɛno| *agg.* à moitié plein *loc.*

semipùbblico, ci, ca, che |semi'pubbliko, tʃi, ka, ke| *agg.* (*dir.*) semi-public*.

semiquinàrio, i |semikwi'narjo, i| *agg.* (*metr.*) sémiquinaire.

semiraffinàto |semiraffi'nato| *agg.* à moitié raffiné *loc.*

semirètta |semi'rɛtta| *s.f.* (*geom.*) demi-droite.

semirigido |semi'ridʒido| *agg.* [*in parte rigido*] demi-souple.

semirimòrchio, i |semiri'mɔrkjo, i| *s.m.* semi-remorque *f.*

semisécco, chi, ca, che |semi'sekko, ki, ka, ke| *agg.* (*enol.*) demi-sec.

semiselvàggio, i |semisel'vaddʒo, i| *agg.* à moitié sauvage *loc.*

semisèrio, i |semi'sɛrjo, i| *agg.* [*tra il serio e lo scherzoso*] mi-sérieux*, mi-plaisant: *opere semiserie* œuvres mi-sérieuses, mi-plaisantes; *parlava in tono semiserio* il parlait d'un ton mi-sérieux, mi-plaisant.

semisfèra |semis'fɛra| *s.f.* (*geom.*) hémisphère *m.*

semisfèrico, ci, ca, che |semis'fɛriko, tʃi, ka, ke| *agg.* hémisphérique.

semisòlido |semi'sɔlido| *agg.* à moitié, à demi solide *loc.*

semisómma |semi'somma| *s.f.* (*mat.*) moitié du total.

semispàzio, i |semis'pattsjo, i| *s.m.* (*geom.*) demi-espace.

semispènto |semis'pɛ(e)nto| *agg.* à moitié éteint *loc.* ◇ (*fig.*) *voce semispenta* voix à demi-éteinte.

semita |se'mita| *agg.* sémite ✦ *s.* (*st.*) *i Semiti* les Sémites.

semiternàrio, i |semiter'narjo, i| *agg.* (*metr.*) trihémimère.

semitico, ci, ca, che |se'mitiko, tʃi, ka, ke| *agg.* sémitique.

semitismo |semi'tizmo| *s.m.* sémitisme.

semitista |semi'tista| *s.* sémitiste.

semitóndo |semi'tondo| *agg.* demi-rond.

semitònico, ci, ca, che |semi'tɔniko, tʃi, ka, ke| *agg.* (*ling.*) *sillaba semitonica* syllabe portant un accent secondaire.

semitòno |semi'tɔno| *s.m.* (*mus.*) demi-ton.

semitrasparènte |semitraspa'rɛnte| *agg.* presque transparent *loc.*

semitubolàre |semitubo'lare| *agg.* (*tecnol.*) semi-tubulaire.

semiufficiàle |semiuffi'tʃale| *agg.* semi-officieux*.

semivestito |semives'tito| *agg.* à moitié habillé *loc.*

semivivo |semi'vivo| *agg.* à moitié mort *loc.*

semivocàle |semivo'kale| *s.f.* (*ling.*) semi-voyelle.

semmài |sem'mai| *cong.* → 1 se 1.

semnopitèco, chi, ci |semnopi'tɛko, ki, tʃi| *s.m.* (*t.zool.*) semnopithèque.

sémola |'semola| *s.f.* **1** [*farina di grano duro*] semoule **2** [*crusca*] son *m.* **3** (*fig., scherz.*) [*lentiggine del viso*] tache de son, de rousseur.

semolàta |semo'lata| *s.f.* [*beverone di acqua e crusca per cavalli*] breuvage *m.* de son.

semolàto |semo'lato| *agg.* en poudre *loc. inv.* # *zucchero semolato* sucre semoule, en poudre.

semolino |semo'lino| *s.m.* [*semola di grano a granelli più piccoli*] semoule *f.*

semolóso |semo'loso| *agg.* **1** de son (*loc. inv.*): *pane semoloso* pain de son **2** (*fig.*) [*lentigginoso*] couvert de taches de rousseur.

semovènte |semo'vɛnte| **1** *agg.* [*che si muove da sé, che ha la proprietà del moto*] automatique; automoteur*: *bersaglio semovente* cible automatique ‖ *cannone semovente* canon automoteur # *betoniera semovente* autobétonnière **2** *s.m.* (*mil.*) automoteur.

sempèr |sem'pɛr| *s.m. inv.* (*tecnol., tess.*) semple *var.*

sempiternaménte |sempiterna'mente| *avv.* (*lett.*) [→ SEMPITERNO] sempiternellement.

sempitèrno |sempi'tɛrno| *agg.* (*lett.*) sempiternel*: *Dio sempiterno* Dieu sempiternel (*raro*).

sémplice |'semplitʃe| *agg.* **1** [*che consta di un solo elemento, spesso in contrapposizione a 'doppio' o a 'composto'*] simple: *nodo semplice* nœud simple; *consonante semplice* consonne simple # *una domanda in carta semplice* une demande sur papier libre ◇ (*bot.*) *infiorescenza semplice* inflorescence indéfinie **2** [*elementare, privo di complicazioni e di difficoltà*] facile: *ra-*

gioni semplici da capire raisons faciles à comprendre # *un'esposizione semplice* un exposé facilement compréhensible **3** [*facile, agevole*] facile: *non sarà semplice convincerlo* il ne sera pas facile de le convaincre **4** [*privo di artifici, di ricercatezza*] simple: *un modo di vestire semplice* une façon de s'habiller simple; *un arredamento semplice* un ameublement simple **5** (*persone*) [*schietto, sincero, senza malizia*] simple: *gente semplice* gens simples ✦ (*s.m.*) *un semplice* un simple **6** (*posposto a un sost.*) [*indica il grado più basso di una carriera o una gerarchia*] simple: *segretario semplice* simple secrétaire; *soldato semplice* simple soldat **7** (*nel significato di 'solamente, nient'altro che'*) simple: *è una semplice supposizione* c'est une simple supposition; *non è che un semplice caporale* ce n'est qu'un simple caporal # *è per semplice curiosità che te lo chiedo* je te le demande uniquement par curiosité; *è ignoranza pura e semplice* c'est purement et simplement de l'ignorance, c'est de l'ignorance à l'état pur.

sempliceménte |semplitʃe'mente| *avv.* **1** [→ SEMPLICE 4] simplement **2** [→ SEMPLICE 7] simplement: *limitati semplicemente ai fatti* limite-toi simplement aux faits # *hai fatto semplicemente il tuo dovere* tu n'as fait que ton devoir ◇ (*enf.*) *il suo comportamento è semplicemente disgustoso* son attitude est tout simplement dégoûtante.

semplicétto |sempli'tʃetto| *agg.* → **sempliciotto.**

sémplici |'semplitʃi| *s.m. pl.* [*erbe medicinali*] simples.

sempliciàrio, i |sempli'tʃarjo, i| *s.m.* manuel des simples, herbier.

semplicióne |sempli'tʃone| *s.* [*persona semplice e sprovveduta*] benêt, sot*.

semplicionerìa |semplitʃone'ria| *s.f.* [*semplicità, ingenuità eccessiva*] naïveté, niaiserie.

sempliciòtto |sempli'tʃɔtto| *agg.* [*molto ingenuo e sprovveduto*] simplet*, niais ✦ (*s.*) *un sempliciotto* un nigaud.

semplicìsmo |sempli'tʃizmo| *s.m.* [*maniera troppo semplice e superficiale di ragionare o impostare un problema*] simplisme.

1 **semplicista** |sempli'tʃista| *s.* [*chi ragiona e parla con semplicismo*] simpliste.

2 **semplicista** |sempli'tʃista| *s.* **1** [*raccoglitore e studioso di erbe medicinali*] herborisateur* (*raro*) **2** [*erborista*] herboriste.

semplicìstico, ci, ca, che |sempli'tʃistiko, tʃi, ka, ke| *agg.* [*da semplicista; che pecca di semplicismo*] simpliste.

semplicità |semplitʃi'ta| *s.f. inv.* **1** simplicité (*var.*): *vive con grande semplicità* il vit avec beaucoup de simplicité très simplement # *una domanda di una semplicità estrema* une demande extrêmement simple **2** [*ingenuità, dabbenaggine*] simplicité Ⓒ 2 **furberia.**

semplificàre |semplifi'kare| **A** *v. tr.* **1** [*rendere semplice, più semplice, agevole*] simplifier: *hanno semplificato la procedura* ils ont simplifié la procédure **2** (*mat.*) [*ridurre a forma più semplice, ai minimi termini*] simplifier: *semplificare una frazione* simplifier une fraction **B** *v.pron. intr.* SEMPLIFICARSI [*diventare più semplice, più facile*] se simplifier Ⓒ A 1; B **complicare.**

semplificatóre, trice |semplifika'tore, tritʃe| *agg.* simplificateur*.

semplificazióne |semplifikat'tsjone| *s.f.* simplification: *la semplificazione di un numero* la simplification d'un chiffre.

sèmpre |'sɛmpre| **I** *avv.* **1** [*senza interruzione, continuamente, ogni volta*] toujours: *è sempre stato così* il a toujours été comme ça; *ho sempre fatto del mio meglio* j'ai toujours fait de mon mieux; *vuol sempre avere ragione* il veut toujours avoir raison; *non sempre le cose vanno bene* les choses ne vont pas toujours bien; *andasse sempre così!* si tout allait toujours comme ça!; *sempre preoccupazioni!* toujours des ennuis!; *sei sempre il solito egoista!* tu es toujours le même égoïste!; *sei sempre fortunato tu!* tu as toujours de la chance, toi! ◇ (*in unione a un avv. o a una prep.*) SEMPRE E POI SEMPRE toujours, perpétuellement: *lo aiuterò sempre e poi sempre* je l'aiderai toujours ~ QUASI SEMPRE presque toujours: *è quasi sempre qui* il est presque toujours ici ~ PER SEMPRE pour toujours: *tuo per sempre* à toi, pour toujours; *addio, per sempre!* adieu, pour toujours, à jamais!; *è finita per sempre* c'est fini pour toujours, à jamais ~ UNA VOLTA PER SEMPRE une fois pour toutes: *te lo dico una volta per sempre* je te le dis une fois pour toutes ~ DA SEMPRE depuis toujours: *ci conosciamo da sempre* nous nous connaissons depuis toujours # *è stato così da sempre* il a toujours été comme ça ~ DI SEMPRE de toujours # *è la storia di sempre* c'est (toujours) la même histoire; *è rimasto l'uomo di sempre* il n'a pas changé, il est toujours le même ◇ (*in unione a un comparativo*) *la situazione si fa sempre più grave* la situation devient du plus en plus grave; *il malato va sempre meglio* le malade va de mieux en mieux; *diventa sempre più alto* il devient de plus en plus grand; *lo desidero sempre più* je le désire de plus en plus; *fa sempre maggior fatica a camminare* il a de plus en plus du mal à marcher; *si sente sempre meno stanco* il se sent de moins en moins fatigué; *studia con sempre meno voglia* il a de moins en moins de bonne volonté au travail; *le cose vanno sempre peggio* les choses vont de mal en pis ◇ (*loc. epistolare*) *sempre tuo, vostro* bien à vous **2** [*ancóra*] toujours: *fai sempre lo stesso lavoro?* fais-tu toujours le même travail?; *abita sempre con sua cognata* elle habite toujours avec sa belle-sœur # *hai sempre mal di fegato?* as-tu encore mal au foie? **3** (*con valore restrittivo*) [*ma, però, a patto*] *può uscire, ma sempre molto coperto* il peut sortir, mais à condition d'être bien couvert; *resta sempre il fatto che mi ha offeso* il n'en demeure pas moins qu'il m'a offensée; *ha ricominciato a mangiare, ma sempre cose leggere* il a recommencé à manger, mais rien que des choses légères **4** (*con valore conc.*) [*nondimeno, pur tuttavia*] n'empêche (pas): *duecentomila lire sono sempre una bella somma!* n'empêche que deux cent mille lires c'est une belle somme!; *è pur sempre una persona in gamba!* n'empêche que c'est un homme de valeur # *ha sbagliato, ma è pur sempre mio fratello* il s'est trompé, mais il n'en est pas moins mon frère **II** *loc. cong.* SEMPRE CHE **1** [*purché*] à condition que, pourvu que: *lo farò, sempre che tu lo voglia* je le ferai, à condition que tu le veuilles; *partiremo, sempre che sia bel tempo* nous partirons, à condition qu'il fasse beau ◇ [*a condizione che, se*] si toutefois: *posso intervenire, sempre che non sia troppo tardi* je peux intervenir, si toutefois il n'est pas trop tard **2** [*ammesso che*] en admettant que: *è una sua dote, sempre che si possa parlare di dote...* c'est une de ses qualités, en admettant qu'on puisse parler de qualité... Ⓒ I 1 **mai.**

sempreverde |sempre'verde| *agg.* [*pianta che conserva le foglie tutto l'anno*] semper virens (*inv.*): *piante sempreverdi* plantes semper virens **B** (*s.m. o f.*) *un sempreverde* un semper virens *m.*

sempreviv̀o |sempre'vivo| *s.m.* (*bot.*) sempervivum *inv.*

semprònio, i |sem'prɔnjo, i| *s.m.* [*persona ipotetica qualsiasi*] Un tel, truc.

sen |sɛn| *s.m. inv.* (*giapp.*) [*moneta del Giappone*] sen *var.*

sèna |'sɛna| *s.f.* (*t.bot.*) séné *m.*

senàle |se'nale| *s.m.* (*mar.*) senau.

sènapa |'sɛnapa| *s.f.* → **senape.**

senapàto |sena'pato| *agg.* (*med.*) sinapisé.

sènape |'sɛnape| *s.* **1** *s.f.* (*t.bot.*) moutarde ~ *senape bianca* moutarde blanche ~ *senape nera* moutarde noire **2** *s.f.* [*salsa piccante a base di farina di senape*] moutarde: *bollito con senape* bouilli à la moutarde, servi avec de la moutarde **3** *s.m. inv.* [*il colore caratteristico della farina e della salsa di senape*] moutarde (*f.*): *è di moda il senape* la couleur, la teinte moutarde est à la mode ✦ (*agg. inv.*) *color senape* (couleur) moutarde.

senapièra |sena'pjɛra| *s.f.* pot *m.* à moutarde, moutardier *m.*

senapìsmo |sena'pizmo| *s.m.* **1** (*med.*) sinapisme **2** (*fig.*) [*persona noiosa e insopportabile*] emplâtre.

senàrio, i |se'narjo, i| *s.m.* (*metr.*) sénaire.

senarmontite |senarmon'tite| *s.f.* (*miner.*) sénarmontite.

senàto |se'nato| *s.m.* **1** [*uno dei due rami del Parlamento*] sénat **2** *senato accademico* conseil de l'Université **3** (*per est.*) [*sede del senato*] sénat **4** (*st. rom.*) sénat.

senatoconsùlto |senatokon'sulto| *s.m.* (*dir., st. rom.*) sénatus-consulte.

senatóre, trice |sena'tore, tritʃe| *s.* sénateur (*m.*): *la senatrice X* le sénateur (femme) X; *senatore a vita* sénateur inamovible.

senatoriàle |senato'rjale| *agg.* sénatorial*.

senatòrio, i |sena'tɔrjo, i| *agg.* (*lett.*) [*del senato, dei senatori*] sénatorial*.

senècio, i |se'nɛtʃo, i|, **senecióne** |sene'tʃone| *s.m.* → **cineraria.**

senegalése |senega'lese| *agg.* [*del Sénégal*] sénégalais.

senegalismo |senega'lizmo| *s.m.* (*ling.*) sénégalisme.

senescènte |seneʃ'ʃɛnte| *agg.* (*lett.*) sénescent: *un organismo senescente* un organisme sénescent.

senescènza |seneʃ'ʃɛntsa| *s.f.* (*biol.*) sénescence: *la senescenza di un* *individuo, di un animale, di una pianta* la sénescence d'un individu, d'un animal, d'une plante ◇ (*fig.*) *la senescenza di un istituto giuridico* le vieillissement *m.* d'une institution juridique.

senése |se'nese| *agg.* [*di Siena*] siennois ✦ (*s.m.*) *il senese* [*il dialetto*] le siennois.

senile |se'nile| *agg.* sénile: *l'età senile* l'âge sénile.

senilismo |seni'lizmo| *s.m.* vieillesse *f.* précoce.

senilità |senili'ta| *s.f. inv.* sénilité *var.* ◇ (*med.*) *senilità precoce* gérontisme *m. var.*, sénilisme *m. var.*

senilizzazióne |seniliddzat'tsjone| *s.f.* → **invecchiamento.**

senior |'sɛnjor| **1** *agg. inv.* (*lat.*) [*più vecchio* (*usato in caso di omonimie nell'ambito della stessa famiglia*)] senior (*var.*): *Mario Rossi senior* Mario Rossi senior ◇ (*sport*) *un atleta senior* un athlète senior **2** *s.m. pl.* (*sport*) seniors: *una corsa di seniors* une course de seniors ⓒ 1 **iunior.**

senióre |se'njɔre| *s.m.* (*lett.*) [*persona anziana e autorevole*] aîné *s.*

sènna |'sɛnna| *s.f.* → **sena.**

sénno |'senno| *s.m.* **1** [*facoltà di giudicare con saggezza ed equilibrio*] sagesse *f.*, bon sens: *il senno dei vecchi* la sagesse des vieillards; *una persona piena di senno* une personne pleine de bon sens, de jugement # *il senno di poi* l'esprit de l'escalier ◇ (*prov.*) *del senno di poi sono piene le fosse* tout le monde est sage après coup; il est facile de juger après coup; l'esprit de l'escalier ne manque à personne **2** [*ragione, capacità di capire*] raison (*f.*): *è uscito di senno, ha perso il senno* il a perdu la raison, le sens.

sennò |sen'nɔ| *cong.* → **altrimenti, se (no).**

sennonché, se non ché |sennon'ke| *cong.* (*lett.*) [*tranne che, ma*] mais (*corr.*): *volevo partire, sennonché non ho trovato posto* je voulais partir, mais je n'ai pas trouvé de place.

1 **séno** |'seno| *s.m.* **1** sein: *la madre si stringeva al seno il bambino* la mère serrait son enfant sur son sein; *il neonato veniva allattato al seno* le nouveau-né était nourri au sein → **mammella, petto** ◇ (*loc. fig.*) *allevare, nutrire, scaldare una serpe in seno* réchauffer un serpent dans son sein **2** (*per est., euf.*) [*utero, ventre materno*] sein (*lett.*): *avere un bambino in seno* porter un enfant dans son sein; *il feto cominciava a muoversi nel seno materno* le bébé commençait à remuer dans le sein maternel **3** (*fig., lett.*) [*animo, cuore*] sein: *nutriva in seno sentimenti di vendetta* il nourrissait dans son sein des sentiments de vengeance **4** *loc. prep.* IN SENO A, NEL SENO DI [*entro, nel mezzo, nell'ambito*] au sein de: *è tornato in seno alla famiglia* il est revenu au sein de sa famille; *è stato riammesso in seno all'associazione* on l'a réadmis au sein de l'association **5** (*anat.*) sinus: *seni frontali, mascellari* sinus frontaux, maxillaires **6** (*geogr.*) baie *f.*, anse *f.*, crique *f.*

2 **séno** |'seno| *s.m.* (*mat.*) sinus: *seno di un angolo* le sinus d'un angle.

senofobia |senofo'bia| *s.f.* → **xenofobia.**

senòfobo |se'nɔfobo| *agg. e s.m.* → **xenofobo.**

senonché |senon'ke| *cong.* → **sennonché.**

sensàle |sen'sale| *s.m.* [*mediatore di affari, agente*] courtier* (*s.*): *sensale marittimo* courtier maritime; *un sensale di bestiame* un courtier en bétail; *un sensale di matrimoni* un courtier en mariages, un entremetteur # *un sensale di cavalli* un maquignon.

sensataménte |sensata'mente| *avv.* [→ SENSATO] sensément.

sensatézza |sensa'tettsa| *s.f.* bon sens *m.*

sensàto |sen'sato| *agg.* [*che ha, denota buon senso, equilibrio*] sensé.

sensazionàle |sensattsjo'nale| *agg.* sensationnel*: *uno spettacolo sensazionale* un spectacle sensationnel.

sensazióne |sensat'tsjone| *s.f.* **1** sensation: *sensazioni tattili, visive* sensations tactiles, visuelles; *una sensazione piacevole* une sensation agréable; *ho la sensazione che stia per accadere qualcosa* j'ai la sensation qu'il va arriver quelque chose **2** [*senso di viva impressione, stupore, sorpresa*] sensation: *un avvenimento che farà molta sensazione* un événement qui fera sensation.

senserìa |sense'ria| *s.f.* **1** [*l'opera di mediazione di un sensale*] courtage *m.* **2** [*il compenso richiesto per l'opera di mediazione*] droit *m.* de courtage.

sensìbile |sen'sibile| **I** *agg.* **1** sensible: *fenomeni sensibili* phénomènes sensibles; *il mondo sensibile* le monde sensible ✦ (*s.m.*) *il sensibile* le sensible **2** [*che si manifesta ai sensi in modo evidente*] sensible: *un miglioramento sensibile* une amélioration sensible # *un danno sensibile* un dégât important, non négligeable **3** (*fig.*) [*che è particolarmente accessibile a dati stimoli*] sensible: *è sensibile alle lodi* il est sensible aux louanges **4** [*che sente intensamente determinate situazioni emotive*] sensible: *un carattere molto sensibile* un caractère très sensible **5** (*tecnol.*) sensible: *un termometro molto sensibile* un thermomètre très sensible; *materiale sensibile* matériel sensible **II** *s.f.* (*mus.*) (note) sensible.

sensibilità |sensibili'ta| *s.f. inv.* **1** sensibilité (*var.*): *la sensibilità di un nervo, di un muscolo* la sensibilité d'un nerf, d'un muscle; *sensibilità al dolore, al freddo* sensibilité à la douleur, au froid; *sensibilità visiva, acustica* sensibilité visuelle, auditive **2** [*disposizione a sentire vivamente emozioni, sentimenti, affetti*] sensibilité: *una persona di grande sensibilità* une personne d'une grande sensibilité; *suona con grande sensibilità* il joue avec une grande sensibilité # *ha una scarsa sensibilità morale* il manque de sens moral, de conscience morale **3** (*tecnol.*) sensibilité: *la sensibilità di una pellicola, di un termostato, di un radioricevitore* la sensibilité d'une pellicule, d'un thermostat, d'un radiorécepteur.

sensibilizzàbile |sensibilid'dzabile| *agg.* [→ SENSIBILIZZARE] sensibilisable.

sensibilizzàre |sensibilid'dzare| *v.tr.* **1** [*rendere sensibile o più sensibile*] sensibiliser: *sensibilizzare un nervo* sensibiliser un nerf **2** [*rendere consapevole di un problema, di una situazione*] sensibiliser: *sensibilizzare l'opinione pubblica* sensibiliser l'opinion (publique) **3** (*foto.*) [*stendere sulla lastra l'emulsione sensibile alla luce*] sensibiliser: *sensibilizzare una pellicola* sensibiliser une pellicule.

sensibilizzatóre, trice |sensibiliddza'tore, tritʃe| **1** *agg.* (*med.*) sensibilisateur* **2** *s.m.* (*chim., foto.*) sensibilisateur.

sensibilizzazióne |sensibiliddzat'tsjone| *s.f.* **1** [→ SENSIBILIZZARE 2] sensibilisation **2** (*foto., med.*) sensibilisation.

sensibilménte |sensibil'mente| *avv.* **1** [→ SENSIBILE I 1] par les sens *loc. inv.* **2** [→ SENSIBILE I 2] sensiblement: *è aumentato sensibilmente* il a augmenté sensiblement.

sensìsmo |sen'sizmo| *s.m.* (*filos.*) sensualisme.

sensìsta |sen'sista| *s.* [*seguace, rappresentante del sensismo*] sensualiste.

sensitiva |sensi'tiva| *s.f.* **1** (*t.bot.*) sensitive **2** (*fig.*) [*persona delicata, sensibile*] émotif* *s.*, sensitif* *s.*

sensitività |sensitivi'ta| *s.f. inv.* **1** [*capacità di provare sensazioni, di percepire attraverso i sensi*] sensibilité (*var.*): *la sensitività dei nervi* la sensibilité des nerfs **2** [*sensibilità soggettiva più accentuata*] sensibilité: *una ragazza di una sensitività quasi morbosa* une fille d'une sensibilité presque morbide.

sensitivo |sensi'tivo| **I** *agg.* **1** [*atto a sentire, conoscere attraverso i sensi; di sensitività*] sensitif*: *facoltà sensitiva* faculté sensitive; *istinto sensitivo* instinct sensitif **2** (*persone*) [*che si lascia facilmente influenzare da situazioni emotive*] sensible, sensitif (*lett.*): *un carattere sensitivo* un caractère sensible, sensitif ✦ (*s.*) *un sensitivo* un émotif, un sensitif (*lett.*) **II** *s.* [*persona che può ricevere impressioni medianiche*] médium *m.*

sensitometrìa |sensitome'tria| *s.f.* (*foto.*) sensitométrie.

sènso |'sɛnso| *s.m.* **1** sens: *gli organi di senso* les organes des sens; *i cinque sensi* les cinq sens; *il senso della vista, dell'udito* le sens de la vue, de l'ouïe; *il sesto senso* le sixième sens; *percepire attraverso i sensi* percevoir par les sens; *perdere, riacquistare i sensi* perdre, reprendre (l'usage de) ses sens; perdre, reprendre connaissance **2** *spec. al plur.* [*sensualità, appetito sensuale*] sens: *i piaceri dei sensi* les plaisirs des sens; *si è abbandonato ai sensi* il s'est laissé conduire par ses sens; il s'est laissé entraîner par la sensualité; *mortificare i sensi* mortifier ses sens **3** [*sensazione, percezione fisica*] sensation *f.*, impression (*f.*): *ho un senso di benessere* j'ai une sensation, j'éprouve une impression de bien-être; *prova un senso diffuso di spossatezza* il éprouve une sensation diffuse d'épuisement **4** [*sentimento*] sentiment: *ho provato un senso di vergogna* j'ai éprouvé un sentiment de honte; *penso a lui con un senso di nostalgia* je pense à lui avec un sentiment de nostalgie ◇ [*capacità di sentire*] sens: *il senso morale, pratico, del bello* le sens moral, pratique, du beau; *il senso comune* le sens commun; *il buon senso* le bon sens; *il senso critico* le sens critique; *il senso dell'orientamento* le sens de l'orientation; *il senso di colpa* le sens, le sentiment de culpabilité; *il senso del dovere* le sens du devoir ◇ (*lett.*) *una persona di alti, nobili sensi* une personne aux sentiments (*corr.*) nobles, élevés

◇ *loc.* FARE SENSO [*colpire, impressionare*]: *i ragni mi fanno senso* les araignées me font horreur, me causent un sentiment de répulsion # *fa senso vedere tanta indifferenza* voir tant d'indifférence, cela soulève le cœur ◇ [*disgustare*] dégouter, répugner **5** *spec. al plur.* [*espressione di un sentimento*] expression (*f. sing.*): *con i sensi della nostra stima* avec l'expression de nos sentiments distingués; *gradisca i sensi della nostra gratitudine* veuillez agréer l'expression de notre vive gratitude **6** [*significato, concetto espresso da una parola, da una frase*] sens: *senso proprio, figurato* sens propre, figuré; *senso letterale* sens littéral; *il doppio senso* le double sens; *battuta a doppio senso* mot d'esprit à double sens; *ho afferrato il senso del discorso* j'ai saisi le sens du discours ◇ *loc.* A SENSO suivant le sens: *costruzione, accordo a senso* construction, accord suivant le sens; *tradurre a senso* traduire suivant le sens # *ripetere qualcosa a senso* répéter en substance quelque chose **7** [*contenuto, valore logico; modo*] sens: *parole prive di senso* mots dénués de sens; *non c'è senso nell'insistere così* cela n'a pas de sens, cela ne mène à rien d'insister de cette façon; *che senso ha recriminare ora?* quel sens cela a-t-il de récriminer maintenant?; *mi esprimerò in questo senso* je m'exprimerai dans ce sens # *mi ha risposto in senso favorevole* sa réponse a été affirmative ◇ (*loc.*) *in un certo senso ha ragione* en un sens, il a raison ~ *ha torto in tutti i sensi* il a tort de tous les points de vue **8** (*bur.*) [*conformità, tenore*] *a senso dell'articolo...* d'après, selon l'article...; *ai sensi della legge* aux termes de la loi **9** [*direzione, verso*] sens: *nel senso della lunghezza* dans le sens de la longueur; *senso unico* sens unique; *senso vietato* sens interdit; *senso obbligatorio* sens obligatoire; *senso di rotazione, rotatorio* sens giratoire; *senso orario* sens des aiguilles d'une montre; *in che senso va il treno?* dans quel sens marche le train?

sensóre |sen'sore| *s.m.* (*tecnol.*) capteur.

sensoriàle |senso'rjale| *agg.* sensoriel*: *la funzione sensoriale* la fonction sensorielle.

sensorimetria |sensorime'tria| *s.f.* (*psicol.*) sensorimétrie.

sensorimètrico, ci, ca, che |sensori'mɛtriko, tʃi, ka, ke| *agg.* (*psicol.*) sensorimétrique.

sensorimotòrio, i |sensorimo'tɔrjo, i| *agg.* (*fisiol., psicol.*) sensorimoteur*.

sensòrio, i |sen'sɔrjo, i| **I** *agg.* [*dei sensi*] sensoriel*: *attività sensoria* activité sensorielle **II** *s.m.* **1** [*le funzioni sensoriali*] sensorium: *sensorio integro* sensorium intact **2** (*fis.*) détecteur: *sensori magnetici* détecteurs magnétiques.

sensuàle |sensu'ale| *agg.* sensuel*: *una bocca sensuale* une bouche sensuelle; *una musica sensuale* une musique sensuelle.

sensualismo |sensua'lizmo| *s.m.* sensualisme.

sensualista |sensua'lista| *s.* sensualiste.

sensualistico, ci, ca, che |sensua'listiko, tʃi, ka, ke| *agg.* [*proprio del sensualismo; caratterizzato da sensualismo*] sensualiste: *la lirica sensualistica di D'Annunzio* la poésie sensualiste de D'Annunzio.

sensualità |sensuali'ta| *s.f. inv.* sensualité *var.*

sensualménte |sensual'mente| *avv.* [→ SENSUALE] sensuellement (*raro*) # *guardare sensualmente una persona* jeter des regards sensuels sur une personne.

sensuóso |sensu'oso| *agg.* (*lett.*) → **sensuale.**

sentènza |sen'tɛntsa| *s.f.* **1** sentence; (*dir.*) jugement (*m.*): *sentenza di morte* sentence de mort; *sentenza di assoluzione* sentence absolutoire; *sentenza civile, penale* sentence civile, pénale ‖ *impugnare una sentenza* attaquer un jugement; *ricorrere contro una sentenza* faire appel d'un jugement ◇ [*giudizio*] jugement; (*di tribunale superiore*) arrêt *m.* **2** [*massima, motto*] maxime ◇ (*loc. fig.*) *sputar sentenze* parler comme un oracle **3** (*raro*) [*parere, opinione*] avis *m.* (*corr.*), opinion (*corr.*).

sentenziàre |senten'tsjare| **A** *v.tr.* [*pronunziare, emettere una sentenza*] déclarer; prononcer (2): *il giudice ha sentenziato che era innocente* le juge l'a déclaré innocent # *la corte sentenziò la condanna degli imputati* la cour prononça la condamnation des accusés **B** *v. intr.* (*aus.* '*avere*') [*giudicare con sussiego e scarsa competenza*] pontifier: *è uno che sentenzia su tutto* c'est un type qui pontifie sur tout.

sentenziosaménte |sententsjosa'mente| *avv.* [→ SENTENZIOSO] sentencieusement.

sentenziosità |sententsjosi'ta| *s.f. inv.* attitude *var.* sentencieuse, caractère *m. var.* sentencieux.

sentenzióso |senten'tsjoso| *agg.* sentencieux*.

sentièro |sen'tjɛro| *s.m.* sentier: *un sentiero attraverso i campi, i boschi* un sentier à travers champs, (les) bois ◇ (*fig.*) *il sentiero della gloria* le sentier de la gloire; *seguire il retto sentiero* suivre le droit chemin; *è sul sentiero di guerra* il est sur le sentier de la guerre.

sentimentàle |sentimen'tale| *agg.* sentimental*: *una ragazza sentimentale* une fille sentimentale ♦ (*s.*) *un sentimentale* un sentimental.

sentimentalismo |sentimenta'lizmo| *s.m.* sentimentalisme: *il sentimentalismo delle canzonette* le sentimentalisme des chansonnettes # *lascia stare questi sentimentalismi!* pas tant de sentiment!

sentimentalista |sentimenta'lista| *s.* **1** [*chi è, si dimostra troppo sentimentale*] sentimental* **2** [*chi attribuisce eccessiva importanza ai sentimenti*] sentimental.

sentimentalistico, ci, ca, che |sentimenta'listiko, tʃi, ka, ke| *agg.* [*di sentimentalismo; da sentimentalista*] sentimental*.

sentimentalità |sentimentali'ta| *s.f. inv.* sentimentalité *var.*

sentimentalménte |sentimental'mente| *avv.* [→ SENTIMENTALE] sentimentalement.

sentimentalóne |sentimenta'lone| *agg. e s.* (très) sentimental*.

sentiménto |senti'mento| *s.m.* sentiment: *un sentimento di tenerezza, di simpatia, di amicizia* un sentiment de tendresse, de sympathie, d'amitié; *sentimento morale, democratico* sentiment moral, démocratique; *sentimento materno, paterno* sentiment maternel, paternel; *sentimento religioso, estetico* sentiment religieux, esthétique; *il sentimento della natura* le sentiment de la nature; *il sentimento della giustizia* le sentiment de la justice; *si è lasciato guidare dal sentimento* il s'est laissé guider par les sentiments; *ha fatto leva sui suoi sentimenti* il a fait appel à ses sentiments # *una persona ricca di sentimento, senza sentimenti* une personne de cœur, sans cœur ◇ (*fam.*) *è uscito di sentimento* il a perdu le sens commun, la raison; *l'ha fatto con tutti i sentimenti* il l'a fait de tout son cœur; *ha un forte sentimento di sé* il est très conscient de sa valeur.

sentìna |sen'tina| *s.f.* (*mar.*) sentine: *acqua di sentina* eau de sentine; *pompa di sentina* pompe de sentine ◇ (*fig.*) *una sentina di vizi* une sentine de vices.

sentinèlla |senti'nɛlla| *s.f.* sentinelle: *c'è stato il cambio della sentinella* on a relevé la sentinelle; *l'hanno messo di sentinella* ils l'ont mis en sentinelle # *oggi è di sentinella, monta di sentinella* aujourd'hui il monte la garde, il est de faction.

1 **sentìre** |sen'tire| **A** *v.tr.* **1** [*avvertire una sensazione fisica generale o localizzata in una parte del corpo*] sentir (21) # *comincio a sentire freddo* je commence à avoir froid; *sento pesantezza di stomaco* j'ai des pesanteurs d'estomac; *non puoi sentire fame così presto* tu ne peux pas avoir faim si tôt; *sente spesso sete* il a souvent soif; *sento un dolore al ginocchio* j'ai mal au genou ◇ (*pleon.*) *si sente la febbre addosso* il sent qu'il a de la fièvre; *non mi sento più le braccia dalla stanchezza* je ne sens plus mes bras tellement je suis fatigué **2** [*avvertire uno stato psichico, un fatto di natura morale, intellettuale*] sentir: *sentire la bellezza della natura, della poesia* sentir, goûter la beauté de la nature, de la poésie; *sente la necessità di sfogarsi* il (res)sent le besoin de se défouler; *non senti l'obbligo morale?* tu ne sens, n'éprouves pas d'obligation morale? # *sentire la musica* être sensible à la musique, apprécier la musique ♦ (*pleon.*) *mi sento la coscienza a posto* j'ai la conscience tranquille **3** [*aver coscienza; essere consapevole di uno stato, di un fatto oggettivo*] (res)sentir: *sente che non può fare a meno di lei* il sent qu'il ne peut pas se passer d'elle; *ti dico quello che sento* je te dis ce que je (res)ens; *ha sentito molto la perdita dell'amico* il a vivement ressenti la perte de son ami **4** [*intuire, avere il presentimento, presagire*] sentir: *sento che c'è sotto qualcosa* je sens qu'il y a quelque chose là-dessous; *sentivo che sarebbe andata a finire così* je sentais que ça allait finir ainsi; *sento che tutto andrà bene* je sens que tout ira bien; *certe cose si sentono!* il y a des choses qu'on sent, qu'on pressent! **5** [*provare un sentimento, avere in sé dei sentimenti*] ressentir, éprouver: *sentire amore, affetto, simpatia, gratitudine* ressentir, éprouver de l'amour, de l'affection, de la sympathie, de la gratitude; *sento pietà per lui* j'éprouve de la pitié pour lui; *sente rimorso per quello che ha fatto* il éprouve un remords pour ce qu'il a fait; *tutti sentivano ripugnanza, or-*

rore per quello spettacolo tout le monde éprouvait de la répulsion, de l'horreur devant ce spectacle; *vorrei poter esprimere quello che sento* je voudrais pouvoir exprimer ce que je ressens; *non sente nulla* il n'éprouve, ne ressent rien ♦ (*ass.*) *sentire nobilmente* avoir de nobles sentiments **6** [*accorgersi, rendersi conto*] sentir: *sente gli sguardi di tutti addosso a lui* il sent les regards de tous fixés sur lui; *sento che quell'uomo non è sincero* je sens que cet homme n'est pas sincère **7** [*provare le conseguenze di q.c.; risentire*] sentir: *gli anni si fanno sentire* les années commencent à se faire sentir; *senti la primavera?* sens-tu le printemps? # *è un tipo che sente il tempo* c'est un type qui est sensible aux changements de temps **8** [*apprendere con l'udito, udire*] entendre (53): *ho sentito un rumore* j'ai entendu un bruit; *non senti dei passi in camera?* tu n'entends pas des pas dans la chambre?; *parla più forte, perché non ti sento* parle plus fort parce que je ne t'entends pas; *hai sentito quello che ho detto?* as-tu entendu ce que j'ai dit?; *senti che baccano?* tu entends ce boucan?; *a sentire lui, è molto facile* à l'entendre, c'est très facile; *si sente che è toscano* cela s'entend qu'il est toscan; *non farti sentire!* qu'on ne t'entende pas!; *vuoi sentire l'ultima?* veux-tu entendre, savoir la dernière?; *cosa tocca sentire!* qu'est-ce qu'il faut entendre!; que ne faut-il pas entendre!; *se ne sentono di tutti i colori!, se ne sentono tante!* on en entend de toutes les couleurs!; *non vuol sentire ragione* il ne veut pas entendre raison # *vorrei sentire il tuo parere* j'aimerais avoir ton avis ◇ (*loc. fig.*) *è uno che si fa sentire* c'est un type qui sait faire valoir ses droits ~ *sentirai tuo padre!* tu vas entendre ton père! ~ *adesso mi sentirà!* et maintenant, il va m'entendre! ~ *da quell'orecchio non ci sente* il ne l'entend pas de cette oreille ◇ (*prov.*) *non c'è peggior sordo di chi non vuol sentire* il n'est pire sourd que celui qui ne veut pas entendre **9** [*ascoltare*] écouter: *sta sentendo la radio* il est en train d'écouter la radio; *i bambini non devono sentire queste cose* les enfants ne doivent pas écouter ces choses-là; *stammi a sentire!, sentimi bene!* écoute-moi bien!; *non starlo a sentire, è un chiaccherone!* ne l'écoute pas, c'est un bavard! ◇ (*loc. fig.*) *è meglio sentire tutte e due le campane* il vaut mieux écouter les deux sons de cloche; qui n'entend qu'une cloche n'entend qu'un son ♦ (*ass.*) *senti!, sentite! senta!* écoute!, écoutez! **10** [*dare ascolto, prestare attenzione*] *su, sentiamo di che si tratta* et bien, voyons de quoi il s'agit; *sentiamo come faresti tu* voyons un peu comment tu ferais; *senti che cosa vogliono* demandez-leur ce qu'ils veulent; *vai a sentire se hanno bisogno* va leur demander s'ils ont besoin de quelque chose **11** [*assistere a*] assister *intr.* à: *sentire la messa* assister à la messe; *sentire una lezione, una conferenza* assister à une leçon, à une conférence **12** (*fam.*) [*consultare*] consulter (*corr.*): *prima voglio sentire il medico* je veux d'abord consulter le médecin; *è meglio sentire l'avvocato* il vaut mieux consulter l'avocat **13** [*apprendere con l'olfatto*] sentir: *sentire un profumo* sentir un parfum; *senti che odore!* (sens) quelle odeur infecte! **14** [*apprendere col gusto*] goûter: *senti com'è buono questo dolce!* goûte ce gâteau, tu verras comme il est bon!; *senti se il caffè è amaro* goûte pour voir si le café est amer **15** [*apprendere col tatto*] tâter, toucher: *senti com'è morbida questa pelle* tâte, touche comme ce cuir est souple; *senti come scotta: ha la febbre* tâte, touche comme son front est brûlant: il a de la fièvre; *senti il polso* tâte, prends le pouls # *sento qualcosa di viscido* je sens quelque chose de visqueux **B** *v.intr.* (*aus.* '*avere*') **1** [*avere odore, sapore di q.c.*] sentir: *questo pane sente di muffa* ce pain sent le moisi **2** (*raro*) [*avere sentore di q.c.*] sentir (*corr.*): *quest'affare sente d'imbroglio* cette affaire sent l'escroquerie **C** *v.pron. rifl.* SENTIRSI **1** [*provare una sensazione fisica*] se sentir: *non si sente bene* il ne se sent pas bien; *si sentono in gamba* ils se sentent en pleine forme; *si sentiva svenire* il se sentait défaillir # *mi sento sfinita, a pezzi* je suis à bout; *mi sento in vena di leggere* j'ai envie de lire **2** [*provare una sensazione psichica*] se sentir: *mi sento sollevata* je me sens soulagée; *si sentono a proprio agio* ils se sentent à leur aise **3** [*avvertire, provare un sentimento, uno stato psichico*] se sentir: *si sente in debito verso di te* il se sent obligé envers toi; *si sente fiero del figlio* il se sent fier de son fils; *si sente in grado di farlo* il se sent à même, capable de le faire # *mi sento a posto con la coscienza* j'ai la conscience tranquille; *stasera non mi sento di uscire* ce soir je n'ai pas envie de sortir ◇ *loc. fam.* SENTIRSELA avoir (28) le courage (*corr.*): *non me la sento più di continuare* je n'ai plus le courage de continuer.

2 **sentire** |sen'tire| *s.m.* (*lett.*) [*sentimento, sensibilità*] sentiment (*corr.*): *una donna di alto sentire* une femme aux sentiments élevés, nobles.

sentitaménte |sentita'mente| *avv.* [→ SENTITO 2] vivement: *la ringrazio sentitamente* je vous remercie vivement.

sentito |sen'tito| *agg.* **1** [*udito*] entendu (*p.p.*): *sono cose sentite e risentite* ce sont des choses entendues mille fois ◇ (*loc.*) *l'ho saputo per sentito dire* je l'ai appris par ouï-dire **2** [*vivo, sincero, cordiale*] vif*, sincère: *i più sentiti ringraziamenti* les plus vifs remerciements; *ideali profondamente sentiti* idéaux profondément sincères.

sentóre |sen'tore| *s.m.* **1** [*impressione, informazione vaga e indistinta*] indice # *c'è sentore di battaglia!* il y a de l'orage dans l'air; *ho avuto sentore di novità in ufficio* j'ai eu vent de quelque nouveauté au bureau **2** (*raro*) [*profumo, odore*] parfum (*corr.*) **3** (*arc.*) [*sentimento indistinto*] sentiment (*corr.*).

senussismo |senus'sizmo| *s.m.* (*st. ar.*) senousisme.

senussita |senus'sita| *agg. e s.* senousiste.

sènza |'sɛ(e)ntsa| *prep.* [*con assenza di, in mancanza di*] sans: *è senza soldi* il est sans argent; *è una giornata senza sole* c'est une journée sans soleil; *non partirei senza di te* je ne partirais pas sans toi; *se ne è andato senza pagare* il est parti sans payer; *vuoi il tè con il limone o senza?* tu prends ton thé avec ou sans citron?; *è rimasto senza parole* il est resté sans voix; *senza dire, senza contare che...* sans dire, sans compter que... ◇ (*loc. avv.*) *senza fine, senza tregua, senza posa* sans cesse ~ *ha ragione, senza dubbio, senz'ombra di dubbio* sans aucun doute, il a raison ~ '*verrai?*' '*senz'altro*' 'tu viendras?' 'sans faute' ~ *mangia senza (tante) cerimonie* mange sans faire tant de façons ~ *è, senza confronto, il migliore* c'est sans aucun doute le meilleur ~ *posso tentare, senza impegno* je peux essayer, sans engagement de ma part ~ *deve decidersi, senza indugio* il doit se décider sans tarder ◇ (*loc.*) *sono rimasta senza* je n'en ai plus ~ *posso fare senza* je peux m'en passer ◇ *loc. cong.* SENZA CHE sans que: *è uscito senza che io lo sapessi* il est sorti sans que je le sache; *è accaduto senza che si potesse fare nulla* c'est arrivé sans qu'on puisse faire quoi que ce soit 🄲 **con.**

senzadìo |sentsa'dio| *agg. inv.* sans foi ni loi: *gente senzadio* des gens sans foi ni loi ♦ (*s.*) *un senzadio* un homme, une femme sans foi ni loi.

senzapàtria |sentsa'patrja| *s.* **1** (*raro*) → **apolide** **2** (*spreg.*) [*chi rinnega la propria patria*] renégat.

senzatétto |sentsa'tetto| *agg. inv.* sans-logis ♦ (*s. inv.*) *i senzatetto* les sans-logis.

senziènte |sen'tsjɛnte| *agg.* (*lett.*) [*dotato di sensibilità*] sensible (*corr.*): *gli esseri senzienti* les êtres sensibles.

sépa |'sepa| *s.f.* (*t.zool.*) seps *m.*

sepaiòla |sepa'jɔla| *s.f.* (*pop.*) → **scricciolo.**

sèpalo |'sɛpalo| *s.m.* (*bot.*) sépale.

sepalòide |sepa'lɔide| *agg.* (*bot.*) sépaloïde.

separàbile |sepa'rabile| *agg.* [→ SEPARARE] séparable.

separabilità |separabili'ta| *s.f. inv.* séparabilité *var.*

separaménto |separa'mento| *s.m.* → **separazione.**

separàre |sepa'rare| **A** *v.tr.* **1** [*disgiungere, dividere due o più cose, persone unite*] séparer: *separare i letti* séparer les lits; *separare due litiganti* séparer deux adversaires **2** [*tenere distinto*] distinguer: *separare il bene dal male* distinguer le bien du mal # *non bisogna separare la teoria dalla pratica* il ne faut pas séparer la théorie de la pratique **B** *v.pron. recipr.* SEPARARSI [*dividersi*] se séparer: *si è separato dal socio* il s'est séparé de son associé ◇ (*spec.*) *si sono separati per incompatibilità di carattere* ils se sont séparés pour incompatibilité d'humeur.

separataménte |separata'mente| *avv.* [→ SEPARATO] séparément.

separatismo |separa'tizmo| *s.m.* (*polit.*) séparatisme.

separatista |separa'tista| *s. e agg.* séparatiste.

separatistico, ci, ca, che |separa'tistiko, tʃi, ka, ke| *agg.* (*polit.*) séparatiste.

separativo |separa'tivo| *agg.* (*raro*) séparatif* (*corr.*).

separàto |sepa'rato| *agg.* séparé: *due coniugi separati* deux époux séparés ◇ *loc.* IN SEPARATA SEDE [*in privato*] en tête(-)à(-)tête.

separatóre, trice |separa'tore, tritʃe| **1** *agg.* (*tecnol.*) séparateur*: *centrifuga separatrice* centrifugeuse sé-

paratrice **2** *s.m.* (*mecc.*) séparateur.
separatrice |separa'tritʃe| *s.f.* (*tecnol.*) trieuse.
separazióne |separat'tsjone| *s.f.* **1** [→ SEPARARE A] séparation: *la separazione della Chiesa dallo Stato* la séparation de l'Église et de l'État **2** (*dir.*) séparation: *separazione legale, giudiziaria* séparation légale, judiciaire; *separazione di fatto* séparation de corps **3** (*tecnol.*) séparation.
'séparé' |separe| *s.m. inv.* séparé *var.*
sepiolite |sepjo'lite| *s.f.* (*miner.*) sépiolite.
sèpo |'sεpo| *s.m.* (*t.zool.*) seps.
sepolcràle |sepol'krale| *agg.* **1** sépulcral*, funèbre # *monumento sepolcrale* monument funéraire **2** (*st. letter.*) *poesia sepolcrale* poésie sépulcrale **3** (*fig.*) [*da sepolcro*] sépulcral: *silenzio sepolcrale* silence sépulcral; *voce sepolcrale* voix sépulcrale.
sepolcréto |sepol'kreto| *s.m.* **1** [*necropoli*] nécropole (*f.*): *sepolcreto etrusco* nécropole étrusque **2** [*cimitero*] cimetière.
sepólcro |se'polkro| *s.m.* **1** sépulcre, tombe *f.*, tombeau: *il Santo Sepolcro* le saint sépulcre; *il sepolcro di un uomo illustre* la tombe, le tombeau d'un homme célèbre ◇ (*loc.*) *sepolcro imbiancato* sépulcre blanchi **2** *spec. al plur.* (*pop.*) [*repositorio*] reposoir (*corr.*).
sepólto |se'polto| **I** *agg.* **1** [*che è sotto terra*] enterré: *un tesoro sepolto* un trésor enterré ◇ (*loc. fig.*) *morto e sepolto* mort et enterré **2** [*nascosto, coperto*] enfoui; enseveli: *un segreto sepolto in fondo al cuore* un secret enfoui au fond du cœur ‖ *civiltà sepolte* civilisations ensevelies ◇ [*immerso*] plongé: *sepolto nello studio, nel dolore* plongé dans les études, dans sa douleur **II** *s.* [*persona morta e seppellita*] enterré ◇ (*eccl.*) *le sepolte vive* les religieuses cloîtrées.
sepoltùra |sepol'tura| *s.f.* **1** [→ SEPPELLIRE A] sépulture: *forme, riti di sepoltura* formes, rites de sépulture # *dar sepoltura a un morto* enterrer un mort **2** [*funerale*] enterrement *m.* **3** (*lett.*) [*sepolcro*] tombeau *m.*
sepoy |'si:poi| *s.m. inv.* (*ingl.*) (*st. mil.*) cipage *var.*
seppelliménto |seppelli'mento| *s.m.* [→ SEPPELLIRE] enterrement.
seppellire |seppel'lire| (197) **A** *v.tr.* **1** [*mettere il corpo di qc. nella tomba*] enterrer: *lo hanno sepolto nel cimitero del paese* on l'a enterré au cimetière du village ◇ (*fig., fam.*) [*veder morire qc.*] *i giovani seppelliscono i vecchi* les jeunes enterrent les vieux **2** [*sotterrare q.c.*] enterrer: *seppellire un tesoro* enterrer un trésor ◇ [*ricoprire*] ensevelir: *la valanga ha sepolto il villaggio* l'avalanche a enseveli le village **3** (*fig.*) [*dimenticare*] enterrer: *seppellire il passato, le ingiustizie subite* enterrer le passé, les injustices subies **B** *v.pron. rifl.* SEPPELLIRSI [*appartarsi, segregarsi*] s'enterrer: *è andato a seppellirsi in un paesino sperduto* il est allé s'enterrer dans un petit village perdu.
seppellitóre, trice |seppelli'tore, tritʃe| *s.* (*raro*) [*chi seppellisce*] fossoyeur *m.* (*corr.*).
séppia |'seppja| *s.f.* (*t.zool.*) seiche ◇ (*corr.*) *osso di seppia* os de seiche # *nero di seppia* sépia ◇ (*per est.*) [*colore tra il bruno, il grigio, il nero*] sépia.
seppiàre |sep'pjare| *v.tr.* [*pulire con un osso di seppia*] polir avec un os de seiche.
seppùre |sep'pure| *cong.* [*quand'anche, ammesso pure che*] **1** (*introduce una prop. conc. con il v. al congv.*) quand bien même (+ *cond.*): *seppure lo sapessi, non lo direi* quand bien même je le saurais, je ne le dirais pas → **anche (se)** **2** (*introduce una prop. incisiva cond., con il v. al congv. o all'indic.*) si toutefois (+ *indic.*): *quei soldi, seppure ce li daranno* (*ce li dessero*) *non risolverebbero un bel nulla* cet argent, si toutefois ils nous le donnaient, en admettant qu'ils nous le donnent, ne résoudrait rien du tout.
sèpsi |'sεpsi| *s.f. inv.* (*med.*) septicémie *var.*
sequèla |se'kwεla| *s.f.* [*serie ininterrotta di cose spiacevoli*] kyrielle, série: *una sequela di ingiurie* une kyrielle d'injures.
1 **sequènza** |se'kwεntsa| *s.f.* (*eccl.*) séquence.
2 **sequènza** |se'kwεntsa| *s.f.* **1** (*cine.*) séquence: *sequenze drammatiche* séquences dramatiques **2** (*tecnol.*) suite: *sequenza di lavorazione di un pezzo* suite complète du travail d'une pièce ◇ (*informatica*) *sequenza di dati, di schede perforate* suite de données, de fiches perforées **3** (*carte*) séquence; (*poker*) *sequenza reale* flush *m.* **4** (*mat.*) suite.
sequenziàle |sekwen'tsjale| *agg. e s.m.* séquentiel* ◇ (*eccl.*) (*libro*) *sequenziale* livre *s.m.* de séquences.
sequestràbile |sekwes'trabile| *agg.* [→ SEQUESTRARE] saisissable.
sequestrabilità |sekwestrabili'ta| *s.f. inv.* possibilité *var.* d'être saisi.
sequestraménto |sekwestra'mento| *s.m.* → **sequestro** 1.
sequestrànte |sekwes'trante| *agg. e s.m.* **1** (*dir.*) saisissant **2** (*chim.*) séquestrant.
sequestràre |sekwes'trare| *v.tr.* **1** (*dir.*) [*porre sotto sequestro*] saisir: *sequestrare i beni di un debitore* saisir les biens d'un débiteur **2** [*togliere dalla circolazione*] séquestrer: *sequestrare una rivista pornografica* séquestrer une revue pornographique **3** [*portare via valendosi della propria autorità*] confisquer: *il vigile sequestrò i manganelli di gomma* l'agent confisqua les matraques en caoutchouc; *la merce di contrabbando è stata sequestrata* la marchandise de contrebande a été confisquée **4** [*privare qc. della libertà*] séquestrer: *hanno sequestrato un ricco industriale* un riche industriel a été séquestré, kidnappé ◇ (*fig., scherz.*) monopoliser: *lo ha sequestrato per tutta la serata* elle l'a monopolisé toute la soirée **5** [*impedire di uscire e sim.*] confiner: *la pioggia ci ha tenuto sequestrati in casa* la pluie nous a confinés, retenus à la maison.
sequestratàrio, i |sekwestra'tarjo, i| *s.m.* (*dir.*) séquestre.
sequestràto |sekwes'trato| *agg.* (*dir.*) [*posto sotto sequestro*] saisi ✦ (*s.*) *un sequestrato* [*proprietario di beni sequestrati*] un saisi.
sequestratóre, trice |sekwestra'tore, tritʃe| *agg. e s.m.* (*raro*) [*sequestrante*] saisissant *agg. e s.* (*corr.*).
sequèstro |se'kwεstro| *s.m.* **1** (*dir.*) séquestre: *sequestro giudiziario, convenzionale* séquestre judiciaire, conventionnel **2** [*confisca*] saisie: *procedere al sequestro dell'arma* procéder à la saisie de l'arme **3** *sequestro di persona* séquestration *f.*, rapt de personne **4** (*med.*) séquestre.
sequòia |se'kwɔja| *s.f.* (*t.bot.*) séquoia *m.*
séra |'sera| *s.f.* **1** [*parte del giorno che precede e segue il tramonto*] soir (*m.*): *verso sera* vers le soir, à la tombée du jour; *sul far della sera* sur le soir; *da mattina a sera* du matin au soir; *alla sera, di sera* le soir; *la sera prima* le soir précédent, la veille au soir; *la sera dopo* le lendemain soir; *una sera, una di queste sere* un soir, un de ces soirs; *edizioni della sera* éditions du soir; *alle sette di sera* à sept heures du soir; *scende, cala la sera* le soir tombe # *la sera tardi* tard dans la soirée **2** (*loc.*) *abito da sera*: (*da donna*) robe du soir; (*da uomo*) tenue de soirée ~ *buona sera* bonsoir ◇ (*prov.*) *rosso di sera bel tempo si spera* ciel rouge le soir est signe de beau temps **3** (*fig., poet.*) [*vecchiaia*] soir (*corr.*): *la sera della vita* le soir de la vie.
seràcco, chi |se'rakko, ki| *s.m.* (*geol.*) sérac.
seràfico, ci, ca, che |se'rafiko, tʃi, ka, ke| *agg.* **1** séraphique **2** (*fam.*) [*tranquillo e pacifico*] impassible.
serafino |sera'fino| *s.m.* (*teol.*) séraphin.
seràle |se'rale| *agg.* du soir (*loc. inv.*): *le ore serali* les heures du soir; *turni serali* services du soir ◇ (*loc.*) *scuola serale* cours du soir ◇ (*teat.*) *rappresentazione serale* soirée *s.f.*
seralménte |seral'mente| *avv.* **1** [*ogni sera*] tous les soirs *loc. inv.* **2** [*di sera*] le soir *loc. inv.*
serapèo |sera'pεo| *s.m.* (*archeol.*) serapeum.
seràta |se'rata| *s.f.* **1** [*le ore della sera*] soirée: *verrò da te in serata* j'irai chez toi dans la soirée **2** (*loc.*) *serata di gala* soirée (de gala), grande soirée ~ *serata d'addio* soirée d'adieu ~ (*teat.*) *serata d'onore* représentation en l'honneur (au bénéfice) de qqn.
seratànte |sera'tante| *s.* acteur* bénéficiaire d'une représentation théâtrale.
serbàre |ser'bare| **A** *v.tr.* **1** [*mettere da parte q.c.*] mettre (71) de côté, garder: *serbare i soldi per la vecchiaia* mettre de l'argent de côté pour ses vieux jours; *buona, questa torta!, serbamela per stasera* excellent, ce gâteau, garde-m'en pour ce soir **2** [*conservare*] garder: *serbare rancore* garder rancune; *serbare odio, riconoscenza verso qc.* garder de la haine, de la reconnaissance envers qqn.; *serbare qc. in vita* garder qqn. en vie # *serbare la parola data* tenir (sa) parole; *serbare fede a una promessa, ai propri ideali* être fidèle à sa promesse, à ses idéals **B** *v.pron. rifl.* SERBARSI [*conservarsi, restare*] se garder # *serbarsi fedele a q.c., qc.* rester fidèle à qqch., à qqn.
serbatóio, i |serba'tojo, i| **I** *s.m.* **1** [*contenitore di liquidi*] réservoir: *serbatoio della benzina* réservoir d'essence; *serbatoio del carburante* réservoir à carburant ◇ (*mil.*) magasin à cartouches **2** (*geol.*) *serbatoio magmatico* réservoir magmatique **II** (*in funzione di agg.*,

nella loc.) *carro serbatoio* (*per il trasporto di derrate, liquidi e sim.*) wagon-citerne.
1 **sèrbo** |'sɛrbo| *s.m.* (*solo nella loc.*) IN SERBO [*da parte*] de côté: *tenere, dare, avere q.c. in serbo* avoir qqch. de côté # *dare in serbo* donner à garder.
2 **sèrbo** |'sɛrbo| *agg.* **1** [*della Serbia*] serbe **2** (*s.m.*) *il serbo* [*la lingua*] le serbe.
serbocroàto |serbokro'ato| *agg. e s.m.* serbo-croate.
serenaménte |serena'mente| *avv.* [→ SERENO I 3] avec sérénité *loc. inv.*, sereinement.
serenàre |sere'nare| **A** *v.tr.* (*lett.*) → **rasserenare B** *v.intr.* (*aus. 'avere'*) [*accamparsi, dormire all'aria aperta*] camper, dormir (21) à la belle étoile.
serenàta |sere'nata| *s.f.* sérénade.
serenèlla |sere'nɛlla| *s.f.* (*pop.*) → **lilla.**
serenìssimo |sere'nissimo| *agg.* sérénissime: *Altezza serenissima* Altesse sérénissime ✦ *s.f.* (*st.*) *la Serenissima* la Sérénissime *agg.* (république).
serenità |sereni'ta| *s.f. inv.* sérénité (*var.*): *la serenità del cielo* la sérénité du ciel ◇ (*fig.*) *serenità d'animo* sérénité d'esprit.
seréno |se'reno| **I** *agg.* **1** serein: *cielo, tempo sereno* ciel, temps serein ◇ *loc. avv.* A CIEL SERENO [*all'aria aperta*] au grand air **2** *loc. avv.* FULMINE A CIEL SERENO un coup de tonnerre dans un ciel serein: *la loro decisione è stata un fulmine a ciel sereno* leur décision a été un coup de tonnerre dans un ciel serein **3** (*fig.*) [*la cui calma proviene da tranquillità morale*] serein: *viso, sguardo sereno* visage, regard serein; *restare sereni davanti alla morte* rester serein vis-à-vis de la mort ◇ [*imparziale, equilibrato*] *giudizio sereno* jugement serein; *decisione serena* décision sereine **II** *s.m.* **1** [*cielo, tempo sereno*] beau temps: *che bel sereno!* quel beau temps! ◇ (*fig.*) *è tornato il sereno* [*la pace, la calma*] le calme est revenu **2** *loc.* AL SERENO [*all'aria aperta*] à la belle étoile: *dormire al sereno* dormir à la belle étoile.
1 **sergènte** |ser'dʒɛnte| *s.m.* **1** (*mil.*) sergent: *sergente maggiore* sergent-major **2** (*fig., spreg.*) [*persona rozza e dispotica*] gendarme: *sua moglie è davvero un sergente* sa femme est un vrai gendarme # *che maniere da sergente!* quelles manières rudes!
2 **sergènte** |ser'dʒɛnte| *s.m.* (*tecnol.*) sergent, serre-joint(s) *inv.*
sèri- |'sɛri| *pref.* (*significa 'di seta, della seta', corrisponde gener. a*) sérici: *sericoltura* sériciculture.
serial |'siəriəl| *s.m. inv.* (*ingl.*) (*cine.*) sérial *var.*
seriàle |se'rjale| *agg.* (*mus.*) sériel*.
serialismo |serja'lizmo| *s.m.* (*mus.*) sérialisme.
seriaménte |serja'mente| *avv.* [→ SERIO I] sérieusement.
seriàre |se'rjare| *v.tr.* [*classificare, ordinare per serie*] sérier.
seriazióne |serjat'tsjone| *s.f.* (*stat.*) distribution.
sericeo |se'ritʃeo| *agg.* **1** (*lett.*) [*sim. a seta*] soyeux*: *lucentezza sericea* brillant soyeux **2** (*bot.*) soyeux: *foglie sericee* feuilles soyeuses.
sericìgeno |seri'tʃidʒeno| *agg.* séricigène.
sericina |seri'tʃina| *s.f.* séricine.
sericite |seri'tʃite| *s.f.* (*min.*) séricite.
1 **sèrico, ci, ca, che** |'sɛriko, tʃi, ka, ke| *agg.* **1** de soie (*loc. inv.*): *abito serico* habit de soie **2** *industria serica* industrie de la soie **3** [*sim. a seta*] soyeux*: *capelli serici* cheveux soyeux.
2 **sèrico, ci, ca, che** |'sɛriko, tʃi, ka, ke| *agg.* (*med.*) sérique.
sericolite |seriko'lite| *s.f.* (*min.*) séricolite.
sericolo |se'rikolo| *agg.* séricicole.
sericoltóre |serikol'tore| *s.m.* sériculteur.
sericoltùra |serikol'tura| *s.f.* sériciculture.
sèrie |'sɛrje| *s.f. inv.* **1** série (*var.*): *una serie di fatti, di guai* une série de faits, d'ennuis **2** [*successione determinata e limitata* (*di cose omogenee*)] série: *una serie di francobolli* une série de timbres; *serie di banconote* série de billets de banque; *avere tutta la serie di una pubblicazione* avoir toute la série d'une pubblication **3** (*chim., mat., stat.*) série **4** (*calcio*) division (*var.*): *squadra di serie A, B* équipe de première, de deuxième division **5** *loc.* IN SERIE en série: *produzione in serie* production en série; *pezzi fatti in serie* pièces faites en série ~ *loc.* DI SERIE [*in serie, senza particolare valore*] de série: *mobili di serie* meubles de série; *auto di serie* voiture de série ✦ (*s.f.*) *una fuori serie* une voiture hors série *loc. inv.*
serietà |serje'ta| *s.f. inv.* **1** [*essere serio*] sérieux *m.*, sérieux* (*agg. var.*): *parlare, agire con serietà* parler, agir avec sérieux ‖ *atteggiare il proprio viso a serietà* prendre un visage sérieux; *serietà di studi* études sérieuses, solides # *serietà di costumi, di atteggiamento* bonnes mœurs; *la serietà di quella ragazza è indiscutibile* la moralité de cette jeune fille est indiscutable **2** [*gravità*] gravité *var.*
serigrafia |serigra'fia| *s.f.* sérigraphie.
serigràfico, ci, ca, che |seri'grafiko, tʃi, ka, ke| *agg.* sérigraphique.
serìmetro |se'rimetro| *s.m.* sérimètre, sérimètre.
serina |se'rina| *s.f.* (*chim.*) sérine.
serino |se'rino| *s.m.* (*pop.*) → **verzellino.**
sèrio, i |'sɛrjo, i| **I** *agg.* **1** sérieux*: *un professionista serio* un homme sérieux dans l'exercice de sa profession; professionnellement sérieux; *una donna poco seria* une femme peu sérieuse **2** [*preoccupato*] grave, soucieux*: *un viso serio* un visage grave, soucieux; *aveva un'espressione seria* il avait une expression grave, soucieuse **3** [*importante*] important: *è un affare serio* c'est une affaire importante # *la cosa si fa seria* [*preoccupante*] l'affaire se corse **4** *musica seria* musique classique **II 1** (*s.m. solo sing.*) *tra il serio e il faceto* mi-sérieux, mi-plaisant **2** *loc.* SUL SERIO [*davvero, seriamente*] au sérieux: *non prende mai niente sul serio* il ne prend jamais rien au sérieux # *dici sul serio?* tu parles sérieusement?; *questa volta faccio sul serio* cette fois c'est sérieux, c'est pour de vrai.
seriòla |se'rjɔla| *s.f.* (*t.zool.*) sériole.
serióre |se'rjore| *agg.* (*lett.*) [*posteriore*] postérieur (*corr.*).
serióso |se'rjoso| *agg.* (*scherz., iron.*) [*ostentatamente serio*] sérieux* (comme un pape).
serittèrio, i |serit'tɛrjo, i| *s.m.* (*zool.*) glande *f.* sericigène (du bombyx).
sermonàrio, i |sermo'narjo, i| *s.m.* (*eccl.*) sermonnaire.
sermoncino |sermon'tʃino| *s.m.* poésie *f.* de Noël.
sermóne |ser'mone| *s.m.* **1** sermon: *il sermone della domenica* le sermon dominical **2** (*fig., scherz.*) [*discorso noioso e lungo*] sermon (*pegg.*): *si è dovuto sorbire un sermone* il a dû subir un sermon ◇ [*paternale*] *gliene ho fatti di sermoni, ma non sono serviti a niente* je l'ai bien des fois sermonné, mais cela n'a servi à rien **3** (*st. letter.*) sermon.
sermoneggiàre |sermoned'dʒare| *v.intr.* (*aus. 'avere'*) (*spec. pegg.*) [*fare sermoni; fare la predica*] prêcher.
seròtino |se'rɔtino| *agg.* **1** (*lett.*) du soir *loc. inv.* (*corr.*) **2** [*tardivo*] tardif*: *frutto serotino* fruit tardif # *parto serotino* accouchement retardé.
serotonina |seroto'nina| *s.f.* (*biol.*) sérotonine.
sèrpa |'sɛrpa| *s.f.* siège *m.* du cocher: *salire, stare in serpa* monter, être assis sur le siège du cocher.
serpàio, i |ser'pajo, i| *s.m.* **1** nid de serpents **2** chasseur* *s.* de serpents.
1 **sèrpe** |'sɛrpe| *s.f.* **1** → **serpente, biscia** **2** (*loc.*) *allevarsi, nutrire, scaldare una serpe in seno* réchauffer un serpent *m.* dans son sein ~ *essere viscido, velenoso come una serpe* être visqueux, venimeux comme un serpent **3** (*fig.*) [*persona malvagia e infida*] vipère: *è una serpe!* c'est une vipère.
2 **sèrpe** |'sɛrpe| *s.m.* → **serpa.**
serpeggiaménto |serpeddʒa'mento| *s.m.* **1** [→ SERPEGGIARE] serpentement, ondulation *f.* **2** [*traiettoria sinusoidale di aereo, siluro e sim.*] serpentement.
serpeggiànte |serped'dʒante| *agg.* [*che serpeggia*] serpentant *p.pres.*
serpeggiàre |serped'dʒare| *v.intr.* (*aus. 'avere'*) **1** [*procedere a mo' di serpente*] serpenter: *la strada saliva serpeggiando* la route montait en lacets, en serpentant # *la nave avanzava serpeggiando per evitare i siluri* le navire faisait route en zigzaguant pour éviter les sous-marins **2** [*diffondersi sotterraneamente, insinuarsi e espandersi*] se répandre (53) (*pron.*): *tra il popolo serpeggiava la rivolta* la révolte se répandait parmi le peuple; *sentiva il fuoco della passione serpeggiargli per le vene* il sentait le feu de la passion se répandre dans les veines.
serpeggio, ii |serped'dʒio, ii| *s.m.* → **serpeggiamento.**
serpentària |serpen'tarja| *s.f.* (*t. bot.*) serpentaire.
1 **serpentàrio, i** |serpen'tarjo, i| *s.m.* (*t.zool.*) serpentaire.
2 **serpentàrio, i** |serpen'tarjo, i| *s.m.* institut d'ophiologie, d'ophiographie.
serpènte |ser'pɛnte| *s.m.* **1** (*t.zool.*) serpent ~ *serpente a sonagli* serpent à sonnettes ~ *serpente dagli occhiali* serpent à lunettes ~ *serpente d'acqua* serpent d'eau ~ *serpente di mare* serpent de mer **2** [*pelle conciata*] peau *f.* de serpent: *una borsa di serpente* un sac en peau de serpent **3** (*fig.*) [*persona infida*] vipère (*f.*): *è velenoso come*

un serpente c'est une vipère **4** (*fin.*) *serpente monetario* serpent (monétaire).
serpentèllo |serpen'tɛllo| *s.m.* **1** [*piccolo serpente*] serpenteau **2** [*fuoco d'artificio*] serpenteau.
serpentifórme |serpenti'forme| *agg.* serpentiforme.
serpentina |serpen'tina| *s.f.* **1** (*min.*) serpentin *m.* **2** [*linea serpeggiante*] spirale # *la strada sale con una serpentina, a serpentina* la route monte en lacets **3** (*aer.*) spirale **4** (*tecnol.*) serpentin.
serpentino |serpen'tino| **I** *agg.* de serpent (*loc. inv.*): *pelle serpentina* peau de serpent ◇ (*fig.*) *lingua serpentina* langue de vipère *loc. inv.* **II** *s.m.* **1** (*tecnol.*) serpentin **2** (*min.*) serpentine *f.*
serpentóne |serpen'tone| *s.m.* (*mus. ant.*) serpent.
sèrpere |'sɛrpere| *v.intr.* (*dif. del p.p.*) (*lett.*) → **serpeggiare.**
serpìgine |ser'pidʒine| *s.f.* (*med.*) serpigo *m.*
serpiginóso |serpidʒi'noso| *agg.* (*med.*) serpigineux*.
serpillo |ser'pillo| *s.m.* (*t.bot.*) serpolet.
serpollìno |serpol'lino| *s.m.* (*t.bot.*) serpolet.
sèrpula |'sɛrpula| *s.f.* (*t.zool.*) serpule.
sérqua |'se(ɛ)rkwa| *s.f.* **1** → **dozzina** **2** [*grande quantità*] grande quantité, tas *m.*
1 **sèrra** |'sɛrra| *s.f.* serre: *fiore di serra*: (*pr.*, *fig.*) fleur de serre.
2 **sèrra** |'sɛrra| *s.f.* (*geogr.*) serre.
serrabòzze |serra'bɔttse| *s.m. inv.* (*mar.*) serre-bosse.
serradàdi |serra'dadi| *s.m. inv.* clef *f. var.* anglaise.
serrafìla |serra'fila| *s.* **1** *s.* [*ginnasta che chiude una fila*] serre-file *m.* **2** *s.f.* (*mil.*, *mar.*) serre-file *m.*
serrafìlo |serra'filo| *s.m.* (*elettr.*) serre-fils *inv.*
serràggio, i |ser'raddʒo, i| *s.m.* (*tecnol.*) serrage.
serràglia |ser'raʎʎa| *s.f.* (*arch.*) clef de voûte.
1 **serràglio, i** |ser'raʎʎo, i| *s.m.* [*insieme di animali raccolti in un luogo chiuso*] ménagerie *f.*, fauverie *f.* ◇ [*tale luogo*] enclos.
2 **serràglio, i** |ser'raʎʎo, i| *s.m.* **1** [*harem*] *harem **2** (*in Turchia*) [*complesso residenziale dei sultani*] sérail.
serramànico |serra'maniko| *s.m.* (*solo nella loc.*) *coltello a serramanico* [*con lama che si chiude a scatto*] couteau à cran d'arrêt.
serràme |ser'rame| *s.m.* [*dispositivo per chiudere porte, finestre e sim.*] serrure *f.*
serraménto |serra'mento| *s.m.* (*tecnol.*) menuiserie *f.*
serrànda |ser'randa| *s.f.* **1** [*saracinesca di negozio*] rideau *m.* (de fer): *abbassare la serranda* baisser le rideau (de fer) **2** [*chiusino del forno*] bouchoir *m.*
serrapennóne |serrapen'none| *s.m.* (*mar.*) cargne *f.*, bouline *f.*
serràre |ser'rare| *v.tr.* **1** [*chiudere ben bene*; *sbarrare*] fermer: *serrare una porta, la finestra* fermer une porte, la fenêtre; *serrare bottega*: (*pr.*, *fig.*) fermer boutique **2** [*stringere con forza*] serrer: *serrò i pugni, le labbra* il serra les poings, les lèvres ◇ (*fig.*) *l'emozione gli serrò la gola* l'émotion lui serra la gorge **3** (*loc.*) *serrare le fila*: (*pr.*, *fig.*) [*unirsi in modo da non lasciare spazio intermedio*] serrer les rangs **4** (*mar.*) *serrare le vele* [*legarle ai pennoni*] ferler, serrer les voiles; *serrare la voga* ramer plus vite **5** [*intensificare*] intensifier # *serrare il ritmo del lavoro* accélérer le rythme du travail **6** [*incalzare*] serrer: *serrare il nemico* serrer l'ennemi.
serraschière |serras'kjɛre| *s.m. inv.* (*st. turca*) séraskier *var.*
sèrra sèrra |'sɛrra'sɛrra| *s.m. inv.* [*l'accalcarsi confuso*] bousculade *f. var.*
serràta |ser'rata| *s.f.* [*chiusura dello stabilimento da parte del datore di lavoro come rivalsa contro i dipendenti in sciopero*] lock-out *m.*, grève patronale.
serrataménte |serrata'mente| *avv.* de manière concise *loc. inv.*
serràte |ser'rate| *s.m. inv.* (*sport*) forcing *var.*
serràto |ser'rato| *agg.* **1** [*fitto, compatto*] serré: *tessuto serrato* tissu serré ◇ [*folto*] *schiere serrate* foule serrée **2** [*stringato e stringente*] serré: *un'argomentazione serrata* une argumentation serrée **3** [*sostenuto*] soutenu: *ritmo, trotto serrato* rythme, trot soutenu.
serràtula |ser'ratula| *s.f.* (*t.bot.*) serratule, serratula, sarrette.
serratùra |serra'tura| *s.f.* (*tecnol.*) serrure: *serratura di sicurezza* serrure de sûreté; *serratura a combinazione* serrure à combinaison.
serrétta |ser'retta| *s.f.* (*mar.*) vaigre.
serrettàme |serret'tame| *s.m.* (*mar.*) serre *f.*
sèrto |'sɛrto| *s.m.* (*lett.*) [*corona, ghirlanda*] guirlande *f.*, couronne (*f.*): *un serto di fiori* une guirlande, une couronne de fleurs; *serto nuziale* couronne de fleurs d'oranger; *serto di alloro* couronne de lauriers.
sèrva |'sɛrva| *s.f.* **1** [*domestica*] bonne (*spreg.*), aide *s.* domestique: *serva tuttofare* bonne à tout faire; *essere serva padrona* [*dominare i padroni*] être la servauté qui commande à tout le monde; faire la Dorine à la maison ◇ (*loc.*) *essere il figlio della serva* [*non essere rispettato, essere maltrattato*] être le parent pauvre **2** (*fig.*, *spreg.*) [*persona gretta, meschina*] concierge (*s.*): *pettegolezzi da serva* ragots (*fam.*) de concierge.
servàggio, i |ser'vaddʒo, i| *s.m.* (*lett.*) esclavage (*corr.*).
servàlo |ser'valo| *s.m.* (*t.zool.*) serval*.
servènte |ser'vɛnte| **I** *agg.* **1** (*loc.*) *cavalier servente* chevalier servant **2** (*dir.*) *fondo servente* fonds servant **II** *s.* **1** *s.* (*ant.*) [*servitore*] serviteur *m.* (*corr.*), servante *f.* (*corr.*) **2** *s.* (*tennis, ping pong*) serveur* **3** *s.m.* (*mil.*) servant.
serventése |serven'tese| *s.m.* → **sirventese.**
servétta |ser'vetta| *s.f.* (*teat.*) soubrette.
servìbile |ser'vibile| *agg.* **1** [*utilizzabile*] pouvant servir, offrable **2** [*che può essere servito a tavola*] qu'on peut servir *loc.*
servidóre |servi'dore| *s.m.* → **servitore.**
serviènte |ser'vjɛnte| *s.* enfant de chœur.
servìgio, i |ser'vidʒo, i| *s.m.* (*lett.*) [*servizio*] service (*corr.*).
servìle |ser'vile| *agg.* **1** servile: *lavoro servile* travail servile ◇ (*fig.*, *spreg.*) [*senza dignità*] *ha modi servili* il a des manières serviles **2** (*gram.*) auxiliaire: *verbo servile* verbe auxiliaire **3** (*st. rom.*) *guerre servili* guerres serviles.
servilìsmo |servi'lizmo| *s.m.* servilisme.
servilità |servili'ta| *s.f. inv.* servilité *var.*
servilménte |servil'mente| *avv.* [→ SERVILE 1] servilement.
servìre |ser'vire| **A** *v.tr.* **1** [*portare i cibi in tavola*] servir (21): *servire il tè, il dolce* servir le thé, le gâteau; *il pranzo è servito* le dîner est servi ✦ (*ass.*) *servire in, a tavola* servir à table **2** [*soddisfare le richieste dei clienti*] servir: *in che posso servirla, Signora?* en quoi puis-je vous servir, vous être utile, Madame?; *la servo subito!* je vous sers tout de suite! **3** [*lavorare come domestica*] servir **4** [*dedicare la propria opera a un'istituzione*] servir: *servire fedelmente lo Stato, la patria, la Chiesa* servir fidèlement l'État, la patrie, l'Église ✦ (*ass.*) *servire in marina* servir dans la marine **5** [*stare soggetto a qc.*] être (43) *intr.* au service: *servire la tirannide* être au service de la tyrannie **6** (*calcio*) *servire il compagno* [*passargli la palla*] passer la balle à son coéquipier ✦ (*ass.*) (*tennis, ping pong*) *servire* [*eseguire la battuta*] servir (la balle) **7** (*carte*) *servire le carte, i giocatori* [*distribuire le carte*] donner les cartes, faire la donne **8** (*eccl.*) *servire (la) messa* servir la messe **9** [*far servizio*] desservir (21): *questo autobus serve la periferia* cet autobus dessert la périphérie **10** (*loc.*) *adesso lo servo io!* je vais lui régler son compte!; *l'ho servito a dovere* je lui ai réglé son compte ~ *servire qc. di barba e capelli* [*dargli ciò che si merita*] traiter qqn. comme il le mérite **B** *v.intr.* (*aus. 'essere' nei significati 1 e 2, 'avere' nel significato 3*) **1** [*essere utile*] servir (*aus.* avoir): *un utensile che serve per la lavorazione del legno* un outil qui sert pour le travail du bois **2** (*loc.*) *a che serve piangere?* à quoi sert le pleurer, à quoi bon pleurer? ~ *questo ti serva di esempio!* que cela te serve d'exemple! ~ *quel quadro gli è servito di modello* ce tableau lui a servi de modèle ~ *i denti servono per masticare* les dents servent à mâcher **3** (*fam.*) [*occorrere*] avoir (28) besoin (de) (*corr.*): *mi serve il tuo aiuto* j'ai besoin de ton aide **C** *v.pron. intr.* SERVIRSI **1** [*usare*] se servir: *posso servirmi del tuo bagno?* puis-je me servir de, utiliser ta salle de bain?; *si è servito di lei e poi l'ha lasciata* il s'est servi d'elle et puis il l'a quittée **2** [*essere cliente*] se servir: *mi servo di solito in questo negozio* je me sers généralement dans ce magasin ◇ [*prendere quello che viene offerto*] *prego, si serva pure!* je vous en prie, servez-vous!
servita |ser'vita| *s.m.* (*eccl.*) servite.
servito |ser'vito| **I** *agg.* **1** [*pronto in tavola*] servi: *il pranzo è servito!* le dîner est servi! **2** (*persone*) [*soddisfatto nella propria richiesta*] servi: *il signore è servito* Monsieur est servi **3** (*poker*) servi **II** *s.m.* (*tosc.*) service (de table).
servitoràme |servito'rame| *s.m.* (*spreg.*) **1** [*insieme di servitori*] valetaille *f.* **2** (*fig.*) [*insieme di persone servili*] valetaille.

servitóre, tora, (*lett.*) **trice** |servi'tore, tora, tritʃe| *s.* **1** [*domestico*] domestique: *un vecchio servitore fedele* un vieux domestique fidèle ◇ (*loc.*) *non sono il suo servitore, io!* je ne suis pas son valet! ~ (*raro*) (*formula epistolare*) *suo devotissimo servitore* votre très humble serviteur **2** (*fig.*) [*chi si dedica a un ideale e sim.*] serviteur (*m.*): *servitore della patria* serviteur de la patrie.
servitù |servi'tu| *s.f. inv.* **1** [*condizione di chi è schiavo*] esclavage (*m. var.*): *ridurre qc. in servitù* réduire qqn. en esclavage; *riscattare la patria dalla servitù* délivrer la patrie de l'esclavage # *la servitù della gleba* le servage de la glèbe ◇ [*cattività*] captivité (*var.*): *animale nato in servitù* animal né en captivité **2** (*fig., iperb.*) [*soggezione a q.c. che limita la libertà*] sujétion *var.*, esclavage: *è una gran servitù dover dipendere dall'orario del tram* dépendre des heures de passage du tram constitue une véritable sujétion **3** (*dir.*) servitude *var.* **4** [*personale di servizio*] domestiques *m. pl.*
serviziàle |servit'tsjale| *s.m.* (*raro*) [*clistere*] lavement.
serviziévole |servit'tsjevole| *agg.* [*pronto ad aiutare*] serviable.
servizievolménte |servittsjevol'mente| *avv.* [→ SERVIZIEVOLE] serviablement, avec serviabilité *loc. inv.*
1 **servìzio, i** |ser'vittsjo, i| *s.m.* **1** service: *andare a servizio presso qc.* être au service de qqn. # *le persone di servizio* le personnel, les gens de maison, les domestiques (*spreg.*); *una donna di servizio* une bonne (*spreg.*); *donna a mezzo servizio* femme de ménage ◇ (*loc.*) *scala, porta di servizio* escalier, porte de service **2** [*attività lavorativa*] service: *anzianità di servizio* ancienneté de service; *fare, prestare servizio* être au service (de qqn.); *essere al servizio dello Stato* être au service de l'État; *lasciare il servizio* quitter le service **3** (*mil.*) service: *servizio militare* service militaire; *servizio di caserma, di guardia* service de garnison, de garde; *essere in, di servizio* être de service # *ufficiale di servizio permanente effettivo* officier d'active ◇ (*loc.*) *fuori servizio* hors de service ◇ (*per est.*) [*di meccanismo non funzionante*] hors service **4** [*prestazione particolare del giornalista e sim.*] reportage: *servizio speciale del telegiornale* reportage spécial du journal télévisé **5** (*iron.*) [*favore*] service: *mi hai fatto proprio un bel servizio!* tu m'as rendu un fier service! **6** *spec. al plur.* (*econ.*) services: *beni e servizi* biens et services **7** [*prestazione data da ente pubblico*] service: *servizio sociale* service social; *servizio sanitario* service sanitaire; *servizio segreto* service secret; *servizio postale* service des Postes; *servizio meteorologico* service, office météorologique; météo # *l'autobus fa servizio nel nostro quartiere* cet autobus dessert notre quartier **8** [*complesso di oggetti che servono ad un determinato scopo*] service: *servizio da tè, da caffè* service à thé, à café; *servizio da tavola* service de table; *servizi igienici* services hygiéniques; *servizio antincendio* service sécurité ◇ (*loc.*) *stazione di servizio* station service ~ *area di servizio* aire de service **9** *al plur.* [*bagno e cucina*] cuisine *f. sing.* et salle *f. sing.* de bains: *un appartamento costituito da due locali più servizi* un appartement de deux pièces, cuisine et salle de bains (s.d.b.) **10** [*l'essere a disposizione*] service: *sono al vostro servizio* je suis à votre service, à votre disposition; *si dedicò al servizio della patria* il se dédia au service de la patrie **11** [*insieme di uffici*] services *pl.*
2 **servìzio, i** |ser'vittsjo, i| *s.m.* (*sport*) service.
sèrvo- |'sɛrvo| *pref.* (*indica un 'sistema asservito', corrisponde gener. a*) servo: *servocomando* servocommande.
sèrvo |'sɛrvo| *s.* **1** (*raro*) [*domestico*] serviteur *m.* ◇ (*raro*) (*formula di cortesia*) *servo suo, vostro* je suis votre serviteur **2** (*lett.*) [*schiavo*] esclave (*corr.*): *servo dello straniero* esclave de l'étranger **3** (*eccl.*) serviteur: *servo di Dio* serviteur de Dieu.
servocomàndo |servoko'mando| *s.m.* (*aer.*) servocommande *f.*
servofréno |seɪvo'freno| *s.m.* (*auto.*) servofrein.
servomeccanismo |servomekka'nizmo| *s.m.* (*mecc.*) servomécanisme.
servomotóre |servomo'tore| *s.m.* (*mecc.*) servomoteur.
servostèrzo |servos'tɛrtso| *s.m.* (*auto.*) servodirection *f.*
servovàlvola |servo'valvola| *s.f.* (*tecnol.*) servovalve.
sèsamo |'sɛzamo| *s.m.* **1** (*t.bot.*) sésame **2** (*loc.*) *apriti sesamo* sésame, ouvre-toi.
sesamòide |seza'mɔide| *s.m. e agg.* (*anat.*) sésamoïde *agg.*
sesbània |ses'banja| *s.f.* (*t.bot.*) sesbania, sesbanie.
sèsia |'sɛzja| *s.f.* (*t.zool.*) sésie.
sesquiàltera |seskwi'altera| *s.f.* (*mus.*) sesquialtère.
sesquiòssido |seskwi'ɔssido| *s.m.* (*chim.*) sesquioxyde.
sesquipedàle |seskwipe'dale| *agg.* (*lett.*) → **smisurato, enorme.**
sèssa |'sɛssa| *s.f.* (*geogr.*) seiche.
sessagenàrio, i |sessadʒe'narjo, i| *agg. e s.* (*lett.*) → **sessantenne.**
sessagèsima |sessa'dʒɛzima| *s.f.* (*eccl.*) sexagésime.
sessagesimàle |sessadʒezi'male| *agg.* (*fis.*) sexagésimal*.
sessagèsimo |sessa'dʒɛzimo| *agg. numer. ord.* (*lett.*) → **sessantesimo.**
sessànta |ses'santa| **I** *agg. numer. card. inv.* **1** (*preposto a un sost.*) soixante: *ha sessant'anni* il a soixante ans; *è lungo sessanta metri* il est long de soixante mètres, il a soixante mètres de long **2** (*loc.*) *gli anni sessanta* les années soixante ~ *il sessanta* [*il sessantesimo anno del sec. di cui si parla*] les années soixante: *la crisi si verificò nel sessanta* la crise eut lieu dans les années soixante **II** *s.m. inv.* [*il numero 60*] soixante: *il dieci nel sessanta sta sei volte* il y a six fois dix dans soixante ◇ (*loc.*) *è sui sessanta* [*ha circa sessant'anni*] il approche de la soixantaine.
sessantaquattrèsimo |sessantakwat'trɛzimo| **I** *agg. numer. ord.* soixante-quatrième: *classificarsi sessantaquattresimo in un concorso* se classer soixante-quatrième au concours **II** *s.m.* **1** [*ciascuna delle sessantaquattro parti uguali*] soixante-quatrième **2** (*tip.*) *in sessantaquattresimo* in-soixante-quatre: *volume in sessantaquattresimo* volume in-soixante-quatre.
sessantenàrio, i |sessante'narjo, i| *s.m.* soixantième anniversaire: *celebrare il sessantenario della morte di qc.* célébrer le soixantième anniversaire de la mort de qqn.
sessantènne |sessan'tɛnne| *agg.* de soixante ans *loc. inv.* ✦ (*s.*) *un sessantenne* un sexagénaire.
sessantènnio, i |sessan'tɛnnjo, i| *s.m.* période *f.* de soixante ans.
sessantèsimo |sessan'tɛzimo| *agg. numer. ord.* soixantième: *classificarsi sessantesimo* se classer soixantième ✦ (*s.m.*) *un sessantesimo* un soixantième.
sessantina |sessan'tina| *s.f.* **1** [*circa sessanta*] soixantaine **2** [*i sessant'anni d'età*] soixantaine.
sessàre |ses'sare| *v.tr.* [*distinguere il sesso dei pulcini*] trier les poussins.
sessennàle |sessen'nale| *agg.* **1** qui dure six ans *loc.* **2** qui a lieu tous les six ans *loc.*
sessènnio, i |ses'sɛnnjo, i| *s.m.* (*lett.*) période *f.* (*corr.*) de six ans.
sèssile |'sɛssile| *agg.* (*bot.*) sessile.
sessióne |ses'sjone| *s.f.* session: *sessione di esami* session d'examens; *la sessione del Consiglio* la session du Conseil.
sèsso |'sɛsso| *s.m.* **1** sexe: *il sesso debole, il gentil sesso* le sexe faible (*scherz.*), le beau sexe; *il sesso forte* le sexe fort; *d'ambo i sessi* des deux sexes **2** [*organi genitali*] sexe.
sèssola |'sɛssola| *s.f.* → **sassola.**
sessonomia |sessono'mia| *s.f.* sexonomie.
sessuàle |sessu'ale| *agg.* sexuel*: *ormone sessuale* hormone sexuelle; *attrazione sessuale* attraction sexuelle.
sessualismo |sessua'lizmo| *s.m.* (*lett.*) sexualisme.
sessualità |sessuali'ta| *s.f. inv.* sexualité *var.*
sessualizzàre |sessualid'dzare| *v.tr.* [*dare un carattere sessuale a* (*q.c.*)] sexualiser.
sessualizzazióne |sessualiddzat'tsjone| *s.f.* (*biol.*) sexualisation.
sessualménte |sessual'mente| *avv.* [→ SESSUALE] sexuellement.
sessuàto |sessu'ato| *agg.* (*biol.*) sexué.
sessuofobia |sessuofo'bia| *s.f.* (*psicol.*) sexophobie.
sessuologia, gie |sessuolo'dʒia, dʒie| *s.f.* sexologie.
sessuològico, ci, ca, che |sessuo'lɔdʒiko, tʃi, ka, ke| *agg.* relatif* à la sexologie.
sessuòlogo, gi, (*pop.*) **ghi** |sessu'ɔlogo, dʒi, gi| *s.* sexologue.
sèsta |'sɛsta| *s.f.* **1** (*eccl.*) sexte **2** (*mus.*) sixte **3** (*mar.*) compas *m.*
sestànte |ses'tante| *s.m.* **1** (*strumento*) sextant **2** (*moneta rom.*) sextans.
sestàrio, i |ses'tarjo, i| *s.m.* (*misura rom.*) setier.
sestèrzio, i |ses'tɛrtsjo, i| *s.m.* sesterce.
sestétto |ses'tetto| *s.m.* **1** (*mus.*) sextuor **2** (*sport*) équipe *f.* de six joueurs.
sestière |ses'tjɛre| *s.m.* [*ciascuna delle sei parti in cui è divisa Venezia*] ⊠.
sestile |ses'tile| *s.m.* (*st. rom.*) sextilis.
sestina |ses'tina| *s.f.* **1** [*strofa di sei versi*] sizain *m.*, sixain *m.* **2** (*letter.*) sextine **3** (*mus.*) sextolet *m.*
1 **sèsto** |'sɛsto| **I** *agg. numer. ord.*

1 sixième: *il sesto mese dell'anno* le sixième mois de l'année ◇ (*in unione con nomi di re, papi o con i sost. 'capitolo, volume', ecc.*) six: *Paolo sesto* (*VI*) Paul six (VI) ◇ (*eccl.*) *ora sesta* sixième heure ◇ (*alpinismo*) *sesto grado* sixième degré **2** (*loc.*) *il sesto senso* [*spiccata intuizione*] le sixième sens ~ *il sesto continente* le sixième continent **II** (*s.m.*) *un sesto* un sixième.

2 **sèsto** |'sɛsto| *s.m.* (*arch.*) cintre.

3 **sèsto** |'sɛsto| *s.m.* [*ordine*] ordre: *mettere le cose in sesto* mettre les choses en ordre # *non essere in sesto* être en désordre ◇ (*loc.*) *essere, sentirsi fuori* (*di*) *sesto* [*non sentirsi bene*] ne pas être dans son assiette ~ *mettere a sesto un colpo* [*centrare il bersaglio*] faire centre, mettre dans le mille ~ *rimettere in sesto gli affari* [*riprendersi finanziariamente*] remettre de l'ordre dans ses affaires ~ *bevi questo che ti rimetterà in sesto* bois ça, ça te fera du bien.

sestodècimo |sesto'dɛcimo| *agg.* → **sedicesimo.**

sestogradista |sestogra'dista| *s.m.* alpiniste du sixième degré.

sestùltimo |ses'tultimo| *agg. e s.* sixième en partant de la fin.

sestuplicàre |sestupli'kare| *v.tr.* [*moltiplicare per sei*] sextupler.

sestùplice |ses'tupliʧe| *agg.* sextuple.

sèstuplo |'sɛstuplo| *agg. e s.m.* sextuple.

set |set| *s.m. inv.* (*ingl.*) **1** (*tennis*) jeu *var.*, set *var.* **2** (*cine.*) set.

séta |'seta| *s.f.* **1** [*fibra tessile prodotta dal baco da seta*] soie: *seta pura, grezza* soie pure, grège ◇ (*per est.*) [*tessuto*] *un abito di seta* un habit de soie **2** *loc. fig.* DI SETA [*morbido come seta*] soyeux* (*agg.*): *capelli di seta* cheveux soyeux.

setacciàio, i |setat'ʧajo, i| *s.m.* [*fabbricante, commerciante di setacci*] tamisier* *s.*

setacciaménto |setattʃa'mento| *s.m.* **1** [→ SETACCIARE 1] tamisage **2** [→ SETACCIARE 2] passage au peigne fin.

setacciàre |setat'ʧare| *v.tr.* **1** [*passare al setaccio*] tamiser **2** (*fig.*) [*esaminare accuratamente*] passer au peigne fin.

setacciàta |setat'ʧata| *s.f.* → **setacciamento 1.**

setacciatóre, trice |setattʃa'tore, tritʃe| *s.* [*chi setaccia* (1)] tamiseur*.

setacciatrice |setattʃa'tritʃe| *s.f.* (*tecnol.*) tamiseuse.

setacciatùra |setattʃa'tura| *s.f.* **1** → **setacciamento 2** (*min., tecnol.*) criblage *m.*

setàccio, i |se'tattʃo, i| *s.m.* [*strumento fornito di rete* (*metallica, di tela e sim.*) *che serve a separare gli elementi di un miscuglio*] tamis, crible: *setaccio per la farina* tamis à farine; *setaccio per la sabbia* crible à sable # *setaccio per la salsa* passoire *f.* ◇ (*loc.*) *passare al setaccio*: (*pr.*) passer au tamis, tamiser; (*fig.*) passer au crible.

setàceo |se'tatʃeo| *agg.* (*raro*) [*sim. a seta*] soyeux*.

setaiòlo |seta'jɔlo| *s.m.* **1** ouvrier* *s.* en soieries **2** [*industriale della seta*] soyeux **3** marchand *s.* de soieries.

setàle |se'tale| *s.m.* (*pesca*) empile de ligne.

séte |'sete| *s.f.* **1** [*bisogno fisico che spinge a bere*] soif: *aver sete* avoir soif; *spegnere, calmare, togliere la sete* étancher la soif ◇ (*iperb.*) *morire di sete* mourir de soif **2** (*per est.*) [*aridità*] soif: *questa pianta ha sete* cette plante a soif **3** (*fig.*) [*bramosia*] soif: *sete di ricchezza, di potere* soif de richesse, de pouvoir.

seterìa |sete'ria| *s.f.* **1** [*setificio*] soierie **2** [*negozio di tessuti di seta*] soierie **3** *al plur.* [*tessuti di seta*] soieries.

setifìcio, i |seti'fitʃo, i| *s.m.* **1** [*stabilimento in cui si lavora la seta*] soierie *f.* **2** art de la soierie.

1 **sétola** |'setola| *s.f.* **1** [*pelo rigido che si ricava da porco, cinghiale*] soie (de porc); (*del cavallo*) crin (*m.*): *una spazzola di setole* une brosse en soies (de porc, de sanglier) ◇ (*per est., scherz.*) [*pelo ispido* (*di barba e sim.*)] crin **2** (*bot.*) soie.

2 **sétola** |'setola| *s.f.* (*veter.*) seime.

setolàre |seto'lare| *v.tr.* (*tip.*) [*pulire con una spazzola di setole*] brosser.

setolinàre |setoli'nare| *v.tr.* (*oref.*) [*pulire col setolino*] saietter.

setolìno |seto'lino| *s.m.* petite brosse *f.* ◇ (*oref.*) saie *f.*

setolóso |seto'loso| *agg.* **1** [*coperto di setole*] velu: *il dorso setoloso del cinghiale* le dos velu du sanglier **2** [*ispido come le setole*] hirsute ◇ (*bot.*) *peli setolosi* poils hirsutes.

setolùto |seto'luto| *agg.* [*coperto di setole*] velu.

setóne |se'tone| *s.m.* (*med.*) séton: *ferita a setone* plaie en séton.

setóso |se'toso| *agg.* (*bot.*) sétacé.

sètta |'sɛtta| *s.f.* secte: *sette religiose* sectes religieuses; *la setta massonica* la secte maçonnique # *una setta politica reazionaria* une formation politique réactionnaire.

settànta |set'tanta| **I** *agg. numer. card. inv.* soixante-dix **1** *ha settant'anni* il a soixante-dix ans; *non supera i settanta chilometri all'ora* elle ne dépasse pas les soixante-dix kilomètres à l'heure ◇ (*prov.*) *bisogna perdonare settanta volte sette* [*sempre*] il faut toujours pardonner **2** (*posposto a un sost.*) *va a pagina settanta* va à la page soixante-dix ◇ (*loc.*) *gli anni settanta* les années de 1970 à 1979, les années soixante-dix **3** (*in composizione con altri numeri*) *settantuno, settantanove* soixante et onze, soixante-dix-neuf **II** *s.m. inv.* [*il numero 70*] soixante-dix: *il sette nel settanta sta dieci volte* en soixante-dix il y a dix fois sept # *essere sui settanta, andare per i settanta* [*avere circa settant'anni*] friser la septantaine, approcher de la septantaine; *nel settanta avrà vent'anni* en 1970 il aura vingt ans ◇ (*st. relig.*) *la versione dei Settanta* la version des Septante.

settantenàrio, i |settante'narjo, i| *s.m.* soixante-dixième anniversaire.

settantènne |settan'tɛnne| *agg. e s.* [*che, chi ha settant'anni*] septuagénaire.

settantènnio, i |settan'tɛnnjo, i| *s.m.* période *f.* de soixante-dix ans.

settantèsimo |settan'tɛzimo| **I** *agg. numer. ord.* **1** soixante-dixième **2** (*in composizione con altri numeri*) *settantunesimo, settantaduesimo* soixante et onzième, soixante-douzième **II** (*s.m.*) *un settantesimo* un soixante-dixième.

settantìna |settan'tina| *s.f.* **1** [*circa settanta*] à peu près (à-peu-près), environ soixante-dix (*loc.*): *una settantina di persone* soixante-dix personnes environ, à-peu-près **2** [*circa settant'anni*] environ soixante-dix ans: *si avvicinano alla settantina* ils approchent de leurs soixante-dix ans.

settantùno |settan'tuno| *agg. numer. card. inv.* soixante et onze.

settàrio, i |set'tarjo, i| *agg.* **1** sectaire ✦ (*s.*) *un settario* [*un affiliato*] un sectaire **2** (*fig.*) [*fazioso*] sectaire ✦ (*s.*) *un settario* un sectaire.

settarìsmo |setta'rizmo| *s.m.* sectarisme.

settarìstico, ci, ca, che |setta'ristiko, tʃi, ka, ke| *agg.* [*improntato a settarismo*] sectaire.

sètte |'sɛtte| **I** *agg. numer. card. inv.* **1** sept: *ha sette anni* il a sept ans; *le sette meraviglie del mondo* les sept merveilles du monde; *siamo in sette* nous sommes sept; *ogni sette ore* tous les sept heures; *abita al numero sette* il habite au numéro sept; *sono le* (*ore*) *sette e un quarto* il est sept heures et quart ◇ (*loc.*) *di sette in sette, a sette a sette* [*sette per volta*] sept par sept **2** (*loc.*) *portare qc. ai sette cieli* [*esaltarlo*] porter qqn. aux nues ~ *chiudere a sette chiavi, con sette sigilli* [*ermeticamente*] fermer à double clé ~ *avere sette vite come i gatti* avoir sept existences, comme les chats **3** (*in composizione con altri numeri*) *settantasette, settecento* soixante-dix-sept, sept cent(s) **II** *s.m. inv.* **1** [*il numero 7*] sept: *m'ha fatto uno sconto del sette per cento* il m'a fait une réduction de sept pour cent (7%); *arriverà il sette di questo mese* il arrivera le sept de ce mois; *dov'è la fermata del sette?* où est l'arrêt du numéro sept? **2** [*voto scolastico*] sept: *ho la media del sette* il a sept sur dix de moyenne **3** (*fam.*) [*strappo che sembra un sette*] accroc (*var.*): *ti sei fatto un sette nei pantaloni* tu as fait un accroc à ton pantalon.

settebèllo |sette'bɛllo| *s.m.* **1** [*carta da gioco*] sept *inv.* de carreau **2** [*particolare tipo di elettrotreno it.*] ⊠.

settecentésco, chi, ca, che |settetʃen'tesko, ki, ka, ke| *agg.* du XVIIIe siècle (*loc. inv.*): *l'arte settecentesca* l'art du XVIIIe siècle.

settecentèsimo |settetʃen'tɛzimo| *agg. numer. ord.* sept centième ✦ (*s.m.*) *un settecentesimo* un sept centième.

settecentista |settetʃen'tista| **I** *agg.* du XVIIIe siècle *loc. inv.* **II** *s.* **1** un écrivan, un artiste du XVIIIe siècle **2** un spécialiste du XVIIIe siècle.

settecentìstico, ci, ca, che |settetʃen'tistiko, tʃi, ka, ke| *agg.* du XVIIIe siècle (*loc. inv.*): *gli studi settecentistici* les études sur le XVIIIe siècle.

settecènto |sette'tʃɛnto| *agg. numer. card. inv.* sept cent(s): *costa settecento lire* cela côute sept cents lires; *sono settecento cinquanta chilometri* il y a sept cent cinquante kilomètres; *andate a pagina settecento* allez à la page sept cents ✦ *s.m. inv.* [*il numero 700*] sept cent(s): *il dieci nel settecento sta settanta volte* en sept cents il y a soixante-dix fois dix ◇ (*loc.*) *il Settecento* le XVIIIe siècle; *gli illuministi del Settecento* les philosophes du XVIIIe siècle.

settèmbre |set'tɛmbre| *s.m.* [*no-*

no mese dell'anno] septembre: *nel mese di settembre* au mois de septembre; *il primo (di) settembre* le premier septembre.
settembrino |settem'brino| *agg.* de septembre *loc. inv.*
settembrizzatóre |settembriddza'tore| *s.m.* (*st. fr.*) septembriseur.
settèmplice |set'tɛmplitʃe| *agg.* (*lett.*) de sept éléments *loc. inv.* (*corr.*).
settèmviro |set'temviro| *e deriv.* |→ **settenviro** *e deriv.*
settenàrio, i |sette'narjo, i| *agg. e s.m.* (*metr.*, *mus.*) septénaire.
settennàle |setten'nale| *agg.* **1** septennal* # *durata settennale* septennalité **2** (*per est.*) qui a lieu tous les sept ans *loc.*
settennàto |setten'nato| *s.m.* septennat.
settènne |set'tɛnne| *agg.* **1** (âgé) de sept ans *loc.* **2** qui dure depuis sept ans *loc.*
settènnio, i |set'tɛnnjo, i| *s.m.* période *f.* de sept ans.
settentrionàle |settentrjo'nale| *agg.* **1** septentrional*, du Nord (*loc. inv.*): *Italia settentrionale* l'Italie septentrionale, du nord, le Nord de l'Italie; *l'America settentrionale* l'Amérique du Nord **2** [*esposto a nord*] nord: *versante settentrionale* versant nord **3** [*tipico del settentrione*] nordique: *usanze settentrionali* coutumes nordiques **4** [*nativo del settentrione*] du Nord: *gente settentrionale* gens du Nord, (les) Nordiques ✦ (*s.*) *un settentrionale* personne *f.* qui est du Nord *loc. inv.* 🄲 **meridionale.**
settentrionalìsmo |settentrjona'lizmo| *agg.* langue *f.*, forme *f.* linguistique du Nord (d'Italie).
settentrionalista |settentrjona'lista| *s.* partisan d'une politique favorable au Nord (de l'Italie).
settentrionalìstico, ci, ca, che |settentrjona'listiko, tʃi, ka, ke| *agg.* du Nord *loc. inv.* (d'Italie).
settentrionalizzàre |settentrjonalid'dzare| *v.tr.* [*rendere settentrionale*] rendre (53) septentrional*.
settentrióne |setten'trjone| *s.m.* **1** nord, septentrion (*poet.*) **2** [*regione a nord*] Nord: *il settentrione d'Italia* le Nord de l'Italie 🄲 1 **sud**; 2 **meridione.**
settenviràto |settenvi'rato|, **settemviràto** |settemvi'rato| *s.m.* (*st. rom.*) charge *f.* de sept ans.
settènviro |set'tɛnviro|, **settèmviro** |set'tɛmviro| *s.m.* (*st. rom.*) septemvir.
sètte ottàvi |'sɛtteot'tavi| *loc. sost. m. inv.* (*abbigl.*) sept-huitièmes.
setter |'setə| *s.m. inv.* (*ingl.*) setter *var.*
setticemìa |settitʃe'mia| *s.f.* (*med.*) septicémie.
setticèmico, ci, ca, che |setti'tʃɛmiko, tʃi, ka, ke| *agg.* (*med.*) septicémique.
setticità |settitʃi'ta| *s.f. inv.* septicité *var.*
setticlàvio, i |setti'klavjo, i| *s.m.* (*mus.*) les sept clés *f. pl.*
-sèttico |'sɛttiko| *suff.* (*significa 'putrefazione', corrisponde gener. a*) septique: *antisettico* antiseptique.
sèttico, ci, ca, che |'sɛttiko, tʃi, ka, ke| *agg.* (*med.*) septique.
sèttile |'sɛttile| *agg.* coupé en minces lamelles ◇ (*tecnol.*) *opera settile* mince application murale imitant la mosaïque.
sèttima |'sɛttima| *s.f.* (*mus.*) septième.
settimàna |setti'mana| *s.f.* **1** [*ciclo di sette giorni*] semaine: *settimana corta* semaine anglaise; *a metà settimana* au milieu de la semaine; *la settimana lavorativa* la semaine de travail; *la settimana santa* la semaine sainte ◇ (*loc.*) *fine settimana* week-end *m.*, fin de semaine **2** [*salario settimanale*] semaine: *riscuotere la settimana* toucher sa semaine **3** (*per est.*) [*circa sette giorni*] semaine: *non lo vedo da una settimana* je ne le vois pas depuis une semaine, il y a huit jours que je ne l'ai vu.
settimanàle |settima'nale| **I** *agg.* **1** [*della settimana*] hebdomadaire: *paga settimanale* salaire hebdomadaire **2** [*che avviene ogni settimana*] hebdomadaire: *riunione settimanale* réunion hebdomadaire **II** *s.m.* [*periodico pubblicato una volta la settimana*] hebdomadaire: *settimanale di moda*; hebdomadaire de mode; *settimanale politico di informazione* hebdomadaire politique d'information.
settimanalménte |settimanal'mente| *avv.* [*ogni settimana*] hebdomadairement.
settimino |setti'mino| **1** *agg. e s.* enfant *s.* né à sept mois **2** *s.m.* (*mus.*) septuor.
sèttimo |'sɛttimo| *agg. numer. ord.* septième: *è giunto settimo* il est arrivé septième ◇ (*in unione con nomi di re, papi e con i sost. 'capitolo, volume', ecc.*) sept: *Gregorio settimo (VII)* Grégoire sept (VII); *capitolo settimo* chapitre sept ◇ (*loc.*) *essere al settimo cielo* être au septième ciel ✦ (*s.m.*) *un settimo* un septième.
sètto |'sɛtto| *s.m.* **1** (*anat.*) cloison (*f.*): *setto nasale* cloison du nez **2** (*bot.*) cloison **3** (*ing. civile*) couche *f.*
1 **settóre** |set'tore| *s.m.* **1** (*mat.*) secteur **2** [*spazio sim. a un settore circolare*] secteur: *il settore di sinistra, di centro, di destra del parlamento* le secteur (de) gauche, (du) centre, (de) droite du parlement **3** [*zona delimitata*] secteur: *settore d'attacco* secteur d'attaque; *settore di tiro* secteur de tir; *settore d'azione* secteur d'action; *settore telefonico* secteur téléphonique ◇ (*sport*) secteur **4** (*fig.*) [*sfera di un'attività*] secteur: *settore pubblico, privato* secteur public, privé; *il settore primario, secondario, terziario* le secteur primaire, secondaire, tertiaire.
2 **settóre** |set'tore| **1** *s.m.* [*chi seziona*] prosecteur **2** *agg.* (*dir.*) *perito settore* médecin légiste.
settoriàle |setto'rjale| *agg.* de secteur *loc. inv.*
settorialìsmo |settorja'lizmo| *s.m.* tendance *f.* à privilégier les détails (au détriment de l'ensemble).
settorista |setto'rista| *s.m.* (*comm.*) chef service; expert du secteur.
settuagenàrio, i |settuadʒe'narjo, i| *agg. e s.* (*lett.*) septuagénaire (*corr.*).
settuagèsima |settua'dʒɛzima| *s.f.* (*eccl.*) septuagésime.
settuagèsimo |settua'dʒɛzimo| *agg. numer. ord.* (*lett.*) → **settantesimo.**
settuplicàre |settupli'kare| *v.tr.* [*moltiplicare per sette*] septupler.
sèttuplo |'sɛttuplo| *agg. e s.m.* septuple.
severaménte |severa'mente| *avv.* [→ SEVERO] sévèrement.
severità |severi'ta| *s.f. inv.* sévérité *var.*
sevèro |se'vɛro| *agg.* **1** sévère **2** [*serio*] sévère: *sguardo severo* regard sévère; *tono severo* ton sévère # *studi severi* [*che richiedono grande impegno*] études sérieuses **3** [*sobrio*] sévère: *bellezza severa* beauté sévère **4** [*duro, rilevante*] lourd: *l'esercito subì perdite severe* l'armée subit de lourdes pertes.
sevìzia |se'vittsja| *s.f. spec. al plur.* sévices ◇ (*iperb.*) [*maltrattamenti*] sévices.
seviziàre |sevit'tsjare| *v.tr.* [*sottoporre a servizie*] exercer (2) des sévices.
seviziatóre, trice |sevittsja'tore, tritʃe| *s.* [*chi sevizia*] tortionnaire.
sévo |'sevo| *s.m.* → **sebo.**
sex appeal |seksə'pi:l| *loc. sost. m. inv.* (*ingl.*) sex-appeal *var.*
sexy |'sɛksi| *agg. inv.* (*ingl.*) sexy.
sezionàle |settsjo'nale| *agg.* de section *loc. inv.*
sezionaménto |settsjona'mento| *s.m.* [→ SEZIONARE] sectionnement.
sezionàre |settsjo'nare| *v.tr.* **1** [*dividere in sezioni*] sectionner **2** (*elettr.*) [*dividere in sezioni isolate*] sectionner **3** (*med.*) [*anatomizzare*] disséquer (8).
sezionatóre |settsjona'tore| *s.m.* (*elettr.*) sectionneur.
sezióne |set'tsjone| *s.f.* **1** (*mat.*) section: *sezione di cono* section conique; *sezione aurea* section dorée, nombre *m.* d'or **2** (*med.*) dissection **3** [*ripartizione, suddivisione*] section: *una scuola con tre sezioni* une école à trois sections; *sezione elettorale* section électorale; *sezione civile, penale* section civile, pénale; *manuale diviso in sei sezioni* manuel divisé en six sections **4** (*mar.*) section **5** (*mil.*) section.
sfaccendàre |sfattʃen'dare| *v.intr.* (*aus. 'avere'*) [*eseguire alacremente i lavori domestici*] trimer à la maison.
sfaccendàto |sfattʃen'dato| **1** *agg. e s.* [*ozioso, fannullone*] désœuvré **2** *s.* [*momentaneamente senza occupazione*] chômeur*.
sfaccettàre |sfattʃet'tare| *v.tr.* **1** [*tagliare a faccette*] facetter: *sfaccettare un diamante* facetter un diamant **2** (*fig.*) [*esaminare un argomento e sim. da tutti i punti di vista*] décomposer.
sfaccettàto |sfattʃet'tato| *agg.* **1** [*tagliato a faccette*] facetté **2** (*fig.*) [*complesso, con aspetti molteplici*] à facettes *loc. inv.*, complexe.
sfaccettatùra |sfattʃetta'tura| *s.f.* **1** [→ SFACCETTARE] taille à facettes **2** [*faccetta*] facette.
sfacchinàre |sfakki'nare| *v.intr.* (*aus. 'avere'*) [*lavorare con fatica*] trimer: *deve sfacchinare da mattina a sera* il doit trimer du matin au soir.
sfacchinàta |sfakki'nata| *s.f.* [*lavoro duro, pesante*] corvée éreintante, travail *m.* éreintant ◇ (*fig.*) *si è dovuto fare una bella sfacchinata per l'esame* il a dû travailler comme un nègre pour l'examen.
sfacciatàggine |sfattʃa'taddʒine| *s.f.* [*impudenza, mancanza di pudore*] impudence.
sfacciataménte |sfattʃata'mente| *avv.* [→ SFACCIATO 1, 2] impudemment, effrontément.
sfacciàto |sfat'tʃato| *agg.* **1** [*impudente, immodesto*] impudent, effronté:

un ragazzo sfacciato un garçon impudent, effronté ✦ (*s.*) *uno sfacciato* un impudent, un effronté **2** [*vistoso*] criard, tapageur*: *colori sfacciati* couleurs criardes; *ostenta un lusso sfacciato* elle étale un luxe tapageur ◇ (*fig.*) *una fortuna sfacciata* [*molta*] une veine de pendu **3** (*di cavallo*) marqué (d'une tache blanche) au front.

sfacèlo |sfa'tʃɛlo| *s.m.* **1** [*disfacimento*] délabrement: *sfacelo del corpo, della mente* délabrement du corps, de l'esprit; avachissement **2** [*rovina*] ruine *f.*; écroulement: *una casa in sfacelo* une maison en ruines; *la disoccupazione ha mandato in sfacelo quella famiglia* le chômage a entraîné la ruine de cette famille ‖ *la corruzione fu una causa dello sfacelo dell'Impero romano* la corruption fut l'une des causes de l'écroulement de l'Empire romain ◇ (*escl.*) *che sfacelo!, è uno sfacelo!* quel désastre!, c'est un désastre!

sfagiolàre |sfadʒo'lare| *v.intr.* (*aus.* '*essere*') (*fam.*) [*piacere, andare a genio*] plaire (68) (*aus.* avoir) (*corr.*): *quel tizio non mi sfagiola* ce type ne me plaît pas (du tout).

1 **sfagliàre** |sfaʎ'ʎare| *v.tr.* (*di carte*) [*scartare*] se défausser *pron.*

2 **sfagliàre** |sfaʎ'ʎare| *v.intr.* (*aus.* '*avere*') (*di animali*) faire (45) *tr.* un écart.

1 **sfàglio, i** |'sfaʎʎo, i| *s.m.* [→ 1 SFAGLIARE] fait de se défausser ◇ (*per est.*) carte *f.* défaussée.

2 **sfàglio, i** |'sfaʎʎo, i| *s.m.* (*di animali*) [*scarto*] écart.

Sfagnàli |sfaɲ'ɲali| *s.f. pl.* (*t.bot.*) Sphagnales.

sfàgno |'sfaɲɲo| *s.m.* (*t.bot.*) sphaigne *f.*

sfàlcio, i |'sfaltʃo, i| *s.m.* (*agr.*) fauche *f.*, fauchage.

sfaldàbile |sfal'dabile| *agg.* [→ SFALDARE] fissile, clivable.

sfaldabilità |sfaldabili'ta| *s.f. inv.* caractère *m. var.* clivable.

sfaldaménto |sfalda'mento| *s.m.* [→ SFALDARE] clivage, exfoliation *f.* ◇ (*di metalli*) écaillement.

sfaldàre |sfal'dare| **A** *v.tr.* [*staccare in lamine*] cliver, exfolier **B** *v.pron. intr.* SFALDARSI [*staccarsi in lamine*] se cliver, s'exfolier: *l'ardesia si sfalda* l'ardoise se clive.

sfaldatùra |sfalda'tura| *s.f.* **1** [*sfaldamento*] clivage *m.*, exfoliation **2** (*di cristalli*) clivage.

sfalsaménto |sfalsa'mento| *s.m.* [→ SFALSARE 1] décalage.

sfalsàre |sfal'sare| *v.tr.* **1** [*spostare q.c. in modo che non risulti più allineato verticalmente o orizzontalmente*] décaler: *sfalsare i ripiani di una libreria* décaler les étagères d'une bibliothèque **2** [*deviare*] dévier.

sfalsàto |sfal'sato| *agg.* [*disposto in maniera non simmetrica, su piani diversi*] décalé.

sfamàre |sfa'mare| *v.tr.* **1** [*saziare*] rassasier ✦ (*pron. rifl.*) *non riesco a sfamarmi* je n'arrive pas à me rassasier **2** [*nutrire*] nourrir ✦ (*pron. rifl.*) *hanno appena di che sfamarsi* ils ont à peine de quoi manger.

sfangaménto |sfanga'mento| *s.m.* [→ SFANGARE 1] débourbage.

sfangàre |sfan'gare| *v.tr.* **1** [*togliere dai minerali il fango*] débourber **2** (*fam.*) *sfangarla, sfangarsela* [*cavarsela*] se tirer d'affaire (*corr.*).

sfangatóio, i |sfanga'tojo, i| *s.m.* (*min.*) débourbeur.

sfangatóre |sfanga'tore| *s.m.* [*operaio addetto allo sfangamento*] boueur, éboueur ◇ (*min.*, *tecnol.*) débourbeur.

sfàre |'sfare| *v.tr. e intr. pron.* → **disfare.**

1 **sfarfallaménto** |sfarfalla'mento| *s.m.* [→ 1 SFARFALLARE 1] éclosion *f.*

2 **sfarfallaménto** |sfarfalla'mento| *s.m.* **1** (*fis.*, *tv*) papillotement, papillotage **2** (*auto.*) *sfarfallamento delle ruote anteriori* flottement des roues avant, shimmy.

1 **sfarfallàre** |sfarfal'lare| *v.intr.* (*aus.* '*avere*') **1** [*uscire dal bozzolo*] éclore (57) (*aus.* être), sortir (21) (*aus.* être) du cocon **2** [*svolazzare*] voleter (5), voltiger (3) ◇ (*fig.*) [*essere volubile nei sentimenti e sim.*] papillonner: *sfarfalla da un ragazzo all'altro* elle papillonne d'un garçon à l'autre **3** (*fam.*) [*commettere errori grossolani*] commettre (71) *tr.* des bévues.

2 **sfarfallàre** |sfarfal'lare| *v.intr.* (*aus.* '*avere*') **1** (*fis.*, *tv*) [*variare di intensità*] papilloter: *la luce che sfarfalla dà fastidio* la lumière qui papillote est désagréable **2** (*auto.*) [*vibrare in modo anormale*] vibrer (anormalement).

sfarfallatùra |sfarfalla'tura| *s.f.* (*zool.*) éclosion.

sfarfallìo, ii |sfarfal'lio, ii| *s.m.* **1** [→ 1 SFARFALLARE 2] voltigement, volettement ◇ (*fig.*) [*volubilità, incoerenza*] papillonnage, papillonnement **2** (*di luce*, *tv*) papillotement.

sfarfallóne |sfarfal'lone| *s.m.* [*errore grossolano*] bévue *f.*, faute *f.* grossière.

sfarinaménto |sfarina'mento| *s.m.* [→ SFARINARE] pulvérisation *f.*

sfarinàre |sfari'nare| **A** *v.tr.* [*ridurre in farina*] réduire (75) en poudre ◇ [*polverizzare*] pulvériser **B** *v.pron. intr.* SFARINARSI [*ridursi in farina*] être (43) *intr.* réduit en poudre ◇ [*ridursi in polvere sim. a farina*] se pulvériser.

sfarinàto |sfari'nato| *agg.* **1** réduit en farine **2** *gesso sfarinato* craie en poudre *loc. inv.*

sfàrzo |'sfartso, 'sfardzo| *s.m.* [*lusso vistoso*] luxe, faste: *casa arredata con sfarzo* maison luxueusement meublée, maison meublée avec faste.

sfarzosaménte |sfartsosa'mente, sfardzosa'mente| *avv.* [→ SFARZOSO] luxueusement, fastueusement.

sfarzosità |sfartsosi'ta, sfardzosi'ta| *s.f. inv.* [*l'essere sfarzoso*] magnificence *var.*, luxe *m. var.* outrageux ◇ étalage *m. var.* de luxe, de magnificence, de pompe.

sfarzóso |sfar'tsoso, sfar'dzoso| *agg.* [*pieno di sfarzo*] fastueux*.

sfasaménto |sfaza'mento| *s.m.* **1** (*elettr.*) [→ SFASARE 1] déphasage **2** (*fam.*) [*disorientamento*] déphasage.

sfasàre |sfa'zare| *v.tr.* **1** (*elettr.*) [*variare le fasi*] déphaser **2** (*fig.*, *fam.*) [*disorientare*] déphaser.

sfasàto |sfa'zato| *agg.* **1** [*fuori fase*] déphasé: *motore sfasato* moteur déphasé ◇ (*elettr.*) *correnti sfasate* courants déphasés **2** (*fig.*, *fam.*) [*non in accordo, in armonia con la realtà presente*] déphasé.

sfasatùra |sfaza'tura| *s.f.* → **sfasamento.**

sfasciaménto |sfaʃʃa'mento| *s.m.* **1** [→ 1 SFASCIARE 2] enlèvement des bandes **2** [→ 2 SFASCIARE A 1; B 3] (*di auto, barca*) écrasement; (*di sedie*) effondrement **3** (*fig.*) [*crollo*] écroulement, désagrégation *f.*

1 **sfasciàre** |sfaʃ'ʃare| *v.tr.* **1** [*togliere le fasce*] enlever (6) les langes **2** [*togliere la fasciatura*] débander: *sfasciare una ferita* débander une plaie Ⓒ **fasciare.**

2 **sfasciàre** |sfaʃ'ʃare| **A** *v.tr.* **1** [*fracassare*] démolir, briser, mettre (71) en pièces: *sfasciare una porta* démolir une porte; *sfasciare una sedia* briser une chaise; *sfasciare l'auto contro un albero* démolir une voiture contre un arbre; *sfasciare un giocattolo* mettre en pièces un jouet **2** (*fig.*) [*distruggere*] détruire (75): *rischi di sfasciare la tua famiglia* tu risques l'écroulement de ton foyer, de détruire ta famille **B** *v.pron. intr.* SFASCIARSI **1** [*rovinare*] s'écrouler, s'avachir: *l'impero si sfasciò dopo la guerra* l'empire s'écroula après la guerre **2** (*di fisico*) [*decadere*] s'avachir: *con gli anni, il suo corpo si è sfasciato* avec les années, son corps s'est avachi **3** [*fracassarsi*] se détruire, se démolir; se briser: *nello scontro le due auto si sono sfasciate* dans la collision, les deux autos se sont réciproquement détruites, démolies ‖ *nella caduta il mobile si è sfasciato* dans la chute le meuble s'est brisé.

sfasciàto |sfaʃ'ʃato| *agg.* **1** [*fracassato*] démoli # *un libro sfasciato* un livre tout déchiré, en pièces ◇ (*fig.*) [*distrutto*] détruit, anéanti: *una famiglia sfasciata* une famille détruite, anéantie **2** [*senza fasce*] sans langes *loc. inv.*

sfasciatùra |sfaʃʃa'tura| *s.f.* [→ 1 SFASCIARE] enlèvement *m.* des langes; enlèvement d'une bande, d'un pansement.

sfàscio |'sfaʃʃo| *s.m.* (*solo nella loc.*) *a sfascio* [*in grande quantità*] à foison, en grande quantité.

sfasciùme |sfaʃ'ʃume| *s.m.* [*cose sfasciate*] débris *pl.* ◇ (*fig.*) [*corpo sfatto*] avachissement.

sfatàre |sfa'tare| *v.tr.* [*dimostrare falsa una credenza*] détruire (75): *sfatare la leggenda* détruire la légende.

sfaticàre |sfati'kare| *v.intr.* (*aus.* '*avere*') → **faticare.**

sfaticàto |sfati'kato| *agg. e s.* [*fannullone*] fainéant.

sfàtto |'sfatto| *agg.* **1** trop cuit: *minestra sfatta* soupe trop cuite **2** (*di frutto*) [*troppo maturo*] gâté, blet* **3** (*del corpo umano*) [*informe, appesantito*] avachi, flasque **4** *neve sfatta* [*senza consistenza*] neige fondue, à demi-fondue.

sfavillaménto |sfavilla'mento| *s.m.* [→ SFAVILLARE] étincellement.

sfavillànte |sfavil'lante| *agg.* [*risplendente*] étincelant ◇ (*fig.*) *occhi sfavillanti* yeux étincelants.

sfavillàre |sfavil'lare| *v.intr.* (*aus.* '*avere*') **1** [*mandare faville*] étinceler (4) (*lett.*), pétiller (*lett.*): *la legna sfavilla nel camino* le bois pétille dans la cheminée **2** [*risplendere vivamente*] étinceler (*lett.*), briller: *al dito le sfavillava un brillante* un brillant étincelait, brillait à son doigt **3** (*fig.*) [*emettere come una luce*] étinceler: *gli occhi le sfavillavano di gioia, di rabbia* ses yeux étincelaient de joie, de rage.

sfavillìo, ii |sfavil'lio, ii| *s.m.* [→ SFAVILLARE] étincellement.

sfavóre |sfa'vore| *s.m.* [*disfavore*]

défaveur *f.* ◇ *loc.* A, IN SFAVORE DI QC. [*a danno*] au détriment de qqn.: *è stata una decisione a, in suo sfavore* cette décision a été à son détriment.
sfavorévole |sfavo'revole| *agg.* [*avverso*] défavorable: *giudizio sfavorevole* jugement défavorable # *risposta sfavorevole* réponse négative.
sfavorevolménte |sfavorevol'mente| *avv.* [→ SFAVOREVOLE] défavorablement.
sfavorire |sfavo'rire| (197) *v.tr.* [*non favorire*] défavoriser, désavantager (3).
sfebbràre |sfeb'brare| *v.intr.* (*aus.* '*essere*') [*non avere più febbre*] ne plus avoir (28) *tr.* de fièvre: *domani sarà sfebbrato* demain, il n'aura plus de fièvre, la fièvre sera tombée.
sfebbràto |sfeb'brato| *agg.* sans fièvre *loc. inv.*
sfegatàrsi |sfega'tarsi| *v.pron. rifl.* [*darsi da fare spesso per q.c. che non ne vale la pena*] se démener (6), se décarcasser (*fam.*).
sfegatàto |sfega'tato| *agg.* [*fanatico*] fanatique: *tifoso sfegatato* un supporter fanatique # *un monarchico sfegatato* un monarchiste ultra.
sfeltràre |sfel'trare| *v.tr.* (*tess.*) [*raddrizzare le fibre della lana cardata*] défeutrer.
sfeltratùra |sfeltra'tura| *s.f.* (*tess.*) défeutrage *m.*
sfènda |'sfɛnda| *s.f.* → **sfendone.**
sfendóne |sfen'done| *s.m.* (*acconc.*) serre-tête *inv.*
Sfenisciformi |sfeniʃʃi'formi| *s.m. pl.* (*t.zool.*) Sphénisciformes.
sfenisco, chi |sfe'nisko, ki| *s.m.* (*t.zool.*) sphénisque.
sfenoidàle |sfenoi'dale| *agg.* (*anat.*) sphénoïdal*.
sfenòide |sfe'nɔide| *s.m.* (*anat.*) sphénoïde.
sfèra |'sfɛra| *s.f.* **1** (*geom., corr.*) [*corpo a forma di sfera*] sphère: *sfera di cristallo* sphère, boule de cristal; *sfera celeste* sphère céleste ◇ (*calcio*) *sfera* (*di cuoio*) ballon *m.* (de cuir) **2** *loc.* A SFERA [*sferico*] à bille: *penna a sfera* stylo à bille ~ A SFERE [*con più sfere*] à billes: *cuscinetto a sfere* coussinet, roulement à billes **3** [*ambiente*] haut lieu *m.*, milieu (*m.*): *essere nelle alte sfere* être en haut lieu, dans les hautes sphères **4** [*campo di attività*] sphère: *sfera di azione, di attività* sphère d'action, d'activité # *la sfera sessuale* le domaine sexuel.
sfericaménte |sferika'mente| *avv.* [→ SFERICO] sphériquement.
sfericità |sferitʃi'ta| *s.f. inv.* sphéricité *var.*
sfèrico, ci, ca, che |'sfɛriko, tʃi, ka, ke| *agg.* (*fis., geom.*) sphérique.
sferire |sfe'rire| (197) *v.tr.* (*mar.*) *sferire le vele* [*staccare*] déverguer, désenverguer.
sferistèrio, i |sferis'tɛrjo, i| *s.m.* sphéristère.
sferoidàle |sferoi'dale| *agg.* sphéroïdal*.
sferòide |sfe'rɔide| *s.m.* sphéroïde.
sferòmetro |sfe'rɔmetro| *s.m.* sphéromètre.
sferoscòpio, i |sferos'kɔpjo, i| *s.m.* (*astron.*) carte *f.* céleste, du ciel.
sferragliaménto |sferraʎʎa'mento| *s.m.* **1** [→ SFERRAGLIARE] ferraillement **2** bruit de ferraille, ferraillement.
sferragliàre |sferraʎ'ʎare| *v.intr.* (*aus.* '*avere*') [*fare un rumore di ferraglia*] faire (45) *tr.* un bruit de ferraille, ferrailler: *il treno sferraglia* le train fait un bruit de ferraille.
sferràre |sfer'rare| **A** *v.tr.* **1** [*togliere i ferri*] déferrer: *sferrare un cavallo* déferrer un cheval; *sferrare un galeotto* déferrer un forçat **2** [*tirare con violenza*] lancer (2); déclencher: *gli ha sferrato un calcio* il lui a lancé un coup de pied || *sferrarono all'improvviso l'attacco* ils déclenchèrent l'attaque à l'improviste **B** *v.pron.* SFERRARSI **1** *intr.* [*togliersi i ferri*] se déferrer **2** *rifl.* [*gettarsi contro qc.*] s'élancer (2): *il prigioniero si sferrò contro i carcerieri* le prisonnier s'élança contre les gardiens de la prison.
sferratùra |sferra'tura| *s.f.* [→ SFERRARE A 1] déferrage *m.*
sferruzzàre |sferrut'tsare| *v.intr.* (*aus.* '*avere*') [*lavorare a maglia*] tricoter.
sfèrza |'sfɛrtsa| *s.f.* **1** [*frusta*] fouet *m.* **2** (*fig.*) [*ciò che sferza*] brûlure; morsure: *la sferza del sole* la brûlure du soleil || *sotto la sferza del gelo, del vento* sous la morsure du gel, du vent # *la sferza della critica* les attaques cinglantes de la critique.
sferzànte |sfer'tsante| *agg.* [*che ferisce come una frustata*] cinglant.
sferzàre |sfer'tsare| *v.tr.* **1** [*frustare*] fouetter: *fu sferzato a sangue* il fut fouetté jusqu'au sang **2** [*colpire violentemente*] cingler, fouetter: *la pioggia le sferzava il viso* la pluie lui cinglait, fouettait le visage **3** [*rimproverare duramente*] fouailler, fustiger (3).
sferzàta |sfer'tsata| *s.f.* coup *m.* de fouet ◇ (*fig.*) *un critico che non risparmia sferzate* un critique qui n'épargne pas ses railleries (mordantes).
sferzina |sfer'tsina| *s.f.* (*mar.*) câble *m.*, grelin *m.*
sfèrzo |'sfɛrtso| *s.m.* (*mar.*) laize *f.*
sfiancaménto |sfjanka'mento| *s.m.* [→ SFIANCARE A 2; B 2] éreintement, épuisement.
sfiancàre |sfjan'kare| **A** *v.tr.* **1** [*aprire una falla nei fianchi*] ouvrir (23) une voie d'eau (dans les flancs): *la tempesta ha sfiancato la nave* la tempête a ouvert une voie d'eau dans le flanc du navire **2** [*spossare*] éreinter, épuiser: *la salita ci ha sfiancati* la montée nous a éreintés; *è ancora giovane, ma la fatica l'ha sfiancata* elle est encore jeune mais épuisée de fatigue # *basta con quel cavallo, lo sfiancate* ça suffit avec ce cheval, vous le crevez **3** (*di abito*) [*sciancrare*] ajuster (à la taille) **B** *v.pron.* SFIANCARSI **1** *intr.* [→ *tr.* 1] s'ouvrir (dans les flancs) **2** *rifl.* [*diventare spossato*] s'épuiser, s'éreinter.
sfiancàto |sfjan'kato| *agg.* [*sfinito*] épuisé, crevé (*fam.*).
sfiataménto |sfjata'mento| *s.m.* **1** [→ SFIATARE A 1] perte *f.* ◇ [*fuoriuscita*] échappement, fuite *f.* **2** (*mus.*) perte de sonorité.
sfiatàre |sfja'tare| **A** *v.intr.* (*aus.* '*avere*' *nel significato 1*, '*avere, essere*' *nel significato 2*) **1** (*di condutture*) [*perdere*] perdre (53): *la valvola sfiata* la soupape perd, se referme mal **2** (*di gas e sim.*) [*fuoriuscire*] s'échapper (*pron.*): *il gas sfiata dalla tubazione* le gaz s'échappe du tuyau **B** *v.pron.* SFIATARSI **1** *intr.* (*mus.*) [*perdere il timbro*] perdre *tr.* sa sonorité **2** *rifl.* (*fam.*) [*sgolarsi*] s'époumoner: *mi sono sfiatata per fargliela capire* je me suis époumonée à tenter de le lui faire comprendre.
sfiatàto |sfja'tato| *agg.* **1** (*mus.*) qui a perdu sa sonorité *loc.* **2** (*fam.*) [*senza voce*] aphone (*corr.*), sans voix *loc. inv.* (*corr.*) ◇ [*senza fiato*] essoufflé (*corr.*).
sfiatatóio, i |sfjata'tojo, i| *s.m.* **1** (*tecnol.*) évent, soupirail* **2** (*zool.*) évent.
sfiàto |'sfjato| *s.m.* → **sfiatatoio.**
sfibbiàre |sfib'bjare| *v.tr.* [*slacciare la fibbia*] déboucler.
sfibraménto |sfibra'mento| *s.m.* [→ SFIBRARE 2] épuisement, éreintement.
sfibrànte |sfi'brante| *agg.* [*spossante*] épuisant, éreintant.
sfibràre |sfi'brare| *v.tr.* **1** [*privare delle fibre*] défibrer **2** [*spossare*] épuiser, éreinter.
sfibràto |sfi'brato| *agg.* **1** [*spossato, sfinito*] épuisé, éreinté **2** [*privato delle fibre*] défibré.
sfibratóre, trice |sfibra'tore, tritʃe| *s.* [*chi sfibra* (1)] défibrateur*.
sfibratrice |sfibra'tritʃe| *s.f.* (*tecnol.*) défibreuse.
sfibratùra |sfibra'tura| *s.f.* (*tecnol.*) [→ SFIBRARE 1] défibrage *m.*
sfida |'sfida| *s.f.* **1** [*proposta di battersi con le armi o in una gara*] provocation; défi (*m.*): *sfida a duello* provocation en duel || *lanciare una sfida* lancer, jeter un défi ◇ (*loc.*) *cartello di sfida* cartel **2** (*fig.*) [*provocazione*] défi: *in tono di sfida* sur un ton de défi.
sfidànte |sfi'dante| *agg. e s.* qui a lancé le défi *loc.*, celui *m.*, celle qui a lancé le défi (*loc.*): *la* (*città*) *sfidante* la ville qui a lancé le défi ◇ (*pugilato*) *lo sfidante* le challengeur *m.*
sfidàre |sfi'dare| *v.tr.* **1** [*proporre a qc. di misurarsi con le armi o in gara*] provoquer; défier: *lo sfidò a duello* il le provoqua en duel; *li sfidarono a singolar tenzone* ils les provoquèrent en combat singulier || *ti sfido a una partita a tennis* je te défie au tennis # *ti sfido a chi resiste di più* je te lance un défi: qui de nous deux résistera le plus **2** [*invitare qc. a fare q.c. di difficile*] défier: *sfido chiunque a fare quello che ho fatto io!* je défie qui que ce soit de faire ce que j'ai fait! **3** *escl.* (*fam., ass.*) *sfido!, sfido io!, sfido che...* (*evidenzia quanto q.c. sia ovvia*) pardi!: *sfido io che l'ha piantato! era un farfallone* pardi! si elle l'a planté là: c'était un coureur de jupons! **4** [*andare incontro coraggiosamente a un grande pericolo*] défier, braver: *sfidò la furia degli elementi* il défia, brava la furie des éléments.
sfidàto |sfi'dato| *agg. e s.m.* qui est défié *loc.*, celui qui est défié (*loc.*): *lo sfidante e lo sfidato* celui qui défie et celui qui est défié ◇ (*a duello*) celui qui est provoqué.
sfidatóre, trice |sfida'tore, tritʃe| *s.* (*lett.*) → **sfidante.**
sfidùcia, cie |sfi'dutʃa, tʃe| *s.f.* manque *m.* de confiance # *avere sfiducia in qc.* ne pas avoir confiance en qqn., se méfier de qqn.; *nutrire sfiducia per qc., q.c.* se méfier de qqn., qqch. ◇ (*polit.*) *voto di sfiducia* refus de confiance.
sfiduciàre |sfidu'tʃare| *v.tr.* [*far perdere la fiducia a qc.*] décourager (3):

dopo tante sconfitte è sfiduciato après tant de défaites, il est découragé ✦ (*pron. rifl.*) *non sfiduciarti così!* ne te décourage pas ainsi!
sfiduciàto |sfidu'tʃato| *agg.* [*scoraggiato, demoralizzato*] découragé, démoralisé.
sfigmico, ci, ca, che |'sfigmiko, tʃi, ka, ke| *agg.* (*med.*) sphygmique.
sfigmo- |'sfigmo| *pref.* (*significa 'pulsazione', corrisponde gener. a*) sphygmo: *sfigmografo* sphygmographe.
sfigmografìa |sfigmogra'fia| *s.f.* (*med.*) sphygmographie.
sfigmògrafo |sfig'mɔgrafo| *s.m.* sphygmographe.
sfigmogràmma |sfigmo'gramma| *s.f.* (*med.*) sphygmogramme.
sfigmomanòmetro |sfigmoma'nɔmetro| *s.m.* sphygmomanomètre.
sfiguràre |sfigu'rare| **A** *v.tr.* [*deturpare q.c.*] défigurer: *la cicatrice le sfigura il viso* la cicatrice lui défigure le visage # *la rabbia le sfigurava il viso* la rage déformait les traits de son visage **B** *v.intr.* (*aus. 'avere'*) [*far brutta figura*] faire (45) *tr.* piètre figure: *non farmi sfigurare con i tuoi amici!* ne me fais pas faire piètre figure devant tes amis!
sfiguràto |sfigu'rato| *agg.* [*deturpato*] défiguré ◇ [*alterato*] déformé: *era sfigurato dal dolore* son visage était déformé par la douleur.
sfilàccia, ce |sfi'lattʃa, tʃe| *s.f.* (*tess.*) effilochure.
sfilacciàre |sfilat'tʃare| **A** *v.tr.* [*ridurre in filacce*] effilocher **B** *v.intr.* (*aus. 'essere'*) *e pron. intr.* [*ridursi in filacce*] s'effilocher (*pron.*): *l'orlo sfilaccia, si sfilaccia* l'ourlet s'effiloche.
sfilacciàto |sfilat'tʃato| *agg.* [*ridotto in filacce*] effiloché ✦ *s.m.* (*tess.*) filasse *f.*
sfilacciatóre, trice |sfilattʃa'tore, tritʃe| *s.* [*chi sfilaccia* (A)] effilocheur*.
sfilacciatrice |sfilattʃa'tritʃe| *s.f.* (*tess.*) effilocheuse.
sfilacciatùra |sfilattʃa'tura| *s.f.* **1** [→ SFILACCIARE] effilochage *m.* **2** [*sfilaccia*] effilochure.
sfilaccicàre |sfilattʃi'kare| *v.tr.*, *intr.* (*aus. 'essere'*) *e pron. intr.* → **sfilacciare.**
sfilaménto |sfila'mento| *s.m.* **1** [→ 1 SFILARE A-2] défilage **2** (*aer.*) *sfilamento del paracadute* extraction *f.* du parachute.
1 **sfilàre** |sfi'lare| **A** *v.tr.* **1** [*tirar fuori ciò che è infilato*] désenfiler; retirer, enlever (6): *sfilare i coralli di una collana* désenfiler les coraux d'un collier; *sfilare l'ago* désenfiler l'aiguille ‖ *sfilare il pollo dallo spiedo* retirer le poulet de la broche; *sfilare, sfilarsi l'anello* ôter, enlever une bague; *sfilare, sfilarsi la maglia, le scarpe* enlever, retirer son pull, ses chaussures **2** [*togliere dei fili*] défiler, effiler: *sfilare un tessuto per fare l'orlo a giorno* défiler, effiler un tissu pour faire un ourlet à jours **B** *v.pron. intr.* SFILARSI **1** [*uscire da dove è infilato*] se désenfiler: *la collana si è sfilata* le collier s'est désenfilé **2** [*perdere dei fili*] s'effilocher: *il tessuto si è sfilato* le tissu s'est effiloché ◇ (*fam.*) *mi si è sfilata la calza* [*smagliata*] mon bas a filé *intr.* Ⓒ A 1 **infilare.**
2 **sfilàre** |sfi'lare| *v.intr.* (*aus. 'essere, avere'*) **1** [*passare in fila*] défiler (*aus.* avoir): *l'esercito sfilò in parata* l'armée défila pour la revue **2** (*fig.*) [*venire uno di seguito all'altro*] défiler: *dal treno in corsa, vedevo le case sfilare* du train en marche, je voyais défiler les maisons; *nella memoria gli sfilavano i ricordi* les souvenirs défilaient dans sa mémoire.
sfilàta |sfi'lata| *s.f.* **1** [→ 2 SFILARE 1] défilé (*m.*): *la sfilata dei soldati* le défilé des soldats; *sfilata di moda* défilé, présentation de mode **2** [*una fila di cose*] file: *una sfilata di alberi* une file d'arbres.
sfilatino |sfila'tino| *s.m.* (*dial.*) [*bastone di pane*] flûte *f.*, baguette *f.*
sfilàto |sfi'lato| *s.m.* (*ricamo*) jour.
sfilatùra |sfila'tura| *s.f.* **1** [→ 1 SFILARE] effilage *m.*, effilement *m.* **2** [*lo sfilarsi*] effilochage *m.* **3** (*per est.*) maille filée.
sfilza |'sfiltsa| *s.f.* [*serie, gran numero*] chapelet (*m.*): *una sfilza di errori* un chapelet de fautes # *una sfilza di ingiurie* une bordée d'injures.
sfinge |'sfindʒe| *s.f.* **1** (*mitol.*) sphinx *m.* **2** (*fig.*) [*persona enigmatica*] sphinx: *è una sfinge* c'est un sphinx **3** (*t.zool.*) sphinx ~ *sfinge del ligustro* sphinx du troène ~ *sfinge testa di morto* sphinx tête-de-mort ~ *sfinge della vite* sphinx de la vigne.
sfingeo |'sfindʒeo| *agg.* (*lett.*) de sphinx *loc. inv.* (*corr.*).
sfiniménto |sfini'mento| *s.m.* [*spossatezza*] épuisement.
sfinire |sfi'nire| (197) *v.tr.* [*lasciare spossato*] épuiser: *questo caldo mi sfinisce* cette chaleur m'épuise ✦ *pron. rifl.* [*perdere le forze*] *si è sfinita* elle s'est épuisée.
sfinitézza |sfini'tettsa| *s.f.* → **sfinimento.**
sfinito |sfi'nito| *agg.* [*spossato*] épuisé: *si sente sfinito* il se sent épuisé.
sfintère |sfin'tɛre| *s.m.* (*anat.*) sphincter.
sfintèrico, ci, ca, che |sfin'tɛriko, tʃi, ka, ke| *agg.* sphinctérien*.
sfioccàre |sfjok'kare| **A** *v.tr.* [*sfilacciare tessuti per fare fiocchi*] effilocher **B** *v.pron. intr.* SFIOCCARSI [*ridursi in fiocchi*] s'effilocher: *le nuvole si sfioccano* les nuages s'effilochent.
sfiocinàre |sfjotʃi'nare| *v.tr.* → **fiocinare.**
sfioraménto |sfjora'mento| *s.m.* [→ 1 SFIORARE 1] effleurement.
1 **sfioràre** |sfjo'rare| *v.tr.* **1** [*toccare di sfuggita*] frôler, effleurer: *l'auto lo sfiorò* la voiture le frôla; *le sfiorò la mano* il lui effleura la main ◇ (*fig.*) [*sfiorare un soggetto*] effleurer **2** [*stare per raggiungere*] friser: *sfiorare la vittoria, il successo* friser la victoire, le succès.
2 **sfioràre** |sfjo'rare| *v.tr.* [*scremare*] écrémer (8): *sfiorare il latte* écrémer le lait.
sfioratóre |sfjora'tore| *s.m.* (*tecnol.*) déversoir.
sfioratùra |sfjora'tura| *s.f.* [→ 2 SFIORARE] écrémage *m.*
sfiorire |sfjo'rire| (197) *v.intr.* (*aus. 'essere'*) [*appassire*] se faner *pron.*, se flétrir (*pron.*): *i fiori sfiorivano* les fleurs se fanaient, se flétrissaient ◇ (*fig.*) *la sua bellezza era sfiorita* sa beauté s'était fanée.
sfiorito |sfjo'rito| *agg.* [*appassito*] fané, flétri.
sfioritùra |sfjori'tura| *s.f.* [→ SFIORIRE] défloraison, défleuraison.
sfirèna |sfi'rɛna| *s.f.* (*t.zool.*) sphyrène.
sfittàre |sfit'tare| **A** *v.tr.* [*rendere sfitto*] laisser libre (un appartement), ne plus louer (un appartement) **B** *v. pron. intr.* SFITTARSI [*restare sfitto*] devenir (27) *intr.* libre.
sfitto |'sfitto| *agg.* [*non affittato*] libre.
sfizio, i |'sfittsjo, i| *s.m.* → **capriccio, voglia.**
sfocàre |sfo'kare| *v.tr.* [*velare il fondo di una fotografia*] voiler, estomper l'arrière-plan (d'une photographie).
sfocàto |sfo'kato| *agg.* **1** (*foto.*) voilé, flou, estompé: *un'immagine sfocata* une image voilée, floue, estompée **2** [*non nitido*] flou.
sfocatùra |sfoka'tura| *s.f.* (*foto.*) flou *m.*
sfociàre |sfo'tʃare| *v.intr.* (*aus. 'essere'*) **1** [*buttarsi, sboccare*] se jeter (5) *pron.*, avoir (28) *tr.* son embouchure: *i fiumi sfociano nel mare* les fleuves se jettent dans la mer **2** [*andare a finire*] entraîner *tr.*, aboutir à: *la discussione sfociò in un litigio* la discussion entraîna une dispute, aboutit à une dispute.
sfócio, i |'sfotʃo, i| *s.m.* (*fig.*) [→ SFOCIARE 2] issue *f.*
sfoderaménto |sfodera'mento| *s.m.* **1** [→ 1 SFODERARE 1] dégainement **2** [→ 2 SFODERARE] dédoublage.
1 **sfoderàre** |sfode'rare| *v.tr.* **1** [*togliere dal fodero*] dégainer # *sfoderare la spada* tirer l'épée **2** [*mostrare all'improvviso*] tirer, montrer; arborer: *al momento opportuno ha sfoderato il suo asso nella manica* au moment opportun, il a tiré l'as qu'il avait dans sa manche ‖ *per convincerlo sfoderò il suo più bel sorriso* pour le convaincre, elle arbora son plus beau sourire **3** [*ostentare*] faire (45) étalage de, étaler: *ha sfoderato la propria cultura per farsi bello* il a fait étalage de, il a étalé sa culture pour se rendre intéressant.
2 **sfoderàre** |sfode'rare| *v.tr.* [*togliere la fodera*] dédoubler Ⓒ **foderare.**
sfoderàto |sfode'rato| *agg.* [*senza fodera*] dédoublé.
sfogàre |sfo'gare| **A** *v.tr.* [*dare libero sfogo a un sentimento*] donner libre cours à: *sfogò la rabbia, la paura* il donna libre cours à sa rage, à sa peur **B** *v.intr.* (*aus. 'essere'*) **1** [*uscire*] faire (45) (*aus.* avoir) sortir: *cerca di far sfogare il fumo dalla finestra* il essaie de faire sortir la fumée par la fenêtre **2** [*manifestarsi e attenuarsi*] passer: *ormai la rabbia è sfogata* sa rage est maintenant passée **C** *v.pron. rifl.* SFOGARSI **1** [*trovare sollievo raccontando le proprie pene*] vider *tr.* son cœur, s'épancher; passer *tr.* qqch. sur qqn.: *ora che mi sono sfogato, sto meglio* maintenant que j'ai ouvert mon cœur, que je me suis épanché, je me sens mieux ‖ *non è giusto che sfoghi la collera sugli altri* il n'est pas juste qu'il passe sa colère sur les autres **2** [*togliersi la voglia*] *ci siamo sfogati a correre* nous avons couru tout notre soûl; *sfogarsi a mangiare* manger tout son soûl.
sfogatóio, i |sfoga'tojo, i| *s.m.* (*idraul.*) dégorgeoir.
sfoggiàre |sfod'dʒare| **A** *v.tr.* [*ostentare q.c.*] arborer, étaler: *sfoggiare la pelliccia* arborer une fourrure; *sfoggiava la propria erudizione* il étalait

son érudition # *sfoggiava l'auto sportiva* il faisait admirer sa voiture (de) sport **B** *v.intr.* (*aus.* '*avere*') [*fare sfoggio*] étaler *tr.* (un grand luxe), mener (6) *tr.* grand train: *è uno a cui piace sfoggiare* c'est quelqu'un qui aime étaler un grand luxe, mener grand train.
sfòggio, i |'sfɔddʒo, i| *s.m.* [*ostentazione*] étalage: *sfoggio di lusso eccessivo* étalage de luxe excessif.
sfòglia |'sfɔʎʎa| *s.f.* **1** [*lamina*] feuille, lamelle: *una sfoglia di oro* une feuille, une lamelle d'or **2** (*cuc.*) abaisse: *stendere la sfoglia col mattarello* étendre l'abaisse avec le rouleau # *pasta sfoglia* pâte feuilletée.
1 **sfogliàre** |sfoʎ'ʎare| *v.tr.* [*togliere le foglie, i petali*] effeuiller, défeuiller (*lett.*): *sfogliare una margherita* effeuiller une marguerite ✦ *pron. intr.* [*perdere le foglie, i petali*] s'effeuiller, se défeuiller (*lett.*).
2 **sfogliàre** |sfoʎ'ʎare| **A** *v.tr.* **1** [*voltare le pagine di un libro*] feuilleter (5): *mentre aspettava, sfogliava una rivista* pour tromper son attente, il feuilletait une revue **2** (*raro*) [*tagliare le pagine di un libro*] couper (les pages d'un livre) **B** *v. pron. intr.* SFOGLIARSI [*staccarsi in lamine, sfaldarsi*] s'effriter: *una torta che si sfoglia* un gâteau qui s'effrite; *una roccia che si sfoglia* une roche qui s'effrite.
1 **sfogliàta** |sfoʎ'ʎata| *s.f.* [→ 1 SFOGLIARE] effeuillaison, effeuillement *m.*
2 **sfogliàta** |sfoʎ'ʎata| *s.f.* **1** [→ 2 SFOGLIARE A 1] défeuillaison # *dare una sfogliata a un libro* feuilleter un livre **2** (*cuc.*) feuilletage *m.*
sfogliatèlla |sfoʎʎa'tɛlla| *s.f.* [*piccolo dolce di pasta sfoglia farcita di ricotta, canditi e spezie e cotta al forno*] ⊠.
sfogliatrice |sfoʎʎa'tritʃe| *s.f.* (*tecnol.*) dérouleuse.
sfogliatùra |sfoʎʎa'tura| *s.f.* [→ 1 SFOGLIARE] effeuillage (*m.*): *sfogliatura del granoturco, del gelso* effeuillage du maïs, du mûrier # *sfogliatura della vite* rognage de la vigne.
sfógo, ghi |'sfogo, gi| *s.m.* **1** [→ SFOGARE C] épanchement **2** [*apertura*] ouverture *f.*, issue *f.*, passage: *dare, aprire uno sfogo all'acqua* ouvrir une ouverture, donner une issue à l'eau; *bisogna trovare uno sfogo per il fumo* il faut trouver une issue à la fumée; *è una stanza senza sfogo* c'est une pièce sans ouverture **3** [*sbocco*] débouché: *paese che non ha sfogo sul mare* pays qui n'a aucun débouché sur la mer, accès à la mer **4** (*fig.*) [*sollievo*] soulagement # *ha bisogno di uno sfogo* il a besoin de s'épancher; *dare libero sfogo al dolore, alla rabbia* donner libre cours à sa douleur, à sa rage **5** (*pop.*) [*eruzione*] éruption *f.* (*corr.*).
sfolgoraménto |sfolgora'mento| *s.m.* (*raro*) [→ SFOLGORARE] etincellement (*corr.*).
sfolgorànte |sfolgo'rante| *agg.* [*splendente, luminoso*] étincelant, éclatant, éblouissant.
sfolgoràre |sfolgo'rare| *v.intr.* (*aus.* '*avere*') [*risplendere intensamente*] resplendir: *gli occhi sfolgoravano* ses yeux resplendissaient; *il sole sfolgorava alto in cielo* le soleil resplendissait haut dans le ciel.
sfolgorìo, ii |sfolgo'rio, ii| *s.m.* [→ SFOLGORARE] étincellement: *sfolgorio di luci* étincellement de lumières.
sfollagènte |sfolla'dʒɛnte| *s.m. inv.* [*bastone del poliziotto*] matraque *f. var.*
sfollaménto |sfolla'mento| *s.m.* **1** [→ SFOLLARE] évacuation *f.* **2** réduction *f.* du, de personnel.
sfollàre |sfol'lare| **A** *v.tr.* **1** [*sgombrare*] évacuer: *il pubblico sfollava il cinema* le public évacuait le cinéma **2** [*ridurre il personale*] réduire (75) le personnel: *bisogna sfollare i vari enti* il faut réduire le personnel des différents organismes **B** *v.intr.* (*aus.* '*essere*') **1** [*andare via*] se disperser (*pron.*): *la gente andava sfollando* les gens se dispersaient **2** [*evacuare, andar via*] se réfugier (*pron.*): *sfollare in campagna* se réfugier à la campagne.
sfollàto |sfol'lato| *agg. e s.* [*evacuato*] évacué: *gli sfollati di guerra* les évacués de la guerre.
sfoltiménto |sfolti'mento| *s.m.* [→ SFOLTIRE] éclaircissage; éclaircie *f.*
sfoltìre |sfol'tire| (197) *v.tr.* [*rendere meno folto*] éclaircir: *sfoltire il bosco, il giardino* éclaircir le bois, le jardin.
sfoltìta |sfol'tita| *s.f.* [→ SFOLTIRE] *dare una sfoltita ai capelli* (s')éclaircir les cheveux; *dare una sfoltita alla siepe* désépaissir une haie.
sfondaménto |sfonda'mento| *s.m.* **1** [→ SFONDARE A 1, 2; B] défonçage, défoncement **2** (*mil.*) percée *f.*
sfondàre |sfon'dare| **A** *v.tr.* **1** [*far cedere il fondo*] défoncer (2), percer (2): *sfondare il pavimento* défoncer le sol # *sfondare le scarpe* faire un, des trou(s) à son, ses soulier(s) **2** [*schiantare*] défoncer, enfoncer (2): *sfondare una porta, un muro* défoncer, enfoncer une porte, un mur ◇ (*loc.*) *sfondare una porta aperta* enfoncer une porte ouverte **3** (*mil.*) [*penetrare oltre le linee nemiche*] percer: *sfondare il fronte nemico* percer le front ennemi **B** *v. intr.* (*aus.* '*avere*') [*affermarsi*] percer, réussir: *è riuscito a sfondare* il a réussi à percer.
sfondàto |sfon'dato| **I** *agg.* **1** [*che ha ceduto*] défoncé, enfoncé, percé: *porta sfondata* porte défoncée, enfoncée; *scarpe sfondate* souliers percés **2** (*fam.*) [*insaziabile*] insatiable (*corr.*) **3** (*loc.*) *ricco sfondato* riche à millions, comme Crésus **II** *s.m.* (*pitt.*) lointain.
sfóndo |'sfondo| *s.m.* **1** [*la parte di un quadro che fa da campo*] fond: *nello sfondo si vedeva una montagna* dans le fond, à l'arrière-plan on voyait une montagne ◇ (*teat.*) fond (d'une scène) **2** (*fig.*) [*il fondo su cui si delinea q.c.*] toile *f.* de fond; inspiration (*f.*): *un paese che ha per sfondo il mare* un village qui a pour toile de fond la mer; *lo sfondo del romanzo era la madre Russia* la toile de fond du roman était la sainte Russie ‖ *è un'opera a sfondo sociale, politico* c'est une œuvre d'inspiration sociale, politique **3** (*abbigl.*) *sfondo piega* pli creux.
sfondóne |sfon'done| *s.m.* (*fam.*) [*errore madornale*] énormité *f.*, erreur *f.* grossière, bévue *f.*
sforacchiàre |sforak'kjare| *v.tr.* [*bucherellare, forare più volte*] cribler de trous.
sforacchiatùra |sforakkja'tura| *s.f.* [→ SFORACCHIARE] criblage *m.*
sforbiciàre |sforbi'tʃare| **A** *v.tr.* [*tagliare qua e là con forbici*] découper avec des ciseaux **B** *v.intr.* (*aus.* '*avere*') (*sport*) [*fare una sforbiciata*] sauter en ciseaux.
sforbiciàta |sforbi'tʃata| *s.f.* **1** coup *m.* de ciseaux **2** [*apertura a forbice delle gambe*] saut *m.* en ciseaux: *fare una sforbiciata* faire un saut en ciseaux.
sformàre |sfor'mare| *v.tr.* **1** [*deformare*] déformer: *sformare le scarpe, un cappello* déformer des chaussures, un chapeau **2** [*togliere dalla forma*] démouler: *ho appena sformato il dolce* je viens de démouler le gâteau.
sformàto |sfor'mato| **1** *agg.* [*deformato*] déformé **2** *s.m.* (*cuc.*) flan.
sformatùra |sforma'tura| *s.f.* (*metall.*) démoulage *m.*
sfornaciàre |sforna'tʃare| *v.tr.* [*togliere dalla fornace q.c.*] retirer qqch. d'un four.
sfornàre |sfor'nare| *v.tr.* **1** [*togliere dal forno q.c.*] défourner, retirer qqch. du four: *sfornare la torta* retirer le gâteau du four **2** [*produrre a ritmo sostenuto*] écrire (51), pondre (53) (*fam.*): *uno scrittore che sforna due romanzi all'anno* un écrivain qui écrit, pond deux romans par an.
sfornatrice |sforna'tritʃe| *s.f.* (*tecnol.*) défourneuse.
sfornatùra |sforna'tura| *s.f.* [→ SFORNARE 1] défournage *m.*, défournement *m.*
sfornellàre |sfornel'lare| *v.intr.* (*aus.* '*avere*') (*fam.*) [*stare tra i fornelli*] faire (45) *tr.* la popote.
sfornìre |sfor'nire| (197) *v.tr.* [*privare dei rifornimenti*] désapprovisionner.
sfornìto |sfor'nito| *agg.* [*sprovvisto*] dépourvu: *sfornito di denaro, di risorse* dépourvu d'argent, de ressources # *negozio sfornito* magasin mal approvisionné.
sfortùna |sfor'tuna| *s.f.* [*cattiva sorte*] malchance, malheur (*m.*): *che sfortuna hai avuto!* quelle malchance tu as eue! ◇ (*loc.*) *sfortuna volle che...* le malheur voulut que... **C** **fortuna.**
sfortunataménte |sfortunata'mente| *avv.* [*disgraziatamente*] malheureusement.
sfortunàto |sfortu'nato| *agg.* [*colpito da cattiva sorte*] malheureux*, malchanceux*: *è sfortunato al gioco, in amore* il est malheureux au jeu, en amour # *è stato sfortunato* il n'a pas eu de chance; *è un ragazzo sfortunato* c'est un garçon qui n'a pas de chance.
sforzaménto |sfortsa'mento| *s.m.* [→ SFORZARE A 1] forçage.
sforzàndo |sfor'tsando| *s.m.* (*mus.*) sforzando.
sforzàre |sfor'tsare| **A** *v.tr.* **1** [*sottoporre a sforzo*] forcer (2): *sforzare la voce* forcer sa voix; *non sforzare il motore* ne force pas le moteur # *sforzare gli occhi* se fatiguer la vue **2** [*usare forza per aprire q.c.*] forcer: *sforzare una porta* forcer une porte; *sforzare una serratura* [*scassinarla*] forcer une serrure **3** [*costringere qc.*] forcer: *non puoi sforzarlo a fare quello che non vuole* tu ne peux pas le forcer à faire ce qu'il ne veut pas **B** *v.pron. rifl.* SFORZARSI [*cercare di fare q.c.*] s'efforcer (2): *si è sforzato di vincere la timidezza* il s'est efforcé de vaincre sa timidité.
sforzataménte |sfortsata'mente|

avv. [*contro voglia*] bon gré mal gré *loc. inv.*, à contrecœur *loc. inv.*
sforzàto |sfor'tsato| *agg.* **1** [*non spontaneo*] forcé: *riso sforzato* rire forcé **2** [*che ha una forzatura*] forcé, tendancieux*: *interpretazione sforzata di un testo* interprétation forcée, tendancieuse d'un texte.
sforzatùra |sfortsa'tura| *s.f.* (*raro*) [→ SFORZARE A] forcement *m.*, forçage *m.* ◇ (*per est.*) chose artificielle, tirée par les cheveux.
sforzésco, chi, ca, che |sfor'tsesko, ki, ka, ke| *agg.* des Sforza (*loc. inv.*): *castello sforzesco* château des Sforza.
sfòrzo |'sfɔrtso| *s.m.* **1** [*impiego e tensione di forze fisiche e psichiche che eccede i normali limiti di capacità e resistenza*] effort: *sforzo muscolare, mentale* effort musculaire, mental; *fare uno sforzo di attenzione, di volontà* faire un effort d'attention, de volonté; *malgrado tutti i suoi sforzi non è riuscito* malgré tous ses efforts, il n'a pas réussi; *fare una cosa senza sforzo* faire qqch. sans effort; *è un lavoro che richiede molto, troppo, poco sforzo* c'est un travail qui demande beaucoup, trop, peu d'effort; *dài, fai uno sforzo!* allons, (fais) un effort!; *fare tutti i propri sforzi, tutti gli sforzi per...* faire tous ses efforts, tout le possible pour...; *gli sforzi congiunti possono aiutarci* l'union dans l'effort devrait nous aider ◇ (*iron.*) *che sforzo!, bello sforzo!* le bel effort! **2** (*tecnol.*) effort: *sforzo di flessione, di taglio* effort de flexion, de cisaillement; *mettere sotto sforzo, sottoporre a uno sforzo* soumettre à un effort; *sforzo di trazione* effort de traction.
sfossàre |sfos'sare| *v.tr.* **1** [*levare dalla fossa*] arracher: *sfossare il grano* arracher le blé **2** (*spec. ass.*) [*scavare fosse*] creuser.
sfóttere |'sfottere| *v.tr.* (*pop.*) [*prendere in giro*] se ficher de *pron.* (*corr.*), se payer (9) *pron.* la tête de: *non sfotterlo* ne te fiche pas de lui ✦ (*pron. recipr.*) *si sfottono continuamente* ils se taquinent continuellement, ils se moquent constamment l'un de l'autre.
sfottiménto |sfotti'mento| *s.m.* (*pop.*) [→ SFOTTERE] raillerie *f.* (*corr.*), moquerie *f.* (*corr.*).
sfottitóre, trice |sfotti'tore, tri'tʃe| *agg. e s.* [*che, chi sfotte*] railleur*, farceur*.
sfottitùra |sfotti'tura| *s.f.* → **sfottimento.**
sfottò |sfot'tɔ| *s.m. inv.* → **sfottimento.**
sfracassàre |sfrakas'sare| *v.tr.* → **fracassare.**
sfracellàre |sfratʃel'lare| **A** *v.tr.* [*deformare e appiattire un corpo con un colpo violento*] écraser: *l'incidente gli sfracellò la gamba* dans l'accident, il a eu la jambe écrasée; *la frana sfracellò la casa* l'éboulement vint écraser la maison **B** *v.pron.* SFRACELLARSI **1** *rifl.* [*restare schiacciato e deformato*] s'écraser: *si sfracellò nel burrone* il s'écrasa dans le ravin **2** *intr.* [*fracassarsi*] s'écraser: *l'auto si sfracellò contro l'albero* l'auto s'écrasa contre l'arbre.
sfragìstica, che |sfra'dʒistika, ke| *s.f.* [*scienza che studia i sigilli*] sigillographie.
sfragìstico, ci, ca, che |sfra'dʒistiko, tʃi, ka, ke| *agg.* sigillographique.
sfrangiàre |sfran'dʒare| *v.tr.* [*fare la frangia a un tessuto*] effranger (3) ✦ (*al p.p.*) *una gonna sfrangiata* une jupe effrangée.
sfrangiàto |sfran'dʒato| *agg.* [*sfilacciato a frangia, ridotto in frange*] effrangé.
sfrangiatùra |sfrandʒa'tura| *s.f.* [→ SFRANGIARE] effrangement *m.* ◇ [*parte sfrangiata*] frange.
sfrascàre |sfras'kare| *v.tr.* [*tagliare le frasche* (*a un albero*)] ôter des branches, émonder (*agr.*).
sfratàrsi |sfra'tarsi| *v.pron. rifl.* [*lasciare il saio*] se défroquer, jeter (5) *tr.* le froc aux orties.
sfrattàre |sfrat'tare| **A** *v.tr.* [*mandare via da un immobile*] expulser: *l'hanno sfrattato* ils l'ont expulsé **B** *v. intr.* (*aus.* '*avere*') [*essere mandato via*] expulser *tr.*
sfrattàto |sfrat'tato| *agg. e s.* [*che, chi ha ricevuto lo sfratto*] expulsé.
sfràtto |'sfratto| *s.m.* [→ SFRATTARE] expulsion (*f.*): *decreto di sfratto* arrêt d'expulsion # *dare, ricevere lo sfratto* expulser, être expulsé.
sfrecciàre |sfret'tʃare| *v.intr.* (*aus.* '*essere*') [*andare come una freccia*] filer (*aus.* avoir) comme une flèche, à toute allure: *l'auto sfrecciò via* l'auto fila comme une flèche, à toute allure.
sfregaménto |sfrega'mento| *s.m.* **1** [→ SFREGARE] frottement **2** (*med.*) frottement.
sfregàre |sfre'gare| *v.tr.* **1** [*esercitare una pressione di un corpo contro un altro*] frotter: *sfregare il tavolo per lucidarlo* frotter une table pour la faire luire **2** [*urtare di striscio*] rayer (9): *ho sfregato la portiera contro il muro* j'ai rayé la portière de la voiture contre le mur.
sfregàta |sfre'gata|, **sfregatùra** |sfrega'tura| *s.f.* **1** [→ SFREGARE 1] frottement *m.* **2** [*segno lasciato da q.c. che sfrega, striscia*] rayure.
sfregàto |sfre'gato| *agg.* [*rigato, pieno di segni*] rayé.
sfregiàre |sfre'dʒare| **A** *v.tr.* [*deturpare il volto con sfregi*] balafrer: *una cicatrice le sfregiava il viso* une cicatrice lui balafrait le visage # *uno squilibrato ha sfregiato un quadro al Louvre* un déséquilibré a fait une éraflure sur un tableau du Louvre **B** *v. pron. rifl.* SFREGIARSI [*deturparsi il volto*] se faire (45) *tr.* des balafres, se balafrer *tr.* le visage.
sfregiàto |sfre'dʒato| *agg.* [*deturpato da sfregio*] balafré: *volto sfregiato* visage balafré.
sfregiatóre, trice |sfredʒa'tore, tri'tʃe| *s.* [*chi sfregia*] balafreur *m.*
sfrégio, i |'sfredʒo, i| *s.m.* **1** [*taglio, cicatrice e sim. che deturpa*] balafre (*f.*): *ha uno sfregio sulla guancia* il a une balafre sur la joue ◇ (*per est.*) [*graffio*] rayure (*f.*): *il mobile è pieno di sfregi* le meuble est plein de rayures, d'éraflures **2** (*fig.*) [*disonore*] déshonneur.
sfrenaménto |sfrena'mento| *s.m* (*raro*) [→ SFRENARE A 2; B] déchaînement.
sfrenàre |sfre'nare| **A** *v.tr.* **1** (*raro*) [*togliere il freno*] ôter (*corr.*), enlever (6) (*corr.*) le frein **2** (*fig.*) [*lasciare libero sfogo a passioni e sim.*] lâcher la bride à, donner libre cours à: *sfrenare la fantasia, gli istinti* lâcher la bride, donner libre cours à son imagination, à ses instincts **B** *v.pron. rifl.* SFRENARSI [*scatenarsi*] se déchaîner: *non sfrenatevi così!* ne vous déchaînez pas ainsi!
sfrenataménte |sfrenata'mente| *avv.* [→ SFRENATO] d'une façon effrénée *loc. inv.*
sfrenatézza |sfrena'tettsa| *s.f.* **1** [*l'essere sfrenato*] dérèglement *m.* **2** *spec. al plur.* [*licenziosità, sregolatezza*] débauche *sing.*, libertinage *m. sing.*
sfrenàto |sfre'nato| *agg.* [*privo di freni*] sans frein *loc. inv.* ◇ (*fig.*) *un ragazzo sfrenato* un garçon déchaîné.
sfrido |'sfrido| *s.m.* **1** [*calo delle merci durante il trasporto*] freinte *f.* **2** [*residui di lavorazione*] déchets *pl.* ◇ (*di metallo*) copeaux *pl.* ◇ (*di cotone*) freinte *f.*
sfriggere |'sfriddʒere| (148) *v.intr.* (*aus.* '*avere*') **1** [*emettere continui crepitii tipici di q.c. che frigge*] grésiller **2** [*crepitare*] crépiter.
sfrigolàre |sfrigo'lare| *v.intr.* (*aus.* '*avere*') (*di grassi che friggono*) [*fare un rumore crepitante*] grésiller: *l'arrosto sfrigolava* le rôti grésillait.
sfrigolio, ii |sfrigo'lio, ii| *s.m.* [→ SFRIGOLARE] grésillement.
sfrisàre |sfri'zare| *v.tr.* **1** [*frisare*] effleurer **2** (*dial.*) [*fare graffi*] égratigner.
sfriso |'sfrizo| *s.m.* **1** [→ SFRISARE 1] effleurement # *toccare, urtare di sfriso* effleurer **2** (*dial.*) [*graffio*] égratignure *f.* (*corr.*).
sfrittellàre |sfrittel'lare| *v.tr.* (*fam.*) [*fare macchie su q.c.*] tacher (*corr.*), faire (45) des taches de graisse ✦ *pron. rifl.* [*macchiarsi*] se couvrir (23) de taches (de graisse), se tacher.
sfrombolàre |sfrombo'lare| *v.tr.* (*raro*) → **frombolare.**
sfrondaménto |sfronda'mento| *s.m.* [→ SFRONDARE] élagage.
sfrondàre |sfron'dare| **A** *v.tr.* **1** [*togliere le fronde*] élaguer: *sfrondare un albero* élaguer un arbre **2** (*fig.*) [*togliere il superfluo*] élaguer: *cerca di sfrondare il tuo articolo* essaie d'élaguer ton article **B** *v.pron. intr.* (*aus.* '*avere*') SFRONDARSI [*perdere le fronde*] s'effeuiller, se défeuiller.
sfrondatóre |sfronda'tore| *s.m.* [*operaio che sfronda* (A 1)] élagueur.
sfrondatùra |sfronda'tura| *s.f.* [→ SFRONDARE] élagage *m.*
sfrontatàggine |sfronta'taddʒine| *s.f.* (*raro*) → **sfrontatezza.**
sfrontataménte |sfrontata'mente| *avv.* [→ SFRONTATO] effrontément.
sfrontatézza |sfronta'tettsa| *s.f.* [*l'essere sfrontato*] toupet *m.* (*fam.*), effronterie: *che sfrontatezza, la sua!* quel toupet il a!
sfrontàto |sfron'tato| *agg. e s.* [*sfacciato*] effronté: *una* (*ragazza*) *sfrontata* une (fille) effrontée # *è uno sfrontato!* il a un de ces toupets!
sfruconàre |sfruko'nare| *v.tr.* (*raro*) [*rimuovere con un bastone ciò che intasa un condotto*] fouiller *tr.* (*corr.*) (dans).
sfrusciàre |sfruʃ'ʃare| *v.intr.* (*aus.* '*avere*') [*frusciare a lungo*] froufrouter.
sfruscio, ii |sfruʃ'ʃio, ii| *s.m.* [*fruscio continuato*] bruissement; froissement: *lo sfruscio delle foglie* le bruissement des feuilles ‖ *lo sfruscio della carta* le froissement du papier.

sfruttàbile |sfrut'tabile| *agg.* [→ SFRUTTARE] exploitable.
sfruttabilità |sfruttabili'ta| *s.f. inv.* possibilité *var.* d'exploiter.
sfruttaménto |sfrutta'mento| *s.m.* **1** [→ SFRUTTARE] exploitation *f.* **2** [*utilizzazione*] utilisation *f.*
sfruttàre |sfrut'tare| *v.tr.* **1** [*ricavare il maggior utile possibile da q.c.*] exploiter: *sfruttare il terreno* exploiter un terrain; *sfruttare il sottosuolo, una miniera* exploiter un sous-sol, une mine; *saper sfruttare le circostanze, il fattore sorpresa* savoir exploiter les circonstances, le facteur surprise # *un progetto che sa sfruttare al massimo lo spazio disponibile* un projet qui permet d'utiliser au maximun l'espace disponible **2** [*approfittare senza scrupoli di qc.*] exploiter: *è una vergogna sfruttare gli altri* c'est une honte (que) d'exploiter les autres; *sfruttare una donna* exploiter une femme.
sfruttàto |sfrut'tato| **1** *agg.* [*che viene sfruttato* (1)] exploité **2** *s.* [*chi viene sfruttato* (2)] exploité.
sfruttatóre, trice |sfrutta'tore, tritʃe| *s.* [*chi sfrutta*] exploiteur* (*pegg.*) # *uno sfruttatore di donne* un souteneur, un proxénète, un maquereau (*pop.*).
sfuggènte |sfud'dʒɛnte| *agg.* [*ambiguo, equivoco*] fuyant: *sguardo sfuggente* regard fuyant; *fronte sfuggente* [*bassa e volta all'indietro*] front fuyant.
sfuggévole |sfud'dʒevole| *e deriv.* → **fuggevole** *e deriv.*
sfuggìre |sfud'dʒire| **A** *v.tr.* [*evitare*] éviter, fuir (22): *lo sfugge perché non le è simpatico* elle l'évite, le fuit parce qu'il ne lui est pas sympathique; *sfuggire i pericoli* éviter les dangers **B** *v.intr.* (*aus.* '*essere*') **1** [*sottrarsi*] échapper (*aus.* avoir): *è sfuggito alla polizia, alla cattura* il a échappé à la police, à la capture **2** (*cose*) [*scappare, cadere*] *gli è sfuggito un colpo dal revolver* un coup de revolver est parti sans qu'il le voulût, malgré lui; *mi è sfuggita di mano la tazzina* la tasse m'a échappé des mains **3** [*passare inosservato*] échapper: *non gli sfugge niente* rien ne lui échappe; *mi sfugge il suo nome* son nom m'échappe; *mi sono sfuggiti alcuni errori* quelques erreurs m'ont échappé.
sfuggìta |sfud'dʒita| *s.f.* (*spec. nella loc.*) DI SFUGGITA [*rapidamente*]: *l'ho vista di sfuggita alla stazione* je l'ai entrevue à la gare; *l'ho visto di sfuggita sul giornale* j'ai aperçu ça dans le journal ~ *fare una sfuggita* [*fare una scappata*] faire un saut.
sfumàre |sfu'mare| **A** *v.tr.* [*dare sfumature a un colore, un suono e sim.*] estomper: *sfumare i contorni di una figura* estomper les contours d'une figure # *sfumare le note* adoucir, atténuer des notes; *sfumare i capelli* [*tagliarli a gradazione*] couper les cheveux en dégradé **B** *v.intr.* (*aus.* '*essere*') **1** [*dissiparsi*] se dissiper (*pron.*): *la nebbia sta sfumando* le brouillard est en train de se dissiper **2** [*svanire*] s'évanouir *pron.*, tomber à l'eau: *i nostri sogni sono sfumati* nos rêves se sont évanouis; *l'affare è sfumato* l'affaire est tombée à l'eau **3** [*digradare*] se dégrader (*pron.*): *un viola che sfuma nell'azzurro* un violet qui se dégrade en bleu clair **4** [*farsi più vago*] s'estomper (*pron.*): *una figura che sfuma sullo sfondo* une figure qui s'estompe sur le fond, dans le lointain.
sfumàto |sfu'mato| **I** *agg.* **1** [*vago, indeciso*] vague, indéfini **2** [*svanito*] évanoui, tombé à l'eau: *un sogno sfumato* un rêve évanoui; *un progetto sfumato* un projet tombé à l'eau **II** *s.m.* (*pitt.*) fondu, flou.
sfumatùra |sfuma'tura| *s.f.* **1** (*di colore*) [*leggera gradazione*] nuance: *una delicata sfumatura di azzurro* une délicate nuance de bleu clair **2** (*mus.*) nuance **3** *sfumatura alta, bassa dei capelli* cheveux *m. pl.* coupés haut, bas sur la nuque; nuque très, peu dégagée **4** [*lieve differenza*] nuance: *sfumatura di significato* nuance de sens **5** (*fig.*) [*traccia di sentimenti che si avverte nella voce e sim.*] pointe, nuance: *nel suo sguardo c'era una sfumatura di ironia* dans son regard il y avait une pointe d'ironie; *avvertì nelle sue parole una sfumatura di complicità* une nuance de complicité perçait dans ses paroles.
sfumìno |sfu'mino| *s.m.* (*pitt.*) estompe *f.*
sfùmo |'sfumo| *s.m.* (*pitt.*) estompage.
sfuocàto |sfwo'kato| *agg.* → **sfocato.**
sfuriàre |sfu'rjare| *v.tr. e intr.* (*aus.* '*avere*') (*raro*) [*sfogare la collera*] décharger (3) *tr.* sa colère, sa bile sur qqn.
sfuriàta |sfu'rjata| *s.f.* **1** [*manifestazione violenta di collera*] (crise de) colère, colère noire: *poveraccia, deve sopportare le sue sfuriate* la pauvre, elle doit supporter ses colères # *ha fatto una terribile sfuriata* il s'est terriblement emporté **2** (*meteor.*) bourrasque, rafale.
sfùso |'sfuzo| *agg.* **1** [*fuso, colato*] fondu: *burro sfuso* beurre fondu **2** (*dial.*) [*sciolto, non confezionato, non impacchettato*] à la pièce *loc. inv.*, vendu au poids (*loc. inv.*): *cioccolatini sfusi* tablettes de chocolat vendues à la pièce, à l'unité.
sgabèllo |zga'bɛllo| *s.m.* [*sedia senza spalliera*] escabeau, tabouret ◇ (*loc.*) *farsi sgabello di qc.* [*servirsene per i propri scopi*] servir de marchepied à qqn.
sgabuzzino |zgabud'dzino| *s.m.* [*bugigattolo, ripostiglio*] débarras, cagibi.
sgambàre |zgam'bare| *v.intr.* (*aus.* '*avere*') (*fam.*) [*camminare molto e velocemente*] courir (17) au diable, cavaler (*pop.*): *ho dovuto sgambare prima di trovarlo* j'ai dû courir au diable pour le trouver ✦ (*pron. intr.*) *si è sgambato per poter prendere il treno* il a dû cavaler pour attraper son train.
sgambàta |zgam'bata| *s.f.* **1** (*fam.*) [*lo sgambare*] trotte: *che sgambata!* quelle trotte! **2** (*ippica*) petit trot *m.*
sgambàto |zgam'bato| *agg.* [*scavato alle gambe*] échancré: *costume da bagno sgambato* maillot de bain échancré.
sgambatùra |zgamba'tura| *s.f.* petite course pour échauffer les muscles (d'un cheval).
sgambettaménto |zgambetta'mento| *s.m.* [→ SGAMBETTARE A] gigotement.
sgambettàre |zgambet'tare| **A** *v. intr.* (*aus.* '*avere*') **1** (*di bambini*) [*muovere le gambe stando sdraiati*] gigoter (*fam.*): *il piccino sgambettava nella culla* le bébé gigotait dans son berceau **2** [*camminare a passettini*] trottiner **B** *v. tr.* [*fare lo sgambetto*] faire (45) un croc-en-jambe (à).
sgambettàta |zgambet'tata| *s.f.* → **sgambettamento.**
sgambétto |zgam'betto| *s.m.* [*modo di far cadere qc. sollevandogli col piede la gamba*] croche-pied, croc-en-jambe: *ha subito uno sgambetto in area di rigore* on lui a fait un croche-pied dans la surface de réparation ◇ (*loc.*) *gli hanno fatto lo sgambetto*: (*pr.*, *fig.*) ils lui ont fait un croc-en-jambe.
sganasciàre |zganaʃ'ʃare| **A** *v.tr.* (*raro*) [*slogare le mascelle*] décrocher la mâchoire **B** *v.pron. rifl.* SGANASCIARSI (*in espressioni iperb.*) se décrocher la mâchoire: *si sono sganasciati dalle risate, dagli sbadigli* ils ont ri, bâillé à se décrocher la mâchoire.
sganasciàta |zganaʃ'ʃata| *s.f.* [*risata lunga e rumorosa*] fou rire *m.*
sganascióne |zganaʃ'ʃone| *s.m.* (*dial.*) [*ceffone*] gifle *f.*
sganciàbile |zgan'tʃabile| *agg.* [→ SGANCIARE A 1; B] qu'on peut décrocher *loc.*
sganciaménto |zgantʃa'mento| *s.m.* [→ SGANCIARE] décrochage, décrochement.
sganciàre |zgan'tʃare| **A** *v.tr.* **1** [*staccare dal gancio*] décrocher: *sganciare un rimorchio* décrocher, dételer une remorque # *sganciare bombe* [*lanciarle da aerei*] lâcher des bombes **2** (*fig.*, *fam.*) [*dare denaro*] débourser # *che fatica per fargli sganciare quattro soldi* quelle histoire pour lui faire lâcher quatre sous **B** *v.pron.* SGANCIARSI **1** *intr.* [*staccarsi dal gancio*] se décrocher: *il vagone si è sganciato* le wagon s'est décroché **2** *intr.* (*mil.*) [*rompere il contatto col nemico*] décrocher *intr.* **3** *rifl.* [*liberarsi da qc.*] se débarrasser: *cerca di sganciarti da quella compagnia* essaie de te débarrasser de cette compagnie.
sgàncio, i |'zgantʃo, i| *s.m.* [→ SGANCIARE A 1; B] décrochage # *uno sgancio di bombe* un lâchage de bombes ◇ (*aer.*) largage ◇ (*elettr., mecc.*) déclenchement.
sgangheraménto |zgangera'mento| *s.m.* [→ SGANGHERARE A] sortie *f.* des gonds.
sgangheràre |zgange'rare| **A** *v.tr.* [*togliere dai cardini*] enlever (6) de ses gonds, dégonder: *sgangherare la porta* enlever la porte de ses gonds ◇ (*per est.*) [*sfasciare*] disloquer: *sgangherare una sedia* disloquer une chaise **B** *v. pron. rifl.* → **sganasciar(si).**
sgangherataménte |zgangerata'mente| *avv.* [→ SGANGHERATO 2] vulgairement.
sgangheràto |zgange'rato| *agg.* **1** [*traballante*] branlant: *un tavolo sgangherato* une table branlante **2** [*sguaiato*] gras*, vulgaire: *una risata sgangherata* un rire gras, vulgaire.
sgarbatàggine |zgarba'taddʒine| *s.f.* → **sgarbatezza.**
sgarbataménte |zgarbata'mente| *avv.* [→ SGARBATO] grossièrement, impoliment: *rispondere sgarbatamente* répondre grossièrement, impoliment.
sgarbatézza |zgarba'tettsa| *s.f.* **1** [*l'essere sgarbato*] impolitesse **2** [*azione sgarbata*] grossièreté.
sgarbàto |zgar'bato| *agg.* **1** [*senza grazia*] disgracieux*, désagréable: *voce sgarbata* voix disgracieuse, désagréable

2 [*villano*] impoli, grossier*: *un tono sgarbato* un ton impoli ◆ (*s.*) *uno sgarbato* un impoli, un malotru *m.*, un rustre *m.* C 2 **gentile.**

sgarberìa |zgarbe'ria| *s.f.* [*ciò che è sgarbato*] grossièreté, impolitesse.

sgàrbo |'zgarbo| *s.m.* [*atto sgarbato*] impolitesse *f.*

sgarbugliàre |zgarbuʎ'ʎare| *v.tr.* **1** [*disfare un garbuglio*] démêler: *sgarbugliare una matassa* démêler un écheveau **2** (*fig.*) [*districare q.c. di complicato*] démêler: *sgarbugliare un affare poco chiaro* démêler une affaire compliquée.

sgargiànte |zgar'dʒante| *agg.* **1** [*di colore chiassoso*] voyant: *rosso sgargiante* rouge voyant **2** (*raro*) [*vistoso, appariscente*] pimpant: *era tutta sgargiante* elle était toute pimpante.

sgarràre |zgar'rare| *v.tr. e intr.* (*aus.* '*avere*') [*fare errori*] se tromper *pron.*; s'écarter *pron.* du droit chemin: *non sgarra mai* il ne se trompe jamais ‖ *con un padre così severo non può certo sgarrare* avec un père aussi sévère il ne peut certainement pas s'écarter du droit chemin # *non sgarra di un minuto* il n'a jamais une minute de retard.

sgàrro |'zgarro| *s.m.* **1** [→ SGARRARE] négligence *f.* ◇ [*errore*] erreur *f.* **2** (*gerg.*) [*offesa*] offense *f.* (*corr.*).

sgàrza |'zgardza| *s.f.* (*t.zool.*) *héron *m.* cendré.

sgattaiolàre |zgattajo'lare| *v.intr.* (*aus.* '*essere*') [*scivolare via come un gatto*] s'éclipser *pron.*, s'esquiver (*pron.*): *è sgattaiolato via senza farsi accorgere* il s'est éclipsé, esquivé sans se faire voir.

sgelàre |zdʒe'lare| **A** *v.tr.* [*disgelare*] dégeler (6): *sgelare la carne* dégeler la viande ◇ (*fig.*) *con qualche battuta ha sgelato l'atmosfera* avec quelques plaisanteries il a dégelé l'atmosphère ◆ *pron. rifl.* [*perdere la propria freddezza*] se dégeler: *si è sgelato solo dopo aver fatto conoscenza con gli invitati* il s'est dégelé seulement après avoir fait connaissance des invités **B** *v.intr.* (*aus.* '*essere*') [→ *tr.*] dégeler (*aus.* avoir, être) # *la carne è sgelata* la viande est décongelée **C** *v. impers.* (*aus.* '*essere, avere*') (*del ghiaccio*) [*sciogliersi*] dégeler: *in primavera sgela* au printemps, il dégèle.

sgelatóre |zdʒela'tore| *s.m.* (*aer., auto.*) dégivreur.

sgèlo |'zdʒɛlo| *s.m.* → **disgelo.**

sghémbo |'zgembo| **1** *agg.* [*obliquo*] oblique, biais: *retta sghemba* ligne oblique # *curva sghemba* courbe gauche; *muro sghembo* mur incliné ◇ (*loc.*) *a sghembo* [*obliquamente*] en travers, en biais **2** *avv.* [*a sghimbescio*] de guingois *loc. inv.*, de travers (*loc. inv.*): *camminare sghembo* marcher de guingois, de travers.

sgheronàto |zgero'nato| *agg.* (*abbigl.*) évasé.

sghèrro |'zgɛrro| *s.m.* **1** (*st.*) homme d'armes **2** (*spreg.*) [*poliziotto*] sbire ◇ (*fig.*) *avere una faccia, modi da sgherro* avoir un visage, des façons de sbire, de flic (*fam.*).

sghiacciaménto |zgjattʃa'mento| *s.m.* (*aer.*) dégivrage.

sghiacciàre |zgjat'tʃare| **A** *v.tr.* [*disgelare*] décongeler (6): *sghiacciare la carne* décongeler la viande **B** *v.intr.* (*aus.* '*essere*') *e pron. intr.* [*disgelarsi*] dégeler (6) (*aus.* avoir, être), se dégeler *pron.*

sghiaiaménto |zgjaja'mento| *s.m.* [→ SGHIAIARE] dégravoiement.

sghiaiàre |zgja'jare| *v.tr.* [*liberare canali e sim. dalla ghiaia*] dégravoyer (10).

sghignazzaménto |zgiɲɲattsa'mento| *s.m.* **1** [→ SGHIGNAZZARE] ricanement **2** → **sghignazzata** 2.

sghignazzàre |zgiɲɲat'tsare| *v. intr.* (*aus.* '*avere*') [*ridere con sarcasmo e disprezzo*] ricaner.

sghignazzàta |zgiɲɲat'tsata| *s.f.* **1** [→ SGHIGNAZZARE] ricanement *m.* **2** [*risata sarcastica*] ricanement # *gli ha fatto una sghignazzata in faccia* il lui a ri au nez.

sghimbèscio, i |zgim'bɛʃʃo, i| *agg.* (*spec. nella loc.*) DI, A SGHIMBESCIO [*obliquamente, di traverso*] de travers *inv.*, de biais *inv.*

sghindàre |zgin'dare| *v.tr.* (*mar.*) [*ammainare gli alberetti in coperta*] dépasser.

sghiribìzzo |zgiri'biddzo| *s.m.* → **ghiribizzo.**

sgnaccàre |zɲak'kare| *v.tr.* (*gergo mil.*) [*mettere in prigione*] coffrer, coller au trou.

sgobbàre |zgob'bare| *v.intr.* (*aus.* '*avere*') (*fam.*) [*lavorare sodo*] bûcher *tr.*, trimer (*corr.*): *ha sgobbato sui libri* il a bûché sur ses livres; *ha sgobbato tutta la vita* il a trimé toute sa vie.

sgobbàta |zgob'bata| *s.f.* (*fam.*) [*fatica prolungata e dura* (*spec. nello studio*)] bûchage *m.* (*gerg.*) # *si è fatto una bella sgobbata!* il a drôlement bûché!

sgòbbo |'zgɔbbo| *s.m.* **1** → **sgobbata 2** → **sforzo.**

sgobbóne |zgob'bone| *s.* (*fam.*) [*chi sgobba*] bûcheur* (*corr.*): *è uno sgobbone!* c'est un bûcheur!

sgocciolaménto |zgottʃola'mento| *s.m.* → **sgocciolatura.**

sgocciolàre |zgottʃo'lare| **A** *v.intr.* **1** (*aus.* '*essere*') [*gocciolare*] dégoutter (*aus.* avoir), ruisseler (4) (*aus.* avoir): *la pioggia sgocciolava sui vetri* la pluie dégouttait, ruisselait sur les vitres **2** (*aus.* '*avere*') [*far andare via l'acqua goccia a goccia*] égoutter: *lascia sgocciolare i piatti* laisse égoutter les assiettes **B** *v. tr.* **1** [*far cadere a gocce*] laisser *intr.* dégouliner: *hai sgocciolato il gelato sul vestito* tu as laissé dégouliner (de) la glace sur ta robe **2** [*far andare via l'acqua goccia a goccia*] laisser égoutter ◆ (*pleon., fam.*) *sgocciolarsi una bottiglia* [*vuotarla*] vider (*corr.*) (une bouteille).

sgocciolatóio, i |zgottʃola'tojo, i| *s.m.* [*scolapiatti*] égouttoir.

sgocciolatùra |zgottʃola'tura| *s.f.* **1** [→ SGOCCIOLARE A 1] égouttage *m.*, égouttement *m.* **2** [*gocce cadute*] égoutture ◇ (*per est.*) [*segno lasciato da queste*] éclaboussure.

sgocciolìo, ii |zgottʃo'lio, ii| *s.m.* → **gocciolio.**

sgócciolo |'zgottʃolo| *s.m.* (*solo nella loc. fig.*) *essere agli sgoccioli* [*alla fine, al termine*] toucher à sa fin.

sgolàrsi |zgo'larsi| *v.pron. rifl.* [*perdere la voce nel gridare e sim.*] s'égosiller.

sgomberàre |zgombe'rare| *v.tr.* → **sgombrare.**

sgómbero |'zgombero| *s.m.* **1** → trasloco **2** (*mil.*) évacuation (*f.*): *sgombero dei feriti* évacuation des blessés.

sgombranéve |zgombra'neve| *s.m. inv.* [*spazzaneve munito di un dispositivo elicoidale che lancia la neve a distanza*] souffleuse *f. var.*

sgombràre |zgom'brare| *v.tr.* **1** [*liberare un posto da ogni imgombro*] dégager (3), déblayer (9): *sgombrare l'entrata* dégager, déblayer l'entrée ◇ (*fig.*) *il vento ha sgombrato il cielo* le vent a dégagé, nettoyé le ciel **2** [*evacuare, far lasciare*] évacuer, quitter: *far sgombrare l'aula* faire évacuer la salle; *la popolazione ha sgombrato la città* la population a évacué, quitté la ville; *l'inquilino sgombra* (*l'appartamento*) *alla fine del mese* le locataire quitte l'appartement, déménage à la fin du mois **3** (*fig.*) [*liberare*] libérer (8): *sgomberare la mente da ogni pregiudizio* libérer son esprit de tout préjugé C **ingombrare.**

1 **sgómbro** |'zgombro| *agg.* [*libero da ingombri*] vide, libre.

2 **sgómbro** |'zgombro| *s.m.* → **scombro.**

sgomentàre |zgomen'tare| **A** *v.tr.* [*provocare sgomento*] effarer, effrayer (9): *la decisione ha sgomentato tutti* la décision a effaré, effrayé tout le monde **B** *v.pron. rifl.* SGOMENTARSI [*sentire sgomento*] s'effrayer, s'effarer: *non sgomentarti!* ne t'effraie pas!

1 **sgoménto** |zgo'mento| *agg.* [*timoroso e turbato*] effrayé, effaré: *espressione sgomenta* air effrayé, effaré.

2 **sgoménto** |zgo'mento| *s.m.* [*grande timore misto a angoscia*] effroi, effarement: *essere in preda allo sgomento* être plein d'effroi # *fu preso dallo sgomento* il eut peur; *riaversi dallo sgomento* retrouver son sang-froid.

sgominàre |zgomi'nare| *v.tr.* [*sbaragliare*] mettre (71) en déroute: *sgominò i nemici* il mit en déroute ses ennemis ◇ (*fig.*) *sgominare gli avversari, i concorrenti* éliminer ses adversaires, ses concurrents.

sgomitolàre |zgomito'lare| *v.tr.* [*disfare un gomitolo*] dévider, dérouler: *sgomitolare la lana* dévider, dérouler la laine.

sgommàre |zgom'mare| **A** *v.tr.* **1** [*far perdere la ingommatura*] dégommer **2** *sgommare la seta* [*liberarla dalla sericina*] dégommer la soie **B** *v.pron. intr.* SGOMMARSI [*perdere l'ingommatura*] se dégommer: *le buste si sono sgommate* les enveloppes ont perdu leur colle, se sont dégommées.

sgommàto |zgom'mato| *agg.* [*di veicolo senza pneumatici*] sans pneus *loc. inv.*

sgommatùra |zgomma'tura| *s.f.* (*tecnol.*) [→ SGOMMARE] dégommage *m.*

sgonfiaménto |zgonfja'mento| *s.m.* [→ SGONFIARE] dégonflement.

sgonfiàre |zgon'fjare| **A** *v.tr.* **1** [*togliere l'aria a q.c.*] dégonfler: *sgonfiare un pneumatico* dégonfler un pneu **2** [*togliere il gonfiore*] désenfler **3** (*fam.*) [*ridimensionare*] rabattre (76) (*corr.*) l'orgueil de qqn.: *l'insuccesso ha sgonfiato la sua superbia* l'échec a rabattu son orgueil # *sgonfiare una notizia* réduire (75) (*corr.*) la portée d'une nouvelle **4** (*pop.*) [*seccare, scocciare*] casser les pieds **B** *v.pron.* SGONFIARSI **1** *intr.* [*perdere l'aria*] se dégonfler **2** *intr.* [*perdere il gonfiore*] désenfler (*intr.*): *i piedi*

gli si sono sgonfiati ses pieds ont désenflé **3** *rifl.* [*perdere la boria*] en rabattre: *si è sgonfiato* il en a rabattu.
sgonfiàto |zgon'fjato| *agg.* (*fig.*, *fam.*) *un pallone sgonfiato* [*che ha perso tutta la boria*] un dégonflé *agg. e s.*
sgonfiatùra |zgonfja'tura| *s.f.* **1** [→ SGONFIARE A 1; B 1] dégonflement *m.* **2** (*fig.*) dégonflement.
sgónfio, i |'zgonfjo, i| *agg.* [*non gonfio*] dégonflé.
sgonfiòtto |zgon'fjɔtto| *s.m.* **1** [*frittella lievitata che si gonfia cuocendo*] ⊠ **2** (*abbigl.*) bouillon.
sgonnellàre |zgonnel'lare| *v.intr.* (*aus. 'avere'*) (*fam.*) **1** [*darsi da fare per casa con importanza*] se pavaner *pron.* (*corr.*) **2** [*pavoneggiarsi in giro*] se pavaner.
sgórbia |'zgo(ɔ)rbja| *s.f.* (*chir.*, *tecnol.*) gouge.
sgorbiàre |zgor'bjare| *v.tr.* **1** [*deturpare con sgorbi*] barbouiller **2** [*scarabocchiare*] gribouiller.
sgorbiatùra |zgorbja'tura| *s.f.* **1** [→ SGORBIARE 1] barbouillage *m.* **2** [→ SGORBIARE 2] gribouillage *m.*
sgòrbio, i |'zgɔrbjo, i| *s.m.* **1** [*macchia di inchiostro*] pâté, tache *f.* d'encre **2** [*parola illeggibile*; *scarabocchio*] gribouillis **3** [*persona brutta e deforme*] avorton.
sgorgaménto |zgorga'mento| *s.m.* → **sgorgo.**
sgorgàre |zgor'gare| **A** *v.intr.* (*aus. 'essere'*) **1** (*di liquidi*) [*uscire di getto*] jaillir (*aus.* avoir): *l'acqua sgorga dalla sorgente* l'eau jaillit de la source; *il sangue sgorgava dalla ferita* le sang jaillissait de la blessure **2** (*fig.*) [*provenire*] venir (27): *parole che sgorgano dal cuore* paroles qui viennent du cœur **B** *v.tr.* [*liberare una conduttura da ogni ingombro*] déboucher: *sgorgare il lavandino* déboucher l'évier.
sgorgàta |zgor'gata| *s.f.* → **sgorgo.**
sgórgo, ghi |'zgorgo, gi| *s.m.* [→ SGORGARE] jaillissement.
sgottàre |zgot'tare| *v.tr.* (*mar.*) → **aggottare.**
sgozzaménto |zgottsa'mento| *s.m.* [→ SGOZZARE 1] égorgement.
sgozzàre |zgot'tsare| *v.tr.* **1** [*scannare*] égorger (3), saigner: *sgozzare un agnello, una persona* égorger, saigner un agneau, une personne **2** [*sfruttare con l'usura*] étrangler, exploiter.
sgozzatóre, trice |zgottsa'tore, tritʃe| *s.* [*chi sgozza* (1)]: (*di animali*) saigneur* (*raro*); (*di persone*) égorgeur*.
sgozzatùra |zgottsa'tura| *s.f.* [→ SGOZZARE 1] égorgement *m.*
sgradévole |zgra'devole| *agg.* [*che non si gradisce*] désagréable.
sgradevolménte |zgradevol'mente| *avv.* [→ SGRADEVOLE] désagréablement.
sgradire |zgra'dire| (197) *v.tr.* (*raro*) [*non gradire*] déprécier (*corr.*).
sgradito |zgra'dito| *agg.* [*non gradito*] importun, désagréable: *una visita sgradita* une visite importune 🄲 **gradito.**
sgraffiàre |zgraf'fjare| *v.tr.* **1** (*tip.*) → **graffiare** **2** (*fam.*) → **sgraffignare.**
sgraffignàre |zgraffiɲ'ɲare| *v.tr.* (*fam.*) [*rubare, portar via*] chiper, piquer (*pop.*): *mi hanno sgraffignato l'orologio* on m'a chipé, piqué ma montre.
sgràffio, i |'zgraffjo, i| *s.m.* (*pop.*) → **graffio.**
sgrammaticàre |zgrammati'kare| *v.intr.* (*aus. 'avere'*) [*fare errori di gram.*] faire (45) *tr.* des fautes de grammaire.
sgrammaticàto |zgrammati'kato| *agg.* **1** [*che parla, scrive in modo non corretto*] qui fait des fautes (de grammaire) (*loc.*): *uno scolaro sgrammaticato* un écolier qui fait des fautes **2** plein de fautes de grammaire, d'orthographe: *un compito sgrammaticato* un devoir plein de fautes de grammaire, d'orthographe.
sgrammaticatùra |zgrammatika'tura| *s.f.* faute de grammaire.
sgrammaticóne |zgrammati'kone| *s.* (*fam.*) [*chi fa sgrammaticature*] illettré, personne *f.* qui fait des fautes de grammaire, d'orthographe.
sgranaménto |zgrana'mento| *s.m.* [→ 1 SGRANARE A 1] égrenage, égrènement.
1 **sgranàre** |zgra'nare| **A** *v.tr.* **1** [*togliere i grani*] écosser, égrener (6): *sgranare i piselli* écosser des petis pois; *sgranare il granoturco, il cotone* égrener du maïs, du coton ◇ (*loc. fig.*) *sgranare il rosario* égrener son chapelet ~ *sgranare gli occhi* [*spalancarli*] écarquiller les yeux **2** (*fig.*, *fam.*) [*divorare*] dévorer: *sgranare una pagnotta* dévorer un petit pain **B** *v.pron. intr.* SGRANARSI [*rompersi in pezzetti*] s'effriter: *questo sasso si sgrana facilmente* cette pierre s'effrite facilement.
2 **sgranàre** |zgra'nare| *v.tr.* (*mecc.*) [*disinserire un ingranaggio*] désengrener (6), débrayer (9) (*ass.*): *sgranare la marcia* [*disinnestarla*] désengrener une vitesse, débrayer ✦ (*ass.*) *non sgranare!* [*non far grattare il motore!*] ne fais pas grincer l'embrayage (de la boîte de vitesse)!
sgranàto |zgra'nato| *agg.* [*a cui sono stati tolti i grani*] écossé: *piselli sgranati* petits pois écossés ◇ (*fig.*) *occhi sgranati* yeux écarquillés.
sgranatóio, i |zgrana'tojo, i| *s.m.*, **sgranatrice** |zgrana'tritʃe| *s.f.* (*tecnol.*) égreneuse *f.*
sgranatùra |zgrana'tura| *s.f.* [→ 1 SGRANARE A 1] égrenage *m.*, égrènement *m.*
sgranchire |zgran'kire| (197) *v.tr.* [*far sciogliere i muscoli intorpiditi*] dégourdir: *cammina per sgranchire, sgranchirti le gambe* marche pour dégourdir tes jambes.
sgranellaménto |zgranella'mento| *s.m.* [→ SGRANELLARE] égrenage, égrènement.
sgranellàre |zgranel'lare| *v.tr.* [*staccare i granelli dal grappolo*] égrener (6), égrapper.
sgranellatùra |zgranella'tura| *s.f.* → **sgranellamento.**
sgranocchiàre |zgranok'kjare| *v.tr.* (*fam.*) [*mangiare a piccoli morsi q.c. che crocchia*] croquer, grignoter.
sgrassaménto |zgrassa'mento| *s.m.* → **sgrassatura.**
sgrassànte |zgras'sante| *agg.* [*che sgrassa* (2)] dégraissant.
sgrassàre |zgras'sare| *v.tr.* **1** [*togliere il grasso*] dégraisser: *sgrassare il brodo, la carne* dégraisser le bouillon, la viande **2** [*togliere l'unto da q.c.*] dégraisser # *sgrassare un vestito* nettoyer (à sec) un vêtement.
sgrassatóre, trice |zgrassa'tore, tritʃe| *s.* [*operaio addetto alle operazioni di sgrassatura*] dégraisseur*.
sgrassatùra |zgrassa'tura| *s.f.* **1** [→ SGRASSARE] dégraissage *m.* **2** [*operazione che toglie il grasso dalla lana greggia*] dessuintage *m.*, déshuilage *m.*
sgravaménto |zgrava'mento| *s.m.* → **sgravio.**
sgravàre |zgra'vare| **A** *v.tr.* [*liberare da un peso*] libérer (8), décharger (3): *sgravare la coscienza* libérer, décharger, soulager sa conscience ✦ (*pron. rifl.*) *sgravarsi da un rimorso* se libérer d'un remords **B** *v.intr.* (*aus. 'avere'*) *e pron. rifl.* [*partorire*] (*esseri umani*) accoucher *intr.*; (*animali*) mettre (71) *intr.* bas: *ha sgravato ieri* elle a accouché hier ‖ *la mucca si sgraverà tra poco* la vache mettra bas bientôt.
sgràvio, i |'zgravjo, i| *s.m.* **1** [→ SGRAVARE A] dégrèvement, décharge (*f.*): *sgravio fiscale* dégrèvement (d'impôt **2** *loc. fig.* A, PER SGRAVIO DI [*a giustificazione di*]: *a, per sgravio di ogni responsabilità, parlerò* pour me décharger de toute responsabilité, je parlerai ~ *a mio sgravio, a tuo sgravio* à ma décharge, à ta décharge.
sgraziatàggine |zgrattsja'taddʒine| *s.f.* [*mancanza di grazia*] gaucherie.
sgraziataménte |zgrattsjata'mente| *avv.* **1** [→ SGRAZIATO] sans grâce *loc. inv.*, gauchement **2** [*disgraziatamente*] malheureusement.
sgraziàto |zgrat'tsjato| *agg.* [*senza grazia*] disgracieux*, gauche; désagréable: *un corpo sgraziato* un corps disgracieux; *movimenti sgraziati* mouvements gauches ‖ *voce sgraziata* voix désagréable.
sgretolaménto |zgretola'mento| *s.m.* [→ SGRETOLARE] effritement, désagrégation *f.*
sgretolàre |zgreto'lare| **A** *v.tr.* [*ridurre in schegge*] effriter, désagréger (3): *sgretolare un muro* effriter, désagréger un mur **B** *v.pron. intr.* SGRETOLARSI s'effriter: *il muro si è sgretolato* le mur s'est effrité, désagrégé.
sgretolàto |zgreto'lato| *agg.* [*ridotto in schegge*] effrité, désagrégé.
sgretolio, ii |zgreto'lio, ii| *s.m.* [→ SGRETOLARE] effritement ◇ (*per est.*) bruit d'effritement.
sgridàre |zgri'dare| *v.tr.* [*rimproverare, fare una ramanzina*] gronder: *il babbo ha sgridato il figlioletto* le papa a grondé son petit garçon.
sgridàta |zgri'data| *s.f.* [*rimprovero*] réprimande, savon *m.* (*fam.*) # *prendersi una sgridata* se faire gronder, réprimander; *fare una sgridata* gronder, réprimander qqn.; passer un savon (*fam.*) à qqn.
sgrillettàre |zgrillet'tare| *v.intr.* (*aus. 'avere'*) → **sfriggere.**
sgrìnfia |'zgrinfja| *s.f.* → **grinfia.**
sgrommàre |zgrom'mare| *v.tr.* [*togliere la gromma*] détartrer.
sgrommatùra |zgromma'tura| *s.f.* [→ SGROMMARE] détartrage *m.*
sgrondàre |zgron'dare| **A** *v.tr.* [*far uscire le ultime gocce*] laisser *intr.* égoutter: *sgrondare un fiasco* laisser égoutter une fiasque **B** *v.intr.* **1** (*aus. 'avere'*) [*grondare*] ruisseler (4): *i rami sgrondavano di pioggia* les branches ruisselaient de pluie **2** (*aus. 'essere'*) [*sgocciolare*] s'égoutter (*pron.*): *l'ombrello sta sgrondando sul pavimento* le parapluie s'égoutte par terre.

sgrondatóio, i |zgronda'tojo, i| *s.m.* (*tecnol.*) égouttoir.
sgrondatùra |zgronda'tura| *s.f.* [→ SGRONDARE B 2] égouttement *m.*, égouttage *m.*
sgróndo |'zgrondo| *s.m.* **1** [→ SGRONDARE] égouttement, égouttage **2** (*per est.*) eau *f.* de gouttière ◇ (*loc.*) *tetto a sgrondo* toit en pente **3** [*liquido che sgocciola*] égoutture *f.*
1 **sgroppàre** |zgrop'pare| *v.tr.* [*sciogliere un groppo*] dénouer, délier.
2 **sgroppàre** |zgrop'pare| **A** *v.tr.* [*rovinare la groppa a bestie da soma*] échiner ◇ (*per est.*) [*affaticare*] éreinter **B** *v.intr.* (*aus.* '*avere*') [*fare una sgroppata*] ruer, regimber: *il cavallo ha sgroppato* le cheval a rué ✦ *pron. intr.* [*affaticarsi*] s'éreinter, s'échiner.
sgroppàta |zgrop'pata| *s.f.* **1** [→ 2 SGROPPARE B] ruade, regimbement *m.* (*lett.*) **2** (*ciclismo*) course d'entraînement **3** courte galopade.
sgroppàto |zgrop'pato| *agg.* (*di cavallo e sim.*) [*privo di groppa*] efflanqué.
sgropponàre |zgroppo'nare| *v. intr.* (*aus.* '*avere*') → **sgobbare.**
sgrossaménto |zgrossa'mento| *s.m.* → **sgrossatura.**
sgrossàre |zgros'sare| *v.tr.* **1** [*abbozzare*] dégrossir; ébaucher: *sgrossare un blocco di marmo* dégrossir un bloc de marbre || *sgrossare un componimento* ébaucher une composition **2** [*dirozzare*] dégrossir: *sgrossare un ragazzo* dégrossir un garçon ✦ *pron. rifl.* [*dirozzarsi*] se dégrossir.
sgrossatùra |zgrossa'tura| *s.f.* [→ SGROSSARE 1] dégrossissage *m.*, ébauchage *m.* ◇ (*marmo* ... *im.*) dégrossissage ◇ (*legno*) corro...ge *m.*
sgrovigliàre |zgroviʎ'ʎare| *v.tr.* [*sciogliere un groviglio*] démêler, débrouiller: *sgrovigliare una matassa* démêler un écheveau, débrouiller les fils d'un écheveau ◇ (*fig.*) *sgrovigliare una faccenda complicata* démêler, débrouiller une affaire compliquée.
sgrugnàre |zgruɲ'ɲare| *v.tr.* (*pop.*) [*rompere il grugno*] casser la gueule à qqn.
sgrumàre |zgru'mare| *v.tr.* → **sgrommare.**
sguaiatàggine |zgwaja'taddʒine| *s.f.* [*ciò che è sguaiato*] grossièreté.
sguaiataménte |zgwajata'mente| *avv.* [→ SGUAIATO] grossièrement, vulgairement.
sguaiàto |zgwa'jato| *agg.* **1** [*privo di decenza*] grossier*: *donna sguaiata* femme grossière ✦ (*s.*) *uno sguaiato* une personne *f.* grossière *agg.* **2** [*volgare*] vulgaire: *risata sguaiata* rire vulgaire.
sguainàre |zgwai'nare| *v.tr.* [*togliere dal fodero*] dégainer: *sguainare la spada* dégainer son épée ◇ (*fig.*) *sguainare gli artigli, le unghie* [*per attaccare*] sortir (21) ses griffes.
sguainàto |zgwai'nato| *agg.* [*tolto dal fodero*] nu # *con la spada sguainata* sabre au clair.
sgualcìre |zgwal'tʃire| (197) *v.tr.* [*sciupare con grinze e sim.*] froisser, chiffonner: *sgualcire un vestito* froisser, chiffonner un vêtement ✦ *pron. intr.* [*prendere grinze*] se froisser, se chiffonner ✦ (*al p.p.*) *un vestito sgualcito* un vêtement chiffonné.
sgualcìto |zgwal'tʃito| *agg.* [*sciupato, con grinze*] froissé, chiffonné.
sgualcitùra |zgwaltʃi'tura| *s.f.* [*brutta piega*] plis *m. pl.*, faux-plis *m. pl.*
sgualdrìna |zgwal'drina| *s.f.* [*donna impudica*] garce (*volg.*).
sguància, ce |'zgwantʃa, tʃe| *s.f.* [*parte del finimento attaccata alla testiera e al portamorso*] montant *m.* de bride.
sguanciàre |zgwan'tʃare| *v.tr.* [*fare lo sguancio a porte, finestre*] ébraser.
sguàncio, i |'zgwantʃo, i| *s.m.* [*apertura obliqua*] ébrasement.
sguàrdo |'zgwardo| *s.m.* **1** regard **2** [*occhiata*] regard: *dare, gettare uno sguardo* jeter un regard; *non degnare di uno sguardo qc.* ne pas honorer qqn. d'un regard, ne pas daigner regarder qqn. ◇ (*loc.*) *al primo sguardo* au premier regard **3** [*gli occhi*] yeux (*pl.*): *abbassare, sollevare, alzare lo sguardo* abaisser, lever les yeux # *fin dove arriva lo sguardo si vede solo campagna* la campagne s'étend, les champs s'étendent jusqu'à l'horizon.
sguarnìre |zgwar'nire| (197) *v.tr.* **1** [*togliere le guarnizioni a q.c.*] dégarnir ✦ (*al p.p.*) *un abito sguarnito* un vêtement dégarni **2** [*togliere le difese*] dégarnir ✦ (*al p.p.*) *luogo sguarnito* place dégarnie.
sguarnìto |zgwar'nito| *agg.* [*non provvisto, non guarnito*] vide; dépourvu # *un cappello sguarnito di ornamenti* un chapeau sans ornements ◇ (*mil.*) dégarni.
sguàttero |'zgwattero| *s.* [*chi lava i piatti* (*in un ristorante*)] plongeur*: *far la sguattera in un albergo* faire la plonge, être plongeuse dans un hôtel ◇ (*fam.*) *trattare qc. come uno sguattero* [*umiliarlo*] fouler qqn. aux pieds.
sguazzàre |zgwat'tsare| *v.intr.* (*aus.* '*avere*') **1** [*muoversi nell'acqua sollevando spruzzi*] patauger (3); barboter: *i bambini sguazzavano nel ruscello* les enfants pataugeaient dans le ruisseau || *le anatre sguazzano nello stagno* les canards barbotent dans la mare **2** (*fig.*) [*stare a proprio agio*] se plaire (68): *quello, nello scandalo, ci sguazza* celui-là se plaît dans le scandale **3** *sguazzare nell'oro, nell'abbondanza* [*essere molto ricco*] nager (3) dans l'opulence, rouler sur l'or; *non sguazza certo nell'oro* il ne roule certainement pas sur l'or **4** *sguazzare nelle scarpe, nel vestito* [*starci largo*] nager dans ses chaussures, dans ses vêtements.
sguìncio, i |'zgwintʃo, i| *s.m.* → **sguancio.**
sguinzagliàre |zgwintsaʎ'ʎare| *v. tr.* **1** [*liberare dal guinzaglio*] lâcher: *sguinzagliare i cani* lâcher les chiens **2** (*fig.*) [*lanciare alla ricerca di qc.*] lancer (2): *hanno sguinzagliato i migliori agenti* ils ont lancé leurs meilleurs agents.
1 **sgusciàre** |zguʃ'ʃare| *v.intr.* (*aus.* '*essere*') **1** [*scivolare via, sfuggire alla presa*] s'échapper *pron.*, glisser (*aus.* avoir): *quel bambino mi è sgusciato via come un'anguilla* cet enfant m'a échappé comme une anguille; *mi è sgusciata di mano la tazzina* la tasse m'a glissé des mains **2** [*sfuggire abilmente a qc., q.c.*] s'esquiver: *stava per essere catturato, ma è sgusciato via* il allait être capturé, mais il s'est esquivé; *quando si cerca di affrontare l'argomento, lui sguscia via* quand on essaie d'en venir au point, il s'esquive, il se défile (*fam.*).
2 **sgusciàre** |zguʃ'ʃare| **A** *v.tr.* [*togliere dal guscio*] écailler; écosser: *sgusciare un uovo* écailler un œuf, enlever la coquille à un œuf || *sgusciare i piselli* écosser des petits pois # *sgusciare le castagne* éplucher des châtaignes ✦ (*pron. intr.*) *questi piselli non si sgusciano* ces petits pois s'écossent mal **B** *v.intr.* (*aus.* '*essere*') (*di uccelli*) [*uscire dall'uovo*] sortir (21) de sa coquille: *i pulcini non sono ancora sgusciati* les poussins ne sont pas encore sortis de leur coquille ✦ *pron. intr.* (*di rettili*) [*uscire dalla vecchia spoglia*] muer *intr.*
sgusciatrice |zguʃʃa'tritʃe| *s.f.* (*tecnol.*) éplucheur *m.*
sgusciatùra |zguʃʃa'tura| *s.f.* [→ 2 SGUSCIARE A] épluchage *m.*; écossage *m.*
sgùscio, i |'zguʃʃo, i| *s.m.* **1** [*strumento del cesellatore per la modanatura*] gouge *f.* **2** [*modanatura*] moulure *f.*
shake |'ʃeik| *s.m. inv.* (*ingl.*) shake *var.*
shaker |'ʃeikə| *s.m. inv.* (*ingl.*) shaker *var.*
shakespeariàno |ʃeikspi'rjano| *agg.* shakespearien*.
shampoo |ʃæm'pu:| *s.m. inv.* (*ingl.*) → **sciampo.**
shampooing |ʃæm'pu:iŋ| *s.m. inv.* (*ingl.*) shampooing *var.*, shampoing *var.*
shantung |ʃæn'tʌŋ| *s.m. inv.* (*ingl.*) shantoung *var.*, shantung *var.*
sherry |'ʃeri| *s.m. inv.* (*ingl.*) sherry *var.*
shetland |'ʃetlənd| *s.m. inv.* (*ingl.*) shetland *var.*
shimmy |'ʃimi| *s.m. inv.* (*ingl.*) (*auto., mus.*) shimmy *var.*
shintoìsmo |ʃinto'izmo| *e deriv.* → **scintoismo** *e deriv.*
shoccànte |ʃok'kante| *agg.* choquant.
shoccàre |ʃok'kare| *v.tr.* [*provocare uno shock*] choquer.
shoccàto |ʃok'kato| *agg.* choqué.
shock |ʃɔk| *s.m. inv.* (*ingl.*) choc *var.*
shockterapìa |ʃɔktera'pia| *s.f.* (*med.*) électrochocs *m. pl.*
shopping |'ʃɔpiŋ| *s.m. inv.* (*ingl.*) shop(p)ing *var.*
short |ʃɔ:t| *s.m. inv.* (*ingl.*) (*cine.*) court métrage *var.*
shorts |ʃɔ:ts| *s.m. pl.* (*ingl.*) short *sing.*
show |ʃou| *s.m. inv.* (*ingl.*) show *var.*
showman |'ʃoumən| *s.m. inv.* (*ingl.*) artiste *var.* de music-hall, showman (*var.*): *degli showman* des showmen.
shrapnel |'ʃræpnl| *s.m. inv.* (*ingl.*) shrapnel *var.*
shunt |ʃʌnt| *s.m. inv.* (*ingl.*) shunt *var.*
shuntàre |ʃun'tare| *v.tr.* (*elettr.*) [*mettere uno shunt*] shunter.
1 **si** |si| *pron. pers. atono m. e f. di 3ª pers. sing. e pl.* (*si usa in posizione proclitica con i v. al modo finito*; *in posizione enclitica con i v. di modo indef.*) **1** (*nella coniugazione di tutti i v. rifl. o con costruzione pron.*) se (*si elide davanti a voc. o 'h' muta*): *si pettina* elle se coiffe; *si sono lavati* ils se sont lavés; *non si sono accorti di lui* ils ne se sont pas aperçus de sa présence; *la corda si spezzò* la corde se cassa; *può considerarsi fortunato* il peut s'estimer heureux # *si degnò di ascoltarmi* il daigna m'écouter; *l'anatra s'immerse nell'acqua* le canard plongea dans l'eau; *temeva di ammalarsi*

il craignait de tomber malade; *si accomodi, si accomodino* asseyez-vous; *si è dimenticato di venire* il a oublié de venir ◇ (*con valore pleon., gener. non si traduce*) *si goda le vacanze!* profitez de vos vacances!; *si mise le mani in tasca* il mit ses mains dans ses poches; *non sa quello che si dice* il ne sait (pas) ce qu'il dit; *si è mangiato tutto il patrimonio* il a croqué toute sa fortune **2** (*compl. ogg.*) le *m.*, la *f.*, les (*m. e f. pl.*): *si sentirono chiamare* ils entendirent qu'on les appelait # *si vide perduto* il vit qu'il était perdu ◇ (*nei compl. retti da prep.*) lui *m.*, elle *f.*, eux *m. pl.*, elles (*f. pl.*): *gli, le si era buttato addosso* il s'était jeté sur lui, sur elle **3** (*nella coniugazione dei v. rifl. apparenti*) [*a sé, per sé*] se: *si è tolto un dente* il s'est arraché une dent; *si sono fatti un nome* ils se sont fait un nom; *si è comprato un vestito* il s'est acheté un costume # *si guardi intorno* regardez tout autour de vous **4** (*premesso alla 3ª pers. sing. di tutti i v., dà loro la forma impers.*) [*uno, qualcuno*] on, l'on: *si dice* on dit; *non si sa* on ne sait pas; *se si vuole* si l'on veut; *non si deve partire* on ne doit pas partir; *si è parlato di voi* on a parlé de vous; *mi si chiede troppo* on me demande trop; *al lavoro si viene in orario!* au travail, on doit arriver à l'heure!; *da noi non si fuma* chez nous, on ne fume pas # *affittasi* à louer **5** (*premesso alla 3ª pers. sing. e pl. di tutti i tempi semplici di un v. nella forma att., lo rende pass.*) se: *questo piatto si serve caldo* ce plat se sert chaud; *questa porta si apre con difficoltà* cette porte s'ouvre difficilement ◇ (*con costruzione att.*) on: *si udì un grande scoppio* on entendit une explosion; *si videro cose strane* on vit des choses étranges # *si sono dette troppe schiocchezze* ils se sont dit trop de sottises.

2 **si** |si| *s.m. inv.* (*mus.*) si.

1 **sì** |si| **I** *avv.* **1** (*si usa per rispondere positivamente a una domanda non neg.*) oui: '*verrà?*' '*sì*' 'viendra-t-il?' 'oui'; '*partireste volentieri?*' '*sì*' 'partiriez-vous volontiers?' 'oui, sûrement (bien sûr)'; '*avete studiato?*' '*ma sì!*' 'avez-vous travaillé?' 'mais oui!'; *sì, proprio così* oui, c'est vraiment comme ça; *certo che sì* sûrement que oui; oui, certes (*lett.*) ◇ (*per dare risposta aff. a domanda neg.*) si, si fait: '*non avete ancora pranzato?*' '*sì, abbiamo pranzato*' 'n'avez-vous pas encore déjeuné?' 'si, nous avons déjeuné'; '*non ne vuoi?*' '*sì, ne voglio!*' 'n'en veux-tu pas?' 'si, j'en veux bien!' ◇ *loc.* DI SÌ que oui: *credo di sì* je crois que oui; *pare (proprio) di sì* il semble que oui; *se tu dici di sì...* si tu dis (que) oui...; *ha fatto segno di sì* il a fait signe que oui; *speriamo di sì* nous espérons que oui # *dice sempre (di) sì* il dit toujours oui ◇ (*iron.*) *sì, domani!*; *sì, davvero!*; *sì, proprio!* [*no, assolutamente no*] oui, un jour!; oui, bien sûr!; oui, vraiment! ◇ *loc.* E SÌ CHE [*e pensare, e dire che*] et dire que, et pourtant: *e sì che avevamo insistito tanto!* et dire que nous avions tant insisté!; *e sì che l'avevamo avvisata* et pourtant, nous l'avions prévenue ~ SE SÌ [*in caso aff.*] si c'est oui: *se sì, dammi una telefonata* si c'est oui, téléphone-moi **2** (*contrapposto a 'no'*) oui: *sì o no?* oui ou non?; *forse (che) sì, forse (che) no* peut-être que oui, peut-être que non; '*ti piace*' '*sì e no*' 'cela te plaît?' 'oui et non'; *volete finirla, sì o no?* allez-vous finir de faire ça, oui ou non? # *ci saranno state sì e no quaranta persone* il y aura eu quarante personnes environ, à peu près; *lavora un giorno sì e uno no* il travaille un jour sur deux **3** (*enf.*) [*davvero, proprio*] *questa sì che è nuova!* ça, c'est vraiment nouveau (pour moi!); *questa sì che è bella!* elle est bien bonne!; *questa sì che è giustizia!* ça, c'est vraiment juste!; *tu sì che sei bravo!* toi, tu es intelligent!; *ora sì che partirò* maintenant, c'est pour le coup que je partirai **II** *s.m. inv.* **1** [*assenso, risposta aff.*] oui: *al momento del sì* au moment de dire oui; *un bel sì* un beau oui; *la risposta è sì* la réponse est oui; *si è deciso per il sì* il s'est décidé pour le oui, pour l'affirmation # *è ancora fra il sì e il no* il hésite, il reste perplexe **2** *spec. al plur.* [*voto, risposta favorevole*] oui: *duecento sì* deux cents oui; *sono stati più i sì che i no* il y a eu plus de oui que de non **C** **no.**

2 **sì** |si| **1** *avv.* (*arc., lett.*) → **così** **2** *cong.* [*in modo da*] en sorte que (*loc.* + *congv.*): *bisogna far sì che tutti siano contenti* il faut faire en sorte que tout le monde soit content ~ *sì da* → **così (da).**

sia |'sia| **1** *avv.* (*esprime 'consenso' che sottintende 'concessione, rassegnazione'*) soit: *e sia, accetto* soit, j'accepte; *sia pure, visto che lo volete* soit, vu que vous le voulez; *così sia* ainsi soit-il **2** *cong.* (*sempre in correl. con 'che, o, quanto, come'*) tant... que, aussi bien... que: *sia d'estate che d'inverno* tant l'été que l'hiver; *tanto lui che sua sorella* aussi bien lui que sa sœur # *sia lui che un altro, per me è indifferente* (que ce soit) lui ou un autre, pour moi c'est pareil; *verremo sia io che mia moglie* nous viendrons tous deux, ma femme et moi; *sia bello che brutto, vengo lo stesso* de toute façon je viendrai, qu'il fasse beau ou non ◇ *spec.* SIA... SIA: soit... soit...: *sia per inesperienza sia per distrazione ha sbagliato* soit par inexpérience soit par distraction, il s'est trompé # *informami sùbito, sia di giorno sia di notte* informe-moi tout de suite, de nuit comme de jour ◇ *loc. cong.* SIA CHE... SIA CHE...: *sia che tu lo voglia sia che non lo voglia...* que tu le veuilles ou non...; *sia che accetti sia che non accetti* soit qu'il accepte ou qu'il n'accepte pas, que non.

sìal |'sial| *s.m. inv.* (*geol.*) sial* *var.*

siàlico, ci, ca, che |'sjaliko, tʃi, ka, ke| *agg.* (*geol.*) sialique.

Siàlidi |'sjalidi| *s.f. pl.* (*t.zool.*) Sialidés.

1 **siaméše** |sia'mese| *agg.* **1** [*del Siam*] thaïlandais, siamois (*arc.*): *la lingua, la letteratura siamese* la langue, la littérature thaïlandaise **2** (*med.*) *fratelli siamesi* frères siamois (*corr.*) **3** *gatto siamese* chat siamois.

2 **siaméše** |sia'mese| *s.f.* (*tess.*) siamoise.

sibarita |siba'rita| *s.* (*fig.*) [*persona dedita ai piaceri e al lusso più raffinato*] sybarite.

sibaritico, ci, ca, che |siba'ritiko, tʃi, ka, ke| *agg.* sybaritique.

sibaritìsmo |sibari'tizmo| *s.m.* sybaritisme.

sibbène |sib'bɛne| *cong.* → **sebbene.**

sibèria |si'bɛrja| *s.f.* (*fam.*) [*luogo freddissimo, gelato*] glacière.

siberiàno |sibe'rjano| *agg.* [*della Siberia*] sibérien*: *le coste siberiane* les côtes sibériennes ◇ (*fig.*) *un freddo siberiano* un froid sibérien.

sibilànte |sibi'lante| *agg.* (*fon.*) sifflant ◇ (*med.*) sibilant ✦ (*s.f.*) *una sibilante* une sifflante.

sibilàre |sibi'lare| *v.intr.* (*aus.* '*avere*') [*emettere, mandare un sibilo, dei sibili*] siffler: *il vento sibilava tra le cime dei monti* le vent sifflait entre les cimes des monts; *il serpente fuggì sibilando* le serpent s'enfuit en sifflant.

sibilìo, ii |sibi'lio, ii| *s.m.* [→ SIBILARE] sifflement prolongé.

sibilla |si'billa| *s.f.* (*fig.*) sibylle: *ha parlato la sibilla!* la sibylle a parlé! ◇ (*spec.*) *la sibilla cumana* la sibylle de Cumes.

sibillìno |sibil'lino| *agg.* **1** [*della Sibilla*] sibyllin: *i libri, gli oracoli sibillini* les livres, les oracles sibyllins **2** (*fig.*) [*ambiguo, enigmatico, oscuro*] sibyllin: *una risposta sibillina* une réponse sibylline.

sìbilo |'sibilo| *s.m.* [*fischio sottile, acuto e penetrante*] sifflement: *il sibilo di una freccia, del vento* le sifflement d'une flèche, du vent ◇ (*med.*) sifflement.

sic |sik| *avv.* (*lat.*) sic.

sicàrio, i |si'karjo, i| *s.m.* tueur* *s.* à gages, sicaire (*arc., lett.*).

siccatività |sikkativi'ta| *s.f. inv.* (*chim.*) siccativité *var.*

siccatìvo |sikka'tivo| *agg.* (*chim.*) siccatif*.

sicché |sik'ke| *cong.* **1** [*così che, di modo che*] alors (bien sûr): *ha studiato poco, sicché è stato bocciato* il a fort peu travaillé, alors bien sûr il a été recalé **2** [*per questo, per quel motivo*] alors, c'est pourquoi: *non conosco la situazione, sicché non posso giudicare* je ne connais pas la situation, alors, c'est pourquoi je ne peux pas en juger **3** [*e perciò, e quindi*] donc, alors: *non trovammo nessuno, sicché tornammo a casa* nous ne trouvâmes personne, nous retournâmes donc chez nous, alors nous retournâmes chez nous **4** (*in prop. interrog.*) alors, en somme: *sicché, ti sei annoiato?* alors, en somme, tu t'es ennuyé?

siccità |sittʃi'ta| *s.f. inv.* **1** [*mancanza o scarsità di pioggia*] sécheresse *var.* **2** [*aridità, secchezza*] siccité *var.*

siccitóso |sittʃi'toso| *agg.* [*soggetto a siccità periodiche*] sec*, sujet* à la sécheresse.

siccóme |sik'kome| **1** *cong.* [*poiché, giacché*] comme, étant donné que (*loc.*): *siccome era tardi, ho preso un tassì* comme il était tard, j'ai pris un taxi; *siccome era troppo caro, non l'ho acquistato* comme c'était trop cher, je ne l'ai pas acheté; *siccome insiste, è difficile dirgli di no* étant donné qu'il insiste, c'est difficile de lui dire non ◇ (*con valore più fortemente caus.*) puisque: *ma siccome l'avevo già detto, dovevi farlo* mais puisque je l'avais déjà dit, tu devais (aurais dû) le faire **2** *avv.* (*lett.*) [*come*] comme (*corr.*).

siciliàna |sitʃi'ljana| *s.f.* (*mus., danza*) sicilienne.

sicilianìsmo |sitʃilja'nizmo| *s.m.* mot, locution *f.* typique du dialecte sicilien.
sicilìàno |sitʃi'ljano| *agg.* [*della Sicilia*] sicilien*: *i Vespri siciliani* les vêpres siciliennes ◇ *loc. ell.* ALLA SICILIANA à la sicilienne: *cannoli alla siciliana* 'cannoli' à la sicilienne.
sìclo |'siklo| *s.m.* sicle.
sicofànte |siko'fante| *s.m.* **1** sycophante **2** (*lett., fig., spreg.*) [*delatore, spia*] sycophante, délateur *s. (*corr.*), espion* *s.* (*corr.*).
sicomòro |siko'mɔro| *s.m.* (*t.bot.*) sycomore.
sicònio, i |si'kɔnjo, i| *s.m.* (*bot.*) sycone.
sicòsi |si'kɔzi| *s.f. inv.* (*med.*) sycosis *m.*
sìculo |'sikulo| *agg.* **1** [*dei Siculi*] des Sicules *loc.* **2** (*lett., scherz.*) → siciliano.
sicumèra |siku'mɛra| *s.f.* [*ostentazione di una sicurezza di sé eccessiva e infondata*] morgue, suffisance.
sicùra |si'kura| *s.f.* **1** [*congegno di sicurezza che blocca il meccanismo nelle armi da fuoco portatili*] cran *m.* de sécurité, sécurité: *mettere, togliere la sicura* mettre, enlever le cran de sécurité, la sécurité **2** (*per est.*) [*congegno che impedisce il funzionamento di un meccanismo*] sécurité: *la sicura di una collana* la sécurité (du fermoir) d'un collier; *mettere la sicura alla portiera dell'automobile* mettre la sécurité à la portière de la voiture.
sicuraménte |sikura'mente| *avv.* **1** [→ SICURO I 1, 2, 3] sûrement, en toute sûreté *loc. inv.* **2** [*certamente*] sûrement.
sicurézza |siku'rettsa| *s.f.* **1** [*immunità da pericoli*; *la condizione che consente di prevenire o eliminare danni o pericoli*] sécurité: *la sicurezza delle strade* la sécurité des routes; *quel lavoro le garantisce la sicurezza economica* ce travail lui garantit une sécurité économique # *per maggior sicurezza, fa' controllare l'automobile* pour plus de sûreté, fais contrôler la voiture ◇ *loc. agg.* DI SICUREZZA de sécurité, de sûreté: *misure di sicurezza* mesures de sécurité; *margine di sicurezza* marge de sécurité; *cintura di sicurezza* ceinture de sécurité; *valvola di sicurezza* soupape de sûreté; *chiusura di sicurezza* fermeture de sûreté; *congegno di sicurezza* dispositif de sécurité; *fiammiferi di sicurezza* allumettes de sûreté; *spillo di sicurezza* épingle de sûreté, de nourrice, épingle double; *rotta di sicurezza* route de sûreté; *vetro di sicurezza* verre de sûreté # *cassetta di sicurezza* coffre fort; *uscita di sicurezza* sortie de secours ◇ (*loc.*) *Pubblica Sicurezza* Police, Sûreté (nationale) ~ *autorità, organi di pubblica sicurezza* autorités, services de la Sûreté, de la Police ~ *il servizio nazionale di sicurezza sociale* le service national de la Sécurité Sociale ~ *il Consiglio di Sicurezza delle Nazioni Unite* le Conseil de Sécurité (des Nations Unies) **2** [*certezza*] certitude: *lo so con sicurezza* je le sais avec certitude # *ha la sicurezza della vittoria* il est certain qu'il gagnera, il est sûr de la victoire; *voglio avere la sicurezza di trovarlo in casa* je veux être sûr de le trouver chez lui **3** [*mancanza di incertezza*; *particolare padronanza, abilità*] assurance: *sicurezza di sé* assurance, aplomb (*m.*): *ha una certa sicurezza nel nuoto* il a une certaine assurance en natation; *maneggia le armi con grande sicurezza* il manie les armes avec une grande assurance; *ha acquistato sicurezza nel parlare inglese* il a acquis de l'assurance en anglais # *come fai ad avere tanta sicurezza?* comment fais-tu pour être si sûr de toi? **4** [*fiducia*] confiance: *ispira sicurezza a chiunque* il inspire confiance à tout le monde.
sicùro |si'kuro| **I** *agg.* **1** [*che non corre, non teme pericoli o danni*] sûr: *una zona poco sicura* une zone peu sûre # *ormai si sente* (*al*) *sicuro* désormais il se sent en sécurité **2** [*che non ha dubbi o incertezze*] sûr, certain: *una notizia sicura* une nouvelle sûre, certaine; *la vittoria, ormai, è sicura* la victoire est désormais certaine; *è una cosa sicura* c'est une chose sûre; *sta' pur sicuro che ci andrò* sois certain que j'irai; *mi ha dato la cosa per sicura, come sicura* il m'a donné la chose comme sûre; *i ladri sono andati a colpo sicuro* les voleurs sont allés à coup sûr; *facendo così, incontrerai una morte sicura* ce faisant, tu iras au-devant d'une mort certaine; *è molto sicuro di sé* il est très sûr de lui ◇ (*fam.*) *è sicuro del fatto suo* il est sûr de son fait **3** [*che ha, denota grande padronanza, abilità*] sûr: *un chirurgo dalla mano sicura* un chirurgien à la main sûre; *non si sente ancora sicuro per l'esame* il ne se sent pas encore sûr de lui pour l'examen; *nel campo artistico ha un gusto sicuro* il a, en art, un goût très sûr # *un guidatore sicuro* un bon chauffeur; *avanzava con passo sicuro* il avançait d'un pas assuré; *è un sicuro intenditore di mobili antichi* c'est un bon connaisseur en meubles anciens, il s'y connaît bien en meubles anciens **4** [*fidato, su cui si può fare affidamento*] sûr: *un amico sicuro* un ami sûr; *è una persona sicura* c'est une personne sûre **II** *s.m. sing.* **1** [*ciò che è sicuro, certo*] *ti dò la notizia per sicuro* je te donne la nouvelle pour sûre (*agg.*); *hanno dato per sicuro che arriverà in serata* ils certifient qu'il arrivera dans la soirée **2** [*luogo sicuro, esente da pericoli*] sécurité (*f.*): *qui siamo al sicuro* ici, nous sommes en sécurité # *ho messo i documenti al sicuro* j'ai mis les papiers en lieu sûr; *si è messo al sicuro* il s'est mis à l'abri; *crede di essere al sicuro da ogni accusa* il croit être à l'abri de toute accusation ◇ (*fig.*) *va, cammina sul sicuro* il marche sur un sol ferme, en terrain sûr **III** *avv.* [*sicuramente, senza dubbio*] bien sûr (*loc. inv.*): *'parteciperai?' 'sicuro!'* 'viendras-tu?' 'bien sûr!' ◇ *loc. avv.* DI SICURO sûrement *avv.*, certainement (*avv.*): *tornerà di sicuro domani* il reviendra sûrement, certainement demain; *verrà di sicuro anche lui* il viendra certainement lui aussi.
sicurtà |sikur'ta| *s.f. inv.* [*assicurazione*] assurance (*var.*): *polizza di sicurtà* police d'assurance.
side-car |'saidka:| *s.m. inv.* (*ingl.*) side-car (*var.*): *dei side-car* des side-cars.
sidecarista |saideka'rista| *s.* **1** conducteur* de side-car **2** passager* de side-car.
sideràle |side'rale| *agg.* (*astron.*) sidéral*
siderànte |side'rante| *agg.* (*med.*) sidérant.
siderazióne |siderat'tsjone| *s.f.* (*agr., med.*) sidération.
sidèreo |si'dɛreo| *agg.* → **siderale.**
siderìte |side'rite| *s.f.* (*miner.*) aimant *m.*, sidérose, sidérite (*arc.*).
sìder(o)- |'sider(o)| *pref.* **1** (*significa 'ferro', corrisponde gener. a*) sidér(o): *siderolitico* sidérolithique **2** (*significa 'astro, stella', corrisponde gener. a*) sidér(o): *siderostato* sidérostat.
siderografìa |siderogra'fia| *s.f.* sidérographie.
siderolite |sidero'lite| *s.f.* (*miner.*) sidérolit(h)e.
siderolitico, ci, ca, che |sidero'litiko, tʃi, ka, ke| *agg.* (*geol.*) sidérolit(h)ique.
sideroscòpio, i |sideros'kɔpjo, i| *s.m.* sidéroscope.
sideròsi |side'rɔzi| *s.f. inv.* (*med.*) sidérose *var.*
sideròstato |side'rɔstato| *s.m.* (*astron.*) sidérostat.
sideroxylon |sideroksi'lon| *s.m. inv.* (*t.bot.*) sidéroxylon *var.*
siderurgìa, gie |siderur'dʒia, dʒie| *s.f.* sidérurgie.
siderùrgico, ci, ca, che |side'rurdʒiko, tʃi, ka, ke| *agg.* sidérurgique: *l'industria siderurgica* l'industrie sidérurgique # *un operaio siderurgico* un ouvrier sidérurgiste, un métallurgiste, un métallo ♦ (*s.m.*) *un siderurgico* un sidérurgiste, un métallurgiste, un métallo (*corr.*).
siderurgista |siderur'dʒista| *s.m.* sidérurgiste.
sidrerìa |sidre'ria| *s.f.* [*fabbrica, cantina di sidro*] cidrerie.
sìdro |'sidro| *s.m.* [*vino di mele, pere*] cidre.
siemens |'zi:mǝns| *s.m. inv.* (*ted.*) (*fis.*) siemens.
sienìte |sje'nite| *s.f.* (*miner.*) syénite.
siepàglia |sje'paʎʎa| *s.f.* (*raro*) *haie touffue et broussailleuse.
sièpe |'sjepe| *s.f.* **1** [*riparo di piante, rami intorno a orti, campi, strade e sim.*] *haie: *siepe viva* haie vive; *siepe morta* haie morte, sèche; *una siepe di biancospino* une haie d'aubépines # *siepe anti-abbagliante* écran anti-éblouissement, écran planté ◇ (*sport*) *corsa siepi* course de haies, steeple-chase; (*atletica*) course de haies, steeple-chase *m.* **2** (*fig.*) [*massa, grande quantità*] haie.
sièrico, ci, ca, che |'sjɛriko, tʃi, ka, ke| *agg.* [*del siero*] sérique.
siero- |sjero| *pref.* (*significa 'siero', corrisponde gener. a*) séro: *sieroterapia* sérothérapie.
sièro |'sjɛro| *s.m.* **1** [*liquido che resta nella caldaia dopo la separazione del formaggio*] sérum, lactosérum **2** (*fisiol., med.*) sérum: *siero del sangue* sérum du sang; *siero immune* sérum immunisant; *un siero antivipera* un sérum antivenimeux; *il siero della verità* le sérum de vérité.
sieroalbumina |sjeroalbu'mina| *s.f.* (*biol.*) sérum-albumine.
sierodiàgnosi |sjero'djaɲɲozi| *s.f. inv.* (*med.*) sérodiagnostic *m. var.*
sieroglobulina |sjeroglobu'lina| *s.f.* (*biol.*) sérum-globuline.
sierologìa, gie |sjerolo'dʒia, dʒie| *s.f.* (*biol., med.*) sérologie.
sierològico, ci, ca, che |sje-

roˈlɔdʒiko, tʃi, ka, ke| *agg.* (*biol.*, *med.*) sérologique: *ricerche sierologiche* recherches sérologiques.

sieroprofilàssi |sjeroprofiˈlassi| *s.f. inv.* (*med.*) séroprophylaxie *var.*

sierósa |sjeˈrosa| *s.f.* (*anat.*) séreuse: *sierosa pleurica* séreuse pleurale.

sierosità |sjerosiˈta| *s.f. inv.* sérosité *var.*

sieróso |sjeˈroso| *agg.* séreux*: *cellule sierose* cellules séreuses.

sieroterapìa |sjeroteraˈpia| *s.f.* (*med.*) sérothérapie.

sieroteràpico, ci, ca, che |sjeroteˈrapiko, tʃi, ka, ke| *agg.* sérothérapique.

sierovaccinazióne |sjerovattʃinatˈtsjone| *s.f.* sérovaccination.

sièrra |ˈsjɛrra| *s.f.* (*sp.*) (*geogr.*) sierra.

sièsta |ˈsjɛsta| *s.f.* sieste.

siffattaménte |siffattaˈmente| *avv.* (*lett.*) → **talmente.**

siffàtto |sifˈfatto| *agg.* (*lett.*) [*così fatto, tale*] pareil* (*corr.*): *a una domanda siffatta non si risponde* à pareille question, on ne répond pas.

sifìlide |siˈfilide| *s.f.* (*med.*) syphilis → **lue.**

sifilìtico, ci, ca, che |sifiˈlitiko, tʃi, ka, ke| *agg.* (*med.*) syphilitique: *manifestazioni sifilitiche* manifestations syphilitiques ♦ (*s.*) *un sifilitico* un syphilitique.

sifilografìa |sifilograˈfia| *s.f.* syphiligraphie, syphilographie.

sifilògrafo |sifiˈlɔgrafo| *s.* syphiligraphe, syphilographe.

sifóne |siˈfone| *s.f.* **1** (*idraul.*, *tecnol.*) siphon ◇ (*per anal.*) *il sifone del barista* le siphon du barman **2** (*zool.*) siphon.

Sifonòfori |sifoˈnɔfori| *s.m. pl.* (*t. zool.*) Siphonophores.

Sifonomicèti |sifonomiˈtʃɛti| *s.m. pl.* (*t.bot.*) Siphomycètes.

sigaràia |sigaˈraja| *s.f.* **1** [*operaia di una manifattura di tabacco*] cigarière robeuse → **sigaraio 2** vendeuse de cigarettes.

sigaràio, i |sigaˈrajo, i| *s.* **1** ouvrier* de l'industrie du tabac, cigarière *f.* **2** → **rinchite.**

sigarétta |sigaˈretta| *s.f.* **1** cigarette: *sigaretta forte, leggera* cigarette forte, légère; *sigaretta con filtro* cigarette avec filtre, bout filtre (filtrant) # *mozzicone di sigaretta* mégot **2** (*fig.*) [*bobina di filo per cucire*] bobine.

sigarétto |sigaˈretto| *s.m.* cigarette *f.* enrobée dans une feuille de tabac.

sìgaro |ˈsigaro| *s.m.* cigare: *sigari toscani* cigares; *sigari avana* cigares de la Havane.

sigillàre |sidʒilˈlare| *v.tr.* **1** [*imprimere un sigillo, mettere i sigilli*] sceller: *sigillare un documento* sceller un document **2** [*chiudere con un sigillo*] cacheter (5); sceller: *sigillare una busta* cacheter une enveloppe ‖ *sigillare una botte* sceller un tonneau.

sigillària |sidʒilˈlarja| *s.f.* (*t.bot.*) sigillaire.

sigillatùra |sidʒillaˈtura| *s.f.* **1** [→ SIGILLARE 1] scellage *m.* **2** [→ SIGILLARE 2] cachetage *m.* **3** (*edil.*) scellement *m.*

sigìllo |siˈdʒillo| *s.m.* **1** [*impronta su materia molle spec. cera, metallo e sim., ottenuta con una matrice incisa in negativo*] cachet: *mettere, rompere un sigillo* apposer, briser un cachet, un scellé ◇ (*di re, di principe, di Stato*) sceau ◇ (*relig.*) *il sigillo sacramentale* le sceau de la confession ◇ (*fig.*) *ha il sigillo alle labbra* il a les lèvres cousues; il a un bœuf sur la langue (*pop.*); *gli ha messo il sigillo alle labbra* il lui a imposé le silence, il lui a mis un bœuf sur la langue **2** (*dir.*) scellés (*pl.*): *apporre i sigilli* mettre les scellés; *contraffazione, rimozione, violazione dei sigilli* falsification, levée, bris de scellés **3** (*t.bot.*) *sigillo di Salomone* sceau-de--Salomon → **poligonato.**

sigillografìa |sidʒillograˈfia| *s.f.* sigillographie.

sigillogràfico, ci, ca, che |sidʒilloˈgrafiko, tʃi, ka, ke| *agg.* sigillographique.

sìgla |ˈsigla| *s.f.* **1** sigle *m.*, indicatif (*m.*): *A.C.I. è la sigla dell'Automobile Club Italiano* A.C.I. est le sigle de l'Automobile Club Italien; *sigla automobilistica* sigle, indicatif de la province **2** *sigla musicale* [*breve brano musicale che introduce uno spettacolo*] indicatif **3** [*firma abbreviata*] initiales *pl.*; parafe *m.*, paraphe *m.*

siglàre |siˈglare| *v.tr.* **1** [*segnare con una sigla*] mettre (51) un sigle (à) **2** [*apporre la propria sigla*] parafer, parapher: *siglare un contratto* parafer, parapher un contrat.

siglàrio, i |siˈglarjo, i| *s.m.* recueil de sigles.

siglatùra |siglaˈtura| *s.f.* [→ SIGLARE] siglaison; apposition d'un sigle, d'un parafe.

sìgma |ˈsigma| *s.m. inv.* **1** (*lettera dell'alfabeto gr.*) sigma (*var.*) **2** (*anat.*) cavité *f. var.* sigmoïde.

sigmatìsmo |sigmaˈtizmo| *s.m.* (*med.*) sigmatisme.

sigmòide |sigˈmɔide|, **sigmoidèo** |sigmoiˈdɛo| *agg.* (*anat.*) sigmoïde: *colon sigmoideo* colon sigmoïde.

significànte |siɲɲifiˈkante| **I** *agg.* **1** [*dotato di significatività, di espressività*] significatif* **2** (*fig.*) [*rilevante, di notevole importanza*] appréciable, important: *un dato significante* un élément appréciable, important **II** *s.m.* (*ling.*) signifiant Ⓒ **I insignificante.**

significàre |siɲɲifiˈkare| *v.tr.* **1** (*parole, loc.*) [*avere un dato senso o significato*] signifier: *cosa significa questa parola?* que signifie ce mot? **2** [*essere indizio, segnale*] signifier: *il suo silenzio significa che non è d'accordo* son silence signifie qu'il n'est pas d'accord # *il verde significa speranza* le vert est symbole d'espérance; *significa che sta per partire* cela veut dire qu'il va partir ◇ (*fam.*) *che cosa significa questo chiasso?* qu'est-ce que tout ce bruit? **3** [*avere importanza, valore*] signifier: *non significa nulla* ça ne veut rien dire, ça ne signifie rien # *per lei quel figlio significa la vita* cet enfant, c'est sa vie (à elle); *vincere quel premio significa molto per lui* avoir ce prix, c'est très important pour lui.

significativaménte |siɲɲifikativaˈmente| *avv.* [→ SIGNIFICATIVO] d'une manière, d'une façon significative *loc. inv.*

significatività |siɲɲifikativiˈta| *s.f. inv.* [*il fatto di essere significativo*] signification *var.*

significatìvo |siɲɲifikaˈtivo| *agg.* significatif*.

significàto |siɲɲifiˈkato| *s.m.* **1** [*concetto, idea*] signification *f.*, sens: *il significato di una parola* la signification, le sens d'un mot; *un discorso privo di significato* un discours sans signification; *il significato di una occhiata* la signification d'un coup d'œil, un coup d'œil significatif ◇ [*senso*] sens: *significato proprio, figurato* sens propre, figuré **2** [*valore*] valeur (*f.*): *il suo rifiuto ha un significato polemico* son refus a une valeur polémique **3** [*importanza*] importance (*f.*): *il lavoro ha per lui un grande significato* le travail a pour lui une grande importance.

significazióne |siɲɲifikatˈtsjone| *s.f.* [→ SIGNIFICARE] signification.

signóra |siɲˈɲora| *s.f.* **1** (*forma allocutiva*) [*appellativo con cui ci si rivolge a una donna sposata*] madame*, dame: *la signora Bianchi* madame Bianchi; *la signora direttrice* madame la directrice; *la signora duchessa* madame la duchesse; *mi scusi, signora* pardon, Madame; *il suo vestito è pronto, signora* votre robe est prête, Madame; *di' grazie alla signora* dis: 'merci, Madame'; dis merci à la dame (*scherz.*); *giocare alle signore* jouer à la dame # *la signora maestra* l'institutrice ◇ (*in unione a un agg. dim.*, *rel.*, *art. indet.*, *art. partitivo*, *agg. numer.*) *quella signora è molto dinamica* cette dame est très dynamique; *la signora che è intervenuta nella discussione* la dame qui est intervenue dans la discussion; *una giovane, una vecchia signora* une jeune, une vieille femme ◇ (*nelle lettere*) *gentile Signora* (chère) Madame **2** [*moglie*] madame: *il professor Rossi e signora* Monsieur et Madame Rossi; *come sta la signora?* comment va Madame, votre femme?; *mi saluti la sua signora* mes hommages, s'il vous plaît, à votre épouse; présentez, je vous prie, mes hommages à Madame **3** (*gener.*) [*persona di sesso femminile*] dame: *parrucchiere per signora* coiffeur pour dames; *'toilette' per signore* toilettes pour dames **4** [*padrona di casa*] madame: *la signora è uscita* madame est sortie **5** (*st.*, *lett.*) [*padrona, dominatrice*] dame: *la signora del castello* la dame du château # *Venezia, la signora dei mari* Venise, la reine des mers ◇ (*eccl.*) *Nostra Signora della Guardia* Notre--Dame de la Garde ◇ [*datrice di lavoro*] patronne, directrice **6** [*donna ricca, di condizione agiata*] dame riche: *fa la signora, vive da signora* elle vit comme une dame (riche), comme une princesse **7** [*donna di elevata condizione sociale, dai gusti signorili e raffinati*] dame: *è una vera signora!* c'est une vraie dame! # *una signora non usa certe espressioni* c'est un langage qu'une femme n'emploie pas.

signoràggio, i |siɲɲoˈraddʒo, i| *s.m.* (*st.*) seigneuriage.

signóre |siɲˈɲore| *s.m.* **1** (*forma allocutiva*) [*appellativo con cui ci si rivolge a un uomo adulto*] monsieur*: *il signor Bianchi* monsieur Bianchi; *il signore che parla* le monsieur qui parle; *ti cerca un signore* un monsieur te demande; *il signore è servito* Monsieur est servi; *il signore desidera?* Monsieur désire?; *lo conosci quel signore?* le connais-tu, ce monsieur?; *il signor Tal dei Tali* monsieur Un tel (Untel); *i signori Rossi* messieurs Rossi; *signore e signori*

Mesdames et Messieurs # *il signor dottore* le docteur; *i signori telespettatori* les téléspectateurs ◇ (*nelle lettere*) *Egregio Signore* (cher) Monsieur **2** [*padrone di casa*] monsieur: *il signore presso il quale lavora* le monsieur chez qui elle travaille **3** (*st.*) [*padrone, dominatore*] seigneur: *il giovin signore* le jeune seigneur; *i Medici erano (i) signori di Firenze* les Médicis étaient (les) seigneurs de Florence # *signore feudale* suzerain ◇ (*scherz.*) *il mio signore e padrone* mon seigneur et maître **4** (*per anton.*) [*Dio, Gesù Cristo*] Seigneur: *Nostro Signore Gesù Cristo* Notre Seigneur Jésus-Christ; *il Signore ti aiuti!* que le Seigneur te vienne en aide!; *nella pace del Signore!* dans la paix du Seigneur! **5** [*uomo ricco, di condizione agiata*] riche: *i poveri e i signori* les pauvres et les riches; *se fossi un signore...* si j'étais riche... # *fa la vita da signore* il mène la bonne vie **6** [*uomo dai modi signorili e raffinati*] monsieur, gentleman*: *è un vero signore!* c'est un vrai monsieur, un vrai gentleman ◇ (*iron.*) *a quel signore dirò il fatto suo!* je vais lui dire ma façon de penser!, à ce (petit) monsieur-là! **7** *al plur.* [*persone di sesso diverso*] (*uomini e donne*) messieurs (et) dames: *servite subito i signori* servez tout de suite ces messieurs (et) dames ◇ (*signore e signori*) mesdames, messieurs: *come lor signori sanno* comme vous le savez, Mesdames et Messieurs **8** (*enf.*) [*ammirevole per bellezza, eccellenza*] dandy: *un signore ben vestito* un dandy.

signoreggiaménto |siɲɲoreddʒa'mento| *s.m.* [*il dominare su*] domination *f.*

signoreggiàre |siɲɲored'dʒare| **A** *v.tr.* **1** [*dominare, tenere sotto la propria autorità*] dominer: *signoreggiare un paese* dominer un pays **2** (*fig.*) [*tenere a freno*] dominer: *signoreggiare le passioni* dominer ses passions **B** *v. intr.* (*aus.* '*avere*') [*esercitare un dominio, un'autorità*] dominer.

signorìa |siɲɲo'ria| *s.f.* **1** [*dominio, potere assoluto*] pouvoir *m.* # *avere in signoria un paese* dominer un pays ◇ (*fig.*) *essere in signoria di qc.* être au pouvoir de qqn. **2** (*st. mediev.*) seigneurie **3** (*ant.*) [*titolo di onore attribuito a persona autorevole*] *Sua Signoria* Votre Seigneurie.

signorìle |siɲɲo'rile| *agg.* **1** *un appartamento signorile* un bel appartement, un appartement de grand standing; *un quartiere signorile* un quartier résidentiel; *albergo con trattamento signorile* hôtel avec service de premier ordre **2** [*distinto*] distingué: *i suoi modi signorili* ses façons distinguées, sa distinction # *educazione signorile* éducation brillante.

signorilità |siɲɲorili'ta| *s.f. inv.* [*il fatto di essere signorile*] distinction *var.* # *signorilità di modi* manières distinguées.

signorilménte |siɲɲoril'mente| *avv.* [→ SIGNORILE 2] avec distinction *loc. inv.*

signorìna |siɲɲo'rina| *s.f.* **1** (*forma allocutiva*) [*appellativo con cui ci si rivolge a una donna non sposata*] mademoiselle*: *la signorina Bianchi* mademoiselle Bianchi; *buongiorno, signorina* bonjour, Mademoiselle; *permette, signorina?* vous permettez, Mademoiselle?; *è signora o signorina?* madame ou mademoiselle?; êtes-vous mariée ou non? # *la signorina maestra* l'institutrice; *il nome da signorina* le nom de jeune fille; *è rimasta signorina* elle est restée célibataire, fille; *la signorina del bambino* la nurse, la gouvernante; *le signorine del telefono* les demoiselles du téléphone ◇ (*in unione a un agg. dim., rel., art. indet., art. partitivo, agg. numer.*) demoiselle, jeune fille: *quella signorina è all'ufficio informazioni* cette demoiselle est au bureau des renseignements; *la signorina che ti ha risposto è la segretaria* la jeune fille qui t'a répondu est la secrétaire; *una signorina ti ha cercato* une jeune fille voulait te parler **2** [*ragazza, donna giovane non sposata*] jeune fille: *un romanzo per signorine* un roman pour jeunes filles; *giovanotti e signorine* jeunes gens et jeunes filles ◇ (*scherz.*) *beh, signorina, la smettiamo di fare i capricci?* eh bien! Mademoiselle, avez-vous fini de faire des caprices? **3** [*padroncina di casa*] mademoiselle: *la signorina non è in casa* Mademoiselle n'est pas à la maison.

signorìno |siɲɲo'rino| *s.m.* **1** (*arc.*) (*forma allocutiva*) [*appellativo con cui il personale di servizio o dipendente si rivolge al figlio del padrone*] monsieur: *il signorino è uscito* Monsieur est sorti **2** (*iron.*) [*giovanetto delicato, difficile a contentare*] monsieur: *il signorino vuol fare colazione a letto!* monsieur veut-il prendre son petit déjeuner au lit!

signornò |siɲɲor'nɔ| *loc. avv.* (*mil.*) non, mon capitaine; non, mon général, ecc. ◇ (*mar. mil.*) non, lieutenant; non, capitaine, etc.

signoróne |siɲɲo'rone| *s.m.* grand seigneur.

signoròtto |siɲɲo'rɔtto| *s.m.* [*signore di secondaria importanza, di una modesta proprietà*] petit seigneur # *un signorotto di campagna* un *hobereau.

signorsì |siɲɲor'si| *loc. avv.* (*mil.*) oui, mon capitaine, mon général, etc... ◇ (*mar. mil.*) oui, lieu-tenant; oui, capitaine, etc.

sil |sil| *s.m. inv.* (*arts.*) sil *var.*

silàggio, i |si'laddʒo, i| *s.m.* ensilage → **insilamento.**

silène |si'lɛne| *s.f.* (*t.bot.*) silène *m.*

silènte |si'lɛnte| *agg.* (*lett.*) [*silenzioso, tacito*] silencieux* (*corr.*).

silenziàre |silen'tsjare| *v.tr.* **1** → **zittire** **2** (*tecnol.*) [*rendere più silenzioso un meccanismo*] munir d'un silencieux.

silenziàrio, i |silen'tsjarjo, i| *s.m.* silentiaire.

silenziatóre |silentsja'tore| *s.m.* (*tecnol.*) silencieux.

silènzio, i |si'lɛntsjo, i| *s.m.* **1** silence: *il silenzio della notte* le silence de la nuit; *zona del silenzio* zone de silence; *fate silenzio!* (faites) silence!; *la cosa è passata sotto silenzio* la chose est passée sous silence; *gli hanno imposto il silenzio* ils lui ont imposé (le) silence; *lo hanno ridotto al silenzio* ils l'ont réduit au silence # *l'avvenimento è caduto nel silenzio più assoluto* l'événement est tombé dans l'oubli le plus absolu ◇ (*mar., mil.*) *silenzio radio* silence radio ◇ (*fig.*) *un silenzio di tomba* un silence de mort ◇ (*prov.*) *il silenzio è d'oro* le silence est d'or **2** (*mil.*) extinction *f.* des feux.

silenziosaménte |silentsjosa'mente| *avv.* [→ SILENZIOSO] silencieusement.

silenziosità |silentsjosi'ta| *s.f. inv.* [*il fatto di essere silenzioso, di far poco rumore*] silence *m. var.*

silenzióso |silen'tsjoso| *agg.* **1** [*che sta in silenzio, che non parla*] silencieux* ◇ (*fig.*) *una protesta silenziosa* une protestation silencieuse **2** [*che non fa rumore, che fa poco rumore*] silencieux: *un motore silenzioso* un moteur silencieux.

sìlfa |'silfa| *s.f.* (*t.zool.*) silphe *m.*

sìlfide |'silfide| *s.f.* **1** (*mitol.*) sylphide **2** (*fig.*) [*donna molto snella, agile*] sylphide.

sìlfio, i |'silfjo, i| *s.m.* (*t.bot.*) silphium.

sìlfo |'silfo| *s.m.* (*mitol.*) sylphe.

'silhouette' |silwɛt| *s.f. inv.* silhouette (*var.*): *una 'silhouette' in china* une silhouette à l'encre de Chine; *quella ragazza ha una magnifica 'silhouette'* cette jeune fille a une ravissante silhouette.

silicàto |sili'kato| *s.m.* (*chim., miner.*) silicate.

sìlice |'silitʃe| *s.f.* (*miner.*) silice.

silìceo |si'litʃeo| *agg.* (*miner.*) siliceux*: *rocce silicee* roches siliceuses.

silìcico, ci, ca, che |si'litʃiko, tʃi, ka, ke| *agg.* (*chim.*) silicique.

silicìcolo |sili'tʃikolo| *agg.* (*bot.*) silicicole.

silìcio, i |si'litʃo, i| *s.m.* (*chim., miner.*) silicium.

siliciùro |sili'tʃuro| *s.m.* (*chim.*) siliciure.

silicizzàre |silitʃid'dzare| *v.tr.* (*chim.*) [*provocare un processo di arricchimento in silice di rocce di diversa composizione*] silicifier.

silicizzazióne |silitʃiddzat'tsjone| *s.f.* (*chim.*) silicification.

silicóne |sili'kone| *s.m.* (*chim.*) silicone *f.*

silicòsi |sili'kɔzi| *s.f. inv.* (*med.*) silicose *var.*

silicòtico, ci, ca, che |sili'kɔtiko, tʃi, ka, ke| *agg.* (*med.*) silicotique ✦ (*s.*) *un silicotico* un silicotique.

sìliqua |'silikwa| *s.f.* (*bot.*) silique.

siliquétta |sili'kwetta| *s.f.* (*bot.*) silicule.

sìllaba |'sillaba| *s.f.* **1** (*ling.*) syllabe: *dividere una parola in sillabe* diviser un mot en syllabes **2** (*fig.*) [*parola*] mot (*m.*): *non dire, proferire una sillaba* ne dis pas un (seul) mot; *ascoltava senza perdere una sillaba* il écoutait sans perdre un (seul) mot; *non ho capito una sillaba* je n'ai pas entendu un traître mot; *non devi cambiare una sillaba* tu ne dois pas changer un mot; il n'y a pas un mot à changer.

sillabàre |silla'bare| *v.tr.* **1** [*dividere in sillabe*] diviser en syllabes **2** [*proferire le parole staccando le sillabe*] articuler séparément.

sillabàrio, i |silla'barjo, i| *s.m.* abécédaire, syllabaire (*arc.*).

sillabazióne |sillabat'tsjone| *s.f.* [→ SILLABARE] syllabation.

sillabicaménte |sillabika'mente| *avv.* [→ SILLABICO] par syllabes *loc. inv.*

sillàbico, ci, ca, che |sil'labiko, tʃi, ka, ke| *agg.* syllabique.

sillabìsmo |silla'bizmo| *s.m.* syllabisme.

sìllabo |'sillabo| *s.m.* **1** (*eccl.*) syl-

labus, le Syllabus *loc. inv.* **2** (*raro*) [*indice, sommario*] liste *f.* (*corr.*).
sillèssi |sil'lɛssi| *s.f. inv.* (*gram.*) syllepse *var.*
sillèttico, ci, ca, che |sil'lɛttiko, tʃi, ka, ke| *agg.* (*gram.*) sylleptique.
sillio, i |'silljo, i| *s.m.* → **psillio.**
silloge |'sillodʒe| *s.f.* (*lett.*) [*collezione, raccolta di brani e documenti*] recueil *m.* (*corr.*).
sillogismo |sillo'dʒizmo| *s.m.* (*filos.*) syllogisme.
sillogistica, che |sillo'dʒistika, ke| *s.f.* (*filos.*) syllogistique.
sillogisticaménte |sillodʒistika'mente| *avv.* [→ SILLOGISTICO] par syllogismes *loc. inv.*
sillogistico, ci, ca, che |sillo'dʒistiko, tʃi, ka, ke| *agg.* (*filos.*) syllogistique.
sillogizzàre |sillodʒid'dzare| **A** *v. tr.* [*dedurre per sillogismi, esporre sotto forma di sillogismo*] argumenter par syllogisme **B** *v.intr.* (*aus.* '*avere*') **1** [*argomentare con sillogismi*] argumenter, raisonner par syllogismes **2** (*fig.*) [*ragionare sottilmente*] subtiliser.
sìlo |'silo| *s.m.* silo: *sili agricoli, industriali* silos agricoles, industriels.
silòfago, gi, ga, ghe |si'lɔfago, dʒi, ga, ge| *agg.* (*animali*) [*che si nutre di legno*] xylophage.
silofonìsta |silofo'nista| *s.* joueur* de xylophone.
silòfono |si'lɔfono| *s.m.* (*mus.*) xylophone.
silografìa |silogra'fia| *s.f.* **1** xylographie: *la tecnica, l'arte della silografia* la technique, l'art de la xylographie **2** [*la stampa ottenuta con tale tecnica*] xylographie.
silogràfico, ci, ca, che |silo'grafiko, tʃi, ka, ke| *agg.* xylographique; de la xylographie (*loc. inv.*): *procedimento silografico* procédé xylographique ‖ *l'arte silografica* l'art de la xylographie.
silògrafo |si'lɔgrafo| *s.m.* [*autore di silografie*] xylographe.
silologìa, gie |silolo'dʒia, dʒie| *s.f.* xylologie.
silòmetro |si'lɔmetro| *s.m.* (*mar.*) sillomètre.
silumìn |silu'min| *s.m. inv.* (*metall.*) alpax (*nome depositato*).
siluraménto |silura'mento| *s.m.* **1** [→ SILURARE 1] torpillage **2** [→ SILURARE 2] limogeage (*fam.*) **3** [→ SILURARE 3] torpillage.
silurànte |silu'rante| *agg.* (*aer., mar. mil.*) torpilleur *s.m.* ✦ (*s.f.*) *una silurante* un torpilleur *m.*
siluràre |silu'rare| *v.tr.* **1** [*colpire con uno o più siluri*] torpiller: *silurare una nave* torpiller un navire **2** (*fig.*) [*allontanare da un posto di prestigio*] limoger (3) (*fam.*): *hanno silurato un alto funzionario* ils ont limogé un haut fonctionnaire **3** [*far fallire, far naufragare*] torpiller: *silurare una proposta di legge* torpiller une proposition de loi.
siluràta |silu'rata| *s.f.* [→ SILURARE 2] limogeage *m.*
siluriàno |silu'rjano|, **silùrico, ci, ca, che** |si'luriko, tʃi, ka, ke| *agg.* (*geol.*) silurien* ✦ (*s.m.*) *il siluriano* le silurien.
silurifìcio, i |siluri'fitʃo, i| *s.m.* (*mar. mil.*) fabrique *f.*, usine *f.* de torpilles.
siluripèdio, i |siluri'pɛdjo, i| *s.m.* (*mar. mil.*) torpillerie *f.*
silurìsta |silu'rista| *s.m.* [*marinaio, militare specializzato in siluri*] torpilleur (*arc.*).
silùro |si'luro| *s.m.* **1** (*mar. mil.*) torpille (*f.*): *siluro acustico, aereo, magnetico* torpille acoustique, aérienne, magnétique **2** (*t.zool.*) *siluro d'Europa* silure.
siluròtto |silu'rɔtto| *s.m.* (*mar.*) (petite) torpille *f.*
silvàno |sil'vano| *agg.* des forêts *loc. inv.*, des bois *loc. inv.*
silvèstre |sil'vɛstre| *agg.* **1** des bois *loc. inv.*, sylvestre: *fauna silvestre* faune des bois; *pino silvestre* pin sylvestre **2** (*fig.*) [*selvatico, selvaggio*] sauvage.
silvia |'silvja| *s.f.* **1** (*t.bot.*) sylvie **2** (*t.zool.*) fauvette.
silvìcolo |sil'vikolo| *agg.* sylvicole.
silvicultùra |silvikul'tura| *e deriv.* → **selvicoltura** *e deriv.*
silvinìte |silvi'nite| *s.f.* (*miner.*) sylvinite.
sima |'sima| *s.m.* (*geol.*) sima.
simarùba |sima'ruba| *s.f.* (*t.bot.*) simaruba *m.*
Simarubàcee |simaru'batʃee| *s.f. pl.* (*t.bot.*) Simarubacées.
simbiónte |sim'bjonte| *s.m.* (*biol.*) symbiote *s.*
simbiòsi |simbi'ɔzi, sim'bjɔzi| *s.f. inv.* **1** (*biol.*) symbiose *var.* **2** (*fig.*) [*stretto rapporto fra cose, fatti e persone diverse*] symbiose: *simbiosi fra storia e filosofia* symbiose entre histoire et philosophie.
simbiòtico, ci, ca, che |sim'bjɔtiko, tʃi, ka, ke| *agg.* (*biol.*) symbiotique.
simboleggiaménto |simboleddʒa'mento| *s.m.* [→ SIMBOLEGGIARE] symbolisation *f.*
simboleggiàre |simboled'dʒare| *v.tr.* [*rappresentare in modo simbolico, esprimere per mezzo di simboli*] symboliser: *la colomba simboleggia la pace* la colombe symbolise la paix.
simbòlica, che |sim'bɔlika, ke| *s.f.* symbolique → **simbologia.**
simbolicaménte |simbolika'mente| *avv.* [→ SIMBOLICO] symboliquement.
simbolicità |simbolitʃi'ta| *s.f. inv.* caractère *m. var.* symbolique.
simbòlico, ci, ca, che |sim'bɔliko, tʃi, ka, ke| *agg.* symbolique: *valore simbolico* valeur symbolique; *un gesto, un dono simbolico* un geste, un don symbolique.
simbolìsmo |simbo'lizmo| *s.m.* **1** symbolisme: *il simbolismo di un rito religioso* le symbolisme d'un rite religieux **2** [*uso sistematico di simboli*] symbolisme: *simbolismo matematico, musicale* symbolisme mathématique, musical **3** (*psicol.*) symbolisme **4** (*st., arts.*) symbolisme: *il simbolismo di Mallarmé* le symbolisme de Mallarmé.
simbolìsta |simbo'lista| *s.* symboliste: *i simbolisti dell'Ottocento* les symbolistes du XIXe siècle.
simbolìstico, ci, ca, che |simbo'listiko, tʃi, ka, ke| *agg.* [*del simbolismo, proprio dei simbolisti*] symboliste.
simbolizzàre |simbolid'dzare| *v. tr.* [*attribuire un valore simbolico*] symboliser: *simbolizzare la realtà* symboliser la réalité.
simbolizzazióne |simbolidddzat'tsjone| *s.f.* symbolisation.
sìmbolo |'simbolo| *s.m.* **1** symbole: *il verde è il simbolo della speranza* le vert est le symbole de l'espérance **2** [*segno grafico cui è attribuito un determinato valore e significato convenzionale*] symbole: *simboli matematici, musicali* symboles mathématiques, musicaux.
simbologìa, gie |simbolo'dʒia, dʒie| *s.f.* **1** [*scienza, studio dei simboli*] symbolique **2** [*sistemi di simboli*] symbolique.
Simbranchifórmi |simbranki'formi| *s.m. pl.* (*t.zool.*) Symbranchiformes.
Sìmidi |'simidi| *s.m. pl.* (*t.zool.*) Simiens.
simigliàre |simiʎ'ʎare| *e deriv.* → **somigliare** *e deriv.*
similàre |simi'lare| *agg.* similaire.
similargènto |similar'dʒɛnto| *s.m.* argent faux.
similarità |similari'ta| *s.f. inv.* similarité *var.*
sìmile |'simile| **I** *agg.* **1** [*somigliante; tale, di tal fatta*] semblable (*gener. posposto*); presque le même (*preposto*); pareil* (*gener. preposto*): *hanno abitudini simili* ils ont des habitudes semblables; *hanno gusti simili* ils ont des goûts semblables ‖ *hanno un'espressione simile* ils ont presque la même expression ‖ *non mi sarei aspettato un'azione simile da lui* je ne l'aurais pas cru capable d'une pareille action; *non ho mai detto una cosa simile* je n'ai jamais dit une chose pareille; *non si può svegliare la gente a un'ora simile* on ne peut réveiller les gens à pareille heure # *non voglio avere a che fare con gente simile* je ne veux pas avoir affaire à de telles gens; *non me la sento di fare una figura simile!* je ne me sens pas le courage d'affronter ce ridicule! **2** [*somigliante a; che presenta parziale identità con*] semblable: *quell'albero è simile a una quercia* cet arbre est semblable à un chêne; *un caso simile al tuo è accaduto anche a me* un cas semblable au tien m'est arrivé **3** (*geom.*) semblable: *triangoli simili* triangles semblables **II** *s.m.* **1** [*cosa, fatto, situazione sim.*] *non ho mai visto niente di simile* je n'ai jamais rien vu de semblable; *vende pitture, coloranti e simili* il vend de la peinture, des matières colorantes et autres produits similaires; *ha passione per la musica, la danza e simili* il est fou de musique, de danse, et de (d'autres) choses de ce genre **2** *spec. al plur.* [*individuo sim.; il prossimo, gli uomini*] semblables: *bisogna rispettare i propri simili* il faut respecter ses semblables ◇ (*prov.*) *ogni simile ama il suo simile* qui se ressemble s'assemble.
similitùdine |simili'tudine| *s.f.* **1** (*mat.*) similitude **2** (*retorica*) similitude **3** (*raro, lett.*) → **somiglianza.**
similizzàre |similid'dzare| *v.tr.* (*tess.*) [*trattare per similizzazione*] similiser.
similizzazióne |similiddzat'tsjone| *s.f.* (*tess.*) similisage *m.*
similménte |simil'mente| *avv.* [→ SIMILE I 1] de la même façon *loc. inv.*, de même *loc. inv.*
similòro |simi'lɔro| *s.m.* (*metall.*) similor.

similpèlle |simil'pɛlle| *s.f. inv.* (*tecnol.*) synderme *m. var.*, moleskine *var.*
simmetrìa |simme'tria| *s.f.* **1** symétrie **2** (*scient.*, *tecnol.*) symétrie: *simmetria radiale*, *geometrica* symétrie radiale, géométrique.
simmetricaménte |simmetrika'mente| *avv.* [→ SIMMETRICO] symétriquement.
simmètrico, ci, ca, che |sim'mɛtriko, tʃi, ka, ke| *agg.* symétrique ◇ (*mat.*) *funzione simmetrica* fonction symétrique.
simonìa |simo'nia| *s.f.* (*dir. canonico*) simonie.
simonìaco, ci, ca, che |simo'niako, tʃi, ka, ke| *agg.* simoniaque: *atti simoniaci* actes simoniaques ◆ (*s.m.*) *un simoniaco* un simoniaque.
simpamìna |simpa'mina| *s.f.* (*marchio depositato*) sympamine.
simpatectomìa |simpatekto'mia| *s.f.* (*chir.*) sympathectomie.
simpatètico, ci, ca, che |simpa'tɛtiko, tʃi, ka, ke| *agg.* en harmonie (avec) *loc. inv.*
simpatìa |simpa'tia| *s.f.* **1** sympathie: *è un tipo che ispira simpatia* c'est un type qui inspire la sympathie; *nel giudicare non bisogna andare a simpatie* quand on juge, il faut faire abstraction de toute sympathie personnelle # *è uno che va a simpatie* c'est quelqu'un qui a ses têtes (*fam.*); *una persona di una simpatia eccezionale* une personne très sympathique *agg.* ◇ (*med.*) sympathie **2** (*fis.*) sympathie Ⓒ 1 **antipatia**.
simpaticaménte |simpatika'mente| *avv.* **1** [→ 1 SIMPATICO 1] sympathiquement **2** [→ 1 SIMPATICO 3] agréablement.
1 **simpàtico, ci, ca, che** |sim'patiko, tʃi, ka, ke| *agg.* **1** sympathique: *una persona simpatica* une personne sympathique; *le sei riuscito simpatico* tu lui as été sympathique ◆ (*s.*) *un simpatico* une personne *f.* sympathique *agg.* **2** *inchiostro simpatico* encre sympathique **3** [*grazioso, gradevole*] agréable, joli: *una vacanza simpatica* des vacances agréables; *un vestitino simpatico* une jolie petite robe Ⓒ 1 **antipatico.**
2 **simpàtico, ci, ca, che** |sim'patiko, tʃi, ka, ke| *agg.* (*anat.*) sympathique ◆ (*s.m.*) *il simpatico* le sympathique.
simpaticóne |simpati'kone| *s.* (*fam.*) personne *f.* très sympathique.
simpaticotonìa |simpatikoto'nia| *s.f.* (*med.*) sympathicotonie.
simpaticotonìsmo |simpatikoto'nizmo| *s.m.* → **simpaticotonia.**
simpatizzànte |simpatid'dzante| *agg.* [*che simpatizza per un partito, un movimento, un programma*] sympathisant # *un gruppo simpatizzante per il nuovo programma* un groupe favorable au nouveau programme ◆ (*s.*) *un simpatizzante* un sympathisant.
simpatizzàre |simpatid'dzare| *v. intr.* (*aus.* '*avere*') **1** [*entrare in rapporto di reciproca simpatia*] sympathiser: *hanno simpatizzato subito* ils ont sympathisé tout de suite **2** [*avere affinità di idee, opinioni con persone, movimenti, ideologie*] sympathiser # *simpatizza per un nuovo gruppo politico* il est sympathisant d'un nouveau groupe politique.
simpètalo |sim'pɛtalo| *agg.* (*bot.*) gamopétale.
simplèsso |sim'plɛsso| *s.m.* (*mat.*) simplexe.
simplèttico, ci, ca, che |sim'plɛttiko, tʃi, ka, ke| *agg.* (*scient.*) symplectique.
simplex |'simpleks| *s.m. inv.* (*lat.*) (*informatica*) simplex.
simpodiàle |simpo'djale|, **simpòdico, ci, ca, che** |sim'pɔdiko, tʃi, ka, ke| *agg.* de sympode *loc.*
simpòdio, i |sim'pɔdjo, i| *s.m.* (*bot.*) sympode.
simposiàrca, chi |simpo'zjarka, ki|, **simposiàrco, chi** |simpo'zjarko, ki| *s.m.* symposiarque.
simpòsio, i |sim'pɔzjo, i| *s.m.* **1** (*st. gr., rom.*) symposium **2** (*lett.*) → **banchetto 3** [*convegno specialistico, di esperti, di breve durata*] symposium.
simulàcro |simu'lakro| *s.m.* **1** [*statua, rappresentazione scultoria*] idole *f.*, image (*f.*): *un simulacro bronzeo* une idole de bronze **2** (*fig.*, *lett.*) [*parvenza esteriore, apparenza superficiale*] simulacre: *un simulacro di libertà* un simulacre de liberté.
simulaménto |simula'mento| *s.m.* → **simulazione.**
simulàre |simu'lare| *v.tr.* **1** [*fingere, cercare di far credere a sentimenti e intenzioni che in realtà non si hanno*] simuler: *simulare un reato* simuler un délit; *simulare una malattia* simuler une maladie # *simula affetto, in realtà è solo interesse* il feint l'affection, en réalité il est intéressé **2** (*scient.*, *tecnol.*) [*riprodurre artificialmente particolari condizioni ambientali, fisiche e chimiche*] simuler: *simulare un volo* simuler un vol.
simulataménte |simulata'mente| *avv.* **1** [→ SIMULATO] avec simulation *loc. inv.* **2** [*falsamente*] faussement.
simulàto |simu'lato| *agg.* simulé ◇ (*dir.*) *vendita simulata* vente simulée.
simulatóre, trice |simula'tore, tritʃe| *s.* simulateur*: *quell'individuo è un simulatore* cet individu est un simulateur ◇ (*scient.*) *simulatore di assenza di gravità* simulateur d'absence de gravité; *simulatore di volo* simulateur de vol.
simulatòrio, i |simula'tɔrjo, i| *agg.* (*lett.*) [*di simulazione; fatto con simulazione*] trompeur* (*corr.*).
simulazióne |simulat'tsjone| *s.f.* [→ SIMULARE] simulation.
simùlio, i |si'muljo, i| *s.m.* (*t.zool.*) simulie *f.*
simultaneaménte |simultanea'mente| *avv.* [→ SIMULTANEO] simultanément.
simultaneìsmo |simultane'izmo| *s.m.* (*st. letter.*) simultanéisme.
simultaneìsta |simultane'ista| *s.* simultanéiste.
simultaneità |simultanei'ta| *s.f. inv.* simultanéité (*var.*): *la simultaneità di due avvenimenti* la simultanéité de deux événements.
simultàneo |simul'taneo| *agg.* simultané: *moto simultaneo* mouvement simultané; *traduzione simultanea* traduction simultanée.
simùn |si'mun| *s.m. inv.* simoun *var.*
sinagòga, ghe |sina'gɔga, ge| *s.f.* synagogue.
sinaìtico, ci, ca, che |sina'itiko, tʃi, ka, ke| *agg.* sinaïtique.
sinalèfe |sina'lɛfe| *s.f.* (*metr.*, *ling.*) synalèphe.
sinallàgma |sinal'lagma| *s.m.* (*dir.*) contrat synallagmatique.
sinallagmàtico, ci, ca, che |sinallag'matiko, tʃi, ka, ke| *agg.* (*dir.*) synallagmatique.
sinantèrico, ci, ca, che |sinan'tɛriko, tʃi, ka, ke| *agg.* (*bot.*)] synanthéré.
sinàntropo |si'nantropo| *s.m.* (*paleont.*) sinanthrope.
sinàpsi |si'napsi| *s.f. inv.* (*med.*) synapse *var.*
sinartròsi |sinar'trɔzi| *s.f. inv.* (*med.*) synarthrose *var.*
sinàsi |si'nazi| *s.f. inv.* (*biol.*, *chim.*) synase *var.*
sinàssi |si'nassi| *s.f. inv.* (*st. crist.*) synaxe *var.*
sinattantoché |sinattanto'ke| *cong.* → **finché.**
sincàrpo |sin'karpo| *s.m.* (*bot.*) syncarpe.
sinceraménte |sintʃera'mente| *avv.* [→ SINCERO 1] sincèrement.
sinceràre |sintʃe'rare| **A** *v.tr.* (*raro*, *lett.*) [*rendere certo, convinto, persuaso*] assurer (*corr.*) (qqn. de la vérité de qqch.) **B** *v.pron. rifl.* SINCERARSI [*accertarsi, assicurarsi*] s'assurer: *mi voglio sincerare del fatto* je veux m'assurer du fait.
sincerità |sintʃeri'ta| *s.f. inv.* **1** sincérité (*var.*): *ti parlo in tutta sincerità* je te parle en toute sincérité **2** (*raro*) → **autenticità.**
sincèro |sin'tʃɛro| *agg.* **1** sincère: *dammi una risposta sincera* donne-moi une réponse sincère; *sinceri auguri* mes vœux les plus sincères; *sincere congratulazioni* sincères félicitations; *sinceri saluti* mes sincères salutations # *voglio essere sincero* je veux être franc **2** [*schietto, genuino*] pur: *un vino sincero* un vin pur Ⓒ 1 **bugiardo 1.**
sinché |sin'ke| *cong.* → **finché.**
sincinesìa |sintʃine'zia| *s.f.* (*med.*) syncinésie.
sincipitàle |sintʃipi'tale| *agg.* (*anat.*) sincipital*.
sincìpite |sin'tʃipite| *s.m.* (*anat.*) sinciput.
sincìzio, i |sin'tʃittsjo, i| *s.m.* (*biol.*) syncytium.
sinclinàle |sinkli'nale| *s.f.* (*geol.*) synclinal* *m.*
sincondròsi |sinkon'drɔzi| *s.f. inv.* (*anat.*) synchondrose *var.*
sincopàle |sinko'pale| *agg.* (*med.*) syncopal*: *crisi sincopale* crise syncopale.
sincopàre |sinko'pare| *v.tr.* **1** (*ling.*) [*determinare una sincope*] syncoper **2** (*mus.*) [*adottare il procedimento delle sincopi*] syncoper: *sincopare un ritmo* syncoper un rythme.
sincopataménte |sinkopata'mente| *avv.* [→ SINCOPATO] d'une, de manière syncopée *loc. inv.*
sincopàto |sinko'pato| *agg.* (*ling.*, *mus.*) syncopé.
sìncope |'sinkope| *s.f.* (*ling.*, *mus.*, *med.*) syncope.
sincràsi |sin'krazi| *s.f. inv.* (*ling.*) contraction *var.*
sincrètico, ci, ca, che |sin'krɛtiko, tʃi, ka, ke| *agg.* (*filos.*, *ling.*, *relig.*) syncrétique.
sincretìsmo |sinkre'tizmo| *s.m.* (*ling.*, *filos.*, *relig.*) syncrétisme.
sincretìsta |sinkre'tista| *s.* syncrétiste.
sincretìstico, ci, ca, che |sinkre'tistiko, tʃi, ka, ke| *agg.* (*ling.*, *filos.*, *relig.*) syncrétiste.

sincrociclotróne |sinkrotʃiklo'trone| *s.m.* (*fis. nucl.*) synchrocyclotron.

sincronìa |sinkro'nia| *s.f.* **1** (*ling.*) synchronie **2** (*scient.*) synchronie ◇ *loc. corr.* IN SINCRONIA en synchronie: *movimenti che si svolgono in sincronia* mouvements qui se font en synchronie.

sincrònico, ci, ca, che |sin'krɔniko, tʃi, ka, ke| *agg.* **1** (*ling.*) synchronique **2** → **sincrono.**

sincronìsmo |sinkro'nismo| *s.m.* synchronisme: *sincronismo di interventi, di movimenti* synchronisme d'interventions, de mouvements ◇ (*cine.*) *sincronismo di suoni, di immagini* synchronisme de sons, d'images ◇ (*fis.*) *sincronismo di due fenomeni periodici* synchronisme de deux phénomènes périodiques.

sincronìstico, ci, ca, che |sinkro'nistiko, tʃi, ka, ke| *agg.* (*raro*) [*che si verifica in sincronismo*] synchrone (*corr.*).

sincronizzàre |sinkronid'dzare| *v.tr.* [*rendere sincroni due o più fatti, grandezze, fenomeni, apparecchi*] synchroniser: *sincronizzare le marce del cambio* synchroniser la vitesse de la boîte de vitesses; *sincronizzare la colonna sonora con il film* synchroniser la piste sonore avec le film; *sincronizzare due alternatori* synchroniser deux alternateurs.

sincronizzàto |sinkronid'dzato| *agg.* syncronisé.

sincronizzatóre |sinkroniddza'tore| *s.m.* (*scient.*, *tecnol.*) synchroniseur: *sincronizzatore del cambio di velocità* synchroniseur de (la) boîte de vitesses.

sincronizzatrice |sinkroniddza'tritʃe| *s.f.* (*cine.*) synchroniseuse.

sincronizzazióne |sinkroniddzat'tsjone| *s.f.* [→ SINCRONIZZARE] synchronisation.

sìncrono |'sinkrono| *agg.* synchrone: *motore sincrono* moteur synchrone.

sincrotróne |sinkro'trone| *s.m.* (*fis. nucl.*) synchrotron.

sincrotrònico, ci, ca, che |sinkro'trɔniko, tʃi, ka, ke| *agg.* (*fis. nucl.*) synchrotronique.

sindacàbile |sinda'kabile| *agg.* **1** [→ SINDACARE 1] contrôlable **2** [→ SINDACARE 2] critiquable.

1 **sindacàle** |sinda'kale| *agg.* syndical*: *libertà sindacale* liberté syndicale; *l'organizzazione sindacale* l'organisation syndicale.

2 **sindacàle** |sinda'kale| *agg.* du maire (*loc. inv.*): *ordinanza sindacale* arrêté du maire.

sindacalìsmo |sindaka'lizmo| *s.m.* syndicalisme.

sindacalista |sindaka'lista| *s.* syndicaliste.

sindacalistico, ci, ca, che |sindaka'listiko, tʃi, ka, ke| *agg.* syndicaliste.

sindacalizzazióne |sindakaliddzat'tsjone| *s.f.* syndicalisation.

sindacaménto |sindaka'mento| *s.m.* (*raro*) **1** [*il fatto di controllare*] contrôle (*corr.*) **2** (*fig.*) [*critica, giudizio*] critique *f.* (*corr.*).

sindacàre |sinda'kare| *v.tr.* **1** [*esaminare, controllare l'operato di persone, enti, amministrazioni e sim.*] contrôler **2** (*fig.*) [*sottoporre a controlli, critiche e sim.*] critiquer.

1 **sindacàto** |sinda'kato| *s.m.* syndicat: *sindacato operaio* syndicat ouvrier; *sindacato di categoria* syndicat professionnel; *il sindacato di produzione* le syndicat des producteurs; *è iscritto al sindacato* il est inscrit au syndicat.

2 **sindacàto** |sinda'kato| *s.m.* (*econ.*, *dir.*) contrôle.

sìndaco, ci |'sindako, tʃi| *s.m.* **1** [*capo di un'amministrazione comunale*] maire **2** (*società per azioni*) [*ognuno dei componenti degli organi aventi il compito di vigilare sull'osservanza della legge*] commissaire aux comptes.

sindattilìa |sindatti'lia| *s.f.* (*med.*) syndactylie.

sindàttilo |sin'dattilo| *agg.* syndactyle.

sindèresi |sin'dɛrezi| *s.f. inv.* (*filos.*) syndérèse *var.*

sìndone |'sindone| *s.f.* [*lenzuolo di lino in cui gli ant. avvolgevano i morti*] suaire *m.* ◇ (*spec.*) *la sacra sindone* le saint suaire.

sìndrome |'sindrome| *s.f.* (*med.*) syndrome.

sinechìa |sine'kia, si'nɛkja| *s.f.* (*med.*) synéchie.

sinecùra |sine'kura| *s.f.* sinécure.

sinèddoche |si'nɛddoke| *s.f.* (*retorica*) synecdoque.

sine die |'sine'die| *loc. avv.* (*lat.*) sine die.

sinèdrio, i |si'nɛdrjo, i| *s.m.* **1** (*st. ebr.*) sanhédrin **2** (*st. gr.*) assemblée *f.* des représentants des villes.

sinedrìta |sine'drita| *s.m.* membre du sanhédrin.

sinèresi |si'nɛrezi| *s.f. inv.* (*chim.*, *gram.*) synérèse *var.*

sinergìa, gie |siner'dʒia, dʒie| *s.f.* (*med.*) synergie.

sinèrgico, ci, ca, che |si'nɛrdʒiko, tʃi, ka, ke| *agg.* (*biol.*) synergique.

sinergìsmo |siner'dʒizmo| *s.m.* **1** (*farm.*) synergie **2** (*teol.*) synergisme.

sinergìsta |siner'dʒista| *s.m.* synergiste.

sinestèsi |sines'tɛzi| *s.f. inv.* (*psicol.*) synesthésie *var.*

sinestesìa |sineste'zia| *s.f.* (*ling.*) synesthésie.

sìnfisi |'sinfizi| *s.f. inv.* (*anat.*) symphyse *var.*

sinfonìa |sinfo'nia| *s.f.* **1** (*mus.*) symphonie **2** [*parte orchestrale premessa a un'opera lirica*] ouverture **3** (*fam.*) [*chiasso, rumori spiacevoli*] potin *m.* (*corr.*): *quel bambino con la sua sinfonia non mi lascia in pace* avec le potin qu'il fait, cet enfant ne me laisse pas un instant de paix **4** (*fig.*, *fam.*) [*rimprovero ripetuto*; *discorso lamentoso*] litanie (*corr.*).

sinfonicaménte |sinfonika'mente| *avv.* [→ SINFONICO] symphoniquement.

sinfònico, ci, ca, che |sin'fɔniko, tʃi, ka, ke| *agg.* (*mus.*) symphonique.

sinfonìsmo |sinfo'nizmo| *s.m.* **1** caractéristiques *f. pl.* de la musique symphonique **2** musique *f.* symphonique.

sinfonìsta |sinfo'nista| *s.* symphoniste.

sinforicàrpo |sinfori'karpo| *s.m.* (*t.bot.*) symphorine *f.*

sinforòsa |sinfo'rɔza| *s.f.* **1** (*st. abbigl.*) capeline **2** [*donna di una certa età che si veste e si comporta da ragazzina*] vieille coquette **3** [*ragazza dai modi leziosi*] coquette.

singalése |singa'lese| *agg.* [*di Ceylon*] cingalais: *le popolazioni singalesi* les populations cingalaises.

singènesi |sin'dʒɛnezi| *s.f. inv.* syngenèse *var.*

singhiozzàre |singjot'tsare| *v.intr.* (*aus.* '*avere*') **1** [*avere il singhiozzo*] avoir (28) *tr.* le *hoquet: *ha singhiozzato per qualche minuto* il a eu le hoquet pendant quelques minutes **2** [*piangere convulsamente, a singhiozzi*] sangloter **3** (*fig.*) [*procedere a singhiozzi, a sbalzi*] avancer (2) par à-coups: *la vecchia moto procedeva singhiozzando* la vieille moto avançait par à-coups.

singhiozzìo, ii |singjot'tsio, ii| *s.m.* [*il singhiozzare continuo*] sanglotement (continuel).

singhiòzzo |sin'gjɔttso| *s.m.* **1** [*movimento respiratorio spastico, accompagnato da un suono caratteristico a brevi intervalli*] *hoquet: *gli è venuto il singhiozzo* il a le hoquet **2** [*fenomeno sim. al precedente che si accompagna a crisi di pianto convulso*] sanglot **3** *loc. avv.* (*fig.*) A SINGHIOZZO, A SINGHIOZZI [*in modo discontinuo, non uniforme*] par à-coups: *il vecchio camion procedeva a singhiozzi* le vieux camion avançait par à-coups # *sciopero a singhiozzo* grève perlée.

singleton |siŋgltən| *s.m. inv.* (*ingl.*) (*bridge*) singleton *var.*

Singnatifórmi |siɲɲati'formi| *s.m. pl.* (*t.zool.*) Syngnathidés.

singnàto |siɲ'ɲato| *s.m.* (*t.zool.*) syngnate.

singolàre |singo'lare| **I** *agg.* **1** (*arc.*) [*che concerne un solo individuo*] singulier*: *battersi in singolar tenzone* se battre en combat singulier **2** (*per est.*, *fig.*) [*unico nel proprio genere*; *speciale, straordinario*] singulier: *un caso singolare* un cas singulier; *veste in modo singolare* il s'habille d'une singulière façon **3** (*gram.*) singulier: *numero singolare* nombre singulier; *un sostantivo singolare* un substantif singulier; *la 1ª persona singolare del verbo...* la 1ère personne du singulier du verbe... ♦ (*s.m.*) *il singolare* le singulier **II** *s.m.* (*sport*) simple © 3 **plurale.**

singolarista |singola'rista| *s.* (*sport*) [*chi disputa incontri di singolare*] spécialiste du simple.

singolarità |singolari'ta| *s.f. inv.* singularité (*var.*): *la singolarità del suo modo di fare* la singularité de sa façon de faire.

singolarizzàre |singolarid'dzare| *v.tr.* (*gram.*, *ling.*) [*mettere, riportare al singolare*] mettre (71) au singulier.

singolarménte |singolar'mente| *avv.* **1** [→ SINGOLO I 1] individuellement: *presi singolarmente sono bravi* pris individuellement, ils sont sages **2** [→ SINGOLO I 2] singulièrement: *una persona singolarmente dotata* une personne singulièrement douée **3** [*in modo strano, eccentrico*] singulièrement **4** [*in special modo*] notamment, particulièrement.

singolo |'singolo| **I** *agg.* **1** [*ciascuno*] chaque: *i singoli casi verranno esaminati in giornata* chaque cas sera examiné dans la journée ◇ [*particolare*] particulier*: *non viene presa in considerazione la situazione singola* aucune situation particulière n'est pas prise en considération **2** [*uno solo, unico*] unique, seul: *un modello singolo* un modèle unique **3** [*formato da un solo elemento; a un solo posto*] individuel*: *cabina, camera singola* cabine, chambre individuelle # *letto singolo* lit à une place **II** *s.m.* **1** [*uomo, individuo*] chacun (*sing.*): *l'interesse del singolo* l'interêt de chacun # *non si risponde ai singoli* il n'est pas fait de réponse individuelle **2** (*tennis*) simple: *vincere il singolo femminile* gagner le simple féminin **3** [*imbarcazione da regata a un solo vogatore*] skif(f) **4** [*scompartimento di un vagone letto*] wagon lit (W L) single **5** (*tel.*) ligne *f.* téléphonique simple.

singultìre |singul'tire| (197) *v.intr.* (*aus.* '*avere*') (*lett.*) **1** [*avere il singhiozzo*] *hoqueter (5) **2** [*singhiozzare*] sangloter.

singùlto |sin'gulto| *s.m.* [*singhiozzo*] *hoquet; sanglot: *avere il singulto* avoir le hoquet || *scoppiare in singulti* éclater en sanglots.

siniscalcàto |siniskal'kato| *s.m.* [*ufficio del siniscalco*] sénéchaussée *f.*

siniscàlco, chi |sinis'kalko, ki| *s.m.* **1** [*maggiordomo di famiglie reali e feudali*] sénéchal* **2** [*alto funzionario di stati monarchici mediev.*] sénéchal.

sinìstr |si'nistr| *inter.* (*mil.*) à gauche, gauche!

sinìstra |si'nistra| *s.f.* **1** [*la mano che è dalla parte del cuore*] main gauche: *mangiare con la sinistra* manger de la main gauche ◇ (*prov.*) *non sappia la sinistra quel che fa la destra* la main droite doit ignorer ce que fait la main gauche **2** [*parte, lato che corrisponde alla propria mano sinistra*] gauche: *tenere la sinistra* garder sa gauche; *sedeva alla sinistra del fratello* il était assis à la gauche de son frère; *voltare a sinistra* tourner à gauche ◇ (*mil.*) *fronte a sinistra, front!* demi-tour à gauche, gauche! **3** (*polit.*) gauche: *apertura a sinistra* ouverture à gauche; *un uomo di sinistra* un homme de gauche; *i giornali di sinistra* les journaux de gauche; *l'estrema sinistra* l'extrême gauche; *appartiene alla sinistra* il est de gauche **4** [*la parte più radicale e rivoluzionaria di uno schieramento politico*] gauche, aile gauche: *la sinistra del partito* l'aile gauche du parti; *la sinistra cattolica* la gauche, l'aile gauche catholique.

sinistraménte |sinistra'mente| *avv.* [→ SINISTRO I 2] d'une manière sinistre *loc. inv.*, sinistrement.

sinistràre |sinis'trare| *v.tr.* [*danneggiare, colpire con un sinistro*] faire (45) des dégâts à, endommager (3).

1 **sinistràto** |sinis'trato| *agg.* sinistré ✦ (*s.*) *un sinistrato* un sinistré.

2 **sinistràto** |sinis'trato| *agg. e s.m.* (*arald.*) senestre *agg.*, sénestre *agg.*

sinistrìsmo |sinis'trizmo| *s.m.* **1** → **mancinismo** **2** (*polit.*) gauchisme.

sinistro |si'nistro| **I** *agg.* **1** [*che sta dalla parte del cuore*] gauche: *il braccio, il piede sinistro* le bras, le pied gauche; *il lato sinistro* le côté gauche **2** (*fig.*) [*avverso, sfavorevole, infausto; che fa presagire gravi pericoli*] sinistre: *un suono sinistro* un son sinistre; *presagi sinistri* présages sinistres; *uno sguardo sinistro* un regard sinistre **II** *s.m.* **1** [*incidente di particolare gravità; disastro, sciagura*] accident: *un sinistro automobilistico, ferroviario* un accident d'auto, de chemin de fer ◇ (*assicurazioni*) sinistre **2** (*sport*) crochet du gauche: *tirare di sinistro* lancer un crochet du gauche; *colpì l'avversario con un sinistro* il frappa l'adversaire d'un crochet du gauche ◇ (*calcio*) pied gauche.

sinistrochèrio, i |sinistro'kɛrjo, i| *s.m.* (*arald.*) sénestrochère.

sinistrogìro |sinistro'dʒiro| *agg.* **1** → **levogiro** **2** → **sinistrorso.**

sinistròide |sinis'trɔide| *agg.* (*polit., spreg., scherz.*) gauchisant (*corr.*) ✦ (*s.*) *un sinistroide* un gauchiste.

sinistròrso |sinis'trɔrso| *agg.* **1** senestrorsum *inv.* **2** (*scrittura*) [*che è volto da destra verso sinistra*] sinistrogyre **3** (*fam., scherz.*) → **sinistroide.**

sinizèsi |sinid'dzɛzi| *s.f. inv.* (*ling.*) synizèse *var.*

sinizzazióne |siniddzat'tsjone| *s.f.* sinisation.

sino- |sino| *pref.* (*significa 'della Cina', corrisponde gener. a*) sino: *sinologo* sinologue.

sino |'sino| *prep., avv.* → **1 fino.**

sinodàle |sino'dale| *agg.* (*eccl.*) synodal*.

sinodalménte |sinodal'mente| *avv.* [→ SINODALE] synodalement.

sinòdico, ci, ca, che |si'nɔdiko, tʃi, ka, ke| *agg.* (*astron.*) synodique.

sìnodo |'sinodo| *s.m.* (*eccl.*) synode.

sinologìa, gie |sinolo'dʒia, dʒie| *s.f.* sinologie.

sinòlogo, ghi, gi |si'nɔlogo, gi, dʒi| *s.m.* sinologue.

sinonimìa |sinoni'mia| *s.f.* (*ling.*) synonymie.

sinonìmico, ci, ca, che |sino'nimiko, tʃi, ka, ke| *agg.* (*ling.*) synonymique.

sinònimo |si'nɔnimo| *s.m. e agg.* synonyme.

sinòpia |si'nɔpja| *s.f.* **1** [*varietà di ocra rossa*] rubrique **2** (*pitt.*) esquisse (préparatoire) d'une fresque.

sinòplo |si'nɔplo| *s.m.* (*arald.*) sinople.

sinòpsi |si'nɔpsi| *s.f. inv.* **1** (*cine.*) synopsis *m. o f.* **2** (*raro*) → **sinossi.**

sinopsìa |sinop'sia| *s.f.* (*med.*) synopsie.

sinóra |si'nora| *avv.* → **finora.**

sinòssi |si'nɔssi| *s.f. inv.* (*lett.*) [*prospetto, compendio*] synopsis (*m.*): *sinossi di storia* synopsis d'histoire ◇ (*eccl.*) *sinossi evangelica* synopse *var.*

sinostòsi |sinos'tɔzi| *s.f. inv.* (*anat., med.*) synostose *var.*

sinotibetàno |sinotibe'tano| *agg.* sino-tibétain.

sinòttico, ci, ca, che |si'nɔttiko, tʃi, ka, ke| *agg.* **1** synoptique: *tavole sinottiche* tableaux synoptiques; *quadro sinottico* cadre synoptique **2** (*eccl.*) synoptique: *i Vangeli sinottici* les (Évangiles) synoptiques.

sinòvia |si'nɔvja| *s.f.* (*anat.*) synovie.

sinoviàle |sino'vjale| *agg.* (*anat., fisiol.*) synovial*: *liquido sinoviale* liquide synovial; *la membrana sinoviale* la membrane synoviale.

sinovìte |sino'vite| *s.f.* (*med.*) synovite: *sinovite allergica* synovite allergique.

sintàgma |sin'tagma| *s.m.* (*ling.*) syntagme.

sintagmàtica, che |sintag'matika, ke| *s.f.* (*ling.*) syntagmatique.

sintagmàtico, ci, ca, che |sintag'matiko, tʃi, ka, ke| *agg.* (*ling.*) syntagmatique.

sintàssi |sin'tassi| *s.f. inv.* (*ling.*) syntaxe *var.*

sintàttica, che |sin'tattika, ke| *s.f.* (*log.*) syntactique.

sintatticaménte |sintattika'mente| *avv.* [→ SINTATTICO] du point de vue syntaxique, de la syntaxe *loc. inv.*

sintàttico, ci, ca, che |sin'tattiko, tʃi, ka, ke| *agg.* (*ling.*) syntaxique, syntactique.

sinterizzàre |sinterid'dzare| *v.tr.* [*sottoporre a sinterizzazione*] fritter: *sinterizzare un minerale in polvere* fritter un minéral en poudre.

sinterizzazióne |sinteriddzat'tsjone| *s.f.* (*chim.*) frittage *m.*

sìntesi |'sintezi| *s.f. inv.* **1** (*filos.*) synthèse (*var.*): *sintesi a priori* synthèse a priori **2** (*per est.*) [*riduzione di più idee e concetti a un'unità*] synthèse: *sintesi di elementi diversi* synthèse d'éléments différents **3** [*esposizione conclusiva, riassuntiva*] résumé (*m. var.*): *fare una sintesi di q.c.* faire le résumé de qqch. ◇ *loc. avv.* IN SINTESI en résumé: *la situazione, in sintesi, è questa* la situation, en résumé, est celle-ci **4** (*biol., chim.*) synthèse.

sinteticaménte |sintetika'mente| *avv.* **1** [→ SINTETICO 1] synthétiquement **2** [→ SINTETICO 4] d'une façon concise *loc. inv.*

sinteticità |sintetitʃi'ta| *s.f. inv.* [*carattere, aspetto sintetico*] concision (*var.*): *la sinteticità di una relazione* la concision d'un exposé.

sintètico, ci, ca, che |sin'tɛtiko, tʃi, ka, ke| *agg.* **1** (*chim., biol.*) synthétique: *fibre sintetiche* fibres synthétiques **2** (*filos.*) synthétique: *metodo sintetico* méthode synthétique **3** (*mat.*) synthétique: *geometria sintetica* géométrie synthétique **4** [*essenziale, conciso*] concis: *un giudizio sintetico* un jugement concis.

sintetìsmo |sinte'tizmo| *s.m.* (*filos.*) synthétisme.

sintetizzàre |sintetid'dzare| *v.tr.* **1** [*esporre in sintesi, in forma sintetica*] synthétiser, résumer: *cerca di sintetizzare il tuo discorso* essaie de résumer ton discours **2** (*chim.*) [*ottenere, produrre per sintesi*] synthétiser.

sintetizzatóre |sintetiddza'tore| *s.m.* (*tecnol.*) synthétiseur.

sintogràmma |sinto'gramma| *s.m.* (*rad.*) cadran des longueurs d'ondes.

sintomàtico, ci, ca, che |sinto'matiko, tʃi, ka, ke| *agg.* **1** (*med.*) symptomatique **2** (*fig.*) [*che costituisce un indizio, un segno*] symptomatique: *il rialzo dei prezzi è sintomatico di una crisi generale* la hausse des prix est symptomatique d'une crise générale.

sintomatologìa, gie |sintomatolo'dʒia, dʒie| *s.f.* (*med.*) symptomatologie.

sintomatològico, ci, ca, che |sintomato'lɔdʒiko, tʃi, ka, ke| *agg.* symptomatologique.

sìntomo |'sintomo| *s.m.* **1** (*med.*) symptôme: *i sintomi di una malattia* les symptômes d'une maladie **2** (*fig.*) [*indizio, segno manifesto*] symptôme: *i sintomi di una crisi* les symptômes d'une crise.

sintonìa |sinto'nia| *s.f.* **1** (*fis., tecnol.*) syntonie: *due grandezze in sintonia* deux grandeurs en syntonie **2** (*fig.*) [*armonia, coerenza*] harmonie:

vivere in sintonia con l'ambiente vivre en harmonie avec son milieu.
sintònico, ci, ca, che |sin'tɔniko, tʃi, ka, ke| *agg.* (*fis.*, *tecnol.*) syntone (*raro*): *circuiti sintonici* circuits syntones.
sintonismo |sinto'nizmo| *s.m.* (*fis.*) syntonisme.
sintonizzàre |sintonid'dzare| *v.tr.* **1** (*fis.*, *tecnol.*) [*mettere in sintonia*] syntoniser **2** (*fig.*) [*armonizzare, rendere coerente*] accorder.
sintonizzatóre |sintoniddza'tore| *s.m.* (*fis.*, *tecnol.*) syntonisateur.
sintonizzazióne |sintoniddzat'tsjone| *s.f.* (*fis.*, *tecnol.*) syntonisation.
sinuosaménte |sinuosa'mente| *avv.* [→ SINUOSO] sinueusement, tortueusement.
sinuosità |sinuosi'ta| *s.f. inv.* sinuosité *var.*, tortuosité *var.* (*raro*).
sinuóso |sinu'oso| *agg.* sinueux* ◇ [*tortuoso*] sinueux.
sinusite |sinu'zite| *s.f.* (*med.*) sinusite.
sinusoidàle |sinuzoi'dale| *agg.* (*fis.*, *mat.*) sinusoïdal*.
sinusòide |sinu'zɔide| *s.f.* (*mat.*) sinusoïde ✦ (*agg.*) *curva sinusoide* sinusoïde *s.f.*
sionismo |sio'nizmo| *s.m.* sionisme.
sionista |sio'nista| *s.* sioniste.
sionìstico, ci, ca, che |sio'nistiko, tʃi, ka, ke| *agg.* sioniste.
sipariétto |sipa'rjetto| *s.m.* (*teat.*) petit rideau.
sipàrio, i |si'parjo, i| *s.m.* [*pesante tendaggio posto fra il palcoscenico e la sala teatrale*] rideau: *alzare, calare il sipario* lever, baisser le rideau; *cala il sipario* le rideau tombe ◇ (*fig.*) *calare il sipario su un avvenimento* tirer le rideau sur un événement.
siparista |sipa'rista| *s.* personne *f.* qui tire, qui baisse le rideau (au théâtre).
Sipunculoidèi |sipunkuloi'dɛi| *s.m. pl.* (*t.zool.*) Sipunculiens.
siracusàno |siraku'zano| *agg.* syracusain.
sire |'sire| *s.m.* sire.
1 **sirèna** |si'rɛna| *s.f.* (*mitol.*) sirène.
2 **sirèna** |si'rɛna| *s.f.* sirène: *sirena d'allarme* sirène d'alarme; *la sirena dell'ambulanza, della polizia* la sirène de l'ambulance, de la police.
Sirèni |si'rɛni| *s.m. pl.* (*t.zool.*) Siréniens.
Sirènidi |si'rɛnidi| *s.m. pl.* (*t.zool.*) Sirénidés.
sirex |'sirɛks| *s.m. inv.* (*t.zool.*) sirex.
sirfo |'sirfo| *s.m.* (*t.zool.*) syrphe.
siriaco, ci, ca, che |si'riako, tʃi, ka, ke| **1** *agg.* [*della Siria*] syriaque: *la civiltà siriaca* la civilisation syriaque **2** (*s.m.*) *il siriaco* [*la lingua*] le syriaque.
siriàno |si'rjano| *agg.* [*della Siria*] syrien*: *il territorio siriano* le territoire syrien.
sirice |'siritʃe| *s.m.* (*t.zool.*) sirex.
siringa, ghe |si'ringa, ge| *s.f.* **1** (*cuc.*, *med.*) seringue **2** (*mus.*) syrinx.
siringàre |sirin'gare| *v.tr.* [*introdurre la siringa*] seringuer.
siringatùra |siringa'tura| *s.f.* (*raro*) action de seringuer.
sirìnge |si'rindʒe| *s.f.* (*zool.*) syrinx *f. o m.*
siringomielìa |siringomie'lia| *s.f.* (*med.*) siryngomyélie.
siro |'siro| *agg.* [*della Siria*] syrien*.
sirte |'sirte| *s.f.* (*lett.*) **1** [*secca, bassofondo sabbioso*] sèche **2** (*fig.*) [*pericolo, insidia*] piège *m.*
sìrtico, ci, ca, che |'sirtiko, tʃi, ka, ke| *agg.* des Syrtes *loc. inv.*
sirventése |sirven'tese| *s.m.* (*st. lett.*) sirvente, sirventès, serventois.
sìsal |'sizal| *s.f. inv.* (*t.bot.*) sisal* *m. var.*
sìsaro |'sizaro| *s.m.* → **pastinaca.**
sisìmbrio, i |si'simbrjo, i| *s.m.* (*t. bot.*) sisymbre.
sìsma |'sizma| *s.m.* (*scient.*) séisme.
sismicità |sizmitʃi'ta| *s.f. inv.* sismicité *var.*, séismicité *var.*
sìsmico, ci, ca, che |'sizmiko, tʃi, ka, ke| *agg.* (*scient.*) sismique, séismique.
sism(o)- |'sizm(o)|, (*raro*) **séism(o)-** |'seizm(o)| *pref.* (*significano 'scossa', corrispondono gener. a*) sism(o), séism(o): *sismicità, seismicità* sismicité, séismicité; *sismografo, seismografo* sismographe, séismographe.
sìsmo |'sizmo| *s.m.* → **sisma.**
sismografìa |sizmogra'fia| *s.f.* sismographie, séismographie.
sismogràfico, ci, ca, che |sizmo'grafiko, tʃi, ka, ke| *agg.* (*scient.*) sismographique, séismographique.
sismògrafo |siz'mɔgrafo| *s.m.* (*scient.*) sismographe, séismographe.
sismogràmma |sizmo'gramma| *s.m.* (*scient.*) sismogramme, séismogramme.
sismologìa, gie |sizmolo'dʒia, dʒie| *s.f.* (*scient.*) sismologie, séismologie.
sismològico, ci, ca, che |sizmo'lɔdʒiko, tʃi, ka, ke| *agg.* (*scient.*) sismologique, séismologique.
sismòlogo, gi |siz'mɔlogo, dʒi| *s.* sismologue, séismologue.
sismòmetro |siz'mɔmetro| *s.m.* sismomètre, séismomètre.
sismoterapìa |sizmotera'pia| *s.f.* (*med.*) sismothérapie.
sissignóra |sissiɲ'ɲora| *loc. avv.* **1** oui, Madame **2** (*iron.*) [*certo, proprio così*] eh bien oui, c'est comme ça!, oui-da!
sissignóre |sissiɲ'ɲore| *loc. avv.* **1** oui, Monsieur **2** (*iron.*) [*certo, proprio così*] parfaitement *avv.*, c'est comme ça: *sono stato io, sissignore!* c'est moi qui l'ai fait, parfaitement!; *faccio quello che voglio, sissignore!* je fais ce que je veux, j'en fais à ma tête, c'est comme ça!
sistèma |sis'tɛma| *s.m.* **1** système: *sistema tolemaico, copernicano* système de Ptolémée, de Copernic; *il sistema solare* le système solaire; *il sistema nervoso* le système nerveux; *sistema periodico degli elementi* système périodique des éléments; *sistema bancario* système bancaire; *sistema sociale* système social # *sistema orografico, idrografico* le complexe orographique, hydrographique; *il sistema alpino* la chaîne des Alpes **2** [*metodo, modo razionale, regolato*] système, mode, méthode (*f.*): *un sistema di vita* un système, un mode de vie; *un sistema di lavoro* une méthode de travail; *un sistema sicuro* une méthode sûre; *un nuovo sistema per imparare le lingue* une nouvelle méthode pour apprendre les langues; *nuovi sistemi di illuminazione* nouveaux systèmes d'illumination **3** [*modo, maniera di agire*] façon *f.*, manière (*f.*): *ti par questo il sistema?* tu crois que c'est là une façon de faire?; *ma che sistemi sono questi?* en voilà des façons!; *che bel sistema!* belle manière d'agir!; *occorre adottare il sistema forte* il faut adopter la manière forte **4** (*per est.*) [*consuetudine, attitudine*] système: *fare q.c. per sistema* faire qqch. par système # *ha per sistema di arrivare in ritardo* il arrive systématiquement en retard **5** [*metodo che tende a razionalizzare i giochi incentrati su pronostici*] système: *ha la speranza di vincere con un sistema* il espère gagner grâce à un système **6** (*calcio*) système, W. M.
sistemàre |siste'mare| **A** *v.tr.* **1** [*mettere a posto*] arranger (3): *ho sistemato la stanza per gli ospiti* j'ai arrangé la pièce pour les invités ◇ [*disporre per ordine*] ranger (3): *sistemare le schede, gli appunti* ranger les fiches, les notes **2** [*collocare*] disposer: *voglio sistemare i mobili in un altro modo* je veux disposer les meubles d'une autre façon **3** [*regolare, risolvere, definire*] régler (8): *questa questione va sistemata* cette question doit être réglée ◇ (*fam.*) *ora lo sistemo io!* il va avoir affaire à moi!, il va avoir de mes nouvelles! **4** [*dare un alloggio adeguato*] installer: *i sinistrati sono stati sistemati in baracche* les sinistrés ont été installés dans des baraques **5** [*procurare un'occupazione, un lavoro*] trouver un travail, placer (2): *ha sistemato il figlio in banca* il a trouvé un travail pour son fils, il a placé son fils dans une banque **6** [*far sposare, spec. in modo economicamente vantaggioso*] marier, caser: *ha sistemato le figlie* il a marié, casé ses filles **7** [*ridurre, organizzare un sistema*] systématiser **B** *v.pron. rifl.* SISTEMARSI **1** [*trovare un alloggio; mettersi a posto*] s'installer: *ci siamo sistemati in questa casa da poco tempo* nous nous sommes installés dans cette maison depuis peu **2** [*trovare un'occupazione, un lavoro*] trouver *tr.* un travail, à se caser: *si è sistemato in quella ditta* il a trouvé du travail, à se caser dans cette entreprise **3** [*sposarsi, accasarsi*] se marier # *si è sistemato con una bella ragazza* il a convolé avec une jolie fille, il a trouvé une épouse belle et selon ses vœux.
sistemàtica, che |siste'matika, ke| *s.f.* (*scient.*) systématique.
sistematicaménte |sistematika'mente| *avv.* [→ SISTEMATICO] systématiquement.
sistematicità |sistematitʃi'ta| *s.f. inv.* caractère *m. var.*, organisation *var.* systématique.
sistemàtico, ci, ca, che |siste'matiko, tʃi, ka, ke| *agg.* **1** systématique: *ricerche di carattere sistematico* recherches de caractère systématique; *un'indagine svolta in modo sistematico* une enquête menée de façon systématique **2** [*che risponde a un modo ordinato, regolare*] méthodique; réglé: *un uomo sistematico* un homme méthodique ‖ *fa una vita sistematica* il mène une vie réglée.
sistematizzàre |sistematid'dzare| *v.tr.* [*riunire, costituire un sistema*] systématiser.
sistematizzazióne |sistematiddzat'tsjone| *s.f.* [→ SISTEMATIZZARE] systématisation.
sistemazióne |sistemat'tsjone| *s.f.* **1** [→ SISTEMARE A 1] arrangement *m.*, aménagement (*m.*): *la sistemazione*

di una stanza l'arrangement, l'aménagement d'une pièce **2** [*il fatto di disporre in un certo ordine*] rangement (*m.*): *la sistemazione dei dischi nel nuovo mobile* le rangement des disques dans le nouveau meuble **3** [→ SISTEMARE A 2] disposition: *ho cambiato la sistemazione dei mobili* j'ai changé la disposition des meubles **4** [→ SISTEMARE A 3] règlement (*m.*): *la sistemazione di un conto* le règlement d'un compte; *la sistemazione di una vertenza* le règlement d'un différend **5** [→ SISTEMARE A 5] travail* *m.*, emploi (*m.*): *ha trovato una buona sistemazione* il a trouvé un bon travail, emploi, un bon job (*fam.*) **6** [→ SISTEMARE A 4] installation: *la sua sistemazione in quella casa è provvisoria* son installation dans cette maison est provisoire **7** [*organizzazione*] organisation **8** (*scient.*) systématisation.

sistèmico, ci, ca, che |sis'tɛmiko, tʃi, ka, ke| *agg.* (*biol.*, *med.*) systématique.

sistemista |siste'mista| *s.* parieur *m.* qui applique un système.

sìstilo |'sistilo| *s.m.* (*arch.*) systyle.

sisto |'sisto| *s.m.* (*archeol.*) xyste.

sìstola |'sistola| *s.f.* tuyau *m.* de pompe.

sìstole |'sistole| *s.f.* (*fisiol.*) systole Ⓒ **diastole.**

sistòlico, ci, ca, che |sis'tɔliko, tʃi, ka, ke| *agg.* (*fisiol.*, *med.*) systolique.

sistro |'sistro| *s.m.* (*st. mus.*) sistre.

sitar |'sitar| *s.m. inv.* sitar *var.*

sitibóndo |siti'bondo| *agg.* **1** (*lett.*) [*che ha sete, assetato*] assoiffé (*corr.*) **2** (*lett.*, *fig.*) [*avido, bramoso*] assoiffé, avide.

sit-in |'sitin| *loc. sost. inv.* (*ingl.*) sit-in: *un sit-in di studenti* un sit-in d'étudiants.

sitiofobìa |sitjofo'bia| *s.f.* → **sitofobia.**

sitiologìa, gie |sitjolo'dʒia, dʒie| *s.f.* → **sitologia.**

sitiomanìa |sitjoma'nia| *s.f.* → **sitomania.**

1 **sito** |'sito| **I** *agg.* [*situato, posto*] situé **II** *s.m.* **1** (*lett.*, *raro*) [*località, posto, luogo*] localité *f.* (*corr.*), endroit (*corr.*) **2** (*balistica*) site: *linea di sito* ligne de site; *angolo di sito* (angle de) site.

2 **sito** |'sito| *s.m.* (*tosc.*) odeur *f.*, relent de moisi.

sitofobìa |sitofo'bia| *s.f.* (*med.*) sitiophobie.

sitologìa, gie |sitolo'dʒia, dʒie| *s.f.* sitologie.

sitomanìa |sitoma'nia| *s.f.* (*med.*) sitiomanie, boulimie.

sitosteròlo |sitoste'rɔlo| *s.m.* (*biol.*) sitostérol.

sitta |'sitta| *s.f.* (*t.zool.*) sittelle, sittèle.

situàre |situ'are| *v.tr.* [*porre, collocare*] situer, placer (2): *l'albergo è situato sulla costa* l'hôtel est situé sur la côte.

situàto |situ'ato| *agg.* situé.

situazionàle |situattsjo'nale| *agg.* [*concernente una situazione*] de la, d'une situation *loc. inv.* # *dialogo situazionale* dialogue en situation.

situazióne |situat'tsjone| *s.f.* **1** situation: *la situazione politica, economica, sociale* la situation politique, économique, sociale; *la situazione amministrativa della ditta* la situation administrative de l'entreprise; *si è mostrato all'altezza della situazione* il s'est montré à la hauteur de la situation **2** (*filos.*) situation.

sivièra |si'vjɛra| *s.f.* (*metall.*) poche de coulée.

sivigliàno |siviʎ'ʎano| *agg.* [*di Siviglia*] sévillan.

sizigìa, gìe |sid'dzidʒa, dʒe| *s.f.* **1** (*metr.*) dipodie **2** *al plur.* (*astron.*) syzygies.

sizigiàle |siddzi'dʒale|, **sizìgio, i** |sid'dzidʒo, i| *agg.* (*astron.*) de syzygie (*loc. inv.*): *marea sizigiale* marée de syzygie.

sìzio, i |'sittsjo, i| *s.m.* (*region.*) labeur, travail* (*corr.*) pénible → **fatica, lavoro.**

sìzza |'siddza| *s.f.* (*tosc.*) [*vento molto freddo*] bise.

skài |'skai| *s.m. inv.* (*marchio depositato*) skaï *var.*

skating |'skeitiŋ| *s.m. inv.* (*ingl.*) patinage *var.*, skating *var.*

sketch |sketʃ| *s.m. inv.* (*ingl.*) sketch (*var.*): *degli sketch* des sketches; *uno sketch comico* un sketch comique.

ski |ski| *s.m.* → **sci.**

skiff |skiff| *s.m. inv.* (*ingl.*) *skiff singolo* skif(f) *var.*

ski-lift |'ski:lift| *s.m. inv.* (*ingl.*) [*sciovia*] remonte-pente *var.*, téléski *var.*

skipper |'skippə| *s.m. inv.* (*ingl.*) skipper *var.*

skunk |skʌnk| *s.m. inv.* (*ingl.*) [*pelliccia di moffetta*] sconse *var.*, skunks, skuns, skons.

slabbràre |zlab'brare| **A** *v.tr.* **1** [*rovinare, rompere ai labbri, agli orli*] ébrécher (8): *slabbrare una tazza* ébrécher une tasse **2** [*lacerare i margini di una ferita*] débrider une plaie **B** *v. intr.* (*aus.* '*essere, avere*') [*traboccare, ricadere giù dall'orlo*] déborder: *l'acqua slabbrò dal secchio* l'eau déborda du seau **C** *v.pron. intr.* SLABBRARSI **1** [*rompersi all'orlo*] s'ébrécher: *questo piatto si è slabbrato* cette assiette s'est, a été ébréchée **2** [*subire una lacerazione ai labbri*] se fendre (53) les lèvres.

slabbràto |zlab'brato| *agg.* **1** (*piatti, vasi*) [*rotto ai margini*] ébréché **2** (*ferite*) [*aperto, lacerato ai labbri*] ouvert.

slabbratùra |zlabbra'tura| *s.f.* **1** [→ SLABBRARE A 1] ébrèchement *m.* **2** [→ SLABBRARE A 2] débridement *m.* **3** [*la parte slabbrata, di un vaso, di un piatto*] ébréchure; (*di una ferita*) partie débridée.

slacciàre |zlat'tʃare| **A** *v.tr.* [*sciogliere, slegare stringhe ecc.*] dénouer, délier # *slàcciati le scarpe* délace, retire tes souliers; *slacciare una cintura* défaire (45), déboucher une ceinture ◇ [*sbottonare*] déboutonner: *se hai caldo, slacciati il cappotto* si tu as chaud, déboutonne ton manteau ◇ [*sganciare*] dégrafer: *non riesco a slacciare la gonna* je n'arrive pas à dégrafer ma jupe **B** *v.pron. intr.* SLACCIARSI (*di stringhe*) [*sciogliersi, slegarsi*] (se) délier, (se) dénouer; *ti si è slacciata una scarpa* ton lacet (de soulier) s'est défait, dénoué # *la cintura si è slacciata* la ceinture s'est défaite ◇ [*sbottonarsi*] se déboutonner: *la camicia continua a slacciarsi* la chemise continue à se déboutonner ◇ [*sganciarsi*] se dégrafer Ⓒ **allacciare.**

sladinàre |zladi'nare| *v.tr.* (*raro*) [*rodare*] roder.

sladinatùra |zladina'tura| *s.f.* (*raro, tecnol.*) [→ SLADINARE] rodage *m.* (*corr.*).

slàlom |'zlalom| *s.m. inv.* (*sport*) slalom *var.*

slalomista |zlalo'mista| *s.* [*chi pratica lo slalom*] slalomeur*.

slam |slæm| *s.m. inv.* (*ingl.*) (*bridge*) chelem *var.*, schelem *var.*

slamàre |zla'mare| *v.intr.* (*aus.* '*essere*') → **smottare.**

slamatóre |zlama'tore| *s.m.* (*pesca*) dégorgeoir.

slamatrìce |zlama'tritʃe| *s.f.* (*tess.*) délaineuse.

slanciàre |zlan'tʃare| **A** *v.tr.* (*raro*) → **lanciare B** *v.pron.* SLANCIARSI **1** *rifl.* [*gettarsi con impeto*] se lancer (2), s'élancer (2): *si è slanciato nella mischia* il s'est lancé dans la mêlée **2** *intr.* [*protendersi verso l'alto*] s'élever (6), se dresser: *torri che si slanciano verso il cielo* des tours qui s'élèvent, se dressent vers le ciel.

slanciàto |zlan'tʃato| *agg.* **1** (*persone*) [*snello e piuttosto alto*] élancé, svelte **2** (*costruzioni*) [*di notevole sviluppo verticale*] élancé.

slàncio, i |'zlantʃo, i| *s.m.* **1** [*movimento rapido del corpo, eseguito con impeto e di scatto*] bond: *con uno slancio fu sul treno* d'un bond il sauta dans le train ◇ *loc. avv.* DI SLANCIO avec élan # *si gettò di slancio in acqua per soccorrerlo* il se jeta dans l'eau à son secours ◇ (*loc.*) *prendere lo slancio* prendre son élan **2** (*fig.*) [*impeto, impulso*] élan: *uno slancio di affetto* un élan d'affection **3** [*notevole sviluppo verticale*] hauteur *f.* remarquable; aspect élancé **4** (*pesistica*) épaulé-jeté.

slang |slæŋ| *s.m. inv.* (*ingl.*) argot *var.*, slang *var.*

slappolàre |zlappo'lare| *v.tr.* (*tess.*) [*separare le lappole dalla lana*] éplucher.

slappolatóre, trice |zlappola'tore, tritʃe| *s.* [*operaio che slappola*] éplucheur*.

slappolatùra |zlappola'tura| *s.f.* (*tess.*) épluchage *m.*

slargaménto |zlarga'mento| *s.m.* [*l'operazione di slargare, il fatto di slargarsi*] élargissement.

slargàre |zlar'gare| **A** *v.tr.* [*rendere più largo, accrescere in larghezza*] élargir: *slargare una strada* élargir une route **B** *v.pron. intr.* SLARGARSI [*diventare più largo*] s'élargir: *più avanti la strada si slarga* plus loin, la route s'élargit.

slargatùra |zlarga'tura| *s.f.* **1** [*il fatto di slargare*] élargissement *m.* **2** (*tip.*) espacement *m.* irrégulier.

slàrgo, ghi |'zlargo, gi| *s.m.* endroit où la rue s'élargit.

slattaménto |zlatta'mento| *s.m.* [*il fatto, il modo di slattare*] sevrage → **divezzamento.**

slattàre |zlat'tare| *v.tr.* [*levare il latte materno*] sevrer (6) → **divezzare.**

slavàto |zla'vato| *agg.* **1** [*che ha un colore sbiadito*] délavé **2** (*fig.*) [*che manca di vivacità, forza espressiva*] incolore, terne: *uno stile slavato* un style incolore, terne.

slavina |zla'vina| *s.f.* [*massa di neve che scivola da un pendio montano*] avalanche ◇ (*per est.*) (*di terra*) éboulement *m.*

slavìsmo |zla'vizmo| *s.m.* slavisme.

slavìsta |zla'vista| *s.* slaviste, slavisant.

slavìstica, che |zla'vistika, ke| *s.f.* (*ling.*) slavistique.

slavizzàre |zlavid'dzare| *v.tr.* [*rendere slavo; adattare alla cultura, alle tradizioni slave*] slaviser.

slàvo |'zlavo| **1** *agg.* [*degli Slavi*] slave **2** (*s.m.*) *lo slavo* [*la lingua*] les langues *f. pl.* slaves.

slavòfilo |zla'vɔfilo| *s.* slavophile.

slavóne |zla'vone| *s.m.* (*ling.*) slavon.

sleàle |zle'ale| *agg.* [*che manca di lealtà; non leale*] déloyal*: *un avversario sleale* un adversaire déloyal © **leale.**

slealménte |zleal'mente| *avv.* [→ SLEALE] de manière déloyale *loc. inv.*, déloyalement (*raro*).

slealtà |zleal'ta| *s.f. inv.* manque *m. var.* de loyauté, déloyauté *var.*, perfidie (*var.*): *non gli perdono questa slealtà* je ne lui pardonne pas son manque de loyauté; *non immaginavo tanta slealtà* je ne m'attendais pas à tant de perfidie; *la sua slealtà lo ha colpito* sa perfidie l'a frappé.

sleeping-car |'sli:piŋka:| *s.m. inv.* (*ingl.*) (*ferr.*) wagon-lit *var.* (*t. racc.*), sleeping-car *var.*

slegaménto |zlega'mento| *s.m.* **1** [*il fatto di slegare, di slegarsi*] déliement (*raro*) **2** (*fig.*) [*incoerenza*] incohérence *f.*

slegàre |zle'gare| **A** *v.tr.* **1** [*disfare, sciogliere un legame*] défaire (45): *slega quel pacco* défais, ouvre ce paquet; *slega il nodo* délie, défais le nœud **2** (*animali*) [*sciogliere, liberare da un legame*] détacher, lâcher: *di notte slego il cane* la nuit, je détache, je lâche le chien **B** *v.pron.* SLEGARSI **1** *rifl.* [*liberarsi* (*dai legami*)] se détacher: *il cane è riuscito a slegarsi* le chien a réussi à se détacher **2** *intr.* [*sciogliersi dai legami*] se défaire: *quel pacco sta per slegarsi* ce paquet va se défaire.

slegataménte |zlegata'mente| *avv.* [→ SLEGATO 2] d'une manière décousue (*loc. inv.*): *frasi messe insieme slegatamente* phrases assemblées de manière décousue.

slegàto |zle'gato| *agg.* **1** [*non legato, mal legato, sciolto*] défait: *il pacco è arrivato mezzo slegato* le paquet est arrivé à moitié défait # *nodo slegato* nœud délié; *attento! il cane è slegato* attention! le chien est détaché; *un'opera a fascicoli slegati* une œuvre en fascicules (débrochés) **2** (*fig.*) [*sconnesso, senza coerenza*] décousu: *un discorso, un periodo slegato* un discours décousu, une période décousue.

slegatùra |zlega'tura| *s.f.* **1** [→ SLEGARE] déliement *m.* **2** (*fig.*) [*incoerenza, sconnessione*] incohérence.

slentàre |zlen'tare| *v.tr.* (*raro*) → **allentare.**

slesiàno |zle'zjano| *agg.* [*della Slesia*] silésien*: *il territorio slesiano* le territoire silésien.

slip |slip| *s.m. inv.* (*ingl.*) slip (*var.*): *uno slip per uomo, per donna* un slip pour homme, pour femme

slitta |'zlitta| *s.f.* **1** [*mezzo di trasporto su neve e ghiaccio, a trazione animale o meccanica*] traîneau *m.* # *cane da slitta* chien de trait ◇ (*per trasportare a valle la legna*) schlitte **2** (*mecc.*) chariot (*m.*): *slitta a croce* chariot composé # *slitta portautensili* coulisseau porte-outil ◇ (*del cannone*) traîneau.

slittaménto |zlitta'mento| *s.m.* **1** [→ SLITTARE 2] glissement # *per lo slittamento di un piede è caduto* son pied a glissé et il est tombé ◇ (*di veicoli*) dérapage ◇ (*di ruote che girano a vuoto*) patinage **2** [→ SLITTARE 3] glissement: *lo slittamento di un partito verso sinistra* le glissement d'un parti vers la gauche **3** [→ SLITTARE 4] dévaluation *f.*, baisse (*f.*): *lo slittamento di una moneta* la dévaluation, la baisse d'une monnaie.

slittàre |zlit'tare| *v.intr.* (*aus.* '*essere, avere*') **1** [*andare in slitta*] aller (13) (*aus.* être) en traîneau: *slittare sulla neve* aller en traîneau sur la neige ◇ (*su uno slittino*) faire (45) *tr.* de la luge, luger (3) (*aus.* avoir) **2** (*per est.*) [*scivolare, sdrucciolare*] glisser (*aus.* avoir): *è slittato sulla neve gelata* il a glissé sur la neige gelée ◇ (*di veicoli*) déraper (*aus.* avoir): *la macchina ha slittato sull'asfalto bagnato* la voiture a dérapé sur l'asphalte mouillé ◇ (*di ruote*) [*girare a vuoto*] patiner (*aus.* avoir): *le ruote slittavano nel fango* les roues patinaient dans la boue **3** (*fig.*) [*deviare, allontanarsi dalla propria linea*] glisser, dévier (*aus.* avoir): *un governo che slitta verso destra* un gouvernement qui glisse, qui dévie vers la droite **4** (*fig.*) [*perdere di valore, subire una diminuzione di quotazione*] baisser (*aus.* avoir), se dévaluer (*pron.*): *la lira continua a slittare* la lire continue à baisser, de se dévaluer.

slittàta |zlit'tata| *s.f.* (*auto.*) dérapage *m.*

slittìno |zlit'tino| *s.m.* [*piccola slitta*] petit traîneau, luge *f.*

slittóne |zlit'tone| *s.m.* → **spazzaneve.**

slittovìa |zlitto'via| *s.f.* [*funicolare formata da una slitta che corre su una pista di neve*] remonte-pente *m.*

slìvoviz |'zlivovits| *s.m. inv.* [*grappa di prugne prodotta nell'Italia nord-orientale*] ⊠.

slogaménto |zloga'mento| *s.m.* → **slogatura.**

slogan |'slougən, 'zlɔgan| *s.m. inv.* (*ingl.*) slogan (*var.*): *uno slogan pubblicitario* un slogan publicitaire.

slogàre |zlo'gare| **A** *v.tr.* [*produrre una slogatura*] se fouler *pron.* **B** *v.pron. rifl.* SLOGARSI [*subire una lussazione*] se luxer: *mi si è slogato un braccio* je me suis luxé le bras.

slogàto |zlo'gato| *agg.* [*lussato*] luxé: *un braccio slogato* un bras luxé.

slogatùra |zloga'tura| *s.f.* [*lesione di un'articolazione*] luxation, dislocation, déboîtement *m.*

sloggiàre |zlod'dʒare| **A** *v.tr.* [*cacciare da un alloggio, da una posizione*] faire (45) *intr.* déloger **B** *v.intr.* (*aus.* '*avere*') [*andarsene da un alloggio, da un luogo*] déloger (3), déménager (3): *siamo costretti a sloggiare* nous sommes obligés de déloger, de déménager ◇ (*fam.*) *sloggia di qui!* déloge, décampe (d'ici)!

slòggio, i |'zlɔddʒo, i| *s.m.* (*raro*) [*il fatto di sloggiare*] expulsion *f.* (*corr.*).

slombàre |zlom'bare| **A** *v.tr.* (*raro*) [*sfiancare, indebolire*] éreinter: *con quel carico slomba il cavallo* avec cette charge, il éreinte le cheval **B** *v.pron. intr.* SLOMBARSI [*sfiancarsi, indebolirsi*] s'éreinter, s'échiner.

slombàto |zlom'bato| *agg.* [*sfiancato, indebolito*] éreinté.

sloop |'zlu:p| *s.m. inv.* (*ingl.*) sloop *var.*

slovàcco, chi, ca, che |zlo'vakko, ki, ka, ke| **1** *agg.* [*della Slovacchia*] slovaque: *il territorio slovacco* le territoire slovaque **2** (*s.m.*) *lo slovacco* [*la lingua*] le slovaque.

slovèno |zlo'vɛno| **1** *agg.* [*della Slovenia*] slovène: *la popolazione slovena* la population slovène **2** (*s.m.*) *lo sloveno* [*la lingua*] le slovène.

slow |slou| *s.m. inv.* (*ingl.*) slow *var.*

slum |'zlʌm| *s.m. inv.* (*ingl.*) bas quartier *var.*

slungàre |zlun'gare| *v.tr. e pron.* → **allungare.**

smaccàto |zmak'kato| *agg.* **1** [*esagerato, troppo scoperto ed evidente*] exagéré, outré: *un'adulazione smaccata* une adulation exagérée, outrée # *ha una fortuna smaccata* il a une sacrée veine, une veine de pendu **2** [*troppo dolce, nauseante*] douceâtre, trop doux*, écœurant.

smacchiànte |zmak'kjante| *s.m.* [*sostanza che smacchia*] détachant.

smacchiàre |zmak'kjare| *v.tr.* [*togliere le macchie*] détacher ◇ [*togliere le macchie di grasso*] dégraisser.

smacchiatóre, trice |zmakkja'tore, tritʃe| *s.* **1** *s.* [*operaio che esegue la smacchiatura*] teinturier* **2** *s.m.* [*sostanza usata per smacchiare*] détachant ◇ (*per macchia di grasso*) dégraissant.

smacchiatùra |zmakkja'tura| *s.f.* [*l'operazione di smacchiare*] nettoyage *m.*, détachage *m.*

smàcco, chi |'zmakko, ki| *s.m.* [*sconfitta, insuccesso*] échec: *ha subito un grave smacco* il a subi un grave échec; *sarà un bello smacco per lui* ce sera un grave échec pour lui ◇ [*affronto*] affront.

smagàto |zma'gato| *agg.* [*sbigottito, turbato*] ahuri, troublé: *sguardo smagato* regard ahuri.

smagliànte |zmaʎ'ʎante| *agg.* [*che brilla, risplende con eccezionale vivezza*] éclatant, éblouissant ◇ (*fig.*) *un sorriso smagliante* un sourire éblouissant, éclatant; *una bellezza smagliante* une beauté éblouissante; *è in forma smagliante* il est dans une forme éblouissante.

smagliàre |zmaʎ'ʎare| **A** *v.tr.* [*rompere, disfare le maglie; provocare delle smagliature*] filer, démailler; causer des vergetures: *mi hai smagliata una calza* tu as fait une échelle à mon bas; mon bas a filé par ta faute ‖ *la gravidanza le ha smagliato le pelle* sa grossesse lui a donné des vergetures **B** *v.pron. intr.* SMAGLIARSI **1** (*maglie*) [*rompersi, disfarsi*] se démailler, filer (*intr.*): *queste calze si sono smagliate subito* ces bas se sont démaillés, ont filé tout de suite **2** (*cute*) [*presentare smagliature*] avoir (28) *tr.* des vergetures.

smagliàto |zmaʎ'ʎato| *agg.* [*che presenta smagliature*] démaillé, filé: *una catena smagliata* une chaîne démaillée; *una calza smagliata* un bas filé.

smagliatùra |zmaʎʎa'tura| *s.f.* **1** [→ SMAGLIARE A] démaillage *m.* # *la smagliatura di una calza* l'échelle d'un bas **2** (*med.*) vergeture.

smagnetizzàre |zmaɲɲetid'dzare| *v.tr.* [*annullare, ridurre la magnetizzazione*] démagnétiser.

smagnetizzazióne |zmaɲɲe-tiddzat'tsjone| *s.f.* [→ SMAGNETIZZARE] démagnétisation.
smagriménto |zmagri'mento| *s.m.* [→ SMAGRIRE] (a)maigrissement.
smagrire |zma'grire| (197) **A** *v.tr.* [*rendere più magro*] amaigrir: *la lunga malattia l'ha smagrita* une longue maladie l'a amaigrie **B** *v.intr.* (*aus.* '*essere*') [*diventare magro, più magro*] maigrir (*aus.* avoir, être): *d'estate smagrisce sempre* l'été, il maigrit toujours.
smaliziàre |zmalit'tsjare| **A** *v.tr.* [*privare dell'ingenuità*; *rendere più esperto, scaltro*] dégourdir: *le nuove amicizie lo hanno smaliziato* ses nouvelles amitiés l'ont dégourdi, dessalé (*fam.*) **B** *v.pron. intr.* SMALIZIARSI [*diventare più scaltro, esperto*] se dégourdir.
smaliziàto |zmalit'tsjato| *agg.* **1** [*non più ingenuo*] dégourdi, déluré, dessalé (*fam.*): *un bambino smaliziato* un enfant dégourdi, déluré **2** [*che conosce le malizie, le astuzie del mestiere*] malin, éveillé: *un commerciante smaliziato* un commerçant malin, astucieux.
smallàre |zmal'lare| *v.tr.* [*privare le noci del mallo*] écaler.
smaltàre |zmal'tare| *v.tr.* **1** [*rivestire di smalto, decorare a smalto*] émailler # *smaltare una ceramica* (*a vetrino*) glacer (2); *si è smaltata le unghie* elle s'est fait les ongles, elle s'est mis du vernis à ongles ◇ (*foto.*) glacer **2** (*fig.*, *lett.*) [*cospargere di colori molto vivaci*] émailler.
smaltàto |zmal'tato| *agg.* [*coperto di smalto, decorato a smalto*] émaillé; verni: *una coppa smaltata* une coupe émaillée ‖ *unghie smaltate* ongles vernis.
smaltatóre, trice |zmalta'tore, tri'tʃe| *s.* [*operaio, artista che esegue lavori di smaltatura*] émailleur*.
smaltatrice |zmalta'tritʃe| *s.f.* (*foto.*) glaceuse.
smaltatùra |zmalta'tura| *s.f.* **1** [→ SMALTARE 1] émaillage (*m.*): *smaltatura a fuoco* émaillage à chaud ◇ (*nell'industria della ceramica*) glaçure **2** (*foto.*) glaçage *m.*
smalterìa |zmalte'ria| *s.f.* laboratoire *m.* d'émaillerie.
smaltiménto |zmalti'mento| *s.m.* **1** [*digestione*] digestion *f.* **2** [*il fatto di superare un'offesa, un moto di rabbia e sim.*] apaisement (de la colère) **3** [*vendita*] vente (*f.*): *lo smaltimento di questo tipo di articolo* la vente de ce genre d'article ◇ [*il fatto di disfarsi di*] l'écoulement de **4** [*il fatto di dare sfogo ad acque e sim.*] écoulement.
smaltina |zmal'tina| *s.f.* (*miner.*) smaltine.
smaltire |zmal'tire| (197) *v.tr.* **1** [*digerire, assimilare le sostanze alimentari ingerite*] digérer (8): *smaltire una cena un po' abbondante* digérer un dîner un peu trop copieux # *al mattino non aveva ancora smaltito la sbornia* au matin, il n'avait pas encore fini de cuver son vin **2** (*fig.*) [*far passare*; *superare uno stato psichico anormale o eccezionale*] faire (45) *intr.* passer qqch.: *smaltire la rabbia, l'ira* faire passer sa rage, sa colère # *ha ormai smaltito la cotta* maintenant, il n'a plus le béguin; *è un affronto che non posso smaltire* c'est un affront que je ne peux pas digérer, avaler **3** [*vendere completamente, fino a esaurimento*] écouler, liquider: *hanno smaltito tutta la merce* ils ont écoulé tout le stock, toute la marchandise **4** [*far scorrere via acque e altri liquidi*] faire *intr.* couler # *un canale che smaltisce le acque di scolo* un canal pour l'écoulement des eaux usées.
smaltista |zmal'tista| *s.* [*artigiano, artista che esegue decorazioni a smalto*] émailleur*.
smaltite |zmal'tite| *s.m.* (*miner.*) smaltite.
smaltitóio, i |zmalti'tojo, i| *s.m.* canal* d'écoulement, de drainage.
smaltitóre, trice |zmalti'tore, tritʃe| (*agg.*) *canale smaltitore* canal d'écoulement *loc. inv.*
smàlto |'zmalto| *s.m.* **1** [*massa vetrosa usata per rivestire e decorare superfici metalliche o ceramiche*] émail*: *smalto a cellette* émail cloisonné; *smalto a incavo, intagliato* émail champlevé; *smalto dipinto* émail peint; *vernice a smalto* émail # *smalto a vetrino* couvert ◇ (*loc. fig.*) *la nostra squadra ha perso lo smalto* notre équipe a perdu de son éclat **2** [*oggetto smaltato, spec. artistico*] émail: *una collezione di preziosi smalti* une collection de précieux émaux **3** *smalto per unghie* [*cosmetico femminile per rendere lucide o colorare le unghie*] vernis à ongles: *darsi lo smalto* se faire les ongles, se mettre du vernis à ongles **4** (*anat.*) *smalto dentario* émail des dents **5** (*arald.*) émail.
smammàre |zmam'mare| *v. intr.* (*aus.* '*avere*') (*pop.*) [*andarsene, levarsi di torno*] ficher *tr.* le camp, déguerpir.
smanacciàre |zmanat'tʃare| *v. intr.* (*aus.* '*avere*') (*fam.*) **1** [*gesticolare parlando, lavorando, ecc.*] gesticuler (*corr.*) **2** [*colpire con la mano*] frapper de la main: *smanacciare il pallone* frapper de la main le ballon.
smancerìa |zmantʃe'ria| *s.f.* [*manifestazione di affetto esagerato, troppo sdolcinata*] manières *pl.*, minauderie.
smanceróso |zmantʃe'roso| *agg.* [*che fa smancerie*; *pieno di smancerie*] maniéré, minaudier* → **lezioso.**
smangiàre |zman'dʒare| **A** *v.tr.* (*raro*) [*consumare, corrodere*] ronger (3) (*corr.*), corroder (*corr.*) **B** *v.pron. intr.* (*raro*) SMANGIARSI [*consumarsi, corrodersi*] se ronger (*corr.*), se corroder (*corr.*).
smangiàto |zman'dʒato| *agg.* [*consumato, corroso*] usé; corrodé, rongé.
smangiatùra |zmandʒa'tura| *s.f.* [*l'essere smangiato, parte smangiata*] rongement *m.*
smàngio, i |'zmandʒo, i| *s.m.* (*tip.*) bavure *f.*
smània |'zmanja| *s.f.* **1** [*agitazione, inquietudine dovute a impazienza, tensione, nervosismo*] énervement *m.*, agitation # *il caldo mi dà la smania* la chaleur m'énerve; *non è il caso di dare in smanie* inutile de te mettre dans tous tes états **2** (*fig.*) [*desiderio intenso*] désir *m.* violent # *ha la smania di andarsene* il brûle d'envie de s'en aller; *gli è venuta la smania del potere* il est maintenant avide de pouvoir.
smaniàre |zma'njare| *v.intr.* (*aus.* '*avere*') **1** [*essere in preda alla smania*] être (43) agité # *questa incertezza mi fa smaniare* cette incertitude me rend nerveux **2** (*fig.*) [*avere un desiderio intenso, una voglia incontenibile*] mourir (24) (*aus.* être), brûler d'envie: *smania per la moto* il meurt, brûle d'envie d'avoir une moto # *smaniava di averla vicino* il désirait passionnément qu'elle vînt auprès de lui.
smanicàrsi |zmani'karsi| *v. pron. rifl.* [*rimboccare le maniche*] (se) retrousser les manches.
smanicatùra |zmanika'tura| *s.f.* (*mus.*) demanchement *m.*
smanieràto |zmanje'rato| *agg.* → **sgarbato.**
smanigliàre |zmaniʎ'ʎare| *v.tr.* (*mar.*) [*disgiungere un pezzo di catena da un altro o dall'ancora*] démailler.
smaniosaménte |zmanjosa'mente| *avv.* **1** [→ SMANIOSO 1] avec violence *loc. inv.*, violemment **2** [*con rabbia*] avec rage *loc. inv.*
smanióso |zma'njoso| *agg.* **1** [*che arde dal desiderio, che ha una voglia incontenibile*] avide, impatient: *giovani smaniosi di libertà* jeunes avides de liberté; *era smanioso di vederla* il était impatient de la voir **2** [*che comporta e provoca uno stato di smania*] angoissant: *un'attesa, un'agitazione smaniosa* une attente, une agitation angoissante.
smantellaménto |zmantella'mento| *s.m.* [*il fatto, l'operazione di smantellare*] démantèlement.
smantellàre |zmantel'lare| *v.tr.* **1** [*demolire, rendere inefficiente*] démanteler (6), démolir, détruire (75): *smantellare le mura di una città* démanteler les remparts d'une ville; *smantellare una nave* démolir un bateau **2** (*fig.*) [*far cadere, dimostrare infondato*] démolir: *smantellare un'accusa* démolir une accusation.
smaragdino |zmarag'dino| *agg.* smaragdin.
smaragdite |smarag'dite| *s.f.* (*miner.*) smaragdite.
smarcaménto |zmarka'mento| *s.m.* (*sport*) démarquage.
smarcàre |zmar'kare| *v.tr.* (*sport*) [*fare in modo che un compagno si sottragga alla marcatura dell'avversario*] démarquer.
smargiassàre |zmardʒas'sare| *v. intr.* (*aus.* '*avere*') (*raro*) [*fare lo smargiasso*] faire (45) *tr.* le fanfaron, le fier-à-bras.
smargiassàta |zmardʒas'sata| *s.f.* **1** [*azione, comportamento, discorso da smargiasso*] fanfaronnade, vantardise: *non fare caso alle sue smargiassate* ne fais pas attention à ses fanfaronnades, vantardises **2** [*scenata violenta*] sortie.
smargiasserìa |zmardʒasse'ria| *s.f.* [*il fatto di essere uno smargiasso*] fanfaronnade, vantardise.
smargiàsso |zmar'dʒasso| *s.* [*chi si vanta di cose eccezionali e non ha il coraggio di farle*] fanfaron*, vantard → **fanfarone.**
smarginàre |zmardʒi'nare| *v.tr.* **1** [*tagliare, togliere i margini*] émarger (3) **2** (*tip.*) [*disfare una forma*] rogner.
smarginàto |zmardʒi'nato| *agg.* [*tagliato ai margini, senza margini*] émargé, rogné: *un foglio smarginato* une feuille émargée, rognée.
smarginatùra |zmardʒina'tura| *s.f.* **1** (*tip.*) rognage *m.* **2** (*bot.*) échancrure.
smargottàre |zmargot'tare| *v.tr.* (*agr.*) [*separare le margotte dalla pianta madre*] séparer les margottes de la plante mère.
smarràre |zmar'rare| *v.tr.* (*agr.*)

[*pulire le ceppaie con la marra*] labourer avec la houe.

smarriménto |zmarri'mento| *s.m.* **1** [→ SMARRIRE A] perte *f.* **2** [*momentanea perdita di coscienza, di lucidità*] défaillance *f.* **3** [*turbamento, sbigottimento*] désarroi.

smarrire |zmar'rire| (197) **A** *v.tr.* [*non riuscire più a trovare o a ritrovare q.c.*] perdre (53): *ho smarrito le chiavi di casa* j'ai perdu les clés de la maison; *ha smarrito la strada* il a perdu son chemin, il s'est égaré ◇ (*fig.*) *smarrire il senno, la ragione* perdre la raison **B** *v.pron. intr.* SMARRIRSI **1** [*perdersi, non trovare più la strada*] se perdre, s'égarer: *si è smarrito nel bosco* il s'est perdu, égaré dans le bois **2** (*fig.*) [*sbigottirsi, turbarsi*] se troubler: *in quel momento mi sono smarrito* à ce moment-là, je me suis troublé Ⓒ A **trovare.**

smarrito |zmar'rito| *agg.* **1** [*che non si riesce più a trovare*] perdu, égaré # *ufficio oggetti smarriti* bureau des objets trouvés **2** [*confuso, turbato*] égaré, troublé: *occhi smarriti* des yeux égarés; *perché sei così smarrito?* pourquoi es-tu si troublé?

smartellàre |zmartel'lare| *v.tr.* → **martellare.**

smascellàre |zmaʃʃel'lare| **A** *v.tr.* (*raro*) [*slogare le mascelle*] décrocher (*corr.*) la mâchoire **B** *v.pron. intr.* SMASCELLARSI (*solo nella loc.*) *smascellarsi dalle risa* [*ridere smodatamente*] rire (47) aux larmes, à gorge déployée; se tordre (53) (de rire).

smascheraménto |zmaskera'mento| *s.m.* [→ SMASCHERARE] découverte *f.*

smascheràre |zmaske'rare| *v.tr.* **1** [*togliere la maschera*] démasquer **2** (*fig.*) [*svelare, mettere a nudo*] démasquer, dévoiler: *ho smascherato le sue reali intenzioni* j'ai démasqué ses batteries; *hanno smascherato il suo doppio gioco* ils ont dévoilé son double jeu.

smash |smæʃ| *s.m. inv.* (*ingl.*) (*tennis*) smash* *var.*

smaterializzàre |zmaterjalid'dzare| **A** *v.tr.* [*liberare dalla materia, dalla realtà materiale*] immatérialiser, dématérialiser **B** *v.pron. intr.* SMATERIALIZZARSI [*liberarsi dalla materia, acquistare spiritualità*] s'immatérialiser.

smaterializzazióne |zmaterjaliddzat'tsjone| *s.f.* [→ SMATERIALIZZARE] immatérialisation.

smattonàre |zmatto'nare| *v.tr.* [*levare i mattoni*] décarreler (4).

smattonatùra |zmattona'tura| *s.f.* [→ SMATTONARE] décarrelage *m.*

smazzàta |zmat'tsata| *s.f.* distribution, donne d'un jeu de cartes.

smecciàre |zmet'tʃare| *v.tr.* (*sport*) [*eseguire uno smash*] smasher.

smellàre |zmel'lare| *e deriv.* → **smielare** *e deriv.*

smembraménto |zmembra'mento| *s.m.* [*il fatto di smembrare, di venire smembrato*] démembrement.

smembràre |zmem'brare| *v.tr.* **1** (*raro*) [*squartare, fare a pezzi*] démembrer (*corr.*) **2** (*fig.*) [*dividere in due o più parti un ente o un organismo unitario*] démembrer: *smembrare uno Stato, un partito* démembrer un pays, un parti.

smembratùra |zmembra'tura| *s.f.* [→ SMEMBRARE] démembrement *m.*

smemoràre |zmemo'rare| *v.intr.* (*aus. 'essere'*) (*arc.*) [*perdere la memoria*] perdre (53) *tr.* la mémoire (*corr.*).

smemoratàggine |zmemora'taddʒine|, **smemoratézza** |zmemora'tettsa| *s.f.* **1** manque *m.*, défaut *m.* de mémoire **2** [*dimenticanza*] oubli *m.* ◇ [*sbadataggine*] étourderie.

smemoràto |zmemo'rato| *agg.* **1** qui n'a pas de mémoire (*loc.*): *dopo la caduta è rimasto smemorato* après sa chute, il a perdu la mémoire ◇ (*med.*) amnésique **2** [*distratto, che si dimentica con facilità*] étourdi: *che smemorato!* quel étourdi! ✦ (*s.*) *uno smemorato* un amnésique, un étourdi.

smentìre |zmen'tire| (197) **A** *v.tr.* **1** [*negare, dimostrare falso quanto è stato detto da altri o quanto si va dicendo*] démentir (21): *le tue previsioni sono state smentite dai fatti* tes prévisions ont été démenties par les faits **2** [*non riconoscere ciò che si era precedentemente affermato*] rétracter: *l'imputato smentì la sua dichiarazione* l'accusé rétracta ce qu'il avait déclaré **3** [*deludere le aspettative altrui*; *venir meno alla stima, alla fama*] manquer *intr.* à # *in questo modo la ditta ha smentito la sua tradizione di serietà* de cette façon, la maison n'a pas justifié sa tradition de sérieux; *non ha smentito la sua fama* il a été à la hauteur de sa réputation; (*iron.*) il a bien mérité la réputation qu'on lui fait **B** *v.pron. rifl.* SMENTIRSI [*agire in modo contrario a quello abituale*] se démentir: *neppure in questa occasione si è smentito* même en cette occasion, il ne s'est pas démenti; (*iron.*) *sei il solito egoista, non ti smentisci mai!* tu es toujours le même égoïste, tu ne te démens jamais! # *quello scrittore non si è mai smentito* cet écrivain a toujours été fidèle à lui-même.

smentìta |zmen'tita| *s.f.* [→ SMENTIRE A 1, 2] démenti (*m.*): *ha dato una secca smentita* il a démenti sèchement; *la notizia non ha avuto né una conferma né una smentita ufficiale* la nouvelle n'a eu ni confirmation ni démenti officiel.

smeraldìno |zmeral'dino| *agg.* [*di smeraldo, color smeraldo*] smaragdin: *occhi smeraldini* yeux smaragdins.

smeràldo |zme'raldo| **1** *s.m.* (*miner.*) émeraude *f.* **2** (*agg. inv.*) *color smeraldo, verde smeraldo* (couleur) émeraude, vert émeraude; *una camicetta color smeraldo* un chemisier émeraude.

smerciàbile |zmer'tʃabile| *agg.* [→ SMERCIARE] vendable.

smerciàre |zmer'tʃare| *v.tr.* [*vendere, spacciare la merce*] vendre (53), écouler: *ha smerciato le rimanenze* il a vendu, écoulé le reste du stock; *è riuscito a smerciare un prodotto scadente* il a réussi à écouler un produit de mauvaise qualité; *è una merce che si smercia con difficoltà* c'est une marchandise qui s'écoule difficilement ◇ [*vendere al minuto*] débiter.

smèrcio, i |'zmɛrtʃo, i| *s.m.* [→ SMERCIARE] vente *f.*, débit: *un negozio che ha molto smercio* un magasin qui a un gros débit # *un prodotto di cui c'è poco smercio* un produit qui se vend peu; *articoli di difficile smercio* articles difficiles à vendre.

smerdàre |zmer'dare| *v.tr.* (*volg.*) **1** [*sporcare di merda*] souiller (*corr.*) (de merde) **2** (*fig.*) [*coprire di vergogna*] couvrir (23) de merde, de *honte (*corr.*).

smèrgo, ghi |'zmɛrgo, gi| *s.m.* (*t. zool.*) *harle.

smerigliàre |zmeriʎ'ʎare| *v.tr.* **1** [*strofinare con smeriglio o altro abrasivo per lucidare e levigare*] polir à l'émeri: *smerigliare un pavimento* polir à l'émeri un sol # *smerigliare una valvola* roder une soupape **2** [*rendere translucido con la smerigliatura*] dépolir: *smerigliare un vetro* dépolir un verre.

smerigliàto |zmeriʎ'ʎato| *agg.* **1** [*reso translucido mediante smerigliatura*] dépoli à l'émeri: *vetro smerigliato* verre dépoli; *superficie smerigliata* surface dépolie # *tappo smerigliato* bouchon à l'émeri **2** *carta smerigliata* [*con una faccia ricoperta di polvere di smeriglio*] papier, toile (d')émeri.

smerigliatóre |zmeriʎʎa'tore| *s.m.* [*operaio addetto alla smerigliatura*] ponceur.

smerigliatrice |zmeriʎʎa'tritʃe| *s.f.* ponceuse, polissoir *m.*; rodeuse.

smerigliatùra |zmeriʎʎa'tura| *s.f.* [*l'operazione, il lavoro di smerigliare*] polissage *m.*; dépolissage *m.*; rodage (*m.*): *la smerigliatura di un pavimento* le polissage d'un sol ‖ *la smerigliatura del vetro* le dépolissage du verre ‖ *la smerigliatura delle valvole* le rodage des soupapes.

1 **smeriglio, i** |zme'riʎʎo, i| *s.m.* **1** (*miner.*) émeri **2** [*polvere di smeriglio*] émeri: *carta smeriglio* papier, toile (d')émeri; *tela smeriglio* toile émeri.

2 **smeriglio, i** |zme'riʎʎo, i| *s.m.* (*t.zool.*) émerillon.

smerinto |zme'rinto| *s.m.* (*t.zool.*) smérinthe.

smerlàre |zmer'lare| *v.tr.* [*lavorare i festoni a punto smerlo*] festonner.

smerlàto |zmer'lato| *agg.* [*lavorato a smerli*] festonné.

smerlatùra |zmerla'tura| *s.f.* [→ SMERLARE] feston *m.*

smerlettàre |zmerlet'tare| *e deriv.* → **smerlare** *e deriv.*

smèrlo |'zmɛrlo| *s.m.* (*punto di ricamo*) feston: *punto di smerlo* point de feston.

smèsso |'zmesso| *agg.* qu'on ne met, ne porte plus (*loc.*): *un cappotto smesso* un manteau qu'on ne met plus.

sméttere |'zmettere| (155) **A** *v.tr.* **1** [*interrompere momentaneamente o definitivamente ciò che si sta facendo*] arrêter, cesser: *smettere il lavoro* arrêter, cesser le travail # *smettiamo lo scherzo* trêve de plaisanterie **2** [*non indossare più, non usare più*] ne plus porter, mettre (71): *ho smesso questo cappello* je ne porte, met plus ce chapeau **B** *v.intr.* (*aus. 'avere'*) [*non continuare ciò che si sta facendo*] arrêter, cesser (*aus.* avoir, être): *smettila di parlare* arrête de parler; *smettetela!* arrêtez!; *questo caldo non accenna a smettere* cette chaleur n'a pas l'air de vouloir cesser; *ha smesso di piovere* il a cessé de pleuvoir # *smettiamola con queste critiche!* finissons-en de ces critiques!

sméttico, ci, ca, che |'zmettiko, tʃi, ka, ke| *agg.* (*chim.*) smectique.

smezzàre |zmed'dzare| *v.tr.* → **dimezzare.**

smidollàre |zmidol'lare| **A** *v.tr.* **1** [*levare il midollo, la midolla*] enlever (6) la moelle: *smidollare un osso* enlever la moelle d'un os **2** (*fig.*) [*far *perdere l'energia fisica e morale, la forza di volontà*] ramollir: *gli agi lo hanno smidollato* le bien-être l'a ramolli **B** *v.pron. intr.* SMIDOLLARSI (*fig.*) [*svigorirsi, divenire debole*] se ramollir # *era un uomo deciso e ora si è smidollato* c'était un homme résolu, mais maintenant il n'a plus de colonne vertébrale.

smidollàto |zmidol'lato| *agg.* **1** sans moelle (*loc. inv.*): *un osso smidollato* un os sans moelle **2** (*fig.*) [*privo di volontà, di coraggio*] mou*: *un giovane smidollato* un jeune homme mou ✦ (*s.*) *uno smidollato* un débile, une chiffe molle; *sei uno smidollato!* tu es un débile!

smielàre |zmje'lare| *v.tr.* [*levare il miele dai favi, dall'alveare*] démieller.

smielatóre |zmjela'tore| *s.m.* (*apicoltura*) extracteur (du miel).

smielatùra |zmjela'tura| *s.f.* [→ SMIELARE] démiellage *m.*

smilace |'zmilatʃe| *s.f.* → **salsapariglia.**

smilitarizzàre |zmilitarid'dzare| *v.tr.* **1** [*privare di qualsiasi installazione mil.*] démilitariser, désarmer: *smilitarizzare una zona di confine* démilitariser, désarmer une zone frontière **2** [*far cessare dallo stato di militarizzazione, riportando allo stato normale*] démilitariser: *smilitarizzare l'industria pesante* démilitariser l'industrie lourde.

smilitarizzazióne |zmilitariddzat'tsjone| *s.f.* [*l'operazione di smilitarizzare*] démilitarisation; désarmement *m.*

smilzo |'zmiltso| *agg.* **1** [*snello; che ha una persona sottile*] fluet*, mince: *un giovane smilzo* un jeune garçon fluet, mince **2** (*fig.*) [*esile, poco consistente*] inconsistant, pauvre: *un articolo troppo smilzo* un article trop inconsistant; *un racconto smilzo* un récit pauvre.

sminaménto |zmina'mento| *s.m.* [*l'operazione dello sminare*] déminage.

sminàre |zmi'nare| *v.tr.* [*liberare dalle mine*] déminer.

sminatùra |zmina'tura| *s.f.* (*mil.*) [→ SMINARE] déminage *m.*

sminuire |zminu'ire| (197) *v.tr.* [*rendere meno rilevante, svalutare nel prestigio*] diminuer, minimiser: *questo non sminuisce i suoi meriti* cela ne diminue pas son mérite; *ha sminuito l'incidente* il a minimisé l'accident.

sminuito |zminu'ito| *agg.* [*svalutato nel prestigio*] frustré.

sminuzzaménto |zminuttsa'mento| *s.m.* [→ SMINUZZARE 1] *hachement, morcellement; émiettement.

sminuzzàre |zminut'tsare| *v.tr.* **1** [*ridurre in frammenti, in pezzi minuti*] mettre (71) en menus morceaux, couper en petits morceaux, *hacher: *gli ho sminuzzato la carne* je lui ai coupé, mis sa viande en petits morceaux; je lui ai haché sa viande ◇ [*sbriciolare*] émietter: *non sminuzzare il pane* n'émiette pas ton pain **2** (*fig.*) [*esporre con minuzia, in ogni particolare*] détailler.

sminuzzàto |zminut'tsato| *agg.* réduit en miettes: *pane sminuzzato*, pain réduit en miettes.

sminuzzatrice |zminuttsa'tritʃe| *s.f.* (*tecnol.*) déchiqueteur *m.*

sminuzzatùra |zminuttsa'tura| *s.f.* → **sminuzzamento.**

smistaménto |zmista'mento| *s.m.* [*l'operazione, il lavoro di smistare*] tri, triage: *lo smistamento della corrispondenza* le tri du courrier; *centro di smistamento* centre de triage; *stazione di smistamento* gare de triage; *ospedale di smistamento* hôpital de triage.

smistàre |zmis'tare| *v.tr.* **1** [*operare una selezione, una ripartizione in gruppi, secondo la diversa destinazione*] trier: *smistare la corrispondenza* trier le courrier; *smistare i vagoni merci* trier les wagons de marchandises **2** (*sport*) [*passare il pallone al compagno di squadra*] passer la balle.

smisurataménte |zmizurata'mente| *avv.* [→ SMISURATO] puissamment, démesurément: *un uomo smisuratamente ricco* un homme puissamment riche ◇ [*immensamente*] immensément # *un amore smisuratamente grande* un immense amour ◇ [*infinitamente*] infiniment: *stelle smisuratamente distanti* étoiles infiniment éloignées.

smisuratézza |zmizura'tettsa| *s.f.* [*il fatto di essere smisurato*] immensité, incommensurabilité.

smisuràto |zmizu'rato| *agg.* [*che eccede ogni misura, ogni possibilità di misurazione*] démesuré, énorme: *una ambizione smisurata* une ambition démesurée # *possiede ricchezze smisurate* il possède des richesses considérables ◇ [*incommensurabile*] incommensurable: *gli spazi smisurati* les espaces incommensurables ◇ [*immenso*] immense: *un amore smisurato* un amour immense.

smithsonite |zmitso'nite| *s.f.* (*miner.*) smithsonite.

smitizzàre |zmitid'dzare| *v.tr.* [*togliere il carattere di mito, riportare a una valutazione obiettiva e realistica*] démysthifier.

smitizzazióne |zmitiddzat'tsjone| *s.f.* [→ SMITIZZARE] démysthification.

smobiliàre |zmobi'ljare| *v.tr.* [*vuotare, in tutto o in parte, dal mobilio*] démeubler Ⓒ **ammobiliare.**

smobiliàto |zmobi'ljato| *agg.* [*senza mobilio, non ammobiliato*] démeublé: *una stanza smobiliata* une pièce démeublée Ⓒ **ammobiliato.**

smobilitàre |zmobili'tare| *v.tr.* **1** [*attuare il ritorno alle normali condizioni delle forze mobilitate per esigenze belliche o situazioni d'emergenza*] démobiliser: *smobilitare l'esercito* démobiliser l'armée # *smobilitare l'industria bellica* reconvertir l'industrie de guerre **2** (*fig.*) [*riportare alla situazione di normalità ciò che prima si era mobilitato*] démobiliser: *smobilitare l'opinione pubblica* démobiliser l'opinion publique.

smobilitazióne |zmobilitat'tsjone| *s.f.* **1** (*mil.*) démobilisation **2** [*l'operazione di smobilitare*] démobilisation.

smobilizzo |zmobi'liddzo| *s.m.* (*comm., econ.*) mobilisation *f.*

smocciàre |zmot'tʃare| *v.tr.* (*fam.*) [*togliere il moccio dal naso*] moucher (*corr.*).

smoccicàre |zmottʃi'kare| **A** *v.tr.* (*fam.*) [*sporcare di moccio*] salir de morve **B** *v. intr.* (*aus.* '*avere*') [*colare moccio*] couler du nez: *gli smoccica il naso* la morve lui coule du nez.

smoccolàre |zmokko'lare| **A** *v.tr.* [*levare il moccolo, togliere l'estremità carbonizzata del lucignolo*] moucher **B** *v. intr.* (*aus.* '*avere*') (*pop.*) [*tirare moccoli, bestemmie*] jurer (*corr.*).

smoccolatóio, i |zmokkola'tojo, i| *s.m.* [*arnese per smoccolare a forma di forbice*] mouchettes *f. pl.*

smoccolatùra |zmokkola'tura| *s.f.* **1** [*parte di candela già arsa*] mouchure **2** le fait *m.* de moucher une chandelle.

smodataménte |zmodata'mente| *avv.* **1** [→ SMODATO 1] démesurément **2** [→ SMODATO 2] excessivement, exagérément.

smodàto |zmo'dato| *agg.* **1** [*che eccede ogni misura*] démesuré: *ambizioni smodate* ambitions démesurées **2** [*eccessivo*] immodéré, excessif*: *un desiderio smodato* un désir immodéré; *un chiasso smodato* un bruit excessif ◇ [*esagerato*] effréné, exagéré: *fare un lusso smodato* afficher un luxe effréné.

smoderataménte |zmoderata'mente| *avv.* [→ SMODERATO 1] immodérément.

smoderatézza |zmodera'tettsa| *s.f.* [*il fatto di essere smoderato*] dérèglement *m.*; intempérance: *smoderatezza di vita* dérèglement d'une vie ‖ *smoderatezza nel bere, nel mangiare* intempérance dans le boire, le manger ◇ [*eccesso*] excès (*m.*): *le sue smoderatezze dànno fastidio a tutti* il gêne tout le monde par ses excès.

smoderàto |zmode'rato| *agg.* **1** [*che non sa moderarsi, privo di moderazione*] qui n'a pas de mesure (*loc.*): *una persona smoderata* une personne qui n'a pas de mesure, qui n'a pas le sens de la mesure # *un uomo smoderato nel bere* un homme intempérant (en ce qui concerne l'alcool) **2** [*eccessivo*] excessif*: *pretese smoderate* prétentions excessives # *prezzi smoderati* prix exagérés.

smog |smɔg| *s.m. inv.* (*ingl.*) smog *var.*

smoking |'smoukiŋ| *s.m. inv.* (*ingl.*) (*abbigl.*) smoking *var.*

smollàre |zmol'lare| *v.tr.* (*raro*) [*mettere a mollo i panni sudici, prima di lavarli*] mettre (71) à tremper, essanger (3).

smollicàre |zmolli'kare| *v.tr.* [*ridurre in molliche*] émietter.

smonacàre |zmona'kare| **A** *v.tr.* [*far abbandonare l'abito e lo stato monastico*] relever (6) de ses vœux (monastiques), défroquer **B** *v.pron. intr.* SMONACARSI [→ *tr.*] se défroquer.

smontàbile |zmon'tabile| *agg.* [→ SMONTARE A 1] démontable: *una libreria smontabile* une bibliothèque démontable.

smontàggio, i |zmon'taddʒo, i|, **smontaménto** |zmonta'mento| *s.m.* (*mecc.*) [→ SMONTARE A 1] démontage: *smontamento di una macchina* démontage d'une machine ◇ (*tecnol.*) désassemblage: *smontamento dei pezzi di un congegno* désassemblage des pièces d'un mécanisme ◇ (*oref.*) dessertissage.

smontàre |zmon'tare| **A** *v.tr.* **1** [*scomporre nei vari pezzi, nei vari elementi costitutivi*] démonter: *smontare una macchina, un motore* démonter une voiture, un moteur ◇ (*per est.*) dessertir: *smontare un brillante dall'incastonatura* dessertir (un brillant de son chaton) **2** [*far tornare allo stato liquido la panna montata, un uovo sbattuto*] faire (45) *intr.* tomber (des blancs d'œuf battus); laisser tourner (une sauce) **3** (*fig.*) [*scoraggiare, far perdere la sicurezza*] démonter: *lo ha smontato con un sorriso* elle l'a démonté d'un sourire **B** *v.intr.* (*aus.* '*essere*') **1** [*scendere da un mezzo di trasporto*] descendre (53) (*aus.* avoir, être): *smontare da cavallo* descendre de cheval; *devo smontare al capolinea* je dois descendre au terminus **2** [*finire il proprio turno di lavoro e sim.*] finir *tr.* son service, débrayer (9) (*aus.* avoir) (*pop.*): *smonta alle dieci* il débraie à dix heures # *la sentinella smonta fra poco* la sentinelle quitte la garde dans quelques minutes **3** (*detto di sostanze battute, frullate e sim.*) [*sgonfiarsi*] s'affaisser (*pron.*): *il 'soufflé' smonta* le soufflé s'affaisse **C** *v. pron. intr.* SMONTARSI [*perdere l'entusiasmo, la fiducia in sé stessi*] se démonter, se décourager (3): *è un tipo che non si smonta mai* c'est un type qui ne se démonte, ne se décourage jamais.

smontatóre, trice |zmonta'tore, tritʃe| *s.* [*chi esegue lavori di smontaggio*] démonteur*.

smontatùra |zmonta'tura| *s.f.* → **smontaggio.**

smorbàre |zmor'bare| *v.tr.* (*raro*) [*liberare da ciò che ammorba*] désinfecter (*corr.*), purifier (*corr.*).

1 **smòrfia** |'zmɔrfja| *s.f.* **1** [*contrazione del viso tale da alterarne il normale aspetto*] grimace: *non fare quelle smorfie con la bocca!* ne fais pas ces grimaces (avec ta bouche)! **2** [*posa, affettazione, moina*] grimace: *non è il caso di fare tante smorfie* ce n'est pas la peine de faire tant de grimaces ◇ [*svenevolezza*] minauderie # *una ragazza tutta smorfie* une jeune fille minaudière.

2 **smòrfia** |'zmɔrfja| *s.f.* (*lotto*) clef des songes.

smorfióso |zmor'fjoso| *agg.* [*che ha il vezzo di fare delle smorfie; che si compiace di atteggiamenti leziosi*] grimacier*; minaudier*: *un bambino smorfioso* un enfant grimaçier ‖ *una ragazza smorfiosa* une jeune fille minaudière ♦ (*s.*) *uno smorfioso* un poseur*, un minaudier # *non fare lo smorfioso!* ne fais pas tant de façons.

smorìre |zmo'rire| (198) *v.intr.* (*dif. del p.p.*) [*divenire pallido, smorto*] pâlir (*corr.*).

smorticcio, ci, cia, ce |zmor'tittʃo, tʃi, tʃa, tʃe| *agg.* [*piuttosto pallido*] pâlot*, pâlichon*.

smortìre |zmor'tire| (197) *v.intr.* (*raro*) (*aus.* '*essere*') [*divenire smorto, scolorare*] pâlir (*aus.* avoir) (*corr.*), blêmir (*aus.* avoir).

smòrto |'zmɔrto| *agg.* **1** [*pallido, che ha perduto il normale colorito*] pâle, blême: *diventò smorto per la paura* il devint pâle, blême de peur **2** [*privo di luminosità, di vivacità*] pâle, blafard: *un colore smorto* une couleur pâle; *un sole smorto* un soleil pâle; *una luce smorta* une lumière blafarde **3** [*scialbo*] incolore, plat, fade: *uno stile smorto* un style incolore, plat, fade.

smorzaménto |zmortsa'mento| *s.m.* [→ SMORZARE] amortissement.

smorzàndo |zmor'tsando| *s.m. inv. e avv.* (*mus.*) smorzando *avv.*

smorzàre |zmor'tsare| **A** *v.tr.* **1** [*attenuare; far diminuire di forza, di ampiezza, di volume*]: (*di suoni*) atténuer, amortir: *un rivestimento per smorzare i rumori* un revêtement pour atténuer, amortir les bruits; (*di luce*) tamiser: *questi tendoni smorzano la luce* ces rideaux tamisent la lumière; (*di colori*) amortir: *la penombra smorza i colori* la pénombre amortit les couleurs ◇ (*tennis*) *smorzare la palla* faire (45) un amorti **2** [*spegnere, estinguere*] éteindre (66): *quella bevanda mi ha smorzato la sete* cette boisson a éteint, étanché ma soif; *smorzare la calce viva* éteindre la chaux vive **3** (*fig.*) [*attutire*] apaiser, calmer: *smorzare un desiderio* apaiser, calmer un désir **4** (*fis.*) [*ridurre progressivamente un fenomeno ondulatorio*] amortir **B** *v.pron. intr.* SMORZARSI **1** [*attenuarsi, attutirsi*] s'atténuer, s'amortir: *i rumori si sono smorzati* les bruits se sont atténués, amortis **2** (*fig.*) [*estinguersi, venir meno*] s'apaiser: *la sua ira si è smorzata* sa colère s'est apaisée.

smorzàta |zmor'tsata| *s.f.* (*tennis*) amorti (*m.*): *dare una smorzata alla palla, fare una smorzata* faire un amorti.

smorzàto |zmor'tsato| *agg.* **1** [*attenuato, tenue*] amorti; tamisé: *un dipinto dai colori smorzati* un tableau aux couleurs amorties ‖ *una luce smorzata rendeva più intimo l'ambiente* une lumière tamisée rendait l'ambiance plus intime **2** [*spento*] éteint **3** (*fis.*) amorti **4** (*tennis*) *palla smorzata* balle amortie, amorti *s.m.*

smorzatóre |zmortsa'tore| *s.m.* (*fis., tecnol.*) amortisseur.

smorzatùra |zmortsa'tura| *s.f.* [→ SMORZARE] amortissement *m.*

smòrzo |'zmɔrtso| *s.m.* (*raro*) → **smorzamento.**

smòsso |'zmɔsso| *agg.* **1** [*spostato, (messo) fuori posto*] déplacé; remué: *una sedia smossa* une chaise déplacée ‖ *terreno smosso* terrain remué **2** [*malfermo, tentennante*] branlant: *dente smosso* dent branlante.

smottaménto |zmotta'mento| *s.m.* [*frana di un terreno imbevuto d'acqua*] éboulement, éboulis.

smottàre |zmot'tare| *v.intr.* (*aus.* '*essere*') [*franare, scivolare lentamente verso il basso*] s'ébouler (*pron.*): *la falda di terra tende a smottare* le remblai tend à s'ébouler.

smottatùra |zmotta'tura| *s.f.* [→ SMOTTARE] éboulement *m.*

smozzàre |zmot'tsare| *v.tr.* → **mozzare.**

smozzicaménto |zmottsika'mento| *s.m.* → **smozzicatura.**

smozzicàre |zmottsi'kare| *v.tr.* **1** [*ridurre q.c. in piccoli pezzi irregolari*] mettre (71) en petits morceaux: *smettila di smozzicare il pane* cesse de mettre ton pain en petits morceaux **2** [*abbreviare malamente, pronunziare in modo non distinto*] *hacher les phrases; manger (3) les mots: *smozzicare un discorso* hacher les phrases d'un discours ‖ *non smozzicare le parole!* ne mange pas tes mots!

smozzicàto |zmottsi'kato| *agg.* **1** en (petits) morceaux *loc.*; réduit en (petits) morceaux: *un pezzo di torta tutto smozzicato* un gâteau réduit en (petits) morceaux, écrabouillé **2** (*fig.*) [*abbreviato, pronunziato male*] estropié, mâchonné: *parole smozzicate* mots estropiés, mâchonnés.

smozzicatùra |zmottsika'tura| *s.f.* [→ SMOZZICARE 2] *hachis *m.*

smùngere |'zmundʒere| (150) *v.tr.* **1** [*far diventare emaciato*] émacier, creuser: *le sofferenze le hanno smunto il viso* les souffrances lui ont émacié, creusé le visage **2** [*asciugare, esaurire*] dessécher (8) **3** [*sfruttare, togliere denaro*] saigner: *stanno smungendo lo zio fino all'ultimo quattrino* ils sont en train de saigner leur oncle jusqu'au dernier sou.

smùnto |'zmunto| *agg.* **1** [*pallido*] pâle: *hai il viso smunto* tu as le visage tout pâle **2** [*emaciato*] émacié: *un uomo dal viso smunto* un homme au visage émacié ◇ [*patito*] souffreteux*: *una donna stanca e smunta* une femme fatiguée, gênée et souffreteuse.

smuòvere |'zmwɔvere| (157) **A** *v.tr.* **1** [*spostare, far muovere q.c. o qc.*] déplacer (2): *sono riusciti a smuovere quel grosso tronco* ils ont réussi à déplacer ce gros tronc # *guarda se è possibile smuoverla di casa* vois s'il est possible de la faire sortir de chez elle; *quella verdura mi ha smosso l'intestino* ces légumes ont rétabli le transit intestinal ◇ (*agr.*) *smuovere la terra, il terreno* remuer la terre, le terrain **2** (*fig.*) [*far cambiare opinione, far recedere da un proposito o da un atteggiamento*] faire (45) *intr.* changer d'avis qqn., faire *intr.* revenir qqn. sur ses décisions: *quando ha deciso qualcosa, nessuno lo smuove* quand il a décidé quelque chose, personne ne peut le faire changer d'avis **3** [*far uscire da uno stato di apatia e di indolenza*] secouer: *bisogna smuovere quel ragazzo e interessarlo a qualcosa* il faut secouer cet enfant et l'intéresser à quelque chose # *è talmente indifferente che non lo smuovono nemmeno le cannonate!* il est tellement apathique, que même le canon ne saurait le faire broncher! **B** *v.pron. intr.* SMUOVERSI **1** [*spostarsi; non stare più fermo*] bouger (3) (*intr.*): *la macchina si è impantanata e non si smuove* la voiture ne bouge plus, elle est embourbée **2** (*fig.*) [*cambiare proposito, idea*] démordre (53) (*intr.*): *ha deciso di partire e non si smuove* il a décidé de partir et il n'en démord pas.

smuràre |zmu'rare| *v.tr.* **1** [*togliere dal muro, liberare e staccare un oggetto murato*] desceller; démurer: *smurare un arpione, un infisso* desceller un gond, un châssis (de porte) ‖ *smurare una finestra* démurer une fenêtre **2** [*demolire, disfare una struttura muraria*] abattre (76).

smussaménto |zmussa'mento| *s.m.* (*raro*) → **smussatura.**

smussàre |zmus'sare| *v.tr.* **1** [*privare dell'angolo vivo, arrotondare lo spigolo*] arrondir: *smussare gli angoli di un mobile* arrondir les angles d'un meuble # *smussare la punta del trapano* émousser la mèche d'une perceuse ◇ (*edil.*) chanfreiner **2** (*fig.*) [*attenuare, rendere meno aspro*] atténuer, adoucir.

smussàto |zmus'sato| *agg.* **1** [*reso meno acuto, meno tagliente*] arrondi: *un tavolo con gli angoli smussati* une table aux coins arrondis ◇ (*di punte di coltelli, di lame, ecc.*) émoussé: *uno scalpello smussato* un scalpel émoussé ◇ (*edil.*) chanfreiné **2** (*fig.*) [*addolcito, reso meno aspro*] adouci # *una critica smussata* une critique tempérée.

smussatùra |zmussa'tura| *s.f.* **1** [→ SMUSSARE 1] arrondissage (*m.*): *la smussatura di uno spigolo* l'arrondissage d'une arête ◇ (*di punte di coltelli, di lame, ecc.*) épointage *m.*, épointement (*m.*): *la smussatura di un attrezzo* l'épointage, l'épointement d'un outil ◇ (*edil.*) chanfreinage *m.* **2** [→ SMUSSARE 2] adoucissement (*m.*): *la smussatura del carattere* l'adoucissement du caractère.

1 **smùsso** |'zmusso| *s.m.* → **smussatura.**

2 **smùsso** |'zmusso| *agg.* → **smussato.**

snack-bar |'snækba:| *s.m. inv.* (*ingl.*) snack-bar *var.*, snack *var.*

snaturaménto |znatura'mento| *s.m.* [→ SNATURARE] dénaturation *f.*

snaturàre |znatu'rare| *v.tr.* [*far perdere la propria vera natura; alterare i caratteri e i valori originari o cambiarli in peggio*] dénaturer; enlaidir: *il vizio snatura l'uomo* le vice dénature l'homme ‖ *un paesaggio snaturato dalla speculazione edilizia* un paysage enlaidi par les lotissements, la spéculation des marchands de biens.

snaturataménte |znaturata'mente| *avv.* de façon denaturée *loc. inv.*

snaturatézza |znatura'tettsa| *s.f.* (*raro*) [*il fatto di essere snaturato*] dégénération (*corr.*).

snaturàto |snatu'rato| *agg.* (*persone*) [*disumano, degenere*] dénaturé: *un padre snaturato* un père dénaturé ✦ (*s.*) *sei uno snaturato!* tu as des mœurs dénaturées! *agg.*

snazionalizzàre |znattsjonalid'dzare| *v.tr.* **1** [*far perdere i caratteri nazionali*] dénationaliser **2** (*econ.*) [*rendere alla proprietà privata un'impresa già nazionalizzata*] dénationaliser 🄲 **nazionalizzare.**

snazionalizzazióne |znattsjonaliddzat'tsjone| *s.f.* [→ SNAZIONALIZZARE] dénationalisation.

snebbiaménto |znebbja'mento| *s.m.* [→ SNEBBIARE] dissipation *f.* du brouillard.

snebbiàre |zneb'bjare| *v.tr.* [*sgomberare dalla nebbia*] dissiper le brouillard ◇ (*fig.*) *snebbiare la mente, il cervello* éclaircir, clarifier les idées 🄲 **annebbiare.**

snellézza |znel'lettsa| *s.f.* **1** [*aspetto slanciato*] sveltesse: *la snellezza di una figura* la sveltesse d'une silhouette ◇ (*per est.*) *snellezza di stile* sveltesse, élégance du style **2** [*rapidità, velocità*] agilité: *snellezza di movimenti* agilité de mouvements.

snelliménto |znelli'mento| *s.m.* [→ SNELLIRE A 2] assouplissement, accélération (*f.*): *lo snellimento della procedura giudiziaria* l'assouplissement, l'accélération de la procédure judiciaire # *prendere provvedimenti per lo snellimento del traffico* prendre des mesures pour accélérer la circulation.

snellìre |znel'lire| (197) **A** *v.tr.* **1** [*rendere slanciato, sottile*] amincir: *la cura l'ha snellita* le régime l'a amincie → **dimagrire** ✦ (*ass.*) *gli abiti a righe verticali snelliscono* les robes rayées dans le sens de la hauteur amincissent **2** (*fig.*) [*rendere più agile, più scorrevole*] assouplir: *snellire l'apparato burocratico* assouplir l'appareil bureaucratique # *snellire il proprio stile* alléger son style **B** *v.pron. intr.* SNELLIRSI [→ *tr.* 1] (a)mincir (*intr.*): *con lo sviluppo si è snellita un po'* en grandissant, elle a un peu minci.

snèllo |'znɛllo| *agg.* **1** (*persone*) [*slanciato; di figura sottile*] svelte, élancé: *una ragazza snella* une jeune fille svelte, élancée; *avere forme snelle* avoir des formes sveltes ◇ (*per est.*) *un campanile snello* un clocher élancé ◇ (*fig.*) *stile snello* style souple, naturel **2** (*fig.*) (*persone*) [*rapido, veloce*] agile, souple: *essere snello nei movimenti* être agile dans ses mouvements # *la cura dimagrante lo ha reso più snello* son régime amaigrissant l'a minci **3** (*fig.*) (*cose*) [*efficiente, rapido*] efficace: *adottare una procedura snella* adopter une procédure efficace # *rendere più snello un servizio pubblico* augmenter l'efficacité d'un service public 🄲 1 **tozzo**; 2 **lento, goffo.**

snervaménto |znerva'mento| *s.m.* **1** [→ SNERVARE] énervement (*corr.*) **2** (*mecc.*) limite *f.* d'élasticité: *limite di snervamento dei metalli* limite d'élasticité des métaux.

snervànte |zner'vante| *agg.* énervant; accablant, épuisant: *un'attesa snervante* une attente énervante → **estenuante** ‖ *un'afa snervante* une chaleur accablante; *un lavoro snervante* un travail épuisant.

snervàre |zner'vare| **A** *v.tr.* [*logorare, infiacchire nelle forze fisiche e morali*] épuiser: *la lunga attesa lo ha snervato* la longue attente l'a épuisé → **estenuare** ✦ (*ass.*) *è un lavoro che snerva* c'est un travail épuisant **B** *v.pron. intr.* SNERVARSI [→ *tr.*] s'épuiser: *snervarsi nell'ozio, nell'attesa* s'épuiser dans l'oisiveté, dans l'attente.

snervatézza |znerva'tettsa| *s.f.* absence, manque *m.* de nerf, de vigueur ✦ (*fig.*) *snervatezza di stile* mollesse de style.

snervàto |zner'vato| *agg.* [*stanco, senza forze*] épuisé, exténué: *sentirsi snervato dopo un lavoro pesante* se sentir épuisé, exténué après un travail fatigant ◇ (*fig.*) *uno stile, un componimento snervato* [*che manca di vigore*] un style mou, une composition molle.

snidàre |zni'dare| *v.tr.* **1** [*far uscire dal nido, dalla tana*] dénicher; débusquer: *snidare un fagiano* dénicher un faisan ‖ *snidare una lepre* débusquer un lièvre **2** (*fig.*) [*costringere a uscire da un rifugio*] dénicher, débusquer: *snidare un reparto di nemici* dénicher un détachement ennemi ◇ (*scherz.*) *snidare qc. di casa, dal letto* tirer qqn. de chez lui, du lit.

snif(f) |'znif(f)| *inter.* (*onomat.*) (*esprime l'annusare di un animale, il tirar su col naso*) snif(f).

snob |snɔb| *s. inv.* (*ingl.*) snob *var.* ✦ (*agg. inv.*) *un ambiente snob* un milieu snob *var.*

snobbàre |znob'bare| *v.tr.* [*trattare con distacco, con superiorità*] snober ◇ (*per est.*) *snobbare una festa* ignorer, dédaigner l'invitation à une surprise-partie.

snobismo |zno'bizmo| *s.m.* snobisme.

snobista |zno'bista| *s.* [*persona snob*] snobinard (*fam., pegg.*), snobinette *f.*, snob.

snobistico, ci, ca, che |zno'bistiko, tʃi, ka, ke| *agg.* [*improntato a snobismo*] snob: *comportamento snobistico* comportement snob.

snocciolàre |znottʃo'lare| *v.tr.* **1** [*liberare dal nocciolo*] dénoyauter: *snocciolare olive* dénoyauter des olives **2** (*fig.*) [*proferire in rapida successione*] débiter: *snocciolare una bugia dopo l'altra* débiter mensonge sur mensonge # *snocciolare bestemmie a non finire* lâcher un chapelet de jurons ◇ (*fam.*) [*dire apertamente, per filo e per segno*] dire (48) carrément: *snocciolare tutta la verità* dire carrément toute la vérité → **spiattellare 3** (*fam.*) [*pagare, sborsare a malincuore*] débourser (*corr.*), casquer (*pop.*): *ho dovuto snocciolare dieci milioni uno sull'altro* j'ai dû débourser, casquer dix millions l'un après l'autre.

snocciolatóio, i |snottʃola'tojo, i| *s.m.* (*cuc.*) dénoyauteur, videlle *f.*

snodàbile |zno'dabile| *agg.* [→ SNODARE A 3] réglable; articulé: *lampada a braccio snodabile* lampe à bras réglable ‖ *un autofurgone snodabile* un fourgon articulé.

snodàre |zno'dare| **A** *v.tr.* **1** [*liberare, sciogliere dai nodi*] dénouer, délier: *snodare una corda* dénouer, délier une corde ◇ (*loc. fig.*) *snodare la lingua* délier sa langue **2** (*per est.*) [*rendere sciolto nei movimenti del corpo*] assouplir: *esercizi per snodare le gambe, le braccia* exercices pour assouplir les jambes, les bras **3** (*detto di corpo rigido*) [*rendere mobile, articolabile*] articuler: *snodare un manichino* articuler un mannequin; *snodare il braccio di una lampada* articuler le bras d'une lampe **B** *v.pron. intr.* SNODARSI **1** [→ *tr.* 1] se dénouer, se dérouler: *questa fune non si vuole proprio snodare* ce câble ne veut vraiment pas se dénouer, se dérouler **2** [→ *tr.* 2] s'élancer (2), bondir **3** [→ *tr.* 3] s'articuler: *è una lampada che si può snodare in tutte le direzioni* c'est une lampe qui peut s'articuler, s'orienter dans toutes les directions **4** [*distendersi, muoversi a spire*] ramper (*intr.*): *il serpente si snodava tra l'erba* le serpent rampait dans l'herbe **5** [*avere un andamento, un corso serpeggiante*] se dérouler; serpenter (*intr.*): *la strada si snoda in un superbo scenario* la route se déroule au milieu d'un splendide panorama ‖ *il fiume si snoda pigramente nella pianura* le fleuve serpente paresseusement dans la plaine 🄲 A 1 **annodare.**

snodàto |zno'dato| *agg.* **1** (*cose*) [*che si snoda*] désarticulé **2** (*persone*) [*agile, sciolto nei movimenti*] délié, souple.

snodatùra |znoda'tura| *s.f.* (*raro*) [→ SNODARE A 3; B 3] articulation (*corr.*) ◇ (*corr.*) [*il punto in cui avviene l'articolazione*] articulation.

snòdo |'znɔdo| *s.m.* **1** (*tecnol.*) rotule *f.* **2** *snodo stradale, ferroviario* nœud routier, ferroviaire → **svincolo.**

snudàre |znu'dare| *v.tr.* **1** (*lett.*) [*estrarre dal fodero*] tirer (*corr.*): *snudare la spada* tirer l'épée → **sguainare** **2** (*lett.*) → **denudare, spogliare.**

1 **soàve** |so'ave| *agg.* [*gradito, piacevole*] suave: *un profumo, un gusto soave* un parfum, un goût suave, exquis ✦ (*in funzione di avv., lett.*) → **soavemente.**

2 **soàve** |so'ave| *s.m. inv.* [*vino bianco, secco, tipico del veronese*] ⊠.

soaveménte |soave'mente| *avv.* [→ 1 SOAVE] suavement → **piacevolmente.**

soavità |soavi'ta| *s.f. inv.* suavité *var.*

sobbalzàre |sobbal'tsare| *v.intr.*

(*aus. 'avere'*) **1** (*di veicolo*) [*procedere a balzi, con scosse*] cahoter **2** (*persone*) [*fare un balzo improvviso*] tressaillir (19), sursauter: *a quell'urlo tutti sobbalzammo dalla paura* à ce cri, on tressaillit, sursauta tous de peur.
sobbàlzo |sob'baltso| *s.m.* **1** (*di veicoli*) [*balzo, scossa*] cahot, secousse *f.* # *procedere a sobbalzi* avancer par à-coups, cahoter **2** (*di persone*) [*movimento improvviso del corpo*] sursaut, soubresaut → **scatto** # *avere un sobbalzo* sursauter ◇ (*loc. avv.*) *di sobbalzo* en sursaut.
sobbarcàre |sobbar'kare| **A** *v.tr.* (*raro*) [*sottoporre a duro impegno*] engager (3), astreindre (66) **B** *v.pron. rifl.* SOBBARCARSI [→ *tr.*] s'astreindre, s'engager: *sobbarcarsi a una dura fatica, a un 'tour de force'* s'astreindre à un pénible travail, à un tour de force # *non mi voglio sobbarcare a certe responsabilità* je ne veux pas me mettre pareilles responsabilités sur le dos © **sottrar(si)**.
sobbattitùra |sobbatti'tura| *s.f.* (*veter.*) contusion de la sole du sabot.
sobbolliménto |sobbolli'mento| *s.m.* (*raro*) [→ SOBBOLLIRE] bouillonnement; frémissement.
sobbollìre |sobbol'lire| *v.intr.* (*aus. 'avere'*) (*cuc.*) [*bollire lentamente, adagio*] bouillir (20) légèrement; (*di acqua*) frémir ◇ (*raro, fig.*) *la passione cominciava a sobbollire nel suo animo* la passion commençait à fermenter dans son esprit.
sobbórgo, ghi |sob'borgo, gi| *s.m.* [*piccolo centro abitato, alla periferia di una metropoli*] faubourg ◇ *al plur.* banlieue (*f. sing.*): *i sobborghi di Roma, di Napoli* la banlieue de Rome, de Naples.
sobillaménto |sobilla'mento| *s.m.* (*raro*) → **sobillazione.**
sobillàre |sobil'lare| *v.tr.* [*incitare alla ribellione, a forme di ostilità*] inciter, pousser à la révolte: *sobillare gli animi* inciter les esprits à la révolte; *lasciarsi sobillare da qc.* se laisser inciter à la révolte par qqn. # *sobillare i soldati contro gli ufficiali* inciter les soldats à se révolter contre leurs officiers.
sobillatóre, trice |sobilla'tore, tritʃe| *s.* fauteur* de troubles, provocateur*.
sobillazióne |sobillat'tsjone| *s.f.* [→ SOBILLARE] incitation, instigation (*raro*).
sobriaménte |sobrja'mente| *avv.* [→ SOBRIO] sobrement.
sobrietà |sobrje'ta| *s.f. inv.* sobriété *var.* # *sobrietà nel bere* boire sobrement ◇ (*fig.*) *sobrietà di costumi* sobriété de mœurs.
sòbrio, i |'sɔbrjo, i| *agg.* sobre: *una persona sobria* une personne sobre → **parco** # *un sobrio pasto* un repas frugal ◇ (*fig.*) [*che evita eccessi; moderato*] *un abbigliamento molto sobrio* une tenue, un vêtement très sobre; une toilette très classique; *condurre una vita sobria* mener une vie sobre ◇ [*semplice, misurato*] *una risposta sobria* une réponse sobre; *stile sobrio* style sobre.
socchiùdere |sok'kjudere| (106) **A** *v.tr.* [*chiudere parzialmente*] entrouvrir (23): *socchiudere un uscio* entrouvrir, entrebâiller une porte → **accostare**; *socchiudere gli occhi* entrouvrir les yeux **B** *v.pron. intr.* SOCCHIUDERSI [→ *tr.*] s'entrouvrir, s'entrebâiller: *la finestra si è socchiusa* la fenêtre s'est entrebâillée.
socchiùso |sok'kjuso| *agg.* [*parzialmente chiuso*] entrouvert: *tenere gli occhi socchiusi* avoir les yeux entrouverts, mi-clos.
sòccida |'sɔttʃida| *s.f.* (*dir.*) cheptel *m.*
soccidànte |sottʃi'dante| *s.m.* (*dir.*) bailleur à cheptel.
soccidàrio, i |sottʃi'darjo, i| *s.m.* (*dir.*) preneur à cheptel.
sòccio, i |'sɔttʃo, i| *s.m.* **1** → **soccidario** **2** (*region.*) → **soccida.**
sòcco, chi |'sɔkko, ki| *s.m.* (*st. teat.*) socque.
soccombènte |sokkom'bɛnte| *agg.* **1** [*che perde; vinto*] perdant ✦ (*s.*) *i soccombenti* les perdants **2** (*dir.*) perdant: *la parte soccombente* la partie perdante ✦ (*s.*) *il soccombente* le perdant.
soccombènza |sokkom'bɛntsa| *s.f.* (*dir.*) perte.
soccómbere |sok'kombere| *v. intr.* (*dif. del p.p.*) [*essere sopraffatto; avere la peggio*] succomber: *soccombere al male* succomber au mal ◇ (*lett.*) [*morire*] *preferirono soccombere piuttosto che arrendersi* ils préférèrent mourir que de se rendre ◇ (*dir.*) *soccombere in giudizio* perdre un procès.
soccórrere |sok'korrere| (127) **A** *v.tr.* [*venire in aiuto a qc.; aiutare*] secourir (17), aider: *soccorrere i poveri, i bisognosi* secourir les pauvres, les nécessiteux **B** *v.intr.* (*aus. 'avere'*) (*lett.*) **1** [→ *tr.*] secourir *tr.*, aider (*tr.*): *soccorrere a qc.* secourir, aider qqn. **2** (*raro*) [*venir in mente*] se souvenir (27) *pron.* (*corr.*) de.
soccorrévole |sokkor'revole| *agg.* (*lett.*) (*persone*) [*pronto, disposto a soccorrere*] secourable (*corr.*).
soccorriménto |sokkorri'mento| *s.m.* [→ SOCCORRERE] secours.
soccorritóre, trice |sokkorri'tore, tritʃe| *s.* [*chi interviene in soccorso*] sauveteur *m.* ✦ (*agg.*) *una mano soccorritrice* une main secourable.
soccórso |sok'korso| *s.m.* **1** [*aiuto, assistenza*] secours: *correre, venire in soccorso* voler, venir au secours; *chiamare soccorso* appeler au secours; *invocare soccorso* implorer du secours; *prestare i primi soccorsi* porter, prêter les premiers secours, secourir ◇ *loc.* PRONTO SOCCORSO secours d'urgence: *un posto di pronto soccorso* un poste de secours ~ *la valigietta del pronto soccorso* la pharmacie portative ~ *soccorso stradale, aereo, marittimo* secours routier, aérien, maritime ~ *società di mutuo soccorso* société de secours mutuel **2** *al plur.* [*i mezzi e le persone impiegate*] secours; renforts: *inviare soccorsi alle popolazioni sinistrate* envoyer des secours aux populations sinistrées → **rifornimento** ‖ *finalmente arrivarono i soccorsi* finalement les renforts arrivèrent.
soccòscio, i |sok'kɔʃʃo, i| *s.m.* (*macelleria*) gîte à la noix.
sociàbile |so'tʃabile| *agg.* (*raro, lett.*) → **socievole.**
sociabilità |sotʃabili'ta| *s.f. inv.* **1** (*raro, lett.*) → **socievolezza** **2** (*bot.*) sociabilité *var.*
socialdemocràtico, ci, ca, che |sotʃaldemo'kratiko, tʃi, ka, ke| *agg.* (*polit.*) social-démocrate ✦ (*s.*) *l'uscita dal governo dei socialdemocratici* la sortie du gouvernement des sociaux-démocrates.
socialdemocrazìa |sotʃaldemokrat'tsia| *s.f.* (*polit.*) social-démocratie.
sociàle |so'tʃale| *agg.* social*: *l'uomo è un essere sociale* l'homme est un être social; *l'Istituto della Previdenza Sociale* la Sécurité sociale; *assistente sociale* assistante sociale ◇ (*econ.*) *patrimonio sociale* patrimoine social; *versare la quota sociale* verser la cotisation sociale ◇ (*per est.*) *pranzo, gita sociale* déjeuner (dîner), excursion d'une organisation ouvrière.
socialismo |sotʃa'lizmo| *s.m.* (*polit.*) socialisme.
socialista |sotʃa'lista| *agg.* (*polit.*) socialiste: *il Partito Socialista Italiano* (*P.S.I.*) le Parti Socialiste Italien ✦ (*s.*) *i socialisti* les socialistes.
socialìstico, ci, ca, che |sotʃa'listiko, tʃi, ka, ke| *agg.* (*raro; talora spreg.*) → **socialista.**
socialistòide |sotʃalis'tɔide| *agg. e s.* (*spec. spreg.*) [*favorevole, ispirato al socialismo*] socialisant, socialiste en peau de lapin.
socialità |sotʃali'ta| *s.f. inv.* socialité *var.*
socializzàre |sotʃalid'dzare| **A** *v. tr.* **1** (*polit.*) [*far passare dalla proprietà privata a quella pubblica*] socialiser **2** (*psicol.*) (*ogg. di persona*) [*inserire armoniosamente nella vita sociale*] socialiser: *socializzare un bambino* socialiser un enfant **B** *v.intr.* [→ *tr.* 2] socialiser # *è un bambino che socializza molto* c'est un enfant très sociable **C** *v.pron. intr.* SOCIALIZZARSI [→ *tr.* 2] se socialiser: *il ragazzo ha difficoltà a socializzarsi* l'enfant a des difficultés à se socialiser.
socializzazióne |sotʃaliddzat'tsjone| *s.f.* **1** [→ SOCIALIZZARE A 1] socialisation **2** [→ SOCIALIZZARE A 2; B; C] socialisation: *la socializzazione di un bambino* la socialisation d'un enfant.
socialménte |sotʃal'mente| *avv.* [→ SOCIALE] socialement.
sociatria |sotʃa'tria| *s.f.* sociatrie.
società |sotʃe'ta| *s.f. inv.* **1** société (*var.*): *la società italiana* la société italienne; *individui che vivono ai margini della società* individus qui vivent en marge de la société ◇ (*loc.*) *società industriale* société industrielle ~ *società dei consumi* société de consommation ~ *società di massa* société de masse **2** [*ceto, categoria elevata, aristocratica*] société: *la buona, l'alta società* la bonne, la haute société, le grand monde *m.* ◇ (*loc.*) *fare vita di società* mener une vie mondaine ~ *debuttare, essere introdotto in società* débuter, faire son entrée dans le monde ~ *abito da società* habit, tenue de soirée ~ *giochi di società* jeux de société **3** [*associazione di persone aventi un fine comune*] société, association (*var.*): *società scientifica, culturale, sportiva* société, association scientifique, culturelle, sportive; *società di mutuo soccorso* société de secours mutuel ◇ (*loc.*) *le società segrete* les sociétés secrètes

~ *l'onorata società* le Milieu, la maf(f)ia → **camorra**; **mafia** **4** (*dir.*) société: *società semplice* société civile; *società di fatto* société de fait; *società a nome collettivo* société en nom collectif; *società a responsabilità limitata* (*S.a.r.l.*), *illimitata* société à responsabilité limitée (S.a.r.l.), illimitée; *società per azioni* (*S.p.a.*) société par action (S.p.a.); *società anonima* société anonyme; *società immobiliare, finanziaria, commerciale* société immobilière, financière, commerciale; *società multinazionale* société multinationale; *società per l'esercizio telefonico* société des téléphones ◇ *loc.* IN SOCIETÀ (CON) en société (avec): *gestire un'attività in società con qc.* gérer une affaire en société avec qqn.; *giocare la schedina in società con un collega* jouer une combinaison au 'totocalcio' (en société) avec son collègue # *intraprendere un'attività in società con qc.* entreprendre une activité en s'associant avec qqn.; *avere un bene in società con qc.* posséder un bien en commun avec qqn. **5** (*zool.*) société: *la società delle api, delle formiche* la société des abeilles, des fourmis.

societàrio, i |sotʃe'tarjo, i| *agg.* (*dir.*) social*, sociétaire.

society |sə'saiəti| *s.f. inv.* (*ingl.*) *la jet society* la clientèle des Bœing, les playboys.

sociévole |so'tʃevole| *agg.* sociable: *una persona molto, poco socievole* une personne très, peu sociable.

socievolézza |sotʃevo'lettsa| *s.f.* [*l'essere socievole*] sociabilité.

socievolménte |sotʃevol'mente| *avv.* [→ SOCIEVOLE] d'une manière sociable *loc. inv.*, socialement.

socinianésimo |sotʃinja'nezimo|, **socinianismo** |sotʃinja'nizmo| *s.m.* (*st. relig.*) socinianisme.

sociniàno |sotʃi'njano| *agg. e s.* (*st. relig.*) socinien*.

sòcio- |'sɔtʃo| *pref.* (*significa 'sociale, società', corrisponde gener. a*) socio(-): *socioculturale* socio(-)culturel; *sociolinguistica* sociolinguistique.

sòcio, ci, cia, cie |'sɔtʃo, tʃi, tʃa, tʃe| *s.* **1** associé; (*di società lett., teat., musicale*) sociétaire **2** (*dir.*) (*di circolo, di accademia*) membre *m.*; (*di società per azioni*) actionnaire: *socio fondatore* membre fondateur; *convocare l'assemblea dei soci* convoquer l'assemblée des actionnaires, des membres # *socio accomandante, accomandatario* associé commanditaire, commandité **3** [*membro di una associazione*] membre: *i soci del circolo del tennis* les membres d'un club de tennis; *socio ordinario, sostenitore* membre ordinaire, bienfaiteur.

socioanàlisi |sotʃoa'nalizi| *s.f. inv.* (*psicol.*) soci(o)analyse *var.*

socioculturàle |sotʃokultu'rale| *agg.* socio(-)culturel*.

sociodràmma |sotʃo'dramma| *s.m.* (*psicol.*) sociodrame.

socioeconomia |sotʃoekono'mia| *s.f.* socio-économie.

socio(-)económico, ci, ca, che |sotʃoeko'nɔmiko, tʃi, ka, ke| *agg.* socio-économique.

sociogràmma |sotʃo'gramma| *s.m.* sociogramme.

sociolinguistica, che |sotʃolin'gwistika, ke| *s.f.* sociolinguistique.

sociolinguìstico, ci, ca, che |sotʃolin'gwistiko, tʃi, ka, ke| *agg.* sociolinguistique.

sociologìa, gie |sotʃolo'dʒia, dʒie| *s.f.* sociologie.

sociologicaménte |sotʃolodʒika'mente| *avv.* [*dal punto di vista della sociologia*] sociologiquement.

sociològico, ci, ca, che |sotʃo'lɔdʒiko, tʃi, ka, ke| *agg.* sociologique.

sociologìsmo |sotʃolo'dʒizmo| *s.m.* sociologisme.

sociòlogo, gi, ghi |so'tʃɔlogo, dʒi, gi| *s.* sociologue.

sociometrìa |sotʃome'tria| *s.f.* sociométrie.

sociomètrico, ci, ca, che |sotʃo'mɛtriko, tʃi, ka, ke| *agg.* sociométrique.

sociopedagògico, ci, ca, che |sotʃopeda'gɔdʒiko, tʃi, ka, ke| *agg.* socio-pédagogique.

sociopolìtico, ci, ca, che |sotʃopo'litiko, tʃi, ka, ke| *agg.* socio-politique.

socioprofessionàle |sotʃoprofessjo'nale| *agg.* socio(-)professionnel*.

socioterapìa |sotʃotera'pia| *s.f.* sociothérapie.

socraticaménte |sokratika'mente| *avv.* [→ SOCRATICO] socratiquement.

socràtico, ci, ca, che |so'kratiko, tʃi, ka, ke| *agg.* socratique ♦ (*s.m.*) *i socratici* les socratiques.

socratismo |sokra'tizmo| *s.m.* (*filos.*) pensée *f.* socratique.

1 **sòda** |'sɔda| *s.f.* **1** (*chim.*) soude: *soda caustica* soude caustique **2** [*acqua gassata, usata come bibita o per allungare liquori*] soda: *un bicchiere di soda* un verre de soda; *whisky e soda, con soda* whisky (et) soda, avec du soda; *whisky senza soda, liscio* whisky sans soda, sec.

2 **sòda** |'sɔda| *s.f.* (*t.bot.*) soude.

sodàglia |so'daʎʎa| *s.f.* [*terreno non dissodato*] friche.

sodalizio, i |soda'littsjo, i| *s.m.* (*raro, lett.*) [*associazione, società*] association *f.* (*corr.*), société *f.* (*corr.*): *un sodalizio letterario* une association, une société littéraire; *il vecchio sodalizio artistico* la vieille association artistique ◇ [*legame di amicizia, spec. tra intellettuali*] amitié (*f.*): *il loro fu un breve, ma fruttuoso sodalizio* leur amitié fut brève, mais fructueuse.

sodàre |so'dare| *v.tr.* (*tess.*) [*rendere più sodo*; *rassodare*] fouler: *sodare il feltro* fouler le feutre.

sodatóre, trice |soda'tore, tritʃe| *s.* [*operaio addetto alla sodatura*] fouleur*.

sodatrice |soda'tritʃe| *s.f.* (*tess.*) foulerie.

sodatùra |soda'tura| *s.f.* (*tess.*) foulage *m.*

soddisfacènte |soddisfa'tʃɛnte| *agg.* satisfaisant: *risultati soddisfacenti* résultats satisfaisants → **positivo.**

soddisfacentemènte |soddisfatʃente'mente| *avv.* [→ SODDISFACENTE] d'une manière satisfaisante *loc. inv.*

soddisfaciménto |soddisfatʃi'mento| *s.m.* (*raro*) [→ SODDISFARE] satisfaction (*f.*): *il soddisfacimento di un desiderio* la satisfaction d'un désir → **soddisfazione.**

soddisfàre |soddis'fare| (103) **A** *v.tr.* **1** [*corrispondere a determinate esigenze, aspettative*] satisfaire (45) (à) (*tr. e intr.*): *soddisfare un desiderio, un piacere* satisfaire un désir, un plaisir → **appagare**; *soddisfare delle giuste richieste* satisfaire à de justes demandes ◇ [*contentare*; *piacere a*] *soddisfare il pubblico, la critica* satisfaire le public, la critique; *la tua soluzione non mi soddisfa* ta solution ne me satisfait pas **2** [*eseguire q.c. di dovuto, richiesto*] satisfaire: *soddisfare i creditori* satisfaire ses créanciers → **adempire** # *soddisfare i propri impegni* remplir ses engagements **3** [*fare ammenda di q.c.*; *riparare*] réparer: *soddisfare un'offesa, un danno* réparer une offense, un dommage **4** [*essere in corrispondenza a*; *essere in accordo con*] cadrer: *la conclusione non soddisfa le premesse* la conclusion ne cadre pas avec les prémisses ◇ (*mat.*) *solo una soluzione soddisfa l'equazione* l'équation n'a qu'une solution **B** *v.intr.* (*aus. 'avere'*) **1** [→ *tr.* 1] satisfaire: *soddisfare a un'esigenza, a una preghiera* satisfaire à une, répondre à une exigence; exaucer **2** [→ *tr.* 2] remplir (*tr.*): *soddisfare agli obblighi di leva* remplir ses obligations militaires **3** (*raro*) [→ *tr.* 3] réparer *tr.* (*corr.*): *soddisfare a un'offesa* réparer une offense **4** [→ *tr.* 4] cadrer: *è una teoria che non soddisfa alle mie premesse* c'est une théorie qui ne cadre pas avec mes prémisses ◇ (*mat.*) *soddisfare a una legge fisica* satisfaire à une loi physique **C** *v.pron. intr.* SODDISFARSI (*raro*) [→ *tr.* 1] se satisfaire (*corr.*) → **contentar(si)**; **appagar(si).**

soddisfattivo |soddisfat'tivo| *agg.* (*lett.*) [*atto a soddisfare*] satisfactoire.

soddisfàtto |soddis'fatto| *agg.* **1** [*contento, appagato*] satisfait: *essere, ritenersi soddisfatto* (*di q.c.*) être, s'estimer satisfait (de qqch.); *siamo rimasti soddisfatti del trattamento ricevuto* nous avons été satisfaits du service ◇ (*iron.*) *siete soddisfatti, adesso che l'avete fatto arrabbiare?* vous voilà bien avancés, maintenant que vous l'avez mis en colère ◇ (*polit.*) *il deputato interrogante si è dichiarato* (*parzialmente*) *soddisfatto della risposta del governo* l'interpellateur s'est déclaré (partiellement) satisfait de la réponse du gouvernement **2** [*adempiuto*; *compiuto*] réglé *p.p.*; rempli: *debiti soddisfatti* dettes réglées || *impegni soddisfatti* engagements remplis **C** **insoddisfatto.**

soddisfazióne |soddisfat'tsjone| *s.f.* **1** [→ SODDISFARE A 1] satisfaction: *la soddisfazione di un desiderio* la satisfaction d'un désir → **appagamento** **2** [→ SODDISFARE A 3] satisfaction, réparation: *dare, richiedere soddisfazione dell'offesa* donner, exiger satisfaction, réparation d'une offense **3** [*compiacimento*; *gradimento*] satisfaction: *provare soddisfazione, dopo tanti sforzi* éprouver une satisfaction après tant d'efforts ◇ [*gioia*; *piacere*] *il lavoro è la sua unica soddisfazione* le travail est son unique satisfaction; *ma lasciagli almeno questa soddisfazione!* mais laisse-lui au moins cette satisfaction! ◇ (*per est.*) [*divertimento*; *gusto*] *che soddisfazione ci provi, a fare questo?* quel plaisir prends-tu à faire cela?; *questa soddisfazione, non gliela voglio dare* je ne veux vraiment pas lui donner cette satisfaction ◇ (*fam.*) *mi voglio prendere la soddisfazione di dirgliene quattro sul muso!* je veux me payer le luxe de lui dire ses quatre vérités!

sodézza |so'dettsa| *s.f.* [*durezza*] dureté: *la sodezza di un terreno* la dureté d'un terrain ◇ [*compattezza*] fermeté ◇ (*raro, fig.*) solidité (*corr.*): *la sodezza di un'argomentazione* la solidité d'une argumentation.

sòdico, ci, ca, che |'sɔdiko, tʃi, ka, ke| *agg.* (*chim.*) sodique.

sòdio, i |'sɔdjo, i| *s.m.* (*chim.*) sodium.

sòdo |'sɔdo| **I** *agg.* **1** [*compatto; duro*] compact, ferme: *un terreno sodo* un terrain compact, dur; *una polenta soda* une polenta ferme; *avere le carni sode* avoir des chairs fermes # *uova sode* œufs durs ◇ (*per est.*) [*solido; forte*] ferme: *avere dei muscoli sodi* avoir des muscles fermes, avoir du muscle ◇ (*loc.*) *darle, prenderle sode* donner, recevoir une bonne râclée ♦ (*in funzione di avv.*) dur: *picchiar sodo* taper, cogner dur; *lavorare sodo* travailler dur # *dormire sodo* dormir profondément, à poings fermés → **profondamente** **2** (*fig.*) [*saldo; ben fondato*] solide: *una cultura soda* une culture solide → **profondo** # *argomenti sodi* des arguments de poids → **solido** **II** *s.m.* **1** [→ *agg.* 1] terrain solide, ferme: *camminare sul sodo* marcher en, sur un terrain solide → **duro** **2** (*fig.*) [→ *agg.* 2] concret* ◇ (*loc.*) *bando alle chiacchiere: veniamo al sodo!* trêve de bavardages: venons-en au fait! ~ *c'è del sodo* il y a du vrai, de la consistance → **valore**; **consistenza.**

sodoku |so'dɔku| *s.m. inv.* (*giapp.*) (*med.*) sodoku *var.*

sodomia |sodo'mia| *s.f.* sodomie.

sodomita |sodo'mita| *s.m.* sodomite.

sodomitico, ci, ca, che |sodo'mitiko, tʃi, ka, ke| *agg.* sodomique.

sodomizzàre |sodomid'dzare| *v. tr.* [*sottoporre a sodomia*] sodomiser.

sofà |so'fa| *s.m. inv.* sofa *var.*, canapé *var.*

sofferènte |soffe'rɛnte| *agg.* **1** [*che soffre*] souffrant # *essere ancora sofferente per i postumi di una malattia* encore souffrir des séquelles d'une maladie; *essere sofferente di cuore* avoir le cœur malade → 1 **malato** **2** *in loc. neg.* [*paziente, tollerante*] supportant (*p. pres.*): *un popolo mal sofferente della dittatura* un peuple ne supportant pas la dictature # *un ragazzo mal sofferente della disciplina* un garçon ne se pliant à aucune discipline Ⓒ 2 **insofferente.**

sofferènza |soffe'rɛntsa| *s.f.* **1** [→ SOFFRIRE] souffrance: *sofferenze fisiche, morali* souffrances physiques, morales # *vivere, morire tra le sofferenze* vivre, mourir dans la douleur → **dolore** ◇ (*in usi iperb.*) *è una vera sofferenza stare ad ascoltarlo* rester là à l'écouter est un vrai supplice **2** (*comm.*) souffrance: *cambiale, tratta in sofferenza* effet, traite en souffrance.

soffermàre |soffer'mare| **A** *v.tr.* [*fermare, trattenere per poco tempo*] arrêter (un instant) # *soffermare il passo* s'arrêter; *soffermare la propria attenzione su q.c.* prêter un instant son attention à qqch. **B** *v.pron. intr.* SOFFERMARSI [→ *tr.*] s'arrêter (un instant): *soffermarsi ogni tanto per ammirare il paesaggio* s'arrêter de temps en temps pour admirer le paysage → **sostare**; *soffermarsi su un particolare insignificante* s'arrêter (un instant) sur un détail insignifiant.

soffèrto |sof'fɛrto| *agg.* [*fatto, composto con viva partecipazione*] déchirant; tourmenté: *è stata una decisione molto sofferta* ce fut une décision déchirante → **tormentato** ‖ *una poesia, una scultura sofferta* une poésie, une sculpture tourmentée.

soffiàggio, i |sof'fjaddʒo, i| *s.m.* (*metall.*) soufflage.

soffiaménto |soffja'mento| *s.m.* [→ SOFFIARE] soufflement # *soffiamento del vetro* soufflage (du verre).

soffiànte |sof'fjante| *s.f.* soufflante ◇ (*mecc.*) *soffiante a turbina* turbosoufflante.

soffiàre |sof'fjare| **A** *v.intr.* (*aus.* '*avere*') **1** [*emettere con forza fiato dalla bocca*] souffler: *soffiare sul brodo per raffreddarlo* souffler sur le bouillon pour le refroidir; *soffiare in una tromba* souffler dans une trompette ◇ [*sbuffare; ansimare*] *soffiare di rabbia, di impazienza* écumer de rage, bouillir d'impatience; *l'ho incontrato in cima alle scale che soffiava come un mantice* je l'ai rencontré en haut de l'escalier, soufflant comme un phoque ◇ (*loc.*) *soffiare sul fuoco*: (*pr., fig.*) souffler sur le feu **2** (*per est.*) (*di vento*) [*spirare con forza; tirare*] souffler: *il vento soffia da nord-ovest* le vent souffle du nord-ouest **B** *v. tr.* **1** [*emettere con forza dalla bocca*] souffler: *soffiare l'aria dalla bocca* souffler l'air par la bouche; *soffiare il fumo in faccia a qc.* souffler, envoyer la fumée à la figure de qqn. **2** *soffiare il vetro* [*modellarlo per mezzo della canna da vetraio*] souffler le verre **3** [*spostare con la forza dell'aria espirata*] souffler *intr.* sur: *soffiare via la polvere, la cenere* souffler sur la poussière, sur la cendre ◇ (*loc.*) *soffiare il naso a un bambino* moucher un enfant ~ *soffiarsi il naso* se moucher **4** (*fig.*) [*riferire in segreto*] souffler: *soffiare q.c. nell'orecchio di qc.* souffler qqch. à l'oreille de qqn. # *soffiare tutto alla polizia* tout rapporter, moucharder (*fam.*) à la police ♦ (*ass.*) *i complici lo hanno eliminato perché oramai aveva soffiato* ses complices l'ont supprimé parce qu'il avait parlé **5** (*dama*) *soffiare una pedina* [*eliminarla perché l'avversario non ha compiuto una mossa obbligatoria*] souffler ◇ (*per est.*) [*portar via*] *soffiare la palla all'avversario* souffler le ballon à l'adversaire; *soffiare la ragazza, la fidanzata a un amico* souffler, soulever (*fam.*) la petite amie, la fiancée d'un ami.

soffiàta |sof'fjata| *s.f.* **1** [→ SOFFIARE B 1] soufflement *m.* (*raro*) # *dài una soffiata al fuoco, se no si spegne* souffle sur le feu, sinon il va s'éteindre; *darsi una bella soffiata al naso* bien se moucher **2** (*fig.*) [→ SOFFIARE B 4] cafardage *m.* # *la polizia ha ricevuto una soffiata* la police a reçu une dénonciation, le rapport d'un mouchard → **spiata.**

soffiàto |sof'fjato| **1** *agg.* soufflé: *vetro soffiato* verre soufflé; *pane soffiato* pain soufflé **2** *s.m.* (*raro*) → **'soufflé'.**

soffiatóio, i |soffja'tojo, i| *s.m.* [*qualsiasi strumento per soffiare*] soufflet.

soffiatóre, trice |soffja'tore, tritʃe| *s.* **1** *s.m.* [*operaio addetto alla soffiatura del vetro*] souffleur **2** *s.* (*raro, fig.*) → **spia.**

soffiatùra |soffja'tura| *s.f.* (*nell'industria del vetro*) soufflage *m.*

sòffice |'sɔffitʃe| *agg.* [*che cede alla pressione; morbido*] moelleux*, doux*: *un soffice guanciale* un oreiller moelleux # *neve soffice* neige fraîche; *una pelliccia dal pelo molto soffice* une fourrure au poil soyeux Ⓒ **duro.**

sofficità |soffitʃi'ta| *s.f. inv.* [*l'essere soffice*] moelleux* *m.*

soffieria |soffje'ria| *s.f.* **1** (*tecnol.*) soufflerie **2** (*industria vetraria*) verrerie.

soffiétto |sof'fjetto| *s.m.* **1** [*piccolo mantice, spec. per ravvivare il fuoco*] soufflet **2** [*mantice delle carrozze*] capote *f.* **3** (*foto.*) *macchina fotografica a soffietto* appareil photographique à soufflet **4** (*giorn.*) article dithyrambique.

sóffio, i |'soffjo, i| *s.m.* **1** souffle: *un soffio di vento* un souffle de vent # *con un soffio spense le candeline* il souffla la bougie ◇ (*fig., lett.*) [*ispirazione*] *il soffio dell'arte* le souffle de l'art ◇ (*loc. fig.*) *in un soffio, d'un soffio* en un clin d'œil ~ *basta un soffio per farlo cadere* il suffit d'un souffle pour le faire tomber **2** [*piccolo rumore; ronzio*] ronflement: *il soffio del ventilatore* le ronflement du ventilateur ◇ (*elettron.*) *eliminare il soffio di un amplificatore* éliminer le ronflement d'un amplificateur **3** (*med.*) souffle: *soffio bronchiale, sistolico* souffle des bronches, systolique; souffle au cœur ◇ (*loc.*) *soffio al cuore* souffle au cœur.

soffióne |sof'fjone| *s.m.* **1** (*geol.*) soufflard: *soffioni boraciferi* soufflards **2** (*t.bot.*) pissenlit **3** (*nel gergo della malavita*) [*spia*] mouchard **4** [*camera per ravvivare il fuoco*] soufflet.

soffitta |sof'fitta| *s.f.* [*vano tra il tetto e l'ultima soletta*] grenier *m.*; mansarde: *riporre q.c. in soffitta* ranger qqch. au grenier ‖ *abitare in una vecchia soffitta* habiter dans une vieille mansarde.

soffittàre |soffit'tare| *v.tr.* (*edil.*) [*ricoprire con il soffitto*] plafonner.

soffittatùra |soffitta'tura| *s.f.* (*edil.*) plafonnage *m.*

soffitto |sof'fitto| *s.m.* **1** (*edil.*) plafond: *soffitto in armatura di acciaio, in laterizi* plafond en armature d'acier, en briques; *soffitto a volta, a capriate* plafond à voûte, en chevrons; *soffitto intonacato, decorato* plafond (à enduit) de plâtre, décoré **2** (*alpinismo*) toit.

soffocaménto |soffoka'mento| *s.m.* [→ SOFFOCARE A 1, 3; B] étouffement # *morire per soffocamento* mourir étouffé.

soffocànte |soffo'kante| *agg.* [*che soffoca*] étouffant, suffocant: *un gas soffocante* un gaz suffocant, asphyxiant ◇ (*in usi iperb.*) *c'era un caldo soffocante* il faisait une chaleur étouffante ◇ (*fig.*) *c'era un'atmosfera soffocante di sospetti* il y régnait une étouffante atmosphère de soupçons → **opprimente.**

soffocàre |soffo'kare| **A** *v.tr.* **1** [*impedire la respirazione*] étouffer, suffoquer: *se lo stringi così forte alla gola, lo soffochi* si tu le serres aussi fort à la gorge, tu vas l'étouffer ◇ (*in usi iperb.*) *questa cravatta così stretta mi soffoca* cette cravate trop serrée m'étouffe, m'empêche de respirer ✦ (*ass.*) *c'è un caldo che soffoca* il fait une chaleur étouffante ◇ (*loc.*) *soffocare il fuoco, le fiamme* étouffer le feu, les flammes → **spegnere** **2** (*fig.*) [*tenere nascosto*] étouffer: *soffocare uno scandalo* étouffer un scandale **3** (*fig.*) [*reprimere; opprimere*] étouffer: *soffocare la libertà di un popolo* étouffer la liberté d'un peuple, juguler un peuple # *soffocare una rivolta nel sangue* noyer une révolte dans le sang **B** *v.intr.* (*aus.* '*essere*') [*non riuscire a respirare*] étouffer (*aus.* avoir), suffoquer (*aus.* avoir): *stava soffocando per le esalazioni di ossido di carbonio* il était en train d'étouffer, de suffoquer à cause des exhalaisons d'oxyde de carbone ◇ (*in usi iperb.*) *faceva un caldo che soffocavo* il faisait une telle chaleur que j'étouffais; *in questa stanza si soffoca* dans cette pièce on étouffe, on suffoque.

soffocàto |soffo'kato| *agg.* [*represso, tenuto segreto*] étouffé: *un lamento soffocato* une plainte étouffée.

soffocatóre, trice |soffoka'tore, tritʃe| *agg. e s.m.* (*raro*) [*che, chi soffoca*] étouffeur *s.m.*

soffocazióne |soffokat'tsjone| *s.f.* [→ SOFFOCARE] étouffement *m.*, suffocation → **soffocamento** # *morire per soffocazione* mourir étouffé ◇ (*fig.*) *provare un senso di soffocazione* éprouver une impression d'étouffement.

sòffoco, chi |'sɔffoko, ki| *s.m.* (*dial.*) [*afa, aria pesante*] chaleur *f.* étouffante (*corr.*).

soffóndere |sof'fondere| (146) (*lett.*) **A** *v.tr.* [*cospargere con delicatezza, lievemente*] teinter # *soffondere di una luce delicata* nimber d'une lumière délicate **B** *v.pron. intr.* SOFFONDERSI [→ *tr.*] se teinter.

soffregaménto |soffrega'mento| *s.m.* [→ SOFFREGARE] frottement.

soffregàre |soffre'gare| *v.tr.* (*raro*) [*strofinare con delicatezza*] frotter (*corr.*) (légèrement): *soffregarsi gli occhi* se frotter les yeux.

soffribile |sof'fribile| *agg.* [→ SOFFRIRE A 2] supportable.

soffriggere |sof'friddʒere| (148) **A** *v.tr.* [*friggere a fuoco lento*] faire (45) *intr.* revenir: *soffriggere una cipolla* faire revenir un oignon **B** *v.intr.* (*aus.* '*avere*') [→ *tr.*] frire* à petit feu.

soffriménto |soffri'mento| *s.m.* → **sofferenza.**

soffrire |sof'frire| (186) **A** *v.tr.* **1** [*subire dolori fisici o spirituali*] souffrir (23) *intr.* (de): *soffrire la fame, la sete* souffrir de la faim, de la soif → **patire** # *soffrire dolori acuti* éprouver des douleurs aiguës ◇ [*essere particolarmente sensibile a certi disagi*] *soffrire il mal di mare, il mal d'auto* souffrir du mal de mer, du mal de la route; *quella pianta soffre l'umidità* cette plante souffre à l'humidité, craint l'humidité ✦ (*ass.*) *quanto deve aver sofferto!* qu'est-ce qu'il a dû souffrir! ◇ (*loc.*) *soffrire le pene dell'inferno* souffrir le martyre ~ *ho sofferto la fame per continuare gli studi* j'ai souffert de la faim pour continuer mes études **2** [*sopportare, tollerare*] souffrir ◇ *loc.* SOFFRIRE CHE (+ *congv.*): *non posso soffrire che lo prendano in giro* je ne peux pas souffrir, supporter qu'ils se moquent de lui **B** *v.intr.* (*aus.* '*avere*') [*essere soggetto a sofferenze, malattie*] souffrir (de): *soffrire di reumatismi, di mal di testa* souffrir de rhumatismes, de migraine; *soffrire di cuore* souffrir d'une maladie de cœur, avoir une maladie de cœur ◇ (*per est.*) *i fiori del balcone hanno molto sofferto per l'improvvisa gelata* les fleurs du balcon ont beaucoup souffert de la brusque gelée.

soffritto |sof'fritto| *s.m.* (*cuc.*) fines herbes et lard finement hachés qu'on fait revenir.

soffusióne |soffu'zjone| *s.f.* (*med.*) suffusion.

soffùso |sof'fuzo| *agg.* [*cosparso lievemente*] couvert, teinté # *un viso soffuso di tristezza* un visage voilé de tristesse; *un viso soffuso di rossore* un visage légèrement coloré.

sofìsma |so'fizma| *s.m.* (*filos.*) sophisme ◇ (*corr.*) *non mi lascio più imbrogliare dai suoi sofismi* je ne me laisse plus tromper par ses sophismes.

sofìsta |so'fista| *s.* sophiste ◇ (*corr.*) [*persona cavillosa*] sophiste.

sofìstica, che |so'fistika, ke| *s.f.* (*filos.*) sophistique.

sofisticàggine |sofisti'kaddʒine| *s.f.* → **sofisticheria.**

sofisticaménte |sofistika'mente| *avv.* [→ SOFISTICO] au moyen de sophismes *loc. inv.*; de façon sophistique *loc. inv.*

sofisticaménto |sofistika'mento| *s.m.* → **sofisticazione.**

sofisticàre |sofisti'kare| **A** *v.intr.* (*aus.* '*avere*') [*ragionare per sofismi*] faire (45) *tr.* des raisonnements sophistiqués, ergoter: *decidiamo subito, senza sofisticare troppo* décidons immédiatement, sans (faire) trop de raisonnements sophistiqués, sans trop ergoter → **cavillare, sottilizzare** ◇ [*essere eccessivamente critico*] critiquer (*tr.*): *devi sempre sofisticare su tutto e su tutti!* il faut toujours que tu critiques tout et tout le monde! **B** *v.tr.* [*adulterare, contraffare* (*un alimento*)] falsifier, frelater: *sofisticare olio, vino* falsifier, frelater de l'huile, du vin.

sofisticàto |sofisti'kato| *agg.* **1** [*artificioso; privo di naturalezza*] sophistiqué ◇ (*cine., teat.*) *commedia sofisticata* comédie sophistiquée **2** [*adulterato, contraffatto*] falsifié *p.p.*, frelaté (*p.p.*): *olio sofisticato* huile falsifiée, frelatée; *vino sofisticato* vin frelaté.

sofisticatóre, trice |sofistika'tore, tritʃe| *s.* [*chi sofistica prodotti alimentari*] falsificateur*, frelateur*.

sofisticazióne |sofistikat'tsjone| *s.f.* [→ SOFISTICARE B] falsification, frelatage *m.* (*raro*): *promuovere una campagna contro la sofisticazione dei cibi* organiser une campagne contre la falsification des aliments → **adulterazione.**

sofisticherìa |sofistike'ria| *s.f.* **1** [*eccessiva sottigliezza di ragionamento*] pédanterie: *la tua sofisticheria è insopportabile* ta pédanterie est insupportable → **cavillosità** **2** [*ragionamento sofistico*] sophisme (*m.*): *smettila con le tue sofisticherie!* arrête (ça suffit) avec tes sophismes!

sofìstico, ci, ca, che |so'fistiko, tʃi, ka, ke| *agg.* **1** (*filos.*) sophistique: *la dottrina sofistica* la doctrine sophistique ◇ (*per est.*) *un ragionamento sofistico* un raisonnement sophistique → **cavilloso, capzioso** **2** (*fig.*) (*persone*) [*troppo esigente; di gusti difficili*] difficile: *essere sofistico nel mangiare* être difficile pour la table, la nourriture; *essere sofistico nel vestire* être difficile sur le chapitre du vêtement, de l'élégance → **schifiltoso, schizzinoso** ✦ (*s.*) *non fare* (*troppo*) *il sofistico* ne fais pas (trop) le pédant.

-sofo |zofo|, **-sofìa** |zo'fia| *suff.* (*significano 'scienza, dottrina, studio', corrispondono gener. a*) sophe; sophie: *filosofo* philosophe || *filosofia* philosophie.

sòfo |'sɔfo| *s.m.* (*lett.*) [*saggio, sapiente*] sage (*corr.*).

sofòra |so'fɔra| *s.f.* (*t.bot.*) sophora *m.*

softball |'sɔftbo:l| *s.m. inv.* (*ingl.*) softball *var.*

software |sɔft'wɛə| *s.m. inv.* (*ingl.*) (*elettron.*) logicien *var.* (*t.racc.*), software *var.*

soggettista |soddʒet'tista| *s.* (*cine.*) scénariste.

soggettivaménte |soddʒettiva'mente| *avv.* [→ SOGGETTIVO 1] subjectivement Ⓒ **oggettivamente.**

soggettivàre |soddʒetti'vare| *v.tr.* [*interpretare in modo soggettivo*] interpréter subjectivement ◇ [*rendere soggettivo*] rendre (53) subjectif* Ⓒ **oggettivare.**

soggettivazióne |soddʒettivat'tsjone| *s.f.* (*dir., fin.*) personnalisation: *soggettivazione dell'imposta* personnalisation de l'impôt.

soggettivismo |soddʒetti'vizmo| *s.m.* **1** (*filos.*) subjectivisme **2** [*interpretazione, rappresentazione personale*] subjectivité (*f.*): *peccare di soggettivismo nel descrivere q.c.* se laisser influencer par ses tendances personnelles dans la description de qqch. → **soggettività** Ⓒ 1 **oggettivismo**; 2 **oggettività.**

soggettivista |soddʒetti'vista| *s.* **1** (*filos.*) subjectiviste **2** (*per est.*) [*chi agisce o pensa in modo soggettivo*] subjectiviste: *essere un soggettivista* être (un) subjectiviste Ⓒ 1 **oggettivista**; 2 **oggettivo, obiettivo.**

soggettivìstico, ci, ca, che |soddʒetti'vistiko, tʃi, ka, ke| *agg.* **1** (*filos.*) subjectiviste **2** (*per est.*) [*ispirato a soggettivismo*] subjectif*: *avere una visione soggettivistica di un problema* avoir une vision subjective d'un problème Ⓒ 1 **oggettivistico**; 2 **oggettivo, obiettivo.**

soggettività |soddʒettivi'ta| *s.f. inv.* subjectivité *var.* Ⓒ **oggettività.**

soggettivo |soddʒet'tivo| *agg.* **1** subjectif*: *un'opinione soggettiva* une opinion subjective → **personale** **2** (*gram.*) sujet (*s.m. inv.*): *proposizione soggettiva* proposition sujet; *genitivo soggettivo* génitif sujet ✦ (*s.f.*) *una* (*proposizione*) *soggettiva* une proposition sujet Ⓒ 1 **oggettivo.**

1 **soggètto** |sod'dʒɛtto| *agg.* **1** [*sottomesso, sottoposto a qc. o q.c.*] assujetti; soumis (*p.p.*): *un popolo soggetto a una dominazione straniera* un peuple assujetti à une domination étrangère || *essere ancora soggetto agli obblighi di leva* être encore soumis aux obligations militaires, ne pas être libéré des obligations militaires **2** (*per est.*) (*cose*) [*passibile di; esposto a*] sujet*, exposé: *il piano è soggetto a cambiamenti dell'ultima ora* le plan est

sujet à des changements de dernière minute; *un paese soggetto ad alluvioni* un pays exposé aux inondations ◇ (*persone*) *andare soggetto a periodici esaurimenti* être sujet à des dépressions périodiques; *essere soggetto ai raffreddori* être sujet aux rhumes → **predisposto.**

2 **soggètto** |sodˈdʒɛtto| *s.m.* **1** [*argomento, tema*] sujet: *il soggetto di una conversazione, di una conferenza* le sujet d'une conversation, d'une conférence ◇ (*cine.*) scénario ◇ (*mus.*) sujet ◇ (*teat.*) *commedia a soggetto* comédie improvisée *agg.*, impromptu; *recitare a soggetto* improviser **2** (*fam.*) [*persona; individuo*] sujet (*corr.*): *essere un buono, un cattivo soggetto* être un bon, un mauvais sujet # *te lo raccomando, quel buon soggetto di tuo cugino!* je te le recommande, ton fameux cousin **3** (*gram.*) sujet **4** (*dir.*) sujet: *soggetto di diritto* sujet de droit **5** (*filos.*) sujet **6** (*med.*) sujet: *un soggetto iperteso, cardiopatico* un sujet hypertendu, cardiaque.

soggezióne |soddʒetˈtsjone| *s.f.* **1** [*imbarazzo, timidezza, causati da un sentimento di inferiorità*] timidité, gêne # *dare, incutere soggezione* intimider qqn.; *avere soggezione di qc.* être intimidé par qqn.; *è un tipo che non si mette in soggezione* c'est un type qui ne se laisse pas intimider; *non metterti in soggezione!* ne sois pas intimidé! **2** [*sottomissione; dipendenza*] assujettissement *m.*, soumission: *soggezione economica, culturale* assujettissement économique, culturel # *un popolo sotto la soggezione di una potenza straniera* un peuple asservi à une puissance étrangère.

sogghignàre |soggiɲˈɲare| *v.intr.* (*aus.* '*avere*') [*ridere con sarcasmo, astio o disprezzo*] ricaner: *cos'hai da sogghignare?* qu'est-ce que tu as à ricaner?

sogghìgno |sogˈgiɲɲo| *s.m.* [→ SOGGHIGNARE] ricanement.

soggiacènte |soddʒaˈtʃɛnte| *agg.* **1** [*che è sottoposto, soggetto* (*a q.c.*)] soumis **2** (*geol.*) sous-jacent.

soggiacére |soddʒaˈtʃere| (149) *v.intr.* (*aus.* '*essere*') [*essere soggetto, sottomesso*] être (43) (*aus.* '*avere*') soumis, assujetti: *soggiacere a una dominazione straniera* être soumis à une domination étrangère → **sottostare** # *soggiacere a una autorità* se plier à une autorité.

soggiogaménto |soddʒogaˈmento| *s.m.* (*raro*) [→ SOGGIOGARE] assujettissement.

soggiogàre |soddʒoˈgare| *v.tr.* [*ridurre sotto il proprio dominio*] assujettir, mettre (71) sous le joug: *soggiogare un popolo* assujettir un peuple → **assoggettare** ◇ (*fig.*) dominer, subjuguer: *soggiogare qc. con la propria personalità* dominer, subjuguer qqn. par sa personnalité → **dominare.**

soggiornàre |soddʒorˈnare| *v.intr.* (*aus.* '*avere*') [*dimorare, vivere stabilmente per un certo periodo*] séjourner.

soggiórno |sodˈdʒorno| *s.m.* **1** [→ SOGGIORNARE] séjour: *prolungare il proprio soggiorno* prolonger son séjour # *località di soggiorno estivo, invernale* villégiature d'été, d'hiver; *fare soggiorno in un posto* séjourner dans un endroit ◇ (*dir.*) *soggiorno obbligato* séjour forcé ◇ (*loc.*) *tassa di soggiorno* taxe de séjour ~ *azienda autonoma di turismo e soggiorno* syndicat d'initiative **2** [*località in cui si soggiorna*] villégiature *f.*, séjour (*lett.*): *la Riviera è un ottimo soggiorno in tutte le stagioni* la Riviera est en toute saison un lieu idéal de villégiature **3** [*stanza di un appartamento, in cui si vive abitualmente di giorno*] salle *f.* de séjour, living(-room) ◇ (*per est.*) [*il suo arredamento*] *rinnovare tutto il soggiorno* rénover toute la salle de séjour.

soggiùngere |sodˈdʒundʒere| (150) *v.tr.* [*aggiungere a quanto già detto*] ajouter ✦ (*ass., spec. in prop. incidentali*) '*ebbene – soggiunse Pietro – che cosa ne dici?*' 'eh bien – ajouta Pierre – qu'est-ce que tu en dis?'

soggiuntìvo |soddʒunˈtivo| *agg. e s.m.* (*raro*) → **congiuntivo.**

soggólo |sogˈgolo| *s.m.* **1** (*abbigl.*) guimpe *f.*; jugulaire (*f.*): *il soggolo delle suore* la guimpe des sœurs de charité ‖ *il soggolo dei copricapi militari* la jugulaire des couvre-chefs militaires → **sottogola** **2** [*parte dei finimenti del cavallo*] sous-gorge *f. inv.*

sogguardàre |soggwarˈdare| *v.tr.* [*guardare di sfuggita, di nascosto*] regarder du coin de l'œil.

sòglia |ˈsɔʎʎa| *s.f.* **1** (*edil.*) seuil *m.* ◇ (*per est.*) [*porta; ingresso*] *soffermarsi sulla soglia* s'arrêter sur le seuil; *varcare la soglia* franchir le seuil ◇ (*fig.*) [*momento iniziale*] *alle soglie della civiltà* au seuil de la civilisation; *alle soglie dell'inverno* au seuil de l'hiver # *la primavera è ormai alle soglie* voici que le printemps arrive **2** (*scient.*) seuil: *la soglia del dolore, della sensibilità, della coscienza* le seuil de la douleur, de la sensibilité, de la conscience.

sòglio, i |ˈsɔʎʎo, i| *s.m.* **1** (*eccl.*) *il soglio pontificio* le Saint-Siège; *assistenti al soglio* assistants au Saint-Siège **2** (*lett.*) → **trono.**

sògliola |ˈsɔʎʎola| *s.f.* (*t.zool.*) sole.

sognàbile |soɲˈɲabile| *agg.* [→ SOGNARE] concevable, imaginable: *una fortuna così grande non è nemmeno sognabile* une si grosse fortune n'est même pas concevable.

sognànte |soɲˈɲante| *agg.* [*che sembra sognare*] rêveur*: *sguardo sognante* regard rêveur → **trasognato**; *mi guardava con quei suoi occhi sognanti* elle me regardait avec des yeux rêveurs.

sognàre |soɲˈɲare| **A** *v.tr.* **1** [*immaginare, vedere in sogno*] rêver *intr.* de; rêver (que): *sognare qc., q.c.* rêver de qqn., de qqch. ‖ *ho sognato di essere al mare, in montagna* j'ai rêvé que j'étais au bord de la mer, à la montagne; *ho sognato che avevo vinto al lotto* j'ai rêvé que j'avais gagné à la loterie □ *mi sono sognato mio nonno* j'ai rêvé de, à mon grand-père; *mi sono sognato che ci eravamo sposati* j'ai rêvé que nous étions mariés ✦ (*ass.*) *sognare molto, raramente* rêver beaucoup, rarement; *mi hai svegliato che stavo sognando* tu m'as réveillé en plein rêve ◇ (*loc.*) *tu dici di no: si vede che me lo sono sognato!* voilà que tu dis non: alors j'ai dû rêver! ~ (*fam.*) *non me lo sarò mica sognato?* je ne l'ai tout de même pas rêvé? **2** (*fig.*) [*immaginare con la fantasia; desiderare*] rêver: *sognare la ricchezza, il successo* rêver richesse, succès; rêver d'être riche, d'avoir du succès ◇ [*sperare senza fondamento; illudersi*] se faire (45) (l')illusion, imaginer: *non sognare nemmeno di farcela!* ne te fais pas l'illusion d'y arriver! □ (*fam.*) *quest'anno te la sogni la promozione!* n'aie pas l'illusion d'être reçu, cette année!; *non me lo sarei mai sognato di avere tanta fortuna!* je n'aurais jamais imaginé une telle chance! ✦ (*ass.*) *sognare a occhi aperti* rêver les yeux ouverts; *smettila di sognare!* cesse de rêver!; *mi ha dato una notizia così bella, che mi sembra di sognare!* il m'a apporté une si bonne nouvelle que je crois rêver! **B** *v.intr.* (*aus.* '*avere*') [→ *tr.* 1] *sognare di qc.* rêver de qqn. **C** *v.pron. intr.* SOGNARSI **1** [→ *tr.* 1] rêver *intr.* de; rêver *tr.* (que): *stanotte mi sono sognato dello zio* cette nuit j'ai rêvé de, à mon oncle; *mi sono sognato di essere con te* j'ai rêvé que j'étais avec toi **2** → *tr.* 1 □ **3** (*fig.*) → *tr.* 2 □.

sognatóre, trice |soɲɲaˈtore, tritʃe| *s.* [*persona portata a fantasticare, a speranze infondate*] rêveur* # *smettila di fare il sognatore: sii più realista!* arrête de rêver, sois plus réaliste! ✦ (*agg.*) *un adolescente sognatore* un adolescent rêveur.

sógno |ˈsoɲɲo| *s.m.* **1** [→ SOGNARE A 1] rêve: *vedere qc. in sogno* voir qqn. en rêve ◇ [*le immagini sognate*] *fare un bel sogno, un brutto sogno* faire un beau, un mauvais rêve; *spiegare, interpretare un sogno* expliquer, interpréter un rêve; *credere nei sogni* croire aux rêves ◇ (*loc.*) *il libro dei sogni* la clef des songes ~ *buona notte, e sogni d'oro!* bonne nuit, fais de beaux rêves! ◇ (*loc. fig.*) *mi sembra un sogno!* cela me semble un rêve, je crois rêver! ~ *non te lo dò nemmeno per sogno!* te le donner? jamais de la vie!, il n'en est pas question! **2** (*fig.*) [*speranza, desiderio di difficile o impossibile attuazione*] rêve: *sogni di gloria, di grandezza* rêve de gloire, de grandeur; *vivere di sogni* vivre de rêves, dans un songe; *è sempre stato il suo sogno di farsi una casetta in campagna* ça a toujours été son rêve de se construire une petite maison à la campagne; *coronarono con il matrimonio il loro sogno d'amore* ils couronnèrent leur rêve d'amour en se mariant ◇ (*per est.*) [*persona o cosa molto bella, allettante*] *quella ragazza è un sogno* c'est un rêve, cette fille; *che sogno, quella villetta!* un rêve, cette villa!; *quel periodo felice è passato come un sogno* cette période heureuse est passée comme un rêve ◇ *loc.* DEI (PROPRI) SOGNI de ses rêves: *è la ragazza dei suoi sogni* c'est la fille de ses rêves ~ DA SOGNO de rêve: *una macchina, un arredamento da sogno* une voiture, un ameublement de rêve → **fantastico.**

sòia |ˈsɔja| *s.f.* (*t.bot.*) soja ◇ [*i semi*] *olio di soia* huile de soja; *farina di soia* farine de soja.

'soirée' |swaRe| *s.f. inv.* soirée *var.*

1 **sol** |sɔl| *s.m. inv.* (*mus.*) sol.

2 **sol** |sɔl| *s.m. inv.* (*chim.*) sol *var.*

3 **sol** |sɔl| *s.m. inv.* [*unità monetaria del Perù*] sol *var.*

solàio, i |soˈlajo, i| *s.m.* **1** (*edil.*) plancher: *solaio in cemento armato, in mattoni* plancher, dalle en béton armé, en briques **2** [*il locale sotto il tetto*] grenier: *rovistare tra le cianfrusaglie* *del solaio* fouiller dans le fatras du grenier.

solaménte |sola'mente| *avv.* → 2 **solo.**

Solanàcee |sola'natʃee| *s.f. pl.* (*t. bot.*) Solanacées.

solanìna |sola'nina| *s.f.* (*chim.*) solanine.

1 **solàre** |so'lare| *agg.* **1** solaire: *luce solare* lumière solaire ◇ (*astron.*) *anno, giorno solare* année, jour solaire; *eclissi solare* éclipse solaire, de soleil ◇ (*loc.*) *orologio solare* cadran solaire ~ *batteria solare* batterie solaire ~ *cellula solare* cellule solaire **2** (*fig.*) [*chiaro ed evidente*] évident, manifeste: *una verità solare* une vérité évidente, éclatante; *una certezza solare* une certitude manifeste ◇ [*luminoso; splendido*] éclatant: *una bellezza solare* une beauté éclatante **3** (*anat.*) solaire: *plesso solare* plexus solaire.

2 **solàre** |so'lare| *v.tr.* (*raro; fam.*) → **ris(u)olare.**

solarigrafo |sola'rigrafo| *s.m.* (*scient.*) pyranographe, solarigraphe.

solarìmetro |sola'rimetro| *s.m.* (*scient.*) solarimètre.

solàrio, i |so'larjo, i| *s.m.*, **solarium** |so'larjum| *s.m. inv.* (*lat.*) solarium.

solarità |solari'ta| *s.f. inv.* (*lett.*) → **luminosità.**

solatìo, ii |sola'tio, ii| *agg.* [*esposto al sole*] ensoleillé ◇ (*loc. avv.*) *a solatio* au midi C **bacìo.**

solatùra |sola'tura| *s.f.* [→ 2 SOLARE] ressemelage (*m.*): *quanto costa la solatura?* combien coûte le ressemelage?; *fare una buona solatura* faire un bon ressemelage → **ris(u)olatura.**

solcàre |sol'kare| *v.tr.* **1** [*fendere con solchi*] labourer: *solcare il terreno con l'aratro* labourer le terrain avec la charrue → **arare** ◇ (*per est.*) *il camion ha solcato il terreno fangoso* le camion a creusé des ornières dans le terrain boueux **2** (*per est.*) [*fendere (una superficie liquida)*] sillonner: *solcare il mare* sillonner la mer **3** (*fig.*) [*lasciare un segno, una traccia sim. a un solco*] sillonner: *un fulmine solcò il cielo* un éclair sillonna le ciel # *le lacrime gli solcavano le guance* les larmes roulaient sur ses joues.

solcàto |sol'kato| *agg.* [*pieno di solchi*] sillonné ◇ (*fig.*) *una fronte solcata di rughe* un front sillonné de rides.

solcatóre, trice |solka'tore, tritʃe| *s.* **1** *s.* [*chi è addetto alla solcatura*] laboureur *m.* **2** *s.m.* (*tecnol.*) rayonneur.

solcatùra |solka'tura| *s.f.* [→ SOLCARE 1] labourage *m.* ◇ [*solco*] sillon *m.* # *una strada fangosa piena di solcature* une route boueuse pleine d'ornières.

sólco, chi |'solko, ki| *s.m.* **1** [*incavo del terreno prodotto dall'aratro*] sillon ◇ (*per est.*) ornière (*f.*): *i solchi lasciati dal carro, dalle ruote del camion* les ornières laissées par la charrette, par les roues du camion # *i solchi delle rughe* les sillons des rides; *i solchi del disco fonografico* les sillons du disque (phonographique) ◇ (*loc. fig.*) *uscire dal solco* s'écarter du sujet ~ *sono esperienze, ferite che lasciano il solco* ce sont là des expériences, des blessures qui laissent leur empreinte → **segno** **2** (*fig.*) [*scia di imbarcazioni*] sillage.

solcòmetro |sol'kɔmetro| *s.m.* (*mar.*) loch, sillomètre.

soldanèlla |solda'nɛlla| *s.f.* (*t.bot.*) soldanelle.

soldatàccio, i |solda'tattʃo, i| *s.m.* [*soldato rozzo, volgare*] soudard.

soldatàglia |solda'taʎʎa| *s.f.* (*spreg.*) [*soldatesca indisciplinata, violenta*] soldatesque.

soldatésca, che |solda'teska, ke| *s.f.* → **soldataglia.**

soldatescaménte |soldateska'mente| *avv.* (*raro*) [→ SOLDATESCO] soldatesquement.

soldatésco, chi, ca, che |solda'tesko, ki, ka, ke| *agg.* (*spreg.*) soldatesque.

soldatéssa |solda'tessa| *s.f.* femme soldat.

soldatìno |solda'tino| *s.m.* **1** [*figura di soldato*] soldat: *giocare con i soldatini di piombo* jouer avec des soldats de plomb **2** [*soldato giovane o basso di statura*] petit soldat.

soldàto |sol'dato| *s.m.* **1** soldat: *soldato semplice* simple soldat # *fare il soldato* faire son service (militaire); *andare soldato* être appelé sous les drapeaux, partir au service (militaire); *tornare da soldato* revenir du service (militaire) ◇ (*fig.*) *soldato di pace* soldat de la paix; *soldato di Cristo* soldat du Christ **2** (*t.zool.*) soldat.

soldìno |sol'dino| *s.m.* (*fam., nel linguaggio infantile*) sou (*corr.*).

sòldo |'sɔldo| *s.m.* **1** [*unità monetaria di piccolo valore*] sou: *non avere un soldo in tasca* n'avoir pas un sou en poche ◇ (*loc. fig.*) *essere alto quanto un soldo di cacio* être haut comme trois pommes ~ *essere, rimanere senza un soldo* être sans le sou ~ *guadagnare quattro soldi* gagner quatre sous ~ *per queì quattro soldi che ne ricavo...* pour les quatre sous que j'en tire ~ *non valere un soldo* ne rien valoir **2** *al plur.* [*quattrini; denaro*] argent: *pensa soltanto a far soldi* il ne pense qu'à gagner de l'argent; *i soldi non fanno la felicità* l'argent ne fait pas le bonheur; *mettere da parte soldi* mettre de l'argent de côté; *ho dei soldi da parte* j'ai de l'argent de côté # *gente piena di soldi* des richards (*fam.*), des gens bourrés de fric (*pop.*) **3** (*ant.*) [*paga, stipendio, spec. dei militari*] solde *f.* # *tenere al proprio soldo una compagnia di mercenari* soudoyer une compagnie de mercenaires ◇ (*loc. fig.*) *essere, mettersi al soldo di qc.* être à la solde de qqn.

sóle |'sole| *s.m.* **1** (*astron., corr.*) soleil: *eclissi di sole* éclipse de soleil ◇ (*per est.*) [*la luce, il calore del sole*] ensoleillé (*agg.*): *un locale pieno di sole* une pièce ensoleillée; *una giornata di sole, senza sole* une journée ensoleillée, sans soleil ◇ (*loc.*) *prendere il sole, fare la cura del sole* prendre un bain de soleil ~ *stare per un'ora al sole* rester une heure au soleil ◇ *loc. fig.* ALLA LUCE DEL SOLE ouvertement: *agire, decidere alla luce del sole* agir, décider ouvertement ~ SOTTO IL SOLE sous le soleil: *non c'è niente di nuovo sotto il sole* rien de nouveau sous le soleil ~ *il sole dell'avvenire* le soleil de l'avenir ~ *tutto è avvenuto in pieno sole* tout est arrivé en plein soleil ~ *essere chiaro, evidente come il sole, come la luce del sole* être clair comme le jour ~ *avere q.c. al sole* avoir qqch. au soleil ~ *vedere il sole a scacchi* être à l'ombre, en prison **2** (*poet.*) → **giorno** **3** (*poet.*) → **anno** **4** *al plur.* (*poet.*) → **occhio.**

soleàre |sole'are| *agg.* (*anat.*) *muscolo soleare* muscle soléaire.

solécchio, i |so'lekkjo, i| *s.m. sing.* (*nella loc. rara, lett.*) *fare, farsi solecchio* [*ripararsi gli occhi dal sole*] s'abriter les yeux de, avec la main.

solecìsmo |sole'tʃizmo| *s.m.* (*ling.*) solécisme.

soleggiaménto |soleddʒa'mento| *s.m.* [→ SOLEGGIARE] exposition *f.* au soleil.

soleggiàre |soled'dʒare| *v.tr.* [*tenere esposto al sole*] exposer au soleil: *soleggiare il grano, il fieno* exposer au soleil le blé, le foin (faner le foin).

soleggiàto |soled'dʒato| *agg.* [*esposto al sole*] ensoleillé # *una casa ben soleggiata* une maison exposée au soleil.

'soleil' |sɔlɛj| *agg. inv.* (*abbigl.*) *'plissé soleil'* plissé soleil.

Solènidi |so'lɛnidi| *s.m. pl.* (*t.zool.*) Solénidés.

solènne |so'lɛnne| *agg.* **1** solennel*: *una solenne cerimonia* une cérémonie solennelle ◇ (*per est.*) *promessa, giuramento solenne* promesse solennelle, serment solennel; *un solenne encomio* un éloge solennel **2** (*fam.*) [*eccezionale, formidabile*] *un solenne ceffone* une gifle magistrale; *una solenne sgridata* une belle réprimande, un savon magistral (*fam.*); *sei un solenne bugiardo!* tu es un beau menteur!

solenneménte |solenne'mente| *avv.* [→ SOLENNE] solennellement.

solennità |solenni'ta| *s.f. inv.* solennité *var.* ◇ [*festa, festività*] *le solennità civili e religiose* les solennités civiles et religieuses.

solennizzàre |solennid'dzare| *v. tr.* [*celebrare con solennità*] célébrer (8).

solenoidàle |solenoi'dale| *agg.* (*elettr.*) solénoïdal*.

solèno |so'lɛno| *s.m.* (*t.zool.*) solen.

solenòide |sole'nɔide| *s.m.* (*elettr.*) solénoïde.

sòleo |'sɔleo| *agg. e s.m.* (*anat.*) (*muscolo*) *soleo* muscle soléaire *agg.*

solére |so'lere| *v.intr.* (*aus. 'essere'*) (*dif., usato solo al pres. indic. 'soglio, suoli, suole, sogliamo, solete, sogliono' e al p.p. 'solito', sempre seguito dall'inf.*) [*avere l'abitudine; essere solito*] avoir (28) *tr.* l'habitude, coutume de: *mio nonno soleva ripetere che...* mon grand-père avait l'habitude, coutume de répéter que... ✦ (*spec. in forma impers.*) *questo suole capitare a tipi come te* ceci arrive d'ordinaire, d'habitude à des types comme toi; *come si suol dire* comme on dit, comme dit l'autre.

solerétta |sole'retta| *s.f.* (*archeol.*) soleret *m.*

solèrte |so'lɛrte| *agg.* (*persone*) [*diligente; scrupoloso*] actif*, diligent (*lett.*): *un solerte funzionario* un fonctionnaire actif, diligent ◇ (*cose*) [*fatto con diligenza*] minutieux*: *indagini solerti* enquêtes minutieuses.

solerteménte |solerte'mente| *avv.* [→ SOLERTE] activement, diligemment → **diligentemente.**

solèrzia |so'lɛrtsja| *s.f.* [*impegno, diligenza*] zèle *m.*, diligence (*lett.*): *agire, lavorare con solerzia* agir, travailler avec zèle; *distinguersi per la propria solerzia* se distinguer par son zèle.

solétta |so'letta| *s.f.* **1** [*parte inferiore di una scarpa, di una calza*] semelle: *la soletta delle scarpe* la semelle des souliers; *la soletta della calza* la semelle, le talon de la chaussette **2** (*edil.*) semelle, dalle.

solettàre |solet'tare| *v.tr.* [*munire una scarpa di soletta*] ressemeler (4).

solettatùra |soletta'tura| *s.f.* **1** [→ SOLETTARE] construction de la semelle; ressemelage *m.* **2** (*edil.*) fabrication de la dalle de ciment d'un plancher.

solétto |so'letto| *agg.* (*persone*) [*appartato, isolato*] tout seul: *se ne stava solo soletto* il restait tout seul.

sòlfa |'sɔlfa| *s.f.* **1** [*ripetizione monotona*] rengaine, refrain (*m.*): *è sempre la solita solfa!* c'est toujours la même rengaine!; *mi ha ripetuto la solita solfa* il m'a sorti l'éternelle rengaine → **rimprovero** **2** (*arc.*) → **solfeggio.**

solfamidico, ci, ca, che |solfa'midiko, tʃi, ka, ke| *agg.* → **sulfamidico.**

solfanèllo |solfa'nɛllo| *s.m.* → **zolfanello.**

solfàra |sol'fara| *s.f.* (*min.*) soufrière.

solfàre |sol'fare| *v.tr.* → **solforare.**

solfatàra |solfa'tara| *s.f.* (*geol.*) solfatare *m.*

solfatàto |solfa'tato| *agg.* (*chim.*) sulfaté.

solfatazióne |solfatat'tsjone| *s.f.* (*chim.*) sulfatation.

solfàto |sol'fato| *s.m.* (*chim.*) sulfate.

solfatùra |solfa'tura| *s.f.* → **solforatura.**

solfeggiaménto |solfeddʒa'mento| *s.m.* [→ SOLFEGGIARE] solfège → **solfeggio.**

solfeggiàre |solfed'dʒare| *v.tr.* (*mus.*) [*leggere con il solfeggio*] solfier ✦ (*ass.*) *sta imparando a solfeggiare* il est en train d'apprendre à solfier.

solféggio, i |sol'feddʒo, i| *s.m.* (*mus.*) solfège.

solfidràto |solfi'drato| *s.m.* (*chim.*) sulfhydrate.

solfidrico, ci, ca, che |sol'fidriko, tʃi, ka, ke| *agg.* (*chim.*) sulfhydrique.

solfifero |sol'fifero| *agg.* (*scient.*) sulfurifère.

solfitazióne |solfitat'tsjone| *s.f.* (*chim.*) sulfitage *m.*

solfito |sol'fito| *s.m.* (*chim.*) sulfite.

sólfo |'solfo| *s.m.* (*arc.*) → **zolfo.**

solfonazióne |solfonat'tsjone| *s.f.* (*chim.*) sulfonation.

solfóne |sol'fone| *s.m.* (*chim.*) sulfone.

solfònico, ci, ca, che |sol'fɔniko, tʃi, ka, ke| *agg.* (*chim.*) sulfoné, sulfonique.

solforàre |solfo'rare| *v.tr.* **1** (*agr.*) [*cospargere di solfato*] soufrer, sulfurer: *solforare la vite* soufrer, sulfurer la vigne **2** (*chim.*) [*esporre all'azione di vapori di zolfo*] soufrer: *solforare la lana, le botti* soufrer la laine, les tonneaux.

solforàto |solfo'rato| *agg.* (*chim.*) sulfuré.

solforatóio, i |solfora'tojo, i| *s.m.* (*industria*) soufroir.

solforatrice |solfora'tritʃe| *s.f.* (*agr.*) soufreuse.

solforatùra |solfora'tura| *s.f.* (*agr.*) soufrage *m.*, sulfurage *m.*

solforazióne |solforat'tsjone| *s.f.* **1** (*chim.*) sulfuration **2** (*agr.*) → **solforatura.**

solfòrico, ci, ca, che |sol'fɔriko, tʃi, ka, ke| *agg.* (*chim.*) sulfurique.

solforóso |solfo'roso| *agg.* (*chim.*) sulfureux*.

solfosàle |solfo'sale| *s.m.* (*chim.*) sulfosel.

solfùro |sol'furo| *s.m.* (*chim.*) sulfure.

solidàgo |soli'dago| *s.f. inv.* (*t.bot.*) solidage *var.*

solidàle |soli'dale| *agg.* **1** (*persone*) solidaire: *siamo tutti solidali con te* nous sommes tous solidaires de toi **2** (*dir.*) solidaire: *debito, debitore solidale* dette, débiteur solidaire **3** (*mecc.*) solidaire.

solidalménte |solidal'mente| *avv.* [→ SOLIDALE] solidairement.

solidaménte |solida'mente| *avv.* [→ SOLIDO I 1] solidement.

solidarietà |solidarje'ta| *s.f. inv.* **1** solidarité (*var.*): *dimostrare a qc. la propria solidarietà* manifester à qqn. sa solidarité **2** (*dir.*) solidarité **3** (*mecc.*) solidarisation *var.*

solidàrio, i |soli'darjo, i| *agg.* (*raro*) → **solidale.**

solidarismo |solida'rizmo| *s.m.* solidarisme.

solidaristico, ci, ca, che |solida'ristiko, tʃi, ka, ke| *agg.* solidariste.

solidarizzàre |solidarid'dzare| *v. intr.* (*aus.* 'avere') [*essere, dimostrarsi solidale con qc.*] se solidariser *pron.*

solidézza |soli'dettsa| *s.f.* → **solidità.**

solidificàbile |solidifi'kabile| *agg.* [→ SOLIDIFICARE] solidifiable.

solidificàre |solidifi'kare| **A** *v.tr.* [*ridurre dallo stato liquido a quello solido*] solidifier **B** *v.intr.* (*aus.* 'essere, avere') [→ *tr.*] se solidifier (*pron.*): *l'acqua solidifica a 0 gradi* l'eau se solidifie à 0 degré **C** *v.pron. intr.* SOLIDIFICARSI [*diventare solido*] se solidifier.

solidificazióne |solidifikat'tsjone| *s.f.* [→ SOLIDIFICARE] solidification ✦ (*fis.*) *punto di solidificazione* point de solidification.

solidità |solidi'ta| *s.f. inv.* solidité *var.* ◇ (*fig.*) *la solidità di un'alleanza politica* la solidité d'une alliance politique.

sòlido |'sɔlido| **I** *agg.* **1** solide: *una costruzione solida* une construction solide → **1 saldo**; *basi solide* des bases solides → **stabile** ◇ (*fig.*) *avere una solida posizione economica* avoir une solide position économique; *avere delle prove solide* avoir des preuves solides **2** (*geom.*) dans l'espace (*loc. inv.*): *geometria solida* géométrie dans l'espace; *una figura solida* une figure dans l'espace **3** (*fis.*) *lo stato solido dei corpi* l'état solide des corps **II** *s.m.* **1** (*geom.*) solide: *calcolare il volume di un solido* calculer le volume d'un solide **2** *loc.* (*dir.*) IN SOLIDO solidaire (*agg.*): *debitori in solido* débiteurs solidaires # *rispondere in solido* répondre solidairement.

soliflussióne |soliflus'sjone| *s.f.*, **soliflùsso** |soli'flusso| *s.m.* (*geol.*) solifluxion *f.*

solilòquio, i |soli'lɔkwjo, i| *s.m.* soliloque Ⓒ **colloquio, dialogo.**

solingo, ghi, ga, ghe |so'lingo, gi, ga, ge| *agg.* (*lett.*) → **solitario.**

solino |so'lino| *s.m.* (*abbigl.*) faux col ◇ (*nell'uniforme dei marinai*) col-bleu.

sòlio, i |'sɔljo, i| *s.m.* → **soglio.**

solipede |so'lipede| *agg. e s.m.* (*zool.*) solipède.

solipsismo |solip'sizmo| *s.m.* (*fisiol.*) solipsisme.

solipsista |solip'sista| *s.* solipsiste.

solipsistico, ci, ca, che |solip'sistiko, tʃi, ka, ke| *agg.* solipsiste.

solista |so'lista| *s.* soliste ✦ (*agg.*) *soprano solista* soprano soliste.

solistico, ci, ca, che |so'listiko, tʃi, ka, ke| *agg.* (*mus.*) en solo (*loc. inv.*): *le parti solistiche* les parties en solo.

solitaménte |solita'mente| *avv.* [→ SOLITO 1] habituellement: *solitamente non si fa aspettare* habituellement il ne se fait pas attendre → **abitualmente**; *è un lavoro svolto solitamente da uomini* c'est un travail fait habituellement, généralement par des hommes → **generalmente.**

solitariaménte |solitarja'mente| *avv.* (*raro*) [→ SOLITARIO I 1, 3] solitairement (*corr.*).

solitàrio, i |soli'tarjo, i| **I** *agg.* **1** (*persone*) solitaire: *una persona schiva e solitaria* une personne réservée et solitaire ✦ (*s.*) *un solitario* un solitaire **2** (*bot., zool.*) solitaire ◇ *loc.* (*t.zool.*) *passero solitario* merle blanc ~ (*pop.*) *verme solitario* ver solitaire **3** (*persone*) [*che non è accompagnato*] solitaire: *un viandante solitario* un passant solitaire **4** [*non frequentato*; *deserto*] désert: *una strada, una località solitaria* une route, une localité déserte **II** *s.m.* **1** [*tipo di brillante*] solitaire **2** (*gioco di carte*) réussite *f.*, patience *f.*

sòlito |'sɔlito| **1** *agg.* [*che non cambia o non è cambiato*; *abituale*] habituel*: *rientrare alla solita ora* rentrer à l'heure habituelle, à la même heure; *dare un appuntamento al solito posto* donner un rendez-vous à l'endroit habituel # *sei sempre il solito ritardatario* tu es toujours le même retardataire ✦ (*s.*) *è sempre il solito!* c'est toujours le même! ◇ (*loc.*) *è sempre la solita storia!* c'est toujours la même histoire! ~ *siamo ancora alle solite!* nous y revoilà! ~ *ne ha fatta ancora una delle solite!* il a encore fait une des siennes! ~ ESSERE SOLITO (+ *inf.*) avoir l'habitude de (+ *inf.*): *siamo soliti alzarci presto* nous avons l'habitude de nous lever tôt, nous sommes habitués à nous lever tôt **2** *s.m.* [→ *agg.*] habitude (*f.*): *arrivare più presto, più tardi del solito* arriver plus tôt, plus tard que d'habitude; *s'è comportato secondo il (suo) solito* il a agi selon son habitude ◇ (*loc.*) *di solito, per solito* d'habitude ~ (COME) AL SOLITO d'habitude: *(come) al solito è arrivato tardi in ufficio* comme d'habitude, il est arrivé en retard à son bureau.

solitùdine |soli'tudine| *s.f.* solitude: *vivere in solitudine* vivre dans la solitude; *soffrire di solitudine* souffrir de la solitude ◇ (*raro*) [*luogo deserto*] solitude: *le solitudini dell'Africa, delle catene alpine* la solitude de l'Afrique, du massif alpin.

solivo |so'livo| *agg. e s.m.* (*raro, lett.*) → **solatio.**

sollazzaménto |sollattsa'mento| *s.m.* [→ SOLLAZZARE B] amusement.

sollazzàre |sollat'tsare| (*lett., scherz.*) **A** *v.tr.* [*divertire; intrattenere divertendo*] amuser (*corr.*), divertir (*corr.*) **B** *v.pron. intr.* SOLLAZZARSI [→ *tr.*] s'amuser, se divertir.

sollazzévole |sollat'tsevole| *agg.* (*lett.*) [*divertente; piacevole*] plaisant (*corr.*), amusant (*corr.*).

sollazzevolménte |sollattse-vol'mente| *avv.* (*raro*) [→ SOLLAZZEVOLE] d'une manière amusante *loc. inv.*

sollàzzo |sol'lattso| *s.m.* (*lett.*) [*divertimento; piacere*] amusement (*corr.*) ◇ (*iron.*) *ho la suocera a pranzo: sai che sollazzo!* ma belle-mère dejeune chez moi, tu imagines ma joie!

sollecitaménte |solletʃita'mente| *avv.* **1** [→ 1 SOLLECITO 2] promptement: *rispondere sollecitamente a una richiesta* répondre promptement, rapidement à une demande → **prontamente, rapidamente** **2** [→ 1 SOLLECITO 3] diligemment # *interessarsi sollecitamente di un problema* s'intéresser activement à un problème → **diligentemente, premurosamente.**

sollecitaménto |solletʃita'mente| *s.m.* (*raro*) → **sollecitazione.**

sollecitàre |solletʃi'tare| *v.tr.* **1** [*insistere, fare pressioni per ottenere q.c. di dovuto*] (*con oggetto della cosa*) réclamer: *sollecitare la consegna della merce* réclamer la livraison de la marchandise; *sollecitare una risposta definitiva* réclamer une réponse définitive, insister pour avoir une réponse définitive # *sollecitare l'evasione di una pratica* activer l'expédition d'une affaire ◇ (*con oggetto della persona*) relancer (2): *sollecitare un debitore* relancer un débiteur; *sollecitare un'impresa a far fronte ai suoi impegni* relancer une entreprise en l'invitant à tenir ses engagements **2** [*brigare, darsi da fare per ottenere q.c.*] *sollecitare incarichi* solliciter des charges; *sollecitare una fornitura per l'esercito* réclamer des fournitures attendues pour l'armée **3** [*stimolare, spronare*] stimuler: *sollecitare la fantasia, la riflessione* stimuler, exciter l'imagination, la réflexion **4** (*mecc.*) [*sottoporre a sollecitazioni*] fatiguer.

sollecitatóre, trice |solletʃita'tore, tritʃe| **1** *s.* [*chi presenta sollecitazioni*] solliciteur*: *non posso rispondere a tutti i sollecitatori* je ne peux pas répondre à tous les solliciteurs **2** *agg.* (*mecc.*) stimulant: *forze sollecitatrici* forces stimulantes.

sollecitatòrio, i |solletʃita'tɔrjo, i| *agg.* [*che tende a sollecitare*] de relance *loc. inv.* # *un intervento sollecitatorio* une démarche en faveur (de qqn.), pour relancer (qqch.) ♦ (*s.f.*) *una* (*lettera*) *sollecitatoria* une lettre de relance.

sollecitazióne |solletʃitat'tsjone| *s.f.* **1** [→ SOLLECITARE 1] démarche, instance: *non bisogna essere insensibili a sollecitazioni di persone influenti* il ne faut pas demeurer insensible aux démarches, aux instances des personnes influentes # *una lettera, una telefonata di sollecitazione* une lettre, un coup de téléphone de relance **2** [→ SOLLECITARE 3] incitation # *l'insuccesso è stato una sollecitazione a migliorare* l'échec a été un coup de fouet incitant à faire mieux → **stimolo, incitamento** **3** (*mecc.*) sollicitation; contrainte: *sollecitazione interna, esterna* sollicitation interne, externe ‖ *calcolare la sollecitazione dei carichi* calculer la contrainte des charges.

1 **sollécito** |sol'letʃito| *agg.* **1** (*persone*) [*diligente; premuroso*] prompt: *essere sollecito nel fare q.c.* être prompt à faire qqch. # *un funzionario molto sollecito* un fonctionnaire très zélé, plein de zèle **2** (*cose*) [*pronto; rapido*] prompt: *una risposta sollecita* une prompte réponse # *dare sollecita evasione a una pratica* expédier promptement une affaire **3** (*lett.*) (*persone*) [*che si dà cura di qc. o di q.c.*] soucieux* (*corr.*): *un padre sollecito dell'educazione dei figli* un père soucieux de l'éducation de ses enfants.

2 **sollécito** |sol'letʃito| *s.m.* (*comm.*) *scrivere una lettera di sollecito* écrire une lettre de relance (*f.*); *mandare un sollecito di pagamento* envoyer une requête *f.* de paiement → **sollecitazione.**

sollecitùdine |solletʃi'tudine| *s.f.* **1** [*prontezza; premura*] empressement (*m.*): *rispondere con sollecitudine* répondre avec empressement ◇ [*zelo; impegno*] *un impiegato noto per la sua sollecitudine* un employé connu pour son zèle **2** [*cura, interesse per qc. o q.c.*] sollicitude: *assistere qc. con sollecitudine* assister qqn. avec sollicitude ◇ *spec. al plur.* [*ansia, preoccupazione*] *le sollecitudini della vita* les soucis de la vie; *essere in sollecitudine per il ritardo di qc.* être inquiet du retard de qqn.

solleóne |solle'one| *s.m.* [*periodo in cui il sole è nel segno zodiacale del Leone*] canicule *f.* ◇ (*per est.*) [*caldo torrido*] *chi ha voglia di uscire, con questo solleone?* qui a envie de sortir par cette canicule?

solleticaménto |solletika'mento| *s.m.* **1** [→ SOLLETICARE 1] chatouillement → **solletico** **2** (*fig.*) [→ SOLLETICARE 2] aiguillon.

solleticàre |solleti'kare| *v.tr.* **1** [*sottoporre a solletico*] chatouiller **2** (*fig.*) [*eccitare, stimolare*] aiguiser; flatter: *un piatto che solletica l'appetito* un plat qui aiguise l'appétit ‖ *solleticare l'amor proprio, l'ambizione di qc.* flatter l'amour-propre, l'ambition de qqn.

sollético, chi |sol'letiko, ki| *s.m.* **1** [*sensazione cutanea dovuta a un lieve contatto*] chatouillement, chatouille *f.* (*fam.*) # *fare il solletico a qc.* chatouiller qqn.; *sentire, soffrire il solletico* être chatouilleux ◇ (*loc. fig.*) *con il tuo pugno non mi hai neanche fatto il solletico!* ton coup de poing, je ne l'ai même pas senti! **2** (*fig.*) [*stimolo; eccitamento*] aiguillon # *questi antipasti sono un vero solletico per l'appetito* ces hors-d'œuvre ouvrent vraiment l'appétit; *essere sensibile al solletico dell'adulazione* se laisser griser par l'encens de la flatterie.

sollevàbile |solle'vabile| *agg.* **1** [→ SOLLEVARE A 1] qui peut être soulevé *loc.* **2** (*dir.*) qui peut être soulevé.

sollevaménto |solleva'mento| *s.m.* [→ SOLLEVARE A 1; B 1, 2] soulèvement ◇ (*mecc.*) levage: *impianto, apparecchio di sollevamento* installation, appareil de levage ◇ (*sport*) *sollevamento pesi* haltérophilie *f.*

sollevàre |solle'vare| **A** *v.tr.* **1** [*alzare da terra; spostare in alto*] soulever (6); lever (6): *sollevare un peso* soulever un poids; *sollevare qc. da terra* soulever qqn. de terre ‖ *sollevò appena gli occhi, la testa dal libro* il leva à peine les yeux, la tête de son livre ◇ (*fig.*) [*innalzare, elevare*] élever (6): *sollevare il pensiero a Dio* élever sa pensée vers Dieu **2** (*fig.*) [*liberare da q.c. di brutto, da una condizione infelice*] tirer: *sollevare qc. dalla miseria, dalla disperazione* tirer qqn. de la misère, du désespoir ◇ (*euf.*) [*destituire*] décharger (3): *sollevare qc. da un incarico, da un posto di responsabilità* décharger qqn. d'une charge, d'un poste de responsabilité ◇ [*rinvigorire; dare sollievo*] soulager (3): *l'iniezione di un calmante lo ha sollevato un po'* l'injection d'un calmant l'a quelque peu soulagé ◇ [*confortare moralmente*] *le tue parole lo hanno sollevato* tes paroles l'ont soulagé **3** (*fig.*) [*causare, provocare*] soulever: *il provvedimento ha sollevato un coro di proteste* cette mesure a soulevé une huée de protestations; *con il suo gesto ha sollevato un putiferio* son geste a soulevé un tollé **4** (*fig.*) [*formulare; presentare*] soulever: *sollevare un dubbio, una ipotesi* soulever un doute, une hypothèse; *sollevare una questione* soulever une question ◇ (*dir.*) *sollevare un'eccezione di incostituzionalità* soulever l'objection du caractère inconstitutionnel (de la proposition) **5** (*fig.*) [*incitare alla ribellione*] soulever: *sollevare la popolazione contro gli sfruttatori* soulever le peuple contre les exploiteurs **B** *v. pron.* SOLLEVARSI **1** *rifl.* [→ *tr.* 1] se relever (6); se lever: *sollevarsi da terra* se relever ‖ *sollevarsi sui gomiti* se lever sur les coudes; *sollevarsi dal letto* se lever (du lit) **2** *intr.* [→ *tr.* 1] s'élever: *si sollevò un polverone* un nuage de poussière s'éleva; *si sollevò un turbine* un tourbillon s'éleva ◇ (*fig.*) *è uno spettacolo che si solleva di poco sopra la mediocrità* c'est un spectacle qui s'élève à peine au-dessus du médiocre **3** *intr.* [→ *tr.* 2] se relever: *sollevarsi da una lunga malattia* se relever d'une longue maladie → **ristabilir(si)** # *a quella notizia si sollevò un poco* cette nouvelle le soulagea quelque peu → **riaver(si)** **4** *intr.* [→ *tr.* 5] se soulever: *sollevarsi contro la dittatura* se soulever contre la dictature → **insorgere, ribellar(si)** Ⓒ A 1; B 1 **abbassare.**

sollevàto |solle'vato| *agg.* [*ristabilito; guarito*] soulagé: *dopo quella cura mi sento sollevato* après cette cure, je me sens soulagé ◇ (*fig.*) [*rasserenato; confortato*] réconforté: *l'ho lasciato che era un po' più sollevato* je l'ai laissé un peu réconforté.

sollevatóre, trice |solleva'tore, tritʃe| *s.m.* **1** (*mecc.*) élévateur: *sollevatore idraulico, elettromagnetico* élévateur hydraulique, électromagnétique ♦ (*agg.*) *ponte sollevatore* pont élévateur; *impianto sollevatore* appareillage élévateur **2** (*sport*) *sollevatore di pesi* haltérophile → **pesista.**

sollevazióne |sollevat'tsione| *s.f.* [*insurrezione; ribellione*] soulèvement *m.*

sollièvo |sol'ljɛvo| *s.m.* [*liberazione da sofferenze*] soulagement; réconfort: *sentire sollievo dopo il dolore* sentir un soulagement après la douleur ‖ *dare un po' di sollievo ai poveri, ai sofferenti* apporter un peu de réconfort aux pauvres, à ceux qui souffrent; *le tue parole gli hanno dato un po' di sollievo* tes paroles lui ont apporté un peu de réconfort → 1 **conforto** # *non avere un attimo di sollievo* ne pas avoir une minute de repos → **riposo; tregua** ◇ (*loc. fig.*) *tirare un respiro, un sospiro di sollievo* pousser un soupir de soulagement ~ *che sollievo, saperlo finalmente al sicuro !* quel soulagement de le savoir enfin en sûreté!

solluc(c)heràre |solluk(k)e'rare| *v.tr.* (*raro*) [*mandare in sollùchero*] ravir.

sollùc(c)hero |sol'luk(k)ero| *s.m.* (*solo in alcune loc.*) [*stato di profonda soddisfazione, di vivo compiacimento*] *andare in sollùchero per qc., q.c.* être aux anges pour qqn., qqch.; *mandare qc. in sollùchero* ravir qqn.

solmisazióne |solmizat'tsjone| *s.m.* (*st. mus.*) solmisation.

1 **sólo** |'solo| **I** *agg.* **1** [*senza compagnia; che non ha nessuno vicino*] seul: *vivere solo* vivre seul; *essere, restare solo* être, rester seul; *essere solo al mondo* être seul au monde ◇ *loc.* DA SOLO tout seul: *starsene da solo* rester tout seul; *parlare da solo* parler tout seul; *è un uomo che si è fatto da solo* c'est un homme qui s'est fait tout seul, qui est le fils de ses œuvres; *il bambino comincia a camminare da solo* le bébé commence à marcher tout seul ~ DA SOLO A SOLO seul à seul # *gliel'ho detto da solo a solo* je le lui ai dit quand nous étions seuls, d'homme à homme, entre quatre-z-yeux (*fam.*) ~ TUTTO SOLO tout seul: *se ne stava tutto solo in un angolo* il restait tout seul dans un coin ~ *rivista, spettacolo per uomini soli* revue, spectacle pour hommes ~ *essere, restare solo come un cane* être, rester seul comme un chien ◇ (*prov.*) *meglio soli che male accompagnati* il vaut mieux être seul qu'en mauvaise compagnie ~ *le disgrazie non vengono mai sole* un malheur n'arrive, ne vient jamais seul **2** [*unico, singolo*] seul: *è la sola persona di cui mi posso fidare* c'est la seule personne à qui je puisse me fier; *tu sei il solo a cui Luigi dà retta* tu es le seul que Louis écoute # *avere un solo figlio* n'avoir qu'un enfant **3** *spec. al plur.* [*solamente, soltanto*] *sostare in una città per soli tre giorni* ne s'arrêter que trois jours dans une ville; *lo puoi comprare per sole mille lire* tu peux l'avoir pour seulement mille lires; *si poteva entrare in due soli alla volta* on ne pouvait entrer que deux à la fois; *organizzare un party per soli uomini* organiser une réception pour hommes seulement; *l'ingresso è riservato ai soli soci* l'entrée est réservée aux (seuls) membres; *al solo pensarci mi vengono i brividi* rien que d'y penser, j'en ai le frisson, j'en ai froid dans le dos ◇ (*prov.*) *non si vive di solo pane* l'homme ne vit pas seulement de pain **II** *s.m.* **1** [→ *agg.* 1] seul: *tu sei il solo a saperlo* tu es le seul à le savoir; *è stato il solo ad aiutarmi in quella circostanza* il a été le seul à m'aider en cette circonstance **2** (*mus.*) solo: *concerto per soli coro e orchestra* concert pour solo chœur et orchestre ◇ (*loc.*) *a solo* en solo → **assolo.**

2 **sólo** |'solo| *avv.* **1** [*solamente, soltanto*] ne... que: *costa solo quindicimila lire* ça ne coûte que quinze mille lires; *mancavi solo tu* il ne manquait que toi; *ci mancava solo questo* il ne manquait plus que ça ◇ *loc.* NON SOLO... MA ANCHE non seulement... mais encore: *è una ragazza non solo simpatica, ma anche intelligente* non seulement c'est une chic fille, mais encore elle est intelligente ~ SE SOLO (+ *congv.*) (*con valore desiderativo*) si seulement (+ *indic.*): *se solo potessi parlargli* si seulement je pouvais lui parler **2** (*in funzione di cong. avvers.*) [*ma, però*] mais, seulement: *te la presto volentieri, solo devi riportarmela in giornata* je te la prête volontiers, mais, seulement il faudra me la rapporter dans la journée; *d'accordo, solo vorrei delle garanzie* d'accord, mais, seulement je veux des garanties **3** *loc. cong.* SOLO CHE (+ *indic.*) (*con valore coordinante avvers.*) mais: *potevi venire anche tu, solo che dovevi prenotarti in tempo* tu aurais pu venir toi aussi, mais tu aurais dû réserver à temps ◇ (+ *congv.*) (*con valore subordinante conc. o limitativo*) [*purché; basta che*] si seulement (+ *indic.*): *potresti riuscire anche tu, solo che lo volessi* tu pourrais réussir toi aussi, si seulement tu le voulais; *è subito accontentato, solo che alzi un dito* si seulement il lève le petit doigt, il obtient ce qu'il désire; il n'a qu'à lever le petit doigt pour avoir ce qu'il veut.

solóne |so'lone| *s.m.* (*spreg.*) [*legislatore*] législateur (*corr.*).

solstiziàle |solstit'tsjale| *agg.* (*astron.*) solsticial*.

solstìzio, i |sol'stittsjo, i| *s.m.* (*astron.*) solstice.

soltànto |sol'tanto| *avv.* → 2 **solo.**

solùbile |so'lubile| *agg.* **1** soluble: *una sostanza solubile all'istante* une substance instantanément soluble **2** (*fig.*) [*che si può risolvere facilmente*] qui peut être résolu (*loc.*): *questo è un problema solubile* ce problème est soluble, c'est un problème qui peut être résolu 🄲 **insolubile.**

solubilità |solubili'ta| *s.f. inv.* (*chim.*) solubilité *var.* ◇ (*fig.*) *la solubilità di una questione* la possibilité de résoudre une question 🄲 **insolubilità.**

solubilizzàre |solubilid'dzare| *v. tr.* (*chim.*) [*rendere solubile*] solubiliser.

solubilizzazióne |solubiliddzat'tsjone| *s.f.* (*fis., tecnol.*) solubilisation.

solùto |so'luto| *s.m.* (*chim.*) soluté.

solutóre, trice |solu'tore, tritʃe| *s.* [*chi risolve, spec. un gioco enigmistico*] celui *m.*, celle *f.* qui résout, qui trouve (*loc.*): *premi sorteggiati tra i solutori del rebus* prix tirés au sort parmi ceux qui ont trouvé le rébus.

soluzióne |solut'tsjone| *s.f.* **1** solution: *trovare una soluzione ottimale, soddisfacente* trouver une solution optimale, satisfaisante; *cercare, proporre una soluzione della questione* chercher, proposer une solution au problème **2** (*dir.*) solution: *soluzione extragiudiziale di una vertenza* solution, accord extrajudiciaire d'un différend ◇ (*corr.*) *una soluzione di compromesso* une solution de compromis # *venire a una soluzione pacifica* adopter une décision pacifique **3** (*chim.*) solution: *soluzione concentrata, diluita* solution concentrée, diluée **4** (*comm.*) *pagare in un'unica soluzione* payer une seule fois **5** (*mat.*) solution: *soluzione di un'equazione* solution d'une équation **6** (*scient.*) *soluzione di continuità* solution de continuité.

solvatazióne |solvatat'tsjone| *s.f.* (*chim.*) solvatation, solvatisation.

solvènte |sol'vɛnte| *agg.* **1** (*chim.*) dissolvant: *sostanza solvente* substance dissolvante ◆ (*s.m.*) *un solvente* un solvant, un dissolvant **2** (*comm.*) solvable: *debitore solvente* débiteur solvable ◆ (*s.*) *un solvente* une personne *f.* solvable *agg.*

solvènza |sol'vɛntsa| *s.f.* (*comm.*) solvabilité.

sòlvere |'sɔlvere| *v.tr.* (*arc., lett.*) (*dif. anche del p.p.*) → **sciogliere.**

solvìbile |sol'vibile| *agg.* (*comm.*) solvable: *un debitore solvibile* un débiteur solvable; *un debito solvibile* une dette solvable.

solvibilità |solvibili'ta| *s.f. inv.* (*comm.*) solvabilité *var.*

-sòma |'sɔma| *suff.* (*significa 'corpo', corrisponde gener. a*) some: *cromosoma* chromosome.

1 **sòma** |'sɔma| *s.f.* **1** [*carico portato sul dorso da animali*] fardeau (*m.*): *liberare un mulo dalla soma* retirer son fardeau à un mulet ◇ (*loc.*) *animale, bestia da soma*: (*pr., fig.*) bête de somme **2** (*fig., lett.*) [*onere; responsabilità*] charge.

2 **sòma** |'sɔma| *s.m.* (*biol.*) soma.

sòmalo |'sɔmalo| **1** *agg.* [*della Somalia*] somalien* **2** (*s.m.*) *il somalo* [*la lingua*] le somali.

somaràggine |soma'raddʒine|,

somaràta |soma'rata| *s.f.* [*atto, comportamento da somaro*] bêtise, ânerie: *dire, fare somarate* dire, faire des bêtises.

somarèllo |soma'rɛllo| *s.m.* [*somaro, spec. piccolo*] ânon, bourricot, bourriquot ◇ (*fig.*) *quest'anno hai fatto il somarello, a scuola !* cette année, tu as mérité le bonnet d'âne!

somàro |so'maro| *s.* [*asino*] âne *m.* ◇ (*fig.*) *una classe di somari* une classe de cancres; *lavorare come un somaro* travailler comme une bête de somme ◇ (*loc. fig.*) *dare del somaro a qc.* traiter qqn. de bourrique *f.*

somàsco, chi, ca, che |so'masko, ki, ka, ke| *agg.* (*relig.*) somasque.

somàtico, ci, ca, che |so'matiko, tʃi, ka, ke| *agg.* (*biol.*) somatique: *differenze somatiche* différences somatiques.

somatizzàre |somatid'dzare| *v.tr.* (*psicol., psican.*) [*produrre un cambiamento somatico nel soggetto che sopporta un carico emozionale e patologico*] somatiser.

somatizzazióne |somatiddzat'tsjone| *s.f.* (*psicol., psican.*) somatisation.

somato- |somato| *pref.* (*significa 'corpo (umano)', corrisponde gener. a*) somato(-): *somatopsichico* somato-psychique.

somatologìa, gìe |somatolo'dʒia, dʒie| *s.f.* somatologie.

somatològico, ci, ca, che |somato'lɔdʒiko, tʃi, ka, ke| *agg.* somatologique.

somatopsìchico, ci, ca, che |somato'psikiko, tʃi, ka, ke| *agg.* (*med.*) somato-psychique.

somatotrofìna |somatotro'fina| *s.f.* (*biol.*) somatotrophine.
somazióne |somat'tsjone| *s.f.* (*biol.*) somation.
sombrèro |som'brɛro| *s.m. inv.* (*sp.*) sombrero *var.*
someggiàbile |somed'dʒabile| *agg.* [→ SOMEGGIARE] transportable à dos de mulet.
someggiàre |somed'dʒare| *v.tr.* [*trasportare sul dorso di animali da soma*] transporter à dos (de mulet): *someggiare un carico di legna* transporter un chargement de bois à dos (de mulet) ◇ (*mil.*) *someggiare i pezzi d'artiglieria* transporter à dos de mulet des pièces d'artillerie.
someggiàto |somed'dʒato| *agg.* (*spec. mil.*) transporté à dos de mulet.
somière |so'mjere| *s.m.* **1** [*parte dell'organo*] sommier **2** (*arc.*) [*bestia da soma*] bête *f.* (*corr.*) de somme.
somigliànte |somiʎ'ʎante| *agg.* [*che assomiglia*] ressemblant: *il ritratto è riuscito proprio somigliante* le portrait est vraiment ressemblant → **simile** # *hanno due caratteri somiglianti* ils ont deux caractères qui se ressemblent ✦ *s.m.* (*raro, lett.*) *dire, fare il somigliante* dire, faire la même chose *f.* (*corr.*).
somigliànza |somiʎ'ʎantsa| *s.f.* [*il fatto di somigliare*] ressemblance ◇ *al plur.* [*tratti simili*] *ci sono molte somiglianze tra i due cugini* il y a une grande ressemblance entre les deux cousins ◇ *loc. avv.* A SOMIGLIANZA DI à l'image de: *l'uomo è stato creato a somiglianza di Dio* l'homme a été créé à l'image de Dieu.
somigliàre |somiʎ'ʎare| **A** *v.intr.* (*aus.* '*essere, avere*') [*essere sim. a*] ressembler (*aus.* avoir): *somigliare ai propri genitori* ressembler à ses parents; *il tuo disegno somiglia molto al mio* ton dessein ressemble beaucoup au mien **B** *v.tr.* **1** (*raro*) [→ *intr.*] *somiglia tutta suo padre* c'est le portrait de son père **2** (*lett.*) [*paragonare a*; *confrontare con*] comparer (*corr.*): *gli antichi somigliavano la morte al sonno* les anciens comparaient la mort au sommeil **C** *v.pron. recipr.* SOMIGLIARSI [→ *intr.*] se ressembler: *si somigliano come due gocce d'acqua* ils se ressemblent comme deux gouttes d'eau.
somìte |so'mite| *s.m.* (*embriologia*) somite.
sómma |'somma| *s.f.* **1** (*mat.*) somme: *fare la somma di due o più numeri* faire la somme de deux ou plusieurs nombres # *quanto fa la somma?* quel est le total? → **totale** ◇ (*loc.*) *tirare le somme*: (*pr.*) faire le total; (*fig.*) tirer les conclusions **2** [*quantità di denaro*] somme: *raccogliere una somma discreta* recueillir une somme raisonnable; *disporre di una certa somma* disposer d'une certaine somme **3** [*punto essenziale*; *valore concl.*] substance: *la somma di tutto il discorso* la substance du discours; cela, en substance, signifie que... → **essenza**; **sostanza** ◇ *loc.* (*raro*) *la somma delle somme* la conclusion ◇ *loc. avv.* (*raro*) *in somma* → **insomma** **4** (*st.*) somme: *la Somma teologica di S. Tommaso* la Somme (théologique) de Saint Thomas.
sommàbile |som'mabile| *agg.* [→ SOMMARE A] additionnable, sommable.
sommabilità |sommabili'ta| *s.f. inv.* possibilité *var.* d'additionner, additionnabilité *var.*
sommàcco, chi |som'makko, ki| *s.m.* (*t.bot.*) sumac.
sommaménte |somma'mente| *avv.* [→ SOMMO 1] extrêmement: *mi è sommamente caro* il m'est extrêmement cher → **immensamente**; **moltissimo** ◇ (*iron.*) *gli è sommamente antipatico* il lui est souverainement antipathique → **cordialmente**.
sommàre |som'mare| **A** *v.tr.* **1** [*fare la somma*; *addizionare*] additionner: *sommare due o più addendi* additionner deux ou plusieurs termes ◇ [*mettere insieme, a confronto*] peser (6): *sommare i pro e i contro* (*di q.c.*) peser le pour et le contre (de qqch.) ◇ (*loc. fig.*) *tutto sommato...* tous comptes faits, somme toute **2** [*aggiungere a q.c.*] ajouter: *bisogna sommare al totale delle spese anche le tasse* il faut aussi ajouter les impôts au total de la dépense **B** *v.intr.* (*aus.* '*essere*') (*raro*) [*ammontare, assommare*] (se) monter (*aus.* avoir): *a quanto somma la spesa globale?* à combien (se) monte le total de la dépense? Ⓒ A **sottrarre**.
sommariaménte |sommarja'mente| *avv.* **1** [1 SOMMARIO 1] sommairement **2** [→ 1 SOMMARIO 2] sommairement.
sommarietà |sommarje'ta| *s.f. inv.* caractère *m. var.* sommaire; brièveté *var.*
1 **sommàrio, i** |som'marjo, i| *agg.* **1** [*fatto in modo essenziale, per sommi capi*] sommaire: *presentare una prima relazione sommaria dei fatti* présenter un premier rapport sommaire des faits **2** (*dir.*) sommaire: *istruzione sommaria di un processo* instruction sommaire d'un procès ◇ (*corr.*) *processo sommario* procès sommaire; *esecuzione sommaria* exécution sommaire; *fare giustizia sommaria* faire une justice sommaire.
2 **sommàrio, i** |som'marjo, i| *s.m.* **1** [*trattazione sintetica*; *compendio*] sommaire: *un sommario di storia della letteratura* un sommaire de l'histoire de la littérature ◇ [*manuale scolastico*] abrégé, précis: *il sommario di storia della filosofia* l'abrégé de l'histoire de la philosophie **2** [*indice riassuntivo di un libro, di un articolo e sim.*] sommaire: *cercare un argomento specifico nel sommario* chercher un sujet particulier dans le sommaire **3** (*giorn.*) sommaire.
sommatòria |somma'tɔrja| *s.f.* (*mat.*) signe *m.* sommatoire.
sommazióne |sommat'tsjone| *s.f.* (*mat., med.*) sommation.
'sommelier' |sɔmǝlje| *s.m. inv.* sommelier* *s. var.*
sommèrgere |som'mɛrdʒere| (114) **A** *v.tr.* **1** (*di acqua*) [*coprire interamente*] submerger (3): *l'ondata di piena ha sommerso interi villaggi* la vague des crues a submergé des villages entiers ◇ [*affondare, inabissare*] *un'ondata più forte sommerse l'imbarcazione* une vague plus forte a submergé l'embarcation **2** (*fig.*) [*coprire*; *sopraffare*] couvrir (23): *fu sommerso da urla di disapprovazione* il fut couvert de huées ◇ (*in usi iperb.*) *mi hanno sommerso di domande* ils m'ont submergé de demandes → **subissare**; *il nostro ufficio è sommerso di pratiche inevase* notre bureau est submergé d'affaires à expédier **B** *v.pron. intr.* SOMMERGERSI [→ *tr.* 1] couler *intr.* → **affondare**.
sommergìbile |sommer'dʒibile| *s.m.* (*mar. mil.*) submersible, sous-marin: *sommergibile a medio raggio* submersible à rayon d'action moyen; *sommergibile a grande raggio* submersible à grand rayon d'action ✦ (*agg.*) submersible: *mezzo, unità sommergibile* moyen, unité submersible.
sommergibilìsta |sommerdʒibi'lista| *s.* (*mar. mil.*) sous-marinier *m.*
sommergiménto |sommerdʒi'mento| *s.m.* → **sommersione**.
sommersióne |sommer'sjone| *s.f.* **1** (*raro*) [→ SOMMERGERE] submersion (*corr.*). **2** (*agr.*) *irrigazione* (*di risaie*) *per sommersione* irrigation (des rizières) par submersion.
sommèrso |som'mɛrso| *agg.* [*coperto dalle acque*] submergé.
sommessaménte |sommessa'mente| *avv.* [→ SOMMESSO 1] à voix basse (*loc. inv.*): *parlare sommessamente* parler à voix basse.
somméssso |som'messo| *agg.* **1** (*di suono*) [*lieve*; *a volume basso*] étouffé, à voix basse (*loc. inv.*): *un sommesso fruscio* un bruissement étouffé, faible ‖ *parlare con tono sommesso* parler à voix basse ✦ (*in funzione avv.*) *parlare sommesso* parler à voix basse → **sommessamente** **2** (*raro, lett.*) [*sottomesso, umile*] soumis (*corr.*): *un atteggiamento sommesso* une attitude soumise ◇ (*loc.*) *a mio sommesso avviso...* à mon humble avis...
sommétta |som'metta| *s.f.* (*fam.*) [*piccola, discreta somma di denaro*] petite somme (d'argent).
'sommier' |sɔmje| *s.m. inv.* [*divano letto*] divan-lit (*var.*): *dei 'sommier'* des divans-lit.
somministrànte |somminis'trante| *s.m.* (*dir.*) fournisseur* *s.*
somministràre |somminis'trare| *v.tr.* [*dare, distribuire adempiendo al proprio ufficio*] administrer: *somministrare le medicine* administrer des remèdes; *somministrare i sacramenti* administrer les sacrements ◇ (*iron., scherz.*) *gli ho somministrato un sonoro ceffone* je lui ai administré une claque retentissante.
somministratóre, trice |somministra'tore, tritʃe| *s.* celui *m.*, celle *f.* qui administre, qui donne *loc.*
somministrazióne |somministrat'tsjone| *s.f.* [→ SOMMINISTRARE] distribution; administration: *somministrazione di viveri* distribution de vivres → **distribuzione** ‖ *somministrazione di medicine* administration de médicaments.
sommissióne |sommis'sjone| *s.f.* (*arc., lett.*) → **sottomissione**.
sommità |sommi'ta| *s.f. inv.* sommet (*m. var.*): *raggiungere la sommità del monte* atteindre le sommet de la montagne → **vetta, cima** ◇ (*fig.*) *le sommità della gloria* le sommet de la gloire.
sómmo |'sommo| **1** *agg.* [*molto grande, estremo*] plus grand, *haut: *trattare qc. con sommi riguardi* traiter qqn. avec les plus grands égards; *una questione di somma importanza* un problème de la plus haute importance ◇ (*loc. fig.*) *il sommo Pontefice* le souverain pontife ~ *il sommo Sacerdote ebraico* le grand prêtre ~ *il sommo*

poeta [*Dante Alighieri*] le grand, l'éminent poète Dante Alighieri ~ PER SOMMI CAPI: *esporre, riferire per sommi capi* exposer, rapporter en résumant; *raccontare una storia per sommi capi* raconter une histoire dans ses grandes lignes **2** *s.m.* [*cima, vetta*] sommet: *arrivare al sommo della collina* arriver au sommet de la colline ◇ (*fig.*) *raggiungere il sommo della carriera* atteindre les plus hauts échelons de la carrière → **culmine**; *arrivare al sommo della felicità* arriver au comble du bonheur → **apice**; *per sommo di sfortuna* par comble de malchance.

sommoscàpo |sommos'kapo| *s.m.* (*arch.*) congé supérieur.

sommòssa |som'mɔssa| *s.f.* [*tumulto pop.*; *sollevazione*] émeute, soulèvement (*m.*): *sedare una sommossa* apaiser une émeute, un soulèvement.

sommoviménto |sommovi'mento| *s.m.* (*raro*) **1** [*movimento agitato*; *sconvolgimento*] bouleversement (*corr.*) **2** → **sommossa.**

sommozzatóre |sommottsa'tore| *s.m.* (*mil.*) homme-grenouille: *sommozzatori del Genio, della marina* les hommes-grenouilles du génie, de la marine.

sommuòvere |som'mwɔvere| (157) *v.tr.* **1** (*lett.*) [*muovere con violenza*] agiter **2** (*fig.*) [*turbare*; *incitare*] *sommuovere gli animi* exciter, agiter les esprits; *sommuovere la popolazione* soulever (6) le peuple.

sonàbile |so'nabile|, **suonàbile** |swo'nabile| *agg.* [→ SONARE A 2] jouable.

sonaglièra |sonaʎ'ʎɛra| *s.f.* [*striscia di cuoio o tela applicata al collo di animali da soma, con applicati dei sonagli*] collier *m.* de grelots.

sonàglio, i |so'naʎʎo, i| *s.m.* **1** [*sferetta di metallo con una pallina all'interno che, agitata, produce suoni*] grelot **2** (*t.zool.*) *serpente a sonagli* serpent à sonnettes → **crotalo.**

sonànte |so'nante| *agg.* **1** [*che* (*ri*)*suona*] sonnant (*lett.*) # *le onde sonanti del mare* les vagues bruissantes de la mer **2** [*metallico*] métallique: *rumore, suono sonante* bruit, son métallique ◇ (*loc.*) *moneta sonante* [*contanti*] espèces sonnantes ~ *acquistare, pagare in moneta sonante* acheter, payer en espèces sonnantes et trébuchantes ~ *denaro sonante* argent comptant **3** (*fig.*) [*strepitoso, clamoroso*] retentissant; éclatant: *un successo sonante* un succès retentissant ‖ *riportare una sonante vittoria* remporter une victoire éclatante # *vincere con un punteggio sonante* gagner avec un score sévère **4** (*ling.*) sonore: *'l', 'r' sono liquide sonanti* 'l', 'r' sont des liquides sonores ✦ (*s.f.*) *le sonanti liquide* les liquides sonores; *una sonante nasale* une nasale sonore.

sònar |'sɔnar| *s.m. inv.* (*tecnol.*) sonar *var.*

sonàre |so'nare|, **suonàre** |swo'nare| *N.B. quando la 'o' del tema è tonica, la forma dittongata 'uo' è più frequente* **A** *v.tr.* **1** [*produrre un suono con uno strumento, rispettando determinate regole*] jouer *intr.* de, sonner: *suonano il violino, la chitarra* ils jouent du violon, de la guitare; *non fanno altro che s*(*u*)*onare quel maledetto clarino* ils ne cessent de jouer de cette sacrée clarinette; *suona la tromba nella banda del paese* il joue de la trompette dans la fanfare du village # *suonare il tamburo* battre le tambour ✦ (*ass.*) *s*(*u*)*onare bene, male* jouer, sonner bien, mal **2** [*eseguire strumentalmente una composizione musicale*] jouer, exécuter: *s*(*u*)*onare un brano di musica classica, di jazz* jouer, exécuter un morceau de musique classique, de jazz **3** [*far emettere un suono*] sonner: *suonare il clacson* sonner le klaxon (klaxonner) # *suonare il campanello* tirer, agiter la sonnette **4** [*percuotere un oggetto perché mandi suono*] faire (45) *intr.* tinter: *suonare un bicchiere per controllare se è di cristallo* faire tinter un verre pour vérifier s'il est en cristal **5** [*produrre un segnale acustico*] sonner: *la tromba sonò la sveglia, la ritirata* la trompette sonna le réveil, la retraite; le biniou envoya le branle-bas (*mar.*); *le sirene suonano l'allarme* les sirènes sonnent, donnent l'alarme # *il campanello suona la fine della lezione* la cloche (la sonnerie) annonce la fin des cours **6** (*fig.*) [*parlare apertamente*] dire (48) son fait, ses quatre vérités: *questa volta gliele suonerò chiare e tonde* cette fois je vais lui dire son fait, ses quatre vérités (je vais lui sonner les cloches) **7** (*fam.*) [*picchiare forte, di santa ragione*] flanquer une raclée, rosser (*corr.*): *gliele hanno suonate per bene!* on lui a flanqué une belle raclée!; *se non la smetti, te le suono!* cesse, sinon je te flanque une raclée! **B** *v.intr.* (*aus. 'avere' nei significati 1, 2, 4, 5*; *'essere, nei significati 3, 5, 6*) **1** [*mandare un suono*] sonner (*aus.* avoir, être): *suona il campanello*: *vado ad aprire* on sonne à la porte: je vais ouvrir; *questa moneta suona male, falso* cette pièce sonne faux; *questo tasto suona male* cette touche sonne mal, faux **2** (*di campane*) [*rintoccare*] sonner: *le campane suonano a stormo, a martello* on sonne le tocsin; *le campane suonano a distesa* les cloches sonnent à toute volée **3** [*essere annunciato da un suono*] sonner: *smetti di lavorare*: *suona mezzogiorno* arrête de travailler: midi sonne; *è suonato il tocco?* une heure a-t-elle sonné?; est-il déjà une heure?; *sono suonate le tre* trois heures ont sonné **4** [*essere suonatore*] jouer: *suona tutte le sere in un locale di periferia* il joue tous les soirs dans une salle de bal de la banlieue **5** [*armonizzarsi, essere in armonia con*] (ré)sonner: *le sue parole suonano dolcemente* ses paroles résonnent agréablement (à mes oreilles) # *questo accento non suona bene* cet accent est fautif **6** (*lett.*) [*rimbombare*] résonner (*corr.*), retentir (*corr.*) (*aus.* avoir).

sonàta |so'nata| *s.f.* **1** [→ SONARE A 3] coup *m.* de sonnette: *una sonata di campanello* un coup de sonnette **2** (*mus.*) sonate: *una sonata per violino e orchestra* une sonate pour violon et orchestre; *una sonata in quattro tempi* une sonate en quatre mouvements ◇ (*fam.*) *intanto, fammi una sonata* en attendant, joue-moi un morceau (*corr.*) **3** (*fig., fam.*) [*imbroglio*] escroquerie (*corr.*) # *mi son preso una solenne sonata!* j'ai été bien roulé! ◇ [*conto salato*] *in quel ristorante si mangia bene, ma generalmente il conto è una sonata* dans ce restaurant on mange bien, mais généralement l'addition est salée, mais c'est généralement le coup de fusil **4** (*fam.*) [*bastonatura*] raclée # *sono arrivata a casa tardi e mi son presa una buona sonata* je suis rentrée tard et je me suis fait battre d'importance.

sonatina |sona'tina| *s.f.* (*mus.*) sonatine.

sonàto |so'nato| *agg.* **1** [*passato, compiuto*] passé, sonné: *sono le sei sonate* il est six heures passées; *ha trent'anni sonati* il a trente ans bien sonnés **2** (*fig.*) [*rimbambito, matto*] cinglé (*fam.*), toqué (*fam.*): *non ci fare caso, è un po' sonato* n'y prête pas attention, il est un peu cinglé, toqué; *ma* (*tu*) *sei completamente sonato!* mais tu es complètement sonné, cinglé! **3** (*sport*) pompé: *calciatore, ciclista sonato* footballeur, cycliste pompé ◇ (*per anal.*) *pugile sonato* [*menomato per i colpi ricevuti*] boxeur sonné.

sonatóre, trice |sona'tore, tritʃe| *s.* [*chi suona uno strumento musicale*] joueur*: *un suonatore di tamburo, di cornamusa* un joueur de tambourin, de cornemuse # *i sonatori della banda* les membres de la fanfare; *un sonatore di violino, di chitarra* un violoniste, un guitariste; *un sonatore ambulante* un musicien qui fait la manche ◇ (*loc. fig., fam.*) *buonanotte suonatori!* [*la faccenda è chiusa*; *non c'è più niente da fare*] adieu paniers, vendanges sont faites!; au revoir et merci!

sónda |'sonda| *s.f.* (*tecnol.*) sonde: *sonda di trivellazione* sonde de forage ◇ (*med.*) sonde: *sonda gastrica* sonde gastrique ◇ (*astronautica*) sonde: *sonda spaziale, interplanetaria* sonde spatiale, interplanétaire ◇ (*meteor.*) *sonda meteorologica* sonde météorologique ◇ (*in funzione di agg. inv.*) *pallone sonda* ballon-sonde.

sondàbile |son'dabile| *agg.* [→ SONDARE] qu'on peut sonder *loc.*

sondàggio, i |son'daddʒo, i| *s.m.* sondage ◇ (*stat.*) sondage: *sondaggio dell'opinione pubblica* sondage d'opinion publique ◇ (*fig.*) *fare, compiere un sondaggio per conoscere q.c.* faire un sondage pour savoir qqch.

sondàre |son'dare| *v.tr.* **1** [*esplorare, esaminare con la sonda*] sonder **2** (*fig.*) [*cercare di conoscere*; *indagare su q.c.*] sonder, tâter: *sondare le intenzioni di qc.* sonder les intentions de qqn., tâter qqn.

sondatóre |sonda'tore| *s.m.* sondeur.

sondìno |son'dino| *s.m.* (*med.*) petite sonde *f.*

sonerìa |sone'ria|, **suonerìa** |swone'ria| *s.f.* sonnerie: *soneria d'allarme* sonnerie d'alarme; *fermare la soneria di un orologio* arrêter la sonnerie d'un réveil.

sonettista |sonet'tista| *s.* sonnettiste *m.*

sonétto |so'netto| *s.m.* (*letter.*) sonnet.

sonicchiàre |sonik'kjare| *v.tr. e intr.* (*aus. 'avere'*) [*sonare alla bell'e meglio o svogliatamente*] jouailler *intr.* (*fam.*).

sònico, ci, ca, che |'sɔniko, tʃi, ka, ke| *agg.* (*fis.*) sonique: *velocità sonica* vitesse sonique, du son.

sònito |'sɔnito| *s.m.* (*lett.*) → **strepito, suono.**

sonnacchiosaménte |sonnakkjosa'mente| *avv.* (*raro*) [→ SONNACCHIOSO] d'un air ensommeillé *loc. inv.* (*corr.*).

sonnacchióso |sonnak'kjoso| *agg.* [*pieno di sonno*] ensommeillé: *occhi sonnacchiosi* yeux ensommeillés, encore pleins de sommeil; *si presentò tutta sonnacchiosa* elle se présenta toute ensommeillée → **assonnato.**

sonnambòlico, ci, ca, che |sonnam'bɔlico, tʃi, ka, ke| *agg.* (*med.*) somnambulique.

sonnàmbolo |son'nambolo| *agg.* (*raro*) → **sonnambulo.**

sonnambulismo |sonnambu'lizmo| *s.m.* (*med.*) somnambulisme.

sonnàmbulo |son'nambulo| *agg. e s.* somnambule.

sonnecchiàre |sonnek'kjare| *v. intr.* (*aus. 'avere'*) [*dormire leggermente, a intervalli*] sommeiller: *ho sonnecchiato per mezz'oretta dopo pranzo* j'ai sommeillé, j'ai fait la sieste pendant une petite demi-heure après le déjeuner → **dormicchiare** ◇ (*fig.*) être (43) en sommeil: *l'opposizione politica sonnecchia* l'opposition politique est en sommeil.

sonnellino |sonnel'lino| *s.m.* petit somme: *fare, schiacciare un sonnellino* faire un petit somme → **pisolino.**

sonnifero |son'nifero| *s.m.* somnifère: *prendere un sonnifero* prendre un somnifère; *fare una iniezione di sonnifero* injecter un somnifère ◇ (*fig.*) *quella conferenza è stata proprio un sonnifero per tutti* cette conférence a eu sur toute l'assistance l'effet d'un puissant somnifère ♦ *agg.* (*raro*) *sostanze sonnifere* substances somnifères.

sonnilòquio, i |sonni'lɔkwjo, i| *s.m.* (*raro, med.*) somniloquie *f.*

sonniloquo |son'nilokwo| *s.* somniloque.

sónno |'sonno| *s.m.* **1** [*stato fisiologico di sospensione delle attività fisiche e psichiche coscienti*] sommeil: *sonno tranquillo, agitato, inquieto* sommeil tranquille, agité; *avere il sonno duro, leggero* avoir le sommeil dur, léger; *parlare nel sonno* parler dans son sommeil ◇ (*med.*) *malattia del sonno* maladie du sommeil; *cura del sonno* cure de sommeil ◇ (*loc.*) *prender sonno* s'endormir → **addormentar(si)** ~ *fare un lungo sonno* dormir longtemps ~ *fare tutto un sonno* ne faire qu'un somme ~ *non riuscire a riprendere sonno* ne pas réussir à se rendormir ~ *perdere il sonno* perdre le sommeil ~ *essere nel primo sonno* être dans son premier sommeil ~ *rubare ore, tempo al sonno* prendre sur ses heures de sommeil ~ *dormire sonni tranquilli*: (*pr.*) dormir d'un sommeil tranquille; (*fig.*) dormir sur ses deux oreilles ~ *difendere i propri sonni* défendre son sommeil ◇ (*loc. fig.*) *il sonno eterno* le sommeil éternel → **morte** ~ *dormire il sonno del giusto, dell'innocenza* dormir du sommeil du juste **2** [*voglia di dormire; senso di torpore*] sommeil: *mi è venuto sonno* j'ai sommeil; *il vino mi ha fatto venir sonno* le vin m'a donné sommeil # *essere preso dal sonno* s'endormir; *cercavo di vincere il sonno* j'essayais de vaincre l'envie de dormir ◇ (*loc. fam.*) *cascare, morire, non reggersi dal sonno* tomber, mourir, ne pas tenir debout de sommeil ~ *è un morto di sonno* c'est un mollasson ~ *essere impastato di sonno* être endormi **3** (*fig.*) [*calma; mancanza di dinamismo*] sommeil: *il paese era immerso nel sonno* le village était comme endormi; le village était tombé en léthargie # *risvegliarsi dal sonno dell'inerzia, del fatalismo* secouer son inertie, son fatalisme.

sonnolènto |sonno'lɛnto| *agg.* somnolent: *avere un'aria sonnolenta* avoir un air somnolent, endormi → **assonnato** ◇ (*per est.*) paresseux* # *un pomeriggio sonnolento* un après-midi qui se traîne ◇ (*fig.*) *un fiume dal corso sonnolento* une rivière au cours paresseux → **pigro, lento.**

sonnolènza |sonno'lɛntsa| *s.f.* somnolence.

sonòmetro |so'nɔmetro| *s.m.* (*fis.*) sonomètre.

sonoraménte |sonora'mente| *avv.* **1** [→ SONORO I 1] d'une façon sonore (*loc. inv.*): *risuonare sonoramente* résonner d'une façon sonore # *è stato sonoramente fischiato* il a été abondamment sifflé **2** [→ SONORO I 2] *uno stile sonoramente retorico* un style d'une rhétorique ronflante.

sonorista |sono'rista| *s.* technicien* de la sonorisation (d'un film).

sonorità |sonori'ta| *s.f. inv.* sonorité (*var.*): *la sonorità di una sala* la sonorité d'une salle → **acustica.**

sonorizzàre |sonorid'dzare| **A** *v.tr.* **1** (*ling.*) [*rendere sonoro un suono sordo*] sonoriser **2** (*cine.*) [*procedere alla sonorizzazione di un film*] sonoriser **B** *v. pron. intr.* SONORIZZARSI (*ling.*) [→ *tr.* 1] (se) sonoriser.

sonorizzazióne |sonoriddzat'tsjone| *s.f.* (*cine., ling.*) sonorisation.

sonòro |so'nɔro| **I** *agg.* **1** sonore: *corpi, materiali sonori* corps, matériaux sonores ◇ (*per est.*) *una sala poco, molto sonora* une salle peu, trop sonore ◇ [*dal suono pieno, forte*] sonore: *una voce sonora* une voix sonore; *una sonora risata* des rires sonores → **fragoroso** ◇ (*fig., fam.*) retentissant: *gli mollò un sonoro ceffone* il lui donna une gifle retentissante; *è stato un fiasco sonoro* ce fut un fiasco retentissant **2** (*fig.*) [*retorico, enfatico*] sonore: *frasi sonore ma vuote* phrases sonores, ronflantes mais creuses **3** (*ling.*) sonore: *le consonanti sonore* les consonnes sonores ♦ (*s.f.*) *una sonora* une sonore **II** *s.m.* **1** *il* (*cinema*) *sonoro* le cinéma parlant *agg.* **2** *il sonoro di un film* la colonne *f.* sonore *agg.* d'un film Ⓒ I 3 **sordo**; II 1 **muto.**

sontuosaménte |sontuosa'mente| *avv.* [→ SONTUOSO] somptueusement.

sontuosità |sontuosi'ta| *s.f. inv.* somptuosité *var.* → **sfarzosità, sfarzo.**

sontuóso |sontu'oso| *agg.* somptueux*: *un arredamento sontuoso* un ameublement somptueux → **sfarzoso**; *un pranzo sontuoso* un repas somptueux → **lauto.**

soperchieria |soperkje'ria| *s.f.* → **soverchieria.**

sopiménto |sopi'mento| *s.m.* (*raro*) [→ SOPIRE] assoupissement (*corr.*).

sopire |so'pire| (197) *v.tr.* **1** [*calmare, placare*] apaiser **2** (*lett.*) → **assopire, addormentare.**

sopito |so'pito| *agg.* **1** [*calmato, attenuato*] apaisé: *rancori sopiti* rancœurs apaisés **2** (*lett.*) → **assopito, addormentato.**

sopóre |so'pore| *s.m.* [*sonno leggero*] assoupissement.

soporìfero |sopo'rifero| *agg.* soporifique: *sostanze soporifere* substances soporifiques ◇ (*fig.*) *un tono di voce soporifero* un ton de voix soporifique.

soporóso |sopo'roso| *agg.* (*raro*) → **soporifero.**

soppalcàre |soppal'kare| *v.tr.* (*raro, edil.*) [*dotare di soppalco*] mettre (71), construire (75) une soupente.

soppàlco, chi |sop'palko, ki| *s.m.* (*edil.*) soupente *f.*

soppànno |sop'panno| *s.m.* (*abbigl.*) doublure *f.*

soppélo |sop'pelo| *s.m.* (*macelleria*) surlonge *f.*

sopperire |soppe'rire| (197) *v.intr.* (*aus. 'avere'*) [*far fronte a; provvedere a*] pourvoir (39): *sopperire alle necessità della famiglia* pourvoir aux besoins de la famille ◇ [*supplire*] suppléer: *sopperire con la buona volontà ai propri limiti* avoir des capacités limitées mais y suppléer par de la bonne volonté.

soppesàre |soppe'sare| *v.tr.* **1** [*pesare q.c. in modo approssimativo, bilanciandola sulle mani*] soupeser (6) **2** (*fig.*) [*esaminare, valutare attentamente*] peser (6): *soppesare i pro e i contro di una decisione* peser le pour et le contre d'une décision.

soppiantàre |soppjan'tare| *v.tr.* [*prendere il posto di un altro, spec. con raggiri*] supplanter.

soppiàtto |sop'pjatto| *agg. solo nella loc. avv.* DI SOPPIATTO [*di nascosto; furtivamente*] furtivement *avv.*, en cachette: *entrare, uscire di soppiatto* entrer, sortir furtivement, en cachette.

sopportàbile |soppor'tabile| *agg.* [→ SOPPORTARE A 2, 3; B] supportable Ⓒ **insopportabile.**

sopportabilità |sopportabili'ta| *s.f. inv.* ce qui est supportable (*loc.*): *ai limiti della sopportabilità* à la limite du supportable Ⓒ **insopportabilità.**

sopportabilménte |sopportabil'mente| *avv.* [→ SOPPORTABILE] d'une manière supportable (*loc. inv.*): *canta, suona sopportabilmente* il chante, il joue de façon supportable.

sopportàre |soppor'tare| **A** *v.tr.* **1** [*sostenere, reggere un peso, un carico*] supporter # *il ponte non può sopportare carichi pesanti* le pont ne peut pas porter les poids lourds ◇ [*sostenere un onere economico*] *sopportare delle perdite, gli oneri fiscali* supporter des pertes, des charges fiscales **2** (*fig.*) [*subire q.c. di doloroso*] supporter: *sopportare sacrifici, umiliazioni* supporter des sacrifices, des humiliations # *quante ne ha dovute sopportare, quel poveraccio!* il en a eu des malheurs, le pauvre! → **soffrire, patire** ◇ [*resistere a*] *sopportare il freddo, il caldo* supporter le froid, le chaud; *queste piante non sopportano l'umidità* ces plantes ne supportent pas l'humidité **3** (*fig.*) [*tollerare senza reagire*] supporter, souffrir (23): *sopportare una persona* supporter une personne; *non riesco a sopportare gli ipocriti* je ne peux souffrir, supporter les hypocrites ◇ [*permettere, consentire*] *se c'è una cosa che non sopporto è la falsità* s'il y a (bien) qqch. que je ne puis supporter, c'est la fausseté; *non sopporto che si metta in dubbio la mia buona fede* je n'admets pas qu'on mette en doute ma bonne foi **B** *v. pron.*

recipr. SOPPORTARSI [→ *tr.* 3] se supporter: *si sopportano a mala pena* ils se supportent à peine.
sopportazióne |sopportat'tsjone| *s.f.* **1** patience: *limiti di sopportazione* limites de patience **2** [*atteggiamento di superiorità, di sufficienza verso gli altri*] suffisance: *trattare qc. con sopportazione* traiter qqn. avec suffisance.
sopprèssa |sop'pressa| *s.f.* [*tipo di carne macinata confezionata in scatola*] ⊠.
soppressàre |soppres'sare| *v.tr.* (*raro*) → **pressare.**
soppressàta |soppres'sata| *s.f.* [*salume di maiale, con lardo e spezie, ben pressato*] ⊠.
soppressióne |soppres'sjone| *s.f.* **1** [→ SOPPRIMERE 1] suppression: *chiedere la soppressione di una clausola* demander la suppression d'une clause → **eliminazione 2** [→ SOPPRIMERE 2] exécution: *la soppressione di un avversario* l'exécution d'un adversaire → **uccisione.**
soppressivo |soppres'sivo| *agg.* suppressif*.
soppressóre |soppres'sore| (*tel.*) **1** *s.m.* suppresseur: *soppressore d'eco* suppresseur d'echo **2** *agg.* éliminateur.
sopprimere |sop'primere| (124) *v.tr.* **1** (*ogg. di cosa*) [*eliminare; abolire*] supprimer: *sopprimere un articolo di legge* supprimer un article de la loi # *alcune scene sono state soppresse* on a coupé certaines scènes **2** (*ogg. di persona*) [*eliminare fisicamente; uccidere*] supprimer: *sopprimere un testimone pericoloso* supprimer un témoin dangereux # *gli ostaggi sono stati barbaramente soppressi* les otages ont été tués, exécutés sauvagement.
sopprimibile |soppri'mibile| *agg.* [→ SOPPRIMERE] supprimable.
soppùnto |sop'punto| *s.m.* → **sottopunto.**
sópra- |'sopra|, **sóvra-** |'sovra| *pref.* (*significano 'che è al di sopra, al di là', corrispondono gener. a*) supra: *sopranazionale* supranational.
1 **sópra** |'sopra| *prep.* **1** (*indica un rapporto spaziale di superiorità*) sur; au-dessus de: *appoggiare q.c. sopra la tavola* poser qqch. sur la table; *passare sopra il ponte* passer sur le pont ‖ *l'aereo volava sopra le nuvole* l'avion volait au-dessus des nuages; *l'elicottero è passato proprio sopra la nostra casa* l'hélicoptère est passé juste au-dessus de notre maison; *appendi il quadro sopra il divano* accroche le tableau au-dessus du divan ◇ (*per est.*) *indossare un maglione sopra la camicia* mettre un pull sur, par-dessus sa chemise; *portare la camicia sulla pelle, sul nudo* porter sa chemise à même la peau ◇ (*fig.*) *dominare sopra mezzo continente* dominer, regner sur la moitié d'un continent; *vigilare sopra i lavori* veiller sur les travaux; *le colpe dei padri ricadono sopra i figli* les fautes des parents retombent sur les enfants ◇ (*con i pron. pers. atoni 'mi, ti, gli', ecc.*) sur: *mi è venuto sopra* il est tombé sur moi # *mettigli sopra un golfino* mets-lui un tricot ◇ (*con le particelle 'ci, vi'*) dessus: *mettici sopra il francobollo* colle un timbre dessus ◇ *loc. prep.* SOPRA DI, SOPRA A au-dessus de; sur: *abitano sopra di noi* ils habitent au-dessus de chez nous ‖ *mettere q.c. sopra alla scrivania* mettre qqch. sur le bureau ~ AL DI SOPRA DI au-dessus de: *essere al di sopra di ogni sospetto* être au-dessus de tout soupçon # *la febbre non è mai salita al di sopra di 38°* la fièvre n'a jamais dépassé 38 degrés; *c'è stata un'affluenza nettamente al di sopra delle previsioni* il y a eu nettement plus de monde que l'on ne pensait ◇ (*loc.*) *la località è a 800 metri sopra il livello del mare* la station est à 800 mètres au-dessus du niveau de la mer ~ *abitare sopra il bar, sopra la farmacia* habiter au-dessus du bar, de la pharmacie ~ *l'albergo è proprio sopra il mare* l'hôtel se trouve juste au-dessus de la mer, domine la mer ~ *gli diede dieci banconote da 100.000 lire una sopra l'altra* il lui remit d'un coup dix billets de 100.000 lires ◇ (*loc. fig.*) *gli càpitano disgrazie sopra disgrazie* il lui arrive malheur sur malheur ~ *mettere una pietra sopra q.c.* passer l'éponge sur qqch.; enterrer l'affaire; oublier le passé ~ *mettiamoci una pietra sopra!* enterrons cette affaire! ~ *beviamoci sopra!* buvons un pot et n'en parlons plus! ~ *è meglio dormirci sopra!* la nuit porte conseil! ~ *essere sopra pensiero* être distrait, penser à autre chose ~ *averne fin sopra i capelli* en avoir par-dessus la tête ~ *giurare sopra la propria testa, sopra il proprio onore* jurer sur sa tête, sur son honneur ~ *puntare sopra un cavallo, un numero* miser sur un cheval, sur un numéro **2** (*fig.*) (*introduce il compl. di argomento*) sur: *tenere una conferenza sopra il problema della fame nel mondo* tenir une conférence sur le problème de la faim dans le monde; *piangere sopra le disgrazie altrui* pleurer sur les malheurs d'autrui; *avere le proprie idee sopra una certa questione* avoir ses idées sur une certaine question → **su, di 3** (*unito a numer.*) [*oltre; più di*] au-dessus de: *temperatura di 20 gradi sopra lo zero* température de 20 degrés au-dessus de zéro; *i bambini sopra i 12 anni* les enfants au-dessus de 12 ans # *le persone sopra i 60 anni* les personnes de plus de 60 ans, ayant dépassé, passé la soixantaine; *peserà sopra gli 80 chili* il doit peser plus de 80 kilos; *costerà sopra il milione* ça coûtera plus d'un million **4** (*fig.*) (*indica 'eccellenza, superiorità'*) [*più di; più che*] par-dessus # *mi interessa sopra ogni altra cosa al mondo* cela m'intéresse au plus haut point; rien ne m'intéresse davantage au monde; *si distingue sopra tutti i compagni, i colleghi* il dépasse tous ses camarades, tous ses collègues 🄲 1; 3 **sotto.**
2 **sópra** |'sopra| *avv.* **1** [*nella parte superiore; a un'altezza superiore*] dessus, au-dessus: *disponete sopra le mele più belle* mettez les plus belles pommes sur le dessus # *c'è un rifugio, sopra, a quota 2000 (metri)* il y a un refuge plus haut, à 2000 mètres d'altitude ◇ [*al piano superiore*] *chi abita sopra?* qui habite au-dessus?; *i bambini sono sopra, nella mansarda* les enfants sont en haut, dans la chambre mansardée ◇ (*preceduto da una prep.*) *venire da sopra* venir d'en haut; *una torta con sopra la panna* un gâteau surmonté, garni de crème chantilly ◇ (*unito con altri avv.*) -dessus: *posa tutto lì sopra!* pose tout là-dessus!; *deve essere qui sopra* il doit être là-dessus, là-haut ◇ *loc.* PIÙ SOPRA plus haut: *cerca più sopra!* cherche plus haut!; *si trova più sopra* il est plus haut ◇ *loc. avv.* DI SOPRA en haut: *è di sopra* il est en haut # *vado di sopra a chiamare la nonna* je monte là-haut appeler grand-mère **2** [*precedentemente; prima*] plus haut: *gli esempi sopra citati* les exemples cités plus haut; *rimando a quanto (è stato) detto sopra* je renvoie à ce qui a été dit plus haut ◇ (*loc.*) *vedi sopra* voir plus haut ~ *come sopra* comme ci-dessus, comme plus haut **3** [*oltre; più avanti*] plus loin: *passeremo più sopra* nous passerons plus loin ◇ (*fig.*) *non te la prendere: cerca di passar sopra!* ne te fâche pas: laisse tomber! **4** (*in funzione di agg. inv.*) supérieur (*var.*): *la parte sopra di q.c.* la partie supérieure de qqch. → 1 **superiore** ◇ *loc. agg. inv.* DI SOPRA au-dessus: *abitare al piano di sopra* habiter l'étage au-dessus, du dessus **5** (*in funzione di s.m. inv.*) *il sopra della coperta* le dessus de la couverture ◇ (*loc. sost. inv.*) *il di sopra* → **disopra.**
sopràbito |so'prabito| *s.m.* (*abbigl.*) *soprabito per uomo* pardessus; *soprabito per donna* manteau de demi-saison.
sopraccàlza |soprak'kaltsa| *s.f.* (*abbigl.*) chaussette de, du dessus; surchaussettes.
sopraccennàto |soprattʃen'nato| *agg.* → **suaccennato.**
sopracciglio |soprat'tʃiʎʎo|, *pl. m.* **sopraccigli** |soprat'tʃiʎʎi|, *pl. f.* **sopracciglia** |soprat'tʃiʎʎa| *s.m.* (*anat., corr.*) sourcil: *riportare una ferita al sopracciglio destro* être blessé au sourcil droit; *corrugare le sopracciglia* froncer les sourcils; *depilare i sopraccigli, le sopracciglia* épiler les sourcils.
sopracciliàre |soprattʃil'ljare| *agg.* (*anat.*) sourcilier*.
sopraccitàto |soprattʃi'tato| *agg.* [*citato precedentemente*] susmentionné: *la norma, la disposizione sopraccitata* la norme, la disposition susmentionnée, susdite, précitée.
sopraccopèrta |soprakko'pɛrta| *s.f.* **1** [*coperta leggera da letto*] couvre-lit *m.* → **copriletto 2** (*in editoria*) jaquette: *la sopraccoperta di un volume, di un fascicolo* la jaquette d'un volume, d'un fascicule **3** (*in funzione di loc. avv.*) (*mar.*) pont (*m.*): *andare, stare sopraccoperta* aller, rester sur le pont.
sopraciliàre |sopratʃi'ljare| *agg.* → **sopracciliare.**
sopracitàto |sopratʃi'tato| *agg.* → **sopraccitato.**
sopracompensazióne |sopra-kompensat'tsjone| *s.f.* (*econ.*) surcompensation.
sopracompósto |soprakom'posto| *agg.* (*bot.*) surcomposé.
sopracostàle |soprakos'tale| *agg.* (*anat.*) surcostal*.
sopràcqueo |so'prakkweo| *agg.* sur l'eau *loc. inv.*, au-dessus de l'eau *loc. inv.* 🄲 **subacqueo.**
sopraddènte |soprad'dɛnte| *s.m.* (*anat.*) surdent *f.*
sopraddètto |soprad'detto| *agg.* → **suddetto.**
sopraddotàle |sopraddo'tale| *agg.* (*dir.*) antiphernal*.
sopraddotàre |sopraddo'tare| *v. tr.* (*dir.*) [*fornire di sopraddote*] pourvoir (39) d'un douaire.

sopraddòte |soprad'dɔte| *s.f.* (*dir.*) douaire *m.*
sopradètto |sopra'dɛtto| *agg.* → **suddetto.**
sopradominànte |sopradomi'nante| *s.f.* (*mus.*) sus-dominante.
sopraeccitàre |sopraettʃi'tare| *e deriv.* → **sovreccitare** *e deriv.*
sopraedificàre |sopraedifi'kare| *e deriv.* → **sopredificare** *e deriv.*
sopraelevàre |sopraele'vare| *e deriv.* → **soprelevare** *e deriv.*
sopraelevàta |sopraele'vata| *s.f.* **1** (*ing. civile*) route, voie surélevé **2** (*ferr.*) chemin *m.* de fer aérien.
sopraepàtico, ci, ca, che |soprae'patiko, tʃi, ka, ke| *agg.* (*anat.*) sus-hépatique.
sopraespósto |sopraes'posto| *agg.* **1** (*bur.*) [*esposto prima*] exposé ci-dessus: *per le ragioni sopraesposte...* pour les raisons exposées ci-dessus... **2** (*foto.*) → **sovresposto.**
sopraffàre |sopraf'fare| (103) *v.tr.* [*dominare, ridurre all'impotenza con la propria superiorità*] écraser: *furono sopraffatti dalle superiori forze nemiche* ils furent écrasés par des forces ennemies supérieures en nombre ◇ [*dominare con la violenza, con soprusi*] *sopraffare un popolo* écraser un peuple # *sopraffare i diritti di qc.* piétiner les droits de qqn. → **conculcare** ◇ (*per est.*) [*vincere, dominare*] accabler: *essere sopraffatto dal dolore* être accablé par la douleur # *essere sopraffatto dall'emozione* être bouleversé, chaviré par l'émotion.
sopraffattóre, trice |sopraffat'tore, tritʃe| *s.* [*chi ricorre alla sopraffazione*] vexateur* (*lett.*) ♦ (*agg.*) *leggi sopraffattrici* lois vexatrices.
sopraffazióne |sopraffat'tsjone| *s.f.* [→ SOPRAFFARE] vexation, abus *m.* de pouvoir ◇ (*fam., iron.*) *questa è una vera e propria sopraffazione!* c'est bel et bien de l'abus de pouvoir!
sopraffilàre |sopraffi'lare| *v.tr.* (*cucito*) [*fare il sopraffilo*] surfiler: *sopraffilare un vestito* surfiler un vêtement.
sopraffilo |sopraf'filo| *s.m.* (*cucito*) surfil.
sopraffinèstra |sopraffi'nɛstra| *s.f.* → **soprafinestra.**
sopraffino |sopraf'fino| *agg.* [*raffinato; finissimo*] surfin, superfin; raffiné: *olio d'oliva sopraffino* huile d'olive surfine, extra-fine ‖ *un pranzo sopraffino* un déjeuner raffiné ◇ (*fig.*) *un intenditore sopraffino* un fin connaisseur; *astuzia sopraffina* astuce excellente, très fine.
sopraffollàto |sopraffol'lato| *agg.* (*raro*) → **sovraffollato.**
sopraffusióne |sopraffu'zjone| *s.f.* (*fis.*) surfusion.
soprafinèstra |soprafi'nɛstra| *s.f.* (*arch.*) vasistas *m.*
sopraggittàre |sopraddʒit'tare| *v.tr.* (*raro, cucito*) [*cucire con il sopraggitto*] surjeter (5).
sopraggitto |soprad'dʒitto| *s.m.* (*cucito*) surjet.
sopraggiùngere |soprad'dʒundʒere| (150) **A** *v.intr.* (*aus. 'essere'*) **1** [*giungere all'improvviso, inaspettatamente*] arriver: *all'ultimo momento sono sopraggiunti rinforzi* au dernier moment des renforts sont arrivés # *ieri è sopraggiunta la notizia della sua morte* nous avons eu hier la nouvelle de sa mort; la nouvelle de sa mort est survenue hier ◇ [*giungere dove ci sono già altri*] *è sopraggiunto un altro invitato* un nouvel invité est arrivé **2** [*accadere, avvenire*] survenir (27): *all'ultimo momento è sopraggiunto un impedimento* au dernier moment est survenu un empêchement → **sopravvenire B** *v.tr.* **1** [*cogliere di sorpresa*] surprendre (73): *ci sopraggiunse un temporale* un orage nous a surpris **2** [*raggiungere*] rejoindre (61): *essere sopraggiunto dagli inseguitori* être rejoint par les poursuivants.
sopraggiùnta |soprad'dʒunta| *s.f.* [*nuova, ulteriore aggiunta*] surcroît *m.* ◇ *loc. avv.* PER SOPRAGGIUNTA [*per di più; inoltre*] de surcroît, par dessus le marché: *... e, per sopraggiunta, dovrò anche pagare la multa!...* et, de surcroît, je devrai payer l'amende!; et, par dessus le marché, j'aurai à payer l'amende!
sopraimbótte |sopraim'botte| *s.f.* (*arch.*) extrados *m.* → **estradosso.**
sopraindicàto |sopraindi'kato|, **soprindicàto** |soprindi'kato| *agg.* [*già indicato*] susmentionné.
soprainségna |soprain'seɲɲa| *s.f.* (*st. mil.*) surcot *m.*
sopraintèndere |soprain'tɛndere| *e deriv.* → **soprintendere** *e deriv.*
soprallodàto |soprallo'dato| *agg.* (*raro*) → **sullodato.**
sopra(l)luògo, ghi |sopra(l)'lwɔgo, gi| *s.m.* (*dir.*) descente *f.* de police, descente sur les lieux.
sopràlzo |so'praltso| *s.m.* **1** (*edil.*) surélévation *f.* → **soprelevazione 2** (*ferr.*) *il sopralzo delle rotaie* la surélévation de la voie.
soprammànica, che |sopram'manika, ke| *s.f.* [*manica nera, infilata su ciascuna manica della giacca da impiegati, per protezione*] manchettes *pl.* de lustrine → 2 **manichetta.**
sopram(m)enzionàto |sopram(m)entsjo'nato| *agg.* (*bur.*) [*menzionato prima*] susmentionné: *la soprammenzionata ordinanza* l'arrêté susmentionné → **summenzionato.**
soprammercàto |soprammer'kato| *s.m.* (*solo nella loc. avv., rara*) *per soprammercato* [*per di più; inoltre*] par dessus le marché: *... e per soprammercato fu anche picchiato* et par dessus le marché, il a été battu.
soprammèttere |sopram'mettere| (155) *v.tr.* (*raro*) [*mettere, disporre sopra*] superposer (*corr.*) → **sovrapporre.**
soprammòbile |sopram'mɔbile| *s.m.* [*oggetto che si pone per ornamento sopra un mobile*] bibelot.
sopranazionàle |sopranattsjo'nale| *agg.* supranational*.
sopranazionalità |sopranattsjonali'ta| *s.f. inv.* supranationalité *var.*
sopranìsta |sopra'nista| *s.m.* sopraniste.
soprannaturàle |soprannatu'rale| *agg.* surnaturel* ♦ (*s.m.*) *credere nel soprannaturale* croire au surnaturel.
soprannaturalità |soprannaturali'ta| *s.f. inv.* caractère *m.* surnaturel.
sopran(n)azionàle |sopran(n)attsjo'nale| *e deriv.* → **sopranazionale** *e deriv.*
sopran(n)azionalismo |sopran(n)attsjona'lizmo| *s.m.* (*polit.*) supranationalisme.
soprannóme |sopran'nome| *s.m.* surnom.
soprannominàre |soprannomi'nare| *v.tr.* [*designare con un soprannome*] surnommer.
soprannominàto |soprannomi'nato| *agg.* **1** surnommé **2** (*raro*) → **sopranominato.**
soprannumeràrio, i |soprannume'rarjo, i| *agg.* **1** surnuméraire: *impiegato soprannumerario* (employé) surnuméraire **2** (*anat., med.*) surnuméraire: *costola soprannumeraria* côte surnuméraire.
soprannùmero |sopran'numero| *s.m.* (*nella loc.*) (*in*) *soprannumero* [*più del normale, del previsto*] en surnombre: *avere dipendenti* (*in*) *soprannumero* avoir des employés en surnombre; *essere assunto in soprannumero* être engagé en surnombre.
sopràno |so'prano| *s.* **1** *s.m.* (*mus.*) soprano: *la parte di soprano* le rôle de soprano **2** *s.m.* (*raro f.*) [*la cantante*] soprano (*s.*): *dei soprani* des sopranos, des soprani; *il più grande soprano di tutti i tempi* la plus grande soprano de tous les temps ◇ (*loc.*) *mezzo soprano* → **mezzosoprano.**
sopranominàto |sopranomi'nato| *agg.* (*bur.*) [*nominato prima*] surnommé # *il sopranominato signor Rossi* Monsieur Rossi, plus haut cité.
soprapassàggio, i |soprapas'saddʒo, i| *s.m.* → **cavalcavia.**
soprappàga, ghe |soprap'paga, ge| *s.f.* (*raro*) [*paga straordinaria, integrativa*] surpaye.
soprappagàre |soprappa'gare| *v. tr.* (*raro*) [*pagare più del normale*] surpayer (9) (*corr.*).
soprappensièro |soprappen'sjɛro| *avv.*, **sópra pensièro** |'sopra pen'sjɛro| *loc. avv.* [*distratto in altri pensieri; preoccupato; assorto*] distrait: *ero soprappensiero e non ho notato nulla* j'étais distrait et je n'ai rien remarqué # *essere soprappensiero* être perdu dans ses pensées; *l'ha fatto soprappensiero* il l'a fait sans réfléchir.
soprappéso |soprap'peso| *s.m.* [*peso superiore al normale*] surcharge *f.* ◇ (*loc. avv. fig.*) *per soprappeso* [*per di più; inoltre*] de plus.
soprappiù |soprap'pju| *s.m. inv.* [*tutto ciò che è in più*] superflu *var.*; luxe (*var.*): *avere non solo il necessario ma anche il soprappiù* ne pas avoir seulement le nécessaire mais aussi le superflu ‖ *oramai l'automobile non è un soprappiù* désormais l'automobile n'est plus un luxe # *ulteriori guadagni sarebbero tutto un soprappiù* un gain supérieur serait (constituerait) du boni en excédent ◇ *loc.* DI SOPRAPPIÙ: *mi hanno dato anche di soprappiù un regalo* en plus, ils m'ont fait un cadeau ~ IN SOPRAPPIÙ: *avere roba in soprappiù* avoir trop de choses, avoir des choses en excédent ~ PER SOPRAPPIÙ [*per giunta; per di più*] par-dessus le marché: *sono stato danneggiato e per soprappiù offeso* c'est moi qui ai subi le dommage et l'affront par-dessus le marché.
soprappòrta |soprap'pɔrta| *s.f.* → **sovrapporta.**
soprapprèmio, i |soprap'prɛmjo, i| *s.m.* (*comm.*) surprime *f.*
soprapprèzzo |soprap'prɛttso| *s.m.* majoration *f.* de prix → **sovrapprezzo.**
soprap(p)rofitto |soprap(p)ro'fitto| *s.m.* (*econ.*) surplus de bénéfices, superbénéfice.

soprarazionàle |soprarattsjo'nale| *agg.* (*filos.*) suprarationnel*.
soprarrivàre |soprarri'vare| *v.intr.* (*aus.* '*essere*') → **sopraggiungere; sopravvenire.**
soprascàrpa |sopras'karpa| *s.f.* [*scarpa impermeabile che si calza sopra un'altra normale*] caoutchoucs *m. pl.*
soprascritta |sopras'kritta| *s.f.* **1** (*raro*) [*iscrizione su un cartello, lapide e sim.*] inscription (*corr.*) **2** (*arc.*) [*indirizzo di lettera missiva*] suscription (*corr.*), adresse (*corr.*).
soprascritto |sopras'kritto| *agg.* (*raro*) [*scritto prima; esposto prima*] écrit, nommé ci-dessus.
soprasegmentàle |soprasegmen'tale| *agg.* (*ling.*) suprasegmental*.
soprasensìbile |soprasen'sibile| *agg.* (*filos.*) suprasensible: *il mondo soprasensibile* le monde suprasensible.
soprassàlto |sopras'salto| *s.m.* [*scatto, movimento brusco del corpo*] sursaut ◇ [*sussulto*] soubresaut # *a sentire quel nome fece un soprassalto* à ce nom, il sursauta ◇ *loc. avv.* DI SOPRASSALTO en sursaut: *essere svegliato di soprassalto* être réveillé en sursaut → **bruscamente.**
soprassaturazióne |soprassaturat'tsjone| *s.f.* (*chim.*) sursaturation.
soprassàturo |sopras'saturo| *agg.* (*chim.*) sursaturé.
soprassedére |soprasse'dere| (183) *v.intr.* (*aus.*'*avere*') [*aspettare momentaneamente a fare q.c.; rinviare*] différer (8) *tr.*, renvoyer (14) *tr.*, surseoir* *tr.* (*lett.*): *soprassedere all'esecuzione di un progetto* différer, renvoyer l'exécution d'un projet; *per ora, soprassediamo!* pour l'instant, bornons-nous à renvoyer la chose à plus tard!
soprassegnàre |soprasseɲ'ɲare| *v.tr.* [*distinguere con un soprassegno*] marquer: *soprassegnare una lettera dell'alfabeto* marquer une lettre de l'alphabet → **contrassegnare.**
soprasségno |sopras'seɲɲo| *s.m.* [*segno posto su una lettera dell'alfabeto*] marque *f.* → 1 **contrassegno.**
soprasseminàre |soprassemi'nare| *v.tr.* (*agric.*) [*seminare su un terreno già seminato*] sursemer (6).
soprassòglio, i |sopras'sɔʎʎo, i| *s.m.* (*arch.*) architrave *f.*
soprassòldo |sopras'sɔldo| *s.m.* (*raro, ant.*) [*compenso aggiuntivo*] surpaye *f.*, sursalaire (*corr.*) → **indennità.**
soprassuòla |sopras'swɔla| *s.f.* [*suola aggiuntiva delle scarpe*] double semelle: *una soprassuola di para* une double semelle de crêpe.
soprassuòlo |sopras'swɔlo| *s.m.* (*geogr.*) [*superficie*] surface *f.* ◇ [*vegetazione*] végétation *f.* © **sottosuolo.**
soprastallìa |soprastal'lia| *s.f.* → **controstallia.**
soprastànte |sopras'tante| **1** *agg.* (*raro*) → **sovrastante** **2** *s.* → **soprintendente.**
soprastàre |sopras'tare| (104) *v. intr.* (*aus.* '*essere*', *raro* '*avere*') **1** (*raro*) → **sovrastare** **2** (*raro*) → **dominare.**
soprastruttùra |soprastrut'tura| *s.f.* → **sovrastruttura.**
soprasuòlo |sopra'swɔlo| *s.m.*(*raro*) → **soprassuolo.**
sopratàcco, chi |sopra'takko, ki| *s.m.* → **soprattacco.**
sopratàssa |sopra'tassa| *s.f.* → **soprattassa.**
sopratassàre |sopratas'sare| *v.tr.* → **soprattassare.**
sopratestàta |soprates'tata| *s.f.* (*giorn.*) manchette.
sopratònica, che |sopra'tɔnika, ke| *s.f.* (*mus.*) sus-tonique.
soprattàcco, chi |soprat'takko, ki| *s.m.* renfort de talon, talon de caoutchouc, d'acier.
soprattàssa |soprat'tassa| *s.f.* surtaxe.
soprattassàre |soprattas'sare| *v. tr.* [*gravare di una soprattassa*] surtaxer.
soprattùtto |soprat'tutto|, (*raro*) **sopratùtto** |sopra'tutto| *avv.* [*prima di ogni altra cosa; più di ogni altra cosa*] surtout: *bisogna pensare soprattutto alla salute* il faut penser surtout à la santé ◇ [*in modo particolare; specialmente*] *mi dedico a vari hobby, ma soprattutto alla pesca* j'ai plusieurs hobbies dont le principal est la pêche.
sopravalutàre |sopravalu'tare| *e deriv.* → **sopravvalutare** *e deriv.*
sopravanzàre |sopravan'tsare| **A** *v.intr.* (*raro*) **1** (*aus.* '*avere*') [*sovrastare; eccellere*] surpasser *tr.* **2** (*aus.* '*essere*') [*avanzare; restare in eccedenza*] rester: *per il poco tempo che ci sopravanza* pour le peu de temps qu'il nous reste **B** *v.tr.* (*raro*) [*superare in q.c.*] surpasser (*corr.*), dépasser (*corr.*): *sopravanzare tutti in bellezza, in statura* surpasser, dépasser tout le monde en beauté, en grandeur.
sopravànzo |sopra'vantso| *s.m.* (*raro, lett.*) [*rimanenza; eccedenza*] surplus (*corr.*), excédent (*corr.*) ◇ (*loc. avv.*) *di sopravanzo* [*in più*] en plus.
sopravènto |sopra'vɛnto| *avv.* e *s.m.* → 1 **sopravvento.**
soprav(v)alutàre |soprav(v)alu'tare| *v.tr.* [*valutare più di quanto meriti*] surestimer, surévaluer: *ho sopravvalutato le sue capacità* j'ai surestimé, surévalué ses capacités; *sopravvalutare una persona* surestimer une personne © **sottovalutare.**
soprav(v)alutazióne |soprav(v)alutat'tsjone| *s.f.* [→ SOPRAV(V)ALUTARE] surestimation © **sottovalutazione.**
sopravveniènza |sopravve'njɛntsa| *s.f.* **1** (*dir.*) survenance: *sopravvenienza attiva, passiva* survenance active, passive **2** (*raro*) → **evenienza.**
sopravvenire |sopravve'nire| (202) *v.intr.* (*aus.* '*essere*') [*accadere improvvisamente; sopraggiungere*] survenir (27): *se non sopravvengono complicazioni...* si des difficultés ne surviennent pas... ◇ [*intervenire, giungere inaspettato, in aggiunta ad altri*] *stavamo parlando, quando sopravvenne sua madre* nous étions en train de parler quand survint sa mère.
1 **sopravvènto** |soprav'vɛnto| (*mar.*) **1** *avv.* au vent *loc. inv.*, vent portant (*loc. inv.*): *navigare sopravvento* naviguer au vent, avec vent portant; *essere, stare sopravvento* être au vent (de) ◇ (*per est.*) *il cane non poteva fiutare la preda perché si trovava sopravvento* le chien ne pouvait pas flairer sa proie car le vent soufflait (de) derrière lui, car il avait le vent dans le dos ♦ (*in funzione di agg. inv.*) *il versante sopravvento di una montagna* le versant au vent d'une montagne **2** (*s.m.*) *il sopravvento di una imbarcazione* l'au vent d'une embarcation © **sottovento.**
2 **sopravvènto** |soprav'vɛnto| *s.m.* *solo sing.* [*superiorità; vantaggio*] dessus, avantage: *avere il sopravvento su un avversario* avoir le dessus, l'emporter sur un adversaire; *mantenere il sopravvento in q.c.* garder un avantage sur qqch. # *la ragione deve avere il sopravvento sulle passioni* la raison doit l'emporter sur les passions.
sopravvèste |soprav'vɛste| *s.f.* **1** (*raro, abbigl.*) vêtement *m.* (*corr.*) de dessus **2** (*st. mediev.*) soubreveste.
sopravvia |soprav'via| *s.f.* (*ing. civile*) route, voie surélevé.
sopravvissùto |sopravvis'suto| **I** *agg.* **1** [*scampato a una disgrazia, alla morte*] survivant, rescapé: *i passeggeri sopravvissuti* les passagers survivants, rescapés; *gli ostaggi sopravvissuti all'eccidio* les otages rescapés du massacre **2** [*vivente alla morte di un altro*] survivant: *dividere l'eredità tra gli eredi sopravvissuti* partager l'héritage entre les héritiers survivants **II** *s.* **1** *s.m.* [→ *agg.* 1] rescapé: *è un sopravvissuto alla tragedia* c'est un des rescapés de la tragédie **2** *s.* (*fig.*) [*persona di mentalità sorpassata, arretrata*] arriéré.
sopravvivènte |sopravvi'vɛnte| *agg.* survivant.
sopravvivènza |sopravvi'vɛntsa| *s.f.* **1** [→ SOPRAVVIVERE 1] survie: *in caso di sopravvivenza del padre...* en cas de survie du père... ◇ (*bur.*) *certificato di sopravvivenza* certificat de survie ◇ (*stat.*) *indice di sopravvivenza* table de survie **2** (*fig.*) [→ SOPRAVVIVERE 3] survivance: *la sopravvivenza di usi, di superstizioni* la survivance des coutumes, des superstitions.
sopravvivere |soprav'vivere| (194) *v.intr.* (*aus.* '*essere*') **1** [*continuare a vivere dopo la morte di altri*] survivre (58) (*aus.* avoir): *sopravvivere alla moglie, ai figli* survivre à sa femme, à ses enfants **2** [*scampare a una disgrazia, a un incidente*] survivre: *è tra i pochi che sono sopravvissuti all'incendio, all'esplosione* il est parmi le peu de gens qui ont survécu à l'incendie, à l'explosion **3** (*fig.*) (*persone*) [*continuare a vivere*] (se) survivre *pron.*, se perpétuer (*pron.*): *sopravvivere nel ricordo dei posteri, dei propri cari* survivre, se perpétuer dans la mémoire de ses descendants, de sa famille ◇ (*cose*) [*continuare; durare a lungo*] *è un'usanza che sopravvive solo in alcuni sperduti paesini* c'est un usage qui ne survit que dans quelques petits villages perdus.
sopreccedènte |soprettʃe'dɛnte| *agg.* [*che avanza; che è in sovrappiù*] excédent: *la merce sopreccedente* la marchandise en excédent; *la manodopera sopreccedente* la main d'œuvre en excédent.
sopreccedènza |soprettʃe'dɛntsa| *s.f.* (*raro*) [→ SOPRECCEDERE B] excès *m.* (*corr.*), surplus *m.* (*corr.*): *c'è sopreccedenza di mano d'opera* il y a un surplus de main-d'œuvre.
sopreccèdere |sopret'tʃɛdere| **A** *v.tr.* [*essere superiore a; superare di molto*] excéder (8): *l'offerta sopreccede la domanda* l'offre excède, dépasse la demande, est en excès sur la demande **B** *v.intr.* (*aus.* '*avere*') [*essere in più, in avanzo*] être (43) en excédent: *vendere sottocosto la merce che sopreccede* vendre à bas prix la marchandise qui est en excédent, excédentaire.

sopredificàre |sopredifi'kare| *v. tr.* [*edificare sopra un'altra costruzione*] surélever (6) → **soprelevare** ✦ (*ass.*) *ottenere la licenza di sopredificare* obtenir le permis de surélever une construction.
sopredificazióne |sopredifikat'tsjone| *s.f.* [→ SOPREDIFICARE] surélèvement *m.* → **soprelevazione.**
soprelevaménto |sopreleva'mento| *s.m.* → **soprelevazione.**
soprelevàre |soprele'vare| **A** *v.tr.* [*rialzare di uno o più piani (un edificio)*] surélever (6), exhausser: *soprelevare una casa* surélever une maison ◇ [*elevare al disopra del livello normale*] *soprelevare una strada, una ferrovia* surélever une route, une voie de chemin de fer **B** *v.pron. intr.* SOPRELEVARSI [→ *tr.*] s'élever: *il grattacielo si soprelevava maestoso sulle altre costruzioni* le gratte-ciel s'élevait majestueusement au-dessus des autres constructions.
soprelevàto |soprele'vato| *agg.* **1** (*edil.*) surélevé *p.p.*, exhaussé (*p.p.*): *il piano soprelevato* l'étage surélevé, exhaussé **2** [*elevato sopra il livello normale*] surélevé: *un passaggio a livello soprelevato* un passage à niveau surélevé.
soprelevazióne |soprelevat'tsjone| *s.f.* **1** [→ SOPRELEVARE] surélévation, exhaussement (*m.*): *progetto, licenza di soprelevazione* plan, permis de construire en surélévation ◇ [*la parte soprelevata di un edificio*] *far abbattere le soprelevazioni abusive* faire abattre les surélévations abusives **2** (*ferr.*) *la soprelevazione della rotaia* la surélévation de la voie.
soprinnalzàre |soprinnal'tsare| *v. tr.* (*raro*) → **soprelevare.**
soprintendènte |soprinten'dɛnte| *s.* **1** (*bur.*) directeur*: *il soprintendente alle Belle Arti* le directeur des Beaux-Arts # *il soprintendente alle antichità* le conservateur des antiquités **2** (*st.*) surintendant.
soprintendènza |soprinten'dɛntsa| *s.f.* **1** (*bur.*) direction: *la soprintendenza alle Belle Arti di Napoli* la direction générale des Beaux-Arts de Naples **2** (*st.*) surintendance.
soprintèndere |soprin'tɛndere| (105) *v.intr.* (*aus.* '*avere*') [*essere preposto a; sorvegliare, curare*] diriger (3) (*tr.*): *soprintendere ai lavori di restauro* diriger les travaux de restauration.
sopròsso |so'prɔsso| *s.m.* (*pop.*) [*tumefazione ossea*] exostose *f.* (*corr.*) ◇ (*veter.*) suros (*corr.*).
soprùso |so'pruzo| *s.m.* [*abuso di autorità, ingiustizia*] abus (de pouvoir); injustice (*f.*): *non tollererò più soprusi!* je ne tolérerai plus les abus, les injustices!; *fare un sopruso a qc.* causer une injustice à qqn.; *ma questo è un sopruso!* mais c'est un abus!
soqquàdro |sok'kwadro| *s.m.* **1** *nella loc.* METTERE A SOQQUADRO [*mettere in disordine, in scompiglio*] mettre sens dessus dessous, bouleverser: *quella peste di mio figlio ha messo a soqquadro tutta la casa* mon diable de fils a mis toute la maison sens dessus dessous; *mettere a soqquadro tutta la casa per cercare un oggetto, per fare le pulizie generali* mettre sens dessus dessous toute la maison pour chercher un objet, pour faire le grand nettoyage ◇ (*fig.*) bouleverser: *il nuovo direttore ha messo a soqquadro tutta l'impostazione del lavoro* le nouveau directeur a bouleversé toute l'organisation du travail → **sconvolgere 2** [*disordine, confusione*] désordre, confusion *f.*
sor- |sor| *pref.* (*significa 'sovra', corrisponde gener. a*) sur: *sormontare* surmonter.
sor |sor| *s.m. solo sing.* (*dial.*) (*preposto a nomi pr. o indicanti una professione*) [*signor*] M'sieu (*pop.*): *il sor Giovanni* M'sieu Giovanni; *buongiorno, sor dottore!* bonjour, M'sieu le docteur!
sòra |'sɔra| *s.f. solo sing.* (*dial.*) (*preposto a nomi pr. o indicanti professione*) [*signora*] dame: *è arrivata la sora Giovanna* dame Giovanna est arrivée.
sòrba |'sɔrba| *s.f.* **1** [*frutto del sorbo*] alise, corme ◇ (*prov.*) *col tempo e con la paglia maturano le sorbe* (*e le canaglie*) tout vient à point à qui sait attendre **2** *solo al plur.* (*fig., pop.*) [*botte, percosse*] coups (*m.*): *che sorbe si è preso!* quels coups il a pris! ✦ (*in funzione di inter.*) *sorbe!* parbleu!
sorbettàre |sorbet'tare| *v.tr.* **1** (*arc.*) [*congelare un liquido, riducendolo a gelato*] glacer (2) (*raro*) **2** (*raro*) [*sorbire lentamente*] déguster (*corr.*): *sorbettare una granita* déguster un granité ◇ (*fig.*) *mi sono dovuto sorbettare quell'antipatica della zia!* j'ai dû me farcir (*pop.*), me taper (*pop.*), subir (*fam.*) mon chameau de tante → **sopportare.**
sorbettièra |sorbet'tjɛra| *s.f.* (*arc.*) sorbetière (*corr.*).
sorbétto |sor'betto| *s.m.* (*raro*) [*gelato*] sorbet (*corr.*), glace *f.* ◇ (*loc. fig.*) *diventare un sorbetto* (*dal freddo*) geler, être transformé en glaçon ~ *non è un sorbetto* ce n'est pas du gâteau, ce n'est pas de la tarte (*fam.*).
sorbìre |sor'bire| (197) *v.tr.* **1** [*bere lentamente, a piccoli sorsi*] déguster, siroter (*fam.*): *sorbire una granita, un caffè* déguster, siroter un granité, un café **2** (*fig.*) [*sopportare con rassegnazione qc. o q.c. di spiacevole*] supporter: *sorbire una conferenza interminabile* supporter, se taper (*pop.*) une conférence interminable; *me la sono dovuta sorbire io per tutta la sera!* c'est moi qui ai dû la supporter, me la taper toute la soirée!
sorbìte |sor'bite| *s.f.* **1** (*metall.*) sorbite **2** → **sorbitolo.**
sorbitòlo |sorbi'tɔlo| *s.m.* (*chim.*) sorbitole, sorbite *f.*
sòrbo |'sɔrbo| *s.m.* (*t.bot.*) sorbier, alisier.
sòrbola |'sɔrbola| *s.f.* (*region.*) (*t. bot.*) [*sorba*] sorbe (*corr.*) ✦ *al plur.* (*in funzione di inter.*) *sorbole, che ragazza!* nom de nom, quelle fille! → **caspita, perbacco.**
sorcìno |sor'tʃino| *agg.* **1** (*raro*) [*del sorcio*] de la souris *loc.* (*corr.*) **2** *mantello sorcino* (*del cavallo*) [*color cenerognolo*] robe souris (du cheval).
sórcio, i |'sortʃo, i| *s.m.* (*region.*) [*topo*] souris *f.* (*corr.*), rat (*corr.*) ◇ (*loc. fig.*) *far vedere a qc. i sorci verdi* en faire voir de toutes les couleurs à qqn.
sorcòtto |sor'kɔtto| *s.m.* (*st. abbigl.*) surcot.
sordàggine |sor'daddʒine| *s.f.* [*il fatto di sentire poco*] surdité.
sordaménte |sorda'mente| *avv.* **1** [→ SORDO I 3] sourdement **2** (*fig.*) [→ SORDO I 5] sourdement: *odiarsi, invidiarsi sordamente* se haïr, se jalouser sourdement.
sordàstro |sor'dastro| *agg. e s.* [*un po' sordo*] un peu dur d'oreille *loc.*
sordidaménte |sordida'mente| *avv.* **1** [→ SORDIDO 1] sordidement **2** (*fig.*) [→ SORDIDO 2] *honteusement.
sordidézza |sordi'dettsa| *s.f.* **1** [*sporcizia; squallore*] saleté **2** [*grettezza; disonestà*] avarice sordide, sordidité (*lett.*).
sòrdido |'sɔ(o)rdido| *agg.* **1** [*sporco; squallido*] sordide, sale: *stracci sordidi* chiffons sordides, sales; *una sordida catapecchia* un taudis sordide **2** (*fig.*) [*disonesto; turpe*] sordide: *un individuo sordido* un individu sordide; *sordidi interessi* intérêts sordides → **sporco** ◇ [*avaro; taccagno*] avare: *è tanto sordido che non ha mollato un quattrino* il est tellement avare qu'il n'a pas lâché un sou.
sordìna |sor'dina| *s.f.* (*mus.*) sourdine: *mettere la sordina alla tromba* mettre la sourdine à la trompette; *suonare in sordina* jouer en sourdine ◇ *loc. fig.* IN SORDINA en sourdine: *lavorare in sordina contro qc.* travailler en sourdine, en cachette contre qqn.
sordità |sordi'ta| *s.f. inv.* surdité *var.*
sórdo |'sordo| **I** *agg.* **1** (*persone*) sourd: *essere sordo da un orecchio* être sourd d'une oreille; *essere sordo dalla nascita* être sourd de naissance ◇ (*loc. fig.*) *essere sordo come una campana* être sourd comme un pot **2** (*fig.*) (*persone*) sourd: *restare sordo alle preghiere, agli ammonimenti di qc.* rester sourd aux prières, aux avertissements de qqn. # *essere sordo al perdono, a ogni senso di umanità* être incapable de pardonner, d'être accessible à un sentiment d'humanité → **insensibile 3** [*che ha una cattiva acustica*] qui a une mauvaise acoustique (*loc.*): *un'aula sorda, un teatro sordo* une salle, un théâtre qui a une mauvaise acoustique **4** [*che manca di sonorità, di intensità*] sourd: *una voce sorda* une voix sourde; *si udì un sordo mormorio* on entendit un sourd murmure **5** (*fig.*) [*che non si manifesta palesemente*] sourd: *un sordo rancore* une sourde rancune; *tra i due c'è una sorda rivalità* il y a entre eux deux une sourde rivalité ◇ [*continuo, insistente, anche se non acuto*] *avere un sordo dolore ai fianchi* ressentir une douleur sourde au côté **6** (*fon.*) sourd: *consonante sorda* consonne sourde ✦ (*s.f.*) *le sorde* les sourdes **II** *s.* [→ *agg.* 1] sourd: *curare i sordi* soigner les sourds ◇ (*loc. fig.*) *fare il sordo* faire la sourde oreille ~ *è come parlare ai sordi* c'est comme si on parlait à un sourd ◇ (*prov.*) *non c'è peggior sordo di chi non vuol sentire* il n'est pire sourd que celui qui ne veut pas entendre **C** I 4 **sonoro.**
sordomutìsmo |sordomu'tizmo| *s.m.* (*med.*) surdi-mutité *f.*
sordomùto |sordo'muto| *agg. e s.* sourd-muet*: *istituto per sordomuti* institut des sourds-muets.
sorèlla |so'rɛlla| *s.f.* **1** sœur: *sorella maggiore, minore* sœur aînée, cadette ◇ (*loc.*) *sorella adottiva* sœur adoptive ~ *sorella di latte* sœur de lait ~ *sorelle siamesi* sœurs siamoises **2** (*fig.*) [*molto affini, simili*] sœur: *la malignità è so-*

rella dell'invidia la méchanceté est sœur de l'envie ✦ (*in funzione di agg. inv.*) *civiltà, culture sorelle* civilisations, cultures sœurs **3** [*suora*] sœur ◇ (*eccl.*) *le Sorelle della Carità* les Sœurs de la Charité.

sorellànza |sorel'lantsa| *s.f.* (*raro*) rapport *m.* de parenté entre des sœurs (*corr.*) ◇ (*fig.*) parenté, analogie.

sorellàstra |sorel'lastra| *s.f.* [*sorella solo per via paterna o materna*] demi-sœur.

sorgènte |sor'dʒɛnte| *s.f.* **1** (*geogr., corr.*) source: *acqua di sorgente* eau de source; *la sorgente del Po* la source du Pô **2** (*fig.*) [*origine; causa*] source: *l'egoismo è la sorgente di tanti mali* l'égoïsme est source, cause de bien des maux ◇ (*loc.*) *risalire alla sorgente di un fatto, di un fenomeno* remonter à la source d'un fait, d'un phénomène **3** (*fis.*) source: *una sorgente luminosa* une source lumineuse; *una sorgente di energia* une source d'énergie.

sorgentifero |sordʒen'tifero|, **sorgentìzio, i** |sordʒen'tittsjo, i| *agg.* de source *loc. inv.*

sórgere |'sordʒere| (167) *v.intr.* (*aus.* 'essere') **1** [*alzarsi, levarsi*] se lever (6) (*pron.*): *sorgere dal letto* se lever (du lit) ◇ (*detto di astri*) *oggi il sole sorge alle ore 6.40* aujourd'hui le soleil se lève à 6 h 40 ◇ (*per est.*) *sta per sorgere un giorno importante per me* pour moi un grand jour se prépare ◇ [*ergersi sopra i luoghi circostanti*] se dresser *pron.*, s'élever (6) (*pron.*): *Assisi sorge su un colle* Assise se dresse sur une colline; *in questa zona dovrà sorgere un grattacielo* dans cette zone s'élevera, surgira un gratte-ciel ✦ (*in funzione di s.m. inv.*) *contemplare il sorgere del sole* contempler le lever *var.* du soleil **2** (*fig.*) [*aver origine; verificarsi*] naître (74), surgir (*aus.* avoir): *da quel mozzicone è sorto un incendio immane* de ce mégot est né un monstrueux incendie; *tutto è sorto da un malinteso* tout est né d'un malentendu → 2 **nascere**; *sono sorte delle complicazioni* des complications ont surgi → **sopraggiungere** # *poi è sorta una disputa interessante* puis un débat intéressant s'est élevé, s'est institué; *mi sorge un dubbio, un sospetto...* il me vient un doute, un soupçon ◇ (*di corso d'acqua*) [*scaturire*] prendre (73) *tr.* sa source: *il Po sorge dal Monviso* le Pô prend sa source au pied du mont Viso.

sorgitóre |sordʒi'tore| *s.m.* (*mar.*) mouillage.

sorgìva |sor'dʒiva| *s.f.* (*lett.*) → **sorgente** 1.

sorgìvo |sor'dʒivo| *agg.* de source (*loc. inv.*): *acqua sorgiva* eau de source.

sórgo, ghi |'sorgo, gi| *s.m.* (*t.bot.*) sorgho.

sorïàno |so'rjano| (*agg. e s.m.*) *gatto soriano* [*razza di gatto domestico*] chat tigré *agg.*

soríte |so'rite| *s.m.* (*filos.*) sorite.

sormontàre |sormon'tare| **A** *v.tr.* [*salire, montare al di sopra*] franchir, dépasser: *l'acqua del fiume in piena ha sormontato gli argini* les eaux du fleuve en crue ont débordé, sont passées par-dessus les digues ◇ (*ginnastica*) *sormontare gli ostacoli* franchir les obstacles ◇ (*fig.*) *sormontare le difficoltà* surmonter, vaincre les difficultés → **superare** **B** *v.intr.* (*aus.* 'avere') (*arc., lett.*) **1** [*salire in alto*] monter (*corr.*) (*aus.* avoir, être) **2** (*fig.*) [*predominare; eccellere*] prédominer.

sornióne |sor'njone| *agg.* [*dall'aria tranquilla, ma furba e vigilante*] sournois: *aveva una certa aria sorniona...* il avait un air sournois...; *me lo ha detto con il suo solito modo di fare sornione* il me l'a dit avec la manière sournoise qui lui est habituelle ✦ *s.* sournois: *è proprio una sorniona!* comme sournoise on ne fait pas mieux!

sòro |'sɔro| *s.m.* (*bot.*) sore.

sororàle |soro'rale| *agg.* (*raro, lett.*) sororal*.

sororicida |sorori'tʃida| *s.* (*raro*) [*uccisore della propria sorella*] fratricide (*corr.*).

sorpassàre |sorpas'sare| *v.tr.* **1** [*superare (un altro veicolo) durante la corsa*] doubler: *superare con difficoltà un camion* doubler difficilement un camion; *la macchina mi ha superato da, a destra* la voiture m'a doublé à droite ✦ (*ass.*) *è vietato sorpassare in curva* il est interdit de doubler dans les virages **2** [*superare; sopravanzare*] dépasser.

sorpassàto |sorpas'sato| *agg.* [*superato; non più attuale*] démodé, dépassé # *una moda sorpassata* une mode surannée ✦ (*s.*) *sentirsi un sorpassato* se sentir dépassé → **arretrato.**

sorpàsso |sor'passo| *s.m.* [→ SORPASSARE 1] dépassement: *un sorpasso pericoloso, imprudente* un dépassement dangereux, imprudent # *effettuare un sorpasso* doubler; *divieto di sorpasso* interdiction de doubler, de dépasser.

sorprendènte |sorpren'dɛnte| *agg.* [*che desta sorpresa, stupore*] surprenant: *una soluzione sorprendente* une solution surprenante, étonnante ◇ [*eccezionale; meraviglioso*] *una vittoria sorprendente* une victoire surprenante ✦ (*s.m.*) *un risultato che ha del sorprendente* un résultat surprenant *agg.*, étonnant *agg.*

sorprendenteménte |sorprendente'mente| *avv.* [→ SORPRENDENTE] de manière surprenante *loc. inv.*

sorprèndere |sor'prɛndere| (105) **A** *v.tr.* **1** [*cogliere inaspettatamente; prendere improvvisamente*] surprendre (73) # *la morte lo ha sorpreso nell'adempimento del suo dovere* la mort l'a frappé brusquement dans l'accomplissement de son devoir; *sorprendere la buona fede di qc.* abuser la confiance, la bonne foi de qqn. ◇ [*scoprire qc. mentre fa q.c. che vorrebbe tenere nascosto*] *sorprendere qc. con la propria ragazza* surprendre qqn. en compagnie de sa petite amie; *sono stati sorpresi sul fatto* on les a pris sur le fait ◇ (*loc.*) *sorprendere qc. in flagrante* (*reato*) prendre qqn. en flagrant délit ◇ (*loc. fig.*) *sorprendere qc. con le mani nel sacco* prendre qqn. la main dans le sac **2** [*meravigliare; stupire*] surprendre, étonner: *mi ha sorpreso la sua disinvoltura* sa désinvolture m'a surpris, m'a étonné; *sono stato piacevolmente sorpreso del suo successo* j'ai été agréablement surpris par son succès ✦ (*ass.*) *ciò che sorprende è la sua sicurezza* ce qui surprend, étonne c'est son assurance **B** *v.pron.* SORPRENDERSI **1** *intr.* [→ *tr.* 2] être (43) *intr.* surpris, s'étonner: *non mi sorprenderebbe se fosse proprio lui il colpevole!* je ne serais pas surpris que ce fût, que ce soit justement lui le coupable! **2** *rifl.* [→ *tr.* 1] se surprendre: *sorprendersi a sognare a occhi aperti* se surprendre à rêver les yeux ouverts.

sorprésa |sor'presa| *s.f.* **1** [→ SORPRENDERE A 1] surprise # *la polizia ha effettuato una sorpresa nella casa da gioco* la police a effectué une descente dans la maison de jeux ◇ (*loc.*) *che bella sorpresa!* quelle belle surprise! ~ DI SORPRESA par surprise: *agire di sorpresa* agir par surprise # *essere colto di sorpresa* être pris au dépourvu **2** [*cosa che sorprende, che risulta inaspettata*] surprise: *trovare una bella, una sgradita sorpresa* trouver une belle, une mauvaise surprise ◇ (*loc.*) *uova di Pasqua con sorpresa* œufs de Pâques avec une surprise dedans **3** [*stupore; meraviglia*] étonnement *m.*, surprise: *ho saputo con viva sorpresa che...* j'ai appris à mon grand étonnement que...; *fare un gesto di sorpresa* faire un geste de surprise.

sorpréso |sor'preso| *agg.* [*meravigliato; stupito*] surpris *p.p.*, étonné: *essere, dimostrarsi sorpreso di q.c.* être, se montrer surpris, étonné de qqch.

sòrra |'sɔrra| *s.f.* (*gastronomia*) *sorra di manzo* plat de côte (de bœuf); *sorra di tonno* thon *m.* à l'huile.

sorréggere |sor'rɛddʒere| (154) **A** *v.tr.* **1** [*sostenere dal di sotto; reggere*] soutenir (27): *il balcone pericolante è sorretto da alcuni pali* le balcon qui menace de s'écrouler est soutenu par quelques étais; *sorreggilo, che sta cadendo!* soutiens-le, il va tomber! **2** (*fig.*) [*confortare; aiutare moralmente*] soutenir, aider: *quel pensiero mi ha sorretto nelle difficoltà* cette pensée m'a soutenu dans les difficultés; *non c'è nessuno che possa sorreggerlo nel suo dolore* personne ne saurait l'aider à porter son chagrin **B** *v.pron. rifl.* SORREGGERSI [→ *tr.* 1] se soutenir, se tenir (27) debout # *si sorreggeva a stento in piedi per il sonno, per il vino* il titubait de sommeil, d'ivresse; le sommeil, le vin faisait qu'il tenait à peine debout.

sorridènte |sorri'dɛnte| *agg.* [*che sorride*] souriant.

sorrìdere |sor'ridere| (130) *v.intr.* (*aus.* 'avere') **1** [*ridere lievemente, delicatamente*] sourire (47): *si mise a sorridere di compassione, con ironia* il se mit à sourire de pitié, d'ironie; *sorridere a denti stretti* sourire du bout des lèvres **2** (*fig.*) [*apparire bello, piacevole*] sourire: *è giovane: la vita gli sorride davanti* il est jeune: la vie lui sourit ◇ [*piacere; soddisfare*] *mi sorride l'idea delle vacanze in crociera* l'idée de partir (en vacances) en croisière me sourit.

sorrìso |sor'riso| *s.m.* [→ SORRIDERE 1] sourire: *sorriso aperto, sereno* sourire franc, serein; *un sorriso d'intesa, di compassione* un sourire entendu, de pitié; *atteggiare le labbra al sorriso* esquisser un sourire; *ti saluta sempre col sorriso sulle labbra* en te disant bonjour, elle a toujours le sourire aux lèvres; *accennare un sorriso* sourire du bout des lèvres ◇ (*raro, fig.*) *il sorriso della natura, della primavera* le sourire de la nature, du printemps.

sorsàta |sor'sata| *s.f.* [*il bere un sorso*] coup *m.*, gorgée # *dài, ancora una sorsata, per la compagnia!* allez, encore une tournée! ◇ [*liquido sorseggiato*] goutte: *mi dài una sorsata di caffè?* tu me donnes une goutte de café?

sorseggiàre |sorsed'dʒare| *v.tr.* [*bere a piccoli sorsi*] boire (67) à petites gorgées, siroter (*fam.*): *sorseggiare una tazzina di caffè* boire à petites gorgées, siroter son café, une tasse de café → **centellinare.**

sórso |'sorso| *s.m.* **1** [*quantità di liquido che si beve in una volta*] gorgée *f.*, trait: *bere a piccoli sorsi* boire à petites gorgées; *l'ha tracannato in un sorso* il l'a bu d'un trait, d'un coup ◇ *loc.* A SORSO A SORSO à petits coups # *bere un liquore a sorso a sorso* déguster une liqueur; *godersi la felicità a sorso a sorso* savourer le bonheur **2** (*per est.*) [*piccola quantità di liquido*] gorgée, goutte (*f.*): *mi fai assaggiare un sorso del tuo vino?* tu me fais goûter une gorgée de ton vin?

sòrta |'sɔrta| *s.f.* sorte: *vendere ogni sorta di merce* vendre toute(s) sorte(s) de marchandise, vendre des marchandises de tous genres; *c'erano persone di ogni sorta* il y avait là des gens de toute sorte # *che sorta di scherzo è questo?* quel genre de plaisanterie est-ce là? → **tipo, genere** ◇ *loc. agg.* DI SORTA (*in frasi neg.*) [*di nessun tipo*] aucun (*agg. sing.*): *non c'è differenza di sorta* il n'y a aucune différence.

1 **sòrte** |'sɔrte| *s.f.* **1** [*destino, fortuna*] sort (*m.*): *sorte favorevole, avversa* sort favorable, défavorable # *gli è toccata una mala sorte* il a joué de malchance ◇ (*loc.*) *tentare la sorte* tenter, courir sa chance ~ *avere q.c. in sorte* avoir qqch. en héritage ~ *gli è toccato in sorte* il l'a eu en héritage ~ *tirare, estrarre a sorte* tirer au sort ~ *qui si decidono le tue sorti, si decide la tua sorte!* c'est là que ton sort va se décider, que ton destin va se révéler! ~ *far buon viso a cattiva sorte* faire contre mauvaise fortune bon cœur ~ (*lett.*) *reggere le sorti del paese* présider aux destinées d'un pays **2** (*arc., relig.*) sort: *gettare le sorti* jeter des sorts.

2 **sòrte** |'sɔrte| *s.f.* (*region.*) → **sorta.**

sorteggiàbile |sorted'dʒabile| *agg.* [→ SORTEGGIARE] qu'on peut tirer au sort *loc.*

sorteggiàre |sorted'dʒare| *v.tr.* [*estrarre a sorte*] tirer au sort.

sorteggiàto |sorted'dʒato| *agg.* [*estratto mediante sorteggio*] tiré *p.p.* au sort: *i giudici popolari sorteggiati* les jurés tirés au sort; *l'elenco dei biglietti sorteggiati* la liste des billets tirés au sort.

sortéggio, i |sor'teddʒo, i| *s.m.* [→ SORTEGGIARE] tirage (au sort) # *procedere al sorteggio* tirer au sort.

sortilègio, i |sorti'lɛdʒo, i| *s.m.* sortilège, sort: *fare un sortilegio* jeter un sort ◇ (*fig.*) *sembra quasi un sortilegio, che capitino tutte a me!* cela n'arrive qu'à moi, on dirait qu'il y a un sort! → **destino.**

1 **sortire** |sor'tire| (197) *v.tr.* [*ottenere, conseguire*] obtenir (27) ◇ (*loc.*) *il rimprovero ha sortito i suoi effetti* le reproche a produit son effet ~ *la cura non ha sortito nessun effetto* le traitement n'a fait aucun effet.

2 **sortire** |sor'tire| (197) *v.intr.* (*aus.* '*essere*') **1** (*region.*) [*essere sorteggiato*] sortir (21) (*corr.*): *il 90 tarda a sortire sulla ruota di Cagliari* le 90 tarde à sortir sur la roue de Cagliari **2** (*pop.*) [*uscire di casa*] sortir (*corr.*) **3** (*mil.*) [*fare una sortita*] faire (45) *tr.* une sortie.

sortita |sor'tita| *s.f.* **1** (*mil.*) sortie: *tentare una sortita* tenter une sortie **2** (*raro, teat.*) entrée (*corr.*) en scène → **entrata** **3** (*fig.*) [*battuta spiritosa*] boutade: *con la sua sortita ha tolto tutti dall'imbarazzo* sa boutade a mis fin à l'embarras général.

sorvegliànte |sorveʎ'ʎante| *s.* surveillant: *lavorare come sorvegliante* travailler comme surveillant; *fare la sorvegliante* être surveillant.

sorvegliànza |sorveʎ'ʎantsa| *s.f.* [→ SORVEGLIARE] surveillance: *eludere la sorveglianza dei guardiani* tromper la surveillance des gardiens ◇ (*dir.*) *sorveglianza speciale* surveillance spéciale.

sorvegliàre |sorveʎ'ʎare| *v.tr.* [*controllare; vigilare*] surveiller: *sorvegliare un bambino che gioca* surveiller un enfant qui joue; *la polizia sorveglia tutte le strade di accesso* la police surveille toutes les voies d'acces; *sorvegliare i lavori della casa* surveiller les travaux de la maison # *sorvegliare la casa* veiller sur la maison.

sorvegliàto |sorveʎ'ʎato| *agg.* surveillé ♦ *s.* (*dir.*) *un sorvegliato speciale* un individu en liberté surveillée.

sorvolàre |sorvo'lare| **A** *v.tr.* **1** [*volare sopra*] survoler **2** (*raro, fig.*) [*tralasciare, omettere*] passer (sur) *intr.* (*corr.*), glisser *intr.* (*corr.*) (sur): *sorvolare un particolare importante* passer, glisser sur un détail important **B** *v.intr.* (*aus.* '*avere*') **1** [→ *tr.* 2] *sulla sua onestà, è meglio sorvolare* sur son honnêteté, glissons, cela vaut mieux **2** (*raro*) [→ *tr.* 1] survoler *tr.*

sorvólo |sor'volo| *s.m.* survol: *il sorvolo del Polo* le survol du Pôle.

soscrizióne |soskrit'tsjone| *s.f.* (*tip.*) achevé *m.* d'imprimer.

sòsia |'sɔzja| *s.m. inv.* sosie *var.*

sospèndere |sos'pɛndere| (105) *v.tr.* **1** [*appendere; attaccare q.c. in alto, per una estremità*] suspendre (53): *sospendere un lampadario al soffitto* suspendre un lustre au plafond ◇ (*fig.*) *la vita dell'uomo è sospesa a un filo* la vie humaine tient à un fil; *le nostre speranze sono sospese a un filo* nos espoirs ne tiennent qu'à un fil **2** [*interrompere, far cessare temporaneamente*] suspendre: *sospendere le ostilità* suspendre les hostilités; *vuol sospendere la cura per una settimana* il veut suspendre sa cure durant une semaine; *l'assemblea ha sospeso i lavori* l'assemblée a suspendu ses travaux # *hanno sospeso la riunione per il pranzo* il y a eu suspension de séance pour le déjeuner; *hanno sospeso il volo delle nove* le vol de neuf heures est supprimé ◇ (*dir.*) *sospendere una sentenza* suspendre un jugement **3** (*fig.*) [*privare in via temporanea di un ufficio o del diritto di esercitare un'attività a scopo punitivo o cautelativo*] suspendre: *sospendere un funzionario dall'impiego* suspendre un fonctionnaire; *lo hanno sospeso a tempo indeterminato* il a été suspendu pour une durée indéterminée; *sospendere a divinis* suspendre a divinis # *hanno sospeso un alunno per un giorno dalle lezioni* un élève a été renvoyé de la classe pour un jour.

sospensióne |sospen'sjone| *s.f.* **1** [→ SOSPENDERE 2] suspension # *hanno ripreso l'allenamento dopo una sospensione di una settimana* ils ont repris l'entraînement après une semaine de repos ◇ (*ling.*) *puntini di sospensione* (petits) points de suspension **2** [→ SOSPENDERE 3] suspension, arrêt *m.* # *dare due giorni di sospensione a un alunno* renvoyer un élève de la classe pour deux jours; *sospensione a divinis* interdiction a divinis **3** [→ SOSPENDERE 1] suspension: *lampada a sospensione* (lampe à) suspension; *tecniche di sospensione* techniques de suspensions; *ginnastica in sospensione* les suspensions (en gymnastique) **4** (*chim.*) suspension: *particelle in sospensione* particules en suspension **5** (*mecc.*) suspension: *molla di sospensione* ressort à suspension; *sospensione su assali* suspension sur essieux.

sospensiva |sospen'siva| *s.f.* (*dir.*) sursis *m.*

sospensivo |sospen'sivo| *agg.* (*bur., dir.*) suspensif*: *una proposta sospensiva* une proposition suspensive; *un provvedimento sospensivo* une mesure suspensive.

sospensóre |sospen'sore| *s.m.* suspensoir.

sospensòrio, i |sospen'sɔrjo, i| **1** *agg.* (*anat.*) suspenseur (*m.*): *muscoli sospensori* muscles suspenseurs **2** *s.m.* (*med.*) suspensoir.

sospéso |sos'peso| *agg.* **1** [*attaccato, fissato in alto*] suspendu: *ponte sospeso* pont suspendu; *il rocciatore è rimasto sospeso nel vuoto* le rochassier est resté suspendu dans le vide; *questa minaccia è come una spada sospesa sul capo* cette menace est une épée suspendue sur ma tête **2** [*alzato in alto, sollevato*] levé en l'air # *stava per colpirlo, ma si fermò con la mano sospesa* il allait le frapper, mais il s'arrêta sa main restant en l'air **3** [*che ha subito un'interruzione, una sospensione*] suspendu (*lett.*): *i lavori sono rimasti sospesi per mancanza di fondi* les travaux ont été suspendus faute de fonds # *è rimasto col fiato sospeso* il en a eu le souffle coupé ◇ *loc.* IN SOSPESO en suspens, en souffrance: *una pratica in sospeso* une affaire en suspens, en souffrance; *una consegna in sospeso* une livraison en souffrance # *ha dei conti in sospeso con la giustizia* il a des comptes à régler avec la justice **4** [*incerto, ansioso*] en suspens (*loc. inv.*): *tutti gli animi erano sospesi* chacun avait l'esprit en suspens; *non mi tenere sospeso* ne me laisses pas en suspens, dans l'incertitude; *stava sospeso in attesa di notizie* il était en suspens dans l'attente des nouvelles # *mi aspettava col cuore* (*in*) *sospeso* il m'attendait le cœur battant.

sospettàbile |sospet'tabile| *agg.* [→ SOSPETTARE A 1] suspect, soupçonnable (*raro*): *un individuo sospettabile* un individu suspect, qui peut être soupçonné.

sospettaménte |sospetta'mente| *avv.* [→ 1 SOSPETTO] de manière suspecte *loc. inv.*

sospettàre |sospet'tare| **A** *v.tr.* **1** [*credere qc. responsabile di un reato, basandosi su indizi e supposizioni*] soupçonner **2** [*ritenere, senza averne la certezza, che un fatto o un comportamento siano diversi da come si presentano*] soupçonner # *c'è chi sospetta un omicidio* certains pensent, croient à un homicide **3** [*credere, pensare, immaginare*] se douter *pron.*, penser: *lo sospettavo!* je m'en doutais! # *non avrei mai sospettato in lui tanta cattiveria* je ne l'aurais jamais soupçonné de tant de méchanceté **B** *v. intr.* (*aus.* '*avere*') **1** [*nutrire sospetti di colpevolezza nei confronti di qc., dei dubbi in q.c.*] soupçonner, suspecter, douter: *la polizia sospetta dell'autista* la police soupçonne, suspecte le chauffeur **2** [*diffidare*] se méfier (*pron.*): *sospetta di tutto e di tutti* il se méfie de tout et de tous.

1 **sospètto** |sos'pɛtto| *agg.* suspect: *un atteggiamento sospetto* un comportement suspect ◇ [*dubbio*] douteux*, suspect: *merce di provenienza sospetta* marchandise de provenance suspecte; *queste macchie sulla pelle sono sospette* ces taches sur la peau sont suspectes ✦ (*s.m.*) suspect: *non c'è niente di sospetto nel suo comportamento* il n'y a rien de suspect dans son comportement.

2 **sospètto** |sos'pɛtto| *s.m.* **1** [*diffidenza, dubbio nei confronti di altri, circa la loro responsabilità o colpevolezza*] soupçon: *sospetto fondato, lieve, grave* soupçon justifié, léger, grave; *ho dei sospetti sul suo conto* j'ai des soupçons sur lui; *è al di sopra di ogni sospetto* il est au-dessus de tout soupçon # *le sue assenze hanno messo in sospetto la polizia* ses absences ont intrigué la police; *mi è venuto in sospetto dopo quella circostanza* je l'ai soupçonné après ce fait ◇ (*prov.*) *chi è in difetto è in sospetto* qui craint d'être jugé est en faute **2** [*timore, presentimento*] pressentiment, impression (*f.*): *ho il sospetto che voglia ingannarmi* j'ai le pressentiment qu'il veut (qu'il voudrait) me tromper; *ho il vago sospetto che sia già arrivato* j'ai la vague impression qu'il est déjà arrivé **3** (*fam.*) [*piccola quantità*] goutte (*f.*): *caffè con un sospetto di cognac* café avec une goutte de cognac.

sospettosaménte |sospettosa'mente| *avv.* **1** [→ SOSPETTOSO 1] avec méfiance *loc. inv.* **2** [→ SOSPETTOSO 2] d'un air soupçonneux *loc. inv.* (*corr.*), soupçonneusement (*raro*): *lo guardò sospettosamente e se ne andò* elle le regarda d'un œil soupçonneux et s'en alla.

sospettosità |sospettosi'ta| *s.f. inv.* [*carattere sospettoso, natura sospettosa*] méfiance *var.*

sospettóso |sospet'toso| *agg.* **1** [*che è portato al sospetto; diffidente*] méfiant: *un uomo chiuso e sospettoso* un homme renfermé et méfiant; *un carattere sospettoso* un caractère méfiant # *è così sospettoso che non si fida di nessuno* il est d'une méfiance telle qu'il n'a confiance en personne **2** [*che esprime sospetto, pieno di sospetto*] soupçonneux*: *un atteggiamento, uno sguardo sospettoso* un comportement, un regard soupçonneux.

sospìngere |sos'pindʒere| (119) *v.tr.* **1** [*spingere in avanti, con movimento lieve e continuo*] pousser **2** (*fig.*) [*spronare, incitare*] pousser.

sospìnto |sos'pinto| *agg.* [*spinto in avanti*] poussé *p.p.* ◇ *loc.* A OGNI PIÈ SOSPINTO chaque instant, à tout bout de champ: *camminava lentamente, fermandosi a ogni piè sospinto* il marchait lentement en s'arrêtant à chaque instant, à tout bout de champ.

sospiràre |sospi'rare| **A** *v.intr.* (*aus.* '*avere*') [*fare, emettere un sospiro, dei sospiri*] soupirer: *non fa che piangere e sospirare* elle ne fait que pleurer et soupirer; *sospira per l'innamorato lontano* elle soupire après son amoureux qui est au loin # *sospirare di sollievo* pousser un soupir de soulagement **B** *v. tr.* **1** [*desiderare intensamente, attendere con ansia*] attendre (53), aspirer *intr.* à, désirer: *sto sospirando le vacanze* j'attends les vacances, j'aspire aux vacances; *ci fa sospirare una sua visita* il nous fait désirer sa visite; *non farglielo sospirare tanto, quel permesso!* ne la lui fais pas tant désirer, cette permission!; *si fa sospirare* il se fait désirer **2** (*arc.*) [*lamentare, deplorare*] pleurer, se plaindre (65) *pron.*

sospiràto |sospi'rato| *agg.* [*desiderato intensamente, atteso con ansia*] attendu, désiré: *il sospirato giorno del ritorno* le jour tant attendu du retour; *la pace tanto sospirata* la paix tant désirée.

sospiro |sos'piro| *s.m.* **1** [*profonda e lenta inspirazione, seguita da eguale espirazione*] soupir: *un sospiro lungo, leggero* un long, un léger soupir; *sospiri d'amore* soupirs (*lett.*) (d'amour); *ha tirato un sospiro di sollievo* il a poussé un soupir de soulagement **2** (*fig.*) [*desiderio*] rêve **3** (*lett.*) [*alito, soffio di vento*] soupir.

sospirosaménte |sospirosa'mente| *avv.* [→ SOSPIROSO] en soupirant *loc. inv.*, mélancoliquement.

sospiróso |sospi'roso| *agg.* **1** [*che sospira; melanconico, triste*] mélancolique **2** [*pieno di sospiri; languido, sentimentale*] sentimental*, langoureux*: *una canzone sospirosa* une chanson sentimentale; *poesia sospirosa* poésie langoureuse; *una voce sospirosa* une voix langoureuse.

sossópra |sos'sopra| *avv.* → **sottosopra.**

sòsta |'sɔsta| *s.f.* **1** [→ SOSTARE 1] *halte; stationnement *m.*, magasinage (*m.*): *durante il viaggio, abbiamo fatto sosta a Milano* au cours du voyage, nous avons fait halte à Milan; *dopo una breve sosta è ripartito* après une courte halte, il est reparti ‖ *pagare i diritti di sosta per una merce* payer les droits de magasinage pour une marchandise **2** [→ SOSTARE 2] stationnement: *automobile in sosta* voiture en stationnement; *divieto di sosta, sosta vietata* stationnement interdit **3** [*interruzione, pausa di breve durata*] répit *m.*, pause: *lavora senza sosta* il travaille sans répit; *facciamo una sosta e beviamo qualcosa* faisons une pause et buvons quelque chose.

sostantivaménte |sostantiva'mente| *avv.* [*in funzione di sostantivo*] substantivement.

sostantivàre |sostanti'vare| *v.tr.* [*usare in funzione di sost.*] substantiver: *sostantivare un aggettivo, un verbo* substantiver un adjectif, un verbe.

sostantivàto |sostanti'vato| *agg.* (*gram., ling.*) substantivé: *uso sostantivato* usage substantivé; *un aggettivo sostantivato* un adjectif substantivé.

sostantivazióne |sostantivat'tsjone| *s.f.* (*ling.*) [→ SOSTANTIVARE] substantivation.

1 **sostantìvo** |sostan'tivo| *s.m.* (*gram., ling.*) substantif: *un sostantivo femminile* un substantif féminin.

2 **sostantìvo** |sostan'tivo| *agg.* (*chim.*) substantif*.

sostànza |sos'tantsa| *s.f.* **1** substance; essence: *la sostanza e la forma* la substance et la forme; *la sostanza di un discorso* la substance d'un discours ‖ *guarda più all'apparenza che alla sostanza* il s'intéresse plus à l'apparence qu'à l'essence; *bisogna badare alla sostanza delle cose* il faut porter l'attention sur l'essence des choses ◇ [*essenza*] essence ◇ *loc. avv.* IN SOSTANZA en substance: *in sostanza, che cos'hai deciso?* en substance, qu'as-tu décidé? **2** [*materia, materiale*] substance: *sostanze tossiche, coloranti* substances toxiques, colorantes ◇ (*anat.*) *sostanza bianca, grigia* substance blanche, grise **3** [*capacità nutritiva, nutrimento*] substance # *alimenti di poca sostanza* aliments peu nourrissants ✦ (*ass.*) *cibi di sostanza* aliments nourissants **4** [*i beni patrimoniali di una persona o di una famiglia*] bien *m.*, richesse: *ha dilapidato tutte le proprie sostanze* il a gaspillé tous ses biens, toutes ses richesses.

sostanziàle |sostan'tsjale| *agg.* substantiel*: *principi sostanziali* principes substantiels; *hanno una sostanziale identità di vedute* leur identité de vues est substantielle ◇ [*essenziale*] essentiel*: *la parte più sostanziale del discorso* la partie essentielle du discours.

sostanzialismo |sostantsja'lizmo| *s.m.* (*filos.*) substantialisme.

sostanzialìstico, ci, ca, che |sostantsja'listiko, tʃi, ka, ke| *agg.* (*filos.*) du substantialisme *loc. inv.*

sostanzialità |sostantsjali'ta| *s.f. inv.* **1** [*carattere sostanziale*] substance *var.* **2** (*filos.*) substantialité *var.*

sostanzialménte |sostantsjal'mente| *avv.* [→ SOSTANZIALE] substantiellement # *sono sostanzialmente d'accordo* en substance, je suis d'accord.

sostanziàre |sostan'tsjare| *v.tr.* (*lett.*) → **materializzare.**

sostanzióso |sostan'tsjoso| *agg.* **1** [*ricco di sostanza, di potere nutritivo*] substantiel*: *è un piatto molto sostanzioso* c'est un plat substantiel **2** (*fig.*) [*ricco di elementi essenziali*] substantiel.

sostàre |sos'tare| *v.intr.* (*aus.* '*avere*') **1** [*fare una sosta*] faire (45) *tr.* un arrêt, une *halte: *abbiamo sostato a Roma per cambiare treno* nous avons fait un arrêt à Rome pour changer de train; *sosteremo a Parigi* nous ferons une halte a Paris ◇ [*fermarsi*] s'arrêter (*pron.*): *ha sostato un'ora e poi è ripartito* il s'est arrêté une heure et puis il est reparti **2** (*veicoli*) [*essere, stare in sosta*] stationner # *qui possono sostare solo le automobili* ici, seules les automobiles ont droit de stationnement **3** [*fare una pausa*] se reposer (*pron.*): *sostiamo un poco dal lavoro* reposons-nous un peu.

sostégno |sos'teɲɲo| *s.m.* **1** [*il fatto di sostenere, di venir sostenuto*] soutien: *strutture di sostegno* structures de soutien, de soutènement ◇ (*fig.*) *lo ha citato a sostegno della propria tesi* il l'a cité à l'appui de sa thèse, pour soutenir sa thèse; *la sua amicizia mi è stata di sostegno in quel periodo difficile* son amitié m'a soutenu pendant cette période difficile **2** [*elemento che ha la funzione di sostenere un peso o un carico*] échalas, étai: *i sostegni della vite* les échalas des ceps de vigne **3** (*fig.*) [*persona, fatto che costituisce un aiuto o un appoggio*] soutien: *è* *l'unico sostegno della famiglia* il est l'unique soutien de (sa) famille; *non ha altro sostegno che la fede* il n'a d'autre soutien que sa foi.

sostenènte |soste'nente| *agg.* (*arald.*) supportant.

sostenére |soste'nere| (188) **A** *v.tr.* **1** [*reggere, portare su di sé il peso di q.c.*] soutenir (27): *gli stipiti sostengono l'architrave* les colonnes soutiennent l'architrave; *la tettoia è sostenuta da sei pali* le toit est soutenu par six piliers **2** (*fig.*) [*aiutare, proteggere*] soutenir: *sostenere un amico* soutenir un ami; *lo sostiene la speranza di un avvenire migliore* l'espoir d'un avenir meilleur le soutient **3** (*fig.*) [*sopportare, prendere su di sé un impegno, una responsabilità*] supporter: *ha sostenuto bene la prova* il a bien supporté l'épreuve # *sostiene le spese della famiglia* il assure toutes les dépenses de la famille, il fait face aux dépenses de la famille; *il popolo sostiene il nuovo candidato* l'opinion populaire est favorable au nouveau candidat; *devi sostenere gli esami il mese prossimo* tu dois te présenter à ton examen le mois prochain; *quando parli, cerca di sostenere la voce* quand tu parles, essaie de ne pas laisser tomber la voix; *ha sostenuto una parte importante in quella commedia* il a joué un rôle important dans cette comédie **4** [*affermare, asserire in modo aperto e deciso*] soutenir: *sostenere un'accusa* soutenir une accusation # *ognuno sostiene il proprio punto di vista* chacun défend son propre point de vue **5** [*tenere su, dare forza e vigore, in senso fisico e spirituale*] soutenir: *prenditi un caffè, ti sosterrà* prends un café, ça te soutiendra **B** *v.pron.* SOSTENERSI **1** *rifl.* [*tenersi dritto, saldo*] se soutenir: *la vecchietta si sosteneva col bastone* la petite vieille se soutenait avec son bâton; *si sosteneva a fatica* il se soutenait péniblement **2** *rifl.* (*fig.*) [*mantenersi vigoroso, attivo*] se soutenir: *mangia delle zollette di zucchero per sostenersi* il mange des morceaux de sucre pour se soutenir **3** *intr.* [*stare su, stare dritto*] tenir (27) (*intr.*): *lo scaffale si sostiene senza ganci* l'étagère tient sans crochets **4** *intr.* [*reggersi, mantenersi*] tenir: *una dittatura che si sostiene con il terrore poliziesco* une dictature qui ne tient que grâce à la terreur policière.

sostenìbile |soste'nibile| *agg.* [→ SOSTENERE A 1, 4] soutenable # *un carico non sostenibile* une charge insoutenable; *questa situazione non è più sostenibile* cette situation est insoutenable; *la tua tesi non è sostenibile* ta thèse est insoutenable © **insostenibile.**

sostenibilità |sostenibili'ta| *s.f. inv.* possibilité *var.* de soutenir (qqn., qqch.) © **insostenibilità.**

sosteniménto |sosteni'mento| *s.m.* **1** [*la capacità, la funzione di sostenere l'organismo con il nutrimento*] subsistance *f.* **2** (*raro*) [*il fatto di sostenere*] soutiènement.

sostenitóre, trice |sosteni'tore, tritʃe| *s.* [*chi si dichiara e agisce a favore, a sostegno di qc. o di q.c.*] partisan # *i sostenitori di quel partito* les membres, les sympathisants de ce parti ◇ [*difensore*] défenseur (*m.*): *si è fatto sostenitore di questa tesi* il s'est fait le défenseur de cette thèse ◇ (*sport*) supporter: *è un acceso sostenitore della sua squadra* c'est un ardent supporter de son équipe ♦ (*agg.*) *socio, abbonato sostenitore* membre, abonné bienfaiteur*.

sostentaménto |sostenta'mento| *s.m.* **1** [*mantenimento; soddisfazione delle necessità materiali*] subsistance (*f.*): *mezzi di sostentamento* moyens de subsistance; *lo stipendio è appena sufficiente per il sostentamento della famiglia* le salaire suffit à peine pour assurer la subsistance de la famille **2** [*nutrimento*] nourriture *f.* # *questa dieta dà poco sostentamento* ce régime donne peu de forces **3** (*aer.*) sustentation *f.*

sostentàre |sosten'tare| **A** *v.tr.* **1** [*dare quanto abbisogna per vivere*] entretenir (27): *sostentare la famiglia* entretenir sa famille **2** (*aer.*, *fis.*) [*mantenere un corpo in un fluido per mezzo di forze che ne equilibrano il peso*] sustenter **B** *v.pron. rifl.* SOSTENTARSI [*mantenersi in vita, in forze*] se nourrir, se sustenter (*fam.*): *non ha di che sostentarsi* il n'a pas de quoi se nourrir.

sostentatóre, trice |sostenta'tore, tritʃe| *agg.* (*aer.*) sustentateur*: *superficie sostentatrice di un aereo* surface sustentatrice d'un avion.

sostentazióne |sostentat'tsjone| *s.f.* (*aer.*, *fis.*) sustentation.

sostenutézza |sostenu'tettsa| *s.f.* [*il fatto di essere sostenuto*] réserve # *sostenutezza di tono* dignité du, de ton; *sostenutezza di stile* discrétion du, de style; *la sostenutezza del suo atteggiamento* la dignité de son comportement; *la sostenutezza della tua risposta* le ton réservé, sec de ta réponse ◇ [*alterigia*] *hauteur: *lo hanno trattato con sostenutezza* ils l'ont traité avec hauteur.

sostenùto |soste'nuto| *agg.* **1** [*improntato a distacco e riserbo, a mancanza di cordialità*] réservé, *hautain: *è stato molto sostenuto* il a été très réservé; *ha assunto un atteggiamento sostenuto* il a pris une attitude hautaine, réservée ♦ (*s.*) *un sostenuto* une personne *f.* réservée *agg.*, hautaine *agg.* # *non fare il sostenuto!* ne te donne pas de grands airs! **2** [*che si mantiene alto, che tende a un livello piuttosto alto*] élevé, soutenu: *prezzi sostenuti* prix élevés; *mercato sostenuto* marché soutenu; *stile sostenuto* style soutenu, élevé **3** (*arald.*) soutenu **4** (*mus.*) sostenuto: *movimento sostenuto* mouvement sostenuto.

sostituènte |sostitu'ɛnte| *agg.* e *s.m.* (*chim.*) substituant.

sostituìbile |sostitu'ibile| *agg.* [→ SOSTITUIRE] remplaçable: *un pezzo difficilmente sostituibile* une pièce difficilement remplaçable © **insostituibile.**

sostituibilità |sostituibili'ta| *s.f. inv.* possibilité *var.* de remplacement, de remplacer © **insostituibilità.**

sostituìre |sostitu'ire| (197) *v.tr.* **1** [*mettere una persona o una cosa al posto di un'altra*] remplacer (2) **2** [*prendere il posto di un'altra persona o cosa*] remplacer: *il supplente sostituisce il professore* le suppléant remplace le professeur.

sostitutìvo |sostitu'tivo| *agg.* substitutif*, qui remplace (*loc.*): *norme, clausole sostitutive* normes, clauses substitutives; *indennità sostitutiva* indemnité substitutive, qui remplace... ◇ (*med.*) *medicine sostitutive* médicaments substitutifs.

sostitùto |sosti'tuto| *s.* [*persona che sostituisce un'altra persona, che ne svolge temporaneamente le funzioni*] remplaçant: *il direttore è assente: c'è il sostituto* le directeur est absent: il y a son remplaçant # *ha mandato come sostituto il segretario* il a envoyé son secrétaire pour le remplacer, pour le représenter ◇ (*dir.*) *sostituto procuratore* substitut du procurateur général © **titolare.**

sostitutóre, trice |sostitu'tore, tritʃe| *s.* → **sostituto.**

sostituzióne |sostitut'tsjone| *s.f.* [→ SOSTITUIRE] remise: *la sostituzione di un vetro rotto* la remise d'une vitre cassée ◇ [*rimpiazzamento*] remplacement *m.* # *si è provveduto alla sostituzione di quel funzionario* on a remplacé ce fonctionnaire ◇ (*auto.*) *sostituzione olio motore* vidange de l'huile (du moteur); *sostituzione standard* échange *m.* standard ◇ *loc.* IN SOSTITUZIONE (DI) à la place (de): *prendo, in sostituzione, un gelato* à la place, je prendrai une glace; *in sostituzione del sindaco è venuto un assessore* à la place du maire, un adjoint est venu.

sostràto |sos'trato| *s.m.* **1** (*geol.*) substrat, substratum: *il sostrato di un terreno* le substrat d'un terrain **2** (*ling.*) substrat: *voci di sostrato* mots de substrat **3** (*fig.*) [*fondo, situazione precedente rispetto a un'altra*] substrat: *il sostrato sociale di un individuo* le substrat social d'un individu; *il sostrato ideologico di un romanzo* le substrat, le support idéologique d'un roman.

sostruzióne |sostrut'tsjone| *s.f.* (*edil.*) substructure.

soteriologia, gie |soterjolo'dʒia, dʒie| *s.f.* (*relig.*) sotériologie.

sottàbito |sot'tabito| *s.m.* (*abbigl.*) combinaison *f.*

sottacére |sotta'tʃere| (149) *v.tr.* [*evitare di dire apertamente quanto si sa e dovrebbe essere detto*] passer sous silence: *la relazione sottace aspetti gravi della situazione* l'exposé passe sous silence certains aspects graves de la situation.

sottacéti |sotta'tʃeti| *s.m. pl.* (*cuc.*) pickles.

sottacéto |sotta'tʃeto| **1** *agg. inv.* [*conservato in aceto*] confit *var.* dans le vinaigre: *cipolline sottaceto* petits oignons confits dans le vinaigre **2** *avv.* [*a bagno nell'aceto*] dans le vinaigre (*loc. inv.*): *ho messo i peperoni sottaceto* j'ai mis les poivrons dans le vinaigre.

sottàcqua, sott'àcqua |sot'takkwa| *avv.* sous l'eau (*loc. inv.*): *nuotare sottacqua* nager sous l'eau ◇ (*fig.*) *lavorare sottacqua* travailler dans l'ombre.

sottalimentazióne |sottalimentat'tsjone| *s.f.* → **sottoalimentazione.**

sottàna |sot'tana| *s.f.* **1** → **sottoveste** **2** [*gonna, parte inferiore di un vestito femminile*] jupe: *una sottana di lana* une jupe de laine ◇ (*loc. fig.*) *sta sempre attaccato alle sottane della madre* il est toujours accroché aux jupes, aux jupons de sa mère ~ *corre dietro le sottane* il court les jupons **3** (*fam.*) [*veste talare*] soutane (*corr.*).

sottanìna |sotta'nina| *s.f.* **1** → **sottoveste** **2** [*gonnella*] petite jupe; jupe courte.

sottanino |sotta'nino| *s.m.* **1** → **sottoveste** **2** → **gonnellino.**

sottàno |sot'tano| *agg.* (*arc.*) [*che sta sotto*] inférieur (*corr.*).
sottàrco, chi |sot'tarko, ki| *s.m.* (*arch.*) intrados.
sottécchi |sot'tekki| *avv.* [*con gli occhi socchiusi per non farsi notare o per nascondere le proprie intenzioni*] à la dérobée *loc. inv.*, en dessous *loc. inv.* ◇ (*loc.*) *guardare qc.* (*di*) *sottecchi* regarder qqn. à la dérobée, en dessous.
sottèndere |sot'tɛndere| (105) *v.tr.* (*mat.*) (*detto della corda*) [*avere i medesimi estremi di un arco di circonferenza*] sous-tendre (53).
sottentràre |sotten'trare| *v.intr.* (*aus.* '*essere*') [*subentrare, succedere*] prendre (73) *tr.* la place de: *è l'impiegato che è sottentrato al rag. Rossi* c'est le comptable qui a pris la place de M. Rossi.
sotterfùgio, i |sotter'fudʒo, i| *s.m.* subterfuge ◇ *loc. avv.* DI SOTTERFUGIO en cachette, en secret, secrètement (*avv.*): *si vedono di sotterfugio* ils se voient en cachette, secrètement.
sottèrra |sot'tɛrra| *avv.* sous terre *loc.*
sotterraménto |sotterra'mento| *s.m.* [→ SOTTERRARE] enterrement, ensevelissement; enfouissement.
sotterrànea |sotter'ranea| *s.f.* [*ferr. il cui tracciato si snoda sottoterra*] métro *m.*, métropolitain *m.*
sotterràneo |sotter'raneo| **1** *agg.* [*che sta, che si trova sotto terra, sotto il livello del terreno o del piano stradale*] souterrain: *acque sotterranee* eaux souterraines; *un passaggio sotterraneo* un passage souterrain; *una ferrovia sotterranea* un chemin de fer souterrain **2** *s.m.* [*ambiente, locale ricavato al di sotto del livello del terreno circostante*] souterrain: *i sotterranei di un castello* les souterrains d'un château.
sotterràre |sotter'rare| *v.tr.* **1** [*mettere sotto la terra*] enterrer; enfouir: *sotterrare i semi* entrer des graines ‖ *sotterrare un tesoro* enfouir un trésor **2** [*seppellire*] enterrer, ensevelir: *sotterrare un morto* enterrer, ensevelir un mort ◇ (*fig., fam.*) *quello ci sotterra tutti* [*moriamo noi prima di lui*] il nous enterrera tous.
sotterratóre |sotterra'tore| *s.m.* [*chi sotterra*] fossoyeur.
sottéso |sot'teso| *agg.* (*geom.*) sous-tendu: *l'arco sotteso a una corda* l'arc sous-tendu à une corde.
sottigliézza |sottiʎ'ʎettsa| *s.f.* **1** [*il fatto, la caratteristica di essere sottile*] minceur: *la sottigliezza di un filo* la minceur d'un fil ◇ (*per est.*) *sottigliezza di voce* caractère *m.* aigu d'une voix **2** (*fig.*) [*acutezza, acume, finezza*] finesse: *sottigliezza d'ingegno* finesse d'esprit # *è una sottigliezza* c'est une nuance **3** *spec. al plur.* [*sofisticheria, cavillo*] subtilités: *lascia da parte le sottigliezze* laisse tomber les subtilités.
sottìle |sot'tile| **I** *agg.* **1** [*che ha uno spessore molto limitato, uno sviluppo in larghezza relativamente piccolo*] mince, fin: *una lama, una parete sottile* une lame, une paroi mince; *una linea sottile* une ligne fine ◇ (*mar.*) *essere sui cavi sottili* être paré à appareiller **2** [*di forma snella, slanciata*] fin, mince: *un collo sottile* un cou fin; *una figura sottile* une silhouette mince; *una vita sottile* une taille fine; *caviglie sottili* chevilles fines # *una voce sottile* une voix grêle, fluette ◇ (*pop.*) *mal sottile* [*tubercolosi*] tuberculose *s.f.* (*corr.*) **3** (*fig.*) [*puro, fresco, leggero*] léger*; subtil: *aria sottile* air léger; *un venticello sottile e penetrante* un petit vent léger et pénétrant ‖ *un profumo sottile* un parfum subtil **4** (*fig.*) [*acuto, fine*] perçant, subtil: *vista, odorato sottile* vue perçante, odorat subtil **5** (*fig.*) [*acuto, che è in grado di penetrare addentro alle questioni*] fin, subtil: *intelligenza sottile* intelligence fine, subtile; *spirito sottile* esprit fin, subtil; *un orecchio sottile* une oreille fine; *un'astuzia, un'ironia sottile* une astuce, une ironie subtile; *un piacere sottile* un plaisir subtil **II** *s.m. sing. nella loc.* ANDARE, GUARDARE PER IL SOTTILE [*essere eccessivamente meticoloso, troppo esigente anche nelle minuzie*]: *è uno che non guarda troppo per il sottile* c'est quelqu'un qui ne cherche pas les arguties, qui ne cherche pas midi à quatorze heures; *andare per il sottile* se perdre en subtilités.
sottilìno |sotti'lino| *agg.* [*esile, smilzo*] fluet*: *una fanciulla sottilina* une jeune fille fluette.
sottilità |sottili'ta| *s.f. inv.* → sottigliezza; (*fig.*) **accortezza**; **acutezza**.
sottilizzàre |sottilid'dzare| *v.intr.* (*aus.* '*avere*') [*fare delle argomentazioni e delle valutazioni perdendosi in sottigliezze e cavilli*] ergoter: *non sottilizzare troppo* n'ergote pas trop.
sottilménte |sottil'mente| *avv.* **1** [*accuratamente, minutamente*] soigneusement **2** [*con astuzia, con acutezza*] subtilement # *è sottilmente cattivo* il est d'une méchanceté raffinée.
sottinsù |sottin'su| *avv.* (*solo nella loc. avv.*) DI SOTTINSÙ [*dal basso verso l'alto*] de bas en *haut: *lo guardava di sottinsù* elle le regardait de bas en haut.
sottintendènte |sottinten'dɛnte| *s.m.* sous-intendant.
sottintendènza |sottinten'dɛntsa| *s.f.* sous-intendance.
sottintèndere |sottin'tɛndere| (105) *v.tr.* **1** [*tralasciare di esprimere esplicitamente un elemento che può essere desunto dal contesto*] sous-entendre (53): *sottintendere il verbo in una proposizione* sous-entendre le verbe dans une proposition **2** [*capire, comprendere q.c. che non è espresso esplicitamente*] sous-entendre: *l'allusione lascia sottintendere il suo rifiuto* l'allusion laisse sous-entendre son refus.
sottintendiménto |sottintendi'mento| *s.m.* [→ SOTTINTENDERE] sous-entente *f.*
sottintéso |sottin'teso| **1** *agg.* [*non espresso esplicitamente*] sous-entendu: *soggetto sottinteso* sujet sous-entendu **2** *s.m.* [*giudizio, opinione non espressa esplicitamente, ma intuibile dal contesto*] sous-entendu: *cerca di parlare senza sottintesi* essaie de parler sans sous-entendus; *nelle sue parole c'era un sottinteso* dans ses paroles il y avait un sous-entendu.
sótto- |'sotto| *pref.* (*indica la 'posizione', corrisponde gener. a*) sous-: *sottocalza* sous-bas; *sottoprefetto* sous-préfet.
sótto |'sotto| **I** *prep.* (*si può elidere davanti a parola che cominci per voc.*) **1** (*in relazioni di luogo*) sous: *sotto terra* sous terre; *sotto la sabbia* sous le sable; *camminava sotto la pioggia* il marchait sous la pluie; *sotto la giacca indossava una camicetta di seta* sous sa veste elle portait un corsage de soie; *vivono sotto lo stesso tetto* ils vivent sous le même toit; *vieni sotto l'ombrello* viens sous le (mon) parapluie # *ti aspetto sotto casa* je t'attends en bas; *la villa è proprio sotto il monte* la villa est juste au pied de la montagne ◇ (*loc.*) *se lo è messo sotto i piedi* il l'a foulé aux pieds ~ *rideva sotto i baffi* il riait dans sa barbe, sous cape ~ *è finito sotto una macchina* il a roulé sous une voiture ~ *ha dormito sotto le stelle* il a dormi à la belle étoile ~ *è andato sotto le armi* il est allé faire son service, il a été appelé sous les drapeaux ~ *non c'è niente di nuovo sotto il sole* il n'y a rien de nouveau sous le soleil ~ *l'hai sotto gli occhi, sotto il naso* tu l'as sous les yeux, sous le nez ~ *tienilo sempre sott'occhio* garde-le toujours sous tes yeux; (*di persona*) ne le quitte pas des yeux, ne le perds pas de vue **2** (*per est.*) [*più in basso di*] au-dessous *loc. inv.* de: *porta le gonne sotto il ginocchio* elle porte des jupes au-dessous du genoux; *è sotto il livello del mare* c'est au-dessous du niveau de la mer; *la temperatura è scesa sotto lo zero* la température est descendue au-dessous de zéro; *è a venti chilometri sotto Milano* c'est à vingt kilomètres au-dessous de Milan ◇ [*inferiore a, meno di*] *sotto il quintale* moins d'un quintal; *un bambino sotto i dieci anni* un enfant au-dessous de 10 ans **3** (*esprime un concetto di 'dipendenza, subordinazione'*) sous: *ha molti dipendenti* (*sotto di sé*) il a de nombreux employés sous ses ordres; *vivono sotto dure leggi* ils vivent sous de dures lois # *combatte sotto la nostra bandiera* il combat dans notre armée ◇ (*per est.*) *sotto il consolato di Cicerone* sous le consulat de Cicéron; *sotto l'Austria* sous la domination autrichienne **4** (*fig.*) (*indica 'custodia, appoggio, difesa'*) sous: *sotto l'alto patronato di...* sous le haut patronage de...; *sotto gli auspici di...* sous les auspices de...; *sotto vigilanza* sous sourveillance; *è nato sotto una buona stella* il est né sous une bonne étoile; *si trova sotto il segno del Leone* il est né sous le signe du Lion # *sotto tutela* en tutelle; *studia sotto un bravo professore* il travaille avec un bon professeur ◇ (*loc.*) *lo tiene chiuso sotto chiave* il l'a mis sous clé **5** (*con valore modale*) sous: *è proibito sotto pena di gravi sanzioni* c'est interdit sous peine de graves sanctions; *è ancora sotto l'effetto dell'anestesia* il est encore sous l'effet de l'anesthésie; *si trova sotto gli effetti del vino* il est sous l'effet du vin; *si è presentato sotto falso nome* il s'est présenté sous un faux nom; *è sotto pressione* c'est sous pression; *caffè sotto vuoto spinto* café sous vide; *eseguito sotto commissione* exécuté sous commission; *accetto sotto condizione* j'accepte sous condition; *è ancora sotto garanzia* c'est encore sous garantie; *lo giudico sotto un altro punto di vista* je le juge sous un autre point de vue # *è finito sotto processo* il a fini par s'attirer un procès; *vive sotto l'incubo di una disgrazia* il vit dans la hantise d'un malheur; *si è espresso sotto metafora* il s'est exprimé par métaphore **6** (*con valore caus.*) sous: *ha*

agito sotto l'impulso del momento il a agi sous l'impulsion du moment; *l'ha fatto sotto la minaccia di rappresaglia* il l'a fait sous la menace de représailles **7** (*con valore temporale*) *sotto Natale* vers la Noël, à l'approche, aux approches de Noël; *ci siamo visti sotto gli esami* nous nous sommes vus à la veille des examens **8** *loc. prep.* SOTTO A, SOTTO DI (*spec. seguito dai pron. pers.*) sous: *è sotto al tavolo* il est sous la table; *l'ha assunto sotto di sé* elle l'a pris sous ses ordres # *non rimanere sotto a quel muro* ne reste pas au pied de ce mur; *abita sotto di noi* elle habite au-dessous de chez nous ~ AL DI SOTTO DI: *al di sotto della media* au-dessous de la moyenne; *al di sotto dei tre anni* au-dessous de trois ans **II** *avv.* **1** [*in luogo o posizione più bassa rispetto ad altra*] dessous: *lì sotto, qui sotto* là-dessous, ci-dessous; *firmate sotto* signez dessous # *guarda più sotto* regarde plus bas ◇ [*nella parte inferiore*] *è più bello sotto che sopra* le dessous est plus beau que le dessus ◇ (*loc.*) *lo ha messo sotto con la moto* il l'a renversé avec sa moto ~ *sotto a chi tocca!* au suivant! ~ *si è fatto sotto all'avversario* il a affronté son adversaire ~ *diamoci sotto, ragazzi!* allons-y, les enfants! ~ *mettiamoci sotto a studiare* mettons-nous au travail ~ SOTTO SOTTO: *sotto sotto cerca di ingannarmi* il essaie de me tromper en douce; *sotto sotto era contento* dans le fond, il était content ~ *qui c'è sotto qualcosa* il y a anguille sous roche ~ *stai, vai sotto, che prendi freddo* couvre-toi bien, tu vas prendre froid **2** [*al piano inferiore*] au-dessous: *sotto non abita nessuno* au-dessous il n'y a personne ◇ [*dabbasso*] en bas (*loc. inv.*): *ti aspetto (di) sotto* je t'attends en bas; *stai attento a non cadere di sotto* fais attention à ne pas tomber en bas # *scendo sotto a vedere* je descends voir **3** [*oltre*] bas: *vedi sotto* vois, voir plus bas, plus loin # *come dirò sotto* comme je le dirai plus loin **4** [*addosso*] en dessous (*loc. inv.*): *sotto non porta nulla* en dessous elle ne met rien ◇ (*fam.*) *devo lavarmi sotto* [*nelle parti più intime*] je dois faire ma toilette intime; (*fig.*) *se l'è fatta sotto* il a tremblé dans sa culotte **5** *loc. avv.* AL DI SOTTO au-dessous: *al di sotto non c'era nulla* au-dessous, il n'y avait rien **III** *agg. inv.* [*inferiore, più basso*] au-dessous, en dessous: *traduci la riga sotto* traduis la ligne au-dessous, en dessous; *scegli il pacco sotto* choisis le paquet au-dessous, en dessous; *guarda se è al piano sotto* regarde s'il est à l'étage au-dessous ✦ (*s.m. inv.*) *il sotto* le dessous: *bisogna rifare il sotto delle poltrone* il faut refaire le dessous des fauteuils.

sottoaiutànte |sottoaju'tante| *s.* [*aiutante in seconda*] sous-aide.

sottoalimentàto |sottoalimen'tato| *agg.* sous-alimenté, sous-nourri.

sottoalimentazióne |sottoalimentat'tsjone| *s.f.* sous-alimentation ◇ (*per est.*) malnutrition.

sottoascèlla |sottoaʃ'ʃɛlla| *s.f.* dessous-de-bras *m. inv.*

sottobànco |sotto'banko| *avv.* [*senza farsi vedere, di nascosto*] en cachette *loc. inv.*, en sous-main (*loc. inv.*): *vendere sottobanco* vendre en cachette, en sous-main; *gli ha passato il compito sottobanco* il lui a passé son devoir en cachette.

sottobàrba |sotto'barba| *s.f.* (*veter.*) sous-barbe.

sottobàse |sotto'baze| *s.f.* (*edil.*) sous-œuvre *m.*

sottobicchière |sottobik'kjɛre| *s.m.* dessous-de-verre.

sottobórdo |sotto'bordo| *avv.* (*mar.*) sous le bord *loc. inv.*

sottobòsco, chi |sotto'bɔsko, ki| *s.m.* **1** sous-bois *inv.* **2** (*fig.*) [*le persone che vivono e agiscono in modo non regolare ai margini di un'attività*] coulisse (*f.*): *il sottobosco cinematografico* les coulisses du cinéma.

sottobottìglia |sottobot'tiʎʎa| *s.m.* dessous-de-bouteille.

sottobràccio |sotto'brattʃo| *avv.* bras dessus bras dessous (*loc. inv.*): *passeggiavano sottobraccio* ils se promenaient bras dessus bras dessous.

sottobrànca, che |sotto'branka, ke| *s.f.* sous-embranchement *m.*

sottobrigadière |sottobriga'djɛre| *s.m.* sous-brigadier.

sottocàlza |sotto'kaltsa| *s.f. inv.* [*calza che si porta sotto le normali calze da donna*] sous-bas *m.*

sottocàpo |sotto'kapo| *s.m.* **1** sous-chef ◇ [*vicedirettore*] sous-directeur* *s.* **2** [*graduato della mar. mil.*] quartier-maître.

sottòcchio |sot'tɔkkjo| *avv.* sous les yeux (*loc. inv.*): *ho sottocchio gli appunti* j'ai sous les yeux les notes # *tieni sottocchio i bambini* surveille les enfants.

sottoccupàto |sottokku'pato| *agg.* sous-employé ✦ (*s.*) *un sottoccupato* un chômeur* partiel*, un sous-employé.

sottoccupazióne |sottokkupat'tsjone| *s.f.* sous-emploi *m.*, chômage *m.* partiel: *la sottoccupazione nel campo agricolo* le sous-emploi, le chômage partiel dans le domaine agricole.

sottochiàve |sotto'kjave| *avv.* sous clef (*loc. inv.*): *mettere, tenere sottochiave* mettre, tenir sous clef.

sottocìpria |sotto'tʃiprja| *s.m.* e *f. inv.* [*cosmetico che si stende sul viso, come base per la cipria*] base *f. var.*, crème *f. var.* de jour.

sottocircondàrio, i |sottotʃirkon'darjo, i| *s.m.* (*bur.*) sous-arrondissement, subdivision *f.*

sottoclàsse |sotto'klasse| *s.f.* sous-classe.

sottocóda |sotto'koda| *s.m. inv.* **1** [*le penne situate sotto la coda negli uccelli*] tectrices *f. pl.*, sous-caudales *f. pl.* **2** [*la parte dei finimenti che passa sotto la coda del cavallo*] culeron *var.*

sottocomandànte |sottokoman'dante| *s.m.* (*mil.*) lieutenant.

sottocomitàto |sottokomi'tato| *s.m.* sous-comité.

sottocommissióne |sottokommis'sjone| *s.f.* sous-commission.

sottoconsùmo |sottokon'sumo| *s.m.* (*econ.*) sous-consommation *f.*

sottocopèrta |sottoko'pɛrta| *avv.* (*mar.*) sous le pont (*loc.*): *scendere sottocoperta* descendre sous le pont.

sottocòppa |sotto'kɔppa| *s.m. inv.* soucoupe *f. var.* à verre.

sottocòsto |sotto'kɔsto| *avv.* au-dessous du prix coûtant (*loc. inv.*): *vendere sottocosto le rimanenze* vendre au-dessous du prix coûtant.

sottocultùra |sottokul'tura| *s.f.* subculture.

sottocuòco, chi |sotto'kwɔko, ki| *s.m.* [*aiutante del cuoco*] sous-chef.

sottocutàneo |sottoku'taneo| *agg.* **1** sous-cutané: *iniezione sottocutanea* injection sous-cutanée **2** (*anat.*) sous-épidermique: *tessuto sottocutaneo* tissu sous-épidermique.

sottocùte |sotto'kute| **1** *s.f.* (*med.*) tissu *m.* sous-cutané **2** *avv.* sous la peau *loc. inv.*

sottodivisióne |sottodivi'zjone| *s.f.* sous-division.

sottodominànte |sottodomi'nante| *s.f.* (*mus.*) sous-dominante.

sottoespórre |sottoes'porre| (168) *v.tr.* (*foto.*) [*dare un tempo di posa, di esposizione inferiore a quello necessario*] sous-exposer: *sottoesporre una pellicola* sous-exposer une pellicule.

sottoesposizióne |sottoespozit'tsjone| *s.f.* (*foto.*) sous-exposition.

sottoespósto |sottoes'posto| *agg.* (*foto.*) sous-exposé.

sottofamìglia |sottofa'miʎʎa| *s.f.* (*biol.*) sous-famille.

sottofàscia |sotto'faʃʃa| **1** *avv.* sous bande (*loc. inv.*): *spedire sottofascia* envoyer sous bande **2** *s.m. inv.* [*pubblicazione spedita sottofascia*] imprimé *var.* **3** *s.f. inv.* [*foglia di tabacco per la confezione dei sigari*] sous-cape *var.*

sottofondazióne |sottofondat'tsjone| *s.f.* (*edil.*) ouvrage *m.* en sous-œuvre.

sottofóndo |sotto'fondo| *s.m.* **1** [*fondo, strato sottostante, inferiore*] double-fond: *il sottofondo di un baule* le double-fond d'un bahut ◇ (*edil.*) *hourdis **2** (*cine.*) fond sonore: *musica di sottofondo* (musique de) fond sonore.

sottogàmba |sotto'gamba| *avv.* par-dessous la jambe (*loc. inv.*): *non è un problema da prendere sottogamba* ce n'est pas un problème à examiner par-dessous la jambe.

sottogènere |sotto'dʒɛnere| *s.m.* (*biol.*) sous-genre.

sottogóla |sotto'gola| *s.m.* o *f. inv.* **1** (*mil.*) jugulaire *f. var.* **2** [*cinghietta che passa sotto il mento e fissa berretti e sim.*] mentonnière *f. var.* ◇ (*di cavallo*) sous-gorge *f.*

sottogònna |sotto'gɔnna| *s.f.* (*abbigl.*) jupon *m.*

sottogovèrno |sottogo'vɛrno| *s.m.* (*polit.*, *spreg.*) sous-gouvernement.

sottogrùppo |sotto'gruppo| *s.m.* sous-groupe.

sottoinsième |sottoin'sjɛme| *s.m.* (*mat.*) sous-ensemble.

sottoinsù |sottoin'su| *avv.* → **sottinsù**.

sottolineàre |sottoline'are| *v.tr.* **1** [*segnare con una linea scritta sotto una parola o una frase*] souligner **2** (*fig.*) [*dare un risalto, mettere in rilievo*] souligner: *vorrei sottolineare l'importanza di questo particolare* je voudrais souligner l'importance de ce détail.

sottolineatùra |sottolinea'tura| *s.f.* **1** [→ SOTTOLINEARE] soulignement *m.*, soulignage *m.* **2** [*la linea o le linee con cui è sottolineata una parola o una espressione*] soulignement, soulignage: *cancella la sottolineatura* gomme ce soulignement.

sottolinguàle |sottolin'gwale| *agg.*

(*anat.*) sublingual*: *ghiandola sottolinguale* glande sublinguale.
sottòlio, sott'òlio |sot'tɔljo| **1** *avv.* dans l'huile (*loc. inv.*): *conservare un cibo sott'olio* conserver un aliment dans l'huile **2** *agg. inv.* à l'huile *loc. inv.*; dans l'huile (*loc. inv.*): *tonno sottolio* thon à l'huile; *sardine sottolio* sardines à l'huile || *funghi sottolio* champignons conservés dans l'huile.
sottolunàre |sottolu'nare| *agg.* → **sublunare.**
sottomandibolàre |sottomandibo'lare| *agg.* (*anat.*) sous-maxillaire.
sottomàno |sotto'mano| **I** *avv.* **1** [*a portata di mano*] sous la main (*loc. inv.*): *ho sottomano tutto quello che mi occorre* j'ai sous la main tout ce qu'il me faut **2** (*fig.*) [*di nascosto, senza farsi vedere*] en sous-main (*loc. inv.*): *gli ha passato una mancia sottomano* il lui a donné un pourboire en sous-main **II** *s.m.* (*raro*) **1** argent donné en sous-main **2** [*cartella che si tiene sulla scrivania per scrivervi sopra*] sous-main *inv.*
sottomàrca, che |sotto'marka, ke| *s.f.* sous-marque.
sottomarìno |sottoma'rino| **1** *agg.* sous-marin: *correnti sottomarine* courants sous-marins; *cavi sottomarini* câbles sous-marins **2** *s.m.* (*mar.*) sous-marin.
sottomascellàre |sottomaʃʃel'lare| *agg.* (*anat.*) sous-maxillaire: *ghiandola sottomascellare* glande sous-maxillaire.
sottomercàto |sottomer'kato| *avv.* à (un) prix inférieur *loc.*
sottomésso |sotto'messo| *agg.* **1** [*assoggettato, soggiogato*] soumis: *popoli sottomessi* peuples soumis **2** [*docile obbediente*] soumis.
sottométtere |sotto'mettere| (155) **A** *v.tr.* **1** [*assoggettare, ridurre sotto il proprio dominio e potere*] soumettre (71): *sottomettere un paese* soumettre un pays; *nessuno riesce a sottometterlo* personne n'arrive à le soumettre **2** [*subordinare, posporre*] subordonner: *sottomettere il senso alla ragione* subordonner les sens à la raison **3** (*raro*) [*sottoporre*] soumettre (*corr.*): *sottomettere un caso all'esame di una persona* soumettre un cas au jugement d'une personne **B** *v.pron. rifl.* SOTTOMETTERSI [*piegarsi al dominio, al volere altrui*] se soumettre: *sono stati costretti a sottomettersi* ils ont été forcés, obligés de se soumettre.
sottomissióne |sottomis'sjone| *s.f.* **1** [*il fatto di sottomettere, di sottomettersi*] soumission: *atto di sottomissione* acte de soumission **2** [*docilità, ubbidienza*] docilité.
sottomùltiplo |sotto'multiplo| *s.m.* (*mat.*) sous-multiple: *il sottomultiplo di un numero* le sous-multiple d'un nombre.
sottomurazióne |sottomurat'tsjone| *s.f.* (*edil.*) reprise en sous-œuvre.
sottonormàle |sottonor'male| *s.f.* (*geom.*) sous-normale.
sottonotàto |sottono'tato| *agg.* (indiqué, mentionné) ci-dessous: *la citazione sottonotata* la citation (indiquée, mentionnée) ci-dessous.
sottooccupàto |sottookku'pato| *e deriv.* → **sottoccupato** *e deriv.*
sottopàlco, chi |sotto'palko, ki| *s.m.* (*teat.*) dessous *pl.* de la scène (du théâtre).
sottopància |sotto'pantʃa| *s.m. inv.* [*larga striscia* (*di cuoio*) *che, passando sotto la pancia del cavallo, tiene ferma la sella*] sous-ventrière *f. var.*
sottopassàggio, i |sottopas'saddʒo, i| *s.m.* **1** passage inférieur **2** passage souterrain.
sottopiède |sotto'pjɛde| *s.m.* sous-pied.
sottopórre |sotto'porre| (168) **A** *v.tr.* **1** [*costringere, indurre ad affrontare o a subire q.c. di spiacevole, gravoso*] soumettre (71): *hanno sottoposto il paziente a un intervento chirurgico* le patient a été soumis à une intervention chirurgicale; *il fermato è stato sottoposto a un severo interrogatorio* le prisonnier a été soumis à un sévère interrogatoire # *questo film è sottoposto a molte critiche* ce film a été l'objet de nombreuses critiques **2** [*assoggettare, soggiogare*] soumettre: *i Romani sottoposero molti paesi* les Romains soumirent de nombreux pays # *sottoporre all'autorità* (*di*) placer sous l'autorité (de) **3** [*presentare, portare davanti a un organo o a una persona deliberante*] soumettre: *sottoporre un progetto all'approvazione di qc.* soumettre un projet à l'approbation de qqn. # *hanno sottoposto quel funzionario a un'inchiesta* ce fonctionnaire a fait l'objet d'une enquête; *mi hanno sottoposto questo quesito* cette question m'a été posée **B** *v.pron. rifl.* SOTTOPORSI **1** [*sottomettersi*] se soumettre: *si è sottoposto al suo volere* il s'est soumis à sa volonté **2** [*affrontare, subire q.c. di spiacevole o gravoso*] se soumettre: *si è sottoposto a un'operazione* il s'est soumis à une opération.
sottopòrtico, ci |sotto'pɔrtiko, tʃi| *s.m.* (*arch.*) porche.
sottoposizióne |sottopozit'tsjone| *s.f.* (*raro*) → **sottomissione.**
sottopósto |sotto'posto| **1** *agg.* [*esposto*] exposé **2** *s.* [*chi, in un rapporto di lavoro, è subordinato ad altri*] subordonné.
sottoprefètto |sottopre'fɛtto| *s.m.* sous-préfet.
sottoprefettùra |sottoprefet'tura| *s.f.* sous-préfecture.
sottoprèzzo |sotto'prɛttso| *s.m.* → **sottomercato.**
sottoprodótto |sottopro'dotto| *s.m.* sous-produit: *i sottoprodotti della raffinazione del petrolio* les sous-produits du raffinage du pétrole.
sottoproduzióne |sottoprodut'tsjone| *s.f.* (*econ.*) sous-production.
sottoprogràmma |sottopro'gramma| *s.m.* (*tecnol.*) sous-programme.
sottoproletariàto |sottoproleta'rjato| *s.m.* sous-prolétariat.
sottoproletàrio, i |sottoprole'tarjo, i| *agg. e s.* sous-prolétaire.
sottopùbico, ci, ca, che |sotto'pubiko, tʃi, ka, ke| *agg.* (*anat.*) sous-pubien*.
sottopùnto |sotto'punto| *s.m.* (*cucito*) couture *f.* intérieure.
sottoràzza |sotto'rattsa| *s.f.* (*biol.*) sous-race.
sottorbitàle |sottorbi'tale|, **sottorbitàrio, i** |sottorbi'tarjo, i| *agg.* (*anat.*) sous-orbitaire.
sottórdine |sot'tordine| *s.m.* **1** (*biol.*) sous-ordre **2** *solo nella loc.* IN SOTTORDINE [*in posizione subordinata*] en sous-ordre: *una questione in sottordine* une question en sous-ordre, secondaire # *ha un incarico in sottordine* il a une fonction de second ordre.
sottoretribuito |sottoretribu'ito| *agg.* sous-payé.
sottoscàla |sottos'kala| *s.f.* **1** dessous *m.* d'escalier **2** [*ripostiglio*] soupente.
sottoscapolàre |sottoskapo'lare| *agg.* (*anat.*) sous-scapulaire.
sottoscàrpa |sottos'karpa| *s.f.* (*nella loc.*) *muro di sottoscarpa* mur de soutien.
sottoscritto |sotto'skritto| **1** *agg.* [*scritto sotto, in fondo*] écrit, porté, imprimé au bas, en bas (de): *il nome sottoscritto al documento* le nom porté en bas du document **2** *s.* [*chi scrive e firma un'istanza*] soussigné: *il sottoscritto dichiara che...* je soussigné déclare que... ◇ (*fam., scherz.*) *il sottoscritto si è stancato* moi, j'en ai marre.
sottoscrittóre, trice |sottoskrit'tore, tritʃe| *s.* souscripteur* # *è tra i sottoscrittori della petizione* il est parmi les signataires de la pétition.
sottoscrivere |sottos'krivere| (182) *v.tr.* **1** [*scrivere sotto, in fondo*] écrire (51) (en bas de) # *sottoscrivere il proprio nome a un documento* signer de son nom au bas d'un document **2** [*firmare come atto di accettazione*] signer pour approuver: *sottoscrivere un contratto, una protesta* signer pour approuver un contrat, une protestation **3** [*impegnarsi a versare una somma per l'acquisto di titoli*] souscrire (51) *intr.* (à): *sottoscrivere un nuovo prestito pubblico* souscrire à un nouvel emprunt public **4** (*fig.*) [*dare la propria adesione, il proprio assenso*] souscrire (à): *sottoscrivere un'iniziativa* souscrire à une initiative.
sottoscrizióne |sottoskrit'tsjone| *s.f.* **1** [*il fatto di sottoscrivere, di venire sottoscritto*] signature, souscription: *sottoscrizione di un documento* signature d'un document; *sottoscrizione di un prestito* souscription à un emprunt **2** [*raccolta di fondi per fini di solidarietà*] souscription: *aprire, promuovere una sottoscrizione a favore di qc.* lancer une souscription en faveur de qqn.
sottosegretariàto |sottosegreta'rjato| *s.m.* sous-secrétariat.
sottosegretàrio, i |sottosegre'tarjo, i| *s.* sous-secrétaire (*m.*): *sottosegretario di Stato* sous-secrétaire d'État.
sottosezióne |sottoset'tsjone| *s.f.* sous-section.
sottosistèma |sottosis'tɛma| *s.m.* sous-système.
sottosópra |sotto'sopra| **I** *avv.* **1** [*alla rovescia, in modo capovolto*] renversé (*agg.*): *quella cassa è sottosopra* cette caisse est renversée **2** (*fig.*) [*in uno stato di grande disordine e confusione*] sens dessus dessous (*loc. inv.*): *i ladri gli hanno messo sottosopra la casa* les voleurs ont mis sa maison sens dessus dessous **3** [*in grande agitazione e turbamento*] bouleversé (*agg.*): *mi sento sottosopra* je me sens bouleversé **II** *agg. inv.* [*turbato, confuso*] confus *var.* # *ho la testa sottosopra* j'ai la tête à l'envers ✦ (*s.m. inv.*) *un sottosopra* un bouleversement *var.*, un remue-ménage; *ho trovato un gran sottosopra* j'ai trouvé un grand remue-ménage.

sottospàzio, i |sottos'pattsjo, i| *s.m.* (*mat.*) sous-espace.
sottospècie |sottos'pɛtʃe| *s.f. inv.* **1** (*biol.*) sous-espèce *var.* **2** (*spec. spreg.*) [*specie secondaria o anche peggiore*] espèce (*var.*): *non voglio andare da quella sottospecie di dottore* je ne veux pas aller chez cette espèce de médecin.
sottòssido |sot'tɔssido| *s.m.* (*chim.*) sous-oxyde.
sottostànte |sottos'tante| *agg.* [*che sta sotto, situato al disotto*] (situé) au-dessous (de): *la pianura sottostante* la plaine (située) au-dessous.
sottostàre |sottos'tare| (104) *v.intr.* (*aus.* '*essere*') **1** [*essere soggetto, subordinato ad altri*] obéir (*aus.* avoir) à, dépendre (53) (*aus.* avoir) (de): *in famiglia deve sottostare a tutti* dans sa famille, il doit obéir à tout le monde **2** (*raro*) [*affrontare*; *sottoporsi*] subir *tr.*, se soumettre (71) *pron.* (*corr.*): *non vuol sottostare a una nuova prova* il ne veut pas subir une nouvelle épreuve, il ne veut pas se soumettre à une nouvelle épreuve.
sottostazióne |sottostat'tsjone| *s.f.* (*elettr.*) sous-station.
sottosterzànte |sottoster'tsante| *agg.* (*auto.*) sous-vireur*.
sottostruttùra |sottostrut'tura| *s.f.* **1** [*parte inferiore di una struttura*] infrastructure **2** (*edil.*, *tecnol.*) substruction **3** (*ing.*) couchis *m.*
sottosuòlo |sotto'swɔlo| *s.m.* **1** [*lo strato inferiore del terreno, situato sotto la superficie del suolo*] sous-sol # *acque del sottosuolo* eaux souterraines **2** [*scantinato*; *locale situato al di sotto del livello stradale o del terreno circostante*] sous-sol.
sottosviluppàto |sottosvilup'pato| *agg.* (*econ.*) sous-développé: *paesi sottosviluppati* pays sous-développés, en voie de développement.
sottosvilùppo |sottosvi'luppo| *s.m.* (*econ.*) sous-développement.
sottotangènte |sottotan'dʒɛnte| *s.f.* (*geom.*) sous-tangente.
sottotenènte |sottote'nɛnte| *s.m.* (*mil.*) [*primo grado della gerarchia degli ufficiali*] sous-lieutenant ◇ (*mar.*) *sottotenente di vascello* enseigne *f.* de vaisseau de 2ᵉ classe.
sottotensióne |sottoten'sjone| *s.f.* (*elettr.*) sous-tension, sous-voltage *m.*
sottotèrra |sotto'tɛrra| *avv.* sous terre *loc. inv.*, dans la terre (*loc. inv.*): *hanno nascosto le armi sottoterra* ils ont caché les armes sous terre, les armes ont été enterrées # *vuol costruire un rifugio sottoterra* il veut construire un abri souterrain ◇ (*fig.*) *mi vuoi mandare sottoterra?* tu veux ma mort?; *è ormai sottoterra!* paix à ses cendres!, il est au cimetière; *sarei andato sottoterra dalla vergogna* j'aurais voulu rentrer sous terre (de honte) ♦ (*s.m.*) *un sottoterra* [*un locale sotterraneo*] une pièce *f.* souterraine.
sottotétto |sotto'tetto| *s.m.* [*il vano compreso fra il solaio dell'ultimo piano e il tetto*] grenier, soupente *f.*
sottotipo |sotto'tipo| *s.m.* (*biol.*) sous-embranchement.
sottotitolo |sotto'titolo| *s.m.* **1** [*titolo secondario, esplicativo del titolo vero e proprio*] sous-titre **2** (*cine.*) sous-titre.
sotto-ufficiàle |sottouffi'tʃale| *s.m.* [→ **sottufficiale.**

sottovalutàre |sottovalu'tare| *v. tr.* [*valutare al disotto del reale o del giusto*] sous-estimer: *ha sottovalutato l'avversario* il a sous-estimé son adversaire ◇ (*Borsa*) sous-évaluer: *sottovalutare dei titoli* sous-évaluer des titres.
sottovalutazióne |sottovalutat'tsjone| *s.f.* [*valutazione inferiore al valore e al merito effettivo*] sous-estimation.
sottovàso |sotto'vazo| *s.m.* dessous-de-pot.
sottovéla |sotto'vela| *avv.* (*mar.*) sous-voile.
sottovènto |sotto'vɛnto| **1** *avv.* sous le vent (*loc. inv.*): *navigare sottovento* naviguer sous le vent **2** *s.m. sing.* (*mar.*) bord sous le vent.
sottovèste |sotto'vɛste| *s.f.* (*abbigl.*) combinaison; (*a vita*) jupon *m.*
sottovia |sotto'via| *s.f.* passage *m.* sous-voie, passage souterrain.
sottovita |sotto'vita| *s.f. inv.* (*abbigl.*) cache-corset *m. var.*
sottovóce |sotto'votʃe| *avv.* tout bas *loc. inv.*, à voix basse (*loc. inv.*): *parlare sottovoce* parler tout bas, à voix basse.
sottovuòto |sotto'vwɔto| *avv.* sous vide.
sottraèndo |sottra'ɛndo| *s.m.* (*mat.*) terme à soustraire.
sottràrre |sot'trarre| (190) **A** *v.tr.* **1** [*portare via, togliere ad altri q.c. che non vorrebbero dare o cedere*] soustraire (62): *hanno sottratto dal suo studio dei documenti* ils ont soustrait des documents de son bureau, des documents ont été soustraits dans son bureau **2** [*far sfuggire, far evitare, far venire meno*] soustraire: *hanno sottratto quell'edificio alla rovina* ils ont soustrait cet édifice à la ruine; cet édifice a été sauvé de la ruine # *non voglio sottrarti al tuo lavoro* je ne veux pas te détourner de ton travail **3** (*mat.*) [*eseguire la sottrazione, fare una sottrazione*] soustraire: *sottrarre un numero da un altro* soustraire un nombre d'un autre **B** *v.pron. rifl.* SOTTRARSI [*sfuggire, evitare, venir meno*] se soustraire: *si è sottratto alle sue responsabilità* il s'est soustrait à ses responsabilités; *non devi sottrarti a un tuo preciso dovere* tu ne dois pas te soustraire à ton propre devoir, tu as là un devoir précis auquel tu ne peux manquer # *è riuscito a sottrarsi all'arresto* il a réussi à éviter l'arrestation **C** A 1, 3 **aggiungere.**
sottrattivo |sottrat'tivo| *agg.* (*tecnol.*) soustractif*: *procedimenti sottrattivi di energia* procédés soustractifs d'énergie.
sottràtto |sot'tratto| *agg.* [*tolto, levato via*] soustrait: *il denaro sottratto* l'argent soustrait, volé **C** **aggiunto.**
sottrazióne |sottrat'tsjone| *s.f.* **1** [→ SOTTRARRE A 1] soustraction # *sottrazione di denaro* vol d'argent **2** (*mat.*) soustraction: *fare una sottrazione* faire une soustraction.
sottufficiàle |sottuffi'tʃale| *s.m.* sous-officier.
'soubrette' |subrɛt| *s.f. inv.* soubrette *var.*
'soufflé' |sufle| *s.m. inv* (*cuc.*) soufflé (*var.*): *un 'soufflé' di patate* un soufflé aux pommes de terre.
'souplesse' |suplɛs| *s.f. inv.* souplesse *var.*

'souvenir' |suvniʀ| *s.m. inv.* souvenir (*var.*): *un 'souvenir' di Parigi* un souvenir de Paris.
sovènte |so'vɛnte| *avv.* souvent.
soventeménte |sovente'mente| *avv.* (*raro*) → **sovente.**
soverchiaménte |soverkja'mente| *avv.* [→ SOVERCHIO 1] excessivement.
soverchiànte |sover'kjante| *agg.* [*nettamente superiore per numero ed efficienza*] (largement) supérieur.
soverchiàre |sover'kjare| **A** *v.tr.* **1** (*lett.*) [*oltrepassare, sopravanzare, superare in altezza*] dépasser (*corr.*) ◇ (*fig.*) couvrir (23): *il rumore soverchiava la sua voce* le bruit couvrait sa voix **2** [*sopraffare, opprimere*] accabler, écraser, opprimer **B** *v.intr.* (*aus.* '*avere*') [*sopravanzare, sporgere*] surabonder.
soverchiatóre, trice |soverkja'tore, tritʃe| *s.* [*chi soverchia*] oppresseur *m.*
soverchierìa |soverkje'ria| *s.f.* [*sopraffazione, prepotenza*] violence, abus *m.*
sovèrchio, i |so'vɛrkjo, i| **1** *agg.* (*lett.*) [*eccessivo, esagerato, sovrabbondante*] excessif* (*var.*): *un soverchio amor proprio* un amour propre excessif **2** *s.m.* [*eccesso*] excès ◇ (*prov.*) *il soverchio rompe il coperchio* c'est la goutte d'eau qui fait déborder le vase.
sovesciàre |soveʃ'ʃare| *v.tr.* [*trattare con la tecnica del sovescio*] enfouir (l'engrais vert) # *sovesciare il trifoglio* enfouissement de l'engrais vert, du verdage.
sovèscio, i |so'vɛʃʃo, i| *s.m.* (*agr.*) enfouissement de l'engrais vert.
soviet |so'vjɛt, 'sɔvjet| *s.m. inv.* soviet (*var.*): *il soviet supremo* le Soviet suprême.
sovietico, ci, ca, che |so'vjɛtiko, tʃi, ka, ke| *agg.* **1** [*dei soviet, formato dai soviet*] soviétique: *Unione delle Repubbliche Socialiste Sovietiche* (*U.R.S.S.*) Union des Républiques Socialistes Soviétiques (U.R.S.S.) **2** [*dell'Unione Sovietica*] soviétique: *l'economia sovietica* l'économie soviétique.
sovietizzàre |sovjetid'dzare| *v.tr.* [*instaurare il sistema sovietico*] soviétiser.
sovietizzazióne |sovjetiddzat'tsjone| *s.f.* [→ SOVIETIZZARE] soviétisation.
sovietòlogo, gi, ga, ghe |sovje'tɔlogo, dʒi, ga, ge| *s.* soviétologue.
sóvra |'sovra| *prep. e avv.* → **sopra.**
sovrabbondànte |sovrabbon'dante| *agg.* surabondant: *produzione sovrabbondante* production surabondante # *uno stile sovrabbondante* un style ampoulé.
sovrabbondànza |sovrabbon'dantsa| *s.f.* surabondance ◇ *loc. avv.* IN SOVRABBONDANZA à profusion: *hanno denaro in sovrabbondanza* ils ont de l'argent à profusion.
sovrabbondàre |sovrabbon'dare| *v.intr.* (*aus.* '*avere*') [*esistere, possedere in grande abbondanza*] surabonder # *il grano comincia a sovrabbondare* il commence à y avoir un excédent de blé; *quella zona sovrabbonda di risorse idriche* cette zone est excessivement riche en ressources hydriques.
sovracapitalizzazióne |sovrakapitaliddzat'tsjone| *s.f.* (*econ.*) surcapitalisation.
sovraccaricàre |sovrakkari'ka-

re| *v.tr.* [*caricare eccessivamente*] surcharger (3): *sovraccaricare un autocarro* surcharger un camion.
sovraccaricàto |sovrakkari'kato| *agg.* → **sovraccarico I.**
sovraccàrico, chi |sovrak'kariko, ki| **I** *agg.* [*eccessivamente carico*] surchargé: *è sovraccarico di lavoro* il est surchargé de travail # *un aereo sovraccarico* un avion trop chargé; *una linea elettrica sovraccarica* une ligne électrique en surcharge **II** *s.m.* **1** [*carico ulteriore, aggiunto a quello normale o fisso*] surcharge (*f.*): *la nave può facilmente portare un sovraccarico* le navire peut facilement porter une surcharge **2** [*carico che eccede i limiti di sopportazione e di sicurezza*] surcharge.
sovraccopèrta |sovrakko'pεrta| *s.f.* → **sopraccoperta.**
sovracompènso |sovrakom'pεnso| *s.m.* (*econ.*) surcompensation *f.*
sovracompressióne |sovrakompres'sjone| *s.f.* → **supercompressione.**
sovracorrènte |sovrakor'rεnte| *s.f.* (*elettr.*) surintensité.
sovradeterminazióne |sovradeterminat'tsjone| *s.f.* (*psicol.*) surdétermination.
sovraeccitazióne |sovraettʃitat'tsjone| *s.f.* (*elettr.*) échauffement *m.*
sovraespórre |sovraes'porre| *e deriv.* → **sovresporre** *e deriv.*
sovraffaticaménto |sovraffatika'mento| *s.m.* [→ SOVRAFFATICARE] surmenage.
sovraffaticàre |sovraffati'kare| **A** *v.tr.* [*affaticare eccessivamente*] surmener (6) **B** *v.pron. intr.* SOVRAFFATICARSI [→ *tr.*] se surmener.
sovraffollaménto |sovraffolla'mento| *s.m.* → **superaffollamento.**
sovraffollàto |sovraffol'lato| *agg.* [*eccessivamente affollato*] bondé.
sovraimpórre |sovraim'porre| (168) *v.tr.* → **sovrimporre.**
sovraimpòsta |sovraim'pɔsta| *s.f.* → **sovrimposta.**
sovrainnèsto |sovrain'nεsto| *s.m.* (*agr.*) surgreffage.
sovraintèndere |sovrain'tεndere| *e deriv.* → **soprintendere** *e deriv.*
sovralimentàre |sovralimen'tare| *v.tr.* (*mecc.*) [*aumentare la tensione di alimentazione di un motore o di un dispositivo elettrico*] suralimenter ◇ (*med.*) [*alimentare eccessivamente*] suralimenter.
sovralimentàto |sovralimen'tato| *agg.* (*mecc.*) suralimenté: *motori sovralimentati* moteurs suralimentés ◇ (*med.*) suralimenter.
sovralimentatóre |sovralimenta'tore| *s.m.* (*elettr.*) dispositif de suralimentation.
sovralimentazióne |sovralimentat'tsjone| *s.f.* (*mecc.*) suralimentation ◇ (*med.*) suralimentation.
sovrallenaménto |sovrallena'mento| *s.m.* (*sport*) surentraînement.
sovràlzo |so'vraltso| *s.m.* → **sopralzo.**
sovramoltiplicàto |sovramoltipli'kato| *agg.* (*auto.*) surmultiplié: *marcia sovramoltiplicata* vitesse surmultipliée.
sovràna |so'vrana| *s.f.* [*ant. moneta ingl.*] souverain *m.*
sovranaménte |sovrana'mente| *avv.* [→ 1 SOVRANO 1, 2] souverainement.
sovranazionalità |sovranattsjonali'ta| *s.f. inv.* → **sopranazionalità.**
sovraneggiàre |sovraned'dʒare| *v.intr.* (*aus.* '*avere*') (*raro*) [*comandare come un sovrano, in qualità di sovrano*] régner (8) (*corr.*) en maître (sur): *sovraneggiare su un popolo* régner en maître sur un peuple.
sovranità |sovrani'ta| *s.f. inv.* **1** [*potere sovrano, autorità sovrana*] souveraineté (*var.*): *il principio della sovranità popolare* le principe de la souveraineté du peuple **2** (*fig.*) [*superiorità assoluta*] supériorité *var.*
sovrannaturàle |sovrannatu'rale| *agg.* → **soprannaturale.**
1 **sovràno** |so'vrano| *agg.* **1** [*del sovrano, dei sovrani*] du souverain (*loc. inv.*): *le prerogative sovrane* les prérogatives du souverain; *decreto sovrano* décret du souverain **2** [*che non dipende da altra autorità*] souverain: *potere sovrano* pouvoir souverain; *uno Stato sovrano* un État souverain **3** (*raro, lett.*) [*sommo, grandissimo*] suprême (*corr.*): *onore sovrano* honneur suprême; *maestro sovrano* maître suprême # *lo ha trattato con sovrana indifferenza* il l'a traité avec une souveraine indifférence; *il disordine regna sovrano* le désordre règne en maître.
2 **sovràno** |so'vrano| *s.* [*capo di uno stato monarchico*] souverain.
sovraoccupazióne |sovraokkupat'tsjone| *s.f.* (*econ.*) sur-emploi *m.*
sovraossidàre |sovraossi'dare| *v. tr.* (*chim.*) [*ossidare al massimo, trasformare in perossido*] suroxyder.
sovraossidazióne |sovraossidat'tsjone| *s.f.* (*chim.*) suroxydation.
sovrappàsso |sovrap'passo| *s.m.* (*raro*) pont routier; passage (*corr.*) supérieur, saut-de-mouton.
sovrappiù |sovrap'pju| *s.m.* → **soprappiù.**
sovrapponìbile |sovrappo'nibile| *agg.* [→ SOVRAPPORRE A 1] superposable: *figure sovrapponibili* figures superposables.
sovrapponibilità |sovrapponibili'ta| *s.f. inv.* possibilité *var.* de superposer.
sovrappopolàre |sovrappopo'lare| *v.tr.* [*popolare un territorio in maniera eccessiva rispetto alle possibilità del territorio stesso*] surpeupler.
sovrappopolàto |sovrappopo'lato| *agg.* [*eccessivamente popolato*] surpeuplé (*p.p.*): *una città sovrappopolata* une ville surpeuplée.
sovrappopolazióne |sovrappopolat'tsjone| *s.f.* [→ SOVRAPPOPOLARE] surpopulation, surpeuplement *m.*
sovrappórre |sovrap'porre| (168) **A** *v.tr.* **1** [*mettere un oggetto sopra un altro, soprattutto per farli coincidere o combaciare*] superposer: *sovrapporre due figure* superposer deux figures **2** (*fig.*) [*anteporre, preporre, far prevalere*] faire (45) *intr.* prévaloir: *un problema a cui aveva sovrapposto una soluzione troppo semplice* un problème pour lequel il avait fait prévaloir une solution trop simple **B** *v. pron. intr.* SOVRAPPORSI **1** [*porsi sopra ad altro*] se superposer: *i due colori si sono sovrapposti* les deux couleurs se sont superposées **2** [*venire ad aggiungersi a ciò che già c'era*] se superposer: *nuovi problemi si sono sovrapposti ai precedenti* de nouveaux problèmes se sont superposés aux précédents.
sovrappòrta |sovrap'pɔrta| *s.f. o m. inv.* **1** (*arch.*) dessus-de-porte *m.* **2** [*finestrino situato sopra una porta per dare più aria e luce all'ambiente*] dessus-de-porte, vasistas *m.*
sovrapposizióne |sovrapposit'tsjone| *s.f.* [*l'operazione di sovrapporre, il fatto di venire sovrapposto*] superposition: *la sovrapposizione di due figure* la superposition de deux figures.
sovrappósto |sovrap'posto| *agg.* [*posto sopra un altro elemento*] superposé: *fucile a canne sovrapposte* fusil à canons superposés.
sovrappressióne |sovrappres'sjone| *s.f.* (*mecc.*) surpression.
sovrapprèzzo |sovrap'prεttso| *s.m.* → **soprapprezzo.**
sovrapproduzióne |sovrapprodut'tsjone| *s.f.* (*econ.*) surproduction.
sovrascorriménto |sovraskorri'mento| *s.m.* (*geol.*) glissement.
sovrasensìbile |sovrasen'sibile| *agg.* → **soprasensibile.**
sovrastàmpa |sovras'tampa| *s.f.* [*stampa ulteriore, effettuata su una stampa precedente*] surimpression.
sovrastampàre |sovrastam'pare| *v.tr.* [*stampare sopra una stampa precedente*] surimprimer.
sovrastànte |sovras'tante| *agg.* **1** [*che sta sopra*] (situé) au-dessus (de) # *la rocca sovrastante la cittadella* le rocher qui surplombe la citadelle **2** [*superiore, dominante*] dominant **3** (*fig.*) [*imminente*] imminent: *una minaccia sovrastante* une menace imminente.
sovrastàre |sovras'tare| **A** *v.tr.* **1** [*stare sopra*] dominer: *il monte sovrasta la valle* la montagne domine la vallée **2** (*fig.*) [*essere imminente*] menacer (2): *un pericolo lo sovrasta* un danger le menace **3** [*avere superiorità, essere superiore*] surpasser, dépasser: *sovrastare i rivali* surpasser, dépasser ses rivaux **B** *v.intr.* (*aus.* '*avere*') **1** [*stare sopra, erigersi al di sopra*] dominer (*tr.*): *il rudere sovrasta su un gruppo di case* les ruines dominent un groupe de maisons **2** [*stare per abbattersi*] être (43) imminent.
sovrasterzànte |sovraster'tsante| *agg.* (*auto.*) survireur*
sovrasterzàre |sovraster'tsare| *v. intr.* (*aus.* '*avere*') (*detto di autoveicolo*) [*accentuare l'effetto dello sterzo, avere tendenza, cioè, a percorrere una traiettoria curvilinea di raggio inferiore*] survirer.
sovrastèrzo |sovras'terzo| *s.m.* (*auto.*) survirage.
sovrastruttùra |sovrastrut'tura| *s.f.* **1** [*parte superiore di un complesso strutturale*] superstructure **2** (*filos.*) superstructure **3** (*fig.*) [*aggiunta inutile, spesso dannosa*] surcharge.
sovrasviluppàto |sovrasvilup'pato| *agg.* (*econ.*) surdéveloppé.
sovratensióne |sovraten'sjone| *s.f.* **1** (*elettr.*) survoltage *m.* **2** (*fis.*) surtension.
sovreccédere |sovret'tʃedere| *e deriv.* → **sopreccedere** *e deriv.*
sovreccitàbile |sovrettʃi'tabile| *agg.* [→ SOVRECCITARE A] surexcitable.
sovreccitabilità |sovrettʃitabili'ta| *s.f. inv.* surexcitabilité *var.*
sovreccitaménto |sovrettʃita'-

mento| *s.m.* [→ SOVRECCITARE] surexcitation *f.*
sovreccitànte |sovrettʃi'tante| *agg.* [*che sovreccita*] surexcitant.
sovreccitàre |sovrettʃi'tare| **A** *v. tr.* [*mettere in grande agitazione*] surexciter: *il caffè lo sovreccita* le café le surexcite **B** *v.pron. intr.* SOVRECCITARSI [*entrare in uno stato di grande agitazione*] se surexciter, s'énerver: *si è sovreccitata per un contrattempo* elle s'est surexcitée, énervée à cause d'un contretemps; un contretemps l'a surexcitée, énervée.
sovreccitàto |sovrettʃi'tato| *agg.* surexcité.
sovreccitazióne |sovrettʃitat'tsjone| *s.f.* surexcitation.
sovreminènte |sovremi'nɛnte| *agg.* (*lett.*) suréminent.
sovrespórre |sovres'porre| (168) *v.tr.* (*foto.*) [*dare un'esposizione eccessiva a una negativa fotografica*] surexposer.
sovresposizióne |sovresposit'tsjone| *s.f.* [→ SOVRESPORRE] surexposition.
sovrespósto |sovres'posto| *agg.* (*foto.*) surexposé.
sovrimpórre |sovrim'porre| (168) *v.tr.* [*imporre un ulteriore gravame fiscale*] imposer une surtaxe.
sovrimposizióne |sovrimpozit'tsjone| *s.f.* (*geol.*) surimposition, épigénie.
sovrimpósta |sovrim'po(ɔ)sta| *s.f.* centimes *m. pl.* additionnels, surtaxe.
sovrimpressióne |sovrimpres'sjone| *s.f.* (*cine.*, *foto.*) surimpression.
sovrimprìmere |sovrim'primere| (124) *v.tr.* (*foto.*) [*impressionare due o più immagini sulla stessa pellicola*] surimprimer.
sovrintèndere |sovrin'tɛndere| *e deriv.* → **soprintendere** *e deriv.*
sovrumanaménte |sovrumana'mente| *avv.* [→ SOVRUMANO] surhumainement (*lett.*).
sovrumanità |sovrumani'ta| *s.f. inv.* (*raro*) [*il fatto di essere sovrumano*] surhumain *m. var.* (*corr.*).
sovrumàno |sovru'mano| *agg.* [*che supera le possibilità, le capacità, i limiti umani*] surhumain: *potenze, facoltà sovrumane* puissances, facultés surhumaines; *crede in una giustizia sovrumana* il croit en une justice surhumaine (*raro*), immanente ◇ (*fig.*) *con uno sforzo sovrumano si liberò* d'un effort surhumain, il se libéra.
sovvenìre |sovve'nire| (202) **A** *v.tr.* (*lett.*) [*aiutare, soccorrere*] aider (*corr.*), secourir (17) (*corr.*): *sovvenire un amico* aider, secourir un ami **B** *v.intr.* (*aus. 'avere' nel significato 1, 'essere' nel significato 2*) **1** [*venire in aiuto, in soccorso*] venir (27) (*aus.* être) à l'aide de, subvenir (27) à: *sovvenire ai bisogni dei poveri* venir à l'aide des pauvres, subvenir aux besoins des pauvres **2** [*tornare a mente, venire alla memoria*] se souvenir (27) *pron.*, se rappeler (4) *pron.* ◇ [*ricordarsi di*] se souvenir de.
sovventóre, trice |sovven'tore, tritʃe| *s.* celui *m.*, celle *f.* qui subventionne ◇ (*comm.*) bailleur *m.* de fonds.
sovvenzionàre |sovventsjo'nare| *v.tr.* [*sostenere con una sovvenzione, con sovvenzioni*] subventionner.
sovvenzióne |sovven'tsjone| *s.f.* subvention: *accordare, ricevere una sovvenzione* accorder, recevoir une subvention ◇ [*sussidio*] subside *m.* ◇ [*contributo*] contribution.
sovversióne |sovver'sjone| *s.f.* subversion (*lett.*).
sovversivaménte |sovversiva'mente| *avv.* [→ SOVVERSIVO] subversivement (*lett.*).
sovversivìsmo |sovversi'vizmo| *s.m.* tendances *f. pl.* subversives, idées *f. pl.* subversives; aspect, caractère subversif.
sovversìvo |sovver'sivo| *agg.* subversif*: *idee sovversive* idées subversives; *propaganda sovversiva* propagande subversive ✦ (*s.*) *un sovversivo* un casseur*: *un gruppo di sovversivi* un groupe de casseurs.
sovvertiménto |sovverti'mento| *s.m.* **1** [→ SOVVERTIRE 1] renversement: *il sovvertimento dell'ordinamento democratico* le renversement du régime démocratique ◇ [*rovesciamento*] renversement: *il sovvertimento di un governo* le renversement d'un gouvernement **2** [→ SOVVERTIRE 2] renversement: *il sovvertimento dei valori* le renversement des valeurs.
sovvertìre |sovver'tire| *v.tr.* **1** [*rovinare, mandare sottosopra*; *sconvolgere profondamente*] troubler, bouleverser: *hanno tentato di sovvertire l'ordine pubblico* ils ont essayé de troubler l'ordre public ◇ [*rovesciare*] renverser: *sovvertire uno Stato* renverser un régime; *vogliono sovvertire il governo* ils veulent renverser le gouvernement **2** (*fig.*) [*pervertire*] bouleverser # *costumi che sovvertono i principi della morale* mœurs capables de renverser les principes de la morale.
sovvertitóre, trice |sovverti'tore, tritʃe| *s.* [*chi sovverte*] destructeur*.
sozzaménte |sottsa'mente| *avv.* **1** [→ sozzo 1] salement **2** [→ sozzo 2] sordidement.
sozzézza |sot'tsettsa, sod'dzettsa|, **sozzerìa** |sottse'ria| *s.f.* → **sozzura.**
sózzo |'sottso, 'soddzo| *agg.* **1** d'une saleté dégoûtante (*loc. inv.*): *una stanza sozza* une pièce d'une saleté dégoûtante ◇ [*lurido*] crasseux*: *mani sozze* mains crasseuses # *mani sozze di sangue* mains souillées de sang **2** (*fig.*) [*sordido, turpe, immorale*] sordide.
sozzóne |sot'tsone| *s.* [*persona sozza*] salaud *m.* (*pop.*), salope *f.* (*pop.*).
sozzùme |sot'tsume, sod'dzume| *s.m.* [*roba sporca, sporcizia*] saleté *f.*, ordure (*f.*): *butta via quel sozzume!* jette cette saleté, cette ordure!
sozzùra |sot'tsura, sod'dzura| *s.f.* **1** [*il fatto di essere sozzo*] saleté **2** [*roba sozza, sporcizia*] saleté, ordure: *non lasciare in giro queste sozzure* ne laisse pas traîner cette saleté, cette ordure ◇ (*fig.*) obscénité: *che sozzure si devono vedere!* quelles obscénités on voit!
spaccalégna |spakka'leɲɲa| *s.m. inv.* [*chi per mestiere spacca legna da ardere*] bûcheron* *s. var.*
spaccaménto |spakka'mento| *s.m.* (*raro*) [*il fatto di spaccare, di spaccarsi*] cassement (*corr.*), fendage (*corr.*).
spaccamontàgne |spakkamon'taɲɲe|, **spaccamónti** |spakka'monti| *s. inv.* [*spaccone, gradasso*] fier-à-bras *m. var.*, fendant *m. var.*, vantarde *f. var.*
spaccaòssa |spakka'ɔssa| *s.m. inv.* (*cuc.*) tranchoir *var.*
spaccapiètre |spakka'pjɛtre| *s.m.* casseur de pierres.
1 **spaccàre** |spak'kare| **A** *v.tr.* [*rompere in due o più parti, mediante azione violenta*] briser; faire (45) *intr.* éclater; fendre (53): *hanno spaccato la vetrina del negozio* ils ont brisé les vitrines du magasin || *il gelo ha spaccato le condutture* le gel a fait éclater les canalisations || *gli ha spaccato la testa con una bastonata* il lui a fendu le crâne d'un coup de bâton ◇ [*tagliare in due o più parti con forza o violenza*] casser, fendre: *spaccare la legna* casser, fendre du bois; *non riesco a spaccare questa noce di cocco* je n'arrive pas à fendre cette noix de coco ◇ (*loc.*) *se lo trova, gli spacca la faccia* s'il le trouve, il lui casse la figure (*fam.*) ~ *un sole che spacca le pietre* un soleil à cuire un œuf ~ *uno spettacolo che spacca il cuore* un spectacle qui fend le cœur ~ *un orologio che spacca il minuto* une montre d'une grande précision ~ *o la va o la spacca* je joue le tout pour le tout **B** *v.pron. intr.* SPACCARSI [*fendersi*] se fendre: *il muro si spacca qua e là* le mur se fend ici et là ◇ [*rompersi*] se casser: *queste noci non si spaccano* ces noix ne se cassent pas ◇ (*scherma*) se fendre.
2 **spaccàre** |spak'kare| *v.tr.* (*raro*) **1** [*togliere da un pacco*] dépaqueter (5) **2** [*disfare un pacco*] défaire (45) un paquet.
spaccàta |spak'kata| *s.f.* **1** [*il fatto di spaccare un po', alla meglio*] *dare una spaccata alla legna* fendre le (du) bois **2** [*il fatto di spaccare vetrine di negozi, da parte di delinquenti*] casse **3** (*alpinismo*) cheminée **4** (*danza, ginnastica*) grand écart *m.* **5** (*scherma*) fente.
spaccàto |spak'kato| **I** *agg.* **1** [*rotto, tagliato*] fendu: *legna spaccata* bois fendu **2** (*fig.*) [*patente, manifesto*] manifeste: *un'adulazione spaccata* une adulation manifeste # *è un bugiardo spaccato* c'est un fieffé menteur ◇ [*tale e quale*] craché: *è suo padre spaccato* c'est son père tout craché **II** *s.m.* [*sezione verticale o trasversale di un solido, di una rappresentazione grafica*] coupe *f.* verticale.
spaccatùra |spakka'tura| *s.f.* **1** [→ 1 SPACCARE A] fendage (*m.*): *la spaccatura della legna* le fendage du bois **2** [*fenditura*] fente: *un legname pieno di spaccature* un bois plein de fentes ◇ [*screpolatura della pelle*] gerçure: *ha le mani piene di spaccature per il gelo* elle a les mains pleines de gerçures à cause du froid.
spaccatùtto |spakka'tutto| *s.m. inv.* [*persona maldestra che rompe tutto*] brise-tout.
spacchettàre |spakket'tare| *v.tr.* [*disfare un pacchetto*; *togliere q.c. da un pacchetto, da un pacco*] dépaqueter (5).
spacchétto |spak'ketto| *s.m.* → **spacco** 3.
spacciàbile |spat'tʃabile| *agg.* [→ SPACCIARE A 1] vendable.
spacciàre |spat'tʃare| **A** *v.tr.* **1** [*vendere con una certa facilità*] vendre (53), débiter: *spacciare la propria merce* vendre, débiter sa marchandise; *sono articoli facili da spacciare* ce sont des articles faciles à vendre ◇ [*liquidare*]

liquider **2** [*mettere in circolazione*] mettre (71) en circulation, vendre: *spacciare monete false* mettre en circulation des faux billets; *spacciare droga* vendre de la drogue ◇ [*diffondere, divulgare*] diffuser, propager (3): *ha spacciato notizie tendenziose* il a diffusé, propagé des nouvelles tendancieuses **3** (*fam.*) [*dichiarare inguaribile*] condamner (*corr.*): *i medici lo hanno spacciato* les médecins l'ont condamné **4** (*raro*) [*sbrigare, spiccare*] expédier **B** *v. pron. rifl.* SPACCIARSI [*dare a credere di essere, farsi passare per*] se faire (45) passer: *si spaccia per ingegnere, ma è un geometra* il se fait passer pour ingénieur diplômé, alors qu'il est arpenteur-géomètre.

spacciàto |spat'tʃato| *agg.* [*senza alcuna possibilità di salvarsi, di sopravvivere*] perdu, fichu (*fam.*): *dopo quel fallimento, è spacciato* après cette faillite, il est perdu, fichu; *i medici l'hanno dato per spacciato* les médecins l'ont déclaré perdu, l'ont condamné.

spacciatóre, trice |spattʃa'tore, tritʃe| (*s.*) *spacciatore di banconote false* celui *m.*, celle *f.* qui met de faux billets en circulation; *spacciatore di notizie tendenziose* propagateur* de nouvelles tendancieuses; *spacciatore di droga* trafiquant de drogue.

spàccio, i |'spattʃo, i| *s.m.* **1** [→ SPACCIARE A 2] trafic: *spaccio di droga* trafic de drogue # *spaccio di banconote false* mise en circulation de faux billets **2** [*vendita al pubblico*] débit, vente (*f.*): *spaccio di alcoolici* débit, vente des boissons alcooliques; *un articolo di cui c'è molto spaccio* un article à gros débit, qui se vend beaucoup **3** [*negozio, rivendita al dettaglio di generi di prima necessità*] *spaccio di tabacchi* bureau de tabac; *spaccio alimentare* magasin d'alimentation; *spaccio aziendale* cantine *f.* d'une entreprise; *lo spaccio di una caserma* la cantine d'une caserne.

spàcco, chi |'spakko, ki| *s.m.* **1** [*spaccatura, fenditura*] fente *f.* ◇ (*agr.*) *innesto a spacco* greffe en fente simple **2** [*taglio, strappo*] déchirure *f.*, accroc **3** [*lungo taglio sul davanti, dietro o ai lati di una gonna*] fente # *gonna con spacchi laterali* jupe fendue sur le côté.

spacconàta |spakko'nata| *s.f.* [*azione, parola da spaccone*] fanfaronnade.

spaccóne |spak'kone| *s.m.* [*chi si vanta di saper fare cose eccezionali, di cui in realtà non è capace*] fanfaron* *s.*, fier-à-bras: *smettila di fare lo spaccone!* arrête de faire le fanfaron, le fier-à-bras!

spàda |'spada| *s.f.* **1** [*arma bianca da punta e taglio, costituita da una lama appuntita con uno o due fili*] épée: *sguainare, impugnare la spada* tirer, dégainer, empoigner son épée; *i ribelli furono passati a fil di spada* les rebelles furent passés au fil de l'épée # *incrociare le spade* croiser le fer ◇ (*fig.*) *la spada di Damocle* l'épée de Damoclès; *romanzi di cappa e spada* roman de cape et d'épée; *si è difeso a spada tratta* il s'est défendu avec acharnement ◇ (*prov.*) *chi di spada ferisce di spada perisce* quiconque prendra l'épée périra par l'épée ~ *ne uccide più la gola che la spada* la gourmandise fait plus de victimes que l'épée **2** [*spadaccino*] lame: *è una buona spada* c'est une bonne lame **3** *al plur.* [*uno dei quattro segni delle carte da gioco napoletane*] épées **4** (*t.zool.*) *pesce spada* espadon *m.*

spadaccino |spadat'tʃino| *s.m.* [*chi mostra abilità nell'adoperare la spada*] lame *f.*

spadàio, i |spa'dajo, i|, **spadàro** |spa'daro| *s.m.* [*fabbricante di spade*] armurier.

spadàta |spa'data| *s.f.* coup *m.* d'épée.

spadellàre |spadel'lare| *v.tr.* **1** [*fallire clamorosamente un tiro a caccia*] manquer, rater **2** [*lavorare in cucina; preparare il pranzo*] s'affairer devant les fourneaux.

spadèrna |spa'dɛrna| *s.f.* (*pesca*) (sorte de) palangre.

spadèrno |spa'dɛrno| *s.m.* (*pesca*) libouret.

spàdice |'spaditʃe| *s.m.* (*t.bot.*) spadice.

spadifórme |spadi'forme| *agg.* en forme d'épée *loc.*

spadìna |spa'dina| *s.f.* barrette en forme d'épée.

spadìno |spa'dino| *s.m.* courte épée *f.*; (*degli ufficiali di mar. it.*) épée de cérémonie.

spadìsta |spa'dista| *s.* [*chi pratica la scherma di spada*] épéiste *m.*

spadóna |spa'dona| *s.f.* [*varietà di pero dal frutto allungato, verde e sugoso*] bon-chrétien *m.*

spadóne |spa'done| *s.m.* espadon.

spadroneggiàre |spadroned'dʒare| *v.intr.* (*aus.* '*avere*') [*fare da padrone senza averne il diritto*] faire (45) *tr.* la loi, commander: *non si deve spadroneggiare in casa degli altri* il ne faut pas faire la loi, commander chez les autres.

spaesàto |spae'zato| *agg.* [*che sente disagio e imbarazzo per essere fra persone estranee o in un ambiente diverso dal proprio*] dépaysé: *si sentiva spaesato* il se sentait dépaysé.

spaghettàta |spaget'tata| *s.f.* (*pop.*) [*scorpacciata di spaghetti*] bon plat *m.* de spaghetti (*corr.*): *fare una spaghettata* faire un bon plat de spaghetti.

spaghétti |spa'getti| *s.m. pl.* (*cuc.*) spaghetti: *spaghetti al pomodoro* spaghetti à la sauce tomate.

spaghétto |spa'getto| *s.m.* **1** (*dial.*) [*paura, fifa*] frousse *f.* (*pop.*): *che spaghetto!* quelle frousse!; *si è preso uno spaghetto!* il a eu une belle frousse! **2** → **spaghetti.**

spaginàre |spadʒi'nare| *v.tr.* (*tip.*) [*disfare l'impaginatura*] dépaginer.

spaginatùra |spadʒina'tura| *s.f.* (*tip.*) décomposition de la mise en page.

spagliaménto |spaʎʎa'mento| *s.m.* → **spagliatura.**

spagliàre |spaʎ'ʎare| **A** *v.tr.* [*levare la paglia che copre o riveste*] dépailler **B** *v.intr.* (*aus.* '*avere*') **1** (*animali*) [*muovere la paglia nelle stalle*] remuer *tr.* la paille **2** (*animali*) (*raro*) [*nutrirsi di paglia*] se nourrir *pron.* de paille ◇ (*fig.*) *andare a spagliare in casa altrui* [*scroccare pranzi*] faire le pique-assiette *inv.* **C** *v.pron. intr.* SPAGLIARSI [*perdere la paglia che copre o riveste*] se dépailler.

spagliàto |spaʎ'ʎato| *agg.* [*che ha perso la paglia, l'impagliatura*] dépaillé: *fiasco spagliato* fiasco dépaillé.

spagliatùra |spaʎʎa'tura| *s.f.* [→ SPAGLIARE A] dépaillage *m.*

spàglio, i |'spaʎʎo, i| *s.m.* (*nella loc.*) *seminare a spaglio* semer à la volée *f.*

spàgna |'spaɲɲa| *agg.* (*nella loc. bot.*) *erba spagna* luzerne *s.f.*

spagnòla |spaɲ'ɲɔla| *s.f.* (*med.*) grippe espagnole.

spagnoleggiàre |spaɲɲoled'dʒare| *v.intr.* (*aus.* '*avere*') [*comportarsi boriosamente, secondo il modo considerato tipico degli sp.*] se donner *pron.* des airs de grand seigneur.

spagnolescaménte |spaɲɲoleska'mente| *avv.* [→ SPAGNOLESCO] à l'espagnole *loc. inv.*

spagnolésco, chi, ca, che |spaɲɲo'lesko, ki, ka, ke| *agg.* (*spreg.*) [*da sp.; in modo borioso, considerato tipico degli Spagnoli*] *hautain, arrogant: *altezzosità, boria spagnolesca* morgue, suffisance hautaine.

spagnolétta |spaɲɲo'letta| *s.f.* **1** [*cilindro di cartoncino su cui si avvolge cotone o seta da cucire; filato così avvolto*] bobine **2** [*tipo di chiusura per imposte*] espagnolette **3** (*abbigl.*) mantille **4** (*t. bot.*) (*dial.*) → **arachide.**

spagnolìsmo |spaɲɲo'lizmo| *s.m.* **1** [*parola o loc. di origine sp.*] hispanisme **2** (*fig.*) manières *f. pl.* pompeuses et fastueuses.

spagnòlo |spaɲ'ɲɔlo| **1** *agg.* [*della Spagna*] espagnol: *la letteratura spagnola* la littérature espagnole ◇ (*med.*) *la febbre spagnola* la grippe espagnole **2** (*s.m.*) *lo spagnolo* [*la lingua*] l'espagnol.

1 **spàgo, ghi** |'spago, gi| *s.m.* [*filato ritorto usato per legare involti e pacchi, per assicurare oggetti vari*] ficelle (*f.*): *spago grosso, sottile* grosse ficelle, ficelle mince; *legalo con lo spago* lie-le avec de la ficelle ◇ (*fig.*) *se gli dai spago, non la finisce più* c'est un moulin à paroles; *non dar spago ai bambini, altrimenti non riesci a tenerli* ne cède pas trop aux enfants, tu n'arriverais plus à les tenir.

2 **spàgo, ghi** |'spago, gi| *s.m.* (*fig., fam.*) [*paura, fifa*] frousse *f.* (*pop.*): *si è preso uno spago!* il a eu une de ces frousses! → **spaghetto** 1.

spàhi, spài |'spai| *s.m. inv.* (*mil.*) spahi *var.*

spaiaménto |spaja'mento| *s.m.* [*il fatto di spaiare*] dépareillage.

spaiàre |spa'jare| *v.tr.* [*disfare un paio, separare due elementi che normalmente sono appaiati*] dépareiller **C** **appaiare.**

spaiàto |spa'jato| *agg.* [*isolato, senza l'altro elemento del paio*] dépareillé: *calze, scarpe spaiate* chaussettes, chaussures dépareillées.

spàlace |'spalatʃe| *s.m.* (*t.zool.*) spalax.

spalancaménto |spalanka'mento| *s.m.* [*il fatto di spalancare, di spalancarsi*] ouverture *f.*

spalancàre |spalan'kare| **A** *v.tr.* [*aprire completamente, quanto più è possibile*] ouvrir (23) tout grand: *ho spalancato la finestra* j'ai ouvert la fenêtre toute grande # *spalanca gli orecchi e stai a sentire* ouvre bien tes oreilles et écoute; *ha spalancato gli occhi per la meraviglia* il a écarquillé les yeux d'étonnement **B** *v.pron. intr.*

SPALANCARSI [*aprirsi del tutto, completamente*] s'ouvrir tout grand: *gli si è spalancato un baratro sotto i piedi* un précipice s'est ouvert tout grand sous ses pieds.
spalancàto |spalan'kato| *agg.* (grand) ouvert: *una porta spalancata* une porte grande ouverte; *l'ha accolta a braccia spalancate* il l'a accueillie à bras ouverts # *mi guardava con gli occhi spalancati* il me regardait avec des yeux écarquillés; *è rimasta a bocca spalancata* elle est restée bouche bée.
1 **spalàre** |spa'lare| *v.tr.* [*levare via con la pala*] déblayer (9); balayer (9): *spalare un terreno* déblayer un terrain || *spalare la neve* balayer la neige.
2 **spalàre** |spa'lare| *v.tr.* (*mar.*) [*sollevare dall'acqua le pale dei remi, tenendole orizzontali e distese sull'acqua*] mettre (71) les avirons à plat.
spalàta |spa'lata| *s.f.* coup *m.* de pelle # *dare una spalata alla neve* balayer, déblayer la neige.
spalatóre, trice |spala'tore, tritʃe| *s.* [*chi spala neve o terra*] pelleteur *m.*, terrassier *m.*
spalatrice |spala'tritʃe| *s.f.* (*tecnol.*) pelleteuse, pelleteur *m.*
spalatùra |spala'tura| *s.f.* [→ 1 SPALARE] déblayage *m.*; balayage *m.*, pelletage *m.*
spalcàre |spal'kare| *v.tr.* **1** [*disfare un'impalcatura*] démonter un échafaudage **2** (*agr.*) [*togliere (a un albero) gli ultimi palchi dei rami*] écimer.
spalcatùra |spalka'tura| *s.f.* [→ SPALCARE 2] écimage *m.*
spàlla |'spalla| *s.f.* **1** (*anat.*, *corr.*) épaule; dos (*m.*): *l'articolazione della spalla* l'articulation de l'épaule; *una frattura alla spalla destra* une fracture à l'épaule droite; *ha un bel paio di spalle* il a de belles épaules; *ha le spalle larghe, robuste* il a de larges, de robustes épaules; *ha delle spalle quadrate* il a les épaules carrées, il est carré d'épaules; *ha le spalle spioventi* il a les épaules tombantes || *mi ha voltato le spalle e se n'è andato* il m'a tourné le dos et puis il est parti; *scusate le spalle* pardon si je vous tourne le dos; *l'ha fotografato di spalle* il l'a photographié de dos # *sta sempre con le spalle curve* il se tient toujours courbé; *tieni le spalle dritte* tiens-toi droit!; (*sta*) *su con le spalle!* redresse-toi!; *alle nostre spalle c'è il famoso monumento* derrière nous, il y a le célèbre monument; *ci lasciamo alle spalle Milano* nous laissons Milan derrière nous ◇ (*loc.*) *quando gliel'ho detto, si è stretto nelle spalle* quand je le lui ai dit, il a haussé les épaules ~ *non alzare le spalle quando ti sgrido!* ne hausse pas les épaules quand je te fais une observation! ~ *in mezzo a quella calca ho dovuto lavorare di spalle* au milieu de cette foule, j'ai dû jouer des coudes ~ *ha sulle spalle tutta la famiglia* il a toute sa famille sur les bras ~ *gravano sulle sue spalle grosse responsabilità* de grosses responsabilités pèsent sur ses épaules ~ *ha gettato la colpa sulle mie spalle* il a rejeté la faute sur moi ~ *ha ottant'anni sulle spalle* il a quatre-vingts ans ~ *vive alle spalle del padre* il vit aux crochets, aux dépens de son père ~ *dopo la disgrazia mi ha voltato le spalle* après mon malheur, il m'a tourné les talons ~ *ridono alle sue spalle* ils rient à ses dépens, ils se moquent de lui ~ *sparla alle mie spalle* il casse du sucre sur mon dos ~ *l'ha messo con le spalle al muro* il l'a mis au pied du mur ~ *si è gettato il passato alle spalle* il a fait une croix sur son passé ~ *gli hanno scoperto le spalle* ils ont cessé de le protéger ~ *ha la testa sulle spalle* il a la tête sur les épaules ~ *gli fa da spalla in quella recita* il l'épaule dans cette représentation **2** (*negli indumenti*) [*parte che copre la spalla*] épaule: *spalla imbottita* épaule rembourrée; *spalla quadrata* épaule carrée **3** [*la parte superiore di ciascun arto anteriore dei quadrupedi (vivi o macellati)*] *spalla di manzo, di bue* paleron (*m.*); *spalla di vitello* côtes *pl.* découvertes; *spalla di montone* épaule de mouton; *spalla di prosciutto* jambon *m.* de devant **4** (*arch.*) culée: *spalla di un ponte, di un argine* culée d'un pont, d'une digue **5** (*geogr.*) *le spalle di un monte* le contrefort *m.* d'une montagne; *le spalle di un colle* l'épaulement *m.* d'une colline ◇ [*contrafforte*] contrefort **6** (*tip.*) épaulement: *spalla di un carattere* épaulement d'un caractère.
spallàccio, i |spal'lattʃo, i| *s.m.* **1** (*st. mil.*) épaulière *f.* **2** [*cinghia di cuoio per sostenere un peso*] bandoulière *f.*, brassière *f.*
spallaménto |spalla'mento| *s.m.* (*mecc.*, *tecnol.*) [→ SPALLARE] épaulement.
spallàre |spal'lare| *v.tr.* (*arc.*) [*accostare il fucile alla spalla prima dello sparo*] épauler (*corr.*).
spallàrm |spal'larm| *inter.* (*si usa come comando ai mil. schierati perché portino il fucile alla spalla destra*) arme sur l'épaule... droite!
spallàta |spal'lata| *s.f.* **1** coup *m.* d'épaule: *ha sfondato la porta con una spallata* il défonça la porte d'un coup d'épaule **2** *haussement *m.* d'épaules: *rispondere con una spallata* répondre par un haussement d'épaules.
spallàto |spal'lato| *agg.* [*di nessun valore*; *senza fondamento*] *un affare spallato* une affaire vouée à l'échec; *una tesi spallata* une thèse qui ne tient pas debout, dénuée de tout fondement → **sballato.**
spallazióne |spallat'tsjone| *s.f.* (*fis.*) spallation.
spalleggiaménto |spalleddʒa'mento| *s.m.* [*il fatto di spalleggiare*; *appoggio, aiuto*] aide *f.*, soutien, appui.
spalleggiàre |spalled'dʒare| *v.tr.* **1** [*sostenere, proteggere*] soutenir (27), épauler: *gli amici lo hanno spalleggiato* les amis l'ont soutenu; *è spalleggiata dalla madre* elle est épaulée par sa mère ◇ [*aiutare*] aider **2** (*mil.*) [*portare a spalla*] porter à dos d'homme: *spalleggiare un mortaio* porter à dos d'homme un mortier.
spallétta |spal'letta| *s.f.* **1** [*parapetto di ponti e viadotti*] parapet *m.* **2** [*argine di un fiume*] levée **3** (*edil.*) ébrasement (*m.*): *la spalletta della porta, della finestra* l'ébrasement d'une porte, d'une fenêtre.
spallièra |spal'ljɛra| *s.f.* **1** [*appoggio per la schiena di un sedile*] dossier (*m.*): *una poltroncina con spalliera imbottita* un petit fauteuil avec un dossier rembourré **2** [*elemento verticale sovrastante il letto*]: (*da capo*) tête de lit; (*da piedi*) pied *m.* de lit **3** (*attrezzo ginnico*) espalier *m.* **4** (*agr.*) espalier: *viti a spalliera* vignes en espalier.
spallière |spal'ljɛre| *s.m.* (*st. mar.*) espalier.
spallìna |spal'lina| *s.f.* **1** (*mil.*) épaulette ◇ (*fig.*) *guadagnarsi le spalline* gagner ses galons *m.* **2** [*striscia più o meno larga di tessuto che regge sottovesti e vestiti*] bretelle **3** (*abiti maschili*) [*imbottitura nelle spalle*] épaulette.
spallóne |spal'lone| *s.m.* (*gerg.*) [*portatore di merci di contrabbando*] contrebandier* *s.* (*corr.*).
spallùccia, ce |spal'luttʃa, tʃe| *s.f.* (*solo nella loc.*) *fare spallucce* [*stringersi nelle spalle in segno di indifferenza, disprezzo e sim.*] *hausser les épaules.
spallucciàta |spallut'tʃata| *s.f.* → **spallata** 2.
spalmàre |spal'mare| *v.tr.* **1** [*stendere una sostanza pastosa od oleosa su una superficie solida*] étendre (53), étaler; enduire (75): *stendere il burro sul pane* étendre, étaler du beurre sur du pain, beurrer du pain; *si è spalmata il viso di crema* elle a étalé, appliqué de la crème sur son visage || *spalmare i capelli di brillantina* enduire ses cheveux de brillantine; *spalmare gli sci di sciolina* enduire les skis de fart, farter les skis **2** (*mar.*) [*distendere il sego liquido con la lanata sopra la carena perché il bastimento scorra veloce*] espalmer.
spalmàta |spal'mata| *s.f.* [→ SPALMARE 1] étalement *m.* # *dare una spalmata* (*a q.c.*) étaler qqch. (sur qqch.).
spalmatrice |spalma'tritʃe| *s.f.* (*tecnol.*) enduiseuse.
spalmatùra |spalma'tura| *s.f.* [→ SPALMARE 1] enduisage *m.*
spàlto |'spalto| *s.m.* **1** (*edil. mil.*) glacis, talus **2** *spec. al plur.* [*gradinate di uno stadio*] gradins.
spampanàre |spampa'nare| **A** *v. tr.* [*levare via i pampini*] épamprer: *spampanare le viti* épamprer la vigne **B** *v.pron. intr.* SPAMPANARSI [*perdere i pampini*; *perdere i petali*] s'effeuiller: *le rose cominciano a spampanarsi* les roses commencent à s'effeuiller.
spampanàto |spampa'nato| *agg.* **1** [*senza pampini*] épampré **2** [*che sta perdendo i petali*] effeuillé.
spampanatùra |spampana'tura| *s.f.* (*agr.*) [→ SPAMPANARE] épamprage *m.*
spampinàre |spampi'nare| *e deriv.* → **spampanare** *e deriv.*
1 **spanàre** |spa'nare| **A** *v.tr.* [*guastare l'impanatura o filettatura della vite*] fausser le filet, le pas d'une vis: *attento a non spanare il rubinetto* attention à ne pas fausser le filet, le pas de vis du robinet **B** *v.pron. intr.* SPANARSI (*viti e sim.*) [*perdere la filettatura*] être (43) *intr.* faussé, foirer (*intr.*): *questo bullone si è spanato* le pas de ce boulon est faussé, ce boulon foire.
2 **spanàre** |spa'nare| *v.tr.* (*agr.*) [*togliere la terra alle radici delle piante da trapiantare*] égravillonner.
spanàto |spa'nato| *agg.* [*che ha la filettatura guasta*] faussé, qui foire (*loc.*): *un rubinetto spanato* un robinet dont le pas de vis est faussé, un robinet qui foire; *una vite spanata* une vis faussée, qui foire.
spanciàre |span'tʃare| **A** *v.tr.* (*ra-*

ro) [*sbudellare, sventrare*] éventrer **B** *v. intr.* (*aus. 'avere'*) **1** [*cadere giù di pancia, battere la pancia nel tuffarsi in acqua*] faire (45) *tr.* un plat ventre **2** (*aer.*) [*perdere improvvisamente quota durante una cabrata*] perdre (53) brusquement de l'altitude **C** *v.pron. intr.* SPANCIARSI **1** [*presentare un ingobbimento*] bomber (*intr.*): *il muro si è spanciato* le mur a bombé **2** (*fig.*) *solo nella loc.* SPANCIARSI DALLE RISA, DAL RIDERE [*ridere a crepapelle*] mourir (24) *intr.*, crever (6) *intr.* de rire.

spanciàta |span'tʃata| *s.f.* **1** [*colpo dato battendo con la pancia*] plat *m.* **2** (*fam.*) [*scorpacciata*] gueuleton (*m.*): *ci siamo fatta una bella spanciata* nous avons fait un bon gueuleton # *si sono fatti una spanciata di dolci* ils se sont empiffrés des gâteaux.

spàndere |'spandere| (184) **A** *v.tr.* **1** [*spargere, diffondere in modo uniforme*] épandre (53): *spandere il concime nei campi* épandre l'engrais dans les champs # *spandere la cera sul pavimento* passer la cire sur le parquet, sur les dalles; cirer le parquet; *spandere la cera su un tavolo di legno* encaustiquer une table en bois ◇ [*stendere*] éparpiller: *spandere il grano sull'aia* éparpiller, écarter les gerbes de blé sur l'aire **2** [*versare, spargere*] verser, répandre (53): *spandere sangue, lacrime* verser du sang, des larmes; *ha spanto il vino sulla tovaglia* il a répandu du vin sur la nappe # *è un inchiostro che spande* c'est une encre qui bavoche ◇ (*loc. fam.*) *continuare a spendere e a spandere* dépenser à tort et à travers **3** [*diffondere, effondere, divulgare*] répandre: *hanno spanto la notizia in un baleno* ils ont répandu la nouvelle en un éclair # *la lampada spande una luce chiara* la lampe donne une lumière claire; *le rose spandevano un profumo delizioso* les roses dégageaient un parfum délicieux **B** *v.pron. intr.* SPANDERSI **1** [*spargersi, allargarsi*] *le acque si spandono nella campagna* les eaux inondent la campagne; *l'epidemia si è spanta a macchia d'olio* l'épidémie a fait tache d'huile **2** [*diffondersi*] se répandre: *la notizia si è spanta per tutta la città* la nouvelle s'est répandue dans toute la ville **3** [*riversarsi*] se répandre, se déverser: *la folla si è spanta per le vie* la foule s'est déversée dans les rues.

spandicéra |spandi'tʃera| *s.m. inv.* [*sorta di piattino per spandere uniformemente la cera sul pavimento*] cireuse *f. var.*

spandiconcìme |spandikon'tʃime| *s.m. inv.* (*agr.*) épandeur *var.*, épandeuse *f. var.* d'engrais.

spandifièno |spandi'fjɛno| *s.m. inv.* (*agr.*) faneuse *f. var.*

spandiletàme |spandile'tame| *s.m. inv.* (*agr.*) épandeur *var.*, épandeuse *f. var.* de fumier.

spandiménto |spandi'mento| *s.m.* [→ SPANDERE A 1] épandage.

spandisàbbia |spandi'sabbja| *s.m. inv.* (*tecnol.*) épandeur *var.*, épandeuse *f. var.* de sable.

spanditrìce |spandi'tritʃe| *s.f.* (*tecnol.*) épandeur *m.*, épandeuse.

spaniàre |spa'njare| **A** *v.tr.* [*liberare un uccello preso alla pania*] dégluer **B** *v. pron. intr.* SPANIARSI **1** [*liberarsi dalla pania*] se dégluer **2** (*fig.*) [*disimpacciarsi, trarsi d'impaccio*] se dépêtrer.

spaniel |'spænjəl| *s.m. inv.* (*ingl.*) (*cane da caccia*) épagneul *var.*

spànna |'spanna| *s.f.* **1** [*lunghezza della mano aperta e distesa, dalla estremità del mignolo a quella del pollice*] empan *m.* (*arc.*): *due spanne di neve* deux pieds de neige, deux empans de neige → **palmo** **2** (*fig.*) [*piccola quantità; distanza minima, insignificante*] bout (*m.*): *non vede a una spanna dagli occhi* il ne voit pas plus loin que le bout de son nez # *ha un piccolo orto, quattro spanne di terra* il a un petit potager, un lopin de terre ◇ (*loc.*) *è alto una spanna* il est haut comme trois pommes.

spannàre |span'nare| *v.tr.* (*raro*) → **scremare.**

spannatóia |spanna'toja| *s.f.* [*mensola bucherellata per spannare il latte*] écrémoir *m.*

spannatùra |spanna'tura| *s.f.* → **scrematura.**

spannocchiàre |spannok'kjare| *v.tr.* [*togliere i cartocci alle pannocchie*] décortiquer (le maïs).

spantanàre |spanta'nare| **A** *v.tr.* (*raro*) [*togliere da un pantano*] débourber (*corr.*) **B** *v.pron. intr.* SPANTANARSI **1** [*uscire da un pantano*] se débourber **2** (*fig.*) [*uscire da una difficoltà, da un imbroglio*] se dépêtrer, se tirer d'affaire.

spànto |'spanto| *agg.* **1** [*steso*] étendu # *frumento spanto sull'aia* gerbes de blé éparpillées, écartées sur l'aire ◇ [*sparso*] répandu **2** (*concimi, bitume e sim.*) [*disteso in modo uniforme*] épandu **3** [*versato*] versé, répandu.

spappagallàre |spappagal'lare| *v.intr.* (*aus. 'avere'*) **1** [*fare il pappagallo, ripetendo senza capire*] répéter (8) (comme un perroquet) **2** [*cianciare*] bavarder comme une pie.

spappolaménto |spappola'mento| *s.m.* [→ SPAPPOLARE] écrasement, écrabouillage (*fam.*).

spappolàre |spappo'lare| **A** *v.tr.* [*ridurre in pappa, in poltiglia*] écraser, écrabouiller (*fam.*), réduire (75) en bouillie: *hai spappolato il biscotto* tu as écrasé, écrabouillé ton biscuit **B** *v.pron. intr.* SPAPPOLARSI [*ridursi in poltiglia*] se réduire en bouillie, devenir *intr.* de la bouillie: *le patate si sono tutte spappolate* les pommes de terre se sont réduites en bouillie # *si è spappolata una mano* elle s'est écrasé la main ◇ (*di pasta e sim.*) *gli gnocchi si sono spappolati* les gnocchi sont réduits en bouillie.

spappolàto |spappo'lato| *agg.* [*ridotto in poltiglia*] écrasé, réduit en bouillie: *una pera spappolata* une poire écrasée ◇ (*fam.*) en bouillie (*loc.*): *il fegato spappolato* le foie en bouillie.

sparacchiàre |sparak'kjare| *v. intr.* [*sparare alla bell'e meglio*] tirailler.

sparachiòdi |spara'kjɔdi| *agg. e s.f. inv.* (*tecnol.*) (*pistola*) *sparachiodi* pistolet *m. var* de scellement.

sparadràppo |spara'drappo| *s.m.* (*raro*) → **cerotto.**

sparagèlla |spara'dʒɛlla|, **sparaghèlla** |spara'gɛlla| *s.f.* (*pop.*) (*t. bot.*) [*varietà di asparago selvatico*] asperge sauvage (*corr.*).

spàragio, i |'sparadʒo, i| *s.m.* → **asparago.**

sparagnàre |sparaɲ'ɲare| *v.tr.* (*arc.*) → **risparmiare.**

sparagnino |sparaɲ'ɲino| *agg.* (*dial.*) [*che mostra eccessiva parsimonia nello spendere*] radin (*corr.*).

sparàgno |spa'raɲɲo| *s.m.* (*arc.*) → **risparmio.**

sparaguàgno |spara'gwaɲɲo| *s.m.* (*veter.*) éparvin, épervin.

1 **sparàre** |spa'rare| *v.tr.* **1** [*far partire, esplodere uno o più colpi di armi da fuoco*] tirer: *hanno sparato un colpo di rivoltella, una fucilata contro di lui* ils ont tiré un coup de revolver, un coup de fusil sur lui ✦ (*ass.*) *ha sparato a salve* il a tiré à blanc; *gli hanno sparato alle spalle* il lui ont tiré dans le dos; *si è sparato alla testa* il s'est tiré une balle dans la tête; *gli hanno sparato addosso* ils lui ont tiré dessus; *la guardia sparò contro i rapinatori* le gardien tira sur les voleurs; *ha sparato per primo* il a tiré le premier; *si è sparato* il s'est tiré une balle dans la peau (*fam.*) # *l'arma ha sparato* l'arme a fait feu ◇ (*fig.*) *ha sparato le ultime cartucce* il a brûlé ses dernières cartouches; *le ha sparate grosse!* il en a lâché de belles!; *sparano dei prezzi, certi prezzi!* c'est le coup de fusil!; (*è*) *roba da spararsi!* il y a de quoi s'arracher les cheveux! **2** [*tirare con forza, scagliare*] décocher, lancer (2): *sparare calci* décocher, lancer des coups de pied; (*di cavalli e sim.*) lancer des ruades ◇ (*sport*) *sparare in porta* tirer au but, shooter.

2 **sparàre** |spa'rare| **A** *v.tr.* (*dial., fam.*) [*sventrare, ripulire delle interiora*] étriper: *sparare un maiale* étriper un porc # *sparare un pesce, un pollo* vider un poisson, un poulet **B** *v.pron. rifl.* SPARARSI (*solo nella loc.*) *spararsi per qc.* [*essere pronto a fare tutto per lui*] se mettre (71) en quatre pour qqn.

3 **sparàre** |spa'rare| *v.tr.* (*raro*) [*togliere i paramenti a*] ôter les parements (à).

sparàta |spa'rata| *s.f.* **1** décharge d'une arme à feu **2** (*fig.*) [*spacconata, vanteria*] fanfaronnade **3** (*fig.*) [*scenata violenta*] scène violente: *anche oggi ha fatto la sua sparata* aujourd'hui aussi il a fait une scène violente.

1 **sparàto** |spa'rato| *agg.* (*fam.*) [*a gran velocità; senza esitazioni*] à toute vitesse (*loc. corr.*), à toute allure (*loc. corr.*); tout droit: *veniva giù sparato* il descendait à toute vitesse, à toute allure; *uscì sparato* il sortit à toute vitesse ‖ *andò sparato dalla polizia* il alla tout droit à la police.

2 **sparàto** |spa'rato| *s.m.* (*abbigl.*) plastron.

sparatóre, trice |spara'tore, tritʃe| *s.* [*chi spara o ha sparato con una arma da fuoco*] tireur *m.*

sparatòria |spara'tɔrja| *s.f.* [*serie di colpi di arma da fuoco sparati a brevissima distanza di tempo l'uno dall'altro*] fusillade, coups *m. pl.* de feu.

sparecchiàre |sparek'kjare| *v.tr.* **1** [*liberare la tavola su cui si è mangiato da stoviglie, posate e sim.*] desservir (21): *sparecchiare la tavola* desservir, débarrasser la table ✦ (*ass.*) *finisco di sparecchiare* je finis de desservir, de débarrasser **2** (*fig.*) [*mangiare con avidità ogni cibo che viene portato in tavola*] ne pas en laisser une miette Ⓒ 1 **apparecchiare.**

sparéggio, i |spa'reddʒo, i| *s.m.* **1** (*sport*) belle *f.*; barrage: *fare lo spareggio* faire, jouer la belle ‖ *hanno* *vinto nello spareggio* ils ont gagné par barrage; *spareggio a squadre* barrage **2** (*raro*) [*disavanzo fra entrate e uscite, con prevalenza delle uscite*] déficit (*corr.*) **3** → **disuguaglianza, disparità.**

spargànio, i |spar'ganjo, i| *s.m.* (*t. bot.*) sparganier, ruban d'eau (*corr.*).

spàrgere |'spardʒere| (114) **A** *v.tr.* **1** [*gettare qua e là, in più parti; sparpagliare*] jeter (5), semer (6): *spargere il seme nei campi* semer, jeter la semence dans les champs (*lett.*); *sparge denaro a piene mani* il sème l'argent à pleines mains # *il suolo era sparso di fiori* le sol était parsemé, jonché de fleurs ◇ (*lett.*) *spargere i capelli sulle spalle* dénouer ses cheveux sur ses épaules ◇ (*fig.*) *spargere zizzania* semer la discorde **2** [*versare*] verser: *ha sparso il vino sulla tovaglia* il a versé, répandu du vin sur la nappe ◇ (*fig.*) *spargere sangue, lacrime* verser du sang, des larmes **3** [*diffondere, divulgare*] répandre (53): *sparse la voce che sarebbe partito* il répandit, il fit courir le bruit qu'il serait parti # *ha sparso la notizia con troppa fretta* il s'est trop hâté de donner cette nouvelle; *ha sparso la notizia ai quattro venti* il a crié la nouvelle sur les toits **4** [*emanare, mandare intorno*] répandre: *il caminetto spargeva un gradevole tepore* la cheminée répandait une agréable chaleur # *la lampada spargeva una luce calda* la lampe donnait une chaude lumière **B** *v.pron. intr.* SPARGERSI **1** [*sparpagliarsi*] se répandre, se déverser: *la gente si era sparsa per le vie adiacenti* les gens s'étaient répandus, déversés dans les rues voisines **2** [*diffondersi, divulgarsi*] se répandre: *non capisco come si sia sparsa questa voce* je ne comprends pas comment ce bruit s'est répandu.

spargiménto |spardʒi'mento| *s.m.* **1** [*il fatto di spargere, di venire sparso*] effusion (*f.*): *spargimento di sangue* effusion de sang **2** [*diffusione*] diffusion *f.* **3** (*agr.*) épandage.

spargipépe |spardʒi'pepe| *s.m. inv.* [*piccolo contenitore con coperchio bucherellato* (*per il pepe*)] poivrier *var.*, poivrière *f. var.*, saupoudreuse *f. var.*

spargisàle |spardʒi'sale| *s.m. inv.* [*piccolo contenitore con il coperchio bucherellato* (*per il sale*)] salière *f. var.*, saupoudreuse *f.var.*

spargizùcchero |spardʒit'tsukkero| *s.m. inv.* [*piccolo contenitore con coperchio bucherellato* (*per lo zucchero*)] sucrier *var.*, verseur *var.*, saupoudreuse *f. var.*

spàrgolo |'spargolo| *agg.* (*bot.*) *grappolo spargolo* grappe *f.* aux graines rares.

sparigliàre |spariʎ'ʎare| *v.tr.* **1** (*raro*) [*disfare una pariglia, una coppia*] dépareiller (*corr.*) **2** (*nel gioco della scopa*) [*far sì che rimanga scompagnata una carta*] dépareiller.

sparire |spa'rire| (197) *v.intr.* (*aus.* '*essere*') **1** [*dileguarsi, sottrarsi alla vista*] disparaître (72) (*aus.* avoir, être): *la nave sparì all'orizzonte* le navire disparut à l'horizon ◇ (*fig.*) *sparire dalla faccia della terra* disparaître de la face de la terre **2** (*fig.*) [*non trovarsi più; diventare introvabile, irreperibile*] disparaître **C** **apparire.**

sparizióne |sparit'tsjone| *s.f.* [→ SPARIRE] disparition.

sparlàre |spar'lare| *v.intr.* (*aus.* '*avere*') **1** [*dire male di qc., fare delle maldicenze e dei pettegolezzi*] médire (48), dire (48) du mal: *so che ha sparlato di me* je sais qu'il a médit, a dit du mal de moi # *sparla alle spalle di tutti* il casse du sucre sur le dos de tout le monde **2** [*dire parole triviali*] dire *tr.* des grossièretés: *non ti vergogni di sparlare così?* n'as-tu pas honte de dire de telles grossièretés? **3** [*parlare a sproposito*] parler à tort et à travers: *sparla al momento meno opportuno* il parle à tort et à travers au moment le plus inopportun.

sparlatóre, trice |sparla'tore, tritʃe| *s.* mauvaise langue *f.*

1 **spàro** |'sparo| *s.m.* **1** [*il fatto, l'operazione di sparare*] décharge (*f.*): *sparo di mine* décharge de mines # *tenere l'arma in posizione di sparo* tenir son arme en position de tir; *pronti per lo sparo* prêts à tirer **2** [*detonazione, rumore prodotto da un colpo di arma da fuoco*] détonation *f.*, coup de feu: *ho sentito uno sparo* j'ai entendu une détonation, un coup de feu.

2 **spàro** |'sparo| *s.m.* → **sarago.**

sparpagliaménto |sparpaʎʎa'mento| *s.m.* [→ SPARPAGLIARE] éparpillement ◇ [*dispersione*] dispersion *f.*

sparpagliàre |sparpaʎ'ʎare| **A** *v.tr.* **1** [*spargere, collocare qua e là, senza ordine*] éparpiller: *il vento ha sparpagliato i fogli* le vent a éparpillé les feuilles **2** [*disseminare, mandare qua e là, in varie direzioni*] éparpiller: *il comandante sparpagliò i poliziotti in tutto il quartiere* l'inspecteur de police éparpilla, égailla ses hommes dans le quartier **B** *v. pron. intr.* SPARPAGLIARSI [*spargersi in varie parti*] s'éparpiller, se disséminer, se disperser: *le carte, cadendo, si sparpagliarono a terra* les cartes, en tombant, s'éparpillèrent sur le sol, par terre; *la gente si sparpagliò nel parco* les gens se disséminèrent dans le parc; *il mucchio di foglie si sparpagliò al vento* le tas de feuilles se dispersa au vent.

sparpagliataménte |sparpaʎʎata'mente| *avv.* [→ SPARPAGLIATO] ça et là (*loc. inv.*): *i bambini correvano sparpagliatamente in giardino* les enfants couraient ça et là dans le jardin ◇ [*in disordine*] en désordre *loc. inv.*

sparpagliàto |sparpaʎ'ʎato| *agg.* [*messo qua e là, senza un ordine preciso*] épars, éparpillé: *fogli sparpagliati* feuilles éparses ◇ [*disperso*] dispersé.

sparring-partner |'spa:riŋ'pa:tnə| *s.m. inv.* (*ingl.*) sparring-partner *var.*

sparsaménte |sparsa'mente| *avv.* [→ SPARSO 1] ça et là *loc. inv.*

spàrso |'sparso| *agg.* **1** [*disposto in punti diversi, messo qua e là*] éparpillé, disséminé: *c'erano agenti sparsi un po' dappertutto* il y avait des agents éparpillés, disséminés un peu partout; *ville sparse su un pendio montano* villas éparpillées, disséminées sur un flanc de la montagne ◇ (*mil.*) *in ordine sparso* en ordre dispersé **2** [*cosparso*] jonché, parsemé: *una strada sparsa di fiori* une route jonchée, parsemée de fleurs **3** [*sciolto, non riunito insieme*] dénoué; épars: *capelli sparsi sulle spalle* cheveux dénoués sur les épaules ‖ *pagine, rime sparse* pages, rimes éparses **4** [*versato*] versé: *il sangue sparso per la patria* le sang versé pour la patrie.

spartachismo |sparta'kizmo| *s.m.* (*st.*) spartakisme.

spartachista |sparta'kista| *s.* spartakiste.

spartanaménte |spartana'mente| *avv.* [→ SPARTANO 2] à la spartiate *loc. inv.*

spartàno |spar'tano| *agg.* **1** [*di Sparta*] spartiate ✦ *s.* (*st.*) *gli Spartani* les Spartiates **2** (*fig.*) [*molto austero, severo, rigido*] spartiate: *una disciplina spartana* une discipline spartiate.

sparteìna |sparte'ina| *s.f.* (*chim., farm.*) spartéine.

sparterìa |sparte'ria| *s.f.* sparterie.

spartiàcque |sparti'akkwe| *s.m. inv.* (*geogr.*) ligne *f. var.* de partage des eaux.

spartiàta |spar'tjata| *s.m.* (*st. gr.*) spartiate.

spartìbile |spar'tibile| *agg.* [→ SPARTIRE 1] partageable.

spartinéve |sparti'neve| *s.m. inv* (*tecnol.*) chasse-neige.

spartire |spar'tire| (197) *v.tr.* **1** [*dividere in parti*] diviser, partager (3): *spartire un bottino, un'eredità* diviser, partager un butin, un héritage ◇ [*dividere per distribuire a terzi*] répartir (21): *spartire una somma* répartir une somme ◇ (*fig.*) *non ho nulla da spartire con lui* je n'ai rien à voir, à faire avec lui **2** [*allontanare, separare*] séparer **3** (*mus.*) [*mettere in partitura*] mettre (71) en partition.

1 **spartito** |spar'tito| *agg.* **1** [*diviso in parti*] divisé, partagé **2** [*separato*] séparé.

2 **spartito** |spar'tito| *s.m.* (*mus.*) partition *f.*

spartitràffico |sparti'traffiko| *s.m. inv.* bande *f. var.* centrale ◇ [*salvagente stradale*] refuge *var.* ✦ (*agg. inv.*) *aiuola spartitraffico* banquette *f. var.* de sûreté, terre-plein; *banchina spartitraffico* refuge; *isola spartitraffico* îlot; *linea spartitraffico* ligne blanche.

spartizióne |spartit'tsjone| *s.f.* [→ SPARTIRE 1] partage *m.*

spàrto |'sparto| *s.m.* (*t.bot.*) spart, sparte.

sparutézza |sparu'tettsa| *s.f.* (*raro*) [*il fatto di essere sparuto*] maigreur (*corr.*).

sparùto |spa'ruto| *agg.* **1** [*emaciato, smunto, teso*] chétif*, émacié: *un ragazzo magro e sparuto* un garçon maigre et chétif; *un viso sparuto* un visage émacié, hâve # *un omino sparuto* un gringalet **2** (*fig.*) [*in numero esiguo, irrilevante*] très petit, infime: *uno sparuto gruppo di dimostranti* un très petit groupe de manifestants; *una sparuta minoranza* une infime minorité.

sparvière |spar'vjɛre|, **sparvièro** |spar'vjɛro| *s.m.* **1** (*t.zool.*) épervier **2** (*edil.*) taloche *f.*, plateau **3** (*pesca*) épervier.

spasimànte |spazi'mante| *s.m.* (*raro f.*) (*scherz.*) [*innamorato, corteggiatore*] soupirant (*corr.*), amoureux* (*corr.*).

spasimàre |spazi'mare| *v.intr.* (*aus.* '*avere*') **1** [*essere in preda a dolori molto forti e acuti*] souffrir (23) **2** (*fig.*) [*desiderare ardentemente, morire dal desiderio*] avoir (28) *tr.* une vive passion (pour): *spasimare per una ra-*

gazza avoir une vive passion pour une jeune fille.

spàsimo |'spazimo| *s.m.* **1** [*dolore molto forte e acuto*] affres *f. pl.* (*lett.*); douleur (*f.*): *gli spasimi della morte* les affres de la mort ‖ *contorcersi dagli spasimi* se tordre de douleur ◇ [*dolore*] douleur: *uno spasimo atroce* une douleur atroce ◇ (*fig.*) *gli spasimi della gelosia* les affres de la jalousie **2** (*med.*) spasme.

spasmàre |spaz'mare| *v.intr.* (*aus.* '*avere*') → **spasimare.**

spàsmo |'spazmo| *s.m.* (*med.*) spasme, contraction *f.*

spasmodicaménte |spazmodika'mente| *avv.* [→ SPASMODICO] spasmodiquement.

spasmòdico, ci, ca, che |spaz'mɔdiko, tʃi, ka, ke| *agg.* spasmodique.

spasmofilia |spazmofi'lia| *s.f.* (*med.*) spasmophilie.

spasmòfilo |spaz'mɔfilo| *agg.* (*med.*) spasmophile.

spasmolìtico, ci, ca, che |spazmo'litiko, tʃi, ka, ke| *agg.* (*farm.*) antispasmodique, spasmolytique: *un preparato spasmolitico* un remède antispasmodique, spasmolytique ✦ (*s.m.*) *uno spasmolitico* un antispasmodique.

spassàre |spas'sare| **A** *v.tr.* [*dare spasso, divertire*] amuser: *spassare un bambino* amuser un enfant ◇ *loc.* SPASSARSELA se payer du bon temps: *se la spassa tutta l'estate* tout l'été il se paie du bon temps **B** *v.pron. rifl.* SPASSARSI [*trattenersi piacevolmente, divertirsi*] s'amuser: *voglio spassarmi un po' anch'io* je veux m'amuser un peu moi aussi; *con questo libro mi spasso* ce livre m'amuse.

spassionataménte |spassjonata'mente| *avv.* [→ SPASSIONATO] sans parti pris *loc. inv.*, impartialement.

spassionatézza |spassjona'tettsa| *s.f.* [*l'essere imparziale*] impartialité.

spassionàto |spassjo'nato| *agg.* [*obiettivo, imparziale, non influenzato da interessi personali*] impartial*, sans parti pris (*loc. inv.*): *un giudizio spassionato* un jugement impartial; *un parere spassionato* un avis sans parti pris, impartial; *una persona spassionata* une personne impartiale.

spàsso |'spasso| *s.m.* **1** [*divertimento, passatempo*] bon temps: *si è preso un po' di spasso* il a pris un peu de bon temps; *si è dato agli spassi* il s'est payé du bon temps ◇ [*svago*] distraction (*f.*): *voglio concedermi qualche spasso* je veux me concéder quelques distractions ◇ (*loc.*) *che spasso sentirlo parlare!* ce qu'on peut rire en l'entendant parler! ~ *che spasso quel tipo!* qu'il est marrant, ce type! ~ *lo dice solo per spasso* il le dit seulement pour rire ~ *si son presi spasso di lui* ils se sont moqués de lui **2** [*passeggiata breve e fatta come svago*] promenade *f.* # *oggi andiamo a spasso per le vie della città* aujourd'hui nous irons nous promener en ville; *porta a spasso i bambini* il promène ses enfants ◇ (*loc.*) *essere a spasso* [*essere disoccupato*] être en chômage ~ *mandare qc. a spasso* envoyer promener qqn: *l'ho mandato a spasso* je l'ai envoyé promener ~ *ma va' a spasso!* [*ma va' via!, smettila!*] mais fiche-moi le camp!, fiche-moi la paix!

spassóso |spas'soso| *agg.* [*divertente, che fa stare allegri*] amusant, marrant (*pop.*).

spasticità |spastitʃi'ta| *s.f. inv.* (*med.*) spasticité *var.*

spàstico, ci, ca, che |'spastiko, tʃi, ka, ke| *agg.* **1** [*causato, caratterizzato da spasmi*] spasmodique **2** [*affetto da paralisi o paresi spastica*] paraplégique, *handicapé ✦ (*s.*) *uno spastico* un paraplégique, un handicapé moteur.

spastoiàre |spasto'jare| **A** *v.tr.* (*raro*) [*liberare dalle pastoie*] désentraver (*corr.*) **B** *v.pron. intr.* SPASTOIARSI (*fig.*) [*liberarsi da legami, soggezioni*] se dépêtrer.

spàta |'spata| *s.f.* (*t.bot.*) spathe.

spatàngo, ghi |spa'tango, gi| *s.m.* (*t.zool.*) spatangue.

spàtico, ci, ca, che |'spatiko, tʃi, ka, ke| *agg.* (*miner.*) spathique.

spàto |'spato| *s.m.* (*miner.*) spath.

spatofluòro |spatoflu'ɔro| *s.m.* (*miner.*) spath fluor, fluorine *f.*

spàtola |'spatola| *s.f.* **1** spatule: ◇ *loc.* A SPATOLA en spatule: *dita a spatola* doigts en spatule **2** (*chir.*) spatule **3** (*t.zool.*) spatule,

spatolàto |spato'lato| *agg.* (*bot.*) spatulé.

spatriàre |spa'trjare| *v.intr.* → **espatriare.**

spauràcchio, i |spau'rakkjo, i| *s.m.* **1** [*spaventapasseri*] épouvantail **2** (*fig.*) [*persona o cosa che mette paura o spavento*] épouvantail, *hantise: *studia perché ha lo spauracchio degli esami* il travaille grâce à l'épouvantail qu'est pour lui l'examen; il travaille dans la hantise de l'examen.

spaurìre |spau'rire| (197) **A** *v.tr.* [*far paura, incutere spavento*] effrayer (9), épouvanter: *non spaurire il bambino* n'effraie, n'épouvante pas le petit **B** *v. pron. intr.* SPAURIRSI [*prender paura, spaventarsi*] être (43) *intr.* pris de panique, s'effrayer: *trovandomi solo, mi sono spaurito* me trouvant seul, j'ai été pris de panique, j'ai eu la frousse (*fam*).

spaurito |spau'rito| *agg.* [*spaventato, sgomento per la paura*] effrayé, épouvanté.

spavaldaménte |spavalda'mente| *avv.* [→ SPAVALDO] avec arrogance *loc. inv.*, effrontément.

spavalderìa |spavalde'ria| *s.f.* **1** [*il fatto di essere spavaldo*] arrogance **2** [*azione, comportamento da spavaldo*] arrogance: *non posso sopportare queste spavalderie* je ne peux pas supporter cette arrogance.

spavàldo |spa'valdo| *agg.* [*sfrontato, temerario, troppo sicuro di sé*] effronté: *ragazzo spavaldo* garçon effronté; *aveva un'aria spavalda* il avait un air effronté ✦ (*s.*) *uno spavaldo* un fanfaron: *non fare lo spavaldo!* ne fais pas le fanfaron!

spavàno |spa'vano|, **spavènio, i** |spa'venjo, i| *s.m.* (*veter.*) éparvin, épervin.

spaventàbile |spaven'tabile| *agg.* qu'on peut facilement épouvanter.

spaventapàsseri |spaventa'passeri| *s.m. inv.* **1** [*fantoccio di stracci posto in mezzo ai campi per spaventare gli uccelli*] épouvantail *var.* **2** (*fig.*) [*persona brutta e allampanata*] épouvantail.

spaventàre |spaven'tare| **A** *v.tr.* [*incutere spavento, rendere pieno di terrore*] effrayer (9), épouvanter: *mi hai spaventato* tu m'as effrayé, épouvanté # *l'idea di mettermi in viaggio mi spaventa* l'idée de voyager me terrorise **B** *v.pron. intr.* SPAVENTARSI [*provare spavento, farsi vincere dalla paura*] s'effrayer, s'épouvanter: *a sentire quei prezzi mi son spaventata* en entendant ces prix, je me suis effrayée, épouvantée # *si spaventa di tutto* tout l'épouvante.

spaventàto |spaven'tato| *agg.* **1** [*preso da spavento, pieno di spavento*] effrayé, épouvanté **2** (*arald.*) effaré.

spaventévole |spaven'tevole| *e deriv.* → **spaventoso** *e deriv.*

spavénto |spa'vento| *s.m.* [*intenso e improvviso timore dovuto alla sensazione o all'eventualità di un pericolo*] frayeur *f.*, effroi: *si è lasciato prendere dallo spavento* il s'est laissé saisir par la frayeur, l'effroi; *per lo spavento non riuscì a parlare* la frayeur l'empêchait de parler # *uno spettacolo che incute spavento* un spectacle qui effraie, épouvante ◇ [*paura*] peur (*f.*): *uno spavento da morire* une peur mortelle; *è magro da far spavento* il est maigre à faire peur.

spaventosaménte |spaventosa'mente| *avv.* **1** [→ SPAVENTOSO] effroyablement **2** (*fam.*) [*moltissimo*] affreusement (*corr.*).

spaventosità |spaventosi'ta| *s.f. inv.* caractère *m. var.*, aspect *m. var.* effrayant.

spaventóso |spaven'toso| *agg.* [*che incute spavento, che provoca una forte impressione negativa*] épouvantable, affreux*: *un sogno spaventoso* un rêve épouvantable, affreux; *un fracasso spaventoso* un fracas épouvantable ◇ [*tremendo*] épouvantable, effroyable: *un caldo spaventoso* une chaleur épouvantable ◇ [*orribile*] affreux: *un incidente spaventoso* un accident, un crime affreux.

spaziàle |spat'tsjale| *agg.* spatial*: *era spaziale* ère spatiale # *tuta spaziale* combinaison.

spazialità |spattsjali'ta| *s.f. inv.* spatialité *var.*

spazializzàre |spatsjalid'dzare| *v. tr.* (*filos.*) [*rappresentare oggetti del pensiero come fossero inseriti nello spazio*] spatialiser.

spazializzazióne |spattsjaliddzat'tsjone| *s.f.* (*filos., fis.*) spatialisation.

spaziaménto |spattsja'mento| *s.m.* (*aer.*) espacement, distance *f.*

spaziàre |spat'tsjare| **A** *v.intr.* (*aus.* '*avere*') **1** [*muoversi liberamente in un ampio spazio*] planer: *gli uccelli spaziano nel cielo* les oiseaux planent dans le ciel **2** (*fig.*) [*vagare col pensiero in un vasto ambito di idee*] embrasser (*tr.*): *ha spaziato in tutti i campi dello scibile umano* il a embrassé tous les domaines du savoir humain **B** *v.tr.* (*tip.*) [*lasciare il normale spazio bianco tra una lettera e l'altra*] espacer (2).

spaziatrice |spattsja'tritʃe| *agg. e s.f.* (*di macchina da scrivere*) [*barra*] *spaziatrice* touche d'espacement.

spaziatùra |spattsja'tura| *s.f.* [→ SPAZIARE B] espacement *m.*

spazieggiàre |spattsjed'dʒare| *v. tr.* (*tip.*) [*distanziare le lettere o le parole, nella composizione, con uno spa-*

zio superiore al normale] espacer (2).
spazieggiatùra |spattsjeddʒa'tura| *s.f.* (*tip.*) espacement *m.*
spazientìre |spattsjen'tire| (197) **A** *v.tr.* (*raro*) [*far perdere la pazienza*] impatienter: *non spazientirlo* ne l'impatiente pas **B** *v.pron. intr.* SPAZIENTIRSI [*perdere la pazienza, irritarsi*] s'impatienter: *si spazientisce per niente* il s'impatiente pour un rien.
spazientìto |spattsjen'tito| *agg.* qui a perdu (la) patience *loc.*
spàzio, i |'spattsjo, i| *s.m.* **1** (*filos., scient.*) espace: *spazio euclideo* espace euclidien; *spazio vitale* espace vital; *spazio pluridimensionale* espace à plusieurs dimensions ◇ (*tecnol.*) *spazio libero* dégagement **2** (*astron.*) espace: *spazio interplanetario* espace interplanétaire; *la conquista dello spazio* la conquête de l'espace **3** (*corr.*) [*estensione di luogo, variamente limitata, vuota od occupata da corpi*] place *f.*, espace: *qui non c'è spazio* ici il n'y a pas de place; *c'è solo spazio per due* il y a seulement de la place pour deux; *l'ho messo in cantina per mancanza di spazio* je l'ai mis à la cave faute de place; *può usufruirne senza limiti di spazio e di tempo* il peut en jouir sans limite d'espace ni de temps # *spazio pubblico* domaine public **4** [*estensione di tempo*] espace, délai: *lo finirò nello spazio di un mese* je le finirai dans un délai d'un mois, en un mois **5** (*mus., tip.*) espace **6** (*anat.*) espace.
spaziosaménte |spattsjosa'mente| *avv.* [→ SPAZIOSO] spacieusement (*raro*).
spaziosità |spattsjosi'ta| *s.f. inv.* [*il fatto, la caratteristica di essere spazioso*] étendue *var.*, ampleur *var.*
spazióso |spat'tsjoso| *agg.* [*ricco di spazio, che occupa grande spazio*] spacieux* # *una fronte spaziosa* un grand front.
spàzio-tèmpo |'spattsjo'tempo| *s.m. sing.* (*fis.*) espace-temps.
spaziotemporàle |spattsjotempo'rale| *agg.* (*fis.*) spatio-temporel*.
spazzacamìno |spattsaka'mino| *s.m.* [*chi per mestiere ripulisce i camini dalla fuliggine*] ramoneur.
spazzafórno |spattsa'forno| *s.m.* [*arnese per spazzare il forno*] écouvillon.
spazzaménto |spattsa'mento| *s.m.* [→ SPAZZARE 1] balayage.
spazzamìne |spattsa'mine| *s.m. inv.* (*mar.*) dragueur *var.* de mines.
spazzanéve |spattsa'neve| *s.m. inv.* **1** (*tecnol.*) chasse-neige **2** (*sci*) chasse-neige.
spazzàre |spat'tsare| *v.tr.* **1** [*pulire, rimuovere con la scopa o con altri arnesi sim.*] balayer (9): *spazzare le strade* balayer les rues; *ha spazzato la neve dal cortile* il a balayé, deblayé la neige de la cour ◇ (*fig.*) *il vento ha spazzato le nuvole* le vent a balayé les nuages; *il sole sta spazzando la nebbia* le soleil dissipe le brouillard ◇ (*mat.*) balayer **2** (*fig.*) [*liberare da ciò che è dannoso, pericoloso*] nettoyer (10): *spazzare la città dai ladri* nettoyer la ville des voleurs **3** (*fam.*) [*mangiare avidamente*] bouffer (*pop.*): *ha spazzato via tutto* il a tout bouffé.
spazzàta |spat'tsata| *s.f.* coup *m.* de balai: *dare una spazzata alla stanza* donner un coup de balai à la pièce.
spazzàto |spat'tsato| *agg.* (*mat.*) balayé.
spazzatóre, trice |spattsa'tore, tritʃe| *agg. e s.* [*che, chi spazza* (1)] balayeur* *s.*
spazzatrìce |spattsa'tritʃe| *s.f.* (*tecnol.*) balayeuse.
spazzatùra |spattsa'tura| *s.f.* **1** [→ SPAZZARE 1] balayage (*m.*): *il servizio di spazzatura delle strade* le service de balayage des rues, de nettoiement **2** [*ciò che viene spazzato via e raccolto per essere eliminato*] ordures *pl.*, balayures (*pl.*): *il sacchetto per la spazzatura* le sac à ordures; *il bidone della spazzatura* la boîte à ordure, la poubelle; *la raccolta della spazzatura* l'enlèvement des ordures; *buttalo nella spazzatura* jette-le aux ordures, à la poubelle ◇ (*fig.*) *l'ha trattato come spazzatura* il l'a traité comme un chien.
spazzaturàio, i |spattsatu'rajo, i| *s.m.* [*chi va di casa in casa a raccogliere la spazzatura*] éboueur, boueur (*arc.*).
spazzìno |spat'tsino| *s.m.* balayeur* *s.* des rues, éboueur.
spàzzola |'spattsola| *s.f.* **1** [*oggetto costituito da un supporto* (*in legno*) *cui sono infissi peli o fili di varia natura*] brosse: *spazzola dura, morbida* brosse dure, souple; *spazzola per capelli per le scarpe* brosse à cheveux, à chaussures; *spazzola per abiti, per tappeti* brosse à habits, à tapis ◇ *loc.* A SPAZZOLA en brosse: *capelli a spazzola* cheveux en brosse **2** (*elettr.*) balai (*m.*): *spazzola fissa* balai fixe; *spazzola rotativa* balai rotatif **3** *le spazzole del tergicristallo* les balais de l'essuie-glace.
spazzolàre |spattso'lare| *v.tr.* [*pulire con la spazzola*] brosser: *hai spazzolato le scarpe?* as-tu brossé tes chaussures?
spazzolàta |spattso'lata| *s.f.* coup *m.* de brosse: *questo vestito ha bisogno di una bella spazzolata* ce vêtement a besoin d'un bon coup de brosse.
spazzolatrìce |spattsola'tritʃe| *s.f.* (*tecnol.*) brosseuse.
spazzolatùra |spattsola'tura| *s.f.* [*l'operazione di spazzolare*] brossage *m.*
spazzolifìcio, i |spattsoli'fitʃo, i| *s.m.* [*fabbrica di spazzole*] brosserie *f.*
spazzolìno |spattso'lino| *s.m.* [*piccola spazzola per usi vari*] (petite) brosse (*f.*): *spazzolino da denti, da unghie* brosse à dents, à ongles.
spazzolóne |spattso'lone| *s.m.* balai-brosse, frottoir: *degli spazzoloni* des balais-brosses; *passare lo spazzolone* passer le balai-brosse.
speaker |'spi:kə| *s.m. inv.* (*ingl.*) speaker *var.*, présentateur* (*s. var.*): *uno speaker radiofonico* un speaker, un présentateur de la radio # *uno speaker sportivo* un commentateur, un reporter sportif.
specchiàio, i |spek'kjajo, i| *s.m.* [*chi fabbrica o vende specchi e sim.*] miroitier* *s.*
specchiàrsi |spek'kjarsi| *v.pron.* **1** *rifl.* [*guardarsi nello specchio o in una altra superficie che riflette le immagini*] se regarder dans la glace, dans le miroir: *si specchia in continuazione* elle se regarde continuellement dans la glace ◇ (*fig.*) *specchiarsi in qc.* prendre (73) qqn. pour modèle, suivre (52) l'exemple de qqn. **2** *intr.* (*cose*) [*riflettersi in uno specchio d'acqua*] se refléter (8): *la villa si specchia nel lago* la villa se reflète dans le lac.
specchiàto |spek'kjato| *agg.* [*integro, esemplare*] exemplaire.
specchièra |spek'kjɛra| *s.f.* **1** [*grande specchio, come elemento autonomo, fissato alla parete o incorporato in un mobile*] glace: *una specchiera da caminetto* une glace au-dessus d'une cheminée, un trumeau *m.*; (*fra due finestre*) trumeau **2** [*tavolino con specchio*] toilette, coiffeuse.
1 **specchiétto** |spek'kjetto| *s.m.* [*specchio di ridotte dimensioni, variamente utilizzato*] glace *f.*, miroir: *specchietto da borsetta* glace, miroir (de poche); *specchietto di cortesia* miroir pour passager # *specchietto retrovisivo* rétroviseur.
2 **specchiétto** |spek'kjetto| *s.m.* **1** [*richiamo meccanico per le allodole*] miroir à (aux) alouettes ◇ (*fig.*) *il lusso che ostenta è uno specchietto per le allodole* le luxe qu'il étale est un miroir aux alouettes **2** [*prospetto, nota riassuntiva*] tableau: *ho fatto uno specchietto di questo periodo letterario* j'ai fait un tableau de cette période littéraire ◇ [*schema*] schéma.
1 **spècchio, i** |'spɛkkjo, i| *s.m.* **1** [*superficie capace di riflettere le radiazioni luminose e con esse le immagini*] glace *f.*, miroir: *armadio a specchio* armoire à glace; *specchi ustori* miroirs ardents; *specchio frontale* miroir frontal; *passa ore allo specchio* elle passe des heures devant son miroir # *specchio retrovisivo* rétroviseur ◇ (*fig.*) *una casa pulita come uno specchio* une maison propre comme un sou neuf; *quella donna è uno specchio di virtù* cette dame est un parangon (*lett.*), un modèle de vertus; *gli occhi sono lo specchio dell'anima* les yeux sont le miroir de l'âme; *quel film è uno specchio dei tempi* ce film est une peinture fidèle de l'époque ◇ *loc.* A SPECCHIO: *ha lucidato il pavimento a specchio* elle a si bien astiqué le plancher qu'on pouvait se mirer dedans **2** [*superficie acquea non agitata da correnti o venti*] miroir: *uno specchio d'acqua* un miroir d'eau; *il mare oggi è uno specchio* la mer aujourd'hui est comme un miroir ◇ *loc. prep.* A SPECCHIO DI au bord de: *un villino a specchio del lago* une petite villa au bord du lac **3** (*geol.*) miroir: *specchio di faglia* miroir de faille **4** (*mar.*) miroir **5** (*scient., tecnol.*) miroir: *specchio calorifico* miroir calorifique; *specchio elettronico* miroir électronique **6** (*t.bot.*) *specchio di Venere* speculaire *f.*, miroir de Vénus **7** (*calcio*) *lo specchio della porta* le but ◇ (*pallacanestro*) panneau.
2 **spècchio, i** |'spɛkkjo, i| *s.m.* [*prospetto, quadro riassuntivo*] tableau: *lo specchio degli esami* le tableau des examens.
speciàle |spe'tʃale| *agg.* **1** spécial*: *un caso speciale* un cas spécial: *un inviato speciale* un envoyé spécial ◇ [*particolare*] particulier*, spécial: *carattere speciale* caractère particulier; *una menzione speciale* une mention spéciale; *non c'è niente di speciale* il n'y a rien de particulier, de spécial; *lo tratta con speciale riguardo* il le traite avec des attentions particulières ◇ (*cine.*) *effetti speciali* effets spéciaux ◇ (*mar.*)

mezzi speciali navires d'assaut ◇ *loc. avv.* IN MODO SPECIALE, IN SPECIAL MODO [*particolarmente, soprattutto*] en particulier, tout particulièrement: *mi piace in special modo questa ceramica* cette céramique me plaît tout particulièrement **2** [*eccellente, ottimo*] excellent: *un vino speciale* un vin excellent, de choix; *questo è un piatto speciale* c'est un plat excellent **3** (*dir.*) d'exception *loc. inv.* **C** **comune, normale.**

specialista |spetʃa'lista| *s.* spécialiste: *uno specialista di fisica nucleare* un spécialiste de la physique nucléaire # *uno specialista di cardiologia* un cardiologue ◇ (*per est.*) → **esperto.**

specialistico, ci, ca, che |spetʃa'listiko, tʃi, ka, ke| *agg.* **1** de spécialiste (*loc. inv.*): *una formazione specialistica* une formation de spécialiste; *ricerche specialistiche* recherches du ressort de spécialiste # *un ramo specialistico* une spécialité, une spécialisation; *ha bisogno di una visita specialistica* il a besoin de voir un spécialiste **2** (*ling.*) didactique: *termini specialistici* termes didactiques.

specialità |spetʃali'ta| *s.f. inv.* **1** [*settore particolare, specialistico*] branche (*var.*): *le specialità delle forze armate* les branches des forces armées; *le specialità dell'atletica leggera* les branches de l'athlétisme # *la sua specialità è la genetica* sa spécialité (*fam.*) est la génétique **2** [*prodotto, tipo di preparazione caratteristico e particolare*] spécialité (*var.*): *una specialità della cucina bolognese* une spécialité culinaire bolonaise.

specializzàre |spetʃalid'dzare| **A** *v.tr.* [*fare acquisire una specializzazione; avviare a una specializzazione*] spécialiser: *specializzare un settore dell'industria* spécialiser un secteur de l'industrie **B** *v.pron. rifl.* SPECIALIZZARSI [*acquisire, conseguire una specializzazione*] se spécialiser: *pensa di specializzarsi in radiologia* il pense se spécialiser en radiologie.

specializzàto |spetʃalid'dzato| *agg.* spécialisé # *è specializzato in neurologia* il est radiologue.

specializzazióne |spetʃaliddzat'tsjone| *s.f.* [→ SPECIALIZZARE] spécialisation: *corsi, scuole di specializzazione* cours, écoles de spécialisation # *ha conseguito la specializzazione in radiotecnica* il s'est spécialisé en radiotechnique.

specialménte |spetʃal'mente| *avv.* [→ SPECIALE 1] spécialement ◇ [*soprattutto*] surtout.

spècie |'spɛtʃe| **I** *s.f. inv.* **1** (*biol.*) espèce (*var.*): *le specie animali e vegetali* les espèces animales et végétales ◇ (*per est.*) *la specie umana* l'espèce humaine, le genre *m. var.* humain **2** [*sorta, qualità, tipo, genere*] sorte *var.*, genre, espèce: *gente di ogni specie* gens de toute sorte; *articoli di tutte le specie* articles de, en tout genre; *ma che specie d'uomo sei?* mais quelle espèce d'homme, d'individu es-tu?; *non discuto con un uomo della tua specie* je ne discute pas avec un individu, un homme de ton espèce ◇ *loc.* UNA SPECIE DI une espèce de: *abita in una specie di villa* il habite dans une espèce de villa; *ebbe una specie di presentimento* il eut une espèce de pressentiment **3** [*aspetto, forma esteriore, apparenza*] espèce: *le specie eucaristiche* les saintes espèces ◇ *loc.* SOTTO SPECIE DI sous forme de: *un autoritarismo dissimulato sotto specie di paternalismo* un autoritarisme dissimulé sous forme de paternalisme **4** *loc.* FARE SPECIE [*meravigliare; essere motivo di sorpresa o anche di risentimento*] être surpris, étonner: *mi fa specie che non me l'abbia detto* je suis surpris qu'il ne me l'ait pas dit; *mi faccio specie di lei!* cela m'étonne d'elle! **II** *avv.* [*specialmente, in modo particolare*] spécialement: *amo la musica, specie quella sinfonica* j'aime la musique, spécialement la musique symphonique ◇ *loc. avv.* IN SPECIE en particulier, surtout *avv.*

specìfica, che |spe'tʃifika, ke| *s.f.* (*comm.*) détail *m.*, note détaillée.

specificàbile |spetʃifi'kabile| *agg.* [→ SPECIFICARE] que l'on peut spécifier *loc.*

specificaménte |spetʃifika'mente| *avv.* [→ SPECIFICO 2] particulièrement.

specificàre |spetʃifi'kare| *v.tr.* [*determinare, indicare con precisione*] spécifier: *devi specificare di che cosa si tratta* il (te) faut spécifier, préciser de quoi il s'agit.

specificataménte |spetʃifikata'mente| *avv.* [→ SPECIFICATO] en détail *loc. inv.*

specificativo |spetʃifika'tivo| *agg.* spécificatif* ◇ (*gram.*) *complemento specificativo* complément de nom.

specificàto |spetʃifi'kato| *agg.* [*determinato, indicato con precisione*] spécifié ◇ [*circostanziato*] détaillé.

specificazióne |spetʃifikat'tsjone| *s.f.* [→ SPECIFICARE] spécification # *è necessaria la specificazione dei prezzi* il est nécessaire de préciser, de spécifier les prix ◇ (*gram.*) *complemento di specificazione* complément de nom.

specificità |spetʃifitʃi'ta| *s.f. inv.* spécificité *var.*

specìfico, ci, ca, che |spe'tʃifiko, tʃi, ka, ke| *agg.* **1** (*biol.*) spécifique: *caratteri specifici* caractères spécifiques **2** [*particolare, determinato*] déterminé, précis, particulier*: *una competenza specifica* une compétence déterminée, précise; *attitudini specifiche* aptitudes particulières; *operare in un settore specifico* opérer dans un secteur déterminé; *si è prefissato uno scopo specifico* il s'est fixé un but déterminé # *è un bravo attore, ma, nel caso specifico, non mi piace* c'est un bon acteur, mais je ne l'aime pas dans ce rôle-ci ◇ (*dir.*) d'espèce (*loc. inv.*): *nei casi specifici* dans les cas d'espèce; *accuse, prove specifiche* accusations, preuves d'espèce ◇ (*med.*) *un rimedio specifico* un remède spécifique **3** (*fis.*) spécifique: *peso specifico* poids spécifique; *densità, massa specifica* densité, masse spécifique.

specillàre |spetʃil'lare| *v.tr.* [*sondare con lo specillo*] sonder.

specillo |spe'tʃillo| *s.m.* (*med.*) sonde *f.*

specimen |'spɛtʃimen| *s.m. inv.* (*lat.*) spécimen (*var.*): *lo specimen di una collana di classici* (volume) spécimen d'une collection de classiques.

speciosaménte |spetʃosa'mente| *avv.* [→ SPECIOSO 1] spécieusement (*lett.*).

speciosità |spetʃosi'ta| *s.f. inv.* **1** caractère *m. var.* spécieux, spéciosité *var.* (*raro*) **2** (*arc.*) beauté *var.* exceptionnelle (*corr.*).

speciόso |spe'tʃoso| *agg.* **1** [*giusto e vero solo in apparenza*] spécieux* **2** (*arc.*) d'une grande beauté *loc. inv.* (*corr.*).

spèco, chi |'spɛko, ki| *s.m.* **1** (*lett.*) [*antro, spelonca*] antre (*corr.*), caverne *f.* (*corr.*) **2** (*anat.*) canal*.

spècola |'spɛkola| *s.f.* observatoire *m.* astronomique.

spècolo |'spɛkolo| *s.m.* (*med.*) spéculum, speculum.

1 **speculàre** |speku'lare| *agg.* (*scient., tecnol.*) spéculaire: *superficie speculare* surface spéculaire; *scrittura speculare* écriture spéculaire, à lire dans un miroir # *immagine speculare* images par miroir; *visione speculare* hallucination par miroir.

2 **speculàre** |speku'lare| *v.intr.* (*aus.* '*avere*') **1** (*filos.*) [*indagare, cercare con la meditazione e la riflessione*] spéculer: *speculare sul concetto di spazio* spéculer sur le concept d'espace **2** [*compiere operazioni comm. o economiche, basate sulla previsione di futuri andamenti favorevoli del mercato*] spéculer: *speculare sui titoli azionari* spéculer sur les titres en Bourse; *speculare al rialzo, al ribasso* spéculer à la hausse, à la baisse **3** (*per est., fig.*) [*sfruttare, anche in senso illecito, possibilità a sé favorevoli, senza riguardo per gli interessi degli altri*] spéculer: *speculare sull'ignoranza* spéculer sur l'ignorance.

speculària |speku'larja| *s.f.* (*t. bot.*) spéculaire.

speculativa |spekula'tiva| *s.f.* (*arc.*) faculté spéculative (*corr.*).

speculativo |spekula'tivo| *agg.* **1** (*filos., lett.*) spéculatif* **2** (*econ.*) spéculatif.

speculatóre, trice |spekula'tore, tritʃe| *s.* **1** (*raro*) [*chi specula filosoficamente*] spéculateur* **2** [*chi compie speculazioni economiche*] spéculateur.

speculatòrio, i |spekula'tɔrjo, i| *agg.* des spéculateurs *loc. inv.*, de spéculation *loc. inv.*

speculazióne |spekulat'tsjone| *s.f.* **1** (*filos.*) spéculation **2** [*ricerca di guadagno in operazioni comm.*] spéculation: *speculazioni in Borsa* spéculations en Bourse; *speculazione edilizia* spéculation sur les terrains; *ha tentato una grossa speculazione* il a tenté une grosse spéculation **3** [*pretesto per conseguire un vantaggio per sé o per il proprio gruppo*] spéculation: *una speculazione politica, elettorale* une spéculation politique, électorale.

spedàle |spe'dale| *e deriv.* → **ospedale** *e deriv.*

spedalità |spedali'ta| *s.f. inv.* [*le pratiche inerenti il ricovero di un ammalato in ospedale*] dossier *m. var.* d'hospitalisation ◇ (*per est.*) frais *m. pl.* d'hospitalisation.

spedàre |spe'dare| *v.tr.* (*mar.*) *spedare l'ancora* [*staccarla dal fondo, liberarla dalla presa*] faire (45) *intr.* déraper l'ancre.

spedatùra |speda'tura| *s.f.* (*mar.*) dérapage *m.*

spedire |spe'dire| (197) *v.tr.* **1** [*inviare, mandare tramite i servizi postali o un mezzo di trasporto*] expédier, envoyer (14): *spedire un pacco, una lettera* expédier, envoyer un paquet, une lettre; *spedire a mezzo corriere, per* *treno* expédier par courrier, par le train; *spedire via mare, via terra* expédier par voie de mer, par voie de terre; *spedire per posta, per espresso* expédier par la poste, par exprès; *spedire la merce a piccola, grande velocità* expédier la marchandise par petite, grande vitesse; *spedire contro assegno* (*contrassegno*) expédier, envoyer contre remboursement **2** [*inviare, mandare una persona con un determinato incarico*] envoyer: *spedire un corriere, un messo* envoyer un courrier, un messager ◇ (*fig.*) *spedire uno all'altro mondo* envoyer, expédier qqn. dans l'autre monde **3** (*arc.*) [*risolvere, eseguire, sbrigare*] exécuter; expédier: *spedire una ricetta* exécuter une ordonnance ‖ *spedire una causa* expédier un procès.

speditaménte |spedita'mente| *avv.* [→ SPEDITO 1] rapidement, très vite # *parla speditamente il francese* il parle couramment français ◇ [*prontamente*] promptement.

speditézza |spedi'tettsa| *s.f.* [*velocità, scioltezza*] vitesse, rapidité # *cammina di nuovo con speditezza* il marche de nouveau rapidement; *sa parlare l'inglese con speditezza* il parle couramment anglais ◇ [*prontezza*] promptitude: *esegue ogni ordine con speditezza* il exécute tous les ordres avec promptitude.

speditìvo |spedi'tivo| *agg.* expéditif*.

spedìto |spe'dito| *agg.* **1** [*rapido, svelto*] rapide: *camminava con passo spedito* il marchait d'un pas rapide, alerte; *la tua lingua è troppo spedita* tu as la langue trop bien pendue, tu es trop rapide en paroles # *parla in tono spedito* il parle rapidement; *è spedito nel portare a termine un lavoro* il expédie rapidement son travail; *ha una pronuncia spedita* il a une prononciation nette ◇ [*pronto*] prompt: *è spedito nell'eseguire gli ordini* il est prompt à exécuter les ordres **2** (*fam.*) [*spacciato, destinato a morte sicura*] fichu, condamné (*corr.*): *se non lo operano subito, è bell'e spedito* s'ils ne l'opèrent pas tout de suite, il est fichu, condamné.

speditóre, trice |spedi'tore, tri'tʃe| *s.* [*chi spedisce, chi effettua una spedizione*] expéditeur*.

spedizióne |spedit'tsjone| *s.f.* **1** [→ SPEDIRE 1] expédition, envoi (*m.*): *la spedizione di una lettera, di una partita di merci* l'expédition, l'envoi d'une lettre, d'une partie de marchandises; *spedizione postale* expédition par (la) poste; *spedizione per ferrovia* expédition par (chemin de) fer; *bollettino, foglio di spedizione* bulletin d'expédition; *avviso di spedizione* avis d'expédition # *spese di spedizione* frais de transport; *agenzia di spedizioni* entreprise de transport, de roulage **2** [*viaggio di più persone compiuto a scopo di esplorazione, ricerca, studio*] expédition ◇ (*mil.*) expédition.

spedizionière |speditsjo'njɛre| *s.m.* [*chi esegue per conto di terzi la spedizione di merci*] expéditionnaire, transporteur # *ufficio di spedizioniere* messagerie; (*per via mare*) agent maritime.

spegnàre |speɲ'nare| *v.tr.* [*ritirare un oggetto dato in pegno*] dégager (3).

spègnere |'spɛ(e)ɲɲere| (185) **A** *v. tr.* **1** [*far sì che q.c. cessi di ardere, di dare luce, di emanare calore*] éteindre (66): *spegnere una candela* éteindre une chandelle; *hanno spento l'incendio in due ore* ils ont éteint l'incendie en deux heures; *spegni meglio quella sigaretta* éteins mieux cette cigarette # *in caso di sosta in galleria bisogna spegnere il motore* en cas d'arrêt dans le tunnel, il faut arrêter le moteur; *spegnere la radio* fermer la radio **2** (*fig.*) [*far cessare, estinguere*] éteindre: *spegnere la sete* éteindre, étancher sa soif; *spegnere un debito, un'ipoteca* éteindre une dette, une hypothèque **3** [*smorzare, attutire, far diminuire*] éteindre: *il tempo spegne i rancori* le temps éteint le ressentiment; *mi ha spento ogni entusiasmo* il a éteint en moi tout enthousiasme **B** *v.pron. intr.* SPEGNERSI **1** [*cessare di avere, dare calore o luce o energia*] s'éteindre; s'arrêter: *il fuoco si è spento* le feu s'est éteint; *la luce si spense improvvisamente* la lumière s'éteignit à l'improviste ‖ *ogni tanto mi si spegne il motore* de temps en temps mon moteur s'arrête **2** [*venir meno, estinguersi*] s'éteindre: *è un ricordo che si va spegnendo* c'est un souvenir qui s'éteint **3** [*morire*] s'éteindre.

spegniménto |speɲɲi'mento| *s.m.* [→ SPEGNERE A 1] extinction (*f.*): *lo spegnimento di un incendio* l'extinction d'un incendie ◇ (*elettr.*) coupage ◇ (*elettron.*) coupure *f.*

spegnitóio, i |speɲɲi'tojo, i| *s.m.* [*arnese per spegnere le candele e i lumi a olio*] éteignoir.

spegnitùra |speɲɲi'tura| *s.f.* [*l'operazione di spegnere*] extinction.

speiss |'spais| *s.m. inv.* (*ingl.*) speiss.

spekèlia |spe'kɛlja| *s.f.* (*t.bot.*) lis *m.* Saint-Jacques.

spelacchiaménto |spelakkja'mento| *s.m.* [→ SPELACCHIARE] pelage.

spelacchiàre |spelak'kjare| **A** *v. tr.* [*togliere il pelo qua e là*] arracher, enlever (6) la fourrure, le poil: *il bambino ha spelacchiato l'orsacchiotto* l'enfant a arraché la fourrure de son ours **B** *v. pron. intr.* SPELACCHIARSI [*perdere il pelo, un po' di pelo*] perdre (53) *tr.* son poil; être (43) *intr.*, devenir (27) *intr.* pelé.

spelacchiàto |spelak'kjato| *agg.* [*che ha perso o sta perdendo il pelo*] pelé: *un collo di pelliccia spelacchiato* un col de fourrure pelé ◇ (*fig.*) *un vecchio misero e spelacchiato* un vieux misérable et pelé.

spelàia |spe'laja| *s.f.* (*tess.*) bourrette.

spelàre |spe'lare| **A** *v.tr.* [*privare del pelo*] peler (6): *ho spelato la pelliccia sui gomiti* ma fourrure est pelée aux coudes **B** *v.pron. intr.* SPELARSI [*perdere il pelo*] perdre (53) *tr.* ses poils: *il tappeto si spela* le tapis perd ses poils ◇ (*per est.*) [*perdere i capelli*] perdre ses cheveux, se déplumer (*fam*): *ha cominciato a spelarsi a trenta anni* il a commencé à perdre ses cheveux, à se déplumer à trente ans.

spelàto |spe'lato| *agg.* [*che ha perso il pelo, un po' di pelo*] pelé: *un cane spelato* un chien pelé ◇ (*di tessuti*) râpé: *un tappeto spelato* un tapis râpé.

spelatùra |spela'tura| *s.f.* **1** [→ SPELARE] pelage *m.* **2** déchets *m. pl.* de coton.

speleo- |speleo| *pref.* (*significa* '*caverna*', *corrisponde gener. a*) spéléo: *speleologo* spéléologue.

spelèo |spe'lɛo| *s.m.* (*raro, lett.*) → **caverna.**

speleologìa, gie |speleolo'dʒia, dʒie| *s.f.* spéléologie.

speleològico, ci, ca, che |speleo'lɔdʒiko, tʃi, ka, ke| *agg.* spéléologique: *esplorazioni speleologiche* explorations spéléologiques.

speleòlogo, gi, ga, ghe |spele'ɔlogo, dʒi, ga, ge| *s.* spéléologue.

speleonàuta |speleo'nauta| *s.* spéléonaute.

spellaménto |spella'mento| *s.m.* → **spellatura.**

spellàre |spel'lare| **A** *v.tr.* **1** [*liberare dalla pelle* (*un animale morto*)] écorcher, dépouiller: *spellare un coniglio, una lepre* dépouiller un lapin, un lièvre **2** (*fam.*) [*produrre una lacerazione o un'escoriazione cutanea*] écorcher (*corr.*): *queste scarpe mi hanno spellato i calcagni* ces chaussures m'ont écorché au talon **3** (*fig.*) [*richiedere, far pagare un prezzo molto alto, esagerato*] écorcher, plumer (*fam.*): *in quel ristorante ti spellano!* dans ce restaurant, on est écorché! **B** *v.pron. intr.* SPELLARSI [*perdere la pelle; prodursi lievi escoriazioni*] muer *intr.*; s'écorcher: *i rettili si spellano* les reptiles muent ‖ *si è spellato cadendo* il s'est écorché en tombant.

spellatùra |spella'tura| *s.f.* **1** [→ SPELLARE A 1; B] dépouillement (*m.*): *la spellatura di una lepre* le dépouillement d'un lièvre **2** [*abrasione, escoriazione della pelle*] écorchure # *è stata troppo al sole ed è piena di spellature* elle est restée trop au soleil et elle pèle.

spelónca, che |spe'lonka, ke| *s.f.* **1** [*grotta, caverna vasta e profonda*] caverne, grotte **2** (*fig.*) [*casa squallida, triste*] taudis *m.*

spèlta |'spɛlta| *s.f.* → **farro.**

spème |'spɛme| *s.f.* (*poet.*) → **speranza.**

spendaccióne |spendat'tʃone| *s.* [*chi spende esageratamente, male*] dépensier*: *sei uno spendaccione!* tu es un dépensier, un panier percé! (*fam.*).

spèndere |'spɛndere| (105) *v.tr.* **1** [*dare del denaro come pagamento e compenso di beni e prestazioni*] dépenser # *è una donna che sa spendere* c'est une femme qui sait bien employer son argent; *in quel negozio si spende bene* dans ce magasin, on fait de bonnes affaires: *quanto spendo?* c'est combien?, combien (vous) dois-je?; *l'ha preso senza spendere molto* il l'a pris sans le payer cher ◇ (*loc.*) *ha speso un occhio della testa, l'osso del collo* il a dépensé une fortune ~ *spendere e spandere* ne pas regarder à la dépense ◇ (*prov.*) *chi più spende meno spende* le bon marché coûte cher **2** [*impiegare, utilizzare capacità e possibilità personali; trascorrere*] dépenser: *in questo lavoro ho speso le mie migliori energie* dans ce travail j'ai dépensé le meilleur de mes forces # *hai speso male il tuo tempo* tu as mal employé ton temps; *non ha speso per me neppure una parola* il n'a pas dit un mot en ma faveur; *ha speso la sua vita per quella causa* il a consacré sa vie à (défendre) cette cause.

spenderéccio, i |spende'rettʃo, i| *agg.* **1** [*che spende con eccessiva facilità*] dépensier*: *è gente spendereccia*

ce sont des (gens) dépensiers **2** [*che comporta spese eccessive*] cher*: *una vita spendereccia* une vie chère.
spendìbile |spen'dibile| *agg.* [→ SPENDERE 1] qu'on peut dépenser *loc.*
spendicchiàre |spendik'kjare| *v. tr.* **1** [*spendere in una certa misura, ma esigua e limitata*] dépenser (un) peu: *spendicchia qualcosa nei divertimenti* il dépense (un) peu pour se divertir **2** *ass.* [*spendere in misura considerevole*] dépenser pas mal: *spendicchia per vestire!* elle dépense pas mal pour s'habiller!
spenditóre, trice |spendi'tore, tritʃe| *s.* (*raro*) [*chi spende*] dépensier* (*corr.*).
spèngere |'spɛndʒere| *e deriv.* → **spegnere** *e deriv.*
spennacchiàre |spennak'kjare| **A** *v.tr.* **1** [*privare in parte delle penne*] faire (45) *intr.* voler la plume, déplumer (*raro*): *non hai colpito quel fagiano, l'hai solo spennacchiato* tu n'as pas eu ce faisan, tu lui as simplement fait voler la plume **2** (*fig.*, *fam.*) [*ghermire denaro*] plumer **B** *v.pron. intr.* SPENNACCHIARSI [*perdere le penne qua e là*] se déplumer.
spennacchiàto |spennak'kjato| *agg.* **1** [*che ha poche penne*] déplumé: *un pollo spennacchiato* un poulet (tout, à moitié) déplumé **2** (*scherz.*) [*che ha pochi capelli*] déplumé (*fam.*): *un uomo spennacchiato* un homme déplumé.
spennàre |spen'nare| *v.tr.* **1** [*privare delle penne*] plumer: *spennare un pollo* plumer un poulet **2** (*fig.*, *fam.*) [*far pagare troppo*; *portar via denaro con la frode*] plumer, écorcher (*corr.*): *in quel negozio ti spennano!* dans ce magasin on se fait plumer!
spennàta |spen'nata| *s.f.* **1** [→ SPENNARE 1] plumage *m.*, plumaison (*raro*) **2** (*fig.*, *fam.*) [→ SPENNARE 2] *dare una spennata a qc.* plumer qqn.
spennatùra |spenna'tura| *s.f.* [→ SPENNARE 1] plumaison, plumage *m.*, plumée.
spennellàre |spennel'lare| *v.tr.* **1** [*applicare un medicamento liquido con un pennello*] badigeonner: *spennellare la gola con la tintura di iodio* badigeonner la gorge avec de la teinture d'iode **2** [*dipingere, verniciare con il pennello*] donner un coup de pinceau, badigeonner.
spennellàta |spennel'lata| *s.f.* [→ SPENNELLARE 2] coup *m.* de pinceau.
spennellatùra |spennella'tura| *s.f.* **1** [→ SPENNELLARE 2] badigeonnage *m.* **2** (*med.*) badigeonnage.
spensieratàggine |spensjera'taddʒine| *s.f.* (*raro*) [*sconsideratezza, mancanza di responsabilità*] étourderie (*corr.*).
spensierataménte |spensjerata'mente| *avv.* **1** [→ SPENSIERATO] sans souci *loc. inv.* **2** [*con spensieratezza*] avec insouciance *loc. inv.*
spensieratézza |spensjera'tettsa| *s.f.* [*il fatto di essere spensierato*] insouciance.
spensieràto |spensje'rato| *agg.* [*privo di gravi pensieri e preoccupazioni*] sans souci *loc. inv.*, insouciant: *un'età spensierata* un âge sans souci; *un ragazzo spensierato* un garçon insouciant.
spènto |'spɛ(e)nto| *agg.* **1** [*che non dà luce, calore, energia*] éteint: *vulcano spento* volcan éteint; *calce spenta* chaux éteinte; *procedeva a luci spente* il roulait tous feux éteints # *andava in discesa a motore spento* il descendait la côte moteur arrêté **2** [*smorto, privo di vivacità*] éteint: *occhi spenti* yeux éteints, regard éteint; *un colore spento* une couleur éteinte # *un rumore spento* un bruit étouffé **3** [*estinto, morto*] mort: *lingua spenta* langue morte # *civiltà spenta* civilisation éteinte © 1; 2 **acceso.**
spenzolàre |spendzo'lare| **A** *v.tr.* [*far penzolare, tenere sospeso*] laisser *intr.* pendre: *spenzolare una corda dalla finestra* laisser pendre une corde par la fenêtre (de la fenêtre) **B** *v.intr.* (*aus.* '*avere*') [*stare appeso o sospeso*; *pendere dall'alto*] pendre (53): *alcuni salami spenzolavano dal soffitto* des saucissons pendaient au plafond **C** *v.pron. rifl.* SPENZOLARSI [*sporgersi molto in fuori, nel vuoto*] se pencher.
speos |'speos| *s.m. inv.* (*archeol.*) spéos.
spèra |'spɛra| *s.f.* **1** (*arc.*) → **sfera** **2** (*lett.*) [*sfera celeste, cielo*] sphère (*corr.*) céleste, ciel *m.* (*corr.*) **3** (*tosc.*) [*specchietto*] glace (*corr.*), miroir *m.* (*corr.*).
speràbile |spe'rabile| *agg.* [→ 1 SPERARE] souhaitable: *un accordo è solamente sperabile* un accord est seulement souhaitable © **insperabile.**
sperànza |spe'rantsa| *s.f.* **1** [*aspettazione e fiducia che si realizzi, o si sia realizzato, quanto si desidera*] espoir (*m.*): *mi ha infuso molta speranza* il m'a donné (laissé) beaucoup d'espoir; *non ha speranza di riuscire* il n'a aucun espoir de réussir; *non c'è più speranza* il n'y a plus d'espoir; *ha riposto in lui ogni sua speranza* il a mis en lui tout son espoir; *lo sorregge la speranza di guarire* il est soutenu par l'espoir de la guérison; *è la mia sola, unica speranza* c'est mon seul espoir; *il risultato è andato oltre ogni speranza* le résultat a dépassé tous nos espoirs; *ci sono speranze che si salvi?* reste-t-il un espoir de le sauver?; *vengo nella speranza di poter fare qualcosa* je viens dans l'espoir de pouvoir faire quelque chose # *ci sono speranze che arrivi in tempo?* y a-t-il des chances qu'il arrive à temps?; *nutre speranza nel futuro* il espère en l'avenir ◇ (*spec. quando questo sentimento non sia rivolto a un sogg. det.*) *è pieno di speranze* il est plein d'espoir; *lasciate ogni speranza* abandonnez tout espoir # *si culla in vane speranze* il se berce d'illusion ◇ (*prov.*) *la speranza è l'ultima a morire* l'espérance ne meurt jamais ~ *finché c'è vita c'è speranza* tant qu'il y a de la vie, il y a de l'espoir **2** [*persona o cosa in cui si ripone speranza*] espoir, espérance; *il figlio è la sua unica speranza* son fils est son dernier espoir, sa dernière espérance; *quel concorso è la sua ultima speranza* ce concours est son dernier espoir **3** [*giovane che, all'inizio di un'attività, rivela buone doti*] espoir: *una speranza del calcio italiano* un espoir du football italien; *le speranze del nostro cinema* les espoirs de notre cinéma # *un giovane di belle speranze* un jeune qui promet **4** (*filos.*, *teol.*) espérance **5** (*mat.*) *speranza matematica* espérance mathématique **6** (*mar.*) *àncora di speranza* ancre de miséricorde.
speranzosaménte |sperantsosa'mente| *avv.* [→ SPERANZOSO] avec espoir *loc. inv.*
speranzóso |speran'tsoso| *agg.* plein d'espoir.
1 **speràre** |spe'rare| **A** *v.tr.* [*aspettarsi e nutrire fiducia che si realizzi o si sia realizzato quanto si desidera*] espérer (8): *che cosa puoi sperare?* qu'est-ce que tu espères?; '*guarirà?*' '*lo spero*' 'guérira-t-il?' 'je l'espère'; *spero di riuscire* j'espère réussir; *spero che venga* j'espère qu'il viendra; *non spero che venga* je n'espère pas qu'il vienne; *speravo che venisse* j'espérais qu'il viendrait; *non speravo che venisse* je n'espérais pas qu'il vînt; *non speravo che sarebbe venuto* je n'espérais pas qu'il viendrait; *gli ho lasciato sperare che...* je lui ai laissé espérer que...; *speriamo in bene!* espérons que tout ira bien! # *spero molto da voi* j'attends beaucoup de vous; *non ho più nulla da sperare* je n'ai plus aucun espoir **B** *v.intr.* (*aus.* '*avere*') [*riporre fiducia, speranza in q.c. o in qc.*] espérer: *spero nel suo aiuto* j'espère qu'il m'aidera; *spera solo in te* tu es son unique espoir, il n'espère qu'en toi; *speriamo nel buon esito dell'impresa* espérons dans le succès de l'entreprise; *spero di sì, di no* j'espère que oui, que non; *sperando in una tua prossima visita...* espérant te voir bientôt...; *voglio sperarlo, spero bene* je l'espère bien; '*verrà?*' '*speriamo*' 'viendra-t-il?' 'espérons-le' # *ci spero poco* j'y compte peu.
2 **speràre** |spe'rare| *v.tr.* [*guardare controluce un corpo diafano*] mirer, examiner à contre-jour.
speràto |spe'rato| *agg.* [*che viene aspettato con desiderio e fiducia*] espéré: *l'effetto sperato* l'effet espéré # *la sperata vacanza* les vacances qu'il espérait, qu'on espère.
speratùra |spera'tura| *s.f.* [*l'operazione dello sperare le uova*] mirage *m.* (des œufs).
sperauòvo |spera'wɔvo| *s.m.* (*tecnol.*) mire-œufs.
spèrdere |'spɛrdere| (163) **A** *v.tr.* (*lett.*) → **disperdere** **B** *v.pron. intr.* SPERDERSI [*smarrirsi*; *perdere la strada, l'orientamento*] s'égarer, se perdre (53): *si è sperso nel bosco* il s'est égaré, perdu dans le bois ◇ (*fig.*) *fra tante date si è sperduto* il s'est perdu au milieu de toutes ces dates.
sperdùto |sper'duto| *agg.* **1** [*lontano dai grandi centri, solitario, isolato*] perdu: *uno sperduto paese di montagna* un petit village de montagne perdu; un petit village perdu dans la montagne **2** [*disorientato, spaesato, fuori del proprio ambiente abituale*] perdu, dépaysé: *nella nuova città si sentiva, si trovava sperduto* dans la nouvelle ville, il se sentait, il se trouvait perdu, dépaysé.
sperequàre |spere'kware| *v.tr.* [*distribuire q.c. senza equità, senza giustizia*] distribuer sans équité.
sperequàto |spere'kwato| *agg.* (*fin.*) inéquitable, mal réparti.
sperequazióne |sperekwat'tsjone| *s.f.* (*fin.*) inégalité, répartition inéquitable: *sperequazione dei redditi* inégalité des revenus; *sperequazione tributaria* inégalité dans la répartition des impôts; *sperequazione fiscale* répartition inéquitable des taxes.
spergiuràre |sperdʒu'rare| *v.tr. e intr.* (*aus.* '*avere*') **1** [*giurare il falso*] se parjurer *pron.* ◇ (*lett.*) *spergiurare il nome di Dio* blasphémer **2** (*raff.*)

giurare e spergiurare [*continuare a giurare*] jurer (les grands dieux): *non gli hanno creduto anche se giurava e spergiurava di dire la verità* il eut beau jurer ses grands dieux qu'il disait la vérité, on ne le crut point.

spergiuratóre, trice |sperdʒura'tore, tritʃe| *s.* (*lett.*) [*chi spergiura*] parjure (*corr.*).

1 **spergiùro** |sper'dʒuro| *s. e agg.* [*chi, che spergiura*] parjure: *uomo traditore e spergiuro* un homme traître et parjure.

2 **spergiùro** |sper'dʒuro| *s.m.* [*giuramento falso*] parjure.

spèrgola |'spɛrgola| *s.f.* (*t.bot.*) spergule.

spericolàto |speriko'lato| *agg.* [*temerario*] téméraire: *un ragazzo, un corridore spericolato* un garçon, un coureur téméraire ✦ (*s.*) *uno spericolato* un casse-cou *m. inv.*

sperimentàbile |sperimen'tabile| *agg.* [→ SPERIMENTARE] qui peut être expérimenté *loc.*

sperimentabilità |sperimentabili'ta| *s.f. inv.* possibilité *var.* d'expérimenter, d'être expérimenté.

sperimentàle |sperimen'tale| *agg.* **1** [*che si fonda sull'esperienza*] expérimental* **2** [*di avanguardia*] d'avant-garde (*loc. inv.*): *scuola sperimentale* école d'avant-garde.

sperimentalìsmo |sperimenta'lizmo| *s.m.* emploi de la méthode expérimentale, expérimentalisme.

sperimentalità |sperimentali'ta| *s.f. inv.* caractère *m. var.* expérimental.

sperimentalménte |sperimental'mente| *avv.* [→ SPERIMENTALE 1] expérimentalement.

sperimentàre |sperimen'tare| *v. tr.* **1** [*mettere alla prova q.c. con esperimenti*] expérimenter: *sperimentare l'efficacia di una medicina* expérimenter l'efficacité d'un médicament **2** (*fig.*) [*mettere alla prova q.c.*; *provare q.c.*] mettre (71) à l'épreuve, faire (45) l'expérience: *ha potuto sperimentare la sua ipocrisia, la sua lealtà* il a pu mettre à l'épreuve son hypocrisie, sa loyauté # *sa quanto è dura la povertà, perché l'ha sperimentata* il sait, par expérience, combien est dure la misère **3** (*fig.*) [*tentare*] tenter: *hanno sperimentato ogni mezzo* ils ont tenté tous les moyens.

sperimentàto |sperimen'tato| *agg.* [*già provato*] expérimenté: *un prodotto sperimentato* un produit expérimenté ◇ (*fig.*) éprouvé: *un uomo di sperimentata onestà* un homme d'une honnêteté éprouvée.

sperimentatóre, trice |sperimenta'tore, tritʃe| *s.* expérimentateur*.

sperimentazióne |sperimentat'tsjone| *s.f.* [→ SPERIMENTARE] expérimentation.

sperlàno |sper'lano| *s.m.* (*t.zool.*) éperlan.

-spèrma |'spɛrma| *suff.* (*significa 'seme', corrisponde gener. a*) sperme: *Gimnosperme* Gymnospermes.

spèrma |'spɛrma| *s.m.* (*biol.*) sperme.

spermacèti |sperma'tʃɛti| *s.m. inv.* (*chim.*) spermaceti.

spermàtico, ci, ca, che |sper'matiko, tʃi, ka, ke| *agg.* spermatique.

spermàtide |sper'matide|, **spermatìdio, i** |sperma'tidjo, i| *s.m.* (*biol.*) spermatide *f.*

spermat(o)- |spermat(o)|, **spermo-** |spermo| *pref.* (*significano 'seme, sperma', corrispondono gener. a*) spermat(o); spermo: *spermatide* spermatide; *Spermatofite* Spermatophytes || *spermogonio* spermogonie.

spermatocito |spermato'tʃito| *s.m.* (*biol.*) spermatocyte.

Spermatòfite |sperma'tɔfite| *s.f. pl.* (*t.bot.*) Spermatophytes.

spermatogènesi |spermato'dʒɛnezi| *s.f. inv.* (*biol.*) spermatogenèse *var.*

spermatogònio, i |spermato'gɔnjo, i| *s.m.* (*biol.*) spermatogonie *f.*

spermatozòide |spermatod'dzɔide| *s.m.* (*biol.*) spermatozoïde.

spermatozòo |spermatod'dzɔo| *s.m.* (*biol.*) spermatozoïde.

spermàzio, i |sper'mattsjo, i| *s.m.* (*bot.*) spermatie *f.*

spermicida |spermi'tʃida| *agg. e s.m.* spermicide, spermaticide.

spèrmio, i |'spɛrmjo, i| *s.m.* → **spermatozoide.**

spermòfilo |sper'mɔfilo| *s.m.* (*t. zool.*) spermophile.

spermogònio, i |spermo'gɔnjo, i| *s.m.* (*bot.*) spermogonie *f.*

spermogràmma |spermo'gramma| *s.m.* (*med.*) spermogramme.

speronaménto |sperona'mento| *s.m.* [→ SPERONARE] éperonnement.

speronàre |spero'nare| *v.tr.* [*urtare un'altra nave con lo sperone*] éperonner.

speronàta |spero'nata| *s.f.* coup *m.* d'éperon.

speronàto |spero'nato| *agg.* [*fornito di speroni*] éperonné: *zampe speronate* pattes éperonnées.

speróne |spe'rone| *s.m.* **1** [*pezzo di metallo con rotella dentata, fissato allo stivale del cavaliere per pungolare il cavallo*] éperon **2** (*mar.*) éperon **3** (*zool.*) ergot, éperon: *gli speroni dei galli* les ergots des coqs **4** (*bot.*) éperon **5** (*geogr.*) éperon, contrefort **6** (*archit.*) éperon.

speronèlla |spero'nɛlla| *s.f.* (*t.bot.*) dauphinelle, pied *m.* d'alouette (*corr.*).

sperperaménto |sperpera'mento| *s.m.* [→ SPERPERO] gaspillage.

sperperàre |sperpe'rare| *v.tr.* **1** [*dilapidare*] dilapider **2** (*fig.*) [*sprecare*] gaspiller.

sperperatóre, trice |sperpera'tore, tritʃe| *s.* (*raro*) [*chi sperpera*] gaspilleur* (*corr.*).

sperperio, ii |sperpe'rio, ii| *s.m.* gaspillage continuel.

spèrpero |'spɛrpero| *s.m.* [→ SPERPERARE] dilapidation *f.*, gaspillage: *sperpero di denaro* dilapidation d'argent, de fonds; *sperpero di energie* gaspillage d'énergie.

spèrso |'spɛrso| *agg.* [*smarrito, sperduto*] perdu: *un cane, un bambino sperso* un chien, un enfant perdu ◇ (*loc.*) *sentirsi, essere, trovarsi sperso* [*essere spaesato*] se sentir, être perdu, dépaysé.

spersonalizzàre |spersonalid'dzare| *v.tr.* [*privare della personalità*] dépersonnaliser (*raro, lett.*): *il consumismo di massa spersonalizza l'individuo* le système économique fondé sur le développement de la consommation dépersonnalise l'individu ✦ (*rifl.*) *non riesce a spersonalizzarsi prima di emettere un giudizio* il n'arrive pas à se dépersonnaliser, à faire abstraction de ses propres sentiments avant d'émettre un jugement.

spersonalizzazióne |spersonaliddzat'tsjone| *s.f.* [→ SPERSONALIZZARE] dépersonnalisation.

sperticàrsi |sperti'karsi| (*v.pron. intr.*) *sperticarsi in lodi, in complimenti* [*profondersi in modo esagerato*] se répandre (53) en louanges, en compliments.

sperticataménte |spertikata'mente| *avv.* [→ SPERTICATO 2] excessivement, avec excès *loc. inv.*

sperticàto |sperti'kato| *agg.* **1** [*smisurato*] démesuré **2** (*fig.*) [*esagerato*] excessif*: *lodi sperticate* louanges excessives; *si è profuso in sperticate proteste di fedeltà* il s'est confondu en d'excessives protestations de fidélité.

spésa |'spesa| *s.f.* **1** [→ SPENDERE] dépense **2** [*denaro che si spende per comprare, pagare q.c.*] dépense, frais (*m. pl.*): *spesa modica, modesta, insostenibile* dépense modique, modeste, insoutenable; *spese d'impianto, di manutenzione* frais d'installation, d'entretien; *fare fronte a una spesa* faire une dépense; *sostenere una spesa* faire face à des dépenses; *è uno che non bada a spese* c'est quelqu'un qui ne regarde pas à la dépense # *la spesa si aggira sul milione* cela va chercher aux environs du million ◇ (*loc.*) *essere di poca spesa* [*spendere poco*] vivre de peu **3** *loc.* A SPESE DI [*a carico di*] aux dépens de, aux crochets de (*fam.*): *a spese della famiglia* aux dépens, aux crochets de la famille # *a spese dello Stato* aux frais de l'État ◇ (*fig.*) *l'ha imparato a sue spese* il l'a appris à ses dépens; *sono sempre io che ne faccio le spese* c'est toujours moi qui paie les pots cassés **4** [*compera, acquisto*] placement (*m.*): *questa lavatrice è stata una ottima spesa* cette machine à laver a été un excellent placement **5** (*fam.*) [*acquisto del cibo quotidiano*] courses *pl.*, commissions *pl.*, provisions (*pl.*): *andare a fare la spesa, le spese* aller faire ses courses, ses commissions; *tornare a casa con la spesa* rentrer (à la maison) avec les provisions ◇ (*loc.*) *la borsa della spesa* le sac à provisions ~ *rubare, far la cresta sulla spesa* faire danser l'anse du panier **6** (*comm.*) dépense, frais: *spese effettive* dépenses effectives; *spese di facchinaggio* frais de course; *spesa postale* frais de correspondance, de poste; *dedotte le spese, con deduzione delle spese* après déduction des frais, tout frais déduits # *rientrare nelle spese* ne pas dépasser son budget; *ordinazione delle spese* ordonnancement des dépenses; *spese di porto* droits de port **7** (*dir.*) frais, dépens (*m. pl.*): *le spese processuali* les frais de justice, les dépens; *essere condannato alle spese* être condamné à payer les dépens, aux dépens.

spesàre |spe'sare| *v.tr.* [*liberare qc. dalle varie spese*] rembourser les frais, défrayer (9): *la ditta lo spesa* l'entreprise rembourse ses frais ✦ (*al p.p.*) *è spesato dalla ditta* l'entreprise rembourse ses frais.

spesàto |spe'sato| *agg.* defrayé.

spesseggiàre |spessed'dʒare| *v. intr.* (*aus.* 'essere') (*raro*) [*essere frequente*] être (43) (*aus.* avoir) fréquent (*corr.*).

spessìmetro |spes'simetro| *s.m.* **1**

(*tecnol.*) jauge *f.*, calibre d'épaisseur **2** (*mecc.*) pige *f.*

1 **spésso** |'spesso| *agg.* **1** [*folto*] épais*: *erba spessa* herbe épaisse; *un tappeto spesso* un tapis épais **2** [*che ha spessore*] épais: *un muro spesso*, un mur épais; *una nebbia spessa* un brouillard épais; *cartone spesso* carton épais # *muro spesso dieci centimetri* mur de dix centimètres d'épaisseur **3** (*loc.*) *spesse volte, spessissime volte* [*frequentemente, molto frequentemente*] souvent *avv.*, bien souvent *avv.*

2 **spésso** |'spesso| *avv.* [*frequentemente*] souvent: *non molto spesso* pas très souvent ◇ (*loc.*) *spesso e volentieri* bien souvent **C** **raramente.**

spessóre |spes'sore| *s.m.* **1** [*terza dimensione di un corpo, oltre alla lunghezza, larghezza, o l'altezza e la larghezza*] épaisseur (*f.*): *lo spessore di una parete* l'épaisseur d'une cloison **2** (*tecnol.*) cale (*f.*): *inserire degli spessori* insérer des cales.

spettàbile |spet'tabile| *agg.* [*rispettabile*] respectable ◇ (*loc.*) *spettabile ditta* Messieurs.

spettacolàre |spettako'lare| *agg.* spectaculaire: *film, incidente spettacolare* film, accident spectaculaire.

spettacolarità |spettakolari'ta| *s.f. inv.* aspect *m. var.*, caractère *m. var.* spectaculaire.

spettàcolo |spet'takolo| *s.m.* **1** spectacle: *spettacolo di varietà, televisivo* spectacle de variété, de télévision; *spettacolo teatrale* spectacle théâtral # *spettacolo cinematografico* séance de cinéma; *spettacolo di gala* gala; *la compagnia dà due spettacoli* la troupe donne deux représentations; la troupe joue en matinée et en soirée ◇ (*loc.*) *dare spettacolo* (*di sé*) se donner en spectacle ~ *dare spettacolo della propria bravura* faire montre de son habileté **2** [*vista di q.c. che colpisce*] spectacle: *a quello spettacolo si commosse* à ce spectacle, il s'émut.

spettacolosaménte |spettakolosa'mente| *avv.* [→ SPETTACOLOSO] d'une façon spectaculaire *loc. inv.*

spettacolóso |spettako'loso| *agg.* **1** [*spettacolare*] spectaculaire **2** [*straordinario*] extraordinaire.

spettànte |spet'tante| *agg.* **1** qui revient (*loc.*): *la parte spettante a ciascuno* la part qui revient à chacun **2** du ressort (*loc. inv.*): *decisione spettante al tribunale* décision du ressort du tribunal.

spettànza |spet'tantsa| *s.f.* **1** [*competenza*] ressort *m.* ◇ (*loc.*) *di mia, tua spettanza* de mon, de ton ressort **2** [*competenza, ciò che spetta come retribuzione e altri diritti*] dû *m.* # *è stato liquidato con tutte le spettanze* il a eu, obtenu une liquidation complète ◇ (*di professionisti*) [*onorario*] honoraires *m. pl.*

spettàre |spet'tare| *v.intr.* (*aus.* '*essere*') **1** [*essere di spettanza*] revenir (27): *ciò mi spetta di diritto, per legge* cela me revient de droit; *l'eredità spetta ai figli* l'héritage revient aux enfants **2** [*toccare, stare a*] être (43) (*aus.* avoir) à qqn. de: *spetta a voi continuare* c'est à vous de continuer; *la decisione non spetta a te* ce n'est pas à toi de décider **3** [*essere di competenza di*] être du ressort, de la compétence: *spetta alla magistratura* c'est du ressort, de la compétence des tribunaux.

spettatóre, trice |spetta'tore, tritʃe| *s.* spectateur* # *allo spettacolo c'erano molti spettatori* au spectacle, le public était nombreux; *l'incidente non ebbe spettatori* l'accident n'eut pas de témoins.

spettegolàre |spettego'lare| *v. intr.* (*aus.* '*avere*') [*fare pettegolezzi*] potiner: *spettegolano tutto il giorno* elles potinent toute la journée.

spettinàre |spetti'nare| *v.tr.* [*arruffare i capelli, rovinare la pettinatura*] décoiffer, dépeigner: *attento a non spettinarmi* attention, ne me décoiffe pas, ne me dépeigne pas ✦ (*rifl.*) *per non spettinarsi, si è messa un 'foulard'* pour ne pas être décoiffée, elle a mis un foulard (sur ses cheveux).

spettinàto |spetti'nato| *agg.* [*che ha i capelli arruffati*] décoiffé, dépeigné: *è tutta spettinata* elle est toute décoiffée, dépeignée.

spettràle |spet'trale| *agg.* **1** spectral*: *faccia spettrale* visage spectral **2** (*fis.*) spectral.

spèttro |'spɛttro| *s.m.* **1** spectre ◇ (*fig.*) ombre (*f.*): *sembrava uno spettro* il était l'ombre de lui-même **2** (*fis.*) spectre: *spettro solare* spectre solaire.

spettroeliògrafo |spettroe'ljɔgrafo| *s.m.* spectrohéliographe.

spettrografìa |spettrogra'fia| *s.f.* (*fis.*) spectrographie.

spettrogràfico, ci, ca, che |spettro'grafiko, tʃi, ka, ke| *agg.* spectrographique.

spettrògrafo |spet'trɔgrafo| *s.m.* (*fis.*) spectrographe: *spettrografo di massa* spectrographe de masse.

spettrogràmma |spettro'gramma| *s.m.* (*fis.*) spectrogramme.

spettrometrìa |spettrome'tria| *s.f.* (*fis.*) spectrométrie.

spettròmetro |spet'trɔmetro| *s.m.* (*fis.*) spectromètre.

spettroscopìa |spettrosko'pia| *s.f.* spectroscopie.

spettroscòpico, ci, ca, che |spettros'kɔpiko, tʃi, ka, ke| *agg.* spectroscopique.

spettroscòpio, i |spettros'kɔpjo, i| *s.m.* spectroscope.

speziàle |spet'tsjale| *s.m.* (*pop.*) **1** [*droghiere*] épicier* *s.* (*corr.*) **2** [*farmacista*] pharmacien* *s.* (*corr.*).

spèzie |'spɛttsje| *s.f. pl.* [*droghe da cucina*] épices (pour la cuisine).

spezierìa |spettsje'ria| *s.f.* **1** [*drogheria*] épicerie **2** *al plur.* [*insieme di spezie*] épices.

spezzàbile |spet'tsabile| *agg.* [→ SPEZZARE A 1; B] brisable, cassable.

spezzaménto |spettsa'mento| *s.m.* (*raro*) [→ SPEZZARE] rupture *f.* (*corr.*).

spezzàre |spet'tsare| **A** *v.tr.* **1** [*ridurre in pezzi*] rompre (44), casser, briser: *spezzare il pane* rompre le pain; *spezzare un ramo* casser une branche; *spezzare il ghiaccio* casser, briser la glace ◇ (*loc.*) *spezzare una lancia in favore di qc.* rompre des lances pour qqn. ~ *spezzare le catene* briser les chaînes ~ *spezzare il cuore* briser le cœur **2** [*interrompere*] couper, interrompre (44); diviser: *spezzare la giornata* couper la journée; *spezzare il viaggio in tappe* couper, interrompre son voyage par des haltes ‖ *spezzare un periodo con la punteggiatura* diviser une période par la ponctuation **B** *v.pron.* SPEZZARSI **1** *intr.* [*rompersi in pezzi*] se casser: *il ramo si è spezzato* la branche s'est cassée **2** *rifl.* (*loc.*) *si spezza ma non si piega* [*preferisce essere distrutto ma non scendere a compromessi*] il se laissera briser plutôt que de plier ~ *spezzarsi in due per qc.* [*fare qualsiasi cosa per aiutarlo*] se mettre en quatre pour qqn.

spezzatìno |spettsa'tino| *s.m.* (*cuc.*) ragoût.

spezzàto |spet'tsato| **I** *agg.* **1** [*ridotto in pezzi*] cassé: *ramo spezzato* branche cassée **2** (*loc.*) *orario spezzato* journée non continue ◇ (*geom.*) (*linea*) *spezzata* ligne brisée **II** *s.m.* **1** (*abbigl.*) costume panaché, costume sport **2** (*teat.*) ferme *f.* **3** → **spezzatino** **4** *al plur.* [*spiccioli*] menue monnaie *f. sing.*

spezzatùra |spettsa'tura| *s.f.* **1** [→ SPEZZARE] cassure, brisure **2** volume *m.* dépareillé **3** (*fin.*) coupure.

spezzettaménto |spettsetta'mento| *s.m.* **1** [→ SPEZZETTARE] morcellement # *lo spezzettamento del legno* le débitage (du bois) **2** [*frazionamento*] morcellement: *lo spezzettamento dei poderi* le morcellement des propriétés.

spezzettàre |spettset'tare| *v.tr.* [*ridurre in pezzettini*] couper en petits morceaux, morceler (4): *spezzettare il pane* couper, rompre le pain; *spezzettare una proprietà terriera* morceler, lotir une propriété foncière # *spezzettare il legno* débiter du bois; *spezzettare il periodo, il discorso* avoir une diction hachée.

spezzettatùra |spettsetta'tura| *s.f.* → **spezzettamento.**

spezzonaménto |spettsona'mento| *s.m.* [→ SPEZZONARE] grenadage.

spezzonàre |spettso'nare| *v.tr.* [*lanciare spezzoni*] bombarder à la grenade.

spezzóne |spet'tsone| *s.m.* **1** (*cine.*) morceau* de pellicule **2** (*mil.*) grenade *f.* # *spezzone incendiario* bombe incendiaire.

sphèx |'sfɛks| *s.m. inv.* (*t.zool.*) sphex.

spìa |'spia| *s.f.* **1** [*chi fa spionaggio*] espion* (*s.*): *una spia del nemico* un espion ennemi ◇ [*confidente della polizia*] indicateur* *s.*, mouchard *s.* **2** [*persona infida che cerca di scoprire cose che possano danneggiare qc.*] mouchard, cafard *s.* (*fam.*) # *fare la spia* rapporter; *è una spia del direttore* il rapporte tout au directeur **3** [*sintomo*] indice *m.* # *il suo comportamento è una spia della sua vera natura* son comportement trahit sa vraie nature **4** [*dispositivo di controllo*] voyant *m.* ◇ (*mecc.*) *spia luminosa* lampe témoin, voyant **5** [*fessura particolare che permette di vedere al di là di una porta, di una parete*] judas *m.*, guichet *m.*

spiaccicàre |spjattʃi'kare| *v.tr.* [*schiacciare q.c. di molle*] écraser, écrabouiller (*fam.*): *spiaccicare un insetto* écraser un insecte.

spiaccichìo, ii |spjattʃi'kio, ii| *s.m.* **1** [→ SPIACCICARE] écrasement, écrabouillement (*fam.*) **2** [*insieme di cose spiaccicate*] bouillie *f.*

spiacènte |spja'tʃɛnte| *agg.* [*dispiaciuto, rammaricato*] désolé, navré: (*sono*) *spiacente, ma non posso aiutarlo* (je suis) désolé, navré, mais je ne peux pas l'aider.

spiacére |spja'tʃere| (149) **A** *v.intr.* (*aus.* '*essere*') **1** [*non piacere, causare dispiacere*] être (43) (*aus.* avoir) désolant, navrant: *spiace vedere tanta ingratitudine* c'est désolant de voir tant d'ingratitude **2** [*essere spiacente*] regretter: *gli spiace, ma non può venire* il regrette, mais il ne peut pas venir; *è spiaciuto a tutti l'aver dovuto rifiutare* tout le monde a regretté d'avoir dû refuser **3** (*in formule di cortesia*) [*causare disturbo*] ennuyer (11): *ti spiace, ti spiacerebbe aprire la finestra?* cela ne t'ennuie pas, ne t'ennuierait pas d'ouvrir la fenêtre? **B** *v.pron. intr.* SPIACERSI [*rammaricarsi, dispiacersi*] regretter *tr.*, être *intr.* désolé: *si è molto spiaciuto del vostro ritardo* il a beaucoup regretté votre retard, il a été désolé de votre retard.

spiacévole |spja'tʃevole| *agg.* **1** [*che dà dispiacere*] fâcheux*: *una notizia spiacevole* une nouvelle fâcheuse **2** [*sgradevole, increscioso*] déplaisant, désagréable: *un compito spiacevole* une tâche déplaisante, désagréable; *una situazione spiacevole* une situation déplaisante.

spiacevolézza |spjatʃevo'lettsa| *s.f.* caractère *m.* déplaisant, désagréable.

spiacevolménte |spjatʃevol'mente| *avv.* [→ SPIACEVOLE] désagréablement.

spiàggia, ge |'spjaddʒa, dʒe| *s.f.* [*striscia di costa pianeggiante e sabbiosa*] plage: *le spiagge della Liguria* les plages de Ligurie; *andare alla spiaggia* aller à la plage; *stare sulla spiaggia* rester à, sur la plage ◇ (*loc.*) *vestiti da spiaggia* robes de plage ~ *vita di spiaggia* vie sur les plages ~ *un tipo da spiaggia* [*vistoso e stravagante*] un type extravagant.

spianàbile |spja'nabile| *agg.* qui peut être aplani, nivelé *loc.*

spianaménto |spjana'mento| *s.m.* [→ SPIANARE A] aplanissement; démolition *f.*

spianàre |spja'nare| **A** *v.tr.* **1** [*rendere piana una superficie togliendo ogni dislivello*] aplanir, niveler (4): *spianare un terreno* aplanir, niveler un terrain # *spianare la pasta* étendre, rouler la pâte; *spianare le cuciture di un abito* [*ribatterle*] aplatir, rabattre les coutures d'un vêtement; *spianare la fronte* [*distenderla facendo scomparire le rughe*] se dérider ◇ (*loc.*) *spianare il fucile contro qc.* [*puntarlo su qc.*] coucher qqn. en joue ~ *spianare il terreno, la strada a qc.* aplanir le terrain, le chemin à qqn. ~ *spianare il revolver contro qc.* braquer son revolver sur qqn. **2** [*demolire*] raser: *spianare una casa, una città al suolo* raser une maison, une ville **B** *v.pron. intr.* SPIANARSI [*distendersi*] se détendre (53): *il volto si spianò in un sorriso* son visage se détendit en un sourire.

spianàta |spja'nata| *s.f.* **1** [→ SPIANARE A] aplanissement *m.*, nivellement *m.* **2** [*spiazzo, luogo pianeggiante*] esplanade.

spianàto |spja'nato| *agg.* [*che è stato reso piano*] nivelé: *terreno spianato* terrain nivelé # *fucile spianato* [*puntato*] fusil en joue.

spianatóia |spjana'toja| *s.f.* planche à pâtisserie.

spianatóio, i |spjana'tojo, i| *s.m.* rouleau à pâtisserie.

spianatrice |spjana tritʃe| *s.f.* (*tecnol.*) niveleuse.

spianatùra |spjana'tura| *s.f.* **1** (*tecnol.*) planage *m.*; dégauchissage (*m.*): *spianatura di lamiere* planage de tôles || *spianatura di una lastra di marmo* dégauchissage d'une table de marbre **2** (*tess.*) tuilage *m.*

spianétta |spja'netta| *s.f.* (*tecnol.*) aplatissoir *m.*

spiàno |'spjano| *s.m.* **1** (*raro*) [→ SPIANARE A 1] aplanissement (*corr.*), nivellement (*corr.*) **2** [*luogo spianato*] esplanade *f.* **3** (*st. fiorentina*) mesure *f.* de blé: *mezzo spiano* demi-mesure; *tutto spiano* mesure entière **4** *loc. fig.* A TUTTO SPIANO [*quanto più possibile, al massimo*]: *correre a tutto spiano* courir à toute allure, à toute vitesse; *spendere a tutto spiano* dépenser sans compter; *lavorare a tutto spiano* travailler à plein, à toute allure.

spiantàre |spjan'tare| *v.tr.* **1** (*raro*) [*sradicare, svellere*] déraciner (*corr.*), arracher (*corr.*) **2** (*fig.*) [*rovinare economicamente*] ruiner: *con le perdite al gioco ha spiantato la famiglia* avec ses pertes au jeu, il a ruiné sa famille ♦ (*rifl.*) *se continua a perdere così si spianterà* s'il continue à perdre comme ça, il se ruinera.

spiantàto |spjan'tato| *agg.* (*fig.*) [*ridotto in miseria, senza un soldo*] ruiné, désargenté (*fam.*): *essere spiantato* être ruiné, désargenté ♦ (*s.*) *uno spiantato* un sans-le-sou *inv.* (*fam.*), un décavé (*fam.*).

spiantatóre |spjanta'tore| *s.m.* (*agr.*) déplantoir.

spiànto |'spjanto| *s.m.* → **miseria**; **rovina**.

spiàre |spi'are| *v.tr.* **1** [*osservare attentamente e di nascosto qc., q.c.*] épier, guetter: *spiare le mosse del nemico* épier les mouvements de l'ennemi; *quel tipo ci sta spiando* ce type nous épie; *la belva spiava la preda* le fauve guettait sa proie **2** [*cercare di scoprire q.c.*] épier, guetter: *spiare dal buco della serratura* épier par le trou de la serrure; *cercava di spiare sul suo volto le sue reazioni* il cherchait à guetter la réaction sur son visage ◇ (*sport*) *spiare l'avversario* guetter l'adversaire **3** [*attendere con ansia q.c. pronto a coglierla*] guetter.

spiàta |spi'ata| *s.f.* **1** [→ SPIARE] guet *m.* **2** [*delazione*] délation.

spiattellàre |spjattel'lare| *v.tr.* **1** [*dire, raccontare senza alcun riguardo*] dire (48) carrément, franchement: *gli ha spiattellato in faccia tutta la verità* il lui a dit carrément, franchement toute la vérité # *dopo un lungo interrogatorio, l'arrestato ha spiattellato tutto* après un long interrogatoire, le prisonnier a tout raconté **2** [*mettere davanti agli occhi q.c.*] mettre (71) sous le nez: *gli spiattellò sotto il naso la famosa lettera* il lui mit la fameuse lettre sous le nez.

spiazzaménto |spjattsa'mento| *s.m.* [→ SPIAZZARE] feinte *f.*

spiazzàre |spjat'tsare| *v.tr.* (*sport*) [*far spostare l'avversario con una finta*] feinter.

spiazzàto |spjat'tsato| *agg.* (*sport*) *hors de position *loc. inv.*, déplacé: *il portiere era spiazzato* le gardien de but était hors de position.

spiàzzo |'spjattso| *s.m.* [*spazio ampio, pianeggiante*] terrain (aplani); clairière (*f.*): *i ragazzi giocano in uno spiazzo davanti a casa* les enfants jouent sur le terrain devant la maison || *si accamparono in uno spiazzo nel bosco* ils campèrent dans une clairière dans le bois.

spìca, che |'spika, ke| *s.f.* → **spiga.**

spicàstro |spi'kastro| *s.m.* (*bot.*) inflorescence *f.* en épi.

spiccàce |spik'katʃe| *agg.* (*bot.*) qui se détache facilement du noyau *loc.*

spiccàgnolo |spik'kaɲɲolo| *agg.* → **spiccace.**

spiccàre |spik'kare| **A** *v.tr.* **1** [*staccare q.c. da un'altra*] détacher, cueillir (18); trancher: *spiccare un frutto dall'albero* cueillir un fruit sur l'arbre || *spiccare la testa dal busto* trancher la tête ◇ (*fig.*) *spiccare bene le parole* bien détacher ses mots, articuler clairement ◇ (*loc.*) *spiccare il bollore* [*incominciare a bollire*] entrer en ébullition ~ *spiccare il volo*: (*di uccelli*) [*alzarsi in volo*] prendre son vol, s'envoler; (*fig.*) [*evadere*] s'envoler ~ *spiccare un salto, un balzo* faire un saut, un bond **2** [*emettere*] émettre (71); tirer: *spiccare un mandato di cattura* émettre un mandat de capture || *spiccare un assegno* tirer un chèque **B** *v.intr.* (*aus.* '*avere*') [*distinguersi, risaltare*] briller # *spicca su tutti per bellezza, per intelligenza* sa beauté, son intelligence la mettent au-dessus de toutes les autres ◇ (*cose*) *è un colore che spicca poco* c'est une couleur qui se remarque peu ◇ [*dare risalto*] mettre (71) *tr.* en valeur # *questo colore fa spiccare i tuoi occhi* cette couleur convient à celle de tes yeux **C** *v.pron. intr.* SPICCARSI (*di frutta*) [*staccarsi dal nocciolo*] se détacher du noyau.

spiccataménte |spikkata'mente| *avv.* [*marcatamente, distintamente*] distinctement, nettement.

spiccàto |spik'kato| *agg.* [*marcato, che ha risalto*] marqué, prononcé; net*: *parla con uno spiccato accento dialettale* il parle avec un accent dialectal marqué, prononcé || *i contorni sono ben spiccati* les contours sont très nets # *ha uno spiccato senso dell'umorismo* il a un grand sens de l'humour.

spicchiàre |spik'kjare| *v.tr.* (*raro*) [*dividere in spicchi*] diviser en quartiers: *spicchiare un'arancia* diviser une orange en quartiers.

spìcchio, i |'spikkjo, i| *s.m.* **1** [*carpello degli agrumi*] quartier: *mangiare uno spicchio d'arancia* manger un quartier d'orange; *fare a spicchi un limone* couper un citron en quartiers, détacher les quartiers d'un citron ◇ [*ciascuno dei piccoli bulbi dell'aglio*] gousse *f.* ◇ (*per est.*) [*parte di q.c. a forma di spicchio*] croissant: *uno spicchio di luna* un croissant de lune **2** *loc.* A SPICCHI: *gonna a spicchi* jupe à lés, à panneaux; *berretto dei preti a spicchi* barrette (des prêtres) **3** (*arald.*) branche *f.* **4** (*geom.*) secteur.

spicciàre |spit'tʃare| **A** *v.tr.* **1** [*sbrigare*] expédier: *spicciare un affare* expédier une affaire **2** [*liberare qc. da un'attesa e sim.*] expédier, se débarrasser (*pron.*): *spicciare un cliente* expédier un client, se débarrasser d'un client ♦ *intr.* [*sbrigarsi, fare in fretta*] se dépêcher (*pron.*): *se non ti spicci* *perdi il treno* si tu ne te dépêches pas, tu vas manquer ton train **3** (*region.*) [*sgombrare*] débarrasser (*corr.*) **B** *v.intr.* (*aus.* '*essere*') (*di liquidi*) [*zampillare con forza*] jaillir (*aus.* avoir): *il sangue spicciava dalla ferita* le sang jaillissait de la blessure.

spicciativo |spittʃa'tivo| *agg.* [*sbrigativo, deciso, rapido*] expéditif*: *metodi spicciativi* méthodes expéditives.

spiccicàre |spittʃi'kare| **A** *v.tr.* **1** [*disunire due cose, due persone appiccicate*] décoller, séparer: *spiccicare il francobollo dalla busta* décoller le timbre de l'enveloppe; *prova se riesci a spiccicare quei due* vois si tu arrives à séparer ces deux-là **2** [*pronunziare distintamente*] bien prononcer (2), articuler: *spiccicare le parole* bien prononcer, articuler les mots ◇ (*spec.*) *è così timido che non riesce a spicciare parola* il est si timide qu'il n'arrive pas à articuler un mot **B** *v.pron. rifl.* SPICCICARSI [*liberarsi da qc. noioso e sim.*] se débarrasser: *cerca di spiccicarti da quello là* vois si tu peux te débarrasser de celui-là.

spiccicàto |spittʃi'kato| *agg.* (*fam.*) → **somigliante.**

spiccio, ci, cia, ce |'spittʃo, tʃi, tʃa, tʃe| *agg.* **1** [*sbrigativo, spicciativo*] expéditif* ◇ (*loc.*) *andare per le spicce* [*agire senza tanti riguardi*] ne pas y aller par quatre chemins **2** (*region.*) [*sgombro*] débarrassé: *stanza spiccia* pièce débarrassée **3** *agg. e s.m.* → **spicciolo.**

spicciolàme |spittʃo'lame| *s.m.* [*insieme di spiccioli*] menue monnaie *f.*

spicciolàre |spittʃo'lare| *v.tr.* [*fare spiccioli*] faire (45) de la monnaie: *spicciolare mille lire* faire la monnaie de mille lires.

spicciolàta (àlla) |'allaspittʃo'lata| *loc. avv.* [*a pochi per volta*] par petits groupes: *uscirono alla spicciolata* ils sortirent par petits groupes.

spicciolo |'spittʃolo| *agg.* **1** (*di denaro*) [*minuto*] menu, petit: *moneta spicciola* menue monnaie, petite monnaie; (*banca*) billon *s.m.* ✦ (*s.m. pl.*) *gli spiccioli* la monnaie *f. sing.* **2** [*ordinario, comune*] à bon marché *loc. inv.*, facile: *filosofia spicciola* philosophie à bon marché, facile.

1 **spicco, chi** |'spikko, ki| *s.m.* (*in loc.*) [*risalto*] *fare spicco* se distinguer *v.pron.*; ressortir (*v.intr.*): *faceva spicco per eleganza* il se distinguait par son élégance ‖ *il giallo fa spicco sul nero* le jaune ressort, se détache sur le noir.

2 **spicco, chi** |'spikko, ki| *agg.* → **spiccace.**

spicconàre |spikko'nare| **A** *v.tr.* [*abbattere col piccone*] démolir à coups de pioche **B** *v.intr.* (*aus.* '*avere*') [*lavorare di piccone*] travailler à la pioche, piocher.

spicifórme |spitʃi'forme| *agg.* (*bot.*) spiciforme.

spicilègio, i |spitʃi'lɛdʒo, i| *s.m.* (*lett.*) spicilège.

spicola |'spikola| *s.f. spec. al plur.* (*zool.*) spicules *m.*

spider |'spaidə| *s.m. o f. inv.* (*ingl.*) *uno, una spider* un spider *m. var.*

spidocchiàre |spidok'kjare| *v.tr.* [*togliere i pidocchi*] épouiller: *spidocchiare la testa di qc.* épouiller la tête de qqn.

spidocchiatùra |spidokkja'tura| *s.f.* [→ SPIDOCCHIARE] épouillage *m.*

spiedàta |spje'data| *s.f.* → **schidionata.**

spiedìno |spje'dino| *s.m.* (*cuc.*) brochette *f.*

spièdo |'spjɛdo| *s.m.* **1** (*st. mil.*) épieu **2** [*ferro su cui si infilza la carne da cuocere alla fiamma*] broche (*f.*): *pollo allo spiedo* poulet à la broche.

spiegàbile |spje'gabile| *agg.* [→ 1 SPIEGARE A 2] explicable: *una reazione spiegabile* une réaction explicable.

spiegaménto |spjega'mento| *s.m.* (*mil.*) déploiement.

1 **spiegàre** |spje'gare| **A** *v.tr.* **1** [*stendere, allargare q.c. in tutta la sua estensione*] déplier, déployer (10): *spiegare la bandiera* déployer un drapeau; *spiegare le ali* déployer les ailes; *spiegare le vele al vento* [*salpare*] déployer, déferler les voiles; *spiegare la voce, il canto* déployer la voix, le chant # *spiegare il volo* prendre le vol **2** [*chiarire q.c. a qc.*] expliquer: *spiegare un problema, una poesia* expliquer un problème, une poésie; *spiegagli come deve fare* explique-lui comment il doit faire; *spiegami l'accaduto* explique-moi ce qui s'est passé **3** (*mil.*) [*schierare*] déployer: *spiegare le truppe* déployer les troupes **B** *v.pron.* SPIEGARSI **1** *rifl.* [*chiarire il proprio pensiero*] s'expliquer: *spiegati!* explique-toi! # *mi sono spiegato?* vous m'avez compris? ◇ (*loc.*) *non so se mi spiego!* (*anche iron., per evidenziare quanto si è detto*) vous comprenez! ◇ [*giungere a una spiegazione*] *finalmente hanno potuto spiegarsi e riconciliarsi* finalement ils ont pu s'expliquer et ils se sont réconciliés **2** *intr.* [*diventare chiaro*] s'expliquer: *adesso la cosa si spiega* maintenant la chose s'explique.

2 **spiegàre** |spje'gare| *v.tr.* **1** [*mostrare, manifestare*] déployer (10): *spiegare zelo* déployer son zèle **2** [*svolgere*] déployer: *spiegare una grande attività* déployer une activité fébrile.

spiegàto |spje'gato| *agg.* **1** [*allargato in tutta la sua estensione*] déployé *p.p.*; déplié (*p.p.*): *bandiera spiegata* drapeau déployé ‖ *una tovaglia spiegata* une nappe dépliée **2** (*loc.*) *a vele spiegate* à ailes déployées ~ *a voce spiegata* à gorge déployée, à pleins poumons **3** [*chiarito, reso comprensibile*] expliqué.

spiegatùra |spjega'tura| *s.f.* [*l'allargare, il distendere*] dépliage *m.*, dépliement *m.*

spiegazióne |spjegat'tsjone| *s.f.* **1** [→ SPIEGARE A 2] explication: *spiegazione esauriente* explication complète; *borbottò poche parole di spiegazione* il bafouilla quelques mots d'explication # *non c'è alcuna spiegazione* cela ne s'explique pas **2** [*chiarificazione del pensiero proprio, altrui*] explication: *pretendere, avere, chiedere una spiegazione* prétendre, avoir, demander une explication # *venire a una spiegazione* s'expliquer.

spiegazzaménto |spjegattsa'mento| *s.m.* → **spiegazzatura.**

spiegazzàre |spjegat'tsare| *v.tr.* [*sgualcire, piegare in malo modo*] froisser, chiffonner: *spiegazzare un vestito* froisser, chiffonner une robe ✦ (*al p.p.*) *un vestito tutto spiegazzato* une robe toute froissée, chiffonnée.

spiegazzàto |spjegat'tsato| *agg.* [*sgualcito, piegato in malo modo*] froissé, chifonné.

spiegazzatùra |spjegattsa'tura| *s.f.* [→ SPIEGAZZARE] froissement *m.*, chiffonnement *m.* # *un vestito pieno di spiegazzature* un vêtement tout froissé, chiffonné.

spietataménte |spjetata'mente| *avv.* [→ SPIETATO] impitoyablement, sans pitié *loc. inv.*

spietatézza |spjeta'tettsa| *s.f.* [*l'essere spietato*] cruauté.

spietàto |spje'tato| *agg.* **1** [*crudele, senza pietà*] impitoyable **2** (*fig.*) [*accanito, senza requie*] pressant; sans merci (*loc. inv.*): *le ha fatto una corte spietata* il lui a fait une cour pressante ‖ *c'è una concorrenza spietata* il y a une concurrence sans merci.

spietràre |spje'trare| *v.tr.* [*liberare dalle pietre, dai sassi*] épierrer ◇ (*tecnol.*) dérocher.

spietratóre |spjetra'tore| *s.m.*, **spietratrice** |spjetra'trice| *s.f.* (*tecnol.*) épierreuse *f.*

spietratùra |spjetra'tura| *s.f.* [→ SPIETRARE] épierrage *m.* ◇ (*tecnol.*) dérochement *m.*

spifferaménto |spiffera'mento| *s.m.* [→ SPIFFERARE A] rapportage, mouchardage (*fam.*).

spifferàre |spiffe'rare| **A** *v.tr.* (*fam.*) [*riferire, riportare*] rapporter, moucharder: *è andata a spifferargli tutto* elle est allée lui rapporter tout; elle a tout mouchardé (auprès de lui) **B** *v.intr.* (*aus.* '*avere*') (*di aria e sim.*) [*filtrare attraverso fessure*] s'infiltrer *pron.*, souffler.

spifferàta |spiffe'rata| *s.f.* **1** → **spifferamento** **2** (*raro*) musique de fifre.

spiffero |'spiffero| *s.m.* (*fam.*) [*corrente d'aria che proviene da una fessura*] courant d'air (*corr.*), vent coulis (*corr.*).

spifferóne |spiffe'rone| *s.* (*fam.*) [*chi spiffera*] rapporteur* (*corr.*), mouchard (*corr.*).

spiga, ghe |'spiga, ge| *s.f.* **1** (*bot.*) épi **2** (*di grano*) épi (de blé) **3** *loc.* A SPIGA en épi; (*bot.*) spiciforme (*agg.*): *pavimento a spiga* parquet en épi, en feuille de fougère # *tessuto a spiga* [*spigato*] tissu à chevrons.

spigàre |spi'gare| *v.intr.* (*aus.* '*essere, avere*') **1** (*di cereali*) [*mettere la spiga*] monter en épi, en graine, épier (*aus.* avoir) (*raro*) **2** (*di ortaggi*) [*allungarsi in cima come una spiga, perdendo freschezza*] monter en graine.

spigàto |spi'gato| *agg.* **1** [*con lavorazione a spiga, a lisca di pesce*] à chevrons (*loc. inv.*): *tessuto spigato* tissu à chevrons **2** (*bot.*) monté en épi, spiciforme.

spigatùra |spiga'tura| *s.f.* **1** [→ SPIGARE] épiaison, épiage *m.* **2** période de l'épiaison, de l'épiage.

spighétta |spi'getta| *s.f.* **1** (*bot.*) épillet *m.* **2** [*trecciolina di seta per guarnizioni*] tresse, galon *m.* ◇ [*passamano, passafino*] extra-fort *m.*

spigionàrsi |spidʒo'narsi| *v.pron. intr.* [*diventare sfitto*] se libérer (8), devenir (27) *intr.* libre, vacant.

spigionàto |spidʒo'nato| *agg.* [*sfitto, libero*] libre, vacant.

spigliataménte |spiʎʎata'mente| *avv.* [→ SPIGLIATO] avec aisance *loc. inv.*, d'un air dégagé *loc. inv.*

spigliatézza |spiʎʎa'tettsa| *s.f.* [*l'essere spigliato*] aisance # *rispose con spigliatezza* il répondit sans embarras.

spigliàto |spiʎ'ʎato| *agg.* [*disin-*

volto, senza impaccio] ayant *p. pres.* de l'aisance; dégagé: *una ragazza spigliata* une fille ayant de l'aisance, de la grâce ‖ *modi spigliati* des façons dégagées # *in modo spigliato* avec aisance.
spignattàre |spiɲɲat'tare| *v.intr.* (*aus.* '*avere*') (*fam.*) [*darsi da fare in cucina*] s'affairer *pron.* (*corr.*) devant ses fourneaux.
spignoraménto |spiɲɲora'mento| *s.m.* [→ SPIGNORARE] dégagement.
spignoràre |spiɲɲo'rare| *v.tr.* **1** [*svincolare da un pignoramento*] libérer (8) **2** [*riscattare un pegno*] dégager (3).
spìgo, ghi |'spigo, gi| *s.m.* → 1 **lavanda.**
spìgola |'spigola| *s.f.* (*t.zool.*) bar *m.*, loup *m.* (de mer) (*corr.*).
spigolàme |spigo'lame| *s.m.* [*insieme di cose spigolate*] glanure *f.*
spigolàre |spigo'lare| *v.tr.* **1** [*raccogliere le spighe*] glaner **2** (*fig.*) [*raccogliere notizie e sim. attingendo a fonti diverse*] glaner.
spigolatóre, trice |spigola'tore, tritʃe| *s.* [*chi spigola*] glaneur*.
spigolatùra |spigola'tura| *s.f.* **1** [→ SPIGOLARE 1] glanage *m.* **2** *spec. al plur.* (*fig.*) [*insieme di piccole notizie, fatti raccolti qua e là*] échos *m.*
spìgolo |'spigolo| *s.m.* **1** (*geom.*) arête *f.* **2** [*linea di incontro di due facce di un oggetto*] coin: *lo spigolo del tavolo* le coin de la table **3** (*fig.*) [*asprezza, durezza*] angle: *smussare gli spigoli del carattere* arrondir les angles de son caractère # *è tutto spigoli* il a un caractère très pointu, anguleux → **difficile** ◇ (*arch.*) arête: *spigolo vivo* arête vive.
spigolóne |spigo'lone| *s.m.* (*arch.*) arêtière *f.*
spigolóso |spigo'loso| *agg.* [*pieno di spigoli*] anguleux*, pointu ◇ (*fig.*) *un tipo spigoloso* un type anguleux, difficile.
spigonàrdo |spigo'nardo| *s.m.* → 1 **lavanda.**
spigrìre |spi'grire| (197) *v.tr.* [*rendere meno pigro*] guérir qqn. de sa paresse ♦ *pron. rifl.* [*diventare meno pigro*] se guérir de sa paresse: *cerca di spigrirti* essaie de te guérir de ta paresse.
spìlla |'spilla| *s.f.* **1** [*gioiello che si appunta al petto*] broche; épingle: *spilla d'oro* broche en or ‖ *spilla da cravatta* épingle de cravate **2** (*dial.*) [*spillo*] épingle: *spilla da balia* épingle de nourrice; *spilla di sicurezza* épingle de sûreté.
spillàio, i |spil'lajo, i| *s.* [*fabbricante, venditore di spilli*] épinglier*.
spillàre |spil'lare| **A** *v.tr.* **1** [*forare una botte con l'apposito spillo*] mettre (71) en perce ◇ [*attingere* (*vino*) *da un apposito foro*] tirer **2** [*carpire denaro con l'inganno*] soutirer: *gli ha spillato un fracco di denaro* il lui a soutiré un tas de fric (*pop.*) **3** *spillare le carte* [*scoprirle a ventaglio, lentamente*] ouvrir (23) son jeu, les cartes en éventail **B** *v.intr.* (*aus.* '*essere*' *se il sogg. è il liquido*; '*avere*' *se è il recepiente*) [*fuoriuscire lentamente*] couler (*aus.* avoir) goutte à goutte; fuir (*aus.* avoir): *il vino è spillato* le vin a coulé goutte à goutte ‖ *la botte ha spillato* le tonneau a fui.
spillàtico, ci |spil'latiko, tʃi| *s.m.* (*dir.*) argent de poche (qu'un mari donne à sa femme pour ses dépenses personnelles).
spillatùra |spilla'tura| *s.f.* [→ SPILLARE A 1] mise en perce.
spìllo |'spillo| *s.m.* **1** [*filino di acciaio terminante a punta a un'estremità e con una capocchia dall'altra*] épingle (*f.*): *spillo da balia, di sicurezza* épingle de nourrice, de sûreté; *cuscinetto per spilli* pelote à épingles; *appuntare q.c. con gli spilli* piquer une épingle dans qqch. **2** *loc.* A SPILLO [*sottile e appuntito come uno spillo*] aiguille: *tacchi a spillo* talons aiguilles ~ *colpo di spillo* [*punzecchiatura, frecciata*] pointe *f.*, flèche *f.* ◇ (*loc. fig.*) *uccidere qc. a colpi di spillo* tuer qqn. à petit feu ~ *avere gli occhi come due spilli* [*acuti e penetranti*] avoir des yeux perçants **3** [*stiletto da botte*] perçoir, foret ◇ [*foro prodotto da tale stiletto*] trou (fait par un perçoir, un foret) **4** (*tecnol.*) pointeau: *valvola a spillo del carburatore* pointeau de carburateur.
spillóne |spil'lone| *s.m.* [*spillo grosso con capocchia ornamentale*] épingle (*f.*): *spillone da cappello* épingle à chapeau ◇ (*oref.*) broche *f.*
spilluzzicaménto |spilluttsika'mento| *s.m.* [→ SPILLUZZICARE] grappillage.
spilluzzicàre |spilluttsi'kare| *v.tr.* **1** [*piluccare del cibo*] grignoter **2** (*fig.*) [*mettere insieme q.c. prendendo qua e là*] grappiller.
spilorcerìa |spilortʃe'ria| *s.f.* [*l'essere spilorcio*] pingrerie, ladrerie (*lett.*) ◇ [*azione da spilorcio*] pingrerie.
spilorciaménte |spilortʃa'mente| *avv.* [*da spilorcio*] avec avarice *loc. inv.*, avec ladrerie *loc. inv.*
spilòrcio, ci, cia, ce |spi'lɔrtʃo, tʃi, tʃa, tʃe| *agg.* [*avaro, tirchio*] radin (*inv. al f.*): *è molto spilorcia* elle est très radin ♦ (*s.*) *uno spilorcio* un radin (*raro al f.*), un grippe-sou *m.*
spilungóne |spilun'gone| *s.* [*persona molto alta e magra*] perche *f.*, échalas (*m.*): *che spilungone!* quelle grande perche!, quel échalas!
spin |spin| *s.m. inv.* (*ingl.*) (*fis.*) spin *var.*
spìna |'spina| *s.f.* **1** (*bot.*) épine: *le spine della rosa* les épines de la rose (du rosier) **2** (*fig.*) [*tormento intimo, cruccio*] épine, croix: *ho una spina nel cuore* j'ai une épine dans le cœur; *quella ragazza è la loro spina* cette enfant est une croix pour eux ◇ *loc.* ESSERE, STARE SULLE SPINE [*essere molto agitato*] être sur des charbons ardents: *non farmi stare sulle spine, parla!* ne me laisse pas sur des charbons ardents, parle! ◇ (*prov.*) *non c'è rosa senza spine* il n'y a pas de roses sans épines **3** (*pop.*) [*fitta, trafittura*] élancement *m.* (*corr.*) **4** *al plur.* [*spini*] épines: *corona di spine* couronne d'épines **5** (*zool.*) piquant *m.* **6** *loc.* A SPINA DI PESCE: *tessuto a spina di pesce* tissu à chevrons ~ (*agr.*) *sistemazione a spina di pesce* disposition en épi ~ (*sci*) *passo a spina di pesce* pas en ciseaux **7** (*anat.*) épine: *spina dorsale* épine dorsale **8** (*mecc.*) goupille, cheville ◇ (*tecnol.*) noix **9** (*elettr.*) fiche **10** [*cannella da botte*] cannelle ◇ (*loc.*) *birra alla spina* [*spillata dalla botte*] bière pression.
spìna bìfida |'spina'bifida| *s.f.* (*med.*) spina-bifida *m.*
spinàcio, i |spi'natʃo, i| *s.m.* (*t. bot.*) épinard ◇ (*corr.*) *spinaci al burro* épinards au beurre.
spinàle |spi'nale| *agg.* (*anat.*) spinal*: *nervo spinale* nerf spinal # *midollo spinale* moelle épinière.
spinàre |spi'nare| *v.tr.* [*togliere la lisca a un pesce*] enlever (6) les arêtes.
spinarèllo |spina'rɛllo| *s.m.* (*t. zool.*) épinoche *f.*
spinaròlo |spina'rɔlo| *s.m.* (*t.zool.*) aiguillat.
spinàto |spi'nato| *agg.* **1** (*nella loc.*) *filo spinato* (fil de fer) barbelé **2** [*sim. nella forma alla lisca di pesce*] *tessuto spinato* tissu à chevrons; *pavimento spinato* parquet en épi, en feuille de fougère.
spinatrice |spina'tritʃe| *s.f.* (*tecnol.*) brocheuse.
spinatùra |spina'tura| *s.f.* (*tecnol.*) brochage *m.*
spìna ventósa |'spinaven'tosa| *s.f.* (*med.*) spina-ventosa *m.*
spincervìno |spintʃer'vino| *s.m.* (*t. bot.*) nerprun.
spincióne |spin'tʃone| *s.m.* (*t. zool.*) pinson appeleur.
1 **spinèllo** |spi'nɛllo| *s.m.* (*miner.*) spinelle.
2 **spinèllo** |spi'nɛllo| *s.m.* (*gerg.*) cigarette *f.* de marijuana.
spinéto |spi'neto| *s.m.* [*pruneto*] ronceraie *f.*, épinaie *f.* (*raro*).
spinétta |spi'netta| *s.f.* (*mus.*) épinette.
spingàrda |spin'garda| *s.f.* **1** [*fucile per cacciare le anatre posate*] canardière **2** (*st. mil.*) espingole ◇ [*macchina per proiettili di pietra*] espringale.
spìngere |'spindʒere| (119) **A** *v.tr.* **1** [*sottoporre q.c., qc. alla forza di pressione per spostarlo*] pousser: *spingere una carrozzella* pousser une voiture d'enfants; *spingere una persona da parte* pousser qqn. de côté ◇ (*loc.*) *spingere avanti* avancer (2), pousser ~ *spingere dentro* rentrer ~ *spingere indietro* faire (45) *intr.* reculer **2** [*premere*] presser: *spingere un pulsante* presser un bouton **3** (*fig.*) [*protendere*] porter au loin: *spingere lo sguardo lontano* porter son regard au loin ◇ [*far arrivare fino a un determinato punto*] *ha spinto le sue pretese fino a chiedergli dei soldi* il a poussé ses prétentions jusqu'à lui demander de l'argent; *spinse l'auto al massimo* il poussa sa voiture au maximum ◇ (*loc.*) *spingere lo scherzo troppo lontano* pousser trop loin la plaisanterie **4** [*incitare, indurre*] pousser, inciter: *l'hanno spinto al male* ils l'ont poussé, incité au mal **5** *ass.* [*dare spintoni*] pousser, bousculer: *non spingete!* ne poussez pas!, ne bousculez pas! **B** *v.pron.* SPINGERSI **1** *rifl.* [*giungere fino a*] aller (13) *intr.*, s'avancer: *si spinsero troppo avanti e persero la strada* ils allèrent trop loin et ils se perdirent; *ci spingemmo fino al confine* nous nous avançames jusqu'à la frontière **2** *recipr.* [*urtarsi*] se pousser **3** *intr.* [*giungere, arrivare a un certo punto*] arriver *intr.*; pousser (*tr.*): *le cose si sono spinte a un punto tale che è difficile porre rimedio* les choses sont arrivées à un tel point qu'il est difficile d'y porter remède ‖ *la sua audacia si spinse oltre ogni limite* il poussa l'audace au-delà de toute limite.
spingidìsco, chi |spindʒi'disko, ki| *s.m.* (*auto.*) plateau de pression.

spingiménto |spindʒi'mento| *s.m.* → **spinta.**
spingitóio, i |spindʒi'tojo, i| *s.m.* (*mecc.*) poussoir.
spingitùbo |spindʒi'tubo| *s.m.* (*tecnol.*) pousse-tubes.
spinite |spi'nite| *s.f.* (*med.*) rachialgite, spinite.
spinnaker |'spinəkə| *s.m. inv.* (*ingl.*) (*mar.*) spinnaker *var.*
1 **spino** |'spino| *s.m.* **1** [*pianta spinosa*] ronce *f.* **2** (*t.bot.*) épine *f.* ~ *spino bianco* épine blanche, aubépine *f.* ~ *spino nero* épine noire, prunellier.
2 **spino** |'spino| *agg.* (*solo in accezioni bot. e zool.*) épineux*: *pero spino* poirier épineux # *porco spino* *hérisson.
spinóne |spi'none| *s.m.* (*t.zool.*) griffon.
spinosità |spinosi'ta| *s.f. inv.* **1** aspect *m. var.* épineux (de qqch.) **2** (*fig.*) *la spinosità di una questione* caractère *m. var.* épineux d'une affaire.
spinóso |spi'noso| *agg.* **1** [*irto di spine*] épineux* **2** (*fig.*) [*irto di difficoltà*] épineux: *questione spinosa* question épineuse **3** (*anat.*) *apofisi spinosa* apophyse épineuse.
spinòtto |spi'nɔtto| *s.m.* (*mecc.*) goujon, cheville *f.*; (*di stantuffo*) axe de piston ◇ (*elettr.*) fiche *f.* banane.
spinozìsmo |spinod'dzizmo| *s.m.* (*filos.*) spinosisme, spinozisme.
spinozista |spinod'dzista| *s.* spinosiste, spinoziste.
spinta |'spinta| *s.f.* **1** [→ SPINGERE A 1, 5] poussée: *dare, ricevere una spinta* donner, recevoir une poussée # *si aprì la strada a forza di spinte* il s'ouvrit un chemin en poussant, en jouant des coudes; *fare a spinte* se donner des bourrades; *darsi una spinta in avanti* se pousser en avant ◇ (*fis.*) poussée **2** (*fig.*) [*stimolo, sprone*] impulsion, poussée # *per lui è una spinta a mostrarsi il migliore* ceci le pousse à se montrer le meilleur **3** [*appoggio con cui si vuole favorire qc.*] coup *m.* de piston, coup de pouce: *non potrebbe darle una piccola spinta?* vous ne pourriez pas lui donner un petit coup de pouce?
spintarèlla |spinta'rɛlla| *s.f.* **1** (*sport*) poussette **2** [*raccomandazione per favorire qc.*] coup *m.* de piston, de pouce: *gli hanno dato una spintarella* ils lui ont donné un coup de piston, de pouce, d'épaule.
spinterògeno |spinte'rɔdʒeno| *s.m.* (*auto.*) allumeur, distributeur d'allumage.
spinteròmetro |spinte'rɔmetro| *s.m.* (*elettr.*, *fis.*) éclateur.
spinto |'spinto| *agg.* **1** [*attirato, inclinato*] attiré: *si sentiva spinto verso di lei* il se sentait attiré vers elle **2** [*politicamente estremistico*] extrémiste: *è su una posizione spinta* il a adopté une position extrémiste; *hai idee spinte* il a des idées extrémistes **3** [*eccessivo*] outré, excessif*: *un'idea troppo spinta* une idée trop outrée **4** [*scabroso, volgare*] scabreux*, osé: *discorso spinto* discours scabreux; *barzelletta spinta* histoire osée **5** (*loc. tecnol.*) *motore spinto* moteur poussé ~ *vuoto spinto* vide poussé.
spintonàre |spinto'nare| *v.tr.* **1** (*calcio*) [*caricare, spingere irregolarmente un avversario*] charger (3) irrégulièrement **2** [*spingere, farsi largo a forza di spintoni*] bousculer.
spintóne |spin'tone| *s.m.* forte poussée *f.*, bourrade *f.* # *mi ha dato uno spintone* il m'a poussé violemment, bousculé ◇ (*fig.*) [*aiuto*] piston ◇ (*loc.*) *si è fatto avanti a forza di spintoni*: (*pr.*, *fig.*) il s'est frayé un chemin en jouant des coudes.
spintóre |spin'tore| *s.m.* (*mar.*) pousseur.
spiombàre |spjom'bare| **A** *v.tr.* **1** [*togliere la piombatura, i piombini*] déplomber: *spiombare un pacco* déplomber un paquet **2** (*chim.*) [*togliere da una soluzione i sali di piombo*] déplomber **B** *v.intr.* (*aus. 'avere' nel significato* 1, *'avere, essere' nel significato* 2) **1** [*non essere a piombo*] ne pas être (43) d'aplomb: *il muro spiomba* le mur n'est pas d'aplomb **2** [*essere pesante come piombo*] être (*aus.* avoir) lourd comme du plomb.
spiombatùra |spjomba'tura| *s.f.* (*tecnol.*) [→ SPIOMBARE A 1] déplombage *m.*
spionàggio, i |spio'naddʒo, i| *s.m.* espionnage.
spioncino |spion'tʃino| *s.m.* [*foro apposito praticato in una porta per vedere al di là*] judas.
spióne |spi'one| *s.* (*spreg.*) [*spia*] rapporteur* ◇ (*della polizia*) indicateur*, mouchard.
spionìstico, ci, ca, che |spio'nistiko, tʃi, ka, ke| *agg.* d'espionnage *loc. inv.*
spiovènte |spjo'vɛnte| **I** *agg.* **1** (*calcio*) plongeant **2** [*che ricade*] tombant: *baffi spioventi* moustaches tombantes **3** en pente (*loc. inv.*): *tetto spiovente* toit en pente **II** *s.m.* **1** (*arch.*) versant **2** (*calcio*) *spiovente* tir plongeant *agg.* **3** (*raro, geogr.*) versant (*corr.*).
1 **spiòvere** |'spjɔvere| (166) *v.intr. impers.* (*aus. 'essere, avere'*) [*cessare di piovere*] cesser (*aus.* avoir) de pleuvoir.
2 **spiòvere** |'spjɔvere| *v.intr.* (166) (*aus. 'essere'*) **1** (*di acqua*) [*scorrere*] couler (*aus.* avoir) **2** [*ricadere*] tomber: *i capelli le spiovevano sugli occhi* ses cheveux lui tombaient sur les yeux.
spìp(p)ola |'spip(p)ola| *s.f.* → **pispola.**
spìra |'spira| *s.f.* **1** spire ◇ (*loc.*) *a spire* en spirale **2** (*elettr.*, *mat.*) spire **3** (*al plur.*) *le spire dei serpenti* les nœuds *m.*, les anneaux *m.* des serpents.
spiràbile |spi'rabile| *agg.* → **respirabile.**
spiràcolo |spi'rakolo| *s.m.* (*anat.*, *zool.*) spiracle.
spiràglio, i |spi'raʎʎo, i| *s.m.* **1** [*apertura attraverso cui passano l'aria e la luce*] soupirail*, entrebâillement, ouverture (*f.*): *aprire uno spiraglio* ouvrir un soupirail # *guardare attraverso uno spiraglio della porta, della finestra* regarder par la porte entrebaillée, par la fenêtre entrouverte ◇ (*per est.*) [*filo di luce, di aria che passa attraverso l'apertura*] rayon; filet: *dalla finestra entrava uno spiraglio di luce* un rayon de lumière filtrait par la fenêtre ‖ *uno spiraglio d'aria* un filet d'air **2** (*fig.*) [*barlume*] lueur *f.*, rayon: *uno spiraglio di speranza* une lueur, un rayon d'espoir.
spiràle |spi'rale| **I** *s.f.* **1** spirale: *una spirale di fumo* une spirale de fumée **2** (*mat.*) spirale **3** (*contraccettivo*) spirale **4** *loc.* A SPIRALE: *colonna a spirale* colonne torse; *molla a spirale* ressort à boudin; *scala a spirale* escalier en colimaçon ◇ (*aer.*) *volo a spirale* vol en vrille ◇ (*elettr.*) *resistenza a spirale* boudin de résistance **5** (*fig.*) [*situazione estremamente negativa che innesta una serie di reazioni emotive concatenate*] escalade: *la spirale della violenza, dell'odio* l'escalade de la violence, de la haine **6** (*econ.*) *la spirale dei prezzi, dei salari* la spirale, l'escalade des prix, des salaires **II** *agg.* spiral*.
spiralifórme |spirali'forme| *agg.* spiral*.
1 **spirànte** |spi'rante| *agg. e s.f.* (*ling.*) *la* (*consonante*) *spirante* la (consonne) spirante.
2 **spirànte** |spi'rante| *agg.* [*che* (2) *spira* (1)] mourant, expirant.
1 **spiràre** |spi'rare| **A** *v.intr.* (*aus. 'avere'*) **1** (*di vento leggero*) [*soffiare*] souffler: *spirava un tiepido venticello* il soufflait un petit vent tiède # *non spirava un alito di vento* il n'y avait pas un souffle de vent ◇ (*loc. fig.*) *spira aria cattiva per me, te, ecc.* l'air est malsain pour moi, pour toi, etc. **2** (*lett.*) [*emanare; provenire*] s'exhaler (*pron.*): *dal giardino spirava un profumo intenso* un parfum intense s'exhalait du jardin **3** (*teol.*) (*dello spirito di Dio*) [*soffiare*] souffler; [*emanare*] procéder (8) **B** *v.tr.* **1** [*diffondere, manifestare*] respirer: *il suo volto spirava fiducia* son visage respirait la confiance **2** (*poet.*) [*ispirare*] inspirer.
2 **spiràre** |spi'rare| *v.intr.* (*aus. 'essere'*) **1** [*morire*] expirer (*aus.* avoir): *è appena spirato* il vient d'expirer **2** (*fig.*) [*scadere, finire*] expirer.
spirazióne |spirat'tsjone| *s.f.* (*teol.*) inspiration.
spirèa |spi'rɛa| *s.f.* (*t.bot.*) spirée.
spirìfero |spi'rifero| *s.m.* (*t.zool.*) spirifer.
spirillo |spi'rillo| *s.m.* (*biol.*) spirille.
spirillòsi |spiril'lɔzi| *s.f. inv.* (*med.*) spirillose *var.*
spiritataménte |spiritata'mente| *avv.* [→ SPIRITATO 1] en possédé *loc.*, comme un possédé *loc.*
spiritàto |spiri'tato| *agg.* **1** [*posseduto dal demonio*] possédé (du démon) ✦ (*s.*) *uno spiritato* un possédé **2** [*molto agitato ed emozionato*] excité # *un bambino spiritato* un petit démon, un diablotin ◇ (*detto degli occhi*) exorbité: *mi guardava con occhi spiritati* il me regardait avec des yeux exorbités **3** [*che trabocca di vitalità*] pétillant.
spiritèllo |spiri'tɛllo| *s.m.* **1** (*fam.*) [*bambino molto vivace*] diablotin, petit démon, lutin (*corr.*) **2** (*mitol.*) lutin.
spirìtico, ci, ca, che |spi'ritiko, tʃi, ka, ke| *agg.* spirite # *seduta spiritica* séance de spiritisme.
spiritismo |spiri'tizmo| *s.m.* spiritisme.
spiritista |spiri'tista| *s.* spirite.
spiritìstico, ci, ca, che |spiri'tistiko, tʃi, ka, ke| *agg.* spirite.
1 **spìrito** |'spirito| *s.m.* **1** [*principio della vita psichica, affettiva, intellettuale*] esprit: *i valori dello spirito* les valeurs de l'esprit **2** (*teol.*) esprit: *Dio, puro spirito* Dieu, pur esprit; *lo Spirito Santo* le Saint-Esprit, l'Esprit Saint **3** *al plur.* [*persone prive di corpo con vita autonoma*] âmes *f.*, esprits: *gli spiriti dei morti* les âmes des morts; *gli spiriti celesti, maligni* les esprits célestes, malins **4** [*fantasma*] fantôme, revenant:

crede agli spiriti il croit aux fantômes, aux revenants **5** (*relig. animistica*) esprit: *lo spirito del bosco, dell'acqua* l'esprit du bois, de l'eau **6** [*insieme di disposizioni, di modi d'agire abituali*] esprit: *spirito di carità, di sacrificio* esprit de charité, de sacrifice; *spirito pratico* esprit pratique; *spirito di contraddizione* esprit de contradiction; *spirito di corpo, di parte* esprit de corps, partisan # *spirito di sopportazione* patience **7** [*umorismo, briosità*] esprit: *avere, non avere spirito* avoir de l'esprit, ne pas avoir d'esprit ◇ (*loc.*) *sei uno spirito di patata, di rapa* [*un insulso, stupido*] tu es un imbécile *agg.*, un sot* *agg.* **8** [*ingegno mobile, vivace*] esprit: *un bello spirito* un bel esprit; *uno spirito superiore* un esprit supérieur **9** [*temperie, insieme di idee e sim. che orientano l'agire di una collettività*] esprit: *lo spirito dei tempi* l'esprit des temps **10** [*il significato profondo, l'essenza*] esprit: *lo spirito di una legge* l'esprit d'une loi **11** (*ant. fisiol.*) esprit.

2 **spirito** |'spirito| *s.m.* **1** (*alcool*) alcool **2** (*loc.*) *ciliegie sotto spirito* cerises à l'eau-de-vie ~ *fornello a spirito* réchaud à alcool.

3 **spirito** |'spirito| *s.m.* (*ling.*) esprit.

spiritosàggine |spirito'saddʒine| *s.f.* **1** [*l'essere spiritoso*] esprit *m.* **2** [*battuta che vuole essere spiritosa ma che è insulsa*] idiotie, bêtise; esprit à bon marché, facile: *che spiritosaggine!* quelle idiotie!, quelle bêtise! ‖ *dire spiritosaggini* faire de l'esprit à bon marché.

spiritosaménte |spiritosa'mente| *avv.* [→ SPIRITOSO 1] spirituellement.

spiritosità |spiritosi'ta| *s.f. inv.* → **spiritosaggine.**

spiritóso |spiri'toso| *agg.* **1** [*pieno di umorismo, di brio*] spirituel*, d'esprit (*loc. inv.*): *un uomo spiritoso* un homme spirituel; *una battuta spiritosa* un mot d'esprit **2** (*iron.*) drôle: *come sei spiritoso!* (si) tu te crois drôle! ✦ (*s.*) *non fare lo spiritoso!* ne fais pas l'idiot, le malin! **3** (*raro*) [*alcoolico*] spiritueux*.

spiritual |'spiritjuəl| *s.m. inv* (*ingl.*). spiritual *var.*, négro-spiritual *var.*

spirituàle |spiritu'ale| *agg.* **1** spirituel* ◇ (*loc.*) *esercizi spirituali* exercices spirituels; *padre spirituale* père spirituel # *direttore spirituale* directeur de conscience **2** [*che vive secondo i valori dello spirito*] spirituel.

spiritualismo |spiritua'lizmo| *s.m.* (*filos.*) spiritualisme.

spiritualista |spiritua'lista| *s.* spiritualiste.

spiritualistico, ci, ca, che |spiritua'listiko, tʃi, ka, ke| *agg.* (*filos.*) spiritualiste.

spiritualità |spirituali'ta| *s.f. inv.* spiritualité *var.*

spiritualizzàre |spiritualid'dzare| *v.tr.* [*rendere spirituale; idealizzare*] spiritualiser: *spiritualizzare l'amore, la donna* spiritualiser l'amour, la femme.

spiritualizzazióne |spiritualiddzat'tsjone| *s.f.* [→ SPIRITUALIZZARE] spiritualisation.

spiritualménte |spiritual'mente| *avv.* [→ SPIRITUALE] spirituellement.

spiro |'spiro| *s.m.* (*poet.*) **1** [*soffio*] souffle (*corr.*) **2** [*spirito*] esprit **3** (*per anton.*) [*Spirito Santo*] Saint-Esprit.

spirochèta |spiro'kɛta| *s.f.* (*biol.*) spirochète *m.*

spirochetòsi |spiroke'tɔzi| *s.f. inv.* (*med.*) spirochétose *var.*

spirogira |spiro'dʒira| *s.f.* (*t.bot.*) spirogyre *m.*

spirogràfide |spiro'grafide| *s.m.* (*t.zool.*) spirographe.

spiroidàle |spiroi'dale| *agg.* spiroïdal*.

spiròide |spi'rɔide| *agg.* spiroïde.

spiròmetro |spi'rɔmetro| *s.m.* (*med.*) spiromètre.

spiròrbe |spi'rɔrbe| *s.m.* (*t.zool.*) spirorbe.

spirto |'spirto| *s.m.* (*poet.*) → 1 **spirito.**

spiumàre |spju'mare| *v.tr.* [*spennare*] plumer: *spiumare un pollo* plumer un poulet ◇ (*fig.*) *spiumare qc.* plumer qqn.

spiumàto |spju'mato| *agg.* [*senza piume*] déplumé.

spizzicàre |spittsi'kare| *v.tr.* → **spilluzzicare.**

spizzico, chi |spit'tsiko, ki| *s.m.* (*nella loc. avv.*) *a spizzico, a spizzichi* [*un po' per volta, a piccole riprese*] par bribes, par morceaux; d'une manière discontinue.

splàncnico, ci, ca, che |'splankniko, tʃi, ka, ke| *agg.* (*anat.*) splanchnique.

splancnologia |splanknolo'dʒia| *s.f. inv.* (*scient.*) splanchnologie *var.*

splash |splæʃ| *inter.* (*ingl.*) (*onomat.*) splash.

spleen |spli:n| *s.m. inv.* (*ingl.*) [*stato di deperimento, di malinconia e di insoddisfazione*] spleen *var.* (*lett.*), cafard *var.* (*fam.*).

splenalgìa, gie |spe'naldʒia, dʒie| *s.f.* (*med.*) splénalgie.

splendènte |splen'dɛnte| *agg.* [*che emana luce, luminosità intensa*] resplendissant, éclatant.

splèndere |'splɛndere| *v.intr.* (*aus. 'essere, avere'*) (*raro al p.p. e nei tempi comp.*) **1** [*emanare luce intensa, brillare*] briller (*aus.* avoir): *in cielo splendono le stelle* les étoiles brillent dans le ciel **2** (*fig.*) [*risplendere, rifulgere*] briller, resplendir (*aus.* avoir): *i suoi occhi splendono di gioia* ses yeux brillent de joie **3** (*fig.*) [*essere illustre, insigne*] resplendir; briller: *splendere di gloria* resplendir de gloire ‖ *splendere per intelligenza* briller par l'intelligence.

splendidaménte |splendida'mente| *avv.* [→ SPLENDIDO] splendidement.

splendidézza |splendi'dettsa| *s.f.* **1** [*l'essere splendido*] splendeur → **splendore** **2** [*munificenza*] magnificence.

splèndido |'splɛndido| *agg.* **1** splendide: *è una splendida giornata* c'est une journée splendide **2** [*molto bello, meraviglioso*] splendide: *è una donna splendida* c'est une femme splendide **3** [*lussuoso, sontuoso*] splendide: *è stato un ricevimento splendido* ce fut une réception splendide **4** [*notevole, molto buono*] magnifique, splendide: *ha fatto uno splendido matrimonio* elle a fait un mariage magnifique; *ha fatto una splendida carriera* il a fait une carrière splendide **5** [*generoso, che spende signorilmente*] grand seigneur (*s.m.*): *è un uomo splendido* c'est un grand seigneur ✦ (*s.*) *fare lo splendido* faire le grand seigneur.

splendóre |splen'dore| *s.m.* **1** splendeur (*f.*): *lo splendore del sole, delle stelle* la splendeur du soleil, des étoiles; *lo splendore dell'oro* la splendeur de l'or ◇ (*fig.*) *lo splendore dell'anima* la splendeur de l'âme **2** [*magnificenza, sfarzo*] splendeur: *far rivivere gli antichi splendori* faire revivre les antiques splendeurs; *lo splendore di un ricevimento* la splendeur d'une réception, une réception splendide **3** [*persona, cosa di grande bellezza e perfezione*] splendeur: *lo splendore di certi quadri* la splendeur de certains tableaux # *che splendore di ragazza!* quelle ravissante jeune fille!; *ha uno splendore di casa* il a une maison splendide **4** (*lett.*) [*persona, cosa che procura vanto, lustro*] lumière (*f.*): *fu lo splendore del suo secolo* il fut la lumière de son siècle **5** (*fis.*) splendeur.

splène |'splɛne| *s.m.* (*anat.*) rate *f.*

splenectomìa |splenekto'mia| *s.f.* (*chir.*) splénectomie.

splenètico, ci, ca, che |sple'nɛtiko, tʃi, ka, ke| *agg.* **1** (*med.*) splénique ✦ (*s.*) *uno splenetico* une personne *f.* qui souffre de la rate **2** (*fig.*) [*che tende alla malinconia*] spleenétique (*raro*), splénétique (*raro*) ✦ (*s.*) *uno splenetico* un splénétique.

splènico, ci, ca, che |'splɛniko, tʃi, ka, ke| *agg.* (*med.*) splénique ✦ (*s.*) *uno splenico* une personne *f.* qui souffre de la rate.

splènio, i |'splɛnjo, i| *s.m.* (*anat.*) splénius.

splenite |sple'nite| *s.f.* (*med.*) splénite.

splenomegalìa |splenomega'lia| *s.f.* (*med.*) splénomégalie.

splenotomìa |splenoto'mia| *s.f.* (*chir.*) splénotomie.

spòcchia |'spɔkkja| *s.f.* [*vanteria*] morgue → **boria.**

spocchióso |spok'kjoso| *agg.* (*region.*) [*borioso, pieno di spocchia*] suffisant (*corr.*), plein de morgue (*corr.*).

spoderàre |spode'rare| *v.tr.* [*togliere a qc. il proprio podere*] dépouiller de ses terres.

spodestaménto |spodesta'mento| *s.m.* (*raro*) [→ SPODESTARE] *lo spodestamento del sovrano* la déposition *f.* du souverain; *il direttore ha subito uno spodestamento* le directeur a perdu son poste, sa place *f.* ◇ (*dir.*) *lo spodestamento dei terreni, dei beni* la dépossession *f.* des terres, des biens, l'éviction *f.*

spodestàre |spodes'tare| *v.tr.* **1** [*privare qc. di un potere, di una autorità*] détrôner: *spodestare il re dal trono* détrôner le roi (du trône) **2** [*rimuovere qc. dalla carica che detiene*] évincer (2): *hanno spodestato il vecchio direttore* le vieux directeur a été évincé de sa place, a perdu son poste **3** [*privare qc. delle ricchezze o delle proprietà*] dépouiller.

spodestàto |spodes'tato| *agg.* [*privato del potere, di un'autorità*] découronné; depossédé; depouillé.

spodite |spo'dite| *s.f.* spodite.

spoetizzànte |spoetid'dzante| *agg.* (*fig.*) [*deludente*] décevant.

spoetizzàre |spoetid'dzare| **A** *v.tr.* **1** [*far perdere la poesia, le illusioni poetiche*] retirer les illusions, dépoétiser: *le sue volgarità mi hanno spoetizzato* ses vulgarités m'ont retiré mes illusions (poétiques) **2** (*per est.*) [*disgustare*] dégoûter: *sono cose che spoetizzano!* ce sont là des choses qui dégoûtent **B** *v.pron. intr.* SPOETIZZARSI [→ *tr.*] dégoûter *tr.*

spògIia |ˈspɔʎʎa| *s.f.* **1** [*pelle che alcuni animali perdono durante la muta*] dépouille ◇ (*per est.*) [*il rivestimento esterno di q.c.*] enveloppe: *la spoglia del granoturco* l'enveloppe du maïs # *le spoglie delle cipolle* la tunique, la pelure de l'oignon **2** (*lett.*) [*abito, vestito*] vêtement *m.* (*corr.*): *la spoglia festiva* les vêtements de fête; *le spoglie sacerdotali* les vêtements sacerdotaux ◇ *loc.* SOTTO MENTITE SPOGLIE sous de fausses apparences; sous un faux nom: *si era presentato sotto mentite spoglie* il s'était présenté sous de fausses apparences ‖ *viaggiava sotto mentite spoglie* il voyageait sous un faux nom **3** (*poet.*) [*salma, cadavere*] dépouille (*lett.*): *la spoglia mortale* la dépouille mortelle **4** *al plur.* [*l'armatura che il vincitore toglieva al nemico sconfitto*] dépouilles ◇ (*per est.*) [*bottino di guerra*] dépouilles ◇ (*loc.*) *opime spoglie*: (*pr.*) dépouilles opimes; (*fig.*) [*ricco bottino*] riches dépouilles.

spogliaménto |spoʎʎaˈmento| *s.m.* (*raro*) → **spoliazione.**

spogliàre |spoʎˈʎare| **A** *v.tr.* **1** [*togliere da dosso gli indumenti*] déshabiller: *spogliare un bambino* déshabiller un enfant # *spogliare, spogliarsi la gonna* enlever sa jupe ◇ (*loc.*) *spogliare l'abito religioso* [*abbandonare la vita religiosa*] se défroquer *pron.* **2** [*togliere i rivestimenti esterni, gli accessori*] dépouiller: *spogliare un albero delle foglie* dépouiller un arbre de ses feuilles; *hanno spogliato l'altare degli addobbi* ils ont dépouillé l'autel de ses ornements # *ha spogliato la parete dei quadri* il a dégarni le mur des tableaux qui s'y trouvaient ◇ (*loc.*) *spogliare il riso* [*brillarlo*] décortiquer le riz **3** (*fig.*) [*liberare da tutto ciò che non è essenziale, che è sovrastruttura*] *spogliò il suo discorso dell'abituale retorica* il parla en s'abstenant de sa rhétorique habituelle; *spogliare la prosa di ogni eleganza* utiliser une prose dépouillée de toute élégance **4** (*fig.*) [*portare via con la violenza, derubare*] dépouiller: *fu spogliato di tutti i suoi averi* il fut dépouillé de tous ses biens # *durante la sua assenza gli spogliarono la casa* durant son absence ils pillèrent la maison ◇ (*loc.*) *spogliare la città* [*saccheggiarla*] piller la ville; *spogliare qc. al gioco* dépouiller qqn. au jeu **5** [*fare lo spoglio esaminando attentamente*] dépouiller; éplucher: *spogliare la corrispondenza* dépouiller le courrier ‖ *ha spogliato tutti i giornali* il a épluché tous les journaux ◇ (*loc.*) *spogliare un vocabolario* [*consultarlo*] consulter un dictionnaire **B** *v.pron.* SPOGLIARSI **I** *intr.* **1** (*fig.*) [*privarsi di tutto ciò che si possiede*] se dépouiller: *spogliarsi del patrimonio per darlo ai poveri* se dépouiller de son patrimoine pour le donner aux pauvres **2** (*fig.*) [*abbandonare, liberarsi da ciò che non è essenziale*] abandonner *tr.*; se défaire (45) de: *spogliarsi di ogni ambizione* abandonner toute ambition ‖ *spogliarsi delle prevenzioni* se défaire de ses préventions **3** [*diventare spoglio*] se dépouiller: *d'autunno gli alberi si spogliano* en automne les arbres se dépouillent **II** *rifl.* **1** [*togliersi gli abiti da dosso*] se déshabiller: *spogliarsi per fare il bagno* se déshabiller pour prendre un bain # *si è spogliata la giacca* elle a enlevé sa veste **2** (*animali*) [*cambiare la pelle*] muer, se dépouiller [c] A 1; B II 1 vestire.

spogliarellìsta |spoʎʎarelˈlista| *s.f.* [*ballerina che si esibisce in spettacoli di spogliarello*] strip-teaseuse.

spogliarèllo |spoʎʎaˈrɛllo| *s.m.* [*spettacolo di varietà durante il quale una o più artiste si spogliano*] strip-tease.

spogliatóio, i |spoʎʎaˈtojo, i| *s.m.* **1** [*piccolo ambiente, annesso alla camera da letto, destinato a spogliarsi e a rivestirsi*] penderie *f.* **2** [*locale in cui ci si può spogliare, cambiare d'abito e lasciare gli indumenti*] vestiaire.

spogliatóre, trice |spoʎʎaˈtore, tritʃe| *s.* **1** spoliateur* **2** (*fig.*) [*chi depreda*] pilleur*: *uno spogliatore di tombe* un pilleur de tombeaux, de sépultures **3** [*chi fa lo* (2) *spoglio* (1)] scrutateur *m.*

spogliazióne |spoʎʎatˈtsjone| *s.f.* → **spoliazione.**

1 **spòglio, i** |ˈspɔʎʎo, i| *agg.* **1** [*spogliato, privo di tutti i rivestimenti o gli accessori esterni*] dépouillé: *albero spoglio* arbre dépouillé # *montagna spoglia di vegetazione* montagne sans végétation **2** (*fig.*) [*privo, libero*] *prosa spoglia di retorica* prose dépouillée (de toute rhétorique); *essere spoglio di pregiudizi* être libre de tout préjugé.

2 **spòglio, i** |ˈspɔʎʎo, i| *s.m.* **1** [*raccolta, selezione e classificazione di notizie e di dati attraverso un attento esame*] dépouillement: *fare lo spoglio delle schede* faire le dépouillement du scrutin **2** [*abito smesso*] vieux vêtement **3** (*ant.*) [*privare qc. dell'uso di una sua proprietà*] spoliation *f.* (*corr.*) → **spoliazione** **4** (*dir.*) spoliation.

spòla |ˈspɔla| *s.f.* **1** (*tess.*) navette ◇ (*loc. fig.*) *fare la spola* [*andare avanti e indietro da un luogo a un altro*] faire la navette ~ (*sport*) *lavorare di spola* (*di un giocatore di calcio*) [*spostarsi da un settore all'altro del campo*] faire la navette **2** [*pane dalla forma allungata*] baguette **3** (*ant.*) [*navicella, battelletto*] nacelle (*arc.*).

spolatrice |spolaˈtritʃe| *s.f.* (*tess.*) bobineuse.

spolatùra |spolaˈtura| *s.f.* (*tess.*) bobinage *m.*

spolétta |spoˈletta| *s.f.* **1** [*piccolo arnese che serve a contenere il secondo filo nelle cuciture a macchina*] canette **2** [*dispositivo che trasmette l'accensione alla carica interna del proiettile*] fusée: *spoletta a percussione* fusée percutante; *spoletta a tempo* fusée fusante; *spoletta a doppio effetto* fusée à double effet; *spoletta ad azione differita* fusée retardée; *regolare la spoletta* régler la fusée; *togliere la sicura alla spoletta* enlever la sûreté à la fusée **3** (*region.. tosc.*) [*forma di pane sim. alla spola*] baguette.

spolettàre |spoletˈtare| *v.tr.* [*applicare la spoletta a un ordigno esplosivo*] fixer une fusée (à).

spoliàrio, i |spoˈljarjo, i| *s.m.* (*archeol.*) vestiaire.

spoliazióne |spoljatˈtsjone| *s.f.* **1** [→ SPOGLIARE A 2] spoliation, dépouillement *m.* **2** [*appropriazione indebita della roba altrui*] spoliation.

spolièra |spoˈljɛra| *s.f.* (*tess.*) can(n)etière.

spoliticàre |spolitiˈkare| *v.intr.* (*aus. 'avere'*) [*parlare di politica con incompetenza e leggerezza*] politicailler.

spoliticizzàre |spolititʃidˈdzare| *v.tr.* **1** [*togliere carattere polit. a q.c.*] dépolitiser: *spoliticizzare la cultura* dépolitiser la culture **2** [*privare della coscienza politica*] dépolitiser: *la dittatura spoliticizza le masse* la dictature dépolitise les masses.

spoliticizzazióne |spolititʃiddzatˈtsjone| *s.f.* [→ SPOLITICIZZARE] dépolitisation.

spollinàrsi |spolliˈnarsi| *v.pron. rifl.* (*detto del pollame*) [*togliersi di dosso i pidocchi pollini*] s'épouiller.

spollonàre |spolloˈnare| *v.tr.* (*agr.*) [*togliere a una pianta i polloni dannosi*] ébourgeonner.

spollonatùra |spollonaˈtura| *s.f.* [→ SPOLLONARE] ébourgeonnement *m.*, ébourgeonnage *m.*

spolmonàrsi |spolmoˈnarsi| *v. pron. intr.* [*parlare tanto forte da affaticare i polmoni*] s'époumoner: *si è spolmonato a chiamarlo* il s'est époumoné à l'appeler.

spolpaménto |spolpaˈmento| *s.m.* (*raro*) [→ SPOLPARE A 1] désossement (*corr.*).

spolpàre |spolˈpare| **A** *v.tr.* **1** [*togliere la polpa* (*col coltello*)] désosser; dépulper, retirer la pulpe (de): *spolpare un coniglio* désosser un lapin ‖ *spolpare un frutto* dépulper un fruit # *spolpare un osso* enlever la chair d'un os **2** (*fig.*) [*portare via a qc. i beni o i denari che possiede*] plumer: *in quel ristorante ti spolpano!* dans ce restaurant on se fait plumer! # *le tasse l'hanno spolpato* ses impôts l'ont fauché **B** *v.pron. intr.* SPOLPARSI **1** (*raro*) [*dimagrire, infiacchirsi*] décharner *intr.*, maigrir (*intr.*): *durante la malattia si è spolpato* sa maladie l'a décharné, l'a fait maigrir **2** (*fig.*) [*diventare povero*] (tout) perdre (53) (*intr.*): *si è spolpato al gioco* il a tout perdu, il s'est décavé (*fam.*) au jeu.

spoltìglia |spolˈtiʎʎa| *s.f.* poudre d'émeri.

spoltrire |spolˈtrire| (197) *v.tr. e pron.* → **spoltronire.**

spoltroneggiàre |spoltronedˈdʒare| *v.intr.* (*aus. 'avere'*) (*raro*) [*fare il poltrone*] fainéanter.

spoltronire |spoltroˈnire| (197) **A** *v.tr.* [*rendere meno poltrone, più solerte*] guérir de la paresse: *spoltronire un indolente* guérir un indolent de sa paresse **B** *v.pron. intr.* SPOLTRONIRSI [*diventare meno poltroni, più attivi*] secouer *tr.* sa paresse.

1 **spolveràre** |spolveˈrare| **A** *v.tr.* **1** [*togliere la polvere*] épousseter (5): *ho spolverato il tavolo, il mobile* j'ai épousseté la table, le meuble # *spolverare l'abito, la gonna* brosser le costume, la jupe **2** [*mangiare tutto*] engloutir, liquider: *in pochi secondi ha spolverato l'intero pollo* en quelques secondes, il a englouti le poulet **3** (*fig.*) [*portare via tutto*] vider: *i ladri gli hanno spolverato il negozio* les voleurs ont complètement vidé le magasin, ont fait place nette dans son magasin **4** [*riprodurre con la tecnica dello spolvero*] poncer (2): *spolverare un disegno* poncer un dessin **B** *v.intr.* (*aus. 'avere'*) [→ *tr.* 1] enlever (6) *tr.* la poussière: *qui bisogna proprio spolverare* ici, il faut vraiment enlever la poussière **C** *v.pron. rifl.* SPOLVERARSI [*levarsi la polvere di dosso*] se donner un coup de brosse; *pri-*

ma di uscire spolverati un po'! avant de sortir, donne-toi un coup de brosse.
2 **spolveràre** |spolve'rare| *v.tr.* [*cospargere con una sostanza in polvere*] saupoudrer: *spolverare la torta di zucchero a velo* saupoudrer le gâteau de sucre glacé.
1 **spolveràta** |spolve'rata| *s.f.* [→ 1 SPOLVERARE A 1; B] (*solo nelle loc.*) *dare una spolverata ai mobili* donner un coup de chiffon aux meubles ~ *dare una spolverata alla lezione* revoir sa leçon.
2 **spolveràta** |spolve'rata| *s.f.* [→ 2 SPOLVERARE] saupoudrage *m.* # *sopra la torta ci vuole una spolverata di zucchero* il faut saupoudrer le gâteau de sucre.
spolveratùra |spolvera'tura| *s.f.* **1** [→ 1 SPOLVERARE A 1; B] *la spolveratura della libreria* l'époussetage de la bibliothèque; *dare una bella spolveratura alle proprie cognizioni di storia naturale* rafraîchir ses connaissances en histoire naturelle **2** (*fig.*) [*conoscenza superficiale*] vague connaissance: *ha solo una spolveratura di latino* il n'a que de vagues connaissances en (de) latin → **infarinatura.**
1 **spolverìno** |spolve'rino| *s.m.* (*abbigl.*) cache-poussière (*inv.*): *indossava uno spolverino chiaro* il portait un cache-poussière clair.
2 **spolverìno** |spolve'rino| *s.m.* **1** (*region., tosc.*) [*piumino per togliere la polvere*] plumeau (*corr.*) **2** [*spazzola a setole morbide usata dai barbieri dopo il taglio dei capelli*] petite brosse *f.* **3** [*recipiente bucherellato per spolverare i dolci di zucchero*] saupoudroir.
spolverìo, ii |spolve'rio, ii| *s.m.* **1** [*abbondante e continuo polverio*] nuage (de): *uno spolverio di sabbia* un nuage de sable **2** (*fig., scherz.*) [*grande mangiata*] ripaille *f.*
spolverizzàre |spolverid'dzare| **A** *v.tr.* **1** [*cospargere con una sostanza in polvere*] saupoudrer: *spolverizzare l'arrosto di pepe* saupoudrer le rôti de poivre **2** [*riprodurre con la tecnica dello spolvero*] poncer (2): *spolverizzare un disegno* poncer un dessein **3** [*ridurre in polvere*] pulvériser → **polverizzare B** *v.pron. intr.* SPOLVERIZZARSI [*ridursi in polvere*] se pulvériser → **polverizzare.**
spolverìzzo |spolve'riddzo| *s.m.* **1** [→ SPOLVERIZZARE A 1] saupoudrage **2** [→ SPOLVERIZZARE A 2] ponce *f.*
spólvero |'spolvero| *s.m.* **1** [→ 1 SPOLVERARE A 1] époussetage: *lo spolvero della libreria* l'époussetage de la bibliothèque ◇ [→ 2 SPOLVERARE] saupoudrage # *dare uno spolvero di farina* saupoudrer de farine **2** [*polvere sottilissima di farina che s'innalza durante la macinatura*] folle farine *f.* **3** (*fig.*) [*conoscenza superficiale*] *loc.* DI SPOLVERO [*superficiale, apparente*] superficiel* (*agg.*): *erudizione di spolvero* érudition superficielle **4** [*particolare tecnica di riporto di un disegno su una superficie*] poncif **5** (*teat.*) *avere dello spolvero* jouer (une pièce) superficiellement.
spompàre |spom'pare| (*fam.*) **A** *v.tr.* **1** [*scoraggiare, abbattere moralmente*] dégonfler **2** [*spossare, affaticare*] éreinter **B** *v.pron. intr.* SPOMPARSI [→ *tr.*] se dégonfler.
spónda |'sponda| *s.f.* **1** [*zona di terra che delimita un corso di acqua*] bord (*m.*): *la sponda del fiume, del lago, del mare* le bord de la rivière, du lac, de la mer ◇ (*per est.*) [*paese; regione*] village *m.*; région **2** [*parte che delimita lateralmente, bordo*] bord: *le sponde del letto* les bords du lit # *le sponde di un carro* les ridelles d'un car **3** [*parapetto*] *la sponda di un fosso* le bord d'un fossé; *la sponda del ponte* le parapet *m.* (du pont); *la sponda del pozzo* la margelle du puits **4** [*ciascuno dei quattro lati di un tavolo da biliardo*] bande **5** (*fig., fam.*) [*persona che si ritiene possa dare aiuto e protezione*] appui *m.* (*corr.*) # *si fa sponda di me* il se repose sur moi.
spondàico, ci, ca, che |spon'daiko, tʃi, ka, ke| *agg.* (*metr.*) spondaïque.
spondèo |spon'dɛo| *s.m.* (*metr.*) spondée.
sponder(u)òla |sponde'r(w)ɔla| *s.f.* (*tecnol.*) guillaume *m.*
spòndias |'spɔndjas| *s.f. inv.* (*t. bot.*) spondias *m.*
spondilìte |spondi'lite| *s.f.* (*med.*) spondylite.
spòndilo |'spɔndilo| *s.m.* (*anat.*) vertèbre *f.*, spondyle (*arc.*).
spondiloartrite |spondiloar'trite| *s.f.* (*med.*) spondylarthrite.
spondiloartròsi |spondiloar'trɔzi| *s.f. inv.* (*med.*) spondylarthrose *var.*
spòngia, ge |'spɔndʒa, dʒe| *s.f.* (*t. zool.*) éponge.
Spongiàri |spon'dʒari| *s.m. pl.* (*t. zool.*) Spongiaires.
spongìlla |spon'dʒilla| *s.f.* (*t.zool.*) spongille.
spongìna |spon'dʒina| *s.f.* (*biol.*) spongine.
spongiosità |spondʒosi'ta| *s.f. inv.* (*lett.*) spongiosité *var.* (*raro*) → **spugnosità.**
spongióso |spon'dʒoso| *agg.* (*lett.*) spongieux* (*corr.*) → **spugnoso.**
sponsàle |spon'sale| *agg.* (*lett.*) [*matrimoniale, coniugale*] conjugal* ✦ *s.m. pl.* [*fidanzamento*] *gli sponsali* les fiançailles *f.* ◇ (*per est.*) [*matrimonio*] noces (*f.*): *celebrare solenni sponsali* célébrer des noces solennellement.
sponsorizzàre |sponsorid'dzare| *v.tr.* [*sostenere mediante finanziamento* (*una squadra sportiva*)] patronner.
spontaneaménte |spontanea'mente| *avv.* [→ SPONTANEO] spontanément.
spontaneìsmo |spontane'izmo| *s.m.* (*polit.*) spontanéisme.
spontaneìsta |spontane'ista| *s.* spontanéiste.
spontaneità |spontanei'ta| *s.f. inv.* spontanéité *var.*
spontàneo |spon'taneo| *agg.* **1** spontané: *gesto spontaneo* geste spontané ◇ *loc.* DI SPONTANEA VOLONTÀ [*spontaneamente*] de mon (ton, son) plein gré: *è venuto di sua spontanea volontà* il est venu de son plein gré **2** [*naturale, senza artificio o finzione*] spontané: *stile spontaneo* style spontané **3** [*fenomeno naturale che avviene per forza propria*] spontané: *vegetazione spontanea* végétation spontanée **4** (*chim., ling.*) spontané.
spónte |'spɔnte| *avv.* (*nella loc.*) *di sua sponte* de sa propre volonté, librement.
spopolaménto |spopola'mento| *s.m.* [→ SPOPOLARE] dépeuplement.
spopolàre |spopo'lare| **A** *v.tr.* [*ridurre la popolazione di un luogo*] dépeupler: *l'epidemia ha spopolato la città* l'épidémie a dépeuplé la ville **B** *v. intr.* (*aus. 'avere'*) (*fig., fam.*) [*attirare a sé grande folla, avere molto successo*] faire (45) *tr.* fureur: *è un cantante che spopola* c'est un chanteur qui fait fureur # *veste così bene che spopola* elle s'habille si bien qu'elle est la coqueluche des salons **C** *v.pron. intr.* SPOPOLARSI [*diventare meno popolato*] se dépeupler: *a ferragosto la città si spopola* à mi-août la ville se dépeuple.
spopolàto |spopo'lato| *agg.* [*privo di popolazione, non frequentato*] dépeuplé: *un villaggio spopolato, deserto* un village dépeuplé, désert.
spoppaménto |spoppa'mento| *s.m.* (*raro*) [→ SPOPPARE] sevrage (*corr.*).
spoppàre |spop'pare| *v.tr.* [*togliere il latte materno a un poppante*] sever (6) → **divezzare, svezzare.**
spòra |'spɔra| *s.f.* (*biol.*) spore.
sporadicaménte |sporadika'mente| *avv.* [→ SPORADICO] sporadiquement.
sporadicità |sporaditʃi'ta| *s.f. inv.* sporadicité *var.* (*raro*).
sporàdico, ci, ca, che |spo'radiko, tʃi, ka, ke| *agg.* sporadique.
sporàngio, i |spo'randʒo, i| *s.m.* (*bot.*) sporange.
sporcaccióne |sporkat'tʃone| *agg.* **1** [*molto sporco*] sale: *è un bambino sporcaccione, non si lava mai* c'est un enfant sale, il ne se lave jamais ✦ (*s.*) *uno sporcaccione* un souillon, une personne *f.* sale (*agg.*); *una sporcacciona* une souillon, une femme sale (*agg.*); *quello sporcaccione non si lava mai* ce souillon ne se lave jamais **2** (*fig.*) [*che dice o fa cose spregevoli e turpi*] salaud *m.*, sale bonne femme (*pop.*): *è un vecchio sporcaccione* c'est un vieux salaud ✦ (*s.*) *uno sporcaccione* un salaud (*m.*); *una sporcacciona* une sale bonne femme, une grosse dégoûtante.
sporcaménte |sporka'mente| *avv.* **1** [→ SPORCO 1] salement **2** [*slealmente*] salement.
sporcàre |spor'kare| **A** *v.tr.* **1** [*imbrattare, rendere sudicio*] salir: *sporcare di vino* salir, tacher de vin # *hai sporcato di fango i pantaloni* tu as couvert ton pantalon de boue **2** (*fig.*) [*infamare deturpare moralmente*] salir: *sporcare il nome, la reputazione di qc.* salir le nom, la réputation de qqn. □ *non intendo sporcarmi le mani in quest'affare* je ne veux pas me salir les mains dans cette affaire ◇ (*loc.*) *sporcare la fedina penale* [*commettere reato*] charger (3) son casier judiciaire, ne plus avoir (28) un casier judiciaire vierge **B** *v.pron. rifl.* SPORCARSI **1** [*insudiciarsi*] se salir: *quando mangia si sporca tutto* quand il mange, il se salit tout (*fam.*); *guarda come ti sei sporcata!* regarde comment tu t'es salie! **2** (*fig.*) [*comportarsi in modo disonesto e scorretto*] se salir: *non voglio sporcarmi con questa faccenda* je ne veux pas me salir (les mains) avec cette affaire Ⓒ A 1; B 1 **pulire.**
sporchévole |spor'kevole| *agg.* [*che si sporca facilmente*] salissant.
sporcìzia |spor'tʃittsja| *s.f.* **1** [*l'essere sporco*] saleté: *la sporcizia di que-*

sta casa è impressionante la saleté de cette maison est impressionnante **2** [*cosa sporca*] saleté: *togliere la sporcizia dalle pareti* enlever la saleté des murs **3** [*azione o cosa turpe, oscena, volgare*] saleté: *dire, fare sporcizie* dire, faire des saletés.

spòrco, chi, ca, che |'spɔrko, ki, ka, ke| *agg.* **1** [*non pulito, imbrattato*] sale: *pavimento sporco* plancher sale; *tovaglia sporca* nappe sale; *mani sporche* mains sales; *fazzoletti sporchi* des mouchoirs sales ◇ (*loc.*) *avere la fedina sporca* [*avere commesso dei reati*] avoir un casier judiciaire chargé, non vierge ~ *avere la lingua sporca* [*biancastra e patinata per cattiva digestione*] avoir la langue chargée ✦ (*s.m.*) *lo sporco* la saleté (*f.*): *togliere lo sporco dal pavimento* enlever la saleté du sol; *non sono abituato a vivere nello sporco* je ne suis pas habitué à vivre dans la saleté, dans la crasse → **sporcizia 2** (*fig.*) [*turpe, disonesto, osceno*] malpropre, sale: *commettere azioni sporche* commettre des actes malpropres; *è una faccenda sporca* c'est une sale histoire; *ha raccontato una storiella sporca* il a raconté une histoire malpropre, cochonne (*pop.*) ◇ (*loc.*) *avere la coscienza sporca* avoir qqch. sur la conscience ~ *usare una politica sporca* [*senza scrupoli*] faire une politique dégoûtante ~ *farla sporca a qc.* jouer un mauvais tour à qqn. **3** (*carte*) *canasta sporca* canasta avec deux jokers **C** **pulito.**

sporgènte |spor'dʒɛnte| *agg.* [*che viene in fuori*] *tetto sporgente* toit débordant; *promontorio sporgente* promontoire en saillie (*loc. inv.*): *fronte sporgente* front saillant; *zigomi sporgenti* pommettes proéminentes → **prominente**; *labbra sporgenti* grosses lèvres; *denti sporgenti* dents en avant *loc. inv.*

sporgènza |spor'dʒɛntsa| *s.f.* **1** [*l'essere sporgente*] saillie **2** [*la parte che sporge*] saillie # *aggrapparsi alla sporgenza del tetto* s'agripper au rebord du toit **3** (*tecnol.*) ergot *m.*

spòrgere |'spɔrdʒere| (167) **A** *v.tr.* [*mettere fuori, protendere*] tendre (53); passer, pencher: *sporgere una mano dal finestrino* tendre la main par (à) la fenêtre ‖ *ha sporto la testa dal treno* il a passé, penché la tête par la fenêtre du train ◇ (*loc. fig.*) *sporgere querela, denuncia* [*presentarla*] porter plainte **B** *v.intr.* (*aus.* '*essere*') [*venire in fuori*] avancer (2) (*aus.* avoir): *la roccia sporgeva sul mare* le rocher avançait dans la mer # *una trave sporgeva dal tetto* une poutre dépassait du toit; *un chiodo sporge dal muro* un clou sort du mur **C** *v.pron. rifl.* SPORGERSI [*protendersi in fuori*] se pencher: *è pericoloso sporgersi dai finestrini* il est dangereux de se pencher par la portière, au dehors.

sporìdio, i |spo'ridjo, i| *s.m.* (*bot.*) sporidie *f.*

sporofillo |sporo'fillo| *s.m.* (*bot.*) sporophylle.

sporòfito |spo'rɔfito| *s.m.* (*bot.*) sporophyte.

sporogonìa |sporogo'nia| *s.f.* (*biol.*) sporogonie.

sporogònio, i |sporo'gɔnjo, i| *s.m.* (*bot.*) sporogone.

sporòsi |spo'rɔzi| *s.f. inv.* (*bot.*) sporose *var.*

sporòtrico, chi |spo'rɔtriko, ki| *s.m.* (*t.bot.*) sporotriche.

sporotricòsi |sporotri'kɔzi| *s.f. inv.* (*med.*) sporotrichose *var.*

Sporozòi |sporod'dzɔi| *s.m. pl.* (*t. zool.*) Sporozoaires.

spòrt |'spɔrt, 'spɔ:t| *s.m. inv.* (*ingl.*) **1** sport (*var.*): *fare dello sport* faire du sport; *praticare uno sport* pratiquer un sport; *gli sport invernali* les sports d'hiver # *lo sport del calcio, del pugilato* le football, la boxe ✦ (*agg.*) de sport *loc. inv.* # *bicicletta sport* bicyclette de course → **sportivo 2** (*fig.*) [*divertimento, passatempo*] plaisir *var.*, amusement *var.* (*corr.*): *per lui lo studio è uno sport* pour lui, l'étude est un plaisir ◇ *loc.* PER SPORT [*per diporto*] pour s'amuser: *dire q.c. per sport* dire qqch. pour s'amuser; *fare q.c. per sport* faire qqch. pour s'amuser.

spòrta |'spɔrta| *s.f.* **1** [*borsa grande e capace, con due manici, usata soprattutto per fare la spesa*] cabas *m.*, sac *m.* à provisions, panier *m.* (à deux anses): *andare a fare la spesa con la sporta* aller faire les courses avec un cabas, un sac à provisions, un panier; *reggere la sporta* porter le sac à provisions; *avere la sporta vuota, piena* avoir le sac vide, plein ◇ (*loc.*) *cappello a sporta* chapeau à larges bords **2** [*quantità di roba che la sporta contiene*] panier, cabas: *ho comperato una sporta di mele* j'ai acheté un panier de pommes; *ho raccolto una sporta di cicoria* j'ai ramassé un panier de chicorée ◇ *loc. fig.* UN SACCO E UNA SPORTA [*grande quantità*]: *gliene ha dette un sacco e una sporta* il lui en a dit de toutes les couleurs; *ne ha prese un sacco e una sporta* il a reçu une volée de coups.

sportellista |sportel'lista| *s.* (*raro*) [*impiegato che lavora allo sportello*] guichetier* (*corr.*).

sportèllo |spor'tɛllo| *s.m.* **1** [*imposta che gira su cerniere verticali*] porte (*f.*): *lo sportello dell'armadietto era chiuso* la porte de la petite armoire était fermée **2** [*portiera di autoveicoli*] portière (*f.*): *gli sportelli dell'automobile* les portières de la voiture; *lo sportello di un vagone ferroviario* la portière d'un wagon **3** [*piccolo uscio praticato dentro una porta più grande*] portillon: *il portone era chiuso, ma lo sportello era aperto* le portail était fermé, mais le portillon était ouvert **4** [*apertura attraverso la quale, negli uffici, l'impiegato comunica con il pubblico*] guichet: *lo sportello della banca, dell'ufficio postale* le guichet de la banque, de la poste; *fare la coda allo sportello* faire la queue devant le guichet ◇ (*loc.*) *chiudere gli sportelli* [*sospendere le operazioni e i pagamenti*] fermer les guichets **5** [*filiale, anche piccola, di una banca*] agence (*f.*): *quella banca ha 160 sportelli in 15 province* cette banque a 160 agences réparties dans 15 provinces **6** [*ognuna delle due parti laterali di un trittico che si possono ripiegare sulla parte centrale*] volet.

sportivaménte |sportiva'mente| *avv.* [→ SPORTIVO] sportivement.

sportività |sportivi'ta| *s.f. inv.* sportivité (*var.*): *accettare la sconfitta con sportività* accepter la défaite avec (dans) un esprit sportif, avec sportivité.

sportivo |spor'tivo| *agg.* **1** sportif*: *spettacolo sportivo* spectacle sportif; *manifestazione sportiva* manifestation sportive # *campo sportivo* terrain de sport, de jeu **2** [*appassionato di sport o praticante uno sport*] sportif: *è un giovane sportivo* c'est un jeune sportif ✦ (*s.*) *uno sportivo* un sportif **3** [*leale e corretto, che agisce secondo lo spirito delle gare sportive*] sportif: *manca di spirito sportivo* il manque d'esprit sportif **4** [*caratteristica di abito particolarmente pratico e giovanile*] de sport (*loc. inv.*): *soprabito sportivo* pardessus de sport.

1 **spòrto** |'spɔrto| *agg.* [*che viene in fuori*] penché *p.p.*

2 **spòrto** |'spɔrto| *s.m.* **1** (*arch.*) saillie *f.* **2** [*imposta di bottega che si apre verso l'esterno*] contrevent: *chiudere gli sporti della bottega, del magazzino* fermer les contrevents du magasin.

spòrtula |'spɔrtula| *s.f.* (*st. rom.*) sportule.

spòrula |'spɔrula| *s.f.* (*bot.*) sporule.

sporulazióne |sporulat'tsjone| *s.f.* (*bot., zool.*) sporulation.

spòsa |'spɔza| *s.f.* **1** [*donna che si sposa*] mariée: *abito, velo da sposa* robe, voile de mariée; *i fiori d'arancio per la sposa* les fleurs d'oranger pour la mariée; *festeggiare la sposa* fêter la mariée ◇ (*loc.*) *promessa sposa* [*fidanzata*] fiancée **2** [*moglie*] femme; épouse: *pensare alla sposa lontana* penser à sa femme qui est au loin ‖ *la sposa novella* la jeune épouse; *prendere come legittima sposa* prendre pour épouse légitime # *dare la figlia in sposa a qc.* donner sa fille en mariage à qqn.; *andare sposa a qc.* épouser qqn. ◇ (*loc.*) *la sposa del mare* Venise, l'épouse de la mer **3** [*compagna*] compagne ◇ (*loc.*) *la sposa di Dio* [*la Chiesa*] l'épouse du Christ ~ *le spose di Gesù, di Cristo* [*le suore, le monache*] les épouses de Jésus-Christ, du Christ.

sposalìzio, i |spoza'littsjo, i| *s.m.* [*la cerimonia e l'atto solenne dello sposarsi*] mariage: *celebrare lo sposalizio* célébrer le mariage → **matrimonio** ◇ (*loc.*) *lo sposalizio del mare* [*cerimonia simbolica con cui il doge sposava Venezia al mare*] les noces de la mer.

sposàre |spo'zare| **A** *v.tr.* **1** [*prendere per moglie o per marito*] épouser: *lo ha sposato contro la volontà dei genitori* elle l'a épousé contre la volonté de ses parents ◇ (*loc.*) *sposare Gesù* [*farsi monaca*] prendre (73) le voile **2** [*dare in moglie*, (*raro*) *in marito*] marier: *ha sposato la figlia a un bravo giovane* il a marié sa fille à (avec) un bon garçon; *ha sposato suo figlio a una brava ragazza* il a marié son fils à une fille pleine de qualités **3** [*unire in matrimonio*] marier: *li sposerà il vecchio parroco* le vieux curé les mariera **4** (*fig.*) [*congiungere strettamente, accoppiare due cose*] joindre (61): *sposare l'utile al dilettevole* joindre l'utile à l'agréable; *sposare la ricchezza alla virtù* joindre la richesse à la vertu ◇ (*loc.*) *sposare il vino all'acqua* [*annacquarlo*] mettre de l'eau dans son vin **5** [*aderire con piena convinzione, fare proprio*] épouser: *sposare una causa, un'idea* épouser une cause, une idée ◇ (*loc. fam.*) *non l'ho sposato* [*mi sento libera di fare ciò che voglio*] je ne suis pas mariée avec lui; nous n'avons pas avalé la même ficelle (*fam.*) **B** *v.intr.*

(*aus.* '*avere*') [*contrarre matrimonio*] se marier (*pron.*): *sposeremo a settembre* nous nous marierons en septembre; *sposarono la scorsa settimana* ils se sont mariés la semaine dernière **C** *v.pron. rifl.* SPOSARSI [*unirsi in matrimonio*] se marier: *si è sposata molto giovane* elle s'est mariée tres jeune # *si sposano per amore, per interesse* ils font un mariage d'amour, d'intérêt ✦ (*recipr.*) *si sposeranno sabato prossimo* ils doivent se marier samedi prochain ◇ (*loc. fig.*) *quei due colori non si sposano* [*non armonizzano*] ces deux couleurs ne se marient pas bien.

sposàto |spo'zato| *agg.* [*coniugato*] marié: *lascialo perdere, è un uomo sposato!* laisse-le tomber (*fam.*), c'est un homme marié!; ne t'occupe pas de lui, il est marié! ✦ (*s.*) *uno sposato, una sposata* un (homme) marié, une (femme) mariée: *i celibi e gli sposati* les célibataires et les (hommes) mariés; *gli sposati potranno portare le mogli* les (hommes) mariés pourront venir avec leur épouse (femme); *le nubili e le sposate* les célibataires et les (femmes) mariées.

sposina |spo'zina| *s.f.* jeune mariée.

spòso |'spɔzo| *s.m.* **1** [*uomo nel giorno del matrimonio*] marié: *aspettare l'arrivo dello sposo* attendre l'arrivée du marié; *lo sposo indossava un abito scuro* le marié portait un costume foncé ◇ (*loc.*) *promesso sposo* [*fidanzato*] fiancé **2** [*marito*] mari: *preparare il pranzo per il proprio sposo* préparer le déjeuner pour son mari ◇ (*loc.*) *lo sposo della Chiesa* [*Gesù*] l'époux de l'Église **3** *al plur.* [*l'uomo e la donna nel giorno del matrimonio*] mariés: *evviva gli sposi!* vivent les mariés! **4** *al plur.* [*marito e moglie*] mariés.

spossaménto |spossa'mento| *s.m.* [→ SPOSSARE] épuisement, accablement.

spossànte |spos'sante| *agg.* [*che stanca molto, logorante*] épuisant, accablant.

spossàre |spos'sare| **A** *v.tr.* [*infiacchire, togliere forza e vigore*] épuiser: *la malattia lo ha spossato* la maladie l'a épuisé **B** *v.pron. intr.* SPOSSARSI [*perdere forza, vigore*] s'épuiser # *si è spossato con quel lavoro estenuante* ce travail exténuant a épuisé ses forces.

spossatézza |spossa'tettsa| *s.f.* [*grande debolezza*] épuisement *m.*

spossàto |spos'sato| *agg.* [*debole, fiacco, eccessivamente stanco*] épuisé.

spossessaménto |spossessa'mento| *s.m.* (*dir.*) [→ SPOSSESSARE A] dépossession *f.*

spossessàre |sposses'sare| **A** *v.tr.* [*privare di ciò che si possiede*] déposséder (8): *spossessare uno del poco che ha* déposséder qqn. du peu qu'il a **B** *v. pron. rifl.* SPOSSESSARSI [*privarsi di tutto ciò che si possiede*] se déposséder.

spostàbile |spos'tabile| *agg.* [→ SPOSTARE A 1; B 1] que l'on peut déplacer *loc.*

spostaménto |sposta'mento| *s.m.* **1** [→ SPOSTARE A 1; B 1] déplacement: *notare nel pubblico uno spostamento d'interesse* noter dans le public un déplacement de l'intérêt # *è sempre più difficile lo spostamento di capitali all'estero* le transfert de capitaux à l'étranger est toujours plus difficile; *gli aerei permettono rapidi spostamenti* les avions permettent de se déplacer rapidement ◇ (*loc.*) *spostamento d'aria* déplacement d'air **2** (*mar.*) déplacement.

spostàre |spos'tare| **A** *v.tr.* **1** [*rimuovere q.c. o qc. dal posto, dalla condizione in cui si trova*] déplacer (2): *spostare il tavolino* déplacer la petite table; *hanno spostato la fermata dell'autobus* on a déplacé l'arrêt de l'autobus # *ha spostato quell'operaio su un'altra macchina* il a placé cet ouvrier sur une autre machine **2** [*differire, rinviare*] renvoyer (14): *spostare la partenza di una settimana* renvoyer le départ d'une semaine; *hanno spostato la riunione a sabato* ils ont renvoyé la réunion à samedi **3** [*cambiare*] changer (3): *ha spostato l'orario di lavoro* il a changé l'horaire de travail **4** (*fig.*) [*turbare, dissestare*] gêner: *le ingenti spese lo hanno spostato* les dépenses considérables l'ont gêné **5** (*chim.*) déplacer: *in un composto un elemento sposta un altro elemento* dans un composé un élément en déplace un autre **6** (*mar.*) déplacer **7** (*mus.*) changer de ton **B** *v. pron.* SPOSTARSI **1** *intr.* [*muoversi dal proprio posto*] se déplacer: *le lancette dell'orologio si spostano lentamente* les aiguilles de la montre se déplacent lentement; *una nube radioattiva si sposta verso il continente* un nuage radioactif se déplace vers le continent; *l'accento si sposta sull'ultima sillaba* l'accent se déplace (et va) sur la dernière syllabe **2** *rifl.* SPOSTARSI (*persona*) [*muoversi dal posto che si occupa*] se déplacer: *spòstati che devo passare!* déplace-toi, je dois passer!; *mi sposterò in un ufficio al piano superiore* je me déplacerai dans un bureau à l'étage au-dessus # *tutti i giorni mi devo spostare a Milano per lavoro* je dois me rendre à Milan tous les jours pour mon travail → **recare** ◇ (*loc. fig.*) *non spostarsi di un passo, di un centimetro* [*essere irremovibile*] ne pas céder d'un pouce, d'un centimètre.

spostàto |spos'tato| *agg.* [*squilibrato, che non riesce a trovare un equilibrio fra la propria esigenza interiore e la vita pratica*] inadapté ✦ (*s.*) *uno spostato* un raté, un inadapté.

spot |spɔt| *s.m. inv.* (*ingl.*) (*cine., foto., elettron., tv*) spot *var.*

spotestàre |spotes'tare| *v.tr.* → **spodestare.**

sprànga, ghe |'spranga, ge| *s.f.* **1** [*sbarra di legno o di ferro per chiudere usci, imposte*] bâcle, grosse barre: *chiudere la porta con una spranga* fermer la porte avec une bâcle **2** [*sbarra per congiungere forte fra loro parti di muro, pietre*] barre **3** (*per est.*) [*sbarra rigida che funziona da braccio*] barre, bras (*m.*): *la sbarra della bilancia* le fléau, le bras de la balance.

sprangàre |spran'gare| *v.tr.* [*chiudere con una spranga*] mettre (71) une bâcle; verrouiller: *sprangare porte e finestre* mettre une bâcle aux portes et aux fenêtres; verrouiller les portes et les fenêtres.

sprangatùra |spranga'tura| *s.f.* **1** [→ SPRANGARE] verrouillage *m.* **2** [*quello che serve per sprangare*] bâcle, verrou *m.*

spranghétta |spran'getta| *s.f.* **1** → **spranga** 1 **2** (*tecnol.*) *la spranghetta della serratura* la pêne de la serrure.

spràtto |'spratto| *s.m.* (*t.zool.*) sprat.

spray |'sprai, 'sprei| *s.m. inv.* (*ingl.*) **1** [*spruzzatore usato per nebulizzare o polverizzare sostanze liquide*] vaporisateur *var.* (*corr.*); atomiseur (*var.*): *uno spray per deodorare la casa* un vaporisateur pour désodoriser la maison || *profumarsi con lo spray* se parfumer avec l'atomiseur ✦ (*agg.*) *bombola spray* atomiseur (*s.m.*): *usa il profumo in confezione spray* elle met son parfum avec un atomiseur **2** [*sostanza liquida che si spruzza usando lo spray*] spray # *profuma la stanza con lo spray* elle parfume la pièce avec le vaporisateur; *darsi lo spray sui capelli* se laquer les cheveux ✦ *agg.* en atomiseur (*loc. inv.*): *comperare un deodorante spray* acheter un déodorant en atomiseur.

spràzzo |'sprattso| *s.m.* **1** [*improvviso getto d'acqua, spruzzo*] jet, jaillissement # *gli sprazzi delle onde, del mare* le déferlement des vagues, de la mer **2** [*improvviso fascio di luce*] échappée (*f.*): *uno sprazzo di limpido cielo* une échappée de ciel bleu; *sprazzi di sole* des échappées de soleil **3** (*fig.*) [*lampo, intuizione improvvisa*] étincelle *f.*, éclair: *ebbe uno sprazzo di genio, di intelligenza* il eut une étincelle de génie, un éclair d'intelligence → **lampo** **4** (*fig.*) [*improvvisa manifestazione di uno stato d'animo*] éclat: *uno sprazzo di gioia, di allegria* un éclat de joie, de gaieté.

sprecàre |spre'kare| **A** *v.tr.* **1** [*spendere malamente*] gaspiller: *ha sprecato tutto il suo denaro* il a gaspillé tout son argent → **dissipare** **2** [*usare malamente e inutilmente, senza trarre alcun frutto*] perdre (53): *ha sprecato il suo tempo* il a perdu, gaspillé son temps; *abbiamo sprecato un'occasione d'oro* nous avons perdu une bonne occasion ◇ *loc.* (*sport*) *sprecare la palla* [*sbagliare il tiro*] manquer une occasion ◇ (*loc. fig.*) *sprecare l'inchiostro* gaspiller de l'encre ~ *sprecare le parole, il fiato* [*parlare senza essere ascoltati*] perdre sa peine **B** *v.pron. intr.* SPRECARSI **1** [*spendere le proprie energie per un fine che non lo merita*] perdre son temps: *si spreca in un lavoro che non gli rende niente* il perd son temps dans un travail qui ne lui profite en rien **2** [*fare q.c. senza impegno, senza sforzo*] *non s'è sprecato a farti quel regalo!* il ne s'est pas ruiné, il ne s'est pas fendu (*fam.*) en te faisant ce cadeau!; *non sprecarti troppo!* ne te fatigue pas trop!

sprecàto |spre'kato| *agg.* **1** [*usato male, sciupato*] gaspillé: *è denaro sprecato!* c'est de l'argent gâché, gaspillé! **2** [*impiegato per raggiungere uno scopo che non lo merita*] *è un ingegno sprecato* il gaspille son intelligence; *quel quadro in quella casa è un valore sprecato* ce tableau dans cette maison n'est pas du tout à sa place **3** [*consumato inutilmente*] perdu: *lascia perdere, è tutta fatica sprecata* laisse tomber (*fam.*), c'est peine perdue.

sprèco, chi |'sprɛko, ki| *s.m.* [→ SPRECARE] gaspillage: *è un'inutile spreco di tempo e di denaro* c'est un gaspillage (inutile) de temps et d'argent ◇ *loc.* A SPRECO [*in grande quantità*] à foison: *in quella casa di libri ce ne sono a spreco* dans cette maison il y a des livres à foison # *quello di denari ne ha a spreco!* celui-là a de l'argent à profusion.

sprecóne |spre'kone| *s.* [*chi spende*

senza misura e senza riguardi] dépensier*, gaspilleur*: *non fare la sprecona!* ne sois pas si dépensière!, ne sois pas gaspilleuse!
spregévole |spre'dʒevole| *agg.* [*disprezzabile, che merita disprezzo*] méprisable.
spregevolménte |spredʒevol'mente| *avv.* [→ SPREGEVOLE] d'une façon méprisable *loc. inv.* # *si è comportato spregevolmente* il a agi de manière méprisable.
spregiàre |spre'dʒare| *v.tr.* [*tenere in poco conto, disprezzare*] mépriser: *spregiare le ricchezze, gli onori* mépriser les richesses, les honneurs.
spregiativo |spredʒa'tivo| *agg.* **1** [*che esprime disprezzo*] méprisant: *epiteto spregiativo* épithète méprisante; *titolo spregiativo* titre méprisant **2** (*gram.*) péjoratif*.
spregiatóre, trice |spredʒa'tore, tritʃe| *s.* (*lett.*) [*chi disprezza*] contempteur*.
sprègio, i |'sprɛdʒo, i| *s.m.* **1** (*lett.*) [*disprezzo*] mépris (*corr.*): *mostrare spregio per qc., q.c.* avoir du mépris pour qqn., pour qqch. ◇ *loc.* AVERE IN SPREGIO [*disprezzare*] mépriser (*v.tr.*): *avere in spregio gli onori, le ricchezze* mépriser les honneurs, les richesses **2** [*atto fatto per disprezzo*] affront: *non sono disposto a sopportare certi spregi* je ne suis pas disposé à supporter ces affronts # *non lo ha fatto per spregio* il ne l'a pas fait pour insulter, il ne voulait pas insulter.
spregiudicataménte |spredʒudikata'mente| *avv.* [→ SPREGIUDICATO] sans préjugés *loc. inv.*
spregiudicatézza |spredʒudika'tettsa| *s.f.* **1** absence de préjugés: *spregiudicatezza di modi, di linguaggio* absence de préjugés dans les mœurs, le langage **2** absence de scrupules: *si è comportato con troppa spregiudicatezza* il a agi avec une trop grande absence de scrupules.
spregiudicàto |spredʒudi'kato| *agg.* sans préjugés (*loc. inv.*): *è una ragazza spregiudicata* c'est une fille sans préjugés, très affranchie ✦ (*s.*) *uno spregiudicato* un anticonformiste ◇ (*cose*) *tiene un comportamento spregiudicato* il a une attitude anticonformiste.
sprèmere |'spremere| *v.tr.* [*schiacciare q.c. per farne uscire il liquido contenuto*] presser: *spremere un'arancia* presser une orange; *spremere le olive* presser les olives ◇ (*loc. fig.*) *spremere il sugo da q.c.* [*ricavarne l'essenza*] exprimer le suc de qqch. ~ *spremere lacrime* [*commuovere fino a strappare il pianto*] arracher des larmes ~ *spremere qc.* [*sfruttarlo*] exploiter qqn. ~ *spremere il cervello, le meningi* [*cercare faticosamente di risolvere un problema*] se creuser la cervelle, les méninges ~ *spremere denaro* [*ottenerlo a viva forza*] soutirer de l'argent.
spremiagrùmi |spremia'grumi| *s.m. inv.* → **spremilimoni.**
spremifrùtta |spremi'frutta| *s.m. inv.* (*cuc.*) presse-fruits (*raro*).
spremilimóni |spremili'moni| *s.m. inv.* (*cuc.*) presse-citron.
spremitóre |spremi'tore| *s.m.* (*tecnol.*) pressoir.
spremitùra |spremi'tura| *s.f.* [→ SPREMERE] pressurage *m.*
spremùta |spre'muta| *s.f.* **1** [→ SPREMERE] pressurage *m.*, action de presser # *dare una spremuta ai pomodori* presser les tomates **2** [*bibita ottenuta dalla spremitura*] jus *m.*
spremùto |spre'muto| *agg.* [*privato del succo*] pressé: *olive spremute* olives pressées; *limone spremuto* citron pressé ◇ (*loc. fig.*) *essere un limone spremuto* n'être plus qu'un citron pressé ~ *gettare qc. come un limone spremuto* on presse l'orange et on jette l'écorce.
spretàrsi |spre'tarsi| *v.pron. intr.* [*abbandonare l'abito e la condizione sacerdotale*] se défroquer.
spretàto |spre'tato| *agg.* [*che ha lasciato l'abito da prete*] défroqué: *è un prete spretato* c'est un prêtre défroqué ✦ (*s.m.*) *uno spretato* un défroqué.
sprezzànte |spret'tsante| *agg.* [*che ostenta disprezzo*] méprisant.
sprezzanteménte |sprettsante'mente| *avv.* [→ SPREZZANTE] avec mépris *loc. inv.*
sprezzàre |spret'tsare| **A** *v.tr.* (*lett.*) [*disprezzare, considerare come vile*] mépriser: *sprezzare il pericolo* mépriser le danger **B** *v.pron. rifl.* SPREZZARSI (*lett.*) [*considerarsi vile, di poco conto*] se mépriser.
sprezzatùra |sprettsa'tura| *s.f.* **1** [→ SPREZZARE] mépris *m.* **2** [*maniera volutamente negletta di comportarsi, propria di chi è molto sicuro di sé*] attitude méprisante, dédaigneuse.
sprèzzo |'sprettso| *s.m.* (*lett.*) **1** [*disprezzo*] mépris (*corr.*): *tratta tutti con profondo sprezzo* il traite tout le monde avec un profond mépris **2** [*noncuranza*] mépris: *dimostra un grande sprezzo dei pericoli* il montre un grand mépris des dangers.
sprigionaménto |spridʒona'mento| *s.m.* **1** [→ SPRIGIONARE A 2] dégagement: *lo sprigionamento di gas* le dégagement de gaz **2** [→ SPRIGIONARE A 1] mise *f.* en liberté: *dopo lo sprigionamento è tornato a casa* après sa mise en liberté, il est rentré à la maison.
sprigionàre |spridʒo'nare| **A** *v.tr.* **1** [*far uscire di prigione*] mettre (71) en liberté: *lo sprigioneranno fra dieci anni* on le remettra en liberté, il sortira de prison dans dix ans **2** (*fig.*) [*emettere, mandar fuori*] dégager (3): *il caminetto sprigiona un forte calore* la cheminée dégage, donne une forte chaleur; *quel pacchetto sprigiona un puzzo fastidioso* ce paquet dégage une odeur insupportable **B** *v.pron. intr.* SPRIGIONARSI [*uscire fuori*] se dégager: *senti che puzzo si sprigiona da quel pesce!* sens quelle mauvaise odeur se dégage de ce poisson!
sprimacciàre |sprimat'tʃare| *v.tr.* [*battere con le mani oggetti imbottiti di lana o di piume per farli ritornare soffici*] battre (76): *sprimacciare il letto, il materasso* battre le lit, le matelas.
sprimacciàta |sprimat'tʃata| *s.f.* (*solo nella loc.*) *dare una sprimacciata a un cuscino, al letto* battre un oreiller (un coussin), un lit.
sprint |sprint| *s.* (*ingl.*) **I** *s.m. inv.* **1** (*sport*) sprint (*var.*): *vincere lo sprint finale* gagner le sprint final **2** [*capacità di prodursi in uno scatto*] sprint: *mancare di sprint* manquer de sprint **3** [*ripresa*] reprise (*f. var.*): *la mia vettura ha uno sprint eccezionale* ma voiture a une reprise, des reprises exceptionnel-le(s) **II** *s.f. inv.* [*automobile con caratteristiche sportive*] voiture *var.* de sport ✦ *agg.* de sport (*loc. inv.*): *è una vettura sprint* c'est une voiture de sport.
sprintàre |sprin'tare| *v.intr.* (*sport*) [*fare uno sprint*] sprinter.
sprinter |'sprintə| *s.m. inv.* (*ingl.*) (*sport*) sprinter *var.*
sprizzàre |sprit'tsare| **A** *v.tr.* **1** [*far uscire sotto forma di sprizzo*] gicler *intr.*, jaillir (*intr.*): *la sua ferita sprizza sangue* du sang gicle de sa blessure ‖ *dal ferro incandescente sprizzano scintille* des étincelles jaillissent du fer incandescent **2** (*fig.*) [*manifestare con impeto e vivacità*] *i suoi occhi sprizzano scintille* ses yeux jettent des éclairs; *i suoi occhi sprizzano odio* ses yeux sont pleins de haine; *i suoi occhi sprizzano gioia* ses yeux rayonnent de joie; *sprizza salute da tutti i pori* il respire la santé par tous les pores **B** *v.intr.* (*aus.* '*avere*') [*scaturire sotto forma di spruzzo*] jaillir; gicler: *l'acqua sprizza dalla fontana* l'eau jaillit de la fontaine ‖ *dalla ferita sprizzò sangue* du sang gicla de la blessure.
sprìzzo |'sprittso| *s.m.* **1** [*getto di liquido*] jet: *uno sprizzo di sangue uscì dalla ferita* un jet de sang sortit de la blessure **2** (*fig.*) [*manifestazione improvvisa di un modo di essere*] *uno sprizzo di gioia, di allegria* une joie, une gaieté soudaine.
spròcco, chi |'sprɔkko, ki| *s.m.* (*bot.*) excroissance *f.*
sprofondaménto |sprofonda'mento| *s.m.* **1** [→ SPROFONDARE] effondrement: *lo sprofondamento del tetto* l'effondrement du toit **2** [*parte sprofondata*] affaissement **3** (*geogr.*) effondrement.
sprofondàre |sprofon'dare| **A** *v.tr.* [*far cadere giù, nel profondo*] faire (45) *intr.* s'effondrer: *il terremoto ha sprofondato tutte le case del paese* le tremblement de terre a fait s'effondrer, a détruit toutes les maisons du village; *il troppo peso sprofondò il pavimento* le poids trop lourd a fait s'effondrer le sol, a affaissé le sol **B** *v.intr.* (*aus.* '*essere*') **1** [*cadere giù, nel profondo*] sombrer (*aus.* avoir); s'effondrer (*pron.*): *la nave sprofondò in mare* le navire sombra dans la mer ‖ *gli sprofondò il pavimento sotto i piedi* le sol s'effondra sous ses pieds **2** [*affondare profondamente in q.c. di cedevole*] s'enfoncer (2) *pron.*; s'embourber (*pron.*): *è sprofondato nella neve* il s'est enfoncé dans la neige ‖ *le ruote dell'autocarro sono sprofondate nel fango* les roues du camion se sont embourbées **3** (*fig.*) [*lasciarsi sopraffare da q.c.*] sombrer: *per ciò che è accaduto è sprofondato nella più nera disperazione* ce qui s'est passé l'a fait sombrer dans le plus profond désespoir ◇ (*loc.*) *sprofondare nel sonno* sombrer dans le sommeil **C** *v.pron. rifl.* SPROFONDARSI **1** [*lasciarsi cadere in q.c.*] s'affaler: *si è sprofondato nel divano, nella poltrona* il s'est affalé sur le divan, dans le fauteuil ◇ (*loc.*) *sprofondarsi in riverenze* se confondre en révérences → **profonder(si)** **2** [*dedicarsi con tutto l'impegno*] se plonger (3): *si è sprofondato nella lettura* il s'est plongé dans la lecture.
sproloquiàre |sprolo'kwjare| *v. intr.* (*aus.* '*avere*') [*parlare a lungo e in*

modo inconcludente] palabrer; parler pour ne rien dire.
sprolòquio, i |spro'lɔkwjo, i| *s.m.* [*discorso prolisso e inconcludente*] palabre (*f.*): *fare degli sproloqui* se perdre en palabres.
spronàre |spro'nare| *v.tr.* **1** [*stimolare (un cavallo) con gli speroni per incitare a correre*] éperonner **2** (*fig.*) [*incoraggiare, stimolare*] pousser: *l'ho spronato a studiare* je l'ai toujours poussé, encouragé à étudier; *lo sprona l'orgoglio* l'orgueil le pousse.
spronàta |spro'nata| *s.f.* **1** coup *m.* d'éperon: *dare una spronata al cavallo* donner un coup d'éperon au cheval; piquer des éperons **2** (*fig.*) [*incitamento*] encouragement *m.*
spróne |'sprone| *s.m.* **1** [*sperone*] éperon # *dar di sprone al cavallo* éperonner le cheval; piquer des éperons ◇ *loc. fig.* A SPRON BATTUTO [*di gran fretta*]: *fuggire a spron battuto* s'enfuir en piquant des deux; *eseguire i compiti a spron battuto* faire ses devoir tambour battant **2** (*fig.*) [*incitamento, stimolo*] *il suo comportamento ti sarà di sprone* son exemple te portera à l'émulation; *non gli sono mancati gli sproni per studiare* il n'a pas manqué de stimulants pour étudier **3** (*abbigl.*) empiècement → **'carré'** **4** (*arch.*, *bot.*, *mar.*, *zool.*) éperon.
sproporzionàle |sproportsjo'nale| *agg.* (*raro*) [*non proporzionale*] disproportionnel*.
sproporzionalità |sproportsjonali'ta| *s.f. inv.* (*raro*) [*mancanza di proporzione*] disproportion *var.* (*corr.*).
sproporzionalménte |sproportsjonal'mente| *avv.* [→ SPROPORZIONALE] sans proportion *loc. inv.*
sproporzionàre |sproportsjo'nare| *v.tr.* (*raro*) [*togliere le proporzioni, far diventare sproporzionato*] disproportionner.
sproporzionataménte |sproportsjonata'mente| *avv.* [→ SPROPORZIONATO 2] excessivement, de manière excessive (*loc. inv.*): *prezzi sproporzionatamente alti* des prix excessivement élevés; *la lodava sproporzionatamente* il la louait de manière excessive.
sproporzionàto |sproportsjo'nato| *agg.* **1** [*senza proporzione*] disproportionné: *ha una testa sproporzionata al corpo* sa tête est disproportionnée au reste du corps **2** [*eccessivo, esagerato*] excessif*.
sproporzióne |spropor'tsjone| *s.f.* [*mancanza di proporzione*] disproportion.
spropositàre |spropozi'tare| *v. intr.* (*aus.* '*avere*') (*raro*) [*dire, commettere, scrivere spropositi*] faire (45) *tr.*, dire (48) *tr.* des bêtises.
spropositataménte |spropozitata'mente| *avv.* [→ SPROPOSITATO 3] excessivement.
spropositàto |spropozi'tato| *agg.* **1** plein, bourré d'erreurs, de fautes: *è un discorso spropositato* c'est un discours plein d'erreurs **2** (*fig.*) [*enorme, troppo grande*] énorme **3** (*fig.*) [*eccessivo*] excessif*: *quell'abito ha un prezzo spropositato* ce costume est d'un prix excessif **4** (*fig.*) [*smisurato, fuori misura*] démesuré.
spropòsito |spro'pɔzito| *s.m.* **1** [*grosso errore*] erreur *f.*; sottise (*f.*): *questo esercizio è pieno di spropositi* cet excercice est plein d'erreurs ‖ *il suo discorso è stato un susseguirsi di spropositi* son discours a été une succession de sottises **2** [*cosa fatta inopportunamente*] sottise: *è stato uno sproposito non accettare quell'incarico* ne pas accepter ce poste fut une sottise ◇ (*loc.*) *commettere uno sproposito* [*qualcosa di molto grave*] commettre une bêtise *f.* ~ A SPROPOSITO [*fuori luogo, inopportunamente*] mal à propos: *è capitato a sproposito* il est arrivé mal à propos **3** [*quantità enorme, eccessiva*] *ha mangiato uno sproposito di frutta* il a mangé une tonne de fruits; *spendo uno sproposito in energia elettrica* je dépense une fortune en électricité **4** [*somma esagerata*] *quell'abito costa uno sproposito* ce costume est hors de prix; *in quell'albergo mi hanno chiesto uno sproposito* dans cet hôtel on m'a demandé un prix fou.
spropriàre |spro'prjare| *v.tr.* → **espropriare.**
sprovincializzàre |sprovintʃalid'dzare| **A** *v.tr.* **1** [*far perdere i caratteri provinciali*] faire (45) *intr.* perdre ses habitudes provinciales, le caractère provincial (à): *non è mai riuscito a sprovincializzare la moglie* il n'a jamais réussi à faire perdre à sa femme ses habitudes provinciales **2** [*far perdere l'apparenza provinciale*] faire perdre l'air provincial (à) **B** *v.pron. intr.* SPROVINCIALIZZARSI **1** [*perdere i caratteri, gli elementi provinciali*] perdre (53) *tr.* son caractère provincial: *la cittadina si è sprovincializzata* la petite ville a perdu son caractère provincial **2** [*uscire da un isolamento culturale*] perdre son caractère provincial: *la letteratura italiana si è sprovincializzata* la littérature italienne a perdu son caractère provincial.
sprovvedutaménte |sprovveduta'mente| *avv.* **1** [→ SPROVVEDUTO 1] imprudemment **2** [*improvvisamente, inaspettatamente*] au dépourvu *loc. inv.*
sprovvedutézza |sprovvedu'tettsa| *s.f.* [*l'essere sprovveduto*] inconséquence.
sprovvedùto |sprovve'duto| *agg.* **1** [*privo della preparazione necessaria per affrontare determinate situazioni*] *è uno studente sprovveduto* c'est un étudiant mal préparé; *non prendertela con loro, è gente sprovveduta* ne t'en prends pas à eux, ce sont des gens naïfs ◇ *loc. agg.* ALLA SPROVVEDUTA [*all'improvviso*] à l'improviste, au dépourvu: *fu colpito alla sprovveduta* il fut atteint (blessé) à l'improviste ♦ (*s.*) *uno sprovveduto* une personne *f.* désarmée *agg.* **2** [*privo, mancante di q.c.*] dépourvu: *è un negozio sprovveduto di articoli alla moda* c'est un magasin dépourvu d'articles à la mode → **sprovvisto.**
sprovvisto |sprov'visto| *agg.* [*non fornito, privo di q.c.*] dépourvu: *è una famiglia sprovvista dei mezzi di sostentamento necessari* c'est une famille dépourvue du nécessaire; *è un ragazzo sprovvisto di fantasia* c'est un garçon dépourvu d'imagination # *è una scuola sprovvista di tutto* c'est une école qui manque de tout ◇ *loc.* ALLA SPROVVISTA [*di sorpresa, senza che uno se l'aspetti*] au dépourvu: *mi ha preso alla sprovvista e non ho saputo reagire* il m'a pris au dépourvu et je n'ai pas su réagir.
sprue |spru:| *s.f. inv.* (*ingl.*) (*med.*) sprue *var.*
spruzzabiancheria |spruttsabjanke'ria| *s.m. inv.* [*contenitore d'acqua bucherellato con cui si spruzza la biancheria prima di stirarla*] mouilloir *var.*
spruzzàglia |sprut'tsaʎʎa| *s.f.* (*raro*) **1** [*insieme di piccoli spruzzi* (*spec. del mare*)] embruns *m. pl.* **2** [*pioggia sottile che dura poco*] petite pluie.
spruzzaménto |spruttsa'mento| *s.m.* (*raro*) → **spruzzatura.**
spruzzàre |sprut'tsare| *v.tr.* **1** [*spargere un liquido a spruzzi, a gocce minute*] asperger (3); vaporiser: *per svegliarmi ho spruzzato sul viso acqua fresca* pour me réveiller, je me suis aspergé le visage d'eau froide ‖ *ha spruzzato il profumo sui capelli* il a vaporisé du parfum sur ses cheveux # *ha spruzzato la vernice sul muro* il a peint le mur au pistolet **2** [*bagnare leggermente con una limitata quantità di liquido*] *ho spruzzato sul fazzoletto un po' di acqua di Colonia* j'ai vaporisé un peu d'eau de Cologne sur mon mouchoir; *ho spruzzato la biancheria prima di stirarla* j'ai humecté, humidifié le linge avant de le repasser; *ho spruzzato di fango tutti i pantaloni* j'ai éclaboussé de boue mon pantalon **3** [*cospargere di polvere*] saupoudrer: *ho spruzzato di cannella la panna montata* j'ai saupoudré de cannelle la crème fouettée ◇ (*per est.*, *fig.*) *l'inverno ha spruzzato i monti di neve* l'hiver a couvert les montagnes de neige.
spruzzàta |sprut'tsata| *s.f.* **1** [→ SPRUZZARE] *mi sono data una spruzzata di profumo* j'ai mis un peu de parfum; *sui pantaloni ci sono spruzzate di fango* j'ai des éclaboussures de boue sur mon pantalon; *metti sulla pasta una spruzzata di formaggio* mets un peu de fromage râpé sur les pâtes **2** [*pioggia sottile*] petite pluie.
spruzzatóre |spruttsa'tore| *s.m.* **1** [*oggetto che serve per spruzzare*] vaporisateur **2** (*auto.*) gicleur: *lo spruzzatore del carburante* le gicleur du carburant.
spruzzatùra |spruttsa'tura| *s.f.* **1** [→ SPRUZZARE] pulvérisation: *apparecchio per la spruzzatura dell'acqua* appareil pour la pulvérisation de l'eau **2** [*cosa, sostanza spruzzata*] tache, éclaboussure: *sulla tovaglia c'è una spruzzatura di vino* sur la nappe il y a quelques taches de vin; *ho tolto dai pantaloni le spruzzature di fango* j'ai enlevé les éclaboussures de boue qui étaient sur mon pantalon; *sul quaderno c'è una spruzzatura d'inchiostro* sur le cahier il y a une tache, des éclaboussures d'encre.
spruzzétta |sprut'tsetta| *s.f.* (*chim.*) pissette.
sprùzzo |'spruttso| *s.m.* **1** [*getto di liquido in gocce minute*] tache *f.*, giclée (*f.*): *hai uno spruzzo di sangue sulla camicia* il y a du sang sur ta chemise, tu as une giclée de sang sur ta chemise; *sulla tovaglia c'è uno spruzzo d'olio* sur la nappe il y a une giclée d'huile # *gli spruzzi delle onde che s'infrangono sugli scogli* les embruns qui s'abattent sur les rochers **2** *loc.* A SPRUZZO au pistolet: *essiccatore a spruzzo* sécheur au pistolet, séchoir industriel.
spudorataménte |spudorata'mente| *avv.* [→ SPUDORATO 3] effrontément.
spudoratézza |spudora'tettsa| *s.f.* manque *m.* de pudeur.
spudoràto |spudo'rato| *agg.* **1** [*privo di pudore, inverecondo*] déver-

gondé: *è una donna spudorata* c'est une femme dévergondée, sans pudeur ✦ (*s.*) *uno spudorato* un dévergondé: *che spudorata!* quelle dévergondée! **2** [*privo di vergogna, di ritegno*] impudent: *mi disse una spudorata menzogna* il me dit un mensonge impudent ✦ (*s.*) *uno spudorato* un impudent **3** [*insolente, senza riguardi per nessuno*] effronté ✦ (*s.*) *uno spudorato* un effronté: *non fare la spudorata!* ne sois pas effrontée!

spùgna |'spuɲɲa| *s.f.* **1** [*scheletro disseccato di alcune specie di Poriferi*] éponge: *spugna artificiale* éponge en nylon, artificielle; *si lava con la spugna* il se lave à l'éponge, il fait sa toilette avec une éponge ◇ (*loc. fig.*) *essere una spugna* [*un gran bevitore*] être un ivrogne ~ *bere come una spugna* [*molto*] boire comme un trou ~ *dare, passare un colpo di spugna su q.c.* [*toglierlo dalla mente, non pensarci più*] passer l'éponge sur qqch. ~ *diventare una spugna* se mouiller complètement **2** (*tess.*) tissu éponge # *asciugarsi con un asciugamano di spugna* s'essuyer avec une serviette éponge ◇ *loc.* (*pugilato*) GETTO DELLA SPUGNA jet de l'éponge: *vincere per getto della spugna* gagner par jet de l'éponge **3** (*zool.*) éponge **4** (*chim., miner.*) éponge mousse.

spugnàre |spuɲ'ɲare| *v.tr.* [*strofinare, pulire con una spugna*] passer l'éponge, essuyer avec l'éponge.

spugnàta |spuɲ'ɲata| *s.f.* coup *m.* d'éponge.

spugnatùra |spuɲɲa'tura| *s.f.* **1** ablutions *pl.* avec une éponge: *fare delle spugnature fredde* faire des ablutions d'eau froide avec une éponge **2** [*trattamento fisioterapico*] massage *m.* avec une éponge **3** [→ SPUGNARE] épongeage *m.*

spugnòla |spuɲ'ɲɔla| *s.f.*, **spugnòlo** |spuɲ'ɲɔlo| *s.m.* (*t.bot.*) morille *f.* ~ *spugnola d'autunno* morille d'automne.

spugnóne |spuɲ'ɲone| *s.m.* (*miner.*) pierre *f.* gypseuse de Volterra.

spugnosità |spuɲɲosi'ta| *s.f. inv.* [*l'essere spugnoso*] spongiosité *var.*, caractère *m. var.* spongieux.

spugnóso |spuɲ'ɲoso| *agg.* **1** [*leggero e poroso come una spugna*] spongieux*: *ossa spugnose* os spongieux **2** [*che assorbe come una spugna*] spongieux.

spulàre |spu'lare| *v.tr.* (*agr.*) [*togliere la pula*] vanner.

spulatùra |spula'tura| *s.f.* [→ SPULARE] vannage *m.*

spulciàre |spul'tʃare| **A** *v.tr.* **1** [*togliere le pulci*] épucer (2): *spulciare il cane, il gatto* épucer le chien, le chat **2** (*fig.*) [*esaminare con attenzione minuziosa per cercare dati e notizie*] compulser; éplucher: *spulciare il vocabolario* compulser le dictionnaire ‖ *spulciare dei documenti* éplucher des documents **B** *v. pron. rifl.* SPULCIARSI [→ *tr.* 1] s'épucer: *il cane si spulcia* le chien s'épuce.

spulciatóre, trice |spultʃa'tore, tritʃe| *s.* [*chi spulcia*] éplucheur* (*raro*).

spulciatùra |spultʃa'tura| *s.f.* [→ SPULCIARE A 2] compulsation, compulsion; épluchage *m.*

spùma |'spuma| *s.f.* **1** [*aggregato di minute bollicine, schiuma*] écume; mousse: *la spuma delle onde* l'écume des vagues ‖ *la spuma della birra* la mousse de la bière **2** [*bibita analcolica gassata e aromatizzata*] soda (*m.*): *dammi un bicchiere di spuma* donne-moi un verre de soda **3** (*t.bot.*) mousse **4** (*cuc.*) mousse **5** (*miner.*) mousse.

spumànte |spu'mante| **1** *agg.* [*frizzante, che produce spuma abbondante e leggera*] mousseux*: *vino spumante* vin mousseux **2** *s.m.* [*vino frizzante*] mousseux: *spumante secco, amabile* mousseux sec, moelleux; *spumante naturale, artificiale* mousseux naturel, artificiel; *bere un bicchiere di spumante* boire un verre de mousseux ◇ *loc.* ALLO SPUMANTE [*a fine pranzo, al momento dello spumante*]: *allo spumante si alzò e tenne il suo discorso* arrivé au mousseux (au champagne, à l'asti) il se leva et fit un discours.

spumàre |spu'mare| *v.intr.* (*aus.* '*avere*') [*produrre spuma*] mousser: *lo 'champagne' spuma nei bicchieri* le champagne mousse dans les verres ◇ (*loc. fig.*) *spumare dalla rabbia* [*essere furioso*] écumer (de rage).

spumeggiànte |spumed'dʒante| *agg.* **1** [*che spumeggia*] mousseux*: *bere una coppa spumeggiante di 'champagne'* boire un verre de champagne (mousseux) **2** (*fig.*) [*frizzante, vivace*] brillant: *ho assistito a uno spettacolo spumeggiante* j'ai assisté à un spectacle brillant **3** (*fig.*) [*vaporoso, molto soffice*] vaporeux*: *un abito spumeggiante* une robe vaporeuse.

spumeggiàre |spumed'dʒare| *v. intr.* (*aus.* '*avere*') [*produrre molta spuma*] écumer; mousser: *il mare spumeggiava tra gli scogli* la mer écumait entre les rochers ‖ *il vino spumeggia nei bicchieri* le vin mousse dans les verres.

spumóne |spu'mone| *s.m.* [*tipo di dolce o di gelato*] ⊠.

spumosità |spumosi'ta| *s.f. inv.* spumosité *var.* (*raro*): *la spumosità di un vino* la spumosité d'un vin; *la spumosità del gelato, della crema* la spumosité d'une glace, de la crème.

spumóso |spu'moso| *agg.* **1** [*che produce, che ha molta spuma*] écumeux*; mousseux*: *le onde spumose del mare* les vagues écumeuses de la mer ‖ *la birra è spumosa* la bière est mousseuse **2** (*fig.*) [*soffice e leggero come la spuma*] mousseux: *un dolce spumoso* un gâteaux mousseux; *merletti spumosi* dentelles mousseuses.

spùnta |'spunta| *s.f.* (*bur.*) **1** [→ 2 SPUNTARE] pointage *m.* **2** [*segno apposto per attestare l'avvenuto controllo*] trait *m.* **3** [*ufficio che ha l'incarico di spuntare*] bureau *m.* de pointage.

1 **spuntàre** |spun'tare| **A** *v.tr.* **1** [*rompere la punta*] épointer: *spuntare la matita* casser la pointe, épointer son crayon **2** [*accorciare leggermente togliendo la punta*] couper la pointe, le bout: *ha spuntato i capelli, i baffi* il a coupé la pointe des cheveux, des moustaches; *spuntare il sigaro prima di fumare* couper le bout du cigare avant de le fumer # *spuntare i rami di una siepe* écimer, étêter les branche d'une haie **3** [*staccare ciò che era appuntato*] détacher: *spunta quel nastro dai capelli!* détache ce ruban de tes cheveux! **4** (*fig.*) [*superare*] surmonter: *sono riuscito a spuntare quella difficoltà* j'ai réussi à surmonter cette difficulté ◇ *loc.* SPUNTARLA [*avere la meglio, ottenere ciò che si vuole*]: *sono riuscito a spuntarla!* j'ai réussi à en venir à bout!; *con me non la spunterai facilmente!* avec moi, tu n'y arriveras pas si facilement! **B** *v.intr.* (*aus.* '*essere*') **1** [*mettere fuori la punta, cominciare a crescere*] pousser (*aus.* avoir): *nei prati spuntano le primule* dans le prés les primevères commencent à pousser; *gli sono spuntati i capelli* ses cheveux ont poussé **2** [*nascere, cominciare a venir fuori*] pousser, percer (2): *gli stanno spuntando i primi dentini* ses premières dents sont en train de percer, il (elle) perce ses premières dents **3** [*sorgere*] se lever (6) (*pron.*): *all'orizzonte è spuntato il sole* le soleil s'est levé à l'horizon; *spunta il giorno* le jour se lève **4** [*apparire all'improvviso*] surgir: *lo vidi spuntare da dietro un albero* je le vis surgir de derrière un arbre # *tra poco gli spunteranno le lacrime* bientôt les larmes lui viendront aux yeux, il aura les larmes aux yeux; *gli spuntò un sorriso sulle labbra* un sourire se dessina sur ses lèvres **C** *v.pron. intr.* SPUNTARSI **1** [*perdere la punta*] s'épointer: *mi si è spuntata la matita* mon crayon n'a plus sa pointe, s'est épointé ◇ (*loc. fig.*) *spuntarsi contro q.c.* [*non ottenere alcun risultato*] se heurter contre qqch. **2** [*perdere forza, scemare*] s'apaiser, tomber (*intr.*): *improvvisamente la sua collera si spuntò* de façon imprévisible sa colère s'apaisa, tomba.

2 **spuntàre** |spun'tare| *v.tr.* [*controllare un elenco e apporre un segno accanto ai dati controllati*] pointer, cocher: *spuntare la lista degli invitati* pointer, cocher la liste des invités.

3 **spuntàre** |spun'tare| *s.m. inv.* [→ 1 SPUNTARE B] *lo spuntare del sole* le point *var.* du jour; *allo spuntar del giorno* au point du jour; *lo spuntare delle primule annuncia la primavera* l'éclosion *f. var.* des primevères annonce le printemps; *lo spuntare improvviso di un topolino l'ha spaventata* l'apparition *f. var.* inattendue d'une souris l'a l'effrayée.

4 **spuntàre** |spun'tare| *v.intr.* (*aus.* '*avere*') (*mecc.*) [*superare l'attrito, lo sforzo di avviamento*] démarrer: *il motore ha spuntato* le moteur a démarré.

1 **spuntàta** |spun'tata| *s.f.* [→ 1 SPUNTARE A 2] *dare una spuntata ai capelli* couper la pointe des cheveux.

2 **spuntàta** |spun'tata| *s.f.* [→ 2 SPUNTARE] pointage *m.* # *dare una spuntata al conto* pointer le compte.

spuntàto |spun'tato| *agg.* **1** [*privo di punta*] épointé: *scrivere con un pennino spuntato* écrire avec une plume sans bec, au bec cassé, épointée **2** [*alterato, inacidito*] piqué: *vino spuntato* vin piqué.

spuntatóre, trice |spunta'tore, tritʃe| *s.* [*chi (2) spunta*] pointeur*.

1 **spuntatùra** |spunta'tura| *s.f.* **1** [→ 1 SPUNTARE A 2] épointage *m.* **2** (*per est.*) [*parte tagliata*] bout *m.* coupé **3** [*trinciato di tabacco ottenuto con le punte dei sigari*] rognures *pl.* de cigares **4** [*taglio di carne intorno alla punta delle costole*] bavette.

2 **spuntatùra** |spunta'tura| *s.f.* (*bur.*) → **spunta.**

spuntellàre |spuntel'lare| *v.tr.* [*togliere i puntelli*] ôter les étais, les étançons.

spuntìglio, i |spun'tiʎʎo, i| *s.m.* poudre *f.* d'émeri.

spuntìno |spun'tino| *s.m.* [*pasto*

rapido e leggero fatto gener. fra un pasto e l'altro] casse-croûte (*inv.*): *interrompiamo il lavoro per fare uno spuntino* nous interrompons le travail pour casser la croûte, pour le casse-croûte.

1 **spùnto** |'spunto| *s.m.* **1** [*prime parole di una battuta teatrale*] les premiers mots *pl.* d'une réplique: *il suggeritore ha dato lo spunto all'attrice* le souffleur a donné les premiers mots d'une réplique à l'actrice **2** (*per est.*) [*occasione che fornisce l'ispirazione per iniziare q.c.*] *dare, offrire lo spunto per scrivere un articolo* donner, offrir le sujet d'un article; *ha scritto un romanzo prendendo lo spunto da un fatto di cronaca* il a écrit un roman en partant d'un fait divers; *la sua domanda mi ha fornito lo spunto per parlare di ciò che mi sta a cuore* sa demande m'a fourni l'occasion *f.* de parler de ce qui me tient à cœur **3** [*sapore di acido che prende il vino mal conservato*] *questo vino ha lo spunto* ce vin est piqué *agg.* **4** (*sport*) sprint: *spunto finale* sprint final.

2 **spùnto** |'spunto| *s.m.* (*mecc.*) démarrage.

spuntóne |spun'tone| *s.m.* **1** [*grossa spina*] grosse épine (*f.*): *quel ramo di rosa è pieno di spuntoni* cette tige de rose, cette branche de rosier est couverte de grosses épines **2** [*robusta punta di legno o di metallo*] pique (*f.*): *si è fatto male urtando gli spuntoni dell'inferriata* il s'est fait mal en heurtant aux piques de la grille **3** [*sporgenza acuminata di una roccia*] saillie *f.* **4** (*st. mil.*) esponton.

spunzecchiàre |spuntsek'kjare| *v.tr.* → **punzecchiare.**

spunzóne |spun'tsone| *s.m.* → **spuntone** 2.

spurgaménto |spurga'mento| *s.m.* [→ SPURGARE] nettoyage → **spurgo.**

spurgàre |spur'gare| **A** *v.tr.* **1** [*pulire da ciò che sporca e insudicia*] curer: *spurgare un fosso, un canale* curer un fossé, un canal **2** [*liberare da ciò che ingombra, ostruisce*] vidanger (3): *spurgare una fogna* vidanger les égouts # *spurgare i bronchi dal catarro* débarrasser les bronches des mucosités ◇ (*tecnol.*) *spurgare un radiatore* purger un radiateur **3** [*espettorare*] expectorer: *spurgare il catarro dai bronchi* expectorer les mucosités (des bronches) **B** *v. pron. intr.* SPURGARSI [→ *tr.* 3] expectorer *tr.*

spurgatóre |spurga'tore| *s.m.* **1** [*chi spurga* (A 1)] cureur **2** [*chi spurga* (A 2)] vidangeur.

spurgatùra |spurga'tura| *s.f.* → **spurgamento, spurgo.**

spùrgo, ghi |'spurgo, gi| *s.m.* **1** [→ SPURGARE] *provvedere allo spurgo del canale* pourvoir au curage du canal; *si è reso necessario lo spurgo della fogna* la vidange *f.* des égouts est devenue nécessaire; *quello sciroppo ha provocato lo spurgo del catarro* ce sirop a provoqué l'expectoration *f.* des mucosités; *lo spurgo di un serbatoio* la purge *f.* d'un réservoir **2** [*materia che si elimina spurgando*] vidange; crachat: *portate via gli spurghi delle fogne* enlevez la vidange des égouts ‖ *esaminare al microscopio lo spurgo* examiner les crachats au microscope **3** *spec. al plur.* [*pubblicazione di nessun valore; scarto editoriale*] fonds de librairie.

spùrio, i |'spurjo, i| *agg.* **1** [*illegittimo*] illégitime: *figlio spurio* fils illégitime **2** [*non autentico, falsificato*] apocryphe: *opera spuria* ouvrage apocryphe ◇ (*loc.*) *edizione spuria* édition apocryphe **3** (*anat.*) faux*.

sputacchiaménto |sputakkja'mento| *s.m.* [→ SPUTACCHIARE] crachotement.

sputacchiàre |sputak'kjare| **A** *v. tr.* (*raro*) [*coprire di sputi*] cracher (*corr.*) **B** *v.intr.* (*aus.* '*avere*') **1** [*sputare qua e là in continuazione*] crachoter **2** [*schizzare saliva*] postillonner.

sputacchièra |sputak'kjɛra| *s.f.* [*recipiente per sputarvi dentro*] crachoir *m.*

sputacchina |sputak'kina| *s.f.* (*t. zool.*) aphrophore (écumeuse) ◇ (*zool.*) crachat *m.* de coucou, de grenouille.

sputàcchio, i |spu'takkjo, i| *s.m.* [*sputo grasso e denso*] crachat.

sputàre |spu'tare| **A** *v.tr.* **1** [*mandare fuori dalla bocca*] cracher; recracher: *sputare saliva, catarro, sangue* cracher de la salive, des mucosités, du sang ‖ *sputare la medicina, la pillola* recracher le médicament, la pilule ◇ (*loc. fig.*) *sputar sangue* suer sang et eau ~ *sputar veleno, bile* cracher son venin ~ *sputare l'osso* [*restituire ciò che si è preso; confessare*] vider son sac, se mettre à table ~ *sputare i polmoni* cracher ses poumons ~ *sputare sentenze* [*parlare con presunzione e pedanteria; dare consigli senza che siano richiesti*] pontifier ~ *sputare in faccia la verità* cracher, jeter la vérité au visage de qqn. **2** (*fig.*) [*gettare fuori con violenza*] cracher: *l'Etna ha ripreso a sputar fuoco* l'Etna s'est remis à cracher du feu **B** *v.intr.* (*aus.* '*avere*') [*emettere lo sputo*] cracher: *è proibito sputare per terra* il est interdit de cracher par terre; *quel bambino gli ha sputato addosso* cet enfant lui a craché dessus ◇ (*loc. fig.*) *sputare su, sopra, addosso, in faccia a q.c., a qc.* [*mostrare grande disprezzo verso qc., q.c.*] cracher sur qqch., au visage de qqn. ~ *sputare nel piatto in cui si mangia* cracher dans la soupe ~ *sputare dolce* être doucereux, faire l'agneau, se montrer doux comme un agneau.

sputasénno |sputa'senno| *s.inv.* → **sputasentenze.**

sputasentènze |sputasen'tɛntse| *s. inv.* [*chi parla con ostentata autorità e gener. a sproposito*] pédant *var.*, (*donna*) bas-bleu *m. var.*

sputàto |spu'tato| *agg.* (*fam.*) (*nella loc.*) *nato e sputato* [*totalmente uguale*] tout craché.

sputnik |'sputnik| *s.m. inv.* (*russo*) **1** spoutnik *var.* **2** (*per est.*) [*satellite artificiale*] spoutnik.

spùto |'sputo| *s.m.* **1** (*raro*) [→ SPUTARE] crachement (*corr.*) **2** [*saliva o espettorato che si emette dalla bocca*] crachat: *pavimento pieno di sputi* sol plein de crachats # *sputo sanguigno* crachement de sang ◇ (*loc. fig.*) *ricoprire qc. di sputi* [*insultarlo*] couvrir qqn. d'injures ~ *essere fatto con lo sputo* [*essere molto debole*] être une chiffe molle ~ *essere attaccato con lo sputo* [*malamente*] ne tenir qu'à un fil ~ *mangiare pane e sputo* [*solo pane*] n'avoir que du pain à se mettre sous la dent ~ *stimare qc. o q.c. uno sputo* ne pas estimer qqn. ou qqch.

sputtanàre |sputta'nare| **A** *v.tr.* (*pop.*) [*parlare così male di una persona da farle perdere la stima e la considerazione di altri*] salir (*corr.*): *non era il caso di sputtanarla a quel modo* il n'y avait pas lieu de la salir de cette façon ◇ (*per est.*) [*fare sapere (a tutti) come stanno realmente le cose*] démasquer **B** *v.pron. rifl.* SPUTTANARSI (*pop.*) [*agire in modo da perdere la considerazione di cui si godeva*] perdre (53) *tr.* (*corr.*) sa réputation.

spyder |'spaidɛr, 'spaidə| *s. inv.* (*ingl.*) → **spider.**

squàcquera |'skwakkwera| *s.f.* (*fam.*) [*diarrea*] courante (*pop.*).

squacqueràre |skwakkwe'rare| **A** *v.tr.* **1** (*fig.*) (*raro*) [*fare q.c. in fretta*] bâcler (*corr.*) **2** [*rivelare tutto, spifferare*] rapporter: *ha squacquerato tutto alla polizia* il a tout rapporté à la police → **spifferare** **B** *v.intr.* (*aus.* '*avere*') (*raro*) [*avere la diarrea*] avoir (28) *tr.* la courante (*pop.*) **C** *v.pron. intr.* SQUACQUERARSI (*raro, fam.*) [*diventare molle*] se ramollir # *il gelato mi si è squacquerato* ma glace a fondu → **squagliare.**

squacquerataménte |skwakkwerata'mente| *avv.* [→ SQUACQUERATO 2] immodérément.

squacqueràto |skwakkwe'rato| *agg.* **1** [*molliccio, sciolto*] mou* **2** (*fig.*) [*sguaiato, smodato*] immodéré.

squadernàre |skwader'nare| **A** *v. tr.* **1** (*raro*) [*sfogliare le pagine di un libro, di un quaderno*] feuilleter (5) (*corr.*) **2** [*mettere sotto gli occhi, dimostrare chiaramente*] ouvrir (23) tout grand, étaler: *gli ha squadernato davanti il registro* il a ouvert le registre tout grand devant lui **3** [*manifestare apertamente*] exprimer **B** *v.pron. intr.* SQUADERNARSI (*lett.*) [*essere disperso*] s'étaler (*corr.*).

1 **squàdra** |'skwadra| *s.f.* [*strumento a forma di triangolo rettangolo usato per tracciare o per misurare angoli*] équerre: *disegna con la riga e con la squadra* il dessine avec la règle et l'équerre ◇ (*loc.*) *a squadra* en équerre, d'équerre ~ *mettere in squadra* mettre d'équerre ~ *essere fuori di squadra* (*pr.*) [*non essere perpendicolare*] ne pas être d'équerre; (*fig.*) [*essere fuori posto*] ne pas être dans son assiette ◇ (*loc. fig.*) *uscire di squadra* [*uscire dall'ordine*; *perdere la pazienza*] sortir de ses gonds.

2 **squàdra** |'skwadra| *s.f.* **1** [*complesso di persone riunite per un lavoro o per un obiettivo comune*] équipe: *hanno chiamato la squadra di soccorso* on a appelé l'équipe de secours **2** (*aer., mar.*) escadre: *una squadra aerea sorvolava le Alpi* une grosse formation, une escadre aérienne survolait les Alpes; *la squadra navale inglese incrociava intorno a Gibilterra* l'escadre navale anglaise croisait devant Gibraltar **3** (*mil.*) formation, groupe *m.* de combat ◇ (*loc.*) *squadra mobile* brigade mobile ~ *squadra di azione fascista* formation paramilitaire fasciste, commando *m.* **4** (*sport*) équipe.

squadràccia, ce |skwa'drattʃa, tʃe| *s.f.* bande armée fasciste.

squadràre |skwa'drare| *v.tr.* **1** [*mettere in squadra*] diviser à l'équerre: *squadrare un foglio da disegno* diviser à l'équerre une feuille de papier à dessin **2** [*ridurre in forma più o meno*

quadrata] équarrir: *squadrare una pietra* équarrir une pierre **3** (*fig.*) [*osservare attentamente per valutare*] dévisager (3): *prima di iniziare la gara squadrò gli avversari* avant de commencer la partie, il dévisagea les adversaires.
squadràto |skwa'drato| *agg.* [*di forma quadrata*] carré.
squadratóre, trice |skwadra'tore, tritʃe| *s.* ouvrier* qui équarrit les pierres, tailleur *m.* de pierres.
squadratùra |skwadra'tura| *s.f.* [→ SQUADRARE 1, 2] équarrissage *m.*, équarrissement *m.*
squadrìglia |skwa'driʎʎa| *s.f.* **1** (*raro*) petite équipe (*corr.*) **2** (*aer.*, *mar.*) escadrille.
squadrismo |skwa'drizmo| *s.m.* (*st.*) groupes *pl.* de choc fascistes.
squadrista |skwa'drista| *s.* membre *m.* d'un groupe de choc fasciste.
1 **squàdro** |'skwadro| *s.m.* (*t.zool.*) squatine.
2 **squàdro** |'skwadro| *s.m.* **1** [→ SQUADRARE 1, 2] équarrissage **2** [*strumento topografico che serve a tracciare misurazioni ad angolo retto*] équerre *f.* (d'arpenteur) # *squadro graduato* pantomètre.
squadróne |skwa'drone| *s.m.* (*mil.*) escadron.
squagliaménto |skwaʎʎa'mento| *s.m.* [→ SQUAGLIARE A; B1] fonte *f.*, fusion *f.*
squagliàre |skwaʎ'ʎare| **A** *v.tr.* [*fondere, liquefare*] faire (45) *intr.* fondre: *questo caldo ha squagliato il gelato* cette chaleur a fait fondre la glace **B** *v.pron. intr.* SQUAGLIARSI **1** [→ *tr.*] fondre (53) (*intr.*): *la neve si squaglia al sole* la neige fond au soleil **2** (*fig.*) [*andarsene furtivamente, alla chetichella*] s'éclipser: *si è squagliato subito* il s'est éclipsé en vitesse, il a filé à l'anglaise ◇ *loc. fam.* SQUAGLIARSELA [*svignarsela, tagliare la corda*] se défiler, filer *intr.* en douce; (*da un salotto*) filer à l'anglaise: *quando c'è un lavoro da fare se la squaglia sempre* quand il y a un travail à faire il se défile régulièrement; *qui si mette male*: *cerchiamo di squagliarcela* ici ça tourne mal: il vaut mieux filer en douce ‖ *al ricevimento c'era troppa gente e me la sono squagliata* il y avait beaucoup de monde au cocktail, j'ai filé à l'anglaise.
squàglio, i |'skwaʎʎo, i| *s.m.* (*region.*) tasse *f.* de chocolat (*corr.*).
squalìfica, che |skwa'lifika, ke| *s.f.* **1** [→ SQUALIFICARE A 1; B] disqualification **2** (*sport*) disqualification ◇ (*loc.*) *squalifica del campo* suspension du terrain.
squalificàbile |skwalifi'kabile| *agg.* qui peut être disqualifié *loc.*
squalificàre |skwalifi'kare| **A** *v.tr.* **1** [*riconoscere incapace, non idoneo*] disqualifier: *la sua disonestà l'ha squalificato nel campo commerciale* en tant que commerçant, sa malhonnêteté l'a disqualifié **2** (*sport*) [*escludere da una competizione uno sportivo reo di una infrazione ai regolamenti*] disqualifier **B** *v.pron. rifl.* SQUALIFICARSI [*dimostrarsi incapace o indegno di q.c.*] se disqualifier # *ormai mi sono squalificato agli occhi di tutti* maintenant, me voilà disqualifié aux yeux de tout le monde.
squalificàto |skwalifi'kato| *agg.* [*che ha perso la stima di tutti, infamato*] disqualifié, discrédité ◆ *s.* [*persona squalificata*] une personne *f.* disqualifiée *agg.*, discréditée *agg.* ◇ (*sport*) disqualifié *p.p.*; suspendu *p.p.*
Squalifórmi |skwali'formi| *s.m. pl.* (*t.zool.*) Squaliformes.
squàllido |'skwallido| *agg.* **1** (*cose*) [*misero e triste, privo di ogni ornamento*] misérable: *vive in una casa squallida* il habite une maison misérable; *frequenta le zone più squallide della periferia* il fréquente les zones les plus misérables de la banlieue **2** (*luogo*) [*incolto, desolato, brullo*] désolé: *ho dovuto attraversare una campagna, una zona squallida* j'ai dû traverser une campagne, une zone désolée **3** (*persone*) [*mal ridotto, patito, emaciato*] misérable: *hai un aspetto squallido* tu as un aspect misérable # *un viso quallido* un visage sans joie ◇ (*loc.*) *condurre una vita squallida* avoir une vie misérable ~ *vivere nella più squallida miseria* vivre dans la plus noire misère **4** (*fig.*) [*sordido, moralmente misero*] *individuo squallido* sale individu; *è una squallida vicenda* c'est une histoire sordide.
squallóre |skwal'lore| *s.m.* [*stato di miseria e di abbandono*] tristesse *f.*; misère (*f.*): *lo squallore di un quartiere* la tristesse d'un quartier; *lo squallore di un luogo* la tristesse, la désolation d'un lieu ‖ *lo squallore di una casa* la misère d'une maison; *vivono nello squallore più assoluto* ils vivent dans la plus noire misère.
squàlo |'skwalo| *s.m.* (*t.zool.*) squale ~ *squalo azzurro* requin-bleu ~ *squalo tigre* requin-tigre ~ *squalo balena, squalo pellegrino* requin-baleine ~ *squalo della Groenlandia* laimarque ~ *squalo marmoreggiato* requin-tapis, requin-zebré ~ *squalo gigante, squalo elefante* pèlerin, requin pèlerin ~ *squalo bianco* carcharodon ~ *squalo nasuto* lamna, lamie *f.*, touille, taupeau long nez.
squàma |'skwama| *s.f.* **1** (*anat.*) squame **2** (*bot.*) écaille **3** (*zool.*) écaille **4** [*frammento a forma di lamina*] écaille: *le squame della corazza* les écailles de la cuirasse.
squamàre |skwa'mare| **A** *v.tr.* [*liberare dalle squame*] écailler: *squamare i pesci* écailler les poissons **B** *v.pron. intr.* SQUAMARSI **1** [*perdere le squame*] perdre (53) *tr.* ses écailles **2** (*med.*) [*spellarsi per malattia*] se desquamer.
Squamàti |skwa'mati| *s.m. pl.* (*t. zool.*) Squamates.
squamàto |skwa'mato| *agg.* **1** [*fatto a squame*] écailleux* **2** [*ricoperto di squame*] écailleux **3** (*tess.*) à écailles *loc. inv.*
squamatùra |skwama'tura| *s.f.* [→ SQUAMARE A; B 1] écaillage *m.*
squamìfero |skwa'mifero| *agg.* squamifère.
squamìgero |skwa'midʒero| *agg.* (*raro*) → **squamifero**.
Squamipènni |skwami'pɛnni| *s.m. pl.* (*t.zool.*) Squamipennes.
squamóso |skwa'moso| *agg.* [*ricoperto di squame*] écailleux*: *il corpo dei rettili è squamoso* le corps des reptiles est écailleux.
squàmula |'skwamula| *s.f.* (*scient.*) squamule.
squarciagóla |skwartʃa'gola| *loc. avv.* A SQUARCIAGOLA [*con tutto il fiato che si ha in gola*] à tue-tête: *cantava a squarciagola* il chantait à tue-tête # *lo chiama sempre a squarciagola* il l'appelle toujours à grands cris.
squarciaménto |skwartʃa'mento| *s.m.* [→ SQUARCIARE] déchirement.
squarciàre |skwar'tʃare| **A** *v.tr.* **1** [*aprire con violenza lacerando*] déchirer; lacérer (8): *uno scoglio affiorante ha squarciato la prua della barca* un écueil émergeant a déchiré l'étrave du bateau ‖ *la pallottola gli squarciò il petto* la balle lui a lacéré la poitrine **2** (*fig.*) [*aprire, svelare, rompere*] percer (2): *il sole squarciò le nubi* le soleil perça les nuages; *cercava con ogni mezzo di squarciare il mistero* il essayait par tous les moyens de percer le mystère **B** *v.pron. intr.* SQUARCIARSI **1** [→ *tr.* 1] se déchirer; se lacérer: *il velo si squarciò* le voile se déchira ‖ *fu colpito da una raffica e il ventre gli si squarciò* une rafale de mitrailleuse lui lacéra le ventre **2** (*fig.*) [→ *tr.* 2] se déchirer: *ci furono tuoni e lampi e le tenebre si squarciarono* il y eut des coups de tonnerre accompagnés d'éclairs et les ténèbres se déchirèrent.
squarciàto |skwar'tʃato| *agg.* [*stracciato, lacerato*] déchiré; lacéré (*p.p.*): *un abito tutto squarciato* un costume tout déchiré ‖ *aveva il petto squarciato* il avait la poitrine lacérée ◇ (*loc.*) *bocca squarciata* [*molto grande*] bouche fendue jusqu'aux oreilles ~ *voce squarciata* [*acuta e aspra*] voix criarde.
squarcina |skwar'tʃina| *s.f.* [*coltellaccio a lama ricurva usato come arma*] coutelas *m.*
squàrcio, i |'skwartʃo, i| *s.m.* **1** [*strappo ampio e profondo*] déchirure (*f.*): *aveva uno squarcio nel vestito* sa robe était déchirée, avait une déchirure ◇ (*per est.*) [*parte separata squarciando*] lambeau: *questo è uno squarcio del suo lenzuolo* ceci est un lambeau de son drap **2** [*ferita, lacerazione profonda*] déchirure, blessure *f.* profonde, lacération (*f.*): *la pallottola gli aveva procurato uno squarcio nel ventre* la balle lui avait fait une blessure profonde à l'abdomen # *cadendo si è fatto uno squarcio nella coscia* en tombant, il s'est déchiré à la cuisse **3** (*fig.*) [*apertura, sprazzo*] *si vedeva uno squarcio di limpido cielo* on voyait un lambeau de ciel bleu; *finalmente uno squarcio di sereno!* enfin, une éclaircie! **4** (*fig.*) [*brano, passo di un componimento*] passage: *mi ha letto uno squarcio della sua opera* il m'a lu un passage de son œuvre.
squartaménto |skwarta'mento| *s.m.* [→ SQUARTARE] (*animali*) équarrissage, équarrissement ◇ (*persone*) écartèlement: *pena dello squartamento* peine de l'écartèlement.
squartàre |skwar'tare| *v.tr.* **1** (*animali*) [*tagliare, dividere in quarti, in grossi pezzi*] équarrir: *squartare un vitello, un maiale* équarrir un veau, un porc **2** (*persone*) [*uccidere in modo violento e feroce*] massacrer: *lo squartarono a sciabolate* ils le massacrèrent à coups de sabre ◇ (*loc.*) *mandare qc. a farsi squartare* [*mandarlo al diavolo*] envoyer qqn. au diable ~ *ti squarterei!* [*ti ammazzerei!*] je te tuerais! ~ *squartare lo zero* [*fare i conti con esattezza*] faire des comptes très précis.
squartatóio, i |skwarta'tojo, i| *s.m.* [*grosso coltello usato per squartare gli animali*] équarrissoir.
squartatóre |skwarta'tore| *s.m.* [*chi squarta*] équarrisseur.

squartatùra |skwarta'tura| *s.f.* → **squartamento.**

squàrto |'skwarto| *s.m.* [→ SQUARTARE] équarrissage, équarrissement.

squassaménto |skwassa'mento| *s.m.* [→ SQUASSARE] secouement (*lett.*) violent.

squassàre |skwas'sare| *v.tr.* [*agitare, scuotere con violenza*] secouer violemment: *la tempesta squassava le vele* la tempête secouait violemment, menaçait de déchirer les voiles.

squàsso |'skwasso| *s.m.* **1** (*raro*) [→ SQUASSARE] secouement violent **2** secousse *f.* violente.

squataròla |skwata'rola| *s.f.* (*t. zool.*) pluvier *m.*

Squatìnidi |skwa'tinidi| *s.m. pl.* (*t.zool.*) Squatinidés.

squattrinàto |skwattri'nato| *agg.* sans argent *loc. inv.* ✦ (*s.*) *uno squattrinato* un sans-le-sou (*m.*): *ha sposato uno squattrinato* elle s'est mariée avec un sans-le-sou.

squilibràre |skwili'brare| **A** *v.tr.* **1** (*raro*) [*far perdere l'equilibrio*] déséquilibrer (*corr.*) **2** (*fig.*) [*dissestare economicamente*] déséquilibrer complètement (le budget): *quella spesa lo ha squilibrato* cette dépense a complètement déséquilibré son budget **B** *v.pron. intr.* SQUILIBRARSI (*raro*) [*perdere l'equilibrio*] perdre (53) *tr.* l'équilibre.

squilibràto |skwili'brato| *agg.* [*privo di equilibrio psichico, morale e mentale*] déséquilibré: *ha una povera mente squilibrata* il a un pauvre esprit tout déséquilibré ✦ (*s.*) *uno squilibrato* un déséquilibré.

squilibrio, i |skwi'librjo, i| *s.m.* **1** [*mancanza di equilibrio*] déséquilibre: *squilibrio statico, dinamico* déséquilibre statique, dynamique ◇ (*loc. fig.*) *squilibrio mentale, psichico* déséquilibre mental, psychique ~ *dar segni di squilibrio* donner des signes de déséquilibre **2** [*notevole differenza fra due cose che si devono equilibrare o comparare*] déséquilibre: *c'è squilibrio fra la domanda e l'offerta* il y a déséquilibre entre l'offre et la demande Ⓒ **equilibrio.**

squìlla |'skwilla| *s.f.* **1** [*campana dal suono acuto*] clochette ◇ (*per est.*) [*campana*] cloche: *la squilla* (*del campanile*) *del convento* la cloche (du clocher) du couvent; *ho sentito un suono di squilla* j'ai entendu un son de cloche **2** [*il suono stesso della campanella*] cloche: *non sentite la squilla?* vous n'entendez pas la cloche?

squillànte |skwil'lante| *agg.* **1** (*suono*) [*acuto e ben distinto*] aigu: *voce squillante* voix aiguë # *campane squillanti* cloches au son aigu **2** (*fig.*) (*colore*) [*intenso, vivace*] vif* # *indossava un abito verde squillante* elle portait une robe vert prairi, vert pomme.

squillàre |skwil'lare| *v.intr.* (*aus.* '*essere, avere*') **1** [*emettere suono acuto, chiaro e intenso*] sonner; retentir (*aus.* avoir): *squilla il telefono* le téléphone sonne; *squilla il campanello* on sonne || *squilla il campanello* la sonnette retentit; *sentì la sua voce squillare da lontano* il entendit de loin retentir sa voix; *nella piazza squillarono le fanfare* sur la place, le son des fanfares retentit **2** (*raro, fig.*) [*risaltare di colori*] se détacher *pron.* (*corr.*), ressortir (21) → **spiccare.**

squìllo |'skwillo| **1** *s.m.* [*suono acuto e forte*] sonnerie *f.*; éclat: *ho sentito lo squillo del telefono, del campanello* j'ai entendu la sonnerie du téléphone, de la porte; *uno squillo di tromba diede il segnale di partenza* une sonnerie de trompette donna le signal de départ || *si udì nel silenzio lo squillo della sua voce* on entendit dans le silence l'éclat de sa voix **2** *agg. inv.* (*loc.*) *ragazza squillo* [*prostituta che si può reperire telefonicamente*] call-girl (*s.f.*); *casa, albergo squillo* maison *s.f.* de rendez-vous ✦ (*s.f. inv.*) *una squillo* une call-girl (*var.*): *delle squillo* des call-girls.

squinànto |skwi'nanto| *s.m.* (*t.bot.*) squine *f.*, esquine *f.*

squinternàre |skwinter'nare| *v.tr.* **1** [*disfare, slegare i quinterni di un libro, di un quaderno*] découdre (60) (les pages d'un livre): *mi ha squinternato tutto il libro* il m'a décousu toutes les pages du livre **2** (*fig.*) [*mettere sottosopra, scombussolare*] bouleverser: *quella notizia mi ha squinternato* cette nouvelle m'a bouleversé.

squinternàto |skwinter'nato| *agg.* **1** [*senza rilegatura*] décousu: *libro, quaderno squinternato* livre, cahier décousu **2** (*fig.*) [*squilibrato, dalla vita e dal comportamento disordinato*] détraqué: *è una ragazza molto squinternata* c'est une fille très détraquée; *conduce una vita squinternata* il mène une vie de détranqué ✦ (*s.*) *uno squinternato* un détraqué: *làsciali perdere, sono degli squinternati* laisse-les tomber (*fam.*), ce sont des détraqués.

squisitaménte |skwizita'mente| *avv.* **1** [→ SQUISITO] délicieusement # *ho mangiato squisitamente bene* j'ai mangé merveilleusement bien, j'ai fait un repas délicieux **2** [*con ricercatezza*] avec recherche (*loc. inv.*): *veste squisitamente* elle s'habille avec recherche **3** [*tipicamente*] typiquement.

squisitézza |skwizi'tettsa| *s.f.* **1** [*l'essere squisito* (*moralmente e materialmente*)] délicatesse: *la squisitezza del suo gesto* la délicatesse de son geste; *la squisitezza dell'opera* la délicatesse de l'œuvre **2** [*cosa squisita, cibo squisito*] mets *m.* exquis # *apprezza le squisitezze della tavola* il apprécie les raffinements de la table.

squisito |skwi'zito| *agg.* **1** [*eccellente, molto buono* (*spec. di cibo*)] exquis **2** (*fig.*) [*raffinato, nobile*] exquis: *rivela nel vestire un gusto squisito* dans sa façon de s'habiller elle fait preuve d'un goût exquis.

squittio, ii |skwit'tio, ii| *s.m.* [→ SQUITTIRE 1] cri: *lo squittio dei topi* le cri des rats.

squittire |skwit'tire| (197) *v.intr.* (*aus.* '*avere*') **1** (*animali*) [*emettere suoni acuti e brevi*] crier, pousser (leur) cri; (*civetta*) chuinter; (*quaglia*) carcailler, cacaber; (*cani da caccia*) glapir **2** (*persone*) (*scherz.*) [*emettere gridolini striduli*] glapir.

sradicàbile |zradi'kabile| *agg.* [→ SRADICARE] déracinable.

sradicaménto |zradika'mento| *s.m.* [→ SRADICARE] déracinement ◇ (*fig.*) *sradicamento sociale, economico* déracinement social, économique # *la corruzione è una piaga di difficile sradicamento* la corruption est un mal difficile à extirper.

sradicàre |zradi'kare| *v.tr.* **1** [*strappare una pianta con le radici*] arracher, extirper; déraciner: *sradicare da un campo le male erbe* arracher, extirper les mauvaises herbes d'un champ || *sradicare gli alberi del bosco* déraciner les arbres du bois **2** (*fig.*) [*eliminare completamente, distruggere*] déraciner # *è difficile sradicare i vecchi pregiudizi* il est difficile d'extirper les vieux préjugés **3** (*fig.*) [*far allontanare*] déraciner # *è molto affezionato al suo paese*: *è difficile sradicarlo* il est très attaché à son pays: le dépaysement est douloureux.

sradicàto |zradi'kato| *agg.* **1** [*strappato dalla terra con le radici*] déraciné **2** (*fig.*) [*privo di legami con la società in cui vive*] déraciné ✦ (*s.*) *uno sradicato* un déraciné.

1 **sradicatóre, trice** |zradika'tore, tritʃe| *agg.* [*che sradica*] qui déracine *loc.* ✦ *s.* [*chi sradica*] celui *m.*, celle *f.* qui arrache, qui déracine.

2 **sradicatóre** |zradika'tore| *s.m.* (*agr.*) arracheuse *f.*

sragionaménto |zradʒona'mento| *s.m.* [→ SRAGIONARE] divagation *f.*

sragionàre |zradʒo'nare| *v.intr.* (*aus.* '*avere*') [*fare dei ragionamenti sconnessi, privi di logica*] déraisonner.

sregolàre |zrego'lare| **A** *v.tr.* [*fare uscire di regola*] dérégler (8): *sregolare un meccanismo* dérégler un mécanisme **B** *v.pron. intr.* (*tecnol.*) SREGOLARSI [*uscire dalla regola, perdere la regolazione*] se dérégler.

sregolataménte |zregolata'mente| *avv.* [→ SREGOLATO] d'une manière déréglée *loc.*

sregolatézza |zregola'tettsa| *s.f.* **1** [*l'essere sregolato*] dérèglement *m.* # *conduce una vita piena di sregolatezze* il mène une vie déréglée **2** [*atto, comportamento sregolato*] folie: *questa è una bella sregolatezza!* c'est une belle folie!

sregolàto |zrego'lato| *agg.* **1** [*senza una regola precisa*] déréglé # *mangia in modo sregolato* il prend ses repas à n'importe quelle heure, sans s'astreindre à une règle **2** [*senza ordine morale, dissoluto*] déréglé.

sregolazióne |zregolat'tsjone| *s.f.* (*tecnol.*) dérèglement *m.*

srotolaménto |zrotola'mento| *s.m.* [→ SROTOLARE] déroulement, déroulage ◇ (*tess.*) débobinage.

srotolàre |zroto'lare| *v.tr.* [*aprire, disfare un rotolo*] dérouler: *srotolare una pezza di stoffa* dérouler une pièce de tissu; *srotola il tappeto sul pavimento* déroule le tapis sur le sol Ⓒ **arrotolare.**

st |st|, **ss** |ss| *inter.* (*suono onomat. con cui si impone il silenzio*) chut!

stabaccàre |stabak'kare| *v.intr.* [*fiutare, masticare tabacco*] priser, chiquer constamment, souvent.

stabat mater |'stabat'mater| *s.m.* (*lat.*) (*liturg.*) stabat (mater).

stabbiàre |stab'bjare| **A** *v.tr.* **1** [*far pernottare gli animali nello stabbio* (1)] parquer **2** [*concimare un terreno con letame*] engraisser **B** *v.intr.* (*aus.* '*avere*') (*animali*) [*pernottare in uno stabbio* (1)] parquer.

stabbiatùra |stabbja'tura| *s.f.* [→ STABBIARE A 1; B] parcage *m.*

stàbbio, i |'stabbjo, i| *s.m.* **1** [*recinto in cui si tengono di notte le bestie al pascolo*] parc **2** [*letame, sterco di animali misto a paglia*] fumier **3** [*piccola stalla per maiali*] porcherie *f.*

stabbiòlo |stab'bjɔlo| *s.m.* petite porcherie *f.*

stàbile |'stabile| *agg.* **1** stable: *ponte stabile* pont stable; *fondamenta stabili* fondations stables ◇ (*loc.*) *beni stabili* [*beni immobili, fabbricati*] biens immeubles ✦ (*s.m.*) *uno stabile* [*edificio, fabbricato*] un immeuble **2** (*fig.*) [*costante, durevole*] stable: *ha trovato una sistemazione stabile* il a trouvé une place stable **3** (*fig.*) [*non provvisorio, duraturo*] permanent, fixe: *è impiegato stabile* c'est un employé permanent; *ha trovato una dimora stabile in città* il a trouvé un domicile fixe en ville ◇ (*loc.*) *tempo, temperatura stabile* temps, température stable ~ *colore stabile* [*che non sbiadisce*] couleur solide **4** (*chim., fis.*) stable **5** (*teat.*) de la ville *loc. inv.*

stabiliménto |stabili'mento| *s.m.* **1** [→ STABILIRE] établissement **2** [*complesso di edifici e di installazioni destinati a una attività industriale*] usine (*f.*): *il direttore dello stabilimento* le directeur de l'usine **3** [*complesso di edifici e di costruzioni in cui ha sede un servizio di pubblica utilità*] établissements (*pl.*): *stabilimenti balneari* établissements de bains # *stabilimenti carcerari* prisons **4** [*possedimento, colonia*] établissement **5** (*mar.*) établissement.

stabilire |stabi'lire| (197) **A** *v.tr.* **1** [*costituire in modo stabile*] établir: *Dio ha stabilito l'ordine dell'Universo* Dieu a établi l'ordre de l'Univers **2** [*rendere stabile, fissare in modo durevole*] établir: *stabilire la propria dimora a Milano* établir son domicile à Milan; s'établir à Milan **3** [*decidere*] décider; fixer: *ha stabilito di partire con me* il a décidé de partir avec moi ‖ *non hanno ancora stabilito la data* ils n'ont pas encore fixé la date **4** [*accertare*] vérifier: *devo ancora stabilire se...* je dois encore vérifier si... **5** [*assegnare, mettere a disposizione*] assigner # *ti ho stabilito un compenso forfettario* j'ai fixé pour toi une rémunération forfaitaire **6** (*mar.*) *stabilire le vele* [*bordarle e fissarle*] établir les voiles **B** *v.pron. rifl.* STABILIRSI [*prendere dimora stabile*] s'établir: *la ditta si è stabilita in città* la société s'est établie en ville.

stabilità |stabili'ta| *s.f. inv.* **1** stabilité (*var.*): *la stabilità di un ponte, di un edificio* la stabilité d'un pont, d'un édifice ◇ (*fig.*) *la stabilità dei propositi* la stabilité des propos (des projets) **2** (*aer., mar.*) stabilité.

stabilito |stabi'lito| *agg.* **1** [*deciso, fissato*] fixé; établi: *verrò nel giorno stabilito* je viendrai au jour dit, le jour qui a été convenu, fixé ‖ *ormai è una cosa stabilita* c'est désormais chose établie **2** [*decretato, istituito*] convenu: *resta stabilito che...* il est convenu que... ◇ (*loc.*) *l'ordine stabilito* l'ordre établi.

stabilitùra |stabili'tura| *s.f.* (*edil.*) dernière main de crépi.

stabilizzànte |stabilid'dzante| *agg.* stabilisateur* ✦ *s.m.* (*chim.*) *uno stabilizzante* un stabilisant, un stabilisateur.

stabilizzàre |stabilid'dzare| **A** *v. tr.* [*rendere stabile*] stabiliser: *stabilizzare una rendita* stabiliser une rente; *stabilizzare i prezzi* stabiliser les prix **B** *v.pron. intr.* STABILIZZARSI [*diventare stabile*] se stabiliser: *il tempo non si è ancora stabilizzato* le temps ne s'est pas encore stabilisé.

stabilizzatóre, trice |stabilid-dza'tore, tritʃe| *s.* **1** stabilisateur *m.* ✦ *agg.* stabilisateur* **2** (*aer., chim., elettr., mar.*) stabilisateur.

stabilizzazióne |stabiliddzat'tsjone| *s.f.* [→ STABILIZZARE] stabilisation.

stabilménte |stabil'mente| *avv.* [→ STABILE 1, 2, 3] d'una manière stable *loc. inv.* # *è stato assunto stabilmente* il a un poste fixe; *ha preso stabilmente dimora in paese* il s'est fixé dans le village.

stabulàre |stabu'lare| **A** *v.tr.* [*mettere a stalla*] faire (45) *intr.* rentrer à l'étable, mettre (71) en stabulation ◇ (*loc.*) *stabulare le trote, le anguille* [*allevarle in appositi recinti*] avoir une pisciculture de truites, d'anguilles **B** *v. intr.* (*aus. 'avere'*) (*animali*) [*vivere in una stalla*] vivre (58) en étable.

stabulàrio, i |stabu'larjo, i| *s.m.* **1** [*pubblica stalla*] étable *f.* publique **2** [*canile comunale*] fourrière *f.* **3** [*luogo riservato agli animali che si usano per esperimenti*] étable-laboratoire *f.*

stabulazióne |stabulat'tsjone| *s.f.* [*allevamento di bestiame in stalla*] stabulation.

stacanovismo |stakano'vizmo| *s.m.* **1** (*econ.*) stakhanovisme **2** (*scherz.*) [*esagerato entusiasmo nel lavoro*] stakhanovisme.

stacanovista |stakano'vista| *s.* **1** stakhanoviste ✦ (*agg.*) *usare metodi stacanovisti* utiliser des méthodes stakhanovistes **2** (*scherz.*) [*chi mostra eccessivo entusiasmo per il lavoro*] stakhanoviste ✦ (*agg.*) *hai una tendenza stacanovista* tu as une tendance stakhanoviste.

staccàbile |stak'kabile| *agg.* [→ STACCARE A 1] amovible.

staccaménto |stakka'mento| *s.m.* [→ STACCARE A 1, 3; C 1] détachement, détachage.

staccàre |stak'kare| **A** *v.tr.* **1** [*separare ciò che è attaccato, unito*] détacher: *staccare un foglio dal quaderno* détacher une feuille du cahier; *ha staccato una mela dall'albero* il a cueilli une pomme sur l'arbre, il a détaché une pomme de l'arbre; *staccare dal muro i manifesti* détacher, décoller les affiches du mur ◇ (*loc.*) *staccare le cedole di un titolo* [*renderle pagabili*] détacher les coupons d'un titre **2** [*rimuovere, scostare*] éloigner: *stacchiamo la lavatrice dalla parete* éloignons du mur la machine à laver ◇ (*loc. fig.*) *non staccare gli occhi, lo sguardo da qc.* [*guardarlo con insistenza e a lungo*] ne pas quitter des yeux qqn., ne pas détacher son regard de qqn. **3** [*separare*] détacher: *staccare le sillabe, le parole, le note* détacher les syllabes, les mots, les notes **4** (*sport*) [*distanziare*] distancer (2): *i primi del gruppo hanno staccato gli inseguitori* les premiers du peloton ont distancé les poursuivants **5** (*comm.*) [*emettere*] émettre (71): *ti ho staccato un assegno di 100.000 lire* j'ai émis un chèque de 100.000 lires à ton nom **B** *v.intr.* (*aus. 'avere'*) **1** [*risaltare*] ressortir (21), se détacher (*pron.*): *il rosso stacca sul bianco* le rouge ressort, se détache sur le blanc **2** (*fam.*) [*smettere di lavorare*] sortir (21) (*aus.* être), débrayer (9) (*fam.*): *oggi stacco alle cinque* aujourd'hui je sors, je débraye à cinq heures **C** *v. pron. intr.* STACCARSI **1** [*separarsi, venir via*] se détacher: *si sta staccando l'intonaco dalle pareti* le plâtre est en train de se détacher (des murs) ◇ (*fig.*) se séparer: *mi dispiace staccarmi dagli amici* je n'aime pas me séparer de mes amis **2** [*allontanarsi*] s'éloigner: *la vela si staccò lentamente dalla riva* le voilier s'éloigna lentement du rivage ◇ (*loc.*) *staccarsi da terra* [*alzarsi in volo*] décoller *intr.* (du sol), s'envoler.

staccàto |stak'kato| **1** *agg.* [*separato, uno a uno*] séparé; détaché: ◇ (*mil.*) *opere staccate* bastions séparés, détachés # *ho comperato l'enciplopedia a volumi staccati* j'ai acheté l'encyclopédie volume par volume **2** *s.m.* (*mus.*) staccato.

stacciàio, i |stat'tʃajo, i| *s.m.* [*compratore o venditore di stacci*] tamisier* *s.*

stacciàre |stat'tʃare| *v.tr.* **1** [*passare attraverso lo staccio*] tamiser → setacciare **2** (*fig.*) [*esaminare con minuzia e accuratezza*] passer au crible.

stacciàta |stat'tʃata| *s.f.* [→ STACCIARE 1] tamisage *m.* # *dare una stacciata alla farina* tamiser la farine.

stacciatùra |stattʃa'tura| *s.f.* **1** [→ STACCIARE 1] tamisage *m.* **2** [*ciò che rimane nello staccio*] criblure.

stàccio, i |'stattʃo, i| *s.m.* [*setaccio*] tamis.

staccionàta |stattʃo'nata| *s.f.* **1** [*recinto formato da traverse di legno sostenute da pali*] palissade **2** (*ippica*) barrière.

stàcco, chi |'stakko, ki| *s.m.* **1** [→ STACCARE A 1] détachement # *è incaricato dello stacco dei biglietti* il est chargé de détacher les billets ◇ (*loc.*) *stacco d'abito* [*taglio d'abito staccato dalla pezza*] coupon **2** (*fig.*) [*intervallo, pausa*] espace: *lascia uno stacco fra una parola e l'altra* laisse un espace entre chaque mot **3** (*fig.*) [*brusco passaggio, contrasto*] contraste: *c'è molto stacco fra quei colori* il y a un grand contraste entre ces couleurs ◇ (*loc.*) *fare stacco* [*risaltare*] contraster **4** (*cine.*) découpage **5** (*sport*) élan, détente *f.*

stachanovismo |stakano'vizmo| *e deriv* → **stacanovismo** *e deriv.*

stàchide |'stakide| *s.f.* (*t.bot.*) épiaire *m.*

stadèra |sta'dɛra| *s.f.* (*letter.*) [*tipo particolare di bilancia*] balance romaine (*corr.*): *bilancia a stadera* balance romaine # *stadera a ponte* balance à bascule (pour pesage des véhicules); poids public.

stàdia |'stadja| *s.f.* stadia *m.*

stàdio, i |'stadjo, i| *s.m.* **1** (*fig.*) stade: *il fenomeno è ancora allo stadio iniziale* le phénomène est encore à son stade initial **2** (*aer., astronautica*) étage: *è entrato in funzione il terzo stadio del missile* le troisième étage de la fusée est entré en fonction **3** (*elettron.*) stade **4** (*sport*) stade **5** (*st.*) stade.

staff |sta:f| *s.m. inv.* (*ingl.*) staff *var.*, équipe *f. var.*

stàffa |'staffa| *s.f.* **1** [*ciascuno dei due arnesi di metallo che pendono da una parte e dall'altra della sella e in cui il cavaliere infila i piedi*] étrier (*m.*): *ha infilato un piede nella staffa* il a passé un pied dans l'étrier; *rimanere con il piede impigliato nella staffa* rester avec le pied pris dans l'étrier ◇ (*loc. fig.*) *essere con il piede nella staffa* [*sul punto di partenza*] avoir le pied à l'étrier ~ *perdere le staffe* [*non controllarsi più, perdere la pazienza*] sortir de ses gonds ~ *tenere il piede in due staffe* [*fare* *il doppio gioco*] jouer double jeu ~ *bere il bicchiere della staffa* [*l'ultimo prima del commiato*] boire le coup de l'étrire ~ *segnare il gol della staffa* marquer le but de l'honneur **2** [*nome di vari oggetti in cui si infila o si appoggia il piede*] *la staffa dei calzoni* le sous-pied *m.* du pantalon; *la staffa delle calze* le cou-de-pied *m.* des bas **3** [*predellino della carrozza*] marche-pied *m.* **4** [*pezzo di ferro con funzione di rinforzo o di collegamento*] étrier **5** (*alpinismo*) échelle de corde **6** (*anat., edil., mar.*) étrier.

staffàle |staf'fale| *s.m.* [*ferro sporgente del manico della vanga su cui si appoggia il piede*] *hausse-pied → **vangile.**

staffàre |staf'fare| *v.tr.* (*edil.*) [*rinforzare con staffe, munire di staffe*] renforcer (2) avec des étriers.

staffatùra |staffa'tura| *s.f.* (*edil.*) renforcement *m.* d'étriers.

staffétta |staf'fetta| *s.f.* **1** estafette: *il messaggio è stato portato da una staffetta* le message a été amené par une estafette ◇ *loc fig.* DI STAFFETTA [*di corsa, di gran fretta*] à toute vitesse: *è stato allontanato di staffetta* il a été éloigné à toute vitesse; *è andato di staffetta* il est parti à toute vitesse ◆ (*in funzione di agg. inv. posposto al sost.*) (*ferr.*) -pilote (*m.*): *treno-staffetta* train-pilote; *vettura-staffetta* wagon-pilote; *locomotiva-staffetta* locomotive-pilote **2** (*sport*) relais (*m.*): *partecipare a una corsa a staffetta* participer à une course de relais; *hanno disputato la staffetta 4×100* ils ont disputé le relais 4 fois cent mètres, les quatre cents mètres relais.

staffettista |staffet'tista| *s.* (*sport*) coureur* de relais, relayeur *m.*

staffière |staf'fjɛre| *s.m.* [*servitore che aveva il compito di reggere la staffa al signore quando montava a cavallo*] palefrenier ◇ (*per est.*) [*servitore di casa signorile*] valet → **lacchè.**

staffilàre |staffi'lare| *v.tr.* **1** [*colpire con lo staffile*] fouetter, cingler: *gli antichi Romani staffilavano gli schiavi* les anciens Romains fouettaient les esclaves **2** (*fig.*) [*rimproverare e criticare aspramente*] cingler.

staffilàta |staffi'lata| *s.f.* **1** coup *m.* de fouet, de cravache: *gli ha inferto una staffilata sulla schiena* il lui a donné un coup de fouet sur le dos **2** [*critica aspra e severa*] critique cinglante **3** (*calcio*) choot *m.*, canon *m.*

staffilatóre, trice |staffila'tore, tritʃe| *s.* [*chi dà staffilate*] censeur (*m.*): *lo staffilatore della corruzione* le censeur de la corruption (des mœurs).

staffilatùra |staffila'tura| *s.f.* (*raro*) [→ STAFFILARE] fouettement *m.*

staffile |staf'file| *s.m.* [*striscia di cuoio a cui sta appesa la staffa*] étrivière *f.* ◇ (*per est.*) [*frusta formata da una o più strisce di cuoio*] fouet.

stafilea |sta'filea| *s.f.* (*t. bot.*) staphilier *m.*

stafilino |stafi'lino| *agg.* (*anat.*) staphylin.

stafilococcia, cie |stafilokot'tʃia, tʃie| *s.f.* (*med.*) staphylococcie.

stafilocòcco, chi |stafilo'kɔkko, ki| *s.m.* (*biol.*) staphylocoque.

stafilòma |stafi'lɔma| *s.m.* (*med.*) staphylome.

stafisàgria |stafi'zagria| *s.f.* (*t. bot.*) staphisaigre.

stage |steidʒ| *s.m. inv.* (*ingl.*) stage *var.*

stagflazióne |stagflat'tsjone| *s.f.* (*econ.*) stagflation.

staggiàre |stad'dʒare| *v.tr.* (*agr.*) [*puntellare con pali i rami degli alberi troppo carichi di frutta*] étayer (9) (les branches d'un arbre).

stàggio, i |'staddʒo, i| *s.m.* **1** [*aste di legno che servono a sostenere o a tener ferme le parti di un congegno*] montant: *gli staggi di una scala* les montants d'une échelle # *gli staggi di una gabbia d'uccelli* les barreaux d'une cage à oiseaux **2** (*sport*) barre *f.*

stagionàle |stadʒo'nale| *agg.* **1** [*relativo alle stagioni*] saisonnier*: *fenomeno stagionale* phénomène saisonnier **2** [*proprio di una stagione*] saisonnier: *il raffreddore è una malattia stagionale* le rhume est une maladie saisonnière **3** [*che dura una stagione, che avviene durante una stagione*] saisonnier: *emigrazione stagionale* émigration saisonnière ◆ (*s.*) *uno stagionale* un saisonnier *m.*

stagionalità |stadʒonali'ta| *s.f.* caractère *m. var.* saisonnier.

stagionaménto |stadʒona'mento| *s.m.* → **stagionatura.**

stagionàre |stadʒo'nare| **A** *v.tr.* [*tenere in serbo q.c. perché con il tempo acquisti certe qualità*] *stagionare il vino* faire (45) *intr.* vieillir le vin; *stagionare il formaggio* affiner le fromage; *stagionare il prosciutto* procéder (8) *intr.* à la maturation du jambon ◇ (*loc.*) *stagionare il legno* faire *intr.* sécher le bois **B** *v.intr.* (*aus.* 'essere') [*acquistare certe qualità rimanendo in serbo*] devenir (27) vieux*, mûr **C** *v.pron. intr.* STAGIONARSI [→ *intr.*] devenir *intr.* vieux, mûr.

stagionàto |stadʒo'nato| *agg.* **1** [*tenuto in serbo per un certo tempo*] *legno ben stagionato* un bois bien sec*; *frutta stagionata* fruits mûrs; *formaggio stagionato* fromage affiné; *vino stagionato* vin vieilli **2** (*fig.*) [*attempato, non più giovane*] d'un certain âge (*loc. inv.*): *è una signora stagionata, ma ancora piacente* c'est une dame d'un certain âge, mais encore attrayante.

stagionatùra |stadʒona'tura| *s.f.* **1** [→ STAGIONARE] séchage (*m.*): *la stagionatura del legno* le séchage du bois **2** [*tempo necessario per stagionare*] période de vieillissement, d'affinage, de maturation: *quel tipo di vino richiede almeno tre anni di stagionatura* ce type de vin demande au moins trois ans de vieillissement; *per il parmigiano ci vuole una stagionatura di almeno due anni* pour le parmesan, il faut au moins deux ans d'affinage.

stagióne |sta'dʒone| *s.f.* **1** [*ciascuno dei quattro periodi in cui l'anno è diviso*] saison: *l'inizio, la fine della stagione* le début, la fin de la saison; *la natura muta con il cambiare delle stagioni* la nature change avec les saisons ◇ (*loc.*) *la stagione novella* [*primavera*] la saison du renouveau ~ *la mezza stagione* [*primavera, autunno*] la demi-saison ~ *abito di mezza stagione* vêtement de demi-saison **2** [*le particolari condizioni atmosferiche che caratterizzano ogni periodo*] saison: *è iniziata la stagione calda, fredda, piovosa* la belle saison, la mauvaise saison, la saison des pluies est commencée; *la stagione è umida* la saison est humide ◇ (*loc.*) *la bella stagione* la belle saison ~ *la brutta stagione* la mauvaise saison **3** [*periodo dell'anno in cui maturano determinati frutti o si fanno determinati raccolti*] saison, temps (*m.*): *fra poco arriverà la stagione delle ciliege* d'ici peu, la saison, le temps des cerises arrivera; *è prossima la stagione del raccolto* le temps de la récolte est très proche; *non è più la stagione dell'uva* ce n'est plus la saison du raisin ◇ (*loc.*) *la stagione dei fiori* l'époque de la floraison, le printemps *m.* ~ *frutti di stagione* fruits de saison ~ *frutti fuori stagione*: (*pr.*) fruits hors-saison; (*fig.*) hors de l'ordinaire **4** [*periodo di tempo determinato per un ciclo di particolari manifestazione o in cui hanno luogo determinate attività*] saison: *è la stagione delle vendite* c'est la saison des ventes; *vendite di fine stagione* ventes de fin de saison; *inizia la stagione operistica, concertistica, teatrale* la saison des opéras, des concerts, théâtrale commence ◇ (*loc.*) *nell'alta, nella bassa stagione* [*periodo in cui l'attività turistica è intensa, scarsa*] pendant la grande saison, hors saison ~ *morta stagione* saison morte **5** (*sport*) saison: *stagione sciistica, ciclistica* saison du ski, du cyclisme, cycliste **6** [*tempo propizio*] saison: *si avvicina la stagione dei bagni, delle scampagnate* la saison des bains de mer, des journées à la campagne approche **7** (*poet.*) [*periodo di tempo*] période (*corr.*) (de temps) ◇ (*per est.*) [*età*] saison (*lett.*), âge *m.*

stagirita |stadʒi'rita| *agg.* [*di Stagira*] stagirite ◆ *s.m.* (*per anton.*) *lo Stagirita* [*Aristotele*] le Stagirite.

stagliàre |staʎ'ʎare| **A** *v.tr.* **1** [*tagliare grossolanamente, in modo irregolare*] coupailler **2** → **stralciare B** *v. pron. intr.* STAGLIARSI [*risaltare, fare spicco*] se découper (sur): *i monti si stagliano nel cielo* les montagnes se découpent sur le ciel.

stagnàio, i |staɲ'ɲajo, i| *s.m.* **1** [*artigiano che fa saldature con lo stagno*] étameur **2** [*artigiano che fa lavori con latta e lamiera*] ferblantier.

stagnaménto |staɲɲa'mento| *s.m.* **1** [→ 2 STAGNARE B] stagnation *f.* **2** (*econ.*) stagnation.

stagnànte |staɲ'ɲante| *agg.* **1** stagnant: *acqua stagnante* eau stagnante # *miasmi stagnanti sulla palude* miasmes qui planent sur le marais; *aria stagnante* air confiné **2** (*fig.*) [*caratteristico di attività economiche rallentate o inerti*] stagnant.

1 **stagnàre** |staɲ'ɲare| *v.tr.* **1** [*rivestire con uno strato sottile di stagno*] étamer **2** [*aggiustare, saldando con stagno*] souder **3** [*chiudere un recipiente in modo che non lasci sfuggire il liquido*] rendre (53) étanche, étancher.

2 **stagnàre** |staɲ'ɲare| **A** *v.tr.* [*far cessare l'uscita di un liquido*] étancher: *stagnare il sangue di una ferita* étancher le sang d'une plaie **B** *v.intr.* **1** (*aus.* 'avere') (*detto di acqua e di aria*) [*restare fermo, non circolare più*] planer; stagner: *nella stanza stagna il fumo* la fumée plane, est en suspension dans la pièce ‖ *dopo la piena, l'acqua del fiume stagna nella campagna* après la crue, l'eau de la rivière stagne dans les prés **2** (*fig.*) [*restare fermo nell'attività*] stagner: *i commerci stagnano*

le commerce stagne, est stagnant **C** *v. pron. intr.* STAGNARSI [*cessare di fluire*] cesser *intr.* de couler.
stagnàro |staɲ'ɲaro| *s.* → **stagnaio.**
stagnàta |staɲ'ɲata|, **stagnatùra** |staɲɲa'tura| *s.f.* **1** [→ 1 STAGNARE 1, 2] étamage *m.*, rétamage *m.* **2** [*lo strato di stagno che riveste*] étamure: *la pentola ha perso la stagnatura* la casserole a perdu son étamure.
stagnazióne |staɲɲat'tsjone| *s.f.* → **stagnamento 2.**
stagnicoltùra |staɲɲikol'tura| *s.f.* (*pesca*) pisciculture en étang.
stagnino |staɲ'ɲino| *s.* (*dial.*) → **stagnaio.**
1 **stàgno** |'staɲɲo| *s.m.* (*chim.*) étain.
2 **stàgno** |'staɲɲo| *s.m.* [*specchio di acqua stagnante poco profondo e poco esteso*] étang.
3 **stàgno** |'staɲɲo| *agg.* **1** [*impenetrabile all'acqua, a perfetta tenuta d'acqua*] étanche: *chiusura stagna* fermeture étanche; *coperchio a tenuta stagna* couvercle étanche ◇ (*loc. fig.*) *compartimento stagno* compartiment étanche **2** (*dial.*) [*sodo, resistente*] dur: *senti che muscoli stagni!* tâte ces muscles, s'ils sont durs!
stagnòla |staɲ'ɲɔla| *s.f.* **1** papier *m.* d'étain, argenté, d'argent: *i cioccolatini sono avvolti nella stagnola* les chocolats sont enveloppés dans du papier d'argent, d'aluminium, papier alu (*fam.*) **2** [*piccolo recipiente di latta a forma di parallelepipedo*] bidon *m.* en fer blanc.
stagnòlo |staɲ'ɲɔlo| (*agg.*) *carta stagnola* papier d'étain *loc. inv.*
stàio, i |'stajo, i| *s.m.* **1** (*al plur.* '*staia*') [*misura di capacità per cereali e aridi*] boisseau: *uno staio di grano* un boisseau de blé ◇ *loc.* A STAIA [*in gran quantità*] à foison, à profusion, en abondance: *nel granaio c'è grano a staia* dans le grenier il y a du blé en abondance **2** [*recipiente cilindrico usato per misurare cereali*] boisseau ◇ (*loc. fig.*) *colmare lo staio* [*compiere l'opera*] terminer son œuvre ~ *cappello a staio* [*cilindrico*] haut-de-forme, haute-forme **3** [*misura agr. che indica quanta terra si deve seminare per raccogliere uno staio di cereali*] boisseau.
stàlag |'stalag| *s.m. inv.* stalag *var.*
stalagmite |stalag'mite| *s.f.* (*geol.*) stalagmite.
stalagmitico, ci, ca, che |stalag'mitiko, tʃi, ka, ke| *agg.* (*geol.*) stalagmitique.
stalagmometria |stalagmome'tria| *s.f.* (*fis.*) stalagmométrie.
stalagmòmetro |stalag'mɔmetro| *s.m.* (*fis.*) stalagmomètre.
stalammite |stalam'mite| *s.f.* → **stalagmite.**
stalattite |stalat'tite| *s.f.* (*geol.*) stalactite.
stalattitico, ci, ca, che |stalat'titiko, tʃi, ka, ke| *agg.* (*geol.*) à stalactites *loc. inv.*
staliniàno |stali'njano| *agg.* → **stalinista.**
stalinismo |stali'nizmo| *s.m.* (*polit., st.*) stalinisme.
stalinista |stali'nista| *s.* [*sostenitore dello stalinismo*] stalinien* ♦ *agg.* [*che si riferisce allo stalinismo*] stalinien.
stalinizzàre |stalinid'dzare| *v.tr.* (*polit.*) [*trattare, comandare con metodi stalinisti*] appliquer la stalinisation à; employer (10) des manières staliniennes.
stalinizzazióne |stalinidddzat'tsjone| *s.f.* [→ STALINIZZARE] stalinisation.
stàlla |'stalla| *s.f.* **1** [*luogo chiuso e coperto in cui si tengono animali, spec. bovini*] étable, vacherie ◇ (*loc.*) *ragazzo, garzone di stalla*: (*cavalli*) garçon d'écurie; (*vacche*) vacher ~ *dare stalla a qc.* [*dare asilo, ricovero*] héberger qqn. ~ *essere, sembrare una stalla* [*molto sporco*] ressembler à une écurie ~ *essere, sembrare allevato in una stalla* [*molto sudicio e trasandato nella persona*] être élevé dans une porcherie ~ *dalle stelle alle stalle* de la cour à la basse-cour ◇ (*prov.*) *chiudere la stalla quando i buoi sono fuggiti* fermer la bergerie quand les moutons se sont sauvés **2** (*per est.*) [*animali contenuti nella stalla*] bétail (*m.*): *possedere una buona stalla* posséder beaucoup de bétail, un grand cheptel.
stallàggio, i |stal'laddʒo, i| *s.m.* **1** [*luogo annesso a locande o alberghi in cui si ospitavano i cavalli dei viaggiatori*] écurie *f.* **2** [*costo dello stallaggio*] droits *pl.* d'écurie.
stallàre |stal'lare| *v.tr. e intr.* (*aus.* '*avere*') (*mar.*) [*opporsi alla forza del vento con opportune manovre*] étaler *tr.*
stallàtico, ci, ca, che |stal'latiko, tʃi, ka, ke| **I** *agg.* d'étable (*loc. inv.*): *concime stallatico* fumier d'étable **II** *s.m.* **1** [*letame di stalla*] fumier **2** → **stallaggio.**
stallìa |stal'lia| *s.f.* (*mar.*) estarie, starie.
stallière |stal'ljɛre| *s.m.* garçon d'écurie, palefrenier.
stallino |stal'lino| *agg.* **1** [*di stalla*] à l'étable *loc. inv.*, d'étable *loc. inv.*, d'écurie (*loc. inv.*): *allevamento stallino* élevage à l'étable, d'étable **2** né, élevé dans une écurie: *cavallo stallino* cheval né, élevé dans une écurie.
stallivo |stal'livo| *agg.* qui ne quitte pas l'écurie *loc.*
stàllo |'stallo| *s.m.* **1** [*sedile di legno con schienale e braccioli*] siège, banc; stalle (*f.*): *i senatori siedono sugli stalli* les sénateurs s'assoient sur leurs sièges, leurs bancs ‖ *gli stalli del coro della chiesa* les stalles du chœur de l'église **2** (*fig.*) *essere in una situazione di stallo* être dans une situation sans issue, être dans une impasse *f.* **3** (*ant.*) lieu de séjour (*corr.*), demeure *f.* (*corr.*) **4** (*scacchi*) pat **5** (*aer.*) perte *f.* de vitesse.
stallóne |stal'lone| *s.m.* [*cavallo maschio destinato alla riproduzione*] étalon.
stamàne |sta'mane| *avv.* (*region., tosc.*) → **stamattina.**
stamàni |sta'mani| *avv.* → **stamattina.**
stamattina |stamat'tina| *avv.* ce matin (*loc. inv.*): *ti sto cercando da stamattina* je te cherche depuis ce matin.
stambécco, chi |stam'bekko, ki| *s.m.* (*t.zool.*) bouquetin.
stambèrga, ghe |stam'bɛrga, ge| *s.f.* [*abitazione squallida e sporca*] taudis (*m.*): *abitava in una stamberga* il habitait (dans) un taudis.
stambùgio, i |stam'budʒo, i| *s.m.* [*stanzino misero e molto buio*] réduit.
stamburaménto |stambura'mento| *s.m.* [→ STAMBURARE **B**] tambourinage, tambourinement.
stamburàre |stambu'rare| **A** *v.tr.* **1** [*battere la gran cassa*] battre (76) la grosse caisse **2** (*fig.*) [*vantare pubblicamente, decantare q.c.*] crier (qqch.) sur les toits ◇ (*per est.*) tambouriner: *la pubblicità televisiva continua a stamburare questo prodotto* la publicité de la télévision continue à tambouriner ce produit **B** *v.intr.* (*aus.* '*avere*') [*suonare insistentemente il tamburo*] tambouriner.
stamburàta |stambu'rata| *s.f.* (*raro*) [*lunga suonata, rullo di tamburo*] tambourinage *m.* (*corr.*), tambourinement *m.* (*corr.*).
stàme |'stame| *s.m.* **1** (*bot.*) étamine *f.* **2** (*tess.*) étaim ◇ (*loc. fig., lett.*) *lo stame della vita* le fil de la vie.
stamigna |sta'miɲɲa| *s.f.* **1** (*tess.*) étamine **2** (*ant.*) [*tessuto per vestire i morti*] linceul *m.*, suaire *m.* (*lett.*).
stamina |sta'mina| *s.f.* → **stamigna.**
1 **staminàle** |stmi'nale| *agg.* (*bot.*) staminal*.
2 **staminàle** |stami'nale| *s.m.* (*mar.*) genou*.
stamìneo |sta'mineo| *agg.* (*bot.*) staminé.
staminifero |stami'nifero| *agg.* (*bot.*) staminifère.
stàmpa |'stampa| *s.f.* **1** (*tecnol.*) imprimerie: *l'invenzione della stampa* l'invention de l'imprimerie; *l'arte, la tecnica della stampa* l'art, la tecnique de l'imprimerie **2** [*insieme delle operazioni tecniche, il procedimento dello stampare*] impression: *è in corso di stampa un nuovo romanzo* un nouveau roman est en cours d'impression ◇ (*loc.*) *dare* (*un'opera*) *alla stampa* [*farla pubblicare*] faire paraître, publier (une œuvre) **3** [*il tipo di immagini e di caratteri che ne risultano*] impression: *stampa a mano, a macchina* impression à la main, à la machine; *la stampa non è nitida* l'impression n'est pas nette; *è una stampa mal riuscita* c'est une impression mal venue **4** [*insieme delle pubblicazioni giornalistiche*] presse: *sottoporre la stampa alla censura* soumettre la presse à la censure; *ho passato in rassegna la stampa cittadina* j'ai passé en revue la presse locale; *ho letto la stampa estera* j'ai lu la presse étrangère ◇ (*loc.*) *stampa gialla* [*scandalistica*] presse à scandales, à sensation ~ *stampa rosa* [*sentimentale e galante*] presse du cœur **5** (*per est.*) [*l'insieme dei giornalisti*] presse: *tribuna riservata alla stampa* tribune réservée à la presse ◇ (*loc.*) *libertà di stampa* liberté de presse ~ *sala stampa* salle de la presse ~ *ufficio stampa* agence de presse **6** [*giornali e giornalisti considerati nel loro complesso*] presse: *i commenti della stampa* les commentaires de la presse **7** [*immagine riprodotta su carta da una matrice incisa*] estampe, gravure ◇ (*per est.*) [*foglio contenente l'immagine*] *possiede una bellissima collezione di stampe del '700* il possède une très belle collection d'estampes du XVIIIe siècle **8** *spec. al plur.* [*cose stampate*] imprimés (*m.*): *cassetta per le stampe* boîte des imprimés; *stampe con lettera di accompagnamento* imprimés avec lettre d'accompagnement **9** (*foto.*) tirage *m.*, photo(graphie) **10** (*tess.*) impression.

stampàbile |stam'pabile| *agg.* [*che si può stampare*] imprimable.
stampàggio, i |stam'paddʒo, i| *s.m.* **1** [→ STAMPARE A 6] estampage ◇ (*tecnol., di metalli*) estampage, étampage; (*di tessuti*) impression *f.* **2** [*riproduzione a mezzo di stampo*] impression; étampage; estampage: *lo stampaggio dei dischi* (*fonografici*) l'impression des disques (phonographiques).
stampànte |stam'pante| *s.f.* (*informatica*) imprimante.
stampàre |stam'pare| **A** *v.tr.* **1** [*riprodurre mediante operazione di stampa*] imprimer; tirer: *hanno stampato male il cartellone* ils ont mal imprimé la pancarte || *hanno stampato 100.000 copie di quel manifesto* on a tiré 100.000 copies de cette affiche **2** [*pubblicare, dare alla stampa uno scritto*] publier: *è uno scrittore che stampa un romanzo all'anno* c'est un écrivain qui publie un roman par an; *non sempre i giornali stampano la verità* les journaux ne publient pas toujours la vérité # *stampa l'articolo di fondo sul quotidiano locale* c'est lui qui fait l'éditorial du quotidien local **3** [*riprodurre su carta, con apposito inchiostro, da una matrice di metallo o legno*] tirer: *stampare un'acquaforte* tirer une eau-forte **4** [*imprimere, lasciare l'impronta*] imprimer (*lett.*): *stampare le proprie orme sulla neve, sulla sabbia* imprimer ses traces sur la neige, sur le sable; *con uno schiaffo gli ho stampato le cinque dita sul viso* (avec une gifle) je lui ai imprimé mes cinq doigts sur la figure **5** (*fig.*) [*imprimere, lasciare impresso*] graver: *ho stampato nella mente quei ricordi* ces souvenirs sont gravés dans mon esprit **6** [*riprodurre mediante stampaggio*] estamper: *stampare monete* estamper des monnaies **7** (*fig., fam.*) [*fare, produrre con abbondanza e facilità*] *non so quando smetteranno di stampar figli* je ne sais pas quand ils arrêteront de faire des enfants en série; *non fa che stampar bugie* il ment effrontément, comme un arracheur de dents, il ment comme il respire **8** (*foto.*) [*trasferire l'immagine negativa impressa sulla pellicola su carta fotosensibile*] tirer **B** *v.pron. intr.* STAMPARSI (*fig.*) [*restare impresso*] se graver.
stampatèllo |stampa'tɛllo| *agg.* [*carattere a mano che imita la stampa*] en capitales d'imprimerie *loc. inv.*, en caractères d'imprimerie *loc. inv.* ♦ (*s.m.*) *lo stampatello* caractère moulé, lettre *f.* moulée.
stampàto |stam'pato| *agg.* **1** [*pubblicato per mezzo della stampa*] imprimé: *libro, giornale stampato* livre, journal imprimé ◇ (*loc.*) *parlare come un libro stampato* parler comme un livre ♦ (*s.m.*) *uno stampato* un imprimé: *ricevere, distribuire gli stampati* recevoir, distribuer des imprimés **2** (*fig.*) [*segnato chiaramente, ben visibile*] marqué: *viso stampato dalla stanchezza* visage marqué par la fatigue **3** (*tess.*) imprimé: *cotone, stampato, seta stampata* coton imprimé, soie imprimée ♦ (*s.m.*) *uno stampato* un imprimé # *ho comperato uno stampato di seta* j'ai acheté un tissu de soie imprimée **4** (*elettr.*) imprimé.
stampatóre, trice |stampa'tore, tritʃe| *s.* **1** [*chi è alle macchine da stampa in una tipografia*] imprimeur *m.* **2** [*chi è addetto a operazioni di stampaggio*] imprimeur **3** (*ant.*) [*proprietario di una tipografia*] imprimeur.
stampatrìce |stampa'tritʃe| *s.f.* **1** (*foto.*) châssis-presse *m.*, châssis *m.* positif, tireuse **2** (*informatica*) imprimante.
stampatùra |stampa'tura| *s.f.* **1** [→ STAMPARE A 1] impression **2** (*tecnol.*) étampage *m.*
stampèlla |stam'pɛlla| *s.f.* [*gruccia*] béquille: *camminare sulle stampelle* marcher avec des béquilles ◇ (*loc. fig.*) *reggersi sulle stampelle* [*essere in cattive condizioni di salute*] être en mauvaise santé.
stamperìa |stampe'ria| *s.f.* [*officina in cui si eseguono lavori di stampa e stampaggio*] imprimerie.
stampìglia |stam'piʎʎa| *s.f.* **1** [*stampo, timbro recante una dicitura*] estampille, cachet *m.* **2** [*sovrastampa di una dicitura*] cachet, marque **3** (*ant.*) [*volantino stampato a caratteri grandi*] tract *m.* (*corr.*).
stampigliàre |stampiʎ'ʎare| *v.tr.* [*timbrare con la stampiglia*] apposer un cachet, estampiller.
stampigliatrìce |stampiʎʎa'tritʃe| *s.f.* (*tecnol.*) estampilleuse.
stampigliatùra |stampiʎʎa'tura| *s.f.* [→ STAMPIGLIARE] estampillage *m.*
stampinàre |stampi'nare| *v.tr.* [*riprodurre mediante uno stampino*] imprimer au pochoir.
stampinatùra |stampina'tura| *s.f.* [→ STAMPINARE] impression au pochoir.
stampìno |stam'pino| *s.m.* **1** [*disegno traforato che viene riprodotto su una superficie, passandovi sopra il colore con il pennello o lo spruzzo*] pochoir **2** [*punteruolo per il cuoio*] poinçon.
stampìsta |stam'pista| *s.m.* [*operaio specializzato nella fabbricazione degli stampi*] mouleur.
stàmpo |'stampo| *s.m.* **1** [*recipiente in cui si versano sostanze che indurendosi ne acquistano la forma*] moule: *stampo per i dolci, per il gelato* moule à gâteaux, à glaces **2** [*matrice usata per lo stampaggio dei pezzi in serie*] moule; matrice (*f.*): *stampo per i mattoni* moule à briques || *lo stampo di un disco* la matrice d'un disque ◇ (*loc. fig.*) *essere fatto con lo stampo* être sans originalité ~ *se ne è perso lo stampo* [*non se ne trovano più*] on n'en fait plus **3** (*fig.*) [*tempra, natura*] caractère: *un ragazzo di buono stampo* un garçon qui a bon caractère # *è una persona di vecchio stampo* c'est une personne de la vieille école **4** (*fig., spreg.*) [*sorta, specie*] moule, espèce (*f.*): *sono tutti dello stesso stampo* ils sont tous (sortis) du même moule, tous de cet acabit; *non voglio avere a che fare con gente di quello stampo* je ne veux pas avoir à faire avec des gens de cette espèce, de cet acabit **5** (*caccia*) leurre **6** [*ciascuno dei fori di un ferro di cavallo*] étampure *f.*
stampóne |stam'pone| *s.m.* (*tip.*) épreuve *f.*
stanàre |sta'nare| **A** *v.tr.* **1** [*fare uscire dalla tana*] lancer (2), faire (45) *intr.* sortir de son trou **2** (*fig.*) [*far uscire qc. dal luogo dove si è rintanato*] déloger (3), débusquer: *per stanare gli studenti che hanno occupato l'Università* pour déloger, debusquer les étudiants qui ont occupé l'Université # *sta sempre in casa e non è facile stanarlo* il reste toujours chez lui et il n'est pas facile de le faire sortir de son trou **B** *v.pron. intr.* STANARSI (*raro*) [*uscire dalla tana*] sortir (21) *intr.* (*corr.*) de sa tanière.
stànca, che |'stanka, ke| *s.f.* **1** [*periodo in cui, nell'alta marea o nella piena di un fiume, l'acqua rimane in stasi prima di decrescere*] étale (*m.*): *il mare, il fiume è in stanca* la mer, le fleuve est à l'étale **2** (*pop.*) [*fase di quiete dei vulcani*] (période d')inactivité (*corr.*).
stancàbile |stan'kabile| *agg.* qui se fatigue vite, facilement *loc.*
stancaménte |stanka'mente| *avv.* [→ STANCO] avec lassitude *loc. inv.*, péniblement; avec difficulté *loc. inv.*
stancàre |stan'kare| **A** *v.tr.* **1** [*logorare le forze fisiche o morali*] fatiguer: *questo tipo di lavoro mi stanca troppo* ce genre de travail me fatigue trop **2** [*infastidire, annoiare*] fatiguer, lasser: *i suoi pettegolezzi stancano tutti* ses commérages fatiguent tout le monde; *questa trasmissione mi stanca* cette émission me fatigue **3** [*indebolire la capacità di resistenza*] épuiser: *i suoi guizzi improvvisi stancano l'avversario* ses soubresauts épuisent son adversaire **B** *v.pron. intr.* STANCARSI **1** [*affaticarsi moltissimo*] se fatiguer: *in questo modo ti stanchi troppo!* de cette façon, tu te fatigues trop!; *devo smettere di studiare: mi stanco troppo!* je dois arrêter de travailler: je me fatigue trop!; *cerca di non stancarti!* essaie de ne pas te fatiguer! **2** [*annoiarsi*] être (43) *intr.* las*, fatigué; se lasser: *non ti sei ancora stancato di ascoltare quelle litanie?* tu n'es pas encore fatigué d'écouter ces litanies? || *mi sono stancato di te* je me suis lassé de toi ◇ (*loc.*) *non stancarsi di fare, di dire* continuer à faire, à dire.
stanchévole |stan'kevole| *agg.* (*raro*) [*che stanca*] fatigant (*corr.*).
stanchézza |stan'kettsa| *s.f.* **1** [*condizione di chi è stanco, sfinitezza*] fatigue: *stanchezza fisica, morale, mentale* fatigue physique, morale, cérébrale; *sento una grande stanchezza, ho addosso una grande stanchezza* je suis recru (*lett.*) de fatigue; *non si regge in piedi dalla stanchezza* il tombe de fatigue **2** (*fig.*) [*condizione e livello di usura*] *la stanchezza di una matrice* l'usure d'une matrice; *la stanchezza del terreno* l'epuisement *m.* du sol; *la stanchezza di un lubrificante* l'usure d'un lubrifiant.
stànco, chi, ca, che |'stanko, ki, ka, ke| *agg.* **1** [*logorato dalla fatica fisica o intellettuale; affaticato*] fatigué: *ha gli occhi stanchi per il continuo studiare* il a les yeux fatigués par l'étude # *ha le gambe così stanche che non si regge in piedi* il a une telle fatigue des jambes qu'il ne tient plus debout **2** [*senza più vitalità, esaurito*] tari: *la sua vena poetica è ormai stanca* sa veine poétique est désormais tarie ◇ (*loc.*) *terreno stanco* [*sfruttato*] terrain épuisé ~ *mercato stanco* [*in cui scarseggiano le richieste*] marché inactif **3** (*fig.*) [*annoiato, al limite della sopportazione*] fatigué: *vattene!, sono stanca di te* va-t-en!, je suis fatiguée de toi; *è stanco di vivere* il est fatigué de vivre.
stand |stænd| *s.m. inv.* (*ingl.*) **1** stand (*var.*): *preparare, allestire uno stand* installer un stand **2** [*campo per il tiro a volo*] stand **3** [*spazio destinato*

al pubblico presente ad alcune manifestazioni sportive] stand.
standard |'stændəd, 'standard| **I** *s.m. inv.* (*ingl.*) **1** standard *var.*, modèle (*var.*): *determinare lo standard di una lavorazione* déterminer le standard, le modèle d'un travail; *attenersi allo standard* s'en tenir au modèle **2** (*stat.*, *zool.*) standard **II** *agg. inv.* (*posposto al sost.*) **1** [*unificato*] standard: *è un prodotto standard* c'est un produit standard; *un formato standard* un format standard ◇ (*loc.*) *misura, unità standard* mesure, unité standard **2** (*dir.*) standard.
standardizzàre |standardid'dzare| *v.tr.* **1** [*unificare, ridurre a dimensioni e caratteristiche prefissate*] standardiser **2** (*fig.*) [*rendere uguale a un modello*] standardiser.
standardizzàto |standardid'dzato| *agg.* standardisé.
standardizzazióne |standardiddzat'tsjone| *s.f.* [→ STANDARDIZZARE] standardisation.
standing |stændiŋ| *s.m. inv.* (*ingl.*) standing *var.*
stànga, ghe |'stanga, ge| *s.f.* **1** [*lunga sbarra*] bâcle: *la stanga dell'uscio, della finestra* la bâcle, la barre de la porte, de la fenêtre **2** [*ciascuno dei due bracci di un carro o una carrozza a cui si attaccano gli animali da tiro*] brancard (*m.*): *attacca il cavallo alle stanghe* attelle le cheval (aux brancards) **3** [*sbarra che separa i cavalli fra loro nella stalla*] bat-flanc *m. inv.* ◇ (*loc. fig.*) *fare la stanga di mezzo* [*intromettersi fra due litiganti*] s'interposer, s'entremettre **4** [*sbarra che si abbassa per chiudere i passaggi a livello della ferrovia*] barrière **5** (*fig.*) [*persona alta e magra*] perche: *che stanga!* quelle perche! **6** (*pop., tosc.*) [*miseria*] dèche, débine: *si è ridotto alla stanga!* il est dans la dèche, la débine!
stangàre |stan'gare| *v.tr.* **1** [*sprangare, chiudere con la stanga*] mettre (71) la barre, la bâcle (à): *ho stangato uscio e finestre* j'ai mis la barre, la bâcle à la porte et aux fenêtres **2** [*colpire con una stanga*] donner des coups de barre (à) **3** (*fig.*) [*infliggere un duro colpo, specialmente economico*] *in quel ristorante stangano a più non posso* dans ce restaurant c'est le coup de fusil; *quest'anno le tasse stangheranno a dovere* cette année les impôts seront plutôt salés **4** (*fig., fam.*) [*giudicare negativamente, punire severamente*] coller: *è stato stangato in storia* il a été collé en histoire **5** (*calcio*) [*effettuare dei tiri fortissimi*] shooter: *stangare in porta* shooter.
stangàta |stan'gata| *s.f.* **1** [*colpo di stanga*] coup *m.* (de barre): *gli hanno dato una tremenda stangata sulla testa* ils lui ont donné un terrible coup de barre sur la tête **2** [*danno economico, perdita*] coup de fusil, de barre: *quella spesa è stata una stangata* cette dépense a été un vrai coup de barre **3** (*fam.*) [*cattivo risultato*] veste: *agli esami s'è preso una solenne stangata* à l'examen il a ramassé une veste **4** (*calcio*) canon *m.*, shoot *m.* # *fare una stangata in porta* shooter.
stanghétta |stan'getta| *s.f.* **1** [*spranghetta di ferro che, girando la chiave nelle serrature, entra nella bocchetta*] pêne *m.* **2** [*asticciole che reggono gli occhiali*] branche **3** (*mus.*) barre de mesure.
stangóne |stan'gone| *s.m.* [*persona alta e magra*] échalas, perche *f.*
stannàto |stan'nato| *s.m.* (*chim.*) stannate.
stànnico, ci, ca, che |'stanniko, tʃi, ka, ke| *agg.* (*chim.*) stannique.
stannìfero |stan'nifero| *agg.* (*miner.*) stannifère.
stannìte |stan'nite| *s.f.* (*min.*) minerai *m.* stannifère.
stannóso |stan'noso| *agg.* (*chim.*) stanneux*.
stanòtte |sta'nɔtte| *avv.* cette nuit *loc. inv.*
stànte |'stante| **1** *agg.* [*che sta*] étant *p. pres.*, demeurant *p. pres.* ◇ *loc.* A SÉ STANTE [*indipendente, separato dagli altri*] indépendant; à part (*inv.*): *è un appartamento a sé stante* c'est un appartement indépendant ‖ *è un discorso a sé stante* c'est une question à traiter à part ~ *seduta stante* [*subito, lì per lì*] séance tenante **2** *prep.* [*a causa di, poiché*] vu, étant donné (*var. o inv.*): *stante la cattiva stagione ho rinviato la partenza* vu *inv.*, étant donné(e) la mauvaise saison, j'ai retardé mon départ.
stantìo, ii |stan'tio, ii| *agg.* **1** [*senza più freschezza per essere stato conservato troppo a lungo*] rassi; pourri: *pane stantio* pain rassi ‖ *uova stantie* œufs trop vieux, pourris # *burro stantio* beurre rance ✦ *s.m. sing.* [*cosa stantia*] moisi: *in casa c'è odore di stantio* à la maison il y a une odeur de moisi **2** (*fig.*) [*vecchio, disusato*] vieux*; suranné: *indossava un abito stantio* elle portait une vieille robe, une robe démodée; *termini, vocaboli stantii* termes, mots vieux ‖ *sono abitudini stantie* ce sont des habitudes surannées, dépassées **3** (*fig.*) [*attempato, maturo*] défraîchi, monté en graine: *una donna un po' stantia* une dame quelque peu défraîchie.
stantùffo |stan'tuffo| *s.m.* (*mecc.*) piston.
stànza |'stantsa| *s.f.* **1** [*ciascuno degli ambienti interni di un appartamento, divisi l'un l'altro da pareti*] pièce; chambre: *abito in un appartamento di cinque stanze* j'habite un appartement de cinq pièces ‖ *si affittano stanze!* chambres à louer!; *in albergo alloggerano alla stanza n. 48* à l'hôtel, ils occuperont la chambre nº 48 **2** (*econ.*) chambre: *stanza di compensazione* chambre de compensation **3** (*mil.*) garnison: *la quarta compagnia è di stanza in città* la quatrième compagnie est en garnison dans cette ville **4** (*raro, lett.*) [*sosta*] *halte (*corr.*): *fare lunga, breve stanza* faire une longue, une courte halte ◇ (*per est.*) [*dimora*] demeure, domicile *m.* # *avere stanza, prendere stanza in un luogo* s'établir dans un lieu **5** (*loc. fig.*) *la stanza dei bottoni* [*posto da cui si esercita un comando*] le Poste *m.* de Commandement, le P.C.
stanzétta |stant'setta| *s.f.* petite chambre, chambrette (*scherz.*).
stanziàbile |stan'tsjabile| *agg.* [→ STANZIARE A 1] allouable.
stanziàle |stan'tsjale| *agg.* **1** [*che è stabilmente in un luogo*] permanent **2** (*mil.*) en garnison *loc. inv.* **3** (*di uccelli*) non-migrateur.
stanziaménto |stantsja'mento| *s.m.* **1** [→ STANZIARE A 1] allocation *f.*, affectation *f.* **2** [*assegnazione di una somma di bilancio*] somme *f.* allouée, affectée **3** (*fin.*) inscription *f.* au budget.
stanziàre |stan'tsjare| **A** *v.tr.* **1** [*destinare una determinata somma di denaro per uno scopo stabilito*] destiner, affecter: *hanno stanziato l'incasso dello spettacolo per la ricostruzione della chiesa* la recette du spectacle est destinée à la reconstruction de l'église **2** [*inscrivere una spesa nel bilancio preventivo*] inscrire (51) au budget **3** (*mil.*) [*mettere le truppe di guarnigione in un determinato luogo*] cantonner; mettre (71) en garnison: *stanziare le truppe lungo il confine nemico* cantonner, établir les troupes le long de la frontière ennemie **B** *v.intr.* (*aus.* 'avere') (*raro*) [*dimorare, abitare*] demeurer (*corr.*), habiter (*tr. e intr.*): *da diverso tempo stanziano in città* depuis plusieurs années ils demeurent, habitent en ville **C** *v.pron. intr.* STANZIARSI **1** [*prendere dimora in un determinato luogo*] s'établir, se fixer: *si stanziò definitivamente a casa loro* elle s'établit à demeure chez eux **2** (*mil.*) [*essere di guarnigione*] s'établir; tenir (27) *tr.* garnison: *le truppe si stanziarono sul colle* les troupes s'établirent sur la colline.
stanziatóre, trice |stantsja'tore, tritʃe| *s.* [*chi stanzia*] bailleur *m.* de fonds ✦ (*agg.*) *l'ente stanziatore* l'organisme qui alloue des fonds.
stanzino |stan'tsino| *s.m.* **1** [*stanza piccola e buia adibita a ripostiglio*] débarras **2** [*piccola stanza adibita a spogliatoio*] cabinet de toilette.
staphylea |sta'filea| *s.f.* (*t.bot.*) staphylier *m.*, faux pistachier *m.* (*corr.*).
stappàre |stap'pare| *v.tr.* [*togliere il tappo*] déboucher ◇ (*loc.*) *stappare le orecchie*: (*pr., fig.*) déboucher les oreilles.
stappatùra |stappa'tura| *s.f.* (*raro*) [→ STAPPARE] débouchage *m.* (*corr.*).
star |sta:| *s.f. inv.* (*ingl.*) (*cine., mar.*) star *var.*, vedette *var.*
staràre |sta'rare| **A** *v.tr.* (*tecnol.*) [*alterare le caratteristiche e perciò anche il funzionamento di un apparecchio*] dérégler (8) **B** *v.pron. intr.* STARARSI [*guastarsi di un apparecchio per l'alterazione della sua taratura*] se dérégler.
staràto |sta'rato| *agg.* (*tecnol.*) déréglé.
staratùra |stara'tura| *s.f.* [→ STARARE] dérèglement *m.*
star del crédere |stardel'kredere| *loc. sost. m. inv.* (*comm.*) ducroire *s.m. var.*
stàre |'stare| (104) *v.intr.* (*aus.* 'essere') **I** [*essere fermo in un posto; mantenere una data situazione*] **1** [*fermarsi in luogo per un determinato periodo di tempo*] rester: *stava fermo sulle scale* il restait, était immobile dans l'escalier; *sono stato in casa l'intero pomeriggio* je suis resté à la maison tout(e) l'après-midi; *è stato qui fino adesso* il est resté ici jusqu'à maintenant **2** [*rimanere in una determinata posizione per un determinato tempo*] rester: *è stato sdraiato tutto il pomeriggio* il est resté allongé tout l'après-midi; *sono stato in piedi due ore* je suis resté debout deux heures **3** [*durare, permanere*] rester, demeurer (*aus.* avoir): *questo monumento starà nei secoli* ce monument restera

pour les siècles à venir; *il ricordo di lei starà a lungo nella mia mente* son souvenir demeurera impérissable dans ma mémoire **4** [*tardare, indugiare*] attendre (53) (*tr.*): *stette un poco, poi se ne andò* il attendit un peu, puis il s'en alla # *quanto starete prima di arrivare?* combien de temps vous faudra-t-il pour arriver? **5** (*nel gioco*) [*non volere altre carte*] '*carte*'? '*sto!*' 'des cartes?' 'servi!' **6** (*lett.*) [*rimanere immobile*] rester (*corr.*) immobile **II 1** [*trovarsi in una situazione o in un luogo determinato*] rester: *stare all'ombra, al sole* rester à l'ombre, au soleil; *sto sempre chiuso in casa* je reste toujours enfermé à la maison; *non stare per terra, ti sporchi!* ne reste pas par terre, tu vas te salir! # *mi diverte stare in compagnia* j'aime la compagnie ◇ (*pleon.*) STARSENE: *non voglio starmene sempre in casa* je ne veux pas toujours rester à la maison; *è bello starsene sdraiati sulla spiaggia* c'est merveilleux de rester allongé sur la plage **2** [*essere in una particolare posizione fisica o condizione psichica*] rester, être (43) (*aus.* avoir): *stare fisso, immobile* rester, être immobile; *stare in piedi, seduto, sdraiato* rester debout, assis, allongé; *stava a cavalcioni sul muretto, sulla panchina* il était à califourchon sur le mur, sur le banc; *stai buono, tranquillo!* sois sage, reste tranquille!; *sto in ansia per te* je suis préoccupé pour toi ◇ (*loc. fig.*) *stare sulle sue* [*fare il sostenuto*] garder ses distances ~ *stare sulle difensive* être, se tenir sur la défensive **3** [*essere in una particolare condizione di salute, economica*] aller (13): *oggi sto proprio bene, male* aujourd'hui je vais, je me porte vraiment bien, mal; *come state?* comment allez-vous? # *ho mangiato troppo e ora sto male* j'ai trop mangé et maintenant je ne me sens pas bien; *ha sposato una che sta bene* il a épousé une femme riche; *è una famiglia che sta bene* c'est une famille riche **4** [*svolgere un lavoro, un'attività in un determinato posto*] être: *sta alla cassa del bar Centrale* elle est à la caisse, elle tient la casse du bar Central; *sta di guardia al magazzino viveri* il est de garde au magasin des vivres; *sta di servizio all'ingresso dell'autostrada* il est employé au péage de l'autoroute (il est péagiste) **5** [*essere situato, occupare un determinato posto*] être: *il libro che sta alla tua destra, alla tua sinistra* le livre qui est à ta droite, à ta gauche; *mi stava vicino, lontano* il était près de moi, loin de moi; *il signore che ti sta accanto* le monsieur qui est près de toi; *il quadro che ti sta davanti* le tableau qui est devant toi ◇ (*loc. fig.*) *stare addosso a qc.* [*non dargli tregua*] être toujours sur le dos de qqn., aux trousses de qqn. ~ *stare a galla* [*riuscire a barcamenarsi in situazioni difficili*] surnager (3), flotter, s'en tirer **6** [*abitare, dimorare*] habiter *tr. e intr.* (*aus.* avoir), vivre (58) (*aus.* avoir): *sto al terzo piano di quel palazzo* j'habite au troisième étage de cet immeuble; *sto a Milano da cinque anni* j'habite (à) Milan depuis cinq ans; *da diversi anni sta in città* il habite en ville depuis plusieurs années # *sta a pensione in una via del centro* il est en pension dans une rue du centre ◇ (*per est.*) [*vivere*] vivre: *non sta più con i genitori* il ne vit plus chez ses parents; *sta con lei da qualche anno* il vit avec elle depuis quelques années; *sta sulle spese* il vit, il est à ses frais ◇ *loc. fig.* STARE CON QC. [*dalla sua parte, essere d'accordo con qc.*] être de l'avis, du côté de qqn.: *sta per me o contro?* il est pour ou contre moi? # *stare, essere con l'acqua alla gola* [*trovarsi in difficoltà*] avoir le couteau sous la gorge **7** (*cose*) [*essere situato, trovarsi in un dato posto*] être, se trouver (*pron.*): *il libro sta nello scaffale* le livre est sur l'étagère; *l'abito che cerchi sta nell'armadio* la robe que tu cherches est dans l'armoire; *la sua casa sta a due chilometri dal paese* sa maison se trouve à deux kilomètres du village ◇ (*loc. fig.*) *non sta né in cielo né in terra* [*è un'assurdità*] c'est une chose qui ne tient pas debout; ça n'a ni queue ni tête **III 1** [*essere*] être: *sta scritto sul giornale che...* c'est écrit dans le journal que...; *ti prego di riferire i fatti come stanno* je te prie de raconter les choses telles qu'elles sont; *così sta scritto sul documento* c'est écrit ainsi sur le document; *se le cose stanno così!* puisqu'il en est ainsi! # *per me puoi stare tranquillo* en ce qui me concerne tu n'as pas à te faire de soucis ◇ (*loc. fig.*) *stare a cuore* [*preoccuparsi molto*] tenir à cœur ~ *stare sulle spine* [*a disagio; in agitazione*] être sur des charbons ardents **2** [*consistere*] consister (*aus.* avoir): *la libertà non sta nel poter fare ciò che si vuole* la liberté ne consiste pas à pouvoir faire ce qu'on veut; *il suo divertimento sta nel gioco del pallone* sa distraction consiste à jouer au ballon # *la difficoltà sta nel fatto che...* la difficulté vient du fait que... ◇ *loc.* TUTTO STA NEL, A, CHE [*l'essenziale è*] le tout est de, que: *tutto sta nel trovare i soldi necessari* le tout est de trouver l'argent nécessaire; *tutto sta a convincere la madre* le tout est de convaincre sa mère # *tutto sta che si accontentino* tout va bien s'ils s'en contentent **3** [*dipendere, derivare*] dépendre (53) (*aus.* avoir): *la sua popolarità sta nella sua simpatia* sa popularité dépend de la sympathie qu'il suscite, vient de ce qu'on le trouve sympathique; *il successo sta nella bravura* le succès dépend de son habileté; *sta a te il buon esito della festa* le succès de la surprise-partie dépend de toi ◇ (*per est.*) [*toccare, spettare*] être à qqn. de: *sta a voi decidere se dobbiamo partire subito* c'est à vous de décider si nous devons partir tout de suite; *non sta a te criticare il mio operato* ce n'est pas à toi de critiquer mon œuvre **IV** (*esprime un rapporto di quantità*) [*essere contenuto, entrarci*] tenir (27) (*aus.* avoir); contenir (27) (*tr.*): *sui sedili posteriori possono stare tre persone* trois personnes peuvent tenir à l'arrière ‖ *il soggiorno è piccolo*: *ci stanno sì e no dieci persone* le salon est petit: il contient environ dix personnes; *nella damigiana possono stare 60 litri di vino* la bonbonne contient 60 litres de vin ◇ (*loc. fig.*) *non sta in sé dalla gioia* il ne se tient plus de joie ◇ (*mat.*) *sei sta a nove come due sta a tre* six est à neuf ce que deux est à trois **V** (*esprime relazioni grammaticali*) **1** STARE (+ *ger.*) (*indica un'azione nel suo svolgimento o nella sua continuità*) être en train (de) (+ *inf.*): *stavano mangiando quando sono arrivato* ils étaient en train de manger quand je suis arrivé; *l'ho visto che stava raccogliendo i fiori in giardino* je l'ai vu qui était en train de cueillir des fleurs dans le jardin; *vieni pure, stavamo giocando a carte* viens donc, nous étions en train de jouer aux cartes **2** STARE (+ *prep.* '*a*' + *inf.*) (*esprime il prolungarsi di un'azione*) *ti stavamo ad aspettare da almeno un'ora* nous t'attendions depuis une heure au moins; *non stiamo a perderci in chiacchiere!* ne perdons pas de temps en bavardages inutiles!; *stai a vedere quel che so fare* regarde donc ce que je sais faire ◇ (*pleon.*) *non starmi a raccontare tutta la storia!* ne me raconte donc pas toute l'histoire!; *non ho intenzione di starti ad ascoltare* je n'ai pas l'intention de rester (à) t'écouter **3** STARE PER (+ *inf.*) (*indica l'imminenza di un'azione*) aller (+ *inf.*), être sur le point de (+ *inf.*): *stavo proprio per dirti che...* j'allais justement te dire, j'étais justement sur le point de te dire que...; *sta per piovere!* il va pleuvoir!; *stavo per commettere una sciocchezza* j'allais faire une bêtise **VI** *loc.* **1** STARE A [*attenersi*] s'en tenir (27) à: *stai al testo!* il faut t'en tenir au texte!; *stare alle apparenze, alle parole* s'en tenir aux apparences, a ce qui a été dit, (aux mots) # *non sei stato ai patti, alle regole* tu n'as pas tenu ta parole ~ *stare allo scherzo* [*accettarlo senza offendersi*] comprendre (73) la plaisanterie ~ *stando a quanto si dice* d'après ce qu'on dit **2** STARE BENE, MALE [*armonizzare, non armonizzare esteticamente*] aller bien, mal: *quell'abito ti sta proprio bene!* cette robe te va vraiment bien!; *i pantaloni ti stanno male* ces pantalons ne te vont pas; *quel vaso in mezzo al tavolo sta veramente male* ce vase au milieu de la table ne va vraiment pas ~ *non sta bene usare quel linguaggio* ce n'est pas beau de parler de cette façon ~ *ti sta bene!* [*te lo meriti*] c'est bien fait! **3** STARCI [*consentire, aderire*] *se uscite a cena, io ci sto* si vous sortez dîner, j'en suis; *aspettatemi, ci sto anch'io!* attendez-moi, je viens aussi!; *le fa la corte e lei ci sta* il lui fait la cour et elle y consent **4** LASCIARE STARE [*non toccare, non prendere*] ne pas toucher (à): *lascia stare quei fiori* ne touche pas (à) ces fleurs; *lascia stare la mia macchina* ne touche pas à ma voiture; *lasciate stare quel pacco*: *è fragile!* ne touche pas (à) ce paquet: c'est fragile!; *per favore, lascia stare quei libri!* s'il te plaît, ne touche pas à ces livres! ◇ (*fig.*) [*non intervenire, lasciar perdere*] laisser, laisser tomber (*fam.*): *lascia stare, ci penso io* laisse, je m'en occupe; *lascia stare quell'argomento!* laisse ce sujet!, laisse tomber ce sujet! ◇ (*per est.*) [*non disturbare, non dare fastidio*] laisser tranquille: *lasciami stare, non ho voglia di chiacchierare* laisse-moi tranquille, je n'ai pas envie de bavarder; *lascia stare il cane o ti morderà* laisse le chien tranquille, sinon il va te mordre # *come attore bisogna lasciarlo stare* [*la sua capacità non va messa in discussione*] comme acteur il n'y a rien à critiquer **5** NON STARE SENZA [*non resistere*] ne pas se passer de, ne (pas) pouvoir (42) s'empêcher de: *non può stare senza di lei* il ne peut plus se passer d'elle; *non può stare senza dirgli il fatto suo* il ne peut pas s'empêcher de lui dire ses quatre vérités # *non può stare un'ora senza fumare* il ne peut rester (seulement) une heure sans fumer; *non puoi stare senza parlare?* ne peux-tu rester silencieux?, ne peux-tu tenir ta langue? **6** STARE FRESCO (*indica delusione o minaccia*) être frais: *se ti vedono, stai fresco* s'ils te voient, tu es frais! # *se pensa che io lo segua, sta fresco!* s'il pense que je le suis, il se fait des illusions!

starlet |'sta:lit| *s.f. inv.* (*ingl.*) (*cine.*) starlette *var.*, starlet *var.*

stàrna |'starna| *s.f.* (*t.zool.*) perdrix grise.

starnazzaménto |starnattsa'mento| *s.m.* [→ STARNAZZARE 1] battement d'ailes.

starnazzàre |starnat'tsare| *v.intr.* (*aus. 'avere'*) **1** (*di gallinacei e uccelli*) [*agitare le ali gettandosi la terra addosso*] battre (76) des ailes **2** (*fig.*) [*far chiasso agitandosi inutilmente*] faire (45) du tapage.

starnutaménto |starnuta'mento| *s.m.* **1** [→ STARNUTIRE] éternuement **2** [*sequenza di starnuti*] sternutation *f.*

starnutàre |starnu'tare| *v.intr.* (*aus. 'avere'*) (*raro*) → **starnutire.**

starnutatòrio, i |starnuta'tɔrjo, i| *agg.* sternutatoire: *polverina starnutatoria* poudre sternutatoire, à éternuer ✦ *s.m.* [*sostanza che provoca starnuti*] poudre *f.* sternutatoire, à éternuer.

starnutazióne |starnutat'tsjone| *s.f.* (*med.*) sternutation.

starnutire |starnu'tire| (197) *v.intr.* (*aus. 'avere'*) [*compiere starnuti*] éternuer: *questa polvere mi fa starnutire* cette poudre me fait éternuer.

starnùto |star'nuto| *s.m.* éternuement: *un forte starnuto* un éternuement sonore.

starosta |'starəstə| *s.m.* (*russo*) (*st.*) staroste.

starter |'sta:tə| *s.m. inv.* (*ingl.*) **1** (*sport*) starter (*var.*): *lo starter ha dato la partenza* le starter a donné le départ **2** (*auto.*) starter.

stasaménto |stas(z)a'mento| *s.m.* [→ STASARE] désobstruction *f.*

stasàre |sta's(z)are| *v.tr.* [*liberare da tutto ciò che intasa*] déboucher, désobstruer: *stasare un condotto* déboucher, désobstruer un conduit.

stasatùra |stas(z)a'tura| *s.f.* [→ STASARE] débouchage *m.*, désobstruction.

staséra |sta'sera| *avv.* ce soir (*loc. inv.*): *stasera ho un forte mal di testa* ce soir j'ai terriblement mal à la tête.

stàsi |'stazi| *s.f. inv.* **1** (*med.*) stase *var.* **2** (*fig.*) [*momentaneo arresto, ristagno*] stagnation *var.*, accalmie (*var.*): *l'industria edilizia ha subito un periodo di stasi* le bâtiment a connu une période de stagnation, d'accalmie.

stassanizzazióne |stassanid-dzat'tsjone| *s.f.* (*tecnol.*) stassanisation.

stasséra |stas'sera| *avv.* → **stasera.**

statàle |sta'tale| **I** *agg.* d'État *loc. inv.*; national*: *frequenta una scuola statale* il va dans une école d'État ‖ *la strada statale n. 16 è interrotta per frane* la route nationale n° 16 est coupée par des éboulements **II** *s.* **1** *s.* [*chi è alle dipendenze dello Stato*] fonctionnaire **2** *s.f.* [*strada statale*] Nationale: *il traffico è dirottato sulla statale* (*n.*) *10* la circulation est déviée sur la Nationale (n°) 10.

statalismo |stata'lizmo| *s.m.* (*polit.*) étatisme.

statalista |stata'lista| *s.* [*sostenitore dello statalismo*] étatiste.

statalìstico, ci, ca, che |stata'listiko, tʃi, ka, ke| *agg.* [*che si riferisce allo statalismo*] étatiste.

statalizzàre |statalid'dzare| *v.tr.* [*far diventare proprietà dello Stato*] étatiser.

statalizzazióne |stataliddzat'tsjone| *s.f.* [→ STATALIZZARE] étatisation.

statère |sta'tɛre| *s.m.* **1** (*archeol.*) statère **2** [*peso che si usa per stabilire l'equilibrio sulla bilancia a piatti*] statère.

stàtica, che |'statika, ke| *s.f.* **1** (*mecc.*) statique **2** [*insieme delle condizioni di equilibrio di una costruzione*] statique: *l'edificio ha una buona* (*cattiva*) *statica* le bâtiment a une bonne, (mauvaise) statique, un bon (mauvais) équilibre.

staticaménte |statika'mente| *avv.* [→ STATICO] statiquement.

stàtice |'statitʃe| *s.f.* (*t.bot.*) statice *m.*

staticismo |stati'tʃizmo| *s.m.* tendence *f.* à l'immobilisme.

staticità |statitʃi'ta| *s.f. inv.* **1** [*condizione di ciò che è statico*] statisme *m. var.* **2** (*fig.*) [*ristagno*] immobilisme *m. var.*; (*del mercato*) stagnation (*var.*): *la staticità del mercato agricolo* la stagnation du marché agricole.

stàtico, ci, ca, che |'statiko, tʃi, ka, ke| *agg.* **1** statique **2** (*fig.*) [*privo di movimento, di evoluzione*] statique: *concezione statica della vita* conception statique de la vie **3** (*fis.*) statique: *elettricità statica* électricité statique Ⓒ 1; 2 **dinamico.**

statimetro |sta'timetro| *s.m.* (*metrologia*) toise *f.*

statino |sta'tino| *s.m.* **1** [*piccolo prospetto con i dati di una rilevazione*] relevé: *lo statino degli incassi* le relevé des recettes **2** [*ricevuta comprovante il pagamento delle tasse d'iscrizione agli esami universitari*] ⊠.

statismo |sta'tizmo| *s.m.* (*tecnol.*) statisme.

statista |sta'tista| *s.m.* homme d'État.

statistica, che |sta'tistika, ke| *s.f.* **1** statistique: *consultare un testo di statistica* consulter un texte de statistique **2** [*qualsiasi raccolta di dati organica e ordinata*] statistique: *fare la statistica* (*di q.c.*) faire la statistique (de qqch.) ◇ (*per est.*) [*calcolo accurato*] statistique, calcul *m.* **3** (*fis.*) statistique.

statisticaménte |statistika'mente| *avv.* [→ STATISTICO] statistiquement.

statistico, ci, ca, che |sta'tistiko, tʃi, ka, ke| *agg.* statistique: *studio, metodo statistico* étude, méthode statistique # *uffici statistici* bureaux de statistique ✦ (*s.*) *uno statistico* un statisticien*.

1 **stativo** |sta'tivo| *agg.* (*raro*) [*stazionario; stanziale*] permanent: *accampamento stativo* champ permanent, fixe # *uccello stativo* oiseau non migrateur.

2 **stativo** |sta'tivo| *s.m.* (*tecnol.*) (*di microscopio*) statif; (*di macchina fotografica*) trépied.

statizzàre |statid'dzare| *e deriv.* → **statalizzare** *e deriv.*

-stàto |'stato| *suff.* (*significa 'stabile, stabilizzante', corrisponde gener. a*) stat: *termostato* thermostat.

1 **stàto** |'stato| *s.m.* **1** [→ STARE] état: *il verbo 'essere' è un verbo di stato* le verbe 'être' est un verbe indiquant un état ◇ (*loc. gram.*) *complemento di stato in luogo* complément de lieu, de situation **2** [*modo di essere e di trovarsi*] état: *lo stato del cielo, del mare* l'état du ciel, de la mer ◇ (*loc.*) *non essere in stato di...* ne pas être en état de, à même de ~ *lo stato della popolazione* l'état d'une population **3** [*modo di vivere*] état: *vuole vivere allo stato di natura, allo stato selvaggio* il veut vivre à l'état de nature, à l'état suavage **4** [*condizione economica; posizione sociale*] *essere di umile stato* être d'humble condition (*f.*); *si dà da fare per migliorare il proprio stato* il se donne du mal pour améliorer sa situation (*f.*); *assolvere agli obblighi del proprio stato* remplir les obligations de son état ◇ (*per anal.*) *stato laico, religioso* état laïc, religieux ◇ (*loc. bur.*) *stato di famiglia* situation de famille ~ *stato civile* état civil ~ *stato libero* (*celibe*), *coniugale* état de célibataire, de marié(e) ~ *ufficiale di stato civile* officier d'état civil **5** [*condizione fisica o psichica di qc.*] état: *ha uno stato di salute precario, ottimo* il est dans un état de santé précaire, excellent; *la malattia lo ha lasciato in stato di debolezza* la maladie l'a laissé dans un état de faiblesse ◇ (*loc.*) *essere in stato interessante* [*in gravidanza*] être dans un état intéressant, attendre un enfant **6** [*particolare condizione o situazione*] *essere in stato di accusa* être déclaré en état d'accusation (d'arrestation, d'arrêt); *trovarsi in stato di assedio, di guerra* être en état de siège, de guerre **7** [*classe sociale*] état, classe *f.* (sociale): *Solone aveva diviso la popolazione ateniese in quattro stati* Solon avait divisé la population d'Athènes en quatre classes ◇ (*loc.*) *il terzo stato* le tiers état ~ *il quarto stato* le prolétariat **8** [*insieme di ufficiali*] *lo Stato Maggiore della Difesa, dell'Esercito* l'état-major de la Défense nationale, de l'Armée de terre **9** (*chim., fis.*) état: *stato liquido, solido, gassoso* état liquide, solide, gazeux; *metallo allo stato nativo* métal à l'état natif (brut) ◇ (*fis. atomica*) *stato quantico* niveau d'énergie, état quantique **10** (*dir.*) situation # *dichiarare lo stato di fallimento di un'azienda* déclarer la faillite d'une entreprise ◇ (*comm.*) *stato di cassa* situation de caisse; *stato di previsione* état prévisionnel **11** (*elettr.*) état **12** (*med.*) état.

2 **Stàto** |'stato| *s.m.* **1** (*polit.*) État: *uno Stato repubblicano, uno Stato monarchico* un État républicain, un État monarchique; *il capo dello Stato* le chef de l'État ◇ (*loc.*) *Stato-guida* [*nazione che serve da modello agli altri Stati*] État-pilote ~ *uomo di Stato* homme d'État ~ *scuola di Stato* école, enseignement d'État ~ *esami di Stato* examens d'État ~ *affare di Stato* af-

faire d'État ~ (*fig.*) *farne un affare di Stato* en faire une affaire d'État ◇ (*st. fr.*) *Stati generali* États généraux; *Terzo Stato* Tiers État **2** (*per est.*) [*territorio dello Stato*] État: *esiliare un sovrano dallo Stato* exilier un souverain de son État # *risiedere nello Stato di* résider en...

statocìste |stato'tʃiste| *s.f.*, **statocìsti** |stato'tʃisti| *s.f. inv.* (*scient.*) statocyste *var.*

statolàtra |stato'latra| *s.* qui a le culte de l'État *loc.*

statolatrìa |statola'tria| *s.f.* culte *m.* de l'État.

statòlder |sta'tɔlder| *s.m. inv.* (*st.*) stathouder *var.*, stadhouder *var.*

statolderàto |statolde'rato| *s.m.* (*st.*) stathoudérat.

statòlite |sta'tɔlite|, **statòlito** |sta'tɔlito| *s.m.* (*biol.*) stat(h)olite.

statóre |sta'tore| *s.m.* (*tecnol.*) stator.

statoreattóre |statoreat'tore| *s.m.* (*aer.*) statoréacteur.

stàtua |'statua| *s.f.* **1** statue: *una statua di marmo, di bronzo, di gesso* une statue en (de) marbre, en (de) bronze, en (de) plâtre; *scolpire, modellare una statua* sculpter, modeler une statue # *una statua giacente* un gisant **2** (*per est.*) [*figura scolpita*] statue: *la statua del Gattamelata* la statue de Gattamelata **3** (*fig.*) [*persona dall'aspetto maestoso, solenne*] statue ◇ (*loc.*) *essere una statua* [*restare immobile o muto*] être immobile comme une statue.

statuàle |statu'ale| *agg.* de l'État (*loc. inv.*): *norma, organizzazione statuale* norme, organisation de l'État.

statuària |statu'arja| *s.f.* (*raro*) statuaire → **scultura.**

statuàrio, i |statu'arjo, i| *agg.* **1** statuaire: *marmo statuario* marbre statuaire ✦ *s.m.* (*raro*) [*scultore*] statuaire (*lett.*), sculpteur (*corr.*) **2** (*per est.*) [*maestoso, solenne*] sculptural*: *posa statuaria* pose sculpturale ◇ (*loc.*) *bellezza statuaria* [*perfetta*] beauté sculpturale.

statuétta |statu'etta| *s.f.* statuette # *le statuette del presepio* les santons.

statuìre |statu'ire| (197) *v.tr.* (*lett.*) [*deliberare, stabilire*] delibérer (8) (*corr.*), établir (*corr.*) # *statuire una legge* mettre au point, élaborer une loi.

statunitènse |statuni'tɛnse| *agg.* [*degli Stati Uniti d'America*] américain, des États-Unis *loc. inv.*, étasunien*, états(-)unien*: *territorio statunitense* territoire américain, des États-Unis.

statu quo |'statu'kwɔ| *loc. sost. m. inv.* (*lat.*) statu quo: *mantenere lo statu quo* maintenir le statu quo.

statùra |sta'tura| *s.f.* **1** [*altezza del corpo umano in posizione eretta*] taille, stature # *essere di alta, media, bassa statura* être grand, moyen, petit ◇ (*per est.*) *cani di statura bassa* chiens de petite taille **2** (*fig.*) [*altezza d'animo, d'ingegno*] valeur: *essere di elevata statura morale* avoir une grande valeur morale.

statutàle |statu'tale| *agg.* [*di statuto*] statutaire.

statutariaménte |statutarja'mente| *avv.* [→ STATUTARIO] statutairement.

statutàrio, i |statu'tarjo, i| *agg.* statutaire: *norme statutarie* règles statutaires.

statùto |sta'tuto| *s.m.* (*polit.*, *st.*) statut ◇ (*per est.*) [*ordinamento di collettività giuridicamente organizzate*] *lo statuto di un'organizzazione internazionale* les statuts, le statut d'une organisation internationale; *lo statuto dei calciatori* le statut des footballeurs.

staurotèca, che |stauro'tɛka, ke| *s.f.* (*eccl.*) staurothèque.

stavòlta |sta'vɔlta| *avv.* (*fam.*) [*questa volta*] cette fois-ci *loc.* (*corr.*): *stavolta non mi lascio imbrogliare* cette fois-ci je ne me ferai pas avoir.

stayer |steiə| *s.m. inv.* (*ingl.*) (*ciclismo*) stayer *var.*

stazionàle |stattsjo'nale| *agg. f.* (*liturg.*) stationnal*: *chiesa stazionale* église stationnale; *processione stazionale* procession stationnale.

stazionaménto |stattsjona'mento| *s.m.* [→ STAZIONARE] stationnement.

stazionàre |stattsjo'nare| *v.intr.* (*aus.* 'avere') [*sostare, rimanere fermo in un determinato luogo*] stationner.

stazionarietà |stattsjonarje'ta| *s.f. inv.* **1** stationnarité *var.*; caractère *m. var.* stationnaire: *la stazionarietà di un fenomeno* la stationnarité, le caractère stationnaire d'un phénomène **2** (*econ.*) stationnarité, caractère stationnaire: *la stazionarietà economica sul mercato nazionale* la stationnarité, le caractère stationnaire de l'économie sur le marché national.

stazionàrio, i |stattsjo'narjo, i| *agg.* **1** stationnaire: *uccello stazionario* oiseau stationnaire **2** (*fig.*) [*che non cambia, che rimane più o meno costante*] stationnaire: *le condizioni dell'ammalato sono stazionarie* la condition du malade est stationnaire **3** (*mar.*) *nave stazionaria* stationnaire *s.m.*

1 **stazióne** |stat'tsjone| *s.f.* [*complesso di edifici e impianti in cui si svolgono le operazioni relative al movimento di merci e passeggeri*] gare: *stazione ferroviaria, marittima, aeroportuale* gare de chemin de fer, maritime, aérienne; *stazione delle autolinee* gare, station routière # *stazione della metropolitana* station de métro ✦ *ass.* [*stazione ferroviaria*] *arriverò in stazione alle otto* j'arriverai à la gare à huit heures; *la pensilina, la sala d'aspetto della stazione* la marquise devant la gare, la salle d'attente de la gare; *ti accompagno alla stazione* je t'accompagne à la gare.

2 **stazióne** |stat'tsjone| *s.f.* **1** [*edificio, luogo in cui ha sede un determinato servizio*] station; poste (*m.*): *stazione radio* station radiophonique; *stazione trasmittente, ricevente* station émettrice, réceptrice; *stazione di servizio* station-service ‖ *stazione sanitaria* poste de secours; *stazione dei carabinieri* (poste de) gendarmerie **2** [*piccolo osservatorio, luogo di ricerche scientifiche*] station: *stazione meteorologica* station météorologique; *stazione sismica, astronomica* station sismique, astronomique ◇ (*astronautica*) *stazione terrestre* géostation **3** [*luogo di soggiorno per cura, villeggiatura*] station: *stazione balneare, termale* station balnéaire, thermale; *stazione invernale, estiva* station de sports d'hiver, estivale **4** [*fermata, sosta*] station, *halte: *fare una stazione* faire une station, une halte # *essere di stazione in un luogo* stationner dans un endroit **5** (*liturg.*) station: *le stazioni della Via Crucis* les stations du chemin de Croix **6** [*colonia*] établissement *m.*, comptoir (*m.*): *le stazioni commerciali dei Fenici sulle coste africane* les établissements, les comptoirs des Phéniciens sur les côtes africaines **7** (*scient.*) station: *stazione prona, supina* station penchée, sur le dos; *stazione eretta* station debout.

stàzza |'stattsa| *s.f.* (*mar.*) jauge: *stazza lorda, netta* jauge brute, nette; *stazza di registro* jauge de registre.

stazzàre |stat'tsare| *v.tr.* **1** [*misurare la stazza di una nave*] jauger **2** [*avere una data stazza*] jauger (*intr.*): *quella nave stazza 10.000 tonnellate* ce navire jauge 10.000 tonneaux.

stazzatóre |stattsa'tore| *s.m.* [*perito che valuta la stazza*] jaugeur.

stazzatùra |stattsa'tura| *s.f.* (*mar.*) **1** [→ STAZZARE] jaugeage *m.* **2** [*stazza*] jauge.

stàzzo |'stattso| *s.m.* [*luogo all'aperto dove di notte staziona il bestiame*] parc.

stazzonàre |stattso'nare| *v.tr.* **1** [*sciupare, sgualcire, spiegazzare*] froisser, chiffonner: *hai stazzonato la giacca* tu as froissé, chiffonné ta veste **2** (*raro*) [*palpare, tastare*] palper (*corr.*), tripoter (*fam.*).

stazzonàto |stattso'nato| *agg.* [*sciupato, sgualcito*] froissé *p.p.*, chiffonné.

steamer |sti:mə| *s.m. inv.* (*ingl.*) bateau *var.* à vapeur, vapeur *var.*

stearàto |stea'rato| *s.m.* (*chim.*) stéarate.

steàrico, ci, ca, che |ste'ariko, tʃi, ka, ke| *agg.* (*chim.*) stéarique.

stearìle |stea'rile| *s.m.* (*chim.*) stéaryle.

stearìlico, ci, ca, che |stea'riliko, tʃi, ka, ke| *agg.* (*chim.*) stéarylique.

stearìna |stea'rina| *s.f.* (*chim.*) stéarine.

stearinerìa |stearine'ria| *s.f.* (*raro*) stéarinerie, fabrique de stéarine.

stearinifìcio, i |stearini'fitʃo, i| *s.m.* → **stearineria.**

steatìte |stea'tite| *s.f.* **1** (*miner.*) stéatite, stéaschiste **2** [*pietra da sarto*] craie de tailleur.

steatòma |stea'tɔma| *s.m.* (*med.*) stéatome.

steatopigìa, gie |steatopi'dʒia, dʒie| *s.f.* (*antrop.*) stéatopygie.

steatopìgio, gi, gia, gie |steato'pidʒo, dʒi, dʒa, dʒe|, **steatòpigo, gi, ga, ghe** |stea'tɔpigo, dʒi, ga, ge| *agg.* (*antrop.*) stéatopyge.

steatòsi |stea'tɔzi| *s.f. inv.* (*med.*) stéatose *var.*

stécca, che |'stekka, ke| *s.f.* **1** [*asticciola sottile, per lo più di legno*] latte; barreau (*m.*): *le stecche delle persiane* les lattes des persiennes ‖ *le stecche della cancellata* les barreaux de la grille **2** [*nome generico di vari arnesi a forma di asta, di stecca* (1)] baleine; queue; ébauchoir (*m.*): *una stecca d'ombrello* une baleine de parapluie; *stecche di balena del busto* baleines de corset ‖ *la stecca del biliardo* la queue du billard ‖ *la stecca dello scultore* l'ébauchoir du sculpteur ◇ (*loc.*) *fare una stecca* [*colpire male la palla*] faire fausse queue **3** (*fig.*) [*stonatura improvvisa fatta suonando o cantando*] couac *m.*, canard (*m.*): *fare, prendere una stecca* faire un couac, un canard **4** [*confezione contenente 10 pacchetti di sigarette*] cartouche **5** (*med.*) éclisse, attelle.

steccàre |stek'kare| **A** *v.tr.* **1** [*munire di stecche, di assicelle*] palissader, clôturer ◇ (*per est.*) [*cingere con stecche, con assicelle*] *steccare un orto, un giardino* palissader, clôturer un potager, un jardin **2** (*med.*) [*fasciare con una stecca* (5)] éclisser: *steccare un braccio, una gamba* éclisser un bras, une jambe **3** (*cuc.*) [*lardellare facendo dei piccoli fori*] larder, piquer: *steccare il manzo* larder, piquer le bœuf **4** (*loc. mil.*) *passare la stecca* prendre le relais, la suite (*mar.*) **B** *v.intr.* (*aus.* '*avere*') **1** (*biliardo*) [*fare una stecca*] faire (45) *tr.* une fausse queue **2** (*fig.*) [*fare una stecca* (3)] faire *tr.* des fausses notes, jouer faux; faire des couacs: *il pianista ha steccato* le pianiste a joué faux || *il cantante ha steccato due o tre volte* le chanteur a fait deux ou trois couacs.

steccàta |stek'kata| *s.f.* **1** → **steccato** **2** [*colpo di stecca*] coup *m.* (de queue): *fare una steccata al biliardo* jouer un coup au billard ◇ (*spec.*) couac *m.*, canard (*m.*): *fare una steccata cantando, suonando* faire un couac, un canard en chantant, en jouant → **stecca** 3.

steccàto |stek'kato| *s.m.* **1** [*riparo o barriera fatta con stecche*] palissade *f.*, barrière (*f.*): *chiudere, cingere con uno steccato* entourer avec une palissade, une barrière **2** [*riparo che limita i bordi della pista di un ippodromo*] barrière ◇ (*per est.*) [*bordo interno della pista*] corde (*f.*): *correre allo steccato* courir à la corde **3** [*spazio recintato da stecconi dove si svolgevano una volta tornei e giostre*] enclos.

steccherino |stekke'rino| *s.m.* (*pop.*) (*t.bot.*) hydne (*corr.*): *steccherino bruno* hydne imbriqué; *steccherino dorato* hydne sinué.

stecchétto |stek'ketto| *s.m.* **1** [*piccolo stecco*] brindille *f.* **2** *loc. avv.* A STECCHETTO [*a corto, in grande ristrettezza ed economia*]: *stare a stecchetto come soldi* être à sec, à court d'argent ~ *tenere a stecchetto* donner de l'argent au compte-gouttes ~ *deve stare a stecchetto nel bere e nel fumare* il doit moins boire, il doit fumer moins; il doit se surveiller pour l'alcool et le tabac ~ *ho una gran fame, oggi sono stato a stecchetto* j'ai une faim de loup, aujourd'hui je n'ai rien eu à me mettre sous la dent.

stecchièra |stek'kjɛra| *s.f.* [*rastrelliera usata per riporre le stecche da biliardo*] râtelier *m.*

stecchino |stek'kino| *s.m.* [*stuzzicadenti*] cure-dent(s): *degli stecchini* des cure-dents.

stecchire |stek'kire| (197) **A** *v.tr.* [*uccidere sul colpo, far secco*] étendre (53) raide mort: *con un colpo di pistola lo ha stecchito* il l'a étendu raide mort d'un coup de pistolet **B** *v.intr.* (*aus.* '*essere*') [*diventare secco e sottile come uno stecco*; *diventare rigido*] se dessécher (8) *pron.*; devenir (27) raide: *quella pianta comincia a stecchire* cet arbre est en train de se dessécher || *invecchiando, stecchisce sempre più* en vieillissant, il devient de plus en plus raide **C** *v.pron. intr.* STECCHIRSI [→ *intr.*] se dessécher; devenir *intr.* tout raide.

stecchito |stek'kito| *agg.* **1** [*secco, magro come uno stecco*] dépouillé; desséché; maigre: *d'inverno i rami, gli alberi sono stecchiti* l'hiver les branches, les arbres sont dépouillé(e)s || *un vecchietto stecchito* un petit vieux tout desséché || *è magro stecchito* il est maigre comme un clou **2** [*rigido come uno stecco*] raide mort: *un uccellino stecchito per il freddo* un petit oiseau raide mort de froid ◇ *loc.* LASCIARE STECCHITO [*di stucco, stupefatto*] laisser médusé, être sidéré: *mi ha lasciato stecchito* il m'a laissé médusé, j'étais sidéré ~ (*morto*) *stecchito* [*morto sul colpo*] raide mort.

stécco, chi |'stekko, ki| *s.m.* **1** [*ramoscello secco*] brindille *f.*, petit bois: *abbiamo raccolto un po' di stecchi per accendere il fuoco* nous avons ramassé des brindilles, du petit bois pour allumer le feu **2** [*bastoncino sottile e appuntito*] brochette (*f.*): *infilare gli involtini sugli stecchi* enfiler les paupiettes sur les brochettes ◇ (*per est.*) → **stecchino** **3** (*fig.*) [*molto magro*] maigre comme un clou: *si è ridotto uno stecco!* il est devenu maigre comme un clou!

stecconàre |stekko'nare| *v.tr.* (*raro*) [*recingere con stecconi*] palissader (*corr.*).

stecconàta |stekko'nata| *s.f.*,

stecconàto |stekko'nato| *s.m.* → **steccato**.

steccóne |stek'kone| *s.m.* **1** grosse brochette *f.*, broche *f.* **2** [*stecca lunga e larga, appuntita, usata per recinti*] palis.

stechiometria, |stekjome'tria| *s.f.* (*chim.*) stœchiométrie.

stechiomètrico, ci, ca, che |stekjo'mɛtriko, tʃi, ka, ke| *agg.* (*chim.*) stœchiométrique.

Steganòpodi |stega'nɔpodi| *s.m. pl.* (*t.zool.*) Stéganopodes.

steganùra |stega'nura| *s.f.*, **steganùro** |stega'nuro| *s.m.* (*t. zool.*) paradisier *m.*

Stegocèfali |stego'tʃɛfali| *s.m. pl.* (*paleont.*) Stégocéphales.

stégola |'stegola| *s.f.* (*agr.*) mancheron *m.*

stegomìa |stego'mia| *s.f.* (*t.zool.*) stegomyie, stegomyia.

stegosàuro |stego'sauro| *s.m.* (*paleont.*) stégosaure.

stèle |'stɛle| *s.f.* **1** [*lastra di pietra o di marmo, con iscrizioni e decorazioni scultorie posta come monumento*] stèle: *stele commemorative, funeraria* stèle commémorative, funéraire **2** (*bot.*) stèle.

stélla |'stella| *s.f.* **1** (*astron.*) étoile: *stella doppia, tripla, multipla* étoile double, triple, multiple; *il Sole è la stella più vicina alla Terra* le Soleil est l'étoile le plus près de la Terre; *la stella polare indica il nord* l'étoile polaire indique le nord ◇ (*loc.*) *stella cadente* étoile filante ~ *stella caudata* [*cometa*] étoile caudée **2** [*qualsiasi corpo celeste luminoso*] étoile: *il tremolio, il chiarore delle stelle* le scintillement, la clarté des étoiles; *dormire sotto le stelle* dormir à la belle étoile # *una notte piena di stelle* une nuit étoilée ◇ (*loc. fig.*) *i prezzi giungono, salgono alle stelle* [*salgono molto in alto*] les prix augmentent d'une façon incroyable ~ *portare qc. alle stelle* [*esaltarlo, magnificarlo*] porter qqn. aux nues ~ *vedere le stelle* [*provare dolore fisico*] voir trente-six chandelles ~ *essere alle stelle* [*molto contento*] être aux anges ~ *stella mia* mon petit chou ~ *sei una stella!, che stella!* ce que tu es chou! **3** (*fig.*) yeux brillants, étincelants: *aveva degli occhi come stelle* elle avait des yeux brillants comme des étoiles # *le brillano in viso due stelle* ses yeux brillent comme des étoiles **4** [*sorte, destino*] étoile; sort (*m.*): *è nato sotto una buona, cattiva stella* il est né sous une bonne, une mauvaise étoile || *da tempo spero in una migliore stella* depuis longtemps j'espère en un meilleur sort ◇ (*loc. fig.*) *essere la buona stella di qc.* être la bonne étoile de qqn. **5** [*cosa od ornamento a forma di stella*] étoile: *una stella di carta, di cioccolata* une étoile en papier, en chocolat ◇ (*tecnol.*) *collegamento a stella* connexion, montage en étoile # *stella di collegamento* point neutre; étoile d'ancre; *sperone a stella* molette ◇ (*loc.*) *stella filante* [*rotolino di carta colorata che si lancia per divertimento*] serpentin *m.* ~ *stella al merito* étoile du mérite **6** [*attrice, spec. cinematografica, molto pop.*] étoile, vedette: *è una stella del varietà* c'est une vedette du music-hall **7** [*piccola imbarcazione a vela*] star **8** [*macchia bianca più o meno rotonda a contorni irregolari*] étoile: *quel cavallo ha una stella in fronte* ce cheval a une étoile sur le front **9** (*arald.*) étoile **10** (*t.bot.*) *stella di Natale* poinsettie éclatante ~ *stella alpina* edelweiss, pied-de-lion (*corr.*), étoile d'argent (*corr.*), immortelle des neiges (*corr.*) **11** *al plur.* (*poet.*) [*cielo, paradiso*] ciel *m. sing.* (*corr.*), paradis *m. sing.* (*corr.*): *salimmo alle stelle* nous montâmes au ciel, au paradis **12** (*t. zool.*) *stella marina, di mare* étoile de mer.

stellàggio, i |stel'laddʒo, i| *s.m.* [*contratto che permette di vendere o acquistare azioni, contro pagamento di un premio*] stellage.

stellànte |stel'lante| *agg.* **1** (*lett.*) [*pieno di stelle*] étoilé (*corr.*): *cielo stellante* ciel étoilé **2** [*splendente come stella*] étincelant.

1 **stellàre** |stel'lare| *agg.* **1** (*astron.*) stellaire: *grandezza stellare* grandeur stellaire **2** [*a forma di stella, a raggiera*] en étoile (*loc. inv.*): *una piazza a pianta stellare* une place en étoile.

2 **stellàre** |stel'lare| **A** *v.tr.* (*lett.*) [*coprire di stelle*] étoiler (*corr.*) **B** *v. pron. intr.* (*lett.*) STELLARSI [*coprirsi di stelle*] se peupler d'étoiles, se consteller (de): *il cielo cominciava a stellarsi* le ciel commençait à se peupler d'étoiles.

stellària |stel'larja| *s.f.* (*t.bot.*) stellaire.

1 **stellàto** |stel'lato| *agg.* **1** [*pieno, cosparso di stelle*] étoilé: *cielo stellato* ciel étoilé; *notte stellata* nuit étoilée; *la bandiera stellata* la bannière étoilée ✦ (*s.m.*) *uno stellato* un ciel étoilé (*agg.*): *c'era uno stupendo stellato* il y avait un magnifique ciel étoilé **2** (*fig.*) [*cosparso, disseminato*] constellé: *un prato stellato di fiori* un pré constellé, persemé de fleurs **3** [*a forma di stella*] en étoile *loc. inv.*; étoilé: *ricamo stellato* broderie en étoile || *ganglio stellato* ganglion étoilé.

2 **stellàto** |stel'lato| *agg. e s.m.* (*mar.*) façons *f. pl.*, coulée *f.*

Stellèridi |stel'lɛridi| *s.m. pl.* (*t. zool.*) Stellérides.
stellétta |stel'letta| *s.f.* **1** (*mil.*) étoile (à cinq pointes) # *portare le stellette* être militaire; *guadagnarsi le stellette* monter en grade **2** (*tip.*) astérisque *m.* ◇ (*per est.*) [*asterisco che* (*nella pagina degli spettacoli*) *indica il gradimento da parte del pubblico o della critica*] étoile: *albergo a due, tre stellette* hôtel à deux, à trois étoiles.
1 **stellìna** |stel'lina| *s.f.* [*giovane attrice in fase di ascesa*] starlette: *è una stellina del cinema* c'est une starlette.
2 **stellìna** |stel'lina| *s.f.* **1** (*t.bot.*) *stellina odorosa* petit muguet *m.* **2** pâtes *pl.* à potage (en forme d'étoiles).
stellionàto |stelljo'nato| *s.m.* (*st. rom.*) stellionat.
stellite |stel'lite| *s.f.* (*tecnol.*) stellite *m.*
stelloncìno |stellon'tʃino| *s.m.* [*breve articoletto di giornale posto fra due asterischi*] entrefilet.
stèlo |'stɛlo| *s.m.* **1** (*bot.*) tige (*f.*): *lo stelo di un fiore* la tige d'une fleur **2** [*sostegno a forma di fusto alto e sottile*] tige # *una lampada a stelo* un lampadaire **3** (*mecc.*) tige: *stelo di valvola* tige de soupape.
stèmma |'stɛmma| *s.m.* **1** [*albero che indica i rapporti intercorrenti fra i codici di un'opera*] arbre généalogique des codes **2** [*scudo, insegna gentilizia*] armes *f.pl.*, armoiries (*f. pl.*): *lo stemma di Firenze* les armes de Florence # *portava al dito un anello con lo stemma* elle portait une chevalière armoriée.
stemmàrio, i |stem'marjo, i| *s.m.* (*arald.*) armorial*.
stemmàto |stem'mato| *agg.* [*ornato di stemma*] armorié: *anello stemmato* chevalière armoriée.
stèmpera |'stɛmpera| *s.f.* (*metall.*) détrempe.
stemperàre |stempe'rare| **A** *v.tr.* **1** [*sciogliere, diluire una sostanza in un liquido*] délayer (9): *stemperare la cioccolata nel latte* délayer le chocolat dans le lait **2** [*togliere la tempera a un metallo*] détremper **3** (*raro*) [*togliere la punta*] briser la pointe, épointer: *stemperare una matita* briser, casser la pointe d'un crayon; épointer un crayon **4** (*fig.*) [*svigorire*] avilir **5** (*lett.*) [*corrompere, guastare*] altérer (8) (*corr.*) **B** *v.pron. intr.* STEMPERARSI **1** [*perdere la tempera*] se délayer: *questa polvere si stempera con difficoltà* cette poudre se délaie difficilement **2** [*perdere la punta*] se casser, s'épointer **3** (*raro, fig.*) [*struggersi, sciogliersi*] fondre (53) *intr.* (*corr.*): *ora è inutile stemperarsi in lacrime!* maintenant, il est inutile de fondre en larmes!
stemperàto |stempe'rato| *agg.* **1** [*che non ha più la tempera*] détrempé (*p.p.*): *acciaio stemperato* acier détrempé **2** [*che non ha più la punta*] épointé (*p.p.*): *matita stemperata* crayon épointé, dont la pointe, la mine est cassée **3** (*raro, fig.*) [*smodato, sregolato*] excessif* (*corr.*), immodéré (*corr.*).
stemperatùra |stempera'tura| *s.f.* (*raro*) [→ STEMPERARE A 1] delayage *m.* (*corr.*), delayement *m.* (*corr.*).
stempiàrsi |stem'pjarsi| *v.pron. intr.* [*perdere i capelli sulle tempie*] se dégarnir (sur les tempes): *comincia già a stempiarsi* ses tempes commencent déjà à se dégarnir.
stempiàto |stem'pjato| *agg.* **1** aux tempes dégarnies (*loc. inv.*): *quel giovane è stempiato* les tempes de ce jeune homme sont dégarnies **2** (*raro, fig.*) [*grande, spropositato*] outré, énorme: *ha detto delle bugie stempiate* il a dit des mensonges énormes, plus gros que lui.
stempiatùra |stempja'tura| *s.f.* **1** [*l'essere stempiato*] calvitie **2** [*la parte delle tempie priva di capelli*] calvitie: *ha una stempiatura molto pronunciata* il a une calvitie très prononcée.
sten |stɛn| *s.m. inv.* (*ingl.*) (*mil.*) mitraillette *f. var.*
stendardière |stendar'djɛre| *s.* porte-étendard *m. inv.*
stendàrdo |sten'dardo| *s.m.* **1** [*insegna principale di un esercito*] étendard **2** [*bandiera pendente da un'asta, che si porta nelle processioni*] bannière *f.* **3** (*bot.*) étendard **4** (*mar.*) pavillon.
stèndere |'stɛndere| (105) **A** *v.tr.* **1** [*distendere, allungare*] étendre (53), allonger (3): *stendere le braccia, le gambe* étendre, allonger les bras, les jambes; *stendere il passo* allonger le pas # *stendere i piedi fuori dal letto* sortir ses pieds du lit ◇ (*loc. fig.*) *stendere la mano* [*chiedere l'elemosina*] tendre (53) la main, faire (45) la manche (*arg.*) ~ *stendere le truppe* [*schierarle*] déployer (10) les troupes ~ *stendere l'arco* [*allentarlo*] détendre (53) l'arc **2** [*allargare, spiegare*] étaler; mettre (71): *il venditore ambulante ha steso per terra la sua merce* le marchand ambulant à étalé sa marchandise par terre ‖ *stese sul tavolo una candida tovaglia* elle déploya, mit sur la table une nappe blanche; *stendere sul letto le lenzuola* mettre les draps au lit **3** [*mettere a giacere*] étendre: *fu steso con delicatezza sul letto* on l'étendit avec délicatesse sur le lit; *con un pugno lo stese a terra* d'un coup de poing il l'étendit à terre **4** [*spianare; spalmare*] étendre, étaler: *stendere la pasta* étendre, étaler la pâte; *stendere una mano di colore, di vernice* étaler une couche de peinture; *stendimi un po' di burro sul pane!* étale-moi un peu de beurre sur mon pain! **5** [*sciorinare, mettere all'aria*] étendre: *vado a stendere la biancheria* je vais étendre le linge; *ho steso i panni al sole* j'ai étendu les vêtements au soleil # *stendete le vele* déployez, déferlez les voiles! **6** [*mettere per scritto*] dresser, rédiger (3): *per domani stendimi il contratto d'affitto* dresse-moi, rédige-moi pour demain le bail; *hanno steso una dettagliata relazione sul nostro operato* ils ont rédigé un rapport détaillé sur ce que nous avons fait; *stendere una lettera, un verbale, un reclamo* rédiger une lettre, dresser un procès-verbal, adresser une réclamation **B** *v.pron.* STENDERSI **I** *rifl.* [*sdraiarsi, mettersi disteso*] s'étendre, s'allonger: *mi sono steso al sole* je me suis étendu au soleil; *era così stanco che si è steso sul letto* il était si fatigué qu'il s'est étendu, allongé sur le lit; *dopo pranzo mi stendo sul divano a riposare* l'après-midi, je m'allonge sur le divan pour me reposer **II** *intr.* **1** [*occupare una superficie*] s'étendre: *il paese si stende fra il fiume e la collina* le village s'étende de la rivière à la colline; *ai piedi del monte si stende una vasta pianura* aux pieds de la montagne s'étend une vaste plaine **2** (*lett.*) [*arrivare a determinati limiti*] aller (13) *intr.* (*corr.*): *la sua conoscenza del mondo non si stendeva oltre la piazza del suo paese* sa connaissance du monde n'allait pas au-delà de la place de son village **3** (*raro*) [*dilungarsi*] s'étendre (*corr.*): *non stenderti troppo su quell'argomento* ne t'étends pas trop sur ce sujet.
stendhaliàno |stenda'ljano| *agg.* stendhalien*.
stendibiancherìa |stendibjanke'ria| *s.m. inv.* [*attrezzo per stendere la biancheria ad asciugare*] séchoir *var.* (à lessive), étendoir *var.*
stendifili |stendi'fili| *s.m. inv.* tendeur *var.* de fils.
stenditóio, i |stendi'tojo, i| *s.m.* **1** [*luogo in cui si possono stendere i panni*] étendoir **2** [*arnese a fili o a braccia usato per stendervi i panni*] étendoir.
stenditóre, trice |stendi'tore, tritʃe| *s.* [*operaio addetto alla stenditura*] tendeur*.
stenditrìce |stendi'tritʃe| *s.f.* (*tess.*) étaleuse.
stenditùra |stendi'tura| *s.f.* [→ STENDERE] étendage *m.*
stenebràre |stene'brare| *v.tr.* (*lett.*) [*togliere le tenebre*] chasser (*corr.*) les ténèbres.
stenìa |ste'nia| *s.f.* (*med.*) sthénie.
stènico, ci, ca, che |'stɛniko, tʃi, ka, ke| *agg.* (*med.*) sthénique: *è un tipo stenico* c'est un sujet sthénique.
stèno- |'stɛno| *pref.* (*significa 'stretto, restringimento', corrisponde gener. a*) sténo: *stenografo* sténographe.
stèno |'stɛno| *s.m.* (*fis.*) sthène.
stenocardìa |stenokar'dia| *s.f.* (*med.*) sténocardie.
stenocàrdico, ci, ca, che |steno'kardiko, tʃi, ka, ke| *agg.* (*med.*) sténocardique.
stenodàttilo |steno'dattilo| *s.* → **stenodattilografo.**
stenodattilografìa |stenodattilogra'fia| *s.f.* sténodactylo(graphie): *ha frequentato un corso di stenodattilografia* elle a suivi un cours de sténodactylo(graphie).
stenodattilogràfico, ci, ca, che |stenodattilo'grafiko, tʃi, ka, ke| (*agg.*) *testo stenodattilografico* sténogramme *s.m.*
stenodattilògrafo |stenodatti'lɔgrafo| *s.* sténodactylo (*raro al m.*): *è impiegata come stenodattilografa* elle est (employée comme) sténodactylo.
stenografàre |stenogra'fare| *v.tr.* [*scrivere usando i segni della stenografia*] sténographier: *stenografare un discorso, un processo* sténographier un discours, un procès.
stenografìa |stenogra'fia| *s.f.* sténographie, sténo (*corr.*): *ho scritto il suo discorso in stenografia* j'ai écrit son discours en sténo(graphie).
stenograficaménte |stenografika'mente| *avv.* [→ STENOGRAFICO] en sténo(graphie) *loc. inv.*, sténographiquement (*raro*).
stenogràfico, ci, ca, che |steno'grafiko, tʃi, ka, ke| *agg.* sténographique: *rapporto stenografico* rapport sténographique.
stenògrafo |ste'nɔgrafo| *s.* sténo *f.*, sténographe (*raro*): *fare lo stenografo per il tribunale* être sténo(graphe) au tribunal; *assumere uno stenografo,*

una stenografa engager un sténographe, une sténo.

stenogràmma |steno'gramma| *s.m.* **1** sténogramme: *battere a macchina lo stenogramma di un processo* taper à la machine le sténogramme d'un procès **2** [*segno di stenografia*] sténogramme.

stenosàggio, i |steno'zaddʒo, i| *s.m.* (*tess.*) sténosage.

stenòsi |ste'nɔzi| *s.f. inv.* (*med.*) sténose (*var.*): *soffre di stenosi cardiaca* il souffre de sténose cardiaque.

stenotermìa |stenoter'mia| *s.f.* (*biol.*) sténothermie.

stenotèrmo |steno'tɛrmo| *agg.* (*biol.*) sténotherme.

stenotipìa |stenoti'pia| *s.f.* (*tecnol.*) sténotypie.

stenotipista |stenoti'pista| *s.* sténotypiste.

stenotipo |steno'tipo| *s.f.* sténotype.

stentacchiàre |stentak'kjare| *v. intr.* (*aus. 'avere'*) (*fam.*) [*soffrire continuamente piccole privazioni*] avoir (28) *tr.* (*corr.*) du mal, de la peine (à): *stentacchia a vivere* il a du mal, de la peine à vivre.

stentàre |sten'tare| **A** *v.tr.* [*guadagnare con sforzo*] vivre (58) *intr.* dans la gêne: *stentare il pane, la vita* vivre dans la gêne **B** *v.intr.* (*aus. 'avere'*) [*trovare difficoltà nel fare q.c.*] avoir (28) *tr.* du mal, de la peine: *stentare a leggere, a scrivere* avoir du mal, de la peine à lire, à écrire; *stenta a vedere da lontano, è un po' miope* il a du mal à voir de loin, il est un peu myope; *stento a capire quel che dici* j'ai du mal à comprendre ce que tu dis; *è così assurdo quel che dici, che stento a crederlo* ce que tu dis est tellement absurde que j'ai du mal à le croire # *è un buon cliente, ma stenta a pagare* c'est un bon client, mais c'est un mauvais payeur.

stentataménte |stentata'mente| *avv.* **1** [*a stento*] péniblement, avec peine (*loc. inv.*): *il lavoro procedeva stentatamente* le travail avançait péniblement, avec peine **2** [*con sforzo*] péniblement: *sollevava stentatamente il sacco* il soulevait péniblement le sac **3** [*miseramente*] dans la gêne (*loc. inv.*): *viveva stentatamente* il vivait dans la gêne, il tirait le diable par la queue (*fam.*).

stentatézza |stenta'tettsa| *s.f.* [*l'essere stentato*] difficulté: *rivelava stentatezza nell'esprimersi* il avait des difficultés à s'exprimer # *la stentatezza di una pianta* l'étiolement d'une plante.

stentàto |sten'tato| *agg.* **1** [*ottenuto con grande sforzo e fatica*] pénible, laborieux* (*lett.*): *ha ottenuto una vittoria stentata* il a obtenu une victoire pénible, difficile # *rivela una scrittura stentata* on voit qu'il a du mal à former ses lettres (à écrire); *ha raggiunto una promozione stentata* il a été reçu de justesse **2** [*eseguito, fatto con sforzo e fatica*] pénible; forcé: *lavoro, compito stentato* travail, tâche pénible ‖ *mi ha rivolto un invito stentato* il m'a adressé une invitation forcée; *mi ha accolto con un sorriso stentato* il m'a accueilli avec un sourire forcé **3** [*artificioso, privo di naturalezza*] qui manque de naturel (*loc.*): *ha pronunciato un discorso stentato* il a prononcé un discours qui manquait de naturel; *le tue parole sono stentate* tes mots manquent de naturel # *la prosa stentata di un romanzo* la langue peu naturelle, le style forcé d'un roman **4** [*pieno di sofferenza e privazioni*] difficile **5** [*che cresce a stento, poco e male*] chétif*: *pianta stentata* plante chétive, rabougrie; *bambino un po' stentato* enfant un peu chétif, un peu malingre.

stenterèllo |stente'rɛllo| *s.m.* **1** [*maschera del teatro fiorentino*] ⊠ **2** [*persona alta e molto magra*] perche *f.* (*fam.*) **3** [*persona sciocca e ridicola*] oie *f.*

stentino |sten'tino| *agg.* (*fam.*) [*malaticcio, macilento*] chétif* (*corr.*), malingre (*corr.*).

1 **stènto** |'stɛnto| *agg.* → **stentato.**

2 **stènto** |'stɛnto| *s.m.* **1** [*sofferenza dovuta a privazioni*] misère *f.*, privations (*f. pl.*): *vivevano fra gli stenti* ils vivaient dans la misère, tiraient le diable par la queue (*fam.*); *ha condotto una vita piena di stenti* il a mené une vie de privations; *il suo viso è segnato dagli stenti* son visage est marqué par les privations **2** [*difficoltà e fatica nel fare q.c.*] effort # *ha raggiunto l'obiettivo stabilito senza stenti* il a atteint aisément son objectif ◇ *loc. avv.* A STENTO [*con grande difficoltà e fatica*] péniblement *avv.*, à grand-peine, difficilement (*avv.*): *ha raggiunto a stento la sufficienza* il a obtenu péniblement la moyenne; *riesce a stento a camminare* il arrive à grand-peine à marcher; *l'ho convinta a stento a uscire stasera* je l'ai difficilement convaincue de sortir ce soir.

stentor |'stɛntor| *s.m. inv.* (*t.zool.*) stentor *var.*

stèntore |'stɛntore| *s.m.* [*uomo dalla voce potente*] stentor.

stentòreo |sten'tɔreo| *agg.* (*lett.*) de stentor (*loc. inv.*): *possedeva una voce stentorea* il avait une voix de stentor.

stentucchiàre |stentuk'kjare| *v. intr.* (*aus. 'avere'*) → **stentacchiare.**

stéppa |'steppa| *s.f.* steppe: *la steppa russa, africana* la steppe russe, africaine.

stèppico, ci, ca, che |'stɛppiko, tʃi, ka, ke| *agg.* de la steppe *loc. inv.*, steppique (*raro*): *la vegetazione steppica* la végétation de la steppe.

steppóso |step'poso| *agg.* [*che ha carattere di steppa*] steppique: *paesaggio stepposo* paysage steppique.

steradiànte |stera'djante| *s.m.* (*mat.*) stéradian.

steràngolo |ste'rangolo| *s.m.* (*mat.*) angle solide.

stèrco, chi |'stɛrko, ki| *s.m.* [*escrementi di animali*] excrément; (*di uccelli*) fiente *f.*; (*di cavalli*) crottin; (*di bovini*) bouse (*f.*); (*di capre, pecore, conigli*) crotte *f.*

stercoràceo |sterko'ratʃeo| *agg.* **1** [*sim. a sterco*] stercoral* **2** (*med.*) stercoral: *ascesso stercoraceo* abcès stercoral.

stercoràrio, i |sterko'rarjo, i| **1** *agg.* stercoraire: *scarabeo stercorario* scarabée stercoraire **2** *s.m.* (*t.zool.*) stercoraire.

stercorite |sterko'rite| *s.f.* (*chim.*) stercorite.

Sterculiàcee |sterku'ljatʃee| *s.f. pl.* (*t.bot.*) Sterculiacées.

stèreo- |'stɛreo| *pref.* **1** (*nei termini scient. cui attribuisce il significato di 'solidità, rigidezza', corrisponde gener. a*) stéréo: *stereomeccanica* stéréomécanique **2** (*significa 'spaziale', tridimensionale', corrisponde gener. a*) stéréo: *stereografia* stéréographie; *stereofonia* stéréophonie.

stèreo |'stɛreo| *abbrev.* **1** *agg. inv.* → **stereofonico 2** *s.f.* → **stereofonia.**

stereòbate |stere'ɔbate| *s.m.* (*arch.*) stéréobate.

stereochìmica, che |stereo'kimika, ke| *s.f.* (*chim.*) stéréochimie.

stereocinematografìa |stereotʃinematogra'fia| *s.f.* (*cine.*) cinéma *m.* stéréoscopique, cinéma en relief.

stereocomparatóre |stereokompara'tore| *s.m.* (*topografia*) stéréocomparateur.

stereocromìa |stereokro'mia| *s.f.* (*tecnol.*) stéréochromie.

stereofonìa |stereofo'nia| *s.f.* (*fis., tecnol.*) stéréo(phonie): *impianti di stereofonia* installation de stéréophonie.

stereofònico, ci, ca, che |stereo'fɔniko, tʃi, ka, ke| *agg.* stéréophonique: *effetto stereofonico* effet stéréophonique # *un disco stereofonico, uno stereo* un disque stéréo.

stereofotografìa |stereofotogra'fia| *s.f.* (*tecnol.*) stéréophotographie.

stereognosìa |stereoɲɲo'zia| *s.f.* (*fisiol.*) stéréognosie.

stereografìa |stereogra'fia| *s.f.* (*scient., tecnol.*) stéréographie.

stereogràfico, ci, ca, che |stere'grafiko, tʃi, ka, ke| *agg.* stéréographique: *la proiezione stereografica della Terra* la projection stéréographique de la Terre.

stereògrafo |stere'ɔgrafo| *s.* stéréographe.

stereogràmma |stereo'gramma| *s.m.* (*scient., tecnol.*) stéréogramme.

stereometrìa |stereome'tria| *s.f.* (*geom.*) stéréométrie.

stereomètrico, ci, ca, che |stereo'mɛtriko, tʃi, ka, ke| *agg.* (*geom.*) stéréométrique.

stereoradiografìa |stereoradjogra'fia| *s.f.* (*med.*) stéréoradiographie.

stereoregolarità |stereoregolari'ta| *s.f. inv.* (*chim.*) stéréorégularité *var.*

stereoscopìa |stereosko'pia| *s.f.* (*fis., tecnol.*) stéréoscopie.

stereoscòpico, ci, ca, che |stereos'kɔpiko, tʃi, ka, ke| *agg.* (*fis., tecnol.*) stéréoscopique: *effetto stereoscopico* effet stéréoscopique.

stereoscòpio, i |stereos'kɔpjo, i| *s.m.* (*tecnol.*) stéréoscope.

stereospecificità |stereospetʃifitʃi'ta| *s.f. inv.* (*chim.*) stéréospécificité *var.*

stereotassìa |stereotas'sia| *s.f.* (*med.*) stéréotaxie.

stereotipàre |stereoti'pare| *v.tr.* (*tip.*) [*stampare usando la stereotipia*] clicher.

stereotipàto |stereoti'pato| *agg.* **1** (*tip.*) stéréotypé **2** (*fig.*) [*convenzionale*] stéréotypé: *ci siamo scambiati le solite frasi stereotipate* nous avons échangé les habituelles phrases stéréotypées.

stereotipìa |stereoti'pia| *s.f.* **1** (*tip. procedimento*) stéréotypie: *impianti di stereotipia* installations de stéréotypie ◇ [*matrice ottenuta mediante il procedimento*] stéréotype *m.* ◇ [*stampa ottenuta con la matrice*] stéréotype **2** (*psicol.*) stéréotype, stéréotypage *m.*

stereotipista |stereoti'pista| *s.* stéréotypeur *m.*, clicheur *m.*

stereòtipo |stere'ɔtipo| *agg.* **1** (*tip.*) stéréotype: *riproduzione stereotipa* reproduction stéréotype **2** (*fig.*) [*convenzionale*] stéréotypé: *frasi stereotipe* phrases stéréotypées ♦ *s.m.* (*spicol.*) *uno stereotipo* un cliché, un stéréotype: *pensare per stereotipi* penser par clichés.

stereotomia |stereoto'mia| *s.f.* (*geom.*) stéréotomie.

stereotòmico, ci, ca, che |stereo'tɔmiko, tʃi, ka, ke| *agg.* (*tecnol.*) stéréotomique.

stereovisóre |stereovi'zore| *s.m.* (*foto.*) visionneuse *f.* stéréo(scopique).

stèrico, ci, ca, che |'stɛriko, tʃi, ka, ke| *agg.* (*chim.*) stérique: *impedimento sterico* empêchement stérique.

stèrile |'stɛrile| *agg.* **1** stérile: *cavallo sterile* cheval stérile; *donna sterile* femme stérile **2** (*fig.*) [*senza effetto, inutile*] stérile # *svolgo un lavoro sterile di soddisfazioni* j'exerce un travail qui ne m'apporte aucune satisfaction **3** [*sterilizzato, asettico*] stérile **C** 1; 2 **fecondo, produttivo.**

sterilìre |steri'lire| (197) **A** *v.tr.* **1** [*rendere sterile*] rendre (53) stérile: *sterilire un animale, un terreno* rendre stérile un animal, un terrain **2** (*fig.*) [*rendere senza scopo, vacuo*] rendre stérile: *sterilire una lotta* rendre stérile une lutte; *sterilire la mente* rendre son esprit stérile **B** *v.intr.* (*aus. 'essere'*) (*raro*) [*diventare sterile*] devenir (27) (*corr.*) stérile **C** *v.pron. intr.* STERILIRSI [*diventare sterile*] devenir *intr.* stérile: *il terreno si sterilisce ogni anno di più* le terrain devient chaque année plus stérile.

sterilità |sterili'ta| *s.f. inv.* **1** stérilité (*var.*): *sterilità maschile, femminile* stérilité d'un homme, d'une femme; *la sterilità di un terreno* la stérilité, l'infertilité d'un terrain **2** (*fig.*) [*inutilità, improduttività*] stérilité: *la sterilità di una iniziativa, di una predica* la stérilité d'une initiative, d'un sermon # *la sterilità dei ricordi* l'inutilité des souvenirs; se souvenir ne fait pas revenir **3** (*med.*) stérilité: *controllare la sterilità delle garze, delle siringhe* contrôler la stérilité des gazes, des seringues.

sterilizzànte |sterilid'dzante| *agg.* stérilisant.

sterilizzàre |sterilid'dzare| *v.tr.* **1** [*rendere sterile, incapace di procreare*] (*persone*) stériliser; (*animali*) stériliser, châtrer, castrer: *sterilizzare una cagna* stériliser une chienne # *sterilizzare un cavallo* rendre une cheval *hongre; *hongrer, castrer un cheval **2** [*privare di germi infettivi*] stériliser: *sterilizzare le bottiglie* stériliser les bouteilles.

sterilizzàto |sterilid'dzato| *agg.* stérilisé *p.p.*

sterilizzatóre, trice |sterilid-dza'tore, tritʃe| *agg.* [*che sterilizza*] stérilisant, (qui sert) à stériliser (*loc.*): *macchina sterilizzatrice* appareil à stériliser ♦ (*s.m.*) *lo sterilizzatore* le stérilisateur.

sterilizzazióne |steriliddzat'tsjone| *s.f.* **1** [→ STERILIZZARE 1] castration: *sterilizzazione di un animale* castration d'un animal **2** [→ STERILIZZARE 2] stérilisation: *sterilizzazione di un oggetto* stérilisation d'un objet **3** [*trattamento eseguito sugli alimenti conservati allo scopo di renderli adatti a una lunga durata*] stérilisation.

sterilménte |steril'mente| *avv.* [→ STERILE 2] vainement, inutilement, stérilement (*lett.*): *chiudersi sterilmente nei ricordi* se plonger vainement, inutilement dans les souvenirs # *parlare sterilmente* parler à vide.

sterlàtto |ster'latto|, **sterlétto** |ster'letto| *s.m.* (*t.zool.*) sterlet.

sterlìna |ster'lina| *s.f.* livre sterling (*inv.*): *pagare in sterline* payer en (livres) sterling ♦ (*agg.*) *lira sterlina* livre sterling.

sterminàre |stermi'nare| *v.tr.* [*distruggere completamente, annientare*] exterminer, détruire (75): *hanno sterminato gli uccelli* ils ont exterminé, détruit tous les oiseaux de la région; *sterminarono i fiori del giardino* ils détruisirent toutes les fleurs du jardin.

sterminataménte |sterminata'mente| *avv.* [→ STERMINATO] démesurément.

sterminatézza |stermina'tettsa| *s.f.* [*estensione, grandezza immensa*] immensité: *la sterminatezza del cielo* l'immensité du ciel.

sterminàto |stermi'nato| *agg.* **1** [*immenso, senza confini e senza misura*] immense: *l'oceano sterminato* l'immense océan, l'immensité de l'océan **2** [*innumerevole*] infini.

sterminatóre, trice |stermina'tore, tritʃe| *agg.* exterminateur* (*lett.*): *la forza sterminatrice dell'uragano* la force exterminatrice de l'ouragan ♦ (*s.*) *uno sterminatore* un exterminateur.

stermìnio, i |ster'minjo, i| *s.m.* **1** [→ STERMINARE] extermination *f.*, destruction (*f.*): *campi di sterminio nazisti* camps d'extermination nazis; *una guerra nucleare causerebbe lo sterminio dell'umanità* une guerre nucléaire provoquerait l'extermination, la destruction de l'humanité # *fare uno sterminio* (*di q.c.*) exterminer (qqch.) **2** (*fam.*) [*grande quantità*] tas # *all'ingresso c'era uno sterminio di gente* à l'entrée, il y avait un monde fou.

stèrna |'stɛrna| *s.f.* (*t.zool.*) sterne, hirrondelle de mer (*corr.*).

sternàle |ster'nale| *agg.* (*anat.*) sternal*: *dolori sternali* douleurs sternales.

stèrno |'stɛrno| *s.m.* (*anat.*) sternum.

sternocleidomastoidèo |sternokleidomastoi'dɛo| *agg.* (*anat.*) sterno-cléido-mastoïdien*: *muscolo sternocleidomastoideo* muscle sterno-cléido-mastoïdien ♦ (*s.m.*) *lo sternocleidomastoideo* le sterno-cléido-mastoïdien.

sternùto |ster'nuto| *e deriv.* → **starnuto** *e deriv.*

stèro |'stɛro| *s.m.* stère: *una catasta di legna di dieci steri* un tas de bois de dix stères.

steròide |ste'rɔide| *s.m.* (*biol.*) stéroïde.

steròlo |ste'rɔlo| *s.m.* (*chim.*) stérol.

sterpàglia |ster'paʎʎa| *s.f.* **1** [*groviglio di sterpi*] broussailles *pl.* **2** [*terreno coperto da sterpi*] brousse.

sterpàia |ster'paja| *s.f.*, **sterpàio, i** |ster'pajo, i| *s.m.* [*terreno coperto di sterpi*] brousse *f.*, maquis *m.*

sterpàme |ster'pame| *s.m.* [*groviglio di sterpi*] broussailles *f. pl.*

sterpàzzola |ster'pattsola| *s.f.* (*t. zool.*) fauvette, grisette.

sterpéto |ster'peto| *s.m.* [*luogo pieno di sterpi*] brousse *f.* → **sterpaia.**

stèrpo |'stɛrpo| *s.m.* [*ramoscello secco*] brindille (*f.*): *raccogliete degli sterpi per accendere il fuoco* ramassez des brindilles pour allumer le feu ◇ [*ramo spinoso*] ronce *f.*, broussailles (*f. pl.*): *il terreno era pieno di sterpi* le terrain était envahi par les ronces, par les broussailles.

sterpóso |ster'poso| *agg.* broussailleux*, couvert de ronces: *luogo sterposo* endroit broussailleux, couvert de ronces.

sterquilìnio, i |sterkwi'linjo, i| *s.m.* (*raro*) [*luogo dove si raccoglie il letame*] fosse *f.* (*corr.*) à fumier.

sterraménto |sterra'mento| *s.m.* [→ STERRARE] déblaiement, terrassement: *lo sterramento del terreno* le déblaiement du terrain ‖ *eseguire lavori di sterramento* effectuer des travaux de terrassement.

sterràre |ster'rare| *v.tr.* [*scavare e togliere terra per opere di costruzione*] déblayer (9); terrasser: *sterrare un canale* déblayer un canal ‖ *sterrare un terreno per le fondazioni di un edificio* terrasser pour les fondations d'un bâtiment.

sterratóre |sterra'tore| *s.m.* [*operaio addetto allo sterro*] terrassier.

stèrro |'stɛrro| *s.m.* **1** [→ STERRARE] déblai; terrassement: *eseguire lavori di sterro* effectuer des travaux de déblai, de terrassement **2** [*terra scavata e ammucchiata*] déblais (*pl.*): *trasportare lo sterro* transporter les déblais **3** [*fossa aperta sterrando*] terrassement: *i bordi dello sterro* les bords du terrassement.

stertóre |ster'tore| *s.m.* (*med.*) stertor.

stertoróso |sterto'roso| *agg.* (*med.*) stertoreux*.

sterzànte |ster'tsante| *agg.* (*tecnol.*) directeur*: *asse sterzante* essieu directeur; *ruote sterzanti* roues directrices.

sterzàre |ster'tsare| *v.tr.* **1** [*azionare lo sterzo per far cambiare direzione a un veicolo*] (*in automobile*) braquer: *sterzò bruscamente per evitare il pedone* il braqua brusquement, il donna un brusque coup de volant pour èviter le piéton ◇ (*in bicicletta*) donner un coup de guidon **2** (*fig.*) [*cambiare direzione o tendenza all'improvviso*] donner un coup de barre.

sterzàta |ster'tsata| *s.f.* [→ STERZARE] (*di automobile*) coup *m.* de volant: *fare una brusca sterzata a destra* donner un brusque coup de volant à droite ◇ (*di bicicletta*) coup de guidon ◇ (*fig.*) coup de barre: *il governo ha fatto una sterzata a sinistra* le gouvernement a donné un coup de barre à gauche.

sterzatùra |stertsa'tura| *s.f.* (*agr.*) recepée, recépée.

stèrzo |'stertso| *s.m.* (*tecnol.*) (*di automobile*) direction *f.*, volant; (*di bicicletta*) guidon: *dare un colpo di sterzo* donner un coup de volant ‖ *nell'urto si è rotto lo sterzo della bicicletta* dans la collision, le guidon de la bicyclette s'est cassé.

stésa |'stesa| *s.f.* [→ STENDERE A 2] étalage *m.* ◇ [*parte di q.c. che è stesa*] couche.

stèssere |'stɛssere| *v.tr.* [*disfare ciò*

che è stato tessuto] défaire (45) ce qui a été tissé.

stésso |'stesso| **I** *agg. dim.* **1** [*uguale, identico a qc. o q.c.*] même: *andiamo in vacanza sempre nello stesso albergo* nous allons toujours en vacances dans le même hôtel; *siamo nati nello stesso giorno* nous sommes nés le même jour; *abbiamo gli stessi gusti* nous avons les mêmes goûts; *mi racconta sempre la stessa storia* il me raconte toujours la même histoire ◇ *loc.* NELLO, ALLO STESSO TEMPO [*contemporaneamente; anche, insieme*] à la fois: *è bella e nello stesso tempo intelligente* elle est à la fois belle et intelligente # *nello stesso tempo in cui...* juste au moment où... ◇ (*pleon. in alternativa a 'medesimo'*) même: *siamo sempre nello stesso, medesimo luogo* nous sommes toujours au même endroit; *usi sempre lo stesso, medesimo tono* tu parles toujours sur le même ton **2** [*uguale per grandezza, qualità, quantità*] même: *sono due ragazze della stessa età* ce sont deux filles du même âge ◇ (*loc.*) *non è più la stessa persona* il (elle) n'est plus le même (la même) **3** (*come raff.*) [*proprio, in persona*] même, en personne (*loc. inv.*): *la padrona stessa mi ha aperto la porta* la patronne elle--même, en personne m'a ouvert le porte; *tu stesso mi hai detto che non valeva la pena* c'est toi-même qui m'as dit que ça ne valait pas la peine; *quella signora è la cortesia stessa* cette dame est la gentillesse même, en personne, personnifiée # *l'ho sentito con le mie stesse orecchie* je l'ai entendu de mes propres oreilles ◇ (*seguito da un sost. o un avv.*) *vengo da te stasera stessa* je viens chez toi ce soir même; *partirò oggi stesso* je partirai aujourd'hui même; *la velocità stessa del veicolo impone una certa prudenza* la vitesse même du véhicule impose une certaine prudence ◇ [*anche, persino*] même (*avv.*): *gli stessi avversari si sono congratulati con lui* même ses adversaires l'ont félicité; *tua madre stessa dice che hai torto* même ta mère dit que tu as tort ◇ (*preceduto da un pron. pers.*) [*proprio, persino*] -même(s): *voi stessi potete farlo questo* vous pouvez le faire vous-mêmes, tout seuls; *parla per te stesso!* parle pour toi(-même)!; *ne parlerò a lei stessa* je lui en parlerai à elle-même **II** *pron. dim.* **1** [*la medesima, identica persona*] le, la, les même(s): *la padrona è la stessa dello scorso anno* la patronne est la même que l'année dernière; *sono sempre gli stessi che combinano guai* ce sont toujours les mêmes qui font des bêtises; *è lo stesso che mi ha telefonato ieri* c'est le même qui m'a téléphoné hier # *la gente è la stessa che tu conosci* les gens sont toujours ceux que tu connais **2** [*la medesima cosa*] la même chose: *non preoccuparti, per me fa lo stesso* ne t'inquiète pas, pour moi c'est la même chose; *se non puoi venire, fa lo stesso!* si tu ne peux pas venir, ça ne fait rien!, c'est la même chose!, c'est égal!; *andare o stare è lo stesso per me* partir ou rester, pour moi c'est la même chose, ça m'est égal ◇ *loc.* ALLE STESSE [*al punto di prima*] au même point: *siamo sempre alle stesse* nous en sommes toujours au même point **3** *loc. avv.* (*fam.*) LO STESSO [*ugualmente*] tout de même, quand même: *non mi hanno invitato, ma vado lo stesso* ils ne m'ont pas invité, mais j'y vais tout de même, quand même; *la merce è avariata, ma ve la pago lo stesso* la marchandise est avariée, mais je vous la paie quand même.

stesùra |ste'sura| *s.f.* **1** [→ STENDERE A 6] rédaction **2** [→ STENDERE A 4] étalement *m.* **3** [*redazione di un'opera lett.*] version, édition remaniée: *la prima stesura dei 'Promessi Sposi'* la première version des 'Fiancés'.

stetoscopìa |stetosko'pia| *s.f.* (*med.*) stéthoscopie.

stetoscòpico, ci, ca, che |stetos'kɔpiko, tʃi, ka, ke| *agg.* (*med.*) stéthoscopique.

stetoscòpio, i |stetos'kɔpjo, i| *s.m.* (*med.*) stéthoscope.

steward |'stjuəd| *s.m. inv.* (*ingl.*) steward *var.*

stìa |'stia| *s.f.* [*gabbia usata per tenervi chiusi i polli*] mue, cage à poules; (*per pulcini*) poussinière.

stiacciàto |stjat'tʃato| *s.m.* (*arts.*) méplat.

stiància, ce |'stjantʃa, tʃe| *s.f.* (*t. bot.*) typha *m.*

stìbico, ci, ca, che |'stibiko, tʃi, ka, ke| *agg.* (*chim.*) stibié.

stibìna |sti'bina| *s.f.* (*chim., miner.*) stibine.

stìbio, i |'stibjo, i| *s.m.* (*raro*) → **antimonio.**

stick |'stik| *s.m. inv.* (*ingl.*) bâton *var.*, stick *var.*

sticometrìa |stikome'tria| *s.f.* stichométrie.

sticomitìa |stikomi'tia| *s.f.* (*teat.*) stichomythie.

stiffèlius |stif'fɛljus| *s.m. inv.* (*abbigl.*) redingote *f. var.*

stìgio, gi, gia, gie |'stidʒo, dʒi, dʒa, dʒe| *agg.* (*lett.*) du Styx *loc. inv.*, stygien*, stygial* (*raro*): *le acque stigie* les eaux du Styx.

stigliàre |stiʎ'ʎare| *v.tr.* [*separare la parte fibrosa da quella legnosa nella canapa e nel lino*] teiller, tiller.

stigliatrìce |stiʎʎa'tritʃe| *s.f.* (*tecnol.*) teilleuse, tilleuse.

stigliatùra |stiʎʎa'tura| *s.f.* [→ STIGLIARE] teillage *m.*, tillage *m.*

stìglio, i |'stiʎʎo, i| *s.m.* (*tess.*) teilleuse *f.*

stigma |'stigma| *s.m.* **1** [*marchio che anticamente s'imprimeva sulla fronte ai delinquenti e agli schiavi*] stigmate **2** (*fig.*) [*segno caratteristico, impronta*] marque *f.*, stigmates *pl.* (*pegg.*) **3** (*bot., zool.*) stigmate.

stigmate |'stigmate| *s.f. pl.* **1** (*eccl.*) stigmates (*m.*): *le sacre sitgmate* les saints stigmates; *S. Francesco aveva le stigmate* saint François avait reçu, portait les stigmates **2** (*med.*) stigmates.

stigmàtico, ci, ca, che |stig'matiko, tʃi, ka, ke| *agg.* (*ott.*) stigmatique.

stigmatismo |stigma'tizmo| *s.m.* (*fis.*) stigmatisme.

stigmatizzàre |stigmatid'dzare| *v.tr.* **1** (*raro*) [*imprimere lo stigma*] stigmatiser **2** (*fig.*) [*biasimare, disprezzare aspramente*] stigmatiser.

stigmatizzazióne |stigmatiddzat'tsjone| *s.f.* (*raro*) [→ STIGMATIZZARE] stigmatisation.

stilàre |sti'lare| *v.tr.* [*redigere un documento o uno scritto secondo un dato modulo*] rédiger (3), dresser: *stilare un contratto di compravendita* rédiger, dresser un contrat de vente.

stilàta |sti'lata| *s.f.* → **piedritto.**

stile |'stile| *s.m.* **1** style: *stile elegante, elevato, accurato* style élégant, élevé, soigné; *stile dimesso, sciatto, prolisso* style familier, négligé, prolixe; *stile comico, burlesco* style comique, burlesque; *stile tragico, eroico, epico* style tragique, héroïque, épique; *stile teatrale* style théâtral; *stile dantesco, manzoniano, omerico* style dantesque, de Manzoni, homérique; *eleganza, originalità di stile* élégance, originalité de style ◇ (*per est.*) [*particolare maniera di esprimersi con la musica*] *stile di Puccini, di Verdi* style de Puccini, de Verdi ◇ [*insieme degli elementi che caratterizzano l'espressione pittorica, architettonica di un artista o di un'epoca*] *stile raffaellesco, michelangiolesco* style de Raphaël, de Michel-Ange; dans la manière de Raphaël, de Michelange; *stile gotico, romanico, bizantino* style gothique, roman, byzantin; *stile Luigi XV, XVI* style Louis XV, XVI ◇ (*loc.*) *mobili in stile* meubles de style **2** [*sistema di computare il tempo*] style: *stile gregoriano* style grégorien **3** [*modo particolare di comportarsi*] comportement; style: *lo stile degli Inglesi è freddo e compassato* le comportement des Anglais est froid et compassé ‖ *avere un proprio stile* avoir un style propre; *è nel suo stile agire così* avoir agi ainsi est tout à fait dans son style ◇ (*per est.*) [*signorilità, classe nel comportamento*] élégance *f.*, classe (*f.*): *veste sempre con molto stile* elle s'habille toujours avec beaucoup d'élégance # *è una donna di stile* c'est une femme très distinguée **4** [*modo di eseguire un'attività sportiva*] style **5** [*tipo di abbigl.*] style **6** *loc. inv.* IN GRANDE STILE [*con sfarzo e sontuosità*] de grand style, en grande pompe: *ha organizzato una festa in grande stile* elle a organisé une surprise-partie de grand style; *il matrimonio è stato celebrato in grande stile* le mariage a été célébré en grande pompe **7** (*ant.*) [*asticciola usata per scrivere*] style.

stilè |sti'lɛ(e)| *agg. inv.* stylé *var.*

stilèma |sti'lɛma| *s.m.* **1** (*ling.*) emploi stylistique des mots # *analizzare lo stilema di uno scrittore, di un'opera letteraria* analyser la langue d'un écrivain, d'un ouvrage littéraire sous l'aspect stylistique **2** tournure *f.* de style particulière à un auteur, à une époque.

stilettàre |stilet'tare| *v.tr.* (*raro*) [*colpire con uno stiletto*] poignarder (*corr.*).

stilettàta |stilet'tata| *s.f.* **1** coup *m.* de stylet, de poignard **2** (*fig.*) [*sensazione, impressione dolorosa*] coup de poignard: *quelle parole furono per lui una stilettata* ces mots furent pour lui un coup de poignard.

stilétto |sti'letto| *s.m.* stylet.

stilìsmo |sti'lizmo| *s.m.* **1** (*ling.*) stylisme **2** [*ricercatezza di stile*] stylisme (*lett.*).

1 **stilista** |sti'lista| *s.* styliste.

2 **stilista** |sti'lista| *s.* [*chi si occupa di dare, nei grandi magazzini, un'impostazione di stile alle collezioni di moda*] styliste.

stilìstica, che |sti'listika, ke| *s.f.* **1** stylistique **2** [*retorica, arte del comporre*] stylistique.

stilisticaménte |stilistika'mente| *avv.* au point de vue stylistique, du style *loc.*
stilìstico, ci, ca, che |sti'listiko, tʃi, ka, ke| *agg.* stylistique.
stilìta |sti'lita|, **stilìte** |sti'lite| *s.m.* (*eccl.*) stylite.
stilizzàre |stilid'dzare| *v.tr.* [*raffigurare, rappresentare q.c. riducendolo agli elementi essenziali secondo un determinato stile*] styliser.
stilizzàto |stilid'dzato| *agg.* stylisé (*p.p.*): *un animale stilizzato* un animal stylisé.
stilizzazióne |stiliddzat'tsjone| *s.f.* [→ STILIZZARE] stylisation: *la stilizzazione della figura umana* la stylisation de la figure humaine.
stìlla |'stilla| *s.f.* **1** (*lett.*) [*goccia*] goutte (*corr.*) ◇ (*loc.*) *a stilla a stilla* [*a goccia a goccia*] goutte à goutte **2** (*fig.*) [*quantità minima*] brin (*m.*): *nei suoi scritti non c'è una stilla di originalità* dans ses écrits il n'y a pas un brin d'originalité.
stillànte |stil'lante| *agg.* [*che stilla, gocciola*] stillatoire.
stillàre |stil'lare| **A** *v.tr.* **1** (*raro*) [*distillare, filtrare*] distiller (*corr.*) **2** [*mandare fuori stille, trasudare*] sécréter (8); ruisseler (4): *i pini stillano resina* les pins sécrètent de la résine || *stillare sudore da tutti i pori* ruisseler de sueur, être en nage **B** *v.intr.* (*aus.* '*essere*') [*venire fuori goccia a goccia*] suinter (*aus.* avoir), goutter (*aus.* avoir), couler (*aus.* avoir): *dalla ferita stilla sangue* le sang suinte de la plaie; *dal rubinetto stilla acqua* l'eau goutte, coule du robinet **C** *v.pron. intr.* STILLARSI (*fig.*) [*lambiccarsi, spremersi*] se creuser.
stillazióne |stillat'tsjone| *s.f.* (*raro*) [*distillazione*] distillation (*corr.*) ◇ [*sgocciolio*] suintement *m.* (*corr.*).
stilliberista |stillibe'rista| *s.* (*sport*) nageur* de crawl, crawleur *m.*
stillicìdio, i |stilli'tʃidjo, i| *s.m.* **1** [*caduta a goccia a goccia dell'acqua*] stillation *f.* **2** [*monotona e fastidiosa ripetizione di q.c.*] suite (*f.*): *uno stillicidio di telefonate* une suite de coups de fil.
stilnovista |stilno'vista| *s.m.* (*letter.*) poète du 'dolce stilnovo': *gli stilnovisti italiani del '300* les poètes italiens du 'dolce stilnovo' du XIVᵉ siècle ✦ (*agg.*) du '(dolce) stilnovo' (*loc. inv.*): *poeta stilnovista* poète du 'stilnovo'.
stilnovìstico, ci, ca, che |stilno'vistiko, tʃi, ka, ke| *agg.* du 'dolce stilnovo' (*loc. inv.*): *la concezione stilnovistica dell'amore* la conception de l'amour du 'dolce stilnovo'.
stilnòvo |stil'nɔvo| *s.m.* (*letter.*) 'dolce stilnovo': *poeta appartenente al dolce stilnovo* poète du 'dolce stilnovo'.
stilo |'stilo| *s.m.* **1** [*asticciola usata per scrivere*] style **2** [*braccio graduato della stadera*] fléau **3** (*bot.*) style **4** (*zool.*) stylet.
stilòbate |sti'lɔbate| *s.m.* (*archeol.*) stylobate.
stilòforo |sti'lɔforo| *agg.* (*arch.*) stylophore: *colonna con leone stiloforo* colonne avec un lion stylophore ✦ (*s.m.*) *uno stiloforo* un stylophore.
stilogràfica, che |stilo'grafika, ke| *s.f.* stylo *m.*, stylographe *m.* (*arc.*): *scrivere con la stilografica* écrire avec un stylo, au stylo ✦ (*agg.*) *penna stilografica* stylo *s.m.*
stilogràfico, ci, ca, che |stilo'grafiko, tʃi, ka, ke| *agg.* à (pour) stylo *loc. inv.*, stylographique: *inchiostro stilografico* encre à stylo, stylographique.
stilòide |sti'lɔide| *agg.* (*anat.*) styloïde.
stilopòdio, i |stilo'pɔdjo, i| *s.m.* (*bot.*) stylopode.
stima |'stima| *s.f.* **1** [*valutazione di un bene*] estimation, évaluation: *fare la stima di un dipinto, di un mobile antico* faire l'estimation, l'expertise d'un tableau, d'un meuble ancien; *fare una stima bassa, alta* faire une évaluation faible, élevée **2** [*valutazione generica di un fatto o di un elemento*] estimation, évaluation: *non è un dato certo, è solo una stima* ce n'est pas une donnée sûre, c'est seulement une estimation, une évaluation **3** [*opinione favorevole, giudizio positivo su qc.*] estime: *gli insegnanti hanno un'ottima stima di lui* les enseignants l'ont en haute estime; *è tenuto in grande stima dai superiori* il est tenu en grande estime par ses supérieurs **4** (*mar.*) estime.
stimàbile |sti'mabile| *agg.* [→ STIMARE A 1] estimable # *il dipinto è stimabile una decina di milioni* le tableau est évalué (à) une dizaine de millions.
stimàre |sti'mare| **A** *v.tr.* **1** [*valutare, apprezzare*] estimer, évaluer: *stimare un terreno, una casa* estimer, évaluer un terrain, une maison; *stimare un'opera* estimer une œuvre; *stimare la distanza a occhio* évaluer la distance à vue d'œil **2** [*tenere in grande considerazione*] estimer **3** [*giudicare, credere*] tenir (27) pour: *lo stimano un grande pittore* on le tient pour un grand peintre; il a la réputation d'être un grand peintre # *stimò opportuno telefonarmi subito* il crut bon de me téléphoner immédiatement **4** [*calcolare*] estimer: *stimare la rotta, la distanza* estimer la route, la distance **B** *v.pron. rifl.* STIMARSI [*ritenersi, considerarsi*] s'estimer, se croire (53): *stimati fortunato!* estime-toi heureux!
stimàto |sti'mato| *agg.* **1** [*apprezzato*] estimé *p.p.*, apprécié (*p.p.*): *insegnante stimato* enseignant estimé, apprécié **2** [*valutato*] évalué *p.p.*, estimé: *prezzo, valore stimato* prix évalué, valeur estimée **3** (*mar.*) estimé.
stimatóre, trice |stima'tore, tritʃe| *s.* **1** [*esperto in valutazioni, stime*] expert (*m.*): *uno stimatore di terreni* un expert foncier # *uno stimatore di mobili* un commissaire-priseur **2** [*ammiratore*] admirateur*: *avere molti stimatori* avoir beaucoup d'admirateurs.
stimma |'stimma| *s.m.* → **stigma.**
stimmate |'stimmate| *s.f. pl.* → **stigmate.**
stimmatizzàre |stimmatid'dzare| *v.tr.* → **stigmatizzare.**
stimolànte |stimo'lante| *agg.* **1** (*fig.*) stimulant: *un esempio stimolante* un exemple stimulant **2** (*med.*) stimulant ✦ (*s.m.*) *uno stimolante* un stimulant, un fortifiant: *il medico le ha prescritto degli stimolanti* le médecin lui a préscrit des stimulants, des fortifiants.
stimolàre |stimo'lare| *v.tr.* **1** (*ant., lett.*) [*mandare avanti le bestie pungendole con lo stimolo*] aiguillonner (*corr.*) ◇ (*per est.*) [*tormentare, pungere*] aiguillonner, piquer **2** (*fig.*) [*sollecitare, esortare*] pousser, stimuler, inciter (*lett.*): *lo stimola l'ambizione più che la necessità* il est plus poussé, stimulé par l'ambition que par le besoin; *per anni l'hanno stimolato a studiare* pendant des années on l'a incité, poussé à l'étude (à travailler) **3** [*risvegliare una reazione nell'organismo*] stimuler: *un aperitivo secco stimola l'appetito* un apéritif sec stimule l'appétit.
stimolatóre, trice |stimola'tore, tritʃe| *agg.* **1** [*che stimola*] stimulant **2** (*fig.*) [*che suscita, provoca*] provocateur*: *un giovane stimolatore di liti* un jeune provocateur (de querelles, de litiges) ✦ (*s.*) *uno stimolatore* un provocateur: *è uno stimolatore di liti* c'est un provocateur **3** (*med.*) stimulant ✦ (*s.m.*) *uno stimolatore* un stimulant # (*apparecchio*) *stimolatore* stimulateur cardiaque (*t. racc.*), pace maker.
stimolazióne |stimolat'tsjone| *s.f.* [→ STIMOLARE 2] stimulation.
stìmolo |'stimolo| *s.m.* **1** (*ant., lett.*) [*pungolo per i buoi*] aiguillon (*corr.*) **2** (*fig.*) [*incitamento, sollecitazione a comportarsi in un determinato modo*] impulsion *f.*, incitation (*f.*): *agì sotto lo stimolo della gelosia* il a agi sous l'impulsion de la jalousie # *ha sempre bisogno dello stimolo per continuare a studiare* il a toujours besoin d'être stimulé pour continuer à travailler **3** [*bisogno di soddisfare una necessità fisiologica*] aiguillon; tentation (*f.*): *sentiva lo stimolo della fame* il sentait l'aiguillon de la faim || *non seppe resistere allo stimolo dei sensi* il ne sut pas résister à la tentation **4** (*biol., psicol.*) stimulus.
stimulina |stimu'lina| *s.f.* (*chim.*) stimuline.
stincàta |stin'kata| *s.f.* coup *m.* de tibia # *ho preso una stincata nello spigolo del letto* je me suis cogné la jambe contre le coin du lit.
stincatùra |stinka'tura| *s.f.* **1** → **stincata** **2** [*segno lasciato da una stincata*] coup *m.* sur le tibia.
stìnco, chi |'stinko, ki| *s.m.* **1** (*fam.*) [*tibia*] tibia (*corr.*): *battere lo stinco contro uno spigolo* se cogner le tibia contre l'angle, le coin (de qqch.); *ricevere un calcio negli stinchi* recevoir un coup de pied dans les tibias ◇ (*loc. fig., pop.*) *allungare gli stinchi* [*morire*] partir les pieds devant (*pop.*) ~ *non essere uno stinco di santo* ne pas être un saint ~ *non rompermi gli stinchi* ne me casse pas les pieds **2** (*zool.*) canon.
stingere |'stindʒere| (119) **A** *v.tr.* [*scolorire, togliere la tinta*] déteindre (66); décolorer: *il sole ha stinto la tenda* le soleil a déteint la tente || *la pioggia ha stinto la balconata* la pluie a décoloré le balcon **B** *v.pron. intr.* STINGERSI **1** [*perdere il colore*] déteindre *intr.*, se décolorer: *l'abito si è tutto stinto* la robe a complètement déteint, s'est toute décolorée **2** (*poet.*) [*affievolirsi*] s'affaiblir (*corr.*) **C** **tingere.**
stinto |'stinto| *agg.* [*sbiadito, privo di colore*] déteint *p.p.*, décoloré: *indossa una camicetta mezza stinta* elle porte un chemisier à moitié déteint.
stipa |'stipa| *s.f.* **1** [*insieme di rametti secchi, di sterpi*] brindilles *pl.*, petit bois (*m.*): *bruciare la stipa* brûler les brindilles, le petit bois **2** (*t.bot.*) alfa *m.* **3** [*cose ammucchiate*] tas *m.*
1 **stipàre** |sti'pare| **A** *v.tr.* **1** [*ammas-*

sare cose e persone in poco spazio] entasser **2** (*lett.*) [*addensare, condensare*] condenser (*corr.*) **B** *v.pron. intr.* STIPARSI [*pigiarsi, accalcarsi*] s'entasser: *ci stipammo tutti sui sedili posteriori della macchina* nous nous sommes tous entassés sur le siège arrière de la voiture.

2 **stipàre** |sti'pare| *v.tr.* (*agr.*) [*liberare dalle stipe* (1)] débroussailler.

stipàto |sti'pato| *agg.* **1** [*stretto, ammassato*] (en)tassé *p.p.* **2** [*affollato*] bondé.

stipatùra |stipa'tura| *s.f.* (*agr.*) débroussaillement *m.*

stipendiàre |stipen'djare| *v.tr.* **1** [*assumere a servizio*] engager (2) **2** [*corrispondere uno stipendio*] payer, rétribuer.

stipendiàto |stipen'djato| *agg.* [*pagato, retribuito*] rétribué *p.p.*; salarié: *personale stipendiato dallo Stato* personnel rétribué par l'État || *consulenti, collaboratori stipendiati* experts, collaborateurs salariés ♦ (*s.*) *uno stipendiato* un salarié: *la categoria degli stipendiati* la catégorie des salariés.

stìpèndio, i |sti'pɛndjo, i| *s.m.* [*retribuzione per lo più mensile e costante di un'attività manuale*] salaire; (*dell'operaio*) paie *f.*, paye *f.*; (*dell'impiegato*) appointements *pl.*; (*del dipendente statale*) traitement; (*del militare*) solde *f.*; (*del domestico*) gages (*pl.*): *ricevere lo stipendio a fine mese* toucher sa paye, son traitement à la fin du mois; *è lo stipendio lordo, netto* c'est le traitement brut, net ◇ (*loc.*) *avere al proprio stipendio* [*alle proprie dipendenze*] avoir à ses frais ~ *essere agli stipendi di qc.* [*al servizio di qc.*] être aux gages de qqn.

stipettàio, i |stipet'tajo, i| *s.* [*artigiano specializzato nella fabbricazione di stipi*] ébéniste *m.*

stipétto |sti'petto| *s.m.* → **comodino.**

stipitàto |stipi'tato| *agg.* (*bot.*) stipité.

stìpite |'stipite| *s.m.* **1** (*bot.*) stipe **2** (*edil.*) huisserie *f.* **3** (*fig.*) [*ceppo dinastico*] souche *f.*

stìpo |'stipo| *s.m.* [*armadietto di legno pregiato artisticamente lavorato*] bonheur-du-jour: *degli stipi* des bonheurs-du-jour # *stipo a cassetti* chiffonnier.

stìpola |'stipola| *s.f.* (*bot.*) stipule.

stipolàre |stipo'lare| *agg.* (*bot.*) stipulaire.

stipolàto |stipo'lato| *agg.* (*bot.*) stipulé.

stìpsi |'stipsi| *s.f. inv.* (*med.*) constipation *var.*

stìpula |'stipula| *s.f.* → **stipulazione.**

stipulànte |stipu'lante| *agg.* e *s.* (*dir.*) stipulant.

stipulàre |stipu'lare| *v.tr.* [*redigere un accordo, definire un atto contrattuale*] contracter; conclure (46): *hanno stipulato un contratto d'affitto* ils ont contracté un bail || *stipulare un trattato di alleanza* conclure un traité d'alliance.

stipulazióne |stipulat'tsjone| *s.f.* (*dir.*) stipulation.

stiracalzóni |stirakal'tsoni| *s.m. inv.* presse-pantalon, valet *var.* de nuit.

stiracchiaménto |stirakkja'mento| *s.m.* **1** [→ STIRACCHIARE A 1; B] étirement, le fait de s'étirer: *dopo uno stiracchiamento si alzò* après s'être étiré il se leva **2** [→ STIRACCHIARE A 2] *è assurdo questo stiracchiamento di prezzi!* ce marchandage est absurde!

stiracchiàre |stirak'kjare| **A** *v.tr.* **1** [*tirare, cercando di distendere*] étirer: *stiracchiare le braccia, le gambe* étirer ses bras, ses jambes **2** (*fig.*) [*discutere su un prezzo, mercanteggiare*] marchander: *compera senza stiracchiare il prezzo* achète sans marchander ◇ (*loc.*) *stiracchiare la vita* [*vivere stentatamente*] tirer le diable par la queue (*fam.*) **3** [*cavillare sul significato di q.c.*] forcer (2): *non stiracchiare il suo ragionamento a tuo vantaggio!* ne force pas, ne cherche pas à tourner son raisonnement à ton avantage! **B** *v.pron. rifl.* STIRACCHIARSI [*stendere gli arti per sgranchirsi*] s'étirer: *non continuare a stiracchiarti in pubblico!* arrête de t'étirer en public!

stiracchiataménte |stirakkjata'mente| *avv.* [→ STIRACCHIATO] avec peine *loc. inv.*, avec difficulté (*loc. inv.*): *esprimersi stiracchiatamente* s'exprimer avec peine, avec difficulté.

stiracchiàto |stirak'kjato| *agg.* (*fig.*) [*stentato*; *forzato*] tiré par les cheveux; forcé: *discorso stiracchiato* discours tiré par les cheveux; *conclusione stiracchiata* conclusion tirée par les cheveux || *mi ha accolto con un sorriso stiracchiato* il m'a accueilli avec un sourire forcé.

stiracchiatùra |stirakkja'tura| *s.f.* **1** (*raro*) [→ STIRACCHIARE A 1] étirement *m.* (*corr.*) **2** (*fig.*) [*interpretazione, argomentazione forzata e poco convincente*] interprétation tirée par les cheveux: *nonostante qualche stiracchiatura nel discorso, è riuscito a convincermi* bien que son discours fût un peu tiré par les cheveux, il a réussi à me convaincre.

stiramàniche |stira'manike| *s.m. inv.* [*attrezzo usato per stirare le maniche senza comprimerle*] jeannette *f. var.*

stiraménto |stira'mento| *s.m.* **1** [→ STIRARE B] étirement # *smettila con questi continui stiramenti!* arrête de t'étirer continuellement! **2** (*tess.*) étirage: *lo stiramento delle fibre* l'étirage des fibres **3** (*med.*) élongation *f.*, claquage: *stiramento muscolare* élongation musculaire.

stiràre |sti'rare| **A** *v.tr.* **1** [*distendere tirando*] étirer: *stirare la tovaglia con le mani* étirer la nappe avec ses mains **2** [*spianare, togliere le pieghe con il ferro caldo*] repasser: *stirare una camicia, la biancheria* repasser une chemise, le linge ♦ (*ass.*) *ho un sacco di panni da stirare* j'ai un tas de linge à repasser **3** (*tess.*) étirer **4** [*prodursi uno stiramento* (3)] se claquer *pron.*, élonger (3) (un muscle) **B** *v.pron. rifl.* STIRARSI (*fam.*) [*distendere le membra*] s'étirer (*corr.*): *smettila di stirarti!* arrête de t'étirer!

stiràta |sti'rata| *s.f.* [→ STIRARE A 2] coup *m.* de fer: *dammi una stirata al vestito, per favore!* donne un coup de fer à ma robe, s'il te plaît!

stiratóio, i |stira'tojo, i| *s.m.* **1** (*tess.*) étireuse *f.*, banc d'étirage **2** [*panno di lana sul quale si stira*] pattemouille *f.* **3** table *f.* à dessin.

stiratóre, trice, (*pop.*) **tora** |stira'tore, tritʃe, tora| *s.* [*operaio addetto alla stiratura* (*tessile*)] étireur* ◇ [*donna che stira abiti e sim.*] repasseuse *f.*

stiratrice |stira'tritʃe| *s.f.* (*tecnol.*) étireuse, banc *m.* d'étirage.

stiratùra |stira'tura| *s.f.* **1** [→ STIRARE A 2] repassage *m.* **2** [*prezzo che si paga per far stirare*] repassage: *ho speso parecchio di stiratura* j'ai eu une belle note de repassage **3** (*med.*) élongation, claquage *m.*

stirène |sti'rɛne| *s.m.* (*chim.*) styrène, styrolène.

stireria |stire'ria| *s.f.* [*bottega, laboratorio in cui si stira la biancheria*] pressing *m.*, teinturerie.

stiriàno |sti'rjano| *agg.* [*della Stiria*] styrien*: *territorio stiriano* territoire styrien.

stirizzire |stirid'dzire| (197) *v.tr.* [*togliere l'intirizzimento a*] dégourdir © **intirizzire.**

stiro |'stiro| *s.m.* [→ STIRARE A 2] repassage ◇ *loc.* DA STIRO [*per stirare*] *ferro da stiro* fer à repasser; *pressa da stiro* repasseuse *s.f.*

stiròlo |sti'rɔlo| *s.m.* (*chim.*) styrolène, styrène.

stìrpe |'stirpe| *s.f.* **1** [*origine, discendenza*] sang *m.*, origine: *appartenere a una stirpe reale* appartenir à une famille de sang royal; *essere di nobile stirpe* être d'origine noble # *popolo di stirpe antica* peuple dont l'histoire est très ancienne **2** [*insieme degli individui discendenti da uno stesso capostipite*] descendance, lignée: *la stirpe di Enea* la descendance d'Énée; *la stirpe umana* la descendance humaine ◇ (*loc.*) *la stirpe di Adamo* [*il genere umano*] les descendants *m. pl.* d'Adam.

stiticàggine |stiti'kaddʒine|, **sticheria** |stitike'ria| *s.f.* (*fam.*) [*avarizia, spilorceria*] avarice (*corr.*).

stitichézza |stiti'kettsa| *s.f.* **1** [*difficoltà di espulsione delle feci*] constipation # *soffrire di stitichezza* être constipé **2** (*fig.*) [*parsimonia nel dare o nel produrre*] avarice; stérilité: *non spende una lira*: *è di una stitichezza spaventosa* il ne dépense pas un sou: il est d'une avarice sordide || *la stitichezza di uno scrittore, di un artista* la stérilité d'un écrivain, d'un artiste.

stìtico, ci, ca, che |'stitiko, tʃi, ka, ke| *agg.* **1** [*affetto da stitichezza*] constipé *p.p.* ♦ (*s.*) *uno stitico* une personne *f.* constipée *p.p.* **2** (*fig.*) [*restio nel produrre e nel dare*] stérile; avare, radin: *scrittore un po' stitico* écrivain un peu stérile || *padrone stitico nel concedere aumenti* patron avare, radin en matière d'augmentation.

1 **stìva** |'stiva| *s.f.* **1** (*aer.*) soute **2** (*mar.*) cale, soute.

2 **stìva** |'stiva| *s.f.* (*lett.*) [*manico dell'aratro*] mancheron *m.* (*corr.*).

stivàggio, i |sti'vaddʒo, i| *s.m.* **1** [→ STIVARE 1] arrimage **2** [*il carico, la merce messa nella stiva*] arrimage.

stivalàio, i |stiva'lajo, i| *s.* [*fabbricante o rivenditore di stivali*] bottier *m.*

stivalàta |stiva'lata| *s.f.* coup *m.* de botte.

stivalàto |stiva'lato| *agg.* [*calzato con stivali*] botté *p.p.*

stivàle |sti'vale| *s.m.* **1** [*calzatura che arriva fino al ginocchio, a mezza coscia, all'inguine*] botte (*f.*): *stivali da caccia, da pesca* bottes de chasse, de pêche; *stivali da equitazione* bottes de cheval, d'équitation; *calzare, mettere gli stivali* mettre ses bottes, se botter; *sfilarsi, togliersi gli stivali* ôter ses bottes, se débotter ◇ *loc. fam.* DEI MIEI STIVALI [*da nulla, di nessun valore*] à la noix: *dottore dei miei stivali* docteur à la noix; *caro avvocato dei miei stivali, la smetta di scocciarmi!* cher avocat à la noix, arrêtez de me casser les pieds! ~ *rompere gli stivali a qc.* [*seccarlo, dargli fastidio*] casser les pieds à qqn. ~ *lustrare gli stivali a qc.* [*adularlo*] cirer, lécher les bottes à qqn. **2** [*boccale da birra a forma di stivale*] bock: *ha tracannato tre stivali di birra* il a avalé trois bocks d'un trait **3** (*fig.*) *lo Stivale* [*l'Italia*] l'Italie, la Botte.

stivalerìa |stivale'ria| *s.f.* fabrique de bottes.

stivalétto |stiva'letto| *s.m.* [*scarpa che arriva fino al collo del piede*] bottine *f.*

stivalóne |stiva'lone| *s.m.* [*stivale che giunge fino alla coscia*] cuissardes (*f. pl.*): *stivaloni da pescatore* cuissardes de pêcheur.

stivaménto |stiva'mento| *s.m.* → **stivatura.**

stivàre |sti'vare| *v.tr.* **1** [*caricare la merce nella stiva*] arrimer **2** (*raro*) [*ammucchiare cose e persone in uno spazio limitato*] entasser (*corr.*).

stivatóre, trice |stiva'tore, tri'tʃe| *s.* (*mar.*) arrimeur *m.*

stivatùra |stiva'tura| *s.f.* [→ STIVARE 1] arrimage *m.*

stìzza |'stittsa| *s.f.* [*rabbia improvvisa e di breve durata causata da impazienza e contrarietà*] dépit (*m.*): *un incomprensibile atto di stizza* un incompréhensible geste de dépit # *mi fa stizza ascoltare certi discorsi!* cela m'énerve, me tape sur les nerfs d'entendre certains propos!; *provare stizza* s'irriter, se fâcher.

stizzire |stit'tsire| (197) **A** *v.tr.* [*irritare, provare stizza*] agacer (2), irriter: *ogni volta che vedo questo disordine, mi stizzisco* toutes les fois que je vois ce désordre, cela m'agace, cela m'énerve; *le sue parole l'hanno stizzita* ses paroles l'ont irritée, l'ont agacée **B** *v.intr.* (*aus.* 'essere') [*andare in collera*] s'emporter *pron.* **C** *v.pron. intr.* STIZZIRSI [*lasciarsi prendere dalla stizza*] s'emporter, se fâcher: *si stizzisce per niente!* il s'emporte, se fâche pour rien!

stizzito |stit'tsito| *agg.* [*preso dalla stizza*] irrité, énervé: *non ho mai visto una persona tanto stizzita* je n'ai jamais vu une personne aussi irritée, aussi énervée.

stìzzo |'stittso| *s.m.* (*raro*) → **tizzone.**

stizzosaménte |stittsosa'mente| *avv.* [→ STIZZOSO 2] avec dépit *loc. inv.*; rageusement, avec colère (*loc. inv.*): *mi rispose stizzosamente di lasciarlo in pace* il me répondit, avec dépit, qu'il fallait le laisser tranquille ‖ *mi strappò stizzosamente il foglio dalle mani* il m'arracha rageusement la feuille des mains.

stizzóso |stit'tsoso| *agg.* **1** [*che si stizzisce facilmente*] irritable **2** [*pieno di stizza*] rageur*: *mi ha risposto con frasi stizzose, con tono stizzoso* il m'a répondu avec des phrases rageuses, d'un ton rageur **3** (*fig., fam.*) [*insistente, noioso*] assommant.

'sto, 'sti |sto, sti| *agg. dim.* (*pop.*) (*aferesi di* 'questo') *guarda 'sto stupido come ride!* regarde cet imbécile comme il rit!; *mi hanno svegliato 'sti imbecilli!* ils m'ont réveillé, ces imbéciles.

stocàstico, ci, ca, che |sto'kastiko, tʃi, ka, ke| *agg.* (*mat.*) stochastique ◇ (*per est., fig.*) [*dovuto al caso, aleatorio*] stochastique.

stoccafìsso |stokka'fisso| *s.m.* **1** [*merluzzo non salato seccato all'aria*] merluche *f.*, stockfisch: *cucinare lo stoccafisso in umido* cuisiner la merluche, le stockfisch en sauce **2** (*fig.*) [*persona magra e secca*] échalas.

stoccàggio, i |stok'kaddʒo, i| *s.m.* (*comm.*) stockage.

stoccàta |stok'kata| *s.f.* **1** [*colpo dato con lo stocco* (1)] estocade **2** (*calcio*) shoot *m.*, canon *m.* **3** (*scherma*) coup *m.* d'épée **4** (*fig.*) [*battuta pungente, allusione*] pointe; raillerie: *quando parla non risparmia le sue stoccate* quand il parle il n'épargne pas ses pointes; dans la conversation, il a la dent dure ‖ *accusai la stoccata e non risposi* j'encaissai la raillerie et je ne répondis pas **5** (*fig.*) [*richiesta improvvisa di denaro*] coup de barre, de fusil: *a Natale i negozianti danno certe stoccate!* à Noël les marchands donnent de ces coups de barre, de fusil!

stoccatóre, trice |stokka'tore, tritʃe| *s.* **1** *s.m.* (*calcio*) buteur **2** *s.* [*chi è abile nel chiedere denaro ad altri*] tapeur*.

1 **stòcco, chi** |'stɔkko, ki| *s.m.* **1** [*arma bianca molto appuntita*] estoc **2** [*mazza che ha l'anima di stocco*] *bastone da stocco* canne à épée, canne-épée *f.*

2 **stòcco, chi** |'stɔkko, ki| *s.m.* (*bot.*) quenouille *f.*

stock |stɔk| *s.m. inv.* (*ingl.*) stock (*var.*): *ho acquistato uno stock di magliette* j'ai acheté un stock de tricots.

stòffa |'stɔffa| *s.f.* **1** [*tessuto*] étoffe, tissu (*m.*): *stoffa di lana, di cotone, di canapa* étoffe, tissu de laine, de coton, de chanvre; *negoziante di stoffe* marchand de drap (drapier), de tissus **2** (*fig.*) [*attitudine, disposizione naturale*] étoffe: *ha la stoffa del musicista, dell'attore* il a l'étoffe d'un musicien, d'un acteur ◇ (*loc.*) *avere della stoffa* avoir de l'étoffe.

stòia |'stɔja| *s.f.* → **stuoia.**

stoiàio, i |sto'jajo, i| *s.* [*artigiano che fabbrica stuoie*] nattier*.

stoiàre |sto'jare| *v.tr.* (*raro*) [*coprire con stuoie*] natter # *stoiare il corridoio* poser une natte dans le couloir.

stoiàto |sto'jato| *s.m.* (*raro, edil.*) claie *f.* (*corr.*).

stoicaménte |stoika'mente| *avv.* [→ STOICO 2] stoïquement.

stoicismo |stoi'tʃizmo| *s.m.* **1** (*filos.*) stoïcisme **2** (*fig.*) [*impassibilità di fronte al dolore e alle avversità*] stoïcisme.

stòico, ci, ca, che |'stɔiko, tʃi, ka, ke| *agg.* **1** (*filos.*) stoïcien*: *la morale stoica* la morale stoïcienne; *la filosofia stoica di Seneca* la philosophie stoïcienne de Sénèque ♦ *s.* [*seguace dello stoicismo*] stoïcien **2** [*impassibile di fronte al dolore e alle avversità*] stoïque ♦ (*s.*) *uno stoico* un stoïque # *comportarsi da stoico* se comporter stoïquement.

stoìno |sto'ino| *s.m.* [*piccola stuoia messa davanti all'uscio per pulirsi i piedi*] paillasson.

stokes |'stouks| *s.m. inv.* (*ingl.*) (*fis.*) stokes *var.*, poise *f. var.*

stòla |'stɔla| *s.f.* **1** (*liturg.*) étole **2** [*larga e lunga striscia di tessuto o di pelliccia*] étole **3** [*lunga veste delle matrone romane*] stola.

stolidaménte |stolida'mente| *avv.* [→ STOLIDO] sottement, stupidement.

stolidézza |stoli'dettsa| *s.f.* (*raro*) → **stolidità.**

stolidità |stolidi'ta| *s.f. inv.* [*l'essere stolido*] stupidité *var.*

stòlido |'stɔlido| *agg.* [*stolto, di scarsa intelligenza*] stupide # *non fai che dire parole stolide* tu ne fais que dire des stupidités, des bêtises ♦ (*s.*) *uno stolido* un sot* # *comportarsi da stolido* se comporter stupidement.

stóllo |'stollo| *s.m.* (*agr.*) perche *f.*, poteau ◇ (*per est.*) [*asta di legno verticale*] perche.

1 **stolóne** |sto'lone| *s.m.* (*biol., bot., zool.*) stolon.

2 **stolóne** |sto'lone| *s.m.* (*liturg.*) broderies *f. pl.* de la chape.

stolonìfero |stolo'nifero| *agg.* (*bot., zool.*) stolonifère.

stoltaménte |stolta'mente| *avv.* [→ STOLTO] stupidement.

stoltézza |stol'tettsa| *s.f.* **1** [*l'essere stolto*] stupidité **2** [*atto, parola da stolto*] sottise: *non fa che dire, fare stoltezze* il ne fait que dire, que faire des sottises, des bêtises.

stoltilòquio, i |stolti'lɔkwjo, i| *s.m.* (*lett.*) [*discorso stolto*] amphigouri.

stoltìzia |stol'tittsja| *s.f.* (*raro*) → **stoltezza.**

stólto |'stolto| *agg.* [*stupido, con poca intelligenza e poco cervello*] stupide ♦ (*s.*) *uno stolto* un sot*, un idiot, un imbécile # *ti sei comportato da stolto* tu as agi stupidement.

stòma |'stɔma| *s.m.* (*bot.*) stomate.

stomacàle |stoma'kale| *agg.* **1** stomacal*: *bevanda stomacale* boisson stomacale **2** → **stomachico.**

stomacàre |stoma'kare| **A** *v.tr.* **1** [*provocare nausea, far rivoltare lo stomaco*] écœurer, dégoûter: *questo cibo mi ha stomacato* cet aliment m'a écœuré **2** (*fig.*) [*disgustare, provare ripugnanza morale*] écœurer: *il suo atteggiamento arrogante mi stomaca* son attitude arrogante m'écœure **B** *v.pron. intr.* STOMACARSI **1** [→ *tr.* 1] se dégoûter: *mi sono stomacato di quel cibo* je me suis dégoûté de ce mets **2** (*fig.*) [→ *tr.* 2] être (43) *intr.* écœuré: *si è stomacato di tanta volgarità* il est écœuré de (par) tant de vulgarité.

stomachévole |stoma'kevole| *agg.* **1** [*nauseante*] dégoûtant, écœurant: *bevanda stomachevole* boisson dégoûtante, écœurante **2** (*fig.*) [*che provoca un senso di fastidio*] écœurant.

stomàchico, ci, ca, che |sto'makiko, tʃi, ka, ke| *agg.* (*farm.*) stomachique: *medicamento stomachico* médicament stomachique.

stòmaco, ci |'stɔmako, tʃi| *s.m.* **1** (*anat.*) estomac: *stomaco forte, debole* estomac solide (bon estomac), estomac faible; *stomaco pieno, vuoto* estomac plein, vide **2** (*loc. fam.*) *avere uno stomaco di ferro* avoir un estomac d'autruche ~ *dare di stomaco* [*vomitare*] vomir ~ *avere q.c. sullo stomaco* avoir qqch. sur l'estomac ~ *avere qc. sullo stomaco* avoir qqn. sur l'estomac, ne pas supporter qqn. ~ *sentirsi lo* *stomaco vuoto, avere un vuoto allo stomaco* avoir un creux dans l'estomac ~ *gli è rimasto sullo stomaco* ça lui est resté sur l'estomac ~ *avere lo stomaco in fondo ai piedi* avoir l'estomac dans les talons ~ *fare q.c. contro stomaco* [*contro voglia*] faire qqch. à contrecœur **3** (*fig., fam.*) [*coraggio, sfrontatezza*] courage: *hai avuto lo stomaco di sopportare certa gente?* tu as eu le courage de supporter ces gens-là?

stomacóso |stoma'koso| *agg.* → **stomachevole.**

1 **stomàtico, ci, ca, che** |sto'matiko, tʃi, ka, ke| *agg.* **1** stomatique # *pastiglia stomatica* pastille contre les stomatites **2** (*raro*) → **stomachico.**

2 **stomàtico, ci, ca, che** |sto'matiko, tʃi, ka, ke| *agg.* (*bot., med.*) *cellula stomatica* cellule stomatique.

stomatite |stoma'tite| *s.f.* (*med.*) stomatite.

stómat(o)- |'stomato| *pref.* (*significa 'bocca', corrisponde gener. a*) stomat(o): *stomatologia* stomatologie.

stomatologìa, gie |stomatolo'dʒia, dʒie| *s.f.* (*med.*) stomatologie.

stomatològico, ci, ca, che |stomato'lɔdʒiko, tʃi, ka, ke| *agg.* (*med.*) stomatologique.

stomatòlogo, gi |stoma'tɔlogo, dʒi| *s.m.* stomatologiste *s.*, stomatologue *s.*

stomatorrèa |stomator'rɛa| *s.f.* (*med.*) stomatorragie.

stomatorròico, ci, ca, che |stomator'rɔiko, tʃi, ka, ke| *agg.* (*med.*) stomatorragique.

stomatoscòpio, i |stomatos'kɔpjo, i| *s.m.* stomatoscope.

stomòsside |sto'mosside| *s.f.* (*t. zool.*) stomoxe *m.*

stonacàre |stona'kare| *v.tr.* (*edil.*) [*togliere l'intonaco*] (*di cemento*) décrépir; (*di gesso*) décrépir; déplâtrer.

stonàre |sto'nare| **A** *v.tr.* **1** (*mus.*) [*sbagliare tonalità cantando o suonando*] chanter faux; jouer faux: *quel cantante ha stonato il ritornello* ce chanteur a chanté faux le refrain ‖ *stonare un la al pianoforte* jouer un faux la sur le piano ✦ (*ass.*) *cantante che stona* chanteur qui chante faux ‖ *pianoforte che stona* piano qui joue faux ✦ *al p.p.* désaccordé: *chitarra stonata* guitare désaccordée **2** (*fig.*) [*turbare, sconcertare*] bouleverser: *quella notizia mi ha stonato* cette nouvelle m'a bouleversé → **frastornare** **B** *v.intr.* (*aus. 'avere'*) **1** [*contrastare, non armonizzare*] jurer: *quel mobile stona con il resto dell'arredamento* ce meuble jure avec le reste de l'ameublement ✦ *al p.p.* qui jure (*loc.*): *cravatta stonata* cravate qui jure **2** (*fig.*) [*essere fuori luogo, non adatto alla situazione*] déplacé: *la sua reazione irosa ha proprio stonato in quella circostanza* sa réaction de colère était absolument déplacée dans la circonstance.

stonàta |sto'nata| *s.f.* [→ STONARE A 1] fausse note.

stonàto |sto'nato| *agg.* **1** [*poco sincero, falso*] faux* **2** (*loc. fig.*) *nota stonata* [*particolare inopportuno*] fausse note: *hai messo nel discorso una nota stonata* il y a une fausse note dans ton discours **3** (*mus.*) faux: *cantare stonato* chanter faux Ⓒ 2; 3 **intonato.**

stonatùra |stona'tura| *s.f.* **1** [→ STONARE A 1] fausse note **2** [*cosa inopportuna*] fausse note # *il tuo intervento è stato una stonatura* ton intervention a été déplacée.

stop |'stɔp| (*ingl.*) **I** *s.m. inv.* **1** (*nella segnaletica stradale*) stop (*var.*): *non hai rispettato lo stop* tu n'as pas respecté le stop ◇ (*per est.*) [*il cartello che segnala tale obbligo*] *all'incrocio c'era lo stop* au croisement, il y avait un stop **2** [*intimazione verbale d'arresto*] stop # *il vigile gli intimò lo stop* l'agent (de police) lui intima de stopper **3** (*calcio*) amorti *var.* **4** (*mar.*) stop **5** (*pt*) stop **II** *inter.* [→ *s.m.* 2] stop: *mi gridò 'stop!', e io mi fermai* il me cria 'stop!' et, bien sûr, je m'arrêtai.

stóppa |'stoppa| *s.f.* [*sottoprodotto della pettinatura della canapa, del lino* (*usata per imbottiture o per calatafare imbarcazioni*)] étoupe: *stoppa nera* étoupe noire ◇ (*loc. fig.*) *avere i capelli di stoppa* avoir les cheveux comme de l'étoupe ~ *sentirsi le gambe di stoppa* [*essere debole*] avoir les jambes en coton ~ *essere un uomo di stoppa* [*privo di energie*] être une loque ~ *vale una stoppa* [*niente*] il ne vaut rien ~ *essere come un pulcino nella stoppa* [*essere impacciato, incapace di sbrigarsela da solo*] s'être noyé dans un verre d'eau.

stoppàccio, i |stop'pattʃo, i| *s.m.* **1** [*batuffolo di stoppa che si usava per stipare la carica nella canna di un'arma da fuoco*] bourre *f.* **2** (*pop.*) [*batuffolo di stoppa usato come tappo*] tampon d'étoupe ◇ (*per est.*) → **tappo, turacciolo.**

1 **stoppàre** |stop'pare| *v.tr.* (*region.*) [*otturare bene con la stoppa, con lo stoppaccio*] boucher, aveugler, étouper ◇ (*per est.*) [*turare bene*] *cerca di stoppare quella bottiglia* essaie de boucher cette bouteille; *bisogna stoppare la falla* il faut aveugler cette voie d'eau.

2 **stoppàre** |stop'pare| *v.tr.* (*calcio*) [*bloccare la palla* (*con i piedi, con il petto*); *effettuare una stoppata*] amortir, stopper.

stoppàta |stop'pata| *s.f.* → **stop I 3.**

stoppatóre |stoppa'tore| *s.m.* **1** → **stopper** **2** (*mar.*) calfat.

stopper |'stɔpə| *s.m. inv.* (*ingl.*) (*calcio*) stoppeur *var.*

stóppia |'stoppja| *s.f. spec. al plur.* [*rimasugli di steli e foglie di una coltura dopo la mietitura*] chaume *m. sing.*, éteule (*sing.*): *un campo di stoppie biancastre* un chaume jaunâtre.

stoppìno |stop'pino| *s.m.* **1** [*lucignolo nelle candele o nelle lampade a petrolio*] mèche *f.* **2** [*miccia per fuochi artificiali*] mèche.

stoppióne |stop'pjone| *s.m.* (*pop., t.bot.*) serratule *f.* (*corr.*).

stoppóso |stop'poso| *agg.* [*sim. alla stoppia*] *capelli stopposi* cheveux filasse; *carne stopposa* viande filandreuse; *limone stopposo* citron cotonneux.

storàce |sto'ratʃe| *s.m.* **1** (*t.bot.*) styrax **2** [*balsamo ricavato dallo storace*] styrax.

stòrcere |'stɔrtʃere| (189) **A** *v.tr.* **1** [*torcere con forza*] tordre (53): *gli ha storto il braccio* il lui a tordu le bras **2** [*deviare q.c. dalla linea naturale*] tordre: *ha storto un ferro* il a tordu un bout de fer # *storcere le labbra, la bocca* faire la grimace ◇ (*fig.*) [*dare un significato diverso*] fausser: *ha storto il senso delle sue parole* il a faussé le sens de ses paroles → **distorcere** **B** *v.pron.* STORCERSI **1** *rifl.* [*contorcersi, piegarsi su sé stessi*] se tordre: *si storceva per il gran male* il se tordait de douleur **2** *intr.* [*cambiare la naturale direzione*] se tordre.

storciménto |stortʃi'mento| *s.m.* [→ STORCERE A] torsion *f.*

stordiménto |stordi'mento| *s.m.* **1** [→ STORDIRE A 1, 2] étourdissement **2** [*stato di chi è stordito*] étourdissement.

stordire |stor'dire| (197) **A** *v.tr.* **1** [*frastornare tanto da far quasi perdere l'udito o la lucidità di mente*] étourdir; monter *intr.* à la tête: *l'ultimo bicchiere di vino mi ha completamente stordito* le dernier verre de vin m'est monté à la tête # *nel bar c'era un baccano che stordiva* dans le bar il y avait un vacarme étourdissant **2** [*perdere i sensi per un colpo ricevuto*] étourdir **3** (*fig.*) [*lasciare stupefatto*] bouleverser, stupéfaire (45): *la bellezza di quel paesaggio mi stordì* la beauté de ce paysage m'a bouleversé **B** *v.intr.* (*aus. 'essere'*) (*raro*) [*rimanere stupefatto*] être (43) (*aus.* avoir) étourdi: *stordisco di fronte a questo spettacolo* je suis étourdi par ce spectacle **C** *v.pron. rifl.* STORDIRSI [*distrarsi da tutto ciò che preoccupa, che rattrista*] se distraire (62): *cercava di stordirsi per non ricordare* il essayait de se distraire pour ne pas se souvenir → **distrar(si).**

storditàggine |stordi'taddʒine| *s.f.* **1** [*l'essere stordito*] étourderie: *la tua storditaggine ha procurato diversi guai* ton étourderie a causé divers ennuis **2** [*azione compiuta per sbadataggine*] étourderie: *è stata proprio una storditaggine* ce fut vraiment une étourderie.

storditaménte |stordita'mente| *avv.* [→ STORDITO] étourdiment.

storditézza |stordi'tettsa| *s.f.* → **storditaggine 1.**

stordito |stor'dito| *agg.* [*sconsiderato, balordo*] étourdi ✦ (*s.*) *uno stordito* un étourdi: *è proprio uno stordito* c'est vraiment un étourdi.

stòria |'stɔrja| *s.f.* **1** histoire: *storia antica, moderna, contemporanea* histoire ancienne, moderne, contemporaine; *storia greca, romana* histoire grecque, romaine ◇ (*fam.*) *non ho portato a scuola storia* je n'ai pas apporté à l'école mon livre d'histoire; *passerà alla storia* il passera à l'histoire **2** [*storiografia, studio o saggio di argomento storico*] histoire: *la storia del fascismo* l'histoire du fascisme **3** [*racconto, favola*] histoire: *una storia d'amore e di guerra* un roman, une histoire de cape et d'épée **4** [*serie di avvenimenti, episodi, vicende personali vissute e narrate*] histoire: *la sua è una storia triste* son histoire est très triste **5** (*fig., fam.*) [*faccenda, questione*] histoire: *è sempre la solita storia* c'est toujours la même histoire, la même chanson **6** [*fandonia, bugia*] boniment *m.*, histoire: *non venirmi a raccontare storie!* ne viens pas me raconter des boniments!; *tutte storie!* ce ne sont que des boniments!; *raccontava una storia dopo l'altra* il racontait un tas d'histoires **7** [*scusa, pretesto*] histoire: *fai come ti dico, senza tante storie!* fais ce que je te dis, sans faire tant d'histoires! # *non fare tante storie!* allons, pas tant de boniments!

8 *spec. al plur.* [*smorfia*] histoires: *quante storie!* ne fais donc pas tant d'histoires!
storicaménte |storika'mente| *avv.* [*dal punto di vista storico*] historiquement.
storicìsmo |stori'tʃizmo| *s.m.* (*filos.*) historisme, historicisme.
storicìsta |stori'tʃista| *s.* [*seguace dello storicismo*] historien*.
storicìstico, ci, ca, che |stori'tʃistiko, tʃi, ka, ke| *agg.* [*dello storicismo*] qui relève de l'historisme *loc.*
storicità |storitʃi'ta| *s.f. inv.* historicité *var.*
storicizzàre |storitʃid'dzare| *v.tr.* [*interpretare un fatto, un avvenimento inserendolo in un processo storico*] interpréter (8) historiquement.
1 **stòrico, ci, ca, che** |'stɔriko, tʃi, ka, ke| *agg.* **1** [*della storia*] historique: *opera storica* œuvre historique **2** [*accaduto realmente*] historique: *fatto storico* fait historique **3** [*degno di essere ricordato*] historique: *questa è una giornata storica* cette journée est une journée historique **4** (*dir.*) historique: *prova storica* preuve historique.
2 **stòrico, ci** |'stɔriko, tʃi| *s.m.* **1** [*scrittore di st.*] historien* (*s.*): *Tacito è un famoso storico* Tacite est un historien célèbre **2** (*mus.*) récitant *s.*
storico-critico, ci, ca, che |storiko'kritiko, tʃi, ka, ke| *agg.* historico-critique.
storièlla |sto'rjɛlla| *s.f.* **1** → storia 3, 5, 7 **2** [*fandonia, bugia*] histoire: *questa storiella la vai a raccontare a un altro!* va dire ça à d'autres (que moi)!
storiografìa |storjogra'fia| *s.f.* historiographie.
storiogràfico, ci, ca, che |storjo'grafiko, tʃi, ka, ke| *agg.* historiographique.
storiògrafo |sto'rjɔgrafo| *s.m.* historiographe.
storióne |sto'rjone| *s.m.* (*t.zool.*) esturgeon.
stormìre |stor'mire| (197) *v.intr.* (*aus. 'avere'*) [*provocare un leggero fruscio*] bruire*: *le foglie stormiscono al vento* les feuilles bruissent au (dans le) vent ♦ (*s.m. inv.*) *lo stormire* le bruissement (*var.*): *ascoltavo di notte lo stormire delle fronde* la nuit, j'écoutais le bruissement du feuillage.
stórmo |'stormo| *s.m.* **1** [*moltitudine di uccelli*] volée *f.*, vol: *uno stormo di gabbiani si levò in volo* une volée, un vol de mouettes s'éleva dans le ciel **2** (*raro*) [*moltitudine di persone*] bande *f.* (*corr.*), nuée *f.* (*corr.*): *uno stormo di bambini si precipitò nel cortile* une bande, une nuée d'enfants se précipita dans la cour **3** (*aer.*) groupe **4** (*loc.*) *suonare le campane a stormo*: (*in segno di pericolo*) sonner le tocsin; (*a festa*) carillonner.
stornàre |stor'nare| *v.tr.* **1** (*fig.*) [*indirizzare da un'altra parte, allontanare*] écarter, éloigner: *sono riusciti a stornare il pericolo dell'alluvione* le danger d'inondation a pu être écarté **2** [*dissuadere*] dissuader **3** (*fin.*) [*trasferire un importo da uno stanziamento all'altro*] virer: *stornare una somma da un fondo* virer une somme **4** (*contabilità*) [*annullare*] annuler: *stornare un versamento* annuler un versement ◇ (*loc.*) *stornare un credito* [*estinguerlo*] virer un crédit, ristourner un crédit ~ *stornare un contratto* [*romperlo*] casser, ristourner un contrat.
stornellàre |stornel'lare| *v.tr.* [*cantare, comporre stornelli*] chanter, composer des ritournelles.
stornellàta |stornel'lata| *s.f.* **1** [→ STORNELLARE] improvisation de couplets populaires **2** [*insieme di stornelli*] chanson populaire.
stornellatóre, trice |stornella'tore, tritʃe| *s.* [*chi canta o compone stornelli*] chanteur*, improvisateur* de chants, de chansons populaires, de ritournelles: *è un buon stornellatore* c'est un bon chanteur de chants populaires, de ritournelles.
1 **stornèllo** |stor'nɛllo| *s.m.* (*letter.*) refrains *pl.*, chanson *f.* populaire: *gli stornelli toscani, romani* les refrains, les chansons populaires de Toscane, du Latium; *improvvisare stornelli d'amore* improviser des chansons d'amour.
2 **stornèllo** |stor'nɛllo| *s.m.* → 1 **storno.**
1 **stórno** |'storno| *s.m.* (*t.zool.*) étourneau, sansonnet.
2 **stórno** |'storno| *agg.* [*mantello (equino) grigio macchiato di bianco*] pie (*inv.*): *un puledro storno* un poulain pie.
3 **stórno** |'storno| *s.m.* (*contabilità, fin.*) ristourne *f.*; contre-passation (*f.*): *storno di una polizza* ristourne d'une police d'assurance ‖ *scrittura di storno* écriture de contre-passation.
storpiaménto |storpja'mento| *s.m.* [→ STORPIARE] déformation *f.*
storpiàre |stor'pjare| **A** *v.tr.* **1** [*rendere storpio, deforme*] estropier: *quella caduta lo storpiò* cette chute l'estropia ♦ *al p.p.* estropié **2** (*fig.*) [*deformare, realizzare in modo errato*] estropier **B** *v.pron. intr.* STORPIARSI [*diventare storpio*] s'estropier: *si è storpiato cadendo dalla scala* il s'est estropié en tombant dans l'escalier.
storpiatùra |storpja'tura| *s.f.* [→ STORPIARE] déformation.
stòrpio, i |'stɔrpjo, i| *agg.* [*deforme nelle braccia o nelle gambe*] estropié ♦ (*s.*) *uno storpio* un estropié ◇ (*loc. fig.*) *raddrizzare le gambe agli storpi* [*pretendere l'impossibile*] vouloir prendre la lune avec les dents.
1 **stòrta** |'stɔrta| *s.f.* **1** [→ STORCERE] torsion **2** (*fam.*) [*distorsione*] entorse (*corr.*): *sono caduto e ho preso una brutta storta* je suis tombé et je me suis donné une vilaine entorse.
2 **stòrta** |'stɔrta| *s.f.* **1** (*chim.*) cornue **2** [*pappagallo per orinare*] urinal* *m.*, pistolet *m.*
stortézza |stor'tettsa| *s.f.* l'être *m. sing.* tordu.
stòrto |'stɔrto| *agg.* **1** [*non diritto*] tordu: *gambe storte* jambes tordues **2** [*messo in posizione non giusta, di traverso*] de travers (*loc. inv.*): *hai il cappello storto* ton chapeau est de travers **3** (*fig.*) [*sbagliato*] faux*: *hai fatto un ragionamento storto* tu as fait un faux raisonnement ♦ *avv.* [*di traverso*] de travers (*loc. inv.*): *camminare storto* marcher de travers; (*fig.*) *guardare storto* [*male*] regarder de travers.
stortùra |stor'tura| *s.f.* **1** [→ STORCERE A 2] tortuosité **2** (*fig.*) [*comportamento sbagliato*] déformation.
stovaina |stova'ina| *s.f.* (*farm.*) stovaïne.
stovigliàio, i |stoviʎ'ʎajo, i| *s.m.* (*raro*) [*chi fabbrica e vende stoviglie*] potier (*corr.*).
stoviglie |sto'viʎʎe| *s.f. pl.* [*insieme di piatti e vasellame usati per la cuc.*] vaisselle (*sing.*): *lavare, asciugare le stoviglie* faire la vaisselle.
stoviglierìa |stoviʎʎe'ria| *s.f.* [*fabbrica, assortimento di stoviglie*] poterie.
stozzàre |stot'tsare| *v.tr.* (*tecnol.*) **1** [*dare convessità con lo stozzo*] emboutir: *stozzare un piatto di rame* emboutir une assiette de cuivre **2** [*eseguire scanalature con la stozzatrice*] rainer, mortaiser: *stozzare un metallo* rainer, mortaiser un métal.
stozzatóre |stottsa'tore| *s.m.* [*chi stozza* (1)] emboutisseur.
stozzatrice |stottsa'tritʃe| *s.f.* (*tecnol.*) mortaiseuse, machine à rainer.
stozzatùra |stottsa'tura| *s.f.* [→ STOZZARE 2] mortaisage *m.*
stòzzo |'stɔttso| *s.m.* (*tecnol.*) emboutissoir, emboutisseuse *f.*
strabène |stra'bɛne| *avv.* (*raro*) on ne peut mieux (*loc.*): *ha lavorato strabene* il a travaillé on ne pouvait mieux.
strabenedire |strabene'dire| (132) *v.tr.* (*pop.*) [*benedire di tutto cuore*] bénir (*corr.*) de tout cœur: *ti strabenedico per tutto quello che hai fatto* je te bénis de tout cœur pour ce que tu as fait ◇ (*antifrastico, scherz.*) [*maledire*] maudire (49) (*corr.*) # *che Dio ti strabenedica!* que le diable t'emporte!
strabére |stra'bere| *v.intr.* (120) (*aus. 'avere'*) → **sbevazzare.**
stràbico, ci, ca, che |'strabiko, tʃi, ka, ke| *agg.* affecté de strabisme, strabique: *ha uno sguardo strabico* son regard est affecté de strabisme; *ha gli occhi strabici* il est strabique, il louche ♦ (*s.*) *uno strabico* un strabique, un lucheur*, un luchon *m.* (*fam.*), un sujet *m.* affecté de strabisme.
strabiliànte |strabi'ljante| *agg.* **1** [*da lasciare attoniti*] stupéfiant **2** [*meraviglioso, stupendo*] extraordinaire, merveilleux*.
strabiliàre |strabi'ljare| **A** *v.intr.* (*aus. 'avere'*) [*destare molta meraviglia*] être (43) stupéfait # *è un avvenimento da strabiliare* c'est un événement stupéfiant **B** *v.tr.* [*sbalordire, stupire*] stupéfier.
strabiliàto |strabi'ljato| *agg.* [*meravigliato, sbalordito*] émerveillé; stupéfait: *rimase strabiliato davanti a quello spettacolo* il contempla, émerveillé, ce spectacle.
strabìsmo |stra'bizmo| *s.m.* (*med.*) strabisme: *essere affetto da strabismo* être affecté de strabisme.
straboccàre |strabok'kare| *v.intr.* (*aus. 'avere'*) → **traboccare.**
strabocchévole |strabok'kevole| *agg.* [*eccessivo; innumerevole*] immense, excessif*; énorme # *hai portato una quantità strabocchevole di roba* tu as apporté une foule de choses inutiles; *per la strada c'era una folla strabocchevole* les rues étaient noires de monde.
strabuzzaménto |strabuddza'mento| *s.m.* [→ STRABUZZARE] écarquillement.
strabuzzàre |strabud'dzare| *v.tr.* [*stralunare, volgere indietro*] rouler, écarquiller: *strabuzzare gli occhi* rouler, écarquiller les yeux.
stracannàggio, i |strakan'naddʒo, i| *s.m.* (*tess.*) rebobinage, envidage.

stracannàre |strakan'nare| *v.tr.* (*tess.*) [*avvolgere il filato su un altro rocchetto*] rebobiner, envider.
stracannatùra |strakanna'tura| *s.f.* → **stracannaggio.**
stracàrico, chi, ca, che |stra'kariko, ki, ka, ke| *agg.* [*molto carico*] surchargé: *l'autobus è stracarico di gente* l'autobus est surchargé (de monde); *sono stracarico di lavoro* je suis surchargé de travail.
stracàro |stra'karo| *agg.* (*fam.*) [*molto caro*] *hors de prix (*loc. corr.*): *in quel negozio, tutto è stracaro* dans ce magasin, tout y est hors de prix.
stràcca, che |'strakka, ke| *s.f.* [*stanchezza eccessiva, spossatezza*] lassitude, épuisement *m.* ◇ (*loc.*) *pigliare una stracca* [*stancarsi moltissimo*] s'épuiser *v. pron.*
straccàggine |strak'kaddʒine| *s.f.* → **stracca.**
straccàle |strak'kale| *s.m.* **1** [*finimento per animali da soma*] avaloire *f.* ◇ (*loc. fig.*) *portare lo straccale* [*essere un asino*] porter le bonnet d'âne **2** *al plur.* (*ant.*) [*bretelle*] bretelles *f.* (*corr.*) **3** (*region.*) [*cencio*] chiffons *pl.*, guenilles *f. pl.* ◇ (*fig.*) chose *f.* inutile.
straccaménte |strakka'mente| *avv.* [→ STRACCO 1] lassement.
straccàre |strak'kare| *v.tr. e pron. intr.* → **spossare.**
stracceria |strattʃe'ria| *s.f.* [*insieme di stracci, di vecchi abiti*] friperie.
stracchézza |strak'kettsa| *s.f.* [*estrema stanchezza*] épuisement *m.*
stracchino |strak'kino| *s.m.* [*varietà di formaggio lombardo, non fermentato, di forma quadrata*] ⊠.
stracciàio, i |strat'tʃajo, i|, **stracciaiòlo** |strattʃa'jɔlo| *s.m.* → **straccivendolo.**
stracciaménto |strattʃa'mento| *s.m.* [→ STRACCIARE A 1] déchirement.
stracciàre |strat'tʃare| **A** *v.tr.* **1** [*fare a pezzi lacerando*] déchirer: *stracciare la camicia* déchirer sa chemise **2** (*tess.*) [*togliere con il pettine la seta dai bozzoli*] carder **3** (*fig., pop.*) [*vincere una competizione con grande superiorità*] écraser: *ha stracciato tutti gli avversari* il a écrasé tous ses adversaires **B** *v.pron. intr.* STRACCIARSI [*lacerarsi*] se déchirer: *il foglio si è stracciato* la feuille s'est déchirée.
stracciatèlla |strattʃa'tɛlla| *s.f.* [*minestra preparata mettendo in brodo bollente uova sbattute, parmigiano e semolino*] ⊠.
stracciàto |strat'tʃato| *agg.* [*strappato, lacerato*] déchiré ◇ (*loc.*) *essere tutto stracciato* [*con gli abiti a brandelli*] être tout dépenaillé.
stracciatùra |strattʃa'tura| *s.f.* **1** [→ STRACCIARE A 1] déchirement *m.* **2** [*lacerazione*] déchirure # *nei tuoi pantaloni c'è una stracciatura da cima a fondo* ton pantalon est déchiré de haut en bas **3** (*tess.*) cardage *m.*
1 **stràccio, i** |'strattʃo, i| *s.m.* **1** [*pezzo, brandello di stoffa; cencio*] loque (*f.*): *questo vestito è diventato uno straccio* cette robe n'est plus qu'une loque # *straccio per i pavimenti* serpillière ◇ (*loc.*) *sentirsi uno straccio* [*spossato, senza forze*] être une loque ~ *ridursi uno straccio* n'être plus qu'une loque **2** (*fam.*) [*persona o cosa di poco conto*] gringalet: *non ha trovato neppure uno straccio di marito* elle n'a même pas été capable de dénicher un gringalet de mari # *non ho uno straccio di vestito da mettermi addosso* je n'ai plus rien à me mettre sur le dos **3** *spec. al plur.* (*fam.*) [*indumenti personali*] nippes *f.* ◇ (*loc.*) *ha preso i suoi stracci e se ne è andata* elle a pris ses cliques et ses claques ◇ (*loc.*) *è vestita di stracci* elle est habillée de *haillons **4** (*tess.*) chiffon **5** (*raro*) [*strappo*] déchirure *f.* (*corr.*).
2 **stràccio, ci, cia, ce** |'strattʃo, tʃi, tʃa, tʃe| *agg.* bon* à faire des chiffons ◇ (*loc.*) *carta straccia* [*da macero*] vieux papiers ~ *roba straccia* [*senza alcun valore*] vieux chiffons.
straccióne |strat'tʃone| *s.* [*persona che indossa per miseria vesti stracciate; pezzente*] miséreux*, va-nu-pieds *inv.*
straccivéndolo |strattʃi'vendolo| *s.* [*compratore e venditore di stracci*] chiffonnier*.
stràcco, chi, ca, che |'strakko, ki, ka, ke| *agg.* **1** [*molto stanco*] epuisé: *sentirsi stracchi* être épuisés, éreintés # *andatura stracca* démarche fatiguée ◇ (*loc.*) *pagina stracca* [*senza niente di interessante*] une page terne ~ *alla stracca* [*senza alcuna voglia*] sans enthousiasme, sans entrain **2** (*fig.*) [*ormai esaurito; troppo sfruttato*] épuisé: *terreno stracco* terrain épuisé # *sentimento stracco* sentiment qui se traîne.
stracittadino |stratʃitta'dino| *agg.* ultratypique de la, d'une ville # *una sfida stracittadina* un défi entre deux quartiers (deux équipes) de la même ville.
stracollàre |strakol'lare| *v.tr.* (*fam.*) → **slogare.**
stracollatùra |strakolla'tura| *s.f.* (*fam.*) → **slogatura.**
1 **stracòtto** |stra'kɔtto| *agg.* **1** trop cuit: *riso stracotto* riz trop cuit; *pasta stracotta* pâtes trop cuites **2** (*fam.*) [*molto innamorato*] amoureux* fou*: *è stracotta* elle est amoureuse folle.
2 **stracòtto** |stra'kɔtto| *s.m.* bœuf à l'étouffée, e(s)touffade *f.*, bœuf braisé.
stracuòcere |stra'kwɔtʃere| (129) *v.tr.* [*cuocere per molto tempo*] trop cuire (75): *fai attenzione a non lasciare stracuocere la pasta* fais attention à ne pas laisser les pâtes cuire trop longtemps.
stràda |'strada| *s.f.* **1** [*parte di terreno che serve come via di comunicazione*] (*fuori città*) route; (*in città*) rue; (*in campagna*) [*sentiero non asfaltato*] chemin (*m.*): *strada statale, provinciale* route nationale, départementale; *strada pianeggiante, scoscesa* route plate, escarpée; *strada in salita, in discesa* route qui monte, qui descend; *costruire una strada* construire une route ‖ *scendere in strada* descendre dans la rue; *strada a senso unico* (rue à) sens unique; *incontrare uno per la strada* rencontrer qqn. dans la rue ‖ *strada comunale* chemin vicinal; *strada mulattiera* chemin muletier ◇ (*loc.*) *strada maestra* [*principale*] grand-route, grande route ~ *strada battuta* [*con molto traffico*] rue passante, fréquentée ~ *strada militare* route stratégique ~ *tagliare la strada a qc.* couper la route à qqn. ~ *la porta dà sulla strada* la porte donne sur la rue ~ *corsa su strada* course sur route ~ *circolazione, traffico su strada* circulation routière ◇ (*loc. fig.*) *mettere qc. in mezzo alla strada* [*ridurlo in miseria*] jeter qqn. à la rue ~ *essere in mezzo alla strada* [*non avere di che vivere*] être à la rue ~ *togliere qc. dalla strada* [*aiutarlo*] ramasser qqn. dans le ruisseau ~ *donna di strada* fille qui fait le trottoir, prostituée ~ *uomo della strada* homme de la rue ~ *parole da strada* [*volgari*] expressions triviales ~ *fare strada* [*fare carriera*] faire du chemin ◇ (*prov.*) *tutte le strade portano a Roma* tous les chemins mènent à Rome **2** [*via, percorso per andare da un luogo a un altro*] chemin: *insegnare, mostrare la strada a qc.* indiquer le chemin à qqn.; *cambiare strada* changer de chemin # *smarrire strada* s'égarer ◇ (*loc.*) *divorare la strada* [*viaggiare velocemente*] avaler des kilomètres ~ *strada facendo* chemin faisant ~ *prendere la strada fra le gambe* [*incamminarsi*] se mettre en route ~ *andare fuori strada*: (*pr.*) sortir de la route, entrer dans le décor (*fam.*); (*fig.*) [*allontanarsi da ciò che è bene*] sortir du droit chemin **3** (*fig.*) [*condotta, comportamento*] chemin, route ◇ (*loc.*) *andare per la propria strada* suivre son chemin ~ *scegliere la strada giusta* choisir le bon chemin ~ *essere sulla buona strada* être sur la bonne voie ~ *percorrere la strada della perdizione* prendre le chemin, la voie de la perdition **4** [*passaggio*] chemin: *aprirsi una strada fra i cespugli* se frayer un chemin à travers les buissons; *farsi strada fra la folla* se frayer un chemin dans la foule ◇ (*loc.*) *far strada a qc.* montrer le chemin à qqn. ◇ (*loc. fig.*) *fare strada nella vita* faire son chemin dans la vie ~ *trovare la strada fatta* trouver son chemin tout fait ~ *la verità si è fatta strada* la vérité s'est imposée d'elle-même **5** [*traccia, solco*] chemin: *il fiume si scava la strada nella valle* la rivière creuse son chemin dans la vallée ◇ (*loc.*) *la strada dei pianeti* la route des planètes **6** [*metodo, mezzo*] moyen *m.* # *abbiamo tentato tutte le strade, ma non abbiamo concluso niente* nous avons tout essayé, mais nous ne sommes arrivés à rien.
stradàle |stra'dale| **I** *agg.* [*della strada*] routier*; de la route (*loc. inv.*): *circolazione stradale* trafic routier; *rete stradale* réseau routier; *carta stradale* carte routière ‖ *polizia stradale* police de la route **II** *s.* **1** (*s.f.*) *la stradale* la police de la route **2** *s.m.* (*raro*) [*viale*] route *f.* (*corr.*).
stradàrio, i |stra'darjo, i| *s.m.* [*elenco alfabetico delle vie e delle piazze di una città, con l'indicazione per localizzarle*] indicateur des rues.
stradino |stra'dino| *s.* **1** [*operaio addetto alla manutenzione della strada*] cantonnier *m.* **2** (*region.*) [*canaglia, mascalzone*] voyou *m.*
stradiòtto |stra'djɔtto| *s.m.* (*st. mil.*) estradiot, stradiot, stradiste.
stradista |stra'dista| *s.* [*corridore ciclista specializzato in corse su strada*] routier *m.*
stradivàrio, i |stradi'varjo, i| *s.m.* stradivarius.
stradóne |stra'done| *s.m.* [*strada larga, spesso alberata, che collega due centri abitati*] grand-route *f.*, grande route *f.*
strafalcióne |strafal'tʃone| *s.m.* **1** [*grosso errore, sproposito*] énormité (*f.*): *il tuo compito era pieno di strafal-*

cioni ton devoir était plein d'énormités **2** (*pop.*) [*persona che lavora senza impegno e senza precisione*] brouillon* *s.*
strafàre |stra'fare| (103) *v.intr.* (*aus.* '*avere*') [*fare più del necessario*] en faire (45) trop: *cerca di non strafare* essaie de ne pas en faire trop.
strafàtto |stra'fatto| *agg.* **1** [*eccessivamente maturo*] blet*: *pesche strafatte* pêches blettes **2** [*fatto da tanto tempo*] fait depuis longtemps (*loc. inv.*): *a quest'ora il lavoro dovrebbe essere strafatto* à l'heure qu'il est, le travail devrait être terminé depuis longtemps ◇ (*loc.*) *lavoro fatto e strafatto* travail fait et archifait.
strafilàggio, i |strafi'laddʒo, i| *s.m.* (*mar.*) transfilage.
strafilàre |strafi'lare| *v.tr.* (*mar.*) [*unire due pezzi di tela mediante strafilaggio*] transfiler.
strafóro |stra'foro| *s.m.* **1** *loc. fig.* DI STRAFORO [*di nascosto*] en cachette, à la dérobée: *vedersi di straforo* se voir en cachette # *l'ho saputo di straforo* je l'ai su par des voies détournées, indirectement **2** (*raro*) [*buco, apertura fatta traforando*] tunnel (*corr.*).
strafottènte |strafot'tɛnte| *agg.* [*che dimostra una arrogante mancanza di rispetto e di interesse per gli altri e per le cose altrui*] insolent: *risposta strafottente* réponse insolente ✦ (*s.*) *uno strafottente* un insolent: *sei proprio uno strafottente!* ce que tu peux être insolent!
strafottènza |strafot'tɛntsa| *s.f.* (*pop.*) [*atteggiamento di chi è strafottente*] insolence (*corr.*): *risponde sempre con strafottenza* il répond toujours avec insolence.
strafóttere |stra'fottere| **A** *v.intr.* (*pop.*) *nella loc.* A STRAFOTTERE [*in gran quantità*] en grande quantité # *ha soldi a strafottere* il est plein aux as **B** *v.pron. intr.* STRAFOTTERSI [*infischiarsene di tutto e di tutti*] s'en balancer (2) (*fam.*), se ficher (*fam.*): *me ne strafotto della gente* ce qu'en pensent les gens, je m'en balance, je m'en fiche.
strafregàrsi |strafre'garsi| *v.pron. intr.* (*pop.*) [*fregarsene altamente*] se contreficher, se contrefoutre*: *se ne strafrega* il s'en contrefiche, il s'en contrefout.
stràge |'stradʒe| *s.f.* **1** [*massacro di persone o animali*] massacre *m.* # *i bracconieri hanno fatto strage di caprioli* les braconniers ont tué un gran nombre de chevreuils **2** [*bocciature numerose*] hécatombe **3** (*fam.*) [*enorme quantità*] tas *m.* (*corr.*) # *di castagne, ce n'è una strage!* des châtaignes, il y en a à gogo!
stràglio, i |'straʎʎo, i| *s.m.* → **strallo.**
stragodére |strago'dere| (151) *v. intr.* (*aus.* '*avere*') (*fam.*) [*godere moltissimo*] prendre (73) un immense plaisir (à) (*corr.*): *stragodeva nel vederli divertire* il prenait un immense plaisir à les voir s'amuser.
stragrànde |stra'grande| *agg.* [*molto grande, enorme*] très grand, immense: *la stragrande maggioranza degli scolari* la très grande majorité des élèves, l'immense majorité des élèves.
strainfischiàrsi |strainfis'kjarsi| *v.pron.* (*pop.*) → **strafregarsi.**
stralciàre |stral'tʃare| *v.tr.* **1** [*togliere via, sopprimere*] extraire (62) # *stralciare una partita da un conto* établer un extrait de compte; *stralciare un credito* liquider un crédit ◇ (*loc.*) *stralciare una società commerciale* [*metterla in liquidazione*] liquider une société commerciale **2** (*raro, agr.*) [*togliere i tralci dalla vite*] tailler (*corr.*), élaguer (*corr.*).
stralciatùra |straltʃa'tura| *s.f.* [→ STRALCIARE 2] taille, élagage *m.*
stràlcio, i |'straltʃo, i| *s.m.* **1** [→ STRALCIARE 1] extrait **2** (*comm.*) liquidation (*f.*): *una partita di stralcio* une partie de liquidation; *vendere a stralcio* vendre à prix de liquidation, solder # *mettere in stralcio* liquider, solder ✦ *agg. inv.* (*posposto al sost.*) ◇ (*loc.*) *legge stralcio* [*che regola la parte più urgente in attesa di un provvedimento legislativo generale*] loi provisoire ~ *ufficio stralcio* bureau de liquidation.
stràle |'strale| *s.m.* (*lett.*) **1** [*freccia*] flèche *f.* ◇ (*fig.*) *lo strale dell'amore* la flèche de l'amour **2** (*per est.*) [*colpo*] coup.
strallétto |stral'letto| *s.m.* (*mar.*) étai de tête de mât.
stràllo |'strallo| *s.m.* (*mar.*) étai: *strallo di trinchetto* étai de trinquet; *vela di strallo* voile d'étai.
stralodàre |stralo'dare| *v.tr.* [*lodare eccessivamente*] louer excessivement.
stralunaménto |straluna'mento| *s.m.* [→ STRALUNARE] écarquillement.
stralunàre |stralu'nare| *v.tr.* [*spalancare gli occhi rovesciandoli per emozione o per malore*] rouler, écarquiller # *stralunò gli occhi e svenne* ses yeux se révulsèrent et il s'évanouit ✦ *al p.p.* *hagard *agg.*, effaré: *con occhi stralunati* avec des yeux hagards, effarés.
stralunàto |stralu'nato| *agg.* [*stravolto*] *hagard, effaré: *era tutto stralunato* il était complètement hagard, effaré.
stramaledétto |stramale'detto| *agg.* [*maledetto più volte, con veemenza*] archimaudit.
stramaledìre |stramale'dire| (132) *v.tr.* [*maledire con tutto il cuore*] maudire (49) de tout son cœur # *che Dio lo stramaledica!* qu'il soit mille fois maudit! ✦ (*al p.p.*) *che tu sia stramaledetto!* que tu sois mille fois maudit!
stramatùro |strama'turo| *agg.* archimûr.
stramazzàre |stramat'tsare| **A** *v. intr.* (*aus.* '*avere*') [*cadere pesantemente*] s'abattre (76) (*pron.*): *stramazzò a terra pesantemente* il s'abattit lourdement # *stramazzò a terra colto da malore* il fut terrassé par un malaise; *stramazzò da cavallo* il tomba de cheval **B** *v.tr.* (*raro*) [*far cadere a terra*] terrasser (*corr.*): *con un colpo mi stramazzò* il me terrassa d'un seul coup.
stramazzàta |stramat'tsata| *s.f.* (*raro*) [→ STRAMAZZARE A] lourde chute (*corr.*).
1 **stramàzzo** |stra'mattso| *s.m.* **1** [→ STRAMAZZARE] lourde chute *f.* **2** (*idraul.*) déversoir.
2 **stramàzzo** |stra'mattso| *s.m.* (*region.*) [*saccone usato come pagliericcio; rozzo materasso*] paillasse *f.* (*corr.*).
stramazzóne |stramat'tsone| *s.m.* [→ STRAMAZZARE] lourde chute (*f.*): *fare uno stramazzone da cavallo* faire une lourde chute de cheval.
strambaménte |stramba'mente| *avv.* [→ STRAMBO 1] bizarrement.
strambàta |stram'bata| *s.f.* → **stramberia.**
stramberìa |strambe'ria| *s.f.* [*stravaganza*] bizarrerie: *questa è una delle sue stramberie* c'est une de ses bizarreries.
stràmbo |'strambo| *agg.* **1** [*stravagante, bizzarro*] bizarre: *idee strambe* idées bizarres; *tipo strambo* type bizarre, drôle de type **2** (*raro*) [*storto, sbilenco*] cagneux* (*corr.*): *gambe strambe* jambes cagneuses ◇ (*loc.*) *occhi strambi* [*strabici*] yeux qui louchent, strabiques.
strambòtto |stram'bɔtto| *s.m.* **1** (*letter.*) chant, refrain populaire **2** (*fig.*) [*cosa non vera*] mensonge (*corr.*), blague *f.* (*fam.*).
stràme |'strame| *s.m.* **1** [*foraggio*] fourrage **2** [*lettiera*] litière *f.*
stramònio, i |stra'mɔnjo, i| *s.m.* (*t.bot.*) datura, stramoine *f.*, stramonium.
strampalataménte |strampalata'mente| *avv.* [→ STRAMPALATO] avec extravagance *loc. inv.*
strampalàto |strampa'lato| *agg.* [*stravagante, sconclusionato*] farfelu, extravagant: *discorso strampalato* discours farfelu; *uomo strampalato* homme extravagant, farfelu.
strampalerìa |strampale'ria| *s.f.* [*tutto ciò che è strampalato*] extravagance.
stranaménte |strana'mente| *avv.* [→ STRANO 1, 3] étrangement.
stranézza |stra'nettsa| *s.f.* [*comportamento, discorso strano*] étrangeté.
strangolaménto |strangola'mento| *s.m.* [→ STRANGOLARE] étranglement.
strangolàre |strango'lare| **A** *v.tr.* **1** [*uccidere stringendo con forza la gola per impedire il respiro*] étrangler **2** (*fig.*) [*rendere difficile la respirazione*] étrangler **3** (*mar.*) [*stringere una vela con un cavo*] étrangler **B** *v.pron. rifl.* STRANGOLARSI [*uccidersi strozzandosi*] s'étrangler: *si è strangolato con una sciarpa* il s'est étranglé avec une écharpe.
strangolatóre, trice |strangola'tore, tritʃe| *s.* [*chi strangola*] étrangleur*.
stranguglióne |strangu'ʎʎone| *s.m.* **1** (*pop.*) [*adenite equina*] gourme *f.* (*corr.*) **2** *spec. al plur.* [*singhiozzo; senso di soffocamento causato da troppo cibo ingoiato*] *hoquet *sing.*
strangùria |stran'gurja| *s.f.* (*med.*) strangurie.
straniàre |stra'njare| **A** *v.tr.* (*lett.*) [*allontanare, rendere estraneo*] éloigner (*corr.*) **B** *v.pron. rifl.* STRANIARSI [*separarsi, rendersi estraneo*] s'éloigner: *si è completamente straniato dagli amici* il s'est complètement éloigné de ses amis; *straniarsi dalla realtà* s'éloigner de la réalité → **estraniar(si).**
1 **stranièro** |stra'njɛro| *agg.* **1** [*di una nazione, di un paese diverso dal proprio*] étranger*: *lingua straniera* langue étrangère ◇ (*loc.*) *legione straniera* légion étrangère **2** (*lett.*) [*estraneo, alieno*] étranger # *ho visto gli amici stranieri al mio problema* j'ai constaté que mes amis se désintéressaient de mon problème **3** (*ant.*) [*strano, inconsueto*] étrange (*corr.*).
2 **stranièro** |stra'njɛro| *s.* **1** [*cittadino di altro Stato*] étranger* **2** [*po-*

polo nemico e invasore] étranger → **nemico.**

strànio, i |'stranjo, i| *agg.* (*ant., poet.*) → **straniero.**

stranito |stra'nito| *agg.* **1** [*smarrito, stupefatto*] égaré, *hagard: *guardava tutti con aria stranita* il regardait tout le monde d'un air égaré, hagard **2** [*intontito, instupidito*] hébété: *al mattino presto è ancora tutto stranito* tôt le matin, il est encore tout hébété.

stràno |'strano| *agg.* **1** [*insolito, diverso dal consueto*] étrange: *indossa strani abiti* il porte des habits étranges, bizarres **2** [*così singolare da lasciare perplessi e stupiti*] bizarre: *è strano che non sia ancora rientrato!* c'est bizarre qu'il ne soit pas encore rentré! # *che strano fenomeno!* quel drôle de phénomène!, quel étrange phénomène! **3** (*riferito al modo di pensare e di agire di una persona*) étrange: *il suo comportamento strano mi lascia perplesso* son attitude étrange me laisse perplexe # *che strano individuo!* quel drôle d'individu! **4** (*ant., poet.*) [*straniero, estraneo*] étranger* (*corr.*).

straordinariaménte |straordinarja'mente| *avv.* [→ 1 STRAORDINARIO] extraordinairement.

straordinariàto |straordina'rjato| *s.m.* (*bur.*) activité *f.* temporaire.

straordinarietà |straordinarje'ta| *s.f. inv.* caractère *m. var.* (*corr.*) extraordinaire, extraordinaire (*m. var.*): *la straordinarietà del caso, della situazione* le caractère extraordinaire de ce cas, de la situation.

1 **straordinàrio, i** |straordi'narjo, i| *agg.* **1** [*fuori dal comune, dall'ordinario*] spécial*: *edizione straordinaria* édition spéciale ◇ (*loc.*) *treno straordinario* train spécial ~ *impiegato straordinario* [*assunto temporaneamente*] surnuméraire *s.* ~ *lavoro straordinario* heures supplémentaires **2** [*grandissimo; singolare*] extraordinaire.

2 **straordinàrio, i** |straordi'narjo, i| *s.m.* **1** extraordinaire: *non c'è niente di straordinario in lui* il n'y a rien d'extraordinaire en lui **2** (*professore*) *straordinario* professeur stagiaire *s.*; (*all'università*) chargé *s.* de cours **3** (*lavoro*) *straordinario* heures *f. pl.* supplémentaires.

straorzàre |straor'tsare| (*mar.*) **A** *v.intr.* (*aus. 'avere'*) [*volgersi violentemente all'orza*] venir (27) (*aus.* être) bout (au vent) **B** *v.tr.* [*governare una nave, facendo in modo che la prua volga dalla parte dove spira il vento*] venir bout (au vent).

straorzàta |straor'tsata| *s.f.* (*mar.*) embardée.

strapaesàno |strapae'zano| *agg.* ultracaractéristique, ultratypique de son pays.

strapagàre |strapa'gare| *v.tr.* [*pagare più del dovuto*] surpayer (9), royalement payer (9): *per quel lavoro l'hanno strapagato* il a été royalement payé pour ce travail.

straparlàre |strapar'lare| *v.intr.* (*aus. 'avere'*) [*dire cose insensate*] divaguer.

strapazzaménto |strapattsa'mento| *s.m.* [→ STRAPAZZARE] rudoiement (*lett.*).

strapazzàre |strapat'tsare| **A** *v.tr.* **1** [*trattare male, rimproverare duramente*] rudoyer (10), maltraiter: *strapazzare i dipendenti, la servitù* rudoyer, maltraiter les employés, les domestiques **2** [*sciupare, adoperare senza alcun riguardo*] massacrer, esquinter (*fam.*): *strapazzare i vestiti* maltraiter, esquinter les habits; ne prendre aucun soin de ses habits ◇ (*loc. fig.*) *strapazzare un autore* massacrer un auteur ~ *strapazzare un mestiere* massacrer un travail ~ *strapazzare una commedia* massacrer une comédie **3** [*costringere a fatica o a sforzi eccessivi*] esquinter: *quel lavoro gli strapazza la vista* ce travail lui esquinte la vue **B** *v.pron. rifl.* STRAPAZZARSI [*affaticarsi troppo senza alcun riguardo per la salute*] se fatiguer (trop).

strapazzàta |strapat'tsata| *s.f.* **1** [*sgridata violenta*] réprimande # *dare una strapazzata* réprimander; *ricevere una strapazzata* se faire réprimander **2** grosse fatigue: *quella gita è stata una vera strapazzata* cette promenade a été une grosse fatigue.

strapazzàto |strapat'tsato| *agg.* **1** [*malconcio, trattato male*] en piteux état (*loc. inv.*): *il cappello è tutto strapazzato* le chapeau est en très piteux état ◇ (*loc.*) *uova strapazzate* [*rimestate mentre cuociono al tegame*] œufs brouillés **2** [*affaticato*] mal en point (*loc. inv.*): *fisico strapazzato* physique mal en point # *vita strapazzata* vie beaucoup trop fatigante.

strapàzzo |stra'pattso| *s.m.* **1** [→ STRAPAZZARE B] grande fatigue *f.* # *non dovresti sottoporti a certi strapazzi* il y a des fatigues excessives que tu devrais éviter **2** *loc.* DA STRAPAZZO: (*pr.*) [*di poco prezzo, ma resistente*] de travail: *pantaloni, giacca da strapazzo* pantalon, veste de travail; (*fig.*) [*di poco valore*] de quatre sous: *poeta, attore da strapazzo* poète, acteur de quatre sous **3** (*raro*) [→ STRAPAZZARE A 2] fait, action *f.* d'abîmer.

strapazzóne |strapat'tsone| *s.* [*chi, per abitudine, sciupa tutto*] brouillon*.

strapazzóso |strapat'tsoso| *agg.* [*pieno di strapazzi*] fatigant, éreintant: *viaggio strapazzoso* voyage fatigant, éreintant.

strapèrdere |stra'pɛrdere| (163) *v.tr.* [*perdere completamente*] tout perdre (53) # *ormai non gioco più: ho straperso* à partir de maintenant, je ne joue plus, j'ai perdu, archiperdu.

strapèrso |stra'pɛrso| *agg.* bel et bien perdu.

strapièno |stra'pjɛno| *agg.* [*molto pieno, pieno zeppo*] plein à craquer C **vuoto.**

strapiombànte |strapjom'bante| *agg.* en surplomb (*loc. inv.*): *parete strapiombante* paroi en surplomb.

strapiombàre |strapjom'bare| *v. intr.* (*aus. 'essere, avere'*) [*non essere a piombo; sporgere*] être (43) (*aus.* avoir), se trouver *pron.* en surplomb; surplomber (*tr.*): *il tetto strapiombava* le toit se trouvait en surplomb ‖ *la roccia strapiombava sul mare* le rocher surplombait la mer.

strapiómbo |stra'pjombo| *s.m.* **1** [→ STRAPIOMBARE] surplombement **2** [*precipizio*] précipice: *cadere in uno strapiombo* tomber dans un précipice **3** (*alpinismo*) paroi *f.* en surplomb ◇ *loc.* A STRAPIOMBO [*a picco*] en surplomb, à pic.

strapoggiàre |strapod'dʒare| *v. intr.* (*aus. 'avere'*) → **straorzare.**

strapoggiàta |strapod'dʒata| *s.f.* → **straorzata.**

strapotènte |strapo'tɛnte| *agg.* extrêmement puissant.

strapotènza |strapo'tɛntsa| *s.f.* énorme puissance.

strapotére |strapo'tere| *s.m.* pouvoir exorbitant.

strappacuòre |strappa'kwɔre| *agg. inv.* terriblement touchant *var.*, émouvant *var.*

strappalàcrime |strappa'lakrime| *agg. inv.* → **strappacuore.**

strappaménto |strappa'mento| *s.m.* **1** [→ STRAPPARE] arrachement **2** (*med.*) déchirure *f.*

strappàre |strap'pare| **A** *v.tr.* **1** [*portare via con violenza e rapidità*] arracher: *strappare q.c. dalle mani di qc.* arracher qqch. des mains de qqn. **2** (*fig.*) [*estorcere, ottenere con l'insistenza*] arracher: *strappare una promessa, una confessione* arracher une promesse, un aveu ◇ (*loc.*) *strappare gli applausi* arracher des applaudissements ~ *strappare le lacrime* arracher les larmes, des pleurs ~ (*pop.*) *strappare la vita* [*vivere di stenti*] vivre (58) avec peine **3** [*lacerare, rompere in più pezzi*] déchirer ◇ (*loc. fig.*) *strappare il cuore* [*commuovere profondamente*] fendre (53) le cœur **B** *v.intr.* (*aus. 'avere'*) *la frizione strappa* [*attacca a sbalzi, in modo discontinuo*] l'embrayage broute **C** *v. pron.* STRAPPARSI **1** *intr.* [*lacerarsi, rompersi*] se déchirer **2** *rifl.* [*allontanarsi a fatica, a malincuore*] s'arracher.

strappàta |strap'pata| *s.f.* **1** [→ STRAPPARE A; C 1] arrachement *m.* **2** [*tirata forte e brusca*] coup *m.* sec: *con una strappata staccò tutti i bottoni* d'un coup sec il arracha tous les boutons; *diede una strappata alle redini e partì* il tira d'un coup sec sur le rênes et (il) partit **3** (*pop.*) [*strappo, passaggio*] passage *m.* (*corr.*): *chiedere una strappata* demander un passage.

strappàto |strap'pato| *agg.* [*pieno di strappi*] déchiré.

strappatùra |strappa'tura| *s.f.* **1** [→ STRAPPARE A 3] déchirure **2** (*tess.*) accroc *m.*

strappìsta |strap'pista| *s.m.* (*sollevamento pesi*) spécialiste de l'arraché.

stràppo |'strappo| *s.m.* **1** [→ STRAPPARE A 3] déchirure *f.* **2** [*punto strappato, rottura*] accroc: *rammendare uno strappo* raccommoder un accroc ◇ (*loc. fig.*) *strappo di sereno* [*squarcio*] éclaircie *f.* ~ *fare uno strappo alla regola* [*fare un'eccezione*] faire une entorse à la règle ~ *dare uno strappo* [*troncare un rapporto*] trancher dans le vif ~ *a strappi* [*a più riprese, in modo irregolare*] par secousses, par à-coups, par saccades **3** (*fig., pop.*) [*passaggio*] passage (*corr.*) # *dammi uno strappo fino a casa* accompagne-moi jusque chez moi **4** (*med.*) déchirure: *strappo muscolare* déchirure musculaire **5** (*ciclismo, sollevamento pesi*) sprint.

strapuntìno |strapun'tino| *s.m.* strapontin.

strapùnto |stra'punto| *s.m.* (*raro*) [*paglericcio, saccone imbottito e trapuntato*] paillasse *f.*

straricco, chi, ca, che |stra'rikko, ki, ka, ke| *agg.* (*pop.*) [*ricchissimo*] richissime (*corr.*) C **povero.**

straripaménto |straripa'mento| *s.m.* **1** [→ STRARIPARE] débordement

2 (*loc. fig.*) *straripamento di potere* [*eccesso*] excès de pouvoir.

straripàre |strari'pare| *v.intr.* (*aus. 'essere, avere'*) [*traboccare dell'acqua dagli argini* (*di un fiume*)] déborder (*aus.* avoir).

strascicaménto |straʃʃika'mento| *s.m.* [→ STRASCICARE] traînement.

strascicàre |straʃʃi'kare| **A** *v.tr.* **1** [*trascinare a fatica, a stento*] traîner ◇ (*loc.*) *strascicava i piedi* il traînait les pieds ~ *strascicava le gambe* il traînait les jambes **2** (*fig.*) [*tirare in lungo, non riuscire a liberarsene*] traîner (sur) (*intr. e tr.*): *strascicare un compito, un lavoro* traîner sur un devoir, sur un travail **3** (*fig.*) [*pronunciare malamente e con suono prolungato*] traîner *intr.* (sur): *strascicava le parole* il traînait sur les mots **B** *v.intr.* (*aus. 'avere'*) [*toccare per terra*] traîner: *abito che strascica sul pavimento* robe qui traîne par terre **C** *v.pron. rifl.* STRASCICARSI [*trascinarsi*] se traîner: *quando gioca si strascica per terra* quand il joue, il se traîne par terre.

strascicàto |straʃʃi'kato| *agg.* [*che viene trascinato*] traînant.

strascichìo, ii |straʃʃi'kio, ii| *s.m.* **1** [→ STRASCICARE] traînement: *lo strascichio dei piedi* le traînement des pieds; *lo strascichio della voce* le traînement de la voix **2** [*rumore prodotto da cosa che striscia*] frottement: *si sentiva lo strascichio dei piedi sul pavimento* on entendait le frottement des pieds sur le carrelage.

stràscico, chi |'straʃʃiko, ki| *s.m.* **1** [→ STRASCICARE] traînement **2** *loc.* A STRASCICO à la traîne: *pesca, caccia a strascico* pêche, chasse à la traîne (*raro*) # *rete a strascico* chalut **3** [*parte dell'abito che strascica per terra*] traîne (*f.*): *indossare un abito con lo strascico* porter une robe à traîne **4** [*corteo*] suite (*f.*): *avere uno strascico di ammiratori* avoir une suite d'admirateurs **5** [*ciò che si lascia dietro, residuo*] traînée (*f.*): *la lumaca lascia sul terreno uno strascico di bava* l'escargot laisse une traînée de bave sur le terrain ◇ (*loc. fam.*) *quando fa qualcosa lascia lo strascico* [*non rimette a posto le cose che usa*] quand il fait quelque chose, il laisse tout traîner **6** (*fig.*) [*conseguenza, seguito*] séquelles *f. pl.*, suites (*pl.*): *gli strascichi della guerra, di una malattia* les séquelles, les suites de la guerre, de la maladie # *il suo discorso ebbe uno strascico di pettegolezzi* son discours provoqua toute une série de ragots; *il raffreddore gli ha lasciato uno strascico di tosse* son rhume lui a laissé un peu de toux.

strascicóne |straʃʃi'kone| *s.* [*chi si strascica nel camminare, chi fa lentamente le cose che deve fare*] traînard.

strascicóni |straʃʃi'koni| *avv.* [*strascicando*] en se traînant *loc. inv.* ◇ (*loc. avv.*) *a strasciconi* en se traînant.

strascinàre |straʃʃi'nare| **A** *v.tr.* [*trascinare a fatica q.c. che oppone resistenza*] traîner ◇ (*loc. fig.*) *strascinare la vita* [*vivere di stenti*] traîner sa vie **B** *v.pron.* STRASCINARSI **1** *rifl.* [*strisciare a fatica sul pavimento*] se traîner **2** *intr.* (*fig.*) [*durare, prolungarsi nel tempo*] traîner (*intr.*): *la causa si strascina da anni* le procès traîne depuis des années.

stràscino |'straʃʃino| *s.m.* (*pesca*) traîneau ◇ (*caccia*) tirasse *f.*

strasecolàre |straseko'lare| *v.intr.* (*aus. 'essere, avere'*) → **trasecolare.**

strass |ʃtras| *s.m. inv.* (*ted.*) strass: *collana di strass* collier de strass # *orecchini di strass* boucles d'oreilles.

stratagèmma |strata'dʒɛmma| *s.m.* stratagème ◇ (*per est.*) [*espediente escogitato per raggiungere un fine*] *riuscì a cavarsela con uno stratagemma* il réussit à s'en tirer avec un stratagème.

stratèga, ghi |stra'tɛga, gi| *s.m.* **1** stratège **2** (*st. gr.*) stratège.

strategìa, gie |strate'dʒia, dʒie| *s.f.* **1** stratégie **2** [*capacità di un comandante di guidare l'esercito in guerra*] stratégie **3** (*fig.*) [*abilità nel superare situazioni difficili*] stratégie.

strategicaménte |stratedʒika'mente| *avv.* [→ STRATEGICO] stratégiquement.

stratègico, ci, ca, che |stra'tɛdʒiko, tʃi, ka, ke| *agg.* **1** stratégique: *piano strategico* plan stratégique **2** (*fig.*) [*compiuto o detto con grande abilità*] stratégique: *trovata, mossa strategica* idée, manœuvre stratégique.

stratègo, ghi |stra'tɛgo, gi| *s.m.* → **stratega.**

stratificàre |stratifi'kare| **A** *v.tr.* [*disporre a strati*] stratifier **B** *v.pron. intr.* STRATIFICARSI [*disporsi a strati*] se stratifier.

stratificàto |stratifi'kato| *agg.* **1** (*bot.*) stratifié: *tessuto stratificato* tissu stratifié ◇ (*geol.*) *rocce stratificate* roches stratifiées **2** (*stat.*) stratifié: *campione stratificato* échantillon stratifié.

stratificazióne |stratifikat'tsjone| *s.f.* **1** [→ STRATIFICARE] stratification ◇ (*fig.*) *la stratificazione sociale* la stratification sociale **2** (*geol., stat.*) stratification.

stratifórme |strati'forme| *agg.* stratiforme.

stratigrafìa |stratigra'fia| *s.f.* **1** (*geol.*) stratigraphie **2** (*med.*) stratigraphie.

stratigràfico, ci, ca, che |strati'grafiko, tʃi, ka, ke| *agg.* **1** (*geol.*) stratigraphique **2** (*med.*) stratigraphique.

stratiòta |stra'tjɔta| *s.m.* (*st. mil.*) estradiot, stradiot, stradiote.

stràto |'strato| *s.m.* **1** [*quantità di materiale steso in modo uniforme su una superficie*] couche (*f.*): *ricoprire con uno strato di vernice* recouvrir d'une couche de peinture **2** (*arch., geol.*) couche **3** (*meteor.*) stratus **4** (*fig.*) [*classe sociale, ceto*] couche.

stratocrazìa |stratokrat'tsia| *s.f.* (*polit.*) gouvernement *m.* des militaires.

stratocùmulo |strato'kumulo| *s.m.* (*meteor.*) strato-cumulus.

stratonémbo |strato'nembo| *s.m.* (*meteor.*) nimbo-stratus.

stratopàusa |strato'pauza| *s.f.* (*scient.*) stratopause.

stratosfèra |stratos'fɛra| *s.f.* (*scient.*) stratosphère.

stratosfèrico, ci, ca, che |stratos'fɛriko, tʃi, ka, ke| *agg.* **1** stratosphérique **2** (*fig.*) [*fantastico*] astronomique; exorbitant: *quantità stratosferica di denaro* quantité astronomique d'argent ‖ *discorsi stratosferici* discours exorbitants.

stratovisióne |stratovi'zjone| *s.f.* (*tecnol.*) stratovision.

stràtta |'stratta| *s.f.* [*tirata brusca e forte; strappata*] secousse: *dare una stratta a qc.* donner une secousse à qqn. ◇ *loc.* A STRATTE [*a strappi*] par saccades: *procedere a stratte* avancer par saccades.

strattonàre |stratto'nare| *v.tr.* [*dare uno strattone, uno scossone*] secouer.

strattóne |strat'tone| *s.m.* [*forte stratta*] secousse *f.* violente: *si liberò con uno strattone* d'une violente secousse, il se libéra.

stravaccàrsi |stravak'karsi| *v. pron. intr.* (*dial.*) [*sedersi, sdraiarsi scompostamente*] se vautrer (*corr.*): *si era stravaccato sul divano* il s'était vautré sur le divan.

stravaccàto |stravak'kato| *agg.* (*dial.*) [*seduto, sdraiato scompostamente*] vautré *p.p.* (*corr.*).

stravagànte |strava'gante| *agg.* **1** [*fuori dai limiti prefissi o consueti*] extravagant # *rime stravaganti* poèmes non inclus dans le recueil autorisé par l'auteur ◇ (*per est.*) [*fuori del comune, straordinario*] *discorso stravagante* discours extravagant; *cose stravaganti* choses extravagantes **2** [*dal comportamento strano, bizzarro*] extravagant → **bizzarro** ✦ (*s.*) *uno stravagante* un extravagant: *fare lo stravagante* faire l'extravagant; *essere uno stravagante* être (un) extravagant ◇ (*loc.*) *tempo stravagante* [*instabile*] temps instable.

stravaganteménte |stravagante'mente| *avv.* [→ STRAVAGANTE] avec extravagance *loc. inv.*

stravagànza |strava'gantsa| *s.f.* extravagance.

stravasàrsi |strava'zarsi| *v.pron. intr.* (*med.*) [*fuoriuscire dai canali naturali*] s'extravaser: *sangue che si stravasa* sang qui s'extravase.

stravàso |stra'vazo| *s.m.* (*med.*) extravasation *f.*

stravècchio, i |stra'vɛkkjo, i| *agg.* [*molto vecchio; stagionato*] très vieux*: *vestito stravecchio* robe très vieille; *vino stravecchio* vin très vieux # *formaggio stravecchio* fromage très affiné.

stravedére |strave'dere| (192) *v. intr.* (*aus. 'avere'*) [*cadere in errore*] mal voir (37): *non era lui, hai stravisto* ce n'était pas lui, tu as mal vu ◇ (*fig.*) *stravedere per qc.* [*ammirarlo, amarlo in modo eccessivo*] être (43) gâteux* de (qqn., qqch.): *stravedeva per i suoi figli* elle aimait ses enfants au point d'en être gâteuse.

stravéro |stra'vero| *agg.* archivrai # *è stravero!* c'est plus que vrai.

stravìncere |stra'vintʃere| (193) *v.tr.* [*vincere nettamente, in modo strepitoso*] battre (76) à plate couture: *la nostra squadra ha stravinto* (*gli avversari*) notre équipe a battu à plate couture l'équipe adverse ✦ *al p.p.* écrasé: *avversario stravinto* adversaire écrasé [C] **perdere.**

straviziàre |stravit'tsjare| *v.intr.* (*aus. 'avere'*) [*fare stravizi*] se livrer à la débauche.

stravìzio, i |stra'vittsjo, i| *s.m.* [*eccesso nel mangiare, nel bere, nei piaceri dei sensi*] débauche *f.*, excès: *conduce una vita di stravizi* il mène une vie de débauche ‖ *risentire degli stravizi* payer ses excès ◇ (*loc. fam.*) *darsi agli stravizi* [*fare bisboccia*] faire la noce *f.*

stravòlgere |stra'vɔldʒere| (196) **A** *v.tr.* **1** [*volgere con forza*] faire (45) *intr.* chavirer: *il vento stravolge la vela* le vent fait chavirer le voilier **2** [*deviare dalla direzione normale*] chavirer # *stravolgere la bocca, gli occhi* tordre la bouche, rouler des yeux **3** (*fig.*) [*alterare, turbare profondamente*] bouleverser: *la notizia l'ha stravolta* la nouvelle l'a bouleversée **4** (*fig.*) [*distorcere, travisare*] dénaturer: *ha stravolto il senso delle sue parole* il a dénaturé le sens de ses paroles **B** *v.pron. rifl.* STRAVOLGERSI [*contorcersi*] se tordre (53).

stravolgiménto |stravoldʒi'mento| *s.m.* [→ STRAVOLGERE A 3] bouleversement.

stravòlto |stra'vɔlto| *agg.* **1** [*sconvolto*] bouleversé ◇ (*loc.*) *occhi stravolti* [*stralunati*] yeux hagards **2** [*alterato, profondamente turbato*] défait # *viso stravolto dalla fatica* traits altérés par la fatigue.

straziànte |strat'tsjante| *agg.* [*che provoca un violento dolore fisico o morale*] poignant; déchirant: *dolore straziante* douleur poignante ‖ *grida strazianti* cris déchirants ◇ (*fig., scherz.*) [*offensivo del buon gusto; penoso*] épouvantable (*corr.*): *film, musica straziante* film, musique épouvantable.

straziàre |strat'tsjare| *v.tr.* **1** [*tormentare crudelmente provocando un intenso dolore fisico*] torturer: *straziare le carni, il corpo* torturer les chairs, le corps **2** [*provocare una profonda afflizione, un intenso dolore morale*] déchirer # *il rimorso gli straziava il cuore* il avait le cœur bourrelé de remords ◇ (*loc. fig.*) *straziare gli orecchi* écorcher les oreilles ~ *straziare la vista* faire mal aux yeux **3** [*usare malamente, tanto da sciupare*] gaspiller: *straziare la roba* gaspiller ses affaires ◇ (*loc. fig.*) *straziare una lingua* [*parlarla male*] écorcher une langue ~ *straziare una musica, una canzone* [*eseguirle male*] massacrer un morceau de musique, une chanson ~ *straziare una commedia* [*interpretarla male*] massacrer une comédie ✦ *al p.p.* torturé; brisé, déchiré: *viso orrendamente straziato* visage horriblement torturé ‖ *avere il cuore, l'animo straziato* avoir le cœur brisé, l'âme déchirée.

straziàto |strat'tsjato| *agg.* **1** [*tormentato*] déchiré # *uomo straziato dai rimorsi* homme bourrelé de remords **2** [*martirizzato*] martyrisé: *corpo straziato* corps martyrisé.

stràzio, i |'strattsjo, i| *s.m.* **1** [→ STRAZIARE 1, 2] torture *f.*, tourment # *sopportarono gli strazi del rimorso* ils furent bourrelés de remords; *fecero strazio del cadavere* ils mutilèrent le cadavre **2** (*fig.*) [*scempio, spreco*] *fecero strazio del patrimonio* ils dilapidèrent leur patrimoine **3** (*fam.*) [*fastidio, noia*] supplice: *che strazio quel film!* quel supplice, ce film! # *il tuo amico è veramente uno strazio!* ton ami est vraiment insupportable!

straziòmide |strat'tsjɔmide| *s.f.* (*t.zool.*) stratiomys *m.*, stratione *m.*

stràzze |'strattse| *s.f. pl.* [*cascami di seta*] strasse *sing.*

stréga, ghe |'strega, ge| *s.f.* **1** (*letter.*) sorcière (*corr.*) ◇ (*loc.*) *caccia alle streghe*: (*pr., fig.*) chasse aux sorcières **2** (*fig.*) [*donna cattiva e perfida; donna vecchia e brutta*] mégère # *sembrare una strega* ressembler à une sorcière → **megera** **3** (*region.*) [*piccolo cero posto in cima a un'asta, per accendere i lumi situati in alto*] allumoir *m.*

stregaménto |strega'mento| *s.m.* (*raro*) [→ STREGARE] ensorcellement (*corr.*).

stregàre |stre'gare| *v.tr.* **1** [*fare opere di magia, esercitare malefici*] ensorceler (4) **2** (*fig.*) [*affascinare, sedurre*] ensorceler.

stregàto |stre'gato| *agg.* **1** [*trasformato mediante magia*] ensorcelé (*p.p.*): *un posto stregato* un lieu ensorcelé **2** (*fig.*) [*incantato, affascinato*] ensorcelé.

stregherìa |strege'ria| *s.f.* → **stregoneria.**

stregóne |stre'gone| *s.m.* **1** [*uomo che pratica la stregoneria*] sorcier* *s.* **2** (*presso alcuni popoli primitivi*) [*persona che svolge funzioni sacrali*] sorcier.

stregonerìa |stregone'ria| *s.f.* **1** [*incantesimo prodotto da streghe o stregoni*] sorcellerie: *compiere una stregoneria* se livrer à un acte de sorcellerie **2** [*l'arte delle streghe e degli stregoni*] sorcellerie.

strégua |'stregwa| *s.f.* **1** [*misura, criterio*] mesure ◇ *loc.* ALLA STREGUA DI [*con la misura, con il criterio usato per*]: *considerare una cosa alla stregua dell'utile che se ne può ricavare* considérer une chose sous l'angle de l'utilité; *giudicare qc. alla stregua degli altri* juger qqn. par rapport aux autres ~ ALLA STESSA STREGUA de la même manière: *considerare alla stessa stregua situazioni del tutto diverse* considérer de la même manière des situations complètement différentes **2** (*ant.*) [*rata*] terme *m.* (*corr.*).

strelitzia |stre'littsja| *s.f.* (*t.bot.*) strelitzia.

stremàre |stre'mare| **A** *v.tr.* **1** [*indebolire, ridurre all'estremo delle forze, delle risorse*] épuiser **2** (*ant.*) [*diminuire, scemare*] diminuer (*corr.*) **B** *v.pron. intr.* STREMARSI (*ant.*) [*scemarsi, diminuire*] diminuer *intr.*

stremàto |stre'mato| *agg.* [*privo di forze, esausto; senza più risorse*] épuisé: *giunse a casa stremato dalla fatica* il arriva à la maison épuisé, à bout de forces.

strèmo |'strɛmo| *s.m.* [*estremo limite delle forze fisiche*] extrême limite *f.* # *essere, ridursi allo stremo* être à bout de forces et de ressouces ◇ (*loc.*) *lo stremo della vita* la fin *f.* de la vie, le(s) dernier(s) soupir(s).

strènna |'strɛnna| *s.f.* **1** [*regalo che si fa in occasione di feste*] étrenne; cadeaux (*m. pl.*): *oggetti, libri per strenna* objets, livres d'étrennes; *la strenna di Natale, di Pasqua* les cadeaux de Noël, de Pâques **2** [*raccolta di pubblicazioni edite in occasione di Capodanno*] recueil *m.* de fin d'année **3** (*st. rom.*) étrenne.

strenuaménte |strenua'mente| *avv.* (*lett.*) [→ STRENUO 1] vaillamment (*corr.*).

strènuo |'strɛnuo| *agg.* **1** (*lett.*) [*valoroso, coraggioso*] vaillant **2** [*infaticabile*] infatigable.

strepitàre |strepi'tare| *v.intr.* (*aus.* '*avere*') **1** [*fare un rumore forte, continuato e confuso*] faire (45) *tr.* du vacarme: *il treno passò strepitando* le train passa en faisant du vacarme **2** [*gridare in modo concitato e con ira*] *hurler.

strepitìo, ii |strepi'tio, ii| *s.m.* [*strepito continuato*] vacarme.

strèpito |'strɛpito| *s.m.* [*insieme continuato e confuso di rumori, di voci*] fracas, vacarme: *lo strepito del treno, delle automobili* le fracas, le vacarme du train, des automobiles ◇ *loc. fig.* FARE STREPITO [*avere successo*] faire du bruit.

strepitosaménte |strepitosa'mente| *avv.* [→ STREPITOSO] bruyamment, tapageusement.

strepitóso |strepi'toso| *agg.* **1** [*molto rumoroso*] bruyant: *applausi strepitosi* applaudissements bruyants **2** (*fig.*) [*eccezionale, grandissimo*] éclatant, retentissant: *riportare una vittoria strepitosa* remporter une victorie éclatante, retentissante.

Strepsìtteri |strep'sitteri| *s.m. pl.* (*t.zool.*) Strepsiptères.

strèpto- |'strɛpto| *pref.* (*significa* '*contorto, ripiegato*', *corrisponde gener. a*) strepto: *streptococco* streptocoque.

streptococcemìa |streptokot-tʃe'mia| *s.f.* (*med.*) streptococcie.

streptocòcco, chi |strepto'kɔkko, ki| *s.m.* (*biol.*) streptocoque.

streptomicète |streptomi'tʃɛte| *s.m.* (*microbiologia*) streptomycète.

streptomicìna |streptomi'tʃina| *s.f.* (*farm.*) streptomycine.

stress |stres| *s.m. inv.* (*ingl.*) (*med.*) stress.

stressànte |stres'sante| *agg.* (*biol., psicol.*) stressant.

stressàre |stres'sare| *v.tr.* [*sottoporre a stress*] stresser.

stressàto |stres'sato| *agg.* stressé *p.p.*

strétta |'stretta| *s.f.* **1** [→ STRINGERE A 1, 2] *stretta di mano* poignée de main; *stretta di freni* coup *m.* de freins; *dare una stretta alla vite* donner un tour *m.* de vis; *dare una stretta alle briglie* raccourcir les rênes; *allentare la stretta* relâcher son étreinte ◇ (*loc. fig.*) *sentire una stretta al cuore, alla gola* ressentir un serrement de cœur, avoir la gorge serrée ~ *liberarsi dalla stretta della folla* se dégager de la pression de la foule **2** [*momento culminante; situazione critica, di estremo bisogno*] *giungere alla stretta finale di q.c.* être au dernier chapitre *m.* (de qqch.); *il freddo è giunto alle strette* le froid atteint la température la plus basse; *trovarsi in una stretta economica, finanziaria* être dans un moment *m.* économique, financier difficile ◇ (*loc.*) *essere alle strette* être au pied du mur ~ *mettere alle strette* mettre qqn. au pied du mur **3** [*passaggio angusto, soprattutto fra montagne*] défilé (*m.*): *la stretta delle Termopili* le défilé des Thermopyles **4** (*mus.*) strette.

strettaménte |stretta'mente| *avv.* [→ 1 STRETTO 2, 6, 8] étroitement, strictement.

strettézza |stret'tettsa| *s.f.* **1** [*l'essere stretto*] étroitesse **2** (*fig.*) [*scarsezza*] manque (*m.*): *strettezza di tempo, di denaro* manque de temps, d'argent ◇ *loc.* IN STRETTEZZE [*ristrettezze economiche, povertà*] dans la gêne: *vivere in strettezze* vivre dans la gêne.

1 **strétto** |'stretto| *agg.* **1** [*non ampio, angusto; poco sviluppato nel senso della larghezza*] étroit: *strada, stanza stretta* route, pièce étroite; *scarpe strette* chaussures étroites; *abito stretto di spalle, di maniche* costume étroit d'épaules, aux manches trop étroites # *ci sta stretto in quel vestito* il est à l'étroit

dans ce costume; *cappotto stretto* manteau étriqué ◇ (*loc. fig.*) *essere di manica stretta* [*avaro*] être radin; [*molto severo*] ne pas être commode **2** [*chiuso con forza*] serré: *nodo stretto* nœud serré; *tenere qc., q.c. stretto a sé* tenir qqn., qqch. serré contre soi # *tenere stretto fra le mani* serrer entre ses mains ◇ (*loc.*) *a bocca stretta* [*di malavoglia*] à contrecœur ~ *ridere a denti stretti* [*forzatamente*] rire jaune ~ *combattere a denti stretti* [*con tenacia*] lutter avec acharnement ~ *avere il cuore stretto dall'angoscia* avoir le cœur serré par l'angoisse ~ *tenere stretti i cordoni della borsa* tenir serrés les cordons de la bourse **3** [*molto vicino, addossato*] serré: *stavano stretti, stretti* ils étaient serrés les uns contre les autres; *trovarsi stretto in un angolo* être serré dans un coin; *prendere una curva stretta* prendre un virage serré # *tenere qc. stretto al cuore* serrer qqn. contre son cœur **4** [*intimo, legato da vincoli di parentela, di amicizia, di affetto*] *amico stretto* ami intime; *parente stretto* parent proche; *essere in stretti rapporti con qc.* être étroitement lié avec qqn. **5** [*spinto, costretto*] pressé, contraint: *stretto dal bisogno, dalla necessità* pressé, contraint par le besoin, la nécessité **6** (*fig.*) [*rigoroso; preciso*] *essere sottoposti ad una stretta sorveglianza* être soumis à une surveillance serrée; *avere delle regole molto strette* avoir des règles très strictes; *lutto stretto* grand deuil; *digiuno stretto* jeûne absolu; *nel senso stretto della parola* au sens strict du mot; *parlare in stretto lombardo* parler le pur lombard **7** [*impellente, urgente*] strict: *trovarsi nella stretta necessità di fare q.c.* être dans la stricte obligation de faire qqch. **8** (*fon.*) fermé: *vocale stretta* voyelle fermée ♦ (*avv.*) *lo abbracciò stretto* il l'embrassa très fort; *tieniti stretto!* tiens-toi bien!

2 **strétto** |'stretto| *s.m.* **1** (*geogr.*) détroit **2** (*mus.*) strette *f.*

strettóia |stret'toja| *s.f.* **1** chaussée rétrécie, étroite: *passare in una strettoia* passer sur une chaussée rétrécie **2** (*fig.*) [*momento, situazione di notevole difficoltà*] difficulté: *trovarsi in una strettoia* se trouver en difficulté.

strettóio, i |stret'tojo, i| *s.m.* (*mecc.*) presse *f.*

stria |'stria| *s.f.* **1** [*sottile riga che spicca perché di colore diverso o perché incavata*] rayure **2** (*anat.*) strie **3** (*arch.*) cannelure **4** (*min.*) strie.

striàre |stri'are| *v.tr.* [*segnare una superficie con strie*] rayer (9), strier # *la lumaca striava il terreno* l'escargot laissait une traînée sur la terre.

striàto |stri'ato| *agg.* **1** [*segnato con strie*] rayé # *mantello straiato* manteau à rayures **2** (*anat.*) strié: *muscoli striati* muscles striés; *corpo striato* corps strié.

striatùra |stria'tura| *s.f.* **1** [→ STRIARE] rayage *m.* **2** → **stria** 1 **3** [*insieme di strie su una superficie*] rayures *pl.*

Stricnee |'strikneе| *s.f. pl.* (*t.bot.*) Strychnées, Strychnos *m.*

stricnìna |strik'nina| *s.f.* (*farm.*) strychnine.

stridènte |stri'dɛnte| *agg.* **1** [*che stride*] grinçant **2** [*molto contrastante, discordante*] discordant.

strìdere |'stridere| *v.intr.* (*aus. 'avere'*) (*raro nei tempi comp.*) **1** (*cose*) [*mandare suoni acuti e aspri*] siffler; crépiter; grincer (2): *la fiamma stride nel camino* la flamme siffle dans la cheminée ‖ *l'olio bollente stride* l'huile bouillante crépite, chante ‖ *la porta strideva sui cardini* la porte grinçait sur ses gonds → **cigolare** **2** (*persone*) [*emettere grida acute, strilli*] crier: *più che piangere, stride* il ne pleure pas, il crie **3** (*animali*) [*emettere versi acuti e striduli*] *la cicala stride* la cigale stridule; *la civetta stride* la chouette chuinte **4** (*fig.*) [*essere in forte contrasto, stonare*] jurer: *il verde sul rosso stride* le vert jure sur le rouge **5** (*fam., region.*) [*sopportare per necessità, a malincuore e contro voglia*] supporter à contre-cœur.

stridìo, ii |stri'dio, ii| *s.m.* [→ STRIDERE 1] grincement.

strido |'strido|, *pl. m.* **stridi** |'stridi|, *pl. f.* **strida** |'strida| *s.m.* [*suono acuto e aspro*] cri: *le strida dei bambini riempivano la casa* les cris des enfants remplissaient la maison # *dare, emettere uno strido* crier.

stridóre |stri'dore| *s.m.* [*rumore emesso da cosa che stride*] grincement; crissement: *stridore acuto, confuso* grincement aigu, confus ‖ *lo stridore delle ruote* le crissement des roues; *lo stridore dei freni* le crissement des freins.

stridulànte |stridu'lante| *agg.* **1** (*zool.*) stridulant **2** (*anat., veter.*) stridulatoire.

stridulàre |stridu'lare| *v.intr.* (*aus. 'avere'*) (*di insetti*) [*produrre un suono acuto e stridulo strofinando le elitre*] striduler.

stridulatóre, trice |stridula'tore, tritʃe| *agg.* (*anat., veter.*) stridulatoire.

stridulazióne |stridulat'tsjone| *s.f.* (*scient.*) [→ STRIDULARE] stridulation.

stridulo |'stridulo| *agg.* [*acuto, aspro e penetrante*] strident: *voce stridula* voix stridente, perçante.

strigàre |stri'gare| *v.tr.* → **districare**.

strige |'stridʒe| *s.f.* (*zool.*) strige, stryge.

Strigidi |'stridʒidi| *s.m. pl.* (*t.zool.*) Strigidés.

Strigifórmi |stridʒi'formi| *s.m. pl.* (*t.zool.*) Strigiformes.

strigile |'stidʒile| *s.m. o f.* (*archeol.*) strigile *m.*

striglia |'striʎʎa| *s.f.* étrille.

strigliàre |striʎ'ʎare| **A** *v.tr.* **1** [*pulire con la striglia*] étriller, panser: *strigliare il cavallo* étriller, panser le cheval **2** (*fig.*) [*rimproverare aspramente, redarguire*] attraper, passer un savon (*fam.*) à qqn.: *questa sera suo padre lo striglierà* ce soir son père va l'attraper pour de bon, va lui passer un savon **B** *v.pron. rifl.* STRIGLIARSI (*scherz.*) [*ripulirsi da capo a piedi con cura ed energia*] s'étriller.

strigliàta |striʎ'ʎata| *s.f.* [→ STRIGLIARE] coup *m.* d'étrille.

strigliatùra |striʎʎa'tura| *s.f.* (*raro*) [→ STRIGLIARE 1] pansage *m.* (*corr.*).

strillàre |stril'lare| **A** *v.intr.* (*aus. 'avere'*) [*gridare con voce alta e acuta*] crier **B** *v.tr.* (*fam.*) **1** [*parlare, dire a voce alta*] crier: *gli strillò la notizia dalla finestra* il lui cria la nouvelle par la fenêtre **2** [*sgridare*] crier après (*fam.*) (qqn.): *la mamma strilla spesso i bambini* la mère crie souvent après ses enfants.

strillàta |stril'lata| *s.f.* **1** [*grido acuto, strillo*] cri *m.* **2** [*sgridata*] savon *m.* (*fam.*): *s'è preso una strillata che se la ricorderà per un pezzo* il n'est pas prêt d'oublier le savon qu'il a reçu.

strillo |'strillo| *s.m.* **1** [*grido acuto*] cri: *fare uno strillo* pousser un cri **2** [*grido di protesta*] *con uno strillo fece zittire tutti* en élevant fortement la voix, il les fit tous taire **3** (*fam.*) [*rimprovero*] savon: *sentirai gli strilli di tuo padre!* ton père te passera un savon!

strillóne |stril'lone| *s.* **1** (*fam.*) [*chi parla a voce molto alta; chi strilla spesso*] braillard, brailleur* **2** [*venditore ambulante di giornali*] crieur* de journaux.

strillòzzo |stril'lɔttso| *s.m.* (*t.zool.*) proyer.

striminzìre |strimin'tsire| (197) **A** *v.tr.* [*stringere il corpo di qc. dentro fasce o busti per renderlo più sottile*] serrer **B** *v.pron.* STRIMINZIRSI **1** *rifl.* [*stringersi per sembrare più sottile*] se serrer **2** *intr.* [*diventare magro*] maigrir *intr.*

striminzito |strimin'tsito| *agg.* **1** (*persone*) [*gracile, magro*] maigrelet* **2** (*cose*) [*stretto, misero*] étriqué; étroit: *quest'abito è proprio striminzito* ce costume est vraiment étriqué ‖ *abitava in una stanza striminzita* il habitait une chambre étroite.

strimpellaménto |strimpella'mento| *s.m.* [→ STRIMPELLARE] **1** (*di pianoforte*) pianotage **2** (*di strumento a corda*) raclement.

strimpellàre |strimpel'lare| *v.tr.* [*suonare malamente strumenti a corda o a tastiera*] pianoter; racler: *strimpellare il pianoforte* pianoter, tapoter du piano ‖ *strimpellare il violino* racler le violon.

strimpellàta |strimpel'lata| *s.f.* [→ STRIMPELLARE] (*nella loc.*) *fare una strimpellata* jouer qqch.

strimpellatóre, trice |strimpella'tore, tritʃe| *s.* [*suonatore maldestro di strumenti a tastiera, a corda*] tapoteur *m.*; racleur*: *strimpellatore di pianoforte* tapoteur ‖ *strimpellatore di violino* racleur de violon.

strimpellìo, ii |strimpel'lio, ii| *s.m.* [→ STRIMPELLARE] pianotage, tapotage; raclage.

strinàre |stri'nare| *v tr.* **1** [*bruciacchiare alla fiamma le penne e i peli degli animali uccisi per togliere la peluria*] flamber **2** [*bruciacchiare stirando con ferro troppo caldo*] roussir: *ho strinato il collo della camicia* j'ai roussi le col de la chemise.

strinàto |stri'nato| *agg.* **1** [*bruciacchiato*] flambé **2** (*scherz.*) [*magrissimo*] maigre comme un clou (*loc.*): *era magro strinato* il était maigre comme un clou.

strinatùra |strina'tura| *s.f.* [→ STRINARE 2] roussissement *m.*

stringa, ghe |'stringa, ge| *s.f.* [*cordoncino, laccio per legare scarpe, busti e sim.*] lacet *m.*

stringàre |strin'gare| *v.tr.* **1** [*legare fortemente lacci o stringhe*] lacer (2) **2** (*fig.*) [*condensare, ridurre all'essenziale*] condenser.

stringataménte |stringata'mente| *avv.* [→ STRINGATO 2] avec concision *loc. inv.*

stringatézza |stringa'tettsa| *s.f.* [*concisione*] concision.
stringàto |strin'gato| *agg.* **1** [*legato strettamente*] serré # *scarpe stringate* [*con stringhe*] chaussures à lacets **2** (*fig.*) [*conciso*] concis: *stile stringato* style concis.
stringènte |strin'dʒɛnte| *agg.* **1** [*impellente, urgente*] pressant: *bisogni, necessità stringenti* besoins pressants, nécessités pressantes **2** (*fig.*) [*convincente, di grande rigore logico*] serré: *argomentazioni stringenti* argumentations serrées.
stringere |'strindʒere| (131) **A** *v.tr.* **1** [*avvicinare una cosa a un'altra serrandole più o meno fra loro*] serrer # *stringere i freni* resserrer les freins ◇ (*loc. fig.*) *stringere i denti* serrer les dents ~ *stringere i freni* [*rendere più rigida un'attività*] serrer la vis **2** [*premere, chiudere q.c. in un'altra*] serrer: *stringere le mani* serrer les mains; *stringere fra le braccia* serrer dans ses bras ◇ (*loc.*) *stringere la spada* [*impugnarla*] saisir l'épée ~ (*fig.*) *stringere il cuore* [*commuovere*] serrer le cœur **3** [*costringere qc. contro q.c.*; *fare addossare*] pousser: *stringere qc. al muro* pousser qqn. contre le mur # *stringere d'assedio una città* assiéger une ville **4** [*concludere, stipulare*] faire (45): *stringere un patto, un accordo* faire un pacte, un accord; *stringere amicizia con qc.* faire amitié avec qqn. **5** [*premere, comprimere*] serrer: *il collo della camicia stringe la gola* le col de la chemise serre le cou, étrangle # *le scarpe mi stringono i piedi* mes souliers sont trop étroits ◇ (*fig.*) *un nodo di pianto le stringeva la gola* elle était étranglé(e) par ses sanglots **6** [*rimpicciolire, restringere*] rétrécir: *stringere un abito, una giacca* rétrécir un costume, une veste ◇ (*loc. fig.*) *stringere un discorso* [*abbreviarlo*] abréger (3) un discours ~ *stringere i tempi* [*affrettare il compimento*] activer, se presser ~ *stringi stringi...* [*in conclusione*] en fin de compte... ~ *stringi!* [*concludi!*] viens(-en) au fait! ◇ (*prov.*) *chi troppo vuole nulla stringe* [*chi desidera troppo finisce per non avere nulla*] qui trop embrasse mal étreint **7** (*mar.*) *stringere il vento* serrer au vent, remonter au plus près **8** (*ant.*) → **costringere B** *v.intr.* (*aus.* 'avere') **1** [*incalzare, urgere*] presser: *il tempo stringe* le temps presse **2** (*sport*) *stringere al centro, a rete* [*convergere verso*] serrer au centre, aller vers les buts **C** *v.pron. rifl.* STRINGERSI **1** [*serrarsi, farsi più vicino*] se serrer: *stringersi sul sedile posteriore* se serrer sur le siège arrière; *il bimbo si strinse alla mamma* l'enfant se serra contre sa mère ◇ (*loc.*) *stringersi addosso al nemico* [*assalirlo*] assaillir l'ennemi **2** [*rannicchiarsi, contrarsi*] *stringersi in un angolo* se serrer dans un coin ◇ (*loc.*) *stringersi nelle spalle* (*per indicare dubbio o impotenza*) hausser les épaules.
stringiménto |strindʒi'mento| *s.m.* [→ STRINGERE A 1, 2] serrement.
stringinàso |strindʒi'nazo| *s.m. inv.* [*occhiali senza le aste della montatura*] pince-nez, lorgnon *var.*
strioscopìa |striosko'pia| *s.f.* (*scient.*) strioscopie.
strioscòpico, ci, ca, che |strios'kɔpiko, tʃi, ka, ke| *agg.* (*scient.*) strioscopique.
strippàggio, i |strip'paddʒo, i| *s.m.* (*tecnol.*) stripping.
strippapèlle |strippa'pɛlle| *solo nella loc. avv.* A STRIPPAPELLE à ventre deboutonné → **crepapelle.**
strippàre |strip'pare| **A** *v.intr.* (*aus.* 'avere') (*pop.*) [*mangiare a crepapelle*] s'empiffrer *pron.* (*fam.*) **B** *v.pron. intr.* STRIPPARSI [→ *intr.*] s'empiffrer.
strippàta |strip'pata| *s.f.* (*pop.*) (*nella loc.*) *fare una strippata* [*mangiare a crepapelle*] s'empiffrer *v.pron.*
strippóne |strip'pone| *s.* (*pop.*) → **mangione.**
strip-tease |stripti:z| *s.m. inv.* (*ingl.*) strip-tease (*var.*): *degli strip-tease* des strip-teases.
1 **striscia, sce** |'striʃʃa, ʃe| *s.f.* **1** [*pezzo stretto e lungo di q.c.*] bande: *una striscia di terra* une bande de terre; *tappezzare con strisce di carta* tapisser avec des bandes, des rouleaux de papier **2** [*ciò che ha la forma di una striscia*; *traccia lunga e stretta*] traînée, rayure: *l'aereo lasciò dietro di sé una striscia di fumo* l'avion laissa derrière lui une traînée de fumée ‖ *una gonna a strisce* une jupe à rayures **3** (*aer.*) traînée **4** *al plur.* [*passaggio pedonale*] passage *m. sing.* clouté: *bisogna attraversare sulle strisce* il faut traverser par le passage clouté.
2 **striscia, sce** |'striʃʃa, ʃe| *s.f.* [*insieme di una serie di quadri che nei fumetti occupano una sola riga*] bande dessinée: *striscia comica* bande dessinée comique; *le strisce di Hanna e Barbera* la bande dessinée d'Hanna et (de) Barbera.
strisciaménto |striʃʃa'mento| *s.m.* **1** [→ STRISCIARE B 1] rampement **2** [→ STRISCIARE A 1] traînement.
strisciànte |striʃ'ʃante| *agg.* **1** [*che striscia*] rampant; qui traîne (*loc.*): *animale strisciante* animal rampant ‖ *un sacco strisciante per terra* un sac qui traîne par terre **2** (*bot.*) rampant **3** (*fig.*) [*adulatore e servilmente ossequioso*] rampant: *individuo, essere strisciante* individu, être rampant.
strisciàre |striʃ'ʃare| **A** *v.tr.* **1** [*muovere sfregando una superficie*] traîner: *strisciare i piedi sul pavimento* traîner les pieds sur le sol **2** [*sfiorare, rasentare*] frôler: *il sasso gli strisciò la tempia* le caillou lui frôla la tempe **B** *v.intr.* (*aus.* 'avere') **1** [*passare sopra una superficie sfiorando o sfregando*] ramper; frotter: *la vipera striscia tra le foglie* la vipère rampe, se glisse, se coule entre les feuilles ‖ *il parafango strisciò contro il marciapiede* le pare-boue frotta contre le trottoir ◇ (*loc. fig.*) *strisciare come un verme* [*adulare*] ramper comme un ver **2** [*passare rasentando q.c.*] se glisser (*pron.*): *il furfante fuggì strisciando contro il muro* le vaurien s'enfuit en se glissant le long du mur **3** (*bot.*) [*crescere, svilupparsi aderendo a una superficie*] ramper: *i rami delle fragole strisciano sul terreno* les tiges (les coulants) des fraisiers rampent sur le terrain **4** (*carte*) [*giocare una carta strisciandola sul tavolo per dare un segnale*] glisser une carte **C** *v.pron. rifl.* STRISCIARSI **1** [*strofinarsi*] se frotter: *non strisciarti alla parete, la vernice è fresca* ne te frotte pas aux murs, la peinture est encore fraîche **2** (*fig.*) [*stare vicino a qc., adulandolo*] ramper (*intr.*): *ti strisci ai potenti in modo vergognoso* tu rampes devant les puissants d'une manière honteuse.
strisciàta |striʃ'ʃata| *s.f.* **1** [→ STRISCIARE B 1] rampement *m.*; frottement *m.* **2** [*segno lasciato da q.c. che striscia*] trace; égratignure.
strisciatùra |striʃʃa'tura| *s.f.* → **strisciata.**
strìscio, i |'striʃʃo, i| *s.m.* **1** [→ STRISCIARE B 1] rampement; frottement ◇ *loc. avv.* DI STRISCIO [*strisciando, sfiorando, sfregando*] de côté # *investire una macchina di striscio* prendre une voiture en écharpe ◇ (*loc.*) *ballo con lo striscio* [*fatto strisciando i piedi*] danse à pas glissés ~ *ferita da striscio* [*superficiale*] blessure superficielle **2** [*segno fatto strisciando*] rayure *f.*; éraflure *f.* # *il pavimento è pieno di strisci* le parquet est tout rayé **3** *loc. fam., tosc.* DI STRISCIO [*di seguito*] de suite (*corr.*).
striscióne |striʃ'ʃone| *s.m.* [*grossa striscia di stoffa, carta e sim.* (*appesa di traverso a strade o piazze*)] bande *f.*; banderole (*f.*): *striscione del traguardo, di partenza* bande d'arrivée, de départ ‖ *striscione pubblicitario* banderole publicitaire.
striscióni |striʃ'ʃoni| *avv.* [*strisciando per terra*] en rampant *loc. inv.*
stritolàbile |strito'labile| *agg.* [→ STRITOLARE A 1] triturable.
stritolaménto |stritola'mento| *s.m.* [→ STRITOLARE] broyage.
stritolàre |strito'lare| **A** *v.tr.* **1** [*ridurre in piccolissimi pezzi*] broyer (10), triturer: *stritolare un sasso* broyer une pierre **2** (*fig.*) [*demolire, annientare*] écraser: *stritolare il nemico* écraser l'ennemi **B** *v.pron. intr.* STRITOLARSI **1** [→ *tr.* 1] s'écraser, se rompre (44); *se broyer bras et jambes* **2** (*ant.*) [*struggersi, commuoversi esageratamente*] s'émouvoir (32) exagérément (*corr.*).
stritolatóre |stritola'tore| *s.m.* [*operaio addetto alla stritolatura*] broyeur* *s.*
stritolatùra |stritola'tura| *s.f.* (*raro*) → **stritolamento.**
stritolazióne |stritolat'tsjone| *s.f.* (*raro*) → **stritolamento.**
strix |striks| *s.f. inv.* (*zool.*) strix *m.*
strizióne |strit'tsjone| *s.f.* (*fis., mat., mecc.*) striction.
strizzalimóni |strittsali'moni| *s.m. inv.* → **spremilimoni.**
strizzàre |strit'tsare| *v.tr.* [*stringere con forza q.c. per farne uscire il liquido*] essorer, tordre (53): *strizzare il bucato* essorer la lessive, tordre le linge; *strizzare uno strofinaccio* tordre un torchon # *strizzare il limone* presser le citron ◇ (*loc. fig.*) *strizzare l'occhio* [*ammiccare*] cligner de l'œil ~ *strizza strizza...* [*in conclusione*] en conclusion...
strizzàta |strit'tsata| *s.f.* [→ STRIZZARE] (*nella loc.*) *dare una strizzata alla biancheria* [*storcerla*] tordre le linge ~ (*fig.*) *fare una strizzata d'occhi* faire un clin *m.* d'œil.
strizzatóio, i |strittsa'tojo, i| *s.m.* (*tecnol.*) essoreuse *f.* à rouleaux.
strizzatùra |strittsa'tura| *s.f.* [→ STRIZZARE] essorage *m.*
strizzóne |strit'tsone| *s.m.* **1** [*strizzata violenta*] étreinte *f.* # *dare uno strizzone allo strofinaccio* bien tordre le torchon **2** [*dolore forte e improvviso*]

élancement 3 (*region.*, *tosc.*) [*colpo di freddo*] coup de froid (*corr.*).
strobilazióne |strobilat'tsjone| *s.f.* (*zool.*) strobilation.
stròbilo |'strɔbilo| *s.m.* (*bot.*, *zool.*) strobile.
strobofotografìa |strobofoto-gra'fia| *s.f.* strobophotographie.
stroboràma |strobo'rama| *s.m.* (*tecnol.*) stroborama.
stroboscopìa |strobosko'pia| *s.f.* (*fis.*) stroboscopie.
stroboscòpico, ci, ca, che |strobos'kɔpiko, tʃi, ka, ke| *agg.* stroboscopique.
stroboscòpio, i |strobos'kɔpjo, i| *s.m.* (*fis.*) stroboscope.
stròfa |'strɔfa| *s.f.* (*fam.*) → **strofe.**
strofantina |strofan'tina| *s.f.* (*chim.*) strophantine.
strofànto |stro'fanto| *s.m.* (*t.bot.*) strophante, strophantus.
stròfe |'strɔfe| *s.f. inv.* (*letter.*) strophe *var.* (*corr.*) ◇ (*specialt.*) *strofe libere* vers *m.* libres.
stròfico, ci, ca, che |'strɔfiko, tʃi, ka, ke| *agg.* (*letter.*) strophique.
strofinàccio, i |strofi'nattʃo, i| *s.m.* [*cencio per pulire*] torchon; (*per pavimenti*) serpillière *f.*; (*per spolverare*) chiffon.
strofinaménto |strofina'mento| *s.m.* [→ STROFINARE] frottement.
strofinàre |strofi'nare| **A** *v.tr.* [*passare ripetutamente sopra una superficie esercitando una certa forza*] frotter: *strofinare i pavimenti* frotter, astiquer le parquet **B** *v.pron. intr.* STROFINARSI [*strisciarsi contro q.c.*] se frotter: *strofinarsi contro il muro* se frotter contre le mur ◇ (*fig.*) *strofinarsi a qc.* [*stare vicino a qc. per ottenere favori*; *adulare*] flatter qqn.
strofinàta |strofi'nata| *s.f.* coup *m.* de chiffon, de torchon.
strofinio, ii |strofi'nio, ii| *s.m.* **1** [→ STROFINARE] frottement (continuel) **2** (*fis.*) frottement.
strofòide |stro'fɔide| *s.f.* (*geom.*) strophoïde.
stròlaga, ghe |'strɔlaga, ge| *s.f.* (*t.zool.*) plongeon *m.*
strologàre |strolo'gare| *v.intr.* (*aus.* '*avere*') **1** [*astrologare, predire l'avvenire consultando gli astri*] prédire (48) *tr.* l'avenir **2** (*fig.*) [*lambiccarsi il cervello, almanaccare*] se creuser *pron.*, se triturer *pron.* (*fam.*) la cervelle.
stròlogo, gi, ghi |'strɔlogo, dʒi, gi| *s.* (*pop.*) → **astrologo.**
stròma |'strɔma| *s.m.* (*biol.*, *bot.*) stroma.
strombàre |strom'bare| *v.tr.* (*arch.*) [*fare una strombatura*] ébraser.
strombatùra |stromba'tura| *s.f.* (*arch.*) ébrasement *m.*, ébrasure.
strombazzaménto |strombattsa'mento| *s.m.* [→ STROMBAZZARE] vacarme.
strombazzàre |strombat'tsare| **A** *v.tr.* [*far sapere q.c. in modo esagerato e chiassoso*] claironner **B** *v.intr.* (*aus.* '*avere*') **1** [*suonare il clacson*] klaxonner **2** (*raro*) [*suonare la tromba rumorosamente e con scarsa perizia*] mal jouer de la trompette.
strombazzàta |strombat'tsata| *s.f.* → **strombazzamento.**
strombazzatùra |strombattsa-tura| *s.f.* → **strombazzamento.**
strombettàre |strombet'tare| **A** *v.intr.* (*aus.* '*avere*') **1** [*suonare la tromba o la tromba in modo insistente e stonato*] faire (45) *tr.* des couacs à la trompette **2** [*suonare insistentemente il clacson o la tromba di un'automobile*] klaxonner **B** *v.tr.* (*raro*) [*divulgare*] claironner, crier: *strombettare ai quattro venti* claironner, crier sur les toits → **strombazzare.**
strombettàta |strombet'tata| *s.f.* coup *m.* de trompette.
strombettìo, ii |strombet'tio, ii| *s.m.* suite *f.* de coups de trompette, coups *pl.* de trompette répétés.
1 **strómbo** |'strombo| *s.m.* (*t.zool.*) strombe.
2 **strómbo** |'strombo| *s.m.* → **strombatura.**
strombolïàno |strombo'ljano| *agg.* (*geol.*) strombolien*.
stroncaménto |stronka'mento| *s.m.* [→ STRONCARE A 5] démolissage.
stroncàre |stron'kare| **A** *v.tr.* **1** [*rompere, spezzare con violenza*] casser; arracher: *con un colpo secco stroncò un bastone* d'un coup sec il cassa un bâton ‖ *la furia del vento ha stroncato gli alberi* le vent en furie a arraché les arbres **2** [*affaticare, stancare fino quasi a spezzare*] briser: *la febbre lo ha stroncato* la fièvre l'a brisé # *quella camminata mi ha stroncato le gambe* cette promenade m'a coupé les jambes, m'a éreinté **3** (*fig.*) [*far cessare, reprimere in modo deciso*] couper; briser, écraser: *l'antibiotico gli ha stroncato la febbre* l'antibiotique a coupé sa fièvre ‖ *stroncare una rivolta, un'insurrezione* briser, écraser une révolte, une insurrection **4** (*fig.*) [*uccidere in modo violento e improvviso*] *l'infarto lo ha stroncato* il a été emporté par un infarctus; *un incidente automobilistico gli stroncò la vita* il perdit la vie dans un accident d'auto **5** (*fig.*) [*demolire con una critica feroce*] démolir: *stroncare un'opera, un film* démolir une œuvre, un film; *stroncare un interprete, un attore* démolir, éreinter un interprète, un acteur **B** *v.pron. intr.* (*raro*) STRONCARSI [*spezzarsi, rompersi*] se briser (*corr.*).
stroncatóre, trice |stronka'tore, tritʃe| *s.* (*raro*, *fig.*) [*chi stronca* (5)] éreinteur *m.* (*corr.*) ◆ *agg.* destructeur*, éreinteur (*solo m.*).
stroncatùra |stronka'tura| *s.f.* [→ STRONCARE A 5] éreintement *m.*
stròngilo |'strɔndʒilo| *s.m.* (*t.zool.*) strongyle, strongle.
strongilòsi |strondʒi'lɔzi| *s.f. inv.* (*veter.*) strongylose *var.*
stronziàna |stron'tsjana| *s.f.* (*chim.*) strontiane.
strònzio, i |'strɔntsjo, i| *s.m.* (*chim.*) strontium.
strónzo |'strontso| *s.* **1** *s.m.* (*volg.*) [*escremento solido di forma cilindrica*] étron (*corr.*) **2** *s.* (*fig.*, *volg.*) [*persona inetta, ottusa e stupida*] couillon *m.*
stropicciaménto |stropittʃa'mento| *s.m.* **1** [→ STROPICCIARE A 1] frottement **2** [→ STROPICCIARE A 2] froissement.
stropicciàre |stropit'tʃare| **A** *v.tr.* **1** [*passare ripetutamente una cosa contro un'altra*] frotter: *stropicciare i piedi per terra* frotter ses pieds par terre □ *stropicciarsi le mani* se frotter les mains **2** (*fam.*) [*sgualcire, spiegazzare*] froisser (*corr.*): *stropicciare la gonna* froisser sa jupe **B** *v.pron. intr.* (*pop.*) STROPICCIARSI [*disinteressarsi, non curarsi di q.c. o di qc.*] se moquer (*corr.*), se ficher (*fam.*).
stropicciàta |stropit'tʃata| *s.f.* [→ STROPICCIARE A 1] frottement *m.* # *darsi una stropicciata alle mani* se frotter les mains.
stropicciàto |stropit'tʃato| *agg.* [*sgualcito, spiegazzato*] froissé *p.p.*, chiffonné.
stropicciatùra |stropittʃa'tura| *s.f.* [→ STROPICCIARE A 2] froissement *m.*
stropiccìo, ii |stropit'tʃio, ii| *s.m.* **1** [→ STROPICCIARE A 1] frottement **2** [*rumore di ciò che viene stropicciato*] froissement.
stroppàre |strop'pare| *v.tr.* (*mar.*) [*legare, guarnire con uno stroppo*] estroper.
stroppiàre |strop'pjare| *v.tr.* (*pop.*) → **storpiare.**
stròppo |'strɔppo| *s.m.* (*mar.*) estrope *f.*
stròzza |'strɔttsa| *s.f.* [*gola*; *canna della gola*] gorge, gosier (*m.*): *la voce gli rimase nella strozza* les paroles lui restèrent au fond de la gorge; sa voix s'étrangla.
strozzaménto |strottsa'mento| *s.m.* **1** [→ STROZZARE A 1, 2, 3] strangulation *f.*; étranglement: *è morto per strozzamento* il est mort par strangulation ‖ *lo strozzamento del canale* l'étranglement du canal **2** (*fig.*) [*richiesta esosa, da strozzino*] usure *f.* **3** (*med.*) étranglement ◇ (*mecc.*) *lo strozzamento del vapore* l'étranglement de la vapeur.
strozzàre |strot'tsare| **A** *v.tr.* **1** [*ammazzare qc. comprimendo con forza le vie respiratorie*] étrangler: *l'hanno strozzato con una calza* il a été étranglé avec un bas → **strangolare** **2** [*impedire il respiro*; *soffocare*] étrangler: *questo colletto mi strozza* ce col m'étrangle # *mi sento strozzare* j'étouffe **3** [*restringere q.c. in un punto*] (res)serrer: *strozzare un tubo* serrer, pincer un tube ◇ (*per est.*) [*occludere, ostruire*] obstruer: *un masso strozza l'entrata della caverna* une roche obstrue, bloque l'entrée de la caverne # *il canale è strozzato dalla sabbia* le canal est ensablé **4** (*fig.*) [*prestare denaro a forte usura*] plumer **5** (*mar.*) [*fermare lo scorrimento di un cavo o di una catena*] bloquer # *strozzare la catena dell'ancora* saisir l'ancre **B** *v.pron.* STROZZARSI **1** *intr.* [*morire per strozzamento*] s'étrangler **2** *intr.* [*rimanere soffocato da un boccone che si ferma nella gola e impedisce di respirare*] s'étouffer **3** *intr.* [*subire una strozzatura*] se rétrécir: *a un certo punto la valle si strozza* à un certain endroit, la vallée se rétrécit, s'étrangle **4** *rifl.* [*impiccarsi, strangolarsi*] se pendre (53).
strozzàto |strot'tsato| *agg.* **1** [*che esce a stento dalla gola*] étranglé: *parole strozzate dal pianto* paroles étranglées par les larmes **2** [*caratteristica di tutto ciò che presenta una strozzatura, che si restringe fino a chiudersi*] étranglé: *valle strozzata* vallée étranglée # *fucile a canna strozzata* fusil à canon choke-bore **3** (*med.*) étranglé.
strozzatóio, i |strottsa'tojo, i| *s.m.* (*mar.*) étrangloir.
strozzatóre, trice |strottsa'tore, tritʃe| *s. e agg.* [*chi, che strozza*] étrangleur* *s.*
strozzatùra |strottsa'tura| *s.f.* **1** [→ STROZZARE A 1, 2, 3] étranglement

m.; resserrement *m.* **2** [*punto di restringimento*] goulot *m.*; rétrécissement (*m.*): *la strozzatura di una bottiglia* le goulot d'une bouteille || *la strozzatura di un tubo* le rétrécissement d'un tube; *dopo questa strozzatura la strada si allarga* après ce rétrécissement la rue s'élargit **3** (*econ.*) étranglement.

strozzière |strot'tsjɛre| *s.* (*ant.*) [*allevatore e custode di uccelli rapaci, spec. di falconi*] autoursier *m.*

strozzinàggio, i |strottsi'nadd͡ʒo, i| *s.m.* [*comportamento da strozzino*; *usura*] usure *f.*

strozzinésco, chi, ca, che |strottsi'nesko, ki, ka, ke| *agg.* [*da strozzino*] usuraire.

strozzino |strot'tsino| *s.* **1** [*chi presta denaro a interesse molto alto, usuraio*] usurier* **2** [*chi vende a prezzi troppo alti*] usurier ◇ (*per est.*) [*chi cerca di carpire ad altri quanto più denaro possibile*] usurier.

struccàre |struk'kare| **A** *v.tr.* [*togliere il trucco dal viso*] démaquiller **B** *v.pron. rifl.* STRUCCARSI [→ *tr.*] se démaquiller.

strùcco, chi |'strukko, ki| *s.m.* [→ STRUCCARE] démaquillage.

struggènte |strud'd͡ʒɛnte| *agg.* [*tormentoso, angoscioso*] poignant.

strùggere |'strudd͡ʒere| (136) **A** *v.tr.* **1** [*sciogliere, liquefare con il calore*] fondre (53): *struggere la neve, la cera* (faire) fondre la neige, la cire # *struggere q.c. in bocca* faire fondre qqch. dans la bouche **2** (*fig.*) [*far soffrire, consumare lentamente*] consumer: *lo strugge la malinconia* la mélancolie le consume **B** *v.pron. intr.* STRUGGERSI **1** [*sciogliersi, fondersi con il calore*] se fondre: *il burro si strugge nel tegame* le beurre se fond dans la poêle **2** (*fig.*) [*tormentarsi, consumarsi di passione, di desiderio*] *si struggeva per amore* il se mourait d'amour; *si struggeva per il desiderio di tornare a casa* il brûlait du désir de retourner chez lui; *struggersi in lacrime* fondre en larmes.

struggicuòre |strudd͡ʒi'kwɔre| *s.m. inv.* [*struggimento di cuore*] peine *f. var.*, désespoir *var.*

struggigràno |strudd͡ʒi'grano| *s.m. inv.* (*t.zool.*) cadelle *f. var.*

struggiménto |strudd͡ʒi'mento| *s.m.* [→ STRUGGERE A 2; B 2] peine *f.*

strulleria |strulle'ria| *s.f.* (*tosc.*) [*ciò che è strullo*; *grulleria*] sottise (*corr.*).

strùllo |'strullo| *agg.* (*tosc.*) [*sciocco, grullo*] sot* ✦ (*s.*) *uno strullo* un sot: *sei uno strullo!* tu es un sot!

strùma |'struma| *s.f.* (*med.*) strume (*raro*) → **gozzo.**

strumentàle |strumen'tale| *agg.* **1** instrumental*: *musica, concerto strumentale* musique instrumentale, concert instrumental **2** (*aer.*) aux instruments *loc. inv.* **3** (*econ.*) d'équipement *loc. inv.* **4** (*dir.*) instrumentaire **5** (*gram.*) de moyen *loc. inv.*

strumentalìsmo |strumenta'lizmo| *s.m.* (*filos.*) instrumentalisme.

strumentalità |strumentali'ta| *s.f. inv.* [*carattere, valore strumentale di una cosa*] caractère *m. var.* instrumental*.

strumentalizzàre |strumentalid'dzare| *v.tr.* **1** (*mus.*) [*far eseguire a uno strumento una parte musicale destinata alla voce umana*] instrumenter (*raro*) **2** (*fig.*) [*servirsi di qc. o di q.c. per raggiungere un fine prestabilito*] se servir (21) *pron.* (de qqch.) comme...

strumentalizzazióne |strumentaliddzat'tsjone| *s.f.* [→ STRUMENTALIZZARE] strumentalisation.

strumentalménte |strumental'mente| *avv.* [→ STRUMENTALE 1, 2] instrumentalement.

strumentàre |strumen'tare| *v.tr.* (*mus.*) [*assegnare ai vari strumenti la parte da eseguire in una composizione strumentale*] orchestrer.

strumentàrio, i |strumen'tarjo, i| *s.m.* [*insieme degli strumenti necessari per espletare una determinata attività*] instruments (*pl.*): *lo strumentario chirurgico* les instruments de chirurgie # *lo strumentario del pittore* le matériel du peintre ✦ *agg.* → **strumentale.**

strumentatóre, trice |strumenta'tore, tritʃe| *s.* (*mus.*) instrumentiste.

strumentatùra |strumenta'tura| *s.f.* → **strumentazione** 1.

strumentazióne |strumentat'tsjone| *s.f.* **1** (*mus.*) instrumentation, orchestration **2** [*insieme di strumenti e attrezzature che occorrono per espletare certe attività*] outillage *m.* **3** [*complesso di strumenti di cui è dotato un mezzo di trasporto, un macchinario*] appareils *m. pl.*

strumentini |strumen'tini| *s.m. pl.* (*mus.*) bois.

strumentista |strumen'tista| *s.* instrumentiste.

struménto |stru'mento| *s.m.* **1** outil; instrument: *gli strumenti del muratore, del falegname* les outils du maçon, du menuisier || *strumenti di misurazione* instruments de mesure; *strumenti chirurgici* instruments de chirurgie; *strumenti di precisione* instruments de précision **2** (*mus.*) instrument **3** (*fig.*) instrument: *essere lo strumento di qc.* être l'instrument de qqn. **4** (*dir.*) acte notarié **5** (*region.*) [*tipo inquieto, noioso*] coco (*fam.*), zèbre (*fam.*): *sei un bello strumento!* tu es un drôle de coco, de zèbre!

strùsa |'struza| *s.f.* → **strazze.**

strusciaménto |struʃa'mento| *s.m.* [→ STRUSCIARE A 1; B; C 1] frottement.

strusciàre |struʃ'ʃare| **A** *v.tr.* **1** [*strofinare q.c. sopra o contro un'altra*] traîner; frotter: *strusciare i piedi per terra* traîner les pieds par terre || *strusciare i gomiti sul tavolo* frotter les coudes sur la table # *strusciare il parafango dell'automobile contro un muro* racler l'aile de la voiture contre le mur **2** [*sciupare*] froisser: *strusciare l'abito, la gonna* froisser son costume, sa jupe **B** *v.intr.* (*aus.* 'avere') [→ *tr.* 1] se frotter (*pron.*): *non strusciare contro il muro* ne te frotte pas contre le mur **C** *v.pron. rifl.* STRUSCIARSI **1** [*strofinarsi*] se frotter **2** (*fig.*) [*stare sempre intorno a qc.*; *adulare*] flatter *tr.*

strusciàta |struʃ'ʃata| *s.f.* [→ STRUSCIARE A 1; B; C 1] frottement *m.*

strùscio, ii |'struʃʃo, ii| *s.m.* [→ STRUSCIARE A 1; B; C 1] frottement.

strùtto |'strutto| *s.m.* [*grasso ottenuto facendo struggere i tessuti adiposi del maiale*] saindoux.

struttùra |strut'tura| *s.f.* **1** (*arch.*) structure ◇ (*per est.*) *struttura sociale dello Stato* structure sociale de l'État; *struttura del corpo umano* structure du corps humain; *la struttura sintattica di una lingua* la structure syntaxique d'une langue **2** (*chim.*) structure **3** (*geol.*) structure **4** (*mat.*) structure.

strutturàbile |struttu'rabile| *agg.* [→ STRUTTURARE] structurable.

strutturàle |struttu'rale| *agg.* structural*.

strutturalismo |struttura'lizmo| *s.m.* (*arch.*, *ling.*, *psicol.*) structuralisme.

strutturalista |struttura'lista| *s. e agg.* structuraliste.

strutturalistico, ci, ca, che |struttura'listiko, tʃi, ka, ke| *agg.* structuraliste.

strutturalménte |struttural'mente| *avv.* [→ STRUTTURALE] en ce qui concerne la structure *loc.*; dans sa structure *loc. inv.*

strutturànte |struttu'rante| *agg.* structurant.

strutturàre |struttu'rare| *v.tr.* [*sistemare, ordinare secondo una struttura*] structurer.

strutturàto |struttu'rato| *agg.* structuré.

strutturazióne |strutturat'tsjone| *s.f.* [→ STRUTTURARE] structuration.

strutturistica, che |struttu'ristika, ke| *s.f.* (*chim.*, *fis.*) structuristique.

strutturologia, gie |strutturolo'd͡ʒia, d͡ʒie| *s.f.* (*geol.*) structurologie.

Struzionifórmi |struttsjoni'formi| *s.m. pl.* (*t.zool.*) Struthioniformes.

strùzza |'struttsa| *s.f.* (*mar.*) livarde.

strùzzo |'struttso| *s.m.* (*t.zool.*) autruche *f.* ~ *struzzo d'America* autruche d'Amérique → **nandù** ~ *struzzo australiano* autruche autralienne → **emù** ◇ (*loc. fig.*) *avere uno stomaco di struzzo* [*digerire ogni cosa*] avoir un estomac d'autruche ~ *fare lo struzzo, fare la politica dello struzzo* pratiquer la politique de l'autruche.

Strychnos |striknos| *s.f. pl.* (*t.bot.*) Strychnées, Strychnos *m.*

stuccaménto |stukka'mento| *s.m.* [→ 1 STUCCARE 1] masticage.

1 **stuccàre** |stuk'kare| *v.tr.* **1** [*turare con lo stucco*] mastiquer **2** [*decorare con stucchi*] stuquer.

2 **stuccàre** |stuk'kare| **1** *v.tr.* [*saziare, riempire fino alla nausea*] écœurer # *la torta è molto buona, ma mi ha stuccato* c'est un très bon gâteau, mais j'en ai mangé jusqu'à l'écœurement **2** (*fig.*) [*annoiare, stancare*] fatiguer, lasser # *questo racconto mi ha proprio stuccato* ce récit m'a excédé; j'en avais plein le dos (*fam.*) de ce récit.

stuccatóre |stukka'tore| *s.m.* **1** stucateur **2** [*decoratore in stucchi*] staffeur.

stuccatùra |stukka'tura| *s.f.* **1** [→ 1 STUCCARE 1] masticage *m.* **2** [*stucco già indurito*] stucage *m.* **3** → 1 **stucco.**

stucchévole |stuk'kevole| *agg.* **1** [*nauseante*] écœurant **2** [*noioso, tedioso*] ennuyeux* **3** [*fastidioso*] fastidieux*.

stucchevolézza |stukkevo'lettsa| *s.f.* **1** goût *m.* écœurant **2** [*noia*] ennui *m.*

stucchevolménte |stukkevol'mente| *avv.* **1** [→ STUCCHEVOLE 2] d'une manière qui fatigue, qui ennuie *loc. inv.* **2** [→ STUCCHEVOLE 3] fastidieusement, d'une manière agaçante *loc. inv.*

1 **stùcco, chi** |'stukko, ki| *s.m.* **1** stuc; mastic: *turare un buco con lo*

stucco boucher un trou avec du stuc || *mettere lo stucco ai vetri* mettre du mastic sur le vitres ◇ (*loc. fig.*) *essere di stucco* être sans caractère, être une chiffe molle ~ *rimanere di stucco* [*meravigliato, stupito*] en rester baba (*fam.*) **2** [*rilievo, decorazione ornamentale eseguita con lo stucco*] stuc.

2 **stùcco, chi, ca, che** |'stukko, ki, ka, ke| *agg.* [*sazio fino alla nausea*] fatigué, lassé # *essere stucco di q.c.* en avoir assez de qqch., en avoir par-dessus la tête de qqch.

stuccóso |stuk'koso| *agg.* (*raro*) → **stucchevole.**

studentàto |studen'tato| *s.m.* années *f. pl.* d'université.

studènte, essa |stu'dɛnte, essa| *s.* [*persona che frequenta corsi di studi*] élève; lycéen*; étudiant: *studente di scuola media* élève du premier cycle || *studente liceale* lycéen, élève du second cycle || *studente* (*universitario*) *di medicina* étudiant en médecine, caralin (*fam.*); *studente di ingegneria* étudiant qui fait des études d'ingénieur; *studente-lavoratore* étudiant-travailleur*, élève-travailleur.

studentésca, che |studen'teska, ke| *s.f.* (*raro*) [*l'insieme degli studenti*] étudiants *m. pl.* (*corr.*).

studentésco, chi, ca, che |studen'tesko, ki, ka, ke| *agg.* [*degli studenti*] estudiantin.

studiàbile |stu'djabile| *agg.* qu'on peut étudier *loc.*; qu'on peut évaluer *loc.*

studiacchiàre |studjak'kjare| **A** *v.tr.* [*studiare poco e senza alcuna voglia*] étudier sans entrain **B** *v.intr.* (*aus.* '*avere*') [→ *tr.*] étudier *tr.* sans entrain.

studiàre |stu'djare| **A** *v.tr.* **1** [*applicare le proprie capacità intellettuali per imparare q.c.*] étudier: *studiare una lingua* étudier une langue **2** [*seguire con regolarità i corsi in una scuola o gli insegnamenti di un maestro*] fréquenter; faire (45) ses études, étudier: *studiare all'università, all'accademia* fréquenter l'université, l'académie || *non ha i mezzi per studiare* il n'a pas le moyens de poursuivre ses études, d'étudier # *ha smesso di studiare* il a arrêté ses études **3** [*esaminare diligentemente per conoscere bene*] étudier: *studiare un progetto, un piano* étudier un projet, un plan **4** [*escogitare*] étudier: *studiare il mezzo per riuscire* étudier le moyen pour réussir ◇ (*fam.*) *le studia tutte!* il ne sait (plus) qu'inventer! **5** [*controllare il proprio modo di agire*] étudier: *studiare le parole, i gesti* étudier ses mots, ses gestes **6** (*raro*) [*affrettare*] *hâter (*corr.*), presser: *studiare il passo* hâter, presser le pas **B** *v. intr.* (*aus.* '*avere*') [*cercare di*] essayer (9): *studiare di piacere* essayer de plaire **C** *v.pron.* STUDIARSI **1** *intr.* [→ *intr.*] s'efforcer (2), essayer (9) (*intr.*): *si studiava di essere gentile* il s'efforçait, il essayait d'être gentil **2** *rifl.* [*osservarsi*] s'étudier # *si studiava allo specchio prima di uscire* elle posait devant la glace avant de sortir.

studiataménte |studjata'mente| *avv.* [→ STUDIATO] d'une manière étudiée *loc. inv.*

studiàto |stu'djato| *agg.* [*affettato, eccessivamente ricercato*] poseur*, étudié.

stùdio, i |'studjo, i| *s.m.* **1** [→ STUDIARE A 1] étude (*f.*): *studio assiduo, continuo* étude assidue, continue ◇ (*loc.*) *uomo di studio* homme d'étude ~ *borsa di studio* bourse d'études **2** [*ciò che è oggetto di studio*] étude: *gli studi scientifici, letterari* les études scientifiques, littéraires **3** *al plur.* [*complesso delle materie di studio*] études: *studi medi* études du premier cycle; *studi liceali* études de l'enseignement secondaire; *studi universitari* deuxième cycle d'études universitaires ◇ (*loc.*) *provveditorato agli studi* [*organo cui spetta l'organizzazione scolastica di una provincia*] inspection *f.* d'Académie **4** [*lavoro, ricerca, indagine approfondita*] étude: *fare uno studio sul Carducci* faire une étude sur Carducci **5** [*progetto, lavoro di preparazione*; *bozzetto di un artista per un'opera*] étude: *lo studio per la costruzione di un ponte, di un acquedotto* l'étude pour la construction d'un pont, d'un aqueduc; *uno studio di donna* une étude de femme → **abbozzo** ◇ *loc.* ALLO STUDIO à l'étude: *il progetto è allo studio* le projet est à l'étude **6** (*mus.*) étude **7** (*lett.*) [*diligenza, impegno*] soin: *metterci tutto lo studio possibile nel fare q.c.* apporter tout son soin à faire qqch. ◇ (*loc.*) *a bello studio* [*di proposito*] tout exprès, à dessein **8** [*stanza di studio*; *stanza di lavoro*] bureau # *studio di avvocato, di notaio* cabinet d'avocat, étude de notaire; *studio di fotografo* studio **9** [*ambienti appositamente attrezzati per riprese cinematografiche o televisive*] studio.

studiòlo |stu'djɔlo| *s.m.* **1** petit cabinet de travail **2** (*tosc.*) [*mobile del Rinascimento usato per scrivere*] secrétaire.

studiosaménte |studjosa'mente| *avv.* **1** [→ STUDIOSO 1] studieusement **2** [*di proposito*] exprès, de propos délibéré *loc. inv.*

studióso |stu'djoso| *agg.* **1** studieux*, appliqué **2** (*lett.*) [*premuroso, sollecito*] soigneux* (*corr.*) ◆ (*s.*) spécialiste, savant *m.*

stuellàre |stuel'lare| *v.tr.* (*med.*) [*curare una ferita con stuelli*] mécher (8).

stuèllo |stu'ɛllo| *s.m.* (*chir.*) mèche *f.*

1 **stùfa** |'stufa| *s.f.* **1** [*apparecchio di riscaldamento in cui si bruciano combustibili*] poêle (*m.*): *stufa a legna, a carbone, a gas* poêle à bois, à charbon, à gaz **2** [*radiatore*] radiateur (*m.*): *stufa elettrica* radiateur électrique **3** (*raro*) [*ambiente riscaldato artificialmente*; *serra*] étuve.

2 **stùfa** |'stufa| *s.f.* [→ 1 STUFARE 2] *manzo cotto in stufa* bœuf en daube, bœuf cuit à l'étouffée, estouffade de bœuf.

stufàio, i |stu'fajo, i| *s.* (*raro*) → **fumista.**

stufaiòla |stufa'jɔla| *s.f.* (*cuc.*) daubière, braisière.

1 **stufàre** |stu'fare| *v.tr.* **1** [*scaldare nella stufa*] ébouillanter: *stufare i bozzoli* ébouillanter les cocons ◇ (*spec.*) *stufare le botti* [*sciacquarle con acqua calda per renderle stagne*] échauder les tonneaux **2** [*cuocere in stufato*] cuire (75) en daube, à l'étouffée: *stufare il manzo* cuire le bœuf en daube, à l'étouffée.

2 **stufàre** |stu'fare| **A** *v.tr.* (*fig., fam.*) [*seccare, dare fastidio*] ennuyer (11): *le tue continue lamentele mi hanno stufata* tes plaintes continuelles m'ont ennuyée, m'ont agacée # *sono stufo di ascoltarti!* j'en ai assez de t'écouter **B** *v.pron. intr.* (*fam.*) STUFARSI [*seccarsi, infastidirsi*] en avoir (28) *intr.* assez, se lasser.

stufàto |stu'fato| *s.m.* (*cuc.*) bœuf à l'étouffée, bœuf mode, daube *f.*

stufatùra |stufa'tura| *s.f.* (*tecnol.*) *stufatura dei bozzoli* étouffage *m.* des cocons; *stufatura del formaggio* étuvage *m.*, étuvement *m.* du fromage.

stùfo |'stufo| *agg.* (*fam.*) [*stanco, annoiato*] fatigué (*corr.*) # *sono stufo di te* j'en ai assez de toi.

stuòia |'stwɔja| *s.f.* [*tessuto di giunchi, paglia e sim. che si usa come tappeto, tappezzeria o soffittatura*] natte ◇ *loc.* A STUOIA [*dall'aspetto sim. alla stuoia*] à incrustations; *tessuto a stuoia* [*in rilievo*] natté *s.m.*

stuòlo |'stwɔlo| *s.m.* [*grande quantità di persone o di animali*] foule *f.* # *uno stuolo di rondini* un vol d'hirondelles.

stùpa |'stupa| *s.f.* (*arch.*) stoûpa *m.*, stûpa *m.*

1 **stupefacènte** |stupefa'tʃɛnte| *agg. e s.m.* stupéfiant.

2 **stupefacènte** |stupefa'tʃɛnte| *s.m.* stupéfiant, schnouff *f.* (*gerg.*), chnouf *f.* (*gerg.*).

stupefàre |stupe'fare| (103) **A** *v.tr.* [*riempire di stupore, sbalordire*] stupéfier **B** *v.intr.* (*aus.* '*essere*') (*raro*) [*rimanere stupefatti*] stupéfier *tr.* # *una scena da stupefare* une scène stupefiante → **stupire C** *v.pron. intr.* STUPEFARSI [*essere presi da stupore*] être (43) *intr.* très étonné. → **stupir(si).**

stupefàtto |stupe'fatto| *agg.* stupéfait.

stupefazióne |stupefat'tsjone| *s.f.* **1** [→ STUPEFARE] stupéfaction **2** (*med.*) stupéfaction.

stupendaménte |stupenda'mente| *avv.* [→ STUPENDO] merveilleusement # *trascorrere stupendamente una giornata* passer une journée merveilleuse.

stupèndo |stu'pɛndo| *agg.* **1** [*meraviglioso, che suscita stupore*] superbe **2** (*fam.*) [*molto bello*] superbe: *viso stupendo* visage superbe.

stupidàggine |stupi'daddʒine| *s.f.* **1** [*azione o discorso da stupido*] bêtise **2** [*cosa facile da eseguire*] rien (*m.*): *imparare ad andare in bicicletta è proprio una stupidaggine* apprendre à aller à bicyclette ce n'est rien du tout → **sciocchezza 3** [*l'essere stupido*] bêtise.

stupidaménte |stupida'mente| *avv.* [→ STUPIDO] stupidement.

stupidàta |stupi'data| *s.f.* (*region.*) [*atto, discorso stupido*] bêtise (*corr.*) # *ma quali stupidate vai raccontando!* mais qu'est-ce que tu racontes-là!

stupidìre |stupi'dire| (197) *v.tr.* [*rendere stupido*] abêtir, abrutir.

stupidità |stupidi'ta| *s.f. inv.* stupidité *var.*, bêtise *var.*

stùpido |'stupido| *agg.* **1** (*persone*) stupide **2** (*cose*) stupide: *vita stupida* vie stupide **3** (*lett.*) interdit (*corr.*) ◆ (*s.*) *uno stupido* un idiot.

stupidóne |stupi'done| *s.* [*persona estremamente sciocca*] nouille *f.* (*fam.*), poire *f.* (*fam.*).

stupire |stu'pire| (197) **A** *v.tr.* [*riem-*

pire di stupore] étonner beaucoup: *il suo coraggio mi stupì* son courage m'étonna beaucoup **B** *v.intr.* (*aus.* '*essere*') [*rimanere profondamente stupito, meravigliato*] étonner *tr.* beaucoup: *stupisco per queste parole* ces mots m'étonnent beaucoup **C** *v.pron. intr.* STUPIRSI [*restare attonito, pieno di meraviglia*] s'étonner beaucoup.

stupìto |stu'pito| *agg.* [*meravigliato, pieno di stupore*] étonné.

stupóre |stu'pore| *s.m.* **1** stupeur *f.* # *provare stupore* être très étonné; *trasecolare per lo stupore* être stupéfait **2** (*med.*) stupeur **3** (*raro*) [*intontimento*] stupeur (*corr.*).

stupràre |stu'prare| *v.tr.* [*commettere stupro*] violer: *stuprare una donna* violer une femme → **violentare.**

stupratóre |stupra'tore| *s.m.* qui a commis, qui commet un viol *loc.*

stùpro |'stupro| *s.m.* [*violenza carnale*] viol.

stùra |'stura| *s.f.* **1** [→ STURARE A 1] débouchage *m.* # *dare la stura a una bottiglia* déboucher une bouteille **2** (*fig.*) [*libero sfogo*] libre cours (*m.*): *dare la stura alle lagnanze* donner libre cours à ses plaintes # *dare la stura alle chiacchiere* bavarder à qui mieux mieux.

sturabottiglie |sturabot'tiʎʎe| *s.m. inv.* → **cavatappi.**

sturalavandìni |sturalavan'dini| *s.m. inv.* [*oggetto che serve per sturare i lavandini*] débouche-évier, débouchoir *var.* à ventouse.

sturaménto |stura'mento| *s.m.* **1** [→ STURARE A 1] débouchage **2** [→ STURARE A 2] désobstruction *f.*

sturàre |stu'rare| **A** *v.tr.* **1** [*togliere il tappo*] déboucher ◇ (*loc.*) *sturare gli orecchi a qc.*: (*pr.*) [*togliere il cerume*] déboucher les oreilles à qqn.; (*fig.*) [*fargli capire bene q.c.*] dire (48) à qqn. ses quatre vérités **2** [*liberare q.c. da ciò che lo ostruisce*] déboucher: *sturare il lavandino* déboucher l'évier **B** *v.pron. intr.* STURARSI [*liberarsi dalle ostruzioni*] se déboucher.

Stùrnidi |'sturnidi| *s.m. pl.* (*t.zool.*) Sturnidés.

stuzzicadènti |stuttsika'dɛnti| *s.m. inv.* **1** [*stecchino per togliere i frammenti di cibo rimasti fra i denti*] cure-dent(s): *degli stuzzicadenti* des cure-dents **2** [*persona eccessivamente magra*] grand échalas *var.*

stuzzicaménto |stuttsika'mento| *s.m.* [→ STUZZICARE 3] taquinerie *f.*

stuzzicànte |stuttsi'kante| *agg.* **1** [*appetitoso*] appétissant **2** [*eccitante*] excitant.

stuzzicàre |stuttsi'kare| *v.tr.* **1** [*punzecchiare qua e là con un oggetto appuntito*] agacer (2): *stuzzicare i denti* agacer les dents **2** [*toccare insistentemente*] *stuzzicare le labbra* se mordre (53) (souvent) les lèvres, mordiller ses lèvres; *stuzzicare una ferita* irriter une plaie **3** (*fig.*) [*dar fastidio, molestare*] taquiner, agacer: *stuzzicare qc.* taquiner, agacer qqn. **4** (*fig.*) [*eccitare, stimolare*] piquer; aiguiser: *stuzzicare la curiosità* piquer la curiosité ‖ *stuzzicare l'appetito* aiguiser l'appétit.

stuzzichìno |stuttsi'kino| *s.* **1** (*fam.*) [*persona che ha l'abitudine di stuzzicare* (*qc.*)] taquin **2** (*region.*) [*spuntino che stuzzica l'appetito*] amuse-gueule *inv.* (*fam.*).

1 **su** |su| *prep.* (*introduce i compl. di*) **1** (*stato in luogo*) sur: *la lettera è sulla scrivania* la lettre est sur le bureau; *è morto sul campo di battaglia* il est tombé sur le champ de bataille # *il paese è a m 800 sul livello del mare* le village est à 800 mètres au-dessus du niveau de la mer ◇ (*fig.*) *faccio affidamento sul vostro buon senso* je compte sur votre bon sens; *esercita il suo fascino su tutti gli invitati* elle exerce son charme sur tous les invités # *una minaccia pendeva sul suo capo* une menace était suspendue au-dessus de sa tête ◇ (*loc. fig.*) *tenere qc. sulla corda* [*in sospeso*] tenir qqn. en *haleine ~ *essere sulla bocca di tutti* être la fable du quartier ~ *si conta sulle dita* ça se compte sur les doigts ~ *toccare sul vivo* toucher au vif ~ *stare sulle spine* être sur des charbons ardents ~ *stare come il cacio sui maccheroni* [*a proposito*] arriver à propos, au bon moment **2** (*moto a luogo*) sur: *mettere le carte sulla scrivania* mettre les papiers sur le bureau; *salire sulla vetta* monter sur le sommet; *sdraiarsi sul letto* s'allonger sur le lit; *l'esercito avanzava sulla capitale* l'armée avançait sur la capitale; *le bombe caddero sulla città* les bombes tombèrent sur la ville # *è salito sul treno* il est monté dans le train ◇ (*quando precede un pron. pers. viene rafforzato dalla prep. 'di' pleon.*) *su di me, di te* sur moi, toi; *su di noi, di voi* sur nous, vous ◇ *loc.* DARE SU... [*essere rivolto a...*] donner sur...: *la finestra dà sulla strada, sul giardino* la fenêtre donne sur la route, sur le jardin ◇ (*loc. fig.*) *scaricare la colpa su qc.* rejeter la faute sur qqn. ~ *la responsabilità ricadde su di me* la responsabilité retomba sur moi ~ *mettere una pietra sul passato* [*dimenticarlo*] enterrer le passé ~ *è andato su tutte le furie* [*si è arrabbiato*] il est monté sur ses grands chevaux **3** (*argomento*) sur: *fare una ricerca sull'ecologia* faire une recherche sur l'écologie; *tenere una conferenza sui pericoli del fumo* tenir une conférence sur les dangers de la fumée; *intavolare una discussione su...* engager une discussion sur...; *dare un giudizio sulla musica moderna* porter un jugement sur la musique moderne ◇ (*loc. fig.*) *piangere su qc. o q.c.* [*rimpiangere, rammaricarsi*] regretter qqn., qqch. ~ *pensarci su* [*riflettere*] y réfléchir **4** (*tempo det.*) [*verso*] *vediamoci sul tardi* cherchons à nous voir sur le tard; *partire sul far del giorno* partir au point du jour; *arrivare sull'imbrunire* arriver à la brune ◇ (*loc.*) *sullo scorcio di...* vers la fin de... ~ *la notte sul lunedì* la nuit du dimanche au lundi ~ *sui due piedi* [*immediatamente*] au pied levé, séance tenante ~ ESSERE SUL PUNTO DI (+ *inf.*) [*stare per*] être sur le point de (+ *inf.*): *era sul punto di cadere* il était sur le point de tomber; *sono sul punto di accettare* je suis sur le point d'accepter **5** (*tempo continuato*) [*circa*] environ (*avv.*): *ho impiegato sulle due ore per arrivare qui* j'ai mis environ deux heures pour arriver ici; *rimarrò lontano sul mesetto* je resterai absent un mois environ **6** (*età, misura, stima*) environ, dans le (la, les): *è una ragazza sulla ventina* c'est une fille d'environ vingt ans, qui a dans les vingt ans; *sarà alto sui due metri* il doit faire environ deux mètres (de haut); *quel quadro varrà sui due milioni* ce tableau doit valoir dans les deux millions **7** (*modo*) sur: *confezionare abiti su misura* confectionner des vêtements sur mesure; *scrivere sul modello dei poeti del '600* écrire d'après, sur le modèle des poètes du XVIIe siècle # *lavorare sull'esempio di...* travailler à l'exemple de... ◇ (*loc.*) *credere a qc. sulla parola* croire qqn. sur parole ~ *stare sull'avviso* [*tenersi pronti*] être sur ses gardes... ~ *giurare su qc. o q.c.* jurer sur qqn. ou qqch. ~ *stare sulle sue* ne pas sortir de sa réserve ~ *parlare sul serio* parler sérieusement **8** (*materia*) sur: *dipingere su tela* peindre sur toile; *ricamare su canapa* broder sur chanvre; *incidere su rame, su legno* graver sur cuivre, sur bois.

2 **su** |su| *avv.* **1** (*con v. di stato e di moto*) [*in alto*] en haut *loc. inv.*, vers le haut (*loc. inv.*): *guarda su e lo vedrai* regarde en haut, vers le haut et tu le verras; *mandami su qc.* envoie-moi qqn. en haut # *vieni su, ti aspetto* monte, je t'attends ◇ (*per est.*) [*al piano superiore*] haut: *abita più su* il habite plus haut # *vai su a prendere il cappotto* monte prendre ton manteau ◇ (*preceduto dalla prep. 'con'*) [*sopra*] avec... dessus: *uno scaffale con su il telefono* une étagère avec le téléphone dessus; *un tavolo con su il tappeto* une table avec un tapis dessus **2** (*pleon.*) (*seguito da compl. di luogo*) *sono salita su in solaio* je suis montée au grenier; *ti aspetto su in casa* je t'attends à la maison; *si vede su nel cielo un punto luminoso* on voit (là-haut) dans le ciel un point lumineux ◇ (*loc.*) *andare su e giù* [*avanti e indietro; scorrere*] faire les cent pas ~ *non andare né su né giù* [*essere bloccati*] ni monter ni descendre ~ *un su e giù* [*un andirivieni*] un va-et-vient ~ *quel pesce mi viene su* [*mi provoca nausea, vomito*] je ne parviens pas à faire descendre ce poisson ◇ (*loc. fig.*) *i prezzi vanno su* [*aumentano*] les prix montent encore, augmentent de nouveau ~ *venire su bene, male* [*crescere*] pousser bien, mal; (*persone*) grandir bien, mal ~ *è venuto su dal nulla* il est parti de rien ~ *tirare su i figli* [*allevarli*] élever les enfants ~ *mettere su* (*qc.*) *contro qc.* [*istigare*] monter (qqn.) contre qqn. **3** *loc. prep.* SU PER [*lungo*] le long de # *camminare su per i monti* se promener en montagne, faire de la montagne; *strisciare su per i muri* raser les murs **4** (*iter.*) (*con valore raff.*) tout en *haut (*loc. inv.*): *salire, andare su su* monter tout en haut ◇ (*fig.*) *fare una ricerca storica su su fino alle origini* faire une recherche historique remontant aux origines **5** (*pleon.*) (*con valore ints.*) en haut (*loc.*): *andare su di sopra* aller en haut # *alzarsi su dal letto* se lever de son lit ◇ (*loc.*) *mettere su la pasta* faire cuire les pâtes ~ *metter su bottega* [*iniziare un'attività comm.*] monter un commerce ~ *metter su pancia* [*ingrassare*] prendre du ventre ◇ (*loc. fig.*) *metter su casa* [*arredarla*] monter son ménage ~ *metter su famiglia* [*sposarsi*] fonder un foyer ~ *metter su il muso* [*imbronciarsi*] bouder ~ *metter su superbia* se donner des airs **6** (*con valore esortativo e imper.*) allons: *su, svelti, andiamo!* allons, vite, allons!; *su, coraggio!* allons, courage!; *su, non te la*

prendere allons, ne te fâche pas → **suvvia**; *su, sbrigati!* allons, dépêche-toi!; *su, parla!* allons, parle! **7** (*con valore raff. quando è seguito da un avv. di luogo*) lì, là su → **lassù**; *qua su* → **quassù** **8** *loc. avv.* IN SU [*verso l'alto*] au-dessus de; à partir de: *dalla vita in su* au-dessus de la taille ‖ *da Bologna in su* à partir de Bologne; *ingresso a pagamento dai 18 anni in su* entrée payante à partir de 18 ans # *andare in su* monter ~ DA SU [*da sopra, dall'alto*] d'en haut: *il rumore veniva da su* le bruit venait d'en haut; *parlare da su* parler d'en haut.

suaccennàto |suattʃen'nato| *agg.* [*nominato in precedenza, sopraccennato*] susmentionné, susdit.

suadènte |sua'dɛnte| *agg.* (*lett.*) [*persuasivo, che convince*] persuasif* (*corr.*).

suadére |sua'dere| (164) *v.tr.* (*poet.*) → **persuadere**.

suasìvo |sua'zivo| *agg.* (*lett.*) [*persuasivo, convincente*] persuasif* (*corr.*).

suasòria |sua'zɔrja| *s.f.* (*letter. lat.*) éloquence de qui veut persuader et exhorter.

suasòrio, i |sua'zɔrjo, i| *agg.* (*lett.*) [*persuasivo, convincente*] persuasif* → **suadente**.

sub |sub| *s.* (*sport, fam.*) → **subacqueo**.

subaccòllo |subak'kɔllo| *e deriv.* → **subappaltare** *e deriv.*

subàcqueo |su'bakkweo| *agg.* [*che sta, vive o opera sott'acqua*] sous-marin: *piante subacquee* plantes sous-marines ✦ *s.* [*persona che pratica pesca o caccia subacquea*] pêcheur sous-marin.

subacùto |suba'kuto| *agg.* (*med.*) subaigu*.

subaffittàre |subaffit'tare| *v.tr.* [*cedere in affitto ad altri ciò che si era preso in affitto*] sous-louer.

subaffitto |subaf'fitto| *s.m.* [*affitto di un bene da parte di chi lo aveva già in affitto*] sous-location *f.*

subaffittuàrio, i |subaffittu'arjo, i| *s.* [*colui che prende (un bene) in subaffitto*] sous-locataire.

subaffluènte |subafflu'ɛnte| *s.m.* (*geogr.*) sous-affluent.

subagènte |suba'dʒɛnte| *s.* agent *m.* subalterne.

subagenzia |subadʒen'tsia| *s.f.* sous-agence.

subalpino |subal'pino| *agg.* (*geogr.*) subalpin ◇ (*per est.*) [*piemontese*] piémontais ◇ *parlamento subalpino* [*del Regno di Sardegna*] parlement piémontais.

subalternità |subalterni'ta| *s.f. inv.* caractère *m. var.* subalterne.

subaltèrno |subal'tɛrno| *agg.* **1** subalterne: *impiegato subalterno* employé subalterne **2** (*filos.*) subalterne ✦ (*s.*) *un subalterno* un subalterne.

subantàrtico, ci, ca, che |suban'tartiko, tʃi, ka, ke| *agg.* (*geogr.*) subantarctique.

subappaltàre |subappal'tare| *v. tr.* (*dir.*) [*dare in subappalto*] sous-traiter.

subappaltatóre, trice |subappalta'tore, tritʃe| *s.* (*dir.*) (entrepreneur) sous-traitant *m.* ✦ (*agg.*) *ditta subappaltatrice* sous-traitant *s.m.*

subappàlto |subap'palto| *s.m.* (*dir.*) sous-traité.

subappenninico, ci, ca, che |subappen'niniko, tʃi, ka, ke| *agg.* (*geogr.*) subapennin.

subàrtico, ci, ca, che |su'bartiko, tʃi, ka, ke| *agg.* (*geogr.*) subarctique.

subàsta |su'basta| *s.f.* (*dir.*) enchère.

subatòmico, ci, ca, che |suba'tɔmiko, tʃi, ka, ke| *agg.* (*fis.*) subatomique.

sùbbia |'subbja| *s.f.* (*tecnol.*) *hougnette, ognette.

subbiàre |sub'bjare| *v.tr.* [*lavorare con la subbia*] ébaucher.

sùbbio, i |'subbjo, i| *s.m.* (*tess.*) ensouple *f.*

subbùglio, i |sub'buʎʎo, i| *s.m.* [*grande confusione, scompiglio*] émoi (*lett.*): *la città era tutta in subbuglio* toute la ville était en émoi; *la tua partenza mette tutti in subbuglio* ton départ met tout le monde en émoi.

subcarpàtico, ci, ca, che |subkar'patiko, tʃi, ka, ke| *agg.* (*geogr.*) subcarpatique.

subcònscio, sci, scia, sce |sub'kɔnʃo, ʃi, ʃa, ʃe| *agg.* (*psicol.*) subconscient ✦ (*s.m.*) *il subconscio* le subconscient.

subcontinènte |subkonti'nɛnte| *s.m.* (*geogr.*) sous-continent.

subcontràrio, i |subkon'trarjo, i| *agg.* subcontraire.

subcosciènte |subkoʃ'ʃɛnte| *s.m.* **1** inconscient, subconscient (*arc.*) # *nel subcosciente l'amava* inconsciemment, il l'aimait **2** (*psicol.*) inconscient ✦ (*agg.*) subconscient (*arc.*).

subcosciènza |subkoʃ'ʃɛntsa| *s.f.* → **subcosciente** 2.

subdelegàre |subdele'gare| *v.tr.* [*trasferire ad altri una delega ricevuta*] subdéléguer (8).

subdelegazióne |subdelegat'tsjone| *s.f.* subdelegation.

subdesèrtico, ci, ca, che |subde'zɛrtiko, tʃi, ka, ke| *agg.* (*geogr.*) subdésertique.

subdolaménte |subdola'mente| *avv.* [→ SUBDOLO] sournoisement.

sùbdolo |'subdolo| *agg.* [*ingannevole, ipocritamente falso*] sournois.

subeconomàto |subekono'mato| *s.m.* sous-économat.

subecònomo |sube'kɔnomo| *s.* économe-adjoint.

subentrànte |suben'trante| *agg.* [*che subentra*] successif* # *l'inquilino subentrante* le nouveau locataire subintrant.

subentràre |suben'trare| *v.tr.* [*entrare al posto di un altro*] succéder (8): *subentrò al padre nella direzione dell'azienda* il succéda à son père à la direction de l'entreprise ◇ (*fig.*) *dopo il primo entusiasmo subentrò la noia* l'ennui succéda à l'enthousiasme du début.

subèntro |su'bɛntro| *s.m.* entrée *f.* en fonction (d'un nouveau titulaire de poste).

subequatoriàle |subekwato'rjale| *agg.* (*geogr.*) subéquatorial*.

subèrico, ci, ca, che |su'bɛriko, tʃi, ka, ke| *agg.* (*chim.*) subérique.

subericoltóre, trice |suberikol'tore, tritʃe| *s.* → **sughericoltore**.

subericoltùra |suberikol'tura| *s.f.* → **sughericoltura**.

suberificàre |suberifi'kare| *v.intr.* (*aus.* 'essere') [*subire la suberificazione*] subir *tr.* la subérification.

suberificazióne |suberifikat'tsjone| *s.f.* [→ SUBERIFICARE] subérification.

suberina |sube'rina| *s.f.* (*chim.*) subérine.

suberizzàto |suberid'dzato| *agg.* transformé en liège.

subfebbrile |subfeb'brile| *agg.* subfébrile.

subinquilino |subinkwi'lino| *s.* [*persona alla quale un inquilino ha affittato un appartamento o parte di esso*] sous-locataire.

subìre |su'bire| (197) *v.tr.* **1** [*assoggettarsi, essere costretti a sopportare q.c. di non voluto e non gradito*] subir: *subire un danno, una condanna* subir un dommage, une condamnation **2** [*sostenere, sopportare*] subir: *subire una difficile prova* subir une preuve difficile **3** [*sottoporsi a*] subir: *subire un'operazione chirurgica* subir une opération chirurgicale.

subirrigazióne |subirrigat'tsjone| *s.f.* irrigation souterraine.

subissàre |subis'sare| **A** *v.tr.* **1** [*sprofondare, mandare in rovina*] anéantir: *subissare il villaggio, una città* anéantir le village, une ville **2** (*fig.*) [*colmare, riempire*] couvrir (23): *lo subissò di regali* il le couvrit de cadeaux **B** *v.intr.* (*aus.* 'essere') [*inabissarsi, cadere in rovina*] s'écrouler (*pron.*): *subissi il mondo, non mi muovo!* le monde peut s'écrouler, je ne bouge pas! # *il castello è ormai subissato* le château est maintenant écroulé.

subisso |su'bisso| *s.m.* **1** [*grande rovina, sterminio*] ruine (*f.*): *andare in subisso* aller à la ruine → **rovina** # *mandare in subisso un patrimonio* dilapider un patrimoine **2** (*fig.*) [*grande quantità*] foule (*f.*): *in piazza c'era un subisso di gente* sur la place il y avait une foule énorme # *un subisso di applausi, di fischi* un tonnerre d'applaudissements, une tempête de coups de sifflet.

subitaménte |subita'mente| *avv.* [→ 2 SUBITO] subitement.

subitaneaménte |subitanea'mente| *avv.* [→ SUBITANEO] subitement.

subitaneità |subitanei'ta| *s.f. inv.* soudaineté *var.*

subitàneo |subi'taneo| *agg.* [*che avviene improvvisamente e con grande rapidità*] subit, soudain.

1 **sùbito** |'subito| *avv.* **1** [*immediatamente, all'istante*] tout de suite *loc. inv.*, immédiatement: *portami subito la penna* apporte-moi tout de suite, immédiatement le stylo; *fallo subito* fais-le tout de suite; *vengo subito* je viens tout de suite ◇ *loc.* SUBITO DOPO CHE [*immediatamente dopo, non appena*] aussitôt après (que): *mi ha telefonato subito dopo che sei uscito* il m'a téléphoné aussitôt après ton départ, que tu sois parti **2** [*in breve tempo, in fretta*] vite: *asciuga subito* ça sèche vite; *cuoce subito* ça cuit vite **3** (*lett.*) [*all'improvviso*] subit *agg.* (*corr.*): *al subito apparir di tanto raggio* à l'apparition subite de ce flot de lumière ✦ *s.m.* (*pop.*) seconde *f.* (*corr.*): *faccio in un subito* j'en ai pour une seconde, je le fais en un clin d'œil.

2 **sùbito** |'subito| *agg.* (*lett.*) [*improvviso, subitaneo*] subit (*corr.*) # *essere preso da subita paura* avoir peur subitement.

sublimàbile |subli'mabile| *agg.* [→ 2 SUBLIMARE] sublimable.

1 **sublimàre** |subli'mare| **A** *v.tr.* (*lett.*) **1** [*innalzare ad alti onori o ad alte cariche*] élever (6) (*corr.*): *sublimare qc. al comando supremo* élever qqn. au commandement suprême **2** (*fig.*) [*innalzare sul piano spirituale, rendere sublime*] élever **3** (*psicol.*) [*trasformare impulsi in altri di ordine superiore*] sublimer: *sublimare gli istinti sessuali* sublimer les instincts sexuels **B** *v.pron. intr.* SUBLIMARSI (*fig.*) [*elevarsi sul piano morale, diventare sublime*] s'élever: *sublimarsi nella rinuncia* s'élever dans le renoncement.

2 **sublimàre** |subli'mare| **A** *v.tr.* (*chim.*) [*purificare una sostanza mediante sublimazione*] sublimer **B** *v.intr.* (*aus.* '*essere*') (*chim.*) [*passare dallo stato solido a quello gassoso senza passare attraverso lo stato liquido*] sublimer *tr.*

sublimàto |subli'mato| *s.m.* (*chim.*) sublimé.

sublimazióne |sublimat'tsjone| *s.f.* **1** [→ 1 SUBLIMARE A 2] sublimation **2** (*chim., psicol.*) sublimation.

sublìme |su'blime| *agg.* **1** (*lett.*) sublime: *altezza sublime* hauteur sublime **2** (*fig.*) [*nobile, eccelso*] sublime: *ingegno sublime* esprit sublime; *virtù sublime* vertu sublime # *stile sublime* [*maestoso*] style noble **3** (*fig.*) [*eccellente, molto bravo*] sublime: *artista, poeta sublime* artiste, poète sublime **4** (*scherz.*) [*geniale*] brillant: *che idea sublime!* quelle brillante idée! ✦ (*s.m.*) *il sublime* le sublime.

sublimeménte |sublime'mente| *avv.* [→ SUBLIME 2, 3, 4] sublimement.

subliminàle |sublimi'nale| *agg.* (*psicol.*) subliminal*.

sublimità |sublimi'ta| *s.f. inv.* sublimité *var.* (*lett.*).

sublinguàle |sublin'gwale| *agg.* (*anat.*) → **sottolinguale.**

sublitoràle |sublito'rale| *agg.* proche du littoral.

sublocàre |sublo'kare| *v.tr.* [*dare in sublocazione*] sous-louer.

sublocatàrio, i |subloka'tarjo, i| *s.* sous-locataire.

sublocatóre, trice |subloka'tore, tritʃe| *s.* [*chi dà in sublocazione*] sous-bailleur*.

sublocazióne |sublokat'tsjone| *s.f.* sous-location: *contratto di sublocazione* contrat de sous-location.

sublunàre |sublu'nare| *agg.* sublunaire.

submontàno |submon'tano| *agg.* proche de, au pied de la montagne.

subnoleggiàre |subnoled'dʒare| *v.tr.* (*mar.*) [*noleggiare una imbarcazione avuta in noleggio*] sous-affréter (8).

subnoléggio, i |subno'leddʒo, i| *s.m.* [→ SUBNOLEGGIARE] sous-affrètement.

subnormàle |subnor'male| *agg.* [*al di sotto della norma* (*riferito soprattutto a bambini dal grado intellettivo inferiore al normale*)] arriéré, attardé: *individuo subnormale* individu arriéré, attardé ✦ (*s.*) *un subnormale* un attardé.

suboceànico, ci, ca, che |subotʃe'aniko, ʃi, ka, ke| *agg.* (*geogr.*) sous-marin.

subodoràre |subodo'rare| *v.tr.* [*avere sentore di una cosa nascosta, intuire*] subodorer.

suborbitàle |suborbi'tale| *agg.* (*aer.*) suborbital*.

subordinaménto |subordina'mento| *s.m.* [→ SUBORDINARE] subordination *f.*

subordinàre |subor'dinare| *v.tr.* **1** [*porre fra due cose una relazione di dipendenza*] subordonner **2** [*porre fra due cose una relazione di importanza*] subordonner: *subordina la decisione all'interesse della comunità* il subordonne ses décisions aux intérêts de la communauté.

subordinàta |subordi'nata| *s.f.* (*ling.*) subordonnée.

subordinataménte |subordinata'mente| *avv.* [→ SUBORDINATO] en sous-ordre *loc. inv.* ◇ *loc.* SUBORDINATAMENTE A en fonction de: *deciderò subordinatamente alle condizioni del tempo* je prendrai ma décision en fonction des conditions météorologiques.

subordinativo |subordina'tivo| *agg.* **1** subordonné # *la mia partenza è subordinativa alle condizioni del tempo* mon départ dépend, dépendra des conditions météorologiques **2** (*gram.*) de subordination *loc. inv.*

subordinàto |subordi'nato| *agg.* **1** subordonné: *lavoro, lavoratore subordinato* travail travailleur subordonné ◇ (*loc.*) *in via subordinata* d'une manière subordonnée ✦ (*s.*) *un subordinato* un subordonné **2** (*gram.*) subordonné ✦ (*s.f.*) *una subordinata* une subordonnée.

subordinazióne |subordinat'tsjone| *s.f.* **1** [→ SUBORDINARE] subordination **2** [*sottomissione*] subordination **3** (*gram.*) subordination.

subórdine |su'bordine| *s.m. nella loc. avv.* IN SUBORDINE [*subordinatamente, in dipendenza da*]: *essere, trovarsi in subordine* être subordonné (à qqn.), aux ordres (de qqn.).

subornàre |subor'nare| *v.tr.* (*dir.*) [*indurre qc. con l'inganno o con il denaro a testimoniare il falso*] suborner: *subornare un teste* suborner un témoin → **corrompere.**

subornatóre, trice |suborna'tore, tritʃe| *s.* suborneur*.

subornazióne |subornat'tsjone| *s.f.* (*dir.*) subornation.

subrétta |su'bretta| *s.f.* → **'soubrette'.**

subscapolàre |subskapo'lare| *agg.* (*anat.*) sous-scapulaire.

subsidènza |subsi'dɛntsa| *s.f.* (*geol., meteor.*) subsidence.

subsònico, ci, ca, che |sub'sɔniko, tʃi, ka, ke| *agg.* (*aer.*) subsonique: *aereo subsonico* avion subsonique.

substràto |sub'strato| *s.m.* → **sostrato.**

subtropicàle |subtropi'kale| *agg.* (*geogr.*) subtropical*.

subulàto |subu'lato| *agg.* (*bot., zool.*) subulé.

suburbàno |subur'bano| *agg.* suburbain.

suburbicàrio, i |suburbi'karjo, i| *agg.* (*eccl.*) suburbicaire.

subùrbio, i |su'burbjo, i| *s.m.* [*agglomerato di case nella zona periferica della città*] faubourg → **sobborgo.**

subùrra |su'burra| *s.f.* [*quartiere malfamato dell'ant. Roma*] subur(r)e ◇ (*per est.*) quartier *m.* malfamé, bas fond *m.*

succedaneità |suttʃedanei'ta| *s.f. inv.* [*caratteristica di una sostanza per cui può essere sostituita da un'altra*] caractère *m. var.* succédané.

succedàneo |suttʃe'daneo| *agg.* succédané: *un prodotto succedaneo* un produit succédané # *un bene succedaneo* un bien de substitution, de remplacement ✦ (*s.m.*) *un succedaneo* un succédané: *l'orzo è un succedaneo del caffè* l'orge est un succédané du café → 2 **surrogato.**

succèdere |sut'tʃɛdere| (125) **A** *v.intr.* (*aus.* '*essere*') **1** [*prendere il posto di un altro, subentrare*] succéder (8) (*aus.* avoir): *Vittorio Emanuele II successe a Carlo Alberto* Victor Emmanuel II succéda à Charles-Albert **2** [*seguire, venire dopo in senso temporale o spaziale*] suivre (52) (*tr.*): *alla causa succede sempre l'effetto* l'effet suit toujours la cause # *alla Versilia succede la Maremma toscana* à la Versilia succède la Maremma toscana **3** [*accadere, avvenire*] arriver: *gli è successa una disgrazia* il lui est arrivé un malheur; *non era mai successa una cosa del genere* pareille chose n'était jamais arrivée, ne s'était jamais produite # *che cosa sta succedendo là in fondo?* qu'est-ce qu'il se passe là-bas dans le (au) fond?; *qui succede il finimondo!* c'est une vision d'apocalypse, ici!; c'est la grande pagaille, ici! (*fam.*) **B** *v.pron. intr.* SUCCEDERSI [*accadere a catena, venire uno dopo l'altro*] se succéder: *le visite si succedono sempre più frequenti* les visites se succèdent de plus en plus fréquentes; *i testimoni si succedono alla sbarra* les témoins se succèdent à la barre ✦ (*s.m. inv.*) *il succedersi* la succession (*f. var.*): *un succedersi di eventi* une succession d'événements.

successìbile |suttʃes'sibile| *agg. e s.m.* (*dir.*) successible.

successibilità |suttʃessibili'ta| *s.f. inv.* (*dir.*) droit *m. var.* à la succession, successibilité *var.* (*raro*).

successióne |suttʃes'sjone| *s.f.* **1** succession: *successione al trono* succession au trône; *la guerra di successione spagnola* la guerre de la Succession d'Espagne **2** [*il susseguirsi di fenomeni o di eventi*] succession: *la successione dei mesi, delle stagioni* la succession des mois, des saisons **3** [*il susseguirsi di cose in ordine sistematico, spaziale o temporale*] succession: *la successione delle immagini* la succession des images **4** (*dir.*) succession: *successione anticipata* présuccession **5** (*mat.*) succession, suite.

successivaménte |suttʃessiva'mente| *avv.* [→ SUCCESSIVO] par la suite *loc. inv.*

successìvo |suttʃes'sivo| *agg.* **1** [*che viene dopo un altro, seguente*] suivant: *il giorno successivo* le jour suivant **2** [*non simultaneo*] successif*: *la parola è successiva al pensiero* la parole et la pensée sont des états successifs.

succèsso |sut'tʃɛsso| *s.m.* succès: *il successo di un film* le succès d'un film.

successóre, succeditrice |suttʃes'sore, suttʃedi'tritʃe| *s.* successeur (*m.*): *il successore al trono* le successeur au trône ◇ (*loc.*) *il successore di S. Pietro* [*il Papa*] le successeur de saint Pierre.

successòrio, i |suttʃes'sorjo, i| *agg.* (*dir.*) successoral*: *imposta successoria* impôt successoral.

succhiaménto |sukkja'mento| *s.m.* [→ SUCCHIARE] sucement.
succhiàre |suk'kjare| *v.tr.* **1** [*attirare nella bocca un liquido aspirandolo*] sucer (2): *succhiare il latte* sucer le lait; *l'ape succhia il nettare dai fiori* l'abeille suce le nectar des fleurs # *succhiare una bibita con la cannuccia* aspirer une boisson avec une paille ◇ (*loc. fig.*) *succhiare q.c. col latte materno* [*averlo connaturato*] sucer qqch. avec le lait maternel ~ *succhiare il sangue a qc.* [*sfruttarlo*] sucer le sang de qqn. **2** [*assorbire*] absorber: *le radici succhiano gli umori del terreno* les racines absorbent les humeurs du terrain **3** [*tenere in bocca*] sucer: *succhiare il dito* sucer son doigt; *succhiare una caramella* sucer un bonbon **4** (*fam.*) [*bere, scolarsi*] (tout) boire (67): *ha succhiato tutta la bottiglia* il a bu toute la bouteille **5** (*ciclismo*) sucer: *succhiare la ruota di qc.* sucer les roues de qqn., se coller à la roue de qqn.
succhiaruòte |sukkja'rwɔte| *s.m. inv.* (*ciclismo*) coureur *var.* qui reste dans la roue d'un autre.
succhiàta |suk'kjata| *s.f.* [→ SUCCHIARE 1] succion # *dare una succhiata a q.c.* sucer qqch.
succhiatóio, i |sukkja'tojo, i| *s.m.* (*scient.*) suçoir.
succhiatóre, trice |sukkja'tore, tritʃe| *s.* [*chi succhia*] suceur* ✦ (*agg.*) *organo succhiatore* organe suceur.
succhiellàre |sukkjel'lare| *v.tr.* [*bucare con il succhiello*] percer (2) à la vrille, vriller: *succhiellare una tavola di legno* percer à la vrille une planche de bois.
succhièllo |suk'kjɛllo| *s.m.* (*tecnol.*) vrille *f.*, tarière *f.* # *succhiello del cavatappi* mèche du tire-bouchon.
succhiétto |suk'kjetto| *s.m.* → **succhiotto.**
sùcchio, i |'sukkjo, i| *s.m.* **1** [→ SUCCHIARE] sucement (*raro*) **2** (*raro*) [*risucchio*] remous (*corr.*) **3** (*bot.*) sève *f.* **4** (*region., tosc.*) → **succhiello.**
succhióne |suk'kjone| *s.m.* **1** (*agr.*) gourmand, branche *f.* gourmande **2** (*fig.*) [*persona che vive alle spalle altrui, parassita*] parasite.
succhiòtto |suk'kjɔtto| *s.m.* [*tettarella di gomma non bucata che si dà da succhiare ai lattanti*] sucette *f.*
succiacàpre |suttʃa'kapre| *s.m. inv.* (*t.zool.*) tète-chèvre *var.*, engoulevent (*var.*): *dei succiacapre* des tète-chèvres.
succiafióre |suttʃa'fjore| *s.m.* (*t. zool.*) oiseau-mouche.
succiamèle |suttʃa'mɛle| *s.m. inv.* (*t.bot.*) orobanche *f. var.*
succiàre |sut'tʃare| *v.tr.* **1** (*pop.*) [*succhiare*] sucer (2) (*corr.*): *succiare il dito* sucer son doigt **2** (*fig.*) [*sopportare, sorbirsi*] se taper *pron.* (*fam.*): *s'è dovuto succiare tutto il discorso* il a dû se taper tout le discours.
succìdere |sut'tʃidere| (130) *v.tr.* (*lett.*) [*tagliare alla base*] receper (6), recéper (8) (*corr.*): *succidere un ramo* receper, recéper une branche.
succinàto |suttʃi'nato| *s.m.* (*chim.*) succinate.
succìnico, ci, ca, che |sut'tʃiniko, tʃi, ka, ke| *agg.* (*chim.*) succinique: *acido succinico* acide succinique.
succinite |suttʃi'nite| *s.f.* (*miner.*) succinite.
sùccino |'suttʃino| *s.m.* (*miner.*) succin.
succintaménte |suttʃinta'mente| *avv.* [→ SUCCINTO 1, 2] succinctement.
succintézza |suttʃin'tettsa| *s.f.* **1** [*l'essere succinto*] brièveté **2** [*concisione*] concision.
succìnto |sut'tʃinto| *agg.* **1** (*riferito a vestiti*) trop court; trop décolleté: *gonna succinta* jupe trop courte ‖ *maglietta, camicetta succinta* maillot, chemisier trop décolleté **2** (*fig.*) [*conciso, sintetico*] succinct ◇ (*loc.*) *in succinto* [*brevemente*] en résumé, en bref, en abrégé **3** (*lett.*) [*veste tirata su e stretta alla vita*] retroussé (*corr.*): *tunica succinta* tunique retroussée ◇ (*per est.*) [*persona che indossa una veste succinta*] court-vêtu.
succintòrio, i |suttʃin'tɔrjo, i| *s.m.* (*eccl.*) succintorium, subcingulum.
succisióne |suttʃi'zjone| *s.f.* (*agr.*) recépage *m.*
succitàto |suttʃi'tato| *agg.* [*nominato sopra*] susmentionné, susnommé.
succlàvio, i |suk'klavjo, i| *agg.* (*anat.*) sous-clavier*.
sùcco, chi |'sukko, ki| *s.m.* **1** [*umore contenuto nella frutta e negli ortaggi*] jus: *succo di limone, di pompelmo* jus de citron, de pamplemousse; *succo di pomodoro, di barbabietola* jus de tomate, de betterave → **sugo** **2** (*fig.*) [*sostanza*] substance (*f.*): *il succo di un discorso* la substance d'un discours **3** (*anat.*) suc: *succo gastrico* suc gastrique.
succosaménte |sukkosa'mente| *avv.* [→ SUCCOSO] d'une manière savoureuse *loc.*
succosità |sukkosi'ta| *s.f. inv.* [*l'essere succoso*] saveur *var.*, succulence *var.*; charme *m. var.*, succulence: *la succosità di una mela* la saveur, la succulence d'une pomme ‖ *la succosità del suo discorso* le charme, la succulence de ses paroles.
succóso |suk'koso| *agg.* **1** [*pieno di succo*] juteux*: *arancia succosa* orange juteuse **2** (*fig.*) [*sostanzioso*] substantiel*: *discorso succoso* discours substantiel.
sùccube |'sukkube| *s.* **1** (*fig.*) personne *f.* sous l'emprise de qqn.: *è succube della moglie* il est sous l'emprise de sa femme → **vittima, schiavo** **2** (*relig.*) succube.
sùccubo |'sukkubo| *s.* → **succube.**
succulènto |sukku'lɛnto| *agg.* **1** [*pieno di succo, succoso*] juteux* **2** [*saporito, pieno di gusto*] succulent: *pietanza succulenta* plat succulent **3** (*bot.*) succulent.
succulènza |sukku'lɛntsa| *s.f.* **1** saveur exquise # *la succulenza di questo cocomero* cette pastèque est vraiment juteuse **2** [*gustosità*] succulence: **3** (*bot.*) succulence.
succursàle |sukkur'sale| *s.f.* succursale ✦ (*agg.*) *chiesa succursale* église succursale; *agenzia succursale* agence succursale.
succussióne |sukkus'sjone| *s.f.* (*med.*) succussion.
sùcido |'sutʃido| *agg.* **1** (*tess.*) *lana sucida* [*non ancora sgrassata*] laine en suint **2** (*raro*) → **sudicio.**
sucidùme |sutʃi'dume| *s.m.* (*raro*) → **sudiciume.**
sud |sud| *s.m. inv.* **1** (*astron., geogr.*) sud **2** [*parte merid. di una nazione, di un continente, ecc.*] Sud; sud: *gente del Sud* gens du Sud; *il Sud della Francia* le Sud de la France; *venire dal Sud* venir du Sud ‖ *Firenze è a sud di Bologna* Florence est au sud de Bologne ✦ (*agg.*) *la curva sud dello stadio* la courbe sud du stade; *l'ala sud dell'edificio* l'aile sud de l'édifice.
sudacchiàre |sudak'kjare| *v.intr.* (*aus.* '*avere*') [*sudare un po'*] transpirer un peu.
sudafricàno |sudafri'kano| *agg.* [*del Sudafrica*] sud-africain: *popolo sudafricano* peuple sud-africain.
sudamericàno |sudameri'kano| *agg.* [*del Sudamerica*] sud-américain.
sudàmina |su'damina| *s.f.* (*med.*) sudamina *m. pl.*
sudanése |suda'neze| *agg.* [*del Sudan*] soudanais.
sudàre |su'dare| **A** *v.tr.* **1** [*lasciar passare, filtrare*] suer, suinter (*intr.*): *le pareti sudano umidità* les murs suent l'humidité, suintent d'humidité (*corr.*) → **trasudare** **2** [*guadagnarsi* (*q.c.*) *con grande fatica*] *sudare il pane che si mangia* gagner son pain à la sueur de son front ◇ (*loc. fig.*) *sudare sangue* suer sang et eau ~ *sudare sette camicie* suer sang et eau **B** *v.intr.* (*aus.* '*avere*') **1** [*emettere sudore*] transpirer: *sudare abbondantemente, poco* transpirer abondamment, peu; *sudare per il caldo* transpirer à cause de la chaleur; *sudare per la fatica* transpirer de fatigue ◇ (*loc.*) *sudare freddo* (*pr., fig.*) avoir des sueurs froides **2** (*fig.*) [*lavorare, affaticarsi molto*] bûcher (*fam.*), transpirer (*fam.*): *sudare sui libri* bûcher, transpirer sur les livres.
sudàrio, i |su'darjo, i| *s.m.* **1** (*st. rom.*) suaire **2** [*lenzuolo funebre*] suaire, linceul (*lett.*).
sudàta |su'data| *s.f.* [→ SUDARE B] suée # *fare una sudata* transpirer, suer, prendre une suée.
sudataménte |sudata'mente| *avv.* [*con fatica, sudore*] péniblement.
sudatìccio, ci, cia ce |suda'tittʃo, tʃi, tʃa, tʃe| **1** *agg.* [*molto sudato*] moite: *aveva la fronte sudaticcia* il avait le front moite **2** *s.m.* [*sudore*] transpiration *f.*, sueur (*f.*): *puzzare di sudaticcio* sentir la transpiration, la sueur.
sudàto |su'dato| *agg.* **1** [*bagnato di sudore*] en sueur *loc. inv.*, moite: *avere le mani sudate* avoir les mains moites **2** (*fig.*) [*ottenuto con grande fatica e impegno*] gagné à la sueur de son front: *denaro sudato* argent gagné à la sueur de son front # *promozione sudata* promotion bien méritée, bien gagnée.
sudatòrio, i |suda'tɔrjo, i| *agg.* sudatoire.
sudcoreàno |sudkore'ano| *agg.* [*della Corea del Sud*] sud-coréen*.
suddétto |sud'detto| *agg.* [*nominato precedentemente*] susdit.
suddiaconàto |suddiako'nato| *s.m.* (*eccl.*) sous-diaconat.
suddiàcono |suddi'akono, sud'djakono| *s.m.* (*eccl.*) sous-diacre.
suddistinguere |suddis'tingwere| (135) *v.tr.* (*raro*) [*fare una distinzione su quanto è stato già precedentemente distinto*] faire (45) (*corr.*) une nouvelle distinction, distinguer de nouveau.
suddistinzióne |suddistin'tsjone| *s.f.* [→ SUDDISTINGUERE] nouvelle distinction.

sudditànza |suddi'tantsa| *s.f.* [*condizione di suddito*] sujétion, assujettissement *m.*

sùddito |'suddito| *s.* **1** [*cittadino sottoposto a un'autorità sovrana*] sujet (*m.*): *essere sudditi fedeli* être de loyaux sujets **2** [*abitante di colonie e possedimenti, privo di diritti politici*] ressortissant.

suddividere |suddi'videre| (130) *v.tr.* [*dividere quanto era già stato diviso*] subdiviser.

suddivisibile |suddivi'zibile| *agg.* [→ SUDDIVIDERE] qui peut être subdivisé *loc.*

suddivisióne |suddivi'zjone| *s.f.* **1** [→ SUDDIVIDERE] subdivision **2** (*mat.*) subdivision.

sud-èst |su'dɛst| *s.m. inv.* (*geogr.*) sud-est; Sud-Est: *dirigersi verso sud-est* se diriger vers le sud-est || *il Sud-Est della Francia* le Sud-Est de la France ◇ (*mar.*) suet.

sudiceria |sudit∫e'ria| *s.f.* **1** [*l'essere sudicio*] saleté **2** (*fig.*) [*cosa sudicia*] saleté: *dire, fare sudicerie* dire, faire des saletés **3** [*insieme di cose sudice*] saletés (*pl.*): *porta via quella sudiceria* enlève ces saletés.

sudiciaménte |sudit∫a'mente| *avv.* **1** [→ SUDICIO 1] salement **2** (*fig.*) [→ SUDICIO 2] salement.

sùdicio, ci, cia, ce (cie) |'sudit∫o, t∫i, t∫a, t∫e| *agg.* **1** [*molto sporco*] sale: *vestito sudicio* vêtement sale; *mani sudice* mains sales ◇ (*loc.*) *colore sudicio* [*scuro, non brillante*] couleur sale ~ *copia a sudicio* [*copia non rifinita, brutta copia*] brouillon *s.m.* ✦ (*s.m.*) *il sudicio* la saleté (*f.*): *togliere il sudicio* enlever la saleté → **sudiciume** **2** (*fig.*) [*moralmente indecente, disonesto*] sale; louche: *individuo sudicio* sale individu || *atto sudicio* acte louche; *faccenda sudicia* affaire louche ✦ (*s.m.*) *il sudicio* la saleté: *vivere nel sudicio* vivre dans la saleté # *in questa faccenda c'è del sudicio* dans cette histoire il y a du louche.

sudicióne |sudi't∫one| *s.* **1** [*persona poco pulita, che non si preoccupa della pulizia*] personne *f.* malpropre **2** (*fig.*) [*persona disonesta, senza principi morali*] salaud *m.* (*pop.*), salopard *m.* (*pop.*).

sudiciùme |sudi't∫ume| *s.m.* **1** [*sporcizia, sozzura*] saleté (*f.*): *spazzare via il sudiciume* balayer les saletés **2** (*fig.*) [*immoralità, disonestà*] saleté: *la tua vita è tutta un sudiciume* ta vie n'est que saleté **3** (*fig.*) [*lavoro mal fatto*] cochonnerie *f.* (*fam.*): *questo quadro è un sudiciume* ce tableau est une vraie cochonnerie → **porcheria.**

sudìsta |su'dista| *s.* **1** [*abitante della zona merid. di un paese politicamente diviso in due*] sudiste ✦ (*agg.*) *esercito, governo sudista* armée, gouvernement sudiste **2** (*st.*) sudiste.

sudoràle |sudo'rale| *agg.* (*med.*) sudoral*.

sudorazióne |sudorat'tsjone| *s.f.* [*secrezione di sudore*] sudation, transpiration.

sudóre |su'dore| *s.m.* **1** [*liquido prodotto dalle ghiandole sudoripare*] sueur (*f.*): *gocce, stille di sudore* gouttes de sueur; *asciugarsi, tergersi il sudore* essuyer sa sueur; *essere bagnato, madido di sudore* être trempé de sueur ◇ (*loc.*) *il sudore della morte* la sueur de l'agonie ~ *sudore freddo* sueur froide **2** (*fig.*) [*duro lavoro, fatica*] sueur: *guadagnarsi il pane col sudore della fronte* gagner son pain à la sueur de son front # *lo studio costa sudore* les études demandent beaucoup de travail.

sudorìfero |sudo'rifero| *agg.* [*che provoca sudore*] sudorifique ✦ (*s.m.*) *un sudorifero* un sudorifique.

sudorificazióne |sudorifikat'tsjone| *s.f.* (*raro*) → **sudorazione.**

sudorìfico, ci, ca, che |sudo'rifiko, t∫i, ka, ke| *agg.* → **sudorifero.**

sudorìparo |sudo'riparo| *agg.* (*anat.*) sudoripare, sudorifère.

sud-òvest |su'dɔvest| *s.m. inv.* (*geogr.*) sud-ouest ◇ (*mar.*) suroît *var.*

sud-vietnamita |sudvjetna'mita| *agg.* [*del Vietnam del Sud*] sud-vietnamien*.

suespósto |sues'posto| *agg.* exposé plus haut, avant.

su(f)fèti |su(f)'fɛti| *s.m. pl.* (*st.*) suffètes.

sufficiènte |suffi't∫ɛnte| *agg.* **1** [*bastante alla necessità, al bisogno, allo scopo*] suffisant: *cibo, denaro sufficiente* nourriture suffisante, argent suffisant ✦ *s.m. sing.* (*avere*) *il sufficiente per vivere* (avoir) de quoi vivre **2** [*giudizio minimo positivo di rendimento scolastico o professionale*] *svolgimento sufficiente* rédaction méritant la moyenne; *compito di sufficiente* devoir moyen ✦ (*s.m. sing.*) *essere promosso con sufficiente* passer avec la moyenne (*f.*); *riportare la qualifica di sufficiente* avoir la moyenne **3** (*filos.*) suffisant ◇ (*teol.*) *grazia sufficiente* grâce suffisante **4** (*scient.*) suffisant **5** (*fig.*) [*presuntuoso, altezzoso*] suffisant: *parlare con tono sufficiente* parler d'un ton suffisant ✦ (*s.m.*) *fare il sufficiente* faire le suffisant.

sufficienteménte |suffit∫ente'mente| *avv.* [→ SUFFICIENTE 1] suffisamment.

sufficiènza |suffi't∫ɛntsa| *s.f.* **1** suffisance # *avere* (*averne a*) *sufficienza di q.c.* (en) avoir assez de qqch. ◇ *loc.* A SUFFICIENZA (DI) [*quanto basta*] assez (de); suffisamment (*avv.*): *avere cibo a sufficienza* avoir assez de nourriture; *aver lavorato a sufficienza* avoir assez travaillé || *mangiare a sufficienza* manger suffisamment **2** [*votazione scolastica pari a 6/10*] moyenne: *riportare la sufficienza in tutte le materie* avoir la moyenne dans toutes les matières; *essere promosso con la sufficienza* passer avec la moyenne **3** (*fig.*) [*presunzione, sussiego*] suffisance: *avere, assumere un'aria di sufficienza* avoir, prendre un air de suffisance.

suffissàle |suffis'sale| *agg.* (*ling.*) suffixal*.

suffissàre |suffis'sare| *v.tr.* (*ling.*) [*mettere un suffisso a* (*una parola*)] suffixer.

suffissazióne |suffissat'tsjone| *s.f.* (*ling.*) suffixation.

suffisso |suf'fisso| *s.m.* (*ling.*) suffixe.

suffissòide |suffis'sɔide| *s.m.* (*ling.*) suffixe secondaire.

sufflè |suf'flɛ| *s.m. inv.* (*cuc.*) soufflé (*var.*): *un sufflè di patate* un soufflé de, aux pommes de terre.

suffragàneo |suffra'ganeo| *agg.* (*eccl.*) suffragant (*solo m.*).

suffragàre |suffra'gare| *v.tr.* **1** [*appoggiare, sostenere con il proprio appoggio*] appuyer (11) **2** [*raccomandare a Dio le anime dei defunti con preghiere e opere buone*] prier.

suffragétta |suffra'dʒetta| *s.f.* (*scherz.*) → **suffragista.**

suffràgio, i |suf'fradʒo, i| *s.m.* **1** [*voto per elezione, dichiarazione di volontà*] vote # *dare, negare il proprio suffragio* donner, refuser son suffrage **2** [*approvazione, consenso*] suffrage: *il libro ha ottenuto i suffragi della critica* le livre a obtenu les suffrages de la critique **3** [*diritto di voto*] suffrage: *suffragio diretto, indiretto, universale* suffrage direct, indirect, universel **4** [*preghiera od opera buona fatta per sollievo delle anime dei defunti*] intention (*f.*): *far celebrare una messa in suffragio di qc.* faire célébrer une messe à l'intention de qqn.

suffragìsta |suffra'dʒista| *s.* [*seguace del movimento femminista tendente a ottenere i diritti di voto per le donne*] suffragette *f.*

suffrùtice |suf'frutit∫e| *s.m.* (*bot.*) sous-arbrisseau.

suffruticóso |suffruti'koso| *agg.* (*bot.*) sous-frutescent.

suffumicàre |suffumi'kare| *v.tr.* **1** [*esporre a vapori medicamentosi*] fumiger (3) **2** [*riempire di fumo con lo scopo di disinfettare*] fumiger.

suffumicazióne |suffumikat'tsjone| *s.f.* [→ SUFFUMICARE] fumigation.

suffumigio, i |suffu'midʒo, i| *s.m.* [*esposizione di persone o cose a vapori medicamentosi con scopi terapeutici o di disinfezione*] fumigation *f.*

suffusióne |suffu'zjone| *s.f.* (*med.*) suffusion.

sufismo |su'fizmo| *s.m.* (*relig. musulmana*) soufisme.

sùga, ghe |'suga, ge| *agg. f.* (*pop.*) *carta suga* [*carta assorbente*] (papier) buvard *s.m.* (*corr.*).

sugànte |su'gante| *agg.* (*pop.*) → **suga.**

sugàre |su'gare| *v.tr.* (*region.*) **1** [*assorbire*] absorber (*corr.*) **2** → **succhiare.**

suggellaménto |suddʒella'mento| *s.m.* [→ SUGGELLARE] scellage.

suggellàre |suddʒel'lare| *v.tr.* **1** (*lett.*) [*sigillare*] cacheter (5) (*corr.*), sceller (*corr.*): *suggellare una lettera* cacheter, sceller une lettre **2** [*confermare*] sceller: *suggellare un patto, una amicizia* sceller un pacte, une amitié.

suggèllo |sud'dʒɛllo| *s.m.* **1** (*lett.*) [*sigillo*] sceau (*corr.*) **2** (*fig.*) [*parola, pegno, atto che servono da conferma o da testimonianza*] confirmation *f.* # *si scambiarono un abbraccio a suggello della loro riconciliazione* ils s'embrassèrent pour sceller leur réconciliation.

sùggere |'suddʒere| (136) *v.tr.* (*dif. del p.p.*) (*lett., poet.*) [*succhiare*] sucer (2) (*corr.*).

suggeriménto |suddʒeri'mento| *s.m.* [→ SUGGERIRE] conseil.

suggerìre |suddʒe'rire| (197) *v.tr.* **1** [*far venire in mente, indicare*] suggérer (8); conseiller: *la prudenza gli suggerì di non avventurarsi in quell'impresa* la prudence lui suggéra de ne pas s'aventurer dans cette entreprise || *il suo stato ansioso dovrebbe suggerirti un po' di pazienza* son état anxieux devrait te conseiller un peu, t'inciter à un peu de patience **2** [*rammentare a bassa voce* quello che uno deve dire o rispondere] souffler: *suggerire le battute all'attore* souffler les répliques à un acteur; *suggerire al compagno interrogato* souffler au camarade interrogé **3** [*consigliare*] conseiller.

suggeritóre, trice |suddʒeri'tore, tritʃe| *s.* **1** [*chi suggerisce*] souffleur* **2** (*baseball*) souffleur *m.*

suggestionàbile |suddʒestjo'nabile| *agg.* [→ SUGGESTIONARE] suggestible.

suggestionabilità |suddʒestjonabili'ta| *s.f. inv.* [*attitudine a essere suggestionati*] suggestibilité *var.*

suggestionàre |suddʒestjo'nare| **A** *v.tr.* [*influire su qc. usando la suggestione*] suggestionner **B** *v.pron. intr.* SUGGESTIONARSI [*lasciarsi influenzare, lasciarsi prendere dalla suggestione*] se suggestionner.

suggestionàto |suddʒestjo'nato| *agg.* **1** suggestionné (*p.p.*): *era una donna suggestionata da visioni* c'était une femme suggestionnée par des visions **2** [*influenzato*] influencé *p.p.* **3** [*affascinato*] charmé *p.p.*

suggestióne |suddʒes'tjone| *s.f.* **1** (*psicol.*) suggestion: *suggestione ipnotica* suggestion hypnotique **2** (*per est.*) [*istigazione, insinuazione*] influence; incitation: *agire per suggestione di qc.* agir sous l'influence de qqn. || *la suggestione al male* l'incitation au mal **3** [*attrazione, fascino*] charme *m.*

suggestivaménte |suddʒestiva'mente| *avv.* [→ SUGGESTIVO] d'une façon suggestive *loc. inv.*

suggestività |suddʒestivi'ta| *s.f. inv.* pouvoir *m. var.* évocateur; charme (*m. var.*): *la suggestività di una sinfonia* le pouvoir évocateur d'une symphonie || *la suggestività di un paesaggio* le charme d'un paysage.

suggestivo |suddʒes'tivo| *agg.* **1** suggestif* **2** (*fig.*) suggestif: *uno spettacolo suggestivo* un spectacle suggestif.

suggèsto |sud'dʒɛsto| *s.m.* (*st. rom.*) suggestum.

sùghera |'sugera| *s.f.* (*t.bot.*) chêne-liège (*m.*): *delle sughere* des chênes-lièges.

sugheréta |suge'reta| *s.f.*, **sugheréto** |suge'reto| *s.m.* bois *m.* de chênes-lièges.

sughericolo |suge'rikolo| *agg.* des chênes-lièges *loc. inv.*, du liège *loc. inv.*

sughericoltóre, trice |sugerikol'tore, tritʃe| *s.* cultivateur* de chênes-lièges.

sughericoltùra |sugerikol'tura| *s.f.* culture de chênes-lièges.

sugherificio, i |sugeri'fitʃo, i| *s.m.* usine *f.* où l'on travaille le liège.

sùghero |'sugero| *s.m.* **1** (*t.bot.*) chêne-liège **2** [*oggetto di sughero*] liège: *tappi di sughero* bouchons de liège # *i sugheri delle reti* les flotteurs des filets.

sugheróso |suge'roso| *agg.* [*sim. a sughero*] liégeux*, subéreux*.

sùgli |'suʎʎi| *prep. art. m. pl.* → **su.**

sùgna |'suɲɲa| *s.f.* **1** [*parte grassa del maiale da cui si ricavano grassi e in particolare strutto*] panne **2** [*strutto*] saindoux *m.*

sugnóso |suɲ'ɲoso| *agg.* [*a base di sugna, grasso come la sugna*] graisseux*.

sùgo, ghi |'sugo, gi| *s.m.* **1** [*liquido contenuto in molte frutta, verdure*] jus: *il sugo dell'arancia* le jus de l'orange → **succo** ◇ (*loc.*) *sugo zuccherino* [*liquido ricco di zucchero ottenuto dalla spremitura delle barbabietole da zucchero*] jus **2** [*umore saporito emesso dalle vivande cotte*] jus: *il sugo dell'arrosto, del brasato* le jus du rôti, du bœuf braisé ◇ (*loc.*) *fare il sugo* [*preparare una salsa a base di pomodoro*] faire la sauce *f.* tomate (à l'italienne) **3** (*fig.*) [*sostanza, idea fondamentale*] suc, substance (*f.*): *il sugo di un racconto* le suc, la substance d'un récit ◇ (*per est.*) [*gusto, soddisfazione*] intérêt: *c'è poco sugo, non c'è sugo* cela n'a pas grand intérêt; *non capisco che sugo ci possa essere* je ne vois pas quel intérêt il peut y avoir.

sugosità |sugosi'ta| *s.f. inv.* [*l'essere sugoso*] qualité *var.* juteuse: *la sugosità di un'arancia, di un pomodoro* la qualité juteuse d'une orange, d'une tomate ◇ (*fig.*) suc (*m. var.*): *la sugosità di un discorso* le suc d'un discours.

sugóso |su'goso| *agg.* **1** [*contenente molto sugo*] juteux*: *pera, arancia sugosa* poire, orange juteuse **2** (*fig.*) [*sostanzioso, vigoroso*] substantiel*: *articolo sugoso* article substantiel.

sùi |'sui| *prep. art. m. pl.* → **su.**

suicìda |sui'tʃida| *agg.* [*tendente al suicidio*] du suicide *loc. inv.*, suicidaire: *mania suicida* syndrome du suicide, suicidaire # *a scopo suicida* avec l'intention de se suicider ✦ (*s.*) *un suicida* un suicidé.

suicidàrsi |suitʃi'darsi| *v.pron. rifl.* **1** [*togliersi la vita*] se suicider: *si è suicidato con un colpo di pistola* il s'est suicidé d'un coup de pistolet **2** [*provocare a sé stessi un grave danno fisico o morale*] se tuer: *lavori troppo, vuoi suicidarti* tu travailles trop, tu veux te tuer.

suicìdio, i |sui'tʃidjo, i| *s.m.* **1** suicide: *la disperazione lo portò al suicidio* le désespoir le conduisit au suicide **2** [*atto con cui si provoca a sé stessi un grave danno fisico o morale*] suicide: *suicidio morale, politico* suicide moral, politique.

Sùidi |'suidi| *s.m. pl.* (*t.zool.*) Suidés.

sui generis |'sui'dʒɛneris| *loc. agg. inv.* (*lat.*) sui generis: *è un tipo sui generis* c'est un type sui generis.

suindicàto |suindi'kato| *agg.* [*citato in precedenza, sopra indicato*] susmentionné, indiqué plus haut.

suinicolo |sui'nikolo| *agg.* [*riguardante l'allevamento dei suini*] des porcs *loc. inv.*

suinicoltóre, trice |suinikol'tore, tritʃe| *s.* éleveur* de porcs, de cochons.

suinicoltùra |suinikol'tura| *s.f.* élevage *m.* de porcs, de cochons.

suino |su'ino| **1** *agg.* [*di maiale*] de porc *loc. inv.*; porcin: *carne suina* viande de porc || *razza suina* race porcine **2** *s.m.* porc, cochon: *allevamento di suini* élevage de porcs, de cochons; *carne di suino* viande de porc ✦ *s.m. pl.* (*t.zool.*) *i Suini* les Porcins.

'suite' |sɥit| *s.f. inv.* (*mus.*) suite *var.*

'suiveur' |sɥivœʀ| *s.m. inv.* (*sport*) suiveur *var.*

suk |suk| *s.m. inv.* (*ar.*) souk *var.*

sul |sul| *prep. art. m. sing.* → **su.**

sùla |'sula| *s.f.* (*t.zool.*) fou *m.*

sulfamìdico, ci, ca, che |sulfa'midiko, tʃi, ka, ke| *agg.* (*chim.*) sulfamidé ✦ (*s.m.*) *un sulfamidico* un sulfamide: *prescrivere un sulfamidico* prescrire un sulfamide.

sulfinizzazióne |sulfiniddzat'tsjone| *s.f.* (*metall.*) sulfinisation.

sulfùreo |sul'fureo| *agg.* sulfureux*.

sulky |'sʌlki| *s.m. inv.* (*ingl.*) (*ippica*) sulky *var.*

1 **sùlla** |'sulla| *prep. art. f. sing.* → **su.**

2 **sùlla** |'sulla| *s.f.* (*t.bot.*) sulla *m.*

sùlle |'sulle| *prep. art. f. pl.* → **su.**

sùllo |'sullo| *prep. art m. sing.* → **su.**

sullodàto |sullo'dato| *agg.* (*raro*) [*lodato prima, in precedenza*] susdit, susnommé.

sulpiziàno |sulpit'tsjano| *agg.* e *s.m.* (*eccl.*) sulpicien*.

sultàna |sul'tana| *s.f.* **1** sultane **2** divan *m.* rond et bas.

sultanàto |sulta'nato| *s.m.* **1** sultanat **2** [*dignità, carica di sultano*] sultanat.

sultanìna |sulta'nina| *s.f.* (*t. bot.*) raisin *m.* de Corinthe ◇ (*per est.*) [*uva passa*] raisin sec, de Corinthe ✦ (*agg.*) *uva sultanina* raisin sec, de Corinthe.

sultàno |sul'tano| *s.m.* sultan: *il sultano di Turchia, d'Arabia* le sultan de Turquie, d'Arabie ◇ (*loc. fig.*) *fare una vita da sultano* mener une vie de pacha (*fam.*), faire le pacha (*fam.*), vivre comme un prince.

sumèrico, ci, ca, che |su'mɛriko, tʃi, ka, ke| *agg.* (*st.*) sumérien*.

sumèro |su'mɛro| *agg.* sumérien* ✦ *s.* (*st.*) *i Sumeri* les Sumériens.

sùmma |'summa| *s.f.* (*letter.*) somme: *la summa teologica di S. Tommaso* la somme (théologique) de saint Thomas ◇ (*per est.*) *questo opuscolo è la summa della ricerca nucleare* cet opuscule est la somme de la recherche nucléaire.

summentovàto |summento'vato| *agg.* (*raro*) → **summenzionato.**

summenzionàto |summentsjo'nato| *agg.* susmentionné.

sùnna |'sunna| *s.f. inv.* (*st. ar.*) sunna *var.*

sunnismo |sun'nizmo| *s.m.* (*relig. musulmana*) sunna *f.*, soun(n)a *f.*

sunnìta |sun'nita| *s.* sunnite.

sunnominàto |sunnomi'nato| *agg.* susnommé.

sunteggiàre |sunted'dʒare| *v.tr.* [*ridurre in sunto; esporre in forma riassuntiva*] résumer → **riassumere.**

sùnto |'sunto| *s.m.* [*riassunto, compendio*] résumé, abrégé: *fare il sunto di un racconto, di un libro* faire le résumé, l'abrégé d'un récit, d'un ouvrage.

suntuàrio, i |suntu'arjo, i| *agg.* (*st. rom.*) somptuaire.

suntuóso |suntu'oso| *e deriv.* → **sontuoso** *e deriv.*

1 **sùo** |'suo|, *m. pl.* **suòi** |'swɔi|, *f.* **sùa** |'sua|, *f. pl.* **sùe** |'sue| *agg. poss. di 3ª pers.* **1** son *m.* (*davanti a sost. m. e a sost. f. sing. cominciante per voc. o 'h' muta*), sa *f.*; ses (*m. o f. pl.*): *il suo libro di francese* son livre de français; *è la sua casa* c'est sa maison; *è la sua idea fissa* c'est son idée fixe; *i suoi compagni sono in classe* ses camarades sont en classe; *le sue amiche sono al mare* ses amies sont à la mer ◇ (*in unione con un indef., un dim., ecc.*) *tutta la sua storia è lì* toute son histoire est là; *questo suo disco è rotto*

son disque, ce disque à lui est cassé; *un suo cugino è partito per l'Africa* un de ses cousins est parti pour l'Afrique; # *questa sera siamo invitati a casa sua* ce soir nous sommes invités chez lui (chez elle) ◇ (*loc.*) *l'ho fatto per amor suo* je l'ai fait pour lui (pour elle); *in* (*per*) *suo ricordo* en souvenir de lui (d'elle) **2** [*di sua proprietà*] à lui *m.*; à elle (*f.*): *questa penna è sua* ce stylo est à lui, à elle; *questi fogli sono suoi* ces feuilles sont à lui, à elle; *ha una casa tutta sua* il a une maison toute à lui; *ha un modo tutto suo di parlare* il a une façon bien à lui, toute personnelle, originale de s'exprimer **3** (*retto da un pron. indef.*) *non ha più niente di suo* il n'a plus rien à lui, plus rien qui lui appartienne; *ho trovato qualcosa di suo* j'ai trouvé quelque chose qui lui appartient; *non c'è niente di suo in quello che fa* il n'y a rien qui lui soit propre, rien de son cru dans tout ce qu'il fait **4** (*in forme ell.*) *con la sua* (*lettera*) *del mese scorso* par (dans) votre lettre du mois dernier; *sono sempre stato dalla vostra* (*parte*) j'ai toujours été de votre côté; *ne ha fatta una delle sue* il a encore fait des siennes; *ne aveva detta una delle sue* il avait encore fait une de ses sorties, une de ses gaffes; *anche lui ha avuto le sue* (*disgrazie*) lui aussi, il a eu ses malheurs; *anche lui ha voluto dire la sua* lui aussi, il avait voulu donner son avis, mettre son grain de sel (*iron.*) **5** (*nelle espressioni di cortesia corrispondenti a 'lei'*) votre; à vous: *Signora, eccole il suo libro* Madame, voici votre livre ‖ *è suo questo libro?* ce livre est-il à vous?

2 **sùo** |'suo|, *m. pl.* **suòi** |'swɔi|, *f.* **sùa** |'sua|, *f. pl.* **sùe** |'sue| **1** *pron. poss. di 3ª pers.* le sien *m.*, la sienne *f.*, les siens *m. pl.*, les siennes (*f. pl.*): *questo quadro è il suo* ce tableau est le sien, est à lui (à elle); *questa macchina è la sua* cette voiture est la sienne, est à lui (à elle); *i miei dischi sono più belli dei suoi* mes disques sont plus beaux que les siens **2** (*s.m. sing.*) *ci ha rimesso del suo* il en a été de sa poche, il en est pour son argent; *vive del suo* il vit de ses propres moyens; *si accontenta del suo* il se contente de ce qu'il a **3** *s.m. pl.* I SUOI [*genitori, parenti, seguaci*] les siens: *i suoi sono al mare* les siens sont au bord de la mer; *non so se i suoi lo aiuteranno* je ne sais pas si les siens pourront l'aider.

suòcera |'swɔtʃera| *s.f.* **1** [*madre della moglie o del marito rispetto all'altro coniuge*] belle-mère **2** (*fam.*) [*donna bisbetica e autoritaria*] belle-mère.

suòcero |'swɔtʃero| *s.m.* [*padre della moglie o del marito rispetto all'altro coniuge*] beau-père ✦ *al plur.* [*il suocero e la suocera*] beaux-parents: *sono ospite dai* (*dei*) *suoceri* je suis invité chez mes beaux-parents.

suòla |'swɔla| *s.f.* **1** [*parte esterna della scarpa che poggia sul terreno*] semelle: *suola di cuoio, di gomma, di para* semelle de cuir, de caoutchouc, de crêpe; *suola doppia, chiodata* semelle compensée, cloutée; *mezze suole* semelles **2** [*parte di arnese a contatto del terreno o che serva come base*] talon (*m.*): *la suola dell'aratro* le talon de la charrue # *la suola delle rotaie* la semelle, le patin des rails; *la suola degli sci* le plat des skis ◇ (*loc.*) *suola del forno* [*rivestimento refrattario della parte inferiore*] sole (du four) ~ *suola del freno* [*guarnizione d'attrito del ceppo*] patin *m.* de frein **3** (*zool.*) sole **4** (*mar.*) couette.

suolàre |swo'lare| *v.tr.* → **risolare.**

suolatùra |swola'tura| *s.f.* → **solatura.**

suòlo |'swɔlo| *s.m.* **1** [*superficie di terreno su cui si cammina*] sol, terre (*f.*): *cadere, stramazzare al suolo* tomber, s'abattre sur le sol, par terre, à terre # *il suolo pubblico* le terrain public, les communaux; *sollevarsi dal suolo* se relever **2** [*terreno*] sol, terrain: *suolo fertile, arido* sol, terrain fertile, aride ◇ (*loc.*) *suolo poligonale* terrain polygonal **3** (*lett.*) [*terra, paese*] sol (*corr.*): *il sacro suolo della patria* le sol sacré de la patrie; *suolo natio* sol natal, terre natale **4** [*strato*] couche (*f.*): *un suolo di crema e uno di biscotti* une couche de crème et une couche de biscuits **5** (*region.*) [*suola delle scarpe*] semelle *f.* (*corr.*) **6** (*poet.*) [*superficie dell'acqua*] surface *f.* de l'eau (*corr.*).

suonàre |swo'nare| *e deriv.* → **sonare** *e deriv.*

suòno |'swɔno| *s.m.* **1** son; sonnerie (*f.*): *suono alto, acuto* son haut, aigu; *suono basso, grave, cupo* son bas, grave, sourd ‖ *suono del campanello, delle campane* sonnerie de la sonnette, des cloches; *sentire il suono di q.c.* entendre la sonnerie, le son de qqch. ◇ (*loc.*) *muro, barriera del suono* mur du son ~ *colonna del suono* [*sonora*] piste, bande sonore ~ *tecnico del suono* [*persona addetta alla registrazione dei suoni*] ingénieur du son **2** (*mus.*) son: *suono del violino, della chitarra* son du violon, de la guitare ◇ (*loc.*) *affinità dei suoni* similitude des sons **3** *loc. avv.* AL SUONO DI au son de: *camminavamo al suono del tamburo* nous marchions au son du tambour; *ballavamo al suono della chitarra* nous dansions au son de la guitare ◇ (*fig.*) *lo accolsero a suon di pugni, di fischi* ils l'accueillirent à coups de poing(s), de sifflets **4** (*ling.*) son: *suoni vocali, consonanti* sons vocaux, consonnants **5** (*poet.*) [*voce, parola*] son (*corr.*).

suòra |'swɔra| *s.f.* **1** [*religiosa che ha pronunciato i voti*] sœur # *suora di clausura* religieuse cloîtrée; *farsi suora* prendre le voile **2** (*poet.*) [*sorella*] sœur (*corr.*) **3** (*fig., fam.*) [*scaldino da letto*] moine (*m.*): *andare a letto con la suora* aller au lit chauffé par le moine.

sùper- |'super| *pref.* **1** (*significa 'eccesso, sovrapposizione', corrisponde gener. a*) super: *superstrato* superstrat # *superaffollamento* encombrement **2** (*significa 'che sta sopra, che supera', corrisponde gener. a*) super: *supervisione* supervision; *supersonico* supersonique **3** (*conferisce valore di sup. ad alcuni agg. e sost., corrisponde gener. a*) super: *supermercato* supermarché.

sùper |'super| *agg. inv.* [*straordinario, eccezionale*] extra: *è un pranzo super* c'est un déjeuner extra, un grand déjeuner, un repas de luxe ✦ *s.f. inv.* (*fam.*) (*benzina*) *super* super *m. var.*, supercarburant *m. var.* (*corr.*): *fare il pieno di super* faire le plein de super.

superàbile |supe'rabile| *agg.* [→ SUPERARE] surmontable [C] **insuperabile.**

superabilità |superabili'ta| *s.f. inv.* caractère *m. var.* surmontable.

superaffollaménto |superaffolla'mento| *s.m.* [*affollamento eccessivo*] encombrement # *il superaffollamento delle aule scolastiche* les classes surchargées.

superaffollàto |superaffol'lato| *agg.* [*eccessivamente affollato*] encombré, complet* # *mercato superaffollato* marché extrêmement fréquenté.

superalcòlico, ci, ca, che |superal'kɔliko, tʃi, ka, ke| *agg.* très alcoolique, fort en alcool *loc. inv.*, spiritueux* ✦ (*s.m.*) *un superalcolico* un spiritueux, une liqueur *f.* forte.

superalimentazióne |superalimentat'tsjone| *s.f.* suralimentation.

superallenaménto |superallena'mento| *s.m.* (*sport*) surentraînement.

superallenàre |superalle'nare| *v. tr.* (*sport*) [*allenare oltre il dovuto, in modo eccessivo*] surentraîner.

superaménto |supera'mento| *s.m.* **1** [→ SUPERARE] dépassement; franchissement: *il superamento di una teoria* le dépassement d'une théorie ‖ *il superamento di un fiume, di una vetta* le franchissement d'une rivière, d'un sommet; *il superamento di un ostacolo* le franchissement d'un obstacle # *il superamento di una difficoltà* la résolution d'une difficulté; *divieto di superamento* interdiction de dépasser, de doubler → **sorpasso** **2** (*psicol.*) déclin.

superàrbitro |supe'rarbitro| *s.m.* (*dir.*) surarbitre.

superàre |supe'rare| *v.tr.* **1** [*essere superiore per dimensioni o per quantità*] dépasser: *superare in lunghezza, in larghezza, in ampiezza* dépasser en longueur, en largeur, en étendue; *superare in altezza* dépasser en hauteur, en grandeur # *superare qc. di statura* être plus grand que qqn. **2** [*oltrepassare un certo limite, andare oltre*] dépasser: *il fiume supera il livello di guardia* la rivière dépasse, a franchi la cote d'alerte; *il muro supera i tre metri* le mur dépasse trois mètres; *superare un veicolo in curva* dépasser, doubler un véhicule dans un virage → **sorpassare** # *superare grandi distanze* parcourir de grandes distances → **percorrere** ◇ (*fig.*) *superare il limite di sopportazione* dépasser les limites d'endurance; *superare ogni più ottimistica previsione* (dé)passer toutes espérances; *superare le aspettative* dépasser les prévisions; *superare la trentina* dépasser la trentaine **3** [*attraversare, andare al di là*] franchir: *superare un fiume, un fossato* franchir une rivière, un fossé; *superare il confine* franchir, passer la frontière; *superare un muro* franchir un mur **4** (*fig.*) [*essere più bravo*] surpasser, dépasser: *superare gli avversari* surpasser les adversaires, l'emporter sur ses adversaires; *superare qc. per astuzia, intelligenza* dépasser, surpasser qqn. en astuce, en intelligence **5** [*sostenere con successo una prova difficile; uscire vittoriosi da una situazione difficile*] vaincre (54), surmonter: *superare una difficoltà* vaincre, surmonter une difficulté; *superare una crisi* surmonter une crise # *superare gli esami* être reçu à son, à ses examen(s); *superare una prova, un concorso* être reçu à une épreuve, à un concours; *superare un pericolo* éviter

un danger; *superare una malattia* sortir d'une maladie.
superarmaménto |superarma'mento| *s.m.* [*armamento eccessivo*] surarmement.
superàto |supe'rato| *agg.* [*non attuale, sorpassato*] dépassé # *oramai è superato* il a fait son temps.
superattivo |superat'tivo| *agg.* très actif*.
superautomàtico, ci, ca, che |superauto'matiko, tʃi, ka, ke| *agg.* superautomatique.
superbaménte |superba'mente| *avv.* [→ SUPERBO] superbement; avec arrogance (*loc. inv.*): *arredare superbamente una casa* meubler superbement une maison || *rispondere superbamente* répondre avec arrogance.
supèrbia |su'pɛrbja| *s.f.* [*ostentazione eccessiva delle proprie capacità e dei propri meriti accompagnata da disprezzo verso gli altri*] orgueil (*m.*): *peccare di superbia* pécher par orgueil; *essere gonfio di superbia* être gonflé, bouffi d'orgueil # *montare in superbia* se donner des airs; *la superbia è figlia dell'ignoranza* la vanité est fille de l'ignorance ◇ (*prov.*) *la superbia va a cavallo e torna a piedi* l'orgueilleux part à cheval et revient à pied.
superbióso |super'bjoso| *agg.* (*region.*) → **superbo 1**.
supèrbo |su'pɛrbo| *agg.* **1** [*che ha e ostenta superbia*] orgueilleux*, *hautain: *atteggiamento superbo* attitude hautaine **2** [*fiero, orgoglioso di qc. o q.c.*] fier*, orgueilleux: *andare superbo delle proprie imprese* être fier, orgueilleux de ce qu'on a réalisé **3** [*magnifico, imponente*] superbe: *palazzo superbo* palais superbe; *animale superbo* animal superbe # *ragazza di una bellezza superba* fille d'une très grande beauté ◇ (*per anton.*) *la Superba* [*Genova*] Gênes **4** (*lett.*) [*altissimo, ripido*] superbe.
superbómba |super'bomba| *s.f.* super-bombe.
superbombardière |superbombar'djɛre| *s.m.* superbombardier.
supercampióne, essa |superkam'pjone, essa| *s.* superchampion*.
supercarburànte |superkarbu'rante| *s.m.* supercarburant, super (*fam.*).
supercemento |supertʃe'mento| *s.m.* (*tecnol.*) superciment.
supercolòsso |superko'lɔsso| *s.m.* (*cine.*) superproduction *f.*
supercompressióne |superkompres'sjone| *s.f.* (*fis., mecc.*) surcompression.
supercomprèsso |superkom'prɛsso| *agg.* (*mecc.*) surcomprimé (*p.p.*): *motore supercompresso* moteur surcomprimé.
supercomprimere |superkom'primere| (124) *v.tr.* [*aumentare la compressione di (un gas, un motore)*] surcomprimer.
superconduttività |superkonduttivi'ta| *s.f. inv.* (*fis.*) superconductivité *var.*, supraconductibilité *var.*
superconduttóre |superkondut'tore| *s.m.* (*fis.*) superconducteur.
superconduzióne |superkondut'tsjone| *s.f.* (*fis.*) supraconduction.
superconsùmo |superkon'sumo| *s.m.* [*consumo eccessivo*] surconsommation *f.*
superdecoràto |superdeko'rato| *agg.* surdécoré ✦ (*s.*) *un superdecorato dell'ultima guerra* un surdécoré de la dernière guerre.
superdònna |super'dɔnna| *s.f.* (*iron.*) femme supérieure: *si dà arie da superdonna* elle se donne des airs de femme supérieure.
superdotàto |superdo'tato| *agg.* très doué ✦ (*s.*) *un superdotato* quelqu'un de très doué.
super-ego |'super'ɛgo| *s.m. inv.* (*lat.*) (*psicol.*) sur-moi *var.*, surmoi *var.* → **super-io.**
superequipaggiaménto |superekwipaddʒa'mento| *s.m.* [*equipaggiamento superiore alle necessità*] suréquipement.
superequipaggiàre |superekwipad'dʒare| *v.tr.* [*equipaggiare più del necessario*] suréquiper.
supererogatòrio, i |supererogа'tɔrjo, i| *agg.* (*teol.*) surérogatoire.
supererogazióne |supererogat'tsjone| *s.f.* (*teol.*) surérogation.
supereterodina |supereterο'dina| *s.f.* (*rad.*) superhétérodyne *m.*
superfecondazióne |superfekondat'tsjone| *s.f.* (*biol., fisiol.*) superfécondation.
superfetazióne |superfetat'tsjone| *s.f.* (*med.*) superfétation.
superficiàle |superfi'tʃale| *agg.* **1** superficiel*: *strato, parte superficiale* couche, partie superficielle ◇ (*loc.*) *acque superficiali* eaux superficielles, de surface ~ (*fis.*) *tensione superficiale* tension superficielle **2** (*fig.*) (*persone*) [*che non esamina a fondo le cose*] superficiel: *donna superficiale* femme superficielle; *spirito superficiale* esprit superficiel ✦ (*s.*) *un superficiale* un homme, une femme superficiel(le) (*agg.*): *sei un superficiale!* tu es un homme superficiel! ◇ (*cose*) [*sbrigativo, rapido*] rapide: *occhiata superficiale* coup d'œil rapide; *lettura superficiale* lecture rapide, en diagonale **3** [*generico, non profondo*] superficiel: *conoscenza, cultura superficiale* connaissance, culture superficielle.
superficialità |superfitʃali'ta| *s.f. inv.* **1** caractère *m. var.*, aspect *m. var.* superficiel **2** (*fig.*) [*poca profondità (in uno studio, in un sentimento)*] superficialité *var.* # *peccare di superficialità nello studio* étudier, travailler d'une manière superficielle.
superficialménte |superfitʃal'mente| *avv.* [→ SUPERFICIALE] superficiellement.
superficiàrio, i |superfi'tʃarjo, i| *agg.* (*dir.*) superficiaire ✦ (*s.*) *il superficiario di un terreno* le détenteur, le propriétaire superficiaire *agg.* d'un terrain.
superfìcie, ci |super'fitʃe, tʃi| *s.f.* **1** [*parte esterna di un corpo delimitata nello spazio*] surface: *la superficie di una parete* la surface d'un mur; *la superficie del mare, del lago* la surface de la mer, du lac **2** (*fig.*) [*apparenza, esteriorità*] surface, apparence: *fermarsi, restare in superficie* s'arrêter à la surface, à l'apparence; *vedere le cose solo in superficie* ne voir les choses qu'en surface **3** [*strato superficiale*] couche: *una sottile superficie di intonaco* une légère couche de crépi; *dare una superficie di vernice* passer une couche de peinture **4** (*geom.*) [*area*] surface # *la superficie edificabile* le terrain à bâtir ◇ (*loc.*) *superficie alare* surface de voilure ~ *superficie agraria* surface cultivable ~ *superficie forestale* surface forestale **5** (*dir.*) surface **6** (*tecnol.*) surface: *superficie di scorrimento, di attrito* surface de roulement, de frottement **7** (*mar.*) surface.
superfinitùra |superfini'tura| *s.f.* (*mecc.*) superfinition.
superfluaménte |superflua'mente| *avv.* (*raro*) [→ SUPERFLUO] d'une façon superflue *loc. inv.* (*corr.*), inutilement (*corr.*).
superflùido |super'fluido| *agg. e s.m.* (*fis.*) superfluide.
superfluità |superflui'ta| *s.f. inv.* **1** [*l'essere superfluo, inutile*] inutilité *var.*, superfluité (*var.*): *la superfluità di certi commenti* l'inutilité de certains commentaires **2** *al plur.* [*cose superflue*] superflu *m. sing.*, superfluités (*lett.*): *non possiamo più rinunciare a certe superfluità* nous ne pouvons plus renoncer à une certaine partie du superflu.
supèrfluo |su'pɛrfluo| *agg.* superflu ✦ (*s.m. sing.*) *il superfluo* le superflu [C] **necessario.**
superfortézza |superfor'tettsa| *s.f.* (*aer.*) superforteresse.
superfosfàto |superfos'fato| *s.m.* (*chim.*) superphosphate.
superinfezióne |superinfet'tsjone| *s.f.* (*med.*) surinfection.
super-io |'supe'rio| *s.m. inv.* (*psicol.*) sur-moi *var.*, surmoi *var.*
superióra |supe'rjora| *s.f.* (*eccl.*) supérieure ✦ (*agg.*) *madre superiora* mère supérieure.
superioràto |superjo'rato| *s.m.* dignité *f.* de supérieur, de supérieure: *aspirare al superiorato* aspirer à la dignité de supérieur(e).
1 **superióre** |supe'rjore| *agg.* **1** supérieur: *la parte superiore dell'armadio* la partie supérieure de l'armoire; *il piano superiore* l'étage supérieur; *gli arti superiori* les membres supérieurs ◇ (*loc.*) *il corso superiore del fiume* le cours supérieur de la rivière (du fleuve) ~ *l'Egitto superiore* la Haute Égypte **2** [*maggiore per numero, quantità, qualità*] supérieur: *statura superiore alla media* taille supérieure à la moyenne, au-dessus de la moyenne **3** (*fig.*) [*al di sopra degli altri per doti e capacità*] supérieur: *credersi, sentirsi superiore agli altri* se croire, se sentir supérieur aux autres; *gli avversari erano superiori a noi* les adversaires nous étaient supérieurs **4** [*maggiore in grado in una gerarchia o in un ordinamento*] supérieur: *istruzione superiore* enseignement supérieur; *ufficiali superiori* officiers supérieurs; *frequentare una scuola, un istituto superiore* être dans une école, dans un établissement d'enseignement supérieur # *scuola media superiore* quatre dernières années du lycée **5** *loc.* SUPERIORE A au-dessus de (*loc.*): *ottenere un successo superiore alle previsioni* obtenir un succès au-dessus de toute prévision; *la commedia è superiore a ogni critica* la pièce est au-dessus de toute critique; *è superiore a tutti i sospetti* il est au-dessus de tout soupçon # *essere superiore all'aspettativa* dépasser l'attente ~ ESSERE SUPERIORE A être au-dessus de: *essere superiore alle chiacchiere, ai pettegolezzi* être au-dessus des commérages, des cancans; *essere superiore alle insinuazioni* être au-dessus des insinuations **6** (*st. rom.*) supérieur: *Gallia su-*

periore Gaule supérieure [C] **inferiore.**
2 **superiόre** |supe'rjore| *s.* **1** supérieur: *rispettare i superiori* respecter ses supérieurs **2** (*eccl.*) supérieur.
superiorità |superjori'ta| *s.f. inv.* **1** supériorité (*var.*): *la superiorità numerica degli avversari* la supériorité numérique des adversaire **2** (*fig.*) supériorité # *avere superiorità di ingegno, di intelligenza* être supérieur par l'esprit, par l'intelligence ◇ (*loc.*) *darsi arie di superiorità* se donner des airs de supériorité ~ *esercitare su qc. una certa superiorità* avoir un certain ascendant sur qqn. [C] **1 inferiorità.**
superiorménte |superjor'mente| *avv.* [→ 1 SUPERIORE 1] dans la partie supérieure *loc. inv.*, au-dessus *loc. inv.*
superlativaménte |superlativa'mente| *avv.* [→ SUPERLATIVO 1] exceptionnellement.
superlativo |superla'tivo| *agg.* **1** [*superiore a tutti, eccellente*] exceptionnel*: *bellezza superlativa* beauté exceptionnelle **2** (*gram.*) superlatif* # *il grado superlativo* le superlatif ◆ (*s.m.*) *il superlativo* le superlatif.
superlavόro |superla'voro| *s.m.* [*lavoro eccessivo*] surmenage # *essere esaurito per il superlavoro* être surmené.
superleggèro |superled'dʒεro| *agg. e s.m.* (*pugilato*) super-léger.
superman |sjupə:mæn| *s.m.* (*ingl.*) superman: *dei supermen* des supermen.
supermarket |super'markεt, 'sjupə:ma:kit| *s.m. inv.* (*ingl.*) → **supermercato.**
supermercàto |supermer'kato| *s.m.* supermarché.
supernazionàle |supernattsjo'nale| *agg.* → **sopranazionale.**
supernazionalità |supernattʃionali'ta| *s.f. inv.* → **sopranazionalità.**
supèrno |su'pεrno| *agg.* **1** (*lett.*) [*superiore, al di sopra di tutti*] supérieur (*corr.*) **2** (*per est.*) [*del cielo, celeste*] divin, céleste # *la vita superna* la vie éternelle ◇ (*loc.*) *la città superna* [*il paradiso*] la cité céleste.
supernòva |super'nɔva| *s.f.* (*astron.*) supernova.
supernutrìre |supernu'trire| (204) *v.tr.* (*raro*) [*somministrare alimenti in quantità superiore al fabbisogno del corpo*] suralimenter (*corr.*).
supernutriziόne |supernutrit'tsjone| *s.f.* (*med.*) suralimentation.
1 **sùpero** |'supero| *agg.* **1** (*lett.*) [*superiore a tutti, situato nella parte più alta*] supérieur: *gli dèi superi* les dieux supérieurs ◆ *s.m. pl.* (*mitol.*) *i Superi* les dieux supérieurs *agg.* **2** (*bot.*) supère.
2 **sùpero** |'supero| *s.m.* [*eccedenza, avanzo*] excédent: *un supero di produzione* un excédent dans la production.
superòtto |supe'rɔtto| *s.m. e agg. inv.* (*cine.*) super-huit.
superperito |superpe'rito| *s.m.* [*esperto*] expert.
superperìzia |superpe'rittsja| *s.f.* [*perizia di un superperito*] expertise.
superpetrolièra |superpetro'ljεra| *s.f.* super-méthanier *m.*
superpotènte |superpo'tεnte| *agg.* [*molto potente*] surpuissant.
superpotènza |superpo'tεntsa| *s.f.* superpuissance, super-grand *m.* (*fam.*).
superpotére |superpo'tere| *s.m.* superpouvoir.
superprodùrre |superpro'durre| (108) *v.tr.* [*produrre in abbondanza*] surproduire (75).
superproduttόre, trice |superprodut'tore, tritʃe| *agg.* [*che produce in abbondanza*] surproducteur*.
superproduziόne |superprodut'tsjone| *s.f.* **1** (*econ.*) superproduction **2** (*cine.*) superproduction.
superquadrato |superkwa'drato| *agg.* (*comm., tecnol.*) supercarré.
superreaziόne |superreat'tsjone| *s.f.* superréaction.
superrigeneraziόne |superridʒenerat'tsjone| *s.f.* (*rad.*) superréaction.
supersònico, ci, ca, che |super'sɔniko, tʃi, ka, ke| *agg.* (*fis.*) supersonique.
supèrstite |su'pεrstite| *agg.* **1** [*sopravvissuto ad altri*] survivant, rescapé: *il figlio superstite* le fils survivant, rescapé ◆ (*s.*) *i superstiti della strage* les survivants, les rescapés du massacre **2** [*restante, rimanente*] qui a résisté *loc.*; qui a survécu (*loc.*): *l'uva superstite alla grandinata* le raisin qui a résisté à la grêle ‖ *le rovine superstiti* les ruines qui ont survécu.
superstiziόne |superstit'tsjone| *s.f.* **1** superstition **2** (*teol.*) superstition.
superstiziosaménte |superstittsjosa'mente| *avv.* [→ SUPERSTIZIOSO] superstitieusement.
superstiziosità |superstittsjosi'ta| *s.f. inv.* caractère *m. var.* superstitieux.
superstiziόso |superstit'tsjoso| *agg.* superstitieux*: *credenze superstiziose* croyances superstitieuses ◆ (*s.*) *un superstizioso* un superstitieux: *essere un superstizioso* être (un) superstitieux.
superstràda |super'strada| *s.f.* route à grande circulation, voie express.
superstràto |super'strato| *s.m.* (*ling.*) superstrat.
supertestimòne |supertesti'mɔne| *s.* témoin *m.* principal*, fondamental* dans un procès.
superumàno |superu'mano| *agg.* (*raro*) surhumain (*corr.*).
superuòmo |supe'rwɔmo|, *pl.* **superuòmini** |supe'rwɔmini| *s.m.* **1** (*filos.*) surhomme **2** (*iron.*) [*persona che crede di essere superiore a tutti*] surhomme: *fare il superuomo* faire le surhomme.
supervalutàre |supervalu'tare| *v. tr.* → **sopravvalutare.**
supervisiόne |supervi'zjone| *s.f.* **1** supervision: *supervisione di un lavoro* supervision d'un travail **2** (*cine.*) supervision.
supervisόre |supervi'zore| *s.* **1** superviseur (*m.*): *nominare un supervisore* nommer un superviseur **2** (*cine.*) superviseur.
supinaménte |supina'mente| *avv.* [→ 1 SUPINO] sur le dos *loc. inv.* ◇ (*fig.*) passivement: *accettare supinamente un rimprovero* accepter passivement un reproche, accepter un reproche sans protester.
supinatόre |supina'tore| *agg. m.* (*anat.*) supinateur ◆ (*s.m.*) *il supinatore della coscia, dell'avambraccio* le supinateur de la cuisse, de l'avant bras.
supinaziόne |supinat'tsjone| *s.f.* (*fisiol.*) supination.
1 **supìno** |su'pino| *agg.* **1** [*disteso sulla schiena, con il viso e il ventre rivolti all'insù*] sur le dos *loc. inv.*; à la renverse (*loc. inv.*): *giacere supino* être couché sur le dos; *dormire supino* dormir sur le dos; *essere, stare in una posizione supina* être, rester sur le dos ‖ *cadere supino* tomber à la renverse ◇ (*per est.*) *mani supine* paumes tournées vers le ciel **2** (*fig.*) [*molto accondiscendente, servile*] passif*: *obbedienza supina* obéissance passive ◇ (*loc.*) *rassegnazione supina* résignation passive ~ *ignoranza supina* ignorance crasse ~ *essere supino alla volontà di qc.* être entièrement soumis à la volonté de qqn.
2 **supino** |su'pino| *s.m.* (*gram.*) supin.
suppellèttile |suppel'lεttile| *s.f.* **1** [*insieme degli oggetti che formano l'arredamento di una casa*] ustensiles (*m. pl.*): *le suppellettili domestiche* les ustensiles de la maison ◇ (*per est.*) [*oggetto o insieme di oggetti che formano l'arredamento di una scuola, di un ufficio, di una chiesa ecc.*] matériel (*m.*): *le suppellettili scolastiche, religiose* le matériel de classe, d'église # *le suppellettili sacre* les objets sacrés **2** (*arch.*) objets *m. pl.* funéraires: *suppellettili etrusche, azteche* objets funéraires étrusques, aztèques **3** (*fig.*) [*complesso di cognizioni che una persona ha acquisito*] bagage (*m.*): *suppellettile di conoscenze* bagage de connaissances.
suppergiù |supper'dʒu| *avv.* (*fam.*) [*più o meno, pressappoco*] à peu près, à-peu-près *loc. inv.* (*corr.*): *suppergiù è la stessa cosa* c'est à peu près, presque la même chose.
supplementàre |supplemen'tare| *agg.* **1** supplémentaire: *attività supplementare* activité supplémentaire **2** (*geom.*) supplémentaire **3** (*sport*) *tempo supplementare* prolongation *s.f.*
suppleménto |supple'mento| *s.m.* **1** supplément: *chiedere un supplemento di cibo* demander un supplément de nourriture **2** [*integrazione o aggiornamento di un'opera*] supplément: *supplemento a, di un'enciclopedia* supplément d'une, à une encyclopédie; *supplemento a un giornale* supplément à un journal **3** (*mil.*) forces *f. pl.* militaires supplétives # *soldati di supplemento* supplétifs **4** (*ferr.*) supplément: *supplemento rapido* supplément pour le rapide.
supplentàto |supplen'tato| *s.m.* (*raro*) → **supplenza.**
supplènte |sup'plεnte| *agg.* suppléant, remplaçant: *professore supplente* professeur suppléant, remplaçant ◆ (*s.*) *un supplente* un suppléant, un remplaçant: *il supplente di latino, di italiano* le suppléant, le remplaçant pour le latin, l'italien.
supplènza |sup'plεntsa| *s.f.* suppléance, remplacement (*m.*): *una supplenza di un mese* une suppléance d'un mois.
suppletivismo |suppleti'vizmo| *s.m.* (*ling.*) suppléance *f.*
suppletivo |supple'tivo| *agg.* **1** [*che serve come supplemento*] supplémentaire: *articolo suppletivo* article supplémentaire # *truppe suppletive* forces supplétives **2** (*ling.*) supplétif*: *forma suppletiva* forme supplétive **3** (*dir.*) supplétoire.

suppletòrio, i |supple'tɔrjo, i| *agg.* **1** → **suppletivo** **2** (*dir.*) supplétoire.
supplì |sup'pli| *s.m. inv.* (*region.*, *cuc.*) croquettes *f. pl.*, boulettes *f. pl.* de riz.
sùpplica, che |'supplika, ke| *s.f.* **1** [→ SUPPLICARE] supplication # *parole, tono di supplica* paroles suppliantes, ton suppliant **2** [*preghiera esposta per scritto*] supplique: *presentare, inviare una supplica* présenter, envoyer une supplique **3** (*relig.*) prière, supplication: *rivolgere una supplica alla Madonna* adresser une (fervente) prière à la Sainte Vierge.
supplicànte |suppli'kante| *agg.* [*che supplica*] suppliant: *parlava con voce supplicante* il parlait d'une voix suppliante ♦ (*s.*) *un supplicante* un suppliant.
supplicàre |suppli'kare| **A** *v.tr.* [*chiedere q.c., pregare umilmente e con fervore*] supplier: *supplicare Dio* supplier Dieu; *ti supplico di ascoltarmi* je te supplie de m'écouter # *supplicare il perdono di qc.* implorer le pardon de qqn. **B** *v.intr.* (*aus.* '*avere*') (*lett.*) [*rivolgere suppliche a qc.*] supplier.
supplicatóre, trice |supplika'tore, tritʃe| *s.* (*raro*) [*chi supplica*] suppliant.
supplicatòrio, i |supplika'tɔrjo, i| *agg.* [*che ha carattere, tono di supplica*] suppliant.
supplicazióne |supplikat'tsjone| *s.f.* **1** (*raro*) → **supplica** **2** (*st. rom.*) supplication.
sùpplice |'supplitʃe| *agg.* (*lett.*) [*supplicante*] suppliant (*corr.*): *sguardo supplice* regard suppliant ♦ *s.* (*st. ant.*) *i supplici* les suppliants.
supplichévole |suppli'kevole| *agg.* [*che ha tono di supplica, che supplica*] suppliant.
supplichevolménte |supplikevol'mente| *avv.* [→ SUPPLICHEVOLE] en suppliant *loc. inv.*
supplire |sup'plire| (197) **A** *v.tr.* [*sostituire temporaneamente un assente*] remplacer (2): *supplire un professore* remplacer un professeur **B** *v.intr.* (*aus.* '*avere*') [*colmare una lacuna, servire da complemento a q.c. che è difettoso o mancante*] suppléer: *supplire all'ignoranza con la buona volontà* suppléer à l'ignorance avec de la bonne volonté.
suppliziàre |supplit'tsjare| *v.tr.* (*raro*) [*tormentare con supplizi*] supplicier (*corr.*), torturer (*corr.*).
supplìzio, i |sup'plittsjo, i| *s.m.* **1** supplice: *sottoporre qc. a supplizio* infliger un supplice à qqn. ◇ (*loc.*) *il supplizio di Tantalo*: (*pr.*, *fig.*) le supplice de Tantale ~ *l'estremo supplizio* [*la morte*] le dernier supplice **2** (*fig.*) [*tormento fisico o morale*] supplice: *la sua presenza è un supplizio* sa présence est un supplice.
supponènte |suppo'nɛnte| *agg.* (*lett.*) [*altero, altezzoso*] *hautain (*corr.*).
supponìbile |suppo'nibile| *agg.* [→ SUPPORRE] supposable (*corr.*).
suppórre |sup'porre| (168) *v.tr.* **1** [*considerare come vera un'ipotesi che è solo congettura*] supposer: *supponiamo che sia vero* supposons que ce soit vrai; *suppongo che tu non lo sappia* je suppose, j'imagine que tu ne le sais pas **2** [*manifestare un'opinione in luogo di una verità che non conosciamo*] supposer, croire (56): *suppongo che verrai domani* je suppose, je pense que tu viendras demain → **pensare**; *supponi che andrà tutto bene?* tu crois que tout ira bien? → **credere** # *suppongo di arrivare tra i primi dieci* j'imagine que je serai dans les dix premiers **3** [*concepire con la mente e manifestare come reale ciò che è ancora irreale*] imaginer: *non supponevo un paesaggio tanto bello* je n'imaginais pas un si beau paysage # *supponiamo di essere in una città deserta* supposons que nous soyons dans une ville déserte → **immaginare**; *supponiamo di vincere al totocalcio* supposons qu'on gagne au 'totocalcio'.
supporter |sə'pɔːtə| *s.m. inv.* (*ingl.*) (*sport*) supporter *var.*
suppòrto |sup'pɔrto| *s.m.* **1** support, plateau: *un supporto di vetro, di legno, di pietra* un support, un plateau en verre, en bois, en pierre # *il supporto di un albero da frutta* le tuteur d'un arbre fruitier **2** (*mecc.*) support ◇ [*boccola*] boîte *f.* des coussinets ◇ [*staffa*] console *f.* ◇ (*di albero di trasmissione*) palier: *albero di supporto* palier.
suppositìvo |suppozi'tivo| *agg.* (*raro*) [*ipotetico*] hypothétique → **congetturale.**
suppositòrio, i |suppozi'tɔrjo, i| *s.m.* (*farm.*) suppositoire: *suppositorio rettale* suppositoire → **supposta**; *suppositorio uretrale* bougie *f.* → **candeletta**; *suppositorio vaginale* → **ovulo.**
supposizióne |suppozit'tsjone| *s.f.* **1** [→ SUPPORRE 1, 2] supposition **2** [*dare come vera una cosa che non lo è*] supposition **3** (*dir.*) *supposizione di parto* supposition d'enfant, de part ◇ [*scambio di persona*] *supposizione d'infante* supposition d'enfant **4** (*filos.*) supposition.
suppósta |sup'posta| *s.f.* (*farm.*) suppositoire *m.*
suppósto |sup'posto| *agg.* [*ammesso per congettura*] supposé, présumé: *questo è il supposto colpevole* c'est le coupable présumé ♦ *s.m.* (*raro*) [*ciò che si crede*] supposition *f.* (*corr.*): *il supposto si è dimostrato errato* la supposition s'est révélée fausse.
suppuràbile |suppu'rabile| *agg.* (*raro, med.*) [→ SUPPURARE] pouvant facilement suppurer *loc. inv.* (*corr.*).
suppuraménto |suppura'mento| *s.m.* (*raro, med.*) [→ SUPPURARE] suppuration *f.* (*corr.*).
suppurànte |suppu'rante| *agg.* suppurant: *piaga suppurante* plaie suppurante → **purulento.**
suppuràre |suppu'rare| *v.intr.* (*aus.* '*avere, essere*') [*venire a suppurazione*] suppurer (*aus.* avoir): *la ferita è suppurata, ha suppurato* la blessure a suppuré.
suppurativo |suppura'tivo| *agg.* (*med.*) suppuratif*: *processo suppurativo* processus suppuratif ♦ *s.m.* [*rimedio che facilita la suppurazione*] suppuratif.
suppurazióne |suppurat'tsjone| *s.f.* (*med.*) [→ SUPPURARE] suppuration # *la ferita è venuta a suppurazione* la blessure suppure.
suprèma |su'prɛma| *s.f.* (*cuc.*) → **'suprême'.**
supremaménte |suprema'mente| *avv.* [→ SUPREMO 2] suprêmement.
supremazìa |supremat'tsia| *s.f.* **1** suprématie **2** (*st.*) *atto di supremazia* acte de suprématie.
'suprême' |sypʀɛm| *s.f. inv.* (*cuc.*) suprême (*m. var.*): *servire una 'suprême' di pollo, di tacchino* servir un suprême de poulet, de dinde ♦ (*agg.*) *salsa 'suprême'* sauce suprême.
suprèmo |su'prɛmo| *agg.* **1** (*lett.*) [*sopra, più in alto di ogni cosa*] supérieur (*corr.*): *salire al piano supremo* monter à l'étage supérieur **2** (*fig.*) [*sommo, massimo*] suprême: *l'autorità suprema* l'autorité suprême; *il capo supremo* le chef suprême # *donna di suprema bellezza* femme d'une beauté souveraine ◇ (*loc.*) *Corte suprema* Cour suprême ~ *il capo supremo della chiesa* [*il Papa*] le souverain pontife ~ *Ente supremo* [*Dio*] l'Être suprême ~ *cosa di suprema importanza* chose de la plus haute importance **3** (*fig.*) [*estremo, ultimo*] suprême: *l'ora suprema* l'heure suprême # *il saluto supremo* le dernier adieu ◇ (*loc.*) *il giudizio supremo* [*il giudizio finale*] le jugement dernier.
sur- |sur| *pref.* (*significa 'sovra', corrisponde gener. a*) sur: *surgelare* surgeler.
1 **sùra** |'sura| *s.f.* [*ogni capitolo del Corano*] surate, sourate.
2 **sùra** |'sura| *s.f.* (*anat.*) mollet *m.*
3 **sùra** |'sura| *s.m. inv.* → **surah.**
surah |'sjuərə| *s.m. inv.* (*ingl.*) surah (*var.*): *abito in surah a fiori* robe en surah à fleurs.
suràle |su'rale| *agg.* (*anat.*) sural*.
surclassàre |surklas'sare| *v.tr.* **1** (*sport*) [*sconfiggere un avversario dimostrando indiscutibile superiorità*] surclasser: *surclassare lo sfidante, l'avversario* surclasser le challengeur, l'adversaire **2** (*per est.*) [*dimostrare superiorità in q.c.*] surclasser: *con la sua eleganza ci surclassa tutte* en élégance, elle nous surclasse toutes; *con il suo perfetto tedesco surclassa tutti* avec son allemand parfait, il surclasse, il bat tout le monde; son allemand parfait le met au-dessus de tous les autres **3** [*attribuire a una carrozza ferroviaria una qualifica di classe superiore*] surclasser.
surcompressióne |surkompres'sjone| *s.f.* surcompression.
surcomprèsso |surkom'prɛsso| *agg.* surcomprimé.
surcontràre |surkon'trare| *v.tr.* (*bridge*) [*riaffermare il proprio impegno a fare le mani*] surcontrer.
'surcontre' |syʀkɔ̃tʀ(ə)| *s.m. inv.* (*bridge*) surcontre *var.*
surdeterminànte |surdetermi'nante| *agg.* surdéterminant.
surdeterminàto |surdetermi'nato| *agg.* (*psican.*) surdéterminé.
surdeterminazióne |surdeterminat'tsjone| *s.f.* (*ling., psican., psicol.*) surdétermination.
surf |sɔːf| *s.m. inv.* (*ingl.*) surf (*var.*): *ballare a ritmo di surf* danser sur un rythme de surf.
surfing |'sɔːfiŋ| *s.m. inv.* (*ingl.*) (*sport*) surf: *praticare il surfing* faire du surf.
surgelaménto |surdʒela'mento| *s.m.* [→ SURGELARE] surgélation *f.*
surgelàre |surdʒe'lare| *v.tr.* [*conservare (alimentari) a una temperatura molto bassa*] surgeler (6).
surgelàto |surdʒe'lato| *agg.* surgelé ♦ (*s.m. pl.*) *i surgelati* les surgelés:

fare molto uso di surgelati consommer beaucoup de surgelés.
surgelazióne |surdʒelat'tsjone| *s.f.* → **surgelamento.**
suricàto |suri'kato| *s.m.* (*t. zool.*) suricate, surikate.
suriezióne |surjet'tsjone| *s.f.* (*med.*) surjection.
'surmenage' |syʀmənaʒ| *s.m. inv.* surmenage *var.*
surmolòtto |surmo'lɔtto|, **surmulòtto** |surmu'lɔtto| *s.m.* (*t.zool.*) (*topo*) surmulot; (*pesce*) surmulet.
'surplace' |syʀplas| *s.m. inv.* (*sport*) surplace *var.*, sur-place *var.* ◇ (*loc. fig.*, *fam.*) *lasciare in 'surplace'* [*piantare in asso*] planter là.
'surplus' |syʀply| *s.m. inv.* (*econ.*) surplus.
surreàle |surre'ale| *agg.* surréel*.
surrealismo |surrea'lizmo| *s.m.* (*arts.*, *letter.*) surréalisme.
surrealista |surrea'lista| *s.* surréaliste: *i surrealisti francesi* les surréalistes français ✦ (*agg.*) *pittura surrealista* peinture surréaliste.
surrealistico, ci, ca, che |surrea'listiko, tʃi, ka, ke| *agg.* surréaliste: *movimento surrealistico* mouvement surréaliste.
surrenàle |surre'nale| *agg.* (*anat.*) surrénal*: *ghiandola surrenale* glande surrénale.
surrène |sur'rɛne| *s.m.* (*anat.*) (glande *f.*) surrénale *f.*
surrettiziaménte |surrettittsja'mente| *avv.* [→ SURRETTIZIO] subrepticement.
surrettizio, i |surret'tittsjo, i| *agg.* **1** (*dir.*) subreptice: *atto surrettizio* acte subreptice **2** (*filos.*) subreptice.
surrezióne |surret'tsjone| *s.f.* (*dir.*) subreption, emploi *m.* de moyens subreptices.
surricordàto |surrikor'dato| *agg.* cité *p.p.*, ci-dessus, cité plus haut.
surriferito |surrife'rito| *agg.* rapporté *p.p.* ci-dessus.
surrigeneratóre |surridʒenera'tore| *s.m.* (*tecnol.*) surrégénérateur.
surriscaldaménto |surriskalda'mento| *s.m.* (*fis.*) surchauffe *f.*
surriscaldàre |surriskal'dare| **A** *v.tr.* **1** [*riscaldare oltre un determinato limite*] surchauffer **2** (*fig.*) [*sottoporre a surriscaldamento*] surchauffer **B** *v.pron. intr.* SURRISCALDARSI (*pr.*) [*diventare eccessivamente caldo*] trop chauffer (*intr.*): *il ferro da stiro si surriscaldava* le fer à repasser chauffait trop; *il motore si è surriscaldato* le moteur a (trop) chauffé ◇ (*fig.*) *alle parole dell'oratore l'atmosfera si surriscaldava sempre più* aux paroles de l'orateur la salle s'enfiévrait de plus en plus.
surriscaldàto |surriskal'dato| *agg.* **1** [*eccessivamente riscaldato*] surchauffé: *stanza surriscaldata* pièce surchauffée **2** (*fig.*) [*pieno di agitazione*] surchauffé.
surriscaldatóre |surriskalda'tore| *s.m.* (*tecnol.*) surchauffeur.
sùrroga |'surroga| *s.f.* → **surrogazione.**
surrogàbile |surro'gabile| *agg.* [→ SURROGARE] remplaçable: *tecnico difficilmente surrogabile* technicien difficilement remplaçable → **sostituibile.**
surrogabilità |surrogabili'ta| *s.f. inv.* possibilité *var.* de remplacer.
surrogàre |surro'gare| *v.tr.* **1** [*porre qc. o q.c. al posto di altro*] substituer, remplacer (2); (*dir.*) subroger (3): *surrogò la cameriera con una donna a mezzo servizio* il substitua à la bonne une femme de ménage; il remplaça la bonne par une femme de ménage ‖ *surrogare un bene con un altro* subroger un bien à un autre **2** [*sostituire, prendere il posto di qc. o q.c.*] remplacer, prendre (73) la place de: *è stato incaricato di surrogare il capufficio* il a été chargé de prendre la place du chef du bureau → **sostituire.**
surrogativo |surroga'tivo| *agg.* (*dir.*) subrogatif*.
1 **surrogàto** |surro'gato| *agg.* [*supplementare*] succédané # *bene surrogato* produit de substitution, de remplacement.
2 **surrogàto** |surro'gato| *s.m.* [*prodotto usato per sostituirne un altro sim.*] succédané, ersatz: *l'orzo è un surrogato del caffè* l'orge est un succédané, un ersatz du café ◇ (*per est.*) [*qualsiasi cosa possa sostituirne un'altra*] succédané: *questa non è libertà, ma un suo surrogato* ça, ce n'est pas la liberté, ce n'en est qu'un succédané.
surrogatòrio, i |surroga'tɔrjo, i| *agg.* (*dir.*) subrogatoire, subrogateur (*m.*): *imposta surrogatoria* impôt subrogatoire, subrogateur.
surrogazióne |surrogat'tsjone| *s.f.* **1** [→ SURROGARE] substitution, remplacement *m.* ◇ *loc.* IN SURROGAZIONE A, DI [*al posto di*] à la place de **2** (*dir.*) subrogation: *surrogazione ipotecaria* subrogation hypothécaire; *surrogazione reale* subrogation réelle; *pagamento con surrogazione* paiement avec subrogation.
surscàvo |sur'skavo| *s.m.* (*geol.*) surcreusement.
survoltàre |survol'tare| *v.tr.* (*elettr.*) [*aumentare il valore di una tensione*] survolter.
survoltàto |survol'tato| *agg.* (*elettr.*) survolté.
survoltóre |survol'tore| *s.m.* (*elettr.*) survolteur.
survoltore-devoltóre |survoltoredevol'tore| *s.m.* (*elettr.*) survolteur-dévolteur.
suscettibile |suʃʃet'tibile| *agg.* **1** susceptible: *è un tipo molto suscettibile* c'est une personne très susceptible **2** [*capace di subire modificazioni*] susceptible: *essere suscettibile di miglioramenti* être susceptible de s'améliorer.
suscettibilità |suʃʃettibili'ta| *s.f. inv.* susceptibilité (*var.*): *urtare la suscettibilità di qc.* froisser la susceptibilité de qqn.
suscettivo |suʃʃet'tivo| *agg.* (*filos.*) susceptible.
suscezióne |suʃʃet'tsjone| *s.f.* (*raro*) → **suscettibilità.**
suscitaménto |suʃʃita'mento| *s.m.* [→ SUSCITARE 1] suscitation *f.*
suscitàre |suʃʃi'tare| *v.tr.* **1** [*fare insorgere, provocare*] susciter, provoquer: *suscitare indignazione, stupore* susciter, provoquer l'indignation, l'étonnement; *suscitare il riso, il pianto* provoquer le rire, les larmes # *suscitare la curiosità di qc.* piquer la curiosité de qqn.; *suscitare la discordia* fomenter la discorde **2** (*fig.*, *lett.*) [*far sorgere, levare in alto*] élever (6) (*corr.*).
suscitatóre, trice, |suʃʃita'tore, tritʃe| *agg.* qui suscite *loc.*, qui provoque *loc.* ✦ (*s.*) *un suscitatore* un provocateur*.
susina |su's(z)ina| *s.f.* [*frutto del susino*] prune → **prugna.**
susino |su's(z)ino| *s.m.* (*t.bot.*) prunier.
suspense |səs'pens| *s.f. inv.* (*ingl.*) suspense *m. var.*
suspicióne |suspi'tʃone| *s.f.* **1** (*arc.*) suspicion, méfiance **2** (*dir.*) suspicion.
susseguènte |susse'gwɛnte| *agg.* [*che viene dopo*] suivant # *nel giorno susseguente al suo arrivo* le jour qui suivit son arrivée.
susseguenteménte |sussegwente'mente| *avv.* **1** [→ SUSSEGUENTE] ensuite, après, successivement **2** [*di conseguenza*] par conséquent *loc. inv.*
susseguire |susse'gwire| **A** *v.tr.* [*venire dopo come conseguenza*] suivre (52): *il tuono sussegue il lampo* le tonnerre suit l'éclair **B** *v.intr.* (*aus. 'essere'*) [→ *tr.*] succéder (8) (*aus.* avoir): *il tuono sussegue al lampo* le tonnerre succède à l'éclair **C** *v.pron. rifl.*, *recipr.* SUSSEGUIRSI [*venire uno dopo l'altro*] se succéder, se suivre: *i giorni, le settimane si susseguono* les jours, les semaines se succèdent, se suivent ✦ *s.m.* suite *f.*, succession (*f.*): *è un susseguirsi di disgrazie* c'est une suite, une succession de malheurs.
sussidènza |sussi'dɛntsa| *s.f.* **1** [*accumulo, deposito (di una sostanza)*] lie **2** (*geogr.*, *geol.*) subsidence.
sussidiàre |sussi'djare| *v.tr.* [*provvedere con un sussidio, dotare di un sussidio*] subventionner.
sussidiariaménte |sussidjarja'mente| *avv.* (*raro*) [→ SUSSIDIARIO 1] subsidiairement.
sussidiàrio, i |sussi'djarjo, i| **1** (*agg.*) *provviste sussidiarie* provisions supplémentaires; *fermata sussidiaria* arrêt facultatif*; *truppe sussidiarie* troupes auxiliaires; *segnali sussidiari* signaux supplémentaires; *fiume sussidiario* rivière tributaire **2** *s.m.* manuel de l'école primaire.
sussidiatóre, trice |sussidja'tore, tritʃe| **1** *s.* [*chi sussidia*] subventionniste **2** *agg.* [*che sussidia*] subventionnel*.
sussidio, i |sus'sidjo, i| *s.m.* **1** subside, subvention (*f.*): *chiedere, concedere un sussidio* demander, accorder un subside, une subvention; *presentare allo Stato domanda di sussidio* présenter à l'État une demande de subside, de subvention # *sussidio di disoccupazione* allocation de chômage **2** [*aiuto, soccorso*] aide (*f.*): *ho risolto il problema con il sussidio della calcolatrice* j'ai résolu le problème à l'aide de la calculatrice # *mandare un esercito in sussidio alla città* envoyer une armée de renforts à la ville **3** *spec. al plur.* [*materiale utile*] matériel (*sing.*): *sussidi bibliografici* matériel bibliographique.
sussiègo, ghi |sus'sjɛgo, gi| *s.m.* [*contegno dignitoso e serio non privo di una certa aria di sufficienza*] condescendance *f.*, suffisance (*f.*): *parlare, rispondere con sussiego* parler, répondre sur un ton de condescendance, avec suffisance.
sussiegóso |sussje'goso| *agg.* [*pieno di sussiego*] suffisant, *hautain.

sussistènte |sussis'tɛnte| *agg.* [*che ha valore effettivo*] valable: *ragioni sussistenti* raisons valables ◇ [*che esiste (veramente)*] existant.

sussistènza |sussis'tɛntsa| *s.f.* **1** [*esistenza reale indipendentemente dal pensiero*] existence **2** [*sostentamento, quanto è necessario a poter vivere*] subsistance **3** (*filos.*) subsistance **4** (*mil.*) subsistance: *compagnia di sussistenza* service des subsistances.

sussìstere |sus'sistere| (116) *v.intr.* (*aus.* '*essere*', *raro* '*avere*') **1** [*esistere come realtà in sé, come sostanza*] exister (*aus.* avoir): *sussistono fatti ben precisi* il existe des faits bien précis **2** [*essere fondato, avere valore*] avoir (28) *tr.* valeur # *sono motivi che non sussistono* ce sont des motifs sans valeur; *le tue scuse non sussistono* tes excuses ne tiennent pas debout **3** (*filos.*) subsister (*aus.* avoir).

sussultàre |sussul'tare| *v.intr.* **1** (*aus.* '*avere*') [*fare un balzo con movimento spontaneo per improvvisa emozione*] sursauter, tressaillir: *sussultare di gioia* tressaillir, bondir de joie **2** [*fare bruschi movimenti dal basso verso l'alto*] cahoter, faire (45) *tr.* des soubresauts, sursauter: *a ogni buca l'automobile sussultava* à chaque trou la voiture cahotait, faisait un cahot, sursautait # *la terra sussultò* la terre trembla.

sussùlto |sus'sulto| *s.m.* **1** [→ SUSSULTARE] sursaut: *mi svegliai con un sussulto* je me réveillai en sursaut # *i sussulti del terremoto* les secousses sismiques; *avere, provare un sussulto* tressaillir, sursauter **2** (*med.*) soubresaut.

sussultòrio, i |sussul'tɔrjo, i| *agg.* (*geol.*) sussultoire, subsultant.

sussùmere |sus'sumere| (118) *v.tr.* (*filos.*) [*pensare (un oggetto individuale) come compreso in un insieme*] subsumer.

sussunzióne |sussun'tsjone| *s.f.* (*filos.*) subsunption, subsomption.

sussurràre |sussur'rare| **A** *v.tr.* **1** [*dire a voce bassa*] murmurer, chuchoter: *sussurrare una frase all'orecchio* murmurer, chuchoter une phrase à l'oreille → **bisbigliare** **2** [*dire in segreto con disapprovazione*] murmurer: *si sussurra che abbia perso tutto nelle scommesse* on murmure qu'il a tout perdu en faisant de paris → **mormorare** **B** *v.intr.* (*aus.* '*avere*') **1** [*produrre un rumore lieve e continuo*] murmurer: *le foglie sussurrano al vento* les feuilles murmurent, bruissent dans le vent **2** [*parlare in segreto, di nascosto*] murmurer.

sussurratóre, trice |sussurra'tore, tritʃe| *s. e agg.* [*chi, che sussurra* (A 1)] chuchoteur*.

sussurrìo, ii |sussur'rio, ii| *s.m.* [→ SUSSURRARE] murmure.

sussùrro |sus'surro| *s.m.* [→ SUSSURRARE A 1; B 1] murmure, chuchotement: *il sussurro dolce delle sue parole* le doux murmure de ses paroles # *parlare in un sussurro* murmurer, chuchoter.

sùsta |'susta| *s.f. spec. al plur.* branches: *le suste* [*le stanghette*] *degli occhiali* les branches des lunettes.

sùtra |'sutra| *s.m.* (*relig.*) soûtra.

sutùra |su'tura| *s.f.* **1** (*anat.*) suture **2** (*chir.*) suture **3** (*fig.*) [*unione, collegamento*] lien (*m.*): *c'è una sutura fra le parti* il existe un lien entre les parties.

suturàle |sutu'rale| *agg.* sutural*: *membrana suturale* membrane suturale.

suturàre |sutu'rare| *v.tr.* (*chir.*) [*sottoporre a sutura*] suturer: *suturare una ferita* suturer une plaie.

suvvìa |suv'via| *inter.* (*esprime 'esortazione, incoraggiamento, impazienza'*) allons!: *suvvia, coraggio!* allons, courage!; *suvvia, state buoni!* allons, soyez sages!; *suvvia, muovetevi!* allons, dépêchez-vous!

suzióne |sut'tsjone| *s.f.* (*scient.*) succion.

svagàre |zva'gare| **A** *v.tr.* **1** [*divertire, ricreare*] amuser, délasser: *il teatro mi svaga* le théâtre m'amuse, me délasse; *sono troppo stanco, devo svagarmi* je suis trop fatigué, il faut que je me délasse, me détende **2** [*distrarre, far divagare*] distraire (62): *quando lavoro non mi devi svagare* lorsque je travaille, tu ne dois pas me distraire **3** (*region., tosc.*) [*piacere, andare a genio*] aimer (*corr.*): *questo vinello mi svaga* j'aime ce petit vin **B** *v.pron. intr.* SVAGARSI **1** [*divertirsi*] s'amuser, se détendre (53): *vai a svagarti un po'!* va t'amuser, te détendre un peu! **2** [*distrarsi da quello che si sta facendo*] se distraire: *quando parlo, non svagarti* quand je parle, ne te laisse pas distraire.

svagatàggine |zvaga'taddʒine| *s.f.* (*raro*) [*l'essere svagato*] distraction (*corr.*) → **svagatezza.**

svagatézza |zvaga'tettsa| *s.f.* (*lett.*) [*l'essere svagato*] distraction (*corr.*).

svagàto |zva'gato| *agg.* [*spensierato, distratto, disattento*] distrait ✦ (*s.*) *uno svagato* un distrait.

svàgo, ghi |'zvago, gi| *s.m.* **1** [→ SVAGARE A 1, 2; B] distraction *f.*, repos: *concedersi uno svago* prendre un peu de distraction, de repos, se reposer un peu **2** [*ciò che svaga*] distraction, passe-temps (*inv.*): *è una città piena di svaghi* c'est une ville pleine de distractions → **divertimento.**

svaligiaménto |zvalidʒa'mento| *s.m.* [→ SVALIGIARE 1, 3] cambriolage.

svaligiàre |zvali'dʒare| *v.tr.* **1** [*portare via rubando (con scasso)*] cambrioler, dévaliser: *alcuni banditi hanno svaligiato la banca* des bandits ont cambriolé la banque **2** (*raro*) [*togliere dalla valigia*] ôter (*corr.*) de la valise **3** (*raro*) [*saccheggiare*] piller (*corr.*), saccager (3) (*corr.*): *svaligiarono il raccolto* ils pillèrent, saccagèrent la récolte.

svaligiatóre, trice |zvalidʒa'tore, tritʃe| *s.* [*chi svaligia*] cambrioleur*, monte-en-l'air *m. inv.*, voleur*.

svalutàre |zvalu'tare| **A** *v.tr.* **1** [*attribuire a q.c. un valore minore*] baisser le prix; dévaloriser, dévaluer: *svalutava tutto quanto gli era rimasto a magazzino* il baissait les prix de tous les produits qui lui étaient restés en magasin ‖ *svalutare un credito* dévaloriser un crédit # *svalutare la moneta* dévaluer la monnaie **2** (*fig.*) [*sminuire la reale importanza di q.c.*] sous-estimer: *tende a svalutare i propri meriti* il a tendance à sous-estimer ses mérites → **sottovalutare** **B** *v.pron. intr.* SVALUTARSI [*perdere di valore*] se dévaloriser, se dévaluer.

svalutazióne |zvalutat'tsjone| *s.f.* **1** [→ SVALUTARE] dépréciation, dévalorisation **2** (*econ.*) dévaluation: *la svalutazione del dollaro* la dévaluation du dollar # *fondo svalutazione crediti* réserve (provision) pour créances douteuses.

svampàre |zvam'pare| **A** *v.tr.* (*raro*) [*sfogare, manifestare liberamente*] épancher, donner libre cours (à) **B** *v. intr.* **1** (*aus.* '*avere*') [*uscire fuori con vampe, divampare*] jaillir: *la fiamma ha svampato dal fornello* la flamme a jailli du fourneau # *nel camino svampava un gran fuoco* un grand feu flambait dans la cheminée → **divampare** **2** (*aus.* '*essere*') (*fig.*) [*diminuire di intensità*] se calmer *pron.*, s'évanouir (*pron.*): *quando fu svampata la collera si pentì delle sue parole* lorsque sa colère se fut calmée, il regretta ses paroles → **sbollire.**

svampìre |zvam'pire| (197) *v.intr.* (*aus.* '*essere*') → **svanire.**

svampìto |zvam'pito| *agg.* (*dial.*) [*persona svanita, imbambolata*] écervelé (*corr.*), évaporé (*corr.*): *che ragazza svampita!* quelle fille écervelée, évaporée! ✦ (*s.*) *sei uno svampito!* tu es un écervelé!; *le piace fare la svampita* elle aime faire l'évaporée.

svaniménto |zvani'mento| *s.m.* [→ SVANIRE 2, 3] évanouissement.

svanìre |zva'nire| (197) *v.intr.* (*aus.* '*essere*') **1** [*perdere la forza, l'intensità, l'essenza*] s'éventer *pron.*; s'affaiblir (*pron.*): *se non tappi bene la bottiglia, il cognac svanisce* si tu ne bouches pas bien la bouteille, le cognac s'évente ‖ *con il passar degli anni la memoria svanisce* la mémoire s'affaiblit avec l'âge **2** [*spegnersi a poco a poco fino a scomparire*] s'évanouir *pron.*, disparaître (72) (*aus.* avoir, être): *l'automobile svanì nella nebbia* la voiture s'évanouit, disparut dans le brouillard; *la nave svanì all'orizzonte* le bateau disparut à l'horizon **3** (*fig.*) [*venir meno, smettere di essere*] s'éteindre (66) *pron.*, s'évanouir: *dalle sue labbra svanì il sorriso* le sourire s'éteignit sur ses lèvres # *a quelle parole la collera svanì* à ces mots, sa colère tomba.

svanìto |zva'nito| *agg.* **1** [*che ha perso l'essenza, il vigore*] éventé; affaibli (*p.p.*): *vino, profumo svanito* vin, parfum éventé ‖ *mente svanita* esprit affaibli ✦ (*s.*) *uno svanito* un gâteaux*: *quell'uomo è uno svanito* ce bonhomme est devenu gâteux **2** (*fig.*) [*scomparso, sfumato*] évanoui.

svantaggiàto |zvantad'dʒato| *agg.* [*in svantaggio rispetto ad altri*] *handicapé Ⓒ **avvantaggiato.**

svantàggio, i |zvan'taddʒo, i| *s.m.* **1** [*condizione sfavorevole, di inferiorità rispetto a q.c.*] inconvénient, désavantage: *gli svantaggi di questa soluzione sono tanti* cette solution a de nombreux inconvénients, désavantages; *avere degli svantaggi* avoir, présenter des inconvénients # *essere in svantaggio rispetto a qc.* être *handicapé par rapport à qqn.* **2** [*danno*] détriment: *questo torna tutto a tuo svantaggio* cela joue à ton détriment; *è a svantaggio della tua salute* c'est au détriment de ta santé **3** (*sport*) retard: *era in netto svantaggio sui primi* il était nettement en retard sur les premiers Ⓒ **vantaggio.**

svantaggiosaménte |zvantaddʒosa'mente| *avv.* [→ SVANTAGGIOSO] défavorablement, désavantageusement Ⓒ **vantaggiosamente.**

svantaggióso |zvantad'dʒoso| *agg.* [*sfavorevole, che reca svantaggio*] désavantageux*, défavorable: *posizione svantaggiosa* position désavantageuse ⓒ **vantaggioso.**

svànzica, che |'zvantsika, ke| *s.f.* **1** franc *m.* autrichien, svanzica **2** *spec. al plur.* (*fam.*) [*denaro*] rond *m. sing.*, fric *m. sing.* (*pop.*), sous (*m.*): *sono rimasto senza svanziche* je suis resté sans un rond, sans un radis → **palanca**; *hai con te le svanziche?* tu as le fric, les sous avec toi?

svaporàbile |zvapo'rabile| *agg.* [→ SVAPORARE 1] évaporable.

svaporaménto |zvapora'mento| *s.m.* [→ SVAPORARE 1] évaporation *f.*

svaporàre |zvapo'rare| *v.intr.* (*aus.* '*essere*') **1** [*perdere sapore, odore, aroma, le qualità essenziali di alcune sostanze*] s'évaporer *pron.*; s'éventer (*pron.*): *l'acqua lasciata al sole svapora* l'eau, laissée au soleil, s'évapore → **evaporare** ‖ *il profumo è svaporato* le parfum s'est éventé **2** (*fig.*) [*svanire, esaurirsi*] s'évanouir *pron.*, se dissiper (*pron.*): *tutto il suo entusiasmo è svaporato* tout son enthousiasme s'est évanoui.

svaporàto |zvapo'rato| *agg.* **1** [*che ha perso la sua parte essenziale sotto forma di vapore*] évaporé; éventé: *alcool svaporato* alcool évaporé ‖ *liquore, profumo svaporato* liqueur éventée, parfum éventé **2** (*fig.*) [*che non ha più la pienezza delle sue forze mentali*] étourdi, évaporé: *uomo svaporato* homme étourdi; *ragazza svaporata* fille évaporée ✦ (*s.*) *uno svaporato* un évaporé → **svanito.**

svaporazióne |zvaporat'tsjone| *s.f.* (*raro*) [→ SVAPORARE 1] évaporation (*corr.*).

svariàre |zva'rjare| **A** *v.tr.* **1** [*rendere più vario*] varier: *svariare un programma* varier un programme **2** (*fig.*) [*divertire, distrarre*] distraire (62), amuser: *bisogna svariare un po' questi bambini* il faut distraire, amuser un peu ces enfants → **svagare B** *v.intr.* (*aus. 'essere, avere'*) (*lett.*) [*avere varietà di aspetto e di colori*] varier (*aus.* avoir) (*corr.*) **C** *v.pron. intr.* SVARIARSI (*raro*) [*allontanarsi con la mente*] s'éloigner (*corr.*).

svariataménte |zvarjata'mente| *avv.* [→ SVARIATO] différemment, de manière variée *loc. inv.* # *abito svariatamente colorato* robe de couleurs diverses, robe multicolore.

svariatézza |zvarja'tettsa| *s.f.* [*gran varietà*] (grande) variété: *la svariatezza dei colori* la grande variété des couleurs.

svariàto |zva'rjato| *agg.* **1** [*vario, diverso*] varié: *uno spettacolo svariato* un spectacle varié **2** *al plur.* [*molti, numerosi*] plusieurs, divers: *un mazzo di fiori dagli svariati colori* un bouquet de fleurs de plusieurs, de diverses couleurs, multicolores.

svarióne |zva'rjone| *s.m.* [*grosso errore*] bévue (*f.*): *il compito è zeppo di svarioni* le devoir est bourré de bévues # *dire uno svarione* dire une grosse bêtise → **sproposito.**

svasaménto |zvaza'mento| *s.m.* → **svasatura** 1.

svasàre |zva'zare| *v.tr.* **1** [*togliere da un vaso una pianta*] dépoter **2** [*ridurre a forma di vaso, di tronco di cono*] évaser: *svasare un albero* donner à un arbre une forme conique (en le taillant) **3** *svasare una gonna* [*allargarla verso il basso*] évaser une jupe, donner de l'ampleur à une jupe.

svasàto |zva'zato| *agg.* taillé en forme de tronc de cône; évasé: *albero svasato* arbre taillé en forme de cône; *gonna svasata* jupe évasée, cloche; *prua svasata* proue évasée.

svasatùra |zvaza'tura| *s.f.* **1** [→ SVASARE 1] dépotage *m.*, dépotement *m.* # *fare la svasatura di una pianta* dépoter une plante **2** [*la parte svasata*] évasure (*raro*): *la svasatura di una botte* l'évasure d'un tonneau # *la svasatura della gonna* l'ampleur de la jupe **3** (*arch.*) embrasure **4** (*tecnol.*) évasement *m.*

svàso |'zvazo| *s.m.* → **svasatura** 3.

svàsso |'zvasso| *s.m.* (*t.zool.*) grèbe ~ *svasso maggiore* grèbe majeur ~ *svasso piccolo* grèbe mineur.

svàstica, che |'zvastika, ke| *s.f.* **1** (*letter.*) svastika *m.*, swastika *m.* **2** [*simbolo adottato dai nazisti*] svastica, croix gammée.

svecchiaménto |zvekkja'mento| *s.m.* [→ SVECCHIARE] rajeunissement ◇ [*rimodernamento*] modernisation *f.*

svecchiàre |zvek'kjare| *v.tr.* [*togliere tutto ciò che è vecchio e antiquato; rimodernare*] rajeunir, moderniser: *svecchiare i programmi scolastici* rajeunir, moderniser les programmes scolaires # *svecchiare il guardaroba* renouveler sa garde-robe.

svecciàre |zvet'tʃare| *v.tr.* (*agr.*) [*separare (il grano) dai semi di veccia*] séparer les grains de vesce.

svecciatóio, i |zvettʃa'tojo, i|, **svecciatóre** |zvettʃa'tore| *s.m.* (*agr.*) tarare.

svedése |zve'dese| **I** *agg.* **1** [*della Svezia*] suédois: *laghi svedesi* lacs suédois **2** [*proveniente dalla Svezia, ideato in Svezia*] suédois: *fiammifero svedese* allumette suédoise; *ginnastica svedese* gymnastique suédoise; *quadro svedese* cadre suédois **II** (*s.m.*) *lo svedese* [*la lingua*] le suédois.

svéglia |'zveʎʎa| *s.f.* **1** [→ SVEGLIARE] réveil (*m.*): *stamane la sveglia è stata alle quattro* ce matin le réveil a été à quatre heures **2** [*suono o segnale con cui si sveglia qc.*] réveil: *suonare la sveglia* sonner le réveil, la diane; *in caserma la sveglia suona alle sei* à la caserne on sonne le réveil à six heures; *la sveglia telefonica* le réveil par téléphone # *il gallo mi ha dato la sveglia* le coq m'a réveillé; *dare la sveglia* réveiller **3** [*orologio munito di suoneria che si può far suonare a un'ora prestabilita*] réveil-matin *m. inv.* # *puntare la sveglia alle quattro* mettre le réveil à quatre heures.

svegliàre |zveʎ'ʎare| **A** *v.tr.* **1** [*interrompere il sonno di qc.*] réveiller ◇ (*loc. fam.*) *non lo sveglierebbero neppure le cannonate* le bruit du canon n'arriverait pas à le tirer du sommeil ◇ (*prov.*) *non svegliare il can che dorme* il ne faut pas réveiller le chat qui dort **2** (*fig.*) [*togliere dal torpore, dalla pigrizia*] *è troppo indolente, bisogna svegliarlo!* il est trop mou, il faut le secouer!; *sveglia ragazzi!* debout, allons les gars! **3** [*eccitare, stimolare*] ouvrir (23); éveiller: *quella passeggiata gli ha svegliato l'appetito* cette promenade lui a ouvert l'appétit → **risvegliare** ‖ *svegliare l'interesse della scolaresca con proiezioni* éveiller l'intérêt des élèves avec des projections **B** *v.pron. intr.* SVEGLIARSI **1** [*destarsi dal sonno*] se réveiller: *non si sveglia mai prima delle otto* il ne se réveille jamais avant huit heures; *svegliarsi di soprassalto* se réveiller en sursaut **2** (*fig.*) [*diventare furbi, scaltrirsi*] se dégourdir: *in questi ultimi anni si è svegliato un po'* il s'est un peu dégourdi ces dernières années **3** [*manifestarsi*] réveiller (*tr.*): *con la cioccolata le si è svegliato il mal di denti* le chocolat a réveillé son mal de dents # *in questo ambiente chiuso mi si è svegliato un forte mal di testa* dans cette pièce fermée j'ai recommencé à avoir terriblement mal à la tête **4** [*alzarsi*] se lever (6): *si è svegliato un forte vento* un fort vent s'est levé.

svegliarìno |zveʎʎa'rino| *s.m.* (*fig., fam.*) [*sollecitazione, fervorino, rimprovero*] savon: *dare lo svegliarino a qc.* passer un savon à qqn.

svegliétta |zveʎ'ʎetta| *s.f.* [*piccolo orologio portatile*] pendulette.

svéglio, i |'zveʎʎo, i| *agg.* **1** [*che è in stato di veglia, che non dorme*] éveillé **2** [*che si è risvegliato*] réveillé (*p.p.*): *sei già sveglio?* tu es déjà réveillé? **3** (*fig.*) [*pronto, dotato di vivace ingegno*] éveillé: *è un ragazzo sveglio, dalla mente sveglia* c'est un garçon éveillé, à l'esprit éveillé, vif **4** (*fig., fam.*) [*furbo, scaltro*] déluré: *una ragazza sveglia* une fille délurée ⓒ 1 **addormentato**; 3; 4 **imbranato.**

svelaménto |zvela'mento| *s.m.* [→ SVELARE A] dévoilement.

svelàre |zve'lare| **A** *v.tr.* **1** [*togliere il velo*] dévoiler: *svelare una statua* dévoiler une statue → **scoprire** **2** (*fig.*) [*rivelare, mostrare chiaramente*] dévoiler, révéler (8): *gli ha svelato il segreto del suo successo* il lui a dévoilé, révélé le secret de son succès **B** *v.pron.* SVELARSI (*fig.*) [→ *tr.* 2] se révéler: *si è svelato per quel bugiardo che è* il s'est révélé être un sacré menteur.

svelatùra |zvela'tura| *s.f.* (*pitt.*) déglaçage *m.*

svelenire |zvele'nire| (197) **A** *v.tr.* **1** [*togliere le sostanze velenose*] désenvenimer **2** (*fig.*) [*liberare dall'astio, dal rancore*] apaiser, calmer: *il riconoscimento della sua buona fede lo ha svelenito* la reconnaissance de sa bonne foi l'a apaisé, calmé **B** *v.pron. intr.* SVELENIRSI [*liberarsi dal rancore, dal risentimento*] s'adoucir.

svèllere |'zvɛllere| (187) *v.tr.* **1** (*lett.*) [*strappare via con forza*] arracher: *svellere una pianticella* arracher une plante **2** (*fig.*) [*strappare, estirpare*] déraciner, extirper: *svellere una passione, un vizio* déraciner, extirper une passion, un vice.

sveltaménte |zvelta'mente| *avv.* [→ SVELTO 1, 2] rapidement, vite.

sveltézza |zvel'tettsa| *s.f.* **1** [*velocità, rapidità*] rapidité # *camminare con sveltezza* marcher vite, rapidement **2** [*agilità*] agilité: *sveltezza di movimenti* agilité de mouvements ◇ (*loc.*) *avere sveltezza di mano*: (*per rubare*) être doué pour le vol à la tire; (*per picchiare*) avoir la main leste ~ *avere sveltezza di lingua, essere svelto di lingua* avoir une langue déliée, bien pendue **3** [*eleganza, snellezza*] sveltesse # *avere sveltezza di linea, di forma* avoir une ligne svelte, des formes sveltes **4** (*fig.*) [*prontezza d'ingegno*] vivacité, rapidité # *avere sveltezza di mente* avoir un esprit vif.

sveltiménto |zvelti'mento| *s.m.* [→ SVELTIRE A 1] accélération (*f.*): *lo sveltimento della circolazione stradale* l'accélération de la circulation routière → **snellimento.**

sveltìre |zvel'tire| (197) **A** *v.tr.* **1** [*rendere più veloce, più rapido*] rendre (53) plus rapide, accélérer (8): *sveltire la circolazione stradale* rendre plus rapide la circulation routière; *sveltire una pratica* accélérer l'examen, l'expédition d'un dossier (d'une affaire); *sveltire la produzione* accélérer la production **2** [*rendere più disinvolto*] dégourdir: *l'esperienza lo ha sveltito* l'expérience l'a dégourdi **3** [*rendere più slanciato, più snello*] (a)mincir: *quell'abito attillato sveltisce la sua figura* cette robe ajustée mincit sa silhouette **4** *sveltire la linea di una costruzione, di un edificio* [*renderla più snella, slanciata*] démaigrir la ligne d'une construction, d'un édifice **B** *v.pron. intr.* SVELTIRSI **1** [*diventare più svelto, più rapido*] devenir (27) *intr.* plus rapide: *si è sveltito nel risolvere i problemi aritmetici* il est devenu plus rapide pour résoudre ses problèmes d'arithmétique **2** [*diventare più disinvolto*] (se) dégourdir: *vivendo in città si è sveltito* la vie en ville l'a dégourdi.

svèlto |'zvɛ(e)lto| *agg.* **1** [*che agisce con rapidità, senza esitazione*] rapide # *è molto svelto nell'eseguire i compiti* il expédie très rapidement ses devoirs ◇ (*loc.*) *essere svelto di mano* [*avere l'abitudine di picchiare*] avoir la mains lestes; [*avere l'abitudine di rubare*] avoir, être doué pour le vol à la tire ~ *essere svelto di lingua* [*maldicente e linguacciuto*] avoir la langue bien pendue **2** [*veloce, spedito*] rapide: *camminare a passo svelto* marcher d'un pas rapide, d'un bon pas ◇ *loc.* ALLA SVELTA [*in fretta, in modo spedito*] en vitesse: *sistemo alla svelta questi libri e poi vengo* je range ces livres en vitesse et j'arrive # *fa' alla svelta!* dépêche-toi!; *svelto! aiutami!* vite, aide-moi! **3** [*slanciato e sottile*] svelte; élancé: *campanile dalla linea svelta* clocher à la ligne svelte ‖ *ha una figuretta svelta* elle a une silhouette élancée **4** (*fig.*) [*di ingegno pronto, sveglio*] vif*; éveillé: *mente, intelligenza svelta* esprit vif, intelligence vive ‖ *è un ragazzo molto svelto per la sua età* c'est un garçon très éveillé pour son âge.

svenaménto |zvena'mento| *s.m.* (*raro*) [→ SVENARE A 1; B 1] *morire per svenamento* se tuer, se suicider en s'ouvrant les veines ◇ (*fig.*) saignée (*f.*): *le imposte sono un continuo svenamento* les impôts constituent une saignée continuelle.

svenàre |zve'nare| **A** *v.tr.* **1** [*uccidere tagliando le vene, dissanguare*] ouvrir (23) les veines (à) **2** (*fig.*) [*togliere tutto il denaro che uno possiede*] saigner: *le tasse lo hanno svenato* les impôts l'ont saigné **B** *v.pron. rifl.* SVENARSI **1** [*uccidersi tagliandosi le vene*] s'ouvrir les veines **2** (*fig.*) [*spendere per gli altri tutto il proprio avere*] se saigner aux quatre veines: *si è svenato per dare una posizione ai figli* il s'est saigné aux quatre veines pour donner une situation (sociale) à ses enfants.

svéndere |'zvendere| *v.tr.* [*vendere a un prezzo inferiore a quello fissato, sottocosto*] vendre (53) au rabais (en solde), solder, brader: *svendere tutta la merce a magazzino* vendre au rabais, solder, brader toute la marchandise du magasin # *svendere per fallimento* liquider pour cause de faillite.

svéndita |'zvendita| *s.f.* [→ SVENDERE] solde (*m.*): *grande svendita per demolizione stabile* solde de tous les produits pour cause de démolition des locaux.

svenévole |zve'nevole| *agg.* [*che si comporta in modo lezioso, affettato*] minaudier*, affecté: *ragazza svenevole* jeune fille minaudière ‖ *atteggiamenti svenevoli* comportements affectés ✦ (*s.*) *uno svenevole* un minaudier; *non fare la svenevole* ne fais pas la minaudière!, la majaurée!

svenevolézza |zvenevo'lettsa| *s.f.* [*smanceria, sdolcinatura*] minauderie.

svenevolménte |zvenevol'mente| *avv.* [→ SVENEVOLE] avec affectation *loc. inv.*, d'une manière affectée *loc. inv.*

sveniménto |zveni'mento| *s.m.* [→ SVENIRE] évanouissement # *avere uno svenimento* s'évanouir.

svenìre |zve'nire| (202) *v.intr.* (*aus.* '*essere*') [*perdere i sensi*] s'évanouir *pron.*; défaillir (*aus.* avoir): *svenire per la paura, per il dolore* s'évanouir de peur, de douleur ‖ *sentirsi svenire per la debolezza* se sentir défaillir de faiblesse ◇ *loc. fig.* (DA) FARE SVENIRE [*estremamente noioso*] mortellement (*avv.*): *è così monotono da far svenire* il est mortellement ennuyeux # *la sua lentezza fa svenire* il est d'une lenteur mortelle.

sventaglìàre |zventaʎ'ʎare| **A** *v. tr.* **1** [*fare aria con il ventaglio*] éventer □ *sventagliarsi il viso* éventer son visage **2** [*agitare come un ventaglio*] agiter **B** *v.pron. rifl.* SVENTAGLIARSI [*farsi aria con il ventaglio*] s'éventer.

sventagliàta |zventaʎ'ʎata| *s.f.* **1** coup *m.* d'éventail **2** [*raffica di arma da fuoco*] rafale.

sventàre |zven'tare| *v.tr.* **1** (*fig.*) [*rendere inutile, vano*] éventer: *sventare un complotto* éventer un complot **2** (*arc.*) [*fare uscire aria o gas contenuti in un recipiente*] éventer ◇ (*loc.*) *sventare una mina* [*renderla inefficace*] désamorcer (2) une mine **3** (*mar.*) [*sottrarre il vento alle vele*] masquer les voiles.

sventatàggine |zventa'taddʒine| *s.f.* → **sventatezza.**

sventataménte |zventata'mente| *avv.* [→ SVENTATO] étourdiment.

sventatézza |zventa'tettsa| *s.f.* **1** [*l'essere sventato*] étourderie **2** [*atto o detto di persona sventata*] étourderie.

sventàto |zven'tato| *agg.* [*incauto, che fa le cose senza ponderazione*] étourdi: *giovane sventato* jeune étourdi # *testa sventata* tête de linotte ◇ *loc.* ALLA SVENTATA à l'étourdie: *parlare alla sventata* parler à l'étourdie.

svèntola |'zvɛntola| *s.f.* **1** (*fam.*) [*ventola*] soufflet *m.* ◇ *loc.* A SVENTOLA [*molto grande tanto da assomigliare a una ventola*]: *orecchie a sventola* oreilles en feuilles de chou **2** (*fig.*) [*schiaffo dato con grande forza*] gifle ◇ (*per est.*) coup *m.*, violent ◇ (*calcio*) shoot *m.*, canon (*m.*): *ha tirato in porta una sventola* il a tiré un shoot, un canon; il a shooté dans les buts **3** (*pugilato*) swing *m.*

sventolaménto |zventola'mento| *s.m.* [→ SVENTOLARE A 1; B] flottement # *lo stadio era tutto uno sventolamento di bandiere* le stade était plein de drapeaux qui s'agitaient.

sventolàre |zvento'lare| **A** *v.tr.* **1** [*agitare al vento q.c.*] agiter **2** [*smuovere q.c. per fare vento*] faire (45) du vent: *non sventolare le lenzuola* ne fais pas du vent en secouant les draps ◇ (*loc.*) *sventolare il fuoco* [*ravvivarlo*] raviver, ranimer le feu ~ *sventolare il grano* [*liberarlo dalla loppa*] vanner le blé ~ *sventolare le olive* [*rivoltarle per non farle ammuffire*] éventer les olives **B** *v.intr.* (*aus.* '*avere*') [*ondeggiare al vento*] flotter **C** *v.pron. rifl.* SVENTOLARSI [*farsi aria*] s'éventer.

sventolàta |zvento'lata| *s.f.* → **sventolamento.**

sventolìo, ii |zvento'lio, ii| *s.m.* [→ SVENTOLARE A 1; B] flottement, agitation (*f.*): *lo sventolio delle bandiere* le flottement des drapeaux, des drapeaux qui claquent au vent; *lo sventolio dei fazzoletti* l'agitation des mouchoirs, des mouchoirs qui s'agitent.

sventraménto |zventra'mento| *s.m.* **1** [→ SVENTRARE A 1] étripage # *lo sventramento di un coniglio, di un pollo* le fait de vider un lapin, un poulet ◇ (*fig.*) démolition (*f.*): *nel quartiere sono in corso lavori di sventramento* dans le quartier des travaux de démolition sont en cours **2** (*med.*) éventration *f.*

sventràre |zven'trare| **A** *v.tr.* **1** [*togliere le interiora a un animale prima di cuocerlo*] étriper; vider: *sventrare un bue* étriper un bœuf ‖ *sventrare un pollo, un coniglio* vider un poulet, un lapin **2** [*uccidere colpendo al ventre*] éventrer **3** (*fig.*) [*demolire gli edifici e i fabbricati di una città per ragioni urbanistiche o igieniche*] démolir **B** *v. pron. rifl.* (*raro*) SVENTRARSI [*uccidersi colpendosi al ventre*] s'éventrer.

sventràta |zven'trata| *s.f.* → **sventramento.**

sventratóre |zventra'tore| *s.m.* [*chi sventra* (1, 2)] éventreur.

sventùra |zven'tura| *s.f.* **1** [*sorte cattiva, avversa*] malchance, malheur (*m.*): *essere perseguitati dalla sventura* être poursuivi par la malchance; *portare sventura* porter malheur **2** [*avvenimento, circostanza che causa dolore o danno*] malheur: *quell'incontro fu la sua sventura* cette rencontre fut son malheur → **disgrazia** ◇ (*loc.*) *compagni di sventura* compagnons d'infortune ~ *per colmo di sventura* pour comble de malheur.

sventurataménte |zventurata'mente| *avv.* [→ SVENTURATO] malheureusement, par malheur *loc. inv.*

sventuràto |zventu'rato| *agg.* **1** (*persone*) [*colpito, perseguitato dalla sventura*] malheureux*, malchanceux*: *è un ragazzo veramente sventurato* c'est un garçon vraiment malheureux, malchanceux ✦ *s.* (*pegg.*) *uno sventurato* un misérable, un malheureux: *sei una sventurata!* tu es une misérable!; *cosa hai fatto, sventurato!* qu'as-tu fait, malheureux! → **sciagurato** **2** (*cose*) [*causa di sventura*] malheureux: *è stato un incontro davvero sventurato* ce fut une rencontre vraiment malheureuse, désastreuse; *giorno sventurato* jour malheureux # *luogo, giorno sventurato* lieu, jour de malheur ◇ *loc.* NEL CASO SVENTURATO CHE (+ *congv.*) si par mal-

heur (+ *indic.*): *nel caso sventurato che non arrivassi in tempo...* si par malheur je n'arrivais pas à temps...; *nel caso sventurato che egli non possa...* si par malheur il ne peut, ne pouvait pas...
svenùto |zve'nuto| *agg.* [*privo di sensi*] évanoui.
svergàre |zver'gare| *v.tr.* **1** [*ridurre in verghe*] lingoter: *svergare oro* lingoter de l'or **2** (*mar.*) [*sciogliere una bandiera o una vela*] déverguer.
sverginaménto |zverdʒina'mento| *s.m.* [→ SVERGINARE] défloration *f.*
sverginàre |zverdʒi'nare| *v.tr.* **1** [*togliere la verginità*] déflorer **2** (*fig., scherz.*) [*usare per la prima volta q.c.*] *sverginare l'automobile* utiliser pour la première fois sa voiture; *sverginare un vestito* étrenner, mettre (71) pour la première fois un vêtement.
sverginatóre |zverdʒina'tore| *s.m.* [*chi svergina*] dépuceleur (*raro*).
svergognaménto |zvergoɲɲa'mento| *s.m.* [→ SVERGOGNARE 1] *honte *f.*
svergognàre |zvergoɲ'ɲare| *v.tr.* **1** [*umiliare qc. facendolo vergognare pubblicamente*] couvrir (23) qqn. de *honte: *lo svergognai dicendo a tutti le sue male azioni* je le couvris de honte en révélant à tous ses mauvaises actions **2** [*smascherare pubblicamente*] démasquer.
svergognataménte |zvergoɲɲata'mente| *avv.* [→ SVERGOGNATO 1] effrontément.
svergognàto |zvergoɲ'ɲato| *agg.* **1** [*che non prova vergogna di nulla*] effronté, éhonté: *che gente svergognata!* quelles personnes effrontées, éhontées! ✦ (*s.*) *uno svergognato* un effronté, un dévergondé: *non voglio più vederla, è una svergognata!* je ne veux plus la voir, c'est une effrontée, une dévergondée! **2** [*che è stato umiliato*] *honteux, penaud: *se ne andò via tutto svergognato* il s'en alla tout honteux, tout penaud.
svergolaménto |zvergola'mento| *s.m.* **1** [*deformazione di una superficie*] gauchissement; gondolage, gondolement; cambrage, cambrement: *lo svergolamento del legno* le gauchissement du bois || *lo svergolamento di una lamiera* le gondolage, le gondolement d'une tôle || *lo svergolamento di una trave* le cambrage, le cambrement d'une poutre; *lo svergolamento della suola di una scarpa* le cambrage de la semelle d'un soulier **2** (*aer., mecc.*) gauchissement **3** (*auto.*) voilure *f.*, voilement.
svergolàre |zvergo'lare| **A** *v.tr.* **1** [*deformare una superficie*] gauchir; cambrer; voiler: *svergolare una tavola di legno* gauchir une planche de bois || *svergolare una trave* cambrer une poutre || *svergolare la ruota di un'automobile* voiler la roue d'une automobile **2** (*aer.*) [*eseguire una manovra con cui si sposta o si raddrizza l'aereo*] gauchir **B** *v. pron. intr.* SVERGOLARSI [→ *tr.*] se cambrer; gauchir *intr.*, gondoler *intr.*; se voiler.
sverlàre |zver'lare| *v.intr.* (*aus. 'avere'*) (*detto della verla e gener. degli uccelli*) [*cantare*] chanter.
svernaménto |zverna'mento| *s.m.* **1** [→ SVERNARE A; B 1] migration *f.* **2** (*biol.*) hibernation *f.* → **ibernazione.**
svernàre |zver'nare| **A** *v.tr.* (*raro*) [*far trascorrere l'inverno*] faire (45) *intr.* hiverner (*corr.*): *svernare il gregge in pianura* faire hiverner le troupeau dans la plaine **B** *v.intr.* (*aus. 'avere'*) **1** [*passare l'inverno in una località più calda*] hiverner, passer *tr.* l'hiver: *svernare nelle isole del sud* hiverner dans les îles du sud **2** (*mil.*) [*passare la stagione fredda acquartierati*] hiverner, passer l'hiver **C** *v.pron. intr.* SVERNARSI (*raro*) [*uscire dall'inverno*] sortir (21) *intr.* de l'hiver (*corr.*): *a Pasqua si sverna* à Pâques on sort de l'hiver.
sverniciàre |zverni'tʃare| *v.tr.* [*togliere la vernice a*] dévernir, décaper.
svèrno |'zvɛrno| *s.m.* → **svernamento.**
svérza |'zve(ɛ)rdza| *s.f.* [*scheggia lunga e sottile*] (*di legno*) écharde; (*di vetro*) éclat *m.* ◇ (*per est.*) petit bois (*m.*): *usare una sverza per accendere il fuoco* utiliser du petit bois pour allumer le feu.
svestìre |zves'tire| **A** *v.tr.* **1** [*togliere a qc. le vesti*] déshabiller **2** [*togliere ciò che è considerato un rivestimento*] enlever (6), ôter: *svestire un libro della sua copertina* enlever, ôter la couverture d'un livre **3** (*fig.*) [*togliere una falsa apparenza*] retirer, ôter: *svestiamo la cerimonia dell'aspetto religioso* retirons, ôtons à la cérémonie son aspect religieux **B** *v.pron. rifl.* SVESTIRSI **1** [*togliersi le vesti*; *spogliarsi*] se déshabiller: *si svestì per fare la doccia* il se déshabilla pour prendre une douche **2** (*fig.*) [*abbandonare un'apparenza*] se dépouiller; se départir (21): *svestirsi delle proprie ricchezze* se dépouiller de ses biens || *si svestì della sua autorità* il se départit de son autorité **C** *v.pron. intr.* SVESTIRSI [*perdere il rivestimento*] perdre (53) (*tr.*): *il muro si svestì dell'intonaco* la cloison (la paroi) perdit son revêtement, son crépi.
svettaménto |zvetta'mento| *s.m.* (*raro*) → **svettatura.**
svettànte |zvet'tante| *agg.* [*slanciato, alto*] *le cime svettanti* les sommets élancés, les hauts sommets.
svettàre |zvet'tare| **A** *v.tr.* [*tagliare la cima di una pianta*] écimer, étêter: *svettare un cipresso* écimer, étêter un cyprès **B** *v.intr.* (*aus. 'avere'*) **1** (*di alberi*) [*piegare, agitare la cima*] agiter *tr.* la cime **2** [*ergersi contro lo sfondo del cielo*] se découper *pron.* (sur): *i monti svettano nel cielo* les montagnes se découpent sur le ciel → **stagliar(si).**
svettatóio, i |zvetta'tojo, i| *s.m.* [*forbice usata per svettare*] cisailles *f. pl.*
svettatùra |zvetta'tura| *s.f.* [→ SVETTARE A] écimage *m.*, étêtage *m.*, étêtement *m.*
svèvo |'zvɛvo| *agg.* **1** → **svedese 2** [*degli Svevi*] souabe: *tribù sveva* tribu souabe **3** [*riguardante la casa di Svevia, la dinastia degli Hohenstaufen*] souabe **4** *gli imperatori svevi* les empereurs souabes.
svezzaménto |zvettsa'mento| *s.m.* [→ SVEZZARE A 1] désaccoutumance *f.* (*lett.*), désadaptation (*f.*): *lo svezzamento dal fumo* la désaccoutumance, la désadaptation du vice de fumer ◇ [→ SVEZZARE A 2] sevrage: *lo svezzamento del bambino* le sevrage de l'enfant.
svezzàre |zvet'tsare| **A** *v.tr.* **1** [*disabituare, far perdere il vizio*] déshabituer, désaccoutumer: *svezzare qc. dal fumo, dall'alcool* déshabituer, désaccoutumer qqn. de fumer, de boire **2** [*slattare, sostituire il latte con una alimentazione più varia*] sevrer (6): *svezzare un bambino* sevrer un enfant **B** *v.pron. intr.* SVEZZARSI [*perdere il vizio, l'abitudine di fare q.c.*] se déshabituer, se désaccoutumer.
sviaménto |zvia'mento| *s.m.* **1** [→ SVIARE A 1] détournement ◇ (*loc.*) *sviamento di potere* détournement de pouvoir **2** (*fig.*) [*allontanamento dalla retta via, sbandata*] égarement **3** [*deragliamento*] déraillement.
sviàre |zvi'are| **A** *v.tr.* **1** [*far uscire dalla direzione*] détourner: *sviare un colpo* détourner un coup ◇ (*fig.*) *è riuscito a sviare le indagini, l'attenzione* il a réussi à détourner l'enquête, l'attention **2** (*fig.*) [*allontanare dalle proprie occupazioni, da una vita onesta*] détourner: *è stato sviato dalle cattive compagnie* il a été détourné par de mauvaises fréquentations → **distogliere B** *v. intr.* (*aus. 'avere'*) [*sbagliare strada*] se tromper *pron.* (de chemin), s'égarer (*pron.*): *senza accorgersi ha sviato* sans s'en apercevoir, il s'est trompé de route, il s'est égaré **C** *v.pron. intr.* SVIARSI **1** [*uscire dalla strada, dal cammino abituale*] s'égarer: *il gregge si sviò* le troupeau s'égara **2** (*fig.*) [*perdersi, uscire dalla retta via*] se fourvoyer (10), (s')écarter du droit chemin.
sviàto |zvi'ato| *agg.* (*fig.*) fourvoyé.
sviatóio, i |zvia'tojo, i| *s.m.* (*ferr.*) déviateur.
svicolàre |zviko'lare| *v.intr.* (*aus. 'avere, essere'*) **1** [*entrare in un vicolo per evitare qc.*] enfiler *tr.* la venelle, s'esquiver *pron.* (dans une ruelle): *quando lo vide, svicolò* quand il le vit, il enfila la venelle **2** (*fig.*) [*cercare di evitare ciò che non si vuole affrontare*] chercher *tr.* des faux-fuyants, des échappatoires: *ogni volta che si affronta quell'argomento, svicola* chaque fois qu'on aborde ce sujet, il cherche des faux-fuyants, des échappatoires **3** (*fam.*) [*svignarsela, fuggir via di nascosto*] s'éclipser *pron.*, décamper (*aus.* avoir) (*corr.*), s'esquiver (*corr.*): *non vede l'ora di svicolare* il ne voit pas l'heure de s'éclipser, de décamper, de s'esquiver.
svignàrsela |zviɲ'ɲarsela| *v.pron. intr.* [*andarsene via di nascosto*] s'esquiver, décamper (*intr.*): *è riuscito a svignarsela!* il a réussi à s'esquiver!, à décamper # *quatto quatto se l'è svignata* il a filé en douce.
svigoriménto |zvigori'mento| *s.m.* [→ SVIGORIRE] affaiblissement.
svigorire |zvigo'rire| (197) **A** *v.tr.* [*indebolire, far perdere il vigore*] épuiser; affaiblir: *quel lavoro estenuante lo ha svigorito* ce travail exténuant l'a épuisé || *svigorire l'autorità, il potere di qc.* affaiblir l'autorité, le pouvoir de qqn.; *svigorire il corpo, la mente* affaiblir le corps, l'esprit **B** *v.pron. intr.* SVIGORIRSI [*perdere vigore*] s'affaiblir: *si svigorisce sempre più* il s'affaiblit toujours davantage.
sviliménto |zvili'mento| *s.m.* [→ SVILIRE 1] dégradation *f.*
svilire |zvi'lire| (197) *v.tr.* **1** [*togliere valore, pregio a q.c.*] dégrader; déprécier: *svilire i sentimenti* dégrader les sentiments || *svilire il lavoro di qc.* déprécier le travail de qqn. **2** (*econ.*) [*svalutare*] dévaluer.
svillaneggiaménto |zvillaned-

dʒa'mento| *s.m.* [→ SVILLANEGGIARE] insultes *f. pl.*; manières *f. pl.* grossières.
svillaneggiàre |zvillaned'dʒare| **A** *v.tr.* [*dire villanie, ingiuriare*] insulter: *non sopporto di veder svillaneggiare quel povero vecchio* je ne supporte pas de voir insulter ce pauvre vieux **B** *v.pron. recipr.* SVILLANEGGIARSI [*scambiarsi ingiurie*] s'insulter, s'injurier: *si svillaneggiarono per tutto il tempo* ils s'insultèrent, s'injurièrent pendant tout le temps.
sviluppàbile |zvilup'pabile| *agg.* **1** [→ SVILUPPARE] développable **2** (*mat.*) développable.
svilupàre |zvilup'pare| **A** *v.tr.* **1** (*lett.*) [*sciogliere un viluppo, disfare ciò che è avviluppato*] défaire (45), desserrer: *sviluppare un nodo* défaire un nœud ‖ *sviluppare qc. da una stretta* desserrer qqn. d'une étreinte ◇ (*per est.*) [*aprire, disfare*] défaire, ouvrir (23): *sviluppare un pacco, un involucro* défaire, ouvrir un paquet **2** (*fig.*) [*trattare in modo esteso*] développer: *sviluppare un argomento, un tema* développer un sujet, un thème **3** [*far aumentare, potenziare*] développer: *sviluppare il turismo* développer le tourisme → **incrementare** **4** [*suscitare, dare origine*] provoquer, causer: *il mozzicone acceso sviluppò un grosso incendio* le mégot encore allumé, provoqua, causa un grand incendie **5** [*sprigionare*] dégager (3): *il mosto fermentando sviluppa anidride carbonica* le moût en fermentant dégage de l'anhydride carbonique **6** (*foto.*) [*trattare con soluzione chim. la pellicola impressionata in modo da rendere visibile l'immagine*] développer **7** (*geom.*) [*fare lo sviluppo*] développer: *sviluppare la superficie del cono, del cilindro* développer la superficie d'un cône, d'un cylindre **8** (*mat.*) [*eseguire le operazioni indicate*] développer: *sviluppare un'espressione algebrica* développer une expression algébrique **B** *v. intr.* (*aus.* '*avere*') [*crescere, acquistare la forma definitiva*] pousser: *la pianta sviluppa bene* la plante pousse bien **C** *v. pron.* SVILUPPARSI **I** *intr.* **1** [→ *intr.*] se développer, se former: *dall'uovo si sviluppa l'embrione* l'embryon se développe, se forme dans l'œuf **2** [*raggiungere l'età dello sviluppo*] se développer: *il ragazzo si è sviluppato precocemente* le garçon s'est développé précocement; *non si è ancora sviluppata* elle ne s'est pas encore développée **3** [*ampliarsi, aumentare*] se développer: *si è notevolmente sviluppata l'industria dell'abbigliamento* l'industrie de l'habillement s'est remarquablement développée # *la città si è sviluppata verso la collina* la ville s'est étendue vers la colline **4** [*manifestarsi, diffondersi*] se propager (3): *si è sviluppato un incendio indomabile* un incendie impossible à maîtriser s'est propagé **5** [*sprigionarsi*] se dégager; *dalla fermentazione dell'uva si sviluppa anidride carbonica* l'anhydride carbonique se dégage de la fermentation du raisin **II** *rifl.* **1** (*lett.*) [*liberarsi, sciogliersi*] se dégager (*corr.*), se desserrer (*corr.*): *si sviluppò dalla stretta, dall'abbraccio* il se dégagea de l'étreinte **2** (*fig., pop.*) *sviluppati!* [*cerca di maturare*] dégourdis-toi! (*corr.*).
sviluppàto |zvilup'pato| *agg.* qui s'est (bien) développé *loc.* # *attività ben sviluppata* activité qui a un grand essor.
sviluppatóre, trice |zviluppa'tore, tritʃe| *s.* **1** *s.* [*chi sviluppa*] personne *f.* qui développe **2** *s.m.* (*tecnol.*) révélateur.
sviluppatrice |zviluppa'tritʃe| *s.f.* (*foto.*) appareil *m.* pour le développement des pellicules.
svilùppo |zvi'luppo| *s.m.* **1** [→ SVILUPPARE A 2, 3] développement: *lo sviluppo del commercio, dell'agricoltura* le développement du commerce, de l'agriculture; *lo sviluppo della rete ferroviaria, stradale* le développement du réseau ferroviaire, routier **2** [→ SVILUPPARE A 5] dégagement: *lo sviluppo di calore causato da una reazione chimica* le dégagement de chaleur causé par une réaction chimique **3** (*biol.*) développement # *lo sviluppo embrionale di un organismo vivente* le développement embryonnaire d'un organisme vivant **4** [*processo di crescita dell'organismo umano*] développement, croissance (*f.*): *avere uno sviluppo fisico precoce, tardivo* avoir un développement physique précoce, tardif (une croissance précoce, tardive); *lo sviluppo psichico di un fanciullo* le développement psychique d'un enfant ◇ (*loc.*) *l'età dello sviluppo* [*la pubertà*] l'âge de la puberté *f.* **5** (*foto.*) développement **6** (*geom.*) développement: *lo sviluppo di una superficie* le développement d'une superficie **7** (*mat.*) développement: *lo sviluppo di una espressione* le développement d'une expression **8** (*mus.*) développement.
svinàre |zvi'nare| *v.tr.* [*togliere dai tini il vino nuovo per metterlo nelle botti*] décuver.
svinatùra |zvina'tura| *s.f.* **1** [→ SVINARE] décuvage *m.*, décuvaison **2** période du décuvage, de la décuvaison.
svincolaménto |zvinkola'mento| *s.m.* [→ SVINCOLARE A 1; B] dégagement.
svincolàre |zvinko'lare| **A** *v.tr.* **1** [*liberare da un vincolo*] purger (3); dégager (3): *svincolare una casa da ipoteca* purger l'hypothèque d'une maison ‖ *svincolare qc. da una promessa* dégager, libérer qqn. de sa promesse **2** [*ritirare una merce pagando il trasporto, il dazio, la dogana*] retirer, dédouaner **B** *v.pron. rifl.* SVINCOLARSI [→ *tr.* 1] se dégager: *si svincolò dalla stretta e fuggì via* il se dégagea de l'étreinte et se sauva.
svìncolo |'zvinkolo| *s.m.* **1** [→ SVINCOLARE A 2] dégagement; dédouanement: *lo svincolo di una partita di caffè* le dégagement d'un arrivage (d'une livraison) de café ‖ *lo svincolo dei bagagli* le dédouanement des bagages → **sdoganamento** **2** [*complesso di opere di raccordo fra autostrade*] raccord, bretelle *f.*; (*di autostrade*) échangeur.
svio, ii |'zvio, ii| *s.m.* → **sviamento.**
sviolinàre |zvioli'nare| *v.tr.* (*fam., scherz.*) [*adulare, lusingare*] donner des coups d'encensoir, manier l'encensoir: *non finiva più di sviolinare!* il ne finissait pas de manier l'encensoir, de donner des coups d'encensoir # *continua a sviolinare i superiori* il continue de casser l'encensoir sur le nez de ses supérieurs.
sviolinàta |zvioli'nata| *s.f.* [→ SVIOLINARE] flagornerie, basse flatterie.
sviolinatùra |zviolina'tura| *s.f.* → **sviolinata.**
svirgola |'zvirgola| *s.f.* (*pop.*) **1** [*colpo violento*] coup *m.* (*corr.*) ◇ [*schiaffo*] gifle (*corr.*) **2** (*calcio*) [*tiro violento*] shoot *m.* (*corr.*), canon *m.* (*corr.*).
svirilizzàre |zvirilid'dzare| *v.tr.* **1** émasculer **2** (*fig.*) affaiblir.
svisaménto |zviza'mento| *s.m.* [→ SVISARE 1] déformation *f.*
svisàre |zvi'zare| *v.tr.* **1** (*fig.*) [*travisare, interpretare in modo soggettivo, inesatto e parziale*] déformer, dénaturer: *svisare i fatti, le parole di qc.* déformer, dénaturer les faits, les paroles de qqn. ◇ (*loc.*) *svisare la verità* [*falsarla*] déformer la vérité **2** (*arc.*) [*sfregiare il viso*] défigurer (*corr.*).
svisceraménto |zviʃʃera'mento| *s.m.* **1** [→ SVISCERARE A 1] éventration *f.* **2** (*fig.*) [→ SVISCERARE A 2] approfondissement.
svisceràre |zviʃʃe'rare| **A** *v.tr.* **1** (*raro*) [*togliere i visceri, sventrare*] éventrer (*corr.*) **2** (*fig.*) [*esaminare in ogni sua parte, studiare a fondo*] étudier à fond, approfondir: *sviscerare un argomento, un'opera* étudier à fond, approfondir un sujet, une œuvre **B** *v.pron. rifl.* SVISCERARSI [*dare dimostrazione di stima e d'affetto profondo*] témoigner *tr.* (à qqn.) une profonde affection: *sviscerarsi per qc.* témoigner à qqn. une profonde affection.
sviscerataménte |zviʃʃerata'mente| *avv.* [→ SVISCERATO] passionnément # *amava i figli svisceratamente* il aimait profondément ses enfants.
svisceratézza |zviʃʃera'tettsa| *s.f.* marque d'affection exagérée.
svisceràto |zviʃʃe'rato| *agg.* **1** [*profondo, appassionato*] ardent **2** [*eccessivo, esagerato*] excessif*, outré: *si profondeva in lodi sviscerate* il prodiguait des louanges excessives, outrées.
svìsta |'zvista| *s.f.* [*errore dovuto a disattenzione o a fretta*] méprise, bévue: *è stata una semplice svista* cela n'a été qu'une simple méprise, bévue.
svitaménto |zvita'mento| *s.m.* **1** [→ SVITARE] dévissage **2** (*sollevamento pesi*) dévissé.
svitàre |zvi'tare| *v.tr.* **1** [*allentare o togliere una vite facendola girare in senso contrario*] dévisser **2** [*sconnettere cose tenute insieme da viti*] dévisser: *svitare il ripiano del tavolo* dévisser le plateau d'une table.
svitàto |zvi'tato| *agg.* **1** [*non più fissato da viti*] dévissé: *tavolo svitato* table dévissée **2** (*fig.*) [*che ha le giunture delle membra sciolte più del comune*] désarticulé (*raro*) # *quell'acrobata è tutto svitato!* cet acrobate parvient à se désarticuler complètement! **3** (*fam.*) [*stravagante e bizzarro*] toqué, timbré: *una ragazza svitata* une fille toquée, timbrée ◆ (*s.*) *uno svitato!* un timbré, un toqué!
svitatùra |zvita'tura| *s.f.* [→ SVITARE] dévissage *m.*
sviticchiàre |zvitik'kjare| **A** *v.tr.* [*sciogliere, liberare una cosa avviticchiata*] détortiller, désentortiller **B** *v. pron. rifl.* SVITICCHIARSI **1** [*liberarsi da ciò che impaccia*] se débarrasser **2** (*fig.*) [*liberarsi da chi dà fastidio*] se libérer (8).
sviziàre |zvit'tsjare| (*raro*) **A** *v.tr.* [*togliere a qc. un vizio*] ôter, faire (45) *intr.* perdre un vice (à qqn.) (*corr.*)

B *v.pron. intr.* [*perdere un vizio*] perdre (53) *tr.* un vice (*corr.*).
svìzzero |'zvittsero| **I** *agg.* [*della Svizzera*] suisse # *formaggio svizzero* emmenthal, gruyère ◇ (*loc.*) *guardia svizzera* [*del papa*] suisse *s.m.* ~ ALLA SVIZZERA à la suisse: *bistecca alla svizzera* steak à la suisse **II** *s.m.* **1** [*appartenente alla guardia del papa*] suisse: *gli svizzeri del papa* les suisses du pape ◇ (*per est.*, *fam.*) [*portinaio*] portier, suisse (*arc.*) **2** [*formaggio svizzero*] emmenthal, gruyère *f.*
svogliàre |zvoʎ'ʎare| **A** *v.tr.* [*far passare la voglia*] enlever (6) l'envie (de): *i divertimenti e le distrazioni svogliano i ragazzi dallo studio* les divertissements et les distractions enlèvent aux enfants l'envie de travailler **B** *v. pron. rifl.* SVOGLIARSI [*perdere la voglia*] être (43) *intr.* dégoûté de: *svogliarsi di tutto e di tutti* être dégoûté de tout et de tous.
svogliatàggine |zvoʎʎa'taddʒine| *s.f.* **1** [*abituale svogliatezza*] indolence, nonchalance → **svogliatezza** **2** [*pigrizia*] paresse.
svogliataménte |zvoʎʎata'mente| *avv.* [→ SVOGLIATO] nonchalamment.
svogliatézza |zvoʎʎa'tettsa| *s.f.* manque *m.* de bonne volonté, d'ardeur: *non sarà promosso per la sua svogliatezza* il ne sera pas reçu à cause de son manque de bonne volonté au travail.
svogliàto |zvoʎ'ʎato| *agg.* **1** [*privo di voglia di fare*] paresseux*, nonchalant: *scolaro svogliato* élève paresseux ✦ (*s.*) *uno svogliato* un paresseux **2** [*annoiato, distratto*] distrait.
svolacchiàre |zvolak'kjare| *v.intr.* (*aus.* '*avere*') → **svolazzare.**
svolàre |zvo'lare| *v.intr.* (*aus.* '*avere*') (*lett.*) [*volare via*; *svolazzare*] s'envoler *pron.* (*corr.*); voltiger (3) (*corr.*).
svolazzaménto |zvolattsa'mento| *s.m.* (*raro*) [→ SVOLAZZARE 2] volettement.
svolazzàre |zvolat'tsare| *v.intr.* (*aus.* '*avere*') **1** [*volare qua e là senza una direzione precisa*] voltiger (3): *le farfalle svolazzano sui fiori* les papillons voltigent sur les fleurs **2** [*volare qua e là dibattendo le ali*] voleter (5) **3** (*fig.*) [*vagare con la mente*] passer (*aus.* avoir, être): *svolazzava da un pensiero all'altro* il passait d'une pensée à l'autre **4** [*essere mosso, agitato dal vento*] flotter.
svolàzzo |zvo'lattso| *s.m.* **1** [→ SVOLAZZARE 1, 2] vol zigzagant, volettement (*raro*): *gli svolazzi delle rondini nel cielo* le vol zigzagant des hirondelles dans le ciel # *gli svolazzi della sua mente* les divagations de son esprit **2** [*lembo svolazzante di vestito*] volant: *lo svolazzo della gonna* le volant de la jupe **3** [*ornamento calligrafico*] paraphe: *firmava con lo svolazzo* il signait d'un paraphe **4** *al plur.* (*fig.*) [*ornamenti inutili, superflui*] fioritures (*f.*): *fare un discorso pieno di svolazzi* faire un discours plein de fioritures.
svòlgere |'zvɔldʒere| (196) **A** *v.tr.* **1** [*aprire, distendere ciò che è avvolto*] défaire (45), dérouler: *svolgere un pacchetto* défaire un paquet; *svolgere un gomitolo* dérouler une pelote; *svolgere un rotolo di stoffa, di carta* dérouler un rouleau d'étoffe, de papier **2** (*fig.*) [*trattare ampiamente, sviluppare in ogni sua parte*] développer: *svolgere una tesi* développer une thèse; *svolgere un argomento* développer un sujet **3** (*fig.*) [*mettere in opera una serie di azioni per raggiungere un obiettivo*] exécuter; mener (6): *non ha svolto il programma* il n'a pas exécuté, rempli, suivi le programme ‖ *sta svolgendo un'inchiesta interessante* il mène une enquête intéressante **4** (*fig.*) [*esplicare, compiere*] faire (45), exercer (2): *svolge un lavoro faticoso* il fait un travail fatigant; *svolse opera di persuasione* il fit (une) œuvre de persuasion; *svolgono un'attività commerciale* ils exercent une activité commerciale **5** (*raro*) [*dissuadere*] dissuader (*corr.*): *lo svolse dall'intenzione di partire* il le dissuada de partir → **distogliere** **B** *v.pron.* SVOLGERSI **I** *intr.* **1** [*spiegarsi, srotolarsi*] se dérouler: *il filo si svolse dal gomitolo* le fil se déroula de la pelote **2** (*fig.*) [*distendersi, spiegarsi*] se dérouler: *il panorama che si svolgeva ai nostri occhi era stupendo* le panorama qui se déroulait sous nos yeux était fantastique → **stendere** **3** (*fig.*) [*avere luogo, avvenire*] avoir (28) *intr.* lieu; se passer: *la battaglia si svolse in campo aperto* la bataille eut lieu en rase campagne; *le lezioni si svolgono regolarmente* les leçons ont lieu régulièrement ‖ *non so come si svolsero i fatti* je ne sais pas comment les faits se sont passés **4** [*svilupparsi, propagarsi*] se propager (3): *nei boschi si svolse un incendio pauroso* dans les bois, un incendie épouvantable se propagea **II** *rifl.* [*liberarsi, sciogliersi*] se libérer (8): *si svolse dall'abbraccio* il se libéra de l'étreinte → **scioglier(si).**
svolgiménto |zvoldʒi'mento| *s.m.* **1** [→ SVOLGERE A 1, 2; B I 1] développement; déroulement: *lo svolgimento di una tesi* le développement d'une thèse ‖ *lo svolgimento di un piano* le déroulement d'un plan; *lo svolgimento della battaglia* le déroulement d'une bataille # *lo svolgimento del pacchetto* le déballage d'un paquet **2** [*trattazione di un argomento scolastico*] développement: *lo svolgimento del tema* le développement du sujet **3** (*mus.*) développement.
svolio, ii |zvo'lio, ii|, **svólo** |'zvolo| *s.m.* (*lett.*) → **svolazzamento.**
svòlta |'zvɔlta| *s.f.* **1** [→ 2 SVOLTARE] virage (*m.*): *svolta a destra, a sinistra* virage à droite, à gauche # *fare una svolta* tourner; *divieto di svolta* (*a destra, a sinistra*) interdiction de tourner (à droite, à gauche) **2** (*fig.*) [*cambiamento importante*] tournant (*m.*): *la scoperta dell'America ha segnato una svolta nel corso della storia* la découverte de l'Amérique a marqué un tournant dans le cours de l'histoire **3** (*fig.*) [*momento, punto in cui bisogna prendere una decisione*] tournant.
1 **svoltàre** |zvol'tare| *v.tr.* (*raro*) [*svolgere ciò che è involto*] défaire (45) (*corr.*), dérouler (*corr.*): *svoltare un pacchetto* défaire un paquet; *svoltare un rotolo* dérouler un rouleau → **svolgere.**
2 **svoltàre** |zvol'tare| *v.intr.* (*aus.* '*avere*') [*cambiare direzione, curvare*] tourner.
svoltàta |zvol'tata| *s.f.* [→ 2 SVOLTARE] virage *m.*
svòlto |'zvɔlto| *agg.* [*trattato, sviluppato per esteso*] traité, développé # *ho acquistato un libro di temi svolti* j'ai acheté un livre de modèles de rédaction.
svoltolaménto |zvoltola'mento| *s.m.* [→ SVOLTOLARE A] dépaquetage.
svoltolàre |zvolto'lare| **A** *v.tr.* [*svolgere ciò che è involto*] dérouler; défaire (45): *svoltolare un rotolo di stoffa, di carta* dérouler un rouleau d'étoffe, de papier ‖ *svoltolare un pacco* défaire un paquet, dépaqueter (4) **B** *v.pron. rifl.* SVOLTOLARSI [*voltolarsi, rotolarsi*] se rouler: *svoltolarsi nel fango* se rouler dans la boue.
svotàre |zvo'tare| *e deriv.* → **svuotare** *e deriv.*
svuotaménto |zvwota'mento| *s.m.* [→ SVUOTARE 1] vidange *f.*; vidage (*raro*).
svuotàre |zvwo'tare| *v.tr.* **1** [*vuotare completamente, privare del contenuto*] vider; vidanger (3): *svuotare una valigia, una borsa* vider une valise, un sac ‖ *svuotare un serbatoio* vidanger un réservoir **2** [*privare di significato*] enlever (6) (son sens): *svuotare un discorso della sua sincerità* enlever toute sincérité à un discours # *svuotare una frase del suo significato più vero* retirer à une phrase ce qui faisait son vrai sens.
swahili |sua'ili| *s.m. inv. e agg. inv.* (*ingl.*) souahéli *var.*, swahéli *var.*
swattàto |zvat'tato| *agg.* (*elettr.*) déwatté: *corrente swattata* courant déwatté.
sweater |'swetə| *s.m. inv.* (*ingl.*) (*abbigl.*) sweater *var.*
swing |swiŋ| *s.m. inv.* (*ingl.*) swing *var.*
symposium |sim'pɔzjum| *s.m. inv.* (*lat.*) symposium *var.*, congrès.

T

t |ti| *s.m. o f.* [*diciottesima lettera dell'alfabeto*] t (*m.*): *t minuscolo* t minuscule; *T maiuscola* T majuscule ◇ (*tel.*) *T come Taranto*: (*in Francia*) T comme Thérèse; (*in Belgio*) T comme Téléphone ◇ (*usi convenzionali*) t: *t.* (*termine*) t. ◇ (*tecnol.*) *squadra a T* équerre en T, double équerre.
tabaccàio, i |tabak'kajo, i| *s.* **1** *s.* marchand de tabac, buraliste **2** *s.m.* [*tabaccheria*] (bureau de) tabac: *oggi il tabaccaio è chiuso* aujourd'hui le (bureau de) tabac est fermé.
tabaccàre |tabak'kare| *v.intr.* (*aus.* '*avere*') [*fiutare tabacco da naso*] priser.
tabaccherìa |tabakke'ria| *s.f.* [*rivendita di tabacchi e altri generi di monopolio*] bureau *m.* de tabac.
tabacchicoltóre, trice |tabakkikol'tore, tritʃe| *s.* planteur *m.* de tabac.
tabacchicoltùra |tabakkikol'tura| *s.f.* culture du tabac.
tabacchièra |tabak'kjɛra| *s.f.* [*scatola per contenere tabacco da fiuto*] tabatière ◇ (*per est.*) *una tabacchiera per sigarette* un porte-cigarettes *m. inv.*
tabacchifìcio, i |tabakki'fitʃo, i| *s.m.* manufacture *f.* de tabac.
tabacchìno |tabak'kino| *s.* **1** ouvrier* qui travaille dans une manufacture de tabac **2** (*region.*) → **tabaccaio.**
tabàcco, chi |ta'bakko, ki| *s.m.* **1** (*t.bot.*) tabac ◇ (*corr.*) tabac: *tabacco leggero, forte* tabac léger, fort; *tabacco da pipa, da sigarette* tabac à fumer; *tabacco da naso* tabac à priser; *tabacchi nazionali, esteri* tabacs nationaux, étrangers; *rivendita di sali e tabacchi* débit de sel et de tabac; *la Manifattura (dei) tabacchi* la Régie des tabacs ✦ (*in funzione di agg. inv.*) *color tabacco* couleur (de) tabac **2** [*il vizio del fumo*] tabac: *essere schiavo del tabacco* être esclave du tabac ◇ (*prov.*) *Bacco, tabacco e Venere riducono l'uomo in cenere* vin, femmes et tabac ont tôt mis un homme à bas.
tabaccóne |tabak'kone| *s.* [*chi fuma, annusa tabacco eccessivamente*] gros* priseur* (de tabac).
tabaccóso |tabak'koso| *agg.* barbouillé de tabac: *un fazzoletto tabaccoso* un mouchoir barbouillé de tabac ◇ [*che puzza di tabacco*] qui pue le tabac (*loc. fam.*): *un vecchio tabaccoso* un vieillard qui pue le tabac.
tabacòsi |taba'kɔzi| *s.f. inv.* (*med.*) tabacosis *m.*
tabàgico, ci, ca, che |ta'badʒiko, tʃi, ka, ke| *agg.* tabagique.
tabagìsmo |taba'dʒismo| *s.m.* (*med.*) tabagisme.
'tabarin' |tabaʀɛ̃| *s.m. inv.* boîte *f. var.* de nuit.
tabàrro |ta'barro| *s.m.* manteau pour homme.
tàbe |'tabe| *s.f.* **1** (*med.*) tabes *m.*, tabès *m.* **2** (*lett.*) → **pus** ◇ (*per est.*) → **consunzione, deperimento.**
tabèlla |ta'bɛlla| *s.f.* [*prospetto, elenco*] tableau (*m.*): *la tabella dei dati, delle misure* le tableau de données, des mesures # *la tabella dei prezzi* la liste des prix → **listino** ◇ (*mar.*) *tabella d'armamento* tableau d'armement ◇ (*sport*) *tabella di marcia* tableau de marche ◇ (*loc.*) *essere in ritardo sulla tabella di marcia*: (*pr.*) être en retard sur le tableau des prévisions; (*fig.*) être en retard dans son travail.
tabellàre |tabel'lare| *agg.* [*eseguito con una tavoletta*] tabellaire: *procedimento tabellare di stampa* processus tabellaire d'imprimerie ◇ [*a forma di tabella*] tabulaire: *sistemazione tabellare* arrangement tabulaire ◇ [*che si basa su una tabella*] tabellaire: *il minimo tabellare* le minimum tabellaire.
tabellàrio, i |tabel'larjo, i| *s.m.* (*st. rom.*) tabellaire.
tabellióne |tabel'ljone| *s.m.* (*st. rom.*) tabellion.
tabellóne |tabel'lone| *s.m.* **1** [*cartellone; prospetto affisso*] tableau: *esporre il tabellone dei voti* exposer le tableau des notes ◇ [*grosso cartello pubblicitario*] affiche *f.* **2** (*pallacanestro*) panneau (de but).
tabernàcolo |taber'nakolo| *s.m.* **1** (*eccl.*) tabernacle ◇ [*edicola sacra*] petite chapelle *f.* ◇ [*nicchia con immagini di Santi*] niche *f.* **2** (*relig. ebr.*) *la festa dei tabernacoli* la fête des tabernacles **3** (*st. rom., lett.*) → **tenda.**
tabètico, ci, ca, che |ta'bɛtiko, tʃi, ka, ke| *agg. e s.* (*med.*) tabétique.
tàbico, ci, ca, che |'tabiko, tʃi, ka, ke| *agg.* (*med.*) tabétique.
tabloid |'tæblɔid, ta'blɔid| *s.m. inv.* (*ingl.*) tabloïd(e).
tablòide |ta'blɔide| *s.m.* (*raro, farm.*) tabloïd(e), comprimé (*corr.*).
tabù |ta'bu| **1** *s.m. inv.* tabou (*var.*): *rispettare, violare un tabù* respecter, violer un tabou **2** *agg. inv.* tabou (*var. o inv.*): *presso alcune religioni la carne suina è tabù* dans certaines religions la viande de porc est tabou(e) ◇ (*fam., scherz.*) *questo è un argomento tabù per lui!* pour lui, c'est (un sujet) tabou!
tabuizzàre |tabuid'dzare| *v.tr.* [*rendere, dichiarare tabù*] tabouiser, tabouer ✦ (*s.m. inv.*) *il tabuizzare* tabouisation *f. var.*
tabula rasa |'tabula'raza| *loc. sost. f. inv.* (*lat.*) table rase: *far tabula rasa di q.c.* faire table rase de qqch. # *essere tabula rasa in q.c.* ne rien connaître de qqch.
1 **tabulàre** |tabu'lare| *agg.* (*scient.*) tabulaire.
2 **tabulàre** |tabu'lare| *v.tr.* **1** (*mat.*) [*mettere in tabella*] tabuler **2** (*informatica*) [*stampare, preparare tabulati*] imprimer avec une tabulatrice, tabuler.
tabulàrio, i |tabu'larjo, i| *s.m.* (*st. rom.*) tabularium.
tabulàto |tabu'lato| *s.m.* (*informatica*) feuille *f.* continue, états *pl.* imprimés.
tabulatóre |tabula'tore| *s.m.* (*informatica*) tabulateur.
tabulatrice |tabula'tritʃe| *s.f.* (*informatica*) tabulatrice.
tabulazióne |tabulat'tsjone| *s.f.* (*mat.*) tabulation.
tac |tak| *inter.* **1** (*voce onomat. che riproduce un rumore secco*) clac: *un colpo di martello e tac, la serratura si è aperta* un coup da marteau et, clac!, la serrure s'est ouverte ◇ (*loc.*) *tic tac* → **tictac** **2** (*fam.*) (*commenta un fatto inaspettato o insperato*) vlan: *sono passato una volta col rosso e tac, il vigile mi ha fatto la multa* je suis passé une fois au rouge et, vlan, un gendarme m'a collé un p.-v. (*fam.*).
1 **tàcca, che** |'takka, ke| *s.f.* **1** [*piccola rientranza a forma di V*] entaille: *fare delle tacche sul banco* faire des entailles sur le banc # *una lama piena di tacche* une lame tout ébréchée ◇ (*mus.*) *le tacche del ponticello di uno strumento ad arco* l'encoche du chevalet d'un instrument à cordes ◇ (*tecnol.*) *le tacche di una stadera* les crans *m.* d'une balance romaine ~ *tacca di mira* (*di un'arma da fuoco*) cran de la hausse de mire ~ *tacche di contrassegno* encoches ◇ (*tip.*) cran **2** (*fig., spreg.*) [*statura; qualità*] *un uomo di mezza tacca* un homme de peu de valeur; *sono della stessa tacca* ils sont du même acabit *m.* **3** [*macchia; chiazza*] tache: *un cane col mantello a tacche bianche e nere* un chien au pelage à taches blanches et noires ◇ (*fig.*) [*difetto, manchevolezza*] défaut (*m.*): *ha anche lui le sue tacche* lui aussi (il) a ses défauts → **neo** **4** (*alpinismo*) prise → **forcella.**
2 **tàcca, che** |'takka, ke| *s.f.* (*t.bot.*) tacca *m.*
taccagnerìa |takkaɲɲe'ria| *s.f.* [*avarizia, spilorceria*] avarice, pingrerie.
taccàgno |tak'kaɲɲo| *agg. e s.* [*avaro, spilorcio*] avare.
taccàta |tak'kata| *s.f.* (*mar.*) tin *m.*
1 **taccheggiàre** |takked'dʒare| **A** *v.tr.* [*rubare merce esposta in una vetrina*] voler à l'étalage **B** *v.intr.* (*aus.* '*avere*') [→ *tr.*] voler à l'étalage.
2 **taccheggiàre** |takked'dʒare| *v.tr.* (*tip.*) [*applicare tacchi sul 'cliché' o sul cilindro per migliorare la stampa*] taquer.
taccheggiatóre, trice |takkeddʒa'tore, tritʃe| *s.* [*chi* (1) *taccheggia*] voleur* à l'étalage.

1 **tacchéggio, i** |tak'keddʒo, i| *s.m.* [→ 1 TACCHEGGIARE] vol à l'étalage.
2 **tacchéggio, i** |tak'keddʒo, i| *s.m.* [→ 2 TACCHEGGIARE] taquage.
tàcchete |'takkete| *inter.* **1** (*riproduce un suono secco e rapido*) clac!: *schiaccio il pulsante e, tacchete, il portoncino si apre* j'appuie sur le bouton et, clac!, la petite porte s'ouvre → **tac** **2** (*fam., indica un avvenimento rapido, inaspettato*) *un fischio e, tacchete, eccolo subito arrivato!* un coup de sifflet et, pan, le voilà qui arrive en vitesse! → **tac.**
tacchettàre |takket'tare| *v.intr.* (*aus. 'avere'*) [*camminare facendo rumore con i tacchi*] faire (45) *tr.* du bruit avec les talons (en marchant).
tacchettìo, ii |takket'tio, ii| *s.m.* bruit de bottes, bruit de talons.
tacchétto |tak'ketto| *s.m.* **1** petit talon ◇ (*calzature sportive*) crampon **2** (*tecnol.*) taquet.
tacchìna |tak'kina| *s.f.* [*tacchino femmina*] dinde.
tacchìno |tak'kino| *s.m.* (*t.zool.*) dindon ◇ (*cuc.*) *filetti di tacchino* filets de dinde; *tacchino arrosto* dinde rôtie ◇ (*loc. fig.*) *diventare rosso come un tacchino* devenir rouge comme une pivoine, comme une tomate ~ *gonfiarsi come un tacchino* se pavaner ~ *sembra un tacchino che fa la ruota* il se pavane comme un paon, il fait le paon → **pavoneggiar(si).**
tàccia, ce |'tattʃa, tʃe| *s.f.* mauvaise réputation: *avere taccia di avaro* avoir une réputation d'avare # *ha la taccia di essere un imbroglione* on l'accuse d'être un escroc.
tacciàre |tat'tʃare| *v.tr.* [*accusare di un vizio; incolpare*] taxer, accuser: *tacciare qc. di disonestà* taxer, accuser qqn. de malhonnêteté; *mi ha tacciato di bugiardo* il m'a taxé de menteur, il m'a accusé d'être (un) menteur.
tàcco, chi |'takko, ki| *s.m.* **1** [*parte della suola della scarpa corrispondente al calcagno*] talon: *tacco di cuoio, di gomma, di para* talon de cuir, de caoutchouc, de crêpe; *tacchi bassi, alti* talons plats, hauts; *tacchi a spillo* talons aiguilles; *far rifare i tacchi* faire changer les talons ◇ (*loc.*) *battere i tacchi sull'attenti* claquer les, des talons au garde-à-vous ~ (*calcio*) *colpo di tacco* coup de talon ◇ (*loc. fig.*) *alzare i tacchi, battere i tacchi* [*andarsene*] montrer, tourner les talons; déguerpir ~ *stare al tacco di qc.* marcher, être sur les talons de qqn. **2** [*piccolo cuneo di legno*] cale *f.*, coin, taquet: *i tacchi della botte* les cales des tonneaux ◇ (*mar.*) tin: *tacco del bozzello* tin, clavette de la poulie **3** (*tip.*) taquoir.
1 **tàccola** |'takkola| *s.f.* (*t.zool.*) choucas *m.*
2 **tàccola** |'takkola| *s.f.* (*raro*) petit défaut (*corr.*).
tàccole |'takkole| *s.f. pl.* (*region.*) [*varietà di piselli di cui si mangia anche il baccello*] mange-tout *m. sing. inv.* → **cornetto, 1 fagiolino.**
taccóne |tak'kone| *s.m.* [*toppa, pezza che si applica a q.c. di rotto*] pièce *f.*
taccuìno |takku'ino| *s.m.* [*libretto tascabile per appunti*] agenda, carnet: *segnare un appuntamento sul taccuino* noter un rendez-vous sur son agenda, sur son carnet.
1 **tacére** |ta'tʃere| (149) **A** *v.intr.* (*aus. 'avere'*) **1** [*non parlare; stare zitto*] se taire (69) (*pron.*): *è uno che non sa tacere* c'est quelqu'un qui ne sait pas se taire; *ho già taciuto troppo a lungo* je me suis déjà tu trop longtemps # *come si fa a tacere?* comment ne pas parler? ◇ [*smettere di parlare, di chiacchierare*] *volete tacere un momento?* voulez-vous vous taire un instant?; *taci, tacete per favore!* tais-toi, taisez-vous, s'il te, vous plaît!; *vuoi tacere, si o no?* veux-tu te taire, oui ou non? ◇ (*prov.*) *chi tace acconsente* qui ne dit mot consent **2** (*per est.*) se taire: *i violini tacciono per dieci battute* les violons se taisent pendant dix mesures; *la notte tace* la nuit se tait # *su questo fatto i giornali tacciono* sur ce fait les journaux gardent le silence, sont muets; **3** *loc.* FAR TACERE [*ridurre al silenzio*] faire (45) taire: *fate tacere quel chiacchierone!* faites taire ce bavard!; *far tacere qc. con le minacce* faire taire qqn. par des menaces ◇ (*fig.*) *far tacere i propri sentimenti, le proprie passioni* faire taire ses sentiments, ses passions; *far tacere l'opposizione* faire taire l'opposition; *far tacere i cannoni nemici* faire taire les canons ennemis **4** *loc. fig.* METTERE A TACERE [*passare sotto silenzio*] étouffer: *mettere a tacere uno scandalo* étouffer un scandale **B** *v.tr.* [*passare sotto silenzio; non riferire*] cacher, passer sous silence: *gli tacquero la verità* on lui cacha la vérité; *non tacermi nessun particolare!* ne me cache aucun détail! # *la stampa tace questo episodio* la presse passe sous silence cet épisode → **nascondere** Ⓒ A **parlare**; B **dire.**
2 **tacére** |ta'tʃere| *s.m. sing.* [*silenzio*] silence: *il tuo tacere non ti giova* ton silence te nuit → **silenzio** ◇ *loc.* (*raro*) *mettere in tacere qc.* faire taire qqn. (*corr.*) ◇ (*prov.*) *un bel tacer non fu mai scritto* la parole est d'argent et le silence est d'or.
tàcheo- |'takeo| *pref.* (*significa 'rapido', corrisponde gener. a*) tachéo: *tacheografo* tachéographe.
tacheògrafo |take'ɔgrafo| *s.m.* (*tecnol.*) tachéographe.
tacheometrìa |takeome'tria| *s.f.* tachéométrie.
tacheomètrico, ci, ca, che |takeo'mɛtriko, tʃi, ka, ke| *agg.* tachéométrique.
tacheòmetro |take'ɔmetro| *s.m.* tachéomètre.
tàchi- |'taki| *pref.* (*significa 'veloce, rapido' o fa riferimento alla velocità; corrisponde gener. a*) tachy: *tachicardia* tachycardie; *tachimetro* tachymètre.
tachiaritmìa |takiarit'mia| *s.f.* (*med.*) tachyarythmie.
tachicardìa |takikar'dia| *s.f.* (*med.*) tachycardie.
tachicàrdico, ci, ca, che |taki'kardiko, tʃi, ka, ke| *agg. e s.* (*med.*) tachycardique.
tachifagìa, gie |takifa'dʒia, dʒie| *s.f.* (*med.*) tachyphagie.
tachifemìa |takife'mia| *s.f.* tachyphémie.
tachifilassìa |takifilas'sia| *s.f.* (*med.*) tachyphylaxie.
tachigènesi |taki'dʒɛnezi| *s.f. inv.* (*biol.*) tachygenèse *var.*
tachigrafìa |takigra'fia| *s.f.* **1** tachygraphie → **stenografia** **2** (*st. rom. e mediev.*) tachygraphie.
tachìgrafo |ta'kigrafo| *s.m.* tachygraphe.
tachimetrìa |takime'tria| *s.f.* tachymétrie.
tachimètrico, ci, ca, che |taki'mɛtriko, tʃi, ka, ke| *agg.* tachymétrique.
tachìmetro |ta'kimetro| *s.m.* tachymètre.
tachìna |ta'kina| *s.f.* (*t.zool.*) tachine *m.* (*raro f.*).
tachipnèa |takip'nɛa| *s.f.* (*med.*) tachypnée.
tachistoscòpio, i |takistos'kɔpjo, i| *s.m.* (*tecnol.*) tachistoscope.
tacitaménte |tatʃita'mente| *avv.* **1** [→ TACITO 1] tacitement: *rimproverare tacitamente* reprocher tacitement **2** [→ TACITO 2] silencieusement → **silenziosamente** Ⓒ 1 **esplicitamente, espressamente.**
tacitaménto |tatʃita'mento| *s.m.* [→ TACITARE] désintéressement.
tacitàre |tatʃi'tare| *v.tr.* **1** [*concordare il pagamento di un debito*] désintéresser: *tacitare i creditori* désintéresser les créanciers **2** [*mettere a tacere; sopire*] étouffer: *tacitare uno scandalo* étouffer un scandale.
tacitiàno |tatʃi'tjano| *agg.* **1** de Tacite (*loc. inv.*): *l'opera tacitiana* l'œuvre de Tacite **2** (*fig.*) [*conciso, stringato*] concis; *stile tacitiano* style concis.
tàcito |'tatʃito| *agg.* **1** [*non espresso esplicitamente; implicito*] tacite: *una tacita condanna* une condamnation tacite **2** (*raro, lett.*) [*silenzioso*] silencieux* (*corr.*): *restare tacito* rester silencieux ◇ [*tranquillo, sereno*] tranquille (*corr.*): *la tacita notte* la nuit tranquille Ⓒ 1 **esplicito.**
taciturnità |tatʃiturni'ta| *s.f. inv.* taciturnité *var.* (*lett.*) → **silenziosità** Ⓒ **loquacità.**
tacitùrno |tatʃi'turno| *agg.* taciturne → **silenzioso** Ⓒ **loquace, chiacchierone.**
tackle |'tækl| *s.m. inv.* (*ingl.*) (*calcio*) entrée *f. var.*, charge *f. var.*
tactìsmo |tak'tizmo| *s.m.* tactisme.
tadórna |ta'dorna| *s.f.* (*t. zool.*) tadorne *m.*
taf |taf| *inter.* → **taffete.**
tafanàre |tafa'nare| (*raro*) **A** *v.tr.* (*di tafano o altri insetti*) [*punzecchiare fastidiosamente*] piquer **B** *v.intr.* (*aus. 'avere'*) (*fig.*) [*entrare, frugare dappertutto*] fureter (7).
tafanàrio, i |tafa'narjo, i| *s.m.* (*scherz., pop.*) [*sedere, deretano*] (gros) derrière, pétard.
tafàno |ta'fano| *s.m.* **1** (*t.zool.*) taon **2** (*fig.*) [*persona molesta, importuna*] casse-pieds *inv.* (*pop.*).
tafferìa |taffe'ria| *s.f.* plat *m.* (de bois) à polenta.
tafferùglio, i |taffe'ruʎʎo, i| *s.m.* [*rissa, baruffa agitata tra più persone*] bagarre (*f.*): *rimanere coinvolto in un tafferuglio* se trouver mêlé à une bagarre ◇ [*scontro*] échauffourée (*f.*): *c'è stato un tafferuglio tra la polizia e i dimostranti* il y a eu une échauffourée entre la police et les manifestants.
taffetà |taffe'ta| *s.m. inv.* → **taffettà.**
tàffete |'taffete| *inter.* **1** (*riproduce il rumore di un oggetto che cade*) crac!: *gli è scivolato il piattino e, taffete, giù per terra* l'assiette lui a échappé (des

mains) et, crac!, par terre **2** (*sottolinea 'la subitaneità, la rapidità' di un'azione*) *hop!: *non ebbe il tempo di rispondere che, taffete, lo avevano già derubato* il n'eut pas le temps de répondre que, hop!, on l'avait déjà volé.

taffettà |taffet'ta| *s.m. inv.* **1** taffetas **2** *taffettà adesivo* → **cerotto.**

tafofilìa |tafofi'lia| *s.f.* (*psichiatria, psican.*) taphophilie.

tagéte |ta'dʒete| *s.f.* (*t.bot.*) tagète *m.*, tagette *m.*

1 **tàglia** |'taʎʎa| *s.f.* **1** taille: *taglia piccola, robusta, calibrata* taille petite, robuste, équilibrée; *una persona di media taglia* une personne de taille moyenne → **statura**; *un cappotto, una giacca (di) taglia 48* un manteau, une veste taille 48 **2** [*premio in denaro stanziato per chi collabora alla cattura di un ricercato*] mise à prix: *mettere una grossa taglia su un delinquente* mettre à prix la tête d'un délinquant; *su di lui pende la taglia di cinque milioni* sa tête a été mise à prix cinq millions ◇ [*somma pagata per il riscatto di un sequestrato o di un prigioniero*] rançon: *i parenti hanno già pagato la taglia per il rilascio del loro congiunto* la famille a déjà payé la rançon pour la libération de son proche ◇ [*tributo imposto in modo illegittimo*] taille (*lett.*): *le taglie imposte dalla mafia* les tailles imposées par la mafia.

2 **tàglia** |'taʎʎa| *s.f.* (*mecc.*) moufle *m. o f.*

tagliàbile |taʎ'ʎabile| *agg.* [→ TAGLIARE A 1] que l'on peut couper *loc.*

tagliabórse |taʎʎa'borse| *s. inv.* coupeur* *var.* de bourses → **borsaiolo, ladro.**

tagliabòschi |taʎʎa'bɔski| *s.m. inv.* [*operaio che abbatte e taglia alberi di boschi cedui*] bûcheron *var.*

tagliacàrte |taʎʎa'karte| *s.m. inv.* [*oggetto sim. a coltello, per aprire la corrispondenza e tagliare pagine di libri intonsi*] coupe-papier.

tagliacèdole |taʎʎa'tʃɛdole| *s.m. inv.* coupe-coupons.

tagliàcque |taʎ'ʎakkwe| *s.m. inv.* (*arch.*) avant-bec (*var.*): *dei tagliacque* des avant-becs.

tagliafèrro |taʎʎa'fɛrro| *s.m. inv.* [*scalpello per tagliare il ferro*] ciseau *var.* à fer.

tagliafièno |taʎʎa'fjɛno| *s.m. inv.* (*agr.*) coupe-foin.

tagliafuòco |taʎʎa'fwɔko| **1** *s.m. inv.* (*edil.*) coupe-feu **2** *agg. inv.* coupe-feu: *una porta tagliafuoco* une porte coupe-feu ◇ (*mar.*) *paratie tagliafuoco* cloison coupe-feu.

taglialégna |taʎʎa'leɲɲa| *s.m. inv.* [*chi taglia tronchi per farne legname*] bûcheron *var.*

tagliamàre |taʎʎa'mare| *s.m. inv.* (*mar.*) taillemer *var.*

tagliaménto |taʎʎa'mento| *s.m.* (*raro*) [→ TAGLIARE A 1] coupe *f.* (*corr.*).

tagliàndo |taʎ'ʎando| *s.m.* [*parte che viene staccata da una tessera, da un biglietto e sim.*] coupon: *staccare il tagliando n. 10 di un'obbligazione* détacher le coupon n° 10 d'une obligation → **cedola.**

tagliapàsta |taʎʎa'pasta| *s.m. inv. e agg. inv.* (*cuc.*) (*rotella*) *tagliapasta* roulette *s.f. var.*

tagliapiètre |taʎʎa'pjɛtre| *s.m. inv.* tailleur *var.* de pierre(s) → **scalpellino, spaccapietre.**

tagliaradici |taʎʎara'ditʃi| *s.m. inv.* (*agr.*) rhizome *var.*, coupe-racines.

tagliàre |taʎ'ʎare| **A** *v.tr.* **1** [*separare, fendere con un corpo tagliente*] couper: *tagliare q.c. con il coltello, con le forbici* couper qqch. avec un couteau, avec des ciseaux; *tagliare un tronco con la sega, con la scure* couper un tronc avec une scie, avec une hache ◇ [*dividere in più parti con un corpo tagliente*] *tagliare una pezza di stoffa* couper un bout d'étoffe; *tagliare una torta* couper un gâteau; *tagliare il salame, l'arrosto* couper le saucisson, le rôti → 1 **affettare**; *tagliare in due, in quattro* couper en deux, en quatre (parties) # *tagliare il pollo* découper un poulet; *tagliare una pietra preziosa* tailler une pierre précieuse ◇ [*separare una parte da un tutto con un corpo tagliente*] *tagliare una fetta di carne, di torta* couper une tranche de viande, de gâteau; *tagliare un ramo dal tronco* couper une branche du tronc ◇ (*per est.*) *tagliare una gamba, un dito* couper une jambe, un doigt → **amputare** ~ *tagliare la testa a qc.* couper la tête à qqn. → **decapitare** ~ *tagliare un abito, un cappotto* couper un vêtement, un manteau ~ *tagliare le pagine di un libro* couper les pages d'un livre ~ *tagliare un istmo* percer un isthme ◇ (*loc. fig.*) *tagliare l'acqua, le onde* fendre (53) l'eau, les vagues ~ *tagliare l'aria, il vento* fendre l'air, le vent ~ *una nebbia da tagliare con il coltello* un brouillard à couper au couteau ~ *tagliare le carte* couper les cartes ~ *tagliare un vino* couper un vin ~ TAGLIARE LE GAMBE: *la salita mi ha tagliato le gambe* la côte m'a coupé les jambes; *è un vino che taglia le gambe* c'est un vin qui coupe les jambes; *la tua ironia gli taglia le gambe anche quando ha le migliori intenzioni* ton ironie lui coupe bras et jambes même quand il a les meilleures intentions ~ *tagliare il fiato, il respiro* couper le souffle ~ *tagliare i panni addosso a qc.* casser du sucre sur le dos de qqn. ~ *tagliare la testa al toro* trancher le problème ~ *tagliare la corda* filer, mettre (71) les bouts (*pop.*) → **scappare** ~ *tagliare il traguardo* franchir la ligne d'arrivée ~ *tagliare i ponti con qc., con il passato* couper les ponts avec qqn., avec le passé ~ (*sport*) *tagliare una (la) palla* couper la balle ◇ [*accorciare; acconciare*] *tagliare, tagliarsi le unghie* se couper les ongles; *farsi tagliare i capelli* se faire couper les cheveux **2** *ass.* [*essere tagliente, affilato*] couper: *è una lama, un coltello che taglia* c'est une lame, un rasoir qui coupe (bien); *queste forbici non tagliano* ces ciseaux ne coupent pas ◇ (*loc. fig.*) *tagliar corto* couper court ~ *ha una lingua che taglia e cuce* elle a une langue de vipère **3** (*chir.*) [*incidere*] inciser: *tagliare un ascesso, un bubbone* inciser un abscès, un bubon **4** TAGLIARSI Q.C. [*prodursi uno o più tagli, spec. involontariamente*] se couper qqch.: *si è tagliato un dito con il coltello* il s'est coupé le doigt avec un couteau; *mi son tagliato nel farmi la barba* je me suis coupé en me rasant **5** (*fig.*) [*abbreviare; condensare*] couper: *tagliare un articolo (di giornale) troppo lungo* couper un article (de journal) trop long # *tagliare una conferenza* raccourcir une conférence ◇ [*ridurre*] réduire (75): *bisogna tagliare le spese voluttuarie* il faut réduire les dépenses voluptuaires ◇ [*eliminare, spec. per motivi di censura*] couper: *tagliare le scene più scabrose di un film* couper les séquences les plus scabreuses d'un film; *il suo intervento televisivo è stato completamente tagliato* son intervention à la télé a été complètement coupée **6** (*fig.*) [*interrompere; impedire*] couper: *tagliare i viveri a qc.* couper les vivres à qqn.; *tagliare le comunicazioni* couper les communications; *tagliare la ritirata al nemico* couper la retraite à l'ennemi ◇ [*impedire il passaggio, i movimenti*] *tagliare la strada a qc.* couper le chemin à qqn.; *tagliare la rotta a una nave* couper la route à un navire **7** (*fig.*) [*incrociare, attraversare*] couper: *la strada statale taglia il centro del paese* la route nationale traverse le centre du village ◇ [*attraversare per la via più breve o più agevole*] *tagliare un quartiere attraverso vie poco frequentate* couper à travers un quartier par les rues peu fréquentées # *tagliar (fuori) il traffico metropolitano attraverso la tangenziale* éviter la circulation de la métropole en passant par le boulevard périphérique ◇ (*loc. fig.*) *tagliare una curva* couper un virage ~ *tagliar fuori qc. dalla conversazione, dalla propria cerchia* isoler qqn. de la conversation, de son entourage **B** *v. intr.* (*aus.* 'avere') [→ *tr.* 7] couper: *tagliare per i campi, per un sentiero* couper à travers champs, par un sentier.

tagliarèlli |taʎʎa'rɛlli| *s.m. pl.* [*tipo di pasta da minestra*] ⊠ → **tagliatelle.**

tagliaréte |taʎʎa'rete|, **tagliaréti** |taʎʎa'reti| *s.m. inv.* (*mar. mil.*) coupe-filet (*var.*): *dei tagliarete, dei tagliareti* des coupe-filets.

tagliasfòglia |taʎʎas'fɔʎʎa| *s.m. inv.* (*cuc.*) roulette *f. var.* de pâtissier.

tagliasigari |taʎʎa'sigari| *s.m. inv.* coupe-cigare(s).

tagliàta |taʎ'ʎata| *s.f.* **1** [→ TAGLIARE A 1] coupe; tonte # *dare una tagliata al fieno* faucher le foin; *dare una tagliata al giardino* tondre le gazon du jardin; *farsi dare una tagliata ai capelli* se faire couper les cheveux **2** [*abbattuta di alberi*] abattis *m.*, abattage *m.*

tagliatèlle |taʎʎa'tɛlle| *s.f. pl.* (*cuc.*) tagliatelles: *tagliatelle alla bolognese* tagliatelles à la bolonaise.

tagliàto |taʎ'ʎato| *agg.* **1** [*reciso, separato con un corpo tagliente*] coupé; taillé: *il fieno tagliato* le foin coupé; *ricucire il lembo tagliato di un abito* recoudre le morceau coupé d'un vêtement; *avere i capelli tagliati corti, a zero, a spazzola* avoir les cheveux coupés courts, à ras, en brosse ‖ *diamanti tagliati a stella* diamants taillés en étoile ◇ (*sport*) *palla tagliata* balle coupée ◇ (*loc. fig.*) *vino tagliato* vin coupé ~ *è un uomo tagliato all'antica* c'est un homme vieux jeu (*fam.*) ~ *si è sentita tagliata fuori* elle s'est sentie isolée **2** [*censurato, soppresso*] censuré: *la scena tagliata di un film, di uno spettacolo* la séquence censurée d'un film, d'un spectacle; *rimettere in circolazione un film tagliato* remettre en circulation un film censuré **3** (*persone*) [*inclinato, portato a q.c.*] taillé, fait; porté: *essere tagliato per la danza, per la musica* être taillé pour la danse, pour la musique; *non è tagliato per la vita militare* il n'est pas fait pour la vie militaire ‖ *sentirsi tagliato per una professione* se sentir porté pour une profession **4** (*arald.*) coupé ♦ (*s.m.*) *il tagliato* le jour, la broderie *f.* à jour.

tagliatóre, trice |taʎʎa'tore, triʧe| *s.* [*addetto a operazioni di taglio in vari mestieri*] tailleur (*m.*): *tagliatore di pietre preziose* tailleur de pierres précieuses, lapidaire; *tagliatore di abiti* tailleur, coupeur # *tagliatore di carni* découpeur*.

tagliatrice |taʎʎa'triʃe| *s.f.* **1** [*macchina per tagliare legno, metalli, ecc.*] tronçonneuse, découpeuse **2** (*min.*) *haveuse **3** (*tess.*) découpeuse.

tagliatùbi |taʎʎa'tubi| *s.m. inv.* (*tecnol.*) coupe-tube.

tagliatùra |taʎʎa'tura| *s.f.* **1** [→ TAGLIARE A 1] coupe **2** (*per est.*) la partie coupée ◇ [*il punto in cui è avvenuto il taglio*] coupure.

tagliaùnghie |taʎʎa'ungje| *s.m. inv.* coupe-ongles.

tagliavènto |taʎʎa'vɛnto| *s.m. inv.* **1** (*mil.*) coupe-vent **2** (*mar.*) coupe-vent → **randa.**

tagliavétro |taʎʎa'vetro| *s.m. inv.* (*tecnol.*) coupe-verre.

taglieggiàre |taʎʎed'dʒare| *v.tr.* [*imporre taglie, tasse illegittime*] pratiquer le racket: *una cosca mafiosa taglieggiava gli esercenti della zona* un clan de 'mafiosi' pratiquaient le racket, l'extorsion sur les commerçants de la zone.

taglieggiatóre, trice |taʎʎeddʒa'tore, triʧe| *s.* [*chi taglieggia*] racket(t)eur *m.*, racketter *m.*, rançonneur*.

tagliènte |taʎ'ʎɛnte| **1** *agg.* [*che taglia bene*; *affilato*] tranchant: *una lama tagliente* une lame tranchante ◇ (*fig.*) *un vento gelido e tagliente* un vent glacial et cinglant → **pungente**; *una lingua tagliente* une langue mordante → **mordente, maldicente**; *una risposta, un'ironia tagliente* une réponse, une ironie mordante **2** *s.m.* [*parte affilata di una lama e sim.*] tranchant: *il tagliente di uno scalpello* le tranchant d'un scalpel → 1 **filo.**

taglière |taʎ'ʎɛre| *s.m.* (*cuc.*) planche *f.* à hacher, *hachoir.

taglierìa |taʎʎe'ria| *s.f.* taillerie.

taglierìna |taʎʎe'rina| *s.f.* (*tecnol.*) coupeuse ◇ (*foto., metall.*) ébarbeur *m.*, ébarbeuse.

taglierìni |taʎʎe'rini| *s.m. pl.* [*tipo di tagliatelle molto sottili*] ⊠.

tagliétto |taʎ'ʎetto| *s.m.* **1** petite entaille *f.*, petite coupure *f.* **2** (*tip.*) rognoir, couteau à rogner.

tàglio, i |'taʎʎo, i| *s.m.* **1** [→ TAGLIARE A 1] coupe (*f.*): *il taglio del bosco* la coupe d'un bois # *il taglio del fieno* la fauchaison, le fauchage du foin; *il taglio del prato* la tonte de l'herbe d'un pré; *il taglio di un istmo* le percement d'un isthme; *armi da taglio* armes blanches; *strumenti da taglio* instruments tranchants ◇ (*med.*) *taglio cesareo* césarienne *f.* ◇ (*sport*) *dare il taglio alla palla* couper la balle; *tirare di taglio* tirer en coupant la balle, couper la balle ◇ (*loc.*) *banconote di piccolo, di grosso taglio* petites, grosses coupures ~ *il taglio delle pietre preziose* la taille *f.* des pierres précieuses ~ *il taglio del vino* le coupage du vin ~ *vino da taglio* vin de coupage ◇ (*loc. fig.*) *dare un taglio a q.c.* trancher qqch. ~ *dare un taglio netto al passato* couper les ponts avec le passé **2** [→ TAGLIARE A 4] coupure (*f.*): *un taglio profondo, superficiale* une coupure profonde, superficielle; *si è fatto un taglio al dito, sul viso* il s'est fait une coupure au doigt, une balafre au visage; il s'est coupé le doigt, tailladé le visage ◇ (*cose*) entaille (*f.*): *una cassapanca, un banco pieno di tagli* un coffre, un banc plein d'entailles **3** [→ TAGLIARE A 5] coupure: *taglio censorio* coupure de la censure; *apportare dei tagli vistosi a un film, a uno spettacolo* faire d'importantes coupures à (dans) un film, dans un spectacle **4** [*maniera, stile di tagliare*] coupe: *un taglio di capelli classico, moderno* une coupe de cheveux classique, moderne; *taglio (di capelli) a spazzola* coupe (de cheveux) en brosse ◇ (*sartoria*) *una sarta dal taglio sicuro, elegante* une couturière dont la coupe est sûre, élégante; *scuola di taglio* école de coupe; *un abito di taglio inglese* un vêtement de coupe anglaise; *un cappotto di taglio classico, giovanile* un manteau de coupe classique, jeune ◇ (*fig.*) [*impostazione*; *punto di vista*] marque (*f.*): *dare un taglio giornalistico a una relazione* donner une marque journalistique à un rapport # *non mi soddisfa il taglio di quell'inchiesta* les lignes directrices de cette enquête ne me satisfont pas **5** [*la parte tagliata*] coupe; morceau: *un taglio di stoffa* une coupe de tissu ‖ *un taglio di carne* un morceau de viande ◇ (*per est.*) [*pezzo di stoffa*] coupe: *comprare un taglio di 5 metri* acheter une coupe de 5 mètres ◇ [*pezzo di carne macellata*] morceau: *i tagli più pregiati* les meilleurs morceaux; *un buon taglio per lesso* un bon morceau pour le pot-au-feu **6** [*parte tagliente, affilata di una lama*] tranchant: *questo coltello ha perso il taglio* ce couteau a perdu son tranchant; *una ferita di taglio* une blessure causée par un instrument tranchant # *ridare il taglio alle forbici* aiguiser les ciseaux **7** (*per est.*) [*la parte più sottile, più fine di q.c.*] chant; tranche (*f.*): *il taglio di un mattone* le chant d'une brique ‖ *libri, volumi dal taglio intonso* livres, volumes à la tranche non coupée ◇ *loc.* DI TAGLIO, PER TAGLIO [*dalla parte più stretta*] de chant: *mettere i mattoni di taglio* mettres les briques de chant; *tenere i remi di taglio* tenir les rames de chant ◇ (*loc. fig.*) *cadere di taglio* venir à propos ~ *venire di taglio* tomber à pic **8** (*fis.*) crochet.

tagliòla |taʎ'ʎɔla| *s.f.* [*trappola per animali*] traquenard *m.*, piège *m.*

tagliolìni |taʎʎo'lini| *s.m. pl.* → **taglierini.**

tagliòlo |taʎ'ʎɔlo| *s.m.* (*mecc.*) tranchet.

taglióne |taʎ'ʎone| *s.m.* (*dir.*) talion: *la legge, la pena del taglione* la loi, la peine du talion.

tagliuzzàre |taʎʎut'tsare| *v.tr.* [*tagliare in pezzi minuti*] couper en petits morceaux: *tagliuzzare un foglio di carta* couper un bout de papier en petits morceaux.

tagliuzzàto |taʎʎut'tsato| *agg.* tailladé.

taguàn |ta'gwan, 'tagwan| *s.m. inv.* (*t.zool.*) pétauriste *var.*

tahitiàno |tai'tjano| *agg.* [*dell'isola di Tahiti*] tahitien*.

tàiga, ghe |'taiga, ge| *s.f.* (*geogr.*) taïga.

tailandése |tailan'dese| **1** *agg.* [*della Tailandia*] thaïlandais **2** (*s.m.*) *il tailandese* [*la lingua*] le thaïlandais.

'tailleur' |tɑjœʀ| *s.m. inv.* tailleur *var.*

taitiàno |tai'tjano| *agg. e s.* (*raro*) → **tahitiano.**

talàltro |ta'latro| *pron. indef.* (*raro, lett.*) **1** (*in corrispondenza a* '*taluno*') [*qualche altro*] d'autres (*pl.*): *taluni dicevano di sì, talaltri di no* certains disaient oui, d'autres non **2** TALALTRA (*in corrispondenza a* '*talvolta*') [*altre volte*] d'autres fois (*loc. inv.*): *talora parlava, talaltra taceva* quelquefois il parlait, d'autres fois il se taisait.

talàmico, ci, ca, che |ta'lamiko, ʧi, ka, ke| *agg.* (*anat., med.*) thalamique.

tàlamo |'talamo| *s.m.* **1** (*lett.*) chambre *f.* nuptiale ◇ (*fig., dir., scherz.*) [*matrimonio*] *condurre al talamo* se marier; *abbandonare il talamo* (*coniugale*) quitter le domicile conjugale **2** (*anat.*) thalamus **3** (*bot.*) réceptacle.

talàre |ta'lare| *agg.* (*eccl.*) talaire # *abito, veste talare* soutane ♦ (*s.f.*) *indossare la* (*veste*) *talare* revêtir la soutane, se faire prêtre; *abbandonare la talare* se défroquer.

talàri |ta'lari| *s.m. pl.* (*mitol. gr.*) talonnière *f. sing.*

talassemìa |talasse'mia| *s.f.* (*med.*) thalassémie.

talàssico, ci, ca, che |ta'lassiko, ʧi, ka, ke| *agg.* (*bot.*) thalassique: *disseminazione talassica* dissémination thalassique.

talassìcolo |talas'sikolo| *agg.* (*geogr.*) thalassicole: *flora, fauna talassicola* flore, faune thalassicole.

talàsso- |ta'lasso| *pref.* (*significa* '*mare*', *corrisponde gener. a*) thalasso: *talassobiologia* thalassobiologie.

talassobiologìa, gie |talassobiolo'dʒia, dʒie| *s.f.* thalassobiologie.

talassocrazìa |talassokrat'tsia| *s.f.* thalassocratie.

talassofobìa |talassofo'bia| *s.f.* (*med.*) thalassophobie.

talassografìa |talassogra'fia| *s.f.* thalassographie.

talassogràfico, ci, ca, che |talasso'grafiko, ʧi, ka, ke| *agg.* thalassographique.

talassògrafo |talas'sɔgrafo| *s.* thalassographe.

talassoterapìa |talassotera'pia| *s.f.* (*med.*) thalassothérapie.

talassoteràpico, ci, ca, che |talassote'rapiko, ʧi, ka, ke| *agg.* (*med.*) thalassothérapique.

talassòtoco, ci, ca, che |talas'sɔtoko, ʧi, ka, ke| *agg.* (*zool.*) thalassotoque.

talché |tal'ke| *cong.* (*raro, lett.*) [*cosicché, a tal punto che*] de sorte que *loc. inv.*, de manière que *loc. inv.* → **cosicché.**

tàlco, chi |'talko, ki| *s.m.* (*miner.*) talc.

talcóso |tal'koso| *agg.* [*della natura del talco*] talqueux*.

tàle |'tale| **I** (*si tronca in 'tal', spec. davanti a cons.*) *agg. dim.* **1** [*siffatto; di tale natura, qualità*] tel*: *non lo credevo capace di tali bassezze!* je ne le croyais pas capable de telles bassesses! # *non pensavo che fossimo a tal punto!* je ne pensais pas que nous en fussions à ce point ◇ [*così grande*] *c'era una tal confusione!* il y avait une telle confusion!; *è di un tale umore, oggi!* il est d'une telle humeur, aujourd'hui! ◇ *loc.* TALE CHE (*seguito da prop. consec.*): *era tale lo spavento che tutti se la sono data a gambe* la frayeur était telle que tous prirent leurs jambes à leur cou; *la situazione è degenerata a tal segno che non c'è più niente da fare* la situation a dégénéré à un tel point qu'il n'y a plus rien à faire ◇ *loc.* TALE DA (+ *inf.*): *si è ridotto in uno stato tale da far pietà* il est réduit à un état tel qu'il fait vraiment pitié ◇ (*in correlazione con 'quale'*) tel que: *quale l'avevo lasciata, tale l'ho ritrovata* je l'ai retrouvée exactement telle que je l'avais quittée # *l'accoglienza non fu tale quale si aspettava* l'accueil ne fut pas celui auquel il s'attendait ◇ (*in correlazione con 'tale'*) *tale il padre, tale il figlio!* tel père, tel fils! **2** [*questo; quello*] ce *m.*, cet *m.* (*davanti a vocale e 'h' muta*), cette *f.*, ces (*pl.*): *in tal caso, cambierò tattica*, dans ce cas, je changerai de tactique; *la conseguenza di tale provvedimento fu che...* la conséquence de cette mesure fut que...; *dopo tali spiegazioni, non avevo più niente da obiettare* après ces explications, je n'avais plus rien à objecter; *in tali condizioni non si poteva più operare* dans ces conditions, on ne pouvait plus opérer **II** *agg. indef.* (*preceduto dall'art. indet., per indicare una persona che non si può o non si vuole determinare con maggiore precisione*) [*certo*] certain: *si presentò un tale rag. Rossi* un certain M. Rossi se présenta; *conosce un tale onorevole X* il connaît un certain M. X député ◇ *loc.* UN TAL(E) QUALE certain (*agg.*): *provava un tal quale rimorso* il éprouvait un certain remords # *avevo un tal quale languorino allo stomaco* je ressentais comme un petit creux (à l'estomac) ◇ *loc.* QUEL TALE, QUESTO TALE ce: *rivolgiti a quella tale persona!* adresse-toi à cette personne!; *adesso risolviamo questo tale problema* maintenant résolvons ce problème ◇ (*preceduto dall'art. det.*) ce: *voleva parlare a ogni costo alla tale persona* il voulait à tout prix parler à cette personne; *voleva la tal cosa e la tal altra* il voulait cette chose-là et cette autre aussi # *andava da lui sempre alla tal ora* c'était l'heure où il se rendait toujours chez lui ◇ (*posposto al sost.*) *venga da me il giorno tale, all'ora tale!* venez chez moi tel jour, à telle heure **III** *pron. dim.* [→ *agg. dim.*] Monsieur Un tel, Un tel: *presentati da lui e digli che ti manda il tale e che sei il tal dei tali!* présente-toi chez lui, dis-lui que c'est Un tel qui t'envoie et que tu es Monsieur Un tel; *sono la tal dei tali* je suis Madame Une telle **IV** *pron. indef.* (*preceduto dall'art. indet.*) [→ *agg. indef.*] quelqu'un: *c'è un tale che ti cerca* il y a quelqu'un qui te demande # *c'è una tale al telefono* il y a une personne au téléphone ◇ *loc.* QUEL TALE type (*s.m.*): *è tornato quel tale che ti aveva cercato anche ieri* le type qui t'avait demandé hier est revenu.

talèa |ta'lɛa, 'talea| *s.f.* (*bot.*) bouture.

taleàggio, i |tale'addʒo, i| *s.m.* (*bot.*) bouturage.

taléggio, i |ta'leddʒo, i| *s.m.* [*tipo di formaggio molle e stagionato*] ⊠.

talentàccio, i |talen'tattʃo, i| *s.m.* esprit génial*.

talentàre |talen'tare| *v.intr.* (*aus. 'essere'*) (*usato solo nella 3ª. pers. sing.*) (*lett.*) [*piacere; essere gradito*] plaire (68) (*aus.* avoir).

1 **talènto** |ta'lɛnto| *s.m.* (*st. gr.*) talent ◇ (*Vangelo*) *la parabola dei talenti* la parabole des talents.

2 **talènto** |ta'lɛnto| *s.m.* **1** [*capacità intellettuale; predisposizione*] talent: *talento artistico, musicale* talent artistique, musical; *è un ragazzo che ha del talento* c'est un garçon qui a du talent ◇ (*per est.*) [*persona dotata*] *che talento, quel tuo amico!* quel talent, ton ami! **2** (*raro, lett.*) [*voglia, desiderio*] *una cosa che non gli va a talento* une chose qui ne lui plaît pas; *andare a proprio talento* plaire.

talent(-)scout |'tælәntskaut| *s. inv.* (*ingl.*) découvreur* *var.* de talent.

Taliàcei |ta'ljatʃei| *s.m. pl.* (*t.zool.*) Thaliacés.

talidomide |talido'mide| *s.f.* (*med.*) thalidomide.

talismànico, ci, ca, che |taliz'maniko, tʃi, ka, ke| *agg.* talismanique → **prodigioso, miracoloso.**

talismàno |taliz'mano| *s.m.* talisman.

tàllero |'tallero| *s.m.* (*numism.*) thaler.

tàllico, ci, ca, che |'talliko, tʃi, ka, ke| *agg.* (*chim.*) thallique.

tàllio, i |'talljo, i| *s.m.* (*chim.*) thallium.

tallire |tal'lire| (197) *v.intr.* (*aus. 'avere, essere'*) (*bot.*) [*mettere talli*] taller (*aus.* avoir) → **accestire.**

tallìto |tal'lito| *agg.* (*bot.*) tallé.

tallitùra |talli'tura| *s.f.* (*agr.*) tallage (*m.*): *la tallitura dell'orzo* le tallage de l'orge.

tàllo |'tallo| *s.m.* (*bot.*) thalle ◇ (*per est.*) [*germoglio*] bourgeon: *tallo della cipolla* bourgeon de l'oignon.

tallòfita |tal'lɔfita| *agg. e s.f.* (*bot.*) thallophyte.

tallòlio, i |tal'lɔljo, i| *s.m.* (*chim.*) tall-oil.

tallonàggio, i |tallo'naddʒo, i| *s.m.* (*rugby*) talonnage.

tallonaménto |tallona'mento| *s.m.* [→ TALLONARE A] talonnement.

tallonàre |tallo'nare| **A** *v.tr.* **1** [*inseguire da vicino; incalzare*] talonner: *tallonare l'avversario* talonner l'adversaire; *tallonare il corridore in fuga* talonner le coureur en fuite **2** (*calcio, rugby*) *tallonare la palla* [*colpirla con il tallone mandandola indietro*] talonner le ballon **B** *v. intr.* (*aus. 'avere'*) [*battere con la chiglia su un basso fondale*] talonner.

tallonàta |tallo'nata| *s.f.* coup *m.* de talon ◇ (*calcio, rugby*) talonnage *m.*

tallonatóre |tallona'tore| *s.m.* (*rugby*) talonneur.

talloncino |tallon'tʃino| *s.m.* [*piccola cedola staccabile*] coupon: *talloncino di ricevuta* coupon de reçu: *talloncino di controllo* coupon de contrôle.

1 **tallóne** |tal'lone| *s.m.* **1** (*anat.*) talon: *battere i talloni* claquer les talons ◇ [*rinforzo delle calzature*] *cucire il tallone delle calze* renforcer le talon des bas ◇ (*loc. fig.*) *è il suo tallone d'Achille* c'est son talon d'Achille **2** [*parte dello zoccolo dei cavalli*] talon ◇ [*estremità del ferro di cavallo*] talon **3** (*per est.*) talon: *il tallone di una lama* le talon d'une lame; *il tallone di uno scambio ferroviario* le talon d'un aiguillage de chemin de fer; *il tallone di un'imbarcazione* le talon de quille (d'une barque) ◇ (*canottaggio*) portage **4** (*nei copertoni dei veicoli*) talon **5** (*mus.*) *il tallone dell'arco* le talon de l'archet.

2 **tallóne** |tal'lone| *s.m.* [*cedola, tagliando*] talon.

3 **tallóne** |tal'lone| *s.m.* (*fin.*) étalon: *tallone aureo, argenteo* étalon-or, étalon-argent.

talménte |tal'mente| *avv.* [*a tal punto; in modo tale*] tellement, si: *ero talmente contento!* j'étais tellement, si content!; *è talmente facile!* c'est tellement, si facile! → **così, 2 tanto** ◇ *loc.* TALMENTE CHE, TALMENTE DA (*seguito da prop. consec.*): *oggi sono talmente felice che ti perdono tutto* aujourd'hui je suis tellement, si heureux que je te pardonne tout; *era talmente eccitato da non accorgersi di nulla* il était tellement excité qu'il ne s'apercevait de rien.

talmùd |tal'mud| *s.m. inv.* (*relig. ebr.*) talmud *var.*

talmùdico, ci, ca, che |tal'mudiko, tʃi, ka, ke| *agg.* (*relig. ebr.*) talmudique.

talmudista |talmu'dista| *s.m.* talmudiste.

tàlo |'talo| *agg.* (*med.*) *piede talo* pied bot, pied talus.

talóra |ta'lora| *avv.* [*qualche volta*] quelquefois, parfois: *talora è usata anche come medicina* quelquefois, parfois elle est utilisée comme médicament ◇ (*lett.*) *talora ride, talaltra piange* quelquefois il rit, d'autres fois il pleure → **talvolta.**

tàlpa |'talpa| *s.f.* **1** (*t.zool.*) taupe ◇ [*la pelliccia*] *una giacca di talpa, foderata di talpa* une veste de taupe, doublée de taupe ♦ (*in funzione di agg. inv.*) *color talpa* gris taupe; *color grigio talpa* couleur gris taupe ◇ (*loc. fig.*) *esser cieco come una talpa, non vederci come una talpa* être myope comme une taupe **2** (*loc. tecnol.*) *aratro talpa* charrue taupe; (*escavatrice*) *talpa* taupe.

talpóne |tal'pone| *s.* **1** *s.m.* grosse taupe *f.* **2** *s.* (*fig.*) [*persona indolente, lazzarona*] taupe *f.*

talùno |ta'luno| (*raro, lett.*) **1** *agg. indef. solo al plur.* [*qualche*] certains, quelques: *taluni autori sostengono che...* certains, quelques auteurs soutiennent que...; *talune asserzioni sono false* certaines assertions sont fausses **2** *pron. indef.* [*qualche; alcuni*] certains *pl.*, quelqu'un: *taluno è di avviso contrario* certains sont d'un avis contraire, quelqu'un est d'un avis contraire; *taluni non accetteranno* certains, quelques-uns n'accepteront pas; *talune non potranno venire* certaines, quelques-unes ne pourront pas venir ◇ (*in cor-*

relazione con 'talaltro') l'un... l'autre, qui... qui: *taluno lo afferma, talatro lo nega* l'un l'affirme, l'autre le nie; qui l'affirme, qui le nie.

talvòlta |tal'vɔlta| *avv.* [*qualche volta*] quelquefois, parfois: *talvolta mi viene anche il sospetto che...* quelquefois, parfois j'ai le soupçon que...; *talvolta viene, talvolta no* quelquefois il vient, quelquefois il ne vient pas.

tamandùa |taman'dua| *s.f.* (*t.zool.*) tamandua *m.*

Tamaricàcee |tamari'katʃee| *s.f. pl.* (*t.bot.*) Tamaricacées.

tamarice |tama'ritʃe| *s.f.* → **tamerice.**

tamarindo |tama'rindo| *s.m.* (*t. bot.*) tamarinier ◇ [*il frutto*] tamarin ◇ [*infuso, sciroppo a base di polpa dello stesso*] *granita, ghiacciolo al tamarindo* granité, glaçon au tamarin.

tamarisco, chi |tama'risko, ki| *s.m.* → **tomerice.**

tàmaro |'tamaro| *s.m.* (*t.bot.*) tamier.

tambùcio, i |tam'butʃo, i|, **tambùgio, i** |tam'budʒo, i| *s.m.* (*mar.*) capot (d'échelle).

tamburàto |tambu'rato| *agg.* (*falegnameria*) *una porta tamburata* (une porte) tambour *s.m.* ✦ (*s.m.*) *ante di tamburato* les battants en contre-plaqué.

tambureggiaménto |tambureddʒa'mento| *s.m.* **1** [→ TAMBUREGGIARE A 1] roulement, tambourinement **2** [→ TAMBUREGGIARE A 2; B] crépitement, *harcèlement ◇ (*pugilato*) harcèlement, travail* (aux flancs).

tambureggiànte |tambured'dʒante| *agg.* (*mil.*) roulant: *fuoco tambureggiante* feu roulant.

tambureggiàre |tambured'dʒare| **A** *v.intr.* (*aus. 'avere'*) **1** (*detto di tamburo e sim.*) [*risuonare, rullare*] rouler # *nella foresta si sentivano tambureggiare i tam-tam* dans la forêt on entendait un roulement de tam-tam **2** (*detto di armi da fuoco pesanti*) [*sparare, crepitare a brevi intervalli*] crépiter: *i cannoni continuavano a tambureggiare* les canons continuaient à crépiter **B** *v.tr.* [*colpire con tiro fitto*] *harceler: *tambureggiare le postazioni nemiche* harceler les positions ennemies ◇ (*per est., pugilato*) travailler: *tambureggiare l'avversario ai fianchi* travailler l'adversaire aux côtes.

tamburellàre |tamburel'lare| *v. intr.* (*aus. 'avere'*) **1** [*battere su una superficie con colpi ripetuti*] tambouriner: *tamburellare con le dita sul tavolo* tambouriner sur la table; *la pioggia tamburellava sui vetri* la pluie tambourinait sur les vitres **2** (*raro*) [*suonare il tamburo*] jouer du tambour.

tamburellista |tamburel'lista| *s.* [*giocatore di tamburello*] tambourinaire *m.*, joueur* de tambourin.

tamburèllo |tambu'rɛllo| *s.m.* **1** (*mus.*) tambourin **2** (*sport*) tambourin: *una partita di tamburello* un match de tambourin **3** *tamburello da ricamo* tambour **4** (*raro*) petit tambour (*corr.*).

tamburinàre |tamburi'nare| *v.tr. e intr.* (*aus. 'avere'*) → **tamburellare** 1.

tamburino |tambu'rino| *s.m.* **1** [*suonatore di tamburo*] tambour **2** (*nel gerg. giornalistico*) [*rassegna degli spettacoli sui quotidiani*] annonces *f. pl.*, liste *f.* des spectacles **3** (*raro*) petit tambour (*corr.*).

tambùro |tam'buro| *s.m.* **1** (*mus.*) tambour: *un colpo di tamburo* un battement de tambour; *il rullare dei tamburi* le roulement des tambours; *suonare il tamburo* jouer du tambour ◇ (*loc. fig.*) *a tamburo battente* tambour battant ~ *battere il tamburo* [*farsi pubblicità*] battre le tambour **2** [*suonatore di tamburo*] tambour: *è il tamburo maggiore della banda* c'est le tambour major de la fanfare **3** (*per est.*) [*parte di un meccanismo a forma di tamburo*] tambour: *il tamburo dell'argano* le tambour du treuil; *il tamburo del freno* le tambour du frein; *freno a tamburo* frein à tambour; *il tamburo degli orologi* le tambour des montres; *il tamburo delle macchine tessili* le tambour des machines textiles; *il tamburo per lo spostamento delle scene di teatro* le tambour pour le déplacement des scènes de théâtre; *il tamburo di uno strumento di misurazione* le tambour d'un instrument de mesure → **bariletto** **4** (*nelle armi da fuoco*) barillet # *pistola a tamburo* pistolet à tambour **5** (*arch.*) tambour: *il tamburo della colonna, della cupola* le tambour de la colonne, de la coupole **6** (*t.zool.*) *pesce tamburo* tambour.

tamerice |tame'ritʃe| *s.f.* (*t.bot.*) tamaris *m.*, tamarix *m.*

tàmil |'tamil| *s.m. inv.* (*ling.*) tamoul *var.*, tamil *var.*

tamìlico, ci, ca, che |ta'miliko, tʃi, ka, ke| *agg.* tamoul, tamil: *la lingua, la letteratura tamilica* la langue, la littérature tamoule, tamile.

tampinàre |tampi'nare| *v.tr.* (*pop.*) [*molestare*] taquiner (*corr.*).

tampòco |tam'pɔko| *avv.* (*lett., scherz.*) (*solo in frasi neg.*) [*tanto meno; neppure*] même pas (*corr.*).

tamponaménto |tampona'mento| *s.m.* **1** [→ TAMPONARE 1] tamponnement: *il tamponamento di una ferita* le tamponnement d'une blessure ◇ (*med.*) *tamponamento cardiaco* tamponnement du cœur # *tamponamento uterino* tampon uterin ◇ (*edil.*) *murature di tamponamento* maçonnerie *f.* ◇ (*mar.*) *il tamponamento di una falla* le bouchage d'une voie d'eau **2** [→ TAMPONARE 2] tamponnement # *c'è stata una serie di tamponamenti a catena sull'autostrada* il y a eu des carambolages en chaîne sur l'autoroute.

tamponàre |tampo'nare| *v.tr.* **1** [*chiudere, bloccare con un tampone*] tamponner: *tamponare una ferita* tamponner une blessure ◇ (*loc.*) *tamponare una falla*: (*pr.*) boucher une voie d'eau; (*fig.*) boucher un trou **2** (*di veicolo*) [*urtare contro la parte posteriore di un veicolo che si trova davanti*] tamponner: *il camion ha tamponato l'utilitaria che lo precedeva* le camion a tamponné la petite voiture qui le précédait; *l'accelerato è stato tamponato dal diretto* l'omnibus a été tamponné par le direct ◇ (*per est.*) *sono stato tamponato da un furgoncino* j'ai été tamponné par une fourgonnette.

tamponatùra |tampona'tura| *s.f.* → **tamponamento** 1.

tampóne |tam'pone| **I** *s.m.* **1** (*med.*) tampon **2** *tampone per timbri* tampon encreur **3** *tampone* (*di carta*) *assorbente* tampon buvard **4** (*ferr.*) tampon **II** (*in funzione di agg. inv.*) tampon **1** (*chim.*) *soluzione tampone* tampon; *azione tampone* action tampon **2** (*elettr.*) *carico tampone* charge tampon **3** (*foto.*) *sviluppo tampone* développement tampon.

tam-tam, tamtàm |tam'tam| *s.m. inv.* **1** [*strumento a percussione, sim. a un grosso gong*] tam-tam *var.* **2** [*tipo di tamburo*] tam-tam ◇ (*per est.*) son du tam-tam: *si diffuse per la foresta un prolungato tam-tam* le son prolongé du tam-tam se répercuta dans la forêt.

tàna |'tana| *s.f.* **1** [*riparo, dimora di animali selvatici*] tanière; gîte *m.*; terrier (*m.*): *la tana del leone* la tanière du lion ‖ *la tana della lepre* le gîte du lièvre ‖ *la tana del coniglio, della volpe* le terrier du lapin, du renard (la renardière) **2** (*fig.*) [*nascondiglio di malviventi*] repaire (*m.*): *una tana di briganti* un repaire de brigands → **covo** **3** (*spreg.*) [*casa squallida, malsana*] taudis (*m.*): *quella non era una casa, era una tana!* ce n'était pas une maison, c'était un taudis → **stamberga, tugurio** **4** (*nei giochi infantili*) *toccare tana* toucher le but; *fare tana* coller.

tanacéto |tana'tʃeto| *s.m.* (*t.bot.*) tanaisie *f.*

tanàglia |ta'naʎʎa| *s.f.* (*raro*) → **tenaglia.**

tanagliàre |tanaʎ'ʎare| *v.tr.* (*raro*) → **attanagliare.**

tanàgra |ta'nagra| *s.f.* (*archeol.*) tanagre *f. o m.*

tanato- |tanato| *pref.* (*significa 'morte', corrisponde gener. a*) thanato: *tanatofobia* thanatophobie.

tanatofobia |tanatofo'bia| *s.f.* (*med.*) thanatophobie.

tanatologia, gie |tanatolo'dʒia, dʒie| *s.f.* thanatologie.

tanatològico, ci, ca, che |tanato'lɔdʒiko, tʃi, ka, ke| *agg.* (*med.*) thanatologique: *prove tanatologiche* preuves thanatologiques.

1 **tànca, che** |'tanka, ke| *s.f.* **1** (*mar.*) citerne, tank *m.* **2** → **tanica.**

2 **tànca, che** |'tanka, ke| *s.f.* (*in Sardegna*) [*appezzamento di terreno cintato*] clos *m.*, enclos *m.*

tàndem |'tandem| *s.m. inv.* tandem (*var.*): *campione olimpico di velocità di tandem* champion olympique de vitesse en tandem ◇ *loc. avv.* IN TANDEM en tandem: *lavorare in tandem* travailler en tandem; *collegamento elettrico in tandem* connexion électrique en tandem.

tanfàta |tan'fata| *s.f.* bouffée d'air fétide.

tànfo |'tanfo| *s.m.* [*odore puzzolente di chiuso, di muffa*] odeur (*f.*): *un tanfo di chiuso* une odeur de renfermé; *ne usciva un tanfo di muffa* il s'en dégageait une odeur de moisi → **puzzo.**

tangàra |tan'gara| *s.f.* (*t.zool.*) tangara *m.*

tangènte |tan'dʒɛnte| *s.f.* **1** (*geom.*) tangente ✦ *agg.* tangent: *retta tangente* droite tangente; *piano tangente a una sfera* plan tangent à une sphère ◇ (*loc. fig.*) *filare per la tangente* prendre la tangente **2** [*quota, parte di un guadagno o di una spesa*] quote-part: *versare, ritirare la propria tangente* verser, retirer sa quote-part ◇ (*in operazioni illecite*) pot-de-vin *m.*, dessous(-)de(-)table (*m. inv.*): *versare una tangente a un partito per ottenere un'autorizzazione* verser un pot-de-vin, un dessous de table à un parti pour obtenir une autorisation.

tangentòide |tandʒen'tɔide| *s.f.* (*geom.*) tangentoïde.

tangènza |tan'dʒɛntsa| *s.f.* (*geom.*) tangence.

tangenziàle |tandʒen'tsjale| *agg.* **1** (*geom.*) tangentiel* **2** *strada, superstrada tangenziale* boulevard *s.m.* périphérique, tangentiale *s.f.* ◆ (*s.f.*) *la tangenziale di Milano, di Parigi* le boulevard périphérique, la tangentiale de Milan, de Paris.

tangenzialménte |tandʒentsjal'mente| *avv.* [→ TANGENZIALE 1] tangentiellement.

tàngere |'tandʒere| *v.tr.* (*dif. del p. rem. e del p.p.*) (*lett.*) → **toccare, colpire.**

tangheggiàre |tanged'dʒare| *v. tr.* → **beccheggiare.**

tànghero |'tangero| *s.* (*raro al f.*) [*persona zotica, di scarsa intelligenza*] rustre *m.*, goujat (*m.*): *quel tanghero d'un vigile...* ce rustre, ce goujat d'agent (de police).

tangìbile |tan'dʒibile| *agg.* [→ TANGERE] tangible: *prove tangibili di affetto, di solidarietà* preuves tangibles d'affection, de solidarité → **concreto.**

tangibilità |tandʒibili'ta| *s.f. inv.* tangibilité *var.*

tangibilménte |tandʒibil'mente| *avv.* [→ TANGIBILE] tangiblement (*lett.*).

tàngo, ghi |'tango, gi| **1** *s.m.* tango **2** *agg. inv.* tango: *color tango* couleur tango; *rosso tango* rouge tango.

tangóne |tan'gone| *s.m.* (*mar.*) tangon.

tànica, che |'tanika, ke| *s.f.* [*recipiente* (*di metallo*) *per trasporto di liquidi, spec. di carburante*] bidon *m.*, jerrycan (*m.*): *una tanica* (*piena*) *di benzina* un bidon, un jerrycan (plein) d'essence.

tank |tænk| *s.m. inv.* (*ingl.*) tank *var.*

tannànte |tan'nante| *agg.* (*chim.*) tannant: *sostanze tannanti* substances tannantes ◆ (*s.m.*) *un tannante* un produit tannant, une substance *f.* tannante.

tannàre |tan'nare| *v.tr.* [*conciare pelli con sostanze tanniche*] tanner.

tannàto |tan'nato| *s.m.* (*chim.*) tannate.

tànnico, ci, ca, che |'tanniko, tʃi, ka, ke| *agg.* (*chim.*) tannique: *acido tannico* acide tannique.

tannino |tan'nino| *s.m.* (*chim.*) ta(n)nin.

tànno |'tanno| *s.m.* tan.

tantalàto |tanta'lato| *s.m.* (*chim.*) tantalate.

tantàlico, ci, ca, che |tan'taliko, tʃi, ka, ke| *agg.* (*chim.*) tantalique.

tantàlio, i |tan'taljo, i| *s.m.* (*chim.*) tantale.

tàntalo |'tantalo| *s.m.* (*t.zool.*) tantale.

tantinino |tanti'nino| *pron. indef.* (*fam.*) [*piccola quantità*] tantinet (*corr.*) → **tantino.**

tantino |tan'tino| **1** *pron. indef.* [*piccola misura o quantità*] un petit peu; goutte (*s.f.*): *metterci un tantino di sale e pepe* y mettre une pincée, un petit peu de sel et de poivre ‖ *dammi un tantino di vino, per favore* donne-moi une goutte de vin, s'il te plaît! **2** *avv.* [*un po'; un pochino*] un (petit) peu, un tantinet: *fatti un tantino in là* pousse-toi un (petit) peu, un tantinet ◇ (*iron.*) *non ti pare di essere stato un tantino scortese?* n'as-tu pas l'impression que tu as été un tantinet impoli?

1 **tànto** |'tanto| **I** *agg. indef.* **1** [*così grande; così numeroso; in così grande quantità*] très *avv.*; beaucoup *avv.* de, tant *avv.* de: *avere tanta fame, tanta sete* avoir très faim, très soif ‖ *c'era tanta gente* il y avait beaucoup de monde; *dopo tanta fatica, si merita un po' di riposo* après tant de fatigue, il mérite un peu de repos ◇ (*in funzione prolettica di una prop. consec.*) TANTO... DA (+ *inf.*), TANTO... CHE (+ *indic.*) tant, tellement... que: *ho tante cose da dirti* j'ai tant, tellement de choses à te dire; *ho tanto sonno da non reggermi in piedi* j'ai tellement sommeil que je ne peux plus tenir debout; *aveva tanta fame che non ci vedeva più* il avait tellement faim qu'il n'y voyait plus ◇ (*in prop. escl. e interrog.*) tant de: *tanto baccano per nulla!* tant de bruit pour rien!; *tante questioni per un affare di così poco conto!* tant d'histoires pour une affaire si peu importante!; *non aver fretta: hai tanti anni davanti a te!* ne sois pas pressé: tu as tant d'années devant toi! # *è brava, ma ha tanti grilli per la testa!* c'est une brave fille, mais elle est pleine de lubies! **2** [*molto; numeroso*] beaucoup de; nombreux*: *avere tanti amici* avoir beaucoup d'amis; *avere tanti guai, tanti fastidi* avoir beaucoup d'ennuis, d'embêtements; *c'è tanta gente che muore di fame* il y a beaucoup de gens qui meurent de faim ‖ *l'ho già visto tante volte* je l'ai déjà vu de nombreuses fois; *le difficoltà sono tante* les difficultés sont nombreuses; *ne ho di tanti tipi* j'en ai de nombreux modèles # *'quanti soldi hai speso?' 'tanti!'* 'combien d'argent as-tu dépensé?' 'beaucoup!' ◇ [*troppo*] beaucoup: *cinque milioni mi sembrano tanti per una moto!* cinq millions me semblent beaucoup pour une moto! ◇ *loc. fam.* TANTO TANTO, TANTO E POI TANTO tant de: *dopo tanta tanta strada...* après (avoir fait) tant de chemin...; *ne ha viste tante e poi tante!, ne ha viste tante, ma tante, di disgrazie!* il a eu tant de malheurs!, il a eu bien des malheurs! ◇ (*loc.*) *tanti auguri* (*a te, a voi*)*!* tous mes vœux! ~ *tanti complimenti!* mes compliments! ~ *tante grazie!* merci beaucoup! ~ *tanti saluti a tutti* mon meilleur souvenir à tous ~ (*fam., anche iron.*) *tanto piacere!* merci beaucoup! ~ *tanto di guadagnato!* (c'est) toujours ça de gagné! ~ *gliene ho dette tante* (*e poi tante*)*!* je lui en ai dit de toutes les couleurs! ~ *se ne dicono tante!* on raconte tant d'histoires, on en raconte tant! ~ *gliene hanno date tante* (*di botte*)*!* ils lui ont flanqué une de ces raclées! ~ *ne ha fatte tante* (*quante Carlo in Francia*)*!* il en a fait des bêtises! **3** *loc.* TANTO... QUANTO autant de... que (de): *avere tanti soldi quanti bastano* avoir autant d'argent qu'il en faut; *avere tanta intelligenza quanto buon senso* avoir autant d'intelligence que de bon sens # *prendere tanti attrezzi quanti* (*ne*) *occorrono* prendre tous les outils qu'il faut ~ TANTO... TANTO autant de... autant de: *tante teste, tanti cervelli!, tante persone, tante idee!* autant de têtes, autant d'avis! **4** [*altrettanto*] *cambiare 10.000 lire in tanti biglietti da mille* changer 10.000 lires en billets de mille, faire la monnaie de 10.000 lires en billets de mille; *si comportano come tanti bambini!* ils se comportent comme des enfants! **5** (*con valore indeterminato*) [*una certa quantità di*] tant (de): *mettere in bilancio tanti milioni per le spese generali, tanti per la pubblicità* établir un budget de tant de millions pour les dépenses générales, et de tant pour la pubblicité **6** OGNI TANTO tous les X: *prendere una medicina ogni tante ore* prendre un médicament toutes les X heures; *pagare l'affitto ogni tanti mesi* payer le loyer tous les X mois; *fare la revisione di un'automobile ogni tanti chilometri* faire la révision d'une automobile tous les X kilomètres **II** *pron. indef.* **1** *al plur.* [*molte persone*] beaucoup (de gens); de nombreuses personnes (*f.*): *tanti hanno preferito restare a casa* beaucoup (de gens) ont préféré rester chez eux, de nombreuses personnes ont préféré rester chez elles; *l'hanno visto in tanti* beaucoup de gens l'ont vu; *sono in tanti a dirlo* beaucoup (de gens) le disent ‖ *lo hanno scelto fra tanti altri* ils l'ont choisi parmi de nombreuses personnes # *fra tanti che c'erano, doveva proprio capitare a me!* dans la foule qui était là, il fallait que ça arrive à moi!; *è una ragazza come tante* c'est une fille comme il y en a tant ◇ (*riferito a cose*) beaucoup: *se ti piacciono i fiori, là potrai ammirarne tanti* si tu aimes les fleurs, tu en auras là beaucoup à admirer; *mi puoi prestare una copia, visto che ne hai tante?* peux-tu me prêter une copie, vu que tu en as beaucoup? **2** (*al sing., con valore neutro*) [*molto*] beaucoup: *ha fatto tanto per i figli* il a fait beaucoup pour ses enfants # *chi ha tanto e chi poco* qui trop, qui trop peu ◇ [*troppo*] trop: *non mi pare proprio di chiedere tanto...* il ne me semble pas que je demande trop ◇ (*loc.*) *se tanto mi dà tanto...* si c'est comme ça...; tout compte fait... ~ *non c'è* (*poi*) *tanto da ridere!* il n'y a vraiment pas de quoi rire! ~ A TANTO là (*avv.*): *non pensavo che arrivasse a tanto* je ne pensais pas qu'il en arriverait là; *a tanto lo ha portato il vizio!* le vice l'a entraîné jusque là ~ TANTO DI (*seguito da compl. partitivo*): *ha una faccia seria, con tanto di baffi* il a un visage sérieux, avec de grosses moustaches; *spalancò tanto di occhi* il écarquilla les yeux; *ascoltare con tanto di orecchie* écouter de toutes ses oreilles; *rimanere con tanto di naso* faire une drôle de tête; *gli ha risposto con tanto di carta bollata* il lui a répondu sur du papier timbré; *tanto di cappello al suo ingegno!* chapeau (pour votre astuce)! **3** TANTO... QUANTO tout: *quanto chiedevo, tanto mi dava* il me donnait tout ce que je demandais; *ne ho tanti quanti mi servono* j'ai tout ce qu'il me faut, j'en ai autant qu'il m'en faut ~ TANTO ... TANTO autant... autant, tout (*pron.*): *tanti ne vede tanti ne compera* autant il en voit, autant il en achète; *tanti ne ha incontrati, tanti è riuscito a convincerne* il a réussi à convaincre tous ceux qu'il a rencontrés **4** *al plur.* (*con valore indeterminato*) [*una certa quantità*] tant: *degli impiegati, ce n'è tanti per la contabilità, tanti allo sportello, tanti per le pubbliche*

relazioni des employés, il y en a tant pour la comptabilité, tant au guichet, tant pour les relations publiques ◇ *loc.* UN TANTO (*con valore neutro*) *il papà gli passa un tanto al mese* papa lui donne tant par mois comme argent de poche; *pagare un tanto al mese per l'affitto, un tanto per il riscaldamento* payer tant par mois pour le loyer, tant pour le chauffage; *spendere un tanto per il vitto, un tanto per il vestiario* dépenser tant pour la nourriture, tant pour les vêtements ~ ...E TANTI (*posposto a un numer.*) environ (*avv.*): *è costato 200.000 lire e tanti* cela a coûté environ 200.000 lires; *nell'anno 1800 e tanti* en l'an 1800 environ → **circa** **5** (*con valore dim.*) [*tutto questo*; *tutto ciò*] tout cela # *volevo dirti questo*: *e tanto basti!* c'est ce que je voulais te dire, un point c'est tout; *arrivò ad insultarmi*: *a tanto non seppi resistere!* il en arriva aux insultes, et alors je sortis de mes gonds; *ti sta bene*: *tanto ti serva di insegnamento!* c'est bien fait pour toi: et que ça te serve de leçon! **6** (*in funzione di s.m. inv.*) [*molto*] beaucoup # *non mi interessa né il tanto né il poco* cela ne m'intéresse en rien.

2 **tànto** |'tanto| **I** *avv.* **1** (*in prop. escl. o interrog.*) [*a tal punto*; *così*] (*unito a v.*) tant, tellement (*fam.*); (*unito ad agg. o avv.*) si, tellement: *non preoccuparti tanto!* ne te préoccupe pas tant!; ne t'en fais pas tellement!; *non dovresti lavorare tanto!* tu ne devrais pas tant travailler!, travailler tellement! ‖ *era tanto stanco, tanto avvilito!* il était si fatigué, si déprimé, tellement fatigué, tellement déprimé!; *è stata una conferenza tanto noiosa!* cela a été une conférence si, tellement ennuyeuse!; *è tanto antipatico, quel collega?* est-il vraiment si antipathique, ce collègue?; *camminava tanto lentamente!* il marchait si lentement! ◇ (*loc.*) *alto tanto, lungo tanto, largo tanto* (*accompagnando l'indicazione con il gesto*) haut comme ça, long comme ça, large comme ça **2** (*in reggenza di prop. consec.*) TANTO... CHE, TANTO... DA (+ *inf.*) (*unito a v.*) tellement... que, tant... que; (*unito ad agg. o avv.*) si, tellement ...que: *è piovuto tanto che il fiume è straripato* il a tellement plu que la rivière a débordé; *si è dato tanto da fare che alla fine ci è riuscito* il s'est donné tant de mal qu'à la fin il a réussi ‖ *era tanto sicuro di sé che gli abbiamo creduto tutti* il était si, tellement sûr de lui que tout le monde l'a cru; *era tanto sconvolto da essere irriconoscibile* il était si bouleversé qu'il en était méconnaissable; *andava tanto veloce, che nessuno riusciva a stargli dietro* il allait si vite, que personne ne réussissait à le suivre; *ha cantato tanto bene da riscuotere gli applausi di tutti* il a si bien chanté qu'il a recu les applaudissements de tous, que tout le monde l'a applaudi # *vuoi essere tanto gentile da passarmi il sale?* veux-tu être assez aimable pour me passer le sel? ◇ (*prov.*) *tanto va la gatta al lardo che poi ci lascia lo zampino* tant va la cruche à l'eau qu'à la fin elle se casse **3** *loc.* (*in frasi comparative*) TANTO... QUANTO aussi... que (+ *agg.*); autant que (+ *v.*): *è tanto bella quanto antipatica* elle est aussi belle qu'antipathique ‖ *ti voglio tanto bene quanto ai miei figli* je t'aime autant que mes enfants # *non rende tanto quanto potrebbe* son rendement n'est pas ce qu'il pourrait être; *lo faccio non tanto per te quanto per tua madre* je le fais davantage, plus pour ta mère que pour toi ◇ (*loc. fam.*) *non mi garba né tanto né quanto* cela ne me plaît nullement ◇ (*con valore det., per specificare una quantità, una misura*) plus: *costa due, tre volte tanto* ça coûte deux, trois fois plus; *vale mille volte tanto* ça vaut mille fois plus; *è* (*di*) *tanto superiore a lui* il lui est bien plus supérieur ~ QUANTO PIÙ... TANTO PIÙ plus: *quanto più lo conosco, tanto più lo stimo* plus je le connais, plus je l'estime **4** [*solamente, soltanto*] *per una volta tanto...* pour une fois; *se fa tanto di aprire la bocca lo concio per le feste* pour peu qu'il ouvre la bouche, je vais drôlement l'arranger; *se fai tanto di toccarmi, vedi, eh!* touche moi seulement et tu verras! ◇ *loc.* TANTO PER (+ *inf.*): *si fa tanto per dire, per parlare* histoire de parler; *lo prendo tanto per gradire* je le prends juste pour vous faire plaisir; *tanto per cambiare ha sbagliato ancora!* pour changer, il s'est encore trompé!; *tanto per scherzare...* histoire de rire...; *tanto per passare il tempo...* pour passer le temps... **5** [*molto*; *in grande misura*; *in grande quantità*] beaucoup (+ *v.*); très (+ *agg., avv.*): *mi piace tanto* il me plaît beaucoup; *ti ringrazio tanto* je te remercie beaucoup ‖ *non essere più tanto giovane* ne plus être très jeune # *scusate tanto!* excusez-moi infiniment!; *salutami tanto quel tuo collega!* dis bien des choses à ton collègue **6** (*loc.*) *ogni tanto, di tanto in tanto* de temps en temps → **talvolta** ~ DA TANTO il y a longtemps: *è da tanto che non ci vediamo!* il y a longtemps que nous ne nous sommes vus ~ *fra non tanto* dans quelques instants, sous peu ~ *se non viene, tanto meglio!* s'il ne vient pas, tant mieux! ~ *tanto peggio per lui* tant pis pour lui ~ TANTO PIÙ CHE... d'autant plus que...: *non ci vado; tanto più che ho saputo di non esserci obbligato* je n'y vais pas; d'autant plus que j'ai su que je n'y suis pas obligé ~ (*raro*) *in tanto* → **intanto** ~ (*raro*) *per tanto* → **pertanto** **II** *cong.* **1** (*con valore avvers.*) [*tuttavia*; *comunque*] mais: *ci proverò,* (*ma*) *tanto so già che non ci riuscirò* j'essaierai, mais je sais déjà que je ne réussirai pas; *vorrei venire, ma tanto non c'è più niente da fare* je voudrais venir, mais il n'y a désormais plus rien à faire ◇ *loc.* TANTO TANTO [*ancora*] encore: *se ci avesse un proprio interesse, tanto tanto potrei capirlo...* s'il y avait un intérêt personnel, je pourrais encore le comprendre **2** (*con valore concl., esprime 'rassegnazione, rammarico'*) [*in conclusione*; *in definitiva*] de toutes façons (*loc. inv.*): *provaci, tanto non ti costa niente!* essaie, de toutes façons ça ne te coûte rien!; *tanto non volevo venirci lo stesso!* de toutes façons je ne voulais pas y aller! # *è inutile brontolare, tanto non serve a nulla* inutile de grogner, ça ne sert à rien ◇ (*loc.*) *tanto vale, tanto varrebbe* autant vaut, autant vaudrait ~ TANT'È VERO CHE... tant et si bien que...: *non eri sicuro, tant'è vero che lo hai chiesto anche a me!* tu n'étais pas sûr, tant et si bien que tu l'as demandé aussi à moi ~ TANT'È autant vaut, c'est pareil: *per star qui a fare il palo, tant'è che me ne vada!* si c'est pour faire le poireau, autant vaut que je m'en aille # *cosa vuoi? tant'è: è fatto così!* que veux-tu? il est fait comme ça!

tànto che |'tantoke|, **tantoché** |'tantoke| *cong.* (*raro*) → **finché**.

tantrìsmo |tan'trismo| *s.m.* (*st. relig.*) tantrisme.

taoìsmo |tao'izmo| *s.m.* (*st. relig.*) taoïsme, taôisme.

taoìsta |tao'ista| *agg.* (*st. relig.*) taoïste, taôiste → **taoistico** ◆ (*s.*) *i taoisti* les taôistes.

taoìstico, ci, ca, che |tao'istiko, tʃi, ka, ke| *agg.* (*st. relig.*) taoïste, taôiste.

tapino |ta'pino| *agg.* (*lett., scherz.*) [*povero*; *misero*] malheureux* (*corr.*), misérable (*corr.*) # *me tapino!* pauvre de moi! ◆ (*s.*) *un povero tapino* un pauvre malheureux.

tapiòca, che |ta'pjɔka, ke| *s.f.* tapioca *m.*

tapiro |ta'piro| *s.m.* (*t.zool.*) tapir.

'tapis roulant' |tapiʀulɑ̃| *s.m. inv.* tapis roulant *var.*

tàppa |'tappa| *s.f.* **1** [*fermata intermedia*; *sosta*] étape: *faremo una prima tappa dopo 10 chilometri* au bout de 10 kilomètres, nous ferons une première étape ◇ (*loc. fig.*) *bruciare le tappe* brûler les étapes **2** (*fig.*) [*punto di riferimento*; *momento importante*] étape: *quella scoperta è stata una tappa nella storia del progresso* cette découverte a marqué une étape dans l'histoire du progrès **3** [*percorso compreso tra due soste*] étape: *è stata la tappa più faticosa della nostra escursione* ce fut l'étape la plus fatigante de notre excursion ◇ (*ciclismo*) *corsa a tappe* course par étapes; *tappa a cronometro* étape contre la montre; *classifica di tappa* classement par étapes; *il vincitore dell'ultima tappa* le vainqueur de la dernière étape; *miss tappa* miss étape.

tappabùchi |tappa'buki| *s.m. inv.* (*scherz.*) [*persona che rimpiazza all'ultimo momento un'altra assente*] bouche-trou (*var.*): *dei tappabuchi* des bouche-trous; *fare da tappabuchi* être un bouche-trou; *non mi presto più a fare il tappabuchi* je n'accepte plus de faire le bouche-trou.

tappabùco, chi |tappa'buko, ki| *s.m.* (*giorn.*) (article de) remplissage.

tappàre |tap'pare| **A** *v.tr.* **1** [*chiudere con un tappo*] boucher: *tappare una bottiglia, una damigiana* boucher une bouteille, une bonbonne ◇ (*per est.*) *tappare un foro, una falla* boucher un trou, une faille # *tappare le finestre* fermer hermétiquement les fenêtres □ *tapparsi il naso, le orecchie* se boucher le nez, les oreilles ◇ (*loc. fig.*) *tappare la bocca alle malelingue* faire taire les mauvaises langues ~ *non posso mica tappargli la bocca!* je ne peux pas lui clore, clouer le bec! (*fam.*) **2** (*fig.*) [*tenere al chiuso*] retenir (27): *la pioggia mi ha tappato in casa* la pluie m'a retenu à la maison **B** *v.pron. rifl.* TAPPARSI **1** [→ *tr.* 2] s'enfermer, se calfeutrer: *tapparsi in casa, in ufficio* s'enfermer, se calfeutrer chez soi, dans son bureau **2** [→ *tr.* 1] se boucher → *tr.* 1 □.

tapparèlla |tappa'rɛlla| *s.f.* [*avvolgibile per finestre*] store *m.*
tapparellìsta |tapparel'lista| *s.* ouvrier* qui répare les stores.
tappàto |tap'pato| *agg.* (*cose*) [*chiuso*] bouché: *avere il naso tappato per il raffreddore* avoir le nez bouché par le rhume ◇ (*persone*) [*chiuso, ritirato*] enfermé, calfeutré: *starsene tappato in casa* rester enfermé, calfeutré, chez soi.
tappatrice |tappa'tritʃe| *s.f.* (*enol.*) bouche-bouteilles *m. inv.*
tappetino |tappe'tino| *s.m.* petit tapis, carpette *f.*
tappéto |tap'peto| *s.m.* **1** tapis: *un tappeto persiano* un tapis persan; *tappeto da bagno, da tavolo* tapis de bain, de table; *il tappeto verde* (*dei tavoli da gioco*) le tapis (des tables à jeu) ◇ (*loc. fig.*) *porre, mettere una questione sul tappeto* mettre une question sur le tapis **2** (*pugilato*) *andare, mettere al tappeto* aller, envoyer au tapis ◇ (*loc. fig.*) *mandare, costringere qc. al tappeto* battre qqn. à plate couture **3** (*per est.*) tapis: *un tappeto di muschio* un tapis de mousse; *il tappeto erboso* le tapis d'herbe ◇ (*bot.*) *il tappeto vegetale* le tapis végétal ◇ (*mil.*) *bombardamento a tappeto* pilonnage.
tappétto |tap'petto|, **tappino** |tap'pino| *s.* (*fam.*) [*persona di bassa statura*] microbe *m.*, avorton *m.* (*còrr.*, *pegg.*).
tappezzàre |tappet'tsare| *v.tr.* [*ricoprire con tappezzeria*] tapisser; recouvrir (23): *tappezzare una stanza* tapisser une pièce ‖ *tappezzare una poltrona di velluto* recouvrir un fauteuil de velours ◇ (*per est.*) *tappezzare tutto un muro di manifesti* tapisser un mur d'affiches.
tappezzàto |tappet'tsato| *agg.* tapissé: *stanza tappezzata* pièce tapissée.
tappezzeria |tappettse'ria| *s.f.* **1** tapisserie: *rifare la tappezzeria* refaire la tapisserie # *la tappezzeria di un'automobile* la garniture intérieure d'une voiture ◇ (*loc. fig., fam.*) *fare da tappezzeria* faire tapisserie **2** [*arte del tappezziere*] tapisserie **3** boutique de tapissier.
tappezzière |tappet'tsjɛre| *s.* tapissier*.
tàppo |'tappo| *s.m.* [*accessorio usato per la chiusura di recipienti*] bouchon: *tappo di sughero, di plastica, di vetro* bouchon de liège, de plastique, de verre; *tappo a corona* bouchon-couronne ◇ (*per est.*) *il tappo del lavandino, della vasca da bagno* le bouchon de l'évier, de la baignoire; *il tappo del radiatore* le bouchon du radiateur; *avere un tappo di cerume nell'orecchio* avoir un bouchon de cérumen dans l'oreille ◇ (*fig., fam.*) [*persona di bassa statura*] bout d'homme (*corr.*).
tàpsia |'tapsja| *s.f.* (*t.bot.*) thapsia *m.*
ta-pum, tapùm |ta'pum| *inter.* (*voce onomat. che riproduce uno sparo isolato di fucile*) boum!, pan! pan! ✦ *s.m. inv.* pan!: *si sentì il tapum di un cecchino* on entendit le pan! d'un tireur d'élite.
1 **tàra** |'tara| *s.f.* tare: *calcolare la tara di un carico* calculer la tare d'une cargaison ◇ (*loc. fig.*) *bisogna fare la tara a quello che dice* il faut retrancher la moitié de ce qu'il dit, il ne faut prendre que la moitié de ses dires.
2 **tàra** |'tara| *s.f.* [*difetto congenito; deformazione anomala*] tare: *tara ereditaria* tare héréditaire.
tarabùso |tara'buzo| *s.m.* (*t.zool.*) butor.
taràllo |ta'rallo| *s.m.* [*dolce tipico dell'Italia merid.*] ⊠.
tarantèlla |taran'tɛlla| *s.f.* **1** (*mus.*) tarentelle **2** (*pesca*) traîne.
tarantino |taran'tino| *agg.* [*di Taranto*] tarentin.
tarantìsmo |taran'tizmo| *s.m.* (*med.*) tarentisme, tarentulisme.
taràntola |ta'rantola| *s.f.* (*t.zool.*) tarentule ◇ (*loc. pop.*) *essere morso dalla tarantola* être piqué, mordu de la tarentule.
tarantolàto |taranto'lato| *agg.* piqué de la tarentule.
tarantolìsmo |taranto'lizmo| *s.m.* → **tarantismo.**
tararà |tara'ra| *s.f. inv.* (*agr.*) tarare *m. var.*
taràre |ta'rare| *v.tr.* **1** (*tecnol.*) [*eseguire la taratura di uno strumento*] étalonner; graduer; calibrer: *tarare una bilancia, un contatore, un contachilometri* étalonner une balance, un compteur, un compteur kilométrique ‖ *tarare un termometro* graduer un thermomètre ‖ *tarare una valvola, un tubo* calibrer une soupape, un tube **2** (*comm.*) [*detrarre la tara al peso lordo*] tarer.
tarasconése |tarasko'nese| *agg.* [*di Tarascona*] tarasconnais.
taràssaco, ci |ta'rassako, tʃi| *s.m.* (*t.bot.*) taraxacum.
1 **taràto** |ta'rato| *agg.* (*di strumenti*) [*sottoposto a taratura*] étalonné: *bilancia tarata* balance étalonnée; *un contatore ben tarato* un compteur bien étalonné.
2 **taràto** |ta'rato| *agg.* (*persone*) [*menomato fisicamente o moralmente*] taré ✦ (*s.*) *è un tarato* c'est une personne *f.* tarée *agg.*
taratùra |tara'tura| *s.f.* (*tecnol.*) étalonnage *m.*; calibrage (*m.*): *la taratura di una bilancia, di un contatore* l'étalonnage d'une balance, d'un compteur ‖ *la taratura di un tubo* le calibrage d'un tube.
tàrchia |'tarkja| *s.f.* (*mar.*) voile à livarde.
tarchiàto |tar'kjato| *agg.* (*persone*) [*robusto; ben piantato*] trapu: *un uomo tarchiato* un homme trapu.
tardaménte |tarda'mente| *avv.* (*raro*) → **lentamente**, 1 **adagio.**
tardàre |tar'dare| **A** *v.intr.* (*aus.* '*avere*') [*arrivare in ritardo; fare q.c. con ritardo*] être (43) en retard, tarder, arriver (*aus.* être) en retard, avoir (28) du retard: *quanto hai tardato ad arrivare!* ce que tu es en retard!, ce que tu as tardé à arriver!; *scusate se ho tardato* (*a venire*)*!* excusez-moi d'être ainsi en retard, si j'ai tardé à venir!; *tardare a un appuntamento* arriver en retard à un rendez-vous; *oggi tarderò per il pranzo* aujourd'hui, je serai en retard pour (le) dîner; *il treno ha tardato due ore* le train a eu deux heures de retard; *ha tardato a rispondermi* il a tardé à me répondre → **ritardare**; *non tardò molto a rendersi conto di essere stato imbrogliato* il ne tarda pas beaucoup à se rendre compte qu'il avait été roulé ✦ (*in uso impers.*) (*raro, lett.*) *non tarderà molto che mi darete ragione!* vous ne tarderez guère à reconnaître que j'ai raison! **B** *v.tr.* [*ritardare; portare in lungo*] retarder: *tardare le consegne dei lavori* retarder l'achèvement des travaux.
tardézza |tar'dettsa| *s.f.* (*lett.*) [*lentezza*] lenteur: *tardezza di movimenti, di riflessi* lenteur de mouvements, de réflexes.
tàrdi |'tardi| *avv.* **1** [*a ora avanzata; dopo il tempo solito*] tard: *alzarsi tardi* (*dal letto*) se lever tard; *ieri sera abbiamo fatto tardi* hier, nous nous sommes couchés tard ◇ (*loc.*) *presto o tardi capirai* tôt ou tard tu comprendras ~ A PIÙ TARDI à plus tard: *rimandare un incontro a più tardi* remettre une rencontre à plus tard; (*come formula di saluto*) *a più tardi!* à plus tard! ~ SUL TARDI à la fin de la journée: *ci vediamo stasera sul tardi* nous nous voyons ce soir, à la fin de la journée ~ AL PIÙ TARDI au plus tard: *te lo renderò venerdì o, al più tardi, sabato* je te le rendrai vendredi ou, au plus tard, samedi; *ci vediamo tra una settimana al più tardi* nous nous verrons dans une semaine au plus tard ◇ (*prov.*) *meglio tardi che mai* mieux vaut tard que jamais **2** [*dopo il tempo stabilito; in ritardo*] en retard *loc. inv.*, trop tard (*loc. inv.*): *arrivare tardi a scuola, in ufficio* arriver en retard à l'école, au bureau; *dovevi pensarci prima: ora è* (*troppo*) *tardi* il fallait y penser plus tôt: maintenant c'est trop tard; *adesso è tardi per telefonargli* maintenant il est trop tard pour lui téléphoner; *ormai è tardi per iscriversi* maintenant, il est trop tard pour s'inscrire # *andiamo, che si è fatto tardi* partons, car il est tard ◇ *loc.* FAR TARDI arriver en retard: *sbrigati, o farai tardi a scuola, in ufficio!* dépêche-toi, ou tu arriveras en retard à l'école, au bureau! → **ritardare** ◇ (*prov.*) *chi tardi arriva male alloggia* le dernier arrivé est le plus mal servi ⓒ 1 **presto**; 2 **tempestivamente.**
Tardìgradi |tar'digradi| *s.m. pl.* (*t.zool.*) Tardigrades.
tardivaménte |tardiva'mente| *avv.* [→ TARDIVO 2] tardivement: *intervenire tardivamente* intervenir tardivement ⓒ **tempestivamente.**
tardività |tardivi'ta| *s.f. inv.* [*il fatto di essere tardivo, in ritardo*] retard *m. var.*, tardiveté *var.* (*raro*).
tardìvo |tar'divo| *agg.* **1** [*che si sviluppa più tardi rispetto alla normalità*] tardif*: *fioritura tardiva* floraison tardive; *un ragazzo tardivo* un enfant tardif **2** [*che giunge in ritardo*] tardif: *scuse tardive* excuses tardives; *un pentimento tardivo* un repentir tardif ⓒ 1 **precoce**; 2 **tempestivo.**
tàrdo- |'tardo| *pref.* (*nelle periodizzazioni storiche, indica 'periodo avanzato', spec. con un'idea di decadenza, corrisponde gener. a*) tardif* (*agg.*): *tardoromanico* roman tardif; *tardogotico* gothique tardif ⓒ **proto-.**
tàrdo |'tardo| *agg.* **1** [*lento; pigro*] lent: *movimenti tardi* mouvements lents ◇ (*fig.*) *essere tardo d'ingegno, di riflessi* avoir l'esprit lent, des réflexes lents ◇ (*loc. fam.*) *essere tardo di comprendonio* avoir la comprenette un peu dure → **ottuso** **2** [*avanzato nel tempo; inoltrato*] *nel tardo pomeriggio* en fin d'après-midi; *a notte tarda* tard *avv.* dans la nuit; *imparare q.c. in tarda età* apprendre qqch. sur le tard, à un âge

avancé ◇ (*riferito a periodi storici*) bas*: *il tardo medio-evo* le bas moyen âge; *la tarda latinità* la basse latinité **3** (*raro*) → **tardivo, intempestivo** [C] **1 veloce, rapido.**

tardóna |tar'dona| *s.f.* (*fam., scherz.*) [*donna di età avanzata che ci tiene ad apparire giovane*] croulante: *non vorrai mica uscire con quella tardona?* tu ne sortiras pas avec cette croulante, j'espère?

tàrga, ghe |'targa, ge| *s.f.* [*lastra, spec. metallica, con incisioni per usi vari*] plaque: *la targa di un ufficio* la plaque d'un bureau; *targa commemorativa, ricordo* plaque commémorative, souvenir; *targa automobilistica* plaque d'immatriculation; *prendere il numero di targa di un'automobile* prendre le numéro d'immatriculation (d'une voiture).

targàre |tar'gare| *v.tr.* [*provvedere di targa, di immatricolazione*] immatriculer.

targàto |tar'gato| *agg.* [*provvisto di una determinata targa*] immatriculé.

targatùra |targa'tura| *s.f.* [→ TARGARE] immatriculation.

tariffa |ta'riffa| *s.f.* tarif (*m.*): *tariffa postale* tarif postal; *tariffa ridotta, speciale* tarif réduit, spécial.

tariffàle |tarif'fale| *agg.* (*bur.*) tarifaire.

tariffàre |tarif'fare| *v.tr.* [*mettere a tariffa*; *fissare una tariffa*] tarifer, tarifier.

tariffàrio, i |tarif'farjo, i| **1** *agg.* tarifaire: *agevolazioni tariffarie* facilitations tarifaires **2** *s.m.* (*bur.*) barème: *consultare il tariffario* consulter le barème.

tariffazióne |tariffat'tsjone| *s.f.* (*comm.*) tarification.

tarlàre |tar'lare| **A** *v.tr.* (*raro*) (*detto di tarli e sim.*) [*danneggiare, rovinare*] manger (3) (*corr.*): *le tarme hanno tarlato tutte le coperte* les mites ont mangé toutes les couvertures, toutes les couvertures sont mangées aux mites ◇ (*fig.*) [*guastare, corrompere*] ronger (3), détruire (75): *è un vizio che lo tarla* c'est un vice qui le ronge, le détruit **B** *v.intr.* (*aus.* '*essere*') (*raro*) [*essere danneggiato da tarli e sim.*] être (43) attaqué, rongé par les vers, vermoulu: *sono mobili che tarlano facilmente* ce sont des meubles qui sont facilement attaqués par les vers, rongés aux vers, vermoulus **C** *v.pron. intr.* TARLARSI [→ *intr.*] se miter: *mi si è tarlata la pelliccia* ma fourrure s'est mitée.

tarlatàna |tarla'tana| *s.f.* tarlatane.

tarlàto |tar'lato| *agg.* [*danneggiato da tarli e sim.*] vermoulu; mité: *un mobile tutto tarlato* un meuble tout vermoulu ‖ *una coperta tarlata* une couverture mitée.

tarlatùra |tarla'tura| *s.f.* [→ TARLARE B] vermoulure ◇ (*per est.*) trou *m.* de ver.

tàrlo |'tarlo| *s.m.* **1** (*t.zool.*) ver (rongeur) **2** (*fig.*) [*preoccupazione*; *dolore continuo e profondo*] *essere roso dal tarlo del sospetto, dell'invidia, del rimorso* être rongé par le doute, l'envie, le remords.

tàrma |'tarma| *s.f.* (*t.zool.*) mite.

tarmàre |tar'mare| **A** *v.intr.* (*aus.* '*essere*') (*raro*) [*essere danneggiato dalle tarme*] être (43) (*aus.* avoir) mité (*corr.*) **B** *v.pron. intr.* TARMARSI [→ *intr.*] se miter.

tarmàto |tar'mato| *agg.* [*danneggiato dalle tarme*] mité.

tarmicìda |tarmi'tʃida| *agg.* [*che uccide le tarme*] antimite(s): *una sostanza tarmicida* une substance antimite ◆ (*s.m.*) *un tarmicida* un antimite.

tàro |'taro| *s.m.* (*t.bot.*) taro.

taròcco, chi |ta'rɔkko, ki| *s.m.* **1** (*gioco*) tarot, tarots *pl.* **2** [*varietà di arance*] orange *f.* 'tarocco'.

taròzzo |ta'rɔttso| *s.m.* (*mar.*) [*bastone di ferro per mantenere a distanza le sartie*] quenouillette *f.* ◇ [*gradino di legno delle scale di corda*] échelon, barreau.

tarpàre |tar'pare| *v.tr.* [*spuntare, tagliare le ali a un uccello*] couper, rogner les ailes: *tarpare le ali a un uccello* couper les ailes à un oiseau ◇ (*loc. fig.*) *tarpare le ali a qc.* rogner les ailes à qqn.

tarpatùra |tarpa'tura| *s.f.* [→ TARPARE] rognage *m.*

tarpèo |tar'pɛo| *agg.* (*st. rom.*) *rupe tarpea* Roche Tarpénienne.

tarragonése |tarrago'nese| *agg.* [*di Tarragona*] tarragonais.

tarsàle |tar'sale| *agg.* (*anat.*) tarsien*.

tarsalgìa, gie |tarsal'dʒia, dʒie| *s.f.* (*med.*) tarsalgie.

tarsectomìa |tarsekto'mia| *s.f.* (*chir.*) tarsectomie.

tarsìa |tar'sia| *s.f.* [*tecnica decorativa nella lavorazione del legno e del marmo*] marqueterie; incrustation: *tarsia in legno* marqueterie en bois ‖ *tarsia in marmo* incrustation de marbre ◇ [*opera eseguita con questa tecnica*] *un coro con delle belle tarsie in legno* un chœur avec de belles marqueteries en bois.

Tarsioidèi |tarsjoi'dɛi| *s.m. pl.* (*t. zool.*) Tarsiens.

tàrso |'tarso| *s.m.* (*anat.*) tarse.

tartàglia |tar'taʎʎa| *s.* → **tartaglione.**

tartagliaménto |tartaʎʎa'mento| *s.m.* [→ TARTAGLIARE] bégaiement → **balbettamento.**

tartagliàre |tartaʎ'ʎare| **A** *v.intr.* (*aus.* '*avere*') [*parlare ripetendo stentatamente sillabe*] bégayer (9) → **balbettare B** *v.tr.* [*pronunciare in modo confuso, balbettando*] bredouiller: *tartagliare monosillabi inarticolati* bredouiller des monosyllabes inarticulés.

tartaglióne |tartaʎ'ʎone| *s.* (*spreg.*) [*persona che tartaglia*] bègue (*corr.*).

tàrtan |'tartan| *s.m. inv.* **1** [*tessuto di lana scozzese*] tartan *var.* **2** [*resina sintetica* (*per impianti sportivi*)] tarton (*var.*): *una pista in tartan* une piste de (en) tarton.

tartàna |tar'tana| *s.f.* **1** (*mar.*) tartane **2** [*rete a strascico*] chalut *m.*

tartàreo |tar'tareo| *agg.* (*lett.*) tartaréen* → **infernale.**

tartàrico, ci, ca, che |tar'tariko, tʃi, ka, ke| *agg.* (*chim.*) tartrique: *acido tartarico* acide tartrique.

1 **tàrtaro** |'tartaro| *s.m.* **1** *il tartaro delle botti* le tartre des tonneaux **2** (*med.*) *il tartaro dei denti* le tartre des dents **3** (*chim.*) *cremore* (*di*) *tartaro* bitartrate de potassium; cristaux *pl.*, crème *f.* de tartre.

2 **tàrtaro** |'tartaro| *agg.* **1** [*appartenente a una stirpe della Mongolia*] tartare, tatar: *la lingua tartara* la langue tartare, tatare ◆ *s.* (*st.*) *i Tartari* les Tartars, les Tatars **2** (*cuc.*) tartare: *salsa tartara* sauce tartare ◇ *loc. agg.* ALLA TARTARA tartare (*agg.*): *carne, bistecca alla tartara* viande, steak tartare.

tartarùga, ghe |tarta'ruga, ge| *s.f.* **1** (*t.zool.*) tortue ◇ (*loc. fig.*) *camminare come una tartaruga* avancer comme une tortue, marcher d'un pas de tortue ~ *sei* (*lento come*) *una tartaruga!* tu es une vraie tortue! **2** [*la carne, come cibo*] tortue: *brodo di tartaruga* soupe à la tortue **3** [*il guscio, utilizzato per lavorazioni varie*] écaille: *occhiali di tartaruga* lunettes en écaille, d'écaille.

tartassaménto |tartassa'mento| *s.m.* [→ TARTASSARE] *harcèlement, maltraitement.

tartassàre |tartas'sare| *v.tr.* [*tormentare*; *maltrattare qc.*] *harceler (6), malmener (6): *lo hanno tartassato di domande* ils l'ont harcelé de questions; *è stato tartassato dal fisco* le fisc l'a malmené; *all'esame, lo hanno tartassato per un'ora* à l'examen, il a été malmené, on l'a tenu sur la sellette pendant une heure ◇ (*ogg. di cose*) jouer mal: *tartassare il pianoforte* tapoter (sur le piano), jouer mal du piano → **strimpellare.**

tartìna |tar'tina| *s.f.* (*cuc.*) tartine.

tartràto |tar'trato| *s.m.* (*chim.*) tartrate.

tartufàia |tartu'faja| *s.f.* [*terreno in cui crescono tartufi*] truffière.

tartufàre |tartu'fare| *v.tr.* [*guarnire con tartufi*] truffer.

tartufàto |tartu'fato| *agg.* [*guarnito con tartufi*] truffé: *tartine tartufate* canapés truffés.

tartuferìa |tartufe'ria| *s.f.* tartuf(f)erie.

tartuficoltóre, trice |tartufikol'tore, tritʃe| *s.* [*coltivatore di tartufi*] trufficulteur*.

tartuficoltùra |tartufikol'tura| *s.f.* [*coltivazione, commercio di tartufi*] trufficulture.

tartufìfero |tartu'fifero| *agg.* [*dove crescono i tartufi*] truffier*.

tartufìgeno |tartu'fidʒeno| *agg.* [*dove crescono i tartufi*] truffier*.

1 **tartùfo** |tar'tufo| *s.m.* **1** (*t.bot.*) truffe *f.* ~ *tartufo bianco* truffe blanche ~ *tartufo nero* truffe noire ◇ (*corr.*) *risotto con i tartufi* risotto aux truffes (blanches) # *cane da tartufi* chien truffier **2** (*t.zool.*) *tartufo di mare* praire *f.*

2 **tartùfo** |tar'tufo| *s.m.* (*fig.*) tartuf(f)e.

tàrzan |'tardzan, tar'dzan| *s.m. inv.* (*fig.*) tarzan *var.*

tàsca, che |'taska, ke| *s.f.* **1** poche: *le tasche del cappotto, della giacca* les poches d'un manteau, d'une veste; *tasca a toppa* poche plaquée, appliquée; *tasca tagliata* poche coupée; *le tasche posteriori dei calzoni* les poches postérieures, les poches-revolver du pantalon; *camminare con le mani in tasca* marcher les mains dans les poches # *orologio da tasca* montre de gousset ◇ (*loc. fig.*) *non avere più un soldo in tasca* n'avoir plus un sou en poche ~ *non me ne viene niente, un soldo in tasca* cela ne rapporte rien ~ *fare i conti in tasca a qc.* se mêler des affaires (des finances) de qqn. ~ *vuotarsi, ripulirsi le tasche* retourner ses poches ~ *avere in tasca q.c.* avoir qqch. dans la poche ~ *conoscere un posto come le proprie tasche* connaître un endroit comme sa poche ~ (*euf.*) *ne ho piene le tasche* (*di qc.*, *di q.c.*) j'en ai par-dessus la tête, plein le dos (*fam.*), j'en ai marre (de qqn., de qqch.) ~ (*euf.*) *rompere le tasche a qc.* casser les pieds (*pop.*) à qqn. **2** (*per est.*) (*in borse e sim.*) poche: *la tasca esterna della valigia, del borsello* la poche extérieure de la valise, de la sacoche **3** (*anat.*) poche.

tascàbile |tas'kabile| *agg.* [*che può essere tenuto in una tasca*] de poche (*loc. inv.*): *libro tascabile* livre de poche; *formato tascabile* format de poche; *edizione tascabile* (*di un libro*) édition de poche (d'un livre); *lampadina, radio tascabile* petite lampe, radio de poche ◇ (*in usi iperb.*) *corazzata tascabile* cuirassé de poche.

tascapàne |taska'pane| *s.m. inv.* [*borsa a tracolla per munizioni, per cibi e sim.*] musette (*f. var.*): *estrarre una bomba dal tascapane* sortir une bombe de sa musette; *prendere la colazione dal tascapane* prendre son déjeuner dans sa musette.

tascàta |tas'kata| *s.f.* contenu *m.* d'une poche, pochée (*arc.*) # *una tascata di castagne, di caramelle* le contenu d'un cornet de châtaignes, de bonbons.

taschino |tas'kino| *s.m.* (petite) poche *f.*; gousset: *il taschino della giacca* la (petite) poche, la poche de poitrine de la veste; *mettere un fazzoletto nel taschino della giacca* mettre un mouchoir dans la (petite) poche, la poche de poitrine de la veste ‖ *il taschino del gilè, dei pantaloni* le gousset; *orologio da taschino* montre de gousset, de poche.

tàssa |'tassa| *s.f.* **1** (*bur.*) droits *m. pl.*, taxe: *tassa di iscrizione, di frequenza* droits d'inscription, pour suivre les cours; *tassa di registro* droits d'enregistrement; *tassa di soggiorno* taxe de séjour **2** *al plur.* (*fam.*) [*imposta*] impôts *m.* (*corr.*): *pagare le tasse* payer ses impôts.

tassàbile |tas'sabile| *agg.* [→ TASSARE] imposable: *reddito tassabile* revenu imposable.

tassabilità |tassabili'ta| *s.f. inv.* (*bur.*) nature *var.* imposable; possibilité *var.* de taxer.

Tassàcee |tas'satʃee| *s.f. pl.* → Taxacee.

tassàmetro |tas'sametro| *s.m.* taximètre.

tassàre |tas'sare| **A** *v.tr.* [*sottoporre al pagamento di una tassa*] taxer: *tassare i contribuenti* taxer les contribuables; *tassare una lettera* taxer une lettre **B** *v.pron. rifl.* TASSARSI [→ *tr.*] souscrire (51) *intr.* à: *tassarsi per diecimila lire l'uno per aiutare un collega* souscrire dix mille lires chacun pour aider un collègue.

tassativaménte |tassativa'mente| *avv.* [→ TASSATIVO] formellement: *è tassativamente proibito fumare* il est formellement interdit de fumer.

tassativo |tassa'tivo| *agg.* [*che non ammette deroga*; *perentorio*] formel*, péremptoire: *è un ordine tassativo!* c'est un ordre formel, péremptoire! ◇ (*bur.*) impératif*: *i termini di presentazione delle domande sono tassativi* les délais pour la présentation des demandes sont impératifs.

tassatóre, trice |tassa'tore, tri-tʃe| *s. e agg.* taxateur *m.*

tassazióne |tassat'tsjone| *s.f.* [→ TASSARE] taxation, taxe: *sottoporre un servizio a tassazione* soumettre un service à une taxe, taxer un service.

tassellàre |tassel'lare| *v.tr.* **1** [*rinforzare con tasselli*] soutenir (27), renforcer (2) avec des tasseaux: *tassellare un ripiano, un mobile* soutenir avec des tasseaux un rayon, un meuble **2** [*incidere estraendo una parte per assaggio*] sonder: *tassellare un cocomero* sonder une pastèque.

tassellàto |tassel'lato| *s.m.* → **parquet.**

tassellatùra |tassella'tura| *s.f.* **1** [→ TASSELLARE 1] renforcement *m.*, soutien *m.* (avec des tasseaux) **2** [→ TASSELLARE 2] sondage *m.*

tassèllo |tas'sɛllo| *s.m.* **1** (*tecnol.*) tampon: *chiudere un foro con un tassello* obturer un trou avec un tampon; *fissare q.c. al muro con un tassello* fixer qqch. au mur avec un tampon, avec une cheville *f.* # *tassello a espansione* vis tamponnée **2** (*sartoria*) soufflet **3** [*pezzo di assaggio*] échantillon # *fare il tassello a un cocomero* découper un petit morceau (pour le goûter) dans une pastèque.

tàssi- |'tassi| *pref.* (*in parole scient. o dotte, indica 'ordinamento, disposizione', corrisponde gener. a*) taxi, taxo: *tassidermia* taxidermie.

-tàssi |'tassi| *suff.* (*in parole scient. o dotte, indica 'ordinamento, disposizione', corrisponde gener. a*) taxe, taxie: *paratassi* parataxe.

tassì |tas'si| *s.m. inv.* taxi (*var.*): *prendere il tassì* prendre un taxi.

tassìa |tas'sia| *s.f.* (*biol.*) taxie.

tassidea |tas'sidea| *s.f.* (*t.zool.*) carcajou *m.*

tassidermìa |tassider'mia| *s.f.* taxidermie.

tassidèrmico, ci, ca, che |tassi'dɛrmiko, tʃi, ka, ke| *agg.* taxidermique.

tassidermìsta |tassider'mista| *s.* taxidermiste.

tassinàro |tassi'naro| *s.m.* (*region.*) → **tassista.**

tassista |tas'sista| *s.* chauffeur *m.* de taxi, taxi *m.* (*fam.*).

1 **tàsso** |'tasso| *s.m.* (*t.zool.*) blaireau ◇ (*corr.*) *pennello di tasso* pinceau de poils de blaireau ◇ (*loc. fig.*) *dormire come un tasso* dormir comme un loir.

2 **tàsso** |'tasso| *s.m.* (*t.bot.*) if.

3 **tàsso** |'tasso| *s.m.* (*econ.*) taux: *tasso di sconto, di compensazione* taux d'escompte, de compensation; *tasso d'interesse* taux d'intérêt; *stipulare un mutuo al tasso* (*d'interesse*) *del 20%* convenir d'un prêt à 20%, au taux de 20% d'intérêt ◇ (*stat.*) *tasso di natalità, di mortalità* taux de natalité, de mortalité ◇ (*med.*) *tasso di zucchero contenuto nelle urine* taux de sucre contenu dans les urines.

4 **tàsso** |'tasso| *s.m.* [*tipo di incudine*] tas.

tassobarbàsso |tassobar'basso| *s.m.* (*t.bot.*) molène *f.*, bouillon-blanc (*corr.*), chandelier (*corr.*), cierge de Notre-Dame (*corr.*).

tassòdio, i |tas'sɔdjo, i| *s.m.* (*t.bot.*) taxodier, taxaudier, taxodium.

tassonomìa |tassono'mia| *s.f.* taxonomie, taxinomie.

tassonòmico, ci, ca, che |tasso'nɔmiko, tʃi, ka, ke| *agg.* taxonomique, taxinomique.

tassonomìsta |tassono'mista| *s.* taxonomiste, taxinomiste.

tàsta |'tasta| *s.f.* **1** [*sonda*] sonde **2** (*med.*) drainage *m.*

tastaménto |tasta'mento| *s.m.* [→ TASTARE] tâtement.

tastàre |tas'tare| *v.tr.* [*toccare ripetutamente per accertare q.c. al tatto*] tâter: *tastare un sacco per individuarne il contenuto* tâter un sac pour en connaître le contenu ◇ (*loc.*) *tastare il polso a qc.*: (*pr.*) tâter le pouls à qqn.; (*fig.*) sonder qqn. ~ *tastare il terreno*: (*pr.*) (*raro*) sonder le terrain; (*fig.*) tâter le terrain.

tastàta |tas'tata| *s.f.* [→ TASTARE] touche # *dare una tastata* (*a qc., a q.c.*) tâter, palper (qqn., qqch.).

tastatóre |tasta'tore| *s.m.* (*tecnol.*) tâteur.

tasteggiàre |tasted'dʒare| *v.tr.* (*raro*) [*toccare i tasti di uno strumento musicale*] toucher légèrement.

tastièra |tas'tjɛra| *s.f.* **1** (*mus.*) clavier *m.*; chevilles (*pl.*): *la tastiera del pianoforte* le clavier du piano ‖ *la tastiera della chitarra, del violino* les chevilles d'une guitare, d'un violon **2** (*tecnol.*) clavier: *la tastiera dei comandi elettronici* le clavier des commandes électroniques; *comandi a tastiera* commandes à clavier; *la tastiera della macchina da scrivere, della telescrivente* le clavier de la machine à écrire, du téléscripteur.

tastierìsta |tastje'rista| *s.m.* [*operaio addetto alla monotastiera della fotocompositrice*] claviste.

tàsto |'tasto| *s.m.* **1** (*mus.*) touche (*f.*): *i tasti bianchi, neri del pianoforte, dell'organo* les touches blanches, noires du piano, de l'orgue; *i tasti del mandolino* les touches d'une mandoline ◇ (*loc. fig.*) *toccare un tasto falso* mettre le doigt sur la plaie ~ *toccare un tasto delicato* aborder un sujet délicat ~ *toccare il tasto giusto* toucher la corde sensible ~ *battere sempre sullo stesso tasto* insister sur qqch. **2** *i tasti della macchina da scrivere* les touches de la machine à écrire **3** [→ TASTARE] toucher: *riconoscere al tasto* reconnaître au toucher **4** [*prelievo*; *tassello per assaggio*] échantillon: *un tasto di terreno* un échantillon de terrain, une carotte; *un tasto di formaggio* un échantillon de fromage.

tastóni |tas'toni| *avv.* à tâtons (*loc. inv.*): *camminare tastoni* marcher à tâtons → **tentoni** ◇ *loc. avv.* A TASTONI à tâtons: (*pr.*) *in quel buio bisognava camminare a tastoni* dans cette obscurité il fallait marcher à tâtons; (*fig.*) *sono costretto a procedere a tastoni* je suis obligé d'avancer à tâtons.

tàta |'tata| *s.* (*nel linguaggio infantile*) **1** *s.f.* [*bambinaia*] nounou ◇ (*per est., region.*) [*qualunque donna o ragazza che cura il bambino*] nourrice (*corr.*) **2** *s.m.* (*region.*) [*papà*] papa (*corr.*) ◇ (*raro*) [*fratello maggiore*] aîné (*corr.*).

tàtaro |'tataro| *agg. e s.* → 2 **tartaro.**

tatatì |tata'ti|, **tatatà** |tata'ta| *inter.* (*indica il parlare continuo e monotono di qc.*) et patati et patata.

tàto |'tato| *s.m.* (*linguaggio infantile*) frère aîné (*corr.*).

tàttica, che |'tattika, ke| *s.f.* (*mil.*)

tactique: *tattica offensiva, difensiva* tactique offensive, défensive ◇ (*sport*) *tattica di corsa, di gioco* tactique de course, de jeu ◇ (*per est.*) *è una tattica elettorale* c'est une tactique électorale ◇ (*fig.*) [*accortezza; diplomazia*] diplomatie: *devi avere più tattica con tuo figlio!* il te faudrait user de plus de diplomatie avec ton fils!; sois un peu plus diplomate avec ton fils!

tatticaménte |tattika'mente| *avv.* [→ TATTICO 1] tactiquement: *è una mossa tatticamente valida* c'est une manœuvre tactiquement valable.

tatticìsmo |tatti'tʃizmo| *s.m.* (*spreg.*) [*spregiudicatezza nel ricorrere spesso ad espedienti tattici*] tactique *f.* (*corr.*): *una mossa dettata da tatticismo della peggiore lega* une manœuvre dictée par une tactique de la pire espèce.

tàttico, ci, ca, che |'tattiko, tʃi, ka, ke| **1** *agg.* tactique: *errore tattico* erreur tactique **2** *s.* tacticien*: *quel generale è un buon tattico* ce général est un bon tacticien.

tàttile |'tattile| *agg.* (*biol.*) tactile.

tattilità |tattili'ta| *s.f. inv.* (*biol.*) caractère *m. var.* tactile.

tattìsmo |tat'tizmo| *s.m.* (*biol.*) tactisme.

tàtto |'tatto| *s.m.* **1** (*fisiol.*) toucher: *il senso del tatto* le sens du toucher ◇ (*corr.*) *un corpo morbido al tatto* un corps doux au toucher; *riconoscere qc. al tatto* reconnaître qqch. au toucher **2** (*fig.*) [*discrezione; prudenza*] tact: *una persona di poco, di molto tatto* une personne qui manque de tact, pleine de tact; *parlare con tatto* parler avec tact; *mancare di tatto* manquer de tact.

tatuàggio, i |tatu'addʒo, i| *s.m.* tatouage.

tatuàre |tatu'are| **A** *v.tr.* [*sottoporre a tatuaggio*] tatouer: *tatuare l'avambraccio* tatouer l'avant-bras **B** *v.pron. rifl.* TATUARSI [→ *tr.*] se tatouer.

tatuàto |tatu'ato| *agg.* tatoué.

tàu |'tau| *s.m. o f. inv.* [*diciannovesima lettera dell'alfabeto gr.*] tau *m. var.*

taumaturgìa, gie |taumatur'dʒia, dʒie| *s.f.* thaumaturgie.

taumatùrgico, ci, ca, che |tauma'turdʒiko, tʃi, ka, ke| *agg.* thaumaturgique (*raro*), de thaumaturge (*loc. inv.*): *poteri taumaturgici* pouvoirs thaumaturgiques, de thaumaturge → **prodigioso.**

taumatùrgo, ghi, gi |tauma'turgo, gi, dʒi| *s.* thaumaturge *m.*

taurìna |tau'rina| *s.f.* (*chim., farm.*) taurine.

taurìno |tau'rino| *agg.* taurin, de taureau *loc. inv.* ◇ (*fig.*) *collo taurino* cou de taureau; *forza taurina* force de taureau.

tauromachia |tauroma'kia| *s.f.* tauromachie.

tàuto- |'tauto| *pref.* (*esprime 'identità', corrisponde gener. a*) tauto: *tautologia* tautologie.

tautòcrona |tau'tɔkrona| *agg. f.* (*fis.*) tautochrone.

tautogràmma |tauto'gramma| *s.m.* tautogramme.

tautologia, gie |tautolo'dʒia, dʒie| *s.f.* tautologie.

tautològico, ci, ca, che |tauto'lɔdʒiko, tʃi, ka, ke| *agg.* tautologique.

tautomeria |tautome'ria| *s.f.* (*chim.*) tautomérie.

tautòmero |tau'tɔmero| *agg.* (*anat., chim.*) tautomère.

tavèlla |ta'vɛlla| *s.f.* (*edil.*) brique plate, dalle creuse.

tavellàto |tavel'lato| *agg.* (*edil.*) fait avec des briques plates, des dalles creuses ◆ *s.m.* couverture *f.* faite de briques plates, de dalles creuses.

tavellatùra |tavella'tura| *s.f.* (*edil.*) couverture de dalles creuses.

tavellóne |tavel'lone| *s.m.* (*edil.*) dalle *f.* creuse, *hourdis.

tavèrna |ta'vɛrna| *s.f.* taverne → **bettola** ◇ (*loc. fig.*) *linguaggio, comportamento da taverna* langage, manières de corps de garde.

tavernière |taver'njɛre| *s.* tavernier* (*arc., scherz.*).

tavernétta |taver'netta| *s.f.* **1** [*locale realizzato alla rustica, spec. per feste con amici*] ⊠ **2** petite taverne.

tàvola |'tavola| *s.f.* **1** table: *tavola di marmo, di legno* table de marbre, de bois; *tavola rettangolare, ovale* table rectangulaire, ovale; *tavola a tre, a quattro gambe* table à trois, à quatre pieds; *tavola allungabile* table à rallonge(s); *tavola da disegno, da gioco, da stiro* table à dessin, de jeu (à jouer), à repasser; *tavola operatoria* table d'opération → **tavolo** ◇ (*loc. fig.*) *mettere le carte in tavola* jouer cartes sur table ◇ *loc.* (*st. mediev.*) TAVOLA ROTONDA table ronde ◇ (*fig.*) *organizzare una tavola rotonda sull'ecologia* organiser une table ronde sur l'écologie **2** TAVOLA (DA PRANZO) table: *biancheria, servizio da tavola* linge, service de table; *apparecchiare la tavola* mettre la table, le couvert; *sparecchiare la tavola* débarrasser la table; *mettersi, sedersi a tavola* se mettre, s'asseoir à table; *alzarsi da tavola* se lever de table; *ne parleremo oggi a tavola* on en parlera aujourd'hui à table ◇ (*loc.*) *è pronto in tavola!* le dîner, le déjeuner est servi! ~ *a tavola!* à table! ~ *i piaceri della tavola* les plaisirs de la table ~ *amare la buona tavola* aimer la bonne chère ~ *tavola calda* snack-bar *m.* ~ *tavola fredda* buffet *m.* ~ *sul treno è garantito un servizio di tavola fredda* train avec service de buffet-bar ◇ (*prov.*) *a tavola non si invecchia mai* on ne vieillit pas à table **3** [*asse di legno*] planche: *tavola di noce, di abete* planche de noyer, de sapin; *tavole per impalcature, per pavimenti* planches pour échafaudages, pour planchers ◇ *al plur.* [*tavolato, assito*] *calcare le tavole del palcoscenico* monter sur les planches ◇ (*geogr.*) *tavola glaciale* table glacière ◇ (*mus.*) *tavola armonica* table d'harmonie ◇ (*st.*) *le Leggi delle Dodici Tavole* les lois des Douze Tables ◇ (*Bibbia*) *le Tavole della Legge* les Tables de la Loi ◇ (*loc. fig.*) *tavola di salvezza* planche de salut **4** [*quadro dipinto su tavola*] tableau (*m.*): *una tavola a olio* un tableau à l'huile; *una tavola del Trecento* un tableau du XIVe siècle **5** [*illustrazione di un libro*] table, planche: *tavole a colori, in bianco e nero* table en couleurs, en blanc et noir; *tavole fuori testo* planches hors texte **6** [*tabella; prospetto*] tableau, table: *tavole sinottiche* tableaux synoptiques; *tavole statistiche* tableaux statistiques, de statistique; *la tavola pitagorica* la table de Pythagore; *tavole logaritmiche, trigonometriche* tables de logarithmes, de trigonométrie; *tavole astronomiche* tables astronomiques; *tavole di concordanza* tables de concordance **7** (*filat.*) planche **8** (*gioco*) *tavola reale* trictrac *m.*, jacquet *m.* → **tric-trac.**

tavolàccio, i |tavo'lattʃo, i| *s.m.* [*giaciglio in legno per detenuti*] planche *f.*

tavolàme |tavo'lame| *s.m.* bois de construction, planches *f. pl.* de bois.

tavolàre |tavo'lare| *v.tr.* [*coprire di tavole*] recouvrir (23) de planches.

tavolàta |tavo'lata| *s.f.* [*gruppo di commensali*] tablée: *che allegra e rumorosa tavolata!* quelle joyeuse et bruyante tablée!

tavolàto |tavo'lato| *s.m.* **1** [*pavimento di tavole connesse tra di loro*] plancher, parquet **2** [*muro di piccolo spessore che divide due locali*] cloison *f.* (en planches) → **1 tramezzo** **3** (*geogr.*) plateau.

tavolétta |tavo'letta| *s.f.* **1** [*assicella di legno*] petite planche, planchette, tablette ◇ (*per est.*) *una tavoletta di marmo* une tablette de marbre **2** [*confezione di sostanze alimentari o farmaceutiche*] tablette: *una tavoletta di cioccolato* une tablette de chocolat **3** [*dipinto su tavola di legno di piccole dimensioni*] plaque: *una tavoletta votiva* une plaque votive **4** (*cartografia*) carte: *le tavolette al 25.000 dell'Istituto Geografico Militare* les cartes au 25.000 de l'Institut Géographique Militaire **5** (*nel gerg. automobilistico*) *schiacciare l'acceleratore a tavoletta* [*fino in fondo*] écraser l'accélérateur au plancher (*m.*); *andare a tavoletta* appuyer à fond sur le champignon (*fam.*), mettre le pied au plancher.

tavolettàio, i |tavolet'tajo, i| *s.* [*chi prepara tavolette* (2)] pastilleur*.

tavolière |tavo'ljɛre| *s.m.* **1** (*gioco*) *il tavoliere del biliardo* le tapis de billard; *il tavoliere della dama, degli scacchi* le damier, l'échiquier **2** (*geogr.*) *il Tavoliere delle Puglie* la Plaine *f.* des Pouilles.

tavolìno |tavo'lino| *s.m.* (petite) table (*f.*): *tavolino da tè* table à thé; *tavolino da notte* table de nuit, de chevet ◇ (*loc. fig.*) *passare molte ore al tavolino* [*a studiare*] passer de nombreuses heures à sa table de travail (à travailler) ~ DI TAVOLINO: *lavoro di tavolino* travail routinier; *uomo di tavolino* homme d'étude ~ A TAVOLINO: *risolvere una questione a tavolino* résoudre une question sur le papier; *vincere una guerra a tavolino* gagner une guerre sur la carte ◇ (*sport*) *vincere a tavolino* gagner par disqualification, par pénalisation de l'adversaire.

tàvolo |'tavolo| *s.m.* table (*f.*): *tavolo da disegno, da stiro* table à dessin, à repasser; *tavolo da gioco* table de jeu (à jouer), de ping-pong; *tavolo anatomico, operatorio* table de dissection, d'opération; *tennis da tavolo* tennis de table; *servire* (*una bibita*) *al tavolo* servir une boisson à (une) table → **tavola.**

tavolóne |tavo'lone| *s.m.* (*edil.*) grosse planche *f.* (de construction) ◇ (*min.*) palplanche *f.*

tavolòzza |tavo'lɔttsa| *s.f.* [*assicella sulla quale il pittore dispone i colori*] palette ◇ (*per est.*) [*lo stile, i colori preferiti di un pittore*] *la tavolozza di Leonardo da Vinci* la palette de Léonard de Vinci.

Taxàcee |tak'satʃee| *s.f. pl.* (*t.bot.*) Taxacées, Taxinées.

taxì |tak'si|, **tàxi** |'taksi| *e deriv.* → **tassì** *e deriv.*
Taxodiàcee |takso'djatʃee| *s.f. pl.* (*t.bot.*) Taxodiacées.
taxon |'takson| *s.m. inv.* (*lat.*) (*scient.*) taxon *var.*, taxum *var.*
taylorismo |tailo'rizmo| *s.m.* (*econ.*) taylorisme.
tayloristico, ci, ca, che |tailo'ristiko, tʃi, ka, ke| *agg.* (*econ.*) du taylorisme *loc. inv.*
tàzza |'tattsa| *s.f.* **1** tasse: *un servizio di tazze di porcellana* un service de tasses en porcelaine ◇ [*la bevanda contenuta*] *bere, offrire una tazza di caffè, di cioccolata* prendre, offrir une tasse de café, de chocolat **2** [*vasca della fontana*] bassin *m.* **3** *la tazza del water-closet* la cuvette (des cabinets).
tazzìna |tat'tsina| *s.f.* petite tasse: *bersi una tazzina di caffè* prendre une petite tasse de café.
te |te| *pron. pers. m. e f. di 2ª pers. sing.* **1** (*compl. ogg. con valore raff.*) toi: *vogliono proprio te* c'est vraiment toi qu'ils veulent; *perché hanno scelto te e non un altro?* pourquoi est-ce toi qu'ils ont choisi et non un autre? **2** (*compl. retto da prep.*) toi: *abbiamo parlato di te* nous avons parlé de toi; *pensavo a te* je pensais à toi; *chi viene con te?* qui vient avec toi?; *l'ho fatto per te!* je l'ai fait pour toi! ◇ TE STESSO, TE MEDESIMO: *non pensare solo a te stesso!* ne pense pas seulement à toi! ◇ *loc.* DA TE tout seul: *fallo da te!* fais-le tout seul! ~ PER TE, SECONDO TE d'après toi: *per te, sarei io il colpevole?* d'après toi, ce serait moi le coupable?; *chi vincerà, secondo te?* qui gagnera, d'après toi? ~ QUANTO A TE quant à toi: *quanto a te, pensa ai fatti tuoi!* quant à toi, pense à tes affaires!; toi, pense à tes propres affaires! ◇ (*loc. fam.*) *non sa né di te né di me* cela n'a pas de goût **3** (*in funzione di sogg. in espressioni comparative*) toi: *ho fatto proprio come te* j'ai fait comme toi; *ne so quanto te* j'en sais autant que toi; *sembra tutto te!* il ressemble tout à fait à toi, c'est tout ton portrait! ◇ (*in espressioni escl.*) *povero te!* mon pauvre ami!; *te sventurato!* malheureux! ◇ (*in prop. ass.*) toi: *tutti, eccettuato te* tout le monde, sauf toi # *uscito te, tutti hanno fatto i loro commenti* après ton départ, tout le monde a fait des commentaires ◇ (*in usi pop.*) *contento te...* (*contenti tutti*) pourvu que tu sois content... (c'est l'essentiel); *pensaci te!* penses-y toi! **4** (*con valore di compl. di termine, unito ai pron. 'lo, la, li, le'*) te; toi: *te l'ho già detto tante volte!* je te l'ai déjà dit bien des (cent) fois!; *te la presenterò alla prima occasione* je te le présenterai à la première occasion; *te li restituirò subito* je te les rendrai tout de suite ‖ *leggitela* lis-la-toi ◇ (*pleon.*) *portateli* emporte-les; *regalatelo!* tu peux bien te l'offrir!; *prenditele!* prends-les!; *mangiatelo!* mange-le! **5** (*unito alla particella pron. 'ne'*) te: *te ne farò vedere una* je t'en ferai voir une; *te ne ho parlato ieri* je t'en ai parlé hier ◇ (*nelle forme pron. del v.*) *te ne pentirai presto!* tu t'en repentiras bientôt!, tu ne vas pas tard à t'en repentir!
te' |'tɛ| *inter.* (*dial., fam.*) [*eccoti; tieni!*] tiens: *te' cinquemila lire* tiens, voilà cinq mille lires.
tè |tɛ| *s.m. inv.* **1** (*t.bot.*) thé *var.* ◇ [*le foglie opportunamente trattate*] *del tè sfuso, in bustine* du thé au détail, en sachet **2** [*la bevanda che se ne ottiene per infusione*] thé: *una tazza di tè* une tasse de thé; *tè col* (*al*) *limone, col* (*al*) *latte* thé au citron, au lait; *un servizio da tè* un service à thé; *prendere, bere il tè* prendre le thé, boire du thé # *biscotti da tè* petits fours, gâteaux secs **3** [*riunione familiare; ricevimento pomeridiano*] thé: *è l'ora del tè* c'est l'heure du thé; *andare a un tè* aller à un thé; *essere invitato a un tè danzante* être invité à un thé dansant ◇ (*loc.*) *casa da tè* salon de thé.
tèa |'tɛa| (*agg. f.*) *rosa tea* rose(-)thé.
teak |ti:k| *s.m. inv.* (*ingl.*) (*t.bot.*) tectona *var.* ◇ [*il legno*] teck *var.*, tek (*var.*): *un mobile in teck* un meuble en tek.
team |ti:m| *s.m. inv.* (*ingl.*) équipe *f. var.*, team *var.*
tea-room |ti:ru:m| *s.m. inv.* (*ingl.*) salon *var.* de thé.
teatràbile |tea'trabile| *agg.* (*raro*) [*che si presta ad essere rappresentato in teatro*] jouable (*corr.*): *un soggetto teatrabile* un scénario jouable.
teatràle |tea'trale| *agg.* **1** théâtral*, de théâtre (*loc. inv.*): *spettacoli teatrali* représentations théâtrales; *critico teatrale* critique de théâtre, dramatique **2** (*fig., spreg.*) [*esagerato; artificioso*] théâtral: *un gesto teatrale* un geste théâtral; *lacrime teatrali* larmes théâtrales → **plateale.**
teatralità |teatrali'ta| *s.f. inv.* **1** (*raro*) théâtralité *var.* (*raro*): *la teatralità di una messinscena* la théâtralité d'une mise en scène **2** (*fig., spreg.*) théâtralité: *gesti pieni di teatralità* gestes pleins de théâtralité.
teatralménte |teatral'mente| *avv.* **1** [→ TEATRALE 1] scéniquement: *una soluzione teatralmente efficace* une solution scéniquement efficace **2** [→ TEATRALE 2] théâtralement # *lo abbracciò con slancio teatralmente commosso* il l'embrassa avec un élan et une émotion théâtrales.
teatrànte |tea'trante| *s.* **1** (*spreg.*) [*attore di poco talento*] cabotin: *è un teatrante da filodrammatica* c'est un cabotin d'une compagnie d'amateurs **2** (*fig.*) [*persona che parla con enfasi e retorica*] histrion (*s.m.*): *quello non è un politico, è un teatrante* ce n'est pas un homme politique, c'est un histrion → **istrione.**
teatrìno |tea'trino| *s.m.* **1** petit théâtre **2** *il teatrino delle marionette* le théâtre de marionnettes.
teàtro |te'atro| *s.m.* **1** théâtre: *teatro all'aperto* théâtre en plein air; *andare a teatro* aller au théâtre; *il teatro è esaurito* le théâtre est complet # *il Teatro della, alla Scala* la Scala ◇ [*produzione teatrale*] *il teatro classico, antico* le théâtre classique, antique; *il teatro d'avanguardia* le théâtre d'avant-garde; *teatro comico, drammatico* théâtre comique, dramatique; *il teatro dialettale* le théâtre en dialecte; *il teatro elisabettiano, di Goldoni* le théâtre élisabéthain, de Goldoni # *teatro di rivista, di varietà* music-hall ◇ [*il mondo dello spettacolo*] *gente di teatro* gens de théâtre; *avere il teatro nel sangue* avoir le théâtre dans le sang **2** [*il pubblico presente alla rappresentazione*] salle *f.*, public: *tutto il teatro ha applaudito* toute la salle a applaudi; *stasera c'è un teatro elegante e raffinato* ce soir le public est élégant et raffiné **3** (*fig.*) [*luogo dove si è svolto o si svolge un avvenimento importante*] théâtre; lieux (*pl.*): *quella piazza è stata teatro di un avvenimento luttuoso* cette place a été le théâtre d'un événement douloureux ‖ *visitare i teatri della prima guerra mondiale* visiter les lieux, les champs de bataille de la Première Guerre mondiale ◇ (*loc.*) *teatro di guerra* théâtre des opérations **4** (*per est.*) *teatro di posa* studio **5** *teatro anatomico* amphithéâtre d'anatomie.
teatroterapìa |teatrotera'pia| *s.f.* théatrothérapie, théâtro-thérapie.
tebàico, ci, ca, che |te'baiko, tʃi, ka, ke| *agg.* (*farm.*) thébaïque.
tebàide |te'baide| *s.f.* (*lett.*) thébaïde.
tebaìna |teba'ina| *s.f.* (*farm.*) thébaïne.
tebaìsmo |teba'izmo| *s.m.* (*med.*) thébaïsme.
tèc |tɛk| *s.m. inv.* (*raro*) → **teak.**
-tèca |'tɛka| *suff.* (*indica 'custodia, deposito, raccolta', corrisponde gener. a*) thèque: *discoteca* discothèque; *biblioteca* bibliothèque.
tèca, che |'tɛka, ke| *s.f.* **1** [*astuccio, custodia*] écrin *m.*, coffret *m.*, boîte: *teca per gioielli* écrin, coffret, boîte à bijoux ◇ (*eccl.*) *teca eucaristica* custode # *la teca delle reliquie* le reliquaire **2** (*bot.*) loge **3** (*biol.*) *teca cranica* boîte crânienne.
technicolor |'tecni'kʌlə| *s.m. inv.* (*ingl.*) (*marchio depositato*) technicolor (*var.*): *un film in technicolor* un film en technicolor.
tèck |tɛk| *s.m. inv.* → **teak.**
tecnèma |tek'nɛma| *s.m.* technème.
tecnèto |tek'nɛto|, **tecnèzio, i** |tek'nɛttsjo, i| *s.m.* (*chim.*) technétium.
-tecnìa |tek'nia|, **-tècnico** |'tɛkniko| *suff.* (*significano 'arte, mestiere', corrispondono gener. a*) technie; technique: *zootecnia* zootechnie ‖ *politecnico* polytechnique.
tècnica, che |'tɛknika, ke| *s.f.* **1** technique: *tecnica bancaria, aziendale* technique bancaire, de l'entreprise (industrielle); *tecnica chirurgica* technique de la chirurgie; *lavorare con una tecnica raffinata* travailler avec une technique raffinée ◇ (*spreg.*) *la sua non è arte, ma pura tecnica* ce qu'il fait ce n'est pas de l'art, c'est de la pure technique **2** [*attività scient. e industriale volta al miglioramento delle condizioni di vita dell'uomo*] technique: *i progressi della scienza e della tecnica* les progrès de la science et de la technique **3** [*particolare procedimento di lavorazione*] technique: *usare una tecnica speciale per un certo lavoro* se servir d'une technique spéciale pour un certain travail.
tecnicaménte |teknika'mente| *avv.* [→ TECNICO] techniquement: *una registrazione tecnicamente perfetta* un enregistrement techniquement parfait; *un artista tecnicamente preparato* un artiste techniquement préparé.
tecnicìsmo |tekni'tʃizmo| *s.m.* **1** technicisme **2** (*ling.*) terminologie *f.* technique, mot technique ◇ (*spreg.*) *un discorso pieno di tecnicismi gratuiti* un discours inutilement chargé de termes techniques.
tecnicìsta |tekni'tʃista| *s.* techni-

cien*, expert en technique (industrielle, bancaire, commerciale).
tecnicìstico, ci, ca, che |tekni'tʃistiko, tʃi, ka, ke| *agg.* **1** techniciste **2** (*ling.*) de la terminologie technique *loc. inv.*
tecnicità |teknitʃi'ta| *s.f. inv.* technicité *var.*
tecnicizzàre |teknitʃid'dzare| *v.tr.* [*organizzare con metodo tecnico*; *rendere tecnico*] techniciser, techniser: *tecnicizzare un'attività artigianale* techniciser, techniser une activité artisane ◇ (*ling.*) *tecnicizzare un vocabolo* [*dargli un valore tecnico*] techniciser un mot.
tecnicizzazióne |teknitʃiddzat'tsjone| *s.f.* [→ TECNICIZZARE] technicisation, technisation.
tècnico, ci, ca, che |'tɛkniko, tʃi, ka, ke| **1** *agg.* technique: *preparazione tecnica* préparation technique; *ufficio tecnico* bureau technique ◇ [*della tecnica*] *progresso tecnico* progrès technique → **tecnologico** ◇ (*loc.*) *studi tecnici* études techniques ~ *Istituto tecnico industriale, commerciale* Institut technique industriel, commercial **2** *s.* technicien*: *fare il tecnico in un'industria elettronica* être technicien dans une entreprise électronique; *qui bisogna chiamare il tecnico* (ici) il faut appeler un technicien; *la parola ai tecnici!* la parole aux techniciens! ◇ (*cine.*, *tv*) *il tecnico del suono* l'ingénieur du son ◇ (*polit.*) *un governo di tecnici* un gouvernement de technocrates, de ministres techniciens.
tecnico-commerciàle |teknikokommer'tʃale| *agg.* technico-commercial*.
tecnicoeconòmico, ci, ca, che |teknikoeko'nɔmiko, tʃi, ka, ke| *agg.* techno-économique.
tecnìgrafo |tek'nigrafo| *s.m.* (*mecc.*) machine *f.* à dessiner.
tècno- |'tɛkno| *pref.* (*indica relazione con la 'tecnica', corrisponde gener. a*) techno: *tecnocrate* technocrate; *tecnologia* technologie.
tecnoburocrazìa |teknoburokrat'tsia| *s.f.* techno-bureaucratie.
tecnòcrate |tek'nɔkrate| *s.* technocrate (*m.*): *un governo di tecnocrati* un gouvernement de technocrates.
tecnocraticismo |teknokrati'tʃizmo| *s.m.* (*polit.*) technocratisme.
tecnocraticizzàre |teknokratitʃid'dzare| *v.tr.* [*rendere tecnocratico*; *affidare alla competenza dei tecnocrati*] technocratiser.
tecnocràtico, ci, ca, che |tekno'kratiko, tʃi, ka, ke| *agg.* technocratique.
tecnocrazia |teknokrat'tsia| *s.f.* technocratie.
tecnoelettrònico, ci, ca, che |teknoelet'trɔniko, tʃi, ka, ke| *agg.* technoélectronique.
tecnofilia |teknofi'lia| *s.f.* technophilie.
tecnòfilo |tek'nɔfilo| *agg.* technophile.
tecnologia, gie |teknolo'dʒia, dʒie| *s.f.* technologie.
tecnologicaménte |teknolodʒika'mente| *avv.* [→ TECNOLOGICO] technologiquement: *un paese, un settore tecnologicamente avanzato* un pays, un secteur technologiquement avancé.
tecnològico, ci, ca, che |tekno'lɔdʒiko, tʃi, ka, ke| *agg.* technologique ◇ (*ling.*) *dizionario tecnologico* dictionnaire technique.
tecnostruttùra |teknostrut'tura| *s.f.* (*econ.*) technostructure.
téco |'teko| *forma pron.* (*arc.*, *lett.*) [*con te*] avec toi *loc. inv.* (*corr.*), en toi *loc. inv.* (*corr.*), en toi même *loc. inv.* (*corr.*).
tèda |'tɛda| *s.f.* (*lett.*) **1** → **fiaccola** **2** → **nozze.**
teddyboy |'tedi,bɔi| *s.m. inv.* (*ingl.*) [*giovane teppista*] blouson *var.* noir.
tedescheggiàre |tedesked'dʒare| *v.intr.* (*aus.* '*avere*') **1** [*comportarsi alla tedesca*] imiter *tr.* les Allemands **2** (*raro*) [*essere favorevole ai Tedeschi*] être (43) germanophile (*corr.*).
tedescherìa |tedeske'ria| *s.f.* (*spreg.*, *scherz.*) [*i Tedeschi*] les Boches *m. pl.* (*fam.*), les Frisés *m. pl.* (*pop.*), les Fridolins *m. pl.* (*pop.*), les Fritz *m. pl.* (*pop.*).
tedeschizzàre |tedeskid'dzare| *v. tr.* [*rendere tedesco*] germaniser.
tedésco, chi, ca, che |te'desko, ki, ka, ke| **1** *agg.* [*della Germania*] allemand, germanique: *la popolazione tedesca* la population allemande; *la gastronomia tedesca* la gastronomie germanique **2** (*s.m.*) *il tedesco* [*la lingua*] l'allemand: *parlare il tedesco* parler l'allemand; *conosce un po' di tedesco* il sait un peu d'allemand.
tedescòfilo |tedes'kɔfilo| *agg. e s.* germanophile.
tedescòfobo |tedes'kɔfobo| *agg. e s.* germanophobe.
tedescùme |tedes'kume| *s.m.* (*spreg.*) **1** [*comportamento alla tedesca*] comportement de Boches *pl.* (*pop.*) **2** [*gruppo di Tedeschi*] les Boches *pl.*, les Frisés *pl.* (*pop.*), les Fritz *pl.* (*pop.*).
Te Dèum |te'dɛum| *loc. sost. m. inv.*,
teddèum |ted'dɛum| *s.m. inv.* (*eccl.*) Te Deum: *intonare il Te Deum di ringraziamento* entonner le Te Deum (en action de grâces) ◇ (*loc. fam.*) *cantare il tedeum* (*per q.c.*) chanter le Te Deum pour qqch.
tediàre |te'djare| *v.tr.* [*annoiare*; *importunare*] ennuyer (11): *non vorrei tediarvi con il racconto delle mie disgrazie* je ne voudrais pas vous ennuyer avec le récit de mes malheurs.
tèdio, i |'tɛdjo, i| *s.m.* [*profonda noia*; *stanchezza*] ennui # *essere preso dal tedio* s'ennuyer; *recar tedio a qc.* ennuyer qqn.; *il tedio della vita* le dégoût de la vie → **fastidio.**
tediosità |tedjosi'ta| *s.f. inv.* [*l'essere tedioso*] ennui (*m. var.*): *la tediosità di certe giornate di pioggia* l'ennui de certains jours de pluie → **uggia.**
tedióso |te'djoso| *agg.* [*noioso*; *fastidioso*] ennuyeux*: *una giornata tediosa* une journée ennuyeuse.
tedòforo |te'dɔforo| **1** *agg. e s.m.* (*letter.*) [*portatore di fiaccola*] porte-flambeau: *dei tedofori* des porte-flambeau(x) **2** *s.* (*corr.*) *il tedoforo olimpico* le porte-flambeau *m.* olympique.
teen-ager, teenager |'ti:n,eidʒəl| *s. inv.* (*ingl.*) teenager *var.*, teen-ager (*var.*): *dei, delle teen-ager* des teen-agers.
tèflon |'tɛflon| *s.m. inv.* (*marchio depositato*) téflon *var.*
tegamàta |tega'mata| *s.f.* **1** [*quantità di vivanda contenuta in un tegame*] platée: *si son mangiati una tegamata di fagioli* ils ont mangé une platée de haricots **2** (*raro*) coup *m.* de poêle: *prendersi una tegamata in testa* prendre un coup de poêle, un coup de rouleau à pâtisserie sur la tête.
tegàme |te'game| *s.m.* **1** (*cuc.*) casserole *f.*, poêle (*f.*): *un tegame di rame* une casserole, une poêle de cuivre ◇ *loc.* AL TEGAME: *uova al tegame* œufs au plat, sur le plat; *arrosto al tegame* rôti en casserole **2** [*quantità di cibo contenuta in un tegame*] platée (*f.*): *mangiarsi mezzo tegame di lenticchie* manger la moitié d'une platée de lentilles → **tegamata.**
tegamìno |tega'mino| *s.m.* [*piccolo tegame, spec. per friggere uova*] petite poêle *f.* # *servire in tavola due uova al tegamino* servir à table deux œufs au plat, sur le plat.
tegenària |tedʒe'narja| *s.f.* (*t.zool.*) tégénaire.
téglia |'teʎʎa| *s.f.* (*cuc.*) plat *m.* à rôti.
tégola |'tegola| *s.f.* (*edil.*) tuile: *tegola piatta, a incastro* tuile plate, à onglet; *tegola marsigliese* tuile à la française # *tegola di cemento* carreau de ciment ◇ *loc. fig.* TEGOLA (IN TESTA) [*cosa dolorosa e inattesa*] tuile: *quella notizia fu per lui* (*come*) *una tegola* (*in testa*) cette nouvelle fut pour lui une vraie tuile → **mazzata.**
tégolo |'tegolo| *s.m.* (*region.*) → **tegola.**
tegumentàle |tegumen'tale|, **tegumentàrio, i** |tegumen'tarjo, i| *agg.* (*biol.*) tégumentaire: *tessuto tegumentale* tissu tégumentaire; *apparato tegumentario* appareil tégumentaire.
teguménto |tegu'mento| *s.m.* (*biol.*) tégument.
teièra |te'jɛra| *s.f.* théière.
teìna |te'ina| *s.f.* (*chim.*) théine.
-teìsmo |te'izmo| *suff.* (*significa 'Dio', corrisponde gener. a*) théisme: *monoteismo* monothéisme.
teìsmo |te'izmo| *s.m.* (*filos.*) théisme.
-teìsta |te'ista|, **-teìstico** |te'istiko| *suff.* (*significano 'Dio', corrispondono gener. a*) théiste: *politeista* polythéiste; *politeistico* polythéiste.
teìsta |te'ista| *s.* théiste.
teìstico, ci, ca, che |te'istiko, tʃi, ka, ke| *agg.* (*filos.*) théiste.
tèk |tɛk| *s.m. inv.* → **teak.**
tèla |'tela| *s.f.* **1** [*tessuto di lino, cotone, ecc. ottenuto al telaio*] toile: *tela di lino, di cotone* toile de lin, de coton; *tela grezza, lavorata* toile écrue, travaillée; *tela cerata* toile cirée; *tela iuta* toile de jute; *tela smerigliata, abrasiva* toile émeri; *un abito di tela* un vêtement de toile; *scarpe di tela* chaussures de toile; *un libro rilegato in tela, in mezza tela* un livre relié en toile, en demi-toile # *tela batista* batiste ◇ (*con valore coll.*) [*le vele*] toile: *dare molta tela al vento* donner beaucoup de toile (au vent) ◇ (*per est.*) *la tela del ragno* la toile de l'araignée; *le tele dei pneumatici* les toiles des pneus; *una tela metallica* une toile métallique ◇ (*loc. fig.*) *la tela di Penelope* la toile de Pénélope **2** [*sipario del teatro*] rideau *m.* ◇ (*loc.*) *cala la tela*: (*pr.*, *fig.*) le rideau tombe **3** [*dipinto eseguito su tela*] toile: *restaurare una tela del Tiziano* restaurer une toile de Titien **4** (*fig.*) [*manovra insidiosa*; *trama*] trame; piège (*m.*): *ordire una tela di inganni* ourdir une trame de duperies

|| *cadere nella tela* tomber dans le piège, le complot **5** *loc. pop., gerg.* FAR TELA [*svignarsela*] mettre les bouts, s'esquiver (*corr.*) → **telare** ◇ (*usata in forma incidentale, con ell. del v.*) *appena vide la polizia, tela! e girò l'angolo* à peine vit-il la police qu'il mit les bouts et tourna le coin de la rue.

telàggio, i |te'laddʒo, i| *s.m.* [*tipo, qualità di lavorazione di una tela*] tissage (d'une toile).

telaiétto |tela'jetto| *s.m.* (*foto.*) cadre (pour diapositives): *diapositiva montata su telaietto* diapositive montée sur cadre.

telàio, i |te'lajo, i| *s.m.* **1** (*tess.*) métier (à tisser): *telaio a mano, a pedale* métier à main, à pédale; *telaio meccanico* métier mécanique; *telaio da ricamo* métier à broder; *ricamare al telaio* broder au métier # *telaio 'jacquard'* jacquard **2** (*edil., tecnol.*) châssis: *il telaio di una porta, di una finestra* le châssis d'une porte, d'une fenêtre; *il telaio di un mobile, di un letto* le châssis d'un meuble, d'un lit; *il telaio di un'automobile, di un carro ferroviario* le châssis d'une voiture, d'un wagon de chemin de fer ◇ (*per anal.*) → **telaietto** ◇ (*tip.*) châssis **3** (*rad.*) *antenna a telaio* cadre tournant.

telamóne |tela'mone| *s.m.* (*arch.*) télamon, atlante → **cariatide.**

telàre |te'lare| *v.intr.* (*aus. 'essere'*) (*pop., gerg.*) [*svignarsela, squagliarsela*] mettre (71) *tr.* les bouts, filer (*fam.*) (*aus.* avoir), s'esquiver *pron.* (*corr.*).

telàto |te'lato| *agg.* qui a l'aspect de la toile *loc.*, qui ressemble à la toile *loc.* # *carta telata* papier lin.

tèle- |'tɛ(e)le| *pref.* **1** (*significa 'da lontano', spec. in riferimento a trasmissioni a distanza, corrisponde gener. a*) télé: *telefono* téléphone; *telecomando* télécommande **2** (*indica riferimento alla 'televisione', corrisponde gener. a*) télé: *televisivo* télévisé; *teleabbonato* téléspectateur # *telegiornale* journal télévisé.

tèle |'tɛle| *s.f.* (*fam.*) [*televisione*] télé: *che cosa danno stasera alla tele?* qu'est-ce qu'il y a ce soir à la télé?; *spegni, abbassa la tele!* éteins, baisse la télé!

teleabbonàto |teleabbo'nato| *s.* abonné à la télévision; téléspectateur* (qui paye la redevance).

teleàrma |tele'arma| *s.f.* engin *m.* téléguidé.

telecàmera |tele'kamera| *s.f.* caméra de télévision.

telecìnema |tele'tʃinema| *s.m.* télécinéma.

telecinèsi |teletʃi'nɛzi| *s.f. inv.* (*metapsichica*) télékinésie *var.*

telecinètico, ci, ca, che |teletʃi'nɛtiko, tʃi, ka, ke| *agg.* (*metapsichica*) de télékinésie *loc. inv.*

telecomandàre |telekoman'dare| *v.tr.* [*comandare a distanza, mediante speciali dispositivi*] télécommander: *telecomandare un missile* télécommander un missile → **teleguidare.**

telecomandàto |telekoman'dato| *agg.* télécommandé.

telecomàndo |teleko'mando| *s.m.* **1** télécommande *f.*, commande *f.* à distance: *telecomando a pulsante, a relè* télécommande à poussoir, à relais **2** [→ TELECOMANDARE] télécommande: *l'addetto al telecomando di un dispositivo* le préposé à la télécommande d'un dispositif.

telecomunicàre |telekomuni'kare| *v.tr. e intr.* (*aus. 'avere'*) [*comunicare a distanza*] télécommuniquer.

telecomunicazióne |telekomunikat'tsjone| *s.f.* [→ TELECOMUNICARE] télécommunication ◇ (*al plur.*) *il ministero delle Poste e Telecomunicazioni (P.T.)* le ministère des Postes et des Télécommunications (P.T.).

telecontrollàre |telekontrol'lare| *v.tr.* (*raro*) [*controllare a distanza, mediante speciali dispositivi*] télécontrôler, télécommander → **telecomandare.**

telecontròllo |telekon'trɔllo| *s.m.* télécontrôle → **telecomando 1.**

telecòpia |tele'kɔpja| *s.f.* télécopie.

telecrònaca, che |tele'krɔnaka, ke| *s.f.* reportage *m.* télévisé: *la telecronaca di una partita di calcio* le reportage télévisé d'un match de football # *trasmettere in telecronaca diretta, differita* transmettre en direct, en différé.

telecronista |telekro'nista| *s.* reporter *m.* de la télévision.

teledettàto |teledet'tato| *agg.* télédicté: *notiziario teledettato* bulletin télédicté.

teledettatùra |teledetta'tura| *s.f.* (*tecnol.*) télédictage *m.*

telediffóndere |teledif'fondere| (146) *v.tr.* [*diffondere a distanza*] télédiffuser.

telediffusióne |telediffu'zjone| *s.f.* télédiffusion.

teledinàmica, che |teledi'namika, ke| *s.f.* (*tecnol.*) télédynamie.

teledinàmico, ci, ca, che |teledi'namiko, tʃi, ka, ke| *agg.* télédynamique.

teledistribuzióne |teledistribut'tsjone| *s.f.* (*tecnol.*) télédistribution.

teledràmma |tele'dramma| *s.m.* drame télévisé.

teleencèfalo |teleen'tʃɛfalo| *s.m.* (*anat.*) télencéphale.

telefèrica, che |tele'fɛrika, ke| *s.f.* téléphérique *m.*, téléférique (*m.*): *la teleferica del Monte Bianco* le téléphérique du Mont Blanc → **funivia.**

telefèrico, ci, ca, che |tele'fɛriko, tʃi, ka, ke| *agg.* téléphérique, téléférique: *gli impianti teleferici* les installations téléphériques.

teleferista |telefe'rista| *s.* preposé au téléphérique.

telefilm |tele'film| *s.m. inv.* (*tv*) film *var.* télévisé: *un telefilm della serie...* un film télévisé de la série...

telefonàre |telefo'nare| **A** *v.intr.* (*aus. 'avere'*) [*comunicare per telefono*] téléphoner: *telefonare a qc.* téléphoner à qqn.; *devo telefonare a Parigi* je dois téléphoner à Paris; *telefonami, appena arrivi!* téléphone-moi, dès ton arrivée!; *ha telefonato qualcuno?* quelqu'un a (-t-il) téléphoné? **B** *v.tr.* [→ *intr.*] téléphoner: *telefonami l'esito del concorso!* téléphone-moi le résultat du concours! **C** *v.pron. recipr.* TELEFONARSI [→ *tr.*] se téléphoner: *si telefonano tutti i giorni* ils se téléphonent tous les jours.

telefonàta |telefo'nata| *s.f.* [*conversazione telefonica*] communication, appel *m.* téléphonique; coup *m.* de téléphone, de fil: *telefonata urbana, interurbana* communication (téléphonique) urbaine, interurbaine; *telefonata in teleselezione* communication en automatique || *fammi una telefonata, appena sai qualcosa!* donne-moi un coup de téléphone, passe-moi un coup de fil, dès que tu sais quelque chose! # *c'è una telefonata per te!* tu es demandé, on te demande au téléphone!

telefonia |telefo'nia| *s.f.* téléphonie.

telefonicaménte |telefonika'mente| *avv.* par téléphone *loc. inv.*, téléphoniquement (*raro*): *ti avvertirò telefonicamente* je t'avertirai par téléphone, téléphoniquement.

telefònico, ci, ca, che |tele'fɔniko, tʃi, ka, ke| *agg.* téléphonique: *cabina telefonica* cabine téléphonique; *linea telefonica* ligne téléphonique; *apparecchio telefonico* appareil téléphonique # *elenco telefonico* annuaire du téléphone ◇ [*che si effettua attraverso il telefono*] téléphonique: *conversazione telefonica* conversation téléphonique; *un contatto telefonico* un contact téléphonique.

telefonista |telefo'nista| *s.* téléphoniste.

telèfono |te'lɛfono| *s.m.* téléphone: *telefono a muro, da tavolo* téléphone mural, de table; *telefono in simplex, in duplex* téléphone simple, en duplex; *telefono pubblico* téléphone public; *telefono interno* téléphone intérieur; *la bolletta del telefono* la note du téléphone; *chiamare qc. al telefono* appeler qqn. au téléphone; *Mario, ti vogliono al telefono!* Mario, on te demande au téléphone!; *ti do il mio nuovo numero di telefono* je te donne mon nouveau numéro de téléphone; *il telefono è guasto* le téléphone est en dérangement # *c'è il direttore al telefono!* c'est le directeur qui téléphone, qui est au bout du fil! (*fam.*) ◇ (*loc. fam.*) *colpo di telefono* coup de fil, coup de téléphone → **telefonata.**

telefòto |tele'fɔto| *s.f. inv.* → **telefotografia.**

telefotografia |telefotogra'fia| *s.f.* téléphotographie.

telefotogràfico, ci, ca, che |telefoto'grafiko, tʃi, ka, ke| *agg.* téléphotographique: *procedimento telefotografico* procédé téléphotographique.

telegenia |teledʒe'nia| *s.f.* télégénie.

telegènico, ci, ca, che |tele'dʒɛniko, tʃi, ka, ke| *agg.* télégenique.

telegestióne |teledʒes'tjone| *s.f.* (*informatica*) télégestion.

telegiornàle |teledʒor'nale| *s.m.* journal* télévisé: *il telegiornale del primo, del secondo* (*canale*) le journal télévisé de la première, de la deuxième chaîne.

telegrafàre |telegra'fare| **A** *v.intr.* (*aus. 'avere'*) [*comunicare attraverso il telegrafo*] télégraphier: *mi raccomando di telegrafarmi se c'è qualche novità* n'oublie pas de me télégraphier s'il y a du nouveau; *mi hanno telegrafato di raggiungerli subito* ils m'ont télégraphié d'aller tout de suite les retrouver **B** *v.tr.* [→ *intr.*] télégraphier: *telegrafare una bella, una cattiva notizia* télégraphier une bonne, une mauvaise nouvelle.

telegrafia |telegra'fia| *s.f.* télégraphie.

telegraficaménte |telegrafika'mente| *avv.* [→ TELEGRAFICO] télégraphiquement: *avvertire qc. telegraficamente* avertir qqn. télégraphiquement

◇ (*fig.*) en style télégraphique (*loc. inv.*): *esporre telegraficamente il proprio parere* donner son avis en style télégraphique.

telegràfico, ci, ca, che |tele'grafiko, tʃi, ka, ke| *agg.* **1** télégraphique, du télégraphe (*loc. inv.*): *vaglia telegrafico* mandat télégraphique; *ufficio telegrafico* bureau du télégraphe # *dispaccio telegrafico* télégramme **2** (*fig.*) [*conciso, stringato*] télégraphique: *stile telegrafico* style télégraphique # *sarò telegrafico!* je serai bref!

telegrafista |telegra'fista| *s.* télégraphiste.

telègrafo |te'lɛgrafo| *s.m.* **1** télégraphe: *telegrafo elettrico* télégraphe optique # *telegrafo senza fili* télégraphie sans fil → **radiotelegrafo**; *i pali del telegrafo* les poteaux télégraphiques ◇ (*mil.*) *telegrafo da campo* télégraphe de campagne **2** [*ufficio telegrafico*] (bureau du) télégraphe: *l'impiegato del telegrafo* l'employé du télégraphe.

telegràmma |tele'gramma| *s.m.* télégramme: *telegramma ordinario, urgente, urgentissimo* télégramme ordinaire, urgent, très urgent; *telegramma con risposta pagata* télégramme avec réponse payée; *spedire un telegramma* expédier un télégramme; *dettare per telefono un telegramma* dicter au téléphone un télégramme; *recapitare un telegramma* remettre un télégramme.

teleguida |tele'gwida| *s.f.* téléguidage *m.*

teleguidàre |telegwi'dare| *v.tr.* [*guidare a distanza, con speciali dispositivi*] téléguider: *teleguidare un missile* téléguider un missile.

teleguidàto |telegwi'dato| *agg.* téléguidé: *un missile teleguidato* un missile téléguidé.

teleinformàtica, che |teleinfor'matika, ke| *s.f.* téléinformatique.

teleinformàtico, ci, ca, che |teleinfor'matiko, tʃi, ka, ke| *agg.* téléinformatique.

telemanipolatóre |telemanipola'tore| *s.m.* (*tecnol.*) télémanipulateur.

telemanipolazióne |telemanipolat'tsjone| *s.f.* (*tecnol.*) télémanipulation.

telemanutenzióne |telemanutent'tsjone| *s.f.* (*tecnol.*) télémaintenance.

telemark |'telemark| *s.m. inv.* (*sci*) télémark *var.*

telemeccànica, che |telemek'kanika, ke| *s.f.* télémécanique.

telemetrìa |teleme'tria| *s.f.* télémétrie.

telemètrico, ci, ca, che |tele'metriko, tʃi, ka, ke| *agg.* télémétrique.

telemetrista |teleme'trista| *s.* télémetreur *m.*

telèmetro |te'lɛmetro| *s.m.* (*foto., ott., tecnol.*) télémètre.

telemisurazióne |telemizurat'tsjone| *s.f.* (*tecnol.*) télémesure.

telencèfalo |telen'tʃɛfalo| *s.m.* → **teleencefalo.**

teleob(b)iettìvo |teleob(b)jet'tivo| *s.m.* (*foto.*) téléobjectif.

teleologìa, gie |teleolo'dʒia, dʒie| *s.f.* (*filos.*) téléologie.

teleològico, ci, ca, che |teleo'lɔdʒiko, tʃi, ka, ke| *agg.* (*filos.*) téléologique.

teleoperatóre |teleopera'tore| *s.m.* téléopérateur.

teleosàuro |teleo'sauro| *s.m.* (*paleont.*) téléosaure.

Teleòstei |tele'ɔstei| *s.m. pl.* (*t.zool.*) Téléostéens.

telepatìa |telepa'tia| *s.f.* télépathie.

telepaticaménte |telepatika'mente| *avv.* [→ TELEPATICO] télépathiquement.

telepàtico, ci, ca, che |tele'patiko, tʃi, ka, ke| *agg.* télépathique.

telepilotàggio, i |telepilo'taddʒo, i| *s.m.* (*tecnol.*) télépilotage.

teleproiètto |telepro'jɛtto| *s.m.* (*mil.*) projectile téléguidé.

telequiz |tele'kwits| *s.m. inv.* [*quiz televisivo*] jeu *var.* télévisé.

teleràdar |tele'radar| *s.m. inv.* (*tecnol.*) téléradar *var.*

teleradiografìa |teleradjogra'fia| *s.f.* (*med.*) téléradiographie.

teleregistrazióne |teleredʒistrat'tsjone| *s.f.* télé-enregistrement *m.*

telerìa |tele'ria| *s.f.* [*assortimento di tele*] toilerie # *negozio di telerie* magasin de blanc.

telericevènte |teleritʃe'vɛnte| *agg.* de réception *loc. inv.* ✦ (*s.f.*) (*stazione*) *telericevente* poste *m.* de réception.

teleriprésa |teleri'presa| *s.f.* (*cine., foto., tv*) prise de vue.

telerivelazióne |telerivelat'tsjone| *s.f.* (*tecnol.*) télédétection.

teleromànzo |telero'mandzo| *s.m.* feuilleton télévisé: *un teleromanzo a puntate* un feuilleton télévisé.

teleruttóre |telerut'tore| *s.m.* (*elettr.*) télérupteur.

teleschérmo |teles'ke(ɛ)rmo| *s.m.* écran de télévision, petit écran (*fam.*).

telescòpico, ci, ca, che |teles'kɔpiko, tʃi, ka, ke| *agg.* **1** télescopique: *osservazione telescopica* observation télescopique; *stelle telescopiche* étoiles télescopiques **2** (*mecc.*) télescopique: *antenna telescopica* antenne télescopique; *ammortizzatori telescopici* amortisseurs télescopiques **3** (*zool.*) *occhi telescopici* yeux télescopiques.

telescòpio, i |teles'kɔpjo, i| *s.m.* **1** télescope: *telescopio riflettore* télescope réflecteur; *telescopio rifrattore* télescope réfracteur → **rifrattore, riflettore** **2** *loc. mecc.* A TELESCOPIO télescopique (*agg.*): *albero a telescopio* arbre télescopique; *sospensioni a telescopio* suspensions télescopiques → **telescopico.**

telescrivènte |teleskri'vɛnte| *s.f.* télétype *m.*, téléscripteur *m.*, téléimprimeur *m.*

telescriventista |teleskriven'tista| *s.* [*addetto alla telescrivente*] télétypiste.

telescuòla |teles'kwɔla| *s.f.* (*tv*) téléenseignement *m.*, télé-enseignement *m.*

telesegnalazióne |telesеɲɲalat'tsjone| *s.f.* télésignalisation.

teleselettìvo |teleselet'tivo| *agg.* (*tel.*) automatique.

teleselezióne |teleselet'tsjone| *s.f.* (téléphone *m.*) automatique (*m.*): *chiamare qc.in teleselezione* appeler qqn. à, sur l'automatique.

telespettàcolo |telespet'takolo| *s.m.* spectacle télévisé.

telespettatóre, trice |telespetta'tore, tritʃe| *s.* téléspectateur*.

telestesìa |teleste'zia| *s.f.* (*metapsichica*) télesthésie, télépathie.

teletèca, che |tele'tɛka, ke| *s.f.* téléthèque.

teletrasmésso |teletraz'messo| *agg.* transmis par la télévision, télévisé: *partita di calcio teletrasmessa* match de football transmis par la télévision, télévisé.

teletrasméttere |teletraz'mettere| (155) *v.tr.* [*trasmettere per televisione*] téléviser, transmettre (71) par télévision: *l'incontro di box sarà teletrasmesso sul programma nazionale* la rencontre de boxe sera télévisée sur la chaîne nationale.

teletrasmissióne |teletrazmis'sjone| *s.f.* **1** (*rad.*) transmission par télévision **2** [*trasmissione televisiva*] émission télévisée.

teletrasmittènte |teletrazmit'tɛnte| *agg. e s.f.* (*rad.*) émetteur*: *una (stazione) teletrasmittente* une station émettrice de télévision, un émetteur *m.* de télévision.

telétta |te'letta| *s.f.* [*tela di cotone resistente; per rinforzo di giacche, colli e sim.*] triplure, bougran *m.*

teleutènte |teleu'tɛnte| *s.* usager* de la télévision.

televisióne |televi'zjone| *s.f.* **1** télévision: *televisione a colori, in bianco e nero* télévision en couleurs, en blanc et noir; *televisione a circuito chiuso* télévision en circuit fermé ◇ (*fam.*) [*l'organizzazione dell'ente televisivo*] *i dirigenti della televisione* les dirigeants de la télévision **2** (*fam.*) [*i programmi televisivi*] télé, télévision (*corr.*): *che cosa c'è stasera alla televisione?* qu'est-ce qu'on donne ce soir à la télé, télévision?; *l'hanno detto alla televisione!* on l'a annoncé (dit) à la télévision! **3** (*fam.*) [*apparecchio di ricezione televisiva*] télévision, téléviseur (*m.*): *accendere, spegnere la televisione* allumer, éteindre la télévision, le téléviseur; *avere la televisione guasta* avoir la télévision en panne → **televisore.**

televisìvo |televi'zivo| *agg.* de télévision (*loc. inv.*): *stazione televisiva* station de télévision; *gli studi televisivi* les studios de la télévision # *originale televisivo* pièce (écrite) pour la télévision.

televisóre |televi'zore| *s.m.* téléviseur, poste, appareil de télévision: *un televisore a colori* un téléviseur en couleurs; un poste, un appareil de télévision en couleurs.

tèlex |'tɛleks| *s.m. inv.* télex: *comunicare in telex* communiquer en télex; *spedire, ricevere un telex* expédier, recevoir un télex ✦ (*agg.*) *collegamento telex* liaison en télex (*s.m.*); *servizio telex* service du télex.

tell |tɛll| *s.m. inv.* (*archeol.*) tell *var.*

tellìna |tel'lina| *s.f.* (*t.zool.*) telline.

tellùrato |tel'lurato| *s.m.* (*chim.*) tellurate.

tellùrico, ci, ca, che |tel'luriko, tʃi, ka, ke| *agg.* (*geol.*) tellurique: *movimenti tellurici* mouvements telluriques.

telluridrico, ci, ca, che |tellu'ridriko, tʃi, ka, ke| *agg.* tellurhydrique.

tellùrio |tel'lurjo| *s.m. sing.* (*chim.*) tellure.

tellurùro |tellu'ruro| *s.m.* (*chim.*) tellurure.

télo |'telo| *s.m.* [*pezzo rettangolare di tela per lenzuola o abiti*] lé, laize *f.*; toile (*f.*): *un lenzuolo a due, a tre teli* un drap à deux, à trois lés || *telo da tenda* toile de tente ◇ (*loc.*) *telo mimetico* toile de camouflage ~ *telo di salvataggio* toile de sauvetage.

tèlo |'telo| *s.m.* (*lett.*) → **freccia, lancia, arma.**

telofàse |telo'faze| *s.f.* (*biol.*) télophase.

telolecitico, ci, ca, che |telole'tʃitiko, tʃi, ka, ke| *agg.* (*biol.*) télolécithe, télolécithique: *uovo telolecitico* œuf télolécithe, télolécithique.

telóne |te'lone| *s.m.* **1** [*grosso telo*] bâche (*f.*): *il telone per coprire l'automobile* la bâche pour couvrir la voiture **2** (*teat.*) rideau **3** *il telone del circo equestre* le chapiteau du cirque équestre.

telonèo |telo'nεo| *s.m.* (*dir. mediev.*) tonlieu.

tèlson |'tεlson| *s.m. inv.* (*zool.*) telson *var.*

tèma |'tεma| *s.m.* **1** [*argomento*; *soggetto*] thème, sujet: *il tema di una conferenza, di un dibattito* le thème, le sujet d'une conférence, d'un débat; *non vorrei uscire dal tema proposto* je ne voudrais pas sortir du sujet; *i temi più ricorrenti della narrativa contemporanea* les thèmes les plus fréquents de la prose contemporaine; *i temi preferiti di uno scrittore* les thèmes préférés d'un écrivain ◇ (*mus.*) *il tema del 1° tempo di una sinfonia* le thème du 1er temps d'une symphonie; *tema con variazioni* thème avec variations **2** [*componimento scolastico*] dissertation *f.*, rédaction *f.*, composition *f.*, devoir: *svolgere il tema di italiano* développer la dissertation, la rédaction, la composition, le devoir d'italien; *consegnare, ritirare i temi* rendre les dissertations, retirer les copies, les devoirs; *ho un pacco di temi da correggere* j'ai une pile de devoirs, de copies à corriger **3** (*ling.*) thème.

téma |'te(ε)ma| *s.f.* (*raro, lett.*) [*paura, timore*] crainte (*corr.*): *non ho bussato per tema di disturbare* je n'ai pas frappé de crainte de déranger; *lo posso dire senza tema di smentite* je peux le dire sans crainte de démenti.

temàtica, che |te'matika, ke| *s.f.* (*arts., letter.*) thèmes (*m. pl.*): *la tematica del decadentismo* les thèmes de l'école décadente; *la tematica manzoniana, shakespeariana* les thèmes de Manzoni, de Shakespeare ◇ (*mus.*) *la tematica wagneriana* les thèmes de Wagner.

temàtico, ci, ca, che |te'matiko, tʃi, ka, ke| *agg.* **1** thématique: *sviluppo tematico* développement thématique **2** (*ling.*) thématique: *vocale tematica* voyelle thématique.

tematismo |tema'tizmo| *s.m.* (*filos.*) thématisme.

temerariaménte |temerarja'mente| *avv.* [→ TEMERARIO] témérairement → **sconsideratamente, imprudentemente.**

temerarietà |temerarje'ta| *s.f. inv.* témérité (*var.*): *ha avuto la temerarietà di risponderti?* a-t-il eu la témérité de te répondre? → **sfrontatezza.**

temeràrio, i |teme'rarjo, i| *agg.* **1** (*persone*) téméraire: *una persona imprudente e temeraria* une personne imprudente et téméraire ✦ (*s.*) *un temerario* une personne *f.* téméraire *agg.* **2** (*cose*) téméraire: *un gesto temerario* un geste téméraire → **imprudente, avventato** ◇ [*privo di fondamento*] *giudizio, sospetto temerario* jugement, doute téméraire ◇ (*dir.*) *lite temeraria* querelle téméraire.

temére |te'mere| **A** *v.tr.* **1** [*essere in ansia, in trepidazione che avvenga q.c. di spiacevole e sim.*] craindre (65), redouter: *temere le critiche, le chiacchiere della gente* craindre les critiques, les bavardages des gens; *temere il peggio per qc.* craindre le pire pour qqn.; *temo una disgrazia, un pericolo* je redoute un malheur, un danger; *non teme la morte* il ne craint pas la mort; *non teme i disagi, le difficoltà* il ne craint pas les privations, les difficultés ◇ *loc.* TEMERE DI (+ *inf.*) craindre de (+ *inf.*): *temo di averlo offeso* je crains de l'avoir vexé; *temo di avere sbagliato* je crains de m'être trompé ~ TEMERE CHE (+ *congv.*) craindre que... ne (+ *congv.*): *oramai temo che sia troppo tardi* maintenant, je crains qu'il ne soit trop tard; *temo che non mi abbiate capito bene!* je crains que vous ne m'ayez pas bien compris **2** (*ogg. di persona*) [*aver timore di qc.*] craindre, avoir (28) peur (de): *quando si ha la coscienza tranquilla non si teme nessuno* quand on a la conscience tranquille, on ne craint personne; *è inutile che gridi*: *tanto non ti temo!* ce n'est pas la peine de crier: de toute façon je n'ai pas peur de toi! ◇ [*avere rispetto, considerazione per qc.*] *temere Dio* craindre Dieu; *è un ragazzo d'oro che teme ancora suo padre* c'est un garçon en or qui éprouve encore pour son père une crainte religieuse **3** (*fig.*) [*essere soggetto a danneggiamenti, a pericoli*] craindre: *è una pianta che teme il freddo* c'est une plante qui craint le froid; *questo materiale non teme le intemperie, l'umidità* ce matériel ne craint pas les intempéries, l'humidité **B** *v.intr.* (*aus. 'avere'*) [*nutrire timori, ansie, preoccupazioni*] craindre, avoir *tr.* peur: *non temete! sono qua io!* ne craignez rien, n'ayez pas peur! moi, je suis ici! ◇ (*con tono di minaccia*) *questa ve la farò pagare cara*: *non temete!* vous me le payerez cher, soyez tranquille!; ça, je vous le ferai payer cher, n'en doutez pas! ◇ (*con tono rassicurativo*) être (43) tranquille: *sarete pagati*: *non temete!* vous serez payés: soyez-en sûrs! ◇ *loc.* TEMERE PER QC. avoir peur pour qqn.: *temeva per i figli più che per sé* il avait plus peur pour ses enfants que pour lui ~ TEMERE PER Q.C. craindre pour qqch.: *temo per la sua sorte* je crains pour son sort, pour lui; *temiamo per la sua salute* nous craignons pour sa santé ~ TEMERE DI QC. douter de qqn.: *non direi che dobbiamo temere di lui* je ne pense pas que nous devions douter de lui ~ TEMERE DI Q.C. avoir peur de qqch.: *di che cosa temi?* de quoi as-tu peur? ~ *temere di tutto e di tutti* douter de tout et de tout le monde ~ *temo* (*proprio*) *di sì, di no* je le crains, je crains que non.

temerità |teme'rita| *s.f. inv.* témérité *var.*

temìbile |te'mibile| *agg.* [→ TEMERE A 1, 2] redoutable: *è un avversario* (*molto*) *temibile* c'est un adversaire (très) redoutable.

tèmolo |'tεmolo| *s.m.* (*t.zool.*) ombre.

tempàccio, i |tem'pattʃo i| *s.m.* vilain (sale) temps, temps de chien: *come si fa ad uscire con questo tempaccio?* comment peut-on sortir par ce vilain temps, ce sale temps, ce temps de chien?; *che tempaccio!* quel sale temps!

tèmpera |'tεmpera| *s.f.* **1** (*pitt.*) détrempe: *un ritratto a tempera* un portrait à la détrempe; *dipingere a tempera* peindre en, à la détrempe ◇ (*per est.*) [*il dipinto*] *una tempera fiamminga* une détrempe flamande ◇ (*per est.*) [*il liquido che si impiega*] *comprare delle tempere per il bambino* acheter des détrempes pour l'enfant **2** (*agr.*) ameublissement (*m.*): *terreno in tempera* terrain en ameublissement **3** (*metall.*) → **tempra.**

temperalàpis |tempera'lapis|,

temperamatite |temperama'tite| *s.m. inv.* taille-crayon(s).

temperaménto |tempera'mento| *s.m.* **1** tempérament: *avere un temperamento caldo, focoso, sanguigno* avoir un tempérament chaud, fougueux, sanguin; *avere un temperamento freddo, calmo* avoir un tempérament froid, calme; *ha un temperamento d'artista* il a un tempérament d'artiste ◇ [*carattere forte*; *originalità*] *è un attore che si farà, perché ha temperamento* c'est un acteur qui réussira car c'est un tempérament; *che temperamento, quella ragazza!* quel tempérament cette fille! **2** (*mus.*) tempérament **3** (*raro*) [*rimedio*; *attenuazione*] tempérament, adoucissement (*corr.*): *apportare un temperamento al rigore della legge* apporter un tempérament, un adoucissement à la sévérité d'une loi.

temperànte |tempe'rante| *agg.* tempérant: *essere temperante nel mangiare, nel bere* être tempérant en ce qui concerne la nourriture, la boisson → 1 **parco, moderato** Ⓒ **sfrenato.**

temperànza |tempe'rantsa| *s.f.* (*teol.*) tempérance: *la temperanza è una delle quattro virtù cardinali* la tempérance est une des quatre vertus cardinales ◇ (*per est.*) [*moderazione*] tempérance, modération: *la temperanza nel bere* la tempérance, la modération dans le boire.

temperàre |tempe'rare| **A** *v.tr.* **1** [*attenuare*; *moderare*] tempérer (8): *temperare il rimprovero con una parola dolce* tempérer un reproche par une parole douce; *temperare la severità, il rigore di un ordine* tempérer la sévérité, la rigueur d'un ordre **2** [*frenare*; *contenere*] tempérer, freiner, modérer (8): *temperare l'ira, lo sdegno* tempérer, freiner, modérer sa colère, son indignation **3** (*metall.*) [*dare la tempra*] tremper → **temprare** **4** *temperare la matita* [*farne la punta*] tailler le crayon **5** *temperare un colore* [*diluirlo*] détremper une couleur **B** *v.pron. rifl.* TEMPERARSI (*raro*) [*moderarsi*; *frenarsi*] se modérer: *temperarsi nel mangiare, nel bere* se modérer dans le manger, dans le boire # *temperati nei termini quando sei in collera!* modère tes expressions quand tu es en colère!

temperataménte |temperata'mente| *avv.* [→ TEMPERATO] modérément.

temperàto |tempe'rato| *agg.* **1** (*persone*) sobre, modéré: *una gioia temperata* une joie modérée; *essere temperato nel bere* être sobre, modéré dans le boire; *essere temperato nel mangiare* être modéré dans le manger → 1 **parco, moderato, sobrio, temperante** # *condurre una vita temperata* mener une vie sans excès **2** (*geogr.*) tempéré: *clima temperato* climat tempéré; *zona temperata* zone tempérée **3** (*metall.*) → **temprato** **4** [*che è stato appuntito*] taillé: *una matita ben temperata* un crayon bien taillé **5** (*mus.*) tempéré: *scala temperata* gamme tempérée; *strumento temperato* instrument tempéré.

temperatùra |tempera'tura| *s.f.* (*fis.*) température: *alta, bassa temperatura* haute, basse température; *temperatura di fusione* température de fusion ◇ (*meteor.*) *temperatura mite, rigida* température douce, rigide; *temperatura minima, massima* température minimale, maximale; *temperatura inferiore alla media stagionale* température inférieure à la moyenne de la saison ◇ (*med.*) *misurare, prendere la temperatura a qc.* prendre la température à, de qqn.; (*fam.*) *avere qualche linea di temperatura* avoir, faire de la température → **febbre.**

tempèrie |tem'pɛrje| *s.f. inv.* (*lett.*) → **clima.**

temperinàta |temperi'nata| *s.f.* (*raro*) coup *m.* de canif.

temperìno |tempe'rino| *s.m.* **1** [*coltellino tascabile*] canif: *un temperino a due lame, a scatto* un canif avec deux lames, à cran **2** (*fam.*) [*temperamatite*] taille-crayon(s) (*corr.*).

tempèsta |tem'pɛsta| *s.f.* **1** tempête: *la tempesta infuriava* la tempête faisait rage; *nel bel mezzo della tempesta* au beau milieu de la tempête ◇ (*loc.*) *tempesta di mare* tempête → **uragano** ~ *tempesta magnetica* orage magnétique ~ *tempesta di sabbia* tempête de sable ◇ (*loc. fig.*) *c'è aria di tempesta oggi in casa* il y a de l'orage dans l'air ~ *ora viene la tempesta* il va y avoir de l'orage ~ *tempesta valutaria* tempête des devises ◇ (*prov.*) *chi semina vento raccoglie tempesta* qui sème le vent récolte la tempête **2** (*region.*) → **grandine, grandinata** **3** (*per est.*) [*susseguirsi rapido e continuato*] grêle, tempête: *una tempesta di pugni, di sassi, di proiettili* une grêle de coups de poing, de cailloux, de projectiles; *una tempesta di domande* une grêle de questions → **raffica**; *fu subissato da una tempesta di fischi* il fut couvert par une tempête de sifflets **4** (*fig.*) [*turbamento interiore*; *agitazione*] tempête, tumulte (*m.*): *una tempesta di sentimenti contrastanti* une tempête de sentiments contrastants; *essere assalito dalla tempesta del dubbio* être assailli par la tempête du doute # *avere il cuore in tempesta* avoir le cœur tout chaviré (*fam.*) ◇ [*scompiglio*; *disordine*] pagaille: *quei bambini hanno portato la tempesta in casa* ces enfants ont mis la pagaille dans la maison # *quel bambino è una vera tempesta!* cet enfant est un vrai ouragan! ◇ (*loc.*) *una tempesta in un bicchier d'acqua* une tempête dans un verre d'eau.

tempestàre |tempes'tare| **A** *v.intr.* (*aus.* '*avere*') **1** (*in forma impers.*, *anche con l'aus.* '*essere*') [*far tempesta*] faire (45) *tr.* de l'orage: *tempestava e grandinava* il faisait de l'orage et il tombait de la grêle; *cominciò a tempestare* il commença à faire de l'orage; *ha, è tempestato tutta la notte* il a fait de l'orage toute la nuit **2** (*fig.*) [*agitarsi, infuriare*] s'agiter (*pron.*): *tempestò con pugni e calci finché non si liberò* il s'agita des bras et des jambes jusqu'à ce qu'il parvint à se libérer **B** *v.tr.* **1** [*percuotere con colpi frequenti*] *tempestare di colpi la porta* taper (des mains et des pieds) contre la porte; *la costa è stata tempestata da venti fortissimi* la côte a été balayée par l'ouragan ✦ (*ass.*) *tempestare con i pugni sul tavolo* frapper du poing sur la table ◇ (*fig.*) [*importunare*] *harceler (4), accabler: *tempestare qc. di domande, di telefonate* harceler, accabler qqn. de questions, de coups de téléphone **2** [*ornare con pietre incastonate*] orner: *tempestare un diadema di brillanti* orner un diadème de brillants.

tempestàto |tempes'tato| *agg.* [*ornato, cosparso di pietre preziose*] incrusté: *una collana tempestata di rubini* un collier incrusté de rubis ◇ (*per est.*) parsemé: *un abito da sera tempestato di lustrini* une robe du soir parsemée de paillettes.

tempestìo, ii |tempes'tio, ii| *s.m.* [*serie continua di colpi*] rossée (*f.*): *un tempestio di colpi* une rossée (de coups).

tempestivaménte |tempestiva'mente| *avv.* [→ TEMPESTIVO] à temps *loc. inv.*, en temps utile (*loc. inv.*): *essere avvertito tempestivamente* être averti à temps, en temps utile.

tempestività |tempestivi'ta| *s.f. inv.* (*cose*) [*il verificarsi al momento giusto*; *opportunità*] opportunité (*var.*): *la tempestività di un intervento, di un rimedio* l'opportunité d'une intervention, d'un remède ◇ (*persone*) sens *m.* de l'opportunité: *è intervenuto con la sua proverbiale tempestività* il est intervenu avec son sens proverbial de l'opportunité → **tempismo.**

tempestìvo |tempes'tivo| *agg.* (*cose*) [*che giunge al momento giusto*] opportun, qui arrive au bon moment (*loc.*): *un aiuto tempestivo* une aide opportune, qui arrive au bon moment ◇ (*persone*) [*che agisce nel momento più opportuno*] *sii più tempestivo nei tuoi interventi!* il faudrait user d'un peu plus d'à-propos dans tes interventions!

tempestosaménte |tempestosa'mente| *avv.* [→ TEMPESTOSO] orageusement.

tempestóso |tempes'toso| *agg.* [*sconvolto dalla tempesta*] orageux*: *mare, cielo tempestoso* mer orageuse, ciel orageux ◇ (*fig.*) *una vita tempestosa* une vie orageuse; *una seduta tempestosa* une séance orageuse → **tumultuoso.**

tèmpia |'tɛmpja| *s.f.* (*anat.*) tempe.

tempiàle |tem'pjale| *agg.* (*anat.*) temporal*.

tempificàre |tempifi'kare| *v.tr.* (*industria*) [*ripartire i tempi di lavorazione*] répartir les horaires (de travail).

tèmpio |'tɛmpjo|, *pl.* **tèmpli** |'tɛmpli|, **tèmpii** |'tɛmpii| *s.m.* temple: *il tempio greco, romano* le temple grec, romain; *il Tempio* (*ebraico*) le Temple (hébraïque); *il tempio votivo dei caduti* le temple votif des morts pour la patrie ◇ (*fig.*) *l'università è stata nei secoli tempio di sapere* l'université a été au cours des siècles le temple du savoir.

tempìsmo |tem'pizmo| *s.m.* sens de l'opportunité # *scegliere con tempismo il momento dell'attacco* choisir le bon moment pour l'attaque; *intervenire con tempismo* intervenir au bon moment.

tempìsta |tem'pista| *s.* personne *f.* qui a le sens de l'opportunité # *dimostrarsi tempista* avoir le sens de l'opportunité; *essere tempista* savoir agir au bon moment, au moment opportun; *in quella occasione si è dimostrato un perfetto tempista* en cette occasion, il a eu le sens de l'opportunité, il a su agir au bon moment, au moment opportun ◇ (*mus.*) *è un tempista* il a le sens de la mesure ◇ (*sport*) athlète qui sait choisir son moment.

templàre |tem'plare| *agg.* (*st. mediev.*) Templier (*s.m.*): *cavaliere templare* Templier ✦ (*s.m.*) *l'ordine dei Templari* l'ordre des Templiers.

tèmplo |'tɛmplo| *s.m.* → **tempio.**

tèmpo |'tɛmpo| *s.m.* **1** temps: *il passare, il trascorrere del tempo* la fuite du temps; *avere, perdere la nozione del tempo* avoir, perdre la notion du temps; *come vola il tempo!* comme le temps passe vite!; *con l'andare, col passare del tempo...* avec le temps... ◇ (*astron.*) *il tempo siderale* le temps sidéral; *il tempo di Greenwich* le temps universel; *il tempo vero* le temps solaire vrai; *il tempo civile* le temps civil ◇ [*età di una persona o di animali*] âge: *quanto tempo ha il bambino?* quel âge a l'enfant?; *quanto tempo ha quel cagnolino?* quel âge a ce chien?; *è del mio stesso tempo* il est de mon âge, il a mon âge ◇ (*loc.*) *per molto* (*tempo*), *per poco* (*tempo*) pendant longtemps, pendant peu de temps ~ *dopo poco, molto* (*tempo*) peu de temps après, longtemps après ~ *molto, poco* (*tempo*) *prima* longtemps avant, peu de temps avant ~ *molto, poco* (*tempo*) *dopo* longtemps après, peu de temps après ~ *è da tanto* (*tempo*) *che...* il y a longtemps que... ~ *in tutto questo tempo che cos'hai fatto?* pendant (tout) ce temps, qu'est-ce que tu as fait? ~ COL TEMPO avec le temps: *col tempo dimenticherà* avec le temps il oubliera; *col tempo s'accomoda tutto* avec le temps, tout finit par s'arranger ~ *questa moda ha già fatto il suo tempo* cette mode a déjà fait son temps ◇ (*prov.*) *il tempo è un gran medico* le temps est bon médecin, est le meilleur des remèdes ~ *il tempo risana ogni ferita* le temps cicatrise toutes les blessures ~ *il tempo è danaro* le temps c'est de l'argent **2** [*intervallo, spazio di* '*tempo*' *det.*] temps: *tempo di cottura* temps de cuisson; *tempo di posa* (*per una fotografia*) temps de pose (pour une photographie); *calcolare i tempi* (*di una lavorazione*) calculer le temps qu'il faut (pour le travail de qqch.); *quanto* (*tempo*) *manca alla partenza del treno?* combien de temps reste-t-il, a-t-on avant le départ du train?; *manca poco tempo all'inizio dei lavori* les travaux vont commencer d'ici peu, dans peu de temps; *presentare la domanda, i documenti entro il tempo utile* présenter une demande, des documents en temps utile # *consegnare una merce entro il tempo fissato* livrer une marchandise dans les délais fixés; *è nato prima del tempo* il est né avant terme; *morire anzi tempo, prima del tempo* mourir prématurément ◇ (*dir.*) *contratto a tempo, a tempo determinato* contrat à terme, à temps déterminé; *essere assunto a tempo pieno, a tempo determinato* être embauché à temps plein, à temps déterminé ◇ [*suddivisione della giornata*] *c'è il tempo del lavoro, il tempo dello svago, il tempo del gioco* il y a un temps pour le travail, un temps pour les loisirs, un temps pour jouer; *saper usare, sfruttare il proprio tempo* savoir utiliser, mettre à profit son temps; *non ho avuto il tempo materiale di telefonarti* je n'ai pas eu le temps matériel de te téléphoner; *non trovo più tempo per la lettura* je ne trouve plus le temps de lire; *perdere tempo* perdre du temps; *mi hai fatto perdere un sacco di tempo* tu m'as fait perdre beaucoup de temps; *non c'è tempo da perdere* il n'y a pas de temps à perdre; *posso rubarti un po' del tuo tempo prezioso?* puis-je te prendre un peu de ton précieux temps? ◇ [*suddivisione dell'anno*] *tempo d'estate* (le) temps de l'été; *tempo di vacanze* (le) temps des vacances; *il tempo della vendemmia, della mietitura* le temps des vendanges, de la moisson ◇ (*loc.*) *c'è* (*ancora*) *tempo!* on a encore du temps! ~ *abbiamo tutto il tempo!* nous avons tout le temps! ~ *non c'è più tempo* (*per fare q.c.*) on n'a plus le temps (de faire qqch.) ~ *c'è sempre tempo* (*per fare q.c.*) on a toujours le temps (pour faire qqch.) ~ *sei sempre in tempo a cambiare idea* tu peux toujours changer d'idée ~ *faccio ancora in tempo a prenotarmi?* est-il encore temps, pour retenir?, pour faire une réservation? ~ IL TEMPO LIBERO les loisirs: *il problema del tempo libero* le problème des loisirs ~ *come vedi, non ho perso tempo!* comme tu vois, je n'ai pas perdu de temps! ~ *è* (*tutto*) *tempo perso* (*a cercare di fargliela capire*)! c'est perdre son temps, c'est peine perdue! (que d'essayer de le lui faire comprendre)! ~ ... *tanto per ingannare, ammazzare il tempo* histoire de faire passer le temps ~ *hai buon tempo, tu!* tu as du temps à perdre, toi! ~ (*fam.*) *che buon tempo che ha!* quel bon temps il se paie! ~ È TEMPO DI (+ *inf.*), È TEMPO CHE (+ *congv.*) il est temps de (+ *inf.*), que (+ *congv.*): *è tempo di decidersi!* il est temps de se décider; *è tempo di mettere la testa a posto* il est temps de te mettre du plomb dans la tête; *è tempo, oramai, che lo sappiano tutti* il est temps désormais que tout le monde le sache ~ *è tempo, sarebbe tempo!* il est temps, il serait temps! ~ *era tempo che ti muovessi!* il était temps que tu bouges! ~ AL TEMPO STESSO; ALLO, NELLO STESSO TEMPO en même temps: *sono arrivati nello stesso tempo* ils sont arrivés en même temps; *ha parlato in modo profondo e al tempo stesso chiaro* il a parlé de façon profonde et en même temps fort claire ~ *scrivimi per tempo!* écris-moi vite! ~ A SUO TEMPO, A TEMPO DEBITO en son temps, en temps voulu, utile: *ogni cosa va fatta a suo tempo, a tempo debito* chaque chose doit être faite en son temps, en temps voulu, utile; *te lo dirò a suo tempo* je te le dirai en temps utile ◇ (*prov.*) *chi ha tempo non aspetti tempo* il ne faut jamais remettre au lendemain ce qu'on peut faire le jour même **3** [*periodo, epoca*] temps: *il tempo attuale* notre temps; *gli uomini dei tempi passati* les hommes du temps passé; *in tempo di pace, di guerra* en temps de paix, de guerre; *ai tempi della mia giovinezza* du temps de ma junesse; *al tempo dei Romani, delle Crociate* au temps des Romains, des Croisades; *nei tempi antichi* dans l'ancien temps; *ci fu un tempo in cui...* il fut un temps où...; *tempo verrà che...* le temps viendra où...; *rinviare tutto ad altro tempo, a tempi migliori* tout renvoyer à des temps meilleurs ◇ (*loc.*) *ai miei tempi, ai nostri tempi* de mon temps, de notre temps ~ *tempo fa, tempo addietro* il y a longtemps ~ *un tempo* avant, autrefois ~ *a quei tempi* en ce temps-là → **allora** ~ *in ogni tempo* de tout temps, depuis toujours → **sempre** ~ *quelli erano tempi!, che bei tempi erano quelli!* c'était le bon temps! ~ *al tempo dei tempi, nella notte dei tempi* dans la nuit des temps ~ *è passato quel tempo!* ces temps-là sont révolus! ~ *con i tempi che corrono...* par les temps qui courent... ~ *adeguarsi ai tempi, essere all'altezza dei tempi* être de son temps, marcher avec son temps, être dans le vent ~ *essere fuori del* (*proprio*) *tempo* ne pas marcher avec son temps ~ (*scherz.*) *al tempo che Berta filava* au temps où Berthe filait ◇ *loc. agg.* DEL TEMPO de l'époque: *i documenti del tempo* les documents de l'époque; *testimonianze del tempo* témoignages de l'époque → **contemporaneo** **4** (*meteor.*) *tempo sereno, variabile, nuvoloso* beau temps, temps variable, temps nuageux; *che tempo fa a Parigi?* quel temps fait-il à Paris?; *ieri ha fatto, c'è stato bel tempo, brutto tempo* hier il a fait beau, il a fait mauvais temps; *tempo da lupi* temps de chien; *il tempo sta cambiando* le temps change; *il tempo si mette al bello* le temps se met au beau; *l'evoluzione del tempo nelle prossime 24 ore* les prévisions du temps dans les prochaines 24 heures; *ci verrò, con qualunque tempo* je viendrai, par n'importe quel temps # *le previsioni del tempo* les prévisions météorologiques ◇ (*loc.*) *sentire il tempo* être sensible au changement de temps, être météorolopathique ~ *parlare del bello e del brutto tempo* parler de la pluie et du beau temps ◇ (*loc. fig.*) *fare il bello e il brutto tempo, fare la pioggia e il bel tempo* faire la pluie et le beau temps ~ *è una cosa che lascia il tempo che trova* c'est quelque chose qui ne change rien à rien ◇ (*prov.*) *rosso di sera, bel tempo si spera* nuages roses le soir, espoir **5** (*ling.*) temps: *tempi semplici, composti* temps simples, composés; *l'uso dei tempi del congiuntivo* l'usage des temps du subjonctif; *avverbi di tempo* adverbes de temps; *complementi di tempo* compléments de temps **6** (*mus.*) *battere il tempo* battre la mesure (*f.*): *tempo di valzer, di minuetto, di marzurka* rythme de valse, de menuet, de mazurka; *i quattro tempi della sinfonia classica* les quatre mouvements de la symphonie classique; *l'ultimo tempo della sinfonia* le dernier mouvement de la symphonie ◇ (*metr.*) temps ◇ *loc. avv.* A TEMPO en mesure: *cantare, ballare a tempo* chanter, danser en mesure; *marciare a tempo* aller en mesure ~ *fuori tempo* sans suivre la mesure **7** [*parte di uno spettacolo*] partie (*f.*): *commedia in due tempi* comédie en deux parties; *non ho visto l'inizio del primo tempo* (*del film*) je n'ai pas vu le début de la première partie du film; *sono entrati alla fine del secondo tempo* ils sont entrés à la fin de la deuxième partie **8** (*sport*) mi-temps (*f. inv.*): *i tempi regolari di una partita* les mi-temps normales d'un match; *il secondo tempo* (*della partita*) *sarà trasmesso alla TV* la deuxième mi-temps (du match) sera donnée à la télévision; *la rete è stata segnata all'11° del primo tempo* le but a été marqué à la 11e minute de la première mi-temps # *i tempi supplementari* les prolongations ◇ (*nelle gare di corsa*) temps: *far registrare il miglior tempo* marquer le meilleur temps; *migliorare il proprio tempo* améliorer son temps # *arrivare fuori tempo massimo* arriver hors des délais, passés les délais **9** [*fase di una azione*] temps: *eseguire un passo di danza in due, tre tempi* faire un pas de danse en deux, en trois temps ◇ (*ginnastica*) *tempo di azione, di fermata* temps d'action, d'arrêt ◇ (*loc.*) *al tempo!* en mesure **10** (*mecc.*) temps: *un motore a quattro, a due tempi* un moteur à quatre, à deux temps.

tèmpora |'tɛmpora| *s.f. pl.* (*liturg. catt.*) temps (*m. sing.*): *le quattro tempora, le sacre tempora* les quatre temps, les temps sacrés.

1 **temporàle** |tempo'rale| *agg.* **1** temporel*: *rapporti temporali* rapports temporels **2** (*st.*) temporel: *il potere temporale* le pouvoir temporel; *i beni temporali* les biens temporels **3** (*gram.*) temporel: *gli avverbi, le congiunzioni temporali* les adverbes temporels, les conjonctions temporelles ✦ (*s.f.*) *una* (*proposizione*) *temporale* une proposition temporelle *agg.* 🄲 2 **spirituale.**

2 **temporàle** |tempo'rale| *agg.* (*anat.*) temporal*: *la regione temporale* la région temporale; *l'osso temporale* l'os temporal.

3 **temporàle** |tempo'rale| *s.m.* (*meteor.*) orage: *i temporali estivi* les orages d'été; *sta per scoppiare un violento temporale* un violent orage va éclater, il va y avoir un violent orage ◇ (*loc.*) *c'è, tira aria di temporale*: (*pr., fig.*) il y a de l'orage dans l'air ~ *sta per avvicinarsi il temporale*: (*pr., fig.*) l'orage approche.

temporalésco, chi, ca, che |tempora'lesko, ki, ka, ke| *agg.* (*meteor.*) orageux*: *nuvole temporalesche* nuages orageux; *rovesci temporaleschi* averses orageuses.

temporalità |temporali'ta| *s.f. inv.* temporalité *var.*

temporalménte |temporal'mente| *avv.* (*raro*) [→ 1 TEMPORALE 1] temporellement (*corr.*).

temporaneaménte |temporanea'mente| *avv.* [→ TEMPORANEO] temporairement: *tutte le licenze sono temporaneamente sospese* toutes les permissions sont temporairement supprimées, suspendues 🄲 **definitivamente.**

temporaneità |temporanei'ta| *s.f. inv.* caractère *m. var.* temporaire.

temporàneo |tempo'raneo| *agg.* temporaire: *un lavoro temporaneo* un travail temporaire; *temperatura in temporaneo aumento* température en hausse temporaire → **provvisorio** 🄲 **definitivo.**

temporeggiaménto |temporedd3a'mento| *s.m.* [→ TEMPOREGGIARE] temporisation *f.* # *bisogna agire senza temporeggiamenti* il faut agir sans attendre.

temporeggiàre |tempored'd3are| *v.intr.* (*aus.* '*avere*') [*aspettare il momento più opportuno per agire*; *esitare*] temporiser.

temporeggiatóre, trice |tempored d3a'tore, tritʃe| *s.* temporisateur* ◇ (*st. rom.*) *Fabio Massimo, detto il Temporeggiatore* Fabius Cunctator, le Temporisateur.

temporibus illis |tem'pɔribu's illis| *loc. avv.* (*lat.*) (*spec. scherz.*) [*in tempi molto lontani*] (de) jadis, (d')autrefois: *un'abitudine in vigore temporibus illis* une habitude de jadis, d'autrefois.

temporizzàre |temporid'dzare| *v. tr.* (*tecnol.*) [*fissare, in un meccanismo, il momento in cui esso deve entrare in funzione*] temporiser.

temporizzatóre |temporiddza'tore| *s.m.* (*tecnol.*) temporisateur.

temporizzazióne |temporiddzat'tsjone| *s.f.* (*tecnol.*) temporisation.

tèmpra |'tɛmpra| *s.f.* **1** (*metall.*) trempe: *un metallo di buona tempra* un métal de bonne trempe # *dare la tempra all'acciaio* tremper l'acier ◇ (*per est.*) *dare la tempra al vetro* tremper le verre ◇ [*il filo di una lama*] fil (*m.*): *questa lama ha perso la tempra* cette lame a perdu son fil **2** (*fig.*) (*persone*) [*l'insieme delle doti intellettuali e morali*] tempérament *m.*; caractère (*m.*): *una persona dalla tempra d'acciaio* une personne aux nerfs, au tempérament d'acier ‖ *una tempra di studioso, d'artista* un caractère de savant, d'artiste ◇ [*costituzione fisica*] trempe: *essere di una tempra rotta a tutte le fatiche* être d'une trempe rompue à toutes les fatigues ◇ (*raro*) → **temperamento** **3** (*raro*) [*timbro della voce umana o di uno strumento musicale*] timbre *m.* **4** (*arc.*) [*taglio dato alla penna d'oca per scrivere*] taille.

tempràre |tem'prare| **A** *v.tr.* **1** (*metall.*) [*sottoporre al trattamento di tempra*] tremper: *temprare l'acciaio* tremper l'acier ◇ (*per est.*) *temprare il vetro* tremper le verre **2** (*fig.*) [*rafforzare, fisicamente e moralmente*] tremper: *questa vita spartana ha temprato il suo corpo* cette vie spartiate a trempé son corps; *le avversità lo hanno temprato per la vita* les adversités l'ont trempé pour la vie **B** *v.pron. intr.* TEMPRARSI [→ *tr.* 2] devenir (27) *intr.* plus fort: *il suo carattere si è temprato nelle difficoltà* son caractère est devenu plus fort avec les difficultés, les difficultés ont trempé son caractère.

tempràto |tem'prato| *agg.* (*metall.*) trempé: *acciaio temprato* acier trempé ◇ (*fig.*) *essere temprato per tutte le avversità* être trempé pour toutes les adversités.

tempùscolo |tem'puskolo| *s.m.* (*scient.*) temps infinitésimal*.

tenàce |te'natʃe| *agg.* **1** [*viscoso*; *adesivo*] tenace: *colla, calce tenace* colle, chaux tenace **2** [*duro*; *compatto*] dur: *legno, terreno tenace* bois, terrain dur **3** (*fig.*) [*saldo*; *forte*] tenace: *una memoria, un odio tenace* une mémoire, une haine tenace ◇ (*persone*) *una persona tenace* une personne tenace → **costante**.

tenaceménte |tenatʃe'mente| *avv.* [→ TENACE] tenacement.

tenàcia, cie |te'natʃa, tʃe| *s.f.* ténacité: *sostenere con tenacia le proprie idee* soutenir avec ténacité ses idées.

tenacità |tenatʃi'ta| *s.f. inv.* (*fis.*) ténacité (*var.*): *la tenacità di un metallo* la ténacité d'un métal; *la tenacità di un terreno agricolo* la ténacité d'un terrain agricole.

tenàcolo |te'nakolo| *s.m.* (*chir.*) érigne *f.*

tenàglia |te'naʎʎa|, (*raro*) **tanàglia** |ta'naʎʎa| *s.f.* **1** *spec. al plur.* tenaille(s): *tenaglia piana* tenaille plate; *tenaglie da fabbro, da falegname* tenailles de forgeron, de menuisier; *tenaglia a taglio* tenailles à mors coupants # *le tenaglie del dentista* les pinces du dentiste → **pinza** ◇ *loc. agg.* A TENAGLIA en (forme de) tenaille: *manovra a tenaglia* manœuvre en tenaille ◇ (*loc. fig.*) *ci vogliono le tenaglie per farlo parlare* on a toutes les peines du monde à le faire parler ~ *bisogna cavargli fuori le parole con le tenaglie* il faut lui arracher les mots **2** *spec. al plur.* [*chela*] pinces: *le tenaglie dei granchi* les pinces des crabes.

tènar |'tɛnar|, **tènare** |'tɛnare| *agg.* (*anat.*) *eminenza tenar* thénar *s.m.*

tenàrio, ii |te'narjo, ii| *agg.* (*poet.*) → **infernale**.

tènda |'tɛnda| *s.f.* **1** [*telo per arredamento di interni*] rideau (*m.*): *tirare, scostare le tende* tirer, écarter les rideaux; *lavare la tenda del bagno* laver le rideau de la salle de bain ◇ [*telo pesante per esterni*] store (*m.*): *tende alla veneziana* stores vénitiens; **2** (*tenda da campo, da campeggio*) tente: *tenda quadrata, conica, rettangolare* tente carrée, conique, rectangulaire; *tenda canadese* tente canadienne ◇ (*loc. fig.*) *piantare le tende in un luogo* s'installer, prendre racine dans un lieu ~ *levare le tende* mettre les voiles (*fam.*), les bouts (*pop.*); lever le camp **3** (*med.*) *tenda a ossigeno* tente à oxygène.

tendàggio, i |ten'dadd3o, i| *s.m.* [*le tende di un locale*] tenture (*f.*): *rifare tutto il tendaggio dell'appartamento* refaire toutes les tentures de l'appartement.

tendàme |ten'dame| *s.m.* [*assortimento di tende e accessori*] rideaux (*pl.*): *un negozio di tendami* un magasin de tentures et rideaux.

tendènte |ten'dɛnte| *agg.* qui tend(ent) *loc.*, qui tire(nt) (*loc.*): *prezzi tendenti al rialzo* prix qui tendent à augmenter; tendance à la hausse (des prix) # *tempo tendente al bello* temps qui va vers le beau; *un viola tendente al rosso* un violet tirant sur le rouge.

tendènza |ten'dɛntsa| *s.f.* (*cose*) tendance: *tendenza al miglioramento, al peggioramento* tendance à l'amélioration, à l'aggravation; *tendenza al rialzo, al ribasso* (*dei titoli in Borsa*) tendance à la hausse, à la baisse (des titres en Bourse) ◇ (*persone*) [*inclinazione, attitudine*] penchant *m.*; tendance: *persone di ogni tendenza* personnes de toutes tendances; *avere tendenza per la musica, per la matematica* avoir un penchant pour la musique, pour les mathématiques ‖ *fare indagini sulle tendenze politiche dei propri dipendenti* faire une enquête sur les tendances politiques de ses employés; *quel ragazzo ha delle cattive tendenze* ce garçon a de mauvaises tendances, de mauvais penchants.

tendenziàle |tenden'tsjale| *agg.* tendanciel*.

tendenzialménte |tendentsjal'mente| *avv.* [→ TENDENZIALE] fondamentalement: *avere un atteggiamento tendenzialmente conservatore* avoir une attitude fondamentalement conservatrice; *è un uomo tendenzialmente onesto* c'est un homme fondamentalement honnête → **fondamentalmente**.

tendenziosaménte |tendentsjosa'mente| *avv.* [→ TENDENZIOSO] tendancieusement.

tendenziosità |tendentsjosi'ta| *s.f. inv.* caractère *m. var.* tendancieux: *la tendenziosità di un giornale* le caractère tendancieux d'un journal ⓒ **imparzialità**.

tendenzióso |tenden'tsjoso| *agg.* tendancieux*: *una versione tendenziosa dei fatti* une version tendancieuse des faits; *un critico tendenzioso* un critique tendancieux ⓒ **imparziale**.

tender |'tendə, 'tɛnder| *s.m. inv.* (*ingl.*) (*ferr.*) tender *var.*

tèndere |'tɛndere| (105) **A** *v.tr.* **1** [*distendere*; *tirare*] tendre (53): *tendere un elastico, una fune* tendre un élastique, une corde; *tendere la corda dell'arco* tendre la corde d'un arc; *tendere le corde della chitarra* tendre les cordes d'une guitare; *tendere i muscoli* tendre les muscles **2** [*porgere*; *allungare*] tendre; lever (6): *tendere le braccia a qc., a q.c.* tendre les bras à qqn., vers qqch. ‖ *tendere le mani al cielo* lever les bras au ciel ◇ (*loc. fig.*) *tendere le orecchie* tendre l'oreille → **rizzare** ◇ (*loc.*) *tendere la mano a qc.* (*pr., fig.*) tendre la main à qqn.; *mi tese la mano in segno di saluto* il me tendit la main pour me dire bonjour, en guise de bonjour; *nessuno mi ha teso la mano quando ero in difficoltà* quand j'étais en difficulté, je ne trouvais personne pour me tendre la main **3** [*disporre, apprestare*] tendre: *tendere le reti, una trappola* tendre les filets, un piège ◇ (*fig.*) *tendere un tranello, un'insidia* tendre un piège, dresser une embûche **B** *v.intr.* (*aus.* '*avere*') **1** (*cose*) [*dirigersi verso*] tendre: *l'idrogeno tende verso l'alto* l'hydrogène tend à s'élever ◇ [*indirizzarsi*; *evolversi*] tendre, avoir (28) *tr.* tendance à: *i costi tendono a dilatarsi* les coûts tendent à s'accroître; *è un materiale che tende a logorarsi* c'est un matériel qui a tendance à se détériorer # *il tempo tende al peggio* le temps se gâte **2** (*persone*) [*essere incline, propenso a...*] être (43) enclin à, tendre: *tendere alla malinconia, al pessimismo* être enclin à la mélancolie, au pessimisme; *tendere* (*politicamente*) *a sinistra, a destra* tendre, pencher (politiquement) à gauche, à droite ◇ [*mirare a q.c.*] tendre: *tendere a uno scopo* tendre à, vers un but; *le sue parole tendono a metterti in cattiva luce* ses paroles tendent à te présenter sous un mauvais jour **3** (*di colori, sapori e sim.*) [*avvicinarsi a*; *assomigliare a*] tirer sur; ressembler: *un rosso che tende al rosa* un rouge tirant sur le rose ‖ *questo vino ha un sapore che tende al vellutato* ce vin a une saveur qui ressemble au velours **C** *v.pron. intr.* TENDERSI [→ *tr.* 1] se tendre: *i muscoli dei* *due lottatori si tesero nello sforzo* les muscles des deux lutteurs se tendirent sous l'effort **C** A 1 **allentare.**

tendicaténa |tendika'tena| *s.m. inv.* (*mecc.*) tendeur *var.* de chaîne.

tendicinghia |tendi'tʃingja| *s.m. inv.* (*mecc.*) tendeur *var.* de courroie de transmission.

tendicòllo |tendi'kɔllo| *s.m. inv.* (*abbigl.*) baleine *f. var.* de col.

tendifilo |tendi'filo| *s.m. inv.* (*mecc.*) tendeur *var.* de fil.

tendiguànti |tendi'gwanti| *s.m. inv.* (*tecnol.*) tendeur *var.*

tendina |ten'dina| *s.f.* **1** [*piccola tenda per finestre*] rideau (*m.*): *applicare le tendine alle finestre* mettre des rideaux aux fenêtres; *scostare la tendina dell'oblò* écarter le rideau du hublot **2** (*foto.*) rideau: *otturatore a tendina* obturateur à rideau.

tèndine |'tɛndine| *s.m.* (*anat.*) tendon.

tendineo |ten'dineo| *agg.* (*anat., med.*) tendineux*.

tendinite |tendi'nite| *s.f.* (*med.*) tendinite.

tendinóso |tendi'noso| *agg.* (*raro*) tendineux* (*corr.*).

tendiscàrpe |tendis'karpe| *s.m. inv.* [*forma per calzature*] embauchoir *var.*, forme *f. var.*

tenditóio, i |tendi'tojo, i| *s.m.* [*luogo in cui si stende la biancheria ad asciugare*] étendoir.

tenditóre |tendi'tore| *s.m.* (*mecc.*) tendeur.

tendóne |ten'done| *s.m.* **1** [*tenda grossa e resistente*] chapiteau; bâche (*f.*): *il tendone del circo* le chapiteau du cirque ‖ *il tendone dell'automobile* la bâche de la voiture **2** (*raro*) → **sipario.**

tendòpoli |ten'dɔpoli| *s.f. inv.* village *m. var.* de toile: *hanno sistemato i terremotati in tendopoli* on a installé les victimes du tremblement de terre dans un village de toile.

tènebra |'tɛnebra| *s.f. spec. al plur.* ténèbres: *le tenebre della notte* les ténèbres de la nuit; *fuggire con il favore delle tenebre* fuir à la faveur des ténèbres ◇ (*fig.*) *le tenebre dell'ignoranza* les ténèbres de l'ignorance; *le tenebre del mistero* les ténèbres du mystère ◇ (*loc. eccl.*) *il regno delle tenebre* le règne des ténèbres.

tenebrióne |tene'brjone| *s.m.* (*t. zool.*) ténébrion.

tenebrosaménte |tenebrosa'mente| *avv.* [→ TENEBROSO] ténébreusement.

tenebrosità |tenebrosi'ta| *s.f. inv.* [*assenza di luce; oscurità*] obscurité *var.* ◇ (*fig.*) *tenebrosità di pensiero, di ragionamento* obscurité de pensée, de raisonnement **C** **luminosità.**

tenebróso |tene'broso| *agg.* ténébreux*: *un luogo tenebroso* un lieu ténébreux ◇ (*fig.*) [*misterioso; nascosto*] *trame tenebrose* intrigues ténébreuses **C** **luminoso.**

tenènte |te'nɛnte| *s.m.* (*mil.*) lieutenant: *tenente colonnello* lieutenant colonel; *tenente di vascello* lieutenant de vaisseau; *signorsì, signor tenente!* oui, mon lieutenant!, (*mar.*) oui, lieutenant # *tenente generale* général de division.

tenènza |te'nɛntsa| *s.f.* (*mil.*) section de gendarmerie (cantonale), de carabiniers.

teneraménte |tenera'mente| *avv.* [→ TENERO **1** 3] tendrement: *le vuole bene teneramente* il l'aime tendrement.

tenére |te'nere| (188) **A** *v.tr.* **1** [*avere in mano; stringere tra le mani*] tenir (27): *tenere in mano l'ombrello, il bastone, un libro* tenir un parapluie, un bâton, un livre à la main; *tenere il bambino in braccio, al collo* tenir un enfant dans ses bras; *tieni forte il pacco con tutt'e due le mani!* tiens bien le paquet des deux mains!; *tenetelo stretto, che non scappi!* tenez-le bien qu'il ne se sauve pas!; *teneva la bambina per mano* il tenait sa petite fille par la main ◇ [*reggere*] *per favore, tienimi un momento la scala!* s'il te plaît, tiens moi un instant l'échelle; *tieni dritta la pila, la lampada!* tiens la lampe bien droite! ◇ (*loc.*) *è un fuoribordo che tiene* (*bene*) *il mare* c'est un hors-bord qui tient bien la mer ~ (*boxe*) *tenere l'avversario* s'accrocher à l'adversaire ◇ (*loc. fig.*) *tenere il lume a qc.* tenir le chandelier à qqn. ~ *tener mano, il sacco a qc.* être complice de qqn. ~ *tenersi la pancia* (*dal ridere*) se tenir les côtes (de rire) **2** [*prendere per sé; accettare*] garder, tenir: *tieni la ricevuta* garde le reçu; *tenga pure il resto!* gardez le reste, la monnaie, je vous en prie!; *toh, tieni la mancia!* tiens, garde cela!; *tienilo come ricordo, per ricordo!* garde-le comme souvenir! **3** [*avere una determinata capienza; contenere*] (con)tenir: *quella damigiana tiene circa 50 litri* cette bonbonne (con)tient 50 litres environ; *lo stadio può tenere 100.000 spettatori* le stade peut contenir 100.000 spectateurs **4** [*collocare; mantenere per un certo tempo in una determinata posizione o condizione*] avoir (28), tenir: *tenere le mani in tasca* avoir les mains dans ses poches; *tenere il cappello in testa* avoir son chapeau sur la tête; *tenere le gambe accavallate* avoir les jambes croisées; *tenere il figlio in collegio* avoir son fils au collège; *tenere qc. a pensione* avoir qqn. en pension; *tenere gli occhi bassi* tenir les yeux baissés; *tenere la porta aperta* tenir, laisser la porte ouverte; *tenere al fresco una vivanda* tenir un plat au frais; *tenere la cena in caldo* tenir le dîner au chaud # *tenere tutto in ordine* laisser tout en ordre; *tenere la carne in frigorifero* garder la viande dans le réfrigérateur; *tenere le olive, i peperoni sott'olio, sott'aceto* conserver les olives, les poivrons dans l'huile, dans le vinaigre; *tenere alti i prezzi* maintenir des prix élevés ◇ (*fig.*) *tenere qc. in ansia, in pensiero* laisser qqn. dans l'anxiété, dans le(s) souci(s); *tenere qc. al corrente di q.c.* tenir qqn. au courant de qqch.; *tienimi sempre informato!* tiens-moi toujours au courant!; *ci hanno tenuti in sospeso per un mese* ils nous ont laissés un mois dans l'incertitude; *tenere in sospeso una pratica* laisser un dossier en souffrance, en suspens; *tenere qc. alle proprie dipendenze* tenir qqn. dans sa dépendance; *tenere qc. a balia* garder qqn.; *tenere qc. in ostaggio* garder qqn. en otage ◇ (*loc. fig.*) *tenere qc. a battesimo* tenir qqn. sur les fonts baptismaux ~ *tenere qc. a cresima* être parrain, marraine de confirmation ~ *tenere a bada qc.* tenir qqn. en respect ~ *tenere a mente, a memoria* se souvenir (de qqch.) ~ *tenere il piede in due staffe* jouer double jeu ~ *tieni le mani a posto!* bas les pattes! ~ *tenere la lingua a posto* tenir sa langue ~ *tenere le distanze* garder ses distances ~ *dopo la morte della mamma è stata tenuta in casa dagli zii* après la mort de sa mère, elle est restée chez son oncle et sa tante ~ *tenersi buono qc.* ménager qqn. ~ *la commissione l'ha tenuto sotto per due ore* la commission l'a gardé deux heures **5** [*conservare, serbare*] garder: *tenere un segreto* garder un secret; *quelle insinuazioni, tientele per te!* ces insinuations, garde-les pour toi! # *tener fede a una promessa, a un impegno* tenir sa promesse, ses engagements **6** [*far restare; trattenere*] retenir (27): *tenere qc. a cena* retenir qqn. à dîner; *la malattia, l'incidente l'ha tenuto a letto per un mese* la maladie, l'accident l'a retenu au lit pendant un mois; *tenere le risa, il pianto* retenir son rire, ses larmes; *tenere il respiro* retenir son souffle # *non so come tenerlo, questo monello!* je n'arrive pas à le tenir, ce petit coquin! → **frenare, dominare** ◇ (*loc. fig.*) *non so cosa, chi mi tenga dal dirgliene quattro, dal prenderlo a sberle* je ne sais pas (ce) qui me retient de lui dire ses quatre vérités, de le gifler **7** [*occupare*] tenir: *la libreria tiene un'intera parete* la bibliothèque tient toute la paroi; *l'autocarro teneva tutta la corsia* l'autocar tenait, prenait toute la chaussée → **ingombrare** # *il nemico tiene il ponte, la vetta* l'ennemi occupe le pont, la crête → **presidiare;** *se arrivi prima, tienimi il posto!* si tu arrives avant, garde-moi une place! **8** [*seguire una determinata direzione*] tenir: *tenere la destra, la sinistra* tenir sa droite, sa gauche; *tenere la propria mano* tenir sa droite; *tenere la strada* tenir la route # *tenere la rotta* garder le cap ◇ (*fig.*) [*seguire un certo comportamento*] suivre (52); mener (6): *tenere una determinata linea di condotta* suivre une certaine ligne de conduite ‖ *tenere una vita dissoluta* mener une vie dissolue ◇ (*loc. fig.*) *tenere le parti di qc.* prendre parti pour qqn. ~ *tenere sempre la stessa regola* suivre toujours la même règle ~ *tenere il filo del discorso* suivre le fil du discours **9** (*con compl. predicativo dell'ogg.*) [*ritenere, stimare*] considérer (8), prendre (73) comme: *tenere qc. per santo* considérer qqn. comme un saint; *la tengo come un'offesa personale* je la prends comme une offense personnelle ◇ (*loc.*) *tenere qc. in conto di..., in concetto di...* tenir qqn. pour..., en... ~ *tenere in poco, in nessun conto* estimer peu, aucunement ~ *tenere per fermo, per certo* tenir pour certain **10** (*region.*) [*avere*] avoir: *tengo moglie e figli!* j'ai une femme et des enfants! **11** (*con significati particolari, determinati dal compl. ogg.*) tenir: *tener consiglio, riunione, assemblea* [*fare*] tenir conseil, une réunion, une assemblée; *tenere un discorso* [*pronunciare*] tenir un discours; *tener conto di q.c., di qc.* [*considerare*] tenir compte de qqch., de qqn.; *tenere la cassa, la contabilità, i registri* [*far sì che siano aggiornati*] tenir la caisse, la comptabilité, les registres; *tenere il banco di un gioco* [*avere*] tenir la banque d'un jeu # *tener lezione* faire un cours; *tieni conto* *che...* (+ *indic.*) remarque que... (+ *indic.*); *tenere da conto q.c.* [*conservare*] garder qqch. avec soin, prendre qqch. avec soin ♦ (*ass.*) *tener da conto* [*risparmiare*] mettre de côté ◇ (*loc. fig.*) *nelle conversazioni, tiene sempre banco* dans les réunions, c'est toujours lui qui tient le crachoir (*fam.*) ~ *tener testa a un avversario* tenir tête à un adversaire ~ *tener d'occhio qc., q.c.* [*vigilare*] avoir, tenir qqn., qqch. à l'œil ~ *tener bottega* tenir boutique ~ *tener compagnia a qc.* tenir compagnie à qqn. ~ *questo maglione tiene caldo* ce pull tient chaud ~ *tenere una pensione, una autoscuola* [*gestire*] diriger une pension, une auto-école ◇ (*dir.*) *tenere udienza* tenir séance ◇ (*mus.*) *tenere una nota* tenir une note **B** *v.intr.* (*aus. 'avere'*) **1** [*resistere, reggere*] tenir: *la corda non tiene* la corde ne tient pas; *questo chiodo, questo tappo non tiene* ce clou, ce bouchon ne tient pas; *la colla non tiene* la colle ne tient pas; *la pattuglia ha tenuto, nonostante i ripetuti attacchi nemici* la patrouille a tenu, a résisté malgré les attaques répétées de l'ennemi ◇ (*di chiusura*) [*restar chiuso*] *la serratura, la cerniera non tiene* la serrure, le fermoir ne tient pas ◇ (*di recipiente*) [*non lasciar uscire il contenuto*] *questa botte non terrà a lungo* ce tonneau ne tiendra pas longtemps ◇ (*loc. fig.*) *tener duro* [*resistere a ogni costo*] tenir bon ~ (*sport*) *la squadra ha tenuto alla distanza* l'équipe a tenu bon **2** [*procedere in una certa direzione*] tenir (*tr.*): *tenere a destra, a sinistra* tenir sa droite, sa gauche ◇ *loc. fig.* TENER(E) DIETRO A QC. suivre qqn.: *è difficile tener dietro alle sue argomentazioni* il est difficile de le suivre dans son raisonnement, dans ses raisons ~ TENERE DA QC. [*somigliargli*] tenir de qqn.: *quel bambino tiene molto dal papà, dai nonni* cet enfant tient beaucoup de son père, de ses grands-parents **3** *loc.* TENERE PER QC., DALLA PARTE DI QC. [*parteggiare per*; *avere simpatie per...*] prendre le parti: *tenere per i deboli, per gli oppressi* prendre le parti des faibles, des opprimés # *tenere per una squadra di calcio* être le supporter d'une, tenir pour une équipe de football **4** *loc.* TENERE, TENERCI A... [*dare importanza a*; *essere affezionato a...*] tenir à...: *è uno che (ci) tiene alla forma* c'est quelqu'un qui tient à la forme; *ci tengo, alla pelle!* je tiens, j'y tiens à ma peau!; *ci tenevo ad essere presente* je tenais à être présent; (*ci*) *tengo a precisare, a ripetere che...* je tiens à préciser, à répéter que...; *... se proprio ci tieni...* si tu y tiens vraiment...; *non smarrire quell'oggetto: è un ricordo di famiglia e ci tengo molto* ne perds pas cet objet: c'est un souvenir de famille et j'y tiens comme à la prunelle de mes yeux **C** *v.pron. rifl.* TENERSI **1** [*sorreggersi*; *reggersi*] se tenir: *tenersi a un sostegno, a un appiglio* se tenir à un appui; *tienti forte alla ringhiera* tiens-toi bien à la balustrade, tiens bon la rampe **2** [*restare in una certa posizione o condizione*] se tenir: *tenersi in disparte, a distanza, in sella* se tenir à l'écart, à distance, en selle; *tenersi pronto, a disposizione* se tenir prêt, à la disposition # *tenersi a galla* surnager ◇ (*loc.*) *tenersi aggiornato, al corrente* se tenir au courant ~ *tenersi in guardia, sulla difensiva* se tenir en garde, sur la défensive ~ *tenersi sulle generali* s'en tenir aux généralités, ne pas entrer dans les détails ~ *si teneva sulle sue* il gardait les distances ~ (*mar.*) *tenersi al largo* se tenir au large **3** [*attenersi a*; *seguire*] s'en tenir: *tenersi scrupolosamente alle istruzioni* s'en tenir scrupuleusement aux instructions ◇ [*stare a*; *rispettare*] *tenersi ai patti* s'en tenir aux accords; *tenersi allo stesso metodo* s'en tenir à la même méthode; *non divagare*; *tieniti ai fatti!* ne t'écarte pas du sujet, tiens-t'en aux faits **4** [→ *tr.* 6] se retenir: *tenersi dal ridere* se retenir de rire → **trattener(si)** **5** [→ *tr.* 9] s'estimer, se considérer: *tenersi pago, soddisfatto di q.c.* s'estimer, se considérer comme satisfait de qqch. → **ritener(si).**

tenerézza |tene'rettsa| *s.f.* **1** [*morbidezza*] tendreté: *la tenerezza di un legno* la tendreté d'un bois # *piselli di una tenerezza deliziosa* petits pois délicieusement tendres ◇ (*pittura*) morbidesse: *la tenerezza delle linee del disegno* la morbidesse des lignes du dessin **2** (*fig.*) [*affettuosità*; *simpatia*] tendresse: *provare tenerezza per qc.* avoir de la tendresse pour qqn. # *quel cucciolo mi fa tenerezza!* ce chiot m'attendrit!; *fa perfino tenerezza, tanto è ingenuo* son ingénuité va jusqu'à m'attendrir; il m'attendrit même, tellement il est ingénu ◇ *al plur.* (*con significato concr.*) cajolerie, câlinerie: *ricolmare qc. di tenerezze* combler qqn. de cajoleries, de câlineries.

tènero |'tɛnero| **I** *agg.* **1** [*morbido*; *cedevole*] tendre: *legno, acciaio tenero* bois, acier tendre; *grano tenero* blé tendre; *carne tenera* viande tendre; *un'insalata tenera* une salade tendre **2** [*nato da poco*; *delicato*] délicat, fragile: *una tenera pianticella* une petite plante délicate, fragile; *le tenere membra di un neonato* les membres délicats d'un nouveau-né ◇ *loc.* TENERA ETÀ âge tendre, tendre enfance # *l'erede è ancora in tenera età* l'héritier est encore en bas âge ◇ (*iron.*) *alla tenera età di settant'anni...* avec ses soixante--dix printemps... **3** (*fig.*) [*affettuoso*; *delicato*] tendre: *una tenera amicizia* une tendre amitié; *teneri sguardi* regards tendres; *avere un cuore tenero* avoir un cœur tendre # *un padre tenero con i propri figli* un père indulgent envers ses enfants **II** *s.m.* **1** [→ *agg.* 1] partie *f.* tendre: *mangiare solo il tenero del carciofo* ne manger que la partie tendre de l'artichaut **2** (*fig.*) *tra i due ragazzi c'è del tenero* il y a quelque chose entre ces deux jeunes (gens); *avere del tenero per qc.* avoir un sentiment pour qqn. Ⓒ I 1 **duro.**

tenerùme |tene'rume| *s.m.* **1** [*la parte tenera di ortaggi e frutti*] partie *f.* tendre: *il tenerume degli asparagi* la partie tendre des asperges ◇ (*macelleria*) partie tendre **2** (*fig., spreg.*) [*eccessivo sentimentalismo*] mièvreries (*f. pl.*): *mi dà fastidio tutto quel tenerume* il m'ennuie avec toutes ses mièvreries → **smanceria, svenevolezza.**

tenèsmo |te'nɛzmo| *s.m.* (*med.*) ténesme.

tènia |'tɛnja| *s.f.* (*t.zool., med.*) ténia *m.*, taenia *m.*

tenìbile |te'nibile| *agg.* (*raro*) [*che si può tenere, difendere*] tenable (*corr.*): *la posizione non era più tenibile* la position n'était plus tenable.

tenìfugo, ghi, ga, ghe |te'nifugo, gi, ga, ge| *agg. e s.m.* (*farm.*) ténifuge, ténicide: *un (preparato) tenifugo* une préparation ténifuge.

tenitóre, trice |teni'tore, tritʃe| *s.* (*raro*) → **gestore.**

tènnis |'tɛnnis| *s.m. inv.* **1** tennis: *campionati di tennis* championnats de tennis; *una partita di tennis* un match de tennis; *racchetta da tennis* raquette de tennis; *giocare a tennis* jouer au tennis; *scarpe da tennis* chaussures de tennis **2** *tennis da tavolo* tennis de table → **ping-pong.**

tennista |ten'nista| *s.* joueur* de tennis: *essere un buon tennista, una buona tennista* être un bon joueur de tennis, une bonne joueuse de tennis; être une bonne raquette.

tennìstico, ci, ca, che |ten'nistiko, tʃi, ka, ke| *agg.* de tennis (*loc. inv.*): *un torneo tennistico* un tournoi de tennis.

tenonatrice |tenona'tritʃe| *s.f.* (*tecnol.*) tenonneuse.

tenóne |te'none| *s.m.* (*edil.*) tenon.

tenóre |te'nore| *s.m.* **1** [*modo di essere*; *comportamento*] train: *tenore di vita* train de vie ◇ *loc.* (*dir.*) *a tenore dell'articolo X del codice...* aux termes de l'article X du code... ~ *a tenore di legge* aux termes de la loi **2** [*contenuto essenziale, stile di scritti o discorsi*] teneur (*f.*): *il tenore del suo discorso è molto chiaro* la teneur de son discours est très claire; *dello stesso tenore sono stati tutti gli interventi successivi* toutes les interventions successives ont eu la même teneur **3** [*percentuale di un elemento in un comp.*] teneur: *una miscela ad alto tenore di ossigeno* un mélange à haute teneur d'oxygène; *un liquore a basso tenore alcoolico* une liqueur à basse teneur en alcool **4** (*mus.*) ténor: *la parte di tenore è sostenuta da...* le rôle du ténor est tenu par... ◇ [*registro dell'organo*] ténor ♦ (*in funzione di agg. inv.*) *sassofono tenore* saxophone ténor ◇ [*cantante che sostiene quel ruolo*] *un tenore drammatico, leggero* un ténor dramatique, léger (ténorino).

tenoreggiàre |tenored'dʒare| *v. intr.* (*aus. 'avere'*) (*raro*) [*cantare con voce di tenore*] ténoriser ◇ (*scherz.*) [*imitare la voce di un tenore*] ténoriser.

tenorile |teno'rile| *agg.* (*mus.*) de ténor *loc. inv.*

tenorino |teno'rino| *s.m.* ténorino ◇ (*fam.*) [*tenore giovane, inesperto*] jeune ténor.

tenorrafìa |tenorra'fia| *s.f.* (*chir.*) ténorrhaphie.

tenotomìa |tenoto'mia| *s.f.* (*chir.*) ténotomie.

tènrec |'tɛnrek| *s.m. inv.* (*t.zool.*) tanrec *var.*, tenrec *var.*

tensioattività |tensjoattivi'ta| *s.f. inv.* (*fis.*) tensio-activité *var.*

tensioattivo |tensjoat'tivo| *agg. e s.m.* (*chim.*) tensio-actif* *agg.*, mouillant *agg.*

tensiòmetro |ten'sjɔmetro| *s.m.* (*fis.*) tensiomètre.

tensióne |ten'sjone| *s.f.* **1** tension: *una corda in tensione* une corde sous tension; *tensione muscolare* tension musculaire; *sottoporre a tensione un cavo* soumettre un câble à une tension **2** (*elettr.*) tension: *tensione di rete* tension de réseau; *linea ad alta, bassa tensione* ligne de haute, de basse tension; *cambio di tensione di un elettrodomestico* changement de tension d'un appareil ménager **3** (*med.*) tension: *tensione arteriosa* tension artérielle → **pressione** **4** (*fig.*) [*agitazione*; *eccitazione*] tension: *essere in continua tensione* être continuellement sous tension; *superare la tensione dell'esame* vaincre la tension, le trac (*fam.*) de l'examen ◇ [*sforzo*] *tensione mentale* tension d'esprit ◇ (*loc.*) *una pagina, una scena ricca di tensione drammatica* une page, une scène riche de tension dramatique **5** (*fig.*) [*contrasto*; *irrigidimento nei rapporti*] tension: *una epoca di forti tensioni sociali* une époque de fortes tensions sociales; *è aumentata la tensione tra i due Stati confinanti* la tension s'est accrue entre les deux États limitrophes.

tensìvo |ten'sivo| *agg.* (*med.*) tensif*.

1 **tensóre** |ten'sore| *agg. e s.m.* (*anat.*) (*muscolo*) *tensore* (muscle) tenseur.

2 **tensóre** |ten'sore| *s.m.* (*mat.*) tenseur.

tensoriàle |tenso'rjale| *agg.* (*fis.*) tensoriel*.

tentàbile |ten'tabile| *agg.* qui peut être tenté (*loc.*): *è un'impresa rischiosa* c'est une entreprise dangereuse, mais qui peut être tentée ✦ *s.m.* le possible: *tentare il tentabile* faire tout le possible.

tentacolàre |tentako'lare| *agg.* tentaculaire ◇ (*fig.*) *una città tentacolare* une ville tentaculaire.

tentàcolo |ten'takolo| *s.m.* (*zool.*) tentacule ◇ (*fig.*) *i tentacoli del vizio* les tentacules du vice.

tentàre |ten'tare| *v.tr.* **1** [*cercare di ottenere q.c.*] tenter, essayer (9): *tentare la fuga* tenter la fuite, essayer de fuir; *tentare la prova* tenter l'épreuve ◇ [*provare, sperimentare*] *tentare tutti i mezzi, tutte le vie* tout tenter; *tentare la sorte, la fortuna* tenter le destin, la fortune ✦ (*ass.*) *beh, io tento!* eh bien, moi j'essaie! ◇ (*prov.*) *tentar non nuoce* on ne perd rien à essayer **2** TENTARE DI (+ *inf.*) [*cercare di*; *sforzarsi di*] tenter de, essayer de (+ *inf.*): *tentare di vincere, di riuscire* tenter, essayer de gagner, de réussir: *hanno tentato di rapinarlo* ils ont essayé de le voler **3** (*ogg. di cosa*) [*saggiare, mettere alla prova*] mettre (71) à l'épreuve: *tentare l'onestà, la lealtà di qc.* mettre à l'épreuve l'honnêteté, la loyauté de qqn. ◇ (*ogg. di persona*) [*incitare al male o a una cosa sconveniente*] *essere tentato dal diavolo, dalle cattive compagnie* être tenté par le diable, par les mauvaises fréquentations ◇ (*per est.*) [*allettare, attirare*] *è un'idea che mi tenta* c'est une idée qui me tente; *non lasciarti tentare dalle apparenze!* ne te laisse pas prendre aux apparences! **4** (*raro*) [*saggiare toccando*] tâter (*corr.*): *tentare il fondale con una pertica* tâter le fond avec une perche **5** (*lett.*) [*toccare con leggerezza*] pincer (2) légèrement (*corr.*): *tentare le corde dell'arpa* pincer légèrement les cordes de la harpe.

tentativo |tenta'tivo| *s.m.* tentative *f.*, essai: *tentativo di fuga* tentative de fuite; *il tentativo non è riuscito* l'essai n'a pas réussi, a échoué; *faremo un ultimo tentativo!* nous ferons un dernier essai!

tentàto |ten'tato| *agg.* **1** (*cose*) [*che si è cercato di fare senza riuscirvi*] *tentato omicidio, suicidio* tentative *s.f.* d'homicide (de meurtre), de suicide; *tentata rapina* tentative de vol **2** (*persone*) ESSERE TENTATO DI, A FARE Q.C. [*essere indotto, interessato*] être tenté de faire qqch.: *ero tentato di dirgli tutta la verità* j'étais tenté de lui dire toute la vérité.

tentatóre, trice |tenta'tore, tri'tʃe| *agg.* tentateur*: *il diavolo tentatore* le diable tentateur ✦ (*s.*) *non fare il tentatore!* ne fais pas le tentateur!, ne me tente pas!

tentazióne |tentat'tsjone| *s.f.* **1** (*relig.*) tentation: *resistere alle tentazioni* résister aux tentations; *cadere in tentazione* succomber aux tentations **2** (*per est.*) [*voglia*; *desiderio*] tentation: *mi era venuta la tentazione di dirglielo in faccia* j'éprouvai la tentation de lui jeter la vérité au visage ◇ [*l'oggetto che tenta, alletta*] *sarei a dieta, ma quel piatto è una vera tentazione!* je devrais suivre mon régime, mais ce plat est une vraie tentation!

tenténna |ten'tenna| *s. inv.* (*scherz.*) [*persona eternamente indecisa*] indécis *var.* (*corr.*): *essere un tentenna* être indécis (*agg.*); *non fare il tentenna!* ne fais pas l'indécis, tâche de savoir ce que tu veux.

tentennaménto |tentenna'mento| *s.m.* [*esitazione, incertezza*] hésitation (*f.*): *ha risposto subito senza tentennamenti* il a répondu tout de suite et sans hésitation.

tentennànte |tenten'nante| *agg.* **1** (*fig.*) [*che tentenna* (A2)] indécis **2** [*che tentenna* (A1); *zoppo*] bancal*: *sedia tentennante* chaise bancale.

tentennàre |tenten'nare| **A** *v.intr.* (*aus.* '*avere*') **1** [*non essere fisso, stabile*] chanceler (4): *camminare tentennando* marcher en chancelant → **barcollare** # *il tavolo, la sedia tentenna* la table, la chaise est branlante **2** (*fig.*) [*essere indeciso*; *esitare*] hésiter: *ha tentennato a lungo prima di dire di sì* il a beaucoup hésité avant de répondre oui **B** *v.tr.* [*oscillare in qua e in là*] *hocher, branler: *tentennare il capo* hocher, branler la tête.

tentennàta |tenten'nata| *s.f.* **1** [*scotimento, movimento a destra e a sinistra*] *hochement (*m.*): *una tentennata di testa* un hochement de tête **2** (*lett.*) → **scotimento, scossa.**

tentennio, ii |tenten'nio, ii| *s.m.* **1** [→ TENTENNARE B] branlement, *hochement **2** (*fig.*) [*indecisione, incertezza*] hésitation *f.*, incertitude *f.*

tentennóne |tenten'none| *s.* → **tentenna.**

tentennóni |tenten'noni| *avv.* [*traballando, barcollando*] en titubant (*loc. inv.*): *camminare tentennoni* marcher en titubant.

tentóni |ten'toni| *avv.* (*più com. nella loc.* '*a tentoni*') [*alla cieca, tastando il terreno*] à tâtons (*loc. inv.*): *camminare (a) tentoni* marcher à tâtons; *cercare a tentoni l'interruttore* chercher l'interrupteur à tâtons ◇ (*fig.*) *rispondere a tentoni* répondre à l'aveuglette; *muoversi a tentoni in un'indagine* tâtonner au cours d'une enquête.

tentrèdine |ten'trɛdine| *s.f.* (*t. zool.*) tenthrède.

tènue |'tɛnue| *agg.* **1** [*sottile, esile*] ténu: *un tenue filo* un fil ténu ◇ (*per est.*) pâle, faible: *un rosa tenue* un rose pâle; *un tenue chiarore* une faible lueur → **debole** ◇ (*fig.*) [*di scarsa importanza o entità*] *un tenue filo di speranza* un faible espoir; *un romanzo di tenue impianto narrativo* un roman avec une faible trame narrative **2** (*ling.*) *consonante tenue* consonne ténue **3** (*anat.*) *intestino tenue* intestin grêle.

tenueménte |tenue'mente| *avv.* [→ TENUE 1] faiblement.

tenuità |tenui'ta| *s.f. inv.* [*esilità, sottigliezza*] ténuité *var.* (*lett.*): *la tenuità di un filo* la ténuité d'un fil ◇ (*per est.*) délicatesse (*var.*): *la tenuità di un colore* la délicatesse d'une couleur ◇ (*fig.*) faiblesse (*var.*): *la tenuità di una speranza* la faiblesse d'un espoir.

tenùta |te'nuta| *s.f.* **1** [*modo, capacità di tenere*] étanchéité; tenue: *la tenuta di un tappo* l'étanchéité d'un bouchon ‖ *una macchina che ha una buona tenuta di strada* une voiture qui a une bonne tenue de route # *un contenitore a tenuta stagna* un récipient étanche ◇ [*capacità di un contenitore*] capacité: *un bottiglione della tenuta di due litri* une grosse bouteille d'une capacité de deux litres ◇ (*contabilità*) *la tenuta dei registri, dei libri contabili* la tenue des registres, des livres de compte **2** (*sport*) résistance: *l'atleta, la squadra ha dimostrato una buona tenuta* l'athlète, l'équipe a fait preuve d'une bonne résistance → **resistenza** **3** [*grande proprietà terriera*] domaine (*m.*): *ispezionare le proprie tenute* inspecter ses domaines **4** [*abito*; *abbigl.*] tenue: *tenuta di lavoro, di fatica* tenue de travail; *tenuta di gala* grande tenue, tenue de gala ◇ (*mil.*) *tenuta da campo, di parata* tenue de campagne, de parade → 1 **divisa.**

tenutàrio, i |tenu'tarjo, i| *s.* [*gestore di locale equivoco*] tenancier*.

tenùto |te'nuto| *agg.* **1** *loc.* ESSERE TENUTO A FARE Q.C. être tenu à faire qqch.: *non mi sento tenuto a pagarlo* je ne suis pas tenu à, de le payer; *tutti sono tenuti a osservare le leggi* tout le monde est tenu au respect des lois # *non sono tenuto a risponderti* je ne suis pas obligé de te répondre **2** (*di terreno*) [*coltivato*] cultivé *p.p.*, planté (*p.p.*): *un campo tenuto a frumento* un champ cultivé en blé; *un terreno tenuto a vigna* un terrain planté de vigne **3** (*mus.*) *nota tenuta* note tenue ✦ (*in funzione avv., come didascalia*) *tenuto* tenu.

tenzonàre |tentso'nare| *v.intr.* (*aus.* '*avere*') (*lett.*) [*venire a contesa, a tenzone*] se battre (76) *pron.* (*corr.*), combattre (76) (*corr.*) ◇ (*fig.*) [*lottare, combattere*] lutter (*corr.*).

tenzóne |ten'tsone| *s.f.* **1** (*lett.*) [*contesa, disputa*] dispute (*corr.*) ◇ [*combattimento*] combat (*m.*): *battersi a singolar tenzone* se battre en combat singulier → **duello** **2** (*letter. mediev.*) tenson *m.*

tèo- |'tɛo| *pref.* (*significa 'Dio, divinità', corrisponde gener. a*) théo: *teologia* théologie; *teocrazia* théocratie.

teobròma |teo'brɔma| *s.m.* (*t.bot.*) theobroma.

teobromina |teobro'mina| *s.f.* (*chim.*) théobromine.

teocèntrico, ci, ca, che |teo'-

tʃɛntriko, tʃi, ka, ke| *agg.* (*filos.*) théocentrique.
teocentrismo |teotʃen'trizmo| *s.m.* (*filos.*) théocentrisme.
teocraticaménte |teokratika'mente| *avv.* [→ TEOCRATICO] théocratiquement.
teocràtico, ci, ca, che |teo'kratiko, tʃi, ka, ke| *agg.* théocratique.
teocrazia |teokrat'tsia| *s.f.* théocratie.
teodicèa |teodi'tʃɛa| *s.f.* (*teol.*) théodicée.
teodolite |teodo'lite| *s.m.* (*topografia*) théodolite.
teofania |teofa'nia| *s.f.* (*relig.*) théophanie.
teofilàntropo |teofi'lantropo| *s.m.* théophilanthrope.
teofillina |teofil'lina| *s.f.* (*chim.*) théophylline.
teogonia |teogo'nia| *s.f.* théogonie.
teogònico, ci, ca, che |teo'gɔniko, tʃi, ka, ke| *agg.* théogonique.
teologàle |teolo'gale| *agg.* théologal*.
teologia, gie |teolo'dʒia, dʒie| *s.f.* théologie: *laurea in teologia* licence de théologie.
teologicaménte |teolodʒika'mente| *avv.* [→ TEOLOGICO] théologiquement.
teològico, ci, ca, che |teo'lɔdʒiko, tʃi, ka, ke| *agg.* théologique.
teologizzàre |teolodʒid'dzare| *v. intr.* (*aus.* 'avere') [*trattare di teol., discutere da un punto di vista teologico*] théologiser (*raro*).
teòlogo, gi |te'ɔlogo, dʒi| *s.* théologien *m.*
teorèma |teo'rɛma| *s.m.* (*filos., mat.*) théorème.
teorematico, ci, ca, che |teore'matiko, tʃi, ka, ke| *agg.* (*raro*) théorématique.
teorèsi |teo'rɛzi| *s.f. inv.* (*filos.*) activité *var.* théorétique 🄲 **prassi.**
teorètica, che |teo'rɛtika, ke| *s.f.* théorétique, philosophie théorétique.
teoreticaménte |teoretika'mente| *avv.* [→ TEORETICO] théorétiquement.
teorètico, ci, ca, che |teo'rɛtiko, tʃi, ka, ke| *agg.* théorétique: *filosofia teoretica* philosophie théorétique.
1 **teoria** |teo'ria| *s.f.* **1** (*filos., scient.*) théorie: *la teoria della conoscenza* la théorie de la connaissance; *la teoria copernicana* la théorie de Copernic **2** (*per est.*) [*modo di pensare*] théorie: *non condivido le tue teorie su questo argomento* je ne partage pas tes théories sur ce point # *l'esame di teoria* (*per l'abilitazione alla guida automobilistica*) le code (pour passer son permis de conduire) ◇ (*loc. avv.*) *in teoria* en théorie 🄲 2 **pratica.**
2 **teoria** |teo'ria| *s.f.* (*raro, lett.*) [*lunga fila; processione*] théorie.
teòrica, che |te'ɔrika, ke| *s.f.* (*raro, lett.*) → 1 **teoria.**
teoricaménte |teorika'mente| *avv.* [→ TEORICO 1] théoriquement: *è teoricamente possibile* c'est théoriquement possible 🄲 **praticamente.**
teoricità |teoritʃi'ta| *s.f. inv.* caractère *m. var.* théorique.
teòrico, ci, ca, che |te'ɔriko, tʃi, ka, ke| **1** *agg.* (*filos., scient.*) théorique: *principi teorici* principes théoriques ◇ (*loc.*) *in linea teorica* en théorie ~ *dal punto di vista teorico* théoriquement *avv.* **2** *s.* théoricien*: *i teorici della fisica moderna* les théoriciens de la physique moderne ◇ (*con valore limitativo*) idéaliste: *non farà mai carriera in politica perché è un teorico* il ne fera jamais carrière en politique car c'est un idéaliste → **idealista** 🄲 1 **pratico.**
teorizzàre |teorid'dzare| *v.tr.* [*organizzare in un sistema teorico; ridurre a teoria*] théoriser (*raro*) ✦ (*ass.*) *essere portato a teorizzare* être enclin à théoriser.
teorizzatóre, trice |teoriddza'tore, tritʃe| *s.* théoricien* → **teorico** 2.
teorizzazióne |teoriddzat'tsjone| *s.f.* [→ TEORIZZARE] théorisation (*raro*).
teosofia |teoz(s)o'fia| *s.f.* (*relig.*) théosophie.
teosòfico, ci, ca, che |teo'z(s)ɔfiko, tʃi, ka, ke| *agg.* (*relig.*) théosophique.
teòsofo |te'ɔzofo| *s.* théosophe.
tèpalo |'tɛpalo| *s.m.* (*bot.*) tépale.
tephrosia |te'frɔzja| *s.f.* (*t.bot.*) téphrosie.
tepidàrio, i |tepi'darjo, i| *s.m.* (*archeol. rom.*) tépidarium, tepidarium.
tèpido |'tɛpido| *e deriv.* → **tiepido** *e deriv.*
tepóre |te'pore| *s.m.* [*temperatura mite e piacevole*] tiédeur (*f.*): *nel tepore del letto* dans la tiédeur du lit; *il tepore primaverile* les tiédeurs *pl.* du printemps ◇ (*fig.*) *il tepore della famiglia* la tiédeur de la famille.
téppa |'teppa| *s.f.* [*insieme di malviventi, di vandali*] pègre, racaille: *in quel bar si riunisce la peggior teppa della metropoli* toute la pègre, la racaille de la métropole se donne rendez-vous dans ce bar.
teppàglia |tep'paʎʎa| *s.f.* (*spreg.*) [*teppa*] pègre, racaille: *la teppaglia del quartiere* la pègre, la racaille du quartier.
teppismo |tep'pizmo| *s.m.* [*comportamento, azione da teppista*] banditisme: *un episodio di teppismo* un acte de banditisme.
teppista |tep'pista| *s.* [*malvivente; vandalo*] voyou *m.*, vandale: *nel corteo si sono infilati dei teppisti* des voyous, des vandales se sont infiltrés dans le cortège.
teppistico, ci, ca, che |tep'pistiko, tʃi, ka, ke| *agg.* [*da teppista*] de(s) voyou(s) *loc.*, de(s) vandale(s) (*loc.*): *la violenza teppistica* la violence des casseurs, des voyous, des vandales; *una condotta teppistica* un comportement de voyou(s), de vandale(s).
tequila |te'kila| *s.f. inv.* (*sp.*) tequila *var.*
terapèuta |tera'pɛuta| *s.* (*raro*) thérapeute.
terapèutica, che |tera'pɛutika, ke| *s.f.* (*med.*) thérapeutique → **terapia.**
terapèutico, ci, ca, che |tera'pɛutiko, tʃi, ka, ke| *agg.* thérapeutique.
-terapia |tera'pia| *suff.* (*nel linguaggio med. significa 'cura', corrisponde gener. a*) thérapie: *radioterapia* radiothérapie; *elioterapia* héliothérapie.
terapia |tera'pia| *s.f.* (*med.*) thérapie.
-teràpico |te'rapiko| *suff.* (*significa 'curativo', corrisponde gener. a*) thérapique: *elioterapico* héliothérapique; *sieroterapico* sérothérapique.
teràpico, ci, ca, che |te'rapiko, tʃi, ka, ke| *agg.* (*raro*) → **terapeutico.**
terapista |tera'pista| *s.* thérapeute.
tèrato- |'tɛrato| *pref.* (*significa 'mostruosità', corrisponde gener. a*) térato: *teratogenesi* tératogenèse.
teratogènesi |terato'dʒɛnezi| *s.f. inv.* (*biol.*) tératogénie, tératogenèse *var.*
teratogenètico, ci, ca, che |teratodʒe'nɛtiko, tʃi, ka, ke| *agg.* (*med.*) tératogène.
teratologia, gie |teratolo'dʒia, dʒie| *s.f.* (*biol.*) tératologie.
teratològico, ci, ca, che |terato'lɔdʒiko, tʃi, ka, ke| *agg.* (*biol.*) tératologique.
teratòlogo, gi |tera'tɔlogo, dʒi| *s.* tératologiste *m.*, tératologue *m.*
teratòma |tera'tɔma| *s.m.* (*med.*) tératome.
tèrbio, i |'tɛrbjo, i| *s.m.* (*chim.*) terbium.
terebèlla |tere'bɛlla| *s.f.* (*t.zool.*) térébelle, terebellum *m.*, térébellum *m.*
terebentène |tereben'tɛne| *s.m.* (*chim.*) térébenthène, pinène.
terèbico, ci, ca, che |te'rɛbiko, tʃi, ka, ke| *agg.* (*chim.*) *acido terebico* acide térébique.
terebinto |tere'binto| *s.m.* (*t.bot.*) thérébinthe.
tèrebra |'terebra| *s.f.* (*zool.*) tarière, oviscapte *m.*
terebrànte |tere'brante| *agg.* **1** (*med.*) térébrant: *epitelioma terebrante* épithélioma térébrant **2** (*zool.*) térébrant: *gli Imenotteri terebranti* les Hyménoptères térébrants ✦ *s.m. pl.* (*t. zool.*) *i Terebranti* les Térébrants **3** (*biol.*) térébrant: *organi terebranti* organes térébrants.
terebràtula |tere'bratula| *s.f.* (*t. zool.*) térébratule.
terebrazióne |terebrat'tsjone| *s.f.* (*tecnol.*) térébration → **perforazione, trivellazione.**
terèdine |te'rɛdine| *s.f.* (*t.zool.*) taret *m.*
tereftalàto |terefta'lato| *s.m.* (*chim.*) téréphtalate.
tereftàlico, ci, ca, che |teref'taliko, tʃi, ka, ke| *agg.* (*chim.*) *acido tereftalico* acide téréphtalique.
tergàl |ter'gal| *s.m. inv.* (*marchio depositato*) tergal *var.*
tergàle |ter'gale| *s.m.* [*spalliera artistica di sedia o poltrona*] dossier.
tergèmino |ter'dʒɛmino| *agg.* (*lett.*) → **triplice, trigemino.**
tèrgere |'tɛrdʒere| (114) *v.tr.* (*lett.*) [*pulire; asciugare*] essuyer (11) (*corr.*): *tergersi il sudore* essuyer sa transpiration.
tergicristàllo |terdʒikris'tallo| *s.m.* (*tecnol.*) essuie-glace *inv.*
tergiversàre |terdʒiver'sare| *v. intr.* (*aus.* 'avere') [*esitare di fronte a una decisione o a un'alternativa*] tergiverser.
tergiversatóre, trice |terdʒiversa'tore, tritʃe| *s.* (*raro*) personne *f.* qui tergiverse.
tergiversazióne |terdʒiversat'tsjone| *s.f.* [→ TERGIVERSARE] tergiversation → **esitazione, tentennamento.**
tèrgo |'tɛrgo|, *pl. f.* **tèrga** |'tɛrga| (*nel significato* 1), *pl. m.* **tèrghi** |'tɛrgi| (*negli altri significati*) *s.m.* **1** (*lett.*) [*schiena*] dos (*corr.*), derrière (*corr.*): *volgere le terga* tourner le dos; *veniva da tergo* il venait par derrière **2** [*parte*

posteriore di un foglio] verso ◇ *loc.* A TERGO au verso: *vedere le istruzioni a tergo* voir les instructions au verso **3** *il tergo di un manoscritto papiraceo* le verso d'un manuscrit sur papyrus → 3 **verso** **4** *il tergo di una medaglia* le revers d'une médaille → **rovescio.**
terìdio, i |te'ridjo, i| *s.m.* (*t.zool.*) théridion, théridium.
terilène |teri'lɛne| *s.m.* (*marchio depositato*) térylène.
-tèrio |'tɛrjo| *suff.* (*significa 'bestia, animale selvaggio', corrisponde gener. a*) thérium: *megaterio* mégathérium.
teriomorfismo |terjomor'fizmo| *s.m.* thériomorphisme.
teriomòrfo |terjo'mɔrfo| *agg.* thériomorphe.
tèrital |'tɛrital| *s.m. inv.* (*marchio depositato*) térital *var.*
termàle |ter'male| *agg.* thermal*: *cure termali* cures thermales.
tèrme |'tɛrme| *s.f. pl.* thermes *m.*
-termìa |ter'mia|, **-tèrmico** |'tɛrmiko|, **-termàno** |ter'mano| *suff.* (*significano 'caldo, scaldare', corrispondono gener. a*) thermie; thermique; thermane: *diatermia* diathermie ‖ *endotermico* endothermique ‖ *atermano* athermane.
termìa |ter'mia| *s.f.* (*fis.*) thermie.
termicaménte |termika'mente| *avv.* [→ TERMICO] thermiquement: *un elemento termicamente isolato* un élément thermiquement isolé.
termicità |termitʃi'ta| *s.f. inv.* thermicité *var.*
tèrmico, ci, ca, che |'tɛrmiko, tʃi, ka, ke| *agg.* thermique: *energia termica* énergie thermique; *impianto termico* installation thermique.
termidoriàno |termido'rjano| *agg. e s.m.* (*st. fr.*) thermidorien*.
termidòro |termi'dɔro| *s.m.* (*st. fr.*) thermidor.
terminàbile |termi'nabile| *agg.* qu'on peut terminer *loc. inv.*
terminal |'tə:minl, 'terminal| *s.m. inv.* (*ingl.*) terminus: *il terminal di una società aerea* le terminus d'une compagnie d'aviation; *il terminal degli autobus di linea* le terminus des autobus de la ligne → 1 **stazione.**
terminàle |termi'nale| **I** *agg.* terminal*: *il tratto terminale di una strada* la partie terminale d'une route; *lo stadio terminale di un processo lavorativo* le stade terminal d'un processus de fabrication ◇ (*anat.*) *corpuscoli terminali* corpuscules terminaux ◇ (*bot.*) *fiori terminali* fleurs terminales **II** *s.m.* **1** (*tecnol.*) borne *f.*; terminal: *il terminale di un cavo elettrico* la borne d'un câble électrique ‖ *il terminale di un computer* le terminal d'un calculateur **2** → **terminal.**
terminàre |termi'nare| **A** *v.tr.* [*portare a termine, a compimento*] terminer, finir: *terminare un lavoro* terminer un travail; *sto terminando (di leggere) il libro* je suis en train de finir (de lire) le livre → **finire** **B** *v.intr.* (*aus. 'essere'*) [*aver fine*; *cessare*] se terminer (*pron.*): *la partita è terminata in parità* le match s'est terminé à égalité; *un palo che termina a punta* un poteau qui se termine en pointe → **finire** ◇ (*ling.*) *il plurale dei sostantivi che terminano in 'e'* le pluriel des substantifs qui se terminent en e' Ⓒ **iniziare, cominciare.**
terminatóre |termina'tore| *s.m.* (*astron.*) terminateur.
terminazióne |terminat'tsjone| *s.f.* (*gram.*) terminaison: *la terminazione di una parola* la terminaison d'un mot ◇ (*per est., raro*) *la terminazione di un lavoro* l'achèvement *m.* d'un travail.
tèrmine |'tɛrmine| *s.m.* **1** [*confine*; *limite*] limite (*f.*): *il torrente segna il termine della proprietà* le torrent marque la limite de la propriété **2** [*limite di tempo*] délai, terme: *termine iniziale, finale di un contratto* délai, terme initial, final d'un contrat; *il termine ultimo è il 30 del mese* le dernier délai est fixé au 30 du mois; *presentare i documenti entro i termini stabiliti* présenter les pièces dans les délais prescrits; *consegnare una merce entro i termini fissati* livrer une marchandise dans les délais fixés; *sono già scaduti i termini* l'échéance est déjà passée, le délai est déjà expiré; *il termine è stato prorogato* le délai a été prolongé ◇ (*dir.*) *termine dilatorio* terme dilatoire; *termine di decadenza* délai de déchéance; *contratto a termine* contrat à terme **3** [*limite estremo*; *fine*] fin *f.*, terme (*lett.*): *siamo arrivati al termine del viaggio* nous sommes arrivés à la fin, au terme de notre voyage; *ti verrò a prendere al termine dello spettacolo* je viendrai te prendre, te chercher à la fin du spectacle # *essere al termine della vita* être à la dernière extrémité ◇ (*loc.*) *portare a termine q.c.* achever qqch. ~ *por termine a q.c.* mettre un terme à qqch. ~ *volgere al termine* tirer sur sa fin ~ *aver termine* finir ~ *condurre a buon termine le trattative* mener à bonne fin les négociations **4** (*fig.*) [*mèta*; *ideale*] but: *il termine delle aspirazioni di qc.* le but des aspirations de qqn. **5** *al plur.* (*fig.*) [*limiti consentiti o convenzionali*] limites: *rimanere nei termini* rester dans les limites; *uscire dai termini* sortir des limites, dépasser les bornes # *oltrepassare i termini di una civile discussione* passer les bornes d'une discussion courtoise; *i loro rapporti erano nei termini di un rispetto reciproco* ils se comportaient comme des personnes se respectant mutuellement ◇ [*condizione*; *situazione*] *illustrare i termini della questione* illustrer les principaux points d'une question; *la situazione è in questi termini* la situation se présente ainsi, comme suit **6** [*parola*, *vocabolo*] terme: *termine dotto, scientifico, popolare, volgare* terme savant, scientifique, populaire, vulgaire # *avere una grande ricchezza di termini* avoir une grande richesse de vocabulaire ◇ (*loc.*) *a rigor di termini* à proprement parler ~ *a termini, ai termini di legge* aux termes de la loi ~ *misurare i termini* mesurer ses paroles, ses expressions ~ *modera i termini!* modère ton langage! ~ *parlare a mezzi termini* parler d'une façon ambiguë ~ *in altri termini...* en d'autres termes **7** (*gram.*) terme: *primo, secondo termine di paragone* premier, second terme d'une (de) comparaison # *complemento di termine* complément d'attribution **8** (*mat.*) terme: *i termini di una frazione, di un polinomio* les termes d'une fraction, d'un polynôme ◇ *loc.* RIDURRE AI MINIMI TERMINI: (*pr.*) *ridurre una frazione ai minimi termini* réduire une fraction à sa plus simple expression; (*fig.*) *ridurre la questione ai minimi termini* réduire la question à l'essentiel Ⓒ 3 **inizio.**
terminismo |termi'nizmo| *e deriv.* **nominalismo** *e deriv.*
terminologìa, gìe |terminolo'dʒia, dʒie| *s.f.* terminologie: *terminologia scientifica, giuridica* terminologie scientifique, juridique ◇ (*per est.*) *è solo una differenza di terminologia* ce n'est qu'une différence de terminologie.
terminològico, ci, ca, che |termino'lɔdʒiko, tʃi, ka, ke| *agg.* terminologique ◇ (*per est.*) *non facciamone una questione terminologica!* n'en faisons pas une question de terminologie!
termistènza |termis'tɛntsa| *s.f.* (*elettr.*) thermistance.
termistóre |termis'tore| *s.m.* (*elettr.*) thermistor, thermisteur.
termitàio, i |termi'tajo, i| *s.m.* [*nido di termiti*] termitière *f.*
tèrmite |'tɛrmite|, (*raro*) **termìte** |ter'mite| *s.f.* (*t.zool.*) termite *m.*
termìte |ter'mite| *s.f.* (*tecnol.*) thermite.
tèrmo- |'tɛrmo| *pref.* (*significa 'calore, temperatura', corrisponde gener. a*) therm(o): *termostato* thermostat.
-tèrmo |'tɛrmo| *suff.* (*significa 'calore, temperatura', corrisponde gener. a*) therme: *isotermo* isotherme.
termoanestesìa |termoaneste'zia| *s.f.* (*med.*) thermo-anesthésie.
termobaròmetro |termoba'rɔmetro| *s.m.* (*tecnol.*) hypsomètre.
termocautèrio, i |termokau'tɛrjo, i| *s.m.* (*chir.*) thermocautère.
termochìmica, che |termo'kimika, ke| *s.f.* (*chim.*) thermochimie.
termochìmico, ci, ca, che |termo'kimiko, tʃi, ka, ke| *agg.* (*chim.*) thermochimique.
termocinètica, che |termotʃi'nɛtika, ke| *s.f.* (*fis.*) thermocinétique.
termocoibènte |termokoi'bɛnte| *agg. e s.m.* (*tecnol.*) calorifuge, isolant *s.m.* thermique → **termoisolante.**
termoconvettóre |termokonvet'tore| *s.m.* (*tecnol.*) thermoconvecteur.
termocòppia |termo'kɔppja| *s.f.* (*elettr.*) thermocouple *m.*
termodinàmica, che |termodi'namika, ke| *s.f.* (*fis.*) thermodynamique.
termodinàmico, ci, ca, che |termodi'namiko, tʃi, ka, ke| *agg.* (*fis.*) thermodynamique.
termoelettricità |termoelettritʃi'ta| *s.f. inv.* (*fis.*) thermoélectricité *var.*
termoelèttrico, ci, ca, che |termoe'lɛttriko, tʃi, ka, ke| *agg.* (*fis.*) thermoélectrique.
termoelettróne |termoelet'trone| *s.m.* (*fis.*) thermo-électron.
termoelettrònica, che |termoelet'trɔnika, ke| *s.f.* (*fis.*) thermo-électronique.
termoelettrònico, ci, ca, che |termoelet'trɔniko, tʃi, ka, ke| *agg.* (*fis.*) thermo-électronique: *effetto termoelettronico* effet thermo-électronique; *tubi termoelettronici* tubes thermo-électroniques.
termoestesìa |termoeste'zia| *s.f.* (*med.*) thermesthésie, thermo-esthésie.
termòfilo |ter'mɔfilo| *agg.* (*biol.*) thermophile.

termòforo |ter'mɔforo| *s.m.* coussin électrique, thermophore.
termogènesi |termo'dʒɛnezi| *s.f. inv.* (*biol.*) thermogénèse *var.*
termogenètico, ci, ca, che |termodʒe'nɛtiko, tʃi, ka, ke| *agg.* (*biol.*) thermogénétique.
termogenia |termodʒe'nia| *s.f.* (*fis.*) thermogénie.
termogènico, ci, ca, che |termo'dʒɛniko, tʃi, ka, ke| *agg.* (*fis.*) thermogénique.
termògeno |ter'mɔdʒeno| *agg.* (*chim.*) thermogène.
termògrafo |ter'mɔgrafo| *s.m.* (*tecnol.*) thermographe.
termogravimetrìa |termogravime'tria| *s.f.* (*fis.*) thermogravimétrie (*raro*).
termoindurènte |termoindu'rɛnte| *agg.* (*chim.*) thermodurcissable.
termoióne |termo'jone| *s.m.* (*fis.*) thermion.
termoiònico, ci, ca, che |termo'jɔniko, tʃi, ka, ke| *agg.* (*fis.*) thermoïonique, thermo-ionique: *valvola termoionica* soupape thermoïonique.
termoisolànte |termoizo'lante| *s.m. e agg.* (*tecnol.*) isolant *s.m.* thermique.
termolàbile |termo'labile| *agg.* (*chim.*) thermolabile.
termòlisi |ter'mɔlizi| *s.f. inv.* (*biol.*, *chim.*) thermolyse *var.*
termologìa, gìe |termolo'dʒia, dʒie| *s.f.* thermologie.
termològico, ci, ca, che |termo'lɔdʒiko, tʃi, ka, ke| *agg.* thermologique.
termoluminescènza |termolumineʃ'ʃɛntsa| *s.f.* (*scient.*) thermoluminescence.
termomagnètico, ci, ca, che |termomaɲ'ɲɛtiko, tʃi, ka, ke| *agg.* (*fis.*) thermomagnétique.
termomagnetismo |termomaɲɲe'tizmo| *s.m.* (*fis.*) thermomagnétisme.
termometrìa |termome'tria| *s.f.* (*tecnol.*) thermométrie.
termomètrico, ci, ca, che |termo'mɛtriko, tʃi, ka, ke| *agg.* (*tecnol.*) thermométrique.
termòmetro |ter'mɔmetro| *s.m.* thermomètre: *termometro a mercurio, elettrico* thermomètre à mercure, à résistance; *termometro a massima, a minima* thermomètre à maxima, à minima; *termometro clinico* thermomètre médical ◇ (*corr.*) *il termometro segnava 30 gradi all'ombra* le thermomètre marquait 30 degrés à l'ombre ◇ (*fig.*) baromètre: *la Borsa di Milano è il termometro dell'economia italiana* la Bourse de Milan est le baromètre de l'économie italienne.
termonucleàre |termonukle'are| *agg.* (*fis.*) thermonucléaire.
termoplàstica, che |termo'plastika, ke| *s.f.* (*fis.*) thermoplastique *m.*
termoplàstico, ci, ca, che |termo'plastiko, tʃi, ka, ke| *agg.* (*fis.*) thermoplastique.
termopómpa |termo'pompa| *s.f.* (*tecnol.*) thermopompe.
termopropulsióne |termopropul'sjone| *s.f.* (*fis.*) thermopropulsion.
termoreattóre |termoreat'tore| *s.m.* (*mecc.*) thermoréacteur.
termoregolatóre |termoregola'tore| *s.m.* (*elettr.*) appareil thermorégulateur *agg.*
termoregolazióne |termoregolat'tsjone| *s.f.* (*fis.*) thermorégulation.
tèrmos |'tɛrmos| *s.m. inv.* → **thermos.**
termoscòpio, i |termos'kɔpjo, i| *s.m.* (*fis.*) thermoscope.
termosensìbile |termosen'sibile| *agg.* (*tecnol.*) thermosensible.
termosfèra |termos'fɛra| *s.f.* (*scient.*) thermosphère.
termosifóne |termosi'fone| *s.m.* thermosiphon: *riscaldamento a termosifone* chauffage par thermosiphon, par radiateur ◇ (*corr.*) [*ogni singolo radiatore*] radiateur: *non appoggiarti al termosifone!* ne t'appuie pas sur le radiateur → **calorifero.**
termostàbile |termos'tabile| *agg.* (*tecnol.*) thermostable.
termostatàre |termosta'tare| *v.tr.* [*rendere costante la temperatura* (*di un ambiente*) *per mezzo di un termometro*] régler avec un thermostat, thermostater (*raro*).
termostàtica, che |termos'tatika, ke| *s.f.* thermostatique.
termostàtico, ci, ca, che |termos'tatiko, tʃi, ka, ke| *agg.* (*fis.*, *tecnol.*) thermostatique.
termòstato |ter'mɔstato| *s.m.* (*tecnol.*) thermostat.
termotècnica, che |termo'tɛknika, ke| *s.f.* industrie thermique.
termoterapìa |termotera'pia| *s.f.* (*med.*) thermothérapie.
termotropismo |termotro'pizmo| *s.m.* (*bot.*) thermotropisme.
tèrna |'tɛrna| *s.f.* **1** groupe *m.* de trois (personnes), trio *m.* (*fam.*, *scherz.*): *essere nella terna dei candidati alla presidenza* être dans le groupe des trois candidats à la présidence, être dans le trio des candidats éligibles **2** (*mat.*) *la terna cartesiana* les trois principes *m.* cartésiens **3** (*calcio*) *la terna arbitrale* l'arbitre *m.* et les deux juges *m.* de touche.
ternàre |ter'nare| *v.tr.* [*includere nella terna dei candidati, spec. per un concorso universitario*] inclure (46) dans le groupe des trois candidats; classer parmi les trois candidats valables, parmi les trois candidatures retenues.
ternàrio, i |ter'narjo, i| *agg.* ternaire: *ritmo, verso ternario* rythme, vers ternaire; *sistema ternario* système ternaire.
ternàto |ter'nato| *agg.* **1** (*bot.*) trilobé: *foglie ternate* feuilles trilobées **2** inclus dans le groupe des trois candidats # *è uno dei ternati alla cattedra di Anatomia* il est parmi les trois candidats retenus, parmi les trois candidatures retenues pour la chaire d'Anatomie.
tèrno |'tɛrno| *s.m.* terne: *terno secco* terne sec ◇ (*loc. fig.*) *per lui quell'affare è stato* (*come*) *un terno al lotto* pour lui cette affaire a été un coup de chance ◇ (*loc.*) *vincere un terno al lotto*: (*pr.*, *fig.*) gagner le gros lot.
terpène |ter'pɛne| *s.m.* (*chim.*) terpène.
terpènico, ci, ca, che |ter'pɛniko, tʃi, ka, ke| *agg.* (*chim.*) terpénique.
terpina |ter'pina| *s.f.* (*farm.*) terpine.
terpineòlo |terpine'ɔlo|, **terpinòlo** |terpi'nɔlo| *s.m.* (*profumeria*) terpinéol, terpinol.
tèrra |'tɛrra| *s.f.* **1** (*astron.*, *geogr.*) (*con l'iniziale maiuscola*) Terre: *la distanza dalla Terra alla Luna* la distance de la Terre à la Lune; *i moti della Terra* les mouvements de la Terre ◇ (*fig.*) [*la vita, la realtà terrena, contrapposta a quella celeste*] terre, monde (*m.*): *siamo pellegrini su questa terra* nous sommes de passage sur cette terre; *non ha nessuno che lo aiuti su questa terra* il n'a personne au monde pour l'aider, qui puisse l'aider ◇ (*eccl.*) *pace in terra agli uomini di buona volontà!* paix sur terre aux hommes de bonne volonté!; *sia fatta la Tua volontà, come in cielo così in terra!* que ta volonté soit faite sur la terre comme au ciel! ◇ (*loc.*) *i beni della terra* les biens terrestres; les choses, les biens d'ici-bas ~ *lasciare, abbandonare questa terra* quitter ce monde ~ *lo sanno tutti, in cielo e in terra* tout le monde le sait ~ *è una cosa che non sta né in cielo né in terra* c'est une chose qui ne tient pas debout ~ *ci corre* (*quanto*) *dal cielo alla terra* il s'en faut de beaucoup ~ *muovere cielo e terra* (*per ottenere q.c.*) remuer ciel et terre (pour obtenir qqch.) **2** [*superficie terrestre, emersa dalle acque*] terre: *terra ferma* terre ferme → **terraferma**; *una lingua di terra* une langue de terre; *le terre polari, tropicali* les terres polaires, les régions tropicales ◇ [*regione*; *territorio*] *emigrare, vivere in terra straniera* émigrer, vivre en terre étrangère, à l'étranger; *la terra dei nostri padri* la terre de nos pères; *avere nostalgia della propria terra* avoir le mal du pays, la nostalgie de son pays natal # *è uno della mia terra!* c'est quelqu'un de mon pays ◇ (*mil.*) *le forze di terra* l'armée de terre ◇ (*loc.*) *volare raso terra, a fior di terra* voler en rase-mottes ~ *toccar terra dopo un viaggio per mare* toucher terre après un voyage en mer ~ *l'aereo ha toccato terra* l'avion s'est posé à terre, a atterri ~ *è arrivato tardi all'aereoporto ed è rimasto a terra* il est arrivé en retard à l'aéroport et il est resté au sol ~ *collegamento via terra* liaison par voie de terre, terrestre ~ *cercare qc., q.c. per mare e per terra, per terra e per mare* chercher qqn., qqch. par monts et par vaux ~ *terra bruciata* terre brûlée ~ *terra di nessuno* no man's land ~ *la Terra Santa* la Terre Sainte ~ (*st. ebr.*) *la Terra promessa* la Terre promise ◇ (*loc. fig.*) *missile terra-terra* engin sol-sol ~ *missile terra-aria* engin sol-air **3** [*la parte superficiale della crosta terrestre*; *suolo*] terre: *nascondere q.c. sotto terra* cacher qqch. en l'enterrant, dans la terre; *sedersi a terra, in terra, per terra* s'asseoir par terre; *cascare a terra* tomber par terre; *alzarsi da terra* se relever de terre; *scendere a terra* (*da cavallo*) mettre pied à terre; *raccogliere un oggetto da terra* ramasser un objet à terre # *rimettere piede a terra dopo un volo* atterrir; *dormire sulla nuda terra* dormir sur la dure; *finire lungo disteso per terra* s'étaler (*fam.*) de tout son long ◇ *loc. fig.* A TERRA [*in condizione di disagio, di sofferenza*] à plat: *rimanere, restare a terra* être à plat; *oggi sono a terra!* aujourd'hui je suis à plat!; *ho una gomma a terra* j'ai un pneu à plat ~ *si sentiva mancare la terra sotto i piedi* il se sentait perdu, il sentait

le sol se dérober sous lui ~ *bisogna stare, rimanere con i piedi sulla, per terra* il faut avoir les pieds sur terre ~ *essere un metro sotto terra* être, reposer sous six pieds de terre ~ *i suoi amici sono tutti sotto terra* ses amis sont tous morts ◇ *loc. agg.* TERRA TERRA terre(-)à(-)terre: *è un critico, un artista terra terra* c'est un critique, un artiste terre à terre, très médiocre; *avere un'intelligenza terra terra* avoir un esprit terre à terre ✦ (*in funzione di agg. inv.*) *piano terra* rez-de-chaussée *s.m. inv.* → **pianterreno** **4** [*materiale terroso*] terre: *smuovere, scavare la terra* remuer, creuser la terre; *avere le mani sporche di terra* avoir les mains couvertes de boue; *il bambino sta giocando con la terra* l'enfant est en train de jouer avec de la terre ◇ [*terreno agricolo*] *terra fertile, grassa* terre fertile, grasse; *terra sterile, magra* terre stérile, maigre; *terra vergine* terre vierge; *zappare, vangare la terra* piocher, bêcher (la terre); *far riposare la terra* laisser reposer la terre; *possedere, lavorare un pugno, un fazzoletto di terra* posséder, cultiver un lopin de terre; *ritirarsi nelle proprie terre* se retirer sur ses terres # *possedere un po' di terra* (*al sole*) avoir des biens au soleil ◇ [*la campagna, i campi*] *i frutti della terra* les fruits de la terre; *i lavoratori della terra* les travailleurs de la terre; *la terra rende poco* la terre produit peu; *oggi si tende a ritornare alla terra* aujourd'hui on a tendance à retourner à la terre **5** (*miner.*) terre: *terre coloranti* terres colorantes; *terra d'ombra* terre d'ombre; *terra di Siena* terre de Sienne; *terra da pipe* terre de pipe # *terra da fonderia* potée ◇ (*chim.*) *terre rare* terres rares → **lantanide** **6** (*elettr.*) terre: *presa a terra* prise de terre; *il filo della terra* la prise de terre; *mettere a terra un impianto* mettre une prise de terre à une installation.

terra-ària |terra'arja| (*loc. agg. inv.*) *missile terra-aria* fusée sol-air.

terracòtta |terra'kɔtta| *s.f.* terre cuite: *una statuina di terracotta* une statuette de terre cuite ◇ (*per est.*) *delle terrecotte antiche* des terres cuites de l'antiquité.

terràcqueo |ter'rakkweo| *agg.* (*raro, lett.*) *globo, orbe terracqueo* [*la Terra*] globe terraqué.

terrafèrma |terra'ferma|, (*raro*) **tèrra férma** |'tɛrra'ferma| *s.f.* terre ferme: *finalmente toccarono la terraferma* finalement ils touchèrent la terre ferme → 2 **continente.**

terrafungina |terrafun'dʒina| *s.f.* (*med.*) terrafungine, oxytétracycline, terramycine.

terràglia |ter'raʎʎa| *s.f.* [*tipo di ceramica per vasellame e sim.*] poterie vernissée, faïence; vaisselle: *terraglia dolce, forte* poterie à pâte brute ‖ *stoviglie di terraglia* vaisselle de terre cuite ◇ *al plur.* [*stoviglie*] vaisselle (*f. sing.*): *negozio di terraglie* magasin de vaisselle, de poterie.

terràgnolo |ter'raɲɲolo| *agg.* **1** (*bot.*) rampant **2** → **terricolo.**

terraiòlo |terra'jɔlo| *agg. e s.m.* (*zool.*) (*uccello*) *terraiolo* oiseau qui vole bas *loc.*

terramàra |terra'mara| *s.f.* (*paletnologia*) terramare: *la civiltà delle terramare, delle terremare* la civilisation des terramares.

terramarìcolo |terrama'rikolo| *agg.* (*paletnologia*) terramare: *civiltà terramaricola* civilisation terramare ✦ (*s.m.*) *i terramaricoli* les habitants des stations terramares.

terramicina |terrami'tʃina| *s.f.* (*farm.*) (*marchio depositato*) terramycine.

terranòva |terra'nɔva| *s.m. inv.* (*t. zool.*) terre-neuve.

terrapienàre |terrapje'nare| *v.tr.* (*raro*) [*riempire con un terrapieno*] terrasser (*raro*).

terrapièno |terra'pjɛno| *s.m.* terre-plein: *il Po ha superato i terrapieni* le Pô a dépassé les terre-pleins ◇ (*mil.*) *fortificare con terrapieni una posizione strategica* fortifier avec des terre-pleins une position stratégique.

terraplàno |terra'plano| *s.m.* (*tecnol.*) terraplane.

terra-tèrra |terra'tɛrra| (*loc. agg. inv.*) *missile terra-terra* fusée sol-sol.

terràqueo |ter'rakweo| *agg.* → **terracqueo.**

terràrio, i |ter'rarjo, i| *s.m.* (*tecnol.*) terrarium.

terràtico, ci |ter'ratiko, tʃi| *s.m.* (*dir. auto.*) terrage.

terràzza |ter'rattsa| *s.f.* **1** (*edil.*) terrasse: *salire sulla terrazza a stendere il bucato* monter sur la terrasse pour étendre le linge ◇ [*terrazzo; balcone*] *uscire in terrazza a prendere un po' di fresco* aller sur la terrasse pour prendre le frais **2** (*agr.*) terrasse: *coltivazione, coltura a terrazze* culture en terrasses.

terrazzaménto |terrattsa'mento| *s.m.* (*agr., geogr.*) étagement.

terrazzàno |terrat'tsano| *s.m.* paysan, villageois.

terrazzàre |terrat'tsare| *v.tr.* (*agr.*) [*sistemare a terrazze un terreno in pendenza*] étager (3).

terrazzàto |terrat'tsato| *agg.* (*agr., geol.*) étagé, en terrasses *loc. inv.*

terrazzière |terrat'tsjɛre| *s.m.* **1** [*operaio addetto alla sterratura*] terrassier → **sterratore** **2** [*chi posa pavimenti del tipo a terrazzo*] terrassier.

terrazzino |terrat'tsino| *s.m.* **1** petite terrasse *f.* **2** (*alpinismo*) → **terrazzo** 3.

terràzzo |ter'rattso| *s.m.* **1** terrasse (*f.*): *stendere il bucato sul terrazzo* étendre le linge sur la terrasse; *l'ho visto arrivare dal mio terrazzo* je l'ai vu arriver de ma terrasse → **balcone, terrazza** **2** (*geol.*) terrasse: *terrazzo costiero* terrasse côtière **3** (*alpinismo*) terrasse → **terrazzino** **4** (*agr.*) → **terrazza** 2.

terremotàto |terromo'tato| *agg.* (*cose*) dévasté par un tremblement de terre; (*persone*) victime *s.f.* d'un tremblement de terre: *la zona terremotata* la zone dévastée par un tremblement de terre ✦ (*s.*) *i terremotati* les victimes *f.* d'un tremblement de terre.

terremòto |terre'mɔto| *s.m.* **1** (*geol.*) tremblement de terre # *terremoto a scosse sussultorie, ondulatorie* secousses sismiques sussultantes, (sussultoires), ondulatoires; *una lieve scossa di terremoto* une légère secousse sismique ◇ (*fig.*) *oggi c'è stato un terremoto in Borsa* aujourd'hui la Bourse a été bouleversée **2** (*fig.*) [*ragazzo, bambino molto vivace*] diable: *chiama quel terremoto di tuo figlio!* appelle ton petit diable!, appelle ton diable d'enfant!

1 **terréno** |ter'reno| *agg.* **1** terrestre: *la vita terrena* la vie terrestre # *i beni terreni* les biens (les choses) d'ici-bas; *i desideri terreni* le désir des choses d'ici-bas **2** *piano terreno* rez-de-chaussée *s.m. inv.* → **pianterreno** ✦ (*s.m.*) *abitare al* (*piano*) *terreno* habiter au rez-de-chaussée Ⓒ 1 **celeste, spirituale.**

2 **terréno** |ter'reno| *s.m.* **1** terrain, sol: *terreno pianeggiante, in pendenza* terrain plat, en pente; *terreno calcareo, friabile, compatto* terrain, sol calcaire, friable, compact; *terreno paludoso, sabbioso* terrain marécageux, sablonneux; *terreno boschivo, da vigna* terrain boisé, sol forestier, de vigne; *terreno demaniale* terrain domanial; *terreno di bonifica* terrain bonifié; *terreno edificabile, fabbricabile* terrain à bâtir ◇ (*sport*) *terreno di gioco* terrain de jeu; *un terreno pesante, allentato* un terrain lourd, détrempé; *giocare sul terreno avversario* jouer sur le terrain de l'adversaire; *giocare sul proprio terreno* jouer sur son terrain, chez soi ◇ (*loc. fig.*) *tastare il terreno* tâter le terrain ~ *esplorare, studiare il terreno* explorer, étudier le terrain ~ *preparare il terreno* préparer le terrain ~ *guadagnare, perdere terreno* gagner, perdre du terrain ~ *scendere sul terreno dell'avversario* aller sur le terrain de l'adversaire ~ *rimanere sul terreno* rester sur le terrain ~ *sentirsi mancare il terreno sotto i piedi* sentir le sol se dérober sous ses pieds **2** (*fig.*) [*campo, settore d'indagine*] terrain, domaine: *è un terreno ancora inesplorato dalla medicina* c'est un domaine encore inexploré par la médecine; *su questo terreno, non mi sento competente* dans ce domaine je ne me sens pas compétente; *ha portato la discussione sul terreno a lui più favorevole* il a porté la discussion sur un terrain plus favorable pour lui.

tèrreo |'tɛrreo| *agg.* [*grigio, livido*] terreux*: *avere un viso, un colorito terreo* avoir un visage, un teint terreux # *a quella notizia si fece terreo in viso* à cette nouvelle, il devint blême, il pâlit.

terrèstre |ter'rɛstre| *agg.* **1** terrestre: *asse, equatore terrestre* axe, équateur terrestre ✦ (*s.*) *i terrestri* les terriens* **2** [*della terraferma*] terrestre: *battaglia terrestre* bataille terrestre **3** (*loc.*) *paradiso terrestre* paradis terrestre → **eden** **4** (*t.bot.*) *edera terrestre* lierre terrestre.

terrìbile |ter'ribile| *agg.* **1** terrible: *un mostro terribile* un monstre terrible, épouvantable; *un terribile disastro* une terrible catastrophe; *un castigo terribile* une punition terrible → **severo** ◇ (*loc. fam.*) *è un ragazzo terribile* [*vivace; insopportabile*] c'est un enfant terrible **2** [*eccezionale, straordinario*] *fa un freddo terribile* il fait un froid terrible; *è di una logica terribile* il est d'une loqique implacable; *suscitare una terribile simpatia* susciter une irrésistible sympathie.

terribilità |terribili'ta| *s.f. inv.* (*raro*) caractère *m. var.* terrible (*corr.*).

terribilménte |terribil'mente| *avv.* **1** [→ TERRIBILE 2] terriblement: *è terribilmente noioso, pignolo* il est terriblement ennuyeux, tatillon → **tremendamente** **2** (*raro*) [→ TERRIBILE 1]

d'une manière terrible *loc. inv.*, épouvantablement.
terricciàto |territ'tʃato| *s.m.* (*agr.*) compost.
terricciatùra |territtʃa'tura| *s.f.* (*agr.*) terreautage *m.*
terrìccio, i |ter'rittʃo, i| *s.m.* (*agr.*) humus, terreau: *terriccio di bosco* humus forestier; *terriccio di castagno* terreau de feuilles de châtaignier.
terrìcolo |ter'rikolo| *agg.* (*zool.*) terricole.
'terrier' |tɛʀje| *s.m. inv.* (*t. zool.*) terrier *var.*
terrièro |ter'rjɛro| *agg.* terrien*, foncier*: *proprietario terriero* propriétaire terrien.
terrificànte |terrifi'kante| *agg.* terrifiant: *uno spettacolo terrificante* un spectacle terrifiant.
terrificàre |terrifi'kare| *v.tr.* (*raro*) [*riempire di orrore*; *atterrire*] terrifier (*corr.*).
terrìfico, ci, ca, che |ter'rifiko, tʃi, ka, ke| *agg.* (*lett.*) → **terrificante.**
terrìgeno |ter'ridʒeno| *agg.* **1** (*geol.*) terrigène **2** (*lett.*) → **terrestre.**
terrìgno |ter'riɲɲo| *agg.* [*di aspetto sim.' alla terra*] terreux*.
terrìna |ter'rina| *s.f.* terrine.
territoriàle |territo'rjale| *agg.* territorial*: *acque territoriali* eaux territoriales; *milizia, difesa territoriale* armée, défense territoriale.
territorialità |territorjali'ta| *s.f. inv.* territorialité *var.*
territorialménte |territorjal'mente| *avv.* [→ TERRITORIALE] territorialement (*raro*) ◇ (*dir.*) *il giudice territorialmente competente* le juge compétent du point de vue du jus loci.
territòrio, i |terri'tɔrjo, i| *s.m.* territoire: *il territorio nazionale* le territoire national; *la difesa del territorio* la défense du territoire ◇ (*dir.*) *competenza per territorio* compétence territoriale *agg.*
terróne |ter'rone| *s.* (*scherz.*, *spreg.*) [*originario, abitante dell'Italia, merid.*] méridional (*corr.*).
terróre |ter'rore| *s.m.* **1** terreur (*f.*): *incutere terrore* inspirer la terreur; *avere terrore del buio* avoir la terreur de l'obscurité; *essere in preda al terrore* être en proie à la terreur # *i film del terrore* les films d'horreur ◇ (*in senso concr.*) *quel bandito è il terrore della città* ce bandit est la terreur de la ville **2** (*st. fr.*) Terreur.
terrorìsmo |terro'rizmo| *s.m.* terrorisme: *un episodio di terrorismo* un acte de terrorisme; *fare del terrorismo* faire du terrorisme ◇ (*per est.*) *esercitare una specie di terrorismo psicologico* exercer une espèce de terrorisme psychologique.
terrorìsta |terro'rista| *s.* terroriste ✦ (*agg.*) *gruppi terroristi* groupes terroristes → **terroristico.**
terrorìstico, ci, ca, che |terro'ristiko, tʃi, ka, ke| *agg.* terroriste: *imprese terroristiche* opérations terroristes; *un'organizzazione terroristica* une organisation terroriste ◇ [*che sparge terrore*] terrifiant: *notizie terroristiche* nouvelles terrifiantes.
terrorizzàre |terrorid'dzare| *v.tr.* [*tenere in uno stato di terrore, di tensione*] terroriser.
terrorizzàto |terrorid'dzato| *agg.* terrorisé (*p.p.*): *oramai è un uomo terrorizzato* désormais, c'est un homme terrorisé ◇ (*per est.*) *ero terrorizzato all'idea di doverlo rivedere* j'étais terrorisé à l'idée d'être obligé de le revoir.
terróso |ter'roso| *agg.* **1** [*misto a terra*] terreux*: *materiale terroso* matière terreuse ◇ [*sporco di terra*] *mani terrose* mains terreuses **2** [*dall'aspetto sim. a terra*] terreux: *colore terroso* couleur terreuse **3** (*chim.*) terreux.
tersézza |ter'settsa| *s.f.*, **tersità** |tersi'ta| *s.f. inv.* (*raro*) [*limpidezza, trasparenza*] clarté *var.*, pureté *var.*
tèrso |'tɛrso| *agg.* [*ben pulito*; *limpido*] net*, clair, pur: *specchi tersi* des miroirs nets, propres; *un cielo terso* un ciel clair; *un'aria tersa* un air pur, limpide ◇ (*fig.*) *uno stile terso* un style clair.
tèrza |'tɛrtsa| *s.f.* **1** [*la terza classe di un ciclo di studi*] *la terza elementare, media, liceo* la neuvième, la quatrième, la terminale **2** [*la terza marcia di un autoveicolo*] troisième: *innestare la terza* passer en troisième **3** [*la terza classe di un mezzo di trasporto pubblico, ormai soppressa*] troisième classe: *viaggiare in terza* voyager en troisième (classe); *biglietto di terza* billet de troisième classe **4** (*mus.*) tierce: *intervallo, accordo di terza* intervalle, accord de tierce **5** (*scherma*) tierce **6** (*liturg. catt.*) tierce.
terzàna |ter'tsana| *agg. f. e s.f.* (*febbre*) *terzana* (fièvre) tierce.
terzarolàre |tertsaro'lare| *v.tr.* (*mar.*) [*ridurre la superficie delle vele*] prendre (73) des ris, ar(r)iser (*raro*).
terzar(u)òlo |tertsa'r(w)ɔlo|, **terzer(u)òlo** |tertse'r(w)ɔlo| *s.m.* (*mar.*) ris.
terzàvolo |ter'tsavolo| *s.* (*raro*) → **trisavolo.**
terzétto |ter'tsetto| *s.m.* **1** [*gruppo, compagnia di tre persone*] trio: *un terzetto poco raccomandabile* un trio peu recommandable → **trio** **2** (*mus.*) trio → **trio.**
terziàre |ter'tsjare| *v.tr.* (*agr.*) [*arare per la terza volta un terreno*] tiercer (2).
terziàrio, i |ter'tsjarjo, i| **I** *agg.* **1** (*geol.*) tertiaire: *l'era terziaria* l'ère tertiaire; *fossili terziari* fossiles tertiaires ✦ (*s.m.*) *il terziario* le tertiaire **2** (*econ.*) tertiaire: *attività terziaria* activité tertiaire **II** *s.* (*eccl.*) tertiaire: *i terziari carmelitani* les tertiaires du Carmel; *una terziaria francescana* une tertiaire de saint François, une religieuse du tiers ordre franciscain.
terziatùra |tertsja'tura| *s.f.* (*agr.*) tierçage *m.*
terzifòglia |terzi'fɔʎʎa| *s.f.* (*arald.*) tiercefeuille.
terzìglia |ter'tsiʎʎa| *s.f.* (*sport*) équipe de trois joueurs ◇ (*mil.*) rangée de trois soldats.
terzìglio, i |ter'tsiʎʎo, i| *s.m.* [*gioco di carte*] ⊠.
terzìna |ter'tsina| *s.f.* **1** (*metr.*) tercet *m.* **2** (*mus.*) triolet *m.*
terzinàre |tersi'nare| *v.tr.* (*mus.*) [*scrivere o eseguire* (*un brano*) *in terzine*] composer, jouer (un morceau) en triolets.
terzìno |ter'tsino| *s.m.* **1** (*calcio*) arrière: *terzino destro, sinistro* arrière droit, gauche **2** [*piccolo fiasco*] tiers de fiasque.
tèrzo |'tɛrzo| **I** *agg. numer. ord.* troisième: *il terzo figlio* le troisième enfant; *il terzo secolo* le IIIᵉ (troisième) siècle; *abita al terzo piano* il habite au troisième étage; *una poltrona in, di terza fila* un fauteuil au, de troisième rang; *la terza parte* (*di un tutto*) la troisième partie (d'un tout); *il terzo programma radiofonico, televisivo* le troisième programme de la radio, de la télévision; *te lo dico per la terza volta* je te le dis pour la troisième fois; *è arrivato terzo* il est arrivé troisième; *è terzo in classifica* il est troisième au classement; il s'est classé troisième ◇ (*in unione con nomi propri di papi, di re o con i nomi 'volume, capitolo' ecc.*) trois: *papa Innocenzo terzo* (*III*) le pape Innocent trois (III); *l'imperatore Napoleone terzo* (*III*) l'empereur Napoléon trois (III); *volume terzo* volume trois; *capitolo terzo* chapitre trois, troisième chapitre ◇ (*st.*) *il Terzo Stato* le Tiers État; *la Terza Repubblica* la troisième République; *il Terzo Reich* le troisième Reich ◇ (*eccl.*) *il terz'ordine* le tiers ordre ◇ (*mat.*) *due elevato alla terza* (*potenza*) deux (élevé) à la puissance trois ◇ (*alpinismo*) *terzo grado superiore, inferiore* troisième degré supérieur, inférieur ◇ (*loc.*) *la terza pagina di un quotidiano* la troisième page d'un quotidien (italien) ~ *il Terzo mondo* le Tiers monde, le Tiers-Monde ~ *un interrogatorio di terzo grado* un passage à tabac ~ *applicare il terzo grado* (*a qc.*) passer qqn. à tabac ~ *il terzo sesso* le troisième sexe ◇ (*loc. avv.*) *in terzo luogo*... en troisième lieu..., tertio ◇ *loc. agg.* DI TERZ'ORDINE [*scadente*] de troisième ordre: *mi ha rifilato della merce di terz'ordine* il m'a refilé de la marchandise de troisième ordre **II** *s.m.* **1** [*la terza parte*] tiers: *un terzo del guadagno* un tiers du bénéfice; *ci vuole la maggioranza dei due terzi* il faut la majorité des deux tiers; *un fiasco pieno per due terzi* une fiasque aux deux tiers plein(e) **2** [*una terza persona rispetto ad altre due*] tiers: *sentiamo il parere di un terzo!* entendons l'avis d'un tiers! ◇ (*al plur.*) *non voglio parlarne di fronte a terzi!* je ne veux pas en parler devant un tiers!; *provocare danni a terzi* causer des dommages à un tiers; *agire per conto terzi* agir pour le compte d'autrui ◇ (*prov.*) *tra i due litiganti il terzo gode* l'huître est pour le juge, la coquille pour les plaideurs.
terzodècimo |tertso'dɛtʃimo| *agg.* → **tredicesimo.**
terzogènito |tertso'dʒenito| *agg. e s.* troisième (enfant).
terzóne |ter'tsone| *s.m.* **1** [*tela grossa*] serpillière *f.* **2** (*mar.*) baril.
terzo-pùnto |tertso'punto| *s.m.* (*arch.*) tiers-point.
terzùltimo |ter'tsultimo| *agg. e s.* troisième avant le dernier ◇ *la terzultima sillaba* l'antépénultième *s.f.*
terzuòlo |ter'tswɔlo| *s.m.* (*falconeria*) [*maschio di falcone*] tiercelet.
tésa |'tesa| *s.f.* **1** [*la falda del cappello*] bord (*m.*): *abbassare la tesa del cappello* baisser le bord de son chapeau **2** (*caccia*) tenderie: *tesa fissa, vagante* tenderie fixe, mobile **3** [*ant. misura di lunghezza*] toise.
tesafìli |tesa'fili| *s.m. inv.* (*tecnol.*) tendeur *var.* de fils.
tesàggio, i |te'saddʒo, i| *s.m.* (*tecnol.*) tendage.
tesàre |te'sare| *v.tr.* **1** [*sottoporre a*

tensione] tendre (53): *tesare un cavo, una fune* tendre un câble, une corde **2** (*mar.*) *tesare la vela* [*per sfruttare al massimo il vento*] border (le foc, la voile) à plat, rider (*raro*).
tesàta |te'sata| *s.f.* → **tesaggio.**
tesàto |te'sato| *agg.* → **teso.**
tesatùra |tesa'tura| *s.f.* (*mar.*) ridage *m.*
tesaurizzàre |tezaurid'dzare| *v.tr.* **1** (*econ.*) [*conservare come riserva di capitale*] thésauriser (*lett.*): *tesaurizzare una certa somma, un capitale* thésauriser une certaine somme, un capital ♦ (*ass.*) *c'è una tendenza a tesaurizzare* on a tendance à thésauriser, à économiser **2** (*raro, fig.*) [*tenere in serbo; far tesoro di*] faire (45) trésor de # *tesaurizzare i consigli ricevuti* conserver, se rappeler précieusement des conseils reçus.
tesaurizzazióne |tezauriddzat'tsjone| *s.f.* [→ TESAURIZZARE 1] thésaurisation.
tèschio, i |'tɛskjo, i| *s.m.* [*cranio, spec. umano*] crâne.
tèsi |'tɛzi| *s.f. inv.* thèse (*var.*): *relatore, controrelatore di una tesi* (*di laurea*) patron de thèse; *discutere la tesi di laurea* soutenir sa thèse ◇ (*corr.*) *sostenere, controbattere una tesi* soutenir, réfuter une thèse ◇ (*filos., mat.*) thèse ◇ (*mus., metr.*) thésis.
tesìna |te'zina| *s.f.* thèse complémentaire, seconde thèse.
tèsla |'tɛsla| *s.m.* (*fis.*) tesla.
tesmofòrie |tesmo'fɔrje| *s. f. pl.* (*st. gr.*) thesmophories.
tesmotèta |tezmo'tɛta| *s.m.* (*st. gr.*) thesmothète.
téso |'teso| *agg.* [*che è in tensione*] tendu: *un cavo teso* un câble tendu; *tenere il braccio teso* avoir le bras tendu; *avere una faccia tesa* avoir les traits tendus # *aveva tutti i muscoli tesi nello sforzo* ses muscles étaient bandés par l'effort ◇ (*fig.*) *stare a orecchi tesi* dresser, tendre, prêter l'oreille; *la situazione è tesa* la situation est tendue; *i loro rapporti erano tesi* leurs rapports étaient tendus **C** **rilassato.**
tesoreggiàre |tezored'dʒare| *v.tr.* → **tesaurizzare.**
tesorerìa |tezore'ria| *s.f.* trésorerie: *la tesoreria provinciale dello Stato* la trésorerie provinciale de l'État (italien).
tesorière |tezo'rjɛre| *s.* trésorier*.
tesorizzàre |tezorid'dzare| *e deriv.* → **tesaurizzare** *e deriv.*
tesorizzazióne |tezoriddzat'tsjone| *e deriv.* → **tesaurizzazione** *e deriv.*
tesòro |te'zɔro| *s.m.* **1** trésor: *trovare un tesoro* trouver un trésor ◇ (*per est.*) *i tesori del mare, della terra* les trésors de la mer, de la terre ◇ (*loc.*) *organizzare una caccia al tesoro* organiser une chasse au trésor **2** (*bur.*) *la Direzione Provinciale del Tesoro* la Direction du Trésor; *i buoni del Tesoro* les bons du Trésor **3** (*fig.*) [*ricchezza morale, spirituale*] trésor: *i tesori della grazia divina* les trésors de la grâce divine; *la libertà è un tesoro irrinunciabile* la liberté est un trésor auquel on ne peut renoncer ◇ (*loc.*) *far tesoro di q.c.* mettre à profit qqch. **4** (*fig.*) [*persona dotata, che suscita ammirazione*] trésor # *un tesoro di scienza* un puits de science; *avere un tesoro di fratello, di figlio* avoir un frère, un fils charmant ◇ (*come appellativo affettuoso*) *vieni dalla mamma, tesoro!* viens avec maman, trouver maman, mon trésor, mon chéri! ◇ (*prov.*) *chi trova un amico trova un tesoro* qu'un véritable ami est une douce chose! **5** (*letter.*) trésor: *il tesoro della lingua italiana* le trésor de la langue italienne → **enciclopedia.**
tèssalo |'tɛssalo| *agg.* [*della Tessaglia*] thessalien*.
tessalonicése |tessaloni'cese| *agg.* [*di Tessalonica*] thessalonicien*.
tèssera |'tɛssera| *s.f.* **1** [*documento di identificazione personale*] carte: *tessera di riconoscimento* carte d'identité; *tessera ferroviaria, tranviaria* carte de chemin de fer, de tramways; *avere la tessera di un partito* avoir la carte d'un parti **2** *le tessere di un mosaico* les tesselles d'un pavage mosaïque.
tesseraménto |tessera'mento| *s.m.* **1** [→ TESSERARE A 1] inscription (*f.*): *è iniziata la campagna di tesseramento del Partito X* la campagne pour l'inscription au Parti X a commencé → **iscrizione** **2** [→ TESSERARE A 2] rationnement: *tesseramento del pane, dei generi alimentari* rationnement du pain, des denrées alimentaires → **razionamento.**
tesseràre |tesse'rare| **A** *v.tr.* **1** [*iscrivere a un partito, un'associazione e sim., mediante tessera*] inscrire (51) **2** [*razionare generi di consumo*] rationner: *si arriverà a tesserare la carne, la benzina* on arrivera à rationner la viande, l'essence **B** *v.pron. rifl.* TESSERARSI [→ *tr.* 1] s'inscrire.
tesseràto |tesse'rato| *agg.* **1** [*iscritto a un'associazione e sim.*] inscrit ♦ (*s.*) *i tesserati di un partito* les inscrits, les membres *m.* d'un parti **2** (*di beni di consumo*) [*razionato*] rationné *p.p.*
tèssere |'tɛssere| *v.tr.* **1** [*intrecciare i fili della trama con quelli dell'ordito per fare un tessuto*] tisser: *tessere il lino, la lana* tisser le lin, la laine; *tessere una stoffa* tisser une étoffe ◇ (*per est.*) *tessere ghirlande* tresser des guirlandes; *il ragno tesse la tela* l'araignée tisse sa toile **2** (*fig.*) [*comporre, disporre con abilità*] *tessere le fila di un ragionamento* tisser la trame d'un raisonnement # *tessere una grandiosa opera enciclopedica* être l'auteur d'une grandiose œuvre encyclopédique; *tessere le lodi di qc.* tresser des couronnes à qqn., chanter les louanges de qqn. ◇ [*ordire, macchinare*] ourdir, tramer: *tessere inganni, una congiura* ourdir, tramer des intrigues, une conjuration.
tèssile |'tɛssile| **I** *agg.* textile: *l'industria tessile* l'industrie textile; *fibre tessili* fibres textiles **II** *s.* **1** *s.* [*chi lavora nell'industria dei tessuti*] ouvrier* du textile: *le rivendicazioni salariali dei tessili* les revendications de salaire des ouvriers du textile **2** *s.m.* [*prodotto dell'industria dei tessuti*] textile: *mostra del tessile* exposition du textile # *il commercio dei tessili* le commerce des tissus.
tessilsàcco, chi |tessil'sakko, ki| *s.m.* *housse *f.* à vêtements.
tessitóre, trice |tessi'tore, tritʃe| *s.* **1** *s.* [*chi tesse*] tisseur*; tisserand ◇ (*fig.*) *tessitor d'inganni* intrigant **2** *s.m.* (*t.zool.*) tisserin.
tessitorìa |tessito'ria| *s.f.* **1** industrie textile **2** entreprise de tissage *m.* **3** magasin *m.* de tissus.
tessitùra |tessi'tura| *s.f.* **1** [→ TESSERE 1] tissage (*m.*): *tessitura fitta* tissage serré ◇ (*per est.*) tressage (*m.*): *la tessitura di un cestino* le tressage d'un panier **2** [*stabilimento industriale, reparto destinato a tale operazione*] tissage: *impiantare, metter su una tessitura* installer, monter un tissage **3** (*fig.*) [→ TESSERE 2] trame: *la tessitura di un racconto, di un dramma* la trame d'un récit, d'un drame **4** (*mus.*) tessiture **5** (*geol.*) texture: *la tessitura di una roccia* la texture d'une roche.
tessutàle |tessu'tale| *agg.* (*biol.*) tissulaire.
tessùto |tes'suto| *s.m.* **1** tissu: *tessuto misto, di lana, di nailon* tissu mixte, de laine, de nylon; *tessuto stampato, operato* tissu imprimé, ouvré **2** (*fig.*) tissu: *tutta la sua difesa è un tessuto di menzogne* tout son plaidoyer est un tissu de mensonges; *un quartiere ben inserito nel tessuto cittadino* un quartier bien inséré dans le tissu urbain **3** (*biol.*) tissu.
test |test| *s.m. inv.* (*ingl.*) test (*var.*): *sottoporre qc. a un test* soumettre qqn. à un test.
tèsta |'tɛsta| *s.f.* **1** (*di persone*) tête: *testa piccola, allungata* tête petite, allongée; *testa a pera* tête en forme de poire; *alzare, abbassare la testa* lever, baisser la tête; *girare, voltare la testa* tourner la tête; *fare un cenno con la testa* faire un signe de tête; *arrivò col cappello in testa* il arriva avec son chapeau sur la tête; *a testa scoperta, nuda* tête nue, nu-tête; *cadere con la testa all'ingiù* tomber la tête la première ◇ (*animali*) *testa di vitello, di capretto* tête de veau, de chevreau → **testina** ◇ (*calcio*) *colpo di testa* (coup de) tête; *segnare di testa* marquer un but avec la tête, en faisant une tête; *giocare di testa* faire une tête ◇ *loc. mus.* DI TESTA: *voce di testa* voix de tête; *un acuto di testa* un aigu de tête; *cantare di testa* chanter de tête ◇ (*ippica*) *vincere per una testa, per mezza testa* gagner d'une tête, d'une courte tête ◇ (*nei giochi d'azzardo*) *giocare, fare a testa e croce* jouer à pile ou face ◇ (*sport*) *lottare, gareggiare testa a testa* lutter, s'affronter tête à tête, tête-à-tête ◇ (*loc.*) *avere mal di testa* avoir mal à la tête ~ *mi duole la testa* j'ai mal à la tête ~ *essere bagnato dalla testa ai piedi* être trempé de la tête aux pieds ~ *tagliare la testa a qc.* couper la tête à qqn. → **decapitare** ◇ (*loc. fig.*) *andare, camminare a testa alta, a testa bassa* marcher (la) tête haute, (la) tête basse ~ *abbassare la testa davanti a qc.* baisser la tête devant qqn. ~ *davanti all'evidenza ha dovuto chinare la testa* devant l'évidence, il a dû courber la tête ~ *scuotere la testa* (*in segno di disapprovazione*) hocher la tête ~ *mi ha fatto la testa così* il m'a cassé la tête ~ *avere preoccupazioni, debiti fin sopra la testa* avoir des soucis, des dettes par-dessus la tête ~ *non sapere dove sbattere la testa* ne pas savoir où donner de la tête ~ *grattarsi la testa* (*in segno di indecisione, imbarazzo*) se gratter la tête ~ *una lavata di testa* un savon (*fam.*) → **sgridata** ~ *ne uscì con la testa rotta* il eut le dessous ~ DARE ALLA TESTA monter à la tête: (*pr.*) *quel vino dà alla testa* ce vin monte à la tête; (*fig.*) *il successo gli ha dato alla testa* le succès lui a fait tourner la tête ~

MONTARE, MONTARSI LA TESTA monter, se monter la tête: *dopo quel successo si è montato la testa* après ce succès, il s'est monté la tête; *montare la testa a qc.* monter la tête à qqn.; *non montarti la testa per simili cose* ne te monte pas la tête pour de telles choses! ~ *tagliare la testa al toro* trancher le nœud de la question **2** *loc. fig.* (*riferito alla testa, intesa come sede delle facoltà mentali*) tête: *avere in testa una idea, un progetto* avoir une idée, un projet dans la tête, en tête → **mente** ~ *mettersi q.c. in testa* se mettre qqch. dans la tête, en tête ~ *mettere q.c. in testa a qc.* mettre, fourrer qqch. dans la tête de qqn. ~ *avere la testa nelle nuvole* être dans les nuages ~ LEVARE, TOGLIERE DALLA TESTA ôter de la tête: *nessuno gli leva, glielo leva dalla testa che...* personne ne peut lui ôter, ne lui ôte de la tête que...; *lévatelo pure dalla testa di uscire stasera!* ôte-toi de la tête l'idée de sortir ce soir! ~ LEVARSI, TOGLIERSI DALLA TESTA s'ôter de la tête: *non riesco a togliermi dalla testa quel dubbio* je ne réussis pas à m'ôter ce doute de la tête; *nessuno mi leva dalla testa che...* personne ne m'ôtera de la tête que... ~ ENTRARE IN TESTA entrer dans la tête: *la matematica non gli entra proprio in testa* vraiment, les mathématiques ne lui entrent pas dans la tête; vraiment, il n'a pas la bosse (*fam.*) des mathématiques ~ PASSARE PER LA TESTA passer par la tête: *di' sempre quello che ti passa per la testa!* dis toujours ce qui te passe par la tête; *non gli passava neppure per la testa il sospetto che....* il ne lui passait même pas par la tête le soupçon que... # *non ti è passato per la testa che potessi aver bisogno di te?* il ne t'est même pas venu à l'esprit que je pouvais avoir besoin de toi? ~ *cacciarsi in testa un'idea* se fourrer une idée en tête ~ *cacciarsi dalla testa un'idea* s'ôter une idée de la tête ~ *passare di testa* échapper → **dimenticare** ~ *rompersi la testa per capire q.c.* se creuser la tête, la cervelle pour comprendre qqch. → **scervellarsi** ~ *essere senza testa* ne pas avoir la tête, ne pas avoir de plomb (*fam.*) dans la tête ~ *avere la testa quadrata* être bien équilibré ~ *fare una cosa con la testa nel sacco* faire qqch. sans réfléchir; donner tête baissée dans qqch. ~ *dove hai la testa, oggi?* où as-tu la tête, aujourd'hui? ~ *avere la testa a q.c.* avoir l'esprit à ce qu'on fait → 1 **pensare, badare** ~ *fare le cose senza testa* faire les choses sans réfléchir ~ PERDERE LA TESTA perdre la tête: *in un impeto di rabbia, ha perso la testa e ha sparato* dans un accès de colère, il a perdu la tête et il a tiré; *perdere la testa per una ragazzina* perdre la tête pour une jeune fille ~ *far girare la testa a qc.* faire tourner la tête à qqn. ~ *mettere la testa a posto, a partito, a segno* se ranger, s'assagir, se mettre du plomb (*fam.*) dans la cervelle ~ *fare, agire di propria testa, di testa propria* n'en faire qu'à sa tête ~ *è stato un colpo di testa* ce fut un coup de tête ◇ (*con riferimento alle capacità intellettuali*) *che testa, quell'uomo!* quel cerveau, cet homme! ~ *una testa dura, di legno* une tête dure, une tête de bois ~ *una testa d'asino* un âne ~ *avere, essere una testa fina, quadrata* être bien équilibré ~ *testa d'uovo* grosse tête ◇ (*con riferimento al carattere, al comportamento*) *testa dura* tête dure ~ *testa vuota* tête vide ~ *avere, essere una testa calda, una testa matta* avoir la tête chaude, une tête folle ~ *una testa di cavolo, di rapa* une cloche, une courge ~ (*volg.*) *testa di cazzo!* espèce d'abruti! (*fam.*) ◇ (*nel senso di 'persona, individuo'*) *le teste coronate* les têtes couronnées ~ A TESTA par tête: *la cena è costata 20.000 lire a testa* le dîner a coûté 20.000 lires par tête # *ci siamo tassati per 10.000 lire a testa* nous avons souscrit chacun 10.000 lires ◇ (*nel senso di 'vita'*) *rispondere di q.c. con la propria testa* répondre de qqch. sur sa tête ~ *giurare sulla testa dei propri figli* jurer sur la tête de ses enfants ~ *scommetterei la testa che...* je mettrai ma tête à couper que... ◇ (*prov.*) *chi non ha testa abbia gambe* quand on n'a pas de tête, il faut avoir des jambes ~ *tante teste, tanti pareri* autant de têtes, autant d'avis **3** (*per est.*) [*estremità di un oggetto allungato*] tête: *la testa di un chiodo, del martello* la tête d'un clou, du marteau # *la testa di un cerino, di un fiammifero* l'extrémité d'une allumette ◇ (*anat.*) *la testa del femore, della tibia* la tête du fémur, du tibia ◇ (*bot.*) *testa di papavero, d'aglio* tête de pavot, d'ail **4** (*per est.*) [*parte iniziale, anteriore di q.c.*] tête: *la testa di una colonna in marcia* la tête d'une colonne en marche; *la testa di una trave* la tête d'une poutre; *la testa di un siluro, di un missile* la tête d'une torpille, d'un missile; *la testa del letto* la tête du lit; *camminare in testa, alla testa di un corteo* marcher en tête, à la tête d'un cortège; *scrivere la data in testa al foglio* écrire la date en tête d'une feuille → **testata** ◇ (*mar.*) *la testa d'albero* la tête de mât ◇ (*ferr.*) *vettura di testa* wagon de tête ◇ (*mil.*) *testa di ponte, di sbarco* tête de pont ◇ (*sport*) *testa di serie* tête de série ◇ *loc. fig.* TENER TESTA tenir tête: *tener testa a un nemico più agguerrito* tenir tête à un ennemi plus aguerri; *tener testa alle argomentazioni dell'avversario* tenir tête aux argumentations de l'adversaire ~ ALLA TESTA à la tête: *mettersi alla testa di un drappello* se mettre à la tête d'un détachement; *essere alla testa di un partito, di un'organizzazione* être à la tête d'un parti, d'une organisation ~ IN TESTA en tête: *essere in testa in (a) una graduatoria, in (a) una classifica* être en tête sur une liste, dans un classement; (*sport*) *passare in testa al gruppo* passer en tête du peloton ✦ *loc.* (*in funzione di s.m. inv.*) *testa-coda* → **testacoda** **5** (*auto.*) tête: *la testa della biella* la tête de bielle # *rifare la testa del motore* rectifier la culasse → **testata**; *la testa del cilindro* la culasse de cylindre ◇ (*loc.*) *il motore batte, picchia in testa* le moteur cogne **6** (*chim.*) tête: *la testa di un distillato* la tête d'un distillat **7** *loc.* TESTA DI MORTO [*teschio*] tête de mort **8** *loc. arald.* TESTA DI MORO tête-de-maure ◇ (*per est.*) [*di color marrone scuro, molto caldo*] tête-de-nègre ✦ (*in funzione di agg. inv.*) *color testa di moro* couleur tête-de-nègre.

testàbile |tes'tabile| *agg.* (*dir.*) qu'on peut léguer *loc.*

testabilità |testabili'ta| *s.f. inv.* (*psicol.*) testabilité *var.*

Testàcei |tes'tatʃei| *s.m. pl.* (*t.zool.*) Testacés.

testacèlla |testa'tʃɛlla| *s.f.* (*t.zool.*) testacelle.

testàceo |tes'tatʃeo| *agg.* **1** (*zool.*) testacé **2** (*archeol.*) testacé.

testacóda |testa'koda| *s.m. inv.*

testa-códa | testa 'koda| *loc. sost. m. inv.* tête à queue, tête-à-queue: *per l'urto, a causa del ghiaccio, l'automobile fece un testa-coda* par suite du choc, à cause du verglas, la voiture fit un tête-à-queue.

testamentàrio, i |testamen'tarjo, i| *agg.* (*dir.*) testamentaire: *esecutore testamentario* exécuteur testamentaire; *disposizioni testamentarie* dispositions testamentaires.

testaménto |testa'mento| *s.m.* **1** (*dir.*) testament: *testamento olografo* testament (h)olographe; *testamento pubblico* testament authentique, par acte public; *far testamento* faire son testament; *impugnare, annullare un testamento* attaquer, révoquer un testament; *lasciare q.c. per testamento a qc.* léguer qqch. par testament à qqn. ◇ (*per est.*) *il testamento spirituale* le testament spirituel **2** (*st. relig.*) *l'Antico, il Nuovo Testamento* l'Ancien, le Nouveau Testament.

testànte |tes'tante| *s.* → **testatore.**

testardàggine |testar'daddʒine| *s.f.* [*ostinazione, cocciutaggine*] entêtement *m.*

testardaménte |testarda'mente| *avv.* [→ TESTARDO] avec entêtement *loc. inv.* → **caparbiamente, ostinatamente.**

testàrdo |tes'tardo| *agg.* [*ostinato, cocciuto*] têtu: *è testardo come un mulo!* il est têtu comme une mule! ✦ (*s.*) *quel testardo di tuo cugino!* ton têtu de cousin!

testàre |tes'tare| *v.intr.* (*aus. 'avere'*) (*dir.*) [*far testamento*] tester.

testàta |tes'tata| *s.f.* **1** [*estremità, parte terminale*] tête: *la testata del letto* la tête du lit; *la testata di un missile* la tête, l'ogive d'un missile; *missile a testata nucleare* missile à ogive, à tête nucléaire # *la testata di un argine* le musoir d'une digue; *la testata di un molo, di una diga* le musoir d'un môle; *la testata di un ponte* la culée d'un pont ◇ (*tip.*) marge supérieure: *la testata di un libro, di un prospetto* la marge supérieure d'un livre, d'un prospectus **2** *la testata di un giornale* le titre *m.* d'un journal ◇ (*loc.*) *vendere, comprare la testata di un giornale* vendre, acheter (le titre d')un journal ~ *la concentrazione delle testate* la réduction du nombre (des titres) des journaux **3** (*auto.*) culasse → **testa** 5 **4** [*colpo dato o subito con la testa*] coup *m.* de tête: *prendersi una testata nello stomaco* prendre un coup de tête dans l'estomac # *ho dato una gran testata nella porta* je me suis cogné la tête contre le montant de la porte.

testàtico, ci |tes'tatiko, tʃi| *s.m.* (*dir.*) capitation *f.*

testatina |testa'tina| *s.f.* (*tip.*) têtière.

testatóre, trice |testa'tore, tritʃe| *s.* (*dir.*) testateur*.

tèste |'tɛste| *s.* (*dir.*) témoin (*m.*): *teste a carico, della difesa* témoin à charge, à décharge; *una teste falsa* un faux témoin; *teste oculare, auriculare* témoin oculaire, auriculaire; *l'escussione dei testi* l'audition des témoins; *produrre nuovi testi* produire de nouveaux témoins → **testimone.**

testé |tes'te| *avv.* (*raro, lett.*) [*poco fa*] naguère # *un dispaccio testé arrivato* une dépêche qui vient d'arriver; *l'ho visto testé* je viens de le voir.

tester |'testə| *s.m. inv.* (*ingl.*) (*tecnol.*) testeur *var.*

testicolàre |testiko'lare| *agg.* testiculaire.

testicolo |tes'tikolo| *s.m.* (*anat.*) testicule.

testièra |tes'tjɛra| *s.f.* **1** [*parte del finimento dei cavalli e dei bovini*] têtière **2** *la testiera del letto* [*testata*] la tête, le chevet *m.* du lit ◇ (*raro*) *la testiera della poltrona* le dossier *m.* (*corr.*) du fauteuil **3** [*modello di testa femminile per parrucchieri, acconciatori*] marotte **4** (*mar.*) têtière.

testificàre |testifi'kare| *v.tr.* (*raro, dir.*) [*attestare, dichiarare ufficialmente*] déclarer: *testifico che il latore della presente...* je soussigné, déclare que le porteur de la présente (lettre)... ♦ *ass.* [*testimoniare*] *testificare a favore di qc.* témoigner en faveur de qqn.

testimòne |testi'mɔne| *s.* **1** *s.* (*dir.*) témoin (*m.*): *citare qc. in giudizio come testimone* citer qqn. en justice comme témoin; *i testimoni della difesa* les témoins de la défense → **teste** ◇ (*per est.*) *l'incidente automobilistico non ha avuto testimoni* l'accident de voiture n'a pas eu de témoins; *essere testimone di una scena pietosa* être témoin d'une scène pitoyable; *fare da testimone alle nozze a qc.* être témoin au mariage de qqn. **2** *s.m.* (*raro*) → **testimonianza** 2 # *questi ruderi sono testimoni di un glorioso passato* ces ruines témoignent d'un glorieux passé **3** *s.m.* (*nelle corse a staffetta*) témoin **4** *s.* (*relig.*) *testimone di Geova* témoin de Jéhovah.

testimoniàle |testimo'njale| **1** *agg.* (*dir.*) testimonial*: *prova testimoniale* preuve testimoniale **2** *s.m.* (*dir.*) [*insieme dei testimoni*] témoins *pl.* ◇ [*insieme delle testimonianze*] témoignages *pl.*

testimoniànza |testimo'njantsa| *s.f.* **1** (*dir.*) témoignage (*m.*): *incriminare qc. per falsa testimonianza* accuser qqn. de faux témoignage # *fare, dare testimonianza* déposer, témoigner **2** [*prova, dimostrazione*] témoignage, preuve: *questa è la migliore testimonianza della sua onestà* ceci constitue le meilleur témoignage, la meilleure preuve de son honnêteté; *dare testimonianza di buona fede* faire preuve de bonne foi.

testimoniàre |testimo'njare| *v.tr.* [*attestare, dichiarare come testimone*] témoigner: *posso testimoniare che...* je peux témoigner que... # *testimoniare il vero, il falso* faire un vrai, un faux témoignage ◇ [*provare, dimostrare*] témoigner *intr.* de: *tutto questo testimonia la sua buona volontà* tout ceci témoigne de sa bonne volonté ♦ (*ass.*) *testimoniare in favore di qc., contro qc.* témoigner en faveur de qqn., contre qqn.

testimònio, i |testi'mɔnjo, i| *s.m.* → **testimone.**

testina |tes'tina| *s.f.* **1** (*tecnol.*) *la testina del rasoio elettrico* la tondeuse rotative du rasoir électrique; *la testina magnetica del giradischi* la tête de lecture, le lecteur *m.*, le pick-up *m. inv.* d'un tourne-disque **2** (*cuc.*) tête: *testina d'agnello, di vitello* tête d'agneau, de veau **3** → **testolina.**

1 **tèsto** |'tɛsto| *s.m.* texte: *il testo di una legge* le texte d'une loi # *non conosco il testo di questa commedia* je n'ai pas lu cette comédie ◇ [*volume, opera*] *testi manoscritti, a stampa* textes manuscrits, imprimés; *i testi classici* les textes classiques; *un testo con traduzione a fronte* un texte avec (la) traduction en regard; *annotare, commentare un testo* annoter, commenter un texte ◇ (*dir.*) *testo unico* (*T.U.*) texte unique (T.U.) ◇ (*ling.*) *la critica del testo* la critique du texte ◇ (*loc.*) *libri di testo* livres d'école ~ *tavole fuori testo* hors-texte *inv.* ◇ *loc. fig.* FAR TESTO faire autorité: *quell'autore fa testo* cet auteur fait autorité; *le tue parole non fanno testo* tes paroles ne font pas autorité.

2 **tèsto** |'tɛsto| *s.m.* (*region., cuc.*) **1** couvercle de terre cuite **2** plaque *f.* à gâteau.

testolina |testo'lina| *s.f.* jolie petite tête # *chissà che cosa le frulla, in quella testolina!* allez donc savoir ce qui se passe dans cette (jolie) petite caboche! (*fam.*) ◇ (*fig.*) [*persona sventata, bizzosa*] tête de linotte.

testologia, gie |testolo'dʒia, dʒie| *s.f.* (*fisiol., psicol.*) testologie.

testóne |tes'tone| *s.* **1** *s.m.* grosse tête (*f.*): *che testone che ha quel tuo amico!* quelle grosse tête il a, ton ami! **2** *s.* (*fig.*) [*persona di limitate capacità intellettuali*] abruti: *non capisce proprio niente, quel testone!* il ne comprend vraiment rien, cet abruti ◇ [*persona ostinata, caparbia*] cabochard: *dài, convinciti: non fare il testone!* allez, laisse-toi convaincre, ne fais pas le cabochard! **3** *s.m.* (*numism.*) teston.

testosteróne |testoste'rone| *s.m.* (*biol.*) testostérone *f.*

testuàle |testu'ale| *agg.* **1** du texte (*loc. inv.*): *critica testuale* critique du texte **2** [*perfettamente conforme a q.c. di detto o scritto*] textuel*: *questa è una citazione testuale* c'est une citation textuelle; *queste sono le sue testuali parole* ce sont là ses propres mots, c'est textuel.

testualménte |testual'mente| *avv.* [→ TESTUALE 2] textuellement: *riferire testualmente una frase, una battuta* rapporter textuellement une phrase, une réplique → **esattamente, fedelmente.**

testùggine |tes'tuddʒine| *s.f.* **1** (*t. zool.*) tortue **2** (*arch.*) voûte **3** (*st. rom.*) tortue.

testùra |tes'tura| *s.f.* texture.

testurizzàre |testurid'dzare| *v.tr.* (*tess.*) [*effettuare la testurizzazione*] texturiser, texturer.

testurizzazióne |testuriddzat'sjone| *s.f.* (*tess.*) texturisation, texturation.

tetania |teta'nia| *s.f.* (*med.*) tétanie.

tetànico, ci, ca, che |te'taniko, tʃi, ka, ke| *agg.* (*med.*) tétanique.

tètano |'tɛtano| *s.m.* (*med.*) tétanos.

'tête-à-tête' |tɛtatɛt| *s.m. inv.* tête à tête, tête-à-tête: *chiedere, ottenere un 'tête-à-tête'* demander, obtenir un tête à tête, un tête-à-tête ♦ (*in funzione avv.*) *parlare 'tête-à-tête'* parler en tête à tête, en tête-à-tête.

tètico, ci, ca, che |'tɛtiko, tʃi, ka, ke| *agg.* (*filos.*) thétique.

tètra- |'tɛtra| *pref.* (*significa 'quattro, formato da quattro', corrisponde gener. a*) tétra; quadri: *tetrarchia* tétrarchie || *tetravalente* quadrivalent.

tetraciclina |tetratʃi'klina| *s.f.* (*farm.*) tétracycline.

tetraclorùro |tetraklo'ruro| *s.m.* (*chim.*) tétrachlorure.

tetracòrdo |tetra'kɔrdo| *s.m.* (*mus.*) tétracorde.

tetracromia |tetrakro'mia| *s.f.* tétrachromie → **quadricromia.**

tetradàttilo |tetra'dattilo| *agg.* (*zool.*) tétradactyle.

tètrade |'tɛtrade| *s.f.* (*biol., bot., med.*) tétrade.

tetradimensionàle |tetradimensjo'nale| *agg.* à quatre dimensions *loc. inv.* → **quadridimensionale.**

tetraèdrico, ci, ca, che |tetra'ɛdriko, tʃi, ka, ke| *agg.* (*geom.*) tétraédrique.

tetraèdro |tetra'ɛdro| *s.m.* (*geom.*) tétraèdre.

tetraetile |tetrae'tile| *s.m.* (*chim.*) tétraéthyle ♦ (*agg. inv.*) *piombo tetraetile* plomb tétraéthyle.

tetràggine |te'traddʒine| *s.f.* [*cupa oscurità*] obscurité, grisaille: *la tetraggine di una stanza* l'obscurité, la grisaille d'une pièce ◇ (*fig.*) [*tristezza pensosa e corrucciata*] maussaderie, tristesse: *quell'individuo è di una tetraggine insopportabile* cet individu est d'une maussaderie insupportable → **musoneria.**

tetragonàle |tetrago'nale| *agg.* (*geom.*) tétragone ◇ (*cristallografia*) *sistema tetragonale* système tétragone.

tetràgono |te'tragono| *agg.* **1** (*geom.*) tétragone ♦ *s.m.* (*raro*) *un tetragono* un tétraèdre quadrilatère *agg.* **2** (*fig.*) (*persone*) [*fermo, incrollabile*] inébranlable: *essere tetragono ai colpi della fortuna* être inébranlable sous les coups du sort.

tetralina |tetra'lina| *s.f.* (*chim.*) tétraline.

tetralogia, gie |tetralo'dʒia, dʒie| *s.f.* (*teat.*) tétralogie.

tetraménte |tetra'mente| *avv.* [→ TETRO] maussadement, tristement.

tetràmero |te'tramero| *agg.* (*bot., chim.*) tétramère.

tetràmetro |te'trametro| *s.m.* (*metr.*) tétramètre.

tetraóne |tetra'one| *s.m.* (*t.zool.*) tétras.

tetrapàk |tetra'pak| *s.m. inv.* [*nome comm. di contenitore di alimenti liquidi a forma di tetraedro*] berlingot *var.*

tetraplegia, gie |tetraple'dʒia, dʒie| *s.f.* (*med.*) tétraplégie.

tetraplòide |tetra'plɔide| *agg.* (*biol.*) tétraploïde.

tetraploidìa |tetraploi'dia| *s.f.* (*biol.*) tétraploïdie.

tetràpode |te'trapode| *agg.* (*zool.*) tétrapode, quadrupède.

Tetràpodi |te'trapodi| *s.m. pl.* (*t. zool.*) Tétrapodes.

tetrapodia |tetrapo'dia| *s.f.* (*metr.*) tétrapodie.

tetràptero |te'traptero| *agg. e s.* (*zool.*) tétraptère.

tetràrca, chi |te'trarka, ki| *s.m.* (*st.*) tétrarque.

tetrarcàto |tetrar'kato| *s.m.* (*st.*) tétrarchat.
tetrarchìa |tetrar'kia| *s.f.* (*st.*) tétrarchie.
tetrasìllabo |tetra'sillabo|, **tetrasillàbico, ci, ca, che** |tetrasil'labiko, tʃi, ka, ke| *agg. e s.m.* tétrasyllabe, tétrasyllabique.
tetràstico, ci, ca, che |te'trastiko, tʃi, ka, ke| *agg.* (*metr.*, *arch.*) tétrastique.
tetràstilo |te'trastilo| *agg.* (*arch.*) tétrastyle.
tetratomicità |tetratomitʃi'ta| *s.f. inv.* (*chim.*) tetratomicité *var.*
tetratòmico, ci, ca, che |tetra'tɔmiko, tʃi, ka, ke| *agg.* (*chim.*) tétratomique.
tetravalènte |tetrava'lɛnte| *agg.* (*chim.*) tétravalent.
tetravalènza |tetrava'lɛntsa| *s.f.* (*chim.*) tétravalence.
tètro |'tɛtro| *agg.* [*scuro*; *cupo*] sombre, obscur: *un tetro antro* une caverne sombre, obscure; *un'illuminazione tetra* un éclairage sombre ◇ (*fig.*) (*persone*) [*triste*; *accigliato*] *un tetro personaggio* un sombre, un triste personnage.
tètrodo |'tɛtrodo| *s.m.* (*fis.*) tétrode *f.*
tetròssido |te'trɔssido| *s.m.* (*chim.*) tétraoxyde.
tétta |'tetta| *s.f.* (*fam.*) [*mammella*] téton *m.*, nichon *m.* (*pop.*, *volg.*) ◇ *spec. al plur.* (*volg.*) rotoplats *m.*, roberts *m.* (*pop.*).
tettàre |tet'tare| *v.tr. e intr.* (*fam.*) (*aus.* '*avere*') [*poppare, succhiare il latte*] téter (8).
tettarèlla |tetta'rɛlla| *s.f.* [*estremità gommosa del poppatoio*] tétine.
tétto |'tetto| *s.m.* **1** toit: *tetto piano* toit plat; *tetto a capanna, a terrazza, a padiglione* toit en bâtière, en terrasse, en pavillon ◇ *loc.* A TETTO: *una stanza a tetto* une mansarde; *abitare a tetto* habiter sous le toit; *mettere l'automobile a tetto* mettre à couvert la voiture ◇ (*edil.*) *tetto a una falda* comble à un pan; *tetto a due falde* toit à deux égouts, à deux pentes ◇ (*loc. fig.*) (*non*) *raggiungere il tetto dei 10 milioni di reddito annuo* (ne pas) atteindre le plafond de 10 millions de revenus par an ~ *predicare sopra i tetti* crier, publier sur les toits ~ *il tetto del mondo* le toit du monde, l'Himalaya ~ (*sport*) *il tetto del Giro d'Italia* le col le plus élevé du Tour d'Italie **2** (*per est.*) [*copertura*] toit: *il tetto dell'automobile* le toit de l'automobile **3** (*per est.*) [*casa, dimora*] toit: *ritornare al tetto paterno* revenir sous le toit paternel # *ritornare al tetto coniugale* regagner le domicile conjugal; *non avere un tetto per ripararsi* être sans abri, sans logis; *i senza tetto* les sans logis → **senzatetto** **4** (*alpinismo*) toit **5** (*ciclismo*) *il tetto del giro* le toit du tour.
tettóia |tet'toja| *s.f.* (*tecnol.*) *la tettoia del magazzino* le *hangar *m.*, la remise du magasin; *la tettoia del balcone* l'auvent *m.* du balcon; *la tettoia della stazione ferroviaria* le *hall *m.*, la verrière de la gare.
tettònica, che |tet'tɔnika, ke| *s.f.* (*geol.*) tectonique.
tettònico, ci, ca, che |tet'tɔniko, tʃi, ka, ke| *agg.* (*geol.*) tectonique.
tettrice |tet'tritʃe| *agg. f.* (*zool.*) *penne tettrici* (plumes) tectrices.
tettùccio, i |tet'tuttʃo, i| *s.m.* (*aer.*) auvent.
tèucro |'tɛukro| *agg. e s.m.* (*lett.*) → **troiano.**
teurgìa, gie |teur'dʒia, dʒie| *s.f.* (*st. relig.*) théurgie.
teùrgico, ci, ca, che |te'urdʒiko, tʃi, ka, ke| *agg.* (*st. relig.*) théurgique.
teùrgo, ghi |te'urgo, gi| *s.m.* théurgiste ◇ (*per est.*) → **mago, taumaturgo.**
teutònico, ci, ca, che |teu'tɔniko, tʃi, ka, ke| *agg.* (*st.*) teutonique: *la civiltà teutonica* la civilisation teutonique ◇ (*per est.*) [*germanico, tedesco*] allemand, teutonique (*pegg.*): *parla con accento tipicamente teutonico* il parle avec un accent typiquement allemand, teutonique # *con teutonica pignoleria* avec la méticulosité germanique ◇ (*loc.*) *l'ordine teutonico* l'ordre teutonique.
texàno |te'ksano| *agg.* [*dello stato del Texas*] du Texas *loc. inv.*, texan: *il tipico cappello texano* le typique chapeau texan.
the |tɛ| *s.m. inv.* (*raro*) → **tè.**
thèrmos |'tɛrmos| *s.m. inv.* thermos *m. o f.*
thèta |'tɛta| *s.m. o f.* [*ottava lettera dell'alfabeto gr. ant.*] thête *m.*
thlàspi |'tlaspi| *s.m. inv.* (*t.bot.*) thlaspi *var.*
thòlos |'thɔlos| *s.f. inv.* (*archeol.*) tholos.
thrilling |'θriliŋ| *agg. e s.m. inv.* (*ingl.*) suspense (*s.m. var.*): *un* (*film*), *un* (*racconto*) *thrilling* un film, un récit de suspense.
thrombidium |trom'bidjum|, **thrombicula** |trom'bikula| *s.m. inv.* (*t.zool.*) trombidion *var.* (*corr.*), aoûtat *var.* (*corr.*); rouget *var.* (*corr.*).
thyratron |'θairatrən| *s.m. inv.* (*ingl.*) (*fis.*) thyratron *var.*
thyristore |'øairistɔ:| *s.m.* (*ingl.*) (*fis.*) thyristor.
ti |ti| *pron. pers. compl. di 2ª pers. sing. N.B. si elide davanti a voc. o 'h' muta* **1** (*compl. ogg.*) (*davanti al v.*) te: *ti vedrò domani* je te verrai demain; *ieri non ti ho visto* hier, je ne t'ai pas vu ◇ (*posposto e unito al v.*) *non vuole riceverti* il ne veut pas te recevoir; *non può aiutarti* il ne peut pas t'aider ◇ *loc.* ECCOTI te voici, te voilà: *eccoti sistemato definitivamente!* te voici, te voilà définitivement casé!; *eccoti contento!* te voilà content! **2** (*compl. di termine*) (*davanti al v.*) te: *non ti ho ancora detto tutto* je ne t'ai pas encore tout dit; *ti sembra giusto tutto questo?* tout cela te semble juste?; *ti ho fatto una precisa domanda* je t'ai posé une question précise ◇ (*posposto e unito al v.*) *voglio dirti tutta la verità* je veux te dire toute la vérité; *ho il piacere di comunicarti che...* j'ai le plaisir de te communiquer que... **3** (*con v. pron.*) te: *ti sei guardato allo specchio?* est-ce que tu t'es regardé dans la glace?; *ti sei già pentito?* t'es-tu déjà repenti?; déjà tu le regrettes?; *non hai nessun motivo di offenderti* tu n'as aucune raison de te vexer; *a che ora ti sei alzato stamattina?* à quelle heure t'es-tu levé ce matin? ◇ (*con valore affettivo, indicando 'partecipazione, interesse' e sim.*) *che cosa ti sei fatto?* qu'est-ce que tu t'es fait? # *ti sei preso un bel raffreddore!* tu as attrapé un bon rhume! ◇ (*in usi pleon., talora con valore raff.*) *ti sei già mangiato tutta la pastasciutta?* tu as déjà mangé toute ton assiette de pâtes?; *lavati le mani!* lave-toi les mains, va te laver les mains!; *infilati la giacca!* mets ta veste!; *chi ti credi di essere?* pour qui te prends-tu?; *tu ti credevi di aver già finito!* tu croyais peut-être avoir déjà terminé!
tiamìna |tia'mina| *s.f.* (*biol.*) thiamine.
tiàra |'tjara| *s.f.* (*st. ant., eccl.*) tiare.
tiberìno |tibe'rino| *agg.* du Tibre (*loc. inv.*): *l'Isola tiberina* (*di Roma*) l'Île tibérine, l'Île du Tibre (de Rome).
tibetàno |tibe'tano| **1** *agg.* [*del Tibet*] tibétain **2** (*s.m.*) *il tibetano* [*la lingua*] le tibétain.
tìbia |'tibja| *s.f.* **1** (*anat.*) tibia *m.* **2** (*mus.*) flûte.
tibiàle |ti'bjale| *agg.* (*anat.*) tibial*.
tibiotàrsico, ci, ca, che |tibjo'tarsiko, tʃi, ka, ke| *agg.* tibio-tarsien*.
tibùrio, i |ti'burjo, i| *s.m.* (*arch.*) tour-lanterne *f.*
tiburtino |tibur'tino| *agg.* de Tivoli *loc. inv.* ◇ (*loc.*) *pietra tiburtina* (pierre de) travertin *s.m.* → **travertino.**
tic |tik| **1** *inter.* (*voce onomat. che riproduce un rumore secco e lieve*) clac, clic ✦ (*in funzione di s.m. inv.*) bruit (*var.*): *il fastidioso tic di una goccia* l'insupportable bruit de la goutte qui tombe → **ticchettio** **2** *s.m. inv.* (*med., corr.*) tic (*var.*): *tic nervoso* tic nerveux; *cerca di correggerti da quel tic insopportabile!* essaie de te défaire de ce tic insupportable!; *è piena di tic* elle est pleine de tics.
ticchete |'tikkete| *inter.* → **tic.**
ticchettàre |tikket'tare| *v.intr.* (*aus.* '*avere*') [*produrre frequenti o ritmici ticchettii*] tictaquer, faire (45) *tr.* tic-tac, tic tac ✦ (*spec. in funzione di s.m. inv.*) *il ticchettare dell'orologio* le tic-tac, le tic tac de la montre; *il ticchettare della macchina da scrivere* le tic-tac de la machine à écrire.
ticchettìo, ii |tikket'tio, ii| *s.m.* [*susseguirsi di colpi secchi e frequenti*] tic-tac *inv.*, tic tac (*inv.*): *il ticchettio dell'orologio, della macchina da scrivere* le tic-tac, le tic tac de la montre, de la machine à écrire # *il ticchettio della pioggia sui vetri* le crépitement de la pluie sur les carreaux.
1 **tìcchio, i** |'tikkjo, i| *s.m.* [*voglia improvvisa*; *capriccio*] fantaisie *f.*, envie (*f.*): *se mi salta il ticchio...* s'il me vient la fantaisie de... → **ghiribizzo** # *adesso gli è venuto il ticchio della raccolta dei francobolli* maintenant il a la lubie de collectionner des timbres.
2 **tìcchio, i** |'tikkjo, i| *s.m.* [*macchia tipica*] (*di marmo*) petite tache *f.*; (*di pianta, di frutto*) tavelure (*f.*): *il ticchio del marmo* la petite tache du marbre ‖ *il ticchio dei frutti, delle foglie* la tavelure des fruits, des feuilles.
ticchiolàto |tikkjo'lato| *agg.* [*cosparso di tipiche macchioline*] tavelé *p.p.*; tacheté, taché: *frutto ticchiolato* fruit tavelé ‖ *marmo ticchiolato* marbre tacheté.
ticchiolatùra |tikkjola'tura| *s.f.* (*agr.*) tavelure.
ticinése |titʃi'nese| *agg.* [*del Canton Ticino*] tessinois.
tic tac, tictàc |tik'tak| *inter.* (*vo-*

ce onomat. che riproduce un rumore regolare e secco, spec. di orologi) tic-tac, tic tac: *la pendola faceva tic tac* la pendule faisait tic-tac ♦ (*in funzione di s.m. inv.*) *si udiva il tic tac della sveglia* on entendait le tic-tac du réveil.
tic toc |tiktɔk| *inter.* (*onomat.*) toctoc.
tientibène |tjenti'bɛne| *s.m. inv.* (*mar.*) tire-veille(s).
tiepidaménte |tjepida'mente| *avv.* [→ TIEPIDO] tièdement: *lo hanno tiepidamente applaudito* ils l'ont applaudi tièdement.
tiepidézza |tjepi'dettsa| *s.f.*, (*raro*) **tiepidità** |tjepidi'ta| *s.f. inv.* [*poca quantità di calore*] tiédeur *var.* ◇ (*fig.*) *lo hanno accolto con tiepidezza* ils l'ont accueilli avec tiédeur, avec indifférence.
tièpido |'tjɛpido| *agg.* [*poco caldo*] tiède: *il brodo è tiepido* le bouillon est tiède ◇ (*fig.*) *una tiepida accoglienza* un accueil tiède; *un tiepido sostenitore di q.c.* un tiède défenseur de qqch.
tifa |'tifa| *s.f.* → **stiancia.**
Tifàcee |ti'fatʃee| *s.f. pl.* (*t.bot.*) Typhacées.
tifàre |ti'fare| *v.intr.* (*aus. 'avere'*) (*fam.*) [*sostenere, incitare una squadra sportiva*] être (43) parmi les supporters, les supporteurs: *tifare per l'Inter* être supporter de l'équipe de l'Inter de Milan ◇ (*per est.*) *tifare per un cantante, per un concorrente* être le fan, l'admirateur d'un chanteur, d'un compétiteur.
tifico, ci, ca, che |'tifiko, tʃi, ka, ke| *agg.* (*med.*) typhique.
tiflite |ti'flite| *s.f.* (*med.*) typhlite.
tiflo- |'tiflo| *pref.* (*significa 'cieco', corrisponde gener. a*) typhlo: *tiflocolite* typhlocolite.
tiflografìa |tiflogra'fia| *s.f.* typhlographie.
tiflògrafo |ti'flɔgrafo| *s.m.* typhlographe.
tiflologìa, gie |tiflolo'dʒia, dʒie| *s.f.* typhlologie.
tifo |'tifo| *s.m.* **1** (*med.*) typhus **2** (*fam.*) [*il sostenere, l'incitare una squadra, uno sportivo*] fanatisme # *fare il tifo per una squadra* être parmi les supporters, être l'un des supporteurs d'une équipe ◇ (*per est.*) *fare il tifo per qc., per q.c.* être partisan *s.*, défenseur de qqn., de qqch.
tifobacillòsi |tifobatʃil'lɔzi| *s.f. inv.* (*med.*) typho-bacillose *var.*
tifòide |ti'fɔide|, **tifoidèo** |tifoi'dɛo| *agg.* (*med.*) typhoïde: *febbre tifoide, tifoidea* (fièvre) typhoïde.
tifoidèa |tifoi'dɛa| *s.f.* (*med.*) fièvre typhoïde *agg.*
tifóne |ti'fone| *s.m.* typhon.
tifòsi |ti'fɔzi| *s.f. inv.* (*med.*) typhose *var.*
tifóso |ti'foso| *agg.* **1** (*fam.*) [*sostenitore entusiasta di una squadra, di uno sportivo e sim.*] supporter *s.m.*, supporteur (*s.m.*): *essere tifoso di una squadra* être parmi les supporteurs d'une équipe ◇ (*per est.*) *è un tifoso di calcio, di pallacanestro* c'est un mordu du football, du basket → **appassionato** ♦ (*s.*) *l'atleta era assediato dai suoi tifosi* l'athlète était entouré de ses supporters **2** (*med.*) typhique ♦ (*s.*) *reparto tifosi* services *m. pl.* des typhiques.
tight |tait| *s.m. inv.* (*ingl.*) jaquette *f. var.* (et pantalon rayé).
Tigliàcee |tiʎ'ʎatʃee| *s.f. pl.* (*t. bot.*) Tiliacées.
tiglio, i |'tiʎʎo, i| *s.m.* **1** (*t.bot.*) tilleul **2** [*il legno*] tilleul ◇ [*la fibra*] teille *f.* ◇ (*per est.*) [*fibra dura di carne, frutti*] fibre *f.*, filandre *f.* (*raro*) # *carne dura come il tiglio* viande dure comme du bois, comme de la semelle, carne (*pop.*).
tiglióso |tiʎ'ʎoso| *agg.* [*fibroso; legnoso*] filandreux*, fibreux*: *carne tigliosa* viande filandreuse, fibreuse.
tigna |'tiɲɲa| *s.f.* **1** (*t.bot.*) teigne ◇ (*med., veter.*) *la tigna del cuoio capelluto* la teigne du cuir chevelu **2** (*region.*) [*persona avara*] avare (*corr.*) **3** (*region.*) [*testardaggine, puntiglio*] entêtement *m.* (*corr.*).
tignòla |tiɲ'ɲɔla| *s.f.* (*t.zool.*) teigne # *tignola dei panni* mite; *tignola del grano* charançon.
tignósa |tiɲ'ɲosa| *s.f.* (*t.bot.*) amanite: *tignosa bianca* amanite printanière ~ *tignosa verdognola* amanite phalloïde ~ *tignosa vinata* amanite rougeâtre.
tignóso |tiɲ'ɲoso| *agg. e s.* **1** [*affetto da tigna*] teigneux* **2** (*region.*) [*avaro, tirchio*] avare (*corr.*), pingre (*corr.*): *un vecchio tignoso* un vieil avare, un vieux pingre **3** (*region.*) [*cocciuto, testardo*] têtu (*corr.*).
tigràto |ti'grato| *agg.* tigré: *gatto tigrato* chat tigré; *marmo tigrato* marbre tigré; *banane tigrate* bananes tigrées, tachetées.
tigratùra |tigra'tura| *s.f.* [*strisce e macchie di un mantello di animale tigrato*] tigrure.
tigre |'tigre| *s.f.* (*t.zool.*) tigre *m.*, tigresse *f.* ◇ (*fig.*) *avere un cuore di tigre* être cruel comme un tigre # *quando è arrabbiato, diventa una tigre* lorsqu'il est en colère, il devient féroce ◇ (*loc. fig.*) *tigre di carta* [*personaggio o situazione che incutono paura ma che si rivelano poi quasi innocui*] tigre de carton ~ *cavalcare la tigre* (*della contestazione*) [*dominarla, guidarla*] chevaucher un tigre; tenir le loup par les oreilles.
tigrésco, chi, ca, che |ti'gresko, ki, ka, ke| *agg.* de tigre *loc. inv.* ◇ (*fig.*) *ferocia tigresca* férocité de tigre → **spietato.**
tigridia |ti'gridja| *s.f.* (*t.bot.*) tigridie.
tigròtto |ti'grɔtto| *s.m.* jeune tigre.
tilacino |tila'tʃino| *s.m.* (*t.zool.*) thylacine.
tilde |'tilde| *s.m. o f.* (*ling.*) tilde *m.*
tillàndsia |til'landzja| *s.f.* (*t.bot.*) tillandsie.
tilòsi |ti'lɔzi| *s.f. inv.* (*med.*) tylose *m. var.*, tylosis *m.*
timbàllo |tim'ballo| *s.m.* (*cuc., mus.*) timbale *f.*
timbràre |tim'brare| *v.tr.* [*bollare con un timbro*] timbrer; oblitérer (8): *timbrare una lettera, un documento* timbrer une lettre, un document ‖ *timbrare un francobollo* oblitérer un timbre.
timbràto |tim'brato| *agg.* oblitéré *p.p.*; timbré: *francobolli timbrati* timbres oblitérés ‖ *documenti timbrati* documents timbrés.
timbratrice |timbra'tritʃe| *s.f.* machine à oblitérer, machine à timbrer.
timbratùra |timbra'tura| *s.f.* [→ TIMBRARE] timbrage *m.*; oblitération: *timbratura di documenti* timbrage de documents ‖ *timbratura dei francobolli* oblitération des timbres.
timbrico, ci, ca, che |'timbriko, tʃi, ka, ke| *agg.* (*mus.*) du timbre *loc. inv.*
timbrificio, i |timbri'fitʃo, i| *s.m.* fabrique *f.*, magasin de timbres.
timbro |'timbro| *s.m.* **1** timbre: *timbro a secco* timbre sec; *timbro tondo, lineare* timbre rond, linéaire # *data del timbro postale* date du cachet de la poste; *apporre un timbro* timbrer **2** (*in acustica*) timbre: *timbro basso, acuto* timbre bas, aigu; *timbro metallico di una voce, di uno strumento* timbre métallique d'une voix, d'un instrument; *timbro nasale* timbre nasal ◇ (*fig.*) *si vede il timbro di quell'artista* on voit le ton, la manière *f.* de cet artiste **3** (*ling.*) timbre.
Timeleàcee |timele'atʃee| *s.f. pl.* (*t.bot.*) Thyméléacées.
timer |'taimə, 'taimer| *s.m. inv.* (*ingl.*) timer *var.* ◇ (*foto.*) compte-pose *var.*
-timia |ti'mia| *suff.* (*significa 'cuore, affettività', corrisponde gener. a*) thymie: *ipertimia* hyperthymie.
timìa |ti'mia| *s.f.* (*psicol.*) thymie (*raro*), humeur, affectivité.
timico, ci, ca, che |'timiko, tʃi, ka, ke| *agg.* (*anat., med., psicol.*) thymique.
timidaménte |timida'mente| *avv.* [→ TIMIDO] timidement: *fece timidamente osservare che...* il fit timidement observer que... [C] **coraggiosamente.**
timidézza |timi'dettsa| *s.f.* (*raro, lett.*) **timidità** |timidi'ta| *s.f. inv.* timidité *var.* [C] **coraggio.**
timido |'timido| *agg.* **1** (*persone*) timide: *essere timido con i compagni, con le donne* être timide avec ses camarades, avec les femmes ♦ (*s.*) *un timido* un timide **2** (*cose*) timide: *un timido saluto* un bonjour timide; *un timido tentativo di resistenza* une timide tentative de résistance [C] **coraggioso, audace.**
timina |ti'mina| *s.f.* (*biol.*) thymine.
1 **timo** |'timo| *s.m.* (*t.bot.*) thym ◇ (*corr.*) (*essenza di*) *timo* (essence de) thym.
2 **timo** |'timo| *s.m.* (*anat.*) thymus.
timocrazìa |timokrat'tsia| *s.f.* timocratie.
timòlo |ti'mɔlo| *s.m.* (*chim.*) thymol.
timóne |ti'mone| *s.m.* (*mar.*) gouvernail: *la ruota del timone* la roue du gouvernail # *la barra del timone* le palonnier ◇ (*aer.*) *timone di direzione, di profondità* gouvernail de direction, de profondeur ◇ (*per est.*) *il timone del carro* le timon de la charrette; *il timone dell'aratro* la flèche *f.*, le timon de la charrue ◇ (*loc. fig.*) *prendere in mano il timone di q.c.* saisir la barre, le gouvernail de qqch. ~ *mettersi al timone di un'azienda, di un'impresa* prendre la barre d'une entreprise, d'une affaire ~ *dare un colpo di timone* donner un coup de barre.
timoneggiàre |timoned'dʒare| *v. tr.* (*raro*) [*governare con il timone*] tenir (27) (*corr.*) le gouvernail, barrer ♦ *ass.* tenir le gouvernail, la barre.
timonerìa |timone'ria| *s.f.* timonerie.
timonièra |timo'njɛra| *s.f.* (*mar.*) timonerie.
timonière |timo'njɛre| *s.m.* **1** timonier ◇ (*canottaggio*) *il timoniere dell'8 con* le barreur du huit (barré) **2** *timoniere automatico* → **giropilota.**
timonièro |timo'njɛro| *agg.* (*zool.*)

le penne timoniere les plumes rectrices.
timoràto |timo'rato| *agg.* timoré # *timorato (di Dio)* craignant Dieu → **onesto, religioso.**
timóre |ti'more| *s.m.* **1** [*stato di ansia, di paura per un male che si vorrebbe evitare*] crainte (*f.*): *vivere in continuo timore* vivre continuellement dans la crainte # *aver timore delle conseguenze di q.c.* craindre les conséquences de qqch.; *avere timore per il futuro* craindre pour l'avenir; *aver timore di qc.* avoir peur de qqn.; *aver timore che avvenga q.c.* craindre qu'il n'arrive qqch.; *non ha timore di niente e di nessuno* il ne craint rien ni personne ◇ [*preoccupazione*] *i tuoi timori erano infondati* tes craintes n'étaient pas fondées **2** [*rispetto; soggezione*] crainte: *il timor di Dio* la crainte de Dieu; *il timore dei genitori* la crainte des parents; *avere un timore reverenziale per qc.* éprouver une crainte révérencielle pour qqn. # *un uomo senza timor di Dio* un homme qui ne craint pas Dieu.
timorosaménte |timorosa'mente| *avv.* [→ TIMOROSO] craintivement → **timidamente.**
timoróso |timo'roso| *agg.* (*persone*) [*pieno di timore, di apprensione*] craintif*: *un tipo, uno sguardo timoroso* un individu, un regard craintif → **timido.**
timpanàto |timpa'nato| *agg.* (*arch.*) muni de tympan.
timpànico, ci, ca, che |tim'paniko, tʃi, ka, ke| *agg.* (*anat., med.*) tympanique.
timpanismo |timpa'nizmo| *s.m.* (*med.*) tympanisme.
timpanista |timpa'nista| *s.* [*suonatore di timpano*] timbalier *m.*
timpanite |timpa'nite| *s.f.* (*med.*) tympanite.
tìmpano |'timpano| *s.m.* **1** (*anat.*) tympan ◇ (*corr.*) *essere duro di timpano* être dur d'oreille; *non mi rompete i timpani!* ne me cassez pas les oreilles! → **orecchio** **2** (*mus.*) timbale (*f.*): *un rullo di timpani* un roulement de timbales **3** (*arch., mecc., tip.*) tympan.
tìna |'tina| *s.f.* → **tino.**
tinàia |ti'naja| *s.f.* [*locale in cui si tiene il mosto per fermentare nei tini*] cellier *m.*
tinca, che |'tinka, ke| *s.f.* (*t.zool.*) tanche ◇ (*cuc.*) *tinca ripiena* tanche farcie.
tincalconite |tinkalko'nite| *s.f.* (*chim.*) tincal *m.*, borax *m.*
tindalizzazióne |tindaliddzat'tsjone| *s.f.* (*chim., tecnol.*) tyndalisation.
Tinèini |ti'neini| *s.m. pl.* (*t.zool.*) Tinéidés.
tinèllo |ti'nɛllo| *s.m.* **1** salle *f.* à manger, salle de séjour: *accomodiamoci in tinello!* allons nous asseoir dans la salle à manger! ◇ [*l'arredamento*] *comprare un tinello in rovere* acheter une salle à manger en chêne **2** petite cuve *f.*, cuveau.
tingere |'tindʒere| (119) **A** *v.tr.* **1** [*far diventare di colore diverso*] teindre (66): *tingere una stoffa di rosso* teindre une étoffe en rouge; *tingere in blu, in nero* teindre en bleu, en noir □ *tingersi le labbra* se mettre du rouge à lèvres; *tingersi i capelli* se teindre les cheveux **2** [*macchiare, sporcare*] barbouiller, tacher: *avere il viso, la faccia tinta di vernice* avoir le visage barbouillé de peinture □ *mi son tinto le mani di inchiostro* je me suis taché les mains d'encre ◆ (*ass.*) *un tessuto che tinge in lavatrice* un tissu qui déteint en machine à laver **3** (*fig.*) [*colorare*] teinter, colorer: *il tramonto tingeva il cielo di rosa* le soleil couchant teintait, colorait le ciel en rose **B** *v.pron.* TINGERSI **1** *rifl.* [*imbellettarsi con cosmetici*] se maquiller **2** *pron.* [→ *tr.* 2] se tacher: *tingersi maneggiando vernici* se tacher en manipulant de la peinture ◆. → *tr.* 2 □ **3** *pron.* [→ *tr.* 3] se teinter, se colorer: *il cielo si tingeva di mille colori* le ciel se teintait de mille couleurs # *tingersi di rossore per la vergogna* rougir de honte **4** *rifl.* → *tr.* 1 □.
tingitùra |tindʒi'tura| *s.f.* [→ TINGERE A 1] teinture.
tinnìre |tin'nire| (197) *v.intr.* (*aus.* '*avere*') (*lett.*) → **tintinnare, squillare.**
tìnnulo |'tinnulo| *agg.* (*lett.*) → **risonante.**
1 **tino** |'tino| *s.m.* (*enol., tecnol.*) cuve *f.*
2 **tìno** |'tino| *s.m.* (*t.bot.*) laurier-tin.
tinòzza |ti'nɔttsa| *s.f.* **1** (*enol.*) cuve **2** *la tinozza per il bucato* le baquet *m.* pour la lessive, à lessive **3** (*raro*) *la tinozza per il bagno* le tub *m.*
tinta |'tinta| *s.f.* **1** [*materia con cui si tinge, si colora q.c.*] teinte: *una tinta chiara, scura* une teinte claire, foncée; *una tinta calda, fredda* une teinte chaude, froide; *una gamma di tinte vivaci* une gamme de teintes vives, de coloris vifs # *un tessuto a tinta unita* un tissu uni ◇ (*loc.*) *le mezze tinte* les demi-teintes **2** [*la materia colorante*] peinture: *tinta a calce, a colla* peinture à la chaux, à la colle; *dare una mano di tinta alle pareti* passer une couche de peinture sur les murs → **colore, 1 vernice** **3** (*fig.*) [*modo di narrare, di esporre*] couleur: *un racconto dalle tinte caricate* un récit haut en couleur # *esporre il fatto con tinte suggestive* exposer les faits de manière pittoresque ◇ (*loc.*) *un dramma a forti tinte* un drame épouvantable ~ *vedere la cosa a tinte fosche* voir la chose sous un jour sombre, voir tout en noir ~ *vedere tutto a tinte rosee* voir tout en rose **4** (*fig., fam.*) [*tipo, indole*] sorte (*corr.*): *di delinquenti ce n'è di tutte le tinte* des délinquants, il y en a de toutes sortes → **risma** # *ne ha combinate di tutte le tinte* il en a fait de toutes les couleurs.
tintarèlla |tinta'rɛlla| *s.f.* (*fam.*) [*abbronzatura*] bronzage *m.* (*corr.*) # *prendersi la tintarella al sole* se bronzer au soleil.
tinteggiàre |tinted'dʒare| *v.tr.* [*ricoprire di una o più tinte*] peindre (66), badigeonner: *tinteggiare le pareti* peindre les murs # *tinteggiare la facciata di un palazzo* ravaler la façade d'un immeuble → **imbiancare, pitturare.**
tinteggiatóre |tintedd3a'tore| *s.m.* [*imbianchino*] badigeonneur.
tinteggiatùra |tintedd3a'tura| *s.f.* [→ TINTEGGIARE] peinture, badigeonnage *m.*
tin tin, tintin |tin'tin| *inter.* (*voce onomat. che riproduce un suono squillante, argentino*) dring ◆ (*in funzione di s.m. inv.*) *si udì il tin tin di un campanello* on entendit le ding ding, le dring d'une sonnette.
tintinnàbolo |tintin'nabolo| *s.m.* → **campanello.**
tintinnaménto |tintinna'mento| *s.m.* (*raro*) [→ TINTINNARE] tintement.
tintinnànte |tintin'nante| *agg.* (*lett.*) [*che tintinna; squillante*] tintinnabulant, tintant (*corr.*): *il tintinnante salvadanaio* la tintinnabulante, tintante tirelire.
tintinnàre |tintin'nare| *v.intr.* (*aus.* '*avere*') [*risuonare, squillare*] tinter ◆ (*in funzione di s.m. inv.*) *si sentì il tintinnare di un campanello* on entendit le dring de la sonnette.
tintinnio, ii |tintin'nio, ii| *s.m.* [→ TINTINNARE] tintement.
tìnto |'tinto| *agg.* **1** [*colorato*] teint (*p.p.*): *un abito tinto di rosso* une robe teinte en rouge ◇ (*loc.*) *labbra tinte* (*di rossetto*) lèvres fardées (de rouge à lèvres) ~ *aveva il viso tutto tinto* son visage était très fardé, maquillé → **truccato** **2** [*sporcato, macchiato*] taché *p.p.*, souillé (*p.p.*): *aveva le mani tinte di pennarello* ses mains étaient tachées de (crayon) feutre **3** (*fig.*) [*che assume un colore diverso*] teinté: *un cielo tinto di rosso* un ciel teinté de rouge ◇ (*per est.*) [*cosparso; fuso*] empreint (*p.p.*): *serenità tinta di malinconia* sérénité empreinte de mélancolie.
tintóre, tora |tin'tore, tora| *s.* [*addetto alle operazioni di tintura*] teinturier*.
tintorìa |tinto'ria| *s.f.* [*officina, laboratorio dove si tingono fibre tessili o tessuti*] teinturerie ◇ (*per est.*) *mandare* (*un abito*) *a lavare in tintoria* donner une robe à nettoyer à la teinturerie, chez le teinturier.
tintoriàle |tinto'rjale| *agg.* tinctorial*.
tintòrio, i |tin'tɔrjo, i| *agg.* → **tintoriale.**
tintùra |tin'tura| *s.f.* **1** [→ TINGERE A 1] teinture: *la tintura di tessuti, di pellami* la teinture des tissus, des peaux ◇ [*materiale per tingere*] *tintura per capelli* teinture pour cheveux **2** (*chim.*) *tintura di iodio* teinture d'iode.
tio- |'tio| *pref.* (*chim.*) (*indica 'presenza di zolfo, relazione con lo zolfo', corrisponde gener. a*) thio: *tiosolfato* thiosulfate.
tioàlcole |tio'alkole| *s.m.* (*chim.*) thioalcool, thiol.
tiofène |tio'fɛne| *s.m.* (*chim.*) thiofène.
tionàto |tio'nato| *s.m.* (*chim.*) thionate.
tiònico, ci, ca, che |ti'ɔniko, tʃi, ka, ke| *agg.* (*chim.*) thionique.
tionìna |tio'nina| *s.f.* (*chim.*) thionine.
tiòrba |'tjɔrba| *s.f.* (*mus.*) t(h)éorbe.
tiorbista |tjor'bista| *s.* joueur* de t(h)éorbe.
tiosolfàto |tiosol'fato| *s.m.* (*chim.*) thiosulfate.
tiosolfòrico, ci, ca, che |tiosol'fɔriko, tʃi, ka, ke| *agg.* (*chim.*) thiosulfurique.
tiourèa |tio'urɛa| *s.f.* (*chim.*) thio-urée.
tipàccio, ci, cia, ce |ti'pattʃo, tʃi, tʃa, tʃe| *s.* sale type *m.*
tipétto |ti'petto| *s.m.* (*fam.*) **1** [*ragazza carina*] belle fille *f.* (*corr.*): *che tipetto, quella tua amica!* quelle belle fille, ton amie!; *è un bel tipetto e tutti gli abitini le stanno bene* c'est une belle

fille, et toutes les robes lui vont bien **2** [*persona dal carattere un po' difficile*] *te lo raccomando, quel tipetto di tuo cognato!* comme caractère, je te le recommande ton beau-frère!
-tipìa |ti'pia| *suff.* (*significa 'matrice, stampo, modello', corrisponde gener. a*) typie: *eliotipia* héliotypie.
tipicaménte |tipika'mente| *avv.* [→ TIPICO] typiquement: *una pronuncia tipicamente toscaneggiante* un accent typiquement toscan.
tipicità |tipitʃi'ta| *s.f. inv.* caractéristique *var.*, caractère *m. var.* typique.
tipicizzàre |tipitʃid'dzare| *v.tr.* (*raro*) → **tipizzare.**
tìpico, ci, ca, che |'tipiko, tʃi, ka, ke| *agg.* typique: *caratteri tipici di una razza, di una cultura* caractères typiques d'une race, d'une culture; *un caso tipico di schizofrenia* un cas typique de schizophrénie; *questo è un tipico esempio di disonestà* c'est un exemple typique de malhonnêteté; *è una sua espressione tipica* c'est une de ses expressions typiques ◇ [*caratteristico di un posto*] régional*: *cucina tipica* cuisine régionale; *piatti, vini tipici* plats, vins régionaux, du pays.
tipificàre |tipifi'kare| *v.tr.* → **tipizzare.**
tipìno |ti'pino| *s.m.* (*fam.*) → **tipetto.**
tipizzàre |tipid'dzare| *v.tr.* **1** [*definire in modo tipico; caratterizzare*] caractériser: *tipizzare un fenomeno* caractériser un phénomène **2** (*nel processo industriale*) [*unificare, standardizzare*] standardiser, uniformiser: *tipizzare i prodotti di una catena* standardiser, uniformiser les produits d'une chaîne.
tipizzazióne |tipiddzat'tsjone| *s.f.* **1** [→ TIPIZZARE 1] caractérisation **2** [→ TIPIZZARE 2] standardisation, uniformisation → **standardizzazione.**
tipo- |'tipo| *pref.* **1** (*significa 'esemplare, modello', corrisponde gener. a*) typo: *tipologia* typologie **2** (*significa 'stampo, matrice', corrisponde gener. a*) typo: *tipografia* typographie.
-tipo |'tipo| *suff.* **1** (*significa 'esemplare, modello', corrisponde gener. a*) type: *biotipo* biotype **2** (*significa 'stampo, matrice', corrisponde gener. a*) type: *stereotipo* stéréotype.
tìpo |'tipo| *s.m.* **1** [*modello*] modèle; sorte (*f.*): *i primi tipi di automobile* les premiers modèles d'automobile; *scegliere il tipo più economico, più lussuoso* choisir le modèle le plus économique, le plus luxueux → **modello** ‖ *merci di ogni tipo* marchandises de toute(s) sorte(s) ◇ [*genere, qualità*] genre: *una giacca di tipo sportivo* une veste (genre) sport; *non era quello il tipo di lavoro che mi interessava* ce n'était pas le genre de travail qui m'intéressait; *vorrei una stoffa sul tipo di questa* je voudrais un tissu de ce genre ✦ (*in funzione di agg. inv.*) type (*var.*): *impianto tipo* installation type; *oggetti tipo* objets types → **tipico** **2** (*etnol.*) type: *il tipo mongolo, negroide* le type mongol, négroïde **3** (*in funzione di agg. inv.*) (*stat.*) type (*var.*): *famiglia tipo* famille type; *reddito tipo* revenu type **4** [*persona caratteristica, originale*] type: *un tipo strano, stravagante* un drôle de type, un type amusant (extravagant); *che tipo, quel tuo amico!* quel drôle de type, ton ami! ◇ [*persona esemplare di un certo comportamento*] *è il classico tipo dell'affarista, dell'imbroglione* c'est le type classique de l'affairiste, de l'escroc ◇ (*fam.*) [*persona non meglio identificata*] *c'è fuori un tipo che ti aspetta* il y a dehors un type qui t'attend → **tizio** ◇ (*loc.*) *non è bella, ma fa tipo* elle n'est pas belle, mais elle a un type, un genre ~ *quella ragazza (non) è il mio tipo* cette fille (n')est (pas) mon genre **5** (*letter., teat.*) personnage: *il tipo dell'avaro, del bugiardo* le personnage, le caractère de l'avare, du menteur; *i tipi della commedia dell'arte* les personnages de la comédie de l'art → **carattere** **6** (*bot., zool.*) type **7** (*tip.*) type # *un volume uscito per i tipi di...* un volume publié par... **8** (*numism.*) type.
tipografìa |tipogra'fia| *s.f.* **1** typographie **2** [*officina grafica*] imprimerie: *lavorare in una tipografia* travailler dans une imprimerie; *mandare il manoscritto in tipografia* envoyer le manuscrit à l'imprimerie, à la composition.
tipograficaménte |tipografika'mente| *avv.* [→ TIPOGRAFICO] typographiquement: *un'edizione tipograficamente perfetta* une édition typographiquement parfaite.
tipogràfico, ci, ca, che |tipo'grafiko, tʃi, ka, ke| *agg.* typographique: *caratteri tipografici* caractères typographiques # *errore tipografico* faute d'impression; *stabilimento tipografico* imprimerie.
tipògrafo |ti'pɔgrafo| *s.* **1** typographe **2** *tipografo (editore)* imprimeur-éditeur.
tipolitografìa |tipolitogra'fia| *s.f.* typolithographie.
tipolitogràfico, ci, ca, che |tipolito'grafiko, tʃi, ka, ke| *agg.* typolithographique.
tipologìa, gie |tipolo'dʒia, dʒie| *s.f.* typologie.
tipològico, ci, ca, che |tipo'lɔdʒiko, tʃi, ka, ke| *agg.* typologique.
tipometrìa |tipome'tria| *s.f.* ensemble *m.* des mesures typographiques.
tipòmetro |ti'pɔmetro| *s.m.* typomètre.
tip tap |tiptap| **1** *inter.* (*voce onomat. che riproduce un rumore secco e ritmico*) tip tap **2** *s.m. inv.* (*danza tipica amer.*) danse *f. var.* à claquettes.
tìpto- |'tipto| *pref.* (*significa 'battere', corrisponde gener. a*) typto: *tiptologia* typtologie.
tiptologìa, gie |tiptolo'dʒia, dʒie| *s.f.* **1** (*spiritismo*) typtologie **2** (*raro*) langage *m.*, télégraphe *m.* morse des prisonniers.
tìpula |'tipula| *s.f.* (*t.zool.*) tipule.
Tipùlidi |ti'pulidi| *s.m. pl.* (*t.zool.*) Tipulidés.
tirabàci |tira'batʃi| *s.m. inv.* (*ant., scherz.*) [*tipo di ricciolo piatto*] accroche-cœur (*var.*): *dei tirabaci* des accroche-cœurs.
tirabòzze |tira'bɔttse| *s.m. inv.* **1** (*tip.*) presse *f. var.* à épreuves **2** → **torcoliere.**
tirabràce |tira'bratʃe| *s.m. inv.* tire-braise.
tirabusciò |tirabuʃ'ʃɔ| *s.m. inv.* (*pop.*) → **cavatappi.**
tiracatène |tiraka'tene| *s.m. inv.* tendeur *var.* de chaîne.
tira (e) mòlla |tira(e)m'mɔlla|, *loc. sost. m. inv.*, **tiramòlla** |tira'mɔlla| *s.m. inv.* → **tiremmolla.**
tirafóndo |tira'fondo| *s.m.* (*tecnol.*) tire-fond *inv.*
tiràggio, i |ti'raddʒo, i| *s.m.* tirage: *tiraggio naturale, forzato* tirage naturel, forcé; *questo camino ha il tiraggio difettoso* cette cheminée a un mauvais tirage, tire mal.
tiragliatóre |tiraʎʎa'tore| *s.m.* [*soldato destinato a tirare a volontà sul nemico*] tirailleur.
tiralàtte |tira'latte| *s.m. inv.* tire-lait ✦ (*in funzione di agg. inv.*) *pompetta tiralatte* tire-lait *s.m.*
tiralìnee |tira'linee| *s.m. inv.* tire-ligne *var.*
tiralòro |tira'lɔro| *s.m. inv.* [*orafo che riduce in fili oro e altri metalli preziosi*] fileur* *s. var.* d'or.
tiraménto |tira'mento| *s.m.* (*raro*) traction *f.*
tiranneggiaménto |tiranneddʒa'mento| *s.m.* [→ TIRANNEGGIARE] tyrannie *f.* → **dispotismo.**
tiranneggiàre |tiranned'dʒare| *v. tr.* [*trattare gli altri in modo autoritario e dispotico*] tyranniser: *tiranneggiare i sudditi, i dipendenti* tyranniser ses sujets, ses employés ◇ (*scherz.*) *è tiranneggiato dalla moglie* sa femme le tyrannise ✦ (*ass.*) *è un individuo che tende a tiranneggiare* c'est un individu qui aime tyranniser.
tirannèllo |tiran'nɛllo| *s.* petit tyran *m.*, tyranneau *m.* (*lett.*): *è un piccolo tirannello di provincia* c'est un petit tyran, un tyranneau de province.
tirannescaménte |tiranneska'mente| *avv.* [→ TIRANNESCO] tyranniquement (*lett.*).
tirannésco, chi, ca, che |tiran'nesko, ki, ka, ke| *agg.* → **tirannico.**
tirannìa |tiran'nia| *s.f.* tyrannie: *liberarsi da una tirannia* se libérer d'une tyrannie; *questa è una vera e propria tirannia* c'est une véritable tyrannie ◇ (*fig.*) *me lo impedisce la tirannia dello spazio, del tempo* les exigences *pl.* du temps, le manque *m.* de place me l'interdisent.
tirannicaménte |tirannika'mente| *avv.* [→ TIRANNICO] tyranniquement (*lett.*).
tirannicìda |tiranni'tʃida| *s.* tyrannicide ✦ (*raro in funzione di agg. inv.*) meurtrier* # *l'arma tirannicida* l'arme du meurtre.
tirannicìdio, i |tiranni'tʃidjo, i| *s.m.* tyrannicide.
tirànnico, ci, ca, che |ti'ranniko, tʃi, ka, ke| *agg.* tyrannique: *un governo tirannico* un gouvernement tyrannique ◇ (*per anal.*) *comportamento tirannico* comportement tyrannique.
tirànnide |ti'rannide| *s.f.* tyrannie.
tirànno |ti'ranno| *s.* **1** *s.m.* (*st.*) tyran: *i trenta tiranni di Atene* les trente tyrans d'Athènes **2** *s.* (*per est.*) tyran: *fare il tiranno con i propri dipendenti* faire le tyran avec les employés ◇ (*fig.*) *quella passione è la sua tiranna* il est l'esclave de sa passion ✦ (*in funzione di agg.*) tyrannique: *un padre tiranno* un père tyrannique; *una moglie tiranna* une femme tyrannique → **tirannico** **3** *s.m.* (*t.zool.*) tyran.
tirannosàuro |tiranno'sauro| *s.m.* (*paleont.*) tyrannosaure.
tirànte |ti'rante| *s.m.* **1** (*tecnol.*) tirant: *i tiranti di un cavo, di una tenda* les tirants d'un câble, d'une tente ◇ (*mar.*) *tiranti d'acqua* tirants d'eau # *i*

tiranti del paranco les garants (du palan) ◇ (*aer.*) *i tiranti delle ali* les tirants des ailes **2** *i tiranti degli stivali* les tirants des bottes **3** (*arch.*) tirant.

tirapièdi |tira'pjɛdi| *s. inv.* (*spreg.*) [*chi si comporta in modo vile, servile con i superiori*] larbin (*m. var.*): *essere il tirapiedi di qc.* être le larbin de qqn. # *fare il tirapiedi a qc.* lécher les bottes de qqn.

tirapròve |tira'prɔve| *s.m. inv.* (*tip.*) presse *f. var.* à épreuves.

tirapùgni |tira'puɲɲi| *s.m. inv.* coup-de-poing (*var.*): *dei tirapugni* des coups-de-poing.

tiràre |ti'rare| **A** *v.tr.* **I** (*indica genericamente una tensione o un movimento*) **1** [*far pressione su un oggetto per tenderlo*] tirer: *tirare la fune, un cavo* tirer la corde, un câble; *tirare un elastico* tirer un élastique; *tirare i capelli a qc.* tirer les cheveux à qqn. ◇ (*loc.*) *tirare il collo a una gallina, a un tacchino* tordre le cou à une poule, à un dindon ◇ (*loc. fig.*) *tirare la cinghia* se serrer la ceinture ~ *tirare le cuoia* casser sa pipe (*fam.*), passer l'arme à gauche (*pop.*) ~ *tirare* (*una discussione*) *in lungo, per le lunghe* traîner (une discussion) les choses en longueur ~ *tirare le orecchie a qc.*: (*pr., fig.*) tirer les oreilles à qqn. **2** [*spostare nello spazio*; *mettere in movimento*] tirer: *i buoi tirano l'aratro* les bœufs tirent la charrue; *tirare le tendine* tirer les rideaux; *tira in qua la tavola!* tire la table par ici!; *bisogna tirare più in là la panca* il faut tirer le banc plus par là; *tirare qc. per la giacca* tirer qqn. par le pan de sa veste; *tirare una barca in secco* tirer une barque sur le rivage; *tirare le reti* tirer les filets # *tirare un cassetto* ouvrir un tiroir; *la calamita tira il ferro* l'aimant attire le fer; *tirarsi su le calze, i pantaloni* remonter ses bas, son pantalon ◇ (*loc. fig.*) *tirare i remi in barca* tirer son épingle du jeu → **desistere, rinunziare** ~ *tirare qc. in disparte* tirer qqn. à l'écart ~ *tirare qc. dalla propria parte* mettre qqn. de son côté ~ *tirare l'acqua al proprio mulino* apporter de l'eau à son moulin ~ *tirarsi addosso i guai, i fastidi* s'attirer des ennuis ~ *mi hanno tirato qui, quasi per forza* ils m'ont (en)traîné ici presque de force ~ TIRARE QC. PER I CAPELLI pousser (qqn.) contre son gré: *ce l'hanno tirato per i capelli* on l'y a poussé contre son gré ~ *tirare l'anima coi denti* [*reggersi in piedi a fatica*] tenir à peine debout; [*essere in gravi condizioni fisiche*] n'avoir plus qu'un souffle de vie ~ TIRARE IN BALLO mettre sur le tapis: *ha tirato in ballo la malattia della moglie* il a mis sur le tapis la maladie de sa femme # *non tirarmi in ballo, in questa faccenda!* ne me mêle pas à cette affaire!; *non tirare in ballo scuse, adesso!* ne cherche pas des excuses, maintenant! **3** [*tirare a sé, aspirando o succhiando*] tirer: *tirare una boccata di sigaretta, di pipa* tirer une bouffée de sa cigarette, de sa pipe # *il bambino tira bene il latte materno* l'enfant tète bien le lait de sa mère ◇ (*loc. fig.*) *tirare il fiato, il respiro* respirer **4** (*fig.*) (*sport, spec. ciclismo*) [*trascinare dietro a sé in una competizione*] mener (6): *il corridore si tirò dietro il gruppo* le coureur mena le peloton; *tirare la volata al compagno di squadra* mener le sprint à son coéquipier ✦ (*ass.*) *ha tirato da solo per i primi 400 metri, ma poi ha ceduto* il a mené tout seul pendant les 400 premiers mètres, puis il s'est écroulé **5** [*tracciare, disegnare*] tirer, tracer (2): *tirare una linea verticale sul foglio* tirer, tracer une ligne verticale sur une feuille # *tirare una riga sulle parole sbagliate* barrer les fautes ◇ [*stampare*; *riprodurre*] tirer: *tirare 10.000 esemplari di un libro* tirer un livre à 10.000 exemplaires; *di questo tomo sono state tirate poche copie numerate* on a tiré ce tome à peu d'exemplaires, tous numérotés; *tirare 20 fotografie da un negativo* tirer 20 photographies d'un négatif **6** (*fig.*) [*ricavare, derivare da q.c.*] tirer: *tirare vantaggio da una situazione* tirer avantage d'une situation; *adesso, tira tu le conseguenze!* maintenant, c'est à toi de tirer les conséquences! → **trarre** ◇ (*loc. fig.*) *una conclusione tirata per i capelli* une conclusion tirée par les cheveux ~ *tirar partito da q.c.* tirer parti de qqch. ◇ (*loc.*) *tirare i conti, le somme*: (*pr.*) faire les comptes, la somme; (*fig.*) faire le point **7** [*ridurre in una certa condizione*] *tirare a cera il pavimento* cirer le carrelage, encaustiquer le parquet; *tirare a lucido un mobile* faire (45) *intr.* briller un meuble ◇ (*loc. fig.*) *non tirare al peggio le mie parole!* n'interprète pas mal mes paroles → **interpretare** **8** [*scagliare, lanciare*] lancer (2), jeter (5): *tirare un sasso, una sassata* lancer, jeter une pierre, des pierres; *tirare i dadi* jeter les dés; *tirare una freccia* lancer, tirer une flèche # *tirare una stoccata all'avversario* donner un coup de pointe à l'adversaire; *tirare la palla in rete* envoyer la balle dans les buts, les filets, shooter; *tirare pugni, calci, ceffoni* donner des coups de poing, de pied, des gifles ◇ (*armi da fuoco*) [*sparare*] tirer: *tirare una fucilata, una cannonata* tirer un coup de fusil, de canon; *tirare un colpo di pistola* tirer un coup de pistolet; *tirare una raffica* (*di mitra*) tirer une rafale de mitrailleuse **II** (*seguito da avv. e prep., in senso pr., fig.*) **1** TIRARE A: *tirare a segno, al bersaglio* tirer à la cible; *tirare a cera il marmo, il parquet* cirer le marbre, encaustiquer le parquet ◇ (*calcio*) *tirare a rete* tirer au but, shooter ◇ (*basket*) *tirare a canestro* envoyer dans le panier **2** TIRARE AVANTI: (*pr.*) *tirare avanti un mobile* (faire) avancer un meuble; (*fig.*) *tirare avanti la famiglia* faire vivre sa famille ✦ (*ass.*) *riesce appena a tirare avanti* il a du mal à joindre les deux bouts **3** TIRAR FUORI tirer, sortir (21): *tirar fuori il coltello* tirer, sortir son couteau; *tirar fuori il portafoglio* tirer son portefeuille; *tirar fuori la lingua* tirer la langue; *tira fuori le mani di tasca!* sors tes mains de tes poches! → **estrarre** # *tirar fuori mille scuse, mille pretesti* alléguer mille excuses, mille prétextes → **addurre** ◇ (*fam.*) *cosa vai a tirar fuori, adesso?* qu'est-ce que tu vas nous sortir, maintenant?; *bisogna tirar fuori subito un milione di caparra* il faut débourser tout de suite un million pour les arrhes → **pagare, anticipare** **4** TIRAR GIÙ baisser: *tirar giù le tapparelle* baisser les stores; *tirar giù la gonna* baisser sa jupe → **abbassare** # *tira giù una valigia dall'armadio* descends la valise de l'armoire; *tirare giù pugni, calci* lancer, donner des coups de poing, des coups de pied ◇ (*fam.*) *tirar giù moccoli, bestemmie* lâcher des jurons; *tirar giù un prezzo* baisser un prix → **calare** **5** (*fam.*) TIRAR SOTTO [*ferire, uccidere in un incidente stradale*]: *tirar sotto un gatto* écraser un chat; *è stato tirato sotto da un automobilista pirata* il a été renversé par un chauffard → **travolgere** **6** TIRAR SU: *tirar su un oggetto da terra* ramasser un objet; *tirar su una vecchietta che è scivolata per terra* relever (6) une petite vieille qui est tombée par terre, en glissant; *tirar su un tavolato in poche ore* élever une cloison en quelques heures → **innalzare**; *tira su la testa!* lève la tête!; *tirarsi su i capelli* relever ses cheveux; *tirarsi su le maniche*: (*pr., fig.*) retrousser ses manches; *prendi un bicchierino di cognac, ti tirerà su!* bois un petit verre de cognac, ça te remontera!; *quella cura l'ha proprio tirata su* ce traitement l'a vraiment remontée, retapée (*fam.*); *tirar su il morale a qc.* remonter le moral à qqn.; *tirar su i prezzi* hausser les prix → **alzare**; *ha tirato su cinque figli* elle a élevé cinq enfants → **allevare**; *i suoi genitori lo hanno tirato su bene* ses parents l'ont bien élevé → **educare** **7** TIRAR(E) VIA enlever (6): *tirar via un oggetto da un posto* enlever un objet d'un endroit ◇ (*fam.*) *mi hanno tirato via un dente* on m'a arraché une dent → **cavare, estrarre** **8** TIRARSI ADDOSSO (Q.C., QC.): *tirarsi addosso un cassetto* faire *intr.* tomber un tiroir sur soi; *tirarsi addosso le critiche di tutti* s'attirer les critiques de tout le monde; *con quel tuo intervento te li sei tirati tutti addosso* en intervenant, tu les as mis tous contre toi **9** TIRARSI DIETRO (QC., Q.C.): *dovunque vada, si tira dietro i bambini* partout où elle va, elle traîne ses enfants avec elle; *tirarsi dietro la porta* fermer la porte derrière soi **B** *v.intr.* (*aus.* '*avere*') **1** (*riferito all'aria*) [*spirare, soffiare*] souffler: *oggi tira una tramontana insopportabile* aujourd'hui il souffle une tramontane insupportable # *non tirava un alito di vento* il n'y avait pas un souffle d'air ◇ (*loc. fig.*) *con l'aria che tira...* par les temps qui courent... ~ *che aria tira in ufficio, oggi?* quel vent souffle aujourd'hui au bureau? ◇ (*per anal.*) tirer: *questo camino, la pipa non tira bene* cette cheminée, la pipe ne tire pas bien # *tirar su col naso* renifler **2** (*fig.*) [*tendere a*; *essere incline a*] tendre (53) # *tirare a imbrogliare* essayer de tromper; *oggi tira a piovere, a nevicare* aujourd'hui ça sent la pluie, la neige → **minacciare**; *tirare ai soldi* viser au profit ◇ (*auto.*) *questa macchina tira a sinistra* la direction de cette voiture porte vers la gauche, fait dévier à gauche ◇ (*di colori*) [*assomigliare*; *avvicinarsi*] tirer sur: *un colore che tira al rosso, all'arancione* une couleur qui tire sur le rouge, sur l'orange ◇ (*loc. fig.*) *tirare a campare* vivre comme on peut ~ *tiro a indovinare!* j'essaie de deviner! **3** (*fig.*) [*procedere, proseguire*] continuer: *tirammo dritti per una scorciatoia* nous continuâmes par un raccourci ◇ (*auto.*) *questo motore tira bene anche in salita* ce moteur tire bien, même en montée ◇ *loc. fig.* TIRARE AVANTI, INNANZI: *tirammo avanti senza più so-*

ste nous poursuivîmes notre chemin sans ne plus nous arrêter; *come si fa a tirar avanti con simili stipendi?* comment peut-on vivre avec de tels salaires?; *'come va?' 'si tira avanti* (*alla meno peggio*)' 'comment ça va?' 'comme ci, comme ça!'; *il nonno è gravissimo*: *non tira* (*avanti*) *fino a domani* l'état de grand-père est très grave: il n'arrivera pas à demain; *quanto alla sua onestà, beh, tiriamo innanzi!* quant à son honnêteté, eh bien, passons! ~ *tirare di lungo* [*passare oltre*] passer, continuer ~ TIRARE DIRITTO, DRITTO continuer: *l'ho salutato, ma lui ha tirato dritto* je l'ai salué, mais il ne m'a pas rendu mon salut et il a continué son chemin; *tirar dritto per la propria strada* continuer son petit bonhomme de chemin # *tirar dritto al proprio scopo* aller droit au but ~ (*fam.*) TIRAR VIA: *hanno tirato via senza neanche salutarci* ils ont continué leur chemin sans même nous saluer (sans même nous dire bonjour); *tira via sui particolari*: *arriva al sodo!* passe sur les détails: viens-en au fait! **4** [*cercare di risparmiare*] *tirare sul mangiare* économiser, rogner (*fam.*) sur la nourriture; *tirare sulle spese* réduire les dépenses; *tirare sul prezzo* marchander **5** [→ *tr.* I 8] tirer (*con sogg. di persona*): *saper tirare bene, male* savoir tirer bien, mal; *tirare col fucile, con la pistola* tirer au fusil, au pistolet; *tirare di scherma* faire de l'escrime, tirer au fleuret; *tirare a salve* tirer à blanc; *tirare a bruciapelo* tirer à bout portant; *tirare alle gambe, alla schiena* tirer dans les jambes, dans le dos; *tirare ad altezza d'uomo* tirer à hauteur d'homme # *tirare alla selvaggina* chasser au fusil, faire la chasse à tir → **mirare, 1 sparare** ◇ (*con sogg. di arma da fuoco*) *è un fucile, un cannone che tira a grande distanza* c'est un fusil, un canon à longue portée **C** *v.pron. rifl.* TIRARSI **1** [*spostarsi*; *muoversi*] *tirarsi vicino alla tavola* se rapprocher de la table; *tirati da parte!* tire-toi de là! (*fam.*); *tirarsi via, fuori dai piedi* ficher le camp (*fam.*) ◇ *loc.* TIRARSI INDIETRO faire marche arrière, reculer: *all'ultimo momento tutti si sono tirati indietro* au dernier moment, tout le monde a fait marche arrière; *di fronte alle difficoltà, non sono certo io che mi tiro indietro* ce n'est certainement pas moi qui recule devant les difficultés # *non si tira mai indietro quando c'è da aiutare un amico* il ne se dérobe jamais lorsqu'il s'agit d'aider un ami ~ TIRARSI SU se relever: *Andrea, tirati su da terra!* André, relève-toi!; *dopo la disgrazia non si è più tirato su* il ne s'est pas relevé de ce malheur # *nonostante tutte le cure non riesce a tirarsi su* malgré tous les traitements, il ne réussit pas à remonter la pente **2** → *tr.* II 8, 9.

tirasségno |tiras'seɲɲo| *s.m.* tir à la cible.

tirastivàli |tirasti'vali| *s.m. inv.* tire-botte (*var.*): *dei tirastivali* des tire-bottes.

tiràta |ti'rata| *s.f.* **1** [→ TIRARE A I 1] *dare una tirata alle briglie* tirer les brides ◇ (*loc. fam.*) *mi lasci fare una tirata dalla tua sigaretta?* tu me laisses tirer une bouffée de ta cigarette? ~ *una tirata d'orecchi*: (*pr., fig.*) tirer les oreilles **2** [*azione compiuta senza interruzioni*] traite: *abbiamo fatto tutta una tirata fino a Parigi* nous avons fait le trajet d'une seule traite jusqu'à Paris # *abbiamo fatto una bella tirata per arrivare fin qui!* nous avons fait un bon bout de chemin pour arriver jusqu'ici!; *battere a macchina quelle copie è stata una bella tirata!* taper à la machine ces exemplaires à été un drôle de travail! **3** [*discorso lungo*] tirade # *ci siamo dovuti sorbire una tirata di tre ore* nous avons dû subir trois heures de discours ◇ [*rimprovero, invettiva*] tirade, invective, philippique (*lett.*): *il professore fece una lunga tirata contro l'indisciplina degli alunni* le professeur fit une tirade contre l'indiscipline des élèves ◇ [*invettiva*] invective.

tiratàppi |tira'tappi| *s.m. inv.* (*raro*) → **cavatappi.**

tiràto |ti'rato| *agg.* **1** [*allungato, teso*] tiré: *una corda ben tirata* une corde bien tirée, raidie ◇ (*fig.*) *lineamenti tirati* traits tirés, fatigués; *aveva un viso tirato dalla stanchezza, dall'emozione* il avait un visage tiré, tendu par la fatigue, l'émotion **2** (*fig.*) [*stentato*; *sforzato*] *un sorriso tirato* un sourire forcé; *una conclusione tirata* (*per i capelli*) une conclusion tirée par les cheveux; *sono un po' tirato con il tempo* je dispose de peu de temps ◇ (*loc.*) *fare una vita tirata* mener une vie pénible; *questo mese, siamo un po' tirati con i soldi* ce mois-ci, nous avons du mal à joindre les deux bouts **3** (*fig.*) (*persone*) [*avaro, spilorcio*] regardant: *è un uomo molto tirato* c'est un homme très regardant.

tiratóre, trice |tira'tore, tritʃe| [*chi tira*] *s.* tireur*: *un tiratore scelto* un tireur d'élite ◇ (*loc. polit.*) *franco tiratore*: (*pr., fig.*) franc-tireur; *dei franchi tiratori* des francs-tireurs.

tiratróne |tira'trone| *s.m.*, **thyratron** |'θairətrən| *s.m. inv.* (*fis.*) thyratron *var.*

tiratùra |tira'tura| *s.f.* (*tip.*) tirage (*m.*): *un giornale ad alta tiratura* un journal à grand (gros, fort) tirage; *quella notizia scandalistica ha fatto aumentare la tiratura dei giornali* cette nouvelle scandaleuse a gonflé le tirage des journaux # *raggiungere la tiratura di 100.000 copie* être tiré à 100.000 exemplaires.

tiratùtti |tira'tutti| *s.m. inv.* (*mus.*) pédale *f.*

tirchieria |tirkje'ria| *s.f.* [*sordida avarizia*; *spilorceria*] avarice, pingrerie: *essere di una tirchieria insopportabile* être d'une avarice, d'une pingrerie insupportable ◇ [*atto tirchio*] mesquinerie: *ma smettila con le tue tirchierie!* mais finis-en avec tes mesquineries.

tìrchio, i |'tirkjo, i| *s.* [*avaro, spilorcio*] avare, pingre.

tirèlla |ti'rɛlla| *s.f.* [*parte del finimento dei cavalli*] trait *m.*

tiremmòlla |tirem'mɔlla| *s.m. inv.* **1** [*indecisione*; *tergiversazione*] indécision *f. var.*, hésitation (*f. var.*): *dopo tanti tiremmolla, finalmente si è deciso* après toutes ces hésitations, il s'est enfin décidé **2** [*persona indecisa*] indécis *s. var.*

tireotossicòsi |tireotossi'kɔzi| *s.f. inv.* (*med.*) thyréotoxicose *var.*, thyréose *var.*

tirétto |ti'retto| *s.m.* (*raro*) → **cassetto.**

tiritèra |tiri'tɛra| *s.f.* (*fam.*) [*discorso noioso e prolisso*] rengaine, refrain (*m.*): *ogni giorno, è sempre la stessa tiritera!* tous les jours, c'est la même rengaine, le même refrain! ◇ [*filastrocca, cantilena*] comptine.

tirlindàna |tirlin'dana| *s.f.* (*pesca*) traîneau *m.*, seine.

tiro |'tiro| *s.m.* **1** [→ TIRARE A I 2] traction *f.*; trait: *il tiro della fune, alla fune* la traction de la corde || *animali da tiro* animaux de trait ◇ (*per est.*) [*gli animali che tirano un veicolo*] attelage: *tiro a due, a quattro* attelage à deux, à quatre chevaux; *un tiro di buoi* un attelage de bœufs; *attaccare alla carrozza uno stupendo tiro di cavalli* atteler de superbes chevaux au carrosse; faire tirer le carrosse par un superbe attelage (de chevaux) ◇ (*per est.*) [*la carrozza*] voiture: *viaggiare su un lussuoso tiro a due* voyager dans une luxueuse voiture à deux chevaux **2** (*mil.*) tir: *tiro diretto* tir de plein fouet, direct; *tiro incrociato* tir croisé; *tiro antiaereo, navale* tir anti-aérien, tir en mer; *tiro a salve, di sbarramento* tir à blanc, de barrage → 1 **sparo**; *esercitazioni di tiro* exercices de tir; *poligono di tiro* polygone de tir ◇ (*sport*) *tiro al piccione, al piattello* tir au pigeon, au pigeon d'argille; *tiro a volo* tir au vol; *tiro con l'arco* tir à l'arc; *tiro a segno* tir à la cible → **tirassegno** ◇ (*fig.*) [*colpo*; *tentativo*] tour: *un tiro mancino* un mauvais tour, une entourloupette (*f.*); *giocare un brutto tiro a qc.* jouer un mauvais tour à qqn.; *la sbronza gli ha giocato un brutto tiro* sa cuite lui a joué un mauvais tour → **scherzo** ◇ (*loc.*) *essere, trovarsi a tiro*: (*pr., fig.*) être à la portée de...; *essere fuori tiro* être hors d'atteinte, de portée ~ *a un tiro di schioppo, di fucile*: (*pr., fig.*) à une portée de fusil ~ *venire, capitare a tiro* venir à la portée (de) **3** [→ TIRARE A I 8] coup: *un tiro di dadi* un coup de dés; *fare un bel tiro con l'ultima boccia* faire un beau coup, un beau tir avec la dernière boule → **lancio** ◇ (*negli sport con la palla o il pallone*) tir, coup: *tiro corto, lungo, radente* tir court, long, rasant; *un tiro di piede, di testa* un tir du pied, une tête; *un tiro imparabile* un tir qu'on ne peut parer; *tiro in porta, a canestro* tir au but, au panier; *tiro dal limite* tir de la surface de réparation; *tiro di punizione* coup franc # *tiro di rigore* penalty.

tirocinànte |tirotʃi'nante| *agg. e s.* [*che fa tirocinio*] apprenti *s.*; (*in una professione*) stagiaire → **apprendista.**

tirocinio, i |tiro'tʃinjo, i| *s.m.* [*periodo di iniziazione pratica a un mestiere o una professione*] (*di mestiere*) apprentissage; (*di professione*) stage: *tirocinio professionale* apprentissage professionnel || *tirocinio didattico* stage didactique; *fare due anni di tirocinio presso uno studio notarile* faire un stage de deux ans dans un bureau de notaire ◇ (*per est.*) *sottoporsi a un duro tirocinio* se soumettre à un dur apprentissage, à un pénible noviciat (*lett.*).

tiròide |ti'rɔide| *s.f.* (*anat.*) thyroïde ♦ (*in funzione di agg. inv.*) *cartilagine tiroide* cartilage thyroïde → **tiroideo.**

tiroidectomìa |tiroidecto'mia| *s.f.* (*chir.*) thyroïdectomie.

tiroidèo |tiroi'deo| *agg.* (*anat., med.*) thyroïdien*.

tiroidina |tiroi'dina| *s.f.* (*farm.*) thyroïdine.

tiroidismo |tiroi'dizmo| *s.m.* (*med.*) thyroïdisme.
tiroidite |tiroi'dite| *s.f.* (*med.*) thyroïdite.
tirolése |tiro'lese| **I** *agg.* [*della regione del Tirolo*] tyrolien*: *la cucina tirolese* la cuisine tyrolienne ◇ *loc. avv.* ALLA TIROLESE tyrolien (*agg.*): *cappello alla tirolese* chapeau tyrolien; *calzoncini alla tirolese* culottes tyroliennes **II** *s.* **1** (*s.m.*) *il tirolese* [*il dialetto*] le tyrolien: *mi ha risposto in tirolese* il m'a répondu en tyrolien **2** (*s.f.*) *la tirolese* [*canto tipico*] la tyrolienne.
tirosìna |tiro'sina| *s.f.* (*chim.*) tyrosine.
tirossìna |tiros'sina|, **tiroxina** |tirok'sina| *s.f.* (*biol.*) thyroxine.
tirotrofìna |tirotro'fina|, **tireotrofìna** |tireotro'fina| *s.f.* (*biol.*) thyrotrophine.
tiròtropo |ti'rɔtropo| *agg.* (*med.*) thyréotrope.
tirrènico, ci, ca, che |tir'rɛniko, tʃi, ka, ke| *agg.* de la mer Tyrrhénienne (*loc. inv.*): *la costa tirrenica* la côte de la mer Tyrrhénienne.
tirrèno |tir'rɛno| *agg.* (*st.*) tyrrhénien* → **etrusco.**
tirso |'tirso| *s.m.* (*bot.*, *mitol.*) thyrse.
tisàna |ti'zana| *s.f.* tisane.
Tisanòtteri |tiza'nɔtteri| *s.m. pl.* (*t.zool.*) Thysanoptères.
Tisanùri |tiza'nuri| *s.m. pl.* (*t.zool.*) Thysanoures.
tisi |'tizi| *s.f. inv.* (*med.*) phtisie *var.* → **tubercolosi.**
tisichézza |tizi'kettsa| *s.f.* (*med.*) phtisie.
tisico, ci, ca, che |'tiziko, tʃi, ka, ke| *agg.* **1** (*med.*) tuberculeux*: *essere tisico marcio* être tuberculeux à cent pour cent ✦ (*s.*) *un tisico* un phtisique **2** (*per est.*) [*debole, gracile*] chétif*: *un corpicino tisico* un petit corps chétif, rachitique; *un alberello tisico* un arbuste chétif, rabougri ◇ (*fig.*) faible: *un dramma, un romanzo tisico* un drame, un roman faible.
tisiologìa, gie |tizjolo'dʒia, dʒie| *s.f.* (*med.*) phtisiologie.
tisiològico, ci, ca, che |tizjo'lɔdʒiko, tʃi, ka, ke| *agg.* (*med.*) phtisiologique.
tisiòlogo, gi |ti'zjɔlogo, gi| *s.* phtisiologue *m.*
tissulàre |tissu'lare| *agg.* (*biol.*) tissulaire.
1 **titànico, ci, ca, che** |ti'taniko, tʃi, ka, ke| *agg.* **1** [*da titano*; *gigantesco*] titanesque: *fare uno sforzo titanico* faire un effort titanesque; *una impresa titanica* une entreprise titanesque → **erculeo** **2** (*mitol. gr.*) de Titan *loc. inv.*, titanesque.
2 **titànico, ci, ca, che** |ti'taniko, tʃi, ka, ke| *agg.* (*chim.*) titanique: *acido titanico* acide titanique.
titànio, i |ti'tanjo, i| *s.m.* (*chim.*) titane.
titanismo |tita'nizmo| *s.m.* (*letter.*) caractère prométhéen.
titanomachia |titanoma'kia| *s.f.* (*mitol.*) titanomachie.
titillaménto |titilla'mento| *s.m.* (*raro*) [→ TITILLARE] titillation *f.* → **solletico.**
titillàre |titil'lare| *v.tr.* (*raro*) [*solleticare con delicatezza*] titiller, exciter ◇ (*fig.*) *titillare l'ambizione di qc.* exciter l'ambition de qqn. → **lusingare.**
titillazióne |titillat'tsjone| *s.f.* (*raro*) [→ TITILLARE] titillation → **solletico.**
1 **titolàre** |tito'lare| **I** *agg.* titulaire: *vescovo, cardinale titolare* évêque, cardinal titulaire **II** *s.* **1** titulaire: *il titolare di una cattedra* le titulaire d'une chaire; *in assenza del titolare, ci sarà un supplente* en l'absence du titulaire, il y aura un suppléant ◇ (*dir.*) *il titolare di un diritto* le titulaire d'un droit ◇ (*sport*) *nella squadra mancavano ben cinque titolari* dans l'équipe, il manquait bien cinq titulaires **2** (*corr.*) [*proprietario*] propriétaire: *scusi, è Lei il titolare del negozio?* pardon, c'est vous le propriétaire de ce magasin?; pardon, ce magasin est bien à votre nom?
2 **titolàre** |tito'lare| *v.tr.* **1** (*scient.*) [*determinare i rapporti in un composto, una lega e sim.*] titrer **2** (*raro*) [*fregiare di un titolo nobiliare*] titrer (*corr.*) **3** (*raro*) → **intitolare** **4** (*giorn.*) [*dare, impostare i titoli*] titrer, mettre (71) les titres.
titolarità |titolari'ta| *s.f. inv.* titularité *var.*
titolàto |tito'lato| *agg.* [*insignito di un titolo nobiliare*] titré (*p.p.*): *un signore titolato* un monsieur titré ✦ (*s.*) *i titolati* les nobles → **nobile** # *sposare un titolato* épouser un homme portant un titre (de noblesse).
titolatrice |titola'tritʃe| *s.f.* (*tecnol.*) titreuse.
titolatùra |titola'tura| *s.f.* → **titolazione.**
titolazióne |titolat'tsjone| *s.f.* **1** [2 TITOLARE 1] titrage *m.* **2** (*giorn.*) titrage.
titolìsta |tito'lista| *s.* (*giorn.*) rédacteur* des manchettes, des titres.
titolo |'titolo| *s.m.* **1** titre: *il titolo di un romanzo, di un film* le titre d'un roman, d'un film; *un titolo di giornale su tre colonne* un titre, une manchette d'un journal sur trois colonnes ◇ (*cine.*, *tv*) *titoli di testa* générique *sing.* au début (d'un film); *titoli di coda* générique à la fin (d'un film) **2** (*persone*) [*qualifica, dignità*] titre: *titoli nobiliari* titres nobiliaires; *titoli accademici* titres académiques # *titolo di studio* diplôme; *dopo tanto sudare per avere un titolo* (*di studio*)... après s'être donné tant de mal pour obtenir un diplôme... ◇ (*bur.*) *un concorso per titoli ed esami* un concours sur titres et sur épreuves d'examen; *l'elenco dei titoli necessari per il concorso* la liste des diplômes nécessaires pour s'inscrire au concours ◇ (*sport*) *il titolo di campione olimpico* le titre de champion olympique; *conquistare il titolo mondiale, italiano dei pesi massimi* remporter le titre mondial, italien des poids lourds; *mettere in palio il titolo* mettre son titre en jeu **3** (*fam.*) [*epiteto ingiurioso*] *gli ha affibbiato tutti i titoli più infamanti* il l'a traité de tous les noms; *moderati nei titoli, eh!* oh, modère tes épithètes! → **insulto** **4** (*per est.*) [*diritto*; *motivo*] titre, droit: *a che titolo lo pretendi?* à quel titre, de quel droit prétends-tu cela? # *ho tutti i titoli per essere accontentato* j'ai toute raison de recevoir satisfaction ◇ (*loc.*) *a giusto titolo* à juste titre ~ *fornire dei prezzi a titolo puramente indicativo* citer des prix à titre purement indicatif ~ A TITOLO DI à titre de: *te lo concedo, a titolo di amicizia* je te l'accorde par amitié; reçois-le à titre d'ami; *ve lo dico a titolo di curiosità* je vous le dis à titre de curiosité **5** (*econ.*) titre: *titolo di credito* titre de crédit; *titolo azionario* titre d'action, action (*f.*); *titolo al portatore, nominativo* titre au porteur, nominatif # *titoli di Stato* valeurs, fonds d'État ◇ (*dir.*) *titolo esecutivo* titre exécutoire **6** (*tecnol.*) titre: *il titolo di una moneta* le titre d'une monnaie; *il titolo dell'oro* le titre de l'or ◇ (*tess.*) *il titolo dei filati* le titre des fils **7** (*eccl.*) titre.
titolóne |tito'lone| *s.m.* (*giorn.*) gros titre, manchette *f.*
titubànte |titu'bante| *agg.* [*esitante, tentennante*] hésitant: *essere titubante* être hésitant; *ti ho visto piuttosto titubante* je t'ai vu plutôt hésitant **C** **deciso, sicuro.**
titubànza |titu'bantsa| *s.f.* [*incertezza, esitazione*] hésitation: *smettila, con le tue titubanze!* finis-en de tes hésitations → **indecisione** **C** **decisione.**
titubàre |titu'bare| *v.intr.* (*aus.* '*avere*') [*essere incerto*; *esitare davanti a una decisione*] hésiter: *ha titubato un po' ma poi si è deciso* il a hésité un peu et puis il s'est décidé.
tivù |ti'vu| *s.f. inv.* (*fam.*) [*televisione*] télé (*var.*): *i programmi della tivù* les programmes de la télé; *ho comprato la tivù a colori* j'ai acheté la télé en couleurs; *cosa vediamo stasera alla tivù?* qu'est-ce qu'il y a ce soir à la télé?
tixotropìa |tiksotro'pia|, **tissotropìa** |tissotro'pia| *s.f.* (*chim.*) thixotropie.
tixotròpico, ci, ca, che |tikso'trɔpiko, tʃi, ka, ke| *agg.* (*chim.*) thixotropique.
tizianésco, chi |tittsja'nesko, ki| *agg.* à la manière du Titien (*loc. inv.*) # *stile tizianesco* style évoquant celui du Titien ◇ (*loc.*) *rosso, biondo tizianesco* blond vénitien.
tiziàno |tit'tsjano| *agg. inv.* (*nelle loc.*) *rosso, biondo Tiziano* [*biondo rame*] blond vénitien → **tizianesco.**
tizio, i |'tittsjo, i| *s.* [*persona indeterminata*] individu *m.*, type *m.* (*fam.*): *c'è fuori un tizio che ti cerca* dehors il y a un type qui te demande → **persona** # *non andare a dirlo a Tizio, Caio e Sempronio!* ne va pas le crier sur les toits! ◇ (*spreg.*) *non voglio sposare un tizio qualunque* je ne veux pas me marier avec le premier chien coiffé; *chi può resistere con quella tizia lì?* qui pourrait supporter, encaisser (*pop.*), cette fille-là? → 2 **individuo.**
tizzo |'tittso| *s.m.* → **tizzone.**
tizzonàto |tittso'nato| *agg.* (*zool.*) *cavallo tizzonato* cheval tisonné.
tizzóne |tit'tsone| *s.m.* tison: *togliere un tizzone dal camino* prendre un tison dans la cheminée ◇ (*loc. fig.*) *tizzone d'inferno* suppôt de Satan, du diable.
tlàspi |'tlaspi| *s.m. inv.* (*t.bot.*) thlaspi *var.*
tmèsi |'tmɛzi| *s.f. inv.* (*ling.*) tmèse *var.*
to', toh |tɔ| *inter.* **1** (*fam.*) (*accompagnata da un gesto, per invitare qc. a prendere, afferrare q.c.*) tiens: *to' 500 lire*: *va a prendermi le sigarette!* tiens, voilà 500 lires: va m'acheter des cigarettes!; *toh diecimila lire di mancia!* tiens, voilà dix mille lires pour

vous (toi) ◇ (*per chiamare un cane*) *to' l'osso, Fido!* tiens, voilà un os, Fido **2** (*esprime 'meraviglia, disappunto'*) tiens: *to', chi si rivede!* tiens! un revenant!; tiens!, quel bon vent (vous amène)? # *to', questa è bella!* ça, par exemple elle est (un peu) forte!

toarciàno |toar'tʃano| *agg. e s.m.* (*geol.*) toarcien*.

toast |toust| *s.m. inv.* (*ingl.*) toast *var.*

tobòga |to'bɔga| *s.m. inv.* toboggan *var.*

toc |tɔk| *inter.* (*riproduce un rumore secco, spec. ripetuto*) toc: '*toc toc*' '*chi bussa?*' 'toc, toc' 'qui est là?'

tocài |to'kai| *s.m. inv.* [*vino bianco, secco tipico del Friuli*] tokai *var.*, tokay *var.*, tokaï *var.*

tocàrico, ci, ca, che |to'kari-ko, tʃi, ka, ke| *agg.* (*ling.*) tokharien*.

toccàbile |tok'kabile| *agg.* [→ TOCCARE A] touchable ◇ (*fig.*) tangible: *una prova toccabile con mano* une preuve tangible → **tangibile** C **intoccabile.**

toccamàno |tokka'mano| *s.m.* **1** poignée *f.* de main **2** [*mancia data di nascosto*] dessous de table.

toccaménto |tokka'mento| *s.m.* (*raro*) façon *f.*, fait de toucher; contact léger.

toccànte |tok'kante| *agg.* [*che tocca* (A 4)] touchant: *un toccante gesto di solidarietà* un touchant geste de solidarité → **commovente.**

toccàre |tok'kare| **A** *v.tr.* **1** (*sogg. di persona*) [*venire a contatto di un corpo; raggiungere con il tatto*] toucher: *toccare q.c., qc. con la mano* toucher qqch., qqn. de la main (du doigt); *gli toccò la spalla* elle lui toucha l'épaule; *lo toccò per il gomito* elle le toucha du coude; *non toccare la merce!* prière de ne pas toucher aux objets exposés! # *gli toccò la fronte per vedere se aveva la febbre* elle lui posa la main sur le front pour voir s'il avait de la fièvre □ *Roberto, non toccarti il naso!* Robert, laisse ton nez (tranquille)! ◇ (*nella scherma*) *toccare l'avversario* toucher l'adversaire ◇ (*loc.*) *chi tocca i fili muore* défense de toucher, danger de mort! ◇ (*loc. fig.*) *toccare con mano* toucher du doigt → **constatare, sperimentare** ~ *toccato!* (*nella conversazione, per ammettere serenamente di essere stato sconfitto, battuto*) je me reconnais battu ◇ (*prov.*) *guardare e non toccare è una cosa da imparare* on regarde avec les yeux, on ne touche pas! **2** [*esercitare una pressione su q.c.*] toucher: *toccare i tasti del pianoforte con dolcezza* toucher le clavier du piano avec douceur; *toccare le corde della chitarra* toucher les cordes de la guitare ◇ (*loc. fig.*) *toccare un certo tasto* aborder un certain sujet **3** [*arrivare fino a un certo punto nello spazio; raggiungere*] toucher: *toccare il lampadario con la testa* toucher le lustre avec sa tête; *non riusciva a toccare il soffitto* il ne réussissait pas à atteindre, à toucher le plafond ◇ [*essere vicino, contiguo a*] *la sedia tocca la parete* la chaise touche le mur; *il frigorifero quasi tocca il termosifone* le réfrigérateur touche presque le radiateur ◇ [*fare sosta a*] *la nave toccherà i porti di Genova e Napoli* le bateau touchera les ports de Gênes et de Naples ♦ *ass.* [*toccare il fondo*] avoir (28) pied: *qui non si tocca più* ici on n'a plus pied ◇ (*loc.*) *finalmente toccammo terra* finalement nous touchâmes terre ◇ (*loc. fig.*) *toccare la cinquantina* toucher la cinquantaine ~ *toccare il segno* atteindre son but, toucher au but ~ *toccare il cielo con un dito, non toccare terra dalla gioia* être aux anges, être au septième ciel **4** (*ogg. di persona*) [*percuotere, colpire*] frapper, toucher (*pop.*): *non azzardarti a toccare quel ragazzo!* ne te risque pas à frapper, à toucher ce garçon! ◇ (*fig.*) [*trattare male*] toucher (*tr. e intr.*): *guai a chi gli tocca la sua ragazza!* gare à qui toucherait à sa petite amie!; *toccare qc. nei suoi affetti più cari* toucher profondément qqn. # *non toccarlo nel portafoglio!* il ne sort pas facilement son portefeuille!; il les donne avec un élastique (*pop.*) ◇ (*raro*) [*commuovere*] toucher (*corr.*): *tutti sono stati toccati da quello spettacolo straziante* tout le monde a été touché par ce spectacle déchirant ◇ (*loc. fig.*) *toccare qc. sul vivo* toucher, piquer qqn. au vif ~ *toccare il cuore a qc.* toucher, émouvoir qqn. ~ *il posto di lavoro non si tocca!* l'emploi, le salaire est sacré! **5** [*consumare; usare*] toucher *intr.* à: *sono tre giorni che non tocca cibo* cela fait trois jours qu'il ne touche à aucune nourriture; *dopo quell'incidente di caccia, giurò di non toccare più un fucile* après cet accident de chasse, il jura de ne plus toucher à un fusil # *non tocco letto da 48 ore* je n'ai pas été au lit depuis 48 heures; *è dalla fine dell'anno scolastico che non tocca più* (*un*) *libro* c'est depuis la fin de l'année scolaire qu'il n'ouvre plus un livre **6** [*spostare; mettere in disordine*] toucher à: *guai a chi gli tocca le sue cose!* gare à qui touche à ses affaires!; *qc. deve aver toccato i miei appunti* qqn. a dû toucher à mes notes; *chi ha toccato i miei libri?* qui a touché à mes livres? ♦ (*ass.*) *chi ha toccato tra le mie carte?* qui a fouillé dans mes papiers? ◇ *loc.* TOCCARE IL TEMPO: (*pr.*) *toccare il tempo di un orologio* mettre (71) une montre à l'heure; (*fig., fam.*) *è un bravo ragazzo, ma ogni tanto bisogna toccargli il tempo!* c'est un brave garçon, mais de temps en temps il faut le rappeler à l'ordre **7** (*fig.*) [*trattare, affrontare, spec. di sfuggita*] aborder; effleurer: *abbiamo toccato anche il tuo problema* nous avons également abordé ton problème; *hai toccato un argomento interessante* tu as abordé un sujet intéressant ‖ *il discorso sul finanziamento è stato solo toccato* la question du financement n'a été qu'effleurée **8** [*interessare da vicino; riguardare*] toucher: *questo problema ci tocca tutti da vicino* ce problème nous touche tous de près; *le tue insinuazioni non mi toccano minimamente* tes insinuations ne me touchent pas du tout **B** *v. intr.* (*aus. 'essere'*) **1** [*capitare, accadere*] *gli è toccata una bella seccatura!* il est drôlement ennuyé!; *proprio a me doveva toccare?* fallait-il que ça arrive justement à moi?; *tutti i compiti più ingrati toccano sempre a me* c'est toujours sur moi que tombent les besognes les plus ingrates ◇ [*capitare per caso, per sorte*] échoir* (*aus.* être, avoir): *mi è toccato il numero 15* le numéro 15 m'est échu # *mi è toccato il primo turno* je suis par hasard du premier tour **2** [*essere costretto, obbligato a fare q.c.*] devoir (34) *tr.*, être (43) (*aus.* avoir) obligé: *tocca sempre a me fare le parti più antipatiche* c'est toujours moi qui dois jouer les rôles les plus ingrats # *che cosa mi tocca fare per campare!* qu'est-ce qu'il ne faut pas faire pour gagner son pain, sa croûte! (*fam.*) **3** [*spettare di diritto, per dovere*] *adesso, tocca a te decidere!* maintenant, c'est à toi de décider!; *a chi tocca, adesso?* à qui le tour, maintenant? ◇ (*loc.*) *sotto a chi tocca!* au suivant! ◇ (*prov.*) *a chi tocca, tocca!* (à) chacun son tour! **C** *v.pron.* TOCCARSI **1** *recipr.* [→ *tr.* 1] se toucher: *toccarsi con i gomiti, con i piedi* se toucher avec les coudes, avec les pieds # *toccarsi il gomito per un segno d'intesa* pousser quelqu'un du coude pour se faire comprendre, pour marquer la complicité **2** *intr.* [→ *tr.* 3] se toucher: *i due mobili si toccano* les deux meubles se touchent **3** *rifl.* → *tr.* 1 □.

toccasàna |tokka'sana| *s.m. inv.* [*medicina universale, di grande efficacia*] panacée *f. var.* ◇ (*fig.*) *un toccasana per tutte le situazioni* une panacée, un remède *var.* s'appliquant à tous les cas.

toccàta |tok'kata| *s.f.* **1** [*il fatto, l'atto di toccare*] touche **2** (*mus.*) toccata.

toccatìna |tokka'tina| *s.f.* **1** petite tape **2** (*mus.*) petit prélude *m.* de sonate.

toccàto |tok'kato| *agg.* **1** (*scherma*) touché ◇ (*fig.*) *toccato!* touché!; un point pour toi! **2** [*un po' pazzo, pazzoide*] timbré (*fam.*), toqué (*fam.*): *è un po' toccato* il est un peu timbré, toqué.

toccatùtto |tokka'tutto| *s. inv.* touche-à-tout *m.*

1 **tócco, chi** |'tokko, ki| *s.m.* **1** [→ TOCCARE A 1] coup: *tocco leggero, delicato* coup léger, délicat; *al tocco della bacchetta magica la zucca si trasformò in carrozza* d'un coup de la baguette magique, la citrouille se transforma en carrosse # *mi do un tocco di rossetto e vengo* je me mets un peu de rouge et j'arrive ◇ *loc.* ULTIMO TOCCO [*rifinitura, completamento*] dernière touche *f.*; dernière main (*f.*): *manca solo l'ultimo tocco* il ne manque que la dernière touche ‖ *ha dato al lavoro gli ultimi tocchi* il a mis la dernière main à son œuvre, à son travail **2** [*modo personale di esprimersi di un artista*] touche, main: *un tocco inconfondibile, audace, vivace* une manière, une touche unique, audacieuse, vive; un coup de patte très personnel; *si nota subito il tocco del maestro* on reconnaît immédiatement la main du maître # *ha descritto il mondo della sua infanzia con un tocco di freschezza* il a mis beaucoup de fraîcheur dans la description du monde de son enfance **3** [*modo di suonare uno strumento a tasti o a corde*] toucher: *un tocco leggerissimo, incisivo, vigoroso* un toucher très léger, incisif, vigoureux **4** [*colpo secco vibrato contro q.c.*] coup: *il tocco del martello sull'incudine* le coup du marteau sur l'enclume; *ho sentito un tocco alla porta* j'ai entendu frapper (un coup) à la porte **5** [*ciascuno dei colpi che dà il battaglio della campana*] coup: *i tocchi dell'Angelus* les coups de l'angélus; *ho contato i tocchi: è mezzogiorno* j'ai compté les coups: il est midi ◇ (*per

est.) [*le ore 13*] une heure *f.* (de l'après midi): *è il tocco!* il est une heure; *ci vediamo al tocco* on se verra à une heure **6** (*fam.*) [*colpo apoplettico*] attaque *f.* (*corr.*): *tocco cardiaco* attaque (d'apoplexie); *è morto d'un tocco!* il est mort d'une attaque **7** (*raro*) [*sensazione tattile*] toucher (*corr.*): *al tocco sembra un buon tessuto!* au toucher, ce semble un bon tissu; *è ruvido al tocco* c'est rêche au toucher.

2 **tócco, chi, ca, che** |'tokko, ki, ka, ke| *agg.* **1** (*di frutto*) [*ammaccato*] gâté: *pere, mele un po' tocche* des poires, des pommes un peu gâtées **2** (*di persona*) [*stravagante, picchiatello*] timbré (*fam.*), sonné (*fam.*), dingue (*fam.*): *è un ragazzo un po' tocco* c'est un garçon un peu timbré, sonné, dingue; *quel tuo amico è proprio tocco!* ton ami, il est vraiment timbré!

1 **tòcco, chi** |'tɔkko, ki| *s.m.* [*grosso pezzo di q.c.*] (bon) morceau: *ho cucinato un bel tocco di arrosto* j'ai préparé un bon rôti; j'ai fait rôtir un bon morceau; *s'è mangiato un tocco di formaggio* il a mangé un (bon) morceau de fromage ◇ (*loc. fig.*) *un bel tocco di figliola* un beau brin de fille ~ *un tocco d'asino* [*un ignorante*] une espèce *f.* d'idiot, d'imbécile.

2 **tòcco, chi** |'tɔkko, ki| *s.m.* [*intingolo tipico della cuc. ligure, a base di sugo di carne, per condire pasta o riso*] ⊠.

3 **tòcco, chi** |'tɔkko, ki| *s.m.* [*berretto tondo e senza tesa indossato dai magistrati*] toque *f.* ◇ (*per est.*) [*piccolo cappello da donna tondo, rigido e senza tesa*] toque.

toc(h)àrio, i |to'karjo, i| *agg. e s.m.* (*ling.*) tokharien*.

toco- |toko| *pref.* (*significa 'parto', corrisponde gener. a*) toco: *tocoferolo* tocophérol.

tocoferòlo |tokofe'rɔlo| *s.m.* (*biol.*) tocophérol, tocoférol.

tocologìa, gìe |tokolo'dʒia, dʒie| *s.f.* tocologie.

toelètta |toe'lɛtta| *s.f.* → **'toilette'**.

tòfo |'tɔfo| *s.m.* (*med.*) tophus.

tòga, ghe |'tɔga, ge| *s.f.* **1** (*st. rom.*) toge: *toga pretesta* toge prétexte **2** [*veste dei magistrati e avvocati, dei professori universitari*] toge, robe.

togàto |to'gato| *agg.* **1** [*che veste la toga*] en robe (*loc. inv.*): *i* (*giudici*) *togati* les gens de robe ◇ (*letter. rom.*) *commedia togata* 'comœdia togata' **2** [*ampolloso*] ampoulé, boursouflé: *stile togato* style ampoulé, boursouflé.

togli-àmo |toʎʎi'amo| *s.m. inv.* (*pesca*) dégorgeoir *var.*

tògliere |'tɔʎʎere| (123) **A** *v.tr.* **1** [*rimuovere, spostare*] retirer, enlever (6): *togliere la carne dal frigorifero* retirer la viande du réfrigérateur; *ho tolto il posacenere dal tavolino* j'ai enlevé, retiré le cendrier de la (petite) table; *tolse i libri dalla cartella* il retira les livres de son cartable **2** [*levare via, portare via*] retirer, enlever: *tolse i guanti e gli tese la mano* elle retira son gant et lui tendit la main; *tolse il cappello* il (en)leva, ôta son chapeau; *tolgo la giacca e sono da voi* j'enlève ma veste et je suis à vous; *gli avete tolto anche l'ultima speranza* vous lui avez enlevé jusqu'au dernier espoir; *tolse il bambino dal collegio* il retira l'enfant du collège ◇ (*loc.*) *togliere un dente* [*cavarlo*] arracher une dent ~ *togliere un ostacolo* [*eliminarlo*] surmonter un obstacle ~ *togliere qc. dai piedi* [*allontanarlo*] se débarrasser de qqn. ~ *togliere di mezzo qc. o q.c.* [*sbarazzarsene*] se débarrasser de qqn., de qqch. ~ (*fig.*) *togliere la fame* [*sfamare*] assouvir sa faim ~ *togliere la sete* étancher sa soif, se désaltérer ~ *togliersi un pensiero dalla testa* [*non pensarci più*] se libérer d'un souci ~ *togliere le castagne dal fuoco* retirer une épine du pied ~ *togliere una spina dal cuore* [*sollevare da una preoccupazione*] retirer une (belle) épine du pied ~ *togliere la maschera* [*rivelare la propria identità*] ôter le masque ~ *togliersi il dente* [*liberarsi di q.c. di spiacevole*] s'enlever une épine du pied ~ *togliere qc. dal mondo* [*ucciderlo*] supprimer qqn. ◇ (*per est.*) [*trasferire, destituire*] retirer: *gli hanno tolto la carica di dirigente* on lui a retiré son poste à la direction **3** [*privare, non concedere più*] *la malattia gli ha tolto l'uso della ragione* la maladie lui a fait perdre la raison; *tolse il fidanzato all'amica* elle a pris, soulevé (*fam.*) le fiancé de son amie; *la guerra gli tolse il padre* la guerre lui a enlevé son père; *mi tolse ciò che mi aveva dato* il me prit ce qu'il m'avait donné ◇ (*loc.*) *mi ha tolto il saluto* il ne me dit plus bonjour ~ *togliere la vita a qc.* [*uccidere*] supprimer, tuer qqn. ~ *togliersi la vita* se suicider ~ *togliere l'onore a qc.* [*disonorare*] déshonorer qqn. ~ *togliere il rispetto a qc.* ne plus respecter qqn. ~ *togliere la reputazione a qc.* [*screditare*] discréditer qqn. **4** [*portare via una parte*] *togliere dal fiasco un po' di vino* retirer un peu de vin de la fiasque; *se da otto tolgo due, rimane sei* deux ôtés de huit, il reste six; *mi ha tolto più della metà dei miei risparmi* il m'a pris, soustrait plus de la moitié de mes économies **5** [*liberare*] *togliere dalle pene dell'inferno, dalla schiavitù* délivrer (qqn.) des peines de l'enfer, de l'esclavage; *toglimi da questa situazione incresciosa!* tire-moi de là, de cette situation fâcheuse!; *non riesco a togliermi da quell'impiccio* je n'arrive pas à me tirer de ce pétrin **6** [*trarre, desumere*] tirer: *ho tolto l'esempio da quel racconto* j'ai tiré l'exemple de ce récit # *tolse le citazioni dai 'Pensieri' di Pascal* il a pris ses citations dans les 'Pensées' de Pascal **7** [*interrompere*] couper: *togliere il contatto, la comunicazione* couper le contact, la communication **8** [*sopprimere, eliminare*] retrancher, couper: *la censura ha tolto parecchie scene* la censure a retranché, coupé plusieurs scènes **9** [*impedire*] empêcher ◇ *loc.* CIÒ NON TOGLIE CHE... cela n'empêche pas que...: *siamo già in tanti, ma ciò non toglie che possa venire anche tu* nous sommes déjà nombreux, mais que cela ne t'empêche pas de venir également; *il lavoro non è finito, ciò non toglie che debba essere pagato ugualmente* le travail n'est pas fini, cela n'empêche pas qu'il doive être payé **10** (*arc.*) [*prendere*] prendre (73) (*corr.*): *togliere per moglie, per marito* prendre pour femme (*fam.*), pour époux **11** (*lett.*) [*iniziare, intraprendere*] commencer (2) (*corr.*) **B** *v.pron. rifl.* TOGLIERSI [*levarsi, andare via, allontanarsi*] *togliersi da un posto* s'en aller (13) *intr.*, partir (21) *intr.* d'un endroit; *togliti di mezzo!* ôte-toi de là, tire-toi de là!

togolése |togo'lese| *agg.* [*del Togo*] togolais.

toh |tɔ| *inter.* → **to'**.

'toilette' |twalɛt| *s.f. inv.* **1** [*mobiletto con il necessario per pettinarsi, truccarsi*] toilette *var.* ◇ [*le operazioni per abbigliarsi, pettinarsi, truccarsi e sim.*] *ha impiegato mezz'ora per fare 'toilette'* elle a mis une demi-heure pour, (à) faire sa toilette **2** [*acconciatura, abbigl., spec. elegante*] toilette: *a teatro si potevano vedere delle 'toilette' veramente belle* au théâtre il y avait des femmes qui portaient de ravissantes toilettes **3** (*nei locali pubblici*) [*stanza con i servizi igienici*] toilettes *pl.*, w.c. (*m.pl.*): *'toilette' per signori, per signore* toilettes pour hommes, pour dames; *scusi, dov'è la 'toilette'?* pardon, où sont les toilettes?

tokày, tokàj |'tokai| *s.m. inv.* → **tocai.**

tolbutamìna |tolbuta'mina| *s.f.* (*med.*) tolbutamine.

tòlda |'tɔlda| *s.f.* (*mar.*) pont *m.*

toledàno |tole'dano| *agg.* [*di Toledo*] tolédan.

tolemàico, ci, ca, che |tole'maiko, tʃi, ka, ke| *agg.* **1** (*astron.*) de Ptoléméc (*loc. inv.*): *il sistema tolemaico* le système de Ptolémée **2** (*st.*) ptolémaïque: *la dinastia tolemaica* la dynastie ptolémaïque.

tolétta |to'le(ɛ)tta| *s.f.* (*raro*) → **'toilette'.**

tolleràbile |tolle'rabile| *agg.* **1** [→ TOLLERARE 1, 2] tolérable: *un dolore tollerabile* une douleur tolérable → **sopportabile** ◇ [*che si può permettere*] *un margine di errore tollerabile* une marge d'erreur tolérable → **ammissibile** # *non è più tollerabile che tu ti comporti così* ta conduite devient intolérable **2** (*raro*) [*appena sufficiente; mediocre*] médiocre (*corr.*): *un film, una commedia tollerabile* un film, une comédie médiocre Ⓒ 1 **intollerabile, insopportabile.**

tollerabilità |tollerabili'ta| *s.f. inv.* [*l'essere tollerabile, sopportabile*] tolérance *var.* ◇ (*farm.*) *dose di tollerabilità di una medicina* dose de tolérance d'un médicament.

tollerabilménte |tollerabil'mente| *avv.* [→ TOLLERABILE 1] tolérablement → **sopportabilmente, compatibilmente.**

tollerànte |tolle'rante| *agg.* tolérant: *è un tipo abbastanza tollerante* c'est un type assez tolérant Ⓒ **intransigente, intollerante.**

tolleranza |tolle'rantsa| *s.f.* **1** [→ TOLLERARE 2] tolérance: *tolleranza agli* (*degli*) *sbalzi di temperatura* tolérance aux changements de température ◇ (*farm.*) *tolleranza agli antibiotici* tolérance aux antibiotiques **2** [→ TOLLERARE 3] tolérance: *tolleranza religiosa, ideologica* tolérance religieuse, idéologique **3** [→ TOLLERARE 4] tolérance: *margine massimo di tolleranza* marge maxima de tolérance ◇ (*dir.*) *atto di tolleranza* acte de tolérance **4** (*raro*) [→ TOLLERARE 1] tolérance **5** (*loc.*) *casa di tolleranza* maison de tolérance Ⓒ 1; 2 **intolleranza.**

tolleràre |tolle'rare| *v.tr.* **1** [*sopportare q.c. di spiacevole*] supporter, tolérer (8): *tollerare il freddo, il caldo* supporter le froid, le chaud; *tollerare le persone moleste* tolérer les personnes importunes ◇ (*per est.*) (*sogg. di persona*) [*permettere, ammettere*] *non tollerare indugi o ritardi* ne pas tolérer de retards **2** (*dell'organismo*) [*resistere a situazioni particolari*] supporter: *il suo cuore non tollera il clima di montagna* son cœur ne supporte pas la montagne, le climat de montagne # *ha uno stomaco che non tollera cibi piccanti* il a un estomac qui ne tolère pas la nourriture épicée **3** [*rispettare pareri, ideologie diverse dalle proprie*] tolérer: *sono tollerati tutti i culti, tutte le religioni* tous les cultes sont tolérés, toutes les religions sont tolérées **4** [*ammettere, consentire variazioni di poco conto*] tolérer: *è tollerato un margine di errore* une marge d'erreur est tolérée; *i termini in cui viene tollerato un ritardo* la marge de retard tolérée.

tolonése |tolo'nese| *agg.* [*di Tolone*] toulonnais.

tolstoiàno |tolsto'jano| *agg.* (*letter.*) tolstoïen*.

tòlto |'tɔlto| **1** *agg.* (*in funzione di prep.*) [*eccetto, tranne*] sauf *inv.*, à part *loc. inv.*, excepté *inv.* (*prima del sost.*): *tolte poche eccezioni, gli altri sono tutti disonesti* sauf quelques exceptions, à quelques exceptions près, les autres sont tous malhonnêtes; *tolte le donne, tutti possono partecipare* excepté les femmes, tout le monde peut participer # *il farmaco può essere sempre usato, tolti pochi casi di intollerabilità* ce médicament, à quelques rares cas d'intolérance près, n'a pas de contre-indications **2** *s.m.* (*nella loc.*) *il mal tolto* [*cosa rubata o sottratta ingiustamente*] le bien mal acquis.

tolù |to'lu| *s.m. inv.* (*t.bot.*) myroxyle *var.*, myroxylon *var.* ◇ [*l'estratto per usi farmaceutici*] (baume de) tolu.

toluène |tolu'ɛne| *s.m.* (*chim.*) toluène.

toluidina |tolui'dina| *s.f.* (*chim.*) toluidine.

toluòlo |tolu'ɔlo| *s.m.* (*chim.*) toluol.

tòma |'tɔ(o)ma| *s.f.* (*nelle loc.*) *promettere Roma e toma* [*fare promesse allettanti senza fondamento*] promettre monts et merveilles ~ (*pop.*) *hai capito Roma per toma* tu as mal compris.

tóma |'toma| *s.m.* (*dial.*) → 2 **tombola.**

tomàia |to'maja| *s.f.* [*parte superiore della scarpa*] empeigne.

tomàio |to'majo|, *pl. m.* **tomài** |to'mai|, *pl. f.* **tomàia** |to'maja| *s.m.* → **tomaia.**

tómba |'tomba| *s.f.* **1** caveau *m.*, tombe: *essere sepolto nella tomba di famiglia* être enterré dans le caveau, la tombe de famille ◇ (*loc. fig.*) *un silenzio di tomba* un silence de tombe; *essere una tomba, muto come una tomba* être muet comme la tombe **2** *in alcune loc. fig.* [*morte*] tombeau *m.*, tombe: *i crucci lo hanno portato alla tomba* les soucis l'ont conduit au cimetière, au tombeau ~ *avere un piede nella tomba* avoir un pied dans la tombe ~ *portarsi un segreto nella tomba* emporter son secret dans la tombe ~ *dalla culla alla tomba* du berceau à la tombe → **bara** **3** (*fig.*) [*luogo buio e malsano*] tombeau (*lett.*): *vivono in una stamberga che è una tomba* ils vivent dans un taudis noir comme une cave; ils vivent dans un tombeau.

tombàcco, chi |tom'bakko, ki| *s.m.* (*tecnol.*) tombac.

tombàle |tom'bale| *agg.* tombal*: *la pietra tombale* la pierre tombale ◇ (*fig.*) *un silenzio tombale* un silence de tombe *loc. inv.*

tombarèllo |tomba'rɛllo| *s.m.* [*denominazione generica di veicolo a cassone ribaltabile*] tombereau.

tombaròlo |tomba'rɔlo| *s.m.* (*region.*) pilleur* *s.* de tombes antiques.

tombino |tom'bino| *s.m.* **1** [*coperchio di un pozzetto*] tampon → **chiusino** **2** (*nelle strade*) [*canaletto per il deflusso delle acque*] bouche *f.* d'égout.

1 **tómbola** |'tombola| *s.f.* (*gioco da tavola*) loto (*m.*): *giocare a tombola* jouer au loto ◇ (*per est.*) [*l'occorrente per il gioco*] *comprare, regalare una tombola* acheter, offrir un billet de loto ◇ (*loc.*) *far tombola, vincere la tombola* gagner au loto.

2 **tómbola** |'tombola| *s.f.* (*fam., scherz.*) [*caduta, ruzzolone*] chute (*corr.*), culbute (*corr.*): *far tombola* faire une chute, une culbute; *che tombola!* quelle chute! → **capitombolo.**

tombolàre |tombo'lare| *v.intr.* (*aus. 'essere'*) (*fam.*) [*cadere a terra, ruzzolare*] dégringoler (*aus.* avoir) (*intr. e tr.*): *tombolare giù dal letto, dalle scale* tomber, dégringoler du lit, dégringoler l'éscalier.

1 **tombolàta** |tombo'lata| *s.f.* [*partita a tombola*] partie de loto: *una tombolata in famiglia* une partie de loto en famille.

2 **tombolàta** |tombo'lata| *s.f.* (*raro, fam.*) → 2 **tombola.**

1 **tómbolo** |'tombolo| *s.m.* **1** (*nei lavori di ricamo*) tambour # *merletto a tombolo* dentelle au fuseau **2** [*ciascuno dei due cuscini cilindrici ai lati del canapé*] traversin **3** (*fam., scherz.*) [*persona grassoccia e di bassa statura*] pot à tabac, à beurre: *che tombolo è diventato quel tuo amico!* ton ami est devenu un vrai pot à tabac!; *quella donna è proprio un tombolo* cette femme est un vrai petit pot à beurre.

2 **tómbolo** |'tombolo| *s.m.* (*geogr.*) tombolo.

3 **tómbolo** |'tombolo| *s.m.* (*fam.*) → 2 **tombola, tombolone.**

tombolóne |tombo'lone| *s.m.* (*fam.*) [*capitombolo, ruzzolone*] culbute *f.* (*corr.*).

tombolòtto |tombo'lɔtto| *s.m.* (*fam., scherz.*) [*persona bassa e piuttosto grassa*] pot à tabac, pot à beurre, boulotte *f.*

tomentóso |tomen'toso| *agg.* (*bot.*) tomenteux*.

-tomìa |to'mia| *suff.* (*indica 'divisione, sezione', corrisponde gener. a*) tomie: *dicotomia* dichotomie; *anatomia* anatomie ◇ (*chir.*) (*indica 'resezione, incisione, apertura', corrisponde gener. a*) tomie: *gastrotomia* gastrotomie; *laparatomia* laparotomie.

Tomìsidi |to'mizidi| *s.m. pl.* (*t. zool.*) Thomisidés.

tomismo |to'mizmo| *s.m.* (*st. filos.*) thomisme.

tomista |to'mista| *s.* thomiste ✦ (*agg.*) *la filosofia tomista* la philosophie thomiste → **tomistico.**

tomìstico, ci, ca, che |to'mistiko, tʃi, ka, ke| *agg.* (*st. filos.*) thomiste.

-tomo |tomo| *suff.* (*chir.*) (*indica 'strumento per incidere o fare resezioni', o raramente la persona che compie l'operazione chirurgica, corrisponde gener. a*) tome: *osteotomo* ostéotome.

1 **tòmo** |'tɔmo| *s.m.* tome: *un'opera in dieci tomi* une œuvre en dix tomes ◇ (*per est.*) [*volume, libro*] volume, livre: *un vecchio tomo dell'Ottocento* un vieux volume, livre du XIXe siècle.

2 **tòmo** |'tɔmo| *s.m.* (*fam.*) [*persona strana, bizzarra*] type: *sei proprio un bel tomo, tu!* toi, tu es vraiment un drôle de type!; *quel bel tomo di tuo zio* ton oncle, quel drôle de type.

tomografìa |tomogra'fia| *s.f.* (*med.*) tomographie.

ton |tɔn| *inter.* (*voce onomat. che riproduce il rintocco di una grossa campana*) dong.

tònaca, che |'tɔnaka, ke| *s.f.* **1** (*eccl.*) costume (*m.*): *la tonaca dei francescani* le costume des franciscains ◇ (*per est.*) [*abito talare dei sacerdoti*] soutane: *il parroco indossava una tonaca sporca* le curé portait une soutane sale ◇ (*loc. fig.*) *vestire, indossare la tonaca* prendre l'habit ~ *gettare la tonaca alle ortiche* jeter le froc aux orties **2** (*anat.*) tunique **3** (*nella lavorazione della creta*) moule *m.*

tonacèlla |tona'tʃɛlla| *s.f.* (*liturg. catt.*) tunicelle.

tonàle |to'nale| *agg.* **1** (*mus.*) tonal*: *scala tonale* échelle tonale; *sistema tonale* système tonal **2** (*pitt.*) tonal: *pittura tonale* peinture tonale **3** (*letter.*) de ton (*loc. inv.*): *contrasti, sfumature tonali* contrastes, nuances de ton # *il valore tonale di una parola nel suo contesto* la valeur que prend un mot dans son contexte.

tonalismo |tona'lizmo| *s.m.* (*mus., pitt.*) tonalité *f.*

tonalità |tonali'ta| *s.f. inv.* **1** (*mus.*) tonalité (*var.*): *la tonalità di do maggiore* la tonalité de do majeur **2** (*pitt.*) tonalité: *una bella tonalità di azzurro* une belle tonalité de bleu clair.

tonànte |to'nante| *agg.* **1** [*che rimbomba fragorosamente, come il tuono*] retentissant: *uno scoppio tonante* une explosion retentissante ◇ (*riferito alla voce umana*) tonnant: *si fece sentire con la sua voce tonante* il fit entendre sa voix tonnante **2** (*mitol.*) *Giove tonante* Jupiter tonnant.

tonàre |to'nare|, **tuonàre** |two'nare| *v.intr.* (*aus. 'avere'*; *anche 'essere' nell'uso impers.*) **1** *impers.* (*del tuono*) [*rimbombare, risuonare*] tonner (*aus.* avoir): *ha tonato, è tuonato da mattina a sera* il a tonné du matin au soir ◇ (*prov.*) *tanto tonò che piovve* on a tant chanté, tant crié Noël qu'à la fin il est venu **2** (*per est.*) tonner: *si udiva tuonare da lontano il cannone* on entendait au loin tonner le canon; *le sue parole tuonavano nell'aula* ses mots tonnaient dans la classe ◇ (*fig.*) [*scagliarsi con parole veementi contro qc. o q.c.*] invectiver (*aus.* avoir): *tuonare contro il vizio, la corruzione* invectiver contre le vice, la corruption → **inveire.**

tònca, che |'tonka, ke| *s.f.* tonka, tonca.

tonchiàto |ton'kjato| *agg.* → **tonchioso.**

tonchinése |tonki'nese| *agg.* [*di Tonchino*] tonkinois.

tónchio, i |'tonkjo, i| *s.m.* (*t.zool.*)

bruche: *il tonchio dei piselli, dei fagioli* le bruche des petits pois, des haricots.

tonchióso |ton'kjoso| *agg.* (*di legumi*) attaqué par les bruches: *piselli tonchiosi* pois attaqués par les bruches.

tondàre |ton'dare| *v.tr.* (*raro*) [*rendere tondo*; *arrotondare*] arrondir (*corr.*).

tondeggiànte |tonded'dʒante| *agg.* [*di forma arrotondata*; *tondo*] arrondi: *forme tondeggianti* formes arrondies.

tondeggiàre |tonded'dʒare| *v.intr.* (*raro*) (*aus.* '*essere*') [*avere una forma che tende dal tondo*] être (43) (*aus.* avoir) arrondi.

tondèllo |ton'dɛllo| *s.m.* **1** [*oggetto di forma rotonda*] rond: *un tondello di legno, di cartone* un rond de bois, de carton **2** [*dischetto metallico da cui si conia una moneta*] flan.

tóndere |'tondere| *v.tr.* **1** (*arc.*) → **tosare** **2** (*raro, region.*) → **potare.**

tondétto |ton'detto| *agg.* [*tondo*; *tondeggiante*] rondelet*: *il viso tondetto di un bambino* le visage rondelet d'un enfant.

tondézza |ton'dettsa| *s.f.* [*forma tondeggiante*; *rotondità*] rondeur.

tondino |ton'dino| *s.m.* **1** (*nei cementi armati*) tondin ◇ (*per anal.*) → **tondo** II 3 **2** (*arch.*) astragale **3** (*raro*) → **tondello** **4** (*raro*) → **piatto, piattino** **5** (*raro*) → **sottobicchiere.**

tóndo |'tondo| **I** *agg.* **1** [*di forma rotonda o tondeggiante*] rond: *un vaso, un piatto tondo* un vase, un plat rond; *un viso tondo e paffuto* un visage rond et potelé ◇ (*riferito a cifra*) [*senza decimali o cifre minori*] *costa 100.000 lire tonde* (*tonde*) cela coûte 100.000 lires tout rond → **esatto**; *sono sette mesi tondi che...* il y a sept mois tout juste que...; *facciamo cifra tonda!* faisons un chiffre rond! ◇ (*gram., mat.*) *parentesi tonde* parenthèses ◇ (*tip.*) *carattere tondo* (caractère) romain ◇ *loc.* IN TONDO, A TONDO: *girare in tondo* (*a qc.*) tourner autour de (qqn.) → **attorno** ~ CHIARO E TONDO clair et net, carrément, tout net: *gliel'ho detto chiaro e tondo!* je le lui ai dit, clair et net!, carrément! ~ *mi ha risposto con un no tondo tondo* il m'a dit carrément non, tout net non **2** (*persone*) [*semplice*; *ingenuo*] bête, simplet* **II** *s.m.* **1** [*oggetto di forma circolare o sferica*] rond **2** (*arts.*) médaillon: *i tondi di Michelangelo* les médaillons de Michel-Ange ◇ (*loc.*) *scultura a tutto tondo* sculpture en ronde-bosse **3** [*pezzo di legna da ardere di medie dimensioni*] rondin: *ai due lati del camino c'erano due cataste di tondi* sur les deux côtés de la cheminée il y avait deux piles de rondins **4** (*raro*) [*piatto*; *vassoio di forma circolare*] plat rond.

tonfàre |ton'fare| **A** *v.intr.* (*aus.* '*essere*') (*raro*) [*fare un tonfo*] tomber (*corr.*), dégringoler (*aus.* avoir) → **ruzzolare** **B** *v.tr.* (*region.*) [*percuotere, picchiare*] battre (76) (*corr.*), rosser (*pop.*).

tónfete |'tonfete| *inter.* (*voce onomat. che riproduce il rumore di un corpo che cade pesantemente*) patatras, pouf.

tónfo |'tonfo| *s.m.* bruit sourd: *il tonfo di un corpo che cade a terra* le bruit sourd d'un corps qui tombe par terre.

tòni |'tɔni| *s.m. inv.* (*nel circo*) clown *var.* → **pagliaccio.**

-tonìa |to'nia| *suff.* (*significa gener.* '*tensione, pressione*', *corrisponde gener. a*) tonie: *distonia* dystonie; *sintonia* syntonie.

tònica, che |'tɔnika, ke| *s.f.* (*mus.*) tonique.

tonicità |tonitʃi'ta| *s.f. inv.* tonicité *var.*

tònico, ci, ca, che |'tɔniko, tʃi, ka, ke| *agg.* **1** (*ling.*) tonique: *accento tonico* accent tonique; *sillaba tonica* syllabe tonique **2** (*med.*) tonique: *muscoli tonici* muscles toniques **3** [*che tonifica*; *ricostituente*] tonique: *una medicina, una bevanda tonica* un médicament, une boisson tonique ✦ (*s.m.*) *un tonico* un tonique: *il medico gli ha prescritto un tonico* le médecin lui a prescrit un tonique Ⓒ 1 **atono.**

tonificànte |tonifi'kante| *agg. e s.m.* tonifiant → **tonico.**

tonificàre |tonifi'kare| *v.tr.* [*rendere vigoroso, energico*; *stimolare*] tonifier: *la doccia mi ha tonificato l'organismo* la douche a tonifié mon organisme; *tonificare la pelle* tonifier la peau ◇ (*per est.*) *tonificare il mercato* donner une impulsion au marché.

tonitruànte |tonitru'ante| *agg.* (*raro, lett., scherz.*) tonnant (*corr.*); tonitruant (*fam.*): *Giove tonitruante* Jupiter tonnant ‖ *voce tonitruante* voix tonitruante

tonnàra |ton'nara| *s.f.* (*pesca*) thonaire *m.*

tonnàto |ton'nato| *agg.* (*cuc.*) *vitello tonnato* veau froid nappé de sauce au thon.

'tonneau' |tɔno| *s.m. inv.* (*aer.*) tonneau *var.* → **mulinello.**

tonneggiàre |tonned'dʒare| **A** *v. tr.* (*mar.*) [*spostare per mezzo di cavi*] touer **B** *v.pron.* TONNEGGIARSI [→ *tr.*] se touer.

tonnéggio, i |ton'neddʒo, i| *s.m.* (*mar.*) touée *f.*

tonnellàggio, i |tonnel'laddʒo, i| *s.m.* (*mar.*) tonnage → **stazza.**

tonnellàta |tonnel'lata| *s.f.* [*misura di peso equivalente a 1000 kg.*] tonne, mille kilos *m. pl.* ◇ (*mar.*) *tonnellata di stazza* tonneau *m.* de jauge; *tonnellata metrica* tonne métrique.

tonnétto |ton'netto| *s.m.* (*t.zool.*) thonine *f.*

tonnina |ton'nina| *s.f.* [*salume fatto con la schiena di tonno*] ⊠.

tónno |'tonno| *s.m.* (*t.zool.*) thon ◇ [*la carne, come commestibile*] *una scatola di tonno sott'olio* une boîte de thon à l'huile.

-tòno |'tɔno| *suff.* **1** (*significa* '*accento, tono*', *corrisponde gener. a*) ton; tone: *baritono* baryton ‖ *atono* atone **2** (*significa* '*pressione*', *corrisponde gener. a*) tone: *isotono* isotone.

tòno |'tɔno| *s.m.* **1** ton: *alzare, abbassare il tono della voce* élever, baisser le ton de la voix; *parlare in tono minaccioso, supplichevole* parler d'un ton menaçant, suppliant; *rivolgersi a qc. in tono di sfida* s'adresser à qqn. sur un ton de défi; *il suo era un tono che non ammetteva repliche* son ton n'admettait pas de répliques ◇ [*stile, caratteristica*] style: *dare tono a un ristorante* # *dar tono a una conversazione* rendre une conversation brillante; *essere vestito in tono distinto, dimesso* être vêtu d'une façon élégante, modeste ◇ [*tenore, comportamento*] train; conduite (*f.*): *seguire un tono di vita modesto, brillante* avoir un train de vie modeste, brillant ‖ *bisogna cambiar tono!* il faut changer de comportement, de conduite! ◇ (*loc. fig.*) *rispondere a tono* répondre sur le même ton ~ *darsi un tono* se donner un genre ~ *se la prendi su questo tono...* si tu le prends sur ce ton... **2** (*mus.*) ton: *la successione di toni e semitoni nella scala musicale* la succession des tons et des demi-tons dans l'échelle musicale; *i toni acuti, gravi* les tons aigus, graves ◇ (*loc.*) *essere in tono*: (*pr., fig.*) être dans le ton ~ *essere fuori tono*: (*pr., fig.*) ne pas être dans le ton ~ *calare, scadere di tono*: (*pr., fig.*) baisser de ton ~ IN TONO MINORE: (*pr.*) en ton mineur: *eseguire una melodia in tono minore* exécuter une mélodie en ton mineur; (*fig.*) *una cerimonia in tono minore* une cérémonie sans pompe **3** (*pitt.*) ton: *toni caldi, freddi* tons chauds, froids; *un tono vivace di azzurro* un bleu clair d'un ton vif **4** (*med.*) tonus: *tono muscolare, cardiaco* tonus musculaire, cardiaque ◇ (*per est.*) *essere, sentirsi in tono* avoir du tonus; *massaggi per dar tono ai muscoli, alla pelle* massages pour donner du tonus aux muscles, à la peau **5** (*elettron.*) ton: *regolatore di tono* régulateur de ton.

tonometrìa |tonome'tria| *s.f.* (*chim., med.*) tonométrie.

tonòmetro |to'nɔmetro| *s.m.* (*chim., med.*) tonomètre.

tonsilla |ton'silla| *s.f.* (*anat.*) amygdale: *tonsilla faringea* amygdale pharyngée ◇ (*al plur.*) *le tonsille* (*palatine*) les amygdales; (*fam.*) *togliersi le tonsille* être opéré des amygdales.

tonsillàre |tonsil'lare| *agg.* (*anat.*) tonsillaire.

tonsillectomìa |tonsillekto'mia| *s.f.* (*chir.*) amygdalectomie.

tonsillite |tonsil'lite| *s.f.* (*med.*) amygdalite.

tonsillotomìa |tonsilloto'mia| *s.f.* (*chir.*) tonsillotomie, amygdalotomie.

tonsillòtomo |tonsil'lɔtomo| *s.m.* (*chir.*) tonsillotome, amygdalotome.

tonsùra |ton'sura| *s.f.* (*eccl.*) tonsure ◇ [*chierica*] tonsure.

tonsuràndo |tonsu'rando| *agg. e s.m.* (*eccl.*) (celui) qui va être tonsuré *loc.*

tonsuràre |tonsu'rare| *v.tr.* (*eccl.*) [*sottoporre al rito della tonsura*] tonsurer.

tonsuràto |tonsu'rato| *agg. e s.m.* (*eccl.*) tonsuré.

tontàggine |ton'taddʒine| *s.f.* → **imbecillità.**

tontina |ton'tina| *s.f.* (*dir.*) tontine.

tónto |'tonto| *agg.* [*sciocco*; *stupido*] sot*, stupide ✦ (*s.*) *un tonto* un sot # *non fare il finto tonto!* ne fais pas l'innocent!

topàia |to'paja| *s.f.* **1** (*raro*) [*tana di topi*] nid *m.* (*corr.*) de rats, de souris **2** (*fig.*) [*abitazione povera, in cattivo stato*] taudis (*m.*): *abitare in una topaia* habiter (dans) un taudis.

topàzio, i |to'pattsjo, i| *s.m.* (*miner.*) topaze *f.*

topiària |to'pjarja| *agg. e s.f.* (*arte*) *topiaria* (art) topiaire.

1 **tòpica, che** |'tɔpika, ke| *s.f.* [*frase e comportamento inopportuno e involontario*] gaffe: *fare, prendere una*

topica faire une gaffe, gaffer *v.intr.* → 2 **'gaffe'**.
2 **tòpica, che** |'tɔpika, ke| *s.f.* (*nella retorica classica*) topique.
topicìda |topi'tʃida| *agg.* qui tue les rats (*loc.*): *un preparato topicida* une préparation qui tue les rats, tue-rats ◆ (*s.m.*) *un topicida* une mort-aux-rats *f.*
tòpico, ci, ca, che |'tɔpiko, tʃi, ka, ke| *agg.* **1** (*farm., med.*) topique: *medicina topica* médicament topique, spécifique ◆ (*s.m.*) *un topico* un topique **2** (*nella retorica classica*) topique **3** (*lett.*) [*decisivo; culminante*] crucial*, décisif*: *momento topico* moment crucial, décisif.
topinambùr |topinam'bur| *s.m. inv.* (*t.bot.*) topinambour *var.* ◇ [*il tubero commestibile*] topinambour.
topino |to'pino| *s.m.* **1** [*piccolo topo*] petit rat, raton **2** (*fam.*) (*persone*) (*denominazione affettuosa, rivolta spec. ai bambini*) (petit) rat: *vieni, topino mio!* viens, mon petit rat! **3** (*t.zool.*) hirondelle *f.* de rivage.
topless |'tɔplis| *s.m. inv.* (*ingl.*) monokini *var.* (*fam.*): *prendere il sole in topless* prendre un bain de soleil en monokini.
tòpo- |'tɔpo| *pref.* (*significa 'luogo', corrisponde gener. a*) topo: *topografia* topographie; *toponomastica* toponymie.
tòpo |'tɔpo| *s.m.* **1** (*denominazione comune di varie specie di Roditori*) rat, souris *f.* ◇ (*t.zool.*) *topo domestico, comune* souris ~ *topo campagnolo* rat des champs, campagnol ~ *topo di chiavica* rat d'égout, rat gris, surmulot ~ *topo d'acqua* rat d'eau ~ *topo delle nocciole* muscardin ◆ (*in funzione di agg. inv.*) *grigio topo* gris souris **2** (*loc. fig.*) rat: *topo di biblioteca* rat de bibliothèque ~ *topo d'albergo, di treno* rat d'hôtel, de train ~ *topo d'appartamento* cambrioleur ~ *un musetto di topo* un petit minois ~ *denti di topo* dents de rat ~ *fare la fine del topo* crever comme un rat ◇ (*prov.*) *quando il gatto manca i topi ballano* quand le chat n'est pas là, les souris dansent.
topografìa |topogra'fia| *s.f.* topographie.
topograficaménte |topografika'mente| *avv.* [→ TOPOGRAFICO] topographiquement.
topogràfico, ci, ca, che |topo'grafiko, tʃi, ka, ke| *agg.* topographique.
topògrafo |to'pɔgrafo| *s.* topographe *m.*
topolino |topo'lino| *s.* **1** *s.m.* [*piccolo topo*] souris *f.*, petit rat ◇ (*fig.*) (*persone*) (*denominazione affettuosa riferita spec. a bambini vivaci e carini*) petit rat: *dove si è nascosto, il mio topolino?* où donc s'est-il caché, mon petit rat? **2** *s.m.* (*t.zool.*) *topolino di risaia* rat des moissons **3** *s.f.* [*tipo di vettura utilitaria prodotta una volta dalla FIAT*] ⊠ **4** *s.m.* [*nome it. di un personaggio di fumetti prodotto da Walt Disney*] Mickey mouse.
topologìa, gìe |topolo'dʒia, dʒie| *s.f.* topologie.
topologicaménte |topolodʒika'mente| *avv.* [→ TOPOLOGICO] topologiquement.
topològico, ci, ca, che |topo'lɔdʒiko, tʃi, ka, ke| *agg.* topologique.
toponimìa |toponi'mia| *s.f.* → **toponomastica.**
toponìmico, ci, ca, che |topo'nimiko, tʃi, ka, ke| *agg. e s.m.* toponymique *agg.*
topònimo |to'pɔnimo| *s.m.* toponyme.
toponomàstica, che |topono'mastika, ke| *s.f.* toponymie.
toponomàstico, ci, ca, che |topono'mastiko, tʃi, ka, ke| *agg.* toponymique.
toporàgno |topo'raɲɲo| *s.m.* (*t. zool.*) musaraigne *f.*
tòppa |'tɔppa| *s.f.* **1** [*pezzo di tessuto, cuoio e sim. applicato per riparazione*] pièce: *un abito tutto toppe, pieno di toppe* un vêtement plein de pièces, tout rapiécé; *mettere le toppe ai gomiti della giacca* mettre des pièces aux coudes d'une veste → **pezza** ◇ (*fig.*) [*rimedio posticcio*] *mettiamoci sopra una toppa!* rafistolons! **2** trou *m.* de (la) serrure: *girare la chiave nella toppa* mettre la clef dans le trou de la serrure.
toppè |top'pɛ| *s.m. inv.* → **'toupet'**.
tòppo |'tɔppo| *s.m.* **1** [*tronco d'albero; ceppo*] souche *f.*, bûche *f.* **2** (*tecnol.*) *il toppo del tornio* la poupée *f.*
toppóne |top'pone| *s.m.* **1** (*abbigl.*) jambière *f.* **2** couverture *f.* en patchwork.
top secret |tɔp'si:krit| *loc. agg. inv.* (*ingl.*) ultra secret* (*var.*), top secret: *documenti militari top secret* documents militaires ultra secrets.
torà |to'ra| *s.m. inv.* (*relig.*) thora *f. var.*, torah *f. var.*
toràce |to'ratʃe| *s.m.* (*anat.*) thorax.
toracentèsi |toratʃen'tɛzi| *s.f. inv.* (*chir.*) thoracentèse *var.*
toràcico, ci, ca, che |to'ratʃiko, tʃi, ka, ke| *agg.* (*anat., med.*) thoracique.
toracoplàstica, che |torako'plastika, ke| *s.f.* (*chir.*) thoracoplastie.
toracoscopìa |torakosko'pia| *s.f.* (*med.*) thoracoscopie, pleuroscopie.
toracotomìa |torakoto'mia| *s.f.* (*chir.*) thoracotomie.
tórba |'torba| *s.f.* tourbe.
tórbida |'torbida| *s.f.* [*liquido che contiene particelle solide in sospensione*] troubles *m. pl.*, eau trouble.
torbidaménte |torbida'mente| *avv.* **1** [→ TORBIDO I 2] d'une manière morbide (*loc. inv.*) # *essere torbidamente attaccato a qc.* être attaché à qqn. d'une façon morbide **2** (*raro*) [→ TORBIDO I 1] d'une manière trouble *loc. inv.*
torbidézza |torbi'dettsa| *s.f.*, **torbidità** |torbidi'ta| *s.f. inv.* [*mancanza di trasparenza, di limpidezza di un liquido*] turbidité *var.*, caractère *m. var.* trouble ◇ (*fig.*) *la torbidezza di una passione* une passion trouble *agg.* Ⓒ **limpidezza.**
tórbido |'torbido| **I** *agg.* **1** (*di liquido*) [*poco limpido; privo di trasparenza*] trouble: *acqua torbida* eau trouble; *vino torbido* vin trouble ◇ (*per est.*) *delle nuvole torbide* des nuages obscurs **2** (*fig.*) [*fosco; disonesto*] torve, louche: *uno sguardo torbido* un regard torve, louche: *una torbida vicenda di vendetta e gelosia* une louche affaire de vengeance et de jalousie # *una torbida passione* une passion trouble **3** (*fig.*) [*caratterizzato da agitazioni sociali e politiche*] troublé: *tempi torbidi* temps troublés # *un torbido periodo di reazione* une période trouble de réaction → **burrascoso** **II** *s.m.* **1** [→ *agg.* 2] louche: *c'è del torbido in tutta questa faccenda* il y a du louche dans cette affaire # *pescare nel torbido* pêcher en eau trouble **2** *al plur.* [*disordini, tumulti*] troubles: *fu arrestato nei torbidi dell'autunno di due anni fa* il fut arrêté pendant les troubles de l'automne d'il y a deux ans Ⓒ I 1 **limpido.**
torbidùme |torbi'dume| *s.m.* choses *f. pl.* troubles.
torbièra |tor'bjɛra| *s.f.* tourbière.
tórbo |'torbo| *agg.* (*tosc.*) → **torbido.**
torbóso |tor'boso| *agg.* [*ricco di torba*] tourbeux*: *terreno torboso* terrain tourbeux.
tòrcere |'tɔrtʃere| (189) **A** *v.tr.* **1** [*avvolgere q.c. su sé stessa*] tordre (53), retordre (53): *torcere i panni bagnati* tordre le linge mouillé; *torcere la lana, la seta* retordre la laine, la soie ◇ (*loc. fig.*) *torcere il collo a qc.* tordre le cou à qqn. ~ *non gli è stato torto un capello* on n'a pas touché à un cheveu de sa tête ~ DARE DEL FILO DA TORCERE A QC. donner du fil à retordre à qqn.: *questa faccenda gli darà del filo da torcere* cette affaire lui donnera du fil à retordre; *forse vincerà lui, ma gli darò del filo da torcere* il l'emportera peut-être, mais je lui donnerai du fil à retordre **2** [*piegare con forza; curvare*] tordre: *torcere una sbarra di ferro* tordre une barre de fer; *torcere il braccio a qc.* tordre le bras à qqn. ◇ (*loc. fig.*) *torcere il naso* froncer (2) le nez ~ *torcere la bocca* faire la moue **B** *v.intr.* (*aus. 'essere'*) (*raro*) [*volgere; dirigersi*] tourner (*aus.* avoir) (*corr.*): *il sentiero torce a destra, a sinistra* le sentier tourne à droite, à gauche **C** *v.pron. rifl.* TORCERSI (*sogg. di persona*) [→ *tr.* 1] se tordre: *torcersi dai dolori, dalle risa* se tordre de douleur, de rire.
torchiàre |tor'kjare| *v.tr.* **1** [*comprimere con il torchio*] presser, pressurer: *torchiare le olive* presser des olives; *torchiare l'uva, le vinacce* presser le raisin, le marc de raisin **2** (*fig.*) [*sottoporre a duro interrogatorio*] soumettre (71) à un dur interrogatoire: *in questura lo hanno torchiato per due ore* à la préfecture, ils l'ont soumis pendant deux heures à un dur interrogatoire.
torchiatóre, trice |torkja'tore, tritʃe| *s.* [*chi torchia* (1)] pressureur*.
torchiatùra |torkja'tura| *s.f.* [→ TORCHIARE 1] pressurage *m.*
torchiétto |tor'kjetto| *s.m.* (*foto.*) châssis-presse, positif.
tòrchio, i |'tɔrkjo, i| *s.m.* (*tecnol.*) pressoir, presse (*f.*): *torchio per vino, per olio* pressoir à vin, à huile ◇ (*tip.*) *il torchio tipografico* la presse typographique, à imprimer ◇ (*loc. fig.*) *essere sotto il torchio* être sous presse ~ *mettere, tenere qc. sotto il torchio* mettre, tenir qqn. sur la sellette.
tòrcia, ce |'tɔrtʃa, tʃe| *s.f.* **1** [*fiaccola resinosa*] torche # *torcia a vento* flambeau *m.* ◇ (*per est.*) *torcia elettrica* torche électrique ◇ (*loc. fig.*) *erano ridotte a due torce umane* ils n'étaient que deux torches vivantes **2** [*cero per processioni*] cierge *m.*
torcicòllo |tortʃi'kɔllo| *s.m.* **1** (*med.*) torticolis ◇ (*corr.*) *lo spiffero d'aria mi ha fatto venire un fastidioso torcicollo* le courant d'air m'a donné un mauvais torticolis **2** (*t.zool.*) torcol, torticolis.

torcièra |tor'tʃɛra| *s.f.*, (*raro*) **torcière** |tor'tʃɛre| *s.m.* [*grosso candeliere*] torchère *f.*
torciglióne |tortʃiʎ'ʎone| *s.m.* **1** (*acconciatura femminile*) tortillon **2** → **torcinaso.**
torciménto |tortʃi'mento| *s.m.* (*raro*) [→ TORCERE] tordage (*corr.*), torsion *f.* (*corr.*).
torcinàso |tortʃi'naso| *s.m. inv.* [*apparecchio con cui si stringe il naso o il labbro di un cavallo per immobilizzarlo*] tord-nez, moraille *f. var.*
torcitóio, i |tortʃi'tojo, i| *s.m.*, **torcitrice** |tortʃi'tritʃe| *s.f.* (*tess.*) tordeuse *f.*
torcitóre, trice |tortʃi'tore, tritʃe| *s.* [*operaio addetto alla torcitura*] tordeur*, retordeur*.
torcitùra |tortʃi'tura| *s.f.* **1** (*tess.*) tordage *m.*, retordage *m.* ◇ (*corr.*) *lavorare in torcitura* travailler au retordage **2** (*raro*) [→ TORCERE A] torsion.
torcolière |torko'ljɛre| *s.m.* [*operaio che lavora al torchio tipografico*] pressier.
tordéla |tor'dela|, **tordèlla** |tor'dɛlla| *s.f.* (*t.zool.*) draine, drenne, grosse grive.
tórdo |'tordo| *s.m.* **1** (*t.zool.*) grive (*f.*): *tordo comune* grive commune ~ *tordo sassello* mauvis ~ *tordo di mare* grive musicienne, des vignes ◇ (*cuc.*) *tordi allo spiedo* grives à la broche ◇ (*loc. fig.*) *grasso come un tordo* gras comme un moine **2** (*fig.*) [*persona sciocca, sempliciotta*] niais *s.* # *non star lì a guardare come un tordo!* ne reste pas là à bayer aux corneilles!
-tóre |'tore|, **-trice** |'tritʃe| *suff.* (*servono a formare agg. e sost. derivati da v., corrispondono gener. a*) teur; trice: *protettore* protecteur ‖ *protettrice* protectrice.
toreador |torea'dor| *s.m. inv.* (*sp.*) torero *var.* → **torero.**
toreàre |tore'are| *v.intr.* (*aus. 'avere'*) [*combattere contro il toro nell'arena*] toréer.
1 **torèllo** |to'rɛllo| *s.m.* [*giovane toro*] taurillon ◇ (*fig.*) taureau # *è forte come un torello* il est fort comme un Turc.
2 **torèllo** |to'rɛllo| *s.m.* (*mar.*) galbord.
torèro |to'rɛro| *s.m.* torero.
torèutica, che |to'rɛutika, ke| *s.f.* toreutique.
torinése |tori'nese| *agg.* [*di Torino*] turinois.
tòrio |'tɔrjo| *s.m. solo sing.* (*chim.*) thorium *var.*
torite |to'rite| *s.f.* (*miner.*) thorite.
tórlo |'torlo| *s.m.* → **tuorlo.**
tórma |'torma| *s.f.* **1** [*folla, schiera disordinata*] foule, bande: *una torma di dimostranti* une foule, une bande de manifestants ◇ (*per est.*) (*animali*) troupeau (*m.*): *una torma di bufali* un troupeau de buffles → **branco** **2** (*lett.*) grande quantité (*corr.*) # *una torma di preoccupazioni* une foule, une nuée de soucis **3** (*st. rom.*) turme.
tormalina |torma'lina| *s.f.* (*miner.*) tourmaline.
torménta |tor'menta| *s.f.* tourmente (*lett.*), bourrasque: *una tormenta di neve* une tourmente de neige.
tormentàre |tormen'tare| **A** *v.tr.* **1** [*sottoporre a dolori fisici*] tourmenter: *essere tormentato dalla fame, dalla sete* être tourmenté par la faim, la soif # *ho un mal di testa che mi tormenta* je suis accablé par la migraine **2** (*fig.*) [*causare pena*; *affliggere*] tourmenter: *essere tormentato dal rimorso* être tourmenté par le remord # *lo tormentava un atroce sospetto* un atroce soupçon le minait; *essere tormentato dal pensiero della famiglia* être très soucieux pour sa famille **3** [*inquietare, molestare*] persécuter, *harceler (4): *tormentare qc. con domande indiscrete* persécuter, harceler qqn. avec des questions indiscrètes **4** (*raro*) → **torturare** **B** *v.pron. rifl.* TORMENTARSI [→ *tr.* 2] s'en faire (45): *non tormentarti per così poco*: *non ne vale la pena!* ne te fais pas de souci(s), ne t'en fais pas (*fam.*) pour si peu: cela n'en vaut pas la peine! → **crucciar(si), angustiar(si).**
tormentàto |tormen'tato| *agg.* **1** (*persone*) [*che è in pena*; *afflitto*] tourmenté: *un animo, uno spirito tormentato* une âme tourmentée, un esprit tourmenté **2** (*cose*) [*pieno di difficoltà*] difficile: *un percorso tormentato* un parcours difficile ◇ [*accidentato*] accidenté: *il profilo tormentato di una vetta* le profil accidenté d'un sommet ◇ [*contorto*] contourné, tarabiscoté: *uno stile tormentato* un style contourné, tarabiscoté.
tormentatóre, trice |tormenta'tore, tritʃe| *s. e agg.* [*che tormenta*] tourmenteur* *s.* (*lett.*), persécuteur* *s.*
tormentilla |tormen'tilla| *s.f.* (*t. bot.*) tormentille.
torménto |tor'mento| *s.m.* **1** [*dolore fisico acuto e continuato*] torture *f.*; souffrance (*f.*): *non confessò neanche quando fu sottoposto ad atroci tormenti* il n'avoua pas, même sous d'atroces tortures ‖ *morire tra tormenti indicibili* mourir dans d'atroces souffrances **2** (*fig.*) [*pena morale*; *angoscia*] tourment: *il tormento dell'invidia, del dubbio* le tourment de l'envie, du doute ◇ [*la persona o cosa che ne è la causa*] *quella figlia sarà sempre il mio tormento* cette fille sera toujours mon tourment **3** [*molestia, fastidio*] supplice: *è stato un vero tormento sopportare quello scocciatore* supporter ce raseur fut un vrai supplice ◇ [*la persona o cosa che ne è la causa*] *smettila di punzecchiarlo*: *sei proprio un tormento!* arrête de lui lancer des piques: tu es un vrai bourreau!; *lo sferragliare del tram è un vero tormento* le bruit du tramway est un véritable supplice.
tormentóne |tormen'tone| *s.m.* (*zool.*) man.
tormentosaménte |tormentosa'mente| *avv.* [→ TORMENTOSO] d'une manière torturante *loc. inv.*
tormentóso |tormen'toso| *agg.* [*che procura tormento*] torturant: *una sete tormentosa* une soif torturante ◇ (*fig.*) *un dubbio tormentoso* un doute angoissant; *un'esistenza tormentosa* une existence tourmentée → **travagliato, angoscioso.**
tornacónto |torna'konto| *s.m* [*profitto, guadagno personale*] avantage, profit: *se l'ha fatto, vuol dire che ha il suo tornaconto* s'il l'a fait, cela veut dire qu'il y a trouvé son avantage; *non ho più tornaconto in quell'affare* je n'ai plus d'avantage, de profit dans cette affaire; *pensare solo al proprio tornaconto* ne penser qu'à son avantage, à son profit.
tornàdo |tor'nado| *s.m. inv.* tornade *f. var.*
tornànte |tor'nante| **1** *s.m.* virage, tournant: *una serie di tornanti* une série de virages **2** *agg. inv. nella loc.* (*calcio*) (*ala*) *tornante* aile tournante.
tornàre |tor'nare| **A** *v.intr.* (*aus. 'essere'*) **1** [*venire, giungere al luogo da cui si era partiti o ci si era allontanati*] revenir (27); (*a casa*) rentrer: *tornare in patria* revenir dans son pays; *è tornato nella sua città* il est revenu dans sa ville ‖ *stasera torno a casa tardi* ce soir je rentrerai tard; *tornerò (a casa) per la cena* je rentrerai pour (le) dîner # *vado e torno* je ne fais qu'aller et venir; *torna al tuo posto!* retourne à ta place! ◇ (*unito al compl. di moto da luogo*) revenir: *tornare dall'estero* revenir de l'étranger; *tornerà domani da Roma* il reviendra de Rome demain; *è appena tornato dall'ufficio* il vient de rentrer du bureau; *tornare da teatro* rentrer du théâtre; *tornare dalle vacanze* revenir, rentrer des vacances ◇ *loc.* (*di cibo*) *tornar su, tornare in gola* revenir ◇ (*loc. fig.*) *tornare a galla* se remettre à flot ~ *tornare daccapo, dal punto di partenza* reprendre depuis le début ~ *tornare al punto di prima* revenir au point de départ ~ *tornare a bomba* retourner à ses moutons ~ *tornare sulla retta via* reprendre le droit chemin ~ *tornare in vita* revenir à la vie ~ *adesso non puoi più tornare indietro* impossible, maintenant, de revenir en arrière ~ *tornare all'antico* revenir à l'ancien temps ~ TORNARE IN SÉ revenir à soi: *dopo l'iniezione, l'ammalato è tornato in sé* après la piqûre, le malade est revenu à lui, il a repris connaissance # *dopo lo sfogo di rabbia, è tornato in sé* après avoir laissé exploser sa colère, il a recouvré la raison → **rinsavire** **2** [*andare, venire dove si è già andati*] retourner: *torno subito in ufficio* je retourne immédiatement au bureau; *tornare al lavoro* retourner au travail # *devo tornare dal dottore tra un mese* il faut que je consulte de nouveau le médecin dans un mois ◇ [*andare abitualmente in un luogo*] *tornare sempre allo stesso luogo di villeggiatura* retourner toujours au même endroit pour les vacances; *tornare in un certo albergo* retourner dans un certain hôtel ◇ *loc.* TORNARE A (+ *inf.*): *torno a dirvi, a ripetere che...* je vous répète que... → **continuare**; *torno a farti la stessa proposta* je te refais la même proposition; *addesso devo tornare a battere a macchina tutto* maintenant, il faut que je retape tout à la machine; *tornare a rivedere uno spettacolo* revoir un spectacle ◇ (*loc. fig.*) *tornare sulle proprie decisioni* revenir sur ses décisions ~ *tornare alla carica* revenir à la charge ~ *tornare con il pensiero, con il ricordo a q.c.* repenser à qqch. → **rievocare** ~ *tornare col discorso su un certo argomento* revenir sur un certain sujet ~ (*fam.*) *non torniamo alle solite, adesso!* on ne va pas recommencer, remettre ça! ◇ (*loc.*) *tornare sui propri passi*: (*pr.*) revenir sur ses pas, en arrière; (*fig.*) revenir sur sa parole, faire marche arrière ~ *tornare sul luogo del delitto*: (*pr., fig.*) revenir sur le lieu du crime (du délit) **3** [*manifestarsi, presentarsi di nuovo*] revenir: *è tornata la primavera* le printemps est revenu; *final-*

mente è tornato il sole! finalement, le soleil est revenu! # *gli è tornata la febbre* il a de nouveau (de) la fièvre; *è un'occasione che non tornerà più tanto facilmente* c'est une occasion qui ne reviendra plus si facilement (de si tôt) ◇ *loc.* TORNARE IN MENTE revenir en mémoire: *mi tornano sempre in mente le sue ultime parole* ses dernières paroles me reviennent toujours en mémoire **4** (*fig.*) [*diventare di nuovo come prima*] redevenir (27) (ce qu'on était): *è tornato il ragazzo perbene che era* il est redevenu le jeune homme comme il faut qu'il était avant; *dopo quell'esperienza, non è più tornato quello di prima* après cette expérience, il n'est plus redevenu ce qu'il était avant; *i calzoni sono tornati puliti* le pantalon est redevenu propre # *tornare giovane* rajeunir **5** (*fig.*) [*essere; risultare*] *è una cosa che torna utile, vantaggiosa* c'est utile, avantageux; *questa mi torna nuova* ça, c'est nouveau, du neuf pour moi; *vieni pure da me, se ti torna comodo* viens donc chez moi, si cela ne te dérange pas; *mi torna bene* ça me convient, ça me va (*fam.*); *mi torna male* ça ne me convient pas; *questo comportamento torna a tuo onore* ce comportement est tout à ton honneur, te fait honneur ◇ *loc.* TORNA CONTO: *non torna conto rispondere a quelle basse insinuazioni* on n'a pas intérêt à répondre à ces basses insinuations; *lo farà, se gli torna conto* il le fera, s'il y trouve son intérêt → **tornaconto** ~ TORNARE A PROPOSITO tomber à propos: *quell'esempio torna a proposito* cet exemple tombe à propos; *mi torna giusto a proposito la sua rinuncia* son renoncement tombe à propos, tombe bien **6** (*fig.*) [*essere, risultare esatto*] être (43) (*aus.* avoir) juste, exact: *i conti non tornano* les comptes ne tombent pas juste, ne sont pas exacts; *i conti tornano* les comptes sont exacts ◇ (*loc.*) *c'è q.c. che non torna nel suo ragionamento* il y a qqch. qui cloche dans son raisonnement ~ *tutto questo non mi torna* tout cela ne me plaît pas → **convincere** **7** (*raro, lett.*) [*trasformarsi in; diventare*] se transformer *pron.* (*corr.*) # *la gioia tornò in lutto* la joie fit place au chagrin **B** *v.tr.* (*arc., lett.*) **1** [*riportare, ricondurre*] ramener (6) (*corr.*): *far tornare in vita qc.* ramener qqn. à la vie **2** (*fig.*) [*volgere, dirigere*] tourner (*corr.*): *tornare gli occhi, la faccia* tourner les yeux, la tête **3** (*fig.*) [*trasformare; cambiare*] transformer (*corr.*).

tornasóle |torna'sole| *s.m. inv.* (*chim.*) tournesol (*var.*): *cartina al tornasole* papier de tournesol; *tintura di tornasole* teinture de tournesol.

tornàta |tor'nata| *s.f.* **1** (*lett.*) [*seduta; sessione*] séance: *l'ordine del giorno della prossima tornata* l'ordre du jour de la prochaine séance **2** (*polit.*) *tornata elettorale* tournée électorale **3** (*metr. it.*) envoi *m.* **4** (*arc., region.*) → **ritorno**.

torneàre |torne'are| *v.intr.* (*aus.* '*avere*') (*arc.*) [*partecipare a un torneo*] tournoyer (10).

tornèllo |tor'nɛllo| *s.m.* [*cancello girevole che consente l'accesso a un luogo pubblico di una persona alla volta*] tambour, tourniquet.

tornèo |tor'nɛo| *s.m.* **1** (*st.*) tournoi **2** [*serie di gare a eliminazione*] tournoi: *torneo internazionale di scacchi, di tennis* tournoi international d'échecs, de tennis.

torneria |torne'ria| *s.f.* [*laboratorio di tornitura*] atelier *m.* de tourneur, tournerie (*raro*).

tornése |tor'nese| *s.m.* (*st.*) tournois, livre *f.*

tórnio, i |'tornjo, i| *s.m.* (*tecnol.*) tour: *tornio da vasaio* tour de potier.

tornìre |tor'nire| (197) *v.tr.* **1** (*tecnol.*) [*rifinire al tornio*] tourner: *tornire un oggetto metallico* tourner un objet métallique **2** (*fig.*) [*rifinire; portare a perfezione*] polir: *tornire lo stile, un periodo* polir le style, une phrase.

tornìto |tor'nito| *agg.* (*tecnol.*) tourné, fait au tour (*corr.*) ◇ (*fig.*) *stile tornito* style bien tourné, soigné ◇ (*loc. fig.*) *gambe tornite* jambes bien tournées.

tornitóre, trice |torni'tore, tri'tʃe| *s.* [*chi manovra il tornio*] tourneur *m.*

tornitùra |torni'tura| *s.f.* [→ TORNIRE 1] tournage *m.* ◇ [*i trucioli di scarto*] copeaux *m. pl.*

tórno |'torno| *s.m.* (*solo in alcune loc. avv.*) **1** TORNO TORNO [*intorno*] tout autour: *correre torno torno alla fontana* courir tout autour de la fontaine **2** DI TORNO [*d'attorno; via*] *lèvati di torno!* va-t-en!; *finalmente sono riuscito a togliermi di torno quell'antipatico* finalement j'ai réussi à me débarrasser de ce casse-pieds (*fam.*) **3** IN QUEL TORNO (DI TEMPO) [*pressappoco in quel periodo*] *l'ho conosciuto nel '48 o in quel torno* je l'ai connu en 1948, ou vers cette époque.

1 **tòro** |'tɔro| *s.m.* **1** (*t.zool.*) taureau ◇ (*loc. fig.*) *essere* (*forte come*) *un toro* être fort comme un Turc ~ *tagliare la testa al toro* trancher le nœud gordien ~ *prendere il toro per le corna* prendre le taureau par les cornes **2** (*astrol.*) *il Toro* le Taureau.

2 **tòro** |'tɔro| *s.m.* (*arch., mat.*) tore.

3 **tòro** |'tɔro| *s.m.* (*lett.*) [*letto nuziale*] lit nuptial* (*corr.*) ◇ (*dir.*) *separazione del toro* séparation de corps.

tòron |'tɔron| *s.m. inv.* (*chim.*) thoron *var.*

1 **torpèdine** |tor'pɛdine| *s.f.* (*t. zool.*) torpille.

2 **torpèdine** |tor'pɛdine| *s.f.* (*mar. mil.*) torpille.

torpedinièra |torpedi'njɛra| *s.f.* (*mar. mil.*) torpilleur *m.*

torpedinière |torpedi'njɛre| *s.m.* [*militare addetto alle torpedini*] torpilleur.

Torpediniformi |torpedini'formi| *s.m. pl.* (*t.zool.*) Torpédinidés.

torpedóne |torpe'done| *s.m.* [*autopullman*] car, autocar: *organizzare una gita in torpedone* organiser une excursion en car, en autocar.

torpidaménte |torpida'mente| *avv.* [→ TORPIDO] paresseusement → **pigramente**.

torpidézza |torpi'dettsa| *s.f.*, **torpidità** |torpidi'ta| *s.f. inv.* [*stato di torpore*] torpeur *var.* ◇ (*fig.*) [*svogliatezza; pigrizia*] paresse *var.* # *torpidezza della volontà* manque de volonté.

tòrpido |'tɔrpido| *agg.* (*di membro del corpo umano*) [*preso da torpore; lento, pigro*] engourdi: *avere il braccio torpido* avoir un, le bras engourdi ◇ (*fig.*) *mente torpida* esprit engourdi; *volontà torpida* volonté molle.

torpóre |tor'pore| *s.m.* torpeur (*f.*): *il torpore del sonno* la torpeur du sommeil, l'envie de dormir; *rimanere sorpreso da un improvviso torpore* être pris d'une torpeur soudaine ◇ (*per est.*) [*pigrizia; svogliatezza*] *il torpore mentale* l'engourdissement de l'esprit; *una popolazione che si è risvegliata da un secolare torpore* une population qui est sortie d'une torpeur séculaire.

torr, tor |tɔr| *s.m. inv.* (*fis.*) torr *var.*

torraiòlo |torra'jɔlo| *agg.* (*t.zool.*) *colombo torraiolo* (pigeon) biset.

tórre |'torre| *s.f.* **1** tour: *torre merlata* tour crénelée # *la torre campanaria* le beffroi ◇ (*loc. fig.*) *torre di Babele* tour de Babel ~ *torre d'avorio* tour d'ivoire **2** (*tecnol.*) tour: *torre di perforazione* tour d'un derrick; *torre di controllo* (*di un aeroporto*) tour de contrôle (d'un aéroport); *torre di distillazione, di catalisi* tour de distillation, de catalyse; *torre di lavaggio* tour de lavage # *torre di trivellazione* puits de sondage; *torre di lancio* (*di missili*) rampe de lancement ◇ (*mar. mil.*) tourelle: *torre di comando* tourelle de commandement; *torre prodiera, poppiera* tourelle avant, arrière; *torre binata, trinata* tourelle double, triple **3** (*geogr.*) tour **4** (*nel gioco degli scacchi*) tour **5** (*st. mil.*) tour.

tòrre |'tɔrre| *v.tr. dif.* (*arc., lett.*) → **togliere**.

torrefàre |torre'fare| (103) *v.tr.* [*sottoporre a torrefazione*] torréfier: *torrefare il caffè* torréfier le café.

torrefàtto |torre'fatto| *agg.* [*sottoposto a torrefazione*] torréfié.

torrefattóre, trice |torrefat'tore, tri'tʃe| *s.* ouvrier* employé à la torréfaction du café.

torrefazióne |torrefat'tsjone| *s.f.* torréfaction: *torrefazione del caffè* torréfaction du café ◇ (*per est.*) maison (du café): *comprare il caffè in una torrefazione* acheter son café dans une maison du café.

torreggiàre |torred'dʒare| *v.intr.* (*aus.* '*avere*') [*ergersi sugli altri; dominare*] dominer (*tr.*): *su tutte torreggia la cima del Monte Bianco* le sommet du Mont-Blanc domine tous les autres ◇ (*fig.*) *torreggiava sugli altri concorrenti* il dominait tous les autres athlètes.

torrènte |tor'rɛnte| *s.m.* torrent ◇ (*per est.*) *un torrente di lava* un torrent de lave ◇ (*fig.*) *un torrente di lacrime* un torrent de larmes; *un torrente di rimproveri* un déluge de reproches ◇ *loc. avv.* A TORRENTI à torrents: *la pioggia cadeva a torrenti* la pluie tombait à torrents.

torrentìzio, i |torren'tittsjo, i| *agg.* (*geogr.*) torrentiel*: *corso d'acqua a regime torrentizio* cours d'eau à régime torrentiel.

torrenziale |torren'tsjale| *agg.* torrentiel*: *una pioggia torrenziale* une pluie torrentielle.

torrétta |tor'retta| *s.f.* **1** [*piccola torre*] tourelle **2** (*mil.*) tourelle: *la torretta di un carro armato* la tourelle d'un char d'assaut; *la torretta di un aereo militare, di un sommergibile* la tourelle d'un avion militaire, d'un sous-marin **3** (*cine., foto.*) tourelle.

tòrrido |'tɔrrido| *agg.* torride: *clima torrido* climat torride; *una giornata torrida* une journée torride ◇ (*geogr.*) *zona torrida* zone torride.

torrióne |tor'rjone| *s.m.* **1** (*arch.*)

grosse tour *f.*, donjon **2** (*mar. mil.*) tourelle *f.*
torróne |tor'rone| *s.m.* [*dolce tipico di varie regioni*] nougat, touron.
torsèllo |tor'sɛllo| *s.m.* **1** [*cuscinetto per appuntarvi gli spilli*] pelote *f.* **2** [*ciambella di panno che si posa sul capo per reggervi un peso*] tortillon **3** coin à frapper les monnaies.
torsiòmetro |tor'sjɔmetro| *s.m.* (*mecc.*) torsiomètre.
torsionàle |torsjo'nale| *agg.* (*mecc.*) de torsion *loc. inv.*
torsióne |tor'sjone| *s.f.* **1** (*mecc., fis.*) torsion ◇ (*auto.*) *barra di torsione* barre de torsion **2** (*ginnastica*) torsion: *torsione del busto* torsion du buste.
tórso |'torso| *s.m.* **1** (*anat.*) torse: *stare a torso nudo* rester torse nu ◇ (*arts.*) *il torso del Belvedere* le torse de l'Apollon du Belvedere **2** → **torsolo.**
tórsolo |'torsolo| *s.m.* [*parte centrale non commestibile di un frutto*] trognon: *un torsolo di mela, di pera* un trognon de pomme, de poire ◇ [*fusto di piante erbacee commestibili*] tige (*f.*): *un torsolo di cavolfiore* une tige de chou-fleur ◇ (*loc.*) *tirar torsoli a qc.* recevoir qqn. avec des pommes cuites ◇ (*loc. fig.*) *non vale un torsolo, un torso* ça ne vaut pas un clou.
tórta |'torta| *s.f.* [*dolce di forma rotonda, a base spec. di farinacei*] tarte, gâteau (*m.*): *torta di mele* tarte aux pommes; *la torta nuziale* la pièce montée, le gâteau de mariage ◇ (*loc. fig.*) *dividersi la torta* avoir part du gâteau.
tòrta |'tɔrta| *s.f.* (*raro*) [→ TORCERE A] torsion (*corr.*) # *dare una torta a una fune* tordre un peu une corde.
tortellino |tortel'lino| *s.m. spec. al plur.* [*particolare forma, di solito quadrata, di pasta all'uovo con ripieno di carne*] ⊠.
tortèllo |tor'tɛllo| *s.m.* → **raviolo.**
torticcio, i |tor'tittʃo, i| *s.m.* [*fune formata da più canapi attorcigliati*] grelin.
tortièra |tor'tjɛra| *s.f.* tourtière.
1 **tortìglio, i** |tor'tiʎʎo, i| *s.m.* (*tess.*) cordonnet.
2 **tortiglio, i** |tor'tiʎʎo, i| *s.m.* (*arald.*) tortil.
tortiglióne |tortiʎ'ʎone| *s.m.* **1** [*oggetto a forma di spirale*] tortillon ◇ (*loc. avv.*) *a tortiglione* en spirale **2** *spec. al plur.* [*particolare tipo di pasta*] ⊠ **3** (*raro*) → **torcinaso.**
tòrtile |'tɔrtile| *agg.* [*a forma di spirale*] tors: *colonna tortile* colonne torse.
tortino |tor'tino| *s.m.* (*cuc.*) tourte *f.*
1 **tòrto** |'tɔrto| **I** *agg.* **1** [*sottoposto a torsione*] tors: *filo torto* fil tors **2** [*storto*] tordu: *gambe torte* jambes tordues, cagneuses # *guardare con occhi torti* regarder de travers ◇ (*loc. fig.*) *camminare, stare col collo torto* marcher, rester tout raide ♦ (*in funzione di avv.*) *guardare torto qc.* regarder qqn. de travers **II** *s.m.* (*tess.*) fil tors *agg.*
2 **tòrto** |'tɔrto| *s.m.* tort: *riconoscere i propri torti* reconnaître ses (propres) torts; *fare, dare un torto a qc.* faire, donner du tort à qqn.; *non ha (poi) tutti i torti a comportarsi così* en agissant de la sorte, il n'a pas tous les torts; *mettersi, passare dalla parte del torto* se mettre dans son tort # *subire, ricevere un torto* subir un préjudice; *riparare ai torti altrui* remédier aux erreurs des autres → **colpa**; *mi fai un torto se non accetti il mio invito* je serais navré, vexé si tu n'acceptais pas mon invitation → **scortesia**; *questa supposizione fa torto alla tua intelligenza* cette supposition n'est pas digne de ton intelligence; *ha avuto il solo torto di darti troppa fiducia* son seul tort est d'avoir eu trop de confiance en toi ◇ (*loc. avv.*) *a torto* à tort ~ *a ragione o a torto* à tort ou à raison.
tórtora |'tortora| *s.f.* (*t.zool.*) tourterelle ♦ (*in funzione di agg. inv.*) *color tortora* couleur gris tourterelle.
tortoreggiàre |tortored'dʒare| *v. intr.* (*aus. 'avere'*) (*raro*) → 1 **tubare.**
tortorèlla |torto'rɛlla| *s.f.* [*piccola tortora*] tourtereau *m.*
tortrìce |tor'tritʃe| *s.f.* (*zool.*) tordeuse.
Tortricidi |tor'tritʃidi| *s.m. pl.* (*t. zool.*) Tortricidés.
tortuosaménte |tortuosa'mente| *avv.* **1** [→ TORTUOSO 2] de manière ambiguë *loc. inv.*, ambigument: *comportarsi, parlare tortuosamente* se comporter, parler de manière ambiguë → **ambiguamente, subdolamente** **2** [→ TORTUOSO 1] tortueusement.
tortuosità |tortuosi'ta| *s.f. inv.* [*svolgimento, aspetto tortuoso*] tortuosité *var.* (*raro*) # *le tortuosità di un fiume* le cours sinueux, tortueux d'une rivière ◇ (*fig.*) *tortuosità di stile* style tortueux; *un discorso pieno di tortuosità* un discours plein d'ambiguïtés Ⓒ **semplicità.**
tortuóso |tortu'oso| *agg.* **1** tortueux*, sinueux*: *un sentiero tortuoso* un sentier tortueux; *un fiume tortuoso* une rivière au cours sinueux **2** (*fig.*) [*ambiguo; subdolo*] ambigu*, sournois, hypocrite: *un giro di parole tortuoso* une périphrase ambiguë; *un comportamento tortuoso* un comportement sournois, hypocrite Ⓒ 1 **lineare;** 2 **chiaro.**
tortùra |tor'tura| *s.f.* torture: *sottoporre qc. a tortura* soumettre qqn. à la torture, torturer qqn. ◇ (*fig.*) *che tortura, quello scocciatore!* ce raseur est un vrai fléau!; *che tortura, non poterlo aiutare!* quelle douleur que de ne pas pouvoir l'aider! → **tormento.**
torturàre |tortu'rare| **A** *v.tr.* **1** [*sottoporre a torture*] torturer: *torturare i prigionieri politici* torturer les prisonniers politiques **2** (*fig.*) [*tormentare, affliggere*] torturer: *essere tormentato dal dubbio e dal sospetto* être torturé par le doute et la suspicion # *lo torturava il pensiero della famiglia lontana* l'éloignement de sa famille l'affligeait profondément **B** *v.pron. rifl.* TORTURARSI [→ *tr.* 2] se torturer → **affligger(si), crucciar(si).**
torturatóre, trice |tortura'tore, tritʃe| *s.* [*chi tortura*] bourreau *m.*
torvaménte |torva'mente| *avv.* [→ TORVO] d'un œil torve *loc. inv.*, de travers (*loc. inv.*): *guardare torvamente* regarder d'un œil torve, de travers.
tórvo |'torvo| *agg.* [*che denota astio, malanimo*] torve: *uno sguardo torvo* un regard torve → **bieco** # *essere torvo in viso* être renfrogné → **accigliato** ♦ (*in funzione di avv.*) *lo guardava torvo* elle le regardait de travers *loc. inv.*
tory |'tɔ:ri| *s.m. inv.* (*ingl.*) tory (*var.*): *i tory* les tories.
tosacàni |toza'kani| *s.m. inv.* tondeur* *s. var.* de chiens ◇ (*fam., scherz.*) [*barbiere che lavora male*] mauvais coiffeur *var.*, coupeur *var.* de tifs (*pop.*).
tosaèrba |toza'ɛrba| *s.m. o f. inv.* tondeuse *f. var.* à gazon.
tosàre |to'zare| *v.tr.* **1** [*tagliare il pelo ad animali*] tondre (53): *tosare le pecore, il cane* tondre des moutons, un chien **2** (*per est., scherz.*) [*tagliare a qc. i capelli molto corti*] se faire *pron.* tondre: *come ti hanno tosato bene!* comme tu t'es bien fait tondre! → **rapare** **3** (*fam., fig.*) [*privare di denaro, con tasse o prezzi esosi*] tondre (qqn.) **4** [*pareggiare, spuntare siepi, cespugli e sim.*] tailler.
tosasièpi |toza'sjɛpi| *s.m. o f.* (*tecnol.*) sécateur *m.*, tondeuse *f.* de haies.
tosatóre, trice |toza'tore, tritʃe| *s.* [*chi esegue una tosatura*] tondeur*.
tosatrice |toza'tritʃe| *s.f.* (*tecnol.*) tondeuse: *tosatrice elettrica* tondeuse électrique; *tosatrice per siepi* tondeuse de haies, sécateur *m.*
tosatùra |toza'tura| *s.f.* **1** [→ TOSARE 1] tonte: *la tosatura delle pecore* la tonte des moutons ◇ [*il pelo tosato*] tonte **2** [→ TOSARE 2] coupe de cheveux à ras: *la tosatura delle reclute* la coupe de cheveux à ras des recrues (des bleus) → **rapata.**
toscanaménte |toskana'mente| *avv.* **1** selon la langue ou le dialecte toscan *loc. inv.* **2** (*raro*) à la manière des Toscans *loc. inv.*
toscaneggiànte |toskaned'dʒante| *agg. e s.* (celui *m.*, celle *f.*) qui imite les Toscans (*loc.*): *uno stile, uno scrittore toscaneggiante* un style, un écrivain qui imite les Toscans.
toscaneggiàre |toskaned'dʒare| *v.intr.* (*aus. 'avere'*) [*usare forme o cadenze tipiche del tosc.*] parler, écrire (51) comme les Toscans.
toscanìsmo |toska'nizmo| *s.m.* (*ling.*) tournure *f.* toscane, expression *f.* idiomatique toscane.
toscanità |toskani'ta| *s.f. inv.* [*carattere tosc., spec. in senso ling.*] caractère *m. var.* toscan: *uno scrittore di indiscussa e limpida toscanità* un écrivain d'un caractère toscan limpide et indiscutable.
toscanizzàre |toskanid'dzare| **A** *v.tr.* (*ling.*) [*ridurre in forma tosc.*] donner (à une phrase) une tournure toscane: *toscanizzare un'opera dialettale* donner à une œuvre dialectale une tournure toscane ◇ [*adeguare al modello linguistico tosc.*] prononcer (2) en toscan, comme un Toscan # *toscanizzare la propria pronuncia* se conformer à la prononciation toscane **B** *v.intr.* (*aus. 'avere'*) (*raro*) → **toscaneggiare.**
toscàno |tos'kano| **I** *agg.* [*della Toscana*] toscan: *l'arte toscana* l'art toscan **II** *s.m.* **1** *il toscano* [*la lingua; il dialetto*] le toscan **2** [*tipo di sigaro*] cigare toscan (*agg.*): *fumarsi un toscano* fumer un cigare toscan (à paille).
tósco, chi, ca, che |'tosko, ki, ka, ke| *agg. e s.* (*lett.*) → **toscano.**
tòsco, chi |'tɔsko, ki| *s.m.* (*lett.*) → **tossico, veleno.**
tosóne |to'zone| *s.m.* **1** (*arc.*) → **vello** **2** (*st.*) *l'ordine cavalleresco del Toson d'oro* l'ordre de la Toison *f.* d'or.
tossàccia, ce |tos'sattʃa, tʃe| *s.f.* toux persistante, toux prolongée et fatigante, sale toux: *quella maledetta tossaccia!* cette sale toux!
tósse |'tosse| *s.f.* (*med., corr.*) toux:

una brutta tosse une vilaine toux; *un colpo di tosse* un accès, une quinte de toux; *tosse secca, catarrosa* toux sèche, grasse # *avere la tosse* tousser ◇ (*loc.*) *tosse canina, asinina, convulsa* coqueluche → **pertosse.**

tossicchiàre |tossik'kjare| *v.intr.* (*aus. 'avere'*) [*tossire leggermente e ripetutamente*] toussoter: *si mise a tossicchiare per richiamare la sua attenzione* il se mit à toussoter pour attirer son attention.

tossicità |tossitʃi'ta| *s.f. inv.* toxicité (*var.*): *la tossicità di un farmaco, di un fungo* la toxicité d'un produit pharmaceutique, d'un champignon.

tòssico, ci, ca, che |'tɔssiko, tʃi, ka, ke| **1** *agg.* toxique: *sostanze tossiche* substances toxiques → **velenoso** **2** *s.m.* (*raro*) [*veleno*] toxique, poison ◇ (*loc. fam.*) *amaro come il tossico* amer comme chicotin.

tossicologìa, gie |tissikolo'dʒia, dʒie| *s.f.* toxicologie.

tossicològico, ci, ca, che |tossiko'lɔdʒiko, tʃi, ka, ke| *agg.* toxicologique.

tossicòlogo, gi |tossi'kɔlogo, dʒi| *s.* toxicologue.

tossicolóso |tossiko'loso| *agg. e s.* (*med.*) tousseur* *s.*

tossicòmane |tossi'kɔmane| *s.* toxicomane *s. e agg.*

tossicomanìa |tossikoma'nia| *s.f.* toxicomanie.

tossicòsi |tossi'kɔzi| *s.f. inv.* (*med.*) toxicose *var.*

tossiemìa |tossie'mia| *s.f.* (*med.*) toxémie.

tossilàggine |tossi'laddʒine| *s.f.* (*t.bot.*) tussilage *m.*, pas-d'âne *m.* (*corr.*).

tossìna |tos'sina| *s.f.* (*biol.*) toxine.

tossinfezióne |tossinfet'tsjone| *s.f.* (*med.*) toxi-infection.

tossìnico, ci, ca, che |tos'siniko, tʃi, ka, ke| *agg.* toxinique.

tossìre |tos'sire| (197) *v.intr.* (*aus. 'avere'*) [*emettere colpi di tosse*] tousser: *ha tossito tutta la notte* il a toussé toute la nuit; *tossì tre volte secondo il segnale convenuto* il toussa trois fois, selon le signal convenu.

tossitóre, trice |tossi'tore, tritʃe| *s.* → **tossicoloso.**

tostacaffè |tostakaf'fɛ| *s.m. inv.* [*apparecchio per tostare il caffè*] brûloir *var.*, torréfacteur *var.* à café.

tostapàne |tosta'pane| *s.m. inv.* [*apparecchio elettrodomestico per tostare fette di pane*] grille-pain.

tostàre |tos'tare| *v.tr.* [*abbrustolire; cuocere* (*un cibo*)] griller; torréfier: *tostare due fette di pancarré* (faire) griller deux tranches de pain de mie ‖ *tostare il caffè* torréfier le café → **torrefare.**

tostatùra |tosta'tura| *s.f.* [→ TOSTARE] *la tostatura del pane* le grillage *m.* (*raro*), le fait *m.* de griller du pain; *la tostatura del caffè* la torréfaction du café → **torrefazione.**

tostino |tos'tino| *s.m.* **1** [*apparecchio casalingo per tostare il caffè*] brûloir, grille-pain *inv.* **2** → **toast.**

1 **tòsto** |'tɔsto| *agg.* **1** [*duro; sodo*] dur: *pane tosto* pain dur; *carne tosta* viande dure ◇ *loc.* FACCIA TOSTA toupet *m.* (*fam.*), culot *m.* (*fam.*): *ma sai che hai una* (*bella*) *faccia tosta a chiedermi una cosa simile!* mais sais-tu que tu as du toupet, du culot de me demander une chose pareille! **2** (*raro, lett.*) [*rapido, veloce*] rapide (*corr.*).

2 **tòsto** |'tɔsto| *avv.* (*raro, lett.*) [*presto; subito*] tout de suite (*loc. inv.*): *fu tosto accontentato* il fut tout de suite contenté # *ben tosto* bientôt ✦ *loc. cong.* (*lett.*) *tosto che* [*non appena che*] aussitôt que, dès que (*corr.*).

3 **tòsto** |'tɔsto| *s.m.* → **toast.**

tot |tɔt| *agg. inv.* [*in una certa quantità*] X: *mi deve tot milioni di interessi* il me doit X millions d'intérêts → 1 **tanto** ✦ (*in funzione di s.m. inv.*) tant: *preventivare un tot per la casa, un tot per gli extra* calculer tant pour la maison et tant pour les extra.

totàle |to'tale| **1** *agg.* total*: *una sconfitta totale* une défaite totale; *eclissi totale* éclipse totale; *l'importo totale* le montant total **2** *s.m.* total: *calcolare il totale di un'addizione* faire le total d'un compte ✦ *loc. avv.* IN TOTALE au total: *quanto fa in totale?* combien cela fait-il au total? Ⓒ 1 **parziale.**

totalità |totali'ta| *s.f. inv.* totalité (*var.*): *la totalità degli iscritti* la totalité des inscrits; *nella quasi totalità dei casi* dans la presque totalité des cas; *vedere un problema nella sua totalità* voir un problème dans sa totalité → **globalità** Ⓒ **parzialità.**

totalitàrio, i |totali'tarjo, i| *agg.* **1** (*polit.*) totalitaire: *regime totalitario* régime totalitaire **2** [*generale, unanime*] unanime: *un'adesione totalitaria* une adhésion unanime.

totalitarìsmo |totalita'rizmo| *s.m.* (*polit.*) totalitarisme.

totalitarìstico, ci, ca, che |totalita'ristiko, tʃi, ka, ke| *agg.* (*polit.*) totalitaire.

totalizzàre |totalid'dzare| *v.tr.* [*realizzare come somma di risultati positivi*] totaliser: *la squadra ha totalizzato dieci punti* l'équipe a totalisé dix points # *totalizzare un 13 al totocalcio* faire 13 au 'totocalcio'.

totalizzatóre |totaliddza'tore| *s.m.* **1** (*nelle scommesse riguardanti gare ippiche*) pari mutuel **2** (*calcolatrici*) totalisateur.

totalizzazióne |totaliddzat'tsjone| *s.f.* (*raro*) totalisation.

totalménte |total'mente| *avv.* [*del tutto; completamente*] totalement: *è una cosa totalmente opposta* c'est une chose totalement opposée # *ne ero totalmente all'oscuro* j'étais dans une ignorance absolue → **assolutamente.**

totalrifrattòmetro |totalrifrat'tɔmetro| *s.m.* (*fis.*) réfractomètre total*.

totanàra |tota'nara| *s.f.* (*pesca*) turlutte.

tòtano |'tɔtano| *s.m.* (*region.*) → **calamaro, calamaretto.**

tòtem |'tɔtem| *s.m. inv.* (*etn.*) totem *var.*

totèmico, ci, ca, che |to'tɛmiko, tʃi, ka, ke| *agg.* (*etn.*) totémique.

totemìsmo |tote'mizmo| *s.m.* (*etn.*) totémisme.

totip |to'tip| *s.m. inv.* [*concorso a premi basato sul pronostico di corse ippiche*] ⊠.

totò |to'tɔ| *s.f. pl.* (*nel linguaggio infantile*) [*sculaccioni; botte*] pan pan *m. sing.* (*fam.*), fessée *sing.* (*corr.*): *stai buono, se no ti dò le totò!* reste tranquille, sinon je te donne un pan pan! ◇ (*loc.*) *fare totò* donner un pan pan, une fessée → **picchiare.**

totocàlcio |toto'kaltʃo| *s.m. sing.* [*concorso a premi con giocate settimanali consistente nell'indovinare almeno dodici o tredici risultati di partite di calcio su un massimo di tredici*] ⊠ *giocare al totocalcio* jouer au 'totocalcio'; *vincere, fare 13 al totocalcio* faire 13 au 'totocalcio'.

toto corde |'tɔto'kɔrde| *loc. avv.* (*lat.*) [*con tutto il cuore*] de tout son cœur ◇ [*pienamente*] pleinement *avv.*

tottavilla |totta'villa| *s.f.* (*t.zool.*) lulu *m.*

'toupet' |tupɛ| *s.m. inv.* [*ciuffo di capelli posticci; parrucca*] postiche *var.*, moumoute *f. var.* (*fam.*).

'tour' |tuʀ| *s.m. inv.* tour *var.*

'tour de force' |'tuʀdəfɔʀs(ə)| *loc. sost. m. inv.* tour *var.* de force: *questa faticaccia è stata proprio un 'tour de force'* ce sacré boulot (*fam.*), ce diable de travail a constitué un véritable tour de force.

'tournedos' |tuʀnədo| *s.m. inv.* tournedos.

'tournée' |tuʀne| *s.f. inv.* tournée (*var.*): *essere in 'tournée'* être en tournée; *fare una 'tournée' all'estero* faire une tournée à l'étranger.

'tourniquet' |tuʀnikɛ| *s.m. inv.* **1** [*curva molto stretta, in strada di montagna*] lacet *var.* → **tornante** **2** → **tornello.**

'tout court' |tukuʀ| *loc. avv.* tout court.

tovàglia |to'vaʎʎa| *s.f.* [*drappo che si stende sulla mensa*] nappe ◇ (*liturg. catt.*) *tovaglia d'altare* nappe d'autel.

tovagliàto |tovaʎ'ʎato| *s.m.* [*tovaglia e tovaglioli per la tavola*] nappage.

tovagliétta |tovaʎ'ʎetta| *s.f.* [*piccola tovaglia*] napperon *m.*

tovagliòlo |tovaʎ'ʎɔlo| *s.m.* [*piccolo drappo, usato a tavola per pulirsi la bocca*] serviette *f.* (de table) ◇ (*per est.*) *tovaglioli di carta* des serviettes en (de) papier.

toxoplàsma |tokso'plazma| *s.m.* (*microbiologia*) toxoplasme.

toxoplasmòsi |toksoplas'mɔzi| *s.f. inv.* (*med.*) toxoplasmose *var.*

1 **tòzzo** |'tɔttso| *agg.* [*massiccio; più largo che alto*] trapu: *una corporatura tozza* un corps trapu; *un edificio tozzo* un édifice massif, trapu Ⓒ **slanciato.**

2 **tòzzo** |'tɔttso| (*s.m.*) *tozzo* (*di pane*) [*pezzo di pane, spec. raffermo*] quignon (*fam.*) de pain; *dare un tozzo a un mendicante* donner un quignon de pain à un mendiant # *vendere tutto per un tozzo di pane* vendre tout pour une bouchée de pain.

tra |tra| *prep. N.B. 1: 'tra' si alterna con 'fra' con identiche funzioni dettate di volta in volta da ragioni eufoniche N.B. 2: non esistono forme contratte con l'art.* **I** (*introduce i compl. di*): **1** (*stato in luogo*) entre; dans, parmi: *tra la mia e la tua casa c'è la strada* entre ma maison et la tienne il y a la rue; *ho posteggiato tra due alberi* j'ai garé ma voiture entre deux arbres; *ci fermammo tra Bologna e Firenze* nous nous arrêtâmes entre Bologne et Florence ‖ *si è perso tra la folla* il s'est perdu dans la foule; *è tra i più bei ricordi della mia vita* c'est parmi les plus beaux souvenirs de ma vie # *la gomma è tra tutte quelle scartoffie* la gomme est au milieu de toutes ces paperasses ◇ (*fig.*) *tra gli insegnanti c'è molto* *malcontento* dans les milieux de l'enseignement règne la mécontentement; *tra gli investigatori c'è la convinzione che lui sia colpevole* les enquêteurs ont la conviction que c'est lui le coupable ◇ (*loc. fig.*) *mettere il bastone tra le ruote* mettre des bâtons dans les roues ~ *trovarsi, essere tra l'incudine e il martello* être entre l'enclume et le marteau ~ *trovarsi tra due fuochi* être pris entre deux feux ~ *essere tra la vita e la morte* être entre la vie et la mort ~ *può dormire tra due guanciali* [*tranquillo*] il peut dormir sur ses deux oreilles ~ *è sempre tra i piedi* on l'a toujours dans les jambes **2** (*moto attraverso luogo*) entre; à travers (*loc. inv.*): *siamo passati a malapena tra due muraglie di neve* nous avons eu du mal à passer entre deux murailles de neige ‖ *la luce filtra tra le persiane* la lumière filtre à travers les persiennes ◇ (*fig.*) *è passato tra mille esperienze dolorose* il a traversé mille expériences douloureuses; *l'eroe è sfilato tra due ali di folla* la foule formait la haie sur le passage du héros ◇ *loc. lett.* DI TRA entre *prep.* (*corr.*): *il sole apparve di tra le nubi* le soleil apparut entre les nuages; le soleil perça la nuée # *sbucò di tra i cespugli* il sortit du buisson **3** (*quantità*) *il prossimo ristorante è tra quindici chilometri* le prochain restaurant est à quinze kilomètres d'ici; *pesa tra i venti e i trenta chili* il pèse de vingt à trente kilos **4** (*tempo*) [*entro*] dans: *verrò tra dieci minuti* je viendrai dans dix minutes, d'ici dix minutes; *arriveranno tra cinque giorni* ils arriveront dans cinq jours; *saremo di ritorno tra un mese* nous reviendrons dans un mois; *finiremo il lavoro tra un anno circa* nous terminerons le travail dans un an environ ◇ (*loc.*) *ci vedremo lunedì tra le nove e le dieci* nous nous verrons lundi, entre neuf et dix ~ *tra oggi e domani tutto sarà finito* entre aujourd'hui et demain, d'ici à demain, tout sera fini ~ *tra Pasqua e Natale* entre Pâques et Noël ~ *tra poco saremo lì* sous peu, d'ici peu nous serons là ~ *tra breve ci sarà una decisione in merito* d'ici peu, bientôt une décision sera prise à ce sujet ~ *partiremo tra non molto* nous partirons sous peu **5** (*compagnia*) parmi: *tra tutta quella gente non mi sentivo certo solo* parmi tous ces gens, je ne me sentais pas seul; *tra le persone che aspettavano c'erano anche i suoi genitori* parmi les personnes qui attendaient il y avait aussi ses parents; *è arrivato tra gli ultimi, i primi* il est arrivé parmi, dans les derniers, les premiers **6** (*relazione*) entre: *tra i due colori c'è poca differenza* entre les deux couleurs il y a peu de différence; *è nata un'intesa tra le parti* une entente est née entre les deux parties; *tra noi non c'è più alcun sentimento* entre nous il n'y a plus aucun sentiment; *tra loro c'è solo simpatia* entre eux il n'y a que de la sympathie # *sono molto amici tra loro* ils sont très amis; *sono uguali tra loro* ils sont pareils ◇ (*loc.*) *dire tra sé e sé* dire en soi-même ~ *pensare tra sé e sé* penser à part soi, en son for intérieur ~ *sia detto tra noi, io non ci credo* soit dit entre nous, moi je n'y crois pas ~ *esito tra il sì e il no* j'hésite entre (le) oui et (le) non ~ *era tra il riso e il pianto* il était entre le rire et les larmes ~ *si dibatteva tra mille rimorsi* mille remords l'assaillaient, il se débattait au milieu de mille remords ~ *non si decide a scegliere tra l'una e l'altra* il ne se décide pas à choisir entre les deux **7** (*causa*) *tra tante noie non riesco a trovare il tempo per una passeggiata* avec tous ces soucis, je n'ai pas le temps de me promener; *tra la casa e l'ufficio non ha un attimo di respiro* entre la maison et le bureau, il n'a pas un instant de répit; *tra una chiacchiera e l'altra siamo arrivati a destinazione* tout en bavardant de choses et d'autres, nous sommes parvenus à destination **8** (*modo o maniera*) *passa il tempo tra lo studio e le passeggiate* il partage son temps entre l'étude et les promenades; *ha borbottato qualcosa tra i denti* il a grommelé quelque chose entre ses dents; *sorrise a malapena tra le lacrime* il parvint tout juste à sourire à travers ses larmes **9** (*compl. partitivo*) d'entre; de: *è il più bravo tra noi* c'est le plus doué d'entre nous ‖ *è la più veloce tra tutte le macchine* c'est la plus rapide de toutes les voitures # *è uno tra i tanti a crederci ancora* parmi tant d'autres c'en est un qui y croit encore ◇ *loc.* TRA DI d'entre: *qualcuno tra di loro ha protestato* l'un d'entre eux a protesté; *uno tra di loro ha preso la parola* l'un d'entre eux a pris la parole; *chi tra di voi vuole venire?* qui d'entre vous veut venir? → **di** **II** (*ricorre con diverse funzioni in alcune loc.*) **1** (*approssimazione*) *tra tutti saremo in cinquanta* à nous tous, nous serons cinquante; *tra tutti gli iscritti saranno cinquecento* en tout, au total, les inscrits seront cinq cents; *avrà tra i venti e i venticinque anni* il aura de vingt à vingt-cinq ans; *ci vorranno tra i quattro e i cinque giorni per finire* il faudra de quatre à cinq jours pour terminer; *tra tutti, cercheremo di convincerlo* à nous tous, nous essaierons de le convaincre **2** *loc.* TRA L'ALTRO entre autres: *tra l'altro, ho perso anche il portafoglio* entre autres, j'ai perdu (aussi) mon portefeuille; *tra l'altro non si è comportato bene con me* entre autres, il ne s'est pas bien comporté avec moi; *tra l'altro non saprei con chi fare il viaggio* entre autres, je ne saurais pas avec qui faire le voyage ~ TRA TUTTO [*complessivamente*] en tout: *tra tutto saranno centomila lire* en tout, il y aura cent mille lires; *tra tutto ci ricaveremo di che fare una cena con gli amici* en tout, nous en tirerons bien de quoi faire un repas entre amis.

trabàcca, che |tra'bakka, ke| *s.f.* (*lett.*) [*baracca, casotto posticcio*] baraque (*corr.*).

trabàccolo |tra'bakkolo| *s.m.* (*mar.*) brick.

traballaménto |traballa'mento| *s.m.* [*il traballare, l'ondeggiare*] (*persone*) titubation *f.*; (*cose*) manque d'aplomb.

traballànte |trabal'lante| *agg.* (*persone*) [*che traballa*] titubant # *era mezzo ubriaco e camminava tutto traballante* à moitié ivre, il titubait en marchant ◇ (*cose*) branlant, boiteux*: *un tavolo traballante* une table branlante, boiteuse, bancale # *l'auto avanzava tutta traballante* la voiture avançait en cahotant ◇ (*fig.*) *un governo traballante* un gouvernement chancelant.

traballàre |trabal'lare| *v.intr.* (*aus.* '*avere*') **1** [*non essere ben saldo sulla propria base*; *stare in equilibrio incerto*] branler: *il tavolo traballa, bisogna aggiustargli le gambe* la table branle, il faut réparer les pieds # *la barca traballava pericolosamente* [*ondeggiava*] la barque se balançait dangereusement; *l'ubriaco traballava a ogni passo* l'homme ivre titubait à chaque pas **2** (*fig.*) [*essere in pericolo*; *stare per cadere*] chanceler (4) # *il ministero traballa* le ministère est chancelant.

traballio, ii |trabal'lio, ii| *s.m.* [*un traballare continuo*] cahotement.

trabalzàre |trabal'tsare| *v.tr. e intr.* → **sobbalzare.**

trabàlzo |tra'baltso| *s.m.* (*raro*) → **sobbalzo.**

trabànte |tra'bante| *s.m.* **1** [*sgherro, scherano*] traban **2** (*lett.*) [*attendente*] ordonnance *f.* (*corr.*).

tràbea |'trabea| *s.f.* (*st. rom.*) trabée.

trabeàta |trabe'ata| *s.f. e agg. f.* (*commedia*) *trabeata* comédie trabeata *agg. f.*

trabeazióne |trabeat'tsjone| *s.f.* (*arch.*) entablement.

trabiccolo |tra'bikkolo| *s.m.* **1** [*scaldaletto*] moine ◇ [*asciugabiancheria*] sèche-linge *inv.* **2** (*scherz.*) [*vecchia auto*] tacot, guimbarde *f.* ◇ [*vecchio aereo*] coucou ◇ [*vecchia bicicletta*] clou **3** (*pegg.*) [*aggeggio complicato*] truc (*fam.*), machin (*fam.*).

traboccaménto |trabokka'mento| *s.m.* (*raro*) [→ TRABOCCARE] débordement (*corr.*).

traboccànte |trabok'kante| *agg.* [*che trabocca*] débordant: *un bicchiere traboccante* un verre débordant ◇ (*fig.*) *avere il cuore traboccante di gioia* avoir le cœur débordant de joie.

traboccàre |trabok'kare| *v.intr.* (*aus.* '*avere*' *quando il sogg. è il recipiente*; *aus.* '*essere*' *quando il sogg. è il liquido*) **1** [*uscire dalla bocca di un recipiente troppo pieno*] déborder (*aus.* avoir): *il vaso ha traboccato* le vase a débordé; *il vino è traboccato* le vin a débordé; *riempire una bottiglia finché trabocchi* remplir une bouteille jusqu'à ce qu'elle déborde ◇ (*prov.*) *è la goccia che fa traboccare il vaso* c'est la goutte qui fait déborder le vase **2** (*iperb., fig.*) *la piazza traboccava di folla* la place était pleine, grouillait de monde; *il cuore gli traboccava di gioia* son cœur débordait de joie; *il cuore gli traboccava di sdegno* il éprouvait un profond mépris ◇ (*loc. fig.*) *far traboccare la bilancia* faire pencher la balance (d'un côté).

trabocchétto |trabok'ketto| *s.m.* **1** [*tratto di pavimento mobile, dissimulato, che si apre a comando facendo precipitare chi si trova sopra*] trappe *f.* **2** (*fig.*) [*tranello, insidia*] piège: *tendere, preparare un trabocchetto* tendre, préparer un piège # *fare una domanda a trabocchetto* poser une question insidieuse, une colle (*gerg.*) ✦ (*agg. inv.*) *una domanda trabocchetto* un piège, une colle **3** [*bottola praticabile dal palcoscenico*] trappe.

trabocchévole |trabok'kevole| *agg.* → **strabocchevole.**

1 **trabócco, chi** |tra'bokko, ki| *s.m.* (*raro*) [→ TRABOCCARE] débordement (*corr.*) ◇ (*per anal.*) *trabocco di sangue* crachement de sang → **sbocco.**

2 **trabócco, chi** |tra'bokko, ki| *s.m.* **1** (*st. mil.*) trébuchet **2** (*ant.*) [*bilancino per verificare il peso delle monete*] trébuchet.
trac |trak| **1** *inter.* (*riproduce il rumore forte e secco di q.c. che si spezza o strappa*) trac → **tric(-)trac** **2** *s.m. inv.* [*timore improvviso che prova chi parla o si esibisce in pubblico*] trac *var.*
tracagnòtto |trakaɲ'nɔtto| *agg.* [*piccolo e tarchiato*] courtaud: *un tipo tracagnotto* un type courtaud; *una ragazza tracagnotta* une fille courtaude ✦ (*s.*) *un tracagnotto* un courtaud.
tracannàre |trakan'nare| *v.tr.* [*bere avidamente, in un fiato*] avaler d'un trait: *si è tracannato, ha tracannato cinque bicchieri di vino uno dietro l'altro* il avala d'un trait cinq verres de vin, coup sur coup.
tracannatóre, trice |trakanna'tore, tritʃe| *s.* [*chi tracanna*] celui *m.*, celle *f.* qui avale d'un trait.
traccheggiàre |trakked'dʒare| **A** *v.intr.* (*raro*) (*aus.* '*avere*') [*tergiversare, temporeggiare*] tergiverser: *ha traccheggiato un po', ma alla fine si è deciso* il a quelque peu tergiversé, mais à la fin il s'est décidé ✦ (*s.m. inv.*) *dopo un lungo traccheggiare ha firmato il contratto* après avoir longtemps tergiversé, il a signé le contrat **B** *v.tr.* [*tenere a bada qc. o in sospeso q.c.*] faire (45) *intr.* attendre (qqn.).
tracchéggio, i |trak'keddʒo, i| *s.m.* (*raro*) [→ TRACCHEGGIARE A] tergiversation *f.* → **indugio.**
tràcchete |'trakkete| *inter.* → **trac** 1.
tràccia, ce |'trattʃa, tʃe| *s.f.* **1** traccia: *la traccia della frenata sull'asfalto* la trace du coup de frein sur le goudron; *le tracce degli sci sulla neve* les traces des skis sur la neige **2** [*orma, impronta*] trace: *perdere le tracce di qc.* perdre la trace de qqn.; *seguire la traccia di qc.* suivre les traces de qqn.; *seguire le tracce della volpe* suivre les traces du renard ◇ (*loc.*) *essere su una buona traccia* être sur une bonne voie ~ *seguire una falsa traccia* suivre une fausse piste ~ *lasciare traccia* (*tracce*) laisser des traces **3** [*segno, indizio che costituisce la testimonianza di un fatto avvenuto o le vestigia di cose scomparse*] trace: *nella camera c'erano tracce di una violenta collutazione* dans la chambre on relevait les traces d'un violent corps à corps; *porta sul viso le tracce di una vita sregolata* il porte sur le visage les traces, les signes d'une vie déréglée; *nella città non è rimasta alcuna traccia dell'antico splendore* dans la ville il ne reste nulle trace de son antique splendeur; *nel suo comportamento non vi sono più tracce di timidezza* il n'y a plus trace de timidité dans son attitude **4** [*piccola quantità di sostanza nelle analisi chimiche*] trace: *tracce di albumina* traces d'albumine **5** [*abbozzo di un disegno*; *schema di un argomento da trattare*] tracé *m.*; plan (*m.*): *la traccia dell'affresco è graffita* le tracé de la fresque est gravé ‖ *fornire la traccia di un discorso* donner le plan d'un discours **6** (*cine.*) *traccia sonora* bande sonore **7** (*costruzioni*) [*impianto sotto traccia*] installation encastrée dans le mur **8** (*arc.*) [*fila di persone*] file (*corr.*) **9** (*lett.*) → **cammino.**
traccialìnee |trattʃa'linee| *s.m. inv.* (*tecnol.*) rénette *f. var.*
tracciaménto |trattʃa'mento| *s.m.* **1** (*raro*) [→ TRACCIARE] tracement **2** (*ing. civile*) implantation *f.*
tracciànte |trat'tʃante| *agg.* traçant: *proiettile tracciante* balle traçante ◇ (*chim.*) *elemento tracciante* élément traceur.
tracciàre |trat'tʃare| *v.tr.* **1** [*lasciare un'impronta sul terreno*] tracer (2): *i cingoli dei carri armati avevano tracciato solchi profondi sull'asfalto* les chenilles des tanks avaient tracé de profonds sillons sur le goudron **2** [*progettare e disegnare sulla carta un percorso*] tracer: *tracciare una strada, un itinerario* tracer une route, un itinéraire; *tracciare la rotta di una nave, di un aereo* (*sulla carta di navigazione*) tracer la route d'un navire, d'un avion **3** [*disegnare*] tracer: *tracciare un segmento, un rettangolo* tracer, tirer un segment, un rectangle **4** (*fig.*) [*delineare per sommi capi*] faire (45) (un tableau): *tracciare il quadro obiettivo della situazione* faire un tableau objectif de la situation → **dipingere.**
tracciàto |trat'tʃato| *s.m.* [*rappresentazione grafica in progetto del percorso di una strada o di una ferrovia*] tracé: *studiare il tracciato di un'autostrada* étudier le tracé d'une autoroute ◇ [*realizzazione pratica in atto*] *una strada dal tracciato irregolare* une route au tracé irrégulier.
tracciatóio, i |trattʃa'tojo, i| *s.m.* (*tecnol.*) traçoir, traceret.
tracciatóre, trice |trattʃa'tore, tritʃe| *s.* **1** *s.* [*chi traccia*] traceur* **2** *s.m.* [*operaio specializzato nel lavoro di tracciatura*] traceur **3** *s.m.* (*mil.*) traceur.
tracciatùra |trattʃa'tura| *s.f.* **1** [→ TRACCIARE 2, 3] traçage *m.* **2** (*tecnol.*) traçage.
tràce |'tratʃe| *agg. e s.* → **tracio.**
trachèa |tra'kɛa| *s.f.* (*anat., bot., zool.*) trachée.
tracheàle |trake'ale| *agg.* trachéal*.
trachèide |tra'kɛide| *s.f.* (*bot.*) trachéide.
tracheite |trake'ite| *s.f.* (*med., corr.*) trachéite.
tracheotomia |trakeoto'mia| *s.f.* (*chir.*) trachéotomie.
trachìno |tra'kino| *s.m.* (*t.zool.*) vive *f.*
trachite |tra'kite| *s.f.* (*miner.*) trachyte *m.*
tràcico |'tratʃiko| *agg.* → **tracio.**
tracimàre |tratʃi'mare| *v.intr.* (*aus.* '*avere*') (*detto di corsi d'acqua e sim.*) [*straripare*] déborder # *la piena ha fatto tracimare l'acqua dalla diga* la crue a fait passer l'eau par-dessus la digue.
tracimazióne |tratʃimat'tsjone| *s.f.* [→ TRACIMARE] débordement *m.*
tràcio, ci, cia, cie |'tratʃo, tʃi, tʃa, tʃe| *agg.* [*della Tracia*] thrace: *il cantore tracio* le chanteur thrace.
tracòlla |tra'kɔlla| *s.f.* [*larga striscia* (*di cuoio*) *che da una spalla scende sul fianco opposto, per sostenere una borsa e sim.*] bandoulière ◇ *loc. avv.* A TRACOLLA en bandoulière: *portare una borsa a tracolla* porter un sac en bandoulière ◇ (*per est.*) [*borsa a tracolla*] bandoulière.
tracollaménto |trakolla'mento| *s.m.* (*raro*) [*il tracollare*] débordement (*corr.*).
tracollàre |trakol'lare| *v.intr.* (*aus.* '*essere*') (*raro*) [*perdere l'equilibrio in modo tale da cadere o pendere da un lato*] pencher (*aus.* avoir): *la bilancia tracolla* la balance penche.
tracòllo |tra'kɔllo| *s.m.* **1** [→ TRACOLLARE] trébuchement (*raro*) **2** (*fig.*) [*caduta, crollo, rovina*] débâcle (*f.*): *un tracollo finanziario* une débâcle financière # *la sua salute ha avuto un tracollo* sa santé s'est complètement détériorée.
tracòma |tra'kɔma| *s.m.* (*med.*) trachome.
tracomatóso |trakoma'toso| *agg. e s.* (*med.*) trachomateux*.
tracotànte |trako'tante| *agg.* [*che è insolente, arrogante*] arrogant: *essere tracotante* être arrogant ✦ (*s.*) *non fare il tracotante* ne sois pas arrogant; *avere un atteggiamento tracotante* avoir une attitude arrogante.
tracotànza |trako'tantsa| *s.f.* [*presunzione, arroganza, superbia*] arrogance: *non sopporto più la tua tracotanza* je ne supporte plus ton arrogance.
tradescànzia |trades'kantsja| *s.f.* (*t.bot.*) tradescantia *m.*
trade union |treid'ju:njən| *loc. sost. f. inv.* (*ingl.*) trade-union *s.m. var.*, syndicat *s.m. var.*
tradiménto |tradi'mento| *s.m.* **1** [→ TRADIRE A 1] trahison (*f.*): *accusare di tradimento un militare* accuser un militaire de trahison # *tradimento del proprio partito, della patria* (le fait de) trahir son parti, sa patrie; *ha chiesto il divorzio per i continui tradimenti del marito* elle a demandé le divorce à cause des infidélités continuelles de son mari ◇ (*loc.*) *alto tradimento* haute trahison **2** [*inganno ai danni di qc., abusando della sua buona fede*] trahison, manque *m.* de bonne foi ◇ *loc. avv.* A TRADIMENTO [*con l'inganno e senza preavviso*] en traître*, par traîtrise: *colpire, uccidere qc. a tradimento* frapper, tuer qqn. en traître, par traîtrise # (*fig.*) *mangiare il pane a tradimento* [*senza guadagnarselo, sfruttando altri*] voler le pain qu'on mange; *fare una domanda a tradimento* [*quando uno meno se lo aspetta*] poser une question à brûle-pourpoint.
tradire |tra'dire| (197) **A** *v.tr.* **1** [*mancare a un obbligo* (*giuridico o morale*) *cui si era vincolati con un solenne impegno*] trahir; tromper: *tradire la patria, i compagni, i propri ideali* trahir sa patrie, ses amis, ses idéaux; *tradire la fiducia di qc.* trahir la confiance ‖ *tradire la moglie, il marito* tromper sa femme, son mari # *tradire la buona fede di qc.* surprendre la bonne foi de qqn. ✦ *ass.* [*commettere un tradimento*] trahir: *non ha voluto tradire* il n'a pas voulu trahir **2** [*deludere con un comportamento inadeguato*] *tradire l'attesa di qc.* décevoir (33) l'attente de qqn.; *tradire l'opinione che altri hanno di noi* trahir la confiance d'autrui **3** (*fig.*) [*abbandonare inaspettatamente*] trahir: *le forze lo hanno tradito* ses forces l'ont trahi # *la memoria comincia a tradirmi* je commence à avoir des défaillances de mémoire **4** [*falsare, travisare*] trahir: *una traduzione che tradisce il pensiero dell'autore* une traduction qui trahit la pensée de l'auteur **5** [*rivelare, rendere palese*] trahir: *tradire un segreto* trahir un secret → **svelare**; *parla con un accento che tradisce la sua origine milanese* il parle avec un accent qui trahit

son origine milanaise; *il colpo di tosse tradì la sua presenza nella stanza* sa toux trahit sa présence dans la pièce; *il suo sguardo tradiva una certa ansia* son regard trahissait une certaine anxiété **B** *v.pron. rifl.* TRADIRSI [*farsi incautamente scoprire o riconoscere*] se trahir: *è riuscito a rispondere senza tradirsi* il a réussi à répondre sans se trahir.

tradito |tra'dito| *agg.* [*ingannato, imbrogliato*] trompé: *una moglie tradita* une femme trompée; *sentirsi tradito* se sentir trompé.

traditóre, trice |tradi'tore, tritʃe| **I** *s.* [*chi tradisce*] traître*: *sei un traditore!* tu es un traître! **II** *agg.* **1** [*che tradisce*] infidèle; trompeur*: *donna traditrice* femme infidèle, qui trompe son mari ‖ *occhi traditori* [*seducenti*] des yeux trompeurs, de traîtres yeux (*lett.*) ◇ (*fam.*) *vino traditore* [*che sembra leggero, ma fa ubriacare*] vin traître **2** (*lett.*) [*malvagio, ingannevole*] trompeur* (*corr.*).

tradizionàle |tradittsjo'nale| *agg.* **1** traditionnel*: *un dolce tradizionale* un gâteau traditionnel; *costumi tradizionali di una regione* coutumes traditionnelles d'une région **2** [*che segue la tradizione*] traditionnel: *un pittore tradizionale* un peintre traditionnel ◇ [*solito, consueto*] habituel*: *ci accolse con la sua tradizionale cortesia* il nous accueillit avec sa courtoisie habituelle.

tradizionalismo |tradittsjona'lizmo| *s.m.* **1** traditionalisme **2** (*arts.*) *tradizionalismo letterario, pittorico* traditionalisme littéraire, pictural.

tradizionalista |tradittsjona'lista| *s.* traditionaliste.

tradizionalistico, ci, ca, che |tradittsjona'listiko, tʃi, ka, ke| *agg.* traditionaliste: *comportamento tradizionalistico* comportement traditionaliste.

tradizionalménte |tradittsjonal'mente| *avv.* [→ TRADIZIONALE] traditionnellement.

tradizióne |tradit'tsjone| *s.f.* **1** tradition: *tradizioni popolari* traditions populaires; *seguire, rispettare, osservare le tradizioni* suivre, respecter, observer les traditions **2** (*fam.*) [*abitudine*] tradition (*corr.*): *è (una) tradizione di famiglia* c'est une tradition de famille **3** (*dir.*) *tradizione manoscritta, consensuale* tradition manuscrite, consensuelle **4** (*relig.*) tradition.

tradótta |tra'dotta| *s.f.* (*mil.*) train *m.* militaire.

traducianésimo |tradutʃa'nezimo|, **traducianismo** |tradutʃa'nizmo| *s.m.* (*st. relig.*) traducianisme.

traducibile |tradu'tʃibile| *agg.* [→ TRADURRE A 1] traduisible: *scioglilingua difficilmente traducibile in francese* exercice de prononciation (pour délier la langue) difficilement traduisible en français ◇ (*fig.*) *un'emozione non traducibile in parole* une émotion qui ne peut pas se rendre avec des mots.

tradùrre |tra'durre| (108) **A** *v.tr.* **1** [*volgere da una lingua in un'altra*] traduire (75): *tradurre dall'italiano in francese* traduire de l'italien en français; *tradurre alla lettera* traduire à la lettre, littéralement: *tradurre liberamente, a senso* traduire librement ◇ (*fig.*) *tradurre in parole povere* [*spiegare in modo semplice e chiaro*] traduire en termes clairs; *tradurre in atto, in pratica q.c.* [*realizzare, attuare q.c.*] réaliser qqch. **2** (*lett.*) → **trasportare 3** (*bur.*) [*condurre, trasferire*] traduire: *tradurre qc. davanti al magistrato* traduire qqn. en justice # *l'imputato fu tradotto in carcere* l'accusé fut emméné en prison **B** *v.pron. intr.* TRADURSI [*risolversi; manifestarsi*] se traduire: *il suo dolore si traduceva in un mutismo cupo* sa douleur se traduisait par un mutisme profond.

traduttóre, trice |tradut'tore, tritʃe| *s.* **1** *s.* traducteur*: *è un buon traduttore* c'est un bon traducteur **2** *s.m.* texte avec traduction en regard, juxtaposée.

traduzióne |tradut'tsjone| *s.f.* **1** [→ TRADURRE A 1] *traduzione letterale, a senso* traduction littérale, libre; *traduzione dal latino* traduction du latin # *traduzione in francese, in tedesco* thème en français, en allemand **2** *traduzione simultanea* traduction simultanée **3** (*bur.*) transfert (*m.*): *la traduzione del prigioniero* le transfert du prisonnier.

traènte |tra'ɛnte| **1** *agg.* [*che esercita una trazione*] tractif*: (*fune*) *traente* câble tractif **2** *s.m.* (*dir., econ.*) émetteur* *s.*, souscripteur* *s.*, tireur.

traènza |tra'ɛntsa| *s.f.* (*dir., econ.*) tirage *m.*

trafelàto |trafe'lato| *agg.* [*ansante, affannato*] essoufflé, *hors d'haleine (*loc. inv.*): *arrivò tutto trafelato* il arriva tout essoufflé, hors d'haleine.

trafèrro |tra'fɛrro| *s.m.* (*elettr.*) entrefer.

trafficànte |traffi'kante| *s.* (*spreg.*) [*mercante*] trafiquant: *trafficante di droga* trafiquant de drogue ◇ (*fig., spreg.*) [*chi si dà da fare senza scrupolo o in modo poco chiaro*] *quell'uomo è un gran trafficante* cet homme est un grand trafiquant.

trafficàre |traffi'kare| **A** *v.intr.* (*aus.* '*avere*') **1** [*commerciare* (*in*)] avoir (28) *tr.* un commerce: *trafficare in articoli vari, in legname, in pelli* avoir un commerçe d'articles variés, de bois, de peaux ◇ (*spreg.*) [*esercitare un traffico illecito*] trafiquer (*tr.*): *trafficare in stupefacenti* trafiquer de la drogue **2** (*fam.*) [*affaccendarsi, darsi da fare*] *trafficare per casa* bricoler à la maison (chez soi); *sta trafficando intorno ai fornelli* elle s'affaire devant ses fourneaux (son fourneau) **B** *v.tr.* **1** (*spreg.*) [*vendere*] trafiquer: *trafficare voti* trafiquer des votes **2** (*fam.*) [*combinare*] fabriquer (*fam.*): *che cosa stai trafficando?* qu'est-ce-que tu fabriques?

traffichino |traffi'kino| *s.* (*fam.*) [*chi si dà da fare in modo poco scrupoloso per ottenere incarichi*] trafiqueur* → **trafficone** ◇ (*spreg.*) [*commerciante*] trafiqueur, trafiquant.

tràffico, ci |'traffiko, tʃi| *s.m.* **1** trafic: *traffico marittimo, aereo, ferroviario* trafic maritime, aérien, ferroviaire # *traffico stradale* circulation ✦ (*ass.*) *strada chiusa al traffico* rue interdite à la circulation (des véhicules) **2** [→ TRAFFICARE A 1] trafic: *il traffico degli stupefacenti* le trafic des stupéfiants ◇ *loc.* FAR TRAFFICO DI (Q.C.) [*far mercato di (q.c.)*] trafiquer (*v.tr.*): *far traffico di voti, di indulgenze* trafiquer des votes, des indulgences **3** (*fin.*) trafic.

trafficóne |traffi'kone| *s.* [*chi si dà da fare con mezzi anche illeciti per conseguire un'utilità personale*] trafiqueur* → **traffichino.**

trafìggere |tra'fiddʒere| *v.tr.* (110) [*trapassare*] transpercer (2): *trafiggere con la spada* transpercer par l'épée ◇ (*fig.*) [*ferire, addolorare*] frapper: *quelle parole le trafissero l'animo* ces paroles frappèrent fortement son esprit.

trafiggiménto |trafiddʒi'mento| *s.m.* (*raro*) → **trafittura.**

trafìla |tra'fila| *s.f.* **1** [*complesso di prove, operazioni che si devono superare per raggiungere un determinato scopo*] filière: *la trafila burocratica* la filière bureaucratique; *sono dovuta passare attraverso tutta la normale trafila* j'ai dû passer par toute la filière normale **2** (*mecc.*) filière, étireuse.

trafilàre |trafi'lare| *v.tr.* (*tecnol.*) [*ridurre in fili*] tréfiler, étirer.

trafilàto |trafi'lato| *s.m.* (*tess.*) tréfilé.

trafilatóre |trafila'tore| *s.m.* [*operaio che lavora alla trafila*] tréfileur.

trafilatrice |trafila'tritʃe| *s.f.* (*tecnol.*) tréfileuse, étireuse.

trafilatùra |trafila'tura| *s.f.* (*tecnol.*) tréfilage *m.*

trafileria |trafile'ria| *s.f.* tréfilerie.

trafilétto |trafi'letto| *s.m.* (*giorn.*) entrefilet.

trafìtta |tra'fitta| *s.f.* **1** [*ferita da arma da taglio*] blessure → **trafittura 2** [*fitta, trafittura*] enlacement *m.* → **fitta.**

trafìtto |tra'fitto| *agg.* (*fig.*) [*ferito, addolorato*] transpercé # *avere il cuore trafitto* avoir le cœur brisé.

trafittùra |trafit'tura| *s.f.* **1** [→ TRAFIGGERE] blessure: *dalle due trafitture usciva sangue* du sang sortait des deux blessures **2** [*puntura, fitta*] élancement *m.* ◇ (*fig.*) *sentire una trafittura al cuore* éprouver, ressentir un coup au cœur.

traforaménto |trafora'mento| *s.m.* [→ TRAFORARE] percement ◇ (*di carta, cuoio*) perforation *f.* ◇ (*di tessuto*) jour, ajour.

traforàre |trafo'rare| *v.tr.* **1** [*passare da parte a parte*] percer (2): *traforare una montagna, una parete* percer une montagne, un mur; *se vuoi portare quegli orecchini, devi farti traforare le orecchie* il faut te faire percer les oreilles si tu veux porter ces boucles ◇ (*per est.*) *traforare il terreno* [*trivellarlo*] creuser le sol, la terre **2** [*eseguire un traforo su metallo, legno, stoffa, cuoio*] ajourer.

traforàto |trafo'rato| *agg.* **1** [*passato da parte a parte*] percé **2** [*lavorato a traforo*] ajouré; chantourné: *una camicetta traforata* un chemisier ajouré ‖ *un mobile traforato* un meuble chantourné.

traforatóre, trice |trafora'tore, tritʃe| *s.m. e agg.* (*raro*) [*chi, che trafora*] perceur* *s.* (*corr.*).

traforatrice |trafora'tritʃe| *s.f.* (*tecnol.*) perceuse.

traforazióne |traforat'tsjone| *s.f.* → **traforamento.**

trafóro |tra'foro| *s.m.* **1** [→ TRAFORARE 1] percement **2** [*galleria*] tunnel: *il traforo del Fréjus* le tunnel du Fréjus **3** [*intaglio decorativo a giorno su stoffa, legno, metallo*] ajour, découpage ◇ [*strumento per il lavoro di traforo su legno*] scie *f.* à chantourner: *gli alunni lavo-*

ravano col traforo les élèves travaillent avec la scie à chantourner.
trafugaménto |trafuga'mento| *s.m.* [→ TRAFUGARE] soustraction (*f.*): *trafugamento di documenti riservati* disparition, soustraction de documents réservés.
trafugàre |trafu'gare| *v.tr.* [*portare via di nascosto, illecitamente*] enlever (6); soustraire (62): *hanno trafugato la salma nottetempo* ils ont enlevé le corps pendant la nuit.
tragèdia |tra'dʒɛdja| *s.f.* **1** (*st. letter.*) tragédie: *le tragedie greche, latine* les tragédies grecques, latines **2** (*fig.*) [*avvenimento tragico*] tragédie: *la scomparsa del figlio è stata una tragedia per lui* la disparition du fils a été une tragédie pour lui ◇ (*in usi iperb.*) [*esagerare la gravità di q.c.*] drame *m.*, monde *m.*, tragédie: *ne ha fatto una tragedia* il en a fait un drame.
tragediànte |tradʒe'djante| *s.* **1** (*raro, spreg.*) auteur *m.* tragique **2** (*raro*) [*attore tragico*] tragédien* (*corr.*) **3** (*fig.*) personne *f.* qui prend tout au tragique.
tragediògrafo |tradʒe'djɔgrafo| *s.m.* [*scrittore di tragedie*] (auteur) tragique: *i grandi tragediografi greci* les grands tragiques grecs.
traghettaménto |tragetta'mento| *s.m.* [→ TRAGHETTARE] passage.
traghettàre |traget'tare| *v.tr.* **1** [*trasportare da una riva all'altra mediante natanti*] faire passer: *traghettare merci, persone* passer de la marchandise, faire passer des personnes **2** (*raro*) [*attraversare (in barca) un corso d'acqua*] traverser (*corr.*): *traghettare il Po* traverser le Pô.
traghettatóre |tragetta'tore| *s.m.* [*chi traghetta*] passeur.
traghétto |tra'getto| *s.m.* **1** [→ TRAGHETTARE] passage, traversée (*f.*): *temo di sentirmi male durante il traghetto* j'ai peur d'être malade durant le passage, la traversée **2** [*mezzo che serve per traghettare*] bac: *salire con l'automobile sul traghetto* monter avec la voiture sur le bac ✦ (*agg. inv.*) *nave-traghetto* ferry-boat *s.m.*
tragicaménte |tradʒika'mente| *avv.* [→ TRAGICO 2] tragiquement.
tragicità |tradʒitʃi'ta| *s.f. inv.* **1** [*carattere tragico di un'opera lett., figurativa*] tragique (*m. var.*): *scena di intensa tragicità* scène d'un tragique intense **2** (*fig.*) [*gravità eccezionale*] tragique: *a nessuno sfugge la tragicità della situazione* le tragique de la situation n'échappe à personne.
tràgico, ci, ca, che |'tradʒiko, tʃi, ka, ke| *agg.* **1** [*della tragedia*] tragique: *stile tragico* style tragique; *un autore, un attore tragico* un auteur, un acteur tragique **2** (*fig.*) [*che ispira una intensa emozione, per il suo carattere doloroso, violento*] tragique: *momento tragico* moment tragique; *fare una tragica fine* avoir une fin tragique ✦ (*s.m.*) *il tragico è che non c'è altra via d'uscita* le pire c'est qu'il n'y a pas d'autre issue ◇ (*loc.*) *prendere q.c. sul tragico* prendre qqch. au tragique ~ *fare il tragico* faire le tragique.
tragicòmico, ci, ca, che |tra-dʒi'kɔmiko, tʃi, ka, ke| *agg.* tragi-comique ◇ (*fig.*) *trovarsi in una situazione tragicomica* se trouver dans une situation tragi-comique.
tragicommèdia |tradʒikom'mɛdja| *s.f.* tragi-comédie ◇ (*fig.*) *è una tragicommedia* c'est une tragi-comédie.
tragittàre |tradʒit'tare| *v.tr.* (*raro, lett.*) → **traghettare.**
tragitto |tra'dʒitto| *s.m.* **1** [*viaggio*] voyage, trajet: *lungo il tragitto da Roma a Milano* durant le voyage, le trajet de Rome à Milan; *un tragitto di un'ora* un voyage d'une heure ◇ [*percorso*] *da qui al mare il tragitto non è lungo* d'ici à la mer le trajet n'est pas long ◇ [*strada*] *qual è il tragitto più breve?* quelle est la route la plus courte? **2** (*arc.*) → **traghetto.**
tràgo, ghi |'trago, gi| *s.m.* (*anat.*) tragus.
traguardàre |tragwar'dare| *v.tr.* **1** (*tecnol.*) [*guardare attraverso un traguardo*] regarder à travers une alidade **2** (*raro*) [*guardare di sottecchi*] regarder du coin de l'œil.
traguàrdo |tra'gwardo| *s.m.* **1** (*sport*) ligne *f.* d'arrivée: *tagliare il traguardo* franchir la ligne d'arrivée # *è giunto ultimo al traguardo* il est arrivé dernier ◇ (*ippica*) poteau ◇ (*fig.*) [*punto d'arrivo*] objectif, but: *il traguardo della piena occupazione* le plein emploi, comme objectif; *aveva come traguardo la laurea* son objectif était de passer sa licence; *proporsi un traguardo ambizioso* se proposer un but ambitieux **2** (*ott.*) alidade *f.* **3** (*mil.*) appareil de pointage.
traiettòria |trajet'tɔrja| *s.f.* trajectoire: *traiettoria di un proiettile* trajectoire d'un projectile.
tràina |'traina| *s.f.* **1** câble *m.* de remorque **2** *pesca a traina* pêche à la traîne **3** (*veter.*) aubin *m.*
trainàbile |trai'nabile| *agg.* [→ TRAINARE] tractable.
trainàre |trai'nare| *v.tr.* [*trascinare (un carico); rimorchiare*] traîner, tirer; remorquer, tracter: *trainare un peso* traîner, tirer un poids ‖ *trainare un'auto in panne* remorquer, tracter une voiture en panne ◇ (*in usi iperb., fig.*) tirer: *non farti trainare, cammina!* ne te fais pas tirer, marche!
trainer |'treinə| *s.m. inv.* (*ingl.*) [*allenatore*] entraîneur *var.*
tràino |'traino| *s.m.* **1** [→ TRAINARE] traction (*f.*): *traino animale, meccanico* traction animale, mécanique **2** [*veicolo munito di pattini*] traîneau ◇ [*il carico trainato*] charge (*f.*): *un traino di grano* une charge de blé ◇ [*il veicolo rimorchiato*] remorque *f.* **3** → **traina.**
'trait d'union' |trɛdynjɔ̃| *loc. sost. m. inv.* **1** trait *var.* d'union **2** (*fig.*) *è stata il 'trait d'union' tra loro due* elle a servi de trait d'union entre eux deux.
tralasciàre |tralaʃ'ʃare| *v.tr.* **1** [*interrompere, abbandonare a metà*] abandonner: *tralasciare gli studi* abandonner ses études **2** [*omettere (di dire, di fare)*] négliger (3): *ha tralasciato i particolari più interessanti* il a négligé les détails les plus intéressants # *non ho mai tralasciato di andarlo a trovare* je n'ai jamais manqué d'aller le voir.
tràlcio, i |'traltʃo, i| *s.m.* (*bot.*) sarment: *i tralci della vite, dell'edera* les sarments de la vigne, du lierre.
tralìccio, i |tra'littʃo, i| *s.m.* **1** [*tela robusta per fodere e sacchi*] coutil **2** (*edil.*) treillis ◇ [*struttura per porte e finestre*] grillage # *traliccio di legno* treillage en bois; *traliccio di metallo* treillis métallique **3** [*un traliccio della linea elettrica ad alta tensione*] pylône **4** [*specie di reticolato formato da aste metalliche*] treillage.
tralice |tra'litʃe| *s.m.* (*nella loc. avv.*) IN TRALICE [*di traverso*] en, de biais: *tagliare una stoffa in tralice* tailler un tissu en biais ◇ (*fig.*) *guardare qc. in tralice* regarder qqn. de biais.
tralignaménto |traliɲɲa'mento| *s.m.* [→ TRALIGNARE] dégénération *f.*
tralignàre |traliɲ'ɲare| *v.intr.* (*aus. 'avere', raro 'essere'*) **1** [*discostarsi dai principi morali della famiglia*] dégénérer (8) (*aus.* avoir) **2** (*raro*) (*di piante*) [*inselvatichire*] redevenir (27) (*aus.* être) sauvage (*corr.*).
trallallà |trallal'la|, **trallallèra** |trallal'lɛra| *inter.* (*onomat.*) tralala.
tralùcere |tra'lutʃere| *v.intr.* (*dif. del p.p.*) **1** (*della luce*) [*brillare attraverso corpi trasparenti e riflettendosi su corpi lucidi*] briller **2** (*fig.*) (*di sentimenti*) [*trasparire*] briller: *la gioia le traluceva dagli occhi* la joie brillait dans ses yeux.
tram |tram| *s.m. inv.* tram (*var.*): *prendo il tram alla fermata sotto casa* je prends le tram à l'arrêt devant chez moi.
tràma |'trama| *s.f.* **1** [*filo intrecciato con l'ordito*] trame **2** (*fig.*) [*macchinazione, intrigo*] complot (*m.*): *sventare una trama ai danni di qc.* découvrir un complot contre qqn. ◇ (*spec.*) *le trame nere* [*fasciste*] *eversive* les complots fascistes, destructifs **3** [*intreccio (di un romanzo)*] intrigue: *una trama avvincente* une intrigue charmante; *qual è la trama del film?* quelle est l'intrigue du film?
tramàglio, i |tra'maʎʎo, i| *s.m.* (*mar.*) tramail, trémail.
tramagnino |tramaɲ'ɲino| *s.m.* (*teat.*) mime.
tramandàre |traman'dare| *v.tr.* [*trasmettere alla posterità (un bene morale o materiale)*] transmettre (71): *tramandare la propria eredità spirituale* transmettre son héritage spirituel ✦ (*al p.p.*) *un segreto di fabbricazione tramandato di padre in figlio* un secret de fabrication transmis de père en fils.
tramàre |tra'mare| *v.tr.* **1** [*tessere la trama con l'ordito*] tramer **2** [*ordire inganni*] tramer, comploter, ourdir: *tramare inganni alle spalle di qc.* tramer, comploter, ourdir dans le dos de qqn. ✦ (*ass.*) *tramare nell'ombra* comploter dans l'ombre.
tramatóre, trice |trama'tore, tritʃe| *s.* [*chi trama*] trameur*.
trambùsto |tram'busto| *s.m.* [*movimento confuso e rumoroso di cose e persone*] remue-ménage *inv.*; tohu-bohu: *non possiamo discutere con tutto questo trambusto* on ne peut pas discuter avec tout ce remue-ménage ‖ *a quest'ora, per strada, c'è un gran trambusto* à cette heure, dans les rues, il y a un grand tohu-bohu.
tramenio, ii |trame'nio, ii| *s.m.* **1** → **trambusto** **2** [*rumore di oggetti spostati*] bruit: *un tramenio di mobili* un bruit de meubles déplacés.
tramestàre |trames'tare| *v.tr. e intr.* (*aus. 'avere'*) → **rovistare.**
tramestio, ii |trames'tio, ii| *s.m.* [*spostamento rumoroso e confuso di persone, cose; il rumore che ne deriva*] remue-ménage (*inv.*): *nella stanza accanto c'è un gran tramestio* dans la pièce

à côté il y a un grand remue-ménage.
tramèzza |tra'mɛddza| *s.f.* **1** (*calz.*) trépointe **2** → 1 **tramezzo.**
tramezzàre |tramed'dzare| *v.tr.* **1** → **frammezzare** **2** [*dividere con un tramezzo*] cloisonner: *tramezzare una stanza con un assito* cloisonner une pièce (avec une cloison de planches).
tramezzatùra |trameddza'tura| *s.f.* (*edil.*) cloisonnage *m.*, cloisonnement *m.*
tramezzìno |tramed'dzino| *s.m.* **1** [*coppia di fette di pane imbottite tagliate obliquamente*] sandwich **2** (*per anal.*) homme-sandwich: *dei tramezzini* des hommes-sandwiches.
1 **tramèzzo** |tra'mɛddzo| *s.m.* [*parete divisoria*] cloison (*f.*): *una stanza divisa da un tramezzo* une pièce divisée par une cloison.
2 **tramèzzo** |tra'mɛddzo| *avv.* → **frammezzo.**
tràmite |'tramite| *s.m.* **1** (*lett.*) [*sentiero, passaggio*] liaison *f.* (*corr.*): *è il tramite tra l'Europa e l'Africa* c'est la liaison entre l'Europe et l'Afrique ◇ (*loc.*) *fare da tramite a qc.* servir d'intermédiaire à qqn. **2** *loc. fig.* (PER IL) TRAMITE (DI) [*per mezzo di*] par *prep.*; par l'intermédiaire (de): (*per il*) *tramite* (*della*) *radio* par la radio ‖ *per tramite mio, tuo, suo...* par mon, ton, son intermédiaire, truchement; *gliel'ho fatto sapere tramite un amico comune* je le lui ai fait savoir par l'intermédiaire d'un ami commun.
tramòggia, ge |tra'mɔddʒa, dʒe| *s.f.* **1** (*tecnol.*) *tramoggia di frantoio, di mulino* trémie d'un broyeur, de moulin **2** (*mar. mil.*) *tramoggia lanciatorpedini* trémie lance-torpilles.
tramontàna |tramon'tana| *s.f.* tramontane ◇ (*loc. fig.*) *perdere la tramontana* perdre le nord.
tramontàre |tramon'tare| *v.intr.* (*aus.* 'essere') **1** (*di astri*) [*calare sotto la linea dell'orizzonte*] se coucher (*pron.*): *in inverno il sole tramonta presto* en hiver le soleil se couche tôt ✦ (*s.m. sing.*) *il tramontare del sole* le coucher *var.* du soleil **2** (*fig.*) [*svanire, venir meno; finire*] passer (*aus.* avoir, être): *questa moda non tramonterà presto* cette mode ne passera jamais # *ogni speranza era ormai tramontata* tout espoir était (désormais) perdu.
tramontàto |tramon'tato| *agg.* [*non più di moda*] passé; démodé: *una moda tramontata* une mode passée; *abitudini tramontate* habitudes démodées # *speranze tramontate* espoirs perdus.
tramónto |tra'monto| *s.m.* **1** [*il tramontare di astri*] coucher de soleil: *che bel tramonto!* quel beau coucher de soleil! # *dall'alba al tramonto* du matin au soir **2** (*fig.*) [*fine, declino*] déclin: *il tramonto di un mito, di una civiltà* le déclin d'un mythe, d'une civilisation; *quando la vita giunge al tramonto* quand la vie arrive à son déclin; *la sua bellezza era ormai al tramonto* sa beauté était sur le déclin ◇ (*loc.*) *essere sul viale del tramonto* être sur la voie du déclin.
tramortiménto |tramorti'mento| *s.m.* (*raro*) [*l'essere tramortito*] évanouissement (*corr.*).
tramortìre |tramor'tire| (197) **A** *v.tr.* [*stordire con un colpo violento*] assommer: *lo tramortirono con un pugno* ils l'assommèrent d'un coup de poing **B** *v.intr.* (*aus.* 'essere') [*perdere i sensi*] s'évanouir (*pron.*): *a quella notizia, tramortì* à cette nouvelle, il s'évanouit.
tramortìto |tramor'tito| *agg.* **1** [*stordito da un colpo violento*] assommé (*p.p.*): *lo abbandonarono tramortito per strada* ils l'abandonnèrent assommé dans la rue **2** [*svenuto, intontito*] évanoui: *restò tramortito* il resta évanoui, sans connaissance.
trampolière |trampo'ljɛre| *s.m.* (*t. zool.*) échassier.
Trampolièri |trampo'ljɛri| *s.m. pl.* (*t.zool.*) Échassiers.
trampolìno |trampo'lino| *s.m.* **1** (*sport*) tremplin: *il campione si tuffò dal trampolino* le champion plongea du tremplin **2** (*fig.*) [*mezzo per giungere a uno scopo*] tremplin: *quel matrimonio le servì come trampolino di lancio* ce mariage fut pour elle un tremplin.
tràmpolo |'trampolo| *s.m.* **1** [*lungo bastone con un punto d'appoggio per il piede*] échasse (*f.*): *camminare sui trampoli* marcher avec les échasses; (*iron.*) *porta scarpe con tacchi alti come trampoli* elle porte des chaussures avec des talons hauts comme des échasses ◇ (*loc. fig.*) *reggersi, stare sui trampoli* être monté, perché sur des échasses ~ *ragionamento che sta sui trampoli* [*privo di logicità*] raisonnement qui cloche **2** (*agr.*) araire.
tram tram, tramtràm |tram'-tram| *s.m. inv.* → **tran tran.**
tramutaménto |tramuta'mento| *s.m.* **1** [→ TRAMUTARE A 1] déplacement **2** [*trasferimento*] déplacement **3** [*travaso*] transvasement.
tramutàre |tramu'tare| **A** *v.tr.* **1** [*trasferire di sede*] déplacer (2): *tramutare un impiegato* déplacer un employé **2** [*travasare*] transvaser: *tramutare il vino* transvaser le vin **3** [*trapiantare*] transplanter **4** [*cambiare*] transformer, changer (3): *tramutò il suo amore in odio* il transforma, il changea son amour en haine **5** (*lett.*) [*far cambiare natura, aspetto*] métamorphoser, changer (*corr.*): *il gigante fu tramutato in topo* le géant fut métamorphosé en rat → **trasformare** **B** *v.pron.* TRAMUTARSI **1** *rifl.* [→ *tr.* 5] se métamorphoser: *la ninfa si tramutò in pianta* la nymphe se métamorphosa en plante, fut changée en plante **2** *intr.* [*diventare*] devenir (27) (*intr.*): *il vino si è tramutato in aceto* le vin est devenu vinaigre.
tramutazióne |tramutat'tsjone| *s.f.* → **tramutamento.**
tramvài |tran'vai| *s.m. inv.* → **tram.**
tramvìa |tram'via| *s.f.* → **tranvia.**
trance |tra:ns| *s.f. inv.* (*ingl.*) **1** (*parapsicologia*) transe (*var.*): *il medium era caduto in trance* le médium était entré en transe **2** (*fam.*) [*estasi*] transe (*corr.*), extase (*corr.*): *Bach lo fa cadere in trance* Bach le fait entrer en transe; *è caduto in trance* il est (tombé) en extase.
trància, ce |'trantʃa, tʃe| *s.f.* **1** [*cesoia*] cisaille # *trancia meccanica* tranҫonneuse **2** [*fetta*] tranche.
tranciàre |tran'tʃare| *v.tr.* **1** [*tagliare con la trancia*] trancher **2** [*tagliare a fette*] couper en morceaux # *tranciare il pesce* découper le poisson.
tranciatóre |trantʃa'tore| *s.m.* [*operaio addetto alla trancia* (1)] cisailleur.
tranciatrìce |trantʃa'tritʃe| *s.f.* (*tecnol.*) cisaille.
tranciatùra |trantʃa'tura| *s.f.* (*mecc.*) cisaillement *m.* ◇ (*tecnol.*) tranchage *m.*
tràncio, i |'trantʃo, i| *s.m.* → **fetta.**
tranèllo |tra'nɛllo| *s.m.* [*insidia tesa ai danni di qc.*] piège: *attirò la vittima in un tranello* il attira sa victime dans un piège; *cadde nel tranello* il tomba dans le piège ◇ (*per est.*) [*difficoltà nascosta che può trarre in inganno*] embûches *f. pl.*, piège: *la traduzione era piena di tranelli* la traduction était pleine d'embûches, de pièges ✦ (*in funzione di agg. inv.*) *domanda tranello* question piège.
trangugiaménto |trangudʒa'-mento| *s.m.* (*raro*) [→ TRANGUGIARE] avalement.
trangugiàre |trangu'dʒare| *v.tr.* [*inghiottire* (*un cibo*) *senza sentirne il sapore*] engloutir, ingurgiter: *trangugiò la colazione e corse via* il engloutit son déjeuner à toute vitesse et il partit; *trangugiò con una smorfia la medicina* il ingurgita avec une grimace son médicament ◇ (*loc. fig.*) *trangugiare bocconi amari, rospi* [*dover subire umiliazioni, dispiaceri*] avaler des couleuvres ~ *trangugiare la bile, l'ira* [*soffocarle*] étouffer sa colère.
trànne |'tranne| *prep.* [*eccetto, fatta eccezione di*] sauf, excepté: *erano tutti in orario tranne* (*che*) *te* tout le monde était à l'heure sauf, excepté toi; *viene ogni giorno, tranne* (*che*) *il giovedì* il vient tous les jours, sauf le jeudi; *ha fatto di tutto tranne* (*che*) *lavorare* il a tout fait sauf travailler → **eccetto** ◇ *loc.* TRANNE CHE (+ *congv.*) [*a meno che*] à moins que (+ *congv.*): *verrò di certo, tranne che non sorgano difficoltà impreviste* je viendrai sûrement, à moins que des difficultés imprévues ne surgissent.
tranquillaménte |trankwilla'-mente| *avv.* [→ TRANQUILLO] tranquillement.
tranquillànte |trankwil'lante| **1** *agg.* [*che tranquillizza*] tranquillisant, rassurant: *è una notizia tranquillante* c'est une nouvelle tranquillisante, rassurante **2** *s.m.* (*farm.*) tranquillisant: *non abusare di tranquillanti!* n'abuse pas des tranquillisants!
tranquillàre |trankwil'lare| *v.tr.* → **tranquillizzare.**
tranquillità |trankwilli'ta| *s.f. inv.* calme *m. var.*; tranquillité (*var.*): *la tranquillità dell'aria, del mare* le calme de l'eau, de la mer ‖ *tranquillità d'animo* tranquillité d'esprit; *dopo anni difficili hanno raggiunto una certa tranquillità economica* après des années difficiles ils sont arrivés à une certaine tranquillité économique ◇ *loc.* CON (IN) TUTTA TRANQUILLITÀ en toute tranquillité: *possiamo parlarne con tutta tranquillità* nous pouvons parler en toute tranquillité; *puoi finire in tutta tranquillità* tu peux finir en toute tranquillité . # *in tutta tranquillità, ti posso dire che ce la farai* je peux te dire en toute certitude que tu y arriveras.
tranquillizzànte |trankwillid'-dzante| *agg.* tranquillisant.
tranquillizzàre |trankwillid'dzare| **A** *v.tr.* [*rassicurare*; *rendere tranquil-*

lo] tranquilliser: *le tue parole mi hanno tranquillizzata* tes paroles m'ont tranquillisée; *tranquillizzati!* tranquillise-toi! **B** *v.pron. intr.* TRANQUILLIZZARSI [→ *tr.*] se tranquilliser: *si è finalmente tranquillizzato* il s'est finalement tranquillisé.

tranquillo |tran'kwillo| *agg.* **1** tranquille: *un quartiere tranquillo* un quartier tranquille, calme; *conosco un posticino tranquillo* je connais un petit coin tranquille ◇ [*calmo, regolare*] *sonno tranquillo* sommeil tranquille; *usa sempre un tono tranquillo e misurato* il parle toujours d'un ton tranquille et mesuré **2** (*persone*) [*di indole pacifica*] tranquille: *è un ragazzo tranquillo* c'est un garçon tranquille; *abbiamo vicini tranquilli* nous avons des voisins tranquilles; *ma, bambini, state un po' tranquilli!* les enfants, restez un peu tranquilles! **3** [*libero da timori, da inquietudine*] tranquille: *ho la coscienza tranquilla* j'ai la conscience tranquille # *stia tranquillo, andrà tutto bene* ne vous inquiétez pas, tout ira bien ◇ (*loc.*) *dormire sonni tranquilli* [*non avere niente di cui preoccuparsi*] dormir sur ses deux oreilles.

tra(n)s- |tra(n)s| *pref.* (*significa 'al di là di', corrisponde gener. a*) trans: *transalpino* transalpin; *trasformazione* transformation.

transaharianò |transaa'rjano| *agg.* transsaharien*.

transalpino |transal'pino| *agg.* transalpin: *la Gallia transalpina* la Gaule transalpine.

transandino |transan'dino| *agg.* transandin: *ferrovia transandina* chemin de fer transandin.

transappenninico, ci, ca, che |transappen'niniko, tʃi, ka, ke| *agg.* des transapennins *loc. inv.*

transàre |tran'sare| *v.tr. e intr.* (*aus. 'avere'*) → **transigere.**

transatlàntico, ci, ca, che |transa'tlantiko, tʃi, ka, ke| **I** *agg.* transatlantique: *volo transatlantico* vol transatlantique **II** *s.m.* **1** (*mar.*) transatlantique **2** [*sala del palazzo di Montecitorio dove i deputati sostano a conversare*] salle *f.* des pas perdus.

transattivo |transat'tivo| *agg.* (*dir.*) transactionnel*.

transàtto |tran'satto| *s.m.* → **transazione** 1.

transazióne |transat'tsjone| *s.f.* **1** (*dir.*) transaction ◇ (*loc. fig.*) *venire a una transazione con qc.* arriver à un compromis avec qqn.; *venire a una transazione con la propria coscienza* [*scendere a un compromesso*] transiger avec sa conscience **2** (*econ.*) transaction.

transcaspiàno |transkas'pjano| *agg.* transcaspien*.

transcaucàsico, ci, ca, che |transkau'kaziko, tʃi, ka, ke| *agg.* transcaucasien*.

transcodificàre |transkodifi'kare| *v.tr.* (*informatica*) [*effettuare una transcodificazione*] transcoder.

transcodificazióne |transkodifikat'tsjone| *s.f.* (*informatica*) transcodage *m.*

transconduttànza |transkondut'tantsa| *s.f.* (*elettr., fis.*) conductance mutuelle.

transcontinentàle |transkontinen'tale| *agg.* transcontinental*.

transdanubiàno |tranzdanu'bjano| *agg.* transdanubien*.

transduttóre |transdut'tore| *s.m.* (*tecnol.*) transducteur.

transduzióne |transdut'tsjone| *s.f.* (*biol.*) transduction.

transeat |'transeat| *inter.* (*lat.*) (*esprime 'concessione'*) [*e sia!, lasciamo correre*] passons: *per questa volta, transeat* passons pour cette fois.

transènna |tran'sɛnna| *s.f.* **1** (*arch.*) transenne **2** [*struttura smontabile che chiude un passaggio*] barrière: *sbarrare con transenne l'accesso ad una strada* barrer (avec une barrière) l'accès de la rue.

transètto |tran'sɛ(e)tto| *s.m.* (*arch.*) transept.

transeùnte |transe'unte| *agg.* (*lett.*) [*effimero, provvisorio*] passager* (*corr.*): *la giovinezza è un bene transeunte* la jeunesse est un bien passager.

trànsfert |'transfert| *s.m. inv.* **1** (*econ.*) transfert *var.* **2** (*psicol.*) transfert.

transfinito |transfi'nito| *agg.* (*mat.*) transfini: *numeri transfiniti* nombres transfinis.

transfràstico, ci, ca, che |trans'frastiko, tʃi, ka, ke| *agg.* (*ling.*) transphrastique.

trànsfuga, ghi |'transfuga, gi| *s.* (*lett.*) transfuge (*corr.*).

transiberiàno |transibe'rjano| *agg.* transsibérien*.

transigènte |transi'dʒɛnte| *agg.* (*raro*) [*accomodante*] accomodant (*corr.*) **C** **intransigente.**

transigere |tran'sidʒere| (141) **A** *v.tr.* [*giungere a una transazione*] transiger (3) *intr.*, trouver un compromis: *transigere una lite* trouver un compromis **B** *v.intr.* (*aus. 'avere'*) [*giungere a un compromesso*] transiger: *su questo non transigo* là-dessus, je ne transige pas; *non hanno mai transatto con la propria coscienza* ils n'ont jamais transigé avec leur conscience.

transilvànico, ci, ca, che |transil'vaniko, tʃi, ka, ke| *agg.* transylvain.

transilvàno |transil'vano| *agg.* [*della Transilvania*] transylvanien*.

transistor |tran'sistor| *s.m. inv.*, **transistóre** |transis'tore| *s.m.* **1** (*fis.*) transistor *var.* **2** (*radio a*) *transistor* transistor.

transistorizzàre |transistorid'dzare| *v.tr.* [*realizzare* (*apparecchiature*) *mediante transistori*] équiper de transistors, transistoriser (*raro*).

transistorizzàto |transistorid'dzato| *agg.* transistorisé.

transistorizzazióne |transistoriddzat'tsjone| *s.f.* (*tecnol.*) équipement *m.* avec des transistors, transistorisation (*raro*).

transitàbile |transi'tabile| *agg.* [→ TRANSITARE] praticable # *valico transitabile* col ouvert; *strada non transitabile* route barrée.

transitabilità |transitabili'ta| *s.f. inv.* [*stato di ciò che è transitabile*] viabilité *var.*, praticabilité (*var.*): *la transitabilità di una strada* la viabilité, la praticabilité d'une route # *bollettino della transitabilità delle strade* l'état des routes.

transitàre |transi'tare| *v.intr.* (*aus. 'essere'*) [*passare per un luogo; essere di passaggio*] emprunter *tr.*; passer par: *per l'autostrada transitano giornalmente migliaia di veicoli* chaque jour, des milliers de voitures empruntent l'autoroute ‖ *se transitiamo da Milano, passeremo a trovarli* si nous passons par Milan, nous irons les voir.

transitàrio, i |transi'tarjo, i| *agg.* (*comm.*) transitaire.

transitivaménte |transitiva'mente| *avv.* [→ TRANSITIVO] transitivement.

transitività |transitivi'ta| *s.f. inv.* (*gram., mat.*) transitivité *var.*

transitivo |transi'tivo| *agg.* (*gram., mat.*) transitif*.

trànsito |'transito| *s.m.* **1** [*passaggio* (*di veicoli, persone*) *per un luogo*] passage: *divieto di transito* passage interdit # *valico aperto al transito* col ouvert (à la circulation) ◇ *loc. avv.* IN TRANSITO en transit: *passeggeri, merci in transito* passagers, marchandises en transit ~ *stazione di transito* gare de transit **2** (*comm.*) acquit-à-caution # *commercio di transito* commerce de transit.

transitoriaménte |transitorja'mente| *avv.* [→ TRANSITORIO] transitoirement (*raro*).

transitorietà |transitorje'ta| *s.f. inv.* caractère *m. var.* transitoire: *la transitorietà di una situazione, di un provvedimento* le caractère transitoire d'une situation, d'une disposition.

transitòrio, i |transi'tɔrjo, i| *agg.* transitoire: *situazione transitoria* situation transitoire; *provvedimenti transitori* dispositions transitoires.

transizióne |transit'tsjone| *s.f.* transition: *siamo in un periodo di transizione* nous sommes dans une période de transition; *si ebbe un governo di transizione* on eut un gouvernement de transition ◇ (*fis., geol.*) transition.

translitteràre |tranzlitte'rare| *e deriv.* → **traslitterare** *e deriv.*

traslùcido |trans'lutʃido| *e deriv.* → **traslucido** *e deriv.*

translunàre |tranzlu'nare| *agg.* translunaire.

transmodulazióne |tranzmodulat'tsjone| *s.f.* (*rad.*) transmodulation.

transoceànico, ci, ca, che |transotʃe'aniko, tʃi, ka, ke| *agg.* transocéanique, transocéanien*: *linea aerea transoceanica* ligne aérienne transocéanique, transocéanienne.

transònico, ci, ca, che |tran'sɔniko, tʃi, ka, ke| *agg.* (*aer.*) transsonique.

transpadàno |transpa'dano| *agg.* → **traspadano.**

transpolàre |transpo'lare| *agg.* polaire: *rotta transpolare* route polaire.

transsessuàle |transsessu'ale| *agg.* (*psichiatria*) transsexuel*.

transsessualismo |transsessua'lizmo| *s.m.* (*psichiatria*) transsexualisme.

transumanàre |transuma'nare| *v.intr.* (*aus. 'essere'*) → **trasumanare.**

transumànte |transu'mante| *agg.* transhumant: *greggi transumanti* troupeaux transhumants.

transumànza |transu'mantsa| *s.f.* transhumance.

transumàre |transu'mare| *v.intr.* (*aus. 'avere'*) (*di greggi*) [*effettuare la transumanza*] transhumer.

transurànico, ci, ca, che |transu'raniko, tʃi, ka, ke| *agg.* (*chim.*)

transuranien*: *gruppo transuranico* groupe transuranien.
transustanziàrsi |transustan'tsjarsi| *v.pron. intr.* (*teol.*) [*mutarsi del pane e del vino consacrati, nel corpo e nel sangue di Cristo*] opérer *tr.* la transsubstantiation.
transustanziazióne |transustantsjat'tsjone| *s.f.* (*teol.*) transsubstantiation.
tran tran, trantràn |tran'tran| *s.m. inv.* [*ritmo regolare, senza imprevisti*] train-train *var.*, routine (*f. var.*): *si tira avanti col solito tran tran* on vit tant bien que mal avec le train-train habituel.
tranvài |tran'vai| *s.m. inv.* → **tram.**
tranvìa |tran'via| *s.f.* [*linea di trasporto urbano*] ligne de tramway.
tranviàrio, i |tran'vjarjo, tranvi'arjo, i| *agg.* des tramway *loc. inv.*, de tramway (*loc. inv.*): *azienda, linea tranviaria* compagnie, ligne de tramway.
tranvière |tran'vjɛre| *s.m.* [*impiegato del servizio tranviario*] traminot ◇ [*manovratore*] conducteur* *s.*
tràpa |'trapa| *s.f.* (*t.bot.*) macle, macre, châtaigne d'eau (*corr.*).
trapanaménto |trapana'mento| *s.m.* → **trapanazione.**
trapanàre |trapa'nare| *v.tr.* [*forare con il trapano*] percer (2), forer ◇ (*chir.*) trépaner: *trapanare il cranio* trépaner le crâne ◇ (*odontoiatria*) *trapanare un dente* fraiser une dent.
trapanatóre |trapana'tore| *s.m.* [*operaio addetto al trapano*] perceur* *s.*
trapanatrìce |trapana'tritʃe| *s.f.* → **trapano.**
trapanatùra |trapana'tura| *s.f.* → **trapanazione.**
trapanazióne |trapanat'tsjone| *s.f.* **1** [→ TRAPANARE] forage *m.*, perçage *m.* **2** (*chir.*) trépanation: *la trapanazione del cranio* la trépanation du crâne ◇ (*odontoiatria*) *trapanazione di un dente* fraisage *m.* d'une dent.
trapanìsta |trapa'nista| *s.m.* [*addetto all'uso del trapano*] perceur* *s.*
tràpano |'trapano| *s.m.* **1** (*tecnol.*) perceuse *f.*, foreuse (*f.*): *trapano a mano, elettrico* perceuse, foreuse à main, électrique ◇ (*da falegname*) vilebrequin **2** [*strumento chirurgico per trapanare il cranio*] trépan ◇ (*odontoiatria*) *trapano ad aria compressa, indolore* fraise *f.* à air comprimé, indolore.
trapassaménto |trapassa'mento| *s.m.* (*raro*) [→ TRAPASSARE] transpercement.
trapassàre |trapas'sare| **A** *v.tr.* **1** [*passare da parte a parte*] transpercer (2): *la pallottola gli trapassò il petto* la balle lui transperça la poitrine; *trapassò l'avversario con la spada* il transperça l'adversaire avec son épée → **trafiggere** ◇ (*fig.*) *quelle parole le trapassarono il cuore* [*l'addolorarono moltissimo*] ces mots lui percèrent le cœur **2** (*lett.*) [*oltrepassare*] franchir (*corr.*) ◇ [*trascorrere*] passer (*corr.*) **B** *v.intr.* (*aus.* 'essere') (*lett.*) **1** [*passare*] passer (*corr.*) (*aus.* avoir, être): *tutto trapassa* tout passe **2** [*passare in eredità*] passer: *l'intero patrimonio trapassò ai nipoti* tout le patrimoine passa aux neveux **3** [*passare ad altra vita*] trépasser (*aus.* avoir, être): *è trapassato or ora* il est trépassé maintenant.
trapassàto |trapas'sato| *s.m.* **1** (*gram.*) *trapassato prossimo, remoto* plus-que-parfait, passé antérieur **2** *spec. al plur.* (*lett.*) [*defunti*] trépassés: *raccogliamoci nel ricordo dei trapassati* recueillons-nous dans le souvenir des trépassés.
1 **trapàsso** |tra'passo| *s.m.* **1** (*dir.*) passation *f.*; transfert: *il trapasso dei poteri* la passation des pouvoirs || *trapasso di proprietà* transfert de propriété; *trapasso di bandiera* transfert de pavillon **2** (*fig.*) [*passaggio da una condizione a un'altra*] passage, transition (*f.*): *il trapasso dalla schiavitù alla libertà* le passage de l'esclavage à la liberté; *il trapasso da un concetto a un altro* le passage d'un concept à un autre; *anni, epoca di trapasso* années, époque de transition **3** [*morte*] trépas, mort *f.*, décès # *il trapasso è avvenuto in modo sereno* sa fin a été douce.
2 **trapàsso** |tra'passo| *s.m.* (*ippica*) traquenard.
trapelàre |trape'lare| *v.intr.* (*aus.* 'essere') **1** [*filtrare attraverso fessure*] filtrer (*aus.* avoir); suinter (*aus.* avoir): *la luce trapelava dalle persiane* la lumière filtrait à travers les persiennes || *l'acqua trapelava dalle pareti rocciose* l'eau suintait des parois rocheuses **2** (*di un'informazione, di un sentimento*) [*finire per essere conosciuto*] transpirer (*aus.* avoir); deviner: *è trapelata la notizia che...* la nouvelle que... a transpiré || *il suo volto non lasciava trapelare nulla* son visage ne laissait rien deviner.
trapélo |tra'pelo| *s.m.* cheval de renfort.
trapèzio, i |tra'pɛttsjo, i| *s.m.* **1** (*geom.*) trapèze **2** [*attrezzo ginnico*] trapèze: *esercizi al trapezio* exercices au trapèze **3** (*anat.*) trapèze.
trapezìsta |trapet'tsista| *s.* trapéziste.
trapezoèdro |trapettso'ɛdro| *s.m.* (*geom.*) trapézoèdre.
trapezoidàle |trapettsoi'dale| *agg.* (*geom.*) trapézoïdal*.
trapezòide |trapet'tsɔide, traped'dzɔide| *agg. e s.m.* (*anat.*, *geom.*) trapézoïde.
trapiantàbile |trapjan'tabile| *agg.* [→ TRAPIANTARE A] transplantable.
trapiantaménto |trapjanta'mento| *s.m.* (*raro*) [→ TRAPIANTARE] transplantation *f.* (*corr.*).
trapiantàre |trapjan'tare| **A** *v.tr.* **1** [*togliere* (*un vegetale*) *dalla terra, per ripiantarlo altrove*] transplanter: *trapiantare la vite* transplanter la vigne ◇ (*piante giovani*) repiquer: *trapiantare le piantine* repiquer les petites plantes **2** [*trasferire* (*una persona, un animale*) *in un luogo diverso dall'originario*] transplanter: *quel gruppo etnico fu trapiantato in una diversa area geografica* ce groupe ethnique fut transplanté en un autre lieu (géographique) # *l'emigrante trapiantò i costumi del proprio paese nel paese di adozione* l'émigrant emporta (avec lui) les coutumes de son pays dans le pays d'adoption **3** (*chir.*) [*effettuare un trapianto*] transplanter: *trapiantare un organo, un tessuto* transplanter un organe, un tissu **B** *v.pron. intr.* TRAPIANTARSI [→ *tr.* 2] se transplanter, se transférer (8): *si trapiantò con tutta la famiglia in Francia* il se transplanta, se transféra en France avec toute sa famille.
trapiantàto |trapjan'tato| *agg.* transplanté.
trapiantatóio, i |trapjanta'tojo, i| *s.m.* (*agr.*) transplantoir.
trapiantatóre |trapjanta'tore| *s.m. e agg.* [*chi, che trapianta*] transplanteur.
trapiantatrìce |trapjanta'tritʃe| *s.f.* (*agr.*) transplanteuse.
trapiantazióne |trapjantat'tsjone| *s.f.* → **trapianto.**
trapiànto |tra'pjanto| *s.m.* **1** [→ TRAPIANTARE A 1] transplantation *f.* ◇ (*di piantine giovani*) repiquage: *trapianto di pomodori* repiquage des tomates **2** (*chir.*) greffe *f.*, transplantation: *trapianto corneo, cardiaco* greffe de la cornée, du cœur.
tràppa |'trappa| *s.f.* (*eccl.*) trappe.
trappìsta |trap'pista| *s.m.* trappiste ◇ (*fig.*, *scherz.*) *vive da trappista, fa una vita da trappista* il vit comme un trappiste.
trappistìna |trappis'tina| *s.f.* trappistine.
tràppola |'trappola| *s.f.* **1** [*dispositivo per catturare gli animali*] (*per topi*) ratière, souricière; (*per uccelli*) trébuchet *m.*; (*per animali nocivi*) traquenard *m.* **2** (*fig.*) [*inganno, tranello*] piège (*m.*): *tendere una trappola a qc.* tendre un piège à qqn.; *cadere nella trappola* tomber dans le piège; *restare in trappola* être pris au piège **3** (*region.*) [*frottola*] blague (*corr.*), histoire (*corr.*): *non metterti a raccontare trappole!* ne commence pas à raconter des blagues, des histoires! **4** (*scherz.*) [*congegno che funziona male*] *questo accendino è una trappola!* ce briquet est mal fichu! *agg.* ◇ (*riferito ad auto., moto, bicicletta*) *non salgo di certo su questa trappola!* je ne monte sûrement pas dans ce tacot *m.*, sur cet engin piégé **5** (*elettr.*) piège ionique.
trappolàre |trappo'lare| *v.tr.* → **intrappolare.**
trapùngere |tra'pundʒere| (150) *v. tr.* (*lett.*) → **trapuntare.**
trapùnta |tra'punta| *s.f.* [*coperta imbottita e trapuntata*] courtepointe.
trapuntàre |trapun'tare| *v.tr.* **1** [*lavorare di trapunto*] matelasser ◇ [*impuntire*] piquer **2** [*ricamare*] broder.
trapùnto |tra'punto| **1** *agg.* [*ricamato*] broché, brodé, piqué: *una seta cinese trapunta di fili d'argento* une soie chinoise brochée d'argent, brodée, piquée de fils d'argent ◇ (*fig.*) *un cielo trapunto di stelle* un ciel piqué, parsemé d'étoiles **2** *s.m.* [*ricamo eseguito su due teli sovrapposti e imbottiti nel punto del ricamo trapuntato*] piqué.
tràrre |'trarre| (190) **A** *v.tr.* **1** (*lett.*) [*far muovere in una direzione, esercitando una forza, qc., q.c.*] tirer: *i cavalli traevano il cocchio* les chevaux tiraient le coche; *trarre a sé* tirer à soi # *trarre la barca a riva* ramener la barque au rivage; *trarre un dardo* lancer un dard; *trarre su* remonter; *trarre via* enlever **2** (*lett.*) [*condurre, portare*] conduire (75): *trarre qc. al supplizio* conduire qqn. au supplice, supplicier qqn. ◇ (*fig.*) mener: *trarre q.c. a buon fine* mener une chose à bien, à bonne fin; *trarre a compimento un lavoro, un'opera* mener à terme un travail, une œuvre ◇ [*indurre*] induire (75): *trarre qc. in inganno, in errore* induire qqn. en erreur **3** [*ricavare*; *derivare*] tirer: *radici da cui si traggono sostanze medicinali* racines dont on tire des substances médicinales; *il contadino trae di che vivere dalla terra* le paysan tire sa subsistance

de la terre; *questo film è stato tratto da un romanzo di successo* ce film a été tiré d'un roman à succès; *l'artista trae ispirazione dalla natura* l'artiste tire son inspiration de la nature; *trarre profitto, vantaggio, un utile da q.c.* tirer profit, avantage de qqch.; *traete voi le conseguenze, le conclusioni!* tirez les conséquences, les conclusions!; *trasse origine da ciò* il tira son origine de cela # *trarre esempio da qc.* prendre (73) exemple sur qqn. **4** [*togliere qc. da una condizione*] *trarre qc. d'impaccio* tirer qqn. d'embarras; *trarre qc. da un pericolo* mettre qqn. hors de danger; *gli schiavi furono tratti dalla servitù* les esclaves furent affranchis **5** [*estrarre*] tirer: *trarre la spada dal fodero* tirer l'épée du fourreau; *si trasse a sorte* on tira au sort **6** [*detrarre*] déduire (75): *trarre le spese dal totale* déduire les frais du montant **7** (*comm.*) [*emettere; spiccare*] tirer: *trarre una cambiale, un assegno* tirer une lettre de change, un chèque **B** *v.pron. rifl.* TRARSI **1** [*muoversi verso qc., q.c.*] se retirer: *mi trassi indietro* je me retirai # *mi trassi in disparte* je me mis à l'écart **2** [*levarsi*] se tirer: *si trasse d'impiccio, da un pasticcio, d'imbroglio* il se tira d'embarras, du pétrin, d'une tromperie.

trasaliménto |trasali'mento| *s.m.* [→ TRASALIRE] tressaillement.

trasalire |trasa'lire| (197) *v.intr.* (*aus.* '*essere, avere*') [*sobbalzare per un'emozione intensa e inattesa*] tressaillir (19) (*aus.* avoir): *a quel rumore trasalì* à ce bruit, il tressaillit; *quando lo vide, trasalì* quand il le vit, il tressaillit.

trasandàre |trazan'dare| *v.tr.* (*raro*) → **trascurare.**

trasandàto |trazan'dato| *agg.* [*trascurato, sciatto*] négligé: *ha un aspetto trasandato* elle a un aspect négligé # *è un uomo trasandato* c'est un homme qui se laisse aller ◇ (*fig.*) *uno stile trasandato* un style négligé.

trasbordàre |trazbor'dare| **A** *v.tr.* [*far passare (merci, passeggeri) da un mezzo di trasporto ad un altro*] transborder: *trasbordare il carico* transborder le chargement **B** *v.intr.* (*aus.* '*avere*') [*passare da un mezzo di trasporto ad un altro*] changer (3): *trasbordammo su un altro aereo* nous changeâmes d'avion.

trasbordatóre |trazborda'tore| *s.m.* [*mezzo per effettuare il trasbordo*] transbordeur.

trasbórdo |traz'bordo| *s.m.* [→ TRASBORDARE] transbordement: *trasbordo da un treno, da un aereo a un altro* transbordement d'un train, d'un avion à un autre ◇ (*dir. mar.*) *clausola di trasbordo* clause de transbordement.

trascendentàle |traʃʃenden'tale| *agg.* **1** (*filos.*) transcendental* **2** [*particolarmente difficile da capire*] extraordinaire, transcendental ◇ (*loc. fam.*) *non c'è niente di trascendentale!* il n'y a rien d'extraordinaire, de transcendental!

trascendentalìsmo |traʃʃendenta'lizmo| *s.m.* (*filos.*, *st. letter.*) transcendentalisme.

trascendentalità |traʃʃendentali'ta| *s.f. inv.* (*filos.*) trascendance *var.*

trascendentalménte |traʃʃendental'mente| *avv.* [→ TRASCENDENTALE 2] d'une manière transcendentale *loc. inv.*

trascendènte |traʃʃen'dɛnte| *agg.* (*filos.*, *mat.*) transcendant.

trascendènza |traʃʃen'dɛntsa| *s.f.* (*filos.*, *mat.*) transcendance.

trascéndere |traʃ'ʃe(ɛ)ndere| (105) **A** *v.tr.* **1** (*filos.*) [*esistere indipendentemente da una realtà determinata*] transcender: *Dio trascende la materia* Dieu transcende la nature **2** (*lett.*) [*andare al di là*] dépasser: *gioia ineffabile che trascende ogni dolcezza* joie ineffable qui dépasse toute douceur **B** *v.intr.* (*aus.* '*essere, avere*') [*passare i limiti*] exagérer (8) (*aus.* avoir), dépasser (*aus.* avoir) les bornes: *accecato dalla collera, ha trasceso* aveuglé par la colère, il dépassa les bornes # *sono trascesi a vie di fatto* ils en sont venus aux mains; *trascendere nel bere* trop forcer sur la boisson, boire immodérément.

trascinaménto |traʃʃina'mento| *s.m.* (*mecc.*, *tecnol.*) entraînement.

trascinàre |traʃʃi'nare| **A** *v.tr.* **1** [*tirare (facendo strisciare sul terreno)*] traîner: *trascinava una fascina* il traînait un fagot; *il veicolo investitore trascinò l'auto per una decina di metri* le véhicule qui provoqua la collision traîna la voiture sur une dizaine de mètres; *trascinare una gamba* traîner la jambe; *non trascinare quella sedia, sollevala!* ne traîne pas cette chaise, soulève-là! # *trascinò con sé nella caduta anche tutti gli altri* dans sa chute il entraîna avec lui tous les autres ◇ (*tecnol.*) entraîner **2** [*condurre a forza con sé*] traîner: *non farti trascinare!* ne te fais pas traîner!; *lo dovettero trascinare davanti al tribunale* ils durent le traîner devant le tribunal; *siamo riusciti a trascinarlo a quella festa* nous avons réussi à le traîner à cette fête **3** (*loc. fig.*) *trascinare la folla* [*infiammarla, esaltarla*] entraîner, enflammer la foule ~ *trascinare nel fango il proprio nome* [*disonorarlo*] traîner son nom dans la boue ~ *trascinare una cosa per le lunghe* [*protrarla a lungo*] traîner une chose en longueur ~ *trascinare alla rovina qc., la patria* entraîner qqn., la patrie dans la ruine **B** *v.pron.* TRASCINARSI **1** *rifl.* [*procedere in posizione prona e ginocchioni*] se traîner: *si trascinava verso l'uscita* il se traînait vers la sortie **2** *rifl.* [*camminare, muoversi con fatica, con pena (per malattia, stanchezza)*] *si trascina ormai dalla poltrona al letto* désormais, il se traîne de son fauteuil à son lit **3** *intr.* [*protrarsi nel tempo*] traîner (*intr.*): *è una situazione penosa che si trascina da anni* c'est une situation pénible qui traîne depuis des années.

trascinatóre, trice |traʃʃina'tore, tritʃe| *agg.* [*che esalta, trascina*] entraînant: *un esempio trascinatore* un exemple entraînant ✦ (*s.m.*) *un trascinatore di folle* un meneur de foules.

trascinìo, ii |traʃʃi'nio, ii| *s.m.* [*il trascinare prolungato*; *il rumore prodotto dagli oggetti trascinati*] (bruit de) frottement: *un trascinìo di mobili, di sedie* un frottement de meubles, de chaises; un bruit de meubles traînés, de chaises traînées.

trascoloraménto |traskolora'mento| *s.m.* (*raro*) [→ TRASCOLORARE] changement (*corr.*) de couleur.

trascoloràre |traskolo'rare| (*lett.*) **A** *v.intr.* (*aus.* '*essere*') [*cambiare colore*] changer (3) (*aus.* avoir, être) de couleur, de teinte: *il cielo trascolora* le ciel change de teinte **B** *v.pron. intr.* TRASCOLORARSI [→ *intr.*] changer *intr.* de couleur.

trascórrere |tras'korrere| (127) **A** *v.tr.* **1** [*passare uno spazio di tempo*] passer: *abbiamo trascorso delle belle vacanze* nous avons passé de belles vacances; *ha trascorso tutta la vita lavorando* il a passé toute sa vie à travailler **2** (*lett.*) [*attraversare uno spazio senza fermarsi*] passer (*corr.*) ◇ (*loc.*) *trascorrere un libro* [*dargli una scorsa*] parcourir (17) un livre **B** *v.intr.* (*aus.* '*essere*') **1** [*passare (di tempo)*] passer (*aus.* avoir, être): *il tempo trascorre in fretta* le temps passe vite; *l'inverno è già trascorso* l'hiver est déjà passé **2** (*lett.*) [*spostarsi da un punto a un altro (dello spazio)*] passer (*corr.*): *le nubi trascorrevano nel cielo* les nuages passaient dans le ciel ✦ (*s.m. inv.*) *il trascorrere del tempo* la fuite *f. var.* du temps; *il trascorrere delle nubi nel cielo* le passage *var.* des nuages dans le ciel **3** → **trascendere.**

trascorriménto |traskorri'mento| *s.m.* [→ TRASCORRERE A 1] passage.

trascórso |tras'korso| *s.m.* [*piccolo errore*] erreur (*f.*): *trascorso di penna, di memoria* erreur d'écriture, de mémoire ◇ (*loc.*) *i trascorsi giovanili* les erreurs de jeunesse.

1 **trascrittóre, trice** |traskrit'tore, tritʃe| *s.* transcripteur *m.*

2 **trascrittóre** |traskrit'tore| *s.m.* (*tecnol.*) transcodeur.

trascrivere |tras'krivere| (182) *v.tr.* **1** [*copiare (un testo)*] transcrire (51): *trascrivere una citazione, un documento* transcrire une citation, un document; *ti trascrivo qui alcuni passi della sua lettera* je te transcris ici quelques passages de sa lettre # *gli alunni trascrivono il compito sul quaderno di bella* les élèves recopient leur devoir au propre **2** (*dir.*) [*registrare un atto giuridico*] transcrire: *trascrivere un atto di vendita* transcrire un acte de vente **3** [*traslitterare*] transcrire: *trascrivere un nome in caratteri cirillici* transcrire un nom en caractères cyrilliques **4** [*scrivere sotto dettatura*] transcrire, écrire (51): *la stenografa trascriveva i punti principali toccati dal conferenziere* la sténo transcrivait, écrivait les principaux points abordés par le conférencier **5** (*mus.*) [*eseguire una trascrizione*] transcrire: *trascrivere per orchestra un pezzo pianistico* transcrire un morceau de piano pour un orchestre **6** (*tecnol.*) [*effettuare una trascrizione*] transcoder.

trascrizióne |traskrit'tsjone| *s.f.* **1** [→ TRASCRIVERE 1] transcription: *errore di trascrizione* erreur de transcription; *trascrizione diplomatica* transcription d'un texte diplomatique **2** (*dir.*) transcription **3** [*traslitterazione*] transcription: *trascrizione di un nome in lettere greche* transcription d'un nom en lettres grecques; *trascrizione fonetica* transcription phonétique **4** (*mus.*) transcription **5** (*informatica, tv*) transcodage *m.*

trascuràbile |trasku'rabile| *agg.* [→ TRASCURARE 1, 4] négligeable: *errore trascurabile* erreur négligeable; *ha avuto un effetto trascurabile* cela a eu un effet négligeable.

trascurabilità |traskurabili'ta| *s.f. inv.* possibilité *var.* de négliger (qqch.); caractère *m. var.* négligeable (de qqch.).

trascurànza |trasku'rantsa| *s.f.* (*lett.*) [*il trascurare* (*sistematicamente*) *q.c.*] négligence (*corr.*), laisser-aller *m. sing.* (*corr.*).
trascuràre |trasku'rare| *v.tr.* **1** [*non dare importanza a q.c.*; *non curare a sufficienza*] négliger (3): *trascurare gli affari, il lavoro* négliger ses affaires, son travail # *trascurare la salute* ne pas prendre soin de sa santé ♦ (*pron. rifl.*) *peccato che si trascuri così* [*che non curi il proprio aspetto*] dommage qu'elle se néglige ainsi; *è di salute cagionevole e, per di più, si trascura* il a une santé délicate et, de plus, ne se soigne pas **2** [*non comportarsi con la dovuta cura, il dovuto affetto verso qc.*] négliger: *non è giusto trascurare la famiglia, i figli* il n'est pas juste de négliger sa famille, ses enfants **3** TRASCURARE (DI) [*omettere per negligenza, disattenzione*] oublier, négliger: *non trascurate di avvisarlo* n'oubliez pas, ne manquez pas de l'avertir; *vi ho riferito quanto è successo, senza trascurare nessun particolare* je vous ai rapporté ce qui s'est passé sans négliger aucun détail **4** [*non tener conto di*; *non prestare attenzione*] négliger: *non dovete inoltre trascurare i vantaggi che ne derivano* vous ne devez pas, en outre, négliger les avantages qui en découlent.
trascuratàggine |traskura'tad-dʒine| *s.f.* → **trascuratezza.**
trascurataménte |traskurata'-mente| *avv.* [→ TRASCURATO] avec négligence *loc. inv.*, négligemment.
trascuratézza |traskura'tettsa| *s.f.* [*scarsa cura, scarso impegno, negligenza* (*nel fare q.c.*)] négligence: *trascuratezza nel vestire, nel lavoro* négligence dans la mise, dans le travail.
trascuràto |trasku'rato| *agg.* **1** (*cose*) [*non curato*] négligé: *una casa trascurata* une maison négligée; *un raffreddore trascurato può degenerare in bronchite* un rhume négligé, non soigné peut dégénérer en bronchite **2** (*persone*) [*che non ha la dovuta cura verso q.c., qc.*] négligé: *è trascurato nel vestire* il a une tenue négligé; *è trascurato nella persona* il est négligé # *ti mostri spesso trascurato nei suoi riguardi* [*poco premuroso*] tu la négliges souvent.
trasdùrre |traz'durre| (108) *v.tr.* (*fis.*) [*trasformare una grandezza fis. in un'altra*] transduire (75).
trasduttóre |trazdut'tore| *s.m.* (*tecnol.*) transducteur.
trasduzióne |trazdut'tsjone| *s.f.* (*fis.*) transduction.
trasecolaménto |trasekola'-mento| *s.m.* (*raro*) [→ TRASECOLARE] ébahissement (*corr.*).
trasecolàre |traseko'lare| *v.intr.* (*aus.* '*essere, avere*') [*restare profondamente meravigliato*] être (43) (*aus.* avoir) ébahi, stupéfait: *a quello spettacolo si sentì trasecolare* à ce spectacle il fut ébahi, stupéfait # *sono cose da far trasecolare* ce sont des choses qui t'ébahissent ♦ (*al p.p.*) *restò trasecolato* il resta bouche bée *loc. inv.*
trasecolàto |traseko'lato| *agg.* [*stupefatto, meravigliato*] ébahi, stupéfait.
traseminàre |trasemi'nare| *v.tr.* (*agr.*) [*seminare una coltura tra un'altra già nota*] sursemer (6).
trasferenziàle |trasferen'tsjale| *agg.* (*psican.*) transférentiel*.
trasferìbile |trasfe'ribile| *agg.* [→ TRASFERIRE 1] transférable; mutable # *assegno non trasferibile* chèque barré.
trasferibilità |trasferibili'ta| *s.f. inv.* transférabilité (*var.*): *trasferibilità di un assegno, di un diritto* transférabilité d'un chèque, d'un droit.
trasferiménto |trasferi'mento| *s.m.* **1** [→ TRASFERIRE 1] transfert: *non l'ho più visto dopo il suo trasferimento in città* je ne l'ai plus vu depuis son transfert en ville ◇ [*cambiamento di sede* (*di un funzionario*)] mutation (*f.*): *trasferimento di un funzionario, di un professore* mutation d'un fonctionnaire, d'un professeur; *domanda di trasferimento* demande de mutation; *ottenere il trasferimento* obtenir sa mutation **2** (*dir.*) transfert: *trasferimento del diritto di proprietà* transfert du droit de propriété # *trasferimento di poteri* passation des pouvoirs **3** → **transfert.**
trasferìre |trasfe'rire| (197) *v.tr.* **1** [*spostare la sede* (*di q.c.*)] transférer (8): *gli uffici sono stati trasferiti in via...* les bureaux ont été transférés rue...; *la capitale fu trasferita da Torino a Firenze* la capitale fut transférée de Turin à Florence ♦ *pron. intr.* [*mutare sede*] *la ditta si è trasferita nella nuova sede* l'entreprise a été transférée au nouveau siège ◇ [*spostare* (*un funzionario, un militare*) *da una sede a un'altra*] muter: *lo hanno trasferito, per punizione, in provincia* comme sanction, ils l'ont muté en province; *ha chiesto di venire trasferito presso il comune di residenza* il a demandé à être muté, sa mutation près de son lieu de résidence **2** (*fig.*) [*riversare su qc. un sentimento*] transférer: *ha trasferito sul figlio tutta la propria carica affettiva* elle a transféré sur son fils toute sa charge affective # *Chagall ha trasferito nei suoi dipinti la sua visione poetica della realtà* Chagall a réalisé dans sa peinture sa vision poétique de la réalité **3** (*psican.*) [*portare un sentimento, un affetto da un oggetto ad un altro*] transférer.
trasfèrta |tras'fɛrta| *s.f.* **1** [*il cambiare temporaneamente sede di lavoro, per motivi di servizio*] déplacement (*m.*): *andare, inviare in trasferta* partir, envoyer en déplacement ◇ *loc.* (*indennità di*) *trasferta* frais *m. pl.* de déplacement **2** (*sport*) *partita in trasferta* match en déplacement; *giocare in trasferta* jouer en déplacement.
trasfiguraménto |trasfigura'-mento| *s.m.* → **trasfigurazione.**
trasfiguràre |trasfigu'rare| *v.tr.* [*trasformare l'aspetto*] changer (3), modifier: *gli anni e le malattie lo hanno trasfigurato* les années et les maladies l'ont changé ◇ (*fig.*) *non deve trasfigurare la realtà dei fatti* [*travisare*] il ne faut pas qu'il modifie la réalité des faits ♦ *pron. rifl.* [*mutare profondamente aspetto, natura*] se transfigurer: *Cristo si trasfigurò sul Tabor* le Christ se transfigura sur le mont Thabor.
trasfiguràto |trasfigu'rato| *agg.* changé, transfiguré.
trasfigurazióne |trasfigurat'tsjo-ne| *s.f.* [→ TRASFIGURARE] transfiguration: *l'arte come trasfigurazione della realtà* l'art comme transfiguration de la réalité # *assistetti alla trasfigurazione del suo volto* j'assistai à l'altération de son visage ◇ (*spec.*) *trasfigurazione di Cristo* transfiguration du Christ.
trasfissióne |trasfis'sjone| *s.f.* (*chir.*) transfixion.
trasfocatóre |trasfoka'tore| *s.m.* → **zoom.**
trasfóndere |tras'fondere| (146) *v.tr.* **1** (*raro*) [*travasare un liquido*] transfuser (*corr.*): *trasfondere il sangue* [*fare una trasfusione*] transfuser du sang **2** (*fig.*) [*trasferire in qc. sentimenti, idee propri*] transmettre (71): *ha saputo trasfondere nel figlio il proprio amore per l'arte* il a su transmettre à son fils son amour pour l'art # *questo pittore ha trasfuso nella sua opera il suo pessimismo esistenziale* ce peintre a exprimé dans son œuvre son pessimisme existentiel.
trasformàbile |trasfor'mabile| *agg.* [→ TRASFORMARE] transformable: *una poltrona trasformabile in letto* un fauteuil transformable en lit # *una auto trasformabile* [*con cappotta a mantice*] une auto décapotable, avec une capote à soufflet.
trasformabilità |trasformabili'-ta| *s.f. inv.* possibilité *var.* de transformer (qqch).
trasformàre |trasfor'mare| **A** *v.tr.* **1** [*far cambiare aspetto, caratteri* (*a q.c., qc.*)] transformer: *l'industrializzazione ha trasformato il volto del paese* l'industrialisation a transformé l'aspect du pays; *la grossa eredità trasformò la loro vita* le gros héritage transforma leur vie; *la vita dura ha trasformato il suo carattere* la vie dure a transformé son caractère **2** (*rugby*) *trasformare una mèta* [*mandare la palla nella porta dell'avversario*] transformer un essai **B** *v.pron.* TRASFORMARSI *intr.* **1** [*prendere un'altra forma*] subir *tr.* une, des transformation(s), se transformer: *alcuni animali si trasformano più volte nel corso della loro vita* certains animaux subissent plusieurs fois dans leur vie des transformations **2** [*diventare diverso*; *assumere un aspetto diverso*] se transformer: *i loro rapporti si sono trasformati* leurs rapports se sont transformés; *l'amicizia si è trasformata in amore* l'amitié s'est transformée en amour; *l'auto in fiamme si trasformò in un rogo* l'auto en flammes se transforma en brasier.
trasformatìvo |trasforma'tivo| *agg.* (*raro*) transformateur* (*corr.*).
trasformàto |trasfor'mato| *agg.* **1** transformé: *da quell'esperienza è uscito completamente trasformato* il est sorti complètement transformé de cette expérience **2** (*rugby*) *meta trasformata* essai transformé.
trasformatóre, trice |trasforma'tore, tritʃe| *s.* **1** *s.* transformateur* (*raro*) **2** *s.m.* (*elettr.*) transformateur: *trasformatore di corrente* transformateur de courant; *trasformatore monofase* transformateur monophasé.
trasformazionàle |trasformat-tsjo'nale| *agg.* (*ling.*) transformationnel*.
trasformazióne |trasformat'-tsjone| *s.f.* **1** [→ TRASFORMARE A 1; B 1] transformation: *la trasformazione del paesaggio* la transformation du paysage # *subire, operare una trasformazione in senso positivo* être transformé, transformer en mieux **2** (*rugby*) transformation.
trasformìsmo |trasfor'mizmo| *s.m.* **1** (*biol.*) transformisme **2** (*polit.*)

trasformismo politico transformisme politique.

trasformìsta |trasfor'mista| *s.* transformiste: *in politica è un trasformista* en politique, c'est un transformiste ◇ (*teat.*) transformiste.

trasformìstico, ci, ca, che |trasfor'mistiko, tʃi, ka, ke| *agg.* (*polit.*) évolutionniste: *la politica trasformistica di un ministro* la politique évolutionniste d'un ministre.

trasfòsso |tras'fɔsso| *agg.* (*nella loc. med.*) *ferita trasfossa* plaie pénétrante.

trasfusionàle |trasfuzjo'nale| *agg.* de transfusion sanguine (*loc. inv.*): *centro trasfusionale* centre de transfusion sanguine.

trasfusióne |trasfu'zjone| *s.f.* transfusion: *trasfusione di sangue* transfusion de sang.

trasgredire |trazgre'dire| (197) *v. tr. e intr.* (*aus. 'avere'*) [*non obbedire; violare*] transgresser (*tr.*): *trasgredire la, alla legge* transgresser une loi; *hanno trasgredito (a)i nostri ordini* ils ont transgressé nos ordres.

trasgressióne |trazgres'sjone| *s.f.* **1** [→ TRASGREDIRE] transgression: *ogni trasgressione sarà punita* toute transgression sera punie **2** (*geol.*) transgression.

trasgressivo |trazgres'sivo| *agg.* (*geol.*) transgressif*.

trasgressóre |trazgres'sore|, **trasgreditrice** |trazgredi'tritʃe| *s.* [*chi trasgredisce q.c., contravviene a q.c.*] contrevenant, transgresseur *m.* (*lett.*): *i trasgressori saranno puniti a norma di legge* les contrevenants seront punis conformément à la loi.

traslàre |traz'lare| *v.tr.* [*portare in altro luogo*] transférer (8).

traslativo |trazla'tivo| *agg.* (*dir.*) translatif*.

traslàto |traz'lato| **1** *agg.* [*figurato*] métaphorique: *un significato traslato* un sens métaphorique **2** *s.m.* [*espressione metaforica*] métaphore (*f.*): *servirsi di traslati* se servir de métaphores ◇ (*loc.*) *per traslato* [*metaforicamente*] par métaphore(s) **3** (*loc. verb. pass.*) *essere traslato* [*trasferito, collocato*] être transféré: *i suoi resti mortali sono stati traslati nella tomba di famiglia* ses cendres ont été transférées dans la tombe de famille.

traslatóre, trice |trazla'tore, tritʃe| *s.* **1** *s.* translateur *m.*, traducteur* **2** *s.m.* (*informatica*) translateur.

traslatòrio, i |trazla'tɔrjo, i| *agg.* de translation *loc. inv.* ◇ (*fis.*) *moto traslatorio* mouvement de translation.

traslazióne |trazlat'tsjone| *s.f.* **1** translation (*lett.*), transfert (*m.*): *traslazione di una salma* transfert des cendres (d'une dépouille mortelle); *traslazione delle reliquie di un santo* translation des reliques d'un saint **2** (*raro*) [*spostamento di una data*] translation: *traslazione di una festa religiosa* translation d'une fête religieuse **3** (*fig., fis., mat.*) translation.

traslitteràre |trazlitte'rare| *v.tr.* [*far corrispondere al segno di una scrittura, il segno di un'altra scrittura*] translit(t)érer (8): *traslitterare un nome russo in caratteri latini* translit(t)érer un nom russe en caractères latins.

traslitterazióne |trazlitterat'tsjone| *s.f.* translit(t)ération.

traslocaménto |trazloka'mento| *s.m.* → **trasloco.**

traslocàre |trazlo'kare| **A** *v.intr.* (*aus. 'avere'*) [*cambiare casa*] déménager (3): *abbiamo traslocato in una casa più grande* nous avons déménagé dans une maison plus grande **B** *v.tr.* [*trasportare i mobili in una nuova casa*] déménager: *hanno traslocato le loro masserizie nel loro appartamento nuovo* ils ont déménagé leurs meubles dans leur nouvel appartement ◇ [*trasferire* (*qc.*)] muter, transférer (8): *il funzionario è stato traslocato nella sede richiesta* le fonctionnaire a été muté, transféré, au poste (au lieu) qu'il avait sollicité.

traslòco, chi |traz'lɔko, ki| *s.m.* [*il traslocare*] déménagement: *non c'è niente di più faticoso di un trasloco* rien n'est plus fatigant qu'un déménagement # *fare* (*il*) *trasloco* déménager.

traslucidità |trazlutʃidi'ta| *s.f. inv.* translucidité *var.*

traslùcido |traz'lutʃido| *agg.* (*fis.*) translucide: *il vetro smerigliato è traslucido* le verre dépoli est translucide.

trasméttere |traz'mettere| (155) *v.tr.* **1** [*far passare da una persona all'altra* (*un bene materiale o morale*)] transmettre (71): *trasmettere un'eredità ai figli* transmettre un héritage à ses enfants; *trasmettere un'usanza, un diritto* transmettre une coutume, un droit; *trasmettere i poteri al successore* transmettre ses pouvoirs à son successeur **2** [*far giungere un fenomeno fisico, psichico, morboso da un elemento, da un organismo a un altro*] transmettre: *trasmettere il moto* transmettre le mouvement; *trasmettere il pensiero* transmettre la pensée; *gli ha trasmesso il morbillo* il lui a transmis la rougeole; *trasmettere i caratteri ereditari* transmettre des caractères héréditaires # *corpi che trasmettono l'elettricità, il calore* corps conducteurs de l'électricité, de la chaleur ✦ *pron. pass.* [*passare da un organismo, da un elemento a un altro*] *certe malattie si trasmettono per contagio* certaines maladies se transmettent par contagion ✦ (*pron. intr.*) *il calore si trasmette anche per conduzione* la chaleur se transmet aussi par conduction **3** [*far passare da una persona a un'altra* (*uno scritto e sim.*)] transmettre: *trasmettere una pratica all'ufficio competente* transmettre un dossier au bureau compétent; *le trasmetto, per conoscenza, una lettera che la riguarda* je vous transmets, pour information, une lettre qui vous concerne; *trasmettere un ordine* transmettre un ordre **4** [*comunicare mediante appositi veicoli d'informazione*] émettre (71), diffuser: *la radio e la televisione trasmettono programmi vari* la radio et la télévision émettent, diffusent des programmes différents; *il marconista ha trasmesso per ore l'S.O.S.* le radio(télégraphiste) a émis le S.O.S. pendant des heures ✦ (*al p.p.*) *dati trasmessi via satellite* données transmises par satellite.

trasmettitóre, trice |trazmetti'tore, tritʃe| **1** *s. e agg.* [*chi, che trasmette* (2)] (*soggetto*) *trasmettitore di una malattia* (sujet) porteur transmetteur *s.m.* d'une maladie **2** *s.m.* (*tecnol.*) transmetteur: *trasmettitore a modulazione di frequenza, a impulsi* transmetteur à modulation de fréquence, à impulsions.

trasmigraménto |trazmigra'mento| *s.m.* → **trasmigrazione.**

trasmigràre |trazmi'grare| *v.intr.* **1** (*aus. 'avere, essere'*) [*emigrare*] émigrer (*aus.* avoir): *alcune spec[ie] di uccelli trasmigrano in inverno* certaines espèces d'oiseaux émigrent en hiver **2** (*aus. 'essere, avere'*) (*di anima*) [*passare da un corpo a un altro*] transmigrer (*aus.* avoir): *secondo alcune religioni, l'anima trasmigra* selon certaines religions, l'âme transmigre **3** (*aus. 'essere'*) [*trasmettersi*] hériter *tr.*, se transmettre (71) (*pron.*): *sono trasmigrate in lui molte caratteristiche fisiche e morali della famiglia* il a hérité de nombreuses caractéristiques physiques et morales de ses ascendants.

trasmigrazióne |trazmigrat'tsjone| *s.f.* **1** [→ TRASMIGRARE 1] migration, transmigration (*raro*): *le trasmigrazioni dei popoli* les migrations, les transmigrations des peuples **2** (*relig.*) *la trasmigrazione dell'anima* la transmigration de l'âme.

trasmissìbile |trazmis'sibile| *agg.* [→ TRASMETTERE] transmissible: *malattie trasmissibili per contagio* maladies transmissibles par contagion; *caratteri biologici trasmissibili* caractères biologiques transmissibles.

trasmissibilità |trazmissibili'ta| *s.f. inv.* transmissibilité *var.*

trasmissióne |trazmis'sjone| *s.f.* **1** [→ TRASMETTERE 1] transmission: *trasmissione di un diritto, dei poteri* transmission d'un droit, des pouvoirs **2** [*comunicazione mediante veicoli adatti*] émission; transmission: *trasmissione radio, televisiva* émission radiophonique, télévisée ‖ *trasmissione telegrafica, telefonica* transmission télégraphique, téléphonique ◇ [*inoltro, spedizione*] remise: *trasmissione di una lettera alla persona interessata* remise d'une lettre à la personne intéressée **3** [*passaggio da qc. a q.c., a un altro*] transmission: *trasmissione del pensiero* transmission de la pensée; *trasmissione di una malattia mediante contagio* transmission d'une maladie par contagion; *trasmissione del calore, del moto* transmission de la chaleur, du mouvement **4** (*mecc.*) transmission: *trasmissione a catena, a cinghia* transmission par chaîne, par courroie; *albero di trasmissione* arbre de transmission **5** (*informatica*) *trasmissione dati* transmission de données **6** *al plur.* (*mil.*) transmissions.

trasmittènte |trazmit'tɛnte| *agg.* (*rad., tv*) émetteur*: *una* (*stazione*) *trasmittente* une station émettrice.

trasmodàre |trazmo'dare| *v.intr.* (*aus. 'avere'*) (*raro*) [*eccedere*] excéder (8), passer *tr.* la mesure # *non bisogna trasmodare nel bere* il faut boire modérément, il ne faut pas boire exagérément.

trasmodàto |trazmo'dato| *e deriv.* → **smodato** *e deriv.*

trasmutàbile |trazmu'tabile| *agg.* (*lett.*) [→ TRASMUTARE] transmuable (*raro*), transmutable.

trasmutabilità |trazmutabili'ta| *s.f. inv.* transmutabilité *var.* (*raro*).

trasmutànte |trazmu'tante| *agg.* (*scient.*) transmutant.

trasmutàre |trazmu'tare| *v.tr.* (*lett.*) **1** [*trasformare*] transmuer, transmuter **2** [*mutare*] transmuer, transmuter.

trasmutazióne |trazmutat'tsjone| *s.f.* (*lett.*) transmutation.

trasognaménto |trasoɲɲa'mento| *s.m.* (*raro*) [*il trasognare*] ébahissement (*corr.*).

trasognàre |trasoɲ'ɲare| *v.intr.* (*aus.* '*avere*') (*raro*) [*sognare a occhi aperti*] rêver les yeux ouverts (*corr.*) ◇ [*restare sbalordito*] être (43) ébahi.

trasognàto |trasoɲ'ɲato| *agg.* perdu dans ses rêves; ébahi: *se ne stava lì, tutto trasognato* il restait là (tout) perdu dans ses rêves ‖ *la guardava con un'aria trasognata* il la regardait d'un air ébahi.

traspadàno |traspa'dano| *agg.* (*geogr.*) transpadan.

trasparènte |traspa'rɛnte| **I** *agg.* **1** [*che lascia passare la luce*] transparent: *un vetro trasparente* un verre transparent; *un'acqua trasparente* une eau transparente ◇ (*per est.*) *colori trasparenti* [*molto luminosi*] couleurs lumineuses **2** (*di tessuti*) [*molto leggero, che lascia intravvedere ciò che sta sotto*] transparent: *indossava una camicetta trasparente* elle portait un chemisier transparent ◇ (*in usi iperb.*) *una fetta di carne, di prosciutto trasparente* [*molto sottile*] une tranche de viande, de jambon très mince, très fine, comme du papier à cigarette **3** (*fig.*) [*che lascia capire il senso*] transparent: *è un'allusione trasparente* c'est une allusion transparente **II** *s.m.* **1** (*cine.*, *teat.*, *tv*) transparent **2** [*tessuto colorato posto sotto un merletto*] doublure *f.*

trasparènza |traspa'rɛntsa| *s.f.* **1** transparence: *la trasparenza di un corpo* la transparence d'un corps; *la trasparenza dell'aria, dell'acqua* la transparence de l'air, de l'eau ◇ *loc. avv.* IN TRASPARENZA par transparence: *guardare in trasparenza una pellicola* regarder par transparence une pellicule; *vedere, apparire in trasparenza* voir, apparaître par transparence **2** (*fig.*) [*chiara comprensibilità*] transparence (*lett.*): *la trasparenza di un'allusione* la transparence d'une allusion.

trasparìre |traspa'rire| (142) *v.intr.* (*aus.* '*essere*') **1** [*mostrarsi attraverso q.c.*] se (laisser) voir (37) en transparence: *la forma del corpo traspariva attraverso l'organza* la forme de son corps se voyait en transparence à travers l'organdi; *questa busta sottile lascia trasparire lo scritto* cette fine enveloppe laisse voir le message en transparence # *dalla finestra traspare la luce* la lumière transparaît à travers la fenêtre **2** (*raro*) [*essere trasparente*] être (43) (*aus.* avoir) transparent: *materiali che traspaiono, traspariscono* matériaux (qui sont) transparents **3** (*fig.*) LASCIAR TRASPARIRE [*mostrarsi attraverso q.c.*] laisser (*aus.* avoir) transparaître: *la sua espressione indecifrabile non lasciava trasparire nulla* son expression indécifrable ne laissait rien transparaître # *una profonda gioia le traspariva dagli occhi* ses yeux trahissaient sa joie profonde.

traspirànte |traspi'rante| *agg.* transpirant.

traspiràre |traspi'rare| *v.intr.* **1** (*aus.* '*essere*') (*di liquidi organici*) [*uscire attraverso la cute e sim.*] transpirer (*aus.* avoir): *il sudore traspirava dalla fronte* il transpirait du front; la sueur coulait sur son front ♦ *tr.* (*raro*) [*secernere liquidi organici attraverso cute e sim.*] éliminer: *la pelle traspira il sudore* la peau élimine la sueur **2** (*aus.* '*essere, avere*') (*fig.*) (*di sentimenti e sim.*) [*manifestarsi*] laisser (*aus.* avoir) percer (2): *dal suo volto non traspirava nessuna emozione* son visage ne lassait percer aucune émotion.

traspirazióne |traspirat'tsjone| *s.f.* [→ TRASPIRARE 1] transpiration: *traspirazione delle piante* transpiration des plantes; *traspirazione cutanea* transpiration cutanée.

trasponiménto |trasponi'mento| *s.m.* (*raro*) [→ TRASPORRE 1] transposition *f.* (*corr.*).

traspórre |tras'porre| (168) *v.tr.* **1** [*cambiare di posto invertendo l'ordine*] transposer: *trasporre le parole di un periodo* transposer les mots d'une période **2** (*mus.*) [*eseguire* (*una struttura musicale*) *in un altro tono*] transposer: *trasporre un brano* transposer un morceau.

trasportàbile |traspor'tabile| *agg.* [→ TRASPORTARE] transportable: *un televisore trasportabile* un téléviseur transportable; *un ferito non trasportabile* un blessé non transportable.

trasportabilità |trasportabili'ta| *s.f. inv.* possibilité *var.* de transporter (une marchandise, etc.).

trasportaménto |trasporta'mento| *s.m.* → **trasporto.**

trasportàre |traspor'tare| *v.tr.* **I** [*far cambiare di posto*] **1** [*portare* (*qc.*, *q.c.*) *da un luogo a un altro*] transporter: *trasportare un ferito a braccia, con l'autoambulanza* transporter un blessé à bras, sur l'ambulance; *trasportare un baule, un mobile* transporter une malle, un meuble; *trasportare merci, persone con un automezzo, per ferrovia, per via aerea* transporter des marchandises, des personnes sur un véhicule, par chemin de fer, par avion **2** [*portare al di là*] transporter: *trasportare le truppe oltre il fiume* transporter les troupes au-delà du fleuve # *il traghetto trasporta le persone e i veicoli al di là dello stretto* le ferry-boat passe les personnes et les véhicules d'un bord à l'autre du détroit, à travers le détroit ◇ (*raro*) [*trasferire*] transférer (8): *la capitale fu trasportata in un'altra città* la capitale fut transférée dans une autre ville **3** [*rimandare*] renvoyer (14): *trasportare un appuntamento ad altra data* renvoyer un rendez-vous à une date ultérieure **4** [*trasferire con la fantasia*] transporter: *musica, libro che ci trasporta in un'altra epoca, in un altro secolo* musique, livre qui nous transporte à une autre époque, dans un autre siècle ◇ *loc.* LASCIARSI TRASPORTARE [*non dominare* (*un sentimento*)] se laisser emporter: *si lasciò trasportare dalla collera, dall'impulso* il se laissa emporter par la colère, par l'impulsion **5** [*trascinare*] charrier: *il fiume in piena trasportava detriti* le fleuve en crue charriait des détritus ♦ (*al p.p.*) *le foglie trasportate dal vento* les feuilles emportées par le vent **II** (*in accezioni tecnol.*, *scient.*) **1** (*tip.*) *trasportare un testo, un disegno* [*riportarlo su un altro supporto*] transcrire (51) un texte, un dessin **2** (*mus.*) *trasportare un brano* [*eseguirlo in un altro tono*] transposer un morceau **3** *trasportare un dipinto su tavola, un affresco su tela* [*trasferirlo su un supporto più solido dell'originario*] transposer une peinture sur bois, une fresque sur toile.

trasportàto |traspor'tato| *agg.* [*portato da un punto a un altro*] transporté *p.p.* ♦ (*s.m.*) *assicurare i* (*terzi*) *trasportati* assurer les tiers transportés.

trasportatóre, trice |trasporta'tore, tritʃe| **I** *agg.* [*che trasporta*] qui transporte *loc.* **II** *s.m.* **1** [*operaio addetto a lavori di trasporto*] transporteur ◇ (*nelle miniere*) *herscheur* *s.* **2** [*chi effettua un trasporto*] transporteur: *affidare il trasloco a un trasportatore* confier le déménagement à un transporteur **3** (*tecnol.*) transporteur: *trasportatore a nastro* transporteur à bande # *trasportatore a circuito chiuso* carrousel ◇ (*agr.*) *trasportatore pneumatico* aéroengranageur.

traspòrto |tras'pɔrto| *s.m.* **1** [→ TRASPORTARE I 1] transport: *trasporto marittimo, aereo* transport maritime, aérien; *mezzi di trasporto* moyens de transport; *società di trasporti* société de transports; *spese di trasporto* frais de transport; *pagare il trasporto* payer le transport **2** [*funerale*] enterrement: *il trasporto* (*funebre*) *avrà luogo giovedì* l'enterrement aura lieu jeudi **3** (*tip.*) *trasporto di un disegno, di un testo* reproduction *f.* d'un dessin, transcription *f.* d'un texte **4** (*mus.*) *trasporto di un brano* transposition *f.* d'un morceau **5** (*mat.*) *trasporto di un termine* transposition d'un terme **6** (*fig.*) [*impeto*] accès; élan: *l'ha detto in un trasporto di rabbia* il l'a dit dans un accès de colère ‖ *glielo ha dato in un trasporto di generosità* il le lui a donné dans un élan de générosité ◇ *loc.* CON TRASPORTO [*con passione*] avec ardeur *f.*; avec passion (*f.*): *si è gettato in quell'impresa con trasporto* il s'est jeté dans cette entreprise avec ardeur ‖ *lo baciò con trasporto* elle l'embrassa avec passion.

traspositóre, trice |traspozi'tore, tritʃe| *s. e agg.* (*mus.*) transpositeur*.

trasposizióne |traspozit'tsjone| *s.* **1** [→ TRASPORRE 1] transposition **2** (*chim.*) réarrangement ◇ (*mat.*, *mus.*) transposition ◇ (*med.*) transposition.

trassàto |tras'sato| *agg.* (*banca*) tiré: *ditta, banca trassata* entreprise, banque tirée.

trasteverìno |trasteve'rino| *agg.* [*di Trastevere*] transtévérin, transtibérien*.

trastullaménto |trastulla'mento| *s.m.* (*raro*) passe-temps *inv.* (*corr.*).

trastullàre |trastul'lare| **A** *v.tr.* (*raro*) **1** [*far divertire* (*un bambino*)] amuser (*corr.*): *il fratello maggiore trastullava la sorellina* le grand frère amusait sa petite sœur **2** [*illudere, lusingare*] bercer (2) (qqn. de vaines promesses): *l'ha trastullata con promesse vane* il l'a bercée de vaines promesses **B** *v.pron. rifl.* TRASTULLARSI **1** [*divertirsi giocando*] s'amuser: *il piccolo si trastullava da solo* l'enfant s'amusait tout seul **2** [*sprecare tempo in sciocchezze*] perdre (53) *tr.* son temps # *smettila di star lì a trastullarti, e dàtti da fare!* cesse de rester planté là à bayer aux corneilles, fais quelque chose!

trastùllo |tras'tullo| *s.m.* (*raro*) **1** [*il trastullare, il trastullarsi*] passe-temps *inv.* (*corr.*) ◇ [*gioco*] jeu **2** [*giocattolo*] jouet ◇ (*fig.*) *essere il trastullo della fortuna* [*subire vari rovesci*] être le jouet de la fortune.

trastullóne |trastul'lone| *s.m.* (*ra-*

ro, fam.) [*chi si trastulla* (B 2)] grand gosse *s.*
trasudaménto |trasuda'mento| *s.m.* [→ TRASUDARE] transsudation (*f.*): *trasudamento di acqua dal muro* transsudation de l'eau à travers un mur.
trasudàre |trasu'dare| **A** *v.intr.* (*aus.* '*essere*') **1** [*filtrare dai pori di un corpo*] transsuder (*aus.* avoir), suinter (*aus.* avoir): *l'acqua trasudava dai muri* l'eau transsudait, suintait des murs; *il liquido trasudava dall'orcio* le liquide suintait de la jarre **2** (*med.*) [*filtrare liquido organico*] exsuder (*aus.* avoir) **B** *v.tr.* **1** [*mandare fuori come sudore*] suinter (*intr.*): *i muri trasudano umidità* l'humidité suinte des murs ✦ (*ass.*) *i muri trasudano* les murs suintent **2** (*fig.*) [*lasciar trasparire*] manifester; respirer: *trasudare entusiasmo* manifester de l'enthousiasme ‖ *trasudare benessere* respirer le bien-être.
trasudàto |trasu'dato| *s.m.* (*med.*) transsudat.
trasudazióne |trasudat'tsjone| *s.f.* [→ TRASUDARE A 1] transsudation.
trasumanàre |trazuma'nare| *v. intr.* (*aus.* '*essere*') (*lett.*) [*superare i limiti della natura umana*] outrepasser *tr.* l'humain.
trasumanazióne |trazumanat'tsjone| *s.f.* (*lett.*) dépassement *m.* (*corr.*) de l'humain.
trasversàle |trazver'sale| **I** *agg.* **1** (*fis., mat.*) transversal* **2** *una* (*via*) *trasversale* une rue transversale **II** *s.f.* (*nel gioco della roulette*) transversale, pleine.
trasversalménte |trazversal'mente| *avv.* [→ TRASVERSALE I 2] transversalement.
trasvèrso |traz'verso| **I** *agg.* **1** [*trasversale*] transversal*: *strada trasversa* route transversale; (chemin de) traverse **2** (*anat.*) transverse **II** *s.m.* (*edil.*) poutre *f.* secondaire, solive *f.* d'enchevêtrure.
trasvolàre |trazvo'lare| *v.tr.* [*attraversare volando*] survoler: *trasvolare l'Atlantico* survoler l'Atlantique.
trasvolàta |trazvo'lata| *s.f.* [*volo senza scali su grande distanza*] traversée: *la trasvolata dell'Atlantico* la traversée de l'Atlantique.
trasvolatóre, trice |trazvola'tore, tritʃe| *s.* [*chi compie una trasvolata*] aviateur*: *è stato il primo trasvolatore dell'Atlantico* il fut le premier aviateur à traverser l'Atlantique.
tràtta |'tratta| *s.f.* **1** [*commercio illegale di persone*] traite: *la tratta degli schiavi, delle bianche* la traite des esclaves, des blanches ◇ (*per est.*) *tratta di mano d'opera* traite de la main-d'œuvre **2** (*comm.*) traite: *tratta di favore* traite de complaisance, en l'air; *tratta documentata* traite documentaire; *spiccare una tratta su qc.* tirer une traite sur qqn.; *pagare, respingere una tratta* payer, protester (refuser) une traite **3** (*raro*) [*tratto di percorso dei mezzi di trasporto pubblici*] parcours *m.* (*corr.*): *le tratte della linea tranviaria* les parcours des lignes de tramways; *nella tratta Pavia Genova, il rapido non effettua fermate* sur le parcours Pavie-Gênes, le rapide n'effectue aucun arrêt **4** (*arc., region.*) → 2 **tratto.**
trattàbile |trat'tabile| *agg.* **1** [→ TRATTARE A 3, 4, 5] qui peut être traité *loc.*, qu'on peut traiter (*loc.*): *pelli trattabili* peaux qu'on peut traiter; *non è un argomento trattabile, questo!* ce n'est pas là un argument qu'on peut traiter! # *prezzo trattabile* prix à débattre **2** (*persone*) [*affabile*] affable: *è un uomo poco trattabile* c'est un homme peu affable.
trattabilità |trattabili'ta| *s.f. inv.* possibilité *var.* de débattre, de traiter: *trattabilità del prezzo* possibilité de débattre un prix ◇ [*affabilità*] affabilité (*var.*): *trattabilità di una persona* affabilité d'une personne.
trattaménto |tratta'mento| *s.m.* **I 1** [*il modo di trattare qc.*] traitement: *un trattamento di favore* un traitement de faveur # *fare un buon, un cattivo trattamento* bien recevoir, mal recevoir; *ricevere un buon, un cattivo trattamento* être bien reçu, mal reçu; *non me lo aspettavo davvero un trattamento simile da te* je ne m'attendais vraiment pas à ce que tu me traites de la sorte **2** [*modo di trattare i clienti* (*spec. per vitto e alloggio*)] service: *il trattamento in quell'albergo è mediocre, discreto* le service dans cet hôtel est médiocre, discret; *il trattamento a bordo lascia un poco a desiderare* le service à bord laisse un peu à désirer **3** [*retribuzione di lavoro dipendente*] traitement, salaire: *la ditta garantisce un buon trattamento economico* cette entreprise garantit un bon traitement, salaire ◇ (*loc.*) *trattamento di quiescenza* pension *f.* de retraite **II 1** [*modo di trattare q.c.*] traitement, soins (*pl.*): *trattamento delle pelli, del tabacco, del vino* traitement des peaux, du tabac, du vin; *trattamento di una ferita* traitement d'une blessure, soins donnés à une blessure; *trattamento chirurgico, radiologico* traitement chirurgical, radiologique; *trattamento della pelle, dei capelli* soins de la peau, des cheveux; *sottoporre un tessuto a uno speciale trattamento* soumettre un tissu à un traitement spécial **2** (*informatica*) *trattamento automatico delle informazioni* traitement automatique des informations.
trattàre |trat'tare| **A** *v.tr.* **1** [*agire* (*verso qc.*) *in un certo modo*] traiter: *non lo hai trattato gentilmente* tu ne l'as pas traité gentiment; *l'ho trattato da amico, come un fratello* je l'ai traité comme un ami, un frère; *trattalo come* (*si*) *merita!* traite-le comme il le mérite! ◇ (*loc.*) *trattare qc. con i guanti* [*con molto riguardo*] prendre (73) des gants avec qqn. ~ *trattare come un cane* traiter comme un chien; *trattare dall'alto in basso* regarder de haut en bas ✦ (*ass. con senso neg.*) *bel modo di trattare!* belle façon d'agir!; *ti pare questo il modo di trattare?* tu crois que c'est une façon d'agir? # *in quell'albergo trattano bene* dans cet hôtel on est bien servi ✦ *rifl.* [*vivere, aver cura di sé*] prendre soin de sa personne, ne rien se refuser: *è uno che si tratta bene* c'est quelqu'un qui prend soin de sa petite personne, qui ne se refuse rien **2** [*aver cura*] prendre soin: *trattare bene, male un vestito* prendre soin, ne pas prendre soin d'un vêtement; *se vuoi che la tua auto duri, trattala meglio* si tu veux que ta voiture dure, prends-en plus soin; *devi saper trattare con cura le piante* tu dois bien savoir prendre soin des plantes **3** [*contrattare, tentare di concludere*] traiter: *sta trattando un affare* il est en train de traiter une affaire # *trattare il prezzo* débattre le prix ◇ [*discutere*] négocier: *trattare la pace, la resa* négocier la paix, la reddition # *trattare una questione con qc.* traiter une question avec qqn. **4** [*vendere*] vendre (53): *trattare un articolo, un prodotto* vendre un article, un produit **5** [*lavorare, manipolare q.c.*] traiter: *trattare le pelli, un tessuto* traiter les peaux, un tissu; *quel vino era stato trattato con sostanze chimiche* ce vin avait été traité avec des substances chimiques **6** (*med.*) [*curare*] traiter, soigner **B** *v.intr.* (*aus.* '*avere*') **1** [*discutere*] traiter (*tr.*): *è un problema di cui hanno già trattato* c'est un problème qu'ils ont déjà traité ◇ [*avere come argomento*] *di che tratta quel film, quel libro?* quel est le sujet de ce film, de ce livre?; *una conferenza che trattava di ecologia* une conférence qui avait pour sujet l'écologie **2** [*aver a che fare*] avoir (28) affaire (avec, à qqn.): *trattare con uno* avoir affaire avec qqn.; *trattiamo solo con gente fidata* nous avons affaire seulement à des personnes de confiance # *è uno con cui non si può trattare* c'est quelqu'un avec qui on ne peut discuter **C** *v. impers.* TRATTARSI [*essere parte in causa; essere questione di*] s'agir de: *tutti trovano scuse quando si tratta di soldi* chacun trouve des excuses dès qu'il s'agit d'argent; '*di che si tratta?*' '*non si tratta solo di decidere*' 'de quoi s'agit-il?' 'il ne s'agit pas seulement de décider'; *pare che non si tratti di suicidio* il semble qu'il ne s'agisse pas d'un suicide # *si tratta di vita o di morte* c'est une question de vie ou de mort; *non puoi lasciar perdere: si tratta del tuo onore* tu ne peux pas laisser tomber (ça): il y va de ton honneur.
trattàrio, i |trat'tarjo, i| *s.m.* (*comm.*) tiré.
trattatista |tratta'tista| *s.* auteur *m.* de traités: *i trattatisti del Settecento* les auteurs de traités du XVIIIe siècle.
trattativa |tratta'tiva| *s.f.* [*preliminari per un accordo*] pourparlers *m. pl.*, negociation: *trattative sindacali, politiche, internazionali* pourparlers syndicaux, politiques, internationaux; négociations syndicales, politiques, internationales; *proseguire, interrompere le trattative* continuer, interrompre les négociations ◇ (*dir.*) *trattativa privata* accords *m. pl.* privés.
trattàto |trat'tato| *s.m.* **1** [*opera didattica che tratta sistematicamente una disciplina*] traité: *trattato di storia contemporanea* traité d'histoire contemporaine **2** (*dir.*) traité: *trattato internazionale, bilaterale, plurilaterale* traité international, bilatéral, plurilatéral; *concludere, ratificare, stipulare un trattato* conclure, ratifier, stipuler un traité.
trattazióne |trattat'tsjone| *s.f.* [→ TRATTARE B 1] développement (*m.*): *una trattazione esauriente, ampia, approfondita* un développement exhaustif, ample, approfondi ◇ [*trattato*] traité (*m.*): *una trattazione di botanica* un traité de botanique.
tratteggiaménto |tratteddʒa'mento| *s.m.* description *f.* à grands traits: *tratteggiamento di una situazione* description à grands traits d'une situation.
tratteggiàre |tratted'dʒare| *v.tr.* **1** [*disegnare a trattini*] *hachurer: *tratteggiare una linea* hachurer une ligne; *tratteggiare i contorni di una figura*

hachurer les contours d'une figure **2** (*fig.*) [*descrivere a grandi linee*] esquisser: *tratteggiare un ambiente sociale, la personalità di un personaggio* esquisser un milieu social, la personnalité d'un grand personnage.

tratteggiàta |tratted'dʒata| *s.f.* ligne *hachurée.

tratteggiatùra |trattedd3a'tura| *s.f.*, **trattéggio, i** |trat'teddʒo, i| *s.m.* (*pitt.*) *hachure *f.*

trattenére |tratte'nere| (188) **A** *v. tr.* **I** (*ogg. di persona*) **1** [*far restare qc. con sé*] retenir (27): *ci ha trattenuto a pranzo* il nous a retenus à dîner ◇ (*formula di congedo*) *non la trattengo* je ne vous retiens pas **2** [*fermare, tenere*] garder; retenir: *lo hanno trattenuto in osservazione all'ospedale* on l'a gardé en observation à l'hôpital; *è stato trattenuto in questura per accertamenti* il a été gardé à la préfecture de police pour vérifications (d'identité) ‖ *l'ho dovuto trattenere, altrimenti gli saltava addosso* j'ai dû le retenir, sinon il lui sautait dessus; *se non lo avessi trattenuto sarebbe caduto* si je ne l'avais pas retenu, il serait tombé; *non so chi* (*che cosa*) *mi trattenga dal dirglielo* je ne sais pas ce qui me retient de le lui dire # *avrebbe voluto parlare, ma era trattenuto dalla timidezza* il aurait voulu parler, mais sa timidité l'en empêchait **II** (*ogg. di cosa*) **1** [*astenersi dall'emettere q.c.*] retenir: *trattenere il fiato* retenir son souffle; *non ha potuto trattenere le lacrime* il n'a pu retenir ses larmes # *non ha potuto trattenere una risata* il n'a pu s'empêcher de rire ◇ (*fig.*) *uno spettacolo da far trattenere il fiato* un spectacle à vous couper le souffle **2** [*dedurre*] retenir # *gli hanno trattenuto l'anticipo sullo stipendio* ils lui ont défalqué l'avance qu'il avait eue sur son salaire **3** [*tenere presso di sé q.c.*] garder: *potete trattenere il pacco, la lettera, finché ripasso?* pouvez-vous garder le paquet, la lettre jusqu'à ce que je revienne? # *trattenere lo stipendio* retenir le salaire **B** *v.pron. rifl.* TRATTENERSI **1** [*restare più a lungo*] rester (*intr.*): *mi tratterrò ancora una settimana* je resterai encore une semaine # *mi sono trattenuta a parlare con un'amica* je me suis arrêtée avec une amie pour parler ◇ (*fig.*) *non voglio trattenermi più a lungo su un problema che abbiamo già dibattuto* je ne veux pas m'arrêter plus longtemps sur un problème que nous avons déjà débattu **2** [*frenare l'impulso di*] s'empêcher, se retenir: *non si è potuto trattenere dal dirle il fatto suo* il n'a pu s'empêcher, se retenir de lui dire ses quatre vérités; *stavo per ribattere, ma mi sono trattenuto* j'allais répondre, mais je me suis retenu.

trattenimènto |tratteni'mento| *s.m.* **1** [*spettacolo*] manifestation *f.*, soirée (*f.*): *trattenimento musicale* manifestation musicale; *trattenimento danzante* soirée dansante ◇ [*ricevimento*] réception (*f.*): *dare un trattenimento* donner une réception **2** (*mil.*) prolongation *f.* du service militaire.

trattenùta |tratte'nuta| *s.f.* [*parte di stipendio versata a enti pubblici*] retenue, précompte (*m.*): *fare, avere delle trattenute* faire, avoir des retenues, des précomptes.

trattino |trat'tino| *s.m.* **1** [*tratto di divisione; tratto di unione*] trait d'union **2** [*tratto di disegno a tratteggio*] *hachure *f.*

trattivo |trat'tivo| *agg.* de traction (*loc. inv.*): *potenza trattiva* puissance de traction.

1 **tràtto** |'tratto| *agg.* (*nella loc. inv.*) A SPADA TRATTA [*risolutamente*] résolument *avv.*, avec acharnement: *difendere le proprie idee a spada tratta* défendre ses idées résolument, avec acharnement.

2 **tràtto** |'tratto| *s.m.* **1** [*il disegnare una linea o un insieme di linee*] trait: *disegnare un paesaggio con pochi tratti di matita* dessiner un paysage en quelques traits de crayon; *cancellare una parola con un tratto di penna* rayer un mot d'un trait de plume # *tratto* (*di pennello*) coup de pinceau ◇ (*tip.*) *'cliché' al tratto* cliché au trait, cliché-trait **2** (*fig.*) [*lineamenti; elementi caratteristici*] traits *pl.*; caractéristique (*f.*): *un viso dai tratti delicati* un visage aux traits délicats ‖ *i tratti di un'epoca, di uno stile* les caractéristiques d'une époque, d'un style **3** [*parte di q.c.*] bout; partie (*f.*): *un tratto di cavo* un bout de câble; *fare un tratto di strada a piedi* faire un bout de chemin à pied ‖ *un tratto di fiume, di mare, di cielo* une partie du fleuve, de la mer, du ciel ◇ (*per est.*) [*distanza tra due punti*] bout: *da qui alla cima c'è ancora un bel tratto* d'ici au sommet il y a encore un bon bout de chemin # *nel, sul tratto Milano-Pavia* entre Milan et Pavie ◇ (*spazio temporale*) *per un certo tratto* (*di tempo*) pour un moment, un certain laps de temps **4** (*loc.*) *a tratti* [*a intervalli*] par moments ~ *a tratto, tutto a un tratto, d'un tratto* tout à coup **5** [*modo di fare*] manières *f. pl.* # *una persona dal tratto signorile* une personne très distinguée **6** (*raro*) [*brano* (*di un'opera*)] passage (*corr.*), morceau (*corr.*) **7** (*mossa agli scacchi*) coup **8** (*anat.*) tractus **9** (*raro*) [*tiro, colpo*] coup (*corr.*).

1 **trattóre** |trat'tore| *s.m.* **1** (*mecc.*) tracteur **2** (*mil.*) *trattore d'artiglieria* tracteur d'artillerie **3** *trattore stradale* locotracteur.

2 **trattóre, trice** |trat'tore, tri-tʃe| *s.* [*proprietario di una* (1) *trattoria*] traiteur *m.*, restaurateur *m.*

3 **trattóre, trice** |trat'tore, tritʃe| *s.* [*operaio addetto alla trattura della seta*] ouvrier* du tirage.

1 **trattorìa** |tratto'ria| *s.f.* [*locale pubblico, modesto, dove si mangia*] petit restaurant *m.*, auberge: *una trattoria con cucina casalinga* un petit restaurant, une auberge où la cuisine est familiale; *mangia sempre in trattoria* il prend tous ses repas au restaurant; *una trattoria di campagna* une auberge campagnarde.

2 **trattorìa** |tratto'ria| *s.f.* filature pour le tirage de la soie.

trattorista |tratto'rista| *s.m.* conducteur de tracteur.

1 **trattrice** |trat'tritʃe| *s.f.* (*geom.*) tractrice.

2 **trattrice** |trat'tritʃe| *s.f.* → **trattore** ◇ (*spec.*) *trattrice stradale* (*per il traino di rimorchi*) tracteur *m.*

trattùra |trat'tura| *s.f.* (*tess.*) tirage *m.* de la soie.

trattùro |trat'turo| *s.m.* sentier (fait par les troupeaux), draille *f.* (*region.*).

tràuma |'trauma| *s.m.* (*med., corr.*) traumatisme, trauma: *riportare un trauma* subir un traumatisme, un trauma ◇ (*fig.*) [*emozione improvvisa e violenta*] *la bocciatura è stata un trauma per lui* son échec l'a traumatisé.

traumàtico, ci, ca, che |trau'matiko, tʃi, ka, ke| *agg.* (*med.*) traumatique.

traumatismo |trauma'tizmo| *s.m.* (*med.*) traumatisme.

traumatizzàre |traumatid'dzare| *v.tr.* **1** (*med.*) [*provocare un trauma*] traumatiser **2** (*fig.*) [*sconvolgere*] traumatiser: *la scoperta della verità l'ha traumatizzata* la découverte de la vérité l'a traumatisée.

traumatizzàto |traumatid'dzato| *agg. e s.* traumatisé: *un* (*soggetto*) *traumatizzato* une personne *f.* traumatisée *agg.*

traumatologìa, gie |traumatolo'dʒia, dʒie| *s.f.* traumatologie.

traumatològico, ci, ca, che |traumato'lɔdʒiko, tʃi, ka, ke| *agg.* traumatologique: *centro traumatologico* centre traumatologique, de traumatologie.

traumatòlogo, gi |trauma'tɔlogo, dʒi| *s.* traumatologue, traumatologiste.

travagliàre |travaʎ'ʎare| (*raro*) **A** *v.tr.* [*causare sofferenza*] tourmenter: *è travagliata dalla malattia* elle est tourmentée par sa maladie, sa maladie la tourmente ◇ (*fig.*) *il rimorso la travaglia* le remord la tourmente **B** *v.intr.* (*aus. 'avere'*) [*penare*] peiner, souffrir (23).

travagliataménte |travaʎʎata'mente| *avv.* (*lett.*) [*penosamente*] péniblement (*corr.*).

travagliàto |travaʎ'ʎato| *agg.* [*tormentato*] tourmenté: *un'esistenza travagliata* une existence tourmentée.

travàglio, i |tra'vaʎʎo, i| *s.m.* **1** [*dolore*] douleur *f.* de l'enfantement, travail* (*arc.*): *il travaglio del parto* les douleurs de l'enfantement; *è in travaglio* elle est en travail (*corr.*); *sala travaglio* salle de travail (*corr.*) ◇ (*per est.*) *travaglio di stomaco* mal* au cœur **2** (*lett.*) [*tormento*] tourment (*corr.*): *il travaglio del dubbio* le tourment du doute **3** (*lett.*) [*fatica penosa*] peine *f.* (*corr.*), labeur (*corr.*).

travaglióso |travaʎ'ʎoso| *agg.* (*lett.*) [*pieno di travaglio*] pénible, laborieux* (*lett.*): *una vita travagliosa* une vie pénible, laborieuse # *un parto travaglioso* un accouchement difficile.

travalicaménto |travalika'mento| *s.m.* (*raro*) [→ TRAVALICARE B] dépassement.

travalicàre |travali'kare| (*lett.*) **A** *v.tr.* → **valicare B** *v.intr.* (*aus. 'avere'*) [*passare; passare i limiti*] passer *tr.* la limite, les bornes.

travalicatóre, trice |travalika'tore, tritʃe| *s. e agg.* → **trasgressore.**

travaménto |trava'mento| *s.m.* (*raro*) → **travatura.**

travasaménto |travaza'mento| *s.m.* (*raro*) → **travaso.**

travasàre |trava'zare| **A** *v.tr.* **1** [*versare del liquido da un recipiente a un altro*] transvaser: *travasare il vino, l'olio* transvaser du vin, de l'huile **2** (*fig.*) [*versare*] déverser: *ha travasato tutta la propria cultura nei figli, nella propria opera* il a déversé toute sa culture sur ses enfants, dans son œuvre **B** *v.pron. intr.* TRAVASARSI (*di liquido*) [*versarsi*] se répandre (53).

travàso |tra'vazo| *s.m.* **1** [→ TRAVASARE A] transvasement; diffusion (*f.*): *travaso di vino* transvasement du vin ‖ *il travaso di idee* la diffusion des idées **2** (*med.*) extravasation (*f.*): *travaso di bile, di sangue* extravasation de bile, de sang **3** (*apicoltura*) transvasement.

travàta |tra'vata| *s.f.* (*edil., mil.*) poutrage *m.* ◇ (*per est.*) → **travatura.**

travàto |tra'vato| *agg.* muni de poutres, à poutres *loc. inv.*

travatùra |trava'tura| *s.f.* **1** poutrage (*m.*): *eseguire la travatura di un soffitto* faire le poutrage d'un plafond **2** (*edil.*) poutrage: *travatura lignea, metallica* poutrage en bois, en métal.

tràve |'trave| *s.f.* **1** (*edil.*) poutre: *trave di legno* poutre de, en bois; *le travi del tetto* les poutres du toit; *trave armata* poutre armée; *puntellare un muro con travi* étayer un mur avec des poutres; *trave di metallo* poutre métallique, longeron ◇ (*aer.*) *trave di coda* section arrière du fuselage **2** (*attrezzo ginnico*) poutre **3** (*loc. fig.*) *fare d'ogni fuscello una trave* [*ingigantire una cosa senza importanza*] voir une poutre en tout brin de paille ~ *vedere la pagliuzza nell'occhio altrui e non vedere la trave nel proprio* voir la paille qui est dans l'œil du prochain et ne pas voir la poutre qui est dans le sien.

travedére |trave'dere| (192) *v.intr.* (*aus.* '*avere*') **1** [*prendere una cosa per un'altra*] se méprendre (73) *pron.* (*lett.*): *era tanto stanco che travedeva* il était si fatigué qu'il se méprenait **2** [*ingannarsi nel giudicare qc., q.c.*] commettre (71) *tr.* une erreur, se tromper (*pron.*): *travedere per l'ira, l'amore* commettre une erreur sous le coup de la colère, de la passion amoureuse # *travede per quel figlio* elle est en adoration devant son fils.

travéggole |tra'veggole| *s.f. pl.* solo nella loc. AVERE LE TRAVEGGOLE [*prendere una cosa per l'altra*] avoir (28) la berlue: *ma non è lui, hai le traveggole!* mais ce n'est pas lui, tu as la berlue!

traveller's cheque |'trævləz 'tʃek| *s.m. inv.* (*ingl.*) traveller's chèque (check) *var.*, chèque *var.* de voyage.

travèrsa |tra'vɛrsa| *s.f.* **1** [*elemento trasversale di legno, ferro*] barreau (*m.*): *le traverse di un cancello* les barreaux d'une grille; *la traversa della sedia* le barreau d'une chaise # *la traversa della ringhiera* la traverse de la rampe **2** (*ferr.*) traverse **3** (*calcio*) barre transversale **4** (*mil.*) mur *m.* de défense **5** [*sbarra e sim. che impedisce l'accesso a un passaggio*] barre transversale: *chiudere una strada con una traversa* barrer une route avec une barre transversale ◇ *ell.* [*strada trasversale*] route transversale: *prendere la prima traversa a sinistra* prendre la première route transversale à gauche **6** (*mar.*) barre traversière **7** [*telo posto di traverso nel letto*] alaise, alèse.

traversaménto |traversa'mento| *s.m.* → **traversata.**

traversàre |traver'sare| *v.tr.* **1** [*attraversare*] traverser: *traversare la strada, un paese* traverser une route, un pays → **attraversare** ◇ (*fig.*) *traversare la strada a qc.* [*creare difficoltà a qc.*] barrer la route à qqn. **2** (*mar.*) *traversare una nave, una barca* [*disporla in direzione parallela rispetto alle onde, e perpendicolare rispetto al vento*] traverser un navire, une barque; *traversare l'ancora* [*recuperarla e metterla orizzontalmente nel suo alloggio*] traverser l'ancre **3** *ass.* (*calcio*) *traversare al centro* [*fare un traversone*] centrer (le ballon) **4** (*alpinismo*) [*fare una traversata*] traverser ♦ (*ass.*) *traversare alla corda* [*spostarsi lungo una parete, lateralmente*] traverser à la corde.

traversàta |traver'sata| *s.f.* **1** [→ TRAVERSARE 1] traversée; trajet (*m.*): *la traversata dell'Atlantico* la traversée de l'Atlantique; *la traversata a nuoto della Manica* la traversée de la Manche à la nage ‖ *compiere in aereo la traversata Roma-Parigi* faire (45) en avion le trajet Rome-Paris ♦ *ass.* [*navigazione*] *la traversata è stata ottima* la traversée a été excellente ◇ (*sport*) *traversata podistica* traversée à pied **2** (*alpinismo*) traversée: *traversata in parete* traversée en paroi **3** (*ginnastica*) traversée.

traversìa |traver'sia| *s.f.* **1** (*raro, mar.*) vent *m.* de travers **2** *al plur.* [*avversità*] adversités: *le traversie della vita* les adversités de la vie.

traversière |traver'sjɛre| *agg.* (*mar.*) traversier*.

traversìna |traver'sina| *s.f.* (*ferr.*) traverse.

traversìno |traver'sino| *s.m.* **1** (*mar.*) traversière *f.* **2** *traversino della maglia* [*rinforzo delle maglie della catena dell'ancora*] entretoise *f.* de maille de chaîne **3** [*cavo sussidiario di ormeggio*] embossure *f.*

travèrso |tra'vɛrso| **I** *agg.* [*trasversale*] transversal* ◇ (*loc.*) *vie traverse*: (*pr.*) voies transversales; (*fig.*) voies détournées **II** *s.m.* **1** (*mar.*) travers: *presentare il traverso* présenter le travers; *mettersi al traverso* se mettre par le travers; *prendere il vento di traverso* prendre le vent par le travers **2** (*loc.*) *sul traverso* [*sulla parte larga di q.c.*] du côté largeur ~ *per il traverso* dans le sens de la largeur ~ *di, per, a traverso* [*obliquamente, trasversalmente*] de travers ~ *andare di traverso*: (*pr.*) (*di cibo*) [*finire nella laringe anziché nell'esofago*] avaler de travers; (*fig.*) *se mi guardi in questo modo mi fai andare la cena di traverso* si tu me regardes comme ça, tu vas me faire avaler de travers ~ *guardare di traverso qc.* regarder qqn. de travers ~ *mi va tutto di traverso oggi* tout me va mal aujourd'hui ~ *prendere q.c. di, per traverso* [*capire male*] prendre (73) mal qqch., comprendre qqch. de travers, mal comprendre qqch.

traversóne |traver'sone| *s.m.* **1** (*calcio*) centre **2** (*scherma*) fendant à la poitrine **3** (*pugilato*) crochet.

travertìno |traver'tino| *s.m.* (*min.*) travertin.

travestiménto |travesti'mento| *s.m.* [→ TRAVESTIRE A 1; B 1] déguisement, travestissement ◇ [*ciò con cui ci si traveste*] *un travestimento perfetto* un déguisement, un travestissement parfait.

travestìre |traves'tire| **A** *v.tr.* **1** [*vestire qc. in modo da renderlo irriconoscibile*] déguiser: *travestire un agente da mendicante* déguiser un agent en mendiant **2** [*trasformare profondamente*] travestir: *travestire il proprio stile* travestir son style; *travestire un tema musicale* travestir un thème musical **B** *v.pron. rifl.* TRAVESTIRSI **1** [*vestirsi in modo da essere irriconoscibile*] se travestir (en), se déguiser (en): *travestirsi da uomo, da donna* se travestir, se déguiser en homme, en femme **2** [*dissimulare la propria vera natura*] se travestir (en): *travestirsi da democratico* se travestir en démocrate # *è un lupo che si traveste da agnello* c'est un loup vêtu d'une peau de mouton.

travestitìsmo |travesti'tizmo| *s.m.* (*psichiatria*) travestisme, transvestisme.

travestìto |traves'tito| **I** *agg.* [*vestito in modo da essere irriconoscibile*] travesti, déguisé: *un poliziotto travestito* un agent de police travesti, déguisé **II** *s.m.* **1** (*psicol.*) travesti **2** [*invertito che si traveste da donna*] travesti.

travestitùra |travesti'tura| *s.f.* → **travestimento.**

travèt |tra'vɛt| *s.m. inv.* (*region.*) [*impiegatuccio*] rond-de-cuir (*var.*): *dei travet* des ronds-de-cuir.

travétto |tra'vetto| *s.m.* (*edil.*) poutrelle *f.*

traviaménto |travia'mento| *s.m.* **1** [→ TRAVIARE A] détournement: *traviamento di una minorenne* détournement d'une mineure **2** [→ TRAVIARE B] égarement, fourvoiement (*lett.*).

traviàre |travi'are| **A** *v.tr.* (*raro, lett.*) [*allontanare dalla strada giusta*] détourner (*corr.*) ◇ (*fig.*) [*corrompere*] corrompre (44), dévoyer (10) (*lett.*): *traviare i giovani* corrompre les jeunes; *è stato traviato dalle cattive compagnie* il a été dévoyé par les mauvaises fréquentations **B** *v.pron. intr.* TRAVIARSI [*allontanarsi dalla retta via*] (se) dévoyer: *si è traviato per colpa delle cattive compagnie* ses mauvaises fréquentations l'ont dévoyé.

traviàto |travi'ato, tra'vjato| *agg.* [*che si è allontanato dalla retta via*] dévoyé: *una ragazza traviata* une fille dévoyée.

traviatóre, trice |travja'tore, tri'tʃe| *s. e agg.* (*raro*) [*chi, che travia*] corrupteur*.

travicèllo |travi'tʃɛllo| *s.m.* (*edil.*) soliveau*: *i travicelli del soffitto* les soliveaux du plafond ◇ (*loc.*) *contare i travicelli* [*stare a letto per pigrizia*] traîner au lit; (*per malattia*) rester au lit.

travisaménto |traviza'mento| *s.m.* **1** [→ TRAVISARE] déformation *f.* **2** (*dir.*) déformation.

travisàre |travi'zare| *v.tr.* **1** *travisare il proprio aspetto* [*alterarlo per ingannare qc.*] déformer son aspect **2** [*falsare l'esposizione, l'interpretazione di fatti e sim.*] déformer: *ha travisato le mie parole* il a déformé mes propos (mes paroles); *stai travisando la realtà, la verità* tu es en train de déformer la réalité, la vérité.

travolgènte |travol'dʒɛnte| *agg.* [*che trascina, cui non si può resistere*] irrésistible: *la furia travolgente delle acque* la furie irrésistible des eaux ◇ (*fig.*) *bellezza, fascino travolgente* beauté, charme irrésistible.

travòlgere |tra'vɔldʒere| (196) *v.tr.* **1** [*investire e trascinare con sé*] emporter: *la valanga travolse due alpinisti* l'avalanche emporta deux alpinistes; *un fiume in piena travolge ogni cosa* une rivière en crue emporte tout sur son passage # *il treno ha travolto un'auto ad un passaggio a livello incustodito* le train a écrasé une voiture à un passage à niveau non gardé ◇ (*fig.*) [*sopraffare*] défaire (45), emporter: *l'attacco improvviso travolse ogni resistenza* la soudaineté de l'attaque défit toute résistance; *fu travolto dalla passione, dall'ira* il fut emporté par la passion, par la colère **2** [*rovinare* (*economicamente*)] ruiner: *la grande crisi travolse migliaia di persone* la grande crise ruina des milliers de personnes **3** (*raro, lett.*) [*volgere q.c. per un altro verso*] tourner (*corr.*) ◇ [*stravolgere*] renverser: *travolgere il viso* renverser le visage # *travolgere gli occhi* rouler les yeux.

travolgiménto |travoldʒi'mento| *s.m.* **1** [→ TRAVOLGERE 1] destruction *f.*, dévastation *f.* **2** (*raro*) [*sconvolgimento*] bouleversement.

travóne |tra'vone| *s.m.* (*edil.*) grosse poutre *f.*

trazióne |tra'tsjone| *s.f.* **1** traction: *mezzo di trazione* moyen de traction **2** (*fis., mecc., med.*) traction.

tre |tre| **I** *agg. numer. card. inv.* **1** trois: *quel bambino ha tre anni* cet enfant a trois ans; *è una casa a tre piani* c'est une maison a trois étages **2** (*con valore indeterminato*) *gli ho detto solo tre parole* je lui ai dit seulement deux mots; *pensaci tre volte, prima di decidere* réfléchis bien avant de décider; *buono? ma è tre volte buono!* bon? mais c'est la bonté même! **II** *s.m. inv.* **1** (*per ell. di un sost.*) [*il numero 3*] trois: *il tre per cento dei voti* trois pour cent des votes; *tre più tre fa sei* trois plus trois égale six, trois et trois font six; *oggi ne abbiamo tre* aujourd'hui nous sommes le trois; *uscite tre alla volta* sortez trois par trois; *mettetevi in fila per tre* mettez-vous en rang par trois; *andiamoci tutti e tre* allons-y tous les trois; *ho tirato i dadi e ho fatto tre* j'ai jeté les dés et j'ai fait trois ◇ (*ell.*) *sono le tre* il est trois heures; *scrivo il tre con riporto* je pose trois avec une retenue **2** *carta da gioco* trois: *il tre di fiori* le trois de trèfle **3** (*loc.*) *non c'è due senza tre* (il n'y a) jamais deux sans trois ~ *le disgrazie vengono sempre a tre per volta* un malheur ne vient jamais seul ~ *avete fatto due, fate anche tre* [*fate altre concessioni*] à tant que faire, donnez le tout ~ *'perché?' 'perché due non fa tre'* [*risposta scherzosa, quando non si sa o non si vuole rispondere*] parce que... parce que.

treàlberi |tre'alberi| *s.m. inv.* (*mar.*) trois-mâts.

trealòsio, i |trea'lɔzjo, i| *s.m.* (*chim.*) tréhalose.

trébbia |'trebbja| *s.f.* (*agr.*) [*trebbiatrice*] batteuse ◇ [*trebbiatura*] battage *m.*

trebbiàre |treb'bjare| *v.tr.* (*agr.*) *trebbiare il grano, l'orzo, l'avena* [*separare i chicchi dalla pula*] battre (76) le blé, l'orge, l'avoine.

trebbiatóre, trice |trebbja'tore, tritʃe| *s.* [*contadino addetto alla trebbiatura*] batteur *m.*

trebbiatrice |trebbja'tritʃe| *s.f.* (*agr.*) batteuse.

trebbiatùra |trebbja'tura| *s.f.* (*agr.*) battage *m.* ◇ [*tempo in cui avviene questa operazione*] battage.

trebisónda |trebi'zonda| *s.f.* (*nella loc. fam.*) *perdere la trebisonda* [*perdere la testa*] perdre le nord, perdre la tête.

tréccia, ce |'trettʃa, tʃe| *s.f.* **1** [*acconciatura formata intrecciando le ciocche di capelli*] tresse, natte: *portare, avere le trecce* porter des tresses, des nattes; *farsi le trecce* se faire des tresses; *sciogliere, disfare le trecce* défaire ses tresses **2** [*due o più elementi intrecciati tra di loro*] tresse: *una treccia di lana, di seta, di cotone* une tresse de laine, de soie, de coton; *treccia di paglia* tresse de paille; *pane a treccia* pain (en forme de) tresse # *una treccia di cipolle* un chapelet d'oignons **3** (*arch.*) tresse.

trecciàio, i |tret'tʃajo, i|, **trecciatóre, trice** |trettʃa'tore, tritʃe| *s.* tresseur* ✦ *s.f.* (*tecnol.*) tresseuse.

trecentésco, chi, ca, che |tretʃen'tesko, ki, ka, ke| *agg.* du XIVᵉ siècle (*loc. inv.*): *un palazzo trecentesco* un palais du XIVᵉ siècle.

trecentèsimo |tretʃen'tɛzimo| *agg. numer. ord. e s.m.* trois centième.

trecentista |tretʃen'tista| *s.* **1** artiste, écrivain *m.* du XIVᵉ siècle **2** spécialiste du XIVᵉ siècle.

trecentistico, ci, ca, che |tretʃen'tistiko, tʃi, ka, ke| *agg.* du XIVᵉ siècle (*loc. inv.*): *la letteratura trecentistica* la littérature du XIVᵉ siècle.

trecènto |tre'tʃɛnto| **1** *agg. numer. card. inv.* trois cent(s) (*var.*): *costa trecento lire* cela coûte trois cents lires; *dista trecentodieci chilometri* il est à trois cent dix kilomètres **2** *s.m. inv.* (*per ell. di un sost.*) [*il numero* 300] *il Trecento* le XIVᵉ siècle; *nel trecento a. C.* en (l'an) 300 avant Jésus Christ (av. J.-C.).

tredicènne |tredi'tʃɛnne| *agg. e s.* de treize ans (*loc. inv.*): *un* (*ragazzo*) *tredicenne* un garçon de treize ans; *una* (*ragazza*) *tredicenne* une fille de treize ans.

tredicèsima |treditʃɛzima| *s.f.* treizième *agg.* mois *m.*

tredicèsimo |tredi'tʃɛzimo| **1** *agg. numer. ord.* treizième: *il secolo tredicesimo* le XIIIᵉ (treizième) siècle; *la tredicesima* (*mensilità*) le treizième mois ◇ (*in unione con nomi di papi, re e con i sost. 'capitolo, volume', ecc.*) treize: *il tredicesimo capitolo* le chapitre treize (XIII): *due alla tredicesima* deux puissance treize **2** *s.m.* [*ciascuna delle tredici parti di una cosa*] treizième.

trédici |'treditʃi| **1** *agg. numer. card. inv.* treize: *a pagina tredici* page treize; *sono le* (*ore*) *tredici* il est treize heures, une heure de l'après-midi; *crede che il numero tredici porti fortuna* il croit que le numéro treize porte bonheur; *parte il* (*giorno*) *tredici* il part le 13 **2** *s.m. inv.* (*per ell. di un sost.*) [*il numero 13*] treize: *il tredici è un numero primo* treize est un nombre premier; *al lotto è uscito il tredici* à la loterie c'est le treize qui est sorti # *è nato nel '13* [*nell'anno 1913*] il est né en 1913.

trefocito |trefo'tʃito| *s.m.* (*med.*) tréphocyte.

tréfolo |'trefolo| *s.m.* [*ciascun gruppo di fili ritorti che costituisce una corda*] toron, brin; *trefoli di un cavo* brins d'un câble.

tregènda |tre'dʒɛnda| *s.f.* [*convegno notturno di streghe e spiriti maligni*] sabbat *m.* ◇ (*fig., anche scherz.*) *atmosfera da tregenda* [*allucinante*] atmosphère hallucinante *agg.*; *notte di tregenda* nuit infernale *agg.*

tréggia, ge |'treddʒa, dʒe| *s.f.* (*tecnol.*) traîneau *m.*

trégua |'tre(ɛ)gwa| *s.f.* **1** (*dir.*) trêve: *fare una tregua* faire (une) trêve; *rompere una tregua* rompre une trêve **2** (*per est.*) [*sospensione temporanea di lotte e sim.*] trêve: *tra i due rivali si è instaurata una lotta senza tregua* entre les deux rivaux une lutte sans trêve s'est instaurée **3** [*requie, sosta*] trêve, répit (*m.*): *i suoi dolori non gli danno tregua* ses douleurs ne lui laissent nulle trêve, nul répit ◇ (*loc.*) *senza tregua* sans relâche, sans arrêt: *ha lavorato per anni senza tregua* pendant des années il a travaillé sans relâche; *piove senza tregua ormai da una settimana* depuis maintenant huit-jours il pleut sans arrêt.

tremànte |tre'mante| *agg.* [*che trema*] tremblant: *era tutto tremante di freddo, di paura* il était tout tremblant de froid, de peur; *aveva la voce tremante per l'emozione* il avait la voix tremblante d'émotion.

tremàre |tre'mare| *v.intr.* (*aus. 'avere'*) **I** (*persone*) **1** [*essere scosso da contrazioni muscolari involontarie*] trembler: *tremava di freddo, di paura* il tremblait de froid, de peur ◇ (*loc. fig.*) *tremare come una foglia* trembler comme une feuille **2** [*essere in ansia; avere paura*] trembler: *trema al pensiero di perderla* il tremble à la pensée de la perdre; *dinanzi a questa possibilità c'è da tremare* quand on envisage cette possibilité, on a de quoi trembler; *tutti tremano davanti a lui* tout le monde tremble devant lui **II** (*cose*) **1** [*essere scosso da oscillazioni*] trembler: *la scossa di terremoto ha fatto tremare la città* la secousse du séisme a fait trembler la ville; *foglie che tremano al vento* feuilles qui tremblent au vent **2** (*di luce*) [*produrre un'immagine vacillante*] trembler, vaciller: *la fiammella della candela trema* la petite flamme de la chandelle vacille ◇ (*di suono*) [*non conservare la stessa intensità*] *la sua voce tremava di emozione* sa voix tremblait d'émotion ◇ (*di vista*) [*offuscarsi*] se troubler (*pron.*): *mi trema la vista* ma vue se trouble.

tremarèlla |trema'rɛlla| *s.f.* (*fam.*) [*brivido di paura*] frisson *m.* (*corr.*): *se ci penso mi viene la tremarella* quand j'y pense, j'en ai la chair de poule, j'ai un frisson dans le dos.

Trematòdi |trema'tɔdi| *s.m. pl.* (*t. zool.*) Trématodes.

tremebóndo |treme'bondo| *agg.* (*lett.*) [*tremante* (*di paura o per l'emozione*)] tremblant (*corr.*) (de peur, d'émotion).

tremèlla |tre'mɛlla| *s.f.* (*t.bot.*) trémelle.

tremendaménte |tremenda'mente| *avv.* (*spec. iperb.*) [→ TREMENDO 3] rudement: *è tremendamente simpatico* il est rudement sympathique # *un bambino tremendamente vivace* un enfant d'une vivacité redoutable.

tremèndo |tre'mɛndo| *agg.* **1** [*che fa tremare di paura*] effrayant: *una maledizione tremenda* une effrayante malédiction; *una vendetta tremenda* une vengeance effrayante **2** [*terribile, spaventoso*] terrible: *una guerra tremenda* une guerre terrible; *un pericolo tremendo* un terrible danger; *è successa una tre-*

menda disgrazia il est arrivé un terrible malheur; *il suo dolore fu tremendo* sa douleur fut terrible **3** (*fam.*, *iperb.*) [*riferito a q.c., qc. che eccede la misura*] terrible: *ho una fame tremenda* j'ai une faim terrible; *fa un caldo tremendo* il fait une terrible chaleur; *è un bambino tremendo* [*troppo vivace*] c'est un enfant terrible.

trementina |tremen'tina| *s.f.* (*chim.*) térébenthine.

tre mèzzi |tre'mɛddzi| *loc. sost. m. inv.* (*mus.*) trois-deux.

tremila |tre'mila| **1** *agg. numer. card. inv.* trois mille: *costa tremila lire* cela coûte trois mille lires **2** *s.m. inv.* (*per ell. di un sost.*) [*il numero 3.000*] trois mille ◇ (*alpinismo*) *i tremila* les trois mille.

trèmito |'trɛmito| *s.m.* [*contrazione muscolare ripetuta*] tremblement: *il tremito della mano* le tremblement de la main; *essere scosso da un tremito convulso* être secoué d'un tremblement convulsif ◇ (*per est.*) [*brivido*] tremblement, frisson.

tremolaménto |tremola'mento| *s.m.* (*raro*) [→ TREMOLARE A] tremblotement.

tremolànte |tremo'lante| *agg.* [*che tremola*] tremblotant: *gelatina tremolante* gélatine tremblotante; *voce tremolante* voix tremblotante.

tremolàre |tremo'lare| **A** *v.intr.* (*aus.* '*avere*') **1** [*tremare leggermente*] trembloter: *le foglie tremolavano alla brezza* les feuilles tremblotaient à la brise; *la gelatina tremolava tutta* la gélatine tremblotait; *il suo viso, riflettendosi nell'acqua, tremolava* son visage, reflété par l'eau, tremblotait **2** [*avere un'intensità intermittente*] scintiller; trembloter: *la luce delle stelle tremolava lontana* la lumière lointaine des étoiles scintillait ‖ *la voce gli tremolava per l'emozione* sa voix tremblotait d'émotion **B** *v.tr.* (*mus.*) [*eseguire col tremolo*] exécuter un trémolo, des trémolos: *tremolare una nota* jouer une note en exécutant un trémolo, des trémolos.

tremolìo, ii |tremo'lio, ii| *s.m.* **1** → **tremito** **2** [*vibrazione, oscillazione*] tremblement, tremblotement: *il tremolio delle foglie* le tremblement des feuilles; *il tremolio della voce, di una nota, di un suono* le tremblement d'une voix, d'une note, d'un son # *il tremolio dell'acqua* l'agitation de l'eau ◇ [*brillio*] scintillement: *il tremolio delle stelle* le scintillement des étoiles.

trèmolo |'trɛmolo| *s.m.* **1** (*mus.*) trémolo **2** → **tremulo** 2.

tremóre |tre'more| *s.m.* **1** [*scosse ripetute che agitano qc., q.c.*] tremblement: *tutto il corpo era preso da tremore* tout son corps était saisi de tremblements ◇ (*med.*) tremblement **2** (*fig.*) [*agitazione psichica*] agitation (*f.*): *viveva in un continuo tremore* il vivait dans une agitation continuelle.

trèmula |'trɛmula| *s.f.* → **tremulo** 2.

trèmulo |'trɛmulo| *agg.* **1** [*che tremola*] scintillant; tremblotant: *la luce tremula delle stelle* la lumière scintillante des étoiles ‖ *voce tremula* voix tremblotante **2** (*t.bot.*) *pioppo tremulo* tremble *s.m.*

trench |trentʃ| *s.m. inv.* (*ingl.*) trench-coat *var.*

trend |trend| *s.m. inv.* (*ingl.*) (*econ.*) tendance *f. var.*

trenétta |tre'netta| *s.f.* [*pasta tipica della cucina ligure*] ⊠.

trenino |tre'nino| *s.m.* [*modellino di treno*] train.

trèno |'trɛno| *s.m.* **1** (*ferr.*) train: *treno merci, viaggiatori* train de marchandises, de voyageurs; *treno locale, accelerato, diretto, direttissimo, rapido* train local, omnibus, direct, express, rapide; *viaggiare in treno* voyager par le train; *prendere, perdere il treno* prendre, manquer le train; *è in arrivo il treno da Milano* le train de Milan entre en gare ◇ (*loc. mil.*) *treno ospedale* train sanitaire **2** [*serie di mezzi di trasporto mobili*] train: *un treno di carri, di pezzi di artiglieria* un train de chars, de pièces d'artillerie ◇ (*mecc.*) *treno di ingranaggi* train d'engrenages ◇ (*loc.*) *treno aereo* train aérien **3** (*auto.*) *treno anteriore, posteriore* train avant, arrière; *un treno di gomme* un train de pneus **4** (*zool.*) (*cane, cavallo*) *treno anteriore, posteriore* train de devant (avant train), train de derrière (arrière train) **5** [*tenore di vita*] train: *avere un treno di vita modesto, lussuoso* avoir un train de vie modeste, luxueux → **tenore** **6** (*fis.*) *treno di onda* train d'ondes **7** (*arc.*) → **seguito**.

trenodìa |treno'dia| *s.f.* **1** [*lamentazione*] lamentation **2** [*canto funebre dell'ant. Grecia*] thrène *m.*

trénta |'trenta| **1** *agg. numer card. inv.* trente: *trenta alunni* trente élèves **2** *s.m. inv.* (*per ell. di un sost.*) [*il numero 30*] trente: *nel'30* pendant les années 30 ◇ (*loc.*) *hai fatto trenta, puoi fare trentuno* [*ti conviene finire quello che hai già iniziato*] tant qu'à faire, va jusqu'au bout.

trentadùe |trenta'due| *agg. numer. card. inv. e s.m. inv.* trente-deux.

trentaduèsimo |trentadu'ɛzimo| **1** *agg. numer. ord.* trente-deuxième: *è il trentaduesimo in graduatoria* il est trente-deuxième au classement **2** *s.m.* [*ciascuna delle trentadue parti di una cosa*] trente-deuxième: *i due trentaduesimi* les deux trente-deuxièmes ◇ (*tip.*) in-trente-deux (*inv.*): *volume in trentaduesimo* volume in-32, in-trente-deux.

trentamila |trenta'mila| **1** *agg. numer. card. inv.* trente mille: *trentamila lire* trente mille lires ◇ (*per est.*) [*un numero infinito*] *te l'ho detto trentamila volte* je te l'ai dit mille fois **2** *s.m. inv.* (*per ell. di un sost.*) [*il numero 30.000*] trente mille.

trentatré |trenta'tre| *agg. numer. card. inv. e s.m. inv.* trente-trois.

trentennàle |trenten'nale| *agg.* de trente ans *loc. inv.*, trentenaire (*raro*), tricennal*: *mutuo trentennale* emprunt de trente ans, trentenaire, tricennal ✦ (*s.m.*) *il trentennale* le trentième *agg.* anniversaire: *il trentennale della Resistenza* le trentième anniversaire de la Résistance.

trentènne |tren'tɛnne| *agg. e s.* de trente ans (*loc. inv.*): *un* (*signore*) *trentenne* un homme (âgé) de trente ans; *una* (*signora*) *trentenne* une femme de trente ans.

trentènnio, i |tren'tɛnnjo, i| *s.m.* période *f.* de trente ans # *nel primo trentennio del secolo* dans les trente premières années du siècle.

trentèsimo |tren'tɛzimo| *agg. numer. ord.* trentième: *essere il trentesimo in graduatoria* être trentième au classement ✦ (*s.m.*) *un trentesimo* un trentième.

trentina |tren'tina| *s.f.* [*complesso di* (*circa*) *trenta unità*] trentaine: *dista una trentina di chilometri* c'est à une trentaine de kilomètres d'ici; *ha una trentina di anni* il a une trentaine d'années.

trentino |tren'tino| *agg.* [*del Trentino, di Trento*] trentin.

trentunèsimo |trentu'nɛzimo| *agg. numer. ord. e s.m.* trente et unième.

trentùno |tren'tuno| **1** *agg. numer. card. inv.* trente et un: *ha trentun anni* il a trente et un ans; *è il giorno trentuno* on est le 31 **2** *s.m. inv.* (*per ell. di un sost.*) [*il numero 31*] trente et un: *verrò il trentuno* je viendrai le 31; *nel '31* en 1931 ✦ (*loc. fig.*) *hai fatto trenta, puoi fare trentuno* [*finisci quello che hai iniziato*] à tant que faire, va donc jusqu'au bout ~ *prendere, voltare il trentuno* [*andarsene*] prendre la tangente ~ *dare nel trentuno* [*capitare male*] mal tomber.

treonina |treo'nina| *s.f.* (*chim.*) treonina.

tre ottàvi |treot'tavi| *loc. sost. m. inv.* (*mus.*) trois-huit *s.m. inv.*

trepestìo, ii |trepes'tio, ii| *s.m.* (*region.*) → **scalpiccio**.

trepidaménte |trepida'mente| *avv.* [→ TREPIDO 1] anxieusement.

trepidànte |trepi'dante| *agg.* [*pieno di trepidazione*] palpitant, anxieux*: *aspettava tutto trepidante* il attendait tout palpitant, tout anxieux.

trepidànza |trepi'dantsa| *s.f.* → **trepidazione**.

trepidàre |trepi'dare| *v.intr.* (*aus.* '*avere*') [*sentirsi pieno di trepidazione*] être (43) anxieux*, trembler: *trepidava nell'attesa* il était anxieux, il tremblait en attendant.

trepidazióne |trepidat'tsjone| *s.f.* [*preoccupazione ansiosa*] anxiété: *aspettava con trepidazione il verdetto del medico, del giudice* il attendait avec anxiété le verdict du médecin, du juge.

trèpido |'trɛpido| *agg.* (*lett.*) **1** [*pieno di preoccupazione ansiosa*] anxieux* (*corr.*) # *lo aspettava con cuore trepido* elle l'attendait le cœur plein d'anxiété, le cœur battant; *era in trepida attesa* elle attendait anxieusement **2** [*che palpita*] tremblant: *luce trepida* lumière tremblante, vacillante.

treponèma |trepo'nɛma| *s.m.* (*batteriologia*) tréponème.

treponemòsi |trepone'mɔzi| *s.f. inv.* (*med.*) tréponématose *var.*

treppiède |trep'pjɛde| *s.m.* [*sostegno a tre piedi*] trépied: *treppiede da cucina* trépied de cuisine; *treppiede per macchine fotografiche, per mitragliatrici* trépied pour appareils (de) photos, pour mitrailleuses.

tre(p)pónti |tre(p)'ponti| *s.m. inv.* (*mar.*) troisponts.

trequàrti |tre(k)'kwarti| *s.m. inv.* **1** (*abbligl.*) trois-quarts: *portava un trequarti* elle portait un trois-quarts **2** (*chir.*) trocart *var.* **3** (*rugby*) trois-quarts.

trésca, che |treska, ke| *s.f.* **1** [*amorazzo*] liaison: *avere una tresca con qc.* avoir une liaison avec qqn. **2** (*raro*) [*intrigo, imbroglio*] intrigue: *ordire, smascherare una tresca* ourdir, démasquer une intrigue **3** [*antico ballo contadino*] ⊠.

trescàre |tres'kare| *v.intr.* (*aus.* '*ave-*

re') **1** [*avere una tresca con qc.*] avoir (28) *tr.* une liaison avec qqn. **2** (*raro*) [*tramare intrighi*] intriguer (*corr.*).

trescóne |tres'kone| *s.m.* danse *f.* paysanne.

tréspolo |'trespolo| *s.m.* **1** [*sostegno a tre, quattro piedi*] tréteau, chevalet # *il trespolo del pappagallo* le perchoir du perroquet **2** (*fig., scherz.*) [*veicolo vecchio e malandato*] guimbarde *f.*, tacot (*fam.*).

tressètte |tres'sɛtte| *s.m. inv.* [*gioco di carte*] ⊠ ◇ (*loc. fig.*) *giocare a tressette scoperto* [*in modo chiaro*] jouer cartes sur table.

trevigiàno |trevi'dʒano| *agg.* [*di Treviso*] trévisan.

tri- |tri| *pref.* **1** (*chim.*) (*significa 'tre atomi, molecole, elementi', corrisponde gener. a*) tri: *triacido* triacide **2** (*in accezioni scient. significa 'tre', corrisponde gener. a*) tri: *triciclo* tricycle.

triàca, che |tri'aka, ke| *s.f.* (*ant.*) [*preparato farmaceutico per vari mali*] thériaque ◇ (*per est.*) [*panacea*] panacée.

triàcido |tri'atʃido| *agg.* (*chim.*) triacide *s.m.*

triade |'triade| *s.f.* **1** (*mus.*) tierce **2** (*relig.*) triade ◇ (*per est.*) [*tre persone*] triade.

triàdico, ci, ca, che |tri'adiko, tʃi, ka, ke| *agg.* triadique.

triandria |trian'dria| *s.f.* (*scient.*) triandrie.

1 **triangolàre** |triango'lare| *agg.* **1** (*anat., geom.*) triangulaire **2** (*fig.*) [*che avviene tra tre parti*] triangulaire: *accordo, incontro triangolare* accord, épreuve (compétition) triangulaire ✦ *s.m.* (*sport*) *un triangolare* un meeting triangulaire *agg.*

2 **triangolàre** |triango'lare| *v.tr.* **1** (*geodesia*) [*misurare per mezzo di triangolazione*] trianguler **2** (*calcio*) [*passarsi il pallone mediante triangolazioni*] se faire (45) des passes.

triangolazióne |triangolat'tsjone| *s.f.* **1** (*geodesia*) triangulation **2** (*calcio*) passe (entre deux ou trois joueurs), triangle *m.*

triàngolo |tri'angolo| *s.m.* **1** (*geom.*) triangle: *triangolo equilatero, scaleno* triangle équilatéral, scalène ◇ (*per est.*) [*oggetto a forma di triangolo*] *un triangolo di stoffa* un triangle de toile # *un triangolo di spugna per neonati* une pointe en éponge pour les nouveau-nés **2** *loc.* A TRIANGOLO en triangle: *assicelle disposte a triangolo* petites planches disposées en triangle **3** (*auto.*) triangle **4** (*mus.*) triangle **5** (*fig.*) [*disposizione a triangolo di tre elementi*] triangle: *il triangolo industriale* le triangle industriel **6** (*fig.*) *il solito, il classico triangolo* [*la triade di marito, moglie, amante*] le ménage à trois.

triarchia |triar'kia| *s.f.* → **triunvirato.**

triàrio, i |tri'arjo, i| *s.m.* (*st. rom.*) triaire.

trias |'trias| *s.m. inv.* (*geol.*) trias.

triàssico, ci, ca, che |tri'assiko, tʃi, ka, ke| (*geol.*) *agg.* triasique ✦ *s.m.* trias.

triathlon |'triatlon| *s.m. inv.* (*sport*) triathlon *var.*

triatòmico, ci, ca, che |tria'tɔmiko, tʃi, ka, ke| *agg.* (*chim.*) triatomique.

tribade |'tribade| *s.f.* tribade.

tribàle |tri'bale| *agg.* (*sociol.*) tribal*: *organizzazione sociale tribale* organisation sociale tribale.

tribalìsmo |triba'lizmo| *s.m.* (*sociol.*) tribalisme.

tribàsico, ci, ca, che |tri'baziko, tʃi, ka, ke| *agg.* (*chim.*) tribasique.

tribo- |'tribo| *pref.* (*significa 'sfregamento, attrito', corrisponde gener. a*) tribo: *triboluminescenza* triboluminescence.

triboelettricità |triboelettritʃi'ta| *s.f. inv.* (*fis.*) tribo-électricité *var.*

triboelèttrico, ci, ca, che |triboe'lɛttriko, tʃi, ka, ke| *agg.* (*fis.*) tribo-électrique.

tribolaménto |tribola'mento| *s.m.* (*raro*) → **tribolazione.**

tribolàre |tribo'lare| **A** *v.tr.* (*raro*) [*affliggere, tormentare*] affliger (3) (*corr.*), tourmenter (*corr.*) **B** *v.intr.* (*aus. 'avere'*) [*soffrire, far soffrire dolori fisici e morali*] faire (45) souffrir: *quel figlio l'ha fatto tribolare per tutta la vita* ce fils l'a fait souffrir toute la vie ✦ (*ass.*) *poveretto, ha finito di tribolare* [*è morto*] le pauvre, il a fini de souffrir ◇ (*in usi iperb.*) *ho dovuto tribolare prima di convincerlo* j'ai eu beaucoup de mal à le convaincre.

tribolataménte |tribolata'mente| *avv.* (*raro*) → **penosamente.**

tribolàto |tribo'lato| *agg.* plein de tribulations: *una vita tribolata* une vie pleine de tribulations.

tribolazióne |tribolat'tsjone| *s.f.* **1** [*tormento, sofferenza*] tourment *m.*, souffrance **2** [*sofferenza fisica, morale*] tribulation: *poveretto, nella sua vita ha conosciuto solo tribolazioni* le pauvre, dans sa vie il n'a connu que des tribulations ◇ [*qc., q.c. che dà dolore*] croix: *sei tu la mia tribolazione!* tu es ma croix!

tribolo |'tribolo| *s.m.* **1** (*t. bot.*) ronce *f.* **2** (*st. mil.*) chausse-trappe *f.* **3** clou à quatre pointes **4** (*raro, fig.*) → **tribolazione.**

tribologia, gie |tribolo'dʒia, dʒie| *s.f.* tribologie.

tribolóso |tribo'loso| *agg.* **1** → **pungente, spinoso** **2** (*fig.*) → **tribolato.**

triboluminescènza |triboluminef'ʃɛntsa| *s.f.* (*scient.*) triboluminescence.

tribórdo |tri'bordo| *s.m.* (*mar.*) tribord.

tribraco, chi |'tribrako, ki| *s.m.* (*metr.*) tribraque.

tribù |tri'bu| *s.f. inv.* **1** (*etn.*) tribu (*var.*): *un capo tribù africano* un chef de tribu africain ◇ (*st.*) *le tribù romane* les tribus romaines **2** (*biol.*) tribu **3** (*scherz.*) [*famiglia numerosa*] smala *var.* (*fam.*): *verrò con tutta la* (*mia*) *tribù* je viendrai avec toute ma smala.

tribùna |tri'buna| *s.f.* **1** tribune: *la tribuna della stampa* la tribune de la presse; *tribuna riservata al pubblico* tribune réservée au public ◇ [*palco per gli spettatori in stadi e sim.*] *un biglietto di tribuna* un billet de tribune **2** [*posto elevato per oratori*] tribune: *parlare dalla tribuna* parler de la tribune **3** (*st. rom.*) tribune **4** [*dibattito radiotelevisivo*] tribune: *tribuna sindacale, elettorale* tribune syndicale, électorale.

tribunàle |tribu'nale| *s.m.* **1** tribunal*: *tribunale militare* tribunal militaire; *presidente del tribunale* président du tribunal; *tribunale per minorenni* tribunal pour enfants; *presentarsi in tribunale* se présenter au tribunal **2** (*fig.*) [*persona, ente a cui si deve rendere conto del proprio operato*] tribunal: *il tribunale di Dio, della coscienza* le tribunal de Dieu, de la conscience.

tribunalésco, chi, ca, che |tribuna'lesko, ki, ka, ke| *agg.* (*spreg.*) de tribunal *loc. inv.* (*corr.*).

tribunàto |tribu'nato| *s.m.* (*st. rom.*) tribunat.

tribunésco, chi, ca, che |tribu'nesko, ki, ka, ke| *agg.* (*spreg.*) démagogique: *un atteggiamento tribunesco* une attitude démagogique.

tribunìzio, i |tribu'nittsjo, i| *agg.* (*st. rom.*) tribunitien*: *potestà tribunizia* pouvoir tribunitien.

tribùno |tri'buno| *s.m.* **1** (*st.*) tribun **2** (*fig.*) [*demagogo*] tribun, démagogue: *un discorso da tribuno* un discours de tribun, de démagogue.

tributàre |tribu'tare| *v.tr.* [*dare un riconoscimento morale a qc.*] rendre (53): *la nazione gli tributò grandi onori* la nation lui rendit de grands honneurs # *tutto il paese gli tributò dimostrazioni di stima* tout le pays lui prodigua des démonstrations d'estime.

tributàrio, i |tribu'tarjo, i| *agg.* **1** (*econ.*) fiscal*: *diritto tributario* droit fiscal; *sistema tributario* système fiscal; *riforma tributaria* réforme fiscale; *reati tributari* délits fiscaux **2** (*st.*) tributaire **3** (*geogr.*) tributaire: *un* (*fiume*) *tributario del Po* un fleuve tributaire du Pô → **affluente.**

1 **tribùto** |tri'buto| *agg.* (*st.*) tribute: *comizio tributo* comice tribute.

2 **tribùto** |tri'buto| *s.m.* **1** (*dir.*) tribut, impôt, contribution (*f.*): *imporre un tributo* imposer un tribut, une contribution; *esentare da un tributo* exempter d'un impôt **2** (*fig.*) [*ciò che si dà per adempiere a un dovere e sim.*] tribut: *pagare al progresso un tributo pesante* payer au progrès un lourd tribut; *pagare il proprio tributo di sangue, di lacrime alla patria* payer son tribut de sang, de larmes à la patrie.

tric |'trik| *inter.* (*onomat.*) tric → **trac, tric(-)trac.**

tricèfalo |tri'tʃɛfalo| *agg.* tricéphale.

trichèco, chi |tri'kɛko, ki| *s.m.* (*t.zool.*) morse.

trichìasi |tri'kiazi| *s.f. inv.* (*med.*) trichiasis *m.*

trichìna |tri'kina| *s.f.* (*t.zool.*) trichine.

trichinòsi |triki'nɔzi| *s.f. inv.* (*med.*) trichinose *var.*

triciclo |tri'tʃiklo| *s.m.* tricycle; triporteur: *triciclo per bambini* tricycle pour enfants ‖ *triciclo per trasporto merci* triporteur pour le transport de(s) marchandises.

tricipite |tri'tʃipite| **1** *s.m. e agg.* (*anat.*) triceps **2** *agg.* (*lett.*) [*che ha tre teste*] tricéphale.

triclìnio, i |tri'klinjo, i| *s.m.* (*archeol.*) triclinium.

triclìno |tri'klino| *agg.* (*miner.*) triclinique ✦ *s.m.* système triclinique *agg.*

tricloroacètico, ci, ca, che |trikloroa'tʃɛtiko, tʃi, ka, ke| *agg.* (*chim.*) trichloracétique.

trico- |'triko| *pref.* (*significa 'pelo, capello', corrisponde gener. a*) trich(o): *tricofito* trichophyton.

tricocèfalo |triko'tʃɛfalo| *s.m.* (*zool.*) trichocéphale.

tricòfito |tri'kɔfito| *s.m.* (*t.bot.*) trichophyton.

tricolòma |triko'lɔma| *s.m.* (*bot.*) tricholome.

tricolóre |triko'lore| **I** *agg.* tricolore: *bandiera, maglia tricolore* drapeau, maillot, chandail tricolore ◇ (*per est.*) [*il titolo di campione d'Italia ciclistico*] *porta la maglia tricolore* il porte le maillot tricolore **II** *s.m.* IL TRICOLORE **1** drapeau tricolore: *sulla vetta sventola il tricolore* au sommet flotte le drapeau tricolore **2** (*ciclismo*) *indossare il tricolore* porter le maillot tricolore.

tricòma |tri'kɔma| *s.m.* (*bot., med., zool.*) trichoma, trichome.

Tricomonàdidi |trikomo'nadidi| *s.m. pl.* (*t.zool.*) Trichomonas.

tricoptilòsi |trikopti'lɔzi| *s.f. inv.* (*med.*) trichoptilose *var.*

tricòrdo |tri'kɔrdo| **1** *agg.* à trois cordes *loc. inv.* **2** *s.m.* (*mus.*) pandore *f.*

tricòrno |tri'kɔrno| *s.m.* tricorne ◇ [*berretto a tre spicchi dei preti*] barrette *f.*

tricòsi |tri'kɔzi| *s.f. inv.* (*med.*) trichose *var.*

'tricot' |tʀiko| *s.m. inv.* tricot *var.*

Tricòtteri |tri'kɔtteri| *s.m. pl.* (*t. zool.*) Trichoptères.

tricromìa |trikro'mia| *s.f.* (*tip.*) trichromie.

tric(-)trac |trik'trak| **1** *s.m. inv.* [*tavola reale*] trictrac *var.* **2** *inter.* (*riproduce un rumore secco a due tempi*) tric trac.

tricuspidàle |trikuspi'dale| *agg.* **1** (*arch.*) tricuspidé: *facciata tricuspidale* façade tricuspidée **2** (*anat.*) tricuspidé.

tricuspidàto |trikuspi'dato| *agg.* (*anat.*) tricuspide.

tricùspide |tri'kuspide| *agg.* tricuspide.

tridàcna |tri'dakna| *s.f.* (*t.zool.*) tridacne *m.*

tridàttilo |tri'dattilo| *agg.* (*zool.*) tridactyle: *uccello tridattilo* oiseau tridactyle.

tridentàto |triden'tato| *agg.* (*lett.*) tridenté (*corr.*).

tridènte |tri'dɛnte| *s.m.* trident.

tridentino |triden'tino| *agg.* (*solo in alcune loc. st., geogr.*) [*trentino*] de Trente (*loc. inv.*): *concilio tridentino* concile de Trente # *Venezia tridentina* Trentin-Haut-Adige.

tridimensionàle |tridimensjo'nale| *agg.* tridimensionnel*: *immagine tridimensionale* image tridimensionnelle.

tridimensionalità |tridimensjonali'ta| *s.f. inv.* caractère *m. var.* de ce qui est tridimensionnel, tridimensionnalité *var.* (*raro*).

triduo |'triduo| *s.m.* (*eccl.*) triduum.

trièdrico, ci, ca, che |tri'ɛdriko, tʃi, ka, ke| *agg.* (*geom.*) trièdre: *prisma triedrico* prisme trièdre.

trièdro |tri'ɛdro| *s.m.* (*mat.*) trièdre.

trielina |trie'lina| *s.f.* (*chim.*) trichloréthylène *m.*

triennàle |trien'nale| *agg.* **1** triennal*: *corso di specializzazione triennale* cours de spécialisation triennal **2** [*che ricorre ogni tre anni*] triennal: *celebrazione triennale* célébration triennale ◆ (*s.f.*) *la triennale* l'exposition triennale *agg.*

triènne |tri'ɛnne| *agg.* **1** (âgé) de trois ans **2** → **triennale.**

triènnio, i |tri'ɛnnjo, i| *s.m.* trois ans, triennat: *è stato in carica un triennio* sa charge a été de trois ans; *un triennio di studi* des études qui durent trois ans.

trièra |tri'ɛra| *s.f.* (*st. mar.*) trière.

trieràrca, chi |trie'rarka, ki| *s.m.* triérarque.

triestino |tries'tino| *agg.* [*di Trieste*] triestin.

trifàse |tri'faze| *agg.* (*elettr.*) triphasé.

trifàsico, ci, ca, che |tri'faziko, tʃi, ka, ke| *agg.* (*elettr.*) triphasé.

trìfido |'trifido| *agg.* (*bot.*) trifide: *foglia trifida* feuille trifide.

trifogliàio, i |trifoʎ'ʎajo, i| *s.m.* champ de trèfle, tréflière *f.* (*raro*).

trifogliàto |trifoʎ'ʎato| *agg.* **1** (*bot.*) trifolié **2** (*arald.*) tréflé.

trifòglio, i |tri'fɔʎʎo, i| *s.m.* (*t. bot.*) trèfle.

trìfola |'trifola| *s.f.* (*region.*) → **tartufo.**

trifolàto |trifo'lato| *agg.* (*cuc.*) **1** assaisonné avec de l'huile, de l'ail et du persil **2** [*condito con tartufo*] truffé.

trìfora |'trifora| *s.f.* (*arch.*) fenêtre trilobée *agg.*

triforcùto |trifor'kuto| *agg.* à trois branches *loc. inv.*

trifòrio, i |tri'fɔrjo, i| *s.m.* (*arch.*) triforium.

trifórme |tri'forme| *agg.* (*lett.*) triforme.

trìgamo |'trigamo| *agg. e s.m.* trigame.

trigèmino |tri'dʒɛmino| **1** *agg. e s.m.* (*anat.*) *il* (*nervo*) *trigemino* le (nerf) trijumeau **2** *agg.* [*trigemellare*] trigémellaire: *gravidanza trigemina* grossesse trigémellaire # *parto trigemino* accouchement de triplés, triplets ◇ (*per est.*) [*ogni nato da parto trigemino*] trijumeau.

trigèsimo |tri'dʒɛzimo| **1** *s.m.* [*trentesimo giorno dopo la morte di qc.*] trentième jour (après) ◇ (*liturg.*) le trentième jour (après) **2** *agg.* (*raro*) → **trentesimo.**

trìglia |'triʎʎa| *s.f.* **1** (*t.zool.*) rouget *m.* ~ *triglia di scoglio* surmulet *m.* ~ *triglia di fango* rouget barbet **2** (*loc. fig.*) *fare l'occhio di triglia a qc.* [*guardarlo languidamente*] faire des yeux de merlan frit.

trìglifo |'triglifo| *s.m.* (*arch.*) triglyphe.

trigonàle |trigo'nale| *agg.* **1** trigonal* **2** (*miner.*) triangulaire.

trigonèlla |trigo'nɛlla| *s.f.* (*t.bot.*) trigonelle.

trìgono |'trigono| **1** *agg.* triangulaire, trigone (*raro*) **2** *s.m.* (*anat., astrol.*) trigone.

trigonometrìa |trigonome'tria| *s.f.* (*mat.*) trigonométrie.

trigonomètrico, ci, ca, che |trigono'mɛtriko, tʃi, ka, ke| *agg.* (*mat.*) trigonométrique: *funzione trigonometrica* fonction trigonométrique.

trilateràle |trilate'rale| *agg.* triparti, tripartite, trilatéral*: *patto trilaterale* pacte tripartite, trilatéral.

trilàtero |tri'latero| **1** *agg.* qui a trois côtés *loc.*, trilatéral*: *vela trilatera* voile trilatérale # *figura trilatera* figure à trois côtés **2** *s.m.* (*mat.*) trilatère.

trilineàre |triline'are| *agg.* (*mat.*) trilinéaire.

trilingàggio, i |trilin'gaddʒo, i| *s.m.* (*mar.*) trélingage.

trilingue |tri'lingwe| *agg.* **1** trilingue: *interprete trilingue* interprète trilingue **2** [*di luogo in cui si parlano tre lingue*] trilingue: *regione trilingue* région trilingue **3** [*scritto in tre lingue*] trilingue: *vocabolario trilingue* dictionnaire trilingue.

trilinguismo |trilin'gwizmo| *s.m.* caractère trilingue *agg.*; emploi de trois langues.

trilióne |tri'ljone| *s.m.* (*mat.*) trillion.

trillàre |tril'lare| *v.intr.* (*aus.* '*avere*') **1** (*mus.*) [*far un trillo*] triller: *trillare su delle note* triller sur des notes **2** [*emettere dei trilli*] triller: *l'allodola trilla* l'alouette trille; *sento trillare il campanello* j'entends la sonnette triller.

trillo |'trillo| *s.m.* **1** (*mus.*) trille: *il trillo del violino* le trille du violon **2** [*suono vibrato*] tintement: *il trillo del campanello* le tintement de la sonnette ◇ [*canto sim. al trillo*] trille: *il trillo dell'allodola, dell'usignolo* le trille de l'alouette, du rossignol.

trilobàto |trilo'bato| *agg.* **1** (*arch.*) tréflé **2** (*bot.*) trilobé.

trilobite |trilo'bite| *s.f.* (*paleont.*) trilobite *m.*

triloculàre |triloku'lare| *agg.* (*bot.*) triloculaire: *frutto triloculare* fruit triloculaire.

trilogia, gie |trilo'dʒia, dʒie| *s.f.* **1** (*st. teat., letter.*) trilogie: *la trilogia di Eschilo* la trilogie d'Eschile **2** (*per est.*) [*serie di tre elementi*] trilogie **3** (*med.*) trilogie.

trilùstre |tri'lustre| *agg.* (*lett.*) de trois lustres *loc. inv.* (*corr.*).

trimaràno |trima'rano| *s.m.* (*mar.*) trimaran.

trìmero |'trimero| **1** *agg.* (*biol., bot.*) trimère **2** *s.m.* (*chim.*) trimère.

trimestràle |trimes'trale| *agg.* trimestriel*: *periodo trimestrale* période trimestrielle ◇ [*che ricorre ogni tre mesi*] *pubblicazione trimestrale* publication trimestrielle.

trimestralménte |trimestral'mente| *avv.* [*ogni trimestre*] trimestriellement.

trimèstre |tri'mestre| *s.m.* **1** trimestre: *un trimestre scolastico* un trimestre scolaire **2** [*somma dovuta ogni tre mesi*] trimestre: *pagare il trimestre* payer le trimestre; *incassare il trimestre* toucher son trimestre.

trìmetro |'trimetro| *s.m.* (*metr.*) trimètre.

trimotóre |trimo'tore| *agg.* trimoteur: *aereo trimotore* avion trimoteur ◆ (*s.m.*) *un trimotore* un trimoteur.

trimùrti |tri'murti| *s.f. inv.* (*relig. indù*) trimurti *var.*

trina |'trina| *s.f.* [*merletto*] dentelle: *un colletto di trina* un petit col de dentelle; *trina ricamata* dentelle brodée ◇ (*loc.*) *sembrare una trina* [*cristallizzazione che suscita una impressione di estrema lievità*] ressembler à de la dentelle.

trinàto |tri'nato| *agg.* orné de dentelle.

trinca, che |'trinka; ke| *s.f.* (*mar.*) trélingage *m.*, rousture ◇ (*loc.*) *nuovo di trinca*: (*pr., fig.*) flambant *agg. inv.* neuf*.

1 **trincàre** |trin'kare| *v.tr.* (*mar.*) [*legare con una trinca*] faire (45) la liure du beaupré.

2 **trincàre** |trin'kare| *v.tr.* (*fam.*) [*bere in modo smodato*] trinquer *intr.* (*pop.*), picoler *intr.* (*pop.*): *trincare vino* trinquer, picoler ♦ (*ass.*) *gli piace trincare* il aime trinquer, picoler.

trincarìno |trinka'rino| *s.m.* (*mar.*) gouttière *f.* # *lamiera di trincarino* tôle-gouttière.

trincàta |trin'kata| *s.f.* (*pop.*) [*il* (2) *trincare*] *fare una trincata* boire un coup *m.*

trincatóre, trice |trinka'tore, tritʃe| *agg. e s.* gros* buveur*.

trincatùra |trinka'tura| *s.f.* (*mar.*) trélingage *m.*, liure.

trincèa |trin'tʃɛa| *s.f.* **1** (*mil.*) tranchée: *uscire dalla trincea all'assalto* sortir de la tranchée pour monter à l'assaut ◇ (*loc.*) *guerra di trincea* guerre de tranchée, de position **2** [*scavo praticato nella terra in senso longitudinale*] tranchée: *scavare una trincea per gettare le fondamenta* creuser une tranchée pour établir les fondations.

trinceraménto |trintʃera'mento| *s.m.* [→ TRINCERARE] fortification *f.* avec tranchées; retranchement ◇ [*insieme di più trincee*] tranchées *f. pl.*

trinceràre |trintʃe'rare| **A** *v.tr.* [*fortificare con trincee*] fortifier par des tranchées **B** *v.pron. intr.* TRINCERARSI **1** [*proteggersi per mezzo di trincee*] se retrancher: *i soldati si trincerarono dietro il fiume* les soldats se retranchèrent derrière le fleuve **2** (*fig.*) [*farsi scudo di q.c. per non dire, non fare q.c.*] se retrancher: *l'imputato si trincerò dietro un mutismo ostinato* l'accusé se retrancha derrière un mutisme obstiné.

trinceràto |trintʃe'rato| *agg.* muni, fortifié de tranchées: *un luogo trincerato* un lieu muni, fortifié de tranchées.

trincétto |trin'tʃetto| *s.m.* (*tecnol.*) tranchet.

trinchettina |trinket'tina| *s.f.* (*mar.*) trinquette, petit foc *m.*

trinchétto |trin'ketto| *s.m.* (*mar.*) **1** (*albero di*) *trinchetto* mât de misaine *f.* **2** (*vela di*) *trinchetto* (voile de) misaine.

trinciafièno |trintʃa'fjɛno| *s.m. inv.* (*agr.*) coupe-foin.

trinciaforàggi |trintʃafo'raddʒi| *s.m. inv.* (*agr.*) *hache-paille, hache-fourrage.

trinciaménto |trintʃa'mento| *s.m.* (*raro*) [→ TRINCIARE] decoupage, *hachage.

trinciànte |trin'tʃante| *s.m.* couteau à découper.

trinciapàglia |trintʃa'paʎʎa| *s.m. inv.* (*agr.*) *hache-paille.

trinciapóllo |trintʃa'pollo| *s.m. inv.* [*forbici per tagliare a pezzi polli e sim.*] ciseaux *pl.*, sécateur *var.* à volailles.

trinciaradici |trintʃara'ditʃi| *s.m. inv.* (*agr.*) couperacines.

trinciàre |trin'tʃare| **A** *v.tr.* **1** [*tagliare a striscioline e sim.*] découper; *hacher: *trinciare il pollo* découper un poulet ‖ *trinciare il tabacco* hacher du tabac ◇ (*per est.*) [*tagliare*] couper: *trinciare q.c. col coltello* couper qqch. avec un couteau **2** (*loc. fig.*) *trinciare l'aria con grandi gesti* fendre (53) l'air de ses bras ~ *trinciare giudizi su qc., q.c.* émettre (71) des jugements à tort et à travers sur qqn., trancher de tout **B** *v.pron. intr.* TRINCIARSI (*di tessuti*) [*tagliarsi lungo le pieghe, le cuciture*] se déchirer: *la seta si trincia facilmente* la soie se déchire facilement.

trinciàto |trin'tʃato| **I** *agg.* **1** (*bot.*) dentelé **2** (*arald.*) tranché **II** *s.m.* **1** [*tabacco forte o dolce per pipa, per sigarette*] tabac *haché *agg.*, râpé *agg.* **2** (*arald.*) écu tranché *agg.*

trinciatóre, trice |trintʃa'tore, tritʃe| **1** *agg.* qui *hache (*loc.*): *macchina trinciatrice* machine qui hache **2** *s.m.* [*operaio che trincia il tabacco*] *hacheur (de tabac).

trinciatrice |trintʃa'tritʃe| *s.f.* (*tecnol.*) machine à *hacher.

trinciatùberi |trintʃa'tuberi| *s.m. inv.* → **trinciaradici.**

trinciatùra |trintʃa'tura| *s.f.* **1** [→ TRINCIARE A 1] *hachage *m.*, *hachement (*m.*): *la trinciatura del tabacco* le hachage, le hachement du tabac **2** [*materiale trinciato*] rognures (*pl.*): *trinciatura di cuoio* rognures de cuir.

trincóne |trin'kone| *s.* [*gran bevitore*] gros* buveur*, soûlard (*pop.*).

trinità |trini'ta| *s.f. inv.* (*teol.*) trinité (*var.*): *la Trinità* la Trinité; *la Santissima Trinità* la Sainte Trinité.

trinitàrio, i |trini'tarjo, i| **1** *agg.* trinitaire: *il mistero trinitario* le mystère trinitaire; *monaco trinitario* moine trinitaire **2** *s.m.* (*st. relig.*) trinitaire *s.*

trinitrìna |trini'trina| *s.f.* (*chim.*) trinitrine, nitroglycérine.

trinitrobenzène |trinitroben'dzɛne| *s.m.* (*chim.*) trinitrobenzène.

trinitrotoluòlo |trinitrotolu'ɔlo| *s.m.* (*chim.*) trinitrotoluène.

trìno |'trino| *agg.* **1** (*teol.*) trin: *Dio uno e trino* Dieu un et trin **2** (*raro, lett.*) → **triplice.**

trinòmio, i |tri'nɔmjo, i| *s.m.* **1** (*mat.*) trinôme **2** [*tre elementi intimamente connessi tra di loro*] trinôme: *il trinomio Dio, patria, famiglia* le trinôme Dieu, patrie, famille.

trio, i |'trio, i| *s.m.* **1** (*mus.*) trio **2** [*tre strumenti; tre musicisti e sim.*] trio: *un trio vocale, strumentale* un trio vocal, instrumental; *un famoso trio di comici* un fameux trio de comiques ◇ (*scherz.*) *che bel trio di furfanti!* quel beau trio de vauriens!

triodo |'triodo| *s.m.* (*elettr.*) triode *f.*

trionfàle |trion'fale| *agg.* **1** triomphal*: *arco trionfale* arc de triomphe, triomphal **2** [*grandioso, splendido*] triomphal: *ha ricevuto accoglienze trionfali* il a reçu un accueil triomphal.

trionfalìsmo |trionfa'lizmo| *s.m.* triomphalisme.

trionfalìsta |trionfa'lista| *s.* triomphaliste.

trionfalìstico, ci, ca, che |trionfa'listiko, tʃi, ka, ke| *agg.* triomphaliste.

trionfalménte |trionfal'mente| *avv.* [→ TRIONFALE 2] triomphalement.

trionfànte |trion'fante| *agg.* **1** (*teol.*) triomphant: *Chiesa trionfante* Église triomphante **2** [*che riporta una grande vittoria*] triomphateur* (*s.*): *il nemico entrò trionfante in città* l'ennemi entra en ville en triomphateur **3** [*pieno di esultanza*] triomphant: *lo guardò con aria trionfante* elle le regarda d'un air triomphant.

trionfàre |trion'fare| *v.intr.* (*aus. 'avere'*) **1** [*riportare il trionfo*] triompher (de): *trionfare sui nemici* triompher de ses ennemis ◇ (*per est., fig.*) [*avere la meglio*] *trionfò sugli avversari* il triompha de ses adversaires; *il bene trionfa sempre sul male* le bien triomphe toujours du mal **2** [*ottenere un grande successo*] triompher: *la commedia ha trionfato dovunque* la comédie a triomphé partout **3** [*esultare*] triompher: *nel suo cuore trionfava* dans son cœur il triomphait.

trionfatóre, trice |trionfa'tore, tritʃe| *s. e agg.* triomphateur* *s.*

triónfo |tri'onfo| *s.m.* **1** [*vittoria completa*] triomphe: *riportare un trionfo sui nemici* remporter un triomphe sur ses ennemis; *festeggiare il trionfo della propria squadra* fêter le triomphe de son équipe; *lottare per il trionfo del bene sul male* lutter pour le triomphe du bien sur le mal **2** [*grande successo*] triomphe: *la recita è stata un trionfo* la représentation a été un triomphe; *passare di trionfo in trionfo* aller de triomphe en triomphe **3** (*loc.*) *portare qc. in trionfo* porter qqn. en triomphe ~ *essere accolto, ricevuto in trionfo* être accueilli, reçu triomphalement **4** [*glorificazione celeste*] glorification (*f.*): *il trionfo dei santi* la glorification des saints **5** (*st. rom.*) triomphe **6** [*centro ornamentale da tavola*] surtout, milieu de table **7** [*alzata a più ripiani*] plateau à étages.

triònice |tri'ɔnitʃe| *s.f.* (*t.zool.*) trionix *m.*

tripanosòma |tripano'sɔma| *s.m.* (*t.zool.*) trypanosome.

tripanosomìasi |tripanoso'miazi| *s.f. inv.* (*med.*) trypanosomiase *var.*

tripartire |tripar'tire| (197) *v.tr.* [*dividere in tre parti*] diviser en trois (parties): *tripartire una somma di denaro* diviser en trois une somme d'argent.

tripartìtico, ci, ca, che |tripar'titiko, tʃi, ka, ke| *agg.* triparti, tripartite: *sistema tripartitico* système triparti, tripartite.

1 **tripartìto** |tripar'tito| *agg. e s.m.* triparti *agg.*, tripartite (*agg.*): *un* (*governo*) *tripartito* un gouvernement tripartite, un tripartisme.

2 **tripartìto** |tripar'tito| *agg.* **1** triparti, tripartite **2** (*polit.*) tripartite: *accordo tripartito* accord tripartite.

tripartizióne |tripartit'tsjone| *s.f.* tripartition.

tripètalo |tri'pɛtalo| *agg.* (*bot.*) tripétale.

triplàno |tri'plano| *agg.* (*aer.*) triplan (*s.m.*): *un velivolo triplano* un triplan.

triplétta |tri'pletta| *s.f.* **1** (*bicicletta*) triplette **2** (*in giochi, sport e sim.*) [*insieme di tre punti, colpi*] trois points *m. pl.*, trois buts (*m. pl.*): *fare una tripletta* marquer trois points, trois buts **3** fusil *m.* à trois canons.

triplicàre |tripli'kare| **A** *v.tr.* **1** [*moltiplicare per tre*] tripler: *triplicare un numero* tripler un numéro **2** (*per est.*) [*aumentare*] intensifier: *il nemico triplicò gli assalti* l'ennemi intensifia ses assauts **B** *v.pron. intr.* TRIPLICARSI [*diventare tre volte maggiore*] tripler (*intr.*): *il costo si è triplicato* le coût a triplé.

triplicàto |tripli'kato| *agg.* [*tre volte maggiore*] triplé.

triplicazióne |triplikat'tsjone| *s.f.* [→ TRIPLICARE] triplement *m.*

triplice |'triplitʃe| *agg.* **1** [*fatto di*

tre parti] triple: *si propone un triplice scopo* il se propose un triple but **2** [*che avviene tra tre parti*] triple: *una triplice alleanza* une triple alliance ◇ (*st.*) *la Triplice* (*Alleanza*) la Triple-Alliance, la Triplice; *la Triplice Intesa* la Triple Entente, l'Entente.
tripliceménte |triplitʃe'mente| *avv.* [→ TRIPLICE] triplement.
triplista |tri'plista| *s.m.* spécialiste de triple saut.
trìplo |'triplo| *agg.* **1** triple: *lavora per un compenso triplo* il travaille pour une triple rémunération ◆ (*s.m.*) *lavora il triplo* il travaille le triple **2** [*triplice*] triple: *filo triplo* fil triple **3** [*che si ripete tre volte*] triple: *triplo salto mortale* triple saut mortel ◇ (*sport*) *triplo* triple saut.
triplòide |tri'plɔide| *agg.* (*biol.*) triploïde.
triploidia |triploi'dia| *s.f.* triploïdie.
trìpode |'tripode| *s.m.* **1** (*archeol.*) trépied **2** [*treppiede*] trépied **3** (*mar.*) mât tripode *agg.*
tripodìa |tripo'dia| *s.f.* (*metr.*) tripodie.
tripolàre |tripo'lare| *agg.* (*elettr.*) tripolaire.
trìpoli |'tripoli| *s.m. inv.* (*geol.*) tripoli *var.*
tripolìno |tripo'lino| *agg.* [*di Tripoli*] tripolitain.
tripolitàno |tripoli'tano| [*della Tripolitania*] tripolitain → **tripolino.**
tripósto |tri'posto| *agg. inv.* [*con tre posti*] triplace (*var.*): *aereo, vettura triposto* avion, voiture triplace.
trìppa |'trippa| *s.f.* **1** (*cuc.*) tripes (*pl.*): *trippa con fagioli* tripes aux haricots **2** (*per est., fam.*) [*pancia*] bedaine (*fam.*), brioche (*fam.*), ventre *m.* (*corr.*): *ha messo su trippa* il a pris du ventre.
trippàio, i |trip'pajo, i| *s.* [*chi vende trippa*] tripier*.
tripperìa |trippe'ria| *s.f.* triperie.
trippóne |trip'pone| *s.* (*volg., scherz.*) **1** [*pancione*] bedaine *f.* (*fam.*) **2** [*persona molto panciuta*] personne *f.* bedonnante *agg.* (*fam.*).
tripsìna |trip'sina| *s.f.*(*biol.*) trypsine.
tripsinògeno |tripsi'nɔdʒeno| *agg.* (*biol.*) trypsinogène.
triptofàno |tripto'fano| *s.m.* (*biol.*) tryptophane.
tripudiàre |tripu'djare| *v.intr.* (*aus.* '*avere*') [*esultare*] jubiler, exulter: *la città tripudiava per la vittoria* la ville exultait après la victoire.
tripùdio, i |tri'pudjo, i| *s.m.* **1** [*trasporto di gioia rumorosa*] allégresse (*f.*): *il trupudio della folla era indescrivibile* l'allégresse de la foule était indescriptible **2** (*fig., lett.*) [*manifestazioni gioiose di vita*] exultation *f.* # *la natura era tutta un tripudio di colori e profumi* toute la nature offrait le spectacle d'une explosion de couleurs et de parfums **3** (*st. rom.*) tripudium.
trireattóre |trireat'tore| *s.m.* (*aer.*) triréacteur.
trirégno |tri'reɲɲo| *s.m.* (*eccl.*) trirègne.
trirème |tri'rɛme| *s.f.* (*ant. mar.*) trirème, trière.
trirettàngolo |triret'tangolo| *agg.* (*mat.*) trirectangle.
tris |tris| *s.m. inv.* **1** (*in giochi di carte*) brelan (*var.*): *un tris di re* un brelan de rois **2** (*ippica*) tiercé *var.*
trisàgio, i |tri'zadʒo, i| *s.m.* (*eccl.*) trisagion.
trisàvolo |tri'zavolo| *s.* [*il padre del bisavolo*] trisaïeul* ◇ (*per est.*) [*antenato*] ancêtre *m.*
trisezióne |triset'tsjone| *s.f.* (*geom.*) trisection.
trisillàbico, ci, ca, che |trisil'labiko, tʃi, ka, ke| *agg.* tris(s)yllabique.
trisìllabo |tri'sillabo| *agg. e s.m.* tris(s)yllabe.
trìsma |'trizma| *s.m.* (*med.*) trismus, trisme.
trismegisto |trizme'dʒisto| *agg.* trismégiste.
trisomìa |triso'mia| *s.f.* (*biol., med.*) trisomie.
trisòmico, ci, ca, che |tri'sɔmiko, tʃi, ka, ke| *agg. e s.* (*biol., med.*) trisomique.
trìste |'triste| *agg.* **1** triste: *mi sento triste* je me sens triste; *è una persona sempre triste* c'est une personne toujours triste **2** [*che denota malinconia*] triste: *occhi tristi* yeux tristes; *viso, sorriso triste* visage, sourire triste **3** [*privo di gioia*] triste: *vita, casa triste* vie, maison triste **4** [*che provoca pena*] triste: *una notizia triste* une triste nouvelle; *un romanzo, un film triste* un roman, un film triste ◇ (*per est.*) [*spiacevole, negativo*] *è stata una triste esperienza* ce fut une triste expérience.
tristeménte |triste'mente| *avv.* [→ TRISTE] tristement.
tristézza |tris'tettsa| *s.f.* **1** tristesse: *il suo sguardo esprimeva una profonda tristezza* son regard exprimait une profonde tristesse; *sorrideva con tristezza* il souriait avec tristesse **2** (*per est.*) tristesse: *un paesaggio pieno di tristezza* un paysage plein de tristesse ◇ [*cosa triste*] *che tristezza questi discorsi!* que c'est triste d'entendre ça!; quelle tristesse, ces paroles!; *è una tristezza vederlo finire così!* comme c'est triste de le voir finir ainsi!
tristìzia |tris'tittsja| *s.f.* (*lett.*) **1** [*tristezza*] tristesse (*corr.*) **2** [*malvagità*] scélératesse (*corr.*).
trìsto |'tristo| *agg.* **1** (*lett.*) [*sventurato*] malheureux* (*corr.*), malchanceux* (*corr.*) **2** [*malvagio*] triste; mauvais: *un individuo tristo* un triste individu ‖ *è stata una azione trista* cela a été une mauvaise action ◇ [*infido, maliziosamente astuto*] sournois: *una mente trista* un esprit sournois **3** [*stentato, misero*] maigre: *vegetazione trista* une maigre végétation.
tritàbile |tri'tabile| *agg.* qu'on peut *hacher *loc.*
tritacàrne |trita'karne| *s.m. inv.* [*macinino per tritare la carne*] *hache-viande.
tritaghiàccio |trita'gjattʃo| *s.m. inv.* appareil *var.* à broyer la glace.
tritagonista |tritago'nista| *s.m.* tritagoniste.
tritaménto |trita'mento| *s.m.* [→ TRITARE] *hachage.
tritàre |tri'tare| *v.tr.* [*tagliare q.c. a pezzetti minuti*] *hacher; broyer (10); piler: *tritare la carne, la cipolla* hacher de la viande, des oignons; *tritare la paglia* hacher de la paille ‖ *tritare i colori* broyer des couleurs ‖ *tritare le mandorle* piler des amandes.
tritàto |tri'tato| *agg.* [*tagliato a pezzetti minuti*] *haché *p.p.*; broyé *p.p.*; pilé (*p.p.*): *carne tritata* viande hachée ‖ *colori tritati* couleurs broyées ‖ *ghiaccio tritato* glace pilée.
tritatùra |trita'tura| *s.f.* **1** [→ TRITARE] *hachage *m.*, *hachement *m.* **2** [*sostanza tritata*] hachage, hachement.
tritatùtto |trita'tutto| *s.m. inv.* [*macchina da cuc. per tritare*] *hachoir *var.*
tritaverdùre |tritaver'dure| *s.m. inv.* [*arnese da cuc. per tritare le verdure*] coupe-légumes, *hache-légumes.
triteìsmo |trite'izmo| *s.m.* (*teol.*) trithéisme.
triteista |trite'ista| *s. e agg.* trithéiste.
tritèllo |tri'tɛllo| *s.m.* [*cruschello*] remoulage (par deuxième mouture).
trìtio, i |'tritjo, i| *s.m.* (*chim.*) tritium.
trìto |'trito| **I** *agg.* **1** [*tritato*] pilé: *sale trito* sel pilé **2** (*fig.*) [*di argomenti, concetti ormai risaputi e logori*] ressassé: *son cose trite e ritrite* ce sont là des choses ressassées, dites et redites # *dice sempre le solite parole trite* il rabâche toujours les mêmes choses **II** *s.m.* [*sostanza tritata*] *hachis # *fare un trito di lardo e cipolla* hacher du lard et des oignons.
tritòlo |tri'tɔlo| *s.m.* (*chim.*) tolite *f.*
1 **tritóne** |tri'tone| *s.m.* (*t.zool.*) triton ◇ (*mitol.*) triton.
2 **tritóne** |tri'tone| *s.m.* (*fis. nucl.*) triton.
trìtono |'tritono| *s.m.* (*mus.*) triton.
trìttico, ci |'trittiko, tʃi| *s.m.* **1** (*arts.*) triptyque **2** [*opera lett. musicale in tre parti*] triptyque **3** (*filat.*) triptyque **4** [*documento doganale costituito da tre fogli*] triptyque.
trittòngo, ghi |trit'tɔngo, gi| *s.m.* (*ling.*) triphtongue *f.*
tritùme |tri'tume| *s.m.* **1** [*roba tritata*] poussier: *tritume di paglia* poussier de paille; *tritume di carbone* poussier (de charbon) **2** (*fig.*) [*insieme di idee, argomenti triti*] rabâchage.
trituràbile |tritu'rabile| *agg.* [→ TRITURARE] triturable.
trituraménto |tritura'mento| *s.m.* [→ TRITURARE] broyage, trituration *f.*
trituràre |tritu'rare| *v.tr.* [*tritare in frammenti minutissimi*] mastiquer, broyer (10): *i denti triturano il cibo* les dents mastiquent, broient la nourriture; *la macina tritura il grano* la meule broie le grain.
trituratóre, trice |tritura'tore, tritʃe| **1** *agg.* qui triture *loc.* **2** *s.m.* (*tecnol.*) triturateur.
triturazióne |triturat'tsjone| *s.f.* [→ TRITURARE] trituration.
triùmviro |tri'umviro| *s.m.* → **triunviro.**
triunviràle |tri'unvirale| *agg.* (*st. rom.*) triumviral*.
triunviràto |triunvi'rato| *s.m.* (*st. rom.*) triumvirat.
triùnviro |tri'unviro| *s.m.* triumvir.
trivalènte |triva'lɛnte| *agg.* (*chim.*) trivalent.
trivalènza |triva'lɛntsa| *s.f.* (*chim.*) trivalence.
trivàlve |tri'valve| *agg.* (*scient.*) trivalve.
trivèlla |tri'vɛlla| *s.f.* **1** (*tecnol.*) sonde, foreuse, tarière **2** [*succhiello*] vrille → **trapano** **3** sonde à fromage.
trivellaménto |trivella'mento| *s.m.* (*raro*) → **trivellazione.**

trivellàre |trivel'lare| *v.tr.* (*tecnol.*) **1** [*forare con una trivella*] forer, sonder: *trivellare il terreno, la roccia* forer, sonder le terrain, la roche; *trivellare il legno* forer le bois **2** (*fig.*) (*di sentimenti e sim.*) [*assillare la mente senza requie*] torturer, tourmenter.

trivellatóre |trivella'tore| *s.m.* [*operaio addetto alla trivellazione*] sondeur, foreur.

trivellatùra |trivella'tura| *s.f.* **1** forage *m.*, sondage *m.* → **trivellazione** **2** [*frammenti prodotti dalla trivellazione*] rognure.

trivellazióne |trivellat'tsjone| *s.f.* [→ TRIVELLARE 1] sondage *m.*, forage *m.* ◇ (*loc.*) *torre di trivellazione* tour de forage, derrick *m.*

trivèllo |tri'vɛllo| *s.m.* → **trivella** 2.

trivèneto |tri'vɛneto| *agg.* des trois Vénéties *loc. inv.*

triviàle |tri'vjale| *agg.* **1** trivial*: *espressione triviale* expression triviale; *modi triviali* façons triviales **2** [*banale, evidente*] banal*, trivial (*lett.*).

trivialità |trivjali'ta| *s.f. inv.* trivialité (*var.*): *la trivialità del suo linguaggio è insopportabile* la trivialité de ses expressions est insupportable.

trivialménte |trivjal'mente| *avv.* [→ TRIVIALE 1] trivialement.

trivialóne |trivja'lone| *s.* personne *f.* grossière.

trìvio, i |'trivjo, i| *s.m.* **1** [*incrocio di tre strade*] carrefour (de trois voies) **2** *loc. agg.*, *fig.* DA TRIVIO [*sguaiato*] trivial* (*agg.*): *linguaggio da trivio* langage trivial; *modi da trivio* façons triviales # *donna da trivio* [*da strada*] prostituée, femme qui fait le trottoir (*fam.*), péripatéticienne (*fam.*).

trìzio, i |'trittsjo, i| *s.m.* → **tritio.**

trobadòrico, ci, ca, che |troba'dɔriko, tʃi, ka, ke| *agg.* → **trovadorico.**

trocàico, ci, ca, che |tro'kaiko, tʃi, ka, ke| *agg.* (*metr.*) trochaïque: *verso trocaico* vers trochaïque.

trocantère |trokan'tɛre| *s.m.* (*anat.*) trochanter.

trocantèrico, ci, ca, che |trokan'tɛriko, tʃi, ka, ke| *agg.* trochantérien*.

trochèo |tro'kɛo| *s.m.* (*metr.*, *mus.*) trochée.

Trochilidi |tro'kilidi| *s.m. pl.* (*t. zool.*) Trochilidés.

tròchilo |'trɔkilo| *s.m.* (*arch.*) scotie *f.*

tròclea |'trɔklea| *s.f.* (*anat.*) trochlée.

trocleàre |trokle'are| *agg.* (*anat.*) trochléaire: *nervo trocleare* nerf trochléaire ◇ (*di articolazioni*) trochléen*.

tròco, chi |'trɔko, ki| *s.m.* (*t.zool.*) troque *f.*, troche *f.*

trofèo |tro'fɛo| *s.m.* **1** (*st.*) trophée ◇ [*monumento eretto per celebrare una vittoria*] trophée **2** (*etn.*) vestige: *trofei umani, animali* vestiges humains, d'animaux **3** (*per est.*) [*oggetti simbolo di vittorie, spec. sportive*] trophée: *trofeo di caccia* trophée de chasse **4** [*motivo ornamentale formato da armi e simboli vari*] trophée: *decorazione a trofei* décoration avec trophées.

-trofìa |tro'fia| *suff.* (*significa 'nutrimento', corrisponde gener. a*) trophie: *ipertrofia* hypertrophie.

tròfico, ci, ca, che |'trɔfiko, tʃi, ka, ke| *agg.* (*biol.*, *med.*) trophique.

trofìsmo |tro'fizmo| *s.m.* (*biol.*, *med.*) trophisme, trophie *f.*

tròfo- |'trɔfo| *pref.* (*significa 'nutrimento', corrisponde gener. a*) tropho: *trofonevrosi* trophonévrose.

trofoblàsto |trofo'blasto| *s.m.* (*embriologia*) trophoblaste.

trofomicròbico, ci, ca, che |trofomi'krɔbiko, tʃi, ka, ke| *agg.* (*biol.*) tropho-microbien*.

trofoneuròsi |trofoneu'rɔzi|, **trofonevròsi** |trofone'vrɔzi| *s.f. inv.* (*med.*) trophonévrose *var.*

troglòbio, i |tro'glɔbjo, i| *agg. e s.m.* (*biol.*) troglobie.

troglodita |troglo'dita| *s.* **1** troglodyte **2** (*anche scherz.*) [*essere umano che vive in condizioni primitive*] primitif*, sauvage: *ma sei un troglodita!* mais tu es un primitif, un sauvage!; *in quella famiglia sono tutti trogloditi!* dans cette famille ce sont tous des primitifs, des sauvages!

trogloditico, ci, ca, che |troglo'ditiko, tʃi, ka, ke| *agg.* troglodytique: *caverne trogloditiche* cavernes troglodytiques ◇ (*fig.*) *modi trogloditici* manières de primitif*, de sauvage.

trogloditismo |troglodi'tizmo| *s.m.* troglodytisme ◇ [*modo di vivere incivile*] barbarie *f.*

trògolo |'trɔgolo| *s.m.* **1** [*vasca in muratura per raccogliere l'acqua piovana*] bassin **2** [*recipiente per il cibo dei maiali*] auge *f.* **3** [*cassetta per usi particolari*] bassin: *trogolo da piscicoltura* bassin de pisciculture # *trogolo dei conciatori* lavoir des tanneurs; *trogolo dei muratori* auge des maçons **4** (*geogr.*) *trogolo glaciale* bassin glaciaire.

tròia |'trɔja| *s.f.* (*volg.*) **1** [*scrofa*] truie (*corr.*) **2** (*fig.*) [*donnaccia*] putain.

troiàio, i |tro'jajo, i| *s.m.* **1** (*raro*) [*porcile*] porcherie *f.* (*corr.*) **2** (*volg.*) [*luogo sudicio*] porcherie (*corr.*) ◇ (*fig.*, *volg.*) [*luogo in cui si fanno porcherie*] bordel.

troiàno |tro'jano| *agg.* [*di Troia*] troyen* # *la guerra troiana* la guerre de Troie.

troiàta |tro'jata| *s.f.* (*volg.*) [*porcheria, azione disonesta*] saloperie (*pop.*), cochonnerie (*pop.*).

tròica, che |'trɔika, ke| *s.f.* **1** troïka **2** [*tiro a tre cavalli*] troïka, attelage *m.* à trois chevaux **3** (*fig.*) [*organo* (*politico*) *costituito da tre membri*] triumvirat *m.*

trolley |'trɔli| *s.m. inv.* (*ingl.*) (*elettr.*) trolley *var.*

trolleybus |trɔli'bʌs| *s.m. inv.* (*ingl.*) trolleybus.

trómba |'tromba| *s.f.* **1** (*mus.*) trompette: *gli squilli della tromba* les sonneries de la trompette; *suonare la tromba in un'orchestra* jouer de la trompette dans un orchestre ◇ [*per segnali* (*spec. mil.*)] clairon *m.*, trompette: *il segnale di tromba della carica, dell'attenti* le clairon sonnant la charge, le garde-à-vous; *le trombe del giudizio, le angeliche trombe* les trompettes du jugement dernier **2** [*suonatore di tromba*] trompette (*m.*): *è una celebre tromba solista* c'est un célèbre trompette soliste **3** (*auto.*) *tromba elettrica* avertisseur *m.*, claxon *m.* électrique **4** (*fis.*) pavillon (*m.*): *tromba del grammofono, dell'altoparlante* pavillon d'un phonographe, d'un haut-parleur **5** (*loc. fam.*) *dar fiato alle trombe* [*far sapere q.c. a tutti con grande chiasso*] proclamer qqch. à son de trompe, crier qqch. sur tous les toits ~ *partire in tromba* partir en trombe ~ *passare in tromba* [*superare con facilità*] passer avec facilité **6** [*oggetto a forma di tromba*] cage; tige: *la tromba delle scale* la cage de l'escalier ‖ *la tromba dello stivale* la tige de la botte ◇ (*meteor.*) *tromba marina* trombe marine, d'eau; *tromba d'aria* trombe, tourbillon *m.* ◇ (*anat.*) trompe **7** (*zool.*) trompe.

trombàre |trom'bare| *v.tr.* **1** (*gerg.*) [*bocciare qc. agli esami*] recaler ◇ [*alle elezioni*] blackbouler **2** *trombare il vino* [*travasarlo*] transvaser du vin.

trombatùra |tromba'tura| *s.f.* → **fiasco.**

trombétta |trom'betta| *s.f.* **1** petite trompette: *il bambino suonava la sua trombetta* l'enfant jouait de la trompette **2** (*t.bot.*) *trombetta dei morti* craterelle, trompette de la mort (des morts).

trombettière |trombet'tjɛre| *s.m.* **1** (*mil.*) trompette **2** (*t.zool.*) agami, oiseau-trompette (*corr.*) **3** (*gerg.*) [*giornalista corrispondente che detta notizie*] jaseur (*raro.*).

trombettista |trombet'tista| *s.m.* trompettiste.

trombìna |trom'bina| *s.f.* (*med.*) thrombine.

trómbo- |'trombo| *pref.* (*significa 'grumo', corrisponde gener. a*) thrombo: *tromboflebite* thrombophlébite.

trómbo |'trombo| *s.m.* (*med.*) thrombus.

trombocito |trombo'tʃito| *s.m.* (*med.*) thrombocyte.

tromboflebite |tromboflé'bite| *s.f.* (*med.*) thrombophlébite.

trombonàta |trombo'nata| *s.f.* [*fanfaronata*] fanfaronnade.

trombóne |trom'bone| *s.m.* **1** (*mus.*) trombone: *suonare il trombone* jouer du trombone **2** (*fig.*, *spreg.*) [*personaggio fatuo, vuoto*] vantard, *hableur* (*s.*): *è solo un vecchio trombone* ce n'est qu'un vieux vantard, un vieux hableur **3** [*vecchio schioppo*] tromblon **4** (*t.bot.*) primavère *f.* sauvage, narcisse des prés (*corr.*), clochette *f.* des bois (*corr.*), coucou (*corr.*).

trombonista |trombo'nista| *s.m.* [*suonatore di trombone*] trombone, tromboniste.

tromboplastìna |tromboplas'tina| *s.f.* (*chim.*) thromboplastine.

trombòsi |trom'bɔzi| *s.f. inv.* (*med.*, *corr.*) thrombose *var.*

troncaménto |tronka'mento| *s.m.* **1** [→ TRONCARE 1, 3] rupture (*f.*): *troncamento di un ramo* rupture d'une branche; *troncamento di una relazione* rupture d'une relation **2** (*ling.*) apocope *f.*

troncàre |tron'kare| *v.tr.* **1** [*mozzare*] couper, trancher: *troncare la testa a qc.* couper, trancher la tête à qqn.; *la lama gli troncò le gambe* la lame lui coupa, lui amputa les jambes ◇ [*spezzare, tagliare con un colpo netto*] couper: *troncare la cima di una pianta* couper la cime d'un arbre **2** (*lett.*) [*mutilare q.c. di una sua parte*] mutiler (*corr.*) qqch. **3** [*porre fine a q.c. in modo brusco e definitivo*] briser; mettre (71) fin à; couper: *troncare una carriera* briser une carrière; *la sua vita fu troncata da un male inesorabile* sa vie fut brisée par un mal inexorable

|| *troncare una relazione* mettre fin à une relation, briser là avec qqn. || *gli troncò la parola in bocca* il lui coupa la parole **4** [*privare della forza per muoversi, per agire*] couper: *è una salita che tronca le gambe* c'est une côte qui (vous) coupe les jambes → **tagliare** **5** (*ling.*) [*apocopare*] *troncare una parola* abréger (8) (3) un mot, faire (45) une apocope.

troncàto |tron'kato| *agg. e s.m.* (*arald.*) coupé.

troncatrice |tronka'tritʃe| *s.f.* (*tecnol.*) tronçonneuse.

troncatùra |tronka'tura| *s.f.* **1** [→ TRONCARE 1] coupure **2** (*per est.*) [*punto in cui q.c. è stata troncata*] coupure.

tronchése |tron'kese| *s.m. o f.* (*tecnol.*) tricoises *f. pl.*

tronchesìna |tronke's(z)ina| *s.f.* **1** ciseaux *m. pl.* à ongles, coupe-ongles *m. inv.* **2** (*tecnol.*) ciselet *m.*

tronchétto |tron'ketto| *s.m.* → **tronchese.**

1 **trónco, chi** |'tronko, ki| *s.m.* **1** (*bot.*) tronc: *il tronco dell'abete, della quercia* le tronc d'un sapin, d'un chêne **2** (*fig.*) [*ceppo*] souche (*f.*): *sul vecchio tronco si innestarono nuove tradizioni* sur les vieilles souches se rattachèrent de nouvelles traditions **3** (*anat., arch.*) tronc **4** (*per est.*) [*parte maggiore di un oggetto da cui è stata asportata una parte minore*] tronçon: *il tronco di un palo* le tronçon d'un poteau ◇ (*geom.*) tronc: *tronco di cono, di piramide* tronc de cône, de pyramide **5** [*sezione di una via di comunicazione e sim.*] tronçon: *tronco di strada, di canale* tronçon de route, de canal; *tronco ferroviario* tronçon ferroviaire **6** (*mar.*) bas-mât.

2 **trónco, chi, ca, che** |'tronko, ki, ka, ke| **I** *agg.* **1** [*mozzo*] tronqué ◇ [*tagliato*] coupé **2** (*ling.*) accentué sur la dernière syllabe, oxyton *s.m.* **3** [*interrotto, incompleto*] interrompu: *discorso tronco* discours interrompu **4** (*per est.*) [*spezzato da angoscia, rabbia e sim.*] *haché, entrecoupé: *raccontava l'accaduto con parole tronche, con voce tronca* il racontait ce qui était arrivé en paroles hachées, d'une voix entrecoupée **II** *s.m. solo nella loc. avv.* IN TRONCO (*riferito a q.c. che è restato interrotto o che è avvenuto bruscamente*): *lavori rimasti in tronco* travaux laissés en plan; *fu licenziato in tronco* il fut renvoyé sur le champ, sans préavis.

troncocònico, ci, ca, che |tronko'kɔniko, tʃi, ka, ke| *agg.* (*geom.*) tronconique.

troncóne |tron'kone| *s.m.* **1** [*moncone*] tronçon ◇ [*di albero*] souche *f.*, chicot ◇ [*di arto*] moignon **2** [*ogni pezzo che risulta da un oggetto lungo spezzato*] tronçon **3** (*caccia*) pinson appelant.

tronculàre |tronku'lare| *agg.* (*anat., med.*) tronculaire: *anastomosi tronculare* anastomose tronculaire ◇ (*chir. dentaria*) *anestesia tronculare* anesthésie tronculaire.

troneggiàre |troned'dʒare| *v.intr.* (*aus. 'avere'*) **1** [*occupare un posto d'onore; sedere solennemente*] trôner: *troneggiava a capotavola* il trônait à la place d'honneur **2** [*dominare su tutto e su tutti per imponenza fisica, importanza*] trôner: *l'ospite d'onore troneggiava in mezzo agli invitati* l'invité d'honneur trônait au milieu des autres ◇ (*per est.*) (*cose*) [*spiccare*] *nella vetrina troneggiava una superba torta nuziale* un superbe gâteau de noces trônait à l'étalage.

tronfiézza |tron'fjettsa| *s.f.* (*raro*) [*l'essere tronfio*] suffisance, morgue.

trónfio, i |'tronfjo, i| *agg.* **1** (*persone*) bouffi d'orgueil, plein de morgue: *se ne stava tutto tronfio* il était là, bouffi d'orgueil, plein de morgue # *aveva un'aria tronfia* il avait l'air hautain; *camminava tronfio e impettito* il marchait en se rengorgeant **2** (*cose*) [*ampolloso*] ampoulé: *uno stile tronfio* un style ampoulé.

tròno |'trɔno| *s.m.* **1** trône: *sedere sul trono* s'asseoir sur le trône ◇ (*fig.*) [*regno, autorità del sovrano*] *aspirare al trono* aspirer au trône; *essere l'erede al trono* être l'héritier du trône **2** (*loc.*) *il trono e l'altare* [*l'autorità religiosa e laica*] le Trône et l'Autel **3** *al plur.* (*teol.*) *i Troni* les Trônes.

tropicàle |tropi'kale| *agg.* tropical*: *clima tropicale* climat tropical.

tropicalizzàre |tropikalid'dzare| *v.tr.* (*tecnol.*) [*adattare uno strumento, modificandolo opportunamente, per lavori in climi tropicali*] adapter au climat tropical, tropicaliser (*raro*).

tropicalizzazióne |tropikaliddzat'tsjone| *s.f.* [→ TROPICALIZZARE] climatisation.

tròpico, ci |'trɔpiko, tʃi| **I** *s.m.* **1** (*astron.*) tropique: *tropico del Cancro* tropique du Cancer **2** (*geogr.*) tropique: *la zona del tropico* la zone du tropique, des tropiques **3** *al plur.* [*paesi tropicali*] tropiques: *vivere ai tropici* vivre sous les tropiques **II** *agg.* (*solo nella loc.*) *anno tropico* année tropique.

tropìsmo |tro'pizmo| *s.m.* (*biol., farm.*) tropisme.

-tropo |tropo|, **-tropia** |tro'pia|, **-tropismo** |tro'pizmo| *suff.* (*significano 'giro, direzione', corrispondono gener. a*) trope; tropie; tropisme: *isotropo* isotrope || *allotropia* allotropie || *eliotropismo* héliotropisme.

tròpo |'trɔpo| *s.m.* (*filos., mus.*) trope.

tropologìa, gie |tropolo'dʒia, dʒie| *s.f.* tropologie.

tropologicaménte |tropolodʒika'mente| *avv.* [→ TROPOLOGICO] de façon tropologique *loc. inv.*, tropologiquement.

tropològico, ci, ca, che |tropo'lɔdʒiko, tʃi, ka, ke| *agg.* (*lett.*) tropologique: *linguaggio, senso tropologico* langage, sens tropologique.

tropopàusa |tropo'pauza| *s.f.* tropopause.

troposfèra |tropos'fɛra| *s.f.* troposphère.

troposfèrico, ci, ca, che |tropos'fɛriko, tʃi, ka, ke| *agg.* troposphérique.

tròppo |'trɔppo| **I** *agg. indef.* [*che è in misura superiore all'opportuno*] trop *inv.* (+ *agg., avv.*); trop de (+ *sost.*): *c'è troppo caldo* il fait trop chaud; *ha troppo freddo* il a trop froid; *lo fa troppo male, bene* il le fait trop mal, bien || *ci sono troppe persone* il y a trop de personnes; *c'è troppa acqua* il y a trop d'eau # *gli reca troppo disturbo* cela le dérange trop ◇ (*iron.*) *troppa grazia!* [*per sottolineare l'abbondanza di q.c.*] c'est trop! **II** *pron. indef.* **1** *al plur.* (*persone*) trop *inv.* (de gens): *troppi lo sospettano ormai* trop de gens s'en doutent désormais; *siamo in troppi* nous sommes trop (nombreux) **2** (*cose*) [*quantità eccessiva*] trop (*inv.*): *basta con nuove scarpe, ne hai troppe!* assez de chaussures neuves, tu en as trop!; *'vuoi ancora birra?' 'no, ne ho già bevuto troppa'* 'tu veux encore de la bière?' 'non, j'en ai déjà trop bu'; *ho troppo da fare* j'ai trop (de choses) à faire **III** *avv.* **1** [*in quantità eccessiva, sconveniente*] trop: *troppo poco* trop peu; *mangi troppo* tu manges trop; *spendono troppo* ils dépensent trop; *è troppo tardi* il est trop tard ◇ (*formule di cortesia*) *troppo buono, gentile* [*per schermirsi da un complimento e sim.*] vous êtes trop bon, trop aimable **2** [*molto*] trop: *non c'è troppo da meravigliarsi* il ne faut pas trop s'étonner de ça; *'ne vuoi?' 'non troppo'* 'tu en veux?' 'pas trop'; *non mi sento troppo bene* je ne me sens pas trop bien **3** *loc. agg.* DI TROPPO [*in più*] de trop: *qui sei di troppo* ici, tu es de trop; *ha detto una parola di troppo e l'hanno buttato fuori* il a dit un mot de trop et ils l'ont mis à la porte **IV** *s.m. inv.* [*ciò che è in eccesso*] trop: *il troppo stroppia* trop est trop.

troppopièno |troppo'pjeno| *s.m.* (*idraul.*) trop-plein, déversoir.

tròta |'trɔta| *s.f.* (*t.zool.*) truite: *trota di fiume, di lago, marina* truite de rivière, de lac, de mer ◇ (*corr.*) *trota lessa, fritta* truite au court-bouillon, meunière.

troticoltùra |trotikol'tura| *s.f.* élevage *m.* de truites, pisciculture (de truites), truiticulture (*raro*), trutticulture (*raro*).

trotskìsmo |trots'kismo| *s.m.* (*polit.*) trotski(y)sme.

trotskìsta |trots'kista| *s. e agg.* trotski(y)ste.

trottàbile |trot'tabile| *agg.* (*raro*) [→ TROTTARE 2] trottable.

trottàre |trot'tare| *v.intr.* (*aus. 'avere'*) **1** [*andare al trotto*] trotter: *il cavallo si mise a trottare* le cheval se mit à trotter **2** [*camminare rapidamente a piccoli passi*] trotter: *il bambino trottava accanto al padre* l'enfant trottait à côté du père ◇ [*spostarsi continuamente, di fretta*] *ho dovuto trottare tutta la mattina avanti e indietro* j'ai dû trotter à droite et à gauche toute la matinée.

trottàta |trot'tata| *s.f.* **1** course au trot ◇ [*passeggiata con un cavallo che va al trotto*] promenade **2** [*camminata veloce senza soste*] trotte (*fam.*): *mi sono fatta una trottata fino al centro* j'ai fait une trotte jusqu'au centre de la ville.

trottatóio, i |trotta'tojo, i| *s.m.* piste *f.* de trot.

trottatóre, trice |trotta'tore, tritʃe| *s.* [*cavallo per le corse al trotto*] trotteur*: *è un buon trottatore* c'est un bon trotteur.

trotterellaménto |trotterella'mento| *s.m.* [→ TROTTERELLARE 2] trottinement.

trotterellàre |trotterel'lare| *v.intr.* (*aus. 'avere' nel significato* 1, *'essere' nel significato* 2) **1** [*andare al piccolo trotto*] aller (13) (*aus.* être) au petit trot, trottiner **2** [*camminare a piccoli passi saltellanti*] trottiner (*aus.* avoir): *il bambino trotterellava dietro il padre* l'enfant trottinait derrière son père: *il cucciolo trotterellava accanto al padrone* le chiot trottinait derrière son maître.

tròtto |'trɔtto| *s.m.* **1** trot: *corsa al trotto* course de trot; *trotto serrato, chiuso* trot serré; *andare al trotto* aller au trot; *mettere il cavallo al trotto* mettre le cheval au trot; *rompere il trotto* rompre le trot; *passare dal trotto al galoppo* passer du trot au galop **2** (*persone*) [*passo veloce*] trot: *andare di buon trotto* aller d'un bon trot.

tròttola |'trɔttola| *s.f.* **1** [*giocattolo conico che gira su sé stesso*] toupie ◇ (*loc.*) *girare come una trottola* tourner comme une toupie ~ *la testa mi gira come una trottola* la tête me tourne; *essere una trottola* [*muoversi, lavorare con rapidità*] bouger, travailler frénétiquement **2** (*t.zool.*) troche, troque.

trottolàre |trotto'lare| *v.intr.* (*aus.* '*avere*') **1** [*girare su sé stesso come una trottola*] tourner comme une toupie **2** (*spec. di bambino*) [*non stare mai fermo*] bouger (3) sans arrêt.

trottolìno |trotto'lino| *s.* (*fam.*) [*bambino che non sta mai fermo*] enfant remuant, diablotin *m.* # *è un trottolino!* c'est du vif argent!

trotzkismo |trots'kizmo| *e deriv.* → **trotskismo** *e deriv.*

'troupe' |tRup| *s.f. inv.* troupe (*var.*): *una 'troupe' cinematografica, televisiva* une troupe du cinéma, de la télévision.

'trousse' |tRus| *s.f. inv.* **1** trousse (*var.*): *la 'trousse' per il trucco* la trousse pour le maquillage **2** [*borsetta da sera*] trousse, pochette *var.*

trovàbile |tro'vabile| *agg.* (*raro*) [→ TROVARE A 1, 2] trouvable (*corr.*).

trovadóre |trova'dore| *s.m.* → **trovatore.**

trovadòrico, ci, ca, che |trova'dɔriko, tʃi, ka, ke| *agg.* des troubadours (*loc. inv.*): *poesia trovadorica* poésie des troubadours.

trovaménto |trova'mento| *s.m.* (*raro*) [→ TROVARE A 1, 4] découverte *f.* (*corr.*).

trovànte |tro'vante| *s.m.* (*geogr.*) bloc erratique.

trovàre |tro'vare| **A** *v.tr.* **1** [*incontrare, vedere, scoprire* (*qc., q.c. che si cercava*)] trouver: *trovare un oggetto smarrito* trouver un objet perdu; *trovare casa, marito* trouver une maison, un mari; *trovare l'area di un quadrato* trouver la surface d'un carré; *trovare q.c. a buon mercato* trouver qqch. à bon marché **2** [*riuscire a ottenere* (*un bene morale*)] trouver: *ho trovato un po' di pace* j'ai trouvé un peu de paix ◇ [*ricavare* (*da q.c.*)] *sta sicuro che ci trova il proprio tornaconto* tu peux être sûr qu'il y trouve son intérêt (son compte, qu'il s'y retrouve) **3** [*avere*] retrouver: *mi sono trovato con quattro soldi in tasca* je me suis retrouvé avec quatre sous en poche ◇ (*per est.*) [*ricevere*] trouver: *trovare la morte in un incidente* trouver la mort dans un accident **4** [*scoprire*] trouver: *hanno trovato il colpevole* ils ont trouvé le coupable ◇ [*escogitare*] *trovare una scusa, una soluzione* trouver une excuse, une solution **5** [*sorprendere*] surprendre (73): *il buio ci trovò ancora per strada* l'obscurité nous surprit en cours de route # *trovare qc. in errore, in flagrante* prendre qqn. en faute, en flagrant délit ◇ (*loc. fig.*) *trovare qc. con le mani nel sacco* prendre qqn. la main dans le sac **6** [*imbattersi, incontrare*] rencontrer: *me lo trovo sempre tra i piedi* je le rencontre toujours partout, je tombe toujours sur lui; *se l'è trovata davanti all'improvviso* à l'improviste il s'est trouvé nez à nez avec elle ◇ (*fam., con particella pleon.*) *entro e chi ti trovo? proprio lei!* j'entre et devine sur qui je tombe? sur elle! **7** (*loc.*) *chi cerca trova* cherchez et vous trouverez ~ *paese che vai, usanze che trovi* autant de pays, autant d'usages ~ *chi trova un amico trova un tesoro* un véritable ami est une chose rare **8** [*ritenere, giudicare*] trouver: *ti trovo bene!* je te trouve en pleine forme!; *come lo trovi questo libro?* comment le trouves-tu, ce livre? # *il giudice ha trovato l'imputato colpevole* le juge a estimé que l'accusé était coupable, le juge a condamné le prévenu ✦ *ass.* (*come richiesta di conferma*) *trovi?, non trovi?* tu trouves?, ne trouves-tu pas? **9** [*far visita*] voir (37): *vanno spesso a trovarla* ils vont souvent la voir; *tornate presto a trovarmi!* revenez vite me voir! **B** *v.pron.* TROVARSI **1** *recipr.* [*vedersi*] se rencontrer, se revoir: *di solito si trovano al bar* d'habitude, ils se rencontrent au bar; *quando ci troviamo?* quand nous revoyons-nous?, quand est-ce qu'on se revoit? (*fam.*) **2** *intr.* [*essere*] être (43) (*intr.*): *si sono trovati in pericolo, nei guai* ils ont été en danger, dans le pétrin # '*come ti trovi lì?*' '*mi trovo male, bene*' 'tu te plais, là-bas?' 'je ne m'y plais pas, je m'y plais bien'; *mi trovavo a passare di lì* par hasard je passais par là ◇ [*essere posto*] se trouver, être: *dove si trova la tua casa?* où se trouve, où est ta maison?

trovaròbe |trova'rɔbe| *s. inv.* (*teat.*) accessoiriste *var.*

trovàta |tro'vata| *s.f.* **1** [*idea più o meno originale per cavarsela*] idée: *è stata una bella trovata* cela a été une bonne idée; *è piena di trovate* elle est pleine d'idées ◇ (*iron.*) *bella trovata, la tua!* belle trouvaille que la tienne! **2** (*cine., teat.*) trouvaille ◇ [*battuta, situazione umoristica*] gag *m.* **3** *trovata pubblicitaria* trouvaille publicitaire.

trovatèllo |trova'tɛllo| *s.* enfant trouvé: *hanno adottato un trovatello* ils ont adopté un enfant trouvé.

trovàto |tro'vato| *agg.* trouvé: *questa sì che è ben trovata!* voilà qui est bien trouvé!

trovatóre |trova'tore| *s.m.* (*st. letter.*) troubadour.

trovièro |tro'vjɛro| *s.m.* (*st. letter.*) trouvère.

trozkismo |trotz'kizmo| *e deriv.* → **trotskismo** *e deriv.*

tròzza |'trɔttsa| *s.f.* (*mar.*): (*del pennone*) drosse; (*del picco*) racage *m.*

1 **truccàre** |truk'kare| **A** *v.tr.* **1** [*modificare l'aspetto di qc.* (*spec. per ragioni di finzione scenica*)] déguiser, grimer: *truccare un agente da studente* déguiser un agent en étudiant; *truccare un attore da Amleto* grimer un acteur en Hamlet **2** [*cercare di migliorare l'estetica di qc. con cosmetici*] maquiller: *truccare un partecipante a una trasmissione televisiva* maquiller un protagoniste d'une émission de télévision **3** [*modificare q.c. perché risponda a determinati fini*] trafiquer (*pop.*); truquer: *truccare il motore di un'utilitaria* trafiquer le moteur d'une petite voiture ‖ *truccare le carte* truquer, biseauter les cartes # *truccare i dadi* piper les dés **B** *v. pron. rifl.* TRUCCARSI se déguiser; se maquiller: *truccarsi da Dracula* se déguiser en Dracula ‖ *quella ragazza si trucca bene, male* cette fille se maquille bien, mal.

2 **truccàre** |truk'kare| *v.intr.* (*aus.* '*avere*') [*urtare con la propria palla quella dell'avversario nel gioco delle bocce e del biliardo*] frapper *tr.* la boule (de l'adversaire).

truccàto |truk'kato| *agg.* **1** [*modificato, abbellito con prodotti appropriati*] maquillé: *un viso ben truccato* un visage bien maquillé **2** [*travestito*] déguisé: *un poliziotto truccato da barbone* un agent déguisé en clochard **3** [*falsificato*] truqué; transformé, trafiqué: *incontro di boxe truccato* rencontre de boxe truquée ‖ *motore truccato* moteur trafiqué, gonflé # *dadi truccati* dés pipés.

truccatóre, trice |trukka'tore, tritʃe| *s.* [*persona addetta al trucco* (*di un attore*)] maquilleur*.

truccatùra |trukka'tura| *s.f.* **1** [→ 1 TRUCCARE A 2] maquillage *m.* ◇ (*di attori*) grimage *m.* **2** [*travestimento*] déguisement *m.* **3** [*falsificazione, modificazione illecita*] transformation: *la truccatura di un motore* le fait de trafiquer un moteur; la transformation d'un moteur **4** [*materiale per il trucco* (1)] maquillage.

trùcco, chi |'trukko, ki| *s.m.* **1** [→ 1 TRUCCARE A 2] maquillage: *un trucco pesante, leggero* un maquillage épais, léger # *rifarsi il trucco* se remaquiller; *togliersi il trucco* se démaquiller ◇ (*di un attore*) grimage **2** produits *pl.* de beauté # *valigetta per il trucco* trousse de voyage **3** (*fig.*) [*artificio*] truc: *i trucchi dei maghi* les trucs des magiciens ◇ (*loc.*) *il trucco c'è ma non si vede* il y a un truc, mais il faut le savoir ~ *è tutto un trucco* c'est complètement truqué **4** (*cine., teat.*) truquage, trucage: *trucco scenico, fotografico* trucage scénique, photographique **5** [*raggiro*] truc, combine (*f.*): *ci deve essere sotto un trucco, qualche trucco* il doit y avoir un truc, quelque truc, une combine, quelque combine; *con un trucco è riuscito a non pagare* avec une combine, il a reussi à ne pas payer.

trùce |'trutʃe| *agg.* [*bieco e minaccioso*] farouche, sinistre: *un aspetto truce* un aspect farouche; *uno sguardo truce* un regard sinistre ◇ [*crudele, terribile*] cruel*: *un truce delitto* un délit cruel.

truceménte |trutʃe'mente| *avv.* [→ TRUCE] férocement, sinistrement.

trucidaménto |trutʃida'mento| *s.m.* (*raro*) [→ TRUCIDARE] massacre (*corr.*).

trucidàre |trutʃi'dare| *v.tr.* [*uccidere in modo particolarmente feroce*] massacrer: *gli ostaggi furono trucidati* les otages furent massacrés.

trucidatóre |trutʃida'tore| *s.m.* (*raro*) [*chi trucida*] massacreur* *s.* (*corr.*).

truciolàre |trutʃo'lare| *v. tr.* (*raro*) [*ridurre in trucioli*] émietter (*corr.*).

truciolàto |trutʃo'lato| *agg. e s.m.*

(*pannello*) *truciolato* panneau de bois aggloméré, de copeaux.

truciolatrìce |trutʃola'tritʃe| *s.f.* (*tecnol.*) coupeuse à bois.

trùciolo |'trutʃolo| *s.m.* **1** [*striscia a ricciolo che un utensile asporta dal pezzo*] copeau: *truciolo di legno, di ferro* copeau de bois, de fer **2** [*striscia a ricciolo di materiali vari*] boucle (*f.*): *trucioli di carta, di paglia, di plastica* boucles de papier, de paille, de plastique.

truculènto |truku'lɛnto| *agg.* **1** [*torvo, truce*] farouche, sinistre, féroce: *aspetto truculento* aspect farouche, sinistre, féroce **2** [*che vuole apertamente destare orrore*] effrayant; d'horreur (*loc. inv.*): *un personaggio truculento* un personnage effrayant ‖ *un film, un dramma truculento* un film, un drame d'horreur.

truculènza |truku'lɛntza| *s.f.* truculence.

trùffa |'truffa| *s.f.* **1** (*dir., corr.*) escroquerie: *essere condannato per truffa* être condamné pour escroquerie **2** [*raggiro, imbroglio*] escroquerie, fraude: *essere vittima di una truffa* être victime d'une escroquerie, d'une fraude; *commettere una truffa ai danni di qc.* commettre une escroquerie aux dépens de qqn.; *è una vera truffa!* c'est une véritable escroquerie! ◇ (*loc.*) *truffa all'americana* vol *m.* à l'américaine.

truffaldìno |truffal'dino| **1** *s.m.* [*imbroglione*] escroc, filou **2** *agg.* d'escroc (*loc.*): *arte truffaldina* l'art des escrocs # *un'impresa truffaldina* une escroquerie.

truffàre |truf'fare| *v.tr.* **1** [*imbrogliare qc. con una truffa*] escroquer, voler: *attento a non lasciarti truffare* attention, ne te laisse pas escroquer, voler **2** [*sottrarre del denaro con una truffa*] escroquer: *gli hanno truffato parecchi milioni* ils lui ont escroqué plusieurs millions.

truffatóre, trice |truffa'tore, tritʃe| *s.* [*chi truffa*] escroc *m.*, filou (*m.*): *è un truffatore, sta attento!* c'est un escroc, un filou, fais attention!

trufferìa |truffe'ria| *s.f.* (*raro*) → **truffa.**

trufolàre |trufo'lare| **A** *v.tr.* → **frugare** **B** *v. pron. rifl.* TRUFOLARSI [*sguazzare, avvoltolarsi*] se vautrer: *trufolarsi nel fango* se vautrer dans la boue.

truìsmo |tru'izmo| *s.m.* truisme.

trùllo |'trullo| *s.m.* trullo: *i trulli di Alberobello* les trulli d'Alberobello.

trumò |tru'mɔ| *s.m. inv.* trumeau *var.*

truògolo |tru'ɔgolo| *s.m.* → **trogolo.**

trùppa |'truppa| *s.f.* **1** (*mil.*) troupe: *truppe da sbarco, d'assalto* troupes de débarquement, de choc (d'assaut); *lanciare all'attacco le truppe* lancer les troupes à l'attaque **2** [*insieme dei soldati semplici*] troupe: *il morale della truppa* le moral de la troupe **3** (*raro*) [*grande numero di persone*] bande (*corr.*): *arrivare in truppa* arriver en bande.

truschino |trus'kino| *s.m.* (*tecnol.*) trusquin, troussequin.

trust |trʌst| *s.m. inv.* (*ingl.*) **1** trust (*var.*): *trust industriale* trust industriel ◇ (*fig.*) *trust dei cervelli* trust des cerveaux **2** [*monopolio*] trust: *legge anti-trust* loi anti-trust.

tsar |tsar| *s.m.* → **zar.**

tse-tse |tsɛ'tsɛ| (*agg. inv.*) *mosca tse-tse* (mouche) tsé-tsé *s.f.*

tsunami |tsu'nami| *s.m. inv.* (*giapp.*) (*geogr.*) tsunami *var.*

-ttero |ttero| *suff.* (*significa 'ala', corrisponde gener. a*) ptère: *Lepidotteri* Lepidoptères; *elicottero* hélicoptère.

tu |tu| **I** *pron. pers. sogg. m. e f. di 2ª pers. sing. N.B. 'tu' è spesso sottinteso* **1** tu; toi (*quando non può essere sottinteso in it. o come raff. del pron. sogg.*): *tu sai quello che voglio dire* tu sais ce que je veux dire; *vieni?* tu viens? ‖ *sei tu che l'hai voluto* c'est toi qui l'as voulu; *tu puoi permettertelo, noi no* toi, tu peux te le permettre, mais nous pas; *tu e io potremo andarci* toi et moi, nous pourrons y aller; *tu, dirmi questo!* toi, me dire une chose semblable!; *vai tu a dirglielo!* vas-y toi-même le lui dire!; *ricco tu? non farmi ridere* toi riche? ne me fais pas rire; *e allora tu?* et toi alors?; *tu, tu lo devi fare!* c'est toi qui dois le faire! ◇ (*loc.*) *io sono io, tu sei tu* moi c'est moi, toi c'est toi ~ *non sei più tu* tu n'es plus le même, toi-même **2** (*con valore impers.*) on: *quando tu pensi che si poteva vincere!* quand on pense qu'on aurait pu gagner!; *sono cose alle quali tu non pensi* ce sont des choses auxquelles on ne pense pas **II** (*in funzione di s.m.*) *dare del tu a qc.* tutoyer qqn.; *come si permette di darmi del tu?* comment vous permettez-vous de me tutoyer?; *trovarsi a tu per tu con qc.* être en tête à tête avec qqn., être entre quatre yeux; *prova a parlargli a tu per tu* essaie de lui parler seul à seul, entre quatre yeux.

tuàreg |tu'areg| *agg. inv.* targui *sing.*, touareg (*pl.*): *una donna tuareg* une (femme) targuie.

tùba |'tuba| *s.f.* **1** (*lett.*) [*tromba di guerra*] trompette (de guerre) (*corr.*) **2** (*mus.*) tuba *m.* **3** (*anat.*) trompe **4** [*cappello a cilindro*] tube *m.*, haut-de-forme *m.* **5** (*gerg. mil.*) [*recluta*] bleu *m.*

tubàggio, i |tu'baddʒo, i| *s.m.* (*med., min., tecnol.*) tubage.

1 **tubàre** |tu'bare| *v.intr.* (*aus. 'avere'*) **1** (*di piccioni*) [*far udire il proprio grido*] roucouler: *senti come tubano quei colombi* écoute comme ces pigeons roucoulent **2** (*fig., scherz.*) [*amoreggiare languidamente*] roucouler: *tubano come due colombi* ils roucoulent comme deux pigeons; *smettetela di tubare voi due!* arrêtez de roucouler, vous deux! ✧ (*in funzione di s.m. inv.*) *il tubare dei piccioni* la roucoulade *f. var.* des pigeons ◇ (*fig.*) *il tubare degli innamorati* les roucoulades *f. pl.* (*fam.*) des amoureux.

2 **tubàre** |tu'bare| *v.tr.* (*tecnol.*) [*procedere alla posa di tubi nel corso della perforazione di un pozzo di petrolio*] tuber: *tubare un pozzo* tuber un puits.

tubàrico, ci, ca, che |tu'bariko, tʃi, ka, ke| *agg.* (*anat.*) tubaire.

tubatùra |tuba'tura| *s.f.* **1** [*sistema di tubi*] tuyauterie, conduite: *le tubature del gas, dell'acqua* les tuyauteries, les conduites du gaz, de l'eau ◇ (*spec. al plur.*) *le tubature di casa sono in cattivo stato* la plomberie *sing.* est en mauvais état **2** (*per est.*) [*tubo*] conduite.

tubazióne |tubat'tsjone| *s.f.* **1** → **tubatura** **2** (*tecnol.*) canalisation, tubulure **3** (*min.*) tubage *m.*

Tuberàcee |tube'ratʃee| *s.f. pl.* (*t. bot.*) Tubéracées.

tuberàceo |tube'ratʃeo| *agg.* (*bot.*) tubéracé.

tubercolàre |tuberko'lare| *agg.* **1** (*biol.*) tuberculeux* **2** (*med.*) tuberculeux: *infezione tubercolare* infection tuberculeuse, tuberculose *s.f.*

tubercolìna |tuberko'lina| *s.f.* (*med.*) tuberculine.

tubercolizzàrsi |tuberkolid'dzarsi| *v. pron. intr.* (*med.*) [*subire una tubercolizzazione*] se tuberculiser.

tubercolizzazióne |tuberkoliddzat'tsjone| *s.f.* **1** (*raro, med.*) tuberculisation (*corr.*) **2** → **tuberizzazione.**

tubèrcolo |tu'bɛrkolo| *s.m.* (*anat., bot., med.*) tubercule.

tubercolosàrio, i |tuberkolo'sarjo, i| *s.m.* [*sanatorio*] sanatorium.

tubercolòsi |tuberko'lɔzi| *s.f. inv.* (*med., corr.*) tuberculose *var.* (*corr.*), bacillose (*med.*): *è ammalato di tubercolosi* il a de la tuberculose, il est tuberculeux.

tubercolóso |tuberko'loso| *agg.* **1** tuberculeux*: *un soggetto tubercoloso* un sujet tuberculeux ✦ (*s.*) *un tubercoloso* un tuberculeux **2** (*bot.*) tuberculeux.

tubercolòtico, ci, ca, che |tuberko'lɔtiko, tʃi, ka, ke| *agg. e s.* (*med.*) (*persone*) [*tubercoloso*] tuberculeux*.

tubercolùto |tuberko'luto| *agg.* (*bot.*) tuberculé.

tubercùlide |tuber'kulide| *s.f.* (*med.*) tuberculide.

tuberifórme |tuberi'forme| *agg.* (*bot.*) tubériforme.

tuberizzàto |tuberid'dzato| *agg.* (*bot.*) tubérisé.

tuberizzazióne |tuberiddzat'tsjone| *s.f.* (*bot.*) tubérisation.

tùbero |'tubero| *s.m.* (*bot.*) tubercule.

tuberósa |tube'rosa| *s.f.* (*t.bot.*) tubéreuse.

tuberosità |tube'rosi'ta| *s.f. inv.* **1** (*anat., bot.*) tubérosité *var.* **2** (*per est.*) [*protuberanza, tubero*] tubercule *m. var.*

tuberóso |tube'roso| *agg.* (*bot.*) tubéreux*: *radice tuberosa* racine tubéreuse.

tubétto |tu'betto| *s.m.* **1** [*piccolo contenitore cilindrico*] (petit) tube: *un tubetto di dentifricio* un tube de dentifrice; *il tubetto dell'aspirina* le tube d'aspirine; *un tubetto di colore* un tube de couleur **2** (*tecnol.*) petit tube.

tubi- |tubi| *pref.* (*significa 'tubo', corrisponde gener. a*) tubi: *tubicolo* tubicole.

tubicolo |tu'bikolo| *s.m.* (*zool.*) tubicole *agg.*

tubièra |tu'bjɛra| *s.f.* (*mecc.*) tuyère.

tubifice |tu'bifitʃe| *s.m.*, **tubifex** |'tubifɛks| *s.m. inv.* (*t.zool.*) tubifex.

Tubiflòre |tubi'flɔre| *s.f. pl.* (*t.bot.*) Tubiflores.

tubino |tu'bino| *s.m.* **1** [*bombetta*] chapeau melon **2** [*vestito da donna di linea dritta*] fourreau.

tubista |tu'bista| *s.m.* tubiste.

Tubitèli |tubi'tɛli| *s.m. pl.* (*t.zool.*) Tubitèles.

tùbo |'tubo| *s.m.* **1** (*tecnol.*) tuyau, conduite *f.*, tube: *tubo di scarico, di scappamento* tuyau de décharge, de échappement; *i tubi dell'acqua, del gas* les conduites de l'eau, du gaz; *tubo lanciasiluri* tube lance-torpilles **2** (*tecnol.*) tube: *tubo a gas* tube à gaz; *tubo*

fluorescente tube fluorescent, au néon # *tubo catodico* cathoscope; *tubo elettronico* lampe électronique **3** (*anat.*) *tubo digerente* tube digestif **4** (*bot.*) tube **5** (*min.*) *tubo di alimentazione dell'aria compressa* boyau à air comprimé **6** (*ing.*) *tubo iniettore di cemento* canon à ciment.
tubolàre |tubo'lare| **I** *agg.* tubulaire **II** *s.m.* **1** [*pneumatico per bicicletta*] boyau # *i tubolari di un canotto pneumatico* les boudins d'un canot penumatique **2** (*mil.*) manchette *f.*
tubolàto |tubo'lato| *agg.* (*raro*) [*composto da tubuli*] tubulé.
tubolatùra |tubola'tura| *s.f.* (*tecnol.*) tuyauterie, conduites *pl.*
tubolóso |tubo'loso| *agg.* (*bot.*) tubuleux*, tuboulé.
tubul- |tubul| *pref.* (*significa 'piccolo tubo', corrisponde gener. a*) tubul: *Tubuliflore* Tubuliflores.
Tubulàridi |tubu'laridi| *s.m. pl.* (*t. zool.*) Tubulaires.
Tubulidentàti |tubuliden'tati| *s.m. pl.* (*t.zool.*) Tubulidentés.
Tubuliflòre |tubuli'flɔre| *s.f. pl.* (*t.bot.*) Tubuliflore.
tucàno |tu'kano| *s.m.* (*t.zool.*) toucan.
tucùl |tu'kul| *s.m. inv.* [*abitazione africana a pianta circolare*] *hutte *f. var.*, paillotte *f. var.*
tuèllo |tu'ɛllo| *s.m.* (*zool.*) lit de l'ongle (du cheval), sole *f.*
tufàceo |tu'fatʃeo| *agg.* (*geol.*) tufier*: *rocce tufacee* roches tufières; *terreno tufaceo* terrain tufier.
tuff |tuf| *inter.* (*onomat.*) plouf.
tuffaménto |tuffa'mento| *s.m.* [→ TUFFARE] plongement.
tuffàre |tuf'fare| **A** *v.tr.* [*immergere q.c. in un liquido*] tremper, plonger (3): *tuffare la penna nell'inchiostro* tremper la plume dans l'encre; *tuffare le braccia nell'acqua* plonger ses bras dans l'eau **B** *v.pron. rifl.* TUFFARSI **1** [*immergersi in un liquido*] plonger (*intr.*): *tuffarsi nell'acqua, dal trampolino* plonger dans l'eau, du tremplin # *si tuffò nel vuoto* il se jeta dans le vide ◇ (*calcio*) *il portiere si è tuffato* le gardien de but a plongé ◇ (*di aerei*) [*scendere in picchiata*] piquer *intr.* **2** (*fig.*) [*lanciarsi in q.c. diventando invisibile*] se jeter (5): *si tuffò tra le fiamme* il se jeta dans les flammes ✦ (*intr.*) *il sole si tuffa dietro l'orizzonte* [*tramonta*] le soleil se couche derrière l'horizon **3** [*lasciarsi assorbire da q.c.*] se plonger: *si tuffò a capofitto nello studio, nel divertimento* il se plongea à corps perdu dans l'étude, dans les plaisirs.
tuffàta |tuf'fata| *s.f.* **1** [*breve tuffo*] plongeon *m.* **2** (*mus.*) son *m.* bouché.
tuffatóre, trice |tuffa'tore, tri'tʃe| **I** *s.* **1** [*chi esegue tuffi*] plongeur* **2** → **tuffetto** **II** *s.m.* **1** [*aereo da guerra per attaccare obiettivi al suolo*] chasseur-bombardier **2** pilote de chasse.
tuffétto |tuf'fetto| *s.m.* (*t.zool.*) grèbe.
tuffista |tuf'fista| *s.* [*specialista delle gare di tuffo*] plongeur*.
tùffo |'tuffo| *s.m.* **1** [→ TUFFARE] plongeon: *fare un tuffo nell'acqua* faire un plongeon, plonger dans l'eau ◇ (*loc.*) *uccelli di tuffo* plongeons **2** (*per est.*) [*caduta verso il basso*] chute (*f.*): *ha fatto un tuffo nel vuoto* il a fait une chute dans le vide, il est tombé dans le vide ◇ (*fig.*) saut: *un tuffo nell'ignoto* un saut dans l'inconnu ◇ [*picchiata di aereo*] piqué **3** (*loc.*) *gettarsi, buttarsi* A TUFFO *su q.c.* [*con impeto, con avidità*] se jeter sur qqch.: *i bambini si gettarono a tuffo sulla torta* les enfants se jetèrent sur le gâteau **4** (*cose*) [*il cadere in acqua*] plongeon # *il tuffo sordo dei remi* les avirons plongeant sourdement dans l'eau **5** (*sport*) plongeon: *tuffo in avanti, indietro, rovesciato, avvitato, carpiato* plongeon en avant, en arrière, retourné, en vrille, carpé; *tuffo dal trampolino* plongeon du tremplin; *è uno specialista nei tuffi* c'est un spécialiste des plongeons ◇ (*calcio*) *il portiere con un tuffo afferrò il pallone* le gardien de but plongea et saisit le ballon **6** [*improvviso aumento dei battiti cardiaci dovuto a un'emozione*] coup: *ebbe un tuffo al cuore* il eut un coup au cœur # *a quella notizia il sangue gli diede un tuffo* à cette nouvelle, son sang ne fit qu'un tour **7** (*tecnol.*) plongée *f.*
tùffolo |'tuffolo| *s.m.* (*t.zool.*) grèbe.
tufite |tu'fite| *s.f.* (*geol.*) tuf *m.* éruptif.
tùfo |'tufo| *s.m.* (*geol.*) tuf.
tufóso |tu'foso| *agg.* (*raro*) → **tufaceo.**
tùga, ghe |'tuga, ge| *s.f.* (*mar.*) rouf *m.*
tugùrio, i |tu'gurjo, i| *s.m.* [*stamberga*] taudis: *i poveretti abitavano in un tugurio* les pauvres habitaient un taudis.
tùia |tu'ja| *s.f.* (*t.bot.*) thuya *m.*
tularemia |tulare'mia| *s.f.* (*med.*) tularémie.
tùlio, i |'tuljo, i| *s.m.* (*chim.*) thulium.
tulipàno |tuli'pano| *s.m.* **1** (*t.bot.*) tulipe *f.* **2** [*il fiore*] tulipe: *un mazzo di tulipani* un bouquet de tulipes.
tulipifera |tuli'pifera| *s.f.*, **tulipifero** |tuli'pifero| *s.m.* (*bot.*) tulipier *m.*
'tulle' |tyl| *s.m. inv.* tulle (*var.*): *una camicetta di tulle* un chemisier de tulle.
tulliàno |tul'ljano| *agg.* [*proprio di Tullio Cicerone*] cicéronien*: *eloquenza tulliana* éloquence cicéronienne ✦ (*s.m.*) *un tulliano* un disciple de Cicéron.
tumefàre |tume'fare| (103) **A** *v.tr.* [*produrre una tumefazione*] tuméfier: *l'infezione gli ha tumefatto il braccio* l'infection a tuméfié son bras **B** *v. pron. intr.* TUMEFARSI [*presentare una tumefazione*] se tuméfier: *gli si sono tumefatte le gambe* ses jambes se sont tuméfiées.
tumefàtto |tume'fatto| *agg.* [*che ha subito tumefazione*] tuméfié: *ha le gambe tumefatte* ses jambes sont tuméfiées.
tumefazióne |tumefat'tsjone| *s.f.* (*med.*) tuméfaction.
tumescènte |tumeʃ'ʃɛnte| *agg.* (*med.*) tumescent.
tumescènza |tumeʃ'ʃɛntsa| *s.f.* (*med.*) tumescence.
tumidézza |tumi'dettsa| *s.f.*, **tumidità** |tumidi'ta| *s.f. inv.* [*l'essere tumido*] enflure *var.*, tumescence (*var.*): *la tumidezza delle labbra* l'enflure des lèvres.
tùmido |'tumido| *agg.* **1** *labbra tumide* [*carnose e sporgenti*] lèvres charnues, épaisses **2** (*lett.*) [*gonfio*] enflé (*corr.*): *un fiume tumido* un fleuve enflé ◇ (*fig., lett.*) [*superbo*] tuméfié (*corr.*), bouffi (*corr.*).
tùmolo |'tumolo| *s.m.* → **tumulo.**
tumoràle |tumo'rale| *agg.* (*med.*) tumoral*: *cellule tumorali* cellules tumorales.
tumóre |tu'more| *s.m.* **1** (*med.*) tumeur (*f.*): *tumore benigno, maligno* tumeur bénigne, maligne; *tumore da parto* tumeur d'accouchement **2** (*raro*) [*gonfiore*] tumeur.
tumulàre |tumu'lare| *v.tr.* [*seppellire in loculi in muratura*] déposer, ensevelir, inhumer: *la salma fu tumulata nella tomba di famiglia* le corps fut déposé, enseveli, inhumé dans le caveau de famille.
tumulazióne |tumulat'tsjone| *s.f.* **1** [→ TUMULARE] enterrement *m.*, ensevelissement *m.* **2** [*sepoltura in locali in muratura*] enterrement, inhumation, ensevelissement, mise au tombeau.
tùmulo |'tumulo| *s.m.* **1** (*archeol.*) tumulus **2** (*lett.*) [*tomba*] tombeau, sépulture *f.* **3** (*raro*) [*prominenza del terreno fatta di terra, detriti e sim.*] tertre.
tumùlto |tu'multo| *s.m.* **1** tumulte: *il tumulto della folla* le tumulte de la foule **2** [*sommossa*] émeute (*f.*): *sedare un tumulto* calmer une émeute; *le strade erano in tumulto* les rues étaient en émeute **3** (*fig.*) [*conflitto psichico provocato da sentimenti contrastanti*] tumulte: *il tumulto delle passioni* le tumulte des passions # *aveva l'animo in tumulto* son esprit était agité.
tumultuànte |tumultu'ante| *agg.* [*che è in tumulto*] en émeute (*loc. inv.*): *una folla tumultuante* une foule en émeute ✦ *s.* émeutier*: *i tumultuanti* les émeutiers.
tumultuàre |tumultu'are| *v.intr.* (*aus. 'avere'*) [*essere in tumulto*] manifester: *la folla tumultuava per le strade* la foule manifestait dans les rues ◇ (*fig.*) *pensieri contrastanti tumultuavano nella sua mente* des pensées contradictoires agitaient *tr.* son esprit.
tumultuàrio, i |tumultu'arjo, i| *agg.* → **tumultuoso, disordinato.**
tumultuosaménte |tumultuosa'mente| *avv.* [→ TUMULTUOSO] tumultueusement.
tumultuóso |tumultu'oso| *agg.* **1** [*agitato e rumoroso*] tumultueux*: *la seduta è stata tumultuosa* la séance a été tumultueuse **2** [*agitato e violento*] tumultueux: *le acque tumultuose di un torrente in piena* les flots tumultueux d'un torrent en crue **3** (*fig.*) [*agitato e confuso*] tumultueux: *sentimenti tumultuosi* sentiments tumultueux.
tùndra |'tundra| *s.f.* toundra.
tùngar |'tungar| *s.m. inv.* (*elettr.*) tungar *var.*
tungstàto |tungs'tato| *s.m.* (*chim.*) tungstate.
tungstèno |tungs'tɛno| *s.m.* (*chim.*) tungstène.
tùngstico, ci, ca, che |'tungstiko, tʃi, ka, ke| *agg.* (*chim.*) tungstique.
tùnica, che |'tunika, ke| *s.f.* **1** (*abbigl. ant.*) tunique **2** (*biol.*) tunique.
Tunicàti |tuni'kati| *s.m. pl.* (*t.zool.*) Tuniciers.
tunicàto |tuni'kato| *agg.* **1** (*lett.*) revêtu d'une tunique (*corr.*) **2** (*biol.*) tuniqué.
tunicèlla |tuni'tʃɛlla| *s.f.* (*relig.*) tunicelle, tunique.

tunisìno |tuni'zino| *agg.* [*della Tunisia; di Tunisi*] tunisien*.

tùnnel |'tunnel| **I** *s.m. inv.* **1** tunnel (*var.*): *un tunnel ferroviario* un tunnel de chemin de fer **2** (*tecnol.*) tunnel: *tunnel aerodinamico, di lavaggio* tunnel aérodynamique, de lavage **3** (*calcio*) *fare un tunnel* faire passer le ballon entre le jambes de l'adversaire **II** *agg. inv.* (*nelle loc.*) *effetto tunnel* effet tunnel; *diodo tunnel* diode tunnel.

1 **tùo** |'tuo|, *m. pl.* **tuòi** |'tuɔi|, *f.* **tùa** |'tua|, *f. pl.* **tùe** |'tue| *agg. poss. di 1ª pers.* **1** ton *m.* (*davanti a sost. m. e a sost. f. cominciante per voc. o 'h' muta*); ta *f.*; tes (*m. e f. pl.*): *è il tuo libro?* est-ce ton livre?; *era la tua idea fissa* c'était ton idée fixe; *i tuoi compagni e le tue amiche sono simpatici* tes camarades et tes amies sont sympathiques ◇ (*in unione con un indef., un dim., ecc.*) *tutto il tuo lavoro è andato in fumo* tout ton travail s'en est allé en fumée; *quel tuo amico non mi piace* ton ami ne me plaît pas; *alcune tue amiche sono già partite* quelques-unes de tes amies sont déjà parties; *un tuo amico ha avuto un incidente d'auto* un de tes amis a eu un accident de voiture; *un tuo amico medico gli ha detto di non preoccuparsi* ton ami (celui qui est) médecin lui a dit de ne pas se faire de souci # *saranno a casa tua tra poco* ils seront chez toi d'ici peu ◇ (*loc.*) *lo faccio per amor tuo* je le fais pour toi ~ *lo fanno in* (*per*) *tuo ricordo* ils le font en souvenir de toi **2** [*di tua proprietà*] à toi (*pron.*): *questo libro è tuo* ce livre est à toi; *quei guanti sono tuoi* ces gants sont à toi; *finalmente hai una casa tutta tua* finalement tu as une maison toute à toi **3** (*retto da un pron. indef.*) *tra le mie cose ho trovato qualcosa di tuo* dans mes affaires j'ai trouvé quelque chose qui t'appartient; *non hai più niente di tuo ormai* désormais tu n'as plus rien (à toi) **4** (*in forme ell.*) *non hanno ancora ricevuto la tua del 14* ils n'ont pas encore reçu ta lettre du 14; *non è mai stato dalla tua* (*parte*) il n'a jamais été de ton côté; *ne hai detta una delle tue* tu as encore fait une de tes gaffes; comme d'habitude, tu as encore dit une bêtise; *ne hai fatta una delle tue* tu as encore fait des tiennes; *certo, anche tu hai voluto dire la tua* évidemment, toi aussi tu as voulu placer ton mot.

2 **tùo** |'tuo|, *m. pl.* **tuòi** |'tuɔi|, *f.* **tùa** |'tua|, *f. pl.* **tùe** |'tue| **1** *pron. poss. di 2ª pers. sing.* le tien *m.*, la tienne *f.*, les tiens *m. pl.*, les tiennes (*f. pl.*): *questa penna è la tua* ce stylo est le tien, à toi; *la mia decisione deve essere anche la tua* ma décision doit être aussi la tienne; *i miei libri sono più aggiornati dei tuoi* mes livres sont plus récents que les tiens **2** (*s.m. sing.*) *ci hai perso del tuo* tu en es pour ton argent; *lo so che ci spendi del tuo* je sais que tu paies, que tu en es de ta poche; *non darti pensiero, vivi del tuo* ne te fais pas de souci, vis de tes propres moyens, selon tes moyens; *accontentati del tuo!* contente-toi de ce que tu as! **3** (*s.m. pl.*) *i tuoi* [*genitori, parenti; seguaci*] les tiens: *dove sono i tuoi?* où sont les tiens?; *i tuoi non si sono fatti vivi* les tiens n'ont pas encore donné signe de vie.

tuonàre |two'nare| *v.intr.* (*aus. 'avere'*) → **tonare.**

tuòno |'twɔno| *s.m.* **1** (*meteor.*) tonnerre: *uno scoppio di tuono* un coup de tonnerre ◇ (*fig.*) *avere una voce di tuono* avoir une voix de tonnerre, une voix tonitruante, tonnante ◇ (*escl.*) (*esprime 'collera'*) *tuoni e fulmini!* tonnerre!, mille tonnerres! **2** [*fragore*] grondement: *il tuono del cannone* le grondement du canon.

tuòrlo |'twɔrlo| *s.m.* jaune (d'œuf).

tupàia |tu'paja| *s.f.* (*t.zool.*) tupaïa, tupaja.

tu(p)pè |tu(p)'pɛ| *s.m.* → **toupet.**

tùra |'tura| *s.f.* (*idraul.*, *mar.*) batardeau *m.*

turabottiglie |turabot'tiʎʎe| *s.m. inv.* (*tecnol.*) bouche-bouteilles.

turabùchi |tura'buki| *s. inv.* → **tappabuchi.**

turacciolàio, i |turattʃo'lajo, i| *s.* [*fabbricante di turaccioli*] bouchonnier *m.*

turàcciolo |tu'rattʃolo| *s.m.* [*tappo di sughero per bottiglie*] bouchon.

turànico, ci, ca, che |tu'raniko, tʃi, ka, ke| *agg. e s.m.* (*ling.*) touranien*.

turàre |tu'rare| **A** *v.tr.* [*chiudere* (*un'apertura, un buco e sim.*)] boucher: *turare una bottiglia* boucher une bouteille ◇ (*loc.*) *turare una falla*: (*pr.*) boucher, aveugler une voie d'eau; (*fig.*) [*porre rimedio a un danno, a una perdita continua*] boucher un trou ~ *turare un buco*: (*pr., fig.*) boucher un trou ~ *turarsi gli occhi, la bocca, il naso, le orecchie* se boucher les yeux, la bouche, le nez, les oreilles ~ *turare la bocca a qc.* fermer la bouche à qqn., clouer le bec a qqn. (*fam.*) **B** *v.pron. intr.* TURARSI [*intasarsi, ostruirsi*] se boucher: *si è turato il tubo di scarico* le tuyau de décharge s'est bouché.

turàta |tu'rata| *s.f.* (*raro*) [→ TURARE A] bouchage *m.*

1 **tùrba** |'turba| *s.f.* **1** [*marmaglia*] bande: *una turba di fannulloni* une bande de fainéants **2** *spec. al plur.* [*folla*] foule: *Gesù parlava alle turbe* Jésus parlait à la foule.

2 **tùrba** |'turba| *s.f.* (*med.*) trouble (*m.*): *turbe nervose* troubles nerveux.

turbabilità |turbabili'ta| *s.f. inv.* → **emotività.**

turbaménto |turba'mento| *s.m.* [→ TURBARE 2, 3] trouble: *turbamento dell'ordine pubblico* trouble, perturbation *f.* de l'ordre public; *essere in preda a un profondo turbamento* être en proie à un profond trouble # *provare, sentire turbamento* se troubler.

turbànte |tur'bante| *s.m.* **1** turban **2** (*t.bot.*) *turbante di turco* lis turban, martagon.

turbàre |tur'bare| *v.tr.* **1** [*modificare* (*q.c.*) *alterandone la limpidezza*] troubler: *turbare l'acqua di un ruscello* troubler l'eau d'un ruisseau; *nubi nere turbarono il cielo* des nuages noirs troublèrent le ciel ✦ *pron. intr.* [*perdere la limpidezza*] se gâter: *il tempo si va turbando* le temps se gâte **2** [*alterare uno stato di equilibrio, di pace*] troubler: *turbare il riposo, la quiete di qc.* troubler le repos de qqn.; *quell'imprevisto è venuto a turbare i miei piani* cet imprévu a troublé mes plans ◇ (*dir.*) *turbare la quiete pubblica, l'ordine pubblico* troubler la tranquillité publique, l'ordre public **3** [*inquietare, impressionare*] troubler: *quello spettacolo l'aveva profondamente turbata* ce spectacle l'avait profondément troublée ◇ [*agitare suscitando il desiderio*] *lo sguardo di quella donna lo turbava* le regard de cette femme le troublait ✦ (*pron. intr.*) *a quelle parole si turbò in viso* à ces mots il se troubla.

turbativa |turba'tiva| *s.f.* (*dir.*) trouble *m.*

turbativo |turba'tivo| *agg.* [*atto a turbare*] troublant.

turbàto |tur'bato| *agg.* **1** (*cose*) [*privato di limpidezza*] trouble: *acque turbate* eaux troubles → **torbido** # *cielo turbato* ciel menaçant **2** (*persone*) [*agitato*] troublé: *si sentiva turbato* il se sentait troublé.

turbatóre, trice |turba'tore, tritʃe| *s. e agg.* (*raro*) [*chi, che turba*] perturbateur* (*corr.*).

turbazióne |turbat'tsjone| *s.f.* (*raro*) → **turbamento.**

Turbellàri |turbel'lari| *s.m. pl.* (*t. zool.*) Turbellariés.

turbidimetria |turbidime'tria| *s.f.* turbidimétrie, turbimétrie.

turbina |tur'bina| *s.f.* **1** (*mecc.*) turbine: *turbina ad azione, a reazione* turbine à action, à réaction **2** (*aer.*) turbine, turbomoteur *m.*

turbinàre |turbi'nare| *v.intr.* (*aus. 'avere'*) [*girare con moto vorticoso*] tourbillonner: *la neve turbina per la via* la neige tourbillonne dans la rue ◇ (*fig.*) *mille pensieri gli turbinavano nella mente, in testa* mille pensées tourbillonnaient, roulaient dans sa tête.

turbinàto |turbi'nato| **1** *agg.* (*bot.*) turbiné **2** *s.m.* (*anat.*) cornet du nez.

tùrbine |'turbine| *s.m.* **1** [*massa d'aria che gira vorticosamente*] tourbillon: *un turbine di vento* un tourbillon de vent ◇ (*per est.*) *un turbine di neve, di sabbia* un tourbillon de neige, de sable ◇ (*fig.*) *il turbine della danza* le tourbillon de la danse **2** [*insieme di pensieri e sim. che si accavallano*] tourbillon; déchaînement: *turbine di pensieri, di idee* tourbillon de pensées, d'idées ‖ *il turbine delle passioni* le déchaînement des passions # *un turbine di sentimenti* un remous de sentiments ◇ [*insieme di avvenimenti che si susseguono in modo tumultuoso*] *il turbine della guerra* la tourmente *f.* de la guerre **3** [*moltitudine in movimento travolgente*] nuée (*f.*): *un turbine di frecce* une nuée de flèches; *il turbine degli invasori* la nuée des envahisseurs.

turbinio, ii |turbi'nio, ii| *s.m.* **1** [*un turbinare continuato*] tourbillonnement: *il turbinio del vento, della neve* le tourbillonnement du vent, de la neige **2** (*fig.*) [*ritmo incalzante*] tourbillonnement: *il turbinio dei pensieri, della danza* le tourbillonnement des pensées, de la danse # *il turbinio degli affari* le tourbillon des affaires.

turbinosaménte |turbinosa'mente| *avv.* [→ TURBINOSO] en tourbillonnant *loc. inv.*, en tourbillon *loc. inv.*

turbinóso |turbi'noso| *agg.* [*vorticoso*] tourbillonnant: *movimento turbinoso* mouvement tourbillonnant # *un turbinoso accavallarsi di idee* un tourbillon d'idées.

turbitto |tur'bitto| *s.m.* **1** (*t.bot.*) turbith **2** (*chim.*) turbith.

tùrbo- |'turbo| *pref.* (*significa 'turbina', corrisponde gener. a*) turbo: *turbogetto* turboréacteur.
turboalternatóre |turboalterna'tore| *s.m.* (*elettr.*) turbo-alternateur.
turbocistèrna |turbotʃis'tɛrna| *s.f.* (*mar.*) bateau-citerne *m.* à turbine, pétrolier *m.* à turbine.
turbocompressóre |turbokompres'sore| *s.m.* (*mecc.*) turbocompresseur.
turbodìnamo |turbo'dinamo| *s.f.* turbodynamo *m.*
turboelèttrico, ci, ca, che |turboe'lɛttriko, tʃi, ka, ke| *agg.* turboélectrique.
turboèlica, che |turbo'ɛlika, ke| *s.* **1** *s.f.* (*aer.*) turbopropulseur *m.* **2** *s.m. inv.* avion *var.* turbopropulseur.
turbofiltro |turbo'filtro| *s.m.* (*tecnol.*) turbofiltre.
turbogeneratóre |turbodʒenera'tore| *s.m.* (*mecc.*) turbogénérateur.
turbogètto |turbo'dʒɛtto| *s.m.* (*aer.*) turboréacteur.
turbolenteménte |turbolente'mente| *avv.* [→ TURBOLENTO 1] avec turbulence *loc. inv.*
turbolènto |turbo'lɛnto| *agg.* **1** turbulent: *un ragazzo turbolento* un garçon turbulent ◇ [*facinoroso, ribelle*] agité, violent: *gruppo turbolento* groupe agité, violent **2** [*caratterizzato da avvenimenti gravi*] agité: *gli anni turbolenti della guerra* les années agitées de la guerre **3** (*fis., meteor.*) turbulent.
turbolènza |turbo'lɛntsa| *s.f.* **1** turbulence: *la turbolenza di una scolaresca, di facinorosi* la turbulence d'une classe, des rebelles **2** [*stato di ciò che è turbolento*] agitation: *la turbolenza dei tempi* l'agitation des temps **3** (*fis., meteor.*) turbulence.
turbomàcchina |turbo'makkina| *s.f.* (*tecnol.*) turbomachine.
turbomotóre |turbomo'tore| *s.m.* turbomoteur.
turbomotrice |turbomo'tritʃe| *s.f.* turbomotrice.
turbonàve |turbo'nave| *s.f.* (*mar.*) navire *m.* à turbines.
turbopómpa |turbo'pompa| *s.f.* turbopompe.
turbopropulsóre |turbopropul'sore| *s.m.* turbopropulseur.
turboreattóre |turboreat'tore| *s.m.* turboréacteur.
turcàsso |tur'kasso| *s.m.* [*faretra*] carquois.
turchése |tur'kese| **1** *s.f.* (*miner.*) turquoise **2** *agg. e s.m.* [*azzurro come la pietra omonima*] bleu turquoise: *un vestito (color) turchese* une robe bleu turquoise.
turchétto |tur'ketto| *s.m.* (*t.zool.*) pigeon turc.
turchina |tur'kina| *s.f.* (*miner.*) turquoise.
turchinétto |turki'netto| *s.m.* [*colorante usato per dare al bucato una tinta azzurrognola*] bleu (de lessive).
turchino |tur'kino| *agg. e s.m.* (*color*) *turchino* bleu foncé, bleu turquin (*lett.*): *cielo turchino* ciel bleu foncé.
turcimànno |turtʃi'manno| *s.m.* **1** [*dragomanno*] drogman **2** (*lett., scherz.*) [*interprete*] interprète (*corr.*).
tùrco, chi, ca, che |'turko, ki, ka, ke| **1** *agg.* [*della Turchia*] turc*: *la Repubblica turca* la République turque; *caffè turco* café turc; *bagno turco* bain turc **2** (*s.m.*) *il turco* [*la lingua*] le turc **3** (*loc. fig.*) *bestemmiare come un turco* jurer comme un charretier, comme un templier ~ *fumare come un turco* fumer comme un sapeur, comme une locomotive ~ *parlare turco* [*in modo incomprensibile*] parler chinois ~ *essere in un bagno turco* [*bagnato di sudore*] être en nage ◇ *loc. avv.* ALLA TURCA [*secondo l'usanza dei Turchi*] à la turque: *sedere alla turca* s'asseoir à la turque; *divano, gabinetto alla turca* divan, cabinet à la turque.
turcomànno |turko'manno| *agg. e s.* → **turkmeno.**
Tùrdidi |'turdidi| *s.m. pl.* (*t.zool.*) Turdidés.
turgescènte |turdʒeʃ'ʃɛnte| *agg.* (*med.*) turgescent.
turgescènza |turdʒeʃ'ʃɛntsa| *s.f.* (*bot., med.*) turgescence.
turgidézza |'turdʒi'dettsa| *s.f.*, **turgidità** |turdʒidi'ta| *s.f. inv.* (*bot., med.*) turgescence *var.*
tùrgido |'turdʒido| *agg.* **1** [*gonfio*] gonflé, enflé, turgide (*lett.*): *occhi turgidi di lacrime* yeux gonflés de larmes; *vene turgide* veines enflées **2** [*gonfio per la presenza di liquidi organici*] gonflé, turgescent (*lett.*): *mammelle turgide di latte* seins gonflés de lait; *germogli turgidi* bourgeons turgescents **3** (*fig.*) [*ampolloso*] boursouflé, emphatique: *stile turgido* style boursouflé, emphatique.
turgóre |tur'gore| *s.m.* [*il fatto di essere turgido* (2)] turgescence (*f.*): *il turgore delle mammelle* la turgescence des seins.
turìbolo |tu'ribolo| *s.m.* (*eccl.*) encensoir.
turiferàrio, i |turife'rarjo, i| *s.m.* (*eccl.*) thuriféraire ◇ (*fig.*) [*incensatore*] thuriféraire (*lett.*), flagorneur* *s.*
turingio, gi, gia, ge |tu'rindʒo, dʒi, dʒa, dʒe| *agg.* [*della Turinga*] thuringien*.
turióne |tu'rjone| *s.m.* (*bot.*) turion.
turismo |tu'rizmo| *s.m.* **1** tourisme: *turismo di massa* tourisme de masse; *fare del turismo* faire du tourisme; *aereo da turismo* avion de tourisme; *automobile gran turismo* voiture (de) grand tourisme # *ente per il turismo* syndicat d'initiative **2** [*complesso dei turisti*] tourisme: *turismo interno, estero* tourisme intérieur, extérieur.
turista |tu'rista| *s.* touriste.
turisticaménte |turistika'mente| *avv.* pour le tourisme (*loc. inv.*): *regione turisticamente attraente* région équipée pour le tourisme.
turìstico, ci, ca, che |tu'ristiko, tʃi, ka, ke| *agg.* touristique, de tourisme (*loc. inv.*): *viaggi turistici* voyages touristiques; *località turistica* ville touristique; *agenzia turistica* agence de tourisme; *ufficio turistico* bureau de tourisme # *classe turistica* classe touriste; *assegno turistico* chèque de voyage.
turkmèno |turk'mɛno| **1** *agg.* [*dei Turkmeni, del Turkmenistan*] turkmène **2** (*s.m.*) *il turkmeno* [*la lingua*] le turkmène.
turlupinàre |turlupi'nare| *v.tr.* [*ingannare qc. facendolo apparire ridicolo*] duper, rouler (*fam.*), avoir (28) (*fam.*): *ti sei fatto turlupinare* tu t'es laissé duper, rouler, avoir.
turlupinatóre, trice |turlupina'tore, tritʃe| *s.* (*raro*) [*chi turlupina*] trompeur*.
turlupinatùra |turlupina'tura| *s.f.* [→ TURLUPINARE] duperie, tromperie.
turnista |tur'nista| *s.* ouvrier* travaillant par roulement.
tùrno |'turno| *s.m.* **1** [*avvicendamento in una attività*] tour; service, garde (*f.*): *turno di lavoro* tour (de travail); *turno di guardia* tour de garde ‖ *essere di turno* être de service, de garde; *qual è la farmacia di turno?* quelle est la pharmacie de service, de garde? **2** [*il periodo in cui dura l'avvicendamento*] tour, service: *turno di otto ore* tour, service de huit heures # *fare il turno di giorno, di notte* faire équipe de jour, de nuit **3** [*il momento in cui a qc. tocca q.c.*] tour: *deve aspettare il suo turno* vous devez attendre votre tour # *servizio 1° turno, 2° turno* 1er service, 2e service **4** [*il gruppo che costituisce un turno*] équipe (*f.*): *alle 6 il primo turno stacca* à 6 heures la première équipe débraie **5** (*loc.*) *fare a turno* [*un po' per uno*] faire à tour de rôle.
turoniàno |turon'jano| *agg. e s.m.* (*geol.*) turonien*.
tùrpe |'turpe| *agg.* **1** [*abietto*] abject: *un individuo turpe* un individu abject **2** (*cose*) [*osceno*] abject: *azioni turpi* actions abjectes, *honteuses; *una turpe proposta* une proposition abjecte, deshonnête ◇ [*disonesto, vergognoso*] *una turpe accusa* une accusation honteuse, ignoble; *un turpe tradimento* une ignoble trahison **3** (*lett.*) [*deforme*] difforme (*corr.*).
turpeménte |turpe'mente| *avv.* [→ TURPE] d'une manière abjecte *loc. inv.*, honteusement, ignoblement.
turpilòquio, i |turpi'lɔkwjo, i| *s.m.* propos *pl.* obscènes, langage obscène: *il turpiloquio è un reato* tenir des propos obscènes est un délit.
turpità |turpi'ta| *s.f. inv.*, **turpitùdine** |turpi'tudine| *s.f.* turpitude: *fare, dire turpitudini* faire, dire des turpitudes.
turrito |tur'rito| *agg.* **1** muni de tours: *castello turrito* château muni de tours **2** (*arald.*) tourelé.
tuscànico, ci, ca, che |tus'kaniko, tʃi, ka, ke| *agg.* (*arch.*) toscan.
tussah |'tʌsə| *s.f. inv.* (*ingl.*) (*tess.*) tussah *var.*
'tussor' |tysɔʀ| *s.m. inv.* tussor *var.*
tùta |'tuta| *s.f.* [*indumento (di un solo pezzo) spesso chiuso da cerniera lampo, indossato da operai o sportivi*] bleu *m.*, combinaison; tenue; (*da ginnastica*) survêtement (*m.*): *la tuta del meccanico* le bleu, la combinaison du mécanicien; *tuta spaziale* combinaison spatiale ‖ *tuta mimetica* tenue léopard; *tuta di volo* tenue de vol ‖ *tuta sportiva* survêtement (de sport) # *tuta in amianto* vêtement en amiante.
tutèla |tu'tɛla| *s.f.* **1** (*dir.*) tutelle: *la tutela di un minore* la tutelle d'un mineur; *tutela giuridica* tutelle juridique **2** [*difesa*] sauvegarde: *la tutela della pace* la sauvegarde de la paix # *a tutela dei nostri diritti* pour sauvegarder nos droits → **difesa** ◇ [*patrocinio*] protection: *porsi sotto la tutela di qc.* se placer sous la tutelle, la protection de qqn.
1 **tutelàre** |tute'lare| *v.tr.* [*salvaguardare*] défendre (53), sauvegarder: *tutelare i propri interessi* défendre, sauvegarder ses intérêts ✦ (*pron. rifl.*) *tu-*

telarsi contro qc. se défendre contre qqn. # *tutelarsi contro il furto* se prémunir contre le vol.

2 **tutelàre** |tute'lare| *agg.* **1** (*dir.*) tutélaire **2** tutélaire: *nume tutelare* dieu tutélaire # *la donna è l'angelo tutelare della casa* la femme est l'ange gardien de la maison.

tùtolo |'tutolo| *s.m.* (*bot.*) rafle *f.*

tutóre, trice |tu'tore, tritʃe| *s.* **1** *s.* (*dir.*) tuteur* **2** *s.* [*difensore*] gardien*; défenseur (*m.*): *i tutori dell'ordine pubblico* les gardiens de la paix || *i tutori della libertà* les défenseurs de la liberté **3** *s.m.* (*agr.*) tuteur **4** *s.m.* (*med.*) *tutore ortopedico* appareil orthopédique.

tutòrio, i |tu'tɔrjo, i| *agg.* (*dir.*) tutélaire, de tutelle (*loc. inv.*): *potestà tutoria* puissance tutélaire, de tutelle.

tutt'al più |tuttal'pju| *loc. avv.* tout au plus, au mieux: *ci rimetterai tutt'al più qualche soldo* tu y perdras, tout au plus, un peu d'argent.

tuttavìa |tutta'via| *cong.* [*pure, nondimeno*] cependant, toutefois, néanmoins: *sei stato bravo, tuttavia potevi fare di più* tu as bien travaillé, cependant, toutefois, mais tu pouvais encore mieux faire; *è meglio tuttavia essere sicuri* néanmoins il vaut mieux être sûrs; *temo tuttavia che non sarà possibile* je crains cependant que ce ne soit pas possible ◇ [*ma*] mais: *capisce il francese, tuttavia non lo parla* il comprend le français, mais il ne le parle pas.

tùtto |'tutto| **I** *agg. indef.* **1** [*intero, completo*] tout: *tutta la città è in allarme* toute la ville est en alerte; *rimarrò in casa tutto il giorno* je resterai à la maison toute la journée; *in un sol giorno ho letto tutto il libro* j'ai lu le livre en un jour, en une seule journée j'ai lu tout le livre; *ho letto tutto Petrarca* j'ai lu tout Pétrarque; *conosco tutta Parigi* [*la città*] je connais tout Paris; *conosco tutta Roma* [*gli abitanti*] je connais le tout Rome; *sono rimasto alzato tutta* (*la*) *notte* je suis resté debout toute la nuit ◇ (*seguito da un pron. dim.*) *tutto questo è troppo* tout ceci est trop; *ha fatto tutto quello che poteva* il a fait tout ce qu'il pouvait; *voglio dirti tutto ciò che penso* je veux te dire tout ce que je pense ◇ (*con valore intensivo*) *l'amo con tutto il cuore* je l'aime de tout mon cœur; *hai tutta la mia riconoscenza* tu as toute ma reconnaissance; *ha messo nel lavoro tutto l'impegno possibile* il a mis dans son travail toute l'ardeur possible ◇ *loc. agg.* TUTTO QUANTO, TUTTO INTERO: *ha dedicato tutta quanta la vita ai figli* il a consacré toute sa vie à ses enfants; *ha speso tutto quanto lo stipendio* il a dépensé tout son salaire; *si è mangiato tutto intero il pollo* il a mangé tout le poulet; *ha passato la giornata intera al mare* il a passé toute la journée à la mer ◇ *loc.* A TUTTO... [*compreso; fino a...* (*incluso*)] jusqu'à: *a tutt'oggi non s'è visto* jusqu'à aujourd'hui, jusqu'à ce jour on ne l'a pas vu; *studiare a tutto il X capitolo* étudier jusqu'au chapitre X inclus ~ *tutto a un tratto* [*improvvisamente*] tout à coup ~ *è tutt'uno, fa tutt'uno* [*è la stessa cosa*] c'est la même chose **2** (*con valore coll.*) tout: *tutte le piante sono esseri viventi* toutes les plantes sont des êtres vivants; *ha venduto tutto il raccolto* il a vendu toute la récolte; *ha lottato con tutte le forze* il a lutté de toutes ses forces ◇ (*seguito da un agg. dim.*) *cosa ne hai fatto di tutte quelle matite?* qu'as-tu fait de tous ces crayons?; *non riuscirò mai a rispondere a tutte queste domande* je n'arriverai jamais à répondre a toutes ces questions ◇ (*con valore ints.*) (*fam.*) *è andato a letto con tutti i vestiti, tutto vestito* il s'est mis au lit tout habillé; *con tutte le grane che ha!* avec tous les ennuis qu'il a! # *è entrato in acqua con tutte le scarpe* il est entré dans l'eau avec ses chaussures ◇ *loc. agg.* TUTTO QUANTO tout: *tutti quanti gli amici lo hanno sostenuto* tous ses amis l'ont soutenu; *tutta quanta la platea applaudì* tout le parterre applaudit ◇ (*seguito da un agg. numer.*) *se ne sono andati tutti e quattro* ils sont partis tous les quatre # *tutti e due i fratelli* les deux frères ◇ (*loc.*) *una volta per tutte* une fois pour toutes, une bonne fois ~ *le pensa, le inventa tutte* il ne sait plus qu'inventer **3** [*ogni*] tout: *viene da me tutti i giorni* il vient chez moi tous les jours; *mi telefona tutte le settimane* il me téléphone toutes les semaines; *ha distribuito la merenda a tutti i bambini* il a distribué le goûter à tous les enfants ◇ [*qualsiasi*] *mi telefona a tutte le ore* il me téléphone à toute heure; *tutti gli invitati potevano fermarsi* tous les invités pouvaient rester # *vuole riuscire a tutti i costi* il veut arriver coûte que coûte; ◇ *loc.* DI TUTTO PUNTO [*in modo perfetto*] parfaitement (*avv.*): *era vestito di tutto punto* il était parfaitement habillé ~ IN TUTTI I MODI [*ad ogni costo; comunque*] coûte que coûte; de toute façon: *doveva farcela in tutti i modi* il devait y arriver coûte que coûte || *in tutti i modi, riuscirò* de toute façon, je réussirai ~ *in tutte le parti* [*ovunque*] partout → **dappertutto** **4** (*con valore avv.*) [*in ogni parte*] tout (*agg.*): *la strada era tutta sua* la route était toute à lui; *fece tutto l'opposto di quanto gli avevano chiesto* il fit tout le contraire de ce qu'on lui avait demandé; # *tremava tutto come una foglia* il tremblait comme une feuille, des pieds à la tête; *ardeva tutto dal desiderio di vederlo* il brûlait entièrement de désir de le voir ◇ (*seguito da un agg., con valore sup.*) [*completamente*] tout (*inv., eccetto davanti ad agg. f. cominciante per cons., nel qual caso si accorda col sost.*): *era tutto pulito, lindo* il était tout propre; *era tutta allegra* elle était toute joyeuse; *erano tutti bagnati* ils étaient tout mouillés; *avevano le scarpe tutte infangate* leurs chaussures étaient toutes crottées ◇ [*soltanto, esclusivamente*] *è tutta una buffonata* ce n'est qu'une farce; *quello che dici è tutto una menzogna* ce que tu dis n'est que mensonge; *è tutta bontà sua!* vous êtes trop aimables!; *essere tutto casa, famiglia, lavoro* ne penser qu'à sa maison, sa famille, son travail ◇ (*loc.*) *essere tutto d'un pezzo* être tout d'une pièce ~ *essere tutto naso, tutto bocca* avoir un nez, une bouche énorme ◇ (*loc. fig.*) *è tutta lingua!* [*parla eccessivamente*] elle a une de ces langues! ~ *essere tutt'occhi, tutt'orecchi* être tout yeux, tout oreilles ~ TUTT'ALTRO [*per niente*] pas du tout: *è tutt'altro che sincero* il n'est pas du tout sincère; *penso che sia tutt'altro che onesto* je pense qu'il n'est pas du tout honnête **II** *pron. indef.* **1** (*cose*) [*ogni cosa*] tout: *tutto è allegro qui* tout est joyeux ici; *è tutto chiaro per voi?* tout est clair pour vous?; *provvederò io a tutto* je m'occuperai de tout; *va tutto bene* tout va bien; *quel figlio era tutto per loro* ce fils était tout pour eux ◇ (*loc.*) *prima di tutto* avant tout ~ *questo è tutto* c'est tout ~ *è tutto o niente* ou tout ou rien ~ *fare di tutto per...* faire tout son possible pour... ~ *essere capace di tutto* être capable de tout ~ *con tutto che...* (+ *congv.*) bien que... (+ *congv.*) → **malgrado, benché** ~ *e non è tutto!* et ce n'est pas tout! ~ *in tutto* en tout ~ TUTTO STA CHE (NEL, SE, A) le tout c'est que (+ *congv.*), de (+ *inf.*): *tutto sta che accetti* le tout c'est qu'il accepte; *tutto sta nel capire* le tout c'est de comprendre, c'est le tout de comprendre; *tutto sta se verrà* le tout est, c'est de savoir s'il viendra; *tutto sta ad arrivare in tempo* le tout c'est, est d'arriver à temps **2** (*persone*) (*con valore det.*) [*ognuno*] tout: *erano tutti presenti* ils étaient tous présents; *sono tutti d'accordo* ils sont tous d'accord; *noi tutti aspettiamo che torni* nous attendons tous qu'il revienne # *fermi tutti!* que personne ne bouge! ◇ (*con valore indef.*) tout le monde: *tutti dicono che il mondo va male* tout le monde dit que le monde va mal; *tutti desiderano la pace, ma fanno la guerra* tout le monde désire la paix, mais fait la guerre # *contento lui, contenti tutti* s'il est content, c'est le principal **III** *avv.* [*completamente, interamente*] tout: *è tutto il contrario di quel che pensi* c'est tout le contraire de ce que tu penses; *mettere una recinzione tutto intorno, tutt'in giro* mettre une clôture tout autour ◇ *loc. avv.* DEL TUTTO complètement (*avv.*): *essere del tutto fuori strada* [*dimostrare di non aver capito*] être complètement à côté; *hai sbagliato del tutto* tu t'es complètement trompé ~ TUTT'AL PIÙ → **tutt'al più** **IV** *s.m. inv.* IL TUTTO le tout: *caricò il tutto in macchina e se ne andò* il chargea le tout dans la voiture et partit; *rischiare il tutto per tutto* risquer le tout pour le tout → *ha pagato il tutto diecimila lire* il a payé dix mille lires en tout.

tuttoché |tutto'ke| **1** *cong.* (*arc., lett.*) → **benché, quantunque** **2** *avv.* (*raro*) → **quasi.**

tuttofàre |tutto'fare| **1** *agg. inv.* à tout faire (*loc.*): *uomo, donna tuttofare* homme, femme à tout faire; *impiegato tuttofare* employé à tout faire, maître jacques (*fam.*) **2** *s. inv.* bonne *f. var.* à tout faire # *cercasi tuttofare* demande employée de maison.

tuttotóndo |tutto'tondo| *s.m. inv.* (*scultura*) ronde(-)bosse (*f. var.*): *scultura a tuttotondo* sculpture en ronde bosse.

tuttóra |tut'tora| *avv.* [*ancora adesso*] encore, toujours: *sono tuttora sconvolta* je suis encore toute bouleversée → **ancora.**

tutù |tu'tu| *s.m. inv.* tutu *var.*

tùzia |'tuttsja| *s.f.* (*chim.*) tut(h)ie.

tuziorismo |tuttsjo'rizmo| *s.m.* tutiorisme.

tuziorìsta |tuttsjo'rista| *s.* tutioriste ◆ *agg.* du tutiorisme *loc. inv.*
tweed |twi:d| *s.m. inv.* (*ingl.*) tweed *var.*

twin-set |twinset| *loc. sost. m. inv.* (*ingl.*) twin-set *var.*
twist |twist| *s.m. inv.* (*ingl.*) twist *var.*

tze-tze |tsɛt'tsɛ| *agg. e s.f.* → **tse-tse.**
tzigàno |tsi'gano| *agg. e s.m.* → **zigano.**

U

u |u| *s.f. o m.* [*diciannovesima lettera dell'alfabeto*] u (*m.*): *u minuscola* u minuscule; *U maiuscolo* U majuscule ◇ (*loc.*) *a U* en U: *curva a U* virage en U; *inversione a U* inversion en U ◇ (*tel.*) *U come Udine* U comme Ursule.

uabaina |waba'ina| *s.f.* (*farm.*) ouabaïne.

uàdi |'wadi| *s.m. inv.* (*geogr.*) oued *var.*

ubbìa |ub'bia| *s.f.* [*pregiudizio che causa paure e avversioni infondate*] folie, lubie: *è soltanto una sua ubbia che io ce l'abbia con lui* ce n'est qu'une de ses folies qui lui fait croire que j'ai quelque chose contre lui; *sono ubbie da donnicciola* ce sont des lubies de femmelette; *togliti dalla testa certe ubbie!* ôte-toi certaines folies de la tête! # *si è messo in testa l'ubbia che noi gli vogliamo male* il s'est fourré dans la tête que nous ne l'aimons pas.

ubbidiènte |ubbi'djɛnte| *agg.* [*che ubbidisce*] obéissant: *un ragazzo ubbidiente* un garçon obéissant; *non sei per nulla ubbidiente* tu n'es pas du tout obéissant; *essere ubbidiente a qc.* être obéissant envers qqn. → **ubbidire** ◇ (*animali*) *un cane ubbidiente* un chien obéissant ◇ (*fig.*) *questa macchina è vecchia e non è più ubbidiente allo sterzo* cette voiture est trop vieille et elle n'obéit plus au volant Ⓒ **disubbidiente.**

ubbidiènza |ubbi'djɛntsa| *s.f.* **1** [→ UBBIDIRE] obéissance: *essere tenuto all'ubbidienza* être tenu à l'obéissance; *gli si deve ubbidienza* on lui doit obéissance; *l'ubbidienza deve essere pronta e cieca* l'obéissance doit être rapide et aveugle **2** [*l'essere ubbidiente, come comportamento abituale*] obéissance: *l'ubbidienza non è il suo forte* l'obéissance n'est pas son fort; *l'ho fatto solo per ubbidienza* je ne l'ai fait que par obéissance ◇ (*per est.*) → **docilità** ◇ (*relig.*) *l'ubbidienza al papa* l'obéissance au pape **3** (*lett.*) → **sottomissione** Ⓒ **disubbidienza.**

ubbidìre |ubbi'dire| (197) **A** *v.tr. e intr.* (*aus. 'avere'*) [*agire, comportarsi secondo quanto richiesto (da altri)*] obéir *intr.* à: *ubbidire il (al) padre, i (ai) genitori* obéir à son père, à ses parents; *ubbidire alle leggi* obéir aux lois ✦ (*ass.*) *ubbidire volentieri, malvolentieri* obéir volontiers, à contrecœur; *devi imparare a ubbidire* il faut apprendre à obéir ✦ (*escl. di cortesia*) *per ubbidirla!* pour vous servir! (*arc., scherz.*) ◇ (*fig.*) *ubbidire al proprio istinto, alle leggi della natura* obéir à son instinct, aux lois de la nature; *ubbidire alla propria coscienza* obéir à sa conscience **B** *v.intr.* (*aus. 'avere'*) (*animali*) [→ *tr.*] obéir à: *cane che ubbidisce al padrone* chien qui obéit à son maître; *cavallo che ubbidisce poco ai comandi* cheval qui obéit peu aux aides ◇ (*veicoli, motori*) [*rispondere in modo corretto ai comandi, alle sollecitazioni*] *i freni non ubbidiscono più al pedale* les freins n'obéissent plus à la pédale; *aereo, nave che ubbidisce ai comandi* avion, navire qui obéit aux commandes; *è un motore che ubbidisce al minimo colpo di acceleratore* c'est un moteur qui obéit au moindre coup d'accélérateur ◇ (*per est.*) *gli arti inferiori non gli ubbidiscono più come prima* ses membres inférieurs ne lui obéissent plus comme avant ◇ (*fig.*) *materia che ubbidisce all'artista* matière qui obéit à l'artiste Ⓒ A **disubbidire.**

ubbiòso |ubbi'oso| *agg.* (*raro*) [*pieno di timori, di sospetti infondati*] ombrageux* (*corr.*): *è un carattere ubbioso* c'est un caractère ombrageux ◇ (*per est.*) *un comportamento ubbioso* un comportement ombrageux.

ubbriàco |ubbri'ako| *e deriv.* → **ubriaco** *e deriv.*

ùbere |'ubere| *agg.* (*lett.*) → **fertile.**

ùbero |'ubero| *s.m.* (*lett., poet.*) → **mammella.**

ubertà |uber'ta| *s.f. inv.* (*lett.*) [*fertilità del terreno; abbondanza del raccolto*] fécondité *var.* (*corr.*), richesse *var.* (*corr.*): *quella regione è famosa per la sua ubertà* cette région est connue pour sa fécondité, sa richesse Ⓒ **sterilità.**

ubertosità |ubertosi'ta| *s.f. inv.* (*lett.*) [*l'essere ubertoso*] fécondité *var.* (*corr.*): *l'ubertosità di una regione* la fécondité d'une région.

ubertóso |uber'toso| *agg.* (*lett.*) (*terreno*) [*fertile, fecondo*] fécond (*corr.*): *la pianura padana è ubertosa* la plaine du Pô est féconde.

ubicàre |ubi'kare| *v.tr.* [*situare, collocare (un edificio)*] situer: *ubicare un impianto sportivo in una zona verde* situer une installation sportive dans une zone de verdure ✦ (*al p.p.*) *casa ben ubicata* maison bien située; *la sua casa è ubicata in una zona elegante* sa maison est située dans un quartier élégant.

ubicàto |ubi'kato| *agg.* → **ubicare.**

ubicazióne |ubikat'tsjone| *s.f.* [→ UBICARE] **1** [*posizione (di un edificio) in un complesso urbanistico*] position: *quella casa ha un'ottima ubicazione* cette maison a une excellente position **2** [*luogo dove un terreno, un fondo è situato*] emplacement (*m.*): *l'ubicazione di un podere* l'emplacement d'une ferme.

ubidìre |ubi'dire| *e deriv.* → **ubbidire** *e deriv.*

ubiquista |ubi'kwista| *agg. e s.* ubiquiste → **onnipresente.**

ubiquità |ubikwi'ta| *s.f. inv.* ubiquité (*var.*): *avere il dono dell'ubiquità* avoir le don d'ubiquité ◇ (*scherz.*) *non ho mica il dono dell'ubiquità!* je n'ai pas le don d'ubiquité!

ubiquitàrio, i |ubikwi'tarjo, i| *agg.* → **ubiquista.**

ubiquo |u'bikwo| *agg.* (*raro*) ubiquiste.

ubriacaménto |ubriaka'mento| *s.m.* → **ubriacatura.**

ubriacàre |ubria'kare| **A** *v.tr.* **1** [*rendere ubriaco*] enivrer: *i suoi amici lo hanno ubriacato* ses amis l'ont enivré; *basta poco per ubriacarlo* il suffit d'un rien pour l'enivrer; *quel vino ubriaca subito* ce vin enivre tout de suite **2** (*fig.*) [*stordire, causare malessere*] enivrer: *queste curve della strada mi hanno ubriacato* ces tournants de la route m'ont enivré **3** (*fig.*) [*frastornare, rendere qc. incapace di controllarsi, di ragionare*] griser: *ubriacare qc. a parole, di parole* griser qqn. de mots; *quella donna lo ha ubriacato e lui non capisce più niente* cette femme l'a grisé et lui, il ne comprend plus rien; *l'odio, la gelosia l'hanno ubriacata* la haine, la jalousie l'ont grisée **B** *v.pron. intr.* UBRIACARSI **1** [*diventare ubriaco*] s'enivrer: *non è abituato a bere e si ubriaca subito* il n'est pas habitué à boire et il s'enivre tout de suite; *basta un bicchiere per ubriacarlo* il suffit d'un verre pour l'enivrer **2** (*fig.*) [*inebriarsi; diventare incapace di controllarsi*] se griser; tomber *intr.* follement amoureux* de: *si è ubriacato di strane letture, di film* il s'est grisé d'étranges lectures, de films ‖ *si è ubriacato di quella donna* il est tombé follement amoureux de cette femme # *ubriacarsi di sangue* se repaître de sang.

ubriacatùra |ubriaka'tura| *s.f.* **1** [→ UBRIACARE A 1; B 1] cuite (*fam.*): *si è preso una di quelle ubriacature!* il a pris une de ces cuites! → **sbornia** **2** [*infatuazione, esaltazione*] enivrement (*m.*): *speriamo sia un'ubriacatura passeggera* espérons que ce sera un enivrement passager # *si è preso una ubriacatura di quella donna* il est tombé follement amoureux de cette femme.

ubriachézza |ubria'kettsa| *s.f.* **1** [*stato di chi è ubriaco*] ivresse: *guidava in stato di ubriachezza* il conduisait en état d'ébriété, d'ivresse; *lo hanno arrestato per ubriachezza molesta* on l'a arrêté pour ivresse importune **2** [*il fatto di ubriacarsi per abitudine*] ivrognerie: *l'ubriachezza è una piaga sociale di molti paesi* l'ivrognerie est le fléau social de beaucoup de pays Ⓒ **sobrietà.**

ubriàco, chi, ca, che |ubri'ako, ki, ka, ke| *agg.* **1** [*che è in stato di ubriachezza; che abusa di bevande alcooliche*] ivre: *è ubriaco duro, marcio (fradicio)* il est complètement ivre, ivre mort; *è tanto ubriaco che non sta nemmeno in piedi* il est tellement ivre qu'il ne tient même pas debout; *è tornato a casa ubriaco* il est rentré ivre (chez lui) **2** (*fig.*) [*che è incapace di ragionare, di* *controllarsi, perché in preda a un'emozione*] ivre: *era ubriaco per la stanchezza, per la rabbia* il était ivre de fatigue, de colère; *mi pare ubriaco d'amore, di gioia, di passione* il m'a l'air (d'être) ivre d'amour, de joie, de passion ◇ [*stordito, frastornato*] étourdi: *era ubriaco per la confusione, per il rumore di quel locale* il était étourdi par la confusion, le bruit de ce local Ⓒ 1 **sobrio, astemio.**

ubriacóne |ubria'kone| *s.* [*chi abusa di bevande alcooliche per abitudine*] ivrogne *m.*, ivrognesse (*f.*): *quella donna è un'ubriacona* cette femme est une ivrognesse → **beone.**

ucàse |u'kaze| *s.m. inv.* → **ukase.**

uccellagióne |uttʃella'dʒone| *s.f.* [*arte, pratica dell'uccellare; epoca in cui la pratica è ammessa*] chasse aux oiseaux: *uccellagione fissa, vagante* chasse aux oiseaux du pays, aux migrateurs; *un'uccellagione di tordi* une chasse aux grives ◇ (*per est.*) *un'uccellagione abbondante* un gibier (à plume) abondant.

uccellàia |uttʃel'laja| *s.f.* **1** grande quantité d'oiseaux **2** → **uccellanda.**

uccellàio, i |uttʃel'lajo, i| *s.m.* [*chi alleva, vende uccelli (vivi)*] oiselier* *s.* (*raro*).

uccellàme |uttʃel'lame| *s.m.* [*gli uccelli catturati (da un solo cacciatore)*] gibier à plume ◇ (*spec.*) petits oiseaux (*pl.*): *ho preso soltanto un po' di uccellame* je n'ai attrapé que des petits oiseaux.

uccellànda |uttʃel'landa| *s.f.* lieu *m.* aménagé pour la chasse à la pipée, aux gluaux.

uccellàre |uttʃel'lare| **A** *v.intr.* (*aus. 'avere'*) [*cacciare uccelli con ogni mezzo (escluse le armi)*] oiseler (4): *uccellare a tordi, a merli* oiseler aux grives, aux merles **B** *v.tr.* (*raro, fig.*) → **beffare, ingannare.**

uccellatóio, i |uttʃella'tojo, i| *s.m.* → **uccellanda.**

uccellatóre, trice |uttʃella'tore, tritʃe| *s.* **1** [*chi pratica l'uccellagione*] oiseleur *m.* **2** (*fig.*) [*chi fa inganni, beffe*] trompeur* **3** (*fig.*) [*chi cerca, con ogni mezzo, di ottenere onori, cariche*] lèche-bottes *m. inv.*

uccellétto |uttʃel'letto| *s.m.* **1** [*piccolo uccello*] oisillon **2** *spec. al plur.* petits oiseaux: *uccelletti allo spiedo* petits oiseaux (rôtis) à la broche.

uccellièra |uttʃel'ljɛra| *s.f.* **1** [*stanza dove si tengono gli uccelli allevati per la caccia*] volière **2** [*gabbia per uccelli*] volière **3** → **uccellanda.**

uccellìno |uttʃel'lino| *s.m.* **1** petit oiseau, oisillon **2** [*uccello appena nato*] oisillon **3** (*spec. al plur.*) *uccellini alla panna, allo spiedo* oisillons à la crème, à la broche.

uccèllo |ut'tʃɛllo| *s.m.* **1** (*zool.*) (petit) oiseau: *uccelli rapaci, acquatici, rampicanti, notturni, diurni* oiseaux rapaces, aquatiques, percheurs, nocturnes, diurnes; *uccelli da richiamo, da preda* oiseaux d'appeau, de proie ◇ (*t.zool.*) *uccello lira* oiseau-lyre, lyre *f.*, ménure ~ *uccello del paradiso* oiseau de paradis, paradisier ◇ (*corr.*) *uccelli allo spiedo, in umido* petits oiseaux à la broche, en sauce; *polenta e uccelli* polenta et petits oiseaux ◇ (*loc. fig.*) *a volo d'uccello* à vol d'oiseau ~ *uccello di, del malaugurio* oiseau de mauvais augure, de malheur ~ *essere uccel di bosco* [*essere fuggitivo*] être libre comme l'air ~ *diventare, fare l'uccel di bosco* être libre comme l'air ~ *diventare, fare l'uccel di bosco* [*sparire*] disparaître ~ *stare come l'uccello sulla frasca* être comme l'oiseau sur la branche ◇ (*prov.*) *a ogni uccello il suo nido è bello* à chaque oiseau son nid est beau ~ *meglio uccel di bosco che uccel di gabbia* rien ne vaut la liberté **2** (*lett.*) *l'uccello di Giove* l'oiseau de Jupiter → **aquila**; *l'uccello di Giunone* l'oiseau de Junon → **pavone** **3** (*volg.*) [*membro virile*] truc.

uccìdere |ut'tʃidere| (130) **A** *v.tr.* **1** [*far morire, togliere la vita a*] tuer: *lo hanno ucciso con un colpo di pistola, con una pugnalata* on l'a tué d'un coup de pistolet, d'un coup de poignard; *uccidere qc. a tradimento* tuer qqn. par traîtrise; *uccidere qc. in duello, in battaglia* tuer qqn. en duel, dans une bataille; *è rimasto ucciso in un incidente stradale* il a été tué dans un accident d'auto ◇ (*per est.*) mourir (24): *lo ha ucciso un cancro, un infarto* il est mort d'un cancer, d'un infarctus; *è stato ucciso da un collasso* il est mort d'un accident au cœur (du cœur) # *il fumo uccide* le tabac tue ◇ (*in usi iperbolici*) *l'ha uccisa il dolore, la fatica* la douleur, la fatigue l'a tuée; *è un'attesa che mi uccide* c'est une attente qui me tue; *questo caldo soffocante mi uccide* cette chaleur étouffante me tue # *è un fatto che ha ucciso la stima che avevo di lui* cela a détruit l'estime que j'avais pour lui ◇ (*prov.*) *ne uccide più la gola che la spada* la gueule (*fam.*) fait périr plus de gens que le glaive **2** [*macellare, abbattere*] tuer, abattre (76): *ha ucciso il maiale* il a tué, abattu le cochon ♦ (*al p.p.*) *i buoi uccisi dal maltempo erano a centinaia* c'est par centaines que l'on comptait les bœufs tués par le mauvais temps ◇ (*per est.*) [*abbattere cacciando*] *ha ucciso una volpe, una lepre* il a tué un renard, un lièvre; *abbiamo ucciso un insetto, una vipera* nous avons tué un insecte, une vipère ◇ (*per anal.*) *il gelo ha ucciso questi germogli* la gelée a tué ces bourgeons **3** (*fig.*) [*estirpare, eliminare*] extirper, détruire (75); tuer: *uccidere il vizio* extirper, détruire le vice ‖ *è un regime che uccide la libertà* c'est un régime qui tue la liberté # *l'abitudine uccide il piacere* l'habitude émousse le plaisir **B** *v.pron.* UCCIDERSI **1** *rifl.* [*togliersi la vita*] se tuer, se suicider: *si è ucciso con una rivoltellata, col veleno* il s'est tué, suicidé d'un coup de revolver, avec du poison; *è la seconda volta che tenta di uccidersi* c'est la deuxième fois qu'il essaie de se suicider **2** *recipr.* [*togliersi la vita a vicenda*] s'entre-tuer: *si sono uccisi in uno scontro a fuoco* ils se sont entre-tués avec des armes à feu **3** *intr.* [*perdere la vita accidentalmente*] mourir *intr.*, se tuer: *si è ucciso in un incidente d'auto* il est mort dans un accident de voiture; *si è ucciso cadendo dalla scala* il s'est tué en tombant dans l'escalier → 1 **morire.**

uccidiménto |uttʃidi'mento| *s.m.* (*raro*) → **uccisione.**

ucciditóre |uttʃidi'tore| *s.m.* (*raro, lett.*) → **uccisore.**

-ùccio |'uttʃo| *suff.* (*serve a formare il diminutivo dei sost. e agg., corrisponde talvolta a*) et *m.*, on *m.*, ette *f.*, (*più gener. corrisponde a*) joli petit: *un uccelluccio* une oiselette, un oisillon, un petit oiseau; *una casuccia* une maisonnette; *un ragazzuccio* un joli petit garçon; *una stanzuccia* une jolie petite chambre, une chambrette.

uccisióne |uttʃi'zjone| *s.f.* [→ UCCIDERE A 1, 2] meurtre (*m.*): *l'uccisione di una persona* le meurtre d'une personne; *vendicare l'uccisione di qc.* venger le meurtre de qqn. ◇ (*per est.*) *l'uccisione di un animale* l'abattage *m.* d'un animal → **abbattimento.**

ucciso |ut'tʃizo| **1** *agg.* [*cui è stata tolta la vita*] tué: *l'uomo ucciso giaceva sull'asfalto* l'homme tué gisait sur l'asphalte ◇ (*animali*) *un cane ucciso da un'auto* un chien tué par une voiture **2** *s.* [*chi è stato ucciso*] victime (*f.*): *i parenti dell'ucciso sono stati avvertiti* les parents de la victime ont été prévenus; *il cadavere dell'ucciso non è stato ancora ritrovato* le corps de la victime n'a pas encore été retrouvé.

uccisóre, ucciditrice |uttʃi'zore, uttʃidi'tritʃe| *s.* (*raro al f.*) [*chi uccide; assassino*] meurtrier*, assassin (*m.*): *l'uccisore del ragazzo è attivamente ricercato dalla polizia* le meurtrier, l'assassin de l'enfant est activement recherché par la police.

ucràino |u'kraino| **1** *agg.* [*dell'Ucraina*] ukrainien*: *territorio ucraino* territoire ukrainien **2** (*s.m.*) *l'ucraino* [*la lingua*] l'ukrainien.

udìbile |u'dibile| *agg.* [*che può essere udito*] audible: *un suono appena udibile* un son à peine audible; *la sua voce era appena udibile in tutto quel baccano* sa voix était à peine audible dans tout ce vacarme.

udibilità |udibili'ta| *s.f. inv.* audibilité (*var.*): *limiti di udibilità* limites d'audibilité.

udiènza |u'djɛntsa| *s.f.* **1** [*il fatto di prestare ascolto a qc., a quel che egli dice*] attention: *dare, prestare udienza* prêter attention; *nessuno mi ha mai dato udienza* personne ne m'a jamais prêté attention # *trovare udienza presso qc.* être reçu par qqn.; *ti prego di non dargli udienza* [*ascolto*] je te prie de ne pas l'écouter **2** [*permesso, possibilità di essere ricevuto e ascoltato da un alto personaggio; l'incontro con lo stesso*] audience: *il capo dello Stato ha ricevuto in udienza tutti i decorati* le chef de l'État a reçu en audience tous les décorés; *l'udienza è durata pochi minuti* l'audience a duré quelques instants; *chiedere, sollecitare, ottenere un'udienza* demander, solliciter, obtenir une audience; *il papa oggi riceve in udienza* le pape donne aujourd'hui une audience, il y a audience papale aujourd'hui **3** (*dir.*) audience: *udienza a porte chiuse* audience à huis clos; *udienza pubblica, civile, penale* audience publique, civile, pénale; *aprire, sospendere, rinviare l'udienza* ouvrir, suspendre, renvoyer l'audience; *l'udienza è stata fissata per il giorno 15 gennaio* l'audience a été fixée au 15 janvier ◇ (*per est.*) *sala di udienza* auditoire *m.*

udire |u'dire| (200) *v.tr.* **1** → **sentire** **2** (*lett.*) → **ascoltare.**

udita |u'dita| *s.f. solo nella loc.* PER UDITA [*per sentito dire*] par ouï-dire ◇ (*dir.*) *testimonio d'udita* témoin indirect.

uditivo |udi'tivo| *agg.* [*che concerne l'udito*] auditif*: *condotto uditivo* conduit auditif; *facoltà uditiva* faculté auditive ◇ (*fis.*) *campo uditivo* champ acoustique.

udito |u'dito| *s.m.* **1** [*organo animale capace di percepire i suoni*] ouïe (*f.*): *malattie, disturbi dell'udito* maladies, troubles de l'ouïe **2** [*facoltà di udire*] ouïe: *udito fine, debole, acuto* (*sensibilissimo*) ouïe fine, faible, très sensible; *essere di udito fine, avere un udito fine* avoir l'ouïe fine; *ha perso l'udito e non l'ha più riacquistato* il a perdu l'ouïe et il ne l'a plus recouvrée # *essere debole, duro di udito* être dur d'oreille.

uditofono |udi'tɔfono| *s.m.* cornet acoustique, audiophone # *uditofono a transistor* appareil d'audition à transistor.

uditore, trice |udi'tore, tritʃe| *s.* **1** [*chi, in una scuola, è ammesso ad ascoltare le lezioni senza essere iscritto*] auditeur* libre **2** (*raro*) [*chi ode*] auditeur **3** [*chi ascolta* (*qc.*)] auditeur: *abbiamo posto questa domanda ai nostri uditori* nous avons posé cette question à nos auditeurs **4** (*dir.*) *uditore giudiziario* auditeur judiciaire; *uditore di un tribunale* auditeur d'un tribunal; *uditore ecclesiastico* auditeur ecclésiastique; *uditore della Sacra Rota* auditeur à la rote.

uditorio, i |udi'tɔrjo, i| *s.m.* [*le persone che ascoltano* (*une lezione, una conferenza*)] auditoire: *c'era un uditorio molto attento* il y avait un auditoire très attentif; *quell'oratore ha un uditorio molto qualificato* cet orateur a un auditoire très qualifié.

udometro |u'dɔmetro| *s.m.* → **pluviometro.**

uè |wɛ| *inter.* (*voce onomat. che riproduce il pianto dei neonati*) ouin: *una bambola che fa uè, uè* une poupée qui fait ouin, ouin.

uff |uf|, **uffa** |'uffa| *inter.* (*esprime 'noia, stizza, impazienza'*) la barbe!: *uff, che noia!* la barbe, quel ennui! # *uffa, che caldo, non ne posso più!* zut alors!, merde! (*volg.*), quelle chaleur, je n'en peux plus!

1 **ufficiale** |uffi'tʃale| *agg.* **1** (*di decreto emanato dall'autorità, dall'organo competente*) officiel*: *nomina ufficiale a direttore, a consigliere* nomination officielle au poste de directeur, de conseiller; *lettera d'invito ufficiale a una cerimonia, a un congresso* lettre d'invitation officielle à une cérémonie, à un congrès; *la conferma ufficiale non è stata ancora comunicata* la confirmation officielle n'a pas encore été communiquée ◇ (*loc.*) *in forma ufficiale* officiellement ~ *la Gazzetta Ufficiale* le Journal officiel, l'Officiel ~ *il bollettino ufficiale* le bulletin officiel ◇ (*per est.*) *la notizia è ufficiale, di fonte ufficiale* la nouvelle est officielle, de source officielle **2** [*fatto pubblicamente e apertamente; che impegna la responsabilità di chi fa q.c.*] officiel: *colloqui, incontri ufficiali* colloques officiels, rencontres officielles; *il colloquio ha avuto una forma ufficiale* le colloque a eu une forme officielle; *il presidente della Repubblica ha ricevuto la visita ufficiale del capo di Stato francese* le président de la République a reçu le chef de l'État français en visite officielle; *dare un ricevimento ufficiale* donner une réception officielle; *offrire un pranzo ufficiale* offrir un repas officiel ◇ (*per est.*) *la Magistratura ha aperto un'inchiesta ufficiale* la Magistrature a ouvert une enquête officielle **3** (*sport*) *gara ufficiale, incontro ufficiale* [*valido agli effetti della classifica*] rencontre officielle Ⓒ 1 **ufficioso**; 2 **privato, confidenziale**; 3 **amichevole.**

2 **ufficiale** |uffi'tʃale| *s.m.* **1** (*mil., corr.*) officier: *ufficiale dell'esercito, della marina, dell'aeronautica* officier de l'armée, de marine, d'aviation; *ufficiale di complemento, della riserva* officier de réserve; *ufficiale di carriera* officier de carrière; *ufficiale in servizio attivo, del servizio permanente effettivo* officier d'active, de carrière; *ufficiale di guardia, di giornata* officier de garde, de jour; *ufficiale di picchetto* officier de garde; *ufficiale di Stato Maggiore* officier d'État-major; *ufficiale del genio navale* officier ingénieur du génie maritime ◇ (*mar. mil.*) *ufficiale di rotta* officier de navigation, des routes et des montres (*arc.*); *ufficiale di vascello* officier de vaisseau; *ufficiale di coperta, di macchina* officier de pont, officier mécanicien # *primo, secondo, terzo ufficiale* second, second adjoint, lieutenant ◇ (*aer.*) *ufficiale pilota* officier pilote; *allievo ufficiale* élève officier ◇ (*per est.*) *ufficiale della polizia, dei vigili urbani, dei vigili del fuoco* officier de police, des agents de police, des pompiers **2** [*persona incaricata di un pubblico ufficio*] officier: *ha, esercita le funzioni di pubblico ufficiale* il exerce les fonctions d'officier ministériel; *ha commesso un reato contro un pubblico ufficiale* il a commis un délit à l'encontre d'un officier ministériel ◇ (*spec.*) *ufficiale di polizia giudiziaria* officier de police judiciaire; *ufficiale dello stato civile* officier d'état civil # *ufficiale giudiziario* huissier; *ufficiale di posta, postale* employé des postes **3** (*in alcuni ordini cavallereschi*) officier: *grand'ufficiale, grandufficiale* grand officier.

ufficialessa |uffitʃa'lessa| *s.f.* **1** (*scherz.*) [*la moglie di un ufficiale*] femme d'officier **2** [*ufficiale di sesso femminile*] femme-officier # *l'ufficialessa dell'Esercito della Salvezza* l'officière de l'Armée du Salut **3** [*donna che esercita un pubblico ufficio*] employée.

1 **ufficialità** |uffitʃali'ta| *s.f. inv.* caractère *m. var.* officiel: *visita senza carattere di ufficialità* visite sans caractère officiel; *l'ufficialità della notizia è confermata* le caractère officiel de la nouvelle est confirmé Ⓒ **ufficiosità.**

2 **ufficialità** |uffitʃali'ta| *s.f. inv.* [*gli ufficiali di una guarnigione, di un presidio*] corps *m.* des officiers.

ufficialmente |uffitʃal'mente| *avv.* [→ 1 UFFICIALE 1, 2] officiellement: *la notizia è stata confermata ufficialmente* la nouvelle a été confirmée officiellement.

ufficiante |uffi'tʃante| *s.m.* → **officiante.**

ufficiare |uffi'tʃare|, **officiare** |offi'tʃare| *v.tr.* **1** [*celebrare una cerimonia, una funzione religiosa*] officier: *ufficierà, officierà il vescovo della città* l'évêque du diocèse officiera ◇ (*spec.*) [*celebrare l'ufficio divino*] célébrer (8) l'office, officier ◆ (*ass.*) *oggi il parroco non può ufficiare* aujourd'hui le curé ne peut pas célébrer l'office, officier **2** (*bur.*) [*invitare rispettosamente* (*una personalità*) *a una cerimonia, a una manifestazione* (*ufficiale*)] inviter, prier (*lett.*): *il sindaco ha officiato tutte le autorità cittadine all'inaugurazione della mostra* le maire a invité toutes les autorités de la ville à l'inauguration de l'exposition.

ufficiatura |uffitʃa'tura| *s.f.* (*eccl.*) célébration: *ufficiatura semplice, solenne* célébration simple, solennelle; *ufficiatura della messa* célébration de la Messe.

ufficio, i |uf'fitʃo, i| *s.m.* **1** [*le persone che svolgono una determinata attività autonomamente; le strutture e l'organizzazione della stessa*] bureau: *uffici pubblici, locali, regionali* bureaux publics, locaux, régionaux; *ufficio sanitario, giudiziale, finanziario, commerciale* bureau sanitaire, judiciaire, financier, commercial; *ufficio del registro, del cambio, delle imposte dirette* bureau d'enregistrement, de change, des contributions; *ufficio postale, doganale* bureau de postes, de douane; *ufficio viaggi, oggetti smarriti* bureau de voyages, des objets trouvés; *ufficio tecnico, propaganda, informazioni* bureau technique, de propagande, de renseignements ◇ (*per est.*) [*il personale dell'ufficio*] *l'ufficio oggi è in sciopero* aujourd'hui le bureau est en grève; *l'impiegata dell'ufficio X è stata trasferita ad altro ufficio* l'employée du bureau X a été transférée à un autre bureau; *il capo ufficio è fuori* le chef de bureau est absent ◇ (*per est.*) [*il locale dove ha sede detta attività*] *l'ufficio del direttore è sempre chiuso* le bureau du directeur est toujours fermé; *oggi non sono andato in ufficio* aujourd'hui je ne suis pas allé au bureau; *va sempre in ufficio a piedi, in macchina* il va toujours au bureau à pied, en voiture; *cambiare ufficio* changer de bureau **2** [*la carica, il compito, l'incarico* (*come posto di lavoro*)] charge (*f.*): *ha da poco assunto l'ufficio di direttore dell'azienda* il a assumé depuis peu la charge de directeur de l'entreprise; *ha accettato, rifiutato l'ufficio di sindaco* il a accepté, refusé la charge de maire; *sospendere qc. dal proprio ufficio* relever qqn. de sa charge; *assolvere i doveri del proprio ufficio* remplir les devoirs de sa charge # *ufficio vendite, spedizioni* bureau de ventes, des messageries; *l'hanno nominato all'ufficio della direzione del personale* on l'a nommé à la tête de la direction du personnel ◇ *loc.* D'UFFICIO d'office; d'état: *atti d'ufficio* actes d'office; *difensore d'ufficio* avocat d'office; *procedere d'ufficio contro qc.* procéder d'office contre qqn. ‖ *per dovere d'ufficio* par devoir d'état; *il rispetto del segreto d'ufficio* le respect du secret d'État # *è stato trasferito per ragioni d'ufficio* il a été transféré pour raisons administratives ~ *fare l'ufficio di sindaco, cameriere* faire office de maire, de domestique **3** (*lett.*) [*dovere morale, giuridico, inerente alla propria carica*] devoir (*corr.*): *adempiere l'ufficio di padre, di insegnante, di tutore* remplir ses devoirs de père, d'enseignant, de tuteur; *mancare al proprio ufficio* manquer à son devoir; *è ufficio dei genitori provvedere all'educazione dei figli* c'est le devoir des parents de s'occuper de l'éducation de leurs enfants; *vigilare sul rispetto delle leggi è ufficio della* *polizia* veiller au respect de la loi est le devoir de la police **4** (*dir.*) *ufficio di collocamento* bureau de placement; *ufficio di conciliazione* bureau de conciliation; *ufficio elettorale* bureau électoral; *ufficio presidenza* bureau du président, la présidence **5** *al plur.* [*raccomandazione, intervento*] offices: *ho ottenuto questo posto grazie ai suoi buoni uffici* j'ai obtenu ce poste grâce à ses bons offices; *ha interposto i suoi buoni uffici presso il ministro* il a offert ses bons offices pour agir auprès du ministre ◇ (*dir. internazionale*) *richiedere i buoni uffici di un paese amico in una controversia* demander les bons offices d'un pays ami dans un différend **6** (*raro*) → **favore, servigio 7** (*eccl.*) *l'ufficio* (*divino*) l'office (divin); *recitare, dire l'ufficio* réciter, dire l'office → **breviario** ◇ (*liturg.*) *l'ufficio funebre, dei morti* l'office funèbre, des morts.

ufficiosaménte |uffitʃosaˈmente| *avv.* [→ UFFICIOSO 1] officieusement.

ufficiosità |uffitʃosiˈta| *s.f. inv.* caratère *m. var.* officieux: *l'ufficiosità di una notizia di stampa* le caractère officieux d'une nouvelle de presse ⓒ **ufficialità** 1.

ufficióso |uffiˈtʃoso| *agg.* **1** officieux*: *notizia ufficiosa, dati ufficiosi* nouvelle officieuse, données officieuses; *l'informazione proviene da fonti ufficiose* l'information est de source officieuse ◇ (*loc.*) *in via* (*del tutto*) *ufficiosa, in forma ufficiosa, si dice che il ministro abbia rassegnato le dimissioni* on apprend de source officieuse que le ministre aurait présenté sa démission ◇ (*per est.*) *bugia ufficiosa* mensonge officieux, pieux mensonge **2** → **officioso** ⓒ 1 **ufficiale** 1.

uffiziàle |uffitˈtsjale| *agg.* → **1 ufficiale.**

uffiziàre |uffitˈtsjare| *v.tr.* → **ufficiare.**

uffìzio, i |ufˈfittsjo, i| *s.m.* → **ufficio** 7 ◇ (*per est.*) *la galleria degli Uffizi* les Offices.

ùfo |ˈufo| *s.m. solo nella loc.* A UFO [*a spese altrui*] à l'œil (*fam.*), aux frais de la princesse (*fam.*): *mangiare a ufo* manger à l'œil, aux frais de la princesse; *vivere a ufo* vivre aux frais de la princesse.

ufologìa, gie |ufoloˈdʒia, dʒie| *s.f.* [*studio degli Ufo*] ovniologie.

ufòlogo, gi |uˈfɔlogo, dʒi| *s.m.* ufologue.

ugandése |uganˈdese| *agg.* [*dell'Uganda*] ougandais.

ugèllo |uˈdʒɛllo| *s.m.* (*tecnol.*) *ugello del carburatore* gicleur; *ugello dell'iniettore* buse (*f.*); *ugello dell'altoforno* tuyère *f.*

ùggia, ge |ˈuddʒa, dʒe| *s.f.* **1** [(*situazione di*) *noia, tedio*] mauvaise humeur: *questo tempo mi fa venire l'uggia* ce temps me met de mauvaise humeur, me rend maussade; *stare sempre con lui mi mette un'uggia addosso che non ti dico* rester toujours avec lui me met dans une de ces humeurs! # *essere in uggia a qc.* être antipathique à qqn.; *avere in uggia qc.* avoir qqn. en horreur; *lo hanno tutti in uggia* tous l'ont en horreur; *questo lavoro mi è venuto in uggia* ce travail commence à m'ennuyer **2** (*raro*) [*mancanza di luce e di sole nociva agli alberi*] ombre (*corr.*): *piante che crescono anche all'uggia* plantes qui poussent même à l'ombre → **ombra.**

uggiolaménto |uddʒolaˈmento| *s.m.* [→ UGGIOLARE] jappement.

uggiolàre |uddʒoˈlare| *v.intr.* (*detto del cane*) [*lamentarsi con mugolii, per dolore o fame*] japper.

uggiolìo, ii |uddʒoˈlio, ii| *s.m.* [*l'uggiolare continuato e insistente del cane*] jappement.

uggiosaménte |uddʒosaˈmente| *avv.* [→ UGGIOSO 1] d'une manière ennuyeuse *loc. inv.*

uggiosità |uddʒosiˈta| *s.f. inv.* [*il fatto, la condizione di essere uggioso*] ennui *m. var.*

uggióso |udˈdʒoso| *agg.* **1** [*che dà uggia; noioso, fastidioso*] maussade; ennuyeux*: *tempo uggioso* temps maussade ‖ *fa sempre discorsi uggiosi* il fait toujours des discours ennuyeux; *un romanzo, un film uggioso* un roman, un film ennuyeux; *una persona così uggiosa non l'ho mai conosciuta* je n'ai jamais connu personne plus ennuyeuse → **importuno, molesto 2** (*lett.*) [*ombroso e umido*] ombreux*: *luogo uggioso* lieux ombreux ⓒ 1 **piacevole.**

ùgna |ˈuɲɲa| *s.f.* → **unghia.**

ugnatùra |uɲɲaˈtura|, **augnatùra** |auɲɲaˈtura| *s.f.* (*falegnameria*) onglet *m.*

ugnèlla |uɲˈɲɛlla| *s.f.* [*scalpello usato dagli orefici per intagliare l'acciaio*] onglet *m.*, onglette.

ugnétto |uɲˈɲetto| *s.m.* (*tecnol.*) onglette *f.*

ùgola |ˈugola| *s.f.* **1** (*anat., corr.*) luette **2** (*per est., scherz.*) [*gola*] gosier *m.* ◇ (*loc.*) *bagnarsi l'ugola* [*bere*] s'humecter le gosier ~ *avere l'ugola d'oro* [*avere una bellissima voce; cantare molto bene*] avoir une voix d'or.

ugonòtto |ugoˈnɔtto| *s.m.* (*st. relig.*) *huguenot.

ùgrico, ci, ca, che |ˈugriko, tʃi, ka, ke| **1** *agg.* (*ling.*) *lingue ugriche* langues ougriennes **2** (*s.m.*) *l'ugrico* [*la lingua*] les langues *f.* ougriennes *agg.*

ugro-fìnnico, ci, ca, che |ugroˈfinniko, tʃi, ka, ke| **1** *agg.* (*ling.*) ougro-finnois: *lingue ugro-finniche* langues ougro-finnoises **2** (*s.m.*) *l'ugro-finnico* [*la lingua*] les langues *f.pl.* ougro-finnoises *agg.*

uguagliàbile |ugwaʎˈʎabile| *agg.* [→ UGUAGLIARE] égalable ⓒ **inuguagliabile.**

uguagliaménto |ugwaʎʎaˈmento| *s.m.* [→ UGUAGLIARE] égalisation *f.*

uguagliànza |ugwaʎˈʎantsa| *s.f.* [*il fatto di essere uguale*] égalité: *uguaglianza di colore, di forma* égalité de couleur, de forme; *uguaglianza di condizione, di diritti* égalité de condition, de droits; *l'uguaglianza dei cittadini davanti alla legge* l'égalité des citoyens devant la loi → **identità** ◇ (*geom.*) *l'uguaglianza di due figure* l'égalité de deux figures ◇ (*mat.*) égalité ⓒ **disuguaglianza, differenza.**

uguagliàre |ugwaʎˈʎare| **A** *v.tr.* **1** [*rendere uguali*] égaliser; rendre (53) égal*: *uguaglia tutti questi paletti* égalise tous ces piquets ‖ *la morte uguaglia tutti gli uomini* la mort rend tous les hommes égaux **2** [*rendere omogeneo, liscio, uniforme*] égaliser: *ha uguagliato le siepi del recinto* il a égalisé les haies du parc # *questa vernice deve essere uguagliata meglio* cette peinture doit être étendue, passée de façon plus égale **3** [*raggiungere un livello già ottenuto da altri*] égaler: *ha uguagliato i più grandi maestri* il a égalé les plus grands maîtres; *nessuno lo può uguagliare nell'abilità degli affari* personne ne peut l'égaler dans le domaine des affaires ◇ (*sport*) *quel campione ha uguagliato il record assoluto* ce champion a égalé le record absolu **B** *v.pron.* UGUAGLIARSI **1** *rifl.* [*mettersi sullo stesso piano*] être (43) *intr.* égal: *si vuole uguagliare all'amico, ma non c'è paragone* il veut être égal à son ami, mais il ne lui est pas comparable **2** *intr.* [*essere o divenire uguali*] se valoir (35): *presto le due squadre si uguaglieranno* bientôt les deux équipes se vaudront.

uguagliatóre, trice |ugwaʎʎaˈtore, tritʃe| *s. e agg.* [*chi, che uguaglia*] égalisateur*.

uguàle |uˈgwale| **I** *agg.* **1** [*che presenta le stesse caratteristiche; che non differisce per nessun particolare*] pareil*; le (la) même: *due vestiti uguali* deux robes pareilles; *colori, grandezze uguali* couleurs, grandeurs pareilles; *passo delle giornate tutte uguali* je passe des journées toutes pareilles, d'une parfaite monotonie ‖ *sono di uguale statura* ils ont la même taille ◇ (*loc. fig.*) *sono uguali come due gocce d'acqua* ils se ressemblent comme deux gouttes d'eau **2** [*che conserva lo stesso valore, la stessa natura senza discriminazione*] même: *la legge è uguale per tutti* la loi est la même pour tous; *il problema è uguale per entrambi* le problème est le même pour tous (les) deux; *le condizioni che pongo sono uguali per ciascuno di voi* les conditions que je pose sont les mêmes pour chacun de vous **3** [*liscio, omogeneo, uniforme*] plat, uniforme: *terreno, prato uguale* terrain, pré plat; *superficie uguale* superficie uniforme, plate ◇ (*fig.*) égal*: *uno stile uguale* un style égal; *parlava con voce uguale* il parlait d'une voix égale; *procedevano con passo uguale* ils avançaient d'un pas égal **II** *s.m.* **1** [*chi appartiene allo stesso grado, ceto o classe sociale*] égal*: *vive meglio tra i suoi uguali* il vit mieux parmi ses égaux; *il matrimonio avviene spesso fra uguali* le mariage a souvent lieu entre des égaux **2** [*chi ha lo stesso valore, la medesima preparazione o abilità*] égal: *un giocatore che non ha uguali* un joueur sans égal, qui n'a pas d'égal; *uno scrittore che non teme uguali* un écrivain qui n'a pas d'égal ◇ *loc.* ESSERE UGUALE [*essere indifferente*] être égal: *che tu vada o resti, per me è uguale* que tu partes ou que tu restes, cela m'est égal **3** (*mat.*) égalité (*f.*): *il segno di uguale* le signe de l'égalité; l'égalité **III** *avv.* même (*agg.*): *questi vestiti costano uguale* ces robes coûtent le même prix; *quei due ragazzi sono alti uguale* ces deux garçons ont la même taille ⓒ I 1, 2; III **disuguale, diverso, differente.**

ugualitàrio, i |ugwaliˈtarjo, i| *agg.* égalitaire: *teoria, politica ugualitaria* théorie, politique égalitaire.

ugualitarìsmo |ugwalitaˈrizmo| *s.m.* (*polit.*) égalitarisme.

ugualménte |ugwalˈmente| *avv.* **1** [*in modo uguale; in parti uguali*] de la même manière *loc. inv.*; également: *ringrazio tutti ugualmente* je remercie tout le monde de la même manière ‖ *il* *patrimonio è stato ugualmente diviso fra gli eredi* le patrimoine a été divisé également entre les héritiers **2** [*malgrado tutto; lo stesso; ciononostante*] quand même: *non ti posso aiutare, ma riuscirai ugualmente* je ne peux pas t'aider, mais tu y arriveras quand même; *sono arrivato tardi, ma sono entrato ugualmente* je suis arrivé tard, mais je suis quand même entré.

uh |u| *inter.* (*esprime 'dolore, fastidio, meraviglia, sorpresa, disapprovazione, disgusto'*) *uh! che male!* ouille!, qu'est-ce que j'ai mal! (*fam.*); *uh! che bello!* oh! que c'est beau!; *uh! che noia!* pouah! quel ennui!; *uh! che barba che mi son fatto!* pouah! ce que j'ai pu m'embêter! (*fam.*), m'emmerder (*volg.*).

ùhi |'ui| *inter.* (*esprime 'dolore, contrarietà, rammarico'*) ouille!: *uhi! uhi! che fitte!* ouille! quelles douleurs!

uhm |m| *inter.* (*esprime 'incertezza, dubbio, incredulità'*) *hum: *uhm! sarà, ma non ci credo* hum! c'est possible, mais je n'y crois pas; *uhm! mi sembra una cosa difficile* hum! cela me semble difficile.

uistitì |wisti'ti| *s.m. inv.* (*t.zool.*) ouistiti *var.*

ukàse |u'kaze| *s.m. inv.* **1** (*st. russa*) ukase *var.* **2** (*fig.*) [*ordine che deve essere eseguito senza discutere*] ukase: *ma questo è un ukase!* mais c'est un ukase!

ukulèle |uku'lɛle| *s.m. inv.* (*mus.*) ukulèle *var.*

ùlama |'ulama| *s.m. pl.* → **ulema.**

ulàno |u'lano| *s.m.* (*st. mil.*) uhlan.

ùlcera |'ultʃera| *s.f.* (*med., corr.*) ulcère (*m.*): *ulcera gastrica, duodenale* ulcère gastrique, duodénal; *ulcera infettiva, meccanica* ulcère infectieux, mécanique; *soffre, è malato di ulcera* il souffre d'ulcère.

ulceràre |ultʃe'rare| **A** *v.tr.* [*provocare un'ulcera*] ulcérer (8): *la continua tensione può ulcerare l'apparato digerente* une tension continuelle peut ulcérer l'appareil digestif **B** *v.pron. intr.* ULCERARSI [*formare, presentare un'ulcera*] s'ulcérer, dégénérer (8) *intr.* en ulcère: *tessuti che tendono a ulcerarsi* tissus qui ont tendance à s'ulcérer, à dégénérer en ulcère.

ulcerativo |ultʃera'tivo| *agg.* (*med.*) ulcératif*: *processi ulcerativi* processus ulcératifs.

ulceràto |ultʃe'rato| *agg.* ulcéré: *stomaco ulcerato* estomac ulcéré ◇ (*lett., fig.*) *animo ulcerato* âme ulcérée.

ulcerazióne |ultʃerat'tsjone| *s.f.* (*med.*) ulcération.

ulceróso |ultʃe'roso| (*med.*) **1** *agg.* [*di ulcera*] ulcéreux*: *processi ulcerosi* processus ulcéreux **2** *s.* personne *f.* souffrante d'ulcère.

ùlema |'ulema, u'lɛma| *s.m. inv.* (*st. relig.*) uléma *var.*, ouléma *var.*

uligine |u'lidʒine| *s.f.* (*raro*) → **umidità.**

uliginóso |ulidʒi'noso| *agg.* (*raro*) → **umido.**

ulìte |u'lite| *s.f.* (*med.*) gencivite.

ulìva |u'liva| *s.f.* → **oliva.**

ulivèlla |uli'vɛlla| *s.f.* (*tecnol.*) louve.

ulivo |u'livo| *s.m.* → **olivo.**

Ulmàcee |ul'matʃee| *s.f. pl.* (*t.bot.*) Ulmacées.

ulmària |ul'marja| *s.f.* (*t.bot.*) ulmaire.

ùlmico, ci, ca, che |'ulmiko, tʃi, ka, ke| *agg.* (*chim.*) ulmique.

ùlna |'ulna| *s.f.* (*anat.*) cubitus *m.*

ulnàre |ul'nare| *agg.* (*anat.*) ulnaire.

ulòtrico, ci, ca, che |u'lɔtriko, tʃi, ka, ke| *agg.* (*etn.*) ulotrique.

ulterióre |ulte'rjore| *agg.* **1** ultérieur: *per ulteriori informazioni rivolgersi in segreteria* pour tout renseignement ultérieur s'adresser au secrétariat; *sono al corrente degli ulteriori sviluppi della situazione* je suis au courant des développements ultérieurs de la situation **2** (*lett.*) [*situato al di là, dalla parte opposta considerata*] ultérieur (*corr.*).

ulteriorménte |ulterjor'mente| *avv.* [→ ULTERIORE 1] ultérieurement.

ùltima |'ultima| *s.f.* (*fam.*) [*la più recente barzelletta, storiella*] dernière: *sai l'ultima?* tu connais la dernière?

ultimaménte |ultima'mente| *avv.* **1** [*negli ultimi tempi; recentemente*] dernièrement: *ultimamente non l'ho visto* je ne l'ai pas vu dernièrement; *gli ho parlato ultimamente* je lui ai parlé dernièrement **2** (*raro*) [*alla fine*] finalement (*corr.*).

ultimàre |ulti'mare| *v.tr.* [*portare a termine*] achever (6): *ho ultimato da poco il lavoro* j'ai achevé depuis peu mon travail; *la costruzione sarà ultimata entro l'anno* la construction sera achevée dans l'année Ⓒ **iniziare, incominciare.**

ultimativo |ultima'tivo| *agg.* → **perentorio.**

ultimàtum |ulti'matum| *s.m. inv.* **1** (*dir. internazionale*) ultimatum (*var.*): *dare l'ultimatum* remettre l'ultimatum **2** (*fig.*) ultimatum: *i genitori gli hanno dato l'ultimatum* ses parents lui ont signifié un ultimatum.

ultimazióne |ultimat'tsjone| *s.f.* (*raro*) [→ ULTIMARE] achèvement *m.* (*corr.*).

ultimìssimo |ulti'missimo| *agg.* [*molto recente*] tout dernier* ◆ (*s.f.*) *l'ultimissima* toute dernière, der des ders (*pop.*): *l'ultimissima* (*edizione*) la toute dernière édition; *le ultimissime* (*notizie*) les toutes dernières nouvelles.

ùltimo |'ultimo| **I** *agg.* **1** [*che viene dopo tutti gli altri; che chiude una serie o sim.*] dernier*: *l'ultimo nome di un elenco* le dernier nom de la liste; *ho letto quel libro fino all'ultima pagina* j'ai lu ce livre jusqu'à la dernière page; *si è classificato all'ultimo posto* il s'est classé dernier; *è l'ultima possibilità che ti offro* c'est la dernière possibilité que je t'offre; *prenderò l'ultimo treno* je prendrai le dernier train # *dovresti fare un ultimo sforzo* tu devrais faire un ultime effort ◇ (*loc.*) *in ultima istanza, in ultima analisi* [*in conclusione*] en dernière instance, en dernière analyse ~ (*scherz.*) *le ultime parole famose* les dernières paroles célèbres ~ (*fig.*) *ha perso tutto fino all'ultimo soldo* il a tout perdu jusqu'au dernier sou ~ *bisogna dare l'ultima mano a quel lavoro* il faut mettre la dernière main à ce travail ~ *ha giocato l'ultima carta* il a joué sa dernière carte ~ (*dir.*) *ricorrere in ultima istanza* se pourvoir en dernière instance **2** [*che segue tutti gli altri in ordine di tempo; il più recente*] dernier: *partiamo l'ultimo giorno del mese* nous partons le dernier jour du mois; *hai visto l'ultimo film di quel regista?* est-ce que tu as vu le dernier film de ce metteur en scène?; *negli ultimi tempi la vita si è fatta più difficile* ces derniers temps la vie est devenue plus difficile ◇ (*loc.*) *l'ultimo grido della moda* le dernier cri de la mode ~ *l'ultima moda* la dernière mode ~ *le ultime notizie* les dernières nouvelles ~ *le novità dell'ultima ora* les nouvelles de dernière heure ~ *esalare l'ultimo respiro* exhaler son dernier soupir → 1 **morire** ~ *vuol sempre avere l'ultima parola* il veut toujours avoir le dernier mot ~ *non è detta l'ultima parola* tout n'a pas encore été dit ~ (*bur.*) *sabato ultimo scorso* samedi dernier ~ (*spreg.*) *gli eroi dell'ultima ora* les héros de la dernière heure **3** [*il più lontano o esterno in una successione nello spazio*] dernier: *l'ultima zona abitabile* la dernière région habitable; *le ultime propaggini della penisola* les derniers contreforts de la péninsule; *l'ultima casa del paese* la dernière maison du village **4** (*fig.*) [*il meno importante; che è inferiore agli altri*] dernier: *è l'ultima persona che vorrei incontrare* c'est la dernière personne que je voudrais rencontrer; *il successo è la mia ultima preoccupazione* le succès est ma dernière préoccupation; *è l'ultimo albergo della città* c'est le dernier hôtel de la ville # *ha molte virtù e, non ultima, l'onestà* il a beaucoup de qualités et la moindre n'est pas l'honnêteté ◇ (*loc. fig.*) *è l'ultima ruota del carro* c'est la cinquième roue du carrosse **5** (*fig.*) [*massimo, sommo, fondamentale*] le plus *haut: *ha raggiunto le ultime vette dell'arte* il a atteint les plus hauts sommets de l'art # *ecco la ragione ultima delle mie decisioni* voilà la raison essentielle de mes décisions ◇ (*per est.*) *ha portato la questione alle sue ultime conseguenze* il a porté le problème à ses conséquences extrêmes **II** *s.* **1** [*chi viene per ultimo*] dernier: *è l'ultimo della classe* c'est le dernier de la classe; *è sempre l'ultimo a sapere una cosa* il est toujours le dernier à savoir les choses; *è l'ultimo classificato* c'est le dernier du, au classement; *parto l'ultimo del mese* je pars le dernier *agg.* jour du mois ◇ (*loc.*) *questa è l'ultima che mi fai* c'est le dernier *agg.* tour que tu me joues ~ *la sai l'ultima?* tu sais la dernière? ~ *è l'ultimo venuto, l'ultimo arrivato* c'est le dernier venu ~ *tirare gli ultimi* n'avoir plus qu'un souffle de vie ~ *gli ultimi saranno i primi* les derniers seront les premiers ◇ (*prov.*) *ride bene chi ride ultimo* rira bien qui rira le dernier ~ *beati gli ultimi se i primi son discreti, onesti* aux derniers les bons morceaux si les premiers sont modérés **2** (*in loc. avv. e temporali*) *all'ultimo sono riuscito a convincerlo* au dernier *agg.* moment je suis arrivé à le convaincre ~ *da ultimo è partita anche lei* enfin elle est partie, elle aussi ~ *in ultimo vedremo il da farsi* en dernier lieu nous verrons ce qu'il faut faire ~ *sull'ultimo sono intervenuto* au dernier moment je suis intervenu ~ *ha negato fino all'ultimo* il a nié jusqu'au bout Ⓒ I; II 1 **primo, iniziale.**

ultimogènito |ultimo'dʒɛnito| *agg.* [*che è nato per ultimo in una famiglia*] dernier-né: *figlio ultimogenito* enfant dernier-né ◆ (*s.*) *l'ultimogenito* le cadet* Ⓒ **primogenito.**

ultóre, trice |ul'tore, tritʃe| *s.* (*lett.*) → **vendicatore.**

ùltra- |'ultra| *pref.* (*significa 'al di là da, più che'; indica una qualità o condizione che supera o eccede la norma, corrisponde gener. a*) ultra: *ultramoderno* ultramoderne.

'ultra' |yltʀa| *s.m. inv.* **1** (*st. fr.*) ultra *var.* **2** [*estremista polit., spec. di sinistra*] ultra.

ultracentenàrio, i |ultratʃente'narjo, i| *agg.* plus que centenaire: *una vecchia ultracentenaria* une vieille (femme) plus que centenaire ◆ (*s.*) *un ultracentenario* une personne *f.* plus que centenaire.

ultracentrifuga, ghe |ultratʃen'trifuga, ge| *s.f.* (*chim., fis.*) ultracentrifugeuse.

ultracórto |ultra'korto| *agg.* (*rad.*) ultra-court.

ultrafiltrazióne |ultrafiltrat'tsjone| *s.f.* (*chim., fis.*) ultrafiltration.

ultrafiltro |ultra'filtro| *s.m.* (*chim., fis.*) ultrafiltre.

ultrafine |ultra'fine| *agg.* ultra-fin.

ultraleggèro |ultraled'dʒɛro| *agg.* ultraléger*: *leghe ultraleggere* alliages ultralégers.

ultramarino |ultrama'rino| *agg.* (*raro, lett.*) ultra-marin.

ultramicroscopia |ultramikrosko'pia| *s.f.* ultramicroscopie.

ultramicroscòpico, ci, ca, che |ultramikros'kɔpiko, tʃi, ka, ke| *agg.* (*scient.*) **1** ultramicroscopique: *particelle ultramicroscopiche* particules ultramicroscopiques **2** [*eseguito con l'ultramicroscopio*] ultramicroscopique: *ricerche, analisi ultramicroscopiche* recherches, analyses microscopiques.

ultramicroscòpio, i |ultramikros'kɔpjo, i| *s.m.* (*scient.*) ultramicroscope.

ultramodèrno |ultramo'dɛrno| *agg.* ultramoderne: *tecniche ultramoderne* techniques ultramodernes.

ultramontanismo |ultramonta'nizmo| *s.m.* (*relig.*) ultramontanisme.

ultramontàno |ultramon'tano| *agg.* ultramontain.

ultranazionalista |ultranattsjona'lista| *agg. e s.* ultra-nationaliste.

ultraónda |ultra'onda| *s.f.* (*scient.*) ultraonde.

ultrapotènte |ultrapo'tɛnte| *agg.* très puissant.

ultrapressióne |ultrapres'sjone| *s.f.* (*fis.*) ultrapression.

ultraràpido |ultra'rapido| *agg.* très rapide, ultra-rapide: *schiuma ultrarapida* écume très rapide.

ultrarealista |ultrarea'lista| *agg. e s.* (*st. fr.*) ultra-royaliste.

ultrareazionàrio, i |ultrareattsjo'narjo, i| *agg. e s.* ultra-réactionnaire.

ultrarivoluzionàrio, i |ultrarivoluttsjo'narjo, i| *agg. e s.* ultra-révolutionnaire.

ultrarósso |ultra'rosso| *agg.* (*fis.*) ultra-rouge.

ultrasensibile |ultrasen'sibile| *agg.* ultra-sensible: *pellicole ultrasensibili* pellicules ultra-sensibles ◇ (*fig.*) *una ragazza ultrasensibile* une fille ultrasensible.

ultrasinistra |ultrasi'nistra| *s.f.* (*polit.*) ultra-gauche.

ultrasònico, ci, ca, che |ultra'sɔniko, tʃi, ka, ke| *agg.* (*fis.*) **1** ultra-sonique: *onde ultrasoniche* ondes ultra-soniques **2** → **supersonico.**

ultrasonòro |ultraso'nɔro| *agg.* (*fis.*) ultra-sonore: *onde ultrasonore* ondes ultra-sonores.

ultrasuòno |ultra'swɔno| *s.m.* (*fis.*) ultra-son, ultrason.

ultrasuonoterapia |ultraswonotera'pia| *s.f.* traitement *m.* aux ultrasons.

ultraterréno |ultrater'reno| *agg.* ultra-terrestre: *la vita ultraterrena* la vie ultra-terrestre.

ultraviolétto |ultravio'letto| *agg.* (*fis.*) ultraviolet*, ultra-violet*: *raggi ultravioletti* rayons ultraviolets.

ultravirus |ultra'virus| *s.m. inv.* (*biol., med.*) ultravirus.

ultròneo |ul'trɔneo| *agg.* (*lett.*) → **spontaneo.**

ululàre |ulu'lare| *v.intr.* (*aus. 'avere'*) **1** [*emettere degli ululati*] *hurler: *il cane ha ululato tutta la notte* le chien a hurlé toute la nuit **2** (*fig.*) [*produrre suoni sim. a ululati*] hurler: *il vento ululava nel bosco* le vent hurlait dans le bois.

ululàto |ulu'lato| *s.m.* **1** [*urlo cupo e prolungato proprio dei lupi e dei grossi cani*] *hurlement: *gli ululati del cane mi danno fastidio* les hurlements des chiens me gênent **2** (*per est., fig.*) [*suono lungo e cupo sim. a quello dei lupi*] hurlement: *l'ululato del vento, della bufera* le hurlement du vent, de la tempête.

ùlulo |'ululo| *s.m.* → **ululato.**

ululóne |ulu'lone| *s.m.* (*t.zool.*) sonneur.

ùlva |'ulva| *s.f.* (*t.bot.*) ulve.

Ulvàcee |ul'vatʃee| *s.f. pl.* (*t.bot.*) Ulvacées.

umanaménte |umana'mente| *avv.* **1** [→ UMANO I 1] humainement: *cose umanamente impossibili* choses humainement impossibles **2** [→ UMANO I 2] humainement: *lo ha trattato umanamente* il l'a traité humainement.

umanàrsi |uma'narsi| *v.pron. rifl.* (*teol. catt.*) (*detto di Cristo*) [*assumere condizione umana*] se faire (45) homme.

umanazióne |umanat'tsjone| *s.f.* (*teol. catt.*) incarnation.

umanésimo |uma'nezimo| *s.m.* (*st. letter.*) humanisme.

umanista |uma'nista| *s.m.* **1** humaniste: *gli umanisti fiorentini del Quattrocento* les humanistes florentins du XVe siècle **2** [*cultore di studi classici*] humaniste.

umanìstico, ci, ca, che |uma'nistiko, tʃi, ka, ke| *agg.* **1** humaniste: *filologia umanistica* philologie humaniste; *la cultura umanistica* la culture humaniste **2** (*per est.*) [*che si riferisce alla lingua e alla letter. classica*] humaniste: *studi umanistici* études humanistes; *discipline, facoltà umanistiche* disciplines, facultés humanistes.

umanità |umani'ta| *s.f. inv.* **1** humanité (*var.*): *è stato giudicato con umanità* il a été jugé avec humanité; *i prigionieri vengono trattati con umanità* les prisonniers sont traités avec humanité; *è un uomo privo di umanità* c'est un homme dépourvu d'humanité **2** [*moltitudine di uomini*] foule (*var.*): *in quell'emigrazione c'era un'umanità disperata* dans cette émigration il y avait une foule désespérée **3** [*il genere umano*] humanité: *è un grande benefattore dell'umanità* c'est un grand bienfaiteur de l'humanité; *la bomba atomica è un pericolo per tutta l'umanità* la bombe atomique est un danger pour toute l'humanité.

umanitàrio, i |umani'tarjo, i| *agg.* humanitaire: *principi, scopi, ideali umanitari* principes, buts, idéaux humanitaires; *opera, iniziativa umanitaria* œuvre, initiative humanitaire; *è di animo umanitario* il a une âme humanitaire, altruiste; il est très humain.

umanitarismo |umanita'rizmo| *s.m.* humanitarisme.

umanitarista |umanita'rista| *s.* humanitariste.

umanizzàre |umanid'dzare| **A** *v. tr.* **1** [*rendere umano, civile*] humaniser: *umanizzare gli usi di una feroce tribù* humaniser les mœurs d'une tribu féroce **2** *umanizzare il latte* [*rendere il latte di mucca sim. a quello umano*] adoucir le lait **B** *v.pron.* UMANIZZARSI **1** *rifl.* → **umanarsi** **2** *intr.* [*divenire civile, umano*] s'humaniser: *quel popolo arretrato si è umanizzato con l'istruzione* ce peuple arriéré s'est humanisé grâce à (par) l'instruction.

umanizzazióne |umaniddzat'tsjone| *s.f.* [→ UMANIZZARE A 1] humanisation.

umàno |u'mano| **I** *agg.* **1** humain: *il genere umano* le genre humain; *il corpo umano* le corps humain; *la vita, la mente umana* la vie humaine, l'esprit humain; *i diritti, i valori umani* les droits humains, les valeurs humaines; *le debolezze, le miserie umane* les faiblesses, les misères humaines; *la dignità della persona umana* la dignité de la personne humaine ◇ (*loc.*) *rispetto umano* respect humain ~ *scienze umane* sciences humaines ~ *umane lettere* (belles-) lettres ◇ (*prov.*) *sbagliare è umano* l'erreur est humaine; il est de la nature de l'homme de se tromper; errare humanum est **2** [*pieno di umanità; che dimostra doti morali, comprensione o pietà*] humain: *parole umane e consolatrici* paroles humaines et consolatrices; *cerca di essere più umano* essaie d'être plus humain; *è un giudice severo, ma umano* c'est un juge sévère, mais humain ◇ (*fig.*) *un cane dallo sguardo umano* un chien au regard humain **II** *s.m.* **1** [*ciò che è proprio dell'uomo*] humain: *l'umano e il divino* l'humain et le divin; *non ha più nulla d'umano* il n'a plus rien d'humain **2** (*al plur.*) *gli umani* les humains **C** I 2 **disumano.**

umazióne |umat'tsjone| *s.f.* (*lett.*) → **seppellimento.**

umbellàto |umbel'lato| *agg.* (*bot.*) ombellé.

umbertino |umber'tino| *agg.* de l'époque du roi Humbert Ier: *politica, società umbertina* politique, société du roi Humbert Ier; *stile umbertino* style du roi Humbert Ier.

umbilico, chi |umbi'liko, ki| *s.m.* → **ombelico.**

umbóne |um'bone| *s.m.* (*archeol.*) ombon.

umbràtile |um'bratile| *agg.* **1** (*lett.*) [*che è in ombra; che è pieno di ombra*] ombreux*: *giardino umbratile* jardin ombreux **2** (*fig.*) [*che ama il silenzio, la riservatezza*] réservé: *carattere umbratile* caractère reservé, secret* → **introverso.**

umbrètta |um'bretta| *s.f.* (*t.zool.*) ombrette.
ùmbro |'umbro| *agg.* [*dell'Umbria*] ombrien*.
umeràle |ume'rale| *agg.* → **omerale.**
umettàre |umet'tare| *v.tr.* [*inumidire leggermente*] humecter: *umettare le labbra* s'humecter les lèvres.
umettazióne |umettat'tsjone| *s.f.* [→ UMETTARE] humectation, humectage *m.*
umidézza |umi'dettsa| *s.f.* → **umidità.**
umidiccio, ci, cia, ce |umi'dittʃo, tʃi, tʃa, tʃe| *agg.* [*che è piuttosto umido*] moite: *ho le mani umidicce* j'ai les mains moites **C** **asciutto, secco.**
umidificàre |umidifi'kare| *v.tr.* [*rendere umido; aumentare l'umidità contenuta nell'aria*] humidifier: *umidificare una stanza* humidifier une pièce.
umidificatóre |umidifika'tore| *s.m.* (*tecnol.*) humecteur, mouilleur, climatiseur.
umidificazióne |umidifikat'tsjone| *s.f.* [→ UMIDIFICARE] humidification.
umidità |umidi'ta| *s.f. inv.* **1** humidité (*var.*): *l'umidità di un terreno, di un muro, di un locale* l'humidité d'un terrain, d'un mur, d'une pièce **2** [*presenza di vapore acqueo nell'atmosfera o in corpi e materiali solidi*] humidité: *l'umidità della notte* l'humidité de la nuit; *copriti: c'è molta umidità* couvre-toi: il y a beaucoup d'humidité (dans l'air); *questo prodotto teme l'umidità* ce produit craint l'humidité **C** 1 **aridità.**
ùmido |'umido| **I** *agg.* **1** humide: *la parete è umida* le mur est humide; *la biancheria deve essere stirata umida* le linge doit être repassé humide # *mi rispose con gli occhi umidi di pianto* il me répondit les yeux mouillés de larmes; *aveva le mani umide di sudore* il avait les mains moites **2** [*che contiene una notevole percentuale di vapore acqueo*] humide: *aria, giornata umida* air, journée humide; *vento, clima umido* vent, climat humide **II** *s.m.* **1** [*umidità*] humidité (*f.*): *la sua salute teme l'umido* sa santé craint l'humidité; *non stare all'umido* ne reste pas dans l'humidité **2** (*cuc.*) sauce (*f.*): *patate in umido* pommes de terre en sauce; # *spezzatino in umido* blanquette, ragoût ◇ (*per est.*) *mi piace l'umido, ma non lo digerisco* j'aime le ragoût, mais je ne le digère pas **C** **I secco.**
umidóre |umi'dore| *s.m.* (*lett.*) → **umidità.**
umìfero |u'mifero| *agg.* (*agr.*) humifère.
umificazióne |umifikat'tsjone| *s.f.* (*biol., chim.*) humification.
ùmile |'umile| *agg.* **1** [*che sente e dimostra umiltà*] humble: *un uomo, un eroe umile* un homme, un héros humble; *cerca di diventare un po' più umile* essaie d'être un peu plus humble; *è di cuore umile* il est humble (de cœur); *parlava con tono umile* il parlait d'un ton humble; *è umile con tutti* il est humble avec tout le monde ◆ (*s.m.*) *l'umile* l'humble **2** [*semplice, modesto, povero*] humble, modeste: *una casa umile* une maison humble; *indossava umili vesti* il portait des vêtements modestes; *è di umili origini, di umili condizioni* il est de condition modeste ◇ (*per est.*) *fa sempre i lavori più umili* il fait toujours les travaux les plus humbles **C** 1 **superbo, altezzoso.**
umiliànte |umi'ljante| *agg.* humiliant: *un compromesso umiliante* un compromis humiliant; *una proposta umiliante* une proposition humiliante.
umiliàre |umi'ljare| **A** *v.tr.* **1** [*mortificare; mettere qc. in condizioni di disagio o di vergogna*] humilier: *le sue parole lo hanno umiliato* ses paroles l'ont humilié; *l'ha voluto umiliare di fronte a tutti* il a voulu l'humilier devant tout le monde; *quell'errore continua a umiliarlo* cette erreur continue à l'humilier ◇ (*per est.*) *ha umiliato la sua superbia, la sua alterigia* il a rabattu son orgueil, son arrogance **2** (*raro, lett.*) [*abbassare, chinare*] abaisser (*corr.*) **B** *v.pron. rifl.* UMILIARSI [*essere umile; riconoscere i propri limiti*] s'humilier, s'abaisser: *non umiliarti così!* ne t'humilie pas ainsi!, ne t'abaisse pas ainsi!; *non vorrai che mi umili a chiedergli scusa?* tu ne voudrais pas que je m'abaisse à lui présenter des excuses, non? ◇ (*loc.*) *chi si umilia sarà esaltato, chi si esalta sarà umiliato* quiconque s'humiliera sera exalté, quiconque s'exaltera sera humilié **C** A **esaltare**; B **insuperbir(si).**
umiliàto |umi'ljato| *agg.* humilié: *è apparso umiliato e mortificato* il a semblé humilié et mortifié; *mi sento umiliato e offeso* je me sens humilié et offensé **C** **esaltato.**
umiliazióne |umiljat'tsjone| *s.f.* **1** [→ UMILIARE A 1] humiliation: *l'umiliazione dei superbi* l'humiliation des orgueilleux **2** [*azione, parola, situazione che mortifica e avvilisce*] humiliation: *ha subito un'umiliazione* il a subi une humiliation; *gli ha inflitto un'umiliazione pubblica* il lui a infligé une humiliation publique; *non ha potuto sopportare quell'umiliazione* il n'a pas pu supporter cette humiliation.
umilménte |umil'mente| *avv.* [→ UMILE] humblement.
umiltà |umil'ta| *s.f. inv.* **1** humilité (*var.*): *l'umiltà dello stile, del portamento* l'humilité du style, du comportement; *non devono accettare l'umiltà della loro condizione* ils ne doivent pas accepter l'humilité de leur condition **2** [*coscienza della propria insufficienza e dei propri limiti*] humilité: *è una persona comprensiva e piena di umiltà* c'est une personne compréhensive et pleine d'humilité; *dovresti avere meno orgoglio e più umiltà* tu devrais avoir moins d'orgueil et plus d'humilité; *sembra che l'umiltà non sia più di moda* il semble que l'humilité ne soit plus à la mode (de mode) **C** **superbia.**
umoràle |umo'rale| *agg.* humoral*: *dottrina umorale* doctrine humorale.
umóre |u'more| *s.m.* **1** (*fisiol.*) humeur (*f.*): *umore acqueo, vitreo* humeur aqueuse, vitreuse; *gli umori delle piante* les liquides sécrétés par les plantes, les humeurs des plantes **2** (*lett.*) [*sostanza liquida*] humeur: *l'umore della rugiada* l'humeur de la rosée **3** (*psicol.*) humeur: *umore bilioso, irascibile* humeur bilieuse, coléreuse; *umore bisbetico, gaio, tetro* humeur capricieuse, gaie, sombre ◇ (*corr.*) *sono di buono, di cattivo umore* je suis de bonne, de mauvaise humeur; *mi ha messo di ottimo umore* cela m'a mis d'excellente humeur; *è sempre di umore nero* il est toujours d'une humeur massacrante.
umorismo |umo'rizmo| *s.m.* **1** humour: *non ha il senso dell'umorismo* il n'a pas le sens de l'humour; *il suo atteggiamento manca totalmente di umorismo* son comportement manque totalement d'humour; *fa sempre dell'umorismo* il fait toujours de l'humour; *l'umorismo del Manzoni, di Shakespeare* l'humour de Manzoni, de Shakespeare **2** (*med.*) humorisme.
1 **umorista** |umo'rista| *s.* **1** [*autore di opere umoristiche*] humoriste: *gli umoristi moderni si esprimono col fumetto* les humoristes modernes s'expriment par les bandes dessinées **2** [*persona dotata di umorismo*] humoriste: *si sta bene con lui perché è un umorista* sa compagnie est agréable parce que c'est un humoriste.
2 **umorista** |umo'rista| *s.* (*st. med.*) humoriste.
umoristicaménte |umoristika'mente| *avv.* [→ UMORISTICO] avec humour *loc. inv.*
umorìstico, ci, ca, che |umo'ristiko, tʃi, ka, ke| *agg.* humoristique: *la tradizione umoristica inglese* la tradition humoristique anglaise; *un film, un racconto umoristico* un film, un récit humoristique; *mi piacciono i giornali umoristici* j'aime les journaux humoristiques # *è dotato di senso umoristico* il a le sens de l'humour.
un |un| *art. indet. e agg. numer. card.* → **uno.**
unànime |u'nanime| *agg.* unanime: *la giuria unanime ha decretato quell'atleta vincitore* le jury unanime a déclaré cet athlète vainqueur; *l'approvazione è stata unanime* l'approbation a été unanime # *la legge è passata con voto unanime* la loi est passée à l'unanimité **C** **discorde.**
unanimeménte |unanime'mente| *avv.* [→ UNANIME] unanimement, à l'unanimité *loc. inv.*
unanimismo |unani'mizmo| *s.m.* unanimisme.
unanimista |unani'mista| *agg. e s.* unanimiste.
unanimità |unanimi'ta| *s.f. inv.* unanimité (*var.*): *in questo caso ci vuole l'unanimità dei voti* dans ce cas il faut l'unanimité des voix # *ha ottenuto l'unanimità dei consensi* il a obtenu une approbation unanime ◇ (*loc.*) *la proposta è stata approvata* ALL'UNANIMITÀ la proposition a été approuvée à l'unanimité.
unanimitàrio, i |unanimi'tarjo, i| *agg.* → **unanime.**
una tantum |'una'tantum| *loc. agg. inv.* (*lat.*) extraordinaire (*var.*): *questa imposta ha il carattere di una tantum* c'est un impôt extraordinaire; *è una prestazione una tantum* c'est une prestation extraordinaire ◆ (*s.f. inv.*) impôt *m. var.* extraordinaire: *pagare l'una tantum* payer un impôt extraordinaire ◆ (*loc. avv.*) de temps en temps: *la ditta corrisponde una tantum ai dipendenti un premio straordinario* la firme verse de temps en temps aux employés une prime extraordinaire.
unàu |u'nau| *s.m.inv.* (*t.zool.*) unau *var.*
uncinàre |untʃi'nare| *v.tr.* **1** [*modellare, piegare a uncino*] recourber en croc: *uncinare l'estremità di un utensile*

recourber en croc l'extrémité d'un ustensile **2** [*afferrare con un uncino*] crocher, accrocher: *uncinare la preda* crocher la proie; *uncinare un cavo, una rete* accrocher un câble, un filet.

uncinàto |untʃi'nato| *agg.* **1** [*piegato a uncino*] crochu # *arpione, ferro uncinato* crochet, crochet de fer; *croce uncinata* croix gammée → **svastica** ◇ (*anat.*) *osso uncinato* os crochu **2** [*munito di uncino*] crochu # *amo uncinato* hameçon.

uncinétto |untʃi'netto| *s.m.* [*grosso ago con un'estremità uncinata usata per lavori a maglia*] crochet: *per questo lavoro occorre un uncinetto n. 3* pour ce travail il faut un crochet nº 3 ◇ (*loc.*) *sa lavorare all'uncinetto* elle sait faire du crochet; *maglia fatta all'uncinetto* tricot fait au crochet.

uncino |un'tʃino| *s.m.* **1** [*strumento metallico aguzzo e adunco*] croc, crochet: *ha appeso i salami al soffitto con un uncino* il a pendu les saucissons au plafond avec un crochet; *ha ripescato il borsellino con un uncino* il a repêché son porte-monnaie avec un crochet # *gli uncini dell'amo, dell'arpione* les pointes et ardillons de l'hameçon, du harpon ◇ *loc.* A UNCINO à crochet: *chiodo a uncino* clou à crochet ~ (*fig.*) *mani a uncino* mains crochues **2** (*fig.*) [*grafia illeggibile*] griffonnage, gribouillis **3** (*fig.*) [*scusa, cavillo*] prétexte: *si attacca a tutti gli uncini* il cherche tous les prétextes **4** (*bot.*) griffe *f.* **5** (*sport*) crochet.

undècimo |un'dɛtʃimo| *agg. numer. ord.* (*lett.*) → **undicesimo.**

underground |ʌndə'graund| *s.m. inv.* (*amer.*) underground *var.*

undicènne |undi'tʃɛnne| *agg.* (âgé) de onze ans (*loc.*): *un ragazzo undicenne* un garçon (âgé) de onze ans ✦ (*s.m.*) *un undicenne* un garçon (âgé) de onze ans ✦ (*s.f.*) *un'undicenne* une fillette (âgée) de onze ans.

undicèsimo |undi'tʃɛzimo| *agg. numer. ord.* onzième: *il secolo undicesimo* le onzième siècle; *l'undicesima parte* la onzième partie ◇ (*in unione con i nomi di re o papi e con i sost. 'capitolo, volume' e sim.*) *Luigi undicesimo* (*XI*) Louis onze (XI) ✦ (*s.*) *l'undicesimo* le onzième: *tre undicesimi* trois onzièmes.

ùndici |'unditʃi| *agg. numer. card. inv.* onze ✦ (*s.m. inv.*) *l'undici* le onze.

ungàrico, ci, ca, che |un'gariko, tʃi, ka, ke| *agg.* (*lett.*) → **ungherese.**

ùngaro |'ungaro| **I** *agg.* (*lett.*) → **ungherese II** *s.* **1** *s.* (*st.*) *gli Ungari* les Hongrois **2** (*s.m.*) *l'ungaro* [*moneta d'oro*] le ducat hongrois.

ùngere |'undʒere| (150) **A** *v.tr.* **1** [*spalmare, cospargere di olio o altre sostanze grasse*] graisser; enduire (75): *bisogna ungere la padella con un po' di burro* il faut graisser la poêle avec un peu de beurre ‖ *sulla spiaggia mi ungo con una crema* sur la plage je m'enduis de crème ◇ (*per est.*) [*macchiare*] *hai unto di nuovo il vestito* tu as de nouveau fait des taches de graisse sur ton vêtement **2** (*per est.*) [*ingrassare, lubrificare*] huiler, graisser: *ungere gli ingranaggi, le ruote* huiler, graisser les engrenages, les roues; *ho unto la serratura del portone* j'ai huilé la serrure de la porte d'entrée **3** (*relig.*) [*segnare qc. o q.c. con l'olio sacro*] oindre (61): *ungere la fronte col sacro crisma* oindre le front avec le saint chrême **4** (*fig.*) [*tenere un atteggiamento adulatorio e servizievole*] faire (45) de la lèche (*pop.*): *è sempre pronto a ungere un superiore* il est toujours prêt à faire de la lèche à un supérieur; *e non ungere tanto!* et ne fais pas tant de lèche **B** *v.pron.* UNGERSI **1** *rifl.* [*spalmarsi di sostanze grasse*] s'enduire d'huile: *un tempo gli atleti si ungevano con l'olio* autrefois les athlètes s'enduisaient d'huile **2** *intr.* [*macchiarsi, sporcarsi*] se salir: *guarda come ti sei tutto unto!* regarde comme tu t'es sali! ⓒ A 1, 2 **sgrassare.**

ungherése |unge'rese| **1** *agg.* [*dell'Ungheria*] *hongrois **2** (*s.m.*) *l'ungherese* [*la lingua*] le hongrois.

ùnghero |'ungero| *s.m.* → **ungaro.**

ùnghia |'ungja| *s.f.* **1** (*anat.*, *corr.*) ongle (*m.*): *le unghie delle mani, dei piedi* les ongles des mains, des pieds; *tagliarsi, smaltarsi le unghie* se couper les ongles, se mettre du vernis à ongles; *ha un'unghia incarnita* il a un ongle incarné; *ha l'abitudine di rosicchiarsi le unghie* il se ronge les ongles ◇ (*bovini*) onglon *m.* ◇ (*felini*) griffe ◇ (*equini*) sabot *m.* ◇ (*loc. fig.*) *è caduto fra le unghie di uno strozzino* il est tombé dans les griffes d'un usurier ~ *quando gli capita fra le unghie finirà male* quand il l'aura sous la main, ça finira mal ~ *lo tiene saldamente fra le unghie* il le tient solidement entre ses griffes ~ *ha messo fuori le unghie* il a sorti ses griffes **2** (*per est.*) [*taglio obliquo all'estremità di un arnese*] biseau *m.*, onglet (*m.*): *l'unghia dello scalpello, della marra* l'onglet du scalpel, le bec d'ancre; *l'unghia del temperino* l'onglet du canif ◇ (*mar.*) *l'unghia dell'ancora* le bec *m.* d'ancre **3** (*fig.*) [*quantità minima*] once: *ce ne vuole un'unghia* il en faut une once # *c'è mancata un'unghia che cadesse* peu s'en fallut qu'il ne tombe **4** (*bot.*) griffe, onglet.

unghiàta |un'gjata| *s.f.* **1** coup *m.* d'ongles, de griffe, griffade: *dare una unghiata* donner un coup d'ongles, de griffe, une griffade # *mi sono presa un'unghiata* je me suis égratigné **2** [*intaccatura sulla lama di un coltello*] onglet *m.*

unghiàto |un'gjato| *agg.* [*munito di unghie*] onglé: *zampe unghiate* pattes onglées.

unghiatùra |ungja'tura| *s.f.* **1** [*lesione superficiale prodotta da un colpo d'unghia*] griffure **2** reliure qui dépasse les pages.

unghièlla |un'gjɛlla| *s.f.* (*tecnol.*) onglette, onglet *m.*

unghièllo |un'gjɛllo| *s.m.* (*zool.*) ergot.

unghiòlo |un'gjɔlo| *s.m.* (*t.zool.*) griffe *f.*

unghióne |un'gjone| *s.m.* **1** [*zoccolo*] sabot **2** [*artiglio*] griffe *f.*

unghiùto |un'gjuto| *agg.* [*munito di artigli*] onglé.

ungitóre, trice |undʒi'tore, tritʃe| *s.* [*chi unge*] graisseur *m.*

ungitùra |undʒi'tura| *s.f.* [→ UNGERE] graissage *m.*

ungueàle |ungwe'ale| *agg.* (*anat.*) unguéal*: *lamina ungueale* lame unguéale.

unguènto |un'gwɛnto| *s.m.* **1** (*farm.*, *corr.*) onguent: *unguento per dolori reumatici* onguent pour les douleurs rhumatismales **2** (*raro*) [*profumo semisolido*] onguent (*arc.*).

unguìcola |un'gwikola| *s.f.* onguicule *m.*

unguicolàto |ungwiko'lato| *agg.* (*bot.*, *zool.*) onguiculé.

unguifórme |ungwi'forme| *agg.* onguiforme.

ùngula |'ungula| *s.f.* → **zoccolo** 2.

Ungulàti |ungu'lati| *s.m.pl.* (*t.zool.*) Ongulés.

ungulàto |ungu'lato| *agg.* (*zool.*) ongulé.

unguligrado |ungu'ligrado| *agg. e s.m.* onguligrade.

ùni- |'uni| *pref.* (*significa 'uno, uno solo', corrisponde gener. a*) uni: *unilaterale* unilatéral.

unià̀ssico, ci, ca, che |uni'assiko, tʃi, ka, ke| *agg.* (*miner.*) uniaxe.

unìate |u'njate| *agg. e s.m.* (*st. relig.*) uniate.

unìbile |u'nibile| *agg.* [→ UNIRE] qu'on peut unir *loc.*

unicaménte |unika'mente| *avv.* [→ UNICO I] uniquement.

unicameràle |unikame'rale| *agg.* (*polit.*) unicaméral*, à chambre unique: *parlamento unicamerale* parlement unicaméral, à chambre unique.

unicameralismo |unikamera'lizmo| *s.m.* (*polit.*) unicaméralisme.

unicàule |uni'kaule| *agg.* (*bot.*) unicaule.

unicellulàre |unitʃellu'lare| *agg.* (*biol.*) unicellulaire: *organismo unicellulare* organisme unicellulaire.

unicità |unitʃi'ta| *s.f. inv.* unicité *var.*, caractère *m. var.* unique: *l'unicità di questo caso lo rende più difficile* l'unicité de ce cas le rend plus difficile; *quest'opera è preziosa per la sua unicità* cette œuvre est précieuse pour son caractère unique ⓒ **molteplicità.**

ùnico, ci, ca, che |'uniko, tʃi, ka, ke| **I** *agg.* [*che è il solo a esistere; che non ammette uguali*] unique: *è figlio unico* il est fils unique; *l'unico suo svago è lo sport* son unique distraction, c'est le sport → **solo** # *questo problema ammette un'unica soluzione* ce problème admet une seule solution ◇ (*loc.*) *per la sua diligenza è più unico che raro* sa diligence en fait un oiseau rare ~ *strada a senso unico* rue à sens unique ~ (*fig.*) *è un'interpretazione a senso unico* c'est une interprétation unilatérale ◇ (*tip.*) *numero unico* numéro unique ◇ (*comm.*) *prezzo unico* prix unique **II** *s.* **1** [*chi è solo a dire o fare q.c.*] seul: *sono stato l'unico, l'unica a dire di no* j'ai été le seul, la seule à dire non ◇ (*loc.*) *è l'unica!* c'est la seule chose à faire! ~ *l'unica è partire subito* le mieux c'est de partir tout de suite **2** [*esemplare unico*] seul: '*ha degli altri colori?' 'no, questo è l'unico'* 'vous avez d'autres couleurs?' 'non, c'est la seule'.

unicolóre |uniko'lore| *agg.* unicolore.

unicòrno |uni'kɔrno| **1** *agg.* unicorne ✦ (*s.m.*) *un unicorno* → **narvalo** **2** *s.m.* (*mitol.*) unicorne, licorne *f.*

unidimensionàle |unidimensjo'nale| *agg.* unidimensionnel*.

unidirezionàle |unidirettsjo'nale| *agg.* unidirectionnel*: *corrente unidirezionale* courant unidirectionnel.

unidisciplinàre |unidiʃʃipli'nare| *agg.* unidisciplinaire.

unifamiliàre |unifami'ljare| *agg.* unifamilial*.
unificàbile |unifi'kabile| *agg.* [→ UNIFICARE] qu'on peut unifier *loc.*
unificàre |unifi'kare| **A** *v.tr.* **1** [*ridurre a unità; fondere due o più elementi in un solo insieme*] unifier: *hanno deciso di unificare i sindacati di quella categoria* ils ont décidé d'unifier les syndicats de cette catégorie; *hanno unificato i vari tipi di scuola media* ils ont unifié les différentes sortes d'écoles secondaires # *i patrioti unificarono l'Italia* les patriotes firent l'unité de l'Italie **2** [*rendere uguali; standardizzare un prodotto*] normaliser; standardiser: *unificare sistemi di misura diversi* normaliser des systèmes de mesure différents ‖ *unificare la produzione* standardiser la production **B** *v.pron. recipr.* UNIFICARSI [*ridursi a unità; convergere*] s'unifier: *questi due partiti si unificheranno* ces deux partis s'unifieront.
unificativo |unifika'tivo| *agg.* [*di unificazione; che è atto a unificare*] unificateur*: *processo unificativo* processus unificateur.
unificàto |unifi'kato| *agg.* **1** unifié: *un partito unificato* un parti unifié; *codici unificati* codes unifiés **2** (*comm.*) normalisé, standardisé: *produzioni unificate* productions normalisées, standardisées; *prezzi unificati* prix normalisés.
unificatóre, trice |unifika'tore, tritʃe| *agg.* unificateur*: *criterio, principio unificatore* critère, principe unificateur; *l'azione unificatrice dei sindacati* l'action unificatrice des syndicats ✦ (*s.*) *l'unificatore di un popolo* l'unificateur d'un peuple.
unificazióne |unifikat'tsjone| *s.f.* **1** [→ UNIFICARE A 1] unification: *l'unificazione degli Stati italiani* l'unification des États italiens; *unificazione politica, amministrativa* unification politique, administrative **2** (*tecnol.*) unification **3** [*fabbricazione in serie*] standardisation, normalisation.
unifloro |u'nifloro| *agg.* (*bot.*) uniflore.
unifogliàto |unifoʎ'ʎato| *agg.* (*bot.*) unifolié.
uniformàre |unifor'mare| **A** *v.tr.* **1** [*rendere uniforme*] uniformiser: *i mass-media hanno uniformato i gusti della gente* les mass-media ont uniformisé les goûts du public **2** [*adattare, conformare*] adapter: *ho uniformato le mie abitudini al nuovo lavoro* j'ai adapté mes habitudes à mon nouveau travail **B** *v.pron.* UNIFORMARSI **1** *rifl.* [*adeguarsi, conformarsi*] s'adapter: *si è uniformato all'ambiente* il s'est adapté au milieu; *mi sono dovuto uniformare alla situazione* j'ai dû m'adapter à la situation **2** *intr.* [*diventare uniforme*] devenir (27) uniforme: *la tinta, asciugando, si è uniformata* la couleur, en séchant, est devenue uniforme.
uniformazióne |uniformat'tsjone| *s.f.* [→ UNIFORMARE] uniformisation.
1 **unifórme** |uni'forme| *agg.* uniforme: *il colore non è uniforme* la couleur n'est pas uniforme; *conduce una vita monotona e uniforme* il mène une vie monotone et uniforme; *questa musica ha un ritmo uniforme* cette musique a un rythme uniforme ◇ (*fis.*) *moto, accelerazione, velocità uniforme* mouvement, accélération, vitesse uniforme.
2 **unifórme** |uni'forme| *s.f.* uniforme *m.*; tenue: *l'uniforme dei soldati, degli ufficiali* l'uniforme des soldats, des officiers ‖ *uniforme di gala, di combattimento, d'ordinanza* tenue de gala, de combat, de jour ◇ (*loc.*) *indossare, vestire l'uniforme* porter l'uniforme; *essere in alta uniforme* être en grand uniforme, en grande tenue.
uniformeménte |uniforme'mente| *avv.* **1** [→ 1 UNIFORME] uniformément: *colore uniformemente distribuito* couleur uniformément répartie; *moto uniformemente accelerato* mouvement uniformément accéléré **2** [*in modo conforme*] conformément: *uniformemente alle prescrizioni mediche* conformément aux prescriptions médicales.
uniformità |uniformi'ta| *s.f. inv.* **1** uniformité (*var.*): *l'uniformità di una superficie, di un colore* l'uniformité d'une superficie, d'une couleur; *questo paesaggio ha un'uniformità desolante* ce paysage est d'une uniformité désolante **2** [*conformità, concordanza*] conformité (*var.*): *l'uniformità di opinioni* la conformité d'opinions; *abbiamo riscontrato una completa uniformità di idee* nous avons trouvé une parfaite conformité, communion d'idées Ⓒ **diversità.**
unigènito |uni'dʒenito| *agg.* (*relig. crist.*) unique: *Cristo, figlio unigenito* Christ, fils unique ✦ (*s.m.*) *l'Unigenito* le Fils unique.
unilabiàto |unila'bjato| *agg.* (*bot.*) unilabié: *corolla unilabiata* corolle unilabiée.
unilateràle |unilate'rale| *agg.* **1** unilatéral*: *pleurite unilaterale* pleurésie unilatérale ◇ (*dir.*) *negozio, contratto unilaterale* acte, contrat unilatéral; *promessa, dichiarazione unilaterale* promesse, déclaration unilatérale **2** (*fig.*) [*che prende in considerazione un solo aspetto*] partiel*: *hai una visione unilaterale del problema* tu as une vision partielle du problème; *il suo giudizio è unilaterale* son jugement est partiel; *hai un modo di vedere le cose troppo unilaterale* tu as une façon trop partielle de voir les choses.
unilateralismo |unilatera'lizmo| *s.m.* unilatéralisme.
unilateralità |unilaterali'ta| *s.f. inv.* caractère *m. var.* unilatéral*: *l'unilateralità della tua posizione è chiara a tutti* le caractère unilatéral de ta position est clair pour tous.
unilateralménte |unilateral'mente| *avv.* [→ UNILATERALE] unilatéralement.
unilineàre |uniline'are| *agg.* unilinéaire.
unilobàto |unilo'bato| *agg.* (*scienze naturali*) unilobé.
unilocàle |unilo'kale| *s.m.* [*appartamento formato da una sola stanza con servizi*] studio → **monolocale.**
uniloculàre |uniloku'lare| *agg.* (*bot.*) uniloculaire.
uninèrvio, i |uni'nɛrvjo, i| *agg.* (*bot.*) uninervé.
uninominàle |uninomi'nale| *agg.* (*dir., polit.*) uninominal*: *collegio elettorale uninominale* collège électoral uninominal.
unióne |u'njone| *s.f.* **1** [→ UNIRE A 1] assemblage *m.*; union: *unione di pezzi meccanici* assemblage de pièces mécaniques ‖ *unione di due o più tavole* union de deux ou plusieurs planches; *l'unione dei territori ha facilitato gli scambi* l'union des territoires a facilité les échanges ◇ (*fig.*) *tra quei due c'è una perfetta unione* entre ces deux-là il y a une union parfaite; *la loro unione matrimoniale è durata poco* leur union (conjugale) a peu duré, leur mariage n'a pas duré longtemps ◇ (*prov.*) *l'unione fa la forza* l'union fait la force ◇ (*gram.*) *il complemento di unione* le complément d'accompagnement ◇ (*loc.*) *in unione con* → 1 **insieme (a) 2** (*dir.*) union: *unione doganale, sindacale, monetaria* union douanière, syndicale, monétaire; *Unione delle Repubbliche Socialiste Sovietiche* Union des Républiques Socialistes Soviétiques (U.R.S.S.); *Unione Postale Internazionale* Union Postale Universelle **3** (*tecnol.*) assemblage: *unione a coda di rondine* assemblage en queue d'aronde; *unione di testa* assemblage bout à bout ◇ (*mat.*) *unione di più insiemi* ensemble *m.* de plusieurs systèmes.
unionìsmo |unjo'nizmo| *s.m.* unionisme.
unionìsta |unjo'nista| *s.* unioniste: *gli unionisti americani* les unionistes américains Ⓒ **separatista.**
uniovulàre |uniovu'lare| *agg.* (*biol.*) uniovulé.
unìparo |u'niparo| *agg.* (*biol.*) unipare.
unipètalo |uni'pɛtalo| *agg.* (*bot.*) unipétale, monopétale.
unipolàre |unipo'lare| *agg.* (*elettr.*) unipolaire: *cavo, spina unipolare* câble, prise unipolaire.
unire |u'nire| (197) **A** *v.tr.* **1** [*congiungere, mettere insieme, associare*] réunir; unir: *uniamo questi due tavoli* réunissons ces deux tables ‖ *hanno deciso di unire i loro beni* ils ont décidé d'unir leurs biens; *unendo le forze saremo più forti* en unissant nos forces nous serons plus forts # *unisci i fogli con la colla* assemble les feuilles avec de la colle ◇ (*fig.*) *unisce al merito la virtù* il joint la vertu au mérite; *uniamo l'utile al dilettevole* joignons l'utile à l'agréable ◇ (*comm.*) *uniamo l'importo che vi dobbiamo* nous joignons le montant que nous vous devons **2** (*per est.*) [*indurre a un comune consenso, impegno, determinazione*] rapprocher, unir: *li uniscono i medesimi gusti* les mêmes goûts les rapprochent, les unissent; *spesso il dolore unisce gli uomini* souvent la douleur unit, rapproche les hommes; *i giovani del paese si sono uniti in un'associazione* les jeunes du pays se sont unis dans, en une association; *sono stati uniti in matrimonio da poco* ils se sont mariés, unis (par les liens du mariage) il y a peu de temps **3** [*mettere in comunicazione; collegare*] relier: *il telefono unisce anche le località più distanti* le téléphone relie même les localités les plus lointaines; *una nuova strada unisce i paesi della valle* une nouvelle route relie les villages de la vallée; *un ponte unisce le due isole* un pont relie les deux îles **B** *v.pron.* UNIRSI **1** *recipr.* [*congiungersi, mescolarsi*] s'unir: *unirsi in matrimonio* se marier, s'unir (par les liens du mariage); *proletari di tutto il mondo, unitevi!* prolétaires du monde entier, unissez-vous!; *le grandi imprese si uni-*

scono per conquistare nuovi mercati les grandes entreprises s'unissent pour conquérir de nouveaux marchés; *le acque di due fiumi si uniscono in quel paese* les eaux des deux rivières s'unissent, se mêlent dans le village **2** *intr.* [*accompagnarsi, mettersi con qc.*] se joindre (61): *si unirono al gruppo* ils se joignirent au groupe; *unitevi con noi per questa gita* joignez-vous à nous pour cette excursion **3** *intr.* [*essere, esistere contemporaneamente*] rejoindre (61) (*tr.*): *in lui la cattiveria si unisce all'astuzia* en lui la méchanceté rejoint l'astuce [C] A **disunire, dividere**; B 1, 2 **separar(si).**

unisessuàle |unisessu'ale|, **unisessuàto** |unisessu'ato| *agg.* (*biol.*) unisexué: *organismi unisessuali* organismes unisexués; *fiori unisessuali* fleurs unisexuées.

unisessualìsmo |unisessua'lizmo| *s.m.* (*biol., bot.*) unisexualité *f.*

unisessualità |unisessuali'ta| *s.f. inv.* (*bot., zool.*) unisexualité *var.*

unisex |uniseks| *agg. inv.* unisex: *moda unisex* mode unisex; *camicie, pantaloni unisex* chemises, pantalon unisex.

unisìllabo |uni'sillabo| *e deriv.* → **monosillabo** *e deriv.*

unìsono |u'nisono| **I** *agg.* **1** (*mus.*) qui s'élève, qui joue à l'unisson (*loc.*): *canto unisono* chant qui s'élève à l'unisson; *violini unisoni* violons qui jouent à l'unisson **2** (*fig.*) [*conforme; che è in pieno accordo*] conforme: *opinioni, risposte unisoni* opinions, réponses conformes **II** *s.m. solo nella loc. avv.* ALL'UNISONO à l'unisson: *cantavano all'unisono* ils chantaient à l'unisson; *pensano, lavorano all'unisono* ils pensent, travaillent à l'unisson.

unità |uni'ta| *s.f. inv.* **1** unité (*var.*): *l'unità della razza umana* l'unité de la race humaine; *l'unità di tempo, di luogo, d'azione* l'unité de temps, de lieu, d'action; *unità nazionale, culturale, sindacale* unité nationale, culturelle, syndicale; *l'unità familiare dev'essere tutelata* l'unité familiale doit être défendue; *lavorano con unità di metodi e di interessi* ils travaillent dans une bonne unité de méthodes et d'intérêts **2** [*organicità e continuità dell'ispirazione*] unité: *la unità di stile di un romanzo, di un poema* l'unité de style d'un roman, d'un poème; *l'unità di composizione di quel ciclo di films* l'unité de composition de ce cycle de films **3** [*ogni singolo elemento costitutivo di un complesso o di un insieme omogeneo*] unité: *unità amministrative* unités administratives; *la frase è un'unità sintattica* la phrase constitue une unité syntactique; *il gene è un'unità ereditaria* le gène est une unité héréditaire ◇ (*dir.*) *minima unità culturale* unité culturelle minimale; *unità statistica* unité statistique **4** (*scient.*) unité ◇ (*agr.*) *unità foraggera* unité fourragère ◇ (*econ.*) *unità di prezzo* unité de prix; *unità monetaria* unité monétaire ◇ (*fis.*) *unità di misura* unité de mesure; *unità astronomica* unité astronomique ◇ (*mat.*) *l'unità* l'unité ◇ (*med.*) *unità di penicillina, di insulina* unité de pénicilline, d'insuline **5** (*mil.*) unité: *unità pesante, leggera* unité lourde, légère; *unità combattente* unité de combat; *unità corazzata, motorizzata* unité blindée, motorisée; *unità da ricognizione, da caccia* unité de reconnaissance, de chasse.

unitaménte |unita'mente| *avv.* **1** [→ UNITO 1] ensemble: *lavorano unitamente* ils travaillent ensemble → **insieme (a)** ◇ *loc. prep.* UNITAMENTE A en même temps que: *unitamente alla lettera, inviare dei francobolli* en même temps que la lettre, envoyer des timbres **2** [→ UNITO 3] d'un commun accord (*loc. inv.*): *agiscono e lottano unitamente* ils agissent et luttent d'un commun accord.

unitariaménte |unitarja'mente| *avv.* [→ UNITARIO] d'une façon unitaire *loc. inv.*

unitarianìsmo |unitarja'nizmo| *s. m.* (*relig.*) unitarisme.

unitariàno |unita'rjano| *agg.* (*relig.*) unitarien*: *dottrina unitariana* doctrine unitarienne ♦ (*s.*) *un unitariano* un unitarien.

unitarietà |unitarje'ta| *s.f. inv.* caractère *m. var.* unitaire (de qqch.).

unitàrio, i |uni'tarjo, i| *agg.* **1** unitaire: *elemento, complesso unitario* élément, ensemble unitaire; *politica unitaria* politique unitaire; *sforzi unitari* efforts unitaires ♦ *s.* (*raro*) [*fautore dell'unità polit., religiosa*] unitarien* **2** [*che si riferisce a un'unità, a un singolo elemento*] unitaire: *prezzo, costo unitario* prix, coût unitaire ◇ (*fis.*) *lunghezza unitaria* longueur unitaire; *velocità, accelerazione unitaria* vitesse, accélération unitaire **3** [*organico, armonico, continuo*] qui a de l'unité (*loc.*): *stile, poema unitario* style, poème qui a de l'unité; *opera di concezione unitaria* œuvre de conception qui a de l'unité # *inquadrare un problema in modo unitario* encadrer un problème d'une façon globale.

unitarìsmo |unita'rizmo| *s.m.* **1** (*relig.*) unitarisme **2** [*tendenza a impostare i problemi in modo unitario*] unitarisme.

unitézza |uni'tettsa| *s.f.* (*raro*) [*la condizione di essere unito*] uniformité.

unitìvo |uni'tivo| *agg.* (*raro*) unitif* (*corr.*).

unito |u'nito| *agg.* **1** [*congiunto, collegato, messo insieme*] réuni: *tavole unite* tables réunies; *gruppi uniti* groupes réunis ◇ (*dir.*) *Stati Uniti* (*d'America*) États-Unis (d'Amérique) (U.S.A.); *Organizzazione delle Nazioni Unite* Organisation des Nations Unies (O.N.U.) **2** (*per est.*) [*che non presenta differenziazioni*] uni: *maglia unita* chandail uni; *tessuto unito* tissu uni; *tinta unita* teinte unie **3** (*fig.*) [*concorde, solidale*] uni: *famiglia unita* famille unie; *è una coppia molto unita* c'est un couple très uni [C] 1; 3 **disunito, diviso.**

univàlve |uni'valve| *agg.* (*bot., zool.*) univalve: *mollusco, frutto univalve* mollusque, fruit univalve.

universàle |univer'sale| *agg.* **1** universel*: *attrazione, gravitazione universale* attraction, gravitation universelle **2** [*che si riferisce a tutto l'universo inteso come campo dell'attività umana*] universel: *diluvio universale* déluge universel; *valori universali* valeurs universelles; *storia universale* histoire universelle **3** [*che si riferisce a una totalità di individui*] universel: *cordoglio universale* douleur universelle; *consenso universale* consentement (consensus) universel; *è oggetto di un'ammirazione universale* il est l'objet d'une admiration universelle ◇ (*dir.*) *suffragio universale* suffrage universel; *erede universale* héritier universel; *successore a titolo universale* successeur à titre universel **4** (*filos.*) universel: *concetti, giudizi universali* concepts, jugements universels ♦ (*s.m.*) *l'universale* l'universel: *deduzione dall'universale al particolare* déduction de l'universel au particulier ◇ (*filos.*) *gli universali* les universaux **5** (*med.*) universel: *donatore, recettore universale* donneur, receveur universel; *gruppo sanguigno universale* groupe sanguin universel **6** (*tecnol.*) universel: *tensione universale* tension universelle; *strumento universale* instrument universel; *anello universale* anneau universel.

universaleggiàre |universaled'dʒare| *v.tr.* → **universalizzare.**

universalìsmo |universa'lizmo| *s.m.* universalisme: *universalismo politico, religioso* universalisme politique, religieux; *l'universalismo del cristianesimo* l'universalisme du christianisme.

universalìsta |universa'lista| *s.* universaliste.

universalìstico, ci, ca, che |universa'listiko, tʃi, ka, ke| *agg.* universaliste.

universalità |universali'ta| *s.f. inv.* **1** universalité (*var.*): *l'universalità del pensiero, dell'arte, dei valori morali* l'universalité de la pensée, de l'art, des valeurs humaines **2** [*totalità*] totalité (*var.*): *l'universalità degli esseri viventi* la totalité des êtres vivants **3** (*dir.*) universalité.

universalizzàre |universalid'dzare| **A** *v.tr.* [*rendere universale, diffondere al massimo*] universaliser: *universalizzare una teoria, un sistema* universaliser une théorie, un système **B** *v. pron. intr.* UNIVERSALIZZARSI [*estendersi*] s'universaliser: *queste idee si stanno universalizzando* ces idées s'universalisent.

universalizzazióne |universaliddzat'tsjone| *s.f.* [→ UNIVERSALIZZARE] universalisation.

universalménte |universal'mente|, **universaménte** |universa'mente| *avv.* **1** [→ UNIVERSALE 3] universellement: *universalmente conosciuto* universellement connu **2** (*lett.*) [*interamente, completamente*] complètement (*corr.*).

universìade |univer'siade| *s.f.* universiade.

università |universi'ta| *s.f. inv.* **1** université (*var.*): *l'università di Milano, di Roma* l'université de Milan, de Rome; *è all'università, frequenta l'università* il est à l'université; *si è costituita un'università popolare* une université populaire s'est créée **2** (*st. mediev.*) université.

universitàrio, i |universi'tarjo, i| *agg.* universitaire: *istruzione universitaria* instruction universitaire; *studenti, docenti universitari* étudiants, enseignants universitaires ♦ (*s.*) *un universitario* [*professore*] un universitaire; *gli universitari* [*gli studenti*] les étudiants universitaires *agg.*

1 **univèrso** |uni'vɛrso| *s.m.* **1** univers: *la struttura dell'universo* la structure de l'univers; *le teorie, le interpretazioni dell'universo* les théories, les interprétations de l'univers; *l'immensità, i misteri dell'universo* l'immensité, les

mystères de l'univers; *l'universo galattico* l'univers galactique; *l'universo sidereo* l'univers sidéral **2** [*il globo terrestre e coloro che lo abitano*] univers: *l'uomo è il re dell'universo* l'homme est le roi de l'univers ◇ (*loc.*) *crede di essere il padrone dell'universo* il se prend pour le maître du monde ~ *pioveva così violentemente che sembrava venisse giù l'universo* il pleuvait si fort qu'on aurait dit (que) la fin du monde (arrivait) **3** (*fig.*) [*ambiente reale o ideale*] univers: *l'universo dell'infanzia* l'univers de l'enfance.

2 **univèrso** |uni'vɛrso| *agg.* (*lett.*) [*tutto intero*] tout entier*: *l'universo mondo* le monde tout entier; *l'universo popolo greco* le peuple grec tout entier.

univitellìno |univitel'lino| *agg.* (*biol.*) univitellin.

univocaménte |univoka'mente| *avv.* [→ UNIVOCO] d'une manière univoque *loc. inv.*

univocità |univotʃi'ta| *s.f. inv.* univocité (*var.*): *l'univocità di una risposta, di una affermazione* l'univocité d'une réponse, d'une affirmation.

univoco, ci, ca, che |u'nivoko, tʃi, ka, ke| *agg.* univoque: *parole, espressioni univoche* mots, expressions univoques; *questa affermazione va intesa in modo univoco* cette affirmation doit être comprise de façon univoque ◇ (*mat.*) *corrispondenza, funzione univoca* correspondance, fonction univoque.

ùnnico, ci, ca, che |'unniko, tʃi, ka, ke| *agg.* [*degli Unni*] des Huns (*loc. inv.*): *l'invasione unnica* l'invasion des Huns.

ùnno |'unno| *agg.* → **unnico.**

1 **ùno** |'uno| *m.*, **ùna** |'una| *f.* *N.B. 1*: *'uno' si usa davanti a parola cominciante per 'gn, pn, ps, s + cons., sc, x, z' e, in concorrenza con 'un', davanti alle semiconsonanti 'j, y' N.B. 2*: *la forma apocopata (di 'uno') 'un' si usa negli altri casi e davanti a voc. N.B. 3*: *la forma f. 'una' si apostrofa, gener., davanti a voc.* **I** *agg. numer. card. m. e solo sing.* (*in funzione di agg.*) un *m.*, une *f.* (*N.B. 4*: une *non si apostrofa mai*): *ho appena letto un romanzo* je viens de lire un roman; *abbiamo un amico in Inghilterra* nous avons un ami en Angleterre; *abbiamo raccolto uno zaino di funghi* nous avons cueilli un sac de champignons; *abbiamo passato un'ora al bar* nous avons passé une heure au café; *è un'ora che ti aspetto* je t'attends depuis une heure; *ho preso una tazza di caffè* j'ai pris une tasse de café; *è l'una e un quarto* il est une heure et quart; *diritto di sosta*: *ore una* droit de stationnement: une heure; *il treno parte alle una, all'una* le train part à une heure ◇ (*loc.*) *un passo, una parola e sei un uomo morto* un pas, un mot et tu es un homme mort ~ *una rondine non fa primavera* une hirondelle ne fait pas le printemps ~ *risposero tutti a una voce, a un tempo* ils répondirent tous d'une seule voix, en même temps ◇ (*in usi iperbolici*) *non ho nemmeno un soldo, una lira* je n'ai pas un sou, un centime; *non l'ho fatto che una volta* je ne l'ai fait qu'une fois; *non ha detto una sola parola durante tutta la seduta* il n'a pas dit un seul mot pendant la séance; *non ha fatto un gesto per aiutarmi* il n'a pas fait un geste pour m'aider **II** (*in funzione di pron. e s.m.*) un: *il numero uno, l'uno* le numéro un, le un; *è uscito il numero uno, l'uno alla lotteria* le numéro un, le un est sorti à la loterie # *il giorno uno del mese, l'uno del mese* le premier du mois ◇ (*mat.*) *sei meno uno fa cinque* six moins un font cinq; *sei per uno fa sei* six multipliés par un font six ◇ (*pugilato*) *un uno-due terribile lo ha messo al tappeto* un terrifiant coup redoublé l'a mis knock-out ◇ (*loc.*) *perdere o vincere, per me fa, è* TUTT'UNO [*una cosa sola*] perdre ou gagner, pour moi, ce m'est indifférent, ça m'est égal; *direttore o fattorino è tutt'uno* directeur ou livreur, c'est la même chose; *vederla e innamorarmi di lei fu tutt'uno* la voir et tomber amoureux d'elle ce fut la même chose ~ *sono entrati a(d) uno a(d) uno, a(d) una a(d) una* ils sont entrés un à un, un par un; elles sont entrées une à une, une par une ~ *siamo stati chiamati uno, una alla volta* (*per volta*), *uno per uno* nous avons été appelé(e)s un, une à la fois, un par un ~ *mettetevi in fila uno per uno, una per una* mettez-vous en colonne par un, par une ~ *ne esaminavamo uno, una all'ora* nous en examinions un, une par heure (à l'heure) ~ *non ne ho visto uno che sia uno* (*uno che non è uno*) je n'en ai pas vu un seul ~ *era uno dei tanti* (*una delle tante*) il (elle) était comme tant d'autres ~ *eravamo uno per tutti e tutti per uno* nous ne faisions qu'un, chacun pour tous et tous pour chacun ◇ (*in forme ell.*) *ne ha fatto una delle sue* il a encore fait des siennes; *me ne è capitata una propria bella* il m'en est arrivé une bien bonne; *ne ha detto un'altra delle sue* il a encore fait une de ses sorties ◇ (*in espressioni di valore partitivo*) *uno dei due me lo porto a casa* (l')un des deux, je l'emporte à la maison; *è uno dei migliori medici della città* c'est (l')un des meilleurs médecins de la ville **III** *pron. indef.* [*qualcuno, un tale*] un; quelqu'un: *non ce n'è uno solo che ubbidisca* il n'y en a pas un qui obéisse; *è uno dei nostri* c'est l'un des nôtres; *uno di noi ha tradito le consegne* l'un de nous a trahi les consignes || *c'è uno che ti vuole al telefono* il y a quelqu'un qui te demande au téléphone; *si vede spesso con uno* on la voit souvent avec quelqu'un ◇ *loc.* (*in usi correl. con 'altro'*) l'un: *uscivano uno dopo l'altro con le mani in alto* ils sortaient l'un après l'autre les mains en l'air ~ *una dopo l'altra hanno tutte confessato il furto* l'une après l'autre elles ont toutes avoué le vol ~ *gli uni e gli altri, gli uni dopo gli altri hanno finito per aderire alla nostra proposta* les uns et les autres, les uns après les autres ont fini par accepter notre proposition ~ *siamo l'uno per l'altro* nous sommes l'un pour l'autre ~ *l'uno o l'altro per me fa lo stesso* l'un ou l'autre pour moi c'est pareil, c'est égal ~ *si accusavano l'un l'altro, gli uni gli altri, le une le altre* ils (elles) s'accusaient l'un l'autre, les uns les autres, les unes les autres ~ *bisognerebbe aiutarsi gli uni (con) gli altri* il faudrait s'aider les uns les autres.

2 **ùno** |'uno| *m.*, **ùna** |'una| *f.*, *art. indet. sing.* un *m.*, une *f.* *N.B. vedere N.B. 1, 2, 3, 4 di* 1 **uno**: *ho letto un libro* j'ai lu un livre; *ho scritto una lettera* j'ai écrit une lettre; *hai trovato un vero amico* tu as trouvé un véritable ami; *ha sposato una ragazza della città* il a épousé une fille d'ici ◇ (+ *agg. poss. o dim.*) *un suo collega lo ha sostituito* un de ses collègues l'a remplacé; *una nostra cugina è morta in un incidente stradale* une de nos cousines est morte dans un accident de la route ◇ (*in usi iperbolici*) *ha una paura, una di quelle paure!* il a une peur, une de ces peurs!; *ha una faccia, una di quelle facce!* il a une tête, une de ces têtes! ◇ (*in espressioni indicanti 'indeterminatezza, approssimazione'*) [*circa*] environ (*avv.*): *ho perso un duecentomila lire* j'ai perdu environ deux cent mille lires; *abbiamo ancora un dieci pagine da ribattere* nous avons encore une dizaine de pages environ à taper; *ha un cinquant'anni o poco più* il a tout juste une cinquantaine d'années ◇ (*loc.*) *me lo restituirai un po' alla volta* tu me le rendras un peu à la fois, peu à peu ~ *in un primo tempo aveva accettato, ma poi...* au début il avait accepté, mais après... ~ *in un secondo momento è tornato sulla sua decisione* après il est revenu sur sa décision ~ *c'era una volta un orco...* il était une fois un ogre... ~ *un tempo andavano di moda certi cappelli!* il y a eu un temps où des chapeaux extraordinaires étaient à la mode ~ *una volta o l'altra gli do un sacco di botte* un jour ou l'autre je vais lui donner une raclée.

unticcio, ci, cia, ce |un'tittʃo, tʃi, tʃa, tʃe| *agg.* [*che è alquanto unto*] graisseux*: *ho le mani unticce* j'ai les mains graisseuses ✦ (*s.m.*) *l'unticcio* [*unto, untume*] la graisse *f.*

1 **ùnto** |'unto| *agg.* [*cosparso di sostanze grasse*] graisseux*: *hai la giacca unta* ta veste est toute graisseuse; *hai un vestito unto e bisunto* tu as une robe toute graisseuse et dégoûtante ✦ (*s.m.*) *l'unto del Signore* l'oint du Seigneur.

2 **ùnto** |'unto| *s.m.* **1** [*sostanza grassa che unge*] graisse (*f.*): *una macchia di unto* une tache de graisse **2** [*sugo o grasso che condisce le vivande*] jus (gras): *è migliore l'unto che la carne* le jus est meilleur que la viande.

untóre, trice |un'tore, tritʃe| *s.* (*st. it.*) semeur* de peste, 'untore' (*st.*).

untùme |un'tume| *s.m.* **1** [*quantità di sostanza grassa*] graisse *f.* **2** [*sudiciume, grasso*] gras; graisse: *l'untume dei fornelli* le gras des fourneaux || *l'untume della lana grezza* la graisse de la laine écrue.

untuosaménte |untuosa'mente| *avv.* [→ UNTUOSO 2] onctueusement.

untuosità |untuosi'ta| *s.f. inv.* **1** onctuosité (*var.*): *l'untuosità delle mani, dei capelli* l'onctuosité des mains, des cheveux **2** (*fig.*) [*atteggiamento, comportamento untuoso*] onctuosité # *saluta i superiori con untuosità* il a une manière mielleuse d'aborder ses supérieurs.

untuóso |untu'oso| *agg.* **1** [*ricoperto, impregnato di unto*] onctueux*: *una carta untuosa* un papier onctueux; *una sostanza untuosa* une substance onctueuse # *ho i capelli untuosi* j'ai les cheveux gras **2** (*fig.*) [*che ha atteggiamenti ipocriti, melliflui, servili*] mielleux*, onctueux: *un individuo untuoso* *e spregevole* un individu mielleux et méprisable; *le sue maniere untuose mi danno fastidio* ses manières mielleuses m'énervent.

unzióne |un'tsjone| *s.f.* **1** [→ UNGERE A 1] onction ◇ [*unguento, pomata*] onguent (*m.*): *mi sono fatta un'unzione con olio caldo* j'ai fait une application d'huile chaude ◇ (*teol.*) *l'estrema unzione* l'extrême onction; *l'unzione dei cresimandi* l'onction des confirmands; *l'unzione sacerdotale* l'onction sacerdotale **2** (*raro, fig.*) → **untuosità**.

uòmo |'wɔmo|, *pl.* **uòmini** |'wɔmini| *s.m.* **1** homme: *l'uomo preistorico, moderno, del futuro* l'homme préhistorique, moderne, futur; *lo scheletro, i muscoli dell'uomo* le squelette, les muscles de l'homme; *l'uomo delle caverne* l'homme des cavernes; *gli uomini* les hommes → **umanità**; *l'uomo bianco, di colore* l'homme blanc, de couleur ◇ (*relig.*) *gli uomini sono figli di Dio* les hommes sont fils de Dieu; *il Figlio dell'uomo* [*Cristo*] le Fils de l'homme **2** [*essere umano adulto di sesso maschile*] homme: *ma quello è un uomo o una donna?* mais, est-ce un homme ou une femme?; *la parità fra l'uomo e la donna* l'égalité entre l'homme et la femme; *sii uomo!, fai l'uomo!* sois un homme!; *quel ragazzo si è fatto uomo, è diventato uomo* ce garçon s'est fait homme, est devenu un homme # *è un* (*gran*) *pezzo d'uomo* c'est un grand gaillard ◇ (*loc.*) *un buon uomo, un buonuomo* un brave homme ~ *un onest'uomo, un onestuomo* un homme honnête ~ *un galant'uomo, un galantuomo* un honnête homme ~ *un gentil'uomo, un gentiluomo* un gentilhomme ~ *uomo di mondo* homme du monde ~ *uomo d'azione* homme d'action ~ *uomo di parola, d'onore* homme de parole, d'honneur ~ *uomo di fiducia* homme de confiance ~ *un uomo di poche parole* un homme qui parle peu ~ *l'uomo qualunque, l'uomo della strada* l'homme de la rue, l'homme moyen ~ *fa l'uomo di paglia* [*prestanome*] il est homme de paille ~ *è un uomo alla mano* c'est un homme sans façons ~ DA UOMO d'homme: *voce da uomo* voix d'homme; *cappello da uomo* chapeau d'homme; *abito, scarpe da uomo* vêtement, chaussures d'homme; (*fig.*) *è un ragazzo, ma si comporta da uomo* c'est un garçon, mais il se conduit en homme ~ *parliamo da uomo a uomo* parlons d'homme à homme **3** [*essere umano di sesso maschile che svolge una determinata attività*] homme: *uomo di legge, di lettere, di teatro* homme de loi, de lettres, de théâtre; *uomo di Chiesa, di Stato* homme d'église, d'État; *un uomo d'affari* un homme d'affaires; *l'uomo delle pulizie* l'homme de peine ~ *l'uomo del gas, della luce, del telefono* l'employé du gaz, de l'électricité, du téléphone; *un uomo di fatica* un homme de peine; *l'uomo del pane* le garçon boulanger; *l'uomo del latte* le laitier; *un uomo di mare* un homme de mer ◇ (*con un sost. giustapposto*) *uomo-rana* homme-grenouille; *uomo-ragno* contorsionniste; *uomo-sandwich* homme-sandwich; *uomo-siluro* homme-torpille **4** (*pop.*) [*marito, amante*] homme: *il mio uomo* mon homme; *caro il mio uomo!* mon cher homme!

uòpo |'wɔpo| *s.m.* (*lett.*) [*bisogno, necessità*] besoin (*corr.*), nécessité *f.* (*corr.*) ◇ *loc.* ALL'UOPO necessaire: *il suo intervento è stato fatto all'uopo* son intervention a été nécessaire; *la sua raccomandazione è atta all'uopo* sa recommandation est nécessaire ◇ *è* D'UOPO *partire* il est nécessaire de partir; *rispondere fa d'uopo* il faut répondre.

uòsa |'wɔza| *s.f.* **1** → **ghette** **2** [*stivale mediev.*] *houseau *m.* **3** [*calzare mil. nelle ant. armature*] soleret *m.*

uòvo |'wɔvo|, *pl. f.* **uòva** |'wɔva| *s.m.* **1** (*biol.*) œuf **2** (*corr.*) [*l'uovo degli animali ovipari*] œuf: *le uova dei serpenti, degli uccelli* les œufs des serpents, des oiseaux; *l'uovo dell'anatra, dello struzzo* l'œuf du canard, de l'autruche; *le uova dei pesci, dello storione* les œufs des poissons, de l'esturgeon **3** (*per anton.*) [*uovo di gallina*] œuf: *uova fresche di giornata* œufs frais du jour; *uova fritte, sode, strapazzate, 'a la coque'* œufs sur le plat, durs, brouillés, à la coque; *la gallina ha fatto l'uovo* la poule a fait son œuf; *cuocersi un uovo* se cuire un œuf ◇ (*loc.*) *pasta all'uovo* pâtes aux œufs ~ *pelle d'uovo* pellicule de l'œuf ~ *testa d'uovo* tête d'œuf ~ *l'uovo di Colombo* l'œuf de Colomb ~ *è come bere un uovo* [*è facilissimo*] c'est simple comme bonjour ~ *gli ha rotto le uova nel paniere* [*ha mandato all'aria i suoi progetti*] il lui a fait rater son affaire ~ *è pieno come un uovo* il est plein comme un œuf ~ *cerca sempre il pelo nell'uovo* il cherche toujours la petite bête ~ *sembra che cammini sulle uova* on dirait qu'il marche sur des œufs ◇ (*prov.*) *meglio un uovo oggi che una gallina domani* un tiens vaut mieux que deux tu l'auras **4** (*per est.*) [*oggetto a forma d'uovo*] œuf: *uova di cioccolato, uova pasquali* œufs en chocolat, œufs de Pâques; *uovo da rammendo* œuf à repriser.

ùpas |'upas| *s.m.* (*t.bot.*) upas.

uppercut |'ʌpəkʌt| *s.m. inv.* (*ingl.*) (*pugilato*) uppercut *var.*

upperizzazióne |upperiddzat'tsjone| *s.f.* (*chim.*) upperisation.

ùpupa |'upupa| *s.f.* (*t.zool.*) *huppe.

uragàno |ura'gano| *s.m.* **1** (*meteor.*) ouragan ◇ (*per est.*) *un uragano ha interrotto la linea* [*un vento violentissimo*] un ouragan a interrompu la ligne **2** (*fig.*) [*grande e rumorosa quantità*] tonnerre; tempête (*f.*): *un uragano di applausi* un tonnerre d'applaudissements ‖ *un uragano di fischi* une tempête de sifflets.

uràlico, ci, ca, che |u'raliko, tʃi, ka, ke| **1** *agg.* [*degli Urali*] ouralien*: *corrugamento uralico* plissement ouralien; *le popolazioni uraliche* les populations ouraliennes **2** (*s.m.*) *l'uralico* [*la lingua*] l'ouralien.

uralo-altàico, ci, ca, che |uraloal'taiko, tʃi, ka, ke| *agg.* ouralo-altaïque: *lingue uralo-altaiche* langues ouralo-altaïques; *popolazioni uralo-altaiche* populations ouralo-altaïques.

uranàto |ura'nato| *s.m.* (*chim.*) uranate.

urània |u'ranja| *s.f.* (*t.zool.*) uranie.

uraniàno |ura'njano| *agg.* (*astron.*) d'Uranus *loc. inv.*

urànico, ci, ca, che |u'raniko, tʃi, ka, ke| *agg.* (*chim.*) uranique: *acido uranico* acide uranique.

uranìfero |ura'nifero| *agg.* (*min.*) uranifère: *giacimenti uraniferi* gisements uranifères.

uranìle |ura'nile| *s.m.* (*chim.*) uranyle.

uraninìte |urani'nite| *s.f.* (*miner.*) uraninite.

urànio, i |u'ranjo, i| *s.m.* (*chim.*) uranium.

uranìsmo |ura'nizmo| *s.m.* (*psicol.*) uranisme.

uranìsta |ura'nista| *s.* uraniste.

uranìte |ura'nite| *s.f.* (*min.*) urane.

uràno- |u'rano| *pref.* (*significa 'cielo', corrisponde gener. a*) urano: *uranografia* uranographie.

uranografìa |uranogra'fia| *s.f.* (*astron.*) uranographie.

uranogràfico, ci, ca, che |urano'grafiko, tʃi, ka, ke| *agg.* (*astron.*) uranographique: *carte uranografiche* cartes uranographiques.

uranògrafo |ura'nɔgrafo| *s.m.* uranographe.

uranometrìa |uranome'tria| *s.f.* (*astron.*) uranométrie.

uranoplàstica, che |urano'plastika, ke| *s.f.* (*chir.*) uranoplastie.

uranoscopìa |uranosko'pia| *s.f.* (*astron.*) observation du ciel.

uranòscopo |ura'nɔskopo| *s.m.* (*t. zool.*) uranoscope.

uràto |u'rato| *s.m.* (*chim.*) urate.

urbanaménte |urbana'mente| *avv.* [→ URBANO 2] civilement.

urbanésimo |urba'nezimo|, **urbanìsmo** |urba'nizmo| *s.m.* [*concentrazione crescente di abitanti nella città*] urbanisation *f.*

urbanìsta |urba'nista| *s.* urbaniste: *un convegno di urbanisti* un congrès d'urbanistes.

urbanìstica, che |urba'nistika, ke| *s.f.* [*studio dell'organizzazione razionale ed estetica di aggregati urbani*] urbanisme *m.*

urbanìstico, ci, ca, che |urba'nistiko, tʃi, ka, ke| *agg.* urbanistique, d'urbanisme (*loc. inv.*): *legge urbanistica* loi urbanistique, d'urbanisme; *sistemazione urbanistica* arrangement d'urbanisme.

urbanità |urbani'ta| *s.f. inv.* **1** urbanité *var.*, politesse (*var.*): *urbanità di modi, di espressioni* urbanité, politesse de manières, d'expressions # *mi ha risposto con urbanità* il m'a répondu poliment, courtoisement **2** (*stat.*) urbanisation (*var.*): *il grado di urbanità di una regione* le taux d'urbanisation d'une région.

urbanizzàbile |urbanid'dzabile| *agg.* [→ URBANIZZARE 1] viabilisable: *terreno urbanizzabile* surface viabilisable.

urbanizzàre |urbanid'dzare| *v.tr.* **1** [*provvedere alle strutture urbanistiche necessarie*] urbaniser; viabiliser: *urbanizzare un centro agricolo* urbaniser un centre agricole ‖ *urbanizzare un lotto* viabiliser un lotissement ♦ (*al p.p.*) *zona urbanizzata* zone viabilisée **2** [*rendere più civile ed educato*] rendre (53) plus civil, plus poli: *urbanizzare il proprio comportamento* rendre plus civil, plus poli son propre comportement.

urbanizzazióne |urbaniddzat'tsjone| *s.f.* **1** [→ URBANIZZARE 1] urbanisation: *l'urbanizzazione di un nuovo quartiere* l'urbanisation d'un nouveau quartier; *urbanizzazione primaria, secondaria* urbanisation primaire, secondaire **2** → **urbanesimo**.

urbàno |ur'bano| *agg.* **1** [*di città; relativo alla città*] urbain: *agglomerato,* *centro urbano* agglomération urbaine, centre urbain; *collegamento urbano* liaison urbaine; *rete urbana* réseau urbain # *vigili urbani* agents de police; *nettezza urbana* service de la voirie **2** (*fig.*) [*educato, civile, cortese*] urbain, courtois: *ha modi discreti e urbani* il a des manières discrètes et courtoises; *tiene sempre un comportamento urbano* il a toujours un comportement courtois.

ùrbe |'urbe| *s.f.* (*lett.*) → **città** ◇ (*per anton.*) *l'Urbe* [*Roma*] Rome.

urbi et orbi |'urbiet'ɔrbi| *lat.* **1** *loc. agg. inv.* (*lat.*) urbi et orbi: *il papa ha impartito la benedizione urbi et orbi* le pape a donné la bénédiction urbi et orbi **2** *loc. avv.* [*a tutti, dappertutto*] urbi et orbi: *lo ha detto urbi et orbi* il l'a dit urbi et orbi.

urbinàte |urbi'nate| *agg.* [*di Urbino*] urbinate ◇ (*per anton.*) *l'Urbinate* [*Raffaello*] l'Urbinate.

ùrca |'urka| *inter.* (*pop.*) (*esprime 'ammirazione, meraviglia'*) oh la la!

urceolàto |urtʃeo'lato| *agg.* (*bot.*) urcéolé.

urdù |ur'du| *agg. inv.* (*ling.*) ourdou: *lingua urdù* langue ourdou ✦ (*s.m.*) *l'urdù* [*la lingua*] l'ourdou.

ur(e)- |ur(e)| *pref.* (*significa 'urina, urinare', corrisponde gener. a*) ur(é): *uremico* urémique.

urèa |u'rɛa, 'urea| *s.f.* (*chim.*) urée.

Uredinàli |uredi'nali| *s.f. pl.* (*t. bot.*) Urédinales.

uredospòra |uredos'pɔra| *s.f.* (*t. bot.*) urédospore.

urèico, ci, ca, che |u'rɛiko, tʃi, ka, ke| *agg.* (*chim.*) uréique: *composti ureici* composés uréiques.

urèide |u'rɛide| *s.f.* (*chim.*) uréide.

uremìa |ure'mia| *s.f.* (*med.*) urémie.

urèmico, ci, ca, che |u'rɛmiko, tʃi, ka, ke| *agg.* (*med.*) **1** [*di uremia*] urémique **2** [*affetto da uremia*] urémique ✦ (*s.*) *un uremico* une personne *f.* atteinte d'urémie.

urènte |u'rɛnte| *agg.* (*med.*) brûlant: *dolore urente* douleur brûlante.

-urèsi |u'rɛzi| *suff.* (*significa 'atto di urinare', corrisponde gener. a*) urèse: *anuresi* anurèse.

ureteràle |urete'rale| *agg.* (*anat.*) urétéral*.

uretère |ure'tɛre| *s.m.* (*anat.*) uretère.

ureterìte |urete'rite| *s.f.* (*anat.*) urétérite.

urètra |u'rɛtra| *s.f.* (*anat.*) urètre *m.*

uretràle |ure'trale| *agg.* (*anat.*) urétral*: *infiammazione uretrale* inflammation urétrale.

uretrìte |ure'trite| *s.f.* (*med.*) urétrite.

uretrotomìa |uretroto'mia| *s.f.* (*chir.*) urétrotomie.

urgènte |ur'dʒɛnte| *agg.* urgent: *ho bisogno urgente di parlargli* j'ai un besoin urgent de lui parler; *c'è una telefonata urgente per lei* il y a un coup de téléphone urgent pour vous; *è urgente: chiama un medico* c'est urgent: appelle le médecin.

urgentemènte |urdʒente'mente| *avv.* [→ URGENTE] d'urgence *loc. inv.*

urgènza |ur'dʒɛntsa| *s.f.* urgence: *devo insistere sull'urgenza del caso* je dois insister sur l'urgence du cas; *in caso d'urgenza avvertimi subito* en cas d'urgence, avertis-moi tout de suite # *non c'è urgenza* ça ne presse pas; *ho urgenza di ritornare a casa* je dois vite rentrer à la maison ◇ *loc.* D'URGENZA: *chiamata d'urgenza* appel urgent; *procedura d'urgenza* procédure en référé; *provvedimento d'urgenza* mesure d'urgence ~ *gli ho fatto urgenza* je l'ai pressé ~ *scrivigli con urgenza* écris-lui immédiatement.

urgenzàre |urdʒen'tsare| *v.tr.* (*bur.*) [*fare urgenza, sollecitare*] activer.

ùrgere |'urdʒere| (*dif. del p. rem., del p.p.*) **A** *v.tr.* **1** (*lett.*) [*spingere, incalzare*] presser **2** (*per est.*) [*esercitare una pressione*] se presser (*pron.*): *la folla urgeva al cancello* la foule se pressait à la grille **3** (*fig.*) [*sollecitare*] presser: *lo urgeva un vivo desiderio* un vif désir le pressait **B** *v.intr.* **1** [*essere necessario al più presto*] *urge un medico, un'autoambulanza* il faut appeler d'urgence un médecin, une ambulance; *urgono radicali riforme* des réformes radicales, urgentes s'imposent **2** [*essere incalzante, stringente*] urger (3), presser: *ci sono bisogni che urgono* il y a des besoins qui urgent, pressent.

-urgìa |ur'dʒia| *suff.* (*significa 'opera, lavoro', corrisponde gener. a*) urgie: *liturgia* liturgie.

urgonìàno |urgo'njano| *agg.* (*geol.*) urgonien*.

urì |u'ri| *s.f. inv.* (*relig. mussulmana*) houri *var.*

-ùria |'urja| *suff.* (*significa 'atto di urinare', corrisponde gener. a*) urie: *albuminuria* albuminurie.

ùria |'urja| *s.f.* (*t.zool.*) guillemot *m.*

uricemìa |uritʃe'mia| *s.f.* (*med.*) uricémie.

uricèmico, ci, ca, che |uri'tʃɛmiko, tʃi, ka, ke| *agg.* (*med.*) **1** d'uricémie (*loc. inv.*): *tasso uricemico* taux d'uricémie **2** [*affetto da uricemia*] d'uricémie: *un malato uricemico* un malade d'uricémie ✦ (*s.*) *un uricemico* un malade d'uricémie.

ùrico, ci, ca, che |'uriko, tʃi, ka, ke| *agg.* (*chim.*) urique: *acido urico* acide urique.

urìna |u'rina| *s.f.* (*fisiol.*) urine.

urinàre |uri'nare| **A** *v.tr.* [*emettere attraverso l'apparato urinario orina o altri secreti dal rene*] uriner: *urinare sangue, pus* uriner du sang, du pus **B** *v. intr.* (*aus. 'avere'*) [*eliminare l'orina all'esterno*] uriner: *urinare con difficoltà* uriner avec difficulté.

urinàrio, i |uri'narjo, i| *agg.* (*fisiol.*) urinaire: *apparato urinario* appareil urinaire; *vie urinarie* voies urinaires.

urinìfero |uri'nifero| *agg.* (*fisiol.*) urinifère.

urinóso |uri'noso| *agg.* (*med.*) urineux*.

urlaménto |urla'mento| *s.m.* (*raro*) *hurlement.

urlànte |ur'lante| *agg.* *hurlant.

urlàre |ur'lare| **A** *v.intr.* (*aus. 'avere'*) **1** [*emettere grida acute e prolungate*] *hurler: *urlava di dolore* il hurlait de douleur; *per lo spavento cominciò a urlare* il se mit à hurler de peur; *la belva urlava nella boscaglia* la bête féroce hurlait dans le fourré; *il vento urlava sul mare in burrasca* le vent hurlait sur la mer en furie ◇ (*loc.*) *urlare come un dannato, come un ossesso* hurler comme un damné, comme un possédé; *urlare a squarciagola, a perdifiato* crier à tue-tête **2** (*per est.*) [*alzare la voce in modo concitato*] hurler: *smettila di urlare così* arrête de hurler comme ça; *non sono capaci di discutere senza urlare* ils ne savent pas discuter sans hurler **B** *v.tr.* **1** [*dire, pronunziare ad alta voce*] hurler: *gli urlò tutte le ingiurie che conosceva* il lui hurla toutes les injures qu'il connaissait; *è inutile urlare tante minacce* c'est inutile de hurler tant de menaces; *gli urlò di tornare a casa presto* il lui hurla de rentrer tôt → **gridare** **2** [*cantare a voce alta*] hurler, beugler: *urlava l'ultimo successo discografico* il beuglait le dernier disque à succès **C** **mormorare, sussurrare.**

urlàta |ur'lata| *s.f.* **1** → **urlo** **2** [*schiamazzo*] *huée: *un'urlata generale interruppe l'oratore* une huée générale interrompit l'orateur.

urlatóre, trice |urla'tore, tritʃe| *s.* **1** [*chi ha l'abitudine di urlare*] braillard: *ma che urlatore!* mais quel braillard! ✦ (*agg.*) *scimmia urlatrice* singe hurleur **2** [*cantante*] braillard: *gli urlatori degli anni sessanta* les chanteurs braillards des années soixante.

urlìo, ii |ur'lio, ii| *s.m.* [*un urlare frequente e continuato di più persone*] *hurlements (*pl.*): *un urlio di ragazzi* des hurlements de garçons.

ùrlo |'urlo|, *pl. m.* **ùrli** |'urli| (*nei significati* 1, 4), *pl. f.* **ùrla** |'urla| (*nei significati* 2, 3) *s.m.* **1** (*animali*) [*grido forte e cupo*] *hurlement: *l'urlo di una belva ferita* le hurlement d'une bête blessée; *gli urli dei lupi nel bosco* les hurlements des loups dans le bois **2** (*cose*) [*strepito, fragore*] hurlement: *l'urlo del mare in burrasca* le hurlement de la mer en furie; *l'urlo della sirena si sentiva da lontano* on entendait de loin le hurlement de la sirène **3** (*persone*) [*grido acuto e prolungato*] hurlement, cri: *ha gettato un urlo di spavento* il a poussé un hurlement de terreur; *a quella vista mandò un urlo di gioia* à cette vue il poussa un cri de joie **4** (*per est.*) [*parola o frase pronunciata con voce troppo alta o tono violento*] hurlement: *quando discutono gli urli si sentono all'ultimo piano* quand ils discutent, les hurlements s'entendent jusqu'au dernier étage; *con quegli urli hanno disturbato tutti* avec leurs hurlements ils ont dérangé tout le monde **C** 2; 3; 4 **mormorio, sussurro.**

urlóne |ur'lone| *s.* [*chi ha l'abitudine di parlare urlando*] braillard, gueulard (*fam.*).

ùrna |'urna| *s.f.* **1** urne: *urna elettorale* urne électorale; *deporre la propria scheda nell'urna* déposer son bulletin dans l'urne; *una minoranza ha disertato le urne* une minorité a déserté les urnes; *si deve ricorrere di nuovo alle urne* il faut de nouveau avoir recours aux urnes # *quel candidato è uscito vittorioso dalle urne* ce candidat est sorti victorieux des élections **2** (*archeol.*) urne: *urna in terracotta, in bronzo, in marmo* urne en terre cuite, en bronze, en marbre ◇ (*per anal.*) *urna cineraria* urne cinéraire; *le urne delle necropoli etrusche* les urnes des nécropoles étrusques **3** (*per est., lett.*) [*tomba, sepolcro*] urne: *l'urna che contiene le reliquie del santo* l'urne qui contient les restes du saint.

ùro- |'uro| *pref.* **1** (*significa 'urina', corrisponde gener. a*) uro: *urografia* urographie **2** (*significa 'coda', corrisponde gener. a*) uro: *uropodio* uropode.

-ùro |'uro| *suff.* (*indica 'un sale di idracido', corrisponde gener. a*) uro: *solfuro* sulfure.
ùro |'uro| *s.m.* (*t.zool.*) urus.
urobilìna |urobi'lina| *s.f.* (*biol.*) urobiline.
urobilinògeno |urobili'nɔdʒeno| *s.m.* (*biol., chim.*) urobilinogène.
urobilinùria |urobili'nurja| *s.f.* (*med.*) urobilinurie.
Urocordàti |urokor'dati| *s.m. pl.* (*t.zool.*) Urocordés.
urocròmo |uro'krɔmo| *s.m.* (*chim.*) urochrome.
Urodèli |uro'dɛli| *s.m. pl.* (*t.zool.*) Urodèles.
urogàllo |uro'gallo| *s.m.* (*t.zool.*) grand tétras.
urogenitàle |urodʒeni'tale| *agg.* (*anat.*) urogénital*: *organi urogenitali* organes urogénitaux.
urografìa |urogra'fia| *s.f.* (*med.*) urographie.
urolagnìa |urolaɲ'ɲia| *s.f.* urolagnie.
urolitìasi |uroli'tiazi| *s.f. inv.* (*med.*) lithiase *var.* urinaire.
urolito |uro'lito| *agg.* (*med.*) urolithe.
urologìa, gie |urolo'dʒia, dʒie| *s.f.* urologie.
urològico, ci, ca, che |uro'lɔdʒiko, tʃi, ka, ke| *agg.* (*med.*) urologique: *reparto urologico* division urologique.
uròlogo, gi |u'rɔlogo, dʒi| *s.m.* urologue.
uròmetro |u'rɔmetro| *s.m.* (*scient.*) uromètre, uréomètre.
uróne |u'rone| *s.m.* (*ling.*) *huron.
uroniàno |uro'njano| *agg.* (*geol.*) *huronien* ✦ (*s.m.*) *l'uroniano* l'époque *f.* huronienne.
uropìgio, i |uro'pidʒo, i| *s.m.* (*zool.*) uropygien*, urpyge.
uropòdio, i |uro'pɔdjo, i| *s.m.* (*zool.*) uropode.
uroscopìa |urosko'pia| *s.f.* (*med.*) uroscopie.
uroterapìa |urotera'pia| *s.f.* (*med.*) urothérapie.
urotropìna |urotro'pina| *s.f.* (*farm.*) urotropine.
urrà |ur'ra| *inter.* (*esprime 'plauso, esultanza, incitamento, augurio'*) hourra: *urrà, abbiamo vinto!* hourra!, on a gagné; *hip, hip, hip, urrà!* hip, hip, hip, hourra!
Ùrsidi |'ursidi| *s.m. pl.* (*t.zool.*) Ursidés.
urtànte |ur'tante| *agg.* [*spiacevole, irritante, antipatico*] irritant: *il suo comportamento è urtante* son comportement est irritant; *ha un carattere urtante* il a un caractère irritant ✦ *s.m.* (*mar.*) quille *f.* de roulis (de bouchain).
urtàre |ur'tare| **A** *v.tr.* **1** [*colpire; sbattere contro qc. o q.c.*] bousculer; *heurter: *l'ho urtato per la strada* je l'ai bousculé dans la rue; *passa senza curarsi di urtare gli altri* il passe sans se soucier de ne pas bousculer les autres; *scusa se ti ho urtato* excuse-moi si je t'ai bousculé ‖ *la macchina mi ha urtato di striscio* la voiture m'a heurté de biais **2** (*fig.*) [*indisporre, irritare*] choquer, vexer: *il tuo comportamento mi ha urtato* ton comportement m'a choqué, vexé; *le tue parole troppo franche lo hanno urtato* tes paroles trop franches l'ont choqué ◇ (*loc.*) *le grida di quei ragazzi mi urtano i nervi* les cris de ces garçons me tapent sur les nerfs **B** *v.intr.* (*aus. 'avere'*) **1** [*andare addosso; andare a sbattere*] se cogner *pron.*; se heurter (*pron.*): *ha urtato col motorino contro un muro* il s'est cogné contre un mur avec son cyclomoteur ‖ *i tuoi progetti urtano con la realtà* tes projets se heurtent à la réalité **2** (*fig.*) [*imbattersi, incappare*] se heurter: *ha urtato contro difficoltà insormontabili* il s'est heurté à des difficultés insurmontables; *sto urtando contro un muro di incomprensione* je me heurte à un mur d'incompréhension **C** *v.pron.* URTARSI **1** *recipr.* [*scontrarsi; spingersi reciprocamente*] se heurter: *i due automezzi si sono urtati frontalmente* les deux véhicules se sont heurtés de front **2** *recipr.* (*fig.*) [*essere o venire a contrasto*] se heurter: *si sono urtati per una vecchia questione familiare* ils se sont heurtés pour une vieille question de famille **3** *intr.* [*irritarsi, seccarsi*] se fâcher, se froisser: *non urtarti per una sciocchezza* ne te fâche, froisse pas pour un rien; *essendo suscettibile si urta facilmente* il est susceptible et se froisse facilement.
urtàta |ur'tata| *s.f.* [*urto, spinta*] coup (*m.*): *mi ha dato un'urtata* il m'a donné un coup.
urtàto |ur'tato| *agg.* [*irritato, offeso*] irrité, blessé: *è urtato per il tuo comportamento* il est irrité, blessé par ton comportement.
urtìca, che |ur'tika, ke| *s.f.* → **ortica.**
Urticàcee |urti'katʃee| *s.f. pl.* (*t. bot.*) Urticacées.
urticànte |urti'kante| *agg.* (*med.*) urticant.
urticària |urti'karja| *s.f.* → **orticaria.**
urticazióne |urtikat'tsjone| *s.f.* (*med.*) urtication.
ùrto |'urto| *s.m.* **1** [→ URTARE A 1] coup: *mi ha dato un urto che mi ha fatto cadere* il m'a donné un coup qui m'a fait tomber; *l'urto è stato casuale e non intenzionale* le coup a été fortuit et non intentionnel; *per l'urto ricevuto ha rovesciato il bicchiere* à cause du coup qu'il a reçu, il a renversé son verre ◇ (*mecc.*) *urto elastico, anelastico* choc élastique, anélastique ~ (*idraul.*) *urto idraulico* choc hydraulique ✦ *agg.* (*med.*) *dose urto* dose de choc *loc. inv.* **2** [*scontro, collisione*] choc, *heurt: *l'urto frontale è il più pericoloso* le choc de front (frontal) est le plus dangereux; *l'urto della nave contro lo scoglio non è stato violento* le heurt du bateau contre l'écueil n'a pas été violent; *l'urto dell'aereo contro il suolo è stato disastroso* le heurt de l'avion contre le sol a été désastreux ◇ (*loc.*) *mina a urto* mine à choc **3** [*azione offensiva, scontro*] élan: *i nemici non ressero l'urto dei nostri soldati* les ennemis ne résistèrent pas à l'élan de nos soldats **4** (*fig.*) [*contrasto, divergenza*] heurt, contraste: *l'urto di interessi diversi li ha resi nemici* le heurt, le contraste d'intérêts différents les a rendus ennemis # *nonostante l'urto di opinioni nessuno ha trasceso* malgré l'opposition des opinions, personne n'a exagéré ◇ (*loc.*) *è, si è messo in urto con tutti* il est, il s'est brouillé avec tout le monde; *ha preso in urto il suo collega* il a pris en grippe son collègue.
urtóne |ur'tone| *s.m.* → **spintone.**
urtoterapìa |urtotera'pia| *s.f.* (*med.*) traitement *m.* de choc.
urubù |uru'bu| *s.m. inv.* (*t.zool.*) urubu *var.*
uruguaiàno |urugwa'jano| *agg.* [*dell'Uruguay*] uruguayen*.
usàbile |u'zabile| *agg.* [→ USARE A 1] utilisable: *questa macchina non è più usabile* cette voiture n'est plus utilisable **C** **inservibile.**
usànza |u'zantsa| *s.f.* **1** [*comportamento tradizionale e consuetudinario*] coutume, usage (*m.*): *usanze popolari, contadine, aristocratiche* coutumes populaires, paysannes, aristocratiques; usages populaires, paysans, aristocratiques; *ogni paese ha le sue usanze* chaque pays a ses coutumes, usages; *è un'usanza medievale* c'est une coutume du moyen âge; *c'è l'usanza delle uova pasquali* il y a la coutume des œufs de Pâques ◇ *loc.* ALL'USANZA (+ *agg.*) à la manière, selon la coutume (+ *agg.*): *cucinare all'usanza araba* cuisiner à la manière arabe, selon la coutume arabe ◇ (*prov.*) *paese che vai, usanze che trovi* autant de pays, autant de guises **2** (*per est.*) [*moda; modo abituale di comportarsi*] mode: *l'usanza del cappello* la mode du chapeau; *fra i giovani è invalsa l'usanza di farsi crescere la barba* parmi les jeunes la mode est de se laisser pousser la barbe **3** (*raro*) [*abitudine*] habitude (*corr.*).
usàre |u'zare| **A** *v.tr.* **1** [*fare uso; servirsi di q.c.*] se servir (21) *pron.* de; employer (10); utiliser: *puoi usare la mia macchina* tu peux te servir de ma voiture; *sa usare il fucile* il sait se servir d'un fusil ‖ *cerca di usare delle parole più comuni* essaie d'employer des mots plus communs; *userò tutte le mie forze pur di riuscire* je ferai de mon mieux pour y parvenir ‖ *cerca di usare il buon senso* essaie d'utiliser ton bon sens; *posso usare il telefono?* est-ce que je peux utiliser le téléphone? ◇ (*loc.*) *usa la testa* [*ragiona*] fais travailler ta cervelle ~ *qui bisogna usare gli occhi* ici il faut ouvrir l'œil ~ *sto usando gli orecchi* j'ouvre grand mes oreilles ~ *quel ragazzo usa volentieri le mani* ce garçon a la main leste ~ *ho usato la maniera forte* j'ai employé la manière forte ~ *usami la cortesia di telefonargli* fais-moi le plaisir, aie l'obligeance de lui téléphoner **2** [*avere l'abitudine; essere solito*] avoir (28) l'habitude: *dopo pranzo usiamo fare una passeggiata* après le repas nous avons l'habitude de faire une promenade; *al mattino usa alzarsi presto* le matin il a l'habitude de se lever tôt # *gli ho fatto, come si usa, gli auguri* je lui ai présenté, selon l'usage, tous mes vœux; *al mio paese si usa così* dans mon pays c'est l'usage ◇ (*iron.*) *non si usa più ringraziare?* alors, on ne remercie plus? **B** *v.intr.* (*aus. 'avere'*) **1** [*essere in uso*] être (43) en usage: *questi metodi non usano più* ces méthodes ne sont plus en usage; *quei costumi usano ancora sui monti* ces coutumes sont encore en usage dans les montagnes **2** [*servirsi, far uso di qc. o di q.c.*] user de, faire (45) *tr.* bon usage de: *posso usare del tuo nome?* puis-je user de ton nom?; *ha usato di un suo diritto* il a usé d'un de ses droits; *usando della sua superiorità ha vinto* usant de sa superiorité il a gagné ‖ *non sa usare*

bene della sua ricchezza il ne sait pas faire bon usage de sa richesse **3** [*essere di moda*] être à la mode: *i tacchi usano più bassi quest'anno* les talons plus bas sont à la mode cette année; *i capelli non usano più così lisci* les cheveux (aus)si lisses ne sont plus à la mode.

usàto |u'zato| *agg.* **1** [*vecchio; non più nuovo*] usagé; vieux*: *abiti usati* vêtements usagés ‖ *libri, mobili usati* livres, meubles vieux # *ha comprato un'automobile usata* il a acheté une voiture d'occasion ♦ (*s.m.*) *l'usato* les occasions (*f. pl.*): *il mercato, il commercio dell'usato* le marché des occasions **2** [*in uso*] usité, employé: *sono espressioni poco usate* ce sont des expressions peu usitées, employées **3** (*lett.*) [*abituale, solito*] habituel*: *tornare ai modi usati* revenir aux manières habituelles **4** (*lett.*) [*abituato, avvezzo*] habitué: *non sono usato a simili discorsi* je ne suis pas habitué à de tels propos ♦ (*s.m.*) *l'usato* l'ordinaire: *sono avvenimenti fuori dell'usato* ce sont des événements qui sortent de l'ordinaire # *secondo l'usato, non mi ha restituito i soldi* comme d'habitude, il ne m'a pas rendu le fric (*pop.*) 🄲 **disusato.**

usbèco, chi, ca, che |uz'bɛko, ki, ka, ke| *agg.* [*dell'Usbechistan*] usbek.

usbèrgo, ghi |uz'bɛrgo, gi| *s.m.* **1** (*st. mediev.*) *haubert **2** (*per est., lett.*) [*difesa, protezione*] égide *f.* → **egida.**

uscènte |uʃ'ʃɛnte| *agg.* **1** [*che sta per lasciare il proprio ufficio*] sortant: *presidente, consigliere, sindaco uscente* président, conseiller, maire sortant **2** [*che è in corso e sta per finire*] qui va finir (*loc.*): *il mese, l'anno uscente* le mois, l'année qui va finir **3** (*arald.*) mouvant.

uscière |uʃ'ʃɛre| *s.m.* **1** huissier: *un usciere del Comune, del ministero* un huissier de la Mairie, du ministère **2** (*raro*) → **portinaio.**

ùscio, i |'uʃʃo, i| *s.m.* [*porta*] porte (*f.*): *un uscio a vetri, in legno* une porte en verre, en bois; *l'uscio della cucina, della stanza* la porte de la cuisine, de la chambre; *aprire, accostare, chiudere l'uscio* ouvrir, pousser, fermer la porte ◇ (*loc.*) *abitare a uscio e bottega* [*uno vicino all'altro*] habiter porte à porte ~ *si è fatta sull'uscio per salutarmi* elle est apparue sur le pas de la porte pour me dire bonjour ~ *ha preso l'uscio* [*è scappato; se ne è andato*] il a gagné, pris la porte ~ *è tra l'uscio e il muro* [*alla stretta*] il est au pied du mur ~ *non fermarti al primo uscio* ne t'arrête pas à la première solution ~ *ha il male e l'uscio addosso* [*ha subito una serie di sventure*] il a tous les malheurs.

usciòlo |uʃ'ʃɔlo| *s.m.* petite porte *f.*

uscìre |uʃ'ʃire| (201) *v.intr.* (*aus.* '*essere*') **1** [*andare o venire fuori da un luogo*] sortir (21): *esce di casa al mattino presto* il sort de chez lui tôt le matin; *esci a piedi o con la macchina?* tu sors à pied ou en voiture?; *è uscito per la porta principale* il est sorti par la porte principale; *esco in giardino per un po' d'aria* je sors dans le jardin prendre un peu d'air; *è uscito dalla piscina rilassato* il est sorti décontracté de la piscine ◇ (*cose*) *il gas usciva dal tubo* le gaz s'échappait du tuyau; *un getto d'acqua uscì dal rubinetto* un jet d'eau jaillit du robinet; *gli esce il sangue dal naso* il saigne du nez ◇ (*loc. fig.*) *è riuscito a uscire dalle sue mani, dalle sue grinfie* il est arrivé à se libérer de ses griffes ~ *gli occhi gli uscivano dalla testa* les yeux lui sortaient de la tête **2** (*per est.*) [*andare fuori a spasso o per divertirsi*] sortir: *esco a passeggio* je sors me promener; *appena posso, esco* dès que je peux, je sors; *se dipendesse da lui, uscirebbe ogni sera* si cela dépendait de lui, il sortirait tous les soirs; *non ho voglia di uscire con questo freddo* je n'ai pas envie de sortir par ce froid **3** (*per est.*) [*venire fuori da un gruppo; cessare di appartenere a una classe o a una categoria*] sortir: *sono uscito dalla folla a stento* je suis sorti de la foule avec peine; *uscendo dall'infanzia è entrato in crisi* en sortant de l'enfance il est entré en crise; *è uscito da poco da una malattia* il n'y a pas longtemps qu'il est sorti de maladie; *finalmente è uscito dall'indecisione, dal dubbio* il est finalement sorti de l'indécision, du doute; *uscendo dall'inverno comincia a star meglio* en sortant de l'hiver il commence à aller mieux # *l'anno scorso uscì dal sindacato, dal partito* l'année dernière il quitta le syndicat, le parti ◇ (*loc.*) *è uscito sano e salvo da quell'incidente* il est sorti sain et sauf de cet accident ~ *se ne è uscito con poca spesa* il s'en est sorti, tiré à peu de frais ◇ (*loc. fig.*) *è uscito da quell'affare con la testa rotta* il s'est mal tiré de cette affaire; il s'en est mal tiré ~ *è uscito dalla mischia*: (*pr., fig.*) il est sorti de la mêlée ~ *ne sono uscito per il rotto della cuffia* [*me la sono cavata a fatica*] je m'en suis sorti, tiré de justesse **4** (*fig.*) [*poter essere ricavato; risultare*] *da questo scampolo esce un vestito* avec ce coupon on peut faire une robe; *da quattro litri escono cinque bottiglie* avec quatre litres on remplit cinq bouteilles; *cosa uscirà da quest'imbroglio?* qu'est-ce qui va sortir de cet imbroglio? **5** [*andare fuori dai limiti, dal percorso, dallo spazio assegnato*] sortir: *il fiume è uscito dagli argini* le fleuve est sorti des digues, la rivière est sortie de son lit; *la macchina è uscita di strada in curva* la voiture est sortie de la route dans un tournant; *è uscito dalla tematica proposta* il est sorti du thème proposé; *è uscito dalla legalità* il est sorti de la légalité ◇ (*loc. fig.*) *non uscire dal seminato* [*non divagare*] ne sors pas du sujet ~ *è uscito dai binari, di carreggiata* [*dal programma stabilito*] il est sorti de l'ornière ~ *esce dai gangheri facilmente* il sort facilement de ses gonds ~ *gli è uscita di bocca un'ingiuria* une injure lui est sortie de la bouche, lui a échappé ~ *quest'argomento mi esce dagli occhi, dalle orecchie* [*mi ha stancato*] j'en ai par-dessus la tête de ce sujet ~ *la situazione mi è uscita di mano* je n'ai plus la situation en main(s) ~ *mi è uscito di mente il suo nome* son nom m'échappe, m'est sorti de la tête ~ *le tue raccomandazioni gli entrano in un orecchio e gli escono dall'altro* tes recommandations lui entrent par une oreille et lui sortent par l'autre ~ *è uscito di sé, di senno* [*impazzito*] il s'est emporté, il est devenu fou **6** (*fig.*) [*essere stato fabbricato e sim.*] venir (27) de; sortir: *questi prodotti escono dalla nostra ditta* ces produits viennent de notre maison; *questi vestiti sono usciti da una famosa sartoria* ces vêtements viennent d'une célèbre maison de couture ‖ *è un nuovo prodotto appena uscito* c'est un produit qui vient de sortir ◇ [*venire pubblicato*] *questa rivista esce ogni mese* cette revue est publiée chaque mois; *il giornale sportivo esce il lunedì* le journal sportif sort le lundi ◇ *loc.* USCIRE DI MANO, DALLE MANI sortir des mains: *quello che gli esce di mano è sempre ben fatto* ce qui sort de ses mains est toujours bien fait **7** [*trarre origine, provenire*] sortir: *esce da una nobile famiglia* il sort, est originaire d'une famille noble; *è uscito da un'ottima scuola* il est sorti d'une excellente école; *da dove esce quel tizio?* d'où sort ce type? → **discendere** ◇ (*fig.*) *parole che escono dal cuore* des mots qui viennent droit du cœur **8** [*fare o dire all'improvviso q.c. di strano o di inaspettato*] *uscì in una risata* il éclata (de rire); *se ne uscì con una battuta* il répondit par des pirouettes (*fam.*) → **sbottare 9** [*sfociare; sboccare*] se jeter (5) *pron.*; déboucher: *il Po esce nell'Adriatico* le Pô se jette dans l'Adriatique ‖ *questo viale esce in piazza Garibaldi* cette avenue débouche sur la place Garibaldi **10** [*terminare*] se terminer par: *parole che escono in vocale, in consonante* mots qui se terminent par une voyelle, par une consonne **11** [*venire sorteggiato*] sortir: *è uscito il numero 14 sulla ruota di Genova* le numéro 14 est sorti sur la roue de Gênes; *è uscito il tuo nome nell'ultimo scrutinio* ton nom est sorti au dernier scrutin 🄲 1; 2; 3; 5 **entrare** 1, **rientrare.**

uscìta |uʃ'ʃita| *s.f.* **1** [→ USCIRE 1, 3, 5] sortie: *l'ora dell'uscita* l'heure de la sortie; *l'uscita dei ragazzi dalla scuola, degli operai dalla fabbrica* la sortie des enfants de l'école, des ouvriers de l'usine; *entrata e uscita di merci* entrée et sortie de marchandises; *bisogna controllare l'uscita del gas dalla conduttura* il faut contrôler la sortie du gaz de la conduite ◇ (*mil.*) *libera uscita* quartier libre ◇ (*teat.*) *l'uscita del primo attore* la sortie de l'acteur principal ◇ (*loc. fig.*) *la situazione è senza via d'uscita* la situation est sans issue **2** [*apertura, passaggio, luogo per dove si esce*] sortie; issue: *ti aspetto all'uscita della stazione* je t'attends à la sortie de la gare; *tutte le uscite sono controllate* toutes les sorties sont contrôlées ‖ *quella strada è senza uscita* cette rue est sans issue ◇ (*loc.*) *uscita di sicurezza* sortie de secours **3** (*econ.*) dépense: *le uscite superano le entrate* les dépenses dépassent les recettes # *buona uscita, buonuscita* indemnité de sortie **4** [*battuta; parola o frase scherzosa*] repartie; boutade: *ha sempre l'uscita pronta* il a toujours la repartie prompte ‖ *che uscita!, non mi fai ridere* quelle boutade!, tu ne me fais pas rire; *a quell'uscita tutti rimasero imbarazzati* à cette boutade tous furent embarrassés **5** (*ling.*) terminaison: *l'uscita in vocale, in consonante* la terminaison en voyell- en consonne; *l'uscita del nom- del genitivo* la terminaison tif, du génitif **6** (*sport*) sor- *uscita* arrêt en sortie; *u* sortie en plongeon 🄲 1; 2

usignòlo |uziɲ'ɲɔlo| *s.m.* (*t.zool.*) rossignol ◇ (*fig.*) *canta come un usignolo, è un usignolo* elle chante comme un rossignol.
usitàto |uzi'tato| *agg.* (*lett.*) [*usato con frequenza; solito, consueto*] usité; habituel*: *parole usitate* mots usités ‖ *agire nel modo usitato* agir de la manière habituelle **C** **inusitato.**
usnéa |us'nea| *s.f.* (*t.bot.*) usnée.
1 **ùso** |'uzo| *s.m.* **1** [→ USARE A 1] emploi: *l'uso dell'automobile, dei mezzi di trasporto* l'emploi de la voiture, des moyens de transport; *istruzioni per l'uso* mode d'emploi; *è un oggetto che può servire a molti usi* c'est un objet qui a beaucoup d'emplois # *nel compito è concesso l'uso del vocabolario* pour la composition le dictionnaire est autorisé; *non bisogna ricorrere all'uso della violenza* il ne faut pas recourir à la violence ◇ [*uso continuato e abituale*] usage: *l'uso di stupefacenti dà assuefazione* l'usage des stupéfiants provoque une accoutumance; *solo con l'uso può perfezionare la sua tecnica* il ne peut perfectionner sa technique qu'à l'usage # *fa un uso esagerato dei sonniferi* il abuse des somnifères ◇ *loc.* FUORI USO hors d'usage: *questa macchina è ormai fuori uso* cette voiture est désormais hors d'usage ~ *questo libro è ad uso delle scuole medie* ce livre est à l'usage des écoles secondaires ~ *le norme d'uso sono cambiate* le mode d'emploi a changé ~ FARE (BUONO, CATTIVO) USO faire (bon, mauvais) usage: *non fai uso della tua intelligenza* tu ne fais pas bon usage de ton intelligence ~ CON L'USO à l'usage: *con l'uso questa macchina si è rivelata utile* à l'usage, cette voiture s'est révélée utile ~ (*med.*) *per uso esterno, interno* à usage externe, interne **2** [*capacità, possibilità di usare q.c.*] usage: *ha riacquistato l'uso del braccio destro* il a recouvré l'usage de son bras droit; *ha perso l'uso della ragione* il a perdu l'usage de la raison ✦ (*ass.*) *camera uso cucina* chambre à usage de cuisine; *fotografia uso tessera* photographie d'identité; *rivestimenti uso pelle, uso tela* revêtements imitation cuir, toile; *tessuti uso seta* tissus façon soie **3** [*usanza, abitudine, consuetudine*] usage, coutume (*f.*): *gli usi della campagna, della città* les usages, les coutumes de la campagne, de la ville; *consuetudini che si fondano sull'uso* habitudes qui se fondent sur l'usage # *forse tornerà l'uso delle gonne corte* peut-être, la mode des jupes courtes reviendra-t-elle ◇ *loc.* È USO DI: *non è mio uso comportarmi così* il n'est pas dans mes habitudes d'agir ainsi; *c'è l'uso di visitare i parenti del morto* la tradition veut que l'on rende visite aux parents du défunt ~ IN USO à la mode: *non è più in uso* ce n'est plus à la mode; *è venuto in uso un nuovo taglio di capelli* une nouvelle coupe de cheveux est à la mode ~ D'USO d'usage: *frasi, complimenti d'uso* phrases, compliments d'usage; *con le riserve d'uso* avec les réserves d'usage ◇ (*etn.*) *gli usi e i costumi delle tribù africane* les us et les coutumes des tribus africaines **4** (*dir.*) usage: *diritto d'uso* droit d'usage; *usi contrattuali, normativi* usages contractuels, normatifs; *usi marittimi* usages maritimes **5** (*ling.*) usage, emploi: *l'uso moderno, antico, parlato, scritto di una lingua* l'usage moderne, ancien, parlé, écrit d'une langue # *è un'espressione dell'uso figurato* c'est une expression qui a cours au sens figuré; *la lingua d'uso* la langue courante; *questa parola è fuori uso* ce mot est inusité, désuet **C** 5 **disuso.**
2 **ùso** |'uzo| *agg.* (*lett.*) [*abituato, avvezzo*] *habitué (*corr.*): *non è uso ai pericoli, ai sacrifici* il n'est pas habitué aux dangers, aux sacrifices # *non è uso a dire queste cose* il n'a pas l'habitude de dire ces choses.
ùssaro |'ussaro|, **ùssero** |'ussero| *s.m.* (*mil.*) *hussard.
ussìta |us'sita| *s.* (*st. relig.*) *hussite.
ùsta |'usta| *s.f.* (*caccia*) fumet *m.*
Ustilaginàli |ustiladʒi'nali| *s.m. pl.* (*t.bot.*) Ustilaginées *f.*
ustionàre |ustjo'nare| **A** *v.tr.* [*provocare delle ustioni*] brûler; échauder: *quel bambino giocando ha ustionato il compagno* cet enfant, en jouant, a brûlé son camarade ‖ *è stato ustionato dall'acqua bollente* il a été échaudé par l'eau bouillante □ *si è ustionato un braccio* il s'est brûlé au, le bras **B** *v. pron. intr.* USTIONARSI [*farsi delle ustioni*] se brûler; s'échauder: *si è ustionato nell'incendio della casa* il a été brûlé, il a subi des brûlures dans l'incendie de la maison ‖ *quel bambino si è ustionato col latte bollente* cet enfant s'est échaudé avec du lait bouillant ✦ → *tr.* □.
ustionàto |ustjo'nato| *agg.* [*che ha subito ustioni*] brûlé # *è un bambino ustionato* c'est un enfant qui a reçu des brûlures; *una donna ustionata dall'olio bollente* une femme qui a été brûlée par de l'huile bouillante ✦ (*s.*) *un ustionato* un brûlé.
ustióne |us'tjone| *s.f.* (*med.*) brûlure: *ustione di 1°, 2°, 3° grado* brûlure au 1er, 2me, 3me dégré; *ustione da liquidi* brûlure par un liquide.
ùsto |'usto| *agg.* (*chim.*) calciné.
ustòrio, i |us'tɔrjo, i| *agg.* (*fis.*) ardent: *specchio ustorio* miroir ardent; *lenti ustorie* verres ardents.
usuàle |uzu'ale| *agg.* **1** [*abituale; che è usato normalmente*] usuel*: *parole, espressioni usuali* mots usuels, expressions usuelles; *lingua, scrittura usuale* langue, écriture usuelle ✦ (*s.m.*) *l'usuale* ce qui est usuel # *per l'usuale* [*di solito*] d'habitude **2** [*ordinario, andante, mediocre*] ordinaire: *è roba usuale* c'est une chose ordinaire; *sono vestiti usuali* ce sont des vêtements ordinaires **C** 1 **insolito**; 2 **ricercato.**
usualità |uzuali'ta| *s.f. inv.* (*raro*) caractère *m. var.* usuel.
usualménte |uzual'mente| *avv.* [→ USUALE 1] usuellement.
usuàrio, i |uzu'arjo, i| *agg. e s.* (*dir.*) usager *m.*
usucapióne |uzuka'pjone| *s.f. inv.* (*dir.*) usucapion *var.*
usucapìre |uzuka'pire| (197) *v.tr.* (*dir.*) [*acquistare per usucapione*] acquérir (26) par usucapion: *usucapire un terreno* acquérir par usucapion un terrain.
usufruìre |uzufru'ire| (197) *v.intr.* (*aus.* '*avere*') **1** (*dir.*) [*avere in usufrutto*] jouir: *usufruire di un immobile* jouir d'un immeuble **2** (*per est.*) [*avvalersi, giovarsi*] jouir: *ha usufruito di un permesso straordinario* il a joui d'une permission extraordinaire; *usufruisco di molte comodità* je jouis de beaucoup de confort, de beaucoup de commodités.
usufrùtto |uzu'frutto| *s.m. inv.* (*dir.*) usufruit (*var.*): *avere l'usufrutto di un bene* avoir l'usufruit d'un bien; *cedere una proprietà in usufrutto* céder une propriété en usufruit.
usufruttuàrio, i |uzufruttu'arjo, i| *agg.* usufruitier*: *il coniuge usufruttuario* l'époux usufruitier ✦ (*s.*) *l'usufruttuario di un bene, di un patrimonio, di una rendita* l'usufruitier d'un bien, d'un patrimoine, d'un revenu.
1 **usùra** |u'zura| *s.f.* [*il prestare denaro a un interesse esoso*] usure: *esercitare l'usura* pratiquer l'usure; *presta denaro a usura* il prête de l'argent à usure ◇ (*dir.*) *reato d'usura* délit d'usure ◇ *loc. avv.* A USURA [*in misura sovrabbondante*] avec usure: *è stato ricompensato a usura* il a été récompensé avec usure.
2 **usùra** |u'zura| *s.f.* [*consumo, logorio, deterioramento*] usure: *l'usura dei pneumatici di un veicolo* l'usure des pneus d'un véhicule; *l'usura degli ingranaggi di un motore* l'usure des engrenages d'un moteur ◇ (*fig.*) *guerra di usura* guerre d'usure; *in questo lavoro il corpo è sottoposto a eccessiva usura* dans ce travail le corps est soumis à une usure excessive.
usuràio, i |uzu'rajo, i| *s.* **1** [*chi esercita l'usura*] usurier*: *sono caduto nelle mani di un usuraio* je suis tombé entre les griffes d'un usurier ✦ (*agg.*) *un interesse usuraio* un intérêt usuraire **2** (*fig.*) [*persona gretta e avara*] avare: *non fare l'usuraio!* ne sois pas avare!
usuràre |uzu'rare| *v.tr.* [*sottoporre a usura*] user.
usuràrio, i |uzu'rarjo, i| *agg.* (*dir.*) usuraire: *condizioni usurarie* conditions usuraires; *interessi, compensi usurari* intérêts, rétributions usuraires.
usureggiàre |uzured'dʒare| *v. intr.* (*raro*) (*aus.* '*avere*') **1** [*prestare a usura*] prêter à usure **2** [*fare l'usuraio*] pratiquer l'usure.
usurpaménto |uzurpa'mento| *s.m.* → **usurpazione.**
usurpàre |uzur'pare| *v.tr.* [*appropriarsi con la violenza o l'inganno di un bene o di un diritto altrui*] usurper: *usurpare il potere* usurper le pouvoir; *usurpare un titolo, un patrimonio* usurper un titre, un patrimoine ◇ (*per est.*) *usurpare la fama di uno scrittore* usurper la réputation d'écrivain; (*fig.*) *usurpare una carica* [*essere indegno di una carica*] usurper une charge.
usurpatìvo |uzurpa'tivo| *agg.* → **usurpatorio.**
usurpatóre, trice |uzurpa'tore, tritʃe| *s.* usurpateur*: *l'usurpatore di un patrimonio, di un titolo* l'usurpateur d'un patrimoine, d'un titre ✦ (*agg.*) *il re, il tiranno usurpatore* le roi, le tyran usurpateur.
usurpatòrio, i |uzurpa'tɔrjo, i| *agg.* usurpatoire.
usurpazióne |uzurpat'tsjone| *s.f.* [→ USURPARE] usurpation: *l'usurpazione del potere* l'usurpation du pouvoir; *la usurpazione di un immobile, di un bene pubblico* l'usurpation d'un immeuble, d'un bien public.
ut |ut| *s.m.* (*mus.*) ut.
utensìle |uten'sile, u'tɛnsile| *s.m.* [*attrezzo o strumento usato per agevolare il lavoro o per utilizzare i diversi mate-*

riali] outil: *cassetta per utensili* boîte à outils → **portautensili**; *utensili da falegname, da fabbro* outils de menuisier, de forgeron; *gli utensili per la lavorazione meccanica* les outils pour le travail mécanique # *utensili da cucina* batterie de cuisine ♦ (*agg.*) *macchine utensili* machines-outils.

utensilerìa |utensile'ria| *s.f.* **1** [*gli utensili necessari per una determinata lavorazione*] outillage *m.* **2** [*reparto d'officina*] salle des outils.

utensilista |utensi'lista| *s.m.* [*operaio addetto alla lavorazione degli utensili*] outilleur.

utènte |u'tɛnte| *s.m.* [*chi usufruisce di un servizio pubblico*] usager, abonné: *gli utenti del telefono* les abonnés du, au téléphone; *gli utenti del gas* les usagers du gaz; *gli utenti di un dizionario* les usagers d'un dictionnaire.

utènza |u'tɛntsa| *s.f.* **1** [*il fatto di usufruire di un servizio pubblico*] usage *m.* # *il canone dell'utenza televisiva* la redevance de la télévision **2** [*gli utenti*] usagers *m. pl.*

uterino |ute'rino| *agg.* (*anat.*, *med.*) utérin: *tumori uterini* tumeurs utérines ◇ (*loc.*) *fratelli uterini* frères utérins.

ùtero |'utero| *s.m.* (*anat.*) utérus: *il corpo, il collo dell'utero* le corps, le col de l'utérus; *asportazione dell'utero* ablation de l'utérus.

uticènse |uti'tʃɛnse| *agg.* [*di Utica*] d'Utique (*loc. inv.*): *Catone l'Uticense* Caton d'Utique.

ùtile |'utile| **I** *agg.* **1** utile: *tempo utile per l'iscrizione* temps utile, dates permises pour l'inscription; *mi ha fatto un regalo utile* il m'a fait un cadeau utile; *è una cura, una medicina utile ai malati di bronchi* c'est un traitement, un médicament utile pour les malades des bronches ◇ (*loc.*) *sarà utile informarsi* il sera bon de se renseigner ~ *è utile che si sappia della sua partenza* il est opportun que son départ se sache ~ *se ritenete utile aspettare, accomodatevi* si vous jugez bon d'attendre, prenez place **2** [*che dà o può dare un vantaggio o un aiuto*] utile: *ha un'occupazione utile* il a une occupation utile; *fa letture utili* il fait des lectures utiles; *mi ha dato un consiglio utile* il m'a donné un conseil utile ◇ (*loc.*) *sono amicizie che tornano utili* ce sont des amitiés qui se révèlent utiles ~ *è un ragazzo che si rende utile* c'est un garçon qui se rend utile ~ *se posso esserti utile...* si je peux t'être utile... ~ *in che cosa posso esserle utile?* (en quoi) puis-je vous être utile? **II** *s.m.* **1** utile; profit: *unire l'utile al dilettevole* joindre l'utile à l'agréable ‖ *cerca solo l'utile personale* il ne cherche que son profit personnel; *mira all'utile della sua famiglia* il vise le profit de sa famille **2** (*econ.*) bénéfice: *utile netto, lordo* bénéfice net, brut; *partecipa agli utili della società* il participe aux bénéfices de la société; *l'imposta sugli utili è salita* l'impôt sur les bénéfices a augmenté; *a me da quest'affare non è venuto nessun utile* je n'ai tiré aucun bénéfice de cette affaire ◇ [*interesse*] *prestare denaro con un utile del 10%* prêter de l'argent à l'intérêt de 10% 🄲 I **inutile.**

utilità |utili'ta| *s.f. inv.* utilité (*var.*): *opere di pubblica utilità* œuvres d'utilité publique; *l'utilità dell'istruzione, della scienza* l'utilité de l'instruction, de la science; *non ne vedo l'utilità* je n'en vois pas l'utilité; *è una persona di grande, di scarsa utilità* c'est une personne d'une grande utilité, pas très utile # *non ne abbiamo ricevuto alcuna utilità* cela ne nous a pas servi à grand-chose ◇ (*econ.*) *utilità marginale* utilité marginale 🄲 **inutilità.**

utilitària |utili'tarja| *s.f.* e *agg.* voiture utilitaire.

utilitàrio, i |utili'tarjo, i| *agg.* utilitaire: *sistema utilitario* système utilitaire; *principi utilitari* principes utilitaires.

utilitarismo |utilita'rizmo| *s.m.* **1** (*filos.*) utilitarisme **2** (*per est.*) [*concezione e modo di vivere che tende esclusivamente all'utile personale*] utilitarisme: *l'ha fatto solo per utilitarismo* il ne l'a fait que par utilitarisme.

utilitarista |utilita'rista| *s.* **1** utilitariste **2** (*per est.*) [*chi tende in modo esclusivo al proprio utile personale*] utilitariste: *è un utilitarista privo di coscienza sociale* c'est un utilitariste dépourvu de conscience sociale ♦ (*agg.*) *una persona utilitarista* une personne utilitariste.

utilitaristico, ci, ca, che |utilita'ristiko, tʃi, ka, ke| *agg.* **1** (*filos.*) utilitariste: *una concezione utilitaristica della vita* une conception utilitariste de l'existence; *le dottrine utilitaristiche* les doctrines utilitaristes **2** (*per est.*) [*che tende a un utile personale, particolare*] utilitaire: *non mi piacciono i suoi metodi utilitaristici* je n'aime pas ses méthodes utilitaires.

utilizzàbile |utilid'dzabile| *agg.* [→ UTILIZZARE] utilisable: *avanzi ancora utilizzabili* restes encore utilisables; *scarti non più utilizzabili* déchets non utilisables, inutilisables 🄲 **inutilizzabile.**

utilizzabilità |utiliddzabili'ta| *s.f. inv.* possibilité *var.* d'utiliser, d'être utilisé.

utilizzàre |utilid'dzare| *v.tr.* [*usare; adoperare q.c. per un fine utile*] utiliser: *utilizza meglio il tuo tempo* utilise mieux ton temps; *la scienza cerca di utilizzare l'energia solare* la science essaie d'utiliser l'énergie solaire # *questi vestiti possono essere ancora utilizzati* ces vêtements peuvent encore servir.

utilizzazióne |utiliddzat'tsjone| *s.f.* [→ UTILIZZARE] utilisation: *l'utilizzazione dei residui* l'utilisation des restes.

utilìzzo |uti'liddzo| *s.m.* (*banca, comm.*) utilisation (*f.*): *l'utilizzo di un credito, di un fido* l'utilisation d'un crédit # *l'utilizzo di questa somma deve avvenire entro tre anni* cette somme doit être utilisée dans les trois ans.

utilménte |util'mente| *avv.* [→ UTILE I] utilement.

utopìa |uto'pia| *s.f.* **1** (*filos., polit.*) utopie: *l'utopia platonica* l'utopie platonicienne **2** (*per est.*) [*progetto, idea fantastici o irrealizzabili*] utopie: *ma queste sono utopie!* mais ce sont des utopies!; *è un'utopia pensare di vincere* c'est une utopie de croire qu'on gagnera.

utòpico, ci, ca, che |u'tɔpiko, tʃi, ka, ke| *agg.* → **utopistico.**

utopista |uto'pista| *s.* utopiste: *i primi utopisti moderni* les premiers utopistes modernes ◇ (*per est.*) *gli utopisti non hanno senso pratico* les utopistes n'ont pas de sens pratique.

utopìstico, ci, ca, che |uto'pistiko, tʃi, ka, ke| *agg.* [*che è proprio dell'utopia o dell'utopista*] utopique: *progetti utopistici* projets utopiques 🄲 **realizzabile.**

utriculària |utriku'larja| *s.f.* → **otricolaria.**

ùva |'uva| *s.f.* **1** [*infruttescenza della vite*] raisin (*m.*): *uva da tavola, da vino* raisin de table, de cuve; *uva nera, bianca* raisin noir, blanc; *un grappolo, un acino d'uva* une grappe, un grain de raisin; *cogliere l'uva* cueillir le raisin **2** (*per est.*) [*pianta con frutta sim. all'uva*] raisin: *uva di mare* raisin de mer → **sargasso** ~ *uva ursina* raisin d'ours ~ *uva di monte* raisin des bois ~ *uva di volpe* raisin de renard, parisette *f.* # *uva spina* groseiller à maquereau.

uvàceo |u'vatʃeo| *agg.* [*sim. all'uva*] uval*.

ùvea |'uvea| *s.f.* (*anat.*) uvée.

uveite |uve'ite| *s.f.* (*med.*) uvéite.

uvétta |u'vetta| *s.f.* raisin *m.* sec.

uvìfero |u'vifero| *agg.* uvifère.

ùvola |'uvola|, **ùvula** |'uvula| *s.f.* (*raro*) → **ugola.**

uvulàre |uvu'lare| *agg.* (*fon.*) uvulaire.

uxoricida |uksori'tʃida| *s.* uxoricide *m.*

uxoricìdio, i |uksori'tʃidjo, i| *s.m.* uxoricide.

uxorilocàle |uksorilo'kale| *agg.* (*etn.*) uxorilocal*.

uxòrio, i |uk'sɔrjo, i| *agg.* (*dir.*) *more uxorio* maritalement *avv.*

ùzzolo |'uddzolo| *s.m.* (*tosc.*, *fam.*) [*desiderio improvviso e capriccioso*] fantaisie (*f.*): *gli è venuto l'uzzolo di partire* la fantaisie lui a pris de partir.

V

v |'vi| *s.f. o m.* [*ventesima lettera dell'alfabeto*] v (*m.*): *V maiuscola* V majuscule; *v minuscolo* v minuscule ◇ (*per anal.*) *scollatura a V* décolleté en V ◇ (*tel.*) *V come Venezia* V comme Victor.

va' |va| *inter.* (*esprime 'meraviglia, sorpresa'*) **1** tiens (*2ª pers. sing.*), tenez (*2ª pers. plur.*): *va', chi si vede* tiens, qui s'amène **2** [*guarda, guardate*] regarde (*2ª pers. sing.*), regardez (*2ª pers. plur.*): *ma va' cosa mi tocca sentire!* mais regarde un peu ce qu'on me fait entendre!

vacànte |va'kante| *agg.* vacant: *sede vacante* poste, trône vacant.

vacànza |va'kantsa| *s.f.* **1** [*periodo di breve interruzione del lavoro, scuola e sim.*] congé (*m.*): *un mese di vacanza* un mois de congé; *domani è vacanza* demain nous avons congé; *chiedere, concedere una vacanza per motivi di salute* demander, accorder un congé pour raison de santé; *far vacanza* prendre un congé; *aver bisogno di una vacanza* avoir besoin d'un congé # *essere, andare in vacanza* être, aller en vacances ◇ (*loc. fig.*) *mandare il cervello in vacanza* [*non utilizzare le proprie facoltà mentali*] ne pas réfléchir **2** *al plur.* [*periodo di chiusura di scuole, uffici, fabbriche*] vacances: *vacanze natalizie, pasquali, estive* vacances de Noël, de Pâques, grandes vacances → **ferie**; *vacanze sulla neve* vacances de neige; *passare le vacanze al mare, in montagna* passer ses vacances à la mer, à la montagne **3** [*l'essere vacante*] vacance: *vacanza di un ufficio, di un posto, di una cattedra* vacance d'un bureau, d'un poste, d'une chaire.

vacanzière |vakan'tsjere| *s.* [*chi va o sta per partire in vacanza*] vacancier*, estivant.

vacàre |va'kare| *v.intr.* (*aus. 'essere'*) [*essere vuoto, disponibile*] être (43) (*aus.* avoir) vacant: *vaca quella cattedra* cette chaire est vacante; *vaca il posto del titolare* le poste de titulaire est vacant; *vacava l'impero, il papato* l'empire, le Saint Siège était vacant.

vacazióne |vakat'tsjone| *s.f.* (*dir.*) **1** vacation: *vacazione della legge* vacation de la loi **2** [*periodo lavorativo durante il quale un perito presta la sua opera su richiesta dell'autorità giudiziaria*] vacation: *liquidare trenta vacazioni al consulente* régler trente vacations à l'expert.

vàcca, che |'vakka, ke| *s.f.* vache: *vacca da latte, da carne* (*da macello*) vache laitière, de boucherie; *mungitura delle vacche* traite des vaches; *latte di vacca* lait de vache ◇ (*fig.*) *un anno di vacche grasse o magre* [*un'epoca prospera o misera*] une année de vaches grasses ou maigres ◇ (*fig., spreg., volg.*) [*prostituta*] grue (*pop.*), putain.

vaccàio, i |vak'kajo, i| *s.m.* [*guardiano di vacche*] vacher* *s.*, gardien* *s.* de vaches.

vaccàta |vak'kata| *s.f.* (*pop., region.*) [*porcheria; azione indegna*] vacherie (*fam.*): *ha fatto, detto una vaccata* il a fait, dit une vacherie.

vaccherìa |vakke'ria| *s.f.* vacherie.

vacchétta |vak'ketta| *s.f.* **1** [*piccola vacca*] vachette, génisse **2** [*pellame bovino per calzature*] vachette: *un vecchio registro rilegato in vacchetta* un vieux registre relié en vachette, en veau.

vaccìna |vat'tʃina| *s.f.* **1** [*vacca, mucca*] vache **2** [*carne di vacca o di manzo*] (viande de) bœuf *m.* **3** [*sterco di vacca o di bovini*] bouse de vache.

vaccinàbile |vattʃi'nabile| *agg.* [→ VACCINARE] vaccinable.

vaccinàre |vattʃi'nare| *v.tr.* [*sottoporre a vaccinazione*] vacciner: *vaccinare un bambino contro il vaiolo, la poliomielite* vacciner un enfant contre la variole, la poliomyélite.

vaccinatóre, trice |vattʃina'tore, tritʃe| *s. e agg.* (*raro*) vaccinateur*.

vaccinazióne |vattʃinat'tsjone| *s.f.* [→ VACCINARE] vaccination.

vaccìnico, ci, ca, che |vat'tʃiniko, tʃi, ka, ke| *agg.* (*med.*) du vaccin *loc. inv.*; vaccinal*: *innesto vaccinico* inoculation du vaccin; *pustola vaccinica* pustule du vaccin.

vaccinìfero |vattʃi'nifero| *agg.* (*med.*) vaccinifère.

vaccino- |vat'tʃino| *pref.* (*significa 'vaccino', corrisponde gener. a*) vaccino: *vaccinogeno* vaccinogène.

vaccìno |vat'tʃino| **I** *agg.* de vache (*loc. inv.*): *latte vaccino* lait de vache; *formaggio vaccino* fromage de lait de vache # *carne vaccina* (viande de) bœuf **II** *s.m.* **1** vaccin: *vaccino antivaioloso* vaccin antivariolique **2** (*veter.*) vaccine *f.*

vaccinògeno |vattʃi'nɔdʒeno| *agg.* (*med.*) vaccinogène.

vaccinoprofilàssi |vattʃinoprofi'lassi| *s.f. inv.* (*med.*) vaccinoprophylaxie *var.*

vaccinostilo |vattʃinos'tilo| *s.m.* (*med.*) vaccinostyle.

vaccinoterapìa |vattʃinotera'pia| *s.f.* (*med.*) vaccinothérapie.

vacillaménto |vatʃilla'mento| *s.m.* [→ VACILLARE] vacillement.

vacillànte |vatʃil'lante| *agg.* vacillant: *una luce vacillante* une lumière vacillante; *camminare con passo vacillante* marcher d'un pas vacillant ◇ (*fig.*) chancelant: *la sua fede è vacillante* sa foi est chancelante.

vacillàre |vatʃil'lare| *v.intr.* (*aus. 'avere'*) [*essere sul punto di cadere*] chanceler (4); vaciller: *l'ho visto vacillare e poi cadere* je l'ai vu chanceler (vaciller), puis tomber; *vacillare per la stanchezza* chanceler de fatigue; *il colpo lo fece vacillare* le coup le fit chanceler ‖ *la lampada vacillò e cadde* la lampe vacilla et tomba; *la luce vacillò e si spense* la lumière vacilla et s'éteignit ◇ (*fig.*) *la sua fede vacilla* sa foi vacille, chancelle; *è molto vecchio e gli vacilla la memoria* il est très vieux et sa mémoire chancelle; *il governo vacilla* le gouvernement est chancelant.

vacillazióne |vatʃillat'tsjone| *s.f.* → **vacillamento.**

vacuazióne |vakuat'tsjone| *s.f.* → **pastorizzazione.**

vacuità |vakui'ta| *s.f. inv.* [*il fatto di mancare di contenuto logico, di idee e di sentimenti*] vacuité *var.*, nullité (*var.*): *la vacuità di un libro, di un discorso* la vacuité, la nullité d'un livre, d'un discours; *la vacuità di quella persona è terribile* cette personne a un esprit d'une nullité terrible.

vàcuo |'vakuo| *agg.* **1** [*privo, mancante di qualche elemento*] vide ◇ (*fig.*) [*povero di idee e sentimenti*] *mente vacua* tête vide; *che discorsi vacui e frivoli!* quels propos vides et frivoles! # *persona vacua* personne nulle; *sorriso vacuo* sourire inexpressif ◇ [*vano*] vain: *vacue promesse* de vaines promesses **2** (*raro*) [*che è libero da preoccupazioni*] libre: *animo vacuo* esprit libre.

vacuolàre |vakuo'lare| *agg.* (*biol.*) vacuolaire.

vacuolizzàre |vakuolid'dzare| *v. intr.* (*aus. 'avere'*) (*biol.*) [*si dice di cellula in cui si formano vacuoli*] vacuoliser *tr.*

vacuolizzazióne |vakuoliddzat'tsjone| *s.f.* (*biol.*) vacuolisation.

vacùolo |va'kuolo| *s.m.* (*biol.*) vacuole *f.*

vacuòma |vaku'ɔma| *s.m.* (*biol.*) vacuome.

vademecum |vade'mɛkum| *s.m. inv.* (*lat.*) vade-mecum (*lett.*).

vaderetro Satana |'vade'rɛtro-'satana| *loc. inter.* (*lat.*) vade retro (Satana).

vadóso |va'doso| *agg.* (*geol.*) d'infiltration (*loc. inv.*): *acque vadose* des eaux d'infiltration.

va e vièni |'vaev'vjɛni| *loc. sost. m. inv.* **1** va-et-vient (*s.m. inv.*): *il va e vieni della folla, del pubblico* le va-et-vient de la foule, du public; *in quella casa c'era un continuo va e vieni* dans cette maison il y avait un va-et-vient continuel **2** (*mar.*) va-et-vient.

vàfer |'vafer| *s.m. inv.* → **wafer.**

vagabondàggine |vagabon'daddʒine| *s.f.* → **vagabondaggio.**

vagabondàggio, i |vagabon'daddʒo, i| *s.m.* vagabondage: *il vaga-*

bondaggio degli emigranti le vagabondage des émigrants # *darsi al vagabondaggio* vagabonder.

vagabondàre |vagabon'dare| *v. intr.* (*aus. 'avere'*) **1** [*vivere da vagabondo*] vagabonder: *quell'individuo non fa altro che vagabondare tutto il giorno* cet individu vagabonde toute la journée, passe son temps à vagabonder **2** [*viaggiare in paesi diversi senza una meta precisa*] vagabonder: *ho passato le ferie vagabondando per l'Italia* j'ai passé mes vacances à vagabonder à travers l'Italie ◇ (*fig.*) *vagabondare con la mente* vagabonder avec son esprit.

vagabóndo |vaga'bondo| **1** *agg.* vagabond: *gente vagabonda* gens vagabonds; *vita vagabonda* vie vagabonde ◇ (*per est.*) *pensieri vagabondi* pensées vagabondes; *mente vagabonda* esprit vagabond **2** *s.* vagabond: *quel ragazzo è un vagabondo* ce garçon est un vagabond; *la polizia ha fermato quei vagabondi* la police a arrêté ces vagabonds ◇ (*per est., fig.*) [*fannullone*] fainéant: *smettila di fare il vagabondo e trovati un lavoro!* arrête de faire le fainéant et trouve-toi un travail!

vagaménte |vaga'mente| *avv.* [→ VAGO I 1] vaguement: *accennare vagamente ad un fatto* faire vaguement allusion à un fait.

vagànte |va'gante| *agg.* [*che vaga*] errant; flottant: *animali vaganti* des animaux errants; *nuvole vaganti* des nuages errants ‖ *mine vaganti* des mines flottantes # *dolori vaganti* des douleurs vagues ◇ (*fig.*) *avere lo sguardo vagante* avoir le regard errant, flottant ◇ (*caccia*) *reti vaganti* filets dérivants.

vagàre |va'gare| *v.intr.* (*aus. 'avere'*) [*andare da un luogo all'altro senza una meta precisa*] errer: *vagare per il bosco* errer dans le bois; *andar vagando per il mondo* errer par le monde ◇ (*fig.*) *vagare con la mente, con la fantasia* laisser errer son esprit, son imagination # *quell'uomo vaga in cerca di affetto* cet homme est à la recherche d'affection, cherche de l'affection ✦ (*ass.*) *il suo discorso vaga* son discours divague.

vagheggiaménto |vageddʒa'mento| *s.m.* [→ VAGHEGGIARE] contemplation *f.* ◇ (*per est.*) ardent désir.

vagheggiàre |vaged'dʒare| *v.tr.* [*contemplare con ammirazione, con desiderio*] contempler: *vagheggiare il volto della donna amata* contempler le visage de la femme aimée; *la madre vagheggiava suo figlio* la mère contemplait son enfant ◇ (*per est., fig.*) [*pensare a q.c. con desiderio o rimpianto*] rêver *intr.* de; aspirer *intr.* à: *vagheggiava una bella vacanza* il rêvait de belles vacances ‖ *vagheggiare gloria e onori* aspirer à la gloire et aux honneurs # *vagheggiare la patria lontana* songer avec nostalgie à la patrie lointaine.

vagheggino |vaged'dʒino| *s.m.* → **damerino.**

vaghézza |va'gettsa| *s.f.* **1** [*indeterminatezza, imprecisione*] imprécision: *vaghezza di linee* imprécision de lignes; *riferirsi a qc. con eccessiva vaghezza* faire allusion à qqn. avec une imprécision excessive **2** (*lett.*) [*bellezza, grazia*] charme *m.* (*corr.*); grâce (*corr.*): *la vaghezza del viso, dei lineamenti* le charme du visage, des traits ‖ *vaghezza di colori, di forma* grâce de couleurs, de forme; *la vaghezza del paesaggio* la grâce du paysage **3** (*lett.*) [*voglia, desiderio*] envie (*corr.*): *avere, provare vaghezza per q.c.* avoir envie de qqch., éprouver de l'envie pour qqch.

vagìna |va'dʒina| *s.f.* **1** (*anat.*) vagin *m.* **2** (*lett.*) [*guaina, fodero*] gaine (*corr.*).

vaginàle |vadʒi'nale| *agg.* vaginal*.

vaginismo |vadʒi'nizmo| *s.m.* (*med.*) vaginisme.

vaginìte |vadʒi'nite| *s.f.* (*med.*) vaginite.

vagire |va'dʒire| (197) *v.intr.* (*aus. 'avere'*) [*emettere vagiti*] vagir ◇ (*loc.*) *vagire nella culla*: (*pr.*) vagir dans le berceau; (*fig.*) (*detto di un'arte, una civiltà*) [*essere ai primordi*] en être à ses premiers balbutiements.

vagìto |va'dʒito| *s.m.* **1** [*pianto di un lattante*] vagissement: *il primo vagito* le premier vagissement ◇ (*per est., raro*) *i vagiti di una capretta* les vagissements d'une chevrette **2** (*fig.*) [*prima manifestazione di ciò che è ancora agli inizi*] balbutiement: *i primi vagiti di una civiltà* les premiers balbutiements d'une civilisation.

1 **vàglia** |'vaʎʎa| *s.f. inv.* [*pregio, merito*] valeur *var.* ◇ (*loc.*) *di vaglia, di gran vaglia* de valeur, de grande valeur.

2 **vàglia** |'vaʎʎa| *s.m. inv.* [*titolo di credito*] mandat *var.*; chèque (*var.*): *vaglia telegrafico* mandat télégraphique; *pagare a mezzo vaglia* payer par mandat; *spedire, ricevere, incassare un vaglia* expédier, recevoir, encaisser un mandat ‖ *vaglia bancario* chèque bancaire # *vaglia cambiario* billet à ordre.

vagliàre |vaʎ'ʎare| *v.tr.* **1** [*passare al vaglio, per separare del materiale estraneo*] vanner; tamiser: *vagliare il grano* vanner le blé ‖ *vagliare la farina* tamiser la farine **2** (*fig.*) [*esaminare a fondo; soppesare bene q.c.*] passer au crible; peser (6): *vagliare le ragioni, gli argomenti* passer au crible les raisons, les arguments ‖ *ha dovuto vagliare bene questo problema prima di prendere una decisione* il a dû peser soigneusement toutes les données du problème avant de prendre une décision; *vagliare bene ogni parola* bien peser chaque mot; *vagliare i pro e i contro* peser le pour et le contre.

vagliatóre, trice |vaʎʎa'tore, tritʃe| *s.m.* [*chi vaglia*] cribleur* *s.* ◇ (*fig.*) *un vagliatore attento alla situazione* un bon juge de la situation ✦ (*agg.*) *operaio vagliatore* ouvrier cribleur; (*macchina*) *vagliatrice* → **vagliatrice.**

vagliatrice |vaʎʎa'tritʃe| *s.f.* (*tecnol.*) cribleuse ◇ (*agr.*) tarare *m.*

vagliatùra |vaʎʎa'tura| *s.f.* **1** [→ VAGLIARE 1] vannage *m.*, criblage (*m.*): *vagliatura del grano* vannage, criblage du blé; *vagliatura del carbone* criblage du charbon **2** [*scarto che resta nel vaglio*] criblure **3** (*raro, fig.*) [→ VAGLIARE 2] fait *m.* de passer au crible.

vàglio, i |'vaʎʎo, i| *s.m.* **1** (*tecnol.*) crible: *vaglio a mano, meccanico* crible à main, mécanique; *vaglio per il grano* crible à blé, tarare ◇ (*loc. fig.*) *passare al vaglio* passer au crible ~ *gettar l'acqua nel vaglio, portar l'acqua col vaglio* [*fare una cosa inutile*] donner des coups d'épée dans l'eau ◇ (*min.*) crible **2** (*fig.*) [*esame minuzioso e attento*] crible; examen: *passare al vaglio le notizie* passer au crible les nouvelles ‖ *la sua teoria non regge al vaglio della critica* sa théorie ne résiste pas à un examen critique # *fare un vaglio delle proposte* faire un choix entre les propositions → **vagliare.**

vàgo, ghi, ga, ghe |'vago, gi, ga, ge| **I** *agg.* **1** [*incerto, indeterminato*] vague: *vaghi sospetti* de vagues soupçons; *notizie, sensazioni vaghe* nouvelles, sensations vagues; *desideri e progetti vaghi* désirs et projets vagues; *ho il vago sentore che le cose non vadano bene* j'ai la vague impression que les choses ne vont pas bien; *fra padre e figlio c'è solo una vaga somiglianza* entre le père et le fils il n'y a qu'une vague ressemblance # *non ne ho la più vaga idea* je n'en ai pas la moindre idée **2** (*lett.*) [*amabile, bello*] agréable (*corr.*): *un viso vago* un visage agréable; *colori vaghi* couleurs agréables # *le vaghe membra* les beaux membres **3** (*lett.*) [*vagante, instabile*] errant: *fiume, animale vago* fleuve, animal errant **4** (*lett.*) [*che desta desiderio e rimpianto*] désiré *p.p.*; regretté (*p.p.*): *vaghi sogni* des rêves désirés ‖ *la vaga fanciullezza* l'enfance regrettée; *vaghe memorie* des souvenirs regrettés **II** *s.m.* **1** vague ◇ (*loc.*) *rimanere nel vago* rester dans le vague; *quando parla si tiene nel vago* quand il parle, il reste dans le vague **2** (*anat.*) *nervo vago* (nerf) vague.

vagolàre |vago'lare| *v.intr.* (*aus. 'avere'*) (*lett.*) → **vagare.**

vagolìtico, ci, ca, che |vago'litiko, tʃi, ka, ke| *agg.* (*fisiol.*) vagolytique.

vagonàggio, i |vago'naddʒo, i| *s.m.* (*min.*) *her(s)chage.

vagonàre |vago'nare| *v.intr.* (*aus. 'avere'*) (*min.*) [*spingere i vagonetti di carbone, sul fondo di una miniera*] *her(s)cher.

vagoncìno |vagon'tʃino| *s.m.* **1** [*carrello per trasporto di materiale su teleferiche e sim.*] wagonnet **2** (*min.*) berline *f.* **3** (*trasporti*) benne *f.*

vagóne |va'gone| *s.m.* **1** wagon: *vagone letto, ristorante* wagon-lit, wagon-restaurant; *vagone merci, vagone bestiame* wagon de marchandises, wagon à bestiaux; *vagone cisterna* wagon-citerne; *vagone postale* wagon-poste; *vagone frigorifero* wagon frigorifique **2** (*aer.*) *vagone volante* courrier **3** (*fig., pop.*) [*persona molto grassa*] grosse dondon *f.* (*fam.*), gros patapouf (*fam.*): *in poco tempo è diventata un vagone* en peu de temps elle est devenue une grosse dondon.

vagonétto |vago'netto| *s.m.* → **vagoncino.**

vagonista |vago'nista| *s.m.* [*operaio addetto ai vagoncini*] wagonnier ◇ (*nelle miniere*) wagonnier, *herscheur* *s.*

vagotonia |vagoto'nia| *s.f.* (*med.*) vagotonie.

vagotònico, ci, ca, che |vago'tɔniko, tʃi, ka, ke| *agg.* (*med.*) vagotonique.

1 **vaiàto** |va'jato| *agg.* → **vaio I.**

2 **vaiàto** |va'jato| *agg.* (*arald.*) vairé.

vainiglia |vai'niʎʎa| *s.f.* → **vaniglia.**

vainiglina |vainiʎ'ʎina| *s.f.* → **vaniglina.**

vàio, i |'vajo, i| **I** *agg.* [*di colore tendente al nero*] noir; gris foncé (*inv.*):

uva vaia raisin noir; *olive vaie* olives noires || *legno vaio* bois gris foncé; *occhi vai* yeux gris foncé, vairons **II** *s.m.* **1** [*pelliccia grigia di scoiattolo*] petit-gris: *dei vai* des petits-gris; *un mantello di vaio* un manteau de petit-gris ◇ (*per est.*) [*indumento confezionato con tale pelliccia*] petit-gris **2** (*arald.*) vair.

vaiolàto |vajo'lato| *agg.* [*che ha macchie di colore diverso*] bigarré, bariolé.

vaiolizzazióne |vajoliddzat'tsjone| *s.f.* (*med.*) variolisation.

vaiòlo |va'jɔlo| *s.m.* **1** (*med.*) variole (*f.*): *vaiolo degli equini, dei suini* variole du cheval, du porc # *vaiolo degli ovini* clavelée; *vaiolo dei bovini* vaccine **2** (*bot.*) variole: *vaiolo della patata* variole de la pomme de terre.

vaiolòide |vajo'lɔide| *s.f.* (*med.*) varioloïde.

vaiolóso |vajo'loso| *agg.* [*del vaiolo*] variolique: *pustola vaiolosa* pustule variolique ◆ (*s.*) *un vaioloso* un varioleux*.

vairóne |vai'rone| *s.m.* → **leucisco.**

valànga, ghe |va'langa, ge| *s.f.* **1** [*massa di neve che precipita a valle*] avalanche: *la valanga ha travolto tutto* l'avalanche a tout emporté; *sono rimasti sepolti sotto una valanga* ils sont restés ensevelis sous l'avalanche **2** (*fig.*) [*enorme quantità*] avalanche: *una valanga di posta, di domande* une avalanche de courrier, de demandes; *essere travolto da una valanga di critiche* être emporté par une avalanche de critiques ◇ (*loc.*) *a valanga* [*con grande slancio, irruenza*] avec élan, impétueusement *avv.* # *si buttò a valanga contro di lui* il fonça sur lui comme un taureau ◇ (*calcio*) *uscita a valanga* [*uscita del portiere sui piedi di un avversario*] plongeon *m.* **3** (*elettron.*) *valanga elettronica* décharge électronique ◇ (*elettr.*) *effetto valanga* effet d'avalanche.

valchiria |val'kirja| *s.f.* (*mitol.*) walkyrie ◇ (*per est., scherz.*) *sembra una valchiria* on dirait une walkyrie.

valdése |val'dese| *agg.* (*relig.*) vaudois: *chiesa evangelica valdese* église évangélique vaudoise ◆ (*s.*) *i valdesi* les vaudois.

valdismo |val'dizmo| *s.m.* (*relig.*) valdisme.

valdostàno |valdos'tano| **1** *agg.* [*della Valle d'Aosta*] valdotain: *cucina valdostana* cuisine valdotaine **2** (*s.m.*) *il valdostano* [*il dialetto*] le valdotain.

vale |'vale| *s.m. inv.* (*lat.*) (*scherz.*) adieu *var.* ◇ (*fig., lett.*) *l'estremo vale* [*l'estremo addio*] l'ultime adieu.

valènte |va'lɛnte| *agg.* **1** [*che vale molto*] de valeur (*loc. inv.*): *donna valente* femme de valeur; *valent'uomo, valentuomo* homme de valeur **2** [*che è molto abile nella propria professione*] habile; doué: *un medico, un operaio valente* un médecin, un ouvrier habile || *un giovane valente nello studio* un jeune doué pour l'étude **3** (*ant.*) valeureux*, vaillant: *un valente capitano* un valeureux, un vaillant capitaine.

valenteménte |valente'mente| *avv.* → **valorosamente.**

valentia |valen'tia| *s.f.* **1** [*abilità, bravura*] habileté, capacité **2** (*raro*) [*atto di valore*] acte *m.* de valeur, prouesse.

valentinite |valenti'nite| *s.f.* (*min.*) valentinite.

valentino |valen'tino *s.m.* (*region., scherz.*) → **fidanzato.**

valentuòmo |valen'twɔmo| *s.m.* **1** homme de valeur **2** (*scherz.*) [*buono a nulla*] brave homme: *che cosa combina quel valentuomo?* que fabrique ce brave homme?

valènza |va'lɛntsa| *s.f.* **1** (*chim.*) valence: *valenza di un elemento, di un acido, di un composto organico* valence d'un élément, d'un acide, d'un composé organique **2** (*ant.*) → **valore.**

valére |va'lere| (191) **A** *v.intr.* (*aus.* '*essere*', *raro* '*avere*') **I** (*con valore relativo, nel senso di* '*avere un determinato valore*') **1** (*cose*) [*avere un determinato prezzo, valore*] valoir (35) (*aus.* avoir): *quanto vale quel terreno?* combien vaut ce terrain?; *il tuo appartamento vale parecchi milioni* ton appartement vaut plusieurs millions; *quel quadro varrà un paio di milioni* ce tableau doit valoir deux millions → **costare** ◇ (*persone*) *valere in un campo più che in un altro* être meilleur dans un domaine que dans un autre; *vale più di tanti altri* il vaut plus que bien d'autres; *valeva più di voi tutti messi insieme* il valait plus que vous tous mis ensemble; *quando è in forma, vale per tre* quand il est en forme, il vaut pour trois ◇ (*loc. fig.*) *vale un Perù, vale tanto oro quanto pesa* cela vaut son pesant d'or ~ (*fam.*) *non valere una cicca, un'acca, un fico secco* ne pas valoir un pet de lapin (coupé en quatre), un clou, un sou **2** [*equivalere, corrispondere*] valoir: *quanto vale in lire il dollaro?* combien vaut le dollar, en lires?; *in musica, una semibreve vale due minime* en musique, une ronde vaut deux blanches ◇ (*fig.*) équivaloir (35) (*aus.* avoir); valoir: *è una promozione che vale una punizione* c'est une promotion qui équivaut à une punition || *la mia parola vale quanto la tua* ma parole vaut la tienne; *per me, uno vale l'altro* pour moi, l'un vaut l'autre; *una donna vale l'altra* une femme en vaut une autre # *gli fece un elogio che valeva un rimprovero* il lui fit un éloge qui était l'équivalent d'un reproche ◇ (*raro*) [*significare*] avoir (28) *tr.* le sens de: *nella lingua inglese, la parola* '*gentleman*' *vale press'a poco il nostro* '*gentiluomo*' en anglais, le mot 'gentleman' a à peu près le sens ancien de notre 'honnête homme' ◇ *loc.* VALE A DIRE c'est-à-dire; cela veut dire: *verranno i migliori: vale a dire Paolo e Marco!* les meilleurs viendront, c'est-à-dire Paul et Marc! → **cioè** || *mi hanno detto* '*ripassi un'altra volta!*', *vale a dire che non mi hanno dato ascolto* ils m'ont dit: 'repassez une autre fois', cela veut dire qu'ils ne m'ont pas écouté ~ TANTO VALE, TANTO VALEVA, VARREBBE (+ *inf.*), CHE (+ *congv.*) autant (mieux) vaut, valait, vaudrait (+ *inf.*), que (+ *congv.*): *tanto vale provarci!* autant (vaut) essayer!; *tanto valeva dire subito di no* autant valait dire tout de suite non; *tanto varrebbe che te ne liberassi subito* mieux vaudrait que tu t'en libères tout de suite; tant qu'à faire, libère-t'en immédiatement ~ VALE, VALEVA LA PENA cela vaut, valait la peine: *vale la pena rinfrescarvi la memoria!* cela vaut la peine de vous rafraîchir la mémoire!; *non preoccuparti di questo*: *non vale la pena!* ne t'en fais pas: ça n'en vaut pas la peine!; *valeva la pena fare tanti sacrifici per ottenere questi risultati?* est-ce que cela valait la peine de faire tant de sacrifices pour de tels résultats? ~ VALE, VALEVA LA SPESA, LA FATICA, LA POSTA cela vaut, valait la peine: *i risultati non valgono la spesa* les résultats ne valent pas la peine; *quell'obiettivo non vale la fatica, la posta* cet objectif ne vaut pas la peine ◇ (*prov.*) *il gioco, il rischio non vale la candela* le jeu n'en vaut pas la chandelle ~ *vale più un asino vivo che un dottore morto* un âne vivant vaut mieux qu'un savant mort **II** (*con valore ass. generico*) [*avere valore, importanza, efficacia, ecc.*] **1** [*aver valore, importanza*] avoir *tr.* de la valeur; avoir *tr.* de l'importance: *è una carica, un posto che vale* c'est une charge, un poste qui a de la valeur; *è una persona che vale* (*molto*) c'est une personne de (grande) valeur || *una tua parola potrebbe valere molto* un mot de toi pourrait avoir beaucoup l'importance ◇ *loc.* FAR VALERE faire valoir: *far valere le proprie ragioni, i propri diritti* faire valoir ses raisons, ses droits; *far valere* (*in giudizio*) *un diritto* faire valoir (en justice) un droit ~ FARSI VALERE se faire valoir: *sul lavoro sa farsi valere* sur le travail, il sait se faire valoir ~ PER QUEL CHE VALE pour ce que cela vaut: *ho sentito questa diceria: te la riporto per quel che vale* j'ai entendu ce racontar: je te le rapporte pour ce qu'il vaut; *per quel che vale il mio parere...* pour ce que vaut mon avis... **2** (*persone*) [*essere competente nel proprio campo, nella propria professione*] *è un avvocato che vale molto, poco* c'est un avocat fort, médiocre; *nel suo campo, vale molto* dans son domaine, il est très fort, calé (*fam.*); *come oratore, vali poco* l'éloquence n'est pas ton fort **3** (*cose*) [*essere pregiato; avere importanza*] être (43) (*aus.* avoir) valable; valoir: *è un quadro, uno spettacolo che vale* c'est un tableau, un spectacle (qui est) valable || *l'onestà vale più di tutti i tesori del mondo* l'honnêteté vaut plus que tous le trésors du monde **4** (*cose*) [*avere validità, efficacia*] être valable; compter (*aus.* avoir): *questa tessera non vale, è scaduta* cette carte n'est pas valable, elle est périmée; *fino a nuovo ordine valgono queste istruzioni* jusqu'à nouvel ordre, ces instructions sont valables || *è un titolo che vale per il concorso statale* c'est un titre qui compte pour le concours d'État ◇ (*sport*) *in caso di parità, vale la differenza-reti* en cas d'égalité c'est le goal-average qui compte ◇ [*essere utile; servire*] valoir; servir (21) (*aus.* avoir) à: *le stesse considerazioni valgono anche per voi* les mêmes considérations valent aussi pour vous || *valga per tutti questo esempio!* que cet exemple serve à tout le monde!; *a nulla valsero preghiere e scongiuri* prières et supplications ne servirent à rien ◇ *loc.* VALERE A (+ *inf.*) [*riuscire a; essere in grado di*] réussir à (+ *inf.*): *tutti i nostri suggerimenti non sono valsi a fargli cambiare idea* tous nos avis n'ont pas réussi à le faire changer d'idée; *neanche le lacrime di sua madre valsero a commuoverlo* même les larmes de sa mère ne réussirent pas à l'émouvoir ~ *loc.* CHE VALE? à quoi bon?, à quoi sert?: *che vale negare i fatti di fronte all'evidenza?* à quoi bon nier, à quoi sert de nier les faits devant l'évidence?; *che vale darmi ragione quando poi fa il contrario?* à quoi bon me donner raison pour ensuite faire le contraire? ~ NON VALE cela ne sert pas: *non vale (a nulla) piangere adesso: dovevi pensarci prima* il ne sert (à rien) de pleurer maintenant: tu devais y penser avant! ◇ (*spec. nel linguaggio infantile*) *non vale!* [*non è giusto*] ce n'est pas juste; ce n'est pas du jeu! ◇ (*prov.*) (*di*) *carnevale, ogni scherzo vale* à carnaval, tout est permis **B** *v.tr.* (*raro*) [*far avere, procurare*] valoir: *la mia schiettezza mi ha valso un rimprovero immeritato* ma franchise m'a valu un reproche immérité; *il suo zelo gli ha valso molte critiche* son zèle lui a valu beaucoup de critiques; *quel lavoro gli ha valso un esaurimento nervoso* ce travail lui a valu une dépression nerveuse ◇ [*fruttare, rendere*] donner: *è una rendita che gli vale 100.000 lire mensili* c'est une rente qui lui donne 100.000 lires par mois **C** *v.pron. intr.* VALERSI (*di qc., di q.c.*) [*servirsi di; utilizzare*] se servir; profiter *intr.* de: *si è potuto valere dei migliori esperti* il a pu se servir des meilleurs experts ‖ *valersi del proprio prestigio per ottenere q.c.* profiter de son prestige pour obtenir qqch.; *certamente avrò occasione di valermi della tua collaborazione* j'aurai sûrement l'occasion de profiter de ta collaboration → **approfittare** # *valersi dei consigli di qc.* suivre les conseils de qqn.

valeriàna |vale'rjana| *s.f.* **1** (*t.bot.*) valériane **2** [*la radice della pianta usata come sedativo*] valériane.

Valerianàcee |valerja'natʃee| *s.f. pl.* (*t.bot.*) Valérianacées.

valerianàto |valerja'nato| *s.m.* (*chim.*) valérianate: *valerianato di chinina* valérianate de quinine.

valerianèlla |valerja'nɛlla| *s.f.* (*t. bot.*) valérianelle.

valeriànico, ci, ca, che |vale'rjaniko, tʃi, ka, ke| *agg.* (*chim.*) valérianique: *acido valerianico* acide valérianique.

valetudinàrio, i |valetudi'narjo, i| *agg. e s.* valétudinaire: *vecchio valetudinario* vieillard valétudinaire.

valévole |va'levole| *agg.* [*utile, valido*] valable: *una scusa valevole* une excuse valable; *valevole a q.c.* valable pour qqch.; *il biglietto è valevole per un mese* le billet est valable un mois # *una partita valevole per il campionato* un match comptant pour le championnat.

valgìsmo |val'dʒizmo| *s.m.* (*med.*) membre valgus; valgisme.

vàlgo, ghi, ga, ghe |'valgo, gi, ga, ge| *agg.* (*med.*) valgus: *ginocchio valgo* genu valgum.

valicàbile |vali'kabile| *agg.* [→ VALICARE] franchissable: *passo, montagna valicabile* col, montagne franchissable.

valicabilità |valikabili'ta| *s.f. inv.* possibilité d'être franchi # *la valicabilità di un passo* la possibilité de franchir un col.

valicàre |vali'kare| *v.tr.* [*attraversare un valico, un passo*] franchir: *valicare un monte, un fiume* franchir une montagne, une rivière; *valicarono il passo durante il giorno* ils franchirent le col pendant la journée.

vàlico, chi |'valiko, ki| *s.m.* **1** [→ VALICARE] passage, franchissement: *il valico di una montagna, di un fiume* le passage d'une montagne, d'une rivière **2** [*colle, passo*] col: *un valico alpino* un col alpin; *il valico del Sempione* le col du Simplon.

validaménte |valida'mente| *avv.* [→ VALIDO 1, 2, 4] valablement.

validità |validi'ta| *s.f. inv.* **1** validité (*var.*): *la validità di una tessera, di un biglietto, di un abbonamento* la validité d'une carte, d'un billet, d'un abonnement; *discutere la validità di un'asserzione* discuter de la validité d'une assertion # *il visto ha la validità di un anno* le visa est valable un an **2** (*dir.*) validité: *la validità di un titolo, di un atto* la validité d'un titre, d'un acte # *impugnare la validità di una sentenza* attaquer un jugement **3** [*forza, vigore*] résistance (*var.*): *la validità delle membra* la résistance des membres.

vàlido |'valido| *agg.* **1** [*che vale, efficace*] valable; efficace: *scuse valide* des excuses valables; *un principio valido* un principe valable; *questo biglietto non è più valido* ce billet n'est plus valable, est périmé ‖ *offrire un valido aiuto* offrir une aide efficace; *opporre una valida resistenza* opposer une résistance efficace # *non è stato di valido aiuto* il n'a pas été d'une grande aide **2** [*forte, vigoroso*] vigoureux*; valide: *membra valide* membres vigoureux; *essere valido di corpo e di mente* être vigoureux de corps et d'esprit ‖ *richiamare alle armi tutti gli uomini validi* rappeler tous les hommes valides sous les drapeaux # *aiutare qc. con valida mano* aider qqn. d'une manière efficace, prêter main-forte **3** (*dir.*) valide: *atto processuale valido* acte d'un procès valide; *elezioni valide* élections valides; *un matrimonio valido* un mariage valide **4** [*che ottiene consensi*] valable; remarquable: *un'opera valida* une œuvre valable ‖ *è uno degli scrittori più validi della letteratura italiana* c'est un des écrivains les plus remarquables de la littérature italienne ◇ (*per est.*) [*favorevole, positivo*] favorable: *giudizio valido* jugement favorable; *critica valida* critique favorable.

valigeria |validʒe'ria| *s.f.* **1** [*fabbrica o negozio di valigie, borse e sim.*] fabrique de valises; maroquinerie **2** [*assortimento, scelta di valigie*] maroquinerie.

valigia, gie, ge |va'lidʒa, dʒe| *s.f.* **1** valise: *valigia di cuoio* valise de cuir; *fare, disfare le valigie* faire, défaire ses valises; *depositare le valigie al bagagliaio* déposer ses valises à la consigne ◇ (*fig.*) *fare le valigie* [*prepararsi a partire*] faire ses valises ◇ (*per est.*) *valigia postale* malle-poste, sac *m.* postal*; *valigia diplomatica* valise diplomatique **2** *la valigia delle Indie* la malle des Indes.

valigiàio, i |vali'dʒajo, i| *s.m.* fabriquant *s.* d'articles de cuir, maroquinier, malletier.

valina |va'lina| *s.f.* (*chim.*) valine.

vallàre |val'lare| *agg.* (*st. lat.*) vallaire: *corona vallare* couronne vallaire.

vallàta |val'lata| *s.f.* vallée: *le verdi vallate del mio paese* les vertes vallées de mon pays.

vàlle |'valle| *s.f.* **1** (*geogr.*) vallée: *valle profonda, bassa* vallée profonde, basse; *valle trasversale, longitudinale* vallée transversale, longitudinale; *valle fluviale, glaciale* vallée fluviale, glaciaire; *entrata, sbocco della valle* entrée, débouché de la vallée; *i fianchi della valle* les flancs de la vallée ◇ (*t.bot.*) *giglio delle valli* → **mughetto** ◇ (*loc. fig.*) *per monti e per valli* [*dappertutto*] par monts et par vaux ~ *una valle di lacrime* une vallée de larmes ◇ (*loc.*) *a valle* en aval ~ *a valle di* en aval de ~ *rotolare a valle* rouler en bas **2** [*depressione lagunare*] marais (*m.*): *valle aperta, chiusa* marais ouvert, fermé ◇ (*al plur.*) *le valli di Comacchio* les marais de Comacchio; *le valli Venete* les marais Vénitiens **3** val (*m.*): *la valle della Loira* le val de Loire.

vallétto |val'letto| *s.m.* **1** [*paggio, garzone*] page # *valletto d'arme* écuyer **2** [*aiutante del presentatore di uno spettacolo televisivo*] aide-présentateur* *s.*

vallicoltùra |vallikol'tura| *s.f.* pisciculture des marais salés.

valligiàno |valli'dʒano| *agg.* [*delle valli montane*] de la vallée *loc. inv.* ✦ (*s.*) *un valligiano* un habitant de la vallée.

vallisnèria |valliz'nɛrja| *s.f.* (*t.bot.*) vallisnérie.

vallivo |val'livo| *agg.* **1** [*di valle*] de marais (*loc. inv.*): *pesca, caccia valliva* pêche, chasse de marais; *fauna valliva* faune de marais **2** (*detto del terreno spesso paludoso di una valle fluviale*) marécageux*.

1 **vàllo** |'vallo| *s.m.* **1** (*st. rom.*) vallum: *il vallo di Adriano* le vallum d'Adrien **2** (*mil.*) mur: *vallo Atlantico* mur de l'Atlantique **3** (*anat.*) gouttière (*f.*): *vallo ungueale* gouttière unguéale **4** [*accumulo di un ghiacciaio vallivo*] depôt: *vallo morenico* depôt morainique.

2 **vàllo** |'vallo| *s.m.* (*dial.*) → **vaglio.**

1 **vallóne** |val'lone| *s.m.* (*geogr.*) vallon.

2 **vallóne** |val'lone| **1** *agg.* [*del Belgio di lingua fr.*] wallon* ✦ (*s.*) *i Valloni* les Wallons **2** (*s.m.*) *il vallone* [*il dialetto*] le wallon.

vallonèa |vallo'nɛa| *s.f.* (*t.bot.*) vélani *m.*

valóre |va'lore| *s.m.* **I** **1** [*prezzo, costo*] valeur (*f.*): *il valore di un terreno, di una macchina* la valeur d'un terrain, d'une voiture; *il valore dell'oro* la valeur de l'or; *il valore di questi oggetti è in continuo aumento* la valeur de ces objets est en augmentation constante; *è una cosa di poco, enorme valore* c'est une chose de peu de valeur, d'une énorme valeur; *questo orologio è di scarso valore* cette montre a peu de valeur; *il valore complessivo di questa operazione commerciale è di £. ...* la valeur globale de cette opération est de £. ... **2** *spec. al plur.* [*oggetti di valore, preziosi*] objets de valeur: *depositare i propri valori in banca* déposer ses objets de valeur à la banque; *i ladri le hanno rubato tutti i valori che aveva in casa* les cambrioleurs ont volé tous les objets de valeur qu'elle avait chez elle ◇ (*per est.*) *valori bollati* papiers timbrés; *carte valori* papiers-valeurs; *Borsa valori* Bourse des valeurs **3** (*econ.*) [*valore d'uso, di scambio*] valeur: *il valore di una moneta* la valeur d'une monnaie; *valore nominale, reale,* *estrinseco di q.c.* valeur nominale, réelle, extrinsèque de qqch. ◇ (*per est.*) *il valore affettivo di un oggetto* la valeur affective d'un objet **4** [*pregio, importanza* (*dal punto di vista artistico, culturale, ecc.*)] valeur: *il valore di un quadro, di una scultura* la valeur d'un tableau, d'une sculpture; *è un libro di raro valore, di valore inestimabile* c'est un livre d'une rare valeur, d'une valeur inestimable; *è un dipinto di nessun valore, di scarso valore* c'est un tableau qui n'a aucune valeur, sans valeur ◇ (*fig.*) *per lui, queste delicatezze non hanno nessuno valore* pour lui, ces délicatesses n'ont aucune valeur; *niente ha più valore della vita umana* rien n'a plus de valeur que la vie humaine ◇ (*per est.*) *i valori sociali, umani, affettivi* les valeurs sociales, humaines, affectives; *i valori culturali di un popolo* les valeurs culturelles d'un peuple ◇ (*arts.*) *valori plastici, cromatici* valeurs plastiques, chromatiques **5** *loc.* CON VALORE DI ayant valeur de: *participio con valore di aggettivo* participe ayant valeur d'adjectif ~ AVER VALORE DI équivaloir: *in questo caso l'aggettivo ha valori di pronome* dans ce cas l'adjectif équivaut à un pronom ◇ (*fig.*) *le sue parole hanno valore di condanna* ses mots équivalent à une condamnation **6** [*significato, corrispondenza* (*qualitativa, quantitativa*)] valeur: *il valore di un vocabolo, di una frase, di un'espressione* la valeur d'un mot, d'une phrase, d'une expression; *valore astratto, concreto di un vocabolo, di una locuzione* valeur abstraite, concrète d'un mot, d'une locution ◇ (*mus.*) *il valore di una nota, di una pausa* la valeur d'une note, d'une pause **7** (*fis., mat.*) valeur: *valori massimi, minimi di temperatura* valeurs maximum, minimum de température; valeur maxima, minima; *valore di una resistenza elettrica* valeur d'une résistance électrique; *valore di un'incognita* valeur d'une inconnue; *valore positivo, negativo* valeur positive, négative **II** **1** [*efficacia, validità*] valeur: *questo documento non ha nessun valore* ce document n'a aucune valeur; *prova, testimonianza priva di valore* preuve, témoignage sans valeur; *sono principi, norme che non hanno più nessun valore morale* ce sont des principes, des normes qui n'ont aucune valeur morale ◇ (*carte*) *il valore di una carta* la valeur d'une carte **2** [*le capacità, le doti che uno possiede in un certo campo*] valeur: *un chirurgo di gran valore* un chirurgien de grande valeur; *è uno scrittore di poco valore, di nessun valore* c'est un écrivain médiocre, sans valeur; *quel dirigente è un vero valore* ce dirigeant est une véritable valeur **III** [*ardimento, coraggio, eroismo*] courage (*m.*): *un atto di valore* un acte de courage; *dare prova di grande valore* faire preuve d'un grand courage ◇ (*mil.*) *decorazioni, ricompense al valor militare* décorations, récompenses militaires; *ha avuto la medaglia d'oro al valor militare* il a eu la médaille d'or de la 'Valeur militaire'.

valorizzàre |valorid'dzare| *v.tr.* **1** (*comm.*) [*far aumentare di valore*] valoriser: *valorizzare un terreno, un immobile* valoriser un terrain, un immeuble **2** (*fig.*) [*rendere più importante*] valoriser, mettre (71) en valeur: *valorizzare una persona* valoriser, mettre en valeur une personne; *questo arredamento valorizza molto la casa* cet ameublement met beaucoup en valeur la maison.

valorizzazióne |valoriddzat'tsjone| *s.f.* [→ VALORIZZARE] valorisation, mise en valeur.

valorosaménte |valorosa'mente| *avv.* [*con valore*] vaillamment, valeureusement: *combattere valorosamente* combattre vaillamment, valeureusement.

valoróso |valo'roso| **I** *agg.* **1** valeureux*; courageux*: *soldato valoroso* soldat valeureux, courageux; *un popolo valoroso* un peuple valeureux ‖ *azione valorosa* action courageuse; *i valorosi combattenti di tutte le guerre* les courageux combattants de toutes les guerres # *gesta valorose* hauts faits; actes de grand courage **2** [*valente, abile*] de valeur *loc. inv.*; habile: *un artista valoroso* un artiste de valeur ‖ *un valorosissimo atleta* un athlète très habile **II** *s.* [*chi dimostra valore*] brave: *onore ai valorosi!* honneurs aux braves!; *è morto da valoroso* il est mort en brave.

valpolicèlla |valpoli'tʃɛlla| *s.m.* [*vino rosso tipico del veronese*] ⊠.

valtellinése |valtelli'nese| *agg.* [*della Valtellina*] valtelin.

valùta |va'luta| *s.f.* **1** [*moneta a corso legale*] monnaie; devise: *valuta nazionale* monnaie nationale; *valuta convertibile* monnaie convertible ‖ *valuta estera, pregiata* devises (étrangères), devise forte; *valuta forte* devise forte; *cambio delle valute* change des devises # *pagabile in valuta* payable en espèces **2** [*tempo di decorrenza di interessi*] valeur: *con valuta 1 settembre* valeur 1er septembre; *perdita di valuta* perte de valeur-monnaie; *valuta in conto, all'incasso* valeur en compte, à l'encaissement; *accreditare con valuta a scadenza* créditer valeur à l'échéance **3** (*raro, lett.*) [*costo, prezzo*] prix (*m.*): *una pietra di gran valuta* une pierre de grand prix.

valutàbile |valu'tabile| *agg.* [→ VALUTARE] évaluable: *il danno è valutabile a 2 milioni circa* les dommages peuvent être évalués à 2 millions.

valutàre |valu'tare| *v.tr.* **1** [*determinare il valore di un bene economico*] évaluer, estimer: *valutare un mobile, un quadro* évaluer, estimer un meuble, un tableau; *la sua casa è stata valutata 100 milioni di lire* sa maison a été estimée cent millions de lires **2** [*calcolare in misura approssimativa*] évaluer: *valutare i danni* évaluer les dommages; *valutare il costo di un oggetto* évaluer le prix d'un objet; *valutare la distanza, il peso di q.c.* évaluer la distance, le poids de qqch. ◇ (*per est., fig.*) *valutare tutti i rischi* évaluer tous les risques ◇ (*loc.*) *valutare ad occhio e croce* évaluer en gros **3** [*tener conto di*] tenir (27) compte de: *valutare le entrate e le uscite* tenir compte des recettes et des dépenses; *valutare gli aspetti positivi e negativi di un fatto* tenir compte des aspects positifs et négatifs d'un fait ◇ (*loc.*) *valutare i pro e i contro* évaluer, peser le pour et le contre **4** (*fig.*) [*vagliare, soppesare*] évaluer, peser(6): *valutare le conseguenze di un gesto* évaluer, peser les conséquences d'un geste; *valutare ogni indizio* évaluer tous les indices.

valutàrio, i |valu'tarjo, i| *agg.* [*relativo alla valuta*] des devises *loc. inv.*, monétaire: *sistema valutario internazionale* système international des devises, monétaire.

valutativo |valuta'tivo| *agg.* [*atto a valutare*] d'évaluation *loc. inv.*, d'estimation (*loc. inv.*): *criterio valutativo* critère d'évaluation, d'estimation.

valutazióne |valutat'tsjone| *s.f.* [→ VALUTARE] évaluation, estimation ◇ (*dir.*) appréciation: *valutazione dei titoli* appréciation, évaluation des titres.

vàlva |'valva| *s.f.* (*bot., zool.*) valve.

valvàre |val'vare| *agg.* (*bot., zool.*) valvaire, valvé.

valvassino |valvas'sino| *s.m.* (*st.*) vassal* de vavasseur.

valvassóre |valvas'sore| *s.m.* (*st.*) vavasseur, arrière-vassal*.

valvàto |val'vato| *agg.* (*bot.*) valvé.

vàlvola |'valvola| *s.f.* **1** (*mecc.*) soupape: *valvola a stelo, a cerniera* soupape à tige, à charnière (à clapet); *valvola galleggiante, a molla* soupape à flotteur, à ressort; *valvola di aspirazione, di scarico, di strozzamento* soupape d'aspiration, d'échappement, d'étranglement; *valvola di sicurezza, di emissione, di arresto* soupape de sûreté, d'émission, d'arrêt # *valvola di ritenuta* clapet de retenue; *valvola a spillo* vanne pointeau; *valvola a disco* valve à plateau; *valvola a farfalla* (vanne à) papillon **2** (*elettr.*) plomb (*m.*): *sono saltate le valvole* les plombs ont sauté **3** (*rad., tv.*) *valvola elettronica, termoionica* soupape électronique, thermoionique **4** (*anat.*) valvule: *valvola cardiaca* valvule de cœur; *valvola mitrale, bicuspide* valvule mitrale, bicuspide; *valvola ileocecale* valvule iléo-caecale ◇ (*edil.*) crapaudine: *valvola di scarico di una vasca da bagno* crapaudine de baignoire.

valvolàre |valvo'lare| *agg.* (*anat.*) valvulaire.

valvulectomìa |valvulekto'mia|, **valvolectomìa** |valvolekto'mia| *s.f.* (*chir.*) valvulectomie.

valvuloplàstica, che |valvulo'plastika, ke| *s.f.* (*chir.*) valvuloplastie.

valvulotomìa |valvuloto'mia|, **valvolotomìa** |valvoloto'mia| *s.f.* (*chir.*) valvulotomie.

vàlzer |'valtser| *s.m. inv.* (*danza*) valse (*f. var.*): *i valzer viennesi* les valses viennoises; *ballare il valzer* danser la valse, valser ◇ (*loc.*) *fare un giro di valzer* faire un tour de valse.

vamp |væmp| *s.f. inv.* (*ingl.*) vamp *var.*

vàmpa |'vampa| *s.f.* **1** [*ondata di calore*] grande flamme; ardeur: *le vampe dell'incendio* les grandes flammes de l'incendie ‖ *la vampa del sole estivo* l'ardeur du soleil d'été **2** [*fiammata di arma da fuoco*] lueur: *la vampa delle artiglierie* la lueur des canons **3** [*senso di calore al viso, per febbre, ira o altro*] bouffée de chaleur; *le vengono sempre le vampe al viso* il lui vient toujours des bouffées de chaleur ◇ (*per est., fig.*) [*impeto di intenso desiderio*] ardeur, bouffée de désir.

vampàta |vam'pata| *s.f.* [*vampa forte e violenta*] bouffée: *una vampata di calore* une bouffée de chaleur; *una vampata di rossore le saliva al viso* une bouffée de chaleur lui montait au visage ◇ (*fig.*) *una vampata d'ira* un accès *m.* de colère.

vampeggiàre |vamped'dʒare| *v.*

intr. (*aus.* '*avere*') [*emettere vampe*] flamboyer (10).
vampirìsmo |vampi'rizmo| *s.m.* vampirisme.
vampìro |vam'piro| *s.m.* **1** vampire **2** [*strozzino*] vampire: *che vampiro quell'uomo!, li ha ridotti sul lastrico* quel vampire (cet homme!), quel suceur de sang, ils les a mis sur le pavé.
vàmpo |'vampo| *s.m.* (*lett.*) → **vampa** ◇ (*fig.*) *menar vampo* [*insuperbirsi*] s'enorgueillir.
vanàdico, chi, ca, che |va'nadiko, ki, ka, ke| *agg.* (*chim.*) vanadique.
vanadinìte |vanadi'nite| *s.f.* (*chim.*) vanadinite.
vanàdio, i |va'nadjo, i| *s.m.* (*chim.*) vanadium.
vanaglòria |vana'glɔrja| *s.f.* [*eccessiva stima di sé stesso*] vanité, gloriole.
vanagloriàrsi |vanaglo'rjarsi| *v. intr. pron.* [*vantarsi in modo eccessivo*] se vanter (de).
vanaglorióso |vanaglo'rjoso| *agg.* [*pieno di vanagloria*] vaniteux*, vantard: *soldato vanaglorioso* soldat vaniteux, vantard; *parole vanagloriose* paroles vaniteuses.
vanaménte |vana'mente| *avv.* **1** [*con vanità*] avec vanité (*loc. inv.*): *parlare vanamente di sé* parler avec vanité de soi **2** [*inutilmente*] vainement, en vain (*loc. inv.*): *sperare vanamente* espérer vainement, en vain.
vandalicaménte |vandalika'mente| *avv.* [→ VANDALICO] avec vandalisme *loc. inv.*
vandàlico, ci, ca, che |van'daliko, tʃi, ka, ke| *agg.* **1** vandalique **2** (*fig.*) [*degno di un vandalo*] de vandale (*loc. inv.*): *furia vandalica* fureur de vandale.
vandalìsmo |vanda'lizmo| *s.m.* vandalisme: *atti di vandalismo* actes de vandalisme.
vàndalo |'vandalo| *s.* **1** *s.m. pl.* (*st.*) *i Vandali* les Vandales **2** *s.* (*fig.*) [*persona barbara, che distrugge cose utili o belle*] vandale: *alcuni vandali hanno abbattuto i cartelli stradali* des vandales ont détruit les panneaux de signalisation.
vandeàno |vande'ano| *agg.* [*della Vandea*] vandéen*.
vaneggiaménto |vaneddʒa'mento| *s.m.* [→ VANEGGIARE] délire: *i vaneggiamenti di un folle* les délires d'un fou.
vaneggiàre |vaned'dʒare| *v.intr.* (*aus.* '*avere*') [*pensare e parlare in modo insensato*] délirer: *vaneggiava in preda alla febbre* la fièvre le faisait délirer ◇ (*per est.*) [*dire, pensare cose assurde, fantastiche*] divaguer: *ma che dici?, stai vaneggiando?* mais qu'est-ce que tu dis?, tu divagues?
vanèllo |va'nɛllo| *s.m.* (*t.zool.*) vanneau.
vanerèllo |vane'rɛllo| → **vanesio.**
vanèsio, i |va'nɛzjo, i| *agg.* [*che, chi è fatuo, vanitoso*] fat, vaniteux*: *che sorriso vanesio!* quel sourire fat, vaniteux! ◆ (*s.*) *fare il vanesio* faire le vaniteux.
vanéssa |va'nessa| *s.f.* (*t.zool.*) vanesse.
vànga, ghe |'vanga, ge| *s.f.* [*attrezzo a mano per lavorare il terreno*] bêche: *rompere le zolle con la vanga* briser les mottes à la bêche.
vangàre |van'gare| *v.tr.* [*rompere la terra con la vanga*] bêcher: *vangare un campo, l'orto* bêcher un champ, le potager ◇ (*loc. fig.*) *vangare l'acqua* [*affaticarsi inutilmente*] donner des coups d'épée dans l'eau.
vangàta |van'gata| *s.f.* **1** coup *m.* de bêche **2** [→ VANGARE] coup de bêche: *il terreno ha bisogno di una vangata* le terrain a besoin d'un coup de bêche **3** [*quantità di terra sollevata da una vanga*] pelletée.
vangatóre, trice |vanga'tore, tritʃe| *s.* [*chi vanga*] bêcheur*.
vangatùra |vanga'tura| *s.f.* [→ VANGARE] bêchage *m.*
vangèlo |van'dʒɛlo| *s.m.* **1** (*relig.*) (*con iniziale maiuscola*) Évangile: *Vangeli canonici, apocrifi, sinottici* Évangiles canoniques, apocryphes, synoptiques ◇ (*per est.*) [*libro contenente il Vangelo*] Bible (*f.*): *giurare sul Vangelo* jurer sur la Bible **2** (*eccl.*) (*con iniziale minuscola*) évangile: *al vangelo il sacerdote non ha fatto l'omelia* après l'évangile le prêtre n'a pas fait de sermon **3** [*base ideologica di un partito, un movimento*] évangile: *il vangelo rivoluzionario* l'évangile révolutionnaire ◇ (*per est.*) *quel testo è il suo vangelo* ce texte est son évangile **4** (*fig.*) [*verità indiscutibile*] évangile: *le sue parole sono vangelo per me* pour moi tout ce qu'il dit est parole d'évangile.
vanghétto |van'getto| *s.m.* [*vanga a manico corto*] *houe *f.*
vangìle |van'dʒile| *s.m.* (*agr.*) *hausse-pied.
vanificàre |vanifi'kare| *v.tr.* [*rendere vano, inefficace*] rendre (53) vain: *vanificare gli sforzi comuni, un tentativo di conciliazione* rendre vains les efforts communs, rendre vaine une tentative de conciliation.
vanìglia |va'niʎʎa| *s.f.* **1** (*t.bot.*) vanillier *m.* **2** [*il frutto, l'essenza*] vanille: *gelato alla vaniglia* glace à la vanille.
vanigliàto |vaniʎ'ʎato| *agg.* vanillé: *zucchero vanigliato* sucre vanillé.
vaniglìna |vaniʎ'ʎina| *s.f.* (*chim.*) vanilline.
vaniglióne |vaniʎ'ʎone| *s.m.* vanillon.
vanillìna |vanil'lina| *s.f.* → **vaniglina.**
vanillìsmo |vanil'lizmo| *s.m.* (*med.*) vanillisme.
vanilòquio, i |vani'lɔkwjo, i| *s.m.* [*discorso sconclusionato e sciocco*] radotage.
vanìre |va'nire| (197) *v.intr.* (*aus.* '*essere*') (*poet.*) → **svanire.**
vanità |vani'ta| *s.f. inv.* **1** vanité (*var.*): *la vanità femminile* la vanité féminine; *lusingare la vanità di qc.* flatter la vanité de qqn. ◇ (*per est.*) [*debolezza*] faiblesse (*var.*): *è una delle sue vanità* c'est une de ses faiblesses **2** [*inutilità*] inutilité (*var.*): *la vanità di uno sforzo* l'inutilité d'un effort **3** [*natura effimera e caduca*] fragilité (*var.*): *la vanità della bellezza, della vita umana* la fragilité de la beauté, de la vie humaine; *la vanità dei beni terreni* la fragilité des biens terrestres ◇ (*per est.*) [*cosa futile e caduca*] vanité: *tutto nel mondo è vanità* tout est vanité **4** (*lett.*) [*l'essere incorporeo, inconsistente*] inconsistance *var.* (*corr.*): *la vanità delle ombre* l'inconsistance des ombres.
vanitosaménte |vanitosa'mente| *avv.* [→ VANITOSO] vaniteusement.
vanitóso |vani'toso| *agg.* vaniteux*: *una donna vanitosa* une femme vaniteuse ◆ (*s.*) *un vanitoso* un vaniteux ◇ (*per est.*) [*che dimostra vanità*] *discorsi vanitosi* propos vaniteux.
vànni |'vanni| *s.m. pl.* (*poet.*) [*ali*] ailes *f.* (*corr.*): *i vanni dell'aquila* les ailes de l'aigle.
vàno |'vano| **I** *agg.* **1** [*inutile, inefficace*] vain: *vani tentativi* de vaines tentatives; *vane minacce* de vaines menaces; *le ricerche sono state vane* les recherches ont été vaines; *rendere vani gli sforzi di qc.* rendre vains les efforts de qqn.; *riuscire vano* être vain ◇ (*loc.*) *in vano* en vain → **invano** **2** [*privo di fondamento*] vain: *promesse vane, speranze vane* vaines promesses, vains espoirs ◇ (*per est.*) [*frivolo, caduco*] *come sono vane le ricchezze terrene!* comme les richesses terrestres sont vaines! **3** [*privo di carattere, di profondità di pensiero*] vide: *persone fatue e vane* personnes prétentieuses et vides; *è un uomo vano e superficiale* c'est un homme vide et superficiel ◇ (*per est.*) (*cose*) vain: *che vana ostentazione di ricchezze!* quelle vaine ostentation de richesses! **4** (*lett.*) [*vuoto all'interno*] vide (*corr.*): *una canna vana* un tuyau vide ◇ (*per est.*) [*privo di abitanti*] *città, casa vana* ville, maison vide **5** [*incorporeo, inconsistente*] inconsistant: *la vana ombra dei morti* l'ombre inconsistante des morts; *le vane immagini della mente* les images inconsistantes de l'esprit **II** *s.m.* **1** [*spazio vuoto*] cage *f.*; trou: *il vano delle scale* la cage de l'escalier ‖ *il vano del pozzo* le trou du puits **2** [*apertura di una struttura muraria*] embrasure *f.*, encadrement: *il vano della porta, della finestra* l'embrasure, l'encadrement de la porte, de la fenêtre; *apriranno un vano in quel muro* ils ouvriront une embrasure dans ce mur **3** [*stanza, ambiente*] pièce (*f.*): *appartamento di quattro vani* appartement de quatre pièces ◇ (*per est.*) [*spazio delimitato per usi vari*] coffre: *vano portabagagli* coffre à bagages **4** (*fig., lett.*) → **invano.**
vantàggio, i |van'taddʒo, i| *s.m.* **1** avantage: *il vantaggio del numero, della posizione* l'avantage du nombre, de la position; *è un posto che offre parecchi vantaggi* c'est un poste qui offre beaucoup d'avantages; *avere il vantaggio del sole, del vento* avoir (pour soi) l'avantage du soleil, du vent; *disporre del vantaggio della luce* avoir (pour soi) l'avantage de la lumière **2** [*profitto, utile*] avantage, profit: *trarre vantaggio da q.c., qc.* tirer avantage, profit de qqch., qqn. # *se paghi in contanti, otterrai un notevole vantaggio* en payant comptant, tu feras une importante économie ◇ *loc.* A VANTAGGIO à l'avantage, au profit: *l'affare torna tutto a nostro vantaggio* l'affaire tourne complètement à notre avantage, à notre profit **3** [*sovrappiù, giunta*] supplément: *avere, dare un vantaggio sul peso* avoir, donner un supplément sur le poids **4** [*superiorità, privilegio*] avantage: *il vantaggio della ragione, dell'esperienza* l'avantage de la raison, de l'expérience **5** (*sport*) avance (*f.*): *il corridore ha trenta secondi di vantaggio* le coureur a tren-

te secondes d'avance; *abbiamo un punto di vantaggio* nous avons un point d'avance; *hanno soltanto 50 metri di vantaggio sugli altri concorrenti* ils n'ont que 50 mètres d'avance sur les autres concurrents ◇ (*spec.*) *corsa a vantaggio* course à bonification; *regola del vantaggio* règle de l'avantage; *essere in vantaggio* mener; *la squadra si è portata in vantaggio per uno a zero* l'équipe mène un à zéro ◇(*tennis*) *vantaggio alla battuta, alla rimessa* avantage au service, à la remise (en jeu); *vantaggio pari* égalité **6** (*tip.*) galée *f.*

vantaggiosaménte |vantadʤosa'mente| *avv.* [*con vantaggio*] avantageusement.

vantaggióso |vantad'ʤoso| *agg.* [*che dà, procura vantaggio*] avantageux*: *posizione vantaggiosa* position avantageuse; *un contratto vantaggioso* un contrat avantageux.

vantàre |van'tare| **A** *v.tr.* **1** [*lodare in modo esagerato, con ostentazione*] vanter, exalter: *vantare i propri meriti, i meriti altrui* vanter, exalter ses mérites, les mérites d'autrui; *lo ha vantato per tutta la serata* elle l'a vanté pendant toute la soirée; *vantare le qualità di una merce* vanter les qualités d'une marchandise **2** [*essere, andare fiero, orgoglioso di q.c., qc.*] se vanter, *pron.* de, s'enorgueillir *pron.* de: *vanta una nobile discendenza* il se vante, s'enorgueillit d'être de noble extraction (d'être noble); *vanta amici potentissimi* il se vante d'avoir des amis très puissants; *vanta più denaro di quanto ne abbia* il se vante d'avoir plus d'argent qu'il n'en a; *la città vanta molti bei monumenti* la ville s'enorgueillit d'avoir beaucoup de beaux monuments **3** [*rivendicare; avanzare*] revendiquer; avancer (2): *vantare diritti* revendiquer des droits ‖ *vantare pretese* avancer des prétentions **B** *v.pron. rifl.* VANTARSI **1** [→ *tr.* 1] se vanter: *non fa che vantarsi* il ne fait que se vanter; *non faccio, non dico per vantarmi, ma...* ce n'est pas pour me vanter, mais... **2** [→ *tr.* 2] se vanter, vanter (*tr.*): *si vanta delle sue nobili origini* il se vante de, il vante ses nobles origines; *ma di che ti vanti poi?* mais de quoi te vantes-tu donc?; *si vanta di riuscire in tutto quello che fa* il se vante de réussir en tout ce qu'il fait.

vantatóre, trice |vanta'tore, tri'tʃe| *s.* qui vante *loc.*; qui se vante *loc.*

vanteria |vante'ria| *s.f.* vanterie: *che assurde vanterie!* quelles absurdes vanteries!

vànto |'vanto| *s.m.* **1** [*il fatto di vantarsi*] vanterie (*f*): *non lo dico per vanto* je ne le dis pas par vanterie # *menar vanto, darsi vanto di q.c.* se vanter de qqch. ◇ (*per est.*) [*motivo di lode e merito*] mérite: *bel vanto!* beau mérite!; *riportare il vanto della vittoria* rapporter le mérite de la victoire; *questa azione torna a vostro onore e vanto* cette action est toute à votre honneur et mérite # *è il vanto della sua famiglia* il est l'orgueil de sa famille **2** (*ant.*) [*sfida cavalleresca*] défi.

vànvera |'vanvera| *s.f. inv.* solo *nella loc.* A VANVERA [*a casaccio, senza ordine; senza senso*] à tort et à travers; sans réflexion: *parlare a vanvera* parler à tort et à travers; *fare dei discorsi a vanvera* tenir des propos à tort et à travers ‖ *agire a vanvera* agir sans réflexion.

vaporàre |vapo'rare| **A** *v.intr.* (*aus.* '*essere, avere*') → **evaporare B** *v.tr.* (*lett., fig.*) [*velare, annebbiare*] offusquer (*corr.*).

vaporazióne |vaporat'tsjone| *s.f.* (*raro*) → **evaporazione.**

vapóre |va'pore| *s.m.* **1** (*chim., fis.*) vapeur (*f.*): *vapore acqueo* vapeur d'eau; *vapori di mercurio, di iodio* vapeur de mercure, d'iode; *vapore saturo, corrosivo* vapeur saturante, corrosive ◇ (*corr.*) *stanza piena di vapore* pièce remplie de vapeur ◇ *loc.* A VAPORE à vapeur: *macchina, caldaia, locomotiva a vapore* machine, chaudière, locomotive à vapeur # *andare a vapore* aller à la vapeur; *a tutto vapore* à toute vapeur; *bagno a vapore* bain de vapeur; *cuocere a, al vapore* cuire à la vapeur **2** [*nave a vapore*] (bateau à) vapeur (*m.*): *il vapore ripartì carico di passeggeri* le (bateau à) vapeur repartit chargé de passagers **3** *al plur.* [*esalazioni*] vapeurs (*f.*): *vapori d'incenso* vapeurs d'encens; *i vapori del vino, dell'alcool* les vapeurs du vin, de l'alcool.

vaporétto |vapo'retto| *s.m.* [*battello a vapore usato per brevi tragitti*] (bateau à) vapeur.

vaporièra |vapo'rjɛra| *s.f.* [*locomotiva a vapore*] locomotive à vapeur: *il fischio della vaporiera* le sifflement de la locomotive à vapeur ◇ (*fig., detto di cosa che emette molto fumo o di persona che fuma molto*) *fumare come una vaporiera* fumer comme une locomotive.

vaporìno |vapo'rino| *s.m.* → **vaporetto.**

vaporissàggio, i |vaporis'sadʤo, i| *s.m.* → **vaporizzatura.**

vaporizzàbile |vaporid'dzabile| *agg.* [→ VAPORIZZARE] vaporisable.

vaporizzàre |vaporid'dzare| **A** *v. tr.* **1** [*far evaporare*] vaporiser **2** (*tess.*) bruir: *vaporizzare un tessuto* bruir un tissu **B** *v.intr.* (*aus.* '*essere*') → **evaporare.**

vaporizzatóre |vaporiddza'tore| *s.m.* **1** (*tecnol., corr.*) vaporisateur ✦ (*agg.*) *tubi vaporizzatori* tubes vaporisateurs **2** [*umidificatore*] humidificateur.

vaporizzatùra |vaporiddza'tura| *s.f.* (*tess.*) vaporisage *m.*

vaporizzazióne |vaporiddzat'tsjone| *s.f.* **1** vaporisation **2** → **vaporizzatura.**

vaporosità |vaporosi'ta| *s.f. inv.* **1** caractère *m. var.* vaporeux **2** [*leggerezza*] vaporeux *m.* **3** (*fig.*) [*indeterminatezza di idee, di concetti*] vague *m. var.*

vaporóso |vapo'roso| *agg.* **1** [*sottile, leggero*] vaporeux*: *un abito vaporoso* un vêtement vaporeux; *capelli vaporosi* cheveux vaporeux **2** (*raro*) [*pieno di vapori*] vaporeux **3** (*raro, fig.*) [*indeterminato*] vague, nébuleux*.

var |var| *s.m.* (*elettr.*) var.

varaménto |vara'mento| *s.m.* **1** → **1 varo 2** (*tecnol.*) installation *f.*

varàno |va'rano| *s.m.* (*t.zool.*) varan.

varàre |va'rare| **A** *v.tr.* **1** (*mar.*) [*far scendere per la prima volta in acqua la nave*] lancer (2): *varare una nave* lancer un navire **2** (*fig.*) [*portare a compimento*] lancer; approuver: *varare un'impresa* lancer une entreprise; *varare un libro* lancer un livre ‖ *varare una legge, un provvedimento* approuver une loi, une mesure # *varare una commedia* représenter une pièce (pour la première fois); créer une pièce **3** (*sport*) [*scegliere i rappresentanti di una squadra*] lancer: *varare una squadra* lancer une équipe; *la nuova nazionale sarà varata nella prossima partita* la nouvelle équipe nationale sera lancée dans la prochaine partie **B** *v.pron. intr.* (*detto delle navi*) [*arenarsi, incagliarsi*] échouer *intr.*

varcàbile |var'kabile| *agg.* [→ VARCARE A 1] franchissable.

varcàre |var'kare| **A** *v.tr.* **1** [*passare oltre q.c. attraversandola*] franchir: *varcare il confine* franchir la frontière; *varcare l'oceano* franchir l'océan; *varcare la soglia di casa* franchir le seuil de sa maison **2** (*fig.*) [*superare*] passer: *varcare i limiti* passer les limites; *varcare la cinquantina* passer le cap de la cinquantaine **3** (*lett.*) [*aprirsi un varco*] s'ouvrir (23) un passage (*corr.*) **B** *v.intr.* (*aus.* '*essere*') (*lett.*) [*trascorrere*] passer (*aus.* avoir, être) (*corr.*), s'écouler *pron.* (*corr.*).

vàrco, chi |'varko, ki| *s.m.* **1** [*passaggio, passo*] passage: *aprirsi un varco tra la folla, in una foresta* s'ouvrir, se frayer un passage à travers la foule, dans la forêt ◇ (*loc.*) *aspettare, cogliere qc. al varco*: (*pr.*) attendre, surprendre qqn. au passage; (*fig.*) [*aspettare il momento giusto per vendicarsi di qc.*] attendre qqn. au tournant **2** (*geogr.*) col **3** (*mil.*) trouée *f.*

varèa |va'rɛa| *s.f.* (*mar.*) bout *m.* de vergue.

varec(c)hìna |vare'k(k)ina| *s.f.* eau de javel.

varesino |vare'sino| *agg.* [*di Varese*] varésan.

varia |'varja| *s.f.* → **vario II** 2.

variàbile |va'rjabile| **I** *agg.* **1** [→ VARIARE] variable: *tempo, clima variabile* temps, climat variable; *costo variabile* prix variable; *stella variabile* étoile variable; *il barometro segna (tempo) variabile* le baromètre est au variable **2** (*ling.*) variable: *parti variabili del discorso* parties variables du discours **3** (*mat.*) variable: *grandezza variabile* grandeur variable **II** *s.f.* (*mat.*) variable: *variabile dipendente, indipendente* variable dépendante, indépendante.

variabilità |varjabili'ta| *s.f. inv.* **1** variabilité (*var.*): *variabilità del tempo* variabilité du temps # *variabilità di umore* changement d'humeur **2** (*biol.*) variabilité **3** (*stat.*) variabilité: *indice di variabilità* indice de variabilité.

variabilménte |varjabil'mente| *avv.* [→ VARIABILE I 1] variablement.

variaménte |varja'mente| *avv.* [→ VARIO I 1, 2] diversement, différemment: *abito variamente colorato* vêtement diversement, différemment coloré.

variànte |va'rjante| **I** *agg.* (*filol.*) variant: *lezione variante* leçon variante **II** *s.f.* **1** [*cambiamento, modifica*] variante: *quel progetto è stato presentato con numerose varianti rispetto all'originale* ce projet a été présenté avec de nombreuses variantes par rapport à l'original # *ha apportato alcune varianti nel discorso* il a apporté quelques modifications à son discours **2** (*filol.*) variante: *le varianti di tradizione* les variantes de tradition; *le varianti d'au-*

tore les variantes d'auteur **3** (*ling.*) variante: *variante fonematica* variante phonématique; *variante grafica* variante graphique; *variante di forma* variante de forme **4** (*sport*) changement (*m.*): *c'è stata una variante nel percorso* il y a eu un changement dans le parcours **5** [*versione, tipo*] version: *modello presentato in più varianti* modèle présenté en plusieurs versions.

variànza |va'rjantsa| *s.f.* (*fis., stat.*) variance.

variàre |va'rjare| **A** *v.tr.* **1** [*cambiare, mutare*] varier: *variare l'alimentazione* varier l'alimentation; *variare i prezzi* varier les prix # *variare programma* changer de programme ◇ (*loc.*) *mi piace variare ogni tanto* j'aime changer de temps en temps ~ *si fa per variare* pour changer ~ (*scherz.*) *tanto per variare, ho perso l'ombrello* pour changer, j'ai perdu mon parapluie **2** [*diversificare, apportare modifiche*] varier: *variare le proprie letture* varier ses lectures; *variare un tema musicale* varier un thème musical # *variare la pena secondo il delitto* adapter la peine au délit **B** *v.intr.* (*aus. 'avere', con sogg. di persona; 'essere' con sogg. di cosa*) **1** [*diventare diverso, mutare*] changer (3) (de) (*aus.* avoir, être): *ha variato d'abito, di camera* il a changé de vêtement, de chambre; *variare di carattere, di idee* changer de caractère, d'idées; *la moda è sempre variata di stagione in stagione* la mode a toujours changé de saison en saison; *le usanze sono variate* les mœurs ont changé, sont changées **2** [*essere diverso*] varier (*aus.* avoir): *i prezzi variano a seconda degli articoli* les prix varient suivant les articles; *la temperatura in montagna varia continuamente* la température en montagne varie continuellement.

variàto |va'rjato| *agg.* varié: *suoni, colori variati* sons variés, couleurs variées # *terreno variato* [*ineguale*] terrain inégal.

variatóre |varja'tore| *s.m.* (*tecnol.*) variateur: *variatore di velocità, di tensione* variateur de vitesse, de tension.

variazionàle |varjattsjo'nale| *agg.* (*mat.*) *calcolo variazionale* calcul des variations *loc. inv.*

variazióne |varjat'tsjone| *s.f.* [→ VARIARE A 1] variation; changement (*m.*): *variazione di temperatura* variation de température ‖ *variazione di programma* changement de programme ◇ (*astron.*) *variazione della luna* variation de la lune ◇ (*biol.*) *variazioni individuali* variations individuelles ◇ (*mat.*) variation ◇ (*mus.*) *variazione sul tema* variation sur un thème.

varice |va'ritʃe| *s.f.* (*med., corr.*) varice.

varicèlla |vari'tʃɛlla| *s.f.* (*med., corr.*) varicelle.

varicocèle |variko'tʃɛle| *s.m.* (*med.*) varicocèle *f.*

varicóso |vari'koso| *agg.* (*med.*) variqueux*.

vàrie |'varje| *s.f. pl.* [*argomenti, cose, problemi di vario genere*] mélanges *m.*, miscellanées.

variegàto |varje'gato| *agg.* [*di colori vari*] bariolé; multicolore: *marmo variegato di grigio* marbre bariolé de gris; *una stoffa tutta variegata* une étoffe toute bariolée ‖ *fiore variegato* fleur multicolore; *il cielo era variegato di mille colori* le ciel était multicolore.

variegatùra |varjega'tura| *s.f.* [*strisce colorate che spiccano dal fondo di q.c.*] jaspure.

1 **varietà** |varje'ta| *s.f. inv.* **1** variété (*var.*): *la varietà dei colori, dei suoni* la variété des couleurs, des sons; *la varietà di opinioni, di idee, di gusti* la variété d'opinions, d'idées, de goûts; *la varietà del paesaggio* la variété du paysage; *c'era una grande varietà di cibi* il y avait une grande variété de nourriture ◇ (*fig., iron.*) *amare la varietà* [*essere incostante*] aimer la variété, la diversité **2** [*differenza*] différence (*var.*): *tra questi due oggetti c'è un'enorme varietà* entre ces deux objets il y a une énorme différence **3** [*elemento di una serie con caratteristiche sue proprie*] variété: *una rara varietà di marmo* une rare variété de marbre; *una pregiata varietà di pietra* une variété précieuse de pierre dure **4** (*biol.*) variété: *varietà di piante, di animali* variété de plantes, d'animaux; *varietà sintetica* variété synthétique.

2 **varietà** |varje'ta| *s.m. inv.* (*teat.*) variétés (*f. pl.*): *spettacolo, numero di varietà* spectacle, numéro de variétés; *abbiamo visto un varietà divertentissimo* nous avons vu un spectacle de variétés très amusant.

varietàle |varje'tale| *agg.* (*scient.*) variétal*: *caratteri varietali* caractères variétaux.

varifórme |vari'forme| *agg.* (*lett.*) → **multiforme.**

vàrio, i |'varjo, i| **I** *agg.* **1** [*costituito da elementi varianti ma non discordanti*] varié: *un paesaggio vario e piacevole* un paysage varié et agréable; *una conversazione varia e piacevole* une conversation variée et agréable # *musica varia* [*musica leggera*] musique légère **2** [*differente, diverso*] varié; différent: *piante varie* plantes variées; *fiori di vari colori* fleurs aux couleurs variées ‖ *persone di varia età* personnes d'âge différent # *negozio di oggetti vari* commerce d'articles divers; *avere varie possibilità* avoir diverses possibilités; *ci sono varie soluzioni a questo problema* il y a diverses solutions à ce problème ◇ (*fis.*) irrégulier*: *moto vario* mouvement irrégulier **3** *al plur.* [*numerosi, parecchi*] plusieurs, différent(e)s: *per varie ragioni* pour différentes raisons; *ho varie cose da sbrigare* j'ai plusieurs, différentes choses à faire; *l'ho rivisto varie volte* je l'ai revu plusieurs fois; *da vari anni viene sempre in questo albergo* depuis plusieurs années, il descend à cet hôtel; *vari autori ne parlano* plusieurs auteurs en parlent ◇ (*per est.*) [*disparato*] *commercio in generi vari* commerce en tous genres **4** [*instabile, mutevole*] variable: *tempo vario* temps variable; *essere di umore vario* être d'humeur variable ♦ *avv.* → **variamente** **II** *pron. indef.* **1** *m. pl.* [*varie persone*] plusieurs personnes (*f.*): *vari dicono che il colpevole sia proprio lui* plusieurs personnes disent que c'est vraiment lui le coupable; *mi sono rivolto a vari, ma nessuno mi ha aiutato* je me suis adressé à plusieurs personnes, mais aucune ne m'a aidé **2** *f. pl.* VARIE [*cose, argomenti di vario genere*] divers (*m.*): *varie ed eventuali* divers **III** *s.m.* (*raro*) [*varietà*] variété (*f.*): *prediligere il vario ed il mutevole* préférer la variété et le changement.

variolàto |varjo'lato| *agg.* → **vaiolato.**

variòmetro |va'rjɔmetro| *s.m.* **1** (*fis.*) variomètre: *variometro gravitazionale* variomètre gravitationnel **2** (*aer., elettr.*) variomètre.

variopìnto |varjo'pinto| *agg.* [*di vari colori*] multicolore, bigarré: *farfalle dalle ali variopinte* papillons aux ailes multicolores; *stoffe tutte variopinte* étoffes toutes multicolores, bigarrées.

varismo |va'rizmo| *s.m.* (*med.*) membre varus; varisme.

1 **vàro** |'varo| *s.m.* **1** (*mar.*) lancement: *il varo di una nave* le lancement d'un navire ◇ (*per est., fig.*) *il varo di una legge* la mise *f.* en vigueur d'une loi; *il varo di un libro* la publication *f.* d'un livre; *il varo di una commedia* la première *f.* (représentation d'une pièce) **2** (*sport*) lancement: *il varo della nuova squadra* le lancement de la nouvelle équipe.

2 **vàro** |'varo| *agg.* (*med.*) varus*.

vàrva |'varva| *s.f.* (*geol.*) varve.

vasàio, i |va'zajo, i| *s.m.* [*artigiano che fabbrica o vende vasi di terracotta e sim.*] potier.

vasàle |va'zale| *agg.* (*anat.*) vasculaire: *labilità vasale* labilité vasculaire.

vàsca, che |'vaska, ke| *s.f.* **1** [*costruzione in materiali vari per contenere acqua*] baignoire; bac (*m.*): *vasca da bagno* baignoire; *vasca a sedere* baignoire sabot ‖ *la vasca del bucato* le bac à laver; *vasca per l'acqua piovana* bac pour l'eau de pluie # *la vasca dei pesci* l'aquarium; *la vasca del mosto* la cuve ◇ (*tecnol.*) cuve; bac: *vasca elettrolitica* cuve électrolytique; *vasca di chiarificazione* cuve de clarification; *vasca di sedimentazione, di depurazione, di deposito* cuve de sédimentation, d'épuration, de dépôt ‖ *vasca di tempera* bac à tremper; *vasca di tintoria* bac à teinture; *vasca di zincatura* bac de galvanisation # *vasca navale* bassin d'essai, des carènes **2** [*tazza o bacino di fontana*] vasque: *nel patio c'è una bella vasca* dans le patio il y a une belle vasque **3** *vasca* (*di piscina*) bassin *m.* (de piscine): *fare una vasca* [*percorrere in un senso la piscina*] faire une longueur de bassin.

vascèllo |vaʃ'ʃɛllo| *s.m.* **1** (*mar.*) vaisseau: *vascello di linea* vaisseau de ligne; *tenente, capitano di vascello* lieutenant, capitaine de vaisseau ◇ (*lett.*) *il vascello fantasma* le vaisseau fantôme **2** (*dial.*) → **tino.**

vaschétta |vas'ketta| *s.f.* **1** petit bassin *m.* **2** petit bac *m.* **3** [*contenitore senza coperchio per prodotti alimentari*] coupe: *una vaschetta di gelato, di frutta* une coupe de glace, de fruits **4** (*auto.*) cuve: *la vaschetta del carburatore* la cuve du carburateur.

vascolàre |vasko'lare| *agg.* **1** (*anat.*) vasculaire: *sistema vascolare* système vasculaire **2** (*bot.*) vasculaire: *tessuto vascolare* tissu vasculaire **3** [*che si riferisce ai vasi di terracotta*] des vases *loc. inv.*; sur vase (*loc. inv.*): *arte vascolare* art des vases ‖ *pittura vascolare* peinture sur vase.

vascolarizzàto |vaskolarid'dzato| *agg.* (*anat.*) vascularisé: *tessuto vascolarizzato* tissu vascularisé.

vascolarizzazióne |vaskolariddzat'tsjone| *s.f.* (*anat.*) vascularisation.

vàscolo |'vaskolo| *s.m.* [*recipiente usato dagli erboristi*] jeannette *f.*

vascolóso |vasko'loso| *agg.* (*anat.*) vasculeux*.

vasectomìa |vasekto'mia| *s.f.* (*chir.*) *vasectomia parziale* vasectomie; *vasectomia totale* vasotomie.
vasectomizzàre |vasektomid'dzare| *v.tr.* (*chir.*) [*sottoporre a vasectomia*] vasectomiser.
vaselìna |vaze'lina| *s.f.* (*chim.*) vaseline.
vasellàme |vazel'lame| *s.m.* [*i piatti, i vassoi, le tazze per la mensa*] vaisselle (*f.*): *vasellame di porcellana* vaisselle de porcelaine; *vasellame d'argento* vaisselle d'argent, vaisselle plate.
vasellìna |vazel'lina| *s.f.* → **vaselina.**
vasèllo |va'zɛllo| *s.m.* [*vasetto usato dal sacerdote durante la messa*] petit vase.
vasétto |va'zetto| *s.m.* **1** (petit) pot: *un vasetto di crema* un pot de crème **2** petit vase: *un vasetto antico* un petit vase antique.
'vasistas' |vazis'tɑs| *s.m. inv.* vasistas.
vaso- |vazo| *pref.* (*significa 'recipiente', corrisponde gener. a*) vaso: *vasomotore* vaso-moteur.
vàso |'vazo| *s.m.* **1** vase: *un vaso d'argento* un vase d'argent; *vaso da notte* vase de nuit # *vaso da fiori* pot aux fleurs; *vaso all'inglese, alla turca* siège à l'anglaise, à la turque ◇ (*fig.*) *portar vasi a Samo* [*fare q.c. di inutile*] porter de l'eau à la rivière; *vasi sacri* vases sacrés ◇ (*fig., relig., detto di S. Paolo*) *vaso d'elezione, dello Spirito Santo* vase d'élection, du Saint-Esprit ◇ *loc.* A VASO évasé (*agg.*): *una tinozza a vaso* une cuve évasée **2** [*contenitore usato per prodotti chimici, alimentari e sim.*] pot: *un vaso di marmellata* un pot de confiture; *un vaso di sottaceti* un pot de pickles; *un vaso di uva sottospirito* un pot de raisin à l'eau-de-vie ◇ (*fis.*) vase: *vaso di Dewar* vase de Dewar; *vasi comunicanti* vases communicants ◇ (*per est.*) [*quantità di sostanza contenuta in un vaso*] *un vaso di terra, d'acqua* un vase de terre, d'eau **3** (*anat.*) vaisseau: *vasi sanguigni, linfatici* vaisseaux sanguins, lymphatiques **4** (*bot.*) *vasi aperti, chiusi* vaisseaux ouverts, fermés **5** (*mar.*) couette *f.* **6** (*arch.*) *vaso di capitello* vaisseau de chapiteau **7** *vaso del W.C.* cuvette *f.* du W.C.
vasocostrittóre, trice |vazokostrit'tore, tritʃe| *s.m.* (*fisiol., med.*) vaso-constricteur ✦ (*agg.*) *un preparato vasocostrittore* un remède vaso-constricteur *m.* © **vasodilatatore.**
vasocostrizióne |vazokostrit'tsjone| *s.f.* (*fisiol., med.*) vaso-constriction.
vasodilatatóre, trice |vazodilata'tore, tritʃe| *s.m.* (*fisiol., med.*) vaso-dilatateur ✦ (*agg.*) *un farmaco vasodilatatore* un médicament vaso-dilatateur.
vasodilatazióne |vazodilatat'tsjone| *s.f.* (*fisiol., med.*) vaso-dilatation.
vasomotilità |vazomotili'ta| *s.f. inv.* (*fisiol.*) vasomotricité *var.*
vasomotóre, trice |vazomo'tore, tritʃe| *agg.* (*fisiol., med.*) vaso-moteur*: *nervi vasomotori* nerfs vaso-moteurs.
vasomotòrio, i |vazomo'tɔrjo, i| *agg.* (*med.*) vaso-moteur*: *disturbi vasomotori* troubles vaso-moteurs.
vasopressìna |vazopres'sina| *s.f.* (*med.*) vaso-pressine.
vassallàggio, i |vassal'laddʒo, i| *s.m.* **1** (*st.*) vassalité *f.*, vasselage **2** (*fig.*) [*stato di soggezione, servitù*] sujétion (*f.*): *il vassallaggio economico di uno Stato* la sujétion économique d'un État.
vassallàtico, ci, ca, che |vassal'latiko, tʃi, ka, ke| *agg.* de la vassalité *loc. inv.*, du vasselage *loc. inv.*
vassàllo |vas'sallo| *s.m.* **1** (*st.*) vassal* ✦ (*agg.*) *stato vassallo* état vassal **2** (*per est.*) [*suddito, sottoposto*] vassal # *non sono il tuo vassallo!* je ne suis pas ton valet!
vassoiàta |vasso'jata| *s.f.* [*quantità di q.c contenibile da un vassoio*] plateau *m.*
vassóio, i |vas'sojo, i| *s.m.* **1** [*piatto a bordi rialzati usato per servire in tavola*] plateau: *un vassoio di paste* un plateau de gâteaux; *passare il vassoio dei rinfreschi* faire passer le plateau des rafraîchissements **2** [*attrezzo da muratore*] taloche *f.*
vastaménte |vasta'mente| *avv.* (*raro*) [→ VASTO] vastement.
vastézza |vas'tettsa| *s.f.* vastitude → **vastità.**
vastità |vasti'ta| *s.f. inv.* [*estensione, ampiezza*] étendue *var.*, vastitude (*var.*): *la vastità del mare, del cielo* l'étendue de la mer, du ciel ◇ (*fig.*) *la vastità dello scibile* l'étendue, la vastitude du savoir; *la vastità della sua cultura è enorme* l'étendue de sa culture est énorme.
vàsto |'vasto| *agg.* vaste: *una vasta pianura* une vaste plaine ◇ (*fig.*) *una vasta clientela* une grosse clientèle; *un vasto pubblico* un large public; *uomo di vasta cultura* homme d'une vaste culture; *fenomeno di vaste proporzioni, di vasta portata* phénomène considérable par son ampleur et sa portée; *godere di vasti poteri* jouir de pouvoirs étendus ◇ (*comm.*) *prodotto su vasta scala* produit sur une grande échelle ✦ *s.m.* (*anat.*) vaste: *vasto esterno, interno* vaste externe, interne.
vàte |'vate| *s.m.* (*lett.*) **1** [*poeta*] poète (*corr.*) **2** [*profeta, indovino*] prophète (*corr.*).
vaticàno |vati'kano| *agg.* du Vatican (*loc. inv.*): *territorio vaticano* territoire du Vatican; *palazzi vaticani* palais du Vatican ✦ (*s.m.*) *il Vaticano* le Vatican: *la politica del Vaticano* la politique du Vatican.
vaticinàre |vatitʃi'nare| *v.tr.* (*lett.*) [*predire, profetizzare*] prédire (48) (*corr.*): *vaticinare una sentenza* prédire un jugement.
vaticinatóre, trice |vatitʃina'tore, tritʃe| *s.* (*lett.*) [*indovino, profeta*] vaticinateur*.
vaticinazióne |vatitʃinat'tsjone| *s.f.* [→ VATICINARE] vaticination.
vaticìnio, i |vati'tʃinjo, i| *s.m.* (*lett.*) [*profezia, predizione*] vaticination: *il suo vaticinio si è avverato* sa vaticination s'est vérifiée.
vattelappésca |vattelap'peska| *avv.* (*fam.*) [*va' a saperlo, va' a indovinarlo, chissà*] *il signor vattelappesca* Monsieur machin, Monsieur Truc; *vattelappesca dov'è!* Dieu sait où il est!
vauchèria |vau'kɛrja| *s.f.* (*t.bot.*) vauchérie.
ve |ve| **I** *pron. pers. di 2ª pers. m. e f. pl.* (*forma che 'vi' assume davanti ai pron. atoni 'la, le, li, lo' e alla particella 'ne'*) **1** [*a voi*] vous: *ve l'ho già detto* je vous l'ai déjà dit; *ve li ho appena portati* je viens de vous les apporter; *ve ne ho già dati abbastanza* je vous en ai déjà assez donné **2** (*nella coniugazione dei v. intr. pron.*) vous: *ve ne pentirete* vous vous en repentirez; *potete andarvene* vous pouvez vous en aller # *ve ne siete dimenticati* vous l'avez oublié ◇ (*pleon.*) *ve lo immaginate sposato?* vous l'imaginez-vous marié? **II** *avv.* (*di luogo*) [*lì, in quel posto*] y: *ve l'ho messo io stesso* je l'y ai mis moi-même; *ve ne sono molti* il y en a beaucoup; *non ve n'è più nemmeno uno* il n'y en a plus un seul.
ve', veh |ve| *inter.* (*forma tronca di 'vedi'*) **1** [*vedi!, guarda!*] oh!, regarde!: *ve', veh, come è bello!* oh!, regarde! comme c'est beau! **2** [*bada, sta attento*] (*)hein: *attento, ve', a non cadere* fais attention, hein, de ne pas tomber; *non dire più parolacce, veh!* ne dis plus de gros mots, hein! # *guarda, ve'!* gare à toi! **3** (*con valore raff.*) [*proprio, certamente*] hein: *è proprio vero, veh, ha vinto lui!* c'est vrai, hein, c'est lui qui a gagné!; *è un bel disegno, veh!* hein, c'est un beau dessin!
vècchia |'vɛkkja| *s.f.* [*donna avanzata in età*] vieille (femme) ◇ (*pop.*) *la mia vecchia* [*moglie o madre*] ma vieille.
vecchiàccio, ci, cia, ce |vek'kjattʃo, tʃi, tʃa, tʃe| *s.* (*pegg.*) [*persona anziana o brutta*] vieillard.
vecchiàia |vek'kjaja| *s.f.* [*età, condizione di chi è vecchio*] vieillesse: *vecchiaia precoce* vieillesse précoce; *i malanni, gli acciacchi della vecchiaia* les infirmités, les ennuis (de santé) de la vieillesse ◇ (*loc. fig.*) *sarai il bastone della mia vecchiaia* tu seras mon bâton de vieillesse ~ *pensare alla vecchiaia* [*risparmiare in vista della vecchiaia*] penser à ses vieux jours ◇ (*spec.*) *la vecchiaia* [*le persone anziane*] les personnes âgées (*pl.*): *aver rispetto per la vecchiaia* avoir du respect pour les personnes âgées.
vecchiétto |vek'kjetto| *s.* petit vieux*.
vecchiézza |vek'kjettsa| *s.f.* → **vecchiaia.**
vècchio, i |'vɛkkjo, i| **I** *agg.* **1** (*persone*) [*che ha molti anni di vita; che è in età avanzata*] vieux*: *un uomo vecchio* un vieil homme; *una donna vecchia* une vieille femme; *diventare, sentirsi vecchio* devenir, se sentir vieux # *è più vecchio di me di tre anni* il est plus âgé que moi de trois ans ◇ (*loc.*) *gallina vecchia fa buon brodo* c'est dans les vieux pots qu'on fait les bonnes soupes ~ *è più vecchio di Matusalemme* il est vieux comme Mathusalem ~ *nato vecchio* vieux avant l'âge ◇ (*animali*) *un cane, un asino vecchio* un vieux chien, un vieil âne ◇ (*piante*) *un albero vecchio* un arbre vieux; *rami vecchi* vieilles branches **2** (*per est.*) (*persone*) [*che è invecchiato in una professione, in un mestiere*] vieux: *un vecchio dottore* un vieux docteur; *un vecchio marinaio* un vieux loup de mer ◇ (*loc.*) *è una vecchia volpe della politica, della finanza* c'est un vieux renard de la politique, de la finance ~ *essere vecchio del mestiere* être vieux dans le métier ◇ (*per est.*) [*superiore di età rispetto a un*

omonimo] ancien*: *Plinio il vecchio* Pline l'ancien **3** (*cose*) [*prodotto, fatto, costruito molto tempo addietro*; *che dura da molto*] vieux: *una vecchia città* une vieille ville; *un vecchio palazzo* un vieil immeuble; *è un vecchio film* c'est un vieux film; *è una vecchia canzone dell'inizio del secolo* c'est une vieille chanson du début du siècle ◇ (*fig.*) *è una storia vecchia ormai* désormais, c'est une vieille histoire ◇ (*per est.*) (*persone*) *un vecchio amico* un vieil ami; *una vecchia amicizia* une vieille amitié; *un vecchio cliente della banca* un vieux client de la banque; *una vecchia conoscenza della polizia* une vieille connaissance de la police ◇ (*cose*) fait; vieux: *un formaggio vecchio* un fromage fait ‖ *vino vecchio di sei anni* vin vieux de six ans ◇ (*fig.*) *i vecchi sistemi non vanno più* les vieux systèmes ne vont plus; *non mi piace ricordare i vecchi tempi* je n'aime pas rappeler le vieux temps ◇ (*per anal.*) *luna vecchia* [*nell'ultimo quarto*] lune à son dernier quartier **4** [*antico*] ancien: *il Vecchio Testamento* l'Ancien Testament ◇ (*loc.*) *una persona di vecchio stampo* une personne de la vieille école; *un signore vecchio stile* un monsieur démodé; *è un vecchio maestro in quell'arte* c'est un maître ancien dans cet art **5** [*usato da tempo*; *logoro per l'uso*] vieux: *un vecchio vestito* un vieux vêtement; *una vecchia camicia* une vieille chemise; *aveva un paio di scarpe vecchie* il avait une paire de vieilles chaussures **II** *s.* **1** *s.* [*persona vecchia*] vieux*: *i giovani e i vecchi* les jeunes et les vieux; *casa di riposo per vecchi* hospice pour vieux; *un vecchio cadente, decrepito* un vieux croulant, décrépit; *i nostri vecchi avevano ragione* nos grands-parents avaient raison; les vieux disaient vrai ◇ (*loc.*) *da vecchi, certe cose si dimenticano* quand on est vieux, on oublie certaines choses ◇ (*fam.*) *il mio vecchio, la mia vecchia* [*i genitori*] mon vieux, ma vieille ◇ (*scherz.*) *il vecchio* [*il padre*] *da un po' di tempo non molla una lira* le vieux, depuis quelque temps, ne lâche plus une lire # *i vecchi della fabbrica* les anciens de l'usine **2** *s.m.* [*ciò che è vecchio* (*opposto a* '*nuovo*')] vieux: *il vecchio non va più* le vieux ne va plus; *bisogna sostituire il vecchio col nuovo* il faut remplacer le vieux par le neuf; *è una cosa che sa di vecchio* c'est une chose qui sent le vieux.

vecchióne |vekˈkjone| *s.m.* [*persona molto vecchia*] vieillard.

vecchiòtto |vekˈkjɔtto| *agg.* [*piuttosto vecchio*] vieillot*: *mobili vecchiotti* meubles vieillots; *essere vecchiotto* être vieillot ✦ (*s.*) *un vecchiotto* un petit vieux ◇ (*fig.*) [*antiquato, in disuso*] *sono abitudini piuttosto vecchiotte* ce sont des habitudes plutôt vieillottes.

vecchiùme |vekˈkjume| *s.m.* [*cose vecchie*] vieilleries (*f. pl.*): *che vecchiume, questi vestiti!* quelles vieilleries, ces vêtements ◇ (*per est., fig.*) [*idee, principi superati, triti*] vieilleries.

véccia, ce |ˈvettʃa, tʃe| *s.f.* (*t.bot.*) vesce.

veccióne |vetˈtʃone| *s.m.* → **latino.**

véce |ˈvetʃe| *s.f.* **1** *nella loc.* IN VECE DI [*al posto di*] à la place de # *in vece mia, tua, sua* à ma, ta, sa place **2** *spec. al plur.* [*mansione, ufficio*] office (*m. sing.*): *il padre o chi ne fa le veci* le père ou celui qui en fait office # *fare le veci di qc.* remplacer qqn.; *se il direttore è assente, chi ne fa le veci?* si le directeur est absent, qui en tient lieu? **3** (*arc., lett.*) → **vicenda, avvicendamento.**

vèda |ˈvɛda| *s.m. inv.* (*relig. indù*) véda *var.*

vedènte |veˈdɛnte| *s.* [*chi possiede l'uso della vista*] voyant: *i vedenti e i non vedenti* les voyants et les non-voyants 🄲 **cieco.**

1 **vedére** |veˈdere| (192) **A** *v.tr.* **I** (*in senso pr.*) **1** [*percepire con il senso della vista*] voir (37): *vedere il cielo, la luna, un bel panorama* voir le ciel, la lune, un beau panorama; *con questo buio non vedo nulla!* avec ce noir je ne vois rien!; *l'ho visto io, con i miei occhi!* je l'ai vu de mes propres yeux! ◇ (*con il* '*si*' *passivante*) *da questa stanza si vede il mare* de cette chambre on voit la mer; *a causa della foschia non si poteva vedere il panorama* à cause de la brume, on ne pouvait pas voir tout le panorama ◇ (*seguito da compl. o prop. in funzione predicativa*) trouver; voir: *ti vedo pallido, stanco* je te trouve pâle, fatigué; *ti vedo in ottima salute* je te trouve en excellente santé ‖ *l'ho visto che correva* je l'ai vu qui courait; *l'ho vista ridere* je l'ai vue rire ◇ (*loc. fig.*) *l'ho visto nascere* je l'ai vu naître ~ *la terra, la casa che ha visto nascere un grande personaggio* la terre, la maison qui a vu naître un grand personnage ~ *è una ragazza: non la vedo nelle vesti di madre* c'est une gamine, je ne la vois pas dans le rôle de la mère **2** *ass.* (*spesso nella forma* '*vederci*') voir: *da lontano, non* (*ci*) *vedo bene* de loin, je ne vois pas bien; *vederci da un occhio* (*solo*) n'y voir que d'un œil; *qui non ci si vede più: accendi la luce!* on n'y voit plus ici: allume (la lumière)! # *vedere, vederci bene, male* avoir une bonne, une mauvaise vue ◇ (*loc. fig.*) *vederci doppio* voir double ~ *vedere per credere* il faut le voir pour le croire ~ *non vederci per la fame* avoir l'estomac dans les talons ~ *non vederci per la rabbia* être aveuglé par la colère ~ *in tutta questa faccenda non ci vedo chiaro* dans toute cette histoire je n'y vois pas clair ~ *stare a vedere q.c. senza immischiarvisi* rester à regarder qqch. sans s'en mêler ~ *staremo a vedere!* nous allons voir, on verra bien! ~ *vedremo chi ha ragione!* nous verrons bien qui a raison! ~ *vedi tu!* vois toi-même!; fais comme bon te semble!; *veda lei!* voyez vous-même!; faites comme bon vous semble! ~ *ti faccio vedere io!* je te mettrai au pas, moi! ~ *la vedremo!* on verra bien! ~ *non hai gli occhi per vedere?* n'as-tu pas des yeux pour voir? ~ (*nel gioco del poker*) *vedo!* je vois! ◇ (*prov.*) *quattro occhi vedono meglio di due* quatre yeux voient mieux que deux **II** (*per est.*) **1** [*esaminare, leggere*] voir: *vedere un articolo del giornale* voir un article du journal; *vedere una relazione scritta* voir un rapport écrit ◇ [*consultare*] *vedere un dizionario, il codice* voir un dictionnaire, le code; *vedere un incartamento* voir un dossier ◇ (*loc.*) *vedi* (*abbreviata spesso in* '*V*') voir: *vedi* (*v.*) *a pag. 10* voir pag. 10 **2** [*assistere a q.c.*] voir: *vedere una partita di calcio, un incontro di boxe* voir un match de football, une rencotre de boxe; *hai visto l'ultimo film di Fellini?* as-tu vu le dernier film de Fellini? # *è tutto il pomeriggio che stanno vedendo la televisione* ils ont passé tout l'après-midi à regarder la télé(vision) **3** [*visitare*] visiter; voir: *vedere una mostra, una fiera* visiter une exposition, une foire ‖ *non ho mai visto Venezia* je n'ai jamais vu Venise ◇ *loc.* FAR VEDERE [*far visitare*; *mostrare*] faire (45) *intr.* visiter; faire *intr.* voir: *far vedere a uno straniero la propria città* faire visiter sa ville à un étranger ‖ *gli ho fatto vedere la mia collezione di quadri, di francobolli* je lui ai fait voir ma collection de tableaux, de timbres **4** [*distinguere, discernere*] voir: *vedere il lato bello, spiacevole in una cosa* voir le bon côté, le mauvais côté d'une chose; *si vedeva subito che era contento* on voyait tout de suite qu'il était content; *non vedo la ragione di ciò* je n'en vois pas la raison ◇ [*comprendere, intendere*] *vedo che mi sono sbagliato sul tuo conto* je vois que je me suis trompé sur ton compte; *non vedi come adesso è tutto chiaro?* ne vois-tu pas comme maintenant tout est clair? ◇ *loc.* DARE A VEDERE laisser voir: *è soddisfatto, ma non lo dà a vedere a nessuno* il est satisfait, mais il ne le laisse pas voir ~ *ah, vedo!* ah, je vois! ~ (*fam.*) *vedi!, vedete!* (*come invito a riflettere su quanto si sta per dire*) tu vois!, vous voyez! ~ SI VEDE CHE... c'est que...: *se non hai capito, si vede che non eri attenta* si tu n'as pas compris, c'est que tu n'as pas fait attention; *si vede che non era il destino!* c'est que ce n'était pas le destin! **5** [*considerare, giudicare*] voir: *bisogna vedere bene tutti gli aspetti del problema* il faut bien voir tous les aspects du problème # *a mio* (*modesto*) *modo di vedere...* à mon (humble) avis... ◇ [*sperimentare, saggiare*] *voglio vedere chi mi darà torto* je voudrais voir qui me donnera tort; *voglio proprio vedere se ne hai il coraggio!* je voudrais bien voir si tu en as le courage!; *hai visto cosa capita a chi è imprudente?* tu as vu ce qui arrive aux imprudents? **6** [*venire a sapere*; *apprendere*] voir: *hai visto che cosa è successo ieri?* tu as vu ce qui s'est passé hier?; *non avevo ancora visto le ultime notizie* je n'avais pas encore vu les dernières nouvelles **7** [*sentire, percepire*] voir: *hai visto come mi ha risposto?* tu as vu comme il m'a répondu?; *voglio vedere che cosa gli dice ora!* je veux voir ce qu'il va lui dire maintenant! **8** (*ogg. di persona*) [*incontrare*] voir: *sai chi ho visto al bar?* tu sais qui j'ai vu au café?; *è un lontano parente che non vedevo da anni* c'est un parent éloigné que je ne voyais plus depuis des années ◇ (*loc.*) *guarda chi si vede!* tiens! c'est vous! (c'est toi!) ~ *lieto di vederLa* enchanté, ravi de vous voir! ~ *non lo voglio più vedere!* je ne veux plus le voir! **9** [*tentare, provare*] essayer (9): *è un mio amico*: *vedi di accontentarlo!* c'est un de mes amis: essaie de le contenter! ◇ [*provvedere, pensarci*] s'arranger (3) (*pron.*): *non è compito mio*: *se la vedano loro!* ce n'est pas à moi (de le faire): qu'ils s'arrangent eux-mêmes!; *adesso veditela tu con il direttore!* maintenant, arrange-toi avec le directeur! **10** (*in*

alcune loc.) [*avere una certa disposizione d'animo verso qc.*] voir: *vedere qc. di buon occhio* voir qqn. d'un bon œil ~ *il capo mi vede proprio male* le chef me voit d'un mauvais œil ~ *lo vede come il fumo negli occhi* il ne peut pas le voir en peinture ~ *non lo posso vedere!* je ne peux pas le voir! **III** *loc. particolari* AVERE A CHE VEDERE CON QC., Q.C. avoir à voir avec qqn., qqch.: *io non ho niente a che vedere con quel mascalzone* moi, je n'ai rien à voir avec ce mufle; *questo non ha niente a che vedere con il vero problema* ceci n'a rien à voir avec le véritable problème ~ NON VEDE L'ORA, IL MOMENTO DI (+ *inf.*) il a de (+ *inf.*), il (lui) tarde de (+ *inf.*): *non vedevo l'ora di conoscerlo, di rivederlo* j'avais hâte, il me tardait de le connaître, de le revoir; *non vedeva il momento di partire* il lui tardait de partir ~ VEDER LE STELLE en voir trente-six chandelles: *mi ha dato un pugno, un calcio che mi ha fatto veder le stelle* il m'a donné un coup de poing, un coup de pied qui m'a fait voir trente--six chandelles ~ VEDER LA LUCE voir le jour: *Dante vide la luce a Firenze* Dante a vu le jour à Florence; *è una opera che vede la luce in momenti poco opportuni* c'est une œuvre qui voit le jour en un moment peu favorable ~ *vedersela brutta* avoir chaud ~ *ne ho viste di tutti i colori* j'en ai vu de toutes les couleurs ~ *gliene hanno fatte vedere di cotte e di crude* on lui en a fait voir de toutes les couleurs, de vertes et de pas mûres ~ *ne vedremo delle belle!* on en verra de belles! ~ *te la farò vedere io se non fai come dico!* tu auras de mes nouvelles si tu ne fais pas comme je (te) dis! ~ *vedere tutto nero, tutto* (*in*) *rosa* voir tout en noir, tout en rose ~ *chi s'è visto s'è visto* ni vu ni connu ~ *mi ha assicurato che sarebbe venuto subito; l'hai visto tu?* il m'a assuré qu'il viendrait tout de suite; je l'attends encore! ~ *vedersela con qc.* s'arranger avec qqn. ~ *farsi vedere dal dottore* aller voir le docteur **B** *v.pron.* VEDERSI **1** *rifl.* [→ *tr.* I 1] se voir: *vedersi allo specchio* se voir dans la glace; *si vide tutto pallido* il se vit tout pâle ◇ (*fig.*) [*riconoscersi*] *in lui mi vedo bambino* en lui je me revois enfant; *non riesco a vedermi in quell'ambiente, in quella professione* je n'arrive pas à me voir dans ce milieu, dans cette profession **2** *intr.* [*credersi, ritenersi*] se voir: *finalmente si vide salvo* finalement il se vit sauvé; *ci vedemmo perduti!* nous nous vîmes perdus! ◇ (*con valore fraseologico*) *ci vediamo costretti ad intervenire per vie legali* nous nous voyons obligés d'intervenir légalement **3** *recipr.* [→ *tr.* II 8] se voir: *ci vediamo stasera alle 8* nous nous voyons ce soir à 8 heures; *si sono visti la prima volta a una festa da ballo* ils se sont vus la première fois à une soirée dansante; *dove ci vediamo, a casa mia o a casa tua?* où se voit-on, chez moi ou chez toi? ◇ *loc.* FARSI VEDERE: *fatevi vedere più spesso* venez plus souvent (nous voir); *è da un anno che non si è fatto più vedere* cela fait un an qu'on ne le voit plus **4** *recipr.* [→ *tr.* II 10] se voir: *le due cognate non si possono vedere* les deux belles-sœurs ne peuvent pas se voir # *si possono vedere come il diavolo e l'acqua santa* ils s'entendent comme chien et chat.

2 **vedére** |ve'dere| *s.m. sing.* **1** [*aspetto, apparenza*] vue (*f. var.*): *il vedere un tale spettacolo è ripugnante* la vue de ce spectacle est répugnante # *quella villa fa un bel vedere!* cette villa offre un spectacle ravissant **2** *loc.* AL VEDERE [*vedendo*] à la vue: *al vedere quella scena, rimase allibito* à la vue de cette scène, il resta interdit **3** (*loc.*) *a mio, tuo, nostro... vedere* [*giudizio*] à mon, ton, notre... avis.

1 **vedétta** |ve'detta| *s.f.* **1** (*spec. nella loc.*) DI, IN VEDETTA [*di guardia*] en sentinelle: *mettere un soldato di vedetta* mettre un soldat en sentinelle, de veille; *essere, stare di vedetta* être en sentinelle, de veille ◇ (*fig.*) *essere, stare alla vedetta* [*stare all'erta*] être sur ses gardes, sur le qui-vive **2** (*per est.*) [*chi sta di vedetta*] veilleur *m.*, sentinelle: *mettere una vedetta sulla collina* mettre un veilleur, une sentinelle sur la colline; *la vedetta ha segnalato il pericolo* le veilleur a signalé le danger ◇ (*fig., sport*) *la vedetta della classifica* [*la squadra che è al primo posto*] la vedette du classement **3** (*mar.*) (*nave*) *vedetta* vedette.

2 **vedétta** |ve'detta| *s.f.* → **'vedette'**.

'vedette' |vədɛt| *s.f. inv.* vedette (*var.*): *è una 'vedette' del cinema, della canzone* c'est une vedette du cinéma, de la chanson.

vèdico, ci, ca, che |'vɛdiko, tʃi, ka, ke| *agg.* (*relig. indù*) védique.

vedismo |ve'dizmo| *s.m.* (*relig.*) védisme.

védova |'vedova| *s.f.* **1** [*donna cui è morto il marito*] veuve: *è rimasta vedova da poco* (*tempo*) elle est restée veuve il y a peu de temps ◇ (*scherz.*) *figlio unico di madre vedova* exemplaire unique **2** (*t.zool.*) (*passero*) veuve, passereau *m.* d'Afrique ~ (*ragno*) *la vedova nera* la veuve noire.

vedovànza |vedo'vantsa| *s.f.* [*condizione di chi è vedovo*] veuvage (*m.*): *si è risposata dopo un anno di vedovanza* elle s'est remariée après un an de veuvage.

vedovèlla |vedo'vɛlla| *s.f.* (*scherz.*) **1** [*giovane vedova*] jeune veuve: *la vedovella si è consolata presto!* la jeune veuve s'est vite consolée! **2** → **scabiosa.**

vedovile |vedo'vile| *agg.* **1** [*di vedovo*] de veuf *loc. inv.*; de veuve (*loc. inv.*): *abito vedovile* vêtement de veuve # *stato vedovile* veuvage **2** [*che spetta a chi è vedovo*] de veuve: *pensione vedovile* pension de veuve ✦ *s.m.* (*dir.*) *un vedovile* un douaire.

védovo |'vedovo| *agg.* **1** [*che ha perduto il coniuge*] veuf*: *essere, rimanere vedovo* être, rester veuf ✦ (*s.m.*) *un vedovo* un veuf: *sposarsi con un vedovo* se marier avec un veuf **2** (*fig., lett.*) [*che è stato privato di q.c.*] privé de (*corr.*): *vedovo di dolcezza* privé de douceur # *regno vedovo* [*senza re*] royaume sans roi.

vedrétta |ve'dretta| *s.f.* [*ghiacciaio di piccole dimensioni*] petit glacier *m.*

vedùta |ve'duta| *s.f.* **1** → **vista 2** (*loc.*) *testimone di veduta* [*oculare*] témoin oculaire *agg.* **3** [*panorama*] vue: *la villa ha una veduta panoramica sul mare* la villa a une vue panoramique sur la mer; *di quassù si gode una bellissima veduta* d'ici on jouit d'une très belle vue **4** [*rappresentazione grafica o figurativa di un paesaggio*] vue: *una veduta di Firenze* une vue de Florence; *pittore di vedute* peintre de vues ◇ (*arch.*) *veduta prospettica* vue perspective **5** *spec. al plur.* (*fig.*) [*modo di pensare, di intendere*] idées: *uno scambio di vedute* un échange d'idées, de vues; *persona di larghe vedute* personne aux idées larges; *essere di ampie vedute* être large d'idées; *avere vedute grette e meschine* avoir des idées étroites et mesquines **6** (*dir.*) vue: *distanza per l'apertura di vedute* distance pour l'ouverture de vues.

vedutismo |vedu'tizmo| *s.m.* (*pitt.*) art de peindre des vues.

vedutista |vedu'tista| *s.* (*pitt.*) peintre de vues.

vedùto |ve'duto| *agg. spec. nella loc.* A RAGION VEDUTA [*dopo aver attentamente esaminato una questione*] en connaissance de cause: *decidere a ragion veduta* décider en connaissance de cause.

veemènte |vee'mɛnte| *agg.* [*impetuoso, violento*] véhément: *una passione veemente* une passion véhémente; *un discorso veemente* un discours véhément; *esprimersi con veemente eloquenza* s'exprimer avec une éloquence véhémente.

veementeménte |veemente'mente| *avv.* [*con veemenza*] avec véhémence *loc. inv.*

veemènza |vee'mɛntsa| *s.f.* [*forza impetuosa, violenza*] véhémence: *la veemenza delle passioni, dei desideri* la véhémence des passions, des désirs; *un discorso di eccezionale veemenza* un discours d'une exceptionnelle véhémence.

vegetàle |vedʒe'tale| *agg.* **1** végétal*: *vita vegetale* vie végétale; *regno vegetale* règne végétal **2** [*che si ricava o si ottiene dalle piante*] végétal: *sostanza vegetale* substance végétale; *alimenti, cibi vegetali* aliments végétaux; *olio vegetale* huile végétale; *carbone vegetale* charbon végétal # *brodo vegetale* bouillon de légumes ✦ (*s.m.*) *un vegetale* un végétal.

vegetàre |vedʒe'tare| *v.intr.* (*aus.* '*avere*') **1** [*nascere o crescere come forma di vita propria dei vegetali*] pousser: *questa pianta vegeta solo in terreno argilloso* cette plante ne pousse, ne vient qu'en terrain argileux **2** [*vivere una vita vegetativa sim. a quella delle piante*] végéter (8): *dopo l'incidente si è ridotto a vegetare a letto* depuis son accident il ne fait que végéter sur son lit ◇ (*per est.*) *questo non è vivere, è vegetare!* ce n'est pas vivre, c'est végéter!

vegetarianismo |vedʒetarja'nizmo|, **vegetarismo** |vedʒeta'rizmo| *s.m.* végétarisme, végétalisme (*raro*).

vegetariàno |vedʒeta'rjano| *agg.* **1** végétarien*: *essere vegetariano* être végétarien **2** (*med.*) végétarien: *alimentazione vegetariana* alimentation végétarienne; *un ristorante vegetariano* un restaurant végétarien ✦ (*s.*) *un vegetariano* un végétarien.

vegetarismo |vedʒeta'rizmo| → **vegetarianismo.**

vegetativo |vedʒeta'tivo| *agg.* végétatif*: *vita vegetativa* vie végétative; *riproduzione vegatativa* reproduction vé-

gétative; *sistema nervoso vegetativo* système nerveux végétatif.
vegetazióne |vedʒetat'tsjone| *s.f.* **1** [→ VEGETARE] végétation (*raro*) **2** [*il complesso delle piante di un territorio*] végétation: *vegetazione mediterranea* végétation méditerranéenne **3** (*med.*) végétation: *vegetazione cutanea* végétation cutanée; *vegetazione adenoide* végétation adénoïde.
vègeto |'vɛdʒeto| *agg.* **1** [*che cresce bene, rigoglioso*] florissant: *una pianta vegeta* une plante florissante **2** (*fig.*) vigoureux*, vert: *un vecchio ancora vegeto* [*sano, vigoroso*] un vieillard encore vigoureux, vert ◇ (*loc.*) *è vivo e vegeto* il a bon pied, bon œil!
vegetominerale |vedʒetomine'rale| *agg.* (*farm.*) *acqua vegetominerale* eau végéto-minérale.
veggènte |ved'dʒɛnte| *s.* [*indovino, profeta*] voyant: *il responso di un veggente* le verdict d'un voyant; *consultare un veggente* consulter un voyant.
veggènza |ved'dʒɛntsa| *s.f.* → **chiaroveggenza.**
véglia |'veʎʎa| *s.f.* **1** [*stato di chi è desto*] veille; veillée: *essere tra la veglia e il sonno* être entre la veille et le sommeil, être à moitié endormi; *fare un'intera notte di veglia sui libri* passer une nuit entière de veille sur les livres, une nuit blanche à étudier ‖ *veglia funebre* veillée funèbre # *fare la veglia a un morto, a un malato* veiller un mort, un malade; *stare a veglia* veiller **2** (*lett.*) [*serata trascorsa in compagnia*] soirée (*corr.*): *andare a una veglia danzante in casa di amici* aller à une soirée dansante chez des amis.
vegliàrdo |veʎ'ʎardo| *s.* [*persona, vecchio, di nobile aspetto*] vieillard *m.*
vegliàre |veʎ'ʎare| **A** *v.intr.* (*aus.* '*avere*') **1** [*stare sveglio durante le ore notturne*] veiller: *vegliare fino all'alba, fino a tarda notte* veiller jusqu'à l'aube, tard; *vegliare al capezzale di un malato* veiller au chevet d'un malade **2** (*fig.*) [*stare attento, vigilare*] veiller à: *vegliate perché tutto vada secondo quanto è stabilito* veillez à ce que tout se passe comme convenu **3** (*fig.*) [*prendersi cura, proteggere*] veiller: *vegliare sulle sorti della patria* veiller au sort de la patrie; *deve avere un santo che veglia su di lui* il doit avoir un ange qui veille sur lui **B** *v.tr.* [*fare la veglia*] veiller: *vegliare un malato, un morto* veiller un malade, un mort.
vèglio, i |'vɛ(e)ʎʎo, i| *s.m.* (*poet.*) → **vegliardo.**
veglióne |veʎ'ʎone| *s.m.* [*festa da ballo*] bal*; réveillon: *veglione di carnevale* bal de carnaval ‖ *veglione di fine d'anno* réveillon (du jour de l'an).
veglionissimo |veʎʎo'nissimo| *s.m.* [*veglione di S. Silvestro*] réveillon de la Saint-Sylvestre.
veh |ve| *inter.* → **ve'.**
veicolàre |veiko'lare| *agg.* véhiculaire.
veicolo |ve'ikolo| *s.m.* **1** véhicule: *veicolo stradale, ferroviario* véhicule routier, ferroviaire ◇ (*spec. al plur.*) *veicoli a braccia, a motore* véhicules à bras, à moteurs; *veicoli leggeri, pesanti* véhicules légers, lourds; *la circolazione, il traffico dei veicoli* la circulation des véhicules; *veicoli aerei, spaziali, cosmici* véhicules aériens, spatiaux, cosmiques **2** (*per est.*) [*qualsiasi mezzo di trasmissione e di diffusione di q.c.*] véhicule: *veicolo pubblicitario* véhicule publicitaire; *le mosche sono un veicolo di malattie infettive* les mouches sont un véhicule pour les maladies infectieuses; *quell'opuscolo è un veicolo di idee* cette brochure est un véhicule pour les idées **3** (*chim.*) véhicule.
véla |'vela| *s.f.* **1** (*mar.*) voile: *vela maestra* grand-voile; *vele di poppa, di prora* voiles de l'arrière, de l'avant; *vela di gabbia* voile de hune; *vele dell'albero di bompresso* voiles du mât de beaupré; *vele dell'albero di mezzana* voiles du mât d'artimon; *vele alte, basse* voiles hautes, basses; *vela latina, triangolare* voile latine, triangulaire; *vela quadra* voile carrée; *vela a tarchia* voile à livarde; *a piene vele* à pleines voiles; *imbarcazione a vela* bateau à voile; *aprire, sciogliere, issare, calare le vele* ouvrir, larguer, hisser, caler bas les voiles; *raccogliere, spiegare, ammainare le vele* carguer, déployer, amener les voiles; *mollare le vele* larguer les voiles; *bordare le vele* border les voiles; *imbrogliare le vele* carguer les voiles; *spiegare le vele al vento* déployer les voiles; *far fileggiare le vele* déventer les voiles; *tesare una vela* raidir une voile, border à plat une voile; *andare a vela, navigare a vela* naviguer à la voile; *la nave faceva vela per l'America* le bateau faisait voile vers l'Amérique ◇ (*loc.*) *andare a gonfie vele*: (*pr.*) naviguer à pleines voiles; (*fig.*) [*con ottimi risultati*] aller à merveille: *gli affari vanno a gonfie vele* les affaires vont à merveille ◇ (*loc. fig.*) *alzare le vele* [*intraprendere q.c.*] prendre son envol ~ *raccogliere le vele* [*concludere*] amener les voiles ~ *calare le vele* [*arrendersi, cedere*] baisser pavillon **2** (*sport*) voile: (*sport della*) *vela* (sport de la) voile, yachting *m.* **3** (*aer.*) voile: *volo a vela* vol à voile **4** (*arch.*) calotte: *volta a vela* voûte en calotte, bohémienne # *muro a vela* mur rideau.
velaccino |velat'tʃino| *s.m.* (*mar.*) cacatois.
velàccio, i |ve'lattʃo, i| *s.m.* (*mar.*) perroquet.
velàio, i |ve'lajo, i| *s.m.* [*addetto alla preparazione e riparazione delle vele*] voilier.
1 **velàme** |ve'lame| *s.m.* **1** (*lett.*) [*velo*] voile (*corr.*) **2** (*fig.*) [*ciò che impedisce la vista*] voile: *i velami del futuro* les voiles du futur.
2 **velàme** |ve'lame| *s.m.* [*il complesso delle vele* (*di un bastimento*)] voilure *f.*
1 **velàre** |ve'lare| **A** *v.tr.* **1** [*coprire con un velo*] voiler: *velare una statua, una lampada* voiler une statue, une lampe □ *velarsi gli occhi, il viso* se voiler les yeux, le visage **2** (*per est.*) [*coprire q.c. con uno strato sottile di materiali vari*] voiler: *nubi leggere velavano il sole* de légers nuages voilaient le soleil; *improvvisamente le lacrime gli velarono gli occhi* tout à coup les larmes lui voilèrent les yeux # *velare un dipinto* adoucir un tableau; *velare una torta* [*ricoprirla di zucchero a velo*] saupoudrer un gâteau de sucre glace, givrer un gâteau **3** (*fig.*) voiler: *la tristezza gli velava lo sguardo* la tristesse voilait son regard; *il sorriso della donna era velato dal dolore* le sourire de la femme était voilé de chagrin **4** (*raro, fig.*) [*nascondere*] cacher: *vela il proprio rancore con un'apparente cordialità* il cache sa rancune sous une cordialité apparente **B** *v.pron.* VELARSI **1** *intr.* [*coprirsi con uno strato sottilissimo*] se voiler: *gli occhi gli si velarono di lacrime* ses yeux se voilèrent de larmes ◆ → *tr.* 1 □ **2** *rifl.* (*raro*) [*prendere il velo*] prendre (73) *tr.* le voile (*corr.*).
2 **velàre** |ve'lare| *v.tr.* (*mar.*) [*fornire di vele*] voiler.
3 **velàre** |ve'lare| *agg.* (*fon.*) vélaire: *consonanti velari* consonnes vélaires ◆ (*s.f.*) *una velare* une vélaire.
velàrio, i |ve'larjo, i| *s.m.* **1** [*tendone dei teat. rom.*] vélarium **2** [*sipario, tendaggio*] rideau.
velarizzazióne |velariddzat'tsjone| *s.f.* (*fon.*) vélarisation.
velataménte |velata'mente| *avv.* [→ VELATO 3] à demi-mot *loc. inv.*, à mots couverts *loc. inv.*
velàto |ve'lato| *agg.* **1** [*coperto con un velo*] voilé: *avere il viso, il capo velato* avoir le visage voilé, la tête voilée ◇ (*per est.*) *calze velate* [*molto sottili, trasparenti*] bas fins **2** [*coperto con uno strato sottile di sostanze varie*] voilé: *un cielo velato* un ciel voilé; *una luna velata* une lune voilée; *avere gli occhi velati di lacrime* avoir les yeux voilés de larmes ◇ (*fig.*) *ha la voce velata dalla stanchezza* sa voix est voilée par la fatigue **3** [*coperto, dissimulato*] voilé: *ha fatto un velato accenno alla sua situazione familiare* il a fait une allusion voilée à sa situation familiale.
1 **velatùra** |vela'tura| *s.f.* [*strato sottile steso su una superficie*] voile *m.*; glacis (*m.*): *una velatura di cipria* un voile, un nuage de poudre ‖ *dare la velatura ad un dipinto* étendre un glacis sur un tableau # *dare una velatura di zucchero vanigliato a un dolce* saupoudrer de sucre vanillé un gâteau ◇ (*foto.*) voile.
2 **velatùra** |vela'tura| *s.f.* **1** → 2 **velame** **2** (*aer., elicotteri*) voilure: *velatura rotante* voilure tournante.
veleggiaménto |veleddʒa'mento| *s.m.* **1** [→ VELEGGIARE 1] navigation *f.* **2** [→ VELEGGIARE 2] vol à voile.
veleggiàre |veled'dʒare| *v.intr.* (*aus.* '*avere*') **1** [*navigare con un'imbarcazione a vela*] naviguer à la voile: *hanno veleggiato tutto il giorno nel golfo* ils ont navigué à la voile dans le golfe toute la journée **2** [*volare con un aliante o senza impiego del motore*] planer.
veleggiàta |veled'dʒata| *s.f.* [*volo, corsa, gara fatta veleggiando*] course en mer; promenade en bateau à voiles.
veleggiàto |veled'dʒato| *agg.* (*aer.*) plané: *volo veleggiato* vol plané.
veleggiatóre, trice |veleddʒa'tore, tritʃe| *s.* **1** *s.* [*chi pratica la vela; chi veleggia*] (celui) qui pratique la voile **2** *s.m.* [*imbarcazione a vela*] voilier **3** *s.m.* [*aliante di notevole efficienza tecnica*] planeur.
veléggio, i |ve'leddʒo, i| *s.m.* **1** → **veleggiamento** 1 **2** [*le manovre necessarie nella navigazione a vela*] navigation *f.* (à voile) **3** [*volo librato di un aliante*] vol à voile.
velenifero |vele'nifero| *agg.* (*bot.*) vénéneux*: *piante velenifere* plantes vénéneuses ◇ (*zool.*) venimeux*: *insetti veleniferi* insectes venimeux.
veléno |ve'leno| *s.m.* **1** [*ogni so-*

stanza che, introdotta in un organismo vivente, lo danneggia o lo uccide] poison: *è un veleno potente* c'est un poison puissant; *si è ucciso col veleno* il s'est tué avec du poison; il s'est empoisonné; *somministrare un veleno a qc.* administrer du poison à qqn.; *il fumo è un veleno* la fumée est un poison # *uccidere i topi col veleno* tuer les rats avec de la mort-aux-rats ◇ (*loc.*) *è amaro come il veleno* c'est amer comme chicotin ~ *questo vino è pessimo, è un veleno* ce vin est affreux, c'est du poison ◇ (*spec.*) *il veleno di un insetto, della vipera, del cobra* le venin d'(un) insecte, de (la) vipère, de (du) cobra **2** (*fig.*) [*sentimento, atteggiamento pieno di astio, rancore, avversione*] poison, venin: *il veleno della gelosia, dell'invidia* le poison de la jalousie, de l'envie; *sono parole piene di veleno, le tue* tes paroles sont pleines de poison, de venin; *è una critica piena di veleno* c'est une critique pleine de venin # *ha il cuore pieno di veleno* il a le cœur plein de fiel, il a la rage au cœur ◇ (*loc.*) *sputar veleno* [*parlare male di qc.*] cracher son venin ~ *masticare veleno* [*rodersi per le delusioni subite*] ruminer sa rage ~ *trasuda, schizza veleno da tutti i pori* il jette son venin ~ *avere il veleno in corpo* suer le venin.

velenosaménte |velenosa'mente| *avv.* [→ VELENOSO 3] *haineusement: *un giudizio velenosamente espresso* un jugement haineusement exprimé # *sorridere velenosamente* faire un sourire haineux.

velenosità |velenosi'ta| *s.f. inv.* **1** [*il fatto di essere velenoso*] (*piante*) caractère *m. var.* vénéneux, toxique; (*animali*) caractère venimeux; (*sostanze*) toxicité *var.* **2** (*fig.*) [*astio, rancore*] fiel *m. var.*, acidité (*var.*): *la velenosità dei suoi giudizi, delle sue parole* le fiel, l'acidité de ses jugements, de ses paroles; *la velenosità dei critici* le fiel, l'acidité des critiques.

velenóso |vele'noso| *agg.* **1** [*che contiene veleno*] (*pianta*) vénéneux*; (*animale*) venimeux*; (*sostanza*) toxique: *il fumo è velenoso* la fumée est toxique **2** [*avvelenato*] empoisonné: *l'acqua del fiume è velenosa* l'eau de la rivière est empoisonnée **3** (*fig.*) [*pieno di astio, di rancore, di avversione*] venimeux*: *una critica velenosa* une critique venimeuse; *parole, allusioni velenose* paroles, allusions venimeuses; *è una donna velenosa* c'est une femme venimeuse; *una lingua velenosa* une langue venimeuse, de vipère.

veleria |vele'ria| *s.f.* **1** [*deposito, officina in cui si lavorano vele, tende, bandiere*] voilerie **2** (*raro*) → **velatura**.

1 **velétta** |ve'letta| *s.f.* [*velo rado e leggero dei cappelli femminili che copriva il viso delle donne*] voilette.

2 **velétta** |ve'letta| *s.f.* → 1 **vedetta** 1.

vèlia |'vɛlja| *s.f.* **1** → **averla** **2** (*t. zool.*) vélie.

vèlico, ci, ca, che |'vɛliko, tʃi, ka, ke| *agg.* vélique; de voilure (*loc. inv.*): *punto velico* point vélique ‖ *superficie velica di una nave* (surface de) voilure d'un bateau; *centro velico* centre de voilure, point vélique # *lo sport velico* la voile, le yachting; *gare, regate veliche* régates.

velièro |ve'ljɛro| *s.m.* [*nave, imbarcazione a vela*] voilier ✦ (*agg.*) *nave veliera* bateau à voile # *sport veliero* yachting → **velico**.

velificio, i |veli'fitʃo, i| *s.m.* fabrique *f.* de voiles, voilerie *f.*

velìna |ve'lina| **I** *agg.* CARTA VELINA papier de soie *loc.inv.*, (papier) vélin *s.m.* **II** *s.f.* **1** papier *m.* de soie: *un foglio di velina* une feuille de papier de soie ◇ (*per est.*) [*velina molto fine*] (papier) vélin **2** [*copia ottenuta con carta carbone su carta velina*] double *m.* sur papier pelure **3** (*tip.*) *le veline* les copies, les pelures **4** [*circolare ministeriale o di partito alla stampa*] communiqué *m.* à la presse.

velismo |ve'lizmo| *s.m.* → **vela**.

velista |ve'lista| *s.* [*chi pratica lo sport della vela*] amateur *m.* de voile.

vèlite |'vɛlite| *s.m.* (*st. rom.*) vélite.

velivolo |ve'livolo| *s.m.* [*aeroplano*] avion ◇ [*idrovolante*] hydravion ◇ [*aliante*] planeur.

velleità |vellei'ta| *s.f. inv.* **1** velléité (*var.*): *velleità giovanili, senili* velléités juvéniles, séniles; *è vecchio, ma ha ancora delle velleità* il est vieux, mais il a encore des velléités **2** [*ambizione, pretesa*] prétention (*var.*): *avere delle velleità artistiche* avoir des prétentions artistiques.

velleitàrio, i |vellei'tarjo, i| *agg.* velléitaire: *una politica velleitaria* une politique velléitaire ✦ (*s.*) *un velleitario* un velléitaire.

velleitarismo |velleita'rizmo| *s.m.* [*atteggiamento velleitario*] velléité *f.*

vellicaménto |vellika'mento| *s.m.* **1** [→ VELLICARE 1] chatouillement, titillation *f.* (*lett.*) **2** [→ VELLICARE 2] flatterie (*f.*): *il vellicamento dei sensi* la flatterie des sens.

vellicàre |velli'kare| *v.tr.* **1** [*sfiorare, toccare ripetutamente e leggermente una parte del corpo*] chatouiller, titiller: *lo vellicava dietro l'orecchio* elle le chatouillait, titillait derrière l'oreille → **titillare** **2** [*eccitare, stimolare*] exciter: *sono letture che vellicano i sensi, la fantasia* ce sont des lectures qui excitent les sens, l'imagination.

vellicazióne |vellikat'tsjone| *s.f.* → **vellicamento** 1.

vellichio, ii |velli'kio, ii| *s.m.* [*vellicamento insistente, prolungato*] chatouillement.

vèllo |'vɛllo| *s.m.* **1** [*mantello lanoso degli ovini*] toison (*f.*): *un vello foltissimo* une toison très épaisse ◇ [*la lana tosata*] toison ◇ (*per est.*) [*pelame degli animali da pelliccia*] fourrure (*f.*): *il vello della volpe* la fourrure du renard **2** (*lett.*) [*i peli che ricoprono certe parti del corpo umano*] toison (*corr.*) ◇ (*per est.*) [*capelli, chioma*] toison, chevelure *f.* (*corr.*).

vellóso |vel'loso| *agg.* (*raro, lett.*) → **villoso**.

vellutàre |vellu'tare| *v.tr.* [*dare (a un tessuto) l'apparenza del velluto*] velouter: *vellutare un tessuto, una pelle* velouter un tissu, une peau.

vellutàto |vellu'tato| *agg.* [*sim. al velluto*] velouté: *un tessuto vellutato* un tissu velouté; *i petali vellutati di una rosa* les pétales veloutés d'une rose ◇ (*per est.*) [*morbido come il velluto*] *una pelle vellutata* une peau veloutée; *un quadro dai colori vellutati* un tableau aux couleurs veloutées; *suoni vellutati* sons veloutés; *voci vellutate* voix veloutées ◇ (*enol.*) *vino vellutato* vin velouté.

vellutatùra |velluta'tura| *s.f.* (*tecnol.*) flocage *m.*

vellutino |vellu'tino| *s.m.* **1** [*velluto leggero*] petit velours **2** ruban de velours.

vellùto |vel'luto| *s.m.* **1** velours: *velluto di lino, di cotone* velours de lin, de coton; *velluto a coste* velours côtelé; *velluto liscio, operato* velours uni, frappé ◇ (*fig.*) *ha una pelle liscia come il velluto, che è un velluto* elle a une peau comme du velours, de velours; *i petali di questa rosa sembrano di velluto* les pétales de cette rose semblent du velours; *questa carta è morbida come il velluto* ce papier est doux comme du velours ◇ (*loc. fig.*) *andare, camminare sul velluto* marcher sur du velours ~ *zampe di velluto* [*quelle del gatto*] patte de velours ~ *giocare sul velluto* jouer sur le velours ~ *nascondere, avere un pugno di ferro nel guanto di velluto* cacher, avoir une main de fer dans un gant de velours **2** vêtement (costume, robe *f.*) de velours **3** [*superficie liscia e morbida*] velours: *il velluto delle sue mani* le velours de ses mains.

vélo |'velo| *s.m.* **I** (*pr.*) **1** [*tessuto finissimo e trasparente*] voile, gaze (*f.*): *velo ricamato, fitto, rado* voile brodé, épais, léger; *un abito, una sciarpa di velo* un vêtement, une écharpe de voile ◇ (*fig.*) *velo bianco* [*della prima Comunione*] voile blanc ~ *velo nuziale, da sposa* voile de mariée ~ *velo da lutto* voile de deuil, crêpe ~ *abbrunare la bandiera nazionale con un velo nero* mettre un crêpe au drapeau ◇ (*st. ebr.*) *il velo del tempio* le voile du temple **2** (*abbigl.*) voile: *le donne avevano il capo coperto da un velo nero* les femmes avaient la tête couverte d'un voile noir; *durante la cerimonia è obbligatorio il velo nero* pendant la cérémonie le voile noir est obligatoire ◇ (*relig. catt.*) *prendere il velo* [*farsi monaca*] prendre le voile; *lasciare, deporre il velo* quitter le voile **II** (*fig.*) **1** [*strato sottilissimo che si deposita o si crea su una superficie*] voile: *un velo di polvere, di fumo, di nebbia* un voile, un rideau de poussière, de fumée, de brume; *un velo di tristezza, di pianto* un voile de tristesse, de larmes # *un velo di zucchero* un glaçage au sucre; *zucchero a velo* sucre glace; *un velo di cipria* un nuage de poudre; *un velo di rossetto* un soupçon de rouge à lèvres **2** [*tutto ciò che nasconde o maschera una realtà*] voile: *il velo dell'ignoranza* le voile de l'ignorance; *il velo di un mistero, del futuro* le voile d'un mystère, du futur; *stendiamo un velo pietoso su questa storia* jetons un voile pieux sur cette histoire # *non è obiettivo, gli fa velo la passione, l'odio* il n'est pas objectif: la passion, la haine lui voilent la vue; *dire una cosa a qc. senza veli* [*in termini chiari*] dire qqch. à qqn. sans fard ◇ (*loc. fig.*) *far velo* [*nascondere*] jeter un voile sur qqch. ~ *mettersi il velo dinanzi agli occhi* se mettre un bandeau sur les yeux ~ *si è tirato il velo sugli occhi* il s'est mis un bandeau sur les yeux ~ *gli è caduto il velo dagli occhi* les écailles lui sont tombées des yeux ◇ (*lett.*) [*apparenza illusoria, ingannevole*] voile **3** (*anat.*) *velo palatino, pendulo* voile du palais; *velo virgi-*

nale hymen ◇ (*bot.*) voile **4** (*pallacanestro, pallavolo*) *fare velo* faire écran, parer.

velóce |ve'lotʃe| *agg.* **1** [*che si svolge, si muove a notevole rapidità*] rapide: *una macchina veloce* une voiture rapide; *aerei da trasporto velocissimi* avions de transport très rapides; *a Parigi il traffico è molto veloce* à Paris la circulation est très rapide; *un cavallo veloce* un cheval rapide ◇ (*persone*) vite, rapide: *è un'atleta, un corridore veloce* c'est un athlète, un coureur très vite, très rapide ◇ (*per anal.*) *avere la mano veloce* avoir la main prompte; *essere veloce di mano, di mente* avoir la main, l'esprit rapide ◇ (*loc.*) *veloce come il vento, il fulmine, un lampo* rapide comme le vent, l'éclair, la foudre **2** (*riferito al tempo*) rapide: *gli anni passano veloci, purtroppo* malheureusement, les années s'écoulent rapides, vite *avv.* ◇ (*mus.*) rapide.

veloceménte |velotʃe'mente| *avv.* [→ VELOCE] rapidement.

velocifero |velo'tʃifero| *s.m.* (*arc.*) vélocifère.

velocipede |velo'tʃipede| *s.m.* (*arc.*) vélocipède.

velocista |velo'tʃista| *s.* [*ciclista, atleta dotato di un forte scatto, di sprint*] sprinter *m.*

velocità |velotʃi'ta| *s.f. inv.* vitesse (*var.*): *filare a grande, a tutta velocità* filer à grande, à toute vitesse; *la macchina va a una velocità di crociera di 100 km. (al)l'ora* la voiture fait une vitesse de croisière de 100 km-heure; *l'aereo viaggia a velocità supersonica* l'avion va à une vitesse supersonique ◇ (*fis., scient.*) vitesse: *velocità relativa, angolare, iniziale* vitesse relative, angulaire, initiale; *velocità molecolare di un fluido* vitesse moléculaire d'un fluide; *velocità della luce, del suono* vitesse de la lumière, du son; *velocità di impatto* vitesse d'impact; *acquistare, perdere velocità* prendre, perdre de la vitesse ◇ (*auto.*) *cambio a 5 velocità* boîte (de vitesse) à cinq vitesses ◇ (*comm.*) *grande, piccola velocità* régime accéléré, ordinaire; *velocità economica, commerciale* vitesse économique, commerciale ◇ (*sport*) *gare di velocità* courses de vitesse ◇ (*fig.*) *velocità di mente, di mano* rapidité d'esprit, de main; *andare con la velocità del fulmine, del vento, del pensiero* courir comme l'éclair, le vent, la pensée.

velocréspo |velo'krespo| *s.m.* → **'chiffon'**.

velocròss |velo'krɔs| *s.m.* → **ciclocampestre.**

velòdromo |ve'lɔdromo| *s.m.* vélodrome.

vèltro |'vɛ(e)ltro| *s.m.* (*lett.*) [*cane forte e veloce*] lévrier (*corr.*).

véna |'vena| *s.f.* **1** (*anat., corr.*) veine: *vena cava, iliaca* veine cave, iliaque; *vena del collo, della gamba* veine du cou, de la jambe; *vene varicose* veines variqueuses; *tagliarsi, recidersi le vene* s'ouvrir les veines ◇ (*loc. fig.*) *non avere più sangue nelle vene* ne plus avoir de sang dans les veines ~ *sentirsi bollire il sangue nelle vene* sentir le sang bouillir dans ses veines, se sentir bouillir (d'impatience, de colère) ~ *gli bolle il sangue nelle vene* son sang bout (dans ses veines) ~ *sentirsi agghiacciare le vene* sentir son sang se glacer (dans ses veines) **2** [*condotto naturale sotterraneo, in cui scorre acqua*] source: *acqua di vena* eau de source; *il pozzo è alimentato da una vena profonda* le puits est alimenté par une source profonde ◇ (*per anal., min.*) *una vena d'oro, di carbone* un filon *m.* d'or, de houille ◇ [*venatura*] veine: *una vena del legno, del marmo* une veine du bois, du marbre **3** (*fig.*) [*disposizione per creazioni artistiche*] veine: *avere una buona vena poetica, musicale* avoir la veine poétique, musicale; *la sua vena si è esaurita, disseccata* sa veine s'est tarie (a tari) ◇ (*per est.*) [*buona disposizione d'animo*] *una vena di umorismo* une veine d'humour; *essere, non essere in vena* être, ne pas être en veine # *oggi non mi sento in vena* aujourd'hui je ne suis pas dans mon assiette.

venàle |ve'nale| *agg.* **1** [*che è, o può essere, oggetto di comm.*] vénal*: *beni venali* biens vénaux ◇ (*per est.*) *valore venale di un oggetto d'arte, di un quadro* valeur vénale d'un objet d'art, d'un tableau # *prezzo venale* prix de vente **2** [*che ha come scopo il lucro, il guadagno*] vénal: *arte venale* art vénal; *amore venale* amour vénal **3** (*persone*) [*avido di guadagno, che agisce solo per avidità di denaro*] vénal: *una donna venale, di animo venale* une femme vénale, d'esprit vénal; *è uno scrittore venale* c'est un écrivain vénal.

venalità |venali'ta| *s.f. inv.* vénalité (*var.*): *la venalità di un bene* la vénalité d'un bien ◇ (*persone*) *la venalità di quell'individuo è spaventosa* la vénalité de cet individu est épouvantable.

venalménte |venal'mente| *avv.* [→ VENALE 2, 3] vénalement.

venàrsi |ve'narsi| *v.pron. intr.* [*coprirsi di venature*] veiner (*tr.*): *la sua fronte si era venata di piccolissime vene* de toutes petites veines avaient veiné son front ◇ (*fig.*) se voiler: *la sua voce a quel punto si era venata di tristezza* à ce moment, sa voix s'était voilée de tristesse.

venàto |ve'nato| *agg.* **1** [*coperto di vene*] veiné: *un viso tutto venato* un visage tout veiné **2** (*per anal.*) veiné: *un marmo rosa venato di verde* un marbre rose veiné de vert **3** (*fig.*) [*pervaso di, improntato a*] voilé: *la sua voce era venata di pianto, di tristezza* sa voix était voilée de pleurs, de tristesse.

venatòrio, i |vena'tɔrjo, i| *agg.* de (la) chasse (*loc.*): *le tecniche venatorie* les techniques de la chasse # *l'arte venatoria* la vénerie.

venatùra |vena'tura| *s.f.* **1** [*traccia visibile di una vena*] veine: *aveva delle venature sulla fronte* il avait des veines sur le front **2** [*segno, riga naturale del marmo, del legno*] veinure: *il marmo aveva bellissime venature rosa* le marbre avait de très belles veinures roses; *un legno con venature cupe* un bois avec des veinures noires **3** (*fig.*) [*incrinatura; piccola traccia*] voile (*m.*): *una venatura di tristezza* un voile de tristesse.

vendémmia |ven'demmja| *s.f.* **1** [*il raccogliere l'uva matura; tempo di questa operazione*] vendange, vendanges (*pl.*): *fare la vendemmia* faire les vendanges; *per la vendemmia passeremo quindici giorni in campagna* pour les vendanges nous passerons quinze jours à la campagne ◇ (*per est.*) [*il raccolto*] vendange: *la vendemmia è stata buona* la vendange a été bonne **2** (*lett.*) → **vite, uva.**

vendemmiàbile |vendem'mjabile| *agg.* [→ VENDEMMIARE A] qui peut être vendangé (*loc.*): *uva vendemmiabile* raisin qui peut être vendangé, assez mûr pour être vendangé.

vendemmiàio, i |vendem'mjajo, i| *s.m.* (*st. fr.*) vendémiaire.

vendemmiàle |vendem'mjale| *agg.* (*raro*) des vendanges (*loc. inv.*): *il periodo vendemmiale* le temps, la saison des vendanges.

vendemmiàre |vendem'mjare| **A** *v.tr.* [*raccogliere l'uva matura*] vendanger (3) ◇ (*fig.*) [*ottenere in grande quantità*] collectionner: *vendemmiare successi, guadagni* collectionner les succès, les gains **B** *v.intr.* (*aus. 'avere'*) [*fare la vendemmia*] vendanger.

vendemmiatóre, trice |vendemmja'tore, tritʃe| *s.* [*chi vendemmia*] vendangeur*: *assumere dei vendemmiatori* engager des vendangeurs.

véndere |'vendere| **A** *v.tr.* **1** (*senso proprio*) [*cedere ad altri la proprietà di q.c., un diritto*] vendre (53): *vendere un litro di latte, un chilo di pane* vendre un litre de lait, un kilo de pain; *vendere un appartamento* vendre un appartement; *l'ho venduto a, per cinquemila lire* je l'ai vendu (pour) cinq mille lires ◇ (*loc.*) *vendere all'asta* vendre aux enchères ~ *vendere al miglior offerente* vendre au plus offrant ~ *vendere allo scoperto, a termine* vendre à découvert, à terme ~ *vendere in perdita, sotto costo* vendre à perte ~ *vendere a peso, a prezzo fisso* vendre au poids, à prix fixe ~ *vendere a prezzo di costo* vendre au prix coûtant ~ *vendere a buon prezzo, a caro prezzo, a buon mercato* vendre à bon prix, cher, à bon marché ◇ (*in scritte esposte al pubblico*) *vendesi appartamento* appartement à vendre; *vendesi macchina usata* voiture d'occasion à vendre; *si vende* à vendre **2** [*commerciare*] vendre: *vende stoffe, tessuti* il vend des tissus; *vende carni, pane, salumi* il vend de la viande, du pain, de la charcuterie ✦ (*ass.*) *vende all'ingrosso, al dettaglio, al minuto* il vend en gros, au détail; *vendere a rate, per contanti, a credito* vendre à tempérament, au comptant, à crédit **3** (*fig.*) *vendere la propria coscienza, l'onore* vendre sa conscience, son honneur; *vendere il proprio lavoro* vendre son travail ◇ (*loc.*) *saper vendere la propria merce* [*saper mettere in luce i propri meriti*] faire valoir sa marchandise ~ *aver salute, intelligenza da vendere* avoir de la santé, de l'intelligence à revendre ~ *aver ragione da vendere* avoir mille fois raison ~ *vendere per buono* [*far credere come autentico quel che non è*] faire croire qqch. à qqn. ~ *te la vendo come l'ho comprata* je te la donne pour ce qu'elle vaut, sans garantie ~ *non dargli retta, vende fumo* ne l'écoute pas, c'est un fumiste ~ *vendere frottole, parole* raconter des bobards ~ *ha venduto anche la camicia* il a vendu sa chemise ~ *vendere cara la propria pelle, la vita* vendre chèrement sa peau, sa vie ~ *venderebbe anche l'anima al diavolo, quello!* il vendrait même son âme au diable, celui-là! ~ *venderebbe anche sua ma-*

dre! il vendrait aussi sa mère! ~ *vendere la pelle dell'orso prima di averlo preso* vendre la peau de l'ours avant de l'avoir pris ◇ (*per est.*) *vendere la patria, gli amici* [*tradirli*] vendre sa patrie, ses amis; *vendere il proprio corpo* se prostituer **4** (*calcio*) [*trasferire un giocatore da una squadra ad un'altra, dietro pagamento di una somma*] céder (8): *la squadra X ha venduto il centravanti alla squadra Y* l'équipe X a cédé son avant-centre à l'équipe Y **B** *v. pron. rifl.* VENDERSI **1** [*lasciarsi corrompere*] se vendre: *vendersi al nemico* se vendre à l'ennemi **2** [*prostituirsi*] se vendre: *si è venduta al primo venuto* elle s'est vendue au premier venu **3** [*farsi credere diversi da quel che si è*] se faire passer pour: *si vende per furbo, ma non lo è* il se fait passer pour qqn. de malin, mais il ne l'est pas → **spacciar(si)**.

venderéccio, ci, cia, ce |vende'rettʃo, tʃi, tʃa, tʃe| *agg.* → **vendibile, commerciabile.**

vendétta |ven'detta| *s.f.* **1** [→ VENDICARE A 1, 2] vengeance: *vendetta privata, mortale* vengeance privée, mortelle; *una catena di vendette* une série de vengeances; *giurare vendetta* jurer vengeance; *i suoi lo hanno esposto alla vendetta della malavita* les siens l'ont exposé à la vengeance du milieu; *è stato ucciso per vendetta* il a été tué par vengeance # *far vendetta di un torto, di un affronto* se venger d'un tort, d'un affront; *fare vendetta di un parente ucciso* venger un parent assassiné; *prendere vendetta* se venger ◇ (*loc. prov.*) *la miglior vendetta è il perdono* la meilleure vengeance est le pardon **2** [*castigo*] vengeance: *questo delitto avrà la giusta vendetta* ce délit obtiendra vengeance, sera vengé ◇ (*loc.*) *gridare vendetta* [*invocare la giusta punizione*] crier vengeance ~ *gridare vendetta al cielo* crier vengeance ~ *è un delitto che grida vendetta al cospetto di Dio* c'est un délit qui crie vengeance devant Dieu ◇ (*per anal.*) *sono due colori che insieme gridano vendetta* ce sont deux couleurs qui jurent ensemble; *ha un modo di parlare che grida vendetta* il a une façon de parler abominable.

vendibile |ven'dibile| *agg.* [→ VENDERE A] vendable.

vendicàbile |vendi'kabile| *agg.* [→ VENDICARE A 1] qui peut être vengé *loc.*

vendicàre |vendi'kare| **A** *v.tr.* **1** [*far vendetta*] venger (3): *vendicare un torto, un insulto, l'onore* venger un tort, une insulte, l'honneur; *vendicare qc.* venger qqn.; *ha avuto modo di vendicare il* (*l'uccisione del*) *padre* il a pu venger (le meurtre de) son père **2** → **rivendicare 3** (*lett.*) → **punire, castigare B** *v.pron. rifl.* VENDICARSI [→ *tr.* 1] se venger: *si è vendicata del torto subito, del tradimento* elle s'est vengée du tort qu'elle a subi, de la trahison; *non ha voluto vendicarsi dell'assassinio del fratello* elle n'a pas voulu se venger du meurtre de son frère

vendicativaménte |vendikati-va'mente| *avv.* [→ VENDICATIVO] vindicativement.

vendicativo |vendika'tivo| *agg.* vindicatif*: *è un tipo vendicativo* c'est un homme vindicatif.

vendicatóre, trice |vendika'tore, tritʃe| *agg. e s.* [*che, chi vendica*] vengeur* → **vendicativo.**

vendifròttole |vendi'frɔttole| *s. inv.* [*chi racconta, spaccia frottole, bugie*] charlatan *var.*

vendifùmo |vendi'fumo| *s. inv.* (*fig.*) [*chi vende fumo, dà ad intendere cose non vere*] bluffeur* *var.*

vendiparòle |vendipa'rɔle| *s. inv.* moulin *m. var.* à paroles.

véndita |'vendita| *s.f.* **1** [→ VENDERE A 1] vente **2** (*dir., corr.*) vente: *vendita al minuto* (*al dettaglio*), *all'ingrosso, per corrispondenza* vente au détail, en gros, par correspondance; *fare una campagna di vendita di un prodotto* faire une campagne de vente pour un produit; *mettere in vendita un articolo al prezzo di costo* mettre un produit en vente au prix coûtant # *vendita a prezzo eccessivo* survente ◇ (*dir.*) *vendita giudiziale, fallimentare, forzata* vente judiciaire, pour cause de faillite, forcée; *vendita all'asta, a riscatto* vente aux enchères, à réméré ◇ [*smercio*] *quest'anno abbiamo fatto una buona vendita dei nostri prodotti* cette année nous avons bien vendu nos produits **3** [*spaccio, negozio*] magasin (*m.*): *ha una vendita di tessuti* il a un magasin de tissus # *gestisce una vendita di sali e tabacchi* il gère un débit de tabac **4** (*per est.*) *vendita di benefici ecclesiastici, di cariche pubbliche* vente de bénéfices ecclésiastiques, de charges publiques **5** (*calcio*) [→ VENDERE A 4] transfert (*m.*): *la vendita dei giocatori dovrebbe essere proibita* le transfert des joueurs devrait être interdit.

venditóre, trice |vendi'tore, tritʃe| *s.* **1** [*chi vende una merce*; *chi è addetto alle vendite*] vendeur*: *venditore a domicilio* vendeur à domicile; *venditore ambulante* vendeur ambulant ◇ [*commerciante*] marchand: *venditore al minuto* marchand au détail, détaillant; *venditore all'ingrosso* marchand en gros, grossiste; *venditore di pesce, di carne fresca* marchand de poisson, de viande fraîche ✦ (*agg.*) *la ditta venditrice di questo prodotto* la société qui vend *loc.* ce produit **2** (*fig.*) *un venditore di fumo* un fumiste; *venditore di frottole* → **vendifrottole.**

vendùto |ven'duto| **I** *agg.* **1** vendu: *la merce venduta* la marchandise vendue **2** (*fig.*) [*che si è lasciato corrompere* (*per denaro*)] vendu: *giudice venduto* juge vendu; *arbitro venduto* arbitre vendu ✦ (*s.*) *un venduto* un vendu → **corrotto II** *s.m.* (*comm.*) marchandises *f. pl.* vendues.

venefìcio, i |vene'fitʃo, i| *s.m.* **1** (*dir.*) vénéfice **2** (*lett.*) → **avvelenamento.**

venèfico, ci, ca, che |ve'nɛfiko, tʃi, ka, ke| *agg.* **1** [*gravemente nocivo, tossico*] toxique: *esalazioni venefiche* exhalations toxiques ◇ (*fig.*) nocif*: *letture venefiche* lectures nocives, malsaines **2** (*lett.*) → **velenoso.**

veneràbile |vene'rabile| *agg.* [→ VENERARE] vénérable: *una persona venerabile* une personne vénérable; *ha raggiunto una venerabile età* il a atteint un âge vénérable → **venerando** ✦ (*s.*) *i venerabili della Chiesa* les vénérables de l'Église.

venerabilità |venerabili'ta| *s.f. inv.* caractère *m. var.* vénérable # *la venerabilità di quell'uomo ne è uscita un po' intaccata* la réputation vénérable, l'honorabilité de cet homme en est ressortie un peu ternie.

venerabilménte |venerabil'-mente| *avv.* [→ VENERABILE] vénérablement.

veneràndo |vene'rando| *agg. e s.* [*degno di venerazione*] vénérable.

veneràre |vene'rare| *v.tr.* [*avere in grande reverenza, manifestare devozione*] vénérer (8): *venerare i santi* vénérer les saints; *venerare un'immagine sacra, una reliquia* vénérer une image sainte, une relique; *venerare un totem, il sole* vénérer un totem, le soleil; *venerare la memoria di qc.* vénérer la mémoire de qqn. # *venerare Dio* adorer Dieu; *venerare la vecchiaia* honorer la vieillesse.

venerazióne |venerat'tsjone| *s.f.* [→ VENERARE] vénération: *la venerazione di un santo, di un'immagine sacra* la vénération d'un saint, d'une image sacrée; *una persona degna di venerazione* une personne digne de vénération, d'être vénérée; *avere, nutrire* (*una*) *grande venerazione per qc.* avoir, nourrir une grande vénération pour qqn.

venerdì |vener'di| *s.m. inv.* [*quinto giorno della settimana*] vendredi (*var.*): *di venerdì è sempre a Milano* le vendredi, il est toujours à Milan; *il venerdì santo* le vendredi saint ◇ (*loc. fig.*) *gli manca un venerdì*: *è piuttosto strambo, matto* il lui manque une case (*fam.*); il est plutôt bizarre, un peu fou ~ *osservare il venerdì* [*mangiare di magro*] faire maigre le vendredi ◇ (*prov.*) *chi ride di venerdì piange di domenica* tel qui rit vendredi dimanche pleurera.

Vènere |'vɛnere| *s.f.* **1** (*fig.*) vénus: *quella donna è una venere* c'est une vénus **2** (*t. zool.*) vénus.

venèreo |ve'nɛreo| *agg.* **1** (*med.*) vénérien*: *malattie veneree* maladies vénériennes **2** (*lett.*) [*di Venere*] de l'amour *loc. inv.* (*corr.*).

vèneto |'vɛneto| **1** *agg.* [*delle tre Venezie, spec. della Venezia Euganea*] vénitien* **2** (*s.m.*) *il veneto* [*il dialetto*] le vénitien.

venétta |ve'netta| *s.f.* (*anat.*) veinule.

veneziàna |venet'tsjana| *s.f.* **1** [*tenda a elementi mobili, inclinabili a piacere*] store *m.* vénitien (à lattes, à lamelles): *tende alla veneziana* stores **2** [*dolce cosparso di chicchi di zucchero*] brioche.

veneziàno |venet'tsjano| **1** *agg.* [*di Venezia, relativo a Venezia*] vénitien*: *le gondole veneziane* les gondoles vénitiennes ◇ (*loc.*) *alla veneziana* à la vénitienne **2** (*s.m.*) *il veneziano* [*il dialetto*] le vénitien.

venezuelàno |venettsue'lano|, **venezolàno** |venettso'lano| *agg.* [*del Venezuela*] vénézuélien*, du Venezuela *loc. inv.*

vènia |'vɛnja| *s.f.* (*lett.*) [*perdono, indulgenza*] pardon *m.* (*corr.*): *le chiedo venia* je vous demande pardon, j'implore votre indulgence (*lett.*).

veniàle |ve'njale| *agg.* **1** (*relig. catt.*) véniel*: *peccato veniale* péché véniel **2** [*di scarsa rilevanza*; *perdonabile*] véniel: *un'errore, una distrazione veniale* une faute, une étourderie vénielle.

venialità |venjali'ta| *s.f. inv.* caractère *m. var.* véniel (d'un péché, d'une faute, etc.).

venialménte |venjal'mente| *avv.*

[→ VENIALE] véniellement (*raro*): *peccare venialmente* pécher véniellement; commettre un péché véniel (*corr.*).

venïènte |ve'njɛnte| *agg. e s.* (*lett.*) [*seguente, prossimo*] venant, prochain (*corr.*): *il mese veniente* le mois qui vient, prochain ◇ [*immediatamente successivo*] suivant: *il giorno veniente* le jour suivant.

1 **venìre** |ve'nire| (202) **A** *v.intr.* (*aus.* '*essere*') **1** [*andare, recarsi in un luogo, presso la persona che parla o a cui si parla*] venir (27); aller (13): *venire in macchina, in treno, in aereo* venir en voiture, par le train, en avion; *siamo venuti a piedi, in bicicletta* nous sommes venus à pied, à bicyclette; *sono venuto di corsa a dirtelo* je suis venu tout de suite te le dire; *vengo subito da te* je viens tout de suite chez toi, j'arrive (*fam.*); *venite quando volete* venez quand vous voulez; *con che cosa siete venuti?* comment êtes-vous venus?; *non sono venuto per perdere tempo con voi* je ne suis pas venu pour perdre mon temps avec vous; *c'è gente che va e viene tutto il giorno* il y a du monde qui va et vient toute le journée; *aspettami, vengo* attends-moi, je viens, j'arrive (*fam.*) ‖ *verremo da loro per Natale* nous irons chez eux à Noël; *verrò a trovarti dopo cena* j'irai te voir après dîner **2** [*arrivare, giungere nel posto dove è la persona che parla*] arriver: *li aspettavo, ma non sono ancora venuti* je les attendais, mais ils ne sont pas encore arrivés; *se non viene oggi non viene più* s'il n'arrive pas aujourd'hui, il ne viendra plus → **arrivare** ◇ (*loc. fig.*) *venire in possesso di q.c., di un'informazione* entrer en possession de qqch., d'une information ~ *venire ai ferri corti* [*affrontarsi senza riguardo o ritegno*] être à couteaux tirés, en guerre ouverte ~ *venire alle mani* en venir aux mains ~ *venire alle prese con qc.* en venir aux prises avec qqn. ~ *è una voce che mi è venuta agli orecchi* c'est un bruit qui m'est venu aux oreilles ~ *venire a sapere, a conoscenza di q.c.* apprendre qqch. ~ *venire a capo di q.c.* venir à bout de qqch. ~ *venire al nocciolo, al dunque* en venir au chœur de l'affaire, au fait ~ *venire alla conclusione, alle strette* en venir au fait ~ *venire a un accomodamento, a un compromesso* trouver un accord, un compromis ~ *venire a patti* pactiser ~ *venire a noia* ennuyer ~ *mi è venuto in antipatia, in odio* il m'est devenu antipathique, odieux* **3** [*arrivare da* (*un luogo*); *provenire*] venir, arriver: *quell'aereo viene da Roma* cet avion vient, arrive de Rome; *è il treno che viene da Parigi* c'est le train qui vient, arrive de Paris; *dalla cucina viene un buon profumo di arrosto* une bonne odeur de rôti vient de la cuisine; *è una moda che viene dalla Francia* c'est une mode qui vient de France; *viene da una buona famiglia* il vient d'une bonne famille → **arrivare** # *questo vento viene dal sud* ce vent vient, souffle du sud ◇ (*loc.*) *venire dal niente* partir de rien, de zéro ~ *venire dalla gavetta* venir de rien ~ *da dove ti viene tutto questo coraggio?* d'où tiens-tu, d'où te vient tout ce courage? ◇ [*avere come causa*] venir: *tutti i miei mali vengono dalla pressione bassa* tous mes maux viennent de ma basse tension → 1 **derivare** ◇ [*derivare*] *questa parola viene dal greco, dal francese* ce mot vient du grec, du français ◇ *loc.* FAR, FARSI VENIRE: *far venire qc. a far q.c.* faire venir qqn. pour faire qqch.; *farò venire il falegname a montare l'armadio* je ferai venir le menuisier pour faire monter l'armoire ~ *farsi venire q.c.* faire venir qqch.; *mi sono fatto venire queste piante dal vivaio* j'ai fait venir ces plantes de la pépinière ◇ (*loc. fig.*) *mi sono fatto venire il raffreddore* j'ai attrapé un rhume; *mi fai venire il latte alle ginocchia* tu me coupes les bras ~ *mi hai fatto venire un accidente* j'ai failli être malade à cause de toi ~ *far venire fame, sete, sonno* donner faim, soif, faire dormir ~ *è una cosa che mi fa* (*venire*) *rabbia* c'est qqch. qui m'énerve **4** (*sogg. di cosa*) [*capitare, sopraggiungere improvvisamente, inaspettatamente*] *se viene il gelo o la grandine, queste piante muoiono* s'il gèle ou grêle, ces plantes mourront; *gli sono venute le lacrime dalla commozione* l'émotion lui a fait venir les larmes; *mi è venuta la febbre, il mal di gola* j'ai eu la fièvre, mal à la gorge; *mi è venuta un'idea, un'ispirazione, un dubbio* il m'est venu une idée, une inspiration, un doute ◇ (*loc. fig.*) *ti venga, gli venisse un accidente* que le diable t'emporte, l'emporte ~ *ora viene il bello!* voici le plus drôle de l'affaire ~ *le disgrazie non vengono mai sole* un malheur ne vient jamais seul ~ *non tutto il male viene per nuocere* à qqch. malheur est bon ~ *i guai vengono quando meno te li aspetti* le malheur arrive au moment où l'on s'y attend le moins ~ (*fam.*) *non mi viene in mente* je ne m'en souviens plus; je ne me le rappelle plus ◇ *loc.* FAR VENIR DA *mi fai venire da piangere* tu me donnes envie de pleurer; *mi fai venir da ridere* tu me fais rire ~ VENIR FATTO, DETTO [*capitare di fare, dire quasi casualmente*] *gli venne fatto di trovare la casa che voleva* il lui arriva de trouver la maison qu'il voulait; *mi venne detto che si stava annoiando* on me dit qu'il s'ennuyait **5** [*nascere, crescere*] pousser: *queste piante non vengono qui da noi* ces plantes ne poussent pas, ne viennent pas ici (chez nous) ◇ (*loc.*) *venire alla luce, al mondo* [*nascere*] venir au monde ~ *venir su* → **crescere** **6** (*in usi impers.*) [*giungere, sopravvenire*] *non è ancora venuto il momento* (*di fare q.c.*) le moment n'est pas encore venu (de faire qqch.); *non è ancora venuta la bella stagione* la belle saison n'est pas encore arrivée; *non mi è ancora venuta l'occasione di farlo* je n'ai pas encore eu l'occasion de le faire; *quando viene il freddo le rondini se ne vanno* quand le froid arrive, les hirondelles s'en vont; *non è ancora venuto il mio turno* mon tour n'est pas encore venu ◇ [*cadere, ricorrere*] *Pasqua viene in aprile questo anno* la fête de Pâques tombe en avril, cette année; *la festa di papà viene l'8 novembre* la fête de papa tombe le 8 novembre ◇ (*loc.*) *venire prima* → **precedere**; *venire dopo* (*nel tempo*) → **seguire**; *l'anno, il mese che viene* l'année, le mois qui vient; *negli anni a venire* (dans) les années à venir; *un simile avvenimento è di là da venire* un tel événement n'est pas près d'arriver **7** (*fam.*) [*risultare, tornare utile*] *tieni questo libro, ti verrà buono l'anno prossimo* prends ce livre, il te servira l'année prochaine; *questo vestito è venuto male, devo rifarlo tutto* cette robe est mal venue, a été mal faite, je dois la refaire ◇ (*fig.*) *ti vien* (*va*) *bene se vengo da te oggi pomeriggio?* ça te va, si je viens chez toi cet après-midi? **8** (*in usi pleon.*) VENIRE A: *ti verrà a costare ventimila lire* ça te coûtera vingt mille lires; *sono venuto a sapere che hai perso il portafoglio* j'ai appris que tu as perdu ton portefeuille; *questi due ragionamenti vengono a trovarsi in contrasto tra loro* ces deux raisonnements se contredisent ✦ (*ass.*) *quanto viene* (*a costare*)*?* combien ça coûte? **9** (*di numero*) [*essere sorteggiato, uscire nei vari giochi*] sortir (21): *è venuto il 17 al lotto sulla ruota di Milano* le 17 est sorti au loto sur la roue de Milan; *mi è venuto il 4 e ho fatto tombola* le 4 est sorti et j'ai gagné (a tombola) **10** (*fam.*) [*essere* (*per caso*)] *così lui viene a essere mio cugino* c'est pour ça qu'il est mon cousin **11** [*spettare, essere dovuto*] devoir (34): *mi vengono diecimila lire da lui* il me doit dix mille lires **12** (*unito ad avv. di luogo, assume valori particolari per i quali si rimanda, anche, agli avv. stessi*) *venire su* → **crescere**, **salire**; *venire giù* → **scendere**, **cadere**; *venire avanti* → **avanzare**; *venire indietro* → **indietreggiare**; *venire fuori* → **uscire**, **risultare**; *venire dentro* → 1 **entrare**; *venire meno* → **svenire**, **mancare**; *venire via* → **uscire**, **staccar(si)**; *venire prima* → **precedere**; *venire dopo* → **seguire** **13** VENIRE (+ *ger.*) (*indica azione nel suo svolgersi*) être (43) en train de (+ *inf.*): *veniva dicendo queste cose, quando...* il était en train de dire cela, quand...; *l'oratore veniva esponendo via via le sue idee* l'orateur était en train d'exposer ses idées → **andare** # *mi vengo sempre più convincendo che ho sbagliato a comperare questa casa* je suis de plus en plus convaincu que j'ai commis une erreur en achetant cette maison **14** (*unito a un p.p. viene usato nei tempi semplici al posto del v.* '*essere*' *come aus. nella coniugazione pass.*) être: *veniva lodato da tutti* il était loué par tous; *venne applaudito a lungo dai presenti* il fut applaudi par l'assistance **B** *v.pron. intr.* VENIRSENE [*andare in un luogo*] *se ne veniva quatto quatto verso casa* il revenait tout doucement vers la maison; *ce ne siamo venuti via quasi subito anche noi* nous sommes partis nous aussi presque aussitôt.

2 **venire** |ve'nire| *s.m. inv.* va-et-vient: *un andare e venire continuo di curiosi* un va-et-vient continu de curieux; *questo andare e venire mi fa venire il mal di testa* ce va-et-vient me donne mal à la tête # *l'andare e venire del pendolo mi fa venire i nervi* le tic-tac de la pendule m'énerve; *tra l'andare e il venire, ci metteremo due ore* entre l'aller et le retour nous mettrons deux heures.

venóso |ve'noso| *agg.* [*di vena*] veineux*: *sangue venoso* sang veineux.

ventàglia |ven'taʎʎa| *s.f.* (*st. mil.*) ventail* *m.*

ventagliàio, i |ventaʎ'ʎajo, i| *s.* [*fabbricante, commerciante, decoratore di ventagli*] éventailliste (*raro*).

ventagliàrsi |ventaʎ'ʎarsi| *v.pron. rifl.* [*farsi vento col ventaglio*] s'éventer.

1 **ventàglio, i** |ven'taʎʎo, i| *s.m.* **1** [*arnese per far vento (al viso)*] éventail: *un ventaglio ricamato* un éventail brodé; *un ventaglio di avorio, di argento* un éventail d'ivoire, d'argent; *un ventaglio di piume* un éventail de plumes # *farsi vento col ventaglio* s'éventer **2** *loc. fig.* A VENTAGLIO en éventail: *disposizione a ventaglio di una squadra aerea* disposition en éventail d'une escadre aérienne; *disporsi, correre a ventaglio* se mettre, courir en éventail # *strade che si aprono a ventaglio* rues qui s'ouvrent en étoile, en patte **3** [*elementi, in partenza omogenei, che si diversificano progressivamente*] éventail: *un ventaglio di ipotesi* un éventail d'hypothèses ◇ (*econ.*) *il ventaglio dei prezzi* l'éventail des prix; *il ventaglio delle retribuzioni, degli stipendi* l'éventail des rétributions, des salaires.

2 **ventàglio, i** |ven'taʎʎo, i| *s.m.* (*t.zool.*) → **pettine.**

ventaròla |venta'rɔla| *s.f.* **1** → **girandola 2** (*fig.*) → **banderuola 3** → **1 ventaglio.**

ventàta |ven'tata| *s.f.* **1** coup *m.* de vent → **folata, soffio 2** [*sentimento, stato d'animo improvviso e violento*] vague: *una ventata di entusiasmo* une vague d'enthousiasme; *una ventata di follia* une vague de folie.

ventennàle |venten'nale| **I** *agg.* **1** [*che dura vent'anni*] vicennal*: *dittatura ventennale* dictature vicennale; *mutuo ventennale* prêt vicennal **2** qui a lieu tous les vingt ans (*loc.*): *celebrazioni ventennali* célébrations qui ont lieu tous les vingt ans **II** *s.m.* vingtième *agg.* anniversaire.

ventènne |ven'tɛnne| *agg.* (âgé) de vingt ans (*loc. inv.*): *un giovanotto, una ragazza ventenne* un jeune homme, une jeune fille de vingt ans ✦ (*s.m.*) *un ventenne* un garçon de vingt ans ✦ (*s.f.*) *una ventenne* une (jeune) fille de vingt ans.

ventènnio, i |ven'tɛnnjo, i| *s.m.* (période *f.* de) vingt ans ◇ (*loc.*) *il ventennio* (*fascista*) les vingt ans du fascisme.

ventèsimo |ven'tɛzimo| *agg. numer. ord.* vingtième: *il ventesimo anniversario* le vingtième anniversaire; *il ventesimo secolo* le XXe siècle ◇ (*unito al nome di 'sovrani, papi' e con le parole 'articolo, capitolo, tomo' e sim.*) vingt: *è il ventesimo volume* c'est le volume (numéro) vingt ✦ (*s.m.*) *un ventesimo* un vingtième.

vénti |'venti| *agg. numer. card. inv.* vingt(s) (*moltiplicato per un numero e in posizione terminale prende una 's'*): *ha vent'anni* il a vingt ans; *una collezione di venti volumi* une collection de vingt volumes; *ho passato venti giorni al mare* j'ai passé vingt jours à la mer, au bord de la mer; *gli anni venti* les années vingt # *ottanta franchi* quatre-vingts francs; *erano in ottantadue* ils étaient quatre-vingt-deux ◇ (*in usi iperbolici*) *te l'ho già detto venti volte* je te l'ai déjà dit vingt fois; *l'avrò vista venti volte al massimo* j'ai dû la voir vingt fois, au maximum ✦ (*s.m. inv.*) *il venti* le (numéro) vingt, le (nombre) vingt.

venticèllo |venti'tʃɛllo| *s.m.* [*vento leggero*] brise *f.*

venticìnque |venti'tʃinkwe| *agg. numer. card. inv.* vingt-cinq: *ha venticinque anni* il a vingt-cinq ans; il est âgé de vingt-cinq ans; *abita al* (*numero*) *25 di via Manzoni* il habite 25, rue Manzoni ✦ (*s.m. inv.*) *il venticinque* le vingt cinq.

venticinquènne |ventitʃin'kwɛnne| *agg.* (âgé) de vingt-cinq ans *loc. inv.* ✦ (*s.m.*) *un venticinquenne* un garçon de vingt-cinq ans ✦ (*s.f.*) *una venticinquenne* une (jeune) fille de vingt-cinq ans.

venticinquènnio, i |ventitʃin'kwɛnnjo, i| *s.m.* période *f.* de vingt-cinq ans.

venticinquèsimo |ventitʃin'kwɛzimo| *agg. numer. ord.* vingt-cinquième: *è arrivato venticinquesimo* il est arrivé vingt-cinquième ◇ (*unito alle parole 'articolo, capitolo, tomo' e sim.*) vingt-cinq: *capitolo venticinquesimo* chapitre vingt-cinq ✦ (*s.m.*) *un venticinquesimo* un vingt-cinquième.

ventidùe |venti'due| *agg. numer. card. inv.* vingt-deux ✦ (*s.m. inv.*) *il ventidue* le vingt-deux: *il ventidue di questo mese* le vingt-deux de ce mois.

ventiduènne |ventidu'ɛnne| *agg.* (âgé) de vingt-deux ans *loc. inv.* ✦ (*s.m.*) *un ventiduenne* un garçon de vingt-deux ans ✦ (*s.f.*) *una ventiduenne* une (jeune) fille (âgée) de vingt-deux ans.

ventiduèsimo |ventidu'ɛzimo| *agg. numer. ord.* vingt-deuxième: *è* (*il*) *ventiduesimo della graduatoria* il est le vingt-deuxième du classement ◇ (*unito a nomi di 'sovrani, papi' e con le parole 'articolo, capitolo, tomo' e sim.*) vingt-deux: *ho appena ricevuto il ventiduesimo fascicolo* je viens de recevoir le fascicule (numéro) vingt-deux ✦ (*s.m.*) *un ventiduesimo* un vingt-deuxième.

ventilàbro |venti'labro| *s.m.* **1** (*agr.*) van **2** soufflet d'orgue.

ventilaménto |ventila'mento| *s.m.* → **ventilazione** 1.

ventilàre |venti'lare| *v.tr.* **1** [*determinare una circolazione di aria fresca, nuova*] ventiler: *ventilare una stanza, gli ambienti di un'industria, le gallerie* ventiler une pièce, les locaux d'une industrie, les tunnels → **arieggiare** (*per est.*) *ventilare il viso* s'éventer (le visage) **2** [*separare i cereali dalle scorie leggere*] vanner: *ventilare il grano, il frumento* vanner le blé, le froment → **spulare 3** (*fig.*) [*esporre ad altri le proprie opinioni, per verificarle in un confronto*] proposer, parler (*intr.*): *hanno ventilato l'idea di aumentare le tasse* ils ont proposé d'augmenter les impôts; *ventilare una proposta, un progetto* parler d'une proposition, d'un projet **4** (*lett.*) [*fare vento; muovere aria*] éventer.

ventilàto |venti'lato| *agg.* ventilé, aéré: *un ambiente ventilato* une pièce ventilée, aérée; *è una zona ventilata* c'est une zone ventilée.

ventilatóre |ventila'tore| *s.m.* (*tecnol., corr.*) ventilateur.

ventilatùra |ventila'tura| *s.f.* → **ventilazione** 2.

ventilazióne |ventilat'tsjone| *s.f.* **1** (*tecnol.*) ventilation: *ventilazione di un motore, di locali industriali* ventilation d'un moteur, de locaux industriels → **aerazione**; *ventilazione meccanica, forzata* ventilation mécanique, forcée **2** [→ VENTILARE 2] vannage (*m.*): *ventilazione dei cereali* vannage des céréaux **3** (*fisiol.*) *ventilazione polmonare* ventilation pulmonaire **4** [*movimento d'aria, corrente d'aria*] courant *m.* d'air: *c'è troppa ventilazione, bisogna chiudere la finestra* il y a trop de courant d'air, il faut fermer la fenêtre; *fa caldo, ma per fortuna c'è un po' di ventilazione* il fait chaud, mais heureusement il y a un peu (de courant) d'air.

ventimìla |venti'mila| *agg. numer. card. inv.* vingt mille: *erano in ventimila* ils étaient vingt mille ✦ (*s.m. inv.*) *i ventimila* les vingt mille.

ventìna |ven'tina| *s.f.* **1** [*venti, o circa venti, elementi di una serie*] vingtaine: *una ventina di paste* une vingtaine de gâteaux; *hai fatto una ventina di errori* tu as fait une vingtaine de fautes **2** [*i vent'anni di età*] vingtaine: *ha una ventina d'anni, è sulla ventina* il a une vingtaine d'années.

ventìno |ven'tino| *s.m.* (ancienne) pièce *f.* de vingt centimes.

ventinòve |venti'nɔve| *agg. numer. card. inv.* vingt-neuf: *ha ventinove anni* il a vingt-neuf ans ✦ (*s.m. inv.*) *il ventinove* le vingt-neuf: *siamo al ventinove del mese* nous sommes (on est) le vingt-neuf du mois.

ventinovèsimo |ventino'vɛzimo| *agg. numer. ord.* vingt-neuvième: *è arrivato ventinovesimo* il est arrivé vingt-neuvième; *il ventinovesimo giorno l'avventura è finita* le vingt-neuvième jour l'aventure est finie ◇ (*in unione con le parole 'articolo, capitolo, tomo' e sim.*) vingt-neuf: *leggeremo fino alla ventinovesima pagina* nous lirons jusqu'à la page vingt-neuf ✦ (*s.m.*) *un ventinovesimo* un vingt-neuvième.

ventiquattrèsimo |ventikwat'trɛzimo| *agg. numer. ord.* vingt-quatrième: *sono ventiquattresimo nella lista d'attesa* je suis le vingt-quatrième sur la liste d'attente ◇ (*unito a nomi di 'sovrani, papi' e con le parole, 'articolo, capitolo, tomo' e sim.*) vingt-quatre: *non abbiamo ancora ricevuto il ventiquattresimo numero della rivista* nous n'avons pas encore reçu le numéro vingt-quatre de la revue ✦ (*s.m.*) *un ventiquattresimo* un vingt-quatrième.

ventiquàttro |venti'kwattro| *agg. numer. card. inv.* vingt-quatre # *sono le ventiquattro* [*è mezzanotte*] il est minuit ✦ (*s.m. inv.*) *il ventiquattro* le vingt-quatre: *ne parleremo il ventiquattro, durante la riunione* nous en reparlerons le vingt-quatre, pendant la réunion.

ventiquattr'óre |ventikwat'trore| *s.* **I** *s.f. pl.* vingt-quatre heures: *ecco le previsioni del tempo per le prossime ventiquattr'ore* voici les prévisions météorologiques pour les prochaines vingt-quatre heures **II** *s.f. inv.* **1** (*sport*) *le ventiquattr'ore di Le Mans* les vingt-quatre heures du Mans **2** [*valigetta da viaggio che può contenere il necessario per un giorno*] attaché-case *m. var.*, mallette *var.* de voyage: *delle ventiquattr'ore* des attachés-cases.

ventiseèsimo |ventise'ɛzimo| *agg. numer. ord. e s.m.* → **ventiseiesimo.**

ventisèi |venti'sɛi| *agg. numer. card. inv.* vingt-six: *a pag. 26* à la page 26; *eravamo in ventisei* nous étions vingt-six ✦ (*s.m. inv.*) *il ventisei* le vingt-six.

ventiseièsimo |ventise'jɛzimo| *agg. numer. ord.* vingt-sixième: *sono ar-*

rivati ventiseiesimi al Rally di Montecarlo ils sont arrivés vingt-sixièmes au Rally de Montecarlo ◇ (*in unione con le parole, 'articolo, capitolo, tomo' e sim.*) vingt-six: *abbiamo letto fino al capitolo ventiseiesimo* nous avons lu jusqu'au chapitre vingt-six ✦ (*s.m.*) *un ventiseiesimo* un vingt-sixième.

ventisètte |venti'sɛtte| *agg. numer. card. inv.* vingt-sept: *a pag. 27* à la page 27 ✦ (*s.m. inv.*) *il ventisette è il giorno di paga* (*per gli statali*) le vingt-sept, le 27, c'est jour de paye pour les fonctionnaires.

ventisettèsimo |ventiset'tɛzimo| *agg. numer. ord.* vingt-septième: *il suo ventisettesimo compleanno* son vingt-septième anniversaire ◇ (*in unione con le parole 'articolo, capitolo, tomo' e sim.*) vingt-sept: *è il ventisettesimo capitolo del romanzo* c'est le chapitre vingt-sept du roman ✦ (*s.m.*) *un ventisettesimo* un vingt-septième.

ventitré |venti'tre| *agg. numer. card. inv.* vingt-trois: *ha ventitré anni* il a vingt-trois ans ✦ (*s.m. inv.*) *il ventitré* le vingt-trois.

ventitreèsimo |ventitre'ɛzimo| *agg. numer. ord.* vingt-troisième: *erano ventitreesimi in classifica* ils étaient vingt-troisièmes au classement ◇ (*in unione con nomi di 'sovrani, papi' e con le parole 'articolo, capitolo, tomo' e sim.*) vingt-trois: *Giovanni ventitreesimo* (*XXIII*) Jean vingt-trois (XXIII); *il capitolo ventitreesimo* le chapitre vingt-trois ✦ (*s.m.*) *un ventitreesimo* un vingt-troisième.

vènto |'vɛnto| *s.m.* **1** vent: *vento leggero, debole, forte, costante, dominante* vent léger, faible, fort, constant, dominant; *vento favorevole, contrario* vent favorable, contraire; *vento di levante, di poppa, di prora, di bolina, di ponente* vent d'est, arrière, devant, debout, d'ouest; *un colpo, un alito di vento* un coup, un souffle de vent; *si è alzato il vento* le vent s'est levé; *il vento è caduto* le vent est tombé; *c'è vento oggi* il y a du vent, aujourd'hui; *essere, stare, andare al riparo dal vento* être, rester, aller à l'abri du vent; *il vento cambia direzione* le vent tourne; *da che parte spira, tira il vento?* de quel côté vient le vent?; *navigare col vento in poppa* naviguer avec le vent en poupe ◇ (*per est.*) *mulino, motore a vento* moulin à vent, roue éolienne; *giacca a vento* anorak; *torcia a vento* lampe-tempête **2** [*corrente d'aria*] *c'è troppo vento in questa stanza* il y a trop de courant d'air dans cette pièce; *farsi vento* (*col ventaglio*) s'éventer **3** (*loc. fig.*) *c'è vento di fronda* il y a un vent de révolte ~ *dire, gridare q.c. al vento* dire, crier qqch. au vent ~ *spargere una notizia ai quattro venti* crier une nouvelle aux quatre vents ~ *sono parole gettate al vento* ce sont des mots jetés au vent ~ *parlare al vento* parler à un mur, dans le désert ~ *che vento spira in quel partito?* quel vent souffle dans ce parti? ~ *comportarsi secondo il vento che spira, che tira* agir selon le vent qui souffle → **aria** ~ *procedere col vento in poppa* aller à toutes voiles ~ *buttare al vento un'occasione favorevole* jeter au vent une bonne occasion ~ *qual buon vento ti porta, ti mena?* quel bon vent t'amène? ◇ (*prov.*) *chi semina vento raccoglie tempesta* qui sème le vent, récolte la tempête **4** (*tecnol.*) *galleria del vento* tunnel aérodynamique **5** (*fis.*) *vento solare* vent solaire **6** (*mar.*) vent: *vento di bompresso* vent arrière.

vèntola |'vɛntola| *s.f.* **1** [*arnese per ravvivare il fuoco*] éventoir *m.* **2** (*mecc., tecnol.*) hélice, rotor *m.* de ventilation: *ventola del motore, del radiatore, del proiettore* hélice, rotor de ventilation du moteur, du radiateur, du projecteur ◇ (*edil.*) *muro a ventola* mur de cloison.

ventolàna |vento'lana| *s.f.* (*t.bot.*) brome *m.*

ventolàre |vento'lare| *v.tr.* → **ventilare.**

ventósa |ven'tosa| *s.f.* **1** (*med., zool.*) ventouse **2** [*coppetta che aderisce a una superficie liscia mediante pressione*] ventouse.

ventosità |ventosi'ta| *s.f. inv.* **1** caractère *m. var.* venteux **2** → **flatulenza.**

1 **ventóso** |ven'toso| *agg.* **1** [*battuto, percorso dal vento*] venteux*, éventé: *luogo ventoso* lieu venteux, éventé; *vallata ventosa* vallée éventée ◇ (*per est.*) venteux: *giornata ventosa* journée venteuse; *mese ventoso* mois venteux **2** [*che provoca flatulenza*] flatulent **3** (*raro*) (*persone*) [*borioso, vanitoso*] plein de suffisance.

2 **ventóso** |ven'toso| *s.m.* (*st. fr.*) ventôse.

ventottèsimo |ventot'tɛzimo| *agg. numer. ord. e s.m.* vingt-huitième: *si è classificato al ventottesimo posto* il s'est classé à la vingt-huitième place ◇ (*in unione con le parole 'articolo, capitolo, volume' e sim.*) vingt-huit: *fascicolo ventottesimo* fascicule vingt-huit.

ventòtto |ven'tɔtto| *agg. numer. card. inv.* vingt-huit: *il capitolo ventotto* le chapitre vingt-huit ✦ (*s.m. inv.*) *il ventotto del mese* le vingt-huit du mois.

ventràle |ven'trale| *agg.* **1** ventral*: *muscoli ventrali* muscles ventraux → **addominale** **2** [*rivolto verso il basso*] ventral: *faccia ventrale* face ventrale 🄲 2 **dorsale.**

ventralménte |ventral'mente| *avv.* **1** [→ VENTRALE 1] dans la partie ventrale *loc. inv.* **2** [→ VENTRALE 2] sur le ventre (*loc. inv.*): *giaceva ventralmente* il gisait sur le ventre.

vèntre |'vɛntre| *s.m.* **1** (*anat., corr.*) ventre: *avere mal di ventre, dolori di ventre* avoir mal au ventre; *riempirsi il ventre* se remplir le ventre; *stava sdraiato sul ventre* il était couché sur le ventre → **pancia** ◇ (*loc.*) *il cavallo correva ventre a terra* le cheval courait ventre à terre ~ *ventre mio fatti capanna!* mon ventre, arrondis-toi! ~ *è un tipo dedito al ventre* c'est un type qui ne pense qu'à son ventre **2** (*lett.*) → **utero** **3** [*grembo*] entrailles *f. pl.* ◇ (*fig.*) *il ventre della terra, della montagna* les entrailles de la terre, de la montagne **4** [*parte rigonfia, ricurva di q.c.*] ventre: *il ventre di un vaso* le ventre d'un vase; *il ventre di una nave* le ventre d'un navire → **1 stiva** **5** (*fis.*) ventre **6** → **intradosso.**

ventrèsca, che |ven'trɛska, ke| *s.f.* **1** [*ventre di tonno sott'olio*] thon *m.* surfin à l'huile **2** (*region.*) [*pancetta di maiale*] lard *m.* maigre **3** (*scherz.*) → **pancia.**

ventricolàre |ventriko'lare| *agg.* (*anat.*) ventriculaire.

ventricolo |ven'trikolo| *s.m.* **1** (*anat.*) ventricule: *ventricolo cardiaco, cerebrale* ventricule cardiaque, cérébral **2** (*zool.*) → **abomaso** **3** (*raro*) → **ventriglio.**

ventrièra |ven'trjɛra| *s.f.* **1** → **panciera** **2** [*borsa portata in vita da artigiani, operai, per riporvi piccoli oggetti*] ceinture à outils; *ventriera per cacciatori* ceinture pour chasseurs.

ventriglio, i |ven'triʎʎo, i| *s.m.* (*anat. animale*) gésier.

ventrilòquio, i |ventri'lɔkwjo, i| *s.m.* ventriloquie *f.*

ventriloquo |ven'trilokwo| *agg. e s.* ventriloque.

ventunènne |ventu'nɛnne| *agg.* (âgé) de vingt et un ans ✦ (*s.m.*) *un ventunenne* un garçon de vingt et un ans ✦ (*s.f.*) *una ventunenne* une (jeune) fille (âgée) de vingt et un ans.

ventunèsimo |ventu'nɛzimo| *agg. numer. ord.* vingt et unième: *il ventunesimo anno d'età* la vingt et unième année ◇ (*in unione con i nomi di 're o papi' e con le parole 'capitolo, volume, tomo' e sim.*) vingt et un: *Giovanni ventunesimo* (*XXI*) Jean vingt et un (XXI); *capitolo ventunesimo* chapitre vingt et un.

ventùno |ven'tuno| *agg. numer. card.* vingt et un: *abitiamo al* (*numero*) *21 di via Puccini* nous habitons au (numéro) 21 de la rue Puccini ✦ (*s.m.*) *il ventuno del mese* le vingt et un du mois; *è arrivato alle ventuno* il est arrivé à vingt et une heures.

ventùra |ven'tura| *s.f.* **1** (*lett.*) [*sorte, destino*] chance (*corr.*): *buona, cattiva ventura* chance, malchance; *augurare la buona, la mala ventura a qc.* souhaiter bonne chance, le malheur à qqn. **2** (*spec.*) [*buona fortuna, buona sorte*] fortune: *andare in cerca di ventura* chercher fortune **3** (*lett.*) [*caso*] aventure (*corr.*): (*andare*) *alla ventura* (aller) à l'aventure **4** (*st.*) *compagnia di ventura* grandes compagnies; *capitano di ventura* condottiere.

ventùri |ven'turi| *s.m.* (*tecnol.*) venturi.

venturimetro |ventu rimetro| *s.m.* (*tecnol.*) venturi.

ventùro |ven'turo| *agg.* **1** [*prossimo*] prochain; à venir (*loc. inv.*): *la settimana ventura* la semaine prochaine; *il ventidue del mese venturo* le 22 du mois prochain; *verrò lunedì prossimo venturo* je viendrai lundi prochain ‖ *negli anni venturi* dans les années à venir **2** (*lett.*) [*che deve, sta per venire*] à venir.

venturóso |ventu'roso| *agg.* (*lett.*) → **fortunato, felice.**

vènula |'vɛnula| *s.f.* (*anat.*) veinule.

venusiàno |venu'zjano| *agg.* [*del pianeta Venere*] vénusien*: *l'atmosfera venusiana* l'atmosphère vénusienne ✦ (*s.*) *i Venusiani* les Vénusiens.

venustà |venus'ta| *s.f. inv.* (*lett.*) [*fisicamente bello, grazioso*] vénusté *var.*

venùsto |ve'nusto| *agg.* (*lett.*) plein de venusté; charmant (*corr.*): *forme venuste* formes pleines de venusté ‖ *una donna venusta* une femme charmante.

venùta |ve'nuta| *s.f.* (*persone*) [→ 1 VENIRE A 1, 2] venue: *siamo in attesa della vostra venuta* nous sommes dans l'attente de votre venue → **arrivo.**

venùto |ve'nuto| *s.m.* venu: *i nuovi venuti* les nouveaux venus; *parlare col* *primo venuto* parler avec le premier venu; *non è il primo, l'ultimo venuto* il n'est pas le premier, le dernier venu.

véra |'ve(ɛ)ra| *s.f.* **1** (*region.*) [*anello nuziale*] alliance → **fede** **2** [*ghiera, puteale*] margelle.

veràce |ve'ratʃe| *agg.* (*lett.*) → **vero, veritiero.**

veraceménte |veratʃe'mente| *avv.* [*in verità*; *veramente*] véridiquement.

veracità |veratʃi'ta| *s.f. inv.* (*lett.*) véracité (*var.*): *la veracità di un teste* la véracité d'un texte ⓒ **mendacità.**

veraménte |vera'mente| *avv.* **1** [→ VERO I 1, 2, 3] vraiment: *le cose stanno veramente così* les choses se sont vraiment passées ainsi; *sono veramente arrabbiato con te* je suis vraiment fâché avec toi → **realmente** **2** (*con valore sup.*) vraiment: *è un romanzo veramente interessante* c'est un roman vraiment intéressant; *è una donna veramente bella* c'est une femme vraiment belle **3** (*in frasi interrog., esprime 'dubbio, incredulità'*) vraiment: *ti hanno veramente assunto?* on t'a vraiment engagé?; '*ha vinto alla lotteria!' 'veramente?'* 'il a gagné à la loterie!' 'vraiment?' → **davvero** **4** (*con valore limitativo, avvers.*) à vrai dire (*loc. inv.*): *io, veramente, non l'avrei fatto, detto* à vrai dire, je ne l'aurais pas fait, dit; *veramente non ha tutti i torti* à vrai dire, il n'a pas tous les torts.

verànda |ve'randa| *s.f.* véranda: *un appartamento con veranda sul mare* un appartement avec véranda sur la mer.

veratrina |vera'trina| *s.f.* (*chim.*) vératrine.

veràtro |ve'ratro| *s.m.* (*t.bot.*) vératre.

1 **verbàle** |ver'bale| *agg.* **1** verbal*: *ordini verbali* ordres verbaux; *ingiurie verbali* injures verbales ◇ [*orale*] verbal; oral*: *rapporto, processo verbale* rapport verbal, procès-verbal ‖ *esame verbale* examen oral **2** (*gram.*) verbal: *forme verbali* formes verbales; *aggettivi, sostantivi verbali* adjectifs, substantifs verbaux.

2 **verbàle** |ver'bale| *s.m.* (*dir., corr.*) procès-verbal*: *processo verbale* procès-verbal; *verbale di contravvenzione* procès-verbal de contravention; *redigere, approvare un verbale* rédiger, approuver un procès-verbal → **rapporto** # *mettere a verbale un'interrogazione, un interrogatorio* verbaliser une interpellation, un interrogatoire.

verbalismo |verba'lizmo| *s.m.* verbalisme.

verbalizzàre |verbalid'dzare| *v.tr.* [*mettere a verbale*] verbaliser: *verbalizzare una dichiarazione, un interrogatorio* verbaliser une déclaration, un interrogatoire ✦ (*ass.*) *il segretario non ha ancora verbalizzato* le secrétaire (le greffier) n'a pas encore pris note, dressé le procès-verbal.

verbalizzazióne |verbaliddzat'tsjone| *s.f.* [→ VERBALIZZARE] verbalisation.

verbalménte |verbal'mente| *avv.* [→ 1 VERBALE 1] verbalement.

verbàsco, chi |ver'basko, ki| *s.m.* (*t.bot.*) molène *f.*, verbascum.

verbèna |ver'bena| *s.f.* (*t.bot.*) verveine.

Verbenàcee |verbe'natʃee| *s.f. pl.* (*t.bot.*) Verbénacées.

verbigerazióne |verbidʒerat'tsjone| *s.f.* (*psichiatria*) verbigération.

verbigràzia |verbi'grattsja| *avv.* (*lett., scherz.*) [*per esempio*] par exemple *loc.* (*corr.*).

vèrbo |'vɛrbo| *s.m.* **1** (*gram.*) verbe: *verbi transitivi, intransitivi, pronominali* verbes transitifs, intransitifs, pronominaux **2** [*parola*] mot: *non disse, non aggiunse verbo* il ne dit, il n'ajouta pas un mot: *ti prego di non farne verbo con nessuno* je te prie de n'en dire mot à personne ◇ (*per anton.*) parole (*f.*): *il verbo del maestro* la parole du maître; *il Verbo di Dio, divino* la Parole, le Verbe de Dieu ◇ (*teol.*) *il Verbo* le Verbe.

verbosaménte |verbosa'mente| *avv.* [→ VERBOSO] avec verbosité *loc. inv.*

verbosità |verbosi'ta| *s.f. inv.* verbosité (*var.*): *per la sua verbosità quel discorso ha annoiato tutti* ce discours, par sa verbosité, a ennuyé tout le monde → **prolissità.**

verbóso |ver'boso| *agg.* [*chi usa troppe parole*] verbeux*: *è uno scrittore prolisso e verboso* c'est un écrivain prolixe et verbeux; *è un conferenziere troppo verboso* c'est un conférencier trop verbeux ⓒ **conciso.**

verdàstro |ver'dastro| *agg.* verdâtre: *le acque del lago erano verdastre* les eaux du lac étaient verdâtres ✦ (*s.m.*) *il verdastro* la couleur *f.* verdâtre ◇ (*fig.*) *stava così male che la sua faccia era verdastra* il se sentait si mal que son visage était verdâtre.

verdazzùrro |verdad'dzurro| *agg.* [*colore intermedio fra il verde e l'azzurro*] bleu vert (*inv.*): *acque verdazzurre* eaux bleues vertes ✦ (*s.m.*) *il verdazzurro del mare* le bleu vert *inv.* de la mer.

vérde |'verde| **I** *agg.* **1** vert: *prati, foglie verdi* prés verts, feuilles vertes; *indossa sempre vestiti verdi* elle porte toujours des vêtements verts; *la bandiera italiana è bianca, rossa, verde* le drapeau italien est vert, blanc, rouge ◇ (*urbanistica*) *zona verde, spazi verdi* espace vert, espaces verts **2** (*detto di frutta non ancora matura e di verdura fresca*) vert: *l'uva è ancora verde* le raisin est encore vert → **acerbo** # *quest'insalata è proprio bella verde* cette salade est vraiment bien fraîche **3** (*loc. fig.*) *essere verde dall'invidia* être jaune d'envie ~ *era verde dalla bile, dalla rabbia* il était bleu de colère, de rage ~ *per lo sforzo era diventato verde da far paura* l'effort l'avait rendu vert à faire peur → **livido** **4** (*fig.*) [*giovanile*] vert: *anni verdi* vertes années # *l'età verde* la jeunesse **II** *s.m.* **1** [*il colore verde*] vert: *verde chiaro, cupo, tenero* vert clair, foncé, tendre; *verde oliva, mare, bottiglia* vert olive, de mer, bouteille; *il verde dei prati è riposante* le vert des prés est reposant; *il verde è il colore della speranza* le vert est la couleur de l'espérance ◇ (*loc. fig.*) *è al verde, si è ridotto al verde* [*senza soldi*] il est fauché (comme les blés) (*fam.*) **2** [*la parte verde di q.c.*] écorce *f.*; vert: *il verde del melone* l'écorce du melon ‖ *degli asparagi devi mangiare solo il verde* des asperges on ne mange que le vert **3** (*fig.*) [*vegetazione*] verdure (*f.*): *questa campagna è ricca di verde* cette campagne est riche en verdure # *molti quartieri sono privi di verde* de nombreux quartiers sont sans espaces verts ◇ (*urbanistica*) *verde pubblico* espaces verts: *il verde è un problema di molte città* les espaces verts sont le problème de nombreuses villes **4** (*fig.*) [*vigore*] force (*f.*): *essere nel verde degli anni* être dans toute la force de l'âge **5** (*chim., miner.*) vert.

verdèa |ver'dɛa| *s.f.* [*vitigno di uva bianca da tavola*] ⊠.

verdeggiaménto |verdeddʒa'mento| *s.m.* [→ VERDEGGIARE] verdoiement.

verdeggiànte |verded'dʒante| *agg.* [*che verdeggia*] verdoyant.

verdeggiàre |verded'dʒare| *v.intr.* (*aus.* '*avere*') [*essere o diventare verde*] verdoyer (10), verdir: *la campagna comincia a verdeggiare* la campagne commence à verdoyer, à verdir → **germogliare.**

verdegrigio, gi, gia, gie |verde'gridʒo, dʒi, dʒa, dʒe| *agg. e s.m.* vert-de-gris *inv.* → **grigioverde.**

verdèllo |ver'dɛllo| *s.m.* **1** (*t.bot.*) citron d'été **2** → 1 **verdone.**

verdemàre |verde'mare| *agg. e s.m.* vert de mer.

verderàme |verde'rame| *s.m. sing.* (*chim.*) vert-de-gris *inv.*

verdésca, che |ver'deska, ke| *s.f.* (*t.zool.*) requin *m.* bleu.

verdétto |ver'detto| *s.m.* **1** (*dir., corr.*) verdict: *verdetto d'assoluzione, di condanna* verdict d'acquittement, de condamnation ◇ (*per est.*) [*la decisione di una giuria qualsiasi*] *l'arbitro emise il verdetto* l'arbitre émit le verdict; *si attende il verdetto della commissione* on attend le verdict de la commission **2** (*fig.*) [*giudizio*] jugement: *il verdetto della storia, dei posteri* le jugement de l'histoire, de la postérité.

verdézza |ver'dettsa| *s.f.* (*raro*) [*il colore di ciò che è verde*] verdure (*corr.*).

verdiàno |ver'djano| *agg.* de Verdi *loc. inv.*

verdicchio, i |ver'dikkjo, i| *s.m.* [*vitigno di uva bianca tipico delle Marche*] ⊠.

verdiccio, ci, cia, ce |ver'dittʃo, tʃi, tʃa, tʃe|, **verdigno** |ver'diɲɲo| *agg. e s.m.* (couleur *f.*) qui tire sur le vert *loc.* ◇ [*verde chiaro*] vert pâle *inv.*

verdógnolo |ver'doɲɲolo| *agg.* [*tendente al verde*] verdâtre: *stoffa verdognola* étoffe verdâtre ◇ (*fig.*) *faccia verdognola* visage, teint verdâtre.

verdolino |verdo'lino| *agg.* [*sfumatura di verde chiaro*] vert pâle *inv.*

1 **verdóne** |ver'done| *agg. e s.m.* [*verde intenso*] vert soutenu *inv.*

2 **verdóne** |ver'done| *s.m.* **1** (*t.zool.*) verdier **2** → **verdesca.**

verdùme |ver'dume| *s.m.* **1** [*la parte verde delle piante*] vert **2** (*in un tessuto e sim.*) [*sovrabbondanza di verde*] vert: *che verdume!, non mi piace* que de vert!, je n'aime pas ça.

verdunizzazióne |verduniddzat'tsjone| *s.f.* (*chim.*) verdunisation.

verdùra |ver'dura| *s.f.* **1** [*erbaggi commestibili e ortaggi*] légumes (*m. pl.*): *zuppa, insalata di verdura* soupe, salade de légumes # *piatto con contorno di verdura* plat garni; *un piatto di verdure crude* une assiette de crudités **2** (*lett.*) [*le erbe, i fiori di un determinato luogo*] verdure: *il colle era rivestito di*

fresca verdura la colline était couverte de fraîche verdure.
verduràio, i |verdu'rajo, i| *s.* → **fruttivendolo.**
verdùzzo |ver'duttso| *s.m.* [*vino bianco prodotto dal vitigno omonimo*] ⊠.
verecóndia |vere'kondja| *s.f.* (*lett.*) **1** [*acuto senso del pudore*] pudeur (*corr.*) → **pudore** **2** [*atteggiamento riservato e modesto*] pudeur: *era di una verecondia esagerata* il était d'une pudeur exagérée.
verecóndo |vere'kondo| *agg.* (*lett.*) **1** (*cose*) [*che evita tutto ciò che offende il pudore*] pudique (*corr.*): *discorsi verecondi* propos pudiques **2** (*persone*) [*modesto, timido*] timide (*corr.*): *è una fanciulla vereconda* c'est une petite fille timide.
vérga, ghe |'verga, ge| *s.f.* **1** [*piccolo ramo*] verge: *il condannato fu fustigato con le verghe* le condamné fut fouetté avec des verges # *la verga del pastore* la houlette du berger ◇ (*loc.*) *tremare verga a verga, come una verga* trembler comme une feuille **2** (*per anal.*) barre: *una verga di alluminio, di ferro, di bronzo* une barre d'aluminium, de fer, de bronze **3** (*lett.*) *la verga consolare* le sceptre *m.* du consul; *la verga del rabdomante* la baguette divinatoire **4** → **pene** **5** (*t.bot.*) *verga d'oro* verge d'or.
vergàio, i |ver'gajo, i| *s.m.* (*region.*) [*capo mandriano di un gregge*] gardien de troupeau (*corr.*).
vergàre |ver'gare| *v.tr.* **1** (*raro*) [*percuotere con la verga*] frapper à coups de verge **2** [*rigare tessuti o carta*] rayer (9) **3** (*lett.*) [*scrivere a mano*] écrire (51) à la main: *il notaio ha vergato il documento* le notaire a écrit le document à la main.
vergàro |ver'garo| *s.m.* → **vergaio.**
vergàta |ver'gata| *s.f.* coup *m.* de verge.
vergatìno |verga'tino| **1** *agg.* [*rigato sottilmente*] vergé: *carta vergatina* (papier) vergé **2** *s.m.* [*carta a righe sottili*] vergé ◇ (*tessuto*) étoffe *f.* à rayures.
vergàto |ver'gato| *agg.* [*a righe parallele*] rayé: *stoffa vergata* étoffe rayée # *carta vergata* (papier) vergé.
vergatùra |verga'tura| *s.f.* [*le linee che si vedono in controluce nella trama di alcuni tipi di carta*] vergeures *pl.*
vergèlla |ver'dʒɛlla| *s.f.* (*tecnol.*) fil *m.* machine.
vergèllo |ver'dʒɛllo| *s.m.* (*caccia*) gluau*.
vergènza |ver'dʒɛntsa| *s.f.* (*fis.*) vergence.
vèrgere |'verdʒere| *v.intr.* (*dif. del p.p.*) (*lett.*) [*tendere, volgersi a*] se tourner *pron.* (*corr.*) # *lì vergevano tutti i nostri sforzi* tous nos efforts visaient à cela Ⓒ **divergere.**
vergheggiàre |verged'dʒare| *v.tr.* **1** (*raro*) [*percuotere con la verga*] frapper d'une verge **2** [*battere la lana dei materassi*] battre (76) la laine des matelas.
verghettàto |verget'tato| *agg.* (*arald.*) vergeté.
verginàle |verdʒi'nale| *agg.* **1** virginal*: *stato verginale* état virginal; *innocenza, purità verginale* innocence, pureté virginale **2** (*per est.*) → **monacale, claustrale** **3** (*fig., lett.*) → **puro, candido.**
vérgine |'verdʒine| **I** *s.* **1** [*chi non ha ancora avuto rapporti sessuali completi*] vierge ◇ (*per anton.*) *la Vergine* la Vierge **2** (*astron.*) vierge **II** *agg.* **1** [→ *s.* 1] vierge: *quella ragazza è vergine* cette fille est vierge → **illibato** **2** (*fig.*) [*casto, integro, puro*] pur: *un'anima vergine* un cœur pur **3** (*fig.*) → **giovane** **4** (*fig.*) [*che non ha subito manipolazioni*] vierge: *lana, foresta, cera vergine* laine, forêt, cire vierge; *olio vergine, extravergine* huile vierge, extra-vierge Ⓒ II 2 **impuro.**
verginèlla |verdʒi'nɛlla| *agg. e s.f.* (*iron.*) [*che, chi si finge privo di malizia*] ingénue, petite vierge ◇ (*loc.*) *non fare la verginella* ne fais pas l'ingénue.
vergìneo |ver'dʒineo| *agg.* → **virgineo.**
verginità |verdʒini'ta| *s.f. inv.* **1** virginité (*var.*): *ha conservato, ha perduto la verginità* elle a gardé, perdu sa virginité; *ha fatto voto di verginità* elle a fait vœu de virginité → **castità** **2** (*fig.*) [*integrità morale, rettitudine*] intégrité (*var.*): *la sua verginità in questo caso è indiscussa* son intégrité dans ce cas ne se discute pas ◇ (*iron.*) *quel commerciante, quel politico si è rifatto la verginità* ce commerçant, cet homme politique s'est refait une virginité.
vergógna |ver'goɲɲa| *s.f.* **1** [*il turbamento provocato per azioni, pensieri, parole ritenuti sconvenienti e disonorevoli*] *honte: *ha provato vergogna della propria viltà* sa lâcheté lui a fait honte; *arrossì di vergogna, pianse per la vergogna* il rougit, pleura de honte; *non prova vergogna delle colpe commesse* il n'éprouve pas de honte des fautes qu'il a commises **2** [*situazione, atto, persona che provoca infamia, disonore*] honte: *è una vergogna che non si sia ancora provveduto a ciò* c'est une honte que l'on ne se soit pas encore occupé de cela; *meglio morire che la vergogna di una simile umiliazione* mieux vaut mourir que subir la honte d'une telle humiliation; *è la vergogna della famiglia* c'est la honte de la famille → **ignominia** ♦ (*ass.*) *vergogna!, non lo fare più* c'est honteux! ne le fais plus!; tu n'as pas honte! **3** [*timidezza, soggezione*] timidité: *balbettava per la vergogna* il bégayait de timidité → **impaccio** # *lo scolaro aveva vergogna di leggere davanti ai suoi compagni* l'écolier n'osait pas lire devant ses camarades **4** *al plur.* (*pop.*) *le vergogne* [*organi genitali*] les parties *honteuses Ⓒ 2 **onore**; 3 **sfacciataggine, impudenza.**
vergognàrsi |vergoɲ'narsi| *v.pron. intr.* **1** [*provar vergogna di, per q.c.*] avoir (28) *tr.* honte: *al vedere quella scena si vergognò* en voyant cette scène, il eut honte; *non ti vergogni a farti mantenere alla tua età?* tu n'as pas honte de te faire entretenir à ton âge? **2** [*provar timidezza, ritrosia*] ne pas oser (*tr.*): *si vergogna di cantare in pubblico* il n'ose pas chanter en public; *si è vergognata di chiedere lo sconto* elle n'a pas osé demander un rabais.
vergognosaménte |vergoɲnosa'mente| *avv.* [→ VERGOGNOSO 1, 2] *honteusement.
vergognóso |vergoɲ'ɲoso| *agg.* **1** (*persone*) [*che prova vergogna*] *honteux*: *se ne stava lì tutto vergognoso* il restait là tout honteux **2** (*cose*) [*che suscita vergogna*] honteux: *è vergognoso che nessuno lo abbia aiutato* il est honteux que personne ne l'ait aidé **3** (*fam.*) (*persone*) [*che mostra ritrosia*] timide: *è un bambino vergognoso* c'est un enfant timide → **timido** ♦ (*ass.*) *fa sempre il vergognoso* il fait toujours le timide.
vérgola |'vergola| *s.f.* [*lista di filo ritorto*] cordonnet *m.* de soie.
veridicaménte |veridika'mente| *avv.* [→ VERIDICO] véridiquement.
veridicità |veriditʃi'ta| *s.f. inv.* véridicité (*var.*): *il giudice ha indagato sulla veridicità del teste* le juge a enquêté sur la bonne foi, sur la véridicité du témoin.
verìdico, ci, ca, che |ve'ridiko, tʃi, ka, ke| *agg.* véridique: *è un racconto veridico* c'est un récit véridique.
verìfica, che |ve'rifika, ke| *s.f.* [*accertamento condotto con mezzi specifici*] contrôle *m.*; vérification: *verifica di cassa* contrôle de caisse; *l'ascensore ha subito una verifica* l'ascenseur a subi un contrôle → **controllo** ‖ *verifica dei conti* vérification des comptes # *ho fatto la verifica dei freni* j'ai vérifié (fait vérifier) les freins ◇ (*dir.*) *verifica dei poteri* vérification des pouvoirs.
verificàbile |verifi'kabile| *agg.* [→ VERIFICARE A] vérifiable.
verificabilità |verifikabili'ta| *s.f. inv.* vérifiabilité *var.*
verificàre |verifi'kare| **A** *v.tr.* **1** [*accertare, mediante prove, la verità; l'autenticità di q.c.*] vérifier: *verificare l'autenticità di un documento, una firma* vérifier l'authenticité d'un document, une signature; *verificare i compiti, i doveri di qc.* vérifier les devoirs de qqn.; *verificare un conto, un bilancio, un'operazione matematica* vérifier un compte, un bilan, une opération mathématique ◇ (*per est.*) [*controllare*] contrôler: *verificare i freni della macchina, la serratura della porta* contrôler les freins de la voiture, la serrure de la porte **2** [*confermare* (*un'ipotesi, una teoria*)] vérifier: *verificare una legge fisica* vérifier une loi physique → **provare**; *verificare un'equazione matematica* vérifier une équation (mathématique) **B** *v.pron. intr.* VERIFICARSI **1** [*succedere, accadere*] se produire (75), avoir (28) *intr.* lieu: *si è verificato un incidente molto grave* un accident très grave s'est produit, a eu lieu; *purtroppo si è verificato quello che temevo* il s'est malheureusement produit ce que je craignais # *spero che non si verifichi più una cosa simile* j'espère qu'une chose pareille ne se produira plus **2** [*dimostrarsi vero; avverarsi*] se vérifier, s'avérer (8): *le sue predizioni si sono verificate* ses prédictions se sont vérifiées, avérées exactes.
verificatóre, trice |verifika'tore, tritʃe| **1** *agg.* [*addetto al controllo*] de contrôle (*loc. inv.*): *un operaio, un tecnico verificatore* un ouvrier, un technicien de contrôle ◇ (*cose*) *un apparecchio, un dispositivo verificatore* un appareil, un dispositif de contrôle **2** *s.* contrôleur*; vérificateur*: *il verificatore dei treni* le contrôleur des chemins de fer; *il verificatore della produzione* le contrôleur de la production ‖ *il verificatore dei pesi e misure* le vérificateur des poids et mesures; *il verificatore dei conti* le vérificateur des comptes.
verificatrice |verifika'tritʃe| *s.f.* (*tecnol.*) vérificatrice.
verificazióne |verifikat'tsjone| *s.f.* (*dir.*) vérification: *verificazione dei re-*

gistri, di una scrittura privata vérification des registres, d'une écriture privée.

verina |ve'rina| s.f. (mar.) vérine.

verisimigliànte |verisimiʎ'ʎante| agg. → verosimile.

verisìmile |veri'simile| agg. → verosimile.

verìsmo |ve'rismo| s.m. 1 vérisme: il verismo di quel film è impressionante le vérisme de ce film est impressionnant → realismo 2 (st. letter.) vérisme.

verìsta |ve'rista| agg. vériste: uno scrittore, un regista, un pittore verista un écrivain, un metteur en scène, un peintre vériste ✦ (s.) un verista un vériste.

verìstico, ci, ca, che |ve'ristiko, tʃi, ka, ke| agg. vériste: tendenza, poesia veristica tendance, poésie vériste.

verità |veri'ta| s.f. inv. 1 vérité (var.): questa è la pura verità c'est la pure vérité; la verità di quest'informazione è indiscutibile la vérité de cette information est indiscutable; la verità di quest'ipotesi è fondata la vérité de cette hypothèse est prouvée ◇ (per est.) [sincerità, buonafede] parlava con accento di verità il parlait avec un accent de vérité 2 [rispondenza a una determinata realtà, a una situazione particolare] vérité: il siero della verità le sérum de vérité; accertare, sviare, deformare la verità établir, détourner, déformer la vérité → realtà; la verità è che non è partito la vérité c'est qu'il n'est pas parti ◇ (dir.) il testimone ha detto la verità, tutta la verità, nient'altro che la verità le témoin a dit la vérité, toute la vérite, rien que la vérité ✦ (ass.) io sono la via, la verità, la vita je suis la voie, la vérité, la vie; la ricerca della verità la recherche de la vérité ◇ (loc.) di' la verità dis la vérité, franchement ~ in verità en vérité → davvero, veramente ~ per dir la verità, a dir la verità à vrai dire → sinceramente ~ (pop.) è la bocca della verità c'est la voix de la vérité ~ la verità vien sempre a galla la vérité finit toujours par se faire jour 3 [corrispondenza a una rappresentazione astratta] vérité: le verità scientifiche sono razionali les vérités scientifiques sont rationnelles; le verità di fede non possono essere dimostrate les vérités de foi ne peuvent pas être démontrées Ⓒ 1 falsità.

veritièro |veri'tjɛro| agg. 1 [che dice il vero] véridique: il testimone è veritiero le témoin est véridique 2 [che corrisponde al vero] véridique: la sua versione è veritiera sa version est véridique Ⓒ menzognero.

vèrme |'vɛrme| s.m. 1 (zool.) ver ~ verme solitario ver solitaire → tenia ~ verme di terra ver de terre → lombrico ~ verme dei bambini → ascaride ✦ ass. al plur. (pop.) oxyures: quel bambino ha i vermi cet enfant a des oxyures; un preparato contro i vermi une préparation contre les oxyures 2 (fig.) [abietto, spregevole] strisciante come un verme rampant comme un ver # sei un verme! tu me dégoûtes; ti sei comportato da verme! tu t'es comporté de façon dégoûtante ◇ (per est., raro) il verme della gelosia, dell'invidia le ver de la jalousie, de l'envie → tarlo 3 (loc. fig.) essere nudo come un verme [povero, misero] être nu comme un ver ◇ (scherz.) di fronte a te mi sento un verme [inferiore] en face de toi, je me sens moins que rien 4 (fam.) [bruco, larva] ver: il verme della seta le ver à soie; la carne era putrefatta e piena di vermi la viande était en putréfaction et grouillante de vers 5 (anat.) verme del cervelletto vermis 6 (t.zool.) verme della farina ténébrion.

'vermeil' |vɛʀmɛj| s.m. inv. vermeil var.

vermèna |ver'mɛna| s.f. (lett.) 1 [ramoscello flessibile] branchette 2 → verbena.

vermèto |ver'mɛto| s.m. (t.zool.) vermet.

vermétto |ver'metto| s.m. [piccolo verme] vermisseau.

vermi- |vermi| pref. (significa 'verme', corrisponde gener. à) vermi: vermiforme vermiculaire.

vermicàio, i |vermi'kajo, i| s.m. (raro) 1 endroit plein de vers 2 [brulichio di vermi] grouillement de vers.

vermicèlli |vermi'tʃɛlli| s.m. pl. (cuc.) vermicelle sing., vermicelles: vermicelli al burro, al sugo vermicelles au beurre, au jus (de viande) → spaghetti.

vermiciàttolo |vermi'tʃattolo| s.m. [piccolo verme] vermisseau ◇ (fig.) sei un vermiciattolo! [una persona da poco] tu es un avorton, un vermisseau!

vermicolàre |vermiko'lare| agg. 1 (anat.) vermiculaire: appendice vermicolare appendice vermiculaire ◇ (med.) contrazione vermicolare contraction vermiculaire 2 (geol.) vermiculé.

vermicolazióne |vermikolat'tsjone| s.f. (arch.) vermoulure.

vermiculite |vermiku'lite| s.f. (miner.) vermiculite.

Vèrmidi |'vɛʀmidi| s.m. pl. (t.zool.) Vermidiens.

vermifórme |vermi'forme| agg. vermiforme, vermiculaire: appendice vermiforme appendice vermiforme, vermiculaire.

vermìfugo, ghi, ga, ghe |ver'mifugo, gi, ga, ge| agg. e s.m. (farm.) vermifuge.

1 **vermìglio, i** |ver'miʎʎo, i| agg. [rosso intenso] vermeil*: rubino vermiglio rubis vermeil ✦ (s.) il vermiglio di quella camicetta è stupendo le rouge vermeil de ce chemisier est formidable.

2 **vermìglio, i** |ver'miʎʎo, i| s.m. → cocciniglia.

vermiglióne |vermiʎ'ʎone| s.m. (miner.) vermillon # tingere col vermiglione vermillonner.

verminazióne |verminat'tsjone| s.f. (veter.) vermination.

verminóso |vermi'noso| agg. grouillant de vers, vermineux* (raro): carne verminosa viande grouillante de vers.

verminósi |vermi'nosi| s.f. inv. → verminazione.

vermìvoro |ver'mivoro| agg. (zool.) vermivore.

vermocàne |vermo'kane| s.m. (raro) → capostorno.

vèrmut, vermouth |'vɛrmut| s.m. inv. vermout(h) (var.): vermut chinato, rosso, liscio vermout(h) aromatisé de quinquina, rouge, sec.

vernàccia, ce |ver'nattʃa, tʃe| s.f. [vitigno coltivato in varie parti d'Italia, spec. in Sardegna] ⊠.

vernacolàre |vernako'lare| agg. (detto di linguaggio o espressione che ha un forte colorito pop., tipico di certe zone) vernaculaire, dialectal*: poesia, teatro vernacolare poésie vernaculaire, dialectale, théâtre dialectal.

vernàcolo |ver'nakolo| 1 s.m. [parlata caratteristica di un paese o di una zona] dialecte, langue f. vernaculaire → dialetto # il vernacolo fiorentino le parler florentin 2 agg. → vernacolare.

1 **vernàle** |ver'nale| agg. 1 (lett.) → primaverile 2 (astron.) vernal*.

2 **vernàle** |ver'nale| agg. (raro) → invernale.

vernalizzàre |vernalid'dzare| v.tr. (agr.) [sottoporre i semi a vernalizzazione] soumettre (71) à la vernalisation.

vernalizzazióne |vernaliddzat'tsjone| s.f. (agr.) vernalisation.

1 **vernìce** |ver'nitʃe| s.f. 1 vernis (m.): vernice a olio, a spirito vernis à l'huile, à l'alcool; vernice per metalli, legno, tessuti vernis à métaux, à bois, à tissus; dare una mano di vernice passer une couche de vernis 2 [pelle verniciata] verni (agg.): scarpe di vernice chaussures vernies; borsa di vernice sac verni 3 (fig.) [esteriorità, apparenza] vernis: ha solo una vernice di cultura il n'a qu'un vernis de culture → infarinatura; la sua educazione è solo una vernice son éducation n'est qu'un vernis ◇ (scherz.) [belletto] maquillage (m.): si è rifatta la vernice elle a refait son maquillage 4 [inaugurazione di una mostra e sim.] vernissage m.

2 **vernìce** |ver'nitʃe| s.f. → 'vernissage'.

verniciàre |verni'tʃare| v.tr. [dare la vernice] vernir: verniciare a spruzzo, a fuoco vernir au pistolet, à chaud; ha verniciato un mobile, una macchina il a verni un meuble, une voiture → tingere, pitturare # verniciare a smalto émailler → dipingere.

verniciàta |verni'tʃata| s.f. couche de vernis ◇ (loc.) dare una verniciata a q.c. [una verniciatura rapida] passer une couche de peinture sur qqch., à qqch. (fam.).

verniciàto |verni'tʃato| agg. [ricoperto di vernice] verni: un mobile verniciato un meuble verni.

verniciatóre, trice |vernitʃa'tore, tritʃe| s. 1 [operaio addetto alla verniciatura] vernisseur* 2 (tecnol.) appareil m. pour vernis # verniciatore a spruzzo aérographe.

verniciatùra |vernitʃa'tura| s.f. 1 [→ VERNICIARE] peinture: la verniciatura di un muro, di una stanza la peinture d'un mur, d'une pièce 2 [strato di vernice] couche de peinture, de vernis: la verniciatura si sta staccando, scrostando la couche de peinture, de vernis se détache, s'écaille 3 (fig.) [aspetto, apparenza] vernis (m.): una verniciatura di gentilezza un vernis de gentillesse.

vernièro |ver'njɛro| s.m. → nonio.

vernìno |ver'nino| agg. → invernale.

'vernissage' |vɛʀnisaʒ| s.m. inv. vernissage (var.): il pittore li ha invitati al 'vernissage' della sua mostra le peintre les a invités au vernissage de son exposition.

vèrno |'vɛrno| s.m. (lett.) → inverno.

véro |'vero| I agg. 1 [pienamente conforme alla realtà] vrai: una notizia, una storia vera une nouvelle, une histoire vraie; le sue affermazioni sono vere ses affirmations sont vraies; la vera causa del suo fallimento è questa la vraie cause de son échec est celle-ci; è incredibile, ma vero c'est incroyable, mais vrai; *sono curioso di sapere se è vero o no* je suis curieux de savoir si c'est vrai ou pas; *è vero che resti?* c'est vrai que tu restes? ◇ (*con valore avvers., conc., limitato*) *è vero che ero adirato con lui, ma non l'ho picchiato* il est vrai que j'étais fâché contre lui, mais je ne l'ai pas battu ◇ (*loc.*) *è vero come il sole!* c'est la vérité vraie! ~ *non mi par vero!* c'est trop beau pour être vrai! ~ *non volevo partire, tant'è vero che non ho prenotato* je ne voulais pas partir, si bien que je n'ai pas retenu de place ~ '*hai ottenuto il trasferimento!*' '*fosse vero!*' 'tu as obtenu ta mutation!' 'si seulement!' ♦ (*ass.*) *hai mangiato, (non è) vero?* tu as mangé, n'est-ce pas? '*vero che sono arrivato presto?*' '*vero!*' '(n'est--il) pas vrai que je suis arrivé tôt?' 'oui, c'est vrai' **2** [*genuino, autentico*] pur; vrai: *vera lana, vera seta naturale* pure laine, pure soie naturelle ‖ *questo è vero brandy* c'est du vrai brandy # *vero oro* or véritable **3** [*profondo, sincero*] véritable: *ha una vera passione per il cinema* il a une véritable passion pour le cinéma ◇ (*loc.*) *l'ha fatto di vero cuore* il l'a fait en toute sincérité → **sinceramente** **4** [*rispondente, esatto*] vrai: *la soluzione vera è questa* la vraie solution est celle-ci ◇ (*loc.*) *chiamare le cose col loro vero nome* appeler un chat un chat **5** [*con valore sup. o ints.*] vrai, véritable: *è un vero genio, un vero mascalzone* c'est un véritable génie, un vrai mufle; *è una vera bellezza!* c'est une véritable beauté!; *vivere in queste condizioni è una vera vergogna!* vivre dans ces conditions, c'est une véritable honte! **II** *s.m.* **1** [*ciò che è vero* (*opposto a 'falso'*)] vrai: *quel ragazzo ha testimoniato il vero* ce garçon a témoigné le vrai; *non distingue il vero dal falso* il ne distingue pas le vrai du faux; *non ha mai detto niente di vero* il n'a jamais rien dit de vrai; *è nel vero* il est dans le vrai → **verità** ◇ (*loc.*) *a dire il vero, a onor del vero* à vrai dire, à dire vrai ~ *se gli occhi mi dicono il vero* si mes yeux ne me trompent (pas) **2** [*la realtà oggettiva e naturale*] nature *f.*; réalité (*f.*): *quel pittore dipinge sempre dal vero* ce peintre peint toujours d'après nature ‖ *questo scrittore trae ispirazione dal vero* cet écrivain tire son inspiration de la réalité Ⓒ I 1; II 1 **falso.**

veronàl |vero'nal| *s.m. inv.* (*farm.*) [*nome comm. dell'acido dietilbarbiturico*] ⊠.

veróne |ve'rone| *s.m.* (*lett.*) [*terrazzo, balcone*] balcon (*corr.*).

veronése |vero'nese| *agg.* [*di Verona*] véronais.

1 **Verònica** |ve'rɔnika| *s.f. sing.* (*relig. catt.*) [*il panno su cui la donna omonima asciugò il volto di Cristo*] suaire *m.* de Véronique, saint suaire.

2 **verònica, che** |ve'rɔnika, ke| *s.f.* (*t.bot.*) véronique ~ *veronica maggiore* véronique mâle ~ *veronica querciola* petite chêne.

3 **verònica, che** |ve'rɔnika, ke| *s.f.* (*tauromachia*) véronique.

verosimigliànte |verosimiʎ'ʎante| *agg.* (*lett.*) → **verosimile.**

verosimigliànza |verosimiʎ'ʎantsa| *s.f.* [*caratteristica di ciò che è sim. al vero*] vraisemblance: *la verosimiglianza di questo film, di questo romanzo è straordinaria* la vraisemblance de ce film, de ce roman est extraordinaire.

verosìmile |vero'simile| *agg.* (*detto di ciò che sembra vero*) vraisemblable: *una versione, una trama verosimile* une version, une trame vraisemblable; *il tuo racconto non è verosimile* ton récit n'est pas vraisemblable; *non è verosimile che possa accadere un fatto come questo* il n'est pas vraisemblable que puisse arriver un fait comme celui-ci Ⓒ **inverosimile, assurdo.**

verosimilménte |verosimil'mente| *avv.* [→ VEROSIMILE] vraisemblablement.

verrettóne |verret'tone| *s.m.* (*st. mediev.*) vireton.

verricèllo |verri'tʃɛllo| *s.m.* (*mecc.*) treuil: *verricello a braccia, a motore* treuil à bras, à moteur.

verrina |ver'rina| *s.f.* [*trivella da falegname*] tarière, queue-de-cochon.

vèrro |'vɛrro| *s.m.* [*maschio dei suini destinato alla riproduzione*] verrat.

verrùca, che |ver'ruka, ke| *s.f.* **1** (*med.*) verrue → **porro** **2** (*bot.*) verrue, pustule.

verrucària |verru'karja| *s.f.* (*t.bot.*) verrucaire.

verrucosità |verrukosi'ta| *s.f. inv.* (*med.*) verrucosité *var.*

verrucóso |verru'koso| *agg.* **1** [*che presenta i caratteri della verruca*] verruqueux*: *tumore verrucoso* tumeur verruqueuse **2** [*cosparso di verruche*] verruqueux: *mani verrucose* mains verruqueuses.

versàccio, i |ver'sattʃo, i| *s.m.* [*smorfia, grido sguaiato*] grimace (*f.*): *questo bambino fa sempre i versacci a tutti* cet enfant fait toujours des grimaces à tout le monde.

versaiòlo |versa'jɔlo| *s.* [*chi compone versi di scarso valore*] rimailleur* ♦ (*agg.*) *poeta versaiolo* poète rimailleur → **verseggiatore.**

versaménto |versa'mento| *s.m.* **1** [→ 1 VERSARE A 2] déversement: *c'è un versamento dal serbatoio* il y a un déversement du réservoir **2** (*med.*) épanchement: *versamento ematico, pleurico* épanchement hématique, pleural **3** [*qualunque operazione di pagamento e deposito*] versement: *ricevuta di versamento* reçu de versement; *ho fatto un versamento sul mio conto corrente* j'ai fait un versement sur mon compte courant; *questo versamento va fatto all'esattoria* ce versement doit être fait à la perception.

versànte |ver'sante| *s.m.* **1** [*chi effettua un pagamento o un versamento*] déposant: *il versante firmerà la ricevuta* le déposant signera le reçu **2** (*geogr.*) versant: *il versante orientale, settentrionale delle Alpi* le versant oriental, septentrional des Alpes.

1 **versàre** |ver'sare| **A** *v.tr.* **1** [*far passare da un recipiente all'altro*] verser: *versare il vino nei bicchieri* verser le vin dans les verres; *la cuoca ha versato l'olio nella padella, sull'insalata* la cuisinière a versé l'huile dans la poêle, sur la salade; *versa la farina in questo sacchetto* verse la farine dans ce sachet ♦ (*ass.*) *versare da bere* verser à boire **2** (*per est.*) [*rovesciare*] renverser; (se) déverser: *stai attento a non versare il brodo per terra, il vino sulla tovaglia* fais attention à ne pas renverser le bouillon par terre, le vin sur la nappe ‖ *il Po versa le sue acque nell'Adriatico* le Pô se jette dans l'Adriatique; les eaux du Pô se déversent dans l'Adriatique ◇ (*fig.*) *versare la colpa su qc. o q.c.* rejeter la faute sur qqn., sur qqch.; (*lett.*) *versava le sue pene in seno all'amico più caro* il épanchait sa douleur dans le sein de son ami le plus cher → **confidar(si)** **3** [*lasciar fuoriuscire, spargere*] *la ferita versa ancora sangue* la blessure saigne encore; *questa piaga versa siero e pus* cette plaie suppure ◇ (*lett.*) *versare sangue per una causa* verser son sang pour une cause; *versare lacrime* verser des larmes; *questa discussione ha fatto versare fiumi d'inchiostro* cette discussion a fait couler beaucoup d'encre **4** [*depositare una somma* (*in banca*)] verser: *tutti i mesi versa una piccola somma in banca* tous les mois il verse une petite somme à son compte en banque **B** *v.pron.intr.* [*spargersi, gettarsi*] se déverser; se jeter (5): *una folla enorme si versò in, sulla piazza* une foule énorme se déversa sur la place ‖ *molti sono i fiumi che si versano nel Po* (il y a) beaucoup de fleuves (qui) se jettent dans le Pô.

2 **versàre** |ver'sare| *v.intr.* (*aus. 'avere'*) [*trovarsi, essere*] être (43), se trouver (*pron.*): *quella famiglia versava in pessime condizioni economiche* cette famille était, se trouvait dans de très mauvaises conditions économiques # *il malato versava in fin di vita* le malade était mourant ◇ (*raro*) *la discussione versava sull'utilità del progetto* la discussion roulait sur l'utilité du projet → **vertere.**

versàtile |ver'satile| *agg.* [*che ha la capacità di applicarsi a campi diversi*] universel*, éclectique: *un ingegno versatile* un esprit universel → **multiforme** # *un ragazzo versatile* un garçon doué pour tout.

versatilità |versatili'ta| *s.f. inv.* [*attitudine di chi riesce bene in attività e studi diversi*] capacité *var.* # *ha dimostrato di possedere versatilità in tutti i rami* il a prouvé qu'il était capable de réussir dans toutes les branches.

versàto |ver'sato| *agg.* [*che possiede particolari attitudini, capacità per un determinato campo di ricerche, di studi*] versé; fort: *è molto versato in filologia* il est très versé en philologie ‖ *è versato nell'arte della scherma* il est fort en escrime; il est passé maître au fleuret; *è molto dotato in latino, in matematica, per la pittura* il est très fort, calé (*fam.*) en latin, en mathématiques, pour la peinture.

verseggiàre |versed'dʒare| *v.tr.* [*comporre in versi, in rima*] versifier, mettre (71) en vers → **rimare.**

verseggiatóre, trice |verseddʒa'tore, tritʃe| *s.* [*chi scrive versi*] versificateur *m.* ◇ (*pegg.*) *non è che un verseggiatore* [*scrive versi, ma non ha ispirazione poetica*] ce n'est qu'un versificateur.

verseggiatùra |verseddʒa'tura| *s.f.* [→ VERSEGGIARE] versification.

versétto |ver'setto| *s.m.* **1** petit cri **2** (*eccl.*) verset.

versicolóre |versiko'lore| *agg.* versicolore → **policromo.**

versièra |ver'sjɛra| *s.f.* (*lett.*) → **strega.**

versificàre |versifi'kare| **A** *v.tr.* [*mettere in versi*] versifier **B** *v.intr.* (*aus. 'avere'*) [*comporre versi*] versifier.

versificatóre, trice |versifika'tore, tritʃe| *s.* versificateur *m.* → **poeta.**

versificatòrio, i |versifika'tɔrjo, i| (*agg.*) *tecnica versificatoria* versification (*s.f.*); *arte versificatoria* art poétique.

versificazióne |versifikat'tsjone| *s.f.* [→ VERSIFICARE B] versification.

versiliberìsmo |versilibe'rizmo| *s.m.* (*st. lett.*) vers-librisme.

versiliberìsta |versilibe'rista| *s. e agg.* vers-libriste *s.*

versióne |ver'sjone| *s.f.* **1** [*traduzione da una lingua straniera*] traduction: *versione libera, letterale* traduction libre, littérale; *versione in classe dall'italiano* traduction en classe de l'italien **2** [*racconto, esposizione personale*] version: *ha dato la sua versione dei fatti* il a donné sa version des faits; *le versioni dei testimoni erano diverse* les versions des témoins étaient différentes **3** (*cine.*) version: *questo film ha una versione per l'Italia e una per la Francia* ce film a une version pour l'Italie et une pour la France **4** (*comm.*) *di questa autovettura c'è una versione sportiva e una gran turismo* de cette voiture il y a une version sportive et une version de grand tourisme; *questo prodotto si vende in versione lusso e in versione familiare* ce produit se vend en version de luxe et en version familiale.

1 **vèrso** |'vɛrso| *prep.* **1** (*esprime il compl. di moto verso luogo*) [*nella direzione di*] vers: *andarono verso casa, verso la campagna* ils allèrent vers la maison, vers la campagne; *il ladro è fuggito verso la piazza* le voleur s'est enfui vers la place; *verso Milano abbiamo trovato nebbia* vers Milan nous avons trouvé du brouillard; *si è spostato verso destra* il s'est déplacé vers la droite; *volse lo sguardo verso il cielo* il leva son regard vers le ciel # *verso dove siete diretti?* de quel côté allez-vous?; *la finestra guarda verso sinistra* la fenêtre donne sur la gauche ◇ [*contro*] *si rivolse verso di lui con aria minacciosa* il se retourna vers lui d'un air menaçant; *marciarono verso il nemico* ils marchèrent contre l'ennemi **2** (*esprime il compl. di stato in luogo*) [*nelle vicinanze di, in prossimità di*] du côté de; vers: *penso che saremo verso Firenze* je pense que nous devons être du côté de Florence; *abitano verso Venezia* ils habitent du côté de Venise ‖ *la mia casa è verso il fiume, verso la stazione* ma maison est vers le fleuve, vers la gare **3** (*nell'espressione del tempo det.*) vers: *arriveremo verso sera* nous arriverons vers le soir; *verso mezzanotte ha cominciato a piovere* vers minuit il a commencé à pleuvoir; *ne riparleremo verso la fine dell'anno, della settimana* nous en reparlerons vers la fin de l'année, de la semaine ◇ (*nell'espressone dell'età*) *è, va verso i sessanta* il est dans, il va vers la soixantaine; *ho avuto la prima delusione verso i vent'anni* j'ai eu ma première déception vers vingt ans **4** (*fig.*) [*nei confronti di, nei riguardi di*] envers, à l'égard de: *non ti sei comportato bene verso i tuoi amici* tu ne t'es pas bien conduit envers, à l'égard de tes amis; *nutre ancora del rancore verso i suoi cugini* il nourrit encore de la rancune envers ses cousins ◇ *loc. prep.* VERSO DI (+ *pron. pers.*) envers (+ *pron. pers.*): *si è comportato male verso di noi, di loro* il s'est mal conduit envers nous, eux.

2 **vèrso** |'vɛrso| *s.m.* **1** [*linea di direzione, senso di moto*] direction (*f.*): *andare per il verso giusto, sbagliato* aller dans la bonne, dans la mauvaise direction; *procedevano per il proprio verso, per lo stesso verso, in verso opposto, per tutti i versi* ils avançaient dans leur direction, dans la même direction, dans la direction opposée, dans toutes les directions ◇ (*per est.*) *spazzolare la pelliccia per il giusto verso* brosser la fourrure dans le bon sens (du poil) **2** (*fig.*) [*accezione, carattere*] *quel ragazzo va preso per il suo giusto verso* il faut savoir prendre ce garçon; *non intendi mai le cose per il loro senso* tu ne prends jamais les choses du bon côté; *ha preso il mio consiglio per un altro verso* il a mal interprété mon conseil → **fraintendere** ✦ (*ass.*) *non gli va a verso* ça ne lui plaît pas; *per un verso ha ragione, per l'altro ha torto* d'un côté il a raison, de l'autre il a tort; *cose senza verso* choses qui n'ont ni queue ni tête → **genio** **3** [*maniera, mezzo*] moyen: *non c'è verso di farlo smettere* il n'y a pas moyen de le faire arrêter; *non ci sono versi di convincerlo a partire* il n'y a pas moyen de le décider à partir **4** (*fis., mat.*) sens: *il verso di un vettore* le sens d'un vecteur **5** (*metr.*) vers: *versi sciolti, baciati, novenari, endecasillabi* vers blancs, suivis, de neuf syllabes, hendécasyllabes; *una strofa di quattro versi* une strophe de quatre vers ◇ *al plur.* [*poesia*] poèmes: *i versi di Leopardi, Montale* les poèmes de Léopardi, de Montale **6** [*modo di gestire e di parlare*] attitude (*f.*): *imita i versi dei suoi compagni di scuola* il imite les attitudes de ses camarades d'école ◇ (*loc.*) *fa sempre mille versi, un sacco di versi* il est toujours en train de crier ~ *smetti di fare tanti versi* arrête de crier ~ *fa il verso al suo amico* [*lo prende in giro*] il singe son ami **7** [*grido caratteristico*] cri: *il verso del cane, del cuculo, della civetta* le cri du chien, du coucou, de la chouette ◇ (*per anal.*) *il verso dello straccivendolo* le cri du chiffonnier **8** (*numism.*) revers: *il verso, il recto di una moneta* le revers, la face d'une monnaie; le côté pile, le côté face d'une pièce (de monnaie).

3 **vèrso** |'vɛrso| *agg.* [*voltato, rovesciato*] renversé # *pollice verso!* à mort!

versóio, i |ver'sojo, i| *s.m.* (*agr.*) versoir.

versóre |ver'sore| *s.m.* (*fis.*) vecteur unitaire, verseur.

vèrsta |'vɛrsta| *s.f.* verste.

vèrtebra |'vɛrtebra| *s.f.* (*anat.*) vertèbre: *vertebre dorsali, lombari, sacrali* vertèbres dorsales, lombaires, sacrées; *il corpo della vertebra* le corps de la vertèbre, le corps vertébral.

vertebràle |verte'brale| *agg.* vertébral*: *colonna vertebrale* colonne vertébrale; *lamine vertebrali* lames vertébrales.

vertebràto |verte'brato| *agg.* vertébré ✦ *s.m. pl.* (*t.zool.*) *i Vertebrati* les Vertébrés Ⓒ **invertebrato.**

vertènte |ver'tɛnte| *agg.* (*dir.*) *lite, causa vertente* procès pendant.

vertènza |ver'tɛntsa| *s.f.* [*controversia, lite ancora in atto*] différend (*m.*): *vertenza notarile, sindacale, internazionale* différend notarial, syndical, international; *il giudice ha composto la vertenza* le juge a réglé le différend.

vertenzialità |vertentsjali'ta| *s.f. inv.* → **conflittualità.**

vèrtere |'vɛrtere| *v.intr.* (*dif. del p.p.*) **1** [*avere per argomento, riguardare*] porter (sur), avoir (28) pour objet (qqch.): *la discussione verteva su questo argomento* la discussion portait sur ce sujet; *la lite verte su una questione di eredità* la dispute porte sur une question d'héritage **2** (*raro in tutti i tempi, tranne al p. pres.*) [*essere in corso*] *la controversia vertente fra quei due è stata composta* la controverse qui opposait ces deux-là a été réglée; *tra le due famiglie verte un'annosa causa per quella proprietà* entre les deux familles, un vieux procès se traîne pour cette propriété.

vèrtex |'vɛrteks| *s.m. inv.* (*anat., antrop.*) vertex.

verticàle |verti'kale| **I** *agg.* **1** vertical*: *retta, caduta verticale* ligne, chute verticale; *piano, senso, volo verticale* plan, sens, vol vertical; *mettere un oggetto in posizione verticale* mettre un objet en position verticale; *quel palazzo si sviluppa secondo linee architettoniche verticali* cet immeuble se développe selon des lignes verticales **2** (*fig.*) [*struttura operante secondo un criterio che procede dal vertice alla base e viceversa*] pyramidal*: *amministrazione verticale* administration pyramidale; *la organizzazione di questa società è di tipo verticale* l'organisation de cette société est pyramidale ◇ (*econ.*) *concentrazione verticale* concentration verticale **II** *s.f.* **1** verticale: *la verticale di un punto* la verticale d'un point; *tracciare la verticale* tracer la verticale; *la scalata è stata fatta lungo la verticale di quel monte* l'escalade a été faite le long de la verticale de la montagne **2** [*figura ginnica*] verticale **3** *al plur.* [*enigmistica*] verticalement *avv.* Ⓒ **I orizzontale.**

verticalìsmo |vertika'lizmo| *s.m.* (*arch.*) tendance *f.* à employer lignes et structures verticales, verticalisme.

verticalità |vertikali'ta| *s.f. inv.* verticalité (*var*): *la verticalità di un piano, di una struttura, di un'organizzazione* la verticalité d'un plan, d'une structure, d'une organisation.

verticalménte |vertikal'mente| *avv.* [→ VERTICALE I] verticalement.

vèrtice |'vɛrtitʃe| *s.m.* **1** [*il punto più alto*] sommet: *il vertice di una montagna, di una scala, di un albero, di un arco* le sommet d'une montagne, d'un escalier, d'un arbre, d'un arc ◇ (*fig.*) *giungere, essere al vertice della carriera, della gerarchia, della gloria* atteindre le sommet, être au sommet de la carrière, de la hiérarchie, de la gloire → **apogeo** ✦ (*ass.*) *conferenza al vertice* conférence au sommet; *il vertice di governo, di sindacati* la conférence au sommet (du gouvernement, des syndicats) **2** (*mat.*) sommet: *i vertici del triangolo, di un cubo* les sommets du triangle, d'un cube.

verticillàto |vertitʃil'lato| *agg.* (*bot.*) verticillé.

verticìllo |verti'tʃillo| *s.m.* (*bot.*) verticille.

verticìsmo |vertit'ʃismo| *s.m.* tendance *f.* à vouloir tout décider au sommet.
vertìgine |ver'tidʒine| *s.f.* **1** (*med.*, *corr.*) vertige (*m.*): *soffre di vertigini, ha le vertigini* il souffre de vertiges, il a les vertiges; *questo ponte è così alto che mi fa venire le vertigini* ce pont est tellement haut qu'il me donne le vertige **2** (*fig.*) [*sbalordimento*] vertige: *prezzi, cifre, calcoli da vertigini* prix, chiffres, calculs à donner le vertige → **capogiro.**
vertiginosaménte |vertidʒinosa'mente| *avv.* [→ VERTIGINOSO] vertigineusement: *i prezzi sono aumentati vertiginosamente* les prix ont monté vertigineusement # *la giostra girava vertiginosamente* le manège tournait à une vitesse vertigineuse.
vertiginóso |vertidʒi'noso| *agg.* **1** (*med.*) vertigineux*: *crisi vertiginosa* crise vertigineuse **2** (*detto di ciò che provoca vertigine*) vertigineux: *altezza, profondità vertiginosa* hauteur, profondeur vertigineuse **3** (*fig.*) [*esagerato, incredibile*] vertigineux: *possiede ricchezze vertiginose* il possède des richesses vertigineuses; *quel negozio ha dei prezzi vertiginosi* ce magasin a des prix vertigineux; *sostiene un ritmo di vita vertiginoso* il a un rythme de vie vertigineux.
verùno |ve'runo| *agg. e pron. indef.* (*lett.*) → **nessuno.**
'verve' |vɛʀv(ə)| *s.f. inv.* verve (*var.*): *è una ragazza piena di 'verve'* c'est une fille pleine de verve.
vérza |'ve(ɛ)rdza| *s.f.* [*qualità di cavolo*] chou *m.* de Milan, chou frisé.
verzellino |verdzel'lino| *s.m.* (*t. zool.*) serin.
verzicàre |verdzi'kare| *v.intr.* (*aus.* '*avere*') (*lett.*) → **verdeggiare.**
verzière |ver'dzjɛre| *s.m.* (*lett.*) → **giardino, orto.**
verzino |ver'dzino| *s.m.* [*varietà di legno*] brésil.
verzùra |ver'dzura| *s.f.* (*lett.*) → **vegetazione.**
véscia, sce |'veʃʃa, ʃe| *s.f.* (*t.bot.*) vesse-de-loup.
vescica, che |veʃ'ʃika, ke| *s.f.* **1** (*anat.*) vessie # *vescica biliare* vésicule biliaire → **cistifellea** ♦ (*ass.*) *vescica* (*urinaria*) vessie (urinaire); *infezione alla vescica* infection à, de la vessie ◇ (*zool.*) *vescica natatoria* vessie (natatoire) **2** (*pop.*) [*lesione della pelle in forma di bolla sierosa*] ampoule: *dopo la scottatura mi sono comparse delle vesciche* après la brûlure, j'ai eu des ampoules **3** [*vescica di maiale che viene riempita di strutto dopo l'essiccazione*] vessie **4** (*loc. fig.*) *quel tipo è proprio una vescica gonfiata* [*una persona boriosa*] ce type est vraiment gonflé *agg.*, bouffi *agg.* d'orgueil.
vescicàle |veʃʃi'kale| *agg.* [*della vescica urinaria*] vésical*: *tumori vescicali* tumeurs vésicales.
vescicànte |veʃʃi'kante| *agg.* [*che provoca la formazione di vescicole*] vésicatoire: *cerotto, unguento, gas vescicante* sparadrap, onguent, gaz vésicatoire ♦ *s.m.* (*farm.*) *un vescicante* un vésicatoire.
vescicària |veʃʃi'karja| *s.f.* (*t.bot.*) baguenaudier *m.*
vescicatòrio, i |veʃʃika'tɔrjo, i| *agg. e s.m.* → **vescicante.**
vescicazióne |veʃʃikat'tsjone| *s.f.* (*med.*) vésication.
vescichétta |veʃʃi'ketta| *s.f.* [*piccola vescica*] vésicule.
vescìcola |veʃ'ʃikola| *s.f.* **1** (*anat.*) vésicule: *vescicola seminale* vésicule séminale **2** (*med.*) vésicule: *vescicola da eczema, da attrito* vésicule d'eczéma, de frottement.
vescicolàre |veʃʃiko'lare| *agg.* **1** [*relativo alla vescica o vescicola*] vésiculaire **2** [*che ha una forma sim. alla vescica*] vésiculeux*: *cellule vescicolari* cellules vésiculeuses **3** [*che è costituito da vesciche*] vésiculeux: *tessuto vescicolare* tissu vésiculeux.
vescicóne |veʃʃi'kone| *s.m.* (*veter.*) vessigon.
vescicóso |veʃʃi'koso|, **vescicolóso** |veʃʃiko'loso| *agg.* [*pieno di vesciche o sim. a una vescica*] vésiculeux*.
vescovàdo |vesko'vado|, **vescovàto** |vesko'vato| *s.m.* **1** [*la dignità, la carica di vescovo*] épiscopat **2** [*territorio su cui si estende la giurisdizione di un vescovo*] évêché **3** [*il palazzo in cui risiede il vescovo*] évêché.
vescovile |vesko'vile| *agg.* [*relativo al vescovo*] épiscopal*: *carica, curia vescovile* charge, curie épiscopale; *anello, abito vescovile* anneau, habit épiscopal.
véscovo |'veskovo| *s.m.* **1** [*nella Chiesa catt., chi è preposto al governo di una comunità ecclesiale*] évêque: *essere consacrato vescovo* être sacré évêque **2** [*nelle Chiese riformate, il capo di una comunità di fedeli*] évêque: *vescovo della Chiesa anglicana, della Chiesa metodista* évêque de l'Église anglicane, de l'Église méthodiste.
1 **vèspa** |'vɛspa| *s.f.* **1** (*t.zool.*) guêpe ◇ (*corr.*) *uno sciame di vespe* un essaim de guêpes; *è stato punto da una vespa* il a été piqué par une guêpe ◇ (*fig.*) *quella ragazza ha un vitino da vespa* cette fille a une taille de guêpe **2** (*fig.*) [*essere fastidioso*] mouche: *è noioso come una vespa* il est comme une mouche # *sei pungente come una vespa* tu es comme un hérisson.
2 **vèspa** |'vɛspa| *s.f.* (*marca depositata*) [*scooter di questa marca*] vespa: *delle vespe* des vespas.
vespàio, i |ves'pajo, i| *s.m.* **1** [*nido di vespe*] guêpier: *bisogna bruciare il vespaio del giardino* il faut brûler le guêpier du jardin ◇ (*loc. fig.*) *ha suscitato un vespaio* il a réveillé un nid de guêpes ~ *è meglio non stuzzicare il vespaio* il vaut mieux ne pas réveiller le chat qui dort ~ *sono caduto in un vespaio* je suis tombé dans un guêpier **2** [*intercapedine del pavimento*] plancher-au-sol **3** (*med.*) → **favo.**
vespasiàno |vespa'zjano| *s.m.* vespasienne *f.*
vesperàle |vespe'rale| *agg.* (*lett.*) vespéral*.
vèspero |'vɛspero| *s.m.* (*lett.*) → **vespro 1.**
vespertilio, i |vesper'tiljo, i|, **vespertilióne** |vesperti'ljone| *s.m.* (*t. zool.*) vespertilion → **pipistrello.**
vespertino |vesper'tino| *agg.* [*relativo alla sera*] vespéral*, du soir (*loc. inv.*): *ore vespertine* heures vespérales, du soir; *messa vespertina* messe du soir Ⓒ **diurno, mattutino.**
Vèspidi |'vɛspidi| *s.m. pl.* (*t.zool.*) Vespidés.
vespière |ves'pjɛre| *s.m.* (*pop.*) → **gruccione.**
vespigno |ves'piɲɲo| *agg.* (*fig.*, *lett.*) → **pungente.**
vespista |ves'pista| *s.* celui *m.*, celle *f.* qui circule avec la vespa.
vèspro |'vɛspro| *s.m.* **1** (*lett.*) [*ora del tramonto, sera*] crépuscule (*corr.*), soir (*corr.*) **2** (*relig. catt.*) vêpres (*f. pl.*): *recitare il vespro* réciter les vêpres, assister aux vêpres; *la campana suonava il vespro* la cloche sonnait les vêpres ◇ (*st. it.*) *i Vespri siciliani* les Vêpres siciliennes ◇ (*loc. fig.*) *cantare il vespro a qc.* [*dirgli chiaramente quello che si pensa*] dire ses (quatre) vérités à qqn.
vessàre |ves'sare| *v.tr.* [*sottoporre qc. a imposizioni, restrizioni e abusi*] tourmenter: *in quella ditta si cerca di vessare i dipendenti* dans cette entreprise on essaie de tourmenter les dépendants → **tartassare** # *non si può vessare il popolo con imposte troppo esose* il ne faut pas exaspérer le peuple avec des impôts exorbitants.
vessatóre, trice |vessa'tore, tritʃe| *s. e agg.* (*lett.*) vexateur*.
vessatòrio, i |vessa'tɔrjo, i| *agg.* vexatoire: *sistema fiscale vessatorio* système fiscal vexatoire; *tipo di governo vessatorio* type de gouvernement vexatoire; *i suoi metodi sono troppo vessatori* ses méthodes sont trop vexatoires.
vessazióne |vessat'tsjone| *s.f.* [→ VESSARE] abus *m.*; vexation: *vessazioni politiche, fiscali* abus politiques, fiscaux ‖ *ha dovuto subire continue vessazioni a causa di ciò* il a dû subir de continuelles vexations à cause de cela; *finalmente si è ribellato alle sue vessazioni* finalement il s'est rebellé contre ses vexations → **angheria.**
vessillàrio, i |vessil'larjo, i| *s.m.* (*st. rom.*) vexillaire.
vessillifero |vessil'lifero| *s.m.* **1** [*chi porta il vessillo*] porte-étendard *inv.* **2** (*fig.*) [*promotore di nuove idee*] champion: *è il vessillifero di una nuova corrente* c'est le champion d'un nouveau courant idéologique.
vessillo |ves'sillo| *s.m.* **1** [*insegna, bandiera*] drapeau, étendard: *vessillo militare* drapeau militaire → **bandiera**; *vessillo della rivoluzione* drapeau, étendard de la révolution, de la révolte **2** (*fig.*) [*simbolo, emblema*] bannière *f.*, étendard: *il vessillo della pace, della giustizia* la bannière, l'étendard de la paix, de la justice ◇ (*loc.*) *tenere alto il vessillo di q.c. o di qc.* tenir haut les couleurs, l'étendard de qqch., de qqn.; *innalzare il vessillo della rivolta* porter haut l'étendard de la révolte **3** (*st. rom.*) vexille **4** (*bot.*) → **stendardo** **5** (*zool.*) vexille.
vestàglia |ves'taʎʎa| *s.f.* robe de chambre: *mettersi la vestaglia* mettre sa robe de chambre; *mi piace stare in vestaglia* j'aime bien rester en robe de chambre.
vestagliétta |vestaʎ'ʎetta| (*s.f.*) *vestaglietta per la casa* robe (courte) d'intérieur; *vestaglietta per il mare* robe de plage.
vestàle |ves'tale| *s.f.* **1** (*st. rom.*) vestale **2** (*iron.*) [*custode intransigente*] protectrice: *è una vestale dell'arte, della famiglia* c'est une protectrice de l'art, de la famille; *si erige a vestale della*

moralità elle s'érige en protectrice de la moralité.

vèste |'vεste| *s.f.* **1** [*abito, vestito spec. femminile*] robe; vêtement (*m.*): *veste corta, lunga* robe courte, longue; *veste da camera* robe de chambre; *le pieghe della veste non sono stirate* les plis de la robe ne sont pas repassés || *veste femminile, maschile* vêtement pour femme, pour homme → **indumento** ◇ *al plur.* vêtements: *vesti estive, invernali, ecclesiastiche* vêtements d'été, d'hiver, ecclésiastiques **2** (*per est.*) [*rivestimento, copertura*] *le tubature furono ricoperte di una veste metallica* les tuyaux furent recouverts d'une gaine métallique; *veste tipografica, editoriale* présentation typographique, éditoriale ◇ (*fig.*) *il corpo è la veste dell'anima* le corps est l'enveloppe de l'âme **3** *loc. fig.* IN VESTE DI [*nella qualità di*] en qualité de: *intervenne in veste di sindaco* il intervint en qualité de maire; *lo consigliò in veste d'amico* il le conseilla en qualité d'ami ✦ (*ass.*) *partecipò alla cerimonia in veste (non) ufficiale* il participa à la cérémonie à titre (non) officiel **4** (*fig., lett.*) [*forma, aspetto*] *ha dato veste poetica ai suoi pensieri* il a habillé de poésie ses pensées; *indossa sempre una veste di viva simpatia* il a toujours un air sympathique.

vestiàrio, i |ves'tjarjo, i| *s.m.* **1** [*i capi d'abbigl.*] garde-robe (*f.*): *devo rinnovare il vestiario* je dois renouveler ma garde-robe **2** [*guardaroba di scena*] costumes *pl.* **3** [*assortimento di abiti*] habits *pl.* # *il vestiario dei grandi magazzini è pratico* les vêtements des grands magasins sont pratiques.

vestiarista |vestja'rista| *s.* [*chi provvede al guardaroba degli attori*] costumier*.

vestibolàre |vestibo'lare| *agg.* (*anat.*) vestibulaire: *nervo, apparato vestibolare* nerf, appareil vestibulaire, de l'oreille interne.

vestìbolo |ves'tibolo| *s.m.* **1** vestibule: *il vestibolo di un teatro, di una biblioteca* le vestibule d'un théâtre, d'une bibliothèque **2** (*anat.*) vestibule: *vestibolo auricolare, vaginale* vestibule auriculaire, vaginal; *vestibolo della laringe* vestibule du larynx.

vestìgia |ves'tidʒa| *s.f. inv.* (*lett.*) → **vestigio.**

vestigio |ves'tidʒo|, *pl. m.* **vestigi** |ves'tidʒi|, *pl. f.* **vestigia** |ves'tidʒa| *s.m.* **1** vestige: *vestigia umane* vestige humain → 1 **impronta** ◇ (*fig.*) trace (*f.*): *seguire le vestigia di qc.* suivre les traces de qqn. **2** [*traccia, indizio*] traces *f. pl.* (*corr.*), vestiges (*pl.*): *non lasciar vestigi* ne laisse pas de traces; **3** *al plur.* [*resti, ruderi*] vestiges: *le vestigia dell'antica Roma* les vestiges de l'antiquité romaine; les ruines de Rome.

vestiménto |vesti'mento| *s.m.* (*lett.*) → **veste.**

vestina |ves'tina| *s.f.* robe d'enfant.

1 **vestìre** |ves'tire| **A** *v.tr.* **1** [*ricoprire di indumenti*] habiller: *ha vestito i bambini* elle a habillé ses enfants; *il malato aveva bisogno di essere vestito* le malade devait être habillé **2** [*fornire gli indumenti a qc.*] habiller: *questo negozio, magazzino veste mezza città* ce magasin habille la moitié de la ville # *vestire gli ignudi* vêtir ceux qui sont nus ✦ (*ass.*) *ha tre figli da vestire* il a trois enfants à habiller **3** [*indossare*] porter: *vestire il saio, la tonaca, la toga, l'uniforme, le armi* porter le froc, la soutane, la toge, l'uniforme, les armes # *ha un fisico che veste bene solo questo tipo di abito* seul ce genre de robe (de vêtement) convient à son type, à son physique ◇ (*relig. crist.*) *il Figlio di Dio vestì carni umane* le Fils de Dieu prit la forme humaine **4** [*adattarsi alla figura*] aller (13) (*intr.*): *questa giacca ti veste molto bene* cette veste te va très bien **5** (*fig.*) [*fornire di un rivestimento*] revêtir (25): *vestire un fiasco, una damigiana* revêtir, pailler une fiasque, une bonbonne # *vestire un altare di drappi* couvrir un autel de draperies **B** *v.intr.* (*aus.* '*avere*') [*portare degli indumenti*] s'habiller (*pron.*): *vestire bene, male, con gusto, semplicemente* s'habiller bien, mal, avec goût, simplement; *vestirsi di gala, di lungo* s'habiller pour le soir, en robe longue; *solitamente veste (di) chiaro, (di) scuro, di grigio* généralement elle s'habille en clair, en foncé, en gris # *il prossimo carnevale vestirà da moschettiere* au prochain carnaval, il se déguisera en mousquetaire; *vestire a lutto* porter le deuil ◇ (*loc. fig.*) *voglio sapere di che panni veste quel tizio* [*che cosa fa, pensa*] je veux savoir de quel bois est fait ce gars-là ✦ (*ass.*) *non sa vestire* elle ne sait pas s'habiller **C** *v.pron. rifl.* VESTIRSI **1** [*mettersi indosso gli indumenti*] s'habiller: *mi vesto ed esco con voi* je m'habille et je sors avec vous; *alzati e vèstiti alla svelta* lève-toi et habille-toi en vitesse # *vèstiti di più: fa freddo* couvre-toi mieux: il fait froid ◇ (*per est.*) [*indossare un abito particolare*] se mettre (71) (un vêtement): *vestirsi da pomeriggio, da sera, da cerimonia* se mettre une robe d'après-midi, du soir, de cérémonie; *vestirsi in divisa, in borghese* se mettre en uniforme, en civil **2** [*fornirsi di vestiti*] s'habiller: *si veste dalla migliore sarta della città* elle s'habille chez la meilleure couturière de la ville; *per vestirsi va sempre ai grandi magazzini* pour s'habiller elle va toujours dans les grands magasins **3** (*fig.*) [*ammantarsi*] se couvrir (23): *in primavera gli alberi si vestono di foglie* au printemps les arbres se couvrent de feuilles # *il tramonto si vestiva di rosso* le couchant s'empourprait [C] A 1 **spogliare.**

2 **vestìre** |ves'tire| *s.m. inv.* [*vestiario, abbigl.*] habillement *var.* # *spende molto per il vestire* il dépense beaucoup pour s'habiller; *ha gusto nel vestire* il sait s'habiller; *devo pensare al mangiare e al vestire* je dois penser à la nourriture et aux vêtements.

1 **vestito** |ves'tito| *agg.* **1** [*ricoperto di vesti*] habillé: *si addormentò vestito* il s'endormit tout habillé; *cadde in mare vestito* il tomba à la mer tout habillé; *la signora partecipò alla cerimonia vestita di bianco* cette dame assista à la cérémonie tout habillée de blanc; *va sempre ben vestito* il est toujours bien habillé # *vestito da signore, faceva una gran figura* dans son complet de bonne coupe, il avait belle allure ◇ (*loc. fig.*) *è un asino calzato e vestito* [*completo, integrale*] c'est un âne bâté **2** (*per est.*) [*ricoperto, avvolto*] (re)couvert (*p.p.*): *pietre vestite di muschio* pierres recouvertes de mousse; *tronco vestito d'edera* tronc couvert de lierre # *fiaschi vestiti* fiasques revêtues, paillées **3** (*bot.*) glumacé: *riso, orzo, bulbo vestito* riz, orge, bulbe glumacé [C] 1 **nudo.**

2 **vestito** |ves'tito| *s.m.* vêtement; tenue *f.*; robe (*f.*): *vestito da donna* vêtement pour femme, robe; *vestito da uomo* vêtement pour homme, costume; *vestito di lana, di cotone, di seta* vêtement en laine, en coton, en soie → **indumento** || *vestito da lavoro, da casa* tenue de travail, d'intérieur; *vestito sportivo, elegante, invernale, primaverile* tenue sportive, élégante, d'hiver, de printemps || *vestito da sposa, da ballo, da cerimonia* robe de mariée, de bal, de cérémonie; *si è fatta un vestito nuovo* elle s'est fait une nouvelle robe → **abito.**

vestitùra |vesti'tura| *s.f.* **1** (*raro*) [→ 1 VESTIRE A 1] habillement *m.* **2** (*raro*) [→ 1 VESTIRE A 5] paillage (*m.*): *la vestitura dei fiaschi* le paillage des fiasques ◇[*rivestimento di vimini*] clissage *m.*

vestizióne |vestit'tsjone| *s.f.* **1** (*st.*) adoubement (*m.*): *la vestizione di un cavaliere* l'adoubement d'un chevalier ◇ (*relig.*) *la vestizione di una monaca* la prise d'habit, la vêture d'une religieuse **2** (*raro*) → **vestitura** 2.

vesuviàno |vezu'vjano| *agg.* du Vésuve *loc. inv.*, vésuvien*.

veteràno |vete'rano| **1** *s.* [*chi ha esercitato un'attività o una professione per lungo tempo*] vétéran (*m.*): *è un veterano dello sport, del foro* c'est un vétéran du sport, du barreau; *è una veterana dell'insegnamento* c'est un vétéran de l'enseignement; *in queste cose sei ormai un veterano!* dans ce genre de choses, tu es désormais un vétéran ◇ (*mil.*) *un veterano di Napoleone* un vétéran des guerres napoléoniennes # *è un veterano della vecchia guardia* c'est un vieux de la vieille (garde) ◇ (*st. rom.*) *Augusto assegnò le terre ai veterani* Auguste donna les terres aux vétérans **2** *agg.* [*anziano, esperto*] expert: *calciatore veterano* footballeur expert; *operaio veterano* ouvrier expert [C] 1 **principiante.**

veterinària |veteri'narja| *s.f.* médecine vétérinaire: *si è laureato in veterinaria* il a obtenu son diplôme en médecine vétérinaire.

veterinàrio, i |veteri'narjo, i| *agg.* vétérinaire: *medico veterinario* médecin vétérinaire ✦ (*s.m.*) *il veterinario comunale* le vétérinaire de la mairie.

vetivèr |veti'vεr| *s.m. inv.* (*t.bot.*) vétiver *var.*

vèto |'vεto| *s.m.* **1** (*dir.*) veto: *diritto di veto* droit de veto; *opporre il veto a una legge* mettre le veto à une loi **2** (*per est.*) [*divieto*] veto: *pongo il mio veto a questa iniziativa* je mets mon veto à cette initiative.

vetràio, i |ve'trajo, i| *s.m.* **1** [*operaio addetto alla lavorazione del vetro*] verrier **2** [*chi vende e mette in opera vetri*] vitrier: *bisogna chiamare il vetraio* il faut appeler le vitrier.

vetràme |ve'trame| *s.m.* **1** [*oggetti di vetro*] verreries *f. pl.* **2** [*lastre di vetro*] vitreries *f. pl.*

vetràrio, i |ve'trarjo, i| *agg.* [*attinente al vetro*] du verre *loc. inv.*; sur verre (*loc. inv.*): *industria vetraria* industrie du verre || *pittura vetraria* peinture sur verre.

vetràta |ve'trata| *s.f.* **1** [*intelaiatura con vetri o cristalli*] porte vitrée, fenêtre vitrée ◇ [*parete divisoria*] cloison vitrée: *una vetrata separa i due salotti* une cloison vitrée sépare les deux salons ◇ [*grande finestra*] baie vitrée: *il salone era illuminato da una grande vetrata* le salon était éclairé par une grande baie vitrée **2** (*arch.*) vitrail*: *settore di vetrata* panneau de vitrail **3** (*edil.*) vitrail: *le vetrate di una cattedrale* les vitraux d'une cathédrale.

vetràto |ve'trato| *agg.* **1** [*fornito di vetro*] vitré: *porta vetrata* porte vitrée **2** [*coperto di vetro*] de verre (*loc. inv.*): *carta vetrata* papier de verre ◆ *s.m.* [*strato di ghiaccio che si forma su strade, rocce*] verglas.

vetrerìa |vetre'ria| *s.f.* **1** [*fabbrica o negozio di vetri*] vitrerie **2** [*oggetti di vetro*] verreries *pl.*, vitrerie.

vetriàta |ve'trjata| *s.f.* → **vetrata.**

vetriàto |ve'trjato| *agg.* **1** → **vetrato 2** → **smaltato.**

vétrice |'vetritʃe| *s.m. e f.* → **salice.**

vetriciàia |vetri'tʃaja| *s.f.*, **vetriciàio, i** |vetri'tʃajo, i| *s.m.* → **saliceto.**

vetrièra |ve'trjɛra| *s.f.* (*region.*) [*mobile a vetri*] vitrine.

vetrificàbile |vetrifi'kabile| *agg.* [→ VETRIFICARE A; B] vitrifiable.

vetrificànte |vetrifi'kante| *s.m.* (*chim.*) vitrifiant.

vetrificàre |vetrifi'kare| **A** *v.tr.* [*ridurre in vetro*] vitrifier: *il fuoco vetrifica molte sostanze* le feu vitrifie de nombreuses substances **B** *v.intr.* (*aus.* 'essere') [*diventare vetro*] se vitrifier *pron.* **C** *v.pron. intr.* VETRIFICARSI [→ *intr.*] se vitrifier.

vetrificazióne |vetrifikat'tsjone| *s.f.* [→ VETRIFICARE] vitrification.

vetrìgno |ve'triɲɲo| *agg.* (*raro*) → 1 **vetrino.**

1 **vetrìna** |ve'trina| *s.f.* **1** (*chim.*) glaçure **2** [*smalto*] émail* (*m.*): *ceramiche rivestite di vetrina* céramiques recouvertes d'émail.

2 **vetrìna** |ve'trina| *s.f.* **1** vitrine: *guarda le vetrine* elle regarde, lèche (*fam.*) les vitrines; *questo negozio fa sempre delle belle vetrine* ce magasin fait toujours de belles vitrines ◇ (*loc. fig.*) *mettersi in vetrina* [*in mostra*] jouer les vedettes **2** [*armadio con sportelli a vetri*] vitrine: *vetrina pensile* vitrine suspendue; *tiene l'argenteria in una vetrina* il garde son argenterie dans une vitrine.

vetrinìsta |vetri'nista| *s.* [*chi allestisce le vetrine*] étalagiste.

vetrinìstica, che |vetri'nistika, ke| *s.f.* art *m.* de l'étalagiste, art de faire des vitrines.

1 **vetrìno** |ve'trino| *agg.* (*raro*) [*di vetro*] vitreux*: *metallo vetrino* métal vitreux # *unghie vetrine* ongles cassants comme (du) verre.

2 **vetrìno** |ve'trino| *s.m.* **1** [*lastrina di vetro*] (plaque *f.* de) verre: *il vetrino dell'orologio* le verre de la montre **2** [*preparato fra due lastrine per il microscopio*] lamelle *f.* de verre ◇ (*biol.*) préparation *f.* sur lamelle.

vetriòla |vetri'ɔla| *s.f.* → **parietaria.**

vetrioleggiàre |vetrjoled'dʒare| *v.tr.* (*raro*) [*deturpare qc. col vetriolo*] vitrioler (*corr.*).

vetriòlico, ci, ca, che |vetri'ɔliko, tʃi, ka, ke| *agg.* vitriolique.

vetriòlo |vetri'ɔlo| *s.m.* (*chim.*) vitriol: *vetriolo azzurro, bianco, rosa* vitriol bleu, blanc, rose ◇ (*per anton., pop.*) [*acido solforico*] vitriol (*corr.*).

vétro |'vetro| *s.m.* **1** verre: *vetro soffiato, affumicato, smerigliato* verre soufflé, fumé, dépoli; *vetro opaco, infrangibile, satinato* verre mat, incassable, satiné; *vetro di sicurezza* verre sécurit; *lana di vetro* laine de verre; *il vetro dell'orologio* le verre de la montre ◇ (*per est.*) *il Palazzo di vetro* [*delle Nazioni Unite*] le Palais de verre ◇ (*loc. fig.*) *essere di vetro* [*fragile*] être fragile (comme du verre) **2** [*prodotto dell'industria vetraria*] verrerie (*f.*): *vetro artistico* verrerie artistique; *i vetri cinesi* les verreries chinoises # *i vetri di Murano* les verres de Murano **3** [*lastra di vetro*] vitre *f.*, carreau: *i vetri delle porte, delle finestre* les vitres, les carreaux des portes, des fenêtres; *i vetri di un'auto* les vitres d'une voiture # *chiudi i vetri!* ferme la fenêtre ◇ [*l'insieme dei vetri (di un edificio)*] le vitrage # *munire di vetri* vitrer **4** [*frammento di vetro*] tesson (de verre): *si è tagliato con un vetro* il s'est coupé avec un tesson **5** [*lente*] verre: *i vetri degli occhiali, del cannochiale* les verres de lunettes, de jumelles **6** (*miner.*) verre: *vetro vulcanico* verre de volcan → **ossidiana.**

vetrocemènto |vetrotʃe'mento| *s.m.* (*edil.*) verre dormant.

vetrocromìa |vetrokro'mia| *s.f.* peinture sur verre.

vetrofanìa |vetrofa'nia| *s.f.* vitrauphanie.

vetróso |ve'troso| *agg.* **1** [*che ha l'aspetto del vetro*] vitreux*: *massa, consistenza vetrosa* masse, consistance vitreuse → **vitreo 2** [*che contiene vetro*] vitreux: *composto vetroso* composé vitreux.

vétta |'vetta| *s.f.* **1** [*cima, sommità*] sommet *m.*, cime: *la vetta del monte, del palo, dell'albero* le sommet, la cime d'une montagne, d'un poteau, d'un arbre; *siamo saliti fino alla vetta* nous sommes montés jusqu'au sommet → **picco 2** (*fig.*) [*primo posto*] première place, tête: *la vetta della classifica, della graduatoria* la tête, la première place du classement ◇ (*per est.*) [*culmine, il grado più alto*] sommet: *Dante ha toccato la vetta del sublime* Dante a atteint le sommet du sublime; *raggiungere la vetta della gloria, della celebrità* parvenir au sommet de la gloire, de la célébrité → **apogeo 3** [*estremità di un ramo*] rameau *m.* ◇ (*loc. fig.*) *tremare come una vetta* [*l'estremità di un ramo*] trembler comme une feuille **4** (*mar.*) retour *m.*, courant *m.*

vettóre, trice |vet'tore, tritʃe| **I** *s.* **1** *s.m.* (*fis., mat.*) vecteur: *vettore applicato, libero* vecteur appliqué, libre **2** *s.m.* (*comm., dir.*) transporteur: *vettore ferroviario, marittimo, aereo* transporteur ferroviaire, maritime, aérien; *per contratto il vettore deve essere assicurato* le transporteur doit être assuré par contrat **3** *s.* (*med.*) porteur* # *la zanzara è il vettore della malaria* l'anophèle est l'agent de transmission du paludisme **4** *s.m.* (*chim.*) vecteur: *vettore dell'idrogeno* vecteur d'hydrogène **5** *s.m.* (*astronautica*) lanceur **II** *agg.* (*scient.*) vecteur; porteur: *raggio vettore* rayon vecteur ‖ *insetto vettore* insect porteur # *razzo vettore* moteur-fusée, lanceur.

vettoriàle |vetto'rjale| *agg.* (*fis., mat.*) vectoriel*: *grandezza vettoriale* grandeur vectorielle.

vettovàglia |vetto'vaʎʎa| *s.f.* [*generi di sostentamento*] vivres *m. pl.*, victuailles (*pl.*): *l'esercito era ormai privo di vettovaglie* l'armée désormais manquait de vivres, de victuailles → **provvigione.**

vettovagliaménto |vettovaʎʎa'mento| *s.m.* → **approvvigionamento.**

vettovagliàre |vettovaʎ'ʎare| *v. tr.* → **approvvigionare.**

vettùra |vet'tura| *s.f.* **1** voiture: *vettura ferroviaria* voiture de chemin de fer; *si parte: in vettura!* (tout le monde) en voiture!; *vettura tranviaria* (voiture de) tramway # *vettura di piazza* fiacre → **carrozza** ◆ *ass.* (*auto*)*vettura di lusso, sportiva, familiare* voiture de luxe, de sport, familiale **2** (*comm., dir.*) *lettera di vettura* lettre de voiture.

vetturàle |vettu'rale| *s.m.* [*chi guida cavalli o muli per il trasporto di persone e merci*] voiturier.

vetturétta |vettu'retta| *s.f.* petite voiture, voiturette, voiture utilitaire.

vetturìno |vettu'rino| *s.m.* [*cocchiere di piazza*] voiturier, cocher.

vetustà |vetus'ta| *s.f. inv.* (*lett.*) [*l'essere vetusto*] vétusté *var.*, ancienneté *var.* (*corr.*).

vetùsto |ve'tusto| *agg.* (*lett.*) [*antico, vecchio*] vétuste (*corr.*); ancien* (*corr.*): *rovine vetuste, monumenti vetusti* ruines, monuments vétustes ‖ *tradizioni, memorie vetuste* traditions, mémoires anciennes.

vezzeggiaménto |vettseddʒa'mento| *s.m.* [→ VEZZEGGIARE A; B] cajolerie *f.*, câlinerie *f.*

vezzeggiàre |vettsed'dʒare| **A** *v. tr.* [*ricoprire di vezzi*] cajoler: *vezzeggi troppo quel bambino* tu cajoles trop cet enfant; *gli piace vezzeggiare il cagnolino* il aime cajoler le petit chien **B** *v. intr.* (*aus.* 'avere') (*raro*) [*fare il vezzoso*] minauder (*corr.*) **C** *v.pron. rifl.* VEZZEGGIARSI [*usarsi molti riguardi*] se cajoler.

vezzeggiatìvo |vettseddʒa'tivo| *agg.* **1** [*che ha la finalità di vezzeggiare*] câlin: *gesto vezzeggiativo* geste câlin; *espressione vezzeggiativa* expression câline **2** (*gram.*) diminutif* ◆ (*s.m.*) *il vezzeggiativo* le diminutif.

vézzo |'vettso| *s.m.* **1** [*abitudine, modo caratteristico*] habitude (*f.*): *ha il vezzo di mangiarsi le unghie* il a l'habitude, la mauvaise habitude de se ronger les ongles; *ha preso il vezzo di strascicare le parole* il a pris l'habitude de traîner les mots **2** [*gesto affettuoso*] caresse *f.*, câlinerie *f.* **3** *al plur.* [*moine*] mignardises *f.*, minauderies (*f.*): *i vezzi di quella ragazza sono ridicoli* les mignardises, les minauderies de cette jeune fille sont ridicules **4** *al plur.* [*attrattiva femminile*] charme *sing.*, grâces (*f.*): *è una donna che sa usare bene i propri vezzi* c'est une femme qui sait se servir de son charme, de ses grâces **5** [*collana*] collier: *un vezzo di perle, di brillanti* un collier de perles, de diamants.

vezzosaménte |vettsosa'mente| *avv.* [→ VEZZOSO] gracieusement.

vezzosità |vettsosi'ta| *s.f. inv.* **1** → **vezzo 2** → **grazia.**

vezzóso |vet'tsoso| *agg.* **1** [*dotato di vezzi*] gracieux*, charmant: *fanciulla* *vezzosa* jeune fille gracieuse, charmante; *comportamento vezzoso* attitude gracieuse → **grazioso, leggiadro** # *fare il vezzoso* minauder **2** [*lezioso*] maniéré: *non mi piacciono i suoi atteggiamenti vezzosi* je n'aime pas ses manières, ses gestes maniérés **c** 1 **sgraziato**; 2 **rozzo.**

1 **vi** |vi| *pron. pers. di 2ª pers. m. e f. pl. N.B. 1: in unione con le particelle pron. 'ci, si', si premette alle stesse N.B. 2: quando precede i pron. 'lo, la, li, le' e 'ne' si cambia in 've'* **1** (*compl. ogg.*) [*voi*] vous: *vi hanno visto tutti* ils vous ont tous vus; *vi inviteranno a cena* ils vous inviteront à dîner; *non voglio deludervi* je ne veux pas vous décevoir ◇ (*nella coniugazione dei v. pron.*) *vi pentirete di tutto questo* vous vous repentirez de tout ceci; *preparatevi in fretta* préparez-vous à toute vitesse; *divertitevi una volta tanto* amusez-vous pour une fois; *non mi piace che vi lamentiate sempre* je n'aime pas que vous vous plaigniez toujours **2** (*compl. di termine*) [*a voi*] vous: *vi faremo un bel regalo* nous vous ferons un beau cadeau; *non posso che darvi ragione* je ne peux que vous donner raison # *vi do atto della vostra buona fede* je reconnais votre bonne foi ◇ (*pleon.*) *vi siete mangiati tutti i dolci?* vous avez mangé tous les gâteaux?; *godetevi le vostre vacanze* jouissez de vos vacances; *vi prenderete il raffreddore, lì* vous allez attraper un rhume, là; *mettetevi il soprabito* mettez votre imperméable; *vi siete lavati le mani?* vous êtes-vous lavé les mains?

2 **vi** |vi| *pron. dim. neutro* [*a questo, in ciò*] y: *non vi trovo niente di eccezionale* je n'y trouve rien d'exceptionnel; *non vi capisco proprio niente* je n'y comprends vraiment rien; *non vi ho fatto caso* je n'y ai pas fait attention; *non vi fidate troppo* ne vous y fiez pas trop; *non vi trovo alcuna differenza* (*tra i due*) je n'y trouve aucune différence (entre les deux) → **ci.**

3 **vi** |vi| *avv.* **1** (*stato in luogo*) [*in questo, quel luogo*] y: *vi ho abitato quando ero bambino* j'y ai habité quand j'étais enfant; *ci sarò anch'io* j'y serai moi aussi # *in quel luogo vi sono rimasto per più di due anni* je suis resté là-bas pendant plus de deux ans; *vi andrò per le vacanze di Natale* j'irai pour les vacances de Noël ◇ (*in unione col v. 'essere'*) → **esser(ci) 2** (*moto attraverso luogo*) [*per questo, quel luogo*] y: *vi sono passato ieri* j'y suis passé hier; *non vi passa mai un'anima viva* il n'y passe jamais un chat.

1 **via** |'via| *s.f.* **1** [*strada* (*fuori del centro abitato*)] route; voie: *via comunale, provinciale, statale* route communale, départementale, nationale; *via stretta, asfaltata, ripida, tortuosa* route étroite, goudronnée, raide, tortueuse ‖ *via privata, cieca, senza sbocco* voie privée, sans issue, en cul-de-sac; *via d'acqua* voie d'eau; *le antiche vie consolari* les anciennes voies consulaires; *la via Appia, la via Aurelia* la voie Appienne, la voie Aurelia; *l'autostrada del Sole è una grande via di comunicazione* l'autoroute du Soleil est une grande voie de communication ◇ (*in un centro abitato*) rue: *via XX Settembre, via Dante* rue du XX Septembre, rue Dante; *è una via piena di traffico* c'est une rue très fréquentée; *l'ho incontrata per la via* je l'ai rencontrée dans la rue; *mi piace passeggiare per le vie del centro* j'aime me promener dans les rues du centre (de la ville) ◇ (*loc. prov.*) *abbandonare la retta via* abandonner le droit chemin ~ *chi lascia la via vecchia per la nuova, sa quel che lascia ma non sa quel che trova* on sait ce que l'on quitte, on ne sait pas ce qu'on trouvera **2** (*per est.*) [*spazio da percorrere, tragitto*] voie: *le vie di comunicazione, di trasporto* les voies de communication, de transport; *vie aeree, marittime, terrestri, navigabili* voies aériennes, maritimes, terrestres, navigables; *via ferrata* voie ferrée # *viaggiare via mare, via terra, via aria* voyager par mer, par terre, en avion; *trasmettere via radio, via satellite* transmettre par radio, par satellite; *si è fermato a mezza via* il s'est arrêté à mi-chemin; *devi seguire la solita via* tu dois suivre le même chemin; *la nave fece la via per le Antille* le navire fit route vers les Antilles; *la via del tabacco, della droga, della seta* la route du tabac, de la drogue, de la soie → 2 **rotta** ◇ (*loc. fig.*) *lavoro in via di completamento* travail en voie d'achèvement ~ *il malato era in via di guarigione* le malade était en voie de guérison ~ *raggiunse lo scopo per vie traverse* il atteignit son but par des voies détournées ~ *riuscì a convincerlo per la via del cuore* il réussit à le convaincre en le prenant par les sentiments **3** [*passaggio, varco*] via; chemin (*m.*): *treno Milano-Roma via Firenze* (le) train Milan-Rome via Florence ‖ *aprirono una via nella foresta* ils ouvrirent un chemin, un passage dans la forêt; *a gomitate, riuscì ad aprirsi una via fra la folla* il réussit à se frayer un chemin dans la foule à coups de coude ◇ (*loc.*) *dar via libera alla corruzione, alla protesta organizzata* donner libre cours à la corruption, aux protestations organisées **4** [*scalata*] voie: *la via nord del Cervino* la voie nord du Cervin **5** [*carriera*] voie: *questa è una laurea che gli apre molte vie* c'est un diplôme qui lui ouvre de nombreuses voies # *vuol seguire la via degli affari* il veut entrer dans les affaires; *quella raccomandazione gli ha facilitato la via* cette recommandation lui a facilité les choses ◇ (*loc. fig.*) *infiorare la via a qc.* faciliter les choses à qqn. **6** (*loc. fig.*) [*modo, maniera*] *in via amichevole* à l'amiable ~ *in via provvisoria* provisoirement ~ *ha tentato ogni via* il a tout fait, tout essayé ~ *non c'è altra via d'uscita* il n'y a pas d'autre issue ~ *abbiamo trovato la via per raggiungere l'accordo* nous avons trouvé le moyen de nous mettre d'accord ~ *è una via di mezzo tra il classico e il moderno* c'est à mi-chemin entre le classique et le moderne ~ *le vie del Signore sono infinite* les voies de Dieu sont infinies **7** *loc.* PER VIA DI [*a causa di*] à cause de; parce que: *è per via di quell'eredità che hanno litigato* c'est à cause de cet héritage qu'ils se sont disputés; *l'aereo non ha potuto atterrare per via della nebbia* l'avion n'a pas pu atterrir à cause du brouillard ‖ *non sono partito per via che non mi sentivo bene* je ne suis pas parti parce que je ne me sentais pas bien **8** [*parte*] *sono parenti per via del fratello* ils sont parents par le frère **9** (*astrol.*) *Via Lattea* Voie Lactée **10** (*dir.*) voie: *vie diplomatiche* voies diplomatiques; *per via gerarchica* par voie hiérarchique; *adire le vie legali* avoir recours aux voies de droit **11** (*anat.*) voie: *vie respiratorie* voies respiratoires; *via digerente, biliare, urinaria* voie digestive, biliaire, urinaire **12** (*med.*) voie: *questo farmaco deve essere somministrato via orale, rettale* ce médicament doit être administré par voie orale, rectale.

2 **via** |'via| *avv.* **1** (*esprime 'allontanamento', spec. in unione con i v. di moto*) ANDARE VIA s'en aller: *è andato via adesso* il vient de s'en aller; *andate via subito!* allez-vous-en tout de suite!; *va via, se no ti piglio a sberle* va-t'en, sinon je te gifle ~ *andarsene via* partir: *se ne è andato via da poco* il est parti il y a peu de temps ◇ (*fig.*) *mi sono andati via un mucchio di soldi per questa casa* un tas d'argent a filé pour cette maison; *la febbre non vuole andare via* la fièvre ne veut pas descendre; *sono prodotti che vanno via bene* [*che si vendono bene*] ce sont des produits qui se vendent bien ~ *lo hanno cacciato via di casa* on l'a chassé de chez lui ~ GETTARE, BUTTARE VIA jeter: *gettare via un pezzo di carta* jeter un morceau de papier ◇ (*fig.*) *gettare via tempo e denaro* gaspiller son temps et son argent ~ DARE VIA *q.c.* donner qqch.; *ha dato via la sua auto* [*l'ha venduta*] il a vendu sa voiture ~ *leva via quel disco!* enlève ce disque!; *levati* (*via*) *dai piedi* débarrasse le plancher; *levatelo* (*via*) *dalla testa* ôte-toi cela de la tête ~ MANDAR VIA *qc. da un posto* renvoyer qqn. d'un poste; *mandare via una macchia da un vestito* enlever une tache d'un vêtement; *mandare via una lettera, un pacco* [*spedirli*] envoyer une lettre, un paquet ~ PORTARE VIA *q.c. a qc.* prendre qqch. à qqn.; *gli hanno portato via tutti i soldi* on lui a pris tout son argent; (*fig.*) *è un lavoro che mi porterà via parecchi anni* c'est un travail qui me prendra de nombreuses années ~ TIRARE VIA *un dente* [*estrarlo*] arracher une dent; *tirare via per la propria strada* continuer son chemin ~ VOLARE VIA s'envoler ◇ (*con v. di stato*) ESSERE VIA [*essere fuori casa, fuori città*] être absent: *è via di casa da un mese* il est absent de chez lui depuis un mois; *mio padre è via per affari* mon père est absent pour affaires **2** *ass.* (*per lo più col v. 'andare' e sim. sottintesi*) *si mise le scarpe e via di corsa* il mit ses souliers et fila à toute vitesse; *ha preparato le valigie ed è filato via di corsa* il a fait ses valises et il a filé à toute vitesse; *un, due, tre, ... via!* un, deux, trois, partez! **3** (*esclam.*) *via!, stai buono!* allons!, restez tranquille!; *via!, lasciatelo stare!* allons!, laisse-le tranquille!; *via, datti da fare!* allons!, remue-toi!; *su via, non abbatterti così!* allons, ne te décourage pas ainsi!; *via, non ci credo!* allons donc, je ne peux pas y croire!; *non è poi male, via!* allons, ce n'est pas si mal! ◇ (*loc. avv.*) *via di lì!* sors (sortez) de là!; *via di qui* sors (sortez) d'ici! **4** [*eccetera*] *e via dicendo, e così via* et ainsi de suite, et cætera; *e via di questo passo* et ainsi de suite; *abbiamo parlato di caccia, di pesca e così via, e via dicendo* nous avons parlé de chasse, de pêche et

cætera, et ainsi de suite **5** (*ripetuto*) VIA VIA [*a mano a mano, di volta in volta*] (au fur et) à mesure: *gli consegnerò il lavoro via via che sarà pronto* je lui remettrai le travail (au fur et) à mesure qu'il sera prêt; *vi daremo i risultati via via che ci perverranno* nous vous donnerons les résultats au fur et à mesure qu'ils nous parviendront; *via via che divento vecchio, certe cose mi sono più chiare* à mesure que je deviens vieux, certaines choses m'apparaissent plus clairement; *via via che imparano un mestiere se ne vanno dalla campagna* au fur et à mesure qu'ils apprennent un métier ils quittent la campagne (la terre).

3 **vìa** |'via| *s.m. inv.* [*segnale di partenza*] départ (*var.*): *i corridori scattarono al via* les coureurs bondirent au signal du départ ◇ *loc. fig.* DARE IL VIA: *l'ingegnere diede il via ai lavori* l'ingénieur donna l'ordre de commencer les travaux; *il conferenziere diede il via al dibattito* le conférencier ouvrit le débat; *quella parola ha dato il via alla discussione* ce mot a déclenché la discussion; *la battuta ha dato il via agli applausi* cette réplique déclencha les applaudissements *l'arbitro diede il via alla partita* l'arbitre donna le coup d'envoi → **inizio.**

viàbile |vi'abile| *agg.* [*che è percorribile da veicoli*] carrossable # *rete viabile* réseau routier.

viabilista |viabi'lista| (*agg.*) *tecnico viabilista* spécialiste de la viabilité *loc. inv.*

viabilìstico, ci, ca, che |via-bi'listiko, tʃi, ka, ke| *agg.* de (la) viabilité (*loc. inv.*): *organizzazione viabilistica* organisation de la viabilité.

viabilità |viabili'ta| *s.f. inv.* **1** viabilité (*var.*): *la viabilità non è garantita a causa della neve* la viabilité n'est pas garantie à cause de la neige **2** [*le strade di una data zona*] réseau *m. var.* routier: *la viabilità di questa regione è ottima* le réseau routier de cette région est excellent **3** [*norme rel. alla manutenzione e al traffico stradale*] viabilité: *questa città ha molti problemi di viabilità* cette ville a de nombreux problèmes de viabilité.

via crucis |'via'krutʃis| *s.f. inv.* (*lat.*) **1** (*relig. catt.*) (*con iniziali maiuscole*) chemin *m. var.* de la Croix **2** (*fig.*) (*con iniziali minuscole*) [*il susseguirsi di lunghe esperienze dolorose*] calvaire (*m. var.*): *la mia vita è tutta una via crucis* ma vie n'est qu'un calvaire.

viadótto |via'dotto| *s.m.* (*edil.*) viaduc: *viadotto di cemento armato* viaduc en béton armé.

viaggiànte |viad'dʒante| *agg.* [*che viaggia*] *il personale viaggiante delle Ferrovie dello Stato* le personnel roulant des chemins de fer; *merce viaggiante* marchandise en transit; *casa viaggiante* roulotte *s.f.*

viaggiàre |viad'dʒare| **A** *v.intr.* (*aus.* 'avere') **1** [*fare uno o più viaggi*] voyager (3): *viaggiare per affari, per istruzione, per diporto* voyager pour affaires, pour ses études, pour son agrément; *viaggiare via mare, via terra, per via aerea* voyager par mer, par terre, en avion; *viaggiare a piedi, a cavallo, in macchina, in treno* voyager à pied, à cheval, en voiture, en train ✦ (*ass.*) *mi piace viaggiare* j'aime voyager; *ha viaggiato molto all'estero* il a beaucoup voyagé à l'étranger **2** [*compiere un percorso*] *la macchina viaggiava a forte velocità* la voiture filait à toute vitesse; *il treno stava viaggiando verso Torino* le train allait vers Turin **3** (*per est.*) [*fare il commesso viaggiatore*] voyager: *viaggia per quella ditta* il voyage pour cette firme **4** [*essere trasportato*] voyager: *la merce viaggia a piccola velocità, a grande velocità* la marchandise voyage en petite vitesse, en grande vitesse **B** *v.tr.* (*raro*) [*percorrere, visitare*] parcourir (17) (*corr.*): *ha viaggiato tutta l'Europa* il a parcouru toute l'Europe Ⓒ A 1 **permanere, sostare.**

viaggiatóre, trice |viaddʒa'to-re, tritʃe| **I** *s.* **1** [*chi viaggia*] voyageur*: *i viaggiatori di prima classe, della classe turistica* les voyageurs de première classe, de la classe touriste; *alla stazione c'era una grande affluenza di viaggiatori* il y avait une foule de voyageurs à la gare **2** [*commesso viaggiatore*] représentant, (commis *m.*) voyageur: *quella ditta ricerca nuovi viaggiatori* cette entreprise recherche de nouveaux représentants, (commis) voyageurs **II** *agg.* voyageur: *commesso viaggiatore* commis voyageur, représentant (*s.m.*); *colombo viaggiatore* pigeon voyageur.

viàggio, i |vi'addʒo, i| *s.m.* **1** voyage: *viaggio di andata, di ritorno* voyage d'aller, de retour; *viaggio di poche ore, di due giorni* voyage de petite durée, de deux jours → **giro, gita**; *viaggio in macchina, in treno* voyage en voiture, par le train; *viaggio di piacere, di nozze, di istruzione* voyage d'agrément, de noces, d'études; *essere, mettersi in viaggio* être, se mettre en voyage; *interrompere un viaggio* interrompre un voyage ◇ (*loc.*) *buon viaggio!* bon voyage! ~ *vestito da viaggio* habit de voyage ~ *borsa da viaggio* sac de voyage **2** [*giro attraverso luoghi e paesi diversi*] voyage: *un viaggio in Oriente* un voyage en Orient; *viaggi spaziali, interplanetari* voyages spatiaux, interplanétaires → **esplorazione, spedizione** **3** (*fig.*) [*itinerario immaginario*] voyage: *un viaggio attraverso i tempi* un voyage à travers le temps; *un viaggio nella storia* un voyage dans l'histoire; *un viaggio nel passato, nel futuro* un voyage dans le passé, dans le futur; *il viaggio della vita* le voyage de la vie; *viaggio senza ritorno* voyage sans retour → **morte** **4** [*trasporto di merci*] voyage: *abbiamo fatto un viaggio a vuoto* nous avons fait un voyage à vide # *in due viaggi esauriremo la merce* en deux allers et retours nous transporterons la marchandise.

viàle |vi'ale| *s.m.* [*strada alberata ai due lati*] boulevard, avenue *f.*; allée (*f.*): *una passeggiata lungo il viale* une promenade sur le boulevard, l'avenue ‖ *il viale conduce alla villa* l'allée mène à cette villa.

vialóne |via'lone| *s.m.* grande avenue *f.*

viandànte |vian'dante| *s.* [*chi compie viaggi a piedi*] voyageur*: *un povero viandante* un pauvre voyageur → **pellegrino.**

viària |vi'arja| *s.f.* indemnité de voyage.

viàrio, i |vi'arjo, i| *agg.* [*relativo alla via*] routier*: *rete viaria* réseau routier → **stradale.**

viàtico, ci |vi'atiko, tʃi| *s.m.* **1** (*relig. catt.*) viatique **2** (*fig.*) [*ciò che serve a rincuorare chi inizia un'impresa*] viatique → **conforto** **3** (*st. rom.*) viatique.

viatòrio, i |via'tɔrjo, i| *agg.* (*raro, lett.*) de voyage *loc. inv.* (*corr.*): *bagaglio viatorio* bagage de voyage.

viavài |via'vai| *s.m. inv.* **1** va-et--vient: *nel negozio c'era un continuo viavai di persone* dans le magasin il y avait un va-et-vient continuel de gens → **andirivieni** **2** (*per est.*) [*movimento alternato*] va-et-vient: *il viavai dello stantuffo* le va-et-vient du piston.

vìbice |'vibitʃe| *s.f.* (*med.*) vibices *pl.*

vibrafonista |vibrafo'nista| *s.* vibraphoniste.

vibràfono |vi'brafono| *s.m.* (*mus.*) vibraphone.

vibraménto |vibra'mento| *s.m.* (*raro*) → **vibrazione.**

vibrànte |vi'brante| *agg.* vibrant: *parlava con voce vibrante* il parlait d'une voix vibrante ◇ (*ling.*) (*consonante*) *vibrante* (consonne) vibrante.

vibràre |vi'brare| **A** *v.tr.* **1** [*dare con forza, tirare*] donner, assener (6): *gli vibrò un pugno, uno schiaffo, una pugnalata* il lui donna, assena un coup de poing, une gifle, un coup de poignard **2** [*lanciare*] lancer (2): *vibrare il giavellotto* lancer le javelot **3** (*edil.*) [*mettere in vibrazione*] vibrer: *vibrare un getto di calcestruzzo* vibrer un coulage de béton **B** *v.intr.* (*aus.* 'avere') **1** (*fis.*) [*essere in vibrazione*] vibrer: *far vibrare il diapason, le corde di uno strumento musicale* faire vibrer le diapason, les cordes d'un instrument de musique ◇ (*per anal.*) *pialla che vibra* robot qui broute **2** (*per est., fig.*) [*fremere*] vibrer: *il suo discorso vibrava d'entusiasmo* son discours vibrait d'enthousiasme; *il suo viso vibrava d'ira, di passione, di odio* son visage vibrait de colère, d'émotion, de haine **3** (*fig.*) [*mostrare*] *nel suo pianto vibrava la sua sincerità* ses pleurs dénonçaient sa sincérité.

vibratézza |vibra'tettsa| *s.f.* (*lett.*) → **vibrazione.**

vibràtile |vi'bratile| *agg.* vibratile: *lamine vibratili* lames vibratiles; *cellule con ciglia vibratili* cellules avec cils vibratiles.

vibràto |vi'brato| *agg.* **1** [*agitato, scosso*] vibré: *palla vibrata* balle vibrée; *note vibrate* notes vibrées **2** (*fig.*) [*fremente, energico*] énergique: *un vibrato discorso* un discours énergique → **vigoroso**; *fece una vibrata protesta* il fit une protestation énergique ✦ *s.m.* (*mus.*) vibrato: *eseguire un vibrato* exécuter un vibrato Ⓒ 2 **debole, pacato.**

vibratóre |vibra'tore| *s.m.* (*elettr., tecnol.*) vibreur ✦ (*agg.*) *cuscinetto vibratore* coussin vibrateur.

vibratòrio, i |vibra'tɔrjo, i| *agg.* vibratoire: *movimento vibratorio* mouvement vibratoire.

vibrazióne |vibrat'tsjone| *s.f.* **1** [→ VIBRARE B 1] vibration: *vibrazione elettromagnetica, sonora* vibration électromagnétique, sonore; *le vibrazioni di un'onda sismica* les vibrations d'une onde sismique; *vibrazioni meccaniche, elastiche, libere* vibrations mécaniques, élastiques, libres ◇ (*tecnol.*) *vibrazione del calcestruzzo* vibrage *m.* du béton; *vibrazione della pialla* broutage *m.* d'un rabot **2** (*per est.*) [*tremolio*] tremble-

ment (*m.*): *le vibrazioni della voce* les tremblements de la voix # *la vibrazione di un motore, di una macchina* la trépidation d'un moteur, d'une voiture **3** (*fig.*) [*fremito*] élan (*m.*): *quel ricordo suscitava in lui vibrazioni di tenerezza* ce souvenir provoquait en lui des élans de tendresse.
vibrióne |vibri'one| *s.m.* (*biol.*) vibrion: *vibrione del colera* vibrion du choléra.
vibrìssa |vi'brissa| *s.f.* (*anat., zool.*) vibrisse.
vibro- |vibrɔ| *pref.* (*significa 'vibrazione', corrisponde gener. a*) vibro: *vibroscopio* vibroscope.
vibrògrafo |vi'brɔgrafo| *s.m.* (*fis.*) enregistreur de vibrations: *vibrografo elettronico* enregistreur électronique de vibrations.
vibromassaggiatóre |vibromassaddʒa'tore| *s.m.* [*apparecchio elettrico che produce massaggi vibratori*] vibromasseur.
vibroscòpio, i |vibros'kɔpjo, i| *s.m.* (*tecnol.*) vibroscope.
vibùrno |vi'burno| *s.m.* (*t.bot.*) viorne *f.*
vicarìa |vika'rja| *s.f.* **1** [*ufficio del vicario*] vicariat *m.*, **2** (*st.*) vicariat.
vicariàle |vika'rjale| *agg.* vicarial*.
vicariànte |vika'rjante| *agg.* (*scient.*) vicariant: *muscoli vicarianti* muscles vicariants; *atomi vicarianti* atomes vicariants.
vicariàto |vika'rjato| *s.m.* vicariat: *vicariato apostolico* vicariat apostolique.
vicàrio, i |vi'karjo, i| *s.m.* vicaire: *vicario imperiale* vicaire impérial; *vicario del parroco* vicaire (de paroisse); *vicario generale* vicaire général ✦ (*agg.*) de, du vicaire (*loc.*): *autorità vicaria* autorité du vicaire; *funzioni vicarie* fonction de vicaire # *cardinal vicario* cardinal-vicaire.
vice- |'vitʃe| *pref.* (*significa 'che fa le veci di', corrisponde gener. a*) vice-, sous-, adjoint: *vicedirettore* vice-directeur, sous-directeur, directeur adjoint.
vìce |'vitʃe| *s.m.* [*chi fa le veci di qc.*] adjoint: *il direttore è uscito; c'è il suo vice* le directeur est sorti, mais son adjoint est là.
viceammiràglio, i |vitʃeammi'raʎʎo, i| *s.m.* vice-amiral*: *dei viceammiragli* des vice-amiraux.
vicebibliotecàrio, i |vitʃebibljote'karjo, i| *s.* sous-bibliothécaire.
vicebrigadière |vitʃebriga'djɛre| *s.m.* sous-brigadier.
vicecancellière |vitʃekantʃel'ljɛre| *s.m.* vice-chancelier: *dei vicecancellieri* des vice-chanceliers.
vicecàpo |vitʃe'kapo| *s.m.* sous-chef: *dei vicecapi* des sous-chefs.
vicecomitàle |vitʃekomi'tale| *agg.* (*lett.*) → **visconteo.**
vicecommissàrio, i |vitʃekommis'sarjo, i| *s.m.* commissaire adjoint: *dei vicecommissari* des commissaires adjoints.
viceconsolàto |vitʃekonso'lato| *s.m.* vice-consulat: *dei viceconsolati* des vice-consulats.
vicecònsole |vitʃe'kɔnsole| *s.m.* vice-consul: *dei viceconsoli* des vice-consuls.
vicedirettóre, trice |vitʃediret'tore, triʃe| *s.* sous-directeur*, directeur* adjoint: *dei vicedirettori* des sous-directeurs, des directeurs adjoints.
vicegerènte |vitʃedʒe'rɛnte| *s.m.* gérant adjoint: *dei vicegerenti* des gérants adjoints.
vicegovernatóre |vitʃegoverna'tore| *s.m.* sous-gouverneur: *dei vicegovernatori* des sous-gouverneurs.
viceispettóre, trice |vitʃeispet'tore, tritʃe| *s.* sous-inspecteur*: *dei viceispettori* des sous-inspecteurs.
vicelegàto |vitʃele'gato| *s.m.* vice-légat: *dei vicelegati* des vice-légats.
vicelegazióne |vitʃelegat'tsjone| *s.f.* vice-légation: *delle vicelegazioni* des vice-légations.
vicemàdre |vitʃe'madre| *s.f.* personne qui tient lieu de mère.
vicènda |vi'tʃɛnda| *s.f.* **1** [*fatto, evento*] *vicenda lieta, triste* événement *m.* joyeux, triste; *le vicende della vita* les vicissitudes de la vie; *racconta a tutti le proprie vicende* il raconte à tout le monde ses aventures; *conosco le sue vicende personali* je connais sa vie personnelle; *vicenda avventurosa* aventure **2** [*avvicendamento, alternarsi*] alternance: *l'eterna vicenda delle stagioni, del tempo* l'éternelle alternance des saisons, du temps; *una continua vicenda di speranze e di delusioni* une continuelle alternance d'espoirs et de déceptions ◇ (*loc. avv.*) *l'impresa fu portata avanti con alterne vicende* l'entreprise fut menée à bien avec des hauts et des bas ~ *si aiutano a vicenda* ils s'aident mutuellement ~ *i parenti rimanevano svegli a vicenda* les parents restaient éveillés chacun leur tour **3** (*agr.*) alternat *m.*
vicendévole |vitʃen'devole| *agg.* [*scambievole*] réciproque, mutuel*: *amore vicendevole* amour réciproque, mutuel.
vicendevolézza |vitʃendevo'lettsa| *s.f.* (*raro*) [*reciprocità*] réciprocité.
vicendevolménte |vitʃendevol'mente| *avv.* [→ VICENDEVOLE] réciproquement, mutuellement.
vicennàle |vitʃen'nale| *agg.* → **ventennale.**
vicentino |vitʃen'tino| *agg.* [*di Vicenza*] vicentin.
vicepàdre |vitʃe'padre| *s.m.* personne *f.* qui tient lieu de père.
vicepàrroco, ci |vitʃe'parroko, tʃi| *s.m.* [*vicario del parroco*] vicaire (de paroisse).
viceprefètto |vitʃepre'fɛtto| *s.m.* sous-préfet: *dei viceprefetti* des sous-préfets.
viceprèside |vitʃe'prɛside| *s.m.* proviseur-adjoint: *dei vicepresidi* des proviseurs-adjoints.
vicepresidènte |vitʃepresi'dɛnte| *s.* vice-président: *dei vicepresidenti* des vice-présidents.
vicepresidènza |vitʃepresi'dɛntsa| *s.f.* vice-présidence: *delle vicepresidenze* des vice-présidences; *la vicepresidenza di una scuola* la vice-présidence d'une école; *concorrere per la vicepresidenza degli Stati Uniti* briguer la vice-présidence des États-Unis.
vicepretóre |vitʃepre'tore| *s.m.* adjoint *s.* (au juge de première instance).
vicequestóre |vitʃekwes'tore| *s.m.* adjoint *s.* (au préfet de police).
viceré |vitʃe're| *s.m. inv.* vice-roi (*var.*): *dei viceré* des vice-rois.
vicereàle |vitʃere'ale| *agg.* du vice-roi *loc.*
vicereàme |vitʃere'ame| *s.m.* vice-royauté *f.*
vicerettóre |vitʃeret'tore| *s.m.* vice-recteur: *dei vicerettori* des vice-recteurs; *il vicerettore dell'università* le vice-recteur de l'université.
vicesegretàrio, i |vitʃesegre'tarjo, i| *s.* sous-secrétaire: *dei vicesegretari* des sous-secrétaires.
vicesìndaco, ci |vitʃe'sindako, tʃi| *s.m.* adjoint *s.* au maire.
vicevèrsa |vitʃe'vɛrsa| *avv.* **1** vice(-)versa # *quasi ogni giorno viaggia da Milano a Genova e viceversa* presque tous les jours il fait Milan Gênes et retour **2** [*al contrario*] mais: *si era impegnato a farlo e, viceversa, non l'ha fatto* il s'était engagé à le faire, mais il ne l'a pas fait → **invece** # *prima pensa e poi agisci, e non viceversa* il faut penser d'abord, puis agir, et non le contraire.
vichìngo, ghi |vi'kingo, gi| *agg.* **1** (*st.*) viking ✦ (*s.*) *i Vichinghi* les Vikings **2** (*per est.*) [*abitante del nord Europa*] nordique.
vicinàle |vitʃi'nale| *agg.* (*dir.*) vicinal*: *strada vicinale* route vicinale.
vicinàme |vitʃi'name| *s.m.* (*spreg.*) [*gente del vicinato*] voisinage (*corr.*).
vicinànza |vitʃi'nantsa| *s.f.* **1** [*la posizione di ciò che è vicino nello spazio*] voisinage (*m.*): *la vicinanza del mare rende più mite il clima* le voisinage de la mer rend le climat plus doux; *per la vicinanza della campagna preferisco stare in questa località* je préfère rester dans cette localité à cause du voisinage de la campagne ◇ (*loc.*) *in vicinanza della stazione* à proximité de la gare **2** [*lo stato di ciò che è vicino nel tempo*] approche: *la vicinanza del Natale* l'approche de Noël; *devo intensificare lo studio per la vicinanza degli esami* je dois travailler plus fort, avec l'approche de l'examen **3** *al plur.* [*luoghi circostanti*] voisinage *sing.*, environs (*m. pl.*): *mia sorella abita nelle vicinanze* ma soeur habite dans le voisinage, dans les environs; *nelle vicinanze c'è un grande magazzino* dans le voisinage il y a un grand magasin → **paraggi, dintorni** Ⓒ **lontananza.**
vicinàto |vitʃi'nato| *s.m.* **1** [*persone che abitano nella stessa casa o nella stessa zona*] les voisins (*pl.*): *il vicinato ha protestato per i rumori* les voisins ont protesté à cause du bruit; *non ha alcun rispetto per il vicinato* il n'a aucun respect pour les voisins **2** [*rapporti intercorrenti fra vicini*] voisinage: *cerchiamo di mantenere rapporti di buon vicinato* nous essayons de maintenir des rapports de bon voisinage; *Stati in relazione di buon vicinato* États qui entretiennent des rapports de bon voisinage.
1 **vicino** |vi'tʃino| *agg.* **1** [*che è a poca distanza nello spazio*] voisin: *edifici, paesi vicini* édifices, pays voisins ◇ *loc.* VICINO A: *la mia camera è vicina a quella di mia madre* ma chambre est à côté de celle de ma mère → **adiacente**; *eravamo vicini alla meta* nous étions près du but → **prossimo** ✦ (*s.*) *i vicini di casa* les voisins; *il vicino di banco, di posto* le voisin de banc, de place **2** [*imminente, prossimo*] proche: *le vacanze sono vicine* les vacances sont proches; *l'ora della partenza è ormai vicina* l'heure du départ est désormais proche; *la festa di compleanno è vicina* l'anniversaire est proche → **imminente** ◇ (*loc.*) *è vicino ai cinquant'an-*

ni il approche de la cinquantaine ~ *è vicino a trasferirsi* il est sur le point d'être transferé **3** (*fig.*) [*simile, affine*] *il colore del mio vestito è vicino al verde* la couleur de ma robe tire sur le vert; *sono due tinte vicine* ce sont deux teintes qui se rapprochent; *è un parente vicino* c'est un proche parent; *sono molto vicini per idee, per sentimenti* ils sont très proches par les idées, par les sentiments; *il suo è un sentimento più vicino all'amore che all'amicizia* son sentiment se rapproche plus de l'amour que de l'amitié **C** **lontano** 1, **distante**; 2 **remoto.**

2 **vicìno** |vi'tʃino| **1** *avv.* [*a poca distanza*] près: *fatti più vicino* viens plus près, approche-toi; *abitiamo qui vicino* nous habitons près d'ici ◇ *loc. avv.* DA VICINO de près: *voglio vedere la cosa da vicino* je veux voir la chose de près; *conosce il direttore da vicino* il connaît le directeur de près; *i presbiti non vedono bene da vicino* les presbytes ne voient pas bien de près **2** *loc. prep.* VICINO A près de, à côté de: *abito vicino a Genova* j'habite près de Gênes, à côté de Gênes; *abita vicino a me, a loro* il habite à côté de chez moi, de chez eux; *sedeva vicino al fuoco* il était assis à côté du feu → **accanto**; *stai vicino a papà* reste à côté de papa # *è rincasato vicino alla mezzanotte* il est rentré (chez lui) vers minuit ◇ (*loc.*) *non ho indovinato, ma ci sono andato vicino* j'e n'ai pas deviné, mais presque.

vicissitùdine |vitʃissi'tudine| *s.f. spec. al plur.* vicissitudes: *dopo tante vicissitudini trovarono finalmente la serenità* après tant de vicissitudes ils trouvèrent finalement le bonheur.

vìco, chi |'viko, ki| *s.m.* **1** (*lett.*) [*villaggio*] *hameau, village (*corr.*) **2** [*vicolo*] ruelle *f.*

vicolo |'vikolo| *s.m.* [*via urbana molto stretta*] ruelle (*f.*): *i vicoli della zona portuale* les ruelles de la zone du port → **angiporto** ◇ (*loc. fig.*) *si è cacciato in un vicolo cieco* il s'est fourré dans une impasse.

video- |'video| *pref.* (*significa 'vedere', corrisponde gener. a*) video: *videocassetta* vidéocassette.

vìdeo |'video| **1** *s.m.* (*tv*) écran: *disturbi al video* parasites sur l'écran **2** *agg. inv.* vidéo: *informazioni video* informations vidéo; *video segnali* signaux vidéo.

videocassétta |videokas'setta| *s.f.* vidéocassette, bande vidéo.

videòfono |vide'ɔfono| *s.m.* vidéophone.

videofrequènza |videofre'kwɛntsa| *s.f.* (*elettron.*) vidéo(fréquence).

videomagnètico, ci, ca, che |videomaɲ'ɲɛtiko, tʃi, ka, ke| *agg.* vidéomagnétique.

videoregistratóre |videoredʒistra'tore| *s.m.* (*tr.*) magnétoscope.

videosegnàle |videoseɲ'ɲale| *s.m.* (*tv*) signal* vidéo.

videotelèfono |videote'lɛfono| *s.m.* (*tel., tv*) vidéophone.

vidicon |'vidikon| *s.m. inv.* (*tv*) vidicon *var.*

vidimàre |vidi'mare| *v.tr.* [*convalidare*] viser: *far vidimare un documento* faire viser un document → **vistare.**

vidimazióne |vidimat'tsjone| *s.f.* [→ VIDIMARE] visa (*m.*): *vidimazione di una tessera, di una scrittura contabile* visa d'une carte d'identité, d'une écriture comptable.

vidiòta |'vidjɔta| *s.* [*fanatico degli spettacoli televisivi, della tv*] télédrogué; vidéote.

vièlla |'vjɛlla| *s.f.* (*mus.*) vielle.

viennése |vjen'nese| *agg.* [*di Vienna*] viennois.

viep(p)iù |viep'(p)ju| *avv.* (*lett.*) **1** [*sempre più*] de plus en plus *loc.* (*corr.*) **2** [*molto più*] bien plus *loc.* (*corr.*).

vietàbile |vje'tabile| *agg.* [→ VIETARE] qu'on peut interdire *loc.*; qui peut être interdit *loc.*

vietàre |vje'tare| *v.tr.* [*proibire, ordinare che q.c. non si faccia*] interdire (48), défendre (53): *la legge vieta l'uso degli stupefacenti* la loi interdit, défend l'usage des stupéfiants; *è vietato il gioco d'azzardo* les jeux de hasard sont interdits; *mi ha vietato di uscire* il m'a interdit de sortir; *hanno vietato il passaggio in questa via, l'ingresso in quel palazzo* ils ont interdit le passage dans cette rue, l'entrée dans cet immeuble ◇ (*loc.*) *nulla vieta che tu faccia quello che desideri* rien n'empêche que tu fasses ce que tu veux ~ *chi ti vieta di andartene?* qui t'empêche de t'en aller? **C** **permettere, autorizzare.**

vietàto |vje'tato| *agg.* [*proibito*] interdit; défense *s.f.* de: *sosta vietata* stationnement interdit; *film vietato ai minori di 14 anni* film interdit aux moins de 14 ans ‖ *vietato fumare* défense de fumer; *vietato l'ingresso ai non addetti ai lavori* défense d'entrer aux personnes étrangères aux travaux.

vietcòng |vjet'kɔng| *agg. inv.* [*del Vietcong*] viêt-cong *var.*

vietnamita |vietna'mita| *agg.* [*del Vietnam*] vietnamien*.

vièto |'vjɛto| *agg.* (*spreg.*) [*privo di validità*] suranné: *parole, idee viete* mots surannés, idées surannées; *non sono che vieti luoghi comuni* ce ne sont que des lieux communs surannés → **trito** **C** **attuale.**

vietùme |vje'tume| *s.m.* (*raro*) [*cose viete*] vieilleries *f. pl.* (*corr.*).

vigènte |vi'dʒɛnte| *agg.* [*in vigore*] en vigueur (*loc. inv.*): *la legge vigente* la loi en vigueur; *secondo il vigente regolamento* d'après le règlement en vigueur; *le disposizioni vigenti lo vietano* les dispositions en vigueur l'interdisent.

vigènza |vi'dʒɛntsa| *s.f.* → **vigore** 3.

vigere |'vidʒere| *v.intr.* (*dif. del p.p.*) [*essere in vigore*] être (43) (*aus.* avoir) en vigueur: *questa legge vige ancora* cette loi est encore en vigueur; *questo regolamento vigeva dieci anni fa* ce règlement était en vigueur il y a dix ans.

vigesimàle |vidʒezi'male| *agg.* (*mat.*) vicésimal*.

vigèsimo |vi'dʒɛzimo| *agg. numer. ord.* (*lett.*) → **ventesimo.**

vigilànte |vidʒi'lante| *agg.* vigilant: *segue i bambini con cura vigilante* elle surveille les enfants avec un soin vigilant → 1 **vigile** ◆ (*s.*) *quel guardiano è un ottimo vigilante* ce gardien est très vigilant *agg.* → **sorvegliante.**

vigilànza |vidʒi'lantsa| *s.f.* **1** [*attività di sorveglianza*] surveillance: *squadre di vigilanza* équipe de surveillance; *i carcerati sono sotto la vigilanza delle guardie* les prisonniers sont sous la surveillance des gardiens **2** [*cura, controllo*] vigilance; surveillance: *è necessaria la massima vigilanza* il faut exercer la plus grande vigilance ‖ *quella donna ha una vigilanza esagerata sui figli* cette femme exerce une surveillance exagérée sur ses enfants; cette femme est trop mère poule (*fam.*).

vigilàre |vidʒi'lare| **A** *v.tr.* [*sorvegliare, controllare*] garder; surveiller: *tutte le banche sono vigilate da agenti speciali* toutes les banques sont gardées par une police spéciale ‖ *il poliziotto vigilava il detenuto* le policier surveillait le détenu **B** *v.intr.* (*aus.* '*avere*') **1** [*provvedere con cura*] veiller: *questi operai vigilano al buon funzionamento delle macchine* ces ouvriers veillent au bon fonctionnement des machines; *devi vigilare che tutto si svolga regolarmente* tu dois veiller à ce que tout aille bien, se déroule normalement **2** (*lett.*) [*stare svegli*] veiller (*corr.*).

vigilàto |vidʒi'lato| *agg.* [*sorvegliato*] surveillé: *libertà vigilata* liberté surveillée ◆ (*s.*) *un vigilato speciale* une personne *f.* surveillée par la police.

vigilatóre, trice |vidʒila'tore, tritʃe| *s.* [*chi compie attività di vigilanza*] surveillant: *vigilatrice d'infanzia* surveillante d'enfants.

1 **vigile** |'vidʒile| *agg.* [*che vigila*] attentif*: *ho imparato sotto lo sguardo vigile dell'istruttore* j'ai appris (cela) sous le regard attentif de l'instructeur; *è vigile nel lavoro, nella guida* il est attentif dans le travail, en conduisant (sa voiture) # *la cura vigile della madre* les soins vigilants de la mère **C** **sbadato.**

2 **vigile** |'vidʒile| *s.m.* [*appartenente a un corpo speciale*] agent: *vigile urbano* agent de police # *vigile del fuoco* pompier, sapeur-pompier → **pompiere** ◆ (*ass.*) *il vigile mi ha fatto la multa* l'agent de police m'a dressé une contravention; *è successo un incidente: chiamate un vigile* il y a un accident: appelez un agent; *ho richiesto l'informazione a quel vigile* j'ai demandé le renseignement à cet agent.

vigilia |vi'dʒilja| *s.f.* **1** [*il giorno, lo spazio di tempo immediatamente precedente un avvenimento*] veille: *la vigilia delle feste* la veille des fêtes; *la vigilia degli esami* la veille des examens; *la vigilia della partenza* la veille du départ **2** (*relig.*) veille: *la vigilia di Natale, di Pasqua* la veille de Noël, de Pâques **3** (*lett.*) [*veglia notturna*] veillée; *vigilia funebre* veillée funèbre → **veglia**; *vigilia d'armi* veillée d'armes **4** (*st. rom.*) veille.

vigliaccaménte |viʎʎakka'mente| *avv.* [→ VIGLIACCO] lâchement.

vigliaccàta |viʎʎak'kata| *s.f.* (*pop.*) [*azione da vigliacco*] lâcheté (*corr.*): *è proprio una vigliaccata!* c'est une lâcheté!

vigliaccheria |viʎʎakke'ria| *s.f.* **1** [*il fatto di essere vigliacco*] lâcheté: *non ha protestato per vigliaccheria* il n'a pas protesté par lâcheté **2** [*comportamento da vigliacco*] lâcheté: *non fermarsi dopo l'incidente è una vigliaccheria* ne pas s'arrêter après un accident est une lâcheté.

vigliàcco, chi, ca, che |viʎ'ʎakko, ki, ka, ke| *agg.* **1** [*che manca di coraggio*] lâche: *si tratta di gente meschina e vigliacca* il s'agit de gens mesquins et lâches ◆ (*s.*) *è un (uomo) vigliacco perché fugge di fronte al pericolo* c'est un lâche qui fuit devant le danger → **codardo**; *è un vigliacco che* *non sa affrontare le proprie responsabilità* c'est un lâche qui ne sait pas faire face à ses responsabilités **2** [*che, chi usa prepotenza contro i deboli*] lâche: *quel vigliacco se la prende con un bambino* ce lâche s'en prend à un enfant ◇ (*loc.*) *fa il vigliacco con chi può* il se comporte en lâche quand l'occasion le lui permet **3** [*da vigliacco*] lâche: *ha un comportamento vigliacco* il a une attitude lâche; *è un'azione vigliacca* c'est une action lâche, une lâcheté → **vile** [C] 1 **coraggioso**; 3 **nobile**.

vigliàre |viʎ'ʎare| *v.tr.* (*agr.*) nettoyer (10).

vigliatùra |viʎʎa'tura| *s.f.* (*agr.*) nettoyage *m.*

vigna |'viɲɲa| *s.f.* **1** [*terreno coltivato a viti*] vignoble (*m.*): *ha comprato una vigna e la lavora* il a acheté un vignoble et il le laboure **2** [*piantagione di viti*] vigne: *è una vigna alta, bassa* c'est une vigne haute, basse; *i colli del Chianti sono ricoperti di vigne* les collines du Chianti sont couvertes de vignes **3** (*fig.*) [*fonte di lucro*] mine d'or: *quell'attività è proprio una vigna* cette activité est une mine d'or.

vignàio, i |viɲ'ɲajo, i| *s.m.* → **vignaiolo.**

vignaiòlo |viɲɲa'jɔlo| *s.m.* [*chi coltiva vigne*] vigneron* *s.*

vignàto |viɲ'ɲato| *agg.* (*raro*) planté de vignes (*corr.*).

vignéto |viɲ'ɲeto| *s.m.* [*vigna di una certa estensione*] vignoble: *vigneto consociato* vignoble associé.

vignétta |viɲ'ɲetta| *s.f.* **1** [*disegno satirico o umoristico*] dessin *m.* (humoristique), illustration: *è una vignetta* c'est un dessin humoristique; *è una vignetta che colpisce nel segno* c'est un dessin humoristique qui fait mouche **2** [*fregio*] vignette.

vignettista |viɲɲet'tista| *s.m.* dessinateur* *s.* humoristique: *è un vignettista di successo* c'est un dessinateur humoristique qui a beaucoup de succès.

vigógna |vi'goɲɲa| *s.f.* **1** (*t.zool.*) vigogne **2** [*tessuto di lana dell'animale omonimo*] vigogne: *una gonna di vigogna* une jupe de vigogne.

vigóre |vi'gore| *s.m.* **1** vigueur *f.*; force (*f.*): *il vigore della gioventù* la vigueur de la jeunesse; *il vigore del corpo, della mente* la vigueur du corps, de l'esprit ‖ *è un uomo nel vigore degli anni* c'est un homme dans la force de l'âge; *è un vino che dà vigore* c'est un vin qui donne des forces **2** [*energia, risolutezza*] vigueur, énergie (*f.*): *a quella frase reagì con vigore* à cette phrase, il réagit avec vigueur, avec énergie; *si espresse con molto vigore* il s'exprima avec beaucoup d'énergie → **forza**; *si difese con vigore* il se défendit avec vigueur, de toutes ses forces **3** (*dir.*) vigueur: *è una legge ancora in vigore* c'est une loi encore en vigueur; *questa disposizione entra in vigore il prossimo anno* cette disposition entre en vigueur l'année prochaine [C] 1; 2 **debolezza.**

vigoreggiàre |vigored'dʒare| *v. intr.* (*aus. 'avere'*) (*lett.*) [*avere vigore*] être (43) florissant.

vigoria |vigo'ria| *s.f.* → **vigore** 1, 2.

vigorosaménte |vigorosa'mente| *avv.* [→ VIGOROSO] vigoureusement, avec force *loc. inv.*

vigorosità |vigorosi'ta| *s.f. inv.* [*pienezza di vigore*] vigueur *var.*, force (*var.*): *vigorosità della mente, delle membra* vigueur, force de l'esprit, des membres; *vigorosità di un uomo, di un cavallo* vigueur, force d'un homme, d'un cheval.

vigoróso |vigo'roso| *agg.* [*pieno di vigore*] vigoureux*, fort: *è un uomo anziano, ma vigoroso* c'est un homme âgé, mais vigoureux, fort; *tenne un discorso vigoroso* il fit un discours vigoureux → **energico.**

vile |'vile| *agg.* **1** [*che manca di coraggio e sfugge le responsabilità*] lâche: *è talmente vile che calunnia tutti* il est tellement lâche qu'il calomnie tout le monde # *essendo vile, ha giurato il falso* il a, par lâcheté, porté un faux témoignage ◇ (*per est.*) *azioni, comportamenti vili* actions, attitudes lâches **2** (*lett.*) [*che vale poco*] vil: *roba vile* choses viles; *oggetti vili* objets vils ◇ (*per est.*) [*di oscure origini*] *di vile schiatta* de basse extraction → **umile** **3** [*spregevole*] vil: *vile adulazione* vile flatterie; *è un uomo di sentimenti bassi e vili* c'est un homme de sentiments bas et vils ✦ (*s.*) *un vile* un lâche: *non comportarti da vile!* ne te comporte pas comme un, en lâche!; *azione degna di un vile* action digne d'un lâche [C] 1 **coraggioso.**

vilipèndere |vili'pɛndere| (105) *v. tr.* [*trattare con disprezzo*] dénigrer; vilipender (*lett.*): *non bisogna vilipendere lo Stato, la bandiera* il ne faut pas dénigrer, vilipender l'État, le drapeau; *ha vilipeso le istituzioni pubbliche* il a dénigré les institutions (nationales) → **offendere.**

vilipèndio, i |vili'pɛndjo, i| *s.m.* **1** (*dir.*) outrage: *reato di vilipendio* délit d'outrage; *vilipendio alla costituzione* outrage à la constitution # *vilipendio a un monumento* profanation d'un monument; *vilipendio di cadavere, di tomba* profanation de sépulture **2** (*raro*) [*disprezzo*] mépris.

vilipéso |vili'peso| *agg.* [*oltraggiato*] outragé.

villa |'villa| *s.f.* **1** villa: *abita in una villa fuori città* il habite une villa en-dehors de la ville; *si è fatto una villa in montagna, al mare* il s'est fait bâtir une villa à la montagne, à la mer **2** (*lett.*) [*campagna*] campagne (*corr.*) **3** (*lett.*) [*borgo*] bourg *m.* (*corr.*), village *m.* (*corr.*).

villàggio, i |vil'laddʒo, i| *s.m.* **1** [*piccolo centro abitato*] village: *villaggio di campagna* village de campagne; *villaggio sulle Alpi, sugli Appennini* village dans les Alpes, dans les Apennins **2** (*per est.*) [*complesso urbanistico*] village: *villaggio dei ragazzi* village d'enfants; *villaggio turistico, olimpico* village touristique, olympique.

villanàccio, ci, cia, ce |villa'nattʃo, tʃi, tʃa, tʃe| *agg.* [*oltremodo villano*] rustre ✦ (*s.*) *un villanaccio* un goujat; *non fare il villanaccio* ne sois pas goujat.

villanaménte |villana'mente| *avv.* [→ VILLANO II] grossièrement.

villanàta |villa'nata| *s.f.* (*pop.*) [*comportamento da villano*] goujaterie; *fare una villanata* faire une goujaterie; *non invitarlo è stata una villanata* ne pas l'inviter a constitué une goujaterie.

villaneggiàre |villaned'dʒare| **A** *v.tr.* (*raro*) [*insultare*] injurier, être (43) *intr.* grossier avec qqn. **B** *v.intr.* (*raro*) (*aus. 'avere'*) [*essere villano*] être grossier (*corr.*).

villanèlla |villa'nɛlla| *s.f.* **1** [*contadinella*] jeune villageoise **2** [*forma di poesia rusticana*] villanelle **3** (*mus.*) villanelle.

villanèllo |villa'nɛllo| *s.m.* (*lett.*) [*contadinello*] jeune paysan* *s.* (*corr.*).

villanésco, chi, ca, che |villa'nesko, ki, ka, ke| *agg.* **1** [*rustico, contadino*] villageois, campagnard **2** [*maleducato*] impoli: *modi villaneschi* manières impolies.

villania |villa'nia| *s.f.* **1** [*rozzezza, maleducazione*] grossièreté: *quel tizio è di una villania insopportabile* ce type est d'une grossièreté insupportable **2** [*parola o gesto offensivo*] grossièreté: *la villania delle sue parole è incredibile* la grossièreté de ses paroles est incroyable; *gli fa continue villanie* il lui fait des grossièretés continuelles; *è una villania comportarsi in questo modo* c'est une grossièreté de se comporter ainsi [C] 1 **garbo**; 2 **gentilezza, cortesia.**

villàno |vil'lano| **I** *s.* **1** [*persona scortese e maleducata*] malotru, grossier personnage (*m.*): *si è comportato da villano* il s'est comporté comme un malotru, un grossier personnage; *è un vero villano* c'est un vrai malotru; *mi ha fatto passare per villano* il m'a fait passer pour un malotru ◇ (*loc.*) *è un villano nato e calzato* c'est un véritable rustre ~ *gioco di mano, gioco di villano* jeu de mains, jeu de vilain **2** (*lett.*) [*contadino, abitante della campagna*] vilain (*corr.*) ◇ (*loc.*) *si dà tante arie, ma non è che un villano rifatto* il prend de grands airs, mais ce n'est qu'un parvenu; *si vede subito che è un villano rincivilito* on voit tout de suite que c'est un nouveau riche **II** *agg.* **1** [*rozzo, incivile*] grossier*: *è una persona piuttosto villana* c'est une personne plutôt grossière **2** [*ingiurioso, offensivo*] injurieux*: *mi ha risposto in tono villano* il m'a répondu sur un ton injurieux.

villanzonàta |villantso'nata| *s.f.* [*parola, gesto incivili*] muflerie.

villanzóne |villan'tsone| *s.* [*oltremodo villano*] malotru, goujat *m.*, mufle *m.* (*fam.*): *sei un villanzone!* tu es un malotru, un goujat, un mufle.

villeggiànte |villed'dʒante| *s.* [*chi è o va in villeggiatura*] vacancier *m.*, estivant: *l'arrivo dei villeggianti* l'arrivée des vacanciers, des estivants.

villeggiàre |villed'dʒare| *v.intr.* (*aus. 'avere'*) [*trascorrere un periodo di riposo in una località turistica*] aller (13) (*aus.* être) en vacances: *villeggiare al mare, in montagna, ai laghi* aller en vacances au bord de la mer, à la montagne, aux lacs.

villeggiatùra |villeddʒa'tura| *s.f.* [→ VILLEGGIARE] vacances (*pl.*): *è in villeggiatura* il est en vacances; *ho fatto una breve villeggiatura* j'ai pris de brèves vacances # *parto per una località di villeggiatura* je pars en villégiature.

villeréccio, ci, cia, ce |ville'rettʃo, tʃi, tʃa, tʃe| *agg.* (*lett.*) [*campestre, campagnolo*] champêtre: *quiete villereccia* repos champêtre → **rurale.**

villétta |vil'letta| (*s.f.*) *villetta di campagna* petite maison de campagne; *abbiamo comperato una villetta in montagna* nous avons acheté un chalet *m.* (en

montagne); *in quella zona ci sono molte villette prefabbricate* dans cette zone il y a quantité de pavillons *m.* préfabriqués.
villico, ci |'villiko, tʃi| *s.m.* (*lett.*) [*chi abita in campagna*] villageois, paysan (*corr.*) → **villano** 1 2.
villino |vil'lino| *s.m.* petite villa *f.*, pavillon.
villo |'villo| *s.m.* **1** (*anat.*) villosité (*f.*): *villi intestinali* villosités intestinales **2** (*bot.*) villosité.
villosità |villosi'ta| *s.f. inv.* villosité (*var.*): *villosità del petto* villosité de la poitrine.
villóso |vil'loso| *agg.* **1** [*ricoperto di peli*] poilu, velu: *un uomo villoso* un homme poilu, velu **2** (*biol.*) villeux*: *la superficie villosa dell'intestino* la superficie villeuse de l'intestin **3** (*zool.*) villeux.
vilménte |vil'mente| *avv.* [→ VILE] lâchement.
viltà |vil'ta| *s.f. inv.* **1** [*l'essere vile*] lâcheté (*var.*): *ha ceduto per viltà* il a cédé par lâcheté → **vigliaccheria**; *ha preferito la viltà di una denuncia anonima* il a préféré la lâcheté d'une dénonciation anonyme **2** [*azione vile*] lâcheté: *ha commesso una viltà* il a commis une lâcheté; *è, sarebbe una viltà abbandonarlo proprio ora* ce serait une lâcheté de l'abandonner maintenant [C] 1 **coraggio.**
vilùcchio, i |vi'lukkjo, i| *s.m.* (*t. bot.*) petit liseron.
vilucchióne |viluk'kjone| *s.m.* (*t. bot.*) grand liseron.
vilùppo |vi'luppo| *s.m.* **1** [*intreccio disordinato*] enchevêtrement: *viluppo di corde, di fili* enchevêtrement de cordes, de fils **2** (*fig.*) [*intrico*] enchevêtrement: *un viluppo di concetti* un enchevêtrement d'idées; *un viluppo di membra* un enchevêtrement de membres → **groviglio**; *un oscuro viluppo di complicazioni* un enchevêtrement obscur de complications → **intrico.**
vìmine |'vimine| *s.m.* [*ramo di salice*] osier: *un paniere di vimini* un panier d'osier; *una sedia di vimini* une chaise en osier.
vimineo |vi'mineo| *agg.* [*di vimini*] en osier *loc. inv.*
vinàccia, ce |vi'nattʃa, tʃe| *s.f.* [*residuo della vinificazione*] marc *m.* de raisin ✦ (*in funzione di agg. inv.*) *color vinaccia* lie-de-vin.
vinacciòlo |vinat'tʃɔlo| *s.m.* [*seme dell'uva*] pépin de raisin.
vinàio, i |vi'najo, i|, **vinaiòlo** |vina'jɔlo| *s.m.* marchand *s.* de vin.
vinàrio, i |vi'narjo, i| *agg.* [*di, da vino*] vinicole: *produzione vinaria* production vinicole; *cella vinaria* cave vinicole.
vinàto |vi'nato| *agg.* de la couleur du vin *loc. inv.*; couleur vin (*loc. inv.*): *un marmo rosso vinato* un marbre couleur (du) vin.
vincàia |vin'kaja| *s.f.* [*terreno piantato a vinchi*] oseraie.
vincapervinca, che |vinkaper'vinka, ke| *s.f.* (*t.bot.*) grande pervenche, violette des sorciers (*corr.*).
vincàstro |vin'kastro| *s.m.* [*bastone di vimini*] *houlette *f.*
vincènte |vin'tʃente| **1** *agg.* [*che vince*] gagnant: *il numero vincente al lotto* le numéro gagnant au loto; *la squadra vincente* l'équipe gagnante **2** *s.* [*chi vince, vincitore*] gagnant ◇ (*loc.*) *dare un cavallo, una squadra* (*per*) *vincente* donner pour gagnant un cheval, gagnante une équipe [C] **perdente.**
vìncere |'vintʃere| (193) **A** *v.tr.* **1** [*battere un avversario*] vaincre (54); battre (76): *vincere i nemici* vaincre ses ennemis → 1 **sconfiggere** || *vincere qc. al gioco, in una gara* battre qqn. au jeu, à une compétition; *ha vinto tutti i concorrenti* il a battu ses concurrents; *il Milan ha vinto la Roma per 2 a 1* Milan a battu Rome par 2 (buts) à 1 ◇ (*loc. fam.*) *ha vinto in carrozza* il est arrivé dans un fauteuil; ✦ (*ass.*) *vinca il migliore!* que le meilleur gagne!; *la maggioranza vince* la majorité gagne; *abbiamo vinto!* nous avons gagné!; *speriamo di vincere* nous espérons gagner; *ha vinto, ma di stretta misura* il a gagné, mais de justesse **2** [*portare a termine q.c. con successo*] gagner, remporter: *vincere la gara, le elezioni* gagner la partie, remporter les élections; *vincere il concorso* gagner le concours; *ha vinto la causa* il a gagné le procès ◇ (*loc. fam.*) *con me non la vinci* avec moi, tu ne gagneras pas ◇ (*prov.*) *chi la dura la vince* il faut persévérer pour réussir **3** [*ottenere un premio, o un titolo*] gagner: *vincere una coppa, uno scudetto* gagner une coupe, le titre; *quel ciclista ha vinto la tappa* ce cycliste a gagné l'étape; *ha vinto un milione alla 'roulette'* il a gagné un million à la roulette # *questo scrittore ha vinto il premio Nobel* cet écrivain a remporté le prix Nobel; *quel maestro ha vinto una cattedra* ce professeur a eu un poste ◇ (*loc.*) *vincere un terno al lotto*: (*pr.*, *fig.*) gagner le gros lot **4** (*fig.*) [*piegare, soggiogare*] vaincre: *vincere la resistenza di qc.* vaincre la résistance de qqn.; *si è lasciato vincere dalle mie insistenze* il s'est laissé (con)vaincre par mon insistance # *non lasciarti vincere dallo sconforto, dalla timidezza* ne te laisse pas gagner par le découragement, par la timidité; *è riuscito a vincere la passione, gli istinti* il a réussi à surmonter sa passion, ses instincts **5** (*per est.*) [*superare*] dépasser; surmonter: *vincere qc. in bellezza, astuzia, bravura* dépasser qqn. en beauté, en astuce, en bravoure || *ha vinto gli ostacoli e le difficoltà* il a surmonté les obstacles et les difficultés **B** *v.pron. rifl.* VINCERSI [*controllarsi, trattenersi*] se contrôler: *devi imparare a vincerti* tu dois apprendre à te contrôler; *non riuscì a vincersi e cominciò ad urlare* il ne réussit pas à se contrôler et il se mit à hurler [C] A 1, 2, 3 **perdere.**
vinchéto |vin'keto| *s.m.* → **vincaia.**
vinciàno |vin'tʃano| *agg.* [*di Leonardo da Vinci*] de Vinci *loc. inv.*; de Léonard *loc. inv.*
vincìbile |vin'tʃibile| *agg.* [→ VINCERE A] qu'on peut battre, vaincre (*loc.*): *è un avversario facilmente vincibile* c'est un adversaire qu'on peut battre facilement.
vincibòsco |vintʃi'bɔsko| *s.m. inv.* (*raro*) → **caprifoglio.**
vinciglio, i |vin'tʃiʎʎo, i| *s.m.* → **vinco.**
vincipèrdi |vintʃi'pɛrdi| *s.m. inv.* (*nella loc.*) *giocare a vinciperdi* jouer à qui perd gagne.
vìncita |'vintʃita| *s.f.* **1** [*vittoria al gioco o in gare*] victoire: *riportare una vincita* remporter une victoire; *festeggiare la vincita* fêter la victoire # *la vincita del primo premio* le fait de gagner le premier prix **2** [*ciò che si vince*] gain (*m.*): *una vincita strepitosa!* un gain fabuleux!; *con la vincita alla lotteria si è comperato una casa* avec ce qu'il a gagné à la loterie, il s'est acheté une maison # *ha fatto una bella, grossa vincita* il a gagné gros; *la vincita è di 10 milioni* le lot est de 10 millions.
vincitóre, trice |vintʃi'tore, tritʃe| *s.* [*chi vince o ha vinto*] vainqueur *m.*; gagnant: *il vincitore della guerra, della battaglia* le vainqueur de la guerre, de la bataille; *festeggiare il vincitore* fêter le vainqueur; *quell'atleta è stato dichiarato vincitore* cet athlète a été déclaré vainqueur; *è il vincitore assoluto* c'est le vainqueur absolu || *i vincitori di una gara, di un concorso* les gagnants d'une compétition, d'un concours ✦ *agg.* [*che vince o ha vinto*] gagnant: *atleta vincitore* athlète gagnant; *la squadra vincitrice* l'équipe gagnante.
vìnco, chi |'vinko, ki| *s.m.* [*ramo flessibile* (*di salice*)] osier: *un paniere di vinchi* un panier en osier, d'osier → **vimine.**
vincolànte |vinko'lante| *agg.* [*che vincola*] contraignant: *un contratto, un patto vincolante* un contrat, un pacte contraignant.
1 **vincolàre** |vinko'lare| *v.tr.* **1** [*impedire o limitare la libertà di movimento*] lier; entraver: *vincolare un pezzo meccanico, una struttura* lier une pièce mécanique, une structure || *questa giacca mi vincola le braccia* cette veste entrave mes bras **2** (*per est.*) [*limitare con obblighi amministrativi e giuridici*] lier: *questo contratto vincola le parti a determinati impegni* ce contrat stipule que les parties sont liées par des engagements précis → **costringere**; *è vincolato dal segreto d'ufficio* il est lié par le secret professionnel; *questa somma è vincolata per dieci anni* cette somme est bloquée pour dix ans **3** (*fig.*) [*obbligare moralmente*] lier: *sono vincolato dalla sua amicizia* je suis lié par son amitié; *non accetto favoritismi*: *non voglio essere vincolato* je n'accepte aucun favoritisme: je ne veux pas être lié [C] **sciogliere, svincolare.**
2 **vincolàre** |vinko'lare| *agg.* (*mecc.*) de liaison (*loc. inv.*): *dispositivi vincolari* dispositifs de liaison.
vincolatività |vinkolativi'ta| *s.f. inv.* caractère *m. var.* obligatoire.
vincolativo |vinkola'tivo| *agg.* [*che obbliga, impegna*] qui oblige *loc.*, qui engage *loc.* # *norma vincolativa* norme contraignante; *contratto vincolativo* contrat d'engagement.
vincolàto |vinko'lato| *agg.* **1** [*impedito, limitato*] lié: *sistema vincolato* système lié **2** [*obbligato*] lié: *ormai si sente vincolato dalla promessa fatta* désormais il se sent lié, engagé par sa promesse; *lo fanno sentire vincolato con la loro falsa generosità* ils le font se sentir lié par leur fausse générosité **3** (*comm., dir.*) à terme (*loc. inv.*): *somma vincolata* somme à terme, à échéance fixe # *contraente vincolato* contractant engagé.
vincolìstico, ci, ca, che |vinko'listiko, tʃi, ka, ke| *agg.* (*dir.*) qui impose des obligations *loc.* # *regime vincolistico delle locazioni, delle espor-*

tazioni régime de contrôle des locations, des exportations.
vìncolo |'vinkolo| *s.m.* **1** (*fig.*) [*obbligo morale o giuridico*] lien: *vincolo di gratitudine* lien de gratitude # *è legato dal vincolo del giuramento* il est lié par un serment; *quest'area fabbricabile soggiace a dei vincoli* ce terrain à bâtir est soumis à des servitudes **2** (*fig.*) [*relazione affettiva e morale*] lien: *i vincoli del sangue, dell'amicizia* les liens du sang, de l'amitié → **legame**; *il vincolo del matrimonio* le lien conjugal; *cerca di spezzare tutti i vincoli di parentela* il essaie de briser tous les liens de parenté **3** (*lett.*) [*legame, catena*] lien (*corr.*) **4** (*mecc.*) frein: *vincolo delle posizioni* frein des positions; *vincoli fissi, mobili* freins fixes, mobiles **5** (*dir.*) *vincolo ipotecario* hypothèque (*f.*); *vincolo urbanistico* limitation *f.* urbaniste; *vincolo forestale* défens.
vìndice |'vinditʃe| *agg.* (*lett.*) [*che vendica*] vengeur* (*corr.*): *spada, mano vindice* épée, main vengeresse; *è diventato vindice della libertà oppressa* il est le vengeur, le défenseur de la liberté opprimée ✦ (*s.*) *è il vindice di quella ingiustizia* c'est le vengeur de cette injustice.
vìnea |'vinea| *s.f.* (*st. rom.*) vinea.
vinèllo |vi'nɛllo| *s.m.* **1** [*vino leggero*] petit vin **2** [*prodotto delle vinacce fermentate*] piquette *f.*
vini- |vini| *pref.* (*significa 'vino', corrisponde gener. a*) vini: *vinifero* vinicole.
vinìcolo |vi'nikolo| *agg.* vinicole: *produzione vinicola* production vinicole; *consorzio vinicolo* coopérative vinicole.
vinìfero |vi'nifero| *agg.* vinifère: *regione vinifera* région vinicole, vinifère (*raro*).
vinificàre |vinifi'kare| *v.tr.* [*fare il vino; trasformare in vino*] vinifier: *vinificare l'uva* vinifier le raisin.
vinificatóre |vinifika'tore| *s.m.* celui qui vinifie.
vinificazióne |vinifikat'tsjone| *s.f.* [→ VINIFICARE] vinification: *impianti di vinificazione* installations de vinification; *uve da vinificazione* raisin de vinification.
vinìle |vi'nile| *s.m.* (*chim.*) vinyle.
vinìlico, ci, ca, che |vi'niliko, tʃi, ka, ke| *agg.* (*chim.*) vinylique.
vinilìte |vini'lite| *s.f.* (*marchio depositato*) vinylite.
vinilpèlle |vinil'pɛlle| *s.m.* [*finta pelle a base di resine poliviniliche*] similicuir *inv.*
vìno |'vino| *s.m.* **1** vin: *vino nuovo, forte, generoso* vin nouveau, fort, généreux; *vino secco, amabile, rosato, bianco* vin sec, moelleux, rosé, blanc; *vino da pasto, da 'dessert', d'annata* vin de table, de dessert, de l'année; *vino spumante, passito, chinato* vin mousseux, doux naturel, de quinquina; *gli ho offerto un bicchiere di vino* je lui ai offert un verre de vin ◇ (*loc.*) *regge bene il vino* il tient bien le vin ~ *dire pane al pane, vino al vino* appeler un chat un chat ~ *buon vino fa buon sangue* le bon vin réjouit le cœur de l'homme ~ *buon vino non mente* bon sang ne peut mentir **2** [*bevanda alcoolica ottenuta per fermentazione di sostanze varie*] vin: *vino di riso* vin de riz # *vino di mele* cidre.
vinolènto |vino'lɛnto| *agg.* [*che è dedito al vino, che sa di vino*] pris de boisson: *uomo vinolento* homme pris de boisson → **beone** # *alito vinolento* haleine de buveur.
vinolènza |vino'lɛntsa| *s.f.* (*lett.*) → **ubriachezza.**
vinosità |vinosi'ta| *s.f. inv.* vinosité *var.*
vinóso |vi'noso| *agg.* **1** vineux*: *fermentazione vinosa* fermentation vineuse; *sapore vinoso* saveur vineuse **2** [*che sa di vino*] vineux: *alito vinoso* haleine vineuse **3** [*costituito da vino*] vineux: *bevande vinose* boissons vineuses.
vinsànto |vin'santo| *s.m.* vin liquoreux.
vìnto |'vinto| *agg.* [*sconfitto*] vaincu: *i nemici vinti chiesero la pace* les ennemis vaincus demandèrent la paix; *è un uomo vinto dalla vita* c'est un homme vaincu par la vie ◇ (*loc.*) *non è riuscito ad averla vinta* il n'a pas réussi à avoir raison, à avoir gain de cause; *la mamma gliele dà tutte vinte* sa mère lui passe tout ✦ (*s.*) *guai ai vinti!* malheur aux vaincus!; *non ci furono né vincitori, né vinti* il n'y eut ni vainqueurs, ni vaincus; *non si diede per vinto* il ne s'avoua pas vaincu Ⓒ **vincitore.**
1 **viòla** |vi'ɔla| *s.f.* **1** (*t.bot.*) violette ~ *viola del pensiero* pensée ~ *viola mammola* violette ~ *viola a ciocche* → **violacciocca** **2** [*il fiore di tale pianta*] violette: *un mazzetto di viole* un bouquet de violettes.
2 **viòla** |vi'ɔla| *agg.* violet*: *quell'abito ha una sfumatura viola* cette robe a une nuance violette ✦ (*s.m.*) *il viola* le violet.
3 **viòla** |vi'ɔla| *s.f.* (*mus.*) viole: *viola moderna* viole moderne; *viola d'amore, da gamba* viole d'amour, de gambe.
violàbile |vio'labile| *agg.* [→ VIOLARE 1, 3] qui peut être violé (*loc.*): *questa serratura è facilmente violabile* cette serrure peut être facilement violée Ⓒ **inviolabile.**
violabilità |violabili'ta| *s.f. inv.* (*cose*) violabilité *var.*
violacciòcca, che |violat'tʃɔkka, ke| *s.f.* (*t.bot.*) giroflée, quarantaine (*corr.*).
Violàcee |vio'latʃee| *s.f. pl.* (*t.bot.*) Violacées.
violàceo |vio'latʃeo| *agg.* violacé: *tessuto violaceo* tissu violacé; *paramenti violacei* tentures violacées; *ha le mani violacee per il freddo* il a les mains violacées à cause du froid ✦ *s.m.* [*color viola*] *questo violaceo non mi piace* ce violet ne me plaît pas.
violaménto |viola'mento| *s.m.* → **violazione.**
violàre |vio'lare| *v.tr.* **1** [*trasgredire, non osservare obblighi giuridici o morali*] enfreindre (66); violer: *violare la legge, un regolamento, il segreto d'ufficio* enfreindre la loi, un règlement, le secret professionnel → **trasgredire**; *violare un accordo, un patto* enfreindre un accord, un pacte → **infrangere** ‖ *violare le acque territoriali* violer les eaux territoriales **2** → **violentare** **3** [*profanare*] profaner: *violare un monumento, una chiesa* profaner un monument, une église; *alcuni teppisti hanno violato la tomba di quell'eroe* des voyous ont profané la tombe de ce héros.
violatóre, trice |viola'tore, tritʃe| *agg. e s.* violateur* *s.* # *è un violatore dei diritti più sacri* il viole (il a violé) les droits les plus sacrés ◇ [*profanatore*] *è un violatore di tombe* il profane (il a profané) les sépultures, c'est un profanateur (*lett.*) de sépultures.
violazióne |violat'tsjone| *s.f.* [→ VIOLARE 1, 3] violation: *violazione di una legge, di una norma* violation d'une loi → **inosservanza**; *violazione del segreto professionale* violation du secret professionnel; *violazione di domicilio* violation de domicile ◇ [*profanazione*] profanation: *violazione di una chiesa, di una tomba* profanation d'une église, d'une sépulture Ⓒ **rispetto.**
violentaménto |violenta'mento| *s.m.* (*raro*) → **violenza.**
violentàre |violen'tare| *v.tr.* [*costringere con la violenza*] violer: *violentare una donna, un minore* violer une femme, un mineur ◇ (*fig.*) *non devi violentare la sua volontà, la sua coscienza* il ne faut pas violenter sa volonté, sa conscience.
violentatóre |violenta'tore| *s.m.* [*chi violenta*] violeur.
violentazióne |violentat'tsjone| *s.f.* (*raro*) → **violenza.**
violenteménte |violente'mente| *avv.* [→ VIOLENTO] violemment, avec violence *loc. inv.*
violènto |vio'lɛnto| *agg.* **1** violent: *uomo violento* homme violent → **brutale, manesco**; *morte violenta* mort violente; *ha un carattere impulsivo e violento* il a un caractère impulsif et violent → **aggressivo**; *è gente violenta* ce sont des violents **2** [*che ha un'intensità eccezionale*] violent: *vento, nubifragio violento* vent, ouragan violent; *fu assalito da una febbre violenta* il fut pris d'une violente fièvre # *l'imbarcazione era scossa da violente ondate* l'embarcation était secouée par la violence des vagues ◇ (*per est.*) *colore violento* couleur violente; *scossone violento* secousse violente; *rumore, suono violento* bruit, son violent **3** [*aggressivo, energico*] violent: *tono violento* ton violent; *un odio violento* une haine violente; *una violenta presa di posizione* une violente prise de position ✦ (*s.*) *un violento* un violent: *ti sei comportato da violento* tu t'es comporté comme un violent Ⓒ **1 mite, pacifico.**
violènza |vio'lɛntsa| *s.f.* **1** violence: *la violenza del suo carattere gli ha inimicato tutti* la violence de son caractère l'a brouillé avec tout le monde → **prepotenza, brutalità**; *l'uso della violenza è in aumento* la violence est en augmentation; *i delinquenti ricorrono sistematicamente alla violenza* les délinquants font systématiquement recours à la violence **2** [*forza, impeto travolgente*] violence: *la violenza dell'uragano ha sconvolto quella regione* la violence de l'ouragan a ravagé cette région → **furia**; *la violenza delle fiamme ha distrutto quel capannone* la violence des flammes a détruit ce hangar; *la violenza della sua risposta mi ha colpito* la violence de sa réponse m'a frappé; *la violenza di quella passione lo ha reso cieco* la violence de sa passion l'a rendu aveugle **3** (*dir.*) *violenza carnale* viol (*m.*); *violenza privata* violence privée.

violétta |vio'letta| *s.f.* **1** (*t.bot.*) violette ◇ (*corr.*) *un mazzo di violette* un bouquet de violettes **2** [*il profumo ricavato dalla viola mammola*] violette: *la violetta di Parma* la violette de Parme.
violétto |vio'letto| *s.m.* **1** violet: *ho fatto tingere questo vestito di violetto* j'ai fait teindre cette robe en violet ◆ (*agg.*) *il mare diventava a poco a poco violetto* la mer devenait peu à peu violette **2** (*chim.*) violet: *violetto di metile* violet de méthyle.
violìna |vio'lina| *s.f.* (*chim.*) violine.
violinàio, i |violi'najo, i| *s.m.* [*chi fabbrica o vende violini*] luthier → **liutaio.**
violinìsta |violi'nista| *s.* violoniste.
violinìstico, ci, ca, che |violi'nistiko, tʃi, ka, ke| *agg.* [*che si riferisce al violino o ai violinisti*] de violoniste *loc. inv.*; pour violon (*loc. inv.*): *esecuzione violinistica* exécution de violoniste ‖ *concerto violinistico* concert pour violon.
violìno |vio'lino| *s.m.* **1** (*mus.*) violon: *un assolo di violino* un solo de violon; *una composizione per violino e orchestra* une composition pour violon et orchestre **2** [*chi suona il violino*] violon: *primo violino* premier violon; *secondo violino, violino di spalla* deuxième violon **3** (*fig., fam.*) [*scolaro sgobbone*] bosseur (*pop.*).
violìsta |vio'lista| *s.* [*chi suona la viola*] violiste.
'violle' |vjɔl| *s.m. inv.* (*fis.*) violle *var.*
violoncellista |violontʃel'lista| *s.* violoncelliste.
violoncèllo |violon'tʃɛllo| *s.m.* **1** (*mus.*) violoncelle **2** [*chi suona il violoncello*] violoncelliste.
violóne |vio'lone| *s.m.* (*mus.*) contrebasse *f.*
viòttola |vi'ɔttola| *s.f.*, **viòttolo** |vi'ɔttolo| *s.m.* [*via stretta di campagna*] sentier *m.* → **sentiero.**
vìpera |'vipera| *s.f.* **1** (*t.zool.*) vipère ~ *vipera comune* → **aspide** **2** (*fig.*) [*persona maligna e aggressiva*] vipère: *ha una lingua da vipera* elle a une langue de vipère; *che razza di vipere!* quelles vipères!; *quella famiglia è un nido di vipere* cette famille est un nœud de vipères; *reagisce come una vipera* il réagit comme une vipère.
viperàio, i |vipe'rajo, i| *s.m.* **1** chasseur* *s.* de vipères **2** nid de vipères.
viperàto |vipe'rato| *agg.* (*raro*) de vipère *loc. inv.* (*corr.*).
vipèreo |vi'pɛreo| *agg.* (*lett.*) de vipère *loc. inv.* (*corr.*).
Vipèridi |vi'pɛridi| *s.m. pl.* (*t.zool.*) Vipéridés.
viperìna |vipe'rina| *s.f.* (*t.bot.*) vipérine.
viperìno |vipe'rino| *agg.* **1** de vipère (*loc. inv.*): *veleno viperino* venin de vipère **2** (*fig.*) [*malvagio, iroso*] de vipère: *lingua viperina* langue de vipère.
vir- |vir| *pref.* (*significa 'uomo', corrisponde gener. a*) vir: *virago* virago.
viradóre |vira'dore| *s.m.* → **viratore.**
viràggio, i |vi'raddʒo, i| *s.m.* **1** (*chim.*) virage: *viraggio di un colore, di una soluzione* virage d'une couleur, d'une solution **2** (*aer.*) → **virata** **3** → **viramento.**
viràgo |vi'rago|, *pl.* **viràgini** |vi'radʒini| *s.f.* virago.
viràle |vi'rale| *agg.* (*med.*) viral*, à virus (*loc. inv.*): *malattie virali* infections virales; *epatite virale* hépatite virale, à virus.
viraménto |vira'mento| *s.m.* (*mar.*) virement → **virata.**
viràre |vi'rare| **A** *v.tr.* [*far ruotare, girare*] virer: *virare l'argano* virer au cabestan; *vira!* vire! **B** *v.intr.* (*aus. 'avere'*) **1** (*aer., mar.*) [*invertire la rotta*] virer: *virare di bordo* virer de bord **2** (*chim.*) [*passare da un colore a un altro*] virer: *una soluzione che vira al rosso* une solution qui vire au rouge **3** (*foto.*) [*subire il viraggio*] virer: *far virare una fotografia* faire virer une photographie.
viràta |vi'rata| *s.f.* **1** (*aer., mar.*) virage (*m.*): *virata in prora, in poppa* virage de proue, de poupe **2** (*sport*) virage: *il nuotatore ha fatto un'ottima virata* le nageur a pris un excellent virage # *virata a capriola* culbute.
viratóre |vira'tore| *s.m.* **1** (*mar.*) vireur d'une machine **2** (*mecc.*) vireur.
virènte |vi'rɛnte| *agg.* (*lett.*) [*verdeggiante*] verdoyant (*corr.*).
virescènte |vireʃ'ʃɛnte| *agg.* (*bot.*) virescent.
virescènza |vireʃ'ʃɛntsa| *s.f.* (*bot.*) virescence.
virgiliàno |virdʒi'ljano| *agg.* virgilien*: *riedizione delle opere virgiliane* réédition des œuvres de Virgile, virgiliennes.
1 **virginàle** |virdʒi'nale| *agg.* → **verginale.**
2 **virginàle** |virdʒi'nale| *s.m.* (*mus.*) virginal.
virgìneo |vir'dʒineo| *agg.* (*lett.*) → **verginale.**
virgìnia |vir'dʒinja| *s.* **1** *s.m.* [*tipo di tabacco originario della Virginia*] (tabac de) virginie *f.* **2** *s.f.* [*tipo di sigaretta*] virginie.
virginiàno |virdʒi'njano| *agg.* [*della Virginia*] virginien*.
vìrgola |'virgola| *s.f.* **1** virgule: *punto e virgola* point-virgule; *mettere una virgola* mettre une virgule ◇ (*loc. fig.*) *non ho cambiato, tolto una virgola* je n'ai pas changé une virgule, un iota **2** (*biol.*) virgule: *bacillo virgola* bacille virgule.
virgolàre |virgo'lare| *v.tr.* **1** (*raro*) [*mettere le virgole*] virguler **2** [*chiudere fra virgolette*] mettre (71) entre guillemets.
virgolàto |virgo'lato| *agg.* [*fra virgolette*] entre guillemets *loc. inv.*
virgolatùra |virgola'tura| *s.f.* **1** [→ VIRGOLARE 1] ponctuation: *virgolatura esatta, eccessiva* ponctuation exacte, excessive **2** [→ VIRGOLARE 2] mise entre guillemets: *la virgolatura di una citazione* la mise entre guillemets d'une citation.
virgolétta |virgo'letta| *s.f.* [*segno grafico posto prima e dopo una parola o un'espressione*] guillemet (*m.*): (*mettere*) *tra virgolette* (mettre) entre guillemets; *aprire, chiudere le virgolette* ouvrir, fermer les guillemets.
virgolettàre |virgolet'tare| *v.tr.* [*chiudere fra virgolette*] mettre (71) entre guillemets: *virgolettare una citazione* mettre entre guillemets une citation.
virgolettatùra |virgoletta'tura| *s.f.* [→ VIRGOLETTARE] ponctuation.
virgùlto |vir'gulto| *s.m.* **1** [*germoglio*] rejeton: *i teneri virgulti* les tendres rejetons **2** (*fig., lett.*) → **giovane.**
viridàrio, i |viri'darjo, i| *s.m.* (*archeol.*) jardin.
virìle |vi'rile| *agg.* **1** viril: *una bellezza virile* une beauté virile; *attributi virili* des attributs virils → **maschile**; *membro virile* membre viril → **pene**; *in ogni occasione dimostra un'energia virile* à chaque occasion il fait preuve d'une énergie virile **2** (*per est.*) [*forte, consapevole*] viril: *mantenne un contegno virile* il maintint un comportement viril; *ha affrontato le difficoltà con virile coraggio* il a affronté les difficultés avec un courage viril Ⓒ **femminile, effeminato.**
virilìsmo |viri'lizmo| *s.m.* (*med.*) virilisme.
virilità |virili'ta| *s.f. inv.* **1** virilité (*var.*): *una virilità prorompente* une virilité débordante # *è nel pieno della virilità* il est dans la force de l'âge; *arrivare alla virilità* arriver à l'âge viril **2** (*per est.*) [*coraggio, risolutezza*] virilité: *virilità d'animo* virilité d'âme; *affronta con virilità la sventura* il affronte le malheur avec virilité Ⓒ 1 **femminilità**; 2 **debolezza.**
virilizzàre |virilid'dzare| **A** *v.tr.* [*rendere virile*] viriliser **B** *v.pron. intr.* VIRILIZZARSI [*assumere i caratteri del maschio*] se viriliser.
virilizzazióne |viriliddʒat'tsione| *s.f.* (*med.*) virilisation.
virilménte |viril'mente| *avv.* [→ VIRILE] virilement.
virilocàle |virilo'kale| *agg.* (*etn.*) virilocal*.
viriòide |viri'ɔide| *agg.* (*med.*) viriloide.
virióne |vi'rjone| *s.m.* (*biol.*) virion.
-viro |viro| *suff.* (*significa 'uomo', corrisponde gener. a*) vir: *triumviro* triumvir.
viròcida |vi'rɔtʃida| *agg. e s.m.* virocide, virucide.
virogènesi |viro'dʒɛnezi| *s.f. inv.* (*biol.*) virogenèse *var.*
viròla |vi'rɔla| *s.f.* **1** (*elettr.*) culot *m.* à vis: *virola filettata, a baionetta* culot à pas de vis, à baïonnette **2** (*tecnol.*) virole, douille.
virologìa, gie |virolo'dʒia, dʒie| *s.f.* virologie.
virològico, ci, ca, che |viro'lɔdʒiko, tʃi, ka, ke| *agg.* virologique: *ricerche virologiche* recherches virologiques.
viròlogo, gi |vi'rɔlogo, dʒi| *s.m.* virologiste.
viròsi |vi'rɔzi| *s.f. inv.* (*med.*) virose *var.*
virostàtico, ci, ca, che |viros'tatiko, tʃi, ka, ke| *agg. e s.m.* virostatique.
virogènesi |viro'dʒɛnezi| *s.f. inv.* (*biol.*) virogénèse *var.*
virtù |vir'tu| *s.f. inv.* **1** vertu (*var.*): *un uomo di alte virtù civili, di eroiche virtù* un homme de hautes vertus civiles, aux vertus héroïques; *virtù cardinali, teologali, morali* vertus cardinales, théologales, morales; *la via della virtù* le chemin de la vertu; *amare, esercitare la virtù* aimer, exercer la vertu **2** (*per est.*) [*pregio, dote*] vertu: *la virtù dell'onestà, dell'umiltà* la vertu de l'honnêteté, de l'humilité; *ha la virtù della sincerità* il a la vertu de la sincérité;

guadagnare molto è la sua unica virtù gagner beaucoup est sa seule vertu → **qualità** ✦ (*ass.*) *una donna di specchiata virtù* une femme d'une vertu irréprochable ◇ (*loc.*) *fare di necessità virtù* faire de nécessité vertu ~ (*iron.*) *non è un modello di virtù* ce n'est pas une vertu **3** [*facoltà, qualità intrinseca*] propriété *var.*; pouvoir (*m. var.*): *le virtù terapeutiche dell'acqua minerale* les propriétés thérapeutiques de l'eau minérale; *le virtù medicinali di una pianta* les propriétés médicinales d'une plante ‖ *le virtù di una preghiera* les pouvoirs d'une prière ◇ (*loc. prep.*) *è stato ammesso per virtù della mia raccomandazione* il a été admis sur, grâce à ma recommandation (mon piston); *in virtù del regolamento, dell'articolo 8* en vertu du règlement, de l'article 8 **4** (*lett.*) [*energia, forza d'animo*] courage *m. var.* (*corr.*), valeur (*var.*): *la virtù dei nostri soldati* le courage, la valeur de nos soldats **5** (*teol. catt.*) *le Virtù* les Vertus Ⓒ 1; 2 **vizio**.

virtuàle |virtu'ale| *agg.* **1** virtuel* (*lett.*): *ente virtuale* organisme virtuel; *la sua posizione di comando è solo virtuale* son pouvoir de commandant n'est que virtuel **2** (*fis.*) virtuel: *lavoro virtuale* travail virtuel; *immagine virtuale* image virtuelle Ⓒ **reale** 1.

virtualità |virtuali'ta| *s.f. inv.* virtualité *var.* (*lett.*): *virtualità di un potere* virtualité d'un pouvoir.

virtualménte |virtual'mente| *avv.* [→ VIRTUALE] virtuellement.

virtuosaménte |virtuosa'mente| *avv.* [→ VIRTUOSO] vertueusement.

virtuosìsmo |virtuo'sizmo| *s.m.* **1** [*perfezione tecnica di un artista*] virtuosité (*f.*): *quell'artista ha dato prova di virtuosismo* cet artiste a fait preuve de virtuosité **2** (*spreg.*) [*esibizione inutile*] virtuosité: *ma questi sono puri virtuosismi!* mais ce ne sont que de pures virtuosités! **3** (*fig.*) [*abilità*] virtuosité: *virtuosismo politico, diplomatico* virtuosité politique, diplomatique.

virtuosìstico, ci, ca, che |virtuo'sistiko, tʃi, ka, ke| *agg.* [*caratterizzato da virtuosismo*] de bravoure (*loc. inv.*): *un'esecuzione al piano virtuosistica* une exécution de bravoure au piano.

virtuosità |virtuosi'ta| *s.f. inv.* **1** [*l'essere virtuoso*] vertu (*var.*): *la virtuosità dei costumi* la vertu des coutumes → **onestà** **2** → **virtuosismo**.

virtuóso |virtu'oso| *agg.* **1** [*ricco di virtù*] vertueux*: *una persona virtuosa* une personne vertueuse; *vita, azione virtuosa* vie, action vertueuse → **morale** **2** [*che dimostra abilità*] virtuose: *un musicista virtuoso* un (musicien) virtuose ✦ (*s.*) *un virtuoso* un virtuose: *è un virtuoso della lirica* c'est un virtuose du théâtre lyrique; *quell'atleta è un virtuoso del tennis* cet athlète est un virtuose du tennis.

virulènto |viru'lɛnto| *agg.* **1** (*biol.*) virulent: *germi virulenti* germes virulents; *infezione virulenta* infection virulente **2** (*fig.*) [*che è pieno di virulenza*] virulent: *attacco virulento* attaque virulente; *scritti virulenti* des écrits virulents.

virulènza |viru'lɛntsa| *s.f.* **1** (*biol.*) virulence **2** (*fig.*) [*asprezza*] virulence: *la virulenza di una polemica, di un attacco* la virulence d'une polémique, d'une attaque; *la virulenza delle sue parole indispose tutti* la virulence de ses paroles indisposa tout le monde.

vìrus |'virus| *s.m. inv.* (*med.*) virus.

visagìsmo |viza'dʒizmo| *s.m.* visagisme.

visagìsta |viza'dʒista| *s.* visagiste.

viscàccia, ce |vis'kattʃa, tʃe| *s.f.* (*t.zool.*) viscache.

visceràle |viʃʃe'rale| *agg.* **1** viscéral*: *dolori viscerali* douleurs viscérales **2** (*fig.*) [*radicato, istintivo*] viscéral: *odio viscerale* haine viscérale; *reazione viscerale* réaction viscérale; *una passione viscerale* une passion viscérale.

vìsceri |'viʃʃeri| *s.m. pl.* (*nel significato 1*); **vìscere** |'viʃʃere| *s.f. pl.* (*nei significati 2, 3, 4, 5*) **1** (*anat.*) viscères (*m.*): *i visceri addominali* les viscères abdominaux **2** (*corr.*) [*gli organi addominali*] viscères # *dolori alle viscere* douleurs viscérales **3** [*interiora di un animale*] entrailles *f.*, intérieurs (*m.*): *le viscere della vittima* les entrailles de la victime **4** [*utero*] ventre *m. sing.*; entrailles: *le viscere materne* le ventre matérnel ‖ *il frutto delle proprie viscere* le fruit de ses entrailles **5** (*fig.*) [*la parte più intima di q.c.*] entrailles: *le viscere della terra, della montagna* les entrailles de la terre, de la montagne.

vìschio, i |'viskjo, i| *s.m.* **1** (*t.bot.*) gui ◇ (*corr.*) *ornare la casa di vischio* orner la maison de gui **2** [*pania*] glu **3** (*fig., lett.*) [*ciò che lega*] chaîne *f.* (*corr.*).

vischiosìmetro |viskjo'simetro| *s.m.* (*chim.*) viscosimètre.

vischiosità |viskjosi'ta| *s.f.* → **viscosità**.

vischióso |vis'kjoso| *agg.* → **viscoso**.

viscidità |viʃʃidi'ta| *s.f. inv.* [*il fatto di essere viscido*] état *m. var.* glissant # *la strada era pericolosa per la sua viscidità* la chaussée glissante rendait la route dangereuse ◇ (*fig.*) côté *m. var.* visqueux: *non posso sopportare la viscidità di quell'individuo* cet individu a un côté visqueux que je ne puis souffrir.

vìscido |'viʃʃido| *agg.* **1** [*molle, umido e scivoloso*] visqueux*: *una viscida lumaca* un escargot visqueux; *una pelle viscida* une peau visqueuse # *una strada viscida* une route glissante **2** (*fig.*) [*subdolo, sfuggente*] visqueux: *un individuo viscido* un individu visqueux.

viscidùme |viʃʃi'dume| *s.m.* (*spreg.*) [*cose viscide*] chose *f.* visqueuse: *che viscidume!* quelle chose visqueuse!; *questo viscidume mi fa schifo* cette chose visqueuse me dégoûte.

vìsciola |'viʃʃola| *s.f.* [*frutto del visciolo*] griotte.

visciolàta |viʃʃo'lata| *s.f.* (*cuc.*) sirop *m.*, conserve de griottes.

visciolàto |viʃʃo'lato| *s.m.* liqueur *f.* de griottes.

vìsciolo |'viʃʃolo| *s.m.* (*t.bot.*) griottier.

vis cómica |vis'kɔmika| *loc. sost. f. inv.* (*lat.*) humour *m. var.*

viscontàdo |viskon'tado| *s.m.* (*st. mediev.*) vicomté.

viscónte |vis'konte| *s.m.* vicomte.

1 **viscontèo** |viskon'tɛo| *agg.* [*relativo a visconte*] vicomtal*.

2 **viscontèo** |viskon'tɛo| *agg.* des Visconti *loc. inv.*

viscontéssa |viskon'tessa| *s.f.* vicomtesse.

viscontìno |viskon'tino| *s.m.* fils de vicomte.

viscósa |vis'kosa| *s.f.* (*chim.*) viscose ◇ (*tess.*) fibranne, fibrane.

viscosìmetro |visko'simetro| *s.m.* → **vischiosimetro.**

viscosità |viskosi'ta| *s.f. inv.* **1** (*chim., fis.*) viscosité (*var.*): *la viscosità di un liquido, di un gas* la viscosité d'un liquide, d'un gaz; *la viscosità di quest'olio danneggia il motore* la viscosité de cette huile est nuisible au moteur **2** (*econ.*) viscosité: *la viscosità dei prezzi, di un mercato* la viscosité des prix, d'un marché Ⓒ **fluidità.**

viscóso |vis'koso| *agg.* **1** [*attaccaticcio, tenace*] visqueux*: *una sostanza viscosa* une substance visqueuse **2** (*chim., fis.*) visqueux: *questo liquido è troppo viscoso* ce liquide est trop visqueux **3** (*econ.*) visqueux: *situazione economica viscosa* situation économique visqueuse **4** (*fig.*) [*che incontra notevole resistenza*] tendu: *situazione internazionale, diplomatica viscosa* situation internationale, diplomatique tendue.

visétto |vi'zetto| *s.m.* [*viso grazioso e gentile*] minois, frimousse *f.* (*fam.*).

visìbile |vi'zibile| *agg.* **1** visible: *effetti visibili* des effets visibles; *radiazioni visibili* des radiations visibles # *i prezzi devono essere visibili* les prix doivent être affichés visiblement ◇ (*loc.*) *molte stelle non sono visibili a occhio nudo* de nombreuses étoiles ne sont pas visibles à l'œil nu **2** [*che è a disposizione del pubblico*] ouvert; visible: *la mostra è visibile dalle 9 alle 12* l'exposition est ouverte de 9 heures à 12 heures ‖ *il direttore non è visibile* le directeur n'est pas visible, ne reçoit pas **3** (*fig.*) [*chiaro, evidente*] visible: *la sua irritazione era visibile* son irritation était visible → **manifesto, palese** # *era in preda a una visibile paura* il avait visiblement peur Ⓒ 1 **invisibile.**

visibìlio, ii |vizi'biljo, ii| *s.m.* **1** (*fam.*) *un visibilio di* [*grande quantità*] une foule de (*corr.*): *un visibilio di cose, di persone* une foule de choses, de personnes **2** *loc.* IN VISIBILIO [*andare in estasi, entusiasmarsi*] en extase, aux anges: *essere in visibilio* être en extase, aux anges # *andare in visibilio* s'extasier.

visibilità |vizibili'ta| *s.f. inv.* **1** visibilité (*var.*): *la visibilità degli astri* la visibilité des astres; *la visibilità di una indicazione stradale* la visibilité d'une indication routière; *campo di visibilità* champ de visibilité **2** [*la possibilità di vedere*] visibilité: *per la nebbia la visibilità era quasi nulla* le brouillard rendait la visibilité presque nulle.

visibilménte |vizibil'mente| *avv.* [→ VISIBILE 1, 3] visiblement.

visièra |vi'zjɛra| *s.f.* **1** visière **2** [*pannello sul parabrezza degli autoveicoli*] pare-soleil (*m. var.*): *visiera parasole* visière pare-soleil **3** [*maschera da scherma*] masque *m.* **4** (*st.*) visière.

visigòtico, ci, ca, che |vizi'gɔtiko, tʃi, ka, ke| *agg.* (*st. mediev.*) wisigoth, wisigothique.

visigòto |vizi'gɔto| *agg.* [*dei visigoti*] wisigoth → **visigotico** ✦ *s.* (*st.*) *i Visigoti* les Wisigoths.

visionàre |vizjo'nare| *v.tr.* (*cine.*) [*vedere (un film) da parte di persone specializzate*] visionner.

visionàrio, i |vizjo'narjo, i| *agg.*

1 visionnaire: *un asceta, un profeta visionario* un ascète, un prophète visionnaire **2** (*psicol.*) visionnaire **3** (*fig.*) [*che interpreta in modo fantastico la realtà*] visionnaire: *è un individuo suggestionabile e visionario* c'est un individu suggestible et visionnaire ♦ (*s.*) *non essere visionario!* ne sois pas visionnaire! # *sono cose da visionari* c'est du domaine de la vision (de l'imagination), c'est là une vue de l'esprit.

visióne |vi'zjone| *s.f.* **1** vision: *visione chiara, distinta* vision claire, distincte; *visione lontana, diretta* vision lointaine, directe; *visione binoculare, indipendente* vision binoculaire, indépendante **2** [*esame*] *ho ricevuto in visione questo libro* j'ai reçu ce livre en lecture; *bisogna prendere visione del regolamento* il faut prendre connaissance du règlement; *ha firmato il documento per presa visione* il a signé le papier après l'avoir lu; *quella ditta dà in visione degli ottimi campionari* cette maison présente d'excellents échantillons **3** (*cine.*) exclusivité: *visione riservata ai critici della stampa* exclusivité réservée aux critiques des journaux; *visione preventiva per la censura* exclusivité préventive pour la censure ◇ (*spec.*) *un film in prima, seconda visione* un film en première, en deuxième exclusivité **4** (*per est.*) [*quadro, concetto*] vision: *una visione esatta, parziale* une vision exacte, partielle; *si è fatto una chiara visione degli avvenimenti* il s'est fait une vision claire des événements; *ha una visione ormai superata di questi problemi* il a une vision désormais dépassée de ces problèmes; *ha una visione troppo pessimistica della vita* il a une vision trop pessimiste de la vie **5** (*per est.*) [*scena*] spectacle (*m.*): *quel paesaggio è una visione favolosa* ce paysage est un spectacle fabuleux **6** [*apparizione straordinaria o soprannaturale*] vision: *le visioni di S. Paolo, dei profeti biblici* les visions de saint Paul, des prophètes bibliques; *le visioni di Cassandra* les visions de Cassandre **7** [*sogno, allucinazione*] hallucination: *ha delle visioni notturne* il a des hallucinations nocturnes ◇ (*fig.*) *sarebbe bello, ma è solo una visione!* ce serait trop beau, mais ce n'est qu'une vue de l'esprit.

visìr |vi'zir| *s.m. inv.* (*st. musulmana*) vizir (*var.*): *gran visir* grand vizir.

visiràto |vizi'rato| *s.m.* (*st. musulmana*) vizirat.

vìsita |'vizita| *s.f.* **1** visite: *visita breve, piacevole, amichevole* visite brève, agréable, amicale; *visita di ringraziamento, di condoglianze, di lavoro* visite de remerciements, de condoléances, de travail; *riceve molte visite* il reçoit de nombreuses visites; *ho fatto visita al mio amico malato* j'ai fait une visite à mon ami malade; *il presidente è in visita ufficiale* le président est en visite officielle ◇ (*per est.*) [*persona che fa visita a qc.*] *c'è una visita per te* il y a une visite pour toi ◇ *loc.* DA VISITA de visite: *biglietto da visita* carte (de visite) ~ *ore di visita* heures de visite **2** [*giro turistico o d'istruzione*] visite: *la visita di Firenze* la visite de Florence; *la visita di una galleria d'arte moderna* la visite d'une galerie d'art moderne ◇ (*a scopo di devozione*) *la visita del santuario* la visite d'un sanctuaire # *far visita in chiesa* aller à l'église **3** (*med.*) visite: *visita medica, specialistica* visite médicale, spécialisée; *una visita di controllo* une visite de contrôle; *visita ambulatoriale, domiciliare* visite au dispensaire, à domicile; *visita fiscale* visite fiscale # *ha passato la visita di leva* il est passé devant le conseil de révision ◇ (*loc. mil.*) *marcar visita* se faire porter malade **4** [*ispezione*] visite: *visita doganale* visite de douane; *visita alle carceri, a una caserma* visite aux prisons, à une caserne.

visitandìna |vizitan'dina| *s.f.* visitandine.

visitàre |vizi'tare| *v.tr.* **1** [*rendere visita, andare a trovare*] rendre (53) visite: *visitare un amico, un conoscente, un collega* rendre visite à un ami, à une connaissance, à un collègue; *devo andarlo a visitare per ringraziarlo* je dois lui rendre visite pour le remercier ◇ (*fig.*) *il Signore ci ha visitato* le Seigneur nous a visités **2** [*sottoporre a un esame medico*] examiner, visiter: *si è fatta visitare da uno specialista* elle s'est fait examiner par un spécialiste ♦ (*ass.*) *il dottore visita dalle 13 alle 17* le docteur reçoit de 13 à 17 h. ◇ [*andare in un luogo* (*a scopo turistico, culturale*)] visiter: *visitare una città, un museo, il centro storico* visiter une ville, un musée, un centre historique; *visitare un cimitero, una chiesa* visiter un cimetière, une église **3** (*raro*) [*ispezionare*] visiter: *visitare i bagagli alla dogana* visiter les bagages en douane; *visitare un ospedale, una caserma* visiter un hôpital, une caserne.

visitatóre, trice |vizita'tore, tri'tʃe| *s.* **1** visiteur*: *la sua camera è sempre piena di visitatori* sa chambre est toujours pleine de visiteurs; *tu sei il visitatore più gradito* tu es le visiteur le plus apprécié **2** [*chi visita esposizioni di opere d'arte e sim.*] visiteur: *il museo era pieno di visitatori* le musée était plein de visiteurs; *la mostra ha avuto un milione di visitatori* l'exposition a eu un million de visiteurs **3** (*eccl.*) visiteur: *visitatore apostolico* visiteur apostolique.

visitatrice |vizita'tritʃe| *s.f.* [*infermiera incaricata dell'assistenza a domicilio*] infirmière visiteuse.

visitazióne |vizitat'tsjone| *s.f.* (*relig.*) visitation.

visìvo |vi'zivo| *agg.* [*relativo alla vista*] visuel*: *angolo, campo visivo* angle, champ visuel; *organi visivi* organes visuels; *capacità visiva* capacité visuelle.

vìso |'vizo| *s.m.* **1** visage: *un viso bello, delicato, paffuto* un beau visage, un visage délicat, joufflu → **faccia**; *viso pulito, truccato, acqua e sapone* visage propre, maquillé, frais # *parlavano guardandosi in viso* ils parlaient en se regardant en face ◇ (*loc.*) *a viso a viso* face à face ~ *gli ho spiattellato la verità sul viso* je lui ai jeté la vérité au visage ~ *non ha più il coraggio di mostrare il viso* il n'a plus le courage de se faire voir **2** (*per est.*) [*espressione del volto*] visage: *viso sorridente, triste, emozionato* visage souriant, triste, émotionné; *gli si leggeva in viso la sua disperazione* le désespoir se lisait sur son visage # *senza mutar viso, continuò il discorso* il continua son discours sans changer d'expression ◇ (*loc. fig.*) *fare il viso duro* montrer un visage dur ~ *le ho parlato a viso aperto* je lui ai parlé franchement ~ *gli ha fatto buon viso, ma non era contento* il a fait semblant de rien, mais il n'était pas content ~ *far buon viso a cattiva sorte, a cattivo gioco* faire contre mauvaise fortune bon cœur.

visóne |vi'zone| *s.m.* **1** (*t.zool.*) vison **2** [*la pelliccia dell'animale omonimo*] vison: *una stola di visone* une étole de vison.

visóre |vi'zore| *s.m.* (*foto.*) visionneuse *f.*

vispézza |vis'pettsa| *s.f.* (*raro*) → **vivacità.**

vìspo |'vispo| *agg.* [*svelto, brioso, vivace*] vif*: *un bambino vispo* un enfant vif; *un ragazzo dagli occhi vispi* un garçon aux yeux vifs # *un vecchietto vispo e arzillo* un petit vieux alerte et leste.

vissùto |vis'suto| *agg.* [*ricco di esperienze*] vécu: *storia vissuta* histoire vécue # *un uomo vissuto* un homme qui a vécu.

vista |'vista| *s.f.* **1** [*capacità visiva dell'occhio; facoltà di vedere*] vue: *gli organi della vista* les organes de la vue; *l'esame della vista* l'examen de la vue; *ha una vista perfetta, debole* il a une vue parfaite, faible; *devo misurarmi la vista* je dois tester ma vue # *porta gli occhiali da vista* il porte des lunettes ◇ *loc.* DI VISTA de vue: *la conosco solamente di vista* je la connais seulement de vue; *l'ho perso di vista da molto tempo* je l'ai perdu de vue depuis longtemps; *ha perso di vista i propri obiettivi* il a perdu de vue ses propres objectifs; *siamo ormai fuori di vista* nous sommes désormais hors de vue ~ A PRIMA VISTA à première vue: *non devi giudicarlo a prima vista* tu ne dois pas le juger à première vue # *sa tradurre l'inglese a prima vista* il sait traduire l'anglais à livre ouvert; *si è innamorato a prima vista* il est tombé amoureux dès qu'il l'a vue; il a eu le coup de foudre ~ IN VISTA en vue: *ho in vista un bell'affare, una buona sistemazione* j'ai en vue une belle affaire, un bon travail (un bon poste); *sono in vista nuovi aumenti* il y a de nouvelles augmentations en vue; *è un personaggio in vista* c'est un personnage en vue; *siamo arrivati: il paese è ormai in vista* nous sommes arrivés: le village est en vue # *in quel negozio hanno messo in vista i modelli della nuova stagione* dans ce magasin ils ont présenté, exposé les modèles de la nouvelle saison ~ A VISTA à vue: *assegno pagabile a vista* chèque payable à vue; *ha sparato a vista* il a tiré à vue; *quel detenuto è guardato a vista* ce détenu est gardé à vue ~ *ognuno ha il suo punto di vista* chacun a son point de vue ~ (*fig.*) *quel commerciante ha la vista corta* ce commerçant a de courtes vues ◇ (*loc. prep.*) *in vista di una nuova partenza, bisogna prepararsi* en vue d'un nouveau départ, il faut se préparer ~ *la pianura si estendeva a vista d'occhio* la plaine s'étendait à perte de vue **2** [*possibilità di vedere*] vue: *questa casa ci impedisce la vista del mare* cette maison nous cache la vue de la mer; *spostati, mi togli la vista* déplace-toi, tu me bouches la vue → 2 **visuale**; *improvvisamente si sottrasse alla nostra vista* soudain, il disparut de notre vue **3** [*panorama, scena*] vue; spectacle (*m.*): *che bella vista!* quelle belle vue!;

camera con vista sul lago chambre avec vue sur le lac ‖ *i bambini che giocano sono una vista piacevole* les enfants qui jouent sont un agréable spectacle; *è una brutta vista vederti in questo stato* c'est un spectacle déprimant que de te voir dans cet état **4** [*aspetto*] effet (*m.*): *fa sempre bella vista di sé* il fait toujours de l'effet # *fanno vista di preoccuparsi, ma non si interessano* ils font semblant de s'intéresser, mais ce n'est pas vrai → **mostra.**

vistàre |vis'tare| *v.tr.* [*mettere il visto*] viser: *il segretario ha vistato tutti i documenti* le secrétaire a visé tous les documents.

1 **visto** |'visto| *agg.* vu: *è ben, mal visto* il est bien, mal vu ◇ *loc. cong.* VISTO CHE puisque *cong.*, vu que: *visto che esci, comperami il pane* puisque tu sors, achète-moi du pain; *visto che ti offendi, non parlo più* vu que tu te vexes, je me tais.

2 **visto** |'visto| *s.m.* **1** [*vidimazione*] visa (*var.*): *il documento non ha valore senza il visto* le document n'est pas valable sans le visa; *a questo passaporto manca il visto* il manque le visa sur ce passeport **2** (*tip.*) visa.

vistosaménte |vistosa'mente| *avv.* [→ VISTOSO] d'une manière voyante *loc. inv.*

vistosità |vistosi'ta| *s.f. inv.* caractère *m. var.* voyant # *la vistosità della somma lo convinse* l'importance évidente de la somme emporta son adhésion.

vistóso |vis'toso| *agg.* **1** [*appariscente, che attira l'attenzione*] voyant: *un abito vistoso* une toilette voyante; *una bellezza vistosa* une beauté voyante → **smagliante**; *questo colore è troppo vistoso* cette couleur est trop voyante → **sgargiante** **2** [*ingente, rilevante*] considérable: *possiede un patrimonio vistoso* il possède un patrimoine considérable; *per quell'abito ha speso una somma vistosa* pour cette toilette elle a dépensé une somme considérable 🄲 **misero, modesto.**

1 **visuàle** |vizu'ale| *agg.* visuel*: *angolo visuale* angle visuel ◇ (*fig.*) *il suo angolo visuale è limitato* son esprit est borné.

2 **visuàle** |vizu'ale| *s.f.* **1** [*panorama, veduta*] vue: *da questo colle si ha una splendida visuale* de cette colline on a une vue splendide; *questo palazzo mi copre la visuale* cet immeuble me bouche la vue **2** (*ott.*) rayon *m.* visuel **3** (*fig.*) [*punto di vista*] point *m.* de vue: *secondo una certa visuale puoi avere ragione* d'un certain point de vue, tu peux avoir raison # *la sua visuale del problema non mi convince* sa façon d'envisager le problème ne me convainc pas.

visualizzàre |vizualid'dzare| *v.tr.* [*rendere visibile, dare forma visibile*] visualiser: *visualizzare un'immagine* visualiser une image; *visualizzare una idea pubblicitaria* visualiser une idée publicitaire.

visualizzazióne |vizualiddzat'tsjone| *s.f.* [→ VISUALIZZARE] visualisation.

visualménte |vizual'mente| *avv.* [→ 1 VISUALE] visuellement.

visùra |vi'zura| *s.f.* (*dir.*) inspection.

visus |'vizus| *s.m. inv.* (*lat.*) (*ott., fisiol.*) visus.

1 **vita** |'vita| *s.f.* **1** vie: *la vita animale, vegetale* la vie animale, végétale; *è un luogo dove non c'è traccia di vita* c'est un endroit où il n'y a pas trace de vie; *l'ammalato non dava più segni di vita* le malade ne donnait plus signe de vie; *ha dato alla vita molti figli* elle a donné la vie à de nombreux enfants → **procreare**; *gli devo la vita* je lui dois la vie # *per la disperazione si è tolto la vita* par désespoir il s'est suicidé → **suicidarsi** ◇ (*loc.*) *o la borsa o la vita* la bourse ou la vie ~ *sono costretti a questo, pena la vita* ils sont obligés de faire cela, sous peine de mort ~ *è passato a miglior vita* il est passé de vie à trépas → 1 **morire** ~ *venderò cara la mia vita* je vendrai cher ma vie, ma peau (*fam.*) ~ *uniti per la vita e per la morte* à la vie et à la mort ~ *l'infortunato era tra la vita e la morte* le blessé était entre la vie et la mort ~ *i medici lo tenevano in vita col polmone artificiale* les médecins le maintenaient en vie avec un poumon artificiel **2** [*il tempo compreso fra la nascita e la morte*] vie: *la vita media dell'uomo è di 70 anni* la durée moyenne de la vie, pour l'homme, est de 70 ans ◇ (*loc.*) *è stato eletto presidente a vita* il a été élu président à vie ~ *ti sarò riconoscente per tutta la vita* je te serai reconnaissant ma vie durant ~ *voglio abitare qui vita natural durante* je veux habiter ici le reste de mes jours ~ IN VITA en vie: *finché sarò in vita non mi arrenderò* tant que je suis en vie je ne me rendrai pas ~ *in vita mia non ho mai visto un uomo peggiore di lui* de ma vie, je n'ai connu pire homme que celui-là ◇ (*prov.*) *finché c'è vita c'è speranza* tant qu'il y a de la vie il y a de l'espoir **3** [*modo di vivere*] vie: *vita selvaggia, civile, associata* vie sauvage, civile, sociale; *conduce una vita tranquilla, ritirata* il a une vie tranquille, à l'écart; *fa una vita oziosa, virtuosa, grama, piena di stenti* il mène une vie oisive, vertueuse, pénible, pleine de privations; *nella vita pubblica è irreprensibile, nella vita privata è criticabile* dans la vie publique il est inattaquable, dans sa vie privée il est criticable; *la vita del minatore è molto faticosa* la vie du mineur est très fatigante # *ha abbandonato la vita militare* il a abandonné la carrière militaire ◇ (*loc.*) *che vita!* quelle vie! ~ *vita da cani!* vie de chien! ~ *ragazzo di vita* malfaiteur → **malvivente** ~ *ragazza di vita* femme de mauvaise vie → **prostituta** ~ *quella donna fa la vita* [*la prostituta*] cette femme fait la vie (*pop.*) ~ *la dolce vita* la dolce vita ~ *beato lui!, fa la bella vita* quel veinard!, il a la vie belle ~ *aveva una doppia vita* il avait une double vie ~ *conosce vita, morte, miracoli di tutti* il connaît les faits et gestes de chacun **4** [*attività interiore*] vie: *vita psichica, intellettiva, affettiva* vie psychique, intellectuelle, affective; *ha un'intensa vita spirituale* il a une vie spirituelle intense **5** [*la durata e l'attività* (*di un ente*)] vie: *questa società vanta dieci anni di vita* cette société compte dix ans de vie; *la vita di questo club si è intensificata* la vie de ce club s'est intensifiée ◇ (*fig.*) *speriamo che questo andazzo abbia breve vita* espérons que cette mauvaise habitude durera peu **6** [*vigore, energia*] vie: *è un ragazzo pieno di vita* c'est un garçon plein de vie; *è un uomo ancora pieno di vita* c'est un homme encore plein de vie **7** (*fig.*) [*animazione, vivacità*] vie: *espressione, quadro traboccante di vita* expression pleine de vie, tableau plein de vie; *le vie cittadine sono piene di vita* les rues de la ville sont pleines de vie; *in questo paese non trovi vita notturna* dans ce village il n'y a pas de vie nocturne **8** [*la ragione, il fine principale della vita*] vie: *la luce è la vita delle piante* la lumière est la vie des plantes; *quel figlio è tutta la sua vita* cet enfant est toute sa vie; *il lavoro è la sua vita* le travail c'est sa vie ◇ (*termine affettivo*) *vita mia!* mon chou! **9** [*essere vivente*] vie: *la perdita di vite umane sulle strade è impressionante* la perte de vies humaines sur les routes atteint un chiffre impressionnant; *quell'incidente è costato molte vite umane* cet accident à coûté la vie à de nombreuses personnes **10** [*ciò che è necessario per vivere*] vie: *lavora per guadagnarsi la vita* il travaille pour gagner sa vie; *la vita diventa sempre più cara* la vie devient toujours plus chère **11** [*esistenza ultraterrena*] vie: *la vita nell'aldilà* la vie dans, de l'au-delà; *la vita eterna, futura* la vie éternelle, future; *crede nell'altra vita* il croit en l'autre vie **12** [*biografia*] vie: *una vita romanzata* une vie romancée; *ha scritto la vita di alcuni personaggi famosi* il a écrit la vie de quelques célèbres personnages **13** [*il corso delle umane cose*] vie: *è ancora troppo giovane per conoscere la vita* il est encore trop jeune pour connaître la vie ◇ (*loc. fig.*) *bisogna guardare la vita in faccia* il faut regarder les choses en face 🄲 1 **morte.**

2 **vita** |'vita| *s.f.* [*parte del corpo umano fra il busto e i fianchi*] taille: *punto di vita* taille; *giro di vita* tour de taille; *ha una vita sottile, una vita di vespa* elle a une taille fine, une taille de guêpe; *ha una vita lunga, corta* elle a une taille haute, courte; *questa giacca è un po' stretta in vita* cette veste est un peu serrée à la taille; *quel vestito ha la vita bassa, alta* cet habit a la taille basse, haute; *l'afferrò per la vita* il l'attrapa par la taille ◇ (*loc. fig.*) *su con la vita!* [*coraggio!*] haut les cœurs!

vitàccia, ce |vi'tattʃa, tʃe| *s.f.* [*vita dura*] sale vie, vie de chien: *che vitaccia!* quelle sale vie, quelle vie de chien!; *fa una vitaccia da cani* il mène une vie de chien; *non ne posso più di questa vitaccia* je n'en peux plus de cette sale vie.

Vitàcee |vi'tatʃee| *s.f. pl.* (*t.bot.*) Ampélidacées.

vitaiòlo |vita'jɔlo| *s.m.* [*chi fa bella vita*] viveur.

vitàlba |vi'talba| *s.f.* (*t.bot.*) clématite.

vitàle |vi'tale| *agg.* **1** vital*: *organi, vitali* organes vitaux; *funzioni vitali* fonctions vitales; *slancio vitale* élan vital; *spazio vitale* espace vital; *è stato colpito in una parte vitale* un organe vital a été atteint **2** [*che dà e mantiene la vita*] vital: *linfa vitale* lymphe vitale; *soffio vitale* souffle vital **3** [*che ha le condizioni biologiche per vivere*] viable: *il bambino è nato vitale* l'enfant est né

viable **4** (*fig.*) [*essenziale, di fondamentale importanza*] vital: *una questione vitale* une question vitale; *per me questo problema ha un interesse vitale* ce problème a pour moi un intérêt vital (→ 1 **capitale, sostanziale** **5** (*fig.*) [*produttivo*] productif*: *è l'unico organismo vitale della nostra città* c'est le seul organisme productif de notre ville [C] 4 **marginale, accessorio.**
vitalìsmo |vita'lizmo| *s.m.* (*biol., filos.*) vitalisme.
vitalìsta |vita'lista| *s.* vitaliste.
vitalìstico, ci, ca, che |vita'listiko, tʃi, ka, ke| *agg.* vitaliste: *teorie vitalistiche* théories vitalistes.
vitalità |vitali'ta| *s.f. inv.* **1** (*fisiol.*) viabilité (*var.*): *la vitalità di un neonato* la viabilité d'un nouveau-né **2** [*capacità, possibilità di vita*] vitalité (*var.*): *questa istituzione non ha alcuna vitalità* cette institution n'a aucune vitalité **3** (*fig.*) [*energia, vivacità*] vitalité: *un uomo pieno di vitalità* un homme plein de vitalité → **vigore.**
vitalìzio, i |vita'littsjo, i| *agg.* [*che si ha per tutta la vita*] viager*, à vie (*loc. inv.*): *rendita, pensione vitalizia* rente viagère, pension à vie; *assegno vitalizio* chèque viager ♦ *s.m.* viager: *gode di un vitalizio* il jouit d'un viager.
vitàme |vi'tame| *s.m.* [*assortimento, quantità di (2) viti*] visserie *f.*
vitamìna |vita'mina| *s.f.* (*biol.*) vitamine: *vitamina A, B, C* vitamine A, B, C; *quel bambino è carente di vitamine* cet enfant souffre d'une carence en vitamines; *è necessario somministrargli delle vitamine* il est nécessaire de lui administrer des vitamines.
vitamìnico, ci, ca, che |vita'miniko, tʃi, ka, ke| *agg.* **1** vitaminique: *carenza vitaminica* carence vitaminique; *funzioni vitaminiche* fonctions vitaminiques **2** riche en vitamines: *alimenti vitaminici* aliments riches en vitamines.
vitaminizzàre |vitaminid'dzare| *v.tr.* [*aggiungere vitamine*] enrichir de vitamines: *vitaminizzare un prodotto alimentare* enrichir de vitamines un produit alimentaire.
vitaminizzàto |vitaminid'dzato| *agg.* [*ricco di vitamine*] vitaminé: *pappa vitaminizzata* une bouillie vitaminée.
vitaminizzazióne |vitaminiddzat'tsjone| *s.f.* [→ VITAMINIZZARE] enrichissement *m.* de vitamine *s.*
vitaminologìa, gie |vitaminolo'dʒia, dʒie| *s.f.* étude des vitamines.
vitàto |vi'tato| (*agg.*) *terreno vitato* terrain planté de vignes.
1 **vite** |'vite| *s.f.* (*t.bot.*) vigne ◇ (*corr.*) *i tralci, i pampini della vite* les sarments, les pampres de la vigne; *vite a pergola* vigne en tonnelle; *vite bianca, selvatica* vigne blanche, sauvage ◇ (*loc. fig.*) *piangere come una vite tagliata* [*piangere a dirotto*] pleurer comme une Madeleine.
2 **vite** |'vite| *s.f.* (*mecc.*) vis: *filetto della vite* filet de vis; *vite madre* vis mère; *vite femmina* vis femelle, écrou; *vite di Archimede* vis d'Archimède ◇ (*loc. fig.*) *dare un giro di vite* (*a qc.*) serrer la vis (à qqn.) ◇ (*aer.*) *precipitare, cadere in vite* tomber en vrille ◇ (*sport*) *tuffo a vite* plongeon en vrille.
vitèlla |vi'tɛlla| *s.f.* **1** [*vitello femmina; giovenca*] génisse: *vitella da latte* génisse de lait **2** [*carne dell'animale macellato*] génisse: *fettine, arrosto di vitella* (petites) tranches, rôti de génisse.
vitellàre |vitel'lare| *agg.* (*veter.*) vitulaire.
1 **vitellino** |vitel'lino| *s.m.* petit veau.
2 **vitellino** |vitel'lino| *agg.* (*biol.*) vitellin: *sacco vitellino* sac vitellin; *membrana vitellina* membrane vitelline.
1 **vitèllo** |vi'tɛllo| *s.m.* **1** [*bovino giovane*] veau: *vitello da latte* veau de lait; *macellare un vitello* abattre un veau **2** [*carne del vitello macellato*] veau: *cotoletta di vitello* côtelette de veau **3** [*pelle di vitello*] veau: *scarpe di vitello* chaussures en veau; *borsa di vitello* sac en veau.
2 **vitèllo** |vi'tɛllo| *s.m.* (*biol.*) vitellus → **tuorlo.**
vitellóne |vitel'lone| *s.m.* **1** [*grosso vitello*] bouvillon, jeune bœuf, taurillon **2** (*fig.*) [*giovane sfaticato*] un (jeune homme) fainéant, un bon à rien.
viterbése |viter'bese| *agg.* [*di Viterbo*] viterbien*.
viterìa |vite'ria| *s.f.* → **vitame.**
viti- |viti| *pref.* (*significa 'vite', corrisponde gener. a*) viti: *viticoltore* viticulteur.
vitìccio, i |vi'tittʃo, i| *s.m.* **1** (*bot.*) vrille *f.* **2** [*candelabro con uno o più bracci ricurvi*] applique *f.* **3** [*motivo ornamentale*] tigette *f.*, rinceau.
vitìcolo |vi'tikolo| *agg.* viticole, vinicole: *regione viticola* région viticole, vinicole.
viticoltóre, trice |vitikol'tore, tritʃe| *s.* viticulteur *m.*
viticoltùra |vitikol'tura| *s.f.* viticulture.
vitìfero |vi'tifero| *agg.* vinicole, vitifère (*raro*): *colline vitifere* collines vinicoles, vitifères.
vitìgno |vi'tiɲɲo| *s.m.* [*varietà coltivata di vite*] cépage: *vitigno americano, europeo* cépage américain, européen.
vitilìgine |viti'lidʒine| *s.f.* (*med.*) vitiligo.
vitìna |vi'tina| *s.f.* → **vitino.**
vitìno |vi'tino| *s.m.* [*vita sottile*] taille *f.* fine: *vitino da vespa* taille de guêpe.
vitivinìcolo |vitivi'nikolo| *agg.* viticole vinicole.
vitivinicoltùra |vitivinikol'tura| *s.f.* viticulture et vinification.
vìtreo |'vitreo| *agg.* **1** [*di vetro*] de verre (*loc. inv.*): *pasta vitrea* pâte de verre **2** [*sim. al vetro*] vitreux*: *trasparenza vitrea* transparence vitreuse; *materiale vitreo* matériel vitreux ◇ (*fig.*) *occhio vitreo* [*occhio fisso e inespressivo*] œil vitreux **3** (*anat.*) vitreux: *corpo vitreo* corps vitreux; *umore vitreo* humeur vitreuse ♦ (*s.m.*) *il vitreo* l'humeur vitreuse *agg.*
vitriòlo |vitri'ɔlo| *s.m.* → **vetriolo.**
vìttima |'vittima| *s.f.* **1** victime: *le vittime della strada, del terremoto, dell'alluvione* les victimes de la route, du séisme, de l'inondation; *l'incidente ha causato molte vittime* l'accident a fait de nombreuses victimes; (*scherz.*) *è una vittima del lavoro, del dovere* c'est une victime du travail, du devoir **2** (*fig.*) [*chi subisce un'ingiustizia, un'oppressione*] victime: *è vittima di una persecuzione politica, razziale* il est (la) victime d'une persécution politique, raciale; *è la vittima della famiglia, di un ambiente malsano* il est la victime de la famille, d'un milieu malsain; *è rimasto vittima di un inganno* il est victime d'une duperie ◇ (*loc. iron.*) *povera vittima!* pauvre petit!; *non fare la vittima!* ne te plains pas toujours!, ne te pose pas toujours en victime **3** (*relig.*) victime → **olocausto** ◇ (*per anton.*) *la Vittima* [*il Cristo*] la Victime.
vittimàrio, i |vitti'marjo, i| *s.m.* (*ant.*) victimaire.
vittimìsmo |vitti'mizmo| *s.m.* habitude *f.* de se poser en victime.
vittimìsta |vitti'mista| *s.* qui se prend pour une victime (*loc.*): *non credergli*: *fa sempre il vittimista* ne le crois pas: il se prend toujours pour une victime.
vittimìstico, ci, ca, che |vitti'mistiko, tʃi, ka, ke| *agg.* de victime (*loc. inv.*): *atteggiamento vittimistico* attitude de victime.
vitto |'vitto| *s.m.* [*i cibi e le bevande necessari per l'alimentazione*] nourriture (*f.*): *vitto abbondante, scarso, sano, nutriente* nourriture abondante, insuffisante, saine, substantielle → **alimentazione**; *devo pagare vitto e alloggio* je dois payer la nourriture et le logement, le vivre et le couvert.
vittòria |vit'tɔrja| *s.f.* victoire: *vittoria militare, sportiva, elettorale, morale* victoire militaire, sportive, électorale, morale → **successo**; *riportare, ottenere una vittoria* emporter, enlever une victoire; *le vittorie della scienza hanno migliorato la nostra vita* les victoires de la science ont amélioré notre vie; *gli atleti gareggiavano per la vittoria finale* les athlètes luttaient pour la victoire finale ◇ (*loc. fig.*) *avevano la vittoria in mano, in pugno* ils avaient la victoire en main ~ *è meglio non cantare vittoria* il vaut mieux ne pas chanter victoire ~ *la sua è la vittoria di Pirro* c'est une victoire à la Pyrrhus; *sarebbe una bella vittoria se riuscissimo a convincerlo* ce serait une belle victoire si l'on réussissait à le convaincre [C] **sconfitta, fallimento.**
vittoriàno |vitto'rjano| *agg.* [*dell'epoca della regina Vittoria d'Inghilterra*] victorien*: *scrittori vittoriani* écrivains victoriens; *stile vittoriano* style victorien ◇ (*iron.*) *è dell'epoca vittoriana* [*è superato*] c'est dépassé.
vittoriosaménte |vittorjosa'mente| *avv.* [→ VITTORIOSO] victorieusement.
vittorióso |vitto'rjoso| *agg.* victorieux*: *esito vittorioso* résultat victorieux; *sorriso vittorioso* sourire victorieux; *è stata una lotta vittoriosa* cela a été une lutte victorieuse.
vituperàbile |vitupe'rabile| *agg.* [→ VITUPERARE 2] blâmable: *comportamento vituperabile* comportement blâmable [C] **elogiabile.**
vituperàre |vitupe'rare| *v.tr.* **1** [*coprire di ingiurie*] insulter, injurier **2** [*biasimare, criticare*] blâmer.
vituperatìvo |vitupera'tivo| *agg.* (*raro*) [*che serve a vituperare*] déshonorant (*corr.*).
vituperatóre, trice |vitupera'tore, tritʃe| *s.* vitupérateur* (*raro, lett.*).
vituperazióne |vituperat'tsjone| *s.f.* (*raro*) vitupération (*lett.*).
vituperévole |vitupe'revole| *agg.* (*lett.*) → **vituperabile.**
vitupèrio, i |vitu'pɛrjo, i| *s.m.* **1** [*ingiuria, offesa*] injure *f.*, insulte (*f.*): *mi ha ricoperto di vituperi* il m'a cou-

vert d'injures, d'insultes **2** (*lett.*) [*onta, disonore*] *honte *f.* (*corr.*), déshonneur (*corr.*) **3** [*chi è causa di disonore*] honte: *quel ragazzo è il vituperio della sua famiglia* ce garçon est la honte de sa, la famille **4** [*ciò che è causa di vituperio*] honte **C** 2 **onore.**

vituperóso |vitupe'roso| *agg.* **1** [*di vituperio*] injurieux*: *parole infamanti e vituperose* paroles infamantes et injurieuses **2** [*abietto, disonorevole*] déshonorant: *azione vituperosa* action déshonorante.

viùzza |vi'uttsa| *s.f.* [*via angusta, stretta*] ruelle.

viva |'viva| *inter.* (*esprime 'approvazione, plauso, augurio' verso qc. o q.c.*) vive; vivent: *viva l'Italia!* vive l'Italie!; *viva l'Inter!* vive l'Inter! ‖ *viva i vincitori!* vivent les vainqueurs! ◇ (*fam.*) *viva la faccia della sincerità!* vive la sincérité! ✦ (*s.m.*) *un viva* un bravo # *un viva chiaro proruppe da tutti i presenti* toute l'assistance applaudit très fort.

vivacchiàre |vivak'kjare| *v.intr.* (*aus.* '*avere*') [*vivere, tirare avanti alla meglio*] vivoter: '*come va?*' '*si vivacchia*' 'comment ça va?' 'ça marche'.

vivàce |vi'vatʃe| *agg.* **1** [*pieno di vitalità fisica, di dinamismo*] vif*: *un bambino, un ragazzo vivace* un enfant, un garçon vif; *una scolaresca vivace ed irrequieta* des écoliers vifs et turbulents → **esuberante** **2** (*fig.*) [*che rivela prontezza e versatilità*] vif: *una intelligenza vivace* une vive intelligence → **brillante**; *è un uomo dalla mente vivace e profonda* c'est un esprit à la fois vif et profond; *i suoi occhi vivaci denotano simpatia* ses yeux vifs expriment la sympathie **3** (*fig.*) [*caratterizzato da grande mobilità o intensità*] animé, vif: *il dibattito si faceva un po' troppo vivace* le débat devenait un peu trop animé, vif; *la sua conversazione è vivace e briosa* sa conversation est animée et pleine de brio; *veste colori troppo vivaci* elle s'habille de couleurs trop vives # *questo giornalista ha uno stile semplice e vivace* ce journaliste a un style simple et alerte ◇ (*mus.*) vivace: *allegro vivace* allegro vivace; *vivace con brio* vivace avec brio **4** (*lett.*) [*che dà vita*] vif (*corr.*): *aure vivaci* airs vifs **5** (*bot.*) vivace: *piante vivaci* plantes vivaces **C** 1 **calmo, apatico.**

vivaceménte |vivatʃe'mente| *avv.* [→ VIVACE 1, 2, 3] vivement.

vivacità |vivatʃi'ta| *s.f. inv.* vivacité (*var.*): *è un bambino dalla vivacità eccessiva* c'est un enfant d'une vivacité excessive; *sa condurre con vivacità un discorso* il sait s'exprimer avec vivacité; *chiunque apprezza la vivacità della sua intelligenza* chacun apprécie la vivacité de son intelligence # *scrive in un modo pieno di vivacità* il écrit avec un style alerte.

vivacizzàre |vivatʃid'dzare| *v.tr.* [*rendere vivace*] animer: *vivacizzare un dibattito* animer un débat.

vivaddìo |vivad'dio| *inter.* (*si usa per rafforzare un'escl.*) parbleu, pardi (*corr.*): *vivaddio, gliela farò pagare!* je lui ferai payer ça, parbleu, pardi.

vivàgno |vi'vaɲɲo| *s.m.* → **cimosa.**

vivàio, i |vi'vajo, i| *s.m.* **1** (*pesca*) vivier # *trota di vivaio* truite d'élevage; *un vivaio di anguille* un élevage d'anguilles **2** (*agr.*) pépinière *f.* **3** (*fig.*) [*luogo, ambiente in cui ci si forma una particolare preparazione*] pépinière: *un vivaio di campioni, di tecnici* une pépinière de champions, de techniciens.

vivaìsta |viva'ista| *s.* **1** [*chi è addetto a un vivaio di pesci*] pisciculteur *m.* **2** [*chi è addetto a un vivaio di piante*] pépiniériste.

vivaìstico, ci, ca, che |viva'istiko, tʃi, ka, ke| *agg.* [*del, di vivaio*] pépiniériste.

vivaménte |viva'mente| *avv.* [→ VIVO I 2, 3, 4] vivement.

vivànda |vi'vanda| *s.f.* **1** [*cibo preparato per il pasto*] plat *m.*, mets (*m. pl.*): *vivande saporite, genuine* des plats, des mets savoureux, naturels; *portare in tavola le vivande* servir les plats (sur la table) **2** (*raro*) [*piatto, portata*] plat (*corr.*): *le prime, le seconde vivande* les premiers, les deuxièmes plats.

vivandière |'vivandjɛre| *s.* vivandier*

vivàrio, i |vi'varjo, i| *s.m.* vivarium.

vivènte |vi'vɛnte| *agg.* vivant: *organismi, esseri viventi* organismes, êtres vivants; *ha i genitori viventi* ses parents sont vivants → **vivo** ◇ (*loc. fig.*) *è l'immagine vivente del padre* c'est le portrait vivant de son père ✦ (*s.*) *i viventi* les vivants; *un mal vivente* → **malvivente.**

vivènza |vi'vɛntsa| *s.f.* (*bur.*) subsistance: *vivenza a carico* subsistance en charge.

1 **vìvere** |'vivere| (194) **A** *v.intr.* (*aus.* '*essere*', *raro* '*avere*') **1** [*avere vita; essere dotato di vita*] vivre (58) (*aus.* avoir): *gli uomini vivono più a lungo in Europa che in Asia* les hommes vivent plus longtemps en Europe qu'en Asie; *l'ammalato ha cessato di vivere* le malade a cessé de vivre → **morire**; *questi animali vivono bene solo al caldo* ces animaux ne vivent bien qu'au chaud # *ci sono piante che vivono sulle rocce* il y a des plantes qui poussent sur les rochers ◇ (*loc.*) *chi vivrà, vedrà* qui vivra, verra ◇ (*prov.*) *chi muore giace e chi vive si dà pace* il faut laisser les morts enterrer les morts **2** [*trascorrere l'esistenza in modo e per scopi diversi*] vivre: *vivere con tranquillità, con rettitudine* vivre tranquille, honnêtement; *vivere in pace, senza pensieri, alla giornata* vivre en paix, sans souci, au jour le jour; *vivere in albergo, in carcere, in esilio, all'estero* vivre à l'hôtel, en prison, en exil, à l'étranger; *vive nell'ansia, nel timore di perderlo* elle vit dans l'anxiété, dans la peur de le perdre; *vive di espedienti, di furti* il vit d'expédients, de vols; *vive da parassita, alle spalle dei suoi* il vit en parasite, aux dépens (aux crochets) de sa famille; *vive come una bestia, come un cane, da eremita* il vit comme une bête, comme un chien, en ermite; *prima viveva del proprio lavoro, ora vive di rendita* avant il vivait de son travail, maintenant il vit de ses rentes; *dopo il fallimento vivono miseramente* après la faillite, ils vivent dans la misère; *vivono in America, a Milano* ils vivent en Amérique, à Milan; *vive d'amore, di speranze* il vit d'amour, d'espoir; *quella madre vive per il suo unico figlio* cette mère vit pour son fils unique # *per me puoi vivere tranquillo* pour moi, tu peux être tranquille ◇ (*loc. fig.*) *non si vive di solo pane* l'homme ne vit pas seulement de pain ◇ (*prov.*) *chi vuol vivere e star bene prenda il mondo come viene* pour vivre heureux, il faut prendre les choses comme elles viennent, le monde comme il est ✦ (*ass.*) *vivi e lascia vivere* vivre et laisser vivre; *bisogna saper vivere* il faut savoir vivre; *ha vissuto molto, perciò conosce la vita* il a beaucoup vécu, aussi connaît-il la vie; *quei ragazzi non lo lasciano vivere* ces enfants ne le laissent pas vivre tranquille (en paix); *questo non è vivere!* ce n'est pas une vie! # *devi ancora imparare a vivere* tu dois encore apprendre la vie; '*come va?*' '*si vive*' 'comment ça va?' 'ça va, on fait aller' **3** (*fig.*) [*esistere, durare*] exister (*aus.* avoir): *è un'usanza che vive ancora nelle campagne* c'est une coutume qui existe encore dans les campagnes # *la sua fama vivrà in eterno* sa renommée sera éternelle; *quel ricordo continua a vivere nel suo cuore* ce souvenir continuera à vivre dans son cœur **4** (*tip.*) *vive* bon, stet **B** *v.tr.* **1** [*trascorrere la vita*] vivre: *vivere una vita felice, un'esistenza tranquilla* vivre une vie heureuse, une existence tranquille # *ognuno vive la propria vita come vuole* chacun conduit sa vie comme il veut **2** [*passare, provare*] vivre: *ho vissuto attimi di angoscia, di felicità* j'ai vécu des moments d'angoisse, de bonheur; *ha vissuto il suo dramma senza lamentarsi* il a vécu son drame sans se plaindre; *sta vivendo una bella avventura* il est en train de vivre une belle aventure **3** [*partecipare, impersonare*] incarner: *vive il suo ruolo in modo perfetto* il incarne son rôle d'une manière parfaite; *è un attore che vive la propria parte* c'est un acteur qui incarne admirablement son rôle # *vive con lui gioie e dolori* elle partage joies et douleurs avec lui.

2 **vìvere** |'vivere| *s.m. inv.* [*il* (*modo di*) *condurre la vita*] vie (*f. var.*): *che vivere!* quelle vie!; *il vivere diventa sempre più difficile* la vie devient toujours plus difficile; *è un tipo che ama il quieto vivere* c'est une personne qui aime la vie tranquille; *il vivere costa sempre più caro* la vie devient toujours plus chère; *il vivere in questo modo è una continua frustrazione* cette vie est une continuelle frustration.

vìveri |'viveri| *s.m. pl.* denrées *f.*, vivres: *il costo dei viveri aumenta ogni giorno* le prix des denrées augmente chaque jour; *quell'ufficiale è addetto ai viveri* cet officier est chargé des vivres → **vettovaglie** ◇ (*loc.*) *tagliare i viveri a qc.* couper les vivres à quelqu'un.

vivèrra |vi'vɛrra| *s.f.* (*t.zool.*) civette.

Vivèrridi |vi'vɛrridi| *s.m. pl.* (*t.zool.*) Viverridés.

'viveur' |vivœʀ| *s.m. inv.* viveur *var.* # *vuol fare il 'viveur'* il veut faire la noce.

vivézza |vi'vettsa| *s.f.* vivacité: *la vivezza dell'ingegno, dello stile* la vivacité de l'esprit, du style; *la vivezza di un colore* la vivacité d'une couleur # *la vivezza di un ritratto* un portrait vivant.

vivi- |vivi| *pref.* (*significa 'vivo', corrisponde gener. a*) vivi: *vivificazione* vivification.

vìvido |'vivido| *agg.* **1** [*molto vivace, intenso*] vif*: *una luce vivida* une lumière vive; *colori vividi* des couleurs vives → **splendente, smagliante** **2** (*lett.*) [*pieno di vita, che infonde vita*] vif (*corr.*) **3** (*fig.*) [*acuto, penetrante*] vif: *un ingegno vivido* un esprit vif ⊡ 1 **scuro, fosco.**

vivificànte |vivifi'kante| *agg.* vivifiant: *spira un'aria vivificante* il souffle un air vivifiant.

vivificàre |vivifi'kare| *v.tr.* **1** [*rendere vivo; costituire il principio vitale di qc. o di q.c.*] donner la vie à, vivifier (*lett.*): *il sole vivifica la natura* le soleil donne la vie à la nature, vivifie la nature; *è l'anima che vivifica il corpo* c'est l'âme qui vivifie le corps **2** [*infondere nuovo impulso e vigore*] *la pioggia ha vivificato le piante* la pluie a donné, rendu la vie aux plantes ◇ (*fig.*) *la sua presenza vivifica il gruppo* sa présence donne l'étincelle au groupe **3** (*fig.*) [*animare*] vivifier # *l'artista vivifica il marmo* l'artiste donne la vie au marbre, anime le marbre.

vivificativo |vivifika'tivo| *agg.* (*lett.*) vivifiant (*corr.*).

vivificatóre, trice |vivifika'tore, tritʃe| *agg.* vivifiant: *il principio vivificatore* le principe vivifiant.

vivificazióne |vivifikat'tsjone| *s.f.* (*lett.*) [→ VIVIFICARE 1] vivification (*corr.*).

vivifico, ci, ca, che |vi'vifiko, tʃi, ka, ke| *agg.* (*lett.*) [*che dà vita*] vivifiant (*corr.*).

vivinatalità |vivinatali'ta| *s.f. inv.* (*stat.*) natalité *var.* effective.

viviparità |vivipari'ta| *s.f. inv.* (*biol.*) viviparité *var.*

viviparo |vi'viparo| *agg. e s.* (*bot., zool.*) vivipare.

vivisettóre |viviset'tore| *s.m.* vivisecteur.

vivisettòrio, i |viviset'tɔrjo, i| *agg.* de la vivisection *loc. inv.*

vivisezionàre |vivisettsjo'nare| *v. tr.* **1** [*fare la vivisezione*] pratiquer la vivisection **2** (*fig.*) [*esaminare scrupolosamente*] disséquer (8), éplucher: *ha vivisezionato il problema, la questione* il a disséqué, épluché le problème, la question.

vivisezióne |viviset'tsjone| *s.f.* **1** vivisection: *fare la vivisezione di un animale* pratiquer la vivisection sur un animal **2** (*fig.*) [*esame, analisi rigorosa*] analyse, épluchage (*m.*): *la vivisezione di un testo* l'analyse, l'épluchage d'un texte.

vivo |'vivo| **I** *agg.* **1** [*che è in vita; che non è morto*] vivant: *organi, tessuti vivi* organes, tissus vivants; *piante vive* plantes vivantes; *il bambino è nato vivo* l'enfant est né vivant → **vitale** 3; *quando fu catturato, l'animale era ancora vivo* quand il fut capturé, l'animal était encore vivant ◇ (*loc. fig.*) *se lo incontro, me lo mangio vivo* si je le rencontre, je le mange tout cru ~ *alla fine era più morto che vivo* à la fin il était plus mort que vif ~ *è da un po' di tempo che non ti fai vivo* cela fait pas mal de temps qu'on ne t'a vu ~ *in paese non c'era anima viva* dans le village il n'y avait âme qui vive ~ *è meglio che tu l'informi a voce viva* il vaut mieux que tu le renseignes de vive voix ~ *pensavo al peggio, e invece era vivo e vegeto* je craignais le pire, alors qu'il se porte comme un charme ◇ (*prov.*) *meglio un asino vivo che un dottore morto* chien en vie vaut mieux que lion mort **2** (*per est.*) [*che permane*] vivant: *non vuole studiare il latino ma una lingua viva* il veut apprendre une langue vivante et non le latin; *la sua immagine è sempre viva nella mia mente* son image est toujours vivante dans mon esprit # *l'uso vivo di una lingua* l'usage courant d'une langue; *questo costume è ancora vivo in montagna* cet usage existe encore dans la montagne **3** [*vivace, attivo*] vif*: *ha un'intelligenza viva e pronta* il a une intelligence vive et prompte; *due occhi vivi le brillavano in viso* deux yeux vifs éclairaient son visage → **ridente**; *è un bambino troppo vivo, ma buono* c'est un enfant trop vif, mais gentil ◇ (*loc. fig.*) *le forze vive della nazione* les forces vives de la nation ~ *ha l'argento vivo addosso* il a du vif argent dans les veines **4** [*intenso, profondo*] vif: *è un colore vivo e brillante* c'est une couleur vive et brillante; *questa luce è troppo viva* cette lumière est trop vive; *questo pesce va cotto a fuoco vivo* ce poisson doit être cuit à feu vif; *provo verso di lei una viva simpatia* j'éprouve une vive sympathie pour elle; *mi ascoltarono con vivo interesse* ils m'écoutèrent avec un vif intérêt ◇ (*loc.*) *vivi ringraziamenti* vifs remerciements; *vivissimi auguri* meilleurs vœux; *gli sono grato di vivo cuore* je lui suis reconnaissant de tout cœur **5** (*fig.*) [*che ha le caratteristiche di ciò che vive*] vif: *acqua viva* eau vive; *aria viva* air vif; *calce viva* chaux vive # *spese vive* frais en matières premières, en fournitures ◇ *loc. avv.* A VIVA FORZA de vive force: *lo trascinarono a viva forza* ils l'entraînèrent de vive force **II** *s.m.* **1** *al plur.* [*gli esseri viventi*] vivants: *bisogna pensare ai vivi* il faut penser aux vivants; *non è più tra i vivi* il n'est plus parmi les vivants → **morto** **2** [*parte viva*] *la punta di ferro gli penetrò nel vivo* la pointe de fer le pénétra en pleine chair; *finalmente entriamo nel vivo della discussione* nous entrons enfin dans le vif du sujet ◇ *loc. fig.* SUL VIVO au vif: *quel discorso lo toccò sul vivo* ce discours le piqua au vif; *mi ha punto sul vivo* il m'a piqué au vif # *nel vivo del cuore ha ancora dei buoni sentimenti* au fond du cœur il a encore de bons sentiments **3** *loc.* DAL VIVO sur le vif # *registrazione dal vivo* enregistrement en direct ~ AL VIVO au vif: *stampare al vivo* imprimer au vif **4** (*mil.*) tranche (*f.*): *vivo di volata* tranche de la bouche; *vivo di culatta* tranche de culasse.

vivucchiàre |vivuk'kjare| *v.intr.* (*aus. 'avere'*) → **vivacchiare.**

viziàre |vit'tsjare| **A** *v.tr.* **1** (*persone, animali*) [*permettere o causare l'insorgere di un comportamento vizioso*] gâter: *con la sua debolezza vizia i bambini* avec sa faiblesse il gâte les enfants; *ha viziato il cane e ora quello non fa più la guardia* son chien, trop gâté, n'assure plus la garde **2** (*fig.*) (*cose*) [*corrompere, causare un difetto in q.c.*] vicier: *il fumo vizia l'aria di questa stanza* l'air de cette pièce est vicié par la fumée; *quest'errore ha viziato tutta la procedura* cette erreur a vicié toute la procédure # *troppi medicinali viziano il sangue* l'excès de médicaments empoisonne le sang **B** *v.pron. intr.* VIZIARSI [*contrarre vizi, cattive abitudini*] devenir (27) *intr.* vicieux*: *quel bambino si è viziato perché è troppo coccolato* cet enfant est devenu vicieux parce qu'il est trop choyé; *frequentando quella compagnia quel ragazzo si vizierà* en fréquentant cette compagnie ce garçon deviendra vicieux.

viziàto |vit'tsjato| *agg.* **1** [*coccolato*] gâté: *un bambino, un cane viziato* un enfant, un chien gâté, mal élevé **2** [*corrotto, inquinato*] vicié: *aria viziata* air vicié **3** (*dir.*) vicié: *una sentenza viziata* une sentence viciée; *un contratto viziato* un contrat vicié.

viziatùra |vittsja'tura| *s.f.* (*med.*) viciation.

vìzio, i |'vittsjo, i| *s.m.* **1** [*tendenza al male; pratica abituale del male*] vice: *è un uomo pieno di vizi* c'est un homme plein de vices; *si è incamminato sulla strada del vizio* il s'est engagé sur la voie du vice; *è caduto nel vizio della droga, dell'alcool* il a sombré dans le vice de la drogue, de l'alcool; *in quell'ambiente ha contratto il vizio del gioco* dans ce milieu il a contracté le vice du jeu # *il vizio della gola lo farà ammalare* la gourmandise le rendra malade; *i sette vizi capitali* les sept péchés capitaux ◇ (*prov.*) *l'ozio è il padre dei vizi* l'oisiveté est mère de tous les vices **2** [*cattiva abitudine*] mauvaise habitude (*f.*): *ha preso il vizio di rosicchiarsi le unghie* il a pris la mauvaise habitude de se ronger les ongles; *devi perdere il vizio di parlare troppo* tu dois perdre cette mauvaise habitude de parler trop; *quel cane ha il vizio di mordere* ce chien a la mauvaise habitude de mordre ◇ (*prov.*) *il lupo perde il pelo ma non il vizio* qui a bu boira **3** [*imperfezione, difetto*] vice: *quel cavallo ha un vizio nell'andatura* ce cheval a un vice dans l'allure; *questo tessuto ha un vizio di lavorazione* ce tissu a un vice de confection; *in questa macchina ci sono troppi vizi di fabbricazione* dans cette voiture il y a trop de vices de fabrication # *quest'orologio ha il vizio di correre troppo* cette montre a le défaut d'avancer **4** (*dir.*) vice: *vizio di consenso* vice de consentement; *in questo documento c'è un vizio di legittimità* dans ce document il y a un vice de légitimité # *nell'imputato è stato riscontrato un vizio di mente* l'accusé a été reconnu faible d'esprit, débile mental **5** (*med.*) vice: *vizio cardiaco* vice cardiaque ⊡ 1 **virtù.**

viziosaménte |vittsjosa'mente| *avv.* [→ VIZIOSO] vicieusement (*raro*).

viziosità |vittsjosi'ta| *s.f. inv.* [*l'essere vizioso*] vice (*m. var.*): *viziosità di una persona* vice d'une personne; *viziosità di un ragionamento* vice d'un raisonnement.

vizióso |vit'tsjoso| *agg.* **1** [*pieno di vizi*] vicieux*: *un uomo vizioso* un homme vicieux; *una vita viziosa* une existence vicieuse → **corrotto** ✦ (*s.*) *un vizioso* un vicieux: *che vizioso!* quel vicieux!; *si vede dalla faccia che è un vizioso* rien qu'à le regarder on voit que c'est un vicieux → **depravato** **2** [*difettoso, inesatto*] vicieux: *andatura viziosa* allure vicieuse; *pronuncia viziosa* prononciation vicieuse ◇ (*loc. fig.*) *circolo vizioso* cercle vicieux ⊡ 1 **virtuoso.**

vìzzo |'vittso| *agg.* **1** (*di fiori*) [*che ha perso la freschezza*] fané, flétri → **appassito, avvizzito** **2** (*di frutti*) [*che non è più fresco*] blet* **3** [*che ha perso* *l'elasticità dei tessuti*] flasque: *un vecchio dalle guance vizze* un vieux aux joues flasques.

vocabolàrio, i |vokabo'larjo, i| *s.m.* **1** vocabulaire; langue (*f.*): *vocabolario ricco, limitato, scorretto, dialettale* vocabulaire riche, limité, incorrect, dialectal → **lessico** || *il vocabolario dantesco, manzoniano* la langue de Dante, de Manzoni; *usa un vocabolario ottocentesco* il emploie une langue du XIXe siècle; *il vocabolario degli scienziati diventa sempre più complesso* le langage, la langue des savants devient toujours plus complexe **2** [*dizionario*] dictionnaire: *vocabolario scolastico, tascabile, pratico* dictionnaire scolaire, de poche, pratique; *sa tradurre senza vocabolario* il sait traduire sans dictionnaire; *occorre consultare un vocabolario* il faut consulter un dictionnaire.

vocabolarìsta |vokabola'rista| *s.* → **lessicografo.**

vocàbolo |vo'kabolo| *s.m.* (*ling.*) vocable, mot (*corr.*): *i vocaboli di una lingua* les vocables, les mots d'une langue → **parola** ◇ [*termine*] terme: *i vocaboli scientifici, tecnici* les termes scientifiques, techniques.

1 **vocàle** |vo'kale| *agg.* vocal*: *corde vocali* cordes vocales; *canale vocale* canal vocal; *musica vocale* musique vocale.

2 **vocàle** |vo'kale| *s.f.* (*ling.*) voyelle: *vocale aperta, chiusa, breve, lunga* voyelle ouverte, fermée, brève, longue; *le vocali atone, toniche* les voyelles atones, toniques; *le vocali e le consonanti di una parola* les voyelles et les consonnes d'un mot.

vocàlico, ci, ca, che |vo'kaliko, tʃi, ka, ke| *agg.* vocalique: *funzione vocalica* fonction vocalique; *fonemi vocalici* phonèmes vocaliques.

vocalìsmo |voka'lizmo| *s.m.* (*ling.*) vocalisme: *il vocalismo italiano* le vocalisme italien; *il vocalismo dei dialetti di una regione* le vocalisme des dialectes d'une région.

vocalità |vokali'ta| *s.f. inv.* (*mus.*) caractère *m. var.* vocal d'une musique.

vocalizzàre |vokalid'dzare| **A** *v.tr.* [*sottoporre a vocalizzazione*] vocaliser: *vocalizzare una consonante, un testo ebraico* vocaliser une consonne, un texte hébreu **B** *v.intr.* (*aus.* '*avere*') [*eseguire dei vocalizzi*; *cantare sulle vocali*] vocaliser **C** *v.pron. intr.* VOCALIZZARSI [*subire il fenomeno della vocalizzazione*] se vocaliser.

vocalizzazióne |vokaliddzat'tsjone| *s.f.* (*ling., mus.*) vocalisation.

vocalìzzo |voka'liddzo| *s.m.* (*mus.*) vocalise (*f.*): *fare dei vocalizzi* faire des vocalises.

vocalménte |vokal'mente| *avv.* [→ 1 VOCALE] vocalement.

vocatìvo |voka'tivo| *agg.* (*gram.*) vocatif*: *caso vocativo* cas vocatif ✦ (*s.m.*) *il vocativo* le vocatif.

vocazióne |vokat'tsjone| *s.f.* **1** (*fig.*) [*inclinazione, disposizione*] vocation: *ha la vocazione per l'arte, la musica* il a la vocation pour l'art, la musique; *è meglio seguire la propria vocazione* il vaut mieux suivre sa vocation → **attitudine** **2** (*relig.*) vocation: *la vocazione di Maometto* la vocation de Mahomet; *quel sacerdote ha sentito la vocazione molto presto* ce prêtre a eu une vocation précoce **3** (*gram.*) vocatif (*m.*): *complemento di vocazione* complément vocatif → **vocativo** **4** (*dir.*) vocation: *vocazione ereditaria* vocation héréditaire.

vóce |'votʃe| *s.f.* **1** (*persone*) voix: *voce forte, tonante, esile, sicura* voix forte, tonnante, fluette, sûre; *voce fresca, sonora, cristallina* voix fraîche, sonore, cristalline; *voce vibrante, suadente, infantile* voix vibrante, persuasive, infantile; *ha perso la voce* il a perdu la voix; *è rimasto senza voce* il est resté sans voix; *abbassa il tono di voce!* baisse le ton (de ta voix)! ◇ (*mus.*) *voci bianche* voix blanches; *voce di soprano, contralto, tenore* voix de soprano, contralto, tenor; *fuga a tre voci* fugue à trois voix ◇ (*per est.*) *concorso di voci nuove* concours de nouveaux chanteurs ◇ *loc.* A VOCE: *è meglio esprimersi a voce, a viva voce* il vaut mieux s'exprimer oralement, de vive voix; *borbottava a mezza voce* il grommelait à mi-voix; *parlava a gran voce, a piena voce* il parlait à haute voix, à pleine voix; *risposero a una voce* [*tutti insieme*] ils répondirent d'une seule voix; *parla a voce più alta* parle plus fort ~ *si lamentava sottovoce, con un filo di voce* il se plaignait tout bas, avec un filet de voix ~ *gridava con quanta voce aveva in corpo* il criait à pleins poumons ~ *fa la voce grossa ai figli* il fait la grosse voix à ses enfants ~ *non rifare la voce a tuo fratello* [*non imitarlo*] n'imite pas la voix de ton frère ~ *perché dai sulla voce a tutti?* [*li contraddici*] pourquoi contredis-tu tout-le monde? ~ *dagli una voce* [*chiamalo*] appelle-le ~ *i rumori coprivano la sua voce* les bruits couvraient sa voix ~ (*mar.*) (*dare*) *alla voce!* triple hourra! ✦ (*ass.*) *voce!* plus fort!; (*al cinema*) le son! **2** (*per est.*) (*animali*) voix: *la voce del pappagallo* la voix du perroquet # *la voce stridula delle cicale* le chant strident des cigales **3** (*per est.*) (*cose*) bruit (*m.*): *le voci del bosco* les bruits de la forêt; *la voce del ruscello, del vento* le bruit du ruisseau, du vent; *la voce mormorante del mare* le bruit murmurant de la mer ◇ (*mus.*) voix, son (*m.*): *la voce del violino, del pianoforte* la voix, le son du violon, du piano → **suono**; *questa radio ha una bella voce* cette radio a un beau son **4** [*persona che parla*] voix: *si udì una voce in lontananza* on entendit une voix dans le lointain; *nel buio si alzò una voce* dans l'obscurité une voix s'éleva ◇ (*fig.*) *è una voce nuova nel campo politico* il est nouveau dans le domaine de la politique **5** (*fig.*) [*opinione, suggerimento*] voix: *segui la voce della tua coscienza* il faut écouter la voix de la conscience; *ha ascoltato la voce del cuore, del dovere* il a écouté la voix du cœur, du devoir; *la mia voce non è ascoltata* on ne m'écoute pas ◇ (*loc.*) *avere* (*la*) *voce in capitolo*: (*pr., fig.*) avoir voix au chapitre ◇ (*prov.*) *voce di popolo, voce di Dio* voix du peuple, voix de Dieu **6** [*notizia di fonte generica o imprecisata*] bruit: *una ridda di voci* une foule de bruits; *corre voce che ci sarà lo sciopero dei mezzi pubblici* le bruit court qu'il y aura la grève des transports publics; *si è sparsa la voce di una svalutazione monetaria* le bruit court d'une dévaluation monétaire → **notizia**; *non capisco chi metta in giro queste voci* je ne comprends pas qui fait courir ces bruits → **chiacchiera**; *è soltanto una voce allarmistica* ce n'est qu'un bruit alarmiste # *si sono passati la voce* ils se sont passé le mot ◇ (*loc. fig.*) *voci di corridoio* [*indiscrezioni*] bruits de couloirs **7** (*gram., ling.*) voix; mot *m.*; article (*m.*): *le voci verbali* les voix actives, passives; '*andiamo*' *è voce del verbo* '*andare*' 'nous allons', voix du verbe 'aller' || *una voce dialettale* un mot dialectal → **parola, termine**; *un'enciclopedia di 200.000 voci* une encyclopédie de 200.000 mots; *è voce d'uso* c'est un mot d'usage || *compilare una voce per un vocabolario* rédiger un article pour un dictionnaire; *questa parola si trova sotto la voce X* ce mot se trouve à l'article X **8** (*comm., econ.*) article, rubrique: *le voci del bilancio* les articles, les rubriques du bilan; *le voci della spesa sono aumentate* la rubrique des dépenses comporte davantage d'articles; *questo catalogo porta tutte le voci* ce catalogue porte tous les articles; *le tariffe non comprendono tutte le voci* les tarifs ne comprennent pas tous les articles.

vócero |'votʃero| *s.m.* (*etn.*) vocero, vocéro.

1 **vociàre** |vo'tʃare| *v.intr.* (*aus.* '*avere*') **1** [*parlare a voce troppo alta*] crier: *non vociare così!* ne crie pas comme ça! → **urlare, gridare** **2** (*per est.*) [*fare dei pettegolezzi*] cancaner: *il vicinato sta vociando* le voisin est en train de cancaner.

2 **vociàre** |vo'tʃare| *s.m. inv.* **1** [*il rumore prodotto da molte persone che parlano insieme*] brouhaha (*var.*): *il vociare della folla* le brouhaha de la foule **2** (*per est.*) [*chiacchiere, dicerie*] racontar: *il vociare maligno dei colleghi* les racontars méchants des collègues.

vociferàre |votʃife'rare| **A** *v.tr.* [*spargere la voce*; *insinuare con insistenza*] faire (45) *intr.* courir le bruit: *si vociferano le cose più strane* on fait courir les bruits les plus étranges # *vociferano che ci saranno nuovi aumenti* le bruit court qu'il y aura de nouvelles hausses **B** *v.intr.* (*raro*) (*aus.* '*avere*') [*parlare a voce alta e a lungo*] vociférer (8): *ma che cosa sta vociferando?* mais qu'est-ce qu'il vocifère?

vociferatóre, trice |votʃifera'tore, tritʃe| *s.* **1** [*chi grida*] vociférateur* (*raro*) **2** [*chi sparge voci, notizie*] personne *f.* qui fait courir des bruits.

vociferazióne |votʃiferat'tsjone| *s.f.* [→ VOCIFERARE A] rumeur: *non c'è niente di vero*: *è una vociferazione* il n'y a rien de vrai: ce n'est qu'une rumeur.

vocìno |vo'tʃino| *s.m.* petite voix *f.*

vocìo, ii |vo'tʃio, ii| *s.m.* [*un vociare continuato*] brouhaha: *questo vocio mi disturba* ce brouhaha me dérange; *nel gruppo il vocio continuava ad aumentare* dans le groupe le brouhaha continuait d'augmenter.

vocióne |vo'tʃone| *s.m.* grosse voix (*f.*): *con il suo vocione ha spaventato il bambino* avec sa grosse voix il a effrayé l'enfant.

vòdka |'vɔtka, 'vɔdka| *s.f. inv.* (*russo*) vodka *var.*

1 **vóga, ghe** |'voga, ge| *s.f.* (*mar.*) rame, nage: *a voga* à la rame; *voga corta, lunga* nage courte, longue # *sta-*

re alla voga ramer; *si esercitano per il campionato di voga* ils s'exercent pour le championnat d'aviron.
2 **vóga, ghe** |'voga, ge| *s.f.* **1** [*moda, diffusione*] vogue, mode: *è in voga un nuovo taglio di capelli* une nouvelle coupe de cheveux est en vogue, à la mode; *è venuto in voga questo tipo di canzone* ce genre de chanson est devenu à la mode; *non c'è più la voga delle gonne corte* les jupes courtes ne sont plus à la mode → **usanza** **2** [*impeto, entusiasmo*] ardeur: *studia con voga* il étudie avec ardeur; *si è messo a lavorare con voga* il s'est mis à travailler avec ardeur ◇ (*loc.*) *essere* IN VOGA DI [*avere intenzione di*] avoir l'intention, avoir envie de: *è in voga di finire tutto* il a l'intention, il a envie de tout finir.
vogàre |vo'gare| *v.intr.* (*aus. 'avere'*) [*spingere con forza i remi*] nager (3): *vogare di punta, di coppia* nager en pointe, à couple; *vogavano in avanti di buona lena* ils nageaient devant avec entrain; *vogare indietro* nager de l'arrière (à culer); *vogare lungo, adagio* nager de long, en douceur; *vogare contro il vento* nager debout (au vent) → **remare**.
vogàta |vo'gata| *s.f.* **1** tirée à l'aviron: *abbiamo fatto una bella vogata* nous avons fait une belle tirée à l'aviron # *dopo una lunga vogata li abbiamo raggiunti* après avoir longtemps ramé, nagé, nous les avons rejoints **2** [*ogni singolo tempo o atto di voga*] nage: *ha la vogata lunga, corta* il a la nage longue, courte.
vogatóre, trice |voga'tore, tritʃe| *s.* **1** *s.* [*chi voga*] nageur*, rameur* **2** *s.m.* [*attrezzo ginnico*] machine *f.* à ramer.
vogavànti |voga'vanti| *s.m. inv.* (*st. mar.*) vogue-avant.
vòglia |'vɔʎʎa| *s.f.* **1** [*impulso a soddisfare un desiderio*] envie: *ho voglia di qualcosa di nuovo* j'ai envie de quelque chose de nouveau; *gli è venuta la voglia di uscire* l'envie lui est venue de sortir; *mi hai fatto venire la voglia di un gelato* tu m'as donné envie de prendre une glace ◇ *al plur.* (*euf.*) [*impulso, istinto sessuale*] bon plaisir (*m. sing.*): *la costrinse a soddisfare le proprie voglie* il l'obligea à se plier à son bon plaisir ◇ (*loc.*) *compralo e levati la voglia* achète-le et passe-t'en l'envie ~ *muore dalla voglia di incontrarla* il meurt d'envie de la rencontrer ~ *è rimasto con la voglia in corpo* [*è rimasto insoddisfatto*] il est resté sur sa faim **2** [*volontà; disposizione buona o cattiva*] envie: *non hanno nessuna voglia di lavorare* ils n'ont aucune envie de travailler; *non ha voglia di far niente* il n'a envie de rien faire; *se avesse voglia di studiare!* si seulement il avait envie de travailler! ◇ (*loc.*) *che voglia!* quelle barbe! ~ *hai voglia!* tu peux attendre!, tu peux toujours courir ~ *chi ne ha voglia?* quelle barbe! ~ *hai voglia di sgridarlo: non ti ubbidisce* tu as beau le gronder, il ne t'obéit pas ~ *fare q.c. di mala voglia, contro voglia* faire qqch. à contre cœur ~ *stare di buona voglia* avoir du courage **3** [*macchia sulla pelle*] envie: *ha una voglia sul viso* il a une envie sur le visage **4** [*desiderio di un cibo o una bevanda particolare nella donna incinta*] envie: *da quando aspetta un bambino ha la voglia di cibi piccanti* depuis qu'elle attend un enfant, elle a des envies de plats très relevés ◇ (*fig.*) [*pezzetto*] morceau (*m.*): *una voglia di formaggio* un morceau de fromage.
vogliosaménte |voʎʎosa'mente| *avv.* [→ VOGLIOSO] avec envie *loc. inv.*
vogliόso |voʎ'ʎoso| *agg.* **1** [*pieno di capricci*] capricieux*: *un ragazzo voglioso* un garçon capricieux **2** (*lett.*) [*desideroso, bramoso*] envieux*: *sguardo voglioso* regard envieux → **cupido**.
vói |'voi| **I** *pron. pers. di 2ª pers. m. e f. pl.* **1** *sogg.* (*N.B. in it., è spesso sottinteso*) vous: *voi non potete farlo* vous ne pouvez pas le faire; (*voi*) *non l'avete visto?* ne l'avez-vous pas vu?; *voi e noi potremmo metterci d'accordo* vous et nous nous pourrions nous mettre d'accord; *voi e loro potete andare* vous et eux vous pouvez partir; *né noi né voi accetteremo una simile imposizione* ni vous ni nous n'accepterons un tel ordre; *poveri voi!* pauvres de vous!; *siete voi che...* c'est vous qui...; *siete voi?* est-ce vous? ◇ (*in unione con 'anche, pure', e con 'stesso'*): *anche* (*pure*) *voi l'avete notato, vero?* vous aussi vous l'avez remarqué, n'est-ce pas?; *voi stessi l'avete detto* c'est vous-mêmes qui l'avez dit; *lo capirete da voi stessi* vous le comprendrez vous-mêmes ◇ (*in unione con 'neanche, neppure'*): *neanche* (*neppure*) *voi l'avete visto quel film, vero?* vous non plus vous ne l'avez pas vu ce film, n'est-ce pas? ◇ (*in unione con pron. indef. o un sost.*): *voi altri avete torto* vous autres vous avez tort; *voi due laggiù!* vous (les) deux là-bas!; *voi uomini, voi donne ascoltatemi* vous autres (les) hommes, vous autres (les) femmes écoutez-moi → **voialtri** **2** (*compl. ogg.*) vous: *ho invitato proprio voi* c'est bien vous que j'ai invités → **vi** **3** (*compl. indiretto*) vous: *l'ho scritto a voi* je vous l'ai écrit; *l'ho dato a voi due* je l'ai donné à vous deux; *l'ho fatto per voi* je l'ai fait pour vous; *l'ho preparato proprio per voi* c'est bien pour vous que je l'ai préparé; *l'abbiamo fatto da noi* (*stessi*) nous l'avons fait nous-mêmes → **ve** ◇ *loc.* DA VOI [*a casa vostra, dove abitate*] chez vous: *saremo da voi alle sei* nous serons chez vous à six heures; *questo non succede da voi?* cela n'arrive-t-il pas chez vous? **II** *s.m.* (*con valore impers. di 3ª pers. sing.*) on (+ *v. alla 3ª pers. sing.*), vous: *quando voi pensate che si tratta di un delitto...* quand on pense qu'il s'agit là d'un crime... → **si** **III** *s.m.* vous # *dare del voi a qc.* vouvoyer qqn.
voiàltri |'vojaltri|, *f. pl.* **voiàltre** |'vojaltre| *pron. pers. di 2ª pers. pl.* (*con valore raff., esprime 'contrapposizione'*) vous autres (*m. e f.*): *noi partiamo, voialtri dovete restare* nous, nous partons, vous autres vous devez rester; *non voglio parlare con voialtre* je ne veux pas parler à vous autres ✦ (*agg.*) *voialtri studenti non avete sempre ragione* vous autres (les) étudiants n'avez pas toujours raison.
'voile' |vwal| *s.m. inv.* [*tessuto trasparente e leggero*] voile *var.*
voivòda |voi'vɔda| *s.m.* (*st.*) voïvode.
voivodàto |voivo'dato| *s.m.* (*st.*) voïvodat ◇ [*territorio di un voivoda*] voïvodie *f.*
volandièro |volan'djɛro| *agg.* (*mar.*) tramp *s.m.*
volàno |vo'lano| *s.m.* **1** (*mecc.*) volant **2** [*palla leggerissima nel gioco del badminton*] volant **3** (*comm.*) volant: *volano di cassa* volant de caisse ✦ (*agg. inv.*) *circuito volano* circuit oscillant.
'volant' |vɔlɑ̃| *s.m. inv.* volant (*var.*): *abito a 'volant'* vêtement à volants # *doppio 'volant'* bouillonné.
1 **volànte** |vo'lante| *agg.* **1** volant: *macchina volante* machine volante; *disco volante* disque volant; *cervo volante* cerf-volant # *otto volante* montagnes russes **2** [*che non è attaccato o legato*] volant: *foglio volante* feuille volante; *traguardo volante* étape volante; *indossatrice volante* mannequin volant **3** [*che si muove con grande celerità*] *colonna volante* détachement de secours; *squadra volante* police secours ✦ (*s.f.*) *la volante* la police secours → **celere** **4** (*t.zool.*) *pesce volante* poisson volant.
2 **volànte** |vo'lante| *s.m.* (*mecc.*) volant: *il volante di una valvola, del freno meccanico* le volant d'une valvule, du frein mécanique; *asso del volante* as du volant; *stare al volante* être au volant; *mettiti al volante* mets-toi au volant.
volantinàggio, i |volanti'naddʒo, i| *s.m.* distribution *f.* de tracts.
1 **volantino** |volan'tino| *s.m.* (*mecc.*) *il volantino di direzione* le petit volant de direction.
2 **volantino** |volan'tino| *s.m.* [*piccolo foglio volante distribuito in pubblico*] prospectus: *volantino pubblicitario* prospectus publicitaire; *lancio di volantini* lancement de prospectus → **manifestino** # *volantino politico* tract.
volapük |vola'pyk| *s.m. inv.* (*ling.*) volapük *var.*
volàre |vo'lare| *v.intr.* (*aus. 'essere' quando si considera lo svolgimento dell'azione; 'avere' quando si considera l'azione in sé*) **1** (*animali*) [*spostarsi per l'aria; muoversi in aria*] voler (*aus.* avoir): *l'aquila volava nel cielo* l'aigle volait dans le ciel; *le farfalle volano di fiore in fiore* les papillons volent de fleur en fleur; *i gabbiani volano rasente il mare* les mouettes volent en rasant la mer ◇ (*loc. fig.*) *non si sente volare una mosca* on n'entend pas une mouche voler ~ *crederebbe che un asino voli* [*crederebbe alle cose più assurde*] il goberait n'importe quoi **2** (*veicoli*) [*viaggiare nello spazio*] voler: *l'aereo volava a bassa quota* l'avion volait à basse altitude; *un aereo vola sulla zona sinistrata* un hélicoptère vole au-dessus de la zone sinistrée ◇ (*persone*) *ho smesso di volare* j'ai arrêté de voler; *i viaggiatori volavano ormai da diverse ore* les voyageurs volaient depuis plusieurs heures ◇ (*loc. fig.*) *è volata in cielo l'anima di...* l'âme de... est montée au ciel; *la nonna è volata in Paradiso* la grand-mère est montée au Paradis ~ *vuol volare senza ali* [*vuol fare una cosa impossibile*] il demande l'impossible **3** (*per est.*) [*essere scagliato, proiettato nell'aria*] voler: *le frecce volavano rasente gli elmetti* les flèches volaient au ras des casques; *improvvisamente un sasso volò nel cortile* tout à coup une pierre vola dans la cour # *il pallone volò fuori dal campo* le ballon sortit du terrain ◇ (*fig.*) *nella discussione volarono degli insulti* dans la discussion des insultes volèrent; *durante*

la lite volarono degli schiaffi pendant la dispute il y eut une pluie de gifles ◇ (*loc. fig.*) *il bicchiere volò in mille pezzi* le verre vola en éclats, en mille morceaux **4** (*per est.*) [*librarsi, restare sospeso nell'aria*] voler; s'envoler (*pron.*): *il vento faceva volare le foglie secche* le vent faisait voler les feuilles sèches || *la finestra si aprì e tutto volò via* la fenêtre s'ouvrit et tout s'envola; *gli è volato via il cappello* son chapeau s'est envolé **5** (*fig.*) [*cader giù, precipitare*] tomber (*aus.* être): *è volato dalle scale* il est tombé dans l'escalier; *un giocattolo è volato dal quinto piano* un jouet est tombé du cinquième étage ◇ (*fam.*) *stai attento a non volare giù* (*dalle scale*) fais attention de ne pas dégringoler (dans l'escalier) **6** (*fig.*) [*andare, correre con rapidità*] filer (*aus.* avoir): *volai alla stazione* je filai à la gare; *il tempo vola* le temps file; *questi giorni di vacanza sono volati* ces jours de vacances ont filé # *sull'autostrada sembrava che la macchina volasse* sur l'autoroute on aurait dit que la voiture volait ◇ (*loc.*) *gli anni volano in un soffio, in un attimo* les années filent en un clin d'œil, en un instant **7** (*fig.*) [*diffondersi*] voler: *la notizia è volata di bocca in bocca* la nouvelle a volé de bouche en bouche # *la fama vola* la réputation se répand **8** (*fig.*) [*andar lontano, nello spazio, nel tempo*] s'envoler: *ai bambini piace volare sulle ali della fantasia* les enfants aiment s'envoler sur les ailes de l'imagination # *volò con la memoria ai giorni felici* il se laissa emporter par le souvenir des jours heureux.

volàta |vo'lata| *s.f.* **1** [*corsa rapida; spostamento veloce*] saut *m.*; course: *faccio una volata a casa e ritorno* je fais un saut à la maison et je reviens || *ho fatto una volata in macchina* j'ai fait une course en voiture ◇ (*sport*) *il ciclista vinse con una bella volata* le cycliste gagna dans un beau sprint; *ha superato in volata gli avversari* il a battu au sprint ses adversaires ◇ *loc. avv.* DI VOLATA tout de suite: *di volata!* tout de suite!; *mangia e finisci di volata!* mange et finis tout de suite!; *devo partire di volata* je dois partir tout de suite, en toute vitesse **2** [*il volo attraverso un breve spazio*] volée: *dopo una volata, l'uccello si rifugiò nel nido* après une volée, l'oiseau se réfugia dans son nid # *l'aereo fece una piccola volata e atterrò* l'avion vola un peu et atterrit ◇ (*fig.*) *ha avuto una volata di genio* [*un colpo di genio*] il a eu une idée de génie **3** vol *m.*, volée: *una volata di uccelli* un vol, une volée d'oiseaux → **stormo** **4** (*sport*) sprint *m.*; volée: *il corridore X ha vinto la volata* le coureur X a gagné le sprint || *il tennista fece una volata perfetta* le joueur de tennis fit une volée parfaite **5** (*mil.*) volée # *vivo di volata* tranche de la bouche.

volàtile |vo'latile| *agg.* **1** [*che è atto a volare; fornito di ali*] ailé: *animali volatili* animaux ailés ✦ (*s.m.*) *il volatile* le volatile; *una gabbia* (*piena*) *di volatili* une cage (pleine) de volatiles → **uccello** **2** (*chim.*) volatil: *sostanze volatili* substances volatiles; *l'etere è molto volatile* l'éther est très volatil.

volatilità |volatili'ta| *s.f. inv.* (*chim.*) volatilité *var.*

volatilizzàbile |volatilid'dzabile| *agg.* (*chim.*) volatilisable.

volatilizzàre |volatilid'dzare| **A** *v.tr.* (*chim.*) [*rendere volatile*] volatiliser: *volatilizzare una sostanza* volatiliser une substance **B** *v.intr.* (*aus.* '*avere*') (*chim.*) [*trasformarsi in vapore*] se volatiliser *pron.* **C** *v.pron. intr.* VOLATILIZZARSI **1** (*chim.*) [→ *intr.*] se volatiliser → **evaporare** **2** (*fig.*) [*rendersi irreperibile*] se volatiliser: *sembra che si sia volatilizzato* il semble qu'il se soit volatilisé → **scomparire.**

volatilizzazióne |volatiliddzat'tsjone| *s.f.* (*chim.*) volatilisation; évaporation.

volatizzàre |volatid'dzare| *v.tr., intr.* (*aus.* '*avere*') *e pron.* → **volatilizzare.**

volatóna |vola'tona| *s.f.* (*ciclismo*) sprint *m.*

'vol-au-vent' |vɔlovɑ̃| *s.m. inv.* (*cuc.*) vol-au-vent.

volènte |vo'lɛnte| *p. pres. del v.* '*volere*' (*nella loc.*) *volente o nolente* bon gré mal gré, de gré ou de force → **consenziente** Ⓒ **nolente.**

volenteróso |volente'roso| *agg.* → **volonteroso.**

volentièri |volen'tjɛri| *avv.* [*di buona voglia, con piacere*] volontiers: *sto volentieri con loro* je reste volontiers avec eux; *mi ha sostituito volentieri* il m'a remplacé volontiers; *lavora volentieri in quell'azienda* il travaille volontiers dans cette entreprise ◇ *loc.* SPESSO E VOLENTIERI souvent: *di sera esce spesso e volentieri* le soir il sort très souvent; *mi risponde male spesso e volentieri!* il me répond souvent mal! ✦ *ass.* (*usato nelle risposte aff.*) '*mi accompagni?*' '*volentieri*' 'tu m'accompagnes?' 'volontiers'; '*vuoi venire con me al cinema?*' '(*ben*) *volentieri*' 'tu veux venir avec moi au cinéma?' '(bien) volontiers' Ⓒ **malvolentieri, controvoglia.**

1 **volére** |vo'lere| (195) **A** *v.tr. N.B. quando è usato come v. servile, assume l'aus. richiesto dall'inf. che regge* **I** (*nel suo significato specifico*) [*aver la ferma volontà, l'intenzione* (*di fare o ottenere q.c.*)] vouloir (40): *volere il successo, la vittoria a ogni costo* vouloir le succès, la victoire à tout prix; *voglio i miei soldi!* je veux mon argent! → **pretendere, esigere**; *non sa neanche lui quello che vuole* il ne sait pas lui-même ce qu'il veut ◇ *loc.* VOLERE (+ *inf.*) vouloir (+ *inf.*): *voglio andarmene* je veux m'en aller; *voleva essere eletto a tutti i costi* il voulait être élu à tout prix; *non ne ha voluto sapere* il n'a rien voulu savoir ◇ (*con l'inf. sottinteso*) *fai pure come vuoi* (*fare*) fais donc comme tu veux; *dì quello che vuoi* (*dire*) dis ce que tu veux ◇ (+ CHE + *congv.*): *voglio che te ne occupi tu* je veux que ce soit toi qui t'en occupes; *voleva che tutti lo ascoltassero* il voulait que tout le monde l'écoutât; il voulait être écouté de tous ◇ (*preceduto da* '*non*') [*proibire, vietare*] *non voglio che esca* je ne veux pas que tu sortes; *non ha voluto farlo entrare* il n'a pas voulu le faire entrer ✦ (*ass.*) *nulla è impossibile a chi vuole* rien n'est impossible à qui le veut; *volere è potere* vouloir c'est pouvoir ◇ (*dir.*) *capacità di intendere e volere* capacité d'entendre et de vouloir ◇ (*prov.*) *l'erba voglio non cresce neppure nei giardini del re* le roi dit: nous voulons ~ *chi troppo vuole nulla stringe* qui trop embrasse, mal étreint **II** (*con significati più specifici, determinati dal contesto o dal tono della voce*) **1** [*desiderare* (*vivamente*)] vouloir: *volere l'impossibile* vouloir l'impossible; *se vuoi un aiuto...* si tu veux de l'aide...; *se vuoi che resti qui...* si tu veux que je reste ici... ◇ (*al cond.*) *vorrei che tu fossi più sincero con me* je voudrais que tu sois plus sincère avec moi; *vorremmo essere informati per tempo* nous voudrions être informés à temps ◇ *loc.* VOLERE PIUTTOSTO [*preferire*] aimer mieux, préférer (8): *volle morire piuttosto che tradire gli amici* il aima mieux, il préféra mourir plutôt que de trahir ses amis ◇ (*ogg. di persona*) *ti vogliono al telefono* on te demande au téléphone; *c'è di là un signore che ti vuole* il y a de l'autre côté un Monsieur qui te demande; *se mi vuoi, sono in ufficio tutto il mattino* si tu désires me voir, je suis dans mon bureau toute la matinée ◇ (*con compl. predicativo dell'ogg.*) *nessuno lo voleva come amico, come socio* personne ne le voulait comme ami, comme associé ◇ (*loc.*) *ce n'è di roba, quanta ne vuoi* il y a autant de choses que tu veux ~ *come vuoi, come vuole, come volete* (*come formula di cortesia*) comme tu veux, comme vous voulez ~ *quanto vorrei venire con voi!* comme j'aimerais venir avec vous! ~ *vorrei morire se non è come dico!* que je meure, si ce n'est pas comme je dis! **2** [*comandare, stabilire*] vouloir: *voglio che tutto sia pronto per il mio ritorno* je veux que tout soit prêt pour mon retour; *Iddio lo vuole!* Dieu le veut! # *la legge vuole che...* la loi exige que...; *la buona creanza, l'educazione, il buon gusto vorrebbe che...* la politesse, l'éducation, le bon goût demanderait que... ◇ [*esigere, pretendere*] *ma, insomma, che cosa si vuole da me?* mais, enfin, qu'est-ce qu'on veut de moi?; (*che*) *cos'altro vuoi ancora?* qu'est-ce que tu veux encore? ◇ [*disporre*] *ha voluto essere sepolto nel suo paese natale* il a voulu qu'on l'enterre au cimetière de son village natal ◇ (*loc. fam.*) *ma quello vuole ammazzarsi!* mais il veut donc se tuer! ~ *non vorrai mica cedere anche questa volta?* tu ne vas pas céder encore une fois? ~ *voglio rovinarmi!* je veux ma ruine! ~ *l'hai* (*proprio*) *voluto tu!* c'est toi qui l'as voulu! ~ *che vuole? che vuole che le dica?* qu'est-ce que vous voulez? que voulez-vous que je vous dise? **3** [*acconsentire, permettere*] vouloir: *la mamma non lo vuole* maman ne le veut pas; *se i tuoi lo vogliono, puoi passare il week-end a casa mia* si tes parents le veulent bien, tu peux passer le week-end chez moi ◇ [*accettare, gradire*] *vuoi ancora una tazza di tè, un bicchiere di vino?* veux-tu encore une tasse de thé, un verre de vin?; *se volete accomodarvi...* si vous voulez vous asseoir... ◇ (*loc.*) *se Dio vuole...* s'il plaît à Dieu ~ *come Dio vuole, quando Dio vorrà* comme il plaît à Dieu, quand il plaira à Dieu ~ *se, Dio non voglia, dovesse succedergli qualcosa...* si, à Dieu ne plaise, il lui arrivait quelque chose ~ *come* (*quando*) *Dio volle, finalmente se ne andarono* Dieu merci, finalement ils s'en allèrent **III** (*altri significati particolari*) **1** [*chie-

dere come prezzo di una merce o di una prestazione] vouloir: *quanto vuole per questa merce?* combien voulez-vous pour cette marchandise?; *ha voluto 50.000 lire per la sola manodopera* il a voulu 50.000 lires rien que pour la main-d'œuvre **2** [*aver bisogno di, necessitare di...*] avoir (28) besoin de: *è una pianta delicata che vuole cure particolari* c'est une plante délicate qui a besoin de soins particuliers; *era un malato che voleva un'assistenza ininterrotta* c'était un malade qui avait besoin d'être constamment veillé, qu'on ne peut quitter un instant ◇ (*loc. fig.*) *anche l'occhio vuole la sua parte* l'œil veut aussi sa part de plaisir **3** (*spec. con sogg. indeterminato*) [*credere, ritenere, stimare*] penser, dire (48): *c'è chi vuole che sia tutto un imbroglio* il y en a qui pensent, disent que c'est seulement une duperie; *qualcuno vuole che in quello scandalo sia implicata un'alta personalità* certains disent qu'une haute personnalité est impliquée dans ce scandale ◇ [*tramandare*] vouloir: *vuole un'antica leggenda che...* une vieille légende veut que... **4** (*sogg. di cosa*) [*essere imminente, probabile*] aller (13) (*intr.*): *sembra che voglia piovere* on dirait qu'il va pleuvoir ◇ (*preceduto da neg.*) vouloir: *quest'estate il bel tempo non vuole proprio arrivare* cet été le beau temps ne veut pas arriver; *il motore non vuole proprio partire* le moteur ne veut vraiment pas partir **5** (*gram.*) [*richiedere, comportare*] exiger (3): *questo verbo vuole l'ausiliare 'avere'* ce verbe exige l'auxiliaire 'avoir' **6** *loc.* VOLERE ESSERE (*per indicare una previsione abbastanza fondata*): *questa volta vuol essere una crisi lunga e complessa* cette fois ce sera une crise longue et compliquée; *non è uno scherzo, ha tutta l'aria di volere essere una cosa seria* ce n'est pas une plaisanterie, cela a tout l'air d'être une chose sérieuse **7** *loc.* VOLER DIRE [*significare*] vouloir dire: *che cosa vuol dire 'spleen' in inglese?* qu'est-ce que cela veut dire 'spleen' en anglais?; (*che*) *cosa vuol dire la parola 'antropofago?'* que veut dire le mot 'antropophage?' ◇ [*intendere di dire*] *che cosa volevi dire con quel tuo gesto?* qu'est-ce que tu as voulu dire avec ton geste?; *non volevo dir questo!* je ne voulais pas dire cela! ◇ (*in forma impers.*) *questo vuol dire molto, poco, non vuol dire niente* cela a beaucoup d'importance, a peu d'importance, ne veut rien dire; *'sì, sono stato io' 'beh, che vuol dire?'* 'oui, c'est moi' 'et alors qu'est-ce que ça veut dire?' ◇ (*loc.*) *'il mio amico non c'entra' 'ah, volevo ben dire!'* 'ça ne concerne pas mon ami' 'ah, j'en étais sûr' **8** VOLER BENE, VOLER MALE (A QC.) aimer, détester; haïr (16) (qqn.): *ti ho sempre voluto bene* je t'ai toujours aimé; *gli voleva un gran bene* elle l'aimait beaucoup → **amare** ‖ *c'è qualcuno che mi vuol male* il y a quelqu'un qui me déteste, qui me hait → **odiare** # *non me ne volere* (*male*)! ne m'en veux pas! **9** (*con valore fraseologico*) *non voleva credere ai propri occhi* il n'en croyait pas ses yeux; *vuoi smettere di prenderlo in giro?* n'as-tu pas fini de te moquer de lui?; *vuoi dire che era stato proprio lui?* veux-tu parier que c'est lui qui l'a fait? **IV** *loc.* VOLERCI [*essere necessario, indispensabile*] falloir*: *qui ci vuole un cacciavite speciale, il trapano* ici il faut un tournevis spécial, une perceuse; *ci vuole così poco per accontentarlo!* il faut si peu pour le contenter!; *ci volle tutta la sua proverbiale pazienza per...* il fallut toute sa patience proverbiale pour...; *qui ci vuole altro che chiacchiere!* il faut autre chose que des bavardages! → **occorrere** ◇ *loc.* VOLERCENE: *ce l'abbiamo fatta, ma ce n'è voluta!* nous avons réussi, mais non sans peine; *ce ne vuole per convincerlo* on l'a convaincu, mais non sans peine **V** VUOI... VUOI (*con funzione di cong.*) [*sia... sia*] soit... soit: *la cosa gli è sfuggita, vuoi per negligenza, vuoi per distrazione* la chose lui a échappé, soit par négligence, soit par distraction; *c'era poca gente, vuoi per l'ora tarda, vuoi perché la cosa non interessava* il y avait peu de monde, soit à cause de l'heure tardive, soit parce que la chose n'intéressait pas **VI** (*loc. particolari*) *Dio voglia, Dio volesse che* (+ *congv.*) (*esprime 'augurio, desiderio'*) à Dieu ne plaise, plût à Dieu que (+ *congv.*) ~ *volere o no, bisogna pur farlo* qu'on le veuille ou non, il faut bien le faire ~ *volere o volare* de gré ou de force, bon gré mal gré ~ *voglia o non voglia, dovrà pur venire* bon gré mal gré, il devra venir ~ *che vuoi che ti dica?, fai come credi!* que veux-tu que je te dise?, fais comme bon te semble! ~ *volendo, si potrebbe cambiare qualche particolare* si on voulait, on pourrait changer quelques détails ~ *gli ho fatto del male, non volendo, senza volerlo* je lui ai fait mal sans le faire exprès, sans le vouloir ~ *a voler andare per il sottile* si on voulait être tatillon ~ *neanche a volerlo, non si può più porvi rimedio* même si on le voulait, on ne pourrait y porter remède ~ *qui ti ci voglio!* c'est là que je t'attends ~ *vuoi vedere che è stato proprio lui?* qu'est-ce que tu paries que ce fut vraiment lui? ~ *vuoi sapere una cosa?, vuoi saperne una?* tu veux que je te dise une (bonne) chose? ~ *voglio vedere se ne ha il coraggio* je suis curieux de voir s'il en a le courage **B** *v.pron. recipr.* (*nella loc.*) VOLERSI BENE [→ *tr.* III 8] s'aimer: *Mario e Anna si vogliono bene* Mario et Anne s'aiment; *quei due si vogliono un gran bene* ces deux là s'aiment beaucoup.

2 **volére** |vo'lere| *s.m.* **1** [*volontà, disposizione*] volonté *f.*, vouloir (*lett.*): *cedere, piegarsi al volere di qc.* céder, se plier à la volonté, au vouloir de qqn.; *eseguire il volere di qc.* exécuter la volonté de qqn. → **volontà** ◇ *loc.* BUON VOLERE [*buona volontà*] bonne volonté, bon vouloir: *con tutto il suo buon volere, non ha potuto aiutarlo* avec toute sa bonne volonté, tout son bon vouloir, il n'a pas pu l'aider **2** *al plur.* [*intenzioni, decisioni*] décisions (*f.*): *concordia, unità di voleri* concorde, unité des décisions # *piegarsi ai voleri di qc.* se plier aux caprices de qqn. → **capriccio.**

volfràmio, i |vol'framjo, i| *s.m.* → **wolframio.**

volgàre |vol'gare| *agg.* **1** (*ling.*) vulgaire: *latino volgare* latin vulgaire; *lingue volgari* langues vulgaires; *dialetti volgari* dialectes vulgaires ◆ (*s.m.*) *il volgare* la langue *f.* vulgaire: *i volgari italiani, francesi* les langues vulgaires italiennes, françaises **2** [*comune, corrente, privo di caratteristiche*] vulgaire: *conosco solo il nome volgare di questo fiore* je ne connais que le nom vulgaire de cette fleur; *questo quadro è una volgare imitazione* ce tableau est une vulgaire imitation **3** (*fig.*) [*rozzo, triviale*] vulgaire: *è un uomo volgare* c'est un homme vulgaire; *ha una bellezza appariscente e volgare* elle a une beauté voyante et vulgaire; *ha fatto un gesto volgare* il a fait un geste vulgaire Ⓒ 3 **fine.**

volgarismo |volga'rizmo| *s.m.* (*ling.*) vulgarisme.

volgarità |volgari'ta| *s.f. inv.* **1** vulgarité (*var.*): *la sua volgarità è indisponente* sa vulgarité est agaçante → **trivialità**; *la volgarità dei suoi sentimenti mi fa paura* la vulgarité de ses sentiments me fait peur → **bassezza** **2** [*espressione, gesto, parola volgare*] grossièreté (*var.*): *smettila di dire volgarità* arrête de dire des grossièretés; *non mi piacciono queste volgarità* je n'aime pas ces grossièretés.

volgarizzaménto |volgariddza'mento| *s.m.* [→ VOLGARIZZARE 2] traduction *f.* en langue vulgaire: *il volgarizzamento di un testo latino* la traduction en langue vulgaire d'un texte latin.

volgarizzàre |volgarid'dzare| *v.tr.* **1** [*rendere accessibile a persone non specializzate*] vulgariser: *non è facile volgarizzare una teoria scientifica* ce n'est pas facile de vulgariser une théorie scientifique → **divulgare** **2** [*tradurre in volgare*] traduire (75) en langue vulgaire: *volgarizzare un autore latino* traduire en langue vulgaire un auteur latin.

volgarizzatóre, trice |volgariddza'tore, tritʃe| *s.* **1** [*divulgatore*] vulgarisateur* **2** [*traduttore*] traducteur*.

volgarizzazióne |volgariddzat'tsjone| *s.f.* **1** [*divulgazione*] vulgarisation **2** [*traduzione*] traduction (en langue vulgaire).

volgarménte |volgar'mente| *avv.* **1** [*comunemente, in lingua volgare*] vulgairement: *l'epilessia è chiamata volgarmente 'convulsioni'* l'épilepsie est vulgairement appelée 'convulsions'; *come volgarmente si dice, chi sta bene non si muove* comme on dit vulgairement, qui se trouve bien ne bouge pas **2** [*in modo triviale, con volgarità*] vulgairement: *mi ha risposto volgarmente* il m'a répondu vulgairement.

1 **vòlgere** |'vɔldʒere| (196) **A** *v.tr.* **1** [*dirigere verso un punto; indirizzare verso un luogo*] tourner: *volgi il viso verso di lei* tourne le visage vers elle → **voltare**; *mi ha voltato le spalle* elle m'a tourné le dos; *la nave volge la prua verso la riva* le navire tourne la proue vers la rive, met le cap sur la terre ◇ (*fig.*) *ha voltato le spalle alla fortuna* il a tourné le dos à la fortune → **girare**; *volgeva il pensiero a nobili intenti* il tournait son esprit vers de nobles buts # *volgere il nemico in fuga* mettre l'ennemi en fuite **2** (*fig.*) [*mutare da una condizione a un'altra; far assumere una forma diversa*] *ben presto volgerà il riso in pianto* bientôt son rire fera place aux larmes; *sa volgere una frase inopportuna in una battuta* il sait transformer en plaisanterie un mot malheureux;

volgi questa frase dal francese in italiano traduis cette phrase du français en italien → **tradurre** **3** (*lett.*) [*girare, rigirare*] tourner (*corr.*): *volgere le chiavi nella serratura* tourner les clefs dans la serrure ◇ (*fig.*) *volgere nella mente q.c.* ruminer qqch. **B** *v.intr.* (*aus. 'avere'*) **1** [*piegare verso una parte*] tourner: *la strada volge a sinistra* la route tourne à gauche; *a questo punto occorre volgere verso nord* à ce point il faut tourner vers le nord **2** [*avvicinarsi, approssimarsi*] *il sole volge al tramonto* le soleil baisse à l'horizon; *il tempo volge al brutto* le temps se gâte; *la situazione volge al peggio* la situation prend une mauvaise tournure; *lo spettacolo volge alla fine* le spectacle touche à sa fin **3** (*lett.*) [*essere in corso*] se dérouler *pron.* (*corr.*): *volge il secondo anno* la deuxième année se déroule **C** *v.pron.* VOLGERSI **1** *rifl.* [*dirigersi, rivolgersi verso qc. o q.c.*] se tourner: *si volge verso di me per parlarmi* il se tourne vers moi pour me parler # *volgiamoci indietro e guardiamo se arriva* retournons-nous et regardons s'il arrive; *volgiti attorno e osserva* regarde tout autour de toi et observe ◇ (*fig.*) *si è volto a opere di bene* il s'est consacré à de bonnes œuvres; *ora si volge agli studi filosofici* maintenant il s'est mis à étudier la philosophie, il s'adonne à la philosophie **2** *intr.* [*sfogarsi, riversarsi*] se retourner: *la sua ira si volge contro di lui* sa colère se retourne contre lui ◇ (*loc.*) *davanti al pericolo si volsero in fuga* devant le danger ils prirent la fuite.

2 **vòlgere** |'vɔldʒere| (*s.m. sing.*) *col volgere degli anni si diventa più cauti* avec le temps on devient plus prudent; *nel volgere di pochi minuti era sparito* il disparut en une minute.

vólgo, ghi |'volgo, gi| *s.m.* **1** [*la classe sociale più povera e culturalmente trascurata*] homme du commun: *i pregiudizi del volgo* les préjugés de l'homme du commun → **popolino, plebe**; *agli occhi del volgo questo non conta niente* aux yeux de l'homme du commun, ceci ne compte pas **2** (*per est., spreg.*) [*massa, moltitudine indistinta*] populace *f.*, vulgum pecus (*inv.*): *il volgo non può capire queste cose* la populace ne saurait comprendre ceci.

volicchiàre |volik'kjare| *v.intr.* (*aus. 'essere, avere'*) [*volare per brevi tratti*] voleter (5) (*aus.* avoir).

volièra |vo'ljɛra| *s.f.* volière: *voliera fissa, mobile* volière fixe, mobile.

volitàre |voli'tare| *v.intr.* (*aus. 'avere'*) **1** (*lett.*) [*volare continuamente qua e là*] voleter (5) (*corr.*) **2** [*svolazzare*] voltiger (3).

volitivo |voli'tivo| *agg.* **1** [*che è dotato o esprime forza di volontà*] énergique, volontaire: *si è mostrato una persona volitiva* il s'est révélé énergique, volontaire; *ha uno sguardo volitivo, una espressione volitiva* il a un regard, une expression volontaire ♦ (*s.*) *è un volitivo* c'est un homme *m.* volontaire *agg.* **2** [*della volontà, relativo alla volontà*] volitif*: *facoltà volitiva* faculté volitive.

volizióne |volit'tsjone| *s.f.* (*filos.*) *psicol.*) volition.

vólo |'volo| *s.m.* **1** (*animali*) vol: *il volo dell'aquila, delle rondini, degli insetti* le vol de l'aigle, des hirondelles, des insectes; *volo battente, planato* vol ramé, plané; *l'uccello spicca il volo, si alza in volo* l'oiseau prend son vol, s'envole ◇ (*loc.*) *panorama a volo d'uccello* panorama à vol d'oiseau ~ IN UN VOLO en un clin d'œil: *il tempo è passato in un volo* le temps a passé en un clin d'œil; *in un volo sono da te* en un clin d'œil je suis chez toi ~ PRENDERE IL VOLO s'envoler: *l'uccellino ha preso il volo* le petit oiseau s'est envolé; (*fig.*) *il detenuto ha preso il volo* le détenu s'est envolé; *la merce ha preso il volo* la marchandise s'est envolée **2** (*veicoli*) vol: *volo orizzontale, radente* vol horizontal, en rase-mottes; *volo a bassa quota* vol à basse altitude; *volo spaziale* vol spatial; *volo interplanetario* vol interplanétaire # *volo strumentale, cieco* pilotage sans visibilité; *l'aereo si è alzato in volo* l'avion a décollé; *campo di volo* terrain d'aviation ◇ (*persone*) *questo è il mio primo volo* c'est la première fois que je vole **3** (*per est.*) [*spostamento di un corpo o di un oggetto nello spazio in seguito a una spinta iniziale*] vol: *il volo di un proiettile, di una freccia* le vol d'un projectile, d'une flèche # *il pallone ha fatto un volo attraverso il campo* le ballon a volé au-dessus du terrain ◇ *loc.* AL VOLO au vol: *ha afferrato il pallone al volo* il a saisi la balle au vol; (*fig.*) *capisce tutto al volo* il comprend tout au vol; *ha saputo cogliere al volo l'occasione propizia* il a su saisir au vol l'occasion propice ~ (*fam.*) *se lo vedo, gli faccio fare un volo!* [*lo scaccio con violenza*] si je le vois, je lui fais faire un vol plané! **4** (*per est.*) [*caduta, salto*] chute (*f.*): *ha fatto un volo dalla finestra* il a fait une chute de la fenêtre; *dopo un volo pauroso si è alzato incolume* après une chute effrayante, il s'est relevé indemne; *l'alpinista ha fatto un volo di 200 metri* l'alpiniste a fait une chute de 200 mètres **5** [*stormo*] vol: *un volo di uccelli* un vol d'oiseaux # *un volo di aerei* un groupe d'avions **6** (*fig.*) [*intuizione logica o fantastica*] envolée (*f.*): *volo poetico* envolée poétique; *i voli della fantasia* les envolées de l'imagination → **fantasticheria**; *volo pindarico* envolée poétique.

volontà |volon'ta| *s.f. inv.* **1** volonté (*var.*): *è dotato di una volontà di ferro* il est doué d'une volonté de fer; *è un uomo privo di volontà* c'est un homme sans volonté; *il segreto del suo successo sta nella sua caparbia volontà* le secret de sa réussite tient dans sa volonté obstinée **2** [*il fatto di volere; ciò che si vuole*] volonté: *ha imposto la sua volontà* il a imposé sa volonté; *l'ha fatto di propria volontà, di spontanea volontà* il l'a fait de sa propre volonté; *quest'azione è frutto di una volontà deliberata* cette action est le fruit d'une volonté délibérée → **intenzione**; *ha espresso le sue ultime volontà* il a exprimé ses dernières volontés; *sia fatta la volontà di Dio* que la volonté de Dieu soit faite ◇ (*dir.*) *vizio di volontà* vice de volonté ◇ *loc. avv.* A VOLONTÀ à volonté: *mangia a volontà* mange à volonté; *ce n'è a volontà* il y en a à volonté ~ *non si può far tutto a sua volontà* [*come lui vuole*] on ne peut pas faire tout ce qu'il veut **3** [*disposizione per un determinato comportamento*] volonté: *quel ragazzo non ha volontà di studiare* ce garçon n'a pas la volonté d'étudier; *dimostra in ogni cosa la sua cattiva volontà* il démontre en toute chose sa mauvaise volonté; *non l'ha fatto per cattiva volontà* il ne l'a pas fait par mauvaise volonté, il ne l'a pas fait exprès; *è un giovane di buona volontà* c'est un jeune plein de bonne volonté; *pace in terra agli uomini di buona volontà* paix sur la terre aux hommes de bonne volonté Ⓒ 1 **abulia**.

volontariaménte |volontarja'mente| *avv.* [→ VOLONTARIO 2, 3] volontairement.

volontariàto |volonta'rjato| *s.m.* **1** [*prestazione volontaria di lavoro nelle amministrazioni civili*] service volontaire **2** (*mil.*) volontariat **3** [*periodo di pratica fatto per acquisire esperienza*] stage: *ha prestato opera di volontariato all'università, in ospedale* il a fait un stage bénévole à l'université, dans un hôpital.

volontarietà |volontarje'ta| *s.f. inv.* caractère *m. var.* volontaire.

volontàrio, i |volon'tarjo, i| *agg.* **1** volontaire: *movimento volontario* mouvement volontaire; *atti volontari* actes volontaires; *muscoli volontari* muscles volontaires **2** [*che viene fatto o svolto in seguito a una libera scelta*] volontaire: *offerta volontaria* offre volontaire; *rinuncia volontaria* renoncement volontaire → **spontaneo**; *morte volontaria* mort volontaire → **suicido**; *omicidio volontario* meurtre volontaire → **intenzionale**; *presta servizio volontario nelle forze armate* il est volontaire dans les forces armées # *ha già svolto un lungo tirocinio volontario* il a déjà fait un long stage non retribué **3** [*che svolge un'attività o presta un servizio di propria volontà*] volontaire: *esule volontario* exilé volontaire; *truppe volontarie* troupes volontaires; *sono infermiere volontarie alla Croce Rossa* ce sont des infirmières volontaires de la Croix Rouge # *è assistente volontario all'università* il est assistant non rétribué à l'université ♦ (*s.*) *un volontario* un volontaire; *i volontari della morte* les volontaires de la mort; *un volontario della guerra di liberazione* un volontaire de la guerre de libération; *una pattuglia di volontari* une patrouille de volontaires Ⓒ **1 involontario**; 3 **obbligatorio**.

volontarìsmo |volonta'rismo| *s.m.* **1** (*filos., psical.*) volontarisme **2** (*mil.*) volontariat.

volontarìstico, ci, ca, che |volonta'ristiko, tʃi, ka, ke| *agg.* volontariste: *concezioni volontaristiche* conceptions volontaristes; *atteggiamenti volontaristici* attitudes volontaristes.

volonterosaménte |volontero-sa'mente| *avv.* [→ VOLONTEROSO] avec bonne volonté *loc. inv.*

volonteróso |volonte'roso| *agg.* plein de bonne volonté: *uno scolaro volonteroso* un écolier plein de bonne volonté → **diligente**; *è un giovane inesperto ma volonteroso* c'est un jeune sans expérience, mais plein de bonne volonté Ⓒ **svogliato**.

volovelismo |volove'lizmo| *s.m.* (*sport*) vol à voile.

volovelista |volove'lista| *s.* amateur* de vol à voile, vélivole.

volovelìstico, ci, ca, che |volove'listiko, tʃi, ka, ke| *agg.* [*del volo a vela*] vélivole.

volpacchiòtto |volpak'kjɔtto| *s.m.* **1** jeune renard, renardeau **2** (*fig.*) [*persona astuta e subdola*] renard.
volpàia |vol'paja| *s.f.* **1** [*tana di volpe*] renardière **2** (*fig.*) [*luogo squallido*] taudis *m.*
volpàre |vol'pare| *v.intr.* (*aus.* '*essere, avere*') (*agr.*) [*prendere le carie*] être (43) (*aus.* avoir) atteint de (la) nielle.
volpàto |vol'pato| *agg.* (*agr.*) niellé: *grano volpato* blé niellé.
vólpe |'volpe| *s.f.* **1** (*t.zool.*) renard *m.* ~ *volpe rossa* renard roux ~ *volpe argentata* renard argenté ~ *volpe del deserto* → **fennec** ◇ (*loc. fig.*) *è una vecchia volpe* [*astuto, furbo*] c'est un vieux renard ~ *far come la volpe all'uva* faire la fine bouche, faire comme le renard des raisins **2** [*la pelliccia dell'animale omonimo*] renard: *un bel collo di volpe* un beau col de renard **3** (*agr.*) nielle **4** → **alopecia** **5** (*mar.*) renard.
volpeggiàre |volped'dʒare| *v.intr.* (*aus.* '*avere*') (*raro*) [*agire con astuzia*] renarder, ruser ◇ (*prov.*) *con la volpe convien volpeggiare* il faut hurler avec les loups.
volpicino |volpi'tʃino| *s.m.* [*il piccolo della volpe*] renardeau.
volpino |vol'pino| *agg.* [*di, da volpe*] de renard (*loc. inv.*): *muso, pelo volpino* museau, poil de renard ◇ (*fig.*) *astuzia, scaltrezza volpina* astuce, ruse de renard ◆ *s.m.* (*cane*) *volpino* loulou (de Poméranie).
volpòca, che |vol'pɔka, ke| *s.f.* (*t.zool.*) tadorne *m.*
volpóne |vol'pone| *s.* [*persona molto esperta e furba*] vieux* roublard, vieux renard (*m.*): *è un volpone!* c'est un vieux roublard, un vieux renard!
volt |vɔlt| *s.m. inv.* (*elettr.*) volt *var.*
1 **vòlta** |'vɔlta| *s.f.* **1** (*raro*) [→ VOLTARE] retour *m.* (*corr.*) ◇ (*loc.*) *rispondere a volta di corriere* répondre par retour du courrier ~ ALLA VOLTA DI: *è partito alla volta di Firenze* il est parti pour Florence; *stava venendo alla nostra volta* il était en train de venir à notre rencontre ◇ (*aer.*) *gran volta* boucle ◇ (*mar.*) *dar volta a un cavo* tourner un câble ◇ (*sport*) *gran volta* grande boucle ◇ (*fig.*) *ti ha dato di volta il cervello* [*impazzire*] tu es devenu fou **2** (*raro*) [*svolta*] détour (*m.*): *la strada fa una volta* la route fait un détour **3** [*turno, avvicendamento*] tour (*m.*): *aspetta*: *verrà la tua volta* attends, ton tour viendra; *a sua volta rispose di no* il répondit non à son tour ◇ *loc. avv.* PER VOLTA, ALLA VOLTA à la fois: *bisogna entrare due per volta, alla volta* il faut entrer deux à la fois, deux par deux; *lo farò un po' per volta* je le ferai un peu à la fois ~ *decideremo volta per volta* on décidera au fur et à mesure ~ *rispondiamo di volta in volta* nous répondons d'une fois à l'autre ~ *se ne andarono tutti in una sola volta* ils s'en allèrent tous à la fois ~ *fare q.c. una volta, due volte, più volte alla settimana, al mese* faire qqch. une fois, deux fois, plusiers fois par semaine, par mois **4** (*con valore temporale, spec. in loc.*) [*circostanza, caso in cui un fatto si verifica*] fois ◇ (*loc.*) *la prossima volta glielo chiedo* la prochaine fois je le lui demande ~ *per questa volta sono pronto a dimenticare* pour cette fois je suis prêt à oublier ~ *deciditi una buona volta!* décide-toi une bonne fois! ~ *un'altra volta non gli dico più niente* une autre fois je ne lui dirai plus rien ~ *tutte le volte che lo vedo mi arrabbio* toutes les fois que je le vois je me fâche ~ *una volta tanto ha pagato lui* pour une fois c'est lui qui a payé ~ *mi spiegherò una volta per tutte, per sempre* je m'expliquerai une fois pour toutes ~ *una volta o l'altra mi bisticcerò con lui* une fois ou l'autre je me disputerai avec lui ~ *è successo una sola volta, una volta soltanto* cela est arrivé une seule fois, une fois seulement ~ *sia questa la prima e l'ultima volta che fai una cosa simile* que ce soit la première et la dernière fois que tu fais (une) chose pareille ~ *sono due volte che gli scrivo inutilmente* cela fait deux fois que je lui écris inutilement ~ *non farti ripetere cento, mille volte la stessa cosa* ne te fais pas répéter cent, mille fois la même chose ~ *è la millesima volta che mi telefona* c'est la nième, énième fois qu'il me téléphone ~ *a volte, alle volte, delle volte, certe volte ti comporti proprio da sciocco* parfois, quelquefois tu te comportes comme un sot ~ *c'era una volta...* il était une fois... ~ *l'ho rivisto quella volta che sono andato a Roma* je l'ai revu quand j'ai été à Rome ◇ *loc. cong.* UNA VOLTA CHE [*dal momento che*] une fois que # *una volta che hai finito, puoi andartene* quand tu auras fini, tu pourras t'en aller; dès que tu as fini, tu t'en vas **5** (*tip.*) verso *m.*
2 **vòlta** |'vɔlta| *s.f.* **1** (*arch.*) voûte: *volta a botte, a vela, a crociera* voûte en berceau, bohémienne, d'arête; *volta in muratura, in cemento armato* voûte en maçonnerie, en béton armé; *la volta della cappella è tutta dipinta* la voûte de la chapelle est entièrement peinte ◇ *loc.* A VOLTA voûté (*agg.*): *tomba a volta* tombeau voûté; *copertura a volta* couverture voûtée **2** (*per est.*) [*struttura di forma arcuata*] voûte: *la volta di una galleria, di un antro* la voûte d'une gallerie, d'un antre ◇ (*fig.*) *la volta del cielo* la voûte du ciel **3** (*anat.*) voûte: *volta cranica, palatina* voûte crânienne, palatine.
voltàbile |vol'tabile| *agg.* [→ VOLTARE A 2] qu'on peut tourner *loc.*
voltafàccia |volta'fattʃa| *s.m. inv.* **1** volte-face (*f.*) *per non incontrarmi ha fatto un brusco voltafaccia* pour ne pas me rencontrer il a fait une brusque volte-face **2** (*fig.*) [*improvviso cambiamento di idee o di atteggiamento*] volte-face: *il suo voltafaccia politico ha stupito tutti* sa volte-face politique a surpris tout le monde; *non mi aspettavo un simile voltafaccia* je ne m'attendais pas à une telle volte-face.
voltafièno |volta'fjɛno| *s.m. inv.* [*macchina per rivoltare il fieno*] faneuse *f. var.*
voltafògli |volta'fɔʎʎi| *s.m. inv.* (*mus.*) tourne-feuille *var.*
voltagabbàna |voltagab'bana| *s. inv.* [*chi muta facilmente opinione o atteggiamento*] girouette *f. var.* → **banderuola**.
voltàggio, i |vol'taddʒo, i| *s.m.* (*elettr.*) voltage.
1 **voltàico, ci, ca, che** |vol'taiko, tʃi, ka, ke| *agg.* (*elettr.*) voltaïque: *pila voltaica* pile voltaïque; *arco voltaico* arc voltaïque; *corrente voltaica* courant voltaïque.
2 **voltàico, ci, ca, che** |vol'taiko, tʃi, ka, ke| *agg.* (*ling.*) voltaïque.
voltaìsmo |volta'izmo| *s.m.* (*elettr.*) galvanisme.
voltàmetro |vol'tametro| *s.m.* (*elettr.*) voltamètre.
'voltampère' |vɔltɑ̃pɛʀ| *s.m. inv.* (*fis.*) voltampère *var.*
voltamperòmetro |voltampe'rɔmetro| *s.m.* (*elettr.*) voltampèremètre.
voltapiètre |volta'pjɛtre| *s.m. inv.* (*t.zool.*) tourne-pierre (*var.*): *dei voltapietre* des tourne-pierres.
voltàre |vol'tare| **A** *v.tr.* **1** [*muovere il corpo o una parte di esso verso una determinata direzione*] tourner: *voltare la faccia, la testa* tourner le visage, la tête; *appena volto gli occhi combina un disastro* dès que j'ai le dos tourné il fait un malheur; *mi ha voltato le spalle senza parlare* il m'a tourné le dos sans parler ◇ (*fig.*) *non voltargli le spalle* [*aiutalo*] ne lui tourne pas le dos **2** [*mettere all'inverso; girare dalla parte opposta*] retourner; tourner: *voltare una medaglia* retourner une médaille; *voltare la bistecca nella padella* retourner le bifteck dans la poêle ‖ *voltare le pagine di un libro* tourner les pages d'un livre ◇ (*loc. fig.*) *volta pagina!* [*cambia discorso*] tourne la page! **3** [*girare, oltrepassare*] tourner; dépasser: *voltato l'angolo, troverà il negozio* quand vous aurez tourné le coin, vous trouverez le magasin # *bisogna voltare quella curva prima di arrivare* il faut prendre ce tournant avant d'arriver **4** (*lett.*) [*tradurre*] traduire (75): *volta questo brano in latino* traduis ce morceau en latin **B** *v.intr.* (*aus.* '*avere*') [*cambiare direzione*] tourner: *voltate a destra, a sinistra* tournez à droite, à gauche; *dobbiamo voltare alla terza strada* nous devons tourner à la troisième rue → 2 **svoltare** **C** *v.pron.* VOLTARSI **1** *rifl.* [*girarsi, volgersi*] se retourner; se tourner: *appena mi ha sentito, si è voltato* dès qu'il m'a entendu, il s'est retourné; *continua a voltarsi nel letto* il n'arrête pas de se retourner dans son lit ‖ *imbronciato, si è voltato da un'altra parte* boudeur, il s'est tourné de l'autre côté ◇ (*loc. fig.*) *non so da che parte voltarmi* je ne sais pas de quel côté me tourner ~ *quel bambino si volta contro tutti* cet enfant se (re)-tourne contre tout le monde **2** *intr.* [*mutare, cambiare*] se mettre (71); se transformer: *il tempo si sta voltando al bello* le temps se met au beau ‖ *il debole vento si è voltato in tramontana* le vent faible s'est transformé en tramontane.
voltastòmaco |voltas'tɔmako| *s.m. inv.* [*voglia di vomitare*] nausée (*f. var.*): *mi viene il voltastomaco* j'ai la nausée; *questa sporcizia mi ha dato il voltastomaco* cette saleté m'a donné la nausée → **nausea** ◇ (*fig.*) *è un individuo che dà il voltastomaco* c'est un individu qui dégoûte, écœure; *che voltastomaco questa pietanza!* c'est écœurant, ce plat!
voltàta |vol'tata| *s.f.* **1** [→ VOLTARE A 1, 2; B] *una voltata di spalle è stata la sua risposta* pour toute réponse, il m'a tourné le dos; *dài una voltata all'arrosto* retourne le rôti **2** [*svolta di strada, curva*] tournant (*m.*): *attento a*

quella voltata: è pericolosa attention à ce tournant: il est dangereux.
voltàto |vol'tato| *agg.* [*a volta*] voûté.
volteggiaménto |volteddʒa'mento| *s.m.* (*raro*) [→ VOLTEGGIARE] voltigement.
volteggiàre |volted'dʒare| **A** *v. intr.* (*aus. 'avere'*) **1** [*volare rimanendo sempre alla stessa quota o nello stesso spazio*] planer: *il falco volteggiava nel cielo* le faucon planait dans le ciel # *l'aereo continuava a volteggiare sulla città* l'avion continuait à voler au-dessus de la ville, de survoler la ville **2** (*per est.*) [*muoversi con rapidi spostamenti*] tourner: *gli volteggia sempre intorno* il tourne toujours autour de lui **3** (*sport*) [*eseguire volteggi*] volter: *volteggiare a cavallo* volter à cheval; *volteggiare sulle parallele* volter aux barres parallèles **B** *v.tr.* [*far compiere delle giravolte a un cavallo*] *volteggiare un cavallo* faire (45) *intr.* volter un cheval.
volteggiatóre, trice |volteddʒa'tore, tritʃe| *s.* [*chi esegue volteggi*] voltigeur* ◇ (*mil.*) *i volteggiatori* les voltigeurs.
voltéggio, i |vol'teddʒo, .i| *s.m.* **1** (*aer., sport*) voltige *f.* **2** [*esercizio ginnico*] voltige.
volt-elettróne |voltelet'trone| *s.m.* (*fis.*) électron-volt.
volterràna |volter'rana| *s.f.* (*arch.*) voûte en briques.
voltiàno |vol'tjano| *agg.* de Volta *loc. inv.*
vòltmetro |'vɔltmetro| *s.m.* (*elettr.*) voltmètre.
vólto |'volto| *s.m.* **1** [*viso, faccia*] visage: *ha un volto perfetto* il a un visage parfait; *era triste in volto* il avait un visage triste; *ha il volto inondato di lacrime* il a le visage couvert de larmes ◇ (*loc. fig.*) *porta una maschera sul volto* il porte un masque **2** (*fig.*) [*aspetto, modo di manifestarsi*] visage: *il volto della natura* le visage de la nature; *conosce i mille volti della vita* il connaît les mille visages de la vie **3** (*fig.*) [*carattere, natura*] visage: *ha conosciuto il vero volto della miseria* il a connu le vrai visage de la misère; *questo è il crudele volto della realtà* c'est le cruel visage de la réalité; *finalmente ha mostrato il suo vero volto* il a finalement montré son vrai visage.
voltolàre |volto'lare| **A** *v.tr.* [*rotolare, far girare su sé stesso*] rouler: *voltolare una botte* rouler un tonneau **B** *v.pron. rifl.* VOLTOLARSI [*rotolarsi, girarsi*] se rouler: *voltolarsi nel letto, nel fango* se rouler sur son lit, dans la boue → **rigirar(si).**
voltolino |volto'lino| *s.m.* (*t.zool.*) marouette *f.*
voltolóni |volto'loni| *avv.* [*girando e rigirando su sé stesso*] en (se) roulant *loc. inv.*
voltòmetro |vol'tɔmetro| *s.m.* → **voltmetro.**
voltùra |vol'tura| *s.f.* **1** (*dir.*) mutation, inscription au Registre foncier d'un changement de propriété # *voltura catastale* transfert dans le registre du cadastre **2** (*di crediti o debiti*) virement (*m.*): *voltura delle partite* virement des parties **3** [*cessione*] transfert *m.* **4** [*cambio di nome*] changement *m.* de nom: *la voltura del telefono, del gas* changement de nom d'un abonnement au téléphone, au gaz.
volturàre |voltu'rare| *v.tr.* **1** [*sottoporre a voltura*] faire (45) la mutation: *volturare un bene immobile* faire la mutation d'un bien immeuble **2** [*cambiare nominativo dell'intestatario di una fornitura*] changer (3) de nom: *volturare l'abbonamento del telefono* changer le nom d'un abonnement au téléphone **3** (*comm.*) *volturare una partita* [*trasferirla su un altro conto*] virer une partie.
volùbile |vo'lubile| *agg.* **1** [*instabile, mutevole, incostante*] changeant: *c'è un tempo volubile* le temps est changeant; *ha un carattere volubile* il a un caractère changeant # *in amore è un uomo volubile* en amour, c'est un homme inconstant **2** (*lett.*) [*che ruota o si avvolge*] qui tourne *loc.* (*corr.*) **3** (*bot.*) volubile: *fusto volubile* tronc volubile © 1 **costante.**
volubilità |volubili'ta| *s.f. inv.* [*il fatto di essere volubile*] inconstance (*var.*): *la volubilità della fortuna, del tempo* l'inconstance de la fortune, du temps; *per la sua volubilità è poco stimato* il est peu estimé à cause de son inconstance © **costanza, fermezza.**
volubilménte |volubil'mente| *avv.* [→ VOLUBILE 1] volubilement, avec volubilité *loc. inv.*
volucèlla |volu'tʃɛlla| *s.f.* (*t.zool.*) volucelle.
volùme |vo'lume| *s.m.* **1** (*chim., fis., geom.*) volume: *volume specifico, molecolare, atomico* volume spécifique, moléculaire, atomique; *volume di un cubo, di un cilindro* volume d'un cube, d'un cylindre; *il volume dei gas, dei liquidi* le volume des gaz, des liquides; *calcolare il volume di q.c.* calculer le volume de qqch. **2** (*per est.*) [*mole, massa*] volume: *il volume di quel pacco è troppo grande* le volume de ce paquet est trop grand; *quel carico fa molto volume* ce chargement fait beaucoup de volume ◇ (*fig.*) *il volume degli affari, degli investimenti* le volume des affaires, des investissements; *il volume della produzione è in aumento* le volume de la production est en hausse → **quantità 3** (*arts.*) volume: *i volumi di una forma* les volumes d'une forme; *l'armonia dei volumi di un edificio* l'harmonie des volumes d'un édifice **4** [*intensità di un suono*] volume: *abbassa il volume della radio* baisse le volume de la radio; *tiene il giradischi a pieno volume, a tutto volume* il fait marcher son tourne-disque à plein volume; *il volume della sua voce è sorprendente* le volume de sa voix est surprenant **5** [*libro composto da un certo numero di pagine a stampa*] volume: *un volume rilegato, in brossura* un volume relié, broché; *una biblioteca di 10.000 volumi* une bibliothèque de 10.000 volumes; *un'opera in quattro volumi* une œuvre en quatre volumes → 1 **tono.**
volumenòmetro |volume'nɔmetro| *s.m.* (*fis.*) voluménomètre.
volumetrìa |volume'tria| *s.f.* (*chim.*) volumétrie.
volumètrico, ci, ca, che |volu'mɛtriko, tʃi, ka, ke| *agg.* volumétrique: *analisi volumetrica* analyse volumétrique; *rapporti volumetrici* rapports volumétriques.
volùmico, ci, ca, che |vo'lumiko, tʃi, ka, ke| *agg.* (*fis.*) volumique.
voluminosità |voluminosi'ta| *s.f. inv.* caractère *m. var.* volumineux, aspect *m. var.* volumineux: *voluminosità di un corpo, di un pacco* caractère volumineux d'un corps, d'un paquet.
voluminóso |volumi'noso| *agg.* volumineux*: *il pacco è voluminoso, ma leggero* le paquet est volumineux, mais léger ◇ (*per est.*) énorme: *una persona voluminosa* une personne énorme © **piccolo.**
volùta |vo'luta| *s.f.* volute: *le volute del fumo* les volutes de (la) fumée; *le volute del guscio di una conchiglia* les volutes d'un coquillage ◇ (*arch.*) *le volute dei capitelli* les volutes des chapiteaux.
volutaménte |voluta'mente| *avv.* [→ VOLUTO 1] exprès, intentionnellement.
volùto |vo'luto| *agg.* **1** [*fatto con determinazione*] voulu: *è uno sgarbo voluto, non casuale* c'est une grossièreté voulue, non pas fortuite → **intenzionale 2** (*loc.*) *ben voluto* bien-aimé.
voluttà |volut'ta| *s.f. inv.* volupté (*var.*): *pensava con voluttà a quell'appuntamento amoroso* il pensait avec volupté à ce rendez-vous d'amour; *la guardava con voluttà* il la regardait avec volupté → **passione** ◇ (*per est.*) *assapora quella pietanza con voluttà* il goûte ce plat avec volupté.
voluttuàrio, i |voluttu'arjo, i| *agg.* voluptuaire: *spese voluttuarie* dépenses voluptuaires.
voluttuosaménte |voluttuosa'mente| *avv.* [→ VOLUTTUOSO] voluptueusement.
voluttuosità |voluttuosi'ta| *s.f. inv.* caractère *m. var.* voluptueux, voluptuosité *var.* (*raro*): *la voluttuosità di uno sguardo, di una carezza* le caractère voluptueux d'un regard, d'une caresse.
voluttuóso |voluttu'oso| *agg.* **1** voluptueux*: *una donna voluttuosa* une femme voluptueuse → **sensuale**; *un uomo dagli occhi voluttuosi* un homme au regard voluptueux **2** [*pieno di voluttà; che dà voluttà*] voluptueux: *carezze voluttuose* caresses voluptueuses; *baci, pensieri voluttuosi* baisers voluptueux, pensées voluptueuses; *musica voluttuosa* musique voluptueuse.
vòlva |'vɔlva| *s.f.* (*bot.*) volve.
volvària |vol'varja| *s.f.* (*t.bot.*) volvaire.
volvènte |vol'vɛnte| *agg.* (*mecc.*) roulant: *corpo volvente* corps roulant ◇ (*fis.*) *attrito volvente* frottement de roulement.
volvòce |vol'vɔtʃe| *s.m.* (*t.bot.*) volvoce, volvox.
vòlvolo |'vɔlvolo| *s.m.* (*med.*) volvulus.
vomeràia |vome'raja| *s.f.* (*agr.*) cep *m.*
vòmere |'vɔmere| *s.m.* **1** [*elemento dell'aratro*] soc **2** (*anat.*) vomer **3** (*mil.*) bêche *f.* de crosse.
vomerino |vome'rino| *agg.* (*anat.*) vomérien*.
vòmero |'vɔmero| *s.m.* → **vomere.**
vòmica, che |'vɔmika, ke| *s.f.* (*med.*) vomique.
vòmico, ci, ca, che |'vɔmiko, tʃi, ka, ke| *agg.* **1** [*che provoca il vomito*] vomitif* **2** *noce vomica* noix vomique.
vomitàre |vomi'tare| *v.tr.* **1** [*espel-

lere attraverso la bocca il contenuto gastrico] rendre (53), vomir: *vomitare sangue, muco, cibo* rendre, vomir du sang, de la glaire, de la nourriture; *ho bisogno di vomitare* j'ai besoin (envie) de vomir; *dopo aver vomitato si è sentito meglio* après avoir vomi il s'est senti mieux ◇ (*fig.*) *un sudiciume da far vomitare* une saleté à vomir; *alla sua presenza mi viene da vomitare* sa présence me dégoûte, m'écœure ◇ (*loc.*) *ha vomitato l'anima* [*si è svuotato completamente lo stomaco*] il a rendu tripes et boyaux **2** [*emettere, lanciar fuori con violenza*] vomir, cracher: *il vulcano vomitava fuoco e fiamme* le volcan vomissait, crachait du feu et des flammes; *la locomotiva vomita fumo* la locomotive vomit, crache de la fumée; *il cannone vomitava piombo* le canon crachait du plomb **3** (*fig.*) [*dire rabbiosamente; esprimersi con violenza*] vomir, cracher: *vomitava ingiurie e bestemmie* il vomissait, crachait des injures et des jurons; *gli ha vomitato sulla faccia un sacco di maledizioni* il lui a craché à la figure un tas de malédictions.

vomitaticcio, i |vomita'tittʃo, i| *s.m.* [*materia vomitata*] vomissure *f.*, vomi *sing.* (*fam.*).

vomitativo |vomita'tivo| *agg.* [*che provoca vomito*] vomitif* ✦ (*s.m.*) *un vomitativo* un vomitif → **emetico.**

vomitatóre, trice |vomita'tore, tritʃe| *s.* [*chi vomita*] vomisseur* (*raro*).

vomitatòrio, i |vomita'tɔrjo, i| *agg.* (*raro*) → **vomitativo.**

vomitivo |vomi'tivo| *agg.* → **vomitativo.**

vòmito |'vɔmito| *s.m.* **1** (*med., corr.*) vomissement: *vomito gravidico* vomissement de grossesse; *vomito da indigestione, da intossicamento* vomissement d'indigestion, d'intoxication # *ha conati di vomito* il a des nausées; *mi è venuto il vomito* j'ai envie de vomir ◇ (*fig.*) *usa un linguaggio che fa venire il vomito* il emploie un langage qui dégoûte (dégoûtant), écœure (écœurant): *quella scena mi ha dato il vomito* cette scène m'a écœuré **2** [*il materiale vomitato*] vomissure *f.*, vomi *sing.* (*fam.*).

vomitòrio, i |vomi'tɔrjo, i| *agg.* (*raro*) → **vomitativo** ✦ *s.m.* (*archeol.*) *il vomitorio* le vomitoire.

vomizióne |vomit'tsjone| *s.f.* [→ VOMITARE] vomissement *m.*

vóngola |'vongola| *s.f.* (*t.zool.*) clovisse, palourde, coque ◇ (*cuc.*) *pasta alle vongole* pâte aux palourdes; *vongole alla marinara* palourdes, clovisses à la marinière.

voràce |vo'ratʃe| *agg.* **1** vorace: *un animale, una belva vorace* un animal, un fauve vorace ◇ (*per est.*) *è un ragazzo vorace* c'est un garçon glouton, vorace → **ingordo** **2** (*fig., lett.*) [*che divora, distrugge con rapidità*] vorace: *fiamme voraci* flammes voraces; *onde voraci* ondes voraces **3** (*fig.*) [*avido*] avide: *un uomo vorace di ricchezze, di potere* un homme avide de richesses, de pouvoir.

voraceménte |voratʃe'mente| *avv.* [→ VORACE 1, 2] voracement.

voracità |voratʃi'ta| *s.f. inv.* **1** voracité (*var.*): *la voracità delle belve, di uno squalo, di una iena* la voracité des fauves, d'un requin, d'une hyène **2** (*fig.*) [*insaziabilità, avidità*] voracité: *quell'avaro è di una voracità incredibile* cet avare est d'une voracité incroyable → **ingordigia.**

voràgine |vo'radʒine| *s.f.* **1** [*profonda spaccatura del terreno*] gouffre (*m.*): *il terremoto ha aperto profonde voragini* le tremblement de terre a ouvert de profonds gouffres; *è sprofondato in una voragine* il est tombe dans un gouffre → **precipizio** ◇ (*per est.*) *la nave è scomparsa in una voragine* le navire a disparu dans un tourbillon → **gorgo** **2** [*ampia caverna a pareti scoscese*] gouffre.

voraginóso |voradʒi'noso| *agg.* (*lett.*) [*che forma voragini*] qui forme des tourbillons, des gouffres (*loc.*): *onde voraginose* ondes qui forment des tourbillons, des gouffres.

-voro |voro| *suff.* (*significa 'che mangia, che si nutre di, che assorbe', corrisponde gener. a*) vore: *erbivoro* herbivore.

verticàle |vorti'kale| *agg.* (*fis.*) tourbillonnaire.

vorticàre |vorti'kare| *v.intr.* (*aus. 'avere'*) [*muoversi con moto vorticoso; girare a vortice*] tourbillonner: *il vento faceva vorticare le foglie* le vent faisait tourbillonner les feuilles.

vòrtice |'vɔrtitʃe| *s.m.* **1** [*rapido movimento girante attorno a sé stesso*] tourbillon: *vortice di sabbia, d'acqua* tourbillon de sable, d'eau → **mulinello**; *vortice d'aria* tourbillon d'air **2** (*fis.*) vortex, tourbillon: *vortice elicoidale* vortex, tourbillon hélicoïdal **3** (*fig.*) [*rapido susseguirsi di eventi*] tourbillon: *si è lasciato prendere dal vortice* il s'est laissé entraîner dans le tourbillon **4** (*fig.*) [*forza irresistibile*] tourbillon: *è ormai perduto nel vortice della passione* il est désormais emporté par le tourbillon de la passion **5** → **vorticella.**

vorticèlla |vorti'tʃella| *s.f.* (*t.zool.*) vorticelle.

vorticosaménte |vortikosa'mente| *avv.* [→ VORTICOSO] en tourbillonnant *loc. inv.*

vorticóso |vorti'koso| *agg.* **1** [*che è pieno di vortici; che si muove formando vortici*] tourbillonnant: *linea, superficie vorticosa* ligne, superficie tourbillonnante; *vento, fiume vorticoso* vent, fleuve tourbillonnant ◇ (*per est.*) *danza vorticosa* danse tourbillonnante **2** (*fig.*) [*che è incalzato da un rapido susseguirsi di eventi*] frénétique: *la vorticosa vita moderna* la frénétique vie moderne; *ha un giro d'affari vorticoso* il a un mouvement d'affaires frénétiques.

voscènza |voʃ'ʃɛntsa| *in funzione di pron. pers. di 2ª pers. pl.* (*region.*) Votre Excellence.

vossignoria |vossiɲɲo'ria| *s.f.* (*dial., bur.*) Votre Seigneurie.

1 **vòstro** |'vɔstro| *agg. poss. di 2ª pers. pl.* **1** [*che appartiene a voi*] votre *m. e f. sing.*, vos (*m. e f. pl.*): *ecco il vostro conto* voilà votre note; *è la vostra macchina?* est-ce votre voiture?; *conosco già la vostra amica* je connais déjà votre amie; *dove sono i vostri genitori?* où sont vos parents?; *vogliamo le vostre credenziali* nous voulons vos lettres de créance ◇ (*preceduto da un art. indet. o da un numer., ecc.*) *è un vostro amico* c'est un ami à vous; *due vostri complici sono stati arrestati* deux de vos complices ont été arrêtés; *questi vostri amici mi sono simpatici* ces amis à vous me sont sympathiques; *alcuni vostri errori sono veramente gravi* quelques-unes de vos fautes sont vraiment graves; *niente di vostro* rien à vous # *una vostra lettera sarebbe molto gradita* une lettre de votre part serait très appréciée; *non verrò mai in casa vostra* je n'irai jamais chez vous; *accetterò per amor vostro* j'accepterai pour vous; *lo farò in vostro ricordo* je ferai cela en souvenir de vous **2** (*con valore di pron.*) [*di vostra proprietà*] à vous: *questo libro è vostro* ce livre est à vous; *sono vostre queste fotografie?* est-ce à vous ces photos?; *sono affari vostri!* ce sont vos affaires à vous!; *non sono certo idee vostre!* ce ne sont sans doute pas là des idées à vous!; *avete amici vostri?* avez-vous des amis bien à vous? **3** (*in usi ell.*) *abbiamo ricevuto la vostra* (*lettera*) nous avons reçu votre lettre; *lui è sempre dalla vostra* (*parte*) lui, il est toujours de votre côté; *anche voi avete avuto le vostre* (*disgrazie*) vous aussi, vous avez eu vos malheurs; *ne avete fatta una delle vostre* vous avez encore fait une de vos bêtises; *ne avete detta una delle vostre* vous avez encore fait une de vos gaffes.

2 **vòstro** |'vɔstro| **I** *pron. poss. di 2ª pers. m. e f. pl.* le vôtre *m. sing.*, la vôtre *f. sing.*; les vôtres (*m. e f. pl.*): *il mio libro e il vostro* mon livre et le vôtre; *mia sorella e la vostra* ma sœur et la vôtre; *questa rivista è più recente della vostra* cette revue est plus récente que la vôtre; *le mie opinioni sono anche le vostre, vero?* mes idées sont aussi les vôtres, n'est-ce pas?; *questo disco è il vostro* ce disque est le vôtre (c'est votre disque; ce disque est à vous) **II** *s.m.* **1** (*sing.*) *ci avete rimesso del vostro* vous en êtes pour votre argent; *avete speso del vostro* vous avez dépensé de votre poche; *accontentatevi del vostro* contentez-vous de ce que vous avez; *dovete per forza vivere del vostro* vous devez forcément vivre de vos moyens **2** *al plur.* [*i genitori, i parenti, i seguaci*] les vôtres.

votàggine |vo'taddʒine| *s.f.* → **vuotaggine.**

votànte |vo'tante| *agg.* des votants (*loc. inv.*): *l'assemblea votante* l'assemblée des votants ✦ (*s.*) *i votanti* les votants: *la lista dei votanti* la liste des votants; *la percentuale dei votanti è aumentata* la proportion des votants a augmenté → **elettore.**

votàre |vo'tare| **A** *v.tr.* **1** [*deliberare; sottoporre a votazione*] voter: *votare una proposta* voter une proposition; *questo articolo è stato votato ieri* cet article a été voté hier **2** (*relig.*) [*offrire (in voto)*] vouer: *votare la propria vita a Dio* vouer sa vie à Dieu **B** *v.intr.* (*aus. 'avere'*) [*dare il proprio voto*] voter: *votare per scrutinio segreto, per alzata di mano, per acclamazione* voter à scrutin secret, à main levée, par acclamation; *ho votato contro quel candidato* j'ai voté contre ce candidat; *ha votato scheda bianca* il a voté blanc; *vota a destra, a sinistra* il vote à droite, à gauche **C** *v.pron. rifl.* VOTARSI [*offrirsi totalmente; obbligarsi con un voto*] se vouer: *votarsi alla Vergine, a Dio* se vouer à la Vierge, à Dieu → **consacrar(si)**; *si è votata alla verginità, al sacrificio* elle s'est vouée à la virginité, au sacrifice ◇ (*loc. fig.*) *non sa a che*

santo votarsi il ne sait pas à quel saint se vouer.
votàto |vo'tato| *agg.* **1** [*approvato, deliberato*] approuvé, voté: *decreto votato* décret approuvé, voté **2** [*dedicato, offerto*] voué: *votato a Dio* voué à Dieu; *votato alla morte* voué à la mort.
votazióne |votat'tsjone| *s.f.* **1** (*dir.*) vote *m.*, scrutin (*m.*): *votazione segreta, favorevole, contraria* vote, scrutin secret, en faveur, contre; *la votazione per il rinnovo del Parlamento* le vote pour le renouvellement du Parlement → **elezione**; *le votazioni si sono svolte senza incidenti* le vote s'est déroulé sans incidents **2** [*i voti riportati da un alunno*] notes (*pl.*): *una votazione appena sufficiente* des notes tout juste suffisantes; *è stato promosso con un'ottima votazione* il a été reçu avec d'excellentes notes.
votàzza |vo'tattsa| *s.f.* (*mar.*) écope, épuisette.
votivo |vo'tivo| *agg.* votif*: *offerta, lampada votiva* offrande, lampe votive.
vóto |'voto| *s.m.* **1** (*dir.*) vote: *diritto di voto* droit de vote; *voto preferenziale, favorevole, contrario* vote préférentiel, en faveur, contre; *il voto del Senato ha ratificato il trattato* le vote du Sénat a ratifié le traité # *ho dato il mio voto a quel candidato* j'ai voté pour ce candidat; *hanno messo ai voti l'ordine del giorno* l'ordre du jour a été mis aux voix ◇ (*per est.*) *deporre il voto nell'urna* déposer son bulletin de vote dans l'urne **2** (*relig.*) vœu: *fare, mantenere un voto* faire, accomplir un vœu; *con la sua scelta ha tenuto fede al voto* avec son choix il est resté fidèle à son vœu; *ha fatto il voto di non fumare più* il a fait vœu de ne plus fumer ◇ (*eccl.*) *voti semplici, solenni* vœux simples, solennels ◇ (*per est.*) ex-voto (*inv.*): *appendere un voto in un santuario* porter un ex-voto à un sanctuaire **3** (*per est.*) [*augurio, desiderio*] vœu: *voti di pronta guarigione* vœux de prompte guérison; *le formuliamo i voti più sinceri* nous vous faisons tous nos vœux # *è andato tutto com'era nei suoi voti* tout s'est passé comme il le voulait **4** [*giudizio di merito*] note (*f.*): *ha preso un bel voto* il a eu une bonne note; *agli scrutini i voti erano scarsi* au classement il n'y avait pas beaucoup de bonnes notes; *la sua pagella era piena di brutti voti* son bulletin était plein de mauvaises notes → **votazione** # *voto di sufficienza* moyenne; *togliere un voto per ogni errore* enlever un point par faute ◇ (*loc.*) *è stato promosso a pieni voti* il a été reçu avec mention.
'voyeur' |vwajoer| *s.m. inv.* voyeur *var.*
voyeurismo |voje'rizmo| *s.m.* voyeurisme.
vudù |vu'du| *s.m. inv.* (*relig.*) vaudou *var.*
vulcanàli |vulka'nali| *s.m. pl.* (*st. rom.*) vulcanales *f.*
vulcanésimo |vulka'nezimo| *s.m.* → **vulcanismo.**
vulcaniàno |vulka'njano| *agg.* (*geol.*) vulcanien*.
vulcanicità |vulkanitʃi'ta| *s.f. inv.* → **vulcanismo.**
vulcànico, ci, ca, che |vul'kaniko, tʃi, ka, ke| *agg.* **1** (*geol.*) volcanique: *fenomeni vulcanici* phénomènes volcaniques; *rocce vulcaniche* roches volcaniques; *eruzione vulcanica* éruption volcanique **2** (*fig.*) [*impetuoso, ricco di energie e di iniziative*] volcanique: *una mente, una fantasia vulcanica* un esprit, une imagination volcanique → **fervido**; *quell'uomo ha un ingegno vulcanico* cet homme a un esprit volcanique.
vulcanismo |vulka'nizmo| *s.m.* (*geol.*) volcanisme.
vulcanite |vulka'nite| *s.f.* (*miner.*) vulcanite, volcanite.
vulcanizzàbile |vulkanid'dzabile| *agg.* [→ VULCANIZZARE] vulcanisable.
vulcanizzàre |vulkanid'dzare| *v. tr.* [*sottoporre a vulcanizzazione*] vulcaniser; rechaper: *vulcanizzare il caucciù* vulcaniser le caoutchouc ‖ *vulcanizzare un pneumatico* rechaper un pneu.
vulcanizzàto |vulkanid'dzato| *agg.* vulcanisé; rechapé (*p.p.*): *cartone vulcanizzato* carton vulcanisé; *fibra vulcanizzata* fibre vulcanisée ‖ *pneumatico vulcanizzato* pneu rechapé.
vulcanizzatóre |vulkaniddza'tore| *s.m.* vulcanisateur.
vulcanizzazióne |vulkaniddzat'tsjone| *s.f.* **1** vulcanisation: *vulcanizzazione del caucciù* vulcanisation du caoutchouc **2** [*l'operazione di ripristino dei pneumatici deteriorati*] rechapage *m.*
vulcàno |vul'kano| *s.m.* (*geol.*) volcan: *l'eruzione di un vulcano* l'éruption d'un volcan; *un vulcano spento, attivo* un volcan éteint, en activité ◇ (*loc. fig.*) *quell'uomo è un vulcano* cet homme est un vrai volcan ~ *stai attento a non dormire su un vulcano* il ne faut pas s'endormir sur un volcan.
vulcanologia, gie |vulkanolo'dʒia, dʒie| *s.f.* vulcanologie, volcanologie.
vulcanològico, ci, ca, che |vulkano'lɔdʒiko, tʃi, ka, ke| *agg.* volcanologique.
vulcanòlogo, gi |vulka'nɔlogo, dʒi| *s.m.* volcanologue.
vulgàta |vul'gata| *s.f.* (*relig.*) vulgate.
vulgàto |vul'gato| *agg.* [*che è molto diffuso*] diffus: *è una tradizione vulgata* c'est une tradition diffuse.
vùlgo, ghi |'vulgo, gi| *s.m.* (*lett.*) → **volgo.**
vulneràbile |vulne'rabile| *agg.* [→ VULNERARE] vulnérable: *quel calciatore ha un ginocchio vulnerabile* ce foot-balleur a un genou vulnérable ◇ (*fig.*) *questo è il punto vulnerabile della tua relazione* voici le point vulnérable de ton rapport; *ha un animo delicato e vulnerabile* il a un esprit délicat et vulnérable Ⓒ **invulnerabile.**
vulnerabilità |vulnerabili'ta| *s.f. inv.* vulnérabilité *var.* Ⓒ **invulnerabilità.**
vulnerànte |vulne'rante| *agg.* (*scient.*) vulnérant.
vulneràre |vulne'rare| *v.tr.* **1** (*lett.*) → **ferire** **2** (*fig.*) [*offendere, ledere*] offenser: *vulnerare la legge, un diritto* offenser la loi, un droit.
vulnerària |vulne'rarja| *s.f.* (*t.bot.*) vulnéraire.
vulneràrio, i |vulne'rarjo, i| *agg. e s.m.* (*farm.*) vulnéraire.
vùlture |'vulture| *s.m.* (*lett.*) → **avvoltoio.**
Vultùridi |vul'turidi| *s.m. pl.* (*t. zool.*) Vulturidés.
vùlva |'vulva| *s.f.* (*anat.*) vulve.
vulvàre |vul'vare| *agg.* (*anat.*) vulvaire.
vulvària |vul'varja| *s.f.* (*t.bot.*) vulvaire.
vulvite |vul'vite| *s.f.* (*med.*) vulvite.
vulvovaginite |vulvovadʒi'nite| *s.f.* (*med.*) vulvo-vaginite.
vu-meter |vu'metɛr| *s.m. inv.* (*tecnol.*) vumètre *var.*
vuòi |vu'ɔi| *loc. disgiuntiva* → 1 volere A V.
vuotacèssi |vwota'tʃɛssi| *s.m. inv.* [*chi pulisce i cessi*] vidangeur *var.*
vuotàggine |vwo'taddʒine| *s.f.* **1** [*la condizione di ciò che è privo di contenuto o di interesse*] vide (*m.*): *ho una vuotaggine in testa* j'ai une impression de vide dans la tête **2** [*cosa vuota, stupida*] inanité, bêtise: *che vuotaggine!* quelle inanité!
vuotamèle |vwota'mele| *s.f. inv.* (*cuc.*) vide-pomme (*m. var.*): *dei vuotamele* des vide-pommes.
vuotapózzi |vwota'pottsi| *s.m. inv.* [*chi vuota i pozzi per pulirli*] pompeur* *var.*
vuotàre |vwo'tare| **A** *v.tr.* [*rendere vuoto*; *privare q.c. del suo contenuto*] vider: *ho vuotato tutti i cassetti* j'ai vidé tous les tiroirs ◇ (*loc. fig.*) *mi hanno vuotato le tasche, la borsa* on m'a vidé les poches, la bourse; *gli hanno vuotato la casa, il negozio* [*hanno svaligiato*] on a dévalisé sa maison, son magasin; *vuota il sacco!* [*confessa*] vide ton sac! **B** *v.pron. intr. pass.* VUOTARSI [*diventare vuoto*; *restare vuoto*] se vider: *la piscina si può vuotare, può vuotarsi in due ore* la piscine peut se vider en deux heures ◇ (*fis.*) *la città si è ormai vuotata* la ville s'est maintenant vidée Ⓒ **riempire.**
vuotatàsche |vwota'taske| *s.m. inv.* [*piccolo mobile, o ciotola per raccogliere oggetti minuti*] vide-poches.
vuotatóre, trice |vwota'tore, tritʃe| *s.* [*chi vuota*] videur*.
vuotatùra |vwota'tura| *s.f.* [→ VUOTARE] vidange.
vuotazucchine |vwotattsuk'kine| *s.m. inv.* (*cuc.*) vide-courgettes.
vuotézza |vwo'tettsa| *s.f.* [*la condizione di chi si sente vuoto di mente*] vide *m.* # *vuotezza di idee* manque d'idées.
vuòto |'vwɔto| **I** *agg.* **1** [*che non contiene nulla*] vide: *un bicchiere vuoto, quasi vuoto* un verre vide, presque vide; *una scatola vuota* une boîte vide # *non si trova un posto vuoto per posteggiare* on ne trouve pas de place libre pour se garer; *ore vuote* heures creuses; *giorni vuoti* jours creux; *alloggio vuoto* logement vacant ◇ (*mat.*) *insieme vuoto* ensemble vide **2** [*che non ha il suo contenuto normale*; *che manca di quello che potrebbe o dovrebbe contenere*] vide: *spighe, noci, mandorle vuote* épis, noix, amandes vides; *il treno è partito quasi vuoto* le train est parti à peu près vide; *il teatro era mezzo vuoto* le théâtre était à moitié vide ◇ (*loc.*) *sono stanco: ho la testa vuota* je suis fatigué: j'ai la tête vide ~ *ho, mi sento lo stomaco vuoto* j'ai l'estomac vide; j'ai un creux à l'estomac ~ *medicina da prendersi a stomaco vuoto* médicament à prendre à jeun ~ A MANI VUOTE les mains vides: *si è presentata a mani vuote* elle s'est présentée les mains vides; *è rima-*

sto a mani vuote il s'en est retourné les mains vides, il est revenu bredouille ~ *è rimasto con le tasche vuote* il n'a plus un sou **3** (*fig.*) [*privo, mancante di contenuto logico*] vide: *è una testa vuota* c'est une tête vide; *la sua è una vita vuota* sa vie est vide; *parole vuote di senso* mots vides de sens ~ *è una battuta vuota di spirito* c'est une boutade dénuée d'esprit **II** *s.m.* **1** [*spazio vuoto, libero da corpi e oggetti*] vide: *sporgendosi troppo, è caduto nel vuoto* en se penchant trop, il est tombé dans le vide; *aveva le gambe penzoloni nel vuoto* ses jambes pendaient dans le vide; *fissava il vuoto sotto di sé* il fixait le vide en-dessous de lui; *c'è un vuoto nel muro* il y a un trou dans le mur ◇ (*aer.*) *vuoto d'aria* trou d'air ◇ (*loc. fig.*) *le sue parole caddero nel vuoto* ses paroles tombèrent dans le vide ~ *ha fatto il vuoto intorno a sé* il a fait le vide autour de lui **2** (*fis.*) vide: *vuoto assoluto* vide absolu; *tubi elettronici a vuoto* tubes électroniques à vide; *prodotti alimentari sotto vuoto spinto* produits alimentaires sous vide poussé **3** [*recipiente, contenitore vuoto*] verre: *vuoto a rendere* verre consigné, à rendre; *vuoto a perdere* verre non consigné, perdu, non repris; *restituire i vuoti* rendre les verres; *il prezzo non comprende il vuoto* le verre n'est pas compris dans le prix **4** (*fig.*) [*mancanza, carenza*] manque; vide: *vuoto di potere* manque de pouvoir; *vuoto di cassa* manque en caisse || *la sua partenza ha lasciato un gran vuoto* son départ a laissé un grand vide; *con i divertimenti cerca di colmare il suo vuoto interiore* en s'amusant, il essaie de combler son vide intérieur **5** *loc. inv.* A VUOTO: *ho parlato a vuoto* [*inutilmente*] j'ai parlé dans le vide; *quell'affare è andato a vuoto* [*è fallito*] cette affaire a échoué, est tombée à l'eau; *l'autobus ha viaggiato a vuoto* [*senza carico o passeggeri*] l'autobus a voyagé vide; *ha emesso un assegno a vuoto* [*senza copertura*] il a émis un chèque sans provision; *le ruote giravano a vuoto* [*in folle*] les roues tournaient à vide Ⓒ I **pieno.**

vuotòmetro |vwo'tɔmetro| *s.m.* (*fis.*) vacuomètre.

W

w |vu, vi 'doppjo ('doppja)| *s.m. o f.* [*lettera dell'alfabeto germanico e inglese*] w (*m.*): *w minuscolo* w minuscule; *W maiuscola* W majuscule ◇ (*tel.*) *W come Washington*: (*in Francia*) W comme William; (*in Belgio*) W comme Waterloo.

wàfer |'vafer| *s.m. inv.* [*biscotto composto da due cialde spalmate all'interno di crema o cioccolato*] gaufrette *f. var.*

wagneriàno |vagne'rjano| *agg. e s.* wagnérien*.

'wagon-lit' |vagõli| *s.m. inv.* wagon-lit (*var.*): *dei 'wagon-lit'* des wagons-lits.

'wagon-restaurant' |vagõʀɛstɔ(o)ʀɑ̃| *s.m. inv.* wagon-restaurant (*var.*): *dei 'wagon-restaurant'* des wagons-restaurants.

walkie-talkie |'wɔ:ki'tɔ:ki| *s.m. inv.* (*amér.*) walkie-talkie *var.*, talkie-walkie (*var.*): *dei walkie-talkie* des walkies-talkies, des talkies-walkies.

walkìria |val'kirja| *s.f.* → **valchiria.**

walk-over |wɔ:k'ouvə| *s.m. inv.* (*ingl.*) (*sport*) walk-over (*var.*): *dei walk-over* des walk-overs.

wàlzer |'valzer| *s.m. inv.* → **valzer.**

warrant |'wɔrənt| *s.m. inv.* (*ingl.*) (*comm.*) warrant *var.*

wàter |'vater| *s.m. inv.* (*fam.*) → **water-closet.**

water-closet |'wɔ:tə'klɔzit| *s.m. inv.* (*ingl.*) water *var.*

waterloo |'vaterlo, wɔ:tə'lu| *s.f. inv.* (*fig.*) waterloo, débâcle *var.*

water-polo |'wɔ:tə'pulou| *s.m. inv.* (*ingl.*) water-polo *var.*

waterproof |'wɔ:təpru:f| *agg. inv.* (*ingl.*) waterproof.

watt |vat| *s.m. inv.* (*fis.*) watt *var.*

wàttmetro |'vatmetro|, **wattòmetro** |vat'tɔmetro| *s.m.* (*elettr.*) wattmètre.

wattóra |vat'tora| *s.m. inv.* (*elettr.*) watt-heure (*var.*): *dei wattora* des watts-heures.

watt-secóndo |vatse'kondo| *s.m.* (*fis.*) watt-seconde *f.*

weber |'ve:bər| *s.m. inv.* (*ted.*) (*elettr.*) weber *var.*

week-end |'wi:k'end| *s.m. inv.* (*ingl.*) week-end *var.*, fin *f. var.* de semaine: *dei week-end* des week-ends; *partire per il week-end* partir en week-end.

welter |weltə, 'vɛlter| *s.m. e agg. inv.* (*ingl.*) (*pugilato*) welter *var.*

western |'westən| *agg. inv. e s.m. inv.* (*ingl.*) (*cine.*) western (*s.m. var.*): *dei western* des westerns ◇ (*iron.*) *il western all'italiana* le western-spaghetti.

whisky |'wiski| *s.m. inv.* (*ingl.*) whisky (*var.*): *dei whisky* des whiskies.

'whisky-à-gogo' |wiskiago'go| *s.m. inv.* discothèque *f. var.*, whisky *var.* à gogo: *dei 'whisky-à-gogo'* des discothèques, des whiskies à gogo.

whist |wist| *s.m. inv.* (*ingl.*) (*arc.*) (*gioco di carte*) whist *var.*

winchester |'wintʃistə| *s.m. inv.* (*ingl.*) winchester *var.*

wolfràmio, i |vol'framjo, i| *s.m.* (*chim.*) wolfram, tungstène.

wolframite |volfra'mite| *s.f.* (*miner.*) wolframite.

wormiàno |vor'mjano| *agg. m.* (*anat.*) wormien.

würstel |'vyrstəl| *s.m. inv.* (*ted.*) saucisse *f. var.* de Francfort, de Strasbourg.

X

x |iks| *s.f. o m.* [*lettera dell'alfabeto greco e latino*] x (*m.*): *x minuscola* x minuscule; *X maiuscolo* X majuscule; *il signor X* monsieur X; *raggi X* rayons X; *l'ora X* l'heure X # *il giorno X* le jour J ◇ (*tel.*) *X come Xeres* X comme Xavier ◇ (*loc.*) *a x* en x: *gambe a x* jambes en x.
xantofìlla |ksanto'filla| *s.f.* (*bot.*) xanthophylle.
xantòma |ksan'tɔma| *s.m.* (*patol.*) xanthome.
xèn(o)- |'ksɛn(o)| *pref.* (*significa 'straniero, estraneo, ospite', corrisponde gener. a*) xén(o): *xenofobo* xénophobe.
xèno |'ksɛno| *s.m.* (*chim.*) xénon.
xenofilìa |ksenofi'lia| *s.f.* xénophilie (*raro*).
xenòfilo |kse'nɔfilo| *agg. e s.* xénophile (*raro*).
xenofobìa |ksenofo'bia| *s.f.* xénophobie.
xenòfobo |kse'nɔfobo| *agg. e s.* xénophobe.
xères |'ksɛres| *s.m.inv.* xérès, sherry *var.*
xèr(o)- |'ksɛr(o)| *pref.* (*significa 'secco, arido', corrisponde gener. a*) xér(o): *xeroftalmia* xérophtalmie.
xèro |'ksɛro| *s.m.* (*t.zool.*) xérus.
xerocòpia |ksero'kɔpja| *s.f.* xérocopie → **fotocopia.**
xerocopiàre |kseroko'pjare| *v.tr.* [*riprodurre mediante processo xerografico*] faire (45) la xérocopie de, xérocopier: *xerocopiare un disegno* faire la xérocopie d'un dessin → **fotocopiare.**
xerodermìa |kseroder'mia| *s.f.* (*med.*) xérodermie.
xeròfilo |kse'rɔfilo| *agg.* (*bot.*) xérophile.
Xeròfite |kse'rɔfite| *s.f. pl.* (*t.bot.*) Xérophytes.
xeroftalmìa |kseroftal'mia| *s.f.* (*med.*) xérophtalmie.
xerografìa |kserogra'fia| *s.f.* xérographie.
xerosfèra |kseros'fɛra| *s.f.* milieu *m.* climatique typique du désert.
xifòide |ksi'fɔide| *agg.* (*anat.*) xiphoïde ✦ *s.m. e f.* appendice *m.* xiphoïde.
xifoidèo |ksifoi'dɛo| *agg.* (*anat.*) xiphoïdien*.
xilène |ksi'lɛne| *s.m.* (*chim.*) xylène.
xilidìna |ksili'dina| *s.f.* (*chim.*) xylidine.
xìl(o)- |'ksil(o)| *pref.* (*significa 'legno', corrisponde gener. a*) xyl(o): *xilofago* xylophage.
xilòfago, gi, ga, ghe |ksi'lɔfago, dʒi, ga, ge| *agg.* (*zool.*) xylophage.
xilofonìsta |ksilofo'nista| *s.* joueur* de xylophone.
xilòfono |ksi'lɔfono| *s.m.* xylophone.
xilografìa |ksilogra'fia| *s.f.* (*tecnol.*) xylographie.
xilogràfico, ci, ca, che |ksilo'grafiko, tʃi, ka, ke| *agg.* (*tecnol.*) xylographique.
xilògrafo |ksi'lɔgrafo| *s.m.* (*tecnol.*) xylographe.
xilòlo |ksi'lɔlo| *s.m.* → **xilene.**

Y

y |i 'grɛka ('grɛko), 'ipsilon| *s.f. o m.* [*lettera dell'alfabeto greco e latino*] y (*m.*): *y minuscola* y minuscule; *Y maiuscolo* Y majuscule ◇ (*tel.*) *y come yacht* y comme Yvonne.
yacht |jɔt| *s.m. inv.* (*ingl.*) yacht *var.*
yachting |'jɔtiŋ| *s.m. inv.* (*ingl.*) yachting *var.*
yachtsman |'jɔtsmən| *s.m.* (*ingl.*) yacht(s)man: *dei yachtsmen* des yachtmen.
yak |jæk, jak| *s.m. inv.* (*ingl.*) (*t.zool.*) ya(c)k *var.*
yankee |'jæŋki| *s.m. e agg. inv.* (*ingl.*) yankee *var.*
yard |ja:d| *s.f. inv.* (*ingl.*) → **iarda.**
yearling |'jə:liŋ| *s.m. inv.* (*ingl.*) yearling *var.*
yemenita |jeme'nita| *agg.* [*dello Yemen*] yéménite, yéminite.
yen |jen| *s.m. inv.* (*giapp.*) yen *var.*
yèti |'jɛti| *s.m. inv.* yeti *var.*
yè-yè |jɛ'jɛ| *s. inv.* yé-yé (*var.*): *degli yè-yè* des yé-yés.
yiddish |'jidiʃ| *s.m. e agg. inv.* (*ingl.*) yiddish.
yòga |'jɔga| *s.m. inv.* yoga (*var.*): *fare yoga* faire du yoga.
yògin |jɔ'gin| *s.m. inv.* yogi *var.*
yògurt |'jɔgurt| *s.m. inv.* → **iogurt.**
yo-yo |jɔ'jɔ| *s.m. inv.* yo-yo.
yùcca, che |'jukka, ke| *s.f.* (*t.bot.*) yucca *m.*

Z

z |z| *s.f. o m.* [*ventunesima lettera dell'alfabeto*] z (*m.*): *z minuscola* z minuscule; *Z maiuscola* Z majuscule ◇ (*tel.*) *Z come Zara*: (*in Francia*) Z comme Zoé; (*in Belgio*) z comme zéro ◇ (*loc.*) *dall'"a" alla 'z'* de 'a' à 'z'.
zabaióne |dzaba'jone| *s.m.* sabayon: *caramelle allo zabaione* bonbons au sabayon # *liquore di zabaione* liqueur sabayon.
zàbro |'dzabro| *s.m.* (*t.zool.*) zabre.
zac |dzak| *inter.* (*voce onomat. che riproduce 'un colpo secco, dato di taglio'*) vlan!: *prese il coltello e, zac, lo tagliò in due parti* il prit le couteau et, vlan!, il le coupa en deux.
zàcchera |'tsakkera| *s.f.* **1** [*schizzo di fango sulle scarpe o sugli abiti*] éclaboussure, boue, crotte **2** (*raro, fig.*) → **bagattella, bazzeccola.**
zaccheróne |tsakke'rone| *s.m.* (*fam.*) → **sudicione.**
zaccheróso |tsakke'roso| *agg.* [*coperto di zacchere* (1)] éclaboussé, crotté.
zàcchete |'dzakkete| *inter.* (*onomat.*) → **zac.**
zaf(f) |dzaf(f)| *inter.* (*onomat.*) → **zaffe.**
zaffàre |tsaf'fare| *v.tr.* **1** [*tappare con uno zaffo*] mettre une bonde (*corr.*) ◇ (*tecnol.*) bondonner: *zaffare una botte* bondonner un tonneau **2** (*med.*) [*tamponare* (*una ferita*) *con lo zaffo*] tamponner.
1 **zaffàta** |tsaf'fata| *s.f.* **1** [*ondata di puzzo che colpisce improvvisamente*] bouffée (de mauvais air): *ci arrivano certe zaffate!* il nous arrive de ces bouffées! **2** [*spruzzo improvviso e violento di liquido o di gas*] jet *m.*; giclée: *fu investito da una zaffata di fumo* il reçut en plein visage un jet de fumée ‖ *una zaffata di vapore* une giclée de vapeur.
2 **zaffàta** |tsaf'fata| *s.f.* [*rimprovero, biasimo*] reproche *m.*, blâme *m.*
zaffatùra |tsaffa'tura| *s.f.* [→ ZAFFARE 1] bondonnage *m.*
zàffe |'dzaffe| *inter.* (*voce onomat. che riproduce l'azione rapida e improvvisa di chi ghermisce q.c.*) paf!, hop!: *mise la carne sul tavolo e, zaffe, il gatto gliela portò via* il venait de mettre la viande sur la table et, paf!, le chat l'emporta.
zàffera |'dzaffera| *s.f.* (*chim.*) safre *m.*
zafferanàto |dzaffera'nato| *agg.* **1** [*contenente zafferano*] safrané: *riso zafferanato* riz safrané **2** [*del colore dello zafferano*] safrané.
zafferàno |dzaffe'rano| *s.m.* **1** (*t. bot.*) safran **2** [*la droga ricavata dalla pianta omonima*] safran: *risotto allo zafferano* riz au safran ✦ *agg. inv.* [*di colore giallo-rosso*] *un vestito zafferano* une robe safran.
zafferanóne |dzaffera'none| *s.m.* (*t.bot.*) carthame, safran des près (*corr.*), safran bâtard (*pop.*).
zàffete |'dzaffete| *inter.* (*onomat.*) → **zaffe.**
zaffirìno |dzaffi'rino| *agg.* **1** de saphir (*loc. inv.*): *gemma zaffirina* gemme de saphir **2** (*raro*) [*sim. allo zaffiro*] *cielo zaffirino* ciel bleu saphir.
zaffìro |dzaf'firo| *s.m.* **1** saphir **2** (*fig.*) *un mare, un cielo di zaffiro* [*di colore azzurro*] une mer, un ciel de saphir; *occhi di zaffiro* des yeux de saphir.
zàffo |'tsaffo| *s.m.* **1** [*tappo di legno usato per turare botti*] bonde *f.*, bondon **2** (*med.*) tampon.
zagàglia |dza'gaʎʎa| *s.f.* sagaie, zagaie.
zagagliàta |dzagaʎ'ʎata| *s.f.* coup *m.* de sagaie, de zagaie.
zàgara |'dzagara| *s.f.* [*il fiore dell'arancio e di altri agrumi*] fleur d'oranger: *il profumo delle zagare* le parfum des fleurs d'oranger.
1 **zàino** |'dzaino| *s.m.* [*borsa, sacco a spalla, usato da militari, alpinisti, pastori*] sac à dos: *fare, riempire lo zaino* préparer, remplir son sac (à dos): *camminava con lo zaino in spalla* il marchait avec son sac à dos, en portant son sac sur le dos ◇ (*mil.*) *zaino a terra!* sac à terre!
2 **zàino** |'dzaino| (*agg. m.*) *cavallo, cane zaino* cheval, chien zain.
zàmia |'tsamia| *s.f* (*t.bot.*) zamier *m.*
zàmpa |'tsampa| *s.f.* **1** [*ciascuno degli arti degli animali*] patte: *zampe anteriori, posteriori* pattes antérieures, postérieures; *le zampe della gallina* les pattes de la poule # *le zampe del cavallo* les jambes du cheval ◇ (*per est.*) [*piede*] *il cane ha una spina nella zampa* le chien a une épine dans la patte ◇ (*loc. fig.*) *zampe di gallina* [*grinze intorno agli occhi*] pattes(-)d'oie; (*scherz.*) [*brutta scrittura*] pattes de mouches **2** (*fig., spreg., riferito agli arti dell'uomo*) patte (*fam.*): *giù le zampe!* bas les pattes!; *camminare a quattro zampe* marcher à quatre pattes # *qua la zampa!* serrons nous la pince! (*pop.*) **3** (*raro*) [*gamba o piede di un mobile*] pied: *le zampe del tavolo* les pieds de la table.
zampàre |tsam'pare| *v.intr.* **1** (*di cavalli e sim.*) [*battere il terreno con le zampe anteriori*] piaffer: *il mulo zampava* le mulet piaffait **2** (*raro*) (*persone*) → **scalpitare.**
zampàta |tsam'pata| *s.f.* **1** coup *m.* de patte: *fu ferito da una zampata della belva* il fut blessé par un coup de patte du fauve ◇ (*fam.*) [*calcio dato da una persona*] coup de pied (*corr.*): *mi sono preso una zampata su uno stinco!* j'ai reçu un coup de pied sur le tibia **2** [*impronta della zampa di un animale*] empreinte: *sul terreno si scorgevano le zampate del cavallo* sur le terrain on apercevait les empreintes des pas du cheval.
zampettàre |tsampet'tare| *v.intr.* (*animali*) [*muoversi rapidamente a piccoli saltelli*] trottiner ◇ (*per est., scherz.*) (*di bambini*) *la bimba cominciò ben presto a zampettare per tutta la casa* la petite (fille) commença bien vite à trottiner dans toute la maison.
zampétto |tsam'petto| *s.m.* **1** petite patte *f.* **2** pied (de veau, de porc, etc.).
zampillànte |tsampil'lante| *agg.* [*che zampilla*] jaillissant.
zampillàre |tsampil'lare| *v.intr.* (*aus. 'essere, avere'*) (*di liquidi*) [*sgorgare con impeto verso l'alto*] jaillir (*aus.* avoir): *l'acqua zampillava tutt'intorno* l'eau jaillissait tout autour; *il sangue zampillava dalla ferita* le sang jaillissait, giclait de la blessure.
zampillìo, ii |tsampil'lio, ii| *s.m.* [*uno zampillare continuo*] jaillissement.
zampillo |tsam'pillo| *s.m.* [*sottile getto d'acqua o di altri liquidi*] jet: *gli zampilli della fontana* les jets de la fontaine # *uno zampillo di sangue sprizzava dalla ferita* le sang giclait de la blessure.
zampina |tsam'pina| *s.f.* pied *m.* cranté du tournebroche.
zampino |tsam'pino| *s.m.* petite patte *f.* ◇ (*loc. fig.*) *qui c'è sotto il suo zampino* il y a mis la patte ~ *mettere lo zampino in q.c.* [*immischiarsi in q.c.*] fourrer, mettre son nez dans qqch. ~ *il diavolo ci ha messo lo zampino* le diable s'en est mêlé ◇ (*prov.*) *tanto va la gatta al lardo che* (*poi*) *ci lascia lo zampino* tant va la cruche à l'eau qu'à la fin elle se casse.
zampiróne |ts(dz)ampi'rone| *s.m.* **1** [*spirale fatta di sostanze che bruciando uccidono col fumo gli insetti molesti*] fumigène (anti-moustiques) **2** (*fig., scherz.*) cigarette *f.* (de mauvaise qualité).
zampógna |tsam'poɲɲa| *s.f.* [*strumento a fiato*] musette, cornemuse.
zampognàro |tsampoɲ'ɲaro| *s.m.* joueur* *s.* de musette.
zampóne |tsam'pone| *s.m.* pied de porc farci.
zàna |'tsana, 'dzana| *s.f.* **1** [*cesta ovale*] panier *m.* **2** [*culla contadinesca*] bercelonnette, barcelonnette (*arc.*).
zànca, che |'tsanka, ke| *s.f.* (*edil.*) agrafe.
zàngola |'tsangola, 'dzangola| *s.f.* [*recipiente usato per trasformare la panna in burro*] baratte.
zangolatùra |tsangola'tura, dzangola'tura| *s.f.* [*lo sbattere la crema per ricavarne il burro*] battage *m.*
zànna |'tsanna| *s.f.* **1** [*ciascuno dei due grossi denti anteriori di alcuni mam-*

miferi] défense: *le zanne dell'elefante, del cinghiale* les défenses de l'éléphant, du sanglier **2** [*ciascuno dei denti canini di animali carnivori*] croc (*m.*): *le zanne del lupo* les crocs du loup ◇ *spec. al plur.* (*per est.*, *spreg.*, *scherz.*) [*denti umani grandi e lunghi*] *ha certe zanne!* il a de ces crocs!; *mostrar le zanne a qc.* montrer les crocs, les dents (*corr.*) à qqn.; *dar di zanne* mordre à belles dents.

zannàre |tsan'nare| *v.tr.* → **azzannare.**

zannàta |tsan'nata| *s.f.* **1** coup *m.* de défense: *fu ucciso da una zannata del cinghiale* il fut tué par un coup de défense du sanglier ◇ (*per est.*) coup de croc: *fu dilaniato dalle zannate del cane* il fut déchiqueté par les coups de croc du chien **2** [*segno lasciato dalle zanne*] déchirure d'un coup de défense; morsure d'un coup de croc.

zannùto |tsan'nuto| *agg.* **1** pourvu de défenses **2** (*fig.*, *spreg.*) (*persone*) [*che ha denti lunghi e grossi*] aux longues dents *loc. inv.*

zanzàra |dzan'dzara| *s.f.* **1** (*t.zool.*) moustique *m.* ~ *zanzara anofele* moustique anophèle **2** (*fig.*) *è noioso come una zanzara* [*insistente e fastidioso*] il est agaçant comme une mouche.

zanzarièra |dzandza'rjɛra| *s.f.* [*velo teso intorno al letto che protegge dalle zanzare*] moustiquaire.

zanzibarìno |dzandziba'rino| *agg.* [*dello Zanzibar*] zanzibarite.

zapateado |θapate'ado| *s.m. inv.* (*sp.*) (*danza*) zapatéado *var.*

zàppa |'tsappa| *s.f.* **1** (*agr.*) pioche: *zappa a lama corta, meccanica, a due o tre denti* pioche à lame courte, mécanique, à deux ou trois pointes ◇ (*loc. fig.*) *darsi la zappa sui piedi* [*agire in modo da nuocere a sé stesso*] donner des verges pour se faire fouetter, des bâtons pour se faire battre **2** (*mil.*) sape.

zappaménto |tsappa'mento| *s.m.* (*raro*) [→ ZAPPARE] piochage.

zappàre |tsap'pare| *v.tr.* [*lavorare con la zappa*] piocher: *zappare l'orto, il giardino* piocher le potager, le jardin ◇ (*loc. fig.*) *si è messo a zappare la terra* [*a fare il contadino*] il s'est fait paysan.

1 **zappàta** |tsap'pata| *s.f.* **1** coup *m.* de pioche: *si è dato una zappata su un piede* il s'est donné un coup de pioche sur le pied **2** [*lavoro fatto con la zappa*] coup de pioche: *ogni tanto dà una zappata all'orto* de temps en temps il donne un coup de pioche au potager.

2 **zappàta** |tsap'pata| *s.m.* (*solo nella loc.*) *fare come padre Zappata* [*che predicava bene e razzolava male*] ne pas prêcher d'exemple.

zappatèrra |tsappa'tɛrra| *s.m. inv.* **1** [*chi lavora la terra con la zappa*] laboureur *var.* ◇ (*per est.*) [*contadino*] paysan* *s. var.*, cul-terreux *var.* (*fam.*, *pegg.*) **2** (*fig.*) [*persona rozza e ignorante*] rustre *var.*, butor *var.*

zappatóre, trice |tsappa'tore, tritʃe| *s.* **1** *s.* [*chi zappa la terra per mestiere*] laboureur *m.*, piocheur *m.* (*raro*) **2** *s.m.* (*mil.*) sapeur.

zappatrice |tsappa'tritʃe| *s.f.* (*agr.*) bineuse, lineur *m.*

zappatùra |tsappa'tura| *s.f.* [→ ZAPPARE] piochage *m.* # *l'orto ha bisogno di una buona zappatura* le potager aurait besoin d'un bon coup de pioche.

zappétta |tsap'petta| *s.f.* (*agr.*) linette.

zappettàre |tsappet'tare| *v.tr.* [*lavorare con la zappetta*] bêcher: *zappettare un'aiuola* bêcher une plate-bande.

zappettatùra |tsappetta'tura| *s.f.* [→ ZAPPETTARE] bêchage *m.*

zappóne |tsap'pone| *s.m.* → **piccone.**

zar |tsar, dzar| *s.m. inv.* tsar *var.*, tzar *var.*

zàra |'dzara| *s.f.* (*gioco*) zanzi(bar) *m.*

zarèvic |tsa'rɛvitʃ| *s.m. inv.* tsarévitch *var.*

zarìna |tsa'rina, dza'rina| *s.f.* tsarine.

zarìsmo |tsa'rizmo| *s.m.* (*st. russa*) tsarisme.

zarista |tsa'rista| **1** *agg.* des tsars (*loc. inv.*): *la Russia zarista* la Russie des tsars **2** *s.* partisan du tsar.

zarzuèla |dzardzu'ɛla| *s.f. inv.* (*sp.*) zarzuela *var.*

zàttera |'tsattera, 'dzattera| *s.f.* [*barca a fondo piatto*] radeau *m.* ◇ [*imbarcazione di fortuna in caso di naufragio*] *zattera di salvataggio* radeau de sauvetage.

zatteróne |tsatte'rone| *s.m.* [*grossa zattera*] ponton.

zàvia |'dzavja| *s.f.* (*relig. musulmana*) zaouïa.

zavòrra |dza'vɔrra| *s.f.* **1** (*mar.*) lest (*m.*): *navigare in zavorra* naviguer sur son lest # *caricare la zavorra* lester; *scaricare la zavorra* délester **2** (*aer.*) lest **3** (*per est.*, *fig.*) [*cose o persone che danno solo fastidio*] choses *pl.* inutiles: *c'è molta zavorra in quest'opera* il y a beaucoup de choses inutiles dans cet ouvrage # *tutto il resto è zavorra!* tout le reste ne vaut rien, est bon à jeter!

zavorraménto |dzavorra'mento| *s.m.* [→ ZAVORRARE] lestage.

zavorràre |dzavor'rare| *v.tr.* (*aer.*, *mar.*) [*caricare una nave o un aerostato con la zavorra necessaria*] lester ♦ (*al p.p.*) *una nave mal zavorrata* un navire mal lesté.

zavorratùra |dzavorra'tura| *s.f.* → **zavorramento.**

zàzzera |'tsattsera| *s.f.* [*capigliatura lunga e arruffata*] tignasse: *che zazzera, quel ragazzo!* quelle tignasse, ce garçon!

zazzeróne |tsattse'rone| *s.m.* [*chi ha i capelli lunghi per incuria*] chevelu.

zazzerùto |tsattse'ruto| *agg.* [*che ha la zazzera*] chevelu: *un ragazzo zazzeruto* un garçon chevelu.

zèbra |'dzɛbra| *s.f.* **1** (*t.zool.*) zèbre *m.* **2** *al plur.* (*fig.*) [*passaggio pedonale*] passage *m. sing.* clouté.

zebràto |dze'brato| *agg.* zébré ◇ (*per est.*, *nella segnaletica stradale*) *attraversamento, passaggio zebrato* passage clouté.

zebratùra |dzebra'tura| *s.f.* **1** zébrure **2** (*per anal.*) *zebratura stradale* clous *m. pl.*, passage *m.* clouté.

zebù |dze'bu| *s.m. inv.* (*t.zool.*) zébu *var.*

1 **zécca, che** |'tsekka, ke| *s.f.* [*stabilimento di Stato in cui si coniano le monete*] (hôtel *m.* de la) Monnaie: *la zecca italiana* la Monnaie italienne # *la polizia ha scoperto una zecca clandestina* la police a découvert une officine de fausse monnaie ◇ (*loc. fig.*) *un'automobile nuova di zecca* [*del tutto nuova*] une voiture flambant neuf.

2 **zécca, che** |'tsekka, ke| *s.f.* (*t. zool.*) tique ◇ (*corr.*) *si è presa le zecche* elle a attrapé des tiques.

zecchìno |tsek'kino| *s.m.* (*numism.*) sequin # *oro* (*di*) *zecchino* or pur.

zèffiro |'dzɛffiro| *s.m.* → **zefiro.**

zefir |dze'fir| *s.m. inv.* zéphyr (*var.*): *una camicia di zefir* une chemise de, en zéphyr.

zèfiro |'dzɛfiro| *s.m.* **1** [*vento occid.*] zéphyr **2** (*poet.*) [*vento mite e leggero*] zéphyr.

zelandése |dzelan'dese| *agg.* [*della Nuova Zelanda*] zélandais.

zelànte |dze'lante| *agg.* [*pieno di zelo*] zélé: *un impiegato zelante* un employé zélé # *fare lo zelante* faire du zèle.

zelanteménte |dzelante'mente| *avv.* [→ ZELANTE] avec zèle *loc. inv.*

zelanterìa |dzelante'ria| *s.f.* (*raro*) excès *m.* de zèle: *la sua eccessiva zelanteria non mi convince affatto* son excès de zèle ne me convainc pas du tout.

zelatóre, trice |dzela'tore, tritʃe| *s.* (*raro*) zélateur* (*lett.*).

zèlo |'dzɛlo| *s.m.* zèle: *ha compiuto il proprio dovere con uno zelo assoluto* il a accompli son devoir avec un zèle total ◇ (*iron.*) *quanto zelo!* quel zèle!

zelòta |dze'lɔta| *s.* (*relig. ebr.*) zélote.

zen |dzɛn| *s.m. inv.* zen *var.*

zènit |'dzɛnit| *s.m.* (*astron.*) zénith: *sole allo zenit* soleil au zénith **C** **nadir.**

zenitàle |dzeni'tale| *agg.* (*astron.*) zénithal*: *distanza zenitale* distance zénithale ◇ (*topografia*) *angolo zenitale* angle zénithal.

zènzero |'dzendzero| *s.m.* (*t.bot.*) gingembre.

zeolite |dzeo'lite| *s.f.* (*min.*) zéolit(h)e.

zephir |dze'fir| *s.m. inv.* → **zefir.**

zéppa |'tseppa| *s.f.* **1** [*pezzo di legno usato per sostituire la parte mancante di un mobile*] cale ◇ (*fig.*) *mettere una zeppa a q.c.* [*un rimedio improvvisato*] remédier à qqch. **2** [*parola o frase inserita in una poesia per motivi metrici*] cheville.

zeppàre |tsep'pare| *v.tr.* → **inzeppare.**

zeppelin |'tsepəli:n| *s.m. inv.* (*ted.*) (*aer.*) zeppelin *var.*

zéppo |'tseppo| *agg.* [*completamente pieno*] bourré: *un cassetto zeppo di carte* un tiroir bourré de papiers; *una traduzione piena zeppa di errori* une traduction bourrée de fautes # *un autobus zeppo di gente* un autobus bondé.

1 **zerbìno** |dzer'bino| *s.m.* [*tappeto posto sulla soglia di casa per pulirsi le scarpe*] paillasson.

2 **zerbìno** |dzer'bino| *s.m.* → **zerbinotto.**

zerbinòtto |dzerbi'nɔtto| *s.m.* [*giovane eccessivamente galante*] dandy, gandin: *fare lo zerbinotto* faire le dandy.

zèro |'dzɛro| *s.m.* **1** (*mat.*) zéro: *avere zero in matematica* avoir zéro en mathématiques; *meriteresti uno zero!* tu mériterais un zéro! ◇ (*per est.*) *l'ora zero* l'heure H, le jour J **2** (*fis.*) zéro: *zero assoluto* (le) zéro absolu; *il termometro segna zero* le thermomètre est à zéro **3** (*per est.*) *la benzina è quasi a zero* l'essence est presque à zéro; *ridurre a zero uno strumento* remettre à zéro un instrument ◇ (*mil.*) *alzo a zero* hausse zéro; *sparare a zero* tirer hausse zéro ◇ (*sport*) *vincere per uno a zero* gagner par un (à) zéro ◇ (*loc. fig.*) *spaccare lo zero* [*fare i conti con pignoleria*] calculer à un centime (à un millième) près ~ *farsi tagliare i capelli a zero* se faire tondre les cheveux à ras, à zéro **4** (*fig.*) zéro: *quell'uomo è uno zero* c'est un zéro; *partire da zero* repartir de zéro # *ridursi a zero* se ruiner.

zerovalènte |dzerova'lɛnte| *agg. e s.m.* (*scient.*) zérovalent, nullivalent.

zèta |'dzɛta| *s.f. o m.* **1** [*nome della lettera 'z'*] z *m.* ◇ (*loc. fig.*) *dall''a' alla 'zeta'* de 'a' à 'z' **2** [*sesta lettera dell'alfabeto gr.*] zêta *m.*

zetèta |dze'tɛta| *s.m.* (*st. gr.*) sétète.

zetètica, che |dze'tɛtika, ke| *s.f.* (*filos.*) zététique.

zetètico, ci, ca, che |dze'tɛtiko, tʃi, ka, ke| *agg.* (*filos.*) zététique.

zèugma |'dʒeugma| *s.m.* (*gram.*) zeugma, zeugme.

zìa |'tsia| *s.f.* [*la sorella del padre o della madre rispetto ai loro figli*] tante.

zibaldóne |dzibal'done| *s.m.* [*mescolanza di pensieri vari in un'opera lett.*] mélanges *pl.* littéraires ◇ (*fig., spreg.*) [*scritto che manca di coerenza*] fatras: *quel saggio non è altro che uno zibaldone!* cet essai n'est rien d'autre qu'un fatras d'idées!

zibellìno |dzibel'lino| *s.m.* (*t.zool.*) zibeline *f.* ◇ (*corr.*) *una pelliccia di zibellino* un manteau de zibeline.

zibétto |dzi'betto| *s.m.* **1** (*t.zool.*) civette *f.* **2** [*sostanza usata in profumeria*] civette.

zibìbbo |dzi'bibbo| *s.m.* (*t.bot.*) raisin de Damas.

zic |dzik| *inter.* (*onomat.*) → **zac.**

ziétta |dzi'etta| *s.f.* (*nel linguaggio infantile*) [*zia*] tantine, tata (*pop.*).

ziétto |dzi'etto| *s.m.* (*nel linguaggio infantile*) [*zio*] tonton.

zigàno |tsi'gano| *s.m.* tzigane, tsigane.

zigàre |tsi'gare| *v.intr.* (*aus. 'avere'*) (*detto del coniglio*) [*emettere un suono acuto e stridulo*] glapir.

zigèna |dzi'dʒɛna| *s.f.* (*t.zool.*) zygène.

zìggurat |'dziggurat| *s.m. o f. inv.* (*archeol.*) ziggourat *f. var.*

zìgo- |'dzigo| *pref.* (*significa 'coppia, accoppiamento, unione', corrisponde gener. a*) zigo: *zigomorfo* zygomorphe.

zìgolo |'dzigolo| *s.m.* (*t.zool.*) bruant ~ *zigolo nero* zizi.

zigomàtico, ci, ca, che |dzigo'matiko, tʃi, ka, ke| *agg.* (*anat.*) zygomatique.

Zigomicèti |dzigomi'tʃɛti| *s.m. pl.* (*t.bot.*) Zygomycètes.

zìgomo |'dzigomo| *s.m.* (*anat.*) zygome ◇ (*corr.*) pommette (*f.*): *zigomi sporgenti* pommettes saillantes.

zigomòrfo |dzigo'mɔrfo| *agg.* (*bot.*) zygomorphe.

zigopètalo |dzigo'pɛtalo| *s.m.* (*bot.*) zygopétale.

zigòte |dzi'gɔte|, **zigòto** |dzi'gɔto| *s.m.* (*biol.*) zygote.

zigrinàre |dzigri'nare| *v.tr.* **1** [*rendere ruvidi pellami, tessuti, carte e sim.*] chagriner **2** (*tecnol.*) *rigrinare una moneta* créneler (4) une monnaie; *zigrinare una vite* moleter (5) une vis.

zigrinatùra |dzigrina'tura| *s.f.* [→ ZIGRINARE] chagrinage *m.*; crénelage *m.*; moletage *m.*

zigrìno |dzi'grino| *s.m.* **1** [*pelle di alcuni animali usata per levigare avorio, ebano e sim.*] chagrin **2** (*tecnol.*) outil qui sert à chagriner.

zigzàg |dzig'dzag| *s.m. inv.* zigzag (*var.*): *una strada a zigzag* une route en zigzag.

zigzagàre |dzigdza'gare| *v.intr.* (*aus. 'avere'*) [*andare avanti, camminare a zigzag*] zigzaguer.

zìllo |'tsillo| *s.m.* [*verso sottile, acuto di alcuni insetti*] stridulation (*f.*): *lo zillo delle cavallette* la stridulation des sauterelles.

zimàrra |dzi'marra| *s.f.* simarre.

zimàsi |dzi'mazi| *s.f. inv.* (*biol., chim.*) zymase *var.*

zimbellàre |tsimbel'lare| *v.tr.* [*attirare gli uccelli con lo zimbello*] piper ◇ (*fig.*) [*attirare qc. con false promesse*] avoir (28) (*fam.*): *mi sono fatto zimbellare come uno stupido!* je me suis laissé avoir comme un idiot!

zimbellatóre, trice, (*pop.*) **tora** |tsimbella'tore, tritʃe, tora| *s.* chasseur* à la pipée, à l'appeau ◇ (*fig.*) [*chi inganna gli altri con false promesse*] trompeur*.

zimbèllo |tsim'bɛllo| *s.m.* **1** [*uccello che serve da richiamo*] appeau **2** (*fig.*) [*espediente usato per attirare l'attenzione*] leurre, attrape-nigaud: *le sue promesse sono solo uno zimbello per gli sciocchi* ses promesses ne sont que (des) leurres, des attrape-nigaud(s) ◇ [*oggetto di scherno*] *lo zimbello del paese* le souffre-douleur(s) *inv.*, la tête *f.* de turc du village.

zimo- |dzimo| *pref.* (*significa 'lievito, fermento, enzima', corrisponde gener. a*) zymo: *zimotecnica* zymotechnie.

zimotecnìa |dzimotek'nia| *s.f.* (*scient.*) zymotechnie.

zimòtico, ci, ca, che |dzi'mɔtiko, tʃi, ka, ke| *agg.* (*scient.*) zymotique.

zincàre |tsin'kare| *v.tr.* [*rivestire di zinco*] zinguer.

zincàto |tsin'kato| *agg.* zingué.

zincatóre |tsinka'tore| *s.m.* [*operaio specializzato nella zincatura*] zingueur.

zincatùra |tsinka'tura| *s.f.* [→ ZINCARE] zingage (*m.*): *zincatura a caldo* zingage à chaud.

zincìfero |tsin'tʃifero| *agg.* (*scient.*) zincifère.

zìnco, chi |'tsinko, ki| *s.m.* (*chim.*) zinc: *tubi di zinco* tuyaux de zinc.

zincografìa |tsinkogra'fia| *s.f.* (*tecnol.*) zincographie.

zincògrafo |tsin'kɔgrafo| *s.m.* [*operaio addetto alla zincografia*] clicheur.

zincotipìa |tsinkoti'pia| *s.f.* zincotypie.

zingaràto |tsinga'rato| *s.m.* → **accattonaggio.**

zingarésco, chi, ca, che |tsinga'resko, ki, ka, ke| *agg.* [*proprio degli zingari*] de bohémien* (*loc.*): *una vita zingaresca* une vie de bohémien.

zìngaro |'tsingaro| *s.m.* [*appartenente alla tribù degli zingari*] tzigane, tsigane ◇ (*fig., spreg.*) bohémien*: *fa una vita da zingaro* il mène une vie de bohémien # *sei sporco come uno zingaro* tu es sale comme un peigne.

Zingiberàcee |dzindʒibe'ratʃee| *s.f. pl.* (*t.bot.*) Zingibéracées.

zìnna |'tsinna| *s.f.* (*region.*) → **mammella.**

zìnnia |'dzinnja| *s.f.* (*t.bot.*) zinnia *m.*

zìo, ii |'tsio, ii| *s.m.* [*il fratello del padre o della madre rispetto ai loro figli*] oncle ◇ (*iron.*) *lo zio d'America* l'oncle d'Amérique.

zip |dzip| *s.m. inv.* (*ingl.*) zip *var.* (*marchio depositato*).

zìpolo |'tsipolo| *s.m.* [*tappo con cui si ottura il buco della botte*] fausset.

zircóne |dzir'kone| *s.m.* (*miner.*) zircon.

zircònia |dzir'kɔnja| *s.f.* (*chim.*) zircone.

zircònio, i |dzir'kɔnjo, i| *s.m.* (*chim.*) zirconium.

zirconìte |dzirko'nite| *s.f.* (*miner.*) zirconite.

zirlàre |dzir'lare| *v.intr.* (*aus. 'avere'*) (*detto del tordo*) [*emettere uno zirlo*] crier.

zìrlo |'dzirlo, 'tsirlo| *s.m.* cri, chant de la grive.

zitèlla |tsi'tɛlla, dzi'tɛlla| *s.f.* [*donna non più giovane non ancora sposata*] vieille fille: *credo che resterai zitella* je crois que tu vas rester vieille fille ◇ (*spreg.*) *una vecchia zitella inacidita* une vieille fille aigrie.

zitellìsmo |tsitel'lizmo, dzitel'lizmo| *s.m.* (*spreg.*) attitude *f.* de vieille fille, de vieux garçon.

zitèllo |tsi'tɛllo, dzi'tɛllo| *s.m.* (*raro, scherz.*) [*uomo non sposato*] vieux garçon.

zitellóne |tsitel'lone, dzitel'lone| *s.* vieux garçon *m.*, vieille fille *f.*

zittìo, ii |tsit'tio, ii| *s.m.* acte de faire chut, de faire taire qqn.

zittìre |tsit'tire| (197) **A** *v.tr.* [*indurre al silenzio emettendo un sibilo*] faire (45) *intr.* taire: *il pubblico zittì l'oratore* le public fit taire l'orateur **B** *v.intr.* (*raro*) → 1 **tacere.**

zìtto |'tsitto| *agg.* [*che sta in silenzio*] silencieux*: *stare zitto* rester silencieux # *state zitti!* taisez-vous! → **tacere**; *far stare zitto qc.* faire taire qqn.; *vuoi stare zitto sì o no?* veux-tu te taire, ou non?; *stette zitto per la paura* de peur, il se tut ◇ (*loc.*) *se n'è andato zitto zitto* il a filé à l'anglaise ~ *zitto zitto si è mangiato tutti i dolci* en douce, il a mangé tous les gâteaux.

zìzza |'tsittsa| *s.f.* (*region.*) → **mammella.**

zizzània |dzid'dzanja| *s.f.* **1** → **loglio 2** (*fig.*) *seminare zizzania* [*discordia*] semer la zizanie.

zìzzola |'dziddzola| *s.f.* → **giuggiola.**

zìzzolo |'dziddzolo| *s.m.* → **giuggiolo.**

zloty |'zwotï| *s.m. inv.* (*unità monetaria polacca*) zloty *var.*

zoantropìa |dzoantro'pia| *s.f.* (*psicol.*) zoanthropie, zoopathie.

zoccolàio, i |tsokko'lajo, i| *s.m.* [*chi fabbrica o vende zoccoli*] sabotier* *s.*

zoccolàta |tsokko'lata| *s.f.* coup *m.* de sabot.

zoccolatùra |tsokkola'tura| *s.f.* [*motivo architettonico, soprattutto a scopo protettivo, applicato nella parte inferiore di una parete*] plinthe.

zoccolìo, ii |tsokko'lio, ii| *s.m.* bruit de sabots traînés.

zòccolo |'tsɔkkolo| *s.m.* **1** [*calzatura* (*aperta*) *con suola di legno*] sabot: *mettersi gli zoccoli* mettre ses sabots; *tirare uno zoccolo in testa a qc.* jeter un sabot à la tête de qqn. **2** [*appoggio corneo del corpo degli Equidi e dei*

Bovini] sabot ◇ (*per anal.*) motte (*f.*): *lo zoccolo di neve che si forma sotto gli sci* la motte de neige qui se forme sous les skis **3** (*arch.*) socle: *lo zoccolo di una colonna* le socle d'une colonne **4** [*fascia di protezione di una parete*] plinthe *f.* **5** (*geol.*) socle.

zodiacàle |dzodia'kale| *agg.* zodiacal*: *segno zodiacale* signe zodiacal ◇ (*astron.*) *luce zodiacale* lumière zodiacale.

zodìaco, ci |dzo'diako, tʃi| *s.m.* zodiaque: *i segni dello zodiaco* les signes du zodiaque.

zoèa |dzo'ɛa| *s.f.* (*zool.*) zoé.

zoècio, i |dzo'ɛtʃo, i| *s.m.* (*zool.*) zoécie *f.*, zoïde *f.*

-zòico |'dzɔiko| *suff.* (*significa 'relativo agli animali', corrisponde gener. a*) zoïque: *mesozoico* mésozoïque.

zòilo |'dzɔilo| *s.m.* (*lett.*) [*critico ingiusto e invidioso*] zoïle.

zolfàio, i |tsol'fajo, i| *s.m.* [*operaio che estrae o lavora lo zolfo*] soufreur.

zolfanèllo |tsolfa'nɛllo| *s.m.* **1** [*fiammifero di legno*] allumette *f.* ◇ (*loc. fig.*) *accendersi come uno zolfanello* [*arrabbiarsi*] prendre feu comme de l'amadou **2** [*stoppino usato per la solforazione delle botti*] mèche *f.*

zolfàra |tsol'fara| *s.f.* → **solfara.**

zolfàre |tsol'fare| *v.tr.* → **zolforare.**

zolfatàra |tsolfa'tara| *s.f.* → **solfatara.**

zolfatùra |tsolfa'tura| *s.f.* (*agr.*) soufrage *m.*

zólfo |'tsolfo| *s.m.* (*chim.*) soufre ◇ (*loc. fig.*) *c'è odore di zolfo* ça sente le soufre.

zòlla |'dzɔlla, 'tsɔlla| *s.f.* **1** motte de terre: *rovesciare le zolle con l'aratro* retourner les mottes de terre avec la charrue ◇ (*per est.*) *possiede solo qualche zolla di terra* il a seulement un lopin *m.* de terre **2** [*piccolo pezzo di zucchero*] morceau *m.* de sucre.

zollétta |dzol'letta, tsol'letta| *s.f.* (petit) morceau (*m.*): *una zolletta di zucchero* un morceau de sucre; *zucchero in zollette* sucre en morceaux.

zompàre |tsom'pare| *v.intr.* (*region.*) → **saltare.**

zómpo |'tsompo| *s.m.* (*region.*) → **salto.**

zòna |'dzɔna| *s.f.* **1** zone: *zona pianeggiante, montuosa* zone plate, montagneuse; *zona di caccia, di pesca* zone de chasse, de pêche; *zona depressa, industriale* zone sous-développée, industrielle; *zona calda, franca, verde* zone chaude, franche, verte; *zona del silenzio* zone de silence; *zona di parcheggio* zone de stationnement; *zona disco* zone bleue ◇ (*mil.*) *zona di operazione* zone opérationnelle **2** (*geogr.*) zone: *zone terrestri* zones terrestres; *zone polari* régions polaires, glaciales; *zone temperate* zones, régions tempérées; *zona torrida* zone torride **3** (*mat.*) *zona sferica* zone.

zonàle |dzo'nale| *agg.* (*geogr.*) zonal*.

zonàre |dzo'nare| *v.tr.* [*cingere, circondare*] zoner: *zonare una distesa incolta, un'area fabbricabile* zoner une étendue inculte, une aire à bâtir.

zonàto |dzo'nato| *agg.* (*miner., scient.*) zoné.

zonatùra |dzona'tura| *s.f.* division en zones ◇ (*miner.*) *zonatura di una roccia* les zones *pl.* d'une roche.

zonizzazióne |dzoniddzat'tsjone| *s.f.* [*divisione in zone delle aree (fabbricate)*] zonage *m.*

zonùro |dzo'nuro| *s.m.* (*t.zool.*) zonure.

zónzo |'dzondzo| *s.m.* (*solo nelle loc.*) *andare a zonzo* [*passeggiare senza una meta*] se balader, flâner ~ *essere a zonzo* être en balade.

zòo- |'dzɔo| *pref.* (*significa 'animale', corrisponde gener. a*) zoo: *zoologista* zoologiste.

-zòo |'dzɔo| *suff.* (*significa 'animale', corrisponde gener. a*) zoaire: *protozoo* protozoaire.

zòo |'dzɔo| *s.m. inv.* zoo *var.*

zoochìmica, che |dzoo'kimika, ke| *s.f.* zoochimie.

zoofilìa |dzoofi'lia| *s.f.* zoophilie.

zoòfilo |dzo'ɔfilo| *agg.* [*che protegge gli animali*] zoophile, protecteur* des animaux: *società zoofila* société protectrice des animaux.

zoòfito |dzo'ɔfito| *s.m.* zoophyte.

zoofobìa |dzoofo'bia| *s.f.* zoophobie.

zoòfobo |dzo'ɔfobo| *agg. e s.* zoophobe.

zoòforo |dzo'ɔforo| *s.m. e agg.* (*arch.*) zoophore.

zoogamète |dzooga'mete| *s.m.* (*bot.*) zoogamète.

zoolàtra |dzoo'latra| *s.* zoolâtre.

zoolatrìa |dzoola'tria| *s.f.* (*st.*) zoolâtrie.

zoolìto |dzoo'lito| *s.m.* (*geol.*) zoolit(h)e.

zoologìa, gìe |dzoolo'dʒia, dʒie| *s.f.* zoologie.

zoologicaménte |dzoolodʒika'mente| *avv.* [→ ZOOLOGICO] zoologiquement.

zoològico, ci, ca, che |dzoo'lɔdʒiko, tʃi, ka, ke| *avv.* zoologique: *giardino zoologico* jardin zoologique.

zoologista |dzoolo'dʒista|, **zoòlogo, gi, ga, ghe** |dzo'ɔlogo, dʒi, ga, ge| *s.* zoologiste *m.*

zoom |zu:m| *s.m. inv.* (*ingl.*) (*cine.*) zoom *var.*

zoomorfìsmo |dzoomor'fizmo| *s.m.* zoomorphisme.

zoomòrfo |dzoo'mɔrfo| *agg.* zoomorphe.

zoonòsi |dzoo'nɔzi| *s.f. inv.* (*biol., scient.*) zoonose *var.*

zooplàncton |dzoo'plankton| *s.m. inv.* (*scient.*) zooplancton *var.*

zoopsìa |dzoop'sia| *s.f.* (*psicol.*) zoopsie.

zoospòra |dzoos'pɔra| *s.f.* (*bot.*) zoospore.

zoosporàngio, i |dzoospo'randʒo, i| *s.m.* (*bot.*) zoosporange.

zootecnìa |dzootek'nia| *s.f.* zootechnie.

zootècnico, ci, ca, che |dzoo'tɛkniko, tʃi, ka, ke| **1** *agg.* zootechnique: *il patrimonio zootecnico di un paese* le patrimoine zootechnique d'un pays **2** *s.* zootechnicien*.

zoppàggine |tsop'paddʒine| *s.f.* → **zoppia.**

zoppìa |tsop'pia| *s.f.* [*lo zoppicare, condizione di chi è zoppo*] boiterie, claudication.

zoppicaménto |tsoppika'mento| *s.m.* (*persone*) [→ ZOPPICARE **1**] claudication *f.*

zoppicàndo |tsoppi'kando| *avv.* → **zoppiconi.**

zoppicànte |tsoppi'kante| *agg.* [*che zoppica*] boiteux*, claudicant (*lett.*): *un'andatura zoppicante* une démarche claudicante ◇ (*per est.*) *un tavolo zoppicante* une table boiteuse ◇ (*fig.*) faible: *quel ragazzo è zoppicante in matematica* ce garçon est faible en mathématiques ◇ (*metr.*) *verso zoppiccante* vers boiteux.

zoppicàre |tsoppi'kare| *v.intr.* (*aus. 'avere'*) **1** [*camminare in modo difettoso*] boiter, clopiner: *dopo l'operazione alla gamba zoppica* il boite, il clopine depuis son opération à la jambe; *zoppica da un piede* il boite d'une jambe **2** (*per est.*) [*non essere ben fermo su un sostegno*] être (43) bancal*, boiteux*: *la sedia zoppica* cette chaise est bancale, boiteuse ◇ (*fig.*) [*essere debole in q.c.*] être faible; clocher: *quell'alunno zoppica un po' in latino* cet élève est un peu faible en latin || *questo ragionamento zoppica* ce raisonnement cloche.

zoppicóni |tsoppi'koni| *avv.* [*zoppicando*] clopin-clopant *loc. inv.* (*fam.*), en boitant (*loc. inv.*): *andare zoppiconi* marcher clopin-clopant, en boitant.

zoppìna |tsop'pina| *s.f.* (*veter.*) piétin *m.*

zòppo |'tsɔppo| *agg.* **1** [*che cammina in modo difettoso*] boiteux*: *è zoppo da un piede* (*da una gamba*) il est boiteux, il boite d'une jambe; *dopo l'incidente è rimasto zoppo* après l'accident il est resté boiteux # *andare a piè zoppo* sauter à cloche-pied; *avere una gamba zoppa* boiter d'une jambe ♦ (*s.*) *uno zoppo* un boiteux: *uno zoppo dalla nascita* un boiteux de naissance ◇ (*prov.*) *chi va con lo zoppo impara a zoppicare* hantez les boiteux, vous clocherez **2** (*per est., detto di mobili*) [*che non si regge diritto*] boiteux, bancal*: *tavolo zoppo* table boiteuse, bancale ◇ (*fig.*) [*debole in qualche sua parte*] boiteux: *un ragionamento, un verso zoppo* un raisonnement, un vers boiteux.

zorìlla |dzo'rilla| *s.f.* (*t.zool.*) zorille.

zoroastriàno |dzoroas'trjano| *agg. e s.* (*st. relig.*) zoroastrien*.

zoroastrìsmo |dzoroas'trizmo| *s.m.* (*st. relig.*) zoroastrisme.

zoster |'dzɔster| *agg. inv. nella loc.* (*med.*) *herpes zoster* herpès zostérien.

zostèra |dzos'tɛra| *s.f.* (*t.bot.*) zostère.

zoticàggine |dzoti'kaddʒine| *s.f.* [*l'essere zotico*] grossièreté.

zoticaménte |dzotika'mente| *avv.* [*con zotichezza*] grossièrement.

zotichézza |dzoti'kettsa| *s.f.* → **zoticaggine.**

zòtico, ci, ca, che |'dzɔtiko, tʃi, ka, ke| *agg.* [*incivile, rozzo*] rustre: *un uomo zotico* un homme rustre ♦ (*s.*) *uno zotico* un rustre *m.*, un rustaud: *che zotica!* quelle rustaude!

zoticóne |dzoti'kone| *s.* [*persona molto grossolana*] rustaud, rustre (*m.*): *sei uno zoticone* tu n'es qu'un rustaud, un rustre.

zuàvo |dzu'avo| **1** *s.m.* (*mil.*) zouave **2** *agg.* (*loc.*) *calzoni alla zuava* culottes, pantalon de golf.

zùcca, che |'tsukka, ke| *s.f.* (*t. bot.*) courge ◇ [*il frutto*] *zucca gialla* courge jaune; *minestrone di zucca* 'minestrone' de courge ◇ (*fig., scherz.*) [*testa umana*] caboche (*fam.*): *ha battuto la zucca* il s'est cogné la caboche; *che zucca ha quel ragazzo!* quelle caboche il a, ce garçon! # *zucca pelata* bille de billard; *non ha sale in zucca!* il n'a pas de cervelle!; *avere la zucca vuota* avoir une tête de linotte.

zuccàia |tsuk'kaja| *s.f.* champ *m.* de courges.

zuccaiòla |tsukka'jɔla| *s.f.* → **grillotalpa.**

zuccàta |tsuk'kata| *s.f.* (*scherz.*) coup *m.* de tête # *dare una zuccata, prendersi una zuccata contro il muro* se cogner la tête contre le mur.

zuccheràggio, i |tsukke'raddʒo, i| *s.m.* (*enol.*) sucrage, chaptalisation *f.*

zuccheràre |tsukke'rare| *v.tr.* **1** [*mettere dello zucchero in q.c.*] sucrer: *zuccherare il caffè, il tè* sucrer le café, le thé **2** [*rivestire di zucchero*] enrober: *zuccherare un confetto medicinale* enrober une pilule.

zuccheràto |tsukke'rato| *agg.* [*addolcito con lo zucchero*] sucré: *un caffè molto zuccherato* un café très sucré ◇ (*fig.*) *maniere zuccherate* [*leziose, sdolcinate*] manières mielleuses.

zuccherièra |tsukke'rjɛra| *s.f.* [*vaso per contenere lo zucchero*] sucrier *m.*

zuccherière |tsukke'rjɛre| *s.m.* industriel du sucre; ouvrier* *s.* d'une sucrerie.

zuccherièro |tsukke'rjɛro| *agg.* [*concernente lo zucchero*] sucrier*: *industria zuccheriera* industrie sucrière.

zuccherifìcio, i |tsukkeri'fitʃo, i| *s.m.* [*stabilimento per la produzione dello zucchero*] sucrerie *f.*

zuccherìno |tsukke'rino| *agg.* **1** [*che ha sapore di zucchero*] sucré: *frutta zuccherina* fruits sucrés **2** [*che contiene zucchero*] sucré: *una soluzione zuccherina* une solution sucrée ✦ *s.m.* [*piccolo dolce di zucchero*] bonbon, sucreries (*f. pl.*): *una scatola di zuccherini* une boîte de bonbons, de sucreries ◇ (*fig., iron.*) [*cosa spiacevole*] bagatelle (*f.*): *ha perso un milione: non è certo uno zuccherino* il a perdu un million, ce n'est pas une bagatelle; *non è uno zuccherino pagare tutte queste spese!* payer toutes ces dépenses n'est pas une bagatelle! ◇ [*favore fatto per rendere meno pesante q.c. di sgradito*] *invece di dargli la liquidazione, gli hanno dato un piccolo premio come zuccherino* au lieu de lui accorder l'indemnité de liquidation, on lui a donné une petite prime *f.* de consolation.

zùcchero |'tsukkero| *s.m.* **1** (*chim.*) sucre: *zucchero di barbabietola, di canna* sucre de betterave, de canne **2** (*corr.*) [*saccarosio*] sucre: *zucchero in zollette, in polvere* sucre en morceaux, en poudre; *zucchero vanigliato* sucre vanillé # *zucchero filato* barbe à papa ◇ (*per est.*) *dolce come lo zucchero* doux comme le miel; *questo melone è uno zucchero* ce melon est merveilleusement sucré ◇ (*fig.*) [*persona buona e mite*] bonne pâte (*f.*): *sembra burbero e antipatico, ma in fondo è uno zucchero* il a l'air bourru et antipathique, mais au fond c'est une bonne pâte ◇ (*loc. fig.*) *essere tutto zucchero e miele* être tout sucre et tout miel.

zuccheróso |tsukke'roso| *agg.* **1** [*pieno di zucchero*] sucré **2** (*fig.*) [*sdolcinato, pieno di sentimentalismo*] mielleux* # *quella commedia è troppo zuccherosa* c'est une pièce (trop) à la guimauve.

zucchétta |tsuk'ketta| *s.f.* (*region.*) → **zucchina.**

zucchétto |tsuk'ketto| *s.m.* **1** [*berretto a forma di calotta sferica*] calotte (*f.*): *lo zucchetto rosso dei cardinali* la calotte rouge des cardinaux **2** → **zucchina.**

zucchìna |tsuk'kina| *s.f.*, **zucchìno** |tsuk'kino| *s.m.* [*il frutto immaturo e commestibile della zucca*] courgette *f.*

zucconàggine |tsukko'naddʒine| *s.f.* [*l'essere zuccone*] entêtement *m.* → **ostinazione.**

zuccóne |tsuk'kone| **I** *s.* **1** *s.m.* (*pop.*) [*testa molto grossa*] grosse caboche *f.* (*fam.*): *che zuccone ha quell'uomo!* quelle grosse caboche il a (cet homme)! **2** *s.* (*fig.*) [*persona caparbia e testarda*] cabochard: *sei proprio uno zuccone!* tu es vraiment cabochard! **II** (*agg.*) *sei un ragazzo zuccone* tu es (un) cabochard *s.*

zuccòtto |tsuk'kɔtto| *s.m.* [*dolce semifreddo con cioccolato e panna*] ⊠.

zùffa |'tsuffa| *s.f.* [*scontro fra due o più persone*] mêlée: *gettarsi nella zuffa* se jeter dans la mêlée ◇ (*per est.*) [*litigio, alterco*] bagarre: *è scoppiata all'improvviso una terribile zuffa* une terrible bagarre a brusquement éclaté ◇ (*raro, fig.*) [*polemica, disputa*] polémique: *sulle pagine del giornale si è accesa una violenta zuffa fra i due partiti* dans les colonnes du journal, une violente polémique s'est engagée entre les deux partis.

zufolaménto |tsufola'mento| *s.m.* [→ ZUFOLARE] sifflement.

zufolàre |tsufo'lare| **A** *v.intr.* (*aus.* '*avere*') [*suonare lo zufolo*] jouer du pipeau ◇ (*per est.*) [*emettere un suono sim. a quello dello zufolo*; *fischiare*] siffler: *la vuoi smettere di zufolare?* vas-tu cesser de siffler? **B** *v.tr.* [*suonare con lo zufolo*] jouer (au pipeau): *zufolare un motivetto* jouer un petit motif au pipeau ◇ (*per est.*) [*fischiettare*] siffloter.

zufolàta |tsufo'lata| *s.f.* [*lo zufolare una volta, brevemente*] sifflement *m.*

zufolìo, ii |tsufo'lio, ii| *s.m.* sifflement continu.

zùfolo |'tsufolo| *s.m.* **1** [*strumento a fiato, con fori*] pipeau: *suonare lo zufolo* jouer du pipeau **2** (*raro, fig.*) → **balordo, sciocco.**

zulù |dzu'lu| *s.inv.* **1** zoulou *var.* **2** (*fig., spreg.*) [*persona incivile e rozza*] rustre *m. var.*, rustaud (*var.*): *sei proprio uno zulù* tu n'es qu'un rustre, qu'un rustaud.

zumàre |dzu'mare| *v.tr.* (*foto.*) [*inquadrare e riprendere con lo zoom*] effectuer une prise de vue avec le zoom.

zumàta |dzu'mata| *s.f.* [→ ZUMARE] prise de vue avec le zoom.

zùppa |'tsuppa| *s.f.* **1** [*minestra di brodo, pane e sim.*] soupe: *zuppa di verdura* soupe de légumes (verts); *zuppa alla pavese* soupe de Pavie; *zuppa di fagioli, di ceci* soupe de haricots, de pois chiches; *zuppa di pesce* soupe de poissons; *far la zuppa* faire la soupe # *zuppa di verdura alla giuliana* julienne; *zuppa per il cane* pâtée pour le chien ◇ (*prov.*) *se non è zuppa è pan bagnato* [*fra le due cose non c'è una sostanziale differenza*] c'est bonnet blanc et blanc bonnet ◇ (*per est.*) *zuppa inglese* [*dolce di pan di spagna e liquore*] génoise **2** [*miscuglio di cose diverse ed eterogenee*] salmigondis *m.*, mélange (*m.*): *quel saggio è una zuppa di cose lette e rilette!* cet essai est un salmigondis de vieilles redites, de vieux clichés ◇ (*per est.*) [*noiosa lungaggine*] *che zuppa quel film!* quel navet ce film!

zuppièra |tsup'pjɛra| *s.f.* [*recipiente usato per portare la minestra in tavola*] soupière.

zùppo |'tsuppo| *agg.* [*inzuppato, intriso*] trempé: *zuppo d'acqua, di sudore* trempé d'eau, de sueur; *sei tutto zuppo, cambiati la camicia* tu es tout trempé, va changer de chemise.

zurighése |tsuri'gese| *agg.* [*di Zurigo*] zurichois.

zuzzerellóne |dzuddzerel'lone|, **zuzzurullóne** |dzuddzurul'lone|, *s.* (*fam.*) [*persona che pensa sempre al gioco e allo scherzo come un bambino*] grand enfant, grand grosse (*fam.*): *è rimasto uno zuzzurullone* il est resté enfant, c'est un grand enfant, un grand grosse.

zwinglìàno |dzuin'gljano, tsvin'gljano| *agg.* (*relig.*) zwinglien* ✦ *s.m.* disciple de Zwingli.

zwinglìsmo |dzuin'glizmo, tsvin'glizmo| *s.m.* (*relig.*) zwinglianisme, doctrine *f.* de Zwingli.

TAVOLE DI CONIUGAZIONE DEI VERBI ITALIANI

96 essere

Indicativo pres.
io sono
tu sei
egli è
noi siamo
voi siete
essi sono

Indicativo pass. rem.
io fui
tu fosti
egli fu
noi fummo
voi foste
essi furono

Indicativo pass. pross.
io sono stato
tu sei stato
egli è stato
noi siamo stati
voi siete stati
essi sono stati

Indicativo trapassato rem.
io fui stato
tu fosti stato
egli fu stato
noi fummo stati
voi foste stati
essi furono stati

Indicativo imperf.
io ero
tu eri
egli era
noi eravamo
voi eravate
essi erano

Indicativo fut.
io sarò
tu sarai
egli sarà
noi saremo
voi sarete
essi saranno

Indicativo trapassato pross.
io ero stato
tu eri stato
egli era stato
noi eravamo stati
voi eravate stati
essi erano stati

Indicativo fut. anteriore
io sarò stato
tu sarai stato
egli sarà stato
noi saremo stati
voi sarete stati
essi saranno stati

Imperativo pres.
sii tu
siamo noi
siate voi

Congiuntivo pres.
che io sia
che tu sia
che egli sia
che noi siamo
che voi siate
che essi siano

Congiuntivo pass.
che io sia stato
che tu sia stato
che egli sia stato
che noi siamo stati
che voi siate stati
che essi siano stati

Condizionale pres.
io sarei
tu saresti
egli sarebbe
noi saremmo
voi sareste
essi sarebbero

Gerundio pres.
essendo

Participio pass.
stato

Infinito pres.
essere

Congiuntivo imperf.
che io fossi
che tu fossi
che egli fosse
che noi fossimo
che voi foste
che essi fossero

Congiuntivo trapassato
che io fossi stato
che tu fossi stato
che egli fosse stato
che noi fossimo stati
che voi foste stati
che essi fossero stati

Condizionale pass.
io sarei stato
tu saresti stato
egli sarebbe stato
noi saremmo stati
voi sareste stati
essi sarebbero stati

Gerundio pass.
essendo stato

Infinito pass.
essere stato

97 avere

Indicativo pres.
io ho
tu hai
egli ha
noi abbiamo
voi avete
essi hanno

Indicativo pass. rem.
io ebbi
tu avesti
egli ebbe
noi avemmo
voi aveste
essi ebbero

Indicativo pass. pross.
io ho avuto
tu hai avuto
egli ha avuto
noi abbiamo avuto
voi avete avuto
essi hanno avuto

Indicativo trapassato rem.
io ebbi avuto
tu avesti avuto
egli ebbe avuto
noi avemmo avuto
voi aveste avuto
essi ebbero avuto

Indicativo imperf.
io avevo
tu avevi
egli aveva
noi avevamo
voi avevate
essi avevano

Indicativo fut.
io avrò
tu avrai
egli avrà
noi avremo
voi avrete
essi avranno

Indicativo trapassato pross.
io avevo avuto
tu avevi avuto
egli aveva avuto
noi avevamo avuto
voi avevate avuto
essi avevano avuto

Indicativo fut. anteriore
io avrò avuto
tu avrai avuto
egli avrà avuto
noi avremo avuto
voi avrete avuto
essi avranno avuto

Imperativo pres.
abbi tu
abbiamo noi
abbiate voi

Congiuntivo pres.
che io abbia
che tu abbia
che egli abbia
che noi abbiamo
che voi abbiate
che essi abbiano

Congiuntivo pass.
che io abbia avuto
che tu abbia avuto
che egli abbia avuto
che noi abbiamo avuto
che voi abbiate avuto
che essi abbiano avuto

Condizionale pres.
io avrei
tu avresti
egli avrebbe
noi avremmo
voi avreste
essi avrebbero

Gerundio pres.
avendo

Participio pres.
avente

Infinito pres.
avere

Congiuntivo imperf.
che io avessi
che tu avessi
che egli avesse
che noi avessimo
che voi aveste
che essi avessero

Congiuntivo trapassato
che io avessi avuto
che tu avessi avuto
che egli avesse avuto
che noi avessimo avuto
che voi aveste avuto
che essi avessero avuto

Condizionale pass.
io avrei avuto
tu avresti avuto
egli avrebbe avuto
noi avremmo avuto
voi avreste avuto
essi avvrebbero avuto

Gerundio pass.
avendo avuto

Participio pass.
avuto

Infinito pass.
aver avuto

98 amare

Indicativo pres.
io amo
tu ami
egli ama
noi amiamo
voi amate
essi amano

Indicativo pass. rem.
io amai
tu amasti
egli amò
noi amammo
voi amaste
essi amarono

Indicativo pass. pross.
io ho amato
tu hai amato
egli ha amato
noi abbiamo amato
voi avete amato
essi hanno amato

Indicativo trapassato rem.
io ebbi amato
tu avesti amato
egli ebbe amato
noi avemmo amato
voi aveste amato
essi ebbero amato

Indicativo imperf.
io amavo
tu amavi
egli amava
noi amavamo
voi amavate
essi amavano

Indicativo fut.
io amerò
tu amerai
egli amerà
noi ameremo
voi amerete
essi ameranno

Indicativo trapassato pross.
io avevo amato
tu avevi amato
egli aveva amato
noi avevamo amato
voi avevate amato
essi avevano amato

Indicativo fut. anteriore
io avrò amato
tu avrai amato
egli avrà amato
noi avremo amato
voi avrete amato
essi avranno amato

Imperativo pres.
ama tu
amiamo noi
amate voi

Congiuntivo pres.
che io ami
che tu ami
che egli ami
che noi amiamo
che voi amiate
che essi amino

Congiuntivo pass.
che io abbia amato
che tu abbia amato
che egli abbia amato
che noi abbiamo amato
che voi abbiate amato
che essi abbiano amato

Condizionale pres.
io amerei
tu ameresti
egli amerebbe
noi ameremmo
voi amereste
essi amerebbero

Gerundio pres.
amando

Participio pres.
amante

Infinito pres.
amare

Congiuntivo imperf.
che io amassi
che tu amassi
che egli amasse
che noi amassimo
che voi amaste
che essi amassero

Congiuntivo trapassato
che io avessi amato
che tu avessi amato
che egli avesse amato
che noi avessimo amato
che voi aveste amato
che essi avessero amato

Condizionale pass.
io avrei amato
tu avresti amato
egli avrebbe amato
noi avremmo amato
voi avreste amato
essi avrebbero amato

Gerundio pass.
avendo amato

Participio pass.
amato

Infinito pass.
avere amato

99 temere

Indicativo pres.
io temo
tu temi
egli teme
noi temiamo
voi temete
essi temono

Indicativo pass. rem.
io temetti, temei
tu temesti
egli temette, temè
noi tememmo
voi temeste
essi temettero, temerono

Indicativo pass. pross.
io ho temuto
tu hai temuto
egli ha temuto
noi abbiamo temuto
voi avete temuto
essi hanno temuto

Indicativo trapassato rem.
io ebbi temuto
tu avesti temuto
egli ebbe temuto
noi avemmo temuto
voi aveste temuto
essi ebbero temuto

Indicativo imperf.
io temevo
tu temevi
egli temeva
noi temevamo
voi temevate
essi temevano

Indicativo fut.
io temerò
tu temerai
egli temerà
noi temeremo
voi temerete
essi temeranno

Indicativo trapassato pross.
io avevo temuto
tu avevi temuto
egli aveva temuto
noi avevamo temuto
voi avevate temuto
essi avevano temuto

Indicativo fut. anteriore
io avrò temuto
tu avrai temuto
egli avrà temuto
noi avremo temuto
voi avrete temuto
essi avranno temuto

Imperativo pres.
temi tu
temiamo noi
temete voi

Congiuntivo pres.
che io tema
che tu tema
che egli tema
che noi temiamo
che voi temiate
che essi temano

Congiuntivo pass.
che io abbia temuto
che tu abbia temuto
che egli abbia temuto
che noi abbiamo temuto
che voi abbiate temuto
che essi abbiano temuto

Condizionale pres.
io temerei
tu temeresti
egli temerebbe
noi temeremmo
voi temereste
essi temerebbero

Gerundio pres.
temendo

Participio pres.
temente

Infinito pres.
temere

Congiuntivo imperf.
che io temessi
che tu temessi
che egli temesse
che noi temessimo
che voi temeste
che essi temessero

Congiuntivo trapassato
che io avessi temuto
che tu avessi temuto
che egli avesse temuto
che noi avessimo temuto
che voi aveste temuto
che essi avessero temuto

Condizionale pass.
io avrei temuto
tu avresti temuto
egli avrebbe temuto
noi avremmo temuto
voi avreste temuto
essi avrebbero temuto

Gerundio pass.
avendo temuto

Participio pass.
temuto

Infinito pass.
aver temuto

100 vestire

Indicativo pres.
io vesto
tu vesti
egli veste
noi vestiamo
voi vestite
essi vestono

Indicativo pass. rem.
io vestii
tu vestisti
egli vestì
noi vestimmo
voi vestiste
essi vestirono

Indicativo pass. pross.
io ho vestito
tu hai vestito
egli ha vestito
noi abbiamo vestito
voi avete vestito
essi hanno vestito

Indicativo trapassato rem.
io ebbi vestito
tu avesti vestito
egli ebbe vestito
noi avemmo vestito
voi aveste vestito
essi ebbero vestito

Imperativo pres.
vesti tu
vestiamo noi
vestite voi

Indicativo imperf.
io vestivo
tu vestivi
egli vestiva
noi vestivamo
voi vestivate
essi vestivano

Indicativo fut.
io vestirò
tu vestirai
egli vestirà
noi vestiremo
voi vestirete
essi vestiranno

Indicativo trapassato pross.
io avevo vestito
tu avevi vestito
egli aveva vestito
noi avevamo vestito
voi avevate vestito
essi avevano vestito

Indicativo fut. anteriore
io avrò vestito
tu avrai vestito
egli avrà vestito
noi avremo vestito
voi avrete vestito
essi avranno vestito

Congiuntivo pres.
che io vesta
che tu vesta
che egli vesta
che noi vestiamo
che voi vestiate
che essi vestano

Congiuntivo pass.
che io abbia vestito
che tu abbia vestito
che egli abbia vestito
che noi abbiamo vestito
che voi abbiate vestito
che essi abbiano vestito

Condizionale pres.
io vestirei
tu vestiresti
egli vestirebbe
noi vestiremmo
voi vestireste
essi vestirebbero

Gerundio pres.
vestendo

Participio pres.
vestente

Infinito pres.
vestire

Congiuntivo imperf.
che io vestissi
che tu vestissi
che egli vestisse
che noi vestissimo
che voi vestiste
che essi vestissero

Congiuntivo trapassato
che io avessi vestito
che tu avessi vestito
che egli avesse vestito
che noi avessimo vestito
che voi aveste vestito
che essi avessero vestito

Condizionale pass.
io avrei vestito
tu avresti vestito
egli avrebbe vestito
noi avremmo vestito
voi avreste vestito
essi avrebbero vestito

Gerundio pass.
avendo vestito

Participio pass.
vestito

Infinito pass.
aver vestito

101 andare

Indicativo pres.
io vado
tu vai
egli va
noi andiamo
voi andate
essi vanno

Imperativo
va' tu
andiamo noi
andate voi

Indicativo fut.
io andrò
tu andrai
egli andrà
noi andremo
voi andrete
essi andranno

Congiuntivo pres.
che io vada
che tu vada
che egli vada
che noi andiamo
che voi andiate
che essi vadano

Condizionale pres.
io andrei
tu andresti
egli andrebbe
noi andremmo
voi andreste
essi andrebbero

102 dare

Indicativo pres.
io do
tu dai
egli dà
noi diamo
voi date
essi danno

Indicativo pass. rem.
io diedi, detti
tu desti
egli diede, dette
noi demmo
voi deste
essi diedero, dettero

Indicativo fut.
io darò
tu darai
egli darà
noi daremo
voi darete
essi daranno

Congiuntivo pres.
che io dia
che tu dia
che egli dia
che noi diamo
che voi diate
che essi diano

Congiuntivo imperf.
che io dessi
che tu dessi
che egli desse
che noi dessimo
che voi deste
che essi dessero

Condizionale pres.
io darei
tu daresti
egli darebbe
noi daremmo
voi dareste
essi darebbero

103 fare

Indicativo pres.
io faccio
tu fai
egli fa
noi facciamo
voi fate
essi fanno

Indicativo imperf.
io facevo
tu facevi
egli faceva
noi facevamo
voi facevate
essi facevano

Congiuntivo pres.
che io faccia
che tu faccia
che egli faccia
che noi facciamo
che voi facciate
che essi facciano

Congiuntivo imperf.
che io facessi
che tu facessi
che egli facesse
che noi facessimo
che voi faceste
che essi facessero

Indicativo pass. rem.
io feci
tu facesti
egli fece
noi facemmo
voi faceste
essi fecero

Indicativo fut.
io farò
tu farai
egli farà
noi faremo
voi farete
essi faranno

Condizionale pres.
io farei
tu faresti
egli farebbe
noi faremmo
voi fareste
essi farebbero

Gerundio pres.
facendo

Imperativo
fa' tu
facciamo noi
fate voi

Participio pres.
facente

Participio pass.
fatto

104 stare

Indicativo pass. rem.
io stetti
tu stesti
egli stette
noi stemmo
voi steste
essi stettero

Indicativo fut.
io starò
tu starai
egli starà
noi staremo
voi starete
essi staranno

Congiuntivo pres.
che io stia
che tu stia
che egli stia
che noi stiamo
che voi stiate
che essi stiano

Congiuntivo imperf.
che io stessi
che tu stessi
che egli stesse
che noi stessimo
che voi steste
che essi stessero

Condizionale pres.
io starei
tu staresti
egli starebbe
noi staremmo
voi stareste
essi starebbero

105 accendere

Indicativo pass. rem.
io accesi
tu accendesti
egli accese
noi accendemmo
voi accendeste
essi accesero

Participio pass.
acceso

106 chiudere

Indicativo pass. rem.
io chiusi
tu chiudesti
egli chiuse
noi chiudemmo
voi chiudeste
essi chiusero

Participio pass.
chiuso

107 accingersi

Indicativo pass. rem.
io mi accinsi
tu ti accingesti
egli si accinse
noi ci accingemmo
voi vi accingeste
essi si accinsero

Participio pass.
accinto

Imperativo
accingiti tu
accingiamoci noi
accingetevi voi

108 condurre

Indicativo pres.
io conduco
tu conduci
egli conduce
noi conduciamo
voi conducete
essi conducono

Indicativo fut.
io condurrò
tu condurrai
egli condurrà
noi condurremo
voi condurrete
essi condurranno

Condizionale pres.
io condurrei
tu condurresti
egli condurrebbe
noi condurremmo
voi condurreste
essi condurrebbero

Congiuntivo pres.
che io conduca
che tu conduca
che egli conduca
che noi conduciamo
che voi conduciate
che essi conducano

Participio pres.
conducente

Indicativo pass. rem.
io condussi
tu conducesti
egli condusse
noi conducemmo
voi conduceste
essi condussero

Imperativo
conduci tu
conduciamo noi
conducete voi

Congiuntivo imperf.
che io conducessi
che tu conducessi
che egli conducesse
che noi conducessimo
che voi conduceste
che essi conducessero

Participio pass.
condotto

Gerundio pres.
conducendo

109 affiggere

Indicativo pass. rem.
io affissi
tu affiggesti
egli affisse
noi affiggemmo
voi affiggeste
essi affissero

Participio pass.
affitto

110 affliggere

Indicativo pass. rem.
io afflissi
tu affliggesti
egli afflisse
noi affliggemmo
voi affliggeste
essi afflissero

Participio pass.
afflitto

111 mescere

Participio pass.
mesciuto

112 connettere

Indicativo pass. rem.
io connessi
tu connettesti
egli connesse
noi connettemmo
voi connetteste
essi connessero

Participio pass.
connesso

113 ardere

Indicativo pass. rem.
io arsi
tu ardesti
egli arse
noi ardemmo
voi ardeste
essi arsero

Participio pass.
arso

114 spargere

Indicativo pass. rem.
io sparsi
tu spargesti
egli sparse
noi spargemmo
voi spargeste
essi sparsero

Participio pass.
sparso

115 assidersi

Indicativo pass. rem.
io m'assisi
tu t'assidesti
egli s'assise
noi ci assidemmo
voi vi assideste
essi s'assisero

Participio pass.
assiso

116 assistere

Indicativo pass. rem.
io assistetti
tu assistesti
egli assistette
noi assistemmo
voi assisteste
essi assistettero

Participio pass.
assistito

117 assolvere

Indicativo pass. rem.
io assolsi
tu assolvesti
egli assolse
noi assolvemmo
voi assolveste
essi assolsero

Participio pass.
assolto

118 assumere

Indicativo pass. rem.
io assunsi
tu assumesti
egli assunse
noi assumemmo
voi assumeste
essi assunsero

Participio pass.
assunto

119 tingere

Indicativo pass. rem.
io tinsi
tu tingesti
egli tinse
noi tingemmo
voi tingeste
essi tinsero

Participio pass.
tinto

120 bere

Indicativo pres.
io bevo
tu bevi
egli beve
noi beviamo
voi bevete
essi bevono

Indicativo fut.
io berrò
tu berrai
egli berrà
noi berremo
voi berrete
essi berranno

Indicativo pass. rem.
io bevvi, bevetti
tu bevesti
egli bevve, bevette
noi bevemmo
voi beveste
essi bevvero, bevettero

Condizionale pres.
io berrei
tu berresti
egli berrebbe
noi berremmo
voi berreste
essi berrebbero

121 cadere

Indicativo pass. rem.
io caddi
tu cadesti
egli cadde
noi cademmo
voi cadeste
essi caddero

Indicativo fut.
io cadrò
tu cadrai
egli cadrà
noi cadremo
voi cadrete
essi cadranno

Condizionale pres.
io cadrei
tu cadresti
egli cadrebbe
noi cadremmo
voi cadreste
essi cadrebbero

122 chiedere

Indicativo pass. rem.
io chiesi
tu chiedesti
egli chiese
noi chiedemmo
voi chiedeste
essi chiesero

Participio pass.
chiesto

123 cogliere

Indicativo pres.
io colgo
tu cogli
egli coglie
noi cogliamo
voi cogliete
essi colgono

Congiuntivo pres.
che io colga
che tu colga
che egli colga
che noi cogliamo
che voi cogliate
che essi colgano

Indicativo pass. rem.
io colsi
tu cogliesti
egli colse
noi cogliemmo
voi coglieste
essi colsero

Participio pass.
colto

124 comprimere

Indicativo pass. rem.
io compressi
tu comprimesti
egli compresse
noi comprimemmo
voi comprimeste
essi compressero

Participio pass.
compresso

125 concedere

Indicativo pass. rem.

io concessi
tu concedesti
egli concesse
noi concedemmo
voi concedeste
essi concessero

Participio pass.

concesso

126 conoscere

Indicativo pass. rem.

io conobbi
tu conoscesti
egli conobbe
noi conoscemmo
voi conosceste
essi conobbero

Participio pass.

conosciuto

127 correre

Indicativo pass. rem.

io corsi
tu corresti
egli corse
noi corremmo
voi correste
essi corsero

Participio pass.

corso

128 crescere

Indicativo pass. rem.

io crebbi
tu crescesti
egli crebbe
noi crescemmo
voi cresceste
essi crebbero

Participio pass.

cresciuto

129 cuocere

Indicativo pres.

io cuocio
tu cuoci
egli cuoce
noi cuociamo, cociamo
vuoi cuocete, cocete
essi cuociono

Participio pass.

cotto

Indicativo pass. rem.

io cossi
tu cuocesti, cocesti
egli cosse
noi cuocemmo, cocemmo
voi cuoceste, coceste
essi cossero

130 ridere

Indicativo pass. rem.

io risi
tu ridesti
egli rise
noi ridemmo
voi rideste
essi risero

Participio pass.

riso

131 stringere

Indicativo pass. rem.

io strinsi
tu stringesti
egli strinse
noi stringemmo
voi stringeste
essi strinsero

Participio pass.

stretto

132 dire

Indicativo pres.

io dico
tu dici
egli dice
noi diciamo
voi dite
essi dicono

Imperativo

di' tu
diciamo noi
dite voi

Indicativo pass. rem.

io dissi
tu dicesti
egli disse
noi dicemmo
voi diceste
essi dissero

Gerundio pres.

dicendo

Participio pass.

detto

133 dirigere

Indicativo pass. rem.

io diressi
tu dirigesti
egli diresse
noi dirigemmo
voi dirigeste
essi diressero

Participio pass.

diretto

134 discutere

Indicativo pass. rem.

io discussi
tu discutesti
egli discusse
noi discutemmo
voi discuteste
essi discussero

Participio pass.

discusso

135 distinguere

Indicativo pass. rem.

io distinsi
tu distinguesti
egli distinse
noi distinguemmo
voi distingueste
essi distinsero

Participio pass.

distinto

136 distruggere

Indicativo pass. rem.

io distrussi
tu distruggesti
egli distrusse
noi distruggemmo
voi distruggeste
essi distrussero

Participio pass.

distrutto

137 dolersi

Indicativo pres.

io mi dolgo
tu ti duoli
egli si duole
noi ci dogliamo, doliamo
voi vi dolete
essi si dolgono

Indicativo fut.

io mi dorrò
tu ti dorrai
egli si dorrà
noi ci dorremo
voi vi dorrete
essi si dorranno

Indicativo pass. rem.

io mi dolsi
tu ti dolesti
egli si dolse
noi ci dolemmo
voi vi doleste
essi si dolsero

Condizionale pres.

io mi dorrei
tu ti dorresti
egli si dorrebbe
noi ci dorremmo
voi vi dorreste
essi si dorrebbero

138 dovere

Indicativo pres.

io devo, debbo
tu devi
egli deve
noi dobbiamo
voi dovete
essi devono, debbono

Condizionale pres.

io dovrei
tu dovresti
egli dovrebbe
noi dovremmo
voi dovreste
essi dovrebbero

Indicativo fut.

io dovrò
tu dovrai
egli dovrà
noi dovremo
voi dovrete
essi dovranno

Congiuntivo pres.

che io debba, deva
che tu debba, deva
che egli debba, deva
che noi dobbiamo
che voi dobbiate
che essi debbano, devano

139 eccellere

Indicativo pass. rem.

io eccelsi
tu eccellesti
egli eccelse
noi eccellemmo
voi eccelleste
essi eccelsero

Participio pass.

eccelso

140 compiere

Indicativo pres.
io compio
tu compi
egli compie
noi compiamo
voi compite
essi compiono

Indicativo imperf.
io compivo
tu compivi
egli compiva
noi compivamo
voi compivate
essi compivano

Indicativo pass. rem.
io compii, compiei
tu compiesti
egli compì
noi compimmo, compiemmo
voi compiste, compieste
essi compirono

Congiuntivo imperf.
che io compissi
che tu compissi
che egli compisse
che noi compissimo
che voi compiste
che essi compissero

141 esigere

Participio pass.
esatto

142 comparire

Indicativo pres.
io compaio, comparisco
tu compari, comparisci
egli compare, comparisce
noi compariamo
voi comparite
essi compaiono, compariscono

Indicativo pass. rem.
io comparvi, comparii
tu comparisti
egli comparve, comparì
noi comparimmo
voi compariste
essi comparvero, comparirono, comparsero

Participio pass.
comparso

143 espellere

Indicativo pass. rem.
io espulsi
tu espellesti
egli espulse
noi espellemmo
voi espelleste
essi espulsero

Participio pass.
espulso

144 esplodere

Indicativo pass. rem.
io esplosi
tu esplodesti
egli esplose
noi esplodemmo
voi esplodeste
essi esplosero

Participio pass.
esploso

145 flettere

Indicativo pass. rem.
io flessi, flettei
tu flettesti
egli flesse, fletté
noi flettemmo
voi fletteste
essi flessero, fletterono

Participio pass.
flesso

146 fondere

Indicativo pass. rem.
io fusi
tu fondesti
egli fuse
noi fondemmo
voi fondeste
essi fusero

Participio pass.
fuso

147 frangere

Indicativo pass. rem.
io fransi
tu frangesti
egli franse
noi frangemmo
voi frangeste
essi fransero

Participio pass.
franto

148 friggere

Indicativo pass. rem.
io frissi
tu friggesti
egli frisse
noi friggemmo
voi friggeste
essi frissero

Participio pass.
fritto

149 giacere

Indicativo pres.
io giaccio, giacio
tu giaci
egli giace
noi giaciamo, giacciamo
voi giacete
essi giacciono, giaciono

Congiuntivo pres.
che io giaccia
che tu giaccia
che egli giaccia
che noi giacciamo
che voi giacciate
che essi giacciano

Indicativo pass. rem.
io giacqui
tu giacesti
egli giacque
noi giacemmo
voi giaceste
essi giacquero

Participio pass.
giaciuto

150 aggiungere

Indicativo pass. rem.
io aggiunsi
tu aggiungesti
egli aggiunse
noi aggiungemmo
voi aggiungeste
essi aggiunsero

Participio pass.
aggiunto

151 godere

Indicativo fut.
io godrò
tu godrai
egli godrà
noi godremo
voi godrete
essi godranno

Condizionale pres.
io godrei
tu godresti
egli godrebbe
noi godremmo
voi godreste
essi godrebbero

152 indulgere

Indicativo pass. rem.
io indulsi
tu indulgesti
egli indulse
noi indulgemmo
voi indulgeste
essi indulsero

Participio pass.
indulto

153 invadere

Indicativo pass. rem.
io invasi
tu invadesti
egli invase
noi invademmo
voi invadeste
essi invasero

Participio pass.
invaso

154 leggere

Indicativo pass. rem.
io lessi
tu leggesti
egli lesse
noi leggemmo
voi leggeste
essi lessero

Participio pass.
letto

155 mettere

Indicativo pass. rem.
io misi
tu mettesti
egli mise
noi mettemmo
voi metteste
essi misero

Participio pass.
messo

156 mordere

Indicativo pass. rem.
io morsi
tu mordesti
egli morse
noi mordemmo
voi mordeste
essi morsero

Participio pass.
morso

157 muovere

Indicativo pass. rem.
io mossi
tu muovesti
egli mosse
noi muovemmo
voi muoveste
essi mossero

Participio pass.
mosso

158 nascere

Indicativo pass. rem.

io nacqui
tu nascesti
egli nacque
noi nascemmo
voi nasceste
essi nacquero

Participio pass.

nato

159 nascondere

Indicativo pass. rem.

io nascosi
tu nascondesti
egli nascose
noi nascondemmo
voi nascondeste
essi nascosero

Participio pass.

nascosto

160 nuocere

Indicativo pres.

io nuoccio, noccio
tu nuoci
egli nuoce
noi nuociamo, nociamo
voi nuocete, nocete
essi nuocciono, nocciono

Participio pass.

nociuto, nuociuto

Indicativo pass. rem.

io nocqui
tu nuocesti, nocesti
egli nocque
noi nuocemmo, nocemmo
voi nuoceste, noceste
essi nocquero

161 parere

Indicativo pres.

io paio
tu pari
egli pare
noi paiamo, pariamo
voi parete
essi paiono

Participio pass.

parso

Indicativo pass. rem.

io parvi
tu paresti
egli parve
noi paremmo
voi pareste
essi parvero

Indicativo fut.

io parrò
tu parrai
egli parrà
noi parremo
voi parrete
essi parranno

Condizionale pres.

io parrei
tu parresti
egli parrebbe
noi parremmo
voi parreste
essi parrebbero

162 scuotere

Indicativo pass. rem.

io scossi
tu scotesti
egli scosse
noi scotemmo
voi scoteste
essi scossero

Participio pass.

scosso

163 perdere

Indicativo pass. rem.

io persi, perdetti
tu perdesti
egli perse, perdette
noi perdemmo
voi perdeste
essi persero, perdettero

Participio pass.

perso, perduto

164 persuadere

Indicativo pass. rem.

io persuasi
tu persuadesti
egli persuase
noi persuademmo
voi persuadeste
essi persuasero

Participio pass.

persuaso

165 piangere

Indicativo pass. rem.

io piansi
tu piangesti
egli pianse
noi piangemmo
voi piangeste
essi piansero

Participio pass.

pianto

166 piovere

Indicativo pass. rem.

piovve

167 porgere

Indicativo pass. rem.

io porsi
tu porgesti
egli porse
noi porgemmo
voi porgeste
essi porsero

Participio pass.

porto

168 porre

Indicativo pres.

io pongo
tu poni
egli pone
noi poniamo
voi ponete
essi pongono

Indicativo pass. rem.

io posi
tu ponesti
egli pose
noi ponemmo
voi poneste
essi posero

Indicativo fut.

io porrò
tu porrai
egli porrà
noi porremo
voi porrete
essi porranno

Congiuntivo pres

che io ponga
che tu ponga
che egli ponga
che noi poniamo
che voi poniate
che essi pongano

Congiuntivo imperf.

che io ponessi
che tu ponessi
egli egli ponesse
che noi ponessimo
che voi poneste
che essi ponessero

Participio pass.

posto

169 potere

Indicativo pres.

io posso
tu puoi
egli può
noi possiamo
voi potete
essi possono

Congiuntivo pres.

che io possa
che tu possa
che egli possa
che noi possiamo
che voi possiate
che essi possano

Indicativo fut.

io potrò
tu potrai
egli potrà
noi potremo
voi potrete
essi potranno

Condizionale pres.

io potrei
tu potresti
egli potrebbe
noi potremmo
voi potreste
essi potrebbero

170 prediligere

Indicativo pass. rem.

io predilessi
tu prediligesti
egli predilesse
noi prediligemmo
voi prediligeste
essi prediligessero

Participio pass.

prediletto

171 redigere

Indicativo pass. rem.

io redassi
tu redigesti
egli redasse
noi redigemmo
voi redigeste
essi redassero

Participio pass.

redatto

172 redimere

Indicativo pass. rem.
io redensi
tu redimesti
egli redense
noi redimemmo
voi redimeste
essi redensero

Participio pass.
redento

173 rifulgere

Indicativo pass. rem.
io rifulsi
tu rifulgesti
egli rifulse
noi rifulgemmo
voi rifulgeste
essi rifulsero

Participio pass.
rifulso

174 rimanere

Indicativo pres.
io rimango
tu rimani
egli rimane
noi rimaniamo
voi rimanete
essi rimangono

Indicativo pass. rem.
io rimasi
tu rimanesti
egli rimase
noi rimanemmo
voi rimaneste
essi rimasero

Indicativo fut.
io rimarrò
tu rimarrai
egli rimarrà
noi rimarremo
voi rimarrete
essi rimarranno

Congiuntivo pres.
che io rimanga
che tu rimanga
che egli rimanga
che noi rimaniamo
che voi rimaniate
che essi rimangano

Condizionale pres.
io rimarrei
tu rimarresti
egli rimarrebbe
noi rimarremmo
voi rimarreste
essi rimarrebbero

Participio pass.
rimasto

175 rodere

Indicativo pass. rem.
io rosi
tu rodesti
egli rose
noi rodemmo
voi rodeste
essi rosero

Participio pass.
roso

176 rompere

Indicativo pass. rem.
io ruppi
tu rompesti
egli ruppe
noi rompemmo
voi rompeste
essi ruppero

Participio pass.
rotto

177 sapere

Indicativo pres.
io so
tu sai
egli sa
noi sappiamo
voi sapete
essi sanno

Indicativo pass. rem.
io seppi
tu sapesti
egli seppe
noi sapemmo
voi sapeste
essi seppero

Indicativo fut.
io saprò
tu saprai
egli saprà
noi sapremo
voi saprete
essi sapranno

Imperativo
sappi tu
sappiamo noi
sappiate voi

Congiuntivo pres.
che io sappia
che tu sappia
che egli sappia
che noi sappiamo
che voi sappiate
che essi sappiano

Condizionale pres.
io saprei
tu sapresti
egli saprebbe
noi sapremmo
voi sapreste
essi saprebbero

178 scegliere

Indicativo pres.
io scelgo
tu scegli
egli sceglie
noi scegliamo
voi scegliete
essi scelgono

Indicativo pass. rem.
io scelsi
tu scegliesti
egli scelse
noi scegliemmo
voi sceglieste
essi scelsero

Congiuntivo pres.
che io scelga
che tu scelga
che egli scelga
che noi scegliamo
che voi scegliate
che essi scelgano

Participio pass.
scelto

179 riflettere

Indicativo pass. rem.
io riflessi, riflettei
tu riflettesti
egli riflesse
noi riflettemmo
voi rifletteste
essi riflessero, rifletterono

Participio pass.
riflesso, riflettuto

180 secernere

Participio pass.
secreto

181 scindere

Indicativo pass. rem.
io scissi
tu scindesti
egli scisse
noi scindemmo
voi scindeste
essi scissero

Participio pass.
scisso

182 scrivere

Indicativo pass. rem.
io scrissi
tu scrivesti
egli scrisse
noi scrivemmo
voi scriveste
essi scrissero

Participio pass.
scritto

183 sedere

Indicativo pres.
io siedo, seggo
tu siedi
egli siede
noi sediamo
voi sedete
essi siedono, seggono

Congiuntivo pres.
che io sieda, segga
che tu sieda, segga
che egli sieda, segga
che noi sediamo
che voi sediate
che essi siedano, seggano

Indicativo fut.
io siederò
tu siederai
egli siederà
noi siederemo
voi siederete
essi siederanno

Condizionale pres.
io siederei
tu siederesti
egli siederebbe
noi siederemmo
voi siedereste
essi siederebbero

184 spandere

Participio pass.

spanto

185 spegnere

Indicativo pres.

io spengo
tu spegni, spengi
egli spegne, spenge
noi spegniamo, spengiamo
voi spegnete, spengete
essi spengono

Indicativo pass. rem.

io spensi
tu spegnesti
egli spense
noi spegnemmo
voi spegneste
essi spensero

Congiuntivo pres.

che io spenga
che tu spenga
che egli spenga
che noi spegniamo, spengiamo
che voi spegniate, spengiate
che essi spengano

Participio pass.

spento

186 scoprire

Indicativo pass. rem.

io scopersi, scoprii
tu scopristi
egli scoperse, scoprì
noi scoprimmo
voi scopriste
essi scoprirono

Participio pass.

scoperto

187 svellere

Indicativo pass. rem.

io svelsi
tu svellesti
egli svelse
noi svellemmo
voi svelleste
essi svelsero

Congiuntivo pres.

che io svelga
che tu svelga
che egli svelga
che noi svelliamo
che voi svelliate
che essi svelgano

Participio pass.

svelto

188 tenere

Indicativo pres.

io tengo
tu tieni
egli tiene
noi teniamo
voi tenete
essi tengono

Indicativo pass. rem.

io tenni
tu tenesti
egli tenne
noi tenemmo
voi teneste
essi tennero

Indicativo fut.

io terrò
tu terrai
egli terrà
noi terremo
voi terrete
essi terranno

Congiuntivo pres.

che io tenga
che tu tenga
che egli tenga
che noi teniamo
che voi teniate
che essi tengano

Condizionale pres.

io terrei
tu terresti
egli terrebbe
noi terremmo
voi terreste
essi terrebbero

189 torcere

Indicativo pass. rem.

io torsi
tu torcesti
egli torse
noi torcemmo
voi torceste
essi torsero

Participio pass.

torto

190 trarre

Indicativo pres.

io traggo
tu trai
egli trae
noi traiamo
voi traete
essi traggono

Indicativo pass. rem.

io trassi
tu traesti
egli trasse
noi traemmo
voi traeste
essi trassero

Participio pass.

tratto

Congiuntivo pres.

che io tragga
che tu tragga
che egli tragga
che noi traiamo
che voi traiate
che essi traggano

Congiuntivo imperf.

che io traessi
che tu traessi
che egli traesse
che noi traessimo
che voi traeste
che essi traessero

191 valere

Indicativo pres.

io valgo
tu vali
egli vale
noi valiamo
voi valete
essi valgono

Indicativo pass. rem.

io valsi
tu valesti
egli valse
noi valemmo
voi valeste
essi valsero

Indicativo fut.

io varrò
tu varrai
egli varrà
noi varremo
voi varrete
essi varranno

Congiuntivo pres.

che io valga
che tu valga
che egli valga
che noi valiamo
che voi valiate
che essi valgano

Condizionale pres.

io varrei
tu varresti
egli varrebbe
noi varremmo
voi varreste
essi varrebbero

Participio pass.

valso

192 vedere

Indicativo pass. rem.

io vidi
tu vedesti
egli vide
noi vedemmo
voi vedeste
essi videro

Participio pass.

visto, veduto

Indicativo fut.

io vedrò
tu vedrai
egli vedrà
noi vedremo
voi vedrete
essi vedranno

Condizionale pres.

io vedrei
tu vedresti
egli vedrebbe
noi vedremmo
voi vedreste
essi vedrebbero

193 vincere

Indicativo pass. rem

io vinsi
tu vincesti
egli vinse
noi vincemmo
voi vinceste
essi vinsero

Participio pass.

vinto

194 vivere

Indicativo pass. rem.
io vissi
tu vivesti
egli visse
noi vivemmo
voi viveste
essi vissero

Indicativo fut.
io vivrò
tu vivrai
egli vivrà
noi vivremo
voi vivrete
essi vivranno

Condizionale pres.
io vivrei
tu vivresti
egli vivrebbe
noi vivremmo
voi vivreste
essi vivrebbero

Participio pass.
vissuto

195 volere

Indicativo pres.
io voglio
tu vuoi
egli vuole
noi vogliamo
voi volete
essi vogliono

Indicativo pass. rem.
io volli
tu volesti
egli volle
noi volemmo
voi voleste
essi vollero

Indicativo fut.
io vorrò
tu vorrai
egli vorrà
noi vorremo
voi vorrete
essi vorranno

Imperativo
voglia tu
vogliamo noi
vogliate voi

Congiuntivo pres.
che io voglia
che tu voglia
che egli voglia
che noi vogliamo
che voi vogliate
che essi vogliano

Condizionale pres.
io vorrei
tu vorresti
egli vorrebbe
noi vorremmo
voi vorreste
essi vorrebbero

196 svolgere

Indicativo pass. rem.
io svolsi
tu svolgesti
egli svolse
noi svolgemmo
voi svolgeste
essi svolsero

Participio pass.
svolto

197 costruire

Indicativo pres.
io costruisco
tu costruisci
egli costruisce
noi costruiamo
voi costruite
essi costruiscono

Indicativo pass. rem.
io costruii, costrussi
tu costruisti
egli costruì
noi costruimmo
voi costruiste
essi costruirono, costrussero

Participio pass.
costruito, costrutto

198 morire

Indicativo pres.
io muoio
tu muori
egli muore
noi moriamo
voi morite
essi muoiono

Indicativo fut.
io morirò, morrò
tu morirai, morrai
egli morirà, morrà
noi moriremo, morremo
voi morirete, morrete
essi moriranno, morranno

Congiuntivo pres.
che io muoia
che tu muoia
che egli muoia
che noi moriamo
che voi moriate
che essi muoiano

Condizionale pres.
io morirei, morrei
tu moriresti, morresti
egli morirebbe, morrebbe
noi moriremmo, morremmo
voi morireste, morreste
essi morirebbero, morrebbero

Participio pass.
morto

199 salire

Indicativo pres.
io salgo
tu sali
egli sale
noi saliamo
voi salite
essi salgono

Congiuntivo pres.
che io salga
che tu salga
che egli salga
che noi saliamo
che voi saliate
che essi salgano

200 udire

Indicativo pres.
io odo
tu odi
egli ode
noi udiamo
voi udite
essi odono

Imperativo
odi tu
udiamo noi
udite voi

Indicativo fut.
io udrò, udirò
tu udrai, udirai
egli udrà, udirà
noi udremo, udiremo
voi udrete, udirete
essi udranno, udiranno

Congiuntivo pres.
che io oda
che tu oda
che egli oda
che noi udiamo
che voi udiate
che essi odano

201 uscire

Indicativo pres.
io esco
tu esci
egli esce
noi usciamo
voi uscite
essi escono

Imperativo
esci tu
usciamo noi
uscite voi

Congiuntivo pres.
che io esca
che tu esca
che egli esca
che noi usciamo
che voi usciate
che essi escano

202 venire

Indicativo pres.
io vengo
tu vieni
egli viene
noi veniamo
voi venite
essi vengono

Indicativo pass. rem.
io venni
tu venisti
egli venne
noi venimmo
voi veniste
essi vennero

Indicativo fut.
io verrò
tu verrai
egli verrà
noi verremo
voi verrete
essi verranno

Congiuntivo pres.
che io venga
che tu venga
che egli venga
che noi veniamo
che voi veniate
che essi vengano

Condizionale pres.
io verrei
tu verresti
egli verrebbe
noi verremmo
voi verreste
essi verrebbero

Participio pass.
venuto

203 cucire

Indicativo pres.	*Congiuntivo pres.*
io cucio	che io cucia
tu cuci	che tu cucia
egli cuce	che egli cucia
noi cuciamo	che noi cuciamo
voi cucite	che voi cuciate
essi cuciono	che essi cuciano

204 applaudire

Indicativo pres.

io applaudo, applaudisco
tu applaudi, applaudisci
egli applaude, applaudisce
noi applaudiamo
voi applaudite
essi applaudono, applaudiscono

205 inferire

Indicativo pres.	*Indicativo pass. rem.* a)	b)	*Congiuntivo pres.*
io inferisco	io infersi	inferii	che io inferisca
tu inferisci	tu inferisti	inferisti	che tu inferisca
egli inferisce	egli inferse	inferì	che egli inferisca
noi inferiamo	noi inferimmo	inferimmo	che noi inferiamo
voi inferite	voi inferiste	inferiste	che voi inferiate
essi inferiscono	essi infersero	inferirono	che essi inferiscano

Imperativo

inferisci tu
inferiamo noi
inferite voi

Participio pass.

inferto, inferito

TAVOLA DEI NOMI DEI NUMERI

cardinali		ordinali
1	uno, una	primo
2	due	secondo
3	tre	terzo
4	quattro	quarto
5	cinque	quinto
6	sei	sesto
7	sette	settimo
8	otto	ottavo
9	nove	nono
10	dieci	decimo
11	undici	undicesimo
12	dodici	dodicesimo
13	tredici	tredicesimo
14	quattordici	quattordicesimo
15	quindici	quindicesimo
16	sedici	sedicesimo
17	diciassette	diciassettesimo
18	diciotto	diciottesimo
19	diciannove	diciannovesimo
20	venti	ventesimo
21	ventuno	ventunesimo
22	ventidue	ventiduesimo

cardinali		ordinali
23	ventitré	ventitreesimo
24	ventiquattro	ventiquattresimo
25	venticinque	venticinquesimo
26	ventisei	ventiseiesimo
27	ventisette	ventisettesimo
28	ventotto	ventottesimo
29	ventinove	ventinovesimo
30	trenta	trentesimo
40	quaranta	quarantesimo
50	cinquanta	cinquantesimo
60	sessanta	sessantesimo
70	settanta	settantesimo
80	ottanta	ottantesimo
90	novanta	novantesimo
100	cento	centesimo
200	duecento	duecentesimo
1.000	mille	millesimo
2.000	duemila	duemillesimo
10.000	diecimila	decimillesimo
1.000.000	un milione	milionesimo
1.000.000.000	un miliardo	miliardesimo

NOMI PROPRI DI PERSONA, STORICI E MITOLOGICI

Nell'elenco non sono inseriti i nomi privi di traduzione francese

Abelàrdo *m.* Abélard, Abailard
Abèle *m.* Abel
Abràmo *m.* Abraham
Achìlle *m.* Achille
Àda *f.* Ada
Adalbèrto *m.* Adalbert
Adalgìsa *f.* Adalgise
Adàmo *m.* Adam
Adelàide *f.* Adelaïde
Adèle *f.* Adèle
Adòlfo *m.* Adolphe
Adóne *m.* Adonis
Adriàna *f.* Adrienne
Adriàno *m.* Adrien
Afrodite *f.* Aphrodite
Agamènnone *m.* Agamemnon
Àgata *f.* Agathe
Agesilào *m.* Agésilas
Agilùlfo *m.* Agilulphe, Agilolfe
Agnèse *f.* Agnès
Agostìna *f.* Augustine
Agostìno *m.* Augustin
Agrìppa *m.* Agrippa
Agrippìna *f.* Agrippine
Aiàce *m.* Ajax
Aìda *f.* Aïda
Aladìno *m.* Aladin
Alàno *m.* Alain
Alarìco *m.* Alaric
Albàni *m.* l'Albane
Albàno *m.* Alban
Alberìco *m.* Albéric
Albèrta *f.* Alberte
Albertìna *f.* Albertine
Albèrto *m.* Albert
Alboìno *m.* Alboïn
Alcèo *m.* Alcée
Alcèste *m.* Alceste
Alcèsti *f.* Alceste
Alcibìade *m.* Alcibiade
Alcìde *m.* Alcide
Alcìnoo *m.* Alcinoos
Alcióne *f.* Alcyone
Alcuìno *m.* Alcuin
Àlda *f.* Aude
Àldo *m.* Alde
Alessàndra *f.* Alexandra
Alessàndro *m.* Alexandre
Alèssio *m.* Alexis
Alfonsìna *f.* Alphonsine
Alfònso *m.* Alphonse
Alfrédo *m.* Alfred
Alìce *f.* Alice
Alìna *f.* Aline
Allàh *m.* Allah
Amadìgi *m.* Amadis
Amàlia, Amèlia *f.* Amélie
Amarìlli(de) *f.* Amaryllis
Amàta *f.* Aimée
Amàto *m.* Aimé
Amàzzoni *f.pl.* Amazones
Ambrògio *m.* Ambroise
Amedèo *m.* Amédée
Amèlia → *Amàlia*
Amerìgo *m.* Améric
Amìlcare *m.* Hamilcar, Amilcar
Amìnta *m.* Aminte, Aminta
Amlèto *m.* Hamlet
Ammóne *m.* Amon
Àmos *m.* Amos
Amùlio *m.* Amulius
Anaclèto *m.* Anaclet
Anacreónte *m.* Anacréon
Ananìa *f.* Ananias
Anassàgora *m.* Anaxagore
Anassimàndro *m.* Anaximandre
Anassimène *m.* Anaximène
Anastàsia *f.* Anastasie
Anastàsio *m.* Anastase
Anatòlio *m.* Anatole
Anchìse *m.* Anchise
Andrèa *m.* André
Andreìna *f.* Andrée
Àndroclo *m.* Androclès
Andròmaca *f.* Andromaque
Andròmeda *f.* Andromède
Andronìco *m.* Andronic, Andronicus
Anfiaràо *m.* Amphiaraos
Anfitrióne *m.* Amphitryon
Anfitrìte *f.* Amphitrite
Àngela *f.* Angèle
Angèlica *f.* Angélique
Àngelo *m.* Ange
Anìta *f.* Anita
Ànna *f.* Anne
Annabèlla *f.* Annabelle
Annamarìa *f.* Anne-Marie
Annìbale *m.* Hannibal, Annibal
Ansèlmo *m.* Anselme
Antàres *f.* Antarès
Antèo *m.* Antée
Antìgone *f.* Antigone
Antìnoo *m.* Antinous
Antìoco *m.* Antiochos
Antìstene *m.* Antisthène
Antònia *f.* Antoinette
Antoniétta *f.* Antoinette
Antònio *m.* Antoine
Apèlle *m.* Apelle
Àpi *m.* Apis
Apollinàre *m.* Apollinaire
Apòllo *m.* Apollon
Apollodòro *m.* Apollodore
Apollònio *m.* Apollonios
Àppio *m.* Appius
Apulèio *m.* Apulée
Arabèlla *f.* Arabelle
Aràcne *f.* Arachné
Arcàdio *m.* Arcadius
Archìloco *m.* Archiloque
Archimède *m.* Archimède
Arcibàldo *m.* Archibald
Arduìno *m.* Ardouin
Aretùsa *f.* Aréthuse
Argànte *m.* Argan, Argant
Àrgo *m.* Argus
Argonàuti *m.pl.* Argonautes
Ariànna *f.* Ariane
Arièle *m.* Ariel
Àrio *m.* Arius
Ariòsto *m.* l'Arioste
Ariovìsto *m.* Arioviste
Aristàrco *m.* Aristarque
Aristìde *m.* Aristide
Aristodèmo *m.* Aristodème
Aristòfane *m.* Aristophane
Aristòtele *m.* Aristote
Arlecchìno *m.* Arlequin
Armàndo *m.* Armand
Armìda *f.* Armide
Arnàldo *m.* Arnauld
Arnòldo *m.* Arnould
Arnòlfo *m.* Arnolphe
Arnùlfo *m.* Arnoul, Arnulf
Aròldo *m.* Harold
Arònne *m.* Aaron
Arpagóne *m.* Harpagon
Arrìgo *m.* Henri
Arsènio *m.* Arsène
Artasèrse *m.* Artaxerxès
Artèmide *f.* Artémis
Artùro, Artù *m.* Arthur, Artus
Asbùrgo *m.* Habsbourg
Ascànio *m.* Ascagne
Asdrùbale *m.* (H)asdrubal
Asmodèo *m.* Asmodée
Aspàsia *f.* Aspasie
Assalònne *m.* Absalon
Assuèro *m.* Assuérus
Astianàtte *m.* Astyanax
Astòlfo *m.* Astolphe, Astolfe
Astrèa *f.* Astrée
Atalarìco *m.* Athalaric
Atalìa *f.* Athalie
Atanàsio *m.* Athanase
Ataùlfo *m.* Ataulphe
Atèna *f.* Athéna
Atenèo *m.* Athénée
Atlànte *m.* Atlas
Atrèo *m.* Atrée
Atrìdi *m.pl.* Atrides
Àtropo *f.* Atropos
Àttalo *m.* Attalos, Attale
Àttila *m.* Attila
Attìlio *m.* Attilius
Augùsta *f.* Augustine
Augùsto *m.* Auguste
Aurèlia *f.* Aurélie
Aurelìano *m.* Aurélien
Aurèlio *m.* Aurèle
Auròra *f.* Aurore
Ausònio *m.* Ausone
Automedónte *m.* Automédon
Averroè *m.* Averroès

Bàal *m.* Baal, Bel, Bélus
Bàbila *m.* Babylas
Bàcco *m.* Bacchus
Bacóne *m.* Bacon
Baiàrdo *m.* Bayard
Baldassàrre *m.* Balthazar
Baldovìno *m.* Baudoin
Baràbba *m.* Barabbas, Barrabas
Barbablù *m.* Barbe-Bleue
Bàrbara *f.* Barbara, Barbe
Barbaróssa *m.* Barberousse
Bàrnaba *m.* Barnabé, Bernabé
Barnabò → *Bernabò*
Bartolomèo *m.* Barthélemy, Bartholomé
Basìlio *m.* Basile
Battìsta *m.* Baptiste
Bàuci *f.* Baucis
Beatrìce *f.* Béatrice
Belfagòr, Beelfegòr *m.* Belphégor
Belisàrio *m.* Bélisaire
Bèlla *f.* Belle
Bellerofònte *m.* Bellérophon
Belzebù *m.* Belzébuth, Belzébul
Benedétta *f.* Benoite
Bèlla *f.* Belle
Bellerofònte *m.* Bellérophon
Belzebù *m.* Belzébuth, Belzébul
Benedétta *f.* Benoite
Benedétto *m.* Benoit
Beniamìno *m.* Benjamin
Benìgno *m.* Bénigne
Berengàrio *m.* Bérenger
Berenìce *f.* Bérénice
Bernabò, Barnabò *m.* Barnabé, Bernabé
Bernardìna *f.* Bernadette
Bernardìno *m.* Bernardin
Bernàrdo *m.* Bernard
Bèrta *f.* Berthe, Bertha
Bertòldo *m.* Berthold
Bertràndo *m.* Bertrand
Betsabèa *f.* Bethsabée
Biàgio *m.* Blaise
Biànca *f.* Blanche
Biancanéve *f.* Blanche-Neige
Bìbulo *m.* Bibulus
Boccàccio *m.* Boccace
Boèzio *m.* Boèce
Bolèna *f.* Boleyn
Bòna *f.* Bonne
Bonaventùra *m.* Bonaventure
Bonifàcio *m.* Boniface
Borbóne *m.* Bourbon
Bòrea *m.* Borée
Borromèo *m.* Borromée
Bràhma *m.* Brahma
Brandàno *m.* Brandan
Brènno *m.* Brenn, Brennus
Brìgida *f.* Brigide
Brigìtta *f.* Brigitte
Brisèide *f.* Briséis
Britànnico *m.* Britannicus
Brunìlde *f.* Brunehaut, Brunhilde
Brùno *m.* Bruno
Brùto *m.* Brutus
Bucèfalo *m.* Bucéphale
Bùdda *m.* Bouddha
Buglióne *m.* Bouillon
Buridàno *m.* Buridan

Cabòto *m.* Cabot
Càco *m.* Cacus
Càdmo *m.* Cadmos
Càifa *m.* Caïphe
Caìno *m.* Caïn
Càio *m.* Caïus
Calcànte *m.* Calchas
Calìgola *m.* Caligula
Calìpso *f.* Calypso
Callìmaco *m.* Callimaque
Callìope *f.* Calliope
Callìsto *m.* Calliste, Callixte
Calvìno *m.* Calvin
Cam *m.* Cham
Cambìse *m.* Cambyse
Camìlla *f.* Camille
Camìllo *m.* Camille
Càndida *f.* Candide
Càndido *m.* Candide
Canùto *m.* Knud, Knut
Capèto *m.* Capet
Capulèti, Cappellétti *m. pl.* Capulets
Caracàlla *m.* Caracalla
Caravàggio *m.* le Caravage
Càrlo *m.* Charles
Carlomàgno *m.* Charlemagne
Carlòtta *f.* Charlotte
Càrmen *f.* Carmen
Carnèade *m.* Carnéade
Càrola *f.* Carole
Carolìna *f.* Caroline
Carónte *m.* Charon
Cartèsio *m.* Descartes
Casimìro *m.* Casimir
Cassàndra *f.* Cassandre
Càssio *m.* Cassius
Cassiodòro *m.* Cassiodore
Cassiopèa *f.* Cassiopée
Càstore *m.* Castor
Caterìna *f.* Catherine
Catóne *m.* Caton
Catùllo *m.* Catulle
Cecìlia *f.* Cécile
Cècov *m.* Tchekhov
Cèfalo *m.* Céphale
Celèste *f.* Céleste
Celestìna *f.* Célestine
Celestìno *m.* Célestin
Celimène *f.* Célimène
Celìna *f.* Céline
Cèlso *m.* Celse
Cenerèntola *f.* Cendrillon
Cèrbero *m.* Cerbère

Cèrere *f.* Cérès
Césare *m.* César
Cesarìna *f.* Césarine
Cesàrio *m.* Césaire
Chèope *m.* Chéops
Chiàra → *Clàra*
Chimèra *f.* Chimère
Cibèle *f.* Cybèle
Ciceróne *m.* Cicéron
Ciclòpe *m.* Cyclope
Cid *m.* Cid
Cimabùe *m.* Cimabue, Cimabué
Cincinnàto *m.* Cincinnatus
Cìnna *m.* Cinna
Cipriàno *m.* Cyprien
Circe *f.* Circé
Cirillo *m.* Cyrille
Ciro *m.* Cyrus
Citerèa *f.* Cythérée
Clàra, Chiàra *f.* Claire
Clarissa *f.* Clarisse
Clàudia *f.* Claude, Claudie
Clàudio *m.* Claude, Claudius
Clèlia *f.* Clélie
Clemènte *m.* Clément
Clementìna *f.* Clémentine
Clemènza *f.* Clémence
Cleopàtra *f.* Cléopâtre
Clìmene *f.* Clymène
Clìo *f.* Clio
Clitennèstra *f.* Clytemnestre
Clòdio *m.* Clodius
Clòe *f.* Chloé
Clodovèo *m.* Clovis
Clòri *f.* Chloris
Clorìnda *f.* Clorinde
Clotàrio *m.* Clotaire
Clotìlde *f.* Clotilde
Clòto *f.* Clotho
Colombìna *f.* Colombine
Colómbo *m.* Colomb
Còmmodo *m.* Commode
Confùcio *m.* Confucius
Copèrnico *m.* Copernic
Corìnna *f.* Corinne
Coriolàno *m.* Coriolan
Cornèlia *f.* Cornélie
Cornèlio *m.* Cornélius
Corràdo *m.* Conrad
Corréggio (il) *m.* le Corrège
Còsimo *m.* Cosme
Còsma *m.* Côme
Costànte *m.* Constant
Costantino *m.* Constantin
Costànza *f.* Constance
Costànzo *m.* Constant, Constance
Cràsso *m.* Crassus
Creónte *m.* Créon
Crèso *m.* Crésus
Creùsa *f.* Créüse
Crisèide *f.* Chriséis
Crispìno *m.* Crispin, Crépin
Cristiàna *f.* Christiane
Cristiàno *m.* Christian
Cristìna *f.* Christine
Cristòforo *m.* Christophe
Critóne *m.* Criton
Cròno *m.* Cronos, Kronos
Cupìdo *m.* Cupidon
Curiàzi *m.pl.* Curiaces

Dàfne *f.* Daphné
Dàfni *m.* Daphnis
Dagobèrto *m.* Dagobert
Dàlila *f.* Dalila
Dàmaso *m.* Damase
Damiàno *m.* Damien
Dàmocle *m.* Damoclès
Damóne *m.* Damon
Dànae *f.* Danaé
Danàidi *f.pl.* Danaïdes
Danièla *f.* Danièle
Danièle *m.* Daniel
Dàrdano *m.* Dardanos
Dàrio *m.* Darios, Darius
Dàvide *m.* David
Dèbora *f.* Déborah
Dècio *m.* Decius
Dèdalo *m.* Dédale
Deianìra *f.* Déjanire
Delfìna *f.* Delphine
Delfìno *m.* Delphin
Dèlia *f.* Délie
Demètra *f.* Déméter
Demètrio *m.* Démétrios
Demòcrito *m.* Démocrite
Demòstene *m.* Démosthène
Desdèmona *f.* Desdémone
Desideràta *f.* Désirée
Desideràto *m.* Désiré
Desidèrio *m.* Didier
Deucaliòne *m.* Deucalion
Diàna *f.* Diane
Dìdimo *m.* Didyme
Didòne *f.* Didon
Diègo *m.* Diègue
Dimìtri *m.* Dimitri, Dmitri
Diocleziàno *m.* Dioclétien
Diògene *m.* Diogène
Diomède *m.* Diomède
Dionìgi *m.* Denis
Dionìsia *f.* Denise
Diòniso *m.* Dionysos
Diòscuri *m.pl.* Dioscures
Dìte *m.* Dis, Dité
Dolòres *f.* Dolores
Domènica *f.* Dominique
Domenichìno (il) *m.* le Dominiquin
Domènico *m.* Dominique
Domiziàno *m.* Domitien
Donàto *m.* Dieudonné
Don Chisciòtte *m.* Don Quichotte
Don Giovànni *m.* Don Juan
Dorìna *f.* Dorine
Dorotèa *f.* Dorothée
Dracóne *m.* Dracon
Drùso *m.* Drusus
Duìlio *m.* Duilius
Dulcinèa *f.* Dulcinée

Èaco *m.* Eaque
Èbe *f.* Hébé
Ècuba *f.* Hécube
Edgàrdo *m.* Edgar
Edìpo *m.* Œdipe
Editta *f.* Edith
Edmóndo *m.* Edmond
Edoàrdo *m.* Édouard
Edvìge *f.* Edwige
Efraìm *m.* Éphraïm
Egèo *m.* Égée
Egèria *f.* Égérie
Egìdio *m.* Gilles
Egìsto *m.* Égisthe
Ègle *f.* Églé
Eleàzaro *m.* Éléazar
Èlena *f.* Hélène
Eleonòra *f.* Éléonore
Elèttra *f.* Électre
Elìa *m.* Élie
Eliàna *f.* Éliane
Elìgio *m.* Éloi
Èlio *m.* Hélios
Eliodòro *m.* Héliodore
Elìsa *f.* Élise
Elisabètta *f.* Élisabeth
Elisèo *m.* Élisée
Elìs(i)o *m.* Élysée
Ellèno *m.* Hellène, Hellen
Èlmo *m.* Elme
Eloìsa *f.* Héloïse
Elvìra *f.* Elvire
Emanuèla *f.* Emmanuelle
Emanuèle *m.* Emmanuel
Emìlia *f.* Émilie
Emiliàno *m.* Émilien
Emìlio *m.* Émile
Èmma *f.* Emma
Empèdocle *m.* Empédocle
Endimióne *m.* Endymion
Enèa *m.* Énée
Ènnio *m.* Ennius
Enrìca *f.* Henriette
Enrichétta *f.* Henriette
Enrìco *m.* Henri
Èolo *m.* Éole
Epaminónda *m.* Épaminondas
Epicùro *m.* Épicure
Epifànio *m.* Épiphane
Èra *f.* Héra
Èracle *m.* Héraclès
Eràclito *m.* Héraclite
Eràsmo *m.* Érasme
Èrato *f.* Érato
Eratòstene *m.* Ératosthène
Èrcole *m.* Hercule
Erettèo *m.* Érechtée
Frico *m.* Éric
Erinni *f.pl.* Érinnyes, Érinyes
Ermafrodito *m.* Hermaphrodite
Ermànno *m.* Herman
Ermengàrda *f.* Ermengarde, Hermengarde
Ermes, Ermète *m.* Hermès
Ermìnia *f.* Herminie
Ermióne *f.* Hermione
Ernàni *m.* Hernani
Ernèsta *f.* Ernestine
Ernestina *f.* Ernestine
Ernèsto *m.* Ernest
Èro *f.* Héro
Eròde *m.* Hérode
Erodìade *f.* Hérodiade, Hérodias
Eròdoto *m.* Hérodote
Èros *m.* Éros
Eròstrato *m.* Érostrate
Ersìlia *f.* Hersilie
Esaù *m.* Ésaü
Èschilo *m.* Eschyle
Esculàpio *m.* Esculape
Esìodo *m.* Hésiode
Esòpo *m.* Ésope
Espèridi *f.pl.* Hespérides
Èster *f.* Esther
Etèocle *m.* Étéocle
Èttore *m.* Hector
Euclìde *m.* Euclide
Eufèmia *f.* Euphémie
Euforióne *m.* Euphorion
Eufròsine *f.* Euphrosyne
Eugènia *f.* Eugénie
Eugènio *m.* Eugène
Eulàlia *f.* Eulalie
Eumènidi *f.pl.* Euménides
Eurìalo *m.* Euryale
Eurìdice *f.* Eurydice
Eurìpide *m.* Euripide
Euristèo *m.* Eurysthée
Eusèbia *f.* Eusébie
Eusèbio *m.* Eusèbe
Eustàchio *m.* Eustache
Eutròpio *m.* Eutrope
Èva *f.* Eve
Evàndro *m.* Évandre
Evarìsto *m.* Évariste
Evelina *f.* Éveline, Évelyne
Ezechìa *m.* Ézéchias
Ezechièle *m.* Ézéchiel

Fabiàno *m.* Fabien
Fàbio *m.* Fabius
Fabrìzio *m.* Fabrice, Fabricius
Farnése *m.* Farnèse
Fàuno *m.* Faune
Faustina *f.* Faustine
Faustino *m.* Faustin
Fàusto *m.* Faust
Fèbo *m.* Phébus
Fedéle *m.* Fidèle
Federica *f.* Frédérique
Federico *m.* Frédéric
Fedóne *m.* Phédon
Fèdra *f.* Phèdre
Fèdro *m.* Phèdre
Felìce *m.* Félix
Felìcia *f.* Félicie
Feliciàna *f.* Félicienne
Feliciàno *m.* Félicien
Felìcita *f.* Félicité
Ferdinànda *f.* Ferdinande
Ferdinàndo *m.* Ferdinand
Fernàndo *m.* Fernand
Fetónte *m.* Phaéton
Fìdia *m.* Phidias
Fièschi *m.* Fiesque
Fìgaro *m.* Figaro
Filèmone *m.* Philémon
Filibèrto *m.* Philibert
Filìnto *m.* Philinte
Filìppo *m.* Philippe
Fìlli(de) *f.* Phyllis
Filomèna *f.* Philomène
Filóne *m.* Philon
Filòstrato *m.* Philostrate
Filottète *m.* Philoctète
Fiorènza *f.* Florence
Fiorènzo *m.* Florent
Firmìno *m.* Firmin
Flàcco *m.* Flaccus
Flamìnio *m.* Flaminius
Flàvia *f.* Flavie
Flaviàno *m.* Flavien
Flàvio *m.* Flavius
Flòra *f.* Flore
Floriàno *m.* Florian
Fòca *m.* Phocas
Focióne *m.* Phocion
Fòlco *m.* Foulques
Fortùna *f.* Fortune
Fortunàto *m.* Fortuné
Fotìno *m.* Photin
Fracàssa *m.* Fracasse
Frànca *f.* France, Francine
Francésca *f.* Françoise
Francésco *m.* François
Frànco *m.* Francis
Fulgènzio *m.* Fulgence
Fùlvia *f.* Fulvie
Fùlvio *m.* Fulvius
Fùrie *f.pl.* Furies

Gabrièle *m.* Gabriel
Gabrièlla *f.* Gabrielle
Gaetàno *m.* Gaétan
Gàio *m.* Gaïus
Galatèa *f.* Galatée
Galèno *m.* Galien
Galilèo *m.* Galilée
Gallièno *m.* Gallien
Ganimède *m.* Ganymède
Gargantùa *m.* Gargantua
Gàspare *m.* Gaspard
Gastóne *m.* Gaston
Gaudènzio *m.* Gaudence
Gèa *f.* Gaia, Gê, Gé
Gedeóne *m.* Gédéon
Gelóne *m.* Gélon
Gelsomìna *f.* Jasmine
Geltrùde *f.* Gertrude
Genèsio *m.* Genès, Genest
Genovèffa *f.* Geneviève
Genserìco *m.* Geiséric, Genséric
Gèova, Ièhova *m.* Jahvé, Jéhovah
Geràrdo *m.* Gérard
Geremìa *m.* Jérémie
Gerióne *m.* Géryon
Germàna *f.* Germaine
Germànico *m.* Germanicus
Germàno *m.* Germain
Geròlamo *m.* Jérôme
Geróne *m.* Hiéron
Gerónte *m.* Géronte
Gervàsia *f.* Gervaise
Gervàs(i)o *m.* Gervais
Gesù *m.* Jésus: **Gesù Cristo** Jésus-Christ
Giacìnto *m.* Hyacinthe
Giacòbbe *m.* Jacob
Giacomìna *f.* Jacqueline
Giàcomo *m.* Jacques
Giambattista *m.* Jean-Baptiste
Giangiàcomo *m.* Jean-Jacques
Giàn Marìa *m.* Jean-Marie
Giàno *m.* Janus
Giansènio *m.* Jansénius
Giapèto *m.* Japet
Giasóne *m.* Jason
Gilbèrta *f.* Gilberte
Gilbèrto *m.* Gilbert
Ginévra *f.* Guenièvre
Gioacchìno *m.* Joachim
Giòbbe *m.* Job
Giocàsta *f.* Jocaste
Giocónda *f.* Joconde
Gioèle *m.* Joël
Giòna *m.* Jonas
Giònata *m.* Jonathas, Jonathan
Giordàno *m.* Jordan, Jordain
Giorgìna *f.* Georgette
Giórgio *m.* Georges
Giòsafat *m.* Josaphat
Giosuè *m.* Josué
Giovànna *f.* Jeanne
Giovànni *m.* Jean
Giòve *m.* Jupiter
Giovenàle *m.* Juvénal
Gisèlla *f.* Gisèle
Giùba *m.* Juba
Giùda *m.* Juda, Judas
Giuditta *f.* Judith
Giugùrta *m.* Jugurtha
Giùlia *f.* Julie, Julia
Giuliàna *f.* Julienne
Giuliàno *m.* Julien

Giuliétta *f.* Juliette
Giùlio *m.* Jules
Giunóne *f.* Junon
Giusèppe *m.* Joseph
Giuseppìna *f.* Joséphine
Giustìna *f.* Justine
Giustiniàno *m.* Justinien
Giustìno *m.* Justin
Glàuco *m.* Glaucos
Goffrédo *m.* Godefroy
Golìa *m.* Goliath
Gòrdio *m.* Gordios
Gòrgoni, Gorgóni *f. pl.* Gorgones
Gràcco *m.* Gracchus
Gràzia *f.* Grâce
Graziàno *m.* Gratien
Gregòrio *m.* Grégoire
Gualtièro *m.* Gauthier
Guercìno (il) *m.* le Guerchin
Guglielmìna *f.* Wilhelmine
Guglièlmo *m.* Guillaume
Guicciardìni *m.* Guichardin
Guido *m.* Guy
Gustàvo *m.* Gustave

Iàcopo *m.* Jacques
Iàfet *m.* Japhet
Iàgo *m.* Jago
Ìbico *m.* Ibycos
Ìcaro *m.* Icare
Ìda *f.* Ida
Idomenèo *m.* Idoménée
Ìdra *f.* Hydre
Ièhova → *Geova*
Iezabèl *f.* Jézabel
Ifìcrate *m.* Iphicrate
Ifigenìa *f.* Iphigénie
Igèa *f.* Hygie
Ignàzio *m.* Ignace
Ilàrio *m.* Hilaire
Ildebràndo *m.* Hildebrand
Ildefònso *m.* Ildefonse
Ildegàrda *f.* Hildegarde
Ildegónda *f.* Hildegonde
Ìlo *m.* Ilus, Ilo
Imène *m.* Hymen
Imenèo *m.* Hyménée
Ìnes *f.* Inès
Innocènte *m.* Innocent
Innocènzo *m.* Innocent
Iolànda *f.* Yolande
Ipèride *m.* Hypéride
Ippàrco *m.* Hipparque
Ippòcrate *m.* Hippocrate
Ippòlita *f.* Hippolyte
Ippòlito *m.* Hippolyte
Ipponàtte *m.* Hipponax
Irène *f.* Irène
Irenèo *m.* Irénée
Ìris *f.* Iris
Ìrma *f.* Irma
Isabèlla *f.* Isabelle
Isàcco *m.* Isaac
Isaìa *m.* Isaïe, 'Ésaïe
Ìside *f.* Isis
Isidòro *m.* Isidore
Ismaèle *m.* Ismaël
Isòcrate *m.* Isocrate
Isòtta *f.* Iseut
Issióne *m.* Ixion
Ìulo *m.* Iule
Ìvo *m.* Yves
Ivònne *f.* Yvonne

Keplèro *m.* Képler

Ladislào *m.* Ladislas
Laèrte *m.* Laërte
Làio *m.* Laïus
Lambèrto *m.* Lambert
Lancillòtto *m.* Lancelot
Lanfrànco *m.* Lanfranc
Laocoónte *m.* Laocoon
Laomedónte *m.* Laomédon
Latìno *m.* Latinus
Latóna *f.* Latone
Lattànzio *m.* Lactance
Làura *f.* Laure
Lavìnia *f.* Lavinie
Làzzaro *m.* Lazare
Lèa *f.* Léa
Leàndro *m.* Léandre
Lèda *f.* Léda
Lènin *m.* Lénine
Leonàrdo *m.* Léonard
Leóne *m.* Léon
Leònida *m.* Léonidas
Leònzio *m.* Léonce
Leopoldìna *f.* Léopoldine
Leopòldo *m.* Léopold
Lèpido *m.* Lépide, Lepidus
Lèsbia *f.* Lesbie
Leucìppo *m.* Leucippe
Lèvi *m.* Lévi
Leviatàno *m.* Léviathan
Lìa *f.* Lia
Lìbero *m.* Libère
Libòrio *m.* Liboire
Licaóne *m.* Lycaon
Licèo *m.* Lycée
Licìnio *m.* Licinius
Licùrgo *m.* Lycurgue
Lìdia *f.* Lydie
Liliàna *f.* Liliane
Lincèo *m.* Lyncée
Linnèo *m.* Linné
Lìno *m.* Lin
Lionèllo *m.* Lionel
Lisàndro *m.* Lysandre
Lìsia *m.* Lysias
Lisìcrate *m.* Lysicrate
Lisìmaco *m.* Lysimaque
Lisìppo *m.* Lysippe
Liutpràndo *m.* Liutprand
Lìvia *f.* Livie
Lìvio *m.* Livius
Lodovìco, Ludovìco *m.* Ludovic, Louis
Longìno *m.* Longin
Lorènza *f.* Laurence
Lorènzo, Rènzo *m.* Laurent
Lòt *m.* Loth, Lot
Lotàrio *m.* Lothaire
Lùca *m.* Luc
Lucàno *m.* Lucain
Lucìa *f.* Lucie, Luce
Luciàna *f.* Lucienne
Luciàno *m.* Lucien
Lucìfero *m.* Lucifer
Lucìlio *m.* Lucilius
Lucìlla *f.* Lucile
Lucìna *f.* Lucine
Lùcio *m.* Lucius
Lucrèzia *f.* Lucrèce
Lucrèzio *m.* Lucrèce
Lucùllo *m.* Lucullus
Ludovìco → *Lodovico*
Luìgi *m.* Louis
Luìsa *f.* Louise
Lùllo *m.* Lulle
Lutèro *m.* Luther

Macàrio *m.* Macaire
Maccabèi *m.pl.* Macchabées
Machiavèlli *m.* Machiavel
Macròbio *m.* Macrobe
Maddalèna *f.* Madeleine
Madònna *f.* Madone
Mafàlda *f.* Mahaut
Magellàno *m.* Magellan
Magóne *m.* Magon
Màia *f.* Maïa
Malachìa *m.* Malachie
Malìgno (il) *m.* Maufait, Maufé
Mammóna *f. o m.* Mammon *m.*
Manfrédi *m.* Manfred
Màni *m.pl.* Mânes
Manitù *m.* Manitou
Maométto *m.* Mahomet
Marc'Aurelio *m.* Marc'Aurèle
Marcèlla *f.* Marcelle
Marcellìna *f.* Marceline
Marcellìno *m.* Marcellin
Marcèllo *m.* Marcel
Màrco *m.* Marc
Margherìta *f.* Marguerite
Marìa *f.* Marie
Marìa Maddalèna *f.* Marie-Madeleine
Mariànna *f.* Marianne
Marièlla *f.* Marielle
Marìna *f.* Marine
Marìno *m.* Marin
Màrio *m.* Marius
Marìsa *f.* Maryse
Màrsia *m.* Marsyas
Marsìlio *m.* Marsile
Màrta *f.* Marthe
Màrte *m.* Mars
Martìna *f.* Martine
Martìno *m.* Martin
Marziàle *m.* Martial
Massènzio *m.* Maxence
Massimiliàno *m.* Maximilien
Massimìno *m.* Maximin
Màssimo *m.* Maxime
Matìlde *f.* Mathilde
Mattèo *m.* Mathieu
Mattìa *m.* Mathias, Matthias
Matusalèmme *m.* Mathusalem
Maurìzio *m.* Maurice
Mazarìno *m.* Mazarin
Mecenàte *m.* Mécène
Medàrdo *m.* Médard
Medèa *f.* Médée
Mèdici *m. pl.* Médicis
Medùsa *f.* Méduse
Mefistòfele *m.* Méphistophélès
Megèra *f.* Mégère
Melània *f.* Mélanie
Melchiòrre *m.* Melchior
Melchisedèc *m.* Melchisédech
Melibèo *m.* Mélibée
Melpòmene *f.* Melpomène
Melusìna *f.* Mélusine
Mèmnone *m.* Memnon
Menàndro *m.* Ménandre
Menelào *m.* Ménélas
Menìppo *m.* Ménippe
Mèntore *m.* Mentor
Mercùrio *m.* Mercure
Merlìno *m.* Merlin
Mèrope *f.* Mérope
Merovèo *m.* Mérovée
Messalìna *f.* Messaline
Messìa *m.* Messie
Metastàsio *m.* Métastase
Metèllo *m.* Métellus
Michèla *f.* Michèle
Michelàngelo *m.* Michel-Ange
Michèle *m.* Michel
Mìda *m.* Midas
Milèna *f.* Mylène
Milóne *m.* Milon
Milzìade *m.* Miltiade
Minèrva *f.* Minerve
Minòsse *m.* Minos
Minotàuro *m.* Minotaure
Mirèlla *f.* Mireille
Miróne *m.* Myron
Mìrra *f.* Myrrha
Misèno *m.* Misène
Mitridàte *m.* Mithridate
Mnemòsine *f.* Mnémosyne
Modèsto *m.* Modeste
Mòire *f.pl.* Moires
Mòloc(h) *m.* Moloch
Mònica *f.* Monique
Montècchi *m. pl.* Montaigus
Montezùma *m.* Moctezuma, Montezuma, Moteczuma
Morfèo *m.* Morphée
Morgàna *f.* Morgane
Morgànte *m.* Morgant
Mosè *m.* Moïse
Musèo *m.* Musée
Mustafà *m.* Mustafa, Mustapha

Nabucodonosòr *m.* Nabuchodonosor
Nàdia *f.* Nadia
Napoleóne *m.* Napoléon
Narcìso *m.* Narcisse
Narsète *m.* Narsès
Natàle *m.* Noël
Natalìa *f.* Nathalie
Natalìna *f.* Noëlle
Nausìcaa *f.* Nausicaa
Nazàrio *m.* Nazaire
Neàrco *m.* Néarque
Nèmesi *f.* Némésis
Nepóte *m.* Nepos
Nerèidi *f.pl.* Néréides
Nerèo *m.* Nérée
Neróne *m.* Néron
Nèrva *m.* Nerva
Nèsso *m.* Nessos, Nessus
Nèstore *m.* Nestor
Nestòrio *m.* Nestorius
Nettùno *m.* Neptune
Nèvio *m.* Naevius
Niccolò → *Nicola*
Nicodèmo *m.* Nicodème
Nicòla, Niccolò *m.* Nicolas
Nicolètta *f.* Nicole, Nicolette
Nicomède *m.* Nicomède
Nìobe *f.* Niobé
Nìso *m.* Nisus
Noè *m.* Noé
Norbèrto *m.* Norbert
Nòrma *f.* Norma
Numitóre *m.* Numitor

Oddóne *m.* Odon
Odètta *f.* Odette
Odìlia *f.* Odile
Odìno *m.* Odin, Oddin
Odoàcre *m.* Odoacre
Ofèlia *f.* Ophélie
Òlga *f.* Olga
Olìvia *f.* Olivia
Olivièro *m.* Olivier
Olofèrne *m.* Holopherne
Omèro *m.* Homère
Onoràto *m.* Honoré
Onorìna *f.* Honorine
Onòrio *m.* Honorius
Oràzio *m.* Horace
Òrco *m.* Orcus
Orèste *m.* Oreste
Orfèo *m.* Orphée
Orìgene *m.* Origène
Orióne *m.* Orion
Orlàndo, Rolàndo *m.* Roland
Órsola *f.* Ursule
Ortènsia *f.* Hortense
Òscar *m.* Oscar
Osìride *m.* Osiris
Osvàldo *m.* Oswald
Otèllo *m.* Othello
Ottàvia *f.* Octavie
Ottaviàno *m.* Octavien
Ottàvio *m.* Octave
Ottóne *m.* Othon, Otton
Ovìdio *m.* Ovide

Palamède *m.* Palamède
Palemóne *m.* Palémon
Palinùro *m.* Palinure
Pàllade *f.* Pallas
Pallànte *m.* Pallas
Pan *m.* Pan
Pancràzio *m.* Pancrace
Pandióne *m.* Pandion
Pandòra *f.* Pandore
Pànfilo *m.* Pamphile
Pantagruèle *m.* Pantagruel
Pantalóne *m.* Pantalon
Panùrgo *m.* Panurge
Pàola *f.* Paule
Paolìna *f.* Pauline
Pàolo *m.* Paul
Paracèlso *m.* Paracelse
Pàrche *f.pl.* Parques
Pàride *m.* Pâris
Parmènide *m.* Parménide
Parmenióne *m.* Parménion
Parmigianìno (il) *m.* le Parmesan
Parràsio *m.* Parrhasios
Pàrsifal *m.* Perceval
Pasìfae *f.* Pasiphaé
Pasquàle *m.* Pascal
Pasqualìna *f.* Pascale
Pasquìno *m.* Pasquin
Patrìzia *f.* Patricia
Patrìzio *m.* Patrice, Patrick
Pàtroclo *m.* Patrocle
Pausània *m.* Pausanias
Pègaso *m.* Pégase
Pelàgio *m.* Pélage
Pelèo *m.* Pélée
Pèlope *m.* Pélops
Pelòpida *m.* Pélopidas
Penèlope *f.* Pénélope
Pergolési *m.* Pergolèse
Periàndro *m.* Périandre
Perìcle *m.* Périclès
Perpètua *f.* Perpétue
Persèfone *f.* Perséphone
Pèrseo, Persèo *m.* Persée
Pèrsio *m.* Perse
Petràrca *m.* Pétrarque
Petronìlla *f.* Pétronie, Pétronille
Petrònio *m.* Pétrone
Pièra *f.* Pierrette
Pièridi *f.pl.* Piérides

Pie(t)ro *m.* Pierre
Pigmalióne *m.* Pygmalion
Pìlade *m.* Pylade
Pilàto *m.* Pilate
Pìndaro *m.* Pindare
Pìo *m.* Pie
Pipìno *m.* Pépin
Pìramo *m.* Pyrame
Pìrra *f.* Pyrrha
Pìrro *m.* Pyrrhus
Pirróne *m.* Pyrrhon
Pisìstrato *m.* Pisistrate
Pisóne *m.* Pison
Pitàgora *m.* Pythagore
Pitóne *m.* Python
Pìttaco *m.* Pittacos
Pizàrro *m.* Pizarre
Pìzia *f.* Pythie
Placìdia *f.* Placidie
Plàcido *m.* Placide
Plantagenèto *m.* Plantagenêt
Platóne *m.* Platon
Plàuto *m.* Plaute
Plèiadi *f.pl.* Pléiades
Plìnio *m.* Pline
Plotìno *m.* Plotin
Plutàrco *m.* Plutarque
Plùto *m.* Ploutos, Plutus
Plutóne *m.* Pluton
Polìbio *m.* Polybe
Policlèto *m.* Polyclète
Polìcrate *m.* Polycrate
Polidòro *m.* Polydore
Polifèmo *m.* Polyphème
Polìmnia *f.* Polymnie
Polinìce *m.* Polynice
Polissèna *f.* Polyxène
Poliùto *m.* Polyeucte
Poliziàno *m.* Politien
Pollicìno, Puccettìno *m.* le Petit Poucet
Pollióne *m.* Pollion
Pollùce *m.* Pollux
Pompèo *m.* Pompée
Pònzio *m.* Ponce
Poppèa *f.* Poppée
Porsènna *m.* Porsenna
Pòrzia *f.* Porcia
Poseidóne *m.* Poséidon
Posidònio *m.* Posidonios
Prassìtele *m.* Praxitèle
Pretestàto *m.* Prétextat
Prìamo *m.* Priam
Priàpo *m.* Priape
Primatìccio *m.* le Primatice
Prisciàno *m.* Priscien
Priscilliàno *m.* Priscillien
Pròbo *m.* Probus
Procióne *m.* Procyon
Procòpio *m.* Procope
Proc(r)ùste *m.* Procuste, Procruste
Promèteo *m.* Prométhée
Propèrzio *m.* Properce
Prosèrpina *f.* Proserpine
Pròspero *m.* Prosper
Protàgora *m.* Protagoras
Protàsio *m.* Protais
Pròteo *m.* Protée
Prudènzio *m.* Prudence
Psìche *f.* Psyché
Puccettìno → *Pollicìno*
Pulcinèlla *m.* Polichinelle
Putifàrre *m.* Putiphar

Quintiliàno *m.* Quintilien
Quintìno *m.* Quentin
Quirìno *m.* Quirin, Quirinus

Rachèle *f.* Rachel
Radamànto *m.* Rhadamanthe, Rhadamante
Radegónda *f.* Radegonde
Raffaèla *f.* Raphaëlle
Raffaèle *m.* Raphaël
Raffaèlla *f.* Raphaëlle
Raffaèllo *m.* Raphaël
Raimónda *f.* Raymonde
Raimóndo *m.* Raymond
Ramsète *m.* Ramsès
Ranièri *m.* Rainier
Raspùtin *m.* Raspoutine
Ràul *m.* Raoul
Rebècca *f.* Rébecca
Regìna *f.* Régine, Reine
Règolo *m.* Regulus
Remìgio *m.* Remi, Remy
Rèmo *m.* Remus
Renàta *f.* Renée
Renàto *m.* René
Rènzo → *Lorenzo*
Riccàrdo *m.* Richard
Rinàldo *m.* Renaud
Robèrta *f.* Roberte
Robèrto *m.* Robert
Roboàmo *m.* Roboam
Ròcco *m.* Roch
Rodólfo *m.* Rodolphe
Rodomónte *m.* Rodomont
Rodrìgo *m.* Rodrigue
Rolàndo → *Orlàndo*
Romàno *m.* Romain
Romèo *m.* Roméo
Rómolo *m.* Romulus
Romuàldo *m.* Romuald
Ròsa *f.* Rose
Rosalìa *f.* Rosalie
Rosalìnda *f.* Rosalinde
Rosìna *f.* Rosine
Rosmùnda *f.* Rosemonde
Rossàna *f.* Roxane
Ròtari *m.* Rothari, Rotharis
Rufìno *m.* Rufin
Ruggèro *m.* Roger
Rut *f.* Ruth

Sabèllio *m.* Sabellius
Sabìna *f.* Sabine
Sàffo *f.* Sappho, Sapho
Saladìno *m.* Saladin
Sallùstio *m.* Salluste
Salomè *f.* Salomé
Salomóne *m.* Salomon
Salvatóre *m.* Sauveur
Samuèle *m.* Samuel
Sàncio *m.* Sanche
Sansóne *m.* Samson
Santìppe *f.* Xanthippe
Sapóre *m.* Sapor
Sàra *f.* Sara, Sarah
Sardanapàlo *m.* Sardanapale
Sarpedónte *m.* Sarpédon
Sàtana *m.* Satan
Saturnìno *m.* Saturninus
Satùrno *m.* Saturne
Sàul *m.* Saül
Savèrio *m.* Xavier
Savonaròla *m.* Savonarole
Scalìgero *m.* Scaliger
Scapìno *m.* Scapin
Scaramùccia *m.* Scaramouche
Scèvola *m.* Scaevola
Scipióne *m.* Scipion
Scòpa *m.* Scopas
Sebastiàno *m.* Sébastien
Seiàno *m.* Séjan
Selène *f.* Séléné
Sèm *m.* Sem
Sèmele *f.* Sémélé
Semiràmide *f.* Sémiramis
Semprònia *f.* Sempronie
Semprònio *m.* Sempronius
Sèneca *m.* Sénèque
Senòcrate *m.* Xénocrate
Senòfane *m.* Xénophane
Senofónte *m.* Xénophon
Serafìna *f.* Séraphine
Serafìno *m.* Séraphin
Sèrgio *m.* Serge
Sèrse *m.* Xerxès
Sertòrio *m.* Sertorius
Severìna *f.* Séverine
Severìno *m.* Séverin
Sganarèllo *m.* Sganarelle
Sibìlla *f.* Sibylle
Sichèo *m.* Sichée
Sifàce *m.* Syphax
Sigfrido *m.* Siegfried
Sigibèrto *m.* Sigebert
Sigismóndo *m.* Sigismond
Silla *m.* Sylla
Silvàna *f.* Sylvaine
Silvàno *m.* Sylvain
Silvèrio *m.* Silvère
Silvèstro *m.* Sylvestre
Sìlvia *f.* Sylvie
Sìlvio *m.* Sylvius
Simeóne *m.* Siméon
Sìmmaco *m.* Symmaque
Simóna *f.* Simone
Simóne *m.* Simon
Simònide *m.* Simonide
Simplìcio *m.* Simplice
Sinóne *m.* Sinon
Sìrio *f.* Sirius *m.*
Sìsifo *m.* Sisyphe
Sìsto *m.* Sixte
Sòcrate *m.* Socrate
Sofìa *f.* Sophie
Sòfocle *m.* Sophocle
Sofonìsba *f.* Sophonisbe
Solimàno *m.* Soliman
Sònia *f.* Sonia
Solóne *m.* Solon
Sordèllo *m.* Sordel
Spàrtaco *m.* Spartacus
Sparziàno *m.* Spartien
Stàlin *m.* Staline
Stanislào *m.* Stanislas
Stàzio *m.* Stace
Stefània *f.* Étiennette, Stéphanie
Stéfano *m.* Étienne, Stèphane
Stilicóne *m.* Stilicon
Sulpìcio *m.* Sulpice
Susànna *f.* Suzanne
Svetònio *m.* Suétone

Tàcito *m.* Tacite
Tàide *f.* Thaïs
Talète *m.* Thalès
Talìa *f.* Thalie
Tamerlàno *m.* Tamerlan
Tancrèdi *m.* Tancrède
Tàntalo *m.* Tantale
Tarquìnio *m.* Tarquin
Tartarìno *m.* Tartarin
Tartùfo *m.* Tartuffe, Tartufe
Tàsso *m.* le Tasse
Taziàno *m.* Tatien
Tàzio *m.* Tatius
Tècla *f.* Técla
Telègono *m.* Télégone
Telèmaco *m.* Télémaque
Tèmi *f.* Thémis
Temìstocle *m.* Thémistocle
Teobàldo *m.* Thibaud
Teòcrito *m.* Théocrite
Teodàto *m.* Théodat, Théodahat
Teodebàldo *m.* Théodebald
Teodebèrto *m.* Théodebert, Thibert
Teodolìnda *f.* Théodelinde
Teodorìco *m.* Théodoric
Teodòra *f.* Théodora
Teodòro *m.* Théodore
Teodòsio *m.* Théodose
Teòfilo *m.* Théophile
Teofràsto *m.* Théophraste
Terènzio *m.* Térence
Terèo *m.* Térée
Terèsa *f.* Thérèse
Tèrmine *m.* Terme
Tersìcore *f.* Terpsichore
Tersìte *m.* Thersite
Tertulliàno *m.* Tertullien
Tesèo *m.* Thésée
Tèspi *m.* Thespis
Tèti(de) *f.* Thétis
Tèucro *m.* Teucros
Tibèrio *m.* Tibère
Tibùllo *m.* Tibulle
Tièste *m.* Thyeste
Timóne *m.* Timon
Timòteo *m.* Timothée
Tìndaro *m.* Tyndare
Tintorétto (il) *m.* le Tintoret
Tirèsia *m.* Tirésias
Tisbe *f.* Thisbé
Tisìfone *f.* Tisiphone
Titàno *m.* Titan
Tìtiro *m.* Tityre
Tìto *m.* Tite, Titus
Tiziàno *m.* Titien
Tobìa *m.* Tobie
Tolomèo *m.* Ptolémée
Tommàso *m.* Thomas
Traiàno *m.* Trajan
Triboniàno *m.* Tribonien
Trimalcióne *m.* Trimalcion
Trìssino (il) *m.* le Trissin
Tristàno *m.* Tristan
Tritóne *m.* Triton
Trivùlzio *m.* Trivulce
Truffaldìno *m.* Truffaldin
Tucìdide *m.* Thucydide
Tùllia *f.* Tullie, Tullia
Turòldo *m.* Théroulde
Tutankhàmon *m.* Toutânkhamon, Tout Ankh Amon

Ubèrto *m.* Hubert
Ùgo *m.* Hugues
Ugolìno *m.* Ugolin
Ulìsse *m.* Ulysse
Ulrìca *f.* Ulrique
Ulrìco *m.* Ulrich
Umbèrto *m.* Humbert
Urània *f.* Uranie
Uràno *m.* Uranus
Urbàno *m.* Urbain

Valènte *m.* Valens
Valentìna *f.* Valentine
Valentiniàno *m.* Valentinien
Valentìno *m.* Valentin
Valèria *f.* Valérie
Valeriàno *m.* Valérien
Valèrio *m.* Valère, Valérius, Valéry
Vànda *f.* Wanda
Vàro *m.* Varus
Varróne *m.* Varron
Venànzio *m.* Venantius
Venceslào *m.* Venceslas
Vènere *f.* Vénus
Vèra *f.* Véra
Vercingetòrige *m.* Vercingétorix
Vèro *m.* Vérus
Veronése *m.* Véronèse
Verònica *f.* Véronique
Vèrre *m.* Verrès
Vespasiàno *m.* Vespasien
Vèsta *f.* Vesta
Vetùria *f.* Véturie
Vincènzo *m.* Vincent
Violétta *f.* Violette
Virgìlio *m.* Virgile
Virgìnia *f.* Virginie
Virgìnio *m.* Virginius
Vìsnù *m.* Vishnu, Vichnou
Vitàle *m.* Vital
Vitèllio *m.* Vitellius
Vitìge *m.* Vitigès
Vìto *m.* Guy
Vitrùvio *m.* Vitruve
Vittóre *m.* Victor
Vittòria *f.* Victoire
Vittoriàno *m.* Victorien
Vittorìna *f.* Victorine
Vittorìno *m.* Victorin
Vittòrio *m.* Victor
Viviàna *f.* Viviane
Vladimìro *m.* Vladimir
Vladislào *m.* Vladislas
Volùmnia *f.* Volumnie
Vulcàno *m.* Vulcain

Wàlter *m.* Walter
Wànda *f.* Wanda

Zaccarìa *m.* Zacharie
Zacchèo *m.* Zachée
Zaìra *f.* Zaïre
Zaratùstra *m.* Zarathoustra
Zèffiro *m.* Zéphyr, Zéphire
Zefirìno *m.* Zéphyrin, Zéphirin
Zenòbia *f.* Zénobie
Zenóne *m.* Zénon
Zèto *m.* Zéthos
Zèus *m.* Zeus
Zèusi *m.* Zeuxis
Zòe *f.* Zoé
Zòilo *m.* Zoïle
Zoroàstro *m.* Zoroastre

NOMI PROPRI DI LUOGHI E ABITANTI CORRISPONDENTI

N.B. In italiano, i nomi di città sono sempre femminili.

Abrùzzi	Abruzzes	Abruzzese
Adriàtico, mare	Adriatique, mer *f.*	
Àdua	Adoua	
Afghànistan	Afghanistan	Afgano, Afghano
Àfrica	Afrique	Africano
Àfrica austràle	Afrique australe	
Agrigènto	Agrigente	Agrigentino
Àia, L'	Haye, La	
Aiàccio	Ajaccio	
Alàsca, Alàska	Alaska *m.*	
Albàni, colli	Albains, monts	
Albania	Albanie	Albanese
Àlbi	Albi	Albigese
Alessàndria	(Égypte) Alexandrie	Alessandrino
Alessàndria	(Italie) Alexandrie, Alessandria	
Aleutìne	Aléoutiennes, îles	
Algèri	Alger	Algerese
Algerìa	Algérie	Algerino
Alleghàni; Alleghèni, monti	Alleghanys, monts	
Àlpi:	Alpes:	
Marìttime, Còzie, Gràie, Pennine, Lepontìne, Rètiche, Càrniche, Giùlie	Maritimes, Cotiennes, Graies-et-Pennines, Pontiennes, Rhétiques, Carniques, Juliennes	
Àlpi Apuàne	Alpes Apuanes	
Alsàzia	Alsace	Alsaziano
Àlto Àdige	Haut-Adige	Altoatesino
Àlto Vòlta	Haut-Volta *f.*	
Alvèrnia	Auvergne	Alverniate
Amàlfi		Amalfitano
Amàzzoni, Rìo delle	Amazone *f.*	
Amazzònia	Amazonie	
Ambùrgo	Hambourg *m.*	Amburghese
Amèrica:	Amérique:	Americano
Amèrica Settentrionàle, Nordamèrica	Amérique du Nord	Nordamericano
Amèrica Centràle	Amérique Centrale	
Amèrica Meridionàle, Sudamèrica	Amérique du Sud	Sudamericano
Anatòlia	Anatolie	Anatolico
Ancóna	Ancône	Anconitano
Andalusìa	Andalousie	Andaluso
Ànde	Andes	
Andòrra	Andorre	Andorrano
Andòrra la Vella	Andorre-la-Vieille	
Angiò	Anjou	
Angòla	Angola	Angolese, Angolano
Antàrtico, mar Glaciàle	Antarctique, océan Glacial	
Antàrtide, Antàrtico	Antarctide, Antarctique	
Antille	Antilles	Antillano
Anvèrsa	Anvers *m.*	
Ànzio	Antium *m.*, Anzio *m.*	
Aòsta	Aoste	Aostano
Aòsta, Val d'	Aoste, Val d'	Valdostano
Appalàchi, Appalàci	Appalaches	
Appennino, Appennìni	Apennin, Apennins	
Àquila, L'		Aquilano
Aquilèia	Aquilée	
Aquisgràna	Aix-la-Chapelle	
Aquitània	Aquitaine	Aquitano
Aràbia	Arabie	Arabo
Aràbia Saudìta	Arabie Saudite	Saudita
Aragóna	Aragon *m.*	Aragonese
Ardènne	Ardennes	
Arèzzo		Aretino
Argentìna	Argentine	Argentino
Àrgo	Argos *m.*	Argivo
Argòlide	Argolide	Argivo
Argònne	Argonne	
Armènia	Arménie	Armeno
Armorica	Armorique	Armoricano

Àrtico, mar Glaciàle	Arctique, océan Glacial	
Àrtide	Arctique	
Ascensióne, isola dell'	Ascension, île de l'	
Àscoli Picèno		Ascolano
Àsia	Asie	Asiatico
Àssia	Hesse	
Assìsi	Assise	
Assuàn	Assouan	
Àsti		Astigiano
Astùrie	Asturies	Asturiano
Atène	Athènes	Ateniese
Atlànte	Atlas	
Atlàntico, oceano	Atlantique, océan	
Àttica	Attique	
Austràlia	Australie	Australiano
Àustria	Autriche	Austriaco
Avàna, L'	Havane, La	
Avellino		Avellinese
Aventìno	Aventin	
Avignóne	Avignon *m.*	Avignonese
Azerbajdžàn	Azerbaïdjan	Azerbaigiano
Azzòrre	Açores	
Bahàma	Bahamas	
Baióna	Bayonne	
Balcàni	Balkans	
Baleàri, isole	Baléares, îles	
Bàltico, mare	Baltique, mer *f.*	
Baltimóra	Baltimore *m.*	
Barbàdos	Barbade *sing.*	
Barcellóna	Barcelone	Barcellonese
Bardonécchia	Bardonnèche	
Bàri		Barese
Bàschi, Paèsi; Bàsche Provìncie	Basque, Pays; Basques Provinces	Basco
Basilèa	Bâle	
Basilicàta	Basilicate *m.*	Lucano
Bavièra	Bavière	Bavarese
Bèirut	Beyrouth *m.*	
Bèlgio	Belgique *f.*	Belga
Belgràdo	Belgrade	
Bellùno		Bellunese
Belucìstan	Baluchistân, Béloutchistan	
Benàres	Bénarès	
Benevènto	Bénévent *m.*	Beneventano
Bengàla	Bengale	Bengalese
Bengàsi	Benghazi *m.*	
Beòzia	Béotie	Beota
Berèsina	Bérézina	
Bèrgamo	Bergame	Bergamasco
Bèring, stretto di	Béring, détroit de	
Berlìno	Berlin *m.*	Berlinese
Bermùde	Bermudes	
Bèrna	Berne	Bernese
Bessaràbia	Bessarabie	
Betlèmme	Bethléem *m.*	
Bielorùssia, Rùssia biànca	Biélorussie	Bielorusso, Russo bianco
Birmània	Birmanie	Birmàno
Biscàglia	Biscaye	Biscaglino
Boèmia	Bohème	Boemo
Bogotà	Bogota	
Bolìvia	Bolivie	Boliviano
Bológna	Bologne	Bolognese
Bolzàno		Bolzanino, Bolzanese
Borgógna	Bourgogne	Borgognone
Bòrneo	Bornéo	
Borromée, isole	Borromées, îles	
Bòsforo	Bosphore	
Bòsnia	Bosnie	Bosniaco
Bòston		Bostoniano
Bòtnia	Botnie	
Brabànte	Brabant	Brabantino
Bragànza	Bragance	
Brahmapùtra	Brahmapoutre	

Brandebùrgo	Brandebourg	Brandeburghese
Brasìle	Brésil	Brasiliano
Brèma	Brême *m.*	
Brènnero	Brenner	
Bréscia		Bresciano
Bretàgna	Bretagne	Bretone
Brìga	Brigue, La	
Brìndisi		Brindisino
Bruxèlles	Bruxelles *m.*	
Bulgarìa	Bulgarie	Bulgaro
Buòna Sperànza, capo di	Bonne-Espérance, cap de	
Càdice	Cadix	Gaditano
Càgliari		Cagliaritano
Caiènna	Cayenne	
Càiro, Il	Caire, Le	Cairota
Calàbria	Calabre	Calabrese
Caledònia	Calédonie	
Califòrnia	Californie	Californiano
Caltanissétta		Nisseno
Calvàrio	Calvaire	
Cambògia	Cambodge *m.*	Cambogiano
Camciàtca	Kamchatka, Kamtchatka	
Càmerun	Cameroun	
Campània	Campanie	Campano
Campidòglio	Capitole, Capitolin	
Campobàsso		Campobassano
Cànada	Canada	Canadese
Canàrie	Canaries	
Càndia	Candie	Candioto, Candiotto
Cantàbrici, monti	Cantabriques, monts	
Cantèrbury	Cantorbéry *m.*	
Càpo, Città del	Cap, Le	
Càpo Vèrde, isole del	Cap-Vert, îles du	
Cappadòcia	Cappadoce	
Capràia, isola di	Capraja, île de	
Càpri		Caprese
Càpua	Capoue	Capuano
Caraìbi	Caraïbes	
Carcassóna	Carcassonne	
Carìddi	Charybde	
Carìnzia	Carinthie	Carinziano
Carolìna del Nord, del Sud	Caroline du Nord, du Sud	
Caroline, isole	Carolines, îles	
Carpàzi	Carpates, Karpates	
Carràra	Carrare	
Càrso	Karst	
Cartagèna	Cartagène	
Cartàgine	Carthage	Cartaginese
Casèrta	Caserte	Casertano
Càspio, mar	Caspienne, mer *f.*	
Castìglia	Castille	Castigliano
Catalógna	Catalogne	Catalano
Catània	Catane	Catanese
Catanzàro		Catanzarese
Càucaso	Caucase	Caucasico
Cecoslovàcchia	Tchécoslovaquie	Cecoslovacco
Cefalònia	Céphalonie	
Cèlio	Cælius	
Centrafricàna, Rep.	Centrafricaine, Rép.	
Cernàia	Tchernaïa	
Cervìno	Cervin	
Cevènne	Cévennes	
Cèylon, Sri Lànka	Ceylon, Lanka	Singalese
Chièti		Chietino
Ciàd	Tchad	
Cìcladi	Cyclades	
Cìle	Chili	Cileno
Cìna, Rep. popolàre di	Chine, Rép. populaire chinoise	Cinese
Cìpro	Chypre	Cipriota
Cisgiordània	Cisjordanie	
Coblènza	Coblence	
Cobùrgo	Coburg *m.*	
Cocincìna	Cochinchine	
Coìmbra	Coïmbre	
Còira	Coïre	
Colòmbia	Colombie	Colombiano
Colònia	Cologne	
Còmo	Come	Comasco, Comense
Còngo, Rep. popolàre del	Congo, Rép. populaire du	Congolese
Copenàghen	Copenhague	
Còrdova	Cordoue	Cordovano
Corèa:	Corée:	Coreano:
Corèa del Nord	Corée du Nord	Nordcoreano
Corèa del Sud	Corée du Sud	Sudcoreano
Corfù	Corfou	Corfioto
Corìnto	Corinthe	Corinzio
Cornovàglia	(France) Cornouaille	Cornovagliese
Cornovàglia	(Angleterre) Cornouailles *pl.*, Cornwall	
Còrsica	Corse	Corso
Corùña, La	Corogne, La	
Cosènza		Cosentino
Còsta Azzùrra	Côte d'Azur	
Còsta d'Avòrio	Côte d'Ivoire	Ivoriano
Costantìna	Constantine	
Costànza	Constance	
Còsta Rìca	Costa Rica	Costaricano
Cracòvia	Cracovie	
Cremóna	Crémone	Cremonese
Crèta	Crète	Cretese
Crimèa	Crimée	
Croàzia	Croatie	Croato
Cùba	Cuba	Cubano
Cùneo	Coni *m.*	Cuneese, Cuneense
Dalmàzia	Dalmatie *m.*	Dalmata
Damàsco	Dama *m.*	Damasceno
Danimàrca	Danemark *m.*	Danese
Danùbio	Danube	
Dànzica	Dantzig *m.*, Danzig *m.*	
Dardanèlli	Dardanelles	
Dèlfi	Delphes	
Delfinàto	Dauphiné	
Délhi, Nuòva	New Delhi *m.*	
Délo	Delos *m.*	
Digióne	Dijon	
Dodecanéso	Dodécanèse	
Dolomìti	Dolomites	
Dominicàna, Rep.	Dominicaine, Rép.	Dominicano
Dòra Bàltea, Ripària	Doire Baltée, Ripaire	
Dordógna	Dordogne	
Dóver	Douvres	
Dràva	Drave	
Drèsda	Dresde	
Dublìno	Dublin *m.*	
Èbridi, isole	Hébrides, îles	
Èbro	Ebre	
Ecuadòr	Equateur	Ecuadoriano
Edimbùrgo	Edimbourg *m.*	
Ègadi, isole	Égades, îles	
Egèo, mare	Egée, mer *f.*	
Egìna	Égine	Egineta
Egìtto	Egypte *f.*	Egiziano
Èlba	Elbe	
Èlba, isola d'	Elbe, île d'	
Emìlia	Emilie	Emiliano
Emiràti Àrabi Unìti	Émirats Arabes Unis	
Engadìna	Engadine	
Ènna		Ennese, Ennense
Eòlie, isole	Eoliennes, îles	Eolio
Epìro	Épire	Epirota
Ercolàno	Herculanum	
Eritrèa	Erythrée	Eritreo
Erzegòvina	Herzégovine	
Esquilìno	Esquilin	
Estònia	Estonie	Estone
Estremadùra	Extrémadure	
Estrèmo Oriènte	Extrême-Orient	
Etiòpia	Éthiopie	Etiope, Etiopico
Etòlia	Étolie	Etolo
Eubèa	Eubée	Eubeo
Eufràte	Euphrate	
Eugànei, colli	Euganéens, monts	
Euràsia	Eurasie	Eurasiatico, Eurasiano
Euròpa	Europe	Europeo
Faeröer, isole	Féroé, îles	
Famagósta	Famagouste	
Fàrsalo	Pharsale	
Ferràra	Ferrare	Ferrarese
Fiàndra, Fiàndre	Flandre, Flandres	Fiammingo
Fìgi	Fidji, Fiji, îles	
Filadèlfia	Philadelphie	
Filippìne	Philippines	Filippino
Finlàndia	Finlande	Finlandese, Finnico
Firènze	Florence	Fiorentino
Fiùme Azzùrro	Fleuve Bleu	
Fiùme Giàllo	Fleuve Jaune	
Flòrida	Floride	
Fòggia		Foggiano
Forèsta Néra	Forêt-Noire	
Forlì		Forlivese
Formósa	Formose	
Fornòvo	Fornoue	
Frànca Contèa	Franche-Comté	
Frància	France	Francese
Francofòrte (sul Meno)	Francfort (sur-le-Men)	

Fribùrgo	Fribourg	
Frìsia	Frise	Frisone
Frisóne, isole	Frisonnes, îles	
Friùli	Frioul	Friulano
Frosinóne		Frusinate
Fujiyàma	Fuji-Yama	
Gaboróne	Gaberones	
Gabòn	Gabon	Gabonese
Gaèta	Gaète	
Galilèa	Galilée	Galileo
Galìzia	(Pologne) Galicie	
Golìzia	(Espagne) Galice	
Gàlles	Galles, Pays de	Gallese
Gàmbia	Gambie	
Gàrda, lago di	Garde, lac de	
Garònna	Garonne	
Gènova	Gênes	Genovese
Geòrgia	Géorgie	Georgiano
Gèrba	Djerba	
Gèrico	Jéricho	
Germània:	Allemagne:	Tedesco:
Rep. federàle tedésca	Rép. fédérale allemande	Tedesco occidentale
Rep. democràtica tedésca	Rép. démocratique allemande	Tedesco orientale
Geróna	Gérone	
Gerusalèmme	Jérusalem	Gerosolimitano
Ghàna	Ghana	
Giacàrta	Djakarta	
Giàffa	Jaffa	
Giamàica	Jamaïque	Giamaicano
Gianìcolo	Janicule	
Giappóne	Japon	Giapponese
Giàva	Java	Giavanese
Gibiltèrra	Gibraltar	
Gibùti	Djibouti *m.*	
Ginèvra	Genève	Ginevrino
Giordània	Jordanie	Giordano
Giordàno	Jourdain	
Girónda	Gironde	
Giùba	Djouba	
Giùra	Jura	
Gorìzia		Goriziano
Grampiàni, monti	Grampians, monts	
Granàda	Grenade	
Gràn Bretàgna	Grande-Bretagne	Britannico
Gràn Paradìso	Grand Paradis	
Gràn San Bernàrdo, còlle del	Grand-Saint-Bernard	
Grècia	Grèce	Greco
Groenlàndia	Groenland *m.*	Groenlandese
Grossèto		Grossetano
Guadalùpa	Guadeloupe	
Guascógna	Gascogne	Guascone
Guatemàla	Guatémala	Guatemalteco
Guiàna	Guyana	
Guiàna francése	Guyane française	
Guinèa	Guinée	
Guinèa-Bissàu, Guinèa Equatoriàle	Guinée portugaise, Guinée-Bissau	
Guinèa Equatoriàle	Guinée Équatoriale	
Hàifa, Haifà	Haïfa, Haiffa	
Haìti	Haïti *m.* o *f.*	Haitiano
Hannóver	Hanovre *m.*	
Hawàii	Hawaï	Hawaiano
Highlànds	Hautes Terres	
Hondùras		Onduregno
Ibèrici, monti	Ibérique, cordillère *f.*	
Impèria		Imperiese
Ìndia	Inde	Indiano
Indiàno, oceano	Indien, océan	
Ìndo	Indus	
Indocìna	Indochine	Indocinese
Indonèsia	Indonésie	Indonesiano
Inghiltèrra	Angleterre	Inglese
Iònio, mare	Ionienne, mer *f.*	
Iràn	Iran	Iraniano
Iràq	Iraq	Iracheno
Irlànda	Irlande	Irlandese
Irlànda del Nord, Eire	Irlande du Nord, Eire	Irlandese
Ìschia		Ischiano
Isèrnia		Isernino
Islànda	Islande	Islandese
Israèle	Israël	Israeliano
Ìstria	Istrie	Istriano
Ìtaca	Ithaque	
Itàlia	Italie	Italiano
Iugoslàvia	Yougoslavie	Iugoslavo
Ivrèa	Ivrée	
Jenissèi	Ienisseï	

Kabùl	Kaboul	
Karakòrum	Karakoram, Qaraqoram	
Kartùm	Khartoum *m.*	
Kashmìr	Cachemire	
Katmandù	Katmandou	
Kazahstàn	Kazakhstan	
Kènia	Kenya	Keniota
Kirgizistàn	Kirghizie, Kirghizistan	Kirghiso
Kuwàit	Kuweit, Kuwait	
Lacònia	Laconie	
Lànde	Landes	
Laòs	Laos	Laotiano
Lappònia	Laponie	Lappone
Lateràno	Latran	
Latìna		Latinense
Làzio	Latium	Laziale
Lécce		Leccese
Lemàno (Làgo di Ginèvra)	Leman, lac	
Leningràdo	Leningrad *m.*	
Leóne, gólfo del	Lion, golfe du	
Lépanto	Lépante	
Lèsbo	Lesbos	Lesbico
Lettònia	Lettonie	Lettone
Libano	Liban	Libanese
Libèria	Libéria *m.*	Liberiano
Lìbia	Libye	Libico
Liègi	Liège	
Ligure, mar	Ligurienne, mer *f.*	
Ligùria	Ligurie	Ligure
Lilla	Lille	
Limosìno	Limous	Limosino
Linguadòca-Rossigliòne	Languedoc-Roussillon	
Lióne	Lyon *m.*	Lionese
Lionése	Lyonnais	
Lìpsia	Leipzig *m.*	
Lisbóna	Lisbonne	
Lituània	Lituanie	Lituano
Livórno	Livourne	Livornese
Lòcri	Locres	
Lòira	Loire	
Lombardìa	Lombardie	Lombardo
Lóndra	Londres	Londinese
Lorèna	Lorraine	Lorenese
Loréto	Lorette	
Losànna	Lausanne	
Lovànio	Louvain *m.*	
Lowlànds	Basses Terres	
Lubècca	Lubeck *m.*	
Lublìno	Lublin	
Lùcca	Lucques	Lucchese
Lucèrna	Lucerne	
Luisiàna	Louisiane	
Lussembùrgo	Luxembourg	Lussemburghese
Lussembùrgo	Luxembourg	
Lùxor	Louxor *m.*, Louksor *m.*, Louqsor *m.*	
Macedònia	Macédoine	Macedone
Maceràta		Maceratese
Madagascàr		Malgascio
Madèra	Madère	
Madrìd	Madrid	Madrileno
Magdebùrgo	Magdebourg	
Magellàno, stretto di	Magellan, détroit de	
Maggióre, lago	Majeur, lac	
Magónza	Mayence	
Maiòrca	Majorque	
Malàcca	Malaka	
Maldìve, isole	Maldives, îles	
Malèsia	Malaisie	Malese
Màlta	Malte	Maltese
Mància	Manche	
Manciùria	Mandchourie	Manciù, Mancese
Mànica, La	Manche, La	
Manìla	Manille	
Màntova	Mantoue	Mantovano
Maratóna	Marathon *m.*	
Màrche	Marches	Marchigiano
Marémma	Maremme	
Mariànne, isole	Mariannes, îles	
Marignàno	Marignan *m.*	
Màrna	Marne	
Maròcco	Maroc	Marocchino
Marsìglia	Marseille *m.*	Marsigliese
Martinìca	Martinique	Martinicano
Mascarène, isole	Mascareignes, îles	
Massàua	Massaoua	
Màssa Carràra		Massese, Massetano
Massìccio Centràle	Massif Central	

Matèra		Materano
Mauritània	Mauritanie	
Maurizio, isola	Maurice, île	
Mécca, La	Mecque, La	
Medìna	Médine	
Mèdio Orièntе	Moyen-Orient	
Mediterràneo, mar	Méditerranée, mer *f.*	
Melanésia	Mélanésie	Melanesiano
Mèno	Main	
Mentóne	Menton *m.*	Mentonese
Mesopotàmia	Mésopotamie	
Messènia	Messénie	
Méssico	Mexique	Messicano
Méssico, Città del	Mexico	
Messìna	Messine	Messinese
Metalliferi, monti	Metallifères, monts	
Metapónto	Métaponte	
Metàuro	Métaure	
Micronèsia	Micronésie	Micronesiano
Milàno	Milan *m.*	Milanese
Minòrca	Minorque	
Misèno, capo	Misène, cap	
Mòdena	Modène	Modenese
Mogadìscio	Mogadishu	
Moldàvia	Moldavie	Moldavo
Molìse	Molise *f.*	Molisano
Molùcche	Moluques	
Mònaco di Bavièra	Munich *m.*	Monachese
Mònaco, Principàto di	Monaco, Principauté *f.* de	Monegasco
Moncenìsio	Mont-Cenis	
Monferràto	Montferrat	
Monginèvro	Mont-Genèvre	
Mongòlia	Mongolie	Mongolo
Mónte Biànco	Mont Blanc	
Montecàrlo	Monte-Carlo *m.*	
Montecassìno	Mont Cassin	
Montenégro	Monténégro	Montenegrino
Mónte Ròsa	Mont Rose	
Moràvia	Moravie	Moravo
Mòrto, mar	Morte, mer *f.*	
Mòsa	Meuse	
Mósca	Moscou	Moscovita
Moscòva	Moskova	
Mosèlla	Moselle	
Mozambìco	Mozambique	
Mùrcia	Murcie	
Namìbia, Àfrica del Sud-Òvest	Namibie, Sud-Ouest Africain	
Nanchìno	Nankin, Nan-King *m.*	
Nàpoli	Naples *m.*	Napoletano
Navarìno	Navarin *m.*	
Navàrra	Navarre	Navarrese
Népal	Népal	Nepalese
Nèro, mar	Noire, mer *f.*	
Nevers		Nivernese
New Orleans	Nouvelle-Orléans, La	
Nuòva Yòrk, New York	New York	Nuovaiorchese
Niàssa, lago	Nyassa	
Nicaràgua	Nicaragua	Nicaraguese
Nicosìa	Nicosie	
Niger	Niger	Nigeriano
Nigèria	Nigéria *m. o f.*	Nigeriano
Nilo	Nil	
Nimèga	Nimègue	
Nivernése	Nivernais	
Nìzza	Nice *m.*	Nizzardo
Nord, mare del	Nord, mer du *f.*	
Nordàfrica	Afrique du Nord	Nordafricano
Norimbèrga	Nuremberg *m.*	Norimberghese
Normandìa	Normandie (-Haute), Normandie (Basse-)	Normanno
Norvègia	Norvège	Norvegese
Novàra	Novare	Novarese
Nùoro		Nuorese
Nuòva Caledònia	Nouvelle-Calédonie	Neocaledone
Nuòva Irlànda	Nouvelle-Irlande	
Nuòva Zelànda	Nouvelle-Zélande	Neozelandese
Nuòva Zèmbla, Nuòva Terra	Nouvelle-Zemble	
Nuòve Èbridi	Nouvelles-Hébrides	
Nuòvo Mèssico, New Mèssico	Nouveau-Mexique	
Oceània	Océanie	Oceaniano
Olànda	Hollande	Olandese
Olìmpia	Olympie	
Olìmpo	Olympe	
Omàn	Oman	
Oràno	Oran	
Òrcadi, isole	Orcades, îles	
Orinòco	Orénoque	

Oristàno		Oristanese
Orleanése	Orléanais	Orleanese
Ostènda	Ostende	
Òstia	Ostie	
Òtranto	Otrante	
Pacìfico, oceano	Pacifique, océan	
Padàna, pianura	Plane du Pô	
Pàdova	Padoue	Padovano
Paèsi Bàssi	Pays-Bas	Olandese
Pàkistan	Pâkistân	Pachistano
Palatìno	Palatin	
Palèrmo	Palerme	Palermitano
Palestìna	Palestine	Palestinese
Palinùro, capo	Palinure, cap	
Pamplóna	Pampelune	
Pànama	Panamá	Panamense, Panamegno
Pàn di Zùcchero	Pain de Sucre	
Pàpua Nuòva Guinèa	Nouvelle-Guinée	
Papuàsia	Papouasie	Papuano
Paraguày	Paraguay	Paraguaiano
Parìgi	Paris	Parigino
Parigìna, regione	Parisienne, région	
Pàrma	Parme	Parmense, Parmigiano
Parnàso	Parnasse	
Pàsqua, Isola di	Pâques, Île de	
Patagònia	Patagonie	Patagone
Patràsso	Patras	
Pavìa	Pavie	Pavese
Pechìno	Pékin	Pechinese
Pelàgie, isole	Pélagies, îles	
Peloponnéso	Péloponnèse	Peloponnesiaco
Pennsylvània	Pennsylvanie	
Pernambùco	Pernambouc	
Perpignàno	Perpignan	
Pèrsico, golfo	Persique, golfe	
Perù	Pérou	Peruviano
Perùgia	Pérouse	Perugino
Pésaro		Pesarese
Pescàra		Pescarese
Piacènza	Plaisance	Piacentino
Piccardìa	Picardie	Piccardo
Pìccolo San Bernàrdo, colle del	Petit-Saint-Bernard	
Picèno	Picenum	
Piemónte	Piémont	Piemontese
Pìndo	Pinde	
Pineròlo	Pignerol	
Pirenèi	Pyrénées *f.*	Pirenaico
Pirèo, Il	Pirée, Le	
Pìsa	Pise	Pisano
Pistóia		Pistoiese
Po	Pô	
Pòla	Pula	
Polèsine	Polésine	
Polinèsia	Polynésie	Polinesiano
Polònia	Pologne	Polacco
Pomerània	Poméranie	Pomerano
Pompèi	Pompéi	Pompeiano
Pontine, ìsole	Pontines, îles	
Pontine, paludi	Marais *m.* Pontins	
Pónto	Pont	
Populònia	Populonie	
Pordenóne		Pordenonese
Portogàllo	Portugal	Portoghese
Portorico	Porto Rico	Portoricano
Pòrto Sàid	Port-Saïd	
Posillipo	Pausilippe *f.*	
Potènza		Potentino
Pozzuòli	Pouzzoles	
Pràga	Prague	
Preàlpi	Préalpes	
Prenèste	Préneste	
Pretòria	Prétoria	
Provènza - Còsta Azzùrra	Provence - Côte d'Azur	Provenzale
Prùssia	Prusse	Prussiano
Pùglia	Pouille, Pouilles *pl.*	Pugliese
Qatàr	Qatar, Katar	
Quàttro Cantóni, lago dei	Quatre-Cantons, lac des	
Quirinàle	Quirinal	
Ragùsa	Raguse	Ragusano
Ratisbóna	Ratisbonne	
Ravènna	Ravenne	Ravennate
Réggio Calàbria	Reggio de Calabre	Reggino
Réggio Emìlia	Reggio d'Émile	Reggiano
Renània	Rhénanie	Renano
Rèno	Rhin	Renano

Rièti		Reatino
Riunióne, isola della	Réunion, île de la	
Rocciòse, Montàgne	Rocheuses, montagnes	
Ròdano	Rhône	
Rodèsia, Rhodèsia	Rhodésie	
Ròdi	Rhodes	Rodiese, Rodiota
Róma	Rome	Romano
Romàgna	Romagne	Romagnolo
Romanìa	Roumanie	Romeno, Rumeno
Roncisvàlle	Roncevaux	
Rossiglióne	Roussillon	
Rósso, mar	Rouge, mer *f.*	
Rovigo		Rodigino, Rovigotto
Ruànda	Rouanda, Ruanda, Rwanda	
Rubicóne	Rubicon	
Rùssia	Russie	Russo
Sàar	Sarre	
Sabìni, monti	Sabins, monts	
Sagùnto	Sagonte	
Salamànca	Salamanque	
Salèrno	Salerne	Salernitano
Salisbùrgo	Salzbourg	
Salonìcco	Salonique	
Salùzzo	Saluces	
Samarcànda	Samarkanda	
Sàmo	Samos	
Samotràcia	Samothrace	
San Gàllo	Saint-Gall	
San Gottàrdo	Saint-Gothard	
San Marìno	Saint-Marin	Sammarinese
San Quintìno	Saint Quentin	
San Sebastiàno	Saint-Sébastien	
Sant'Èlena	Sainte-Hélène	
Santiàgo di Compostèlla	Saint-Jacques de Compostelle	
Sànto Domìngo	Saint-Domingue *m.*	
Saóna	Saône	
Saragózza	Saragosse	
Sardégna	Sardaigne	Sardo
Sargàssi, mar dei	Sargasses, mer *f.* des	
Sàssari		Sassarese
Sassònia	Saxe	Sassone
Sàva	Save	
Savòia	Savoie	Savoiardo
Savóna	Savone	Savonese
Scandinàvia	Scandinavie	Scandinavo
Sciaffùsa	Schaffhouse	
Sciangài, Shangài	Chang-Hai, Shanghai	
Scìlla	Scylla	
Scòzia	Écosse	Scozzese
Sebastòpoli	Sébastopol	
Segòvia	Ségovie	
Seicèlle, Seychelles isole	Seychelles, îles	
Sempióne	Simplon	
Sénegal	Sénégal	Senegalese
Sènna	Seine	
Sèrbia	Serbie	Serbo
Sestrière	Sestrières	
Seùl	Séoul	
Sibèria	Sibérie	Siberiano
Sicìlia	Sicile	Siciliano
Sièna	Sienne	Senese
Sìnai	Sinaï	
Singapóre	Singapour *m.*	
Siracùsa	Syracuse	Siracusano
Sìria	Syrie	Siriano
Sivìglia	Séville	Sivigliano
Slavònia	Slavonie	Slavone
Slèsia	Silésie	Slesiano
Slovàcchia	Slovaquie	Slovacco
Slovènia	Slovénie	Sloveno
Smìrne	Smyrne	Smirniota
Somàlia	Somalie	Somalo
Sónda, isole della	Sonde, îles de la	
Sóndrio		Sondriese
Sorrènto	Sorrente	
Spàgna	Espagne	Spagnolo
Spèzia, La		Spezzino
Spìra	Spire	
Splùga	Splugen	
Spoléto	Spolète	
Spòradi	Sporades	
Stàti Unìti	États-Unis	Statunitense
Stettìno	Stettin *m.*	
Stoccàrda	Stuttgart *m.*	
Stoccólma	Stockholm *m.*	
Strasbùrgo	Strasbourg *m.*	
Strofadi	Strophades	
Sudafricàna, Rep.	Sud-Adricaine, Rép. (Afrique du Sud)	Sudafricano
Sùdan	Soudan	Sudanese

Sudèti, monti	Sudètes monts	
Sùez	Suez *m.*	
Surinàme	Surinam	
Sùsa	Suse	
Svèzia	Suède	Svedese
Svìzzera	Suisse	Svizzero
Tàbor, monte	Thabor, mont	
Tadzìkistan	Tadjikistan	
Tàgo	Tage	
Taiwàn (Rep. Nazionale Cinese)	Taiwan	
Thailàndia	Thailande	Tailandese
Tahìti	Thaiti	Tahitiano
Tamìgi	Tamise *f.*	
Tanganica	Tanganyka	
Tàngeri	Tanger *m.*	
Tanzània	Tanzanie	
Tarantàsia	Tarentaise	
Tàranto	Tarente	Tarantino, Tarentino
Tarascóna	Tarascon *m.*	Tarasconese
Tarquìnia	Tarquinies	
Tarragóna	Tarragone	Tarragonese
Tarvìsio	Tarvis	
Tàuro	Taurus	
Tehéran	Téhéran *m.*	
Ténda, colle di	Tende, col de	
Tèramo		Teramano
Tèrni		Ternano
Termòpili	Thermopyles	
Terracìna	Terracine	
Tèrra del Fuòco	Terre de Feu	Fuegino
Terranòva	Terre-Neuve	
Tessàglia	Thessalie	Tessalo
Tessalònica	Thessalonique	Tessalonicese
Tévere	Tibre	
Tèxas	Texas	Texano
Tiberìade	Tibériade	
Tibet	Tibet	Tibetano
Ticìno	Tessin	Ticinese
Tìgri	Tigre	
Timbuctù	Tombouctou	
Tiròlo	Tyrol	Tirolese
Tirrèno, mar	Tyrrhénienne, mer	
Tòbruk	Tobrouk *m.*	
Tògo	Togo	Togolese
Tòkio	Tokyo	Edochiano
Tolédo	Tolède	Toledano
Tolóne	Toulon	Tolonese
Tolósa	Toulouse *m.*	Tolosano
Tonchìno	Tonkin	Tonchinese
Torìno	Turin	Torinese
Toscàna	Toscane	Toscano
Transcaucàsia	Transcaucasie	
Transgiordània	Transjordanie	
Transilvània	Transylvanie	Transilvano
Tràpani		Trapanese
Trasimèno, lago	Trasimène, lac	
Trastévere	Transtévère	
Trèbbia	Trébie *f.*	
Trentìno	Trentin	Trentino
Trènto	Trente	Trentino
Trevìri	Trèves	
Trevìso	Trévise	Trevigiano, Trevisano
Trièste		Triestino
Trìnidad	Trinité	
Trìpoli	Tripoli *m.*	Tripolitano
Tripolitània	Tripolitaine	Tripolitano
Tròia	Troie	Troiano
Tubìnga	Tübingen	
Tùnisi	Tunis *m.*	Tunisino
Tunisìa	Tunisie	Tunisino
Turchìa	Turquie	Turco
Turènna	Touraine	
Turìngia	Thuringe	Turingio
Turkmènistan, Turkmènia	Turkménistan, Türkmenistân, Türkménie	Turkmeno
Ucràina	Ukraine	Ucraino
Ùdine		Udinese
Ugànda	Ouganda	Ugandese
Ulàn-Batòr	Oulan-Bator	
Ùmbria	Ombrie	Umbro
Ungherìa	Hongrie	Ungherese
Uràli, mònti	Oural, monts	Uralico
Urbìno	Urbin	Urbinate
Uruguày	Uruguay	Uruguaiano
Usbèchistan	Ouzbekistân	Usbeco
Ùtica	Utique	
Valàcchia	Valachie	

Valènza	Valence	
Vallétta, La	Valette, La	
Valtellìna	Valteline	Valtellinese
Vandèa	Vendée	Vandeano
Varése	Varèse	Varesino, Varesotto
Varsàvia	Varsovie	
Vaticàno, Città del	Vatican, Cité du	
Vèneto	Vénétie *f.*	Veneto
Venèzia	Venise	Veneziano
Venèzia Giùlia	Vénétie Julienne	Giuliano
Venezuèla	Venezuela	Venezuelano, Venezolano
Ventimìglia	Vintimille	
Vercèlli	Verceil *m.*	Vercellese
Vèrgini, isole	Vierges, îles	
Veróna	Vérone	Veronese
Vestfàlia	Westphalie	
Vesùvio	Vésuve	
Vicènza	Vicence	Vicentino
Vicìno Orièente	Proche-Orient	
Viènna	Vienne	Viennese
Viètnam	Viêt-nam	Vietnamita
Villafrànca	Villefranche	
Viminàle	Viminal	

Virgìnia, West Virgìnia	Virginie, Virginie Occidentale	Virginiano
Vìstola	Vistule	
Vitèrbo	Viterbe	Viterbese
Vittòria, lago	Victoire, lac	
Vòlga	Volga *f.*	
Vòsgi	Vosges	
Xanto	Xanthi	
Yèmen	Yémen	Yemenita
Yèmen, Rep. democràtica popolàre	Yémen du Sud, Sud-Yémen	
Zacìnto	Zante	
Zagàbria	Zagreb	
Zaìre	Zaïre	
Zambèsi	Zambèze	
Zàmbia	Zambie	
Zànzibar	Zanzibar *m.*	Zanzibarino
Zelànda	Zélande	Zelandese
Zurìgo	Zurich *m.*	Zurighese

NOMI D'ABITANTI E LUOGHI CORRISPONDENTI

Abruzzése	Abruzzain	Abruzzi
Afgàno, Afghàno	Afghan	Afghanistan
Africàno	Africain	Africa
Agrigentìno	Agrigentin	Agrigento
Albanése	Albanais	Albania
Albigése	Albigeois	Albi
Alessandrìno	Alexandrin	(Egitto) Alessandria
Algerése	Algérois	Algeri
Algerìno	Algérien	Algeria
Alsaziàno	Alsacien	Alsazia
Altoatesìno		Alto Adige
Alverniàte	Auvergnat	Alvernia
Amalfitàno	Amalfitain	Amalfi
Amburghése	Hambourgeois	Amburgo
Americàno	Américain	America
Anatòlico		Anatolia
Anconitàno	Anconitain	Ancona
Andalùso	Andalou	Andalusia
Andorràno	Andorran	Andorra
Angolése, Angolàno	Angolan, Angolais	Angola
Annamìta	Annamite	Annam
Antillàno	Antillais	Antille
Aostàno	Valdotain	Aosta
Aquilàno		Aquila, L'
Aquitàno	Aquitain	Aquitania
Àrabo	Arabe	Arabia
Aragonése	Aragonais	Aragona
Aretìno	Arétin	Arezzo
Argentìno	Argentin	Argentina
Argìvo	Argien	1 (città) Argos 2 (regione) Argolide
Armèno	Arménien	Armenia
Armoricàno	Armoricain	Armorica
Ascolàno		Ascoli Piceno
Asiàtico	Asiatique	Asia
Astigiàno		Asti
Asturiàno	Asturien	Asturie
Ateniése	Athénien	Atene
Australiàno	Australien	Australia
Austrìaco	Autrichien	Austria
Avellinése		Avellino
Avignonése	Avignonnais	Avignone
Azerbaigiano		Azerbajdžan
Barcellonése	Barcelonais	Barcellona
Barése		Bari
Bàsco	Basque	Baschi, Paesi; Basche, Provincie
Bavarése	Bavarois	Baviera
Bèlga	Belge	Belgio
Bellunése		Belluno
Beneventàno	Bénéventin	Benevento
Bengalése	Bengali	Bengala
Beòta	Béotien	Beozia
Bergamàsco	Bergamasque	Bergamo
Berlinése	Berlinois	Berlino
Bernése	Bernois	Berna
Bielorùsso, Russo bianco	Biélorusse, Russe blanc	Bielorussia, Russia Bianca
Birmàno	Birman	Birmania
Biscaglìno	Biscaïen	Biscaglia
Boèmo	Bohémien	Boemia
Boliviàno	Bolivien	Bolivia
Bolognése	Bolonais	Bologna
Bolzanìno, Bolzanése		Bolzano
Borgognóne	Bourguignon	Borgogna
Bosnìaco	Bosniaque, Bosnien	Bosnia
Bostoniàno	Bostonien	Boston
Brabantino	Brabançon	Brabante
Brandeburghése	Brandebourgeois	Brandeburgo
Brasiliàno	Brésilien	Brasile
Bresciàno		Brescia
Brétone	Breton	Bretagna
Brindìsino		Brindisi
Britànnico	Britannique	Gran Bretagna; Regno Unito
Bùlgaro	Bulgare	Bulgaria

Cagliaritàno		Cagliari
Cairòta	Cairote	Cairo, Il
Calabrese	Calabrais	Calabria
Californiàno	Californien	California
Cambogiàno	Cambodgien	Cambogia
Campàno	Campanien	Campania
Campobassàno		Campobasso
Canadése	Canadien	Cànada
Candiòto, Candiòtto	Candiote	Candia
Caprése	Capriote	Capri
Capuàno	Capouan	Capua
Carinziàno	Carinthien	Carinzia
Cartaginése	Carthaginois	Cartagine
Casertàno		Caserta
Castigliàno	Castillan	Castiglia
Catalàno	Catalan	Catalogna
Catanése	Catanais	Catania
Catanzarése		Catanzaro
Caucàsico	Caucasien	Caucaso
Cecoslovàcco	Tchécoslovaque	Cecoslovacchia
Chietìno		Chieti
Cilèno	Chilien	Cile
Cinése	Chinois	Cina
Cipriòta	Chypriote, Cypriote	Cipro
Colombiàno	Colombien	Colombia
Comàsco, Comènse	Cômasque, Cômien	Como
Congolése	Congolais	Congo, Rep. popolare del
Cordovàno	Cordouan	Cordova
Coreàno	Coréen	Corea
Corfiòto	Corfiote	Corfù
Corìnzio	Corinthien	Corinto
Cornovagliése	Cornouaillais	Cornovaglia
Còrso	Corse	Corsica
Cosentìno		Cosenza
Costaricàno	Costaricien	Costa Rica
Cremonése		Cremona
Cretése	Crétois	Creta
Croàto	Croate	Croazia
Cubàno	Cubain	Cuba
Cunéese, Cuneènse		Cuneo
Dàlmata	Dalmate	Dalmazia
Damascèno	Damascène	Damasco
Danése	Danois	Danimarca
Dominicàno	Dominicain	Dominicana, Rep.
Ecuadoriàno	Équatorien	Ecuador
Edochiàno		Tokyo
Eginèta	Éginète	Egina
Egiziàno	Égyptien	Egitto
Emiliàno	Émilien	Emilia
Ennése, Ennènse		Enna
Eòlio	Éolien	Eolie, isole
Epiròta	Epirote	Epiro
Eritrèo	Érythréen	Eritrea
Èstóne	Estonien	Estonia
Etìope, Etiòpico	Éthiopien	Etiopia
Etòlo	Etolien	Etolia
Eubèo	Eubéen	Eubea
Eurasiàtico, Eurasiàno	Eurasien	Eurasia
Europèo	Européen	Europa
Ferrarése	Ferrarais	Ferrara
Fiammìngo	Flamand	Fiandra
Filippìno	Philippin	Filippine
Finlandése, Fìnnico	Finlandais, Finnois	Finlandia
Fiorentìno	Florentin	Firenze
Foggiàno		Foggia
Forlivése		Forli
Francése	Français	Francia
Francóne	Franconien	Franconia
Frisone	Frison	Frisia
Friulàno	Frioulan	Friuli
Frusinàte		Frosinone
Fuegìno	Fuégien	Terra del Fuoco

Gabonése	Gabonais	Gabon
Gaditàno	Gaditan	Cadice
Galilèo	Galiléen	Galilea
Gallése	Gallois	Galles
Genovése	Génois	Genova
Georgiàno	Géorgien	Georgia
Gerosolimitàno	Hiérosolymitain	Gerusalemme
Giamaicàno	Jamaïquain	Giamaica
Giapponése	Japonais	Giappone
Giavanése	Javanais	Giava
Ginevrìno	Genevois	Ginevra
Giordàno	Jordanien	Giordania
Giuliàno	Julien	Venezia Giulia
Goriziàno		Gorizia
Grèco	Grec	Grecia
Groenlandése	Groenlandais	Groenlandia
Grossetàno		Grosseto
Guascóne	Gascon	Guascogna
Guatemaltèco	Guatémalien, Guatémaltèque	Guatemala
Haitiàno	Haïtien	Haiti
Hawaiàno	Hawaïen	Hawai
Imperiése		Imperia
Indiàno	Indien	India
Indocinése	Indochinois	Indocina
Indonesiàno	Indonésien	Indonesia
Inglése	Anglais	Inghilterra
Irachéno	Irakien, Iraquien	Iràq
Iraniàno	Iranien	Iràn
Irlandése	Irlandais	Irlanda del Nord, Eire
Ischiàno		Ischia
Isernìno		Isernia
Islandése	Islandais	Islanda
Israeliàno	Israélien	Israele
Istriàno	Istrien	Istria
Italiàno	Italien	Italia
Iugoslàvo	Yougoslave	Iugoslavia
Ivoriàno	Ivoirien	Costa d'Avorio
Keniòta	Keniote	Kenia
Kirghìso		Kirgizistan
Laotiàno	Laotien	Laos
Làppone	Lapon	Lapponia
Latinènse		Latina
Laziàle	Latin	Lazio
Leccése		Lecce
Lèsbico	Lesbien	Lesbia
Lèttone	Latvien, Letton	Lettonia
Libanése	Libanais	Libano
Liberiàno	Libérien	Liberia
Lìbico	Libyen	Libia
Ligure	Ligurien	Liguria
Limosìno	Limousin	Limosino
Lionése	Lyonnais	Lione
Lituàno	Lituanien	Lituania
Livornése	Livournien	Livorno
Lombàrdo	Lombard	Lombardia
Londinése	Londonien	Londra
Lorenése	Lorrain	Lorena
Lucàno	Lucanien	Basilicata
Lucchése	Lucquois	Lucca
Lussemburghése	Luxembourgeois	Lussemburgo
Macèdone	Macédonien	Macedonia
Maceratése		Macerata
Madrilèno	Madrilène	Madrid
Magiàro	Magyar	Ungheria
Malése	Malais	Malesia
Malgàscio	Malgache	Madagascar
Maltése	Maltais	Malta
Manciù, Mancése	Mandchou	Manciuria
Mantovàno	Mantouan	Mantova
Marchigiàno		Marche
Marocchìno	Marocain	Marocco
Marsigliése	Marseillais	Marsiglia
Martinicàno	Martiniquais	Martinica
Massése, Massetàno		Massa Carrara
Materàno		Matera
Melanesiàno	Mélanésien	Melanesia
Mentonése	Mentonnais	Mentone
Messicàno	Mexicain	Messico
Messinése		Messina
Micronesiàno	Micronésien	Micronesia
Milanése	Milanais	Milano
Modenése	Modénais	Modena
Moldàvo	Moldave	Moldavia
Molisàno		Molise
Monachése	Munichois	Monaco di Baviera
Monegàsco	Monégasque	Monaco, Principato di

Móngolo	Mongol	Mongolia
Montenegrìno	Monténégrin	Montenegro
Moràvo	Morave	Moravia
Moscovìta	Moscovite	Mosca
Napoletàno	Napolitain	Napoli
Navarrése	Navarrais	Navarra
Neocalèdone	Néo-Calédonien	Nuova Caledonia
Neozelandése	Néo-Zélandais	Nuova Zelanda
Nepalése	Népalais	Nepal
Nicaraguése	Nicaraguayen	Nicaragua
Nigeriàno	1 (del Niger) Nigérien 2 (della Nigeria) Nigérian	Niger, Nigeria
Nilòtico		Valle del Nilo
Nissèno		Caltanissetta
Nivernése	Nivernais	Nevers
Nizzàrdo	Niçois	Nizza
Norimberghése	Nurembergeois	Norimberga
Nordafricàno	Nord-Africain	Nordafrica
Nordamericàno	Nord-Américain, Américain du Nord	Nordamerica, America Settentrionale
Nordcoreàno	Nord-Coréen	Corea del Nord
Normànno	Normand	Normandia
Norvegése	Norvegien	Norvegia
Novarése	Novarois	Novara
Nuorése		Nuoro
Nuovaiorchése	New-Yorkais	Nuova York, New York
Oceaniàno	Océanien	Oceania
Olandése	Hollandais, Néerlandais	Olanda, Paesi Bassi
Ondurègno	Hondurien	Honduras
Oristanése		Oristano
Orleanése	Orléanais	Orléans
Pachistàno	Pakistanais	Pakistan
Padovàno	Padouan	Padova
Palermitàno	Palermitain	Palermo
Palestinése	Palestinien	Palestina
Panamènse, Panamégno	Panamien	Panama
Papuàno	Papou	Papuasia
Paraguaiàno	Paraguayen	Paraguay
Parigìno	Parisien	Parigi
Parmènse, Parmigiàno	Parmesan	Parma
Patagóne	Patagon	Patagonia
Pavése	Pavesan	Pavia
Pechinése	Pékinois	Pechino
Peloponnesìaco	Péloponnésien	Peloponneso
Perugìno	Pérousin, Pérugin	Perugia
Peruviàno	Péruvien	Perù
Pesarése		Pesaro
Pescarése		Pescara
Piacentìno	Placentin	Piacenza
Piccàrdo	Picard	Piccardia
Piemontése	Piémontais	Piemonte
Pirenàico	Pyrénéen	Pirenei
Pisàno	Pisan	Pisa
Pistoiése		Pistoia
Polàcco	Polonais	Polonia
Polinesiàno	Polynésien	Polinesia
Pomeràno	Poméranien	Pomerania
Pompeiàno	Pompéien	Pompei
Pordenonése		Pordenone
Portoghése	Portugais	Portogallo
Portoricàno	Portoricain	Porto Rico
Potentìno		Potenza
Provenzàle	Provençal	Provenza
Prussiàno	Prussien	Prussia
Pugliése		Puglia
Ragusàno	Ragusain	Ragusa
Ravennàte	Ravennate	Ravenna
Reatìno		Rieti
Reggiàno	Reggien	Reggio Emilia
Reggìno	Reggien	Reggio Calabria
Renàno	Rhénan	1 (fiume) Reno 2 (regione) Renania
Rodiése, Rodiòta	Rhodien	Rodi
Rodigìno, Rovigòtto		Rovigo
Romagnòlo	Romagnol	Romagna
Romàno	Romain	Roma
Roméno, Ruméno	Roumain	Romania
Rùsso	Russe	Russia
Salernitàno	Salernitain	Salerno
Sammarinése		San Marino
Sannìta	Samnite	Sannio
Sàrdo	Sarde	Sardegna
Sassarése		Sassari
Sàssone	Saxon	Sassonia

Saudìta	Arabe	Arabia Saudita
Savoiàrdo	Savoisien, Savoyard	Savoia
Savonése		Savona
Scandìnavo	Scandinave	Scandinavia
Scozzése	Écossais	Scozia
Senegalése	Sénégalais	Senegal
Senése	Siennois	Siena
Sèrbo	Serbe	Serbia
Siberiàno	Sibérien	Siberia
Siciliàno	Sicilien	Sicilia
Singalése	Ceylanais, Cingalais	Ceylon
Siracusàno	Syracusain	Siracusa
Siriàno	Syrien	Siria
Sivigliàno	Sévillan	Siviglia
Slesiàno	Silésien	Slesia
Slovàcco	Slovaque	Slovacchia
Slovèno	Slovène	Slovenia
Smirniòta	Smyrnéen, Smyrniote	Smirne
Sòmalo	Somali	Somalia
Sondriése		Sondrio
Soviètico	Soviétique	U.R.S.S.
Spagnòlo	Espagnol	Spagna
Spezzìno		Spezia La
Statunitènse	Etatsunien	Stati Uniti
Sudafricàno	Sud-Àfricain	Sudafricana, Rep.
Sudamericàno	Sud-Américain, Américain du Sud	Sudamerica, America Medirionale
Sudanése	Soudanais, Soudanien	Sudan
Sudcoreàno	Sud-Coréen	Corea del Sud
Svedése	Suédois	Svezia
Svìzzero	Suisse	Svizzera
Tahitiàno	Tahitien	Taiti
Tailandése	Thaïlandais	Tailandia
Tarantìno, Tarentìno	Tarentin	Taranto
Tarasconése	Tarasconnais	Tarascona
Tarragonése	Tarragonais	Tarragona
Tedésco:	Allemand:	Germania:
Tedésco occidentàle	Ouest-Allemand	Rep. federale ted.
Tedésco orientàle	Est-Allemand	Rep. democratica ted.
Teramàno		Teramo
Ternàno		Terni
Tèssalo	Thessalien	Tessaglia
Tessalonicése	Thessalonicien	Tessalonica
Texàno	Texan	Texas
Tibetàno	Tibétain	Tibet
Tirolése	Tyrolien	Tirolo
Togolése	Togolais	Togo
Toledàno	Tolédan	Toledo
Tolonése	Toulonnais	Tolone
Tolosàno	Toulousan	Tolosa
Tonchinése	Tonkinois	Tonchino
Torinése	Turinois	Torino
Toscàno	Toscan	Toscana
Transilvàno	Transylvanien	Transilvania
Trapanése		Trapani
Trentìno	Trentin	1 (città) Trento 2 (regione) Trentino
Trevigiàno, Trevisàno	Trévisan	Treviso
Triestìno	Triestin	Trieste
Tripolino	Tripolitain	Tripoli
Tripolitàno	Tripolitain	Tripolitania
Troiàno	Troyen	Troia
Tunisino	Tunisien	1 (città) Tunisi 2 (nazione) Tunisia
Tùrco	Turc	Turchia
Turìngio	Thuringien	Turingia
Turkmèno	Turkmène	Turkmenia, Turkmenistan
Ucràino	Ukrainien	Ucraina
Udinése		Udine
Ugandése	Ougandais	Uganda
Ùmbro	Ombrien	Umbria
Ungherése	Hongrois	Ungheria
Uràlico	Ouralien	Urali
Urbinàte	Urbinate	Urbino
Uraguaiàno	Uruguayen	Uruguay
Usbéco	Ousbek, Ousbeg	Usbekistan
Valdostàno	Valdotain	Aosta, Val d'
Valtellinése	Valtelin	Valtellina
Vandeàno	Vendéen	Vandea
Varesìno, Varesòtto	Varésan	Varese
Vèneto	Vénète	Veneto
Veneziàno	Vénitien	Venezia
Venezuelàno, Venezolàno	Vénézuélien	Venezuela
Vercellése		Vercelli
Veronése	Véronais	Verona
Vicentìno	Vicentin	Vicenza
Viennése	Viennois	Vienna
Vietnamita	Vietnamien	Vietnam
Viterbése	Veterbien	Viterbo
Yemenita	Yéménite	Yemen
Zanzibarìno	Zanzibarite	Zanzibar
Zelandése	Zélandais	Zelanda
Zurighése	Zurichois	Zurigo

PRINCIPALI SIGLE E ABBREVIAZIONI ITALIANE

AA, Alto Adige
A.A.I., Associazione Artistica Internazionale
A.A.P.I., Associazione Aziende Pubblicitarie Italiane
A.A.P.S.O., Organizzazione per la Solidarietà dei Popoli Afro-Asiatici
A.A.S., Azienda Autonoma di Soggiorno
A.A.S.T., Azienda Autonoma di Soggiorno e Turismo
A.B.I., Associazione Bancaria Italiana
A.C., Azione Cattolica
A.C.C., Alta Corte Costituzionale
A.C. di G., Alta Corte di Giustizia
A.C.I., 1 Automobile Club d'Italia 2 Azione Cattolica Italiana 3 Associazione Cartografica Internazionale 4 Aero Club d'Italia 5 Associazione Culturale Italiana
A.C.I.S., Alto Commissariato per l'Igiene e la Sanità
A.C.L.I., Associazioni Cristiane dei Lavoratori Italiani
ACPOL, Associazione di Cultura Politica
A.C.R.I., Associazione fra le Casse di Risparmio Italiane.
A.D., (*lat.*) nell'Anno del Signore
A.D.E.S.S.P.I., Associazione Difesa e Sviluppo della Scuola Pubblica Italiana.
A.D.I.C.O.R., Associazione Difesa Consumatori e Risparmiatori
A.D.N., Acido Deossiribonucleico, DNA
A.D.V.S., Associazione Donatori Volontari del Sangue
A.E.C., Commissione per l'Energia Atomica
AeCI, Aero Club Italiano
AEDA, Autori Editori Associati
A.E.I., Associazione Elettrotecnica ed Elettronica Italiana
A.E.I.A., Agenzia Espressi Internazionali Aerei
A.E.P., Agenzia Europea per la Produttività
AEROFLOT, Linee Aeree Sovietiche
A.F., 1 (*elettr.*) Alta Frequenza 2 Assegni Familiari 3 Agricoltura e Foreste
A.F.I., Associazione Filatelica Italiana
A.F.P., (*fr.*) Agenzia di Stampa Francese
A.G.C.I., Associazione Generale delle Cooperative Italiane
A.G.I., 1 Associazione Guide Alpine 2 Associazione Golfistica Italiana 3 Associazione Goliardi Indipendenti
A G.I.P., Azienda Generale Italiana Petroli
A.G.I.S., Associazione Generale Italiana dello Spettacolo
AGIT-PROP, agitatore-propagandista (del PCI)
A.G.U.S., Associazione dei Giornalisti degli Uffici Stampa
A.I., Aeronautica Italiana
A.I.A., Associazione Italiana Arbitri
A.I.A.C., Associazione Italiana Agenti di Cambio
A.I.A.S., Associazione Italiana per l'Assistenza agli Spastici
A.I.C., Associazione Italiana Cineoperatori
A.I.C.A., Alleanza Italiana delle Cooperative Agricole
A.I.C.C., Alleanza Italiana Cooperative di Consumo
A.I.E., 1 Associazione Italiana degli Editori 2 Associazione Internazionale degli Economisti
A.I.E.A., Agenzia Internazionale per l'Energia Atomica
A.I.E.D., Associazione Italiana Educazione Demografica
A.I.G., Associazione Italiana Alberghi per la Gioventù
A.I.L., Armata Italiana della Libertà
A.I.M.A., Azienda statale per gli Interventi sul Mercato Agricolo
A.I.P.I., Associazione Italiana Protezione Infanzia
A.I.S., 1 Associazione Internazionale per lo Sviluppo 2 Associazione Internazionale di Sociologia 3 Assistenza Infortunati Stradali
A.I.S.P., Associazione Internazionale di Scienze Politiche
A.I.T., Alleanza Internazionale del Turismo
A.I.V., Associazione Internazionale di Vulcanologia
A.L.F.A. (Romeo), Anonima Lombarda Fabbrica Automobili (Romeo)
ALGOL., (*ingl.*) linguaggio algoritmico
A.L.I., 1 Associazione Librai Italiani 2 Atlante Linguistico Italiano
ALITALIA, Aerolinee Italiane Internazionali
A.M., Aeronautica Militare
A.M.A.C., Aeronautica Militare-Aviazione Civile
A.M.D.I., Associazione Medici Dentisti Italiani
A.M.E., Accordo Monetario Europeo
A.M.G., Governo Militare Alleato
A.M.M.A., Associazione Metallurgici Meccanici Affini
A.N.A., Associazione Nazionale Alpini
A.N.A.A., Associazione Nazionale Arma Aeronautica
A.N.A.A.O., Associazione Nazionale Aiuti e Assistenti Ospedalieri.
A.N.A.C., Associazione Nazionale Autoservizi in Concessione
A.N.A.I., 1 Associazione Nazionale Artiglieri d'Italia 2 Associazione Nazionale Autieri d'Italia
A.N.A.S., Azienda Nazionale Autonoma delle Strade
A.N.B., 1 Associazione Nazionale Bersaglieri 2 Associazione Nazionale Bieticultori
A.N.C., Alleanza Nazionale dei Contadini
A.N.C.A., Associazione Nazionale Cooperative Agricole
A.N.C.C., 1 Associazione Nazionale Carabinieri 2 Associazione Nazionale Cooperative di Consumo
A.N.C.E., Associazione Nazionale Costruttori Edili
A.N.C.I., Associazione Nazionale dei Comuni Italiani
A.N.C.P.A., Associazione Nazionale fra Cooperative Pescatori ed Affini
A.N.C.P.L., Associazione Nazionale Cooperative di Produzione e Lavoro
A.N.C.R., Associazione Nazionale Combattenti e Reduci.
A.N.D.E., Associazione Nazionale Donne Elettrici
A.N.D.U., Associazione Nazionale Docenti Universitari
A.N.E.C., Associazione Nazionale Esercenti Cinema
A.N.E.L.S., Associazione Nazionale Enti Lirici e Sinfonici
A.N.E.T., Associazione Nazionale Esercenti Teatrali
A.N.F.I., Associazione Nazionale Finanzieri Italiani
A.N.F.I.A., Associazione Nazionale Fra Industrie Automobilistiche
A.N.I.A., Associazione Nazionale Imprese Assicuratrici
A.N.I.A.D., Associazione Nazionale Industriali Alimentazione Dolciaria.
A.N.I.A.I., Associazione Nazionale Ingegneri e Architetti Italiani
A.N.I.C., 1 Associazione Nazionale dell'Industria Chimica 2 Azienda Nazionale Idrogenazione Carburanti
A.N.I.C.A., 1 Associazione Nazionale Industrie Cinematografiche e Affini 2 Associazione Nazionale fra gli Istituti di Credito Agrario
A.N.I.E., Associazione Nazionale Industrie Elettrotecniche ed Elettroniche
A.N.I.P.L.A., Associazione Nazionale Italiana Per L'Automazione
A.N.I.T.A., Associazione Nazionale dell'Industria dei Trasporti Automobilistici
A.N.I.T.P., Associazione Nazionale Insegnanti Tecnico Pratici
A.N.M., Associazione Nazionale dei Magistrati
A.N.M.I., Associazione Nazionale Marinai d'Italia
A.N.M.I.C., Associazione Nazionale Mutilati e Invalidi Civili
A.N.M.I.G., Associazione Nazionale fra Mutilati e Invalidi di Guerra
A.N.M.I.L., Associazione Nazionale Mutilati e Invalidi del Lavoro
A.N.P.A.C., 1 Associazione Nazionale Piloti Aviazione Civile 2 Associazione Nazionale Procuratori Agenti di Cambio
A.N.P.D.I., Associazione Nazionale Paracadutisti D'Italia
A.N.P.I., Associazione Nazionale Partigiani d'Italia
A.N.P.P.I.A., Associazione Nazionale Perseguitati Politici Antifascisti
A.N.P.R.A., Associazione Nazionale Professori di Ruolo A
A.N.S.A., Agenzia Nazionale Stampa Associata
A.N.U.A., Associazione Nazionale Ufficiali dell'Aeronautica
A.N.V.G., Associazione Nazionale Volontari di Guerra
A.P.I., Anonima Petroli Italiana
A.R.C.E., Associazione per le Relazioni Culturali con l'Estero
A.R.C.I., Associazione Ricreativa Culturale Italiana
A.R.I., 1 Associazione Radiotecnici Italiani 2 Associazione Radioamatori Italiani
A.R.S.I., Associazione per la Ricerca Scientifica Italiana
A.S., allievo sottufficiale
A.S.A., 1 Associazione Italiana per le Scienze Astronautiche 2 Assistenza Servizi Aerei
A.S.C.I., Associazione Scoutistica Cattolica Italiana
AS. COM., Associazione Commercianti
ASSICREDITO, Associazione Sindacale fra le Aziende del Credito
A.S.S.I.D.E.R., Associazione Industrie Siderurgiche Italiane
ASSITALIA, Assicurazioni d'Italia
ASSOLOMBARDA, Associazione Industriale Lombarda
ASSOMET, Associazione Italiana Industrie Metalli non ferrosi
ASSONIME, Associazione fra le Società Italiane per Azioni
A.S.S.T., Azienda di Stato per i Servizi Telefonici
A.T., 1 Antico Testamento 2 Alta Tensione
A.T.A., Associazione Turistica Albergatori
A.T.C., (*ingl.*) Controllo Traffico Aereo
A.T.I., 1 Aereo Trasporti Italiani 2 Azienda Tabacchi Italiani

A.T.M., Azienda Tranviaria Municipale
A.U., allievo ufficiale
AUA, (*ingl.*) Linee Aeree Australiane
A.U.C., allievo ufficiale di complemento
A.V.I.S., Associazione Volontari Italiani del Sangue
AZ, Alitalia

B.A., Belle Arti
BANCOPER, Banca Nazionale del Lavoro
B.A.R., Battaglione Addestramento Reclute
B.C.I., Banca Commerciale Italiana = COMIT
BENELUX, (*fr.*) Belgio-Nederland-Lussemburgo
B.F., (*elettr.*) bassa frequenza
B.I., Banca d'Italia
B.M., Banca Mondiale
B.M.T., Bollettino Meteo Telefonico
B.N.L., Banca Nazionale del Lavoro
B.O.T., Buono Ordinario del Tesoro
B.P.L., Buono Per Lire (nelle cambiali)
BR, Banco di Roma
B.R.I., Banca dei Regolamenti Internazionali
B.T., **1** (*fis.*) bassa tensione **2** Buono del Tesoro
B.T.N., Buoni del Tesoro Novennali
B.U., Bollettino Ufficiale
B.V., Beata Vergine
B.V.M., Beata Vergine Maria

C.A., **1** Contr'Ammiraglio **2** consorzio agrario
C.A.A., Centro Aeronautico Atomico
C.A.A.I., Club Alpino Accademico Italiano
C.A.F., Commissione d'Appello Federale
C.A.I., Club Alpino Italiano
Cambital, Ufficio Italiano dei Cambi
C.A.N., Commissione Arbitri Nazionali
C.A.P., Codice di Avviamento Postale
C.A.R., Centro Addestramento Reclute
Cariplo, Cassa Risparmio Province Lombarde
C.A.S.A., Confederazione Artigiana Sindacati Autonomi
CC, Carabinieri
C.C., **1** Comitato Centrale **2** Codice Civile - Corte Costituzionale - Corte di Cassazione - Corte dei Conti **3** Corpo Consolare
c/c, Conto Corrente
c.c., **1** (*fis.*) corrente continua **2** centimetro cubico **3** conto corrente
C.C.C., **1** (nel PCI) Commissione Centrale di Controllo **2** Centro Cinematografico Cattolico
C.C.I., **1** Camera di Commercio Internazionale **2** Confederazione Cooperativa Italiana **3** Casellario Centrale Infortuni
C.C.I.A., Camera di Commercio Industria e Agricoltura
C.C.L., Contratto Collettivo di Lavoro
CC.NN., Camicie Nere
CC.OO.PP., Consorzio di Credito per le Opere Pubbliche
C.C.P., Conto Corrente Postale
CC.RR., Carabinieri Reali
C.D., **1** Corpo Diplomatico **2** Commissione Disciplinare
C.d.A., **1** Corte d'Appello - Corte d'Assise **2** Corpo d'Armata
C.D.C., Cooperativa Doppiatori Cinematografici
C.d.G., Compagnia di Gesù
C.d.L., Camera del Lavoro
C.d.M., Cassa del Mezzogiorno
C.D.P., Cassa Depositi e Prestiti
C.d.R., Cassa di Risparmio
C.D.S., Confederazione Democratica Studentesca
C.d.S., **1** Circolo della Stampa **2** Codice della Strada - Consiglio di Sicurezza - Consiglio di Stato
C.D.U., **1** Classificazione Decimale Universale **2** Comitato Docenti Universitari
C.E., **1** Comitato Esecutivo **2** Consiglio d'Europa
C.E.A.T., Cavi Elettrici e Affini-Torino
C.E.C.A., Comunità Europea del Carbone e dell'Acciaio
C.E.D., Comunità Europea di Difesa
C.E.E., Comunità Economica Europea
C.E.E.A., Comunità Europea dell'Energia Atomica = EURATOM
C.E.I., **1** Comitato Elettrotecnico Italiano **2** Conferenza Episcopale Italiana
C.E.P.A.S., Centro professionale di Educazione Per Assistenti Sociali
CERES, Centro di Ricerche e Studi Economici
C.E.R.N., Comitato Europeo di Ricerche Nucleari
CESDI, Centro di Documentazione e di Studi sull'Informazione
CESES, Centro Studi e Ricerche sui problemi Economici e Sociali
C.E.S.I., Centro Elettrotecnico Sperimentale Italiano
Cf., confronta
Cfr., confronta
C.F.S., Corpo Forestale dello Stato
C.G.D., Compagnia Generale del Disco
C.G.E., Compagnia Generale di Elettricità
C.G.I.L., Confederazione Generale Italiana del Lavoro
C.G.S., (*fis.*) centimetro-grammo massa-secondo
C.I.C.A., Commerciale Italiana Cooperative Agricole
C.I.C.R., Comitato Interministeriale per il Credito e il Risparmio
C.I.D., Cooperativa Italiana Doppiatori
C.I.D.A., Confederazione Italiana Dirigenti d'Azienda
C.I.E., Compagnia Elettrotecnica d'Italia
C.I.F., **1** Consorzio Industria Fiammiferi **2** Centro Italiano Femminile
C.I.G., Comitato Internazionale di Geofisica
C.I.G.A., Compagnia Italiana dei Grandi Alberghi
C.I.L., Corpo Italiano di Liberazione
C.I.M., **1** Centro Italiano della Moda **2** Commissione Italiana di Metrologia
C.I.M.O., Confederazione Italiana Medici Ospedalieri
C.I.O., Comitato Internazionale Olimpico
C.I.P., Comitato Interministeriale dei Prezzi
C.I.P.E., Comitato Interministeriale per la Programmazione Economica
C.I.R., **1** Comitato Internazionale per la Ricostruzione **2** Confederazione Italiana della Ricerca **3** Concerie Italiane Riunite
C.I.S., **1** Comitato Internazionale degli Scambi **2** Credito Industriale sardo
C.I.S.A., **1** Centro Italiano di Studi Aziendali **2** Centro Italiano di Studi Americani
C.I.S.A.L., Confederazione Italiana Sindacati Autonomi dei Lavoratori
C.I.S.A.M., Confederazione Italiana dei Sindacati degli Artisti e dei Musicisti
C.I.S.C., Confederazione Internazionale Sindacati Cristiani
C.I.S.E., Centro Informazioni Studi Esperienze
C.I.S.L., Confederazione Italiana Sindacati Lavoratori
C.I.S.N.A.L., Confederazione Italiana Sindacati Nazionali dei Lavoratori
C.I.S.P.E.L., Confederazione Italiana dei Servizi Pubblici degli Enti Locali
C.I.T., Compagnia Italiana Turismo
C.I.V., Convenzione Internazionale per il Trasporto dei Viaggiatori
C.L., **1** (*cine.*) Campo Lungo **2** (*mil.*) Carro Leggero
C.L.N., Comitato di Liberazione Nazionale
C.M., **1** (*cine.*) Campo Medio **2** (*mil.*) Carro Medio
C.N., **1** Capitale Netto **2** Codice della Navigazione
C.N.A., Confederazione Nazionale dell'Artigianato - Centro Nazionale dell'Artigianato
C.N.A.M., Cassa Nazionale di Assistenza ai Musicisti
C.N.A.P.S.I., Cassa Nazionale di Assistenza e Previdenza tra gli Scrittori Italiani
C.N.B., Consorzio Nazionale Bieticultori
C.N.E.L., Consiglio Nazionale dell'Economia e del Lavoro
C.N.E.N., Comitato Nazionale per l'Energia Nucleare
C.N.G.E.I., Corpo Nazionale Giovani Esploratori Italiani
C.N.I.O.P., Centro Nazionale per l'Istruzione e l'Orientamento Professionale
C.N.R., Consiglio Nazionale delle Ricerche
C.N.R.N., Comitato Nazionale Ricerche Nucleari
C.O.I., Centro Orientamento Immigrati
C.N.R.S., Centro Nazionale Ricerca Scientifica
COLDIRETTI, Confederazione nazionale coltivatori diretti
COMECON, Consiglio di Mutua assistenza Economica (fra i paesi dell'Europa orient.)
COMES, Comunità Europea degli Scrittori
COMILITER, Comando Militare Territoriale
COMIT, Banca Commerciale Italiana
CONFAGRICOLTURA, Confederazione Generale dell'Agricoltura Italiana
CONFAPI, Confederazione Nazionale della Piccola e media Industria
CONFARTIGIANATO, Confederazione Generale dell'Artigianato Italiano
CONFCOMMERCIO, Confederazione Generale del Commercio
CONFEDERTERRA, Confederazione Nazionale dei Lavoratori della Terra
CONFEDILIZIA, Confederazione Italiana della Proprietà Edilizia = CIPE
CONFETRA, Confederazione Generale del Traffico e dei Trasporti
CONFINDUSTRIA, Confederazione Generale dell'Industria Italiana
CONFITARMA, Confederazione Italiana degli Armatori Liberi
C.O.N.I., Comitato Olimpico Nazionale Italiano
C.O.S.P.I.M., Cassa per Opere Straordinarie di Pubblico Interesse nell'Italia Meridionale
COVELCO, Contributo Vertenze Lavoratori Commercio
C.P., **1** Codice Penale **2** Cartolina Postale **3** Casella Postale **4** Consiglio Provinciale **5** Capitaneria di Porto
C.P.C., Codice di Procedura Civile
C.P.M., **1** Codice Procedura Militare **2** (*elab.*) Confronto Per Maggiore
C.P.P., Codice di Procedura Penale
C.P.R., (*mil.*) Camera di Punizione di Rigore
C.P.S., (*mil.*) Camera di Punizione Semplice
C.P.U., (*elab.*) Confronto Per Uguale
C.R.A.L., Circolo Ricreativo Assistenziale Lavoratori
CREDIT, Credito Italiano
C.R.I., Croce Rossa Italiana
CRIMINALPOL., Polizia Criminale
C.R.P.E., Comitato Regionale per la Programmazione economica
C.R.U.E.I., Centro Italiano per le Relazioni Universitarie con l'Estero
C.S., **1** (*mil.*) Comando Supremo **2** Controllo Statistico di qualità
C.S.A.I., Commissione Sportiva Automobilistica Italiana
C.S.C., Centro Sperimentale di Cinematografia
C.S.D., (*mil.*) Commissione Suprema di Difesa
C.T., Commissario Tecnico
C.U., Commissario Unico
C.U.B., Comitato Unitario di Base
CUNA, Commissione Tecnica di Unificazione dell'Automobile
C.U.S., Centro Universitario Sportivo
C.U.S.I., Centro Universitario Sportivo Italiano
C.U.T., Centro Universitario Teatrale
C.V., (*fis.*) Cavallo Vapore = H.P.
C.V.L., Corpo dei Volontari della Libertà

D.C., **1** Democrazia Cristiana **2** (*mus.*) da capo
D.C.G., Decreto del Capo del Governo
D.C.S., Decreto del Capo dello Stato
DD, (*ferr.*) Direttissimo
D.D.L., Disegno Di Legge
D.D.T., dicloro-difenil-tricloroetano
D.E.I., Dizionario Enciclopedico Italiano
D.G., Direzione Generale
D.G.V., Direzione Generale Valute
DIRSTAT, Associazione Nazionale Funzionari Direttivi dell'Amministrazione dello Stato
D.L., decreto legge
D.L.C.P., Decreto legislativo del Capo provvisorio dello Stato

D.L.L., Decreto Legislativo Luogotenenziale
D.M., Decreto Ministeriale
D.O.C., Denominazione di Origine Controllata
D.O.M., (*lat.*) a Dio Ottimo Massimo
D.P., Decreto Presidenziale - Disposizione sulla legge in generale
D.P.C.,Decreto del Presidente del Consiglio
D.P.R., Decreto del Presidente della Repubblica
D.T., Direttore Tecnico
D.V., a Dio piacendo

E., Est
E.A., Ente Autonomo
E.A.D., Elaborazione Automatica dei Dati = ADP
E.A.M., Ente Autotrasporti Merci
E.A.T., Extra Alta Tensione
E/C, Estratto Conto
E.C.A., Ente Comunale di Assistenza
E.C.A.P., Ente Confederale Addestramento Professionale
ECG, (*med.*) elettrocardiogramma
ECOGRAFICO, (*med.*) Elettrocardiografico
ECOGRAMMA, (*med.*) Elettrocardiogramma
EDAGRICOLE, Edizioni Agricole
EDI, Editrice Industriale
E.E., Escursionisti Esteri
E.E.D., Elaborazione Elettronica dei Dati
EEG, (*med.*) elettroencefalogramma
EFIBANCA, Ente Finanziario Interbancario
EFIM, Ente Partecipazioni e Finanziamento industria Manifatturiera.
E.I., Esercito Italiano
E.I.A.R., Ente Italiano Audizioni Radiofoniche
E.M.E.S., Edizioni Mediche e Scientifiche
E.N.A.I.P., Ente Nazionale ACLI per l'Istruzione Professionale
E.N.A.L., Ente Nazionale Assistenza Lavoratori
E.N.A.L.C., Ente Nazionale Addestramento Lavoratori del Commercio
ENALOTTO, concorso abbinato con i pronostici organizzati dell'ENAL, estrazioni settimanali del Lotto
E.N.A.M., 1 Ente Nazionale Assistenza Magistrale 2 Ente Nazionale di Assistenza alla gente di Mare
E.N.A.O.L.I., Ente Nazionale per l'Assistenza agli Organi dei Lavoratori Italiani
E.N.A.P.I., Ente Nazionale dell'Artigianato e delle Piccole Industrie
ENARS, Ente Nazionale per la Ricreazione Sociale
E.N.A.S.A.R.C.O., Ente Nazionale di Assistenza per gli Agenti e Rappresentanti di Commercio
E.N.C.A.T., Ente Nazionale Corse al Trotto
E.N.C.C., Ente Nazionale Cellulosa e Carta
E.N.C.I., 1 Ente Nazionale Cinofilo Italiano 2 Ente Nazionale per il Cavallo Italiano
E.N.C.I.P., Ente Nazionale Centro Istruzione Professionale
E.N.C.R.A., Ente Nazionale delle Casse Rurali Agrarie (ed Enti Ausiliari)
E.N.D.A.S., Ente Nazionale Democratico di Azione Sociale
E.N.E.L., Ente Nazionale per l'Energia Elettrica
E.N.F.A.P., Ente Nazionale Formazione Addestramento Professionale
E.N.I., Ente Nazionale Idrocarburi
E.N.I.C., Ente Nazionale Industrie Cinematografiche
E.N.I.T., Ente Nazionale Italiano per il Turismo
E.N.M., Ente Nazionale della Moda
E.N.P.A., Ente Nazionale Protezione Animali
E.N.P.A.I.A., Ente Nazionale di Previdenza e Assistenza per gli Impiegati dell'Agricoltura
E.N.P.A.L.S., Ente Nazionale di Previdenza e Assistenza per i Lavoratori dello Spettacolo
E.N.P.A.M., Ente Nazionale di Previdenza e Assistenza Medici
E.N.P.A.S., Ente Nazionale di Previdenza e Assistenza per i dipendenti Statali
E.N.P.D.E.P., Ente Nazionale di Previdenza per i Dipendenti da Enti di Diritto Pubblico
E.N.P.I., Ente Nazionale Prevenzione Infortuni
E.N.S., Ente Nazionale Sordomuti
E.P.A.C.A., Ente di Patronato e Assistenza per i Coltivatori Agricoli
E.P.A.S.A., Ente di Patronato e di Assistenza Sociale per gli Artigiani
E.P.T., Ente Provinciale per il Turismo
E.R.A.S., Ente Riforma Agraria della Sicilia
E.R.I., Edizioni R.A.I. Radiotelevisione Italiana
E.R.I.T., Ente Riscossione Imposte e Tasse
ESCOPOST, Esclusiva Postale
E.S.I.T., Ente Sardo Industrie Turistiche
E.S.P.I., Ente Siciliano Per l'Industrializzazione
E.T.I., Ente Teatrale Italiano
EU, Europa
E.U.R., Esposizione Universale di Roma
EURATOM, Comunità Europea dell'Energia Atomica
E.V., Eccellenza Vostra

F.A.I., Federazione Anarchica Italiana
F.A.I.A.T., Federazione delle Associazioni Italiane Alberghi e Turismo
F.A.L., Foglio degli Annunzi Legali
F.A.P., Fondo Adeguamento Pensioni
F.A.P.A.M.P., Fondo Adeguamento Pensioni e Assistenza Malattie Pensionati
F.A.R., Fasci d'Azione Rivoluzionaria (organizzazione fascista)
FASDAI, Fondo per l'Assistenza Sanitaria ai Dirigenti
F.A.S.T., Federazione delle Associazioni Scientifiche e Tecniche
FATSE, Forze Terrestri Alleate del Sud Europa (Nato)
F.C., (detto di studenti universitari) fuori corso
FD, filodiffusione
F.d.L., Fiera del Levante
FDT, Federterra
FEDERCACCIA, Federazione Italiana della Caccia
FEDERCALCIO, Federazione Italiana Gioco Calcio = FIGC
FEDERCONSORZI, Federazione Italiana dei Consorzi Agrari
FEDERTERRA, Federazione dei Lavoratori della Terra
FEMEPA, Federazione Medici Enti Previdenza e Assistenza
FENEAL, Federazione Nazionale Edili Affini e Legno
FENIT, Federazione Nazionale Imprese Trasporti
F.E.O.G.A., Fondo Europeo di Orientamento e Garanzia Agricola
F.E.P.A., Federazione Europea per la Protezione delle Acque
FERROTRANVIERI, Federazione Nazionale Lavoratori Autoferrotranvieri e Internavigatori
FF.AA., Forze Armate
FF.SS., Ferrovie dello Stato
F.G.C.I., Federazione Giovanile Comunista Italiana
F.G.I., Federazione Ginnastica Italiana
F.G.R., Federazione Giovanile Repubblicana
F.G.S., Federazione Giovanile Socialista
F.G.S.I., Federazione Giovanile Socialista Italiana
F.I.A., (*fis.*) Frequenza Intermedia Audio
F.I.A.D.E.L., Federazione Italiana Autonoma Dipendenti Enti Locali
F.I.A.P., Federazione Italiana Atletica Pesante
F.I.A.R.O., Federazione Italiana Associazioni Regionali Ospedalieri
F.I.A.T., Fabbrica Italiana Automobili Torino
F.I.B., 1 Federazione Italiana Bancari 2 Federazione Italiana Bridge 3 Federazione Internazionale di Bocce 4 Federazione Italiana di Baseball Dilettanti
F.I.C., Federazione Italiana Canottaggio - Federazione Italiana Cronometristi
F.I.D.A., Federazione Italiana Dettaglianti dell'Alimentazione
F.I.D.A.C., Federazione Italiana Dipendenti da Aziende di Credito
F.I.D.A.L., Federazione Italiana Di Atletica Leggera
F.I.D.A.P.A., Federazione Italiana Donne Arti Professioni Affari
F.I.d.C., Federazione Italiana della Caccia
F.I.E.G., Federazione Italiana Editori Giornali
F.I.G., Federazione Italiana del Golf
F.I.G.B., Federazione Italiana Gioco Bocce
F.I.G.C., Federazione Italiana Gioco Calcio
F.I.G.E., Federazione Italiana Guide Esploratrici
F.I.G.I.S.C., Federazione Italiana Gestori Impianti Stradali Carburanti
F.I.H., (*sport*) Federazione Internazionale di Hockey
F.I.H.P., Federazione Italiana Hockey e Pattinaggio
F.I.L.C., Federazione Italiana Lavoratori Chimici
F.I.L.C.A., Federazione Italiana Lavoratori Costruzioni e Affini
F.I.L.D.I.R., Federazione Internazionale Libera dei Deportati e Internati della Resistenza
F.I.L.E., Federazione Italiana Lavoratori Esattoriali
F.I.L.M., Federazione Italiana Lavoratori Marittimi
F.I.L.S., Federazione Italiana Lavoratori dello Spettacolo
F.I.M., 1 Federazione Italiana Motonautica 2 Federazione Internazionale Metalmeccanici - Federazione Italiana Metalmeccanici 3 Federazione Italiana Motociclistica
F.I.M.A., Federazione Italiana Mercanti d'Arte
F.I.M.S., Federazione Internazionale dei Medici Sportivi
F.I.N., Federazione Italiana Nuoto
FINEBEL, Francia, Italia, Nederland, Belgio, Lussemburgo (unione economica)
FINMARE, Società Finanziaria Marittima
FINMECCANICA, Società Finanziaria Meccanica
FINSIDER, Società Finanziaria Siderurgica
F.I.O.D.S., Federazione Internazionale delle Organizzazioni dei Donatori di Sangue
F.I.O.M., Federazione Impiegati e Operai Metallurgici
F.I.O.T., Federazione Italiana Operai Tessili
F.I.P., 1 Federazione Italiana Pallacanestro 2 Federazione Italiana Pallavolo 3 Federazione Italiana Postelegrafonici 4 Federazione Italiana della Pubblicità
F.I.P.A., 1 Federazione Internazionale dei Produttori Agricoli 2 Federazione Italiana Periti Agrari
F.I.P.B., Federazione Italiana Palla Base
F.I.P.E., Federazione Italiana Pubblici Esercizi
F.I.P.S., Federazione Italiana della Pesca Sportiva
F.I.R., 1 Federazione Internazionale della Resistenza 2 Federazione Italiana Rugby
F.I.S., 1 Federazione Italiana della Scuola 2 Federazione Italiana Scherma
F.I.S.A.F., Federazione Italiana Sindacati Autonomi Finanziari
F.I.S.A.F.S., Federazione Italiana Sindacati Autonomi Ferrovie dello Stato
F.I.S.A.P., Federazione Italiana Sindacati Artisti e Professionisti
F.I.S.A.S.C.A.T., Federazione Italiana Sindacati Addetti Servizi Commerciali Affini e del Turismo
F.I.S.E., Federazione Italiana Sport Equestri
F.I.S.G., Federazione Italiana Sport del Ghiaccio
F.I.S.I., Federazione Italiana Sport Invernali
F.I.S.U., Federazione Internazionale dello Sport Universitario
F.I.T., 1 Federazione Italiana Tabacco 2 Fede azione Italiana Tennis
F.I.T.A.V., Federazione Italiana Tiro a Volo
F.I.V., (*fis.*) frequenza intermedia video
F.L.N., Fronte di Liberazione Nazionale
F.M., (*fis.*) Modulazione di frequenza
F.M.I., 1 Fondo Monetario Internazionale 2 Federazione Medico Sportiva Italiana
FMM, (*fis.*) forza magneto motrice

F.M.N., Federazione Mondiale di Neurologia
F.M.P.A., Federazione Mondiale per la Protezione degli Animali
F.M.S.I., Federazione Medico Sportiva Italiana
F.N.A., Federazione Nazionale Assicuratori
F.N.A.E.M., Federazione Nazionale Aziende Elettriche Municipalizzate
F.N.A.M.G.A.V., Federazione Nazionale Aziende Municipalizzate Gas, Acqua e Varie
F.N.C.A., Federazione Nazionale della Cooperazione Agricola
F.N.C.N., Federazione Nazionale del Commercio Vinicolo
F.N.M., Ferrovie Nord Milano
F.N.O.M., Federazione Nazionale Ordini Medici
F.N.S.A., Federazione Nazionale Stampa Associata
F.N.S.I., Federazione Nazionale della Stampa Italiana
F.O.F.I., Federazione nazionale degli Ordini dei Farmacisti Italiani
FOIST, Fondazione per lo Sviluppo della Istruzione Scientifica
F.P.I., 1 Federazione Pugilistica Italiana 2 Fondo Previdenza Impiegati
F.P.L., Fronte Popolare di Liberazione
FS, Ferrovie dello Stato
F.S.C., Fratelli Scuole Cristiane
F.S.I., 1 Federazione Spiritista Internazionale 2 Federazione Scacchista Italiana
F.S.M., Federazione Sindacale Mondiale
F.U., Farmacopea Ufficiale
F.U.A.N., Fronte Universitario di Azione Nazionale
F.U.C.I., Federazione Universitaria Cattolica Italiana
F.U.L.S., Federazione Unitaria Lavoratori dello Spettacolo

G.A.D., Gruppo di Arte Drammatica
G.A.L.S., Gruppi Aziendali dei Lavoratori Socialisti
G.A.P., Gruppo di Azione Patriottica
G.C., 1 Gesù Cristo 2 Gran Croce, ordine cavalleresco 3 Genio Civile
G.d.F., Guardia di Finanza
G.E., (*dir.*) Giudice dell'Esecuzione
G.E.P.I., Gestione Editoriale Periodici Italiani
GESCAL, Gestione Case per Lavoratori
G.I., Giudice Istruttore
G.I.A.C., Gioventù Italiana di Azione Cattolica
G.I.D.A.M., Gruppo Italiano Drappieri Alta Moda
G.I.L., Gioventù Italiana del Littorio (nell'Italia fascista)
G.L.I., Gioventù Liberale Italiana
G.N.R., Guardia Nazionale Repubblicana (nella Repubblica Sociale Italiana)
G.P., 1 (*sport*) Gran Premio 2 Giunta Provinciale
G.P.A., Giunta Provinciale Amministrativa
G.P.L., gas di petrolio liquefatto
G.T., 1 Giudice Tutelare 2 (*auto.*) Gran Turismo
G.T.I., (*auto.*) Gran Turismo Internazionale
G.U., Gazzetta Ufficiale
G.U.F., Gruppi Universitari Fascisti
G.V., grande velocità

I.A.C.P., Istituto Autonomo per le Case Popolari
I.A.D., Istituto Accertamento Diffusione
I.A.L., Istituto Addestramento Lavoratori
I.A.S.M., Istituto per l'Assistenza allo Sviluppo del Mezzogiorno
I.C., imposta complementare
I.C.C.R.I., Istituto di Credito delle Casse di Risparmio Italiane = ITALCASSE
I.C.E., Istituto nazionale per il Commercio Estero
I.C.E.P.S., Istituto per la Cooperazione Economica con i paesi in via di Sviluppo
I.C.I.P.U., Istituto di Credito per le Imprese di Pubblica Utilità
I.C.L.E., Istituto nazionale di Credito per il Lavoro italiano all'estero
I.D.I., Istituto del Dramma Italiano
I.E.A., → A.I.E.A.
I.E.N.G.F., Istituto Elettrotecnico Nazionale Galileo Ferraris
I.F.I., Istituto Finanziario Italiano
I.G.E., Imposta Generale sull'Entrata
I.G.M., 1 Istituto Geografico Militare 2 Ispettorato Generale della Motorizzazione
I.I.B., Istituto Internazionale dei Brevetti
I.I.L.A., Istituto Italo-Latino Americano
I.I.S.A., Istituto Internazionale delle Scienze Amministrative
I.L.R.E.S., Istituto Ligure di Ricerche Economiche e Sociali
I.L.S.E.S., Istituto Lombardo per gli Studi Economici e Sociali
I.L.T.E., Industria Libraria Tipografica Editrice
I.M.C.T.C., Ispettorato Generale della Motorizzazione Civile e dei Trasporti in Concessione
I.M.I., 1 Istituto Militare Italiano 2 Istituto Mobiliare Italiano
I.M.Q., Istituto del Marchio di Qualità
I.N.A., Istituto Nazionale delle Assicurazioni
I.N.A.D.E.L., Istituto Nazionale per l'Assistenza dei Dipendenti degli Enti Locali
I.N.A.I.L., Istituto Nazionale per l'Assicurazione contro gli Infortuni sul Lavoro
I.N.A.M., Istituto Nazionale per l'Assicurazione contro le Malattie
I.N.A.P.L.I., Istituto Nazionale per l'Addestramento e il Perfezionamento dei Lavoratori dell'Industria
I.N.C.E., Istituto Nazionale per i Cambi con l'Estero
I.N.C.I.S., Istituto Nazionale per le Case degli Impiegati dello Stato
INCOM, Industria Corti Metraggi
I.N.E.A., Istituto Nazionale di Economia Agraria
I.N.F.N., Istituto Nazionale di Fisica Nucleare
I.N.G.I.C., Istituto Nazionale per la Gestione delle Imposte di Consumo
I.N.I.A.S.A., Istituto Nazionale per l'Istruzione e l'Addestramento nel Settore Artigiano
I.N.I.C.A., Istituto Nazionale Insegnamento Complementare Artigiano
I.N.P.D.A.I., Istituto Nazionale di Previdenza dei Dirigenti di Aziende Industriali
I.N.P.G.I., Istituto Nazionale di Previdenza dei Giornalisti Italiani
I.N.P.S., Istituto Nazionale Previdenza Sociale
I.N.R.C.A., Istituto Nazionale Ricovero e Cura Anziani
I.N.R.I., (*lat.*) Gesù Nazareno Re dei Giudei
I.N.T., Istituto Nazionale Trasporti
INTERPOL, Polizia Internazionale
I.N.U., Istituto Nazionale di Urbanistica
INVEST, Sviluppo e gestione Investimenti mobiliari
I.O.M., (*lat.*) a Giove Ottimo Massimo (nelle iscrizioni latine)
I.P.A., Istituto di Previdenza e Assistenza
IPAL, Istituto Professionale di Stato per l'Agricoltura
I.P.E.T., Istituto per la Pianificazione Economica Territoriale
I.P.I., Istituto Propaganda Internazionale
I.P.S.O.A., Istituto Postuniversitario per lo Studio dell'Organizzazione Aziendale
I.R.C.E., Istituto per le Relazioni Culturali con l'Estero
I.R.F.I.S., Istituto Regionale per il Finanziamento alle Industrie in Sicilia
I.R.I., Istituto per la Ricostruzione Industriale
I.R.S.E.V., Istituto Regionale per lo Sviluppo Economico del Veneto
ISCO, Istituto Nazionale per lo Studio della Congiuntura
I.S.E.F., Istituto Superiore di Educazione Fisica
I.S.E.S., Istituto per lo Sviluppo della Edilizia Sociale
I.S.M.E.O., Istituto per gli Studi sul Medio ed Estremo Oriente
ISMETRAF, Istituto di Medicina del Traffico
I.S.P.I., Istituto per gli Studi di Politica Internazionale
I.S.P.T., Istituto Superiore delle Poste e delle Telecomunicazioni
I.S.S.E.M., Istituto di Studi per lo Sviluppo Economico delle Marche
ISTAT, Istituto Centrale di Statistica
I.S.T.I.M., Istituto Superiore di Tecnologia Industriale e Meccanica
I.S.V.E., Istituto di Studi per lo Sviluppo Economico
ISVEIMER, Istituto per lo Sviluppo Economico dell'Italia Meridionale
ITALCABLE, Servizi Cablografici Radiotelegrafici e Radioelettrici
ITALCASSE, Istituto di Credito della Cassa di Risparmio Italiana = I.C.C.R.I.
ITALCEMENTI, Fabbriche Riunite Cementi
ITALGAS, Società Italiana per il Gas
ITALPI, Italiana Partecipazioni Industriali
I.T.A.V., Ispettorato delle Telecomunicazioni ed Assistenza al Volo
I.T.E., Istituto Tipografico Editoriale
I.TE.S., Istituto Tecnica Sindacale
I.V.A., Imposta sul Valore Aggiunto

KA, (*fis.*) kiloampère, chiloampère
Kc, (*fis.*) kilociclo, chilociclo
Kc/s, (*fis.*) kilocicli, chilocicli al secondo
kHz, (*fis.*) kilohertz, chilohertz
Km, (*fis.*) chilometro
Kmq, (*mat.*) chilometro quadrato
K.O., **k.o.**, (*ingl.*) (*sport*) fuori combattimento
kVA, (*fis.*) chiloVoltAmpère
KW, (*fis.*) kilowatt, chilowatt

L.C., legge sulla cambiale
L.C.B., (*mil.*) Lavori sul Campo di Battaglia
L-C, (*fis.*) Induttanza e capacità
L.I.D., Lega Italiana per il Divorzio
LL.AA., Loro Altezze
LL.PP., Lavori Pubblici
LN, luna nuova
L.N.C.M., Lega Nazionale delle Cooperative e Mutue
L.N.I., Lega Navale Italiana
L.R.B.A., Laboratorio di Ricerche Balistiche e Aerodinamiche
L.S.C., legge sullo stato civile
LSD, Dietilammide dell'Acido Lisergico
L.U., leggi usuali
L.U.C.E., L'Unione Cinematografica Educativa (istituto cinematografico)
LV, Lettera di Vettura (nei trasporti ferroviari)

mA, (*fis.*) milliampère
M.A.S., Motobarca Armata Svan (Anti-Sommergibile)
Mc, (*fis.*) megaciclo
M.C.D., (*mat.*) massimo comun divisore
M.C.M., 1 (*mat.*) minimo comune multiplo 2 Manifatture Cotoniere Meridionali
M.D.T., Milizia Difesa Territoriale
M.E., Movimento Europeo
M.E.C., Mercato Europeo Comune
MEDIOBANCA, Banca di Credito Finanziario
MELIORCONSORZIO, Consorzio Nazionale per il Credito Agrario di Miglioramento
M.F., (*fis.*) Media Frequenza
M.F.E., Movimento Federalista Europeo
M.I.E.C., Movimento Internazionale degli Studenti Cattolici
M.I.F.E.D., Mercato Internazionale del film e del Documentario
MINCOMES, Ministero del Commercio con l'Estero
MIPEL, Mercato Italiano della Pelletteria
M.I.T.A.M., Mercato Internazionale del Tessile per l'Abbigliamento e l'Arredamento
M.K.S.A., (*mat.*) metro-kilogrammomassa-secondo-ampère
M.M., 1 Marina Militare 2 Metropolitana Milanese
MM.GG., magazzini generali
M.M.I., Movimento Monarchico Italiano
M/N, **m/n**, Motonave
M.O., 1 Medio Oriente 2 massima occupazione
MOL, (*elab.*) moltiplicazione
MONTEDISON, Montecatini-Edison
M.O.P., Movimento Opinione Pubblica

M.P.L., Movimento Politico Lavoratori
M.S., Movimento Studentesco
M/S, m/s, Motosilurante
M.S.A., Movimento Socialisti Autonomi
M.S.I., Movimento Sociale Italiano
M.U.P., Movimento di Unità Proletaria per la Repubblica Socialista
M.V., Meccanica Verghera
M.V.S.N., Milizia Volontaria per la Sicurezza Nazionale (nell'Italia fascista)
MW, (*fis.*) megawatt
MX, (*fis.*) maxwell
Mv., (*mar.*) motoveliero
Mz., (*mar.*) motozattera

N., Nord
N.A.D.A.S., Nuclei Aziendali D'Azione Sindacale, (nell'Italia fascista)
N.A.I., Navigazione Alta Italia
N.A.S., 1 Nucleo Antisofisticazioni (dei carabinieri) 2 Nucleo Aziendale Socialista
N.A.T.O., (*ingl.*) Organizzazione del Trattato Nord Atlantico
N.B., nota bene
N.C.E.U., Nuovo Catasto Edilizio Urbano
N.C.T., Nuovo Catasto Territoriale
N.d.A., nota dell'autore
N.d.D., nota della direzione
N.d.E., nota dell'editore
N.d.R., nota della redazione
N.d.T., nota del traduttore
N.E., Nord-Est
N.G.I., (*mar.*) Navigazione Generale Italiana
NN, 1 di padre ignoto 2 nessuna novità, niente di nuovo
N.N.E., nord-nord-est
N.N.O., nord-nord-ovest
N.O., Nord-Ovest
N.P.A., nave portaerei
N.S., Nostro Signore
N.S.G.C., Nostro Signore Gesù Cristo
N.T., Nuovo Testamento
N.U., 1 Nazioni Unite, ONU 2 Nettezza Urbana

O., Ovest
O.A.I.O., (*mil.*) (ufficio) Operativo Addestramento Istruzione Ordinamento
O.A.T.I.O., (*mil.*) (ufficio) Operativo Addestramento Tiro Istruzione Ordinamento
O.C., Onde Corte
O.C.C., Organizzazione per la Cooperazione Commerciale
O.C.R.A., Organizzazione Clandestina della Rivoluzione Algerina
O.C.S.E., Organizzazione per la Cooperazione e lo Sviluppo Economico
O.E.C.E., Organizzazione Europea per la Cooperazione Economica
O.F.M., Ordine dei Frati Minori
O.F.M. Cap., Ordine dei Frati Minori Cappuccini
O.F.M. Conv., Ordine dei Frati Minori Conventuali
O.I.L., Organizzazione Internazionale del Lavoro
O.I.P.C., Organizzazione Internazionale della Polizia Criminale
O.I.R., Organizzazione Internazionale per i Rifugiati
O.L., onde lunghe
O.L.A.S., Organizzazione per la solidarietà latino americana
O.M., 1 Onde Medie 2 Officine meccaniche 3 Ospedale Militare
O.M.M., Organizzazione Meteorologica Mondiale
O.M.P.I., Organizzazione Mondiale della Proprietà Intellettuale
O.M.R., Ordine al Merito della Repubblica
O.M.S., Organizzazione Mondiale della Sanità
O.N.A.O.M.A.C., Opera Nazionale di Assistenza per gli Orfani dei Militari dell'Arma dei Carabinieri
O.N.A.R.M.O., Opera Nazionale Assistenza Religiosa Morale Operai
O.N.A.S., Ordine Nazionale Autori e Scrittori
O.N.B., Opera Nazionale Balilla (nell'Italia fascista)
O.N.C., Opera Nazionale Combattenti
O.N.D., Organizzazione Nazionale Dopolavoro (nell'Italia fascista)
O.N.I.G., Opera Nazionale per gli Invalidi di Guerra
O.N.I.L., Opera Nazionale Inabili al Lavoro
O.N.M.I., Opera Nazionale Maternità e Infanzia
O.N.M.I.C., Opera Nazionale Mutilati e Invalidi Civili
O.N.P.I., Opera Nazionale per i Pensionati d'Italia
O.N.U., Organizzazione delle Nazioni Unite
OO.MM., Opere marittime
OO.PP., Opere Pubbliche
OO.RR., Ospedali Riuniti
O.P., Ordine dei Frati Predicatori (Domenicani)
O.R.U., Organismo Rappresentativo Universitario
O.S.A., Organizzazione degli Stati Americani
O.S.B., (*lat.*) Ordine dei Benedettini Confederati
O.S.C.A., Officine Specializzate Costruzioni Automobili
O.T.A., Organizzazione Mondiale del Turismo e dell'Automobile
O.V.N.I., Oggetti volanti non identificati = UFO
O.V.R.A., Opera Vigilanza Repressione Antifascismo (nell'Italia fascista)

P, Papa
P.A., 1 Pubblica Amministrazione 2 (*cine.*) Piano Americano 3 Patto Atlantico
P/A, polizza aerea
P.A.M., Programma di aiuti militari (per i membri della Nato)
P.A.N., Pattuglia Acrobatica Nazionale (italiana)
PAZ, Partito d'Azione
P.C.F., (*fr.*) Partito Comunista Francese
P.C.I., Partito Comunista Italiano
P.C.U.S., Partito Comunista dell'Unione Sovietica
P.d'A., Partito d'Azione
P.F.R., Partito Fascista Repubblicano
P.G., Procuratore Generale
P.I., Pubblica Istruzione
P.L.I., Partito Liberale Italiano
P.M., 1 Pubblico Ministero 2 Pontefice Massimo 3 Posta Militare 4 Polizia Militare 5 (*cine.*) piano medio
P.M.P., Partito Monarchico Popolare
P.N.F., Partito Nazionale Fascista
P.N.M., Partito Nazionale Monarchico
P.O. 1 posta ordinaria 2 (*sport*) pre-olimpionici
P.O.A., Pontificia Opera Assistenza
POLFEM, Polizia Femminile
POLFER, Polizia Ferroviaria
POLSTRADA, Polizia Stradale
P.P., 1 (*cine.*) primo piano 2 profitti e perdite
PPP, (*cine.*) primissimo piano
PP.TT., Poste e Telecomunicazioni (Ministero delle)
P.R., 1 Partito Radicale 2 Procuratore della Repubblica 3 Piano Regolatore
P.R.A., Pubblico Registro Automobilistico
P.R.I., Partito Repubblicano Italiano
P.S., 1 Pubblica Sicurezza 2 postscriptum 3 partita semplice 4 prodotto sociale
P.S.d'A., Partito Sardo d'Azione
P.S.D.I., Partito Socialista Democratico Italiano
P.S.I., Partito Socialista Italiano
P.S.I.U.P., Partito Socialista Italiano di Unità Proletaria
P.S.L., prodotto sociale lordo
P.S.N., prodotto sociale netto
P.S.U., Partito Socialista Unificato - Partito Socialista Unitario
P.T., 1 posta e telegrafi 2 Polizia Tributaria 3 Piccolo Teatro
P.T.P., Posto Telefonico Pubblico
P.V., piccola velocità

Q.G., Quartier Generale
Q.I., quoziente d'intelligenza

R.A.I., 1 Radio Audizioni Italiane RAI-TV 2 Registro Aeronautico Italiano
RAI-TV, Radio televisione italiana
RAM, ridotte attitudini militari
R.A.S., Riunione Adriatica di Sicurtà
R.A.U., Repubblica Araba Unita
RC, (*fis.*) resistenza-capacità
R.C., Responsabilità Civile
R.C.A., responsabilità civile auto
R.D., regio decreto
R.D.L., regio decreto legge o legislativo
R.D.T., Repubblica Democratica Tedesca
R/E, ricavo effetti
RF, (*fis.*) radio frequenza
R.F.T., Repubblica Federale Tedesca
Rh., (*biol.*, *fisiol.*) derivato da Macacus *Rh*esus fattore antigene del sangue umano
R.I., rendita italiana
R.I.Na, Registro Italiano Navale
R.I.V., Regolamento Internazionale Veicoli
R-L, (*fis.*) resistenza e induttanza
R-L-C, (*fis.*) resistenza, induttanza e capacità
R.M., ricchezza mobile
RP, 1 relazioni pubbliche 2 riservata personale
R.R., ricevuta di ritorno
R.S.I., Repubblica Sociale Italiana
R.S.M., Repubblica di San Marino
R/T, radiotelegrafia

S., Sud
S.A., Società Anonima
S.acc., Società in Accomandita
S.acc.p.a., Società in Accomandita per Azioni
S.A.D.E., Società Adriatica Di Elettricità
S.A.F.F.A., Società Anonima Fabbriche Fiammiferi e Affini
S.A.I., 1 Società Assicuratrice Industriale 2 Società Attori Italiani
S.A.M., 1 Società Aerea Mediterranea 2 Squadre d'Azione Mussoliniane
SAMIA, Salone Mercato Internazionale dell'Abbigliamento
S.A.P., Squadra d'Azione Patriottica
S.A.R., Sua Altezza Reale
S.A.R.O.M., Società Azionaria Raffinazione Olii Minerali
S.A.S., Servizio Assistenza Stradale
S.A.S.M.I., Sindacato Autonomo Scuola Media Italiana
S.A.T., Società Alpinisti Tridentini
S.A.U.F.I., Sindacato Autonomo Unificato Ferrovieri Italiani
S.C., 1 Sacro Collegio - Sacro Cuore - Sacra Congregazione 2 Stato Civile 3 Suprema Corte (di Cassazione)
S.C.I., Servizio Civile Internazionale
S.D.N., Società delle Nazioni
S.E., 1 Sud Est 2 Sua Eccellenza
S.E.A.T., Società Elenchi Ufficiali degli Abbonati al Telefono
SECAM, (*fr.*) sequenziale a memoria (sistema di televisione a colori)
S.E.D.I., Società Editrice dei Documentari Italiani
S.E.eO., salvo errori e omissioni (nelle fatture)
S.E.I., Società Editrice Internazionale
S.Em., Sua Eminenza
S.E.T., Società Esercizi Telefonici
S.G., Sua Grazia
S.G.E.S., Società Generale Esercizi Siciliani
SI, Sistema Internazionale (di unità di pesi e misure)
S.I., Stazza Internazionale
S.I.A., Sindacato Italiano Artisti
S.I.A.D., Salone Internazionale delle Arti Domestiche
S.I.A.E., Società Italiana Autori ed Editori
S.I.A.S., Sindacato Italiano Autori e Scrittori
S.I.D., Servizio Informazioni Difesa
S.I.D.A., 1 Sindacato Italiano Dottori Agrari 2 Sindacato Italiano Lavoratori dell'Automobile
S.I.D.M., Società Italiana di Musicologia
S.I.E.C.A., Sindacato Italiano Editori Compositori Autori
S.I.F., 1 Società Italiana di Fisica 2 Società Internazionale di Finanziamento 3 Stabilimento Italiano Farmaceutico
SIFAR, Servizio Informazioni Forze Armate
S.I.G.E., Società Italiana Gestione Elicotteri
S.I.L.P., Sindacato Italiano Lavoratori Postelegrafonici

S.I.L.U.L.A.P., Sindacato Italiano Lavoratori Uffici Locali e Agenzie Postelegrafoniche
S.I.M., 1 Società Internazionale di Musicologia 2 Servizio Informazioni Militari
S.I.M.A., Salone Internazionale delle Macchine e Attrezzature per l'Abbigliamento
S.I.M.C.A., (*fr.*) Società Industriale di Meccanica e Carrozzeria Automobilistica
SINAGI, Sindacato Nazionale Giornalai Italiani
SINASCEL, Sindacato Nazionale Scuola Elementare
SINDIFER, Sindacato Dirigenti Ferrovie dello Stato
S.I.O.D., Sindacato Italiano Odontotecnici Diplomati
SIOSSIGENO, S.I.O., Società per l'Industria dell'Ossigeno e altri Gas
S.I.P., 1 Società Italiana per l'esercizio telefonico 2 Sindacato italiano periti 3 Società italiana di parapsicologia
S.I.P.E., Società Italiana Prodotti Esplosivi
S.I.P.R.A., Società Italiana Pubblicità Radiofonica
S.I.P.S.I., Sindacato Italiano Pittori Scultori Incisori
S.I.S.A.L., Società Italiana Sistemi a Lotto
S.I.T.A.M., Società Italiana Trasporti Aerei Merci
S.M., 1 Stato Maggiore 2 Sua Maestà
S.M.A.C., Sindacato Macchinisti Aiuto-Macchinisti e Capi Deposito
S.M.E., 1 Sistema Monetario Europeo 2 Stato Maggiore Esercito
S.M.F., Società Meridionale Finanziaria
S.M.G., Stato Maggiore Generale
S.M.I., 1 Società Metallurgica Italiana 2 Sua Maestà Imperiale
S.M.O.M., Sovrano Militare Ordine di Malta
S.N.A.A.O., Sindacato Nazionale Aiuti e Assistenti Ospedalieri
S.N.A.B.A., Sindacato Nazionale Antichità e Belle Arti
S.N.A.D.A.S., Sindacato Nazionale Autonomo Dipendenti Amministrazione Scolastica
S.N.A.L.D., Sindacato Nazionale Autonomo Lavoratori Domestici
SNAM, Società Nazionale Metanodotti
S.N.A.O.M.S., Sindacato Nazionale Autonomo Operai Monopoli di Stato
S.N.A.S.E., Sindacato Nazionale Autonomo Scuole Elementari
SNATER, Sindacato Nazionale Autonomo Tecnici RAI
s.n.c., società in nome collettivo
S N.I.A., Società di Navigazione Italo-Americana
S.N.I.A. (Viscosa), Società Nazionale Industria Applicazioni (Viscosa)
S.N.I.P., Società Nazionale Iraniana dei Petroli
S.N.P.P.R., Sindacato Nazionale Presidi e Professori di Ruolo
S.N.S.M., Sindacato Nazionale Scuola Media
S.O., Sud Ovest
Soc., società
SOGEME, Società Gestione Mense
S.O.I., Società Oleodotti Italiani
SOM, (*elab.*) somma
S.O.S., segnale internazionale di pericolo variamente interpretato
S.P., 1 Santo Padre 2 strada provinciale
S.p.A., Società per Azioni
S.P.E., servizio permanente effettivo
S.P.E.S., Servizio Propaganda e Stampa (della Democrazia Cristiana)
S.P.I., Società per la pubblicità in Italia
S.P.M., sue proprie mani
S.P.P.R., Sindacato Presidi e Professori di Ruolo
S.R.C., Santa Romana Chiesa
S.R.I., Sacro Romano Impero
S.r.l., Società a responsabilità limitata
S.S., Sua Santità - Santa Sede - Santi - Santissimo 2 strada statale
S/S, s/s, (*ingl.*) Piroscafo
S.S.E., sud-sud-est
S.S.I., Servizio Sociale Internazionale
S.S.O., sud-sud-ovest
SS.RR., Sezioni Riunite (della Corte di Cassazione)
S.U.A., Stati Uniti d'America = USA
S.U.C.A.I., Sezione Universitaria del Club Alpino Italiano
SV, Signoria Vostra
S.V.I., Signoria Vostra Illustrissima
SVIMEZ, Associazione per lo Sviluppo dell'Industria nel Mezzogiorno
S.V.P., (*ted.*) Partito Popolare Sud Tirolese

TBC, tbc, (*med.*) tubercolosi
T.C.I., Touring Club Italiano
TE, (*ferr.*) trazione elettrica
T.E.E., Trans Europa Express
TELEX, trasmissione per telescrivente
TELVE, Società telefonica delle Venezie
T.I.M.O., Telefoni Italia Medio-Orientale
T.I.R., (*fr.*) Trasporti Internazionali su Strada
T.M.E.C., Tempo Medio dell'Europa Centrale
T.M.G., Tempo medio di Greenwich
T/N, t/n, turbonave
T.N.P., Teatro Nazionale Popolare
TNT, Trinitrotoluolo
TOTIP, Totalizzatore Ippico
TOTOCALCIO, Totalizzatore Calcistico
T.S.F., 1 telegrafo senza fili 2 telefono senza fili
T.S.L., (*mar.*) tonnellate stazza lorda
T.S.N., (*mar.*) tonnellate stazza netta
TTT, (*fis.*) temperatura, tempo, trasformazione
TU, 1 (*fis.*) tempo universale 2 (*dir.*) testo unico
T.U.S., Tasso Ufficiale di Sconto
TV, televisione
TVC, televisione a colori

UA, u.a., 1 unità astronomica 2 unità antigene
U.C.A.I., Unione Cattolica Artisti Italiani
U.C.D., Ufficio Catechistico Diocesano
U.C.E.I., Ufficio Centrale per l'Emigrazione Italiana
U.C.I., (*fr.*) Unione Ciclista Internazionale
U.C.I.D., Unione Cristiana Imprenditori Dirigenti
U.C.I.I., Unione delle Comunità Israelitiche Italiane
U.C.I.I.M., Unione Cattolica Italiana Insegnanti Medi
U.C.S.I., Unione Cattolica della Stampa Italiana
U.D.I., Unione Donne Italiane
U.E., (*farm.*) uso esterno
U.E.F., Unione Europea dei Federalisti
U.E.F.A., (*ingl.*) Unione Europea delle Federazioni di Calcio
U.E.O., Unione dell'Europa Occidentale
U.E.P., Unione Europea dei Pagamenti
U.E.R., Unione Europea di Radiodiffusione
Uf, (*fis.*) unità di massa atomica
U.F.I.S.A.S., Unione Femminile Internazionale di Studi e Azione Sociale
U.F.O., (*ingl.*) Oggetti volanti non identificati, O.V.N.I.
U.G.I., Unione Goliardica Italiana
U.I., (*farm.*) uso interno - unità immunizzanti - unità internazionali
U.I.A., Unione Italiana Autotrasportatori
U.I.A.I., Unione Italiana di Assistenza all'Infanzia
U.I.C., Ufficio Italiano dei Cambi - Ufficio Internazionale dei Cambi
U.I.C.C., Unione Internazionale Contro il Cancro
U.I.C.P.A., Unione Internazionale di Chimica Pura e Applicata
U.I.L., Unione Italiana del Lavoro
U.I.L.I.A., Unione Italiana Lavoratori Industrie Alimentari
U.I.L.A.M.T., Unione Italiana Lavoratori Albergo Mensa e Termali
U.I.L.M., Unione Italiana Lavoratori Metallurgici
U.I.P., Unione Internazionale di Pattinaggio
U.I.S.B., Unione Internazionale delle Scienze Biologiche
U.I.S.N., Unione Italiana Sci Nautico
U.I.T.P., Unione Internazionale dei Trasporti Pubblici
U.I.T.S., Unione Italiana di Tiro a Segno
U.M.A., Utenti Motori Agricoli
U.M.I., 1 Unione Matematica Italiana 2 Unione Monarchica Italiana 3 Unione Magistrati Italiani
U.N.A.I., Unione Nazionale Associazioni Indipendenti
U.N.A.T., Unione Nazionale Attività Teatrali
U.N.A.U., Unione Nazionale Assistenti Universitari
U.N.C.I., 1 Unione Nazionale Cronisti Italiani 2 Unione Nazionale Capocomici Italiani 3 Unione Nazionale Collezionisti d'Italia 4 Unione Nazionale dei Contribuenti d'Italia
U.N.E.M.I., Unione Nazionale Editori di Musica Italiana
U.N.E.S.C.O., (*ingl.*) Organizzazione delle Nazioni Unite per l'Educazione, la Scienza, la Cultura
U.N.I., 1 Ente Nazionale Italiano di Unificazione 2 Ente Nazionale per l'Unificazione nell'Industria 3 Unione Naturalisti Italiani
U.N.I.G.E.S., Unione Nazionale Italiana Genitori e Studenti
UNIONCAMERE, Unione Italiana delle Camere di Commercio
U.N.I.R.E., Unione Nazionale per l'incremento delle Razze Equine
U.N.M.S., Unione Nazionale Mutilati per Servizio
U.N.S.A., Unione Nazionale Sindacati Autonomi
U.N.U.C.I., Unione Nazionale Ufficiali in Congedo d'Italia
U.N.U.R.I., Unione Nazionale Universitaria Rappresentativa Italiana
UPA, 1 Unione Panamericana 2 Utenti Pubblicità Associati
U.P.I., Stampa Unita Internazionale
U.P.I.M., Unico Prezzo Italiano di Milano
U.P.T., Ufficio Provinciale del Tesoro
U.R.A.R., Ufficio Registro Abbonamenti Radio
U.R.S.I., Unione Radiofonica Scientifica Internazionale
U.R.S.S., Unione delle Repubbliche Socialiste Sovietiche
U.S., ultimo scorso
U.S.A., (*ingl.*) Stati Uniti d'America
U.S.D., Unione Socialista Democratica
U.S.I., Unione Socialista Indipendente
U.S.I.L.D., Unione Sindacale Italiana Lavoratori Domestici
U.S.P.I., Unione della Stampa Periodica Italiana
U.S.S.I., Unione Stampa Sportiva Italiana
U.S.V.I., Unione Società Veliche Italiane
U.T.E.T., Unione Tipografica Editrice Torinese
U.T.I.F., Ufficio Tecnico delle Imposte di Fabbricazione
U.V., (*chim.*, *fis.*) Ultravioletto
U.V.I., Unione Velocipedistica Italiana

VA, 1 Vostra Altezza 2 velocità accellerata
VAS, vedetta anti sommergibili
VE, Vostra Eccellenza
VES, (*med.*) velocità di eritrosedimentazione
V.F., 1 Vigili del Fuoco 2 (*fis.*) videofrequenza
V.G., Vostra Grazia
V.M., 1 Vostra Maestà 2 Valor Militare
Vn., valore nominale
V.O., 1 (*ingl.*) molto vecchio, fino a 12 anni di invecchiamento 2 velocità ordinaria
V.S., 1 Vostra Santità 2 Vostra Signoria
V.S.O., (*ingl.*) stravecchio superiore (da 12 a 17 anni di invecchiamento)
V.S.O.P., (*ingl.*) stravecchio superiore paglierino (da 18 a 25 anni di invecchiamento)
V.T., Vecchio Testamento
V.U., vigile urbano
V.V.S.O.P., (*ingl.*) super stravecchio superiore paglierino (da 25 a 40 anni di invecchiamento)

Y.C.I., Yacht Club d'Italia

Z.A.T., (*aer.*) Zona Aerea Territoriale
Z.d.G., (*mil.*) Zona di Guerra

Composto in 'times'
dal Centro Grafico Linate,
San Donato Milanese
(Milano)

Stampa Rotolito Lombarda - Casarile (Milano)